HANDBUCH DER KIRCHENGESCHICHTE

I

HANDBUCH DER KIRCHENGESCHICHTE

Herausgegeben von

HUBERT JEDIN

Band I

Von der Urgemeinde
zur frühchristlichen Großkirche

Von der Urgemeinde zur frühchristlichen Großkirche

von

KARL BAUS

Einleitung in die Kirchengeschichte

von

HUBERT JEDIN

HERDER

FREIBURG · BASEL · WIEN

Umschlaggestaltung:
Finken & Bumiller, Stuttgart

Unveränderter Nachdruck
der Sonderausgabe von 1985

Herstellung: Freiburger Graphische Betriebe 1999
ISBN 3-451-27100-1

VORWORT

Das „Handbuch der Kirchengeschichte“, dessen ersten Band wir hiermit vorlegen, ist das Ergebnis gemeinsamer Überlegungen und Planungen, die sich über sechs Jahre erstreckt haben. Am 26. Mai 1956 kamen Theodor Klauser und der unterzeichnete Hauptherausgeber mit Oskar Köhler vom Verlag Herder in einer in Bonn gehaltenen Besprechung zu der Überzeugung, daß nach der langen Isolierung der kirchengeschichtlichen Forschung Deutschlands, die durch das nationalsozialistische Regime und dessen Zusammenbruch verursacht war, der Anschluß an die internationale Wissenschaft erreicht und die Zeit reif sei, wieder ein ausführliches Handbuch der Kirchengeschichte in deutscher Sprache zu wagen. Von Anfang an bestand Übereinstimmung darüber, daß eine Neuauflage oder Neubearbeitung des Hergenrötherschen „Handbuchs der Allgemeinen Kirchengeschichte“, dessen 5. vollständige Auflage 1911/17 erschienen, dessen von *J. P. Kirsch*, *J. Hollnsteiner*, *K. Eder* und *L. A. Veit* besorgte Neubearbeitung (seit 1930) unvollständig geblieben war, bei all seinen Verdiensten den heutigen Ansprüchen nicht mehr genügen könne und daß ein vollkommen neues Werk vorgelegt werden müsse, das den Fortschritten der Spezialforschung wie dem vertieften Kirchenverständnis unserer Zeit entspreche und in seiner ganzen Anlage dem praktischen Bedürfnis eben dieser Zeit entgegenkomme, dem akademischen Lehrer und Gelehrten ein Arbeitsinstrument, darüber hinaus aber allen an der Geschichte der Kirche Interessierten, Geistlichen wie Laien, einen zuverlässigen Führer in ansprechender Darstellung in die Hand gebe.

Wie weit und wie schwierig der Weg zu diesem Ziel sein würde, konnten wir damals noch nicht ermessen. Zwar waren wir uns schon damals darüber im klaren, daß kein Einzelner noch imstande sei, die ganze Kirchengeschichte in der geplanten Ausführlichkeit darzustellen, und daß nur durch das Zusammenwirken mehrerer Gelehrter ein den heutigen Ansprüchen gerecht werdendes Werk geschaffen werden könne. Aber es schreckte uns die Beobachtung, daß große historische Gemeinschaftswerke oft nur eine Addition von Spezialarbeiten ohne gemeinsame innere Ausrichtung sind, eine allzu weitgehende Aufsplitterung in Beiträge von Spezialisten die Einheitlichkeit des Gesamtwerkes beeinträchtigt. Um dieser Gefahr zu entgehen, haben wir uns bemüht, eine beschränkte Anzahl von Fachleuten für größere Zeitabschnitte und Fachgebiete zu gewinnen und mit diesen in vier Mitarbeiterkonferenzen, deren Zustandekommen der Verlag ermöglicht und die Teilnahme Oskar Köhlers befruchtet hat, einen Gesamtplan und — unbeschadet der persönlichen Verantwortung jedes Autors für seinen Beitrag — eine einheitliche Grundausrichtung zu erarbeiten. Die wichtigsten Vorstellungen, die dem Gesamtplan zugrunde liegen, sind folgende:

Das Handbuch will, wie jedes historische Werk dieser Art, zuerst und vor allem über die wichtigsten Ereignisse, Tatsachen und Persönlichkeiten der Kirchengeschichte zuverlässig unterrichten. Es legt ferner, darin sich von den meisten früheren Hand- und Lehrbüchern abhebend, Wert darauf, neben dem äußeren Geschehen die inneren Lebensäußerungen der Kirche, die Entwicklung der Lehre und der Verkündigung, des Kultes und der Frömmigkeit eingehend darzustellen. Es legt endlich dieser Darstellung nicht eines der üblichen Schemata zugrunde, sondern versucht, inneres Leben und äußeres Geschehen in ihrer Wechselwirkung aufzuhellen und dadurch die lebendige Fülle des Mysterium Ecclesiae sichtbar zu machen. Um diesem Ziel nahezukommen und Überschneidungen nach Möglichkeit zu vermeiden, haben die Mitarbeiter schon in den Jahren 1958/59 ein vollständiges Kapitelverzeichnis aufgestellt und auf ihrer letzten Zusammenkunft in Trier (1960) Probekapitel vorgelegt, aus denen Ausrichtung und Anlage der Darstellung erhellten. Im Laufe dieser Arbeit erfuhren wir, wie schwierig das Unterfangen zu verwirklichen ist, eine möglichst umfassende Darbietung der Tatsachen mit einer lesbaren Darstellung zu vereinigen. Jeder Mitarbeiter hat mit diesem Problem gerungen; ob es uns gelungen ist, es befriedigend zu lösen, muß die Kritik entscheiden.

Nicht weniger problematisch als die innere Ausrichtung des Ganzen war die Behandlung der Quellen- und Literaturangaben. Wenn das Handbuch ein brauchbares Hilfsmittel für die akademische Lehre, aber auch für den Religionsunterricht an höheren Schulen und die Erwachsenenbildung werden sollte, mußte es in Quellen und Literatur einführen. Nun ist zwar an Bibliographien der verschiedensten Art kein Mangel. Aber wer ist imstande, sich die dort verzeichnete, über die ganze Welt verstreute Produktion zu beschaffen, sie zu lesen und Wichtiges von Unwichtigem zu unterscheiden? Wir mußten eine auf unsere Zwecke zugeschnittene Auswahl treffen und einigten uns auf zwei Grundsätze: Die wichtigsten Quellen und die noch immer unentbehrliche ältere Literatur zu nennen, dann aber jeweils auf die neuesten Bücher und Aufsätze hinzuweisen, in denen man sich über weitere Literatur informieren kann. Jedem Kapitel wird eine Quellen- und Literaturübersicht vorausgeschickt; Quellennachweise und Literatur über Spezialprobleme, in der neueren Zeit auch biographische Literatur, wurden in die bewußt knapp gehaltenen Anmerkungen verwiesen.

In der vom Hauptherausgeber verfaßten „Einleitung in die Kirchengeschichte" wird der Versuch unternommen, die methodischen Grundlagen der Kirchengeschichtswissenschaft aufzuzeigen und, ausführlicher als es sonst geschieht, die Entwicklung der Kirchengeschichte vom historischen Selbstverständnis der Kirche zur Kirchengeschichtswissenschaft aufzuzeigen. Es handelt sich um einen ersten Versuch, über dessen Unzulänglichkeit sich der Verfasser keiner Täuschung hingibt.

Der Verfasser der in diesem Band dargebotenen Geschichte der vorkonstantinischen Kirche ist erst im Jahre 1958 mit dieser Aufgabe betraut worden. Einige Entscheidungen, die er hinsichtlich Stoffauswahl und Umfang einzelner Kapitel traf, seien hier kurz aus seiner Sicht begründet: Die apostolische Zeit hätte auf der Grundlage der neutestamentlichen Zeitgeschichte in einer weiter ausgreifenden Schilderung behandelt werden können, die aber den vorgesehenen Umfang des Bandes enorm erweitert hätte. So ist versucht worden, das kirchenhistorisch besonders Relevante dieses Abschnittes, das heißt das in der Geschichte der Kirche entscheidend Weiterwirkende, in geraffter Darstellung zu bieten. Welchen Spezialarbeiten diese besonders verpflichtet ist, läßt die dabei getroffene Literaturauswahl wohl erkennen. Im Gegensatz zu den meisten bisherigen Hand- und Lehrbüchern der Kirchengeschichte ist der Entfaltung der christlichen Literatur beachtlicher Raum gewährt worden; sie stellt einen so eminent wichtigen Faktor innerkirchlichen Lebens dar, daß bei einem Übergehen dieser Lebensäußerung der Kirche eine wesentliche Verzeichnung des Gesamtbildes entstünde. Die besondere Zielsetzung des Handbuches bedingte schließlich die relative Ausführlichkeit der Kapitel über die Entwicklung der frühchristlichen Liturgie, über die Bußdisziplin und das Gemeindeleben, für deren Teilthemen, wie etwa die Tauf- und Martyriumsfrömmigkeit u. a. m., oft nur wenig Vorarbeiten existieren. Die im vorliegenden Band nicht mehr angeführte, aber für Einzelfragen noch heranzuziehende ältere Literatur findet man bis 1929 bequem bei *J. P. Kirsch*, „Kirchengeschichte" I (Freiburg 1930) und für das folgende Jahrzehnt bei *K. Müller - H. v. Campenhausen*, „Kirchengeschichte" I/1 (Tübingen 1941).

Der Verfasser dieses Bandes durfte sich bei der Ausarbeitung mannigfacher Hilfe erfreuen, die besonders dankbar angenommen wurde, wenn sie kritisch war. Sie kam vorwiegend aus dem Kreis der Mitarbeiter; willkommen war vor allem die des Gesamtherausgebers, die seines ehemaligen Lehrers J. A. Jungmann und die des Mitherausgebers und Schriftleiters des „Saeculum" Oskar Köhler. Anspruch auf ein eigenes Wort des Dankes hat die Bibliothek der Trierer Theologischen Fakultät, deren Personal vorbildlich um die Beschaffung wichtiger Literatur bemüht war.

Das Handbuch tritt seinen Weg an, während das Zweite Vatikanische Konzil versammelt ist. Die Verfasser wären glücklich, wenn ihre Arbeit zu einem tieferen Selbstverständnis der Kirche beitrüge und die Liebe zur Kirche mehrte.

Bonn, am Fest Allerheiligen 1962

Hubert Jedin *Karl Baus*

INHALT

ERSTER TEIL: DIE ANFÄNGE

ZWEITER TEIL: DIE FRÜHCHRISTLICHE GROSSKIRCHE

(ca. 180—324)

VERZEICHNIS DER ABKÜRZUNGEN

AAB = Abhandlungen der Deutschen (bis 1944: Preußischen) Akademie der Wissenschaften zu Berlin. Phil.-hist. Klasse, Berlin 1815ff

AAG = Abhandlungen der Akademie der Wissenschaften in Göttingen (bis Folge III, 26, 1940: AGG), Göttingen 1941ff

AAH = Abhandlungen der Heidelberger Akademie der Wissenschaften. Phil.-hist. Klasse, Heidelberg 1913ff

AAM = Abhandlungen der Bayerischen Akademie der Wissenschaften. Phil.-hist. Klasse, München 1835ff

Abel HP = F.-M. Abel, Histoire de la Palestine depuis la conquête d'Alexandre jusqu'à l'invasion arabe, I—II Paris 1952

ACO = Acta Conciliorum Oecumenicorum, ed. E. Schwartz, Berlin 1914ff

ActaSS = Acta Sanctorum, ed. Bollandus etc., (Antwerpen, Brüssel, Tongerloo) Paris 1643ff, Venedig 1734ff, Paris 1863ff

ACW = Ancient Christian Writers, hrsg. von J. Quasten u. J. C. Plumpe, Westminster/Md. - London 1946ff

Aegyptus = Aegyptus. Rivista Italiana di Egittologia e Papirologia, Mailand 1920ff

AGG = Abhandlungen der Gesellschaft der Wissenschaften zu Göttingen (ab Folge III, 27, 1942: AAG), Göttingen 1843ff

AH = Analecta hymnica, hrsg. von G. Dreves u. C. Blume, 55 Bde, Leipzig 1886—1922

AKG = Archiv für Kulturgeschichte, (Leipzig) Münster u. Köln 1903ff

Altaner = B. Altaner, Patrologie. Leben, Schriften und Lehre der Kirchenväter, Freiburg i. Br. [6]1960

ALW = Archiv für Liturgiewissenschaft (früher: JLW), Regensburg 1950ff

AnBoll = Analecta Bollandiana, Brüssel 1882ff

Angelicum = Angelicum, Rom 1924ff

AnGr = Analecta Gregoriana cura Pontificiae Universitatis Gregorianae edita, Rom 1930ff

Antonianum = Antonianum, Rom 1926ff

AnzAW = Anzeiger der österreichischen Akademie der Wissenschaften, Wien 1864ff

APhilHistOS — Annuaire de l'Institut de Philologie et d'Histoire Orientales et Slaves, Brüssel 1932ff

APraem = Analecta Praemonstratensia, Tongerloo 1925ff

ARW = Archiv für Religionswissenschaft, (Freiburg i. Br., Tübingen) Leipzig 1898ff

AST = Analecta Sacra Tarraconensia, Barcelona 1925ff

ATh = L'année théologique, Paris 1940ff

AttiPontAc = Atti della Pontificia Accademia Romana di Archeologia, Rom 1923ff

AuC = F. J. Dölger, Antike und Christentum, I—VI u. ErgBd, Münster 1929/50

Augustiniana = Augustiniana. Tijdschrift vor de studie van Sint Augustinus en de Augustijnenorde, Leuven 1951 ff
BAC = Biblioteca de Autores Cristianos, Madrid 1945 ff (bisher 138 Bde)
Bächtold-Stäubli = H. Bächtold-Stäubli, Handwörterbuch des deutschen Aberglaubens, 10 Bde, Berlin - Leipzig 1927 ff
Bardenhewer = O. Bardenhewer, Geschichte der altkirchlichen Literatur, 5 Bde, Freiburg i. Br. 1902 ff; I ²1913, II ²1914, III ²1923, IV ¹⁻²1924, V 1932
Bauer = W. Bauer, Griechisch-Deutsches Wörterbuch zu den Schriften des Neuen Testaments und der übrigen urchristlichen Literatur, Berlin ⁴1952, ⁵1957 ff
Bauerreiß = R. Bauerreiß, Kirchengeschichte Bayerns, I—V St. Ottilien 1949/55
Baumstark = A. Baumstark, Geschichte der syrischen Literatur mit Ausschluß der christlich-palästinensischen Texte, Bonn 1922
Beck = H.-G. Beck, Kirche und theologische Literatur im byzantinischen Reich, München 1959
Bedjan = Acta martyrum et sanctorum (syriace), ed. P. Bedjan, 7 Bde, Paris 1890/97
Benedictina = Benedictina, Rom 1947 ff
Bessarione = Bessarione, Rom 1896—1923
BHG = Bibliotheca hagiographica graeca, ed. socii Bollandiani, Brüssel ³1957
BHL = Bibliotheca hagiographica latina antiquae et mediae aetatis, ed. socii Bollandiani, 2 Bde, Brüssel 1898—1901; Suppl. editio altera, ebd. 1911
BHO = Bibliotheca hagiographica Orientalis, ed. von P. Peeters, Brüssel 1910
Bibl = Biblica, Rom 1920 ff
BIFAO = Bulletin de l'Institut français d'Archéologie Orientale, Kairo 1901 ff
Bijdragen = Bijdragen. Tijdschrift voor Filosofie en Theologie, Nijmegen 1938 ff
BJ = Bursians Jahresbericht über die Fortschritte der klassischen Altertumswissenschaft, Leipzig 1873 ff
BJRL = The Bulletin of the John Rylands Library, Manchester 1903 ff
BKV² = Bibliothek der Kirchenväter, hrsg. von O. Bardenhewer, Th. Schermann (ab Bd 35: J. Zellinger) u. C. Weyman, 83 Bde, Kempten 1911 ff
BLE = Bulletin de littérature ecclésiastique, Toulouse 1899 ff
BollAC = Bollettino di archeologia cristiana, hrsg. von G. B. de Rossi, Rom 1863/94
Bréhier = L. Bréhier, Le monde byzantin, I—III Paris 1947/50
BThAM = Bulletin de Théologie Ancienne et Médiévale, Löwen 1929 ff
ByZ = Byzantinische Zeitschrift, Leipzig - München 1892 ff
Byz(B) = Byzantion, Brüssel 1924 ff
ByzNGrJb = Byzantinisch-Neugriechische Jahrbücher, Athen - Berlin 1920 ff
BZ = Biblische Zeitschrift, Freiburg i. Br. 1903/29; Paderborn 1931/39, 1957 ff
BZThS = Bonner Zeitschrift für Theologie und Seelsorge, Düsseldorf 1924/31
CahArch = Cahiers Archéologiques. Fin de l'Antiquité et Moyen-âge, Paris 1945 ff
Cath = Catholica. Jahrbuch (Vierteljahresschrift) für Kontroverstheologie, (Paderborn) Münster 1932 ff
CathEnc = The Catholic Encyclopedia, hrsg. von Ch. Herbermann u. a., 15 Bde, New York 1907/12; dazu Index-Bd 1914 u. Suppl.-Bd 1922
Catholicisme = Catholicisme, Hier - Aujourd'hui - Demain, dir. par. G. Jacquemet, Paris 1948 ff
CChr = Corpus Christianorum seu nova Patrum collectio, Turnhout - Paris 1953 ff
CH = Church History, New York - Chicago 1932 ff
Chalkedon = Das Konzil von Chalkedon. Geschichte und Gegenwart, hrsg. von A. Grillmeier u. H. Bacht, I—III Würzburg 1951/54
ChQR = The Church Quarterly Review, London 1875 ff
CHR = The Catholic historical Review, Washington 1915 ff

CIG = Corpus Inscriptionum Graecarum, begonnen von A. Boeckh, fortges. von J. Franz, E. Curtius u. A. Kirchhoff, 4 Bde, Berlin 1825/77
CIL = Corpus Inscriptionum Latinarum, hrsg. von der Berliner Akademie, Berlin 1863 ff
CivCatt = La Civiltà Cattolica, Rom 1850 ff (1871/87 Florenz)
ClP = Clavis Patrum latinorum, ed. E. Dekkers, Steenbrugge ²1961
COH = Het christelijk Oosten en hereniging, Nijmegen 1949 ff
CSCO = Corpus scriptorum christianorum orientalium, Paris 1903 ff
CSEL = Corpus scriptorum ecclesiasticorum latinorum, Wien 1866 ff
CSL Par = Corpus scriptorum latinorum Paravianum (Turin)
D = H. Denzinger, Enchiridion Symbolorum, Definitionum et Declarationum de rebus fidei et morum, Freiburg i. Br. ³¹1960
DA = Deutsches Archiv für Erforschung des Mittelalters (1937—43: für Geschichte des Mittelalters, Weimar), Köln - Graz 1950 ff (vgl. NA)
DACL = Dictionnaire d'archéologie chrétienne et de liturgie, hrsg. von F. Cabrol u. H. Leclercq, Paris 1924 ff
DBS = Dictionnaire de la Bible, Supplément, hrsg. von L. Pirot, fortges. von A. Robert, Paris 1928 ff
DDC = Dictionnaire de droit canonique, hrsg. von R. Naz, Paris 1935 ff
Delehaye OC = H. Delehaye, Les origines du culte des martyrs, Brüssel ²1933
Delehaye PM = H. Delehaye, Les passions des martyrs et les genres littéraires, Brüssel 1921
Delehaye S = H. Delehaye, Sanctus. Essai sur le culte des saints dans l'antiquité, Brüssel ²1954
DHGE = Dictionnaire d'histoire et de géographie ecclésiastiques, hrsg. von A. Baudrillart u. a., Paris 1912 ff
Diehl = E. Diehl, Inscriptiones christianae latinae veteres, 3 Bde, Berlin ²1961
Dölger Reg = Corpus der griechischen Urkunden des Mittelalters und der neueren Zeit. Reihe A: Regesten. Abt. 1: Regesten der Kaiserurkunden des oströmischen Reiches, bearb. von F. Dölger
DomSt = Dominican Studies, Oxford 1948 ff
DOP = Dumbarton Oaks Papers, ed. Harvard University, Cambridge/Mass. 1941 ff
DSAM = Dictionnaire de Spiritualité ascétique et mystique. Doctrine et Histoire, hrsg. von M. Viller, Paris 1932 ff
DThC = Dictionnaire de théologie catholique, hrsg. von A. Vacant u. E. Mangenot, fortges. von E. Amann, Paris 1930 ff
Duchesne LP = Liber pontificalis, ed. L. Duchesne, 2 Bde, Paris 1886/92
ECatt = Enciclopedia Cattolica, Rom 1949 ff
EE = Estudios eclesiásticos, Madrid 1922/36, 1942 ff
Ehrhard = A. Ehrhard, Überlieferung und Bestand der hagiographischen und homiletischen Literatur der griechischen Kirche von den Anfängen bis zum Ende des 16. Jh. (TU 50—52), I—III Leipzig 1937/52
ELit = Ephemerides Liturgicae, Rom 1887 ff
ÉO = Échos d'Orient, Paris 1897 ff (ab 1946 RÉB)
Eranos = Eranos-Jahrbuch, Zürich 1933 ff
ErgBd = Ergänzungsband
ÉtB = Études Bibliques, Paris 1907 ff
EThL = Ephemerides Theologicae Lovanienses, Brügge 1924 ff
Euseb. HE = Eusebius, Kirchengeschichte (bis 324), hrsg. von E. Schwartz (GCS 9, 1—3) Berlin 1903/09
Evagrius HE = Evagrius Scholasticus, Kirchengeschichte (431—594), hrsg. von J. Bidez u. L. Parmentier, London 1898

FF = Forschungen und Fortschritte, Berlin 1925 ff
FKDG = Forschungen zur Kirchen- und Dogmengeschichte, Göttingen 1953 ff
Fliche-Martin = Histoire de l'Église depuis les origines jusqu'à nos jours, publiée sous la direction de A. Fliche et V. Martin, Paris 1935 ff
FlorPatr = Florilegium Patristicum, herausgegeben von J. Zellinger und B. Geyer, Bonn 1904 ff
Gams = P. Gams, Series episcoporum ecclesiae catholicae, Regensburg 1873; Suppl. ebd. 1879/86
García-Villada = Z. García-Villada, Historia eclesiástica de España, 2 Bde, Madrid 1929
Gelas. HE = Gelasius, Kirchengeschichte, hrsg. von G. Loeschke u. M. Heinemann (GCS 28) Berlin 1918
GCS = Die griechischen christlichen Schriftsteller der ersten drei Jahrhunderte, Leipzig 1897 ff
Ghellinck P = J. de Ghellinck, Patristique et Moyen-âge. Études d'histoire littéraire et doctrinale, I Paris ^{2}1949, II—III Brüssel 1947/48
Gn = Gnomon. Kritische Zeitschrift für die gesamte klassische Altertumswissenschaft, (Berlin) München 1925 ff
Gr = Gregorianum, Rom 1920 ff
Grumel Reg = V. Grumel, Les Regestes des actes du patriarcat de Constantinople, Kadiköi - Bukarest I/1 1932, I/2 1936, I/3 1947
GuL = Geist und Leben. Zeitschrift für Aszese und Mystik (bis 1947: ZAM), Würzburg 1947 ff
Hanssens = J. M. Hanssens, Institutiones liturgicae de Ritibus Orientalibus, I—V Rom 1930 ff
Harnack DG = A. v. Harnack, Lehrbuch der Dogmengeschichte, 3 Bde, Tübingen ^{4}1909 f (photomechan. Nachdr. ebd. ^{5}1931 f)
Harnack Lit = A. v. Harnack, Geschichte der altchristlichen Literatur, 3 Bde, Leipzig 1893—1904
Harnack Miss = A. v. Harnack, Die Mission und Ausbreitung des Christentums in den ersten drei Jahrhunderten, 2 Bde, Leipzig ^{4}1924
Hauck = A. Hauck, Kirchengeschichte Deutschlands, Leipzig I—IV $^{3-4}$1906/14, V $^{2-4}$1929; Berlin - Leipzig I—V ^{8}1954
HAW = Handbuch der Altertumswissenschaft, begr. von I. v. Müller, neu hrsg. von W. Otto, München 1929 ff; Neuaufl. 1955 ff
HDG = Handbuch der Dogmengeschichte, hrsg. von M. Schmaus, J. Geiselmann, A. Grillmeier, Freiburg i. Br. 1951 ff
HE = Historia Ecclesiastica
Hefele-Leclercq = Histoire des conciles d'après les documents originaux, par Ch. J. Hefele. Traduite par H. Leclercq, I—IX Paris 1907 ff
Hennecke-Schneemelcher = Neutestamentliche Apokryphen in dt. Übersetzung. Begründet von E. Hennecke, hrsg. von W. Schneemelcher, I/II Tübingen 1959/64
Hermes = Hermes. Zeitschrift für klassische Philologie, Berlin 1866 ff
HJ = Historisches Jahrbuch der Görres-Gesellschaft, (Köln 1880 ff) München 1950 ff
HNT = Handbuch zum Neuen Testament, begr. von H. Lietzmann (jetzt hrsg. von G. Bornkamm), 23 Abteilungen, Tübingen 1906 ff
HO = Handbuch der Orientalistik, hrsg. von B. Spuler, Leiden 1948 ff
HThR = The Harvard Theological Review, Cambridge/Mass. 1908 ff
HZ = Historische Zeitschrift, München 1859 ff
IER = The Irish ecclesiastical record, Dublin 1864 ff
IKZ = Internationale Kirchliche Zeitschrift, Bern 1911 ff

Irénikon = Irénikon, Amay - Chevetogne 1926 ff
IThQ = The Irish Theological Quarterly, Dublin 1864 ff
JA = Journal Asiatique, Paris 1822 ff
JbAC = Jahrbuch für Antike und Christentum, Münster 1958 ff
JBL = Journal of Biblical Literature, published by the Society of Biblical Literature and Exegesis, Boston 1881 ff
JEH = The Journal of Ecclesiastical History, London 1950 ff
Jerphanion = G. de Jerphanion, La voix des monuments, I—II Paris 1932/38
JLW = Jahrbuch für Liturgiewissenschaft, Münster 1921/41 (jetzt: ALW)
JÖByzG = Jahrbuch der österreichischen byzantinischen Gesellschaft, Wien 1951 ff
JQR = The Jewish Quarterly Review, Philadelphia 1888 ff
JSOR = Journal of the Society of oriental Research, Chicago 1917/32
JThS = The Journal of theological Studies, London 1899 ff
Jugie = M. Jugie, Theologia dogmatica Christianorum orientalium ab ecclesia catholica dissidentium, I—V Paris 1926/35
Jungmann MS = J. A. Jungmann, Missarum sollemnia. Eine genetische Erklärung der römischen Messe, I—II Wien [3]1952
K = C. Kirch - L. Ueding, Enchiridion fontium historiae ecclesiasticae antiquae, Freiburg i. Br. [8]1960
KarstG = J. Karst, Littérature géorgienne chrétienne, Paris 1934
Katholik = Der Katholik, Mainz 1821 ff (Generalregister für 1821/89)
KlT = Kleine Texte, hrsg. von H. Lietzmann, Berlin 1902 ff
König H = Christus und die Religionen der Erde. Handbuch der Religionsgeschichte, hrsg. von F. König, I—III Wien [2]1956
Kraus RE = F. X. Kraus, Real-Encyclopädie der christlichen Altertümer, 2 Bde, Freiburg i. Br 1882/86
Krumbacher = K. Krumbacher, Geschichte der Byzantinischen Literatur, München 1890; 2. Aufl. unter Mitwirkung von A. Ehrhard und H. Gelzer ebd. 1897
KuD = Kerygma und Dogma, Göttingen 1955 ff
Künstle = K. Künstle, Ikonographie der christlichen Kunst, I: Prinzipienlehre — Hilfsmotive — Offenbarungstatsachen, Freiburg i. Br. 1928, II: Ikonographie der Heiligen, ebd. 1926
Lanzoni = F. Lanzoni, Le Diocesi d'Italia dalle origini al principio del secolo VII, 2 Bde, Faenza [2]1927 (SteT 35, 1—2)
Lebreton = J. Lebreton, Histoire du dogme de la Trinité, I—II Paris [4]1928
Lietzmann = H. Lietzmann, Geschichte der alten Kirche, Berlin I [2]1937 (= [3]1953), II—IV 1936/44 (= [2]1953)
LJ = Liturgisches Jahrbuch, Münster 1951 ff
LQ = Liturgiegeschichtliche Quellen, Münster 1918 ff
LThK[2] = Lexikon für Theologie und Kirche, hrsg. von J. Höfer u. K. Rahner, Freiburg [2]1957 ff
LuM = Liturgie und Mönchtum. Laacher Hefte, (Freiburg i. Br.) Maria Laach 1948 ff
Mai B = Nova Patrum bibliotheca, I—VII von A. Mai, Rom 1852/57; VIII—X von J. Cozza-Luzi, ebd. 1871—1905
Mai C = A. Mai, Scriptorum veterum nova collectio e vaticanis codicibus edita, 10 Bde, Rom 1825/38
Mai S = A. Mai, Spicilegium Romanum, 10 Bde, Rom 1839/44
MAMA = Monumenta Asiae Minoris Antiqua. Publications of the American Society for Archeological Research in Asia Minor, 7 Bde, Manchester 1928/56
Manitius = M. Manitius, Geschichte der lateinischen Literatur des Mittelalters, München I 1911, II 1923, III 1931

Mansi = J. D. Mansi, Sacrorum conciliorum nova et amplissima collectio, 31 Bde, Florenz - Venedig 1757/98; Neudruck u. Forts. hrsg. von L. Petit u. J. B. Martin in 60 Bdn, Paris 1899—1927

MartHieron = Martyrologium Hieronymianum, ed. H. Quentin - H. Delehaye (ActaSS Nov. II, 2), Brüssel 1931

MartRom = Martyrologium Romanum, ed. H. Delehaye, Brüssel 1940

MD = Maison-Dieu, Paris 1945 ff

MG = Monumenta Germaniae Historica inde ab a. C. 500 usque ad a. 1500; Indices von O. Holder-Egger u. K. Zeumer, Hannover - Berlin 1826 ff.
Abteilungen: MGAuctant = Auctores antiquissimi. MGSS = Scriptores

MiscMercati = Miscellanea Giovanni Mercati, 6 Bde, Rom 1946

MiscMohlberg = Miscellanea Liturgica in honorem L. Cuniberti Mohlberg, Rom 1948

Moricca = U. Moricca, Storia della Letteratura latina christiana, 3 vol. in 5 tom., Turin 1924/34

MSR = Mélanges de science religieuse, Lille 1944 ff

MThZ = Münchener Theologische Zeitschrift, München 1950 ff

Muratori = L. A. Muratori, Rerum italicarum scriptores ab anno aerae christianae 500 ad 1500, 28 Bde, Mailand 1723/51; Forts. von Tartini 1748/70 u. N. G. Mittarelli 1771; Neuausg. von G. Carducci u. V. Fiorini, Città di Castello 1900 ff

Muséon = Le Muséon, Löwen 1881 ff

NA = Neues Archiv der Gesellschaft für ältere deutsche Geschichtskunde zur Beförderung einer Gesamtausgabe der Quellenschriften deutscher Geschichte des Mittelalters, Hannover 1876 ff (ab 1937: DA)

NAG = Nachrichten von der Akademie der Wissenschaften in Göttingen (bis 1940: NGG), Göttingen 1941 ff

NBollAC = Nuovo Bollettino di archeologia cristiana, Rom 1895—1923 (Forts. des BollAC)

NC = Nouvelle Clio. Revue mensuelle de la découverte historique, Brüssel 1947 ff

Nilles = N. Nilles, Kalendarium manuale utriusque ecclesiae orientalis et occidentalis, 2 Bde, Innsbruck ²1896 f

NovT = Novum Testamentum, Leiden 1956 ff

NRTh = Nouvelle Revue Théologique, Tournai - Löwen - Paris 1879 ff

NS = Neue Serie

NTS = New Testament Studies, Cambridge - Washington 1954 ff

OrChr = Oriens Christianus, (Leipzig) Wiesbaden 1901 ff

OrChrA = Orientalia Christiana (Analecta), Rom (1923/34: Orientalia Christiana; 1935 ff: Orientalia Christiana Analecta)

OrChrP = Orientalia Christiana Periodica, Rom 1935 ff

OrSyr = L'Orient Syrien, Paris 1956 ff

OstKSt = Ostkirchliche Studien, Würzburg 1951 ff

OxP = The Oxyrhynchos Papyri, London 1898 ff

Pauly-Wissowa = Paulys Realencyklopädie der klassischen Altertumswissenschaft, neue Bearb. von G. Wissowa u. W. Kroll (mit K. Mittelhaus), Stuttgart 1893 ff

PG = Patrologia Graeca, hrsg. von J. P. Migne, 161 Bde, Paris 1857/66

Philostorgius HE = Philostorgius, Kirchengeschichte (bis 425), hrsg. von J. Bidez (GCS 2) Berlin 1913

Pitra A = J. B. Pitra, Analecta sacra Spicilegio Solesmensi parata, 8 Bde, Paris 1876/91

Pitra S = J. B. Pitra, Spicilegium Solesmense, 4 Bde, Paris 1852/58

PL = Patrologia Latina, hrsg. von J. P. Migne, 217 Bde u. 4 Reg.-Bde, Paris 1878/90

POR = Patrologia orientalis, hrsg. von R. Graffin u. F. Nau, Paris 1903 ff

PrOrChr = Le Proche-Orient chrétien, Jerusalem 1951 ff

PS = Patrologia Syriaca, ed. R. Graffin, 3 Bde, Paris 1894—1926
PSI = Papiri greci e latini della Società Italiana, Florenz 1912 ff
Quasten I = J. Quasten, Initiation aux Pères de l'Église, I Paris 1955, II 1957
Quasten P = J. Quasten, Patrology, Utrecht - Brüssel I 1950, II 1953, III 1960
R = M. J. Rouët de Journel, Enchiridion Patristicum, Freiburg i. Br. ^{10}1956
Raby Chr = F. J. E. Raby, A History of Christian Latin Poetry, Oxford ^{2}1953
RAC = Reallexikon für Antike und Christentum, hrsg. von Th. Klauser, Stuttgart 1941 (1950) ff
RAM = Revue d'ascétique et de mystique, Toulouse 1920 ff
RB = Revue biblique, Paris 1892 ff; neue Serie seit 1904
RBén = Revue bénédictine, Maredsous 1884 ff
RD = M. J. Rouët de Journel - J. Dutilleul, Enchiridion asceticum, Freiburg ^{5}1958
RÉA = Revue des Études Anciennes, Bordeaux 1899 ff
RÉB = Revue des Études byzantines (Forts. von ÉO), Paris 1946 ff
RÉG = Revue des Études Grecques, Paris 1888 ff
RÉL = Revue des Études latines, Paris 1923 ff
Religio = Religio (Forts. von: RicRel), Rom 1925/39
RET = Revista Española de teología, Madrid 1941 ff
RevÉAug = Revue des Études Augustiniennes (Forts. von: L'Année Théologique Augustinienne), Paris 1955 ff
RevSR = Revue des Sciences Religieuses, Straßburg 1921 ff
RGG = Die Religion in Geschichte und Gegenwart, Tübingen 1909/13; ^{2}1927/32; ^{3}1956 ff
RH = Revue historique, Paris 1876 ff
RHE = Revue d'histoire ecclésiastique, Löwen 1900 ff
RHLR = Revue d'histoire et de littérature religieuse, Paris 1896—1907
RHEF = Revue d'histoire de l'Église de France, Paris 1910 ff
RhMus = Rheinisches Museum für Philologie, Bonn 1833 ff
RHPhR = Revue d'histoire et de philosophie religieuses, Straßburg 1921 ff
RHR = Revue de l'histoire des religions, Paris 1880 ff
RicRel = Ricerche Religiose, Rom 1925 ff
Righetti = M. Righetti, Manuale di storia liturgica, Mailand, I: Introduzione generale, ^{2}1950, II: L'anno liturgico. Il Breviario, ^{2}1955, III: L'Eucaristia sacrificio e sacramento, 1949, IV: Sacramenti - Sacramentali, 1953
RivAC = Rivista di archeologia cristiana, Rom 1924 ff
RM = Mitteilungen des Deutschen Archäologischen Instituts, Römische Abteilung, Rom 1886
ROC = Revue de l'Orient chrétien, Paris 1896 ff
RPAA = Rendiconti della Pontificia Accademia Romana di Archeologia, Rom 1923 ff
RQ = Römische Quartalschrift für christliche Altertumskunde und für Kirchengeschichte, Freiburg i. Br. 1887 ff
RQum = Revue de Qumran, Paris 1958 ff
RSPhTh = Revue des sciences philosophiques et théologiques, Paris 1907 ff
RSR = Recherches des science religieuse, Paris 1910 ff
RSTI = Rivista di storia della chiesa in Italia, Rom 1947 ff
RThAM = Recherches de Théologie ancienne et médiévale, Louvain 1929 ff
Rufin. HE = Rufin von Aquileia, Übersetzung der Kirchengeschichte des Eusebius, hrsg. von Th. Mommsen in GCS 9, Berlin 1909
SA = Studia Anselmiana, Rom 1933 ff
SAB = Sitzungsberichte der Deutschen (bis 1944: Preußischen) Akademie der Wissenschaften zu Berlin. Phil.-hist. Klasse, Berlin 1882 ff
Saeculum = Saeculum. Jahrbuch für Universalgeschichte, Freiburg i. Br. 1950 ff

SAH = Sitzungsberichte der Heidelberger Akademie der Wissenschaften. Phil.-hist. Klasse, Heidelberg 1910 ff

SAM = Sitzungsberichte der Bayerischen Akademie der Wissenschaften. Phil.-hist. Abt., München 1871 ff

SAW = Sitzungsberichte der (ab 225, 1, 1947: Österreichischen) Akademie der Wissenschaften in Wien, Wien 1831 ff

SC = Scuola Cattolica, Mailand 1873 ff

SCpr = Scriptores christiani primaevi, 's Gravenhage 1946 ff

SE = Sacris Erudiri. Jaarboek voor Godsdienstwetenschapen, Brügge 1948 ff

Seeberg = R. Seeberg, Lehrbuch der Dogmengeschichte, Leipzig I—II ^{3}1922 f, III ^{4}1930, IV 1 ^{4}1933, IV 2 ^{3}1920 (I—IV Neudruck Basel 1953/54)

SO = Symbolae Osloenses, ed. Societas Graeco-Latina, Oslo 1922 ff

Socrates HE = Sokrates, Kirchengeschichte (305—439), hrsg. von R. Hussey, 3 Bde, Oxford 1853

SourcesChr = Sources chrétiennes, hrsg. von H. de Lubac u. J. Daniélou, Paris 1941 ff

Sozom. HE = Sozomenos, Kirchengeschichte (324—425), hrsg. von J. Bidez u. G. C. Hansen: CGS 50, Berlin 1960

Speculum = Speculum. A Journal of medieval studies, Cambridge/Mass. 1926 ff

SQS = Sammlung ausgewählter Kirchen- und dogmengeschichtlicher Quellenschriften, Tübingen 1893 ff

StC = Studia Catholica, Roermond 1924 ff

SteT = Studi e Testi, Rom 1900 ff

StrP = Stromata Patristica et Medievalia, hrsg. von Chr. Mohrmann u. J. Quasten, Utrecht 1950 ff

StTh = Studia Theologica, cura ordinum theologicorum Scandinavicorum edita, Lund 1948 ff

StudiBiz = Studi Bizantini e Neoellenici, Rom 1925 ff

StudGen = Studium Generale. Zeitschrift für die Einheit der Wissenschaften im Zusammenhang ihrer Begriffsbildungen und Forschungsmethoden, Berlin - Göttingen - Heidelberg 1948 ff

Sulp. Sev. Chron. = Sulpicius Severus, Weltchronik (bis 400), hrsg. von C. Halm (CSEL 1) Wien 1866

TD = Textus et Documenta, Series theologica, Rom 1932/35

ThBl = Theologische Blätter, Leipzig 1922 ff

Theodoret HE = Theodoret, Kirchengeschichte, hrsg. von L. Parmentier, 2. Auflage von F. Scheidweiler GCS 44 (19) Berlin 1954

ThLL = Thesaurus linguae latinae, Leipzig 1900 ff

ThLZ = Theologische Literaturzeitung, Leipzig 1878 ff

ThQ = Theologische Quartalschrift, Tübingen 1819 ff; Stuttgart 1946 ff

ThR = Theologische Rundschau, Tübingen 1897 ff

ThRv = Theologische Revue, Münster 1902 ff

ThSt = Theological Studies, Baltimore 1940 ff

ThW = Theologisches Wörterbuch zum Neuen Testament, hrsg. von G. Kittel, fortges. von G. Friedrich, Stuttgart 1933 ff

ThZ = Theologische Zeitschrift, Basel 1945 ff

Tixeront = L. J. Tixeront, Histoire des dogmes dans l'antiquité chrétienne, 3 Bde, Paris ^{11}1930

Tr = Traditio, New York 1943 ff

TSt = Texts and Studies, ed. Armitage Robinson, Cambridge 1891 ff

TThZ = Trierer Theologische Zeitschrift (bis 1944: Pastor Bonus), Trier 1888 ff

TU = Texte und Untersuchungen zur Geschichte der altchristlichen Literatur. Archiv für die griechisch-christlichen Schriftsteller der ersten drei Jahrhunderte, Leipzig - Berlin 1882 ff

Tüchle = H. Tüchle, Kirchengeschichte Schwabens, I—II Stuttgart 1950/54

Ueberweg = F. Ueberwegs Grundriß der Geschichte der Philosophie, Berlin I [12]1926 von K. Praechter, II [11]1928 von B. Geyer, III [12]1924 von M. Frischeisen-Köhler u. W. Moog, IV [12]1923 von K. Österreich, V [12]1928 von K. Österreich

VigChr = Vigiliae christianae, Amsterdam 1947 ff

ViVr = Βυζαντινὰ Χρονικά. Vizantijskij Vremennik, Leningrad 1894 ff

VS = La Vie Spirituelle, (Ligugé, Juvisy) Paris 1869 ff

Wikenhauser E = A. Wikenhauser, Einleitung in das Neue Testament, Freiburg i. Br. [2]1956

Wilpert = G. Wilpert, I Sarcofagi cristiani antichi, 3 Bde, Rom 1929/36

Zacharias Rhetor = Zacharias Rhetor, Kirchengeschichte (ca 450—540), hrsg. von E. W. Brooks: CSCO 83—84, Paris 1919/21, dt. Übers. von K. Ahrens u. G. Krüger, Leipzig 1899

ZAM = Zeitschrift für Aszese und Mystik (seit 1947: GuL), (Innsbruck, München) Würzburg 1926 ff

ZDPV = Zeitschrift des Deutschen Palästina-Vereins, Leipzig 1878 ff

ZKG = Zeitschrift für Kirchengeschichte, (Gotha) Stuttgart 1876 ff

ZKTh = Zeitschrift für Katholische Theologie, (Innsbruck) Wien 1877 ff

ZMR = Zeitschrift für Missionswissenschaft und Religionswissenschaft, 34 ff Münster 1950 ff (Zeitschrift für Missionswissenschaft 1—17 ebd. 1911/27; Zeitschrift für Missionswissenschaft und Religionswissenschaft 18—25 ebd. 1928/35; Zeitschrift für Missionswissenschaft 26—27 ebd. 1935/37; Missionswissenschaft und Religionswissenschaft 28—33 ebd. 1938/41, 1947/49)

ZNW = Zeitschrift für die neutestamentliche Wissenschaft und die Kunde der älteren Kirche, Gießen 1900 ff, Berlin 1934 ff

ZRGG = Zeitschrift für Religions- und Geistesgeschichte, Marburg 1948 ff

ZSavRGrom = Zeitschrift der Savigny-Stiftung für Rechtsgeschichte, Romanistische Abteilung, Weimar 1880 ff

ZSKG = Zeitschrift für Schweizer Kirchengeschichte, Fribourg 1907 ff

ZThK = Zeitschrift für Theologie und Kirche, Tübingen 1891 ff

NACHTRÄGE

ADipl = Archiv für Diplomatik, Schriftgeschichte, Siegel- und Wappenkunde, Münster-Köln 1955 ff

AElsKG = Archiv für elsässische Kirchengeschichte, hrsg. v. der Gesellschaft für elsässische Kirchengeschichte, red. v. J. Brauner, Rixheim im Oberelsaß 1926 ff; ab 1946 red. v. A. M. Burg, Straßburg

AHVNrh = Annalen des Historischen Vereins für den Niederrhein, insbesondere das alte Erzbistum Köln, Köln 1855 ff

AkathKR = Archiv für Katholisches Kirchenrecht, (Innsbruck) Mainz 1857 ff

ArSKG = Archiv für schlesische Kirchengeschichte. hrsg. v. K. Engelbert I—VI Breslau 1936—41, VII ff Hildesheim 1949 ff

AUF = Archiv für Urkundenforschung, Berlin 1908 ff

AZ = Archivalische Zeitschrift, München 1876 ff

BÉCh = Bibliothèque de l'École des Chartes, Paris 1839 ff

CT = Concilium Tridentinum, Diariorum, Actorum, Epistularum, Tractatuum nova Collectio, edidit Societas Goerresiana promovendis inter Catholicos Germaniae Litterarum Studiis, bisher 13 Bde, Freiburg i. Br. 1901 ff

DTh = Divus Thomas (vor 1914: Jahrbuch für Philosophie und spekulative Theologie; ab 1954: Freiburger Zeitschrift für Theologie und Philosophie), Fribourg

DVfLG = Deutsche Vierteljahresschrift für Literaturwissenschaft und Geistesgeschichte, Halle 1923 ff

EstB = Estudios Bíblicos, Madrid 1941 ff

Gr = Gregorianum, Rom 1920 ff

JdI = Jahrbuch des Deutschen Archäologischen Instituts, Berlin 1886 ff (Beiblatt: AA)

Lammers = W. Lammers, Geschichtsdenken u. Geschichtsbild im Mittelalter (Darmstadt 1961)

MAH = Mélanges d'archéologie et d'histoire, Paris 1880 ff

MCom = Miscelánea Comillas, Comillas/Santander 1943 ff

NZSTh = Neue Zeitschrift für systematische Theologie und Religionsphilosophie, Berlin 1959 ff

PhJ = Philosophisches Jahrbuch der Görres-Gesellschaft, Fulda 1888 ff

QFIAB = Quellen und Forschungen aus italienischen Archiven und Bibliotheken, Rom 1897 ff

StdZ = Stimmen der Zeit (vor 1914: Stimmen aus Maria-Laach), Freiburg i. Br. 1871 ff

ThJ = Theologische Jahrbücher, Leipzig 1842 ff

Wattenbach-Levison = W. Wattenbach, Deutschlands Geschichtsquellen im Mittelalter. Vorzeit und Karolinger, Heft 1—3 hrsg. v. W. Levison u. H. Löwe, Weimar 1952—57; Beiheft: Die Rechtsquellen, v. R. Buchner, ebd. 1953

ZblB = Zentralblatt für Bibliothekswesen, Leipzig 1884 ff

ZBLG = Zeitschrift für Bayerische Landesgeschichte, München 1928 ff

ZDMG = Zeitschrift der deutschen morgenländischen Gesellschaft, Leipzig 1847 ff

ZSavRGkan = Zeitschrift der Savigny-Stiftung für Rechtsgeschichte, Kanonistische Abteilung, Weimar 1911 ff

ZWTh = Zeitschrift für wissenschaftliche Theologie, (Jena, Halle, Leipzig) Frankfurt a. M. 1858—1913

Weitere Abkürzungen in den Nachträgen zur Bibliographie dieses Bandes und der folgenden Bände gemäß *S. Schwertner*, Internationales Abkürzungsverzeichnis für Theologie und Grenzgebiete (Berlin 1974) = Theologische Realenzyklopädie (TRE), Abkürzungsverzeichnis (Berlin 1976) (mit Ergänzungen).

EINLEITUNG IN DIE KIRCHENGESCHICHTE

1. Kapitel

Gegenstand und Methode, Einteilung und Aktualität

LITERATUR: a) Gegenstand: *J. A. Möhler,* Einleitung in die Kirchengeschichte: Ges. Schriften und Aufsätze, hrsg. von J. J. I. Döllinger II (Regensburg 1840) 261—290; *A. Ehrhard,* Die historische Theologie und ihre Methode: Festschrift S. Merkle (Düsseldorf 1922) 117—136; *E. Müller,* Die Kirchengeschichte. Die Darstellung der Lebensäußerungen der Kirche in ihrer zeitlichen Entwicklung im Aufbau der Theologie: 3. Lektorenkonferenz der deutschen Franziskaner 1925 (Münster 1926) 95—108; *K. Adam,* Das Problem des Geschichtlichen im Leben der Kirche: ThQ 128 (1948) 257—300; *P. Simon,* Das Menschliche in der Kirche Christi (Freiburg [3]1948); *H. Jedin,* Zur Aufgabe des Kirchengeschichtsschreibers: TThZ 61 (1952) 65—78; *J. Lortz,* Nochmals zur Aufgabe des Kirchengeschichtsschreibers: ebd. 317—327; *H. Jedin,* Kirchengeschichte als Heilsgeschichte?: Saeculum 5 (1954) 119—128; *O. Köhler,* Der Gegenstand der Kirchengeschichte: HJ 77 (1958) 254—269; *G. Gieraths,* Kirche in der Geschichte (Essen 1959); *J. Wodka,* Das Mysterium der Kirche in kirchengeschichtlicher Sicht: Mysterium Kirche, hrsg. von F. Holböck und Th. Sartory (Salzburg 1962) 347—477 (reiche Literaturangaben). — Prot.: *E. Seeberg,* Über Bewegungsgesetze der Welt- und Kirchengeschichte (Berlin 1924); *W. Köhler,* Historie und Metahistorie in der KG (Tübingen 1930); *H. Karpp,* KG als theologische Disziplin: Festschr. R. Bultmann (Stuttgart 1949) 149—167; *E. Benz,* Weltgeschichte, Kirchengeschichte und Missionsgeschichte: HZ 173 (1952) 1—32; *J. Chambon,* Was ist KG? (Göttingen 1957); *P. Meinhold,* Weltgeschichte — Kirchengeschichte — Heilsgeschichte: Saeculum 9 (1958) 261—281 (gute Literaturübersicht); *E. Benz,* Kirchengeschichte in ökumenischer Sicht (Leiden-Köln 1961); *M. Schmidt* in: RGG[3] III 1421 bis 1433.

Zur Geschichtstheologie der Gegenwart: J. Wach, Die Geschichtsphilosophie des 19. Jh. und die Theologie der Geschichte: HZ 142 (1930) 1—15; *J. Bernhart,* Der Sinn der Geschichte (Freiburg 1931); *H. Rahner,* Grundzüge katholischer Geschichtstheologie: StdZ 140 (1947) 408—427; *K. Thieme,* Gott und die Geschichte (Freiburg 1948); *H. Urs v. Balthasar,* Theologie der Geschichte (Einsiedeln [3]1959); *J. Endres,* Die Grenzen des Geschichtlichen: DTh 30 (1952) 73—110; *J. Daniélou,* Vom Geheimnis der Geschichte (Stuttgart 1956); *A. Dempf,* Weltordnung und Heilsgeschehen (Einsiedeln 1958); *J. Möller,* Die Frage nach der Transzendenz der Geschichte: Festgabe J. Lortz II (Baden-Baden 1958) 567—584; *O. Köhler,* Der Neue Äon: Saeculum 12 (1961) 181—204 (Auseinandersetzung mit neuer Lit.). — Prot.: *H. Butterfield,* Christianity and History (London 1949); *W. Kamlah,* Christentum und Geschichtlichkeit (Stuttgart [2]1951); *K. Löwith,* Weltgeschichte und Heilsgeschehen. Die theologischen Voraussetzungen der Geschichtsphilosophie (Stuttgart [3]1953); *H. Berkhof,* Der Sinn der Geschichte: Christus (Göttingen 1962). — *C. Fabro,* La storiografia nel pensiero cristiano: Grande Antologia filosofica \ Mailand 1954) 311—503 (mit patristischen und mittelalterlichen Texten in ital. Übersetzung); *N. Berdjajew,* Der Sinn der Geschichte (Tübingen 1950).

Ekklesiologie, soweit das geschichtliche Element berücksichtigt wird: *H. de Lubac,* Méditations sur l'Église (Paris 1953), deutsch: Betrachtungen über die Kirche (Graz 1954); *J. Beumer,* Ein neuer, mehrschichtiger Kirchenbegriff: TThZ 56 (1956) 93—102; *St. Jáki,* Les tendences nouvelles de l'ecclésiologie (Rom 1957); *K. Rahner,* Das Dynamische in der Kirche (Freiburg [2]1960); *K. Rahner - J. Ratzinger,* Primat und Episkopat (Freiburg 1961); *J. Auer,* Das Leibmodell und der Kirchenbegriff der katholischen Kirche: MThZ 12 (1961) 14—38; Sentire ecclesiam, Festschr. H. Rahner, hrsg. von *J. Daniélou* und *H. Vorgrimler* (Freiburg 1961).

b) Methodik: *J. G. Droysen,* Historik, hrsg. von *R. Hübner* (Darmstadt [3]1958); *Ch. de Smedt,* Principes de la critique historique (Lüttich 1883); *E. Bernheim,* Lehrbuch der historischen Methode (Leipzig [6]1914, Neudruck 1960); *H. Feder,* Lehrbuch der historischen Methode (Regensburg [3]1924); *L. E. Halkin,* Critique historique (Lüttich [4]1959); *W. Bauer,* Einführung in das Studium der Geschichte (Tübingen [2]1928, Nachdruck Frankfurt a. M. 1961). — Aus der Geschichtsschreibung entwickeln die Methoden: *M. Ritter,* Die Entwicklung der Geschichtswissenschaft (München - Berlin 1919); *F. Wagner,* Geschichtswissenschaft (Freiburg 1951). — *K. Erslev,* Historische Technik (München - Berlin 1928); *H. Nabholz,* Einführung in das Studium der mittelalterlichen und der neueren Geschichte (Zürich 1948); *H. Quirin,* Einführung in das Studium der mittelalterlichen Geschichte (Braunschweig [2]1961); *L. Halphen,* Initiation aux études d'histoire du Moyen-Age (Paris [3]1952). — *G. Wolf,* Einführung in das Studium der neueren Geschichte (Berlin 1910). Die Anschauungen der französischen sozialgeschichtlichen Schule vertritt das Sammelwerk L'histoire et ses méthodes, hrsg. von *Ch. Samaran* (Paris 1962).

c) Einteilung: *E. Göller,* Die Periodisierung der Kirchengeschichte und die epochale Stellung des Mittelalters (Freiburg 1919); *K. Heussi,* Altertum, Mittelalter und Neuzeit in der Kirchengeschichte (Tübingen 1921); *O. E. Strasser,* Les périodes et les époques de l'histoire de l'église: RHPhR 30 (1950) 290—304. Orientierende Übersicht über die allg. Einteilungen: *J. H. J. van der Pot,* De Periodisering der Geschiedenis. Een overzicht der Theorien ('s Gravenhage 1951); *M. Tetz,* Über Formengeschichte in der Kirchengeschichte: ThZ 17 (1961) 413—431.

d) Aktualität: *A. Knöpfler,* Wert und Bedeutung des Studiums der Kirchengeschichte (München 1893), dazu *H. Schrörs:* HJ 15 (1894) 133—145; *A. M. Koeniger,* Voraussetzungen und Voraussetzungslosigkeit in Geschichte und Kirchengeschichte (München 1910); *Y. Congar,* Vraie et fausse réforme dans l'église (Paris 1950). Weitere Literatur s. oben unter a) Ekklesiologie.

a) Der *Gegenstand* der Kirchengeschichte ist das Wachstum der von Christus gestifteten Kirche in Zeit und Raum. Indem sie diesen ihren Gegenstand von der Glaubenswissenschaft empfängt und im Glauben festhält, ist sie theologische Disziplin und unterscheidet sich von einer Geschichte des Christentums. Ihr theologischer Ausgangspunkt, der Begriff der Kirche, darf allerdings nicht so verstanden werden, als ob die von der Dogmatik aufgezeigte Struktur der Kirche als vorgegebenes Schema der geschichtlichen Darstellung zugrunde gelegt und in ihr nachgewiesen werden müßte, mithin die geschichtsempirische, auf den historischen Quellen basierende Feststellung ihrer Lebensäußerungen einschränkte oder behinderte, sondern beinhaltet lediglich ihren göttlichen Ursprung durch Jesus Christus, die von ihm grundgelegte (hierarchische und sakramentale) Ordnung und den ihr verheißenen Beistand des Heiligen Geistes sowie ihre Hinordnung auf die eschatologische Vollendung, also die Elemente, auf denen ihre wesentliche Identität in den wechselnden Erscheinungsformen, d. h. ihre Kontinuität, beruht. Das Bild vom „Schiff der Kirche“, das fertig und unverändert über das Meer der Jahrhunderte fährt, ist weniger zutreffend als der schon von Vinzenz von Lerin gebrauchte Vergleich mit dem Wachstum des menschlichen Leibes und der Saat, das „keine Beeinträchtigung ihrer Eigentümlichkeit und keine Veränderung ihres Wesens einschließt“ (Commonitorium, cap. 29). Wie das Weizenkorn keimt und sprießt, Halm und Ähre ansetzt, aber immer Weizen bleibt, so verwirklicht sich das Wesen der Kirche im geschichtlichen Prozeß in wechselnden Formen, bleibt sich aber gleich. Ihr Charakter als geschichtliche Größe beruht letztlich auf der Inkarnation des Logos und auf dessen Eintritt in die menschliche Geschichte, vor allem aber darauf, daß Christus die Kirche als Gemeinschaft von Menschen (Volk Gottes) unter Führung von Menschen (Apostelkolleg, Episkopat, päpstlicher Primat) gewollt und sie damit von menschlichem Handeln, aber auch von menschlicher Schwäche abhängig gemacht hat. Er hat sie jedoch nicht sich selbst überlassen. Ihre übergeschichtliche transzendente Entelechie ist der Heilige Geist, der sie vor Irrtum bewahrt, in ihr Heiligkeit schafft und erhält und sich durch Wunder beglaubigen kann. Sein Dasein und Wirken in der Kirche kann, wie das der Gnade in der Einzelseele, aus historisch faßbaren Wirkungen erschlossen, muß selbst aber geglaubt werden. Aus dem Zusammenwirken dieses göttlichen Faktors mit dem menschlichen in Zeit und Raum entsteht die Kirchengeschichte.

Vom Begriff der Kirche hängen Verständnis und Sinngebung der Kirchengeschichte ab. Den Aufklärern erschien sie als ein „natürliches Gesellschaftsgebilde, das neben vielen anderen im Staat steht“[1]; nach ihrer Ansicht ist sie „wohl von Gott gegründet, aber Gottes Geist wohnt nicht in ihr“, vielmehr herrschen in ihr die Menschen. Dieser anthropozentrischen Auffassung setzte Möhler[2] seine theozentrische entgegen und definierte die Kirchengeschichte als „die Reihe von Entfaltungen des von Christo der Menschheit mitgeteilten Licht- und Lebensprincips, um sie wieder mit Gott zu vereinigen und zu seiner Verherrlichung geschickt zu machen“. Als der Historismus um die Wende des 19. Jh. die Forderung aufstellte, die Kirchengeschichte in der Profangeschichte aufgehen zu lassen, den Kirchenhistoriker zum Profanhistoriker zu machen[3], führte Albert Ehrhard die Bezeichnung „Historische Theologie“ ein und bestimmte als Aufgabe der Allgemeinen Kirchen-

[1] *E. Säger,* Die Vertretung der Kirchengeschichte in Freiburg (Freiburg 1952) 68.

[2] *J. A. Möhler,* Ges. Schriften und Aufsätze, hrsg. von J. J. I. Döllinger II (Regensburg 1840) 272.

[3] *R. Fester,* Die Säkularisation der Historie: HV 11 (1908) 441—459.

geschichte die „Erforschung und Darstellung des tatsächlichen Verlaufes der Geschichte des Christentums in seiner organisierten Erscheinung als Kirche durch alle Jahrhunderte ihrer Vergangenheit, in vollem Umfange ihres Bestandes und nach allen Seiten ihres Lebens“ [4].

Auf theologischer Setzung beruhen Anfang und Ende der Kirchengeschichte. Sie beginnt nicht mit der Inkarnation, auch nicht mit der Wahl und Aussendung der Apostel, sondern mit der Herabkunft des Heiligen Geistes auf die Urgemeinde am ersten Pfingstfest [5]. Sie endet mit der Wiederkunft des Herrn. Innerhalb dieser chronologischen Grenzen hat sie zum Gegenstand alle Lebensäußerungen der Kirche: die äußeren, ihre Ausbreitung über den Erdball (Mission), ihr Verhältnis zu den nichtchristlichen Religionen und den von ihr getrennten christlichen Kirchengemeinschaften (Ökumene) und ihr Verhältnis zum Staat und zur Gesellschaft (Kirchenpolitik und kirchliche Soziologie); die inneren, Ausbildung und lehramtliche Feststellung der Glaubenslehre im Kampf mit der Irrlehre und mit Hilfe der theologischen Wissenschaft, Verkündigung des Glaubens durch Predigt und Unterricht sowie den Vollzug ihres sakramentalen Wesens durch die Feier der Liturgie und Spendung der Sakramente samt deren Vorbereitung durch Seelsorge und Auswirkung in der christlichen Caritas, Aufbau der Kirchenverfassung als des tragenden Gerüstes für die Ausübung des Lehr- und Priesteramtes, schließlich die Ausstrahlung der kirchlichen Arbeit auf alle Bereiche der Kultur und alle Bereiche des menschlichen Gemeinschaftslebens.

Daß der Kirchenbegriff für die Bestimmung des Gegenstandes und der Aufgabe der Kirchengeschichte grundlegend ist, ergibt der Vergleich mit Begriffsbestimmungen evangelischer Kirchenhistoriker. Die Kirchengeschichte kann nicht hegelianisch als dialektische Bewegung einer Idee aufgefaßt werden (F. Ch. Baur), weil die Kirche nicht nur (göttliche) Idee, sondern auch (geschichtliche) Tatsache ist. Ihr Gegenstand ist nicht nur die „Kirche des Wortes“ (W. v. Loewenich), „Geschichte der Auslegung der Heiligen Schrift“ (G. Ebeling), „des Evangeliums und seiner Wirkung in der Welt“ (H. Bornkamm) oder die Kirche, wie sie uns im Neuen Testament entgegentritt (W. Delius); diese Bestimmungen gehen sämtlich vom protestantischen Kirchenbegriff aus. Von den neueren Definitionen evangelischer Kirchenhistoriker stehen der unseren am nächsten die von K. D. Schmidt: Gegenstand der Kirchengeschichte sei „der in der Welt fortwirkende Christus, sein Leib, der vom Heiligen Geist in alle Wahrheit geleitet wird und dessen Geschichte ganz Gottes-, aber auch ganz Menschenwerk“ ist, und die von J. Chambon: „Geschichte des Reiches Gottes auf Erden“; sie sichern zwar den Charakter der Kirchengeschichte als Glaubenswissenschaft, bleiben aber dem jeweils zugrunde liegenden Kirchenbegriff insoweit verhaftet, als dieser

[4] Festschrift S. Merkle (Düsseldorf 1922) 122.

[5] *H. Zimmermann*, Über das Anfangsdatum der Kirchengeschichte: AKG 41 (1959) 1—34.

bei Schmidt durch die lutherischen Bekenntnisschriften, bei Chambon durch das reformierte Kirchenverständnis bestimmt wird.

b) *Methode.* Um ihre Aufgabe zu erfüllen, bedient sich die Kirchengeschichte der historischen Methode. Ihre Anwendung auf den oben bestimmten Gegenstand, die geglaubte und zugleich sichtbare Kirche, unterliegt keinen von der Sache gegebenen Einschränkungen, kann aber zeitweilig zu Spannungen zwischen dem Glauben bzw. theologischen Postulaten, die man mit ihm identifiziert, und wirklichen oder nur scheinbar gesicherten Ergebnissen der Wissenschaft führen und den Kirchenhistoriker vor schwere Entscheidungen stellen. Ihre wissenschaftliche Sauberkeit wird dadurch nicht berührt. Sie ist sowohl Theologie wie Geschichtswissenschaft im strengen Wortsinn. Die Anwendung der historischen Methode vollzieht sich in drei Stufen:

1. Wie jede Geschichte, so ist auch die Kirchengeschichte an ihre Quellen gebunden. Sie vermag über Ereignisse und Zustände der kirchlichen Vergangenheit nur das und nur so viel auszusagen, was sie in den richtig interpretierten Quellen vorfindet. Die Quellen (monumentale und schriftliche Überreste, literarische Quellen) müssen aufgesucht (Heuristik), auf ihre Echtheit geprüft, in gesicherten Texten herausgegeben und auf ihren historischen Gehalt untersucht werden. Das erste Ziel der so betriebenen kirchengeschichtlichen Forschung ist die Feststellung der historischen Daten und Tatsachen, die das Gerüst jeder Geschichte bilden, ohne deren Kenntnis jeder weitere Schritt, sei es genetische Verknüpfung, geistesgeschichtliche Beziehung oder ekklesiologische Auswertung unsicher wird oder gar zur haltlosen Konstruktion herabsinkt. Erst durch die Erschließung und kritische Bearbeitung der Quellen hat sich die Kirchengeschichte seit dem 17. Jh. zur Wissenschaft entwickelt (s. Kap. 3c). Auf dieser Stufe der Forschung verdankt die Kirchengeschichte viele wichtige Ergebnisse Gelehrten, die außerhalb der Kirche stehen und ihren Charakter als theologische Disziplin nicht anerkennen. Auch der konfessionelle Standpunkt macht sich kaum bemerkbar.

2. Aber schon die kausale Verknüpfung der ermittelten Tatsachen, die Ermittlung der Motive handelnder Personen und die damit zusammenhängende Beurteilung kirchlicher Persönlichkeiten, die Wertung religiöser und geistiger Bewegungen und ganzer Epochen greifen über die Feststellung der Tatsachen hinaus und hinter sie auf Voraussetzungen und Wertmaßstäbe zurück, die nicht aus der Geschichte selbst entnommen werden können, ihr aber auch nicht fremd sein dürfen. Die Anerkennung der menschlichen Entschlußfreiheit verhindert die Aufstellung determinierender historischer Gesetze. Die historische Kausalität muß gegen das Eingreifen und Mitwirken transzendenter Faktoren geöffnet bleiben, die Möglichkeit außerordentlicher Phänomene (z. B. mystischer, aber auch von Wundern) darf nicht apriorisch ausgeschlossen werden. Den historischen Begriffen, die die Kirchengeschichte

bildet oder übernimmt, um Gruppen von Tatsachen, religiöse oder geistige Strömungen zusammenzufassen, liegen, wie schon der Auswahl des Stoffes, in der Regel Werturteile zugrunde, erst recht der Anwendung von Kategorien wie „Blüte“ und „Verfall“, „Mißbrauch“ und „Reform“. Die Maßstäbe für die Beurteilung von Persönlichkeiten und Ereignissen dürfen nicht der Gegenwart entnommen werden, sondern müssen sich der jeweiligen Stufe der geschichtlichen Ausformung der Kirche anpassen. Versagen und Sünde der Menschen wird dadurch nicht relativiert, die menschliche Verantwortung nicht aufgehoben: es gibt historische Schuld und historisches Verdienst. Doch ist das Urteil der Kirchengeschichte kein „Gericht“ über die kirchliche Vergangenheit.

Der philosophische, religiöse und kirchliche Standpunkt des Historikers kommt auf dieser zweiten Stufe, der geschichtlichen Darstellung, auch dann zur Geltung, wenn er sich um die größtmögliche Objektivität und Unparteilichkeit bemüht. Die Auseinandersetzung mit geschichtsphilosophischen Systemen, wie dem historischen Materialismus oder Spenglers biologischer Geschichtsauffassung, mit historiographischen Schulen, wie der kulturgeschichtlichen oder soziologischen, gehört nicht zu den Aufgaben der Kirchengeschichte. Es ist aber unausbleiblich, daß diese nicht nur die Beurteilung, sondern auch die Auswahl des Stoffes und die literarische Form beeinflussen. Die in der Gegenwart am häufigsten angewendeten Formen sind die Biographie, die Monographie und der Essay. Die Biographie sucht eine geschichtlich bedeutsame Persönlichkeit sowohl in ihrer Individualität wie als Schnittpunkt der zu ihrer Zeit wirksamen Kräfte zu erfassen; wenn sie über die Darstellung der äußeren Lebensdaten hinausgehen soll, müssen Äußerungen persönlicher Art, wie Briefe und Tagebücher, vorliegen. Die chronologisch, topographisch oder sachlich begrenzte Monographie behandelt ganze Epochen (z. B. Duchesne und Lietzmann die alte Kirche, H. v. Schubert das Frühmittelalter), einzelne Länder (z. B. A. Haucks Kirchengeschichte Deutschlands, G. Villadas Kirchengeschichte Spaniens, Tomeks Kirchengeschichte Österreichs) und Diözesen; Institutionen, wie das Papsttum und religiöse Orden, einzelne Ereignisse, wie Konzilien, oder religiöse und geistige Bewegungen (Borsts Katharer, Maaß' Josephinismus). Neben der streng wissenschaftlichen Monographie ist in neuerer Zeit der Essay zu steigender Bedeutung gelangt, der in möglichst konziser, sprachlich vollendeter Form, aber unter Verzicht auf Quellen und Literaturnachweise den Kern historischer Persönlichkeiten und Ereignisse erfassen und einem weiteren Leserkreis zugänglich machen will.

3. Als Ganzes kann die Kirchengeschichte nur heilsgeschichtlich begriffen, ihr letzter Sinn nur im Glauben erfaßt werden. Sie ist die fortdauernde Präsenz des Logos in der Welt (durch die Glaubensverkündigung) und der Vollzug der Christusgemeinschaft durch das neutestamentliche Gottesvolk (in Opfer und Sakrament), bei der Amt und Charisma zusammenwirken.

Sie ist das Wachstum des „Leibes Christi", nicht, wie die „Verfallstheorie" meinte, ein stetes Abgleiten vom Ideal der Urkirche, aber auch nicht, wie die Aufklärer wähnten, ein kontinuierlicher Fortschritt. Das Wachstum der Kirche wird zeitweise von innen oder von außen gehemmt, sie macht „Krankheiten" durch, erlebt Rückschläge und Aufschwünge. Sie zeigt sich nicht als jene Braut ohne Flecken und Makel, wie sie die Spiritualisten aller Zeit erträumten, sondern vom Staub der Jahrhunderte bedeckt, unter dem Versagen der Menschen leidend und von ihren Feinden verfolgt: darum ist die KG Kreuzestheologie. Unbeschadet ihrer wesenhaften Heiligkeit ist die Kirche nicht das Vollkommene, sie bedarf ständig der Erneuerung (semper reformanda). Obwohl in dieser Weltzeit nicht überholbar (durch eine Geistkirche), behält sie den Charakter der Vorläufigkeit und erwartet das Vollkommene. Wenn es in der Parusie eintritt, wird der durchmessene geschichtliche Weg im vollen Lichte liegen, wird der letzte Sinn aller Ereignisse begriffen werden, werden die letzten und endgültigen Urteile über Verdienst und Schuld der Menschen feststehen. In den Eschata erst fließen Kirchen-, Welt- und Heilsgeschichte zusammen.

c) Die *Einteilung* der Kirchengeschichte kann nicht von abstrakten geschichtsphilosophischen Kategorien ausgehen, ebensowenig aber den göttlichen Heilsplan zugrunde legen, dessen Grundzüge zwar in der Offenbarung gegeben, dessen Einzelheiten uns aber nicht bekannt sind. Sie darf sich nicht vom Verhältnis der Kirche zu ihrer Umwelt abhängig machen, denn „die katholische Kirche identifiziert sich mit keiner Kultur"[6]. Jede Periodisierung, die den geschichtlichen Tatsachen gerecht werden und deren Verstehen erleichtern will, muß berücksichtigen, daß das vom Heiligen Geist im Zusammenwirken mit der menschlichen Freiheit bewirkte innere und äußere Wachstum der Kirche sich in steter Auseinandersetzung mit den Kulturen vollzieht. Ihre Ausbreitung über den Erdball (Gleichnis vom Senfkorn) wie die innere Durchdringung der Menschheit, der Kulturkreise, Völker und Gesellschaftsordnungen (Gleichnis vom Sauerteig) bedienen sich der geschichtlichen Begebenheiten und passen sich ihnen an: die Kirchengeschichte ist ein Mittleres zwischen Welt- und Heilsgeschichte[7].

Die Periodisierung stellte sich als Problem erst, als die welt- und heilsgeschichtlichen Schemata der mittelalterlichen Historiographie und die annalistische Methode der Centuriatoren und des Baronius überwunden waren. Verhältnismäßig spät (durch Möhler) kam die in der Profangeschichte seit dem Ende des 17. Jh. eingebürgerte Dreiteilung in Altertum, Mittelalter und Neuzeit in Aufnahme[8], ohne jemals ausschließlich zu herrschen. Ein

[6] L'Église catholique ne s'identifie avec aucune culture: Pius XII. in seiner Ansprache an den X. Internationalen Historiker-Kongreß am 7. 9. 1955.

[7] *O. Köhler:* HJ 77 (1958) 257.

[8] *K. Heussi,* Altertum, Mittelalter und Neuzeit in der Kirchengeschichte (Tübingen 1921) 18f.

in jeder Hinsicht überzeugendes und allgemein anerkanntes Einteilungsprinzip ist bis jetzt nicht gefunden. Wenn man von der Einheit der Kirche ausgeht und die auf die Konzilien des 5. Jh. folgenden Absplitterungen, das griechische Schisma und die Glaubensspaltung des 16. Jh. als periodenbildende Einschnitte betrachtet, vernachlässigt man die nicht weniger wichtigen innerkirchlichen Vorgänge, die Ausbreitung und das Verhältnis zu den Kulturen. Das Ende des alten Kirchenrechtes (R. Sohm) und der Aufstieg des Papsttums seit dem 11. Jh. sind verfassungsgeschichtlich die tiefste Zäsur, lassen aber alle anderen Gesichtspunkte unbeachtet. Die im vorliegenden Handbuch zugrunde gelegte Vierteilung versucht, das gesamte Erscheinungsbild der Kirche im Wechsel der Zeiten festzuhalten und sowohl die äußeren wie die inneren Faktoren der Entwicklung zu berücksichtigen.

1. Ausbreitung und Ausformung der Kirche im hellenistisch-römischen Raum. Am wenigsten umstritten ist die innere und äußere Einheit der ersten Periode. Aus dem jüdischen Mutterboden hervorwachsend, breitet sich die Kirche im hellenistisch-römischen Kulturkreis über das Imperium Romanum aus, im Osten auch über dessen Grenzen, bis Konstantin d. Gr. rechtlich nicht anerkannt und wiederholt verfolgt, seit dem 4. Jh. als Reichskirche. Die Metropolitanverfassung lehnt sich an die Reichseinteilung an, die Ökumenischen Konzilien sind Reichskonzilien; die Vorrangstellung des Bischofs von Rom beeinträchtigt nicht die weitgehende Autonomie der östlichen Patriarchate. Seit dem Auftreten der griechischen Apologeten im 2. Jh. setzt sich das Christentum mit der orientalisch-hellenistisch-römischen Kultur und Religion auseinander, bedient sich der griechischen Philosophie bei der Formulierung des trinitarischen und des christologischen Dogmas durch die ersten vier Ökumenischen Konzilien und antiker Ausdrucksformen in Kult und Kunst. Im Gefolge der christologischen Streitigkeiten trennen sich die jenseits der östlichen Reichsgrenzen entstandenen Nationalkirchen von der byzantinischen Reichskirche, während sich auf dem Boden des Westreiches christliche Germanenreiche arianischer (Ost- und Westgoten) wie römischer (Franken) Observanz bilden. Das spezifisch römische Kirchentum Gregors d. Gr. und der Arabersturm des 7. Jh. markieren die Wende: die blühenden Kirchen Nordafrikas und Syriens verkümmern, das römisch-germanische Abendland und Byzanz entfremden sich.

2. Die Kirche als Entelechie der christlich-abendländischen Völkergemeinschaft (ca 700—1300). Während sich die griechische Kirche auf die Bewahrung des altchristlichen Überlieferungsgutes konzentriert, schaffen die Annahme des römisch-katholischen Glaubens durch die Franken und die Angelsachsen, die ihr folgende „Germanisierung" des Christentums und der Bund des Papsttums mit dem fränkischen Großreich im 8. Jh. die einmalige Möglichkeit, die durch den islamischen Ring eingeengte und mit Byzanz nur lose verbundene römisch-germanische Völkergemeinschaft, die durch die westslawischen Völker erweitert wird, mit christlichem Geist zu durchdringen

und ihr das antike Bildungsgut zu übermitteln (karolingische und ottonische Renaissance). In der feudalistischen Gesellschaftsordnung, die die Kirche vorfindet, nicht schafft, dominiert das theokratische Königtum bzw. das erneuerte abendländische Kaisertum („Laienherrschaft"), bis seit der Mitte des 11. Jh. das durch die gregorianische Reform erneuerte Papsttum in wiederholten Konflikten mit der weltlichen Gewalt (Investiturstreit, die Staufer Friedrich I. und Friedrich II.) zur herrschenden Ordnungsmacht des Abendlandes aufsteigt und sich in der römischen Kurie das Instrument für die zentral geleitete Kirchenregierung schafft, aber auch zunehmend in die profane Machtpolitik und damit in die „Welt" verstrickt wird. Eine mehr individuelle und stärker subjektivierte Frömmigkeit drängt die objektiv-liturgische in den Hintergrund, Scholastik und Kanonistik entwerfen ein nicht uniformes, aber in seinen Grundzügen geschlossenes christliches Denk- und kirchliches Ordnungssystem, das auf den Universitäten ausgebaut wird. Die Bettelorden des 13. Jh. rezipieren den Armutsgedanken und widmen sich vornehmlich der städtischen Seelsorge. Der Anschluß Rußlands an Byzanz und das Morgenländische Schisma verstärken die Isolierung, die Kreuzzüge erweitern das Gesichtsfeld, der Mongoleneinfall ermöglicht die zeitweilige Durchbrechung des islamischen Gürtels und Missionsversuche im Fernen Osten. Bonifaz VIII. formuliert im Streit mit Philipp dem Schönen die zeitgeschichtlich bedingte Papaltheorie, unterliegt aber in der Katastrophe von Anagni.

3. Die Auflösung des christlich-abendländischen Kosmos, Reformen und Reformation, der Übergang zur Weltmission (14.—18. Jh.). Der Universalismus der beiden höchsten Gewalten verblaßt, die westlichen Nationalstaaten sind im Aufstieg. Die Kircheneinheit wird durch das Abendländische Schisma bedroht, auf dem Konstanzer Konzil wiederhergestellt. Die Einheitlichkeit des Denkens geht durch den Nominalismus, das kirchliche Bildungsmonopol durch das Aufkommen laikaler Bildung (Humanismus) verloren. Innerhalb der feudalistischen Gesellschaftsordnung stellen die städtisch-bürgerliche Kultur und der Frühkapitalismus der Kirche neue, nur ungenügend gelöste Aufgaben. Die reformbedürftige Kirche wird selbst zum Problem (Marsilius von Padua, Wyclif, Konziliarismus). Die Reformatoren, Luther, Zwingli und Calvin, beanspruchen, die seit langem vergeblich geforderte „Reformation" zu bringen, und trennen Nordeuropa ganz, Mitteleuropa zum Teil vom Papsttum. Der protestantischen Reformation setzt die Kirche seit dem Trienter Konzil eine Katholische Reform entgegen, erneuert religiöses Leben und kirchliche Wissenschaft, vermag sogar in der Gegenreformation verlorenes Terrain zurückzugewinnen. Die Mission im neuentdeckten Amerika und in Asien erweitert ihren Wirkungsbereich. Mit dem Abklingen der konfessionellen Kämpfe setzt die Säkularisierung des europäischen Geistes ein; das Papsttum vermag sich gegen die absolutistisch regierten Staaten nicht durchzusetzen. Das abendländische Denken ent-

gleitet der Führung der Kirche (sog. Aufklärung), Revolution und Säkularisation zerbrechen ihre feudalistische Schale.

4. Die Weltkirche im industriellen Zeitalter. Die Entwicklung der Kirche im 19. und 20. Jh. läßt drei Tendenzen erkennen: a) Loslösung vom paritätisch oder laizistisch gewordenen Staat, scharfe Akzentuierung des Gegensatzes zwischen christlichem und modernem Denken (Neuscholastik, Syllabus), anderseits Anpassung an konstitutionelle und demokratische Staatsformen und Aktivierung immer breiterer Schichten des Kirchenvolkes durch moderne Formen der Massenbeeinflussung (Vereinswesen, Presse) und Aufgreifen der sozialen Frage; b) Intensivierung des religiösen Lebens durch die Liturgische Bewegung und das Laienapostolat, durch neue Formen der Seelsorge und des Ordenslebens; c) die Definitionen des I. Vatikanischen Konzils über die Primatialgewalt des Papstes sichern dessen Stellung innerhalb der Kirche, der Verlust des Kirchenstaates bildet den Auftakt zur Verstärkung seiner religiös-moralischen Autorität über die Glieder der Kirche hinaus. Durch die Weltmission, die im 19. Jh. der kolonialen Expansion Europas folgt, im 20. Jh. sich vom Kolonialismus und Europäismus loszulösen beginnt, wird die Kirche faktisch Weltkirche und gezwungen, sich mit den übrigen Weltreligionen (Buddhismus, Hinduismus, Islam) und dem atheistischen Kommunismus auseinanderzusetzen. Gleichzeitig öffnet sie sich den Bestrebungen zur Wiederherstellung der Einheit aller Christen (Ökumenische Bewegung).

d) *Aktualität und Lebenswert.* Die Kirchengeschichte ist nicht das Antiquitätenkabinett der Kirche; sie ist ihr Selbstverständnis und daher integrierender Bestandteil der Ekklesiologie. Wer im Lichte des Glaubens das Werden und Wachsen der Kirche studiert, dringt in ihr göttlich-menschliches Wesen ein, erfaßt sie, wie sie ist, nicht nur wie sie sein soll, lernt ihre Lebensgesetze kennen und gewinnt selbst einen festen Standpunkt in ihr; sein sentire ecclesiam wird zum krisenfesten sentire cum ecclesia. Voraussetzung dieser ekklesiologischen Pragmatik bleibt freilich die streng wissenschaftliche Erforschung und zweckfreie Darstellung der Tatsachen; ist diese geleistet, so darf und muß die Kirchengeschichte Folgerungen für das Verständnis der Gegenwart und für die Entscheidung von Gegenwartsfragen ziehen. Aus der Konziliengeschichte fällt Licht auf ein gegenwärtiges Konzil, denn dieses ist das letzte Glied einer langen Kette. Einen illusionsfreien und sicheren Standpunkt gegenüber den ökumenischen Bestrebungen gewinnt, wer die Geschichte der Reunionsbestrebungen kennt. Ordensgeschichte ist mehr als die Geschichte einzelner Orden: diese sind Zweige am Baum der Kirche, Bezeugungen des charismatischen Elementes, das in ihr wirksam ist, und Antworten auf die Fragen, die jede Zeit ihr stellt. Wenn die Missionsgeschichte den Problemen der Akkommodation und des Europäismus nachgeht, leistet sie einen wichtigen Beitrag zur Bestimmung des Verhältnisses von Kirche und Kultur. Die Kirchengeschichte klärt den ursprünglichen Sinn der kirchlichen Institutionen und schärft den Blick für notwendige (z. B. liturgische) Reformen.

Allerdings „begreifen wir auch unsere Gegenwart der Kirche nicht, wenn wir nicht zuerst die *ganze* christliche Vergangenheit begriffen haben“ [9]. Die Kirchengeschichte auf das zu beschränken, was noch in der Gegenwart der Kirche lebendig ist oder dafür gehalten wird, hieße sie einem Pragmatismus ausliefern, der zwar als pädagogisches Prinzip unentbehrlich, aber als tragender Grundsatz für Forschung und Darstellung unannehmbar ist, weil er ihren Wissenschaftscharakter gefährdet. Sie empfängt jedoch ständig Fragestellungen von der kirchlichen Problematik der Gegenwart, z. B. von der Auseinandersetzung um ein Ökumenisches Konzil oder von der Ökumenischen Bewegung.

Ihr Wert für die religiöse Erziehung liegt darin, daß sie den Reichtum der Möglichkeiten christlicher Existenz erschließt und mit dem Menschlichen in der Kirche, dem Problem der Macht, der Sünde und des Versagens konfrontiert. Dieses Ziel vermag sie aber nur zu erreichen, wenn sie in ihrer Gänze, nicht nur in heilsgeschichtlichen Übersichten oder apologetischen Ausschnitten vorgeführt wird. Als Ganzes ist sie die wirksamste Apologie der Kirche, ohne sie läßt sich eine geläuterte Liebe zur sichtbaren Kirche nur schwer denken.

Der Kirchenhistoriker muß nicht nur, wie jeder Historiker, „ein Herz zur Geschichte haben“ (J. G. Droysen), er muß auch „christlichen Sinn und Geist mitbringen“ [10], d .h., er braucht zur Sinngebung den Glauben und wird dann zum „Deuter der Wirksamkeit des Heiligen Geistes auf Erden“ [11]. Er läßt die Vergangenheit der Kirche nicht teilnahmslos wie einen Film an sich vorüberziehen, sondern ist sich bewußt, daß er als ihr Deuter handelnd in ihr steht. Sein Verhältnis zur Kirchengeschichte wird durch seinen Standpunkt in der Kirche bestimmt; sein Glaube beeinträchtigt nicht die innere Freiheit des Forschens nach der Wahrheit und den Willen zu unparteiischer Beurteilung der Menschen und der Ereignisse; sein metahistorischer Maßstab schließt wohl den relativistischen Historismus, aber nicht echte Historie aus.

2. *Kapitel*

Hilfswissenschaften

Die Kirchengeschichte bedient sich wie der gleichen Methode, so auch der gleichen Hilfswissenschaften wie die allgemeine Geschichte. Von praktischer Bedeutung sind für sie die Chronologie, Paläographie, Urkundenlehre, Archiv- und Bibliothekskunde, Heraldik und in einem weiteren Sinne Geo-

[9] *J. A. Möhler* a. a. O. II 287. [10] *J. A. Möhler* a. a. O. II 282.
[11] *J. Spörl,* Grundformen hochmittelalterlicher Geschichtsanschauungen (München 1935) 20.

graphie, Kartographie und Statistik. Eine vorzügliche Zusammenfassung: A. v. Brandt, Werkzeug des Historikers. Eine Einführung in die historischen Hilfswissenschaften (Stuttgart ²1960)[1].

a) Chronologie: *H. Grotefend,* Zeitrechnung des deutschen Mittelalters und der Neuzeit I (Hannover 1891), II (Hannover - Leipzig 1898), umfassendstes und ausführlichstes Handbuch mit einer allgemeinen Darstellung der Geschichte des Kalenderwesens im 1. Bd, der „große Grotefend"; als Hilfsmittel für das Studium in den meisten Fällen ausreichend: *H. Grotefend,* Taschenbuch der Zeitrechnung des deutschen Mittelalters und der Neuzeit (Hannover ¹⁰1960). — Für die antike Chronologie *W. Kubitschek,* Grundriß der antiken Zeitrechnung (München 1928) [= Handbuch der Altertumswissenschaft I, 7]; für den praktischen Gebrauch *H. Lietzmann,* Zeitrechnung der römischen Kaiserzeit, des Mittelalters und der Neuzeit (3. Aufl. durchges. von K. Aland, Berlin 1956) [= Sammlung Göschen Bd 1085]. — Für Datierungsfragen im Urkundenwesen die entsprechenden Abschnitte bei *H. Bresslau - H. W. Klewitz,* Handbuch der Urkundenlehre II, 2 (²1931, Neudruck 1958), und *A. Giry,* Manuel de diplomatique II (Paris 1894, Neudruck 1925). Umfassende Tabellen bei *C. de Mas Latrie,* Trésor de chronologie, d'histoire et de géographie (Paris 1889).

Für die astronomischen Grundlagen *W. F. Wislicenus,* Astronomische Chronologie. Ein Hilfsbuch für Historiker, Archäologen und Astronomen (Leipzig 1895); *F. K. Ginzel,* Handbuch der mathematischen und technischen Chronologie. Das Zeitrechnungswesen der Völker, 3 Bde (Leipzig 1906/13).

Als Begründer der kritischen Methode für die Chronologie gilt *D. Petavius* mit seinem Werk De doctrina temporum (Paris 1627, mit vielen späteren Auflagen). — Ein lehrreiches Beispiel für die Probleme der Zeitrechnung im Mittelalter bietet *W. E. van Wijk,* Le nombre d'Or. Étude de chronologie technique. Suivie du texte de la ‚Massa Compoti' d'Alexandre de Villedieu. Avec traduction et commentaire (Den Haag 1936).

b) Paläographie: Knappe, aber vorzügliche Einführung in die lateinische Paläographie mit weiterführenden Literaturangaben *B. Bischoff,* Paläographie, 2., überarb. Aufl.: Deutsche Philologie im Aufriß, hrsg. von W. Stammler (Berlin ²1957) 379—452. Die wichtigsten Handbücher: *E. M. Thompson,* An Introduction to Greek and Latin Paleography (Oxford ²1912); *G. Battelli,* Lezioni di paleografia (Città del Vaticano ³1949); *H. Foerster,* Abriß der lateinischen Paläographie (Bern 1949); *M. Prou,* Manuel de Paléographie latine et française, hrsg. von *A. de Boüard* (Paris ⁴1924); *G. Cencetti,* Lineamenti di storia della scrittura latina (Bologna 1954), mit Berücksichtigung der neuzeitlichen Schriftgeschichte. Zusammenfassende Berichte über die neueren Forschungsergebnisse für einzelne Länder in der wichtigsten Zeitschrift: Scriptorium (Antwerpen 1946 ff).

Zur Geschichte der Schrift die neueste allgemeine Darstellung *J. Fevrier,* Histoire de l'écriture (Paris ²1959). Wichtigere Arbeiten für einzelne Perioden: Nomenclature des écritures livresques du IXᵉ au XVIᵉ siècle (Paris 1954), darin: *B. Bischoff,* La Nomenclature des écritures livresques du IXᵉ au XIIIᵉ siècle (7—14); *G. J. Lieftinck,* Pour une nomenclature de l'écriture livresque de la période dite gothique (15—34); *G. Battelli,* Nomenclature des écritures humanistiques (35—43). — *J. Mallon - R. Marichal - Ch. Perrat,* L'écriture latine de la capitale à la minuscule (Paris 1939); *B. Bischoff,* Die südostdeutschen Schreibschulen und Bibliotheken in der Karolingerzeit I (2., durchges. Aufl. Wiesbaden 1960); *W. Meyer,* Die Buchstabenverbindung der sogenannten gotischen Schrift: AGG, Phil. hist. Kl. I, 6 (1897); *A. Hessel,* Die Entstehung der Renaissanceschriften: AUF 13 (1935) 1—14; *H. Hirsch,* Gotik und Renaissance in der Entwicklung unserer Schrift: Almanach der Ak. Wiss. Wien (1932). — *H. Fichtenau,* Mensch und Schrift im Mittel-

[1] Bei der Zusammenstellung der Literatur zu diesem Kapitel war mir Herr Dr. Magnus Ditsche, Assistent am Historischen Seminar der Universität Bonn, behilflich.

alter (Wien 1946); vgl. dazu jedoch die kritische Besprechung von *A. J. Walter,* Die Schrift als Kulturobjekt: MIÖG 57 (1949) 375—382.

Zur Geschichte des Schriftwesens im MA unübertroffen das klassische Werk *W. Wattenbach,* Das Schriftwesen im Mittelalter (Leipzig [3]1896, unveränd. Nachdruck Graz 1958); *L. Santifaller,* Beiträge zur Geschichte der Beschreibstoffe im MA mit besonderer Berücksichtigung der päpstlichen Kanzlei I: MIÖG ErgBd 16 (1953). — Palimpseste: *Fr. Mone,* De libris palimpsestis latinis (Carlsruhe 1855); *E. Chatelain,* Les palimpsestes latins (Paris 1903); für die neuere Forschung vor allem wichtig die Bibliographie der Arbeiten von *A. Dold,* Colligere Fragmenta, Festschr. A. Dold (Beuron 1952) IX—XX. — Die Schreiber und das Schreiben: *J. Destrez,* La pecia dans les manuscrits universitaires du XIIIe et du XIVe siècle (Paris 1935); *St. Haynal,* L'Enseignement de l'écriture aux universités médiévales (Budapest 1954).

Wasserzeichen: G. Piccard, Wasserzeichenforschung als historische Hilfswissenschaft: AZ 52 (1956) 62—115; *C.-M. Briquet,* Les filigranes, 4 Bde (Paris [2]1923); *V. A. Mosin - M. Traljić,* Filigranes des XIIIe et XIVe siècles (Zagreb 1957).

Kürzungen und Geheimschriften: Am besten geeignet für den praktischen Gebrauch *A. Capelli,* Dizionario di abbreviature latine ed italiane (Mailand [5]1954), dt. Ausgabe unter dem Titel Lexicon abbreviaturarum (Leipzig [2]1928). Noch immer nützlich *J. Walther,* Lexicon diplomaticum (Ulm [2]1756). — Zur Geschichte der Kürzungen: *L. Traube,* Nomina Sacra. Versuch einer Geschichte der christlichen Kürzungen (München 1907); *ders.,* Lehre und Geschichte der Abkürzungen: Vorlesungen und Abhandlungen I (München 1909); *A. Mentz,* Die Tironischen Noten, eine Geschichte der römischen Kurzschrift (Berlin 1942); *W. M. Lindsay,* Notae Latinae (Cambridge 1915); *D. Bains,* A Supplement to Notae Latinae (ebd. 1936); *B. Bischoff,* Übersicht über die nichtdiplomatischen Geheimschriften des Mittelalters (München 1954, auch: MIÖG 62 [1954] 1—27); *A. Meister,* Die Anfänge der diplomatischen Geheimschrift (Paderborn 1902); *ders.,* Die Geheimschrift im Dienste der päpstlichen Kurie (ebd. 1906).

Für die *Entwicklung der musikalischen Notation* vgl. Paléographie musicale: Les principaux Mss de Chant Grégorien publ. en facsim. phototyp. par les Bénédictins de Solesmes (Solesmes 1889 ff), bes. Bd 2—3 (1891/92), mit Beispielen aus dem 9.—17. Jh.; *J. Wolf,* Handbuch der Notationskunde I (Leipzig 1913), mit gutem historischem Überblick.

Tafelwerke: Monumenta palaeographica. Denkmäler der Schreibkunst des Mittelalters, hrsg. von *A. Chroust,* 3 Serien, I (München 1899/1906), II (München 1909/17), III (München 1918/39), regional aufgebaut, mit über 500 Tafeln. — Für Lernzwecke am besten geeignet *F. Steffens,* Lateinische Paläographie mit einer Darstellung der Entwicklung der lateinischen Schrift (Trier [2]1929), mit 125 Tafeln und ausführlichen Erläuterungen; daneben *W. Arndt - M. Tangl,* Schrifttafeln zur Erlernung der lateinischen Paläographie, H. 1 und 2 (4. Aufl., besorgt von M. Tangl, München 1904/06), H. 3 hrsg. von M. Tangl (München [2]1907); *J. Kirchner,* Scriptura latina libraria (München 1955); *F. Ehrle - P. Liebaert,* Specimina codicum latinorum Vaticanorum (Bonn 1912) [= Tabulae in usum scholarum 3]. — Tafelwerke mit spezieller Abgrenzung: *E. A. Lowe,* Codices Latini Antiquiores (Oxford 1934 ff) soll in 10 Teilen alle Handschriften aus der Zeit vor 800 erfassen. — Parallelwerk hierzu für die Urkunden vor 800: *A. Bruckner - R. Marichal,* Chartae latinae antiquiores (Olten-Lausanne 1954 ff); *A. Bruckner,* Scriptoria medii aevi Helvetica, bisher 8 Lfg. (Genf 1936 ff); *E. Petzet - O. Glauning,* Deutsche Schrifttafeln des 9. bis 16. Jh., Handschriften der Staatsbibliothek München, 5 Teile (München 1910/30); *R. Thommen,* Schriftproben aus Basler Handschriften des 14. bis 16. Jh. (Basel [2]1908); *G. Mentz,* Handschriften der Reformationszeit (Bonn 1912) [= Tabulae in usum scholarum 5]; *J. Kirchner,* Germanistische Handschriftenpraxis (München 1950).

Zur Orientierung in der *griechischen Paläographie,* die durch das Meisterwerk des Mauriners *B. Montfaucon,* Palaeographia graeca (Paris 1708) begründet wurde: *V. Gardthausen,* Griechische Paläographie, 2 Bde (Leipzig [2]1911/13); *W. Schubarth,* Griechische

Paläographie (München 1925); *R. Devreesse,* Introduction à l'étude des manuscrits grecs (Paris 1954); *H. Hunger,* Studien zur griech. Paläographie (Wien 1954).

c) Bibliothekskunde. *Allgemeines:* Handbuch der Bibliothekswissenschaft, begr. von *F. Milkau,* 2., vermehrte u. verb. Aufl. hrsg. von G. Leyh (Wiesbaden 1957 ff); Repertoire des Bibliothèques de France, I: Bibliothèques de Paris (Paris 1950), II: Bibliothèques des Départements (Paris 1950), III: Centres et Services de Documentation (Paris 1951); *K. Schottenloher,* Bücher bewegten die Welt. Eine Kulturgeschichte des Buches, 2 Bde (Stuttgart 1951/52). Die für Deutschland wichtigste Zeitschrift: Zentralblatt für Bibliothekswesen (Leipzig 1884 ff) [= ZblB].

Einzelne Gebiete: Th. Birt, Das antike Buchwesen in seinem Verhältnis zur Literatur (Berlin 1882, Nachdruck Aalen 1959); *Th. Gottlieb,* Über mittelalterliche Bibliotheken (Leipzig 1890, Nachdruck Graz 1955); *K. Löffler,* Deutsche Klosterbibliotheken (Bonn - Leipzig ^{2}1922); *F. Ehrle,* Historia bibliothecae Romanorum Pontificum tum Bonifatianae tum Avenionensis (Rom 1890); *A. Pelzer,* Addenda et emendanda ad Francisci Ehrle Historia I (Città del Vaticano 1947); *E. Muntz - P. Fabre,* La bibliothèque du Vatican au XVe siècle d'après des documents inédits (Paris 1887). — Ein wichtiges Unternehmen zur mittelalterlichen Bibliotheksgeschichte: Mittelalterliche Bibliothekskataloge Deutschlands und der Schweiz, hrsg. von der Bayr. Akademie der Wissenschaften (1918 ff). Verzeichnis der Handschriftenkataloge: *P. O. Kristeller,* Latin Manuscript Books before 1600. A List of the Printed Catalogues and Unpublished Inventories of Extant Collections (New York ^{2}1960); zuerst erschienen: Tr 6 (1948) 227—317, 9 (1953) 393—418.

d) Urkundenlehre. *Bibliographien und Zeitschriften: H. Oesterley,* Wegweiser durch die Literatur der Urkundensammlungen, 2 Bde (Berlin 1885/86); *L. Santifaller,* Neuere Editionen mittelalterlicher Königs- und Papsturkunden. Unter Mitwirkung von Mitgliedern des Instituts für österr. Geschichtsforschung (Wien 1958) [= Österr. Ak. der Wiss. Mitteilungen der Wiener Diplomata-Abt. der MGH VI], mit genauen Angaben über die Editionen der mittelalterlichen Papsturkunden. — Die älteste und über die Urkundenlehre hinaus wichtige hilfswissenschaftliche Zeitschrift: Bibliothèque de l'École des Chartes (Paris 1839 ff) [= BÉCh], ferner: Archiv für Urkundenforschung 1—18 (Leipzig 1907—1944) [= AUF], das sich speziell der Urkundenlehre widmet. Fortsetzung mit erweiterter Zielsetzung: Archiv für Diplomatik, Schriftgeschichte, Siegel- und Wappenkunde (Köln - Graz 1955 ff) [= ADipl].

Lehr- und Handbücher: H. Bresslau, Handbuch der Urkundenlehre für Deutschland und Italien I (Berlin ^{2}1912), II/1 (Berlin ^{2}1915), II/2, 2. Aufl. bearb. von *H. W. Klewitz* (Berlin 1931, Neudruck Berlin 1958), Register, zusammengestellt von *H. Schulze* (Berlin 1960); *A. d. Boüard,* Manuel de diplomatique française et pontificale, I: Diplomatique générale (Paris 1929), II: L'acte privée (Paris 1948).

Lehrbücher für einzelne Gebiete: O. Redlich, Allgemeine Einleitung zur Urkundenlehre; *W. Erben,* Die Kaiser- und Königsurkunden des Mittelalters (München 1907) [= *Below-Meinecke,* Handbuch der mittelalterl. und neueren Geschichte, Teil I]; *O. Redlich,* Die Privaturkunden des Mittelalters (München 1911) [= *Below-Meinecke,* Handbuch, Teil III]; *R. Thommen,* Grundbegriffe, Kaiser- und Königsurkunden (Leipzig-Berlin 1913) [= *A. Meister,* Grundriß der Geschichtswissenschaft I]; *L. Schmitz-Kallenberg,* Papsturkunden (Leipzig ^{2}1913) [= *Meister,* Grundriß Teil II]; *H. Steinacker,* Die Lehre von den nichtköniglichen Privaturkunden vornehmlich des deutschen Mittelalters (Leipzig 1906) [= *Meister,* Grundriß Teil III], in 2. Aufl. ersetzt durch *R. Heuberger,* Allgemeine Urkundenlehre für Deutschland und Italien (Leipzig 1921). — Für das wichtige Gebiet des byzantinischen Urkundenwesens *F. Dölger,* Byzantinische Diplomatik (München 1956).

Tafelwerke: H. v. Sybel - Th. Sickel, Kaiserurkunden in Abbildungen, 11 Lieferungen (München 1889/91); *A. Brackmann,* Papsturkunden (Leipzig - Berlin 1914) [= *G. Seeliger,* Urkunden und Siegel in Nachbildungen für den akadem. Unterricht, H. 2].

Zur Geschichte der Urkundenlehre: Die Grundlage für die wissenschaftliche Urkundenkritik schuf der Benediktiner Jean Mabillon in seinem Werk De re diplomatica libri VI (Paris 1681), s. unten Kap. 3d. Die Methode der modernen Urkundenforschung wurde vor allem durch deutsche und österreichische Forscher ausgebildet und entwickelt: *Th. Sickel,* Die Urkunden der Karolinger, 2 Bde (Wien 1867); *J. Ficker,* Beiträge zur Urkundenlehre, 2 Bde (Innsbruck 1877/78); vorbildlich wurden vor allem die verschiedenen Arbeiten von *P. Kehr* (s. u.).

Regestensammlungen der Papsturkunden: Ph. Jaffé, Regesta pontificum Romanorum ab condita ecclesia ad annum p. Chr. n. 1198 (Berlin 1851), 2. Aufl. von *S. Loewenfeld, F. Kaltenbrunner, P. Ewald,* 2 Bde (Leipzig 1885/88, Nachdruck Graz 1958); *A. Potthast,* Regesta Pontificum Romanorum inde ab a. 1198 ad a. 1304, 2 Bde (Berlin 1874/75, Neudruck Graz 1957). Für die unter Leitung von *P. Kehr* im Auftrag der Göttinger Ges. der Wissenschaften begonnene Neubearbeitung (bis 1198) vgl. die Zusammenstellung bei *L. Santifaller* (s. o. unter Bibliographie zur Urkundenlehre); die Regesten der Papsturkunden des Spätmittelalters in den verschiedenen von der Bibliothèque des écoles françaises d'Athènes et de Rome herausgegebenen Serien (s. die Bibliographien zu Bd II bis IV).

Siegelkunde: Handbuch: W. Ewald, Siegelkunde (München 1914); *P. Sella,* I sigilli dell'Archivio Vaticano, 2 Bde (Rom 1937/46); *V. Laurent,* Documents de sigillographie byzantine (Paris 1954).

e) Archivkunde. *Handbücher: A. Brennecke,* Archivstudien. Ein Beitrag zur Theorie und Geschichte des europäischen Archivwesens, bearb. und ergänzt von *W. Leesch* (Leipzig 1953); *H. O. Meissner,* Archiv- und Aktenlehre der Neuzeit (Leipzig [2]1952); *A. Mazzoleni,* Lezioni di archivistica (Neapel 1954).

Zeitschriften: Archivum. Revue internationale des archives, publ. sous les auspices du Conseil international des Archives (Paris 1951 ff); Archivalische Zeitschrift (Stuttgart-München 1877 ff) [= AZ].

Archivführer: D. H. Thomas - L. M. Case, Guide to the Diplomatic Archives of Western Europe (Philadelphia 1959); *K. A. Fink,* Das Vatikanische Archiv. Einführung in die Bestände und ihre Erforschung (Rom [2]1951). Als Beispiel für ein vorbildliches Gesamtverzeichnis eines bedeutenden Archivs: *L. Bittner,* Gesamtinventar des Wiener Haus-, Hof- und Staatsarchivs, 5 Bde (Wien 1936/40).

f) Heraldik. *Allgemeines: J. Siebmacher,* Großes und allgemeines Wappenbuch, erstmals erschienen Nürnberg 1596, seit 1854 in 8., noch unvollendeter Auflage. Beste Gesamtdarstellung: *D. L. Galbreath,* Handbüchlein der Heraldik (Lausanne [2]1948); Einführung in die Wappenkunst: *O. Hupp,* Wappenkunst und Wappenkunde (Berlin 1928); *H. Hußmann,* Deutsche Wappenkunst (Leipzig 1940).

Kirchliche Wappenkunde: Baron Du Rouve de Paulins, L'héraldique ecclésiastique (Paris 1911); *B. B. Heim,* Wappenbrauch und Wappenrecht in der Kirche (Olten 1947). Die Papst- und Kardinalswappen bei *A. Ciaconius-Oldoin,* Vitae et res gestae summorum pontificum et S. R. E. cardinalium, 4 Bde (Rom 1677); *D. L. Galbreath,* A Treatise on Ecclesiastical Heraldry, I: Papal Heraldry (Cambridge 1930); *C. Erdmann,* Das Wappen und die Fahne der römischen Kirche: QFIAB 22 (1930/31) 227—255; *ders.,* Kaiserliche und päpstliche Fahnen im hohen Mittelalter: ebd. 25 (1933/34) 1—48. — *O. Kirchberger,* Die Wappen der religiösen Orden (Wien 1895); *M. Gorino,* Titoli nobiliari e ordini equestri pontifici. Contributo al nuovo diritto araldico concordatario (Turin 1933); *E. Zimmermann,* Bayrische Klosterheraldik (München 1931); *A. Walz,* Das Wappen des Predigerordens: RQ 47 (1939) 111—147. Eine Übersicht über die Entstehung der deutschen Bistumswappen fehlt; vorbildliche Einzeluntersuchung: *P. Bretschneider,* Das Breslauer Bistumswappen: Zeitschrift des Vereins für Gesch. Schlesiens 50 (1916) 225—256. Für Frankreich: *J. de Meurgey,* Armorial de l'Église de France (Mâcon 1938).

g) Geographie und Kartographie. *Allgemeines: G. Franz,* Historische Kartographie, Forschung und Bibliographie (Bremen-Horn 1955) [= Veröffentlichungen der Akademie für Raumforschung und Landesplanung, Abhandlungen XXIX]; *H. Hassinger,* Geographische Grundlagen der Geschichte (Freiburg ²1953); *L. Mirot,* Manuel de géographie historique de la France (Paris 1930); *M. Schmidt,* Probleme, Aufgaben und Möglichkeiten kirchengeschichtlicher Kartographie: Misc. hist. eccl. (Löwen 1961) 158—166; *J. Prinz,* Eine Konfessionskarte Deutschlands als Aufgabe der kirchlichen Kartographie: ebd. 147—157.

Atlanten: Allg. historische Atlanten: *G. Droysen,* Allgemeiner Historischer Handatlas (Bielefeld - Leipzig 1886); *K. v. Spruner - Th. Menke,* Handatlas für die Geschichte des Mittelalters und der neueren Zeit (Gotha 1880); Großer Historischer Weltatlas, hrsg. vom Bayr. Schulbuchverlag (München 1954 ff); *F. W. Putzger,* Historischer Schulatlas (Bielefeld - Leipzig ⁶⁵1960); *G. Nießen,* Geschichtlicher Handatlas der deutschen Länder am Rhein: Mittel- und Niederrhein (Bonn 1950). — Zur Kirchengeschichte: *O. Werner,* Orbis terrarum catholicus, sive totius Ecclesiae Catholicae et occidentis et orientis conspectus geographicus et statisticus (Freiburg 1890); *E. McClure,* Historical Church Atlas (London 1897); *K. Heussi - H. Mulert,* Atlas zur Kirchengeschichte (Tübingen ³1937); *L. Grammatica,* Testo e Atlante di Geografia ecclesiastica (Bergamo 1928); *K. Pieper,* Atlas orbis christiani antiqui (Düsseldorf 1931); *C. Streit,* Atlas Hierarchicus. Descriptio geographica et statistica Sanctae Romanae Ecclesiae tum occidentalis, tum orientis, iuxta statum praesentem (Paderborn ²1929); *A. Freitag - J.-M. Lory,* Atlas du monde chrétien (Brüssel 1959); *F. van der Meer - Ch. Mohrmann,* Bildatlas der frühchristlichen Welt. Deutsche Ausgabe von *H. Kraft* (Gütersloh 1959). — Zur Missionsgeschichte: *C. Streit,* Katholischer Missionsatlas (Steyl 1906); *J. Thauren,* Atlas der katholischen Missionsgeschichte (Mödling bei Wien 1932); *J. Neuhäusler,* Atlas der katholischen Missionen (München 1932); Atlas Missionum a Sacra Congregatione de Propaganda Fide dependentium, hrsg. von *H. Emmerich* (Città del Vaticano 1958); *A. Freitag,* Die Wege des Heils. Bildatlas zur Geschichte der Weltmission (Salzburg 1960).

Topographie: J. G. Th. Graesse, Orbis latinus, oder Verzeichnis der wichtigsten lateinischen Orts- und Ländernamen, 3. Aufl., bearb. von *F. Benedict* (Berlin 1922); *E. Förstemann,* Die deutschen Ortsnamen (Nordhausen 1863); *H. Oesterley,* Historisch-geographisches Wörterbuch des deutschen Mittelalters (Gotha 1881/83); *U. Chevalier,* Répertoire des sources historiques du moyen-âge, II: Topo-Bibliographie (Montbéliard 1894/1903); *L. H. Cottineau,* Répertoire topo-bibliographique des abbayes et prieurés, 2 Bde (Mâcon 1935/39); Germania Sacra, Historisch-statistische Darstellung der deutschen Bistümer, Domkapitel, Kollegiat- und Pfarrkirchen, Klöster usw., hrsg. vom Kaiser-Wilhelm-Institut für deutsche Geschichte (Berlin 1929 ff). Für das späte MA (Bistümer und Abteien) grundlegend: *H. Hoberg,* Taxae de communibus servitiis (Città del Vaticano 1949). Die kirchliche Geographie der byzantinischen Kirche: *H. G. Beck,* Kirche und theol. Literatur im byzantinischen Reich (München 1959) 148—229; *R. Janin,* La géographie ecclésiastique de l'empire byzantin III/1: Églises et monastères de Constantinople (Paris 1953).

h) Statistik: Für die allgemeine historische Bevölkerungsstatistik: *E. Kirsten - E. W. Buchholz - W. Köllmann,* Raum und Bevölkerung in der Weltgeschichte, 2 Bde (Würzburg ²1956). Angaben über Seelenzahlen (z. B. bei *L. v. Hertling,* Geschichte der katholischen Kirche [Berlin 1949]), die Zahl der Kleriker und Mönche in einzelnen Bistümern und Klöstern beruhen bis zum hohen Mittelalter meist auf Schätzungen. Erst vom späten Mittelalter an liegen in Kirchenmatrikeln, Zehntlisten, Visitationsprotokollen und anderen Quellen bessere Unterlagen vor: *H. Jedin,* Das Konzil von Trient und die Anfänge der Kirchenmatrikeln: ZSavRGkan 32 (1943) 419—494; *H. Börsting,* Geschichte der Matrikeln von der Frühkirche bis zur Gegenwart (Freiburg 1959). Über die Kardinäle, den päpstlichen Hofstaat und die kurialen Behörden brachten seit 1716 die jährlich erscheinenden Notizie per l'anno... amtliche Angaben, 1850/70 unter dem Titel Annuario Pontificio. In der seit 1872 erscheinenden „Gerarchia Cattolica", das 1912 in das amtliche Annuario Pontificio umgewandelt wurde, sind auch die Inhaber der Bistümer alphabetisch verzeichnet. Wertvolles, noch längst nicht genügend ausgeschöpftes Material für die Statistik der Bistümer und Orden enthalten die meist im 18. Jh. einsetzenden Personal- und Realschematismen. Die Congregatio de Propaganda Fide gab erstmals 1843 eine Missionsstatistik heraus: Notizia statistica delle missioni cattoliche in tutto il mondo, wieder abgedruckt bei *O. Mejer,* Die Propaganda I (Göttingen 1852) 473—562.

Das erste, nach wissenschaftlichen Methoden arbeitende Amt für kirchliche Statistik, die „Zentralstelle für kirchliche Statistik", wurde durch die Fuldaer Bischofskonferenz 1915 in Köln gegründet; es übernahm das seit 1908 von dem Jesuiten H. A. Krose herausgegebene „Kirchliche Handbuch für das katholische Deutschland". Erst in jüngster Zeit sind andere Länder diesem Beispiel gefolgt, z. B. Frankreich, Holland, Spanien u. a. In der Bundesrepublik Deutschland sind z. Z. zwei Forschungsinstitute tätig, das Katholische Institut für Sozialforschung und Flüchtlingsfragen in Königstein und das Pastoralsoziologische Institut des Erzbistums Paderborn und des Bistums Essen in Essen. Sie sind der Internationalen Föderation katholischer Forschungsinstitute (FERES) in Fribourg/Schweiz angeschlossen.

3. Kapitel
Kirchengeschichtsschreibung und Kirchengeschichtswissenschaft

LITERATUR: Es gibt noch keine befriedigende Darstellung der Kirchengeschichtsschreibung und ihrer Entwicklung zur Kirchengeschichtswissenschaft. Der geniale Wurf von *F. Ch. Baur,* Die Epochen der Kirchengeschichtsschreibung (Tübingen 1852, Neudruck Darmstadt 1962), war hegelianisch inspiriert; er beschränkte sich, wie *W. Nigg,* Die Kirchengeschichtsschreibung (München 1934), auf die Haupttypen, in der neueren Zeit die protestantischen, ohne der Wechselwirkung zwischen Quellenforschung, Darstellung und Unterricht nachzugehen; ähnlich die knappe Übersicht von *P. Brezzi,* La storiografia ecclesiastica (Neapel 1959).

a) Altertum: Die Quellenkunde zur alten KG von *G. Loeschcke,* Zwei kirchengeschichtliche Entwürfe (Tübingen 1913), an sich lobenswert, ist überholt. Knappe, aber vorzügliche Orientierung über die Kirchenhistoriker des Altertums mit reichen Literaturangaben bei *B. Altaner,* Patrologie, 6. Aufl. von A. Stuiber (Freiburg 1960) 206—227 [= *Altaner*[6]]; auf ihn sei ein für allemal verwiesen, wenn im Text keine näheren Angaben gemacht werden. Über das Kirchenbewußtsein der lateinischen Väter *P. Th. Camelot,* Mysterium ecclesiae: Festschr. H. Rahner (Freiburg 1961) 134—151.

Eusebius und seine Fortsetzer. Erstausgabe des griech. Textes der „Kirchengeschichte" von *R. Étienne* (Paris 1544), mit Socrates, Sozomenos und Theodoret; kritische Ausgabe von *E. Schwartz - Th. Mommsen,* 3 Bde (Berlin 1903/09 [= GCS 9], griech. und lat. Text; griech. allein (Berlin [5]1952); dtsch. von *Ph. Hauser* (München 1932); griech. und engl. von *H. J. Lawlor - J. E. L. Ulten* (London [2]1952/53). — *R. Laqueur,* Eusebius als Historiker seiner Zeit (Berlin 1929); weitere Lit. *Altaner*[6] 208 ff. Socrates und Sozomenos: PG 67, 29—1630; Sozomenos allein, hrsg. von *J. Bidez* und *G. C. Hausen* (Berlin 1960) [= GCS 50]; Theodoret, hrsg. von *L. Parmentier - F. Scheidweiler* (Berlin [2]1954) [= GCS 44]; *F. Scheidweiler,* Die Bedeutung der Vita Mitrophanis et Alexandri für die Quellenkritik bei den griech. Kirchenhistorikern: ByZ 50 (1957) 74—98. Die Historia tripartita, hrsg. von *W. Jacob - R. Hanslik* (Wien 1952) [= CSEL 71]; Lit.: *Altaner*[6] 215. — Die Weltchronik des Eusebius/Hieronymus, hrsg. von *R. Halm,* 2 Bde (Berlin 1913/26) [= GCS 24, 34], Neuauflage in einem Bd (Berlin 1956). Die kleineren Weltchroniken, hrsg. von *Th. Mommsen:* MGAuctant IX (Berlin 1892). Knapper Überblick über die hier nicht berücksichtigte byzantinische Kirchengeschichtsschreibung, die ebenfalls an Eusebius anknüpft, LThK VI 212 (*H. G. Beck*). Weitere Quellen- und Literaturangaben s. u. S. 58f.

Aus der kaum noch überschaubaren Literatur über die Geschichtsanschauung *Augustins* (*Altaner*[6] 388f) sei nur (vor allem wegen der reichen Literaturangaben) genannt *A. Wachtel*, Beiträge zur Geschichtstheologie des Aurelius Augustinus (Bonn 1960); *Paulus Orosius*, Historiae adversus paganos, hrsg. von *C. Zangemeister* (Wien 1882) [= CSEL 5]; mit engl. Übersetzung von *J. W. Raymond* (New York 1936); Lit.: *Altaner*[6] 218f.

Über welt- und heilsgeschichtliche *Schemata* Übersicht bei *van der Pot*, Periodisering der Geschiedenis 37—64, 76—84; *J. Daniélou*, La typologie millénariste de la semaine dans le christianisme primitif: VigChr 2 (1948) 1—16; *P. E. Hübinger*, Spätantike und frühes Mittelalter: DVfLG 26 (1952) 1—48; *A. D. van den Brincken*, Weltaeren: AKG 39 (1957) 133—149; *B. Sticker*, Weltzeitalter und astronomische Perioden: Saeculum 4 (1953) 241—249.

b) Mittelalter. Neben der noch nicht abgeschlossenen Neubearbeitung des Standardwerkes von *W. Wattenbach*, Deutschlands Geschichtsquellen im Mittelalter (erstmals erschienen 1858) durch *W. Levison* und *H. Löwe*, Deutschlands Geschichtsquellen im Mittelalter. Vorzeit und Karolinger, 4 Hefte (Weimar 1952/57) und *R. Holtzmann*, Deutsche Kaiserzeit, 4 Hefte (Tübingen 1948) (zit. Wattenbach - Levison bzw. Wattenbach - Holtzmann); *K. Jacob*, Quellenkunde der deutschen Geschichte im Mittelalter, 5. Aufl. bearb. von *H. Hohenleutner*, I und II (Berlin 1959/61), III von *F. Weden* (Berlin 1952) [Sammlung Göschen 279, 280, 284]; *H. Grundmann*, Geschichtsschreibung im MA: Deutsche Philologie im Aufriß, hrsg. von W. Stammler, III (Berlin 1957) 1273—1336; *M. Manitius*, Geschichte der lateinischen Literatur des MA, 3 Bde (München 1911, 1923, 1931, Neudruck von I 1959) (reicht bis zum Ende des 12. Jh.); *G. Misch*, Geschichte der Autobiographie II und III, in 4 Teilen (Frankfurt 1955/62), mit ausführlichen Analysen; für die Geschichtsauffassung wichtig: Geschichtsdenken und Geschichtsbild im MA. Ausgewählte Aufsätze und Arbeiten aus den Jahren 1933—1959, hrsg. von *W. Lammers* (Darmstadt 1961), enthält 16, durchweg schon an anderer Stelle erschienene Aufsätze führender Autoren (z. B. *J. Spörl*, *H. Grundmann*, *H. Heimpel*, *J. Ratzinger* u. a.), am Schluß die weitausholende Studie von *O. Brunner*, Abendländisches Geschichtsdenken (434—459) und eine ausführliche Bibliographie.

Für die ma. Ansätze zu einer eigentlichen Kirchengeschichtsschreibung ist wichtig *H. Zimmermann*, Ecclesia als Objekt der Historiographie. Studien zur Kirchengeschichtsschreibung im MA und in der frühen Neuzeit (Wien 1960) [= SAW, Phil.-hist. Kl. 235,4]; Voraussetzung für ein tieferes Eindringen in das Problem der ma. kirchlichen Historiographie sind die in jüngster Zeit zahlreich gewordenen Untersuchungen zur ma. Ekklesiologie: *J. Beumer*, Zur Ekklesiologie der Frühscholastik: Scholastik 26 (1951) 365—389; *ders.*, Ekklesiologische Probleme der Frühscholastik: ebd. 27 (1952) 183—209; *ders.*, Das Kirchenbild in den Schriftkommentaren Bedas des Ehrwürdigen: ebd. 28 (1953) 40—56; *H. Riedlinger*, Die Makellosigkeit der Kirche in den lat. Hoheliedkommentaren des MA (Münster 1958); für die Geschichte des Joachimismus und der Franziskanerspiritualen: *E. Benz*, Ecclesia spiritualis (Stuttgart 1934). Über den Kirchenbegriff des Spätmittelalters: *F. Merzbacher*, Wandlungen des Kirchenbegriffs im Spätmittelalter: ZSavRGkan 39 (1953) 274—361; *H. Jedin*, Zur Entwicklung des Kirchenbegriffs im 16. Jahrhundert: Relazioni del X° Congresso Internazionale di Scienze Storiche IV (Florenz 1955) 59—73; *L. Buisson*, Potestas und Caritas. Die päpstliche Gewalt im Spätmittelalter (Köln 1958).

Einzelnes: *H. Löwe*, Von Theoderich zu Karl d. Gr. Das Werden des Abendlandes im Geschichtsbild des frühen Mittelalters (Darmstadt 1958); *A. D. van den Brincken*, Studien zur lateinischen Weltchronik bis in das Zeitalter Ottos von Freising (Düsseldorf 1957); *J. Spörl*, Grundformen hochmittelalterlicher Geschichtsanschauungen (München 1935). Für das Verständnis der ma. Vita: *H. Vogt*, Die literarische Personenschilderung des frühen MA (Leipzig 1934); *O. Köhler*, Das Bild des geistlichen Fürsten in den Viten des

10., 11. und 12. Jh. (Berlin 1934). — *P. van den Baar,* Die kirchliche Lehre von der Translatio Imperii bis zur Mitte des 13. Jh. (Rom 1955); *W. Goez,* Translatio Imperii. Ein Beitrag zur Geschichte des Geschichtsdenkens und der politischen Theorien im MA und der frühen Neuzeit (Tübingen 1958); *H. Beumann,* Der Schriftsteller und seine Kritiker im frühen MA: StudGen 12 (1959) 497—511.

c) Humanismus, Reformation und Anfänge der Kirchengeschichtswissenschaft: Der Einfluß des Humanismus auf das Kirchen- und Kirchengeschichtsbewußtsein bedarf noch eingehender Untersuchung. Stets heranzuziehen sind die führenden Darstellungen der neueren Historiographie: *E. Fueter,* Geschichte der neueren Historiographie (München - Berlin 1911); *H. v. Srbik,* Geist und Geschichte vom deutschen Humanismus bis zur Gegenwart, 2 Bde (München - Salzburg 1950); geistesgeschichtlich *F. Meinecke,* Die Entstehung des Historismus, 2 Bde (München [3]1959): *W. Dilthey,* Weltanschauung und Analyse des Menschen seit Renaissance und Reformation ([2]Leipzig 1921). Für unsere Themastellung sind auch die Quellenkunden zu berücksichtigen: *G. Wolf,* Quellenkunde der deutschen Reformationsgeschichte, 2 Bde (Gotha 1915/22); *F. Schnabel,* Deutschlands geschichtliche Quellen und Darstellungen in der Neuzeit, I: Das Zeitalter der Reformation (Leipzig 1931); vorzügliche, ganz Europa umspannende Literaturübersicht bei *E. Hassinger,* Das Werden des neuzeitlichen Europa (Braunschweig 1959) 401—486. Zur Entstehung der neuen Geschichtsauffassung *A. Klempf,* Die Säkularisierung der universalhistorischen Auffassung. Zum Wandel des Geschichtsdenkens im 16. und 17. Jh. (Göttingen 1960), greift ins MA zurück; vgl. *O. Köhler:* Saeculum 12 (1961) 191; *W. Kaegi,* Chronica mundi. Grundformen der Geschichtsschreibung seit dem MA (Einsiedeln 1954).

Die einzige Gesamtdarstellung der Historiographie dieser Epoche: *E. Menke - Glückert,* Die Geschichtsschreibung der Reformation und Gegenreformation (Leipzig 1912) reicht für die Entwicklung auf katholischer Seite nicht aus; über die Stellung der Reformatoren zur KG: *W. Köhler,* Luther und die Kirchengeschichte I (Erlangen 1900); *H. W. Müller-Krumwiede,* Glauben und Geschichte in der Theologie Luthers (Göttingen 1953); *H. Berger,* Calvins Geschichtsauffassung (Zürich 1955); *K. Räber,* Studien zur Geschichtsbibel Sebastian Francks (Basel 1952). Über die für die Folgezeit wichtige Trennung von Profan- und Kirchengeschichte bei Melanchthon: *P. Meinhold,* Philipp Melanchthon (Berlin 1960) 90 ff. Die Wirkung der kontroverstheologischen Einstellung auf die Entwicklung der KG zur Wissenschaft arbeitete heraus *P. Polman,* L'élément historique dans la Controverse réligieuse du XVIe siècle (Gembloux 1932). Über die Entstehung der großen Quellenpublikationen und der Quellenkritik: *H. Quentin,* J.-D. Mansi et les grandes collections conciliaires (Paris 1900), dazu LThK VI 534 ff; *P. Peeters,* L'Œuvre des Bollandistes (Brüssel [2]1961); *E. Martène,* Histoire de la Congrégation de St. Maur, hrsg. von *G. Charvin,* 9 Bde (Ligugé 1928/43); *E. de Broglie,* Bernard de Montfaucon et les Bernardins, 2 Bde (Paris 1891); *H. Leclercq,* J. Mabillon, 2 Bde (Paris 1953/57), dazu *M. D. Knowles:* JEH 10 (1959) 153—173; *J. De Ghellinck,* L'édition de St. Augustin par les Mauristes: NRTh 57 (1930) 746—774. Aufschlußreiche Einzelstudien: *A. Herte,* Das katholische Lutherbild im Bann der Lutherkommentare des Cochlaeus, 3 Bde (Münster 1943); *B. A. Vermaseren,* De cath. Nederlandsche Geschiedsschrijving in de 16e en 17e eeuw (Maastricht 1941); *H. Borak,* Theologia historiae in doctrina S. Laurentii a Brindisi: Laurentiana 1 (Rom 1960) 31—97.

d) Aufklärung und Kirchengeschichtsunterricht: *K. Völker,* Die Kirchengeschichtsschreibung der Aufklärung (Tübingen 1921); *E. C. Scherer,* Geschichte und Kirchengeschichte an den deutschen Universitäten. Ihre Anfänge im Zeitalter des Humanismus und ihre Ausbildung zu selbständigen Disziplinen (Freiburg 1927), grundlegend für die Einführung des Kirchengeschichtsunterrichts; *J. Engel,* Die deutschen Universitäten und die Geschichtswissenschaft: HZ 189 (1959) 223—378; *K. Zinke,* Zustände und Strömungen in der katholischen Kirchengeschichtsschreibung des Aufklärungszeitalters im deutschen Sprachgebiet (Bernau 1933). — *A. Walz,* Studi storiografici (Rom 1940) 40—72, über die Einführung der Kirchengeschichte als Lehrfach an den römischen Universitäten im 18. und 19. Jh.; *A. Pérez Goyena,* Los orígenes del estudio de la Historia eclesiástica en España: RF 79 (1927). — Für Deutschland sind aufschlußreich die Fakultätsgeschichten: *S. Merkle,* Die Vertretung der Kirchengeschichte in Würzburg bis zum Jahre 1879: Festschrift zum 350jährigen Bestehen der Universität Würzburg (Berlin 1932) 146—214; *E. Säger,* Die Vertretung der Kirchengeschichte in Freiburg von den Anfängen bis zur Mitte des 19. Jh. (Freiburg 1952); *E. Hegel,* Die Professoren der Kirchengeschichte am Studium theologicum Trevirense: Vorlesungsverzeichnis der Theol. Fakultät SS 1953; *H. Jedin,* Die Vertretung der Kirchengeschichte in der Kath. Theol. Fakultät Bonn 1823 bis 1929: AHVNrh 155/56 (1954) 411—453; *A. Ph. Brück,* Die Mainzer Theol. Fakultät im 18. Jh. (Wiesbaden 1955).

e) Das 19. und 20. Jh. und die Ausbildung der Kirchengeschichtswissenschaft: Die auch in der KG wirksamen Hauptströmungen der Geschichtswissenschaft im 19. und 20. Jh.: *F. Wagner,* Geschichtswissenschaft (Freiburg 1951) 169 bis 377 (reiche Lit.); für die KG wichtig *E. Troeltsch,* Der Historismus und seine Probleme (Tübingen 1922); *ders.,* Der Historismus und seine Überwindung (Berlin 1924); *E. Laslowski,* Probleme des Historismus: HJ 62/69 (1949) 593—606; *H. Butterfield,* Man on his Past (Cambridge 1955), hier wichtig, weil auf den Döllinger-Schüler Lord Acton eingehend. — Für den Fortschritt der Geschichtsforschung im 19. Jh., an dem die KG teilnimmt, muß man auf die Geschichte der großen Quellenpublikationen (z. B. *H. Bresslau,* Geschichte der MG [Hannover 1921], dazu *H. Grundmann:* Geschichte in Wissenschaft und Unterricht 2 [1951] 538—547), der historischen Institute (z. B. *W. Friedensburg,* Das Kgl. Preußische hist. Institut in Rom 1888—1901 [Berlin 1903]; *H. Kramer,* Das Österreichische hist. Institut in Rom 1881—1901 [Rom 1932]; über andere hist. Institute in Rom: *K. A. Fink,* Das Vatikanische Archiv [Rom ²1951] 152—180), auf deren Jahresberichte in den entsprechenden Zeitschriften, nicht zuletzt auf die Briefwechsel und Autobiographien großer Forscher zurückgreifen: Die Geschichtswissenschaft in Selbstdarstellungen, hrsg. von *S. Steinberg* (Leipzig 1925); Die Religionswissenschaft in Selbstdarstellungen, hrsg. von *E. Stange* (Leipzig 1927), enthaltend u. a. H. Grisar, H. Schrörs und J. Schmidlin; *P. M. Baumgarten,* Römische und andere Erinnerungen (Düsseldorf 1927); *Th. v. Sickel,* Römische Erinnerungen, hrsg. von L. Santifaller (Wien 1947). Die unten gegebene Darstellung ist ein Versuch, die Wechselwirkung zwischen Kirchengeschichtsforschung, -schreibung und -unterricht zu verfolgen; an einem mir naheliegenden Beispiel habe ich sie verfolgt in: Das Konzil von Trient. Ein Überblick über die Erforschung seiner Geschichte (Rom 1948) 167—213.

Möhler und *Döllinger: J. A. Möhler,* Die Einheit der Kirche (1825), hrsg. von J. R. Geiselmann (Köln 1957); Ges. Schriften und Aufsätze, hrsg. von J. J. I. Döllinger, 2 Bde (Regensburg 1839/40); *St. Lösch,* J. A. Möhler. Ges. Aktenstücke und Briefe I (München 1928). — *K. Bihlmeyer,* J. A. Möhler als Kirchenhistoriker, seine Leistungen und seine Methode: ThQ 100 (1919) 134—198; *H. Tüchle,* Die Eine Kirche. Zum Gedenken J. A. Möhlers (Paderborn 1939); *J. R. Geiselmann,* Lebendiger Glaube aus geheiligter Überlieferung. Der Grundgedanke der Theologie J. A. Möhlers und der Kath. Tübinger Schule (Mainz 1942); *ders.,* L'ecclésiologie au XIXe siècle (Paris 1960) 141—195; *B. D. Dufourcq,* Schisme et Primauté chez J. A. M.: RSR 34 (1960) 197—231. — Die Biographie Döllingers von seinem Schüler, dem Altkatholiken *J. Friedrich,* 3 Bde (München 1899/1901) kann erst ersetzt werden, wenn die von *V. Conzemius* begonnene Edition der Briefe vorliegt; vgl. *V. Conzemius:* ZBLG 22 (1959) 154—160; *St. Lösch,* Döllinger und Frankreich (München 1955). Programmatisch die Rede über die Vergangenheit und Gegenwart der kath. Theologie (1863): Kleinere Schriften, hrsg. von *F. H. Reusch* (Stuttgart 1890) 161—196.

a) Die Anfänge der Kirchengeschichtsschreibung im Altertum

„Der historische Sinn, der verhältnismäßig rege war, als die Evangelien und die Apostelgeschichte das in sich abgeschlossene Werk Christi und der Apostel darstellten, blieb fast ohne Lebensäußerung in der Zeit, in der aus der Offenbarung Christi die Kirche herauswuchs und unter Kampf und Verfolgung zu einer geschichtlichen Größe wurde" (Altaner). Inmitten einer Flut apokryphen und legendären Schrifttums stehen als Zeugen dieses historischen Sinns die echten alten Martyrerakten, wie das „Martyrium Polycarpi", die Akten Justins des Martyrers und der Scilitaner, und historische Mitteilungen der Apologeten (z. B. Hegesipp und Irenäus), die sie in ihre Beweisführung einschalteten. Etwas später regt sich in den „Weltchroniken" des Sextus Julius Africanus[1] († nach 240) und des Hippolyt von Rom[2] († 235) das Streben, die historische Tatsache der Inkarnation, die Entstehung und das Wachstum der Kirche wenigstens synchronistisch in die profane und alttestamentliche Geschichte einzubauen. Die Heilsgeschichte ist älter als die Kirchengeschichte. Die 303 veröffentlichte „Weltchronik" des Eusebius von Cäsarea († 339) hat, allerdings in der freien lateinischen Überarbeitung durch Hieronymus, diesen Typ christlicher Historiographie für mehr als ein Jahrtausend geprägt.

Zum „Vater der Kirchengeschichte" wurde Eusebius jedoch erst durch seine „Kirchengeschichte" (Ἐκκλησιαστικὴ ἱστορία). In ihrer Urform (7 Bücher) schon vor der Diokletianischen Verfolgung veröffentlicht, wurde sie unter Berücksichtigung der folgenden Ereignisse bis 324 fortgesetzt und auf 10 Bücher erweitert. An der Spitze (I 1) steht das Programm: „Ich habe mich entschlossen, in einer Schrift zu berichten über die Nachfolger der heiligen Apostel, über die von unserem Erlöser an bis auf uns verflossenen Zeiten, über die zahlreichen, großen Ereignisse der Kirchengeschichte, über alle trefflichen kirchlichen Führer und Vorsteher in den angesehensten Gemeinden, über alle jene, welche immer wieder mündlich oder schriftlich Dienst am göttlichen Worte taten, über die Personen, die Zahl und die Zeit derer, welche sich aus Neuerungssucht zu den schlimmsten Irrtümern hinreißen ließen, um sich dann als Führer zu einer Weisheit, welche keine Weisheit ist, auszugeben, wütenden Wölfen gleich, die sich schonungslos auf die Herde Christi stürzen, ferner über das Schicksal, welches das jüdische Volk unmittelbar nach seinem Frevel an unserm Heiland betroffen hatte, weiterhin über die Zeiten der zahlreichen schweren Angriffe, denen das göttliche Wort von seiten der Heiden ausgesetzt war, über die Helden, die immer wieder unter Blut und Martern für die Lehre kämpften, endlich über die

[1] Die erhaltenen Bruchstücke PG 10, 63—94; Lit: *Altaner* 186.

[2] Weltchronik, hrsg. von *A. Bauer* - *R. Helm* (Berlin ²1955) [= GCS 46]; Lit.: LThK V 379 f.

Glaubenszeugnisse in unseren Tagen und über das stets gnädige, liebevolle Erbarmen unseres Erlösers." Entsprechend diesem Programm schildert Eusebius unter Benutzung auch nicht-kanonischer Quellen (Philo, Flavius Josephus) in annähernd chronologischer Reihenfolge das Wirken Jesu und der Apostel sowie die nachapostolische Zeit (Buch I—III); die folgenden Bücher (IV—VII) enthalten die Bischofslisten der apostolischen Kirchen Rom, Alexandrien, Antiochien und Jerusalem, berichten aber auch über die aufgetretenen Häresien und die großen Kirchenschriftsteller, über die Verfolgung durch Juden und Heiden. Der „Verfolgung unserer Tage" sind die Bücher VIII und IX, dem Sieg des Christentums unter Konstantin das X. Buch gewidmet; dieser letzte Teil wird durch die Schrift über die Martyrer von Palästina und die panegyrische Vita Konstantins desselben Autors ergänzt. In seiner „Kirchengeschichte" hat Eusebius zwar „noch kein genetisch entwickeltes Geschichtsbild zu zeichnen vermocht" (Altaner). Die eschatologische Einstellung überwindend, wagte er sich jedoch als erster auf „einen noch öden und unbegangenen Weg": durch die Geschichte des Christen- als des erwählten Gottesvolkes den Sieg Gottes über den Teufel zu erweisen und „zur Erbauung der Leser" beizutragen (III 24). Durch die Mitteilung zahlreicher Aktenstücke und durch Auszüge aus verlorenen Schriften (z. B. des Papias) ist sein Werk die weitaus wichtigste historiographische Quelle für die ersten drei Jahrhunderte. Die dokumentarischen Belege und die Bischofslisten sind in den chronologischen Rahmen der Kaisertabellen eingetragen, die literarische Form folgt dem Vorbild der Profanhistoriographie, ist aber doch „mit unverächtlicher Kunst" (Eduard Schwartz) aufgebaut; neu ist die metaphysische Grundlage.

Eusebius hat drei Fortsetzer gefunden, die ungefähr über den gleichen Zeitraum berichten. Der aus Konstantinopel stammende Sachwalter Sokrates († nach 439) gruppiert die kirchlichen Ereignisse von 305 bis 439 um die großen Kaiser; er benutzt gute Quellen, ist weniger als sein Vorgänger in die theologischen Streitigkeiten verwickelt und darum unparteiischer, vor allem gegen die Häretiker milder als dieser. Sozomenos, ebenfalls Sachwalter in Konstantinopel, ist Sokrates, den er kennt, an literarischem Geschick, aber nicht an Zuverlässigkeit und Kritik überlegen; in seiner Darstellung der Ereignisse von 324 bis 425 (ausführlich nur bis 421) tritt der eigene Standpunkt ganz zurück. Theodoret von Cyrus dagegen schreibt als Anhänger der antiochenischen Schule, verschweigt häufig die Schattenseiten seiner Helden, versteht als vielseitiger Schriftsteller jedoch anschaulich und lebendig zu schildern; er hat in seine von 323 bis 428 reichende Darstellung viele Synodalschreiben, Briefe und Urkunden eingefügt, ist aber zuweilen flüchtig und ungenau in der Chronologie. An die drei genannten Fortsetzer des Eusebius knüpft die „Kirchengeschichte" des Evagrius Scholasticus († um 600) an, in der die Geschichte der christologischen Streitigkeiten (431—594) vom streng orthodoxen Standpunkt, doch wahrheitsliebend geschildert wird.

Die lateinische Kirche übernahm zunächst die griechische Historiographie. Die „Kirchengeschichte" des Eusebius wurde 403 durch Rufin von Aquileia lateinisch bearbeitet und um zwei Bücher vermehrt, für die vielleicht (nach Heseler) die verlorene „Kirchengeschichte" des Gelasius von Cäsarea als Vorlage gedient hat. Die drei Fortsetzungen ließ Cassiodor durch den Mönch Epiphanius ins Lateinische übersetzen und nach einem schon vorhandenen griechischen Vorbild (Theodorus Lector) zur „Historia tripartita" verschmelzen. Rufin und die „Historia tripartita" wurden die kirchengeschichtlichen Grundbücher des Mittelalters.

Die von Eusebius behandelten Stoffe wurden bald auch gesondert behandelt. Epiphanius von Salamis stellte zwischen 374 und 377 in seinem „Arzneikasten" (Πανάριον) 80 Häresien zusammen[3]. Hieronymus gab 392 den ersten, 135 Namen umfassenden Katalog christlicher Schriftsteller heraus, der um 480 von dem Semipelagianer Gennadius, im 7. Jh. durch Isidor von Sevilla und Ildefons von Toledo fortgesetzt wurde[4]. Ebenfalls schon im 4. Jh. begann man, Bischofslisten durch nicht überlieferte, sondern nur errechnete Zeitangaben rückwärts zu ergänzen, wie die Bischofsliste von Jerusalem bei Epiphanius (66, 19 f) und den römischen Bischofskatalog beim Chronographen von 354[5]; die erste Redaktion des „Liber Pontificalis" (bis Felix IV., 526/30) geht ins 6. Jh. zurück. Sowohl im Osten wie im Westen begann man mit der zweiten Hälfte des 4. Jh. die für die kirchliche Disziplin maßgebenden Synodalcanones zu sammeln; die älteste, in direkter Überlieferung erhaltene griechische Sammlung ist die systematisch geordnete, um 550 entstandene Sammlung des Johannes Scholasticus, im Abendland eröffnete die um 500 in Rom entstandene des Dionysius Exiguus eine lange Reihe ähnlicher Sammlungen[6]. Die ältesten uns erhaltenen Akten eines Ökumenischen Konzils sind die von Ephesus (431). Akten zur Geschichte des donatistischen Streites stellte zwischen 330 und 347 Optatus von Mileve zusammen, Augustinus gab 417 einen Aktenbericht über den Ursprung des pelagianischen Streites. Der zweiten Hälfte des 6. Jh. gehört eine in Rom entstandene Sammlung von Papst- und Kaiserbriefen an, die nach dem Fundort „Collectio Avellana" genannt wird. Die bis in die vorkonstantinische Zeit zurückgehende christliche Biographie dient vornehmlich erbaulichen Zwecken, wie die Cyprians von Pontius, die Antonius-Vita des Atha-

[3] Hrsg. von *K. Holl*, 3 Bde (Berlin 1915, 1921, 1933) [= GCS 25, 31, 37]; Lit.: *Altaner*[6] 283.

[4] De viris illustribus: PL 23, 631—760; die neue Ausgabe von *G. Herding* (Leipzig 1924) enthält auch die Fortsetzung des Gennadius. Isidor von Sevilla: PL 83, 1081—1106. Ildefons von Toledo: PL 96, 195—206; Lit.: *Altaner*[6] 8.

[5] Hrsg. von *Th. Mommsen:* MGAuctant IX 13—196; die römische Bischofsliste 73/76; Lit.: RAC II 407—415 (L. Koep).

[6] PL 67, 139—316; für alle älteren Sammlungen noch immer grundlegend *Ch. Turner*, Ecclesiae occidentalis monumenta iuris antiquissima, 3 Bde (Oxford 1899/1913); *E. Schwartz*, Die Kanonessammlungen der alten Reichskirche: ZSavRGkan 25 (1936) 1—114.

nasius, das Leben der Makrina von Gregor von Nyssa, die Vita des Ambrosius von Paulinus und die Augustins von Possidius; in den im Osten entstandenen Mönchsbiographien des Palladius und in der „Historia Lausiaca" überwuchern Dämonismus und Wundersucht den historischen Bericht.

Eine ähnliche Rolle wie die Bearbeitung der „Kirchengeschichte" des Eusebius durch Rufin und die ihrer Fortsetzungen in der „Historia tripartita" übernahm für die Welt- und Heilsgeschichte die Bearbeitung der eusebianischen „Weltchronik" durch Hieronymus. Hinter ihr traten die kurzen „Weltchroniken" des Sulpicius Severus (bis 400) und des Prosper von Aquitanien (bis 455) zurück, höheres Ansehen erlangte das „Chronicon" Isidors von Sevilla (bis 615). Aber weit wichtiger als diese Materialsammlungen wurden für das geschichtliche Denken des frühen und hohen Mittelalters Augustinus' 24 Bücher „De civitate Dei" (verfaßt 413/26): der — mit der Kirche als sakramentaler Gemeinschaft gleichzusetzende — Gottesstaat steht in unaufhörlichem Kampfe mit der Civitas terrena, die nicht mit einem bestimmten Staat, auch nicht dem römischen, identisch ist. Der Kampf zwischen Glaube und Unglaube ist das Hauptthema der als Heilsgeschichte verstandenen Weltgeschichte. Wie Augustinus' „Gottesstaat", so sind auch die etwa gleichzeitigen „Historiae adversus paganos" des Paulus Orosius eine Apologie des Christentums, sie wollen nachweisen, daß das Christentum an den gegenwärtigen Drangsalen unschuldig sei.

Die Welt- und Heilsgeschichte wird in der Regel nach einem der zwei Grundschemata gegliedert, die allerdings vielfach variiert werden. Anknüpfend an Ps 89, 4, daß tausend Jahre vor Gott wie ein Tag sind, war schon im jüdisch-messianischen Schrifttum die Geschichte nach der Analogie des Sechs-Tage-Werkes in sechs Millennien aufgeteilt worden, denen als siebentes das messianische Reich folgen sollte. Justin der Martyrer und Irenäus hatten diese Einteilung übernommen und chiliastisch gedeutet: die Welt wird in ebensoviel „Tagen" vollendet werden, wie sie geschaffen wurde; nach dem Jahre 6000 folgt das Tausendjährige Reich Christi auf Erden. Hippolyt und Lactanz bildeten das eschatologische Schema in ein chronologisches um, das Hieronymus seiner „Weltchronik" zugrunde legte und das auch Augustinus bekannt war. Bei diesem findet sich außerdem der Parallelismus zu den sechs Lebensaltern des Menschen (infantia, pueritia, adolescentia, iuventus, gravitas, senectus) und die rein heilsgeschichtliche Dreiteilung: ante legem, sub lege, sub gratia. Die Lehre von den sechs Weltaltern (aetates mundi) ging von Hieronymus und Augustinus über Isidor von Sevilla und Beda („De sex aetatibus mundi") ins Mittelalter über.

Das zweite gebräuchliche Schema gliedert die Weltgeschichte nach den vier Weltreichen: dem assyrisch-babylonischen und dem persischen, dem Reich Alexanders des Großen und dem Imperium Romanum. Es ist ebenfalls nichtchristlichen Ursprungs (in augusteischer Zeit von Pompeius Trogus gebraucht), wurde aber von Hieronymus im Anschluß an den Propheten

Daniel (2, 36 ff) in das christliche Geschichtsdenken transponiert: das christlich gewordene Imperium Romanum wird, als das letzte der vier Weltreiche, bis ans Weltende bestehen. Noch im 16. Jh. hielt Sleidan an diesem Schema fest.

b) Christliche Historiographie, nicht Kirchengeschichte im Mittelalter

Die „Kirchengeschichte" des Eusebius hat während des ganzen Mittelalters keinen Nachahmer gefunden, wenn auch der Name „Kirchengeschichte" seit dem 12. Jh. zuweilen auftaucht. An die Stelle der Ecclesia treten als Objekte christlicher Geschichtsschreibung in der Übergangszeit die christianisierten Germanenvölker, später Klöster und Bistümer, die Heiligen. Der mittelalterliche Chronist und Annalist verknüpft, sofern er nicht die „Chronik" des Hieronymus fortsetzt, in der Regel seinen Bericht über die erlebte Gegenwart mit meist kritiklos übernommenen Nachrichten älterer Autoren, die der Einordnung in ein historisches Gesamtbild dienen sollen: er denkt welt- und heilsgeschichtlich, nicht kirchengeschichtlich. In der Übergangszeit ragen als Vermittler geschichtlichen Wissens drei Autoren hervor: der Römer Gregor von Tours († 594) durch seine „Frankengeschichte", der eine kurze Geschichte der Bischöfe von Tours angefügt ist; die Volksgeschichte wird als Sieg des rechten Glaubens gesehen[7]; der Westgote Isidor von Sevilla[8] († 636) durch seine „Weltchronik" bis 615 (zweite Fassung bis 625), aber auch durch sein literarhistorisches Werk, seine „Etymologien" und seine Geschichte der Westgoten; der Angelsachse Beda der Ehrwürdige († 735) durch seine „Historia Ecclesiastica gentis Anglorum", in der er schildern will, wie sein Volk „zur Kirche Christi wurde"[9], durch seine Schrift „Über die sechs Weltalter" und seine Anleitung zur Berechnung des Ostertermins wurde er der „Lehrer des ganzen Mittelalters" (Levison). Die von Dionysius Exiguus in der Ostertafel von 532 begründete „christliche Ära", die Christi Geburt in das Jahr 754 ab urbe condita setzte und als Mittelpunkt der Zeitrechnung fixierte, brachte auch auf dem Gebiet der Chronologie den Sieg der heilsgeschichtlichen Orientierung. Die Weltgeschichte beginnt mit der Erschaffung des Menschen durch Gott, verfolgt die Führung des Menschengeschlechtes im Alten und Neuen Bund anhand der Bibel, schließlich die Geschichte des Reiches Christi auf Erden, in dem der christliche Staat und die Kirche einen Körper bilden, der Gute und Böse umfaßt,

[7] Historiarum ll. X, mit deutscher Übers. hrsg. von *R. Buchner,* 2 Bde (Darmstadt 1955); *Wattenbach - Levison* I 99—108.

[8] MGAuctant XI 391—506; *Wattenbach - Levison* I 86 ff.

[9] Hrsg. von *C. Plummer,* 2 Bde (Oxford 1896), dort I 73: „nostram gentem . . . Christi fecit ecclesiam"; *W. Levison,* Bede as Historian: Aus rheinischer und fränkischer Frühzeit (Düsseldorf 1948) 347—382.

bis der Herr in der Endzeit die Scheidung beider vornehmen und das Neue Jerusalem verwirklichen wird. Die Verquickung der Reich-Gottes-Idee mit der Kirche hatte zur Folge, daß das Mittelalter zwar eine christliche Geschichtsschreibung, aber keine Kirchengeschichte im modernen Sinn des Wortes kannte: „Die kirchliche Historiographie absorbiert das Gesamtgebiet der Geschichte" (Zimmermann). Sie entwickelt bis zum Hochmittelalter vor allem drei literarische Formen: die Weltchronik, die Annalistik und die Vita.

Die zahlreichen Weltchroniken schöpfen nicht nur ihr Material über die Vorzeit aus der „Chronik" des Eusebius/Hieronymus und deren Fortsetzern, sondern halten auch an der in der nachkonstantinischen Reichskirche geprägten Geschichtsauffassung fest: die Regierungszeiten der Kaiser bilden das chronologische Gerüst, in das die Folge der Päpste und andere weltliche wie kirchliche Ereignisse eingefügt werden; je näher sie der Gegenwart kommen, desto häufiger enthalten sie aus Eigenwissen geschöpfte Nachrichten, desto höher steigt ihr Quellenwert. So ist das „Chronicon" Reginos von Prüm[10], das mit der Geburt Christi einsetzt, bis auf Ludwig den Frommen eine reine Kompilation, von da an bis zum Abschluß des Werkes im Jahre 906 eine gute Quelle für die späte Karolingerzeit. Die Weltchronik Hermanns des Lahmen von Reichenau[11] († 1054), die das vielseitige Wissen ihres Verfassers widerspiegelt, ist ausgezeichnet durch die sorgfältige Benutzung ihrer älteren Vorlagen, in den späteren Partien weitet sie sich zur Reichsgeschichte aus. Sigebert von Gembloux bemüht sich in seiner nüchtern referierenden Chronik (vollendet vor 1105), die Ereignisse in Reich und Kirche chronologisch richtig einzuordnen, und stützt sich auf reiches Quellenmaterial[12]. Ihn benutzten Frutolf von Michelsberg und Ekkehart von Aura in ihrer bis 1106 bzw. 1125 reichenden Chronik (einer der besten Leistungen der mittelalterlichen Geschichtsschreibung), die wertvolle Nachrichten über den Investiturstreit enthält. Otto von Freising († 1185) allerdings, der größte Geschichtsdenker des deutschen Mittelalters, deutet schon im Titel seines Werkes[13] an, daß er nicht in Eusebius/Hieronymus, sondern in Augustinus seinen Meister verehrt. Das Imperium ist für ihn nur noch „der Schatten

[10] Hrsg. von *F. Kurze* (Hannover 1890); *H. Löwe*, Regino von Prüm und das historische Weltbild der Karolingerzeit: Rhein. Vierteljahrsblätter 17 (1952) 151—179, neu abgedruckt: *Lammers* (s. o. Bibliogr. b) 91—134.

[11] MGSS V 67—133; *R. Buchner*, Geschichtsbild und Reichsbegriff bei H. v. R.: AKG 42 (1960) 27—60.

[12] MGSS VI 300—374; *Manitius* III 344 ff.

[13] Chronicon sive Historia de duabus civitatibus, hrsg. von *A. Hofmeister* (Hannover - Berlin ²1912); *Manitius* III 376—388; *H. M. Klinkenberg*, Der Sinn der Chronik Ottos von Freising: Festschr. G. Kallen (Bonn 1957) 63—76; *E. Meuthen*, Der ethische Charakter der civitates bei Augustinus und ihre platonische Fehldeutung: ebd. 43—62; *J. Koch*, Die Grundlagen der Geschichtsphilosophie Ottos von Freising: MThZ 4 (1953) 79—94, wieder abgedruckt bei *Lammers* 321—349; O. v. Fr. Gedenkgabe zu seinem 800. Todesjahr (Freiburg 1958), mit Beiträgen von J. Spörl, J. Staber u. a.

eines großen Namens", er glaubt an die Verwirklichung der Civitas Dei in einem Imperium christianum und spricht, eschatologisch ausgerichtet, mehr den religiösen Menschen als den wissensdurstigen Historiker an[14].

Das primäre Anliegen der Annalisten, soweit sie nicht in amtlichem Auftrag Reichsannalen schreiben, ist die Aufzeichnung überlieferter und erlebter Schicksale ihres Bistums und ihrer Abtei; wenn sie durch Abkunft und persönliche Beziehungen in das große Weltgeschehen hineingezogen sind, weitet sich dann freilich ihr Blickfeld, wie bei Thietmar vor Merseburg († 1018). An Bischofssitzen, die durch ihre Schulen am aufblühenden Geistesleben der sächsischen und salischen Kaiserzeit teilhaben, in Hildesheim, Magdeburg, Lüttich und Trier entstehen Bistumsannalen, doch erheben sich nur wenige Werke dieser Art zu Darstellungen der Bistumsgeschichte, wie die Geschichte der Kirche von Reims von Flodoard († um 966) und die „Gesta Hammaburgensis ecclesiae pontificum" des Adam von Bremen († nach 1081), deren Höhepunkt die Biographie des Erzbischofs Adalbert von Bremen bildet[15]. Auf den Wunsch, Stifter und Wohltäter in die Gebets- und Opfergemeinschaft einzubeziehen, gehen die Memorialbücher und die Nekrologien zurück, in denen die Todestage im Kalender vermerkt sind, während die in manchen Klöstern (z. B. Fulda und St. Blasien) geführten Totenannalen fortlaufend Todesfälle von Klosterinsassen und Wohltätern aufzeichnen.

In der Vita, die meist, aber nicht nur Heiligenvita ist, herrscht die erbauliche Tendenz vor. Das Leben außerordentlicher Menschen soll als Tugendbeispiel (unter Zugrundelegung der Schemata der vier Kardinal- und drei göttlichen Tugenden) hingestellt, ihre Gottesnähe durch Wunder erwiesen werden. „Virtutes" und „miracula" sind darum ihr Hauptthema. Diese Tendenz wie auch die Benutzung antiker (Sueton, Sallust) und christlicher (Sulpicius Severus) Vorbilder schließt jedoch keineswegs konkrete Züge wie bestimmte literarische Absichten aus. Ruotger zeichnet im Leben Brunos von Köln (entstanden 967/969) das Exempel eines Reichsbischofs, wie er sein soll[16]; Abt Norbert von Iburg verschweigt in seinem Leben des Bischofs Benno von Osnabrück (verfaßt zwischen 1090 und 1108) nicht dessen menschliche Schwächen, damit die Leser mit Grund für die Seelenruhe des

[14] „Sic de utraque dicere proposuimus, ut tenorem hystoriae non omittamus, quatinus et religiosus auditor, quid in mundanis rebus ob innumeras mutationum miserias abhorrendum sit, animadvertat ac studiosus seu curiosus indagator non confusam rerum preteritarum seriem inveniat": *Hofmeister* 9.

[15] Flodoard: MGSS XIII 404—599. Adam von Bremen: *B. Schmeidler* (Hannover - Berlin [3]1917); nicht ganz befriedigende Deutung bei *M. Misch,* Geschichte der Autobiographie III/1 168—214.

[16] Hrsg. von *I. Ott* (Weimar 1951, Neudruck 1958); *F. Lotter,* Die Vita Brunonis des Ruotger (Bonn 1958). Von *H. Bresslaus* Ausgabe der echten Vita Bennonis (1902) ist 1956 ebenfalls ein Neudruck erschienen. Über Eadmer: *M. Misch,* Geschichte der Autobiographie III/1 215—261.

Klosterstifters beten können. Das Leben Anselms von Canterbury von Eadmer (niedergeschrieben bald nach dessen Tod 1109) beruht auf Mitteilungen des Heiligen und intimer Kenntnis seiner Persönlichkeit, seine Heiligkeit wird nicht durch Wunder, sondern durch die unwandelbare Treue zum monastischen Ideal erwiesen. Seit dem 13. Jh. gerät die hagiographische Literatur unter den Einfluß der für Predigtzwecke zusammengestellten Exempelsammlungen, wie das Leben Engelberts von Köln des Zisterziensers Caesarius von Heisterbach und das Verhältnis dieser Schrift zu den Exempelsammlungen desselben Verfassers zeigen[17]. Die Viten der großen Ordensstifter, z. B. des hl. Franz von Assisi, gehen auf den Wunsch der Orden zurück, ein normatives Bild ihrer Stifter zu besitzen.

Einen neuen Impuls, vielleicht sogar eine Wende in der kirchlichen Historiographie, scheint die Reformbewegung des 11. Jh. und der Investiturstreit anzubahnen. Der Kampf um die Eigenständigkeit der geistlichen Gewalt, gegen die Laienherrschaft in der Kirche und für deren Freiheit, rücken die Kirche als solche wieder in das Blickfeld der Geschichtsschreibung. In der Reformliteratur erscheint die Ecclesia primitiva, nicht nur die Ur-, sondern die alte Kirche, als das Ideal, nach dem die Gegenwartskirche, ihr Klerus und ihre Mönche sich ausrichten müssen. Sogar die Bezeichnung „Kirchengeschichte" taucht wieder auf. Hugo von Fleury verspricht im Prolog seiner „Historia ecclesiastica", deren zweite Redaktion 1110 abgeschlossen wurde, den Leser zu den in der Geschichte verborgenen Geheimnissen der Kirche zu führen. Aber der Titel deckt wiederum nur eine Kompilation der Welt- und Heilsgeschichte[18]. Auch das gleichnamige Werk des Ordericus Vitalis, das 1141 abschließt, erfüllt, ungeachtet seiner Originalität, noch keineswegs den erhobenen Anspruch[19]; Ecclesia Dei bezeichnet bei ihm sowohl die Gesamtkirche wie Einzelkirchen, die gesta Dei geschehen in ihr und an ihr, nicht durch sie. Für Johannes von Salisbury († 1180), den scharf beobachtenden Sekretär Thomas Beckets und späteren Bischof von Chartres, ist die Geschichte der Kirche, deren Anfänge die Apostelgeschichte, deren Wachstum Eusebius erzählt hat, bereits Geschichte des Sacerdotiums, also Papst-

[17] Die alte Ausgabe des „Dialogus miraculorum" von *J. Strange*, 2 Bde (Köln 1851) ist im Neudruck (1922) durch einen Index erweitert, aber noch nicht durch eine neue ersetzt; das Leben Engelberts, hrsg. von *F. Zschaeck:* Die Wundergeschichten des Caesarius von Heisterbach III (Bonn 1937) 225—328. Übersicht über die hochmittelalterliche Exempelliteratur von *A. Hilka:* ebd. I (Bonn 1933).

[18] MGSS IX 349—364 (fast nur die Prologe); PL 163, 821—854; Lit.: Manitius III 518 ff. Die Stelle im Prolog: „Praeterea huius historiae liber nimis profunda latenter continet ecclesiae sacramenta" (350).

[19] PL 188, 15—984. Im Prolog rechtfertigt Ordericus den Titel: er schreibe „de rebus ecclesiasticis ut simplex ecclesiae filius . . ., unde praesens opusculum ecclesiasticam historiam appellari affecto" (16). *H. Wolter,* Ordericus Vitalis. Ein Beitrag zur kluniazensischen Geschichtsschreibung (Wiesbaden 1955), dazu *Th. Schieffer:* ZKG 62 (1955/56) 336 ff.

geschichte[20], wie zwei Jahrhunderte später für den Dominikaner Bartholomäus von Lucca († 1326), dessen „Historica ecclesiastica nova“[21] das Regnum Christi mit dem Regnum Pontificium identifiziert: für den Zeitgenossen Bonifaz' VIII. und Johannes' XXII. war der Dualismus der beiden Reiche aufgehoben. Auch sein Werk war keine wahre Kirchengeschichte.

Der Keim einer neuen Kirchengeschichtsschreibung, der im schöpferischen 12. Jh. sichtbar wird, ist nicht zur Entfaltung gekommen. Vielmehr wurde die Kirche eben damals zum Gegenstand der Geschichtstheologie. Bei Rupert von Deutz († 1129) werden Schöpfung, Erlösung und Heiligung den drei Personen der Trinität zugeordnet; die Heiligung geschieht durch die sieben Gaben des Heiligen Geistes, der in der Kirche wirkt[22]. Wie Rupert, so will auch Gerhoh von Reichersperg, der auf ihm aufbaut, nicht Fakten berichten, sondern sie deuten und ihre symbolischen Beziehungen untersuchen[23]. Anselm von Havelberg († 1158) entwickelt in Weiterführung früherer Apk-Deutungen eine Siebenteilung der Kirchengeschichte: Das weiße Roß ist die Urkirche, das rote die Verfolgungszeit, das schwarze der Einbruch der Häresien, das fahle bedeutet die falschen Brüder, die durch die Mönche unschädlich gemacht wurden; die folgenden Perioden gehören der Endzeit an. Der Heilige Geist erneuert durch die Mönche die Welt, er ist auch das Fortschrittsprinzip der Kirche[24]. Von Anselm ist nur noch ein Schritt zu Joachim von Fiore († 1202), dem kalabrischen Zisterzienserabt, der in seinem Kommentar zur Apokalypse die Heilsgeschichte in drei Zeitalter teilt: das Zeitalter des Vaters, das Alte Testament, unter dem das Gesetz regierte; das Zeitalter des Sohnes, das Neue Testament, in dem Glaube und Gnade herrschen, dessen Unvollkommenheit aber in dem bevorstehenden Zeitalter des Heiligen Geistes aufgehoben werden wird, das die Gnadenfülle und die Herrschaft der Liebe bringt. An die Stelle der gegenwärtigen, unvollkommenen petrinischen Kirche tritt in einer aus der Heili-

[20] Historia Pontificalis, hrsg. von *M. Chibnall* (London 1956); *H. Hohenleutner*, J. of S. in der Literatur der letzten zehn Jahre: HJ 77 (1958) 493 ff. — Ebenfalls ins 12. Jh. gehört die in einer Handschrift der Abtei Zwettl erhaltene Papstgeschichte, vgl. *K. Ross*, Die Historia pontificum Romanorum aus Zwettl (Greifswald 1932).

[21] Muratori XI 753—1216; vgl. *M. Grabmann*, Mittelalterliches Geistesleben I 354 ff.

[22] PL 167—170. Über die in Vorbereitung befindliche kritische Ausgabe vgl. *R. Haacke*, Die Überlieferung der Rupertus-Schriften: DA 16 (1960) 397—436; *W. Kahles*, Geschichte als Liturgie. Die Geschichtstheologie des Rupertus von Deutz (Münster 1960), nicht historisch eingestellt.

[23] PL 193 und 194; Opera inedita, hrsg. von *P. Classen* I (Rom 1955); *E. Meuthen*, Kirche und Heilsgeschehen bei G. v. R. (Köln 1959); *P. Classen*, G. v. R. Eine Biographie (Wiesbaden 1960), dazu *H. Hürten*: HJ 80 (1961) 265—269.

[24] PL 188, *W. Kamlah*, Apokalypse und Geschichtstheologie. Die ma. Auslegung der Apokalypse vor Joachim v. Fiore (Berlin 1935); *K. Fina*, Anselm v. Havelberg: APraem 32 (1956) 69—101 193—227; *W. Berges*: Jahrbuch f. Gesch. Mittel- und Ostdeutschlands 5 (1956) 39 ff.

gen Schrift zu berechnenden Zeit (um 1260) die vollkommene, johanneische Geistkirche, in der das Evangelium aeternum verkündet wird[25]. Die Gegenwartskirche ist nicht die endgültige Form der Stiftung Jesu, sie ist überholbar und wird durch eine Geistkirche überholt werden.

Das joachitische Geschichtsbild hat nicht nur die Geschichtsauffassung der Franziskanerspiritualen bestimmt, die in Franz von Assisi den Verkünder oder wenigstens den Vorläufer des Evangelium aeternum sahen, wie Ubertino da Casale und Petrus Johannes Olivi[26], sein Einfluß ist auch bei einem so lebendigen Geschichtsschreiber wie Salimbene von Parma spürbar, und selbst für Bonaventura ist der eigentliche Sinn der Geschichtsbetrachtung „nicht das Verständnis des Vergangenen, sondern Prophetie über das Kommende“ [27]. Die spätmittelalterliche Apokalyptik folgt häufig joachitischen Gedankengängen[28]. Nikolaus von Cues zieht einen Parallelismus zwischen dem historischen Leben Jesu und dem seines mystischen Leibes, der Kirche: jedem Lebensjahr des Herrn entspricht in der Kirchengeschichte ein Zeitraum von 50 Jahren; da im 29. Jahre Jesu der Vorläufer auftrat, wird um 1450 der Heilige Geist in der Kirche erwachen, das Reich Gottes wird durch Heilige über die ganze Welt ausgebreitet werden, dann aber wird — entsprechend dem 30. Herrenjahr — die Leidensgeschichte der Kirche und ihre Verfolgung durch den Antichrist beginnen.

Der Ausgangspunkt dieser Geschichtstheologien, der unbefriedigende, einer Reform bedürftige Zustand der Gegenwartskirche, wirkte sich auf die Sicht der kirchlichen Vergangenheit aus in der sog. Verfallstheorie: die Kirchengeschichte ist der fortschreitende Abfall vom Idealzustand der Urkirche[29]. Sie kleidet sich zuweilen in eine Zeitalterlehre. Das Goldene Zeitalter der Martyrerkirche wird abgelöst durch das Silberne der großen Kirchenväter, das Eherne der Mönche und schließlich durch das gegenwärtige Eiserne, in dem der moralische Verfall das Strafgericht Gottes herab-

[25] Die von *E. Buonaiuti* für die Fonti per la storia d'Italia besorgte Gesamtausgabe ist noch nicht abgeschlossen. *H. Grundmann*, Studien über J. v. F. (Leipzig 1927); *ders.*, Neue Forschungen über J. v. F. (Marburg 1950); *M. W. Bloomfield*, J. v. F., A Critical Survey: Tr 13 (1957) 249—311.

[26] *R. Manselli*, La Lectura super apocalypsim di P. G. Olivi (Rom 1955); wichtig auch Alexander Minorita, Expositio in Apocalypsim, hrsg. von *A. Wachtel* (Weimar 1955).

[27] *J. Ratzinger*, Die Geschichtstheologie des hl. Bonaventura (München 1959) 22. Salimbenes Chronica, hrsg. von *F. Bernini*, 2 Bde (Bari 1942); *N. Scivoletto*, Fra Salimbene da Parma e la storia politica e religiosa del sec. XIII (Bari 1950).

[28] Noch nicht ersetzt ist *J. Rohr*, Die Prophetie im letzten Jahrhundert vor der Reformation als Geschichtsquelle und Geschichtsfaktor: HJ 19 (1898) 29—56 447—466, dort 32 f über die fälschlich dem hl. Vinzenz Ferrer zugeschriebene Schrift „De eversione Europae“. *N. Cohn*, The Pursuit of the Millennium (London 1957) befaßt sich mehr mit dem frühen und hohen MA. Über den Franziskaner Johann Hilten († um 1500) und seinen Kommentar zu Daniel und Apk *H. Volz:* ZKG 67 (1955/56) 111—115.

[29] Eine gründliche Untersuchung fehlt noch; *E. Seeberg*, Gottfried Arnold (Meerane 1923) 285 ff.

ruft. Die Verfallstheorie schließt nicht, wie die Geschichtstheologien und die Apokalyptik, eine geringere Bewertung der historischen Fakten ein, sie findet sich, abgesehen von Reformschriften, auch bei so beachtlichen Geschichtsschreibern wie Dietrich von Niem und Thomas Ebendorfer[30]. Aber das Wissen um die geschichtliche Vergangenheit der Kirche wird vom 13. bis zum Ende des 15. Jh. kaum erweitert. Man begnügt sich damit, das Vorhandene zusammenzufassen, wie Vinzenz von Beauvais († 1264) in seinem „Speculum historiale"[31], oder es in eine übersichtliche Form zu bringen, wie Martin von Troppau († 1278) in seiner tabellenartig angelegten Kaiser- und Papstchronik, die oft fortgesetzt und in mehrere Volkssprachen übersetzt wurde[32]. Wie diese beiden, so gehörten dem Predigerorden Bernhard Guidonis (1331)[33] und Antoninus von Florenz († 1459) an, dessen Chronik den Zweck verfolgt, durch historische Beispiele zum moralisch guten Handeln anzuleiten[34]. Die zahlreichen Kompendien der Papstgeschichte bieten höchstens für die zeitgenössischen Päpste neue, individuelle Züge[35]. Die kräftigen nationalen Töne, die schon bei Matthaeus Parisiensis[36] und bei Alexander von Roes[37] hörbar waren, verstärken sich bei den französischen Papstbiographen der avignonesischen und der Schismazeit. Man legt Bischofs- und Abtkataloge an, die großen Orden schreiben ihre Chroniken. Die kirchliche Literaturgeschichte, deren altkirchliche Standardwerke (Hieronymus, Gennadius und Isidor von Sevilla) im 12. Jh. von Sigebert von Gembloux

[30] Thomas Ebendorfers „Schismentraktat", hrsg. von *H. Zimmermann:* AÖG 120 (1954) 45—147; *A. Lhotsky,* Thomas Ebendorfer. Ein österreichischer Geschichtsschreiber, Theologe und Diplomat des 15. Jh. (Stuttgart 1957) 109 f 125 f.

[31] Vgl. *K. Young,* The Speculum Majus of V. of B.: The Yale-Univ. Library Gazette 5 (1930) 1—13; *B. L. Ullman,* A Project for a New Edition of V. of B.: Speculum 8 (1933) 212—226.

[32] MGSS XXII 377—475. Über die Fortsetzungen vgl. *H. Schmidinger,* Das Papstbild in der Geschichtsschreibung des späten Mittelalters: Röm. Hist. Mitteilungen 1 (1958) 106—129, bes. 113 f 120. Eine der wenigen kritischen Ausgaben spätmittelalterlicher Papst- und Kaiserchroniken: Andreas von Regensburg, Chronica Pontificum et Imperatorum Romanorum, hrsg. von *G. Leidinger* (München 1903).

[33] Über G.' „Flores chronicorum", den „Catalogus brevis Pont. Rom. et Imperatorum" und den „Tractatus de temporibus et annis generalium et particularium conciliorum", sämtlich im zweiten Jahrzehnt des 14. Jh. verfaßt, vgl. HistLittFrance XXXV 139—232; DHGE VIII 677 ff (G. Mollat).

[34] *R. Morçay,* St. Antonin (Tours - Paris 1914) 322 ff; *B. Walker,* The Chronicles of St. Antonin (Washington 1933).

[35] Auszüge aus den „Actus Romanorum Pontificum" des Amalricus Augerii bei *Baluze - Mollat,* Vitae paparum Avenionensium I 89 ff 183 ff 405 ff; über Ebendorfers Cronica Pont. Rom. s. *Lhotsky* a. a. O. 59 ff.

[36] Chronica Major, hrsg. von *H. R. Luard,* 7 Bde (London 1872/84); *R. Vaughan,* M. P. (Cambridge 1958).

[37] A. v. R. Schriften, hrsg. und übersetzt von *H. Grundmann* und *H. Heimpel* (Weimar 1949); *H. Heimpel,* A. v. R. und das deutsche Selbstbewußtsein des 13. Jh.: AKG 26 (1935) 19 ff; *ders.,* Über den Pavo des A. v. R.: DA 13 (1957) 171—227, wieder abgedruckt bei *Lammers* 350—417.

und Honorius Augustodunensis weitergeführt worden waren, wird durch den früher Heinrich von Gent zugeschriebenen Katalog des Heinrich von Brüssel und, über ein Jahrhundert später, von Arnold Geylhoven von Rotterdam († 1442) und ähnliche Werke wenig gefördert[38]; erst der Schriftstellerkatalog des Benediktinerabtes Johannes Trithemius († 1516) beruhte auf ausgebreiteten Nachforschungen, war freilich auch durch viele Fehler und Verwechslungen verunstaltet[39].

Zwar fanden die großen Ereignisse der Kirchengeschichte ihre Geschichtsschreiber, z. B. das große Schisma in Dietrich von Niem, Ludolf von Sagan und Martin von Alpartil[40], das Basler Konzil in Johann von Segovia[41]. Aber ihre Werke treten seit dem 13. Jh. an Umfang und Wert für die Kirchengeschichtsschreibung hinter der stark anschwellenden Überlieferung der Überreste, der Urkunden, Briefe und Akten der verschiedensten Art, liturgischer Bücher und Gottesdienstordnungen zurück. Die vatikanischen Register sind seit 1198, wenn auch mit Lücken, erhalten; die mit Clemens VI. einsetzende Serie der Supplikenregister umfaßt bis zum Pontifikat Leos XIII. 7365 Bände. Die Urkundensammlungen und Regestenwerke der deutschen Bistümer und Landschaften wie der für das kirchliche Leben immer bedeutsamer werdenden Städte werden seit dem 14. Jh. immer umfangreicher[42] und durch Besitzverzeichnisse, Kopial- und Rechnungsbücher und Steuerlisten ergänzt. Briefe und Briefsammlungen ermöglichen echte, scharf profilierte Biographien, die allerdings noch sporadischen Gesandtschaftsberichte, z. B. der aragonesischen Gesandten an der Kurie, der Teilnehmer an den Konzilien von Konstanz und Basel, die Konzils- und Reichstagsakten vermitteln Einblick in den Gang kirchlicher Auseinandersetzungen.

[38] *P. Lehmann,* Literaturgeschichte im Mittelalter: Erforschung des MA I (Stuttgart 1941) 82 ff; *F. Pelster,* Der Heinrich von Gent zugeschriebene Catalogus virorum illustrium und sein wirklicher Verfasser: HJ 39 (1919) 253—264; *P. Lehmann,* Der Schriftstellerkatalog des Arnold Geylhoven von Rotterdam: Erforschung des MA IV (Stuttgart 1961) 216—236. — *A. Auer,* Ein neugefundener Katalog der Dominikanerschriftsteller (Paris 1933); *Th. F. Bonmann,* Die literaturkundlichen Quellen des Franziskanerordens im MA (Fulda 1937).

[39] De scriptoribus ecclesiasticis, vollendet 1494 und noch im gleichen Jahre in Mainz gedruckt; über die Quellen: *I. Silbernagl,* J. Trithemius (Regensburg 1885) 61 ff; *H. Jedin,* Fra contemporanei del Tritemio: Benedictina (1948) 231—236.

[40] Dietrich von Niem, De schismate, hrsg. von *G. Erler* (Leipzig 1890); vgl. *H. Heimpel,* D. v. N. (Münster 1932) 181—268. — Ludolf v. Sagan, De longevo schismate, hrsg. von *J. Loserth:* AÖG 60 (1880) 411 ff. — Martin von Alpartil, Chronica actitatorum temporibus D. Benedicti XIII, hrsg. von *F. Ehrle* (Paderborn 1906).

[41] Historia gestorum generalis synodi Basiliensis: Monumenta Conc. gen. saeculi XV, II—IV (Wien - Basel 1873/1935); vgl. *U. Fromherz,* Joh. von S. als Geschichtsschreiber des Konzils von Basel (Basel 1960).

[42] Überblick über die erzählenden Quellen zur deutschen Bistums- und Stadtgeschichte bei *Jacob-Weden,* Quellenkunde III, 128—142. Der von jetzt an stark fühlbare Mangel einer kirchengeschichtlichen Quellenkunde wird für Deutschland in etwa ausgeglichen durch die weit zurückgreifende Quellenkunde von *G. Wolf* (s. o. Bibliographie c).

c) Das Aufblühen der Kirchengeschichte vom 16. bis zum 18. Jahrhundert

Der Beitrag des Humanismus zur Wiederbelebung der Kirchengeschichte ging aus von seinem Ruf: ad fontes! Indem er die Quellen, zunächst der alten Kirchengeschichte, zum Fließen brachte, überwand er die Dürre der spätmittelalterlichen Kompendien. Die Papstviten des Bartolomeo Platina († 1481) waren für die ältere Zeit nicht mehr als eine stilistische Überarbeitung des „Liber Pontificalis“ [43]. Die Kritik Lorenzo Vallas an der Konstantinischen Schenkung [44] war ein neuer Ansatz, der aber erst weiterverfolgt wurde, seitdem der Buchdruck begonnen hatte, nicht nur einzelne Schriften der Kirchenväter und späterer kirchlicher Schriftsteller zu verbreiten, sondern auch Gesamtausgaben zu veranstalten. Bei den Vorarbeiten tauchten Echtheitsfragen auf, der Sinn für literarische Eigenart wurde geweckt, man drang in die Sprache und den Geist der alten Kirche ein und lernte ihre Einrichtungen kennen. Obwohl Erasmus seinem Wesen nach Philologe war, nicht Historiker, ist er aus der Geschichte der Neubelebung des kirchengeschichtlichen Sinnes nicht wegzudenken. Aus seinem Kreise gingen die ersten Ausgaben der alten Kirchenhistoriker hervor. Beatus Rhenanus gab 1523 die lateinische Fassung der „Kirchengeschichte“ des Eusebius und die „Historia tripartita“ heraus [45], 1544 folgten Eusebius und Theodoret im griechischen Urtext. Ungefähr gleichzeitig erschienen die freilich noch sehr unvollkommenen Konzilienausgaben von Merlin und Crabbe. Quellen, die man bisher nur in abgeleiteter Form und aus zweiter Hand (z. B. Gratian) benutzt hatte, wurden direkt zugänglich. Daß man sich ihrer für den Aufbau einer Geschichte der Kirche bediente, war freilich erst eine Folge der Glaubensspaltung.

Luthers geschichtliches Bild von der Kirche war bestimmt durch die Überzeugung, daß die wahre, biblische Heilslehre durch die Schuld des Papsttums und der aristotelischen Scholastik seit vier Jahrhunderten verfälscht, eine durchgreifende Reform der Kirche nur durch Rückkehr zu eben dieser Heilslehre und durch Beseitigung der „Menschensatzungen“ möglich sei. Dieses Geschichtsbild, das der Abfallstheorie eine ganz neue Wendung gab, rief nach einer sie rechtfertigenden Kirchengeschichte. Die von dem strengen Lutheraner Matthias Flacius (eigentlich Vlačich, 1520—1575) mit Hilfe des

[43] Liber de vita Christi et pontificum (Venedig 1479), bis 1474 reichend, mit zahlreichen Neuausgaben und Fortsetzungen über 1474 hinaus.

[44] *L. Valla*, De falso credita et ementita Constantini donatione declamatio, verfaßt 1440, hrsg. von *W. Schwalm* (Leipzig 1928). Zur Diskussion über die Echtheit im Spätmittelalter: *D. Laehr*, Die Konstantinische Schenkung in der abendländischen Literatur des ausgehenden MA: QFIAB 23 (1931/32) 120—181; *H. Jedin*, Studien über Domenico de Domenichi (Wiesbaden 1958) 264—268.

[45] Auctores historiae ecclesiasticae (Basel 1523), enthielt nur die lateinischen Fassungen der KG des Eusebius von Rufin, der „Historia tripartita“ und Urkunden aus Theodoret; verbess. Neuausgabe Basel 1544.

Johannes Wigand und anderer Mitarbeiter verfaßte „Historia ecclesiastica“[46], nach ihrer Einteilung und ihrem Abfassungsort gewöhnlich „Magdeburger Zenturien“ genannt, versuchte mit einer Fülle von systematisch geordneten Quellenbelegen den Nachweis, daß das Luthertum, nicht die Papstkirche, sich in Übereinstimmung mit der Lehre der alten Kirche befinde; dem großen Werke war 1556 ein Katalog der Zeugen evangelischer Wahrheit unter dem Papsttum vorausgegangen. Der wuchtige Angriff provozierte zunächst eine Reihe teils sachlich unzureichender, teils in den Anfängen steckengebliebener Gegenschriften (Conrad Braun, Wilhelm Eisengrein, Petrus Canisius)[47] und Bignes systematisch geordnete Sammlung älterer Kirchenschriftsteller[48], schließlich aber die epochemachenden „Annales ecclesiastici“ des Oratorianers Caesar Baronius († 1607), die aus Vorträgen im Oratorium Philipp Neris hervorgegangen waren und in zwölf Bänden die Geschichte der Kirche bis auf Innocenz III. auf der Grundlage reicher, z. T. im Wortlaut wiedergegebener Quellen, aber ohne den Versuch einer Perodisierung darstellten[49]. Baronius war sich wohl bewußt, etwas Neues zu bieten; er schrieb seine Annalen „zur Verteidigung des Alters der geheiligten Traditionen und der Gewalt der heiligen römischen Kirche vor allem gegen die Neuerer unserer Zeit“, also mit apologetischer Zielsetzung[50]. Sie wurden durch den Polen Abraham Bzovius († 1637) bis auf Pius V., nochmals und besser durch die Oratorianer Odoricus Raynaldus († 1671) und Jacob Laderchi († 1738) fortgeführt und blieben bis ins 19. Jh. das Standardwerk der katholischen Kirchengeschichtsschreibung, hinter dem andere, für die Erforschung der kirchlichen Vergangenheit nicht weniger wichtige Leistungen nicht ganz mit Recht zurücktraten.

[46] 14 Bde (Basel 1559/74), letzte, nicht vollständige Ausgabe Nürnberg 1757/65. *W. Preger,* M. Flacius Illyricus und seine Zeit, 2 Bde (Erlangen 1859/61); *P. Polman,* Flacius Illyricus, historien de l'Église: RHE 27 (1931) 27—73; *M. Mirkovič,* Matia Vlačič Ilirik (Zagreb 1960).

[47] Über C. Braun, Admonitio Catholica (Dillingen 1565) s. *N. Paulus:* HJ 14 (1893) 544 f. Über W. Eisengrein, Descriptiones rerum in orthodoxa et apostolica Christi ecclesia gestarum (Ingolstadt 1566) s. *L. Pfleger,* W. Eisengrein, ein Gegner des Flacius Ill.: HJ 25 (1904) 774—792; Der Auftrag des Jesuitengenerals Borgia an Canisius in dessen Epp. et Acta, hrsg. von *O. Braunsberger,* V (Freiburg 1910) 480 f (31. 5. 1567).

[48] Bibliotheca veterum Patrum et antiquorum scriptorum ecclesiasticorum, 9 Bde (Paris 1575/79).

[49] 12 Bde (Rom 1588/1605); Bd XIII—XXI (Rom 1646/77) von *O. Raynaldus,* bis 1564; Bd XXII—XXIV (Rom 1728/37) von *J. Laderchi,* bis 1571; über die Fortsetzung von *A. Theiner* (Rom 1856) u. a. Ausgaben: LThK I 1271 f. — Unzureichende, aber noch immer nicht ersetzte Biographie *G. Calenzio,* La vita e gli scritti del Card. C. B. (Rom 1907); *G. Mercati,* Per la storia della Biblioteca Vaticana, bibliotecario C. B.: Opere minori III (Città del Vaticano 1937) 201—274; *A. Walz,* Studi historiografici (Rom 1940) 5—27; die dort gegebene Bibliographie erweitert in dem von G. De Luca besorgten Neudruck von *A. Roncalli,* Il card. C. B. (Rom 1961) 47 ff.

[50] In der Vorrede an Sixtus V.: „Praesertim contra novatores nostri temporis, pro sacrarum traditionum antiquitate ac S. Romanae Ecclesiae potestate.“

Für die Herauslösung der Kirchengeschichte aus der Welt- und Heilsgeschichte war entscheidend, daß die Kirchenspaltung zur schärferen, einschränkenden Fassung des Kirchenbegriffs führte. Die wahre, an bestimmten Kennzeichen erkennbare Kirche Christi wurde der falschen gegenübergestellt[51], mußte als solche aber auch historisch erwiesen, die Apostolizität ihrer Lehre, die Kontinuität ihres Lehramtes und das hohe Alter ihrer Einrichtungen auf Grund echter Quellen nachgewiesen werden. Dadurch erhielt die Kontroverstheologie von Anfang an einen traditionalistisch-historischen Einschlag[52]. Man suchte und fand bei den Kirchenvätern und in den alten Liturgien Zeugnisse für das Meßopfer und die Realpräsenz, für den päpstlichen Primat und die Autorität der Konzilien; man publizierte, zuweilen erstmalig, Quellentexte in ausgesprochen apologetischer Absicht[53]. Guglielmo Sirleto († 1584) lieferte den Trienter Konzilslegaten Cervini und Seripando patristisches Material für die Begründung der Trienter Glaubensdefinitionen[54], der Augustinereremit Onofrio Panvinio († 1569) häufte Material zur Geschichte der Päpste, des Kardinalskollegiums, der römischen Kirchen auf[55], nach der Wiederentdeckung der Katakomben unter Gregor XIII. begründete Antonio Bosio († 1629) die christliche Archäologie[56]. Der Zwang, sich über die theologischen Autoren älterer und neuerer Zeit zu informieren, gab der kirchlichen Literaturgeschichte neuen Auftrieb. Dem Druck der älteren Schriftstellerkataloge durch Suffridus Petri (1580) folgten in kurzen Abständen die „Epitome" des Angelo Rocca (1594), der umfangreiche „Apparatus sacer" des Antonio Possevino (1606) und Bellarmins

[51] So war Michael Buchinger, Historia ecclesiastica nova (Mainz 1560) bezeichnenderweise eine Überarbeitung der 1556 erschienenen Schrift De ecclesia, vgl. *N. Paulus,* M. Buchinger, ein Colmarer Schriftsteller und Prediger des 16. Jh.: AElsKG 5 (1930) 199 ff. Die für die Kirchengeschichte äußerst wichtige Lehre von den Kennzeichen der Kirche *G. Thils,* Les notes de l'église dans l'apologétique catholique depuis la Réforme (Gembloux 1937).

[52] *P. Polman,* L'élément historique 284 ff. Melchior Cano konstatiert (De locis theologicis XI 2): Quod autem in dissertatione adversum fidei christianae inimicos rerum gestarum monumenta theologo peropportuna sint, clarissimorum virorum usus aperte confirmat. *G. Gieraths,* Melchior Cano u. die Geschichtswissenschaft: FZThPh 9 (1962) 3—29.

[53] So besorgte z. B. der Kontroverstheologe Joh. Cochlaeus Ausgaben von Cyprian, Optatus von Mileve, Gregor von Nazianz und Chrysostomus und gab 1525 die Dekrete der alten Konzilien heraus, vgl. die Bibliographie bei *M. Spahn,* J. Cochlaeus (Berlin 1898) 341—372; Georg Witzel gab 1546 die „Liturgia S. Basilii nuper e tenebris eruta" heraus, Franciscus Torres 1563 erstmals die Apostolischen Konstitutionen.

[54] Auszüge aus den Briefen an Cervini 1545/47: CT X 929—955; vgl. *S. Merkle,* Ein patristischer Gewährsmann des Tridentinums: Festgabe A. Ehrhard (Bonn 1922) 342 bis 358; die Briefe an Seripando 1562/63 sind noch unpubliziert, vgl. *H. Jedin,* G. Seripando II (Würzburg 1937) 300 ff.

[55] *D. A. Perini,* O. P. e le sue opere (Rom 1899); eine den heutigen Anforderungen entsprechende Biographie fehlt.

[56] *Pastor* IX 194 ff.

praktischen Zwecken dienendes Büchlein „De scriptoribus ecclesiasticis" (1613); der Belgier Albert Le Mire († 1640) setzte den Katalog des Trithemius fort. Am Ende des 17. Jh. schuf der Jansenist Louis-Ellies Du Pin in der „Nouvelle bibliothèque des auteurs ecclésiastiques" (1684/91) mit ihren Fortsetzungen das bei weitem reichhaltigste Nachschlagewerk der kirchlichen Literaturgeschichte; die „Histoire générale des auteurs sacrés et ecclésiastiques (23 Bde, 1729/63) des Benediktiners Remi Ceillier blieb im 13. Jh. stecken.

Obwohl die herrschende apologetische Tendenz zuweilen die Annahme auch gesicherter Ergebnisse protestantischer Kritik (z. B. des von Blondel geführten Nachweises der Pseudo-isidorischen Fälschung) hemmte, führte die Herausgabe umfangreicher Quellengruppen unaufhaltsam zur Ausbildung der historisch-kritischen Methode und damit zur Kirchengeschichte als Wissenschaft. Hatten schon die älteren Konzilienausgaben hinter die frühmittelalterlichen Canonessammlungen zurückgegriffen, so gab die „Editio Romana" (1608/12) zum erstenmal auch griechische Texte; in der Folgezeit lieferte der Jesuit Hardouin († 1729) die beste, J. D. Mansi († 1769) die umfassendste („amplissima") Ausgabe der Allgemeinen und vieler Partikularkonzilien, denen die nationalen Konziliensammlungen von Sirmond (Frankreich), Aguirre (Spanien), Hartzheim (Deutschland) und Wilkins (England) parallel gingen[57].

Den gleichen Weg von einer noch unkritischen Materialhäufung zur kritischen Sichtung legten die Sammlungen von Heiligenleben zurück, deren Herausgabe die Heiligenverehrung verteidigen und anregen sollte. Nachdem Luigi Lippomani († 1559), unterstützt von G. Hervet und G. Sirleto, eine erste Kompilation geliefert und der Kartäuser Laurentius Surius († 1578), auf ihr fußend, aber doch weit über sie hinausgehend, „bewährte Heiligengeschichten" in sechs Bänden (1570/75) herausgegeben hatte[58], entwarf der Jesuit Heribert Rosweyde im Jahre 1607 den Plan, die alten Heiligenviten in ihren authentischen (nicht humanistisch bearbeiteten) Texten auf Grund nicht zufällig gefundener, sondern systematisch gesuchter Handschriften herauszugeben. Der Warnung Bellarmins zum Trotz, began-

[57] Das Nähere über die großen Konziliensammlungen bei *Quentin* (Bibliographie c); dazu *St. Kuttner,* L'Édition romaine des conciles généraux et les actes du premier Concile de Lyon (Rom 1940). Die wichtigsten nationalen Konziliensammlungen: Concilia antiqua Galliae, hrsg. von *J. Sirmond,* 3 Bde (Paris 1629), mit Supplement von *P. Dalande* (Paris 1666); Collectio maxima conciliorum omnium Hispaniae et novi orbis, hrsg. von *J. Sáenz de Aguirre,* 4 Bde (Rom 1693), 2. Ausgabe von *J. Catalanus,* 6 Bde (Rom 1753/55); Concilia Magnae Britanniae et Hiberniae, hrsg. von *D. Wilkins,* 4 Bde (London 1737); Concilia Germaniae, hrsg. von *J. F. Schannat - J. Hartzheim,* 11 Bde (Köln 1759/90). Über die von dem Löwener Augustinereremiten *Ch. de Wulf* (Lupus) herausgegebene Sammlung der Dekrete und Canones der General- und Provinzialkonzilien (Löwen 1665, Brüssel 1673) vgl. *A. Legrand - L. Ceyssens:* Augustiniana 8 (1958) 200—236 328—355.

[58] *P. Holt,* Die Sammlung von Heiligenleben des *L. Surius:* NA 44 (1922) 341—364.

nen seine Ordensgenossen Johannes Bolland († 1665) und Gottfried Henskens († 1681) seit 1643 diesen Plan in den nach dem Kalender geordneten „Acta Sanctorum" zu verwirklichen[59]. Bollands hervorragender Nachfolger Daniel Papebroch († 1714) verteidigte die von den „Bollandisten" angewandte Methode gegen literarische Angriffe und die Spanische Inquisition in einer „Responsio" (1696/97). Aus dem Museum Bollandianum in Antwerpen gingen bis zur Unterdrückung dieser Institution (1788) 52 Foliobände hervor.

In Wettbewerb mit den Bollandisten traten als kritische Bearbeiter kirchengeschichtlicher Quellen die Benediktiner der französischen Kongregation von St. Maurus, die „Mauriner". Auch sie führten weiter, was im 16. Jh. begonnen worden war: die größtenteils in protestantischen Besitz übergegangenen Kirchenväterausgaben durch katholische, in Rom, Löwen und anderwärts gedruckte zu ersetzen[60]. Nach der Jahrhundertwende folgten in kurzen Abständen doppelsprachige, meist in Paris gedruckte Ausgaben griechischer Kirchenväter[61]. Der Jesuit Dionysius Petavius († 1652), selbst Herausgeber des Epiphanios von Salamis, brach dem geschichtlichen Beweis in der systematischen Theologie Bahn und wurde der Begründer der wissenschaftlichen Chronologie[62]. Diese, z. T. bedeutenden Leistungen wurden jedoch weit überholt durch die aus vorbildlicher Gemeinschaftsarbeit erwachsenen Mauriner-Ausgaben, an der Spitze die von Thomas Blampin († 1710) und Pierre Coustant († 1721) besorgte Augustinus-Ausgabe (1679/1700) und die Chrysostomus-Ausgabe von Bernard Montfaucon († 1741), denen schon 1667 die Werke Bernhards von Clairvaux von dem größten der Maurinergelehrten, dem Begründer der Urkundenlehre, Jean Mabillon († 1707), vorausgegangen waren. Mabillon und sein Schüler Edmond Martène († 1739) wurden durch ihr Werk „De antiquis ecclesiae ritibus" (1700—1702) die Initiatoren der Liturgiewissenschaft. Die ausgedehnten Bibliotheksreisen der Mauriner in Frankreich, Belgien, Deutschland und Italien führten zur Entdeckung zahlreicher, bis dahin unveröffentlichter Quellen[63].

[59] Die beiden ersten, den Monat Januar umfassenden Bände der ActaSS trugen den Titel: Acta Sanctorum, quotquot toto orbe coluntur vel a catholicis scriptoribus celebrantur, quae ex antiquis monumentis latinis, graecis aliarumque gentium collegit, digessit, notis illustravit Johannes Bollandus; operam et studium contulit Godefridus Henschenius. Zum Ganzen *Peeters* (Bibliographie c). [60] Es erschienen: Augustinus 1577 in Löwen, Hieronymus 1565/72 und Ambrosius 1579/87 in Rom.

[61] Basilius d. Große, Gregor von Nazianz, Gregor von Nyssa, Epiphanios von Salamis und Chrysostomus; Näheres in Bd IV.

[62] *P. di Rosa*, Denis Petau e la cronologia: AHSI 29 (1960) 3—54.

[63] Die erste dieser für die Zeit charakteristischen Anecdotasammlungen ist *J.-L. d'Achérys* „Spicilegium" (Paris 1655/77), ihr folgen *Martène-Durands* „Thesaurus anecdotorum" (Paris 1717) und „Amplissima collectio" (Paris 1724/33). Ebenso vorbildlich waren die Reiseberichte, z. B. *Montfaucons* „Diarium Italicum" (Paris 1702, Neudruck 1962).

Den Bollandisten und Maurinern verdankt die Kirchengeschichte die Einsicht, daß jede geschichtliche Aussage auf authentischen, nach den strengen Regeln philologischer Kritik herausgegebenen Quellen beruhen muß. Jede historische Forschung steht auf ihren Schultern. Die von ihnen besorgten Textausgaben werden zum Teil noch heute gebraucht. Sie teilen diesen Ruhm mit den großen Quellenausgaben italienischer Gelehrter des 18. Jh., wie L. A. Muratoris († 1750), des unvergleichlichen Herausgebers der italienischen Geschichtsquellen des Mittelalters, und der Brüder Pietro und Girolamo Ballerini, aber auch mit den Verfassern der großen historisch-statistischen Werke zur Papst-, Bistums- und Ordensgeschichte, die im 17. und 18. Jh. entstanden. Der Dominikaner Alfons Chacon (Ciaconius, † 1599) schuf in seinen posthum (1601/02) gedruckten „Vitae et res gestae Pontificum Romanorum et S. R. E. Cardinalium" das erste Nachschlagewerk zur Papstgeschichte, das in der Folgezeit durch Agostino Oldoini weitergeführt wurde[64]. Die „Italia sacra" des Zisterziensers Ferdinando Ughelli († 1670), eine für die ältere Zeit freilich noch unkritische Zusammenstellung der Bischofskataloge der italienischen Bistümer[65], wurde das weit übertroffene Vorbild der „Gallia Christiana" der Brüder St. Marthe, die im Auftrag der französischen Klerusversammlung von 1710 durch Martène und seine Mitarbeiter neubearbeitet wurde[66] und ihrerseits den spanischen Augustinereremiten Enrico Flórez zu seiner „España Sagrada"[67], den Jesuiten Farlati zum „Illyricum sacrum"[68] und Abt Gerbert von St. Blasien zur Wiederaufnahme älterer Pläne einer „Germania Sacra" ermutigten[69]. Wie diese, so blieb auch das Projekt eines die ganze kirchliche Hierarchie umfassenden „Orbis christianus" des vatikanischen Archivpräfekten Giuseppe Garampi († 1792) in den Vorarbeiten stecken[70].

Fast noch mehr geschah für die Ordensgeschichte. Die „Annales ordinis Minorum" des irischen Franziskaners Lukas Wadding († 1657)[71] und das sie ergänzende Schriftstellerlexikon des Franziskanerordens regten andere

[64] Die von *Oldoini* veranstaltete 3. Auflage umfaßte 4 Bde, die 4. (1751) 6 Bde.

[65] 9 Bde (Rom 1643/62); die 2. Aufl. in 10 Bden von *N. Coleti* (Venedig 1717/22).

[66] Gallia Christiana (nova), 13 Bde (Paris 1715/85); Lit.: LThK IV 497.

[67] España Sagrada. Teatro geográfico-histórico de la Iglesia de la España, 51 Bde (Madrid 1754/1879).

[68] 8 Bde, V—VIII von *J. Coleti* (Venedig 1751/1819).

[69] *G. Pfeilschifter,* Die St. Blasianische Germania Sacra. Ein Beitrag zur Historiographie des 18. Jh. (München 1921); über die wissenschaftsgeschichtlich außerordentlich interessante Ausgabe der Korrespondenz Gerberts von *G. Pfeilschifter* und *W. Müller:* LThK IV 710f.

[70] *Ph. Dengel,* Sull'Orbis christianus di G. Garampi: Atti del II Congresso Nazionale di Studi Romani II (Rom 1931) 497ff.

[71] Father Luke Wadding. Commemorative Volume (Dublin 1957); zu den „Wadding Papers 1614/38", hrsg. von *B. Jennings* (Dublin 1953), vgl. Irish Historical Studies 10 (1956) 228—236 *(F. X. Martin); C. Mooney,* The Letters of L. W.: IER 88 (1957) 396 bis 409.

Orden zur Herausgabe ähnlicher umfassender Geschichtswerke an[72], an ihrer Spitze Mabillons „Annales OSB“, denen die „Acta Sanctorum OSB“ vorausgegangen waren. Die Dominikaner erhielten durch J. Quétif und J. Échard das beste Schriftstellerlexikon, durch P. Ripoll und A. Brémond das umfangreichste Ordensbullarium. Zum ersten Male versuchte der Franziskaner Helyot eine Gesamtgeschichte des Ordenswesens[73].

Berücksichtigt man ferner, daß gleichzeitig viele Diözesen und Klöster dokumentarisch gearbeitete Geschichten erhielten[74] und daß für die Biographien kirchlicher Persönlichkeiten z. T. vorzügliche Nachschlagewerke geschaffen wurden, besonders in Italien[75], so stellt sich die Frage: Welchen Gebrauch machte die Historiographie von diesen, im Laufe zweier Jahrhunderte aufgehäuften Quellen und Hilfsmitteln?

Die Kirchengeschichtsschreibung war nicht imstande, mit dieser Erweiterung des Horizontes und der Verfeinerung der Forschungsmethoden Schritt zu halten. Die heilsgeschichtliche Betrachtungsweise, die sich weiter hielt und in Bossuets „Discours“ ihren letzten klassischen Ausdruck fand[76], hätte kein Hindernis zu bilden brauchen. Anderseits ist unleugbar, daß auf protestantischer Seite die bei Melanchthon grundgelegte Trennung der Kirchen- von der Profangeschichte zwar ungewollt deren Säkularisierung förderte, aber zur Verselbständigung der Kirchengeschichte beitrug. Die von Gottfried Arnold in seiner „Unpartheyischen Kirchen- und Ketzerhistorie“ (2 Bde, 1699/1700) vertretene pietistische Auffassung, die persönliche Frömmigkeit, nicht Dogma und Institutionen, sei der wahre Gegenstand der Kirchengeschichte, scheint auf die katholische Geschichtsschreibung kaum eingewirkt zu haben. Auch nach dem Ausgang der Religionskriege, als irenische Tendenzen an Boden gewannen, ging die Auseinandersetzung mit dem Protestantismus auf historischem Gebiet weiter, z. B. in den Monographien des Jesuiten Louis Maimbourg[77]. Weit größeres Aufsehen als alle kontrovershistorischen Werke erregte die Geschichte des Tridentinischen Konzils des Serviten Paolo Sarpi, weil sie im Gewande eines nur scheinbar nüchternen Tatsachenberichtes ein großangelegter Angriff auf

[72] *F. Roth*, Augustinian Historians of the XVIIth Century: Augustiniana 6 (1956) 635 bis 658.

[73] Näheres in meinem Artikel „Ordensgeschichte“: LThK VII 1201—1204.

[74] Zum Beispiel *Nikolaus Hontheim*, Historia Trevirensis, 3 Bde (Augsburg 1750); *St. H. Würdtwein*, Dioecesis Moguntia, 5 Bde (Mannheim 1768/90), dazu die von *H. Raab* publizierten Briefe: AHVNrh 153/54 (1953) 170—200.

[75] Zum Beispiel die Schriftstellerlexika von *G. Fantuzzi* für Bologna, *G. Agostini* für Venedig, alle überragend *Tiraboschis* klassische „Storia della letteratura italiana“.

[76] Allerdings ist im „Discours sur l'histoire universelle“ (1681), wie *W. Kaegi* u. a. gezeigt haben, das alte heilsgeschichtliche Schema bereits mit neuen Gedanken durchsetzt und umgewandelt, *O. Brunner* bei Lammers 444 f.

[77] Histoire du Grand Schisme d'Occident (Paris 1678), Histoire du Lutheranisme (Paris 1680), Histoire du Calvinisme (Paris 1682), die beiden ersten indiziert.

das nachtridentinische Papsttum war; die auf weit besseren Quellen beruhende, sprachlich gewandte Antwort des Jesuiten Pietro Sforza Pallavicino verstand sich selbst als historische Apologie[78].

Um die Kirchengeschichte als ein Ganzes zu begreifen und zu gliedern, fehlte der Antrieb durch den Unterricht. Der gleiche Jesuitengeneral Aquaviva, der 1609 den Plan erwog[79], kirchen-, besonders konziliengeschichtliche Kurse für Fortgeschrittene zu veranstalten, hatte sie in der „Ratio studiorum", die das höhere Unterrichtswesen durch zwei Jahrhunderte beherrschte, vom normalen Lehrplan ausgeschlossen. Zwar pflegte man in Rom die Kirchengeschichte in privaten Zirkeln[80], aber erst 1741 erhielt das Römische Kolleg einen Lehrstuhl für das Fach[81]. Die großen kirchengeschichtlichen Darstellungen, die seit der Mitte des 17. Jh. im geistig führenden Frankreich entstanden, sind nicht aus dem Unterricht hervorgewachsen, sie dienten mehr oder weniger der Rechtfertigung des gallikanischen Kirchenbegriffs.

Die weitaus beste Leistung, die „Selecta historiae ecclesiasticae capita et . . . dissertationes" des Dominikaners Natalis Alexander († 1724), war eine Sammlung von 230 Untersuchungen, vorzüglich über Lehrfragen, nach Jahrhunderten geordnet[82]. Sie wurden wegen ihrer gallikanischen Ansichten auf den Index gesetzt, aber trotzdem ohne wesentliche Korrekturen im Jahre 1699 unter dem Titel „Historia ecclesiastica veteris novique Testamenti" neu herausgegeben und erlebten noch acht weitere Neuausgaben. Die „Mémoires" L. S. Lenain de Tillemonts († 1698), mosaikartig aus Quellenstellen zusammengestellt, beschränkten sich auf die Darstellung der alten Kirchengeschichte bis 513; Claude Fleury († 1723) führte seine 20 Bände umfassende „Histoire ecclésiastique" (1691/1720) bis zum Konstanzer Konzil[83]. Ihre an Mabillon geschulte Kritik und ihr gefälliger Stil sicherten ihr großen Erfolg, ihre gallikanische Tendenz forderte jedoch den Widerspruch des Dominikaners G. A. Orsi heraus, dessen „Istoria ecclesiastica" (1747/62) nur die ersten sechs Jahrhunderte umfaßte, aber mehr-

[78] *H. Jedin,* Der Quellenapparat der Konzilsgeschichte Pallavicinos (Rom 1940), danach Überblick 61—118.

[79] *P. de Leturia,* L'insegnamento della storia ecclesiastica nella Roma dell'Umanesimo e del Barocco: CivCatt (1945) IV 393—402.

[80] *P. Paschini,* La conferenza dei concili a Propaganda fide: RSTI 14 (1960) 371—382.

[81] *P. de Leturia,* El P. Filippo Bebei y la fondación de la cátedra de historia eclesiástica en el Colegio Romano 1741: Gr 30 (1949) 158—192. Der 1657 von Alexander VII. an der römischen Sapienza gegründete Lehrstuhl der Kirchengeschichte erlangte keinen Einfluß auf die Ausbildung des Klerus; die seit 1725 in Madrid, Barcelona und Calatayud errichteten Lehrstühle befanden sich in von den Jesuiten geleiteten Adelskollegien.

[82] 26 Bde (Paris 1676/86), Verzeichnis der späteren Ausgaben bei *A. Hänggi,* Der Kirchenhistoriker Natalis Alexander (Fribourg 1955) 189. Nach der Vorrede soll das Werk dienen „zum Wohl und zum Nutzen jener, die das heilige Altertum und die positive Theologie studieren". [83] *F. Gaquère,* La vie et les œuvres de Cl. Fleury (Paris 1925).

fach fortgesetzt und noch im 19. Jh. nachgedruckt wurde[84]. Neben diesen vielbändigen Werken nahm sich das „Breviarium historiae ecclesiasticae usibus academicis accommodatum" des Augustiners Gianlorenzo Berti († 1766) bescheiden aus; dennoch bezeichnet es einen Wendepunkt, weil es dem Unterricht in der Kirchengeschichte diente[85].

d) Kirchengeschichte als theologisches Lehrfach

Die Einführung der Kirchengeschichte in den Lehrplan der Universitäten hatte im protestantischen Deutschland begonnen: im Zuge des Wiederaufbaus nach dem Dreißigjährigen Kriege erhielt die Universität Helmstedt 1650 eine eigene Kirchengeschichtsprofessur, ihr folgten fast alle anderen protestantischen Universitäten Deutschlands. In den zahlreichen Lehrbüchern der Kirchengeschichte[86], die dem Gebrauch im akademischen Unterricht dienten, trat die biblische Heilsgeschichte, insbesondere die des AT, allmählich hinter der eigentlichen Kirchengeschichte zurück; langsam wich auch die Einteilung nach Jahrhunderten einer Periodisierung nach inneren Gesichtspunkten; erhalten blieben die heilspädagogische Zielsetzung und die polemische Einstellung, die vor allem in der Behandlung und Beurteilung des Mittelalters zum Ausdruck kam. Das für den Unterricht am Gothaer Gymnasium geschaffene „Compendium Gothanum" (1666), dessen Verfasser Veit Ludwig v. Seckendorff ebenso wie die späteren Fortsetzer E. S. Cyprian und Ch. W. F. Walch als Reformationshistoriker hervorragten, widmete dem AT noch ein Drittel des Umfanges, behielt auch die Saeculum-Einteilung noch bei, setzte aber schon zu einer Periodisierung an, indem es die Urkirche als eigene Periode behandelte, dann Einschnitte bei Konstantin, Karl dem Großen und Luther vornahm. Das „Summarium historiae ecclesiasticae" (1697) des Leipziger Professors Adam Rechenberg unterschied fünf Perioden: 1. Ecclesia plantata, 1.—3. Jh.; 2. Ecclesia libertate gaudens, 4.—6. Jh.; 3. Ecclesia pressa et obscurata, 7.—10. Jh.; 4. Ecclesia gemens ac lamentans, 11.—15. Jh.; 5. Ecclesia repurgata et liberata, 16. und 17. Jahrhundert.

Aber erst Johann Lorenz Mosheim († 1755), der „Vater der protestantischen Kirchengeschichte"[87], bahnte eine wissenschaftliche Betrachtungsweise der gesamten Kirchengeschichte an. In seinen Institutiones historiae ecclesiasticae antiquioris" (1737) definierte er sie als die „umsichtige und

[84] (Rom 1838), in 50 Bden.
[85] *B. van Luijk,* Gianlorenzo Berti Agostiniano: RSTI 14 (1960) 235—262 383—410.
[86] Die Titel der hier besprochenen Werke bei *E. C. Scherer,* Geschichte und Kirchengeschichte 493—499.
[87] *K. Heussi,* Johann Lorenz Mosheim (Tübingen 1906); die neuere Lit. RGG³ IV 1157f (M. Schmidt).

wahrheitsgemäße Erzählung aller äußeren und inneren Ereignisse in jener Gesellschaft von Menschen, die von Christus ihren Namen hat, in der Absicht, durch die Verbindung von Ursache und Wirkung die bei ihrer Stiftung und Erhaltung wirkende Göttliche Vorsehung zu erkennen und dadurch fromm und weise zu werden". Ohne Gottes Wirken in der Kirchengeschichte auszuschalten, wird in ihren Mittelpunkt der Mensch gestellt, die Kirche als menschliches Gemeinwesen in ihrer Entwicklung nach den für die allgemeine Geschichte geltenden Gesetzen untersucht. Mosheims Geschichtsbetrachtung und sein ausgeprägter Pragmatismus leiten zur Aufklärung über, die in der „Historia religionis et ecclesiae Christianae" (1777) seines Schülers Johann Schröckh durchbricht[88]. In dieser „aufgeklärten" Form wurde die Kirchengeschichte seit der Mitte des 18. Jh. an die katholischen Universitäten zunächst des Habsburgerreiches verpflanzt.

Der von Kaiserin Maria Theresia i. J. 1752 vorgeschriebene Studienplan, den der Jansenist Gerhard van Swieten entworfen hatte, sah die „Geistliche Historie" als verpflichtendes Lehrfach vor. In welchem Geist der Unterricht erteilt werden sollte, läßt die von Abt Rautenstrauch inspirierte Instruktion für die Professoren (1775) erkennen: er soll pragmatisch sein, d. h. „zu praktischen Anwendungen brauchbar und nützlich"; es sollen „die echten Grenzen der geistlichen und weltlichen Macht", natürlich im Sinne des Staatskirchentums, aufgezeigt, die ersten Jahrhunderte und die jüngste Zeit (also nicht das Mittelalter) bevorzugt behandelt werden; der Professor wird angewiesen, über die kirchlichen Tatsachen zu „räsonieren", um dadurch die Urteilskraft seiner Schüler zu schärfen und sie moralisch zu beeinflussen[89]. Dem österreichischen Vorbild folgten andere katholische Universitäten Deutschlands: Ingolstadt, Heidelberg, Mainz und Bonn. Da das „Breviarium" Bertis nicht den staatskirchlichen, antirömischen und aufklärerischen Tendenzen der herrschenden Richtung entsprach, führte Joseph II. das protestantische Lehrbuch von Schröckh ein, später (1788), nachdem der Wiener Erzbischof Migazzi protestiert hatte, die „Institutiones historiae ecclesiasticae Novi Testamenti" des Schwaben Matthias Dannenmayr, die 1790 als „Leitfaden in der Kirchengeschichte" (4 Bde) in deutscher Bearbeitung erschienen. Dannenmayrs Lehrbuch war gemäßigt aufklärerisch, aber entschieden antirömisch. Es teilte die Kirchengeschichte in fünf Epochen ein, die durch Konstantin, Karl den Großen, Gregor VII. und Luther begrenzt waren, und wandelte jede von ihnen nach einem gleichbleibenden Schema ab (Ausbreitung, Verfassung, Schriftsteller, Lehre, Häresien, Liturgie, Disziplin, Konzilien). Sieht man von den durch Schröckh beeinflußten Grundauffassungen ab, so bleibt der Versuch einer geistigen Bewältigung des

[88] Schröckhs Hauptwerk ist die unerträglich weitschweifige „Christliche Kirchengeschichte", 45 Bde (Leipzig 1768/1813); Lit.: RGG³ V 1545f.

[89] *E. C. Scherer,* Geschichte und Kirchengeschichte 400ff; über Dannenmayr: ebd. 408—415.

Stoffes und der Mut zu — manchmal recht klugen — Urteilen anzuerkennen. Ähnliche Leitfaden und „Einleitungen" für den Unterricht lieferten unter verschiedenen Titeln: Alioz (1791), Aschenbrenner (1789), Batz (1797), Becker (1782), Gmeiner (1787), Gollowitz (1791), Jung (1776), Lumper (1788), Pelka (1793), Pronat (1779), Sappel (1783), Schmalfus (1792/93), Schneller (1777), Wiesner (1788), Wolf (1793—1803). Ausgesprochen rationalistisch waren die „Christliche Religions- und Kirchengeschichte" von Kaspar Royko (4 Bde, 1789/95) und die anonym erschienene „Geschichte der christlichen Religion und Kirche" von Milbiller (2 Bde, 1792/93). Gemäßigtere Nachfahren der aufklärerischen Kirchengeschichte hielten sich bis tief ins 19. Jh. hinein; so erschienen „Die großen Kirchenversammlungen des 15. und 16. Jahrhunderts" von J. H. v. Wessenberg erst im Jahre 1840.

So gefährlich der Einbruch der Aufklärung und sogar des Rationalismus in die Historiographie war: die Einführung der Kirchengeschichte in den theologischen Unterricht und die hierdurch bedingte Entstehung zahlreicher Lehrbücher haben dazu beigetragen, daß ein neues Gesamtbild der Kirchengeschichte entstand, freilich unter anderen Vorzeichen und auf einer neuen Grundlage. Im ausgesprochenen Gegensatz gegen die Aufklärung, ihre Urteilsfreudigkeit, ihr Staatskirchentum und ihre Verachtung des Mittelalters bemühte sich die romantische Historiographie um die liebevolle, gläubige Einfühlung in die große Vergangenheit der Kirche, vor allem in das bisher verachtete Mittelalter, und entdeckte die Größe des Papsttums. Chateaubriands „Génie du Christianisme" (1802), Joseph de Maistres „Du Pape" (1819), so unzureichend und unkritisch sie in der Wiedergabe der Tatsachen waren[90], öffneten den Blick für die große religiöse Tradition und die Kulturleistungen der Kirche, den der Rationalismus und der Antiromanismus des Aufklärungsjahrhunderts versperrt hatte. Friedrich Leopold Graf zu Stolberg († 1819) erneuerte in seiner „Geschichte der Religion Jesu Christi" (15 Bde, 1806/18) die heilsgeschichtliche Betrachtungsweise Augustinus' und Bossuets, ja kehrte sogar — auf die Epocheneinteilung verzichtend — zur reinen Chronographie zurück; er schrieb die Geschichte der Religion Christi, nicht der Kirche. Indem er aber als ihren letzten Sinn die „tiefere Begründung des Glaubens mit Hilfe der Geschichte" erkannte[91], wurde sein Werk „ein für die Wiedererweckung ernster kirchenhistorischer Studien und vor allem für die Neubelebung christlicher Gesinnung epochemachendes Werk" (Janssen). Stolbergs religiöse Grundhaltung teilte der aus dem Münsterschen Kreis hervorgegangene Theodor Katerkamp in sei-

[90] S. *Merkle*, Die Anfänge französischer Laientheologie im 19. Jh.: Festgabe Karl Muth (München 1927) 325—357.

[91] L. *Scheffczyk*, F. L. zu Stolbergs Geschichte der Religion Jesu Christi. Die Abwendung der katholischen Kirchengeschichtsschreibung von der Aufklärung und ihre Neuorientierung im Zeitalter der Romantik (München 1952) 133.

ner „Kirchengeschichte“ (5 Bde, 1823/34), doch berücksichtigte er mehr als dieser die natürlichen Ursachen des Geschehens. Die aufklärerische Geschichtsschreibung hatte die Kirche als eine für den Staat nützliche Anstalt zur Hebung der Moral und Volksbildung betrachtet; jetzt wurde ihr transzendent-übernatürliches Wesen, ihre Unabhängigkeit vom Staat und ihre Universalität wiederentdeckt.

e) Die Kirchengeschichte als historisch-theologische Wissenschaft im 19. und 20. Jahrhundert

Die Neubegründung der Kirchengeschichte als einer theologischen und historischen Wissenschaft war das Werk Johann Adam Möhlers (1796 bis 1838). Unter dem Einfluß des „Pectoraltheologen“ Neander in Berlin, vor allem aber des Systematikers der Tübinger Schule Johann Sebastian Drey († 1853) und in Auseinandersetzung mit dem deutschen Idealismus (Hegel, F. Ch. Baur) entdeckte er die wesenhafte Geschichtlichkeit des Christentums als organische Entfaltung der übernatürlichen Offenbarung, verließ den spiritualistischen Kirchenbegriff seines Frühwerkes über die „Einheit der Kirche“ (1825) und gab durch seine Begriffsbestimmung (s. o. Kap. 1 a) der Kirchengeschichte ihre universale Ausrichtung zurück, die sie durch Aufklärung und Josephinismus verloren hatte. Das wissenschaftliche Werk des Frühvollendeten blieb zwar fragmentarisch, aber schon sein Nachfolger in Tübingen, Carl Joseph Hefele (1809—1893), vollbrachte in seiner „Conciliengeschichte“ (7 Bde, 1855/74) die zwar in vielen Einzelheiten überholte, aber dauerhafteste und bis in die Gegenwart unersetzte Leistung der deutschen Kirchengeschichtswissenschaft[92], und Hefeles Nachfolger Franz Xaver Funk († 1907) erwies sich durch seine Forschungen zur alten Kirchengeschichte als der schärfste kritische Kopf der Tübinger Schule[93].

Zu einer Gesamtdarstellung der Kirchengeschichte, die Möhler nur in seinen posthum (1867/68) von P. Gams herausgegebenen Vorlesungen gegeben hatte, setzte Johannes Joseph Ignaz Döllinger (1799/1890) dreimal an: in der Bearbeitung des Hortigschen „Handbuches der christlichen Kirchengeschichte“ (1828), in einem eigenen Lehrbuch (1836) und in den großangelegten Monographien über „Heidentum und Judentum als Vorhalle des Christentums“ (1857) und „Christentum und Kirche in den ersten drei Jahrhunderten“ (1860); keine wurde vollendet. Der in der Aufklärung verwischte, in Möhlers „Symbolik“ schärfer herausgearbeitete Konfessionsunterschied inspirierte seine „Reformation“ (1846/48). Auf der Höhe seines Wirkens unbestritten der gelehrteste Kirchenhistoriker seiner Zeit, an denke-

[92] *St. Lösch:* ThQ 119 (1939) 3—59; *A. Hagen,* Gestalten aus dem schwäbischen Katholizismus II 7—58.

[93] Kirchengeschichtliche Abhandlungen und Untersuchungen, 3 Bde (Paderborn 1897/1907).

rischer Tiefe nur durch John Henry Newman übertroffen, wirkte er durch seine Münchener Schule weit über Deutschland hinaus nach Frankreich und England (Lord Acton), geriet jedoch in Gegensatz zur Neuscholastik und — zuerst in der Kirchenstaats-, dann in der Unfehlbarkeitsfrage — zur Römischen Kurie; da er sich dem I. Vatikanischen Konzil nicht unterwarf, wurde er aus der Kirche ausgeschlossen.

Die Katastrophe Döllingers hatte einen schweren Rückschlag der kirchenhistorischen Studien in Deutschland zur Folge, vermochte jedoch auf die Dauer ihren weiteren Aufschwung nicht zu verhindern. Die theologischen Fundamente waren gelegt, es folgte der Aufbau durch Erschließung neuer Quellen und Spezialforschung, beides in enger Verflechtung mit der mächtig aufblühenden Geschichtswissenschaft des „historischen Jahrhunderts". Der erste Schritt war, die großen Editionsleistungen des 17. und 18. Jh.s besser zugänglich zu machen. Der geschäftstüchtige Abbé J. P. Migne († 1875) reproduzierte in seinen beiden patrologischen Serien nur die jeweils vorhandenen Texte, A. Tomasettis neue Ausgabe des „Bullarium Romanum" (Taurinense, nach dem Erscheinungsort Turin, 1857/72) war nur ein Neudruck Cocquelines (1739/44). Neue, mit verfeinerten philologischen Methoden erarbeitete Texte der Kirchenväter legten (seit 1860) die Wiener Akademie der Wissenschaften im „Corpus scriptorum ecclesiasticorum latinorum" und (seit 1897) die Berliner Akademie in den „Griechischen christlichen Schriftstellern der ersten drei Jahrhunderte" vor. Die Herausgabe der mittelalterlichen und neueren Geschichtsquellen in der besten erreichbaren Textgestalt, als nationales Anliegen anerkannt und gefördert, kam der Kirchengeschichte zugute. In den „Monumenta Germaniae Historica" (gegr. 1819, 1874 vom Deutschen Reich übernommen) erschienen kirchengeschichtlich so wichtige Quellenschriften wie die Briefe Gregors des Großen und des hl. Bonifatius, die Libri Carolini, das Register Gregors VII. und die Chronik Ottos von Freising. Durch die Mitarbeiter der MG wurde die von den Bollandisten und Maurinern begründete Text- und Literarkritik außerordentlich verfeinert; in der Urkundenforschung übernahm und verbesserte Theodor Sickel die Methoden Delisles und seiner École des chartes; M. Tangl, E. von Ottenthal und vor allem Paul Kehr wandten sie auf die Erforschung des päpstlichen Kanzlei- und Urkundenwesens an (s. Kap. 2 d).

Für die neuere Zeit strömte der Kirchengeschichte seit der Öffnung der staatlichen Archive nach der Juli- bzw. der März-Revolution reiches Quellenmaterial zu in den großen nationalen Quellensammlungen: der „Collection des Documents inédits sur l'histoire de France" (seit 1835), der „Colección de documentos inéditos" (seit 1842) und dem „Calendar of State Papers" (seit 1856). Gleichzeitig begann der Vatikanische Archivar Augustin Theiner († 1874) in umfangreichen „Monumenta" Quellen zur Geschichte des Kirchenstaates, Irlands und der west- und südslawischen Völker zu erschließen, und der Konvertit Hugo Laemmer († 1918) vermittelte eine Vorstellung vom Reichtum der römischen Archive und Bibliotheken für die Geschichte der Reformation und Gegenreformation[94]. Epochemachend wurde aber erst die Öffnung des Vatikanischen Archivs für die Forschung durch Papst Leo XIII. (Regolamento vom 1. 5. 1884), die zur Gründung zahlreicher nationaler Geschichtsinstitute in Rom führte[95], aber auch so umfassende Unternehmungen wie die Herausgabe der Nuntiaturberichte des 16. und 17. Jh., das „Concilium Tridentinum“ der Görres-Gesellschaft, die bahnbrechenden Untersuchungen des Dominikaners Heinrich Denifle[96] († 1905) und des Jesuiten Franz Ehrle[97] († 1934), schließlich Ludwig von Pastors († 1928) „Geschichte der Päpste“, das ausführlichste Kirchengeschichtswerk des letzten Jahrhunderts, ermöglichten[98]. Wie die „Geschichte des Deutschen Volkes“ seines Lehrers Johannes Janssen († 1891), war Pastors Papstgeschichte aus der Abwehrstellung entstanden, in die sich der deutsche Katholizismus seit dem Ausbruch des Kulturkampfes gedrängt sah.

Das rapide Anwachsen des Quellenmaterials, die ständige Verbesserung der Methoden und der Hilfsmittel und die wachsende Zahl wissenschaftlicher Monographien und Einzeluntersuchungen hat jedoch im 19. Jh. — anders als im 17. und 18. Jh. — den Willen zur Synthese nicht beeinträchtigt, schon deshalb nicht, weil der akademische Unterricht Lehr- und Handbücher der Kirchengeschichte forderte. Anders als die bändereiche, für ein weiteres Publikum berechnete „Histoire universelle de l'Église catholique“ von R. F. Rohrbacher (29 Bde, 1842/49), waren sie gezwungen, mit der Forschung Schritt zu halten und den Wettbewerb mit den zahlreichen, z. T. vorzüglichen protestantischen Darstellungen dieser Art aufzunehmen, den Kirchengeschichten von J. K. L. Gieseler (5 Bde, 1824/57), F. Ch. Baur (5 Bde, 1853/63), K. R. Hagenbach (7 Bde, 1869/72), W. Möller - G. Kawerau (3 Bde, 1889—1907). Das „Handbuch“ von J. J. Ritter († 1857) stand in den früheren Auflagen noch unter hermesianischem Einfluß (3 Bde, 1826/35), die in den mittleren Jahrzehnten führende „Universalgeschichte der Christlichen Kirche“ von Johannes Alzog († 1878) beruhte auf Möhlers Vorlesungen. Nach dem I. Vatikanischen Konzil wurde sie durch das „Handbuch der Allgemeinen Kirchengeschichte“ des 1879 zum Kardinal erhobenen

[94] Über A. Theiner und die bald zu nennenden Lehrbuchverfasser Ritter und Alzog: *H. Jedin,* Kirchenhistoriker aus Schlesien in der Ferne: ArSKG 11 (1953) 243—259. Über Laemmer *J. Schweter,* H. Laemmer (Glaz 1926), unzureichend; die wichtigsten Werke LThK VI 767 f.

[95] *K. A. Fink,* Das Vatikanische Archiv (Rom [2]1951) 155—167 (s. Bibliographie e).

[96] *A. Walz,* Analecta Denifleana (Rom 1955); die Hauptwerke LThK III 227.

[97] Nachrufe von *H. Finke:* HJ 54 (1934) 289—293; *K. Christ:* ZblB 52 (1935) 1—47; *M. Grabmann:* PhJ 56 (1946) 9—26; Bibliographie in den Miscellanea F. Ehrle I (Rom 1924) 17—28.

[98] Tagebücher, Briefe, Erinnerungen, hrsg. von *W. Wühr* (Heidelberg 1950), dazu *A. Schnütgen:* AHVNrh 151/52 (1952) 435—445; *A. Pelzer:* RHE 46 (1951) 192—201; Nachruf von *Ph. Dengel:* HJ 49 (1929) 1—32.

Joseph Hergenröther († 1890) verdrängt, das in mehreren Neubearbeitungen (die letzte vollständige in 4 Bden von J. P. Kirsch, 1911/17) die Jahrhundertwende überdauerte. Speziell für den akademischen Gebrauch bestimmt waren die Lehrbücher des auch als Kunsthistoriker und Archäologen bedeutenden F. X. Kraus[99] (erstmals erschienen 1872/75), des Tübinger F. X. Funk (1886), des aus der Tübinger Schule stammenden, aber in München lehrenden Alois Knöpfler (1895), die sämtlich zahlreiche Auflagen erlebten; sie waren die wissenschaftlich brauchbarsten Lehrbücher ihrer Zeit, aber stark kritisch-positivistisch auf exakte Darbietungen der Tatsachen eingestellt; in dieser Hinsicht standen die Lehrbücher des aus der Mainzer Schule hervorgegangenen Heinrich Brück (erstmals 1874) und des Trierer Professors Jacob Marx (1903) durch ihre betont strenge Kirchlichkeit in Gegensatz zu ihnen. Gegenwärtig ist die auf dem Funkschen Lehrbuch aufbauende „Kirchengeschichte" von Karl Bihlmeyer, nach dessen Tode (1942) bearbeitet von H. Tüchle, durch ihre knappe Formulierung und ihren Reichtum an Literaturangaben die beste Gesamtdarstellung mittleren Umfanges (3 Bde, I ^{12}1951, II ^{12}1948, III ^{12}1956; italienische Bearbeitung von J. Rogger in 4 Bden). Wie die meisten vorausgehenden Lehrbücher übernahm sie die in der Profangeschichte übliche Dreiteilung in Altertum, Mittelalter und Neuzeit, obwohl diese im Vergleich mit manchen Lehrbüchern der Aufklärungszeit einen Rückschritt darstellt. Für weitere Kreise bestimmt ist „Die katholische Kirche im Wandel der Zeiten und Völker" von A. Ehrhard[100] und W. Neuß (4 Bde, 1959) und die „Geschichte der Kirche in ideengeschichtlicher Betrachtung" von J. Lortz (^{20}1959); den Gesamtzeitraum der Kirchengeschichte umspannt „Die Geschichte der Päpste" von F. X. Seppelt (2. Aufl. 6 Bde, hrsg. von G. Schwaiger, seit 1954) und die einbändige „Papstgeschichte" desselben Autors.

Erst nach der Jahrhundertwende, als die Kirchengeschichte in Frankreich vor allem durch die bahnbrechenden Forschungen und Darstellungen von Louis Duchesne († 1922) und Pierre Batiffol († 1929) über das christliche Altertum einen großartigen Aufschwung genommen hatte, entstanden auch dort nach deutschem Vorbild sowohl Lehrbücher (z. B. von L. Marion - V. Lacombe, 1905; Ch. Poulet, 1926) wie umfangreiche Handbücher: F. Mourret, „Histoire générale de l'Église" (9 Bde, 1909/21), zuletzt die auf 24 Bde berechnete, aber noch nicht abgeschlossene „Histoire de l'Église" unter der Leitung von A. Fliche und V. Martin (seit 1935; italienische Bearbeitung seit 1938). In Italien verfaßten Lehrbücher L. Todesco (6 Bde, 1922/30), A. Saba (3 Bde, 1938/43) und P. Paschini (3 Bde, 1931), in England Ph. Hughes (3 Bde, 1934/47).

[99] *F. X. Kraus*, Tagebücher, hrsg. von *H. Schiel* (Köln 1957), mit einzigartig vollständiger Bibliographie 765—788.

[100] *A. Dempf*, Albert Ehrhard (Colmar 1944); *J. M. Hoeck*, Der Nachlaß Albert Ehrhards und seine Bedeutung für die Byzantinistik: ByZ 21 (1951) 171—178.

In den zahlreichen Lehrbüchern und Gesamtdarstellungen, die vollständig aufzuzählen unmöglich, aber auch unnütz ist, kommt zum Ausdruck, daß die Betrachtung der Kirche als historischer Größe, ebenso aber die Anerkennung der Kirchengeschichte als einer theologischen Disziplin sich durchgesetzt haben. Zur theologischen und historischen Wissenschaft geworden, geriet sie unter die gleichen Tendenzen, die sich in der Wissenschaft unserer Zeit, besonders in der Geschichtswissenschaft, bemerkbar machen: 1. Der *Vorrang der Forschung* führte zur Gründung zahlreicher kirchengeschichtlicher Zeitschriften und Publikationsreihen, zur Zusammenfassung der Forschung in Instituten und Heranbildung künftiger Forscher in Seminaren. 2. Die fortschreitende *Spezialisierung* hat die Ausgliederung großer Teilgebiete aus der allgemeinen Kirchengeschichte und deren Verselbständigung zur Folge. 3. Als Reaktion auf die Spezialisierung, aber auch auf den Positivismus des 19 Jh. macht sich seit dem zweiten Weltkrieg ein starker *Drang zur Geschichtstheologie und Ekklesiologie* bemerkbar.

1. Der Vorrang der Forschung machte die Gründung eigener kirchengeschichtlicher Zeitschriften und Publikationsreihen notwendig. Der von dem protestantischen Theologen Th. Brieger 1876 gegründeten „Zeitschrift für Kirchengeschichte", die anfangs reformationsgeschichtliche Untersuchungen bevorzugte, trat 1887 die „Römische Quartalschrift für christliche Archäologie und Kirchengeschichte" zur Seite, die unter der Leitung Anton De Waals († 1917), H. Finkes und St. Ehses' Arbeiten zur römischen Archäologie und über neuerschlossene Quellen aus dem Vatikanischen Archiv brachte; zahlreiche Beiträge zur Kirchengeschichte enthielt auch das 1880 gegründete „Historische Jahrbuch" der Görres-Gesellschaft. Zum unentbehrlichen Zentralorgan der Forschung entwickelte sich die 1900 in Löwen von Alfred Cauchie gegründete „Revue d'histoire ecclésiastique", weil sie außer Aufsätzen und Rezensionen eine vollständige Bibliographie aller für die Kirchengeschichte belangreichen Arbeiten vorlegte. In Italien gingen die „Miscellanea di Storia Ecclesiastica" (1902) und die „Rivista storico-critica delle Scienze teologiche" (1904), trotz der Mitarbeit so hervorragender Gelehrter wie G. Mercati und P. Franchi de' Cavalieri, infolge der modernistischen Streitigkeiten wieder ein. Dagegen hielten sich die „Zeitschrift für Schweizerische Kirchengeschichte" (1907) und die „Revue d'histoire de l'Eglise de France (1910), beide maßgebend beteiligt am Aufblühen der kirchengeschichtlichen Studien in der Schweiz und in Frankreich. In Nordamerika gründete der in Löwen gebildete P. Guilday die „Catholic historical Review" (1917), Holland besaß schon seit 1900 das „Nederlands archief voor Kerkgeschiedenis". Zeitschriften für Diözesangeschichte waren in Deutschland schon im 19. Jh. entstanden (z. B. „Annalen des Historischen Vereins für den Niederrhein, bes. das alte Erzbistum Köln", 1855; „Freiburger Diözesanarchiv", 1865); sie wurden im 20. Jh. vermehrt (z. B. „Archiv für Elsässische Kirchengeschichte", 1926; „Archiv für Schlesische Kirchen-

geschichte", 1936; „Archiv für Mittelrheinische Kirchengeschichte", 1949). Mehrere große Orden schufen sich schon vor dem ersten Weltkriege Zeitschriften für die Pflege ihrer Geschichte: „Studien und Mitteilungen aus dem Benediktiner- und Zisterzienserorden" (1880), „Revue Mabillon" und „Analectes de l'ordre de Prémontré" (beide 1905), „Archivum Franciscanum historicum" (1908), „Archivo Ibero-Americano" (1914).

Untersuchungen, die für Zeitschriften zu umfangreich waren, wurden in Publikationsreihen untergebracht: H. Schrörs und M. Sdralek gaben seit 1891 „Kirchengeschichtliche Studien" heraus, von denen Sdralek seine „Kirchengeschichtlichen Abhandlungen" abzweigte; ähnlichen Charakter hatten die von A. Knöpfler herausgegebenen „Veröffentlichungen des Kirchenhistorischen Seminars München" (1899) und die „Forschungen zur christlichen Literatur- und Dogmengeschichte" (1900), an deren Herausgabe A. Ehrhard beteiligt war; die damalige Präponderanz der Reformationsgeschichte kam ungefähr gleichzeitig in der Gründung von drei Reihen zum Ausdruck, der „Erläuterungen und Ergänzungen zu Janssens Geschichte des Deutschen Volkes" (1898) durch L. Pastor, der „Vorreformationsgeschichtlichen Forschungen" (1900) durch H. Finke und der „Reformationsgeschichtlichen Studien und Texte" (1905) durch J. Greving[101]. Vorausgegangen waren ihnen Harnacks „Texte und Untersuchungen zur Geschichte der altchristlichen Literatur" (1882). Neben den Zeitschriften wurden die zahlreichen, von kirchlichen Universitäten, Fakultäten und Orden herausgegebenen Publikationsreihen seitdem die Sammelbecken der kirchengeschichtlichen Forschungen.

Ihr Ausbau wurde durch die stetige Verbesserung der wissenschaftlichen Hilfsmittel erleichtert. War die „Series episcoporum" (1873) des Benediktiners B. Gams nur auf gedruckten Quellen aufgebaut, so zog die „Hierarchia catholica" (seit 1898) des Minoriten Conrad Eubel und seiner Nachfolger das inzwischen geöffnete Vatikanische Archiv für die historische Statistik des Episkopates heran[102]. Der „Nomenclator litterarius" des Jesuiten Hugo Hurter (5 Bde, ³1903/13) vermochte zwar die älteren Schriftstellerlexika der Orden nicht zu ersetzen, führte aber über Du Pin und Ceillier hinaus. Werke von so erdrückender Gelehrsamkeit wie U. Chevaliers „Répertoire" (erstmals 1877/86) und seine „Topo-Bibliographie" (1894/1903) und Ph. Jaffés „Regesta pontificum Romanorum" (1851, ²1885 bis 1888) hatten noch keiner früheren Forschergeneration zur Verfügung gestanden. Vortreffliche Bibliographien, für Deutschland Dahlmann-Waitz' „Quellenkunde der deutschen Geschichte" (⁹1931), erleichterten die Information über frühere Arbeiten. Der kirchengeschichtliche Gehalt der theo-

[101] *H. Jedin*, Joseph Greving. Zur Erinnerung an die Begründung der Reformationsgeschichtlichen Studien und Texte i. J. 1905 (Münster 1954).

[102] *H. Jedin*, Die Hierarchia Catholica als universalgeschichtliche Aufgabe: Saeculum 12 (1961) 169—180.

logischen Enzyklopädien wurde stetig vermehrt, deutlich sichtbar beim Vergleich der 2. Auflage des Wetzer- und Welteschen „Kirchenlexikons“ (1882 bis 1901) mit M. Buchbergers „Kirchlichem Handlexikon“ (1904/12) und dem „Lexikon für Theologie und Kirche“ (1930/38, 2. Aufl. seit 1957). Auf protestantischer Seite wurde die Reichhaltigkeit und Vollständigkeit der „Realencyclopädie für protestantische Theologie und Kirche“ (3. Aufl. hrsg. von A. Hauck, 1896/1913) auch in der vorzüglichen, aber anders ausgerichteten „Religion in Geschichte und Gegenwart“ (3. Auflage seit 1957) nicht ganz erreicht. Dem „Dictionnaire de théologie catholique“ (1902/50) traten das „Dictionnaire d'archéologie chrétienne et de liturgie“ (1924/53) und das 1912 begonnene, aber noch nicht abgeschlossene „Dictionnaire d'histoire et de géographie ecclésiastiques“ zur Seite.

Das Auftreten des Modernismus und der erste Weltkrieg haben den Aufschwung der kirchenhistorischen Forschung gehemmt, aber nicht unterbrochen. Für ihre Ausbreitung über die bis dahin führenden Länder (Deutschland, Frankreich, Belgien) hinaus gewann die Neuordnung des kirchlichen Studienwesens durch Papst Pius XI. große Bedeutung. Die Konstitution „Deus scientiarum“ vom 24. 5. 1931 legte den theologischen Fakultäten und kirchlichen Hochschulen die Einrichtung von Seminarübungen auf, die der methodischen Schulung dienten[103]. An der Gregorianischen Universität wurde 1934 eine kirchenhistorische Fakultät errichtet, aus der Lehrkräfte und Archivare, insbesondere für Italien, Spanien und Lateinamerika, herangebildet wurden; ungefähr gleichzeitig errichteten die Jesuiten, die Dominikaner, die Augustinereremiten und die Kapuziner Institute für Ordensgeschichte, denen die Herausgabe ordensgeschichtlicher Quellen und Zeitschriften anvertraut wurde. Seit dem zweiten Weltkrieg entstanden mehrere neue kirchengeschichtliche Zeitschriften: in Nordamerika „Traditio“ (1943), in Italien die „Rivista di storia della Chiesa in Italia“ (1947), in Spanien die „Hispania Sacra“ (1948), in England das interkonfessionelle „Journal of Ecclesiastical History“ (1950)[104].

2. Die Spezialisierung der Forschung führte zur Verselbständigung einzelner Disziplinen und zu ihrer Ausgliederung aus der allgemeinen Kirchengeschichte, die in der Errichtung eigener Lehrstühle, in der Gründung eigener Zeitschriften und der Abfassung eigener Lehrbücher ihren Ausdruck fand. Die kirchliche Literaturgeschichte, die im 18. Jh. zugleich mit der Kirchengeschichte in den theologischen Lehrplan aufgenommen war, verengte sich (zeitlich) und vertiefte sich (methodisch) zur *Patrologie*, um deren Ausbau sich die deutsche protestantische Schule (Adolf v. Harnack, „Texte und Untersuchungen zur Geschichte der altchrist-

[103] AAS 29 (1931) 254.

[104] *H. Jedin*, Drei neue Zeitschriften für Kirchengeschichte in Italien, Spanien und England: ZKG 63 (1950/51) 201—204. — *K. Aland*, Der Stand der patristischen Forschung in Deutschland: Misc. hist. eccl. (Löwen 1961) 119—136.

lichen Literatur", seit 1882) große Verdienste erwarb, und deren Resultate in Lehr- und Handbüchern zusammengefaßt wurden; in Deutschland wurden führend Otto Bardenhewer, „Geschichte der altkirchlichen Literatur" (5 Bde, 1913/32), und B. Altaner, „Patrologie" (⁶1960), in Frankreich die mit einer Geschichte der Theologie verbundene „Patrologie" von F. Cayré (3 Bde, ³1945/55), im englischen Sprachbereich J. Quasten, „Patrology" (3 Bde, 1950/60). Über Neuerscheinungen unterrichtete das „Bulletin d'ancienne littérature" der „Revue bénédictine", seit 1959 die auf internationaler Zusammenarbeit beruhende „Bibliographia patristica"; vor allem der sprachlichen Erforschung widmen sich die „Vigiliae Christianae" (seit 1947). Die Geschichte der mittelalterlichen theologischen Literatur ging teils an die mittellateinische Philologie (L. Traube, M. Manitius, P. Lehmann, E. R. Curtius), teils an die seit der Jahrhundertwende aufblühende Scholastikforschung (H. Denifle, F. Ehrle, Cl. Baeumker, M. Grabmann, B. Geyer, A. Landgraf) über. Für so weite Gebiete wie die mittelalterliche Bibelerklärung und die Geschichte der Predigt steht die Forschung noch in den Anfängen (F. Stegmüller). Eine knappe, aber inhaltreiche „Geschichte der Theologie seit der Väterzeit" verfaßte M. Grabmann (1933).

In einem ähnlichen Vorgang wie bei der christlichen Literaturgeschichte löste sich aus den „Antiquitates" die *Christliche Archäologie* heraus, die durch Gianbattista de Rossi († 1894) zur christlichen Altertumswissenschaft erhoben wurde und sich zum Ziel setzt, Denkmäler, Inschriften und patristische Texte für die Kenntnis altchristlichen Lebens fruchtbar zu machen.

Ihre einseitig römische Orientierung, wie sie in den Monumentalwerken Joseph Wilperts († 1940) über die Katakombenmalereien, die christlichen Sarkophage und Mosaiken vertreten war, wurde durch Ausgrabungen und Forschungen im christlichen Orient (J. Strzygowski, C. M. Kaufmann u. a.) und durch eingehendes Studium der Beziehungen von Antike und Christentum (F. J. Dölger[105] [† 1940], Th. Klauser, „Reallexikon für Antike und Christentum", seit 1941) überholt. Das von De Rossi 1863 gegründete „Bollettino di archeologia cristiana" wurde 1924 in die „Rivista di archeologia cristiana" umgewandelt, gleichzeitig gründete Pius XI. das Päpstliche Institut für Christliche Archäologie, dessen erster Leiter J. P. Kirsch († 1941) wurde.

Das 1837 neugegründete Kolleg der Bollandisten blühte unter drei hervorragenden Leitern: Charles De Smedt († 1911), Hippolyte Delehaye († 1941) und Paul Peeters († 1950), neu auf. Die *Hagiographie* erhielt in den „Analecta Bollandiana" (1882) ihre führende Zeitschrift und in den drei „Bibliotheken" (Bibliotheca hagiographica graeca, latina und orientalis) ausgezeichnete Hilfsmittel[106].

[105] *Th. Klauser,* F. J. Dölger, Leben und Werk (Münster 1956), mit Bibliographie von K. Baus.

[106] *Peeters,* L'Œuvre des Bollandistes 77—208; *R. Aigrain,* L'Hagiographie. Ses sources, ses méthodes, son histoire (Paris 1953).

Die Patrologie, christliche Archäologie und Hagiographie gingen aus dem Schoße der Kirchengeschichte hervor; eine Reihe anderer kirchengeschichtlicher Spezialdisziplinen entstand durch die Wechselwirkung mit benachbarten Wissenschaften, insbesondere dann, wenn diese sich historisch orientierten und so bestimmte Gebiete des geschichtlichen Lebens der Kirche untersuchten und darstellten. Am wenigsten hat sich auf katholischer Seite die *Dogmengeschichte* vom Zusammenhang mit der Dogmatik zu lösen vermocht. Auf die unvollkommenen Ansätze im 19. Jh. von H. Klee, J. Schwane und J. Bach sind zwar viele, z. T. bedeutende Einzelforschungen und die Dogmengeschichte der alten Kirche von L. J. Tixeront (1905/12), aber keine Gesamtdarstellung gefolgt, die den protestantischen Dogmengeschichten von A. v. Harnack, R. Seeberg und F. Loofs an die Seite gestellt werden könnte; das seit 1951 erscheinende „Handbuch der Dogmengeschichte" von M. Schmaus, J. R. Geiselmann und A. Grillmeier verfolgt lediglich die Geschichte der einzelnen Dogmen.

Um die Erforschung der *griechisch-orthodoxen Literatur* und Liturgie hatten sich schon Leo Allatius († 1669), Joseph Assemani († 1768) und sein gleichnamiger Neffe, im 19. Jh. die Kardinäle Angelo Mai († 1854) und J. B. Pitra († 1889) verdient gemacht. Aber erst nachdem Karl Krumbacher († 1909) die Byzantinistik verselbständigt hatte, schrieb auf dessen Anregung Albert Ehrhard die erste Geschichte der theologischen Literatur im byzantinischen Reiche (1897), die erst durch das Werk „Kirche und theologische Literatur im Byzantinischen Reich" von H. G. Beck (1959) überholt wurde. Unter dem Pontifikat des an ostkirchlichen Fragen interessierten Leo XIII. entstanden die ersten Zeitschriften, die sich mit der Geschichte auch der anderen orientalischen Kirchen beschäftigten: die „Revue de l'Orient chrétien" (1896), „Échos d'Orient" (1897) und der „Oriens Christianus" (1901), eine Gründung Anton Baumstarks († 1948), dessen „Geschichte der syrischen Literatur" (1922) mit der „Geschichte der christlichen arabischen Literatur" (5 Bde, 1944/53) von Georg Graf († 1955) zu den Standardwerken der christlichen Orientalistik gehört. Das 1917 gegründete Päpstliche Orientalische Institut gibt seit 1935 die Zeitschrift „Orientalia Christiana periodica" heraus; seit 1951 erscheinen in Würzburg die „Ostkirchl. Studien".

In der *Liturgik* hatten die Quellenpublikationen von E. Martène, Eusebius Renaudot („Collectio liturgiarum Orientalium", 1716) und L. A. Muratori („Liturgia Romana vetus", 1748) die Voraussetzungen für die Überwindung der symbolischen Erklärung der Liturgie geschaffen. Die liturgische Reformsucht der Aufklärung war der Liturgiegeschichte nicht günstig, noch weniger die im 19. Jh. eingetretene Erstarrung der Liturgik zur Rubrizistik. Erst durch die bahnbrechenden Forschungen von L. Duchesne, P. Batiffol, S. Baeumer, E. Bishop, A. Franz, J. Braun, C. Mohlberg und J. Jungmann setzte sich die historische Betrachtung der Liturgie durch, während gleichzeitig die Quellenbasis verbreitert wurde: durch die Bradshaw Society (1890), die „Analecta hymnica" von M. Dreves und C. Blume (1886), denen später die Ausgaben der Ordines Romani und des Pontificale Romanum von M. Andrieu († 1956) und die Aufnahme der liturgischen Manuskripte Frankreichs durch V. M. Leroquais († 1946) folgte. Das 1921 von Odo Casel gegründete „Jahrbuch für Liturgiewissenschaft" (seit 1950 „Archiv für Liturgiewissenschaft") gab in seinen Jahresberichten einen nahezu vollständigen Überblick über liturgiegeschichtliche Neuerscheinungen; auch in anderen liturgischen Zeitschriften, wie den „Ephemerides liturgicae" (seit 1887), setzte sich die geschichtliche Betrachtungsweise durch. Sie gewann erheblichen Einfluß auf die Entwicklung der Liturgischen Bewegung, in deren Gefolge die Liturgiewissenschaft zur selbständigen theologischen Disziplin wurde.

Anders verlief die Entwicklung bei der kirchlichen *Rechtsgeschichte.* Sie konnte auf den großen Leistungen Thomassins und Benedikts XIV. aufbauen; im 19. Jh. wurde sie durch die rechtshistorische Schule befruchtet und erreichte Höhepunkte in den protestantischen Kanonisten Paul Hinschius († 1889) und dessen Schüler Ulrich Stutz († 1938), der 1908 das führende Organ der kirchlichen Rechtsgeschichte, die Kanonistische Abteilung der „Zeitschrift der Savigny-Stiftung für Rechtsgeschichte" begründete. Für die Geschichte der Quellen und der Literatur des Kanonischen Rechtes schuf Johann Friedrich v. Schulte († 1914) ein trotz mancher Mängel noch heute unentbehrliches Nachschlagewerk (3 Bde, 1875/80); sie wurde gleichzeitig durch Friedrich Maassen († 1900), später durch Paul Fournier († 1935), in jüngster Zeit durch Stephan Kuttner gefördert, der 1955 in Washington ein Institut für Geschichte des mittelalterlichen Kirchenrechtes gründete. Unter den systematischen Darstellungen des Kirchenrechtes zeichnete sich nächst dem klassischen „Kirchenrecht" von Hinschius (6 Bde, 1869/97, Neudruck Graz 1959) das Lehrbuch des Tübinger Kanonisten J. B. Sägmüller († 1942) durch sorgfältige Berücksichtigung der Rechtsgeschichte aus (³1914, die nach der Inkraftsetzung des CIC begonnene 4. Aufl. blieb unvollendet). Bis heute unübertroffen ist die „Verfassungsgeschichte der deutschen Kirche im Mittelalter" von Albert Werminghoff (²1913). Die Grundrisse von A. M. Königer (1926), I. Zeiger (1940/47) und Bertrand Kurtscheid (1941/43) waren für den akademischen Unterricht bestimmt; die besten Gesamtdarstellungen der kirchlichen Rechtsgeschichte in deutscher Sprache stammen von dem Stutz-Schüler H. E. Feine (³1955) und W. M. Plöchl (²I Wien 1960, ²II Wien 1962, III Wien 1959).

Die *Missionsgeschichte* verselbständigte sich erst, als die Missionskunde zur Missionswissenschaft wurde. Im protestantischen Deutschland war ihr Wegbereiter Gustav Warneck († 1910). Der erste Inhaber eines katholischen Lehrstuhls für Missionswissenschaft (1914), der Kirchenhistoriker Joseph Schmidlin († 1944), pflegte in der von ihm gegründeten „Zeitschrift für

Missionswissenschaft" (1911) und in der Reihe „Missionswissenschaftliche Abhandlungen und Texte" von Anfang an die Missionsgeschichte. Seine „Katholische Missionsgeschichte" (1925) war das erste brauchbare Lehrbuch des Faches. Der Gründung weiterer Lehrstühle und einer missiologischen Fakultät an der Gregorianischen Universität (1932) durch Pius XI. folgten andere Lehrbücher (P. Lesourd, 1937, F. J. Montalbán, ²1952, Th. Ohm, „Wichtige Daten der Missionsgeschichte", ²1961, A. Mulders, „Missionsgeschichte", 1960) und größere Darstellungen („Histoire universelle des Missions catholiques", hrsg. von S. Delacroix, 4 Bde, o. J.; K. S. Latourette, „A History of the Expansion of Christianity", 7 Bde, 1937/47). In der von R. Streit begründeten „Bibliotheca Missionum" (bisher 22 Bde, seit 1916) erhielt die Missionsgeschichte ein nahezu vollkommenes bibliographisches Hilfsmittel, das seit 1935 durch die laufende „Bibliografia missionaria" von J. Rommerskirchen u. a. ergänzt wird. Zahlreiche Zeitschriften, wie die „Revue d'histoire des Missions" (1924) und die „Neue Zeitschrift für Missionswissenschaft" (1946), und Publikationsreihen, wie die von der Gregoriana herausgegebenen „Studia missionalia" (1943), dienen der Forschung, die vor allem von der Missionsmethodik (Taufpraxis, Sprachenfrage, Akkommodation, einheimischer Klerus) ständig neue Problemstellungen empfängt.

Wie bedeutsam die Aufnahme einer neuen Disziplin in den theologischen Lehrplan für die Entwicklung einer kirchengeschichtlichen Spezialwissenschaft werden kann, demonstriert die in den letzten Jahrzehnten ausgebaute *Geschichte der Aszese und Mystik.* Die aszetisch-mystische Theologie wurde durch die Konstitution „Deus scientiarum" (1931) zum Lehrfach erhoben; vorausgegangen war (1919) die Errichtung eines entsprechenden Lehrstuhls an der Gregoriana. In der Zwischenzeit erschien H. Brémonds monumentale „Histoire littéraire du sentiment réligieux en France" (12 Bde, 1916/36) und die Darstellung von P. Pourrat, „La spiritualité chrétienne" (4 Bde, 1918/28), entstanden historisch orientierte Zeitschriften: die „Revue d'ascétique et de mystique" (1920), die „Zeitschrift für Aszese und Mystik" (1926, seit 1947 unter dem Titel „Geist und Leben"); wie diese von Anfang an, so pflegten andere, z. T. ältere (wie die seit 1913 erscheinenden „Études Carmélitaines") in zunehmendem Maße die Geschichte; im „Dictionnaire de Spiritualité" steht (seit 1937) ein ausgezeichnetes Nachschlagewerk zur Verfügung. Die großen Orden arbeiten die Eigenart ihrer Aszese durch Herausgabe ihrer Klassiker (z. B. Ignatius, Teresa von Ávila), in zahlreichen Einzeluntersuchungen und auch schon in Gesamtdarstellungen (z. B. J. de Guibert, „La spiritualité de la Compagnie de Jésus", 1953) heraus. Für die Lösung der weit umfassenderen Aufgabe einer Geschichte der katholischen Frömmigkeit sind noch viele Vorarbeiten zu leisten; in diesen Zusammenhang gehört die Pflege der religiösen Volkskunde durch L. A. Veit († 1939), G. Schreiber u. a.

Obwohl die genannten kirchenhistorischen Spezialwissenschaften sich als

Lehrfächer und durch den Umfang der geleisteten Forschungsarbeit verselbständigt haben und zugleich theologischen Nachbardisziplinen und anderen Wissenschaftszweigen (wie die hier nicht berücksichtigte christliche Kunstgeschichte und die Geschichte der Kirchenmusik) angehören, bleiben insbesondere Dogma, Recht, Liturgie und Mission Sachgebiete der Allgemeinen Kirchengeschichte, auf deren Erforschung und Darstellung diese niemals verzichten kann, wenn sie ihrer Aufgabe gerecht werden will. Sie ist die Mutter, jene die Töchter; im System der theologischen Wissenschaften bilden sie zusammen den Zweig der Historischen Theologie.

3. Wie in allen Zweigen der Wissenschaft, so vollzieht sich auch in der Kirchengeschichte der Fortschritt der Erkenntnis vor allem in der Spezialforschung. Sie hat sich derart ausgeweitet, daß kein Gelehrter imstande ist, das ganze Gebiet der Kirchengeschichte zu überschauen. Gesamtdarstellungen wie die von Fliche-Martin und das vorliegende Handbuch mußten deshalb auf mehrere Autoren verteilt werden. Wenn von einer „Reaktion" auf diese Entwicklung gesprochen wird, dann nicht in dem Sinn, als ob auf die Pflege der Spezialforschung verzichtet werden könnte oder dürfte. Die „Reaktion" ist nicht *gegen* sie gerichtet, sondern strebt *über* sie *hinaus*. Sie will über den praktischen Positivismus, wie er um die Jahrhundertwende vorherrschte, hinauskommen und mehr bieten als eine exakte Darstellung und Verknüpfung der Tatsachen. Sie folgt dem Zug zum Pragmatismus, indem sie kirchengeschichtliche Vorgänge ekklesiologisch (J. Congar, H. Lubac, J. Daniélou, K. und H. Rahner) oder ökumenisch (J. Lortz) auswertet. Sie folgt dem Zug zur Geschichtstheologie, indem sie die Geschichte der Kirche in den heilsgeschichtlichen Zusammenhang stellt und damit zu der Betrachtungsweise zurücklenkt, die bis zum 17. Jh. herrschend war, seitdem aber hinter der Erforschung der Quellen und der Darstellung des Geschichtsverlaufs zurücktrat, und setzt sich mit den Problemen des Historismus, die durch E. Troeltsch und F. Meinecke aufgeworfen worden sind, und der Geschichtlichkeit der Kirche als solcher auseinander. Erst die Zukunft wird lehren, ob und wieviel diese neuen Betrachtungsweisen das Wissen um die Geschichte der Kirche erweitern und vertiefen.

ALLGEMEINE BIBLIOGRAPHIE ZU BAND I UND II

Hier werden die Quellen, Darstellungen, Zeitschriften und sonstigen Hilfsmittel genannt, die für die Geschichte der altchristlichen Kirche von besonderer Bedeutung sind und im Folgenden stets herangezogen werden. Für die Wahl der Abkürzungen war das Verfahren des Lexikons für Theologie und Kirche I (Freiburg ²1957) 16*—48* Vorbild.

I. LITERARISCHE QUELLEN

1. Unter ihnen kommt den Werken der altchristlichen Schriftsteller der erste Rang zu. Sie liegen zum größten Teil in Sammelwerken vor, deren Entstehen in der Einleitung über die Geschichte der Kirchengeschichtsschreibung dargestellt wurde. Für viele dieser Schriftsteller sind die Editionen in den beiden großen von *J. P. Migne* publizierten patristischen Serien noch nicht ersetzt:
PG = *J. P. Migne*, Patrologiae cursus completus. Series graeca, 161 Bde (Paris 1857/66).
PL = *J. P. Migne*, Series latina, 221 Bde, davon die 4 letzten Indices (ebd. 1844/64, verschiedene Nachdrucke 1878/90). Indices zur Series graeca verfaßten *F. Cavallera* (Paris 1912) und *Th. Hopfner*, 2 Bde (ebd. 1928/45). Eine auf mehrere Bände berechnete Ergänzung der lateinischen Reihe hat *A. Hamman* in einem Supplementum (Paris 1958 ff) begonnen, bisher (1964) erschienen vol. I, II, III fasc. 1 u. 2.

Der kritischen Ausgabe der lateinischen und griechischen Schriftsteller dienen die noch laufenden Unternehmen der Wiener bzw. Berliner Akademie der Wissenschaften im
CSEL = Corpus scriptorum ecclesiasticorum latinorum (Wien 1860 ff) bzw.
GCS = Die griechischen christlichen Schriftsteller der ersten Jahrhunderte (Leipzig 1897 ff). Ein Parallelunternehmen dazu sind die
TU = Texte und Untersuchungen zur Geschichte der altchristlichen Literatur, in mehreren Reihen (Leipzig - Berlin 1882 ff).

Eine Neuausgabe aller lateinischen, griechischen und orientalischen Väterschriften plant die Benediktinerabtei St. Peter in Steenbrügge (Belgien) in dem groß angelegten
CChr = Corpus Christianorum seu nova Patrum collectio, dessen lateinische Reihe bereits eröffnet wurde (Turnhout - Paris 1953 ff). Ein eminent wichtiges Hilfsmittel stellt die hierfür von *E. Dekkers* und *Aem. Gaar* erarbeitete
ClP = Clavis Patrum latinorum (Steenbrügge ²1961) dar, die eine kritische Übersicht über alle bisher vorliegenden Ausgaben lateinischer Vätertexte bietet. Einige spätlateinische Kirchenschriftsteller sind kritisch ediert in den
MGAuctant = Monumenta Germaniae Historica, Auctores antiquissimi (Hannover - Berlin 1826 ff). Einzelne Bände des
CSHB = Corpus scriptorum historiae Byzantinae (Bonn 1828 ff) kommen für die frühbyzantinische Periode der Kirchengeschichte in Betracht.

Griechische und lateinische Vätertexte (mit französischer Übersetzung) legt die von *C. Mondésert* geleitete Sammlung der
SourcesChr = Sources chrétiennes (Paris 1941 ff) vor (bisher 98 Bde).

Ein wichtiges Hilfsmittel für die Beschäftigung mit dem Schrifttum der lateinischen und griechischen Kirchenschriftsteller sind *M. Vatasso*, Initia patrum (latinorum), 2 Bde

(Rom 1906/08), und *Chr. Baur,* Initia patrum graecorum, 2 Bde (ebd. 1955), die alle gedruckten Väterschriften nach ihren Anfangsworten nachweisen.

Der Edition der christlichen Schriftsteller orientalischer Sprachen dienen folgende Sammlungen:
PS = Patrologia Syriaca, hrsg. von *R. Grafin,* 3 Bde (Paris 1894—1926).
POr = Patrologia Orientalis, hrsg. von *R. Grafin* u. *F. Nau* (ebd. 1903 ff).
CSCO = Corpus scriptorum christianorum Orientalium (Paris 1903 ff), begonnen von *J. B. Chabot* u. a., jetzt hrsg. von *R. Draguet,* Löwen.

Wissenschaftlich brauchbare Ausgaben einzelner Väterschriften enthalten folgende für seminaristische Übungen gedachte kleinere Sammlungen:
CSLPar = Corpus scriptorum latinorum Paravianum (Turin).
FlorPatr = Florilegium patristicum, hrsg. von *J. Zellinger* u. *B. Geyer* (Bonn 1904 ff).
KlT = Kleine Texte, hrsg. von *H. Lietzmann* (Berlin 1902 ff).
SQS = Sammlung ausgewählter kirchen- und dogmengeschichtlicher Quellenschriften, hrsg. von *G. Krüger* (Tübingen 1891 ff).
SCpr = Scriptores christiani primaevi ('s Gravenhage 1946 ff).
StrP = Stromata patristica et medievalia, hrsg. von *Chr. Mohrmann* und *J. Quasten* (Utrecht 1950 ff).

Für den Studenten empfehlen sich die sog. Enchiridien mit einer Auswahl charakteristischer Vätertexte:
K = *C. Kirch - L. Ueding,* Enchiridion fontium historiae ecclesiasticae antiquae (Freiburg [8]1960).
R = *M. J. Rouët de Journel,* Enchiridion patristicum (Freiburg [21]1959).
RD = *M. J. Rouët de Journel - J. Dutilleul,* Enchiridion asceticum (Freiburg [5]1958).
Ferner die Auswahlen von *C. Silva-Tarouca,* Fontes historiae ecclesiasticae medii aevi, I: saec. V—IX (Rom 1930), und
H. M. Gwatkin, Selections from Early Christian Writers Illustrative of Church History to the Time of Constantine (London 1937).

Von *Übersetzungen* der Kirchenväterschriften sind die drei maßgebenden Reihen hier zu nennen:
BKV[2] = Bibliothek der Kirchenväter, hrsg. von *O. Bardenhewer* u. a.; 1. Reihe: 63 Bde, 2. Reihe: 20 Bde (Kempten - München 1911/39).
SourcesChr = Sources chrétiennes, die französische Übersetzung der schon erwähnten Sammlung (Paris 1941 ff).
ACW = Ancient Christian Writers, hrsg. von *J. Quasten* (Westminster/Maryland - London 1946 ff).

Die eigentlichen *Kirchenhistoriker* unter den Schriftstellern der alten Kirche sind besonders hervorzuheben:
Euseb. HE = Eusebius, Kirchengeschichte (bis 324), hrsg. von *E. Schwartz:* GCS 9, 1—3 (Berlin 1903/09).
Philostorgius HE = Philostorgius, Kirchengeschichte (bis 425), hrsg. von *J. Bidez:* GCS 21 (Berlin 1913).
Socrates HE = Sokrates, Kirchengeschichte (305—439), hrsg. von *R. Hussey,* 3 Bde (Oxford 1853).
Sozom. HE = Sozomenos, Kirchengeschichte (324—425), hrsg. von *J. Bidez* und *G. C. Hansen:* GCS 50 (Berlin 1960).
Theodoret HE = Theodoret, Kirchengeschichte, hrsg. von *L. Parmentier,* 2. Aufl. von *F. Scheidweiler:* GCS 44 (19) (Berlin 1954).
Gelas. HE = Gelasius, Kirchengeschichte, hrsg. von *G. Loeschke* u. *M. Heinemann:* GCS 28 (Berlin 1918).

Zacharias Rhetor, Kirchengeschichte (ca 450—540), in syrischer Übersetzung erhalten, hrsg. von *E. W. Brooks:* CSCO 83—84 (Paris 1919/21).
Evagrius HE = Evagrius Scholasticus, Kirchengeschichte (431—594), hrsg. von *J. Bidez* und *L. Parmentier* (London 1898, Nachdruck Amsterdam 1964).
Rufin HE = Rufin von Aquileias Übersetzung der Kirchengeschichte des Eusebius, die er durch zwei eigene Bücher ergänzte; hrsg. von *Th. Mommsen:* GCS 9 (s. oben unter Euseb. HE).
Sulp. Sev. Chron. = Sulpicius Severus, Weltchronik (bis 400), hrsg. von *C. Halm:* CSEL 1 (Wien 1866).
Paulus Oros., Hist. adv. pag. = Paulus Orosius, Historia adversus paganos, ein Abriß der Weltgeschichte bis 474 n. Chr., hrsg. von *C. Zangemeister:* CSEL 5 (Wien 1882).
Die Weltchroniken des Tiro Prosper von Aquitanien, Kassiodors und Isidors von Sevilla edierte *Th. Mommsen:* MGAuctant 9 u. 11 (Berlin 1892 und 1894).

2. Ein für die ersten Jahrhunderte der Kirchengeschichte hochbedeutsames Quellenmaterial stellen die Martyrerakten und Viten der frühchristlichen Heiligen dar. Das Material ist katalogisiert in den drei von den Bollandisten herausgegebenen Werken:
BHL = Bibliotheca hagiographica latina, 2 Bde (Brüssel 1898—1901, nachgedruckt ebd. 1949). Ein Supplementband erschien ebd. [2]1911;
BHG = Bibliotheca hagiographica graeca, 3 Bde (Brüssel [3]1957);
BHO = Bibliotheca hagiographica orientalis (Brüssel 1910). Das Unternehmen der
ActaSS = Acta Sanctorum, das *J. Bollandus* 1643 in Antwerpen begann, dient der Herausgabe und Kommentierung dieser Quellen. Die Bände, mit dem Januar beginnend, orientieren sich nach den Heiligenfesten des römischen Kalendariums. Mit dem zuletzt veröffentlichten 65. Band (Brüssel 1925) wurden der 9. und 10. November erreicht. Zwei wichtige Ergänzungsbände sind das
MartHieron = Martyrologium Hieronymianum, hrsg. von *H. Quentin* und *H. Delehaye* (Brüssel 1931), und das
MartRom = Martyrologium Romanum, bearbeitet von *H. Delehaye* (Brüssel 1940).
Eine Auswahl wichtiger Martyrerakten besorgte schon
Th. Ruinart, Acta martyrum sincera (Paris 1689, Regensburg [5]1859).
Für die Hand des Studenten bestimmt ist die Auswahl von *R. Knopf - G. Krüger,* Ausgewählte Märtyrerakten (Tübingen [3]1929).
Grundlegend für die byzantinische Hagiographie ist ferner *A. Ehrhard - J. M. Hoeck,* Überlieferung und Bestand der hagiographischen und homiletischen Literatur der griechischen Kirche, bisher I—III (Leipzig 1937/52) (TU 50—52).
Die führende Zeitschrift für das Gesamtgebiet der Hagiographie sind die
AnBoll = Analecta Bollandiana (Brüssel 1882ff) mit Bibliographie.

3. Eine getrennte Behandlung ist den für die Erkenntnis des innerkirchlichen Lebens bedeutsamen Quellen der altchristlichen Liturgien, Bekenntnisformeln, Konzilsakten und päpstlichen Erlässe zuteil geworden.

a) Liturgien: An Sammlungen liturgischer Quellentexte sind zu nennen: *J. A. Assemani,* Codex liturgicus ecclesiae universalis, 13 Bde (Rom 1749/66, Nachdr. Paris 1922ff).
H. A. Daniel, Codex liturgicus ecclesiae universalis, 4 Bde (Leipzig 1847/53); *N. Nilles,* Kalendarium manuale utriusque ecclesiae orientalis et occidentalis, 2 Bde (Innsbruck [2]1896/97). Ostkirchliche Texte allein bieten:
J. Goar, Euchologion sive Rituale Graecorum (Paris 1647, Venedig 1730, letzter Nachdruck Graz 1959); *E. Renaudot,* Liturgiarum orientalium collectio, 2 Bde (Paris 1716, Frankfurt [2]1847); *H. Denzinger,* Ritus Orientalium, 2 Bde (Würzburg 1863/64); *F. E. Brightman,* Liturgies Eastern and Western, I: Eastern Liturgies (Oxford 1896). Neues Material bietet *H. Leclercq,* Monumenta ecclesiae liturgica (Paris I: 1902/13; V: 1904).

Die altchristlichen lateinischen Hymnen publizierte neu *W. Bulst,* Hymni latini antiquissimi (Heidelberg 1956).

Ausgewählte liturgische Texte veröffentlichten die neueren Sammlungen Opuscula et textus, series liturgica (Münster 1933);
LQ = Liturgiegeschichtliche Quellen (Münster 1918 ff).
Die neueren kritischen Ausgaben besonders lateinischer liturgischer Texte werden an ihrem Ort in der Darstellung genannt; für sie sind die Handbücher der Liturgik heranzuziehen, besonders *L. Eisenhofer,* Handbuch der katholischen Liturgik, 2 Bde (Freiburg 1932/33); *M. Righetti,* Manuale di storia liturgica, I—IV (Mailand ^{2}1950/55); *A.-G. Martimort* (Hrsg.), Introduction à la liturgie (Paris 1961). Grundlegende Darstellungen der altkirchlichen Liturgie sind: *L. Duchesne,* Origines du culte chrétien (Paris ^{5}1920); *J. M. Hanssens,* Institutiones liturgicae de rebus orientalibus, 3 Bde (Rom 1930/32); *A. Baumstark,* Liturgie comparée (Chevetogne ^{2}1953).

b) Die Bekenntnisformeln der alten Kirche sammelte *A. Hahn,* Bibliothek der Symbole und Glaubensregeln (Breslau ^{3}1897, Neudruck Hildesheim 1962). Eine Auswahl bietet *H. Liet˜mann,* Ausgewählte Symbole der alten Kirche = KlT 17/18 (Berlin ^{2}1931). Weitere Sammlungen: *H. Denzinger* (= D), Enchiridion symbolorum, definitionum et declarationum de rebus fidei et morum (Freiburg ^{31}1960); *F. Cavallera,* Thesaurus doctrinae catholicae ex documentis magisterii ecclesiastici (Paris ^{2}1937). Für die frühbyzantinische Zeit: *J. N. Karmiris,* Τὰ δογματικὰ καὶ συμβολικὰ μνημεῖα τῆς Ὀρθοδόξου καθολικῆς Ἐκκλησίας, 2 Bde (Athen 1952/53, ^{2}1960). Dazu die Untersuchungen: *H. Lietzmann,* Symbolstudien: ZNW 21 (1922), 22 (1923), 24 (1925), 26 (1927), jetzt in *H. Lietzmann,* Kleine Schriften III (Berlin 1962) 189—281; *F. Kattenbusch,* Das apostolische Symbol, 2 Bde (Leipzig 1894—1900, Nachdruck Darmstadt 1964); *F. J. Badcock,* The History of the Creeds (London ^{2}1938); *J. de Ghellinck,* Patristique et Moyen Age, I: Les recherches depuis cinq siècles sur les origines du symbole des Apôtres (Brüssel ^{2}1949); *J. N. D. Kelly,* Early Christian Creeds (London ^{2}1960).

c) Die Akten der frühchristlichen Konzilien finden sich in den großen Konziliensammlungen von *J. Hardouin,* Acta conciliorum et epistolae decretales ac constitutiones summorum pontificum, 12 Bde (Paris 1714 f);
Mansi = *J. D. Mansi,* Sacrorum conciliorum nova et amplissima collectio (Florenz - Venedig 1759/98, Nachdr. und Forts. Lyon - Paris 1899—1927, Neudr. Graz 1960/61). Die Dekrete und Kanones der frühchristlichen Konzilien jetzt bequem auch in: Conciliorum Oecumenicorum Decreta, ed. *J. Alberigo* et al. (Freiburg 1962).
Die Akten des Ephesinum und Chalcedonense gab kritisch heraus
ACO = *E. Schwartz,* Acta conciliorum oecumenicorum (Berlin 1914 ff).
Kleinere Textausgaben: *F. Lauchert,* Die Kanones der wichtigsten altkirchlichen Konzilien (Freiburg 1896, Nachdruck Frankfurt a. M. 1961); *E. J. Jonkers,* Acta et symbola conciliorum quae saeculo quarto habita sunt (Leiden 1954).

Für die Geschichte der altkirchlichen Konzilien ist grundlegend
Hefele = C. J. v. Hefele, Conciliengeschichte I—III (Freiburg ^{2}1873/77), und die ergänzte französische Übersetzung von *H. Leclercq,* Histoire des conciles d'après les documents originaux I—III (Paris 1907/10). Für Chalkedon die Spezialarbeit: Das Konzil von Chalkedon, hrsg. von *A. Grillmeier - H. Bacht,* 3 Bde (Würzburg 1951/54).

d) Die wichtigsten päpstlichen Erlasse der altkirchlichen Periode gaben heraus: *P. Coustant,* Pontificum Romanorum a s. Clemente usque ad s. Leonem epistulae genuinae (Paris 1721, Göttingen ^{2}1796), und *A. Thiel,* Epistulae Romanorum pontificum genuinae a s. Hilaro usque ad Pelagium II, Bd I (Braunsberg 1867). Eine Sammlung der ältesten Papstviten enthält der

LP = Liber Pontificalis, hrsg. von *L. Duchesne,* 2 Bde (Paris ^{2}1907/15), Neuauflage von C. Vogel, 3 Bde (ebd. 1955/57). Die Geschichte der Päpste des kirchlichen Altertums wurde dargestellt von *E. Caspar,* Geschichte des Papsttums von den Anfängen bis zur Höhe der Weltherrschaft, 2 Bde (Tübingen 1930/33); *J. Haller,* Das Papsttum. Idee und Wirklichkeit, I: Die Grundlagen (Urach - Stuttgart ^{2}1950); *F. X. Seppelt,* Geschichte der Päpste, I: Der Aufstieg des Papsttums (München ^{2}1954).

4. Ein an Bedeutung stetig wachsendes Quellenmaterial ist mit den frühchristlichen Papyri gegeben, die in den Papyri-Sammelreihen und Fachzeitschriften laufend veröffentlicht werden. Hier sind zu nennen:
BGU = Berliner griechische Urkunden (Berlin 1895 ff).
OxP = The Oxyrrhynchos Papyri (London 1898 ff).
PSI = Papiri greci e latini della Società Italiana (Florenz 1912 ff).
Select Papyri, 3 Bde der Loeb Classical Library, hrsg. von *A. S. Hunt - C. C. Edgar - D. L. Page* (London 1932/41).

Nur christliche Texte: *C. Wessely,* Les plus anciens monuments du christianisme écrits sur papyrus: POr 4, 2; 18, 3 (Paris 1907 1924); *G. Ghedini,* Lettere christiane dai papiri del III° e IV° secolo (Mailand 1923). Weitere Briefe: Aegyptus 34 (1954) 266—282. Liturgische Texte: *C. del Grande,* Liturgiae, preces, hymni Christianorum e papyris collecti (Neapel ^{2}1934); Aegyptus 36 (1956) 247—253, 37 (1957) 23—31.

Zeitschriften und Hilfsmittel der Papyrologie:
Archiv für Papyrusforschung, hrsg. von *U. Wilcken* (Leipzig 1901 ff); Aegyptus, Rivista Italiana di Egittologia e papirologia (Mailand 1920 ff), mit wichtiger Bibliographie und besonderer Berücksichtigung christlicher Texte.
W. Schubart, Einführung in die Papyruskunde (Berlin 1918); *K. Preisendanz,* Papyrusfunde und Papyrusforschung (Leipzig 1933); *A.Calderini,* Manuale di papirologia antica greca e romana (Mailand 1938, S. 176—192 Bibliographie); *F. Preisigke - E. Kießling,* Wörterbuch der griechischen Papyrusurkunden (Berlin 1925 ff); *E. Mayser,* Grammatik der griechischen Papyri aus der Ptolemäerzeit (Berlin 1923/38); *W. Schubart,* Papyri Graecae Berolinenses (Bonn 1911) (= Tabulae in usum scholarum, ed J. Lietzmann, n. 2).

5. Philologische Hilfsmittel:
Für die Arbeit an den schriftlichen Quellen der alten Kirchengeschichte sind verschiedene Disziplinen der Altertumswissenschaft, insbesondere die klassische Philologie, unentbehrlich. Eine Einführung gibt *A. Gercke - E. Norden,* Einleitung in die klassische Altertumswissenschaft, 3 Bde (Leipzig ^{3}1921 ff). Umfassender sind die Einzelbände des
HAW = Handbuches der Altertumswissenschaft in den neuesten Bearbeitungen, jetzt hrsg. von *H. Bengtson* (München 1955 ff).

Daneben ist stets heranzuziehen das große Nachschlagewerk von
Pauly - Wissowa = Paulys Realencyclopädie der klassischen Altertumswissenschaft in der Neubearbeitung von *G. Wissowa - W. Kroll - K. Mittelhaus* (Stuttgart 1893 ff).

Die wichtigsten *Sprachenlexika* sind:
DuCange = *Ch. Du Cange,* Glossarium ad scriptores mediae et infimae latinitatis, zuerst 3 Bde (Paris 1678), öfters nachgedruckt und ergänzt, zuletzt durch *L. Favre,* 10 Bde (Niort 1883/87).
ThLL = Thesaurus linguae latinae (Leipzig 1900 ff).
K. E. Georges, Ausführliches lateinisch-deutsches Handwörterbuch, 2 Bde (Hannover ^{11}1959). Dazu kommen die Spezialwörterbücher des Spätlateins bzw. der altchristlichen Latinität:
A. Souter, A Glossary of Later Latin to A. D. 600 (Oxford 1949) und *A. Blaise,* Dictionnaire latin-français des auteurs chrétiens (Straßburg 1954). Unentbehrlich auch *Chr. Mohrmann,* Études sur le latin des chrétiens I (Rom ^{2}1961), II (ebd. 1961).

H. Stephanus, Thesaurus graecae linguae, zuletzt 8 Bde (Paris 1831/55); *H. G. Lidell - R. Scott,* Greek-English Lexicon, hrsg. von *H. St. Jones* und *R. McKenzie* (Oxford 1940). Spezialwörterbücher sind hier: *W. Bauer,* Griechisch-Deutsches Wörterbuch zu den Schriften des Neuen Testamentes und der übrigen urchristlichen Literatur (Berlin [5]1957 ff).
ThW = Theologisches Wörterbuch zum Neuen Testament, hrsg. von *G. Kittel - G. Friedrich* (Stuttgart 1933 ff).
G. W. H. Lampe, A Greek Patristic Lexicon (Oxford 1961 ff).
E. A. Sophocles, Greek Lexicon of the Roman and Byzantine Periods (146—1100) (New York [3]1888); *St. B. Psaltes,* Grammatik der byzantinischen Chroniken (Göttingen 1913); *F. Blass - H. Debrunner,* Grammatik des neutestamentlichen Griechisch (Göttingen [11]1961).

Für die paläographische Arbeit kommen in Frage: *V. Gardthausen,* Griechische Paläographie, 2 Bde (Leipzig [2]1911/13); *B. A. van Groningen,* Short Manual of Greek Paleography (Leiden 1940); *R. Devreesse,* Introduction à l'étude des manuscrits grecs (Paris 1954); *H. Hunger,* Studien zur griechischen Paläographie (Wien 1954); *F. Steffens,* Lateinische Paläographie (Trier [2]1907/09); *B. Bretholz,* Lateinische Paläographie (Leipzig - Berlin [3]1926); *G. Battelli,* Lezioni di paleografia (Città del Vaticano [3]1949); *B. Bischoff,* Paläographie (Berlin [2]1957). Dazu die von *H. Lietzmann* herausgegebenen Übungstafeln: Specimina codicum graecorum Vaticanorum (Berlin [2]1929) und Specimina codicum latinorum Vaticanorum (ebd. [2]1927) und die Zeitschrift *Scriptorium* (Antwerpen 1946 ff).

6. Die bisher genannten Quellen werden systematisch behandelt in den Darstellungen der altchristlichen Literatur bzw. den Hand- und Lehrbüchern der Patrologie:
Harnack Lit = *A. v. Harnack,* Geschichte der altchristlichen Literatur, 3 Bde (Leipzig 1893—1904), Nachdruck der 4. Aufl. mit Ergänzungen von *K. Aland* (ebd. 1958).
Bardenhewer = *O. Bardenhewer,* Geschichte der altkirchlichen Literatur, 5 Bde (Freiburg I—III [2]1913/23; IV 1924; V 1932; Nachdruck in Vorbereitung).
M. Moricca, Storia della letteratura latina cristiana, 3 Bde (Turin 1924/34).
A. Puech, Histoire de la littérature grecque chrétienne, 3 Bde (Paris 1928/29).
F. Cayré, Patrologie et histoire de la théologie, I: Précis de patrologie (Paris [3]1938).
P. de Labriolle, Histoire de la littérature latine chrétienne (Paris [3]1947).
Quasten P = *J. Quasten,* Patrology, bisher 3 Bde (Utrecht 1950/60), auch in französischer Übersetzung unter dem Titel Initiation aux pères de l'église (Paris 1955/63), spanisch: Patrología I (= P 1 + 2), II (= P 3) (Madrid 1961/62).
Altaner = *B. Altaner,* Patrologie (Freiburg [6]1960).

Teilgebiete der Patristik werden bearbeitet in folgenden Werken:
Manitius I = *M. Manitius,* Geschichte der lateinischen Literatur des Mittelalters I (München 1911, Nachdruck Graz 1959).
F. J. E. Raby, A History of Christian Latin Poetry (Oxford [2]1953).
Beck = *H.-G. Beck,* Kirche und theologische Literatur im byzantinischen Reich (München 1959, HAW).
P. Nautin, Lettres et écrivains chrétiens des II et III siècles (Paris 1961); *A. Siegmund,* Die Überlieferung der griechisch-christlichen Literatur in der lateinischen Kirche (München 1939).

Die Werke der orientalischen christlichen Schriftsteller sind in folgenden Darstellungen behandelt:
A. Baumstark, Geschichte der syrischen Literatur (Bonn 1922), Ergänzungen dazu von *Baumstark* und *A. Rücker* im Handbuch der Orientalistik III (Leiden 1954) 169—204.
J. Chabot, La littérature syriaque (Paris 1935).

F. N. Fink, Geschichte der armenischen Literatur: Geschichte der christlichen Literaturen des Orients (Leipzig 1907); *K. Kiparian,* Geschichte der armenischen Literatur I (Venedig 1944); *H. Thorossian,* Histoire de la littérature arménienne (Paris 1951); *J. Karst,* Littérature géorgienne chrétienne (Paris 1934); *G. Peradze,* Die altchristliche Literatur in georgischer Überlieferung: OrChr 3—8 (Wiesbaden 1930/33); *M. Tarchnišvili - J. Aßfalg,* Geschichte der kirchlichen georgischen Literatur (Rom 1955); *O'Leary,* Littérature copte: DACL 9 (1930) 1599—1635; *S. Morenz,* Die koptische Literatur: Handbuch der Orientalistik I (Leiden 1952) 207—219; *W. Till,* Coptic and its Value: BJRL 40 (1957) 229—258 mit Bibliographie; *G. Graf,* Geschichte der christlichen arabischen Literatur, 5 Bde (Rom 1944/53).

Das wichtigste bibliographische Hilfsmittel für das Gesamtgebiet der Patristik ist jetzt die Bibliographia patristica, hrsg. von *W. Schneemelcher* (Berlin 1956 ff). Nur die lateinische altchristliche Literatur berücksichtigt das Bulletin d'ancienne littérature chrétienne latine, das seit 1921 der Revue bénédictine (Maredsous) beigegeben ist.

II. MONUMENTALE QUELLEN

1. Soweit frühchristliches Leben seinen Niederschlag in „Denkmälern" im weitesten Sinn gefunden hat, wird es von der christlichen Archäologie erforscht. Eine ihrer wichtigsten Teildisziplinen ist die altchristliche Epigraphik, deren Gegenstand die lateinischen und griechischen christlichen Inschriften sind. Sie sind vornehmlich in geographisch orientierten Sammlungen erfaßt worden, unter denen den stadtrömischen, meist lateinischen, ein besonderer Rang zukommt:
J. B. de Rossi, Inscriptiones christianae urbis Romae, 2 Bde (Rom 1864/80), ergänzt von *J. Gatti* mit einem Supplementum zu Bd I (Rom 1915). Ihre Fortsetzung unternahm *A. Silvagni,* Inscriptiones christianae urbis Romae, nova series, 3 Bde (ebd. 1934/56).

Dazu kommen die Sammlungen einzelner Länder:
E. Le Blant, Inscriptions chrétiennes de la Gaule, 3 Bde (Paris 1856/92, Nachdruck ebd. 1923). *A. Hübner,* Inscriptiones Britanniae christianae (Berlin - London 1876). *E. Egli,* Die christlichen Inschriften der Schweiz (Zürich 1895). *St. Gsell,* Inscriptions latines d'Algérie I/II (Paris 1922/57). *A. L. Delattre,* L'épigraphie funéraire chrétienne à Carthage (Tunis 1926). *J. Vives,* Inscripciones cristianas de la España romana y visigoda (Barcelona 1942, Ergänzungsheft ebd. 1942). *F. X. Kraus,* Die christlichen Inschriften der Rheinlande, 2 Bde (Freiburg 1890/94), jetzt ersetzt durch *F. Gose,* Katalog der frühchristlichen Inschriften in Trier (Berlin 1958); *G. Behrens,* Das frühchristliche und merowingische Mainz (Mainz 1950). *J. B. Ward Perkins - J. M. Reynolds,* Inscriptions of Roman Tripolitania (Rom 1952).
Die wichtigsten altchristlichen lateinischen Inschriften aus allen Fundgebieten hat *E. Diehl* zusammengestellt und erläutert: Inscriptiones latinae christianae veteres, 3 Bde (Berlin 1925/31).

Die griechischen christlichen Inschriften wurden publiziert von *L. Jalabert - R. Mouterde - C. Mondésert,* Inscriptions grecques (et latines) de la Syrie, 4 Bde (Paris 1929/55); *W. H. Buckler - W. M. Calder - W. K. C. Guthrie,* Monuments and Documents from Eastern Asia and Western Galatia = Monumenta Asiae Minoris Antiqua IV (Manchester 1933); *W. H. Buckler - W. M. Calder,* Monuments and Documents from Phrygia and Caria: ebd. VI (1939); *H. Lietzmann - N. A. Bees - G. Sotiriu,* Die griechisch-christlichen Inschriften des Peloponnes-Isthmos-Korinth (Athen 1941); *J. S. Creaghan - A. E. Raubitscheck,* Early Christian Epitaphs from Athens (Woodstock 1947). Die neuen Funde laufend im Supplementum epigraphicum graecum (Leiden 1923 ff).

Hilfsmittel zum Studium der christlichen Epigraphik: erste Übersichten bieten *L. Jalabert - R. Mouterde,* Inscriptions grecques chrétiennes: DACL VII 623—694; *H. Leclercq,* Inscriptions latines chrétiennes: ebd. 694—850. Über das Werden der großen Inschriften-Sammlungen *ders.*, ebd. 850—1089. Dazu die Hand- und Lehrbücher: *R. Cagnat,* Cours d'épigraphie latine (Paris ^{4}1914); *W. Larfeld,* Griechische Epigraphik (München ^{3}1914); *C. M. Kaufmann,* Handbuch der altchristlichen Epigraphik (Freiburg 1917); *P. Testini,* Epigrafia: Archeologia cristiana (Rom 1959) 327—543. Übungstafeln bieten die beiden Bände der von *H. Lietzmann* herausgegebenen Tabulae in usum scholarum n. 4: Inscriptiones latinae, ed. *E. Diehl* (Bonn 1912); n. 7: Inscriptiones graecae, ed. *O. Kern* (ebd. 1913).

Die Bibliographie der altchristlichen Epigraphik findet sich in:
RivAC = Rivista di archeologia cristiana (Rom 1924 ff); Fasti archeologici (Florenz 1948 ff);
ByZ = Byzantinische Zeitschrift (Leipzig, später München 1892 ff).

2. In jüngster Zeit hat die Hilfswissenschaft der Numismatik beachtliche Beiträge zum Verständnis der Geschichte der alten Kirche unter den christlichen Kaisern geliefert. Die ältere Literatur findet man bei *H. Leclercq,* Monnaie: DACL XI 2260—2350. Weiteres bei *J. Babelon,* Monnaie: DBS V (1957) 1346—1375 und *Ph. Grierson,* Coins and Medals, a Select Bibliography (London 1954). Die Münzen der Kaiserzeit werden gesammelt und verarbeitet von *H. Mattingly - E. A. Sydenham,* The Roman Imperial Coinage (London 1923 ff); darin bereits erschienen Bd IX mit den Münzen von Valentinian I — Theodosius I; der Band mit den Münzen Konstantins ist in Vorbereitung. Dafür bisher *J. Maurice,* Numismatique constantinienne, 3 Bde (Paris 1906/13). Wichtig auch *A. Alföldi,* Die Kontorniaten (Budapest 1943); *M. Bernhard,* Handbuch zur Münzkunde der römischen Kaiserzeit, 2 Bde (Halle 1926). Zur Auswertung vgl. *V. Schultze,* Christliche Münzprägung unter Constantin: ZKG 44 (1925) 321—327; *K. Kraft,* Silbermedaillon Constantins d. Gr. mit dem Christusmonogramm auf dem Helm: Jahrbuch für Numismatik 5/6 (1954/55) 151—178; *G. Bruck,* Die Verwendung christlicher Symbole auf Münzen von Constantin I bis Magnentius: Numismatische Zeitschrift 6 (1955) 26—32.

3. Das altchristliche Begräbniswesen ist ebenfalls bedeutsamer Gegenstand der christlichen Archäologie, wiederum mit dem Schwerpunkt Rom: *J. B. de Rossi,* La Roma sotterranea cristiana, 3 Bde (Rom 1864/77); *P. Styger,* Altchristliche Grabeskunst (Augsburg 1927); *ders.*, Die römischen Katakomben (Berlin 1933); *ders.*, Römische Märtyrergrüfte (ebd. 1935); *L. Hertling - E. Kirschbaum,* Die römischen Katakomben und ihre Märtyrer (Wien ^{2}1955); *J. Wilpert,* Die Malereien der Katakomben Roms, 2 Bde (Freiburg 1903); *F. Wirth,* Römische Wandmalerei (Berlin 1934); *S. Bettini,* Frühchristliche Malerei (Wien 1942); *J. Wilpert,* I sarcofagi cristiani antichi, 3 Bde (Rom 1929/36); *F. Gerke,* Die christlichen Sarkophage der vorkonstantinischen Zeit (Berlin 1940); *G. Bovini,* I sarcofagi paleocristiani (Rom 1949); *C. Cecchelli,* Monumenti cristiano-eretici di Roma (Rom 1944).

4. Handbücher und Zeitschriften der christlichen Archäologie sowie Darstellungen der altchristlichen Kunst:
C. M. Kaufmann, Handbuch der christlichen Archäologie (Paderborn ^{3}1922); *R. Krautheimer,* Corpus basilicarum christianarum Romae (Rom 1937 ff); *C. Cecchelli,* Iconografia dei papi (Rom 1938 ff); *B. Ladner,* Papstbildnisse des Altertums und des Mittelalters I (Rom 1941); *P. Testini,* Archeologia cristiana (Rom 1959); *O. Wulff,* Altchristliche und byzantinische Kunst (Berlin ^{2}1919, Nachtrag ebd. 1939); *O. M. Dalton,* Eastern Christian Art (Oxford 1925); *C. R. Morey,* Early Christian Art (Princeton ^{2}1953); *D. T. Rice,* The Beginnings of Christian Art (London 1957, deutsch Köln 1961); *W. F. Volbach - M. Hirmer,* Frühchristliche Kunst (München 1958); *F. van der Meer - Chr. Mohrmann,* Bildatlas der frühchristlichen Welt (Gütersloh 1959).

BollAC = Bollettino di archeologia cristiana (Rom 1863/94) und
NBollAC = Nuovo Bollettino di archeologia cristiana (ebd. 1895—1923).
RivAC = Rivista di archeologia cristiana (Rom 1924 ff) mit Bibliogr.
RQ = Römische Quartalschrift für christliche Altertumskunde und für Kirchengeschichte (Freiburg 1887 ff).
CahArch = Cahiers archéologiques (Paris 1945 ff).
JbAC = Jahrbuch für Antike und Christentum (Münster 1958 ff).
Atti del III° congresso internazionale di archeologia cristiana, Rom 1934; Atti del IV° congresso ..., ebd., 2 Bde, 1940/48; Actes du Vme congrès ... (Paris 1957).
Kraus RE = *F. X. Kraus,* Realencyclopädie der christlichen Altertümer, 2 Bde (Freiburg 1882/86).
DACL = Dictionnaire d'archéologie chrétienne et de liturgie, 15 Bde (Paris 1907/53).

III. DARSTELLUNGEN ZUR GESCHICHTE DER ALTEN KIRCHE

a) Allgemeine:
P. Batiffol, Le catholicisme des origines à s. Léon, 4 Bde (Paris [3–5]1911/30) (öfters nachgedruckt); *B. J. Kidd,* A History of the Church to A. D. 461 (Oxford 1922); *L. Duchesne,* Histoire ancienne de l'église, 3 Bde (Paris [3–5]1923/29); *ders.,* L'église au VIme siècle (ebd. 1925); *G. Krüger,* Handbuch der Kirchengeschichte I (Tübingen [2]1923); *J. Zeiller,* L'empire romain et l'église (Paris 1928); *J. P. Kirsch,* Kirchengeschichte I (Freiburg 1930); *C. Poulet,* Histoire du christianisme (Paris 1932); *A. Ehrhard,* Die Kirche der Märtyrer (München 1932); *ders.,* Die katholische Kirche im Wandel der Zeiten und Völker, 2 Bde (Bonn 1935/37); *A. Fliche - V. Martin,* Histoire de l'église I—V (Paris 1935/38); *F. Heiler,* Die katholische Kirche des Ostens und Westens I (München 1937); *H. Lother,* Geschichte des Christentums I (Leipzig 1939); *J. v. Walter,* Die Geschichte des Christentums I (Gütersloh [2]1939); *K. Müller,* Kirchengeschichte I/1 (Tübingen [3]1941); *Ph. Hughes,* A History of the Church I (London [2]1948); *E. Buonaiuti,* Geschichte des Christentums I (Bern 1948); *C. Schneider,* Geistesgeschichte des antiken Christentums, 2 Bde (München 1954); *Ph. Carrington,* The Early Church (1. u. 2. Jh.), 2 Bde (Cambridge 1957); *H. Lietzmann,* Geschichte der alten Kirche, 4 Bde (Berlin [3–4]1961); *K. Bihlmeyer - H. Tüchle,* Kirchengeschichte I (Paderborn [13]1962); *K. D. Schmidt - E. Wolf* (Hrsg.), Die Kirche in ihrer Geschichte (Göttingen 1962 ff, in Lieferungen).

b) Dogmengeschichte:
A. v. Harnack, Lehrbuch der Dogmengeschichte, 3 Bde (Tübingen [5]1931, Neudruck in Vorbereitung); *ders.,* Dogmengeschichte (Grundriß) (ebd. [7]1931); *R. Seeberg,* Lehrbuch der Dogmengeschichte I—II (Leipzig [3]1922, Nachdruck Darmstadt 1960); *ders.,* Grundriß der Dogmengeschichte (Leipzig [7]1936); *J. Tixeront,* Histoire des dogmes dans l'antiquité chrétienne, 3 Bde (Paris I [11]1930, II [9]1931, III [8]1928); *F. Loofs,* Leitfaden zum Studium der Dogmengeschichte (Tübingen [6]1959); *K. Prümm,* Der christliche Glaube und die altheidnische Welt, 2 Bde (Leipzig 1935); *ders.,* Christentum als Neuheitserlebnis (Freiburg 1939).
W. Koehler, Dogmengeschichte als Geschichte des christlichen Selbstbewußtseins (Leipzig [2]1951); *H. v. Campenhausen,* Kirchliches Amt und geistliche Vollmacht in den ersten drei Jahrhunderten (Tübingen 1953); *M. Werner,* Die Entstehung des christlichen Dogmas (Tübingen [2]1954), eine Kurzfassung unter dem gleichen Titel (Stuttgart 1959); *A. E. W. Turner,* The Pattern of Christian Truth (London 1954); *M. Schmaus - J. R. Geiselmann - A. Grillmeier,* Handbuch der Dogmengeschichte (Freiburg 1951 ff) (erschienen Band 4/2: Taufe und Firmung, 4/3: Buße und Letzte Ölung); *J. N. D. Kelly,*

Early Christian Doctrines (London 1958); *J. Daniélou,* Histoire des doctrines chrétiennes avant Nicée, 2 Bde (Tournai 1958/61); *A. Grillmeier,* Hellenisierung—Judaisierung des Christentums als Deutungsprinzipien der Geschichte des kirchlichen Dogmas: Scholastik 33 (1958) 321—355 528—558.

c) Weitere Spezialthemen:

J. Stelzenberger, Die Beziehungen der frühchristlichen Sittenlehre zur Ethik der Stoa (München 1933); *M. Viller - K. Rahner,* Aszese und Mystik der Väterzeit (Freiburg 1939); *P. Pourrat,* La spiritualité chrétienne I (Paris ^{3}1943); *L. Bouyer,* La spiritualité du Nouveau Testament et des Pères (Paris 1960).

A. v. Harnack, Die Mission und Ausbreitung des Christentums in den ersten drei Jahrhunderten (Leipzig ^{4}1924; Neudruck geplant); *K. S. Latourette,* A History of the Expansion of Christianity, I: The First Five Centuries (New York 1937).

G. Schnürer, Kirche und Kultur im Mittelalter I (Paderborn ^{3}1936); *J. H. Waszink* u. a., Het oudste christendom en de antieke cultuur (bis Irenäus), 2 Bde (Haarlem 1951); *C. N. Cochrane,* Christianity and Classical Culture (New York ^{2}1944, Nachdruck 1957); *W. Durant,* Caesar und Christus. Eine Kulturgeschichte Roms und des Christentums (bis 325) (Bern 1959); *W. Jaeger,* Early Christianity and Greek paideia (Cambridge/Mass. 1961). — *H. Eibl,* Augustin und die Patristik = Geschichte der Philosophie in Einzeldarstellungen III 10/11 (München 1923); *B. Geyer,* Die patristische und scholastische Philosophie = *F. Ueberweg,* Grundriß der Geschichte der Philosophie II (Berlin ^{11}1928; Neudruck in Vorbereitung). — *K. Prümm,* Religionsgeschichtliches Handbuch für den Raum der altchristlichen Welt (Freiburg 1943, Nachdruck Rom 1954).

E. Kornemann, Weltgeschichte des Mittelmeerraumes, II: Von Augustus bis zum Sieg der Araber (München 1949); *F. Lot,* La fin du monde antique (Paris 1951); *E. Stein,* Histoire du Bas-Empire I (284—476) (Paris ^{2}1959), II (475—565) (ebd. 1949); *L. Bréhier,* Le monde byzantin, 3 Bde (Paris 1947/50); *G. Ostrogorsky,* Geschichte des byzantinischen Staates (München ^{3}1963).

IV. NACHSCHLAGEWERKE, ZEITSCHRIFTEN UND BIBLIOGRAPHIEN

1. Außer den schon genannten Speziallexika sind wichtig:

The Catholic Encyclopedia, 15 Bde (New York 1907/12, Ergänzungsband 1922).

Catholicisme = Catholicisme, Hier — Aujourd'hui — Demain, hrsg. von *G. Jacquemet* (Paris 1948 ff).

DBS = Dictionnaire de la Bible Supplément, hrsg. von *L. Pirot - A. Robert* (Paris 1928 ff).

DDC = Dictionnaire de droit canonique, hrsg. von *R. Naz* (Paris 1935 ff).

DHGE = Dictionnaire d'histoire et de géographie ecclésiastique, hrsg. von *A. Baudrillart - A. de Meyer - E. van Cauwenbergh - R. Aubert* (Paris 1912 ff).

DSAM = Dictionnaire de spiritualité ascétique et mystique, hrsg. von *M. Viller - M. Olphe Galliard - A. Rayez - Ch. Baumgartner* (Paris 1932 ff).

DThC = Dictionnaire de théologie catholique, hrsg. von *A. Vacant - E. Mangenot - É. Amann* (Paris 1930 ff).

ECatt = Enciclopedia cattolica, 12 Bde (Città del Vaticano 1949/54).

EKL = Evangelisches Kirchenlexikon, hrsg. von *H. Brunotte - O. Weber* (Göttingen 1955 ff).

LThK^{2} = Lexikon für Theologie und Kirche, hrsg. von *J. Höfer* und *K. Rahner* (Freiburg ^{2}1957 ff).

RAC = Reallexikon für Antike und Christentum, hrsg. von *Th. Klauser* (Stuttgart 1950 ff).
RGG³ = Die Religion in Geschichte und Gegenwart, hrsg. von *K. Galling* (Tübingen ³1957 ff).
Gams = *P. Gams,* Series episcoporum ecclesiae catholicae (Regensburg 1873, Ergänzungen 1879/86, Neudruck Graz 1957).
E. Bayer, Wörterbuch zur Geschichte (Stuttgart 1960).
K. Pieper, Atlas orbis antiqui (Düsseldorf 1931); *K. Heussi - H. Mulert,* Atlas zur Kirchengeschichte (Tübingen ³1937); *B. Llorca,* Atlas y cuadros sincrónicos de historia eclesiástica (Barcelona 1950); *R. S. Dell,* An Atlas of Christian History (London 1960); *J. G. Th. Graesse,* Orbis latinus. Verzeichnis der wichtigsten Orts- und Ländernamen (Berlin ³1922).

2. Zeitschriften, meist mit umfangreichem Besprechungsteil, die sich speziell der Erforschung des frühen Christentums widmen:
AuC = Antike und Christentum, von *F. J. Dölger,* I—VI (Münster 1929/50).
Bibl = Biblica (Rom 1920 ff) mit Bibliographie über das Urchristentum.
JbAC = Jahrbuch für Antike und Christentum (Münster 1958 ff).
JLW = Jahrbuch für Liturgiewissenschaft I—XV (Münster 1921/41).
ALW = Archiv für Liturgiewissenschaft (Regensburg 1950 ff).
LJ = Liturgisches Jahrbuch (Münster 1951 ff).
RevÉAug = Revue des Études Augustiniennes (Paris 1955 ff).
VigChr = Vigiliae Christianae (Amsterdam 1947 ff).
ZNW = Zeitschrift für neutestamentliche Wissenschaft und die Kunde der älteren Kirche (Gießen - Berlin 1900 ff).

Aus der Reihe der theologischen Periodika, die der Geschichte der alten Kirche beachtlichen Raum gewähren, sind hervorzuheben:
AST = Analecta Sacra Tarragonensia (Barcelona 1925 ff).
BJRL = Bulletin of the John Rylands Library (Manchester 1903 ff).
BLE = Bulletin de littérature ecclésiastique (Toulouse 1899 ff).
Byz(B) = Byzantion (Brüssel 1924 ff).
BZ = Biblische Zeitschrift (Freiburg 1903/29, Paderborn 1931/39, 1957 ff).
CH = Church History (New York - Chicago 1932 ff).
CHR = The Catholic Historical Review (Washington 1915 ff).
DOP = Dumbarton Oaks Papers (Cambridge/Mass. 1941 ff).
EE = Estudios eclesiásticos (Madrid 1922/36, 1942 ff).
ÉO = Échos d'Orient (Paris 1892—1942).
EThL = Ephemerides Theologicae Lovanienses (Brügge 1924 ff).
EvTh = Evangelische Theologie (München 1934 ff).
Gr = Gregorianum (Rom 1920 ff).
GuL = Geist und Leben (Würzburg 1947 ff).
HJ = Historisches Jahrbuch (Köln 1880 ff, München 1950 ff).
HThR = The Harvard Theological Review (Cambridge/Mass. 1908 ff).
Irénikon = Irénikon (Amay-Chevetogne/Belgien 1926 ff).
JEH = Journal of Ecclesiastical History (London 1950 ff).
JLH = Jahrbuch für Liturgik und Hymnologie (Kassel 1955 ff).
JThS = Journal of Theological Studies (London 1899 ff).
MSR = Mélanges de science religieuse (Lille 1944 ff).
MThZ = Münchener Theologische Zeitschrift (München 1950 ff).
NRTH = Nouvelle Revue Théologique (Tournai 1879 ff).
OrChr = Oriens Christianus (Wiesbaden 1901 ff).
OrChrP = Orientalia Christiana Periodica (Rom 1935 ff).

OrSyr = L'Orient syrien (Paris 1956 ff).
OstKSt = Ostkirchliche Studien (Würzburg 1951 ff).
PrOrChr = Le Proche-Orient Chrétien (Jerusalem 1951 ff).
RAM = Revue d'ascétique et de mystique (Toulouse 1920 ff).
RBén = Revue bénédictine (Maredsous 1884 ff).
RÉB = Revue des Études byzantines (Paris 1946 ff).
RÉG = Revue des Études Grecques (Paris 1888 ff).
RÉL = Revue des Études latines (Paris 1923 ff).
RevSR = Revue des sciences religieuses (Straßburg 1921 ff).
RHPhR = Revue d'histoire et de philosophie religieuses (Straßburg 1921 ff).
RHR = Revue de l'histoire des religions (Paris 1880 ff).
ROC = Revue de l'Orient chrétien (Paris 1896 ff).
RQum = Revue de Qumran (Paris 1958 ff).
RSPhTh = Revue des sciences philosophiques et théologiques (Paris 1907 ff).
RSR = Recherches de science religieuse (Paris 1910 ff).
RSTI = Rivista di storia della chiesa in Italia (Rom 1947 ff).
SA = Studia Anselmiana (Rom 1933 ff).
SE = Sacris erudiri (Brügge 1948 ff).
StC = Studia Catholica (Roermond 1924 ff).
ThLZ = Theologische Literaturzeitung (Leipzig - Berlin 1878 ff).
ThQ = Theologische Quartalschrift (Tübingen 1819 ff, Stuttgart 1946 ff).
ThSt = Theological Studies (Baltimore 1940 ff).
ThZ = Theologische Zeitschrift (Basel 1945 ff).
Tr = Traditio (New York 1943 ff).
TThZ = Trierer Theologische Zeitschrift (Trier 1888 ff).
ZAM = Zeitschrift für Aszese und Mystik (Innsbruck - München 1926 ff).
ZKG = Zeitschrift für Kirchengeschichte (Stuttgart 1876 ff).
ZKTh = Zeitschrift für katholische Theologie (Innsbruck - Wien 1877 ff).
ZThK = Zeitschrift für Theologie und Kirche (Tübingen 1891 ff).

3. Bibliographien

Die umfassendste periodische Bibliographie zur gesamten Kirchengeschichte bietet die RHE = Revue d'histoire ecclésiastique (Löwen 1900 ff). Wichtig sind ferner:
das Bulletin de théologie ancienne et médiévale, das den
RThAM = Recherches de théologie ancienne et médiévale beigegeben ist (Löwen 1929 ff);
die kritischen Referate über Gebiete der alten Kirchengeschichte in der
ThR = Theologische Rundschau (Tübingen 1897 ff), und der Abschnitt V der
ThRv = Theologische Revue (Münster 1902 ff), im bibliogr. Anhang.

ERSTER TEIL

Die Anfänge

ERSTER ABSCHNITT

Das Judenchristentum

1. Kapitel

Das Judentum zur Zeit Jesu

LITERATUR: 1. Allgemeines: *C. K. Barrett,* Die Umwelt des Neuen Testamentes. Ausgewählte Quellen (Tübingen 1959). — Die neutestamentlichen Zeitgeschichten von *J. Felten,* 2 Bde (Regensburg [2]1925); *H. Preisker* (Berlin 1937); *R. H. Pfeiffer* (New York 1949); *W. Foerster,* Halbbd. I (Hamburg [3]1959). Ferner: *G. Hölscher,* Geschichte der israelitischen und jüdischen Religion (Gießen 1922); *W. Bousset,* Die Religion des Judentums im späthellenistischen Zeitalter (Tübingen [3]1926); *L. Köhler,* Theologie des Alten Testamentes (Tübingen 1936); *W. O. E. Oesterley,* The Jews and Judaism during the Greek Period (London 1941); *H.-J. Schoeps,* Theologie und Geschichte des Judenchristentums (Tübingen 1949); *ders.,* Aus frühchristlicher Zeit (Tübingen 1950); *R. Bultmann,* Das Urchristentum im Rahmen der antiken Religionen (Zürich [2]1954 u. Hamburg 1962); *K. Schubert,* Die Religion des nachbiblischen Judentums (Freiburg - Wien 1955) 1—97; *H.-J. Schoeps,* Urgemeinde, Judenchristentum, Gnosis (Tübingen 1956); *J. Daniélou,* La théologie du Judéo-Christianisme (Paris 1957); *W. Eichrodt,* Theologie des Alten Testamentes, 3 Bde (Stuttgart [3—4]1957/61); *H.-J. Schoeps,* Das Judenchristentum (Bern 1964).

2. Das Judentum Palästinas: Die Darstellungen der Geschichte Israels von *E. Schürer,* 3 Bde (Leipzig [4]1901/09); *A. Schlatter* (Stuttgart [2]1925); *Th. Robinson - W. O. E. Oesterley,* 2 Bde (London 1932); *F. M. Abel* (Paris 1952); *G. Ricciotti,* 2 Bde (Wien 1955); *M. Noth* (Göttingen [2]1956); *L. Ehrlich* (Berlin 1958). Ferner: *G. Kittel,* Die Probleme des palästinischen Spätjudentums und das Urchristentum (Stuttgart 1926); *G. F. Moore,* Judaism in the First Centuries of the Christian Era, 3 Bde (Cambridge 1927/30); *P. Rießler,* Altjüdisches Schrifttum außerhalb der Bibel (Augsburg 1928); *N. Levison,* The Jewish Background of Christianity (Edinburgh 1932); *J. Bonsirven,* Le Judaïsme palestinien aux temps de Jésus-Christ, 2 Bde (Paris 1935); *M. Hengel,* Die Zeloten. Untersuchungen zur jüdischen Freiheitsbewegung in der Zeit von Herodes I bis 70 n. Chr. (Leiden - Köln 1961); *R. Travers Herford,* Die Pharisäer (Köln 1961).

3. Zu Qumran: Bibliographie in der Revue de Qumran (Paris 1958 ff), vorher: *Ch. Burchard,* Bibliographie zu den Handschriften vom Toten Meer (Berlin 1957); *W. S. Lasor,* Bibliography of the Dead Sea Scrolls 1948—1957 (Pasadena 1958); *H. Bardtke,* Die Handschriften vom Toten Meer, 2 Bde (Berlin 1952/58); *M. Burrows,* Die Schriftrollen vom Toten Meer (München 1957); *ders.,* Mehr Klarheit über die Schriftrollen (München 1958); *J.-T. Milik,* Dix ans de découvertes dans le désert de Juda (Paris 1957); *F. M. Cross,* The Ancient Library of Qumran (New York 1958); *J. P. M. van der Ploeg,* Funde in der Wüste Juda (Köln 1959); *K. H. Rengstorf,* Hirbet Qumran und die Biblio-

thek vom Toten Meer (Stuttgart 1960); *J. Schreiden,* Les énigmes des manuscrits de la mer morte (Wetteren 1961); *A. Dupont-Sommer,* Die essenischen Schriften vom Toten Meer, übers. von W. Müller (Tübingen 1960); *J. Maier,* Die Texte vom Toten Meer, deutsche Gesamtübertr., 2 Bde (München 1961); *G. Molin,* Qumrân — Apokalyptik — Essenismus: Saeculum 6 (1955) 244—281; *F. Nötscher,* Zur theologischen Terminologie der Qumran-Texte (Bonn 1956); *D. Howlett,* The Essenes and Christianity (New York 1957); *H. Braun,* Spätjüdischer und frühchristlicher Radikalismus, I: Das Spätjudentum (Tübingen 1957); *K. Schubert,* Die Gemeinde von Qumran (München 1958); *H. E. Del Medico,* Le mythe des esséniens (Paris 1958); *H. Kosmala,* Hebräer, Essener, Christen (Leiden 1959); *H. W. Huppenbauer,* Der Mensch zwischen zwei Welten. Der Dualismus der Texte von Qumran (Zürich 1959); *O. Betz,* Offenbarung und Schriftforschung in den Qumrantexten (Tübingen 1960); *E. F. Sutcliffe,* The Monks of Qumran (London 1960); *H. Sérouya,* Les esséniens (Paris 1960); *K. H. Schelkle,* Die Gemeinde von Qumran und die Kirche des Neuen Testamentes (Düsseldorf 1960); *A. Adam,* Antike Berichte über die Essener (Berlin 1961); *H. H. Rowley,* The Qumran Sect and Christian Origins: BJRL 44 (1961) 119—156; *M. Black,* The Scrolls and Christian Origins (New York 1961).

4. Diasporajudentum: *J. Juster,* Les juifs dans l'empire romain, 2 Bde (Paris 1914); *W. Bousset,* Jüdisch-christlicher Schulbetrieb in Alexandrien und Rom (Göttingen 1915); *H. I. Bell,* Juden und Christen im römischen Alexandrien (Leipzig 1926); *J. Leipoldt,* Antisemitismus in der alten Welt (Leipzig 1933); *W. Maurer,* Kirche und Synagoge (Stuttgart 1953); *V. Tscherikover,* Hellenistic Civilization and the Jews (Philadelphia 1959).

5. Zu Philo: Krit. Gesamtausg. von *L. Cohn - P. Wendland - S. Reiter - J. Leisegang,* 8 Bde (Berlin 1896/1930); Deutsche Übers. von *L. Cohn - I. Heinemann,* 6 Bde (Breslau 1909/38, Nachdruck 1962). Textausg. mit englischer Übers. von *F.-H. Colson - G. Whitaker* (London 1928/52); Französische Übersetzung (zum Teil mit griech. Text) hrsg. v. *R. Arnaldez - C. Mondésert* u. a. (Paris 1961 ff.); Übersicht von *H. Leisegang:* Pauly-Wissowa 19, 1—50; *E. Bréhier,* Les idées philosophiques et religieuses de Philon (Paris ²1925); *E. Stein,* Die allegorische Exegese des Philo aus Alex. (Gießen 1929); *J. Pascher,* Der Königsweg der Wiedergeburt und Vergottung bei Philo von Alex. (Paderborn 1931); *I. Heinemann,* Philons griechische und jüdische Bildung (Breslau 1932); *W. Völker,* Fortschritt und Vollendung bei Philo von Alex. (Leipzig 1938); *E. R. Goodenough,* The Politics of Philo Judaeus: NH (1938, Bibliographie 125—321); *H. A. Wolfson,* Philo, 2 Bde (Cambridge/Mass. ²1948); *H. Thyen,* Die Probleme der neueren Philoforschung: ThR 23 (1955) 230—246; *J. Daniélou,* Philon d'Alexandrie (Paris 1958).

Nach der heilsgeschichtlichen Schau des Neuen Testamentes kam Jesus Christus in diese Welt, „als die Fülle der Zeit gekommen war" (Gal 4, 4; Mk 1, 14). Die Sehnsucht nach dem verheißenen Messias war gewiß im damaligen Judentum lebendig, erhielt aber ihre Nahrung bei den meisten eher aus der politischen Notlage des Volkes als aus religiösen Motiven. Über ein halbes Jahrhundert schon lebte das jüdische Volk unter der Römerherrschaft, die um so verhaßter war, als sie stellvertretend von einem Manne ausgeübt wurde, der die heiligsten nationalen und religiösen Gefühle des Volkes aufs tiefste geschändet hatte. Herodes der Große, der Sohn des mit Cäsar befreundeten Idumäers Antipater, ein Stammesfremder also, hatte es verstanden, sich in Rom vom Senat die Würde eines Königs der Juden übertragen zu lassen, wofür er sich verpflichten mußte, die römischen Interessen im politisch wichtigen vorderasiatischen Raum, besonders gegenüber den gefährlichen Parthern, zu wahren. Das ihm zugesprochene Herrschaftsgebiet mußte er zuerst noch mit Waffengewalt erobern, und von der ersten Stunde an, da er palästinischen Boden betrat, schlug ihm der Haß des Volkes entgegen, das ihm unter dem Hasmonäerprinzen Antigonos heftigen Widerstand leistete. Mit Hilfe Roms konnte Herodes diesen durch die Eroberung Jerusalems im Jahre 37 v. Chr. brechen und rottete erbarmungslos die Dynastie der Hasmonäer aus, die mehr als hundert Jahre zuvor unter Judas Makkabäus und seinen Brüdern in einem einzigartigen heldischen Kampf gegen die syrische Oberhoheit zugleich die religiöse Freiheit des Judentums verteidigt hatte. Zwar gelang es Herodes, den gärenden Grimm des Volkes in Schach zu halten, aber seine Bemühungen, etwa durch den Neubau des Tempels, durch Gründung neuer Städte, durch Förderung der wirtschaftlichen und kulturellen Belange seines Reiches das Herz der jüdischen Untertanen zu gewinnen, scheiterten. In seinem Testament teilte er das Reich unter die drei jüngeren Söhne auf; das Kernland Judäa mit Samaria und Idumäa wurde Archelaos übertragen, der auch die Königswürde erben sollte. Das nach Norden angrenzende Gebiet fiel Herodes Antipas zu, die Landschaften Batanäa, Trachonitis und Auranitis im Nordosten des Herodianischen Reichs übernahm Philippus. Der Regierungswechsel wurde aber in Judäa Anlaß zu ernsten Unruhen, die nur mit Hilfe des römischen Militärs niedergeschlagen werden konnten. Archelaos schien den Römern nicht für Ruhe und Sicherheit bürgen zu können, darum gab Augustus nach dessen Absetzung im Jahre 6 n. Chr. dem Land eine neue Verwaltungsspitze in der Person römischer Prokuratoren mit Cäsarea als Amtssitz, denen die militärische Sicherung und wirtschaftliche Kontrolle des Gebietes in Verbindung mit dem römischen Legaten in Syrien oblag, während das Synedrion, eine rein jüdische Behörde unter Vorsitz des Hohenpriesters, für die inneren Angelegenheiten der Juden zuständig war. Aber auch diese Neuordnung brachte nicht die erhoffte innerpolitische Befriedung. Für die Juden blieb es eine schwere Belastung ihres Nationalbewußtseins, daß eine römische Kohorte ständig in Jerusalem lag und daß Römer ihre Steuer festsetzten. Mancher Prokurator trat allzu betont als Vertreter des römischen Herrenvolkes auf, und so fand der Haß gegen die Fremdherrschaft immer neue Nahrung. Die tiefste Ursache für die Fortdauer des gespannten Verhältnisses zwischen politischen Herren und unterworfenem Volk ist aber in dessen geistig-religiöser Eigenart zu suchen, für die ein Römer kaum Verständnis aufbrachte.

Die religiöse Situation des palästinischen Judentums

Das jüdische Volk war in den Augen seiner Umwelt vor allem charakterisiert durch die Eigenart seiner religiösen Überzeugungen, die es inmitten völlig andersartiger Kulte und Strömungen entschieden zu wahren suchte. Ohne im Alltagsleben Kontakte mit dieser Umwelt zu scheuen, hat es die wesentlichen Züge seines Glaubens und religiösen Lebens mit auffallender Zähigkeit festgehalten, auch wenn dies schwerste Opfer kostete und vielfache Isolierung gegenüber anderen Völkern zur Folge hatte. Das Herzstück seiner Überzeugungen war sein Monotheismus; dieses Volk wußte sich von dem allein wahren Gott Jahwe in allen Phasen seiner Geschichte geführt, da er sich ihm so oft schon durch sein unmittelbares Eingreifen oder durch das Wort seiner Propheten eindrucksvoll als sein einziger Herr geoffenbart hatte. Mochte dieser Glaube an die Führung eines gerechten und in Treue zu ihm stehenden Gottes in seiner Intensität und Unmittelbarkeit auch Schwankungen unterworfen sein, mochte er in der Spätzeit durch die Spekulationen mancher Rabbinen der Gefahr einer gewissen Erstarrung ausgesetzt sein, nie ist er dem Volk verlorengegangen. Der einzelne Fromme gestaltete aus diesem Glauben an seines Gottes treue und barmherzige Führung seinen Alltag, das Volk als ganzes wußte sich von ihm vor allen Völkern der Welt auserwählt durch den Bund, den er mit ihm geschlossen, um einmal von ihm das Heil für alle Völker ausgehen zu lassen. Dieser Glaube nährte sich durch eine den einzelnen wie das Volk immer wieder aufrichtende Hoffnung auf einen zukünftigen Retter und Erlöser, den ihm die Propheten unermüdlich als Messias verkündet hatten. Aus seiner eigenen Mitte sollte er hervorgehen und in Israel das Reich Gottes errichten, Israel dadurch über alle Reiche der Welt erheben und sein eigener König sein. Diese Messias- und Reich-Gottes-Erwartung wurde in Zeiten schwerer Bedrohung für die religiöse und völkische Freiheit des Volkes der tiefste Quell seiner Kraft im Widerstand. Bei der Verquickung von religiösem Leben und politischer Daseinsform nahm die Messiasidee allerdings leicht allzu irdische, von den Tagesnöten des jüdischen Volkes geprägte Färbung an, so daß manche im Messias vorwiegend den Retter aus irdischer Bedrängnis oder später ganz konkret den Befreier vom verhaßten Römerjoch sahen. Aber es gab doch auch im Judentum dieser Zeit Kreise, welche die durch die Propheten verkündete wesentlich religiöse Sendung des Messias nicht untergehen ließen und in ihm den König aus Davids Stamm erwarteten, der Jerusalem ganz rein und heilig machen, der kein Unrecht, nichts Böses dulden, der über ein heiliges Volk in einem heiligen Reich regieren sollte (vgl. Dn 7, 9 13 27). Aus solch glühender Messiashoffnung wurden jene religiösen Lieder geboren, die sich Psalmen Salomos nennen[1] und nach dem Vorbild der biblischen Psalmen die Sehnsucht nach dem verheißenen Retter lebendig und überzeugend aussprechen, wie etwa der Dichter des Ps 17: „Herr, laß ihnen ihren König wiederum erstehen, den Davidssohn, zur Zeit, die du erkoren, Gott, daß Israel, dein Knecht, dir diene. Umgürte ihn mit Kraft, daß

[1] Achtzehn dieser Psalmen sind in griechischer Übersetzung erhalten, Text bei *A. Rahlfs*, Septuaginta II 471—489, obige Übersetzung nach *P. Rießler* a. a. O. 899f.

er des Frevels Herrscher niederschmettre, mach rein Jerusalem von Heiden, die es so kläglich niedertreten! Dann sammelt er ein heilig Volk, das er gerecht regiert, und richtet dann die Stämme des von dem Herrn, seinem Gott, geweihten Volkes. Er hält die Heidenvölker unter seinem Joch, daß sie ihm dienen; den Herrn verherrlicht er vor aller Welt ganz offenkundig. Er macht Jerusalem ganz heilig und ganz rein, so wie's zu Anfang war. Kein Unrecht mehr geschieht zu seiner Zeit bei ihnen, weil alle heilig und weil des Herrn Gesalbter jetzt ihr König. O selig, wer in jenen Tagen leben darf! Gott, laß in Bälde seine Gnade über Israel erscheinen! Er rette uns vor der Befleckung durch unheilige Feinde. Der Herr ist selber unser König immerdar und ewig!"

Neben dem Eingottglauben und der Messiaserwartung kam dem Gesetz ein entscheidender Rang in der religiösen Welt des damaligen Judentums zu. Das Gesetz beobachten, das ist die Aufgabe, die der religiöse Alltag dem Frommen immerfort stellt, und ihrer Erfüllung gilt sein ernstes Bemühen; fehlt er dagegen, wenn auch aus Unwissenheit, so muß er Sühne leisten. Aber seine Treue gegen das Gesetz findet seinen Lohn, schon in diesem Leben durch den Segen bescheidenen Wohlstandes, den der Herr schenkt, erst recht aber, wenn das Jüngste Gericht ihm bestätigt, daß er gerecht war in seinem irdischen Wandel und dafür das ewige Leben empfangen darf. Das Gesetz ist jedem Juden in der Heiligen Schrift gegeben, in deren Geist er von früher Jugend an im Elternhaus und später in eigenen Schulen eingeführt wurde. Die Teilnahme am Gottesdienst in Tempel oder Synagoge, die sich in allen größeren Niederlassungen Palästinas fand, hielt die Kenntnis der Schrift wach, die dort in eigenen Predigten erläutert wurde. Da das Gesetz nicht für alle Situationen des Lebens eindeutige Lösungen bereithielt, wurde seine Auslegung eigenen Schriftgelehrten anvertraut, die zu einer wichtigen Institution im religiösen Leben des Judentums wurden.

In der grundsätzlichen Hochschätzung des Gesetzes waren alle Juden einig, und doch wurde gerade das Gesetz Anlaß zu einer Spaltung des Volkes in verschiedene Richtungen oder Parteien, die auf der ungleichen Wertung beruhte, die man ihm in seinem Einfluß auf das gesamte Leben einräumte. Noch vor Beginn der Makkabäerkämpfe war die Bewegung der Chassidim oder Asidäer entstanden, eine Gemeinschaft von ernsten Männern, die nach dem letzten und tiefsten Willen Gottes für die Gestaltung ihres religiösen Lebens fragten, der hinter dem Gesetz stehe. Dieser schien ihnen so erhaben, daß sie „einen Zaun um das Gesetz" legen wollten, um jede, auch jede unfreiwillige Übertretung unmöglich zu machen[2]. Sie wollten dem Gesetz in einem bedingungslosen, selbst todesbereiten Gehorsam dienen und haben so die opferbereite Haltung mitgeschaffen, die das Volk in der Makkabäerzeit auszeichnete. Die Asidäer fanden jedoch keine rest-

[2] Vgl. W. *Foerster,* Neutestamentliche Zeitgeschichte I, 2 (Hamburg 1956) 45f.

lose Gefolgschaft für ihre Ideale, besonders die vornehmen Familien und die Führung der Priesterschaft distanzierten sich von ihnen. Diese werden im Neuen Testament Sadduzäer genannt und vertraten einen gewissen Rationalismus, der den Glauben an eine Engel- und Geisterwelt verwarf und die Annahme einer Auferstehung von den Toten verspottete. Für sie hatten vor allem die fünf Bücher Moses, die eigentliche Tora, einen ausgesprochenen Autoritätscharakter. In politischen Fragen neigten sie gegenüber ihren Herren zu einer opportunistischen Haltung, im ganzen stellten sie eine wenn auch einflußreiche Minderheit dar.

Die zwar nicht der Zahl, wohl aber der Geltung im Volk nach angesehenste religiöse Partei zu Beginn des ersten christlichen Jahrhunderts war die der Pharisäer. Obwohl ihr Name soviel wie die Abgesonderten besagt, suchten sie bewußt auf das ganze Volk zu wirken und ihre religiösen Anschauungen durchzusetzen, was ihnen auch weitgehend gelang. Sie hielten sich für die Vertreter des korrekten Judentums, ihre Auffassung vom Gesetz und seiner Beobachtung hat als der typische Ausdruck jüdischer Religiosität im ersten nachchristlichen Jahrhundert zu gelten. Von den Asidäern übernahmen sie den Grundsatz von der überragenden Bedeutung des Gesetzes für die Lebensgestaltung des einzelnen wie des Volksganzen, sie können deshalb als deren Weiterentwicklung gelten. Sie machten allerdings „den Zaun um das Gesetz" noch undurchdringlicher, weil sie für jede Lebenslage genau festlegen wollten, welche Haltung jeweils vom Gesetz gefordert werde. Diese eingehende Gesetzesauslegung fand ihren Niederschlag in der Mischna und im Talmud, in denen den Auffassungen früherer Lehrer höchstes Gewicht beigemessen wird, so daß die Tradition in der Schriftgelehrsamkeit der Folgezeit eine überragende Rolle spielte. Der Versuch, jede nur mögliche Situation des Alltags durch eine Gesetzesinterpretation zu erfassen, führte zu einer Exegese, der jede Wortpartikel wichtig war und die aus Nebensächlichkeiten abstruseste Konsequenzen ziehen konnte. Weit verhängnisvoller war die daraus fließende kasuistische Grundhaltung in allen Fragen des sittlichen Lebens, die die freie sittliche Entscheidung des einzelnen unmöglich machte oder verfälschte. Dabei wurden die pharisäischen Schriftgelehrten in Einzelfällen wieder zu Konzessionen veranlaßt, die ihren eigenen Prinzipien widersprachen, weil sie doch Entscheidungen treffen mußten, die für das ganze Volk auch durchführbar waren. Bei solch kasuistischer Grundhaltung waren Meinungsverschiedenheiten unter den Schriftgelehrten nicht zu vermeiden, und so bildeten sich gewisse Schulen in der Schriftauslegung, die durch die Namen führender Gelehrter gekennzeichnet sind, wie etwa die Schule des Schammai oder des Hillel. Im öffentlichen Leben legte der Pharisäer Wert darauf, gleichsam beispielhaft die rechte Einstellung zum Gesetz zu demonstrieren, und nahm dafür gewisse Ehren, wie die Anrede Rabbi oder den ersten Platz in der Synagoge, entgegen: zuweilen wird bis in seine persönliche Frömmigkeit hinein eine eitle

Selbstgefälligkeit ob seiner gesetzestreuen Leistung spürbar, die mit einer Mischung von Mitleid und Verachtung auf den Sünder, auf das Volk, das vom Gesetz nichts weiß (Jo 7, 49), herabschaut. Solcher Haltung gegenüber traten die großen tragenden Ideen vom Gott Israels als dem Herrn der Geschichte, dessen Willen man sich in Demut und Vertrauen zu beugen hatte, dessen Barmherzigkeit man in hoffendem Gebet erflehen durfte, zurück. Es ist allerdings auch dem Pharisäertum nicht gelungen, das ganze damalige Judentum mit seinen religiösen Anschauungen zu durchdringen. Die Gruppe der sog. Zeloten wollte selbstverständlich auch dem Gesetz in Treue dienen, aber in einer betont kämpferischen, martyriumsbereiten Haltung, die den Einbruch alles Heidnischen aktiv zurückwies und es ablehnte, dem römischen Kaiser Steuer zu zahlen oder auch zu positivem Widerstand gegen die heidnische Fremdherrschaft aufforderte, weil der Gehorsam gegenüber dem Gesetz zu solch Heiligem Krieg verpflichte[3].

Die Gemeinde von Qumran

Die Treue zum Gesetz, seine restlose, lautere Erfüllung trieb eine weitere Gruppe des jüdischen Volkes, die Essener, aus dem öffentlichen Wirken in die Absonderung. Die reichen literarischen und archäologischen Funde, die das Ruinenfeld von Hirbet Qumran westlich des Toten Meeres, eines Zentrums dieser Sekte, seit 1947 ans Tageslicht treten ließ, haben das Bild, das Plinius[3a] und Flavius Josephus von ihr zeichneten, mit vielen neuen Zügen bereichert. Ihre Anfänge reichen bis in die Makkabäerzeit zurück, der Höhepunkt ihrer Geltung fällt in die Wende vom zweiten zum ersten vorchristlichen Jahrhundert. Nach Auffassung der Sekte hatte Belial, wie man Satan mit Vorliebe in Qumran nannte, damals drei Netze über Israel ausgespannt, Unzucht, ungerecht erworbenen Reichtum und Befleckung des Tempels[4]. Man verstand darunter die Bereicherung der Führer des Volkes an heidnischem Beutegut und die milde Auslegung der Ehegebote Lv 18, 13 durch einzelne von ihnen. Durch Priester von ähnlich laxer Auffassung schien den Essenern auch der Tempeldienst nicht mehr in Lauterkeit und Reinheit vollzogen, und als auf ihre Vorstellungen hin dem Übel nicht abgeholfen wurde, sagten sie sich vom Besuch des Tempels und der Mitwirkung bei seinen Opfern los und gaben die Gemeinschaft mit den „Menschen des Verderbens“ auf. Das bedeutete praktisch die Spaltung der gesetzestreuen Asidäer in die pharisäische Richtung und in die zahlenmäßig viel geringere Gruppe der Essener, die sich von nun an als den „heiligen Rest“ des wahren Israel empfanden. Ihre Führung übernahm eine Persönlichkeit,

[3] *M. Hengel* a.a.O., bes. 235—292; *N. Oswald*, Grundgedanken zu einer phärisäischen-rabbinischen Theologie: Kairos 5 (1963) 40—59. [3a] *J.-P. Audet*, Qumran et la notice de Pline sur les Esséniens: RB 68 (1961) 346—387. [4] *W. Foerster* a.a.O. 58f.

die in den Qumrantexten Lehrer der Gerechtigkeit genannt wird, der wohl auch der erste organisatorische Zusammenschluß verdankt wird. Dieser Lehrer verkündete eine neue Auslegung des Gesetzes, die in der radikalen Erfüllung des in ihm sich ausdrückenden göttlichen Willens bestand. Hier gab es keine Halbheiten; man konnte Gott nur ganz lieben oder ihn ganz ablehnen, auf seinem Weg wandeln oder bewußt in der Starrheit des eigenen Herzens verharren. Wer sich der unbedingten Befolgung des Gesetzes im Sinne der Essener nicht anschloß, war notwendig gottlos. Aus dem Willen, das Gesetz ganz zu beobachten, ergaben sich so konkrete Folgerungen wie etwa die Neuordnung des jüdischen Festkalenders durch die Essener, nach dem die Feste alljährlich am gleichen Wochentag abgehalten werden sollten. Der Lehrer der Gerechtigkeit verkündete ferner ein neues Verständnis der prophetischen Weissagungen des Alten Testamentes; die von ihnen vorhergesagte Endzeit sei angebrochen, der große Endkampf zwischen den Söhnen des Lichtes und den Kindern der Finsternis stehe unmittelbar bevor, dessen Ausgang den Söhnen des Lichtes, den Essenern, den Beginn einer ewigen Friedens- und Heilszeit bringen würde. Zwei Messiasse sollten in diesem Endkampf eine Rolle spielen, der Hohepriester der Endzeit, „der Gesalbte aus Aaron“, und der Fürst der Endzeit, „der Gesalbte aus Israel“. Das Bewußtsein der Auserwählung der essenischen Gemeinde wurde getragen von dem Gedanken einer ehrfürchtigen Anerkennung der göttlichen Allmacht, die die Menschen in einer Art Vorherbestimmung teils dem Geist der Wahrheit und des Lichtes, teils dem Geist der Finsternis und des Unrechtes zugewiesen hat. Die Rettung der Kinder des Lichtes ist unverdiente Gnade.

Dieser Radikalismus in der Lehre und der sich daraus entwickelnden Praxis führte zu einem organisatorischen Zusammenschluß der Essener, der in der Qumrangruppe ordensähnlichen Charakter annahm. Hier entwickelte sich die Gemeinde Gottes zu einer mönchsartigen Bruderschaft, in die man erst nach Ablegung einer Probezeit, eines Noviziates, als vollgültiges Mitglied aufgenommen wurde, wobei man sich eidlich auf die Beobachtung der Ordenssatzungen verpflichtete. Das bisherige Vermögen des Neueingetretenen wurde Eigentum der Bruderschaft. Gemeinsame Mahlzeiten und Beratungen führten die Mitglieder zusammen, wobei eine strenge Rangordnung herrschte, die den Priestern eine hervorgehobene Stellung zuwies. Besondere Reinheitsvorschriften verlangten zahlreiche, immer wiederholte Waschungen; die engere Bruderschaft in Qumran lebte ehelos, in der näheren Umgebung der Siedlung lebten aber auch verheiratete Anhänger, und einzelne Essener dürfte es allenthalben im Lande Palästina gegeben haben. Dem Gottlosen wird kein Mitleid entgegengebracht, sondern erbarmungsloser Haß verfolgt ihn, man ruft Zorn und Fluch Gottes auf ihn herab. Das außerbiblische Schrifttum, das wenigstens bruchstückweise in den Funden von Hirbet Qumran zutage kam, läßt das starke Interesse der essenischen Gruppe an der sog. apokalyptischen Literatur erkennen, deren Themen die großen Ereignisse der Endzeit sind: der Endsieg über das Böse, die Auferstehung der Toten, das Jüngste Gericht und die Herrlichkeit der nie endenden Heilszeit. Fragmente schon bekannter Schriften dieser Gattung, wie des Buches der Jubiläen, des Henoch-Buches, der jüdischen Vorlage des Testamentes der zwölf Patriarchen, lassen jetzt mit hoher Wahrscheinlichkeit den essenischen Ursprung dieser Schriften vermuten; andere Fragmente, z. B. das eines Noe-Buches, eines Buches der Geheimnisse, einer Schrift über das Neue Jerusalem, bestätigen die Annahme, daß der einstige Bestand an „Apokalypsen" weit reicher war als das Erhaltene. Gewisse Züge dieser essenischen Apokalyptik weisen darauf hin, daß sich in manchen Anschauungen der Qumrangemeinde im Laufe der Zeit ein Wandel vollzog, etwa der zu einer größeren Milde gegenüber dem Gottlosen und Sünder; der Haßgedanke trat zurück, die Pflicht zur Nächstenliebe umfaßte jetzt auch den, der nicht zur Gemeinschaft gehörte, sogar den Sünder und Feind. Die Heilszeit wurde später als eine Art Wiederkehr des Paradieses auf Erden verstanden; ähnlich wie die Qumrantexte der Frühzeit kennen auch die apokalyptischen Texte keine klar umrissene Messiasgestalt.

Die bisher bekanntgewordene Literatur gestattet keine lückenlose Rekonstruktion einer Geschichte der essenischen Bewegung. Ausführlicher äußert sich nur Flavius Josephus nach der Zerstörung Jerusalems über sie[5]. Danach hat es keine tiefer reichende innere Entwicklung bei ihnen gegeben; die Forderung heroischer Gesetzestreue behielten sie unentwegt bei, von ihrer barmherzigen Hilfeleistung auch gegenüber Nichtmitgliedern weiß er ebenfalls zu berichten, wenn auch noch die Pflicht zum Haß der Gottlosen bestehenbleibt. Ob die Essener auch am Kampf gegen die Römer beim Aufstand der Jahre 68—70 n. Chr. teilnahmen, wird nicht ausdrücklich bezeugt, erscheint aber möglich, da er ihnen leicht als der Endkampf der Söhne des Lichtes mit denen der Finsternis gelten konnte. Erst recht schweigt Josephus über ihre Messiasvorstellungen in dieser Zeit, weder Johannes den Täufer noch Jesus von Nazareth erwähnt er in diesem Zusammenhang, so daß wohl auch die gesetzestreueste aller jüdischen Gruppen kaum etwas von letzterem wußte, wie auch eine innere Verwandtschaft oder gar Abhängigkeit Jesu von der Qumransekte nicht nachweisbar ist[5a]. Das Zentrum der monastischen Essenergruppe von Qumran wurde 68 n. Chr. von den Römern zerstört, die Reste der Bewegung wurden wohl im Bar-Kochba-Aufstand so dezimiert, daß eine Reorganisation nicht möglich war. Für die weitere Geschichte der jüdischen Religion kam ihnen keine Bedeutung mehr zu, diese war ihren großen Gegnern, den Pharisäern, vorbehalten.

[5] Flav. Josephus, Antiqu. 20, 5, 4 §§ 113—117. [5a] *J. Carmignac,* Le Docteur de Justice et Jésus Christ (Paris 1955).

Die jüdische Diaspora

Eine entscheidende Bedeutung für die Ausbreitung des Christentums in der hellenistischen Welt sollte das Judentum außerhalb des palästinischen Mutterlandes gewinnen. Seit dem 8. Jahrhundert v. Chr. hatte es sich in wiederholten Schüben, die auf zwangsweiser Umsiedlung oder auf freiwilliger Auswanderung beruhten, in Vorderasien und der ganzen Mittelmeerwelt ausgebreitet und übertraf zu Beginn der römischen Kaiserzeit die Einwohnerzahl Palästinas um ein Mehrfaches. Die großen Kulturzentren der hellenistischen Zeit übten eine besondere Anziehungskraft aus; so finden sich besonders starke jüdische Kolonien etwa in Antiochien, Rom und besonders in Alexandrien, wo ihnen allein zwei der fünf großen Stadtbezirke als Wohngebiet zugewiesen waren. Von ihrer Umgebung wird als besonders auffallendes Charakteristikum ihr starkes Zusammengehörigkeitsgefühl genannt. Wo immer es die Zahl erlaubte, schlossen sie sich zu organisierten Diasporagemeinden zusammen, von denen sich gegen 150 zu Beginn der apostolischen Predigt in den Randgebieten des Mittelmeerraumes nachweisen lassen. Zentrum dieser Gemeinden war ihre Synagoge, der ein Archisynagogos als Leiter der gottesdienstlichen Zusammenkünfte vorstand, während ein Ältestenrat mit einem Archon an der Spitze die mehr zivilen Belange regelte. Das Band, das die Diasporajuden zusammenhielt, war ihr religiöser Glaube, der es hauptsächlich verhinderte, daß sie dem Heidentum der Umgebung in größerer Zahl anheimfielen. Mit klugem Geschick wußten die Juden von den städtischen oder staatlichen Behörden eine Summe von Rücksichten, Ausnahmen und Privilegien zu erwirken, die ihren religiösen Anschauungen und ihrem gottesdienstlichen Brauchtum gerecht wurden, die allerdings auch ihre Eigenart und Sonderstellung im öffentlichen Leben nur noch stärker hervortreten ließen. Ihrer sozialen Stellung nach gehörten sie meist dem Mittelstand an; in Kleinasien und Ägypten waren sie zahlreich in der Landwirtschaft tätig, als landwirtschaftliche Arbeiter und Pächter, aber auch als selbständige Bauern und Gutsbesitzer. Ein Handwerk hat besondere Anziehungskraft auf sie ausgeübt, das der Weberei und Tuchfärberei. Inschriften nennen vereinzelt auch die Berufe eines Steuereinnehmers, Richters oder gar eines Offiziers. In der Großstadt Alexandrien spielten sie schon früh eine beachtliche Rolle im Bankgewerbe, hier fanden sie aber nicht die restlose Anerkennung ihrer heidnischen Mitbürger.

Die neue Umwelt hat mit einer gewissen Gesetzmäßigkeit in mehrfacher Beziehung ihren Einfluß auf das Diasporajudentum ausgeübt. Wie alle Auswanderer gaben die Juden nach einiger Zeit ihre Muttersprache auf und übernahmen die Weltsprache der Koine. Das führte notwendig auch zum Gebrauch dieser Sprache im synagogalen Gottesdienst; hier hatte das ägyptische Judentum den Weg gewiesen, als es in einem längeren Zeitraum die einzelnen Bücher des Alten Testamentes ins Griechische übertrug und so die

Septuaginta schuf, die zu Beginn der römischen Kaiserzeit als anerkannte Bibelübersetzung in der ganzen jüdischen Diaspora benutzt wurde. Der griechischen Schriftlesung beim Gottesdienst folgten griechisch gefaßte Gebete, von denen einige in die christliche Literatur übergingen. Erst recht war die schriftauslegende Predigt auf das neue Idiom angewiesen. Mit dem Eintritt der griechischen Sprache in den religiösen Bereich des Judentums war dieser aber auch unausweichlich dem kulturellen Einfluß des Hellenismus im weiteren Sinn und der Strahlungskraft hellenistischer religiöser Strömungen im näheren Sinn ausgesetzt.

Solcher Einfluß wird am meisten faßbar in dem geistig regsamsten Zentrum der Diaspora, in Alexandrien. Diese Stadt war die Heimat des Juden *Philo* († ca 40 n. Chr.), dessen umfangreiches Schrifttum wie ein letztes Echo der Auseinandersetzungen wirkt, zu denen die hellenistische Geisteswelt einen gebildeten und geistig wachen Juden der Diaspora veranlassen konnte. Aus seinem Werk, das durch das Christentum der Nachwelt erhalten blieb, spricht beispielhaft die Nachwirkung der verschiedenen philosophischen Richtungen der hellenistischen Zeit. Von der Stoa übernahm das Judentum die allegorische Methode der Schriftauslegung, die offensichtlich an einer eigenen exegetischen Schule für Juden in Alexandrien gelehrt wurde. Ohne den primären Wortsinn der in der Bibel geschilderten Ereignisse der großen jüdischen Vergangenheit aufzugeben, konnte man so hinter ihnen einen tieferen geheimen Sinn finden, der etwa in Adam das Symbol für die menschliche Vernunft, in Eva das der Sinnlichkeit, im Lebensbaum des Paradieses das der Tugend sah. Das Paradies selbst war Sinnbild der Weisheit Gottes, aus ihm fließen die vier Paradiesesströme, das sind die Kardinaltugenden. Stärker noch als die Stoiker beeinflußte der „sehr heilige" Plato die geistige Welt Philos, von dem er nicht nur seine philosophische Terminologie, sondern auch die Hochschätzung des Geistigen und die Sehnsucht nach einem vergeistigten Leben in der Stille sowie die Vorstellung von der unvollkommenen materiellen Welt übernahm. Platonisch gefärbt ist auch seine Schöpfungslehre, vor allem seine Auffassung von den Mittlerkräften, die zwischen dem vollkommenen Gott und der unvollkommenen Welt existieren; Gedanken Gottes werden sie genannt, deren höchster, der Logos, die Vernunft selbst ist, der in der Theologie der ersten christlichen Jahrhunderte zu einer so bedeutungsvollen Nachwirkung kommen sollte. Auch die Ritualgesetze des Judentums legt Philo allegorisch aus und entwickelt aus ihnen in der philosophischen Terminologie des Hellenismus ethische Richtlinien, die in der Forderung nach asketischer Beherrschung des Trieblebens gipfeln; erst dadurch wird die Seele frei von dem Gefängnis des Leibes und befähigt zu jenem mystischen Aufschwung, der sie in „nüchterner Trunkenheit" und liebender Hingabe mit Gott vereinigt. Trotz dieser begeisterten Anlehnung an die hellenistische Philosophie seiner Zeit ist Philo religiös überzeugter Jude geblieben. Was er von der hellenistischen

Weisheit übernahm, war ja im Grunde, so glaubte er, nur eine frühe Gabe des Judentums an die Heiden, deren ihnen unbekannter Lehrer schon Moses war. Sein Gott bleibt der ewige Gott des Alten Testamentes, dessen Name man nicht aussprechen kann, dessen Barmherzigkeit und Güte der Mensch alles verdankt, von dessen Gnade er abhängig ist. Ihn muß man ehren durch Beobachtung des Sabbats und der übrigen Gesetzesvorschriften, auf der Israels einstige Größe beruhte. Dem jüdischen Volk bleibt Philo innerlich und äußerlich verbunden, ihm erhofft er mit seinen Glaubensgenossen in der Diaspora einen Messias, der ihm den Sieg über alle Völker der Erde und ein neues Paradies schenken wird.

Wenn schon der jüdische Glaube eines so für griechisches Denken aufgeschlossenen und auch aufnahmebereiten Juden wie Philo in seinem innersten Kern durch dieses nicht gefährdet werden konnte, so war erst recht die Treue zum Glauben der Väter bei dem durchschnittlichen Diasporajuden gesichert. Das war wesentlich bedingt durch seine ideelle wie sachliche Bindung an die palästinische Heimat, an der er unentwegt festhielt. Jerusalem und sein Tempel waren die Mitte dieser Bindung. Im Bewußtsein jedes erwachsenen Diasporajuden lebte der Tempel als das höchste Symbol seines religiösen Ursprungs, in großer Gewissenhaftigkeit brachte er alljährlich für ihn sein finanzielles Opfer, die Tempelsteuer; seine Sehnsucht war es, einmal auch am Osterfest mit seinen palästinischen Glaubensbrüdern in seinen Hallen zu beten. Eine weitere Stütze der Glaubenstreue war der schon erwähnte innige Zusammenschluß aller Diasporajuden, der zu einer von der heidnischen Umgebung oft getadelten Exklusivität führte und bei den immer wieder aufflammenden antisemitischen Wellen im Römischen Reiche eine Rolle spielte. Aber aller Spott und Hohn, alle Zurücksetzung und Verfolgung, die zuweilen über das Diasporajudentum hereinbrachen, konnte dieses nicht davon abhalten, für seine Glaubensüberzeugungen und seine religiöse Sonderart eine unternehmungsfrohe und zielbewußt gelenkte Propaganda zu entfalten, der ein beachtlicher Erfolg beschieden war. Im Dienst dieser Propaganda stand ein nicht unbeträchtliches Schrifttum, das im Eingehen auf den literarischen Geschmack der hellenistischen Leser diese darüber unterrichten will, daß der Urquell aller Kultur, auch der religiösen, bei Moses und seinem Volk zu finden sei. Zu dieser Literatur gehört z. B. der sog. Aristeasbrief, der durch seine gekonnt erzählte Legende von der Entstehung der Septuaginta das Interesse auf die heiligen Schriften des Judentums hinlenkt und darin geschickt eine werbende Schilderung Jerusalems, seines Tempels und seines Kultes sowie der jüdischen Priesterschaft einbaut. Eine Werbeschrift für die jüdische Religion sind auch die Bücher 3—5 der „Oracula Sibyllina", die den Monotheismus preisen und vor allem aus der Erfüllung alter Prophezeiungen in der Geschichte des jüdischen Volkes eine Sinndeutung der Geschichte überhaupt ableiten und durch die Weissagung über ein kommendes Endgericht die

Heiden zum Anschluß an die jüdische Religion bewegen wollen. Eine Schrift mit offener apologetischer Tendenz verfaßte Flavius Josephus in seinem Werk „Gegen Apion , in der ein achtunggebietendes Bild von der wechselvollen Geschichte des jüdischen Volkes, eine begeisterte Schilderung seiner großen Führer, Propheten und Martyrer sowie seiner religiösen Gesetze und Bräuche für den jüdischen Glauben werben sollen. Die Darstellung der auf dem unbedingten Monotheismus ruhenden jüdischen Theokratie, die Hinweise auf die unleugbaren Wirkungen jüdischer Frömmigkeit und Ethik im Leben des Volkes mußten auf manchen hellenistischen, religiös suchenden Leser Eindruck machen.

Der Erfolg dieser gewiß noch durch das gesprochene Wort ergänzten Propaganda wird faßbar in der großen Zahl der Heiden, die zur jüdischen Religion in nähere Beziehung traten. Den formellen Übertritt zum jüdischen Glauben vollzogen die „Proselyten“, die durch Beschneidung, Tauchbad und Opfer zu Volljuden wurden und damit alle Verpflichtungen des jüdischen Gesetzes übernahmen. Wesentlich größer war die Zahl der „Gottesfürchtigen“, die zwar die für heidnisches Empfinden peinliche Beschneidung nicht annehmen wollten, aber doch der Anziehungskraft des monotheistischen Gedankens und des Gottesdienstes der Synagoge nicht widerstehen konnten; sie feierten den Sabbat mit und übernahmen auch manche andere religiöse Übungen, ihre Kinder vollzogen dann meist auch den formellen Übertritt. Über die absoluten Zahlen beider Gruppen geben die Quellen keine Auskunft, sie waren aber wohl in den meisten jüdischen Diasporagemeinden vertreten.

Eine nicht zu übersehende Bedeutung kommt der jüdischen Diaspora für die frühchristliche Mission zu. Sie hat hier eine eminent wichtige Vorarbeit geleistet; einmal durch die Bereitstellung der Septuaginta, die sofort die Bibel des jungen Christentums geworden ist; dann durch die Verkündigung des Monotheismus und des mosaischen Dekalogs, der auch die Grundlage der christlichen Moral wurde. Da die Synagogen jeweils der Ausgangspunkt für die urchristliche Missionspredigt waren, fand diese hier vor allem in den Gottesfürchtigen und Proselyten aufgeschlossene Herzen für ihre Botschaft. In dem bald einsetzenden Kampf zwischen christlicher Mission und Diasporajudentum ist neben der dogmatischen Auseinandersetzung das Ringen um die Seelen dieser Gruppen ein wesentlicher Faktor. Daß der größere Erfolg dabei auf christlicher Seite war, zeigt nicht zuletzt die Reaktion der geborenen Diasporajuden, die nun von der Septuaginta abrücken und sich Ersatzübersetzungen schaffen, weil sie ihre bisherige Bibel so erfolgreich von den Christen verwendet sehen. Auch die allegorische Methode eines Philo lehnen sie nun ab, weil sie von den Christen übernommen und speziell zur Bekämpfung des Geltungsanspruches des mosaischen Gesetzes benutzt wurde. Es kam zu einer Versteifung in der Betonung der Tora, deren streng rabbinische Auslegung sich jetzt auch innerhalb des Diasporajudentums durchsetzte. Umgekehrt ist mancher Zug der sich entwickelnden christlichen Liturgie, manches im Kult, in der Form der urchristlichen Predigt, in der frühchristlichen Literatur und in Gebetstexten ein Erbe aus der Welt jüdischer Diaspora, das zuweilen von den Christen direkt in den Dienst antijüdischer Propaganda genommen wurde.

2. Kapitel

Jesus von Nazareth und die Kirche

LITERATUR: Übersichten von *H. Conzelmann:* RGG³ III 619—653; *A. Vögtle,* Jesus Christus: LThK² V 922—932; *F. Mußner,* Leben-Jesu-Forschung: ebd. VI 859—864; *A. Schweitzer,* Geschichte der Leben-Jesu-Forschung (Tübingen ⁶1951). Die Darstellungen von *H. Schell* (Mainz 1903); *A. Meyenberg,* 3 Bde (Luzern 1922/32); *A. Reatz* (Freiburg ²1925); *L. de Grandmaison,* 2 Bde (Paris ²³1941); *J. Lebreton* (Paris 1931); *J. Sickenberger* (Münster 1933); *M. Goguel* (Paris 1950); *F. Prat* (Paris 1933); *L. Kösters* (Freiburg ²1939); *G. Ricciotti* (Rom 1941, deutsch Basel 1949); *K. Adam* (Düsseldorf ⁸1949); *M. Dibelius* (Berlin ²1949); *F. Büchsel* (Gütersloh 1947); *R. Bultmann* (Tübingen ²1951); *J. Klausner* (Berlin ³1952); *G. Bornkamm* (Stuttgart 1956); *E. Stauffer* (Bern 1957); *F. Amiot* (Paris 1958); *E. Barnikol* (Halle 1958); *R. Guardini* (Würzburg ¹¹1959); *ders.,* Das Bild von Jesus dem Christus im Neuen Testament (Freiburg ²1962).

Ferner: *J. Aufhauser,* Antike Jesus-Zeugnisse (Berlin ²1925); *J. Moreau,* Les plus anciens témoignages profanes sur Jésus (Brüssel 1944); *R. Eisler,* Ἰησοῦς βασιλεὺς οὐ βασιλεύσας, 2 Bde (Heidelberg 1929/30), dazu *M. Goguel:* Rhist 162 (1929) 217—267 und *R. Draguet:* RHE 26 (1930) 833—879; *W. Bousset,* Kyrios Christos (Göttingen ⁴1935); *U. Holzmeister,* Chronologia vitae Christi (Rom 1933); *R. Schmittlein,* Umstände und Ursachen von Jesu Tod (Baden-Baden 1950); *J. Blinzler,* Der Prozeß Jesu (Stuttgart ²1955); *F.-M. Braun,* Jésus, histoire et critique (Paris 1947); *J. R. Geiselmann,* Jesus der Christus (Stuttgart 1951); *F. Mußner,* Der historische Jesus und der Christus des Glaubens: BZ NF 1 (1957) 224—252; *ders.:* TThZ 69 (1960) 321—337; *P. Althaus,* Das sog. Kerygma und der historische Jesus (Gütersloh 1958); *B. Rigaux,* L'historicité de Jésus devant l'exégèse récente: RB 65 (1958) 482—522; *R. Schnackenburg,* Jesusforschung und Christusforschung: Cath 13 (1959) 1—17; *ders.,* Gottes Herrschaft und Reich (Freiburg 1959); *H. Conzelmann - G. Ebeling - E. Fuchs,* Die Frage nach dem historischen Jesus (Tübingen 1959); *E. Stauffer,* Neue Wege der Jesusforschung: Festschrift für O. Eißfeldt (Berlin 1959) 161—186; *M. Dibelius,* Die Formengeschichte des Evangeliums (Tübingen 1959); *R. Bultmann,* Die Erforschung der synoptischen Evangelien (Tübingen ³1960); *J. Jeremias,* Das Problem des historischen Jesus (Stuttgart 1960); *E. Fuchs,* Ges. Aufsätze II (Tübingen 1960); *H. Ristow - K. Matthiae,* Der historische Jesus und der kerygmatische Christus (Berlin 1960); *K. Schubert* (Hrsg.), Der historische Jesus und der Christus unseres Glaubens (Freiburg 1962).

Die Lehrbücher der neutestamentlichen Theologie von *F. Büchsel* (Gütersloh ²1937); *O. Kuß* (Regensburg ²1938); *E. Stauffer* (Stuttgart ⁴1949); *P. Feine* (Berlin ⁸1950); *M. Meinertz,* 2 Bde (Bonn 1950); *J. Bonsirven* (Paris 1951); *R. Bultmann* (Tübingen 1952); *W. G. Kümmel,* Jesus und die Anfänge der Kirche: StTh 7 (1954) 1—27 mit Lit.; *O. Kuß,* Jesus und die Kirche im Neuen Testament: ThQ 135 (1955) 28—53; *O. Betz,* Felsenmann und Felsengemeinde: ZNW 48 (1957) 49—77; *E. Fincke - A. Vögtle,* Jesus und die Kirche: Begegnung der Christen, Festschrift O. Karrer (Freiburg 1960) 35—54 bzw. 54—81; *R. Schnackenburg,* Die Kirche im Neuen Testament (Freiburg 1961).

Die Geschichte der Kirche hat ihre Wurzel in Jesus von Nazareth, der in die eben geschilderte geistig-religiöse Welt des palästinischen Judentums hineingeboren wurde. Sein Leben und Wirken, durch das die Kirche grundgelegt wird, ist darum Voraussetzung ihrer Geschichte.

Allerdings sind die Quellen, die über dieses Leben und seine Bedeutung für die Kirche berichten, ganz eigener Natur. Neben einigen heidnischen und jüdischen Nachrichten, die deshalb wertvoll sind, weil sie jeden Versuch, die geschichtliche Existenz Jesu leugnen zu wollen, indiskutabel machen, sind es hauptsächlich die Schriften des Neuen Testamentes, besonders die drei ältesten Evangelien, die Apostelgeschichte und einige Paulusbriefe. Keine von ihnen will aber eine historische Biographie Jesu von Nazareth geben, also seinen Lebensweg von den Anfängen bis zum Ende mit allem wünschenswerten Detail erzählen. Auch die drei frühen Evangelien enthalten schon den Niederschlag der apostolischen Verkündigung über Jesus, geben demnach jenes Bild von ihm wieder, das in der Vorstellungswelt und in den Herzen seiner ersten Anhänger lebendig war, wenn sie ihn nach seiner Himmelfahrt und in seinem Auftrag als den gekreuzigten und auferstandenen Messias verkündeten. Dieses Bild ist demnach geprägt und geformt von den Erfordernissen der apostolischen Predigt und dem sie tragenden Glauben. Das zwingt jedoch nicht zu einer radikalen Skepsis, wenn gefragt wird, ob sich aus solchen Quellen noch ein Weg zum irdischen, „historischen" Jesus finden lasse. Gewiß, ein eigentliches „Leben Jesu" läßt sich nicht aus ihnen erheben. Aber diese Quellen greifen doch immer wieder auf dieses Leben zurück, stellen einzelne Fakten und Ereignisse, Taten und Worte Jesu aus seinem irdischen Leben heraus, die für die Verkündigung über ihn von besonderer Bedeutung sind, und bezeugen sie damit zugleich als wichtige historische Daten seines Lebensweges. Die apostolische Verkündigung will ausdrücklich Zeugnis dafür ablegen, daß der irdische Jesus von Nazareth eben der jetzt gepredigte Christus ist, von dem allen Menschen das Heil kommt. So läßt sich doch mit der von historischer Kritik gebotenen Sorgfalt eine Reihe von Einzeltatsachen und Einzelzügen aus diesen Quellen erheben, die in etwa einen Abriß des Lebens Jesu darstellen lassen.

Vier bis fünf Jahre vor Beginn unserer Zeitrechnung wurde Jesus von Nazareth in Bethlehem von der Jungfrau Maria geboren und nach jüdischem Brauch vierzig Tage nach der Beschneidung als Erstgeborener im Tempel zu Jerusalem dem Herrn dargebracht, wobei zwei fromme Israeliten, Simeon und Anna, prophetisch die messianische Sendung des Kindes andeuteten. Gefahren, die diesem von seiten des Königs Herodes drohten, zwangen seine Mutter und seinen Nährvater Joseph zu einem längeren Aufenthalt in Ägypten, bis sich die Familie nach Herodes' Tod im galiläischen Nazareth niederlassen konnte. In der Stille dieses Dorfes wuchs der Knabe heran, ohne etwa eine Rabbinenschule zu besuchen. Nur einmal leuchtete etwas von seiner zukünftigen religiösen Größe auf, als er zwölfjährig im Tempel mit den Schriftgelehrten in überlegener Art über religiöse Fragen sprach und seine Eltern darauf hinwies, „er müsse in dem sein, was seines Vaters ist“ (Lk 2, 49).

Etwa dreißig Jahre nach seiner Geburt verließ Jesus sein Elternhaus und begann sein religiöses Werk in der Öffentlichkeit seines Heimatlandes. Er leitete es ein mit einem auffallenden Schritt, als er den großen Bußprediger und Täufer Johannes[6] am Jordan aufsuchte und von ihm eine Taufe empfing, bei der „Gott ihn salbte mit dem Heiligen Geist“, der in Gestalt einer Taube auf ihn herabkam und bei der die Stimme des Vaters vom Himmel her bezeugte, daß er „sein geliebter Sohn“ sei (Mt 3, 13 ff). In dem Bewußtsein seiner messianischen Sendung und Gottessohnschaft, die er durch vielfache Wunder bestätigen konnte, offenbarte Jesus nun in Wort und Tat, daß das Gottesreich gekommen sei, daß alle Menschen, nicht nur Israel, zum Eintritt in dieses Reich berufen seien, daß man aber dem Vater in der rechten Frömmigkeit dienen müsse. Oberstes Gesetz der von ihm verkündeten Religion ist die unbedingte Gottesliebe und eine die Menschen aller Rassen umfassende Nächstenliebe. In unmißverständlicher Frontstellung zur pharisäischen Praxis[7] äußerlich korrekter Beobachtung der Gesetzesvorschriften wird von ihm Reinheit und Lauterkeit von Gesinnung und Absicht zum Grundgesetz sittlichen Handelns erklärt und damit dem persönlichen Gewissen der entscheidende Rang im religiösen Bereich zugewiesen. Jesus stellt weiter die wahre Rangordnung der Pflichten wieder her, die sich aus dem von ihm gepriesenen verinnerlichten Leben mit dem Vater ergibt: wichtiger als peinliche Beobachtung der Sabbatruhe ist die hilfsbereite Tat für den Mitmenschen; wertvoller als das im Tempel zu verrichtende Gebet ist die Aussprache mit dem Vater in der Einsamkeit des Kämmerleins. Unerhört klingt seine Botschaft, daß die Zöllner und Sünder, die Armen und Bresthaften, die Gott doch anscheinend so offensichtlich für ihre Sünden gestraft hatte, die erste Anwartschaft auf das Wohnen im Hause des Vaters haben. Die Selbstgerechtigkeit der Pharisäer wird im Tiefsten erschüttert, wenn sie hören müssen, daß im Himmel mehr Freude ist über einen Sünder, der Buße tut, als über neunundneunzig Gerechte; sie erkennen nicht, daß im kommenden Gottesreich alles menschliche Wirken nichts gilt, daß nur der gerecht ist, dem der Vater es gnadenhaft schenkt. Die Armen preist er selig, da sie frei seien von den irdischen Sorgen um Besitz und Reichtum, die allzuleicht im Menschenherzen den Platz einnehmen, der Gott allein zukommt.

So tröstlich solche Botschaft für die bisher Verachteten und Geringen aus dem Volke klang, so machtvoll seine Wunderkraft sich auswirkte an den

[6] *E. Lohmeyer*, Das Urchristentum, I: Johannes der Täufer (Göttingen 1932); *C. H. Kraeling*, John the Baptist (New York 1951); *W. H. Brownlee*, John the Baptist in the Ancient Scrolls: Interpretation 9 (1955) 71—90; *J. Steinmann*, Johannes der Täufer (Hamburg 1960). [7] *W. Beilner*, Christus und die Pharisäer (Wien 1959).

durch Lähmung, Blindheit, Aussatz und seelische Krankheit Gezeichneten, so streng sind die Bedingungen, die Jesus für die Zugehörigkeit zum Reich Gottes aufstellt. Der ganze Mensch wird von ihm aufgerufen zur Nachfolge ohne Rücksicht auf bisherige Freundschaften, Familienbindungen und Besitz; wer da noch die Hand an den Pflug legt und zurückschaut, der taugt nicht für dieses Reich (Lk 9, 62). Solche Forderungen dulden keine friedlichen Familienidylle mehr, wie ein Schwert fährt sein Wort trennend zwischen die bisherigen Gemeinschaften. Aber das Einzigartige und Neue ist vor allem dies: man kann nicht zum Vater kommen, es sei denn über Jesus; er verlangt auch für sich eine Nachfolge, die ganz und gar unmöglich ist ohne schmerzliche Selbstverleugnung; wer wirklich sein Jünger sein will, der muß sein eigenes Leben lassen können (Lk 14, 26).

Alle aber, die sich zu dieser Jüngerschaft entschließen und somit zum Reich des Vaters berufen sind, bilden eine neue Gemeinschaft. Es ist eine unverkennbare Tendenz in Jesu Wort und Werk spürbar, die auf das Werden und Wachsen einer solchen religiösen Gemeinschaft hinarbeitet. Er verkündet keine nur individuelle Frömmigkeit und Religion, sondern eine Botschaft, die die von ihr Angesprochenen und Erfüllten als Brüder einer religiösen Familie zusammenschließt, die gemeinsam zu ihrem Vater um Vergebung ihrer Schuld betet. Diese Gemeinschaft nennt Jesus selbst einmal seine Kirche, und er beansprucht für sich, sie durch sein Werk zu begründen (Mt 16, 18). Die Gründung dieser kirchlichen Gemeinschaft bereitet er sorgfältig vor. Wenn ihm zuweilen auch große Volksscharen ob seiner Wundertaten zujubeln, es ist doch nur eine Minderheit seines Volkes, die seine Jüngerschaft auf sich nimmt. Aus dieser Schar wählt er eine Gruppe von zwölf[8] aus, die in seiner Gefolgschaft eine klare Sonderstellung einnehmen; ihnen gilt seine besondere Sorge, mit ihnen bespricht er besondere Aufgaben, die ihnen in der Zukunft dieser Gemeinschaft zugedacht sind. Sie sollen jene Sendung übernehmen und fortsetzen, die ihm der Vater im Himmel übertragen hatte: „wie mich der Vater gesandt hat, so sende ich euch" (Joh 20, 21). Die Evangelien heben immer wieder und unüberhörbar deutlich den eigenen Rang der Zwölf hervor, die den Namen Apostel, Gesandte, erhalten[9]. Inhaltlich umfaßt ihre Sendung ebenfalls die Verkündigung des Reiches Gottes; um sie erfüllen zu können, werden die Apostel ausdrücklich zu Lehrern bestellt, deren Wort die Völker glauben und vertrauen müssen wie

[8] *B. Rigaux*, Die „Zwölf" in Geschichte und Kerygma: *H. Ristow - K. Matthiae* a. a. O. 468—486; *G. Klein*, Die zwölf Apostel. Ursprung und Gehalt einer Idee (Göttingen 1961).
[9] *K. H. Rengstorf*: ThW IV 406—446; *H. v. Campenhausen*, Der urchristliche Apostelbegriff: Studia theologica 1 (1947) 96—130; *E. M. Kredel*, Der Apostelbegriff in der neueren Exegese: ZKTh 78 (1956) 169—193 257—305; *K. H. Schelkle*, Jüngerschaft und Apostelamt (Freiburg 1957); *J. Dupont*, Le nom d'apôtre a-t-il été donné aux Douze par Jésus?: OrSyr 1 (1956) 267—290 466—480; *W. Schmithals*, Das kirchliche Apostelamt (Göttingen 1961); *P. Bläser*, Zum Problem des urchristlichen Apostolates: Unio Christianorum, Festschrift L. Jaeger (Paderborn 1962) 92—107.

Jesu eigenem Wort (Lk 10, 16; Mt 28, 20), deren Richterspruch sie unterworfen sind, als wäre es ein Spruch des Herrn selbst (Mt 18, 18). Den Zwölfen überträgt er schließlich priesterliche Gewalt, die seine hohepriesterlichen Aufgaben in der neuen Gemeinschaft fortsetzen (Jo 17, 19; Mt 20, 28) und deren Glieder durch ein geheimnisvolles sakramentales Gnadenleben nähren und heiligen soll. Aus der Schar der Zwölf beruft Jesus endlich Petrus zu einer einzigartigen Aufgabe; er bestimmt ihn zum Felsenfundament, auf dem seine Gründung aufruhen soll; ihm wird mit einer singulären Formel die Sendung zugewiesen, die Schafe und Lämmer zu weiden und die Brüder zu stärken (Mt 16, 18; Jo 21, 15ff).

Damit erhält die von Jesus in seinem vorösterlichen Wirken vorbereitete Gründung das Gerüst einer auch nach außen wahrnehmbaren Gliederung, die sich nun wie ein Organismus nach ihr von ihrem Stifter eingepflanzten Wachstumsgesetzen in Raum und Zeit entfalten wird. Ihre rein übernatürliche Grundlage liegt allerdings in einem ganz anderen Bereich; sie ist letztlich auf Jesu Tod gegründet, durch den allein der Menschheit das Heil neu geschenkt werden kann, aus dem allein der Neubau der Heilsgemeinschaft der Erlösten sein geheimnisvolles Leben empfängt. Mit dem das Sühne- und Erlösungswerk abschließenden Tod und der sein Werk glorreich bestätigenden Auferstehung ist die Gründung der Kirche vollendet, ihr geschichtliches Leben nimmt mit der Geistessendung seinen Anfang.

In diesen Tod mußte Jesus gehen, weil sich die Mehrheit seines Volkes seiner Botschaft verschloß. Die religiösen Führer des Judentums lehnten seinen messianischen Anspruch entschieden ab und verfolgten ihn wie einen Aufrührer mit stetig wachsendem Haß, der sie schließlich seinen gewaltsamen Tod planen ließ[9a]. Der römische Prokurator ließ sich, wenn auch widerwillig, für ihre Absichten gewinnen und gab Jesus von Nazareth zur Hinrichtung am Kreuz in ihre Hände. Diese fand statt am 14. oder 15. Nisan in einem der Jahre zwischen 30 und 33 christlicher Zeitrechnung. So fand das Wirken Jesu in seinem Volk nach zwei bis drei Jahren ein jähes Ende, das in den Augen derer, die nicht an seine Sendung glaubten, auch das Ende des von ihm verkündeten Gottesreiches bedeutete. Aber nach drei Tagen stand er von den Toten auf, wie er es vorhergesagt, erschien durch vierzig Tage hindurch öfters seinen Anhängern, bis er in den Himmel aufgenommen wurde. Der Glaube an seine Wiederkehr, die den Jüngern von zwei Engeln bei der Himmelfahrt verheißen wurde, war einer der tragenden Pfeiler in dem nun emporwachsenden Bau der jungen Kirche.

[9a] *L. v. Hertling,* Die Schuld des jüdischen Volkes am Tod Christi: StZ 171 (1962/63) 16—25.

3. Kapitel

Die Urgemeinde von Jerusalem

QUELLEN: Die Schriften des Neuen Testamentes, bes. die Apostelgeschichte; dazu die Kommentare von: *E. Jacquier* (Paris 1926); *F. J. Foakes-Jackson - K. Lake*, 5 Bde (London 1920/33); *A. Steinmann* (Bonn [4]1932); *H. W. Beyer* (Göttingen [5]1949); *O. Bauernfeind* (Leipzig 1939); *G. Ricciotti* (Rom 1951); *F. Bruce* (London 1951); *E. Haenchen* (Göttingen 1959); *A. Wikenhauser* (Regensburg [3]1956). Ferner: *A. Wikenhauser*, Die Apostelgeschichte und ihr Geschichtswert (Münster 1921); *E. Meyer*, Ursprung und Anfänge des Christentums III (Berlin 1923); *K. Bornhäuser*, Studien zur Apostelgeschichte (Gütersloh 1934); *M. Dibelius*, Aufsätze zur Apostelgeschichte (Göttingen 1951); *E. Trocmé*, Le Livre des Actes et l'histoire (Paris 1957); *A. Ehrhardt*, The Construction and Purpose of the Acts of the Apostles: StTh 12 (1958) 45—79.

LITERATUR: *A. Schlatter*, Geschichte der ersten Christenheit (Gütersloh [3-4]1927); *P. Batiffol*, L'église naissante et le catholicisme (Paris [12]1927); *K. L. Schmidt*, Die Kirche des Urchristentums (Tübingen [2]1932); *E. Peterson*, Die Kirche aus Juden und Heiden (Salzburg 1933); *K. Pieper*, Die Kirche Palästinas bis zum Jahre 135 (Köln 1938); *R. Asting*, Die Verkündigung des Wortes im Urchristentum (Stuttgart 1939); *K. L. Schmidt*, Die Polis in Kirche und Welt (Zürich 1940); *S. J. Case*, The Evolution of Early Christianity (Chicago 1942); *H. v. Campenhausen*, Die Askese im Urchristentum (Tübingen 1949); *J. Brosch*, Charisma und Ämter in der Urkirche (Bonn 1951); *Ph.-H. Menoud*, La vie de l'église naissante (Paris 1952); *H. v. Campenhausen*, Kirchliches Amt und geistliche Vollmacht in den ersten drei Jahrhunderten (Tübingen 1953); *W. Michaelis*, Das Ältestenamt der christlichen Gemeinde im Lichte der Heiligen Schrift (Bern 1953); *V. E. Hasler*, Gesetz und Evangelium in der alten Kirche bis Origenes (Zürich 1953); *O. Cullmann*, The Early Church (London 1956); *G. Kretschmar*, Die frühe Geschichte der Jerusalemer Liturgie: JLH 2 (1956) 22—46; *Ph. Carrington*, The Early Christian Church I (Cambridge 1957); *B. Reicke*, Glaube und Leben der Urgemeinde (Zürich 1957); *E. Peterson*, Frühkirche, Judentum und Gnosis (Freiburg 1959); *W. Eltester* (Hrsg.), Judentum, Urchristentum, Kirche: Festschr. für J. Jeremias (Berlin [2]1964); *O. Cullmann*, Urchristentum und Gottesdienst (Zürich [4]1962).

Die äußeren Schicksale

Die wichtigste Quelle, die von den Schicksalen der Urgemeinde berichtet, sind die sieben ersten Kapitel der Apostelgeschichte, die allerdings kein lückenloses Bild der Geschehnisse bieten, weil ihr Verfasser aus seinem Material nur das auswählt, was seinem Ziel dient: zu zeigen, daß die Botschaft vom neuen Gottesreich zwar zunächst an die Juden gerichtet war, von dort aber nach göttlichem Willen den Weg zu den Heiden nehmen sollte, und daß der Judenchrist Paulus mit Zustimmung und im Auftrag der übrigen Apostel der legitime Heidenmissionar geworden sei. Darum wird Entstehen und Wachstum der Urgemeinde nur etwa für die fünfzehn ersten Jahre ihres Bestehens geschildert, später nur noch im gelegentlichen Blick auf Jerusalem einiges von ihr erwähnt.

Es war die zunächst kaum faßbare Tatsache von der Auferstehung des Gekreuzigten, welche die geflohenen Jünger äußerlich und innerlich wieder zusammenführte und zu einer Gemeinschaft gleichen Glaubens und gleichen Bekenntnisses verband. Als die Apostelgeschichte ihre Erzählung beginnt, hat sich wieder eine Schar von 120 Gläubigen zusammengefunden, die im festen Glauben an die Wiederkehr des zum Himmel aufgefahrenen Herrn entschlossen ist, die Anweisungen auszuführen, die ihnen während der vierzig Tage zwischen Auferstehung und Himmelfahrt gegeben wurden. So nehmen sie zunächst unter Leitung des Petrus eine Ergänzungswahl zum Apostelkollegium vor, da ihnen die Zahl der Zwölf als sakrosankt gilt; der zu Wählende muß wie die übrigen Elf glaubwürdiger Zeuge für das Lebenswerk des Herrn sein können. Die Entscheidung bei der Wahl stellt man im Gebet Gott anheim, der sie durch das Los zu erkennen gibt, das auf Matthias fällt. Eine starke Festigung der jungen Gemeinde geht von den Ereignissen des ersten Pfingstfestes [10] aus, als der verheißene Heilige Geist unter außerordentlichen Begleiterscheinungen wie Sturmesbrausen und Feuerzungen auf die versammelten Gläubigen herabkam und ihnen den Mut zum Zeugnis in der Öffentlichkeit gab. Der Enthusiasmus dieses Tages läßt Petrus eine große Predigt vor dem zusammengeeilten Volk halten, in der er den Gekreuzigten und Wiederauferstandenen als den wahren Messias verkündet. Der inneren Stärkung entspricht das äußere Wachstum der Gemeinde; auf die Petruspredigt hin schließen sich gegen 3000 Juden dem Glauben an Christus an; die Heilung eines Lahmgeborenen durch Petrus und Johannes und eine neue Predigt des ersteren bringen weitere Erfolge. Bald ist die Zahl der Mitglieder der Gemeinde auf 5000 angewachsen (Apg 3, 1—4, 4).

Solche Erfolge beunruhigen die jüdischen Behörden, die die Apostel zum Verhör vorladen; Petrus ist ihr Sprecher, der auch hier mutig die Botschaft vom Gekreuzigten verkündet. Die drohende Weisung an die Apostel, sich in Zukunft ruhig zu verhalten, lehnen diese unter Berufung auf den Namen Jesu ab (4, 5—22). Als neue Wunder und wiederholte Werbepredigt die Zahl der Gläubigen weiter ansteigen lassen, werden alle Apostel erneut in Haft genommen, wobei sie vor dem Synedrion das kühne Wort wagen, daß man Gott mehr gehorchen müsse als den Menschen (5, 29). Eine erste Züchtigung mit Ruten, die über die Führer der Jerusalemer Gemeinde verhängt wird, und ein erneut übergangenes Verbot, im Namen Jesu zu sprechen, sind Vorboten einer kommenden ersten Verfolgung.

Die mit der Zahl der Mitglieder wachsenden Aufgaben machten organisatorische Maßnahmen notwendig; die Apostel sollten für die eigentliche Missionspredigt freibleiben, darum wurden sieben Männer für den Tischdienst, die Armenbetreuung und zur Unterstützung der seelsorgerlichen Tätigkeit der Apostel bestellt (6, 1—6), die von letzteren unter Gebet und Handauflegung in ihr Amt eingewiesen wurden. Die griechischen Namen

[10] *N. Adler*, Das erste christliche Pfingstfest (Münster 1938); *E. Lohse:* ThW VI 44—53; *G. Kretschmar*, Himmelfahrt und Pfingsten: ZKG 66 (1954) 209—253.

dieser Männer weisen darauf hin, daß die Zahl der sogenannten Hellenisten, Juden aus der griechischen Diaspora, in der Gemeinde nicht gering war. Zwischen ihnen und palästinischen Judenchristen ist es offensichtlich zu Spannungen gekommen. Unter den Hellenisten zeichnet sich Stephanus[11] durch Mut und Gewandtheit in der Diskussion mit den Juden aus, erleidet aber den Martyrertod durch Steinigung, als er es wagt, ihnen zu sagen, durch Christi Werk sei der Alte Bund aufgehoben worden. Der Tod des Stephanus war das Signal zu einer Verfolgung der Jerusalemer Gemeinde, von der vor allem die hellenistischen Mitglieder betroffen wurden. Während die Apostel selbst in Jerusalem blieben, sind viele Christen damals der Bedrohung durch die Flucht ausgewichen, haben aber nun auf dem Lande, vor allem in Judäa und Samaria[12], die Verkündigung des Evangeliums aufgenommen, wobei die samaritanische Mission des Hellenisten Philippus besonders erfolgreich war.

Diese Ausbreitung des Christusglaubens außerhalb der palästinischen Hauptstadt wurde für die Apostel Petrus und Johannes Anlaß zu einer Inspektionsreise zu den neugewonnenen Christen, denen sie in Samaria die Hände auflegten, damit auch sie den Heiligen Geist empfingen. Die beiden Apostel sind bei dieser Reise auch selber missionarisch tätig gewesen und predigten an vielen Orten Samarias. Später besuchte Petrus wieder die Glaubensbrüder außerhalb Jerusalems, „Heilige" nennt sie die Apostelgeschichte (9, 32), und das Vorhandensein von Judenchristen in Städten wie Joppe und Lydda zeigt das Erstarken der Bewegung in entfernteren Gebieten Palästinas. Der nach der Verfolgung wieder eingetretene Friede wurde jedoch erneut bedroht unter Herodes Agrippa, der die führenden Apostel Petrus und Jakobus d. Ä. verhaften und letzteren durch das Schwert hinrichten ließ (42 oder 43 n. Chr.), um sich den Juden der Hauptstadt gefällig zu erweisen (Apg 12, 2). Vielleicht wäre Petrus das gleiche Schicksal zuteil geworden, hätte er nicht damals endgültig Jerusalem verlassen und sich „an einen anderen Ort" begeben (Apg 12, 17). Die Leitung der Gemeinde ging damit an Jakobus d. J. über. Der plötzliche Tod des Herodes im Jahre 44 brachte der Kirche wieder ruhigere Tage und ermöglichte eine weitere Verkündigung des Wortes des Herrn. Etwa zwanzig Jahre lang konnte Jakobus in Jerusalem wirken, hochangesehen im Kreis der übrigen Apostel — Paulus zählt ihn mit Petrus und Johannes zu den „Säulen" der Urkirche (Gal 2, 9) — und inmitten seiner Gemeinde; sein streng asketisches Leben und seine Treue gegenüber den jüdischen Überlieferungen brachten ihm den Namen des „Gerechten" ein. Seine Sorge galt aber auch den judenchristlichen Gemeinden außerhalb der Haupt-

[11] Außer den Kommentaren zur Apg vgl. *F. Büchsel:* ZNW 30 (1931) 202 ff, 33 (1934) 84—87; *M. Simon,* St. Stephen and the Hellenists in the Primitive Church (London 1958); *J. Bihler,* Der Stephanusbericht: BZ 3 (1959) 252—270.

[12] *O. Cullmann,* Samaria and the Origins of the Christian Mission: The Early Church (London 1956) 185—192.

stadt, an die er ein Schreiben richtete, das in den Kanon des Neuen Testamentes aufgenommen wurde[13]. Sein Ansehen fiel sehr ins Gewicht auf dem sog. Apostelkonzil, auf dem er eine vermittelnde Rolle spielte (Apg 15, 13—21). Auch ihn traf das Martyrium, als sich der Haß des Hohenpriesters Ananus im Jahre 62, da durch den Tod des Festus die Stelle des römischen Landpflegers gerade unbesetzt war, gegen ihn entladen konnte. Man stürzte den Greis von der Zinne des Tempels, steinigte ihn und ließ den noch Lebenden erschlagen, der im Tod nach dem Beispiel seines Herrn für seine Feinde betete. Wenige Jahre später fand die Selbständigkeit der Jerusalemer Gemeinde ihr Ende, als der Aufstand der Juden gegen die Römer zur Katastrophe für das ganze Volk wurde. Die Judenchristen mochten sich offensichtlich an diesem Kampf nicht beteiligen und wanderten in den Jahren 66—67 nach dem Ostjordanland aus, wo sich ein Teil in der Stadt Pella niederließ. Das Schicksal der jungen Kirche nahm eine andere Richtung. Noch unter der Leitung des Petrus in Palästina war es zu vereinzelten Konversionen aus dem Heidentum gekommen, als Philippus den Kämmerer der Königin Kandake von Äthiopien durch die Taufe in die Gemeinde der Christen einreihte und Petrus selbst durch die Aufnahme des heidnischen Hauptmanns Kornelius zu erkennen gab, daß die Botschaft des Evangeliums nicht nur den Juden gelte. Noch während des Bestehens der Urgemeinde konnte sich in der syrischen Hauptstadt Antiochien[14] eine beachtliche Schar ehemaliger Heiden zu einer christlichen Gemeinde zusammenschließen, deren Betreuung die Apostel dem Leviten Barnabas aus Zypern übertrugen. Hier kam die Bezeichnung Χριστιανοί für die Anhänger des neuen Glaubens auf, wobei es offen bleiben muß, ob dieser Name von den heidnischen Verwaltungsbehörden eingeführt oder als Spitzname vom Pöbel der Stadt gebraucht wurde oder schließlich — was mit Rücksicht auf Apg 1, 6—8 und 1 Petr 4, 16 nicht unwahrscheinlich ist — eine Selbstbezeichnung der Christen war, durch die man sich vom Judentum oder jeder jüdischen Sekte absetzen wollte[15]. Die Zukunft der jungen Kirche lag nach der Zerstörung Jerusalems bei den Heidenvölkern um das östliche Mittelmeerbecken, deren Missionierung der Judenchrist Paulus erfolgreich begonnen hatte.

Verfassung, Glaube und Frömmigkeit

„Sekte der Nazarener", ἡ τῶν Ναζωραίων αἵρεσις nannten die jüdischen Gegner die Gruppe der Anhänger Jesu (Apg 24, 5), die sich danach unter dem Namen Jesu von Nazareth in Jerusalem zu einer eigenen Gemeinschaft zusammengeschlossen hatten; „Gemeinde, Versammlung",

[13] *H. v. Campenhausen,* Die Nachfolge des Jakobus: ZKG 63 (1950) 133—144; *P. Gächter,* Jakobus von Jerusalem: ZKTh 76 (1954) 129—169. [14] *J. Kollwitz:* RAC I 461—469; *H. Dieckmann,* Antiochien ein Mittelpunkt christlicher Missionstätigkeit (Aachen 1920). [15] *E. Peterson,* Christianus: MiscMercati 1 (Rom 1946) 355—372; *H. B. Mattingly,* The Origin of the Name Christiani: JThS NS 9 (1958) 26—37.

ἐκκλησία, ist der Name, den die Judenchristen selbst für diesen Zusammenschluß haben (Apg 5, 11; 8, 1 usw.)[16]. Sie sind also nicht nur eine Anzahl von Juden, die die gleiche Überzeugung von Jesus als dem wahren Messias teilen, im übrigen aber individuell ihr religiöses Leben gestalten, diese Überzeugung führt sie vielmehr auch zu religiös geprägten Veranstaltungen zusammen und macht sie zur „Gemeinde".

Diese Gemeinde ist, wie die Apostelgeschichte auf den ersten Blick erkennen läßt, eine von Anfang an gegliederte Gemeinschaft, in der nicht alle gleichen Ranges sind. Es gibt in ihr verschiedene Personen und Personenkreise, denen im Leben der Gemeinde besondere Aufgaben und Funktionen anvertraut sind, die ihnen jeweils von einer höheren Autorität zugewiesen werden. Als erster Personenkreis dieser Art hebt sich das Kollegium der zwölf Apostel in einzigartiger Weise von allen Gliedern der Gemeinde ab; was Jesus von Nazareth bis zu seiner Himmelfahrt dem von ihm berufenen Kreis der Zwölf an Sonderaufgaben zugedacht und wofür er sie geschult hatte, wird von ihnen ausgeführt. Die Urgemeinde empfindet die Zwölfzahl dieser Männer als unantastbar, so daß man nach dem Ausscheiden des Judas ihre Zahl durch eine Nachwahl ergänzen muß, die auf Matthias fällt. Die Ergänzungswahl hat aber ausschließlich religiösen Charakter; sie wird mit Gebet eingeleitet, und Gott selbst fällt durch das Los die Entscheidung, so daß eindeutig klar wird, daß man nur durch Gottes höchste Autorität zum Apostelamt berufen werden kann. Vornehmste Aufgabe des Apostels ist sein Zeugnisgeben von Jesu Leben, Tod und Auferstehung; damit ist der Auftrag verbunden, auch die kultischen Feiern der Gemeinschaft zu lenken, die im Glauben an ihn zusammenkommt: die Taufe zu spenden, durch die man ihr eingegliedert wird; das religiöse Mahl zu leiten, in dem sich die Zusammengehörigkeit sinnfällig ausdrückt; die Handauflegung vorzunehmen, mit der Mitglieder zu besonderen Aufgaben geweiht werden, kurz durch priesterliche Funktionen das Mittleramt zwischen Christus und seiner Kirche auszuüben. Christus selbst hat dem Apostel Macht verliehen, in seinem Namen Zeichen und Wunder zu wirken (Apg 2, 42; 5, 12). Mit solcher Macht verbindet sich das Recht, in der Gemeinschaft mit Autorität zu regieren, Zucht und Ordnung zu sichern und neue Gemeinden von Christusgläubigen zu gründen (8, 14f; 15, 2). Trotzdem ist der Apostel nicht so sehr Herr als vielmehr Diener und Hirt in der Kirche, die auf sein Amt fest gegründet ist (Mt 16, 18; 24, 45; Apg 20, 28)[17].

Unter den Trägern des Apostelamtes entfaltet Petrus eine Tätigkeit, die wiederum ihn unter den Zwölf eine führende Stellung einnehmen läßt, die

[16] *K. L. Schmidt:* ThW III 502—539; *M. Goguel,* L'église primitive (Paris 1947); *J. M. Nielen,* Zur Grundlegung einer neutestamentlichen Ekklesiologie: Festschr. F. Tillmann (Düsseldorf 1950) 370—397; *H. Schlier,* Die Zeit der Kirche (Freiburg [3]1962).

[17] Siehe oben Anm. 9 und *E. M. Farrer,* The Ministry in the New Testament: *K. B. Kirk,* The Apostolic Ministry (London [2]1957) 119—183.

ihm nur von einer höheren Autorität übertragen sein kann. Die Darstellung der äußeren Schicksale der Urgemeinde hat diese Sonderstellung schon eindeutig erkennen lassen: Petrus leitet die Ergänzungswahl zum Apostelkollegium, er formuliert das dabei gesprochene Gebet; Petrus ist der Sprecher der Christusanhänger beim ersten Pfingstfest (Apg 2, 15 ff), er hält die Predigt im Anschluß an die Heilung des Lahmgeborenen (3,1). Er ist der Wortführer des Kollegiums vor den Ältesten und Schriftgelehrten (4, 8) wie auch vor dem Synedrion (5, 20). Er tritt mit richterlicher Autorität auf bei den Zwischenfällen mit Ananias und Saphira (5, 3) und mit dem Magier Simon (8, 19). Seine Besuche bei den „Heiligen" außerhalb Jerusalems haben den Charakter einer Visitationsreise (9, 32). Seinem Entschluß, den Heiden Kornelius zur Taufe zuzulassen, kommt richtungweisende Bedeutung zu, weil hiermit autoritativ entschieden wird, daß sich das Evangelium nicht exklusiv an „die aus der Beschneidung" wendet, sondern auch den Heidenvölkern gilt und somit universalen Charakter hat. Dieser Schritt führt zwar zu einer Auseinandersetzung mit einigen Judenchristen, erweist aber gerade dadurch Petrus als den verantwortlichen Leiter der Urgemeinde. Das Bild, das der Verfasser der Apostelgeschichte von seiner Stellung entwirft, erfährt eine bedeutsame Bestätigung durch Paulus. Dieser begibt sich nach seiner Flucht aus Damaskus nach Jerusalem, „um den Kephas kennenzulernen" (Gal 1, 18); denn von ihm hängt offensichtlich die Anerkennung des Paulus in der neuen Gemeinschaft ab. Wenn auch Jakobus als lokaler Leiter der Jerusalemer Gemeinde beim Apostelkonzil den Vorsitz führt, so läßt Paulus wiederum klar erkennen, daß die Stellungnahme des Petrus die Entscheidung in der Frage bringt, ob die Freiheit der Heidenchristen vom mosaischen Gesetz Rechtens ist. Dem steht nicht entgegen, daß Petrus bei anderer Gelegenheit Jakobus gegenüber nicht gerade autoritativ auftritt; dies war eher in seinem zaudernden Charakter als in seiner amtlichen Stellung begründet. Sein Gesamtwirken im Bereich der Urgemeinde bis zu dem Zeitpunkt, da er Jerusalem endgültig verläßt, um ebenfalls in der Heidenmission tätig zu sein, wird nur dann richtig begriffen, wenn man es versteht als die Verwirklichung des Herrenauftrages, von dem außer Matthäus auch Lukas und Johannes berichten, nämlich, daß Petrus vom Herrn berufen worden sei, die Brüder zu stärken und die Herde Christi zu weiden [18].

Die Urgemeinde kennt noch ein zweites Amt, über das Apg 6, 1—7 berichtet. Es ist das Amt der schon erwähnten sieben Männer, die die Apostel in ihrer Tätigkeit entlasten und den Tischdienst bei den Armen der Gemeinde übernehmen sollen. Die Übertragung der Amtsbefugnisse an diese sieben Männer geschieht nicht in der Form einer bloßen Wahl der Urgemeinde, sondern durch Gebet und Handauflegung von seiten der Apostel.

[18] *E. Stauffer*, Petrus und Jakobus in Jerusalem: Festschr. O. Karrer (Frankfurt a. M. [2]1960) 361—372.

In der Apostelgeschichte ist noch wiederholt die Rede vom Wirken der Sieben, und der Bericht zeigt, daß es weit über die bloß karitative Tätigkeit hinausgeht. Einer von ihnen, Stephanus, spielt eine hervorragende Rolle in der theologischen Diskussion mit den Juden um die Sendung Christi und den Geltungsbereich des Alten Bundes (Apg 6, 8 ff), und Philippus ist als Missionar tätig; er predigt bei den Samaritanern und in vielen anderen Städten (21, 8). Ein besonderer Name wird dieser Gruppe von Amtsträgern in der Apostelgeschichte nicht gegeben, ihre Tätigkeit wird aber mit „Dienen“ (διακονεῖν) bezeichnet (6, 2). Ob sie als Vorläufer der Diakone in den paulinischen Gemeinden zu betrachten sind, läßt sich schwer entscheiden, da die Tätigkeit der letzteren nicht klar erkennbar ist. Seinem Inhalt nach erklärt sich das Amt der Sieben aus den inneren Bedürfnissen der jungen Gemeinde[19].

Nicht so scharf umrissen wie bei den Sieben ist der Aufgabenbereich eines dritten Personenkreises, den die Apostelgeschichte „Älteste“, πρεσβύτεροι, nennt (11, 30). Der Name ist keine christliche Neuschöpfung, da es Älteste als Häupter jüdischer Patrizierfamilien im Synedrion in Jerusalem und Synagogenälteste in den jüdischen Gemeinden Palästinas längst gab. In der Urgemeinde von Jerusalem finden sich diese Ältesten stets in der Umgebung der Apostel oder des Jakobus als des Leiters der Gemeinde; an den Beschlüssen des Apostelkonzils haben sie Anteil (15, 2 ff), sie sind also Gehilfen der Apostel oder des Jerusalemer Hirten in der Verwaltung der Urgemeinde[20].

Nur einmal werden für die Jerusalemer Gemeinde auch „prophetisch begabte Männer“ erwähnt (15, 32); es sind Judas Barsabas und Silas, die man auswählt und nach Antiochien sendet, damit sie die dortigen Christen von den Beschlüssen des Apostelkonzils in Kenntnis setzen. Ihre Aufgabe war also nicht in einem eigenen dauernden Amt begründet, sie sollten vielmehr wegen ihrer besonderen Begabung für einen solchen Auftrag die Brüder der Gemeinde von Antiochien durch ihr Wort aufrichten und stärken.

Die Existenz der genannten Amtsträger, der Apostel, Ältesten und der Sieben, läßt eindeutig erkennen, daß schon in der Urgemeinde eine Scheidung ihrer Glieder besteht, die sich aufteilen in Personengruppen, die für besondere Aufgaben innerhalb der Gemeinde durch einen religiösen Ritus geweiht werden, und in die große Schar der Gläubigen; die Urgemeinde kennt alo bereits die Gliederung in Klerus und Laien, die jedoch nicht als trennende Kluft empfunden wurde, weil den Juden der Urgemeinde ein

[19] *Th. Klauser:* RAC III 888—909; *P. Gächter,* Petrus und seine Zeit (Innsbruck 1958) 105—154; *H. Zimmermann,* Die Wahl der Sieben: Festschr. für Kardinal J. Frings (Köln 1960) 364—378.

[20] *W. Michaelis,* Das Ältestenamt der christlichen Gemeinde im Lichte der Hl. Schrift (Bern 1953), dazu *P. Gächter:* ZKTh 76 (1954) 226—231; *H. v. Campenhausen,* Kirchliches Amt 82—134.

amtliches Priestertum von ihrer Herkunft her vertraut war und dieses gerade in den Kreisen der Frommen und messianisch Gesinnten besonders angesehen war. Vor allem hat aber der Enthusiasmus des urchristlichen Gemeinschaftslebens hier keine Spannungen aufkommen lassen, da die hierarchische Gliederung als gottgewollte Einrichtung angesehen wurde.

Das Ereignis, das als das völlig Neue und Umstürzende den Zusammenschluß der Anhänger Jesu in der Urgemeinde bewirkte, die Auferstehung des Herrn, wurde als Tatsache von all denen erlebt, denen eine der Erscheinungen des Auferstandenen zuteil wurde. Es geht aber auch als grundlegendes Element ein in den religiösen Glauben, aus dem die Urgemeinde lebt, und wird zum Angelpunkt der apostolischen Verkündigung[21]; es ist daher auch von allen im Glauben anzunehmen, die sich dem Evangelium anschließen wollen. Sowohl als geschichtliches Ereignis wie als Glaubensinhalt wird das Faktum der Auferstehung bestätigt, erhärtet und vertieft durch die Geistessendung des ersten Pfingstfestes (Apg 2, 1 ff), die der apostolischen Verkündigung ihre letzte Klarheit und eindeutige Richtung gibt. Von jetzt ab stellen die Apostel in ihrer Predigt das entscheidend Neue klar in den Vordergrund, das sie im Glauben von ihren jüdischen Brüdern trennt. Das ist zunächst die Überzeugung, daß der Auferstandene, den sie verkünden, kein anderer ist als jener irdische Jesus von Nazareth, und wegen dieser Identität hat auch alles, was Jesus vor seinem Sterben in Wort und Tat gelehrt hat, seine Geltung und seinen Anspruch an die Verkündung der Apostel. Darum legen sie Zeugnis dafür ab, daß es der allmächtige Gott war, der Jesus von den Toten auferweckte, wie auch er schon in seinem irdischen Leben durch ihn die Macht- und Wunderzeichen wirkte. Ebenso radikal und neu ist gegenüber der bisherigen jüdischen Glaubenswelt die Überzeugung der Christen, daß dieser Jesus der wahre, verheißene Messias ist. Eindeutiger und zwingender als durch die Erhöhung des Auferstandenen konnte die Messiaswürde des Herrn für die Apostel nicht erwiesen werden. Der Glaube, in Jesus den Messias zu besitzen, äußert sich in den verschiedenen Würdenamen, die ihm apostolische Verkündigung und Frömmigkeit der Urgemeinde beilegen. Immer häufiger wird er nun „der Christus" genannt, und diese Bezeichnung tritt wie ein zweiter Name neben Jesus. Die Apostel predigen das Evangelium „von Jesus Christus" (5, 42), „Jesus Christus" ist es, der durch die Apostel heilt (9, 34). Weil Jesus der Messias ist, heißt er auch der Kyrios[22], zu dem Gott selbst ihn gemacht hat (2, 36); er gehört daher an die Seite Gottes, und man kann ihm den Kyriostitel mit der gleichen Selbstverständlichkeit geben wie Gott selbst (1, 21; 7, 59; 9, 1 10 ff 42; 11, 17). An den Kyrios wendet sich daher die Ur-

[21] *J. Gewiess,* Die urapostolische Heilsverkündigung nach der Apostelgeschichte (Breslau 1939); *M. Meinertz,* Theologie des Neuen Testamentes 1 (Münster 1950) 212—247.

[22] *W. Foerster:* ThW III 1038—1098; *J. Gewiess* a. a. O. 57—70; *I. Hermann,* Kyrios und Pneuma (München 1960).

gemeinde in aller Unbefangenheit im Gebet; aus ihrer Mitte stammt das von Paulus überlieferte „Marana tha — Herr, komme" (1 Kor 16, 22); Stephanus ist die Gebetsanrede an den Herrn Jesus so vertraut, daß sie ihm auch in der Todesstunde spontan auf die Lippen kommt (Apg 7, 59). Andere Prädikate rücken den Auferstandenen ebenfalls in die Nähe Gottes; nach Apg 10, 42 ist er der Richter der Lebenden und Toten, der jetzt vom Himmel aus herrscht, aber am Ende der Tage wiederkommen wird (1, 11; 3, 20 ff). Er ist weiter „der Heilige und Gerechte" (3, 14), der ἀρχηγός des Lebens, der zum Leben führt und der Ursprung des Lebens ist. Auch die aus dem alttestamentlichen Sprachgebrauch vertraute Bezeichnung „Knecht Gottes" wird von der Urgemeinde auf den Auferstandenen in einem Zusammenhang angewendet, der eine Steigerung und Überhöhung seiner Messiaswürde nahelegt; denn dieser Knecht ist nach Petrus (3, 13) von Gott verherrlicht worden, mit den Vollmachten eines Messias von Gott gesandt, um die Erlösung zu bringen. Er ist der „heilige Knecht Jesus", gegen den die Feinde sich zusammengeschlossen haben (4, 27); die Urgemeinde hofft, daß Wunderzeichen, die „durch den Namen deines heiligen Knechtes" geschehen, die Boten des Evangeliums in ihrer Sendung beglaubigen (4, 30). Der Auferstandene ist schließlich der Heiland, der σωτήρ, von Gott dazu berufen, der Menschheit das Heil zu bringen (5, 31); die Urgemeinde glaubt, daß man ohne ihn das Heil nicht erlangen kann, und so umschließt ihr Glaube an ihn auch all das, was mit der Erlösung durch Jesus Christus der Menschheit geschenkt worden ist. Die Kunde von dem durch Jesus gebrachten Heil wird nach dem Vorbild Jesu auch in der Predigt der Apostel „Evangelium" genannt (15, 7; 20, 24), das Predigen des Heiles wird bevorzugt mit dem Wort εὐαγγελίζεσθαι bezeichnet. Als Inhalt dieser Verkündigung gilt einfach „Jesus Christus" (5, 42; 8, 35; 11, 20) oder „das Wort des Herrn" (15, 35), „der Friede durch Jesus Christus" (10, 36), „die Verheißung" (13, 32) oder „das Reich Gottes und der Name Jesu Christi" (8, 12).

Der Glaube der Urgemeinde an das allein von Jesus kommende Heil wird mit starker Ausschließlichkeit ausgesprochen: „In keinem anderen gibt es Heil. Denn kein anderer Name unter dem Himmel ist den Menschen gegeben, in dem wir gerettet werden können" (4, 12). Nicht die Beschneidung kann retten, sondern nur die Gnade des Herrn (15, 1 11). Das Evangelium weist den Weg zu diesem Heil, aber der Mensch kann es annehmen oder ablehnen; darum beschwört Petrus seine Zuhörer: „Nehmt das Heil an!" (2, 40). Vorstufe dieses durch Jesus gewirkten Heiles ist die Vergebung der Sünden, die er gebracht hat (2, 38; 5, 31; 10, 43; 13, 38); er ist dazu gesandt, die Menschen der Sünde abwendig zu machen (3, 26). Allerdings sind Buße und innere Umkehr Voraussetzung für die Tilgung der Sünden (3, 19).

Daß das Heil für die Urgemeinde schon seinen Anfang genommen hat, erfährt sie durch den Empfang des Heiligen Geistes und wird ihr durch ihn bestätigt. Diese Geistsendung vollzieht sich seit dem Pfingstfest immer wieder, wenn sich neue Brüder dem Glauben an den Auferstandenen anschließen, wie in Samaria (8, 1 ff), bei der Taufe des Hauptmanns Kornelius (10, 44 ff), aber auch wenn die Gemeinde sich zum Gebet versammelt (4, 31). Es ist dieser Heilige Geist, der nach der Überzeugung der Urgemeinde jene eigenartige, innere, übernatürliche Kraft verleiht, die sowohl im einzelnen Gläubigen wirkt (2, 33), wie sie auch den missionarischen Mut und Eifer der Apostel und der andern urchristlichen Glaubensboten begründet. „Erfüllt vom Heiligen Geist" sind sie, darum treten sie mit Freimut auf (4, 8; 4, 31). Diese Gabe wird besonders Stephanus zuteil, auch Philippus besitzt sie (6, 5; 8, 29), sie bekundet sich auch bei Barnabas und Paulus (11, 24; 16, 6 ff). Ein Mann wie Simon der Magier mißversteht ihr innerstes Wesen (8, 20), der Unglaube widersetzt sich ihr (7, 51).

Weitere Gaben, die die Erlösung durch Jesus Christus den Gläubigen der Urgemeinde brachte, sind das (ewige) Leben und die Zugehörigkeit zum Reich Gottes. Die Apostel sprechen in ihrer Verkündigung von diesem Leben (5, 20), das auch den Heiden zuteil wird, die sich zum Glauben an den Auferstandenen bekennen (11, 18), während sich die Juden durch ihre Ablehnung des Messias des ewigen Lebens unwürdig machen (13, 46 48). Die Predigt vom Reich Gottes ist ein immer wieder aufgegriffenes Thema in den Reden der Apostel, wie es auch nach der Auferstehung Hauptgegenstand der Unterredungen des Herrn mit ihnen war. Reich Gottes und ewiges Leben, so weiß es die Urgemeinde, sind allerdings noch nicht eine vollendete Wirklichkeit, diese Vollendung wird der Herr einst bei seiner Wiederkunft bringen, und darum hofft die Urgemeinde mit heißem Herzen auf die baldige Parusie des Herrn. Sie wird die „Wiederherstellung aller Dinge" bringen, mit ihr werden erst „die Zeiten der Erquickung" gegeben sein (3, 20 f). Die Urgemeinde glaubt sich aber bereits in der begonnenen Endzeit, sie besitzt schon „den Frieden durch Jesus Christus" (10, 36), sie ist schon der Gnade teilhaftig (4, 33; 6, 8; 15, 11) und lebt darum in „Freude" (5, 41; 8, 8; 13, 48) und „Fröhlichkeit und Einfalt des Herzens" (2, 46).

Auf dem Gesamt dieser Glaubensüberzeugungen baut sich das religiöse Leben der Urgemeinde auf. Sie lebt zwar ganz in der Gegenwart des auferstandenen Herrn, glaubt aber nicht, deswegen die ererbten Frömmigkeitsformen aufgeben zu müssen. Deshalb gehen die Christen der Urgemeinde, auch ihre führenden Männer wie Petrus und Johannes, weiter zum Gebet in den Tempel (Apg 2, 46; 3, 1). Man behält die Gebetsstunden des Judentums bei, desgleichen den Gebetsgestus und die üblichen Gebetstexte, die beim gemeinschaftlichen Gebet verwendet wurden, besonders also die Psalmen (3, 1; 9, 10; 9, 40). So wie Jakobus d. J. fühlten sich gerade Judenchristen aus dem palästinischen Gebiet dem religiösen und gottesdienstlichen Brauch der Väter verpflichtet. Den bekehrten Juden aus der Diaspora hat er allerdings weniger bedeutet, wie die Haltung des Stephanus deutlich macht. Die Diskussionen auf dem Apostelkonzil beweisen, daß eine einheitliche Auffassung über den bindenden Charakter des alttestamentlichen Gesetzes in der Urgemeinde zunächst nicht vorhanden war. Die Forderung der Gruppe, die dessen verpflichtende Kraft für alle Gläubigen bejahte, wurde jedoch zurückgewiesen, in den sog. Jakobusklauseln nahm man aber gewisse Rücksichten auf sie, um so das friedliche Zusammenleben in gemischten Gemeinden zu erleichtern. Es fällt jedoch auf, daß in der apostolischen Predigt die Bindung an das Gesetz keinesfalls als Bedingung für die Erlangung des Heiles unterstrichen wurde. Es kommt aber in der Urgemeinde noch nicht zu einer vollen kultischen Loslösung vom palästinischen Gesamtjudentum.

Wohl lassen sich gewisse Ansätze feststellen, die zu späteren eigenständigen Frömmigkeitsformen und Kultübungen führen werden. Einen solchen kultischen Akt eigener Prägung stellt bereits die Taufe[23] der Urgemeinde dar; er begründet letztlich die Mitgliedschaft in ihr. Es handelt sich hier keineswegs etwa um die Übernahme der Johannestaufe, da die Taufe der Urgemeinde eindeutig „auf den Namen Jesu Christi zur Vergebung der Sünden" erfolgt (Apg 2, 38). Damit ist die Person Jesu zum Mittelpunkt dieses kultischen Aktes erklärt, von ihm hat er übernatürliche Wirkkraft, eben die Vergebung der Sünde und die Eingliederung in die Gemeinschaft der Glaubenden. Mit der Taufe ist in gewisser Form der Empfang des Heiligen Geistes verknüpft, obwohl der Zusammenhang in den Vorstellungen der Urgemeinde noch nicht restlos geklärt ist. An die Taufe schließt sich oft eine Handauflegung an, die den Geistempfang vermittelt; sie kann aber auch in zeitlicher Distanz zur Taufe erfolgen, so daß die Begabung mit dem Heiligen Geist erst später eintritt, nur wird die Taufe jeweils als Voraussetzung für den Geistempfang empfunden.

Der Verfasser der Apostelgeschichte sagt in seiner Schilderung des Lebens der Jerusalemer Christen, daß sie auch „festhielten ... am Brotbrechen" (2, 42). Obwohl sich eine letzte Sicherheit kaum gewinnen läßt, denken manche Exegeten[24] hier an die kultische Feier der Erinnerung an das letzte Abendmahl des Herrn und sehen in der Bezeichnung „Brotbrechen" den bereits zu einem terminus technicus gewordenen Namen für die eucharistische Feier, die ja nur in den Häusern der Gläubigen stattfinden konnte. Man stützt diese Ansicht mit dem allerdings beachtlichen Hinweis auf Paulus, der sich bei seiner Beschreibung des Herrenmahles auf die Urgemeinde beruft (1 Kor 11, 23) und dabei im eucharistischen Sinn vom „Brot, das wir brechen" (1 Kor 10, 16), spricht; damit wird eine derartige semasiologische Entwicklung des Ausdrucks „das Brotbrechen"

[23] *G. Schille*, Zur urchristlichen Tauflehre: ZNW 49 (1958) 31—52; *G. R. B. Murray*, Baptism in the New Testament (London 1962). [24] Vgl. etwa *C. Callewaert*, La synaxe eucharistique à Jérusalem: EThL 15 (1938) 34—73; *M. Meinertz* a. a. O. 131 f.

immerhin wahrscheinlich gemacht. Die Apostelgeschichte erzählt später (20, 7), daß man sich „am ersten Tag der Woche" versammelte, um Brot zu brechen. Das Hervorheben eines solchen Termines für diese Feier läßt es als sicher erscheinen, daß hier das Herrenmahl gemeint ist; man wählt dafür einen Tag aus, der im Gottesdienst der Juden keinen besonderen Rang hatte. So zeichnet sich auch in diesem Falle eine liturgische Entwicklung in der Urgemeinde ab, die eigene Wege geht; der Sonntag wird der Tag, an dem sich die neue Glaubensgemeinschaft zu ihrem eigenen Gottesdienst versammelt. Die Wahl gerade dieses Tages läßt sich unschwer ableiten aus der Tatsache, daß es der Tag der Auferstehung des Herrn war; damit konnte sich leicht die Erwartung verknüpfen, der Herr werde auch an diesem Wochentag seine Wiederkunft halten. Bei der wachsenden Spannung zwischen Urgemeinde und Altjudentum mußte dann der Sonntag als Eigenfeiertag der Christen im Gegensatz zum Sabbat stetig an Rang steigen[25].

Eigene Wege christlicher Frömmigkeitspraxis deuten sich auch an in der Wahl neuer Fasttage, die von den bisherigen jüdischen, dem Montag und Donnerstag, verschieden sind. Daß man christlicherseits den Freitag bevorzugte, begreift sich leicht, da es der Todestag des Herrn war, und die Wahl des Mittwochs als zweiten Fasttags der Woche liegt in der gleichen Vorstellungslinie; es war der Tag, an dem mit der Gefangennahme des Herrn seine Passion ihren Anfang genommen hatte. So zeichnet sich bereits deutlich in der Urgemeinde das Werden einer von christlicher Gedankenwelt geformten liturgischen Woche ab, die den steigenden Gegensatz zum ehemaligen Judentum auch im kultischen Bereich deutlich macht.

Von weiterem liturgisch-kultischem Eigengut spricht der Jakobusbrief, der eine besondere Salbung der Kranken kennt, die den Ältesten übertragen war: „Ist jemand krank unter euch, so rufe er die Presbyter der Kirche; diese sollen über ihn beten und ihn mit Öl salben im Namen des Herrn. Und das Gebet des Glaubens wird den Kranken heilen, und der Herr wird ihn aufrichten; und wenn er Sünden begangen hat, wird ihm vergeben werden" (5, 14f). Selbst wenn der Brief sich an Judenchristen der Diaspora wendet, wird er ihnen kaum einen religiösen Brauch empfehlen, der der eigenen Gemeinde fremd war.

Als Ganzes ist die religiöse Haltung der Urgemeinde getragen von einem hochgemuten, opferbereiten Enthusiasmus, der sich vor allem auch in tätiger Caritas auswirkt: „Die Menge der Gläubigen war ein Herz und eine Seele, und keiner nannte ein Stück seiner Habe sein eigen, sondern sie hatten alles gemeinsam" (Apg 4, 32). Die aus dem Schwung des neuen Glaubens erwachsene Bruderliebe ließ den einzelnen Gläubigen leichten und fröhlichen Herzens auf den Besitz seines Privateigentums verzichten, um den Armen

[25] *W. Rordorf*, Der Sonntag. Geschichte des Ruhe- und Gottesdiensttages im ältesten Christentum (Zürich 1962).

unter ihnen helfen zu können. Das Prinzip der Freiwilligkeit macht es unmöglich, diese urchristliche Gütergemeinschaft im Sinne moderner kommunistischer Ideen und Praktiken zu verstehen. Solcher Enthusiasmus nährte sich gewiß weitgehend aus der schon erwähnten Parusieerwartung[26] der jungen Kirche. Die mit ihr gegebene großzügige Distanzierung von den Gütern dieser Welt machte sie innerlich frei, selbstlos und darum zu großen Leistungen fähig. Diese dem Glauben und der eschatologischen Grundhaltung der Urgemeinde entströmende sittlich-religiöse Kraft machte sie auch stark genug, bei dem Ausbleiben der Parusie nicht zu resignieren, sondern dem jungen Christentum den Weg in eine größere Zukunft zu weisen.

[26] *J. Gewiess* a. a. O. 31—38; *O. Cullmann*, Parusierverzögerung und Urchristentum: ThLZ 83 (1958) 1—12; *E. Käsemann*, Zum Thema der urchristlichen Apokalyptik: ZThK 59 (1962) 257—284; *R. Schnackenburg*, Eschatologische Heilsgemeinde = Mysterium der Kirche I (Salzburg 1962) 138—142.

ZWEITER ABSCHNITT

Der Weg in die Heidenwelt

4. Kapitel

Die religiöse Situation der griechisch-römischen Heidenwelt bei der Begegnung mit dem Christentum

QUELLEN: *M. Nilsson,* Die Religion der Griechen (Religionsgeschichtl. Lesebuch 4) (Tübingen 1927); *K. Latte,* Die Religion der Römer und der Synkretismus der Kaiserzeit (ebd. 5) (Tübingen 1927); *H. Kleinknecht,* Pantheion. Religionsgeschichtl. Texte des Griechentums (Tübingen 1929); *N. Turchi,* Fontes mysteriorum aevi hellenistici (Rom ²1930); *A. D. Nock - A.-J. Festugière,* Corpus hermeticum, 4 Bde (Paris 1945/54); *F. C. Grant,* Hellenistic Religions, 2 Bde (New York 1953/54); *ders.,* Ancient Roman Religion (New York 1957); *H. Haas - J. Leipoldt,* Die Religionen in der Umwelt des Christentums: Bilderatlas zur Religionsgeschichte (Leipzig 1926/30).

LITERATUR: 1. Kulturgeschichte der Antike: die schon genannten neutestamentlichen Zeitgeschichten, ferner: *P. Wendland,* Die hellenistisch-römische Kultur in ihren Beziehungen zum Judentum und Christentum (Tübingen ³1912); *L. Friedlaender,* Darstellungen aus der Sittengeschichte Roms, 4 Bde (Leipzig ¹⁰1921/23); *W. R. Halliday,* The Pagan Background of Early Christianity (Liverpool 1926); *R. Heinze,* Die augusteische Kultur (Leipzig 1930, Nachdruck Darmstadt 1960); *W. Kroll,* Die Kultur der ciceronianischen Zeit, 2 Bde (Leipzig 1933); *A.-J. Festugière - P. Fabre,* Le monde gréco-romain au temps du Notre Seigneur, 2 Bde (Paris 1935); *J. Carcopino,* La vie cotidienne à Rome (Paris 1939); *W. W. Tarn,* Hellenistic Civilization (London ³1952); *M. Rostovtzeff,* Die hellenistische Welt, 3 Bde (Stuttgart 1955/56); *U. Kahrstedt,* Kulturgeschichte der römischen Kaiserzeit (Bern ²1958); *A. A. M. van der Heyden - H. E. Stier,* Bildatlas der klassischen Welt (Gütersloh 1960).

2. Antike Religion: *A. D. Nock,* Conversion. The Old and New in Religion from Alexander the Great to Augustus of Hippo (Oxford 1933); *K. Prümm,* Der christliche Glaube und die altheidnische Welt, 2 Bde (Leipzig 1935); *K. Kerényi,* Die Religion der Griechen und Römer (München 1963); *R. Bultmann,* Die Religionen im Umkreis des Christentums (Zürich ²1954); *K. Prümm,* Religionsgeschichtliches Handbuch für den Raum der altchristlichen Umwelt (Rom ²1954).

a) Griechische Religion: *E. Rohde,* Psyche. Seelenkult und Unsterblichkeitsglaube der Griechen (Tübingen ⁸1925); *O. Kern,* Die Religion der Griechen, 3 Bde (Berlin 1926/38); *W. Nestle,* Griechische Religiosität II (Berlin 1934); *D. K. C. Guthrie,* The Greek and their Gods (London 1950); *M. Nilsson,* Geschichte der griechischen Religion I (München ²1955), II (München ²1961); *K. Prümm,* Die Religion des Hellenismus: König H II (Freiburg ²1961) 169—244; *U. v. Wilamowitz-Moellendorff,* Der Glaube der Hellenen, 2 Bde (Darmstadt ³1960).

b) Römische Religion: *J. Geffcken,* Der Ausgang des griechisch-römischen Heidentums (Heidelberg ²1929); *F. Altheim,* Römische Religionsgeschichte III: Die Kaiserzeit (Berlin 1933); *F. Cumont,* Die orientalischen Religionen im römischen Heidentum (Darmstadt ⁴1959); *ders.,* Lux perpetua (Paris 1949); *C. Koch,* Religio, Studien zu Kult und Glauben der Römer (Nürnberg 1960); *K. Latte,* Die Religion der Römer (München 1960).

c) K a i s e r k u l t : *G. Herzog-Hauser*, Pauly-Wissowa Suppl. IV 806—853; *E. Lohmeyer*, Christuskult und Kaiserkult (Tübingen 1919); *St. Lösch*, Deitas Jesu und antike Apotheose (Rottenburg 1933); *E. Stauffer*, Rom und die Cäsaren (Hamburg 1952); *L. Cerfaux - J. Tondriau*, Un concurrent du Christianisme. Le culte des souverains romains (Tournai 1957); *E. Norden*, Die Geburt des Kindes (Darmstadt [3]1958); *R. Étienne*, Le culte impérial dans la péninsule ibérique d'Auguste à Dioclétien (Paris 1959); *F. Taeger*, Charisma, 2 Bde (Stuttgart 1960); *H. Schlier*, Die Zeit der Kirche (Freiburg [3]1962) 14 ff.

d) M y s t e r i e n r e l i g i o n e n : *F. Cumont*, Die Mysterien des Mithra (Leipzig [3]1923); *R. Reitzenstein*, Die hellenistischen Mysterienreligionen (Leipzig [3]1927); *H. Greßmann*, Die orientalischen Religionen im hellenistischen Zeitalter (Berlin 1930); *F. Saxl*, Mithra (Berlin 1931); *B. Heigl*, Antike Mysterienreligionen und das Christentum (Münster 1932); *S. Eitrem*, Orakel und Mysterien am Ausgang der Antike (Zürich 1947); *N. Turchi*, Le religioni misteriche del mondo antico (Mailand 1948); *V. Magnien*, Les mystères d'Eleusis (Paris 1950); *A. Schütze*, Mithras-Mysterien und das Urchristentum (Stuttgart 1960).

e) V o l k s r e l i g i o n : *K. Preisendanz*, Papyri graecae magicae (Leipzig 1928); *F. R. Herzog*, Die Wunderheilungen von Epidauros (Leipzig 1931); *F. Boll*, Sternglaube und Sterndeutung (Leipzig [4]1931); *E. Massonneau*, La magie dans l'antiquité romaine (Paris 1934); *E. Stemplinger*, Antiker Volksglaube (Stuttgart 1948); *W. Gundel*, Astrologie: RAC I 817—831.

f) S p ä t a n t i k e P h i l o s o p h i e : *K. Praechter*, Das Altertum: *Ueberweg-Heinze*, Geschichte der Philosophie I (Berlin [12]1926); *E. Zeller*, Grundriß der Geschichte der Philosophie der Griechen (Leipzig [13]1928); *K. Reinhardt*, Poseidonios (München 1921); *A.-J. Festugière*, Épicure et ses dieux (Paris 1946); *M. Pohlenz*, Die Stoa, 2 Bde (Göttingen 1948/49); *R. Harder*, Plotin (Frankfurt 1958).

Im Gegensatz zur politischen und kulturellen Einheit, die am Beginn der christlichen Zeitrechnung in den Randgebieten des Mittelmeerraumes herrschte, steht das Bild einer bunten Vielfalt in der religiösen Welt. Rom hatte mit seinen politischen Eroberungen niemals den Versuch verbunden, den unterworfenen Völkern ein einheitliches religiöses Bekenntnis und eine alleingültige Form des Kultes aufzuerlegen, es war eher Prinzip römischer Religionspolitik, alle religiösen Überzeugungen und Betätigungsformen der in seinem Imperium zusammengeschlossenen Stämme und Völkerschaften unangetastet zu lassen. Eine knappe Übersicht über die Mannigfaltigkeit der religiösen Strömungen am Ausgang der vorchristlichen Periode des Hellenismus soll es ermöglichen, die Aufgabe klar zu sehen und zu würdigen, vor die sich das Christentum gestellt sah, als es sich anschickte, das griechisch-römische Heidentum für seine Ideale zu gewinnen.

Niedergang der altgriechischen und altrömischen Religion

Als ein erstes Charakteristikum der religiösen Gesamtlage in der hellenistischen Welt des ausgehenden letzten vorchristlichen Jahrhunderts ist der Geltungsschwund sowohl des altgriechischen Polytheismus wie auch der spezifisch altrömischen Religion anzusehen. Die Ursachen für diesen Prozeß sind vielfacher Art, verschieden auch für den griechischen und römischen

Bereich. Im eigentlichen Griechenland wirkte sich vor allem die rationalistische Götterkritik negativ aus, die sich in den verschiedenen philosophischen Schulen, besonders in der Stoa und bei den Epikureern durchgesetzt hatte. Den Glauben an die Existenz der homerischen Götterwelt hatte man in diesen Kreisen längst aufgegeben. Die an seine Stelle tretende monistische Lehre der Stoa von einer göttlichen Vorsehung (Πρόνοια) und vom Logos als Weltvernunft, die das Weltganze durchwirkt und ordnet, führte nicht zur Annahme eines persönlichen überweltlichen Gottes; denn auch die stoische Weltvernunft untersteht dem ehernen Gesetz der Heimarmene, die über den Ablauf des Weltgeschehens in einem ewigen Kreislauf wacht und so dem Logos die Freiheit des Wirkens nimmt. Epikur seinerseits lehnte zwar entschieden die Existenz eines solchen unabänderlichen schicksalhaften Geschehens ab, aber seine an Demokrits Lehre von den Atomgesetzen anknüpfende Weltdeutung führte nur zu einem physikalisch determinierten Weltbild und ließ für die mythische Welt der Götter oder für einen persönlich die Welt lenkenden Gott ebenfalls keinen Raum mehr. Der von dem Namen des Griechen Euhemeros sich herleitende Versuch des Euhemerismus, das Entstehen des mythischen Götterglaubens auf historischem Wege zu erklären und die einzelnen Göttergestalten als hervorragende Persönlichkeiten der Vergangenheit zu deuten, denen man in verklärender Nacherinnerung allmählich göttliche Ehren erwiesen habe, förderte ebenso die weitere Entgötterung der griechischen religiösen Welt. Gewiß waren die Träger solcher Ideen anfänglich nur in den Kreisen der aufgeklärten Oberschicht zu finden, aber ihre spätere Popularisierung durch die kynisch-stoische Diatribe hat auch auf den Glauben weiterer Volkskreise destruktiv gewirkt.

Der Verfall der klassischen griechischen Religion wurde des weiteren gefördert durch die politische Entwicklung im östlichen Mittelmeerraum. Die Zeit der Diadochenherrschaft brachte in Griechenland selbst die endgültige Auflösung der alten Stadtstaaten mit sich, und diese traf ihrerseits die bisher von ihnen oder ihren Geschlechterverbänden getragenen religiösen Kulte. Die neugegründeten hellenistischen Städte im Osten lockten mit ihren wirtschaftlichen Möglichkeiten viele Griechen zur Auswanderung, so daß die Heimat verarmte und viele alte Heiligtümer dem Ruin preisgegeben waren. Weit folgenreicher war der durch die Hellenisierung des ganzen Ostens bedingte Austausch der religiösen Ideenwelt und ihrer kultischen Ausdrucksformen, in dem sich die Götter Griechenlands und des Orients weitgehend einander anglichen, dabei aber viel von ihrer ursprünglichen Eigenart aufgeben mußten. Dieser Vorgang brachte zwar der bisherigen griechischen Religion noch eine eigenartige Fernwirkung; mit dem äußeren Lebensstil der griechischen Polis zogen auch deren Kultformen in die hellenistischen Neugründungen des Ostens ein, und so erhoben sich auch hier bald die prunkvollen Denkmäler religiöser Kunst in ihrer charakteristischen hellenistischen Ausprägung, aber der Geist der altgriechischen Religion war nicht in ihnen zu finden. Umgekehrt strömten die orientalischen Kulte nach Griechenland und weiter nach dem Westen des Reiches ein und bewirkten hier eine Verflachung des alten Glaubens und trotz neuer Formen vielfach auch einen Schwund an religiöser Substanz.

In diesen Auflösungsprozeß wurde auch die altrömische Religion mit hineingezogen. Seit dem zweiten Punischen Krieg hatte eine stetig wachsende Hellenisierung der römischen Kulte eingesetzt, die sich in einem Ansteigen der Tempel griechischer Gottheiten und ihrer Statuen auf römischem Boden ausdrückte. Während das hellenistische Götterbild meist durch die griechischen Städte Unteritaliens und durch Sizilien vermittelt wurde, war es der direkte Einfluß der griechischen Literatur auf die Anfänge der lateinischen, der die Hellenisierung des religiösen Sektors stark förderte. Die Bühne mit ihren lateinischen Bearbeitungen der griechischen Komödie und anderer Dichtertexte machte auch das Volk mit der griechischen Götterwelt und Mythologie bekannt. Gegenüber solch massivem Einbruch traten die alten Gottheiten mit ihren Festen in den Hintergrund, wodurch ein unaufhaltsamer Verfall der den altrömischen Kult stützenden Priestertümer eingeleitet wurde. Als gegen Ende des zweiten Punischen Krieges die Sibyllinischen Bücher die Einführung des Kultes der kleinasiatischen Kybele verlangten, nahm auch der Einzug der orientalischen Gottheiten in Rom seinen Anfang und wirkte an der Zersetzung des altrömischen Glaubens mit. Alle Versuche des Senates und besorgter römischer Kreise, solchen Gefahren Einhalt zu gebieten, blieben letztlich erfolglos. Die militärischen Eroberungszüge des letzten Jahrhunderts der Republik machten dann auch die römischen Truppen mit dem Kult des Mithras bekannt, und die immer stärker werdende Berührung mit orientalischem Wesen öffnete schließlich auch der Verehrung der kappadokischen Bellona und der ägyptischen Isis die Tore der Reichshauptstadt. Ebensowenig war das Eindringen hellenistischer philosophischer Ideen in die römische Oberschicht zu verhindern, die sich vor allem von der stoischen Gedankenwelt angesprochen fühlte, damit aber auch deren Götterkritik und deterministisches Weltbild übernahm. Besonders in der römischen Hauptstadt konnte die skeptische Haltung der führenden römischen Kreise gegenüber dem alten Götterglauben und dem Staatskult nicht verborgen bleiben, und so wurde auch die private religiöse Sphäre der großstädtischen Familien angekränkelt. Die immer noch sehr starke Beteiligung der römischen Bevölkerung an den einst kultisch fundierten Spielen konnte dafür nur ein kümmerlicher Ersatz sein, da deren Bindung an eine religiöse Funktion längst aus dem Bewußtsein geschwunden war.

Kaiser Augustus hat nach Erringung der Alleinherrschaft dem bedrohlichen religiösen und sittlichen Niederbruch seines Volkes Einhalt zu gebieten versucht und einen umfassenden Wiederaufbau der Staatsreligion und einer sie tragenden Überzeugung eingeleitet. Gerade das letztere vermochte er nicht mehr zu erreichen. Die alten Priesterkollegien wurden zwar reorganisiert, Heiligtümer restauriert, in Vergessenheit geratene Götterfeste wiederaufgenommen; die Mitglieder der führenden Familien übernahmen wieder religiöse Ämter und Funktionen. Aber zu gering war bereits die innere religiöse Substanz, als daß man den so erneuerten Kult noch mit einer Anteilnahme des Herzens vollzogen hätte, wie es besonders greifbar wird bei Horaz, dessen religiöse Skepsis seinem „carmen saeculare" bei der Jahrhundertfeier Roms im Jahre 17 v. Chr. keine beachtliche Tiefenwirkung mehr verleihen konnte. Auch daß Augustus im Jahre 12 v. Chr. selbst die Würde des Pontifex Maximus übernahm und sie für immer mit dem Prinzipat verband, konnte die Dinge nicht mehr wenden.

Der Kaiserkult

Ein Zug der Augusteischen Religionspolitik sollte allerdings weitreichende Konsequenzen haben und von besonderer Bedeutung für die Auseinandersetzung mit dem erstarkenden Christentum werden, das Aufgreifen des orientalischen Herrscherkultes und der Versuch, ihn in den Dienst der religiösen Reorganisation zu nehmen und ihn in der modifizierten Form des Kaiserkultes zur tragenden Staatsreligion werden zu lassen. Ihren Ursprung hatte die kultische Verehrung des Herrschers im Orient, wo man dessen Macht schon früh als religiös begründet empfand. Auf dieser Grundlage konnten Alexander und seine Nachfolger weiterbauen, als sie Elemente des griechischen Heroenkultes und stoisches Ideengut von dem Vorrang des Weisen damit verbanden und so die kultische Verehrung des hellenistischen Königtums durchsetzten. Zunächst ist diese den Diadochenkönigen des Vorderen Orients zuteil geworden, ohne besondere Schwierigkeiten den Ptolemäern in Ägypten, da hier eine willige Priesterschaft vorhanden war, von hier ging sie bald auf die Seleukiden über. Von griechischen Städten Kleinasiens erhielten die hellenistischen Herrscher für ihre Hulderweisung und Wohltaten ihnen gegenüber den Titel Soter, dem sich später andere Prädikate mit sakralem Gehalt, wie Epiphanes und Kyrios, anschlossen. Immer mehr setzte sich als die den Kult tragende Idee der Gedanke durch, daß im jeweiligen Herrscher Gott sichtbar in Erscheinung trete. Als die Diadochenreiche von der römischen Macht abgelöst wurden, lag es nahe, den Herrscherkult auf deren Vertreter zu übertragen und auch ihnen sakrale Ehren zu erweisen. Da der römischen Republik der Monarch fehlte, wurde Roma selbst als Personifizierung dieser Macht durch Tempel und Statuen geehrt. Auch einzelne römische Feldherren, wie Antonius, ließen sich bedenkenlos solche Ehren im Osten entgegenbringen.

An diese Verehrung des Herrschers in den Ostprovinzen des Reiches konnte Augustus leicht anknüpfen, wenn er sich in diesen Gebieten zusammen mit der Göttin Roma Tempel und Statuen errichten ließ und auch kultische Ehren nicht ablehnte, deren offizieller Vollzug den städtischen Behörden oder den Provinziallandtagen oblag. Gerade der Person des Augustus wurden sie bereitwilligst gewährt, weil er mit der pax Augusta auch jenen Ländern einen dauernden Frieden gebracht und deshalb ein Ansehen ohnegleichen genoß. In Rom und Italien mußte die Form der Herrscherverehrung zwar diskreter gehandhabt werden. Hier beschloß der Senat erst nach dem Tode des Kaisers, ob ihm wegen seiner Verdienste um das Reich die *consecratio,* die Einreihung unter die Götter, zuteil werden solle. Immerhin hatte der Senat schon Cäsar als divus Julius unter die Himmlischen aufnehmen, ihm einen besonderen Kult durch ein eigenes Priestertum erweisen lassen und damit die religiöse Verehrung des Julischen Hauses eingeleitet. Zweifellos haben Einflüsse aus dem Osten in Rom weiter in dieser Richtung gewirkt. Octavian konnte den Titel Augustus annehmen, der sakrale Färbung hat. Man sollte in den Privathäusern dem genius des Kaisers opfern, da in ihm das Göttliche sich offenbare; man schwört beim genius des Kaisers, und der Bruch eines solchen Eides wird als Majestätsbeleidigung gewertet. Wenn Vergil in seiner vierten Ekloge davon singt, in Augustus sei offensichtlich eine alte etruskische Weissagung in Erfüllung gegangen, wonach ein Heiland als Kind auf die Welt kommen und ein goldenes Zeitalter inaugurieren solle, so wird auch hier die Auffassung spürbar, die dem Herrscher göttlichen Ursprung zuschreibt. Im Laufe des ersten nachchristlichen Jahrhunderts haben einige römische Kaiser die kluge Zurückhaltung des Augustus aufgegeben und von ihrer römischen Umgebung zu ihren Lebzeiten entschieden göttliche Verehrung gefordert[1], obwohl ihre Lebensführung und ihre Leistung als Leiter des Imperiums sie nicht gerade dafür empfahlen; dies hatte eine gewisse Abwertung des Kaiserkultes in Rom zur Folge. Trotzdem gab es auch im Westen private Organisationen, die sich der Pflege dieses Kultes widmeten. Da der Kaiserkult aufs innigste mit der staatlichen Macht verknüpft war, mußte ihm ein besonderes Gewicht zukommen, wenn das Christentum, das jede Form einer Menschenvergötterung ablehnte, sich einmal theoretisch oder praktisch mit diesem Staat auseinanderzusetzen hatte.

Die östlichen Mysterienkulte

Während der Kaiserkult in seiner offiziellen Verbindung mit dem Staat, in seinen nach Ost und West abgestuften Graden der Intensität eine allgemeine Bedeutung und Verbreitung erlangte, behielten die orientalischen Mysterienkulte stets ihren ursprünglichen privaten Charakter, wenn auch ihr Einfluß auf alle Schichten der Reichsbevölkerung beachtlich war. Der tiefste

[1] *K. Scott,* The Imperial Cult under the Flavians (Stuttgart 1936).

Grund für ihre Anziehungskraft ist in ihrem Anspruch zu sehen, dem einzelnen auf seine existentielle Frage nach seinem Schicksal im Jenseits eine befreiende Antwort geben zu können. Sie wollen ihm zeigen, wie er durch Gestaltung seines sittlichen Lebens in dieser Welt sein Dasein im Jenseits sichern, kurz: wie er sein (ewiges) „Heil", die σωτηρία, finden könne.

Die orientalischen Mysterienkulte konnten ihren Eroberungszug nach den klassischen Ländern des Westens erst antreten, als die Hellenisierung des Ostens nach den Alexanderzügen die Möglichkeit dazu bot. Zuerst tasten sie sich zögernd vor, fassen immer fester Fuß in den wirtschaftlichen und kulturellen Zentren, bis sie in der Kaiserzeit allenthalben den Höhepunkt ihrer Geltung erreichen. Am meisten sind die Griechen der kleinasiatischen Westküste aufnahmebereit für diese neue religiöse Welt, sie sind auch maßgebend an der Weitergabe der Kulte nach Westen beteiligt. Diese sind nach Inhalt und Form nicht streng exklusiv, sondern nehmen jeweils Elemente vorhandener religiöser Vorstellungen auf, durchdringen sie, verbinden Züge verwandter Gottheiten mit denen, die im Mittelpunkt ihrer Verehrung stehen, und tragen so ihr Teil bei zu der Erscheinung des religiösen Synkretismus, der für die hellenistische Epoche charakteristisch ist. Drei orientalische Kulturkreise bilden die Quellen, aus denen die neuen Kulte in die hellenistische Welt einströmen: der ägyptische, der kleinasiatische und der syrische, zu denen in gewissem Abstand der iranische für den andersgearteten Mithraskult tritt.

Im Mittelpunkt des ägyptischen Kultes stehen zunächst die Göttergestalten der Isis und des Osiris, die auch aus dem offiziellen Kult Ägyptens bekannt sind. Die Göttin Isis wurde alljährlich durch eine feierliche Prozession geehrt, in der der fremdartige bizarre Aufzug der kahlgeschorenen, weißgekleideten Priesterschaft, der lärmenden Musikanten und sonstigen Teilnehmer auffiel. Isis war in einer längeren Entwicklung zur Allgöttin geworden, die der Menschheit Gesittung und Kultur gebracht hatte. Sie galt als Erfinderin von Ackerbau und Schrift, als Herrin der Schiffahrt, als Begründerin des Rechtes und staatlicher Ordnung, als Schirmherrin der Verfolgten und Befreierin aus jeglicher Not. In dem ihrer Verehrung dienenden Geheimkult ist zunächst Osiris ihr Gatte, der alte ägyptische Vegetationsgott, der stirbt und wieder aufersteht, wie es die alljährliche Aussaat und das neue Wachstum des Getreides symbolisch andeuten. Sein Tod wird von seinen Verehrern beklagt, seine Auferstehung jubelnd gefeiert. In seinem Sterben sieht der Mensch seinen eigenen Tod ausgedrückt, wie Osiris wird auch er auferstehen zu neuem Leben. Das ist der Grundgedanke dieser Mysterien, zu denen die Göttin Isis selbst den dafür würdig Befundenen im Traum beruft. Ein eindrucksvolles Aufnahmezeremoniell[2] weiht den Aus-

[2] Vgl. die Schilderung des Rituals bei Apuleius, Metam. XI; dazu *W. Wittmann*, Das Isisbuch des Apuleius von Madaura (Stuttgart 1938).

erwählten zum Dienst der Göttin; durch Reinigungsbad und zehntägiges Fasten hat er sich vorbereitet, wird nun vom Isispriester in das Allerheiligste des Isistempels geführt, betritt die Schwelle des Todes, wandert durch alle Elemente und betet die Sonne und die Götter an. Mit dem Himmelsmantel bekleidet, mit einer Fackel in der Hand und einem Kranz auf dem Haupte wird er dann der Gemeinde als Abbild des Sonnengottes vorgestellt und feiert den Tag, da er zu einem neuen Leben wiedergeboren wurde. Vor dem Bild der Göttin spricht er ein enthusiastisches Dankgebet, in dem er sich verpflichtet, ihr göttliches Antlitz und ihr heiliges Wesen stets vor Augen zu haben. In der ptolemäischen Zeit wird Osiris in den Hintergrund gedrängt durch den neuen ägyptischen Sarapis, eine Schöpfung Ptolemäus' I., der Ägypter und Griechen seines Herrschaftsgebietes damit religiös einen wollte. Darum vereinigt er Züge in sich, die alle Untertanen ansprechen konnten: auch er ist der Isis beigesellt, Gott des Todes und des Lebens, Erdgott und Sonnengott. Nicht nur sein hellenistisch-schönes Kultbild, aus dem hoheitsvolle Milde und hilfsbereite Menschlichkeit sprechen, erinnert an Zeus und Asklepios, sein ganzes Wesen macht ihn zum weithin verehrten Helfer in materieller und seelischer Not, der zugleich Herr über das Schicksal ist und die Seele sicher ins Jenseits geleitet. Eine eifrige Propaganda verbreitete seinen Kult von seinem Zentralheiligtum, dem Sarapeion in Alexandrien, über die ganze Mittelmeerwelt bis nach Rom, überall erklang der ihn preisende Ruf: „Sarapis ist Sieger" (νικᾷ ὁ Σάραπις). Noch Kaiser Julian feiert ihn mit dem Spruch, der die monotheistische Tendenz seiner Gestalt erkennen läßt: „Eins ist Zeus und Hades und Helios, eins ist Sarapis."[3]

Kleinasien ist die Heimat des Kultes der Großen Mutter, der Fruchtbarkeitsgöttin Kybele, die den Griechen schon früh bekannt war. In hellenistischer Zeit verbreitete sich ihre Verehrung rasch über ihre Heimat hinaus und wurde im Jahre 204 bereits in Rom eingeführt. Auch ihr ist ein männlicher Gott verbunden, der Naturheros Attis, ihr Geliebter. Nach dem nicht einheitlichen Mythos wird Attis ihr untreu, dafür von Kybele in Raserei versetzt, an deren Folgen er stirbt. Er wird zu neuem Leben erweckt und wieder mit der Großen Mutter vereint. Dieser Mythos wird zur Grundlage eines wild-bizarren Mysterienkultes, in dessen Dienst eine eigene Priesterschaft, die der Galli, steht. Diese führen in ekstatischen, mit Geißelung verbundenen Tänzen ihre eigene „mystische" Raserei herbei, in der sie sich bis zur Selbstentmannung treiben lassen. In dem Einweihungsritus erlebt der Attismyste das Schicksal seines Gottes in Tod und Auferstehung symbolisch nach; er wird mit dem Blut eines Stieres besprengt, betritt das „Brautgemach", das er als Wiedergeborener verläßt. Bei einem heiligen Mahl bekennt er, daß er Myste des Attis geworden sei, und ein Priester verkündet

[3] Julianus, Orat. 4, 136 A. (175 *Hertlein*).

den Eingeweihten die frohe Kunde: „Getrost, ihr Mysten, dem Gott ward Heil! So wird auch uns nach Mühsal Heil zuteil.“[4] Auch hier war demnach die Heilsverheißung das entscheidende Motiv für den Beitritt zum Kult, dessen orgiastische Züge einem Griechen nicht ganz fremd vorkamen, wenn er an die Formen dachte, unter denen schon vorher bei ihnen Dionysos verehrt wurde. Die mit dem Kult verbundenen Exzesse der Selbstverstümmelung vermochten sie allerdings kaum besonders anzuziehen; die griechische Komödie hat denn auch die Kybelepriester, die für ihren Kult werbend durch die Lande zogen, mit ihrem Spott nicht verschont.

Einen ähnlich ekstatischen Zug weist auch der aus der syrischen Küstenstadt Byblos stammende Kult auf, dessen Göttergestalten die der Kybele verwandte Herrin der Natur Atargatis und der jugendlich-schöne Adonis, ihr Gatte, waren. Auch dieser ist Vegetationsheros und ebenfalls sterbender und wieder auferstehender Gott. Der Kultmythos läßt ihn auf der Jagd von einem Eber verwundet werden und an den Wunden sterben, im Frühjahr aber wird er als strahlender Frühlingsgott wieder auferstehen. Kern der mystischen Kultfeier war das alljährliche Gedächtnis des Todestages des Adonis, an dem sich die Frauen von Byblos einer hemmungslosen Trauer hingaben und ein Bild des jugendlichen Gottes unter lautem Wehklagen bestatteten. Nach kurzer Zeit wandelte sich die Trauer in Freude, und jubelnd verkündeten die Verehrerinnen des Gottes: Adonis lebt! Die Symbolik auch dieses Kultes, in der sich der Schmerz um einen allzufrühen Tod und die Sehnsucht nach verjüngender Auferstehung ausdrücken, mochte ihm manchen Menschen der hellenistischen Spätzeit zuführen.

Die drei Mysterienkulte haben bei aller Verschiedenheit im einzelnen offensichtlich eine gemeinsame Grundidee: Das in der Natur beobachtete Sterben und stete Wiederaufblühen verdichtet sich symbolisch zu dem Mythos von dem jugendlichen Vegetationsheros, den ein tragischer Tod von der Seite der Göttin wegreißt, der aber wieder aufersteht zu neuem Leben. Darin ist das Schicksal des Menschen dargestellt, dessen unheimlicher und zuweilen unfaßbar tragischer Tod als dunkle Last auf dem Denken und Empfinden der Antike lag. Sollte es nicht wie für den jungen Gott des Mythos auch für ihn eine Auferstehung in einem geheimnisvollen Jenseits geben? Schon die im Mythos angedeutete Möglichkeit solch eschatologischer Hoffnung mußte den hellenistischen Menschen ansprechen. Gerade weil die alten Religionen Griechenlands und Roms auf diese erregende Frage keine aufrichtende Antwort wußten, hat er sich diesen neuen Formen religiösen Glaubens zugewandt, deren Zugkraft noch erhöht wurde durch das Geheimnisvoll-Fremdartige des Einweihungszeremoniells, das ein Widerhall aus dem Jenseits zu sein schien, und durch die Lieder und Kultgebete, die

[4] Firmicus Maternus, De errore prof. rel. 22 (69 *Ziegler*): θαρρεῖτε, μύσται, τοῦ θεοῦ σεσωσμένου· ἔσται γὰρ ἡμῖν ἐκ πόνων σωτηρία.

manches geängstigte und erregbare Gemüt durch die Intensität des Gefühls in ihren Bann zogen.

Jenseitsvorstellungen beherrschen schließlich auch den Mysterienkult des Mithras, der allerdings erst stärker in Erscheinung tritt, als das Christentum bereits innerlich und äußerlich gefestigt war. Der Kult hat seinen Ursprung in der iranischen Welt, wird seiner äußeren Form nach besonders in Kappadokien weitergebildet und verbreitet sich dann von Ost nach West zunächst mit geringerem Erfolg in den Zentralprovinzen Kleinasiens und in Ägypten, findet kaum ein Echo in Griechenland, um so mehr aber im Westen des Reiches, wo Rom und seine Umgebung — allein in Ostia sind etwa 15 Mithrasheiligtümer nachweisbar — und die Nordgrenze am Rhein Schwerpunkte seiner Geltung wurden. Es handelt sich um einen ausgesprochenen Männerkult, der unter den Soldaten des römischen Heeres seine meisten Anhänger fand. Seine zentrale Gestalt ist der persische Lichtgott Mithras, der einen unter der Herrschaft des Mondes stehenden Stier raubt und ihn auf Geheiß Apollos schlachtet; die Schilderung dieses Vorganges ist das zentrale Motiv des mithräischen Kultbildes, das in allen Mithrasheiligtümern aufgestellt war. Das Blut des Stieres wird über die Mithrasgläubigen ausgesprengt, die dadurch geweiht werden und Anwartschaft auf das Heil erlangen. Auf die Einweihung in die Mysterien bereitet sich der Anwärter durch verschiedene Mutproben und Waschungen vor, nach seiner Aufnahme schreitet er in sieben Weihegraden bis zum vollendeten Mithrasjünger empor. So wie Mithras vom Sonnengott Helios auf dem Sonnenwagen nach oben geleitet wird, so hofft auch er auf seine eigene strahlende Erhöhung im Jenseits. Ein heiliges Mahl vereint auch die Mitglieder dieser Kultgemeinschaft und weist die Tischgenossen auf ein gemeinsames glückliches Leben im Jenseits hin.

Über die Zahl der Anhänger all dieser Kulte lassen die Quellen keine präzisen Angaben zu. Ihre Verbreitung in allen Bereichen der hellenistischen Welt und ihre relative Dichte in den größeren Siedlungszentren lassen erkennen, daß die Anhängerschaft nicht unerheblich war. Die gebildete Oberschicht war wohl am schwächsten darin vertreten, sie suchte eher Ersatz für ihre religiösen Bedürfnisse in den philosophischen Richtungen der Zeit[5]. Um so mehr fanden die Mysterienkulte Anklang bei Menschen aus dem Mittelstand, deren religiöses Empfinden noch nicht von dem materiellen Glanz der hellenistischen Zivilisation erstickt war, sondern eine konkrete Berührung mit dem Göttlichen ersehnte, in sinnfälligen Riten eine Sinndeutung des Lebens finden und eine greifbare Garantie für ein besseres Los im Jenseits besitzen wollte.

[5] W. *Nestle*, Griechische Religiosität III (Berlin 1934) 86—98.

Kaiserkult und Mysterienreligionen haben wegen ihrer eigenartigen Struktur jedoch nicht alle Menschen des Mittelmeerraumes religiös angesprochen; der Kaiserkult nicht, weil er relativ selten in Erscheinung trat und vor allem mit dem eigentlichen Landvolk zu wenig Kontakt fand. Die Mysterienkulte nicht, weil sie wegen ihres esoterischen Charakters vielen den Zugang erschwerten. Die große Masse des einfachen Volkes wandte sich daher den niedrigeren Bezirken des Aberglaubens zu, der gerade in hellenistischer Zeit in mannigfachen Formen eine enorme Verbreitung gefunden hatte.

An der Spitze stand hier wohl der astrologische Glaube, der den Gestirnen einen bestimmenden Einfluß auf das menschliche Schicksal zuschrieb. Die Mittelmeerwelt wurde mit ihm erst näher bekannt, als Berossos, ein Priester des Baal aus Babylon, der Heimat aller Astrologie, um 280 v. Chr. auf der Insel Kos eine Astrologenschule errichtete. Im 2. Jh. v. Chr. schrieb in Ägypten der Priester Petosiris das grundlegende astrologische Werk, aus dem die spätere astrologische Literatur immer wieder schöpfte. Entscheidend war, daß sich die stoische Philosophie positiv zur Astrologie stellte, weil sie in ihr ihre Lehre von der schicksalhaften Gesetzmäßigkeit alles Geschehens im Weltlauf bestätigt fand. Ihre Ablehnung durch den Akademiker Karneades wurde bei weitem aufgewogen durch die Autorität des Poseidonios, der dem astrologischen Glauben den Anschein eines wissenschaftlich begründeten Systems verlieh und ihm ein solches Ansehen verschaffte, daß römische Kaiser wie Tiberius sich eigene Hofastrologen hielten, andere wie Mark Aurel und Septimius Severus den sieben Planetengöttern eigene Gebäude, die Septizonien, errichten ließen, die zu Mittelpunkten astrologischer Betätigung wurden. Eine umfangreiche Literatur verbreitete die astrologische Wissenschaft bei hoch und niedrig und lieferte ihre Leser einem in den Sternen begründeten Schicksalsglauben aus; nicht nur für wichtige Vorhaben, sondern für die simplen und banalen Angelegenheiten des Alltags befragten sie in einer oft sklavischen Furcht die Sterne. Ob man eine Reise unternehmen, ob man der Einladung zu einer Gesellschaft folgen, ob man ein Bad nehmen solle, das machte man abhängig von dem Spruch eines Astrologen, der stets zahlreiche Gläubige für seine Weisheit fand. An ihn wandte man sich besonders, um den Stand der Gestirne in der Geburtsstunde zu erfragen, da durch ihn der ganze spätere Lebenslauf, Erfolg oder Fehlschlag, Krankheit oder Gesundheit, vor allem aber langes Leben oder früher Tod schon bestimmt schien. Gerade die Frage nach dem Termin seines Todes, der dunkelsten aller Stunden im Leben des antiken Menschen, trieb ihn immer wieder der Astrologie in die Arme. Wenn ihre Anhänger auch behaupteten, durch die Auskunft der Astrologen erhielten sie Gewißheit über ihr Lebensschicksal und würden so frei von ihren Sorgen und Ängsten, so betrogen sie sich damit selbst und verfielen früher oder später einem dumpfen Fatalismus, wie er sich in mancher Grabschrift der Zeit ausspricht. Wenn man der schicksalhaften Macht der Gestirne so unausweichlich unterworfen war, dann war es sinnlos, sich noch im Gebet an die Gottheit zu wenden, und so fiel der religiöse Glaube der alten Religionen gerade bei den Anhängern der Astrologie weiterer Mißachtung anheim.

Ein Ausweg aus dem ehernen Zwang des astrologischen Schicksals bot sich dem antiken Menschen in der Magie an, die sich anheischig machte, sowohl die Macht der Gestirne und alle guten wie bösen Kräfte des Weltalls durch geheimnisvolle Praktiken in Dienst zu nehmen. Auch diese Form des antiken Aberglaubens hatte ihren Weg aus dem alten Orient nach dem Westen genommen und war besonders im ägyptischen Zauberwesen der hellenistischen Zeit zu einem erschreckenden Tiefstand religiöser Verirrung gelangt. Die Zauberbücher der Antike und zahlreiche erhaltene Zauberpapyri gewähren einen instruktiven Einblick in diese Welt, in der sich menschliche Urinstinkte, Angst vor dem Dunklen und Unverstandenen in der Natur und im Weltgeschehen, Haß gegen den Mitmenschen, Freude an der Sensation, Schauer vor dem Grauenvollen ungehemmt auswirkten. Der Glaube an den Zauber hat jene starke Dämonenfurcht zur Voraussetzung, die sich vom 4. Jh. v. Chr. an mit einer stetig wachsenden Phantastik im hellenistischen Gesamtraum verbreitete. Die ganze Welt ist nach diesem Dämonenglauben erfüllt von δαίμονες, δυνάμεις, κυριότητες und ἄρχοντες, merkwürdigen Zwischenwesen zwischen Menschen und Göttern. Immer größer wird die Zahl der bösen Dämonen, die dem Menschen schaden können und wollen, deren Macht man aber durch den Zauber bannen kann. Damit aber Zauberhandlung und Zauberformel wirksam seien, muß man vor allem den geheimen Namen des Gottes oder Dämons wissen und die vorgeschriebene Formel auf das genaueste anwenden, mag ihr Text noch so sinnlos erscheinen. Der Zauberfachmann, der diese Geheimwissenschaft beherrscht, kann das Wetter machen, kann aus Ketten befreien, Krankheiten heilen oder herbeirufen, das Meer bändigen, Liebende entzweien oder einem die Liebe eines anderen sichern, von Besessenheit befreien, Tote beschwören und erscheinen lassen. Der Einfluß solcher Magie wurde durch gewisse philosophische Strömungen gestützt und gestärkt, die wie der Neupythagoreismus und die neuplatonische Schule, mit einer immer weiterentwickelten Dämonenlehre sehr zu der umfassenden Dämonisierung der Religion im Hellenismus beitrugen. Einen gewissen Einfluß auf die damalige Zauberliteratur muß man auch jüdischen Kreisen zuschreiben, in denen Zauberpraktiken und Dämonenbeschwörung durchaus üblich waren (Apg 8, 9—13 ff).

Mit der Magie steht der Glaube an einen geheimen Sinn der Träume und die daraus erwachsene Traumdeutung im Zusammenhang. Letztere hatte besonders in Ägypten Erfolg; eigene Traumbücher unterrichteten eine gläubige Leserschaft über Sinn und Tragweite der im Traum geschauten Dinge, und auch die bizarrste Deutung fand ihre Gläubigen. Kein Wunder, daß der Glaube an die Weisheit der Orakel sich aus alter Zeit in den Hellenismus hinüberrettete, nur daß auch hier ein Absinken von einem ursprünglich höheren Niveau in jahrmarktschreierische Formen festzustellen ist. Wenn das Ansehen des delphischen Apollo-Orakels und das des ägyptischen Ammon gesunken ist, so gewinnen andere dafür an Beliebtheit, wie das des Apollo bei Milet, das des Glykon in Abunoteichos im nördlichen Kleinasien, das jährlich etwa sechzigtausend Bescheide erteilte, oder das Orakel der Fortuna in Praeneste, zu dem der Römer in die Campagna hinauspilgert. Bei den Volksfesten finden sich regelmäßig auch die Orakelfachleute ein, die mit ihren Orakelspiegeln und ihren heiligen Hähnen den Befragern aus allen Bevölkerungsschichten zur Verfügung stehen. Eine höhere Form orakelähnlicher Weissagung boten die Sprüche der Sibyllinischen Bücher, deren Sammlungen weit verbreitet waren[6].

Schließlich wird man noch den starken Wunderglauben der hellenistischen Zeit hauptsächlich der Volksreligion zuweisen, wenn es ihm auch nicht an Anhängern in der gebildeten Oberschicht gefehlt hat. Das Wunder, das am inbrünstigsten ersehnt wird, ist die Wiedererlangung der verlorenen Gesundheit. Man erfleht es von dem Gott Asklepios, der in der hellenistischen Zeit eine Verehrung gewonnen hat wie nie zuvor. Aus dem ursprünglichen Arzt und Kranke heilenden Halbgott ist der Nothelfer der Menschheit geworden, der „Heiland aller". Wo man ihm einen größeren Tempel erbaute, entwickelte sich bald eine Art Wallfahrtsort, zu dem die Pilger von weither herbeiströmten, um nach vorbereitenden Waschungen während des Schlafes in oder beim Heiligtum geheilt zu werden oder das Heilmittel zu erfahren, das die Krankheit hinwegnimmt. Das große Asklepiosheiligtum aus dem 4. vorchristlichen Jahrhundert in Epidauros auf der Peloponnes wurde in hellenistischer Zeit überstrahlt von dem großzügig angelegten Tempel des Gottes in Pergamon[7], der seinerseits Ausgangspunkt für zahlreiche Neugründungen wurde, von denen heute etwa 200 nachweisbar sind. Von diesem Heiland Asklepios erwartet man, daß er Blinde sehend macht, Lahmen den Gebrauch ihrer Glieder, Stummen die Sprache wiedergibt, daß er von Lungenkrankheit und Wassersucht heilt. Ist die wunderbare Heilung erfolgt, so dankt man dem Gott durch kostbare Votivgaben, die das geheilte Glied oft in Gold oder Silber nachbilden und so allen, die den Tempel besuchen, von der Wunderkraft des Asklepios künden. Im 2. Jh. n. Chr. wurde der Rhetor Ailios Aristeides der begeisterte Prophet dieses Heilandes, und Kaiser Julian suchte ihn im 4. Jh. wieder als den Heiland der Menschheit gegenüber dem Heiland der Christen durchzusetzen. Das Christentum selbst führte gegen den Heilandsanspruch des Asklepios einen langen und

[6] A. *Kurfess*, Sibyllinische Weissagungen (München 1951).

[7] *K. Kerényi*, Der göttliche Arzt. Studien über Asklepios und seine Kultstätte (Basel [2]1952).

schweren Kampf, dessen Anfänge schon in den johanneischen Schriften des Neuen Testaments faßbar werden und der bis ins 4. Jh. fortdauert[8].

Überblickt man diese Gesamtsituation in der religiösen Welt des Hellenismus beim Beginn der christlichen Zeitrechnung, so ist der Eindruck zunächst ein negativer, wenn man ihr die missionarische Aufgabe des jungen Christentums gegenüberstellt. Als ein schweres Hemmnis für die friedliche Ausbreitung des neuen Glaubens mußte sich der Kaiserkult erweisen, einmal weil die Botschaft von einem Erlöser, der wie ein Verbrecher am Kreuz hingerichtet worden war, sich in einer veräußerlichten Welt nicht leicht durchsetzen konnte gegenüber der mit allem Glanz ausgestatteten sakralen Gestalt auf dem Kaiserthron. Außerdem konnte der Staat seine ganzen Machtmittel einsetzen, wenn die Anhänger des Evangeliums diesen Staatskult zu verachten oder, sei es auch nur im bloßen Wort, anzugreifen wagten. Ein negatives Moment war ferner gegeben mit dem erschreckenden Mangel an sittlichem Ethos in den orientalischen Mysterienkulten, deren orgiastische Züge oft zu ernsten Entartungen führten. Ferner lag der Neigung der Mysterienkulte zu äußerlicher Demonstration, die auf Sinneneinwirkung berechnet war, oft eine religiöse Oberflächlichkeit zugrunde, die mit der hellenistischen Zivilisation gegeben war, welche immer mehr an Tiefe und Innerlichkeit verlor. In der gleichen negativen Richtung mußte sich die respektlose und kecke Götterkritik der Zeit auswirken, die mit der Mißachtung der Überzeugungen und Kultformen der alten Religionen die Ehrfurcht vor dem Religiösen schlechthin untergraben half. Die spöttische Ironie, die der Predigt des Paulus in Athen von aufgeklärten Kreisen zuteil wurde, zeigt deutlich, welche seelische Haltung hier von dem christlichen Missionar zu überwinden war.

Diesen negativen Momenten stehen aber auch positive Züge im Gesamtbild der hellenistischen Religiosität gegenüber, die man als Ansatzpunkte für die Botschaft des neuen Glaubens werten darf. Hier ist einmal das Gefühl der Leere zu nennen, das unleugbar in nachdenklichen Naturen wegen des Versagens der alten Religionen aufgestiegen war. In diese Leere mochte eine Botschaft nicht allzuschwer eindringen, die mit der Verkündigung eines hohen Sittlichkeitsideals gerade die ansprechen konnte, die sich von ihrem bisherigen Leben angeekelt fühlten. Einzelzüge der Mysterienkulte beweisen das Vorhandensein einer tiefen Erlösungssehnsucht in der damaligen Menschheit, die aufhorchen mußte, wenn ihr das ewige Heil angeboten wurde von einem Soter, der zwar aller irdischen Größe entkleidet, gerade deshalb einem Nothelfer überlegen war, der nur irdisches Heil zu bieten hatte. Schließlich mußte der starke Zug zum Monotheismus, wie er in der

[8] *F. J. Dölger*, Der Heiland: AuC VI (1950) 241—272; *K. H. Rengstorf*, Die Anfänge der Auseinandersetzung zwischen Christusglaube und Asklepiosfrömmigkeit (Münster 1953).

religiösen Welt des Hellenismus offenkundig wird[9], eine ideale Ausgangsposition für die christliche Missionspredigt in den heidnischen Ländern der Antike bilden, für deren Völker nun auch die „Fülle der Zeiten" (Gal 4, 4) gekommen war.

5. Kapitel

Das Werk des Apostels Paulus. Sein religiöser Werdegang. Seine missionarische Tätigkeit. Die Struktur der paulinischen Gemeinden, ihr Glaube und ihre Frömmigkeit

QUELLEN: Die Paulusbriefe und die Apostelgeschichte. Zu den apokryphen Paulusakten: *L. Vouaux,* Les actes de Paul et ses lettres apocryphes (Paris 1913); *R. A. Lipsius,* Acta apostolorum apocrypha I (Leipzig 1891, Neudruck Darmstadt 1959); *C. Schmidt,* Πράξεις Παύλου. Acta Pauli (Hamburg 1936); *R. Kasser,* Acta Pauli: RHPhR 40 (1960) 45—57. *B. M. Metzger,* Index to periodical Literature on the Apostle Paul (Leyden 1960); *W. Schneemelcher,* Die Acta Pauli: ThLZ 89 (1964) 241—254.

LITERATUR: Die Kommentare zu den Paulusbriefen und zur Apostelgeschichte, vgl. dazu die neutestamentlichen Einleitungen, etwa *A. Wikenhauser* (Freiburg [4]1961). Gesamtdarstellungen über Paulus: *A. Deißmann* (Tübingen [2]1925); *P. Feine* (Gütersloh 1927); *E. Renan* (Berlin 1935); *A. D. Nock* (London 1938); *E.-B. Allo* (Paris 1942); *E. J. Goodspeed* (Philadelphia [2]1947); *W. v. Loewenich* (Witten [2]1949); *J. Holzner (Freiburg* [24]1959); *G. Ricciotti* (Basel 1950); *J. Klausner,* Von Jesus zu Paulus (Jerusalem 1950); *M. Dibelius* (Berlin [2]1956); *Cl. Tresmontant,* S. Paul et le mystère du Christ (Paris 1957), auch deutsch (Hamburg 1959); *S. Sandmel,* The Genius of Paul (New York 1958); *K. Zimmermann* (Zürich 1962).

Zur Biographie: *H. Böhlig,* Die Geisteskultur von Tarsos (Göttingen 1913); *A. Steinmann,* Der Werdegang des Paulus (Freiburg 1928); *O. Kietzig,* Die Bekehrung des Paulus (Leipzig 1932); *E. Kirschbaum,* Das Grab des Völkerapostels: Die Gräber der Apostelfürsten (Frankfurt a. M. [2]1959) 166—197; *U. Wilckens,* Die Bekehrung des Paulus als religionsgeschichtliches Problem: ZThK 56 (1959) 273—293; *J. Dauvillier,* A propos de la venue de S. Paul à Rome: BLE 61 (1960) 3—26.

Zur Missionstätigkeit: *W. M. Ramsay,* St. Paul the Traveller and the Roman Citizen (London [7]1907); *A. Oepke,* Die Missionspredigt des Apostels Paulus (Leipzig 1920); *J. Richter,* Die Briefe des Apostels Paulus als missionarische Sendschreiben (Gütersloh 1929); *K. Pieper,* Paulus, seine missionarische Persönlichkeit und Wirksamkeit (Münster [3]1929); *W. L. Knox,* St. Paul and the Church of the Gentiles (Cambridge 1939); *M. Dibelius,* Paulus auf dem Areopag (Heidelberg 1939); *R. Liechtenhan,* Die urchristliche Mission (Zürich 1946); *H. Metzger,* Les routes de s. Paul (Paris 1954); *Ch. Maurer,* Paulus als der Apostel der Völker: EvTh 19 (1959) 28—40; *J. Cambier,* Paul, apôtre du Christ et prédicateur de l'évangile: NRTh 81 (1959) 1009—1028; *M. Meinertz,* Zum Ursprung der Heidenmission: Bibl 40 (1959) 762—777; *E. Lerle,* Proselytenwerbung und Urchristentum (Berlin 1961).

Zur Theologie und Frömmigkeit: *B. Bartmann,* Paulus. Die Grundzüge seiner Lehre (Paderborn 1914); *W. Mundle,* Das religiöse Leben des Apostels Paulus (Leipzig 1923); *J. Schneider,* Die Passionsmystik des Apostels Paulus (Leipzig 1929); *H. Windisch,* Paulus und Christus (Leipzig 1934); *W. Schmauch,* In Christus. Eine

[9] *W. Weber,* Die Vereinheitlichung der religiösen Welt: Probleme der Spätantike (Stuttgart 1930) 67—100.

Untersuchung zur Sprache und Theologie des Paulus (Gütersloh 1935); *J. Leipoldt,* Jesus und Paulus — Jesus oder Paulus (Leipzig 1936); *G. Harder,* Paulus und das Gebet (Gütersloh 1936); *A. Röder,* Die Geschichtstheologie des Apostels Paulus (Speyer 1938); *J. Bonsirven,* Exégèse rabbinique et exégèse paulinienne (Paris 1939); *F. Amiot,* L'enseignement de s. Paul, 2 Bde (Paris 1946); *F. Prat,* La théologie de s. Paul, 2 Bde (Neudruck Paris 1962); *J. Dupont,* Gnosis. La connaissance religieuse dans les épîtres de s. Paul (Löwen 1949); *R. Schnackenburg,* Das Heilsgeschehen bei der Taufe nach dem Apostel Paulus (München 1950); *G. Bornkamm,* Das Ende des Gesetzes. Paulusstudien (München 1952); *A. Schweitzer,* Die Mystik des Apostels Paulus (Tübingen ²1954); *E. Lohmeyer,* Probleme paulinischer Theologie (Tübingen 1954); *W. D. Davies,* Paul and Rabbinic Judaism (London ²1955); *P. Demann,* Moïse et la Loi dans la pensée de s. Paul: Moïse, l'homme de l'alliance (Paris 1955); *K. H. Schelkle,* Paulus, Lehrer der Väter (Röm 1—11) (Düsseldorf 1956); *L. Cerfaux,* Le Christ dans la théologie de s. Paul (Paris ²1959); *H.-J. Schoeps,* Paulus. Die Theologie des Apostels im Lichte der jüdischen Religionsgeschichte (Tübingen 1959); *F. Amiot,* Les idées maîtresses de s. Paul (Paris 1959); *O. Kuß,* Enthusiasmus und Realismus bei Paulus: Festschrift Th. Kampmann (Paderborn 1959) 23—37.

Die paulinischen Gemeinden: *B. Weiß,* Paulus und seine Gemeinden (Berlin 1914); *B. Bartmann,* Paulus als Seelsorger (Paderborn 1921); *W. L. Knox,* St. Paul and the Church of Jerusalem (London 1925); *K. Holl,* Der Kirchenbegriff des Paulus: Ges. Aufsätze II (Tübingen 1928) 44—67; *J. Wagemann,* Die Stellung des Paulus neben den Zwölf (Gießen 1926); *W. Köster,* Die Idee der Kirche beim hl. Paulus (Freiburg 1929); *K. Pieper,* Paulus und die Kirche (Paderborn 1932); *A. Wikenhauser,* Die Kirche als der mystische Leib Christi nach dem Apostel Paulus (Münster ²1940); *L. Cerfaux,* La théologie de l'église suivant s. Paul (Paris ²1948); *H. Greeven,* Propheten, Lehrer, Vorsteher bei Paulus: ZNW 44 (1952) 1—53; *J. Colson,* Les fonctions ecclésiales aux deux premiers siècles (Paris 1956); *K. H. Schelkle,* Römische Kirche im Römerbrief: ZKTh 81 (1959) 393—404; *R. Schnackenburg,* Die Kirche im Neuen Testament (Freiburg 1961) (Lit.); *E. Schweizer,* Church Order in the New Testament (Naperville/Ill. 1961).

Einzelfragen: *A. Schweitzer,* Geschichte der paulinischen Forschung (Tübingen ²1933); *E. v. Dobschütz,* Der Apostel Paulus. Seine Stellung in der Kunst (Halle 1928); *W. Straub,* Die Bildersprache des Apostels Paulus (Tübingen 1937); *E. Aleith,* Das Paulusverständnis der alten Kirche (Berlin 1937).

Das Judenchristentum konnte sich nur unter Erschütterungen zu der Erkenntnis durchringen, daß es verpflichtet sei, die Botschaft von der Erlösung durch Jesus Christus auch in die Heidenwelt zu tragen; allzu stark wirkte hier das Auserwählungsbewußtsein der Israeliten nach. Die erstmalige Aufnahme eines Heiden in die Gemeinschaft der Christusgläubigen, die Taufe des äthiopischen Kämmerers durch Philippus (Apg 8, 26—39), scheint noch keinen Anlaß zu einer grundsätzlichen Stellungnahme der Urgemeinde gegeben zu haben. Um so stärker war das Echo, das die Taufe des heidnischen Hauptmannes Kornelius und seiner Verwandten aus Cäsarea hervorrief (Apg 10, 1 — 11, 18). Petrus, der die Verantwortung für diesen Schritt trug, wurde von der aufgewühlten Gemeinde in aller Form zur Rechenschaft gezogen, und nur sein ernster Hinweis auf den unmittelbaren Auftrag Gottes, der ihm in einem besonderen Gesicht zuteil geworden, vermochte die Judenchristen in etwa mit dem Ereignis zu versöhnen. So bedeutsam das Vorgehen des Petrus im Grundsätzlichen war, unmittelbare Konsequenzen für eine erhöhte missionarische Aktivität unter den Heiden hatte es zunächst nicht.

Der entscheidende Anstoß zu einer solchen ging von einer Gruppe hellenistischer Judenchristen aus, die aus Zypern und der Cyrenaika stammten, im Anschluß an die Verfolgung des Stephanus Jerusalem verlassen mußten und sich zunächst nach Antiochien wandten. Hier „verkündigten sie auch den Griechen die Frohe Botschaft des Herrn Jesus", und „eine große Anzahl wurde gläubig und bekehrte sich zum Herrn" (Apg 11, 19ff). Die erste zahlenmäßig bedeutsame Gruppe von Heiden, die das Christentum annahmen, kam also aus der hellenistischen Kulturwelt und ließ erkennen, daß der christliche Glaube hier nicht auf verständnislose Ablehnung stoßen mußte. Der Erfolg dieses missionarischen Vorstoßes veranlaßte die Urgemeinde, eines ihrer Mitglieder, den ehemaligen Leviten Barnabas[9a], nach Antiochien zu entsenden und die Situation zu prüfen. Barnabas, der selbst aus der jüdischen Diaspora auf Zypern kam, brachte genug Unvoreingenommenheit mit, um die Tragweite der antiochenischen Ereignisse würdigen zu können. Er billigte die Aufnahme der Griechen in die Kirche und gewann gleichzeitig eine Einsicht von welthistorischer Konsequenz: daß man an dieser Stelle Herz und Geist des Mannes für die Verkündigung des neuen Glaubens einsetzen müsse, der sich nach seiner eigenen auffallenden Bekehrung zu Christus in seine kilikische Heimat zurückgezogen hatte, des Saulus-Paulus aus Tarsos. Es gelang Barnabas, ihn für die Missionsarbeit in der syrischen Großstadt zu gewinnen, und nach einem Jahr gemeinsamer Tätigkeit war die Existenz der ersten größeren heidenchristlichen Gemeinschaft gesichert, deren Glieder hier den Namen „Christen" erhielten (Apg 11, 22—26).

Der religiöse Weg des Apostels Paulus

Wie sein erster Mitarbeiter Barnabas stammt auch Paulus aus der jüdischen Diaspora; seine Geburtsstadt ist Tarsos in Kilikien, wo der Vater das Handwerk eines Sattlers betrieb, das auch der Sohn erlernte. Wann die Familie sich hier niedergelassen hat, ist ungewiß, eine späte Nachricht weiß, daß die Vorfahren aus Galiläa stammten. Schon der Vater besaß das erbliche römische Bürgerrecht, auf dessen Privilegien sich Paulus in seinem Prozeß vor dem römischen Landpfleger später einmal wirksam berufen konnte. Es war eine folgenreiche und glückliche Voraussetzung für die spätere Arbeit des Missionars Paulus in den städtischen Zentren der hellenistischen Kultur, daß er in seiner Jugend[10] in der mittelgroßen Stadt Tarsos mit ihrem lebhaften Durchgangsverkehr mit den vielfältigen Erscheinungsformen des

[9a] Vgl. DB I 1461—1467; *H. Bruns*, Barnabas (Berlin 1937); *J. B. Burger:* Mus. Helveticum 3 (1946) 180—193.

[10] Vgl. dazu *W. C. van Unnik*, Tarsus of Jerusalem de stad van Paulus' jeugd: Mededelingen koninkl. Nederl. Akad. Wetenschappen, Afd. Letterkunde, NR 15, 5 (1952) 141—189, englisch: Tarsus or Jerusalem (London 1962).

hellenistischen Lebens bekannt geworden ist, daß ihm vor allem die zur Weltsprache gewordene griechische Koine ebenso vertraut wurde wie die aramäische Sprache seiner Familie. Diese hat mit einer öfters in einer Diasporasituation zu beobachtenden Festigkeit den religiösen Überzeugungen und Traditionen des Judentums die Treue bewahrt, zumal sie der gesetzesfreudigen Richtung der Pharisäer angehörte. Wohl erst nach dem Tode Jesu ist Paulus nach Jerusalem gekommen, um sich in der Schule des Pharisäers Gamaliel (Apg 22, 3) zum Gesetzeslehrer ausbilden zu lassen. Als die Schar der Christusanhänger in Jerusalem die Aufmerksamkeit der jüdischen Obrigkeit auf sich zu ziehen begann, beteiligte sich Paulus mit eifernder Aktivität an ihrer Verfolgung, besonders im Anschluß an die Hinrichtung des Diakons Stephanus (Apg 7, 58; 8, 3). Die Angaben der Apostelgeschichte werden durch sein Selbstzeugnis eindrucksvoll bestätigt: „Maßlos verfolgte ich die Kirche Gottes und suchte sie zu verwüsten; im Judentum übertraf ich viele Altersgenossen in meinem Stamm, ein übermäßiger Eiferer für die Überlieferungen meiner Väter“ (Gal 1, 13f; vgl. 1 Kor 15, 9). Der blitzartige und radikale Umschwung, der aus dem Verfolger einen glühenden Anhänger Jesu und seines Evangeliums machte, wurde nach der Apostelgeschichte (9, 3—18; 22, 3—16; 26, 12—30) durch eine direkte Erscheinung Jesu herbeigeführt, die Paulus traf, als er sich zur Verfolgung der Christusanhänger auf dem Weg nach Damaskus befand. Paulus bezieht sich auf das Ereignis in seinen Briefen nur verhalten (vgl. Gal 1, 15; 1 Kor 15, 9; Phil 3, 4), läßt aber doch klar erkennen, daß er in der Erscheinung des Herrn den übernatürlichen gnadenhaften Anruf sehen mußte, der seinem Leben durch die Berufung zum Apostel das nie mehr aufgegebene, ohne Schwanken verfolgte endgültige Ziel gab. Bald nach Empfang der Taufe und einem vorübergehenden Aufenthalt im nabatäischen Arabien begann Paulus in den Synagogen von Damaskus und später in Jerusalem die Botschaft seines Lebens zu verkünden, daß „Jesus der Messias und der Sohn Gottes“ sei (Apg 9, 20 22 26—29). An beiden Orten begegnete er einer so heftigen Opposition, daß sein Leben in Gefahr kam; er zog sich daher in seine Heimat Tarsos zurück (Apg 9, 30), und hier gewann er — eine missionarische Tätigkeit in der Umgebung und in kleinerem Maßstab ist nicht ausgeschlossen — wohl die letzte Klarheit über den Weg seiner missionarischen Sendung und die Formen der Verkündigung der Frohbotschaft, zu deren Herold er berufen war. Als er nach mehrjährigem Schweigen seine Tätigkeit in Antiochien wiederaufnahm, wußte er, daß sein Wirken den Heidenvölkern zu gelten habe, die ebenso wie die Juden nur in Jesus Christus ihr Heil finden konnten (Gal 1, 16; Röm 15, 15f).

Wenn Paulus sich zur Predigt unter den Heiden berufen wußte, dann bot sich seinem Blick das damalige Römische Reich als das gegebene Missionsfeld dar. Innerhalb seiner Grenzen wohnten die Menschen, an die seine Botschaft sich wenden mußte; sie waren durch die gleiche Kultur geeint und in den Städten auch in der gleichen Sprache, der Koine, für den Missionar ansprechbar. Sosehr sich Paulus in seiner missionarischen Wirksamkeit unmittelbar von Gottes Geist geführt wußte, der seine Entschlüsse oft bis in Einzelheiten bestimmte, man kann doch von einem Missionsplan sprechen, den er befolgte. Seine Missionsreisen werden in einer Art Missionsbasis vorbereitet. Diese ist für die erste größere Missionsperiode, die bis zum sog. Apostelkonzil in Jerusalem reicht, die syrische Hauptstadt Antiochien. Die hier gewachsene heidenchristliche Gemeinde war Ansporn und Rückhalt zugleich für das erste große Missionsunternehmen, das Paulus mit zwei Gefährten, Barnabas und dessen Verwandten Johannes Markus, begann. Der Bericht, den die Apostelgeschichte darüber festhielt, läßt schon klar die Eigenart der paulinischen Missionsmethode erkennen. Die Ansatzpunkte für die Missionsarbeit boten jeweils die Synagogen der Städte in den Provinzen der Mittelmeerwelt; hier hielten die Diasporajuden ihre religiösen Zusammenkünfte, hier fanden sich auch unter ihnen ehemalige Heiden, die sich als Proselyten und Gottesfürchtige dem Judentum angeschlossen hatten. Die Missionarsgruppe wandte sich zunächst nach der Insel Zypern, wo sie in der Stadt Salamis arbeitete. Von dort führte der Weg nach dem kleinasiatischen Festland, wo die Städte Antiochien in Pisidien, Ikonium, Lystra und Derbe in der Provinz Lykaonien und Perge in Pamphylien Reise- und Arbeitsziele waren. Überall wandte sich die Missionspredigt des Paulus an beide Gruppen, Diasporajuden und ehemalige Heiden. Beide diskutierten die Predigt, in beiden Gruppen fand sie Ablehnung und Zustimmung; es ist möglich, daß die Auseinandersetzung auch den einen oder anderen Heiden erreichte, der sich der Schar der Christusanhänger anschloß (vgl. Apg 13, 49). Der Bericht der Apostelgeschichte läßt keinen Zweifel daran zu, daß die Mehrheit der Diasporajuden die Botschaft des Paulus entschieden ablehnte. An manchen Orten, wie etwa Antiochien in Pisidien, Ikonium und Lystra, kam es zu erregten Diskussionen, die in Tumulte übergingen, in deren Verlauf die Missionare mit Gewalt, zuweilen unter Mißhandlungen, vertrieben wurden. Die Initiative bei diesen Vorgehen lag eindeutig bei den Juden, die zuweilen auch ihre heidnischen Mitbürger zur Gewaltanwendung aufstachelten, ein charakteristischer Zug, der sich noch bei manch späterer Christenverfolgung feststellen läßt. Immerhin fand die Predigt des Paulus und seiner Gehilfen meist einige aufnahmebereite Herzen, vor allem bei den ehemaligen Heiden, den Gottesfürchtigen und Proselyten, und so entstanden in den meisten Städten, die diese erste Missionsreise berührte, christliche Gemeinden, für die man geeignete Leiter bestellte. Damit waren dem neuen Glauben inmitten heidnischer Umgebung eine Anzahl von Zellen[11] gewonnen, von denen aus die christliche Botschaft weiterwirken konnte. Das war offenbar das eigentliche Ziel des Paulus, der sich nicht allzulange an einem Ort für eine vertiefende Nacharbeit aufhielt, sondern darauf ausging, an möglichst vielen Punkten des heidnischen Kleinasien das Evangelium bekanntzumachen und dessen weitere Ausbreitung den neugewonnenen Anhängern Jesu zu überlassen. Paulus hielt jedenfalls das Ergebnis dieses ersten Unternehmens für einen Erfolg, da sein Bericht an die Gemeinde der Missionsbasis Antiochien in dem Wort gipfelte, daß Gott durch ihr Werk „den Heiden die Tür zum Glauben geöffnet habe" (Apg 14, 27).

Paulus hatte im Einklang mit seinen tiefsten theologischen Einsichten über das Ende der Gesetzesverpflichtung, das der Glaube an Christus als Sohn Gottes gebracht hatte, den heidenchristlichen Gemeinden Kleinasiens weder die Beschneidung noch die Beobachtung anderer jüdischer Ritualvorschriften auferlegt. Diese Gesetzesfreiheit für die Neubekehrten, ein zentraler Punkt seiner Verkündigung, wurde bald nach seiner Rückkehr von einer extremen Richtung der palästinischen Judenchristen, den sog. Judaisten, entschieden abgelehnt und die Beschneidung als wesentliche Bedingung für die Erlangung des Heiles gefordert (Apg 15, 1—5). Das wurde der Anlaß zu jener weittragenden Auseinandersetzung zwischen Paulus und der judaistischen Gruppe innerhalb der Urgemeinde, die auf dem sog. Apostelkonzil ihren ersten Höhepunkt und ihre theoretische Klärung fand, die aber die Missionsarbeit des Paulus noch lange hemmte und ihn selbst immer wieder zu einem entschlossenen Kampf für seine tiefsten Überzeugungen zwang.

Der Streit begann in Antiochien, als „einige aus Judäa" von den Heidenchristen der dortigen Gemeinde die Beschneidung verlangten. Man beschloß, eine Delegation mit Paulus und Barnabas nach Jerusalem zu entsenden, um die Streitfrage zu klären. Die Beratung führte zur grundsätzlichen Anerkennung der paulinischen These, daß das mosaische Gesetz für Heidenchristen keine verpflichtende Geltung haben könne; damit war auch die Selbständigkeit der paulinischen Mission von den Uraposteln anerkannt. Paulus übernahm noch die Aufgabe, in den Gemeinden seines Missionsfeldes für die Armen der Jerusalemer Gemeinde Geldspenden zu sammeln, um durch diese karitative Fürsorge die Verbundenheit von Heiden- und Judenchristen sinnvoll zu bezeugen (Gal 2, 1—10)[12]. Die Apostelgeschichte berichtet zwar auch von dem Beschluß, den neubekehrten Heidenchristen prinzipiell „keine weitere Last aufzuerlegen", darüber hinaus habe aber

[11] *F. J. Schierse*, Zellen und Gruppenbildung im Urchristentum: Die Zelle in Kirche und Welt (Graz - Wien - Köln 1960) 111—128.

[12] *G. Klein*, Gal 2, 6—9 und die Geschichte der Jerusalemer Urgemeinde: ZThK 57 (1960) 275—295; *W. Schmithals*, Paulus und Jakobus (Göttingen 1963).

Jakobus vorgeschlagen, von ihnen doch Enthaltsamkeit von Götzenopfern, von Blut, von Ersticktem und von der Unzucht zu verlangen (Apg 15, 28f). Vielleicht sollte diese Konzession an das Judentum nach der Absicht des Jakobus das Zusammenleben von Juden- und Heidenchristen innerhalb einer Gemeinde erleichtern. Es ist schwierig, diese Darstellung mit der des Paulus im Galaterbrief in Einklang zu bringen; sie läßt vermuten, dieser Punkt sei erst nachträglich mit den Beschlüssen der Jerusalemer Versammlung in Verbindung gebracht worden. Wie schwierig deren Durchführung in der Praxis war, zeigt der Zwischenfall zwischen Petrus und Paulus in Antiochien, über den letzterer im Galaterbrief 2, 1—14 spricht. Petrus kam wohl bald nach der Jerusalemer Zusammenkunft nach Syrien und nahm an den gemeinsamen Mahlzeiten der antiochenischen Gemeinde teil, gab diese Tischgemeinschaft aber wieder auf „aus Furcht vor den Beschnittenen", Judenchristen aus der Umgebung des Jakobus, die in Antiochien erschienen waren. Das bedeutete eine Abwertung, wenn nicht eine Preisgabe des Heidenchristentums durch eine führende Persönlichkeit der Urgemeinde, die in eindeutigem Widerspruch zu den Jerusalemer Beschlüssen stand. Paulus hat das inkonsequente und wenig mutige Verhalten des Petrus öffentlich getadelt und leidenschaftlich seine Überzeugung verkündet, „daß der Mensch nicht durch Gesetzeswerke, sondern durch den Glauben an Jesus Christus gerechtfertigt wird" (Gal 2, 16). Es gelang Paulus allerdings nicht, die Judaisten für seine Auffassung zu gewinnen; wenn sie sich ihm auch nicht mehr in direkter Diskussion stellten, so haben sie doch fanatisch gegen ihn gearbeitet und ihm seine Gemeinden, vor allem in Galatien, abspenstig zu machen gesucht.

Die zweite Phase der paulinischen Missionsarbeit wird durch ein neues Missionsfeld charakterisiert, das vor allem die Provinzen Makedonien, Achaia und das prokonsularische Asien erfaßt, sie dringt also in das Zentrum der hellenistischen Kulturwelt vor. Der Weg führte die Missionare, zu denen jetzt an Stelle des ausgeschiedenen Barnabas der gebildete Silas und später noch Timotheus gehörten, zunächst über Kilikien und Lykaonien, wo sie wohl die früher gegründeten Gemeinden aufsuchten, nach den kleinasiatischen Landschaften, deren Städte Möglichkeiten für die Missionspredigten boten. Über die Dauer des Aufenthaltes und das Ausmaß des Erfolges macht die Apostelgeschichte keine präzisen Angaben, doch sind die Gemeinden, an die sich später der Galaterbrief richtet, wohl damals gegründet worden. Die kleinasiatische Küste erreichte man im nördlichen Troas, von wo Paulus durch ein nächtliches Gesicht nach Makedonien gerufen wurde (Apg 16, 9). In der Stadt Philippi fand die Botschaft der Missionare rasch Anhänger, die den Kern einer später blühenden Gemeinde bildeten (Apg 16, 11—40)[12a]. Auch weiterhin bleiben die griechischen Städte Schwerpunkte der paulinischen Wirksamkeit, die auch die bisherige Missionsmethode im wesent

[12a] *O. Glombitza*, Der Schritt nach Europa (zu Act 16, 9—15): ZNW 53 (1962) 77—82.

lichen beibehält. In Thessalonike, Beröa, Athen und Korinth macht Paulus jeweils die dortige Synagoge zum Ort seiner Predigt, die Jesus als den Messias verkündet (Apg 17, 1—10). In den beiden ersten Städten entstehen Gemeinden, die sich aus Juden und ehemaligen Heiden zusammensetzen. Die Mehrheit der Juden aber lehnt hier die Botschaft der Missionare ab und verfolgt sie erbittert. In Athen ist der Erfolg gering, in Korinth schließen sich nur wenige Juden dem Evangelium an (Apg 17, 34; 18, 8), dieses findet aber bei zahlreichen Heiden Anklang. Das veranlaßt Paulus zu einem anderthalbjährigen Aufenthalt in dieser Stadt, die so zu einem Zentrum der Missionsarbeit wird. Erst nach längerem Wirken der Missionare erhob sich der Widerstand der Juden, die den Apostel beim römischen Statthalter Gallio anklagten (Apg 18, 12—17). Eine datierte Inschrift mit dessen Namen, die eine Botschaft des Kaisers Claudius an die Stadt Delphi enthielt, ermöglicht es, den korinthischen Aufenthalt des Paulus chronologisch näher zu bestimmen und ihn in die Jahre 51—52 oder 52—53 zu verlegen[13]. Die Klage der Juden wurde von Gallio zurückgewiesen, bald danach begab sich Paulus mit dem judenchristlichen Ehepaar Aquila und Priscilla, das seine Wirksamkeit in Korinth sehr gefördert hatte, nach dem kleinasiatischen Ephesus, wo er aber keine intensivere Missionsarbeit begann, sondern bald auf dem Seewege nach Palästina zurückkehrte.

Ephesus sollte aber bald das Zentrum einer gewiß schon länger vorgesehenen Missionstätigkeit an der kleinasiatischen Westküste werden, die etwa im Sommer 54 ihren Anfang nahm. Auf der Anreise, die von Antiochien ausging, hatte Paulus noch die galatischen und phrygischen Gemeinden besucht (Apg 18, 23). Die etwa zwei Jahre dauernde ephesinische Tätigkeit des Paulus ist bis an den Rand gefüllt mit Erfolgen, aber auch mit Schwierigkeiten und Sorgen, wie sie eine Stadt wie Ephesus fast unausweichlich mit sich bringen mußte (Apg 19). Die eifrig geübte Verkündigung ließ bald eine Gemeinde wachsen, die sich von der dortigen Synagoge löste; manch merkwürdige abergläubische Überzeugungen und Bräuche mußten bei ihren Mitgliedern noch ausgemerzt werden. Schwierigkeiten kamen außer von den Juden auch von heidnischer Seite, als Demetrius, Inhaber eines Betriebes, der kleine, silberne Dianatempel verfertigte, den Ertrag seines Geschäftes durch die paulinische Predigt bedroht sah und einen Aufstand gegen die Missionare inszenierte. Die Sorge um die früheren Gründungen, besonders um Korinth und die Gemeinden in Galatien, fanden ihren Niederschlag in Briefen (Gal, 1 Kor), die in Ephesus geschrieben sind. Etwa im Herbst 57 verließ Paulus die Stadt, um sich nach Makedonien und Griechenland zu begeben. Nach kürzerem Aufenthalt in Troas sah er Korinth für einige Monate wieder; hier entstand sein Schreiben an die ihm persönlich noch unbekannte christliche Gemeinde von Rom, in dem er seine

[13] *L. Hennequin:* DBS II (1934) 355—373 (mit Lit.).

Absicht mitteilt, selbst nach der Hauptstadt zu kommen, ehe er seine Missionsarbeit in Spanien beginnen wolle (Röm 15, 24 29). Für den Rückweg wählte Paulus zunächst die Landroute über Makedonien, wo er mit seiner Gemeinde in Philippi das Passafest feierte, und reiste über Troas zur See nach Milet, wohin er die Ältesten der ephesinischen Gemeinde beschieden hatte (Apg 20, 1—17). Trotz eigener dunkler Vorahnungen und Warnungen drängte es ihn, bald nach Jerusalem zu kommen, um die von ihm gesammelten Gelder für die Armen der Urgemeinde zu überbringen. Nach einem wehmütigen Abschied von den Gemeindeältesten von Ephesus reiste er mit seiner Begleitung über Tyrus, Ptolemais und Cäsarea weiter, wobei man jeweils die Christengemeinden besuchte, und traf um die Zeit des Pfingstfestes in Jerusalem ein (Apg 21, 1—17).

In Jerusalem fand die missionarische Tätigkeit des Paulus in ihrer bisherigen Form ihr Ende. Bei einem Besuch des Tempels wurde er von kleinasiatischen Diasporajuden erkannt, die ihn durch das von ihnen aufgehetzte Volk erschlagen lassen wollten. Die römische Wache nahm ihn aber in Schutz, ihr Kommandant ließ ihn zum Statthalter nach Cäsarea bringen (Apg 21, 27 — 23, 35), von wo ihn eine Militäreskorte nach Rom überführte, weil Paulus, um einem Verfahren vor dem jüdischen Synedrion zu entgehen, Berufung an den Kaiser eingelegt hatte, so daß der Prozeß in der Reichshauptstadt durchgeführt werden mußte (Apg 27—28). Da ihm seine leichte Haft den Verkehr mit der Außenwelt gestattete, nahm er sofort seine missionarische Tätigkeit in der ihm möglichen Form auf; den Vertretern der jüdischen Gemeinde Roms legte er „in eindringlicher Predigt die Lehre vom Reich Gottes dar . . . und suchte sie für Jesus zu gewinnen. Die einen glaubten seinen Worten, die anderen blieben ungläubig" (Apg 28, 28 f). Mit der Feststellung, daß „das Heil Gottes den Heiden gesandt worden ist, die ihm Gehör schenken werden" (Apg 28, 28), läßt Lukas die letzte der paulinischen Ansprachen seines Werkes enden. Damit ist auch sein Anliegen erfüllt, zu schildern, wie das Evangelium seinen Weg von Jerusalem bis in die Hauptstadt des Römischen Imperiums genommen hat.

Über die weiteren Lebensschicksale des Paulus schweigt die Apostelgeschichte. Vieles spricht dafür, daß das Verfahren mit einem Freispruch für ihn endete und daß er danach den Plan einer Spanienreise ausführte[14] und auch noch einmal in den hellenistischen Osten kam. Letzteres wird durch die Pastoralbriefe vorausgesetzt, die von Ereignissen und Situationen berichten, welche sich nur in einen solchen Schlußabschnitt seines Lebens einordnen lassen[15]. Auf dieser letzten Missionsreise hat Paulus vor allem An-

[14] Dies wird nahegelegt durch 1 Clem 5, 7, dazu *E. Dubowy*, Klemens von Rom über die Reise Pauli nach Spanien (Münster 1914).

[15] Zur Echtheitsfrage vgl. *C. Spicq*, Les épîtres pastorales (Paris 1947), Einleitung; *H. Schlier:* Festschr. Gogarten (Gießen 1948) 36—60; *Wikenhauser* 318—324.

weisungen für die Organisation seiner Gemeinden gegeben und zu bedrohlichen Irrlehren Stellung genommen. Eine zweite römische Gefangenschaft hat dann zu seinem Martyrium geführt, das noch in die Regierungszeit Neros fällt, wenn es auch nicht mit Sicherheit der eigentlichen Neronischen Verfolgung zugewiesen werden kann.

Die Ordnung in den paulinischen Gemeinden

Jeder Versuch, die Frage nach der Organisation oder „Verfassung“ der paulinischen Gründungen mit historischen Mitteln zu beantworten, wird nachdrücklich auf die Eigenart des Quellenbestandes hinweisen müssen, die es unmöglich macht, ein die Wirklichkeit restlos erfassendes Bild zu zeichnen. Es liegt zunächst einmal keine Schrift vor, die, inmitten einer paulinischen Gemeinde entstanden, eine lückenlose Schilderung von deren Alltagsleben böte und Einblick in ihre „Ordnung“ gewährte. Die Apostelgeschichte verzichtet auf eine dafür ergiebige Darstellung zugunsten ihres zentralen Anliegens, den äußeren Weg zu schildern, den die paulinische Mission genommen hat. Die Paulusbriefe selbst äußern sich nur aus gegebenem Anlaß zu organisatorischen Fragen, bieten dazu also nur zufällige Hinweise, nirgends eine prinzipielle und vollständige Stellungnahme. Trotzdem lassen die gelegentlichen Äußerungen eindeutig erkennen, daß in den paulinischen Gründungen eine Ordnung herrscht, die ihr religiöses Leben sinnentsprechend regeln und sichern will. Es ist allerdings eine Ordnung eigener Art, die nicht vergleichbar ist mit den Satzungen, die sich etwa eine profane Körperschaft gibt; diese sind reines Menschenwerk, gründen auf menschlicher Beratung und menschlicher Absprache, sind demnach wandelbar und änderungsfähig. Jene Ordnung ruht auf übernatürlichem Fundament, auf dem sich die Kirche selbst gegründet weiß, ihrem Herrn, der letztlich durch seinen Heiligen Geist die Kirche lenkt. Der gleiche Geist, der die junge Kirche wachsen läßt (Apg 2, 47; 6, 7), der die missionarischen Wege des Paulus leitet (Apg 16, 9; 19, 21) und seinem Wirken den Erfolg schenkt (Apg 19, 11; 1 Kor 2, 3 ff; Röm 15, 17 ff), baut auch diese Ordnung für das Leben der Gemeinde auf (1 Kor 3, 9 ff; 2 Kor 12, 19; Eph 4, 12—16)[16]. Wenn daher Glieder der Gemeinde zu besonderen Aufgaben bestellt werden, die solcher Ordnung dienen, so werden sie dazu letztlich durch den Heiligen Geist berufen, dessen Organe sie sind (1 Kor 12, 4 ff). Die so Berufenen wissen sich alle von ihrem höchsten Herrn in Dienst genommen und erfüllen ihre Aufgaben in und an der Gemeinde in einem Geist dienender Liebe, wie ihn Jesus schon von seinen Jüngern verlangt hat (Mk 10, 42—45). Darum wird

[16] Vgl. *O. Michel:* ThW V 142—145; *J. Pfammater,* Die Kirche als Bau. Zur Ekklesiologie der Paulusbriefe (Rom 1960); *K. H. Schelkle,* Kirche als Elite und Elite in der Kirche nach dem Neuen Testament: ThQ 142 (1962) 257—282.

diese Ordnung von den Gemeinden willig bejaht und nicht als Widerspruch etwa zu dem freien Wirken des Geistes in den charismatisch Begabten empfunden, da es der gleiche Geist ist, der beide beruft.

In dieser Ordnung der Gemeinden nimmt ihr Gründer Paulus einen einmaligen Rang ein, der seine letzten Wurzeln in seiner unmittelbaren Berufung zum Apostel der Heiden hat. Zwar fühlt sich Paulus auch im Apostelamt zutiefst als „Diener Jesu Christi“, der als solcher durch alle Tiefen der Entsagung und Erniedrigung gehen muß (1 Kor 4, 9—13; 2 Kor 6, 4—10; Phil 2, 17). Aber ebenso ist er davon durchdrungen, daß ihm mit diesem Amt Vollmacht, Autorität verliehen ist, die er gebraucht, wenn die Ordnung, der „Aufbau“ der Gemeinden es verlangt (2 Kor 10, 8; 13, 10; 1 Kor 4, 21). In diesem Bewußtsein trifft er bindende Entscheidungen für seine Gemeinden, wenn er etwa den Ausschluß des Blutschänders aus der Gemeinschaft der Korinther verfügt (1 Kor 5, 3 ff) oder Anweisung für den Gottesdienst (1 Kor 7, 17; Tit 1, 5) oder für das sittliche Verhalten der Gläubigen gibt (1 Thess 4, 11). Paulus ist für alle seine Gemeinden also nicht nur die höchste Lehrautorität, sondern auch oberster Richter und Gesetzgeber, die Spitze einer hierarchischen Ordnung.

Zu Gliedern dieser hierarchischen Ordnung werden in den einzelnen Gemeinden weitere Männer berufen, denen bestimmte Aufgaben übertragen werden, wie etwa die Fürsorge für die Armen und die Leitung des Gottesdienstes; ihnen steht für die Ausübung ihrer Funktionen ein Weisungsrecht zu, dem sich die Mitglieder der Gemeinde nach ausdrücklicher Erklärung des Paulus unterzuordnen haben (1 Kor 16, 15 f; 1 Thess 5, 12; Röm 12, 6 ff). Paulus stellt sich demnach mit seiner Autorität hinter diese „Amtsträger“, deren Vollmacht ist demnach der seinen gleichgeartet, wenn auch untergeordnet und eingeschränkt. Die Inhaber solcher Funktionen werden (Apg 14, 23) Älteste, Presbyter, genannt, die Paulus für einige Gründungen seines ersten Missionsunternehmens in Lystra, Ikonium und im pisidischen Antiochien unter Handauflegung und Gebet in ihre Aufgabe einweist, bevor er weiterreist. Die gleiche Art der Berufung darf man auch für die Ältesten der Gemeinde von Ephesus annehmen, denen Paulus sagt, der Heilige Geist habe sie zu Vorstehern (ἐπίσκοποι) bestellt, die Kirche Gottes zu leiten wie Hirten ihre Herde (Apg 20, 17 28). Hier wird offenkundig, daß die Termini „Presbyter“ und „Episkopen“ denselben Personenkreis bezeichnen, daß man also für die Inhaber der gleichen Funktion zwei Ausdrücke zur Verfügung hat. Im Eingang des Philipperbriefes stehen neben den Episkopen Diakone als Träger besonderer Aufgaben in der Gemeinde. Die späteren Pastoralbriefe machen es klar, daß ihnen ein Aufgabenbereich zugewiesen ist, der von dem der Presbyter-Episkopen verschieden ist (1 Tim 1, 1—10; 5, 17 19; Tit 1, 5—11). Daß die Pastoralbriefe ein klareres Bild der Verhältnisse vermitteln, ist in der durchaus begreiflichen Entwicklung begründet, die mit der wachsenden Zahl der Gemeindemitglieder die Funktionen der

Ordnungsträger schärfer hervortreten läßt[17]. Daß diese an die lokalen Gemeinden gebunden waren, versteht sich aus der Natur der Sache; Aufseher-Älteste, Diakone ziehen nicht wie Paulus und seine engeren Mitarbeiter von Stadt zu Stadt, von Provinz zu Provinz, sondern erfüllen ihre Aufgaben im Rahmen einer bestimmten Gemeinde, von der gewiß weitere missionarische Wirkungen auf die nähere Umgebung ausstrahlen können. Die Berufung zu ihrer Funktion kann sinnvoll nur als eine dauernde verstanden werden, wenn das von Paulus an jedem einzelnen Ort begründete Werk Bestand haben sollte; Paulus wußte sich wie die anderen Apostel dazu gerufen, das Werk Jesu von Nazareth fortzusetzen und die Gemeinde der Endzeit vorzubereiten, an dieser Aufgabe mußten die gottgewollten untergeordneten Stufen der hierarchischen Ordnung sinngemäß Anteil haben.

Neben den Trägern der Ordnungsvollmacht finden sich in den paulinischen Gemeinden die charismatisch Begabten, deren Funktion eine wesentlich andere ist[18]. Ihre Gaben, vor allem Prophetie und Glossolalie, verleiht unmittelbar der Heilige Geist, der sie einem jeden erteilt, wie er will; sie sind daher nicht für dauernd an bestimmte Personen gebunden, sind auch für den Bestand der Gemeinden nicht wesensnotwendig. Die Charismatiker treten bei den gottesdienstlichen Zusammenkünften der Gemeinden auf und halten durch ihre prophetischen Reden und schwungvollen Dankgebete in ihnen den hochgemuten Enthusiasmus des neuen Glaubens wach, sie sind also keine Hüter und Garanten der Ordnung. Diese wird sogar hier und da durch sie gefährdet, weil das Außerordentliche und Geheimnisvolle ihres Auftretens manche Gemeindemitglieder zu einer Überschätzung ihrer Gaben verleitet, gegen die sich Paulus mahnend wenden muß (1 Kor 14).

Es ist schließlich ein wesentlicher Zug in der Struktur der von Paulus gegründeten Gemeinden, daß sie sich nicht als voneinander unabhängige Gemeinschaften ansehen, die ihren eigenen, individuellen religiösen Weg gehen konnten. Ein gewisser Zusammenhang unter ihnen war ja schon gegeben durch die Person ihres Gründers, der für sie auch nach seinem Weggang die höchste lehrende und leitende Autorität blieb. Paulus hat darüber hinaus in ihnen das Bewußtsein geschärft, daß sie durch ein starkes Band mit der Gemeinde von Jerusalem verknüpft seien, von der die Botschaft vom Messias und dem durch ihn gewirkten Heil ausging. Dieser Verbundenheit entsprang die karitative Hilfe für die Armen dieser Gemeinde, wie Paulus auch sonst die Fürsorge für die „Gefährten des Glaubens" (Gal 6, 10) betonte. Durch seine unermüdliche Predigt darüber, daß die Christen aller Gemeinden einem Herrn dienen (1 Kor 8, 6), daß sie miteinander

[17] *H. Schlier,* Die Ordnung der Kirche nach den Pastoralbriefen: Die Zeit der Kirche (Freiburg ³1962) 129—147; *H. W. Bartsch,* Die Anfänge urchristlicher Kirchenordnung in den Pastoralbriefen (Berlin 1963). [18] Siehe *J. Brosch,* Charismen und Ämter in der Urkirche (Bonn 1951), und die Kommentare zu 1 Kor 12 und 14, etwa *E.-B. Allo* (Paris 1934) 317—386.

Glieder eines Leibes sind (1 Kor 12, 27), hat er das lebendige Bewußtsein wachgehalten, daß die Getauften aller Gemeinden „das eine Israel Gottes" (Gal 6, 16), die Kirche aus Juden und Heiden sind (Eph 2, 13—17)[19]. Kirchenhistorisch gesehen, war es eine der großen Taten des Völkerapostels, daß das von ihm geweckte und gepflegte gesamtkirchliche Bewußtsein in seinen Gemeinden die Ausbreitung des Christentums in der Welt des Heidentums möglich machte, ohne daß sich die an Christus Glaubenden in zwei getrennte christliche Gemeinschaften, eine jüdischer, die andere heidnischer Herkunft, aufspalteten und so schon am Ende des apostolischen Zeitalters zwei christliche „Konfessionen" gestanden hätten[20].

Das religiöse Leben in den paulinischen Gemeinden

Das religiöse Leben der paulinischen Gemeinde besitzt als seine gestaltende Mitte den Glauben an den erhöhten Herrn, der sowohl ihrem Gottesdienst wie ihrem religiösen Alltag die entscheidende Prägung gibt. So entsprach es der Verkündigung des Paulus, in deren Zentrum Christus steht und stehen muß; deshalb erträgt er es, daß andere Missionare während seiner Gefangenschaft ihn durch ihre Predigt verdrängen wollen, „wenn nur auf alle Weise Christus verkündet wird" (Phil 1, 18). Die Predigt von Christus, daran läßt Paulus keinen Zweifel, muß in wirklichem Glauben angenommen werden: „Wenn du mit dem Munde bekennst ‚Herr ist Jesus' und mit dem Herzen glaubst, daß Gott ihn von den Toten erweckt hat, wirst du gerettet werden" (Röm 10, 9). Dieser Glaube an den Kyrios, den aus der Erniedrigung am Kreuz erhöhten und verherrlichten Herrn (vgl. Phil 2, 5 bis 11)[21], schließt die Überzeugung ein, daß in ihm die Fülle der Gottheit leibhaftig wohnt (Kol 2, 9f), daß er also als Sohn Gottes mit dem Vater die göttliche Natur besitzt, selber „Gottes Kraft und Weisheit" ist (1 Kor 1, 24).

In die Gemeinschaft der an den Herrn Glaubenden wird man, wie in der Urgemeinde, aufgenommen durch die Taufe, die auch für Paulus nicht etwa eine bloß äußere Institution im Kult seiner Gemeinden darstellt, sondern den Sühnetod Jesu, den er „für unsere Sünden" auf sich nahm (1 Kor 15, 3), wirksam werden läßt. Vor allem war Paulus in seiner Verkündigung darum bemüht, seine Gläubigen zu der Erkenntnis zu führen, daß die Taufe in einer realen Beziehung zum Tod Christi am Kreuz und zu seiner Auferstehung steht. Nur weil der Christ in der Taufe mit Christus begraben wird und so den alten Menschen sterben läßt, steht er, ähnlich wie dieser, von den Toten zu einem neuen Leben auf (Röm 6, 2—8); durch die Taufe und nur

[19] Vgl. *E. Peterson*, Die Kirche aus Juden und Heiden (Salzburg 1933) und den Kommentar zu Epheser von *H. Schlier* (Düsseldorf ²1959); *ders.*: Zeit der Kirche (Freiburg ³1962) 159—186; 287—307. [20] *R. Schnackenburg*, Die Kirche im Neuen Testament (Freiburg 1961) 71—77. [21] *M. Meinertz*, Zum Verständnis des Christushymnus Phil 2, 5—11: TThZ 61 (1952) 186—192.

durch sie kann er Anteil am Heil gewinnen[22]. Die tiefe Überzeugung der paulinischen Gemeinden, durch das Bad der Taufe nicht nur symbolisch, sondern in voller Wirklichkeit „wiedergeboren"[23] zu werden zu einem neuen Leben, das einmal einmünden wird in das Mitleben mit Christus, gibt diesem Sakrament seinen unveräußerlichen Rang im Kult des paulinischen Christentums.

Der Gottesdienst der paulinischen Gemeinden ist eingebaut in den größeren Rahm n der Versammlungen, zu denen sich die Gläubigen regelmäßig am „ersten Tag nach dem Sabbat" (Apg 20, 7) zusammenfinden. Wenn auch noch keine eigene religiöse Begründung für die Wahl dieses Tages und seine Hervorhebung vor den übrigen Wochentagen gegeben wird, so setzt mit dem Aufgeben des Sabbats deutlich auch eine kultische Loslösung vom Judentum ein. Für den Gemeindegottesdienst stellen begüterte Gemeindemitglieder ihre Privathäuser zur Verfügung (1 Kor 16—19; Röm 16, 4; Kol 4, 15). Lobgesänge, geistliche Lieder und Psalmen leiten die gottesdienstliche Feier ein; mit ihnen soll die Gemeinde dem Vater für alles danken im Namen des Herrn Jesus Christus (Eph 5, 18ff; Kol 3, 16).

Herzstück und Höhepunkt des Gottesdienstes ist die Eucharistiefeier, das Herrenmahl[24], Einzelheiten über den Verlauf der Feier finden sich bei Paulus kaum; sie ist mit einem Mahl verbunden, das wohl den inneren Zusammenhalt der Gläubigen stärken soll, bei dem aber zuweilen soziale Unterschiede unter den Gemeindemitgliedern ungut hervortraten (1 Kor 11, 17—27). Um so deutlicher wird eine theologische Vertiefung im Verständnis des eucharistischen Kultes durch Paulus faßbar. Das „Brotbrechen" wird eindeutig dargestellt als die reale Teilhabe am Blute und Leibe des Herrn; dieses Opfer ist unvergleichlich größer als die Opfer des Alten Bundes und völlig verschieden von den heidnischen: „Der Kelch, den wir segnen, ist er nicht Gemeinschaft des Blutes Christi? Das Brot, das wir brechen, ist es nicht Gemeinschaft des Leibes Christi? . . . Ihr könnt nicht an dem Tisch des Herrn Anteil haben und am Tisch der Dämonen" (1 Kor 10, 16 21). Weil in Wein und Brot Blut und Fleisch des Herrn wirklich empfangen wird, macht sich der des Verrates am Herrn schuldig, der unwürdig an dieser Mahlgemeinschaft teilhat (1 Kor 11, 27). In der Teilnahme an diesem Mahl bestätigt sich den Gläubigen immer aufs neue ihre unmittelbare Verbundenheit mit dem himmlischen Herrn. Darum ist die Gemeinde bei diesem Mahl von Jubel und Dank erfüllt (Eph 5, 20), in ihm wird ihr ein Unterpfand jener endgültigen Gemeinschaft mit ihm geschenkt, die seine Wiederkunft bringen wird. Die Sehnsucht nach dieser Endzeit wird gerade beim eucha-

[22] *R. Schnackenburg,* Das Heilsgeschehen bei der Taufe nach dem Apostel Paulus (München 1950); *E. Klaar,* Die Taufe nach paulinischem Verständnis (München 1961); *H. Schlier,* Zeit der Kirche 47—56; 107—129. [23] Vgl. *J. Dey,* Palingenesia (Münster 1937). [24] *P. Neuenzeit,* Das Herrenmahl. Studien zur paulinischen Eucharistieauffassung (München 1960).

ristischen Mahle spürbar in dem Ruf der Gemeinde „Marana-tha — Unser Herr, komm!" (1 Kor 16, 22; Apk 22, 20)[25]. Für die paulinische Gemeinde ist die Eucharistiefeier endlich die Quelle, aus der sich ihre innere Einheit nährt und immer wieder beglückend bestätigt wird; weil alle ihre Glieder Anteil haben an diesem einen Brot, das der Leib Christi ist, bilden sie in ihrer Vielzahl doch einen Leib, die Gemeinde Gottes (1 Kor 10, 17). Diese sakramental begründete Einheit muß sich aber auswirken in einer opferbereiten Rücksichtnahme aller aufeinander, die den Bruderkuß bei der Versammlung (1 Kor 16, 20) nicht Lüge strafen darf.

Die Versammlung der Gemeinde war auch der Ort, an dem „das Heil verkündet wurde"; denn es ist nicht nur die Aufgabe der weiterwandernden Missionare, das Evangelium zu verkünden (Apg 20, 7 11; 1 Kor 1, 17; 9, 16f), die Gemeinde muß sich auch von ihrem bleibenden Prediger weiter „das Wort der Versöhnung" mit Gott verkündigen lassen (2 Kor 5, 18—21). Inhaltlich war die christliche Gemeindepredigt eine Unterweisung in der Lehre der Apostel von dem Gekreuzigten und Auferstandenen; sie wies die Heilstaten Gottes aus der Schrift nach und leitete daraus den Glauben an Christus ab. Sie betonte dabei paränetisch die Pflicht der Gläubigen, den Vater zu preisen, mutig und getrost auf die Wiederkunft des Herrn zu harren und einander in brüderlicher Liebe zu dienen (Apg 14, 22; 1 Thess 2, 2—12; 2 Kor 6, 1 2; Phil 2, 1—11). So hat die Predigt als die Verkündigung des Wortes in den paulinischen Gemeinden ihren festen Platz und ihre erstrangige Bedeutung. Im Gemeindegottesdienst hatten schließlich auch die schon erwähnten Reden der „Propheten" ihre Stelle, sie wurden mit dem „Amen" der Versammelten bekräftigt (1 Kor 14, 16). Die Verwirklichung des neuen religiösen Ideals im Alltag stellte die heidenchristlichen Gemeinden des paulinischen Missionsgebietes vor nicht geringe Schwierigkeiten. Die pagane Umwelt mit ihren tief eingewurzelten Gewohnheiten im Familien- und Erwerbsleben, die oft im krassen Gegensatz zu den Forderungen christlicher Sittlichkeit standen, verlangte von ihnen ein weit höheres Maß an Zucht und Selbstdisziplin wie etwa von den Mitgliedern der Urgemeinde, die Monotheismus und jüdisches Sittengesetz auf ein wesentlich höheres moralisches Niveau gehoben hatten. Die paulinische Predigt betont nicht ohne Grund unaufhörlich den scharfen Gegensatz, den das Christentum zwischen Christus und Belial, zwischen Licht und Finsternis, Geist und Fleisch, zwischen dem alten Menschen der Sünde und dem neuen der Freiheit und Wahrheit aufrichtet. Daß es in den einzelnen Gemeinden Mitglieder gab, die vor diesem hohen Ideal versagten, läßt sich schon aus den unermüdlichen Ermahnungen des Apostels schließen, mögen auch so krasse Fälle wie der des Unzuchtsünders aus Korinth eine Ausnahme darstellen

[25] *K. G. Kuhn:* ThW IV 470—475; *O. Cullmann,* Christologie des Neuen Testaments (Tübingen 1958) 214—222.

(1 Kor 5, 1 9—13). Die häufigen Hinweise auf den Geist der Eintracht und des Friedens untereinander deuten auf Verfehlungen gegen das Gebot brüderlicher Liebe hin (1 Kor 1, 10; Eph 4, 2f; Phil 2, 2f; 1 Thess 5, 13). Wie meist in solchen Fällen finden die Mißstände aber wohl auch hier ein stärkeres Echo als die treue Verwirklichung der sittlichen Forderungen. In manchen Gemeinden hat das Licht sicher die Schatten überwogen. Wenn der Apostel von den Christen in Philippi und Thessalonike sagen kann, sie seien seine „Freude und Ruhmeskranz" (Phil 4, 1; 1 Thess 2, 19), so ist ein so uneingeschränktes Lob sicher hoch zu werten. Zahlreich sind die Christen, deren Hilfe und selbstloser Mitarbeit im Dienst an den Heiligen Paulus dankbar gedenken kann. Den stärksten Beweis für die sittliche Kraft, die das Evangelium auf dem paulinischen Missionsfeld zur Entfaltung brachte, darf man in dem Fortbestand seiner Gemeinden auch in nachapostolischer Zeit und darüber hinaus sehen. Die Saat, die er in seiner Predigt über die Macht der in Christus geschenkten Gnade und über das Glück der Gotteskindschaft inmitten einer heidnischen Umwelt ausgestreut hatte, war herrlich aufgegangen. Beim Tode des Apostels war die hellenistische Kulturwelt von einem Netz christlicher Zellen überspannt, deren Lebensfähigkeit die weitere Ausbreitung des christlichen Glaubens in der Folgezeit sicherte.

6. Kapitel

Außerpaulinisches Heidenchristentum. Das Wirken des Apostels Petrus. Sein Aufenthalt und Tod in Rom. Das Petrusgrab

LITERATUR: Außerpaulinisches Heidenchristentum: *F. X. Pölzl,* Die Mitarbeiter des Weltapostels Paulus (Regensburg 1911); *A. Ruegg,* Die Mission in der alten Kirche, ihre Wege und Erfolge (Basel 1912); *K. Pieper,* Etappen und Eigenart der altchristlichen Mission: RQ 34 (1926) 111—127; *F. J. Foakes-Jackson,* The Rise of Gentile Christianity (London 1927); *R. Liechtenhan,* Die urchristliche Mission (Zürich 1946); *R. A. Lipsius,* Acta apostolorum apocrypha I (Leipzig 1891, Nachdruck Darmstadt 1959); *Hennecke-Schneemelcher* II (Tübingen 1964); *R. Söder,* Die apokryphen Apostelgeschichten und die romanhafte Literatur der Antike (Stuttgart 1932); *P. M. Peterson,* Andrew, Brother of Simon Peter, his History and his Legend (Leiden 1958).

Das Wirken des Apostels Petrus: Quellen: Die Apostelgeschichte und die beiden Petrusbriefe. Kommentare zu den Petrusbriefen: *J. Felten* (Regensburg 1929); *J. W. C. Wand,* I and II Peter (London 1934); *U. Holzmeister,* Commentarius in epistulas ss. Petri et Judae I (Paris 1937); *F. W. Beare,* The First Epistle of Peter (London 1958); *K.H. Schelkle* (Freiburg 1961) (Lit. XI—XVI). — Zu den apokryphen Petrusakten: *L. Vouaux,* Les actes de Pierre (Paris 1922); *C. Schmidt:* ZKG 43 (1924) 321—438, 45 (1926) 481—513; *G. Stuhlfauth,* Die apokryphe Petrusgeschichte in der altchristlichen Kunst (Berlin 1925); *E. Dinkler,* Die ersten Petrusdarstellungen (Marburg 1937); *C. Cecchelli,* Iconografia dei papi, I: S. Pietro (Rom 1938). — *K. G. Goetz,* Petrus als Gründer und Oberhaupt der Kirche und Schauer von Gesichten (Leipzig 1927); *F. J. Foakes-Jackson,* Peter Prince of Apostles

(New York 1927); *E. T. Robertson*, Epochs in the Life of Simon Peter (New York 1933); *R. Aigrain*, St. Pierre (Paris 1939); *O. Cullmann*, Petrus, Jünger — Apostel — Märtyrer (Zürich ²1960), dazu *P. Gaechter:* ZKTh 75 (1953) 331—337; *J. Schmitt:* RevSR 28 (1954) 58—71; *A. Vögtle:* MThZ 5 (1954) 1—47; *O. Karrer*, Um die Einheit der Christen (Frankfurt a. M. 1953) 91—221; *P. Gaechter*, Petrus und seine Zeit (Innsbruck 1958); *J. Pérez de Urbel*, San Pedro, príncipe de los apóstolos (Burgos 1959, deutsch Köln 1962).

Aufenthalt und Tod in Rom: Die ältere Lit. bis 1934 verzeichnet *U. Holzmeister* a. a. O. 37—40. Ferner: *H. Lietzmann*, Petrus und Paulus in Rom (Berlin ²1927); *H. Dannenbauer*, Die römische Petruslegende: HZ 146 (1932) 239—262, 159 (1939) 81—88; *H. Lietzmann*, Petrus, römischer Märtyrer (Berlin 1936); *J. Haller*, Das Papsttum I (Stuttgart 1950) 475—485; *K. Heussi*, Die römische Petrustradition in kritischer Sicht (Tübingen 1955); *K. Aland*, Der Tod des Petrus in Rom: Kirchengeschichtliche Entwürfe (Gütersloh 1960) 35—104.

Das Petrusgrab: a) Zur Frage der Apostelgräber in S. Sebastiano: *P. Styger*, Römische Märtyrergrüfte (Berlin 1935); *A. Prandi*, La memoria apostolorum in Catacumbas (Rom 1936); *C. Mohlberg*, Historisch-kritische Bemerkungen zum Ursprung der sog. memoria apostolorum an der Appischen Straße: Colligere Fragmenta, Festschrift A. Dold (Beuron 1952) 52—74; *F. Tolotti*, Memorie degli apostoli in Catacumbas (Città del Vaticano 1953); *P. Testini*, Le presunte reliquie dell'apostolo Pietro e la traslazione ‚ad catacumbas': Actes du Ve congrès international d'Archéologie chrétienne (Città del Vaticano 1957) 529—538; *J. Ruysschaert*, Les documents littéraires de la double tradition romaine des tombes apostoliques: RHE 52 (1957) 791—831. — b) Die Ausgrabungen unter St. Peter: Offizieller Ausgrabungsbericht: Esplorazioni sotto la confessione di Pietro in Vaticano eseguite negli anni 1940—1949, 2 Bde (Città del Vaticano 1951). Weitere Grabungsfunde: *M. Guarducci*, I graffiti sotto la confessione di S. Pietro in Vaticano, 3 Bde (Rom 1958); *dieselbe*, La tomba di Pietro. Notizie antiche e nuove scoperte (Rom 1959). Die nach dem Ausgrabungsbericht erschienene Literatur ist verzeichnet in Bibl 34 (1953) 96*f, vor allem bei *J. Ruysschaert*, Recherches et études autour de la Confession de la basilique Vaticane (1940/58). État de la question et bibliographie: Triplice omaggio a S. S. Pio XII, Bd. II (Città del Vaticano 1958) 3—47, und, mit kritischer Stellungnahme, *E. Dinkler*, Die Petrus-Rom-Frage, ein Forschungsbericht: ThR 25 (1959) 189—230 289—335, 27 (1961) 33—64. Aus der Literatur sind hervorzuheben: *A. M. Schneider*, Das Petrusgrab am Vatikan: ThLZ 77 (1952) 321—326; *E. Schäfer*, Das Apostelgrab unter St. Peter in Rom: EvTh 12 (1953) 304—320; *J. Carcopino*, Les fouilles de s. Pierre: Études d'histoire chrétienne (Paris ²1963) 93—286; *J. Ruysschaert*, Réflexions sur les fouilles Vaticanes, le rapport officiel et la critique: RHE 48 (1953) 573—631, 49 (1954) 5—58; *A. v. Gerkan*, Kritische Studien zu den Ausgrabungen unter der Peterskirche in Rom: Trierische Zeitschrift 22 (1954) 26—55; *J. Fink*, Archäologie des Petrusgrabes: ThRv 50 (1954) 81—102; *Chr. Mohrmann*, A propos de deux mots controversés ... tropeum — nomen: VigChr 8 (1954) 154—173; *J. Toynbee - J. Ward Perkins*, The Shrine of St. Peter and the Vatican Excavations (London 1956); *Th. Klauser*, Die römische Petrustradition im Lichte der neuen Ausgrabungen unter der Peterskirche (Köln - Opladen 1956), dazu *E. Kirschbaum:* RQ 51 (1956) 247—254; *E. Kirschbaum*, Die Gräber der Apostelfürsten (Frankfurt a. M. ²1959); *A. v. Gerkan*, Basso et Tusco consulibus: Bonner Jahrb. 158 (1958) 89—105; *ders.*, Zu den Problemen des Petrusgrabes: JbAC 1 (1959) 79—93; *H.-D. Altendorf*, Die römischen Apostelgräber: ThLZ 84 (1959) 731—740; *J. Ruysschaert*, Trois campagnes de fouilles au Vatican et la tombe de Pierre: Sacra pagina II (Paris 1959) 86—97; *E. Kirschbaum*, Les fouilles de s. Pierre de Rome (Paris 1961) geht in dieser französischen Ausgabe auf die Kritik an den Grabungen ein; *R. Eggers*, Zu den neuesten Graffiti des Coemeteriums in Vaticano: RQS 57 (1962) 74—77.

Gegenüber der paulinischen Mission, die in ihrer Breiten- und Tiefenwirkung die erfolgreichste war, bleibt das Wirken der Missionare, die außer ihm im Orient oder im Westen des Römischen Reiches tätig waren, weit weniger faßbar. Paulus selbst bezeugt eine solche Missionstätigkeit, wenn er beteuert, er lege Wert darauf, bei seiner Missionsarbeit „nicht dort das Evangelium zu verkünden, wo der Name Christi schon bekannt" war, er wolle nicht, wie er sagt, auf fremdem Grunde bauen (Röm 15, 19f). Ihm war also die Existenz heidenchristlicher Gemeinden bekannt, deren Entstehung anderen Missionaren zu verdanken war; er nennt weder deren Namen noch die der Städte oder Provinzen, in denen sich solche Gemeinden entwickelt hatten. Die Apostelgeschichte erwähnt die außerpaulinische Mission nur nebenher, so wenn sie z. B. sagt, daß Barnabas nach seiner Trennung von Paulus nach Zypern reiste (Apg 15, 40), offensichtlich, um dort in der Mission tätig zu sein. Das andere Mal setzt sie das Bestehen einer Christengemeinde auf italienischem Boden in Puteoli bei Neapel voraus, als sie berichtet, daß Paulus bei seiner Fahrt nach Rom im dortigen Hafen „Brüder" traf, die ihn zu sich einluden (Apg 28, 14). Ebenso kamen ihm Mitglieder der römischen Gemeinde entgegen, die bereits über seine Ankunft unterrichtet waren (Apg 18, 15). Der Name eines römischen Missionars wird nicht genannt. Einen Hinweis auf außerpaulinische Missionsgebiete darf man auch in der Adresse des 1. Petrusbriefes finden, der an die Christen von Pontus, Galatien, Kappadokien, Asien und Bithynien gerichtet ist; falls, was wahrscheinlich ist, hier die römischen Provinzen des Ostens gemeint sind, werden dabei drei genannt, die nicht zum eigentlichen Missionsfeld des Völkerapostels gehörten: Pontus, Kappadokien und Bithynien. Da die Apostelgeschichte (2, 9f) auch Juden aus Kappadokien und Pontus unter denen aufzählt, die das erste christliche Pfingstfest in Jerusalem erlebten, könnte man in ihnen die ersten Missionare für diese Gegenden sehen. Daß die in diesen Provinzen neugewonnenen Anhänger des christlichen Glaubens ehemalige Heiden waren, geht aus vielen Stellen des 1. Petrusbriefes eindeutig hervor[26].

Die Lückenhaftigkeit des Quellenmaterials für die Geschichte des frühesten Christentums wird besonders offenkundig, wenn man es nach der Wirksamkeit oder auch nur den Lebensschicksalen der Apostel befragt (von Petrus, Johannes und Jakobus d. J. abgesehen). Von ihnen würde man am ehesten eine missionarische Tätigkeit in oder außerhalb Palästinas erwarten, aber alle zuverlässigen Quellen schweigen. Erst das 2. und 3. Jh. hat diese Lücken auszufüllen gesucht durch die sog. apokryphen Apostelgeschichten[27],

[26] Vgl. *K. H. Schelkle* in seinem Kommentar 2.

[27] Siehe die Übersicht mit Lit. bei *Quasten P* I 128—143 und *Altaner*[6] 59—64; *J. Michl:* LThK[2] I 747—754.

die mehr oder weniger ausführlich über Leben und Sterben mehrerer Apostel berichten. Vom literarischen Genus her gesehen, sind diese Schriften verwandt mit der antiken Roman- und Reiseliteratur, deren Helden nach dem Muster der profanen Aretologie dargestellt werden[28]. Soweit sie aus gnostisch-häretischen Kreisen stammen, sind sie von der Tendenz bestimmt, den Lehren der sie tragenden Kreise durch einen angesehenen Verfassernamen ein erhöhtes Ansehen zu verschaffen. Die apokryphen Apostelgeschichten gemeinkirchlichen Ursprungs oder in orthodoxer Überarbeitung rechnen mit dem starken Interesse des einfachen Volkes am malerischen Detail aus dem Leben dieser Gestalten der christlichen Vergangenheit und verdanken ihm ihren Erfolg. Ihr Quellenwert liegt in dem Einblick in die religiöse Vorstellungswelt der Zeit, die sie hervorbrachte, ihre Angaben über Missionstätigkeit, Todesart und Wirkungsgebiete der Apostel bleiben in jeder Hinsicht unkontrollierbar[29]. Höchstens wäre es denkbar, daß die geographischen Notizen über einzelne Provinzen oder Länder, in die das Wirken der Apostel verlegt wird, auf eine begründete Überlieferung zurückgehen, da eigenartigerweise das Missionsgebiet des Apostels Paulus von ihnen kaum mit einbezogen wird. Erst recht sind die Personen, die als Gefährten oder Gehilfen der Apostel in den apokryphen Akten genannt werden, als Phantasiegebilde zu werten. Nur über drei führende Mitglieder des Apostelkollegiums, Jakobus, Petrus und Johannes, liegen Quellenzeugnisse vor, die einige konkrete Erkenntnisse über ihr Wirken ermöglichen. Die beiden letztgenannten sind nun noch näher zu behandeln.

Aufenthalt und Tod des Apostels Petrus in Rom

Die Apostelgeschichte schließt ihren Bericht über die Wirksamkeit des Petrus in der Urgemeinde von Jerusalem ab mit dem verhüllenden Hinweis, daß er sich „an einen anderen Ort begab“ (Apg 12, 17). Weder wird das Motiv des Wegganges erkennbar, noch auch ersichtlich, wohin sich Petrus wenden wollte. Der Versuch, in dieser unpräzisen Ausdrucksweise der Apostelgeschichte eine glaubwürdige Nachricht über den frühen Tod des Apostels zu erkennen[30], ist ebenso abwegig wie die These, Paulus biete im Galaterbrief 2, 6—9 ein einwandfreies Zeugnis dafür, daß Petrus zur Zeit der Niederschrift dieses Kapitels bereits gestorben war[31]. Die Tradition von

[28] *L. Hertling*, Literarisches zu den apokryphen Apostelakten: ZKTh 49 (1925) 219—243.

[29] *E. v. d. Goltz*, Apostelgeschichten als Geschichtsquellen: Harnack-Ehrung (Leipzig 1921) 149—158.

[30] So *D. F. Robinson:* JBL 64 (1945) 255—267, und *W. M. Smaltz:* JBL 71 (1952) 211—216.

[31] Vor allem *K. Heussi* a. a. O. 1—10; für 55 als Todesjahr des Petrus auch *H. Katzmann:* IKZ 29 (1939) 85—93. Gegen solche Frühansätze s. vor allem *O. Cullmann*, Petrus 35 f, und *K. Aland*, Kirchengeschichtliche Entwürfe (Gütersloh 1960) 49—54.

einem Aufenthalt des Petrus in Rom und seinem dortigen Martyrium ist zu mächtig, als daß sie mit derart schwach begründeten Hypothesen beiseite geschoben werden könnte. Über die Stationen des Weges, der ihn nach Rom führte, über die Zeit seiner Ankunft in der Reichshauptstadt und die Dauer seines Aufenthaltes (mit Unterbrechungen?) sind allerdings keine konkreten Aussagen möglich. Daß er am sog. Apostelkonzil in Jerusalem, das wohl kurz vor der Jahrhundertmitte anzusetzen ist, teilnahm und bald danach in Antiochien weilte, ist sicher (Apg 15, 7; Gal 2, 11—14).

Das tragende Fundament der römischen Petrustradition bilden drei Quellenzeugnisse, die chronologisch nahe beieinanderliegen und zusammengenommen eine Kraft der Aussage erreichen, die praktisch einer historischen Sicherheit gleichkommt. Das erste Zeugnis ist römischen Ursprungs und findet sich in dem Brief, den Klemens im Namen seiner Gemeinde nach Korinth schrieb. Darin kommt Klemens auf Fälle aus der jüngsten Vergangenheit zu sprechen, in denen Christen „wegen Ränkesucht" Mißhandlungen und Tod erlitten haben. Aus ihnen ragen Petrus und Paulus hervor; „Petrus, der um ungerechten Eifers willen nicht eine oder zwei, sondern viele Mühsale ertrug, dadurch zum Zeugen wurde und an den ihm zukommenden Ort der Herrlichkeit wanderte"[32]. Mit ihm starb eine große Schar den Zeugentod, unter ihr auch Christinnen, die man als Danaiden und Dirken verkleidet hinrichten ließ. Das weist auf die noch zu schildernde Verfolgung der Christen unter Kaiser Nero hin[33] und erlaubt es, den Tod des Petrus damit in Zusammenhang zu bringen und zeitlich in die Mitte der sechziger Jahre anzusetzen. Über die Art und die Stelle der Hinrichtung macht Klemens keine Angaben; sein Verzicht auf solches Detail setzt offensichtlich eine Kenntnis der Ereignisse bei seinen Lesern voraus, ihm selbst sind sie, weil sie sich an seinem Wohnort und zu seiner Zeit (in seiner Generation) abspielten, wohl unmittelbar vertraut.

Der wesentliche Inhalt dieses Zeugnisses begegnet wieder in einem Brief, der etwa zwanzig Jahre später aus dem Osten an die römische Gemeinde gerichtet wird. Der Bischof der traditionsreichsten heidenchristlichen Gemeinde des Ostens, die am ehesten über die Lebensschicksale der beiden führenden Apostel informiert sein konnte, Ignatius von Antiochien, bittet die Christen Roms, sie möchten ihn doch nicht durch eine Fürsprache bei den heidnischen Behörden des Martyriums berauben, dem er in Rom entgegengehen soll. Seine Bitte verdeutlicht er mit dem respektvollen Satz: „Nicht wie Petrus und Paulus befehle ich euch."[34] Diese beiden hatten also einmal zur römischen Gemeinde ein Verhältnis, das ihnen eine autoritative Stellung gab, d. h., sie weilten dort länger als tätige Mitglieder der Gemeinde, nicht etwa vorübergehend wie zufällige Besucher. Das Gewicht dieses Zeugnisses liegt in der Tatsache, daß das Wissen der römischen

[32] 1 Clem 5, 1—4; 6, 1—2. [33] Siehe unten Kap. 8. [34] Ignatius Ant., Rom. 4, 3.

Gemeinde um den Aufenthalt des Petrus in ihrer Mitte durch eine Aussage aus dem fernen christlichen Osten eindeutig bekräftigt wird.

In die Nähe des ignatianischen Römerbriefes führt das dritte Dokument, dessen Zeugniswert für den Aufenthalt und das Martyrium des Petrus in Rom erst jüngst erneut betont wurde[35]. Die Ascensio Isaiae (4, 2f), die in ihrer christlichen Bearbeitung um das Jahr 100 angesetzt wird[36], spricht im Stil prophetischer Verkündigung davon, daß die Pflanzung der zwölf Apostel von Beliar, dem Mörder seiner Mutter (Nero), verfolgt werden wird und daß von den Zwölfen einer in seine Hände geliefert wird. Diese prophetische Aussage wird aufgehellt durch ein Fragment der Petrusapokalypse, die ebenfalls dem Anfang des 2. Jh. zuzuweisen ist. Hier heißt es: „Siehe, dir, Petrus, habe ich alles offenbart und auseinandergelegt. So gehe in die Stadt der Hurerei und trinke den Kelch, den ich dir angekündigt habe."[37] Dieser kombinierte Text mit seinem Wissen um den Martyrertod des Petrus in Rom unter Nero bestätigt und unterstreicht die Zuverlässigkeit der römischen Tradition beachtlich. Diesen drei grundlegenden Aussagen fügen sich noch zwei weitere Hinweise zu, die das Bild der römischen Petrusüberlieferung abrunden. Der Verfasser des Schlußkapitels des Johannesevangeliums spielt deutlich auf einen Martyrertod des Petrus an und weiß offensichtlich von dessen Hinrichtung am Kreuz (Jo 21, 18f), schweigt aber über den Ort seines Martyriums. Umgekehrt wird auf Rom als Aufenthaltsort des Petrus hingewiesen in den Schlußversen des 1. Petrusbriefes, der in „Babylon" geschrieben sein will; darunter ist aber am ehesten Rom zu verstehen, was die Gleichung Rom—Babel in der Johannesapokalypse (14, 8; 16ff) und in der jüdischen apokalyptischen und rabbinischen Literatur nahelegt[38].

Die römische Petrustradition erleidet im Laufe des 2. Jh. keinen Bruch und wird weiterhin durch Zeugnisse aus den verschiedensten Verbreitungsgebieten des Christentums belegt; etwa durch Bischof Dionys von Korinth[39] aus dem Osten, durch Irenäus von Lyon[40] aus dem Westen, durch Tertullian[41] aus Afrika. Weit wichtiger ist, daß diese Tradition weder von irgendeiner anderen christlichen Gemeinde für sich in Anspruch genommen noch von irgendeiner Stimme der Zeit überhaupt bestritten oder bezweifelt wird. Dieses fast erstaunliche Fehlen jeder konkurrierenden Überlieferung ist ohne Zweifel als ein entscheidender Faktor bei der kritischen Prüfung der römischen Tradition zu werten[42].

[35] Von *E. Peterson,* Das Martyrium des hl. Petrus nach der Petrusapokalypse: Miscellanea Belvederi (Rom 1954/55) 181—185 = Frühkirche, Judentum und Gnosis (Freiburg 1959) 88—91, hier auch die Texte.

[36] *E. Peterson:* ByZ 47 (1954) 70f.

[37] Griech. Text: JThS 32 (1931) 270.

[38] Vgl. *K. H. Schelkle* 135 z. St.

[39] Euseb. HE 2, 25, 8.

[40] Irenaeus, Adv. haer. 3, 1—3.

[41] Tertullian, praescr. haer. 36, 3.

[42] So im Anschluß an *H. Lietzmann,* Petrus und Paulus in Rom (Berlin ²1927) erneut *Th. Klauser* a. a. O. 16.

So positiv aufs Ganze gesehen die Antwort auf die Frage nach dem letzten Aufenthalt und dem Todesort des Petrus lauten kann, so überraschend kompliziert wird die Situation, wenn die Frage auf die Lage und den evtl. Befund des Petrusgrabes selbst eingeschränkt wird. Hier tritt jetzt neben die literarischen Zeugnisse die gewichtigere Aussage der Archäologie. Sowohl die Ausgrabungen auf römischem Boden wie die Prüfung der schriftlichen Quellen lassen erkennen, daß sich in Rom selbst die Überlieferung über den Ort des Petrusgrabes im Laufe der Zeit gespalten hat. Der Hinweis auf den vatikanischen Hügel als Hinrichtungsstätte für Petrus, den der Bericht des Tacitus[43] über die Neronische Verfolgung in Verbindung mit der Aussage des 1. Klemensbriefes gibt, wird zunächst bestätigt und erweitert durch das Zeugnis des unter Bischof Zephyrinus (199—217) in der römischen Gemeinde tätigen gebildeten Gaius. Dieser war in eine Kontroverse mit dem damaligen Leiter der Montanistengemeinde Roms, Proklos, verwickelt, in der es um den Nachweis des Besitzes „apostolischer" Gräber als Beweisstücke für die Echtheit apostolischer Überlieferungen ging. Wie schon vorher Bischof Polykrates von Ephesus[44] in der Frage des Ostertermins behauptet hatte, die Gräber von Aposteln und Bischöfen in Kleinasien garantierten die einwandfreie Überlieferung des asiatischen Brauches, so argumentierte Proklos, die Gräber des Apostels Philippus und seiner charismatisch begabten Töchter in Hierapolis bewiesen die Richtigkeit montanistischer Auffassung. Gaius überbietet die Beweisführung seines Gegners mit dem Gegenargument: „ich aber habe die Tropaia der Apostel aufzuweisen; denn wenn du nach dem Vatikan gehen willst oder auf die Straße nach Ostia, so wirst du dort die Triumphalgräber derer finden, die diese Gemeinde gegründet haben"[45]. Um 200 war man demnach in Rom davon überzeugt, daß das Petrusgrab am vatikanischen Hügel lag; Gaius gibt dabei keinen Anhaltspunkt dafür, daß diese Überzeugung nicht von der gesamten römischen Gemeinde geteilt worden wäre.

Demgegenüber berichtet nun eine Eintragung im römischen Festkalender von 354, die nach dem sog. Martyrologium Hieronymianum (nach 431) zu ergänzen ist, daß man im Jahre 258 am 29. Juni das Gedächtnis des Petrus am Vatikan, das des Paulus an der Straße nach Ostia und das beider zusammen *in catacumbas* beging; es gab also um 260 an der Via Appia unter der späteren Grabbasilika von S. Sebastiano, die im 4. Jh. noch *ecclesia apostolorum* genannt wurde, eine Kultstätte für die beiden Apostelfürsten[46]. Ein von Papst Damasus verfaßtes Grabepigramm sagt, daß die beiden Apostel früher dort einmal „gewohnt" hätten, das will wohl sagen, daß ihre Lei-

[43] Tacitus, Annal. 15, 44, 5. [44] Bei Euseb. HE 5, 1—8.
[45] Ebd. 2, 25, 7, dazu *Th. Klauser* a. a. O. 20 f.
[46] *J. P. Kirsch*, Der stadtrömische christliche Festkalender (Münster 1924) 20 ff.

ber dort einmal bestattet waren[47]. Ausgrabungen im Jahre 1917 erwiesen nun die Existenz eines solchen Kultzentrums um 260, in welchem die beiden Apostel durch *refrigeria*, Totengedächtnismale, geehrt wurden, wie die zahlreich erhaltenen Graffiti an den Wänden des Kultraumes erkennen lassen, mit denen die Besucher die Fürsprache der beiden Apostel anriefen[48]. Obwohl die Ausgrabungen kein Grab zutage förderten, das als Bestattungsstelle der Apostel gelten könnte, zwingen einzelne der Graffiti zur Annahme, daß die christlichen Besucher überzeugt waren, hier an der Stätte der Apostelgräber zu weilen. Der Befund hat eine Reihe von Hypothesen ausgelöst, von denen sich bisher keine entscheidend durchsetzen konnte. Während der Ausgräber die These vertrat, an der Via Appia sei die wirkliche Begräbnisstätte beider Apostel gewesen, deren Leiber erst nach dem Bau der konstantinischen Apostelbasiliken in diese transferiert wurden[49], nahmen andere an, die Reliquien seien aus ihren Gräbern am Vatikan bzw. der Via Ostiensis während der Valerianischen Verfolgung nach S. Sebastiano in Sicherheit gebracht worden und auch dort bis zu ihrer Translation in die neuen Basiliken verblieben[50]. Mit Rücksicht auf das römische Sepulkralrecht, das das Öffnen von Gräbern streng verbot, wurde von anderen die Möglichkeit einer Translation der Apostelleiber an die Via Appia bestritten; wohl könnte hier eine Ersatzkultstätte eingerichtet worden sein, als die Valerianische Verfolgung den Besuch der wirklichen Gräber unmöglich machte[51]. An der Via Appia könne aber auch das Zentrum der Apostelverehrung einer schismatischen Gruppe, etwa der Novatianer, gewesen sein[52], die in Rom darauf nicht verzichten konnten. Schließlich wird gesagt, die Existenz zweier Stätten, an denen man das Petrusgrab als vorhanden ansah, beweise, daß die römische Gemeinde vom 3. Jahrhundert an kein sicheres Wissen mehr über den wirklichen Bestattungsort der Apostel besaß; eine von Gaius vertretene Gruppe habe das Petrusgrab unter dem Tropaion am vatikanischen Hügel gewußt, eine andere sei überzeugt gewesen, es an der Via Appia zu besitzen. Die Leitung der römischen Gemeinde habe diese gespaltene Tradition bis über Konstantin hinaus dulden müssen, da dieser selbst noch an beiden Stätten Basiliken errichten ließ, am Vatikan die des Petrus, an der Via Appia die *ecclesia apostolorum*, die erst später den Titel des hl. Sebastian erhielt[53]. Das im Festkalender angegebene Datum des 29. Juni wird meist mit einer ersten kultischen oder liturgischen Feier an der Appischen Straße in Zusammenhang gebracht.

[47] *A. Ferrua*, Epigrammata Damasiana (Rom 1942) 142.
[48] *A. v. Gerkan*, bei *H. Lietzmann* 248—301, zuletzt *F. Tolotti* a. a. O.
[49] *P. Styger* a. a. O. 48.
[50] *H. Lietzmann* a. a. O. 122; *E. Kirschbaum* 202 f; *A. v. Gerkan:* Bonner Jahrbücher 158 (1958) 99.
[51] So vor allem *H. Delehaye*, Les origines du culte des martyrs (Brüssel ²1933) 267 f.
[52] *C. Mohlberg* a. a. O. [53] *Th. Klauser* a. a. O. 73—75.

Die hochbedeutsamen Ausgrabungen der Jahre 1940—49 unter der Petrusbasilika[54] führten zunächst zur Entdeckung einer großartigen Nekropole, die von einer nach Westen ansteigenden Gräberstraße erschlossen war und von der man in die zahlreichen, oft künstlerisch reich ausgestatteten Mausoleen gelangte; unter ihnen findet sich ein einziges, das rein christlich ist und sehr alte Mosaiken besitzt, darunter eine für die frühchristliche Ikonographie äußerst wertvolle Darstellung des Christos-Helios[54a]. Die Mausoleen sind in der Zeit von etwa 130—200 entstanden, da die Nekropole aber nur Teil eines größeren Friedhofsgeländes war, beginnt die Belegung mit Gräbern, besonders nach Osten hin, sicher in früherer Zeit.

Das Gelände unmittelbar unter und vor der Confessio von St. Peter, wo man Aufschlüsse über das Tropaion des Gaius erwarten durfte, erwies sich als ein vor dem Konstantinsbau nicht überdachtes Gräberfeld von etwa 7 × 4 m Größe (von den Ausgräbern P genannt), das nach Westen durch eine um 160 angelegte rote Mauer abgeschlossen ist. In die Ostwand dieser Mauer ist eine zweifache Nische (gleichzeitig oder später?) eingearbeitet, die von zwei kleinen vorgesetzten Säulen flankiert war, deren eine noch in situ gefunden wurde. Unschwer läßt sich erkennen, daß es sich hier um eine nicht besonders reich gestaltete Grabaedicula handelt, die von den Erbauern der Konstantinsbasilika als das Denkmal angesehen wurde, nach dem die neue Kirche trotz aller damit gegebenen Belastungen, wie Zuschüttung der Mausoleen und Geländeschwierigkeiten, orientiert werden mußte. Die Annahme ist zwingend, daß sie in der Aedicula, die um 160 errichtet sein mag, das Tropaion des Gaius erblickten und unter ihm das Petrusgrab als gegeben ansahen. Vor der unteren Nische bedeckte eine Bodenplatte einen Raum von etwa 60 cm im Geviert, aber in einem Winkel angelegt, der etwa 11 Grad von der Senkrechten zur roten Mauer abweicht. In der darunterliegenden Erde fanden sich keine eigentlichen Grabreste, wie etwa Ziegel, wohl aber war auch hier eine Nische am unteren Rande der roten Mauer eingelassen, in der ein Häuflein Knochen vom Skelett eines älteren Mannes lag. Auffallend ist, daß um dieses asymmetrisch liegende Viereck herum vier spätere Gräber (γ, η, ϑ, ι) so angelegt waren, daß es möglichst nicht von ihnen angeschnitten wurde; eines von ihnen (ϑ) kann durch eine Ziegelplatte der Zeit Vespasians zugewiesen werden. Das läßt annehmen, daß ein hier schon vorhandenes Grab bewußt geschont werden sollte. Da auch alle anderen Gräber des Feldes P ausschließlich Erdbestattungen aufweisen, nehmen die Ausgräber an, es sei überhaupt nur mit christlichen Gräbern belegt worden, obwohl keine sonstigen Anzeichen den christlichen Charakter der Gräber sicherstellen. In dem ausgesparten Viereck unter der Bodenplatte der Aedicula sehen sie die Stelle, an der Petrus begraben wurde, wobei sie

[54] Die sachlichen Angaben in der Hauptsache nach *E. Kirschbaum.*
[54a] Vgl. *O. Perler,* Die Mosaiken der Juliergruft im Vatikan (Freiburg/Schw. 1953).

annehmen, das Grab sei bei der Erbauung der roten Mauer bzw. der Aedicula verkürzt worden. Der Mangel jedes die Grabstätte kennzeichnenden Details wird mit der Notsituation erklärt, in der Petrus bestattet werden mußte; das Versehrtsein des Grabes wird auf Eingriffe zurückgeführt, die bei einer wahrscheinlichen Translation erfolgten oder überhaupt nicht mehr faßbar sind.

Die Annahme, die Grabstätte des Petrus sei hier gefunden, muß sich naturgemäß auf Indizien stützen, deren Beweiskraft verschieden bewertet werden kann. Ihre überzeugende Wirkung hängt entscheidend davon ab, wie sie die Schwierigkeiten klären können, die auch nach den Ausgrabungen noch bleiben. So scheint es nicht bewiesen, daß alle Gräber um das Geviert unter der Bodenplatte des Tropaions christlich sind; für das Kindergrab γ mit der Libationsröhre scheint das für das 2. Jahrhundert sogar ausgeschlossen. Ferner schneidet das Grab η die angebliche Grabstätte trotzdem an, deren Lage scheint also bei der Herstellung dieses Grabes nicht exakt bekannt gewesen zu sein. Die „erschlossene" Grabstätte reicht in ihren Maßen nicht aus für die Bestattung eines Mannes; die für die Erklärung der Verkürzung des ursprünglichen Grabes notwendigen Hypothesen wirken wenig überzeugend. Bedrückend ungeklärt bleibt, warum man die restlichen Gebeine etwa beim Bau der Aedicula oder erst recht anläßlich einer Translatio oder nach einem gewaltsamen Einbruch nicht sorgfältig geborgen hat. Da schließlich jede verläßliche Angabe über die Hinrichtungs- und Bestattungsart des Petrus fehlt, bleiben die damit gegebenen Möglichkeiten (Verbrennung nach der Hinrichtung, Verstümmelung des Leichnams, Bestattung in einem Massengrab, Verweigerung der Freigabe der Leiche an die Christen) als ebenso viele Fragen weiterhin offen. Diese Schwierigkeiten zusammengenommen sind bisher nicht befriedigend gelöst; sie machen es daher vorläufig unmöglich, der Auffassung zuzustimmen, die Ausgrabungen hätten das Petrusgrab bzw. seine ursprüngliche Stelle mit Sicherheit ans Licht gebracht. Sie haben jedoch ohne Zweifel zu sehr bedeutsamen Erkenntnissen geführt: die Überreste des Tropaions des Gaius sind höchstwahrscheinlich gefunden worden; sicher haben die Christen, die es erbauen ließen, am vatikanischen Hügel die Grabstätte des Apostels angenommen. Diese auch von den Erbauern der Konstantinsbasilika geteilte Überzeugung schließt jedoch wohl eine Translation der Gebeine nach dem vatikanischen Hügel in die neue Basilika aus; denn dann hätte man Möglichkeiten einer Erst- oder Neugestaltung der Grabanlage und der Orientierung des Neubaues gehabt, die sicher genutzt worden wären. Als großes trotz aller Hypothesen ungelöstes Rätsel bleibt die Kultstätte der Apostel an der Via Appia weiterhin der Forschung aufgegeben.

7. Kapitel

Das Christentum der johanneischen Schriften

LITERATUR: Vgl. die Übersichten in den neutestamentlichen Einleitungen, etwa in *W. Michaelis* (Bern [3]1961), *A. Wikenhauser* (Freiburg [4]1961) od. *F. Feine - W. G. Kümmel* (Heidelberg [12]1963) und die Einleitungen der Kommentarwerke zu Jo, 1 Jo und Apk.

Kommentare zu Jo: *F. Tillmann* (Bonn [4]1931); *W. Bauer* (Tübingen [3]1933); *M.-J. Lagrange* (Paris [6]1936); *C. H. Dodd* (Cambridge 1953); *R. Bultmann* (Göttingen [4]1953, Ergänzungsheft 1957); *C. K. Barrett* (London 1955); *B.-F. Westcott* (London 1958); *A. Wikenhauser* (Regensburg [3]1961); *A. Schlatter* (Stuttgart 1962). Bibliographie zu Jo von *Ph.-H. Menoud,* Les études johanniques de Bultmann à Barrett: L'évangile de Jean (Paris 1958) 11—40.

Kommentare zur Apokalypse: *E.-B. Allo* (Paris [3]1933); *J. Sickenberger* (Bonn [2]1942); *J. Behm* (Göttingen [5]1949); *J. Bonsirven* (Paris 1951); *E. Lohmeyer* (Tübingen [2]1953); *A. Wikenhauser* (Regensburg [3]1959); *H. Lilje* (Hamburg 1961).

Johannesbriefe: *F. Büchsel* (Leipzig 1933); *J. Chaine* (Paris 1939); *H. Windisch - H. Preisker* (Tübingen [3]1951); *J. Michl* (Regensburg 1953); *R. Schnackenburg* (Freiburg [2]1963); *M. Kohler* (Neuchâtel 1962: 1 Jo); *N. Alexander* (London 1962).

UNTERSUCHUNGEN: *A. C. Headlam,* The Fourth Gospel as History (Oxford 1948); *D. Lamont,* Studies in the Johannine Writings (London 1956); *F. L. Cross,* Studies in the Fourth Gospel (London 1957); *G. Quispel,* L'évangile de Jean et la gnose: L'évangile de Jean (Paris 1958) 197—208; *R. Schnackenburg,* Logos-Hymnus und johanneischer Prolog: BZ 1 (1957) 69—109; *ders.,* Die Sakramente im Johannesevangelium: Sacra Pagina 2 (Paris 1959) 235—254; *W. C. van Unnik,* The Purpose of St. John's Gospel: Studia evangelica (Berlin 1959) 382—411; *E. Schweizer,* Der Kirchenbegriff im Evangelium und den Briefen des Johannes: ebd. 363—381; *E. Haenchen,* Johanneische Probleme: ZThK 56 (1959) 19—54; *E. M. Sidebottom,* The Christ of the Fourth Gospel in the Light of the First-century Thought (London 1961); *J. N. Sanders,* The Fourth Gospel in the Early Church (Cambridge 1943); *M. J. Wiles,* The Spiritual Gospel. The Interpretation of the Fourth Gospel in the Early Church (Cambridge 1959); *F.-M. Braun,* Jean le théologien et son évangile dans l'église ancienne (Paris 1959). — *H.-M. Féret,* Die Geheime Offenbarung des hl. Johannes, eine christliche Schau der Geschichte (Düsseldorf 1955); *St. Giet,* L'apocalypse et l'histoire (Paris 1957); *P. K. Smith,* The Apocalypse of St. John and the Early Church: JBL 25 (1957) 187—195. — *J. Bonsirven,* Le témoin du verbe, le disciple bien-aimé (Toulouse 1956); *K. L. Carroll,* The Fourth Gospel and the Exclusion of Christians from the Synagogue: BJRL 40 (1957) 334—349; *E. Käsemann,* Die Johannesjünger in Ephesus: ZThK 49 (1952) 144—154; *R. Schnackenburg,* Das vierte Evangelium und die Johannesjünger: HJ 77 (1958) 21—38.

Auf dem Gang durch die Geschichte des Christentums des 1. Jahrhunderts begegnet man auf der Endstrecke dieses Weges einer Schriftengruppe, die von der Überlieferung schon früh, wenn auch nicht einheitlich, dem Apostel Johannes, dem Zebedäussohn und jüngeren Bruder Jakobus' des Älteren, zugewiesen wird. In diesem johanneischen Schrifttum, das ein Evangelium, ein längeres Mahnschreiben, zwei Kurzbriefe und eine Apokalypse umfaßt, tritt uns ein Gesamtbild des Christentums entgegen, das eine unverkennbar eigenständige Stufe seiner Lebensentwicklung repräsentiert, die in mehrfacher Hinsicht über die früheren Stadien der Urgemeinde und des paulinischen Christentums hinausragt. Hier gilt es, besonders jene Züge hervorzuheben, die kirchengeschichtlich relevant sind, die also jene Punkte der Weiterentwicklung christlichen Glaubens und kirchlichen Lebens hervorheben, die die weitere Geschichte des Christentums mitbestimmten. Als solche lassen sich vor allem zwei Züge erkennen, das Christusbild, das vor allem durch das vierte Evangelium verkündet wird, und das Bild der Kirche, das vornehmlich durch die Apokalypse neue charakteristische Merkmale erhält.

Wenn auch die Frage nach dem Verfasser der johanneischen Schriften bis heute keine allgemein anerkannte Lösung finden konnte, wenn besonders die Annahme, Evangelium und Apokalypse in ihrer vorliegenden Gestalt seien das Werk des gleichen Schriftstellers, erheblichen Schwierigkeiten unterliegt, so lassen sie sich doch dem ausgehenden 1. Jahrhundert zuweisen und mit hoher Wahrscheinlichkeit die christlichen Gemeinden der kleinasiatischen Westküste als den Bereich erkennen, dem sie entwachsen sind[55]. Hier war aber um diese Zeit der Apostel Johannes die überragende Gestalt, so daß das Schrifttum, das seinen Namen trägt, auch aus seinem Geiste kommt, mag es auch erst durch seine Schüler die endgültige Form empfangen haben[56]. Das Johannesevangelium dürfte um die Jahrhundertwende vorhanden gewesen sein, da schon Ignatius von Antiochien es höchstwahrscheinlich kannte[57], und ein Papyrusfragment mit Jo 18, 31 ff eines um 130 geschriebenen Codex aus Ägypten[58] einen solchen chronologischen Ansatz voraussetzt. Für eine ungefähr gleichzeitige Entstehung des 1. Johannesbriefes spricht seine Benutzung durch Papias[59] und die Tatsache, daß Polykarp von Smyrna ihn in seinem Philipperbrief zitiert (7, 1). Auch die Apokalypse ist wohl nach den Angaben des Irenäus[60] in den letzten Jahren der Regierungszeit des Kaisers Domitian entstanden, zumal die in ihr enthaltenen Briefe an kleinasiatische Gemeinden eine Entwicklungsstufe innerkirchlichen Lebens voraussetzen, wie sie bei einem Ansatz der Schrift vor das Jahr 70 noch nicht gegeben war. Ihre deutlichen Hinweise auf einen Zusammenstoß der Kirche mit dem staatlichen Kaiserkult (bes. Kap. 13) werden am ehesten begreiflich, wenn sie ihre jetzige Gestalt gegen Ende der Regierung Domitians erhalten hat.

Das Ziel, das Johannes bei der Niederschrift seines Evangeliums leitete, hat er am Ende seines Werkes so ausgesprochen: „Diese (Wunder) sind aufgezeichnet, damit ihr glaubet, daß Jesus der Messias, der Sohn Gottes ist,

[55] Vgl. neben den neutestam. Einleitungen bes. *F.-M. Braun,* Jean le théologien . . . (Paris 1959) 301—364.

[56] *J. Bonsirven,* Commentaire de l'Apocalypse (Paris 1951) 69—75.

[57] *Chr. Maurer,* Ignatius von Ant. und das Johannesevangelium (Zürich 1949).

[58] Es handelt sich um P 52, hrsg. von *C. H. Roberts,* An Unpublished Fragment of the Fourth Gospel (Manchester 1935), dazu RB 45 (1936) 269—272.

[59] Nach Euseb. HE 3, 39, 17. [60] Irenaeus, Adv. haer. 5, 30, 3.

und damit ihr im Glauben das Leben habet in seinem Namen" (20, 31). Würde der hier angesprochene Leserkreis nur Christen meinen, dann wollte das Evangelium den Glauben an den Messias und die Gottessohnschaft Christi bei ihnen festigen und vertiefen. Tatsächlich können die Kapitel 13—17 nur für solche geschrieben sein, deren Glaube an Jesus als Messias und Sohn Gottes keinem Zweifel unterliegt. Man wird aber auch gerade jene Kreise nicht aus der vom Evangelisten intendierten Leserschaft ausschließen können, von denen die Messianität und Gottessohnschaft Christi in Zweifel gezogen oder bestritten wurden. Dem griechisch schreibenden Verfasser des Evangeliums müssen dabei Juden der Diaspora vor Augen gestanden haben, die solche Ideen verfochten[61]. Nicht ohne Schärfe tritt er ihnen entgegen, da sie nicht nur leugnen, daß Jesus der Sohn Gottes und himmlischen Ursprungs ist (Jo 5, 18; 8, 40—59), sondern auch jene aus ihren Synagogen ausschließen, die an ihn glauben (9, 22; 12, 42)[62]. Er will ihnen klarmachen, daß mit Jesus das jüdische Ritualgesetz seine Geltung verloren hat (2, 1—22; 4, 21 ff), daß mit ihm Gnade und Wahrheit kam (1, 17), daß die Schriften des Alten Testamentes für ihn als Messias Zeugnis geben (5, 39). Gerade im kleinasiatischen Ephesus suchte eine Gruppe von Diasporajuden den wahren Messias zu verdrängen, weil sie ihn in Johannes dem Täufer bereits gekommen sahen[63]. Diesen Johannesverehrern stellt das vierte Evangelium das Selbstzeugnis des Täufers gegenüber, wenn es ihn betont sagen läßt, er sei nicht der Messias, nicht der Prophet, nicht das Licht, sondern nur sein Zeuge (1, 6 ff 20 f), nur der Freund des Bräutigams (3, 28 ff), nur der, der auf das Lamm hinweist, das die Sünden der Welt hinwegnimmt (1, 29).

Seine Leser, Christusgläubige wie Diasporajuden, sucht der Evangelist ein Christusverständnis von einzigartiger Tiefe und Größe gewinnen zu lassen, wenn er ihn als den Logos verkündet, der von Ewigkeit her existiert, selbst göttlichen Wesens ist, der aus seiner Präexistenz in diese Welt kam, als er Fleisch annahm. Dies ist der Inhalt der Aussage des majestätischen Auftaktes des Evangeliums, den der Prolog darstellt. Vieles spricht dafür, daß der Evangelist hier einen schon vorhandenen Logoshymnus verwertete, der aber nicht etwa das Preislied einer gnostischen Gruppe auf Johannes den Täufer war, da die Johannesjünger ihren Meister nie als Logos verehrten, sondern aus einer kleinasiatischen Christengemeinde stammen dürfte[64]. Der Logosgedanke hatte schon hier seine unverwechselbare spezifisch christliche Prägung gefunden, die der Prolog durch bestimmte Zusätze gegen Mißverständnisse abzuschirmen sucht. So verbreitet auch eine

[61] Vgl. bes. *W. C. van Unnik:* Studia evangelica (Berlin 1959) 406—410.

[62] Dazu *K. L. Carroll:* BJRL 40 (1957) 334—349.

[63] *R. Schnackenburg:* HJ 77 (1958) 24 f.

[64] *Ders.:* BZ 1 (1957) 69—109, bes. 90—101, zustimmend *Ph.-H. Menoud:* L'évangile de Jean (Paris 1958) 17 f.

Logosvorstellung damals in verschiedenen Bereichen war — schon die frühe griechische Philosophie kannte sie, bei Philo ist der Logos eine Mittlergestalt zwischen Gott und Welt, in der Gnosis tritt er als „Erlöser" auf, die jüdische Weisheitsspekulation bewegt sich in Vorstellungen, die der Logosidee verwandt sind —, gerade das, was der Johannesprolog dem Logos zuschreibt, göttliches Wesen, personale Eigenständigkeit und die darauf beruhende Inkarnation, fehlt dem bisherigen Logosbegriff. Die spezifisch christliche Eigenleistung besteht demnach darin, den in mannigfachen Variationen auftretenden Begriff übernommen und ihm eine unmißverständlich christliche Prägung gegeben zu haben. Der Schöpfer des Prologs hat mit Sicherheit die Bedeutung dieser verchristlichten Logosvorstellung erkannt und ihr durch Aufnahme in das vierte Evangelium eine unschätzbare Auswirkung gesichert. Wo immer Juden oder Heiden auf die Logosgestalt des Johannesevangeliums trafen, begegneten sie der Person Jesu jetzt in einer Ausdeutung, die an seiner wirklichen Gottheit keinen Zweifel ließ, die also, sachlich mit der paulinischen Christologie in Übereinstimmung, in ihrer begrifflichen Formulierung dem Evangelium den Weg in neue Bereiche öffnen konnte. Bei aller Verwurzelung des Evangelisten in jüdischem Denken, die durch die Texte von Qumran noch unterstrichen wird [65], war er weit genug, durch Übernahme des Logosbegriffes ein Christusbild zu zeichnen, das ohne Preisgabe des unveräußerlichen Eigengutes dem Evangelium neue missionarische Möglichkeiten in der römisch-griechischen Welt erschloß.

Mit diesem Christusbild verbindet der Evangelist ein helles Bewußtsein von der universalen Sendung des Christentums, von seinem Charakter als Weltreligion. Dieser Logos ist das Licht der Menschen, mit ihm kam das wahre Licht in die Welt, das jeden Menschen erleuchtet (Jo 1, 9); er ist das Lamm Gottes, das die Sünden der Welt hinwegnimmt (1, 29); er ist gesandt, damit die Welt durch ihn gerettet werde, damit jeder, der an ihn glaubt, das ewige Leben habe (3, 16f). Er gibt sein Fleisch für das Leben der Welt, und er geht in den Tod, damit er die in der Welt zerstreuten Kinder Gottes zu einer Gemeinschaft vereine (6, 51; 11, 52). Dieses Bild vom göttlichen Logos, der aller Menschheit Licht und Leben und damit das Heil bringt, hinterläßt Johannes im Ausklang des 1. Jahrhunderts der folgenden christlichen Generation als Testament und Aufgabe und vollbringt damit eine Tat von erstrangiger kirchenhistorischer Bedeutung.

Neben dieses Christusbild tritt in den johanneischen Schriften ein Bild von der Kirche, das ebenfalls neue Aspekte zeigt [66]. Man hat zwar den ekklesiologischen Gehalt des Johannesevangeliums zuweilen verkannt, weil man sich zu sehr beeindrucken ließ von Formulierungen, die auf eine individuelle

[65] Vgl. etwa *F.-M. Braun,* L'arrière-fond du quatrième évangile: L'évangile de Jean 179—196.

[66] Für das Folgende vgl. bes. *R. Schnackenburg,* Die Kirche im Neuen Testament (Freiburg 1961) 93—106.

Aneignung des Heiles hinweisen (3, 16; 5, 24; 6, 56; 15, 5). Ebenso glaubte man, hier ein mangelndes Interesse für tatkräftige Missionsarbeit und seelsorgerliches Wirken feststellen zu können, die Kennzeichen einer bewußt kirchlichen Gemeinschaft seien[67]. In Wirklichkeit besitzt der Verfasser der johanneischen Schriften einen sehr eigenständigen, tief durchdachten Kirchenbegriff, den er seinen Lesern in wiederholten Ansätzen vermitteln will.

Das Johannesevangelium läßt keinen Zweifel daran, daß man durch einen sakramentalen Akt in die Gemeinschaft derer aufgenommen wird, die im Glauben an Jesus das ewige Leben erlangen: „Wenn jemand nicht wiedergeboren wird aus dem Wasser und dem Geiste, so kann er in das Reich Gottes nicht eingehen" (3, 5). Der Geist, den der erhöhte Herr senden wird, bewirkt diese Neugeburt und teilt das neue göttliche Leben mit. Die Getauften bilden die Gemeinde der Rechtgläubigen, die das Blut Jesu von aller Sünde rein macht (1 Jo 1, 7). Aus ihrer Gemeinschaft werden die „Antichristen" ausgeschieden, da sie nicht am wahren Christusbekenntnis und an der Bruderliebe festhalten (1 Jo 2, 19f; 5, 1f; 4, 2f; 2, 9f) und so ihre Gotteskindschaft verlieren[68]. Nur innerhalb dieser Gemeinschaft wird man auch der anderen Quelle des Lebens teilhaftig, das der Geist ebenso spendet wie bei der Taufe, nämlich der Eucharistie. Die Teilnahme am eucharistischen Mahl, bei dem die Gläubigen das wirkliche Fleisch und Blut des aufgestiegenen Herrn empfangen (Jo 6, 53—58), vereint diese aufs innigste sowohl mit ihm wie untereinander und vertieft ihre Gemeinschaft in einzigartiger Weise.

Der Evangelist sucht die Wirklichkeit dieser Gemeinschaft durch Bilder und Worte Jesu aufzuhellen und zu verdeutlichen, die für immer ekklesiologisch bedeutsam geblieben sind. Am Bild von dem einen Hirten und der einen Herde (Jo 10) wird vor allem die innere Einheit und Geschlossenheit, aber auch die Universalität der Kirche offenkundig, zu der alle, Juden wie Heiden, einmal gehören sollen (11, 52; 17, 20f). Die Einheit soll auch der Kirche der Zukunft dadurch gesichert werden, daß das Hirtenamt an Petrus übertragen wird (21, 15ff)[69]. Das innere geheimnisvolle Wesen der johanneischen Kirche leuchtet auf im Bilde vom Weinstock und den Reben (15, 1—8). Nur in der innigsten dauernden Verbindung mit dem wahren Weinstock Christus besitzen die Glieder der Kirche das wahre Leben, nur wenn sie in dieser Gemeinschaft bleiben, bleiben sie auch in ihm und können sie Frucht bringen.

Nach den Vorstellungen des Evangelisten ist die Kirche dazu aufgerufen, inmitten einer feindseligen Welt Zeugnis zu geben von dem Auferstandenen

[67] *E. Schweizer,* Der johanneische Kirchenbegriff: Studia evangelica (Berlin 1959) 363—381, bes. 379.

[68] *R. Schnackenburg,* Die Johannesbriefe (Freiburg 1953) 155—162.

[69] Für die Herkunft des Nachtragskapitels aus johanneischer Tradition vgl. *M.-E. Boismard,* Le chapître 21 de s. Jean: RB 54 (1947) 473—501.

und dem von ihm geschenkten Heil (15, 26f). Das führt zum Kampf mit dieser Welt und damit notwendig zum eigentlichen Martyrium, die Kirche wird zur Martyrerkirche. Das ist ein immer wieder aufgegriffenes Thema der Apokalypse, sei es, daß die Kirche geschaut wird unter dem Bild der himmlischen Frau[70], die den Kampf mit dem Drachen zu bestehen hat (Apk 12), sei es, daß sie dargestellt wird als die Gefolgschaft des Lammes (14, 1—5; 13, 7—10). Die Gemeinschaft derer, die hier auf Erden dem Lamme folgen, wird in ihrer Standhaftigkeit gestärkt durch den Ausblick auf die vollendeten Brüder, die den Kampf bereits bestanden haben, da sie „ihr Leben nicht bis zum Tode liebten" und über den Satan siegten „durch das Blut des Lammes und das Wort ihres Zeugnisses" (12, 11). So schließt sich der Bogen zwischen himmlischer und irdischer Kirche, die als die Braut des Lammes auf dem Weg ist zur Hochzeit, zur eigenen Vollendung. Wenn sie am Ziel ihrer Wanderschaft angelangt ist, wird sie als das neue Jerusalem im endzeitlichen Gottesreich weiterleben.

Diese majestätische Schau der vollendeten Kirche wird der konkreten Kirche des ausgehenden 1. Jahrhunderts, die mitten in der Belastung der Domitianischen Verfolgung steht[71], als eine Trostbotschaft von aufrichtender Kraft verkündet. Im stärkenden Besitz dieser Gesichte geht sie mutig ihrem Ziel entgegen und kann an diesem Reichtum die eigene Standhaftigkeit erneuern, wenn sie weiter zum konkreten Zeugnisgeben aufgerufen wird.

[70] Vgl. *J. Sickenberger,* Die Messiasmutter im 12. Kap. der Apokalypse: ThQ 126 (1946) 357—127.

[71] *R. Schütz,* Die Offenbarung des Johannes und Kaiser Domitian (Göttingen 1933).

DRITTER ABSCHNITT

Die nachapostolische Zeit

LITERATUR: *R. Knopf,* Das nachapostolische Zeitalter (Tübingen 1905); *P. Batiffol,* L'église naissante et le catholicisme (Paris [3]1927) 146—237; *W. Bauer,* Rechtgläubigkeit und Ketzerei im ältesten Christentum (Tübingen 1934); *G. Bardy,* La théologie de l'église de s. Clément de Rome à s. Irénée (Paris 1945); *M. Simon,* Verus Israel (Paris 1948); *K. Hörmann,* Leben in Christus. Zusammenhänge zwischen Dogma und Sitte bei den apostolischen Vätern (Wien 1952); *L. Goppelt,* Christentum und Judentum im 1. und 2. Jh. (Gütersloh 1954); *Ph. Carrington,* The Early Christian Church, 2 Bde (Cambridge 1957); *J. Daniélou,* La théologie du Judéo-Christianisme (Paris 1958); *L. Goppelt,* Die apostolische und nachapostolische Zeit = Die Kirche in ihrer Geschichte, hrsg. von *K. D. Schmidt* u. *E. Wolf,* Bd I, Lieferung A (Göttingen 1962).

Mit dem Tode des letzten Apostels verlor die junge Kirche die letzte führende Gestalt, die noch als unmittelbarer Zeuge für die Geschehnisse im Leben, beim Sterben und bei der Auferstehung des Herrn angerufen werden konnte. Ihr Geschick ist jetzt einer neuen Generation anvertraut, die sich aber in einzigartiger Weise den Überlieferungen der Apostel verpflichtet weiß. Daher stellt die nachapostolische Zeit eine Phase in der Geschichte der jungen Kirche dar, die als geradlinige Weiterentwicklung bereits vorhandener Ansätze angesprochen werden kann. Im einzelnen weist sie allerdings so charakteristische Züge auf, daß sie sich deutlich von der apostolischen Zeit im eigentlichen Sinne abhebt. Derartig neue Züge werden weniger an der äußeren Gestalt der Kirche sichtbar. Ihr Missionsgebiet bleibt wesentlich das gleiche wie in der voraufgegangenen Generation, die schon von Antiochien aus den entscheidenden Schritt vollzogen hatte, als sie sich mit ihrer Predigt dem hellenistischen Kulturraum zugewandt hatte. Die Missionserfolge sind offensichtlich sowohl der Zahl nach wie dem sozialen Rang der neugewonnenen Anhänger entsprechend noch nicht umwälzend, wenn auch ein zahlenmäßiges Anwachsen besonders in den großstädtischen Gemeinden des Imperiums unverkennbar ist. Dadurch weckt das junge Christentum in steigendem Ausmaß das Interesse seiner heidnischen Umgebung; es kommt zu lokal begrenzten Verfolgungen, die meist noch durch die Antipathie der heidnischen Volkskreise veranlaßt sind, während der heidnische Staat noch keine klare Linie für sein Verhältnis zur neuen Religion findet. Der Schwerpunkt der Entwicklung liegt in nachapostolischer Zeit noch eindeutig im innerkirchlichen Bereich, für dessen Kenntnis das nun entstehende Schrifttum der Apostolischen Väter die erste Quelle darstellt.

Von einem tieferen Erfassen oder gar einer Weiterbildung der zentralen Themen paulinischer Theologie kann kaum die Rede sein. Bevorzugtes Thema der theologischen Diskussion bleibt die Auseinandersetzung mit dem Judentum, die sich aber in so charakteristisch von jüdischen Vorstellungen geprägten Formen vollzieht, daß man vorerst mehr von einer Theologie des Judenchristentums sprechen darf. Erst bei den Apologeten wird eine stärkere Berührung des Christentums mit der Religionsphilosophie des Hellenismus faßbar, die Auseinandersetzung mit ihr und der nun stark konkurrierenden Gnosis bedingt eine theologische Weiterentwicklung und stellt eine neue Phase in der Geschichte der frühen Kirche dar.

Die Frömmigkeit der nachapostolischen Zeit bleibt sowohl im engeren sakramentalen Bereich von Taufe und Eucharistie wie in ihren Alltagsäußerungen in Gebet und Askese weitgehend die von der apostolischen Tradition festgelegte. Nur in der Frage der Kirchenzucht sucht die Kirche nach Lösungen für neue Situationen, die aus dem Versagen einzelner Christen in Verfolgungen erwachsen sind. Der stärkste Fortschritt ist wohl im weiteren Ausbau der kirchlichen Verfassung wahrzunehmen, der einzelnen Gemeinden den klar umrissenen monarchischen Episkopat bringt und sich auch allgemein durchsetzt. Ebenso läßt sich ein wachsendes Bewußtsein von der inneren Verbundenheit aller Christengemeinden untereinander feststellen, die sich in einem herzlichen Verkehr von Gemeinde zu Gemeinde äußert, in persönlichem Besuch oder brieflichen Nachrichten und in der sorgenden Teilnahme am religiösen Wohl der anderen Gemeinde; dabei weiß sich die römische Gemeinde durch eine erhöhte Verantwortung für alle Gemeinden gebunden. Die Einheit aller sich zu Christus Bekennenden im Römischen Reich sieht man als Forderung des Stifters der Kirche an und glaubt, in der Einheit des von ihm auf die Apostelnachfolge gegründeten Episkopates ihren eigentlichen Garanten zu besitzen.

8. Kapitel

Die beginnende Auseinandersetzung zwischen Christentum und römischer Staatsmacht. Die Verfolgungen unter Nero und Domitian. Der Christenprozeß unter Trajan und Hadrian

QUELLEN: Die Schriftsteller des 1. und 2. Jh., bes. die ersten Apologeten, Ausg.: *J. C. Th. de Otto,* Corpus apologetarum I—IX (Jena [3]1876/81); *E. J. Goodspeed,* Die ältesten Apologeten (Leipzig 1914) (ohne Theophil). Dann die Martyrerakten: Übersicht bei *Altaner*[6] 192—197, dazu *G. Lazzati,* Gli sviluppi della letteratura sui martiri nei primi quattro secoli (Turin 1956); *M. Simonetti,* Qualche osservazione a proposito dell'origine degli atti dei martiri: RevÉAug 2 (1956) 39—57.

DIE TEXTE: Hauptausg.: Acta Sanctorum, ed. *J. Bolandus et socii,* seit 1643, mit laufenden Ergänzungen in den Analecta Bollandiana seit 1882 (Brüssel). Ferner: *Th. Ruinart,* Acta primorum martyrum 1689 (Nachdruck Regensburg 1859), dazu ErgBd von *E. Blant,* Les actes des martyrs (Paris 1882); *R. Knopf - G. Krüger,* Ausgewählte Martyrerakten (Tübingen ³1929). Übersetzungen: *G. Rauschen:* BKV² 14 (Kempten 1913); *O. Braun:* BKV² 22 (1915); *L. Homo,* Les empereurs romains et le christianisme (Paris 1931); *H. Rahner* (Freiburg 1941); *A. Hamman,* La geste du sang (Paris 1953), dt.: Das Heldentum der frühen Martyrer (Aschaffenburg 1958); *O. Hagemeyer,* Ich bin Christ. Frühchristl. Martyrerakten (Düsseldorf 1961).

LITERATUR: 1. Gesamtdarstellungen: *P. Allard,* Histoire des persécutions, 5 Bde (Paris ³1903/08); *ders.,* Dix leçons sur le martyre (Paris ⁸1930); *J. Zeiller,* L'empire romain et l'Église (Paris 1928); *A. Ehrhard,* Die Kirche der Märtyrer (München 1932); *P. Brezzi,* Cristianesimo e impero Romano (Rom ²1944); *H. Grégoire,* Les persécutions dans l'empire romain (Brüssel ²1963), dazu *E. Griffe:* BLE 53 (1952) 129—160; *E. Stauffer,* Christus und die Cäsaren (Hamburg ²1952); *J. Moreau,* La persécution du christianisme dans l'empire romain (Paris 1956, dt. Berlin 1961); dazu die Übersichten von *H. Leclercq,* Persécutions: DACL XIV (1939) 523—594, und *J. Vogt,* Christenverfolgungen (historisch): RAC II (1954) 1159—1208.

2. Spezialfragen. Christenprozeß: *H. Last,* The Study of the Persecutions: Journal of Roman Studies 27 (1937) 80—92; *E. Griffe,* Le Christianisme en face de l'État romain: BLE 50 (1949) 129—145; *A. N. Sherwin-White,* The Early Persecutions and Roman Law again: JThS NS 3 (1952) 199—213; *J. W. Ph. Borleffs,* Institutum Neronianum: VigChr 6 (1952) 129—145; *E. Griffe,* Les actes du martyr Apollonius et le problème de la base juridique des persécutions: BLE 53 (1952) 65—76; *V. Monachino,* Il fondamento giuridico delle persecuzioni nei primi due secoli: SC 81 (1953) 3—32; *A. Ehrhardt,* Das corpus Christianorum und die Korporationen im spätröm. Recht: ZSavRGrom 70 (1953) 299—347, 71 (1954) 25—40; *H. Last,* Christenverfolgungen (juristisch): RAC II (1954) 1208—1228; *C. Cecchelli,* Il nome e la „setta" dei cristiani: RivAC 31 (1955) 55—73; *P. de Mouxy,* Nomen Christianorum: Atti AccadScienze Torino 91 (1956—57) 204—236; *A. Wlosok,* Die Rechtsgrundlagen der Christenverfolgungen der ersten zwei Jahrhunderte: Gymnasium 66 (1959) 14—32.

Zur Neronischen Verfolgung: *H. Fuchs:* VigChr 4 (1950) 65—93; *H. Hommel:* Theologia viatorum 3 (1951) 1—30; *E. Griffe:* BLE 53 (1952) 158—160; *B. Doer:* Das Altertum 2 (1956) 15—28; *K. Büchner,* Humanitas Romana (Heidelberg 1957) 229—239; *J. Beaujeu:* Latomus (Brüssel) 19 (1960) 65—80 291—311; *E. Griffe:* BLE 65 (1964) 3—16.

Zu Domitian: *M. Dibelius,* Rom und die Christen im 1. Jh.: SAH 1941/42, H. 2; *M. Sordi:* RSTI 14 (1960) 1—26; *L. W. Barnard:* NTSt 10 (1964) 251—260.

Zu Trajan und Hadrian: *W. Weber:* Festg. K. Müller (Tübingen 1922) 24—45; *A. Kurfess:* ZNW 36 (1937) 295—298 und: Mnemosyne 7 (1939) 237—240; *L. Dieu:* RHE 38 (1942) 5—19; *Th. Mayer-Maly:* Studia et docum. hist. juris (R) 22 (1956) 311—328; *W. Schmid:* Maja 7 (1955) 5—13; *M. Sordi:* RSTI 14 (1960) 344—370.

3. Verschiedenes: *G. Lopuszanski,* La police romaine et les chrétiens: Antiquité classique 20 (1951) 5—46; *J. Zeiller,* Nouvelles observations sur l'origine des persécutions contre les chrétiens aux deux premiers siècles: RHE 46 (1951) 521—533; *S. Giet,* Le temoignage de Clément de Rome sur la cause des persécutions romaines: RevSR 29 (1955) 333—345; *V. Grumel,* Du nombre des persécutions païennes dans les anciens chroniques: RevÉAug 2 (1956) 59—66; *W. H. Frend,* Some Links between Judaism and the Early Church: JEH 9 (1958) 141—158.

Die Christengemeinden, die mit dem Einsetzen der christlichen Mission allenthalben in den Städten des Römischen Reiches entstanden, mußten wegen ihrer betonten Eigenart, sich von allem fernzuhalten, was mit dem heidnischen Kult in Zusammenhang stand, früher oder später die Aufmerksamkeit ihrer heidnischen Umgebung auf sich ziehen. Dieses Interesse besaß aber von Anfang an eine negative, feindselige Tendenz, die um so auffallender ist, da eine ähnliche Reaktion der heidnischen Massen gegenüber neuen religiösen Kulten aus dem Osten, abgesehen von einzelnen feindlichenAusbrüchen gegenüber dem Judentum, sonst nicht üblich war. Dabei entfalteten diese nichtchristlichen orientalischen Kulte meist auch eine lebhafte Propaganda, der stellenweise ein beachtlicher Erfolg beschieden war. Die Ursache für die ablehnende Haltung von heidnischer Seite gegenüber den Anhängern der christlichen Religion muß also in dieser selbst zu suchen sein. Sie lag letztlich in dem Absolutheitsanspruch, mit dem der christliche Glaube auftrat, der aus seinem Selbstverständnis heraus gegenüber keinem anderen religiösen Kult tolerant sein konnte und damit auch in eine grundsätzliche Gegnerschaft zur römischen Staatsreligion geriet. Hier trat zum erstenmal im Römischen Reich eine religiöse Bewegung auf, die ihren Gott nicht als bloßen Sondergott betrachtete, sondern als den einzig wahren Gott und alleinigen Welterlöser, neben dessen Kult kein anderer existieren durfte. Da die Christen aus ihrer Überzeugung auch die praktischen Konsequenzen im Alltag zogen und sich in eine absolute Absonderung begaben, mußten sie ihrer heidnischen Umgebung allmählich als erklärte Feinde des gesamten antiken religiös geprägten Kulturlebens erscheinen. Die so begründete feindselige Atmosphäre wurde nachweislich genährt von dem Judentum der Diaspora, das den Judenchristen ihre Apostasie vom Glauben der Väter nicht verzeihen konnte. Die Abkapselung der Christen gab ferner jenen dunklen Gerüchten immer neue Nahrung und einen Anschein von Glaubwürdigkeit, die ihnen Unzucht bei ihren nächtlichen Zusammenkünften und bedenkliche Entartung ihres Gottesdienstes nachsagten. Das alles bildete den Boden, aus dem jene allgemeine negative Bewertung der Christen wuchs, die in ihnen ein minderwertiges Gesindel sah, das aus begründetem Anlaß das Licht der Öffentlichkeit zu scheuen hatte. Es bedurfte dann oft nur eines geringfügigen Anlasses, daß sich Mißtrauen und angestauter Groll der heidnischen Bevölkerung in Ausbrüchen entluden, die zuweilen Angehörige des neuen Glaubens in eigener Volksjustiz an Gut und Leben strafte oder sie vor die Zivilbehörden schleppte und stürmisch das Strafgericht über sie forderte.

Die Christen selber haben freilich ein solches Vorgehen stets als ungerechte Verfolgung empfunden und wenig Verständnis dafür gezeigt, daß ihre religiöse Sonderart einen gewissen Anlaß dafür bot. Daraus ergibt sich eine für die Erkenntnis der Zusammenhänge in der Auseinandersetzung zwischen Heidentum und Christentum der vorkonstantinischen Zeit bedeutsame und wohl zu beachtende eigenartige Quellenlage. In der Hauptsache stammen sowohl die Einzelschilderungen wie die größeren Darstellungen der sog. Verfolgungen aus christlicher Feder, eine eingehendere Geschichte ihres Verlaufs aus heidnischer Sicht fehlt. In der späteren christlichen Geschichtsschreibung hat sich begreiflicherweise die christliche Wertung der Ereignisse durchgesetzt, die auf der einen Seite nur den brutalen Verfolger sah, den später das wohlverdiente göttliche Strafgericht traf, und auf der anderen die Auserwählten und Gerechten, die sich durch ihr standhaftes Martyrium die unvergängliche Himmelskrone verdienten. Die Schau eines Lactanz und Eusebius fixierte bis in die neueste Zeit das Bild vom Ablauf der Christenverfolgungen, deren Zahl auf zehn festgelegt wurde, weil man sie in mystischer Vorwegnahme bereits in den zehn Plagen Ägyptens vorausgesagt fand. Mit der Preisgabe dieses traditionellen Schemas ist eine objektivere Würdigung der Frage möglich geworden, die vor allem zu zwei bedeutsamen Erkenntnissen führte; einmal, daß es nicht angeht, in jedem römischen Kaiser oder Provinzstatthalter, unter dessen Regierung oder Verwaltung Christen den Tod fanden, einen Menschen zu sehen, der diese in blinder Wut nur um ihres Glaubens willen verfolgt hätte; die Anlässe zu den einzelnen Vorfällen sind oft sehr differenziert gewesen und müssen von Fall zu Fall geprüft werden. Des weiteren lag die Initiative zu den Repressalien gegen die Christen zunächst nicht auf seiten der staatlichen Behörden; es widersprach den Grundsätzen der römischen Religionspolitik, gegen die Anhänger einer religiösen Bewegung allein wegen ihres Bekenntnisses mit staatlichen Machtmitteln einzuschreiten. Gewiß sah man die enge Verbindung zwischen römischer Religion und dem Staat als einen Grundpfeiler an, der die Existenz des letzteren stützte. Aber wenn man etwa in republikanischer Zeit das Eindringen fremder Kulte aus dem Osten mißtrauisch betrachtete und i. J. 186 v. Chr. anläßlich der bekannten Bacchanalienaffäre gewisse Schutzmaßnahmen ergriff, so richteten sich diese nicht in erster Linie gegen die Glaubensüberzeugungen der Anhänger des neuen Kultes als vielmehr gegen unsittliche Exzesse, die in seinem Gefolge auftraten und zu einer Gefahr für römische Zucht und damit indirekt für das öffentliche Wohl wurden. Die gleichen Motive waren später noch einmal maßgebend für das Vorgehen der römischen Behörden gegen gewisse Wahrsager, Astrologen und Gaukler, die mit ihren Horoskopen und Prophezeiungen politische Unruhe stifteten[1].

Diese Grundlinie der römischen Religionspolitik ist auch im 1. Jh. des Prinzipates nicht aufgegeben worden. Zwar verlieh der Kaiserkult, so wie er sich im Anschluß an die göttliche Verehrung ausbildete, die Augustus vor allem in den Ostprovinzen des Reiches zuteil ward, der römischen

[1] Vgl. *J. Moreau* a. a. O. 15—19.

Staatsreligion eine neue wesentliche Komponente. Aber seine äußere Form, sein Ritual, entwickelte sich doch nur allmählich, so daß etwa die bewußte Ablehnung des Kaiserkultes von seiten der Christen im 1. Jh. nur selten als Motiv für das Vorgehen der staatlichen Behörden gegen diese gelten kann. Nur vereinzelt haben Kaiser wie Nero und Domitian gewisse Prärogativen des Kaiserkultes übersteigert und dadurch Konflikte heraufbeschworen, die aber nicht ausschließlich die Christen belasteten. Die heidnische Staatsgewalt ist vielmehr erst durch die Unruhen, die zwischen Christen und Juden oder heidnischer Bevölkerung entstanden, auf den eigenartigen Charakter der neuen religiösen Bewegung aufmerksam geworden und mußte zunächst eingreifen, um diese Tumulte unter ihre Kontrolle zu bekommen. Erst allmählich bildete sich dann bei ihr die Überzeugung, daß der bisherige religiöse Friede durch die Christen gestört wurde, daß diese also eine Bedrohung der bis jetzt geübten Religionspolitik des Reiches darstellten. Erst bei näherem Zusehen wurde es den Behörden klar, daß die Christen auch die römische Staatsreligion grundsätzlich ablehnten und so letztlich nach ihrer Meinung den römischen Staat gefährdeten. So ist die heidnische Staatsgewalt nur mit einer gewissen Einschränkung zu nennen, wenn man die Faktoren anführen will, denen die Verfolgungen der Christen zuzuschreiben sind. An erster Stelle ist vielmehr der Absolutheitsanspruch der christlichen Religion selbst wirksam geworden, in zweiter Linie die feindselige Haltung der heidnischen Bevölkerung. Erst im 3. Jh. wird die Auseinandersetzung zwischen Christentum und heidnischem Staat zu einer grundsätzlichen, als letzterer in der neuen Religion eine Macht zu erkennen glaubt, die seine eigene Existenz bedrohe. Eine solche Sicht der Zusammenhänge schließt keineswegs die rückhaltlose Anerkennung der Haltung der christlichen Martyrer aus, die in einem beispielhaften Heroismus ihre religiösen Überzeugungen bekannten und für alle Zeiten die Freiheit des Gewissensentscheides im religiösen Bereich gegenüber aller irdischen Macht verteidigten.

Die Verfolgungen unter Nero und Domitian

Als erster mit Sicherheit belegbarer Fall, in dem eine staatsrömische Behörde näher mit einem Christen befaßt wurde, galt bisher der des Apostels Paulus, der vor dem Procurator Porcius Festus i. J. 59 unter Berufung auf sein römisches Bürgerrecht an den Kaiser appellierte und deshalb nach Rom überführt wurde. Der Prozeß hat, wie schon erwähnt, anscheinend mit einem Freispruch geendet, man hat also in Rom in seinem Bekenntnis offensichtlich keinen Verstoß gegen die bestehenden Gesetze oder die staatliche Ordnung gesehen. In jüngster Zeit glaubte man allerdings Anzeichen für eine Stellungnahme des römischen Staates gegen die Christen gefunden zu haben, die bereits in den Anfang der Regierung des Kaisers

Claudius zu setzen sei. Dieser beantwortete in einem 1920 gefundenen Brief[2] die Beschwerden einer zweifachen jüdischen (und griechischen?) Delegation aus Alexandrien, die diese ihm anläßlich der Gratulation zum Regierungsantritt vorgetragen hatte. Darin verbietet der Kaiser speziell den Juden der ägyptischen Hauptstadt, Landsleute aus Syrien oder Ägypten nach dort zu bringen; ihr Ungehorsam in diesem Punkt würde ihn zwingen, „mit allen Mitteln gegen sie vorzugehen, da sie gleichsam eine Art Seuche auf der ganzen Welt fördern würden“[3]. Unter dieser Seuche wollte man die Religion des Christentums verstehen, das durch seine Missionare jetzt in Ägypten und im sonstigen Römischen Reich verbreitet würde. Der Text des Claudiusbriefes zwingt jedoch nicht zu einer solchen Interpretation; seine Formulierung versteht sich mühelos als Hinweis auf die dauernden Zänkereien der jüdischen Einwohnerschaft Alexandriens unter sich und mit der griechischen Bevölkerungsgruppe, die schon wiederholt zu blutigen Zwischenfällen geführt hatten. Es spricht ferner alle Wahrscheinlichkeit dagegen, daß die Juden gerade zum Christentum abgefallene Landsleute zur Stärkung ihrer Position in die ägyptische Stadt kommen ließen.

Mit viel mehr Berechtigung läßt sich eine andere Maßnahme desselben Kaisers in Zusammenhang mit der christlichen Missionsarbeit in Rom bringen, von der Sueton und Cassius Dio berichten; danach hat Claudius die Juden aus Rom ausweisen lassen, weil sie beständig miteinander in Streit lagen, den ein gewisser Chrestos hervorrief[4]. Hier drängt sich eine Identifizierung dieses Chrestos mit Christus geradezu auf, und man stünde damit vor den ersten Auswirkungen, die die christliche Botschaft in der jüdischen Gemeinde Roms auslöste. Von dem Ausweisungsbefehl des Kaisers wurde auch das Ehepaar Aquila und Priscilla betroffen, das daraufhin in Korinth Wohnung nahm und dem Apostel Paulus Aufnahme gewährte, als er etwa 49—50 dort predigte (Apg 18, 2—4). Das läßt annehmen, daß das jüdische Ehepaar bereits zum christlichen Glauben übergetreten war, aber von der Anordnung des Kaisers betroffen wurde, weil es eben der jüdischen Rasse angehörte. Das Vorgehen des Kaisers ist demnach noch nicht als eine Reaktion gegen das Christentum anzusehen, sondern wollte einen Unruheherd in der römischen Bevölkerung beseitigen.

So bleiben als frühestes Beispiel einer Verfolgung der Anhänger des christlichen Glaubens durch römische Behörden die Ereignisse, die im Anschluß an den Brand der Stadt Rom unter Nero im Jahre 64 über die dortige

[2] Es ist der Londoner Papyrus 1912, publiziert von *H. Idris Bell,* Jews and Christians in Egypt (London 1924); dazu *St. Lösch,* Epistula Claudiana (Rottenburg 1930); *H. Janne,* La lettre de Claude aux Alexandrins et le christianisme: APhilHistOS 4 (1936) 273—295; wieder *H. Idris Bell,* Cults and Creeds in Greco-Roman Egypt (Liverpool 1954) 78 ff; *F. F. Bruce,* Christianity under Claudius: BJRL 44 (1961/62) 309—326.

[3] Pap. Lond. 1912, 98—100.

[4] Sueton, Claud. 25, 4: *Iudaeos impulsore Chresto assidue tumultuantis Roma expulit.*

christliche Gemeinde hereinbrachen. Besonders aufschlußreich für die Erkenntnis der Hintergründe der Geschehnisse ist der Bericht, den Tacitus in seinen Annalen wiedergibt[5]. Mit auffälliger Hartnäckigkeit hielt sich in der römischen Bevölkerung das Gerücht, Kaiser Nero selber sei für den Riesenbrand verantwortlich, der am 16. Juli 64 mehrere Regionen der Stadt ganz, andere zum Teil vernichtete. Um diesen Verdacht auszurotten, habe der Kaiser, so berichtet Tacitus, ihn auf die Christen abgelenkt, „die wegen ihrer Untaten verhaßt waren". Er verfuhr dabei so, daß er beim ersten Verhör von bestochenen Verhafteten die Christen als die eigentlich Schuldigen denunzieren ließ, die daraufhin in großer Zahl *(ingens multitudo)* festgenommen und nach den Methoden hingerichtet wurden, die man gegen Brandstifter anwandte: ein Teil der Christen wurde in Tierfelle genäht und wilden Hunden vorgeworfen, andere kleidete man in leicht brennbares Material und ließ sie als lebende Fackeln abends in den Gärten Neros verbrennen, die dieser für das Schauspiel zur Verfügung stellte. Für Tacitus besteht kein Zweifel daran, daß die Christen zu Unrecht der Brandstiftung beschuldigt wurden, wenn sie auch nach ihm wegen ihrer sonstigen Verworfenheit die härtesten Strafen verdienten; er teilt darum auch nicht das Mitleid, das man ihnen damals entgegenbrachte, weil sie nur der grausamen Willkür eines einzelnen geopfert wurden. Die das Wesentliche gewiß korrekt wiedergebende Schilderung des Tacitus läßt zunächst einmal erkennen, daß die römische Christengemeinde im 7. Jahrzehnt des 1. Jh. über eine beachtliche Mitgliederzahl verfügte, da eine *ingens multitudo* gewiß mehr als eine Handvoll Anhänger darstellt. Des weiteren ergibt sich aus ihr, daß das Motiv für die Verfolgung der Christen durch Nero nicht etwa die Erkenntnis von dem staatsbedrohenden Charakter der neuen Religion war. Er benützt skrupellos die feindselige Haltung der heidnischen Bevölkerung gegenüber den Christen für seine Pläne, will aber damit nicht den christlichen Glauben als solchen treffen. Die spätere christliche Apologetik freilich sah in ihm meist den ersten römischen Kaiser, der das Christentum als solches aus religiösen Motiven verfolgt habe, nach Lactanz hatten die Maßnahmen Neros die völlige Ausrottung des Christentums zum Ziel.

Auf die Ereignisse unter Nero beziehen sich auch wohl die Angaben, die Klemens von Rom noch vor der Jahrhundertwende in seinem Schreiben an die Gemeinde von Korinth über eine Verfolgung der Christen macht, der erste christliche Schriftsteller, der sie erwähnt. Ohne Nero direkt zu nennen, weist er darauf hin, daß nicht nur Petrus und Paulus einen gewaltsamen Tod gefunden hätten, sondern darüber hinaus „eine große Schar Auserwählter", unter ihnen auch Frauen, nach grausamen Martern gestorben sei[6]. Der Hinweis

[5] Zur Interpretation des Tacitusberichtes — Annal. 15, 44 — vgl. bes. *H. Fuchs:* VigChr 4 (1950) 65—93, und *K. Büchner,* Humanitas Romana (Heidelberg 1957) 229—239.
[6] Clemens, Ep. ad Cor. 6.

auf die große Schar und die Art der Hinrichtung läßt kaum einen Zweifel daran zu, daß hier von den gleichen Vorgängen die Rede ist, die Tacitus geschildert hat. Die Bemerkung über Petrus und Paulus entbehrt allerdings der chronologischen Präzision und läßt es offen, ob deren Tod vor oder nach dem Jahr 64 anzusetzen ist.

Lactanz stellt als einziger die Behauptung auf, die römische Verfolgung unter Nero habe sich nicht auf die Reichshauptstadt beschränkt, sondern das ganze Reich erfaßt. Dies ist unwahrscheinlich, da die übrigen Quellen darüber schweigen und Lactanz auch sonst über die Ereignisse unter Nero kein präzises Wissen besitzt. Es würde zudem voraussetzen, daß die Maßnahmen des Jahres 64 nicht ein vorübergehender Willkürakt waren, sondern eine Grundlage in einem für das Reichsgebiet geltenden Gesetz gehabt hätten. Nun sagt allerdings Tertullian, als er einmal von der Verfolgung unter Nero spricht, man habe alle Maßnahmen dieses brutalen Herrschers in der Folgezeit aufgehoben mit einer Ausnahme: die Ächtung des christlichen Namens durch ihn sei das einzige Institutum Neronianum, das bei seiner *damnatio memoriae* nicht getilgt worden sei[7]. Auf diese Formulierung berufen sich heute manche Forscher, die den Erlaß eines allgemeinen Verfolgungsediktes durch Nero annehmen[8]. Dagegen sprechen jedoch entscheidend folgende Überlegungen. Ein solches Edikt müßte seine Auswirkungen im ganzen Reich, also auch im Osten, gefunden haben, aber alle Quellen und gerade die für den Osten in Frage kommenden schweigen darüber. Zudem hatte das Christentum zu Beginn der sechziger Jahre für die römische Reichsleitung wohl kaum ein solches Gewicht, daß man sich veranlaßt gesehen hätte, mit gesetzlichen Maßnahmen gegen diese Bewegung vorzugehen. Am meisten spricht gegen die Existenz eines Neronischen Verfolgungsediktes die Tatsache, daß sich nie eine spätere Stellungnahme römischer Behörden zum Christenproblem auf eine solche Verfügung Neros berief. So besitzt auch hier der Bericht des Tacitus als Ganzes die größere Glaubwürdigkeit; die Aktion Neros gegen die Christen hatte keine gesetzliche Grundlage, sondern entsprach der Willkür des Herrschers, der sich damit von dem ihn schwer belastenden Verdacht der Brandstiftung reinigen wollte. Allerdings, in der öffentlichen Meinung über die Christen blieb etwas haften, was mit Neros Schritt verbunden ist, und in diesem Sinne ist wohl auch das Wort Tertullians zu deuten: die bisher mehr im Bewußtsein der heidnischen Volksmassen dumpf vorhandene Abwertung der Christen als eines verdächtigen, dunkler Verbrechen fähigen Menschenschlages wurde durch ihre Verfolgung und Hinrichtung gleichsam sanktioniert. Von jetzt ab war das Christsein in der Öffentlichkeit verfemt; was Nero begonnen hatte („id, quod a Nerone institutum est"), die moralische

[7] Tertullianus, Ad nat. 1, 7, 9: *et tamen mansit erasis omnibus hoc solum institutum Neronianum.* [8] Z. B. *J. Zeiller:* Fliche-Martin I 292.

Ächtung des Christennamens, blieb für lange Zeit bestehen. Auf diese Ächtung in der öffentlichen Meinung konnten sich die römischen Staatsbehörden in Zukunft stützen, wenn immer sie die Umstände zwangen, in einem konkreten Fall zur Frage Stellung zu nehmen, ob man von Staatsseite gegen sie vorgehen oder sie dulden sollte. Es ist unschwer zu begreifen, daß diese Wertung des Christentums durch die heidnische Öffentlichkeit allmählich das Gewicht eines Rechtsgrundsatzes bekam, durch den die juristische Lage der Christen im Reich weitgehend bestimmt wurde.

Weit unergiebiger sind die Quellenberichte hinsichtlich der Verfolgung, die die Christen unter Kaiser Domitian traf, wenn auch an ihrer Tatsächlichkeit nicht zu zweifeln ist. Da ist einmal die klare und eindeutige Aussage des den Ereignissen ziemlich nahestehenden Melito von Sardes, der in seiner Apologie für Kaiser Markus nebst Nero auch Domitian als Gegner des Christentums anführte[9]. Auch die Bemerkungen des römischen Bischofs Klemens in seinem Brief an die Korinther (1, 1), plötzlich über die Christen hereinbrechende Gefahren und Drangsale hätten ein früheres Schreiben verhindert, sind kaum anders denn als Hinweis auf ein Vorgehen dieses Kaisers gegen die Christen zu verstehen[10]. Auch einige Angaben nichtchristlicher Schriftsteller dürfen in diesem Sinne interpretiert werden. Der Tadel, den Epiktet über die Christen ausspricht, sie gingen töricht und unbesonnen in den Tod[11], setzt Maßnahmen gegen die Anhänger des Christentums ebenso voraus wie die Bemerkung des Statthalters Plinius in seinem Schreiben an Kaiser Trajan[12], beim Verhör hätten angebliche Christen beteuert, sie hätten sich schon vor zwanzig Jahren wieder von dem Christenglauben losgesagt. Von besonderem Gewicht scheint ferner die Notiz des Historikers Cassius Dio[13], unter Domitian seien der Konsul Flavius Klemens und seine Gattin Domitilla „wegen Gottlosigkeit" (ἀθεότης) angeklagt und verurteilt worden, mit ihnen noch „viele andere, die jüdischen Sitten zuneigten". Da Dio wenig später das Vergehen dieser Menschen ἀσέβεια nennt, wird deutlich, daß hier das *crimen laesae maiestatis* gemeint ist, das Verbrechen also, das gerade in dem Vorwurf der Gottlosigkeit gegenüber Christen im 2. Jh. in den Vordergrund gestellt wird. Wenn Dio also hier offensichtlich Christen im Auge hat — mit ihrem Christennamen bezeichnet er sie auch sonst nirgends in seinem Werk —, dann wird mit der Anklage der Gottlosigkeit bereits das Motiv faßbar, das hinter dem Vorgehen Domitians steht; es ist der Absolutheitsanspruch des Kaisers für seine Person, der sich in den Forderungen eines maßlosen Kaiserkultes äußerte. In diese Sicht der Zusammenhänge lassen sich auch einige Hinweise der Apokalypse einordnen, wenn man ihre Entstehung, wenigstens in ihrer vorliegenden Gestalt, in die letzten Jahre des 1. Jh. setzt, wofür beachtliche Gründe sprechen[14]. Damit

[9] Bei Euseb. HE 4, 26, 9. [10] *J. Vogt* a. a. O. 1168. [11] Epictetus, Diss. 4, 7, 6.
[12] Plinius min., ep. 10, 96, 6. [13] Cassius Dio 67, 14, 1—2. [14] Siehe oben Kap. 7.

ist die Verfolgung der Kirche, die der Apokalyptiker nahen sieht, in dem Zusammenstoß zwischen dem Kaiserkult domitianischer Prägung und dem christlichen Gottesbegriff begründet. Gerade für die kleinasiatischen Gemeinden mußte der Anspruch Domitians auf göttliche Ehrung besonders schwere Belastungen bringen, weil der in diesem Bereich des Imperiums blühende Kaiserkult ein Ausweichen vor dem Konflikt kaum zuließ. Die Handhabe für die Verfolgung der Christen in den östlichen Provinzen wäre dann eindeutig die Anklage wegen Majestätsverbrechen gewesen, das mit der Ablehnung des Kultes gegeben war.

Über die Ausdehnung der Verfolgung und über die Zahl ihrer Opfer machen die Quellen nur wenig konkrete Angaben. Der Notiz des Cassius Dio, daß in Rom neben dem genannten Konsulehepaar „viele andere" in den Prozeß hineingezogen waren, darf man Glauben schenken. Daß der ebenfalls von Domitian zum Tode verurteilte Konsul des Jahres 91, Acilius Glabrio, auch wegen seines christlichen Bekenntnisses hingerichtet wurde, ist nicht zu beweisen, aber auch nicht auszuschließen. Allerdings muß man darauf verzichten, diese Ansicht durch einen früher oft angeführten archäologischen Befund stützen zu wollen; die sog. Acilier-Gruft der Priscilla-Katakombe in Rom ist nicht vor der Mitte des 2. Jh. entstanden[15]. Ebensowenig läßt sich der Kern der heutigen Domitilla-Katakombe an der Via Ardeatina als eine von der durch Domitian verurteilten Römerin gestiftete Begräbnisstätte erweisen, wenn auch auf Grund von Inschriften Beziehungen Domitillas zu dem Bezirk jenes Coemeteriums nahegelegt werden[16]. Da Cassius Dio darauf hinweist, Kaiser Nerva habe die Anklagen wegen Gottlosigkeit und jüdischer Lebensweise zurückgewiesen, so war damit die Einstellung der Verfolgung verfügt.

Der Christenprozeß unter Trajan und Hadrian

Über die rechtliche Lage der Christen während der Regierungszeit des Kaisers Trajan (98—117) und besonders über das Vorgehen der heidnischen Behörden in Kleinasien wüßten wir nichts, wenn wir allein auf christliche Quellen angewiesen wären. Die offizielle Anfrage eines Provinzstatthalters von Bithynien an den Kaiser, nach welchen Richtlinien er in bestimmten Grenzfällen die Christen behandeln solle, läßt klar erkennen, daß in dieser kleinasiatischen Provinz zahlreiche Personen bei der staatlichen Verwaltung als Christen angezeigt, vor Gericht gestellt, verhört und, wenn sie bei ihrem Bekenntnis blieben, auch hingerichtet wurden. Zusammen mit der Antwort,

[15] Vgl. *A. M. Schneider:* Festschr. Akad. Wiss. Göttingen 2 (1951) 182—190.

[16] *L. Hertling - E. Kirschbaum,* Die römischen Katakomben und ihre Martyrer (Wien ²1955) 44—46.

die der Kaiser persönlich in Form eines Reskriptes dem Statthalter erteilte, bietet dieser Briefwechsel zwischen Plinius d. J. und seinem kaiserlichen Herrn[17] eine hochbedeutsame Möglichkeit, die Haltung zu erkennen, die die Führung des römischen Staates am Beginn des 2. Jh. dem Christentum gegenüber einnahm.

Plinius, der sein Amt im Jahre 111 oder 112 antrat, gibt zunächst willkommenen Aufschluß über den Stand der Ausbreitung der christlichen Religion, den er in seinem Amtsbezirk vorfand. Über die Städte hinaus hat sie bereits auf dem Lande eine starke Anhängerschaft in allen Ständen und Altersklassen gefunden. Anlaß für den Statthalter, sich mit dieser Gruppe zu befassen, war die Tatsache, daß sich viele ihrer Glieder nicht an einen kaiserlichen Erlaß hielten, der allgemein die Hetärien, vom Staat nicht anerkannte Vereine, mit ihren Zusammenkünften verbot. Diese Christen wurden der Behörde des Statthalters angezeigt, zuweilen sogar anonym. Plinius ging zunächst so vor, daß er in seinem Verhör ihre Zugehörigkeit zum Christentum feststellte und ihnen unter Androhung der Todesstrafe befahl, von diesem Glauben abzulassen. Nur wenn sie hartnäckig dabei blieben, ließ er sie hinrichten, mit Ausnahme derer, die römische Bürger waren; diese wurden nach geltendem Recht ausgesondert, um zur Durchführung ihres Prozesses nach Rom überführt zu werden. Verschiedene Vorfälle während des Prozesses ließen im Statthalter jedoch Zweifel aufkommen, ob die angewandte Methode rechtlich einwandfrei sei; das Verhör ergab zuweilen, daß manche Anzeigen nichts anderes als rachsüchtige Denunziationen waren; bei einer langen Liste mit Namen angeblicher Christen blieben die Anzeigenden anonym. Im Verhör beteuerten manche der Denunzierten, nie Christ gewesen zu sein; sie bestätigten dies durch Anrufung der Götter oder durch ein Opfer vor ihrem Bild oder dem des Kaisers. Andere gaben vor, sie hätten sich schon vor längerer Zeit wieder von dieser Religion getrennt, und vollzogen ebenfalls das Opfer vor dem Kaiser- und Götterbild, sie unterstrichen ihre Aussage sogar durch ausdrückliche Schmähung des Christengottes. Das Verhör derer, die sich vor dem Statthalter als Christen bekannten, ergab keine Verbrechen gegen die bestehenden Gesetze, selbst wenn die Folter dabei angewendet wurde. Seine Bedenken formulierte der Statthalter in einigen präzisen Fragen an den Kaiser: Muß man das Alter des Angeklagten berücksichtigen? Darf man Verzeihung gewähren, wenn einer bereut? Ist es der Name (Christ) allein, der bestraft werden muß, auch wenn sonst keine Verbrechen vorliegen? Sind nur die Verbrechen zu bestrafen, die mit dem Christennamen zusammenhängen? Zum Schluß sucht Plinius dem Kaiser eine Antwort nahezulegen, die ihm ein mildes Vorgehen ermöglicht: wenn man mit den Reuigen Nachsicht übe, dürfe man damit rechnen, daß dem Heidentum eine große Schar zurückgewonnen werden könne.

[17] Beide Dokumente bei Plinius min., ep. 10, 96 und 97.

Aus dem Schreiben des Plinius geht eines mit aller Deutlichkeit hervor: der Statthalter der Provinz Bithynien weiß nichts von einem Gesetz oder einer staatlichen Verordnung, die als Norm für das Vorgehen gegen die Anhänger des christlichen Glaubens gelten könnten. Er fragt in keiner Weise, wie diese oder jene Formulierung eines Gesetzes gegen die Christen interpretiert oder ergänzt werden sollte. Sein Dilemma ist eindeutig dies: ist der bloße Christenname ausreichend zur Verfolgung, oder müssen andere Verbrechen nachgewiesen sein?

Die Antwort des Kaisers Trajan bestätigt ebenso unmißverständlich, daß es bisher keine allgemeine Bestimmung gab, die das Vorgehen gegen die Christen rechtlich geordnet hätte; die Situation ist nach Meinung des Kaisers vielmehr so, daß er auch jetzt keine allgemeingültige Norm aufstellen möchte. Für Plinius gibt er einige Hinweise, die seine Schwierigkeiten lösen sollen: Man soll die Christen nicht aufspüren; anonyme Anzeigen sind nicht zu berücksichtigen. Wer offiziell als Christ angezeigt wird, soll verhört werden; leugnet er sein Christsein und bekräftigt er diese Leugnung durch die Anrufung der römischen Götter, bleibt er ungestraft, selbst wenn er bisher Christ war. Nur wer sich beim Verhör als Christ bekennt und bei diesem Bekenntnis bleibt, ist zu bestrafen. Der Nachweis von Vergehen gegen andere Gesetze ist demnach nicht erforderlich, das bloße Christsein ist ausreichend für die Strafverfolgung.

Das Trajanische Reskript sucht diese Richtlinien in keiner Weise zu begründen oder zu rechtfertigen; sie sind offensichtlich dem Kaiser selbstverständlich und geläufig als Ausdruck der öffentlichen Meinung, die über die Christen im Umlauf ist. Die seit Nero aufgekommene Wertung dieser Menschengruppe hat sich weiter gefestigt und ist so allgemein geworden, daß selbst die römischen Behörden sie sich als Maxime zu eigen machen können: Christsein ist nicht erlaubt. Daß eine solche Maxime den anerkannten Grundsätzen des römischen Strafrechtes widerstreitet, verraten die Inkonsequenzen, die das kaiserliche Reskript enthält. Obwohl das Christsein bereits strafwürdig ist, sollen die Inhaber der polizeilichen Gewalt die Christen nicht von sich aus aufspüren. Wer sich dieses Vergehens schuldig gemacht hat, kann der Strafe trotzdem entgehen, wenn er seinem Bekenntnis für die Zukunft absagt. Es mußte bedenklich bleiben, daß auch nach diesem Reskript dem Ermessen der staatlichen Aufsichtsbehörden in den Provinzen ein weiter Spielraum gelassen war; je nach dem Grad der persönlichen Unabhängigkeit des römischen Beamten von dem Druck der heidnischen Bevölkerung konnte in einzelnen Provinzen die Verfolgung aufflackern und scharfe Formen annehmen oder völliger Friede herrschen. Als positiv dürften die Christen die Anweisung des Kaisers empfunden haben, anonymen Anzeigen kein Gewicht beizumessen; dadurch waren sie vor vielfacher Quälerei geschützt und konnten bei einiger Besonnenheit ein relativ gesichertes Dasein erwarten.

Über die Auswirkung des Trajanischen Reskriptes geben die Quellen nur wenig Kunde. So sind keine Namen von Christen bekannt, die in der Provinz Bithynien ihr Leben verloren, noch weiß man von dem Schicksal derer, die als römische Bürger für ihren Prozeß in Rom ausgesondert wurden. Ob sich die Hinweise auf Verfolgungen im Brief Polykarps an die Gemeinde von Philippi [18] auf die Regierungszeit Trajans beziehen, muß offenbleiben. Mit einiger Sicherheit lassen sich nur zwei Martyrien dieser Periode zuweisen, deren Opfer mit Namen überliefert werden. Den Bischof Simeon von Jerusalem, Nachfolger des Jakobus, traf der Kreuzestod im Alter von 120 Jahren [19]. Ignatius von Antiochien wurde wohl als römischer Bürger nach Rom gebracht und ist dort hingerichtet worden, noch unter Trajan, wie Eusebius [20] unter Berufung auf Irenäus berichtet, ohne das genaue Todesdatum angeben zu können. Die Nachrichten über sonstige Martyrien unter Kaiser Trajan in späteren Martyrerakten sind von so zweifelhafter Qualität daß sich keine sicheren Ergebnisse aus ihnen gewinnen lassen.

Unter Trajans Nachfolger Hadrian (117—138) wendet sich wiederum ein Statthalter an seinen kaiserlichen Herrn um Direktiven für sein Verhalten gegenüber den Christen. Das Schreiben des Prokonsuls der Provinz Asia proconsularis, Getulius Serennius Granianus, an den Kaiser ist zwar verloren, die Antwort Hadrians an den Amtsnachfolger des Getulius, Minucius Fundanus, ist aber durch Justin erhalten, der es seiner Apologie beigefügt hat [21]. Mit noch größerer Schärfe als Trajan wendet sich dieser Kaiser gegen die anonyme Denunziation der Christen und gegen tumultuarisch vorgebrachte Forderungen nach ihrer Bestrafung. Nur wenn einer mit seinem Namen für die Anzeige einsteht, soll der Christ vor Gericht gestellt werden, und nur wenn jemand beweisen kann, daß die Angezeigten „sich gegen die Gesetze verfehlen", soll der Statthalter „nach der Schwere des Vergehens" das Urteil fällen. Man hat in diesem Reskript Hadrians nichts anderes als eine Bestätigung der Normen sehen wollen, die Kaiser Trajan aufgestellt hatte [22]. Dann wäre der Beweis, den der Ankläger zu führen hatte, nichts anderes als der Nachweis, die von ihm genannten Personen seien Christen. Der Prokonsul soll aber bestrafen „nach der Schwere des Vergehens". Es ist schwer einzusehen, daß es im Christsein für den staatlichen Richter noch Gradunterschiede geben konnte. So hat die Interpretation, die Justin dem Reskript gibt, die größere Wahrscheinlichkeit für sich. Nach ihm bedeutete die Stellungnahme Hadrians eine Erleichterung für die Christen, die weit über die durch Trajan gestellten Normen hinausging; Christen konnten nur bestraft werden, wenn man ihnen Vergehen gegen die bestehenden staatlichen Gesetze nachweisen konnte. Hadrian schließt zwar die

[18] Polycarp, Phil. 9 und 12. [19] Bei Euseb. HE 3, 32, 3 6 nach Hegesipp.
[20] Euseb. HE 3, 36, 3; Irenaeus, Adv. haer. 5, 28, 4.
[21] Iustin., Apol. 68, 5—10; Euseb. HE 4, 9.
[22] *W. Schmid* a. a. O. 5—13; *J. Moreau* a. a. O. 48.

Möglichkeit einer Anklage wegen bloßen Christseins nicht aus, scheint aber für eine Bestrafung den Nachweis zu verlangen, daß der Angeklagte gegen ein römisches Gesetz verstoßen habe. Immerhin, das Reskript wollte nur einem Prokonsul Richtlinien geben für sein Verhalten in seiner Provinz. Sonstwo konnte ein römischer Beamter sich durchaus an die Maxime halten, daß das *nomen Christianum* an sich strafwürdig sei. Es hat allen Anschein, daß das Hadrianische Reskript die Lage der Christen spürbar gebessert hat. Keine Quelle berichtet von einem wirklichen oder auch nur angeblichen Martyrium in der Provinz Asia proconsularis, noch lassen sich Hinrichtungen von Christen in anderen Bezirken des Imperiums mit Sicherheit der Regierungszeit Hadrians zuweisen.

Daß das Prinzip, Christsein sei strafwürdig, die allgemeine Norm auch im weiteren Verlauf des 2. Jh. blieb, beweist die Tatsache einiger Martyrien unter Hadrians Nachfolger Antoninus Pius (138—161). Justin fügt dem Anhang seiner Apologie einen Bericht bei, der offensichtlich aus exakter Detailkenntnis die Hinrichtung dreier Christen in Rom erzählt[23], die wegen ihres standhaften Bekenntnisses vom Stadtpräfekten zum Tode verurteilt wurden. Ebenso setzt der „Hirt" des Hermas mit seinen Bemerkungen über in der Verfolgung standhaft gebliebene oder abgefallene Christen Prozesse gegen diese unter Kaiser Pius voraus[24]. Besonders faßbar wird der Anteil der heidnischen Bevölkerung an der Durchführung eines Christenprozesses in dem Bericht, den die Gemeinde von Smyrna über den Tod ihres Bischofs Polykarp gibt[25]. In Form eines Briefes an die Christengemeinde von Philomelion erzählen hier die Christen von Smyrna, wie die Heiden der Stadt tumultuarisch von der staatlichen Polizei forderten, daß man den geflohenen Bischof aufsuche und vor Gericht stelle. Da er sich weigerte, Christus zu verleugnen, wurde er zum Tode auf dem Scheiterhaufen verurteilt und im Theater der Stadt verbrannt. Zwar bereitet die chronologische Fixierung dieses Martyriums einige Schwierigkeiten, seine Verlegung in die Epoche Marc Aurels, wie es schon Eusebius tut, erzwingt jedoch eine solche Fülle schwach begründeter Hypothesen, daß die traditionelle Annahme, Polykarp sei unter Antoninus Pius gestorben, den Vorzug zu verdienen scheint[26].

Dieser Überblick über die Verfolgung der Christen im Römischen Reich von Nero bis zur Mitte des 2. Jh. führt zu folgenden Erkenntnissen: Es gibt kein Gesetz, das die Haltung des römischen Staates gegenüber den Christen reichsrechtlich regelt. Aus der feindseligen Stimmung der heidnischen Bevölkerung entwickelt sich eine Auffassung, die das Christsein als unvereinbar mit den Lebensgewohnheiten im Römerreich ansieht; daraus

[23] Iustin., Apol. append. 2. [24] Hermas, Past., Vis. II, 2—3; III, 6—7; IV, 2 5.
[25] Martyr. Polyc. 3, 2.
[26] Vgl. *H. Grégoire,* La date du martyre de Polycarpe: AnBoll 69 (1951) 1—38, dazu *E. Griffe:* BLE 52 (1951) 170—177, 54 (1953) 178—181; *H.-I. Marrou:* AnBoll 71 (1953) 5—20.

bildet sich eine Art Rechtsmaxime, die es den römischen Behörden möglich macht, die Zugehörigkeit zum Christentum als solche zu bestrafen. Die sich daraus ergebenden Verfolgungen sind nur lokaler Art, treten auch nur sporadisch auf und richten sich gegen die Christen als Einzelpersonen. Sie werden meist durch Unruhen der heidnischen Bevölkerung ausgelöst und veranlassen erst so das Eingreifen der staatlichen Autorität. Die Zahl der Opfer bleibt relativ gering.

9. *Kapitel*

Die religiöse Welt der nachapostolischen Zeit im Spiegel ihres Schrifttums

QUELLEN: Das Schrifttum der sog. Apostolischen Väter; zum Terminus vgl. *J. A. Fischer* in seiner Ausgabe (München 1956) IX—XII und *G. Jouassard:* MSR 14 (1957) 129—134. Gesamtausgaben: *K. Bihlmeyer,* Die apostolischen Väter (Tübingen 1924, Neudruck 1957); *J. A. Fischer* (München - Darmstadt 1956) (nur 1. Klemens-Brief, Ignatius-Briefe, Polykarp-Brief). Weitere Ausg. von *K. Lake* (London - New York 1930); *S. Colombo* (Turin 1930); *D. Ruiz Bueno* (Madrid 1950). Übersetzungen: von F. Zeller: BKV² 35 (München 1918); von *W. Bauer, M. Dibelius, R. Knopf, H. Windisch* (mit Kommentar): ErgBd zum Handbuch zum N. T. (Tübingen 1923); von *J. A. Kleist* (englisch mit Komm.): ACW 1 und 6 (Maryland - London 1946/48). Zur Sprache der Apostol. Väter: *G. J. M. Bartelink,* Lexicologisch-semantische studië over de taal van de Apostolische Vaders (Nijmegen 1952); *H. Kraft,* Clavis Patrum Apostolicorum (München 1963).

LITERATUR: Übersichten in den Lehrbüchern der Patrologie von *Quasten P* I 29—157; *Quasten I* 39—178; *Altaner*⁶ 40—90. Allgemeine Einführungen: *A. Casamassa,* I padri apostolici (Rom 1938); *J. Lawson,* A Theological and Historical Introduction to the Apostolic Fathers (New York 1961); *K. Aland,* The Problem of Anonymity and Pseudoanonymity in Christian Literature of the First Two Centuries: JThS NS 12 (1961) 39—49.

Spezialfragen: *H. Schumacher,* Kraft der Urkirche (Freiburg 1934); *A. Heitmann,* Imitatio Dei. Die ethische Nachahmung Gottes nach der Väterlehre der zwei ersten Jahrhunderte (Rom 1940); *J. Klevinghaus,* Die theologische Stellung der Apostol. Väter zur alttestamentl. Offenbarung (Gütersloh 1948); *T. F. Torrance,* The Doctrine of Grace in the Apostolic Fathers (Edinburgh 1948); *A. Benoît,* Le baptême au deuxième siècle (Paris 1953); *M. Spanneut,* Le stoïcisme des pères de l'église de Clément de Rome à Clément d'Alexandrie (Paris 1957); *E. A. Iudge,* The Social Pattern of the Christian Groups in the 1st Century (London 1960); *P. G. Verweijs,* Evangelium und neues Gesetz in der ältesten Christenheit bis auf Marcion (Utrecht 1961).

Sonderausgaben und Literatur zu den Einzelschriften: a) Klemens von Rom: *K. Th. Schäfer,* FlorPatr 44 (1941); *A. Stuiber,* Clemens: RAC III (1957) 188 bis 197; *J. Lebreton,* La Trinité chez s. Clément de Rome: Gr 6 (1925) 369—404; *A. Harnack,* Einführung in die alte Kirchengeschichte (Leipzig 1929); *F. Gerke,* Die Stellung des 1. Klemensbriefes innerhalb der altchristl. Gemeindeverfassung (Leipzig 1931); *E. Barnikol:* ThJ 4 (1936) 61—80 (Christologie; Taufe und Abendmahl); *P. Meinhold,* Geschehen und Deutung im 1. Klemensbrief: ZKG 58 (1939) 82—126; *L. Sanders,* L'hellénisme de s. Clément de Rome et le Paulinisme (Löwen 1943); *W. C. van Unnik,* 1 Clem 34: VigChr 5 (1951) 204—248; *Chr. Eggenberger,* Die Quelle der politischen Ethik des 1. Clemensbriefes (Zürich 1951); *A. W. Ziegler,* Neue Studien zum 1. Klemensbrief (München 1958).

b) Ignatius von Antiochien: *P. G. Crone* (Münster ²1958); *Th. Camelot:* SourcesChr 10 (³1958). — *M. Rackl,* Die Christologie des hl. Ignatius von Ant. (Freiburg 1914); *J. Lebreton,* La théologie de la Trinité d'après s. Ignace d'Ant.: RSR 25 (1925) 97—126 393—419; *H. Schlier,* Religionsgeschichtliche Untersuchungen zu den Ignatiusbriefen (Gießen 1929); *C. P. S. Clarke,* St. Ignatius and St. Polycarp (London 1930); *C. Ch. Richardson,* The Christianity of Ignatius of Antioch (New York 1935); *J. Moffat,* An Approach to Ignatius: HThR 29 (1936) 1—38; *Th. Preiss,* La mystique de l'imitation du Christ et l'unité chez Ign. d'Ant.: RHPhR 18 (1938) 197—241; *H. B. Bartsch,* Gnostisches Gut und Gemeindetradition bei Ign. von Ant. (Gütersloh 1940); *R. Bultmann,* Ignatius und Paulus: Festschr. J. de Zwaan (Haarlem 1953) 37—51; *W. Bieder,* Zur Deutung d. kirchl. Schweigens bei Ign.: ThZ 12 (1956) 28—43; *V. Corwin,* St. Ignatius and Christianity in Antioch (New Haven 1960); *J. Colson,* Agape chez s. Ignace d'Ant. (Paris 1961).

c) Polykarp von Smyrna: Brief an die Phil. bei *Th. Camelot:* SourcesChr 10 (³1958); *P. N. Harrison,* Polycarp's two Epistles to the Philippians (Cambridge 1936); *H. Katzenmayer,* Polykarp: IKZ 59 (1951) 146—156; *H. v. Campenhausen,* Polykarp von Sm. und die Pastoralbriefe (Heidelberg 1951); *P. Meinhold,* Pol. von Sm.: Pauly-Wissowa 21 (1952) 1662—1693.

d) Didache: *H. Lietzmann,* KlT 6 (Berlin 1936); *Th. Klauser,* FlorPatr 1 (1940); *J.-P. Audet* (Paris 1957) (mit Komm.), dazu *H. de Riedmatten:* Angelicum 36 (1959) 410 bis 429; *J. Schmid,* Didache: RAC III 1009—1013; *F. E. Vokes,* The Riddle of the Didache (London 1938); *E. Peterson,* Über einige Probleme der Didache-Überlieferung: RivAC 27 (1952) 37—68; *E. Stommel,* Did. 16, 6: RQ 48 (1953) 21—42; *A. Adam,* Erwägungen zur Herkunft der Didache: ZKG 68 (1957) 1—47; *P. Nautin,* La composition de la Did. et son titre: RHR 155 (1959) 191—214; *A. Agnoletto,* Motivi etico-escatologici nella Didache: Convivium dominicum (Catania 1959) 259—276. — Zur Liturgie der Did.: *H. Lietzmann,* Messe und Herrenmahl (Bonn 1926) 230—238; *A. Greiff,* Das älteste Pascharitual der Kirche (Paderborn 1929); *R. H. Connolly:* DR 55 (1937) 477—489; *A. Arnold,* Der Ursprung des christlichen Abendmahls (Freiburg 1937); *G. Dix:* Theology 37 (London 1938) 261—283; *E. Peterson:* ELit 58 (1944) 3—13.

e) Ps.-Barnabas: *Th. Klauser,* FlorPatr 1 (1940); *J. Schmid:* RAC I (1950) 1207 bis 1217; *A. Williams,* The Date of the Epistle of Barnabas: JThS 34 (1933) 337—346; *P. Meinhold,* Geschichte und Exegese im B.-Brief: ZKG 59 (1940) 255—303; *K. Thieme,* Kirche und Synagoge (Olten 1945), dazu ZKTh 74 (1952) 63—70; *A. Hermans,* Le Ps-Barnabas est-il millénariste?: EThL 35 (1959) 849—876; *L. W. Barnard,* The Epistle of Barnabas — A Paschal Homily?: VigChr 15 (1961) 8—22; *P. Prigent,* L'épître de Barnabé et ses sources (Paris 1961).

f) Epistula apostolorum: *C. Schmidt,* Gespräche Jesu mit seinen Jüngern (Leipzig 1919); *H. Duensing,* KlT 152 (Bonn 1925), und bei *Hennecke - Schneemelcher,* Neutestam. Apokryphen I (Tübingen 1959) 126—155. — Entstehungsverhältnisse: *J. Delazer:* Antonianum 4 (1929) 257—292 387—430; *J. de Zwaan:* Festschr. R. Harris (London 1933) 344—355; *L. Gry,* La date de la parousie d'après l'epist. apostolorum: RB 49 (1949) 86—97.

g) Hirt des Hermas: *M. Whittaker,* GCS 48 (Berlin 1956); *R. Joly,* SourcesChr 53 (1958); koptische Fragmente, hrsg. von *Th. Lefort:* Muséon 51 (1938) 239—276, 52 (1939) 223—228. — *W. J. Wilson,* The Career of the Prophet Hermas: HThR 20 (1927) 21—60; *A. V. Strøm,* Allegorie und Wirklichkeit im Hirten des Hermas (Leipzig 1936); *E. Peterson,* Beiträge zur Interpretation der Visionen des Hermas: OrChrP 13 (1947) 624—635; *ders.:* VigChr 8 (1954) 52—71; *R. Joly,* Judaïsme, Christianisme et Hellénisme dans le Pasteur d'Hermas: La nouvelle Clio 5 (1953) 356—376. — Zur Bußfrage: *B. Poschmann,* Poenitentia secunda (Bonn 1939) 134—205; *R. Joly:* RHR 147 (1955) 32—49; *K. Rahner:* ZKTh 77 (1955) 385—431.

Wer etwa von den Apostelbriefen des Neuen Testamentes her sich dem Schrifttum der nachapostolischen Zeit zuwendet, wird unmittelbar des enormen Abstandes inne, der letzteres nach Form und Gehalt von jenen trennt. Es sind nur Epigonen der großen Gestalten der apostolischen Ära, die jetzt, fast zögernd, zur Feder greifen, um sich zu den Fragen christlicher Lebensauffassung und -ordnung zu äußern. Soweit es sich um deutlich faßbare Einzelpersönlichkeiten bei diesen Schriftstellern handelt, hat man ihnen den ehrenden Gesamtnamen „Apostolische Väter" gegeben, um auszudrükken, daß sie noch in bewußter Nähe zur apostolischen Zeit und Welt stehen. Aber sie selber empfinden sich nur als Nachfolger jener Großen, an deren Rang sie in keiner Weise heranreichen. Selbst der religiös lebendigste unter ihnen, Ignatius von Antiochien, weiß, daß er sich keineswegs mit ihnen vergleichen darf[27], und Klemens von Rom sieht in „den ausgezeichneten Aposteln" das unerreichbare Vorbild für die eigene Generation[28]. Ihr Ansehen bleibt ungeschmälert, wie jene bald auftauchenden apokryphen Schriften erkennen lassen, die etwa als „Brief der Apostel, Missionspredigt des Petrus, Brief des Barnabas, Akten des Paulus, des Johannes" usw. sich mit jenen glanzvollen Namen ein erhöhtes Interesse sichern wollen[29]. Das nachapostolische Schrifttum nährt sich weitgehend von dem Erbe der Apostel; was die Apostolischen Väter zu künden haben, ist Echo und Niederschlag der apostolischen Überlieferung. Das Bild, das sie vom religiösen Leben und Denken ihrer Tage zeichnen, verdient gerade deshalb eine besondere Beachtung.

Die Reihe der Apostolischen Väter eröffnet Klemens von Rom, der als Verfasser eines längeren Briefes zu gelten hat, den die römische Gemeinde kurz vor der Jahrhundertwende an die Kirche von Korinth richtete. Klemens hat das Schreiben offensichtlich als Leiter der römischen Gemeinde verfaßt, wie schon die früheste Überlieferung weiß[30], wenn auch sein Platz in der Liste der römischen Bischöfe nicht mit Sicherheit zu bestimmen ist. Die Christengemeinde Roms wird zu diesem Brief veranlaßt durch Nachrichten über eine bedauerliche Spaltung innerhalb der korinthischen Kirche, die zur Entfernung bewährter Presbyter aus ihrem Amt durch eine Gruppe jüngerer Gemeindemitglieder führte. Die römische Gemeinde weiß sich den Glaubensbrüdern von Korinth in einer tiefen Solidarität verbunden, aus der heraus sie eindringlich zu einer Wiederherstellung der kirchlichen Einheit mahnt. In Sprache und Stil wie in der Thematik und ihrer Begründung äußert sich die formale Bildung des Verfassers Klemens ebenso wie seine religiöse und theologische Eigenart. Hellenistische Philosophie, vor

[27] Ignatius Ant., Rom. 4, 3. [28] 1 Clem 5, 2.
[29] Von ihnen gehören einige noch der ersten Hälfte des 2. Jh. an, vgl. *Altaner*[6] 59—68.
[30] So schon Hermas, Past., Vis. 2, 4, 3; Irenaeus, adv. haer. 3, 3, 3 und vor allem die korinthische Tradition selbst, die der dortige Bischof Dionys in einem Schreiben an Papst Soter festhielt: Euseb. HE 4, 23, 11.

allem in stoischer Ausprägung[31], ist ihm nicht fremd, und der hellenistischen Bildung als Ganzes gegenüber ist er weitherzig aufgeschlossen; weit näher aber steht er der Welt des Alten Testamentes und jüdischer Denkweise, so daß man in Klemens sogar einen Konvertiten aus dem Diasporajudentum sehen wollte[32]. Besonders aufschlußreich für die persönliche Frömmigkeit des Verfassers sind jene Partien des Briefes (c. 59—61 64), in denen er sich wie ein christlicher Prediger an die Gemeinde von Korinth wendet und sie bittet, mit ihm (in einem von ihm formulierten Gebet) Gott zu preisen, so wie er oft seine Homilien im römischen Gottesdienst geschlossen haben mag. Auch über das Gefüge der Ämter innerhalb der Kirche gibt das Schreiben willkommene Auskunft.

Die profilierteste Gestalt unter den Apostolischen Vätern ist der Bischof einer christlichen Großgemeinde aus dem Osten, Ignatius von Antiochien, der im Zusammenhang mit einer Verfolgungswelle zur Hinrichtung durch wilde Tiere verurteilt wurde und in den letzten Regierungsjahren Kaiser Trajans (98—117) in Rom das Martyrium erlitt. Auf der Fahrt zur Reichshauptstadt schrieb er sieben Briefe, drei davon an die Christengemeinden von Ephesus, Magnesia und Tralles in der Hafenstadt Smyrna, wo Mitglieder dieser Gemeinden den hochangesehenen Bischof von Antiochien aufsuchten. In Smyrna hat er auch sein Schreiben an die römischen Christen verfaßt, während die Briefe an die Philadelphier, die Christen von Smyrna und an deren Bischof Polykarp in Troas niedergeschrieben wurden. Ihre Echtheit gilt heute nach merkwürdigen Irrwegen einer nicht vorurteilslosen Hyperkritik als gesichert. Der Versuch, dieses corpus Ignatianum für die Erkenntnis der nachapostolischen Theologie und Frömmigkeit auszuwerten, darf nicht übersehen, daß die sieben Briefe typische Gelegenheitsschreiben sind, die ein zum Tod verurteilter Gefangener unter den Augen seiner nicht übermäßig rücksichtsvollen Wächter verfaßte. Sie bieten demnach keine wohlabgewogenen, in geruhsamer Meditation aufgezeichneten theologischen Abhandlungen, sondern sind der spontane Erguß eines hochgemuten, von Christusliebe und Martyriumsehnsucht durchdrungenen Leiters einer Christengemeinde. Um so wertvoller ist dieses unmittelbare, dem flutenden Leben entstammende Zeugnis über Glaube, Frömmigkeit und Lebensordnung christlicher Gemeinden vom Beginn des 2. Jahrhunderts.

Polykarp von Smyrna, der Adressat eines der sieben ignatianischen Briefe, war schon Bischof dieser kleinasiatischen Gemeinde, als er Ignatius begegnete. In ihm stoßen wir auf einen Träger und Vermittler apostolischer Glaubenstradition ersten Ranges, da er nach der eindeutigen Aussage seines Schülers Irenäus noch in unmittelbarer Verbindung mit mehreren Aposteln

[31] *L. Sanders,* L'hellénisme de s. Clément de Rome et le paulinisme (Löwen 1943); *W. C. van Unnik,* Is 1 Clem 20 purely Stoic?: VigChr 4 (1950) 181—189.
[32] *J. Daniélou,* La théologie du Judéo-Christianisme (Paris 1958) 53—55.

stand, deren Augenzeugenberichte über Leben und Lehre des Herrn er genau kannte[33]. Da Polykarp noch mit Papst Aniket in Rom (ca 154/55 bis 166/67) persönlich zusammentraf[34], wird hier die Lehrüberlieferung der Apostel durch einen hochqualifizierten Zeugen bis in die zweite Hälfte des 2. Jh. weitergegeben. Von dem einst reicheren Bestand seiner pastoralen Briefe[35] ist nur ein kurzes Billett und ein längeres Schreiben an die Gemeinde von Philippi erhalten geblieben, das bald nach dem Tode des Ignatius verfaßt wurde. Dieser Brief bietet einen schätzenswerten Einblick in die Fragen, die einem christlichen Seelsorger der Zeit vordringlich erschienen, wenn er sich an die Christen einer ihm bekannten Gemeinde wandte.

Einige Schriften, die der ersten oder zweiten nachapostolischen Generation zuzuweisen sind, sind entweder anonym oder apokryph, aber doch von hohem Zeugniswert für die Beantwortung der Frage nach dem religiösen Leben dieser Periode. An ihrer Spitze steht die „Lehre der Apostel“, die Didache, die wohl um die Wende zum 2. Jh. in Syrien unter Einarbeitung einer jüdischen Grundschrift von den „Zwei Wegen“ entstanden ist. Ihre Aussagen über die innerkirchlichen Verhältnisse zwingen zu einer relativen Frühdatierung, mag der eine oder andere Zusatz auch in späterer Zeit vorgenommen worden sein[36]. Das Ziel des Redaktors war offensichtlich, eben erst entstehenden Gemeinden in Syrien einen Leitfaden für die innere Ordnung des Gemeindelebens zu bieten.

Der sog. Barnabas-Brief — die alexandrinische Tradition schrieb ihn schon früh dem Gehilfen des Paulus zu, während der Text selbst keinen Verfasser nennt — ist das Werk eines ohne gelehrten Anspruch auftretenden Christen, der sich nach der Zerstörung Jerusalems, wahrscheinlich kurz vor 130, mit dem Judentum auseinandersetzt. Trotz seiner negativen Wertung des Judentums, dem er ein grundsätzliches Mißverständnis des Alten Testamentes vorwirft, benützt er jüdische Denkformen und ist ein Zeuge für den judenchristlichen Charakter der nachapostolischen Theologie[37].

Bereits in die Endphase der nachapostolischen Periode führt die eigenartig dunkle Schrift, deren Verfasser sich Hermas nennt und nach dem Muratorischen Fragment ein Bruder des römischen Bischofs Pius (ca 140 bis 154) war. Er gab seinem Werk den Titel „Der Hirt“, nach der zentralen Gestalt, die im zweiten Teil des Buches als Lehrer der Christen auftritt und in Geboten und Gleichnissen zur Buße mahnt. Voraus geht ein mehr apokalyptisch gefärbter Teil, in welchem die Kirche unter verschiedenen Gestalten auftritt. Ein schlichtes, aus judenchristlichem Milieu stammendes Gemeindemitglied spricht sich hier aus über sein eigenes schweres Lebens-

[33] Euseb. HE 5, 20, 6 [34] Irenaeus bei Euseb. HE 5, 24, 16 [35] Ebd. 5, 20, 8.
[36] So A. *Adam:* ZKG 58 (1957) 1—47, dessen Auffassung den Vorzug verdient vor der *Audets,* der einen noch früheren Ansatz für notwendig hält.
[37] Vgl. *J. Daniélou* a. a. O. 43—46.

schicksal, in dessen Schilderung aufrichtige, manchmal naiv gezeichnete Bilder aus dem Leben der Kirche verwoben sind. Das Leben vieler Christen bedrückt den Verfasser, der ohne theologische und spekulative Interessen mit tiefem Ernst eine sittliche Reform der christlichen Gemeinde fordert. Für die Auffassungen der damaligen römischen Christengemeinde über die Bedeutung der Buße im Gesamt christlichen Lebens ist „Der Hirt" eine eminent wichtige Quelle. In die gleiche Zeit sind schließlich noch der sog. zweite Klemens-Brief zu setzen, wohl das älteste Beispiel einer Predigt, die beim Gottesdienst einer Gemeinde (Korinth?) um die Mitte des 2. Jh. gehalten wurde, und die *epistula apostolorum*, eine Schrift, die in Briefform zunächst Gespräche Jesu mit seinen Jüngern nach der Auferstehung wiedergeben will, dann nach Art einer Apokalypse von der Parusie des Herrn, von Auferstehung und Endgericht sowie von der Missionsarbeit der Apostel spricht und vor falschen Lehrern warnt.

Neben diesen schriftlichen Quellen existierte in nachapostolischer Zeit noch ein Strom mündlicher Überlieferungen, die apostolisches Traditionsgut weitergaben; es sind die sog. Überlieferungen der „Ältesten"[38], die besonders durch Papias und Klemens von Alexandrien bezeugt werden. Der erstere, nach dem Zeugnis des Irenäus „Schüler des Johannes und Gefährte Polykarps"[39], hat sie, wie er selbst erzählt[40], eifrig gesammelt von den Ältesten oder solchen, die mit diesen verkehrten; er versteht unter ihnen wohl Mitglieder der ersten Jerusalemer Gemeinde. Auch Klemens betont, daß er mündliche Überlieferungen der alten Presbyter aufgezeichnet habe, die bis auf die Apostel zurückreichten[41]. Da die Presbyter des Klemens nicht mit dem Kreis der asiatischen Ältesten des Papias identisch sein dürften, könnten sie Nachfahren von Judenchristen der Urgemeinde sein, die nach der Zerstörung Jerusalems nach Alexandrien kamen. Inhaltlich beziehen sich diese Überlieferungen der Ältesten auf die Engellehre, auf die Auslegung der ersten Kapitel der Genesis, auf chiliastische Ideen, so daß sich auch aus diesem Überlieferungsstrom Erkenntnisse für die Eigenart der nachapostolischen Theologie gewinnen lassen.

Legt man dieses skizzierte christliche Schrifttum der nachapostolischen Zeit für eine Darstellung ihrer theologischen Grundauffassungen und ihres religiösen Lebens zugrunde, so drängt sich als besonders charakteristischer Zug die Auseinandersetzung mit dem zeitgenössischen Judentum auf. Sie ist überall dort nachweisbar, wo sich stärkere christliche Gemeinden und Diasporajudentum begegnen, so vor allem in Syrien, Kleinasien und Ägypten, aber auch in Rom. Dem Anspruch des Judentums, als auserwähltes Volk allein im Besitz der Verheißungen Gottes zu sein, wird von christlicher Seite die These entgegengestellt, nach der Untreue und dem Abfall des

[38] Ebd. 55—64. [39] Irenaeus, Adv. haer. 5, 33, 4. [40] Euseb. HE 3, 39, 3—4.
[41] Clemens Al., Strom. 1, 1, 11—12; Euseb. HE 6, 13, 8—9.

jüdischen Volkes das wahre Israel zu sein, welches das Erbe des von Gott verworfenen Volkes übernommen habe. Am schärfsten wird sie vom Verfasser des Barnabas-Briefes ausgesprochen, spielt aber auch eine starke Rolle bei Ignatius von Antiochien. Gott hat zwar Israel einst seinen Bund angeboten, aber es ergab sich immer wieder dem Götzendienst und hat ihn damit selbst abgelehnt. Die Verheißungen an das Bundesvolk wurden Wirklichkeit, als Jesus von einem neuen Volk, dem der Christen, als Messias anerkannt wurde[42]. Die Berufung des Judentums auf das alttestamentliche Gesetz ist hinfällig; den Sinn der Kult- und Zeremonialvorschriften hat es in seinem wörtlichen Verständnis so entscheidend verfehlt, daß daraus fast ein heidnischer Götzendienst, eine gesetzlose Haltung (ἀνομία) wurde[43]; ihr hat Gott ein Ende gemacht, als er den Tempel untergehen ließ und der Menschheit „das neue Gesetz unseres Herrn Jesus Christus" brachte[44]. Aus dem Mißverständnis des Alten Testamentes leitet sich letztlich die Ablehnung Jesu durch das Judentum her; es sah nicht, daß sich in ihm die Verheißungen des Alten Bundes erfüllten. Von diesem Schriftbeweis für die Messianität Jesu, der sein Material aus eigenen Testimoniensammlungen entnahm[45], ist die Christologie der nachapostolischen Zeit stark bestimmt. Während die scharfe antijüdische Haltung des Barnabas seinen Blick für die soteriologische Bedeutung der Gestalt Christi verengt, wird diese von anderen nachapostolischen Schriftstellern schärfer gesehen, wie etwa von Klemens von Rom, der weiß, daß Jesus sein Blut zu unserem Heil vergossen hat und dadurch der ganzen Welt die Gnade der Buße erwirkte[46], oder noch deutlicher von Ignatius von Antiochien, nach dem das Fleisch Jesu Christi für unsere Sünden gelitten und uns das ewige Leben erworben, er selbst uns ein neues Verhältnis zum Vater geschenkt hat[47]. Antijüdische Polemik wird auch deutlich in der Didache, die vor jüdischem Fasten und Gebetsbrauch warnt, aber gleichzeitig jüdische Elemente für die Liturgie der Abendmahlsfeier übernimmt[48]. In anderen Schriften der Zeit tritt diese antijüdische Haltung zurück, wie z. B. im ersten Klemens-Brief, erst recht im Hirten des Hermas, wo sie einer ausgesprochen judenfreundlichen Einstellung weicht.

Der zentrale Rang, den der Herr dem *Gebet* im Frömmigkeitsleben seiner Jünger zugewiesen hatte, bleibt in der Kirche der nachapostolischen Zeit unangetastet. Das christliche Gebet ist zwar noch in mannigfachem Bezug dem jüdischen verwandt; es wendet sich noch wie je an den Gott Abrahams, Isaaks und Jakobs, aber jeder Christ weiß, daß dieser der Vater Jesu Christi ist. Das christliche Beten entnimmt auch weiterhin seine Formen dem Alten Testament, weil dieses als kostbarer Besitz an das neue und wahre

[42] Ps-Barnabas, ep. 4, 6—8; 14. [43] Ebd. 9, 6; 16, 2. [44] Ebd. 16, 5; 2, 6.
[45] *M. Simon* a. a. O. 186 f. [46] 1 Clem 8, 1 f.
[47] Ignatius, Smyrn. 7, 1; Trall. 9, 2; Eph. 11, 1; Rom. 2, 2; 7, 2.
[48] Didache 8, 1 f; 9—10.

Israel übergegangen ist. Aber ein neuer Ton wird in mehr als einem der erhaltenen Gebetstexte dieser Zeit faßbar, der Ton einer sieghaften Zuversicht, eines neuen frischen Schwunges, der aus dem Bewußtsein des Erlöstseins kommt. So dankt man beglückt dem Vater für das neue Leben, das er in Jesus der Menschheit geschenkt hat[49]. Jubelnden Dank sagt Polykarp dem Vater Jesu Christi für die Gabe des Martyriums; dafür und für alles lobt er ihn, preist er ihn, verherrlicht er ihn jetzt und immerdar und bekräftigt seinen Dank mit dem in die christliche Liturgie übernommenen „Amen"[50]. Von gleicher Farbe und Frische ist das große Lobgebet des Klemens-Briefes, das zwar den Vater auch um die Gaben bittet, um die immer ein Christ zu seinem Gott flehen wird: um Frieden und Gerechtigkeit in der Welt, um Hilfe für die Notleidenden, um Weisheit für die Mächtigen; das aber immer dankbar der einen großen Tat eingedenk ist, daß die Christen vom Vater auserwählt sind aus aller Mitte als die, die den Vater lieben durch seinen Sohn Jesus Christus, durch den er sie geheiligt hat[51]. In ihrer hieratischen Verhaltenheit verraten diese Texte unverkennbar ihre Nähe zu den Gebetsformen der Liturgie, wie sie von den Bischöfen, den Leitern der eucharistischen Feier, formuliert werden. Sie sind deshalb mit Betonung an den Vater gerichtet, nach dem Beispiel des Herrn in seinem Beten; dem Vater wird das Gebet dargebracht im Namen seines Sohnes Jesus Christus, des Hohenpriesters[52]. Das schließt nicht aus, daß das private Beten sich schon früh auch an Jesus Christus wandte; selbst der Heide Plinius (um 112) weiß davon, daß die Christen ihrem Herrn Hymnen singen[53], die Martyrergebete zu Christus geben in ihrer Fülle und Dichte eine Ahnung davon, wie tief vertraut der Anruf an Christus schon der frühesten Zeit gewesen sein muß[54].

Die sakramentale Welt tritt zwar im Schrifttum der apostolischen Väter noch nicht so scharf umrissen hervor wie in späterer Zeit, vor allem ist ihre rituelle Gestaltung noch im Werden; aber ihre grundlegende Stellung im Ganzen der christlichen Frömmigkeit wird doch deutlich. Dies gilt vor allem von dem Initiationssakrament, der christlichen *Taufe*. Die Didache[55] legt Wert darauf, daß der Taufritus richtig vollzogen wird; erwünscht ist das Eintauchen in „lebendem" (fließendem) Wasser[56], in Sonderfällen genügt es allerdings, wenn das Haupt des Täuflings dreimal mit dem Taufwasser übergossen wird. Wichtiger ist es, daß jeweils „auf den Namen des Vaters und des Sohnes und des Heiligen Geistes" getauft wird, die trinitarische Formel ist die Taufformel schlechthin. Sie ist auch dann gemeint, wenn

[49] Ebd. 9, 2—5. [50] Martyr. Polyc. 14, 1—3. [51] 1 Clem 59—61. [52] Ebd. 61, 3.
[53] Plinius min., ep. 10, 96; dafür gab es Vorbilder im Neuen Testament, vgl. 1 Tim 3, 16; Apk 5, 9—13.
[54] *K. Baus,* Das Gebet der Märtyrer: TThZ 62 (1953) 19—32.
[55] Didache 7, 1—4.
[56] Dazu *Th. Klauser:* Pisciculi, Festschr. F. J. Dölger (Münster 1939) 157—160.

die Didache an anderer Stelle[57] von der „Taufe auf den Namen des Herrn" spricht. Der Christ ist sich bewußt, daß er durch die Taufe das Siegel des dreipersönlichen Gottes empfängt, dessen Herrschaft er sich damit unterstellt. Die paulinische Vorstellung von der Taufe als Mitbegrabenwerden und Mitauferstehen mit Christus wird vielleicht durch das Eintauchen als Regelform angedeutet. Der Rang der Taufe wird unterstrichen durch die Forderung eines vorbereitenden Fastens, an das sowohl Täufling wie Taufender gebunden sind, an dem aber auch nach Möglichkeit weitere Gemeindemitglieder teilnehmen sollen; denn Taufe geht die ganze Gemeinde an, ein neues Glied wird der Gemeinschaft derer eingegliedert, die im Glauben an den Herrn geeint sind. Daß die Taufe das Leben der Christen von nun an prägen, ihm wie eine Waffenrüstung bleiben soll, betont Ignatius von Antiochien, für den die Heilskraft des Taufwassers im Leiden Christi begründet ist[58]. Auch der Verfasser des Barnabas-Briefes weiß um den tiefen Zusammenhang von Kreuz und Taufe; durch letztere wird die Erlösung Jesu Christi dem Menschen zugänglich, sie bringt ihm Vergebung seiner Sünden[59]. Davon ist auch Hermas überzeugt, den die Frage nach Sinn und Wirkung der Taufe besonders beschäftigte. Sie begründet nach ihm das neue Leben der Christen, die „als Tote in das Wasser untertauchen und als Lebende emportauchen"[60]. In der Taufe empfangen sie das Siegel des Gottessohnes, ohne das es kein Heil gibt; erst diese Besiegelung macht zum Jünger Christi, sie eint alle, die sie empfangen, in einem Geist, in Glaube und Liebe und läßt sie eingehen in das Reich Gottes, in die Gemeinschaft der Kirche[61]. Dieses Siegel kann allerdings zerbrochen werden, die Gaben, die die Taufe gebracht, können verlorengehen; daher ergibt sich für jeden Getauften die sittliche Verpflichtung, „das Siegel zu bewahren"[62].

Die Äußerungen über die *Eucharistie* sind in den Schriften der nachapostolischen Zeit seltener und verhaltener. Sie wird am Herrntag gefeiert. Nach Auffassung der Didache ist sie ein Opfer, das allerdings in seiner Reinheit gefährdet werden kann durch die Sünde; darum sollen die Christen ihre Sünden bekennen, ehe sie die Eucharistie feiern; auch soll der nicht an der eucharistischen Feier teilhaben, der in Unversöhnlichkeit mit seinem Nächsten lebt[63]. Die Eucharistie ist den Christen gegeben als eine Speise und ein Trank, die weit über aller irdischen Nahrung stehen, denn sie schenkt ewiges Leben durch Jesus[64]. Ignatius von Antiochien sieht die

[57] Didache 9, 5. [58] Ignatius, Polyc. 6, 2; Eph. 18, 2. [59] Ps-Barnabas, ep. 11, 1. 8.
[60] Hermas, Past., Simil. 9, 16, 4.
[61] Ebd. Past., Simil. 9, 17, 4; 9, 16, 3; Vis. 3, 3, 10; 8, 2, 2—4.
[62] Past., Simil. 8, 6, 3; so auch 2 Clem 8, 6; vgl. dazu *F. J. Dölger*, Sphragis (Paderborn 1911) 70—73. [63] Didache 14, 1 2.
[64] Didache 10, 3 läßt sich nur schwer von der christlichen Wahrheit als solcher verstehen, da für sie schon 10, 2 gedankt wird. Da der eucharistische Charakter der Gebete in Didache 9 und 10 nicht sicher feststeht, scheiden sie hier für eine Auswertung aus.

Eucharistie in einem tiefen Zusammenhang mit der Einheit aller Gläubigen in Christus. Für den einzelnen ist sie eine Arznei der Unsterblichkeit, ein Gegenmittel gegen das Sterben, weil sie das Leben in Christus nährt und so die Auferstehung zum ewigen Leben garantiert[65]. Wer sich von ihr ausschließt, weil er nicht bekennen will, „daß sie das Fleisch unseres Heilandes Jesus Christus ist", der ist vom Tode bedroht[66]. So wie die Eucharistie den einzelnen mit Christus verbindet, so eint sie auch alle Gläubigen unter sich, da sie alle ein Fleisch, einen Kelch an einem Altar genießen[67]. Sie kann diese Einheit allerdings nur wirken, wenn sie mit dem rechtmäßigen Bischof oder seinem Beauftragten gefeiert wird; „wenn einer nicht innerhalb des Altarraumes ist, so muß er auch das Brot Gottes entbehren"[68]. Eucharistische Gemeinschaft ist nicht nur Symbol kirchlicher Einheit, sie bewirkt sie auch.

Hervorstechender Zug nachapostolischer Frömmigkeit ist ihre Christozentrik. Der Wille Christi ist Norm für das sittliche Leben der Christen, seine Gebote die Richtschnur für das Handeln, ja der Sohn Gottes selbst ist jetzt das Gesetz[69]. Christi Leben wird zum Vorbild für die Lebensführung seiner Gläubigen, Nachahmung Christi die Grundhaltung christlicher Frömmigkeit[70], die im Martyrium die Hochform ihrer Bewährung findet[71]. Gewiß steht für den Christen hinter dem Willen Christi der Wille des Vaters, aber dieser offenbart sich im Beispiel Jesu Christi, und wer diesem folgt, der kommt zum Vater oder ist im Vater.

Das Leben in Christus und seiner Nachfolge stellt ein Ideal dar, das zwar alle bindet, hinter dem aber mancher Christ zurückbleibt. Daher das mahnende Wort der Bischöfe, das immer wieder zur Nachahmung Gottes und seines Sohnes aufruft. Das Versagen solcher Christen stellt die junge Kirche vor ein Problem, das seinen Niederschlag in aller Schärfe im „Hirten" des Hermas gefunden hat. Zwar sind die meisten Mitglieder der römischen Gemeinde ihrer Taufverpflichtung treu geblieben, einige haben sich in einer Verfolgung als Bekenner und Martyrer ausgezeichnet[72], andere aber waren dieser Belastung nicht gewachsen; sie haben voller Furcht hin und her geschwankt, ob sie leugnen oder bekennen sollten, und sich erst nach längerem Zaudern zum Leiden für den Christennamen entschlossen. Vor einer sich abzeichnenden neuen Verfolgung droht eine ähnlich schwankende und furchtsame Haltung gewisse Christen zu erfassen[73]. Neben diesem Mangel an Hoffnung und Mut in der Stunde der Gefahr sieht Hermas noch andere Verfehlungen in der römischen Kirche. Lauheit und Erschlaffung sind in ihr stark geworden, weil die Gier nach Besitz und

[65] Eph. 20, 2; Smyrn. 18, 2. [66] Smyrn. 7, 1. [67] Phil. 4. [68] Eph. 5, 2.
[69] 1 Clem 3, 4; Polyc., Phil. 4, 1; Ignatius, Magn. 13, 1; 2 Clem 3, 4f; Hermas, Past., Simil. 8, 3, 2.
[70] 1 Clem 16, 17; 33, 7 8; Polyc., Phil. 10, 1; Ignatius, Eph. 10, 3; Trall. 2, 1.
[71] Ignatius, Rom. 4, 2; 5, 3; 6, 3. [72] Hermas, Past., Simil. 8, 1, 16.
[73] Ebd. Simil. 9, 28, 2—5.

Reichtum manche vom Religiösen wegführte und ihr Leben wieder dem der Heiden anpassen ließ. Für sie bedeutet die Verfolgung die größte Gefahr, da sie irdischen Besitz der Treue zu ihrem Herrn vorziehen[74]. Ein anderes Übel, das in der römischen Gemeinde grassiert, ist der Ehrgeiz und das Streben nach den ersten Plätzen mit den negativen Folgen für Frieden und Einigkeit innerhalb der Gemeinde. Von solchen Rivalitäten sind besonders die Ältesten und Diakone bedroht[75].

Gibt es für so schwerwiegendes Versagen die Möglichkeit einer Sühne, oder haben die Sünder endgültig ihr Heil verwirkt? Der Hirt belehrt den Hermas, daß es dem christlichen Ideal entspräche, wenn die Taufe die einzige Form der Sündenvergebung bliebe; einige Lehrer stellen dieses sogar als Gesetz auf. Doch Gott gewährt allen Gefallenen noch einmal die Möglichkeit, Buße zu tun, da er weiß, welchen Belastungen der Mensch ob seiner Schwäche und der Bosheit des Teufels ausgesetzt ist. Wenn aber einer immer wieder fällt und immer wieder durch Buße sühnen will, der soll sich keiner trügerischen Hoffnung hingeben, sein Heil ist in Frage gestellt[76]. Es gab offensichtlich eine Auffassung, die eine mehrmalige Buße für möglich hielt. Zwischen ihr und der vorerwähnten Lehre, die Taufe sei zugleich die einzige Buße, will Hermas vermitteln, betont dabei aber mit großem Ernst wie ein besorgter Prediger, daß nach dieser noch einmal gewährten Möglichkeit der Sühne die gewonnene Versöhnung um keinen Preis mehr gefährdet werden dürfe, dies um so mehr, da der Turmbau bald vollendet sei. Hermas begründet also die Unmöglichkeit weiterer Bußleistungen eschatologisch; bald wird die Kirche vollendet sein, wer sich dann nicht innerhalb des Turmes befindet, wer der Kirche nicht als reines Glied angehört, kann nicht gerettet werden[77]. Hermas diskutiert noch nicht das Problem der Unvergebbarkeit bestimmter Sünden, aber die Bußfrage ist um 140 bereits brennend geworden, der „Hirt" des Hermas gewährt einen instruktiven Einblick in die Diskussion, die sie damals in der römischen Gemeinde auslöste. Sie wird im 3. Jh. auf breiterer Grundlage und mit stärkerem Echo erneut aufgegriffen.

10. Kapitel

Der Ausbau der kirchlichen Verfassung. Die Einzelgemeinde und ihre Amtsträger. Der monarchische Episkopat. Die Gesamtkirche. Die Stellung der römischen Gemeinde

QUELLEN: wie zu Kap. 9, zum Teil auch die zu diesem Kapitel bereits genannte LITERATUR. Ferner: *H. Bruders,* Die Verfassung der Kirche bis 175 n. Chr. (Mainz 1904); *P. Batiffol,* Urkirche und Katholizismus (München 1910); *R. Sohm,* Wesen und Ursprung

[74] Ebd. Simil. 8, 8, 1; 9, 1; 9, 20, 1. [75] Ebd. Simil. 3, 9, 7; 8, 7, 4; 9, 26, 2.
[76] Ebd. Mandat. 4, 3. [77] Ebd. Vis. 3, 5, 5.

des Katholizismus (Leipzig ²1912); *H. Lietzmann,* Zur altchristlichen Verfassungsgeschichte: ZWTh 55 (1913) 97—153; *H. Dieckmann,* Die Verfassung der Urkirche (Berlin 1923); *A. J. Maclean,* The Position of Clergy and Laity in the Early Church (London 1930); *O. Linton,* Das Problem der Urkirche in der neuesten Forschung (Diss. Uppsala 1932); *N. Lämmle,* Beiträge zum Problem des Kirchenrechtes (Rottenburg 1933); *J. V. Bartlet,* Church Life and Church Order during the First Four Centuries (Oxford 1943); *K. E. Kirk,* The Apostolic Ministry (London 1947, Neudruck 1957); *G. Bardy,* La théologie de l'église de s. Clément de Rome à s. Irénée (Paris 1947); *J. Ebers,* Grundriß des katholischen Kirchenrechts (Wien 1950); *H. E. Feine,* Kirchliche Rechtsgeschichte, I: Die katholische Kirche (Weimar 1950); *H. v. Campenhausen,* Kirchliches Amt und geistliche Vollmacht (Tübingen 1953); *S. L. Greenslade,* Schism in the Early Church (London 1953); *J. Colson,* Les fonctions ecclésiales aux deux premiers siècles (Brügge 1956).

Zu den einzelnen Ämtern: *G. Saß,* Apostelamt und Kirche (München 1939); *ders.,* Die Apostel in der Didache: Festschr. E. Lohmeyer (Stuttgart 1951) 233—239; *K. H. Rengstorf,* ἀπόστολος: ThW I 406—446; *A. Michel,* Ordre, Ordination: DThC XI 1193—1405; *L. Maréchal,* Évêque: DBS II 1297—1333; *H. W. Beyer,* ἐπίσκοπος: ThW II 604—617; *J. Colson,* L'évêque dans les communautés primitives (Paris 1951); *J. Munck,* Presbyters and Disciples of the Lord in Papias. Exegetic Comments on Euseb, Hist. 3, 39: HThR 52 (1959) 223—243; *J. Colson,* La fonction diaconale aux origines de l'église (Brügge 1960).

Zur Stellung der römischen Gemeinde: *F. R. van Cauwelaert,* L'intervention de l'église de Rome à Corinthe vers l'an 96: RHE 31 (1935) 267—306 765f; *O. Perler,* Ignatius von Antiochien und die römische Christengemeinde: DTh 22 (1944) 413—451; *H. Katzenmayer,* Zur Frage des Primats und der kirchlichen Verfassungszuständigkeit in der Didache: IKZ 55 (1947) 31—43; *K. H. Schelkle,* Römische Kirche im Römerbrief: ZKTh 81 (1959) 393—404.

Im Vergleich mit der Entwicklung der Theologie der nachapostolischen Zeit ist der Fortschritt im Ausbau der kirchlichen Verfassung in dieser Periode ungleich umfangreicher und bedeutsamer. Zwar bleiben die Fäden, die die Verfassung der nachapostolischen Kirche mit der Organisation der paulinischen Gemeinde verbinden, deutlich erkennbar; jedoch läßt sich allenthalben eine Weiterentwicklung der früheren Ansätze feststellen, die zu reicheren organisatorischen Formen sowohl innerhalb der Einzelgemeinde wie auch im Bereich der Gesamtkirche führen und dem nachapostolischen Zeitalter der Geschichte der Kirche dadurch ein besonderes Gewicht verleihen.

Schärfer umrissen zeigt sich zunächst die christliche Einzelgemeinde in ihrer Eigenbedeutung und in ihrer Funktion für den Gesamtorganismus der jungen Kirche. Die Christen einer Stadt, eines geschlossenen Siedlungsbezirkes, sind nun allenthalben zu Einzelgemeinden oder lokalen Kirchen zusammengeschlossen. Die Kirche Gottes, die in Rom in der Fremde weilt, grüßt die Kirche Gottes in Korinth, Ignatius richtet seine Briefe an festumrissene Einzelkirchen, an die in Ephesus, an die Kirche von Magnesia, an die Kirche, die im Gebiet der Römer an der Spitze steht; die Gemeinde von Smyrna sendet der Kirche Gottes in Philomelion den Bericht über den

Zeugentod ihres Bischofs Polykarp[78]. Dieser Zusammenschluß der Anhänger Christi in einer Stadt zu einer einzigen Gemeinde sticht deutlich ab von den organisatorischen Formen des gleichzeitigen Diasporajudentums, das am gleichen Ort mehrere Synagogen kannte, also mehrere Zusammenschlüsse in kleineren Gruppen[79]. Es gibt keinen Christen, der nicht einer solchen lokalen Gemeinde angehörte. Mit all seinen Glaubensbrüdern vereint er sich zur eucharistischen Feier, bei der die Einheit der nachapostolischen Gemeinde am deutlichsten in Erscheinung tritt. Ignatius von Antiochien ist der unermüdliche Herold dieser Einheit, die er in mannigfachen Bildern und Vergleichen zu verdeutlichen sucht; die Gemeinde ist wie ein Chor, dessen Sänger einstimmig den Herrn loben, wie eine Reisegemeinschaft, die den Weisungen ihres Herrn folgt. Für den Verfasser des ersten Klemens-Briefes ist die Einheit der Gemeinde symbolisiert durch die Harmonie des Universums oder durch die Anlage des menschlichen Körpers, in der jedes Glied seine ranggerechte Aufgabe hat; Hermas sieht sie im Bild eines Turmes, der auf dem Eckstein Christus erbaut wird[80]. Diese lebensnotwendige Geschlossenheit der Gemeinde ist ein stets neu zu gewinnender Besitz, da sie gefährlich bedroht werden kann durch die Neigung zu Rechthaberei und Eifersüchteleien, die zu Spaltungen der Gemeinde führen, oder durch Eigenwilligkeit in der Auffassung der christlichen Lehre. Damit sind Schisma und Häresie als die großen Feinde der Einheit der frühchristlichen Gemeinde genannt, wenn sie auch jetzt begrifflich noch nicht so scharf voneinander geschieden sind wie in späterer Zeit. Kaum eine Schrift nachapostolischer Zeit schweigt über die schismatischen Tendenzen, die bald hier, bald dort auftreten; es ist nicht immer ausgesprochene Spaltung, die sich in Unversöhnlichkeit verhärtet, sondern oft Ehrgeiz, Eifersucht, üble Nachrede, die ein Klima des Unfriedens schaffen, vor dem etwa die Didache und Ps.-Barnabas warnen, das aber auch in der römischen Gemeinde zur Zeit des Hermas vorhanden ist[81]. Ernster war die Situation in Korinth, einer ehedem gerade wegen ihres brüderlichen Geistes angesehenen Gemeinde; obwohl die letzten Hintergründe der Korinther Vorgänge nicht durchschaubar sind, führt das Schreiben Roms die tiefe Spaltung, bei der bisher führende Glieder der Gemeinde aus ihren Ämtern verdrängt wurden, auf Eifersucht zurück, die als Wurzel so vieler Übel in der religiösen Vergangenheit Israels und auch schon des jungen Christentums gelten muß. Die römische Gemeinde ist tief bekümmert ob dieser Vorkommnisse und läßt sie durch ihr Schreiben scharf verurteilen[82]. Schwerer wiegt bei den Apostolischen Vätern

[78] 1 Clem prooem.; die Inscriptiones der Ignatiusbriefe und des Martyrium Polycarpi.

[79] Vgl. für Rom *J. B. Frey*, Le judaïsme à Rome aux premiers temps de l'église: Bibl 12 (1931) 129—156.

[80] Ignatius, Magn. 7, 1—2; Eph. 9, 2; Philad. 1, 2; Rom. 2, 2; 1 Clem 19, 2—3; 20, 1—4 9—11; 37, 5; Hermas, Past., Vis. 3 und Simil. 9.

[81] Didache 4, 3; Ps-Barnabas, ep. 19, 12; Hermas, Past., Simil. 8, 7, 4; Vis. 3, 9, 7—10.

[82] 1 Clem 4, 1—7; 5—6; 54, 1—2.

die Gefahr der Häresie. So wie die Pastoral- und die Johannes-Briefe schon vor häretischer Verfälschung der christlichen Lehre warnen mußten, so ist auch in nachapostolischer Zeit besonders das kleinasiatische Christentum der Bedrohung durch häretische Gruppen ausgesetzt. Ignatius von Antiochien richtet seinen Angriff auf Vertreter des Doketismus, die Christus nur einen Scheinleib zugestehen und die weitere Geltung des jüdischen Gesetzes behaupten. Ihnen gegenüber gibt es nur eine Haltung für die Mitglieder der christlichen Gemeinde, strenges Meiden jeder Gemeinschaft mit ihnen und noch stärkerer Zusammenschluß der Gläubigen unter sich, nicht nur etwa in Antiochien, sondern auch in Smyrna, Philadelphia und Philippi. Auch in Rom weiß Hermas von Versuchen, fremde Lehren einzuführen[83]. Die kirchliche Führung organisiert den Abwehrkampf gegenüber den Häresien mit Aufrufen und warnenden Informationen an andere Gemeinden schon fast in der gleichen Weise, wie sie es bald gegenüber der häretischen Gnosis mit aller Energie tun muß.

Nach dem vielleicht ältesten Dokument der nachapostolischen Zeit, dem Brief der römischen Gemeinde an die von Korinth, besteht die Leitung der Einzelgemeinde aus zwei Gruppen von Männern; die eine Gruppe trägt eine zweifache Bezeichnung, Presbyter oder Episkopen, die andere Gruppe stellen die Diakone dar[84]. Am Ende der nachapostolischen Zeit begegnet im Hirten des Hermas ebenfalls noch der Doppelname Episkopen bzw. Presbyter für die Inhaber des Leitungsamtes in der Kirche, neben denen noch Diakone und Lehrer genannt werden[85]. Die Didache nennt nur die Episkopen und Diakone, Polykarp hingegen nur Presbyter und Diakone[86]. Nur die Ignatius-Briefe kennen die klare Scheidung dreier Ämter, deren Inhaber Episkopen, Presbyter, Diakone heißen. Jede Einzelgemeinde hat nur einen Episkopos, dem das Kollegium der Presbyter und die Diakone untergeordnet sind[87]. In Antiochien und in einer Anzahl von kleinasiatischen Gemeinden existiert also im 2. Jahrzehnt des 2. Jh. der monarchische Episkopat, der dem einen Bischof eindeutig die Leitung der Einzelgemeinde zuweist, während anderswo zuvor oder auch nachher diese Entwicklung noch nicht abgeschlossen ist bzw. in den Quellen nicht faßbar wird. Das eine Amt, das in apostolischer Zeit den Doppelnamen Episkopos bzw. Presbyter für seinen Inhaber kannte, hat sich in zwei Ämter aufgespalten und die Benennung Episkopos ausschließlich dem höchsten Amtsträger der Gemeinde reserviert. Die Quellen geben nicht die Möglichkeit, die einzelnen Phasen dieser Entwicklung nachzuzeichnen, noch lassen sie erkennen, ob sie allenthalben

[83] Ignatius, Smyrn. 4, 1; Philad. 6, 2; Polyc. 7, 1; 6, 3; Hermas, Past., Simil. 8, 6, 5.
[84] 1 Clem 44, 2—6.
[85] Hermas, Past., Vis. 2, 4, 2—3; 3, 5, 1; Simil. 9, 26, 2; 9, 27, 2.
[86] Didache 15, 1; Polyc., Phil. 5, 3; 11, 1.
[87] Etwa Ignatius, Magn. 2, 1; 6, 1; Philad. 4; 1, 2; Smyrn. 8, 1; 12, 2; Trall. 2, 2—3; Polyc. 1, 2.

gleichmäßig verlaufen ist. Bald nach 150 scheint sich der monarchische Episkopat im gesamten Ausbreitungsgebiet des Christentums weitgehend durchgesetzt zu haben.

Die Apostolischen Väter entwickeln zum Teil auch schon eine Theologie des kirchlichen Amtes, dessen Autorität letztlich auf Gott zurückgeführt wird. Von ihm war Jesus Christus gesandt, der den Aposteln den Auftrag gab, das Evangelium zu verkünden; diese haben wiederum im Einklang mit dem Auftrag des Herrn Episkopen und Diakone eingesetzt, an deren Stelle nach ihrem Tode andere erprobte Männer treten sollten, um ihr Amt bei den Gläubigen zu übernehmen. So sieht Klemens von Rom[88] die Autorität der Gemeindevorsteher begründet in Christi Sendungsauftrag an die Apostel, von denen sich alle Leitungsgewalt in den christlichen Gemeinden in einer ununterbrochenen Sukzession herleiten muß. Ignatius baut die Theologie des Bischofsamtes nach einer anderen Seite hin weiter aus; er ist der beredteste Anwalt der vollkommenen und unbedingten Einheit und Verbundenheit von Bischof und Gemeinde. Diese ist mit ihrem Bischof einig im Denken und Beten; nur mit ihm feiert sie Agape und Eucharistie; ihm soll sie im Gehorsam folgen, so wie Jesus Christus dem Vater; nichts soll in der Gemeinde geschehen ohne den Bischof, auch Taufe und Eheabschluß sind ihm vorbehalten[89]. An seiner Autorität haben Presbyter und Diakone teil; dem Presbyterium soll die Gemeinde folgen wie den Aposteln, in den Diakonen soll sie das Gesetz Gottes ehren[90]. Der Bischof kann eine solche Haltung von seinen Gläubigen nur fordern, weil er ihnen gegenüber Christus repräsentiert; wer sich wie die Irrlehrer gegen die Autorität des Bischofs auflehnt, lehnt sich gegen den Herrn auf, der der eigentliche, wenn auch unsichtbare Bischof jeder Gemeinde ist[91]. Die Amtsträger sehen ihrerseits ihre Sendung ganz im Lichte dieses übernatürlichen Ursprungs und sind sich bewußt, daß sie in der Erfüllung ihrer Aufgaben vom Geist gelenkt werden. Ignatius fühlt sich vom Geist geführt, wenn er den Philadelphiern die Einigkeit mit Bischof und Presbyterium nahelegt; er weiß sich im Besitz himmlischer Geheimnisse, er kennt die sichtbaren und unsichtbaren Dinge; Polykarp von Smyrna wird die Art seines Todes durch eine Offenbarung enthüllt; der Geist läßt Klemens von Rom seine Mahnung an die Korinther richten[92]. So wirken zwei Dinge entscheidend zusammen, daß der Bischof und seine Mitarbeiter ihrem amtlichen Auftrag gerecht werden können, apostolischer, d. h. gottgewollter Ursprung ihrer Autorität und Lenkung durch den göttlichen Geist. Darauf gestützt, leiten sie die eucharistischen Feiern, stehen sie den Agapen vor, verkünden sie die wahre Lehre, sind sie Garanten der Unverfälschtheit des Evangeliums, Hüter der apostolischen Überlieferungen.

[88] 1 Cor. 42; 44, 1—3. [89] Ignatius, Eph. 4, 1; 5, 2; Polyc. 5, 2; Trall. 7, 1—2.
[90] Idem, Smyrn. 8, 1—2. [91] Trall. 1, 1; 2, 1; Magn. 3, 2.
[92] Philad. 7, 1—2; Eph. 20, 2; Martyr. Polyc. 5, 2.

Das Wirken des Heiligen Geistes beschränkt sich aber nicht nur auf die Amtsträger, es ist auch in den Gläubigen der nachapostolischen Gemeinden noch allenthalben faßbar. Klemens von Rom sieht im Glauben, in der Weisheit, in der Keuschheit der Korinther besondere Gnadengaben des Geistes, die auch den Gemeinden von Magnesia, Ephesus und Smyrna in Fülle zuteil wurden[93]. Einzelne Glieder solcher Gemeinden rühmen sich eines ganz besonderen Geistbesitzes, wie Hermas oder der Verfasser des Barnabas-Briefes, der eine tiefe „Erkenntnis" empfangen haben will, die er nur zum Teil weitergeben kann[94]. Die charismatische Begabung ist also noch in nachapostolischer Zeit vorhanden, es sind auch noch zuweilen ähnliche Spannungen wie ehedem zwischen den Geistbegabten unter den Laien und der Gemeindeleitung spürbar. Dies gilt vor allem für die Didache, die den „Propheten" einen besonderen Rang in der Gemeinde einräumt. Sie treten als Lehrer auf, sie widmen sich dem Dienst an den Armen, und sie sollen „Dank sagen"; es ist ihnen also eine Rolle bei den Gemeindeversammlungen zugedacht. Ihr Anspruch auf Geistbegabung muß sich allerdings vor der Gemeinde als berechtigt erweisen; denn es gibt falsche Propheten, die nicht die Wahrheit lehren und auf Geldgewinn aus sind. Dem erprobten und wahren Propheten gebührt Anerkennung, er ist der Kritik entzogen, ihn dem Urteil unterwerfen hieße sich gegen den Herrn versündigen[95]. Man hat den Eindruck, daß der Redaktor der Didache hier für ein Prophetenideal kämpft, dessen Ansehen im Sinken ist, wohl zugunsten des „Lehrers", dessen Eignung allerdings streng geprüft werden muß. Ein Prophet der römischen Gemeinde ist Hermas, der Verfasser des Hirten, der vieler Gesichte und Visionen teilhaftig wird, die er den Gläubigen mitteilen soll. Sie beziehen sich auf das eine große Anliegen der Buße; dafür sucht er die Presbyter der Gemeinde, also die amtlichen Leiter, zu gewinnen. Hermas beansprucht für sich keine Lehrgewalt, der sich die Vorsteher der Gemeinde zu unterwerfen hätten; wenn er in der Gemeinde auftritt, begegnet man ihm mit Achtung, da der Geist aus ihm spricht; daß er aus ihm spricht, das festzustellen ist Sache der Gemeindeleitung. Hermas weiß auch, daß es falsche Propheten gibt, die man an ihren Werken erkennt[96]. Hier ist eine Rivalität zwischen Geistbegabten und Amtsträgern offensichtlich nicht mehr vorhanden, der rechte Einklang zwischen den Aufgaben beider scheint gefunden. Wenige Jahrzehnte später wird der Montanismus die Prophetie noch einmal in den Vordergrund rücken und die kirchliche Autorität zu einer endgültigen Stellungnahme nötigen.

Die Einzelgemeinde der nachapostolischen Zeit existiert jedoch nicht isoliert und sich selbst genügend, sie weiß sich mit allen anderen verbunden

[93] 1 Clem 28, 1—2; 48, 5; Ignatius, Magn. 14, 1; Eph. 9, 1—2; Smyrn. inscr.

[94] Ps-Barnabas, ep. 1, 4—5; Hermas, Past., Vis. 5, 5—7; Simil. 9, 331.

[95] Didache 10, 7; 11, 3 7—11; 13, 1 3; 15, 1—2.

[96] Hermas, Past., Mand. 11, 1—14, dazu *G. Bardy* a. a. O. 140—143.

und zu einem einzigen Organismus vereint, den ein übernatürliches Lebensprinzip durchströmt: Christus der Herr. Alle Gemeinden zusammen stellen ein neues Volk dar, die universale Kirche, die in jeder Einzelgemeinde aufleuchtet. Alle Völker sollen erkennen, daß die Christen „das Volk Gottes sind, die Schafe seiner Weide"[97]; unter der Fahne Christi werden die Gläubigen aus Juden und Heiden vereint zu einem einzigen Leib, der Kirche Christi[98]; alle, die das Siegel empfangen haben, sind eins im gleichen Glauben, in der gleichen Liebe[99], für sein neues Volk hat Christus sein Fleisch dargebracht[100]. Diese überlokale Gemeinschaft der Gläubigen nennt Ignatius von Antiochien als erster „die katholische Kirche", deren unsichtbarer Bischof Christus ist[101]. Ihre Katholizität ist ein so auffallendes Charakteristikum, daß man an seinem Vorhandensein die wahre Kirche erkennen kann[102].

Der Gläubige erlebt die Einheit und Universalität seiner Kirche im lebendigen Alltag in vielfacher Form. Nicht nur der eigentliche Missionar wird wie ein Bruder aufgenommen, wenn er in einer Stadt Gläubige trifft; der Bischof, der Priester oder Diakon, der eine Botschaft zu überbringen hat, auch der schlichte Christ, den sein Beruf in die Fremde führt, sie alle sind dort in einer brüderlichen Gastfreundschaft geborgen, wo immer eine Christengruppe existiert[103]. Ein lebhafter Briefverkehr von Gemeinde zu Gemeinde hält das Bewußtsein, einer großen universalen Gemeinschaft anzugehören, lebendig. Man gibt sich Nachricht voneinander, man teilt Leid und Freud miteinander, man unternimmt sogar weite Reisen, um wichtigere Fragen religiösen Charakters gemeinsam zu beraten[104]. Die innere Einheit der überlokalen Kirche wird noch durch weitere Kräfte gesichert. Die Einheit des Bekenntnisses sucht man durch eine Glaubensregel zu wahren, die von anfänglich schlichten Formen zu immer präziseren Aussagen fortschreitet[105]; sie ist in den wesentlichen Punkten allenthalben gleich und prägt sich als Taufsymbol allen Gläubigen ein. Die Einheit des Kultes wird gesichert durch die Feier der Eucharistie, die zwar in der äußeren Form und in manchen Gebetstexten lokale Verschiedenheiten aufweisen kann, die aber in ihrem inneren Gehalt allerorten das gleichartige Herzstück der christlichen Liturgie darstellt, so daß der Bischof Polykarp aus dem kleinasiatischen Smyrna sie auch inmitten der römischen Gemeinde feiern kann[106]. Glaube und Kult erfahren eine weitere Sicherung dadurch, daß man sie stetig an

[97] 1 Clem 60, 4. [98] Ignatius, Smyrn. 1, 2. [99] Hermas, Past., Simil. 9, 17.
[100] Ps-Barnabas, ep. 7, 5. [101] Ignatius, Smyrn. 8, 2.
[102] Diese Begriffsentwicklung deutet sich schon an Martyr. Polyc. 16, 2 26.
[103] Didache 11, 1—10; 13, 1—4; Hermas, Past., Simil. 8, 10, 3; 9, 27, 2.
[104] 1 Clem 55, 1; Ignatius, Eph. 1, 3; 2, 1; Magn. 2, 1; Trall. 1, 1.
[105] Bei Ignatius, Smyrn. 1, 1—2; Trall. 9 finden sich schon die Formen, die über die neutestamentlichen Ansätze hinausgehen.
[106] Euseb. HE 5, 24, 17.

der kirchlichen Überlieferung mißt. Denn hier kann und darf keine Neuerung menschlicher Herkunft eintreten; Treue zur Überlieferung ist Voraussetzung für den Bestand der Glaubenswahrheiten und des einen Kultes. In einer auffallenden Fülle begegnet man schon bei den Apostolischen Vätern der Berufung auf die Tradition, die man als Vermächtnis der Apostel ansieht, das nicht verfälscht werden darf[107]. Die Einheit im Glauben, Kult und apostolischer Überlieferung kann nach dem Glauben dieser Zeit letztlich nur der gewähren, der ihr eigentlicher Herr und Beschützer ist: Christus; an ihn wendet sich diese Kirche daher in flehentlichen Gebeten, daß er das Volk Gottes von allen Enden der Welt zur Einheit sammele und darin bewahre[108].

Wenn auch der Bischof seinen eigentlichen Wirkungsbereich in seiner Gemeinde hat, so ist er damit doch nicht jeder Verantwortung für die Gesamtkirche ledig. Es ist nicht nur das Gefühl einer bloßen Solidarität gegenüber den Gläubigen anderer Gemeinden, die Bischöfe wie Ignatius und Polykarp ihre aufmunternden oder warnenden Worte an diese richten läßt, sie handeln vielmehr so aus einer deutlich empfundenen Pflicht. Allerdings läßt sich kein Bischof der nachapostolischen Zeit nennen, der etwa mit der gleichen Autorität wie in seiner Gemeinde in die Verhältnisse anderer lokalen Kirchen eingreifen oder etwa der Gesamtkirche Weisungen geben könnte. Auch Klemens von Rom tritt allzusehr hinter der römischen Gemeinde als solcher zurück, als daß man ihn auf Grund des Schreibens an die Gemeinde von Korinth ein bewußtes, von besonderer Autorität getragenes Weisungsrecht etwa im Sinne der Primatsidee zusprechen könnte. Viel eher ist es die römische Gemeinde als solche, die hier mit einem Anspruch auftritt, der über das Maß brüderlichen Solidaritätsbewußtseins hinausgeht. Denn es liegen keine Anhaltspunkte dafür vor, daß man in Korinth die Stellungnahme Roms erbeten hat; das römische Schreiben sucht den Frieden wiederherzustellen durch Ermahnung und Rat, zuweilen nimmt die Sprache aber auch einen entschiedenen, fast drohenden Ton an, der Wert darauf legt, befolgt zu werden[109]. Sehr zu beachten ist ferner das Ansehen, das dem ersten Klemens-Brief in Korinth und der übrigen Kirche in der unmittelbaren Folgezeit zukam, wo er zuweilen als inspirierte Schrift gewertet wurde[110]. Hier deutet sich im Bewußtsein außerrömischer Christen eine Wertung der römischen Gemeinde als solcher an, die in der Linie einer Vorrangstellung liegt. Sie wird vor allen Dingen greifbar im Römerbrief des Ignatius von Antiochien, dessen enthusiastische Einleitung einmalig ist im Vergleich mit den Adressen seiner anderen Briefe; die Häufung ehrender, überschwenglich huldigender Epitheta ist kaum mit dem Temperament

[107] Besonders Papias bei Euseb. HE 5, 20.
[108] Didache 9, 4; 10, 5; 1 Clem 59, 2; Ignatius, Eph. 4, 1—2.
[109] 1 Clem 57, 1—2; 59, 1—2. [110] *G. Bardy* a. a. O. 112 f.

oder den Absichten seines Schreibens allein zu erklären. In offensichtlicher Anspielung auf den Korintherbrief wird von der römischen Gemeinde gesagt, daß sie anderen gegenüber als Lehrende auftrat[111]. Den Bischof der römischen Gemeinde erwähnt Ignatius jedoch nicht, und sein Wort vom Vorsitz Roms in der Liebe[112] (= Liebestätigkeit) läßt sich daher keineswegs im Sinne einer besonderen persönlichen Rangstellung ihres Bischofs verstehen. Schließlich weist der starke Zustrom auswärtiger Christen nach Rom auf eine besondere Anziehungskraft dieser Gemeinde hin, die nicht allein mit der Tatsache ihrer Existenz in der Reichshauptstadt zu erklären ist. Rechtgläubige Christen wie Anhänger oder Gründer sektiererischer und häretischer Bewegungen — es seien nur genannt Polykarp von Smyrna, Justin, Hegesipp bzw. die Gnostiker Valentin, Kerdon und Markion — suchen in Rom Förderung oder Anerkennung zu erreichen, die sich dann als Legitimation in der Heimat verwerten ließe. Auch hier kommt unverkennbar eine Vorrangstellung der römischen Gemeinde zum Ausdruck.

11. Kapitel

Heterodoxe judenchristliche Strömungen

LITERATUR: *H.-J. Schoeps,* Theologie und Geschichte des Judenchristentums (Tübingen 1949); *B. Reicke,* Diakonie, Festfreude und Zelos (Uppsala-Wiesbaden 1951); *J. Daniélou,* La théologie du Judéo-Christianisme (Paris 1958); *M. Black,* The Patristic Accounts of Jewish Sectarianism: BJRL 41 (1959) 285—303; *J. Munck,* Jewish Christianity in post-apostolic Times: NTS 6 (1959/60) 103—116.

Die Ebioniten: Übersicht mit Lit. von *G. Strecker:* RAC IV (1959) 487—500. Ferner: *H.-J. Schoeps,* Ebionite Christianity: JThS NS 4 (1953) 219—224; *L. Goppelt,* Christentum und Judentum im 1. und 2. Jh. (Gütersloh 1954); *J. A. Fitzmyer,* The Qumran Scrolls, the Ebionites and their Literature: ThSt 16 (1955) 335—372; *S. G. F. Brandon,* The Fall of Jerusalem and the Christian Church (London ²1957); *Ph. Vielhauer,* Judenchristliche Evangelien: *Hennecke - Schneemelcher* I³ (Tübingen 1959) 75—108; *H.-J. Schoeps,* Apokalytik im Neuen Testament: ZNW 51 (1960) 101—111.

Zu den Ps-Klementinen: Übersicht mit Lit.: *B. Rehm:* RAC III (1957) 197—206; *K. Baus:* LThK² VI (1961) 334—335. Texte: *B. Rehm,* Die Ps-Klementinen I: Die Homilien: GCS 42 (Berlin 1953), II: Die Recognitionen, hrsg. von *B. Rehm - F. Paschke* (ebd. in Vorbereitung), bis dahin noch PG 1; *W. Frankenberg,* Die syrischen Clementinen mit griechischem Paralleltext (TU 48, 3) (Berlin 1937); *H.-J. Schoeps,* Aus frühchristlicher Zeit (Tübingen 1950) 38—81; *ders.,* Urgemeinde, Judenchristentum, Gnosis (Tübingen 1956) 68—86; *G. Strecker,* Das Judenchristentum in den Ps-Klementinen (TU 70) (Berlin 1958); *H.-J. Schoeps,* Iranisches in den Ps-Klementinen: ZNW 51 (1960) 1—10.

Zu den Elchasaiten: Übersicht: *G. Strecker:* RAC IV (1959) 1171—1186 (Lit.). Ferner: *H. Waitz,* Das Buch des Elchasai: Harnack-Ehrung (Leipzig 1921) 87—104.

Zur Mandäerfrage: Übersicht von *C. Colpe:* RGG³ IV 709—712. Zusammenfassung mit Quellen und Literaturangaben: *K. Rudolph,* Die Mandäer, 2 Bde (Göttingen 1960/61). Außerdem: *J. Behm,* Die mandäische Religion und das Urchristentum (Leipzig

[111] Ignatius, Rom. 3, 1. [112] Ignatius, Rom. inscr.

1927); *R. Reitzenstein*, Die Vorgeschichte der christlichen Taufe (Leipzig 1929); *E. S. Drower*, The Mandaeans of Iraq and Iran (Oxford 1937); *W. Baumgartner*, Der heutige Stand der Mandäerfrage: ThZ 6 (1950) 401—410.

Schon früh entwickelten sich neben dem orthodoxen Judenchristentum der Urgemeinde und der nachapostolischen Zeit weitere jüdische Gruppen, die christliche Elemente in Lehre und Gottesdienst übernahmen. Sie bildeten diese Elemente aber im Gegensatz zum genuinen Judenchristentum um und schieden sich dadurch sowohl von diesem wie vom nachbiblischen Judentum, mit dem sie jedoch die Grundlinien der spätjüdischen Apokalyptik und die Anerkennung des Gesetzes gemeinsam hatten. Es scheint allerdings nicht ausgeschlossen, daß jüdische Sektierer, die bereits eine vom offiziellen Judentum verschiedene religiöse Praxis beobachteten[113], christliches Gut aufnahmen und so ihre Eigenart noch stärker differenzierten. Ihre Scheidung vom orthodoxen Judenchristentum erfolgte aber nicht so sehr auf Grund andersartiger religiöser Praxis, als vielmehr infolge grundsätzlich verschiedener Lehrauffassungen, die sich auf zwei Hauptfragen konzentrierten, die Christologie und die verpflichtende Geltung des mosaischen Gesetzes. Gerade letztere Frage bot, wie bereits dargestellt, schon in der Urgemeinde und in den paulinischen Gründungen erheblichen Konfliktsstoff und mußte früher oder später zur Abweisung der „Judaisten“ durch die Großkirche führen, wenn sie den Heidenchristen die Beobachtung des Gesetzes als heilsnotwendig auferlegen wollten. Zu einer solchen Trennung kam es offensichtlich schon nach dem Tode des Jakobus d. J., als die judaistische Gruppe ihren Kandidaten Thebutis gegen Simeon, den rechtmäßig gewählten Nachfolger des Jakobus, durchsetzen wollte[114]. Die Auswanderung der orthodoxen Judenchristen nach dem ostjordanischen Gebiet und ihre damit gegebene Streuung auch in Cölesyrien schwächte ihre innere Geschlossenheit und machte sie anfälliger für Einflüsse vom jüdischen Sektierertum her. Für die Großkirche gewann aber immer mehr die Christusfrage an Gewicht, die zum entscheidenden Kriterium für die Orthodoxie einzelner Judenchristen oder judenchristlicher Gemeinden wurde.

Sicherlich war die Christologie des *Kerinthos*[115] für die rechtgläubigen Judenchristen der Anlaß, ihn schärfstens zu bekämpfen. Zwar sind seine Gestalt und Lehre durch phantastisch-legendäre Züge besonders bei Epiphanios[116] entstellt worden, aber Irenäus dürfte doch infolge seiner Beziehungen zu Kleinasien etwas wesentlich Richtiges überliefern, wenn er von Kerinth berichtet, er habe gegen Ende des 1. Jh. im westlichen Kleinasien gelebt und von Jesus behauptet, er sei der natürliche Sohn Mariens und Josephs gewesen; da er sich durch Gerechtigkeit, Klugheit und Weis-

113 Vgl. *M. Black* a. a. O. 302. 114 Hegesipp bei Euseb. HE 4, 22, 4—5.
115 Über ihn *G. Bardy*: RB 30 (1921) 344—373; *W. Bauer*: RGG³ I 1632.
116 Epiphanius, Panar. 28, 5.

heit vor allen Menschen ausgezeichnet habe, sei nach seiner Taufe Christus in Gestalt einer Taube auf ihn herabgestiegen; von da an habe er den bisher unbekannten Vater verkündet und Wundertaten vollbracht. Vor seinem Ende habe ihn Christus wieder verlassen, nur Jesus habe gelitten und sei auferstanden[117]. Dieses adoptianisch und doketisch gefärbte Christusbild mußte für die Christen Kleinasiens unannehmbar sein; etwas von dieser Ablehnung wird noch spürbar in der eigenartigen Notiz des Irenäus, der Apostel Johannes sei mit durch die Lehre Kerinths veranlaßt worden, sein Evangelium zu schreiben. Darüber hinaus hat Kerinth gnostische Auffassungen vertreten, da er nach Irenäus den höchsten Gott vom Weltenschöpfer schied, der jenen nicht kannte. Eusebius[118] weiß, daß er des weiteren einem massiven Chiliasmus huldigte, der seinen Ursprung im jüdischen Sektierertum haben könnte. Eine größere Gefolgschaft scheint Kerinth nicht gefunden zu haben, die Angaben des Epiphanios, der von Kerinthianern redet, bleiben fragwürdig.

Um eine beachtliche Bewegung handelt es sich jedoch bei der judenchristlichen Gruppe, die bei Irenäus unter der Bezeichnung *Ebioniten* auftritt. Die frühchristlichen Häresiologen suchen diesen Namen von einer Persönlichkeit abzuleiten, die Ebion geheißen habe, aber die größere Wahrscheinlichkeit spricht dafür, daß ihm das hebräische 'ebjon (arm) zugrunde liegt. Die Anhänger der Bewegung sahen also in dem Namen wohl eine Selbstbezeichnung, die auf ihre schlichte Lebensart hinweisen sollte. Vielleicht waren die Ebioniten anfangs orthodoxe Judenchristen, die nur für sich an der Treue zum Gesetz festhielten. Dann hätte die Annahme vieles für sich, man könne in ihnen zunächst Nachkommen von Mitgliedern der Urgemeinde sehen, die sich um 66—67 n. Chr. in Transjordanien und Cölesyrien niederließen. Später vertraten sie aber in der Christologie und in der Frage der Verbindlichkeit des mosaischen Gesetzes Anschauungen, die heterodox waren und zur Loslösung von der Großkirche führten. Einen Anhaltspunkt für die Zeit der Trennung bietet vielleicht Justin der Martyrer[119], der zwei Gruppen von Judenchristen unterscheidet, solche, die in Jesus einen bloßen Menschen sahen, und andere, die ihn als Messias und Sohn Gottes anerkannten. Danach wäre die Spaltung zwischen häretischen und orthodoxen Ebioniten um 150 n. Chr. anzusetzen. Von dem Schrifttum der Ebioniten ist an erster Stelle ein eigenes Evangelium zu nennen, das wahrscheinlich ein im ebionitischen Sinn überarbeitetes Matthäusevangelium war, von dem Epiphanios einige Fragmente überliefert[120]. Ebionitisches Gedankengut liegt ferner vor in einem Traktat aus der ersten Hälfte des 2. Jh., der „die Predigten des Petrus" enthielt und vom Redaktor der Pseudo-Klementinen bearbeitet

[117] Irenaeus, Adv. haer. 1, 26, 1; 3, 34; 3, 11, 1. [118] Euseb. HE 3, 28, 4.
[119] Justinus, Dial. 47—48.
[120] Epiphanius, Panar. 30, 3 13; vgl. *Hennecke - Schneemelcher* I³ 75—108.

wurde. Ein dem Namen nach bekannter theologischer Schriftsteller der Ebioniten war der Bibelübersetzer Symmachos, dessen verschiedene Arbeiten zur Bibel dem Origenes noch vorlagen[121]. Die heterodoxe Bewegung der Ebioniten bietet in ihrer weiteren Geschichte kein einheitliches Bild. Sowohl in der Stellung zu Christus wie in der Wertung des Gesetzes und der Opfer gab es verschiedene Tendenzen und Nuancen. Einige Ebioniten öffneten sich auch gnostischen Ideen und verfolgten bizarre Spekulationen. Folgende Züge können als charakteristisch für das eigentliche Ebionitentum heterodoxer Prägung gelten: In der Auffassung von der Entstehung der Welt vertreten die Ebioniten dualistische Ideen; Gott hat von Anbeginn ein gutes und ein böses Prinzip eingesetzt, diesem ist die Herrschaft über die jetzige Welt, jenem über die kommende zugewiesen; das gute Prinzip ist Christus, der verheißene messianische Prophet. Jesus von Nazareth wurde von Gott zum Messias geweiht und am Tage seiner Taufe im Jordan mit göttlicher Kraft ausgestattet, er war also nicht der präexistente Gottessohn, sondern der natürliche Sohn eines irdischen Elternpaares, der ob seiner beispielhaften Erfüllung des Gesetzes von Gott zum Messias erhoben wurde. Er war damit auch der „wahre Prophet", der schon in Adam und Moses mit jeweils eigener Sendung aufgetreten war und nun in Jesus das Judentum zur lauteren Beobachtung des unverfälschten Gesetzes zurückführen und die Heiden für Gott gewinnen sollte[122]. Diese Aufgabe sollte er durch das Lehren des Gotteswortes erfüllen, also nicht durch eine außerordentliche Heilstat, auch nicht durch einen Erlösungstod, der von den Ebioniten abgelehnt wird, da Christus beim Tode Jesu sich wieder von diesem zurückgezogen hätte. Das ebionitische Christusbild ist also wesentlich bestimmt durch seine adoptianische Prägung und durch eine Leugnung der soteriologischen Bedeutung des Lebens und Sterbens Christi. Mit solcher Christologie verbanden sie die entschiedene Forderung der Beobachtung des Gesetzes, das allerdings von seinen Entstellungen gereinigt werden mußte. Solche waren einmal die falschen Perikopen, die nachträglich in das Gesetz des Moses eingeführt wurden, und dann vor allem die blutigen Opfer, die eine Verfälschung des göttlichen Willens darstellten. Diese Gesetzesreform hat Jesus durch seine Lehre bewirkt, er hat gezeigt, was am Gesetz echt war und dem Willen Gottes entsprach und was diesem widersprach. Jede Form der Gottesverehrung durch Opfer hat er zurückgewiesen, darum hat auch sein Tod keinen Opfercharakter. An die Stelle der Opfer tritt ein Leben der Armut und Gütergemeinschaft, von seinen Fehlern reinigt sich der Ebionit durch tägliche Waschungen, durch Teilnahme an einem heiligen Mahl mit Wasser und Brot und durch die Feier von Sabbat und Sonntag.

[121] Euseb. HE 6, 17.
[122] *L. Cerfaux,* Le vrai prophète des Clémentines: RSR 18 (1928) 143—163.

Mit der Wertung des mosaischen Gesetzes und der Ablehnung der soteriologischen Bedeutung des Todes Christi ist ein gewisser Antipaulinismus der Ebioniten gegeben, wie er vor allem in den „Kerygmata Petrou", einem ebionitischen Traktat aus der 1. Hälfte des 2. Jh., seinen Niederschlag gefunden hat, der dann in den Pseudo-Klementinen verwertet wurde. Danach war Paulus der große Gegner des Gesetzes, „der feindliche Mensch", der die wahren Gedanken Jesu verfälschte. Seine Legitimation als Apostel weisen die Ebioniten entschieden zurück, da diese nur auf persönlicher Bekanntschaft mit Jesus beruhen könne, während Paulus seine Berufung auf Visionen und Offenbarungen gründe, die aber nichts anderes seien als von Dämonen inspirierte Illusionen. Hier treten die Ebioniten sozusagen als Erben jener Judaisten auf, die in den Paulus-Briefen als Gegner der paulinischen Missionstätigkeit erscheinen. Die „Kerygmata des Petrus" lassen auch eine antitrinitarische Tendenz erkennen und verwerfen die trinitarische Auslegung alttestamentlicher Stellen, wie sie in christlichen Kreisen üblich war. Man hat jüngst auf verwandte Züge zwischen Ebioniten, Essenern und Qumranjuden hingewiesen [123], die vor allem in der Stellung zum Tempel, seinem Priestertum und den blutigen Opfern deutlich werden. Damit ließe sich die ebionitische Bewegung in etwa in eine größere Strömung einordnen, die in ihren extremen Formen mit dem offiziellen Tempelkult brach. Die Eigenart des Ebionitentums läge dann in der Wertung, die es der Gestalt Christi zukommen läßt.

In einer deutlichen Nachbarschaft zu den Ebioniten stehen noch weitere judenchristliche Gruppen, die wegen bestimmter Auffassungen ebenfalls nicht mehr zur christlichen Orthodoxie gerechnet werden können. Hier ist zuerst die Sekte der *Elchasaiten* zu nennen, die im 3. Jh. eine gewisse Verbreitung erlangt hatte und wohl auf einen Mann mit Namen Elchasai zurückgeht, der in den ersten Jahrzehnten des 2. Jh. im syrisch-parthischen Grenzgebiet wirkte. Die Sekte war missionarisch tätig und gewann Anhänger im Osten bis zum Euphrat und Tigris hin, im Westen besonders in Palästina, und suchte durch Alkibiades von Apamea zur Zeit Hippolyts sogar in Rom Fuß zu fassen. Grundlage ihrer Verkündigung war ein heiliges Buch, das sich übernatürlichen Ursprung zuschrieb. In ihm spielten zwei himmlische Wesen eine besondere Rolle, ein weibliches, das Heiliger Geist genannt wurde, und ein männliches, der Sohn Gottes oder Christus, der in wiederholten Inkarnationen zur Welt kam. Die Sekte kannte eine Taufe in Kleidern, die Sündenvergebung bewirkte, und wiederholte Waschungen, die von Krankheiten und Fehlern befreien sollten [124]. Als Grundlage der Lebensgestaltung dient den Elchasaiten das Gesetz, darum bleiben Beschnei-

[123] *O. Cullmann,* Die neuentdeckten Qumrantexte und das Judenchristentum der Ps-Klementinen: Festschr. R. Bultmann (Berlin 1954) 68—86.

[124] *E. Peterson,* Frühkirche, Judentum und Gnosis (Freiburg 1959) 221—235.

dung, Beobachtung des Sabbats, Gebetsorientierung nach Jerusalem verpflichtend, die alttestamentlichen Opfer werden jedoch abgelehnt, ebenso bestimmte Partien der Schrift, desgleichen wird Paulus entschieden verworfen. Apokalyptische Züge offenbart die Weissagung von einem baldigen großen Krieg, der das Weltende einleiten wird; wer dann eine geheimnisvolle Formel kennt, wird gerettet werden. Die Lehren des heiligen Buches des Elchasai sind geheimzuhalten, da nicht jeder ihrer würdig ist. Die Frage, aus welchem religiösen Bereich der Elchasaitismus ursprünglich kommt, ist bei der heutigen Quellenlage nicht eindeutig zu beantworten. Jüdische Elemente sind offensichtlich stark vorhanden, ebenso sind christliche Einflüsse unverkennbar wie etwa in der Taufformel der Sekte und in einer Christusvision Elchasais. Die Wertung Christi als eines bloßen Menschen und eines einfachen Propheten läßt aber das Christentum der Bewegung als eindeutig heterodox erscheinen. In diese Richtung weisen auch gnostische Elemente, wie etwa das Motiv des Gestaltwandels bei Christus, die Verehrung eines höchsten Gottes und die Verwertung magischer Formeln.

Die Sekte der *Mandäer* kann hier insofern eingereiht werden, als sie ursprünglich wohl im Zusammenhang mit heterodoxen jüdischen Taufsekten stand, die sich in den Gebieten des östlichen Syriens und Palästinas entwickelt hatten. In ihrem Kult spielt eine Taufe eine überragende Rolle, die durch dreimaliges Untertauchen in fließendem Wasser vollzogen wird und öfters wiederholt werden kann. Daneben kommt der kultischen Feier des Aufstieges der Seele der Verstorbenen zum Lichtreich eine hohe Bedeutung zu. Die mandäische Mythologie kennt einen großen König des Lichtes oder Großen Mana, neben dem zahllose kleinere Manas existieren; ihm steht eine von Dämonen und Satanen bevölkerte Welt des schwarzen Wassers gegenüber. In hohem Ansehen steht bei den Mandäern Johannes der Täufer, während Jesus als falscher Prophet und Lügner gilt, der von Johannes entlarvt wird. Eine Abhängigkeit der christlichen Taufe von der mandäischen ist unbeweisbar, offensichtlich ist ein Ritual der Täufersekte durch spätere Entlehnungen nestorianischer Taufbräuche ergänzt worden. Auch sonstige angeblich christliche Elemente im Kulte der Mandäer wirken sekundär und treten gegenüber gnostischen, iranischen und babylonischen Einflüssen (Astrologie) in den Hintergrund. Ein ursprünglicher Zusammenhang mit dem frühen Judenchristentum ist nicht anzunehmen[125]. Die Sekte, die noch heute in einer Stärke von etwa 5000 Mitgliedern im unteren Euphrat- und Tigrisgebiet lebt, entwickelte erst im 7./8. Jh. ein eigenes Schrifttum, dem aber Judentum, Christentum und Islam als falsche Religionen gelten.

[125] *M.-J. Lagrange,* La gnose mandéenne et la tradition évangélique: RB 36 (1927). 321—349 481—515, 37 (1928) 5—36; *H. Lietzmann,* Ein Beitrag zur Mandäerfrage: SAB 27 (1930) 596—608.

Einflüsse eines heterodoxen Judenchristentums sind schließlich noch bei einigen *frühgnostischen* Gruppen nachweisbar, wenn auch der Weg dieser Einflüsse nur schwer erkennbar ist. Zwar kann man von einer jüdischen Gnosis im strengen Sinn nicht sprechen, da sich das Judentum dem radikalen Dualismus im Sinn eines gleichrangigen, ursprünglich guten und bösen Prinzips nicht öffnet[126]. Wohl kennen gewisse jüdische Strömungen einen relativen Dualismus, wenn sie eine dem einen Gott untergeordnete Engel- und Dämonenwelt annehmen, die über die Geschicke der Welt, der Völker und des einzelnen herrschen[127]. Eine derart gnostisch geprägte Richtung heterodoxen Judenchristentums darf man in der samaritanischen Gnosis sehen, die auf Simon Magus zurückgeht[128], dem das Judenchristentum ja nicht fremd war (Apg 8, 10). Aus jüdischer Heterodoxie könnten ihre Spekulationen über die Erschaffung der Welt durch Engel stammen, über deren Kampf untereinander und über die Befreiung der Menschen durch die „Tugenden und Mächte". Auf dem Weg über Simons Schüler Menander und dessen Schüler Satornil und Basilides konnten solche Anschauungen nach Syrien und Ägypten gelangen und in die dortigen gnostischen Strömungen eindringen. Das sog. „Apokryphon des Johannes" unter den gnostischen Schriften von Nag Hammadi weist mit seiner Genesisauslegung und seiner Archonten- und Engellehre und deren Rolle bei der Schöpfung deutlich auf verwandte Spekulationen im heterodoxen Spätjudentum und im häretischen Judenchristentum hin[129]. Die frühchristliche Kirche sah sich zwar nicht in gleichem Maß zu einer Auseinandersetzung mit all diesen heterodoxen judenchristlichen Strömungen genötigt, da es nicht mit allen in eine nähere Berührung kam. Wo die Auseinandersetzung aber erfolgte, konnte sich die Orthodoxie des frühen Christentums selber klären und festigen.

[126] Vgl. bes. *H.-J. Schoeps*, Urgemeinde, Judenchristentum, Gnosis (Tübingen 1956) 37 ff.
[127] *K. Schubert*, Problem und Wesen der jüdischen Gnosis: Kairos 3 (Salzburg 1961) 2—15.
[128] Vgl. *L. Cerfaux*, La gnose simonienne: RSR 15 (1925) 480—502, 16 (1926) 5—20 265—285 481—503.
[129] Näheres siehe unten Kap. 15.

VIERTER ABSCHNITT

Die Kirche in der Abwehr der heidnischen literarischen Polemik durch die Apologeten und in der Selbstbehauptung gegenüber Gnostizismus und Montanismus

12. Kapitel

Die Lage des Christentums unter den Kaisern Mark Aurel und Commodus. Das Martyrium der Gemeinden von Lyon und Vienne

QUELLEN und zum Teil auch LITERATUR wie oben zu Kap. 9. Ferner: *H. Eberlein,* Mark Aurel und die Christen (Breslau 1914); *A. S. L. Ferqharson,* Marcus Aurelius, his Life and his World (Oxford 1951); *W. Görlitz,* Mark Aurel, Kaiser und Philosoph (Stuttgart 1954); *J. Beaujeu,* La politique romaine à l'apogée de l'empire, I: La politique religieuse des Antonins (Paris 1955); *J. Straub,* Commodus und die Christen: RAC III 262 bis 265; *A. Chagny,* Les martyrs de Lyon de 177 (Lyon 1936); *E. Griffe,* La Gaule chrétienne à l'époque romaine I (Paris 1947) 17—33; *H. Delehaye,* Les actes des martyrs de Pergame: AnBoll 58 (1940) 142—176; *E. Griffe,* Les actes du martyre Apollonius et le problème de la base juridique des persécutions: BLE 53 (1952) 65—76; *F. Corsari,* Note sugli Acta martyrum Scillitanorum: Nuovo Didaskaleion 6 (Catania 1956) 5—51; *H. Karpp,* Die Zahl der scilitanischen Märtyrer: VigChr 15 (1961) 165—172; *M. Sordi* I ‚nuovi decreti' di Marco Aurelio contro i cristiani: Studi Romani 9 (1961) 365—37[illegible] *J. Colin,* L'empire des Antonins et les martyrs Gaulois de 177 (Bonn 1964).

Schon in der frühchristlichen Apologetik wird Kaiser Mark Aurel (161—180) ein christenfreundliches Edikt zugeschrieben, auf das sich Apollinaris von Hierapolis und Tertullian beriefen, wenn sie das scharfe Vorgehen römischer Provinzialbehörden gegen die Christen ihrer Tage als ungerecht zurückweisen wollten[1]. Den Grund für die Einstellung dieses Kaisers sahen sie in dem Bericht von dem Regenwunder, das auf das Gebet einer christlichen Legion hin das kaiserliche Heer im Markomannenkrieg vor der Niederlage gerettet habe[2]. Es mag sein, daß ihre Vorstellung von dem Philosophen auf dem Kaiserthron, der das stoische Lebensideal auch als Herrscher zu ver-

[1] Euseb. HE 5, 5, 1—7; Tertull., Apol. 5; Scapul. 4.

[2] Dazu *W. Zwikker,* Studien zur Markussäule (Amsterdam 1941) 206 ff; *J. Guey,* La date de la „pluie miraculeuse" (172 après J.-Chr.) et la colonne aurélienne: MAH 60 (1948) 105—127, 61 (1949) 93—118.

wirklichen suchte, eine derartige Einschätzung des Kaisers begünstigte, die Wirklichkeit war eine andere. Schon seine persönlichen Aufzeichnungen lassen erkennen, wie sehr er die Christen im Grunde verachtete, weil sie, wie er glaubte, ihr Leben für eine Illusion wegwarfen. Daß er durchaus gesonnen war, die Staatsreligion nicht durch schwärmerische religiöse Sektierer und durch die Einführung bisher unbekannter Kulte gefährden zu lassen, zeigt ein Reskript aus dem Jahre 176/77, das zwar nicht speziell gegen die Christen gerichtet war, das aber von den Provinzialbehörden unschwer gegen sie angewandt werden konnte[3]. Ob dies im Einzelfalle geschehen ist, läßt sich nicht nachweisen, aber die gerade unter diesem Kaiser sich häufenden Beschwerden der Christen, wie sie in den Apologien des Melito von Sardes, Apollinaris von Hierapolis und des Atheners Athenagoras ihren Niederschlag fanden, weisen eindeutig auf eine Verschärfung der Lage für die Christen hin. Der erstgenannte lenkt Mark Aurels Aufmerksamkeit darauf hin, daß die Christen Kleinasiens Tag und Nacht offenen Plündereien und Räubereien minderwertiger Leute ausgesetzt seien, wie sie nicht einmal feindlichen Barbarenstämmen gegenüber angebracht seien; dabei beriefe man sich auf neue Erlasse, die er jedoch dem Kaiser nicht zutraue[4]. Daß die Christen gehetzt, ausgeplündert und verfolgt würden, beklagt auch Athenagoras in seiner Apologie an diesen Kaiser und bittet ihn, den Denunziationen ein Ende zu machen, deren Opfer die Christen seien[5].

Diese Situation wird bestätigt durch eine Reihe von Einzelmartyrien aus mehreren Teilen des Reiches, die in die Regierungszeit Mark Aurels zu datieren sind. In Rom ist der Philosoph Justin das angesehenste Opfer in einer Gruppe von Christen, die zwischen 163 und 167 nach einem Prozeß hingerichtet wurden, den der Stadtpräfekt Junius Rusticus selbst führte. Schon Justins Schüler Tatian scheint den Intrigen des heidnischen Philosophen Crescens einen Teil der Verantwortung am Tode dieser Christen zuzuschreiben[6]. In das Jahrzehnt 160—170 ist auch der Martyrertod dreier Bischöfe aus dem Osten zu setzen, über den Eusebius zuverlässige Nachricht gibt[7]. Daß der Bischof von Athen, Publios, zwischen 161—170 hingerichtet wurde, entnahm er einem Brief des Bischofs Dionys von Korinth an die athenische Gemeinde. Bischof Sagaris von Laodikeia starb den Zeugentod, „als Servilius Paulus Prokonsul von Asien war", also um das Jahr 164. Um dieselbe Zeit fand wohl auch Thraseas, Bischof von Eumenia in Phrygien, den Tod; daß er in Smyrna begraben wurde, weiß Polykarp von Ephesus in einem Brief an Papst Viktor zu berichten. Mit guten Gründen wird auch das Mar-

[3] *J. Beaujeu* a. a. O. 356—358. [4] Bei Euseb. HE 4, 26, 5—6.
[5] Athenagoras, Suppl. 1, 3.
[6] Die Akten über das Martyrium Justins und seiner Gefährten bei *Knopf-Krüger*[3] 15—18 mit der dort angegebenen Lit., bes. *H. Delehaye,* Les passions des martyrs (Brüssel 1921) 119—121; Tatian, Or. 19, 1.
[7] Euseb. HE 4, 23, 2; 4, 26, 3; 5, 24, 4.

tyrium einer Christengruppe aus Pergamon der Regierungszeit Mark Aurels zugewiesen; Karpos, Bischof von Thyateira, und ein Diakon Papylos wurden hier zum Tod auf dem Scheiterhaufen verurteilt und verbrannt. Die Christin Agathonike, die der Hinrichtung beiwohnte, bekannte dabei offen ihren Glauben und gab sich willig den Flammen hin[8].

Den anschaulichsten Bericht über Hintergründe, Begleitumstände und Verlauf einer lokalen Verfolgungswelle unter Mark Aurel bietet ein Gemeinschaftsbrief der Christengemeinden von Lyon und Vienne in Gallien, in dem diese den kleinasiatischen Brüdergemeinden erzählen, was im Jahre 177 über sie hereinbrach; Eusebius hat ihn fast vollständig in seine Kirchengeschichte aufgenommen[9]. Bischof der Gemeinde von Lyon war damals der schon hochbetagte Potheinos, dem ein Presbyter, Irenäus, zur Seite stand; ein Diakon mit Namen Sanctus gehörte der Gemeinde von Vienne an. Ein beträchtlicher Teil der Gemeindemitglieder stammte unmittelbar oder mittelbar aus dem kleinasiatischen Osten, wie etwa der phrygische Arzt Alexander oder Attalos aus Pergamon, der das römische Bürgerrecht besaß. Neben diesen Angehörigen der Oberschicht waren auch die niedrigeren sozialen Stufen, auch Sklaven, in der Lyoner Christengemeinde vertreten, in der insgesamt ein frisches religiöses Leben herrschte. Im Sommer 177, als in Lyon Vertreter ganz Galliens zum Fest des Kaiserkultes versammelt waren, entlud sich plötzlich die Volkswut gegen die dortigen Christen, denen man wie sonstwo im Reich auch hier Atheismus und Zügellosigkeit nachsagte. Nach anfänglichen Quälereien — man verbot den Christen das Betreten staatlicher Gebäude und öffentlicher Plätze — trieb der Pöbel eine Gruppe von ihnen auf dem Marktplatz der Stadt zusammen, von wo sie der römische Tribun nach einem Verhör ins Gefängnis abführen ließ, bis der abwesende Statthalter persönlich den Fall in die Hand nehmen würde. Bei der von diesem angestellten Untersuchung erbot sich ein bisher nicht verhafteter Christ Vettios Epagathos, vor Gericht zu beweisen, daß die seinen Glaubensbrüdern zur Last gelegten Vergehen, Religions- und Majestätsverbrechen, unbegründet seien. Als er sich auf die entsprechende Frage des Statthalters selbst als Christ bekannte, wurde auch er verhaftet. Aussagen heidnischer Sklaven, die im Dienst der Christen standen, belasteten ihre Herren mit den schwersten Verbrechen, und so befand sich nach einigen Tagen die Elite beider Gemeinden im Gefängnis. Während des Prozesses schworen etwa zehn Christen ihrem Glauben ab, die übrigen wurden zum Tod verurteilt, der Vollzug des Urteils war von ausgesuchten Quälereien begleitet. Bischof Potheinos starb nach brutaler Mißhandlung im Kerker,

[8] Neue Rezension des latein. und griech. Textes von *H. Delehaye:* AnBoll 58 (1940) 142—176. Vgl. *H. Lietzmann:* Festgabe K. Müller (Tübingen 1922) 46—57, und *A. M. Schneider:* JdI (1934) 416ff.

[9] Euseb. HE 5, 1, 1 — 2, 8; dazu *H. Quentin,* La liste des martyrs de Lyon: AnBoll 39 (1921) 113—138.

die übrigen wurden in der Arena wilden Tieren vorgeworfen. Als der Legat erfuhr, daß der vornehme Attalos römischer Bürger sei, setzte er dessen Hinrichtung aus, um vom Kaiser eine Stellungnahme zu erbitten. Diese besagte, daß Apostaten straffrei seien; diejenigen, die bei ihrem Christenbekenntnis blieben, seien jedoch hinzurichten. Alle erwiesen sich standhaft, und so nahmen die Hinrichtungen ihren Fortgang. Neben dem neugetauften Maturus, dem Diakon Sanctus, Attalos und Alexander rühmt der Bericht besonders die Tapferkeit der jugendlichen Blandina und des 15jährigen Pontikos. Die Leichen wurden den Angehörigen der Christen nicht zur Bestattung freigegeben, sondern nach 6 Tagen verbrannt, die Asche wurde in die Rhone gestreut. Der Brief gibt keine präzise Zahl der Opfer an, erst eine spätere Überlieferung nennt an die fünfzig Namen. Daß Christen unter Mark Aurel nicht immer zum Tode, sondern zuweilen zur Zwangsarbeit in Bergwerken verurteilt wurden, läßt das Fragment eines Briefes bei Eusebius erkennen, den Dionys von Korinth an den römischen Bischof Soter (166 bis 175) richtete[10].

Fragt man nach den Gründen für diese offensichtliche Verschärfung im Vorgehen der römischen Behörden gegen die Christen, so können dafür sicher keine neuen gesetzlichen Maßnahmen des Kaisers genannt werden. Sein Entscheid im Falle der Anfrage des Statthalters von Lyon beweist eindeutig das Fortbestehen der Rechtslage, wie sie schon das Trajanische Reskript und die daraus resultierende Praxis unter Kaiser Hadrian erkennen ließen. Es gibt auch keine Anhaltspunkte für die Annahme, die Provinzialbehörden seien bei gleichbleibender Rechtslage doch von der römischen Zentrale auf die Linie eines härteren Zugreifens gedrängt worden. Die Umstände der Lyoner Verfolgung und die schon erwähnten Hinweise der apologetischen Schriftsteller lassen vielmehr klar erkennen, daß sich unter Mark Aurel die öffentliche Volksmeinung weiter zu Ungunsten der Christen entwickelt hat. Diese feindselige Atmosphäre entlädt sich jetzt häufiger und intensiver als etwa unter Hadrian, der noch gegen solche Exzesse einschreiten konnte. Wenn jetzt ein Provinzstatthalter dem Druck der Volkswut öfter nachgab als früher, zog man das Gewicht der öffentlichen Stimmung auch in Rom stärker in Rechnung und ließ ihr in der Hetze gegen die Christen ein Ventil. Die allgemeine Mißstimmung der Reichsbevölkerung fand gerade unter Mark Aurel vielfache Nahrung. Die endlosen Feldzüge des Kaisers brachten mannigfache Belastungen mit sich, die ständige Bedrohung der Grenzbevölkerung durch die Invasionen der Feinde erhöhten die Gereiztheit, die noch durch Naturkatastrophen wie etwa die Tiberüberschwemmung und die Pest verstärkt wurde und so fast zwangsläufig zu Pogromen führte. Wenn man bei den Sühnegottesdiensten, die der Kaiser zur Abwehr der Pest anordnete, feststellte, daß gerade die Christen dabei fehlten, war

[10] Euseb. HE 4, 23, 10.

die Richtung gegeben, die solche Entladungen der Volkswut nahmen. Die christlichen Gemeinden haben damals ihrerseits, wenn auch ungewollt, mehr als sonst die Aufmerksamkeit auf sich gelenkt. Die Auseinandersetzung mit den gnostischen Strömungen innerhalb einzelner Gemeinden konnte der heidnischen Umgebung kaum verborgen bleiben; wenn sie deren Hintergründe auch nicht verstand, die stärkere Opposition der Kirche gegenüber der heidnischen Kultur und dem römischen Staat wurde jedoch sichtbar. Man wird auch, wenigstens in Einzelfällen, die montanistische Bewegung nennen dürfen, wenn man die steigende Gereiztheit der heidnischen Kreise gegenüber dem Christentum verstehen will. Der den Montanisten eigene exaltierte Drang zum Martyrium und ihre fanatische Ablehnung jeder Verständigung mit der den Staat tragenden profanen Kultur konnte unschwer dem Christentum als solchem zugerechnet werden und sich negativ auswirken. Allerdings reicht die Tatsache, daß etwa in der Gemeinde von Lyon ein Christ aus Phrygien stammte, nicht aus, in dieser eine montanistische Gruppe zu sehen.

Diese Situation änderte sich auch nicht unter Mark Aurels Sohn Commodus (180—192), bei dem sogar eine persönliche Toleranz gegenüber einzelnen christlichen Persönlichkeiten festzustellen ist und Christen an seinem Hof einflußreiche Ämter innehaben konnten. Spätere christliche Schriftsteller wie Eusebius[11] schreiben daher der Zeit des Commodus eine erhöhte Konversionsbewegung zum Christentum zu. Die Haltung des Kaisers war mitbedingt durch den Einfluß seiner unebenbürtigen Gemahlin Marcia, die nach einer Notiz des Cassius Dio[12] den christlichen Presbyter Hyazinth als Lehrer hatte und zur römischen Christengemeinde freundliche Beziehungen unterhielt, ohne daß man sie allerdings deshalb als getaufte Christin ansehen dürfte. Ihr ist es zu verdanken, daß Commodus die Rückkehr der Christen verfügte, die zur Zwangsarbeit in den Bergwerken Siziliens verurteilt worden waren[13]. Neue Richtlinien für das Verhalten der staatlichen Behörden gegenüber den Anhängern des christlichen Glaubens hat auch dieser Kaiser nicht gegeben. Das beweisen vereinzelte Christenprozesse aus seiner Regierungszeit, die sich nur auf dem Hintergrund der bisher geltenden Bestimmungen begreifen lassen. Das erste erhaltene Dokument christlicher Herkunft in lateinischer Sprache[14] gibt Kenntnis von einem Verfahren gegen sechs Christen des afrikanischen Städtchens Scili, die der Prokonsul Vigellius Saturninus im Juli 180 zur Hinrichtung verurteilte. Man darf annehmen, daß

[11] Ebd. 5, 21, 1.

[12] Cassius Dio 72; vgl. auch Irenaeus, Adv. haer. 4, 30, 46, und Hippolytus, Philosophumena 9, 11, 12.

[13] Siehe *A. Bellucci*, I martiri cristiani „damnati ad metalla" nella Spagna e nella Sardegna: Asprenas 5 (Neapel 1958) 25—46 125—155; *J. G. Davies*, Condemnation to the Mines: Univ. Birmingham, Hist. Journal 6 (1958) 99—107.

[14] Text bei *Knopf-Krüger*[4] 28—29, dazu *F. Corsaro* a. a. O.

diese Christen der römischen Behörde denunziert worden waren, da der Prokonsul sie zur Aufgabe ihres Bekenntnisses zu bewegen suchte und sie erst nach ihrer Weigerung hinrichten ließ. Eine Denunziation hat wohl auch 183/84 den Prozeß gegen den römischen Senator Apollonius veranlaßt, über den Eusebius in einem Auszug aus den ursprünglichen Akten dieses Martyriums berichtet[15]. Der Präfekt Perennis holt in diesem Falle sogar das Gutachten des Senates ein und spricht das Todesurteil über den ranghohen Mann offensichtlich nur widerwillig aus, als er hartnäckig an seinem religiösen Bekenntnis festhält. Daß der Vertreter des römischen Staates das Verfahren gegen Christen nicht immer aus brutalem Fanatismus durchführte, beweist auch das Verhalten des Prokonsuls Arrius Antoninus, von dem Tertullian zu erzählen weiß[16], er habe einmal, als eine größere Schar Christen vor seinem Tribunal stand, nur einige von ihnen festnehmen lassen, während er die übrigen mit dem unwilligen Wort entließ: „Ihr Unseligen, wenn ihr sterben wollt, habt ihr doch Stricke oder Abgründe dafür!" Des weiteren liegen Nachrichten von Christenmartyrien in Apamea in Phrygien vor[17], und auf aktuelle Verfolgungen in Syrien spielt Theophilos von Antiochien an, wenn er im Schlußwort seiner Apologie bemerkt, daß man die Christen „bis zur Stunde grausamen Martern unterwerfe"[18]. Gerade diese allgemeine Formulierung setzt das Vorkommen von Einzelmartyrien voraus, von denen wir infolge der Lückenhaftigkeit der Quellen keine genauere Kenntnis besitzen.

Die Übersicht über die Verfolgung der Christen unter den beiden letzten Antoninen spricht klar für die Fortdauer jener Einstellung des römischen Staates zum Christentum, wie sie sich unter Trajan entwickelt hatte; die Christen werden nur dann vor Gericht gestellt, wenn sie der Behörde als solche angezeigt werden; zu ihrer Verurteilung genügt aber das Bekenntnis des christlichen Glaubens, der Nachweis anderer Verbrechen ist nicht erforderlich. Deshalb sind die Prozesse gegen Christen nur sporadisch nachweisbar, sie werden unter Mark Aurel mehr als sonst von der den Christen feindseliger gewordenen öffentlichen Meinung erzwungen, oft in tumultuarischem Vorgehen, das seine Ursache in der erhöhten Nervosität der heidnischen Bevölkerung hat. Diese Situation spiegelt sich auch wider in der aufkommenden apologetischen Literatur der zweiten Jahrhunderthälfte, die noch näher zu behandeln sein wird.

[15] *Knopf-Krüger*³ 30—35, dazu *J. Zeiller:* RSR 40 (1952) 153—157, und *E. Griffe:* BLE 53 (1952) 65—76.

[16] Tertullianus, Ad Scapul. 5, 1.

[17] Euseb. HE 5, 16, 22.

[18] Theophilus, Ad Autol. 3, 30.

13. Kapitel

Literarische Polemik gegen das Christentum. Der Rhetor Fronto. Lukian von Samosata. Kelsos

LITERATUR: *J. Geffcken,* Das Christentum im Kampf und Ausgleich mit der griechisch-römischen Welt (Berlin [3]1920); *ders.,* Der Ausgang des griechisch-römischen Heidentums (Heidelberg [2]1929); *P. de Labriolle,* La réaction païenne (Paris 1934); *W. Nestle,* Die Haupteinwände des antiken Denkens gegen das Christentum: ARW 37 (1941) 51—100; *M. Sordi,* Le polemiche intorno al cristianesimo nel II secolo: RSTI 16 (1962) 1—28.

Zu Fronto: *Labriolle* a. a. O. 87—94.

Zu Lukian: *K. Mras:* Pauly-Wissowa XIII 2, 1725—1777; *A. Lesky,* Griechische Literaturgeschichte (Bern 1958) 759—763 765. Ausgaben von De morte Peregrini: *C. Jacobitz,* Luciani Opera III (Leipzig 1904) 271—287 und *K. Mras,* Die Hauptwerke des Lukian griechisch-deutsch (München 1954) 470—505. Ferner: *J. Schwartz,* Lucien de Samosate. Philopseudès et De morte Peregrini (Paris 1951, mit Komm.); *M. Caster,* Lucien et la pensée religieuse de son temps (Paris 1936); *C. Curti,* Luciano di Samosata ed i cristiani: Misc. di Studi di letteratura crist. antica (Catania 1954) 86—109; *G. Bagnani,* Peregrinus Proteus and the Christians: Historia 4 (1955) 107—112; *H. D. Betz,* Lukian von Samosata und das Christentum: NovT 3 (1959) 226—237; *ders.,* Luk. von Sam. und das Neue Testament (Berlin 1961).

Zu Kelsos: *Ph. Merlan,* Celsus: RAC II 954—965 (Lit. bis 1953). Ausgaben der Fragmente des Ἀληθὴς λόγος *O. Glöckner,* KlT 151 (Bonn 1924); *R. Bader* (Tübingen 1940); engl. Übers. mit Komm. von *H. Chadwick,* Origen, Contra Celsum (Cambridge 1953); *W. de Boer,* Scripta paganorum I—IV saec. de Christianis testimonia (Leiden 1948); *A. Miura-Stange,* Celsus und Origenes (Gießen 1926); *W. Völker,* Das Bild vom nichtgnostischen Christentum bei Celsus (Halle 1928); *A. Wifstrand,* Die wahre Lehre des Kelsos (Lund 1942); *W. de Boer,* De eerste bestrijder van het Christendom (Groningen 1950); *C. Andresen,* Logos und Nomos. Polemik des Kelsos wider das Christentum (Berlin 1955; mit Lit.); *H. O. Schroeder,* Celsus und Porphyrius als Christengegner: Die Welt als Geschichte 17 (1957) 190—202.

Die geschilderte Animosität der heidnischen Bevölkerung mit ihren Explosionen der Volkswut und die durch diese bedingten Aktionen der staatlichen Behörden rückten die christliche Bewegung vor allem in der ersten Hälfte des 2. Jh. immer stärker in das Bewußtsein der Öffentlichkeit. Damit wurde allmählich eine neue Reaktion des Heidentums gegenüber dem Christentum ausgelöst, die auf der geistigen Ebene lag. Es formte sich ein Abwehrwille in den Kreisen der heidnischen Intellektuellen, der nun die Mittel der profanen heidnischen Bildung in den Dienst der Bekämpfung des Christentums nahm. Die Spottrede, die Flugschrift und das umfangreichere Buch werden zu Trägern einer literarischen Polemik, die um die Mitte des 2. Jh. einsetzt und schon bald in den Spottschriften des Lukian von Samosata und in der „Wahren Lehre" des Philosophen Kelsos einen ersten Höhepunkt erreicht. Der Vorgang wird für die Geschichte des Christentums von hoher Bedeutung, weil er zu einem mitbestimmenden Faktor für eine Reaktion auf christlicher Seite wird; die Christen ihrerseits greifen zur Feder und nehmen zum heidnischen Angriff Stellung in Verteidigung und Gegenangriff und schaffen mit dem so entstehenden Schrifttum der Apologeten einen eigenen Sektor auf dem Gebiet der frühchristlichen Literatur, der ihr in der zweiten Hälfte des 2. Jh. eine charakteristische Note verleiht.

Die ersten Ansätze einer heidnischen literarischen Polemik gegen das Christentum werden faßbar in dem schon erwähnten Bericht des Tacitus über das Vorgehen Neros gegen die Christen. Wenn er diese auch nicht für die Urheber am Brande Roms hält, so offenbaren seine ironischen Formulierungen über ihren verabscheuungswürdigen Aberglauben, ihre strafwürdigen Verbrechen, ihren Haß gegenüber dem Menschengeschlecht die ganze Verachtung des heidnischen Schriftstellers, dessen Urteile in den Kreisen seiner Leser nicht ohne Wirkung bleiben können. Wenig später begegnet bei Sueton eine ähnliche Charakteristik der Christen, wenn er sie als Anhänger einer *superstitio nova ac malefica* kennzeichnet und sie damit deutlich und verächtlich von den Beobachtern der alten, echten *religio* scheidet[19]. Eine ähnlich ablehnende Wertung wird spürbar bei Epiktet, wenn er die todesmutige Bereitschaft der „Galiläer" zum Martyrium kühl ablehnt, da sie auf blindem Fanatismus beruhe[20]. Das alles sind aber nur gelegentliche Bemerkungen heidnischer Schriftsteller, die zudem keine Kenntnis der neuen Religion verraten.

Von der Mitte des 2. Jh. ab wird dagegen eine steigende Unruhe in weiteren Kreisen der heidnischen Gebildeten wegen des Anwachsens der christlichen Bewegung deutlich erkennbar, die sich offensichtlich trotz aller Volkstumulte und polizeilichen Maßnahmen nicht eindämmen läßt. Die Vertreter der heidnischen Philosophie sehen sich nun hier und da doch veranlaßt, sich mit dem geistigen und religiösen Phänomen des Christentums näher bekannt zu machen und auseinanderzusetzen. Ein frühes Beispiel einer Diskussion zwischen einem Vertreter des Christentums und einem heidnischen Philosophen stellt die Begegnung des Apologeten Justin mit dem Kyniker Crescens in Rom dar. Nach dem Bericht Justins[21] verkündet Crescens allenthalben, die Christen seien „Atheisten und religionslose Gesellen", allerdings tat er das mehr der heidnischen Mehrheit zu Gefallen als auf Grund genauer Sachkenntnis. Wenn er überhaupt die „Lehren Christi" kennenlernte, dann hat er, so meint Justin, ihre Tragweite und Größe gewiß nicht erfaßt. In der sicher öffentlich geführten Disputation mit Crescens hat sich Justin nicht unterlegen gefühlt und ist durchaus zu neuem Streitgespräch bereit. Justins Schüler Tatian deutet an, daß Crescens sich mit anderen Mitteln als denen der Argumentation an seinem christlichen Gegenredner zu rächen suchte[22]. An diesem Beispiel wird deutlich, daß sich die Polemik der Gebildeten den Vorwurf der heidnischen Massen zu eigen macht, die Christen seien religionslos und atheistisch. Das trifft auch zu bei dem heidnischen Rhetor

[19] Suetonius, Vita Neronis 16. [20] Epictetus, Diss. 4, 6, 7. [21] Justin., Apol. append. 3.
[22] Tatian., Or. 19, 1.

Fronto, dem zwar nicht seine geistige Bedeutung, aber doch seine Stellung als Erzieher der kaiserlichen Prinzen Lucius Verus und Mark Aurel ein gewisses Ansehen verlieh. In einer Rede im Senat oder in einer öffentlichen Vorlesung, die später wohl auch schriftlich verbreitet wurde, griff Fronto die schweren Verdächtigungen auf, die der Pöbel den Christen nachsagte; sie würden sich bei ihren Zusammenkünften nach üppigem Mahl und reichlichem Weingenuß den schlimmsten Exzessen, selbst dem Inzest hingeben[23]. Es ist zu beachten, daß hier ein Mitglied der intellektuellen Oberschicht sich offensichtlich keine Mühe gab, die Berechtigung solch übler Nachrede zu prüfen und ihr in seiner Rede ein Gewicht verlieh, das seine Wirkung auf die öffentliche Meinung nicht verfehlen konnte. Diese Wirkung war noch spürbar am Beginn des 3. Jh., als Minucius Felix seinen Dialog niederschrieb; Heiden wie Christen ist der von ihm zitierte Passus aus der oratio des Fronto gleich gut bekannt.

Die Charakteristik, die Lukian von Samosata in seiner Spottschrift „Über den Tod des Peregrinos Proteus" von den Christen gibt, läßt sich streng genommen nicht als Polemik gegen sie verstehen. Denn dieser Spötter, der die Schwächen seiner Mitmenschen so leicht mit spitzer Feder dem Gelächter seiner Zeit preisgibt, ist frei von Haß gegen sie; er sieht in ihnen weder eine Gefahr für den Staat noch für den Bestand der öffentlichen Ordnung und verschmäht daher das Weitergeben der giftigen Greuelmärchen, die über sie in Umlauf waren. Ihre religiösen Überzeugungen und ihr praktisches Verhalten im Alltag wertet er als eine der vielen menschlichen Torheiten und Verirrungen, die er gerne anprangert, aber gerade die christliche Torheit hält er für harmlos. Auf seinen zahlreichen Reisen hat Lukian oft von den Anhängern dieses neuen Glaubens reden hören, konnte sie auch gewiß hier und da selbst beobachten. Da aber sein hurtiger Blick immer nur darauf aus war, das mitzunehmen, was sich für die Burleske oder die komische Wirkung auswerten ließ, ist er in seiner Kenntnis des Christentums durchaus oberflächlich geblieben. Das Schrifttum der Christen scheint ihn nicht interessiert zu haben, von ihrer innersten religiösen Welt hat er keine Vorstellung. Daher entwirft er von ihnen folgendes Bild: Dem Schwindler Peregrinos gelingt es spielend, sich in Palästina die Leichtgläubigkeit der Menschen zunutze zu machen; in den Zusammenkünften der Christen spielt er hier bald eine führende Rolle; er legt ihre heiligen Schriften aus, verfaßt selbst neue und genießt bald eine sozusagen göttliche Verehrung. Als er, wegen des Mordes an seinem eigenen Vater, ins Gefängnis geworfen wird, erhöht das nur noch sein Ansehen bei den Christen. Mit unermüdlichem Eifer suchen sie sein Los zu erleichtern, besuchen ihn Tag und Nacht im Kerker, gewähren ihm jede Hilfe in seinem Prozeß, während er ihre Hilfsbereitschaft und Selbstlosigkeit skrupellos zur eigenen Bereicherung aus-

[23] Minucius Fel., Octav. 9, 6.

nützt. Für den Unsterblichkeitsglauben der Christen und ihre Todesbereitschaft hat Lukian eher mitleidigen als zynischen Spott; ebenso beurteilt er ihre Bruderliebe, ihre Geringschätzung irdischen Besitzes und ihre Gütergemeinschaft; jeder geschickte Schwindler könne sich diese Einstellung zunutze machen und schnell bei ihnen reich werden. Erst als die Christen sehen, daß Peregrinos Proteus sich über einige christliche Gebote hinweggesetzt, verlassen sie ihn[24].

Durch diese Karikatur des christlichen Alltagslebens schimmert die wirkliche Situation oft greifbar durch. Lukian hat einiges gehört von dem Rang, der dem christlichen Bekenner bei seinen Mitgläubigen zukommt; er weiß von der Sorge, die sie den Gefangenen im Kerker zuwenden, von ihrem Gemeinschaftsgeist, ihrem Bekennermut in Todesgefahr. Aber unverkennbar bleibt auch bei einem so haßfreien Beurteiler der Christen seine mangelnde Tiefe und Lückenhaftigkeit in der Kenntnis wesentlicher Züge des christlichen Glaubens. Von Christus selbst hat er nur ganz vage Vorstellungen; was dessen Leben und Lehre, Tod und Auferstehung dem damaligen Christen bedeuteten, bleibt ihm verhüllt. Daß er glauben kann, Peregrinos gelte in den Augen der Christen als Verfasser heiliger Bücher, ist ebenso grotesk wie seine Aussage, sie hätten den Betrüger wie einen Gott verehrt. So konnte nur ein Zerrbild des wahren Christentums entstehen, das wenig Anziehungskraft auf den Heiden ausüben durfte, der Lukians Schriften las. Für eine Religion, deren Anhänger zwar harmlose, aber doch eben nur naive Trottel und auch gegenüber ihren Glaubensüberlieferungen völlig kritiklos waren, konnte man kaum mehr als ein mitleidiges Lächeln übrig haben. Das Bild des von Lukian gezeichneten Christentums dürfte in der geistigen Auseinandersetzung mit dem Heidentum seine Wirkung nicht verfehlt haben.

Kelsos

Auf ein völlig anderes Niveau hebt der im 8. Jahrzehnt des 2. Jh. schreibende Kelsos die Auseinandersetzung mit dem Christentum in einer umfangreichen Schrift, der er den nicht eindeutigen Titel Ἀληθὴς λόγος gab. Sie ist als ganzes verlorengegangen, umfangreiche Exzerpte, die Origenes in seine Widerlegung des Kelsos aufgenommen hat, ermöglichen zwar keine vollständige Rekonstruktion derselben, gestatten aber doch, eine klare Vorstellung von den Grundgedanken zu gewinnen, die diese Arbeit bestimmten. Ihr Verfasser ist keiner philosophischen Richtung seiner Zeit ausschließlich einzuordnen. Sein Gottesbegriff ist weitgehend vom mittleren Platonismus geprägt, er anerkennt also einen absolut transzendenten ersten und obersten Gott, der unwandelbar und gestaltlos zugleich ist, der mehr in der Einzel-

[24] Lucian., De morte peregrini 11—13.

seele als in festgelegten gemeinsamen Kultformen verehrt werden sollte. Neben diesem durch philosophische Deduktion erschlossenen obersten Gott nehmen zahlreiche Untergötter die Verehrung der Menschen in Anspruch, da ihnen vom ersten Gott verschiedene Aufgaben übertragen sind; zu ihnen rechnen vor allem die Gestirne und die Kult- und Stammesgötter der an ein bestimmtes Volkstum gebundenen Religionen. Untergötter sind auch die Dämonen, die allerdings oft im Denken und Handeln der Menschen einen Rang einnehmen, der ihre eigentliche Bedeutung überschätzt. Schließlich rückt Kelsos noch den irdischen Herrscher in die Nähe der Untergötter, da die Menschen der durch ihn garantierten Ordnung des irdischen Lebens ihr Wohlergehen verdanken. Er ist demnach Vertreter eines philosophischen Glaubens, der den Monotheismus verwirft und den Volksreligionen und Mysterienkulten gegenüber den griechischen Standpunkt der Toleranz vertritt, vorausgesetzt, daß sie den Grundgedanken seiner philosophisch begründeten Religion in etwa entsprechen.

Jede neu auftretende Religion muß nach Kelsos ihre Berechtigung nachweisen, sei es als völkisch gebundener Glaube oder als lokaler Kult. Das Christentum erscheint ihm als neue religiöse Bewegung, und darum unterwirft er auch dieses einer Prüfung. Kelsos hat sich nach Möglichkeit über diese neue Religion informiert. Er hat sich um das Verständnis ihrer Schriften bemüht, er kennt Teile des Alten Testamentes, die Evangelien, aber auch sonstige christliche Literatur. Offensichtlich hat er auch persönlichen Kontakt mit ihren Anhängern gesucht und mit ihnen über einzelne Fragen ihres Glaubens gesprochen. Weitere Kenntnisse vermittelten ihm jüdische Quellen und das Schrifttum der jüdisch-christlichen Polemik. Das Ergebnis seiner Studien über die neue Religion faßt er in einem gelehrten und stoffreichen Werk zusammen, das sich aber nicht etwa auf die Darlegung theoretischer Erkenntnisse beschränkt, sondern praktische Konsequenzen aus ihnen zieht. Da seine Ergebnisse für das Christentum inhaltlich durchweg negativ sind und in scharf aggressiver Form vorgetragen werden, stellt der Ἀληθὴς λόγος des Kelsos ein einschneidendes Ereignis in der literarischen Polemik zwischen Heidentum und Christentum dar. Welches Gewicht man der Schrift und ihrer möglichen Wirkung in der Öffentlichkeit beimaß, wird allein schon daran erkennbar, daß der bedeutendste christliche Theologe des 3. Jh. sie noch 70 Jahre nach ihrem Erscheinen einer eingehenden Widerlegung für wert hielt.

Von seinen philosophischen Voraussetzungen her konnte Kelsos weder die christliche Schöpfungslehre noch den Offenbarungsbegriff des Christentums annehmen. Eine Welt, die aus dem Nichts erschaffen wird und wieder vergeht, ist ihm auf Grund seiner Kosmologie unfaßbar, aber auch die Art und Weise, wie das Alte Testament die Tätigkeit des Schöpfergottes schildert, scheint ihm mit der Würde des höchsten Gottes unvereinbar. Dieser Gott thront nach seiner Auffassung in unnahbarer Weltferne und kann sich ihr nicht offenbaren, ohne sein Selbst zu verändern oder sich dem Wechsel der Geschichte zu unterwerfen und in gefährliche Nähe mit dem Bösen zu geraten. Platonischer Dualismus und stoische Kosmologie sind hier die Grundlagen für die Stellungnahme des Kelsos, dem die Vorstellung einer Menschwerdung Gottes geradezu schmachvoll erscheint: „Kein Gott und Gottes Sohn ist jemals herabgekommen, noch wird er herabkommen."[25] Mit dieser Ablehnung des christlichen Inkarnationsglaubens verbindet Kelsos eine Charakterisierung der Person Jesu von Nazareth, die jeden Christen aufs tiefste verletzen mußte. Er ist nach ihm nur ein Mensch, der sich mit den Mitteln, wie sie ägyptische Zauberer anwenden, Ansehen und Autorität verschafft hat; keiner aber denkt daran, diesen den Titel „Gottes Sohn" zuzugestehen. Im Grunde ist daher Jesus ein Gaukler, Prahler und Lügner, dessen sittliche Lebensführung durchaus nicht einwandfrei war. Die Verehrung, die ihm die Christen entgegenbringen, ist etwa dem Kult des Antinoos, des einstigen Lieblingssklaven Hadrians, vergleichbar; ihre Anbetung gilt einem Toten, keinem göttlichen Wesen.

Mit der griechischen Vorstellung von der Unmöglichkeit göttlichen Eingreifens in den Ablauf der Menschheitsgeschichte hängt auch die Bekämpfung der christlichen Engellehre durch Kelsos zusammen; ein Gott, der in bestimmter geschichtlicher Stunde einen Boten mit einem Heilsauftrag aussendet, durchbricht das unveränderliche Gesetz, unter dem alles innerweltliche Geschehen steht.

Weit mehr als die Angriffe auf gewisse Lehren des Christentums mußte die negative Charakterisierung wirken, die Kelsos von den Christen und ihrem Alltagsdasein gibt. Sie sind in der Mehrheit geistig beschränkte Menschen, die ihre eigenen Lehren nicht verstehen, sich keiner Diskussion darüber stellen, ja die „Torheit" bewußt zu einer Auszeichnung erheben. Ihr Glaube ist geradezu die Religion der Dummen und der Verdummung[26]; damit ist in den Augen des Griechentums das Urteil über die christliche Religion gesprochen, denn sie schließt bewußt den Logos aus ihrem religiösen Leben aus. Die Predigt der christlichen Lehrer warnt sogar vor irdischer Weisheit und schreckt damit jeden ab, dem die griechische Paideia ein Ideal bedeutet. Deshalb findet sie ihre Hörer auch nur in der sozialen Sphäre, der die Bildung ohnehin fremd ist, in den Kreisen der Sklaven, den niederen Ständen der verachteten Handwerker und verwandter Berufsklassen, bei unreifen Kindern und Weibern. Kein Wunder, denn ihnen gehörte ja ihr Religionsgründer selber an, der nur ein Zimmermann war. Die moralische Abwertung der Christen als Betrüger und Lügner begründet Kelsos damit, daß sie bewußt Anleihen bei dem Gedankengut der griechischen Vergangenheit machten und dies umbiegend und verfälschend in ihrer Propaganda verwerteten, während der Grieche vor diesem Erbe in Ehrfurcht steht.

[25] Celsus, Fragm 5, 2 (127 *Bader*). [26] Vgl. zum Folgenden *C. Andresen* a. a. O.

Damit wird das Christentum zu einer einzigen Sünde wider den Logos und zum unversöhnlichen Gegner des ἀληθὴς λόγος, der bei den Griechen gilt. Sie verfehlen sich des weiteren gegen das andere Ideal des Griechentums, das der Treue zum Nomos, jener ehrfürchtigen Achtung der Tradition in Frömmigkeit und Kultsatzung, die doch als ungeschriebenes Gesetz bei allen Völkern beachtet wird. Schon Moses hat dieses Gesetz mißachtet, als er den jüdischen Monotheismus an Stelle des ägyptischen Polytheismus setzte, und erst recht war es Aufstand wider den Nomos und Apostasie, als Jesus von Nazareth einen neuen Glauben zu künden begann. Dieser Abfall vom Nomos führt das Christentum zwangsläufig in eine Isolierung und macht es zu einer armseligen Winkelreligion, deren Anhänger Kelsos mit einem Haufen von Regenwürmern vergleicht, die sich im Winkel eines Misthaufens versammeln und darüber streiten, wer von ihnen der größere Sünder sei[27].

Der Aufstand der Christen gegen die heiligen Ideale des Logos und Nomos läßt Kelsos sie als eine Rotte von Rechtsbrechern brandmarken, die das Licht der Öffentlichkeit scheuen müssen. Schon Jesus hat sich in den Aposteln übel beleumundete Menschen ausgesucht, die die schmutzigen Berufe von Zöllnern und Matrosen ausübten, ja er selber war nichts anderes als „ein schwerer Räuberhauptmann“[28] an der Spitze einer Räuberbande. Mit den Nachfolgern der Apostel, den jetzigen christlichen Predigern, ist es nicht besser bestellt. Ihr Wort findet nur Anklang bei Kriminellen, für die es einen Anreiz zu weiteren Verbrechen darstellt. Es ist daher Pflicht der staatlichen Organe, gegen einen Glauben einzuschreiten, der sich in verbotener Geheimbündelei derart gegen alles überlieferte Recht und alle verbürgte Ordnung erhebt. Mitleid mit den Opfern, die das staatliche Vorgehen auf seiten der Christen fordert, ist fehl am Platz.

Hier drängt sich die Frage nach der Tragweite solch massiver Polemik auf. Bei den Christen selbst konnte sie kaum auf einen greifbaren Erfolg rechnen. Die Verzeichnung der Gestalt Jesu mußte sie mit tiefstem Abscheu erfüllen, zumal sie von einem Manne kam, der die Evangelien zur Verfügung hatte. Das gleiche gilt von seiner Charakterisierung der Apostel und ersten Jünger sowie von seiner Geringschätzung des christlichen Martyriums, dem er jeden ethischen Wert absprach, während er sonst für die Treue zur religiösen Überzeugung Worte hoher Anerkennung fand. Weiter mußte die völlige Verkennung des christlichen Sündenbegriffes sowie das grundsätzliche Mißverständnis dessen, was die Christen innerlich zusammenschloß, dem Werk des Kelsos jede tiefere Wirkung auf diese selbst nehmen. Man kann gewiß mit Recht darauf hinweisen, daß Kelsos bei seiner Polemik gegen das Christentum von dem Gedanken geleitet war, die hohen Ideale des Griechentums von einem Leben nach dem Logos und Nomos vor der

[27] Contra Celsum 4, 23. [28] Fragm. 2, 12; 2, 44 b (65 und 76 *Bader*).

Zerstörung zu retten. Wenn er es aber für notwendig hielt, damit eine Sprache voll Hohn und Spott zu verbinden, die vor den übelsten Schmähungen dessen nicht zurückschreckte, was nach seinem eigenen Wissen den Christen heilig war, so hat er damit seinem Anliegen schlecht gedient. Sein Appell an die Christen, aus ihrer Isolierung herauszutreten und sich dem Gemeinschaftsleben des römischen Staates einzufügen, verlor damit jede Glaubwürdigkeit.

Anders mag es allerdings mit der Wirkung seines Buches auf das zeitgenössische Heidentum bestellt gewesen sein. Ein gebildeter Heide, der ohne persönliche Kenntnis des Christentums dieses Werk las, das mit dem Anspruch umfassender Gelehrsamkeit die Bedrohung heiliger Güter des Griechentums schilderte, konnte einer so minderwertigen Religion nur noch schwer positives Interesse entgegenbringen. In vielen mag es die Überzeugung von der Notwendigkeit harten staatlichen Vorgehens gegen eine so gefährliche Bewegung verstärkt haben. Ob es ihm jedoch gelungen ist, eine Renaissance heidnischer Frömmigkeit gegenüber dem Christentum einzuleiten, mag füglich bezweifelt werden. Die weitere Entwicklung läßt annehmen, daß dessen Abwehrkräfte durch diesen Angriff eher gefestigt als geschwächt wurden.

14. Kapitel

Die frühchristliche Apologetik des zweiten Jahrhunderts

QUELLEN: Gesamtausgaben der Apologeten: *J. C. Th. de Otto,* Corpus apologetarum (Jena ³1876/81); *E. J. Goodspeed,* Die ältesten Apologeten (ohne Theophilos) (Göttingen 1914); dazu *ders.,* Index apologeticus (Leipzig 1912). Eine Neuausgabe ist für die GCS geplant.

LITERATUR: Ältere Lit. bei *Bardenhewer* I 181 ff und *Quasten P* I 189 f; *J. Geffcken,* Zwei griechische Apologeten (Leipzig 1907) IX—XLIII und 239—322; *A. Puech,* Les apologistes grecs du deuxième siècle de notre ère (Paris 1912); *A. Hauck,* Apologetik in der alten Kirche (Leipzig 1918); *I. Giordani,* La prima polemica cristiana, gli apologetici del II° secolo (Turin 1930, Brescia ²1943); *M. Pellegrino,* Gli apologetici greci (Rom 1947); *ders.,* Studi sull'antica apologetica (Rom 1947); *E. Benz,* Christus und Sokrates in der alten Kirche: ZNW 43 (1950/51) 195—224; *V. Monachino,* Intento pratico e propagandistico nell'apologetica greca del secondo secolo: Gr 32 (1951) 5—49 187—222; *R. M. Grant,* The Chronology of the Greek Apologists: VigChr 9 (1955) 25—33.

Einzelfragen: *F. Andres,* Die Engellehre der griechischen Apologeten des 2. Jh. (Paderborn 1914); *K. Gronau,* Das Theodizeeproblem in der altchristlichen Auffassung (Tübingen 1922); *J. Lortz,* Das Christentum als Monotheismus in den Apologien des 2. Jh.: Festschr. A. Ehrhard (Bonn 1922) 301—327; *V. A. S. Little,* The Christology of the Apologists (London 1934); *F. J. Dölger,* Sacramentum infanticidii: AuC IV (1934) 188—228; *H. Roßbacher,* Die Apologeten als politisch-wissenschaftliche Schriftsteller (Halberstadt 1937); *M. Pellegrino,* Il cristianesimo di fronte alla cultura classica (Turin 1954); *H. Hommel,* Schöpfer und Erhalter, Studien zum Problem Christentum und Antike (Berlin 1956); *H. Wey,* Die Funktionen der bösen Geister bei den griechischen Apologeten des 2. Jh. (Winterthur 1957); *J. Daniélou,* Message évangélique et culture hellénistique aux IIe et IIIe siècles (Tournai 1961) 11—80.

Separatausgaben und wichtigste Literatur zu den einzelnen Apologeten: Aristides: Syr. und griech. Text bei *R. Harris - J. A. Robinson,* The Apology of Aristides (Cambridge 1893); griech. Text bei *J. Geffcken* a.a.O. 3—27, mit Komm. ebd. 28—96; bei *Goodspeed* a.a.O. 3—23.

Justin: Die Apologien, hrsg. von *A. W. F. Blunt* (Cambridge 1911); *G. Rauschen* (Bonn ²1911); *G. Krüger* (Tübingen 1915); *M. Pfättisch* (Münster 1933); *S. Frasca* (Turin 1938). Der Dialogus cum Tryphone, hrsg. von *G. Archambauld* (Paris 1909) und bei *Goodspeed* a.a.O. 90—265. Neues Fragment des Dialogs bei *G. Mercati:* Bibl 22 (1941) 339—366. Zur Textüberlieferung der Apologie *W. Schmid:* ZNW 40 (1941) 87—138. Gesamtwürdigung: *M.-J. Lagrange,* S. Justin (Paris ³1914); *G. Bardy:* DThC VIII 2228—2277; *M. S. Enslin:* JQR 34 (1943) 179—205. Ferner: *E. R. Goodenough,* The Theology of Justinus Martyr (Jena 1923); *K. Thieme,* Kirche und Synagoge (Olten 1945); *W. H. Shotwell,* The Exegesis of Justin (Chicago 1955). Zur Nachwirkung Justins (auf Irenäus): *F. Loofs,* Theophilus von Antiochien adversus Marcionem (Leipzig 1930) 339—374.

Tatian: *E. Schwartz* (Leipzig 1888) (= TU 4, 1); Übersetzung: BKV 12 (1913) 177—257. Zur Datierung: *R. M. Grant:* HThR 46 (1953) 99—101. Die ältere Literatur bei *Quasten P* I 220 228. Grundlegend jetzt *M. Elze,* Tatian und seine Theologie (Göttingen 1960) mit vollständiger Bibliogr. 130—134.

Athenagoras: E. Schwartz (Leipzig 1891) (= TU 4,2); *P. Ubaldi - M. Pellegrino* (Turin 1947); *Geffcken* a. a. O. 120—154 bzw. Komm. 155—238. Engl. Übers. mit Komm. in ACW 23 (London 1956). Ferner: *H. A. Lucks,* The Philosophy of Athenagoras (Washington 1936); *R. M. Grant,* Athenagoras or Pseudo-Athenagoras: HThR 47 (1954) 121—129.

Theophilos: ed. *S. Frasca* (Turin 1938); *G. Bardy - J. Sender:* SourcesChr 20 (1948). Zur Textüberlieferung *R. M. Grant:* VigChr 6 (1952) 146—159. Gesamtwürdigung: *E. Rapisarda:* Studi Ubaldi (Mailand 1937) 381—400; *F. Loofs,* Theophilus von Antiochien adversus Marcionem (Leipzig 1930) (= TU 46, 2), dazu *J. Lebon:* RHE 26 (1930) 675—679 und *R. M. Grant:* HThR 40 (1947) 227—256; *ders.,* The Problem of Theophilus: HThR 43 (1950) 179—196.

Melito von Sardes: Die Fragmente bei *M. J. Routh,* Reliquiae sacrae (Oxford 1846) 111—153. Ausgaben der Homilie: *C. Bonner* (London 1940); *B. Lohse* (Leiden 1958); *M. Testuz* (Köln - Genf 1960). Zum Text der Homilie: *A. Wifstrand:* VigChr 2 (1948) 211—223 und *P. Nautin:* RHE 44 (1949) 429—438 (auch gegen die Echtheit). Für die Echtheit bes. *E. Peterson:* VigChr 6 (1952) 33—43 und *B. Lohse* im Vorwort seiner Ausgabe. *H. Chadwick,* A Latin Epitome of Melito's Homily on the Pascha: JThS NS 11 (1960) 76—82. Zur Theologie: *A. Grillmeier:* ZKTh 71 (1948) 5—14; *ders.:* Scholastik 20—24 (1949) 481—502 (descensus Christi; Erbsündenlehre). Zur Tauflehre *R. M. Grant:* VigChr 4 (1950) 733—736.

Diognetbrief: ed. *J. Geffcken* (Heidelberg 1928); *H.-I. Marrou:* SourcesChr 33 (1951); engl. Übers. mit Komm. von *A. Kleist* in ACW 6 (1948). Literatur zur Verfasserfrage bei *Altaner*⁶ 108 f. Zum Inhalt: *J. G. O'Neill:* IER 85 (1956) 92—106.

Hermias: Text PG 6, 1169—1180 und *H. Diels,* Doxographi graeci (Berlin ²1929); *A. di Pauli,* Die Irrisio des Hermias (Paderborn 1907); *L. Alfonsi,* Ermia filosofo (Brescia 1947).

Noch vor der Mitte des 2. Jh. setzt auf christlicher Seite die Arbeit einiger Schriftsteller ein, denen man später wegen der Zielsetzung ihrer Werke den Namen Apologeten gegeben hat. Sie gehören durchweg dem griechisch redenden Teil des Reiches an und bilden eine geschlossene Gruppe, die in der zweiten Hälfte des Jh. an Zahl und Rang wächst und in mehrfacher Beziehung eine neue Phase in der Entwicklung der frühchristlichen Literatur herbeiführt. Denn die Apologeten gehen bewußt über das Anliegen ihrer unmittelbaren Vorgänger, der Apostolischen Väter, hinaus; sie wollen mehr als den wichtigsten Inhalt der Offenbarung für die Mitglieder der entstehenden Gemeinden in schlichter Form darlegen. Sie spüren deutlich, daß das Christentum in den Jahrzehnten bis zur Jahrhundertmitte besonders im hellenistischen Osten in eine Situation hineingewachsen ist, die auch seine Schriftsteller vor neue Aufgaben stellt. Sie werden inne, daß ihr Glaube in der gesamten Breite des öffentlichen Lebens einer stetig wachsenden feindseligen Stimmung begegnet, und diese Entwicklung veranlaßt sie, mit ihren literarischen Arbeiten jetzt die nichtchristliche Umgebung unmittelbar anzusprechen, um durch mehr oder weniger umfangreiche Aufklärungsschriften ein wirklichkeitstreues Bild der neuen Religion zu vermitteln und damit ein sachliches Urteil über ihre Anhänger und eine dementsprechende gerechte Behandlung zu ermöglichen. In der damaligen Lage bedeutete jede aufklärende Schrift über den wahren Charakter der christlichen Religion sachlich auch eine Verteidigung gegenüber den Verdächtigungen und Fehlurteilen der heidnischen Umgebung; so ist die Bezeichnung des neuen christlichen Schrifttums als „Apologien" von diesem zentralen Anliegen her berechtigt. Unschwer konnten ihre Verfasser damit aber auch missionarische und propagandistische Absichten verbinden und wenigstens indirekt auch für die Ausbreitung ihres Glaubens unter der angesprochenen Leserschaft tätig sein.

Die literarische Form brauchten die christlichen Apologeten für ihr Vorhaben nicht erst zu schaffen; sie bot sich ihnen an einmal in der Verteidigungsrede, dem Logos, den man vor den staatlichen Behörden und dem anwesenden Publikum hielt und danach auch publizierte, und dann im Dialog, dessen näherer Anlaß oder Umstände meist fingiert waren. Beide Formen finden in der christlichen Apologetik Verwendung, die Verteidigungsrede oder -schrift vor allem, wenn man das Heidentum ansprechen will, der Dialog in der Auseinandersetzung mit dem Judentum[29], die in eine neue Phase eintrat, als das Diasporajudentum einer erneuten Diskussion über den echten Messias zugänglich wurde, nachdem die politische Existenz des palästinischen Judentums durch den römischen Sieg über Bar Kochba ihr Ende gefunden hatte.

Mit dem Gesprächspartner wechseln aber auch methodisches Vorgehen und Themenwahl einer apologetischen Schrift. In den Dialogen mit dem

[29] So die verlorene Schrift des Ariston von Pella „Disputation zwischen Jason und Papiskos über Christus" (um 140), vgl. *Quasten P* I 195f.

Judentum ist das Grundthema von vornherein gegeben: nur Jesus von Nazareth kann der verheißene Messias sein, in ihm allein erfüllten sich die messianischen Weissagungen des Alten Testamentes. In der Auseinandersetzung mit den heidnischen Religionsformen und der sie begleitenden hellenistischen Kultur ist die Themenfülle größer. Da müssen zunächst einmal die sich hartnäckig haltenden Gerüchte zurückgewiesen werden, die den Christen sexuelle Zuchtlosigkeit, Gottlosigkeit und Unbrauchbarkeit im bürgerlichen Leben nachsagen und damit die Animosität der heidnischen Volksmassen gegen sie am Leben erhalten. Ein breiterer Raum wird der positiven Darlegung des Wahrheitsgehaltes der christlichen Religion gewährt, ebenso der Schilderung des christlichen Sittenlebens im Alltag und der es tragenden Ethik. Damit wird gern eine mehr oder weniger scharfe Kritik am heidnischen Götterglauben und seinen Mythen verknüpft, für die die zeitgenössische philosophische Aufklärung zuweilen Anregung und Vorbild sein mochte. Der eine oder andere Apologet versucht den Nachweis, daß das religiöse Suchen der tiefsten heidnischen Denker gerade im Christentum seine Erfüllung finde. Neben einer solchen teilweise positiven Wertung der kulturellen Leistungen des Heidentums findet sich jedoch auch eine rein negative Haltung, die alle Errungenschaften des Griechentums mit oft allzu billigem Spott bedenkt. Vielfach ziehen die Apologeten aus ihren Darlegungen den Schluß, man könne den Anhängern einer so hochstehenden Religion wie des Christentums die Existenzberechtigung nicht versagen, das Vorgehen der staatlichen Behörden gegen sie entbehre daher jeder Gerechtigkeit.

Die Reihe der apologetischen Schriftsteller eröffnete der Athener *Quadratus,* der nach dem Zeugnis des Eusebius[30] eine 'Απολογία an Kaiser Hadrian richtete. Das einzige sicher echte Fragment seiner Arbeit läßt keine Rückschlüsse auf ihren Gesamtcharakter zu. Verschiedene Versuche, die Apologie des Quadratus mit noch erhaltenen Werken apologetischer Tendenz aus dem frühchristlichen Schrifttum zu identifizieren, sind zum Teil als mißlungen anzusehen, zum Teil bleiben sie Hypothesen, denen keine einhellige Anerkennung von seiten der Forschung zuteil wurde[31]. Dagegen ist es gelungen, die lange als verschollen angesehene Schrift seines Landsmannes und Zeitgenossen *Aristides* vollständig in syrischer Übersetzung wiederzufinden und eine freie Bearbeitung derselben in dem griechischen Roman „Barlaam und Joasaph" in der Fassung des Johannes von Damaskus nachzuweisen. Auch Aristides wendet sich wohl an den gleichen Kaiser

[30] Euseb. HE 4, 3, 1, das Fragment ebd. 4, 3, 2.

[31] Vgl. *Altaner* 94. Das meiste Interesse fand bisher die Meinung von *P. Andriessen,* der die Apologie im Diognetbrief wiederzuerkennen glaubt, vgl. seine Aufsätze: RThAM 13 (1946) 5—39 125—149, 14 (1947) 121—156 und: VigChr 1 (1947) 129—136; SE 1 (1949) 44—54; Bijdragen 11 (1950) 140—150. Zur Frage noch *G. Bardy:* APhilHistOS 9 (1949) 75—86; *B. Altaner;* RAC I 652—654.

Hadrian, wie Eusebius weiß, dem die Apologie noch im Urtext vorlag[32]. Dem Verfasser gelingt es jedoch nicht, seinen Hauptgedanken, den drei Geschlechtern der Barbaren, Griechen und Juden fehle der rechte Gottesbegriff, nur das vierte Geschlecht, das der Christen, besitze die wahre Lehre und das rechte sittliche Leben, wirkungsvoll zu entwickeln und ansprechend darzustellen. Er steht nicht über seinem Material, das er zum Teil der Religionskritik der Epikureer entnimmt oder das ihm die jüdische Apologetik gegenüber dem Polytheismus bietet. Seine Unbeholfenheit ist wohl dadurch bedingt, daß er die Sprache der zeitgenössischen Philosophie benützen will, um seinen Lesern christliche Grundgedanken nahezubringen. Als solche gelten ihm die Überzeugung, daß Jesus Christus als Sohn Gottes vom Himmel herabgestiegen sei und Fleisch von einer Jungfrau annahm; daß er nach seinem Tode und seiner Auferstehung den Aposteln geboten habe, die Botschaft vom wahren Weltenschöpfer allen Völkern zu verkünden und sie zur Beobachtung seiner Gebote anzuhalten; wer diese erfülle, werde des ewigen Lebens teilhaftig. Der Heide wird ermahnt, die heiligen Schriften der Christen zu lesen und sich der Lehre Christi anzuschließen. Ein wärmerer Ton wird spürbar, wenn Aristides vom Alltagsleben der Christen spricht (c. 15ff), das sich durch hohe Sittenreinheit empfehle. Er ist tief davon durchdrungen, daß das Christentum allein der Menschheit das Heil bringen könne. Dieser erste erhaltene Versuch eines christlichen Apologeten, seinen Glauben den heidnischen Mitbürgern nahezubringen, legt die Vermutung nahe, daß ein eben erst zum Christentum gekommener ehemaliger Heide sich an eine Aufgabe wagte, der er noch nicht ganz gewachsen war[33].

Eine ungleich höhere Leistung stellt das apologetische Werk des *Justinos* dar, eines Konvertiten aus heidnisch-griechischer Familie in Flavia Neapolis in Palästina, der als Leiter einer Schule in Rom um 165 den Martyrertod starb[34]. Eine Apologie mit einem Anhang, deren Adressaten Kaiser Antoninus Pius und sein Sohn Mark Aurel sind, und ein umfangreicher „Dialog mit dem Juden Tryphon“ sind auf uns gekommen, der Rest von insgesamt acht Schriften Justins, die Eusebius noch vorlagen[35]. Die Apologie an die Kaiser ist um 150 geschrieben, ob schon mit dem öfters als zweite Apologie bezeichneten Anhang als ursprünglichem Schluß oder später angefügtem Nachtrag, ist schwer zu entscheiden[36]. Der Dialog setzt die Apologie voraus, nähere Anhaltspunkte für seine Datierung fehlen.

[32] Euseb. HE 4, 3, 3. Die syrische Übersetzung läßt die Schrift an Adrianos Antoninos, also Antoninus Pius, gerichtet sein; der Übersetzer konnte eher irren als Eusebius.

[33] Vgl. W. *Hunger*, Die Apologie des Aristides eine Konversionsschrift: Scholastik 20—24 (1949) 390—400. Zum Lehrgehalt: *Ph. Friedrich:* ZKTh 43 (1919) 31—77.

[34] Der Bericht über sein Martyrium bei *Knopf-Krüger*[3] 15—18.

[35] Euseb. HE 4, 18, 1.

[36] Vgl. A. *Ehrhardt:* JEH 4 (1953) 1—12, der erneut die These von zwei selbständigen Apologien vertritt.

Lebensweg und Bildungsgrad ihres Verfassers verleihen diesen apologetischen Schriften einen besonderen Rang. Justin gehörte der gebildeten heidnischen Oberschicht an, als Philosoph von Fach kennt er nicht nur die wichtigsten Geistesströmungen seiner Zeit, er hat sie als unermüdlicher Wahrheitssucher der Reihe nach sozusagen erprobt und erst den inneren Frieden gefunden, als er das Christentum als „die einzig sichere und angemessene Philosophie" (Dial. c. 8) erkannte, sich ihm anschloß und seiner Verkündigung und Verteidigung fortan sein Leben weihte. Begreiflich, daß er in Rom als Lehrer dieser Philosophie vor einem heidnischen Publikum und Schülerkreis an philosophische Vorstellungen und Gedankengänge anknüpft, die diesen vertraut waren und eine gewisse Verwandtschaft mit christlichen Offenbarungswahrheiten besaßen. Die polytheistische Mythologie des Heidentums bekämpft er mit den Mitteln, die die philosophische Aufklärung bereitgestellt hatte. Ihr stellt er den einen Gott, den „Vater des Alls" (Apol. append. 6), gegenüber, der ohne Ursprung ist, selbst die letzte Ursache der Welt, ohne einen Namen, der sein Wesen auszudrücken vermöchte, über der Welt thronend, in der er selbst nicht unmittelbar sichtbar werden kann. Daß dieser eine Gott der „Vater" ist, wird nicht etwa damit begründet, daß er den Menschen eine gnadenhafte Gotteskindschaft geschenkt habe, sondern daß er die letzte Ursache der Schöpfung ist. Diesen philosophischen Gottesbegriff sucht Justin aber zu verbinden mit Elementen der christlichen Trinitätslehre, wie sie in der Glaubensregel zum Ausdruck kommt, und so gehört zum christlichen Gottesglauben auch der Glaube an Jesus Christus, den Sohn Gottes, und an den prophetischen Geist[37]. Der Logos war von Anfang an bei Gott, er ist vom Vater gezeugt und in Christus in seiner göttlichen Fülle erschienen, wie es die Heilige Schrift vorher verkündete; er hat zwar nicht den gleichen Rang wie der Vater, nimmt aber als Sohn an dessen göttlichem Wesen teil (Dial. 61). Schon vor seinem Erscheinen in Christus hat dieser Logos seine Wirksamkeit entfaltet; nicht nur hat der Vater durch ihn die Welt erschaffen, er trat des öfteren als „Engel des Herrn" auf, er sprach in den Propheten des Alten Testamentes, er war auch wirksam in so hochstehenden Männern wie Heraklit, Sokrates und Musonios, in denen er als „keimhafter Logos" tätig war, so daß diese und noch manche andere, die nach dem in ihrer Vernunft wirkenden Logos lebten, eigentlich schon den Christen zuzuzählen sind. Wird so in der Gottes- und Logoslehre Justins besonders stoischer Einfluß spürbar[38], so erweist

[37] W. *Pannenberg,* Der philosophische Gottesbegriff in frühchristlicher Theologie: ZKG 70 (1959) 1—45.

[38] *G. Bardy,* S. Justin et la philosophie stoïcienne: RSR 13 (1923) 491—510, 14 (1924) 33—45; *M. Spanneut,* Le stoicisme des Pères (Paris 1957); *R. Holte,* Logos spermatikos. Christianity and Ancient Philosophy According to St. Justin's Apologies: StTh 12 (1958) 109—168; *N. Pycke,* Connaissance rationelle et connaissance de grâce chez s. Justin: EThL 37 (1961) 52—85.

seine Auffassung von der Wirksamkeit der Engel und Dämonen starke Zusammenhänge mit der damaligen platonischen Philosophie[39]. Den guten Engeln übertrug Gott die Sorge um den Menschen und die Dinge dieser Welt (Apol. 2, 5). Sie sind keine reinen Geister, sondern besitzen eine luftartige Körperlichkeit, die sich von einer Art Manna nährt (Dial. 57). Der Fall der Engel hatte seine Ursache in ihrem Verkehr mit Frauen, ihre Kinder sind die Dämonen, die von ihrem Reich der Lüfte aus ihren unheilvollen Einfluß auf die Menschheit ausüben, bis sie bei Christi Wiederkehr dem ewigen Feuer übergeben werden. Sie sind die eigentlichen Schöpfer des heidnischen Götterkultes, sie haben auch die Juden blindgemacht gegenüber dem Logos und so dessen Tod am Kreuz verursacht, sie suchen weiterhin die Bekehrung der Menschheit zu ihm und zu Gott durch ihre List zu verhüten, aber im Namen Jesu Christi, des Erlösers, ist den Christen eine Macht gegeben, die sie vor den Dämonen schützt (Dial. 30).

Justins Christentum hat noch eine andere, weniger von philosophischer Begrifflichkeit beeinflußte Seite, die sich besonders dann offenbart, wenn er vom Alltagsleben der Christen spricht, an dem er wie jedes Mitglied einer Gemeinde teilnimmt. Das hohe sittliche Niveau der Christen ist ihm überzeugender Beweis dafür, daß sie im Besitz der Wahrheit sind. Sie führen ein Leben der Wahrhaftigkeit, der Keuschheit, sie lieben ihre Feinde und gehen mutig für ihre Überzeugung in den Tod, nicht weil philosophische Überlegungen sie vom Rang dieser Tugenden überzeugt haben, sondern weil Jesus von ihnen ein Leben nach diesen Idealen gefordert hat. Daß Jesus die Wahrheit brachte, ist ihm unwiderleglich damit bewiesen, daß sich an ihm alle Weissagungen der alttestamentlichen Schriften eindeutig erfüllten[40]. Diese schätzt er ebenso hoch ein wie die Evangelien, die „Denkwürdigkeiten der Apostel" (Apol. 66 und Dial. 100). Mit der Unbefangenheit eines schlichten Gemeindemitgliedes spricht Justin von Taufe und eucharistischer Liturgie als wesentlichen Bestandteilen des christlichen Kultes. Die Taufe, die „im Namen Gottes des Vaters und Herrn des Alls und unseres Erlösers Jesus Christus und des Heiligen Geistes" (Apol. 61) erfolgt, befreit von früher begangenen Sünden und schafft einen neuen Menschen durch Christus; da der Christ durch sie geistlich erleuchtet wird, heißt die Taufe auch „Erleuchtung". Lauterste Form der Gottesverehrung ist das eucharistische Opfer, bei dem die Gläubigen, zu einer brüderlichen Gemeinschaft geeint, Brot und Wein darbringen, über die der Vorsteher

[39] *C. Andresen,* Justin und der mittlere Platonismus: ZNW 44 (1952/53) 157—195; *W. Schmid,* Frühe Apologetik und Platonismus (Prooimion des Dialogs mit Tryphon): Festschr. O. Regenbogen (Heidelberg 1952) 163—182.

[40] Siehe *O. Casel,* Die Eucharistielehre des hl. Justinus: Katholik 94 I (1914) 153—176 243—263 331—355 414—436; *O. Perler,* Logos und Eucharistie nach Justinus Apol. 66: DTh 18 (1940) 296—316; *Otilio de N. Jesús,* Doctrina eucarística de san Justín: RET 4 (1944) 3—58.

der Gemeinde ein Dankgebet spricht; diese Gaben werden wieder unter die Gläubigen verteilt, aber jetzt sind sie nicht mehr gewöhnliches Brot oder gewöhnlicher Trank, sondern das Fleisch und Blut jenes Jesus, der selbst Fleisch geworden ist. Diese Umwandlung wird bewirkt durch die Worte, die Jesus beim Letzten Abendmahl über Brot und Wein sprach und deren Wiederholung er den Aposteln auftrug (Apol. 62). Diese Nahrung nennen die Christen Eucharistie, sie ist an die Stelle der alttestamentlichen Opfer getreten, die Gott verschmäht. Sie ist jenes vollkommene Opfer, das Malachias vorherverkündet, und die Erfüllung des von den griechischen Philosophen ersehnten geistigen Opfers, das von ihnen als einzig würdige Form der Gottesverehrung gefordert wurde. Es ist die einzig wahre λογικὴ θυσία, weil der Logos selbst, Jesus Christus, ihr Mittelpunkt ist[41].

Auch in anderen Fragen spiegelt Justins Auffassung die traditionelle Lehre der christlichen Frühzeit wider, auch wenn diese heidnischem Empfinden stark widerspricht. Unbekümmert spricht er vom Mysterium des Kreuzes, von der Erlösung der Menschheit durch den Tod und das Blut des Gottessohnes. Unerschütterlich ist sein Glaube an die Auferstehung des Fleisches, die allen guten Seelen einmal Unverweslichkeit bringen wird. Obwohl nach seinen eigenen Worten (Dial. 80) nicht alle guten Christen hierin mit ihm einig sind, erwartet er ein tausendjähriges Reich in Jerusalem, das am Ende der Zeiten beginnt, wenn die Seelen der Toten aus dem Hades befreit werden.

Es ließe sich bestimmt ein vollständigeres Bild der justinischen Theologie zeichnen, wären seine übrigen Werke erhalten, in denen er zu den Häresien seiner Zeit Stellung nahm oder die Fragen der Auferstehung, der Allherrschaft Gottes, der Seele eingehender behandelte[42]. Die apologetische Zielsetzung in der Auseinandersetzung mit den Heiden schrieb ihm eine philosophisch-rationale Begründung seines Glaubens sozusagen vor, und die Disputation mit den Juden engte ihn sehr auf die Messiasfrage ein. Trotzdem wird man sagen müssen, daß er nicht bei einem rein philosophischen Christentum stehenblieb; seine Schau stellt eine aufschlußreiche Stufe in der Entwicklung der frühchristlichen Theologie dar, die gegenüber der Welt der Apostolischen Väter und dem früheren apologetischen Versuch des Aristides einen unverkennbaren Fortschritt bedeutet.

Mit seinem Lehrer Justin verbindet den Syrer *Tatian* eine gewisse Gleichartigkeit des Bekehrungsweges, da auch er erst nach längerem Suchen — er

[41] *J. Gervais,* L'argument apologétique des prophéties messianiques selon s. Justin: Revue de l'Univ. d'Ottawa 13 (1943) 129—146 193—208.

[42] Euseb. HE 4, 11, 8; 4, 18, 4—5. Vgl. *B. Seeberg,* Die Geschichtstheologie Justins des Märtyrers: ZKG 58 (1939) 1—81; *H. Bacht,* Die Lehre des hl. Justinus Martyr von der prophetischen Inspiration: Scholastik 26 (1951) 481—495, 27 (1952) 12—33; *N. Hyldahl,* Tryphon und Tarphon: StTh 10 (1957) 77—90. Zur Nachwirkung Justins auf Irenäus vgl. *F. Loofs,* Theophilus von Antiochien adv. Marcionem (Leipzig 1930) 339—374.

hatte sich in die Mysterien einweihen lassen — durch die heiligen Schriften der Christen zur Wahrheit gefunden hatte (Orat. 29). Seine „Rede an die Griechen“, die seine Konversion rechtfertigen sollte, bedeutet jedoch gegenüber Justins Apologie einen Rückschritt. Während dieser in der griechischen Philosophie durchaus Wahrheitselemente findet und von einigen ihrer Vertreter mit Hochachtung spricht, hat Tatian für die kulturellen Leistungen des Griechentums nur Spott und Hohn übrig. Denn nichts ist hier griechisches Eigengut, sondern alles von den Barbaren entlehnt, auf die man so hochmütig herabblickt, dazu noch schlecht verstanden oder böswillig entstellt (Orat. 1 ff). Die Theologie der Griechen ist Torheit, ihre Theater sind Schulen des Lasters, ihre Philosophie voller Täuschung, Zirkus, Musik- und Dichtkunst voll Sünde (Orat. 21—28). Ein solches pauschales Verdammungsurteil konnte einen gebildeten Griechen nicht gerade aufgeschlossen machen für das, was Tatian über die christliche Religion zu sagen hatte. Deren Zentrum ist der eine, anfanglose Gott, deutlich unterschieden von der materiellen Welt, die er durch den Logos erschaffen ließ. Gott hat die Menschen nach der Vollendung aller Dinge zur Auferstehung bestimmt und wird auch ihr Richter sein. Der mit der Freiheit der Entschließung begabte Mensch kann sich für das Gute entscheiden und so in die Unsterblichkeit eingehen, trotz des Einflusses der Dämonen, die ihn in die Irre zu führen suchen. Sie sind es, die den Menschen den Glauben an das Fatum aufzwingen wollen, und werden dafür einmal der ewigen Verdammnis anheimfallen. Der Mensch als Ebenbild Gottes kann sich von ihrer Herrschaft befreien, wenn er in strenger Abtötung der Materie entsagt. Das befolgen die Christen, denen man verleumderisch alle möglichen Untaten nachsagt. Das Lückenhafte und Fragmentarische an Tatians Theologie springt in die Augen, besonders fällt auf, wie wenig er gerade gegenüber seinen heidnischen Adressaten auf die Gestalt und Erlösungstat Christi eingeht. Allerdings legt er auch nur einige Grundzüge seiner theologischen Anschauungen dar, deren Auswahl bedingt war durch das Schema der missionarischen Verkündigung gegenüber den Heiden. Die Maßlosigkeit seines Angriffs auf die hellenistische Kultur entsprach einem Charakterzug Tatians, seiner Neigung zum Extrem schlechthin, die ihn schließlich nach seiner Rückkehr in seine syrische Heimat um 172 aus der Kirche führte und zum Gründer der Enkratiten werden ließ, einer christlichen Sekte, die die Ehe als Sünde verwarf und Wein- und Fleischgenuß in jeder Form ablehnte[43]. Eine viel weiterreichende Wirkung als seine Apologie war Tatians zweitem noch erhaltenen Werk beschieden, das er Τὸ διὰ τεσσάρων εὐαγγέλιον nannte, eine Evangelienharmonie, die das Sondergut der vier Evangelien zu einer

[43] *R. M. Grant,* The Heresy of Tatian: JThS NS 5 (1954) 62—68; *G. Blond,* L'„hérésie“ encratite vers la fin du IVe siècle: Science religieuse (Paris 1944) 157—210; *F. Bolgiani,* La tradizione ereseologica sull' encratismo: Atti Accad. scienze Torino 91 (1956/57) 1—77.

Darstellung zu verarbeiten suchte. Dieses Diatessaron, für dessen Abfassung in griechischer Sprache das aus der Zeit vor 254 stammende Fragment von Dura-Europos zu sprechen scheint, wurde bis ins 5. Jh. in der syrischen Kirche als liturgisches Buch benutzt und vom hl. Ephräm kommentiert; schon sehr früh ins Lateinische übersetzt, beeinflußte es offensichtlich auch den Evangelientext außerhalb Syriens. Der armenisch erhaltene Ephräm-Kommentar und Bearbeitungen des Diatessarons in arabischer, lateinischer und mittelniederländischer Sprache ermöglichen eine Rekonstruktion seiner ursprünglichen Gestalt[44].

Über eine gewandtere Feder als die bisher genannten Apologeten verfügt *Athenagoras,* der „christliche Philosoph aus Athen", der sich um 177 in einer Bittschrift an Kaiser Mark Aurel und seinen Sohn Commodus wandte, in der er die Verleumdungen gegen die Christenheit zurückweist, für das Christentum Gleichberechtigung mit der heidnischen Philosophie beansprucht und deshalb seine Duldung von seiten des Staates verlangt. Vornehm wie der Ton der Schrift im ganzen ist auch die Haltung des Athenagoras gegenüber der Philosophie, bei deren Vertretern sich öfters monotheistische Tendenzen erkennen lassen, ohne daß man sie deshalb als Atheisten ansah. Den Vorwurf des Atheismus sollte man deshalb auch gegenüber Christen fallenlassen, die an den einen Gott, den Vater, den Sohn und den Heiligen Geist, glauben und von der Existenz einer Engelwelt überzeugt sind, der die Ordnung des Alls anvertraut ist (Suppl. 10). Das Dasein dieses einen Gottes kann sogar mit Vernunftgründen bewiesen werden (Suppl. 8), die Offenbarung läßt auch die Gottheit des Logos erkennen; das Wirken des Heiligen Geistes, der ein Ausfluß Gottes ist, wird besonders faßbar in den Propheten (Suppl. 7 und 10). Der hohe Rang christlicher Sittlichkeit wird bewiesen durch die Lauterkeit des Ehelebens und die Hochschätzung der Jungfräulichkeit, eine zweite Ehe gilt als dezenter Ehebruch (Suppl. 31—35). Die den Griechen so schwer zugängliche Überzeugung der Christen von der Auferstehung des Leibes sucht Athenagoras in einer eigenen Schrift philosophisch zu begründen. Es ist offensichtlich, daß bei diesem Apologeten die philosophische Argumentation an Qualität und das theologische Verständnis des Christentums an Tiefe gewonnen haben.

Nur die „Drei Bücher an Autolykos" sind von dem beträchtlichen schriftstellerischen Nachlaß des hellenistisch gebildeten *Theophilos* erhalten, der nach seiner Konversion um 180 Leiter der Christengemeinde Antiochiens wurde[45]. Autolykos ist sein heidnischer Freund, dem er in ansprechendem Griechisch zeigen will, daß die heiligen Schriften der Christen, d. h. das Alte Testament, an Alter und an philosophisch-religiösem Gehalt allem über-

[44] *I. Ortiz de Urbina,* Trama e carattere del Diatessaron di Taziano: OrChrP 25 (1959) 326 bis 357.

[45] Euseb. HE 4, 24; Hieron., De vir. ill. 25; Ep. 121, 6, 15.

legen sind, was griechisches Denken hervorgebracht hat. Diese Argumentation und die Abwehr der heidnischen Verleumdungen über die Lebensführung der Christen bewegen sich in den gewohnten Bahnen. In der Darlegung des christlichen Glaubens begegnet erstmalig bei einem christlichen Schriftsteller die Bezeichnung τριάς (2, 15), für deren Personen er stets die Termini Gott, Logos und Sophia verwendet (1, 7; 1, 10; 2, 18). Die Verfasser der Evangelien sind ihm wie die Propheten Träger des Geistes; ihre Schriften gelten ihm mit den Paulusbriefen als „heiliges, göttliches Wort" (2, 22; 3, 13f). Der Menschenseele kommt eine potentielle Unsterblichkeit zu; diese wird ihr als Lohn für die in freier Entscheidung gewählte Beobachtung der Gebote Gottes verliehen (2, 27).

Bis auf wenige Fragmente ist auch die Apologie des Bischofs *Melito von Sardes,* gleich wie die Arbeiten des Rhetors *Miltiades* aus Kleinasien und des Bischofs *Apollinaris von Hierapolis,* verlorengegangen[46]. Mutig und würdevoll wies Melito Kaiser Mark Aurel auf die ungerechten Plünderungen und Verfolgungen hin, denen die Christen ausgesetzt seien, während die wohlwollende Haltung seiner Vorfahren gegenüber dem Christentum, abgesehen von Nero und Domitian, dem römischen Imperium zum Segen gereicht habe[47]. Eusebius hat den Katalog der übrigen Schriften des hochangesehenen Bischofs Melito aufbewahrt, deren Titel eine erstaunliche Reichweite seiner Interessen erkennen lassen[48]. Mit hoher Wahrscheinlichkeit gehört ihm die in einem Papyrus des 4. Jh. wiedergefundene Homilie über Exodus 12 an, die, wohl bei einer Passafeier der Quartadezimaner gehalten, wichtige Erkenntnisse über die frühchristliche kleinasiatische Erbsündenlehre, über die Erlösungstat Christi, die Taufe und den Charakter der damaligen Predigt vermittelt. Ein im gleichen Papyrus erhaltener Hymnus fügt sich so in die Osterliturgie der Quartadezimaner und in die Vorstellungswelt Melitos ein, daß man auch ihn für den Bischof von Sardes in Anspruch nimmt[49]. Um die Wende vom 2. zum 3. Jh. sind schließlich noch zwei Schriften apologetischen Charakters anzusetzen. Der *Brief an Diognet,* anonym überliefert, fand mehr Beachtung wegen seiner eleganten Gräzität als seines theologischen Gehalts und lockt immer wieder zu schwer beweisbaren Versuchen, seinen Verfasser zu identifizieren. Auf eine kurze Kritik der jüdischen und heidnischen Religion folgen die gern zitierten hymnischen Kapitel über die Lebensführung der Christen in ihrem Alltag: „Jede Fremde ist ihnen Vaterstadt und jede Vaterstadt Fremde; ... sie weilen auf Erden, aber ihr Wandel ist im Himmel; sie lieben alle und werden von allen verfolgt; sie sind arm und machen viele reich. Sie werden mißachtet und in der Mißachtung verherrlicht. Sie werden gekränkt und

[46] Siehe *Quasten P* I 228f. [47] Euseb. HE 4, 26, 5—11. [48] Ebd. 4, 26, 2.
[49] Den Osterhymnus edierte und kommentierte *O. Perler,* Ein Hymnus zur Ostervigil von Meliton? (Fribourg 1960), dazu *J. Daniélou:* RSR 48 (1960) 622—625.

segnen, sie werden verspottet und erweisen Ehre; mit dem Tode bestraft, freuen sie sich, als würden sie zum Leben erweckt. Kurz, was im Leibe die Seele ist, das sind in der Welt die Christen" (c. 5 und 6). Diesem Idealbild entsprach um 200 allerdings nicht überall die Wirklichkeit. Eher ein keckes Flugblatt als eine durchdachte Studie liegt in der „Spottschrift" des *Hermias* vor, der sich über die Widersprüche in den Lehren verschiedener Philosophen oder Schulen über Gott, Weltall und Menschenseele lustig macht.

Eine Gesamtwürdigung der Leistung der apologetischen Schriftsteller des 2. Jh. wird heute nicht mehr uneingeschränkt die These verfechten, sie hätten bei ihrem Versuch, das Christentum der hellenistischen Kulturwelt verständlich zu machen, entscheidend an seiner Hellenisierung mitgewirkt. Der genuin christliche Gehalt der apologetischen Literatur ist dafür zu eindeutig, besonders wenn man ihre Zielsetzung im Auge behält, die bei dem Bemühen, mit Heiden und Juden ins Gespräch zu kommen, nicht die gesamte christliche Theologie darlegen konnte. Deshalb konnte sie zunächst auch auf eine eingehendere Schilderung der christlichen Mysterien verzichten. Gegenüber den Apostolischen Vätern läßt sich jedoch eine beachtliche Entfaltung der Gotteslehre, der Logoschristologie, des trinitarischen Gedankens und einer christlichen Anthropologie feststellen. Des weiteren machte die Arbeit an der Bibel beachtliche Fortschritte; Ansätze zur Kanonbildung werden faßbar, die Lehre von der Inspiration beginnt sich zu entwickeln, das Alte Testament wird für eine biblisch begründete Christologie ausgewertet. Schließlich bieten die Werke der Apologeten aufschlußreiche Hinweise auf den Ausbau des innerkirchlichen Lebens des 2. Jh. durch die liturgischen Partien bei Justin, durch die Aussagen über das Verhältnis von Christentum und Staat und die missionarische Wirksamkeit der jungen Kirche. Die Frage nach dem Erfolg der apologetischen Arbeit des 2. Jh. läßt sich naturgemäß nur schwer beantworten. Eines ihrer Ziele, die Gleichstellung der christlichen Religion mit den anderen Kulten und damit die Einstellung der Verfolgung von seiten des Staates, hat sie nicht erreicht. Sie dürfte aber das Selbstvertrauen der Christen nicht wenig gestärkt haben, und sicher hat das missionarisch-propagandistische Ziel, das die Tätigkeit der Apologeten mitbestimmte, einen beachtlichen Anteil an dem Ausmaß der Ausbreitung des Christentums, das dieses am Ende des 2. Jh. vor allem im Osten erreicht hat.

15. Kapitel

Die Auseinandersetzung mit dem Gnostizismus. Wesen und Formen der Gnosis. Markion. Der kirchliche Abwehrkampf. Tragweite des christlichen Sieges

QUELLEN: *W. Völker,* Quellen zur Geschichte der christlichen Gnosis (Tübingen 1932), manches daraus in deutscher Übers. bei *H. Leisegang,* Die Gnosis (Stuttgart [4]1955); *F. Sagnard,* Extraits de Théodote: SourcesChr 23 (1948); *G. Quispel,* Lettre de Ptolémée à Flora: ebd. 24 (1949); Koptisch-gnostische Schriften I, hrsg. von *C. Schmidt:* GCS 13 (1905), neu hrsg. von *W. Till:* GCS 45 (1959) (Inhalt: Pistis Sophia, die 2 Bücher Jeû, Apokryphon des Johannes); *W. Till,* Die gnostischen Schriften des Papyrus Berolinensis 8502: TU 60 (Berlin 1955) (Evangelium nach Maria, Apokryphon des Joh., Sophia Jesu Christi); *P. Labib,* Coptic Gnostic Papyri in the Coptic Museum at Old Cairo I (Cairo 1950) (Photokop. von: Rede über die Auferstehung, Apokryphon des Joh., Thomasevangelium, Philippusevangelium, Wesen der Archonten); *M. Malinine - H.-Ch. Puech - G. Quispel,* Evangelium veritatis (Zürich 1956) (deutsche Übers. von *W. Till:* ZNW 50 [1959] 165—185). *A. Guillaumont, H.-Ch. Puech . . .,* L'Évangile selon Thomas (Leiden 1959) (kopt. Text); *J. Doresse,* L'évangile selon Thomas ou Les paroles secrètes de Jésus (Paris 1959); *W. C. van Unnik,* Evangelium aus dem Nilsand (Frankfurt a. M. 1960) (mit Übers. des Thomasevangeliums, Evangel. der Wahrheit, Apokryphon des Joh.); *J. Leipoldt-H. M. Schenke,* Koptisch-gnostische Schriften aus den Papyruscodices von Nag Hammadi (Hamburg-Bergstadt 1960) (Thomasevangelium, Evangel. nach Philippus, Wesen der Archonten, mit Komm.); *R. M. Grant - D. N. Freedman,* Geheime Worte Jesu — Das Thomasevangelium (Frankfurt a. M. 1960); *K. Grobel,* The Gospel of Truth. A Valentinian Meditation on the Gospel, transl. from the Coptic (Nashville 1960).

LITERATUR: 1. Allgemeines: Übersichten in RGG[3] III 1652—1661; LThK[2] IV 1021—1030; *Altaner*[6] 111—116. Ferner: *E. de Faye,* Gnostiques et gnosticisme (Paris [2]1925); *F. C. Burkitt,* Church and Gnosis (Cambridge 1932); *G. Quispel,* Gnosis als Weltreligion (Zürich 1951); *H. Leisegang,* Die Gnosis (Stuttgart 1955); *H. Jonas,* Gnosis und spätantiker Geist I (Göttingen [2]1954), II/1 (ebd. 1954); *A.-J. Festugière,* La révélation d'Hermes Trismégiste IV: Le Dieu inconnu et la gnose (Paris 1954); *G. van Moorsel,* The Mysteries of Hermes Trismegistus (Utrecht 1955); *H.-J. Schoeps,* Urgemeinde, Judenchristentum, Gnosis (Tübingen 1956); *W. Schmithals,* Die Gnosis in Korinth (Göttingen 1956); *W. Frei,* Geschichte und Idee der Gnosis (Bern 1958); *R. McL. Wilson,* The Gnostic Problem (London 1958); *R. Ambelais,* La notion gnostique du démiurge dans les Écritures et les traditions judéo-chrétiennes (Paris 1959); *R. M. Grant,* Gnosticism and Early Christianity (New York - London 1959); *E. Peterson,* Frühkirche, Judentum und Gnosis (Freiburg 1959); *C. Colpe,* Die religionsgeschichtliche Schule I (Göttingen 1961).

2. Zu den Funden von Nag Hammadi: *H.-Ch. Puech,* Les nouveaux écrits gnostiques découverts en Haute-Égypte: Coptic Studies in Honour of W. E. Crum (Boston 1950) 91—154. Speziell zum Codex Jung: *H.-Ch. Puech - G. Quispel:* VigChr 8 (1954) 1—51, 9 (1955) 65—102; *F. L. Cross,* The Codex Jung (London 1955); *J. Doresse,* Les livres secrets des gnostiques d'Égypte (Paris 1958). — Zum Thomasevangelium: *G. Quispel,* L'évangile selon Thomas et les Clémentines: VigChr 12 (1958) 181—196; *R. M. Grant:* ebd. 13 (1959) 170—180; *G. Quispel,* L'évangile selon Thomas et le Diatessaron: ebd. 13 (1959) 87—117; *J. A. Fitzmyer,* The Oxyrhynchos Logoi of Jesus and the Coptic Gospel according to Thomas: ThSt 20 (1959) 505—560; *K. Th. Schäfer,* Bibel und Leben 1 (1960) 62—74; *O. Cullmann,* ThLZ 85 (1960) 321—334; *Cl.-H. Hunziger,*

ZNW Beih. 26 (1960) 209—230; *R. Roques:* RHR 157 (1960) 187—218; *B. Gärtner,* The Theology of the Gospel of Thomas (London 1961); *R. Kasser,* L'évangile selon Thomas (Neuchâtel 1961).

3. Einzelfragen: *W. C. Till,* Die Gnosis in Ägypten: Parola del passato 4 (1949) 230—249; *G. Widengren,* Der iranische Hintergrund der Gnosis: ZRGG 4 (1952) 97—114; *E. Haenchen,* Gab es eine vorchristliche Gnosis?: ZThK 49 (1952) 316—349; *H.-Ch. Puech,* La gnose et le Temps: Eranos 20 (1952) 57—113; *W. H. C. Frend,* The Gnostic-Manichaean Tradition in Roman North Africa: JEH 4 (1953) 13—26; *ders.,* The Gnostic Sects and the Roman Empire: ebd. 5 (1954) 25—37; *R. McL. Wilson,* Gnostic Origins: VigChr 9 (1955) 193—211, 11 (1957) 93—110; *W. C. van Unnik,* Die jüdische Komponente in der Entstehung der Gnosis: ebd. 15 (1961) 65—82; *J. G. Davies,* The Origins of Docetism: Studia Patristica 6 (TU 81 Berlin 1962) 13—35.

Wenn die literarische Polemik des Heidentums für die christliche Gemeinschaft keine allzu ernste Gefahr darstellte, so erwuchs dem kirchlichen Christentum im sog. christlichen Gnostizismus ein Gegner, der von den ersten Jahrzehnten des 2. Jh. an in wachsendem Ausmaß zu einer existentiellen Bedrohung wurde. Es handelt sich bei ihm um jene Erscheinung des spätantiken religiösen Synkretismus, der auf der Grundlage eines orientalischen Dualismus spätjüdische religiöse Vorstellungen mit gewissen Zügen der christlichen Offenbarung, wenn auch in entstellter Form, verband und nun als mächtige Strömung von eroberungswilliger Grundhaltung, von Osten her vordringend, die Menschen des spätantiken Kulturraumes lockend und entscheidungheischend ansprach. Ihre Stoßkraft beruhte zutiefst auf ihrem Anspruch, ähnlich wie das Christentum dem religiös suchenden Menschen ein gültiges Welt- und Selbstverständnis zu bringen, das in einer reichen Literatur von oft beachtlichem formalem Niveau dargeboten und von Lehrern und Schulhäuptern mit angesehenen Namen verkündet wurde. Diese Werbekraft wurde unterstützt einmal durch eine Kultpraxis, die ihre Formen gern von den Mysterienkulten oder aus christlichem Bereich entlieh und deren starken Symbolgehalt geschickt wirksam werden ließ, dann auch durch eine gekonnte Propaganda, die das religiöse Lied ebenso wie den fesselnden Roman in Dienst nahm und auf den organisatorischen Zusammenschluß der gewonnenen Anhänger hinarbeitete. Mit sicherem Gespür hat der Gnostizismus die junge Kirche als ernstlich konkurrierende Macht empfunden und den kühnen Versuch unternommen, sie von innen her zu erobern, in ihre Gemeinden einzudringen und sie durch eine Art gnostischer Zellenbildung zu zersetzen. Die Existenz des kirchlich organisierten Christentums hing davon ab, ob die Leiter der christlichen Gemeinden diese Bedrohung sahen und imstande waren, einen alle Kräfte in Anspruch nehmenden Abwehrkampf durchzustehen.

Bisher waren einer befriedigenden Darstellung der Grundlehren des Gnostizismus und seiner Erscheinungsformen Grenzen gesetzt durch eine etwas prekäre Quellenlage. Im Original waren nur wenige Schriften gnostischer Herkunft bekannt, wie etwa die aus der Spätzeit stammende „Pistis Sophia“ und die Bücher Jeû mit angeblichen Offenbarungen Christi für seine Jünger, weil ein Großteil der gnostischen Literatur, die im 2. Jh. die kirchliche sicher an Umfang übertraf, nach dem Sieg des Christentums vernichtet wurde oder aus Mangel an Interesse unterging. So war man weitgehend auf das Material angewiesen, das sich in den Zitaten und Exzerpten christlicher Antignostiker erhalten hatte, also vor allem bei Irenäus, Tertullian und Hippolyt, in geringerem Umfang bei Klemens von Alexandrien, Origenes und den späteren Epiphanios von Salamis und Filastrius von Brescia. Aber auch die antignostische Literatur ist nur zu einem geringeren Teil erhalten geblieben, leider auch nicht das wohl früheste Werk dieser Art, Justins Schrift „Gegen alle Häresien", die unmittelbar in die Auseinandersetzung mit dem Gnostizismus der Blütezeit eingriff[50]. Das kirchlich-antignostische Schrifttum war naturgemäß Kampfliteratur, die bewußt aus den gnostischen Werken das auswählte, was besonders günstige Angriffsflächen bot; diese Auswahl gestattet daher kaum, ein vollständiges Bild der gnostischen Vorstellungswelt zu gewinnen, erst recht konnte ihre Charakterisierung durch die christlichen Schriftsteller leicht der Einseitigkeit verfallen. Eine völlig neue Situation in der Quellenlage brachte 1945/46 der Fund einer umfangreichen gnostischen Gemeindebibliothek bei der oberägyptischen Stadt Nag Hammadi in der Nähe des früheren Pachomianerklosters Chenoboskion, die in 13 Papyrushandschriften über 40 bisher unbekannte Einzelwerke in koptischer Sprache, meist direkte Übersetzungen aus dem Griechischen, enthält. Die Übersetzungen sind dem ausgehenden 4. bzw beginnenden 5. Jh. zuzuweisen, die griechischen Originale dürften zum Teil noch im 2. Jh. geschrieben worden sein. Viele Titel der neugefundenen Abhandlungen ließen zunächst vermuten, es handle sich um schon bekannte christliche Apokryphen, eine nähere Durchsicht verriet aber, daß ihr Inhalt völlig neu ist. Unter ihnen ist z. B. die Gattung der apokryphen Evangelien vertreten durch ein Thomas-, Philippus- und Ägypterevangelium und ein „Evangelium der Wahrheit", die Apostelgeschichten durch Petrus- und Matthiasakten, besonders reich ist die apokalyptische Literatur vorhanden in den Apokalypsen des Petrus, Paulus, Johannes, Jakobus (dreimal), Dositheos und des Seth. Da in vielen Schriften die Gestalt des Propheten Seth (Sem) eine zentrale Rolle spielt, darf man annehmen, daß die Bibliothek von Nag Hammadi im Besitz der Sekte der Sethianer war, die öfters von frühchristlichen Schriftstellern erwähnt wird. Der Fund bietet weiter Werke des Hermes Trismegistos, ferner Lehrschriften gnostischer Häupter wie des Silvanos und Eugnostes, andere geben sich als „Erklärung der Gnosis" oder als Darlegung „Über das Wesen der Archonten" aus[51]. Bisher liegt erst ein Bruchteil der neugefundenen Schriften in der Originalsprache oder in Übersetzungen vor[52], erst die Veröffentlichung aller Texte wird es möglich machen, eine auch in Einzelheiten zutreffende Darstellung des Gnostizismus zu geben.

Grundgedanken des Gnostizismus

Bei einer ersten Kenntnisnahme gnostischer Schriften überwiegt der Eindruck einer verwirrenden Fülle religiöser Ideen und Fragen, die in oft bizarrer Form dargeboten werden; bei näherer Prüfung schält sich jedoch ein Grundthema heraus, das in allen Variationen gnostischer Lehrmeinungen wiederkehrt und sich auf *eine* Frage und den Versuch einer Antwort reduzieren läßt. Die Frage ist diese: Wie findet man die wahre

[50] Justin weist Apol. 1, 26 auf diese Arbeit hin.

[51] Vgl. die Übersicht bei *J. Doresse* a. a. O. 165 ff und *W. C. van Unnik* a. a. O. 26 ff.

[52] Zu den oben bei den Quellen genannten Texten kommen noch hinzu: Abhandlung über den Ursprung der Welt: Muséon 72 (1959) 349—352; Traktat über die drei Naturen (teilweise): ThLZ 84 (1959) 243—256.

Erkenntnis, die das Rätsel der Welt und des Bösen in ihr sowie das Rätsel des menschlichen Daseins aufhellt, so wie es etwa der Gnostiker Theodotos in einer Art Definition der Gnosis ausgesprochen hat: Frei macht die Erkenntnis (Gnosis) folgender Fragen: „Wer waren wir; was sind wir geworden; wo waren wir, wohin sind wir geworfen; wohin eilen wir; wovon werden wir frei; was ist Geburt, was Wiedergeburt?“ [53] In der Antwort auf diese Fragen kehren etwa diese Grundgedanken wieder: Das innerste Wesen des Menschen drängt nach Vereinigung mit dem wahren, vollkommenen, aber unbekannten Gott; der Mensch ist aber durch ein eigenartiges Geschick in diese unvollkommene Welt verbannt, die nicht das Werk des höchsten Gottes, sondern nur die Schöpfung eines geringeren, unvollkommenen Wesens sein kann, das sie mit Hilfe böser Mächte beherrscht. Von ihrer Herrschaft kann der Mensch nur frei werden, wenn er sich selbst recht erkennt und auch erkennt, daß er vom vollkommenen Gott getrennt ist. Erst diese Erkenntnis macht die Rückkehr in die lichtvolle, obere Welt des wahren Gottes möglich. Dieses Grundthema des Gnostizismus, der Menschheit eine Welt- und Daseinsdeutung zu geben, läßt sich nach dem heutigen Stand der Forschung nicht auf eine einzige, klar faßbare und allgemein anerkannte Quelle zurückführen. Ihre Elemente entstammen vielmehr verschiedenen religiösen Bewegungen, die zur Zeit des Synkretismus im Vorderen Orient und im Raum des östlichen Mittelmeeres nachweisbar sind. Diese Elemente gehen untereinander mannigfache Verbindungen ein, so daß die Gesamterscheinung des Gnostizismus je nach Verbreitungsbereich und führenden Vertretern immer neue Aspekte darbietet. Es tritt dem Betrachter kein geschlossenes System mit klar geprägten Begriffen oder dogmatisch festgelegten Lehrsätzen entgegen, sondern ein vielfarbiger Strom religiöser Ideen und Anschauungen, der an jedem neuen Ufer ein anderes Aussehen gewinnen kann. Immerhin sind in ihm verschiedene Teilströmungen sichtbar, die erkennen lassen, aus welchen Zuflüssen der Strom als Ganzes geworden ist.

Zunächst war einmal ein gewisser Grundstock gnostischer Auffassungen unabhängig von jeder Berührung mit dem Christentum vorhanden [54]. Dazu ist einmal der ausgesprochene *Dualismus* zu rechnen, der den absoluten Gegensatz zwischen Licht und Dunkel, zwischen Gut und Böse statuiert und dessen Heimat in der Welt des alten Iran zu suchen ist. Als diese iranischen Vorstellungen dem Schöpfungsbericht der Genesis begegnen, wird dieser in ihrem Sinne interpretiert, der Schöpfergott des Alten Testamentes wird der Demiurg, der das Licht nicht kannte. Eine weitere Quelle, die ihr Wasser dem gnostischen Strom zuleitet, ist in den astrologischen Ideen gegeben, die nach der Zeit Alexanders d. Gr. aus ihrem babylonischen Ursprungsraum in die hellenistische Welt eindrangen und mit ihren Lehren vom Einfluß der Planetenmächte auf das Schicksal von Mensch und Welt eine tiefreichende Wirkung gewannen. Wenn solche Vorstellungen in hellenistischer Zeit auch allgemein verbreitet waren, so kamen sie doch gerade in der gnostischen Bewegung zu besonderer Stoßkraft, wie die Spekulationen über die Konstellation der Gestirne, über den Polarstern als Beginn des Lichtreiches, über die Sphären der sieben bösen Planeten oder Archonten erkennen lassen. Auf Ägypten als Nährboden gnostischer Ideen weist mit Nachdruck der neue Fund von Chenoboskion. Zwar sind Einflüsse altägyptischer Religion auf den Gnostizismus noch näher zu untersuchen, aber die hermetischen Schriften in der Bibliothek von Nag Hammadi weisen doch auf unverkennbare Zusammenhänge zwischen ägyptischem Hermetismus und der Gnosis. Wenn auch in diesem Schrifttum ein Demiurg als Schöpfer der Welt keine Rolle spielt und wenn es frei ist von den bizarren Gestalten der Dämonen, der hier gelehrte Gegensatz von Licht und Finsternis, die Begegnung eines höheren Wesens mit der Materie, die Befreiung

[53] Excerpta ex Theodoto 78, dazu *W. C. van Unnik*, Evangelium aus dem Nilsand (Frankfurt a. M.) 33.
[54] Vgl. *J. Doresse*, Les livres secrets des gnostiques d'Égypte (Paris 1958) 332.

der an die Materie gebundenen Menschheit, der Aufstieg der Freigewordenen zu Gott, das begegnet ebenso in gnostischen Gedankengängen, nur daß das biblische und christliche Element hier ausfällt.

Ein schwieriges Problem stellen die Beziehungen dar, die *Judentum und Gnosis* miteinander verbinden[55]. Daß die Welt des Alten Testamentes in der gnostischen Literatur eine bedeutende Rolle spielte, ist allgemein zugegeben. Diese ist aber darüber hinaus angefüllt mit Bildern und Vorstellungen, wie sie der jüdischen Apokalyptik geläufig waren. Besonders stark ist der biblische Einfluß, wenn auch oft mit negativem Vorzeichen, in den Auseinandersetzungen der Gnosis mit dem biblischen Schöpfungsbericht faßbar. Es scheint nicht ausgeschlossen, daß das sektiererische Spätjudentum eine Vermittlerrolle ausübte zwischen iranischen und hellenistischen religiösen Strömungen einerseits und der gnostischen Bewegung anderseits, da es nachweislich jüdische Häretiker gab, die sich dualistischen Gedankengängen nicht verschlossen. Die Frage drängt sich auf, ob nicht zwischen Essenern und Gnostikern gewisse Fäden hin und her liefen. Die Gemeinde von Qumran kannte für gewisse Partien ihrer Lehre ähnlich wie der Gnostizismus das strenge Gebot absoluter Geheimhaltung; das „Buch der Disziplin" lehrt ferner, daß Gott bei der Erschaffung des Menschen zwei Geister zu seiner Führung bestimmte, den Geist der Wahrheit und den Geist der Bosheit, die den Menschen jeweils zu einem Sohn des Lichtes oder der Finsternis werden ließen, ein im Grunde dualistischer Zug, der lebhaft an ähnliche Auffassungen im Gnostizismus erinnert. Man hat des weiteren mit der Möglichkeit gerechnet, daß Reste der Qumrangemeinde in gnostischen Kreisen fortlebten[56].

Schließlich ist noch auf die religiös gefärbten philosophischen Strömungen des Hellenismus hinzuweisen, die unleugbar ihren Niederschlag im synkretistischen Gnostizismus fanden. Gewisse Themen gnostischer Theologie deuten sich schon in der platonischen Lehre vom Fall der Seele und ihrer Bindung an die Materie des Körpers an. Auch der Stoizismus leistete seinen Beitrag zur gnostischen Gedankenwelt. Die gnostischen Schriften von Chenoboskion greifen gerne auf die allegorische Auslegung Homers oder Hesiods zurück, wie sie der Hellenismus entwickelt hatte. Wahrscheinlich ist aber die Anleihe des Gnostizismus bei der hellenistischen Philosophie mehr in der Terminologie als im Ideengehalt zu sehen.

Als der *Synkretismus* in seiner vollen Entfaltung stand, trat auch das Christentum den Weg aus seinem palästinischen Ursprungsland in die hellenistische Welt an und fand in dem damaligen synkretistischen Klima bald steigendes Interesse. Viele Menschen der Zeit mußten aufhorchen, wenn ihnen hier eine neue Erlösung durch eine Gestalt verheißen wurde, die zugleich Träger bisher unbekannter Offenbarungen war. Die neue Botschaft vom Heil des Menschen kam zudem in einem ansprechenden Kult, dessen geheimnisvolle Riten angeblich das Heil sichern halfen. Solche Heilsbotschaft und solcher Kult boten demnach reiche Ansätze, an denen eine Verbindung mit dem religiösen Synkretismus versucht werden konnte. Wenn auch der Prozeß der Übernahme christlicher Elemente sich in den Einzelheiten nicht mehr verfolgen läßt, so wurde doch bald die Gestalt Christi in die gnostische Gedankenwelt eingebaut, und Anhänger synkretistischer Strömungen erhoben bald den Anspruch, Christen zu sein. Um 160 n. Chr. erwähnt Justin Menschen seiner Zeit, die sich Christen nennen, Jesus als Herrn anerkennen, in dem Schöpfer der Welt aber nur einen bösen Gott sehen; es gibt bereits verschiedene Gruppen solcher Christen, die sich nach ihren Führern Valentinianer, Markioniten oder Basilidianer nennen[57]. Wenig später weist Kelsos auf christliche Gemein-

[55] *G. G. Scholem*, Major Trends in Jewish Mysticism (New York 1943), ferner die Arbeiten von *H.-J. Schoeps; J. Maier*, Das Gefährdungsmotiv bei der Himmelsreise in der jüdischen Apokalyptik und „Gnosis": Kairos 5 (1963) 18—40. [56] Vgl. *J. Doresse* a. a. O. 326 f und *R. M. Grant*, Gnosticism and Early Christianity. [57] Justin., Dial. 35, 1—6.

schaften hin, die ihm als Valentinianer und Gnostiker bekannt sind[58]. Sowohl Justin wie später Origenes betonen jedoch, daß solche Gruppen nicht das wahre Christentum repräsentieren und nicht zur Kirche gehören. Noch deutlicher wird der synkretistische Charakter solcher Sekten faßbar in dem Bericht des Irenäus über eine gewisse Marcellina, die unter Bischof Aniket nach Rom kam, dort für ihre Ideen warb und Anhänger gewann, die sich selbst Gnostiker nannten. Unter den Bildern der von ihnen verehrten religiösen Gestalten befand sich neben dem des Pythagoras und Plato auch das Bild Christi, das angeblich auf Pilatus zurückging[59]. Die Führer solcher gnostischen Gemeinschaften beriefen sich für ihre Lehren ausdrücklich auf apostolische Überlieferung oder auf die Verkündigung Christi selber, wie etwa Ptolemaios, ein Schüler des Valentin, in seinem „Brief an Flora"[60]. Andere bauten christliche Gedanken in entstellter Form in ihr Lehrsystem ein, wie z. B. die Valentinianer, wenn sie die Notwendigkeit der Erlösung betonten, ohne die man nicht in das Pleroma gelangen könne; die Taufe Jesu bewirke Nachlassung der Sünden, erst die Erlösung durch den in ihn hinabgestiegenen Christus bringe die Vollendung. Dieser Erlösung werde man teilhaftig durch einen geheimnisvollen Ritus und durch bestimmte Formeln, die dabei zu sprechen seien; so sage z.B. der Erlöste: „Gefirmt bin ich und erlöst; ich erlöse meine Seele von diesem Aion und allem, was von ihm stammt, im Namen des Jao, der dessen Seele erlöste in Christus, dem Lebendigen."[61] Neben Anklängen an neutestamentliche Wendungen wird hier besonders die Aufspaltung der Erlösergestalt in einen irdischen Jesus und einen himmlischen Christus greifbar, wie sie dem kirchlichen Christentum unannehmbar war.

Obwohl die christlichen Schriftsteller keine präzisen Angaben darüber machen, ist doch anzunehmen, daß die Lehrer und Werber des Gnostizismus einen Teil ihrer Anhängerschaft unter den Mitgliedern der kirchlichen Gemeinden fanden, denen oft die Kriterien gefehlt haben mögen, um sofort den heterodoxen Charakter solcher Auffassungen zu erkennen. Zu dem Erfolg der gnostischen Propaganda dürfte ein Doppeltes beigetragen haben. Einmal die betonte Berufung auf die kirchliche Überlieferung, auf der ihre Lehre von der „wahren Gnosis" und des nur durch sie zu erlangenden Heiles beruhe; diese Überlieferung sei wegen ihres hohen Ranges nur auf geheimen Wegen weitergegeben worden und sei in Gleichnisse gekleidet, die sich nur denen erschlössen, die sie zu begreifen vermöchten[62]. Stand es so nicht schon im Evangelium des Markus (4, 33 f) zu lesen: „In vielen Gleichnissen verkündigte er ihnen das Wort, wie sie es eben fassen konnten. Ohne Gleichnisse sprach er nicht zu ihnen. War er dann mit seinen Jüngern allein, so legte er ihnen alles aus"? Aus dieser geheimen Quelle stammt die Fülle der gnostischen Schriften, die sich bald auf diesen, bald auf jenen Apostel oder Jünger Christi als den besonders auserwählten Träger der Offenbarung beriefen. Gerade daß der Inhalt dieser Offenbarungen von soviel Geheimnis umwittert war, mußte ihn manchen Christen interessant machen, zumal wenn sie in verhüllten Andeutungen darauf hingewiesen wurden. Des weiteren beruhte der Werbeerfolg der Gnostiker auf der These, daß sie als Christen höheren Ranges, als „geistliche Menschen", allein die rechte Deutung des kosmischen Geschehens besäßen und so allein zur vollkommenen Erkenntnis Gottes befähigt seien. Wer wie die große Masse der kirchlichen Christen sein Heil durch bloßen Glauben und gute Werke wirken wolle, bleibe für immer auf der Stufe eines minderen Christen, der des Psychikers, stehen[63]. Es war unvermeidlich, daß es zwischen den Propheten eines solch verzerrten Christentums und den Leitern der christlichen Gemeinden zu weitreichenden Auseinandersetzungen kam, wollten letztere nicht die Substanz ihres Glaubensbekenntnisses der Zersetzung preisgeben.

[58] Orig., Contra Celsum 5, 61. [59] Irenaeus, Adv. haer. 1, 25, 6.
[60] Ptolemaeus, Ep. ad Flor. 7, 8—9. [61] Irenaeus, Adv. haer. 1, 33, 3—7.
[62] Ebd. 1, 3, 1. [63] Ebd. 1, 6, 1—2.

LITERATUR: 1. Basilides: *H. Waszink,* Basilides: RAC I 1217—1225; *G. Quispel,* L'homme gnostique. La doctrine de Basilide: Eranos 16 (1948) 89—139; *R. M. Grant,* Gnostic Origins and the Basilidians of Irenaeus: VigChr 13 (1959) 121—125; *W. Foerster,* Das System des Basilides: NTS 9 (1962/63) 233—255.

2. Valentinianische Gnosis. *F.-M.-M. Sagnard,* La gnose Valentinienne et le témoignage de s. Irénée (Paris 1947); *G. Quispel,* La conception de l'homme dans la gnose Valentinienne: Eranos 15 (1947) 249—286; *ders.,* The Original Doctrine of Valentine: VigChr 1 (1947) 48—73; *ders.,* Neue Funde zur Valentinianischen Gnosis: ZRGG 6 (1954) 289—305; *A. Orbe,* Estudios Valentinianos: AnGr 60 (1955), 113 (1961).

3. Markion: *A. v. Harnack,* Marcion (Leipzig ²1924, Nachdruck Darmstadt 1961); *E. Barnikol,* Die Entstehung der Kirche im 2. Jh. und die Zeit Marcions (Kiel ²1933); *R. S. Wilson,* Marcion (London 1933); *J. Knox,* Marcion and the New Testament (Chicago 1942); *E. C. Blackman,* Marcion and his Influence (London 1949); *F. M. Braun,* Marcion et la gnose simonienne: Byz(B) 25—27 (1955/57) 631—648; *A. Salles,* Simon le magicien ou Marcion?: VigChr 12 (1958) 197—224.

4. Zur christlichen Gnosis: *E. Haenchen,* Das Buch Baruch und die christliche Gnosis: ZThK 48 (1953) 123—158; *C. Grant,* Earliest Christian Gnosticism: Church History 22 (1953) 81—98; *L. Bouyer,* Gnosis, le sens orthodoxe de l'expression jusqu'aux pères Alexandrins: JThS NS 4 (1953) 188—203; *G. Quispel,* Christliche Gnosis und jüdische Heterodoxie: EvTh 14 (1954) 474—484; *H. Schlier,* Das Denken der frühchristlichen Gnosis: Neutestamentl. Studien für R. Bultmann (Berlin 1954) 67—82.

Die verschiedenen Strömungen innerhalb des Gnostizismus lassen zwar einen gewissen Grundbestand an gemeinsamen Anschauungen erkennen, zeigen aber ebenso deutlich, für welche Abweichungen oder gar Widersprüche in der Gesamtbewegung Raum war.

Der Frühphase des Gnostizismus gehört die syrische Gruppe an, die sich um Menander und Satornil, den Saturninus des Irenäus, bildete und in Antiochien ihr Zentrum hatte. *Menander,* der Heimat nach Samaritaner, soll sich selbst als Erlöser verkündet haben, den die unsichtbaren Mächte in diese Welt gesandt hätten. Über die Lehre *Satornils* macht der Verfasser der „Philosophumena" nähere Angaben; der unbekannte höchste Vater habe die Engel, Mächte und Äonen der oberen Welt erschaffen, die untere, irdische Welt aber sei das Werk von sieben niederen Geistern, deren höchster mit dem Gott der Juden, dem Schöpfergott der Genesis, identisch sei; ihnen verdanke auch der Mensch sein armseliges Dasein, da es ihnen nicht gelungen sei, ihn nach dem Bild des höchsten Wesens zu schaffen; die Kraft von oben aber habe auch ihm einen Lebensfunken gesandt, der ihn nach seinem Tod zurückkehren läßt zu jenen höheren Wesen, denen er verwandt ist[64]. Satornil gilt als der erste Gnostiker, der Jesus erwähnt, aber auch als Schüler des Simon Magus, in dem die christlichen Antihäretiker den eigentlichen Begründer der Gnosis sehen wollen.

Auf den Syrer *Basilides* führt sich die Schule der Basilidianer zurück, die die Blütezeit des Gnostizismus einleitet und besonders in Alexandrien zu Einfluß gelangte, aber auch Anhänger in Rom hatte. Basilides entfaltete eine reiche schriftstellerische Tätigkeit und verfaßte u. a. einen Kommentar zu den Evangelien in 24 Büchern, ferner Hymnen und Gebete; ein Christ, Agrippa Castor, habe die Hauptwerke des Basilides in einer (verlorenen) Schrift „Elenchos" zu widerlegen versucht. Die Christen sprach dieser Gnostiker an mit der Behauptung, ihm seien geheime Lehren zugekommen, die der Erlöser in besonderen Unterredungen dem Apostel Matthias vor seiner Himmelfahrt anvertraut

[64] Philosophumena 7, 28.

habe [65]. Mit dem persischen Dualismus ist er vertraut und vertritt eine weitausgesponnene Emanationslehre, zahllose Engel bevölkern nach ihm die 4 Himmel und ihre 365 Firmamente. Christus wurde von seinem ungezeugten Vater auf die Erde gesandt, um die aus der Gewalt der Archonten zu befreien, die an ihn glauben; er ist allerdings nur scheinbar in menschlicher Gestalt aufgetreten, Simon von Kyrene ist an seiner Stelle am Kreuz gestorben.

In dem Ägypter *Valentin* gewann der Gnostizismus offensichtlich seine größte Begabung, in der von ihm mit hohem religiösem und dichterischem Schwung verkündigten Ausprägung wurde er zur gefährlichsten Bedrohung des genuinen Christentums. Er begann seine Lehrtätigkeit um 135 in Alexandrien, warb dann durch fast zwei Jahrzehnte hindurch für seine Ideen in Rom, wo er in der dortigen Christengemeinde offenbar eine beachtliche Rolle spielte, und kehrte nach einem Zerwürfnis mit den römischen Christen wieder in den Orient zurück. Briefe, Hymnen und Predigten verbreiteten seine Auffassungen, ebenso wurde ihm eine „Abhandlung über die drei Naturen" zugeschrieben. Irenäus kannte ein „Evangelium der Wahrheit", das von Valentinianern verfaßt sein sollte, und unter den Funden von Nag Hammadi findet sich jetzt eine Schrift dieses Titels, deren Inhalt dem nicht widerspricht, was sonst von der Lehre Valentins bekannt ist. Manche Züge dieser Lehre lassen sich wiedergewinnen aus Schriften oder Fragmenten seiner Schüler, etwa des *Ptolemaios,* der in seinem „Brief an Flora" maßvoll für die gnostische Religion wirbt, oder des *Herakleon,* der eine Vorliebe für das Johannesevangelium besaß und Erklärungen dazu schrieb, mit denen sich später Origenes auseinandersetzte. Vielleicht hat sich ein weiteres Werk des Herakleon unter den Handschriften von Chenoboskion erhalten. Die christlichen Gegner Valentins werfen ihm vor, er habe seine Weisheit weitgehend aus Pythagoras und Plato geschöpft; daran ist richtig gesehen, daß der Gnostiker eine Vorliebe für verwandte Ideen dieser philosophischen Richtungen besaß. Aber auch paulinische Gedanken und umgedeutete Jesusworte werden von ihm reichlich verwertet und verleihen seiner Lehre eine biblische Farbe, die viele Christen vertraut anmuten konnte. Seiner Weltdeutung liegt der gemeingnostische Mythos von dem unsichtbaren Vater zugrunde, von dem die Syzygien der Emanationen ihren Ausgang nehmen, deren 30 höchste Äonen das Pleroma bilden, die obere geistige Welt, in der alles irdische Geschehen seinen Ursprung hat, in die zurückzukehren die Sehnsucht der unvollkommenen Schöpfung ist [66]. Diese ist das Werk des Demiurgen, der auch den Menschen schuf und ihm das psychische Element einhauchte, das ihn an die Materie bindet. Ohne Wissen des Demiurgen empfing der Mensch aber auch ein pneumatisches Element; falls dieses geweckt und geformt wird durch die wahre Gnosis, die der Erlöser auf die Erde brachte, wird das Geistige im Menschen beim Weltende gerettet werden und kann sich wieder mit dem Lichte vereinigen. Um der niederen Welt den Aufstieg zum Licht möglich zu machen, ist Jesus Mensch geworden, auf den der Geist bei der Taufe herabstieg. Auf den Weg zum Licht, der die Seele durch das Reich der feindlichen Mächte führt, wird der sterbende Gnostiker bei den Valentinianern vorbereitet durch Salbungen und geheimnisvolle Formeln, mit denen er den Engeln des Demiurgen sagt, daß er die wahre Gnosis über sich und sein Woher besitze, so daß diese ihm nicht mehr schaden können [67].

Am Rande dieser gnostischen Hauptrichtungen existierten noch verschiedene sektenartige Gruppen, die einen stark popularisierten Gnostizismus vertraten, in dem bald diese, bald jene gnostische Einzellehre eine oft üppig wuchernde Ausgestaltung erfuhr. Die antignostische Literatur nennt als solche Sekten vor allem die *Barbelo-Gnostiker,* die Ophiten, Naassener und Sethianer. Die erstgenannte Sekte verdankt ihren Namen der

[65] *J. Doresse* a. a. O. 21. [66] *H. Leisegang,* Die Gnosis 297.
[67] Irenaeus, Adv. haer. 1, 21, 5.

Barbelo, einer weiblichen Emanation des Urvaters, die bei ihnen die Funktion des Logos hat. Für ihre dualistische Weltdeutung verwandten sie das Alte Testament in allegorischer Auslegung; das bekannte „Apokryphon Joannis“ gehört zur Literatur dieser Sekte, die besonders in Ägypten und Syrien ihre Anhänger hatte[68]. In dem gnostischen Mythos der weitverbreiteten Sekte der *Ophiten*[69] nimmt die als religiös-kosmisches Symbol in verschiedenen heidnischen Kulten verwandte Schlange einen besonderen Rang ein; sie galt ihnen als Sohn des Jaldabaoth, des sich gegen den höchsten Vater und Gott auflehnenden Schöpfers der Himmel, Engel und Dämonen. Das erste Menschenpaar wird von Jaldabaoth aus dem Paradies verwiesen, aber auch die Schlange wird auf die Erde verbannt und stiftet hier mit ihren sechs Söhnen Unfrieden unter den Menschen und sucht ihre Rückkehr zum höchsten Vater zu verhindern. Aber einer der höchsten Äonen, Christus, kommt im Menschen Jesus zur Welt, durch den er der Menschheit die Wahrheit verkündet. Nach seiner Auferstehung werden die Berufenen durch Jesus in die Mysterien eingeweiht und können so der Herrschaft des Demiurgen entrinnen. Nicht in allen Gruppen der Ophiten wird die Schlange negativ gewertet, bei einigen ist sie neutral, bei andern das Symbol der rettenden Erkenntnis. Die *Naassener* stellten wohl eine starke Untergruppe der Ophiten dar, die sich nach Hippolyt für die eigentlichen Gnostiker hielten und ihre Weltdeutung in allen Kulten und Religionen bestätigt fanden[70]. Sowohl die Verwendung des Schlangensymbols wie auch die Anleihen bei der griechischen Mythologie rücken die Sekte der *Sethianer* in die Nähe der Ophiten und Naassener. Der Verfasser der Philosophumena beruft sich bei der Darstellung ihrer Lehre auf ein heiliges Buch der Sekte mit dem Titel „Paraphrase des Seth“. Nach dem darin wiedergegebenen Schöpfungsmythos liegen dem All nicht zwei, sondern drei Prinzipien zugrunde, Licht, Finsternis und zwischen beiden ein reines Pneuma, das dem Duft eines Balsams gleich sei. Diese drei Weltenkräfte spiegeln sich in mannigfachen Bildern des Kosmos wider, besonders im Symbol des Mutterleibes, der im Zusammenwirken von Licht, Finsternis und Pneuma den Menschen gebiert. Auch der vollkommene Logos mußte in den Schoß einer Jungfrau eingehen, konnte sich aber reinwaschen und den Becher lebendigen Wassers trinken, ohne den niemand Erlösung finden kann. In einer Schrift von Nag Hammadi, die als „Paraphrase des Sem“ bezeichnet wird, findet sich die gleiche Lehre von den drei Weltprinzipien Licht, Finsternis und Pneuma, so daß kaum daran zu zweifeln ist, daß hier die Schrift in koptischer Sprache vorliegt, auf die die Philosophumena hinweisen[71]. Damit wird der Mythos von der Trias der Weltprinzipien zu einem Charakteristikum der Sethianersekte. Da noch weitere Schriften der Bibliothek von Chenoboskion die Gestalt des Propheten Sem oder Seth kennen oder von ihm verfaßt sein wollen, kann man annehmen, daß der gesamte Handschriftenbestand aus dem Besitz einer sethianischen Gemeinde stammt und aus ihm noch weitere Erkenntnisse über die Lehre der Sekte zu erwarten sind. Schon jetzt aber läßt eine erste Durchsicht ihres Inhaltes erkennen, daß ihr Gedankengut sich oft in ein betont christliches Gewand kleidet[72], so daß die Sethianer eindeutig als Vertreter eines christlichen Gnostizismus zu betrachten sind.

[68] Vgl. *L. Cerfaux,* Barbelo-Gnostiker: RAC I 1176—1180.
[69] Vgl. *E. Amann,* Ophites: DThC XI 1063—1075; *G. Kretzschmer,* Ophiten und Naassener: RGG³ IV 1659.
[70] Philosophumena 5, 6. [71] *J. Doresse* a. a. O. 171 ff.
[72] Ebd. 215—237 bzw. 237—256.

Markion

Wenn auch Markion nicht im Vollsinne Gnostiker genannt werden kann, so hat er doch so viel gnostisches Gut in seine Lehre aufgenommen, daß er nicht zu Unrecht als Vertreter eines christlichen Gnostizismus eigener Prägung hier eingereiht werden darf. Schon die äußeren Lebensschicksale verraten den Mann eigenen Willens und tatkräftiger, mit organisatorischer Begabung verbundener Initiative. Bereits in jungen Jahren geriet der vermögende Kleinasiate — er besaß eine Reederei in Sinope in Paphlagonien — mit den Leitern der heimatlichen Christengemeinde in Konflikt, der wahrscheinlich schon auf Meinungsverschiedenheiten in der Interpretation paulinischer Lehren beruhte. Dem Ausschluß aus der kirchlichen Gemeinschaft seiner Heimatstadt folgte die Ablehnung des Mannes durch führende kleinasiatische Christen wie Papias und Polykarp von Smyrna. Gegen 140 kam Markion nach Rom, wo er der dortigen Christengemeinde beitrat, die er durch großzügige finanzielle Zuwendungen unterstützte. Die Verbindung mit dem gleichfalls in Rom lebenden syrischen Gnostiker Kerdon hat ihn wohl näher mit gnostischen Vorstellungen bekannt gemacht, von denen er vor allem die Deutung des alttestamentlichen Schöpfergottes übernahm. Dieser ist für Markion nicht der wahre Gott, nicht der Vater Jesu Christi, sondern nur der strenge und gerechte Gott, der dem jüdischen Volk im mosaischen Gesetz ein unerträgliches Joch auferlegte. Aber auch in Rom fanden Markions Sondermeinungen keine Anerkennung, und er schied, wenn auch unfreiwillig, im Herbst 144 endgültig aus der christlichen Kirche aus. Sofort begann er mit Geschick und Tatkraft um Anhängerschaft zu werben, der er eine festgefügte Organisation gab. Allenthalben entstanden neben den christlichen Gemeinden markionitische Zusammenschlüsse, deren Leitung in den Händen von Bischöfen lag, die wiederum von Presbytern unterstützt wurden. Da man auch im Gottesdienst dem Brauch der Großkirche stark angeglichen blieb[73], war für manchen Christen der Übertritt zur Kirche Markions nicht allzuschwer, der offensichtlich starke Anfangserfolg der Markioniten ist wohl hauptsächlich dem Zustrom aus diesen Kreisen zu verdanken. Die straffe Organisation seiner Gründung unterschied Markions Gemeinden wesentlich von den übrigen gnostischen Gruppen, sie gab ihr eine besondere Stoßkraft, die sie zu einer ernsten Gefahr für die christliche Gemeinschaft werden ließ. Die Kirche hat diese Bedrohung bald erkannt, die Mehrheit der Kirchenschriftsteller von Justin bis Tertullian sah sich veranlaßt, gegen Markion und seine Lehre zur Feder zu greifen. Nur wenn deren Unvereinbarkeit mit der apostolischen Überlieferung überzeugend nachgewiesen wurde, konnte ihre Anziehungskraft auf die rechtgläubigen Christen neutralisiert werden.

[73] Tertullian, Adv. Marc. 3, 22. Noch Augustinus, De bapt. contra Donatistas 7, 14, 31 anerkennt die Gültigkeit der markionitischen Taufe.

Markions Lehre baut sich auf eine klar abgegrenzte Heilige Schrift auf, aus der das ganze Alte Testament von vornherein ausgeschlossen blieb; denn aus diesem spricht der Gott der Gerechtigkeit, der Schöpfer des Weltalls, der Demiurg, dem Güte und Liebe fremd sind. Der gute Gott offenbarte sich erst, als er Christus als Erlöser sandte, der der gequälten Menschheit das Evangelium von der Liebe Gottes brachte. Paulus war der einzige Apostel, der dieses Evangelium unverfälscht aufnahm; es fand seinen Niederschlag in seinen Briefen und im Evangelium des Lukas, allerdings wurden auch diese Schriften durch Zusätze der dem alttestamentlichen Gott hörigen Apostel verfälscht. Aus ihnen mußte deshalb alles entfernt werden, was die Gerechtigkeit und Gesetzlichkeit des Alten Testamentes in die von Christus gebrachte Offenbarung einführen wollte. Zu dieser gereinigten Heiligen Schrift schrieb Markion einen Kommentar, die nur in einigen Fragmenten erhaltenen „Antitheseis", die vor allem seine Grundthese, den Gegensatz von Altem und Neuem Testament, näher erläuterten. Diese Grundthese Markions mit ihrem eindeutig dualistischen Ausgangspunkt war ein direkter Angriff auf den christlichen Gottesbegriff, der eine Aufspaltung in einen harten und nur gerechten Schöpfergott und einen bis auf Christus unbekannten Gott der Liebe nicht zuließ. Schon diese Lehre allein konnte die frühchristlichen Schriftsteller veranlassen, Markion unter die gnostischen Lehrer einzureihen. Zu dieser Charakterisierung sahen sie sich aber auch durch seine Christologie berechtigt; es war weniger deren modalistische Färbung als vielmehr ihr Doketismus, der sie zum Widerspruch aufrief. Für Markion war die Vorstellung, daß der vom guten Gott gesandte Erlöser Christus das unreine menschliche Fleisch zum Träger der Gottheit auserwählt habe, nicht vollziehbar, schon eine wirkliche menschliche Geburt hätte Christus der Herrschaft des Demiurgen unterworfen. Die christlichen Gegner Markions, die aus seiner Lehre von der Scheingeburt Christi auch seinen Scheintod am Kreuz und damit die Wirkungslosigkeit der Erlösung folgerten, waren schwer zu widerlegen, selbst wenn Markion an der Wirklichkeit von Christi Kreuzestod festhalten wollte. Daß sein Schüler *Apelles* gerade in diesem Punkt den Meister korrigierte, zeigt deutlich die Schwäche der markionitischen Lehre gegenüber der kirchlichen. In das gnostische Lager wurde Markion schließlich in den Augen seiner Gegner auch noch verwiesen durch seine Ablehnung der Ehe, die er infolge seiner Einschätzung des Leibes als Teil der bösen Materie allen Getauften verbot.

Gewiß war Markions Theologie frei von den bizarren Spekulationen des Gnostizismus über die Emanationen aus dem Pleroma, frei vom Astralglauben, von phantastischer Kosmogonie und von der Überschätzung der reinen Gnosis gegenüber dem Glauben und der sich daraus ergebenden Einstufung der Christen in Pneumatiker und Psychiker. Die von ihm übernommenen gnostischen Gedankengänge genügten jedoch, ihn der Kirche suspekt zu machen und immer mehr auch in seiner Lehre eine ernste Gefährdung wesentlicher Züge des christlichen Glaubens zu sehen. Daß sie ihn und seine Gründung entschiedener und härter bekämpfte als manche andere gnostische Richtung, war allerdings eher in seinem beunruhigenden Erfolg begründet, zu dem noch der Ernst seiner asketischen Forderungen und, vielleicht am meisten, seine starke Persönlichkeit das Ihre beitrugen. Wie keine andere Gestalt der gnostischen Welt hat Markion die Kirche genötigt, ihre eigene Haltung zu Schrift und Glaubensnorm immer wieder zu überdenken, ihre organisatorischen Formen zu überprüfen und ihre ganze innere Kraft gegenüber solcher Bedrohung zu entfalten.

Verlauf des kirchlichen Abwehrkampfes und Tragweite des christlichen Sieges

LITERATUR: *J. Ranft,* Der Ursprung des katholischen Traditionsbegriffes (Würzburg 1931); *A. Deneffe,* Der Traditionsbegriff (Münster 1931); *B. Reynders,* Paradosis: RThAM 5 (1933) 155—191; *O. Cullmann,* Tradition (Zürich 1954). Zum Traditionsgedanken speziell bei Irenäus vgl. die Aufsätze: *H. Holstein:* RSR 36 (1949) 229—270, 41 (1953) 410—420; *E. Molland:* JEH 1 (1950) 12—28; *E. Lanne:* Irénikon 25 (1952) 113—141; *A. Benoît:* RHPhR 40 (1960) 32—43; *M. Thurian,* La tradition: Verbum Caro 57 (1961) 49—98.

Zur apostolischen Sukzession: *C. H. Turner,* Apostolic Succession: Essays on the Early History of the Church and the Ministry, ed H. B. Swete (London ²1921) 93—214; *A. Ehrhardt,* The Apostolic Succession in the First Two Centuries of the Church (London 1953); *H. v. Campenhausen,* Kirchliches Amt und geistliche Vollmacht in den ersten drei Jahrhunderten (Tübingen 1953); *H. E. W. Turner,* The Pattern of Truth (London 1954); *G. Dix,* The Ministry in the Early Church: K. E. Kirk, The Apostolic Ministry (London ²1957) 183—303; *J. Colson,* La succession apostolique au niveau du Iᵉʳ siècle: Verbum Caro 54 (1960) 138—172; *E. Schlink,* Die apostolische Sukzession: KuD 7 (1961) 79—114.

Zur Kanonbildung: Übersicht bei *A. Wikenhauser,* Einleitung in das Neue Testament (Freiburg ³1957) 14—30; *M.-J. Lagrange,* Histoire ancienne du canon du N. T. (Paris 1933); *R. M. Grant,* The Bible of Theophilus of Antioch: JBL 66 (1947) 173—196; Die zu Anfang des Kap. genannten Arbeiten von *J. Knox* und *E. C. Blackman* über Markion; *W. L. Dulière,* Le canon néotestamentaire et les écrits chrétiens approuvés par Irénée: NC 6 (1954) 199—234; *H. Bacht,* Die Rolle der Tradition in der Kanonbildung: Cath 12 (1958) 16—37; *W. Marxsen - C. H. Ratschow:* NZSTh 2 (1960) 137—150 150—160.

Zum Glaubenssymbol: *H. Lietzmann,* Symbolstudien: ZNW 21 (1922) — 26 (1927) = Kleine Schriften III (Berlin 1962) 189—281; *J. Lebreton,* Histoire du dogme de la Trinité I (Paris 1928) 141—173; *O. Cullmann,* Les premières confessions de la foi chrétienne (Paris ²1948); *J. N. D. Kelly,* Early Christian Creeds (London 1950); *W. Trillhaas,* Die apostolischen Glaubensbekenntnisse (Witten 1953).

Hegesipp: *K. Mras,* Die Hegesippfrage: AnzAW 95 (1958) 143—153; *W. Telfer,* Was Hegesippus a Jew?: HThR 53 (1960) 134—153; *N. Hyldahl,* Hegesipps Hypomnemoneumata: StTh 14 (1960) 70—113.

Irenäus: Die Ausgabe von *W. W. Harvey* (Cambridge 1857) wurde 1949 in unverändertem Nachdruck wieder herausgegeben; krit. Neubearbeitung in den SourcesChr durch *F. Sagnard* im Erscheinen; Buch III liegt vor: 34 (Paris 1952), dazu *P. Nautin:* RThAM 20 (1953) 185—202, und *B. Botte:* ebd. 21 (1954) 165—178; neue französ. Übersetzung der Demonstratio evangelica mit Komm. von *L.-M. Froidevaux:* SourcesChr 62 (Paris 1959). Ferner: *A. Benoît,* S. Irénée. Introduction à l'étude de sa théologie (Paris 1960) (mit Bibliogr. 257—262); *W. Leuthold,* Das Wesen der Häresie nach Irenaeus (Diss. Zürich 1954); *E. Lanne,* La vision de Dieu dans l'Œuvre de s. Irénée: Irénikon 33 (1960) 311—320; *V. Hahn,* Schrift, Tradition und Primat bei Irenaeus: TThZ 70 (1961) 233—243 292—302; *B. Reynders,* Premières réactions de l'église devant les falsifications du dépôt apostolique = L'infaillibilité de l'église (Chevetogne 1963) 27—52.

Der Abwehrkampf der kirchlichen Kreise gegenüber der existenzgefährdenden Bedrohung durch die vielfache Verlockung des Gnostizismus vollzog sich hauptsächlich in zwei Formen, die sich gegenseitig ergänzten und stützten. Einmal hat die kirchliche Führung in den Einzelgemeinden unmittelbar praktische Maßnahmen gegen jene Gnostiker ergriffen, die in ihre Gemeinden einzudringen versuchten oder die als bisherige Mitglieder der Gemeinde diese von innen her für ihr neues Bekenntnis zu gewinnen suchten. Dann waren es die theologischen Schriftsteller der Zeit, die auf literarischer Ebene zur gnostischen Bewegung Stellung nahmen, die Unvereinbarkeit ihrer Lehre mit dem christlichen Offenbarungsgut nachwiesen und positiv den gnostischen Hauptthesen die entsprechenden Wahrheiten des Christentums nach tieferer spekulativer Durchdringung und Entfaltung in exakter Formulierung entgegenstellten.

Der pastorale Abwehrkampf der Kirche hat naturgemäß keinen allzureichen Niederschlag in den Quellen gefunden und ist deshalb in seinen Einzelheiten schwieriger zu rekonstruieren. Der Situation entsprechend mußte er mehr defensiven als offensiven Charakter haben. Das nächstliegende Ziel mußte sein, die Giftherde innerhalb der eigenen Gemeinde auszumerzen, also die Träger gnostischer Lehren aus der kirchlichen Gemeinschaft auszuschließen und die Bildung gnostischer Zellen in ihrer Mitte in Zukunft unmöglich zu machen. Ein stärkeres Echo hat nur die Exkommunikation Markions in der frühchristlichen Literatur gefunden, aber sie kann als Musterbeispiel für vielfache ähnliche Vorgänge gelten, die nicht in den Quellen verzeichnet sind. Wahrscheinlich waren es bereits seine gnostischen Überzeugungen in ihrem ersten Ansatz, die zum Ausschluß aus der Christengemeinde seiner Heimatstadt Sinope führten. Auch der Bischof Polykarp von Smyrna lehnte ihn ab, in Rom kam die Leitung der Gemeinde ebenfalls zu der Erkenntnis, daß der Ausschluß auch eines so vermögenden und einflußreichen Mannes das einzige Mittel sei, die Christen vor dem von ihm verkündeten Irrtum zu schützen[74]. Mit gleichen Maßnahmen darf man überall dort rechnen, wo die Gefährlichkeit gnostischer Zellenbildung innerhalb christlicher Gemeinden erkannt wurde. Die Klagen mancher Gnostiker, die Katholiken wollten mit ihnen nichts zu tun haben und bezeichneten sie als Häretiker, obwohl sie doch die gleiche Lehre verträten, setzt solche Abwehrmaßnahmen der Gemeindeleitungen voraus. Andere

[74] *A. v. Harnack,* Marcion 24—27, die Belege ebd. 3*—5* 15* f.

Gnostiker haben die Trennung von den christlichen Gemeinden von sich aus vollzogen, wenn sie sich isoliert sahen und keine Wirkungsmöglichkeiten mehr fanden; solche Isolierung geht wiederum auf die Initiative der kirchlichen Führung oder auf Selbsthilfe der Gemeinden zurück. Für Valentin scheint es zuzutreffen, daß er sich erst spät von der Großkirche lossagte, von den Gemeinden, denen er angehörte, aber wiederholt wegen seiner Sondermeinungen gemaßregelt worden war. Mit der Ausmerzung der gnostischen Zellen ging Hand in Hand die Belehrung der christlichen Gemeinden durch ihre Bischöfe und Presbyter, die in Predigt und Unterricht über die verfängliche Irrlehre Aufklärung gaben und vor der Gefahr für den wahren Glauben warnten. Irenäus teilt einmal Exzerpte aus der Predigt eines kleinasiatischen Presbyters mit, die er selbst gehört hatte[75]; sie sind durchweg positiv gehalten, wollen den Zuhörern die wahre katholische Lehre darlegen, stellen aber sachlich unverkennbar eine Abwehr charakteristischer Lehren Markions dar, ohne daß dessen Name genannt wird. Nichts widerspricht der Annahme, daß die Belehrung und Immunisierung gegenüber der gnostischen Bedrohung durch Unterricht und Predigt die Praxis der meisten christlichen Gemeindeleiter der Zeit war. Daß diese Form der Abwehr nicht lokal begrenzt war, läßt das Beispiel des Bischofs Dionys von Korinth um 170 deutlich erkennen, dessen pastoraler Tätigkeit Eusebius einige aufschlußreiche Zeilen widmet[76]. Dionys suchte durch einen regen Briefwechsel nicht nur mit Gemeinden im eigentlichen Griechenland, sondern bis nach Kleinasien und dem fernen Pontus eine Abwehrhaltung auf breiterer Ebene gegenüber den Häresien der Zeit zu schaffen. Die Christen des benachbarten Athen und der Insel Kreta mahnt er ebenso zum Festhalten an der rechten Lehre und warnt sie vor der Irrlehre wie die Gemeinden von Amastris und Nikomedien in Bithynien. Die Häresie seiner Tage war in erster Linie der Gnostizismus, wie denn auch sein Brief nach Nikomedien ausdrücklich Markion nennt, dessen Irrlehre er „den Kanon der Wahrheit" gegenüberstellt. Die spezielle Situation, in die das Christentum gegenüber dem Gnostizismus gestellt war, ließ den Bischof der Gemeinde sich seiner Aufgaben als Hüter der wahren Lehre schärfer bewußt werden, die dadurch bedingte erhöhte Aktivität der christlichen Gemeindeleiter rückte den monarchischen Episkopat schärfer in das Bewußtsein der Gläubigen und machte seine Bedeutung für zukünftige Aufgaben eindringlich klar.

Parallel zu dieser Wirksamkeit des Episkopates in der Abwehr des Gnostizismus lief die Arbeit der theologischen Schriftsteller, die durch das Aufkommen und Erstarken der gnostischen Bewegung eine ungemein befruchtende Anregung erfuhr. Ein umfangreiches Schrifttum aus katholischer Feder suchte den pastoralen Abwehrkampf der Kirchenführung zu unterstützen und theologisch zu begründen. Die Hauptmasse dieser anti-

[75] Adv. haer. 4, 27—31. [76] Euseb. HE 4, 23, 2—6.

gnostischen Literatur ist untergegangen, vor allem seit dem 4. Jh., als man infolge der völlig geänderten Gesamtlage an dieser Produktion des 2. Jh. kein Interesse mehr zu haben brauchte. Eusebius hat noch einen beachtlichen Teil dieser Literatur gekannt, er nennt auch noch eine Reihe von Schriftstellern, die sich hier betätigten, bietet aber offensichtlich nur eine Auswahl. Zu ihr gehören Agrippa Castor, der sich gegen den Gnostiker Basilides wandte, Rhodon aus Kleinasien, der Markion und seinen Schüler Apelles bekämpfte, dann Modestus, dessen Widerlegung des Markion Eusebius besondere Qualitäten nachrühmt[77]. Bischöfe unter den antignostischen Schriftstellern sind Melito von Sardes, Philippos von Gortyna auf Kreta und Theophilos von Antiochien, die sich alle mit Markion beschäftigten und damit die Bedeutung unterstrichen, die diesem Mann und seinem Werk zukam. Gegen ihn trat auch Justin der Martyrer auf, ebenso eine Reihe weiterer Theologen, deren Namen Eusebius nicht nennt[78]. Antignostische Tendenz hatten auch einige Apokryphen, die aus katholischem Bereich kamen und das rechtgläubige Gegenstück zu der gleichen Literaturgattung gnostischer Provenienz darstellen wollten, wie etwa die „Acta Pauli“[79] und die „Epistola apostolorum“[80]. Gegen die Gnostiker schrieb der aus dem Orient stammende Hegesipp seine „Denkwürdigkeiten“, von denen noch einige Fragmente erhalten sind; bald nach der Mitte des 2. Jh. kam er nach Rom, um gegenüber dem sich ausbreitenden Gnostizismus die wahre Lehre kennenzulernen. Von überragendem Wert ist die auf persönlicher Lektüre gnostischer Schriften beruhende Darstellung und Kritik des Gnostizismus, die der Bischof *Irenäus* von Lyon in seiner „Entlarvung und Widerlegung der falschen Gnosis“ gegeben hat. Ein weiteres von ihm gegen Markion geplantes Werk scheint nicht ausgeführt worden zu sein. An die Schilderung der gnostischen Systeme schließt sich bei Irenäus die Widerlegung ihrer Irrtümer an. Ihnen stellt er aus genauer Kenntnis von Schrift und kirchlicher Überlieferung die Lehren der eigenen Kirche gegenüber, wobei sachliche Gediegenheit und innere Anteilnahme am Gegenstand in etwa die formalen Mängel der Darstellung vergessen lassen; seine Leistung ist von keinem der auf ihn folgenden antignostischen Schriftsteller überboten worden. Dies gilt auch von dem Verfasser der „Philosophumena“ oder „Refutatio“, die man allgemein, wenn auch nicht mit letzter Sicherheit, dem aus dem Orient stammenden und am Beginn des 3. Jh. in Rom tätigen Presbyter *Hippolyt* zuschreibt[81]. Seine Arbeit setzt die Kenntnis des Irenäus voraus,

[77] Ebd. 4, 25. [78] Ebd.

[79] Vgl. *C. Schmidt,* Acta Pauli (Leipzig ²1905); Πράξεις Παύλου (Hamburg 1936).

[80] *C. Schmidt,* Gespräche Jesu (Leipzig 1919); *H. Duensing* bei *Hennecke-Schneemelcher* I 126—155.

[81] Herausgegeben von *P. Wendland:* GCS 26 (Berlin 1916). Zur Diskussion um den Verfasser siehe *P. Nautin,* Hippolyte et Josipe (Paris 1947); *ders.:* RHE 47 (1952) 5—43;

bringt aber insofern einen neuen Gesichtspunkt in die Diskussion, als er nachweisen will, daß die Anschauungen der Gnostiker nicht aus der Heiligen Schrift geschöpft sind, sondern aus den Werken der griechischen Philosophen, den Mysterien, der Astrologie und Magie, also aus außerchristlichen Quellen stammen. Die Darlegung des eigenen katholischen Standpunktes ist gegenüber Irenäus knapp und dürftig und wenig ergiebig für die Erkenntnis der Eigenart kirchlicher Bekämpfung des Gnostizismus, ebenso wie das Syntagma[82], eine im Original zwar verlorene, aber aus späteren Benützern rekonstruierbare Übersicht über die bis zu seiner Zeit aufgetretenen Häresien. Wichtiger hingegen sind die Schriften des einzigen Lateiners, der sich allerdings erst im 3. Jh. mit dem Gnostizismus auseinandersetzt, die *Tertullians* von Karthago. Die beiden kleineren Arbeiten „De carne Christi" und „De resurrectione Carnis" beweisen positiv aus der Heiligen Schrift, daß zwei Thesen der Gnostiker unhaltbar sind, ihre Lehre vom Scheinleib Christi und ihre Ablehnung der Auferstehung des Fleisches. Drei weitere Schriften wenden sich gegen bestimmte Gnostiker, nämlich gegen Hermogenes, gegen die Valentinianer und gegen Markion. Der letzten, die aus fünf Büchern besteht, hat Tertullian besondere Sorgfalt gewidmet; sie bietet die eingehendste Darlegung der markionitischen Hauptlehren und gibt eine scharfsinnige Widerlegung aus Vernunft und Bibel. In der Schrift „De praescriptione haereticorun"[83] legt er Sinn und Wert der apostolischen Überlieferung gegenüber dem Anspruch der Häresien, besonders des Gnostizismus, die wahre Lehre Christi zu besitzen, unter Verwendung der römischen Rechtssprache dar.

Auf der Grundlage dieses erhaltenen Bestandes altchristlicher antignostischer Literatur lassen sich Charakter und Qualität des theologischen Abwehrkampfes gegenüber dem Gnostizismus wenigstens in den Grundzügen darstellen. Generell darf man sagen, daß die kirchliche Theologie gerade die Lehrpunkte der christlichen Offenbarung neu durchdacht und tiefer begründet hat, die durch die gnostischen Thesen besonders angegriffen und bedroht wurden.

Der Anspruch der gnostischen Schul- und Sektenhäupter, sie allein seien im Besitz der den Aposteln von Christus mitgeteilten Offenbarung, bedeutete nichts Geringeres als die Entwertung der auf die apostolische Zeit zurückgehenden heiligen Schriften der Christen, der übrigen außerbiblischen apostolischen Überlieferungen und die Ablehnung des Anspruchs der christlichen Gemeindebischöfe, die einzig legitimen Zeugen dieser Gesamttradition zu sein. Bestand diese gnostische These zu Recht, dann brach das

RSR 41 (1954) 226—257 (gegen Hippolyt); dafür *G. Bardy* und *M. Richard* in den Jahrgängen der MSR 1948, 1950/51, 1953. Weitere Lit. bei *Altaner*[6] 146 f.

[82] *P. Nautin*, Hippolyte, Contre les hérésies (Paris 1949).

[83] Die genannten Schriften in CSEL 47 (1906) und 70 (1942), Nachdruck im CChr 1—2 (1952/53).

Fundament zusammen, auf dem der innere Zusammenhalt der Kirche bisher beruhte. Dieser bedrohlichen Zersetzung des Kirchenbegriffes arbeiteten die christlichen Theologen entgegen, wenn sie einmal den Begriff der *apostolischen Tradition und Sukzession* in den Vordergrund rückten, und zweitens den Bestand der heiligen Schriften des Christentums abgrenzten und sicherten. Ein Ansatzpunkt für die Entwicklung eines *Kanons* neutestamentlicher Schriften war von vornherein in den als Heilige Schrift anerkannten Büchern des Alten Testamentes gegeben; sie wirkten als Vorbild und Anregung, Schriften aus der Zeit der Urkirche gleichen Rang und gleiches Ansehen zu geben. Wenn auch die Anfänge der Entwicklung sich nicht mehr deutlich fassen lassen, so ist doch erkennbar, daß zwei ursprünglich getrennte Sammlungen, die der vier Evangelien und eine der paulinischen Briefe, allmählich einander näherrückten, wenn auch letztere in ihrem Ansehen gegenüber den Evangelien noch zurückstand. Nach dem Zeugnis des Melito von Sardes werden um 170—180 Bücher des Neuen Bundes solchen des Alten Bundes gegenübergestellt. Sicher hat der Vorgang Markions, der eine festumrissene Sammlung neutestamentlicher Schriften als verbindlich erklärte, die bereits begonnene Entwicklung auf kirchlicher Seite vorangetrieben. Die Kirche hat aber Markion nicht kopiert, sondern in scharfem Gegensatz zu ihm einmal die Schriften des Alten Testamentes als Heilige Schrift übernommen — deren christliches Verständnis war ihr durch eine allegorische Interpretation erleichtert — und dann weitere, von Markion verworfene Schriften, besonders die Apostelgeschichte und die Apokalypse, in ihren neutestamentlichen Kanon aufgenommen. In der Auseinandersetzung mit dem Gnostizismus festigte sich die Geltung dieses Kanons weiter, und im sog. „Fragmentum Muratorianum", einem Verzeichnis der zu ihm zu rechnenden heiligen Schriften des Neuen Testamentes, das in der römischen oder einer ihr nahestehenden Gemeinde entstand, nähert sich dieser Kanon noch vor dem Ende des 2. Jh. bereits seiner Endgestalt[84].

Bei der Entscheidung, welchen Schriften im einzelnen Aufnahme in diese kanonische Sammlung zu gewähren sei, mußte man sich kirchlicherseits auf ein unanfechtbares, objektives Prinzip berufen können, man fand es in der kirchlichen *Tradition*[85]. Nur solche Schriften konnten als kanonisch anerkannt werden, die in die apostolische Zeit zurückreichten und von früh an in der Überlieferung der Gemeinden besonders geschätzt wurden. Garanten für die Echtheit solcher Überlieferungen konnten wiederum nur jene Leiter von Gemeinden sein, die sich in ununterbrochener Reihenfolge bis auf die Apostel zurückführen ließen. Mit diesem Prinzip der apostolischen

[84] Vgl. *Wikenhauser* 16—30 (Lit.) und *O. Cullmann,* Tradition (Zürich 1954) 42—54.

[85] *J. Ranft,* Der Ursprung des katholischen Traditionsbegriffes (Würzburg 1931); *H. v. Campenhausen,* Kirchliches Amt (Tübingen 1953) 163—194; *A. Ehrhardt,* The Apostolic Succession in the First Two Centuries of the Church (London 1953), und bes. *H. E. W. Turner,* The Pattern of Truth (London 1954) 241—258 322—348.

Sukzession wurde positiv die Tradition als wesentliches Element kirchlichen Glaubenslebens und kirchlicher Theologie gesichert und negativ die Flut der gnostischen Apokryphen und Lehrschriften ihrer Autorität entkleidet und aus der Kirche ausgeschieden, da sie in keinem Fall den Anspruch erheben konnten, je von den Zeugen und Hütern der apostolischen Tradition in den Gemeinden anerkannt worden zu sein.

Noch ein zweites Prinzip wird von den antignostischen Theologen für die Bekämpfung der Irrlehren bereitgestellt, das Irenäus gerne *Kanon der Wahrheit* nennt[86], der den Gläubigen bei der Taufe übergeben wurde. Das läßt an das *Taufsymbol* oder doch wenigstens an die Summe jener Glaubenswahrheiten denken, in die der Taufunterricht die Katechumenen eingeführt hatte. Wer an diese Norm oder Glaubensregel die Lehren der Gnostiker prüfend anlegte, der konnte daran unmittelbar ihren Widerspruch mit der wahren Lehre ablesen. Gerade das Taufsymbol hatte um die Mitte des 2. Jh. jene christologische Erweiterung erfahren[87], die die Realität der menschlichen Geburt, des Leidens und Sterbens Christi so entschieden betonte. Damit war der Doketismus mancher gnostischen Richtung getroffen und die Geschichtlichkeit der Heilstaten des Herrn von spiritualistischer Auflösung gesichert. Das gleiche Symbolum verkündete den einen Gott als den Herrn und Schöpfer des Alls und wies damit alle gnostische Spekulation über den Ursprung des Kosmos wie auch die Zwei-Götter-Lehre Markions zurück. Der gnostischen Abwertung des Leibes als Teil der radikal bösen Materie stellte es die christliche Überzeugung von der Auferstehung des Fleisches gegenüber.

Im Verlauf der Auseinandersetzung wurden einzelne Theologen noch zur Betonung mancher Offenbarungswahrheit angeregt, die durch gnostische Lehrmeinungen gefährdet oder verzerrt wurde. So war es Irenäus ein Anliegen, gegenüber dem dualistischen Mißverständnis der Ursünde die wahre Lehre vom Sündenfall darzulegen und gegenüber der gnostischen Selbsterlösung das Ungeschuldetsein der Gnade hervorzuheben[88]. Die Übersteigerung des Wertes der „Erkenntnis" für die Erlösung bei den Gnostikern ließ später die Alexandriner Klemens und Origenes das Verhältnis von Glauben und Wissen tiefer durchdenken und ein christliches Verständnis der Gnosis gewinnen und theologisch verwerten[89].

Gewiß stellen die von den antignostischen Theologen hervorgehobenen

[86] Adv. haer. 1, 9, 4; 1, 22, 1, dazu *Turner* a. a. O. 349 ff.

[87] Die Texte bei *Denziger* nn. 1—12 und *H. Lietzmann:* KlT 17/18 (Berlin ⁴1935), dazu die oben genannte Literatur.

[88] Bes. Irenaeus, Adv. haer. 1, 3, 4; 3, 18, 2; 3, 18, 7; 3, 23, 1, dazu *E. Scharl,* Recapitulatio mundi. Der Rekapitulationsbegriff des Irenaeus (Freiburg 1941); *A. Houssiau,* La christologie de s. Irénée (Löwen 1955).

[89] *O. Casel,* Glaube und Gnosis: JLW 15 (1951) 164—195; *Th. Camelot,* Foi et gnose chez Clément d'Alexandrie (Paris 1945); *J. Moingt,* La gnose de Clément d'Al. dans ses

christlichen Lehren und Prinzipien inhaltlich keine bisher völlig unbekannten Elemente christlicher Glaubensverkündigung dar. Man hätte wohl kaum die Eigenständigkeit des kirchlichen Christentums, die durch die Neuerungen der gnostischen Propaganda bedroht war, damit retten können, daß man jene durch eigene Neuerungen bekämpfte. Das Auftreten der gnostischen Häresie war für die Kirche jedoch ein sehr wirksamer Impuls, sich tiefer auf den eigenen Besitz zu besinnen, einzelne Wahrheiten klarer zu formulieren und entschiedener zu unterstreichen. Besonders hat der Markionitismus den Prozeß der schnelleren und wirksameren Entfaltung des Dogmas und der Entwicklung des christlichen Eigenbewußtseins gefördert und so seinen Teil zur Prägung der frühkatholischen Großkirche beigetragen, es wäre jedoch eine Verzerrung der geschichtlichen Wirklichkeit, in dieser Kirche in der Hauptsache eine antimarkionitische Bewegung sehen zu wollen; ihr innerer Reichtum war größer als das Gesamt der antimarkionitischen Lehrpunkte, gerade die starke innere Selbständigkeit, mit der die junge Kirche Markion und den übrigen Gnostizismus überwand, offenbarte ihn.

Die Entscheidung zugunsten der Kirche fiel noch vor der Wende zum 3. Jh., in wenigen Jahrzehnten war das eingedrungene Gift ausgeschieden und der Gnostizismus auf sich selbst zurückgeworfen. Die Kirche Markions war wegen ihrer straffen Organisation von längerer Dauer, der übrige Gnostizismus verlor jeden Zusammenhalt und verfiel einem Sektendasein, wenn sein Ideengut auch noch bis um die Mitte des 3. Jh. auf die Gebildeten in den christlichen Gemeinden der Großstädte eine gewisse Anziehungskraft ausübte, wie die Werke der Alexandriner, Hippolyts und Tertullians erkennen lassen. Danach tritt die antignostische Polemik von christlicher Seite nur noch sporadisch auf, ihr völliges Erlöschen im 4. Jh. beweist, daß die einst so mächtige Bewegung bedeutungslos geworden war. Die eigentliche Tragweite dieses raschen und dauerhaften Sieges liegt darin, daß das kirchliche Christentum gegenüber dem Ansturm des Gnostizismus seine Eigenart als von Christus gestifteter übernatürlicher Lebens- und Glaubensgemeinschaft bewahrte und so der Gefahr entging, im Meer des hellenistischen Synkretismus auf- und unterzugehen.

rapports avec la foi et la philosophie: RSR 37 (1950) 195—251 398—421 537—564, 38 (1951) 82—118; *W. Völker*, Der wahre Gnostiker nach Klemens von Alexandrien (Berlin 1952).

16. Kapitel

Aufstieg und Abwehr des Montanismus

QUELLEN: *P. de Labriolle,* Les sources de l'histoire du Montanisme (Paris 1913); *N. Bonwetsch,* Texte zur Geschichte des Montanismus (Bonn 1914 = KlT 129).
LITERATUR: *P. de Labriolle,* La crise Montaniste (Paris 1913); *W. M. Calder,* Philadelphia and Montanism: BJRL 7 (1923) 309—354; *W. M. Ramsey,* Phrygian Orthodox and Heretics: ByZ 6 (1931) 1—35; *J. Zeiller,* Le montanisme a-t-il pénétré en Illyricum?: RHE 30 (1934) 847—851; *H. Bacht,* Die prophetische Inspiration in der kirchlichen Reflexion der vormontanistischen Zeit: ThQ 125 (1944) 1—18; *G. Freeman,* Montanism and the Phrygian Cults: DomSt 3 (1950) 297—316; *S. S. P. Freeman-Grenville,* The Date of the Outbreak of Montanism: JEH 5 (1954) 7—15; *H. Kraft,* Die altchristliche Prophetie und die Entstehung des Montanismus: ThZ 11 (1955) 249—271; *K. Aland,* Der Montanismus und die kleinasiatische Theologie: ZNW 46 (1955) 109—116 = Kirchengeschichtliche Entwürfe (Gütersloh 1960) 105—111; *ders.,* Augustin und der Montanismus: ebd. 149—164.

Die Auseinandersetzung mit dem Gnostizismus war noch nicht abgeschlossen, als sich im Schoß der Kirche eine neue Bewegung anbahnte, die sich die Selbstbezeichnung „Neue Prophetie" gab. Ihre Gegner nennen sie im Abwehrkampf die „Häresie der Phrygier" und weisen damit auf den geographischen Raum hin, der die Anfänge der Bewegung sah. Erst das 4. Jh. fand für sie die Bezeichnung Montanismus, als man die Rolle, die Montanus bei ihrem Entstehen spielte, hervorheben wollte.

Der Name „Neue Prophetie" stellt treffend die Grundidee dieser innerkirchlichen Strömung in den Vordergrund. Sie greift die seit den Tagen der Urgemeinde bekannte und hochgeschätzte Form des religiösen Enthusiasmus wieder auf, die einzelne Glieder christlicher Gemeinden als besonders begnadete Geistesträger und Propheten erwies, die ihre Gaben in den Dienst eines intensiven Gemeindelebens stellten. Zwar hatten falsche Propheten, Illusionäre und Schwindler unter ihnen hie und da die Prophetie in Mißkredit gebracht und Mißtrauen gegen jedes neue Auftreten solcher Geistträger aufkommen lassen. Auch waren Spannungen zwischen den Geistbegabten und den Trägern der kirchlichen Autorität nicht ausgeblieben, aber das rechte Spannungsverhältnis hatte sich immer wieder eingespielt, da beide Faktoren einander nicht ausschließen mußten. Diesmal jedoch kam es zu einem Zusammenstoß zwischen Prophetie und kirchlicher Autorität, der zum Ausschluß der Anhänger der Bewegung aus der kirchlichen Gemeinschaft führte.

Die Entwicklung der montanistischen Bewegung kennt eine Frühphase, eine Stufe der Modifizierung durch Tertullian und eine Periode des endgültigen Verfalls nach dem Sieg der Kirche. Die Frühphase begann um das Jahr 170, als Montanus in dem Dorfe Ardabau im Grenzgebiet der kleinasiatischen Provinzen Phrygien und Mysien bald nach seiner Taufe in ekstatischer Haltung und eigenartig dunkler Rede den Mitchristen seiner Heimatgemeinde verkündete, er sei Sprachrohr und Prophet des Heiligen Geistes, der jetzt erst durch ihn die Christenheit in alle Wahrheit einführen wolle. Anfangs stand man dieser Botschaft zweifelnd gegenüber, als sich aber zwei Frauen, Priscilla und Maximilla, zu Montanus bekannten und in gleich ekstatischer Weise ihre Prophezeiungen aussprachen und besonders Montanus seinen Anhängern erhöhten Rang im kommenden himmlischen Jerusalem verhieß[90], schwemmte eine Welle enthusiastischen Glaubens die Bedenken hinweg. Es läßt sich zwar kein Zusammenhang zwischen den alten phrygischen Kulten und der Neuen Prophetie nachweisen, eine gewisse Ansprechbarkeit der Bevölkerung des kleinasiatischen Hinterlandes für religiösen Überschwang scheint jedoch vorzuliegen. Der Anfangserfolg der drei Propheten war beträchtlich, obwohl sie sich selbst auf die mündliche Propaganda beschränkten und zunächst kein Schriftsteller von Rang zur Verfügung stand, der die Botschaft der Neuen Prophetie durch seine Schriften der Welt verkündet hätte. Um so wichtiger wurden den Anhängern der Bewegung die Prophezeiungen des Montanus und seiner Begleiterinnen, die man bald sammelte und weitergab. Nur noch wenige dieser *oracula* finden sich bei den antimontanistischen Schriftstellern oder bei Tertullian verzeichnet, so daß man die Berichte der Gegner zu Hilfe nehmen muß, wenn man Antwort auf die Frage nach dem Inhalt der Neuen Prophetie sucht.

Ihr hervorstechendes Charakteristikum ist die *eschatologische Botschaft*, die Wiederkunft des Herrn stehe unmittelbar bevor und mit ihr werde das himmlische Jerusalem in der Ebene bei dem phrygischen Städtchen Pepuza seinen Anfang nehmen. Eine gewisse Bereitschaft für diese Botschaft war in manchen Bezirken des Römerreiches vorhanden, bedingt durch die schweren Belastungen, die Pest, Krieg und soziale Not unter Mark Aurel mit sich brachten. Hippolyt weiß zu berichten, daß ein syrischer Bischof an der Spitze seiner Gemeinde Christus entgegenzog, den er in der Wüste erwarten wollte, und daß ein Bischof im Pontus predigte, ihm sei im Traum offenbart worden, in einem Jahre werde das Weltgericht stattfinden, und man brauche der Schrift nicht mehr zu glauben, wenn seine Verheißung sich nicht erfülle[91]. Wahrscheinlich wäre die montanistische Welle ohne Tiefen- und Fernwirkung geblieben, wenn sie sich auf die Verkündigung ihrer eschatologischen Botschaft beschränkt hätte; mit dem Ausbleiben der Prophezeiung wäre wie in ähnlichen Fällen die Ernüchterung wieder eingekehrt. Aber die Träger der Prophetie zogen aus ihrem Auftrag Folgerungen, die weitreichende Eingriffe in die bisherige Praxis des kirchlichen Gemeindelebens darstellten und die kirchliche Autorität schließlich zwangen, die gesamte Bewegung zu verurteilen.

[90] Epiphanius, Haer. 48, 10; Tertull., De exhort. cast. 10.
[91] Hippol., In Daniel. 4, 18—19.

Es lag nahe, auf das *Fasten* als Mittel der seelischen Vorbereitung auf die Wiederkehr Christi zurückzugreifen, da es längst als Form innerer Heiligung anerkannt und als offiziell geübtes Stationsfasten ebenfalls eschatologischen Motiven entsprungen war[92]. Bisher war es auf zwei Halbtage in der Woche beschränkt und wurde den Gläubigen als frei zu übernehmende Leistung von der Kirche empfohlen. Montanus ging über die bisherige Praxis hinaus, wenn er das Fasten allen Christen als Gebot auferlegte, das keine Unterbrechung gestattete, da die Wiederkunft Christi stündlich Wirklichkeit werden konnte. Als diese ausblieb, hat man das Gebot auf die üblichen Stationsfasten eingeschränkt, es aber bis zum Abend des Fasttages ausgedehnt und noch zwei Abstinenzwochen hinzugefügt, während derer nur der Genuß getrockneter Nahrung gestattet war[93].

Aus eschatologischer Grundeinstellung kam auch die zweite Forderung der montanistischen Propheten, die dem Christen, der auf seinen Herrn wartete, jede *Flucht* vor dem Martyrium untersagte; ein Ausweichen hätte neue Bindung an diese Welt bedeutet, die doch ihrem Ende entgegenging. In ihr hatte auch irdischer Besitz keinen Wert mehr, daher sollte es Montanisten nicht schwer sein, ihr Gold und Silber und ähnliches Gut abzuliefern, um aus ihm ihren Predigern und Propheten ihren Unterhalt zu bestreiten.

Am einschneidendsten mußte sich jedoch die Forderung der montanistischen Führer nach möglichstem *Verzicht auf die Ehe* auswirken, die in ihren Augen am stärksten an diese Welt fesselte. Die beiden Prophetinnen gingen mit gutem Beispiel voran und gaben die eheliche Gemeinschaft mit ihren Männern auf, sie haben offensichtlich die Nachahmung ihres Beispiels als Pflicht hingestellt und den Abschluß einer Ehe in der knappen Zeitspanne vor der Wiederkehr des Herrn verboten. Von Tertullian wird diese Vorschrift später umgewandelt in die Ablehnung der zweiten Ehe. Priscilla hat für die Forderung radikaler sexueller Enthaltsamkeit allerdings noch eine weitere Begründung: sie befähigt besonders zu prophetischen Visionen und Mitteilungen[94].

Den größten Schwung besaß die montanistische Bewegung naturgemäß in ihrer Frühphase. Zu der zahlreichen Anhängerschaft in Phrygien kamen bald Neugründungen montanistischer Gemeinden in Lydien und Galatien. Von den kleinasiatischen Provinzen aus fand sie Eingang in das empfängliche Syrien, wo sie besonders in Antiochien Anhänger gewann; bald tauchte sie auch in Thrakien auf. Überraschend früh hatten die gallischen Gemeinden von Lyon und Vienne Kunde von der montanistischen Bewegung, wie aus Eusebius hervorgeht[95], der einen Briefwechsel zwischen den genannten Gemeinden und „Brüdern“ in Asien und Phrygien kannte, in dem die Bewegung eine Rolle spielte. Unabhängig davon war Bischof

[92] Vgl. *H. Kraft* a. a. O. 258ff. [93] Tertull., De ieiun. 1 2 10. [94] Euseb. HE 5, 18, 3.
[95] Ebd. 5, 3, 4.

Eleutheros von Rom über das Aufkommen der Neuen Prophetie unterrichtet worden, hielt sie aber offensichtlich nicht für eine ernste Gefahr, da er keine Verurteilung aussprach; vielleicht ist er durch die Christen von Lyon in dieser Haltung bestärkt worden, die ihren Presbyter Irenäus mit einem Schreiben nach Rom sandten, das die phrygische Bewegung ebenfalls nicht verwarf. Noch Papst Zephyrin (199—217) beurteilte sie zunächst günstig, da er ihren Anhängern Friedensbriefe zukommen ließ, die Ausdruck der kirchlichen Gemeinschaft waren. Tertullian schreibt den späteren Umschwung in der Haltung Papst Zephyrins dem Einfluß des Kleinasiaten Praxeas zu, der ihn genauer über die Propheten und ihre Kirchen, allerdings in entstellter Form, informiert hätte[96]. Den römischen Bischöfen ist also zunächst die Gefahr verborgen geblieben, die mit der Neuen Prophetie für den Bestand der kirchlichen Organisation und eines geordneten Gemeindelebens gegeben war.

Einen ersten Rückschlag für die weitere Ausbreitung der Bewegung bedeutete der Tod der drei ersten Träger der Prophetie, von denen Maximilla im Jahre 179 starb. Gerade sie hatte verkündet: „Nach mir wird kein Prophet mehr kommen, sondern die Vollendung des Endes.“[97] Manchen bisherigen Anhängern hatte sie mit diesem Ausspruch ein Urteil über die Echtheit ihrer Prophezeiung ermöglicht, das nur negativ sein konnte. Vielleicht wäre die Bewegung rascher verfallen, sicher hätte sich die Auseinandersetzung mit ihr von seiten der Kirche in anderen Formen vollzogen, wenn nicht ein Mann vom Range Tertullians den Weg zu ihr gefunden und ihr wenigstens in der literarischen Diskussion zu erneuter Beachtung verholfen hätte.

Es gibt keine Anhaltspunkte dafür, wann und wie der afrikanische Schriftsteller mit der Neuen Prophetie in Berührung kam. Etwa vom Jahre 205/206 an lassen seine Schriften erkennen, daß er ihre Grundlehre und ihre Forderungen an die Christen nicht nur kennt, sondern auch bejaht. Selbst bei einem Mann von der seelischen Struktur Tertullians möchte man für den Wandel vom Katholiken zum fanatischen Montanisten eine Periode des Ringens annehmen, da sein neuer Glaube ihn in einen aller Welt offenkundigen Gegensatz zu seinen früheren Überzeugungen brachte; nun schmähte er in maßloser Invektive, was er einst verteidigt und glühend verehrt hatte. Was ihn an der Neuen Prophetie besonders ansprach, läßt sich unschwer aus seinen montanistischen Schriften entnehmen. Hier fand er in einigen Fragen der christlichen Lebensgestaltung eine Auffassung, die in ihrer mitleidlosen Strenge gegenüber allem Mittelmaß und Durchschnitt seiner rigoristischen Grundhaltung entsprach, dabei aber in keiner Weise mit der gnostischen Häresie oder mit den falschen Lehren eines Praxeas in Verbindung gebracht werden konnte. Mehr noch zog ihn wohl die Erkennt-

[96] Tertull., Adv. Praxean 1. [97] Epiphan., Haer. 48, 2, 4.

nis an, daß man sich in der montanistischen Form des Christentums für seine Auffassung unmittelbar auf den Heiligen Geist berufen konnte; vor dieser überirdischen Instanz mußte jede andere schweigen, auch der katholische Martyrer, auch die Bischofskirche, auch der Bischof von Rom. Tertullian war allerdings nicht der Charakter, der sich der Neuen Prophetie als ihr kritikloser Diener unterwarf. Er hat ihre Lehrpunkte und ihre Organisationsformen neu durchdacht und in Einzelheiten so stark modifiziert, daß der Montanismus Tertullians durchaus nicht mehr den der ersten Stunde darstellt. Die drei großen Prophetengestalten der Frühphase sind für ihn keine unantastbare Autorität. Er kennt zwar eine Sammlung ihrer prophetischen Aussprüche, aber er verwertet sie sparsam und beruft sich für seine Einsichten lieber direkt auf den Parakleten. Vor allem lehnt er es ab, der Frau in der montanistischen Gemeinde seiner Vorstellung einen Rang einzuräumen, wie ihn etwa Priscilla und Maximilla besaßen; er spricht ihr nicht nur jede priesterliche Funktion ab, sie darf auch nicht lehren und kann beim Gottesdienst nicht auftreten, selbst wenn ihr das Charisma der Prophetie gewährt wurde, das dann nur für den privaten Bereich gilt[98]. Auch rückt er von den allzu konkreten Angaben der Prophetie ab, soweit sie sich auf die Herabkunft des himmlischen Jerusalem beziehen; Pepuza erwähnt er überhaupt nicht. Man hat den Eindruck, daß er die Prophetie von ihrer Bindung an die Persönlichkeiten der Frühphase und von den lokalen Bedingtheiten Kleinasiens lösen und ihr einen universalen Zug geben wollte. Diese Schau wird offenkundig in der neuen heilsgeschichtlichen Begründung, die Tertullian für die Neue Prophetie gibt, zu der weder Montanus noch seine Gehilfinnen fähig waren. Ihre eigentliche Sendung besteht darin, durch das Wirken des Parakleten die Christenheit und Menschheit zur Reife des Mannesalters zu bringen[99]. Die wichtigsten montanistischen Schriften Tertullians[100] vertreten die rigoristischen Forderungen der Prophetie in unverminderter Schärfe und leidenschaftlicher Sprache. Mit einer zuweilen ans Akrobatische grenzenden Sophistik verteidigt er das Verbot, in der Verfolgung zu fliehen, und stellt die eine Ehe als unabdingbaren Befehl des Parakleten hin („secundae nuptiae — adulterium“)[101]; so beweist er auch die Verpflichtung zum Fasten, die die von ihm maßlos beschimpften „Psychiker“ nicht anerkennen wollten. Von schonungsloser Härte gegen die Sünder und Gefallenen ist sein Angriff gegen die Praxis der Kirche in der Bußfrage, die ihn zu einem grundsätzlichen Gegner der Bischofskirche macht und mit dem er sich endgültig von einer auf apostolischer Sukzession gründenden kirchlichen Autorität lossagt. Den Versuch, die christliche Gemeinde seiner Heimat Karthago für die montanistische Bewegung zu gewinnen, mußte er bald aufgeben. Es fällt auf, daß *nach* Tertullian die Quellen zunächst über den

[98] Tertull., De virg. vel. 9. [99] Ebd. 1.
[100] De fuga in persecutione, De monogamia, De ieiunio adversus psychicos, De pudicitia.
[101] De monog. 15.

Montanismus völlig schweigen; aus keinem Werk oder Brief Cyprians vernimmt man auch nur ein fernes Echo. Offensichtlich hat der übersteigerte Rigorismus seines afrikanischen Anwaltes dem Montanismus beim dortigen schlichten Christenvolk keine starke Anhängerschaft gewinnen können. Seine Schriften haben aber doch ohne Zweifel ihre Leser gefunden, dafür bürgt ihre literarische Qualität und die Einmaligkeit ihres Gehaltes. Aber es waren eben nur Leser, keine Bekenner. Kurz vor Augustins Tod schließt sich ein Rest von Tertullianisten der Kirche in Afrika an und bringt ihre Basilika mit in den Besitz der Catholica ein.

Der Abwehrkampf der kirchlichen Autorität gegen die montanistische Bewegung setzte, wie schon gesagt, nur zögernd ein, weil ihr Gegensatz zur christlichen Lebensordnung und zur kirchlichen Tradition erst bei näherem Zusehen offenkundig wurde. Betonung des Fastens, Hervorhebung der Martyriumsbereitschaft und Lob der sittlichen Zucht im Eheleben waren von jeher den Leitern der Gemeinden vertraute Themen ihrer Predigt, selbst die erneuerte Hochschätzung der urkirchlichen Geistbegabung brauchte sie nicht zu alarmieren. Zudem war in der Verkündigung der Neuen Prophetie kein Zusammenhang mit den bisher bekämpften Irrlehren festzustellen. Erst als es klarwurde, daß die genannten echt christlichen Anliegen durch eine maßlose Übersteigerung ihrer eigentlichen Bedeutung so verzerrt wurden, daß sie eine Verfälschung der christlichen Überlieferung darstellten, wurde eine Abwehr unumgänglich notwendig.

Den kleinasiatischen Bischöfen mußte früher oder später das Bedenken aufsteigen, das sich gegenüber jeder enthusiastischen Bewegung einstellt, ob der Anspruch des neuen Prophetentums nicht auf einer Illusion beruhe. Einige von ihnen haben daher versucht, die Echtheit der prophetischen Begnadung genau zu prüfen, sie wurden aber von den Montanisten abgewiesen. Die Beratungen der Bischöfe auf wiederholten Zusammenkünften — es sind die ersten Beispiele solcher Synoden in der Kirchengeschichte überhaupt — kamen zu dem Ergebnis, daß es nicht der Geist Gottes sei, der aus den neuen Propheten spreche; sie seien deshalb mit ihrem Anhang aus der kirchlichen Gemeinschaft auszuschließen. Noch vor der Mitte des 3. Jh. beschäftigte sich eine Synode der Bischöfe in Ikonium mit dieser Frage, Splittergruppen begegnen noch gegen Ende des 4. Jh. in Spanien, am Beginn des 5. Jh. in Rom und im Orient noch bis in das 9. Jh. hinauf.

Die siegreiche Abwehr des Montanismus durch die Kirche hatte für diese Folgen, die ihre Eigenart schärfer hervortreten ließen und ihre Weiterentwicklung mitbestimmten. Dadurch daß sie es ablehnte, das übersteigerte asketische Programm der Montanisten zu einer alle Christen verpflichtenden Norm zu machen, entging sie der Gefahr, zu einer unbedeutenden Sekte von Schwärmern herabzusinken, und bewahrte sich für ihre Aufgabe, allen Menschen die Botschaft Christi zu bringen und sie inmitten jeder kulturellen Umwelt wirksam werden zu lassen. Durch die Ausschaltung des unkontrollierbaren religiösen Subjektivismus mit seinem Anspruch auf die alleinige Führung der Gläubigen, wie ihn die phrygischen Propheten vertraten, sicherte sie der Gemeinschaft der Christen eine objektive Leitung durch die bisherigen Amtsträger, deren Berufung nach sachlichen Kriterien erfolgte. Mit der Absage an eine eschatologische Hoffnung endlich, die ihre Erfüllung in unmittelbarer Nähe glaubte, erhielt sie sich die Möglichkeit, mit sachlichem Blick ihre Gegenwarts- und Zukunftsaufgaben abzuwägen und in Angriff zu nehmen, ihre eigene innere Festigung und ihre weitere missionarische Arbeit im Kulturraum der Spätantike.

17. Kapitel

Die Ausbreitung des Christentums bis zum Ende des 2. Jahrhunderts

LITERATUR: *W. M. Ramsay,* The Church in the Roman Empire before 170 (London [10]1913); *A. v. Harnack,* Mission und Ausbreitung des Christentums in den ersten Jahrhunderten (Berlin [4]1924); *F. J. Foakes-Jackson,* The Rise of Gentile Christianity (to 150) (London 1927); *K. S. Latourette,* A History of the Expansion of Christianity I (New York 1937); *G. Bardy,* La conversion au christianisme durant les premiers siècles (Paris 1949); *B. Kötting,* Christentum (Ausbreitung): RAC II (1954) 1138—1159; *Ph. Carrington,* The Early Christian Church, II: The Second Century (Cambridge 1957); *F. van der Meer - Chr. Mohrmann,* Bildatlas der frühchristlichen Welt (Gütersloh 1959).

Einzelnes: *K. Pieper,* Die Kirche Palästinas bis zum Jahre 135 (Köln 1938); *C. Korolevsky,* Antioche: DHGE III 563—572; *V. Schultze,* Altchristliche Städte und Landschaften, III: Antiochien (Gütersloh 1930); *J. Kollwitz,* Antiochien: RAC I 461—469 *I. Ortiz de Urbina,* Le origini del cristianesimo in Edessa: Gr 15 (1934) 82—91; *H Leclercq,* Edesse: DACL IV 2055—2110; *E. Kirsten,* Edessa: RAC IV 568—572; *M. Höfner,* Arabien: RAC I 579—585; *R. Devreesse,* Le christianisme dans la province d'Arabie: Vivre et penser 2 (1942) 110—146; *N. Edelby,* La Transjordanie chrétienne des origines aux croisades: PrOrChr 6 (1956) 97—117; *A. Böhlig,* Ägypten: RAC I 128—138; *E. R. Hardy,* Christian Egypt (New York 1952). *H. I. Bell,* Cults and Creeds in Greco-Roman Egypt (Liverpool 1954) 78—105; *H. Leclercq,* Rome: DACL XIV/2 2546—2567; *G. de la Piana,* The Roman Church at the End of the Second Century: HThR 18 (1925) 201 ff; *A. Audollent,* Afrique: DHGE I 706—712; *A. M. Schneider,* Afrika: RAC I 173—179; *J. Mesnage,* L'Afrique chrétienne (Paris 1912); *C. Cecchelli,* Africa christiana — Africa Romana (Rom 1936); *J. Ferron,* Carthage chrétienne: DHGE XI 1178—1187; *W. H. C. Frend,* The 'seniores laici' and the Origins of the Church of North Africa: JThS NS 12 (1961) 280—284; *E. Griffe,* La Gaule chrétienne I (Paris 1947) 7—50.

Die Frage nach der Ausbreitung des Christentums im 2. Jh. lenkt den Blick zunächst wieder nach *Palästina.* Der Jüdische Krieg des 1. Jh. hatte der missionarischen Tätigkeit der Jerusalemer Gemeinde und der Christen im Lande ein vorläufiges Ende gesetzt. Manche der nach dem ostjordanischen Pella geflohenen Christen werden nicht nach Palästina zurückgekehrt sein, den Heimkommenden stellte sich die Aufgabe eines Neuaufbaues des Gemeindelebens in und außerhalb Jerusalems, so daß mit den Jahren 73/74 eine neue

Periode des palästinischen Judenchristentums begann. Sein Zentrum war wieder Jerusalem, wo Bischof Simeon bis zu seinem Martyrium etwa 107 n. Chr. der Gemeinde vorstand[102]. Über ihre Größe machen die Quellen nur vage Angaben; immerhin ist eine Bemerkung des Eusebius beachtenswert, wonach bis zum Tode Simeons „sehr viele aus der Beschneidung zum Glauben an Christus“ [103] gekommen wären. Das setzt voraus, daß auch die neue Gemeinde, wie ihre Vorgängerin, missionarisch tätig war; es hatten sich ja wieder Juden in größerer Zahl nach der Katastrophe der 70er Jahre in der Stadt niedergelassen, denen aber jetzt ein Tempel als Mittelpunkt ihres kultischen Lebens fehlte. Hegesipp weiß, daß es in dieser Phase auch Christen außerhalb Jerusalems, vor allem in Galiläa, gab, seine Nachricht wird durch rabbinische Quellen bestätigt[104]. Die Missionsarbeit der Christen begegnete freilich enormen Schwierigkeiten. Sie sahen sich zunächst einmal zu Auseinandersetzungen mit dem heterodoxen Judenchristentum genötigt, das zum Teil die Heilsnotwendigkeit des Gesetzes für alle Christen weiter behauptete, Jesus von Nazareth zwar als großen Propheten, aber nicht als Messias und Gottessohn anerkannte; überdies war es gnostischen Gedanken zugänglich geworden, wie sie etwa von Simon Magus, Dositheos, Menander und Kerinth vertreten wurden[105]. Besonders Samaria stand unter dem Einfluß Simons und Menanders und bot der christlichen Mission nur geringe Wirkungsmöglichkeiten[106]. Einer entschiedenen Gegnerschaft begegneten die Christen vor allem bei dem orthodoxen Judentum des damaligen Palästina, die auf einem tiefen Haß gegen die Abtrünnigen beruhte, die sich vom Sabbat losgesagt hatten und den weiter als Messias verkündeten, der von den Juden ans Kreuz geschlagen worden war[107]. Nach dem Zeugnis Justins[108] wurde dieser Haß nicht nur bewußt in den palästinischen Synagogen genährt, er führte auch zu einer starken missionarischen Gegenaktion; von Palästina sandten die Juden ihrerseits „auserwählte Männer“ aus, die überall, vor allem wohl in den Schwerpunkten der jüdischen Diaspora, der Ausbreitung des christlichen Glaubens entgegenarbeiten sollten. Aus christenfeindlichen Kreisen Palästinas kam auch die Denunziation gegen Bischof Simeon, der beim Prokonsul Atticus als Nachkomme Davids und als Christ angezeigt und im Jahre 107 im Sinne des späteren Trajanischen Reskriptes nach standhaftem Bekenntnis gekreuzigt wurde[109]. Der Zugang vom Heidentum her ist in Palästina wohl nie bedeutend gewesen; als einziger Heidenchrist wird der Bibelübersetzer Aquila genannt, der nach dem späten Bericht des Epiphanius der Jerusalemer Gemeinde beitrat, wegen heidnisch-aber-

[102] Euseb. HE 3, 32, 1—3. [103] Ebd. 3, 35.

[104] Ebd. 3, 20, 6; 3, 32, 6; vgl. A. *Schlatter*, Die Geschichte der ersten Christenheit (Gütersloh 1927) 363.

[105] *J. Daniélou*, La théologie du Judéo-Christianisme (Paris 1958) 67—89.

[106] Justin., Dial. 120, 6; Apol. 26 und 56. [107] Euseb. HE 3, 27, 5.

[108] Justin., Dial. 133, 6; 137, 2; 17, 1; 108, 2. [109] Euseb. HE 3, 32, 3—6.

gläubiger Neigungen aber wieder ausgeschlossen wurde[110]. Wie der Jüdische Krieg für die Urgemeinde, so bedeutet der Bar-Kochba-Aufstand der Jahre 132—135 das Ende der 2. Periode des palästinischen Judenchristentums und damit auch das Aufhören der missionarischen Arbeitsmöglichkeit unter den Juden Palästinas. Vielen Judenchristen brachte eine Verfolgung durch den Führer des Aufstandes den Tod[111], andere flohen wiederum nach dem Ostjordanland. Da in der an Stelle Jerusalems erbauten Stadt Aelia Capitolina keinem Angehörigen der jüdischen Rasse der Aufenthalt gestattet war, konnte sich eine Christengemeinde hier nur aus ehemaligen Heiden rekrutieren. Ihr erster Bischof Markus war denn auch, wie Eusebius weiß, Grieche, ebenso tragen seine Nachfolger bis zur Mitte des 3. Jh. griechische oder römische Namen[112]. Die heidenchristliche Gemeinde Jerusalems hat im weiteren Verlauf des 2. Jh. keine besondere Rolle gespielt, der Bischofssitz von Aelia rangierte gegen Ende des Jh. nach dem von Cäsarea. Auch im übrigen Palästina waren die Christen jetzt hauptsächlich Griechen, die aber fast nur in den Städten nachweisbar sind. Eine Christianisierung der jüdischen Landbevölkerung scheiterte vor Konstantin weitgehend an der entschiedenen Ablehnung alles Christlichen[113].

Im anschließenden *Syrien* behalten die Christengemeinden aus apostolischer Zeit in den Städten ihre Bedeutung oder steigern sie. So dürften etwa die Christen in Damaskus, Sidon und Tyrus im Lauf des 2. Jh. an Zahl zugenommen haben, während das phönikische Hinterland noch weitgehend heidnisch blieb. Vor allem gewann das Christentum in seinem frühesten wichtigen Missionszentrum Antiochien sehr an Ansehen durch seinen Bischof Ignatius und konnte neue Mitglieder für die Gemeinde unter der griechisch redenden Bevölkerung gewinnen. Für die missionarische Tätigkeit unter der heidnischen Oberschicht zeugt die Verteidigungs- und Werbeschrift des Bischofs Theophilos, die er bald nach 180 an Autolykos richtet[114]. Missionarisches Neuland erschloß sich der christlichen Religion in der ersten Hälfte des 2. Jh. in der ostsyrischen Landschaft Osrhoëne, als der Judenchrist Addai in Edessa und seiner näheren Umgebung zu wirken begann. Seine Arbeit wurde fortgesetzt von dem späteren Martyrer Aggai und den Leitern der edessenischen Gemeinde Hystaspes und Aggai, deren letzterer den 179 zum Christentum übergetretenen Bardesanes wegen gnostischer Irrlehren aus ihrer Mitte ausschließen mußte. Die Existenz von Christen zwischen Nisibis und Euphrat wird durch die Aberkiosinschrift[115] für die zweite Hälfte des Jahrhunderts nahegelegt. Damals entstanden weitere Gemeinden um Edessa, für die gegen Ende des Jahrhunderts ein gewisser organisatorischer Zusammenschluß vorausgesetzt werden muß, als eine Synode

[110] Epiphanius, De mensuris 14—15; Irenaeus, Adv. haer. 3, 21; 1 nennt ihn einen Proselyten.

[111] Justin., Apol. 31. [112] Euseb. HE 4, 6, 4. [113] Vgl. *A. v. Harnack*, Mission 638—643.

[114] Siehe oben Kap. 14. [115] Vgl. *I. Ortiz de Urbina:* Gr 15 (1934) 84—86.

in Edessa die Frage des Ostertermins beriet[116]. Für diese Gemeinden mag Tatian nach 160 sein Diatessaron geschaffen haben. Der um 190 in Antiochien für Edessa geweihte Bischof Palut läßt das Interesse Antiochiens an diesem hoffnungsvollen Missionsgebiet erkennen, das auch früh von verschiedenen Häretikern umworben wurde. Die oft angenommene frühe Bekehrung des Königshauses und die Erhebung des Christentums zur Staatsreligion noch im 2. Jh. bleibt jedoch fraglich[117]. Das bei der Überschwemmung des Jahres 201 zerstörte christliche Gotteshaus von Edessa weist auf ein entwickeltes Gemeindeleben hin, für das Bardesanes die regelmäßige Zusammenkunft an Sonntagen und das Fasten an bestimmten Tagen als charakteristisch bezeichnet[118]. Es ist kennzeichnend für die Missionstätigkeit der jungen syrischen Kirche, daß sie sich nicht auf die Poleis beschränkte, sondern sich von früh an auch um die Christianisierung des Landvolkes bemühte. Von Edessa aus drang das Christentum durch den Missionar Addai schon weiter nach Osten bis Mesopotamien vor.

Während Südarabien noch für längere Zeit keine Christen aufzuweisen hat, liegen für das nördliche Arabien oder *Transjordanien* einige Anhaltspunkte dafür vor, daß das Christentum hier schon im 1. und 2. Jh. bekannt wurde. „Araber" sind unter den Juden und Proselyten vertreten, die am ersten Pfingstfest in Jerusalem weilten (Apg 2, 11). Vermittler des christlichen Glaubens konnten auch Judenchristen sein, die aus Jerusalem und Palästina in das Ostjordanland geflohen waren. Der dortigen Gemeinde von Pella gehörte der Apologet Ariston an, der kurz vor der Mitte des 2. Jh. seinen „Dialog zwischen Jason und Papiskos über Christus" schrieb[119]. Vor dem 3. Jh. dürften aber nur Einzelübertritte von Arabern vorgekommen sein, am ehesten in Städten wie Bostra, die mit dem Hellenismus in Berührung gekommen waren. Die Anfänge der Christianisierung Ägyptens bleiben trotz zahlreicher Papyrifunde aus dem 1. und 2. Jh. im dunkeln. Da die Nachricht von der Gründung der ägyptischen Kirche durch Petrus auf späterer Legendenbildung beruht[120], dürften die Fragmente des Johannesevangeliums auf Papyri vom Anfang des 2. Jh. die ältesten Belege für das Vorhandensein von Christen auf ägyptischem Boden sein[121]. Man wird damit rechnen müssen, daß die gnostische Mission hier stärkere Anfangserfolge hatte als das orthodoxe Christentum, das erst in den beiden letzten Jahrzehnten des 2. Jh. deutlicher in Alexandrien in Erscheinung tritt. Mit Pantainos wird der erste christliche Lehrer genannt, der durch seinen Unterricht für den neuen Glauben wirbt, mit Bischof Demetrios wird um 190 der bereits ansehnlichen Gemeinde ein Leiter gegeben, der zielbewußt den Aufstieg des 3. Jh. vorbereitet.

[116] Euseb. HE 5, 23, 4. [117] *I. Ortiz de Urbina* a. a. O. 86—91.
[118] Vgl. *H. H. Schaeder,* Bardesanes von Edessa: ZKG 51 (1932) 21—74, bes. 72.
[119] *Quasten P* I 195f. [120] Euseb. HE 2, 16. [121] Siehe oben Kap. 7 Anm. 4.

Neben der Landschaft Osrhoëne waren es die Bewohner der *kleinasiatischen Provinzen,* die sich am stärksten von der christlichen Missionspredigt des 2. Jh. ansprechen ließen. Sowohl im kleinasiatischen Binnenland wie an der Westküste konnte die Verkündigung des Glaubens auf den von Paulus gelegten Grundlagen weiterbauen. Schon um die Wende zum 2. Jh. weisen eine Reihe von Städten im Westen organisierte Gemeinden auf (Apk 2—3), die zu den paulinischen Gründungen hinzugekommen waren. Über diese hinaus hat Ignatius von Antiochien Verbindung mit den Gemeinden von Magnesia und Tralles. Besonderes Gewicht kommt dem Zeugnis des Plinius zu, der um 112 für die Provinz Bithynien eine stark christlich gewordene Landbevölkerung kennt[122]. In den folgenden Jahrzehnten häufen sich die Namen der kleinasiatischen Städte, in denen das Christentum Fuß gefaßt hat; sie verteilen sich auf fast alle Provinzen[123]. Der Briefverkehr des Bischofs Dionys von Korinth, über den Eusebius einen instruktiven Bericht gibt[124], erstreckt sich auf eine Reihe kleinasiatischer Gemeinden wie Nikomedien, Amastris und die „Gemeinden im Pontus" und läßt ein wohlorganisiertes Christentum erkennen, das auf den Synoden der achtziger Jahre der montanistischen Bewegung wirkungsvoll entgegentreten kann[125]. Bischof Polykrates von Ephesus kann auf eine glorreiche christliche Tradition seiner Gemeinde hinweisen, der ihr einen besonderen Rang unter den Gemeinden der Westküste sichert[126]. Auf Kreta sind jetzt die Gemeinden von Gortyn und Knossos namentlich bekannt, wie aus der Korrespondenz des Dionys von Korinth hervorgeht[127], während über das Wachstum der paulinischen Gründungen in Kilikien und auf Zypern für das 2. Jh. keine Nachrichten vorliegen. Gegenüber der raschen Ausdehnung des Christentums im kleinasiatischen Raum sind in diesem Zeitraum die ebenfalls von Paulus missionierten Gebiete Griechenlands und Makedoniens offensichtlich zurückgeblieben. Korinth überragt jetzt alle übrigen Gemeinden durch ein intensives Leben, das unter Bischof Dionys einen Höhepunkt auch in kirchenpolitischer Beziehung erreicht. Athen gibt der Kirche in dieser Zeit den Apologeten Aristides. Über Christianisierungsversuche in den Donauprovinzen schon im 2. Jh. liegen keine zuverlässigen Nachrichten vor, der eine oder andere Christ unter den Soldaten der hier stationierten Legionen mag in einzelnen Fällen seinem Glauben neue Anhänger gewonnen haben[128].

Im lateinischen Westen darf die Christenheit *Roms* das stärkste Wachstum als Einzelgemeinde für sich beanspruchen. Der Brief des Bischofs Klemens an die Gemeinde von Korinth läßt erkennen, daß trotz der Neronischen und Domitianischen Verfolgung das Evangelium bis zum Ende des 1. Jh. wieder zahlreiche Gläubige gefunden hat, die aber noch mehrheitlich

[122] Plinius min., Ep. 10, 96. [123] *Harnack,* Mission 737 f. [124] Euseb. HE 4, 23, 1—13.
[125] Ebd. 5, 16, 10.
[126] Ebd. 5, 24, 1—6, dazu V. *Schultze,* Altchristliche Städte und Landschaften II/2 (Gütersloh 1926) 107 f. [127] Euseb. HE 4, 23, 5 7—8. [128] Vgl. RAC IV 166 f.

Nichtrömer gewesen sein dürften[129]. Das Ansehen der Gemeinde geht aus der starken Anziehungskraft hervor, die sie auf Christen der östlichen Provinzen ausübt; Ignatius von Antiochien bedenkt sie in seinem Römerbrief, wie bereits erwähnt, mit den ehrendsten Ausdrücken; Markion, Aberkios, Hegesipp und Irenäus, Valentin und Theodotos, Justin, Tatian und Polykarp von Smyrna reisen aus verschiedenen Motiven nach der Hauptstadt im Westen; die einen, um Anerkennung ihrer Sonderlehren zu erreichen, andere, um hier die unverfälschte christliche Lehre kennenzulernen oder um im Interesse des kirchlichen Friedens zu arbeiten. Einen Blick in das kirchliche Leben mit seinen Alltagsproblemen gewährt der noch griechisch schreibende Hermas, während mit Bischof Viktor gegen Ende des 2. Jh. das lateinische Element in den Vordergrund rückt[130]. Ein ausgesprochen missionarisches Ziel setzt sich der gebildete Grieche Justin in Rom, wenn er nach Art antiker Lehrer in einer Schule den interessierten Gebildeten der Hauptstadt „die wahre Philosophie" vermitteln will. Die reiche karitative Tätigkeit, die die römische Gemeinde in der zweiten Jahrhunderthälfte ausüben kann[131], läßt auf eine beachtliche Mitgliederzahl schließen. Für ein Vordringen des Christentums im übrigen Italien gibt es für das 2. Jh. nur spärliche Anhaltspunkte; man sollte eigentlich mit dem einen oder anderen missionarischen Vorstoß von der Hauptstadt her rechnen dürfen, es sei denn, die Tatsache, daß die Mehrheit der Gemeinde sich aus Nichtlateinern zusammensetzte, erschwerte ein derartiges Unternehmen allzusehr. Am ehesten ist noch mit dem Entstehen einiger Bischofssitze südlich von Rom für die zweite Jahrhunderthälfte zu rechnen.

Während Sizilien allem Anschein nach vor dem 3. Jh. nicht von der christlichen Missionstätigkeit erfaßt wurde, fand diese im römischen *Nordafrika* schon relativ früh ein dankbares Wirkungsfeld. Keine Nachricht verrät allerdings Namen und Weg der ersten Missionare. Das erste Dokument, das von nordafrikanischen Christen Kunde gibt, die Akten der Martyrer von Scili[132], setzt bereits ein lateinisches Christentum voraus; denn die sechs Christen, die im Juli 180 hingerichtet werden — ein späterer Zusatz zu den Akten läßt ersehen, daß noch weitere Christen aus der Provinz der Verfolgung zum Opfer fielen —, besitzen offensichtlich schon die Paulusbriefe in lateinischer Sprache. Ansatzpunkt für das Entstehen einer größeren christlichen Gemeinde war naturgemäß die Hauptstadt Karthago, in der die katechetische und schriftstellerische Tätigkeit Tertullians um die Wende zum 3. Jh. ein Ausmaß erreicht hat, wie es nur im Rahmen einer auch zahlenmäßig starken christlichen Gruppe möglich ist. Die Art, in der der Römer Scapula um

[129] Die Papstliste — vgl. *Harnack*, Mission 818—832 — weist überwiegend griechische Namen für diese Zeit auf.

[130] Hieronymus, De vir. ill. 53.

[131] Dionys von Korinth dankt der römischen Gemeinde für die Unterstützung vieler Gemeinden: Euseb. HE 4, 23, 10. [132] *Knopf-Krüger*[3] 28 f.

dieselbe Zeit gegen die Christen vorgeht[133], zwingt ebenfalls zur Annahme einer schon länger existierenden größeren Schar von Christen in Nordafrika. Wenn schließlich Bischof Agrippinus um 220 bereits 70 Bischöfe zu einer Synode zusammenrufen kann[134], so läßt das eindeutige Rückschlüsse auf eine weiter zurückreichende intensive Missionsarbeit auch auf dem Lande zu. Nordafrika ist das einzige größere Gebiet des lateinischen Westens der Zeit, das sich mit den Missionsfeldern Ostsyrien und Kleinasien in etwa vergleichen läßt.

Den Handelsbeziehungen Kleinasiens zur Südküste *Galliens* verdankt die Bevölkerung der Rhonemündung und des mittleren Rhonetales die erste Berührung mit dem Christentum. Für die alte Griechensiedlung Massilia dürfte sie ziemlich früh anzusetzen sein[135]. Die zahlenmäßige Stärke der Gemeinden von Lyon und Vienne, die im Bericht über das Martyrium von 40—50 Christen dieser Städte unter Mark Aurel faßbar wird, setzt ebenfalls eine längere Entwicklung voraus. Irenäus von Lyon kann als Missionsbischof gelten, dem auch die keltische Bevölkerung seiner gallischen Wahlheimat am Herzen lag; sicher war er auf ihre Christianisierung bedacht, wenn ihm auch nach eigener Andeutung dabei die Sprachenfrage Schwierigkeiten machte[136]. Ihm verdanken wir auch die Kenntnis von der Existenz von Christengemeinden zu seiner Zeit „in den Germanien", also wohl in den rheinischen Provinzen mit ihren Zentren Köln und Mainz, und „in den spanischen Provinzen"[137]. Wenn das Christentum aber schon bis in die Grenzorte am Rhein vorgedrungen ist, dann sicher nach dem rückwärts gelegenen viel verkehrsreicheren Trier, dessen Beziehungen zu den Städten des Rhonetales auch auf den Weg hinweisen, der für seine Wanderung an die Mosel anzunehmen ist.

Der hier gebotene Überblick über die Ausbreitung des christlichen Glaubens im Verlauf des 2. Jh. vermittelt eindeutig den Eindruck, daß der missionarische Schwung der Urkirche frisch und lebendig geblieben ist. Auf den ursprünglich apostolischen Missionsfeldern wird intensiv weitergearbeitet, mit großem Erfolg auf dem paulinischen Missionsgebiet Kleinasiens. Neue Räume werden dem Christentum vor allem erschlossen in Ostsyrien und Mesopotamien im Osten, in Nordafrika, Gallien, Germanien und Spanien im Westen. Die Träger des Missionsgedankens und der missionarischen Verkündigung sind in ersten Linie die Einzelgemeinden und der Enthusiasmus des einzelnen Christen, eine zentrale Lenkung und Organisation der Missionsarbeit ist noch nicht erkennbar. Die Missionare sind dem Namen nach meist unbekannt. Neben der aus der apostolischen Periode bekannten Missionspredigt werden neue Formen der Verkündigung angewandt. Ein-

133 Tertull., Ad Scapul. passim. 134 Cyprian, Ep. 71, 4.

135 *E. Griffe*, La Gaule chrétienne I (Paris 1947) 45.

136 Irenaeus, Adv. haer., praef. 1, 3, dazu *E. Griffe* a. a. O. 43.

137 Irenaeus, Adv. haer. 1, 10, 2.

mal ist es das geschriebene Wort, das besonders intensiv von den apologetischen Schriftstellern des 2. Jh. bewußt auf propagandistisch-missionarische Ziele ausgerichtet wird. Dann bedienen sich einige Christen der Möglichkeiten, die ihnen das antike Bildungswesen bietet; im Rahmen privater Schulen treten sie als Lehrer auf und werben für den christlichen Glauben. Schließlich wird die heroische Haltung der christlichen Martyrer und Bekenner in den Verfolgungen zu einem missionarischen Faktor ersten Ranges, der dem Christentum eine wenn auch zahlenmäßig nicht allzu große, aber innerlich hochwertige Schar neuer Anhänger zuführt.

ZWEITER TEIL

Die frühchristliche Großkirche

(ca 180—324)

ALLGEMEINE LITERATUR: *A. Ehrhard,* Die Kirche der Märtyrer (München 1932); *Fliche-Martin* II; *Lietzmann* II 219—329, III 1—67. Zum Imperium Romanum im 3. Jh.: *M. Besnier,* L'empire romain de l'avènement des Sévères au concile de Nicée (Paris 1937); The Cambridge Ancient History XII (Cambridge 1939); *E. Kornemann,* Weltgeschichte des Mittelmeerraumes II (München 1949) 174—288; *F. Altheim,* Niedergang der alten Welt, II: Imperium Romanum (Frankfurt a. M. 1952). — *J. Geffcken,* Der Ausgang des griechisch-römischen Heidentums (Heidelberg [2]1929).

Die Wende zum 3. Jh. leitet die Periode der frühchristlichen Kirche ein, in der sie sowohl nach der äußeren Ausbreitung wie nach ihrem inneren Ausbau endgültig zur *Großkirche* wird. Sie gewinnt in einem Zeitraum von etwa 130 Jahren trotz der Belastung durch mehrere ernste Verfolgungswellen inmitten einer von politischen Krisen erschütterten und von religiösen Strömungen erregten Welt eine solch innere Festigung im Organisatorischen, in ihren Kultformen, im Alltagsleben ihrer Gemeinden, in der Zielsetzung ihrer Theologie, daß sie bei der Gewinnung der äußeren Freiheit ohne Zögern die Aufgaben in Angriff nehmen kann, die ihr die neue, zukunftsträchtige Situation stellt.

Zunächst gelingt ihr bis zum Beginn des 4. Jh. im Innern des Römischen Reiches der entscheidende *missionarische Durchbruch,* der den schon vorhandenen und neuentstehenden Gemeinden eine zahlenmäßige Stärke verleiht, die auch durch einen gezielten Angriff nicht mehr wesentlich geschwächt werden kann. Organisatorisch wird dieses Wachstum bewältigt durch die Ausbildung großer Kirchenverbände, die sich um bestimmte Vororte entwickeln, wie um Antiochien in Syrien, Alexandrien in Ägypten, Ephesus in Kleinasien, Cäsarea im Pontus, Karthago in Nordafrika und Rom mit dem übrigen lateinischen Westen. Von diesen Vororten entwickelt Rom unter Bischöfen wie Kallist, Stephan und Dionys im lehramtlichen Bereich eine bemerkenswerte Initiative, die eine immer bewußter empfundene Führungspflicht und einen ihr entsprechenden Führungsanspruch innerhalb der Großkirche erkennen läßt.

Im innerkirchlichen Raum werden allenthalben neue Formen in *Liturgie* und *Gemeindeleben* entwickelt, die für die Intensität christlichen Existenzwillens zeugen. Ein ausgebildetes Katechumenatswesen läßt den wachen Sinn der Seelsorger für die Bedeutung einer gediegenen Einführung in die sakramentale Welt des Christentums erkennen. Die Differenzierung der unteren Weihegrade verrät die Anpassungsfähigkeit des Klerus an die gewachsenen Anforderungen der Seelsorge. Die Erschütterung durch die hohe Zahl der Abgefallenen in der Decischen Verfolgung führt zu heilsamer Selbstbesinnung und zur Ordnung der Bußpraxis. Das Aufkommen des Asketenstandes und der frühen Einsiedlerbewegung beweist den Ernst christlichen Vollkommenheitsstrebens und legt den Grund für das Aufblühen des Mönchtums im 4. Jh. Verschiedene Kirchenordnungen dienen der Sicherung liturgischer Formen im Leben der Gemeinden, darüber hinaus entwickeln sich die für die großen Kirchenverbände charakteristischen Eigenliturgien wenigstens im Ansatz. Die sich entfaltende *christliche Kunst* weist auf die wachsende innere Sicherheit christlichen Lebensgefühls hin.

Die nachhaltigste Wirkung ging von der Weiterentwicklung der christlichen *Theologie* im 3. Jh. aus, die neue Impulse von ihren heidnischen, literarisch tätigen Gegnern wie von innerchristlichen Auseinandersetzungen erhielt. Die Begegnung mit dem mittleren Platonismus erwies sich als besonders fruchtbar, da sie zur Entstehung der theologischen Schule Alexandriens beitrug, die in Origenes ihre überragende schöpferische Begabung erhielt. Die Bibel gewinnt durch die Alexandriner und Antiochener ihre zentrale Stellung in der theologischen Arbeit und wird bereits in großen Kommentaren in ihrer Bedeutung für Glauben und religiöses Leben erklärt. Die trinitarische Frage rückt in den Mittelpunkt einer wichtigen theologischen Diskussion, die den monarchianischen Lösungsversuch zwar zurückweist, ihm aber einen Subordinatianismus gegenüberstellt, der die Keime für die große dogmatische Auseinandersetzung des 4. Jh. in sich birgt.

ERSTER ABSCHNITT

Die innere Festigung der Kirche im dritten Jahrhundert

18. Kapitel

Der Angriff der heidnischen Staatsgewalt auf die Organisation der Kirche. Die Verfolgungen unter Septimius Severus, Decius und Valerian

QUELLEN: wie oben zu Kap. 9. Die Martyrerakten werden in den Anmerkungen genannt.

LITERATUR: *K. Bihlmeyer,* Die syrischen Kaiser zu Rom und das Christentum (Rottenburg 1916); *L. Homo,* Les empereurs romains et le christianisme (Paris 1931); *A. Quacquarelli,* La persecuzione secondo Tertulliano: Gr 31 (1950) 562—589.

Zu Septimius Severus: *A. Calderini,* I Severi (Bologna 1949); *M. Fluß:* Pauly-Wissowa A2 (1923) 1940—2002; *M. Platnauer,* Life and Reign of Septimius Severus (Oxford 1918); *U. Instinsky,* Studien zu Septimius Severus: Klio 35 (1942) 200—219. — *J. Straub,* Caracalla: RAC II 893—901 (Lit.); *K. Groß,* Elagabal: RAC IV 998—1000; *J. Straub,* Alexander Severus: LThK² I 312f; *A. Alföldi,* Der Rechtsstreit zwischen der römischen Kirche und dem Verein der popinarii: Klio 31 (1938) 249—253.

Zu Decius: *K. Groß:* RAC III 611—629. Als Quellen wichtig Cyprian, De lapsis und epist. 5—43, 55—56, 65—67; Dionys von Alexandrien bei Euseb. HE 6, 39—42, dazu *H. Delehaye:* AnBoll 40 (1922) 9—17; *E. Liesering,* Untersuchungen zur Christenverfolgung des Kaisers Decius (Diss. Würzburg 1933); *A. Alföldi:* Klio 31 (1938) 323—348; *Ch. Saumagne,* La persécution de Dèce à Carthage d'après la correspondance de s. Cyprien: Bulletin soc. nat. antiquaires de France (1957) 23—42. Texte der libelli: POr IV 2; XVIII 3; RB 54 (1947) 365—369. Dazu *R. Knipfing:* HThR 16 (1923) 345—390; *A. Bludau:* RQ Suppl. 27 (1931).

Zur Valerianischen Verfolgung: *P. Franchi de' Cavalieri:* SteT 9 (1902) 39—51, 27 (1915) 65—82, 33 (1920) 147—178, 65 (1935) 129—199; *P. Paschini,* La persecuzione di Valeriano: Studi Romani 6 (Rom 1958) 130—137.

Mit dem Begründer der syrischen Dynastie *Septimius Severus* (193—211) schien für das Christentum eine Phase ungestörter innerer und äußerer Entfaltungsmöglichkeiten zu beginnen, da dieser Kaiser schon bald nach seinem Regierungsantritt gegenüber einzelnen Christen ein offenkundiges Wohlwollen bewies. Sein Zeitgenosse und afrikanischer Landsmann Tertullian gibt für diese Einstellung des Kaisers eindeutige und eindrucksvolle Belege[1]. Christen haben wie unter Commodus am Hof einflußreiche Posi-

[1] Tertullian, Ad Scap. 3—4.

tionen inne; so lebt Proculus, der den Kaiser einmal in einer Krankheit heilen konnte, bis zu seinem Lebensende im Palast, und der Prinz Caracalla hat eine Christin als Amme. Männer und Frauen aus römischen Senatorenfamilien, deren Zugehörigkeit zum christlichen Bekenntnis dem Kaiser nicht verborgen war, nahm er öffentlich gegen Anpöbelungen der Menge in Schutz und trat für ihre Loyalität ein. In seiner Toleranz mag der Kaiser bestärkt worden sein durch die syrischen Prinzessinnen, die im Gefolge seiner Gattin Julia Domna an den Hof kamen und allen religiösen Strömungen, besonders solchen orientalischer Herkunft, sympathisch gegenüberstanden. Für die Freiheit des Christentums in den ersten Jahren seiner Regierung spricht ferner, daß sich die Bischöfe um das Jahr 196 ungehindert zu Synoden zusammenfinden konnten, auf denen die Frage des Ostertermins behandelt wurde[2]. Gewiß sind auch damals Prozesse gegen einzelne Christen möglich, weil die rechtliche Situation, die das Trajanische Reskript geschaffen hatte, nicht aufgehoben wurde; das Vorkommen solcher Prozesse veranlaßt wohl auch Tertullian, um 197 seinen *Liber apologeticus* zu schreiben. Erst im zehnten Jahre seiner Regierung ändert sich die Einstellung des Kaisers so entscheidend, daß sich eine völlig neue Lage für das Christentum ergibt.

Im Jahre 202 erscheint ein Erlaß des Septimius, der den Übertritt zum Judentum und zur christlichen Religion unter schwere Strafe stellt[3]. Damit war das Trajanische Prinzip des *conquirendi non sunt* praktisch aufgegeben, da die neue Verordnung sich nur durchführen ließ, wenn sie mit einer polizeilichen Überwachung der kirchlichen Tätigkeit verbunden war. Nicht mehr der einzelne Christ war jetzt von einer Anzeige bedroht, sondern die Kirche als Organisation war getroffen; jede Tätigkeit, die auf das Werben neuer Mitglieder gerichtet war, konnte geahndet werden; jede missionarische Arbeit war unmöglich gemacht, das Christentum innerhalb des Reiches sollte langsam aussterben. Der Umschwung in der Haltung des Kaisers läßt sich nur begreifen, wenn er inzwischen erkannt hatte, daß Christen nicht als einzelne Persönlichkeiten eine neue religiöse Überzeugung gewonnen hatten, sondern daß diese Überzeugung sie in immer stärker wachsenden Gemeinden zu einer universalen, organisierten Glaubensgemeinschaft von starker innerer Widerstandskraft zusammenschloß, die ihm aus staatspolitischen Überlegungen bedenklich scheinen mochte. Er glaubte dieser Gefahr zu begegnen, wenn er den Lebensnerv der Kirche durchschnitt und ihr jedes weitere Wachstum unmöglich machte. Manche Stimmen aus dem christlichen Bereich, die den Militärdienst für Christen

[2] Euseb. HE 5, 23—25.

[3] Spartianus, Septim. Sever. 16, 9: *Iudaeos fieri sub gravi poena vetuit. idem etiam de Christianis sanxit.* Die Echtheit des letzten Teiles wird von *Schwarte* a. a. O. bestritten.

ablehnten[4], mochten Septimius in der Überzeugung von der Gefährlichkeit der christlichen Religion für den Bestand der staatlichen Ordnung ebenso bestärken wie die radikale Opposition der Montanisten gegen alles, was diese Ordnung anging. Es sind die Sorgen seiner unmittelbaren Gegenwart, die Cassius Dio ausspricht, wenn er Augustus durch Maecenas mahnen läßt, die zu verabscheuen und zu bestrafen, welche fremde Gewohnheiten in die heimische Religion einführen möchten; das gebe nur Anlaß zu Verschwörungen und revolutionären Machenschaften gegen die Monarchie, daher möge er keinen Atheismus und keine Magie dulden[5].

Ein Blick auf die unmittelbaren Konsequenzen des kaiserlichen Erlasses läßt seine Tendenz noch klarer erkennen. An zwei Orten des Reiches mit starken christlichen Gemeinden trifft die Verfolgung jetzt auch Katechumenen oder Neugetaufte, die speziell gegen die neuen Bestimmungen verstoßen. Die christliche Schule Alexandriens, die manchen religiös suchenden Heiden dem neuen Glauben zugeführt hatte, wird nun so überwacht, daß ihre Lehrer um 202 die Stadt verlassen müssen. Sechs Schüler des Origenes, der damals als christlicher Lehrer tätig war, werden hingerichtet, zwei unter ihnen sind noch Katechumenen, ein dritter ist erst zuvor getauft worden[6]. Zu Beginn des Jahres 203 wird in Karthago eine Katechumenengruppe verhaftet, deren heldenmütige Haltung bei der Hinrichtung das Thema eines der kostbarsten Martyriumsberichte des 3. Jh. darstellt[7]. Die vornehme Perpetua und ihre Sklavin Felicitas mit ihrem Lehrer Saturus und den Mitkatechumenen Revocatus, Saturninus und Secundulus wurden in der afrikanischen Kirche nicht mehr vergessen, da man den Bericht über ihr Glaubenszeugnis, den wohl Tertullian niederschrieb, bis in die Tage Augustins beim Gottesdienst immer wieder vorlesen ließ[8]. Aber auch die Prozesse gegen Christen als Einzelpersonen werden fortgesetzt; drei Christen aus Karthago wurden zum Tod auf dem Scheiterhaufen verurteilt, ein weiterer starb im Kerker[9]. Augustinus kennt noch die Akten über eine karthagische Martyrin Gudentis, die im Jahre 203 enthauptet wurde[10]. Aus gelegentlichen Hinweisen Tertullians läßt sich schließen, daß die christenfeindliche Einstellung einzelner römischer Beamter oder die Animosität der heidnischen Bevölkerung Anlaß waren, auf das Trajanische Reskript zurückzugreifen. Seine Frühschrift *An die Martyrer* aus dem Jahr 197 wendet sich an Christen, die sich in Haft befinden und auf ihren Prozeß warten. Die

[4] Tertullian, De cor. passim; Origenes, Contra Cels. 5, 33; 7, 26; 8, 70 73; vgl. A. *Harnack*, Militia Christi (Tübingen 1905) 57—75.

[5] Cassius Dio, Hist. Rom. 52, 36. [6] Euseb. HE 6, 3, 1; 4, 1—3.

[7] Es ist die Passio ss. Perpetuae et Felicitatis, hrsg. von *J. van Beek* (Nijmegen 1956), eine ed. min.: FlorPatr 43 (Bonn 1938). Zu Kap. 7 der Passio vgl. *F. J. Dölger:* AuC II (1930) 1—40, zu Kap. 10 ebd. 3 (1932) 177—191.

[8] Vgl. *J. Moreau*, La persécution du christianisme (Paris 1956) 82; August., serm. 281 u. 394.

[9] Passio ss. Perp. et Felic. 11, 9. [10] Augustinus, Sermo 294: *in natale martyris Gudentis.*

spätere Schrift über die Flucht in der Verfolgung weist darauf hin, daß sich unter Septimius Severus zahlreiche Christen Afrikas, unter ihnen auch Kleriker, der Festnahme durch die Behörden durch rechtzeitige Flucht entzogen oder durch Bestechung der Polizei in Sicherheit brachten. Lokale Verfolgungswellen kamen also immer wieder vor. Eine solche suchte auch von 202 an Ägypten heim, sie wird von Eusebius ausdrücklich als Folge des Septimius-Erlasses gegen die Katechumenen angesehen. Die Präfekten Laetus und Aquila ließen die bis zur Thebais hinauf verhafteten Christen nach Alexandrien bringen, wo sie, oft nach vielfacher Folterung, hingerichtet wurden[11]. Ihre hervorragendsten Gestalten sind der Vater des Origenes, Leonides, die später hochverehrte Jungfrau Potamiaina mit ihrer Mutter Marcella und der Soldat Basilides, den die Haltung Potamiainas zur Annahme des Christenglaubens veranlaßt hatte[12]. Ein christlicher Schriftsteller war von der Härte dieser Verfolgungswelle so beeindruckt, daß er das Kommen des Antichristen herannahen sah[13]. Für andere Provinzen des Reiches fließen die Quellen nur spärlich. In Kappadokien hat der Statthalter Claudius Herminianus die Christen verfolgen lassen, weil er den Übertritt seiner Gattin zum neuen Glauben nicht verwinden konnte[14]. Möglich, daß damals Alexander, der spätere Bischof von Jerusalem, mit anderen Christen Kappadokiens zum Bekenner wurde, wie auch Bischof Asklepiades von Antiochien in der Verfolgung standhaft blieb[15]. Über die Auswirkungen der Verfolgungen in Rom liegen keine zuverlässigen Nachrichten vor, sie sind wohl schon in den letzten Regierungsjahren des Septimius abgeklungen oder zum Stillstand gekommen.

Sicher leitete *Caracalla* (211—217) eine Periode religiöser Toleranz ein, die dem Christentum weithin zugute kam und schon von altchristlichen Schriftstellern positiv gewertet wurde. Man hat zwar geglaubt, hinter der sog. Constitutio Antoniniana, mit der Caracalla 212 allen Freien des Reiches das römische Bürgerrecht verlieh, habe ein christenfeindliches Motiv gestanden, weil jetzt eine Anklage wegen *laesa maiestas* leichter möglich war; dem widerspricht aber einmal das uneingeschränkte Lob, das Augustinus diesem Schritt des Kaisers spendet[16], wie auch seine Gesamteinstellung gegenüber Christen, die ihm persönlich bekannt waren. Sie finden sich wiederum in einflußreicher Stellung bei Hof — der Freigelassene Prosenes war unter Caracalla Geheimkämmerer[17] —, und als der Kaiser bei seiner Thronbesteigung den Deportierten Amnestie gewährt, werden Christen davon nicht ausgenommen. Das scharfe Vorgehen des Prokonsuls Scapula (211—212) gegen die Christen in den drei nordafrikanischen Provinzen ist

[11] Euseb. HE 6, 1; 6, 2, 2. [12] Ebd. 6, 5, 1—7. [13] Ebd. 6, 7.
[14] Tertullian, Ad Scap. 3. [15] Euseb. HE 6, 8, 7; 6, 11, 4—5.
[16] Augustinus, De civ. dei 5, 17.
[17] Vgl. *L. Hertling - E. Kirschbaum,* Die röm. Katakomben und ihre Martyrer (Wien [2]1955) 213.

daher nicht auf eine Initiative Caracallas zurückzuführen, sondern eher durch rigoristische Strömungen unter afrikanischen Christen verursacht worden; zu ihrem Sprecher machte sich immer wieder Tertullian, so z. B. in seiner Schrift über den Kranz des Soldaten, in der er den Militärdienst für Christen ablehnt[18]. Scapula konnte sich auch zu seinen Maßnahmen bestimmen lassen durch die Publikation der bisherigen Kaiserreskripte über die Christen, die der Jurist Ulpian in seiner Schrift „De officio proconsulis" gesammelt hatte[19]. Daß die Methoden seiner Hinrichtungen besonders grausam waren, daran läßt Tertullian keinen Zweifel, wenn er auch nur eines der Opfer mit Namen nennt, den Christen Mavilus aus Hadrumet, der wilden Tieren vorgeworfen wurde[20].

Die kurze Regierungszeit *Elagabals* (218—222)[21] kennt kein für sein Verhältnis zum Christentum aufschlußreiches Ereignis, es sei denn sein Plan, den Kult des Sonnengottes von Emesa im Reich zur Pflicht zu machen. Die für das Christentum günstige Situation hat sich unter seinem Nachfolger *Severus Alexander* (222—235) noch verstärkt. Die geistig-religiöse Atmosphäre des Hofes wurde geprägt von der begabten Mutter des Kaisers, Julia Mamaea, der man ausgesprochene Sympathien für das Christentum zuschreiben darf, so daß eine Legende des 5. Jh. sie zur Christin machen konnte. Bei einem Aufenthalt in Antiochien ließ sie Origenes nach dort kommen, um mit ihm über religiöse Fragen zu sprechen[22], und Hippolyt von Rom durfte ihr eine seiner Abhandlungen widmen[23]. Diese Toleranz spiegelt sich wider in der Haltung des jugendlichen Kaisers, der zahlreiche Christen in seiner näheren Umgebung duldete und dem Christen Julius Africanus den Bau der Bibliothek am Pantheon übertrug[24]. Seine religionspolitische Duldsamkeit wird treffend durch ein Wort seines Biographen in der „Historia Augusta" charakterisiert, daß er den Juden ihre Privilegien ließ und die Existenz der Christen duldete[25]. Letzteres bestätigt sich in der ungehinderten Entfaltung des christlichen Lebens im Osten, wo sich die christlichen Inschriften Kleinasiens aus dieser Zeit mehren und wo man vor 234 in Dura-Europos eine christliche Kultstätte errichten konnte, wie auch im Westen, wo sich in Rom das christliche Begräbniswesen jetzt ungehindert organisierte[26]. Es ist bezeichnend, daß sich kein Christenprozeß und kein christliches Martyrium mit Sicherheit der Zeit Alexanders zuweisen läßt.

Eine Reaktion trat erst unter dem ehemaligen Gardeoffizier *Maximinus* ein (235—238), die zunächst die zahlreichen Christen am Hof traf, aber, wie Eusebius betont[27], vor allem die Kirchenführung im Auge hatte und insofern

[18] De cor. passim; De idol. 17. [19] Lactantius, De inst. div. 5, 11, 18.
[20] Vgl. Ad Scap. als ganzes, über Mavilus c. 3. [21] *K. Groß*, Elagabal: RAC IV 998 ff.
[22] Euseb. HE 6, 21, 3—4. [23] *Quasten P* II 197. [24] Ebd. 138.
[25] Lampridius, Alex. Sev. 22, 4: *Iudaeis privilegia reservavit, Christianos esse passus est.*
[26] Vgl. auch *A. Alföldi:* Klio 31 (1938) 249—253 über seine den Christen günstige Entscheidung in einem Grundstückstreit. [27] Euseb. HE 6, 28.

eine neue Note in das Vorgehen eines Kaisers gegen das Christentum brachte. Bei längerer Regierungsdauer hätte sie für die Kirche verhängnisvoll werden können. So läßt sich eine Wirkung nur für Rom feststellen, da die beiden Führer der dortigen Christen, Bischof Pontianus und ein Presbyter Hippolyt nach Sardinien deportiert wurden, wo sie beide starben[28]. Von der Gefährdung einiger Christen weiß Origenes zu berichten, der damals seinem Freunde Ambrosius und dem Presbyter Protoktetos die Mahnrede zum Martyrium widmete. Die typische Reaktion der heidnischen Massen war die Ursache einer Christenhetze in Kappadokien, als man nach einem Erdbeben in ihnen die Schuldigen sah[29].

Die Machtkämpfe der folgenden Soldatenkaiser ließen ihnen keine Muße, sich mit der Christenfrage zu befassen. Mit *Philippus Arabs* (244—249) kommt dann ein Herrscher zur Macht, der den Christen ein solches Maß an Sympathie entgegenbringt, daß eine völlige Aussöhnung zwischen römischer Staatsführung und Christentum möglich schien. Etwa zwölf Jahre nach Philippus' Tod erzählt Bischof Dionys von Alexandrien, manche sagten, der Kaiser sei Christ gewesen, was Eusebius als Gerede weitergibt[30]. Aus einem weiteren unverbürgten Gerücht, der Kaiser habe sich einmal vor Ostern in die Schar der Büßenden einer Christengemeinde eingereiht, macht die weiterspinnende Legende die Tatsache, Philippus sei der erste römische Kaiser, der das Christentum angenommen habe. Der Kaiser nimmt aber noch am 21. April 248 bei der Jahrtausendfeier aktiv an einem Fest des offiziellen Staatskultes teil; die Vorstellung, er sei im geheimen Christ gewesen, in der Öffentlichkeit aber Anhänger der Staatsreligion, verkennt die Haltung des antiken Menschen, dem eine solche sophistische Distinktion fremd ist. Die Gerüchte haben aber unverkennbar ihren Kern in dem hohen Grad von Wohlwollen, das Philippus' Regierung den Christen entgegenbrachte. Der amtierende Konsul des Jahres 249 war sicher Christ[31]. Seine persönlichen Neigungen und die seiner Gemahlin Severa spiegeln sich wider in dem Briefwechsel zwischen dem Kaiserpaar und Origenes, der Eusebius zum Teil noch vorlag[32]. Aber selbst so viel Sympathie konnte die Christen Alexandriens nicht vor einem Ausbruch der Volkswut im Jahre 249 schützen, der viele von ihnen um Hab und Gut brachte, mehreren das Leben kostete, weil sie sich weigerten, ihre Religion zu schmähen[33].

Ein Rückblick auf das Verhältnis zwischen römischem Staat und Christentum in der ersten Hälfte des 3. Jh. macht deutlich, daß die Phasen einer wirklich friedlichen Koexistenz, ja zuweilen positiver Duldung gegenüber harten Verfolgungswellen überwogen. Nur zweimal lassen sich Ansätze eines planmäßigen Vorgehens gegen das Christentum feststellen, einmal als

[28] *G. Bovini:* RivAC 19 (1942) 35—85.
[29] Euseb. HE 6, 28; Firmilian von Cäsarea bei Cyprian, Ep. 75, 10.
[30] Euseb. HE 6, 34; 7, 10, 3. [31] *J. Moreau* a. a. O. 92. [32] Euseb. HE 6, 36, 3.
[33] Ebd. 6, 41, 1—9.

Septimius Severus den Übertritt zur christlichen Religion unter Strafe stellt, dann als Maximinus Thrax gegen die Leiter der Christengemeinden einschreitet. Im übrigen verrät das unkonsequente und systemlose Vorgehen gegen einzelne Christen die schwankende Religionspolitik der staatlichen Machthaber und untergeordneten Provinzialbehörden, die ihre Ursachen zum Teil in dem politischen Niedergang des Reiches unter den Soldatenkaisern hatte. Die unter Philippus Arabs sich anbahnende Möglichkeit einer endgültigen Verständigung zwischen Staat und Kirche wurde jäh zur Utopie, als am Beginn der zweiten Jahrhunderthälfte Kaiser Decius die Macht mit dem Entschluß übernahm, dem römischen Staat sein altes, glanzvolles Ansehen auch durch eine Restauration der alten römischen Religion wiederzugeben.

Die Decische Verfolgung

Die ersten Maßnahmen des neuen Kaisers mochten als eine der beim Thronwechsel üblichen Reaktionen auf das Regiment des Vorgängers erscheinen. Schon im Dezember 249 werden Christen verhaftet, und im Januar 250 wird das Oberhaupt der römischen Gemeinde, Bischof Fabian, hingerichtet[34]. Ein allgemeines Edikt im Jahre 250 ließ aber bald erkennen, daß Decius Absichten verfolgte, die weit über das hinausgingen, was seine Vorgänger bisher in der Christenfrage unternommen hatten. Der Inhalt des in seinem Wortlaut nicht erhaltenen Ediktes läßt sich aus zeitgenössischen Quellen weitgehend rekonstruieren. Alle Bewohner des Reiches wurden aufgefordert, an einem allgemeinen Opfer für die Götter, einer *supplicatio*, teilzunehmen. Das klang wie ein Aufruf an die Reichsbevölkerung, in einer eindrucksvollen, einmütigen Demonstration den Schutz der Götter für das Wohlergehen des Reiches zu erflehen. Eigenartig aber war, daß damit zugleich eine genaue, sich über das ganze Reich erstreckende Kontrolle über die Durchführung des Erlasses angeordnet wurde. Kommissionen wurden aufgestellt, die den Vollzug des Opfers zu überwachen und einem jeden eine Bescheinigung (libellus) auszustellen hatten[35]. Nach Ablauf einer gewissen Frist mußten die libelli den Behörden vorgelegt werden; wer das Opfer verweigert hatte, wurde ins Gefängnis geworfen, wo man oft noch versuchte, den Widerstand durch die Folter zu brechen. Obwohl die Verordnung die Christen nirgends nannte, haben ihre führenden Vertreter und Schriftsteller sie mit Recht als den bisher schwersten Angriff auf ihre Kirche empfunden. Es läßt sich nicht sagen, welche Berechnung auf seiten des Kaisers das stärkere Gewicht hatte, die Möglichkeit einer exakten Bestandsaufnahme der wirklichen Anhängerschaft des Christentums oder die Er-

[34] Cyprian, Ep. 37, 2; 6, 3—9, 1. Vgl. *Duchesne LP* I 4.
[35] Auf ägyptischen Papyri sind bis jetzt 43 solcher libelli im Original bekannt geworden.

wartung einer Rückkehr in Massen zu der alten Staatsreligion. Der unleugbare Anfangserfolg der Maßnahmen spricht für die letztgenannte Auffassung. Die bewegten Klagen der Bischöfe Dionys von Alexandrien und Cyprian von Karthago lassen keinen Zweifel daran zu, daß vor allem in Ägypten und Nordafrika die Zahl derer, die in irgendeiner Form der Forderung des Ediktes nachkamen, die Zahl der Verweigerer bei weitem überstieg. Es bestätigte sich in erschreckendem Ausmaß, was Origenes kurz zuvor festgestellt hatte, daß die heroischen Tage seiner Jugend vorüber seien und daß deren Geist der Schlaffheit und Vertrocknung der Gegenwart gewichen sei[36]. Von den Christen Alexandriens erschienen die einen zagend und zitternd vor der Opferkommission und vollzogen den verlangten Opferritus, andere leugneten, daß sie je Christen gewesen seien, andere wiederum flohen. Manche opferten erst, als sie verhaftet werden sollten, andere nach mehreren Tagen Kerker, wenn sie vor Gericht erscheinen sollten, einige schließlich erst nach Anwendung der Folter[37]. In Nordafrika glaubten viele Christen der Entscheidung ausweichen zu können, wenn sie sich, ohne das Opfer wirklich zu vollziehen, durch Bestechung oder sonstige Möglichkeiten einen Opferschein von einem Mitglied der Kontrollkommission verschafften. Es waren dies die sog. *libellatici*, deren Vergehen nicht so schwer gewertet wurde wie das der *thurificati*, die ein Weihrauchopfer vollzogen, oder der *sacrificati*, die ein volles Opfer vor dem Götterbild darbrachten[38]. In Rom fanden einige Christen den Ausweg, ihren libellus durch Mittelspersonen überbringen und bestätigen zu lassen[39]. Die hohe Zahl der Versager in Nordafrika wird von Cyprian durch den Hinweis bestätigt, daß sie beim Abflauen der Gefahr „haufenweise" zu den Bekennern kamen, um sich von ihnen „Friedensbriefe" ausstellen zu lassen, die ihnen die Wiederaufnahme in die christliche Gemeinschaft ermöglichen sollten[40]. Als besonders schwerwiegend empfand es der Bischof von Karthago, daß auch zwei seiner Amtsbrüder aus Nordafrika zu den Abgefallenen gehörten, von denen der eine sogar noch den größten Teil seiner Gemeinde zum Opfer überredet hatte, der andere später ohne jede Sühne im Amt bleiben wollte. Auch zwei spanische Bischöfe muß er zu den libellatici zählen[41]. Im Osten sah der Martyrer Pionios seinen eigenen Bischof am heidnischen Altar eifrig um den exakten Vollzug des Opferrituals bemüht[42].

Demgegenüber fehlte jedoch durchaus nicht die Elite unter den Christen, die in allen Provinzen des Reiches bereit war, mit ihrem Leben für ihr Bekenntnis einzustehen. Den aufschlußreichsten Einblick gewährt auch hier die Korrespondenz Cyprians für Nordafrika. Er selber hatte einen Zufluchtsort in der Nähe von Karthago aufgesucht, konnte aber brieflich mit seiner Gemeinde in Verbindung bleiben und auch den Christen, die bereits ver-

[36] Orig., In Ierem. hom. 4, 3. [37] Bei Euseb. HE 6, 41, 10—13.
[38] Cyprian, De laps. passim und Ep. 55, 2. [39] Ebd. Ep. 30, 3. [40] Ep. 20, 2.
[41] Ep. 65, 1; 59, 10; 67, 6. [42] Mart. Pionii 15, 2; 16, 1; 18, 12.

haftet waren, Worte der Ermunterung und des Trostes zukommen lassen. Bei den Eingekerkerten, unter denen sich auch Frauen und Kinder befinden, ist die Sehnsucht nach dem Martyrium groß und echt, nicht bei allen jedoch geht sie in Erfüllung, da manche wieder aus der Haft entlassen werden, ehe noch die Verfolgung zu Ende ist. Cyprian muß darüber klagen, daß einige von diesen ihr treues Bekenntnis wieder durch hochmütiges Benehmen oder durch sittliche Verirrungen entwertet haben, während er andere wegen ihrer lauteren Haltung in seinen Klerus aufnehmen kann. Genaue Zahlenangaben über die Höhe der Opfer macht Cyprian nicht, nur wenige der confessores nennt er mit Namen[43]. Im Vergleich mit ihnen war die Zahl der Todesopfer, der *martyres coronati* oder *consummati*, offensichtlich geringer; zwei führt Cyprian namentlich an, setzt aber eine größere Zahl voraus. Der *confessor* Lucianus nennt einmal sechzehn mit Namen, von denen man die meisten im Kerker verhungern ließ[44]. In Rom wurden ebenfalls Christen nach standhaftem Bekenntnis aus dem Gefängnis entlassen, unter ihnen ein Celerinus, dessen tapfere Haltung den Kaiser Decius so beeindruckte, daß er ihm die Freiheit gab; ihn weihte Cyprian später zu seinem Lektor[45]. Daß im Westen auch Spanien von der Kontrolle erfaßt wurde, beweist der Fall der beiden eben erwähnten Bischöfe, während über Gallien keine sicheren Nachrichten vorliegen. Für Ägypten gibt Bischof Dionys von Alexandrien die Todesarten von vierzehn Martyrern an; zehn von ihnen starben auf dem Scheiterhaufen, vier durch das Schwert. Es sind ihm aber noch zahlreiche weitere Martyrien aus den Städten und Dörfern des Landes bekannt, wie er auch weiß, daß manche Christen auf der Flucht vor der Verfolgung durch Hunger und Kälte umkamen. Schließlich erwähnt er noch eine Gruppe von fünf christlichen Soldaten, die sich freiwillig zu ihrem Glauben bekannten, als sie einen Schwankenden zum Aushalten ermunterten; wegen ihres Freimutes ließ das Gericht sie unbehelligt[46]. Im benachbarten Palästina starb der Jerusalemer Bischof Alexander damals den Zeugentod, ebenso auch der Leiter der antiochenischen Gemeinde, Bischof Babylas[47]. Die Martyriumssehnsucht des greisen Origenes erfüllte sich in Cäsarea wenigstens zum Teil, als er grausamen Folterungen unterworfen wurde. Der im Kern zuverlässige Bericht von fünf verhafteten Christen aus Smyrna, von denen der Presbyter Pionios verbrannt wurde, ist das einzige Echo von den Auswirkungen der Decischen Verfolgung in der Asia proconsularis[48]. Über die Ereignisse im Pontus gibt Gregor von Nyssa späte und vage Kunde, als er erzählt, zahlreiche Christen seien unter Decius verhaftet worden, während ihr Bischof Gregorios Thaumaturgos mit vielen anderen geflohen sei[49]. Eine Fülle von weiteren Nachrichten über frühchristliche Martyrer verlegt den Tod ihrer Helden in die

[43] Cypr., Ep. 6 10 13 38 40. [44] Ep. 10 und 22. [45] Ep. 37 und 39.
[46] Euseb. HE 6, 41, 14—23; 6, 42, 1—4. [47] Ebd. 6, 39, 2—5.
[48] Text bei *Knopf-Krüger*[3] 45—57, dazu *H. Delehaye,* Les passions des martyrs 28—37.
[49] Greg. Nyss., Panegyr. in Greg. Thaumat.: PG 46, 944—953, bes. 945 D.

Regierungsjahre des Decius; sie sind als Quellen ohne Wert, da die Verehrung dieser angeblichen Martyrer überhaupt nicht nachweisbar ist oder das Martyrium der Verfolgung des Decius zugewiesen wurde, weil dieser einer späteren Zeit als einer der grausamsten Christenverfolger galt[50].

Das schnelle Abklingen der Decischen Verfolgung bedeutet in gewissem Sinne eine Überraschung. Man hätte erwarten sollen, daß der durch die Schockwirkung erreichte beachtenswerte Anfangserfolg durch weitere konsequente Maßnahmen ausgenützt und vertieft worden wäre. Man hat den Eindruck, daß der Behördenapparat durch das weitgespannte Unternehmen überfordert war; die durch einen neuen Goteneinfall bedingte Abreise des Kaisers in die Donauprovinzen brachte es zu völligem Stillstand, sein Tod auf dem Schlachtfeld verhinderte, daß es bald wieder aufgegriffen wurde. Von der Sicht der römischen Staatsführung her war diesem wohlüberlegten, systemvollen Angriff auf die katholische Kirche kein greifbarer Dauererfolg beschieden; die große Masse der Abgefallenen drängte sich bald zur Wiederaufnahme in die Kirche, während manche *libellatici* schon kurz nach ihrem Versagen durch ein neues Bekennen ihres Glaubens den Fehltritt sühnten. Der Gewinn an ehemaligen Christen für die Staatsreligion scheint nicht besonders hoch gewesen zu sein. Die christliche Gemeinschaft ihrerseits erkannte, daß in ihrer Mitte vieles morsch und brüchig war; gewissenhafte Gemeindeleiter wie Cyprian nahmen dies zum Anlaß einer ernsten Besinnung, die nach langen Auseinandersetzungen um die Bußfrage zu einer Regeneration der Kirche führen sollte.

Valerian und Gallienus

Die sieben folgenden Jahre der Ruhe für die Kirche (250—257) wurden nur in Rom durch eine kurze Verfolgungswelle getrübt, als Kaiser *Trebonius Gallus* (251—253) den Vorsteher der Gemeinde Cornelius in Haft nehmen ließ und ihn in die Verbannung nach Centum Cellae (Civitavecchia) schickte, wo er schon 253 starb[51]. Die Verbannung traf auch seinen Nachfolger Lucius (253—254)[52], dem der Tod des Kaisers jedoch bald die Rückkehr nach Rom ermöglichte. Von Verhaftungen in Ägypten zur damaligen Zeit weiß auch der alexandrinische Bischof Dionys zu berichten[53]. Das Vorgehen des Gallus dürfte im Nachgeben gegenüber der Volksstimmung begründet sein, die den Christen die Schuld an der damals das Reich verheerenden Pest zuschrieb. Die ersten Regierungsjahre seines Nachfolgers *Valerian* (253—260) brachten der Kirche zunächst eine Situation, die Dionys von Alexandrien in überschwenglichen Worten feiert; kein Vorgänger Valerians sei den Christen so wohlwollend, ja in freundschaftlicher Gesinnung gegenübergetreten; sein

[50] *H. Delehaye* a. a. O. 239 ff. [51] *Duchesne LP* I 150 f.; Cyprian, Ep. 60 und 61.
[52] Cyprian, Ep. 61, 1. [53] Euseb. HE 7, 1.

Haus sei sozusagen eine Gemeinde Gottes gewesen[54] Das vierte Regierungsjahr des Kaisers brachte aber einen überraschenden Umschwung, der eine zwar kurze, aber äußerst harte und blutige Verfolgung einleitete, die ähnlich wie die Decische für die Kirche zu einer schweren Bedrohung werden konnte, weil ihr wiederum ein wohldurchdachter Plan zugrunde lag. Dionys macht den kaiserlichen Minister und späteren Usurpator Macrianus für diese Reaktion verantwortlich, der allerdings Valerian auf den Gedanken bringen konnte, der prekären finanziellen Lage des Reiches durch die Beschlagnahme des Vermögens wohlhabender Christen abzuhelfen. Daneben trieb den Kaiser aber wohl auch die bedrohliche Gesamtsituation des Reiches dazu, durch einen radikalen Zugriff gegenüber den Christen einer potentiellen Gefahr im Innern zu begegnen. Schon das erste Edikt von 257 läßt den Plan erkennen: der Klerus soll getroffen werden; Bischöfe, Presbyter und Diakone müssen den Reichsgöttern opfern; wer von ihnen noch Gottesdienst hält oder Zusammenkünfte auf den Friedhöfen veranlaßt, soll mit dem Tod bestraft werden[55]. In Nordafrika und Ägypten wurden sofort die Führer der Kirchen, Cyprian und Dionys, in Haft genommen, außerdem zahlreiche Christen der afrikanischen Provinzen zur Zwangsarbeit in den Bergwerken verurteilt. Das Edikt des Jahres 258 geht einen entscheidenden Schritt weiter; die Kleriker, die das Opfer verweigerten, sind sofort hinzurichten. Aber auch die führende Laienschicht der Christengemeinden wird jetzt erfaßt; Senatoren und Angehörige des Ritterstandes sollen Rang und Vermögen verlieren, desgleichen ihre Gattinnen. Letztere konnte die Strafe der Verbannung treffen, ihre Männer die Hinrichtung, wenn sie das Götteropfer ablehnten. Den kaiserlichen Beamten in Rom und in den Provinzen, den Caesariani, wurde ebenfalls Konfiskation ihres Besitzes und Zwangsarbeit angedroht[56]. Das Ziel war eindeutig; der Klerus und die Ansehen und Vermögen besitzende Oberschicht der christlichen Gemeinden sollten eliminiert und die dadurch führer- und einflußlos gewordenen Christen zur Bedeutungslosigkeit verurteilt werden. Die Blutopfer waren hoch, zunächst im Klerus. Nordafrika verlor seinen überragenden Bischof Cyprian, der in einer unvergeßlich würdigen Haltung den Tod auf sich nahm und dem im Tod noch einmal die verehrende Liebe seiner Gläubigen huldigte, als sie bei der Enthauptung sein Blut in Tüchern auffingen und den Leichnam in ehrfürchtiger Freude beisetzten[57]. Rom hatte in Papst Sixtus II. seinen vornehmsten Martyrer, den seine Diakone in den Tod begleiteten[58]. Vom Tode des spanischen Bischofs Fructuosus von Tarragona und zweien seiner Diakone liegt ein authentischer Bericht vor[59]. Das Haupt der ägyp-

[54] Ebd. 7, 10, 3. [55] Vgl. *A. Alföldi* a. a. O. [56] Cyprian, Ep. 80.
[57] Acta Cypr.: CSEL 3, 3, CX—CXIV; *Knopf - Krüger*³ 62—64 (Lit.).
[58] Cyprian, Ep. 80, 1. [59] Text bei *Knopf - Krüger*³ 83—85, dazu *P. Franchi de' Cavalieri:* SteT 65 (1935) 183—199, und *J. Serra-Vilarò*, Fructuós, Auguri i Eulogi, martirs sants de Tarragona (Tarragona 1936).

tischen Kirche, Dionys von Alexandrien, traf nur das Exil, das er überlebte[60]. Zahlreich waren die Opfer aus dem niederen Klerus; im Mai 259 starben in Lambaesis in Nordafrika der Diakon Jakobus und der Lektor Marianus[61]. Auch in der Gruppe des Lucius und Montanus befanden sich Kleriker[62]. Die später von der Legende verklärte Gestalt des Diakons Laurentius ist unter den römischen Opfern der Verfolgung zum größten Nachruhm gelangt[63]. Die bisher meist mit einem Fragezeichen versehene Notiz des Historikers Sokrates, unter Valerian sei auch Novatian für seine christliche Überzeugung in den Tod gegangen, erhielt jüngst eine vielbeachtete Stütze durch die Entdeckung einer Grabinschrift, die ein Diakon Gaudentius „dem Novatian, dem seligsten Martyrer", setzen ließ[64]. Nicht unbeträchtlich war auch der Anteil der Laien unter den Opfern der Verfolgung, am höchsten wohl in Nordafrika, nicht gering auch in Ägypten[65].

Das Ende der Verfolgung kam mit dem tragischen Ende des Kaisers, der 259 in persische Gefangenschaft geriet und bald dort starb. Der Gesamteindruck, den die Haltung der Christen diesmal hinterließ, ist weitaus günstiger als in der voraufgehenden Belastung. Nur in einem Martyriumsbericht aus Afrika ist einmal die Rede von Abgefallenen. Die Erschütterung der Decischen Verfolgung hatte ihre heilsame Wirkung getan; weit entschlossener und gefaßter als acht Jahre zuvor gingen die Christen in diese Prüfung und bestanden sie hervorragend. Valerians Sohn und Nachfolger *Gallienus* (260—268) hätte schon aus außen- und innenpolitischen Gründen den Kampf gegen die Christen kaum fortsetzen können; er stellte die Verfolgung aber nicht nur stillschweigend ein, sondern erließ ein eigenes Edikt zu ihren Gunsten, auf das ein späteres Reskript (um 262) an Dionys von Alexandrien hinweist. Darin sagt der Kaiser, daß er den Christen schon vor einiger Zeit ihre Kultstätten zurückgeben ließ und daß niemand sie darin belästigen dürfe[66]. Diese Anerkennung kirchlichen Besitzes durch die höchste staatliche Instanz stellte einen weitreichenden Toleranzakt dar, der sich günstig für die Zukunft der Kirche auswirkte. Wenn das Christentum damit auch noch nicht offiziell als *religio licita* anerkannt war, so begann doch mit dem Edikt Gallienus' eine Friedensperiode von über vierzig Jahren, die seine innere und äußere Entwicklung fördern mußte. Nicht ohne Grund hat Eusebius diese Zeit als eine Epoche des Ruhmes und der Freiheit für das Christentum gefeiert, da es ungehindert Kirchen bauen, Barbaren und Griechen predigen konnte, Christen in hohe Staatsämter einrückten und sich allenthalben starker Sympathien erfreuen durften[67].

[60] Euseb. HE 7, 11, 4—6. [61] Martyr. ss. Mariani et Iacobi bei *Knopf-Krüger*[3] 67—74.
[62] Ebd. 74—82. [63] *H. Delehaye:* AnBoll 51 (1938) 34—98.
[64] Socrates HE 4, 28; vgl. *C. Mohlberg:* ELit 51 (1937) 242—249, und *A. Ferrua:* CivCatt 4 (1944) 232—239.
[65] Cyprian, Ep. 76 und 80, und Euseb. HE 7, 11, 18—26. [66] Euseb. HE 7, 13.
[67] Ebd. 8, 1, 1—6.

19. Kapitel

Die Weiterentwicklung der christlichen Literatur des Ostens im 3. Jahrhundert

ALLGEMEINE LITERATUR: *Bardenhewer* II; *Quasten P* II; *Altaner*[6] 127—191. *D. van den Eynde,* Les normes de l'enseignement chrétien dans la littérature patristique des trois premiers siècles (Gembloux 1933); *J. Daniélou,* Message évangélique et culture hellénistique aux IIe et IIIe siècles (Tournai 1961); *P. Nautin,* Lettres et écrivains chrétiens des IIe et III[e]siècles (Paris 1961).

Die Anfänge der theologischen Schule von Alexandrien. Klemens und Origenes. Dionys von Alexandrien. Methodios. Lukian von Antiochien und seine Schule

LITERATUR: *W. Bousset,* Jüdisch-christlicher Schulbetrieb in Alexandrien und Rom (Göttingen 1915); *G. Bardy,* Les écoles romaines au second siècle: RHE 28 (1932) 501 bis 532; *ders.,* L'église et l'enseignement pendant les trois premiers siècles: RevSR 12 (1932) 1—28; *L. Allevi,* Ellenismo e cristianesimo (Mailand 1934); *P. Brezzi,* La gnosi cristiana e le antiche scuole cristiane (Rom 1950); *E. A. Parsons,* The Alexandrian Library, Glory of the Hellenic World (London 1952).

Alexandrien: *R. Cadiou,* La jeunesse d'Origène. Histoire de l'école d'Alexandrie au début du IIIe siècle (Paris 1936); *G. Bardy,* Aux origines de l'école d'Alexandrie: RSR 27 (1937) 65—90; *ders.,* Pour l'histoire de l'école d'Alexandrie: Vivre et penser 2 (Paris 1942) 80—109; *L. López Oreja,* Alejandría, su escuela, un maestro: Helmantica 1 (1950) 402—452; *A. Knauber,* Katechetenschule oder Schulkatechumenat? Um die rechte Deutung des ‚Unternehmens' der ersten großen Alexandriner: TThZ 60 (1951) 243—266; *M. Hornschuh,* Das Leben des Origenes und die Entstehung der alexandrinischen Schule: ZKG 71 (1960) 1—25 193—214; *R. B. Tollinton,* Alexandrian Teaching on the Universe (New York 1932); *E. Molland,* The Conception of the Gospel in the Alexandrian Theology (Oslo 1938); *J. Guillet,* Les exégèses d'Alexandrie et d'Antioche. Conflit ou malentendu?: RSR 34 (1947) 247—302; *H. de Lubac,* Typologie et allégorisme: ebd. 180—226; *ders.,* A propos de l'allégorie chrétienne: ebd. 47 (1959) 5—43; *W. Gruber,* Die pneumatische Exegese bei den Alexandrinern (Graz 1957); *R. Cadiou,* La bibliothèque de Césarée et la formation des Chaînes: RevSR 16 (1936) 474—483. Über Pantainos: *G. Gnolfo:* PrOrChr 1 (1951) 295—304; *P. Nautin:* Tome commém. du millénaire de la Bibliothèque d'Alexandrie (Alexandrien 1953) 145—152.

Klemens: Werke in GCS, 4 Bde (1905/36, [2]1936/60), ed. *O. Stählin;* von demselben dt. Übers. in BKV[2] 2. R. 7, 8, 17, 19, 20 (München 1934/38). Bisher in SourcesChr 2 ([2]1949): Protreptikos; 30 (1951): Stromata I; 38 (1954): Stromata II; 70 (1960): Paidagogos I; 23 (1948): Excerpta ex Theodoto. Dasselbe auch hrsg. von *R. P. Casey* (London 1934). — Literatur: *J. Munck,* Untersuchungen über Klem. v. A. (Stuttgart 1933); *G. Lazzati,* Introduzione allo studio di Clem. Al. (Mailand 1939); *C. Mondésert,* Clément d'Al. Introduction à l'étude de sa pensée religieuse (Paris 1944); *M. S. Enslin,* A Gentleman among the Fathers: HThR 47 (1954) 213—241; *M. Pohlenz,* Klem. v. A. und sein hellenistisches Christentum (Göttingen 1943); *Th. Camelot,* Foi et gnose. Introduction à l'étude de la connaissance mystique chez Clém. d'Al. (Paris 1945); *F. Quatember,* Die christliche Lebenshaltung des Klem. v. Al. nach seinem Pädagogus (Wien 1946);

Th. Rüther, Die sittliche Forderung der Apatheia bei Klem. v. Al. (Freiburg 1949); *W. Völker,* Der wahre Gnostiker nach Klem. v. Al. (Berlin 1952); *E. F. Osborne,* The Philosophy of Clem. of Al. (Cambridge 1957); *K. Prümm,* Glaube und Erkenntnis nach Klem. v. Al.: Scholastik 12 (1937) 17—57; *J. Lebreton,* La théologie de la Trinité chez Clém. d'Al.: RSR 34 (1947) 55—76 142—179; *J. Moingt,* La gnose de Clém. d'Al. dans ses rapports avec la foi et la philosophie: RSR 37 (1950) 195—241 381—421 537—564, 38 (1951) 82—118; *A. Orbe,* Teología bautismal de Clem. Al.: Gr 36 (1955) 410—448; *F. Hofmann,* Die Kirche bei Klem. v. Al.: Festgabe K. Adam (1956) 11—57; *J. Wytzes,* The Twofold Way: Platonic Influences in the Work of Clement of Alexandria: VigChr 11 (1957) 226—245, 14 (1960) 129—153; *E. Fascher,* Der Logos-Christus als göttlicher Lehrer bei Clem. v. Al. = Studien zum NT und zur Patristik, TU 77 (Berlin 1961) 193—207.

Origenes: Werke in GCS, bisher 12 Bde (Berlin 1899—1959), hrsg. von *P. Koetschau, E. Klostermann, E. Preuschen, W. A. Baehrens, M. Rauer.* In den SourcesChr bisher Bd 7 (1944): Genesishomilien (nur französ. Übers.); 16 (1947): Exodushomilien (nur Übers.); 29 (1951): Numerihomilien (Übers.); 37 (1954): Homil. über das Hohelied; 67 (1960): Dialog mit Herakleides; 71 (1960): Josuehomilien; 87 (1962): Lukashomilien. Außerdem: Philocalia ed. *J. A. Robinson* (Cambridge 1893); Hexapla-Fragmente ed. F. Field, 2 Bde (Oxford 1871—1875); *R. Cadiou,* Commentaires inédits des Psaumes (Paris 1935); *J. Scherer,* Le commentaire d'Origène sur Rom 3, 5—5, 7 (Kairo 1955); *ders.,* Extraits des Livres I et II du Contra Celsum d'Origène (Kairo 1956). Dt. Übers. BKV[2] 48 (De or.; exhort. mart.); 52—53 (Contra Celsum); Kommentar zum Jo-Ev. (Auswahl) von *R. Gögler* (Einsiedeln 1959); Auswahl aus dem Gesamtwerk von *H. U. v. Balthasar* (Salzburg [2]1954).

Gesamtdarstellungen: *G. Bardy:* DThC XI 1489—1565; *H. Koch:* Pauly-Wissowa 18/1, 1036—1056; *F. H. Kettler:* RGG[3] IV 1692—1701; *E. de Faye,* Origène, 3 Bde (Paris 1923/30); *R. Cadiou,* Introduction au système d'Origène (Paris 1932); *J. Daniélou,* Origène (Paris 1948).

Monographien: *W. Völker,* Die Vollkommenheitslehre des Origenes (Tübingen 1931); *H. Koch,* Pronoia und Paideusis (Leipzig 1932); *A. Lieske,* Die Theologie der Logosmystik bei Or. (Münster 1938); *C. Vagaggini,* Maria nelle opere di Or. (Rom 1942); *St. Bettencourt,* Doctrina ascetica Or. (Rom 1945); *H. de Lubac,* Histoire et esprit. L'intelligence de l'Écriture d'après Or. (Paris 1950); *J. Daniélou,* Sacramentum futuri. Études sur les origines de la typologie biblique (Paris 1950); *F. Bertrand,* Mystique de Jésus chez Or. (Paris 1951); *R. P. C. Hanson,* Origen's Doctrine on Tradition (London 1954); *E. G. Jay,* Origen's Treatise on Prayer (London 1954); *H. Crouzel,* Théologie de l'image de Dieu chez Or. (Paris 1956); *M. Harl,* Or. et la fonction révélatrice du Verbe incarné (Paris 1958, mit umfassender Bibliographie); *G. Teichtweier,* Die Sündenlehre des Or. (Regensburg 1958); *F. Faessler,* Der Hagiosbegriff bei Or. (Fribourg 1958); *R. P. C. Hanson,* Allegory and Event. A Study of the Sources and Significance of Origen's Interpretation of Scripture (London 1959); *H. Crouzel,* Or. et la philosophie (Paris [2]1962); *B. Drewery,* Origen and the Doctrine of Grace (London 1960); *P. Nemeshegyi,* La paternité de Dieu chez Or. (Tournai 1960); *H. Crouzel,* Or. et „la connaissance mystique" (Brügge 1961); *G. Gruber,* Ζωή. Wesen, Stufen und Mitteilungen des Lebens bei Origenes (München 1961).

Aufsätze zur Theologie des Origenes: *H. U. v. Balthasar,* Le mystère d'Or.: RSR 26 (1936) 513—562; 27 (1937) 38—64; *H. Rahner,* Das Menschenbild des Or.: Eranos 15 (1947) 197—248; *J.-F. Bonnefoy,* Or., théoricien de la méthode théologique: Mél. Vavallera (Toulouse 1948) 87—145; *K. Rahner,* La doctrine d'Or. sur la pénitence: RSR 37 (1950) 47—97 252—286 422—456; *C. Vagaggini,* La natura della sintesi Origeniana e l'ortodossia e l'eterodossia della dogmatica di Or.: SC 82 (1954) 169—200; *A. Méhat,* Apocatastase: VigChr 10 (1956) 196—214; *G. Müller,* Or. und die Apokatastasis: ThZ 14 (1958) 161—190; *E. v. Ivánka,* Der geistige Ort von Περὶ ἀρχῶν zwischen Neuplatonismus, Gnosis und der christlichen Rechtgläubigkeit: Scholastik 35 (1960) 481 bis 502.

Aufsätze zur Frömmigkeitslehre: *K. Rahner,* Les débuts d'une doctrine des cinq sens spirituels chez Or.: RAM 13 (1932) 113—145; *J. Daniélou,* Les sources bibliques de la mystique d'Or.: RAM 23 (1947) 126—141; *H. Jonas,* Die origenistische Spekulation und Mystik: ThZ 5 (1949) 24—45, dagegen *J. Lebreton:* AnBoll 67 (1949) 542—576; *K. Baus,* Das Nachwirken des Origenes in der Christusfrömmigkeit des hl. Ambrosius: RQ 49 (1954) 21—55.

Dionys von Alexandrien: *C. L. Feltoe,* The Letters and Other Remains (Cambridge 1904); *P. S. Miller,* Studies in Dionys the Great of Alex. (Diss. Erlangen 1933); *H. G. Opitz,* Dionys und die Libyer: Studies K. Lake (London 1937) 41—53.

Petrus von Alexandrien: Fragmente: PG 18, 449—522; POr 1, 383—400; 3, 353—361. — *F. H. Kettler:* Pauly-Wissowa 19/2, 1281—1288; *E. W. Kemp,* Bishops and Presbyters at Alexandria: JEH 6 (1955) 125—142.

Gregorios Thaumaturgos: Werke: PG 10, 963—1232, Sonderausg. der Dankrede an Origenes von *P. Koetschau* (Freiburg-Leipzig 1894); *L. Froidevaux,* Le symbole de s. Grégoire le Thaumaturge: RSR 19 (1929) 193—247; *W. Telfer,* The Cultus of St. Gregory Thaumaturgos: HThR 29 (1936) 225—344; *A. Soloviev,* S. Grégoire, patron de Bosnie: Byz(B) 19 (1949) 263—279.

Methodios: Werke, hrsg. von *N. Bonwetsch* in GCS (Berlin 1917). De autexusio: POr 22, 5. — *J. Farges,* Les idées morales et religieuses de Méthode d'Olympe (Paris 1929); *K. Quensell,* Die wahre Stellung und Tätigkeit des Methodius von Olymp (Diss. Heidelberg 1952); *V. Buchheit,* Studien zu Meth. v. Olymp (Berlin 1958); *M. Pellegrino,* L'inno di simposio di s. Metodio (Turin 1958, Text u. Komm.).

Lukian und die antiochenische Schule: *G. Bardy,* Recherches sur Lucien d'Antioche et son école (Paris 1936). *H. Dörrie,* Zur Geschichte der Septuaginta: ZNW 39 (1940) 57—110; *A. Vaccari,* La ‚teoria' della scuola antiochena; Scritti di erudizione (Rom 1942) 101—142; *G. Mercati,* Di alcune testimonianze antiche sulle cure bibliche di San Luciano: Bibl 24 (1943) 1—17; *F. Alvarez Seisdedos,* La teoría antioquena: EstB 11 (1952) 31—67; *P. Ternant,* La θεωρία d'Antioche dans le cadre de l'Écriture: Bibl 34 (1953) 135—158 354—383 456—486.

Die innere Festigung des Christentums im 3. Jh. manifestiert sich besonders eindrucksvoll auf dem Gebiet der altchristlichen Literatur. Immer häufiger treten Angehörige der Oberschicht zum neuen Glauben über und fühlen sich gedrängt, ihm ihrem Bildungsstand entsprechend in Wort und Schrift zu dienen. Damit war eine wesentliche Voraussetzung zur Entwicklung einer wissenschaftlichen Theologie gegeben. Erste Ansätze dieser Art reichen zwar schon in das 2. Jh. zurück, als gebildete Konvertiten, wie etwa Justin und sein Schüler Tatian in Rom, öffentlich als Lehrer der „neuen Philosophie" auftraten und einem kleineren Hörerkreis eine fundierte Einführung in das Verständnis des christlichen Glaubens gaben[1]. Bei den „Schulen" dieser Lehrer handelt es sich aber nicht etwa um Institutionen der römischen Christengemeinde als solcher, sondern um private Initiativen christlicher Gebildeter, die nach Art philosophischer Lehrer der Zeit ihr

[1] Zu ihnen darf man auch Tatians Schüler Rhodon rechnen, der durch seine Auseinandersetzung mit dem Markioniten Apelles einiges Aufsehen erregte, vgl. Euseb. HE 5,13,5—7.

religiöses Bekenntnis einem Kreis von Interessierten aus missionarischer Verpflichtung darlegten und in ständiger Konfrontierung mit anderen religiösen Strömungen begründeten. Ähnlich sind auch die Gnostiker wie Apelles, Syneros und Ptolemaios in Rom als private Lehrer aufgetreten, und ebenso haben Männer wie Theodotos aus Byzanz und vielleicht auch Praxeas für ihre monarchianischen Sonderlehren im Rahmen solcher privaten Schulen geworben. Während die Lehrtätigkeit orthodoxer Laien wie Justins unbeanstandet blieb, hat die Leitung der römischen Gemeinde zur Tätigkeit gnostischer oder monarchianischer Lehrer Stellung genommen und sie schließlich aus der kirchlichen Gemeinschaft ausgeschlossen. Diese Fälle trugen dazu bei, daß römische Bischöfe des 3. Jh. solche privaten christlichen Schulen unter ihre Kontrolle zu bringen und in eine rein kirchliche Institution umzuwandeln suchten, welcher der Katechumenenunterricht dann zufiel. Eine theologische Schule im eigentlichen Sinn hat sich weder in Rom noch sonstwo im lateinischen Westen entwickelt, weil hier gewisse Voraussetzungen wissenschaftlicher Art ebenso fehlten wie die Persönlichkeiten, die sie hätten nützen können. Beides war im Osten in hervorragendem Maße der Fall.

Christliche Schulen des Ostens

Im griechischen Osten sollte sich die ägyptische Hauptstadt Alexandrien mit ihrer wissenschaftlichen Tradition und der Aufgeschlossenheit ihrer gebildeten Oberschicht für religiös-philosophische Fragen als der günstigste Boden für die Entwicklung einer wissenschaftlich begründeten christlichen Theologie erweisen. Schon die ersten Ptolemäer hatten in der Gründung Alexanders durch die Errichtung der beiden großen Bibliotheken am Sarapeion und Museion den Grund gelegt für die rege Tätigkeit, die sich in der hellenistischen Epoche in den verschiedensten Wissenschaftszweigen entfaltete und besonders durch die hellenistische Dichtung und die neuplatonische Philosophie eine Gesamtatmosphäre schaffen half, die sich bei einer Begegnung mit dem Christentum als besonders fruchtbar erweisen sollte. Gebildete Alexandriner, die diese Religion angenommen hatten, wurden unausweichlich zu einer Auseinandersetzung mit dem sie umgebenden regen kulturellen Leben veranlaßt, und diejenigen unter ihnen, die sich angetrieben fühlten, darüber öffentlich Rechenschaft abzulegen, wurden die ersten christlichen Lehrer in der ägyptischen Hauptstadt. Zwar ist die Quellenlage für die Erkenntnis der Anfänge christlichen Lehrbetriebes in Alexandrien nicht besonders günstig — der einzige, der ausführlicher, aber relativ spät und etwas unkritisch darüber berichtet, ist Eusebius —, die intensive Forschung der letzten Zeit hat jedoch einige gesicherte Ergebnisse erzielt. Danach kann von einer „Katechetenschule in Alexandrien“ am Ausgang des 2. Jh. noch nicht gesprochen werden. Der erste dem Namen nach bekannte christliche Lehrer ist der aus Sizilien stammende Pantainos, der um 180 in Alexandrien, genau wie vorher Justin oder Tatian in Rom, ohne kirchlichen Auftrag einen Unterricht erteilt, in dem er seine christliche Weltanschauung vorträgt und begründet. Der Besuch dieser privaten Schule stand jedem Interessierten, Heiden wie Christen, offen, die Gestaltung des Lehrplanes lag ganz im Ermessen des Lehrers. Als zweiter Lehrer dieser Art hat Klemens von Alexandrien zu gelten, der aber nicht etwa als Nachfolger des Pantainos in der Leitung seiner Schule anzusehen ist, sondern unabhängig davon „die wahre Gnosis" öffentlich lehrte, vielleicht noch gleichzeitig mit Pantainos. Auch die erste Phase der Lehrtätigkeit des Origenes hat noch diesen privaten Charakter; auf Bitten einiger Freunde, die für die christliche Religion interessiert sind, gibt er seine Stelle an einer Grammatikschule auf und widmet sich als freier Lehrer dem Unterricht in der christlichen Religion, zu dem neben den Heiden offensichtlich auch Christen Zutritt haben. Erst später[2], vielleicht um das Jahr 215, übernimmt er auf Bitten des Bischofs Demetrios[3] den Unterricht der Katechumenen und wird damit kirchlich bestellter Leiter einer katechetischen Schule. Diese baut er bald weiter aus, indem er, sicher mit Zustimmung seines Bischofs, den eigentlichen Katechumenenunterricht seinem Freund Heraklas überträgt, während er selbst einem Kreis von Gebildeten und Fortgeschrittenen eine systematische Darlegung des philosophischen Wissens der Zeit gibt, die von dem Unterricht in der christlichen Religion gekrönt wird[4]. Damit tat Origenes einen entscheidenden Schritt; was vor ihm Klemens als privater Lehrer unternommen hatte, wird jetzt in den unmittelbaren Dienst der Kirche von Alexandrien gestellt; diese erhält damit eine von ihr getragene Schule, an der Unterricht in christlicher Religion erteilt wird, der an Qualität dem heidnischen Bildungsweg in nichts nachstehen sollte. Erst diese Institution hat Anspruch auf den Namen einer theologischen Schule. Ihre eigentliche Bedeutung gewann sie allerdings von dem geistigen Rang des Mannes, der bis zum Jahre 230 ihr Leiter und ihre Seele war. Daß der kühne Schritt des Origenes Bedenken begegnete, ist nicht zu verwundern; er mußte sich bald gegen den Vorwurf verteidigen, daß er der profanen Philosophie zuviel Bedeutung beimesse[5], aber Erfolg und begeistertes Mitgehen seiner Schüler ließen ihn an dem beschrittenen Weg festhalten. Als der Bruch zwischen ihm und Bischof Demetrios ihn außer Landes führte, wurde die alexandrinische Theologenschule bald wieder zu einer schlichten Kate-

[2] Die Angaben des Eusebius widersprechen sich; es scheint höchst unwahrscheinlich, daß ein Siebzehnjähriger mit der Leitung einer Katechumenatsschule beauftragt wird, vgl. *M. Hornschuh:* ZKG 71 (1960) 203—207.

[3] Euseb. HE 6, 14, 11.

[4] Ebd. 6, 18, 3—4. Origenes legt sein Bildungsideal auch in einem Brief an seinen Schüler Gregor von Neocäsarea nieder: Origenes, Ep. ad Greg. 1.

[5] Euseb. HE 6, 19, 13—14.

chumenenschule, die den Taufbewerbern die erste Einführung in die christliche Religion gab. Charakter und Geist seiner Gründung nahm Origenes mit nach Cäsarea in Palästina, wo er bis zu seinem Tode, diesmal mit voller Billigung des palästinischen Episkopates, sein Ideal einer christlichen hohen Schule zu verwirklichen suchte. Nach dem Tode des Origenes kann eigentlich nur in jenem übertragenen Sinne von einer alexandrinischen theologischen Schule gesprochen werden, der eine Theologie kennzeichnen will, welche die charakteristischen Merkmale aufweist, die ihr die beiden ersten großen Alexandriner Klemens und Origenes gegeben haben; das Indienstnehmen der Philosophie, die Vorliebe für die allegorische Methode der Schriftauslegung und die starke, von einem idealistischen Grundzug getragene Neigung zur spekulativen Durchdringung des übernatürlichen Gehaltes der Offenbarungswahrheiten.

Klemens von Alexandrien

Während von dem schriftstellerischen Werk des ersten alexandrinischen Lehrers Pantainos nichts auf uns gekommen ist[6], lassen drei erhaltene größere Schriften und ein kleiner Traktat aus der Feder des Klemens — auch diese nur der Rest einer reicheren Produktion — noch schriftstellerische Eigenart, theologische Interessen und Ziel seiner Lehrtätigkeit erkennen. Kind einer heidnischen Familie aus Athen und im Mannesalter Christ geworden, kam Klemens nach ausgedehnten Reisen gegen Ende des 2. Jh. nach Alexandrien und war hier als christlicher Lehrer tätig, bis ihn die Verfolgung unter Septimius Severus um 202 zur Auswanderung nach Kleinasien zwang, wo er um 215 gestorben ist.

Die profane Bildung des Klemens kündet sich schon im Titel der ersten der drei Hauptschriften an; nach dem Vorbild eines Aristoteles, Epikur und Chrysipp schrieb auch er einen „Protreptikos", eine Mahn- und Werberede, die gebildete heidnische Leser voraussetzt, welche für seine „Philosophie" gewonnen werden sollen. Sein Anliegen deckt sich demnach sachlich mit dem der vorausgegangenen Apologeten, überragte deren Schriften aber nach Form und Ton bei weitem. Zwar kann in einer christlichen Apologie die Polemik gegen den heidnischen Götterglauben nicht fehlen, aber sie wird von Klemens in ruhig überlegener Art geführt; daß viele der heidnischen Philosophen, allen voran Plato, sich auf dem Weg zur Erkenntnis des wahren Gottes befanden, wird zugegeben; aber die Fülle der Erkenntnis und damit das ewige Heil, die Stillung aller Menschensehnsucht, brachte doch erst der Logos Jesus Christus, der alle, Hellenen und Barbaren, zu seiner Nachfolge aufruft. Hier wird in der Werbung für den christlichen

[6] *H.-I. Marrou* möchte ihn allerdings für den Verfasser des Briefes an Diognet halten, vgl. seine Ausgabe in den SourcesChr 33 (1951) 266 f.

Glauben ein bisher ungekanntes Niveau erreicht, das auch einen gebildeten Heiden ansprechen konnte; manch urteilsfähiger Leser mochte den Eindruck gewinnen, daß sich eine Auseinandersetzung mit dieser Religion und ihrem begeisterten Verkünder lohnen könnte.

Wer sich von diesem Logos zur Nachfolge gewinnen ließ, der soll sich seiner erzieherischen Kraft rückhaltlos anvertrauen. Dazu will der „Paidagogos", die zweite Hauptschrift des Klemens, anleiten, sie ist gleichsam eine Hilfe zur Einübung ins Christliche. Zunächst wird die grundlegende Einstellung herausgearbeitet: der Logos-Paidagogos hat in seinem Leben und durch seine Gebote in der Heiligen Schrift die Normen gegeben, an denen sich das Leben eines Christen orientieren soll; der Christ, der nach ihnen handelt, erfüllt in erhöhtem Maße die „Pflichten", an die sich etwa der Anhänger der stoischen Philosophie gebunden weiß, da die Forderungen des Logos im Vollsinn „vernunftgemäß" sind. Die Anwendung dieses Grundsatzes illustriert Klemens an einer Fülle von Beispielen aus dem Alltagsleben; dabei läßt sich eine sichere und treffende Beobachtungsgabe und eine besonnene, im Grunde positive Einstellung zu den kulturellen Gütern erkennen. Sowohl christliche Askese wie christliche Nächstenliebe sollen sich in ihrer kulturellen Umwelt bewähren. Der großartige Hymnus auf den Paidagogos Christus, mit dem das Werk schließt[7], unterstreicht wirkungsvoll den Rang, den die Gestalt Christi auch in der persönlichen Frömmigkeit des Alexandriners einnimmt.

Formale Behandlung und gedanklicher Aufbau erweisen „Protreptikos" und „Paidagogos" als innerlich zusammenhängende Werke. Der „Paidagogos" weist nun darauf hin[8], daß Klemens mit einem weiteren Werk, dem „Didaskalos", eine literarische Trilogie abschließen wollte, die an letzter Stelle eine systematische Darstellung der Hauptlehren des Christentums bieten sollte. Die erhaltene dritte Schrift, „Stromata" genannt, kann nicht als Schlußstein dieser Trilogie gelten, da sie eine völlig andere Thematik als die angekündigte enthält und auch nach der formalen Seite den beiden ersten Schriften in keiner Weise entspricht. Schon der Titel kennzeichnet das literarische Genus; eine bunte Fülle von Fragen wird, wie in dem „Sophistengastmahl" des Athenaios oder den „Attischen Nächten" des Gellius, in diesem „Teppich" in loser Form behandelt, die in erster Linie den religiös-philosophisch interessierten Heiden ansprechen wollen. Vieles spricht dafür, daß in diesen Fragen die Themen vorliegen, die Klemens in seinem Unterricht vorgetragen hat und die deshalb auch in der Form noch die Spuren ihrer Entstehung erkennen lassen[9]. Trotzdem durchzieht ein Anliegen die ganze Schrift: in der Auseinandersetzung mit dem zeitgenössischen Gnostizismus die christliche Religion als die einzig wahre Gnosis zu erweisen und im gläubigen Christen den wahren Gnostiker darzustellen.

[7] Paidag. 3, 12, 101. [8] Ebd. 1, 1, 3. [9] Vgl. *A. Knauber:* TThZ 60 (1951) 249 ff.

In der Taufe empfängt jeder Christ den Heiligen Geist und damit die Fähigkeit, vom schlichten Glauben zu immer vollkommener Erkenntnis aufzusteigen; aber nur der steigt wirklich zu ihr empor, der sich ständig darum müht, der in seiner Lebensführung um immer größere Vollkommenheit ringt. Nur durch stetige Erziehungsarbeit an sich selbst, in immer tieferem Eindringen in das Evangelium, nur innerhalb der Kirche, der „einzig jungfräulichen Mutter“ [10], wird man zum wahren Gnostiker und überwindet so das Bildungsideal des „Weisen“ der heidnischen Philosophie, das zwar einen anzuerkennenden Wert darstellt, aber doch nur Vorstufe bleibt. Leitbild des christlichen Gnostikers ist die Gestalt Christi, dem er sich angleichen muß und in dessen Nachfolge er zum Bilde Gottes wird [11]. Damit ist ein stetiges Wachsen in der Gottesliebe verbunden, die dem Gnostiker ein Leben in beständigem Gebet ermöglicht, ihn Gott schauen läßt und ihm Gottähnlichkeit schenkt. Dieser Aufstieg von Stufe zu Stufe führt jedoch den wahren Gnostiker nicht aus der Gemeinschaft seiner Brüder heraus, denen solcher Aufstieg versagt blieb; er dient ihnen vielmehr in steter Hilfsbereitschaft und ruft sie auf seinen Weg durch das Vorbild seines lauteren Wandels. Solche Fragen praktischer Lebensgestaltung stehen bei Klemens im Mittelpunkt seines Denkens und Lehrens, spekulative theologische Probleme begegnen nur im Randgebiet seiner Interessen. Von Johannes übernimmt er den Logosgedanken, den er nicht tiefer durchdringt. Der Logos ist mit dem Vater und dem Heiligen Geist in der göttlichen Trias vereint, durch ihn wurde die Welt erschaffen, er offenbarte Gott in steigender Klarheit, zuerst im jüdischen Gesetz, dann in der griechischen Philosophie, zuletzt durch seine Menschwerdung. Durch sein Blut ist die Menschheit erlöst worden, sie trinkt auch jetzt noch sein Blut, um an seiner Unvergänglichkeit teilzuhaben [12]. Der Erlöser Christus tritt bei Klemens zurück hinter den Logos als Lehrer und Gesetzgeber. Die eigentlich spekulative Theologie erfährt durch ihn keine wesentliche Förderung, aber er ist der erste umfassende Theoretiker christlichen Vollkommenheitsstrebens, den die Nachwelt allzusehr in Vergessenheit geraten ließ.

Origenes

Über dem Lebenswerk des größten der alexandrinischen Lehrer und des bedeutendsten Theologen des östlichen Christentums stand ein ungünstiger Stern. Der Großteil seiner schriftstellerischen Produktion ist untergegangen, weil die heftigen Fehden, die um seine Orthodoxie entbrannten, zu seiner Verurteilung durch die Synode von Konstantinopel 553 führten. Damit war sein Andenken und die Lektüre seiner Werke für lange Zeit geächtet. Nur

[10] Paidag. 1, 6, 42. [11] Strom. 7, 13, 2. [12] Paidag. 2, 19, 4.

weniges liegt noch in seiner griechischen Muttersprache vor, ein größerer Teil seiner biblischen Homilien ist in lateinischen Übersetzungen, vor allem des Hieronymus und Rufins, auf uns gekommen. Freunde und Verehrer aus dem 3. und 4. Jh. haben einiges festgehalten, was Wollen und Ziel seiner Lebensarbeit aufhellen hilft, vor allem die Skizze, die Eusebius im sechsten Buch seiner Kirchengeschichte, wenn auch in verklärender Rückschau, niedergeschrieben hat; für sie stand ihm eine Sammlung der Briefe des Origenes und manches Detail aus dem Wissen von Männern zur Verfügung, die ihn in Cäsarea noch persönlich gekannt hatten.

Den ersten prägenden Einfluß übte die christliche Atmosphäre des Elternhauses[13] auf den um 185 geborenen Origenes aus, der hier den hohen Mut zum Bekennen seines Glaubens und die stete Bereitschaft zum Wirken in der kirchlichen Gemeinschaft als nie verlorenes Erbe empfing. Eine gediegene Ausbildung in den profanen Wissenschaften machte es ihm möglich, nach dem Martyrertod des Vaters Leonides als Lehrer an einer Grammatikschule den Lebensunterhalt der Familie zu sichern. Als er schon früh aus eigener Initiative interessierte Heiden im christlichen Glauben unterrichtete, spürte er das Bedürfnis nach vertiefter philosophischer Ausbildung; er fand sie vor allem in den Vorlesungen des Neuplatonikers Ammonios Sakkas, dessen Einfluß von starker Wirkung auf ihn geblieben ist. Reisen, die er in seinen jüngeren Mannesjahren unternahm, führten ihn nach dem palästinischen Cäsarea, wo er die Freundschaft des dortigen Bischofs Theoktistos und des Jerusalemer Gemeindevorstehers Alexander gewann; nach Arabien, wohin ihn der kaiserliche Statthalter einlud, und nach dem westlichen Rom. Diese Reisen gaben ihm eine lebendige Anschauung vom Leben der Gesamtkirche und verstärkten seine Neigung, allenthalben durch Vorträge für das tiefere Verständnis von Bibel und Glauben zu wirken.

Seine Berufung zum Lehrer der Katechumenen und sein Amt als Leiter der theologischen Schule in Alexandrien brachten seine reichen geistigen und seelischen Kräfte zu voller Entfaltung und führten zur schöpferischen Periode seines Lebens, die auch nicht entscheidend gestört wurde, als 230 bis 231 ein Konflikt mit Bischof Demetrios ihn zwang, seine Tätigkeit nach Cäsarea in Palästina zu verlegen. Der äußere Anlaß zur Entfremdung mit seinem Heimatbischof war die Priesterweihe, die ihm palästinische Bischöfe ohne dessen Wissen bei einem Aufenthalt in Cäsarea erteilten, obwohl Origenes als Eunuch — er hatte sich in jugendlich-asketischem Überschwang selbst entmannt — nach der Auffassung der Zeit dafür nicht geeignet war. Der tiefere Grund war jedoch das Unvermögen des Bischofs, einen Mann von solch hohem Ansehen und geistigem Rang neben sich zu haben. Das Verständnis, das man Origenes in seinem zweiten Wirkungskreis entgegen-

[13] Die präzisen Angaben des Eusebius verdienen hier den Vorzug gegenüber den vagen Andeutungen des Porphyrios, die auf eine heidnische Periode im Leben des Origenes hinweisen; richtig daran ist die Vertrautheit des Origenes mit der griechischen Bildung.

brachte, hat er königlich gelohnt, da er über seine engere Lehrtätigkeit hinaus dem kirchlichen Leben unmittelbar diente, sowohl durch seine nie ermüdende Predigt wie auch in öffentlichen theologischen Diskussionen über aktuelle Probleme, die ihn wiederholt bis nach Arabien führten. Seine Treue zu Glauben und Kirche durfte er mit einem mannhaften Bekenntnis in der Decischen Verfolgung krönen, in der er eingekerkert und harter Folter unterworfen wurde. An deren Folgen starb er in Tyros gegen Ende seines siebten Lebensjahrzehntes etwa um 253/254.

Herzstück der theologischen Leistung des Origenes ist seine Arbeit an der *Bibel,* sein Ringen um ihr Verständnis, um ihre Auswertung für rechte Glaubenshaltung und wahre Frömmigkeit. Diesem Bemühen entspringt die Hauptmasse seiner literarischen Produktion, die sich niederschlägt in kritisch-philologischer Arbeit am Bibeltext, in wissenschaftlichen Kommentaren zu einzelnen Büchern der Heiligen Schrift und schließlich in der Fülle seiner erbaulichen, nicht nur geistvoll anregenden, sondern ins Letzte christlicher Existenz vordringenden Bibelvorträge, die von Stenografen mitgeschrieben und später veröffentlicht wurden. Der Gewinnung eines gesicherten Bibeltextes diente das imponierende Unternehmen der Hexapla[14], die in sechs parallelen Spalten den hebräischen Urtext in hebräischer Schrift, in griechischer Transkription, die Übersetzungen des Aquila, Symmachus, der Septuaginta und des Theodotion bot. Das wohl einzige Exemplar dieses Werkes wurde in der Bibliothek von Cäsarea deponiert, wo es noch zur Zeit des Hieronymus und später eingesehen werden konnte. Ein besonders hartes Schicksal hat die Überlieferung der großen Schriftkommentare getroffen; viele von ihnen sind gänzlich oder bis auf wenige Fragmente untergegangen, wie etwa die Kommentare zur Genesis, zu den Psalmen, den Sprüchen, zu Isaias, Ezechiel, dem Dodekapropheton, zu Lukas und den meisten Paulusbriefen. Größere Teile von den Kommentaren zum Hohenlied, zum Matthäus- und Johannesevangelium blieben zum Teil griechisch, zum Teil in lateinischer Übersetzung erhalten. Am reichsten war einmal der Bestand an Homilien, die mit Vorliebe der seelsorgerlichen Auswertung der alttestamentlichen Schriften galten; knapp 600 sind auf uns gekommen, davon aber nur 21 im griechischen Original.

Nur in einer Haltung tiefster Ehrfurcht hat sich Origenes dem Dienst an der Heiligen Schrift unterzogen; denn in ihr begegnete er dem lebendigen Gotteswort, das hier Gestalt angenommen hat. Das Verstehen der Heiligen Schrift ist ihm darum „die Kunst der Künste und die Wissenschaft der Wissenschaften“[14a]. Wie alles Geschehen sich in Geheimnissen vollzieht, so ist auch die Schrift voller Geheimnisse, die sich nur dem enthüllen, der in inständigem Gebet darum fleht[15]. Darum die spontanen Rufe zu „seinem

[14] Siehe *Quasten P* II 44 f, und *G. Mercati,* Psalterii Hexapli reliquiae I (Rom 1958).
[14a] In Ioann. comm. 13, 46. [15] In Exod. hom. 1, 4; Ep. ad Greg. 4.

Herrn Jesus", daß er ihm den Weg weise zur rechten Deutung einer schwierigen Schriftstelle[16]. Diese ist erst gefunden, wenn man den tieferen geistigen, göttlichen Sinn erkennt, der sich hinter den Buchstaben verbirgt; hier liegt der im Acker vergrabene Schatz. Darum ist die allegorische Schriftauslegung für Origenes nicht nur eine von der Auslegung profaner Texte übernommene traditionelle und mit Leichtigkeit gehandhabte Methode, sondern sie ist ihm oft eine zwingende Notwendigkeit, will man über das zuweilen Anstößige des bloßen biblischen Wortlautes hinauskommen. Origenes bleibt sich dabei durchaus bewußt, daß die Allegorie ihre Grenzen hat[17]; in der Hand des Meisters bleibt diese Methode bei allen Verirrungen im einzelnen doch der Weg, der ihn zum Herzen des Wortes führt, das in der Schrift schlägt, sie eröffnet ihm letzte religiöse Einsichten und Erkenntnisse.

Die tägliche *Schriftlesung*, zu der Origenes mahnt[18], wird für ihn zum Quellgrund seines persönlichen religiösen Lebens, sie läßt ihn aber auch zum Lehrer christlichen Vollkommenheitsstrebens werden, dessen Nachwirkung zunächst im östlichen Mönchtum und dann vor allem auf dem Weg über Ambrosius auch im lateinischen Westen kaum abzuschätzen ist. Letztes Ziel des Aufstiegs zur Vollkommenheit ist das Gleichwerden mit Gott, wozu der Mensch berufen wurde, als Gott ihn „nach seinem Bilde" schuf. Der sicherste Weg zu diesem Ziel ist die Nachfolge Christi, und so wird die Christozentrik das Charakteristikum origenistischer Frömmigkeitshaltung, wie später das „Christus omnia" bei seinem Schüler Ambrosius von Mailand[19]. Wer Christus nachfolgt, wählt das Leben und wählt das Licht[20]. Voraussetzung für den Erfolg dieser Nachfolge ist rechte Selbsterkenntnis, die die eigene Sündhaftigkeit innewerden läßt; das zwingt zu einem beharrlichen Kampf gegen die Gefährdungen, die von der Welt und den eigenen Leidenschaften drohen. Erst wer die Apatheia erreicht hat, ist fähig zu höherem mystischem Aufstieg. Sie wird nicht gewonnen ohne ernstes asketisches Bemühen, in dem Fasten und Nachtwachen ebenso ihren Platz haben wie Schriftlesung und Übung der Demut[21]. Wer nach dem Beispiel Christi freiwillig das ehelose Leben und die Jungfräulichkeit wählt, wird leichter das Ziel erreichen[22]. Der Aufstieg zur mystischen Vereinigung mit dem Logos vollzieht sich in Stufen, die Origenes im Zug des israelitischen Volkes durch die Wüste nach dem Gelobten Land vorgebildet findet[23]. Das tiefe Verlangen nach Christus wird erfüllt in der Vereinigung mit ihm, die sich in der Form einer mystischen Hochzeit vollzieht[24]; Christus wird der Bräutigam der Seele, die in mystischer Umarmung das *vulnus amoris* empfängt[25].

[16] In Levit. hom. 1, 1; 5, 5; In Matth. comm. 10, 5. [17] In Num. hom. 9, 1.
[18] In Gen. hom. 10, 3. [19] Vgl. *K. Baus:* RQ 49 (1954) 26—29. [20] In Levit. hom. 9, 10.
[21] In Ierem. hom. 8, 4; In Exod. hom. 13, 5.
[22] In Num. hom. 24, 2; In Cant. comm. 2, 155.
[23] In Num. hom. 27. [24] In Cant. comm. 1. [25] Ebd. 2, 8.

Origenes ist hier nicht nur der erste Vertreter einer tiefen Jesusinnigkeit, sondern auch der Begründer einer schon reichentwickelten Christus- und Brautmystik, vor der sich die mittelalterliche Christusfrömmigkeit eines Wilhelm von St-Thierry und Bernhard von Clairvaux nicht nur herleitet, sondern auch weitgehend nährt. So gewinnt die Persönlichkeit des großen Alexandriners gerade dort ihre tiefste Fernwirkung, wo sie sich am lautersten offenbart, in ihrer ruhigen, klaren und doch glühenden Christusliebe.

Eine systematische Darlegung der Hauptlehren des Christentums schrieb Origenes noch in Alexandrien; er gab diesem ersten dogmatischen Handbuch in der Geschichte der christlichen Theologie den Titel Περὶ ἀρχῶν und behandelte in vier Büchern die zentralen Fragen über Gott, die Erschaffung der Welt, den Sündenfall, die Erlösung durch Jesus Christus, Sünde und Willensfreiheit und die Heilige Schrift als Glaubensquelle. Das griechische Original ist untergegangen, ebenso die wörtliche lateinische Übersetzung, die Hieronymus anfertigte; die auf uns gekommene Übersetzung Rufins hat viele Anstöße geglättet oder ganz beseitigt; so daß eine gewisse Unsicherheit darüber bestehenbleibt, welche präzise Auffassung Origenes in einigen Fragen vertrat[25a].

In der Einleitung spricht Origenes in aller Klarheit über die methodischen Prinzipien, die ihn bei seiner Arbeit lenken; Schrift und Tradition sind die beiden Quellen für seine Darstellung der christlichen Lehre. Er weiß, daß man sich ihnen nicht mit der Fragestellung eines Philosophen, sondern nur in der Haltung eines Gläubigen nähern kann. Alle Bücher des Alten und Neuen Testamentes, Gesetz, Propheten und Paulusbriefe enthalten die Worte Christi und sind dem Christen Lebensnorm, weil sie inspiriert sind[26]. Die Autorität der Kirche bürgt dafür, daß sich keine unechten Schriften eindrängen; nur was in allen Gemeinden unbezweifelt als Heilige Schrift in Gebrauch ist, ist frei von dem Verdacht, apokryph zu sein[27]. Nur jene Wahrheit kann im Glauben angenommen werden, die nicht im Widerspruch zur kirchlichen und apostolischen Tradition steht; man findet sie in der Verkündigung der Kirche, die *per successionis ordinem* von den Aposteln her überliefert wurde[28]. Damit ist die Kirche nicht nur zur Hüterin der Heiligen Schrift bestimmt, sie ist auch ihr authentischer Interpret, da sie allein von Christus das Licht empfangen hat, das die erleuchtet, die in der Finsternis wohnen[29]; sie ist die wahre Arche, in der allein man Rettung findet, sie ist das Haus, das mit dem Blute Christi gezeichnet ist, außerhalb dessen es kein Heil gibt[30]; sie ist wie eine feste Stadt; wer sich außerhalb ihrer Wälle

[25a] Vgl. *M. Harl,* Recherches sur le Περὶ ἀρχῶν d'Origène en vue d'une nouvelle édition: Studia patristica 3 (Berlin 1961) 57—67.

[26] Origenes, De princ. praef. 1; In Matth. comm. 46.

[27] De princ. praef. 8; In Matth. comm. 61.

[28] De princ. praef. 2. [29] In Gen. hom. 1, 5. [30] Ebd. 2, 3; In Jesu Nave hom. 3, 5.

aufhält, wird gefangen und vom Feind getötet[31]; in das Haus Jesu tritt man ein, indem man wie die Kirche denkt und nach ihrem Geiste lebt[32].

Da die Glaubensregel nur die notwendigen Grundlehren enthält, die die Apostel vortrugen, ohne sie näher zu begründen oder ihren inneren Zusammenhang eingehender aufzuweisen, bleibt der Theologie noch ein weites Feld der Betätigung offen. Hier liegt nach Origenes die Aufgabe derer, die vom Heiligen Geist durch die besonderen Gaben der Weisheit und Erkenntnis dazu berufen sind, tiefer in die Offenbarungswahrheiten einzudringen und ein theologisches System aus Schrift und Tradition in korrekter Methode zu entwerfen[33]. Die Ausführung seines eigenen Entwurfes macht es offenkundig, daß Origenes kein geborener Systematiker ist, es fehlt ihm die Kraft, seine Konzeption in straffer Ordnung der Gedanken zu Ende zu führen. Gegenüber diesem formalen Mangel wiegen allerdings die Sondermeinungen theologischer Art schwerer, die den Anlaß zu den späteren Auseinandersetzungen um die Rechtgläubigkeit des Verfassers boten. In der Trinitätslehre denkt Origenes noch subordinatianisch; nur der Vater ist ὁ θεός oder αὐτόθεος, der Logos besitzt zwar ebenfalls die göttliche Natur, im Blick auf den Vater kann er aber nur δεύτερος θεός genannt werden[34]. Immerhin spricht Origenes klar die Ewigkeit des Logos aus und bezeichnet ihn als ὁμοούσιος [35], es liegt also ein Fortschritt gegenüber dem früheren Subordinatianismus vor; Origenes, könnte man sagen, ist hier auf dem Wege, der nach Nikaia führt. Auch in der eigentlichen Christologie findet er Formulierungen, die nach vorne weisen; die Verbindung der beiden Naturen in Christus ist so stark, daß sich daraus die Idiomenkommunikation ergibt[36], die Bezeichnung Gottmensch (θεάνθρωπος) ist bei ihm zum erstenmal nachweisbar, den Terminus θεοτόκος hat er wohl vorbereitet[37]. Eigene Wege ging Origenes auch in der Schöpfungslehre; vor der jetzigen Welt hat bereits eine Welt vollkommener Geister existiert, zu der auch die Menschenseelen gehörten, die also präexistent waren. Erst ein Abfall von Gott brachte ihnen Verbannung in die Materie, die Gott jetzt schuf. Das Maß ihrer vorweltlichen Schuld bestimmt sogar das Maß der Gnade, die Gott jedem Menschen auf Erden gewährt[38].

Alle Schöpfung drängt zurück zu ihrem Ursprung in Gott; sie wird dafür einem Läuterungsprozeß unterworfen, der sich über viele Äonen erstrecken kann, in dem alle Seelen, auch die bösen Geister der Dämonen und der Satan selbst, mehr und mehr gereinigt werden, bis sie der Auferstehung und der Wiedervereinigung mit Gott würdig sind. Dann ist Gott wieder alles in allem, und die Wiederherstellung aller Dinge (ἀποκατάστασις τῶν πάντων)

[31] In Ierem. hom. 5, 16. [32] Disput. cum Heracl. 15. [33] De princ. praef. 3 und 10.
[34] De princ. 1, 2, 13; Contra Cels. 5, 39. [35] In ep. ad Hebr. fr. [36] De princ. 2, 6, 3.
[37] In Ezech. hom. 3, 3; In Luc. hom. 6, 7.
[38] De princ. 2, 8 f; Contra Cels. 1, 32—33.

ist erreicht[38a]. Die Ewigkeit der Hölle war mit dieser Auffassung praktisch aufgegeben. Daß nach diesem Prozeß ein neuer Abfall möglich und somit eine neue Weltenschöpfung und Läuterung in weiteren Folgen nötig seien, hat Origenes nur als diskutierbare Möglichkeit, nicht als sichere christliche Lehre vorgetragen. Die Kritik hat Origenes noch weitere Verirrungen seiner Theologie vorgeworfen, die man etwa als Spiritualismus und Esoterismus umschreiben könnte; damit ist einmal seine Neigung gemeint, die materielle Schöpfung abzuwerten und den Geist von der Erlösungsbedürftigkeit auszunehmen, ein anderes Mal eine Tendenz, den innersten Kern und Sinn der Offenbarungswahrheiten dem Kreis der Vollkommenen, den Pneumatikern, vorzubehalten. Beide Vorwürfe enthalten einen berechtigten Kern, sind aber doch oft weit übersteigert worden. Origenes hat den Eigenwert des Leiblichen und Sinnlichen durchaus anerkannt und gerade in seiner Funktion des Gleichnishaften für eine dahinterliegende geistige Welt seine Bedeutung gesehen; er hat deshalb nicht seine Vernichtung, sondern seine Vergeistigung und Verklärung gefordert. Ebenso war er davon überzeugt, daß grundsätzlich jeder Getaufte zur Vollkommenheit berufen sei, daß es aber auf dem Wege zu ihr viele Stufen gebe und daß jede Stufe nur den ihr gemäßen Teil der Offenbarungswahrheit aufnehmen könne, daß demnach die volle Erfassung der christlichen Wahrheit erst der Endstufe möglich sei.

Wie jede theologische Leistung will auch die des Origenes nach den Möglichkeiten und Voraussetzungen beurteilt sein, die seine Zeit ihm bot. An die theologischen Probleme ist er mit dem Rüstzeug und der Fragestellung eines philosophisch Gebildeten des 3. Jh. herangegangen. Aus den Grenzen und Bedingtheiten dieser Philosophie lassen sich die meisten Mängel seiner Theologie ableiten. Aufs Ganze gesehen, stellt jedoch seine theologische Arbeit, besonders auch seine systematische Schrift „Über die Grundlagen" eine schöpferische Eigenleistung und damit einen enormen Fortschritt der christlichen Theologie dar. Wichtig für ein Gesamturteil ist die Tatsache, daß diese Arbeit von lauterstem kirchlichem Geist getragen wurde. Bei aller Unabhängigkeit und Unbefangenheit seines theologischen Fragens und Forschens wollte Origenes nur der Kirche dienen und war stets bereit, sich ihrem Urteil zu unterwerfen. „Wenn ich", so redet er die Kirche einmal an, „der ich den Priesternamen trage und das Wort Gottes zu verkünden habe, etwa gegen die kirchliche Lehre und die Regel des Evangeliums verstieße, so daß ich dir, Kirche, zum Ärgernis würde, so möge die gesamte Kirche in einhelligem Beschluß mich, ihre Rechte, abhauen und verwerfen."[39] Eine solche Gesinnung hätte die Folgezeit davor bewahren sollen, mit der Verurteilung einzelner Irrtümer und Fehlmeinungen auch das Gesamtwerk des Origenes in der Form zu ächten, wie es später geschehen ist.

[38a] De princ. 1, 6, 1 3; 3, 6, 6; Contra Cels. 8, 72.

[39] In Ios. hom. 7, 6.

Die weiteren Lehrer an der alexandrinischen Schule, die nach dem Weggang des Origenes wieder den Charakter einer Katechumenenschule annahm, stehen im Schatten ihres großen Vorgängers. Der Beiname der Große ist *Dionys,* dem späteren Bischof der ägyptischen Hauptstadt (247/48 bis 264/65), mehr wegen seines mannhaften Auftretens in der Decischen Verfolgung und wegen seiner eifrigen Tätigkeit im innerkirchlichen Bereich als wegen seiner theologischen Leistung zuteil geworden. Seine von Rom bezweifelte Orthodoxie in der Trinitätslehre suchte er in einer Apologie in vier Büchern gegenüber Bischof Dionys von Rom zu erweisen. Gegen chiliastische Gedänkengänge des Bischofs Nepos von Arsinoë nahm er Stellung in der Schrift „Über die Verheißungen", in der er die Autorschaft des Apostels Johannes an der Apokalypse ablehnt[40]. Dionys ist der erste alexandrinische Bischof, für den der Brauch bezeugt ist, in sogenannten Osterfestbriefen der ägyptischen Christenheit den Termin des Auferstehungstages alljährlich bekanntzugeben. Seine umfangreiche Korrespondenz ist bis auf zwei Briefe verlorengegangen. Die schriftstellerische Arbeit des *Theognostos* und des *Pierios,* der Nachfolger des Dionys in der Leitung der Katechumenenschule, zehrte von der Leistung des Origenes. Die „Hypotyposeis" des Theognostos waren ein dogmatisches Werk, Pierios beschäftigte sich mehr mit exegetischen Arbeiten und war auch homiletisch tätig[41]. Ob *Petrus,* seit etwa 300 Bischof von Alexandrien, an der Katechumenenschule wirkte, bleibt ungewiß. Die Fragmente seiner Abhandlungen verraten besonders pastorale Interessen, wie etwa die über die Bußkanones und „Über das Pascha", zum Teil bekämpfen sie angebliche Irrlehren des Origenes.

Im Einflußbereich des Origenes stehen noch einige Schriftsteller des Ostens, deren zweitrangige Leistungen die Größe des Meisters schärfer hervortreten lassen. Seinem Schüler *Gregorios Thaumaturgos* († um 270), der als wundertätiger Missionsbischof Zentralkleinasiens eine bald von der Legende verklärte und in der byzantinischen Kirche hochverehrte Gestalt geworden ist, wird eine Lobrede auf Origenes verdankt, die einen instruktiven Einblick in die Unterrichtsmethode des verehrten Lehrers gestattet. Daß auch Laien für theologisch-exegetische Fragen Interesse zeigten, beweist *Julius Africanus* aus Palästina († nach 240), der mit Origenes befreundet war und in einem Brief an diesen die Authentizität der Susannageschichte in Zweifel zieht, während er in einem anderen Brief die Genealogien Jesu bei Mt und Lk untersucht[42]. Den Anliegen des Origenes suchte der gelehrte Presbyter *Pamphilos* von Cäsarea in Palästina zu dienen, wenn er in Lehre und wissenschaftlicher Forschung die Tradition des Meisters fortsetzte; sein

[40] Euseb. HE 7, 24 f.

[41] Fragmente bei *R. Routh,* Reliquiae sacrae 3 (Oxford 1846) 405—435, dazu *L. B. Radford,* Three Teachers of Alexandria, Theognostus, Pierius and Peter (Cambridge 1908).

[42] *W. Reichardt,* Die Briefe des S. Julius Africanus (Leipzig 1909); *E. Blakeney,* Jul. Africanus: Theology 29 (1934) 164—169.

Interesse galt vor allem dem Bibeltext sowie der Sammlung der Schriften des Origenes und der Betreuung der von diesem in Cäsarea begründeten Bibliothek. Die Diokletianische Verfolgung brachte ihm nach langer Haft das Martyrium († 310); im Gefängnis schrieb er eine Ἀπολογία ὑπὲρ Ὠριγένους in sechs Büchern, von denen nur das erste in einer lateinischen Übersetzung Rufins erhalten ist[43]. In die sich gegen Origenes bildende Front ist der Schriftsteller *Methodios* einzureihen, der nach Hieronymus und Sokrates[44] Bischof von Olympos in Lykien war, aber wahrscheinlicher als Asket und privater christlicher Lehrer lebte. In der Auseinandersetzung mit Origenes lehnte er dessen Lehre von der Präexistenz der Seelen und die Theorie eines Zyklus mehrerer Weltschöpfungen ab, während er sich von dessen allegorischer Schriftauslegung nicht frei machen konnte. Für seine literarischen Arbeiten bevorzugt er die Dialogform und erweist sich als guter Kenner Platos[45]. Sachlich und in seiner Auswirkung für die Geschichte der Frömmigkeit bedeutsam ist sein „Symposion", das in hochstehender Form das christliche Jungfräulichkeitsideal preist und in einem berühmten Hymnus auf den Bräutigam Christus und seine Braut, die Kirche, schließt.

Die Anfänge der zweiten theologischen Schule des Ostens liegen nicht weniger im Dunkel als die der alexandrinischen. Daß sie in der syrischen Hauptstadt Antiochien ins Leben gerufen wurde, ist begreiflich, weil in diesem bedeutsamen kulturellen Zentrum der hellenistischen Welt ähnliche Voraussetzungen wie in Alexandrien gegeben waren. Die Überlieferung nennt einhellig den antiochenischen Presbyter *Lukian* als Begründer der Schule, der Unternehmen kleineren Maßstabes und mehr privaten Charakters vorangegangen sein mögen. Zur Zeit des Bischofs Paul von Samosata steht ein Presbyter Malchion in Antiochien wegen seiner umfassenden Gelehrsamkeit in hohem Ansehen, er ist aber Lehrer an einer profanen griechischen Schule. Seine überlegene theologische Bildung bewies er in der Auseinandersetzung mit Paul von Samosata auf der antiochenischen Synode des Jahres 268, die zu dessen Verurteilung führte[46]. Ein weiterer Presbyter Antiochiens, dessen Bibelinteressen und Kenntnis der hebräischen Sprache gerühmt werden, war Dorotheos, ein Zeitgenosse Lukians, der aber nicht ausdrücklich als christlicher Lehrer genannt wird[47]. Erst für Lukian werden die Quellenaussagen präziser. Seine Herkunft aus Samosata und seine öfters behauptete Ausbildung in dem christlichen und theologischen Milieu von Edessa sind unbeweisbar, wahrscheinlich ist er in Antiochien geboren, wo er auch um das Jahr 270 zum Presbyter geweiht wurde. Seine Zugehörigkeit zum antiochenischen Klerus läßt annehmen, daß seine Tätigkeit als christlicher Lehrer von seinem Bischof autorisiert war. Seine von Eusebius ge-

[43] Euseb. HE 6, 32, 3; PG 17, 521—616. [44] Hieron., De vir. ill. 83; Socrates HE 6, 13.
[45] Vgl. *M. Margheritis*, L'influenza di Platone sul pensiero e sull'arte di s. Metodio d'Olimpo: Studi Ubaldi (Mailand 1937) 401—412. Zur Dialogtechnik *G. Luzzati*: ebd. 117 bis 124. [46] Euseb. HE 7, 29, 2. [47] Ebd. 7, 32, 3—4.

rühmte theologische Gelehrsamkeit[48] hat sich nicht in umfangreicheren Publikationen niedergeschlagen. Das eigentliche Interesse Lukians galt der Bibelarbeit, näherhin einer neuen Rezension der Septuaginta, für die er auch den hebräischen Urtext heranzog; sie stand in hohem Ansehen und fand weite Verbreitung in den syrischen und kleinasiatischen Bistümern. Aus den Bibelschriften seiner Schüler läßt sich die exegetische Methode Lukians erschließen; sie berücksichtigt vor allem den Literalsinn und wendet die typologische Auslegung nur dort an, wo der Text selbst sie fordert. Ebenfalls erst aus den Werken der Schüler läßt sich eine Vorstellung von der sonstigen theologischen Eigenart Lukians gewinnen; er geht jeweils von den Gegebenheiten der Bibel aus, nicht von philosophischen Voraussetzungen; so kommt er u. a. zu einem strengen Subordinatianismus in der Logoslehre, wie er bald von Arius und einigen seiner Mitschüler, den sog. Syllukianisten, unter ausdrücklicher Berufung auf ihren Lehrer vertreten wird. In voller Klarheit wird die Eigenart der antiochenischen Schule erst in der Blütezeit der Patristik im Zusammenhang mit den trinitarischen und christologischen Auseinandersetzungen faßbar.

20. Kapitel

Die Entwicklung der christlichen Literatur des Westens im 3. Jahrhundert

Die Entstehung des altchristlichen Lateins und die Anfänge einer lateinisch-christlichen Literatur. Minucius Felix. Das Rätsel Hippolyt. Novatian von Rom. Die Afrikaner Tertullian und Cyprian

LITERATUR: Übersicht bei *P. de Labriolle - G. Bardy,* Histoire de la littérature latine chrétienne I (Paris ³1947) 163—323.

Altchristliches Latein: *F. Stummer,* Einführung in die lateinische Bibel (Paderborn 1928); *J. Schrijnen,* Charakteristik des altchristlichen Latein (Nijmegen 1932); *W. Süß,* Studien zur lateinischen Bibel (Tartu 1932); *M. A. Sainio,* Semasiologische Untersuchungen über die Entstehung der christlichen Latinität (Hamburg 1940); *M. Müller,* Der Übergang von der griechischen zur lateinischen Sprache in der abendländischen Kirche von Hermas bis Novatian (Rom 1943); *Th. Klauser,* Der Übergang der römischen Kirche von der griechischen zur lateinischen Liturgiesprache: MiscMercati I 467—482; *G. Bardy,* La question des langues dans l'église ancienne I (Paris 1948); *Chr. Mohrmann,* Les origines de la latinité chrétienne à Rome: VigChr 3 (1949) 67—106 163—183. Weitere Arbeiten Mohrmanns in den Sammelbänden: Le latin des chrétiens I (Rom 1958), II (ebd. 1961); *dies.,* Liturgical Latin (London 1959); *E. Löfstedt,* Late Latin (Oslo 1959).

Minucius Felix: Ausgaben: *J. P. Waltzing* (Leipzig 1926); *J. Martin* (Bonn 1930); *G. Quispel* (Leiden 1949); *M. Pellegrino* (Turin 1950). — *H. J. Baylis,* Min. Fel. and his Place among the Early Fathers of the Latin Church (London 1928); *R. Beutler,* Philosophie

[48] Ebd. 9, 6, 3.

und Apologetik bei Min. Fel. (Diss. Marburg 1936); *M. Pellegrino,* Studi sull'antica apologetica (Rom 1947). Zum Prioritätsproblem Min. Fel. oder Tertullian u. zur Sprache des Octavius s. *Quasten P* II 160—162.

Hippolyt: WW: hrsg. von *G. N. Bonwetsch, H. Achelis, P. Wendland, A. Bauer, R. Helm* in GCS 1, 26, 46 (Berlin 1916/55); *P. Nautin,* Hippolyte, Contre les hérésies (Paris 1949); *M. Brière - L. Mariès - B.-Ch. Mercier,* Hippolyte, Les bénédictions d'Isaac, de Jacob et de Moïse: POr 27 (1954). Separatausgaben: Danielkommentar, ed. *G. Bardy:* SourcesChr 14 (1947); Traditio apostolica, ed. *B. Botte:* ebd. 11 (1946); *Funk* 2, 97—119; *G. Dix* (London 1937). Äthiop. Text: ed. *H. Duensing:* AAG 32 (1946); kopt. Text: edd. *W. Till - J. Leipoldt:* TU 58 (1954). — Lit. zur jüngsten Diskussion um die Autorschaft von Philosophumena, Chronik und De universo: *P. Nautin,* Hippolyte et Josipe (Paris 1947); *ders.,* Le dossier d'Hippolyte et de Méliton (Paris 1953); *ders.,* Lettres et écrivains chrétiens des IIe et IIIe siècles (Paris 1961) 177—207; dagegen *G. Bardy, M. Richard, B. Capelle, B. Botte, G. Oggioni:* MSR 1948, 1950/51, 1953/54; RThAM 1949/50, 1952; RSR 1947, 1954/55; RHE 1952; SC 1950/52. — *A. d'Alès,* La théologie de s. Hippolyte (Paris [2]1929); *B. Capelle,* Le logos, fils de Dieu, dans la théologie d'Hippolyte: RThAM 9 (1937) 109—124; *K. Prümm,* Mysterion bei Hipp.: ZKTh 63 (1939) 207—225; *E. Lengling,* Die Heilstat des Logos-Christos bei Hipp. (Rom 1947); *A. Hamel,* Die Kirche bei Hipp. v. Rom (Gütersloh 1952); *J. Lecuyer,* Épiscopat et presbytérat dans les écrits d'Hipp.: RSR 41 (1953) 30—50; *A. Amore,* Note su s. Ippolito martire: RivAC 30 (1954) 63—97; *J.-M. Hanssens,* La liturgie d'Hippolyte (Rom 1959).

Novatian: WW: keine Gesamtausgabe. De trinitate, ed. *W. Y. Fausset* (Cambridge 1909); dasselbe mit Übersetzung und Kommentar von *H. Weyer* (Düsseldorf 1962); De cibis iud., hrsg. von *A. Landgraf - C. Weymann:* ArchlatLexikogr. 11 (1898 bis 1900) 221—249; De spect., De bono pud.: CSEL 3, 3, 3—25; Briefe: ebd. 3, 2, 549—556; 572—575; De spect., hrsg. von *A. Boulenger* (Paris 1933), dazu *H. Koch:* Religio 12 (1936) 245—265. Zu Sprache u. Stil: *ders.:* Religio 13 (1937) 278—294; *B. Melin,* Studia in corpus Cyprianeum (Uppsala 1946) 67—122. — *A. d'Alès,* Novatien (Paris 1924); *M. Kriebel,* Studien zur älteren Entwicklung der abendländischen Trinitätslehre bei Tertullian u. Novatian (Diss. Marburg 1932); *M. Simonetti,* Alcune osservazioni sul De trinitate di Novaziano: Studi in onore di A. Monteverdi 2 (Modena 1959) 771—783. Zur Logoslehre: *G. Keilbach:* Bogoslovska Smotra 21 (1933) 193—224. Zur Idiomenkommunikation: *R. Favre:* BLE 37 (1936) 130—145. Zur Engel-Christologie: *F. Scheidweiler:* ZKG 66 (1955) 126—139, und *J. Barbel:* TThZ 67 (1958) 96—105. Zur Biographie: *F. J. Dölger:* AuC II (1930) 258—267; *C. Mohlberg:* ELit 51 (1937) 242—249; *A. Ferrua:* CivCatt (1944) 4, 232—239.

Tertullian: WW: Gesamtausgaben: im CSEL, hrsg. von *A. Reifferscheid - G. Wissowa, A. Kroymann, H. Hoppe, V. Bulhart, Ph. Borleffs* 20 (1890), 47 (1906), 69 (1939), 70 (1942), 76 (1957). Im CChr 1 u. 2 (1954). Für die Separatausgaben s. *Altaner*[6] 132—141 und CChr 1, XII—XIV. Zu Sprache u. Stil: *T. W. J. Teuwen,* Sprachlicher Bedeutungswandel bei Tertullian (Paderborn 1926); *E. Löfstedt,* Zur Sprache Tertullians (Lund 1920); *H. Hoppe,* Beiträge zu Sprache und Kritik Tertullians (ebd. 1932); *A. d'Alès,* Tertullien helléniste: RÉG (1937) 320—362; *H. Janssen,* Kultur u. Sprache bei Tertullian (Nijmegen 1938); *V. Morel,* Disciplina: RHE 40 (1944/45) 5—46; *J. H. Waszink,* Pompa diaboli: VigChr 1 (1947) 13—41; *A. Kolping,* Sacramentum Tertullianeum (Münster 1948); *Chr. Mohrmann,* Tert. Apologeticum (Utrecht 1951) LXXXVI—CII. Ein „Lexicon Tertullianeum" wird von *G. Claesson* vorbereitet. *P. Guilloux,* L'évolution religieuse de Tertullien: RHE 19 (1923) 5—24 141—156; *B. Nisters,* Tertullian, seine Persönlichkeit und sein Schicksal (Münster 1950). Zur Theologie Tertullians: *A. d'Alès,* La théologie de Tertullien (Paris 1905); *R. E. Roberts,* The Theology of Tertullian (London 1924); *J. Morgan,* The Importance of Tertullian in the Development of Christian Dogma (London 1928);

J. Lortz, Tertullian als Apologet, 2 Bde (Paderborn 1927/28); *C. Becker,* Tertullians Apologeticum. Werden u. Leistung (München ²1961); *A. Quacquarelli,* Tertullianus ad Scapulam (Rom 1957); *G. Zimmermann,* Die hermeneutischen Prinzipien Tertullians (Diss. Leipzig 1937); *J. Stirnimann,* Die Praescriptio Tertullians (Fribourg 1949); *K. Adam,* Der Kirchenbegriff Tertullians (Paderborn 1907); *H. Koch,* Callist u. Tertullian (Heidelberg 1920); *W. Köhler,* Omnis ecclesia Petri propinqua (ebd. 1938); *V. Morel,* De ontwikkeling van de christl. overlevering volgens Tert. (Brügge 1946); *Th. Brandt,* Tertullians Ethik (Gütersloh 1929); *J. Büchner,* Tert. De spectaculis, Kommentar (Würzburg 1935); dasselbe mit Kommentar von *E. Castorina* (Florenz 1961); *J. Klein,* Tertullians christliches Bewußtsein (Bonn 1940); *K. Baus,* Der Kranz in Antike und Christentum (Kommentar zu De corona) (Bonn 1940); *G. Säflund,* De pallio und die stilistische Entwicklung Tertullians (Lund 1955). Zur Bußlehre: *K. Rahner:* ZKTh 60 (1936) 471—510; Festschrift K. Adam (Düsseldorf 1952) 139—167; *B. Poschmann,* Poenitentia secunda (Bonn 1940) 270—348. — *H. Karpp,* Schrift und Geist bei Tertullian (Göttingen 1955); *H. Finé,* Die Terminologie der Jenseitsvorstellungen bei Tertullian (Bonn 1958); *S. Otto,* Natura und dispositio, Untersuchungen zum Naturbegriff und zur Denkform Tertullians (München 1960); *K. Wölfl,* Das Heilswirken Gottes durch den Sohn nach Tert.: AnGr 112 (Rom 1960); *V. Décarie,* Le paradoxe de Tert.: VigChr 15 (1961) 23—31; *W. Bender,* Die Lehre über den Hl. Geist bei Tertullian (München 1961). — *E. Dekkers,* Tert. en de geschiedenis der liturgie (Brüssel 1947).

Cyprian: WW: hrsg. von W. Hartel: CSEL 3, 1—3 (1868/71); Tractatus, ed. *S. Colombo* (Turin 1935); Epistulae, ed. *L. Bayard,* 2 Bde (Paris ²1945). Zur Textkritik u. Sprache: *H. Koch,* Cyprianische Untersuchungen (Bonn 1926); *B. Melin,* Studia in corpus Cyprianeum (Uppsala 1946). Die vita Cyprians von Pontius und die Acta proconsularia. CSEL 3, 3; Vita separat, ed. *M. Pellegrino* (Alba 1955). Zur Vita: *R. Reitzenstein:* ACC (1919) 177—219; *J. Martin:* HJ (1919) 674—712; *Delehaye* PM 82—104.

Monographien: *P. Monceaux,* S. Cyprien (Paris 1902 u. [ohne Apparat] 1914); *S. Colombo,* S. C., l'uomo e lo scrittore: Didaskaleion 6 (Turin 1928) 1—80; *A. A. Ehrhardt,* Cyprian, Father of Western Christianity: ChQR 133 (1941) 178—196; *E. Hummel,* The Concept of Martyrdom according to St. Cyprian (Washington 1946); *J. Ludwig,* Der hl. Märtyrerbischof Cyprian von Karthago (München 1951). Zur Theologie Cyprians: *A. d'Alès,* La théologie de s. Cyprien (Paris 1922); Cyprians Tauflehre: *G. Bardy:* RSR 14 (1924) 255—272 385—399; *N. Zernov:* ChQR 117 (1934) 304—336; *A. Stenzel*: Scholastik 30 (1955) 372—385. Eucharistielehre: *P. Batiffol,* L'Eucharistie (Paris ⁹1930) 226—247; *G. Bardy:* VS 60 Suppl. (1939) 87—119; *S. Salaville:* ÉO 39 (1941/42) 268—282. Zur Bußfrage: *H. Koch,* Cyprianische Untersuchungen (Bonn 1926) 211—285; *M. C. Chartier:* Antonianum 14 (1939) 17—42 135—156; *B. Poschmann,* Poenitentia secunda (Bonn 1940) 368—424; *K. Rahner:* ZKTh 74 (1952) 252—276 381—438; *M. Bévenot:* ThSt 16 (1955) 175—273. Zum Kirchenbegriff Cyprians: *H. Koch,* Cathedra Petri (Gießen 1930); *E. Altendorf,* Einheit u. Heiligkeit der Kirche (Berlin 1932) 44—116; *B. Poschmann,* Ecclesia principalis (Breslau 1933); *J. Plumpe,* Mater ecclesia (Washington 1943) 81—108; *G. Bardy,* La théologie de l'église II (Paris 1947) 171—251; *M. Bévenot:* RSR 39/40 (1951/52) 397—415; *J. Ludwig,* Die Primatsworte in der altkirchlichen Exegese (Münster 1952) 20—36; *G. Klein:* ZKG 68 (1957) 48—68.

Der wesentlich andersartige Verlauf, den die Entwicklung der christlichen Literatur im Westen, speziell in Rom, im 3. Jh. nahm, war einmal bedingt durch die linguistische Situation der römischen Gemeinde, die sich anfangs mehrheitlich aus griechisch sprechenden Gliedern zusammensetzte und sich darum auch in Verkündigung und Liturgie des Griechischen bediente. Erst mit dem Schwinden der griechischen Majorität ergab sich die Notwendigkeit, die heiligen Schriften des neuen Glaubens ins Lateinische zu übersetzen, in lateinischer Sprache zu predigen und schließlich auch das Lateinische als Liturgiesprache in Gebrauch zu nehmen. Die ersten Spuren der Existenz einer lateinischen Bibel reichen für Rom bis in die zweite Hälfte des 2. Jh. zurück, da zu dieser Zeit die lateinische Übertragung des ersten Klemens-Briefes erfolgt sein muß. Um die Jahrhundertwende zitiert dann auch Tertullian in Afrika aus einer ihm vorliegenden lateinischen Bibel. Die unbekannten Übersetzer haben damit das Werden des altchristlichen Lateins eingeleitet und mit dieser Leistung die Voraussetzung für das Entstehen einer eigenständigen christlichen Literatur in lateinischer Sprache geschaffen. Das altchristliche Latein hat sich einerseits stark auf die Umgangssprache des schlichten Volkes gestützt, das von den Missionaren in erster Linie angesprochen wurde; anderseits hat es eine Fülle von Lehnwörtern aus dem Griechischen übernommen, da manches lateinische Wort wegen seiner bisherigen Verwendung im heidnischen Kult nicht verwertbar war. Für viele zentrale Begriffe der christlichen Offenbarung und Verkündigung mußten schließlich vorhandene lateinische Termini mit einem neuen Bedeutungsinhalt gefüllt werden. So entstand in einem längeren, eminent wichtigen Prozeß innerhalb des Spätlateins der Sektor des christlichen Lateins, das sich durch seinen unverkennbaren eigenen Stil deutlich von der profanen Literatursprache scheidet. Nicht eine Einzelpersönlichkeit hat demnach das altchristliche Latein geschaffen, auch nicht Tertullian, der vielmehr der erste Schriftsteller ist, welcher seine Existenz durch sein Schrifttum bezeugt. Es brauchte naturgemäß eine gewisse Zeit, bis dieses Latein so geschmeidig und aussagesicher war, daß es für größere literarische Arbeiten verwertbar wurde. Es ist bezeichnend, daß die theologischen Diskussionen in Rom im ausgehenden 2. und im 3. Jh. noch weithin von Griechen getragen werden; Justin schreibt seine Apologie noch griechisch, Markion und die Vorkämpfer in den trinitarischen Diskussionen sind Kleinasiaten, und der erste Theologe von Rang, der in Rom lebt und schreibt, der aus dem Osten stammende Hippolyt, veröffentlicht seine Arbeiten ebenfalls noch in griechischer Sprache.

Das zweite Charakteristikum der lateinisch-christlichen Theologie im 3. Jh. besteht darin, daß sie nicht an theologischen Schulen gepflegt wird, wie dies im Osten der Fall war. Es hat zwar an den Schwerpunkten der Christianisierung, wie Rom und Karthago, nicht an Institutionen für den Katechumenenunterricht gefehlt, aber Schulen, an denen bedeutende theologische Lehrer nach Art des Origenes eine Einführung in die christliche Religion auch für gebildete Heiden gegeben hätten, kennt der Westen nicht. Tertullian übt zwar starke Nachwirkung aus, Novatian ist gewiß ein Theologe von Rang, aber Schulhaupt im eigentlichen Sinn wird keiner von ihnen.

Eine Apologie des Christentums stellt der „Dialog Octavius“ dar, den *Minucius Felix,* ein philosophisch gebildeter, besonders von stoischem Gedankengut beeinflußter Rechtsanwalt, in vollendetem Stil und vornehmem Ton geschrieben hat. Caecilius, der heidnische Sprecher des Dialogs, begegnet zwar dem heidnischen Götterglauben mit starker Skepsis, möchte ihm aber doch, da Rom ihm seine Größe verdankt, den Vorzug geben vor der christlichen Religion, deren unsichtbarer Gott ihm ein Gebilde der Phantasie zu sein scheint, deren Anhänger ohne Bildung seien und sich schändlichen Orgien hingäben. Der Christ Octavius beweist mit rein philosophischer Argumentation ohne jede Berufung auf die Heilige Schrift die Unhaltbarkeit eines skeptischen Standpunktes in religiösen Fragen und lehnt die Anschuldigungen gegenüber den Christen als Verleumdungen ab. Auf den Inhalt des Christenglaubens geht der Dialog nicht tiefer ein. Seine Sprache ist noch frei von den charakteristischen Zügen des altchristlichen Lateins, der Stil erinnert noch stark an die Kunstprosa der späten Antoninenzeit, so daß man in der vieldiskutierten und immer noch offenen Prioritätsfrage dazu neigen möchte, diese elegante Apologie zeitlich vor Tertullians „Apologeticum“ anzusetzen.

Hippolyt

Als Bindeglied zwischen Ost und West kann man Hippolyt ansehen, dessen Person und Werk bis heute die Forschung vor mehr als eine ungelöste Frage stellen. Mit Sicherheit läßt sich sagen, daß hier kein Römer von Geburt, sondern ein Mann aus dem Osten griechisch denkt und schreibt, dessen Heimat vielleicht Ägypten, näherhin Alexandrien war; ein wirklicher Römer hätte sich wohl kaum über Roms geschichtliche Vergangenheit so abwertend geäußert, wie Hippolyt es tut[1]. Wohl schon unter Papst Zephyrin (199—217) ist er nach Rom gekommen und hat als Presbyter der dortigen Christengemeinde angehört, in der ihm seine Bildung und geistige Regsamkeit beachtlichen Einfluß sicherten. Dieser wird in allen theologischen und disziplinären Auseinandersetzungen spürbar, die in den ersten Jahrzehnten des 3. Jh. die römische Christenheit bewegen. Seine hohe Auffassung von den Aufgaben eines Presbyters, zu denen er betont die Bewahrung apostolischer Überlieferungen rechnet, läßt ihn auch vor kühner Kritik an den römischen Bischöfen nicht zurückschrecken, wenn er jene durch ihre Haltung und Maßnahmen bedroht sieht. Von seiner Stellungnahme in der Auseinandersetzung um den Modalismus wird noch zu reden sein. Seine rigoristische Haltung in der Bußfrage machte ihn zu einem unversöhnlichen Gegner des Bischofs Kallist (217—222) und zum Führer einer zahlenmäßig zwar geringen, aber geistig bedeutenden Oppositionsgruppe. Die Annahme, er habe sich damals zum Bischof weihen lassen und sei so der erste Gegenpapst

[1] Vgl. bes. *J.-M. Hanssens* a. a. O. 290 f.

der Kirchengeschichte geworden, findet allerdings in den Quellen keine ausreichende Stütze. Ebensowenig lassen sich sichere Beweise dafür anführen, daß es der Schriftsteller Hippolyt war, der von Kaiser Maximinus Thrax zusammen mit Papst Pontian nach Sardinien verbannt worden wäre, sich dort mit diesem ausgesöhnt hätte und in der Verbannung gestorben wäre[2]. Es ist nicht ausgeschlossen, daß Hippolyt noch die Zeit des Novatianischen Schismas erlebte, eine Zeitlang dieser Bewegung angehörte und erst nach 253 nach Wiederaufnahme in die christliche Gemeinde starb[3]. Sowohl Eusebius wie Hieronymus geben eine Aufzählung seiner Schriften[4], deren Titel ihn als Schriftsteller von beachtlicher Reichweite der Interessen erweisen, die einen Vergleich mit Origenes nahelegt, ohne daß er allerdings dessen schöpferische Originalität und Tiefe erreicht. Falls die im Jahre 1551 aufgefundene Statue eines Lehrers wirklich Hippolyt darstellt — in die Seitenwand ihres Sessels ist ein unvollständiger Katalog seiner Schriften und ein Osterfestzyklus eingemeißelt —, würde auch sie für sein Ansehen bei seinen Anhängern zeugen.

Mit Origenes teilt Hippolyt vor allem die Neigung zur Beschäftigung mit der Bibel, die er ebenso wie der Alexandriner allegorisch auslegt, wenn auch eine mehr nüchterne Anwendung dieser Methode bei ihm unverkennbar ist. Von seinem biblischen Schrifttum ist allerdings nur ein kleiner Rest auf uns gekommen, von dem der Kommentar zu Daniel im griechischen Original und eine Auslegung des Hohenliedes vollständig in Übersetzungen erhalten sind. In der Susanna des Buches Daniel sieht er die Kirche, die jungfräuliche Braut Christi, vorgebildet, die von den Juden und Heiden verfolgt wird; ebenso sind Braut und Bräutigam des Hohenliedes als Christus und seine Kirche verstanden, zuweilen wird in der Braut auch schon die gottliebende Seele gesehen, eine Auslegung, die vor allem Ambrosius in seiner Auslegung des Psalmes 118 übernahm und an das Mittelalter weitergab.

Die Sorge um die Erhaltung der apostolischen Überlieferungen bestimmte als zweites Motiv die schriftstellerische Arbeit Hippolyts. Jene schienen ihm sowohl in der gottesdienstlichen Praxis wie in der Lehre bedroht. Darum schrieb er eine Kirchenordnung, die die wichtigsten Regeln und Formeln für die Erteilung der Weihen, die verschiedenen Aufgaben kirchlicher Ämter, die Spendung der Taufe und die Feier der Eucharistie in der über-

[2] Gewichtige Gründe sprechen dafür, daß hier eine spätere Verwechslung mit einem andern Hippolyt vorliegt, der ebenfalls Presbyter war u. als Martyrer verehrt wurde, vgl. *J.-M. Hanssens* a. a. O. 317—340; diesen Hippolyt meint dann die „Depositio martyrum" von 354.

[3] Die Annahme stützt sich vor allem auf einen Brief, den Dionys von Alexandrien i. J. 253 nach Rom schreibt und der Hippolyt noch lebend voraussetzt: Euseb. HE 6, 46, 5, dazu *J.-M. Hanssens* a. a. O. 299 f.

[4] Euseb. HE 6, 12, und Hieron., De vir. ill. 61.

lieferten Form sichern sollte. Diese „Traditio apostolica" ist zwar nicht mehr in der Originalsprache erhalten, bildet aber das Kernstück einer Reihe weiterer Kirchenordnungen wie der „Apostolischen Ordnung", des „Testamentes Unseres Herrn Jesus Christus", der „Kanones des Hippolyt" und des achten Buches der „Apostolischen Konstitutionen". Zur eigentlichen Wirkung kam sie im Osten, vor allem in Ägypten, wie die zahlreichen Übersetzungen in das Koptische, Äthiopische und Arabische beweisen, während die lateinische Übersetzung (um 500) unvollständig ist. Nach der Absicht Hippolyts stellt seine Kirchenordnung wohl eine Idealform dar, die nicht für die Bedürfnisse einer bestimmten Gemeinde gedacht war, sondern den Gemeindeleitern eine Norm gab, an der sie die Übereinstimmung ihrer liturgischen Ordnungen mit der apostolischen Überlieferung prüfen konnten[5]. Sie schöpft ihr Material in der Hauptsache aus östlichen Quellen und kann darum nicht als eine Kirchenordnung angesehen werden, der Hippolyt die am Beginn des 3. Jh. in Rom üblichen liturgischen Formen zugrunde gelegt hätte.

Der Sicherung der apostolischen Überlieferung in der Lehre dienen die dogmatisch-antihäretischen Schriften Hippolyts. Ein frühes Werk war das „Syntagma" gegen 32 Häresien, das die bisher in der Geschichte aufgetretenen Irrlehren bis auf seine Zeit behandelte; nur der Schlußteil, der die Lehre des Noëtos zurückweist, ist erhalten. Ein weiteres antihäretisches Werk wird Hippolyt zugeschrieben, „die Widerlegung aller Häresien", auch „Philosophumena" genannt, das in einem ersten Teil die Irrtümer der heidnischen Philosophie und die Verirrungen der heidnischen Religionen nachwies (Buch 1—4) und anschließend vor allem die gnostischen Systeme unter starker Anlehnung an Irenäus bekämpfte (Buch 4—9). Das 10. Buch bietet eine Zusammenfassung des Werkes, mit der eine knappe Darlegung des Inhaltes des christlichen Glaubens verbunden ist. Das Hauptanliegen des Verfassers ist der Erweis seiner These, alle Häresie gründe darin, daß sie nicht Christus, der Heiligen Schrift und der Tradition folgt, sondern auf heidnische Lehren zurückgreift[6]. Die Überlieferungsgeschichte des Werkes ist äußerst verworren; das erste Buch wurde Origenes zugeschrieben, die erst 1842 gefundene Handschrift mit den Büchern 4—10 nennt keinen Verfasser; nur die Tatsache, daß der Urheber der Schrift auf andere Werke Hippolyts — die „Chronik" und „Über das All" — als eigene Arbeiten hinweist[7], macht die Zuweisung an Hippolyt überhaupt möglich. Die Philosophumena haben stark kompilatorischen Charakter und erwecken den Eindruck eines ersten Entwurfes, der nicht mehr überarbeitet wurde. Die Polemik ist scharf und verliert jedes Maß, wenn ein persönlicher Gegner angegriffen wird, so daß hier ein anderer Hippolyt als in den übrigen

[5] Vgl. Trad. apost. 56, 1—13; 78, 30—35; 80, 30—35 (ed. *Hauler*).
[6] Refut., praef. [7] Ebd. 10, 30 32.

Werken zu sprechen scheint[8]. Besonders fällt der Kirchenbegriff auf, den die Philosophumena vertreten. Während im Daniel-Kommentar und in der Erklärung des Hohenliedes die Kirche als unbefleckte Braut Christi erscheint, in der kein Raum ist für den, der schwere sittliche Vergehen auf sich geladen hat, wird hier in der Auseinandersetzung mit Kallist die Kirche angesprochen als die Trägerin und Hüterin der Wahrheit, über deren Lauterkeit und Unverfälschtheit die durch apostolische Sukzession legitimierten Bischöfe zu wachen haben. Mit Leidenschaft wendet sich der Verfasser gegen jene, die ihre Aufgabe vergessen und als berufene Glieder der Hierarchie den Sündern das Tor zur Kirche der Heiligen allzu weit öffnen.

Novatian

Den Anspruch, der erste römische Theologe von Rang zu sein, darf Novatian erheben, dessen Bildung und Fähigkeiten sich gegen mannigfachen Widerspruch innerhalb der römischen Gemeinde durchsetzen mußten. Obwohl er nur die Klinikertaufe empfangen hatte, also nach damaliger Auffassung einen Mangel an Bekennermut verriet, hatte Papst Fabian ihn doch zum Presbyter geweiht[9], in deren Kollegium er um 250 eine entscheidende Rolle spielte. In der damaligen Sedisvakanz führte er die Korrespondenz der römischen Kirche mit den auswärtigen Gemeinden und legte in zwei oder drei Briefen an Cyprian[10] die Stellung Roms in der Behandlung der in der Verfolgung Abgefallenen dar, die mit der besonnenen Praxis Cyprians übereinstimmte. Um 250 schrieb Novatian auch sein theologisches Hauptwerk über die Trinität, in welchem er die Arbeit früherer Theologen, besonders Hippolyts und Tertullians, verwertet und den Stand der Frage in klarer, auch formal hochstehender Sprache und abgewogener Formulierung wiedergibt. Die Theologie Markions wird ebenso zurückgewiesen wie die modalistische Auffassung der Monarchianer. Novatian vertritt einen pointierten Subordinatianismus, der bei aller Betonung der Gottheit Christi diesen dem Vater fast noch schärfer unterordnet als die frühere Theologie. Über das Verhältnis des Heiligen Geistes zu Sohn und Vater äußert er sich nur kurz, hebt aber auch hier die Unterordnung des Geistes unter den Sohn hervor. Sehr unterstreicht er die Rolle des Heiligen Geistes innerhalb der

[8] Dies veranlaßte *P. Nautin*, in den obengenannten Arbeiten die Philosophumena, die Chronik und die Schrift „Über das All" einem andern Verfasser zuzuschreiben, den er Josipos nennt. Wenn seine Argumente hier auch nicht überzeugen, so hat er doch den auffallenden Stilunterschied und eigenartigen Themenkreis der Philosophumena im Vergleich zu den anderen Hippolyt-Schriften gut gesehen und mit Recht hervorgehoben.

[9] Vgl. Euseb. HE 6, 43, 6—22, hier auch die einseitige Charakteristik Novatians durch Cornelius.

[10] In der Korrespondenz Cyprians die Nummern 30, 36 und vielleicht 31.

Kirche, die von ihm durch seine Gaben unversehrt in Heiligkeit und Wahrheit bewahrt wird. Dieses Werk Novatians brachte die abendländische Trinitätstheologie vor Konstantin zu einem vorläufigen Abschluß, bis sie durch Augustinus erneut in die Diskussion kam. Die weiteren Schriften Novatians haben pastoralen Charakter; sie stammen aus der späteren Phase seines Lebens, in der er nach der Trennung von der römischen Gemeinde eine eigene, straff organisierte Gemeinschaft rigoristischer Prägung als Bischof leitete. Zu dieser Trennung war es zunächst aus persönlichen Gründen gekommen, als ihm bei der Bischofswahl des Jahres 251 Cornelius vorgezogen wurde. Der Riß wurde unheilbar, als Novatian seine Lossage mit einem Kirchenbegriff zu rechtfertigen suchte, nach dem in einer Kirche der Heiligen kein Platz sein konnte für den Todsünder, mochte er auch noch so sehr zu sühnender Buße bereit sein. Während afrikanische Kreise Novatian gegen seine Erwartung auf die Dauer keine Gefolgschaft leisteten, fand er im Osten beachtlichen Anhang, der sich selbst als die Kirche der „Reinen“ (καθαροί) ansah[11]. Hier konnte Dionys von Alexandrien nur mit Mühe einen größeren Abfall verhindern[12], während im Westen eine Synode von sechzig Bischöfen unter Führung von Papst Cornelius durch die Exkommunikation Novatians und seines Anhanges eine klare Situation schuf. Von den drei Pastoralschreiben Novatians an seine Gemeinden behandelt das erste die Frage der Verpflichtung jüdischer Speisegesetze, die abgelehnt wird; das zweite nimmt negativ Stellung zu dem Besuch heidnischer Theater- und Zirkusspiele; das dritte, „De bono pudicitiae“, bietet eine hochstehende Darlegung des frühchristlichen Keuschheitsideales, in der eheliche Treue und Hochschätzung der Jungfräulichkeit eindringlich verkündet werden. Vom Lebensende Novatians weiß nur Sokrates zu berichten, er sei in der Verfolgung des Valerian als Martyrer gestorben; eine im Jahre 1932 in einer Katakombe Roms gefundene Grabinschrift mit dem Text: *Novatiano beatissimo martyri Gaudentius diaconus fecit* sieht wie eine Bestätigung dieser Notiz aus[13].

Tertullian

Gewichtiger und in den Auswirkungen folgenreicher ist der Beitrag, den die junge afrikanische Kirche im 3. Jh. zur altchristlichen Literatur leistet. Alles spricht dafür, daß das Christentum von Rom aus den Weg in diese überseeischen Provinzen fand, daß sich auch seine Missionare zunächst noch des Griechischen bei ihrer Verkündigung bedienten. Die Ansatzpunkte für

[11] Euseb. HE 6, 43, 1.

[12] Dieser versuchte, Novatian zur Rückkehr zu bewegen, vgl. seinen Brief bei Euseb. HE 6, 45.

[13] Socrates HE 4, 28, vgl. oben Kap. 18.

die christliche Predigt boten zunächst die Städte, allen voran das unter römischer Herrschaft wieder aufgeblühte Karthago, dessen Oberschicht des Griechischen durchaus mächtig war[14]. Aber früher als in Rom vollzog sich in Afrika der Übergang zur lateinischen Sprache in Verkündigung und Liturgie. Die „Akten der Martyrer von Scili", die erste datierte lateinische Urkunde christlicher Herkunft (180 n. Chr.), setzt wohl schon eine Übersetzung von Paulusbriefen ins Lateinische voraus, einige Jahre später benutzt Tertullian eine Übersetzung der Bibel, die allerdings seinem Geschmack nicht entspricht; um die Jahrhundertmitte zitiert Cyprian sie so konsequent, daß sie als allgemein anerkannt gelten muß[15].

Die mit ihrem ersten Vertreter Tertullian einsetzende christliche Literatur spiegelt eindrucksvoll die eigene Welt wider, die das afrikanische Christentum des 3. Jh. charakterisiert. Gerade dieses wurde in den damaligen Verfolgungen schwersten Belastungen ausgesetzt und mußte einen hohen Blutzoll für seine Glaubenstreue entrichten, der mit einem um so schnelleren Wachstum der Kirche belohnt wurde. Kaum weniger wurde die afrikanische Kirche geprägt von den inneren Auseinandersetzungen, die sie einmal mit den gnostischen Sekten und dem Montanismus zu bestehen hatte, dann von den Kämpfen um ihre Einheit, die sie gegen die schismatische Bewegung eines Novatian und Felicissimus und nach der Jahrhundertmitte im Ketzertaufstreit führen mußte. Das alles findet seinen Niederschlag in der frühchristlichen Literatur Nordafrikas und verleiht ihr einen lebendigen, zuweilen kämpferischen Zug. Zugleich werden hier schon die ersten Unterschiede erkennbar, die griechische und lateinische Literatur immer schärfer voneinander scheiden sollten. Das Interesse der letzteren gilt nicht so sehr wie im Osten der Erfassung des metaphysischen Gehaltes der Offenbarung und ihrer Überlegenheit über die hellenistischen religiösen Strömungen, sondern den Fragen der unmittelbaren Lebensgestaltung inmitten einer heidnischen Umwelt, wie sie sich als Konsequenz aus der christlichen Erlösungslehre ergeben; weiterhin der Umsetzung des Glaubens in die Tat, die den Kampf gegen die Sünde und die positive Übung der Tugend als Beitrag des einzelnen Christen zur Sicherung der Erlösung fordert.

In Tertullian begegnen wir dem ersten, zugleich produktivsten und profiliertesten Schriftsteller des vorkonstantinischen Christentums in Nordafrika. Als Sohn eines heidnischen Hauptmanns um 160 in Karthago geboren, besaß er eine gediegene allgemein-rhetorische Bildung, spezielle juristische Schulung und die Kenntnis des Griechischen, als er als Erwach-

[14] Vgl. *J. Mesnage*, Le christianisme en Afrique I (Paris 1915); *C. Cecchelli*, Africa christiana, Africa Romana (Rom 1936); *G. Bardy*, La question des langues dans l'église ancienne (Paris 1948) 52—72.

[15] Siehe *G. J. D. Aalders*, Tertullianus' citaten uit de Evangeliën (Amsterdam 1932); B. Botte, DBS 5 (1952) 334—347; *H. J. Vogels*, Handbuch der neutestamentlichen Textkritik (Bonn ²1955).

sener unter dem Eindruck christlicher Glaubenstreue in den Verfolgungen den Übertritt zur Kirche vollzog und seinen Gabenreichtum sogleich in ihren Dienst stellte. Die Quellen machen eine Entscheidung in der Frage, ob er Presbyter wurde oder Laie geblieben ist, nicht möglich. Die Zeit seiner schriftstellerischen Wirksamkeit erstreckt sich etwa über ein Vierteljahrhundert (ca 195—220), das fast zwei gleich lange, aber sehr gegensätzliche Perioden umfaßt. Bis etwa 207 war er überzeugtes, bekenntnisfreudiges Mitglied der Catholica, um sich dann der montanistischen Bewegung anzuschließen und nun maßlos das zu verbrennen, was er vorher angebetet hatte. Damit ist ein doppelter Zug im Wesen Tertullians festgestellt, der sich jedem Leser seiner Schriften unabweisbar enthüllt. Dieser Mann ist das, wozu er sich jeweils bekennt, ganz ohne Abstrich und ohne Kompromiß; wer anders denkt als er, ist nicht nur Gegner seiner Anschauungen, sondern auch moralisch fragwürdig. Sein zum Extrem neigendes Temperament führte ihn fast zwangsläufig aus der Kirche, als ihm im Montanismus eine Form des christlichen Bekenntnisses begegnete, in dem der äußerste Rigorismus Gesetz geworden ist. Für die Verteidigung seiner jeweiligen Überzeugung verfügt er über eine Feder, die das Latein seiner Zeit beherrscht wie die keines anderen Schriftstellers jener Jahre. Für die Darlegung des eigenen Standpunktes steht ihm eine eindrucksvolle Beredsamkeit zu Gebote, die von einem umfangreichen, farbig dargebotenen Wissen aus allen Bereichen gestützt wird. Dazu hat er die Gabe der knappen, einprägsamen Formulierung, die das Interesse des Lesers wachhält. Sein scharfer Intellekt enthüllt schonungslos die Schwäche der gegnerischen Argumentation und gibt den Andersdenkenden gern der Lächerlichkeit preis. Kein Zweifel, daß Tertullian gelesen wurde, aber es bleibt ebenso zweifelhaft, ob er überzeugte. Der Maßlosigkeit seines Wesens hat, wie es scheint, zuletzt auch der Montanismus nicht mehr genügt; Augustinus berichtet glaubhaft, daß er vor seinem Ende noch zum Begründer einer sektiererischen Gruppe, der nach ihm benannten Tertullianisten, wurde[16].

In einer Reihe von Schriften sucht Tertullian den Heiden ein wahres Bild der christlichen Religion vor Augen zu stellen. Nach einem ersten Versuch in „Ad nationes" findet er im „Apologeticum" die Form, die seinen Vorstellungen entspricht. Die Schrift wendet sich unmittelbar an die praesides der römischen Provinzen, spricht aber doch indirekt das Heidentum als Ganzes an; Tertullian geht in seiner Argumentation jeweils von Vorstellungen aus, die den Heiden vertraut sind, und stellt dem die christliche Lehre und das christliche Leben gegenüber. Eindrucksvoll macht er klar, daß den Christen das bitterste Unrecht angetan wird, weil man sie ver-

[16] De haeres. 86; *G. Säflund* a. a. O. möchte Tertullians Schrift „De pallio" für sein letztes Werk halten und darin die Rechtfertigung für diesen Schritt finden; seine Beweisführung wirkt nicht überzeugend.

urteilt, ohne die Wahrheit über sie zu kennen. Tertullian bittet deshalb nicht um Freispruch, sondern um Gerechtigkeit, die auf einwandfreier Findung der Wahrheit beruht. Sachlich führt seine Apologetik damit über die der Griechen des 2. Jh. hinaus, sie gewinnt bei ihm zugleich eine künstlerische Form, die bisher nicht erreicht wurde.

Auch gegenüber den Häresien der Zeit, besonders den gnostischen Strömungen, hat Tertullian den Wahrheitsanspruch und Wahrheitsbesitz der Kirche in einer Grundsatzschrift verteidigt, die seine juristischen Kenntnisse hervorragend zur Geltung bringt. „De praescriptione haereticorum" weist nach, daß das Christentum der Häresie gegenüber einen eindeutigen Rechtsanspruch auf den Besitz der Wahrheit geltend machen kann; schon längst, ehe die Häresien aufkamen, verkündeten die christlichen Lehrer jene Botschaft, die sie von den Aposteln überkommen hatten, diese war ihnen aber von Christus anvertraut worden. Darum befindet sich die Heilige Schrift einzig im Besitz der Kirche, sie allein kann über ihren wahren Sinn urteilen und damit den Inhalt des Glaubens feststellen. Eine Reihe von Monographien ist gegen einzelne Gnostiker oder deren Sonderlehren gerichtet, so das schon genannte Werk gegen Markion, das dessen Dualismus widerlegt und die Harmonie zwischen Altem und Neuem Testament verteidigt. Die christliche Schöpfungslehre, die Auferstehung des Fleisches, den Rang des Martyriums will er gegen gnostische Verflüchtigung sichern, die kirchliche Auffassung über die Trinität legt er gegenüber Praxeas in einer bisher nicht gekannten Klarheit dar. Fragen christlicher Lebensgestaltung im Alltag behandelt er in den Kleinschriften über Sinn und Wirkung der Taufe, über das Gebet, über die Schauspiele, über die Geduld und über die Buße in Gesinnung und Praxis. Oft wird hier schon ein rigoristischer Zug spürbar, der dann in den Werken aus der montanistischen Zeit die Oberhand gewinnt. Jetzt erhebt er Forderungen, die in krassem Gegensatz zu früheren Anschauungen stehen, so etwa wenn er die zweite Ehe verwirft (De monogamia), den Militärdienst und alle Berufe, die irgendwie mit dem Götzendienst in Berührung kommen könnten, ablehnt (De corona, De idololatria) und strengste Fastenpraxis proklamiert (De ieiunio). Besonders scharfe Formen nimmt sein Kampf gegen die Kirche an, der er das Recht bestreitet, Sünden nachzulassen, das allein den montanistischen Propheten zukomme (De pudicitia).

Aufs ganze gesehen, waren die Interessen des Schriftstellers Tertullian nicht spekulativer Art, eine systematische Darstellung der christlichen Lehre findet sich bei ihm nicht. Seine dogmengeschichtliche Bedeutung beruht in dem Zeugniswert seines Schrifttums für den Entwicklungsstand, den einzelne Lehren zu seiner Zeit erreicht haben; dabei ist zu beachten, daß seine Zugehörigkeit zum Montanismus seine Anschauungen jeweils wesentlich modifiziert. Er äußert sich als Montanist über das Wesen der Kirche, wenn er das Amtspriestertum ablehnt und behauptet: *ubi tres, ecclesia est, licet laici*[17]. Eine Vorrangstellung mit Binde- und Lösegewalt kam nur Petrus zu, war also nicht späteren Bischöfen verliehen[18]. Die Vorstellung der Erbsünde als *vitium originis* war ihm in dem Sinne geläufig, daß durch die Sünde Adams die böse Begierde die Menschennatur vergiftet hat; daraus zieht er allerdings nicht die Konsequenz von der Notwendigkeit der Kindertaufe[19]. Von der Eucharistie denkt Tertullian sehr konkret; wer an den *orationes sacrificiorum* teilnimmt, empfängt den Leib des Herrn, der so wahr der wirkliche Leib Christi ist, wie es der Leib am Kreuz war; vom Leib und Blute Christi nährt sich die Seele[20]. In der Christologie und Trinitätslehre äußert er sich in einer Terminologie, die die weitere Entwicklung im lateinischen Westen beeinflußt. Jesus Christus ist nach ihm wahrer Gott und wahrer Mensch, beide Naturen sind in einer Person vereint, aber nicht vermischt[21]. Außer dem Terminus *persona* findet sich bei Tertullian zum erstenmal in der lateinischen Literatur der Ausdruck *trinitas*[22]; in dieser Trinität sind Vater, Sohn und Heiliger Geist *unius substantiae et unius status et unius potestatis*[23]. Der Logos hat schon vor der Weltschöpfung existiert, wurde erst bei der Schöpfung Sohn, ist demnach als solcher nicht ewig[24]. Das nähere Verhältnis von Vater und Sohn wird subordinatianisch verstanden, da nur der Vater die Fülle der Gottheit hat, der Sohn nur einen abgeleiteten Teil[25]. Auch der Heilige Geist wird als Person gedacht; er ist der eigentliche Lehrer in der Kirche, der zuerst die Apostel in alle Wahrheit einführte, dann aber auch in jeder christlichen Gemeinde als Stellvertreter Gottes und Christi wirkt[26], vor allem durch die Heilige Schrift, die sein Werk ist und in der seine Stimme hörbar wird[27].

Cyprian

Ein beachtlicher Einfluß auf die Folgezeit ist auch von Bischof Cyprian von Karthago als Schriftsteller der afrikanischen Kirche ausgegangen; seine lautere Persönlichkeit und sein richtungweisendes pastorales Wirken haben dem Christentum seiner Heimat charakteristische Züge eingeprägt[28]. Auf dem tiefen Eindruck von Person und Wirksamkeit beruhte auch das Interesse an seinem Schrifttum. Theologisch ist er Tertullian stark verpflichtet, den er seinen Meister nannte und ständig las[29]. Seine Abhandlungen und

[17] De exhort. cast. 7; vgl. De fuga 14; De pud. 21, 17. [18] De pud. 21, 9—11.
[19] De an. 41; De bapt. 18.
[20] De or. 19; De cor. 3; De pud. 9, 16; Adv. Marc. 3, 19; De res. carn. 8.
[21] Adv. Prax. 27; De carne Christi 5. [22] Adv. Prax. 3. [23] Ebd. 12.
[24] Ebd. 7; Adv. Hermog. 3. [25] Adv. Prax. 9; 13; vgl. dazu *B. Piault*, Tertullien a-t-il été subordinatien?: RScPhTh 47 (1963) 181—204. [26] De bapt. 6, 1 2; De praescr. 22, 8—10; 13, 5. [27] Adv. Hermog. 22, 1; De idol. 4, 5. [28] Für die Nachwirkung Cyprians auf Augustin vgl. *J. B. Bord;* RHE 18 (1922) 445—468. [29] Vgl. Hieron., De vir. ill. 53.

Briefe dienen meist der Lösung von Tagesfragen, wie sie durch die Verfolgung und die Bedrohung der kirchlichen Einheit durch sektiererische Abspaltungen aufgeworfen wurden. Eine stärker persönliche Note hat das Schriftchen „Ad Donatum", in dem sich die nach langem Suchen in der Taufe gewonnene religiöse Sicherheit sympathisch ausspricht. Der Seelsorger Cyprian wendet sich zur Zeit der Pest in einem Trostwort an die Christen Nordafrikas und ruft sie zu opferbereiter Caritas auf (De mortalitate; De opere et eleemosynis). Er feiert das christliche Jungfräulichkeitsideal, warnt vor den zerstörenden Folgen der Zwietracht (De habitu virginum; De zelo et livore) und greift in den Schriften über das Vaterunser und die Geduld Gedanken Tertullians auf. Stärkere Selbständigkeit im sachlichen Gehalt und in eigener Stellungnahme läßt seine Abhandlung „Über die Einheit der Kirche" erkennen, der ein hoher Zeugniswert für die Erkenntnis des Kirchenbegriffes um die Mitte des 3. Jh. zukommt. Repräsentant und Garant kirchlicher Einheit ist der Bischof, der mit seinen Mitbischöfen durch den gemeinsamen tragenden Grund verbunden ist, den der Episkopat im Apostelamt besitzt[30]. Unter dessen Trägern kommt Petrus eine sachlich begründete Sonderstellung zu, die auf der ihm allein verliehenen Binde- und Lösegewalt beruht[31]. Da diese nur *einem* Apostel von Christus übertragen wurde, war die von Christus gewollte Einheit der Kirche für immer festgelegt[32]. Cyprian folgert daraus noch nicht eine effektive Jurisdiktion des Petrus über seine Mitapostel, auch nicht eine Übertragung seiner persönlichen Prärogativen auf seinen Nachfolger als Bischof von Rom. Der römischen Gemeinde kommt vielmehr eine Ehrenstellung zu, die sich auf die Tatsache von Petri Tod und Wirken in Rom gründet[33]. Ein Weisungsrecht Roms etwa in der Frage der Gültigkeit der Ketzertaufe lehnt Cyprian eindeutig ab; für die Leitung seiner Gemeinde ist der einzelne Bischof auch in solchen Fragen Gott allein Rechenschaft schuldig[34]. Die Zugehörigkeit zur Kirche Christi wertet Cyprian sehr hoch; niemand hat Anspruch auf den Christennamen, der nicht in dieser Kirche seinen Namen hat; nur in ihr ist sein Heil gesichert nach der prägnanten Formel: *salus extra ecclesiam non est*[35]. Schon die Kinder sollen der Gliedschaft der Kirche so früh wie möglich teilhaftig werden, die Kindertaufe ist für Cyprian eine selbstverständliche Praxis[36]. Die Treue zur Kirche in der Verfolgung verdient höchste Anerkennung; wer im Martyrium sein Zeugnis für Christus und seine Kirche mit der Hingabe des Lebens besiegelt hat, gewinnt unmittelbar die Anschauung Gottes[37]. In diesem Glauben hat Bischof Cyprian den Zeugentod in einer Haltung auf sich genommen, die seinen Namen in der nordafrikanischen Kirche in unvergeßlichem Andenken hielt.

[30] Ep. 54, 1; 68, 5. [31] De eccl. unit. 4.
[32] Ebd. 7. [33] Ep. 71, 3. [34] Sent. episc. init. (CSEL 3, 1, 435f). [35] Ep. 73, 21; 55, 24.
[36] Ep. 64, 2 5. [37] De eccl. unit. 14; ep. 55, 20.

21. Kapitel

Die ersten christologischen und trinitarischen Auseinandersetzungen. Monarchianismus und Modalismus

LITERATUR: *J. Tixeront*, Histoire des dogmes dans l'antiquité chrétienne I (Paris [11]1930); *A. v. Harnack*, Lehrbuch der Dogmengeschichte I (Tübingen [5]1931); *R. Seeberg*, Lehrbuch der Dogmengeschichte I (Leipzig [3]1922, Nachdruck Darmstadt 1960); *F. Loofs*, Leitfaden zum Studium der Dogmengeschichte, hrsg. von *K. Aland* (Tübingen [6]1959); *W. Koehler*, Dogmengeschichte als Geschichte des christlichen Selbstbewußtseins I (Leipzig [3]1951); *M. Werner*, Die Entstehung des christlichen Dogmas problemgeschichtlich dargestellt (Tübingen [2]1954); *J. N. D. Kelly*, Early Christian Doctrines (London 1958); *P. Meinhold*, Zur Grundlegung der Dogmengeschichte: Saeculum 10 (1959) 1—20. — *W. Bauer*, Rechtgläubigkeit und Ketzerei im ältesten Christentum (Tübingen 1934); *J. Brosch*, Das Wesen der Häresie (Bonn 1936); *G. L. Prestige*, God in Patristic Thought (London [2]1952); *S. L. Greenslade*, Schism in the Early Church (London 1953); *H. E. W. Turner*, The Pattern of Christian Truth (London 1954); *W. Doskocil*, Der Bann in der Urkirche (München 1958); *G. L. Prestige*, Fathers and Heretics (London [4]1958). — *J. Lebreton*, Le dogme de la Trinité II (Paris 1928); *F. J. Dölger*, Sonne und Sonnenstrahl als Gleichnis der Logostheologie des christlichen Altertums: AuC I (1929) 271—290; *M. Kriebel*, Studien zur ältesten Entwicklung der abendländischen Trinitätslehre bei Tertullian und Novatian (Diss. Marburg 1932); *J. Barbel*, Christos Angelos (Bonn 1941); *E. Peterson*, Der Monotheismus als politisches Problem: Theolog. Traktate (München 1951) 45—147; *A. Gilg*, Weg und Bedeutung der altkirchlichen Christologie (München 1955); *G. Kretschmar*, Studien zur frühchristlichen Trinitätslehre (Tübingen 1956).

G. Bardy, Monarchianisme: DThC X 2193—2209; *ders.*, Les écoles romaines au second siècle: RHE 28 (1932) 501—532; *G. La Piana*, The Roman Church at the End of the 2nd Century: HThR 18 (1925) 201—277; *H. Stork*, Die sog. Melchisedekianer (Theodotianer) (Leipzig 1928); *H. Schöne*, Ein Einbruch der antiken Logik in die altchristliche Theologie: Pisciculi, Festschr. F. J. Dölger (Münster 1939) 252—265. — *V. Macchioro*, L'eresi Noëtiana (Neapel 1921); *A. d'Alès*, Le désaccord de la foi populaire et de la théologie savante dans l'église du IIIe siècle: RHE 19 (1923) 481—506, 20 (1924) 5—37. — Zu Zephyrin: *A. v. Harnack:* SAB (1923) 51—57; *B. Capelle:* RBén 38 (1926) 321—330; *E. Evans*, Tertullian's Treatise against Praxeas (London 1948); *A. d'Alès*, La théologie de s. Hippolyte (Paris [2]1929); *B. Capelle*, Le logos, fils de Dieu, dans la théologie d'Hippolyte: RThAM 9 (1937) 109—124; *C. L. Feltoe*, The Letters of Dionys of Alexandria (Cambridge 1904); *K. Müller*, Dionys von Alex. im Kampf mit den libyschen Sabellianern: ZNW 24 (1925) 278—285; *H. G. Opitz*, Dionys und die Libyer: Studies *K. Lake* (London 1937) 41—53. — Zu Paul von Samosata: *F. Loofs*, Paul von Samosata (Leipzig 1924), dazu *A. v. Harnack:* SAB (1924) 130—151; *É. Amann:* RevSR 5 (1925) 328—342; *H. de Riedmatten*, Les actes du procès de Paul de Sam. (Fribourg 1952), dazu *H. Scheidweiler:* ZNW 46 (1955) 116—129; *M. Richard*, Malchion et Paul de Samosate. Le témoignage d'Eusèbe de Césarée: EThL 35 (1959) 325—338; *J. M. Dalmau*, El ‚homousios' y el concilio de Antioquía de 268: MCom 34/35 (1960) 323—340.

Die apologetischen Schriftsteller des 2. Jh. hatten in ihrer Auseinandersetzung mit dem heidnischen Götterglauben vor allem den strengen Monotheismus betont, den sie durch ihre Vorstellung von der Logos-Christologie nicht gefährdet sahen. Im kirchlichen Abwehrkampf gegenüber dem Gnostizismus stand ebenfalls die entschiedene Betonung der Einheit des göttlichen Wesens im Vordergrund, so daß sich die Theologie des 2. Jh. mit dem Problem des Verhältnisses von Vater, Sohn und Geist nicht eingehender beschäftigte. Man empfand dunkel, daß in dem einen unteilbaren Gott gewisse Unterscheidungen bestanden, die sich besonders bei der Schöpfung und Erlösung manifestierten. Der Apologet Theophilos hatte sogar den Terminus Trias für diese Wirklichkeit verwandt[1], aber zu einer tieferen begrifflichen Durchdringung dieser Offenbarungswahrheit und einer entsprechenden sprachlichen Formulierung war man nicht gekommen. Die theologische Reflexion sollte nun im ausgehenden 2. Jh. gerade an der trinitarischen Frage wieder ansetzen. Die von den Apologeten vertretene und von Schriftstellern des 2. Jh. weiter entfaltete Logos-Christologie hatte ihre Mängel, sofern sie den Sohn dem Vater unterordnete; denn nach ihr trat der im Innern Gottes von Ewigkeit her existierende Logos (λόγος ἐνδιάθετος) erst als Weltschöpfer und Weltregierer aus dem Vater hervor (λόγος προφορικός), wurde damals erst gezeugt, wurde damals erst die ihn vom Vater unterscheidende Persönlichkeit, war also nicht in gleichem Sinne ewig wie der Vater[2]. Aber dieser Subordinatianismus störte zunächst das Glaubensbewußtsein offensichtlich weniger, weil man in ihm keine unmittelbare Bedrohung der Gottheit Christi sah. Die Betonung der Verschiedenheit von Vater und Sohn mochte aber bedenklich erscheinen, wenn man die Einheit Gottes schärfer in den Vordergrund rückte. Tatsächlich führte dieser christologische Subordinatianismus um die Wende vom 2. zum 3. Jh. zu einer heftigen Reaktion christlicher Kreise, die die göttliche Einheit um jeden Preis retten wollten. Die Bewegung verdankt zwar Männern ihren Ursprung, die aus dem griechischen Osten stammten, die Auseinandersetzungen um ihre Theorien vollzogen sich aber hauptsächlich im Westen, vor allem in Rom. Einem lateinischen Theologen verdankt man auch den Namen, mit dem man diese Theologie zu charakterisieren versucht: Monarchianismus. Mit der Formel *monarchiam tenemus* gibt der Afrikaner Tertullian das Losungswort wieder[3], mit dem ihre Anhänger ihr Festhalten an dem einen Gott und an einem einzigen göttlichen Prinzip ausdrücken wollten.

Die Betonung der Einheit Gottes zwang aber gleichzeitig zu einer Stellungnahme zum christologischen Problem; hierbei ging die Bekämpfung der Logos-Christologie einen doppelten Weg. Manche sahen in Christus nur einen Menschen, der allerdings aus der Jungfrau und dem Heiligen Geist geboren, in dem aber Gottes Kraft (δύναμις) in ganz besonderer Weise wirksam geworden war. Dieser sog. *dynamistische Monarchianismus* rettete zwar das eine göttliche Prinzip, gab aber praktisch die Gottheit Christi preis. Eine

[1] Ad Autol. 2, 15.

[2] So schon Justin, Apol. app. 6; Theophil., Ad Autol. 2, 10—22; ferner Hippol., Refut. 10, 33, 1; Orig., De princ. 1, 3, 5; In Joh. 2, 21.

[3] Adv. Prax. 3.

andere Lösung des Problemes trugen jene vor, die behaupteten, der eine Gott habe sich jeweils in verschiedenen Weisen (modi) geoffenbart, einmal als Vater, dann als Sohn; dabei wird der persönliche Unterschied zwischen Vater und Sohn so weit aufgehoben, daß man sagte, der Vater habe auch am Kreuze gelitten. Die Anhänger dieses Lösungsversuches werden daher *modalistische* oder *patripassianische Monarchianer* genannt. Der dynamistische Monarchianismus, den man nicht unpassend auch Adoptianismus nennt, verrät einen rationalistischen Zug, dem die Idee einer Menschwerdung Gottes nur schwer erträglich schien. Er scheint daher auch seine Anhänger mehr in intellektuellen Zirkeln gefunden zu haben, während ein stärkeres Echo im einfachen Volk ausblieb. Als seinen ersten Vertreter nennen die Quellen einen gebildeten Lederhändler mit Namen Theodotos aus Byzanz, der um das Jahr 190 nach Rom kam und dort für seine theologischen Auffassungen warb. Seine grundlegende These, daß Jesus bis zu seiner Taufe im Jordan das Leben eines einfachen, aber sehr rechtschaffenen Mannes führte, auf den dann der Geist oder Christus herabkam[4], suchten er und seine Anhänger mit den Mitteln philologischer Textkritik aus der Bibel zu erhärten. Ihr Interesse für Logik und Geometrie, ihre Hochschätzung des Aristoteles und ihre Beziehungen zu dem philosophisch interessierten Arzt Galen erregten beim christlichen Volk Anstoß[5]. Der Ausschluß des Theodotos aus der kirchlichen Gemeinschaft durch den römischen Bischof Viktor (186—198) bedeutete noch nicht das Ende der adoptianischen Bewegung, da eine Reihe von Schülern, wie Asklepiodotos, Theodotos d. J. und später Artemon, die Ideen des Gründers weitergaben. Die beiden ersteren unternahmen den Versuch, die Anhänger des Adoptianismus in einer eigenen Gemeinde zu organisieren, und gewannen sogar den römischen Bekenner Natalis als deren Leiter, der sie aber nach einiger Zeit wieder verließ[6]. Theodotos d. J. brachte ein neues Element in die bisherigen Theorien hinein, als er Melchisedech als die höchste Kraft bezeichnete, die höher stand als Christus, der eigentliche Mittler zwischen Gott und Mensch[7]. Um die Mitte des 3. Jh. spielte ein doppeltes Argument in ihrer Lehre eine Rolle; einmal griffen die Adoptianer die orthodoxe Auffassung als ditheistisch an[8], dann beriefen sie sich darauf, sie würden als treue Hüter der apostolischen Überlieferung nur das von Christus lehren, was von jeher geglaubt worden sei[9]. Verkünder eines besonders krassen Adoptianismus war nach der Mitte des 3. Jh. im Osten ein Bischof der syrischen Hauptstadt Antiochien, Paul von Samosata, dessen Lehre und Lebenswandel mehrere Synoden beschäftigten[10]. Zwar verwandte er in der Theologie die trinitarischen Formeln seiner Zeit, entkleidete sie aber ihres orthodoxen Sinnes, indem er lehrte, daß „der Sohn" nur den Menschen Jesus bezeichne, in dem die Weisheit Gottes

[4] Hippol., Refut. 7, 35. [5] Euseb. HE 5, 28, 13—14. [6] Ebd. 5, 28, 1—3 9.
[7] Hippol., Refut. 7, 36. [8] Novat., De trin. 30. [9] Bei Euseb. HE 5, 28, 3ff.
[10] Ebd. 7, 27—30.

Wohnung genommen habe; daß ferner „der Geist" nichts anderes sei als die Gnade, die Gott den Aposteln gewährte. Unter Weisheit Gottes oder Logos verstand Paul nicht etwa eine vom Vater verschiedene Person, sondern eine unpersönliche Kraft. Während der antiochenische Bischof auf einer ersten Synode im Jahre 264 einer Festlegung auf bestimmte Auffassungen geschickt auswich, wies ihm der gelehrte Presbyter Malchion seine Irrtümer auf einer zweiten Bischofsversammlung nach, die ihn seines Amtes enthob und aus der kirchlichen Gemeinschaft ausschloß. Dabei verwarf die Synode den Satz, der Logos sei dem Vater wesensgleich (ὁμοούσιος), da Paul von Samosata ihm mit diesem Terminus die eigene persönliche Subsistenz absprechen wollte. Die katholische Gemeinde Antiochiens unter dem neuen Bischof Domnus mußte sogar die Hilfe der staatlichen Behörden gegen den abgesetzten Paul in Anspruch nehmen, damit er die bischöfliche Wohnung freigab. Auch nach seiner Verurteilung verfügte Paul über eine beachtliche Anhängerschaft, die sog. Paulianisten, gegen die noch die allgemeine Synode von Nikaia (can. 19) Stellung nahm. Die Leitung der Gruppe ging nach Pauls Tod an einen Lukian über, der sich später der orthodoxen Gemeinde anschloß. Es ist unwahrscheinlich, daß in ihm der Begründer der antiochenischen Schule und Martyrer Lukian von Antiochien († 312) zu sehen ist, wenn dieser auch eine subordinatianische Logos-Christologie vertreten hat.

Modalistischer Monarchianismus

Der modalistische Lösungsversuch hat eine relativ weitreichende Verbreitung gefunden, weil er offensichtlich das schlichte religiöse Gemüt stärker ansprach, dem die biblischen Aussagen über die Einzigkeit Gottes und die volle Gottheit Christi tiefe Überzeugungen waren. Jede Auffassung, die den Sohn oder das Wort allzu scharf vom Vater trennte, erschien hier verdächtig, da sich daraus eventuell die Existenz zweier Götter folgern ließ. Der erste dem Namen nach faßbare Vertreter modalistischer Lehre ist wiederum ein Grieche, *Noëtos*, nach Hippolyt aus Smyrna in Kleinasien stammend, der streng das Dogma von dem einen Gott, dem Vater, betonte, ferner daß Christus mit dem Vater identisch sei, und die Folgerung bejahte, daß der Vater Mensch geworden sei und am Kreuz gelitten habe[11]. Nach zweimaliger Diskussion mit den Presbytern von Smyrna wurde Noëtos aus der Kirche ausgeschlossen, fand aber trotzdem Anhängerschaft für seine Ideen. Seine Schüler beriefen sich auf alt- und neutestamentliche Schriftstellen (z. B. Ex 3, 6; Is 44, 6; 45, 14—15; Jo 10, 30; 14, 8 ff; Rom 9, 5), die sie im Sinne einer Identität von Vater und Sohn deuteten. Der Schwierigkeit, die der Prolog des Johannesevangeliums hier bot, begegneten sie durch allegorische Auslegung[12]. Ein Schüler des Noëtos, Epigonos, brachte die Lehre

[11] Hippol., Contra Noetum 1. [12] Ebd. 15.

nach Rom, wo sich Kleomenes ihr anschloß. Vielleicht kam auch Praxeas, dessen Gestalt und Herkunft schattenhaft bleibt, aus dem Osten nach Rom, wo er noch unter Papst Viktor modalistische Gedankengänge vertrat. Nach Tertullians Kampfschrift gegen Praxeas, die um 213 entstand, hat auch dieser die völlige Identität von Vater und Sohn gelehrt und dem Logos jede eigene Subsistenz abgesprochen [13], so daß es in Wirklichkeit der Vater war, der litt, starb und auferstand. Praxeas scheint seine Auffassung insofern modifiziert zu haben, als er den Menschen Jesus von dem Gott Christus schied, der mit dem Vater identisch war, so daß der Vater zusammen mit dem Sohn gelitten habe *(compatitur)* [14]. Trotz verschiedenen Ausgangspunktes nähern sich hier dynamistische und modalistische Auffassung in auffallender Weise. Ein weiteres Glied der Patripassianer, wie die Anhänger dieser Lehre später von Cyprian genannt wurden [15], war *Sabellius,* der noch unter Bischof Zephyrin (199—217) aus Libyen nach Rom gekommen sein soll. Er war es wohl, der der modalistischen Lehre ein mehr systematisches Gepräge gab, als er der einen Gottheit drei Wirkweisen zuschrieb, so daß der Vater ihr eigentliches Wesen war, das sich jedoch auch als Sohn und Geist zum Ausdruck brachte; als Vater war Gott der Schöpfer und Gesetzgeber, als Sohn wirkte er in der Erlösung, als Geist gewährte er Gnade und Heiligung [16]. Ein völlig klares und einwandfreies Bild der modalistischen Ideen läßt sich kaum gewinnen, da nur deren Gegner Hippolyt, Tertullian und Epiphanios über sie berichten. In Rom, dem Zentrum der modalistischen Propaganda, kam es zunächst nicht zu einem Zusammenstoß mit der Leitung der dortigen Gemeinde, sondern mit dem führenden Theologen, dem gebildeten Hippolyt, der die beiden römischen Bischöfe Zephyrin (199—217) und Kallist (217—222) scharf wegen der Begünstigung, ja Anerkennung dieser Irrlehre angriff. Den ersteren, einen „unwissenden und ungebildeten Menschen", beschuldigte er, gleichzeitig die beiden Thesen zu vertreten. 1. „ich kenne nur einen Gott, Christus Jesus, und sonst keinen, der geboren wurde und gelitten hat", und 2. „es war nicht der Vater, der starb, sondern der Sohn" [17]. Aus beiden Formeln ergibt sich jedoch eher das Bemühen des römischen Bischofs, einerseits die Gottheit Christi zu betonen, anderseits den Unterschied zwischen Vater und Sohn hervorzuheben, nur fehlte es ihm hierfür an einer einwandfreien Terminologie. Der Vorwurf Hippolyts, Zephyrin vertrete modalistische Gedankengänge, dürfte durch das Mißtrauen provoziert worden sein, das dieser der Ausdrucksweise Hippolyts entgegenbrachte, die für ihn einen verdächtig ditheistischen Klang hatte. Daß Hippolyt allzu scharf urteilte, geht aus seinem Verdikt über Kallist hervor, dieser habe sich von Sabellius irreführen lassen, obwohl gerade Kallist ihn aus der Kirche ausschloß. Offensichtlich suchte auch Kallist die Mitte zu

[13] Tertull., Adv. Prax. 5 u. 7. [14] Ebd. 27. [15] Cyprian, Ep. 73, 4.
[16] Epiph., De haeres. 62, 1. [17] Hippol., Refut. 9, 11.

halten zwischen dem eindeutigen Modalismus des Sabellius und der nach seinem Empfinden ditheistischen Tendenz des gelehrten Hippolyt. Dem letzteren gegenüber legte er allen Nachdruck auf die Einheit Gottes, wenn er sagte, Vater und Sohn seien keine getrennten Wesen; dem ersteren gegenüber hielt er an der Verschiedenheit von Vater und Logos fest, der vor aller Zeit existierte und Mensch wurde. Er empfand also die Bedenklichkeit der modalistischen Lehre, ebenso aber sah er in der Lehre von zwei oder drei verschiedenen göttlichen „Personen" eine noch größere Gefahr für das Glaubensverständnis von dem einen Gott. Aber auch ihm stand auf der Suche nach dem rechten Ausgleich zwischen den beiden Tendenzen noch nicht die entsprechende Terminologie zur Verfügung.

Der Kampf Hippolyts und Tertullians gegen den Modalismus hat jedoch seine Frucht getragen, wie aus dem Fortschritt offenkundig wird, den die trinitarische Theologie um die Mitte des 3. Jh. im Werk Novatians erkennen läßt. Dieser verwertet vor allem die gedankliche Vorarbeit Tertullians und rückt deutlich vom Modalismus ab, wenn er sagt, daß der vom Vater gezeugte Sohn, das Wort, nicht ein bloßer Laut sei, sondern eine eigene Subsistenz habe, eine „zweite Person" sei; der Sohn sei aber nicht erst im Hinblick auf die Schöpfung gezeugt worden, sondern habe vor aller Zeit existiert, da es zum Wesen des Vaters gehöre, allzeit einen Sohn zu haben[18]. Mit noch größerem Nachdruck sucht Novatian aber ditheistische Gedankengänge abzuweisen, wenn er betont, der Sohn sei Gott nur als Sohn, der die Gottheit vom Vater empfing, der sich nur als Sohn vom Vater unterscheide, so daß keine Teilung der göttlichen Natur vorliege. Nicht so deutlich drückt sich Novatian hinsichtlich der „Person" des Geistes aus, den er als eine göttliche Kraft ansieht, die in den Propheten, Aposteln und der Kirche wirksam sei[19]. Der Sohn ist nach ihm dem Vater unterworfen, geringer als der Vater, dem Vater gehorsam[20]; seine Ausdrucksweise ist also stark subordinatianisch. Der Fortschritt über Tertullian und die frühere Theologie liegt bei Novatian in der Erkenntnis, daß der persönliche Unterschied von Vater und Sohn nicht in der Heilsökonomie begründet ist, sondern daß der Sohn schon vor aller Zeit gezeugt wurde, daß er substantiell, d. h. als „Person", vor der Erschaffung der Welt existierte[21], wenn er auch die Lehre von einer ewigen Zeugung des Sohnes noch nicht klar erfaßte.

Die Diskussion um den Monarchianismus schlug über den Westen hinaus Wellen in anderen Ausbreitungsgebieten des Christentums. In Arabien war es Bischof Beryllos aus Bostra, der nach einem unklaren Bericht des Eusebius[22] zur Zeit des Kaisers Gordianus (238—244) die Auffassung vertrat, Christus habe vor seiner Menschwerdung nicht in eigener Weise existiert, habe keine ihm eigene Göttlichkeit besessen, sondern nur die ihm inne-

[18] Novat., De trin. 31. [19] Ebd. 29. [20] Ebd. 18; 26; 27; 31. [21] Ebd. 31 und 16.
[22] Euseb. HE 6, 33, 1—4.

wohnende des Vaters. Das läßt auf eine adoptianische Christologie schließen. Die Lehre Beryllos' fand Widerspruch bei seinen Mitbischöfen, die sich auf verschiedenen Synoden mit ihr beschäftigten und schließlich Origenes zu einer Disputation herbeiriefen; es gelang ihm, Beryllos zu widerlegen und dem wahren Glauben wiederzugewinnen.

Stärkeres Echo fand die Auseinandersetzung, die Bischof Dionys von Alexandrien um das Jahr 260 mit Patripassianern der libyschen Pentapolis führte. In mehreren Briefen[23], von denen einer an die Bischöfe Ammonios und Euphranor gerichtet war, griff er die modalistischen Theorien in scharfer, aber zugleich sorgloser Ausdrucksweise an und formulierte dabei den Unterschied von Vater und Sohn, den er als Geschöpf (ποίημα) bezeichnete, so wenig präzis, daß die Wesenseinheit zwischen beiden verwischt schien[24]. Eine Anzeige in Rom veranlaßte den dortigen gleichnamigen Bischof Dionys (259—268) zu einer in mehrfacher Hinsicht wichtigen Stellungnahme. Während er den alexandrinischen Bischof um Präzisierung seiner Auffassung bat, richtete er gleichzeitig an die dortige Gemeinde ein Schreiben, das die Auffassung Roms über die Trinität darlegte. Ohne Bischof Dionys zu nennen, aber mit unverkennbarer Spitze gegen die Theologenschule, aus der er kam, sagt er, er habe vernommen, dort seien Katecheten und Lehrer der Theologie, die das ehrwürdigste Kerygma der Kirche, die Monarchie, in drei getrennte Hypostasen und in drei Gottheiten aufspalteten und eine der sabellianischen diametral entgegengesetzte Lehre verträten; während dieser behauptete, der Sohn sei der Vater und umgekehrt, verkündigten jene irgendwie drei Götter. Demgegenüber sei die Einheit Gottes ebenso festzuhalten wie die göttliche Dreifaltigkeit; von Christus als Geschöpf zu sprechen oder zu behaupten, es habe eine Zeit gegeben, da er nicht existierte, sei jedoch blasphemisch, ebenso wie „seine göttliche und unaussprechliche Zeugung" Schöpfung (ποίησις) zu nennen[25]. Der alexandrinische Dionys verfaßte daraufhin eine ausführliche Rechtfertigungsschrift[26], in der er gewisse mißverständliche Formulierungen zugab, aber auch darauf hinwies, daß man seine Auffassung nicht als Ganzes gewürdigt habe; auch er lehne eine Trennung von Vater, Sohn und Geist ab, halte aber daran fest, daß sie drei „Hypostasen" seien, weil sonst die Dreifaltigkeit aufgelöst würde. Ebenso betonte er unumwunden die Ewigkeit des Sohnes; den Ausdruck ὁμοούσιος habe er vermieden, weil er nicht biblisch sei, recht verstanden, sei er jedoch annehmbar[27]. Seine zusammenfassende Stellungnahme, an der

[23] Ebd. 7, 26, 1. [24] Nach Athanas., De sent. Dionys. 14—18.

[25] Von Athanasius, De decr. Nic. syn. 26 zum Teil wiedergegeben.

[26] Sowohl Euseb., Praep. evang. 7, 19, wie Athanasius, De sent. Dionys., führen Teile aus dieser Apologie an.

[27] Athanasius, De sent. Dionys. 14—18; er sucht Dionys in jeder Hinsicht als rechtgläubig hinzustellen, während Basilius, Ep. 9, 2, schärfer sah, daß seine Opposition (bes. sent. 4) gegen den sabellianischen Modalismus ihn dem andern Extrem bedenklich näherte.

Einheit Gottes sei festzuhalten, man müsse aber auch die drei Personen anerkennen, hat Rom offenbar befriedigt, da die Diskussion damit aufhört. Gewiß ging es in ihr einmal um die rechte Terminologie, wie etwa den verschiedenen Sinn von Hypostasis, das man in Rom leicht mit dem von Tertullian verwendeten *substantia* gleichsetzen konnte. Dahinter stand aber der verschiedene Aspekt, mit dem man in Ost und West jeweils an die Trinitätstheologie herantrat. Dem Westen war das „Dogma" der Einheit Gottes unantastbar; ihm fiel es schwer, die Unterschiede in der Trinität, von denen auch er überzeugt war, als „Personen" anzuerkennen. Der Osten war für das Mysterium in der Trinität aufgeschlossener infolge seiner Vertrautheit mit der neuplatonischen Gedankenwelt über die Hierarchie des Seins. Diese Verschiedenheit in der theologischen Denkweise zusammen mit der Unvollkommenheit der bisher erarbeiteten Terminologie sollte im folgenden Jahrhundert deutlich zum Ausdruck kommen und zu einer umfassenden Diskussion des trinitarischen Dogmas Anlaß geben.

22. Kapitel

Der Manichäismus

QUELLEN: *P. Alfaric,* Les écritures manichéennes, 2 Bde (Paris 1918/19); Übersicht auch bei *A. Adam,* Texte zum Manichäismus, ausgew. u. hrsg. (KlT 175) (Berlin 1954) VI—IX.

a) direkte Quellen: Die Fragmente von Turfân, publiziert von *F. W. Müller:* SAB (1904/05); AAB (1904) II u. (1912) V; von *A. von Le Coq:* SAB (1907); AAB (1910/11; 1919; 1922); von *W. Bang:* Muséon 38 (1925) 1—55; von *W. Bang* u. *A. von Gabain:* SAB (1929/30); von *F. C. Andreas* u. *W. Henning:* SAB (1932/34) und: BullSchoolOrientalAfricanStudies 10—12 (1942—47/48). Der chinesische Traktat, hrsg. von *E. Chavannes* u. *P. Pelliot:* JA 1 (1911) 499—617. Das chinesische Hymnarium von London, von *E. Waldschmidt* u. *W. Lentz:* SAB (1933). Das latein. Fragment von Tebessa, ed. *P. Alfaric:* RHLR NS 6 (1920) 62—98. — Die kopt. Texte von Fajjûm: 1. Homilien, hrsg. von *H. Polotzky* (Stuttgart 1934); 2. Kephalaia I von *C. Schmidt* (Stuttgart 1940); 3. A Manichaean Psalm-Book, part II, von *C. R. C. Allberry* (Stuttgart 1938); Auswahl dir. Quellen bei *Adam* a. a. O. nn. 1—34, einige Texte auch bei *G. Widengren,* Iranische Geisteswelt (Baden-Baden 1961).

b) indirekte Quellen: Der Papyrus J. Rylands n. 469: BJRL 3 (1938) 38—46; Alexander Lycop., Contra Manichaei opiniones, ed. *A. Brinkmann* (Leipzig 1895); Acta Archelai, ed. *C. H. Beeson* (Leipzig 1906); Serapion Thm., Adv. Manichaeos, ed. *R. P. Casey* (Cambridge/Mass. 1931); Titus Bostr., Contra Manichaeos, ed. *P. de Lagarde* (Berlin 1859); Epiphanius, Panarion = Haer. 66, ed. *K. Holl* (Leipzig 1931); die antimanichäischen Schriften Augustins: CSEL 25, ed. *J. Zycha* (Wien 1891); Auswahl bei *Adam* nn. 35—64.

LITERATUR: Forschungsberichte von *H. S. Nyberg:* ZNW 34 (1935) 70—91, und *J. Ries:* EThL 33 (1957) 453—482, 35 (1959) 362—409. Gesamtdarstellungen: *H. J. Polotzky:* Pauly-Wissowa Suppl VI (1935) 240—271; *G. v. Selle,* Der Manichaeismus: Festschr. H. Kraus (Kitzingen 1953) 422—435; *C. Colpe:* RGG³ IV 714—722. —

H.-Ch. Puech, Le manichéisme. Son fondateur, sa doctrine (Paris 1949); *ders.,* Die Religion des Mani: König H II (Freiburg [2]1961) 499—563; *G. Widengren,* Mani und der Manichäismus (Stuttgart 1961). — *F. C. Burkitt,* The Religion of the Manichees (Cambridge 1925); *H. H. Schaeder,* Urform und Fortbildungen des manichäischen Systems: Vorträge Bibliothek Warburg 4 (Leipzig 1927) 65—157; *H.-Ch. Puech,* Der Begriff der Erlösung im Manichäismus: Eranos 5 (1937) 183—286; *T. Säve-Söderbergh,* Studies in the Coptic Manichaean Psalmbook (Uppsala 1949).

Ausbreitung und Nachwirkung des Manichäismus: *E. de Stoop,* Essai sur la diffusion du manichéisme dans l'Empire romain (Gent 1909); *É. Chavannes - P. Pelliot:* JA 2 (1913) 99—199 261—394 (für China); *W. Henning:* ZDMG 90 (1936) 1—18; *H. H. Schaeder,* Manichäismus und spätantike Religion: ZfMisskdeuRelWiss 50 (1935) 65—85; *ders.,* Der Manichäismus und sein Weg nach Osten: Festschr. *F. Gogarten* (Gießen 1948) 236—254; *W. H. C. Frend,* The Gnostic-manichaean Tradition in Roman North-Africa: JEH 4 (1953) 13—26. — *St. Runciman,* The Medieval Manichee (Cambridge 1946); *D. Obolensky,* The Bogomils. A Study in Balkan Neo-Manichaeism (Cambridge 1948).

Manichäismus u. Christentum: *H. Leclercq,* Manichéisme: DACL X 1395 bis 1400; *G. Bardy:* DThC IX 1841—1895; *E. Waldschmidt - W. Lentz,* Die Stellung Jesu im Manichäismus: AAB (1926) 4; *G. Messina,* La dottrina manichea e le origini del cristianesimo: Bibl 10 (1929) 313—331; *F. J. Dölger,* Konstantin d. Gr. und der Manichäismus; Sonne und Christus im Manichäismus: AuC II (1930) 301—314; *E. Rose,* Christologie des Manichäismus (Diss. Marburg 1942); *A. Böhlig,* Die Bibel bei den Manichäern (Diss. ebd. 1947); *G. Messina,* Cristianesimo, Buddhismo, Manicheismo nell'Asia antica (Rom 1947); *O. Stegmüller,* Das manich. Fundamentum in einem Sakramentar der frühen Karolingerzeit: ZKTh 74 (1952) 450—463; *A. Adam,* Das Fortwirken des Manichäismus bei Augustin: ZKG 69 (1958) 1—25; *A. Böhlig,* Christliche Wurzeln im Manichäismus: BullSocArchéolcopte: 15 (1960) 41—61.

Wenige Jahrzehnte, nachdem die große gnostische Bewegung des 2. Jh. ihren Höhepunkt überschritten hatte, wurde der Stifter einer neuen Religion geboren, die mit dem entschiedenen Anspruch auftrat, die universalste aller Religionen zu sein, und allen Völkern die wahre Erlösung verhieß. Von ihrem Gründer, dem Perser Mani oder Manes, in den griechischen bzw. lateinischen Quellen Μανιχαῖος oder *Manichaeus* genannt, hat sie den Namen erhalten. Bis zum Beginn des 20. Jh. war man für die Kenntnis des Manichäismus in der Hauptsache auf Nachrichten aus nichtmanichäischen Quellen angewiesen, da ein Großteil der reichen manichäischen Literatur infolge ihrer Bekämpfung durch staatliche und kirchliche Kreise sowohl im lateinischen Westen wie im byzantinischen Osten und später im islamischen Herrschaftsbereich der Vernichtung anheimfiel. Seit der Wende vom 19. zum 20. Jh. haben jedoch mehrere Funde direkte manichäische Quellen ans Licht gebracht, die ein weit exakteres und umfassenderes Bild von dieser Religion gewinnen lassen. Zu ihnen gehören zunächst die Texte, die um 1900 in den Höhlen von Turfân in der chinesischen Provinz Turkestan gefunden wurden, und Fragmente aus dem „Buch der Giganten", einer Schrift Manis, ferner liturgische Stücke, Beichtformulare, eine Art Katechismus und dogmatische Texte boten. Weit wichtiger war die Entdeckung einer manichäischen Bibliothek im Jahre 1930 in Medinet Madi in Oberägypten, die vor allem Briefe und Predigten Manis enthielt, außerdem die sog. „Kephalaia", Stücke aus einem Lehrbuch des Manichäismus, und ein wichtiges, umfangreiches Psalmenbuch. Diese Texte sind etwa um 400 aus dem Syrischen ins Koptische übertragen worden und geben Einblick in die religiöse Welt einer manichäischen Gruppe, die etwa eine Generation nach Manis Tod in Oberägypten ein starkes Propagandazentrum geschaffen hatte. Auf Grund dieser neugewonnenen Quellenlage lassen sich Leben und Lehre des persischen Religionsstifters heute etwa so darstellen:

Mani ist am 14. April 216 n. Chr. wohl in der parthischen Hauptstadt Seleukia-Ktesiphon geboren und entstammt einer Familie, die von Vater und Mutter her mit dem persischen Fürstenhaus der Arsakiden verwandt war[1]. Der Vater Manis gehörte einer religiösen Sekte an (Mandäer?), in der strenge Enthaltsamkeit von Fleisch und Wein mit mannigfachen Reinigungszeremonien verbunden war. In ihr wurde auch Mani zunächst erzogen, aber schon früh offenbarten ihm wiederholte Visionen seine große religiöse Berufung. Ein Engel enthüllte ihm, daß er zum Missionar und Künder einer neuen universalen Religion bestimmt sei, deren Inhalt ihm durch weitere Offenbarungen mitgeteilt wurde. Alsbald trat Mani eine Missionsreise nach Indien an, wo er vor allem in der Landschaft Belutschistan erfolgreich predigte. Nach der Rückkehr in die persische Heimat gewann er die Gunst seines Königs Schapur I. (241—273), der ihm gestattete, seine religiöse Botschaft frei im ganzen Sassanidenreich zu verkünden. Mani entfaltete nun eine umfassende Missionstätigkeit, war selbst im Westen bis nach Nisibis als Missionar tätig und sandte nach wohldurchdachtem Plan weitere Glaubensboten aus, die seiner Lehre noch zu seinen Lebzeiten Eingang in Ägypten und in den ostiranischen Provinzen verschafften. Unter König Bahram I. (274—277) trat aber ein radikaler Umschwung in der Gunst Manis bei Hof ein; wahrscheinlich haben ihn die Priester der zoroastrischen Religion wegen umstürzlerischer Pläne und wegen Häresie angeklagt. Schon nach kurzer Haft ist Mani im Jahre 277 im Gefängnis gestorben. Seine Anhänger nannten seine Todesart „Kreuzigung", wollten damit aber nur seinen Zeugentod für seinen Glauben kennzeichnen. Dem Tode Manis schloß sich eine heftige Verfolgungswelle gegen seine Anhänger an, die zum Teil nach dem Westen flohen, zum Teil nach Indien und China auswanderten, wo sie zu großem Einfluß gelangten und noch bis zum 14. Jh. nachweisbar sind[2].

Mani hat den Inhalt seiner Missionspredigt in einer Reihe von Schriften niedergelegt, die bald kanonische Geltung erlangten; die wichtigsten sind: „Das große Evangelium von Alpha bis Tau", das mit einem Bilderalbum versehen war; der „Schatz des Lebens", aus dem Augustinus öfters zitiert; das „Buch der Mysterien" in 24 Kapiteln und schließlich seine in Ober-

[1] Vgl. *G. Widengren* 30 f. [2] Ebd. 47 127—129 132—135.

ägypten wiedergefundenen Briefe[3]. Danach ist für den Manichäismus ein radikaler Dualismus in der Gotteslehre kennzeichnend; es gibt zwei gleichrangige höchste Wesen oder Prinzipien, das des Lichtes und das der Finsternis. Beide sind ungezeugt und ewig, sie besitzen die gleiche Macht, stehen aber zueinander in einem unüberbrückbaren Gegensatz in je eigenen Herrschaftsbereichen, der Region des Lichtes oder des Guten, die im Norden liegt, und der des Bösen im Süden[4]. Beide sind je einem König unterstellt, das Lichtreich dem Vater der Größe, das Reich des Bösen dem Fürsten der Finsternis, der über zahlreiche Dämonen gebietet. Zwischen den beiden Urprinzipien und ihren Reichen entbrennt ein Kampf, das Reich der Materie sucht das Licht zu verschlingen; zu dessen Verteidigung schafft der Vater der Größe den Urmenschen, der mit seinen fünf Söhnen zum Kampfe auszieht, aber mit ihnen vom Bösen besiegt wird. Der Urmensch wird sich seines Schicksals bewußt und bittet den Vater der Größe um Hilfe. Dieser entläßt aus sich nach einer Reihe von Zwischenemanationen den Lebendigen Geist, der den Urmenschen aus der bösen Materie befreit und ihn damit erlöst[5].

Dieser mythische Vorgang ist Symbol und Spiegelbild für den Erlösungsweg des Menschen, der eine Mischung von Licht und Finsternis darstellt. Sobald der Mensch sich dieser Tatsache bewußt wird, d. h. sich selbst erkennt, beginnt seine Erlösung. Von jetzt ab hilft ihm der Vater des Lichtes, sich mehr und mehr von der Finsternis in ihm zu befreien. Er sendet dafür die Boten der wahren Religion auf die Erde, die den Menschen die rechte Erkenntnis über sich selbst verleihen. Diese Boten sind Buddha, Zoroaster, Jesus und Mani. Sie sind Stellvertreter des manichäischen Erlösers, des Gesandten des Lichtes, und bringen jeweils einem Teil der Menschheit die Gnosis, die wahre Religion, die in ihrer Ausbreitung aber noch von der Gegenseite gehemmt wird. Vor Mani waren den Boten der Religion nur einzelne Teile der Welt zugewiesen, denen sie die wahre Gnosis bringen sollten; Buddha wirkte in Indien, Zoroaster beschränkte sich auf Persien, Jesus auf Judäa oder doch auf den Westen. Diese drei haben ihre Botschaft auch nicht schriftlich fixiert, deshalb sind die von ihnen gestifteten Religionen, vor allem die christliche, wieder rasch zerfallen oder verfälscht worden. Auf solchem Hintergrund hebt sich Manis Sendung um so einzigartiger ab; er ist der letzte Gesandte des Lichtes, der Apostel der letzten Generation, das „Siegel des Propheten"[6], seine Botschaft der letzte Aufruf zum Heil; die Welt kann sich jetzt nur noch bekehren oder für immer untergehen. Mani predigt die höchste, vollkommene Gnosis; sie ablehnen heißt endgültig das Heil zurückweisen. Die von Mani begründete Bewegung ist schließlich auch die bisher universalste Religion, die alle früheren in sich schließt und

[3] Siehe die Charakteristik der manichäischen Lit. ebd. 79—96.

[4] Vgl. n. 5 bei *A. Adam*. [5] Bei *Adam* n. 7. [6] Ebd. n. 1 b.

zugleich über sie hinausführt; sie wird Orient und Okzident erobern, man wird sie in allen Sprachen verkünden hören[7].

Aus diesem manichäischen Lehrsystem ergibt sich zwingend die manichäische Ethik, deren Grundzug die Forderung der Enthaltsamkeit von allem darstellt, was an die Materie bindet; denn im Menschen sind Licht und Finsternis miteinander vermischt; wer diesen Zustand vergißt oder nicht bereut, der haftet weiter an der Materie, verharrt in der ἀγνωσία, im Nichterkennen-Wollen seiner Situation und lehnt damit die Gnosis, das Heil, ab. Der vollkommene Manichäer entsagt darum dieser Welt, er will nichts in ihr besitzen, er bekämpft in sich alle Begierden; er bindet sich durch das dreifache Siegel des Mundes, der Hände und des Schoßes, d. h., er enthält sich unreiner Worte und Genüsse, er lehnt die niedrige Arbeit ab, da durch sie die Lichtwelt, deren Splitter in allen sichtbaren und greifbaren Dingen vorhanden sind, verletzt wird; er übt absolute geschlechtliche Enthaltsamkeit und verwirft die Ehe. In der Praxis haben sich diese hochgeschraubten Forderungen der manichäischen Ethik nicht erfüllen lassen. Das führte zur Aufteilung der manichäischen Gläubigen in Erwählte (electi) und Hörer (audientes)[8], für die es je nach ihren Fähigkeiten besondere Gebote gab. Die Hörer oder Katechumenen dienen den Erwählten, geben ihnen Nahrung und Kleidung und hoffen so, einmal im Leibe eines Auserwählten geboren zu werden und dann das Heil zu erlangen.

Über diese Aufteilung hinaus war die Anhängerschaft der manichäischen Religion in einer wohldurchorganisierten Kirche zusammengefaßt[9], was ihr eine nicht geringe Stoßkraft bei ihrer Missionsarbeit sicherte. An der Spitze der manichäischen Kirche steht ein mit höchster Autorität ausgestattetes Oberhaupt, das Haupt der Apostel oder der König der Religion, der seine Residenz in Babylon hat. Erstes Haupt war natürlich Mani selbst, von dem jedes spätere seine Autorität herleitete. Ihm ist eine reichgegliederte Hierarchie untergeordnet, die in mehreren Stufen 12 Apostel, 72 Bischöfe oder Lehrer der Wahrheit und 360 Priester umfaßt, an die sich alle übrigen Auserwählten, Männer und Frauen, als Diakone anschließen. Die große Masse der Hörer stellt den letzten und tiefsten Grad dar. Die Erwählten haben sich besonders in China zu klösterlichen Gemeinschaften zusammengeschlossen, die von den Almosen der Hörer unterhalten wurden. Die aszetische Ausrichtung des Manichäismus kennt eine ausgebildete Fastenpraxis; durch Fasten bereitet man sich auf eine Art Beichte vor[10], in der man die Übertretungen der Gebote der Enthaltsamkeit bekannte. In ihren Gotteshäusern versammelten sich die manichäischen Gläubigen zu einem reinen Wortgottesdienst, der aus Lesung manichäischer Schriften und dem Gesang eigener Hymnen[11] bestand, die oft hohes formales Niveau besitzen.

[7] Bei *Adam* nn. 3 17. [8] Ebd. n. 16. [9] Vgl. *Widengren* 97—100. [10] Bei *Adam* n. 48.
[11] Beispiele solcher Hymnen ebd. nn. 24—30.

Äußere Riten werden abgelehnt, da in ihnen der an die Materie gebundene Körper tätig wird, während doch nur die wahre Gnosis das Heil wirkt.

Von besonderer Bedeutung ist die starke Anlehnung der manichäischen Lehre an christliches Ideengut. Vor allem fällt der hohe Rang auf, welcher der Gestalt Jesu eingeräumt wird. Zwar nennt Mani die ihm vorausgegangenen Boten der wahren Gnosis, Buddha, Zoroaster und Jesus, gleicherweise seine Brüder, aber letzterem kommt die führende Rolle zu. Mit Betonung nennt sich Mani in den Eingängen seiner Briefe „Apostel Jesu Christi“ [12]. Dieser Jesus ist als ein himmlischer Äon in einem Scheinleib auf Erden erschienen, um die Menschheit über ihren wirklichen Ursprung und den wahren Erlösungsweg zu belehren. Nach Arius haben die Manichäer Christus „einen gleichwesentlichen Teil des Vaters“ genannt [13] und mit dieser Verwendung des Homousios-Gedankens sich die Arianer zu entschiedenen Gegnern gemacht. Jesus ist zum Führer der Seelen geworden, den die manichäischen Gläubigen in zahlreichen Hymnen preisen; sie klingen stellenweise wie rein christliche Gebete, so daß das Ohr eines schlichten Christen kaum den manichäischen Unterton heraushörte, wenn es etwa heißt: „Komm zu mir, o lebendiger Christus! Komm zu mir, o Licht des Tages! — O Erbarmer, o Tröster, zu dir rufe ich, auf daß du dich zu mir wendest in der Stunde der Bedrängnis. — Dein süßes Joch habe ich auf mich genommen in Reinheit. — Ehre und Sieg sei unserem Herrn, dem Tröster, und seinen heiligen Auserwählten und der Seele der gebenedeiten Maria.“ [14] Dieser Jesus hat schließlich den von ihm verheißenen Parakleten gesandt, um seine Lehre von der Verfälschung zu befreien; der Paraklet ist auf Mani herabgekommen, hat ihm die verborgenen Mysterien geoffenbart, Mani ist dann mit ihm eins geworden, so daß er nun als der verheißene Paraklet auftreten und lehren kann [15]; aus Mani und durch Mani spricht der von Jesus gesandte Geist. Auch an den heiligen Schriften des Christentums geht Mani nicht achtlos vorüber [16]. Zwar steht er dem Alten Testament kritisch gegenüber, weil er in auffallender Parallele zu Markion den Gott des Alten Testamentes nicht als den Gott des Lichtes anerkennt, aber Engel des Lichtes haben auch in der Bibel der Juden einzelne Wahrheiten niedergelegt. Wichtiger sind die Evangelien und die Paulusbriefe; sie sind zwar auch mit judaistischen Irrtümern durchsetzt, aber in ihnen findet sich ein reicher Niederschlag der Botschaft Jesu über die tiefsten Zusammenhänge der Welt, über den Sinn des Menschenschicksals, über den Kampf zwischen Licht und Finsternis und über die Befreiung der Seele aus den Fesseln der Materie. Diese Wahrheiten hat Mani in den neutestamentlichen Schriften erkannt, aus ihnen ausgesondert und in seine Verkündigung übernommen.

[12] Vgl. *Adam* nn. 10 12.

[13] Brief des Arius an Bischof Alexander von Alexandrien bei Epiphanius, Panar. 69, 7—8.

[14] Psalm 247 des Manichaean Psalmbook (Stuttgart 1938) 55 f.

[15] Bei *Adam* n. 1 b. [16] Bei *Widengren* 125—127.

Ein besonderes Interesse zeigte der Manichäismus auch für die neutestamentlichen Apokryphen, wie etwa das Thomasevangelium und die Abgarlegende, man hatte auch eine Bearbeitung des „Hirten" des Hermas. Diese starke Verwertung christlicher Elemente in der manichäischen Verkündigung sollte nach Manis Absicht dazu dienen, die Anhänger des Christentums im Westen leichter anzusprechen und für seine Bewegung zu gewinnen, so wie er ähnlich Gedanken der zoroastrischen Religion oder des Buddhismus für seine Missionsarbeit im Osten verwertete. Durch die Übernahme dieser verschiedenen Elemente sollte sich die manichäische Lehre als die Erfüllung aller religiösen Sehnsüchte der Menschheit erweisen.

Der synkretistische Charakter der neuen Religion hat ihr gewiß jene Anfangserfolge gesichert, die allenthalben festzustellen sind. Was die eifrigen Missionare Manis zu künden hatten, klang nicht fremd und kam nicht aus einer fernen, unbekannten Welt; der Grundgedanke der Botschaft von einem sicheren Weg zur Befreiung von dem Übel in der Welt, von der Erlösung durch wahre Gnosis, war dem Menschen des 3. und 4. Jh. vertraut. Sehr schnell hat sich die manichäische Religion in Mesopotamien ausgebreitet, von dort drang sie nach Syrien und Arabien vor und hat vor allem bald in Ägypten eine feste Basis gefunden, die zu einem Propagandazentrum für die Mittelmeerländer ausgebaut wurde. Besondere Erfolge hat sie offensichtlich im römischen Nordafrika gehabt; denn der äußerst scharfe Erlaß, den Kaiser Diokletian im Jahre 297 gegen diese „verderbliche Neuerung" an den Prokonsul von Afrika ergehen läßt[17], beruht auf offiziellen Beschwerden der römischen Behörden dieses Raumes. Für die Führer der Bewegung wird Hinrichtung auf dem Scheiterhaufen angeordnet, ihre Anhänger sollen enthauptet werden, hochgestellte römische Bürger unter ihnen trifft die Strafe der Verurteilung zur Zwangsarbeit in den Bergwerken. Die Maßnahmen konnten jedoch die Ausbreitung des Manichäismus nicht aufhalten; unter Papst Miltiades (311—314) ist er in Rom nachweisbar, von dort nimmt er wohl seinen Weg nach Gallien und Spanien und taucht auch auf dem Balkan auf. Kaiser Konstantin ist ebenfalls über die Lehren der Bewegung beunruhigt und läßt besondere Erkundigungen über sie einziehen[18]. Die Synoden des 4. Jh. müssen sich wiederholt mit ihr beschäftigen. Ein Gesetz Kaiser Valentinians I. vom Jahre 372 befiehlt die Konfiskation der Häuser, in denen die Manichäer ihre Zusammenkünfte halten[19]. Theodosius II. verschärft die Sanktionen gegen sie, und Justinian I. setzt erneut auf das manichäische Bekenntnis die Todesstrafe[20]. In Nordafrika behält der Manichäismus eine eigenartige Anziehungskraft, der Au-

[17] *Adam* n. 56; zur Echtheitsfrage vgl. *W. Seston:* Mélanges A. Ernout (Paris 1940) 345—354.

[18] Vgl. Ammianus Marcell. 15, 13, 1—2. [19] *Adam* n. 57

[20] Vgl. *E. H. Kaden,* Die Edikte gegen die Manichäer von Diokletian bis Justinian: Festschr. H. Lewald (Basel 1953) 55—68.

gustinus für ein Jahrzehnt erliegt, mit ihm und nach ihm viele Angehörige der afrikanischen Oberschicht. Der Kampf Augustins gegen seine früheren Glaubensbrüder macht mit mehreren Bischöfen des Manichäismus bekannt und verrät ihre ausgedehnte kirchliche Organisation, die durch archäologische Funde auf nordafrikanischem Boden bestätigt wird. Beim Einfall der Vandalen trifft die Verfolgung sie ebenso hart wie die Katholiken; bis ins 6. Jh. bezeugen die Abschwörungsformeln für ehemalige Manichäer beim Übertritt zur Kirche ihre Fortexistenz im Westen. Die byzantinische Kirche des Ostens hat weit länger mit ihnen zu kämpfen, die neomanichäischen Strömungen des Mittelalters, besonders auf dem Balkan, bezeugen noch einmal eindrucksvoll die Lebenskraft der Gründung Manis.

Da Mani seinen Anhängern die Zugehörigkeit zu einer anderen Religion nicht gestattete, war die Situation der Kirche gegenüber dem Manichäismus eine andere wie im Abwehrkampf gegenüber dem Gnostizismus des 2. Jh. Ein Eindringen einzelner Manichäer in christliche Gemeinden und deren Zersetzung von innen her war weniger zu befürchten als der direkte Abfall oder Übertritt zur manichäischen Religion, den deren Missionare offensichtlich erstrebten. Ihr Anspruch, allein das wahre, unverfälschte Christentum zu besitzen, zwang die Kirchenführung zur Stellungnahme und zur Warnung ihrer Gläubigen. Darüber hinaus mußte die Kirche die manichäische Bewegung auch als bedrohliche Konkurrentin in ihrem eigenen missionarischen Bemühen um die heidnische Bevölkerung empfinden. So setzt die Abwehr von christlicher Seite schon relativ früh ein; um 300 warnt ein Bischof von Alexandrien, vielleicht Theonas, in einem Schreiben an seine Gemeinde vor den manichäischen Lehren über die Ehe und vor ihren Erwählten[21]. Wie Kyrill von Jerusalem, Afrahat und Ephräm im Osten, später Leo d. Gr. im Westen, werden auch andere ungenannte Bischöfe die Bewegung durch ihre Predigt bekämpft haben. Besondere Aufmerksamkeit ließ die Kirche walten, wenn ein Manichäer zum Katholizismus übertreten wollte; durch präzis formulierte Abschwörungsformeln wollte man sich der Aufrichtigkeit einer solchen Konversion versichern. So wie Augustinus selbst eine solche Formel unterschrieb[22], wurde sie auch anderen vorgelegt; er selbst fordert, man solle dem Manichäer Viktorinus erst dann trauen, wenn er die Namen aller ihm bekannten Manichäer genannt habe[23]; Kyrill von Jerusalem teilt solches Mißtrauen[24]. Sehr detaillierte Abschwörungsformeln, die oft bei bloßem Verdacht auf Manichäismus unterschrieben werden mußten, sind sowohl im lateinischen Westen wie im griechischen Osten in

[21] Pap. Rylands 469 = *Adam* n. 35; Cyrill. Hieros., Catech. 6, 32 34 36; Afrahat bei *Adam* n. 37.

[22] Vgl. *Adam* n. 61.

[23] Ep. 236; auch das sog. commonitorium Augustini warnt vor allzu schneller Zulassung ehemaliger Manichäer zur Taufe: CSEL 25, 979f.

[24] Catech. 6, 36.

Brauch gewesen[25]. Mit diesen pastoralen Bemühungen, die Gläubigen gegenüber der Häresie immun zu machen, ging der theologische Abwehrkampf Hand in Hand, der von den Schriftstellern geführt wurde, nicht nur in gelegentlichen Stellungnahmen innerhalb eines theologischen Werkes, sondern in eigenen Monographien, die zum Teil verlorengingen[26]. Der Erfolg, den die manichäische Mission schon früh in Ägypten zu verzeichnen hatte, rief vor allem ägyptische Schriftsteller zur Gegenwehr auf. Wenn auch Alexander von Lykopolis mit seiner antimanichäischen Streitschrift nicht als Christ gelten kann[27], so stellt das Werk des Bischofs Serapion von Thmuis gegen die Manichäer eine Leistung dar, die den besonderen Beifall des Hieronymus fand[28] und ihn auch verdiente. In vielen seiner Schriften polemisiert Didymus von Alexandrien gegen sie und schrieb auch einen eigenen kurzen Traktat „Κατὰ Μανιχαίων“[29]. Erhalten sind noch die vier Bücher des arabischen Bischofs Titus von Bostra[30] gegen die Manichäer und die den Religionsstifter Mani scharf angreifenden „Acta Archelai“ eines vermutlich aus Syrien stammenden Hegemonios, eine in Form eines Streitgesprächs gekleidete inhaltsreiche Quelle zur Geschichte des frühen Manichäismus[31]. Die antimanichäischen Arbeiten des Eusebios von Emesa, Georg von Laodikeia und Diodor von Tarsos sind hingegen verloren. Im lateinischen Westen sind die antimanichäischen Schriftsteller weniger zahlreich, dafür stellt er in Augustinus den Theologen, der die Bedrohung für die Kirche in jahrelanger Auseinandersetzung denkerisch überwand, wobei er manichäische Denkformen weiterverwertete und dort empfangene Anregungen ins Christliche umsetzte[32]. Aus seinem Dialog mit dem Manichäismus geht eindeutig hervor, daß dessen Anhängerschaft in Afrika keine Massenbewegung darstellte, sondern sich in der Hauptsache aus intellektuellen Kreisen rekrutierte. Dem kirchlichen Abwehrkampf kam die Verfolgung des Manichäismus durch den Staat weitgehend zugute, die bei Diokletian zum Teil noch durch einen antipersischen Affekt bedingt war, im christlich gewordenen Reich aber die Abwehr einer Häresie mit staatlichen Mitteln darstellte. So gewann die manichäische Religion ihre größten Erfolge im asiatischen Osten, während sie im eigentlichen Mittelmeerraum vom 4. Jh. ab trotz zähen Fortlebens im Einzelfall für die Kirche als Ganzes nie zu einer Gefahr geworden ist, wie sie der frühe Gnostizismus bedeutete.

[25] *Adam* nn. 62—64. [26] Siehe die Ausgaben oben unter b) indirekte Quellen.
[27] Vgl. *Bardenhewer* III 102 f. [28] De vir. ill. 99, dazu *Quasten P* III 82 f.
[29] PG 39, 1085—1110.
[30] PG 18, 1069—1264; syr. Text hrsg. von *P. de Lagarde* (Berlin 1859, Neudruck Hannover 1924). [31] Hrsg. von *C. H. Beeson* (Leipzig 1906); vgl. *Quasten P* III 357 f.
[32] Vgl. bes. *A. Adam:* ZKG 69 (1958) 6—23.

23. Kapitel

Die Weiterentwicklung des liturgischen Dienstes

QUELLEN: *C. del Grande,* Liturgiae preces hymni christianorum e papyris collecti (Neapel 1934); *J. Quasten,* Monumenta eucharistica et liturgica vetustissima: FlorPatr 7 (1935); *A. Adam,* Zur Geschichte der orientalischen Taufe und Messe im 2. und 4. Jahrhundert: KlT 5 (^{3}1960); *Tertullian,* De baptismo, ed. *J. W. Ph. Borleffs:* SCpr 4 (1948); ed. *R. F. Refoulé:* SourcesChr 35 (1952); Hippolyt, Traditio apostolica, ed. *G. Dix* (London 1937), ed. *B. Botte:* SourcesChr 11 (1946); Didascalia, ed. *F. X. Funk,* Didascalia et Constitutiones apostolorum I (Paderborn 1905) 1—384 (latein. Übers.), edd. *H. Achelis - J. Fleming:* TU 25, 2 (Leipzig 1904; deutsche Übers.); *Asterius Sophistes,* Commentarii in psalmos, ed. *M. Richard:* Symbolae Osloenses Suppl. 16 (Oslo 1956).

LITERATUR: 1. allgemein: *L. Duchesne,* Origines du culte chrétien (Paris ^{5}1920); *A. Baumstark,* Vom geschichtlichen Werden der Liturgie (Freiburg 1923); *F. J. Dölger,* Sol salutis (Münster ^{2}1925); *J. H. Srawley,* The Early History of the Liturgy (Cambridge ^{2}1949); *Th. Klauser,* Abendländische Liturgiegeschichte (Bonn 1949); *A. Baumstark,* Liturgie comparée (Chevetogne ^{3}1953); *B. Steuart,* The Development of Christian Worship (London 1953); *A. A. King,* The Liturgy of the Roman Church (London 1957); *J. A. Jungmann,* The Early Liturgy to the Time of Gregory the Great (Notre Dame 1957); *A. Quacquarelli,* Retorica e liturgia antenicena (Rom 1960). — *E. Dekkers,* Tertullianus en de geschiedenis der liturgie (Brüssel - Amsterdam 1947); *J.-M. Hanssens,* La liturgie d'Hippolyte (Rom 1959).

2. Ostern und Osterfeststreit: *H. Kellner,* Heortologie (Freiburg ^{3}1911); *F. Cabrol,* Fêtes: DACL V 1403—1414; *A. Hollard,* Les origines des fêtes chrétiennes (Paris 1936); *A. A. McArthur,* The Evolution of the Christian Year (London 1953); *H. Leclercq,* Pâques: DACL XIII 1521—1574; *J. Jeremias,* Πάσχα: ThW V 895—903; *O. Casel,* Art und Sinn der ältesten christlichen Osterfeier: JLW 14 (1938) 1—78; *J. Daniélou,* Le symbolisme du jour de Pâques: Dieu-Vivant 18 (1951) 45—56; *H. Vorgrimler,* War die altchristl. Osternacht eine ununterbrochene Feier?: ZKTh 74 (1952) 464—472; *Chr. Mohrmann,* Pascha, passio, transitus: ELit 66 (1952) 37—52 = Études sur le latin des chrétiens (Rom 1958) 205—222; *A. W. Watts,* Eastern, its Story and Meaning (London 1959); *C. Marcora,* La vigilia nella liturgia (sec. I—VI) (Mailand 1954); *A. Baumstark - O. Heiming,* Nocturna laus, Typen frühchristlicher Vigilfeier (Münster 1957); *P. Jounel,* La nuit pascale. Le dimanche et le temps de Pâques: La tradition de l'église: MD (1961) Nr. 67, 123—144 163—182; *B. Lohse,* Das Passafest der Quartadecimaner (Gütersloh 1953) (S. 143—148 die ältere Literatur); *B. Botte,* La question pascale: MD (1955) Nr. 41, 84—95; *M. Richard,* La question pascale au IIe siècle: OrSyr 6 (1961) 179—212.

3. Katechumenat und Taufe: *P. de Puniet,* Catéchuménat: DACL II 2579 bis 2590; *F. J. Dölger,* Tertullian und die Bluttaufe: AuC II (1930) 117—141; *H. Rahner,* Pompa diaboli: ZKTh 55 (1931) 239—273; *B. Capelle,* L'introduction du catéchumenat à Rome: RThAM 5 (1933) 129—154; *G. Bardy,* L'enseignement religieux aux premiers siècles: RAp 66 (1938) 641—655, 67 (1938) 5—18; *E. Dick,* Das Pateninstitut im altchristlichen Katechumenat: ZKTh 63 (1939) 1—49; *B. Welte,* Die postbaptismale Salbung (Freiburg 1939); *O. Cullmann,* Le baptême des enfants (Neuchâtel 1949); *G. W. H. Lampe,* The Seal of the Spirit. A Study in the Doctrine on Baptism and Confirmation in the New Testament and the Fathers (London 1951); *R. J. Zwi Werblowsky,* On the Baptismal Rite According to St. Hippolyt: Studia Patristica II (Berlin 1957) 93—105; *A. Stenzel,* Die Taufe, eine genetische Erklärung der Taufliturgie (Innsbruck 1958); *J. Jeremias,* Die Kindertaufe in den ersten vier Jahrhunderten (Göttingen ^{2}1958); *W. A. Be Vier,* Water Baptism in the Ancient Church: Biblioth. sacra 116 (1959) 136—144 230—240; *J. A. Jung-*

mann, Aufbauelemente im römischen Taufritus: LJ 9 (1959) 1—15; *E. Stommel,* Christliche Taufriten und antike Taufsitten: JAC 2 (1959) 5—14; *K. Kirsten,* Die Taufabsage (Berlin 1960); *A. Aland,* Die Säuglingstaufe im Neuen Testament und in der alten Kirche (München 1961). — Taufsymbol: Texte: D 1—14; KlT 17—18 ([2]1931); Untersuchungen: *F. Kattenbusch,* Das apostolische Symbolum, 2 Bde (Leipzig 1894—1900, Nachdruck Darmstadt 1961); *B. Dörholt,* Das Taufsymbol in der alten Kirche (Paderborn 1898); *J. Brinktrine:* ThQ 102 (1921) 156—190; *J. Lebreton:* RSR 20 (1930) 97—124; *F. J. Dölger:* AuC IV (1933) 138—146; *O. Cullmann,* Die ersten christlichen Glaubensbekenntnisse (Zollikon-Zürich [2]1948); *J. H. Crehan,* Early Christian Baptism and the Creed (London 1950); *E. Lichtenstein:* ZKG 63 (1950) 1—74; *B. Botte:* Mélanges J. de Ghellinck I (Brüssel - Paris 1951) 181—200; *Th. Camelot:* Lumière et vie 1 (1952) 61—80.

4. Eucharistie: *G. Rauschen,* Eucharistie und Bußsakrament in den ersten sechs Jahrhunderten (Freiburg [2]1910); *Th. Schermann,* Ägyptische Abendmahlsliturgien (Paderborn 1912); *J. A. Jungmann,* Die Stellung Christi im liturgischen Gebet (Münster 1925); *P. Batiffol,* L'Eucharistie (Paris [7]1930); *G. Dix,* The Shape of the Liturgy (London 1954); *H. Lietzmann,* Messe und Herrenmahl (Berlin [2]1955); *J. Betz,* Die Eucharistie in der Zeit der griechischen Väter I (Freiburg 1955); *J. A. Jungmann,* Missarum Solemnia (Wien-Freiburg [4]1958); *W. Dürig,* Pietas liturgica (Regensburg 1958). — *L. C. Mohlberg,* Carmen Christo quasi deo (zu Plinius min., ep. 10, 96): RivAC 14 (1937) 93—123; *A. W. Ziegler,* Das Brot von unsern Feldern, ein Beitrag zur Eucharistielehre des Irenaeus: Festschrift zum Eucharist. Kongreß (München 1960) 21—43. — Zur Liturgie Hippolyts: *R. H. Connolly:* JThS 39 (1938) 350—369; *H. Engberding:* MiscMohlberg I (1948) 47—71; *E. Dekkers,* L'église ancienne a-t-elle connu la Messe de soir?: ebd. 231—257.

5. Arkandisziplin: *E. Vacandard:* DHGE III 1497—1513; *O. Perler:* RAC I 667 bis 679 (mit vollst. Literatur); *H. Clasen,* Die Arkandisziplin in der alten Kirche (Diss. Heidelberg 1956); *A. Stenzel,* Die Taufe, eine genetische Erklärung der Taufliturgie (Innsbruck 1958) 147—153.

6. Anfänge der christlichen Kunst: Außer den oben S. 64 genannten Werken: *W. Neuß,* Die Kunst der alten Christen (Augsburg 1926); *E. Syndikus,* Die frühchristliche Kunst (Aschaffenburg 1960); *F. van der Meer,* Altchristliche Kunst (Köln 1960); *J. Daniélou,* Les symbols chrétiens primitifs (Paris 1961). — *J.-R. Laurin,* Le lieu du culte chrétien d'après les documents littéraires primitifs: Studi sulla chiesa antica (Rom 1954) 39—57; *C. Hopkins - P. V. C. Baur,* Christian Church at Dura-Europos (New Haven 1934); *O. Eißfeldt,* Dura-Europos: RAC IV 362—370; *E. Kirschbaum,* Die Gräber der Apostelfürsten (Frankfurt a. M. [2]1959); *J. Kollwitz,* Das Christusbild des 3. Jahrhunderts (Münster 1953); *O. Thulin,* Das Christusbild der Katakombenzeit (Berlin 1954); *W. Schöne - J. Kollwitz - H. v. Campenhausen,* Das Gottesbild im Abendland (Berlin 1957); *Th. Kempf,* Christus der Hirt (Rom 1943); *A. M. Schneider,* Die ältesten Denkmäler der römischen Kirche: Festschr. der Akad. der Wiss. Göttingen II (Göttingen 1951) 166—198; *Th. Klauser,* Zur Entstehungsgeschichte der altchristlichen Kunst: JbAC 1 (1958) 20—51, 2 (1959) 115—145, 3 (1960) 112—133; 4 (1961) 128—145; 5 (1962) 113—124.

Die reiche Entfaltung der theologischen Literatur im innerkirchlichen Leben des 3. Jh. wird von einer ähnlich bedeutsamen Entwicklung im liturgischen Bereich begleitet. Auch hier werden neue, schöpferische Impulse spürbar, aus denen die gottesdienstlichen Formen erwachsen, die den Notwendigkeiten der weiter erstarkenden Gemeinden der Großkirche gerecht werden.

Zunächst erfährt das Osterfest eine Ausgestaltung, die es im Bewußtsein der Gläubigen zur zentralen und alles überragenden Feier des Gedächtnisses der christlichen Erlösung werden läßt. Zwei Faktoren haben diese Entwicklung vor allem bewirkt: einmal der Ausbau der bisherigen österlichen Feier selbst durch eine Erweiterung nach vorne und rückwärts, und dann die Hereinnahme der Spendung der christlichen Initiationssakramente in die Osterliturgie. Die Anfänge dieser doppelten Bewegung reichen wohl schon in das 2. Jh. zurück, da sie im frühen 3. Jh. bereits in einem fortgeschrittenen Stadium faßbar wird. Die Quellen, die das am klarsten erkennen lassen, wie die syrische „Didaskalie", einige Schriften Tertullians, die „Apostolische Überlieferung" Hippolyts, gehören alle dem 3. Jh. an; die Psalmenhomilien Asterios' des Sophisten sind zwar im frühen 4. Jh. entstanden, spiegeln aber oft einen Stand der liturgischen Entwicklung wider, die im ausgehenden 3. Jh. ansetzbar ist.

Trotz verschiedener Akzentuierung im einzelnen darf man für Ost und West eine weitgehend übereinstimmende Auffassung vom Grundgedanken der österlichen Festfeier annehmen. Man begeht mit ihr das Gedächtnis der Grundwahrheiten und Grundtatsachen der christlichen Erlösung, die der Menschheit durch den Tod und die sieghafte Auferstehung des Herrn zuteil wurde[1]. Im 2. Jh. feiert man in Kleinasien und in einigen Nachbargebieten ein christliches Passah, das zwar den Gedanken an das Leiden des Herrn in den Vordergrund rückt, aber auch die Vorstellung nicht ausschließen wollte, daß dieses Leiden in die Auferstehung einmündet. Wenn man darum bei den Quartadecimanern Kleinasiens und vielleicht ursprünglich allgemein im Anschluß an den jüdischen Brauch am 14. Nisan als Termin für dieses Passah festhielt, es mit einem strengen Fasten einleitete, dabei wie dort eine Homilie über Exodus 12 hörte, so war es doch kein ausschließlicher Trauertag für sie, da das Fest mit der Agape und der Eucharistiefeier in der Frühe des 15. Nisan einen frohen Ausklang fand. Umgekehrt schloß das dominikale Passah, die österliche Feier an dem auf den 14. Nisan folgenden Sonntag, wie man es etwa in Syrien, Ägypten, im Pontus und im lateinischen Westen kannte, keineswegs den Gedanken an das Leiden des Herrn aus der Grundidee des Festes aus; man leitete es vielmehr mit dem ausdrücklichen Gedächtnis daran ein und verband dieses auch hier mit einem strengen Fasten, weil die Erinnerung an die Passion die Voraussetzung für eine sinnvolle Feier der sieghaften Auferstehung des Herrn war. Die Ostervigil brachte hier das Ende dieser Osterfasten und stellte die Überleitung zur österlichen Freude über die in der Auferstehung vollendete Erlösung dar.

[1] Grundlegend *O. Casel*, Art und Sinn der ältesten christl. Osterfeier: JLW 14 (1938) 1—78.

Der sog. *Osterfeststreit* vom Ende des 2. Jh. wird daher mißverstanden, wenn man als dessen Grundlage ein Osterfest mit jeweils grundverschiedenem Festgehalt bei den Quartadecimanern einerseits[2] und bei den Anhängern des dominikalen Passah anderseits annimmt. Es handelt sich vielmehr um eine Auseinandersetzung über den Termin für das gleiche Osterfest und über Art und Dauer des österlichen Fastens, die zunächst zu keiner Einigung führte, weil sich beide Gruppen für ihre jeweilige Auffassung auf apostolische Tradition berufen zu können glaubten[3]. Es läßt sich zwar nicht mehr feststellen, wann und durch wen das dominikale Passah in Rom Eingang fand, doch dürfte seine Einführung schon im frühen 2. Jh. erfolgt sein, da Irenäus das Fest offensichtlich für die Zeit des römischen Bischofs Xystos voraussetzt[4]. Es handelt sich dabei wohl kaum um eine römische Eigenschöpfung, da in den Quellen alle Anhaltspunkte für eine solche Annahme fehlen. Dagegen sind die Gemeinsamkeiten der dominikalen Osterfeier mit dem Passahfest der Quartadecimaner sehr deutlich: einleitendes strenges Fasten, die Verlesung von Exodus 12 mit anschließender Homilie und, eingebaut in eine Vigilfeier, abschließendes eucharistisches Mahl. Sie lassen sich am ehesten begreifen, wenn man das dominikale Osterfest versteht als eine im Osten erfolgte Weiterentwicklung des ursprünglichen quartadecimanischen Brauches, die aber den Sonntag nach dem 14. Nisan zum Höhepunkt der Feier machte, weil man die Distanz zum Judentum stärker betonen wollte und zugleich den Glauben an die Auferstehung des Herrn als die Krönung seiner Erlösungstat bewußter machen konnte.

Die noch verbleibenden Unterschiede in der Festpraxis zwischen dominikalem Brauch und quartadecimanischer Übung wurden zwar empfunden und auch diskutiert, wie Irenäus von den Bischöfen Polykarp von Smyrna und Aniket von Rom berichtet[5], aber sie belasteten die Beziehungen der Gemeinden zueinander zunächst nicht so, daß der Kirchenfriede gefährdet worden wäre. Daß die verschiedene Praxis leicht Anlaß zu Auseinandersetzungen bot, beweist die Diskussion zwischen Melito von Sardes und dem Bischof Klaudios Apollinaris von Hierapolis um 170 in Kleinasien, in die auch Klemens von Alexandrien eingriff. Letzterer berief sich auf die johanneische Chronologie, als er in einer eigenen Schrift den Brauch der Quartadecimaner tadelte und betonte, Jesus, das wahre Passahlamm, sei an einem Tage, dem Passahrüsttag, gestorben und begraben worden. In seiner Erwi-

[2] So zuletzt noch *B. Lohse* a. a. O., der sich mit *Casel* nicht näher auseinandersetzt.

[3] Euseb. HE 5, 23, 1; 5, 24, 6.

[4] Ebd. 5, 24, 14, dazu *B. Lohse* a. a. O. 117. Die Interpretation der Irenäusstelle durch *M. Richard* scheint unhaltbar. Irenäus engt den Gegenstand der Auseinandersetzung eindeutig ein auf den Termin des schon bestehenden Festes und die Dauer und Art des dabei üblichen Fastens; es geht dabei nicht um die Frage, ob das Fest überhaupt gefeiert werden sollte oder nicht. Nach *Richard* müßte man einen spezifisch römischen Osterfeststreit innerhalb der dortigen Gemeinde unter den Vorgängern Soters annehmen, in welchem diese die Einführung des Osterfestes abgelehnt hätten.

[5] Euseb. HE 5, 24, 16.

derung begründete Melito die quartadecimanische Praxis mit der Datierung der Synoptiker, nach der Jesus das Passah vor seinem Tod gefeiert habe, daran solle man sich auch jetzt noch halten[6].

Wenige Jahre vor der Jahrhundertwende nahm die Auseinandersetzung um den Termin für die Osterfestfeier dann ernstere Formen an. Den unmittelbaren Anlaß darf man wohl in Rom suchen, wo ein Presbyter Blastos den quartadecimanischen Brauch einführen wollte und dabei Unterstützung bei zugezogenen kleinasiatischen Christen finden konnte[7]. Um 195 wollte Bischof Viktor eine einheitliche Regelung für die Großkirche durchsetzen und ließ zu diesem Zweck allenthalben Synoden abhalten. Eusebius lagen noch die Ergebnisse solcher Synodalberatungen vor, die in Palästina, im Pontus, in der Osrhoëne stattfanden, ferner kannte er die entsprechenden Beschlüsse einer Synode von Rom sowie die Stellungnahmen der Gemeinden Galliens und vereinzelter Bischöfe[8]. Die Mehrheit sprach sich für die dominikale Praxis aus. Entschiedener Widerspruch kam aber aus dem Kerngebiet der Quartadecimaner, der Provinz Asia, für deren Gemeinden sich Bischof Polykrates von Ephesus zum Sprecher machte. Dem römischen Ersuchen entsprechend hatte auch er die Bischöfe der Provinz zu einer Synode einberufen, die zu dem Ergebnis kamen, es sei an der traditionellen Praxis festzuhalten, die für Asien auf apostolischer Überlieferung beruhe[9]. Die Stellungnahme der Mehrheit aller Synoden veranlaßte Papst Viktor zu einem schärferen Vorgehen gegen die kleinasiatischen Gemeinden, die er aus der kirchlichen Gemeinschaft auszuschließen „versuchte", wie Eusebius betont[10]. Für sein Vorgehen fand er jedoch keine allgemeine Zustimmung, besonders Irenäus von Lyon setzte sich entschieden für eine tolerante Behandlung der Anhänger der abweichenden Praxis ein und hatte offensichtlich Erfolg[11]. Auch die Bischöfe Palästinas bemühten sich um eine Vereinheitlichung der Osterfestpraxis im Sinne der Mehrheit. Die quartadecimanische Minderheit blieb das ganze 3. Jh. hindurch ihrem bisherigen Brauch treu, dem sich die Novatianer in Kleinasien anschlossen[12]. Die Synode von Arles 314 schärfte in ihrem Kanon 1 das dominikale Ostern ein, und das Konzil von Nikaia schloß die Quartadecimaner aus der kirchlichen Gemeinschaft aus[13]. Von da ab

[6] Fragmente des Apollinaris aus dem Chronicon paschale: PG 5, 1297. Der Titel der Schrift des Klemens, κανὼν ἐκκλησιαστικὸς ἢ πρὸς Ἰουδαΐζοντας, scheint darauf hinzudeuten, daß man die quartadecimanische Praxis anderswo als jüdischen Brauch empfand, vgl. *A. v. Harnack*, Dogmengeschichte I (Tübingen [5]1931) 314.

[7] Über Blastos vgl. außer Euseb. HE 5, 15 noch Ps-Tertullian, Adv. haer. 8.

[8] Euseb. HE 5, 23, 3—4. [9] Ebd. 5, 24, 1—8. [10] Ebd. 5, 24, 9.

[11] Ebd. 5, 24, 15—17. Es scheint unmöglich, das Vorgehen Viktors auf die Gruppe der römischen Quartadecimaner einzuschränken, der Bericht Eusebius' ist dafür zu eindeutig. Viktor hätte für ein solch begrenztes Ziel kaum Synoden außerhalb Roms abhalten lassen. [12] Socrates HE 5, 21.

[13] Für Arles: Acta et symbola conciliorum, quae saec. IV habita sunt (Leiden 1954) 23; für Nikaia: Eusebius, Vita Const. 3, 18.

ging ihre Zahl stetig zurück, wenn sich auch die Großkirche noch bis ins 5. Jh. gelegentlich mit ihnen zu beschäftigen hatte[14].

Auch der Verlauf der *österlichen Feier* selbst ist nach den wichtigsten Quellen des 3. Jh. in Ost und West in der Hauptsache einheitlich. Sie wird eingeleitet durch ein streng obligatorisches Fasten, das als Bestandteil des Osterfestes gewertet wird. Die Dauer des Fastens ist lokal verschieden, es kann einen, zwei und noch mehr Tage dauern, wie schon Irenäus weiß[15]. Am strengsten wurde es im Osten gehalten, wo man sich vom Montag der Woche an mit Brot, Salz und Wasser begnügte, am Freitag und Samstag sich jeder Nahrung enthielt[16]. Ein Fasten an diesen beiden Tagen wird auch von der Traditio apostolica gefordert, das im Sonderfall auf den Samstag beschränkt werden kann[17]. Tertullian betont, daß man mit diesem Fasten die Tage hervorhebe, an denen der Bräutigam der Gemeinde entzogen war[18]; es wurde demnach als unlösbar mit jener Feier verknüpft empfunden, die das ganze Geschehen der Erlösung zum Inhalt hatte, den Übergang des Herrn und seiner Gemeinde vom Tode zum Leben, von der Trauer zur Freude.

Das Herzstück der Osterfeier ist die nächtliche *Vigil*, zu der alle Christen einer Gemeinde zusammenkommen, sie ist also nicht Familienfeier wie das jüdische Passah, sondern wesentlich Gemeinschaftsfeier aller Glieder der Gemeinde. Die Teilnahme ist strenge Pflicht, so daß Tertullian fürchtet, der heidnische Gatte einer christlichen Frau könne Bedenken haben, sie zu solch nächtlicher Feier gehen zu lassen[19]. Die Gemeinde versammelt sich zunächst zu einem Gebets- und Lesegottesdienst, der die ersten Stunden der Nacht ausfüllt; Psalmen, Lesungen aus den Propheten und dem Evangelium werden eigens genannt[20]. Die Vigil gehört nach der Didaskalie eindeutig zum Ostertag und hat demnach freudigen Ausklang[21], der mit dem weiteren Ausbau der Vigilfeier, wie er am Beginn des 3. Jh. erfolgt sein muß, immer stärker hervortritt. Vor allem ist hier die feierliche Taufe zu nennen, die als neues Element um diese Zeit in den Rahmen der Osterliturgie eingebaut wird. Schon Tertullian hat Ostern wegen seines Festcharakters als Tauftermin für besonders geeignet angesehen, ohne allerdings die Vigil eigens hervorzuheben; wenn aber wirklich Ostern, wie er sagt, der *dies baptismo solemnior* ist, dann kann der liturgische Ort für die Spendung der Taufe an diesem Tage kaum außerhalb der Vigilfeier gesucht werden[22]. Obwohl die Kirchenordnung Hippolyts ebenfalls den Ostertag nicht formell als Tauftermin nennt, lassen sich ihre Angaben über die unmit-

[14] *B. Lohse* a. a. O. 128 f. [15] Bei Euseb. HE 5, 24, 12. [16] Didasc. apost. 5, 18 (288 *Funk*).
[17] Trad. apost. 29 (64 *Botte*). [18] Tertullian, De ieiun. 12—13. [19] Ad ux. 2, 4.
[20] Didasc. apost. 5, 19 (290 *Funk*); nach Asterius soph., Hom. 8 und 9 bzw. 28 werden speziell die Psalmen 5 und 15 gebetet. [21] Didasc. apost. 5, 20 (300 *Funk*).
[22] De bapt. 19: *diem baptismo solemniorem Pascha praestat.* Auch Hippolyt, In Dan. comm. 16 weist auf Ostern als Tauftermin hin.

telbare Taufvorbereitung am Donnerstag, Freitag und Samstag der letzten Woche vor dem Tauftage sinnvoll nur auf die letzten Tage der späteren Karwoche beziehen; die Bemerkung, daß man „die ganze Nacht wachen soll und ihnen (den Täuflingen) Lesungen und Belehrungen zukommen lassen soll", weist klar auf die Tauffeier innerhalb der Ostervigil hin[23]. Asterios spricht im frühen 4. Jh. dann so selbstverständlich von der Taufliturgie als Bestandteil der Osternachtfeier, daß man die Einführung dieses liturgischen Brauches auch nach ihm ins 3. Jh. verlegen muß[24]. In einer seiner Homilien findet sich ein hymnischer Lobpreis auf die Osternacht, der mit Recht als eine Vorform entsprechender Partien des späteren lateinischen Exsultet angesprochen werden darf; in ihm drückt sich der Rang, den die Liturgie der Ostervigil bereits im Frömmigkeitsbewußtsein der frühchristlichen Großkirche einnimmt, gültig aus[25]: „O Nacht, heller als der Tag! O Nacht, strahlender als die Sonne! O Nacht, weißer als der Schnee! O Nacht, blendender als der Blitz! O Nacht, leuchtender als Fackeln! O Nacht, köstlicher als das Paradies! O Nacht, befreit von der Finsternis! O Nacht, erfüllt von Licht! O Nacht, die den Schlaf verscheucht! O Nacht, die lehrt, mit den Engeln zu wachen! O Nacht, Schrecken der Dämonen! O Nacht, Sehnsucht des Jahres! O Nacht, Brautführer der Kirche! O Nacht, Mutter der Neugetauften!" Den krönenden Abschluß der Vigil bildet die Eucharistiefeier des österlichen Sonntags, die allem Anschein nach im Osten schon früh durch das Trishagion ausgezeichnet wurde[26].

Das 3. Jh. bringt auch den ersten Ausbau einer österlichen Zeit, die so als erster festlicher Zyklus zum Schwerpunkt des sich entfaltenden *Kirchenjahres* wird. Fünfzig Tage lang gedenkt man von Ostern ab in froher Herzenshaltung der Auferstehung des Herrn und des damit geschenkten eigenen Heiles; man unterstreicht den Freudencharakter dieser Pentekoste dadurch, daß man in ihr auf das Fasten und das Knien beim Gebet verzichtet[27]. Die Entwicklung einer eigenen Osteroktav ist vielleicht noch der Wende vom 3. zum 4. Jh. zuzuschreiben, da Asterios sie als festen Brauch voraussetzt;

[23] Trad. apost. 20 (48f *Botte*).

[24] Asterius, Hom. 11, die auch schon die kultisch-rituelle Verwertung des Lichtes bei der Tauffeier wahrscheinlich macht.

[25] Ebd. Hom. 11, 4, dazu *H.-J. Auf der Maur,* Der Osterlobpreis Asterios' des Sophisten: LJ 12 (1962) 72—85.

[26] Wiederum bietet Asterios den frühesten sicheren Beleg: Hom. 16, 15, wenn er sagt, die Neugetauften würden in dieser Nacht erstmals den ὕμνος τῶν πιστῶν singen. Da auch Gregor von Nyssa das Trishagion im Zusammenhang mit der feierlichen Taufe sieht — er ermahnt De bapt. (PG 46, 461) einen Katechumenen, sich taufen zu lassen, damit er es mit den Gläubigen singen könne —, ist es wohl zuerst in der Osterliturgie verwandt worden.

[27] Vgl. Tertullian, De cor. 3; De ieiun. 14: . . . *quinquaginta exinde dies in omni exultatione decurrimus.* Der Brauch des Stehens beim Gebet während der Pentekoste wird durch can. 20 des Konzils von Nikaia sanktioniert.

mehrere seiner überlieferten Homilien sind an verschiedenen Tagen der Osterwoche an die Neugetauften gehalten worden, stellen also das früheste Beispiel mystagogischer Katechesen dar, ebenso gilt ihm der Sonntag nach Ostern als Abschluß der Oktav[28].

Der Schlußtag der Pentekoste hat zunächst noch keinen festlichen Akzent. Ein vereinzelter Hinweis läßt erkennen, daß man um 300 in Spanien keine einheitliche Praxis hinsichtlich des Endtermins der österlichen Zeit befolgte; eine Gruppe von Christen sah den vierzigsten Tag nach Ostern als solchen an, andere begingen den fünfzigsten Tag. Die Synode von Elvira mißbilligt den erstgenannten Brauch und erklärt ausdrücklich, daß der fünfzigste Tag nach Ostern als das Fest zu feiern sei, das den österlichen Zyklus beschließe[29]. Da das Fest der Epiphanie erst im 4. Jh. mit Sicherheit in der Großkirche nachweisbar ist, sind seine eventuellen vorkonstantinischen Wurzeln in Ägypten später zu erörtern.

Ansätze für die Entwicklung eines christlichen *Festkalenders* im 3. Jh. lassen sich im damals schon von der Kirche gepflegten Martyrergedächtnis feststellen. Dieses ging aus der allgemeinen Verehrung der Toten hervor, die auch die Christen ihren Verstorbenen erwiesen, wenn sie aus privatem Antrieb am Jahrestag ihres Todes am Grabe die eucharistische oblatio für sie halten ließen und ihrer im Gebete gedachten. Tertullian bezeugt wiederholt diesen Brauch für den Beginn des 3. Jahrhunderts[30]. Daß man ein solch ehrendes Gedächtnis betont dem christlichen Blutzeugen gewährte, begreift sich leicht aus der überragenden Verehrung, die ihm schon früh von seinen Mitgläubigen zuteil wurde. Im Osten setzt ein von der Gemeinde gestaltetes Gedächtnis für den Martyrer schon im 2. Jh. ein, wie der Bericht über das Martyrium des Polykarp von Smyrna erkennen läßt, der in seiner Schlußnotiz von der Feier an seinem „Geburtstag", d.h. am Jahrestag seines Todes, spricht[31]. Im Westen wird eine derartige Entwicklung wesentlich später in den Quellen faßbar. Das offiziell von der Kirche begangene Gedächtnis eines Martyrers kommt in Rom in der ersten Hälfte des 3. Jh. auf, da der entsprechende Kalender, die „Depositio martyrum", den römischen Bischof Kallist († 222) als frühestes Beispiel eines so geehrten Martyrers kennt, vielleicht weil die römische Gemeinde erst damals in den Besitz eigener Friedhöfe kam und so grabrechtlich die Möglichkeit einer von ihr zu gestaltenden Gedächtnisfeier gewann[32]. Für Nordafrika bezeugt Cyprian einen kirchlich gelenkten Martyrerkult, in den die Confessores mit einbezogen sind; er ordnet an, daß man auch deren Todestag sorgfältig notiere, damit man an

[28] Asterios in den Überschriften der Homilien 8, 11, 30, 31 und Homilie 21 als Ganzes.

[29] Synod. Illib., can. 43. [30] Tertullian, De cor. 3; De exhort. cast. 11; De monog. 10.

[31] Martyr. Polyc. 18, dazu aber *H. v. Campenhausen*, Bearbeitungen und Interpolationen des Polykarpmartyriums (Heidelberg 1957) 3.

[32] Depos. mart. zum 14. Okt. (4 *Lietzmann*), dazu *A. Stuiber*, Heidnische und christliche Gedächtniskalender: JbAC 3 (1960) 24—33, bes. 30ff.

ihm wie an dem der Martyrer das eucharistische Opfer für sie darbringen könne[33]. Eine Hervorhebung des Martyrergrabes durch besondere architektonische Gestaltung der Begräbnisstätte setzt wohl ebenfalls hier und da noch im 3. Jh. ein, wenn auch nur die Memoria apostolorum an der Via Appia vor Rom sicher als eine solche Anlage dieser Zeit angesprochen werden kann, die man später gemeinhin Martyrion nannte[34]. Manches spricht dafür, das vorkonstantinische Denkmal unter der Confessio der Peterskirche, das mit dem vom römischen Presbyter Gaius erwähnten Tropaion am Vatikanischen Hügel gleichzusetzen ist, hier einzureihen[35]. Die Gestaltung des Martyrerkultes als Ganzes wird jedenfalls im 3. Jh. Sache der kirchlichen Autorität, d. h. des Gemeindebischofs, dessen Einwirkung auf den Ausbau des liturgischen Kultes hier besonders greifbar wird.

Katechumenat und Taufe

Mit der Einführung des kirchlich geleiteten *Katechumenates* als institutioneller Vorbereitung auf den Taufempfang vollbringt die werdende Großkirche um die Wende zum 3. Jh. eine ihrer bedeutsamsten und folgenreichsten Leistungen. Für diesen Aufbau einer in Unterricht und sittlich religiöse Erziehung gegliederten, von der Kirche zielbewußt gesteuerten Betreuung der Taufbewerber sind mehrere Ursachen maßgebend geworden. Der erste Impuls dürfte von dem gegen Ende des 2. Jh. einsetzenden bedeutenden missionarischen Erfolg der Kirche ausgegangen sein; er mußte den Gedanken an eine intensive Prüfung der neugewonnenen bisherigen Heiden nahelegen, wenn das bisherige Niveau in den christlichen Gemeinden gehalten werden sollte. Die Dringlichkeit einer besseren Unterrichtung im Glaubenswissen ergab sich ferner aus der bedrohlich anwachsenden Propaganda häretischer Gruppen, vor allem der großen gnostischen Bewegung, die bis in die Gemeinden der Großkirche vordrang. Eine durch feste Normen geordnete Einführung in die Welt der christlichen Initiationssakramente empfahl sich schließlich im Blick auf die konkurrierenden Mysterienkulte, deren Einfluß auf den religiös suchenden Heiden nicht zu gering einzuschätzen ist.

Für die Entwicklung der kirchlichen Institution des Katechumenats müssen gewisse Frühformen in Rechnung gestellt werden, die zunächst mehr im Bereich privater Initiative lagen. Vor allem dürfte der erste Unterricht im Glauben meist von privater Seite erteilt worden sein, der dann allmählich kirchlicher Aufsicht unterstellt oder von kirchlicher Beauftragung ab-

[33] Cyprian, Ep. 12, 2; 39, 3. Zum Ganzen *H. Delehaye,* Les origines du culte des martyrs (Brüssel ²1933) 24—49.

[34] Vgl. bes. *F. W. Deichmann:* JdI 72 (1957) 44—110, und allgemein *A. Grabar,* Martyrium (Paris 1946).

[35] Siehe oben S. 137—139.

hängig gemacht wurde. Oft war der missionarisch interessierte Einzelchrist der erste Lehrer eines Heiden, der mit dem neuen Glauben bekannt geworden war und als späteres Gemeindemitglied in Frage kam. Dann war es der gebildete Neubekehrte, der, wie die Tätigkeit Justins und der ersten alexandrinischen Lehrer erkennen läßt, aus eigener Initiative als privater Lehrer der christlichen Religion auftrat und später von der Kirche in Dienst genommen werden konnte[36]. Diese Formen privater Vorbereitung der Taufbewerber zog die Kirche allmählich an sich, bis dann am Beginn des 3. Jh. die ausgebildete Institution vorliegt, der man in der „Kirchenordnung" Hippolyts begegnet, während sich die Entwicklung in Nordafrika gerade erst dem Abschluß nähert, wie aus dem Zeugnis Tertullians hervorgeht. Diese Quellen entwerfen vom klassischen Katechumenat etwa folgendes Bild:

Bereits die Zulassung zum Katechumenenunterricht wird von der Kirche kontrolliert; sie unterwirft den Taufbewerber einer genauen Prüfung, die vor allem seinen moralischen Qualitäten gilt. Daher fordert sie zunächst, daß der Taufbewerber einen ihm bekannten Christen als Bürgen benenne, der eine gewisse Garantie für den Ernst seines Bekehrungswillens übernehmen kann[37]. In diesem Bürgen darf man allgemein einen der missionarisch tätigen Christen sehen, dem der Taufbewerber seine Bekanntschaft mit der christlichen Religion verdankte und der ihn nun dem Leiter der christlichen Gemeinde vorstellt. Ein eigener Name existiert für diesen Katechumenatszeugen noch nicht, er ist auch nicht dem Taufpaten im heutigen Sinne gleichzusetzen, da er ja nur eine Garantie für die Würdigkeit des Aufzunehmenden übernimmt, nicht aber eine Verpflichtung hinsichtlich seiner zukünftigen Lebensführung. Die Aufnahme ins Katechumenat wird des weiteren abhängig gemacht von einer Prüfung des Bewerbers durch den Lehrer der Katechumenen, der Kleriker oder Laie sein kann[38]. Diese Prüfung erstreckt sich auf die Motive seiner Bewerbung, auf seine ehelichen Verhältnisse, auf Beruf und soziale Stellung[39]. Handelt es sich um den Sklaven eines christlichen Herrn, so sind dessen Zustimmung und Zeugnis einzuholen; spricht letzteres zu Ungunsten des Bewerbers, ist er zurückzuweisen. Eine Anzahl von Berufen ist dem Christen des 3. Jh. untersagt, der Katechumenatsbewerber muß demnach eventuell seinen bisherigen Beruf aufgeben. Vor allem sind jene Berufe mit seinem zukünftigen Christenstand unvereinbar, die in einem direkten oder leicht möglichen Zusammenhang mit dem paganen Kultwesen stehen, also der des Opferpriesters, Tempelwächters, Schauspielers[40], des Astrologen und Zauberers, denen die Synode

[36] Siehe oben S. 263 f. und Justin, Apol. 61, 1. [37] Trad. apost. 16 (44 *Botte*).

[38] Ebd. 16 und 19. Nach Origenes, Contra Cels. 3, 51 sind es noch die Christen insgesamt, denen die Prüfung der Taufbewerber obliegt.

[39] Vgl. zum Folgenden das ganze Kap. 16 (43—46 *Botte*) der Traditio apost.

[40] Cyprian, Ep. 2 rechnet noch den hinzu, der Schauspieler unterrichtet; der ursprüngliche Zusammenhang der Spiele mit dem Götterkult wird noch stark empfunden.

von Elvira noch den Wagenlenker des Zirkus hinzufügt[41]. Bedenken erregt auch der Dienst im Heer oder in der staatlichen Verwaltung. Tertullian kann sich nicht vorstellen, daß Soldaten oder Beamte jede Situation meiden könnten, in der von ihnen Teilnahme am heidnischen Opferkult verlangt wird, in der sie mit dem Tempeldienst in Berührung kommen oder gegen andere Gewalt oder Waffen anwenden müssen[42]. Wer sich nach der Aufnahme ins Katechumenat zum Heeresdienst meldet, ist nach der „Kirchenordnung“ Hippolyts sofort vom weiteren Unterricht auszuschließen. Die christliche Haltung gegenüber sexuellen Verfehlungen des Taufbewerbers ist eindeutig kompromißlos; jede Prostituierte ist zurückzuweisen, gegebenenfalls sind eheliche Verhältnisse vor der Aufnahme des Unterrichts zu ordnen. Es ist klar, daß bei der Prüfung all dieser Fragen dem Zeugnis des Katechumenatsbürgen entscheidendes Gewicht beigemessen wurde. Aus der Präzision all dieser Bestimmungen spricht der Geist einer verantwortungsbewußten Kirche, die ihr sittliches Ideal ernst nimmt und mutig klare Forderungen an die stellt, die ihre Glieder werden wollen.

Das zufriedenstellende Ergebnis der Prüfung macht für den Bewerber den Weg frei ins Katechumenat, in das er durch einen eigenen Ritus, die Bezeichnung mit dem Kreuzzeichen, aufgenommen und zum *christianus* oder *catechumenus* wird[43]. Eine eingehende Katechumenatsordnung regelt von nun an Leben und Tätigkeit der Taufbewerber[44]. Sie sind nun dem *doctor audientium* für die Dauer von drei Jahren unterstellt, diese Frist kann aber für den einzelnen bei besonderem Eifer abgekürzt werden[45]. Seine Zeit ist nun ausgefüllt durch einen speziellen Unterricht, der in die christliche Glaubenswelt einführt, und durch eine konkrete Einübung in die christliche Frömmigkeit. Der Unterricht baut auf der Heiligen Schrift auf, mit der die Teilnahme am Lesegottesdienst und an der Homilie weiter vertraut macht. Jede Unterrichtsstunde schließt mit einem Gebet und der Handauflegung durch den Katecheten[46].

Die dreijährige Katechumenatszeit findet ihren Abschluß in einer erneuten Prüfung des Taufkandidaten, die sich auf seine sittlich-religiöse Bewährung in diesem Zeitraum erstreckt. Sie findet einige Wochen vor Ostern statt, dem Haupttauftermin, wahrscheinlich durch den Bischof, wobei wiederum ein Bürge für den Bewerber einstehen muß[47]. Die Bewährung wird gemessen an seinen „guten Werken“, zu denen ausdrücklich der Besuch der Kran-

[41] Can. 62. [42] De idol. 17.

[43] Vgl. *F. J. Dölger*, Sphragis (Paderborn 1911) 177; Tertullian, De idol. 1 und De cor. 2. In Nordafrika heißen die Katechumenen auch *audientes* oder *auditores*, im Gegensatz zu den *fideles*, den Getauften: Cyprian, Ep. 29.

[44] Bei Hippolyt, Trad. apost. 17—20 (46—49 *Botte*); eine Rekonstruktion der lateinischen Übersetzung versucht *B. Capelle:* RThAM 5 (1933) 136—139.

[45] Trad. apost. 17; die Synode von Elvira can. 42 setzt 2 Jahre fest.

[46] Trad. apost. 18 und 19. [47] Vgl. *E. Dick:* ZKTh 63 (1939) 25—27.

ken und die Achtung vor dem Stand der Witwen gerechnet werden[48]. Eine Hochform der Bewährung des Katechumenen stellt seine „Verhaftung für den Namen“ dar; wenn er dabei den Tod ohne Taufe erleidet, ist er doch gerettet, da er „in seinem eigenen Blut getauft worden ist“[49] .Das positive Resultat der zweiten Prüfung führt in die abschließende zweite Stufe des Katechumenats, die der unmittelbaren Vorbereitung der nunmehr *electi* genannten Kandidaten auf den baldigen Taufempfang dient. Diese Stufe ist charakterisiert durch das stärkere Anwenden liturgischer Reinigungsgebete, Exorzismen, die immer mehr von der Macht des Dämonischen befreien und heilen sollen[50]. Immer stärker tritt nun der Bischof als Leiter der Gemeinde in den Vordergrund; er prüft beim Herannahen des Tauftages durch einen Exorzismus die Reinheit der Bewerber und scheidet die Energumenen aus; er betet mit ihnen am Samstag vor der Taufe, er legt ihnen die Hände auf und segnet ihre Sinne mit dem Kreuzzeichen[51]. Vielleicht war der Beginn der zweiten Katechumenatsstufe auch der Ort einer ersten Absage an den Satan, von der Tertullian spricht[52]. Dieser erwähnt auch, daß die Wochen der Endvorbereitung gesteigerte Bußübungen, häufiges Gebet und Fasten mit sich brachten[53] und so die Bedeutung des bevorstehenden Ereignisses unterstrichen. Ein eigenes Tauffasten ist den Kandidaten am Freitag und Samstag vor dem Taufsonntag auferlegt[54]. Neben dieser Vorbereitung liturgischer Art nennt Hippolyt noch als besondere Aufgabe der *electi*, daß „sie das Evangelium hören sollen“[55]. Damit soll wohl ausgedrückt werden, daß sie nunmehr streng verpflichtet, nicht mehr nur ermächtigt sind, dem Lehrgottesdienst bei der Eucharistiefeier beizuwohnen und dort Evangelienlesung und Homilie zu hören[56].

Der *Taufakt* ist eingebettet in den eindrucksvollen Rahmen einer die ganze Nacht umfassenden Vigil, die mit Lesungen und letzten liturgischen Unterweisungen ausgefüllt ist. Es ist hauptsächlich die Ostervigil, welche die höchste Zahl der Täuflinge im Jahr sah, sonst eine Nacht vom Samstag auf den Sonntag, falls ein besonderer Grund einen weiteren Tauftermin erforderte. Der Tagesanbruch, gekennzeichnet durch den Hahnenschrei, bringt den Beginn der eigentlichen Taufhandlung[57]. Die Täuflinge haben ihre Kleider und jeglichen Schmuck abgelegt und treten zum Taufbecken, das von reinem Wasser durchströmt wird. Zunächst hat der Bischof die Öle geweiht, die bei der Taufe gebraucht werden: das Öl der Danksagung und das Öl der Beschwörung, das von je einem Diakon links und rechts vom Priester bereitgehalten wird. Die Reihenfolge für die Täuflinge ist fest-

[48] Trad. apost. 20, 1.
[49] Ebd. 19, 2; vgl. Tertullian, De bapt. 12 und 14, später Cyprian, Ep. 57, 4; 73, 21, 23.
[50] Vgl. *A. Stenzel* a. a. O. 62 und 72. [51] Trad. apost. 20, 3 5 (48f *Botte*). [52] De cor. 3.
[53] De bapt. 20. [54] Trad. apost. 20, 5. [55] Ebd. 20, 2. [56] Vgl. *A. Stenzel* a. a. O. 64f.
[57] Trad. apost. 21, 1 (49 *Botte*).

gelegt; zuerst werden die Kinder getauft[58], für die eventuell ihre Eltern oder ein Familienangehöriger die Antworten auf die Fragen des Priesters geben; es folgen die Männer, dann die Frauen. Der Priester läßt zuerst jeden Täufling, der sich dabei nach Westen wendet, einzeln die Worte der Taufabsage sprechen: „Ich widersage dir, Satan, und allem deinem Pomp und allen deinen Werken." [59] Darauf erfolgt die Salbung mit dem Öl der Beschwörung unter der Formel: „Jeder böse Geist geh weg von dir!" Nun tritt der Täufling zu dem Priester am Taufbecken, ein Diakon steigt mit ihm in das Wasser. Der Taufende (Bischof oder Priester) legt ihm die Hand auf und stellt nacheinander die drei Fragen nach seinem Glauben[60]: „Glaubst du an Gott, den allmächtigen Vater? — Glaubst du an Jesus Christus, den Sohn Gottes, der geboren ist durch den Heiligen Geist aus Maria der Jungfrau, der gekreuzigt wurde unter Pontius Pilatus und gestorben ist und begraben wurde, der am dritten Tage lebend von den Toten auferstand, aufgefahren ist in den Himmel, zur Rechten des Vaters sitzt, der wiederkommen wird, zu richten die Lebendigen und die Toten? — Glaubst du an den Heiligen Geist, an die heilige Kirche und an die Auferstehung des Fleisches?" Auf jede Frage antwortet der Täufling: „Ich glaube", wobei der Taufende Wasser über sein Haupt gießt[61]. Danach salbt ihn ein Priester mit dem Öl der Danksagung: „Ich salbe dich mit dem Öl im Namen Jesu Christi." Jetzt kleidet sich der Täufling wieder an, und nach Beendigung der Taufhandlung ziehen alle aus dem Taufraum in die Kirche. Dort wird ein neuer Ritus an jeden einzelnen Täufling vollzogen, die *consignatio*[62], die der Bischof vornimmt. Er legt ihm die Hand auf und spricht dabei ein Gebet, das die Gnade Gottes auf den Neugetauften herabfleht, daß er Gott diene nach seinem Willen. Dann salbt er allen das Haupt mit Öl, zeichnet das Kreuz auf ihre Stirn und gibt jedem den Kuß mit den Worten: „Der Herr sei mit dir", worauf der Gefirmte antwortet: „Und mit deinem Geiste". Danach vereinigen sich die Neugetauften mit der Gemeinde der Gläubigen und feiern mit ihr zum erstenmal die Eucharistie.

So stellen sich Katechumenat und Taufliturgie im rituell, fast könnte man sagen rubrizistisch am weitesten fortgeschrittenen Dokument, der Kirchenordnung Hippolyts, dar. Da man in ihr heute eher eine aus dem Osten stammende Idealform einer Liturgie sieht, die von jeder beliebigen Gemeinde übernommen werden konnte, wird man in ihr nicht so sicher wie bisher die für die römische Gemeinde typische Taufliturgie finden dürfen[63]. Das außer ihr aufschlußreiche und mit ihr vergleichbare hierher gehörige

[58] Die Kindertaufe setzt sich vom Ende des 2. Jh. an allenthalben durch, wenn auch Bedenken gegen sie vorgebracht werden, vgl. *K. Aland* a. a. O. 22 ff.

[59] Trad. apost. 21, 6 (50 *Botte*). [60] Ebd. 21, 8—12.

[61] Für Nordafrika vgl. Tertullian, De cor. 3; Adv. Prax. 26. Für die anschließende Salbung De bapt. 7, 1.

[62] Trad. apost. 22 (52 f *Botte*). [63] Vgl. *J.-M. Hanssens*, La liturgie d'Hippolyte (Rom 1959).

Nachrichtengut bezieht sich auf die nordafrikanische Kirche. Was Tertullian an gelegentlichen, aber doch ergiebigen Bemerkungen über Taufliturgie und Taufpraxis seiner Heimat bietet, läßt Übereinstimmungen und Differenzen erkennen. Die Übereinstimmungen liegen meist im sachlichen Detail: es sind vor allem die Existenz des Katechumenates, die Form der Taufhandlung und die Art der Verwendung des Taufsymbols. Die Unterschiede sind weniger mit dem Fehlen einzelner Züge gegeben — es scheint keine zweite Stufe im Katechumenat zu existieren, die Tage der unmittelbarsten Vorbereitung vor dem Tauftermin sind nicht näher charakterisiert, die Spezialschrift „De baptismo" gibt keinen einzigen der bei der Taufhandlung verwandten Gebetstexte, alles Dinge, die mit einer in Nordafrika noch nicht erreichten Stufe der rituellen Fixierung zusammenhängen dürften —, sie betreffen vielmehr eine andersartige Einschätzung von Taufvorbereitung und Taufhandlung. Im Katechumenat Nordafrikas kommt offensichtlich der moralisch-asketischen Erziehung der Bewerber das größere Gewicht gegenüber der Einführung in das Glaubenswissen zu; der Anspruch an ihre moralische Qualität ist sehr hoch. Die Zurückweisung von Versagern oder fragwürdigen Kandidaten ist unerbittlicher. Ausgeprägt ist vor allem die „juristische" Wertung des Taufaktes; er stellt sich dar als *sacramentum militiae* oder *fidei,* als *pactio fidei* und *sponsio salutis;* vor der Kirche schließt man einen verbindlichen Pakt, der einen in die *militia Christi* einreiht[64].

Aufs Ganze gesehen, hat die frühchristliche Großkirche am Beginn des 3. Jh. in Ost und West die wesentlichen Züge einer Taufordnung geschaffen, die für die beiden folgenden Jahrhunderte gültig blieb. Sie ist noch ergänzungsfähig und erfährt auch in der Friedenszeit beachtliche Modifikationen, die jedoch die Qualität der Grundlagen nur unterstreichen.

Die Feier der Eucharistie

Um die Stufe, die die Entwicklung der Eucharistiefeier bis zum Ende des 3. Jh. erreicht, klarer überschauen und besser würdigen zu können, empfiehlt es sich, von dem Bild auszugehen, das *Justin* der Martyrer um 150 von ihr entworfen hat. Einmal skizziert er den Verlauf der Feier, wie sie sich an die Taufe anschließt; kurz darauf spricht er von der gemeinsamen Feier, zu der sich alle „an dem nach der Sonne benannten Tage einfinden"[65]. Aus dieser Doppelschilderung läßt sich erkennen, daß der Lesegottesdienst, der die Feier eröffnet, sonntags seine Stelle behielt. „Die Denkwürdigkeiten der

[64] Vgl. etwa Tertullian, De cor. 11; De spect. 24; Ad mart. 3; De bapt. 6; De pud. 9. Zum Ganzen *F. J. Dölger,* Sacramentum militiae: AuC II (1930) 268—280. Im Ansatz ist die *pactio* auch bei Hippolyt mit der Taufabsage gegeben.

[65] Apol. 65 bzw. 67.

Apostel oder die Schriften der Propheten werden vorgelesen", auf die Lesung folgt die Homilie des Vorstehers. Daran schließen sich gemeinsame Gebete an, „für uns selbst, für den Neugetauften und für alle anderen, die sich allerorts befinden". Das Gebet für den Neugetauften läßt vermuten, daß die Möglichkeit bestand, an dieser Stelle Gebete aus besonderem Anlaß einzufügen, deren Formulierung dem Vorsteher überlassen war. Der Lese- und Gebetsgottesdienst wird durch den Friedenskuß abgeschlossen[66]. Deutlich hebt sich der zweite Teil der Feier ab, den das Herbeibringen der Opfergaben einleitet; wer das Brot und den Becher mit Wasser und Mischwein dem Vorsteher bringt, wird nicht ausdrücklich gesagt. Kernstück dieses Teiles ist das Gebet des Vorstehers, das εὐχαριστία genannt wird; in ihm sendet er dem Vater des Alls durch den Namen des Sohnes und des Heiligen Geistes Lob und Preis empor und sagt Dank dafür, daß die Gläubigen dieser Gaben gewürdigt wurden. Die ganze teilnehmende Gemeinde bestätigt und bekräftigt die εὐχαριστία des Vorstehers mit dem hebräischen Amen. Die geweihten eucharistischen Gaben werden dann von den Diakonen allen Anwesenden zum Genuß gereicht, auch den Abwesenden wird davon gebracht. Justin unterstreicht, daß nur die Getauften von dieser Speise, die selbst auch Eucharistia genannt wird, empfangen können[67]. Besonders scharf treten zwei Züge in dieser eucharistischen Liturgie hervor: einmal ihr Gemeinschaftscharakter, der alle teilnehmenden Gläubigen aktiv in das liturgische Geschehen mit einbezieht; sie ratifizieren ausdrücklich die vom Vorsteher gesprochene Danksagung und nehmen auch in ihrer Gesamtheit am eucharistischen Mahle teil. Ferner, daß das eucharistische Hochgebet primär Danksagung ist, ein Gedanke, den Justin auch sonst und nach ihm andere Schriftsteller des 2. und 3. Jh. hervorheben[68], so daß das Wort Eucharistia jetzt terminus technicus für die christliche Meßfeier werden kann[69]. Daß Justin in seiner „Apologie" den Opfergedanken in der Eucharistiefeier nicht eigens hervorhebt, mag darin begründet sein, daß er keinen vollständigen Gebetstext vorlegt; unbekannt war ihm diese Vorstellung keineswegs[70], und εὐχαριστία konnte für ihn durchaus auch die Opferidee in sich schließen[71]. Klarer spricht hier Irenäus, der wiederholt betont, daß die durch Gottes Wort zu Christi Fleisch und Blut gewordenen Gaben von Brot und Wein das reine Opfer des Neuen Bundes darstellen[72].

Die Ausgestaltung, die die eucharistische Feier von den Apologeten bis zur ersten Hälfte des 3. Jh. erfährt, macht wiederum die Kirchenordnung *Hippolyts* am deutlichsten; sie bietet ebenfalls eine zweifache Schilderung

[66] Nur cap. 65 erwähnt. [67] Ebd. cap. 66.

[68] Justin, Dial. 41, 1; Irenaeus, Adv. haer. 4, 17, 5; Origenes, Contra Cels. 8, 57.

[69] Vgl. *Th. Schermann:* Philologus 69 (1910) 375—410. [70] Dial. 41, 2; 117, 2 3.

[71] Vgl. *Th. Schermann* a. a. O. 385 f. Zum Opfercharakter der Eucharistie in vorjustinischer Zeit siehe *J. A. Jungmann,* Missarum Solemnia I 33 ff.

[72] Adv. haer. 4, 18, 1; 3, 18, 1 19, 3.

der Meßfeier, einmal wie sie im Anschluß an eine Bischofsweihe vollzogen wird, dann wie sie die christliche Gemeinde mit ihren eben getauften Mitgliedern begeht[73]. Ihr höchster Wert liegt in dem Formular des eucharistischen Hochgebetes, das in vollem Wortlaut mitgeteilt wird. Die erste Meßliturgie Hippolyts setzt ein mit der Herbeibringung der Opfergabe durch die Diakone; über sie streckt der Bischof mit den Presbytern die Hände aus, wenn er das große Danksagungsgebet beginnt, das mit dem Wechselgebet zwischen ihm und der versammelten Gemeinde eingeleitet wird, so wie es bis heute die römische Meßliturgie kennt. Der Dank des Hochgebetes wird dem Vater dargebracht „durch seinen geliebten Sohn Jesus Christus", den er als Heilbringer und Erlöser gesandt hat. Er ist des Vaters Wort, durch das er alles erschaffen hat; er hat Fleisch angenommen im Schoß der Jungfrau und ist geboren aus dem Heiligen Geist und ihr. Er hat freiwillig das Leiden auf sich genommen, um die Macht von Tod und Satan zu brechen, und hat seine Auferstehung kundgetan. Seinem Beispiel und seinem Auftrag beim letzten Abendmahl — hier werden die Worte Christi zitiert — folgt die Gemeinde, wenn sie seines Todes und seiner Auferstehung eingedenk ist, dem Vater das Brot und den Kelch darbringt und ihm dafür Dank sagt, daß er sie für würdig hielt, in seinem Dienst zu stehen. Der Bischof bittet weiter den Vater, er möge seinen Heiligen Geist auf die Opfergabe der heiligen Kirche herabsenden und alle, die von ihr empfangen, mit dem Heiligen Geist erfüllen, damit sie ihren Glauben in der Wahrheit festigen, „damit wir dich loben und verherrlichen durch deinen Sohn Jesus Christus, durch den dir zuteil wird Ruhm und Ehre, dem Vater und dem Sohn mit dem Heiligen Geist, in deiner heiligen Kirche, jetzt und in Ewigkeit". Das Amen der ganzen Gemeinde bekräftigt auch hier das Gebet des Bischofs[74].

So wie die Hippolytsche Meßliturgie als Ganzes ein Rahmen sein will, an den sich der Leiter einer Gemeinde in etwa halten kann, so will speziell das eucharistische Hochgebet kein für alle Gemeinden und für alle Anlässe verbindlicher Text sein, sondern ein Musterformular, dessen Aufbau und Grundgedanken zwar beibehalten werden, das aber im einzelnen variiert und ergänzt werden kann[75]. Der Bischof kann also den Text jeweils noch frei schaffen und gestalten, so daß bei der Meßfeier des 3. Jh. verschiedene Typen des eucharistischen Dankgebetes möglich waren, wie sie auch noch in den erhaltenen Formularen jüngerer Meßliturgien faßbar werden. Ob in einigen von ihnen das von Hippolyt nicht erwähnte Trishagion schon vorhanden war, muß offenbleiben. Die Art wie Tertullian und vor ihm schon Klemens von Rom davon sprechen, zwingt nicht zur Annahme, das Tris-

[73] Trad. apost. 4 und 23 (30—33 bzw. 53—56 *Botte*). [74] Ebd. 4 (33 *Botte*).

[75] Hippolyt weist Trad. apost. 10 (41 *Botte*) ausdrücklich darauf hin, daß die von ihm gebotenen Texte nicht etwa vom Bischof auswendig gelernt werden müßten: „jeder soll seinen Fähigkeiten entsprechend beten".

hagion werde jeweils schon innerhalb der damaligen Meßliturgie verwandt[76]. Man darf aber das von Hippolyt gebotene „Meßformular“ als ein Grundschema der eucharistischen Liturgie ansehen, wie sie damals in der Gesamtkirche gefeiert wurde. Es ist noch ganz überschaubar und ohne viel differenzierendes Detail. Wenn Papst Aniket den Bischof Polykarp von Smyrna bei dessen Besuch in Rom um 154 einladen kann, in der römischen Gemeinde die Liturgie zu feiern, wenn es in der syrischen Didaskalie etwa 100 Jahre später heißt, man solle einem bischöflichen Gast jeweils die Ehre erweisen, „das Opfer darzubringen“[77], so setzt das eine rituelle Ordnung der Meßliturgie in verschiedenen geographischen Räumen voraus, die wenigstens in ihren Grundzügen einheitlich war.

Gelegentliche Äußerungen anderer Schriftsteller bestätigen und vervollständigen das Bild, das Hippolyt von der Eucharistiefeier zeichnet, vor allem läßt das Schrifttum Tertullians eine vielfache Übereinstimmung oder Verwandtschaft der afrikanischen Meßliturgie mit ihr erkennen[78]. Brot und Wein sind auch hier die Gaben, die die Gläubigen für das Opfer bereitstellen[79]. Das eucharistische Hochgebet wird *per Christum Jesum* an den Vater gerichtet[80], als Zitate gekennzeichnete Formulierungen bietet Tertullian nicht daraus, wenn auch viele Anklänge in Stil und Gedanke festzustellen sind. Ausdrücklich betont er, daß Christus mit dem Wort *hoc est corpus meum* das Brot zu seinem Leib macht[81]. Über die Stellung des Vaterunsers und den Ort des Friedenskusses in der Meßliturgie läßt sich aus seinen Äußerungen keine Klarheit gewinnen[82]. Ergiebiger sind Tertullians Bemerkungen zum Kommunionritus. Die Eucharistie wird unter beiden Gestalten empfangen wie nach der Kirchenordnung Hippolyts[83]; während diese die Formeln anführt, unter denen die Gestalten vom Bischof oder den Presbytern und Diakonen den Gläubigen gereicht werden — *panis caelestis in Christo Jesu - In Deo patri omnipotenti - et Domino Jesu Christo et spiritu sancto et sancta ecclesia* mit jeweils bestätigendem Amen des Gläubigen —, erwähnt Tertullian nur das allerdings eine Formel voraussetzende Amen[84]. Für die Behandlung des konsekrierten Brotes und Weines verlangt er ehrfürchtige Sorgfalt; ersteres darf der Gläubige mit nach Hause nehmen, um sich die Eucharistie selbst zu reichen, wenn er an der Teilnahme am Gottesdienst verhindert ist[85]. Eine Entlassungsformel für die Gemeinde setzt Tertullian voraus, wenn er von der Entlassung des Volkes nach der

76 Vgl. etwa *W. C. van Unnik*, 1 Clement and the „Sanctus“: VigChr 5 (1951) 204—248.
77 Eusebius, HE 5, 24; Didasc. apost. 2, 58, 3 (168 *Funk*).
78 Vgl. dazu *E. Dekkers* a. a. O. 49—67.
79 De monog. 10; De exhort. cast. 11, noch klarer Cyprian, De op. et eleem. 15.
80 Adv. Marc. 4, 9. 81 Ebd. 4, 40.
82 Vgl. *E. Dekkers* a. a. O. 59 f.
83 Tertullian, De resurr. carn. 8; Trad. apost. 23 (54 f *Botte*).
84 De Spect. 25.
85 De cor. 3; De orat. 19; Ad ux. 2, 5.

eucharistischen Feier spricht[86]. Den Sonntag als bevorzugten Termin für die Eucharistiefeier nennt Tertullian nicht eigens, erwähnt aber noch den Mittwoch und Freitag als Stationstage mit Meßliturgie[87]. Daß sie auch beim Begräbnis und am Jahrestag des Todes der Gläubigen gefeiert wurde, ist bereits erwähnt worden. Die Tageszeit für die Feier der Eucharistie ist schon seit dem 2. Jh. der frühe Morgen, vor Sonnenaufgang, wie Tertullian klar bezeugt[88], sie ist demnach nicht oder nicht mehr mit der Agape verbunden, die als selbständiges Mahl weiterlebt.

Das 3. Jh. kennt auch die ersten Ansätze der sog. *Arkandisziplin,* jener modernen Bezeichnung für einen frühchristlichen Brauch, welcher die wichtigsten Handlungen und Texte des liturgischen Kultes, vor allem Taufe, Eucharistie, Vaterunser und Glaubenssymbol, vor Nichteingeweihten geheimhielt oder vor Unberufenen nur in verhüllender Sprache berührte. Näherhin sollen Art und Form der liturgischen Einweihung geheimbleiben, man soll sie erst durch die Einweihung selbst „erfahren". Da sich diese Einstellung nur langsam ausbildet, sind ihre Anfänge nicht in voller Deutlichkeit erkennbar. Man kann sich für sie kaum auf Tertullian berufen, dessen gelegentliche Bemerkungen dunkel bleiben, der anderseits die Geheimhaltungssucht der Mysterienkulte so ironisiert, wie er es kaum tun könnte, wenn die Christen zu seiner Zeit einen vergleichbaren Brauch in Nordafrika beobachtet hätten[89]. Sie deutet sich aber an in einem Hinweis der Kirchenordnung Hippolyts, wonach ein Ungläubiger nicht über Taufe und Eucharistie unterrichtet werden soll, bevor er getauft oder zur Kommunion zugelassen worden sei[90]. Die Verwendung der Mysterienterminologie durch Klemens von Alexandrien liegt wohl ebenfalls in der Linie einer sich entwickelnden Arkandisziplin[91]. Ebenso finden sich bei Origenes Formulierungen, die als Anklang an sie gedeutet werden dürfen, so etwa wenn er vor seinen Hörern nicht eingehend über die Eucharistie sprechen will oder wenn er dem zukünftigen Täufling sagt, er würde später „in die erhabenen Mysterien eingeweiht, die jene bereits kennen, denen es zusteht"[92]. Da diese Zeugnisse in ihrer Mehrheit aus dem Osten stammen, ist damit vielleicht auch das Ursprungsgebiet der Arkandisziplin gekennzeichnet. Sie erreicht erst im 4. und frühen 5. Jh. ihre eigentliche Geltung, darum ist später näher über ihre tieferen Motive und Ziele und über ihr Verhältnis zu den heidnischen Mysterien zu sprechen.

[86] De an. 9, 4, dazu *F. J. Dölger:* AuC V (1940) 108—117. [87] De orat. 19.

[88] De cor. 3; De orat. 19; De fuga 14; vgl. auch Didasc. apost. 2, 60, 2 (172 *Funk*).

[89] Man weist meist hin auf Apol. 7, 6; Ad ux. 2, 5; Adv. Val. 1, vgl. dazu *E. Dekkers* a. a. O. 80—82.

[90] Trad. apost. 23 (56 *Botte*) mit Varianten. Daß Hippolyt selbst eingehend über Taufe und Eucharistie spricht, steht dem nicht entgegen.

[91] Vgl. etwa Protr. 12, 118—120; Paed. 1, 5, 26.

[92] Origenes, In Lev. hom. 9, 10; In Iesu Nave hom. 4, 1: *si . . . initiatus fueris venerandis illis magnificisque sacramentis, quae norunt illi, quos nosse fas est.*

Das 3. Jh. ermöglicht dem an Zahl und Selbstbewußtsein erstarkten Christentum erstmalig auch eine von christlichem Geist getragene Betätigung auf dem Gebiet der Kunst, zu der die längeren Friedensperioden dieses Zeitraums besondere Voraussetzungen boten. Christlichem Kunstschaffen stand jedoch zunächst eine innerchristliche Strömung von beachtlicher Stärke entgegen, die sich in einem unaufhebbaren Gegensatz zu künstlerischer Betätigung schlechthin sah[93]. Hier wirkte zunächst einmal das alttestamentliche Bilderverbot Ex 20, 4 nach, auf das sich z. B. Origenes beruft, wenn er sagt, die Christen hätten Abscheu vor Tempeln, Altären und Bildern[94]. Die reine Geistigkeit des Christengottes ist auch für Minucius Felix eine Schwierigkeit, die dessen Verehrung in einem Gotteshaus entgegensteht[95]. Bei Tertullian steht die enge Verbindung zwischen antikem Kunstschaffen und paganem Kult im Vordergrund, wenn er jede Betätigung eines Christen auf diesem Gebiet radikal ablehnt; nur der Teufel habe die Bildhauer und Maler in die Welt gesetzt[96]. Noch am Anfang des 4. Jh. verfügt die Synode von Elvira für den Bereich der spanischen Bistümer: „Bilder sind in der Kirche verboten; es soll nicht auf den Wänden dargestellt werden, was verehrt und angebetet wird.“ [97] Diese kunst- und bilderfeindliche Tendenz konnte sich jedoch gegenüber der bejahenden Strömung nicht durchsetzen, der im 3. Jh. ein bedeutsamer Vorstoß gelingt. Tertullian kennt Christen, die Trinkbecher mit dem Bild des Guten Hirten besitzen[98]; Klemens von Alexandrien schlägt bei aller Reserve gegenüber einem Abbild Gottes den Christen seiner Tage doch einige Symbole vor, die ihre Siegelringe tragen könnten, und nennt u. a. Taube, Fisch, Schiff, Anker und Fischer[99]. Neben solch kunstfreundlicher Haltung im privaten Bereich sind es aber vor allem die Bedürfnisse des liturgischen Dienstes in den erstarkten Gemeinden der Großkirche, die der Kunst die offizielle Anerkennung der kirchlichen Führung verschaffen. Zu ihnen tritt als weiterer Faktor die Neigung der Christen, inmitten eines weitverbreiteten paganen Totenkultes an den Gräbern ihrer Toten in künstlerischer Form das auszusagen, was ihnen ihr Glaube über Sterben und Auferstehung verkündete.

An erster Stelle mochte sich der Wunsch nach einem eigenen *Kultgebäude* für den würdigen Vollzug der eucharistischen Feier bei den Christen regen, als die Mitgliederzahlen der Gemeinden diese in Privathäusern immer wieder mehr erschwerten. Die literarischen Belege für die Existenz eigener

[93] Vgl. dazu *H. Koch*, Die altchristliche Bilderfrage nach den literarischen Quellen (Göttingen 1917); *W. Elliger*, Die Stellung der alten Christen zu den Bildern (Leipzig 1930).
[94] Contra Cels. 7, 64. [95] Octavius 32.
[96] De idol. 3. [97] Synod. Illib., can. 36.
[98] De pud. 7, 10.
[99] Paed. 3, 59, 2, dazu *L. Eizenhöfer:* JbAC 3 (1960) 51—69.

christlicher Kulträume setzen zu Beginn des 3. Jh. ein[100]. Um 205 zerstörte eine Überschwemmung im ostsyrischen Edessa auch „den Tempel der Christen“[101]. Hippolyt berichtet in seinem Danielkommentar, daß die Christengegner gerade dann „in das Haus Gottes“ eindringen, wenn die Gläubigen dort zum Gebet versammelt sind[102]. Um die gleiche Zeit spricht Tertullian von „unserer Taube Haus“ in einem Zusammenhang, der höchstwahrscheinlich damit das christliche Kultgebäude in Karthago meint[103]. Für die zweite Hälfte des 3. Jh. liegen Zeugnisse für christliche „Kirchen“ vor für Palästina[104] und Sizilien[105]. Um die Wende zum 4. Jh. sind dann die christlichen Gotteshäuser sehr zahlreich geworden. Eusebius weist darauf hin, daß die bisherigen Kulträume der Christen vor Diokletian allenthalben durch geräumigere Gebäude ersetzt wurden[106]; christliche Kultgebäude werden auf Grund des Diokletianischen Verfolgungsediktes in Bithynien, Galatien, im Pontus, in Thrakien, Afrika, Spanien und Gallien zerstört[107]. Gegenüber diesen reichen und eindeutigen Aussagen der schriftlichen Quellen ist der archäologische Befund bisher nicht gleich ergiebig. Man hat zwar geglaubt, bei Ausgrabungen unter einigen der ältesten Titelkirchen Roms, wie S. Clemente, S. Pudenziana, S. Martino ai monti und einigen anderen, in den Resten älterer römischer Häuser die Überbleibsel der vorkonstantinischen *domus ecclesiae* dieser Tituli gefunden zu haben[108], aber ganz eindeutige Beweise für den kultischen Charakter dieser ehemaligen Gebäude liegen nicht vor[109]. Ein sicheres Beispiel einer vorkonstantinischen Hauskirche haben jedoch Ausgrabungen in Dura-Europos, einer römischen Grenzgarnison am Westufer des Euphrat, ans Licht gebracht, die um 232 eingerichtet wurde. Der christliche Charakter dieses für gottesdienstlichen Gebrauch umgestalteten Privathauses wird zweifelsfrei erwiesen durch die Fresken eines vielleicht als Taufkapelle verwandten Raumes, die den Guten Hirten unter Lämmern, die Heilung des Lahmgeborenen und Christus auf dem Wasser wandelnd darstellen[110]. Neue Möglichkeiten künstlerischer Betätigung im christlichen Raum boten sich, als die Kirche in der Hälfte des 3. Jh. in den Besitz eigener Begräbnisstätten kam[111], die zuerst Coemeterien, vom 9. Jh. an in Rom *Katakomben* genannt wurden, eine Bezeichnung, die sich von dem Flurnamen in oder ad catacumbas beim Coeme-

[100] Vgl. *J.-R. Laurin,* Le lieu du culte chrétien d'après les documents littéraires primitifs: AnGr 70 (1954) 39—57.

[101] Chronicum Edessenum: CSCO 4, 3. [102] In Dan. comm. 1, 20.

[103] Adv. Val. 3, dazu *F. J. Dölger:* AuC II (1930) 41—56. Vgl. noch Tertullian, De fuga 3; De idol. 7. [104] Euseb. HE 7, 15, 1—5. [105] Porphyrius, Fragm. 76. [106] HE 8, 1, 5.

[107] Siehe *J.-R. Laurin* a. a. O. 55 f.

[108] Vgl. *J. P. Kirsch* in der italienischen Ausgabe von Fliche-Martin III, 537 ff.

[109] Siehe *A. M. Schneider* a. a. O. 195—197.

[110] Siehe die Taf. 42—51 bei *Hopkins-Baur.*

[111] Vgl. *F. de Visscher,* Le régime juridique des plus anciens cimetières chrétiens à Rome: AnBoll 69 (1951) 39—54.

terium des hl. Sebastian an der Via Appia herleitet. Als frühester rein christlicher unterirdischer Friedhof hat das Coemeterium Callisti zu gelten, das auf einem Grundstück entstand, welches Bischof Zephyrin (199—217) der römischen Gemeinde aus seinem Privatbesitz schenkte und dessen Verwaltung er dem Diakon Kallist übertrug. Die Wand- und Deckenflächen in den Grabkammern der Katakomben wurden mit Bildern versehen, deren Maler zwar in der Form von der gleichzeitigen profanen Kunst abhängig waren, sich in der Themenwahl aber meist von der Heiligen Schrift oder sonstigem christlichem Vorstellungsgut bestimmen ließen. Unter den frühesten Darstellungen finden sich etwa Daniel zwischen zwei Löwen in der Grube, Noe in der Arche, Jonas, wie er vom Fisch verschlungen und wieder ausgespien wird, oder die neutestamentliche Szene der Erweckung des Lazarus[112]; sie sind alle zu verstehen als Hinweis auf die biblischen Erzählungen von der Rettung eines Menschen aus Todesnot und wollen darum die Hoffnung der Christen auf ihr Eingehen in ein ewiges, von aller Not und Gefährdung durch böse Mächte sicheres Leben verkünden. In der gleichen Vorstellungslinie liegt auch die Gestalt des Guten Hirten, die schon in der frühen Katakombenmalerei und auf Grabinschriften begegnet[113]. Hier wird Christus als Soter empfunden, der als Hirt das Leben und als Lehrer die wahre Gotteserkenntnis bringt. Als Lehrer erscheint Christus auch in der frühen christlichen Sarkophagplastik[114]. Eine Bereicherung erfuhr das Christusbild der vorkonstantinischen Zeit durch eine Mosaikdarstellung in einem Mausoleum unter St. Peter in Rom, die den Christus-Helios in seiner Auffahrt aus dem Hades zum Vater zeigt[115]. So legt das 3. Jh. schon in mehrfacher Beziehung die Grundlagen für das Aufblühen der christlichen Reichskunst des folgenden Jahrhunderts.

24. Kapitel

Geistliches und sittliches Leben in den Gemeinden des 3. Jahrhunderts

TEXTSAMMLUNGEN: *F. Cabrol - H. Leclercq,* Monumenta ecclesiae liturgica, Bd I b (Paris 1913); *M. J. Rouët de Journel,* Enchiridion asceticum (Freiburg [5]1958); *H. Koch,* Quellen zur Geschichte der Askese und des Mönchtums (Tübingen 1933). Übersetz.: *F. Cabrol,* Le livre de la prière antique (Paris [5]1913); *G. Bardy,* La vie spirituelle d'après les pères des trois premiers siècles (Paris 1935); *L. A. Winterswyl,* Gebete der Urkirche (Freiburg [2]1952); *A. Hamman,* Prières des premiers chrétiens (Paris 1952); *ders.,* Le pater expliqué par les pères (Paris 1952); *ders.,* Prières eucharistiques des premiers siècles (Paris 1957, deutsch Mainz 1960); *ders.,* Le baptême d'après les pères de l'église (Paris 1962).

[112] Vgl. *J. Kollwitz* a. a. O. 7.
[113] Ebd. 11 mit Taf. 2—4.
[114] *F. Gerke,* Christus in der spätantiken Plastik (Berlin 1940) 7—14.
[115] *O. Perler,* Die Mosaiken der Juliergruft im Vatikan (Fribourg 1953).

GESAMTDARSTELLUNGEN: *F. Martinez,* L'ascétisme chrétien pendant les trois premiers siècles (Paris 1913); *H. Strathmann,* Geschichte der frühchristlichen Askese I (Leipzig 1914); *E. Buonaiuti,* Le origini dell'ascetismo cristiano (Pinerolo 1928); *M. Viller - K. Rahner,* Aszese und Mystik in der Väterzeit (Freiburg 1939); *P. Pourrat,* La spiritualité chrétienne, I: Des origines de l'Église au Moyen-Age (Paris [3]1943); *F. Cayré,* Spirituels et mystiques des premiers temps (Paris 1956); *L. Bouyer,* La spiritualité du Nouveau Testament et des Pères (Paris 1960). — *W. Völker,* Das Vollkommenheitsideal des Origenes (Tübingen 1931); *J. Stelzenberger,* Die Beziehungen der frühchristlichen Sittenlehre zur Ethik der Stoa (München 1933); *J. Klein,* Tertullian, christliches Bewußtsein und sittliche Forderungen (Bonn 1941); *F. Bertrand,* Mystique de Jésus chez Origène (Paris 1951); *W. Völker,* Der wahre Gnostiker nach Clemens Alexandrinus (Berlin 1952).

Tauffrömmigkeit: *H. Windisch,* Taufe und Sünde im ältesten Christentum (Tübingen 1908); *A. v. Harnack,* Die Terminologie der Wiedergeburt (Leipzig 1920) (TU 42, 2); *H. Rahner,* Taufe und geistliches Leben bei Origenes: ZAM 7 (1932) 205—223; *P. Lundberg,* La typologie baptismale de l'ancienne église (Uppsala 1942); *J. Daniélou,* Le symbolisme des rites baptismaux: Dieu vivant 1 (1945) 17—43; *W. M. Bedard,* The Symbolism of the Baptismal Font in Early Christian Thought (Washington 1951); *G. W. H. Lampe,* The Seal of the Spirit. A Study in the Doctrine of Baptism and Confirmation in the New Testament and the Fathers (London 1951); *Th. Camelot,* Spiritualité du baptême (Paris 1960).

Martyriumsfrömmigkeit: *H. Delehaye,* Martyr et confesseur: AnBoll 39 (1921) 20—49; *ders.,* Sanctus (Brüssel 1927); *O. Michel,* Prophet und Martyrer (Gütersloh 1932); *H. v. Campenhausen,* Die Idee des Martyriums in der alten Kirche (Göttingen [2]1964); *E. Peterson,* Zeuge der Wahrheit (Leipzig 1937); *E. Günter,* Μάρτυς (Gütersloh 1941); *M. Lods,* Confesseurs et martyrs, successeurs des prophètes dans l'église des trois premiers siècles (Neuchâtel 1958); *N. Brox,* Zeuge und Martyrer. Untersuchungen zur frühchristlichen Zeugnis-Terminologie (München 1961); *H. A. M. Hoppenbrouwers,* Recherches sur la terminologie du martyre de Tertullien à Lactance (Nijmegen 1961).

Asketentum: *H. Strathmann - P. Keseling,* Askese II: RAC I 758—795; *M. Viller - M. Olphe-Galliard,* Ascèse, Ascétisme: DSAM I 960—977; *H. Leclercq,* Cénobitisme: DACL II 3058—3090; *H. Chadwick,* Enkrateia: RAC V 343—365; *E. Peterson,* Einige Beobachtungen zu den Anfängen der christlichen Askese: Frühkirche, Judentum und Gnosis (Freiburg 1959) 209—220; *P. de Labriolle,* Le ‚mariage spirituel' dans l'antiquité chrétienne: RH 137 (1921) 204—225; *J. Schmid,* Brautschaft, heilige: RAC II 546—564; *H. Koch,* Virgines Christi (Leipzig 1907) (TU 31, 2); *K. Müller,* Die Forderung der Ehelosigkeit in der alten Kirche (Tübingen 1927); *M. R. Nugent,* Portrait of the Consecrated Woman in Greek Christian Literature of the First Four Centuries (Washington 1941); *Th. Camelot,* Virgines Christi (Paris 1944); *F. de B. Vizmanos,* Las vírgenes cristianas en la Iglesia primitiva (Madrid 1949); *K. Heussi,* Ursprung des Mönchtums (Tübingen 1937); *F. Quatember,* Die christliche Lebenshaltung des Klemens von Alexandrien nach seinem Pädagogus (Wien 1946).

Gebet: *E. v. d. Goltz,* Das Gebet in der ältesten Christenheit (Leipzig 1901) (328 bis 353 Gebetstexte); *O. Dibelius,* Das Vaterunser, Umrisse zu einer Geschichte des Gebetes in der alten und mittleren Kirche (Gießen 1903); *G. Walther,* Untersuchungen zur Geschichte der griechischen Vaterunser-Exegese (Leipzig 1914) (TU 40, 3); *F. Heiler,* Das Gebet (München [5]1923); *F. J. Dölger,* Sol salutis, Gebet und Gesang im christlichen Altertum (Münster [2]1925); *J. A. Jungmann,* Die Stellung Christi im liturgischen Gebet (Münster [2]1962); *F. Cabrol,* La prière des premiers chrétiens (Paris 1929); *Th. Ohm,* Die Gebetsgebärden der Völker und das Christentum (Leiden 1948); *B. Fischer,* Die Psalmenfrömmigkeit der Martyrerkirche (Freiburg 1949); *K. Baus,* Das Gebet der Märtyrer: TThZ 62 (1953) 19—32; *L. Vischer,* Das Gebet der alten Kirche: EvTh 17 (1957) 531 bis

546; *E. Peterson,* Das Kreuz und das Gebet nach Osten: Frühkirche, Judentum und Gnosis (Freiburg 1959) 15—35.

Fasten: *F. Cabrol,* Jeûnes: DACL VII 2481—2501; *J. Svennung,* Statio-Fasten: ZNW 32 (1933) 294—308; *J. Schümmer,* Die altchristliche Fastenpraxis (Münster 1933); *R. Arbesmann,* Fasting and Prophecy in Pagan and Christian Antiquity: Tr 7 (1949/51) 1—71; *A. Guillaume,* Jeûne et charité dans l'église latine des origenes au XII siècle, en particulier chez Léon le Grand (Paris 1954); *P. Gerlitz,* Das Fasten im religionsgeschichtlichen Vergleich (Diss. Erlangen 1954). Aufsatz unter gleichem Titel: ZRGG 7 (1955) 116—126; *H. Musurillo,* The Problem of Ascetical Fasting in the Greek Patristic Writers: Tr 12 (1956) 1—64.

Caritas: *H. Leclercq,* Charité: DACL III 598—653; *G. Marsot,* Bienfaisance: Dict. de Sociol. III 864—883; *G. Uhlhorn,* Die christliche Liebestätigkeit I (Stuttgart ²1895, Nachdruck [ohne Anm.] Darmstadt 1959); *W. Liese,* Geschichte der Caritas (Freiburg 1922); *G. Meffert,* Caritas und Krankenwesen bis zum Ausgang des Mittelalters (Freiburg 1927); *H. Bolkestein,* Wohltätigkeit und Armenpflege im vorchristlichen Altertum (Utrecht 1939); *F. Lovsky,* L'église et les malades depuis le IIᵉ siècle jusqu'au début du XX siècle (Thonon-Les Bains 1958); *J. von den Driesch,* Geschichte der Wohltätigkeit, I: Die Wohltätigkeit im Altertum (Paderborn 1959).

Agape: DACL I 775—848; *P. Batiffol,* Études d'histoire et de théologie positive (Paris ⁷1926) 283—325; *K. Völker,* Mysterium und Agape (Gotha 1927); *Bo Reicke,* Diakonie, Festfreude und Zelos in Verbindung mit der altchristlichen Agapenfeier (Uppsala 1951).

Frühchristliches Sittenleben: *A. Baudrillart,* Mœurs païennes, mœurs chrétiennes, 2 Bde (Paris ²1936); *J. Leipoldt,* Der soziale Gedanke in der altchristlichen Kirche (Leipzig 1952); *W. Schwer,* Almosen: RAC I 302—307; *A. Kalsbach,* Armut I: RAC I 702 bis 705; *A. Bigelmair,* Armut II: ebd. 705—709; *F. Hauck,* Arbeit: RAC I 585—590; *H. Greeven,* Das Hauptproblem der Sozialethik in der neueren Stoa und im Urchristentum (Gütersloh 1935); *H. Larmann,* Christliche Wirtschaftsethik in der spätrömischen Antike (Berlin 1935); *H. Holzapfel,* Die sittliche Wertung der körperlichen Arbeit im christlichen Altertum (Würzburg 1941); *A. T. Geoghegan,* The Attitude towards Labour in Early Christianity and Ancient Culture (Washington 1945); *J.-P. Brisson,* Les origines du danger social dans l'Afrique chrétienne du IIIᵉ siècle: RSR 33 (1946) 280—316; *M. Maeder,* La liberté et l'esclavage dans l'église primitive (1951); *G. Kehnscherper,* Die Stellung der Bibel und der alten Kirche zur Sklaverei (Halle 1957), dazu ZKG 69 (1958) 328f; *E. J. Jonkers,* Das Verhalten der alten Kirche hinsichtlich der Ernennung zum Priester: Mnemosyne 10 (1942) 286—302.

Ehe und Familie: *H. Preisker,* Christentum und Ehe in den ersten drei Jahrhunderten (Berlin 1928); *J. Köhne,* Die Ehen zwischen Christen und Heiden in den ersten christlichen Jahrhunderten (Paderborn 1931); *F. Blanke - F. J. Leenhard,* Die Stellung der Frau im Neuen Testament und in der alten Kirche (Zürich 1949); *J. Leipoldt,* Die Frau in der Antike und im Urchristentum (Gütersloh 1962); *J. Mayer,* Monumenta de viduis diaconissis virginibusque tractantia (Bonn 1938) (FlorPatr 42); *A. Kalsbach,* Die altkirchliche Einrichtung der Diakonissen (Freiburg 1926); *ders.,* Diakonisse: RAC III 917—928; *C. C. Ryrie,* The Place of Women in the Church (New York 1958); *J. Daniélou,* Le ministère des femmes dans l'église ancienne: MD 61 (1960) 70—96.

Kirche und Kultur, Kirche und Staat: *C. J. Cadoux,* The Early Church and the World (Edinburgh ²1955); *O. Cullmann,* Early Christianity and Civilization: The Early Church (London 1956) 195—209; *C. N. Cochrane,* Christianity and Classical Culture (New York ³1957); *W. Krause,* Die Stellung der frühchristlichen Autoren zur heidnischen Literatur (Wien 1958); *W. Durant,* Caesar und Christus. Eine Kulturgeschichte Roms und des Christentums von den Anfängen bis zum Jahre 325 (Bern 1959). — *A. Decker,*

Kenntnis und Pflege des Körpers bei Klemens von Alexandrien (Innsbruck 1936); *K. Baus,* Der Kranz in Antike und Christentum, eine religionsgeschichtliche Untersuchung mit besonderer Berücksichtigung Tertullians (Bonn 1940); *C. Andresen,* Altchristliche Kritik am Tanz, ein Ausschnitt aus dem Kampf der alten Kirche gegen heidnische Sitte: ZKG 72 (1961) 217—262. — *W. Bieder,* Ekklesia und Polis im Neuen Testament und in der alten Kirche (Diss. Basel) (Zürich 1941); *F. Stratmann,* Die Heiligen und der Staat II (Frankfurt a. M. 1949); *E. Peterson,* Der Monotheismus als politisches Problem: Theologische Traktate (München 1951) 45—147; *H. Rahner,* Kirche und Staat im frühen Christentum (München 1961). — *A. v. Harnack,* Militia Christi (Tübingen 1905, Nachdruck Darmstadt 1963); *R. H. Bainton,* The Early Church and War: HThR 39 (1946) 189—212; *E. A. Ryan,* The Rejection of Military Service by the Early Christians: ThSt 13 (1952) 1—32; *H. Karpp,* Die Stellung der alten Kirche zu Krieg und Kriegsdienst: EvTh 17 (1957) 496—515; *J. Leipoldt,* Griech. Philosophie und frühchristl. Aszese (Berlin 1961).

Befragt man die Quellen nach den Ideen und Überzeugungen, welche die Frömmigkeit des 3. Jh. wesentlich prägen, so drängen sich zwei Begriffe und zwei Wirklichkeiten in den Vordergrund: Taufe und Martyrium. Alle Schriftsteller der Zeit, die sich eingehender zur Frage christlicher Vollkommenheit und ihrer konkreten Verwirklichung äußern, sprechen so eindringlich von der Taufe als dem Quellgrund und von der Bereitschaft zum Martyrium als dem Prüfstein der Echtheit christlicher Lebensgestaltung, daß man Tauffrömmigkeit und Martyriumsfrömmigkeit als die beiden Grundhaltungen des religiösen Lebens in der frühchristlichen Großkirche bezeichnen muß.

Tauffrömmigkeit

Die ersten umfassenderen Versuche, eine Theorie der christlichen Vollkommenheit zu entwickeln, sind von den frühen alexandrinischen Lehrern unternommen worden. Klemens von Alexandrien hat sie am Porträt des christlichen Gnostikers aufzuweisen versucht, das er im „Paidagogos“ und in den „Stromateis“ entwarf. Daran ist die grundlegende Bedeutung der Taufe für die Vollkommenheit in Theorie und Praxis nicht zu verkennen[1]. In der Terminologie der heidnischen Mysteriensprache, die aber keineswegs die Überzeugung von der Realität des christlichen Taufsakramentes preisgibt, schildert er ihre tiefgreifenden und umwandelnden Wirkungen: sie bringt die vollständige Vergebung der Sünden und befreit von der dunklen Macht der Dämonen[2]; positiv ist sie die Wiedergeburt zum neuen Leben im Reich des Vaters, schenkt daher Unsterblichkeit und gewährt mit dem in die Seele einströmenden Heiligen Geist die wahre Gotteserkenntnis, die Gnosis[3]. Diese wird grundsätzlich jedem Getauften zuteil, nicht etwa nur dem Pneumatiker, und mit ihr ist ihm prinzipiell die Grundlage aller Vollkommenheit

[1] *W. Völker,* Der wahre Gnostiker nach Clemens Alexandrinus (Berlin 1952) 147—153.

[2] Paed. 1, 26, 2; 1, 30, 1; Strom. 4, 26, 5; Exc. ex Theod. 77, 3.

[3] Paed. 2, 118, 5; 1, 28, 1; Protr. 117, 4.

gnadenhaft zuteil geworden, die sich nun in seinem Leben entfalten muß[4]. Wenn auch die mit der Taufe empfangene Gnosis ihrem inneren Wesen nach nicht mehr gesteigert werden kann, so kann sie doch noch im Getauften an Umfang wachsen, vor allem aber muß sie sich bewähren im Kampf mit dem Bösen[5]. In der Taufe wiederholt sich real, nicht nur symbolisch, am Christen, was einst die Taufe im Jordan an Christus gewirkt hat; deshalb ist das Leben aus der Taufgnade Nachahmung Christi, mit dem der Gläubige in seiner Taufe zu unauflöslicher Einheit verbunden wurde[6].

Was von Klemens zwar im Ansatz durchaus deutlich, aber etwas verhalten und thesenartig knapp ausgesagt wird, das entfaltet Origenes in reicher Fülle, in warmer bildhafter Sprache und in drängendem, kerygmatischem Anruf vor allem in seinen Homilien und wird so zum eifrigsten Künder einer tiefempfundenen Tauffrömmigkeit in der frühchristlichen Großkirche. Er gibt ihr zunächst die Grundlage in einer Tauftheologie, die alle Ermahnungen, der Taufgnade entsprechend zu leben, mit dem übernatürlichen, sakramentalen Geschehen im Taufvorgang begründet. Was da geschah, erläutert Origenes gern an den großen alttestamentlichen Taufvorbildern des Durchzugs Israels durch das Rote Meer oder des Übergangs über den Jordan, die in der mystagogischen Predigt des 4. Jh. eine so bedeutende Rolle spielen werden[7]. Den ganzen Weg des Taufbewerbers von seinem ersten Wunsch nach Unterricht im christlichen Glauben, seiner Aufnahme ins Katechumenat, seiner Einführung in das Gesetz Gottes bis zum Tag, da er inmitten der Priester eingeweiht wird in die Mysterien der Taufe, sieht Origenes geheimnisvoll vorgebildet im Auszug Israels aus Ägypten, im Durchzug durch das Rote Meer, in den Stationen der Wüstenwanderung und im Durchschreiten des Jordans, nach dem sich ihm das Land der Verheißung öffnet und Jesus an Stelle des Moses sein Führer auf den weiteren Wegen ist[8]. So wie Israel damals frei wurde von der Gewalt Pharaos, so wird der Getaufte der Herrschaft Satans ledig; so wie Israel durch die Wüste zog, geführt von der Wolken- und Feuersäule, so wird der Gläubige, der mit Christus durch dessen Tod und Begrabensein gegangen ist, am dritten Tag durch die Taufe im Wasser und Heiligen Geist auferstehen, und Gott wird ihn von nun an führen auf dem Wege des Heiles: „Du steigst herab ins Wasser, wirst heil und gesund und gereinigt von den Makeln der Sünde, du steigst empor, ein neuer Mensch, bereit, das neue Lied zu singen.“[9] Damit ist der Christ aufgerufen zur Nachfolge des ihm in der Taufe

[4] Paed. 1, 25, 1; Strom. 7, 14, 1; 4, 160, 3. [5] Paed. 1, 26, 3; Protr. 116, 4.

[6] Paed. 1, 25, 3; Strom. 7, 14, 1.

[7] Vgl. *J. Daniélou,* Traversée de la mer rouge et baptême aux premiers siècles: RSR 33 (1946) 402—430, und *F. J. Dölger,* Der Durchzug durch den Jordan als Sinnbild der christlichen Taufe: AuC II (1930) 70—79.

[8] In Iesu Nave hom. 4, 1; vgl. noch hom. 5, 1; In Num. hom. 26, 4; In Ioann. comm. 6, 42, 220. [9] Vgl. die ganze 5. hom. in Exod., bes. 1, 2 und 5.

geschenkten neuen Führers Christus; er, der früher ein imitator diaboli war, hat in der Taufe ein neues Ziel der Nachahmung gefunden, den Logos, mit dem und in dem er den Weg seines geistlichen Lebens beginnt, das ihn zum Vater führen soll[10]. Die Taufe ist also Anfang dieses neuen Lebens, da ihre lebenspendende Kraft aber auf den Kreuzestod Christi gegründet ist, hat auch das Leben in der Taufgnade im Kreuzestod seinen letzten Ursprung[11]. Auf diesen Glaubensüberzeugungen vom Wesen der Taufe baut Origenes seine Verkündigung vom geistlichen Leben als Tauffrömmigkeit auf. Was im sakramentalen Taufgeschehen grundgelegt wurde, muß sich entfalten; das empfangene neue Leben muß im geistlichen Leben der Seele aufblühen, kann es aber nur, wenn es sich täglich erneuert[12]. Der Logos muß in der Seele des Getauften wie ein Weinstock wirken können, dessen Trauben erst allmählich zu voller Süße reifen[13]. Seine reinigende Kraft betätigt der Logos schon in der Seele dessen, der sich auf die Taufe vorbereitet; alles asketische Ringen des Katechumenen um die Einübung ins christliche Tugendleben empfängt seine Wirkung aus der vorausstrahlenden Taufgnade[14]. Erst recht erhält das geistliche Leben nach der Taufe von diesem Sakrament her seine Ausrichtung und Prägung. Die in der Taufe ausgesprochene Apotaxis an den Satan muß sich fort und fort wiederholen, wenn die Taufgnade gewahrt werden soll; ihre Entsprechung, die Syntage, der Vertrag mit Christus, verpflichtet zu unbedingter Treue gegenüber dem Taufgelöbnis, das einige, ohne zu wanken, hüten, andere jedoch brechen und so die Schmach Ägyptens weiter mit sich herumtragen[15]. Die Aufgabe, vor die jeder Christ in seinem Frömmigkeitsleben gestellt ist, läßt sich nach Origenes in die prägnante Formel kleiden: τηρεῖν τὸ βάπτισμα, die Taufgnade bewahren[16]. Die Treueverpflichtung gegenüber dem Taufgelöbnis ergibt sich aber nicht nur aus der Absage an die Welt Satans, durch die Taufe ist Christus Bräutigam und Gemahl der Seele geworden, dem sie nun bräutliche Treue zu wahren hat; Rückkehr zu den unreinen Geistern der heidnischen Lebensperiode wäre Verletzung dieser Treue, hieße, das weiße Taufkleid beflecken[17]. Die Treue gegenüber Taufgelöbnis und göttlicher Brautschaft ist nur zu wahren in einem beständigen Kampf mit den Mächten des Bösen. In diesem Kampf folgt der Getaufte wiederum dem Beispiel seines Herrn, der ebenfalls vom Teufel nach seiner Taufe im Jordan versucht wurde, wiederum ist im Alltag verwirklichte Tauffrömmigkeit realisierte Nachfolge Christi[18]. Positiv gesehen, führt die durch beständigen Kampf gesicherte Tauftreue zur blühenden Entfaltung aller Tugenden, vor allem erwachsen aus recht gelebter

[10] In Num. hom. 12, 4; In Exod. hom. 10, 4; In Gen. hom. 2, 5.
[11] In Gen. hom. 13, 4; In Exod. hom. 11, 2. [12] In Rom. comm. 5, 8.
[13] In Cant. comm. 2.
[14] In Ioann. comm. 32, 7; In Iesu Nave hom. 4, 1; In Lev. hom. 6, 2.
[15] In Exod. hom. 8, 4; In Iesu Nave hom. 26, 2; 4, 2. [16] In Ier. hom. 2, 3.
[17] In Exod. hom. 8, 5; 1, 5; 11, 7. [18] In Exod. hom. 2, 3; 1, 5.

Tauffrömmigkeit zwei Haltungen, die das frühe Christentum überaus hochschätzt: wahre Nächstenliebe und Bereitschaft zum Martyrium. Nächstenliebe ist Weitergabe der in der Taufe empfangenen Liebe des Vaters zu uns, den wir nachahmen, wenn wir unsere Liebe dem Nächsten schenken[19]. Der Geist, der durch die Taufe mitgeteilt wird, gibt Mut zum Leiden[20], in die Taufabsage ist das Ja zum Martyrium eingeschlossen[21].

Die alexandrinischen Lehrer erheben mit ihrer Verkündigung einer Tauffrömmigkeit als Entfaltung der Taufgnade und verwirklichter Nachfolge Christi nicht etwa Forderungen einer esoterischen Vollkommenheitslehre, die sich nur an eine Elite wendet. Gerade weil Origenes hier alle Christen anspricht, weiß er auch um das Versagen vieler vor diesem hochgespannten Frömmigkeitsideal[22], das ihn aber gerade bestimmt, in seiner Verkündigung immer wieder über das rechte Verständnis des christlichen Taufmysteriums zu sprechen und seine Verwirklichung im Alltag zu fordern. Wie die Alexandriner, so reden, wenn auch nicht mit gleicher Eindringlichkeit, andere Seelsorger und Schriftsteller des 3. Jh. Für Cyprian ist das christliche Leben Fortsetzung jener *renuntiatio saeculi*, die in der Taufe ausgesprochen wurde und jetzt in der Nachfolge des Herrn verwirklicht werden muß, wenn Gott die Christen in der Verfolgung prüft[23]. Die gleiche Wertung des Christenlebens als Verwirklichung der Taufverpflichtung läßt Cyprians Biograph Pontius erkennen, wenn er das Leben des Bischofs erst von seiner Taufe an zu schildern beginnt: „Eines Gottesmannes Taten dürfen nur von dem Augenblick an gezählt werden, da er für Gott geboren wurde." Er hebt nachdrücklich hervor, daß sein Bischof in der Verfolgung stets gepredigt habe, die Christen müßten sich ihrer Geburt würdig erweisen, wer aus Gott wiedergeboren sei, dürfe nicht degenerieren[24]. Solcher Einschätzung der Taufe für die Frömmigkeit im christlichen Alltag entspricht schließlich die Sorgfalt, mit der die Leiter der Christengemeinden die Vorbereitung auf die Taufe während des Katechumenats und den feierlichen Taufvollzug gestalten; die ganze Eindrucksmächtigkeit der Einweihung in die Mysterien des christlichen Glaubens soll sich auswirken in einem religiösen Leben, das sowohl den Glanz dieser Stunde wie den Ernst des feierlichen Taufgelöbnisses nie vergißt. Wenn die christliche Kunst in dem Taufraum der eben erwähnten Hauskirche von Dura-Europos den Guten Hirten inmitten seiner Schafe, d. h. hier inmitten der Neugetauften, darstellt[25], wird auch mit diesem frühen Aufgreifen des TauftHemas den Gläubigen Rang und Bedeutung dieses Sakramentes eindringlich verkündet.

[19] In Cant. comm. 2; In Ioann. comm. 20, 17. [20] Contra Cels. 6, 44.
[21] Protr. 11, 107 ... [22] In Rom. comm. 5, 8; In Num. hom. 5, 1. [23] Ep. 13, 5, 3.
[24] Pontius, Vit. Cypr. 2: *hominis dei facta non debent aliunde numerari, nisi ex quo deo natus est;* ibid. 9: *quos renatos per deum constat, degeneres esse non congruit.*
[25] Siehe oben S. 326.

Während die Verkündigung der Tauffrömmigkeit an Breite und Tiefe durch die mystagogische Predigt des 4. Jh. noch gewinnen wird, erreicht die Martyriumsfrömmigkeit als zweite Grundhaltung christlichen Vollkommenheitsstrebens ihren Höhepunkt schon im 3. Jh. In inniger Verknüpfung mit dem Nachfolgegedanken wird die Wertung des Martyriums als Gipfel und Krönung aller Vollkommenheit zur verbreitetsten und asketisch fruchtbarsten Losung in der Welt frühchristlicher Frömmigkeit. Als die Großkirche am Ausgang des 2. Jh. diesen Gedanken in wachsendem Maße zu einem Thema ihrer innerkirchlichen Verkündigung machte, konnte sie bereits auf eine reiche Tradition zurückgreifen. Bei Ignatius von Antiochien ist der Zusammenhang von Martyrium und Nachfolge bereits klar gesehen und wirkungsvoll formuliert: nur dann ist man wahrer Jünger Christi, wenn man für ihn in den Tod geht; wer nicht freiwillig im Blick „auf sein Leiden hin" den Tod auf sich nimmt, in dem ist das Leben Christi nicht[26]. Dem Verfasser des Berichtes über den Zeugentod des Bischofs Polykarp von Smyrna ist es ein Anliegen, die Parallele zwischen Christus und Martyrer aufzuweisen; die Berechtigung der beginnenden Martyrerverehrung ist für ihn damit gegeben, daß die Martyrer echte Jünger und Nachahmer des Herrn sind, wie auch die Gemeinden von Lyon und Vienne von ihren Blutzeugen des Jahres 177 voll Stolz sagen, sie seien Nacheiferer und Nachahmer Christi geworden. Sie drücken den Gedanken biblisch aus, wenn es von Vettios Epagathos heißt: „Er war ein echter Jünger Christi, weil er dem Lamme folgte, wohin immer es geht", auch in den Tod des Martyriums[27]. Die gleiche Auffassung vertritt Origenes[28], der Seelsorger Cyprian nimmt die Verfolgungen zum Anlaß, seine Gemeinde daran zu erinnern, daß sie in solchen Zeiten Christus als Lehrer der Geduld und des Leidens nachahmen sollten und daß sie in der täglichen Eucharistiefeier Christi Blut tränken, um einmal ihr Blut für ihn hingeben zu können[29]. Wer für das Bekenntnis des Namens Christi leidet, ist damit „Teilhaber, Gefährte seiner Passion" geworden, wie römische Presbyter in einem Schreiben an Cyprian hervorheben[30]. Der Gedanke der Christusnachfolge und -nachahmung begegnet besonders häufig in den Martyrerakten oder in Äußerungen christlicher Schriftsteller über das Martyrium[31].

Eine besondere Anziehungskraft erhielt die Martyriumsfrömmigkeit aus der Vorstellung, daß der blutige Zeugentod in einzigartiger Weise zur Vereinigung mit Christus führt. Dieses Verbundensein mit Christus, das ist

[26] Ignatius, Ad Rom. 4, 2; Ad Magn. 5, 2; vgl. Ad Rom. 6, 3.
[27] Mart. Polyc. 17, 3; 19, 1; Euseb. HE 5, 2, 2; 5, 1, 10. [28] In Ioann. comm. 2, 34.
[29] Cyprian, Ep. 58, 1, 3. [30] Ebd. Ep. 31, 3: *collega passionis cum Christo*.
[31] Vgl. etwa Passio Perpet. et Felic. 18, 9; Clemens Alex., Strom. 4, 3, 14; Tertullian, Scorp. 9; De resurr. carn. 8; Cyprian, Ep. 76, 7, 1; Ps-Cyprian, De laude mart. 6; 26; 29.

im 3. Jh. weitverbreitete Überzeugung, wird schon offenbar, wenn der Christ unter Qualen und Foltern seine Treue zu seinem Herrn bekennt; dann ist es Christus, der ihn stärkt, der in ihm kämpft, der für ihn leidet, der ihn so mit seiner Gegenwart erfüllt, daß er in einer Art Entrückung die Schmerzen der Folter und Hinrichtung kaum spürt[32]. Die Christin Felicitas erwidert dem Kerkerwärter, der sie wegen ihres Stöhnens bei der Geburt ihres Kindes verhöhnt: „Jetzt leide ich, was ich leide; dort aber wird ein anderer in mir sein, der für mich leidet, weil auch ich für ihn leiden will."[33] Cyprian tröstet und stärkt Christen, die vor dem Martyrium stehen, mit der Versicherung, daß der Herr dann „selbst in uns ringt, selbst mit uns in den Kampf eintritt, selbst in unserem schweren Ringen sowohl den Kranz verleiht wie auch empfängt"[34]. Diese Anschauung gipfelt schließlich in dem Brauch, den Martyrer mit dem Ehrentitel *Christophoros* auszuzeichnen[35]. Die Vereinigung mit Christus erreicht ihre Vollendung durch das vollzogene Martyrium. Man ist überzeugt, daß nichts so sicher unmittelbar mit Christus vereint wie der für ihn erlittene blutige Zeugentod. Darum schon bei Ignatius von Antiochien das Drängen gerade nach dieser Todesart, die Cyprian charakterisiert als „die Taufe, die uns nach unserem Scheiden von der Welt unmittelbar mit Gott vereint"[36], die darum als Bluttaufe die andere Taufe voll ersetzt, ja noch in ihrer Wirkung überbietet, weil es nach ihr keine Gefahr des Rückfalls mehr gibt. In der doppelten Überzeugung, daß das Martyrium die Hochform der Christusnachfolge darstellt und in einzigartiger Weise mit Christus vereinigt, ist letztlich seine Wertung als die Vollkommenheit schlechthin begründet. Klemens von Alexandrien setzt Martyrium mit τελείωσις gleich, da derjenige, der für seinen Glauben stirbt, „das Werk der vollkommenen Liebe vollbracht hat"[37]. Es gibt keine eindeutigere Form, seine Gottes- und Christusliebe zu beweisen, als den blutigen Tod in der Verfolgung. Darum ist die *exhortatio ad martyrium* ein fester Bestandteil frühchristlicher Predigt und Erbauungsliteratur, jedoch kein abgegriffenes Klischee, sondern sehr real und lebendig wie die Wirklichkeit des 3. Jh. selbst. Ihre lautersten und glaubwürdigsten Repräsentanten sind Origenes und Cyprian. Des ersteren Schrift über Sinn und Rang des Martyriums ist der Ausdruck echter Martyriumsbereitschaft und -sehnsucht, die den eigenen Vater im Kerker ermahnt, sich nicht durch den Gedanken an das Schicksal seiner Familie vom Blutzeugnis abwenden zu lassen, die voll Stolz auf die Freunde und Schüler blickt, die den Weg bis zum Ende gingen[38]. Origenes sieht die Zeiten der Verfolgung als die eigentlich

[32] So schon Mart. Polyc. 2, 2 und die Christen von Lyon: Euseb. HE 5, 1, 23 42.

[33] Passio Perpet. et Felic. 15, 3; vgl. Ep. ad Diogn. 7, 9.

[34] Cyprian, Ep. 10, 4; ähnlich 37, 2; 76, 7. Weitere Belege bei *H. v. Campenhausen* a. a. O. 90 Anm. 1.

[35] *F. J. Dölger:* AuC IV (1934) 73—80. [36] Ad Fortun. praefat. 4. [37] Strom. 4, 4, 14.

[38] Euseb. HE 6, 2, 3—6; 6, 3, 4.

große Zeit der Kirche an, da es in ihnen den Martyrer gab, während er mit Schmerz erkennen muß, daß längere Friedensperioden rasch zur Erschlaffung des Glaubensenthusiasmus führen[39]. Die Briefe Cyprians während der Verfolgung an seine Gemeinde ergeben das gleiche Bild. In seinem eigenen Verhalten offenbart der Bischof von Karthago die von der Kirche geforderte Mitte kluger Besonnenheit, die sich nicht töricht und fanatisch zum Martyrium drängt[40], aber in der Stunde der Bewährung nicht versagt. Daß die Martyriumsbereitschaft jeweils nur Sache einer Elite ist, mußte allerdings auch Cyprian feststellen, als in der Decischen Verfolgung eine erschreckend hohe Zahl von Abgefallenen die kirchliche Führung vor nicht geringe Probleme stellte.

Martyriumsfrömmigkeit wird auch deutlich faßbar in dem Bestreben christlicher Kreise, Ersatzformen für das blutige Martyrium zu finden, wo dieses selbst aus verschiedenen Gründen nicht erreichbar war. Schon früh begegnen Stimmen, die in einem ernsten Streben nach sittlicher Lauterkeit eine Haltung sehen, die zwar dem wirklichen Martyrium nicht gleichwertig ist, aber doch eine Art Martyriumsgesinnung verrate, die Gott hoch einschätze[41]. Origenes ist davon überzeugt, daß es in der Gemeinde Christen gibt, „die ihr Kreuz auf sich genommen haben und ihm folgen, die bereit sind, ihr Blut für Christus zu vergießen", und daher vor Gott Martyrer sind[42]. Bei Cyprian wird die Unterscheidung zwischen blutigem und unblutigem Martyrium klar ausgesprochen und auch aus dem Ideengehalt des letzteren eine Martyriumsfrömmigkeit entwickelt[43]. Wesentlich ist hier, daß man die Martyriumsidee zum Maßstab für die christliche Vollkommenheit macht, mag auch im einzelnen nur eine größere oder geringere Nähe zum Martyrium festgehalten werden. So stellt Dionys von Alexandrien die opferbereite Haltung einiger Christen, die zur Zeit der Pest im Dienst an den Kranken den Tod fanden, fast auf eine Stufe mit dem blutigen Martyrium[44]. Eine neue Entwicklung setzt ein, als man bestimmte asketische Formen, das Leben in Jungfräulichkeit und Zurückgezogenheit von der Welt, als die eigentliche Ersatzform für das blutige Martyrium zu werten und als neue Art der Nachfolge Christi zu preisen begann.

Das Asketentum des 3. Jahrhunderts

Christen beiderlei Geschlechts, die auf die Ehe verzichten, mehr als andere Distanz zum profanen Leben halten, aber doch in ihren Familien bleiben und sich in den Dienst ihrer Gemeinde stellen, sind nicht erst im 3. Jh. nach-

[39] In Ier. hom. 4, 3. [40] Wie die Montanisten, vgl. Tertullians De fuga in persecutione.
[41] Schon Clemens Alex., Strom. 4, 7, 43. [42] In Num. hom. 10, 2.
[43] Ad Fortun. 13; De zelo et liv. 16. [44] Euseb. HE 7, 22, 7.

weisbar. Die biblische Begründung für eine solche Lebensführung, das Beispiel ehelosen Lebens, das Christus und Paulus gaben, haben schon früh ihre Auswirkung gefunden, da bereits der Brief des römischen Bischofs Klemens enthaltsam Lebende voraussetzt und auch die Didache von einer Art von Wanderasketen weiß, die missionarisch tätig waren[45]. Ignatius von Antiochien und Hermas von Rom kennen Gruppen von Jungfrauen in ihren Gemeinden, die hohes Ansehen genießen[46]. Die Apologeten versäumen in ihren Schilderungen des christlichen Gemeindelebens nicht, die Heiden darauf hinzuweisen, daß eine beachtlich hohe Zahl ehelos lebender Männer und Frauen den sittlichen Hochstand der Anhänger des Christentums bezeuge, und die Heiden selbst sind von diesem Zug christlicher Frömmigkeit beeindruckt[47]. Solchen mehr gelegentlichen Hinweisen in Texten des 2. Jh. folgt im nächsten Jahrhundert eine Reihe von Schriften, die sich speziell mit dem christlichen Asketentum befassen und eine eingehendere Kenntnis von seinen Idealen wie auch von deren Gefährdung vermitteln. Seine Anhänger sind inzwischen so zahlreich geworden, daß sie in den Gemeinden des Ostens und Westens einen wichtigen Faktor des christlichen Alltagslebens darstellen. Sie sind auch jetzt noch nicht durch eine fixierte Ordnung auf eine bestimmte Lebensführung festgelegt, gehören also meist noch ihren Familien an und verfügen noch frei über ihren privaten Besitz; nur die pseudoklementinischen Briefe Ad virgines lassen eine Tendenz zu einem engeren Zusammenschluß untereinander erkennen und weisen auch auf missionarische und karitative Tätigkeit der Asketen hin[48]. Es existiert ferner noch keine rituelle Form, mit der sie etwa durch die Kirche selbst in ihren Stand aufgenommen würden, sie verpflichten sich nur durch ein sehr ernst zu nehmendes Versprechen zu einem Leben der Enthaltsamkeit[49]. Dieses Versprechen ist aber der Gemeindeleitung bekannt, da sie Verstöße dagegen sehr streng, nämlich mit dem Ausschluß aus der kirchlichen Gemeinschaft, ahndet. Anderseits bindet das Versprechen nicht für immer, da der Asket aus besonderen Gründen seine bisherige Lebensführung aufgeben und eine Ehe eingehen kann. Innerhalb der Gemeinde wie bei deren Leitern genießt der asketische Stand ein einzigartiges Ansehen. Für Klemens von Alexandrien sind die Asketen „die Erwählten der Erwählten", und Cyprian sieht in ihnen „den herrlicheren Anteil der Herde Christi, die

[45] 1 Clem 38, 2, der dieses Leben als ἐγκράτεια bezeichnet; Did 11 und 12.

[46] Ignatius, Ad Smyrn. 13, 1; Ad Polyc. 5, 2; Hermas, Past. sim. 9, 2; 10, 3; vis. 1, 2, 4.

[47] Etwa Justin, Apol. 15; 29; Athenagoras, Suppl. 33; Min. Felix, Oct. 31, 5. Für das Urteil des Heiden Galen über die Christen vgl. *R. Walzer,* Galen on Jews and Christians (Oxford 1949).

[48] Cyprian, De hab. virg. 7—12, 18—19; Ps-Clemens, Ad virg. 1, 8, 4; 1, 2; Origenes, In Iudic. hom. 9, 1; In Ier. hom. 20; Contra Cels. 5, 49.

[49] Cyprian, De hab. virg. 4 und Ep. 62, 3. Can. 13 der Synode von Elvira spricht von einem *pactum virginitatis.*

Blüte der Mutter Kirche“[50]. Eine neue Komponente und damit erhöhtes Ansehen gewinnt die asketische Jungfräulichkeit, als sich mit ihr der Gedanke von der Brautschaft der Seele mit Christus verbindet. Schon Tertullian kennt den Ehrentitel „Braut Christi“ für den jungfräulichen Asketen beiderlei Geschlechtes[51], der später in den offiziellen Sprachgebrauch der Kirche eingeht. Mit der individualistischen Auslegung des Hohenliedes durch Origenes[52], die hier das Verhältnis der Einzelseele zu ihrem himmlischen Bräutigam Christus geschildert findet, hat der Siegeszug dieses Gedankens durch die folgenden Jahrhunderte begonnen. Zunächst steht er im Dienst der Jungfräulichkeitsidee; Methodios von Olympos will mit seinem hymnischen Lobpreis auf die Jungfräulichkeit letztlich sagen, daß sie von der Christusbrautschaft nicht zu trennen ist. Die Berichte über die Passion gottgeweihter Jungfrauen, wie etwa Agnes, Pelagia, Caecilia, sind völlig von dieser Vorstellung durchtränkt[53]. Den Rang der Asketen sucht man theologisch zu begründen; ihre Lebenshaltung ist der würdigste Ersatz für das blutige Martyrium, wie dieses verlangt auch sie Totalhingabe[54]. In ihnen soll darum auch nach Cyprians Mahnung der Geist der Martyrer lebendig sein, Methodios setzt Jungfräulichkeit dem Martyrium direkt gleich, andere Schriftsteller reihen die Asketen unmittelbar nach den Martyrern ein, diese bringen hundertfältige, jene sechzigfache Frucht. Den *virgines utriusque sexus* wird die *corona virginitatis* zuteil wie den Martyrern die *corona martyrii,* denn auch ihr Leben ist wahre Christusnachfolge[55].

Ein so hoch gespanntes Ideal ist besonderer Gefährdung ausgesetzt; Tertullian warnt die Asketen nachdrücklich vor dem Hochmut, zu dem sie ihre Hochschätzung innerhalb der Gemeinde verleiten könnte; ebenso wissen die pseudoklementinischen Briefe, daß sie von Eitelkeit und hohlem Getue bedroht sind. Scharf sieht Cyprian die sachlichen Gefahren, die das Leben in der Welt für die Asketen mit sich bringt, er verlangt daher von ihnen einen hohen Grad aller Tugenden. Methodios sucht sie positiv zu stärken, indem er ihren Blick auf die Meditation und den Reichtum hinlenkt, der im Innern liegt; Jungfräulichkeit soll Mittel der Selbstheiligung sein[56].

In asketischem Überschwang und im Mißverhältnis der eigenen sittlichen Kraft zum hochfliegenden Idealismus hat eine ernste Fehlentwicklung innerhalb des christlichen Asketentums, vor allem im 3. Jh., ihren Ursprung.

[50] Clemens Alex., Quis div. salv. 36; Cyprian, De hab. virg. 3.
[51] De or. 22; De resurr. carn. 61; De exhort. cast. 13.
[52] Sowohl im Kommentar wie in den Homilien zum Hohenlied.
[53] Vgl. die Texte, die *J. Schmid:* RAC II 560 f. zusammengestellt hat.
[54] Methodius, Symp. 5, 4; 11.
[55] Cyprian, De hab. virg. 21; Methodius, Symp. 7, 3; Ps-Clemens, Ep. ad virg. 1, 5, 5; 1, 7, 1—2.
[56] Tertullian, De virg. vel. passim; Cyprian, De hab. virg. passim; Methodius, Symp. 4, 5; 7, 2; Ps-Clemens, Ep. ad virg. 1, 3, 2; 1, 4, 2.

Christliche Asketen leben als „Bruder und Schwester“ in einer Art geistlicher Ehe und gefährden so die von ihnen gelobte Jungfräulichkeit. Sie setzen sie nicht nur der Verdächtigung und dem Spott der Umwelt aus, sie verfehlen sich auch selbst aufs schwerste dagegen. Die Quellen lassen an der Tatsächlichkeit und an dem erheblichen Ausmaß der Entartungen keinen Zweifel zu[57]. Sowohl im Osten, in Syrien und Ägypten, wie auch in Nordafrika ist das Syneisaktentum[58] verbreitet und zwingt die kirchliche Führung zu entschiedener Stellungnahme. Zur Zeit Cyprians wird ein Diakon, der sich hier schuldig gemacht hat, aus der kirchlichen Gemeinschaft ausgeschlossen. Cyprians klarer und illusionsloser Blick läßt ihn auch dort eingreifen, wo noch keine schweren Verfehlungen vorliegen[59]. Der dem 3. Jh. angehörende anonyme Traktat De singularitate clericorum kann nicht verheimlichen, daß das Übel auch in Kreise des Klerus eingedrungen ist, die sich zuweilen frommer Bibelsprüche bedienen, um ihre Haltung zu rechtfertigen. Schon im 3. Jh. verhängen einzelne Synoden schwere Sanktionen über die Schuldigen, aber der Brauch hält sich zäh im Osten und Westen, in Spanien bis ins 6. Jahrhundert[60].

Das Asketentum des 3. Jh. wird, obwohl es in seiner bisherigen Form weiterbesteht, Quelle für zwei folgenschwere Neuentwicklungen. Aus ihm fließt einmal das frühe Mönchtum des Ostens, das in seiner ersten Phase des Einsiedlertums eigentlich nur eine Verlegung des Asketendaseins und -wirkens aus der Gemeinde in die Einsamkeit darstellt, wie es der Bericht des Athanasius über die Eremitenperiode im Leben des Antonius für das ausgehende 3. Jh. festgehalten hat. Tauf- und Martyriumsfrömmigkeit des 2. und 3. Jh. im Verein mit der asketischen Jungfräulichkeit wirken als tragende Ideen des Mönchtums weiter und beweisen damit ihre hohe Lebenskraft. Die Gelübdeablegung des Mönches wird als zweite Taufe gewertet, sein Leben als geistliches Martyrium, das ihn ebenso wie den wirklichen Martyrer zum *athleta Christi* macht, seine geschlechtliche Enthaltsamkeit reiht ihn in die Schar der Bräute Christi ein[61]. Das Jungfräulichkeitsideal des 3. Jh. bereitet schließlich auch die Zölibatsidee grundlegend vor[62].

[57] Vor allem die ep. 2 ad virgines des Ps-Clemens, Cyprian, De hab. virg. und De singularitate clericorum.

[58] Dionys von Alexandrien nennt sie bei Euseb. HE 7, 30, 12 γυναῖκες συνείσακτοι, das später als *virgines subintroductae* ins Lateinische übertragen wird.

[59] Cyprian, Ep. 4 und 13.

[60] So die Synode von Antiochien (ca 267/68), von Elvira can. 27, Ankyra can. 19, Nikaia can. 3. — Hieronymus, Ep. 117, und Joh. Chrysostomus nehmen noch ausführlich dazu Stellung. Spätere Synoden: Carthago (348) can. 3; Hippo (393) can. 20; Carthago (397) can. 17; Arles (443) can. 3; Agde (510) can. 10; Toledo (531) can. 3.

[61] Vgl. *E. E. Malone,* The Monk and the Martyr (Diss. Washington 1950); *J. Schmid,* Brautschaft (heilige): RAC II 561.

[62] Vgl. etwa Origenes, In Lev. hom. 1, 6, der die Enthaltsamkeit für den Priester verlangt, da er dem Altar diene.

Innerhalb der Großkirche war die asketische Lebensform ein zwar stets hochgepriesenes, aber doch immer in voller Freiheit übernommenes Ideal, das nur von einer Minderheit erwählt wurde. Sobald einzelne Christen oder Kreise versuchten, es zu einer alle Christen verpflichtenden Norm zu machen, mußte es zu Konflikten zwischen ihnen und der kirchlichen Führung kommen. Vertreter eines ins Extrem gesteigerten asketischen Ideals sind die *Enkratiten,* Anhänger des Syrers Tatian, die sich bezeichnenderweise nicht nach ihrem Lehrer, sondern nach ihrem asketischen Lebensprinzip benennen[63]. Die Enkratiten Mesopotamiens ließen niemand zur Taufe zu, der nicht absolute sexuelle Enthaltsamkeit beobachtete, und zwangen so Verheiratete, die nicht auf die Ehe verzichten wollten, zu einem dauernden Katechumenendasein[64]. Zwar waren für Tatians Ausschluß aus der Großkirche um 172 noch andere von ihm vertretene häretische Anschauungen maßgebend, sicher hat aber auch sein asketischer Rigorismus dabei mitgewirkt. Enkratitische Tendenzen werden auch in manchen apokryphen Apostelakten faßbar, ebenso im Leben einzelner Christen. Solange die Enkrateia von ihnen nicht als heilsnotwendig für jeden Christen gefordert wurde, konnte die Kirche sie dulden oder Einzelfälle, wie die Selbstkastration des Origenes, als über das Ziel hinausschießenden asketischen Enthusiasmus entschuldigen. Die Begeisterung der Kirche des 3. Jh. für das asketische Ideal ist im ganzen gewiß als Beweis für ihr hohes sittliches Niveau zu werten.

Gebet und Fasten im Rahmen frühchristlicher Frömmigkeit

Das *Gebet* als unveräußerliches Element christlicher Gottesverehrung behält im 3. Jh. nicht nur seinen selbstverständlichen Rang, ihm wendet sich in wachsendem Maß sowohl die theologische Reflexion wie auch die Sorge um den konkreten Vollzug im liturgischen und privaten Bereich zu. Die alexandrinische Theologie arbeitet mit Hingabe an einer theologischen Sinndeutung christlichen Betens und sucht sie in ihre Gesamtkonzeption der christlichen Vollkommenheit einzubauen; die Lateiner, vorab Tertullian und Cyprian, lassen in ihren Vaterunsererklärungen das stärkere Interesse des lateinischen Geistes an den Fragen der praktischen Gestaltung des Gebetslebens und an seiner Bedeutung für den konkreten christlichen Alltag erkennen. Für den Alexandriner Klemens ist die Gebetspflicht des Christen eine Selbstverständlichkeit, da die Seele ihrem Gott unaufhörlich für all seine Gaben zu danken habe; in ihrem Streben nach Vollkommenheit ist ihr das um Vergebung der Sünden und um die wahre Gnosis flehende Bittgebet

[63] Oἱ ἐγκρατεῖς nach Irenaeus, Adv. haer. 1, 28, 1, dazu noch Origenes, Contra Cels. 5, 65.
[64] Siehe *A. Vööbus*, Celibacy a Requirement for Admission to Baptism in the Early Syrian Church (Stockholm 1951).

ebenso unentbehrlich[65]. In dieses Beten schließt der Christ nach dem Vorbild seines Herrn Brüder und Feinde mit ein, er denkt dabei auch an die Bekehrung der ganzen Welt zum wahren Gott. Das Gebet begleitet ihn in all seinem Tun, verbindet ihn aufs engste mit Gott, läßt ihn „in Gott wandeln" [66]. Den heidnischen Vorwurf der ἀσέβεια gegenüber den Christen kann Klemens nicht besser zurückweisen als mit dem Hinweis, für sie sei das Gebet das wertvollste und heiligste Opfer, mit dem sie Gott ehren[67]. Nicht ohne ein gewisses Zögern wagt er die Definition, das Gebet sei „Verkehr mit Gott" [68]. Der Christ weiht darum Gott seinen Alltag, wenn er gewissenhaft die Gebetszeiten einhält und so durch sein ganzes Leben hindurch Zeugnis ablegt für den Herrn[69]. Hochform des Gebetes ist für den wahren Gnostiker das innere, geistige Gebet, das Klemens deutlich vom mündlichen Gebet scheidet; er verzichtet zwar nicht auf letzteres, aber dem inneren Gebet kommt unstreitig der höchste Rang zu; es bedarf keiner Worte mehr, es ist ununterbrochen in ihm da, macht sein ganzes Leben zu einem Fest und gewährt ihm die θεωρία, die Schau göttlicher Dinge[70]. In dieser Unterscheidung zwischen mündlichem und innerem Gebet ist die spätere Aufteilung des geistlichen Lebens in ein tätiges und ein beschauliches im rein christlichen Verständnis schon angedeutet, Klemens ist ihr erster wichtiger Wegbereiter.

Der skizzenhafte Abriß des Klemens über das Gebet ist bei *Origenes* ersetzt durch eine eigene Monographie, die den klementinischen Ansatz wesentlich vertieft und weiterführt. Um seine Lehre über das Gebet allerdings ganz in den Blick zu bekommen, sind zu der theoretischen Darlegung die lebensprühenden Äußerungen über das Gebet und die spontan formulierten Gebetstexte der Homilien und biblischen Kommentare mit heranzuziehen. Wie Klemens ist auch Origenes zutiefst davon durchdrungen, daß das Leben des Christen ein immerwährendes Beten sein muß, in dem das tägliche Gebet seine unveräußerliche Stelle hat[71]. Damit solches Beten gesegnet werde, bedarf es einer bestimmten seelischen Disposition; dazu rechnet Origenes ganz entschieden die ständige Abwehr der Sünde, das unaufhörliche Bemühen um das Freisein von den Affekten (πάθη) und schließlich eine innere Sammlung und Konzentration, die alle sinnlichen Eindrücke von außen her und alle Gedanken im Innern ausschließt, die keine Weihe annehmen[72]. Aus solchen Voraussetzungen entfaltet sich das Beten des Christen in einem stufenartigen Aufstieg, dessen erstes Stadium das Bittgebet darstellt, mit dem man allerdings um die großen himmlischen Dinge, das sind die Gewährung der Gnosis und das Wachsen in der Tugend,

[65] Strom. 6, 113, 2; 6, 102, 1; 5, 16, 7.
[66] Ebd. 7, 62, 2f; 7, 41, 4 6; 7, 40, 3; 7, 44, 5; 7, 35, 5. [67] Ebd. 7, 31, 7.
[68] Ebd. 7, 39, 6: ὁμιλία πρὸς τὸν θεὸν ἡ εὐχή, ὡς εἰπεῖν τολμηρότερον.
[69] Ebd. 2, 145, 6.
[70] Ebd. 7, 49, 6f; 6, 102, 1; 7, 35, 6; 7, 49, 4.
[71] Origenes, De or. 1, 12, 2. [72] Ebd. 8, 1; 9, 1 3; Contra Cels. 8, 17; 7, 44.

bitten soll[73]. Auf der Stufe der προσευχή verbindet sich mit dem Bittgebet der Lobpreis Gottes[74]. Der Gipfel des christlichen Betens wird erreicht im inneren, wortlosen Gebet, das die Seele in einzigartiger Weise mit ihrem Gott vereint[75]. Hier spiegelt sich die Grundanschauung des Origenes von einem gestuften geistlichen Aufstieg wider, der in der liebenden Erkenntnis Gottes endet, in der die Seele „vergöttlicht" wird[76]. Eine konkrete Anschauung von der Gebetspraxis des Origenes vermitteln die zahlreichen Gebetstexte, die sich vor allem in seinen Homilien finden[77]. Sie bieten insofern eine Überraschung, als sie vielfach an Christus gerichtet sind, obwohl Origenes in seiner Abhandlung über das Gebet nachhaltig die Gebetsorientierung an den Vater vertritt; die theoretische Überzeugung wird also in der Praxis von einer spontanen Christusfrömmigkeit verdrängt, wie sie auch sonst in den Homilien vielfältig faßbar wird. Nicht nur mahnt Origenes seine Zuhörergemeinde immer wieder zum Gebet an Jesus, er selber wendet sich in seinen Ansprachen unaufhörlich an ihn in selbstformulierten Flehrufen, die eine reiche Jesusfrömmigkeit und -innigkeit erkennen lassen. Es ist ein frömmigkeitsgeschichtlich und damit auch kirchenhistorisch eminent wichtiges Faktum, daß Theorie und Praxis des Betens, wie sie der Alexandriner Origenes vertreten hat, zu weitreichender Nachwirkung gelangt sind. Seine Gebetslehre hat die ostkirchliche Frömmigkeit besonders in ihrer monastischen Ausprägung entscheidend mitgeformt, seine praktische, in Gebeten formulierte Jesusfrömmigkeit hat auf dem Weg über Ambrosius die abendländische Jesusmystik bis auf Bernhard beeinflußt[78].

Die *Vaterunsererklärungen* der beiden Lateiner Tertullian und Cyprian führen in eine stark von der der Griechen abweichende eigenständige Sicht und Atmosphäre christlichen Betens. Beide sind zwar wie die alexandrinischen Lehrer zutiefst von der Verpflichtung zum Gebet überzeugt, die ihnen mit dem Vorbild des betenden und das Beten lehrenden Christus gegeben ist[79]; sie kennen die gleichen Gebetszeiten, die dafür gegebene biblische Begründung und haben auch ähnliche Vorstellungen von den seelischen Voraussetzungen rechten Betens[80]. Aber sie sind weit entfernt von dem idealistischen Höhenflug der Griechen, eine tiefere Spekulation über Wesen und Rang des inneren Gebetes und seine Bedeutung für das Wachstum im geistlichen Leben ist ihnen fremd, erst recht findet sich bei ihnen kein Ansatz einer Theorie über die verschiedenen Gebetsstufen. Ihnen ist viel-

[73] Die Gebetsarten sind im Anschluß an 1 Tim 2, 1 behandelt in De or. 14, 2; zum Bittgebet vgl. noch De or. 1, 17; 2, 2; 13, 4; Contra Cels. 7, 44.

[74] De or. 14, 2; 13, 5. [75] In Num. hom. 10, 3; Contra Cels. 7, 44; De or. 9, 2; 10, 2.

[76] Vgl. K. *Rahner:* RAM 13 (1932) 113—145. [77] Vgl. K. *Baus:* RQ 49 (1954) 46—55.

[78] Vgl. F. *Bertrand,* Mystique de Jésus chez Origène (Paris 1951) 153 f.

[79] Tertullian, De or. 1; Cyprian, De dom. or. 1 3.

[80] Tertullian, De or. 11—15; Cyprian, De dom. or. 4—6 34. Für die Griechen vgl. Clemens, Strom. 2, 145, 1; 7, 40, 3; Origenes, De or. 31, 2.

mehr die konkrete Gestalt des Gebetes und seine Stellung im Alltag des christlichen Gemeindelebens ein vordringliches Anliegen. Die bevorzugte Gebetsformel ist für sie das Vaterunser, die neue Form des Gebetes, die Christus gelehrt hat, die allein die Christen kennen, weil sie allein Gott zum Vater haben[81]. Die Bitte um das tägliche Brot wird von beiden vorwiegend eucharistisch verstanden, von Cyprian mit emphatischer Wärme ausgesprochen[82]. Beiden ist Demut die rechte Haltung des Beters, der alle Leidenschaften und Fehler ablegen muß, soll sein Gebet vor Gott Wohlgefallen finden[83]. Ein Zug des ordnenden lateinischen Geistes wird bei Tertullian spürbar, wenn er ausführlich auf Fragen der äußeren Gebetsordnung eingeht wie etwa die Gebetszeiten — er kennt das Morgen-, Abend-, Tischgebet und das Gebet um die 3., 6. und 9. Stunde — und die körperliche Haltung des Beters, der mit erhobenen und ausgebreiteten Händen beten soll, weil er so den leidenden Herrn am Kreuz nachbildet[84]. Eine eigene theologische Note findet sich bei Tertullian in seinen Aussagen über die unbegrenzte Wirkkraft christlichen Betens[85] und in seiner Auslegung der zweiten Vaterunserbitte, die er wie Origenes noch unmittelbar eschatologisch versteht: „Ja, recht bald, o Herr, möge dein Reich kommen, das da ist die Sehnsucht der Christen, die Beschämung der Heiden, die Freude der Engel.“[86] Vielleicht hat die unleugbare Abhängigkeit Cyprians von Tertullian im Sachlichen das Eigengut in der Vaterunsererklärung des afrikanischen Bischofs manchmal zu leicht übersehen lassen. Dazu ist einmal seine viel größere religiöse Wärme und Überzeugungskraft zu rechnen, mit denen er vom Beten spricht; des weiteren seine betonte Gleichsetzung von Reich Gottes und Christus, „nach dessen Kommen wir täglich verlangen, dessen baldige Ankunft wir sehnsüchtig wünschen“[87]. Vor allem aber gehört hierher der ekklesiologische Akzent, den er dem Beten der Christen geben möchte: „Wenn wir beten, so beten wir nicht für einen, sondern für das ganze Volk, weil wir alle eins sind“; das betende christliche Volk ist verbunden in der Einheit des Vaters und des Sohnes und des Heiligen Geistes; wer diese Einheit zerreißt, versündigt sich schwer, ihm fehlt eine wesentliche Voraussetzung rechten Betens[88].

Neben dem Vaterunser läßt Tertullian, und wohl auch Cyprian, das frei formulierte Gebet gelten[89]. Eine Sammlung formulierter Gebetstexte bot sich dem frühen Christentum im alttestamentlichen Psalter an; seine Verwendung im liturgischen und privaten Bereich setzt allerdings dessen Einchristlichung voraus, die noch im 2. Jh. sich vollzogen haben muß, da um

[81] Tertullian, De or. 2; Cyprian, De dom. or. 9—11.
[82] Tertullian, De or. 6; Cyprian, De dom. or. 18.
[83] Tertullian, De or. 11—14 17; Cyprian, De dom. or. 4 6.
[84] Tertullian, De or. 18—25; knapper Cyprian, De dom. or. 35—36.
[85] De or. 29. [86] De or. 5. [87] De dom. or. 13. [88] De dom. or. 8 24 30.
[89] Cyprian, De dom. or. 3; Tertullian, De or. 9.

die Wende zum 3. Jh. die Verwendung der Psalmen beim gottesdienstlichen Gesang und bei der Agapenfeier zum festen Brauch geworden ist[90]. Diese Einchristlichung geschah auf dem Wege des typologischen Psalmenverständnisses, das im Psalmenbeter entweder Christus selbst sprechen hört, der sich mit diesen Texten an den Vater wendet, oder hier die Stimme der Kirche vernimmt, die im *Dominus psalmorum* ihren erhöhten Herrn erkennt und unmittelbar anspricht. Ein besonders sprechendes Beispiel für die erste Art liefert Ps 3, dessen Vers 6: *ego dormivi et soporatus sum et exsurrexi* schon von Justin als ein Wort des Auferstandenen am Ostermorgen verstanden wird, eine Auslegung, die sich auch bei Irenäus findet und von Hippolyt und Cyprian übernommen wird[91]. Daß gerade Origenes das Psalmenbeten zu Christus kennt[92], ist bezeichnend für die Mächtigkeit dieser Strömung, der er sich trotz theoretischer Bedenken nicht verschließen kann. Die Einchristlichung des Psalters, die ihn zum eindeutig bevorzugten Gebet- und Gesangbuch der frühchristlichen Großkirche machte, wurde gefördert und erleichtert durch den Rang und Raum, den das Christusgebet in der altchristlichen Privat- und Volksfrömmigkeit ohnehin einnahm. Diese wird besonders eindrucksvoll erkennbar in den Gebeten der Martyrer, die ihnen spontan auf die Lippen kommen, wenn sie zum letzten Zeugnis für ihren Herrn aufgerufen werden. Meist sind es Dankesworte der Martyrer an Christus, daß er ihnen die Gnade der Zeugenschaft für ihn schenkte, oder Beteuerungen, daß sie den Tod für seinen Namen auf sich nehmen, und schließlich flehentliche Bittrufe um Christi Kraft und Beistand in dieser Stunde der Bewährung. Vergleicht man die Zahl der Christusgebete der Martyrer mit den Gebeten, die den Vater ansprechen, so muß man von einer überragenden Christozentrik des Martyrergebetes sprechen[93]. Aus der Sphäre volksfrommen Betens kommen auch die auffallend zahlreichen Christusgebete der apokryphen Apostelgeschichten[94], ebenso dürfte manches der vorhin erwähnten Christusgebete in den Homilien des Origenes ein Echo aus privater Volksfrömmigkeit sein.

Christusorientiertes Beten drückt sich schließlich in der *Gebetsostung* der Christen aus, die sich von ihrem ersten faßbaren Auftreten am Beginn des 2. Jh. in Ost und West im 3. Jh. weitgehend durchsetzt. Theologisch bedeutsam ist die Begründung, die man diesem Brauch gibt: man betet nach Osten hingewandt, weil man vom Osten her die Wiederkehr des Herrn erwartet

[90] Tertullian, Apol. 39, 18; Hippolyt, Trad. apost. (äth.) bei Hennecke, 581; Πράξεις Παύλου (Hamburg 1936) 50 f.

[91] Justin, Dial. 97, 1; Irenaeus, Adv. haer. 4, 33, 13; Hippolyt, Psalmen-Komm. Fragm. 37 (GCS 1, 2, 153); Cyprian, Testim. 2, 24.

[92] Vgl. etwa In Ioann. comm. 19, 3; In Psalm. 29, 3.

[93] Das Verhältnis ist etwa 6 : 1, vgl. eine Auswahl dieser Gebete bei *K. Baus:* TThZ 62 (1953) 23—28.

[94] Eine Zusammenstellung bei *E. v. d. Goltz* a. a. O. 343—356.

und weil im Osten das Paradies liegt, die Sehnsucht aller Christen[95]. Das Christusgebet mit der Wendung zum Osten hin ist also eschatologisch bestimmt. Für einige Christenkreise im griechischen und syrischen Osten ist diese Gebetsorientierung auch eine Form, den theologischen Gegensatz zum Judentum auszudrücken, dessen Anhänger nach dem Tempel in Jerusalem gewandt beteten. Mit der Gebetsostung verbindet sich schon seit dem 2. Jh. der Brauch, das Gebet vor einem Kreuz zu verrichten, das so auf der Wand angebracht ist (als Holzkreuz oder gemalt), daß der Beter mit dem Gesicht nach Osten steht. Auch hier lassen frühchristliche Texte eine eschatologische Motivierung dieses Brauches eindeutig erkennen: das Kreuz wird als Zeichen des Triumphes dem Herrn bei seiner zweiten Ankunft von Osten her vorangehen[96]. Die Betonung des Kreuzes in der Gebetsorientierung der Christen wird wohl getragen von der umfassenden Verwendung des Kreuzzeichens in der privaten Frömmigkeit und im kultischen Bereich, wie sie vielfach von den Schriftstellern des 3. Jh. bezeugt wird[97]. Die Aussage Tertullians stehe für viele: „Bei jedem Ausgang und Fortgang, bei jedem Anfang und Ende, beim Kleideranlegen und Schuhanziehen, vor dem Bade, wenn wir zu Tisch gehen, wenn wir die Lichter anzünden, wenn wir uns auf das Ruhebett legen oder auf einen Stuhl setzen, bei jedem Tun der täglichen Beschäftigung bezeichnen wir die Stirne mit dem Zeichen des Kreuzes.“[98] Gebetstexte und Gebetshaltung erweisen nach dem Gesagten das private Gebet in der frühchristlichen Großkirche weitgehend als christo- und staurozentrisch.

Der asketische Enthusiasmus des 3. Jh. führt auch zu einer starken Ausbreitung des *Fastens* sowohl im Bereich des Kultischen wie in der privaten Frömmigkeit der Christen. Das Wochenfasten am Mittwoch und Freitag, das in die apostolische Zeit zurückreicht[99], festigt sich und erfährt in der statio der nordafrikanischen Kirche eine weitere Ausgestaltung. Zur Zeit Tertullians gilt die statio noch durchaus als freiwillig übernommene asketische Übung, die bis zur neunten Stunde des Tages (3 Uhr nachmittags) dauert und mit einem besonderen Gottesdienst verbunden wird[100]. In diesem wird man die Feier der Eucharistie zu sehen haben, die aber zur gewohnten Zeit vor Sonnenaufgang stattfand. Welche Hochschätzung das Stationsfasten bei den Christen Nordafrikas fand, ergibt sich aus der Weigerung vieler Gläubigen, an diesen Tagen an der eucharistischen Feier teilzunehmen, weil der damit verbundene Kommunionempfang, wie sie glaubten, das Fasten gebrochen hätte[101]. Im Osten allerdings wird die Beobachtung des

[95] Vgl. bes. *F. J. Dölger,* Sol salutis 136—170 198—242. Bei Methodius, Symp. Schlußhymnus 1 gehen die Jungfrauen in feierlichem Brautzug dem himmlischen Bräutigam Christus nach Osten entgegen. [96] Nachgewiesen von *E. Peterson* a. a. O.
[97] Zuletzt *F. J. Dölger,* Beiträge zur Geschichte des Kreuzzeichens: JbAC 1 (1958) 5—19, 2 (1959) 15—22, 3 (1960) 11—16, 4 (1961) 5—17. [98] De cor. 3, 4. [99] Did 8, 1; Hermas, Past. sim. 5, 1, 2. [100] Tertullian, De ieiun. 2 10 12—14. [101] Tertullian, De or. 19; De cor. 3.

Wochenfastens nach dem Zeugnis der syrischen Didaskalie schon früh zur Pflicht gemacht[102]. In Karthago wird das Stationsfasten zuweilen auf den Samstag ausgedehnt, auch die römische Kirche dürfte diesen Brauch gekannt haben, in Spanien begegnet man ihm am Ende des 3. Jahrhunderts[103]. Den Freiwilligkeitscharakter des Stationsfastens mußte die Kirche gegenüber dem Rigorismus der Montanisten und Enkratiten verteidigen, die es als eine alle Christen streng bindende Verpflichtung hinstellten. In dieser Zeit änderte sich auch die Motivierung für die Wahl der beiden Fasttage der Woche; während früher damit die Eigenständigkeit des christlichen Brauches gegenüber der jüdischen Ordnung betont wurde — sie kannte den Montag und Donnerstag als Fasttag —, wird jetzt auf den Zusammenhang dieser Tage mit den Ereignissen aus dem Leiden des Herrn hingewiesen, der an einem Mittwoch von Judas verraten wurde und an einem Freitag den Kreuzestod starb, das Fasten an diesen Tagen wird also als Trauerfasten verstanden[104]. Die Hochschätzung des Fastens auf seiten der kirchlichen Führung wird besonders daran erkennbar, daß sie es in verschiedenen Formen in den Kult einbaut. Als Vorbereitung auf das Osterfest kommt schon früh ein Passahfasten auf, das aber in den einzelnen Gemeinden von verschiedener Dauer ist und sich über einen, zwei oder gar sechs Tage erstrecken kann[105]. Das schon von der Didache und Justin bezeugte Tauffasten, das anfangs nur ein oder zwei Tage dauerte[106], wird nun weiter ausgedehnt; in der entfernteren Vorbereitungszeit auf die Taufe bestand es in der Beschränkung auf Brot, Wasser und Salz, in den letzten Tagen vor dem Taufempfang in völligem Verzicht auf Speise und Trank[107]. Das Tauffasten wird in enger Verbindung mit dem Gebet gesehen, das vom Fasten wirksam unterstützt wird; es gilt auch als ein Mittel, für die bisherigen Sünden Sühne zu leisten und auf den Geistempfang vorzubereiten[108]. Zu einem eminent wichtigen Faktor wird das Fasten schließlich in der Bußdisziplin der frühchristlichen Großkirche, die dem Sünder während der Dauer seiner Bußzeit eine Einschränkung im Essen und Trinken, zuweilen auch einige Tage strengsten Fastens auferlegte. Auch hier wird der Sinn des Fastens in der Stärkung des sühnenden Gebetes gesehen, mit dem der Büßer sich an Gott wendet, die Kirche betont dabei auch stets den heilenden Charakter solchen Bußfastens[109].

[102] Didasc. 5, 14, 15.

[103] Tertullian, De ieiun. 14; Hippolyt, In Dan. comm. 4, 20, 3; Synod. Illib., can. 26, dazu *J. Schümmer* a. a. O. 152—159.

[104] Tertullian, De ieiun. 10; Didasc. 5, 14, 15.

[105] Tertullian, De ieiun. 2; Irenäus bei Euseb. HE 5, 24; Trad. apost. 29 (64 *Botte*); Didasc. 5, 18; Dionysius Alex., Ep. ad Basil. 1.

[106] Did. 7, 4; Justin, Apol. 61, 2; Trad. apost. 20 (48 *Botte*).

[107] Vgl. *J. Schümmer* a. a. O. 166—168.

[108] Tertullian, De bapt. 20; De ieiun. 8, 12; Clemens Alex., Exc. ex Theod. 83 84.

[109] Tertullian, De paen. 9—11; Ad ux. 2, 8; Didasc. 2, 16, 2; 2, 41, 6; Cyprian, De laps. 35.

Fasten als Möglichkeit, die Herrschaft über Begierde und ungeordnete Sinnenlust zu gewinnen, und damit als Weg zu höherer Vollkommenheit fand besonderen Anklang in den frühchristlichen Asketenkreisen. Gerade hier war allerdings auch die Gefahr übersteigernder Bewertung gegeben, die sich zuweilen in heroischen Rekordleistungen äußerte, wie sie aus den die Asketen ablösenden Mönchskreisen immer wieder berichtet werden[110]. Gegenüber solchen Entartungen betonen christliche Schriftsteller schon früh, daß es entscheidend auf den Geist ankommt, auf echte Bußgesinnung und Selbstverleugnung, die dem körperlichen Fasten erst seinen Wert geben[111]. Andere betonen die Caritas gegenüber dem Nächsten als Fastenmotiv, da man so dem notleidenden Bruder reichere Hilfe gewähren könnte[112]. Am wertvollsten sind auch hier jene Stimmen, die das Fasten in einer engen Verbindung zum Gebet sehen, dem man durch diese asketische Haltung eine erhöhte Wirkkraft verleihen könne[113]. In dieser Linie liegt auch die weitverbreitete Auffassung, Fasten sei eine bedeutsame Weise der Vorbereitung auf den Geistempfang jeder Art, so daß Fasten für den Geistesträger, den Propheten, Lehrer und Bischof, selbstverständliche Forderung wird[114]. Von hier aus wird der innere Zusammenhang von Prophetie und Fasten, dem man im Montanismus begegnet, begreiflich; hier wird das Fasten zu einer absolut notwendigen Voraussetzung für die Gabe der Prophetie, und Tertullian muß von seiner Sicht her in seiner Schrift „De ieiunio" die Großkirche aufs schärfste bekämpfen, die solche Überschätzung einer asketischen Übung nicht billigen kann[115].

Frühchristliches Sittenleben

Die eben geschilderten Ideale christlichen Vollkommenheitsstrebens stellten, wie schon betont, Maximalforderungen dar, deren Erfüllung nur einer Elite und damit einer Minderheit unter den Christen möglich war. Hier stellt sich die Frage, wie die große Mehrheit der Mitglieder der Gemeinden in Stadt und Land ihren religiösen Alltag inmitten einer heidnischen Umgebung und einer von heidnischen Voraussetzungen her bestimmten profanen Kultur gestaltet hat. Leider geben die Quellen auf diese Frage auch für das 3. Jh. eine vielfach noch spärliche Antwort und gestatten es nicht, ein vollständiges und für alle damaligen Verbreitungsgebiete des Christentums gültiges Bild christlicher Lebensführung zu entwerfen. Am ergiebigsten

110 Eusebius, De mart. Pal. 3; Palladius, Hist. Laus. 1—2 11 18 22 36 38 43 45 48 52.

111 So schon Hermas, Past. sim. 5, 1, 4; 5, 36; Justin, Dial. 15; Origenes, In Lev. hom. 10, 2. 112 Aristides, Apol. 15. 113 Tertullian, Apol. 40, 13; De fuga 1.

114 Vgl. schon Apg. 13, 2; weiter Hermas, Past. vis. 2, 2, 1; 3, 1, 2; 3, 10, 6f; Tertullian, De ieiun. 13; Fragm. Murat. 9—16.

115 Vgl. bes. R. *Arbesmann* a. a O. 52—71.

sind noch die Stimmen aus dem nordafrikanischen Raum, dessen führende Schriftsteller Tertullian und Cyprian mit ihrem betonten Interesse für praktisch-religiöse Alltagsfragen manchen Aufschluß geben. Neben ihnen sind die alexandrinischen Lehrer Klemens und Origenes zu nennen, die sich öfters zu gleichartigen Erscheinungen des christlichen Alltagslebens der ägyptischen Gemeinden äußern.

Der Versuch, die Leistungen der Christenheit auf dem hier angesprochenen Gebiet objektiv zu würdigen, muß eindringlich auf die konkreten Schwierigkeiten hinweisen, denen eine Verwirklichung christlicher Sittlichkeitsideale Tag für Tag begegnen mußte. Hier sind einmal jene Belastungen zu nennen, denen sich christliche Minderheiten in allen Perioden christlicher Missionstätigkeit ausgesetzt sehen, wenn sie sich inmitten einer alle privaten und öffentlichen Lebensbereiche erfassenden heidnischen Umwelt bildeten und behaupten sollten. Eine Vielzahl von Berufen und Erwerbszweigen stand im unmittelbaren Dienst des spätantiken Polytheismus, von denen sich die Christen praktisch selber ausschließen mußten, wollten sie ihre eigenen religiösen Überzeugungen nicht gefährden[116]. Von dieser heidnischen Gesamtatmosphäre ging zudem eine stetige Lockung zum Rückfall in die ehemaligen Lebensgewohnheiten aus, die allen Christen einen gerade im Alltag immer zu erneuernden Verzicht abforderte. Nur mit einem Höchstmaß sittlicher Selbstdisziplin konnten sie sich speziell gegen die Gefahren sichern, die mit der starken Zügellosigkeit im sexuellen Bereich gegeben waren, die eine der bedenklichsten Erscheinungen des spätantiken Sittenlebens darstellt. Hier war geradezu eine Testsituation gegeben, in der das christliche Sittlichkeitsideal seine wirkliche Qualität beweisen mußte.

Die Quellen lassen erkennen, daß gerade im 3. Jh. die christlichen Gemeinden Bewährungsproben ausgesetzt wurden, die sie nicht restlos bestanden. In den längeren Friedensperioden dieses Zeitraumes konnte jedesmal das Gift der sie umgebenden heidnischen Atmosphäre seine langsame, aber nachhaltige Wirkung entfalten, die erschreckend offenbar wurde, wenn eine heftige Verfolgungswelle, wie die Decische und Diokletianische, als außerordentliche Belastungen über sie kam. Die hohe Zahl der Abfälle in den Jahren 249/50 enthüllt eine starke Erschlaffung christlicher Selbstdisziplin, die den lockenden Annehmlichkeiten des heidnischen Kulturlebens keinen entschiedenen Widerstand entgegensetzte. Das Bild, das vor allem Cyprian hier zeichnen muß, spricht eine eindeutige Sprache[117]. Auch Eusebius muß bei seiner Schilderung der Gesamtlage des Christentums vor Ausbruch der Diokletianischen Verfolgung auf viele bedenkliche Erscheinungen in den Gemeinden hinweisen; er nennt manch unerfreulichen Streit der Gemeindeleiter untereinander, vor allem aber erwähnt er das Nachlassen sittlicher

[116] Siehe oben S. 316f. in der Darstellung des Katechumenates.
[117] Vgl. oben S. 256.

Zucht, da die Christen „gleich manchen Heiden ... Sünde auf Sünde häuften“, so daß sich Eusebius die hereinbrechende Verfolgung nur als göttliches Strafgericht erklären kann[118]. Die Behandlung der Bußfrage wird noch zeigen, daß schwere Vergehen von Christen gerade auch im sexuellen Bereich die kirchliche Führung immer wieder zu ernsten Mahnungen und strengen Sühnemaßnahmen veranlassen. Aber trotz dieser unleugbaren schweren Schatten im Gesamtbild christlicher Lebensführung des 3. Jh. läßt sich nicht bestreiten, daß es dem Christentum damals gelungen ist, das sittliche Niveau in den einzelnen Gemeinden weit über das der heidnischen Umwelt zu heben.

Ehe und Familie

Besonders eindrucksvoll zeigt sich dies im Bereich von Ehe und Familie. Zwar ist Tertullians Schilderung der Schönheit der christlichen Ehe ein die Wirklichkeit verklärendes Idealbild, sie beweist aber, daß man um dieses Ideal wußte und ernsthaft nach seiner Verwirklichung strebte. Schon Ignatius von Antiochien hatte empfohlen, den Eheabschluß durch den Bischof billigen zu lassen, auch zu Tertullians Zeit gehen die Christen die Ehe vor der ecclesia ein und lassen sie durch einen Segen besiegeln, wenn damit auch noch kein eigener liturgischer Ritus oder eine unerläßliche Beteiligung des Bischofs beim Eheabschluß gemeint sein muß. Aus der beiden Partnern gemeinsamen religiösen Überzeugung fließt die innere Harmonie einer solchen Ehe, sie empfängt ihre Kraft in guten wie in bösen Tagen aus der gemeinsamen Teilnahme am eucharistischen Mahl[119]. Da solche Voraussetzungen in Ehen zwischen Christen und Heiden nicht gegeben waren, fanden diese die Mißbilligung der Kirche; der christliche Teil sei hier allzuleicht der Berührung mit dem heidnischen Kult ausgesetzt, die Erfüllung mancher religiösen Pflichten und Gewohnheiten seines Glaubens werde erschwert. Cyprian erwähnt bei Aufzählung der Mißstände in der nordafrikanischen Kirche, die das Strafgericht der Decischen Verfolgung herausforderten, eigens die Ehen zwischen Christen und Ungläubigen, durch die man „den Heiden die Glieder Christi preisgab“. Solche Ehen werden darum ausdrücklich von der Kirche verboten, Eltern, die ihre Zustimmung zur Ehe ihrer Tochter mit einem Häretiker, Juden oder gar einem heidnischen Götzenpriester geben, unterliegen schweren kirchlichen Strafen[120]. Die Unauflöslichkeit der christlichen Ehe, die seit Paulus ihre tiefste Begründung in ihrer Symbolhaftigkeit für die Verbindung Christi mit der Kirche findet (Eph 5, 32; 1 Kor 7, 10ff), wird von den meisten Schriftstellern des 3. Jh.

[118] Euseb. HE 8, 1, 7—9. [119] Ignatius, Ad Polyc. 5; Tertullian, Ad ux. 2, 8.
[120] Tertullian, Ad ux. 2, 4—6; Cyprian, De laps. 6; Synod. Illib., can. 15—17; Synod. Arel., can. 11.

entschieden betont[121]. Die Sorge der Kirche galt weiter der Heilighaltung der Ehe durch Wahrung der ehelichen Treue und durch die Ehrfurcht vor dem Kinde. Ehebruch wurde streng geahndet durch die Praxis der kirchlichen Bußdisziplin, jede Form der Fruchtabtreibung als Mord geächtet und die Aussetzung des Kindes nach der Geburt verworfen. Gerade hier stießen die Forderungen der christlichen Ethik am schärfsten zusammen mit der heidnischen Laszivität oder mit der heidnisch-römischen Rechtsauffassung, die erst das geborene Kind als Mensch wertete[122]. Innerhalb einer so verstandenen christlichen Ehe ist die Stellung der Frau die des gleichberechtigten Ehepartners, das Christentum erweist ihr damit prinzipiell eine weit höhere Achtung als die meisten heidnischen Religionen der Zeit. Die zweite Ehe erfährt allerdings eine unverkennbare Abwertung; sie wird zwar nicht wie bei den Montanisten verboten, wird aber im Zuge der askesefreundlichen Strömung der Zeit als Zeichen geminderten sittlichen Strebens angesehen, von dem Apologeten Athenagoras sogar als „anständiger Ehebruch" gebrandmarkt. Diese Einschätzung begegnet nicht etwa nur vereinzelt, sie entspricht der Auffassung der Kirche, die darum den Klerikern die Teilnahme an Festlichkeiten solcher Ehen verbietet und in der Zweitehe eines Klerikers ein Hindernis für die Aufnahme oder das Verbleiben in diesem Stande sieht. Erst recht galt eine dritte oder vierte Ehe als ernstes Versagen gegenüber den Forderungen christlicher Zucht und schloß aus dem Kreis der Vollkommenen, wie Origenes sagt, aus[123].

Frühchristliche Caritas

Einen Gradmesser für den Wert christlicher ethischer Grundsätze im Alltag stellen Art und Weise der Erfüllung des Gebotes christlicher Nächstenliebe dar. Die praktische Ausübung tätiger Caritas am notleidenden Bruder im Glauben wie am von Krankheit oder Unglück betroffenen Heiden ist, im markanten Gegensatz zur entsprechenden heidnischen Haltung, ein unleugbarer Ruhmestitel für die frühchristliche Großkirche. Eine der frühesten Formen karitativer Betätigung sind die Agapen, Mahlzeiten in den christlichen Gemeinden, die das Gemeinschaftsbewußtsein zwischen ihren Mitgliedern verschiedener sozialer Stellung stärken sollten, die aber zugleich die Möglichkeit boten, die Armen und Notleidenden unter ihnen in rück-

[121] Clemens Alex., Strom. 2, 23; Origenes, In Matth. hom. 14, 16; Tertullian, Adv. Marc. 4, 34; De pat. 12; De monog. 9.

[122] Synod. Illib., can. 14 47 64 70 78. — Athenagoras, Suppl. 35; Tertullian, Apol. 9, 8; Min. Felix, Oct. 30, 2; Hippolyt, Refut. 9, 12, 25, dazu *F. J. Dölger:* AuC IV (1934) 23—55.

[123] Athenagoras, Suppl. 33; vgl. schon Hermas, Past. mand. 4; Theophilus, Autol. 3, 15; Clemens Alex., Strom. 2, 23; 3, 11; Origenes, In Luc. hom. 17, 10; In Ier. hom. 20; In Matth. comm. 14, 22; Synod. Ancyr., can. 19; Neocaes., can. 3 und 17.

sichtsvoller Form eine wirksame materielle Hilfe zu gewähren. Sie wurden entweder in der Privatwohnung eines wohlhabenden Gemeindemitgliedes oder in kircheneigenen Räumen unter Vorsitz des Bischofs abgehalten — er konnte auch durch einen Presbyter oder Diakon vertreten werden —, der das Mahl mit einem Gebet über die mitgebrachten Gaben einleitete. Mit den Vorstehern werden dabei Fragen des Gemeindelebens besprochen, er trägt Sorge dafür, daß auch die abwesenden Kranken und Witwen ihren Anteil an den Gaben erhalten. Zuweilen werden die Witwen gesondert von einem Mitchristen eingeladen, oder man gibt ihnen Lebensmittel in ihre Wohnungen mit. Die hie und da bei den Agapen auftretenden Mißbräuche mindern nicht den Wert dieser Zusammenkünfte, die nach Klemens von Alexandrien in betonter Distanz zu heidnischem Brauch eine eigene Form christlicher Geselligkeit darstellten und soziale Spannungen innerhalb der Gemeinden nicht aufkommen lassen sollten[124].

Tertullian gibt in seinem Apologeticum einen instruktiven Einblick in die karitative Arbeit der Christengemeinde Karthagos am Beginn des 3. Jahrhunderts. Hier existiert eine Art Gemeindekasse für die freiwilligen Beiträge der Mitglieder, aus denen man die Armen unterhielt, für das hilfsbedürftige Alter sorgte, eltern- und mittellosen Kindern Hilfe leistete, die eingekerkerten Brüder betreute und die zur Zwangsarbeit in den Bergwerken Verurteilten unterstützte[125]. Einer Sonderform frühchristlicher Caritas begegnet man in der schon in apostolischer und nachapostolischer Zeit gerühmten und auch im 3. Jh. nicht minder geschätzten und empfohlenen Gastfreundschaft, die den durchreisenden Glaubensbruder in weitherziger Liebe aufnahm und umsorgte. Origenes macht die Gastfreundschaft zum Thema zweier Homilien, Cyprian hinterläßt einem seiner Presbyter Mittel, die er während seiner Abwesenheit für bedürftige Fremde verwenden soll. Die syrische Didaskalie legt dem Bischof die Sorge für die Fremden angelegentlich ans Herz, auch die Synoden von Elvira und Arles betonen sie. Im 4. Jh. erwächst aus dieser karitativen Verpflichtung eine umfassende Organisation mit der Einrichtung von Herbergen und Hospizen[126]. Den Eindruck, den diese Art Caritas auf heidnische Kreise machte, bestätigt Kaiser Julian wider Willen, wenn er schreibt, das Christentum sei am nachhaltigsten gefördert worden „durch die Philanthropie gegenüber den Fremden und durch die Fürsorge bei der Bestattung der Toten“[127]. Auch der letztgenannte Zug, das Bemühen um ein würdiges Begräbnis für verstorbene arme Glaubensbrüder, wird als Liebespflicht empfunden und als ein

[124] Clemens Alex., Paed. 2, 1, 4ff; Tertullian, Apol. 39, dazu *E. Dekkers* a. a. O. 67—71; Hippolyt, Trad. apost. 26—27 (57—62 *Botte*); Didasc. 2, 28, 1—3. [125] Apol. 39.

[126] Vgl. *G. Stählin:* ThW V 1—36 (φιλοξενία). Nach Euseb. HE 4, 26, 2 hat Melito von Sardes περὶ φιλοξενίας geschrieben. — Origenes, In Gen. hom. 4 und 5; Cyprian, Ep. 7; Didasc. 2, 58, 6; Synod. Illib., can. 25; Synod. Arel., can. 9. Vgl. noch Justin, Apol. 67, 6; Tertullian, Ad ux. 2, 4. [127] Sozom. HE 5, 15.

dem Christentum eigentümlicher Zug dem Heidentum gegenüber rühmend hervorgehoben. Nach Möglichkeit bestattet man die Toten inmitten verstorbener Glaubensbrüder und erweist ihnen Liebe über das Grab hinaus, wenn man für sie das eucharistische Opfer darbringen läßt und ihrer noch weiterhin im Gebet gedenkt[128].

Das vorkonstantinische Christentum hat zwar kein Sklavenproblem in einem Sinne gekannt, der es veranlaßt hätte, auf die Beseitigung des Sklavenstandes hinzuarbeiten, aber am Los der Sklaven konnte die frühchristliche Caritas nicht desinteressiert sein. Sie hat entscheidend zur Besserung ihrer Lage beigetragen, als sie die christlich gewordenen Sklaven als vollwertige Brüder und Schwestern der übrigen Gläubigen anerkannte und ihnen im innerkirchlichen Raum die volle Gleichberechtigung zusprach[129]. Einem Sklaven waren die kirchlichen Ämter einschließlich der Bischofswürde zugänglich. Dem Ansehen des „Hirten" schadete es keineswegs, daß sein Verfasser Hermas als Sklave geboren wurde[130]. Sklaven oder Sklavinnen unter den Martyrern werden ohne Einschränkung hoch geehrt, wie etwa Blandina in Lyon und Felicitas in Karthago. Entehrende Behandlung von Sklaven durch christliche Herren wird scharf gerügt und gegebenenfalls mit kirchlichen Strafen geahndet. Anderseits werden Sklaven, die offensichtlich die „christliche Freiheit" mißverstanden und ihren Loskauf aus der Armenkasse der Gemeinde erstrebten, auf den tieferen Sinn christlichen Dienens hingewiesen, der sie ihre Stellung zur Ehre Gottes ertragen läßt[131].

Erst recht mußte sich christliche Nächstenliebe in Zeiten außerordentlicher Katastrophen bewähren, an denen das 3. Jh. nicht arm war. Dionys von Alexandrien hat das Hohelied christlicher Opferbereitschaft gesungen, die in Alexandrien Laien wie Kleriker auszeichnete, als sie um 250 während einer Epidemie ohne Furcht vor Ansteckung ihre kranken Brüder pflegten und dabei ihr Leben hingaben, während die Heiden ihre kranken Angehörigen mieden und ihre Toten unbeerdigt liegen ließen. Cyprian rief in Wort und Beispiel seine Gläubigen zu einer organisierten Hilfsaktion auf, die auch die Heiden nicht von der Betreuung ausschloß, als die Pest in Karthago wütete. Rühmlich stach wiederum die Haltung der Christen von der ihrer heidnischen Mitbürger während einer Epidemie zur Zeit des Maximinus Daia ab, als sie Hungernde und Kranke ohne Unterschied ihres religiösen Bekenntnisses selbstlos betreuten[132].

[128] Aristides, Apol. 15; Tertullian, Apol. 39; Lactanz, Div. instit. 6, 12; Cyprian, Ep. 67, 6. — Tertullian, De monog. 10; De cor. 3; De exhort. cast. 11; Cyprian, Ep. 1 und 12.

[129] So schon Tatian, Or. 11; Aristides, Apol. 15; Irenaeus, Adv. haer. 4, 21, 3; Tertullian, De cor. 13; Eusebius, De mart. Pal. 11, 1.

[130] Siehe die Belege bei *E. J. Jonkers:* Mnemosyne 10 (1942) 286—302.

[131] Synod. Illib., can. 5. — Ignatius, Ad Polyc. 4, 3.

[132] Euseb. HE 7, 22, 7—10 und 9, 8, 1; Cyprian, De mortal. passim; Pontius, Vita Cypr. 9.

Christliche Caritas erstreckt sich auch auf die Gemeinden in allen geographischen Ausbreitungsgebieten des Christentums, die in eine besondere Notlage geraten. Ihnen hilft man in einer selbstverständlichen eindrucksvollen Spontaneität, die ein Gemeinschaftsbewußtsein der Gläubigen der Gesamtkirche offenbart, wie es keine andere religiöse Gruppe der Zeit aufzuweisen hat. Die Quellen vermitteln den starken Eindruck, daß das Verhalten der römischen Gemeinde hier als beispielhaft empfunden wurde. Es scheint, daß die Kirche Roms jedesmal sofort zu tätiger Hilfe bereit war, wenn immer sie Kunde erhielt von der besonderen Notlage einer Gemeinde, selbst im entlegenen Osten. Was Dionys von Korinth um 170 von ihr rühmt, behält auch Geltung für das 3. Jh.: „Von Anfang an war es bei euch Brauch, allen Brüdern auf mannigfache Art Gutes zu tun und vielen Gemeinden in allen Städten Unterstützungen zu senden. So habt ihr die Armut der Bedürftigen erleichtert, den Brüdern in den Bergwerken Unterhalt gewährt und damit als Römer an einem von den Vätern von alters her überlieferten Brauch festgehalten. Daran hielt sich nicht nur euer seliger Bischof Soter, sondern er steigerte diesen Brauch noch." [133] Denn Dionys von Alexandrien berichtet etwa 100 Jahre danach, daß Rom an die Kirchen in Arabien und Syrien regelmäßig Unterstützungen gelangen ließ, und in Kappadokien ist es in den Tagen des Basilius nicht vergessen, daß die römische Kirche unter Bischof Dionys (259—269) Gelder nach dort schickte, um christliche Gefangene von heidnischen Machthabern loskaufen zu können. Eine Notiz bei Eusebius setzt voraus, daß Rom auch in der Diokletianischen Verfolgung ähnliche Hilfe gewährte [134]. Ein gleiches Verantwortungsbewußtsein für andere Gemeinden zeichnet Cyprian von Karthago aus; er ließ für die Gemeinden in Numidien eine Kollekte in seiner Gemeinde abhalten, deren ansehnlicher Betrag für die Fürsorge an ihren Gefangenen verwandt wurde [135].

Die praktische Durchführung der von der Pflicht der Nächstenliebe gestellten Aufgaben verlangte in den größeren Gemeinden des 3. Jh. einen gewissen sachlichen und personellen Verwaltungsapparat. Neben die Diakone, die gegebenen Helfer des Bischofs in der karitativen Fürsorge, treten immer mehr die Frauen, die für die Betreuung des weiblichen Geschlechtes unentbehrlich waren. Für solche Aufgaben kamen zunächst die *Witwen* in Betracht, die im Anschluß an Tim 5, 3—16 als besonderer Stand innerhalb der Gemeinde hochgeschätzt waren. In diesen werden nur bewährte Frauen aufgenommen — das Urteil darüber steht naturgemäß dem Bischof zu —, und zwar ohne Weihe und ohne vorgeschriebenes Gelübde. Sie werden bevorzugt in der privaten Hausseelsorge und in der Missionsarbeit unter Frauen verwandt, widmen sich der Erziehung der Waisen, arbeiten in der

[133] Euseb. HE 4, 23, 10; vgl. Ignatius, Ad Rom. prooem.: ἡ προκαθημένη τῆς ἀγάπης.
[134] Euseb. HE 7, 5, 2; 4, 23, 9; Basilius, Ep. 70. [135] Cyprian, Ep. 76—79, bes. Ep. 62.

Krankenpflege und übernehmen zuweilen auch die Fürsorge für die Gefangenen[136]. Vom 2. Jh. an werden auch unverheiratete Frauen für solche Dienste zugelassen, für die später, ebenso wie für die karitativ tätigen Witwen, die Bezeichnung *Diakonissen* aufkommt. Als sich der Stand der Witwen und Jungfrauen durch die Annahme der asketischen Lebensführung mehr und mehr von diesem Aufgabenbereich löste, wurde die Funktion der Diakonissin besonders im syrischen Raum zu einem eindeutigen Gemeindeamt; sie ist jetzt besonders tätig in der Betreuung der weiblichen Katechumenen und Täuflinge, in der Hausseelsorge an Christinnen in heidnischen Familien und in der Fürsorge für kranke Frauen. Im 4. Jh. gewinnt das Amt der Diakonissin infolge Einströmens heidnischer Volksmassen in die Kirche noch an Bedeutung und erreicht seine endgültige Gestalt und eigentliche Blütezeit. Da das Diakonissenamt im lateinischen Westen vor dem 4. Jh. nicht nachweisbar ist, haben hier wohl die Witwen, die schon Hermas in Rom als besonderen Stand kennt, dessen Aufgaben beibehalten[137]. Die Schaffung einer Institution, die so bewußt der spezifischen Veranlagung der Frau entgegenkam, ist in diesem Ausmaß eine rühmenswerte Eigenleistung der frühchristlichen Kirche; der Segen, der von ihr ausging, hat die späteren Jahrhunderte veranlaßt, sie prinzipiell, wenn auch in immer neuen Formen, beizubehalten.

Die christliche Liebestätigkeit konfrontierte die Kirche zwangsläufig mit einer Reihe sozialer Einzelfragen wie die von Besitz und Reichtum, Arbeit und Armut u. ä., die zu einer Stellungnahme nötigten. Diese findet sich am ausführlichsten bei Klemens von Alexandrien, ohne daß sie allerdings als die allgemein anerkannte Auffassung der Großkirche gelten könnte. Die neutestamentliche Distanz zu Besitz und Reichtum wird auch von ihm grundsätzlich beibehalten, wenn auch seine Wertung dieser Dinge nicht so pessimistisch ist wie die anderer Christen. Reichtum schließt an sich nicht vom Himmelreich aus, ebensowenig wie Armut den Zugang dahin garantiert, aber von der ernsten Gefährdung, die Reichtum für jeden Christen bringt, ist auch Klemens tief überzeugt. Ob Vermögen und Besitz einem Christen zum Unheil werden, hängt davon ab, ob er Sklave dieser Güter ist und sie zum Inhalt seines Daseins macht. Wer innere Freiheit ihnen gegenüber besitzt, ihren Verlust mit Gelassenheit trägt, der gehört zu den Armen im Geiste, die der Herr seliggepriesen hat. Den rechten Gebrauch von ihnen macht er, wenn er sie im Dienst seiner Brüder verwendet[138]. Daher der hohe Preis des Almosengebens, der bei den meisten Schriftstellern der Zeit begeg-

[136] Clemens Alex., Paed. 3, 97; Origenes, De or. 28, 4; In Luc. hom. 17, 10; In Is. hom. 6, 3; Euseb. HE 6, 43, 11; Didasc. 3, 1, 2; 3, 21. — Tertullian, De virg. vel. 9; Ad ux. 1, 7; De exhort. cast. 13.

[137] Der Name „Diakonisse" erstmals Conc. Nicaen., can. 19. — Didasc. 3, 12, 1—4; Hermas, Past. vis. 1, 4, 3.

[138] Clemens Alex., Quis div. salv. passim; Paed. 3, 35; Strom. 2, 22, 4; 4, 31, 1.

net und in Cyprians Spezialschrift über diesen Gegenstand seinen vorkonstantinischen Höhepunkt erreicht. Hat schon der sog. zweite Klemensbrief das Almosengeben höher als Fasten und Beten gewertet, so gewinnt es bei Cyprian den Rang eines Gnadenmittels, mit dem der Christ die nach der Taufe begangenen Alltagsfehler sühnen kann[139]. Sicher sind die Mahnungen der Bischöfe zum Wohltun von vielen Christen gerne befolgt worden, wie die eben geschilderten Formen christlicher Liebestätigkeit beweisen; manche haben in asketischem Enthusiasmus Hab und Gut weggeschenkt oder ihre Gaben unbesonnen verteilt, so daß z. B. Origenes mahnt, man solle die Lage jedes Bedürftigen klug prüfen und dementsprechend helfen[140]. Keineswegs hat aber die Kirche bei ihrer Fürsorgetätigkeit versäumt, in der Arbeit einen hohen Persönlichkeitswert zu verkünden und der antiken Auffassung entgegengewirkt, die vor allem in der körperlichen Arbeit — sie war Zeichen der Unfreiheit und des Sklaventums — weithin ein Übel und ein bitteres Muß sah. Sie folgt hier dem jüdischen und neutestamentlichen Vorbild und betont, daß auch einfache Arbeit zu schätzen sei, daß sie gegenüber dem untätigen Wohlleben mancher Heiden den Vorzug verdiene. Die Kirchenordnungen sehen die Arbeit als selbstverständliche Pflicht an und bestimmen, daß ein arbeitsfähiger Christ keine Unterstützungen von der Gemeinde empfangen soll[141]. Erst bei Augustinus setzt eine tiefere Reflexion über den sittlich-religiösen Sinn der Arbeit ein, die zur Ausbildung eines christlichen Arbeitsethos führt. Der Beitrag, den die Kirche des 3. Jh. zur praktischen Lösung des Arbeitsproblems leistete, war so umfassend, daß er die Aufmerksamkeit der Heiden erregte. Tertullian berichtet, wie manche von ihnen im Blick darauf ironisch abwertend sagten: „Seht, wie sie einander lieben!“[142] Was als Spott gemeint war, ist letztlich hohes Lob.

Die Stellung des frühen Christentums zur profanen Kultur

Es entsprach der asketischen Grundhaltung des frühen Christentums, daß es den Annehmlichkeiten der spätantiken Zivilisation mit betonter Reserve gegenüberstand. Mag auch Tertullians Rigorismus in seiner radikalen Ablehnung der meisten Zivilisationsgüter als Erfindungen heidnischer Dämonen über das Ziel hinausschießen, so wird doch auch von besonnenen Männern wie Klemens von Alexandrien alles zurückgewiesen, was im Dienst einer überbetonten Schönheits- und Körperpflege stand und zu üppigem Wohlleben ausartete, während er einer vernünftigen Gesundheitspflege und

[139] Clemens, Ad Cor. 2, 16; Cyprian, De op. et eleem. 1.
[140] Vgl. etwa Hermas, Past. mand. 4—6; Origenes, In Matth. comm. 61.
[141] Did 12, 2—5; Aristides, Apol. 15; Tertullian, De idol. 5, 12; Apol. 41; Clemens Alex., Paed. 3, 11; Didasc. 2, 4, 3. [142] Apol. 39.

einem besonnenen Gebrauch von Schmuck nicht abhold war[143]. Die großen Gefährdungen des christlichen Sittlichkeitsideals, die mit dem heidnischen Vergnügungswesen, seinen Gladiatorenkämpfen, Theaterdarstellungen und Tänzen gegeben waren, wurden schon allein wegen ihrer wenn auch oft nicht mehr durchschaubaren Verbindung mit dem Götterkult bewußt gemieden. Daß es manchen Christen allerdings nur schwer gelang, sich von der eingewurzelten Hinneigung zu diesen Formen zu lösen, beweist die Diskussion, die Tertullian und Novatian darüber zu führen hatten[144].

Die Wertung der heidnischen *Literatur und Wissenschaft* durch die christlichen Schriftsteller des 3. Jh. ist sehr differenziert. Die Griechen zeigen sich weit eher als die Lateiner, mit Ausnahme des Lactanz, bereit, ihr eine wenn auch mit Einschränkung vorgebrachte Bedeutung zuzuschreiben. Klemens von Alexandrien kann sich der Meinung derer nicht anschließen, die in der Philosophie eine Erfindung des Teufels sehen; der griechischen Philosophie kommt nach ihm sogar eine providentielle Bedeutung als Vorbereiterin auf das Christentum zu, wenn sich auch einzelne ihrer Vertreter von der Sorge für die sprachliche Form dazu verleiten ließen, den sachlichen Gehalt aus dem Auge zu verlieren. Philosophisches Denken kann auch noch im Christentum den Weg zum Glauben bereiten helfen. In der Dichtung bewertet Klemens die Tragödie positiv, da sie den Blick zum Himmel erheben lehre[145]. Auch Origenes besitzt eine sympathisch vorgetragene Aufgeschlossenheit für manche Leistungen der profanen Wissenschaft. In seiner Auseinandersetzung mit Kelsos verteidigt er sich, als dieser ihm zum Vorwurf macht, er sei inkonsequent, wenn er sich auf Zeugnisse heidnischer Philosophen für die Unsterblichkeit der Seele berufe; ebenso bestreitet er die Behauptung, die dialektische Methode werde von den Christen abgelehnt. Die Bedeutung der weltlichen Wissenschaften für die christliche Unterweisung anerkennt er, nur die Sophistik und Rhetorik mancher Lehrer wertet er negativ gegenüber der Schlichtheit und Gewissenhaftigkeit der Evangelisten[146]. Weit reservierter ist die Haltung Hippolyts, der die Entstehung der Häresien mit ihrer Abhängigkeit von der griechischen Philosophie begründet, wenn er ihr und der griechischen Literatur im Vergleich mit ägyptischer, babylonischer und chaldäischer Weisheit auch den Vorzug gibt[147].

Auf lateinischer Seite kommt Minucius Felix zu einer radikalen Ablehnung der heidnischen Dichtung, die wegen ihres mythologischen Inhaltes

143 Tertullian, De cor. passim; De cultu fem. passim; Clemens Alex., Paed. 2, 8 und 11—12; 3, 2 und 10—11; Min. Felix, Oct. 12 38; Cyprian, De laps. 6.

144 De spect. passim, bes. 1; Novatian, De spect. 2—3.

145 Clemens Alex., Strom. 6, 17, 156; 6, 8, 66; 6, 17, 153; 1, 5, 28; 6, 16, 151; 5, 14, 122; Protr. 4, 59.

146 Origenes, Contra Cels. 3, 81; 6, 7; 6, 14; 3, 39.

147 Hippolyt, Refut. I prooem.; 10, 5; 10, 34.

für die christliche Jugenderziehung unbrauchbar sei. Ebensowenig läßt er philosophischen Skeptizismus in der Frage der Gotteserkenntnis gelten, während er das Bemühen anderer Denker um den wahren Gottesbegriff positiv beurteilt[148]. Von besonders komplexer Natur ist Tertullians Stellungnahme, die allerdings nach Thema und Lebensphase mit verschiedener Intensität und Begründung vorgetragen wird. In den frühapologetischen Schriften wird wenigstens indirekt die Verwertbarkeit philosophischen Bemühens zugegeben, wenn Tertullian selber die religionskritischen Arbeiten heidnischer Philosophen für seine Argumentation heranzieht[149]. In den polemischen Arbeiten, die sich mit den Häresien auseinandersetzen, wird sein Urteil über den Wert der Philosophie skeptischer; sie ist ihm wenigstens zum Teil verantwortlich für die Irrlehre, nur dort sind ihre Erkenntnisse verwertbar, wo sie mit der christlichen Wahrheit übereinstimmen[150]. Die praktisch asketischen Schriften verraten dann einen starken Pessimismus in der Beurteilung aller heidnischen Literatur, die kaum einen Beitrag zur Gestaltung des christlichen Sittenlebens leisten kann. Darum ist der Beruf eines Lehrers an heidnischen Schulen für einen Christen untragbar; für Tertullian ist die Vorstellung unvollziehbar, man könne etwas lehren, wovon man innerlich nicht überzeugt sei[151]. Hier wird etwas von dem Widersprüchlichen in Tertullians Seele faßbar; er selber stellt ein umfassendes Wissen aus heidnischer Literatur und Wissenschaft in oft überlegener Manier in den Dienst seiner christlichen Schriftstellerarbeit und bestreitet dann doch mit wachsendem Radikalismus, sozusagen malgré lui, irgendwelchen Bildungswert dieser Wissenschaften für den Christen. Cyprian als Mann der Praxis äußert sich nur sporadisch zu den hier angesprochenen Fragen; die Beweise für die Wahrheit des Christenglaubens bedürfen nach ihm keiner Rhetorik, die heidnische Tragödie lehrt nur unsittliches Verhalten, die Ethik der Heiden versagt in der Motivierung der Tugendlehre und arbeitet mit leeren Worten, „wir aber sind Philosophen nicht in Worten, sondern in Taten“[152]. Noch um eine Note schärfer in der Form ist die kompromißlose Verwerfung der heidnischen Literatur in den pseudocyprianischen Schriften des 3. Jahrhunderts. Erst kurz vor der Wende unter Konstantin findet sich in Lactanz ein lateinisch schreibender Christ, dem die Achtung vor der Größe der Vergangenheit Roms eine positivere Wertung seiner literarischen Leistungen ermöglicht. Der ehemalige Lehrer der Rhetorik sieht auch in diesem Wissenszweig einen Wert, mehr noch in der Philosophie, die das Falsche vom Wahren zu scheiden lehrt, wenn auch die heidnische Philosophie hier mehrfach versagt hat. Cicero bleibt für ihn *eloquentiae unicum exemplar*,

148 Min. Felix, Oct. 23, 1; 23, 8; 38, 5; 20, 1—2; 14, 2; 31, 1.
149 Ad nat. 1, 10; 2, 4—7; 2, 16; Apol. 14 19 24 46—47.
150 De praescr. 7; 43; De resurr. carn. 3; De an. 2.
151 De spect. 30; De pat. 1; De paen. 1; De cor. 10.
152 Ad Don. 2; 8—9; De bono pat. 2—3.

Vergil schätzt er als den *poeta summus* der lateinischen Literatur, dem Schauspiel gegenüber macht er allerdings Vorbehalte[153].

Der vorwiegend negativen Wertung der heidnischen Literatur und Philosophie durch die Mehrzahl der christlichen Schriftsteller des 3. Jh. steht das stolze Bewußtsein gegenüber, in den Schriften des Alten Testamentes, in den Evangelien und Apostelbriefen und in anderen Dokumenten der apostolischen Tradition ein geistiges Gut zu besitzen, das der Weisheit der Griechen weit überlegen war. Die Werke der Apologeten und Exegeten, die Leistungen der alexandrinischen und nordafrikanischen Schriftsteller christlichen Bekenntnisses konnten in den Augen ihrer Mitgläubigen ein Geistesleben repräsentieren, das ihnen vollgültigen Ersatz bot für das, was sie aufgegeben hatten. Wenn das Christentum des 3. Jh. noch kein ausgebautes, spezifisch christliches Bildungsideal entwickeln konnte, so hat es doch auch hier Grundlagen gelegt, auf denen eine spätere Zeit weiterbauen konnte.

Frühchristliche Kirche und heidnischer Staat

Von besonderem Interesse wird das Verhältnis, das sich im 3. Jh. zwischen heidnischem Staat und christlicher Kirche entwickelt. Die christliche Gemeinschaft gewinnt ein eindeutiges Bewußtsein ihrer gewachsenen inneren Kraft, sie empfindet sich als Großkirche. Dem heidnischen Staat ist diese äußere und innere Erstarkung ebenfalls nicht verborgen geblieben, er rechnet nun mit ihr als einer Macht, die zu neuer Stellungnahme zwingt. Dieses auf beiden Seiten vorhandene Bewußtsein offenbart sich am eindrucksvollsten in dem stolzen Wort Cyprians, Kaiser Decius habe die Nachricht von der Erhebung eines konkurrierenden Usurpators viel gelassener entgegengenommen als die Mitteilung von der Neuwahl eines Bischofs von Rom[154]. Auf beiden Seiten überdenkt man erneut das Verhältnis zum Gegenüber, das Ergebnis wird für die Folgezeit von weittragender Bedeutung. Auf christlicher Seite hört man zu Beginn des Jahrhunderts eigentlich nur eine Stimme, die ein radikales Nein zum römischen Staat sagt; Hippolyt sieht hinter dem Römischen Imperium die Macht Satans als die es tragende Kraft; er findet es dargestellt im ersten Tier der Apokalypse (13, 1 ff) und im vierten Tier bei Daniel (cap. 7); in diabolischer Nachahmung kopiert das Römische Reich das gläubige Volk der Christen, das der Herr aus allen Nationen und Zungen gesammelt hat[155]. In solcher Wertung äußert sich der übermächtige Druck, der zuweilen in diesem Machtgebilde mit seinem als Gott verehrten Kaiser auf der Christenheit lastete. Ganz anders lautet die Stellungnahme der alexandrinischen Lehrer. Klemens ist dem heidnischen Staat gegenüber

[153] Div. instit. 1, 1, 9; 3, 13, 17 ff; Epit. 25, 7 ff; 58; über Cicero bzw. Vergil: De opif. 20, 5; Div. instit. 1, 19, 3. [154] Ep. 55, 9. [155] In Dan. comm. 4, 9; De antichr. 25.

grundsätzlich loyal, wenn er Steuerpflicht und Militärdienst bejaht und das römische Recht anerkennt; verfolgt er die Kirche, so ist darin die Hand der Vorsehung zu verehren[156]. Eine Grenze findet diese Anerkennung nur am Kaiserkult und dem vom Staat geförderten Götzendienst. Origenes sucht als erster das Verhältnis zwischen Kirche und heidnischem Staat theoretisch zu bewältigen. Im Anschluß an Röm 13, 1 ff leitet er die Macht des Imperium Romanum von Gott her, der ihm vor allem richterliche Gewalt übertragen hat. Auf die sich aufdrängende, bohrende Frage, wie eine von Gott kommende Staatsgewalt Glaube und Religion der Christen bekämpfen könne, antwortet er, daß alle Gaben Gottes mißbraucht werden können, daß aber auch die Inhaber der Staatsgewalt vor Gottes Gericht Rechenschaft ablegen müßten[157]. Gottes Vorsehung läßt Verfolgungen zu, schenkt aber auch immer wieder den Frieden[158]. Grundsätzlich begegnet der Christ diesem Staat mit Loyalität und befolgt alle Gesetze, soweit sie nicht im Widerspruch stehen mit den klaren Forderungen seines Glaubens, wie etwa die von ihm verlangte Anerkennung des Kaiserkultes[159]. Origenes sieht aber dem Römerreich noch eine besondere providentielle Sendung zugedacht; seine die damalige Kulturwelt zusammenschließende Einheit und die in ihr wirksame pax Romana haben nach Gottes Willen der christlichen Mission die Wege geebnet, das Reich steht somit letztlich im Dienst des christlichen Glaubens[160]. Auch Tertullian ist bei aller Kühnheit in der Verteidigung christlicher Gewissensfreiheit gegenüber dem römischen Staat zutiefst davon überzeugt, daß er unter Gottes Gewalt gestellt ist; der Kaiser ist dann groß, wenn er sich Gott unterordnet. Da also der Gott der Christen auch der Gott des Kaisers ist, beten sie zu ihm um sein Wohl, ja um den Fortbestand der römischen Herrschaft[161]. An diesem grundsätzlichen Ja Tertullians zum römischen Staat ändern seine zahlreichen Vorbehalte gegenüber einer politischen Betätigung der Christen nichts; sie sind bedingt durch seine Auffassung von der weitgehenden Dämonisierung des öffentlichen Lebens, die die Christen trotz aller staatsbürgerlichen Loyalität zu Fremdlingen in dieser Welt macht[162].

Es kann bei soviel grundsätzlicher Anerkennung der römischen Staatsmacht nicht überraschen, daß sich im 3. Jh. die praktischen Kontakte zwischen ihr und der Kirche häufen. Origenes darf den Frauen der syrischen Dynastie in Antiochien Vortrag halten; sein Briefwechsel mit Kaiser Philippus Arabs ist ein bedeutsames Zeichen der Toleranz. Am Beginn der Regie-

156 Paed. 2, 14, 1; 3, 91, 3; 2, 117, 2; 3, 912; Strom. 1, 171 und 4, 79, 1.
157 In Rom. comm. 9, 26. 158 Contra Cels. 8, 70. 159 In Rom. comm. 9, 29.
160 Contra Cels. 2, 30.
161 Apol. 30; 32; 39. Auch Dionys von Alexandrien betont das Gebet der Christen für den Kaiser: Euseb. HE 7, 1. Das Gebet *pro salute imperatorum* ist urchristliches Erbe, vgl. *L. Biehl,* Das liturgische Gebet für Kaiser und Reich (Paderborn 1937).
162 De idol. 17; De cor. 13.

rung Valerians sind zahlreiche Christen im römischen Kaiserpalast tätig[163]. Durch Reskript ordnet Kaiser Gallienus an, daß den Christen ihre geweihten Stätten zurückgegeben werden, und verbietet, sie fürderhin zu belästigen[164]. Die Christengemeinde von Antiochien kann es sogar wagen, sich unmittelbar an Kaiser Aurelian zu wenden und ihn zu bitten, einen Rechtsstreit zwischen ihr und dem abgesetzten Paul von Samosata zu entscheiden[165].

All das zeigt, daß im 3. Jh. das Verhältnis zwischen Staat und Kirche auf weite Strecken nicht als feindlich oder, von der Kirche her gesehen, auch nur als desinteressiert angesehen werden kann. Es wird ein Prozeß faßbar, der als allmähliche gegenseitige Annäherung bezeichnet werden darf, wenn auch die Kirche die Grenzen ihrer Anerkennung der römischen Macht unmißverständlich ausspricht. Nur zweimal wird diese Entwicklung von römischer Seite unter Decius und Diokletian schroff unterbrochen, weil beide noch an die Möglichkeit einer gewaltsamen Lösung der Frage glauben. Wie sehr diese Auffassung die Zeichen der Zeit verkannte, zeigt der enorm rasche Umschwung nach dem Siege Konstantins. Angesichts der weitgehenden Vorbereitung einer Aussöhnung zwischen Kirche und römischem Staat schon im 3. Jh. können die Ereignisse nach dem Mißerfolg der Diokletianischen Verfolgung nicht so emphatisch als umstürzende Wende gewertet werden, wie es zuweilen geschieht.

25. Kapitel

Die Heiligkeit des Christen und seiner Kirche

LITERATUR: Übersichten: *É. Amann,* Pénitence: DThC XII 748—845; *B. Poschmann,* Buße, Bußkleid, Bußstufen: RAC II 805—812 813—816; *K. Rahner,* Bußdisziplin: LThK II 805—809.

Monographien zur Bußdisziplin: *H. Windisch,* Taufe und Sünde im ältesten Christentum bis auf Origenes (Tübingen 1908); *P. Batiffol,* Les origines de la pénitence: Études d'histoire et de théologie positive (Paris 1902) 45—202; *G. Rauschen,* Eucharistie und Bußsakrament (Freiburg ²1910); *A. d'Alès,* L'édit de Calliste (Paris ²1914); *K. Adam,* Das sogenannte Bußedikt des Kallistus (München 1917); *J. Hoh,* Die kirchliche Buße im 2. Jahrhundert (Breslau 1932); *P. Galtier,* L'église et la rémission des péchés aux premiers siècles (Paris 1932); *B. Poschmann,* Poenitentia secunda (Bonn 1940); *ders.,* Die altchristliche Buße: HDG IV/3 (Freiburg 1951) 18—41; *P. Galtier,* Aux origines du sacrement de la pénitence (Rom 1951) (= AnGr 54); *H. v. Campenhausen,* Kirchliches Amt und geistliche Vollmacht in den drei ersten Jahrhunderten (Tübingen 1953); *J. Grotz,* Die Entwicklung des Bußstufenwesens in der vornicänischen Kirche (Freiburg 1955).

[163] Euseb. HE 6, 21, 3—4; 6, 36, 3; 7, 10, 3. [164] Ebd. 7, 13.
[165] Ebd. 7, 30, 18—19.

Einzelfragen: *P. Galtier*, À propos de la pénitence primitive. Méthodes et conclusions: RHE 30 (1934) 517—557 797—846; *H. v. Campenhausen*, Die Schlüsselgewalt der Kirche: EvTh 4 (1937) 143—169; *R. Joly*, La doctrine pénitentielle du Pasteur d'Hermas et l'exégèse récente: RHR 147 (1955) 32—49; *K. Rahner*, Die Bußlehre im Hirten des Hermas: ZKTh 77 (1955) 385—431; *ders.*, Die Sündenvergebung nach der Taufe in der Regula fidei des Irenaeus: ZKTh 70 (1948) 450—455; *ders.*, Zur Theologie der Buße bei Tertullian: Festschrift K. Adam (Düsseldorf 1952) 139—167; *H. Koch*, Die Bußfrage bei Cyprian: Cyprianische Untersuchungen (Bonn 1926) 211—285; *P. Chartier*, La discipline pénitentielle d'après les écrits de s. Cyprien: Antonianum 6 (1939) 17—42 135—156; *K. Rahner*, Die Bußlehre des heiligen Cyprian: ZKTh 74 (1952) 257—276 381—438; *M. Bévenot*, The Sacrament of Penance and St. Cyprian's De lapsis: ThSt 16 (1955) 175—213; *S. Hübner*, Kirchenbuße und Exkommunikation bei Cyprian: ZKTh 84 (1962) 49—84 171—215; *A. Méhat*, ‚Pénitence seconde' et péché involontaire chez Clément d'Alexandrie: VigChr 8 (1954) 225—233; *H. Karpp*, Die Bußlehre des Klemens von Alexandrien 43 (1950/51) 224—242; *K. Rahner*, La doctrine d'Origène sur la pénitence: RSR 37 (1950) 47—97 252—286 422—456; *ders.*, Bußlehre und Bußpraxis der Didascalia apostolorum: ZKTh 72 (1950) 257—281. — *A. d'Alès*, Novatien (Paris 1924); *C. B. Daly*, Novatian and Tertullian. A Chapter in the History of Puritanism: IThQ 19 (1952) 33—43. — *E. H. Röttgers*, Marcellinus-Marcellus. Zur Papstgeschichte der diokletianischen Verfolgungszeit: ZKTh 78 (1956) 385—420; *A. Amore*, È esistito Papa Marcello?: Antonianum 33 (1958) 57—75.

Wenn der Gläubige der frühchristlichen Zeit sein religiöses Leben aus der Grundhaltung der Tauffrömmigkeit gestalten und „das Taufsiegel bewahren" sollte, so war damit ein hohes Bewußtsein von der Verpflichtung aller Getauften zur Heiligkeit in einer heiligen Kirche vorausgesetzt. Bei allem lebendigen Wissen um diese Verpflichtung und trotz allem Bemühen, ihr gerecht zu werden, wird das Ideal niemals von allen Mitgliedern in den einzelnen Gemeinden voll verwirklicht. Bereits das Schrifttum der apostolischen und nachapostolischen Zeit läßt mit aller Deutlichkeit erkennen, daß es eine volle Sündenlosigkeit in keiner Periode der jungen Kirche gegeben hat. Schon Paulus muß einen Unzuchtsünder aus der Gemeinde von Korinth ausschließen (1 Kor 5, 1—13) und hat auch sonst wiederholt sündhaftes Verhalten einzelner Gemeindemitglieder zu tadeln (Eph 4, 17—31; 1 Kor 6). Der Verfasser der Apokalypse beklagt schwere Vergehen in den kleinasiatischen Gemeinden (Apk 1—3), Klemens von Rom muß die Gemeinde von Korinth ernstlich mahnen, eine ganze Reihe ernster Verfehlungen, wie Aufruhr, Habsucht, Unzucht, Betrug und Neid, nicht nur als mögliche Gefahren zu meiden, sondern als betrübliche Tatsachen aufzugeben[1]. Ähnliche oder gleichartige Sünden setzen das Schreiben Polykarps von Smyrna in der Gemeinde von Philippi und der sog. 2. Klemensbrief voraus[2]. Um die Mitte des 2. Jh. entwirft der „Hirt" des Hermas ein ernstes Bild von dem Versagen vieler Christen der römischen Gemeinde, in der sich Ehebrecher, Trunkenbolde, Betrüger, Habsüchtige usw. finden[3]. Die Quellen des 3. Jh. machen

[1] Clemens, Ad Cor. 1 3 13 30 35.

[2] Polycarp, Ad Phil. 2—3 5—6 11; Ps-Clemens, Ep. 2, 4. [3] Pastor sim. 6, 5.

es dann offenkundig, daß mit der wachsenden Größe der Einzelgemeinden auch die Zahl derer in ihnen steigt, denen es nicht gelingt, die Sünde auch in ihren ernstesten Formen zu meiden; das Ideal einer heiligen Kirche, deren Glieder alle bis zum Tode in der Taufgnade leben, bleibt ein nie erreichtes Hochziel.

Diese nicht zu bestreitende Situation stellt den einzelnen Christen, die Einzelgemeinde und die Gesamtkirche vor ein schwerwiegendes Problem: Hat der Christ, der die Taufgnade verlor, für immer sein Heil verwirkt, ist er endgültig aus der heiligen Kirche ausgeschieden, oder gibt es für ihn noch einen Weg, das verlorene „Taufsiegel wiederzugewinnen"?[4] Sind vielleicht einige Sünden von solcher Schwere, daß keine noch so harte Buße sie zu sühnen vermag, daß sie also unvergebbar sind und so die Rückkehr in die kirchliche Gemeinschaft für immer unmöglich machen?

Die Diskussion um die Möglichkeit einer Buße, die die begangene Schuld sühnt und wieder die Teilnahme am kirchlichen Gemeinschaftsleben gewährt, begleitet die Kirche sozusagen von ihrer ersten Stunde an und erreicht im 3. Jh. fast dramatisch zu nennende Höhepunkte. Das Ringen um die Heiligkeit des Christen und seiner Kirche verdichtet sich in der Bußfrage und in den Bußstreitigkeiten zu einem erstrangigen Faktor innerkirchlichen Lebens, der auch in der kirchenhistorischen Forschung einen entsprechenden Widerhall findet. Bis heute konnte sie noch nicht zu allgemein anerkannten Ergebnissen kommen, da einerseits die komplizierte Quellenlage voneinander abweichende Deutungen der Tatbestände leicht ermöglicht, anderseits die enge Verquickung des Bußproblems mit dem Begriff der Kirche eine objektive Stellungnahme erschwert. Da ein Verständnis der Bußfragen des 3. Jh. eine Kenntnis der vorausgehenden Entwicklung voraussetzt, ist diese zunächst kurz zu skizzieren.

Die Verkündigung Jesu verlangt ohne Zweifel eine ganz radikale Absage an das Böse (Lk 9, 62; 14, 25) und wertet auch die Situation eines Rückfälligen ernster als den Zustand eines noch Unbekehrten (Mt 13, 3ff). Anderseits weiß er um die Sündhaftigkeit auch seiner nächsten Gefolgschaft und schließt selbst die Jünger, die ihm die Treue brachen, nicht aus von Versöhnung und Betreuung mit wichtigen Aufgaben im Gottesreich. Daß Gott bereit ist, einem Sünder öfters zu vergeben, ist Begründung für die Forderung, man müsse ebenso bereit sein, dem Bruder immer wieder zu vergeben (Mt 18, 22; 6, 12; 7, 11). Mit der Übertragung der Binde- und Lösegewalt an die Jünger als Träger der Autorität wird die Kirche dazu bestellt, über den sündigen Gläubigen das Urteil zu fällen, d. h. ihn aus der Gemeinschaft auszuschließen bzw. ihn aus der Bindung wieder zu lösen und ihm seine Sünde zu vergeben (Mt 18, 15ff; Jo 20, 21ff). Diese Vollmacht ist ohne Einschränkung verliehen, keine Sünde wird als unvergebbar ausgenommen,

[4] Ebd. sim. 8, 6, 3.

damit auch kein Sünder dauernd aus der Kirche ausgeschlossen, es sei denn, er verhärte sich in Unbußfertigkeit in „die Sünde wider den Heiligen Geist" (Mt 12, 31f). Dementsprechend handelt Paulus, wenn er den Unzuchtssünder von Korinth „dem Satan übergibt", ihn aus der sakramentalen Gemeinschaft der Gläubigen ausschließt, also „exkommuniziert" (1 Kor 5, 3ff), einem andern, über den ebenfalls eine Strafe verhängt war, vergibt und ihn damit vor der Gemeinde für rehabilitiert hält, ihn also „rekonziliiert" (2 Kor 2, 5—11). Im Einklang mit solchen Einzelmaßnahmen erwartet Paulus an anderer Stelle, daß Gemeindemitglieder, die durch Unzucht und Ausschweifung schwer gesündigt haben, sich bekehren (2 Kor 12, 21). Auch in anderen neutestamentlichen Schriften herrscht die Auffassung, daß jeder Sünder wieder Verzeihung erlangen kann, wenn er Buße tut (Jak 1, 21; 5, 19f; 2 Petr 3, 9; 1 Jo 2, 1f). Nur wenn er die sühnende Buße verweigert, wird sein Vergehen für ihn „die Sünde zum Tode" (1 Jo 5, 16). Das Gebet des Sünders und das der fürbittenden Gemeinde öffnen den Weg zur Verzeihung (1 Jo 5, 14f; Jak 5, 14ff), die Gemeinschaft der Gläubigen befaßt sich also mit dem büßenden Sünder, der vor ihr sein Bekenntnis ablegt (1 Jo 1, 9)[5]. Die Apokalypse mahnt die Bischöfe, in ihren Gemeinden Götzendienst und Unzucht nicht zu dulden, sie weiß aber auch, daß Gott selbst den ärgsten Sünder noch zur Buße veranlassen kann (Apk 2, 2; 2, 14ff; 2, 20—23).

Diese neutestamentliche Überzeugung von der Möglichkeit einer Buße und einer Wiederversöhnung des Sünders mit Gott und der Gemeinschaft der Gläubigen gilt auch in nachapostolischer Zeit. Ihre Schriftsteller leiden schmerzlich darunter, wenn sie sehen, daß das Ideal einer Gemeinschaft der in der Taufe geheiligten Brüder von einigen geradezu geschändet wird[6], aber sie mahnen einmütig und eindringlich zur Buße, die jedem das Heil wiederbringe[7]. Unter solcher Buße verstehen sie eine echte Bekehrung, also eine Absage an die Sünde und Rückkehr zum Gehorsam gegenüber Gottes Gebot[8]. Diese Buße äußert sich in reuigem Gebet, in Fasten und Almosengeben[9], wesentlicher Bestandteil ist aber auch das Bekenntnis der Sündhaftigkeit vor Gott und der Gemeinschaft der Brüder[10]. Auch in nachapostolischer Zeit ist die Buße selbstverständliche Angelegenheit der Gemeinde, deren Vorsteher für die kirchliche Zucht Sorge tragen und den hartnäckigen Sünder exkommunizieren, d. h. ihn von der Teilnahme am religiösen Leben ausschließen und jeden Verkehr mit ihm abbrechen, „bis er Buße tut"; während der „Exkommunikationszeit" des Sünders sucht die

[5] Vgl. auch Did 14.
[6] Vgl. etwa Ps-Clemens, Ep. 2, 14, 1.
[7] Ebd. 8, 1—3; Ignatius, Ad Philad. 3, 2; 8, 1; Ad Smyrn. 9, 1; 1 Clem 7, 4 5.
[8] Ebd. 56, 1; Ps-Clemens, Ep. 2, 8, 4.
[9] 1 Clem 48; Justin, Dial. 90 141; Ps-Barnabas, Ep. 19, 10; Ps-Clemens, Ep. 2, 16, 14.
[10] Did 14, 1; 4, 17; Ps-Barnabas, Ep. 19, 12.

Gemeinde ihm durch ihr fürbittendes Gebet zu helfen[11]. Es ist offensichtlich Sache der kirchlichen Vorsteher, darüber zu urteilen, wann der Sünder durch seine Buße ausreichende Sühne für sein Vergehen geleistet hat; ein positives Urteil darüber bringt ihm die Verzeihung und damit die Wiedereingliederung in das religiöse Leben der kirchlichen Gemeinschaft, und man ist überzeugt, daß er dadurch auch von Gott Verzeihung erlangt hat[12].

Die Buße im „Hirten" des Hermas

Trotz aller Lückenhaftigkeit in den mehr gelegentlichen Aussagen der apostolischen Väterschriften über die Buße — sie machen keine detaillierten Angaben über die Dauer der Exkommunikationsbuße, ebensowenig über die Art ihrer Durchführung und Kontrolle, noch über das Lossprechungs- und Wiederaufnahmeverfahren — lassen sie die grundsätzliche Bejahung einer Bußmöglichkeit für alle Sünden ohne Ausnahme klar erkennen. Gegenüber diesem eindeutigen Befund ist es schwer begreiflich, daß man in Hermas, dem um die Mitte des 2. Jh. schreibenden Verfasser des „Hirten", den ersten Christen sehen wollte, der in eine bisher geltende strenge Praxis einer Ablehnung jeder Bußmöglichkeit für den Christen, der sich durch schwere Verfehlungen nach der Taufe außerhalb der kirchlichen Gemeinschaft gestellt hatte, einen Einbruch versucht und eine einmalige Buße nach der Taufe verkündet habe; damit sei der Abfall der Christenheit vom urchristlichen Ideal einer Kirche der Heiligen um diese Zeit offenkundig geworden. Das Vorgehen des Hermas verliere auch nichts von seinen verhängnisvollen Konsequenzen, wenn er diese Bußmöglichkeiten als singuläre Maßnahme im Sinne eines alttestamentlichen Jubiläums angesehen habe, das seiner Natur nach befristet war. Eine solche Interpretation des Anliegens der Hermas-Schrift[13] wird allerdings in etwa begünstigt durch ihre literarische Eigenart. Hermas wählt die Form einer Apokalypse, um in Visionen und Gleichnissen seine Bußauffassung zu verkünden; sein Grundanliegen enthüllt sich so erst bei näherem Hinsehen, wobei in Einzelheiten ein Rest von Dunkel und Widersprüchlichem bleibt.

Da Hermas erst in seiner zweiten Vision die neue Offenbarung über die Buße empfängt, muß sich aus dem, was er vorher über sie sagt, die bisherige Auffassung in der Bußfrage erschließen lassen. In der ersten Vision spricht er aber ohne Einschränkung davon, daß seine Kinder wieder in die Bücher des

[11] Ebd. 19, 4; Ignatius, Ad Smyrn. 4, 1; 7, 1; Polycarp, Ad Phil. 6, 11; 11, 2; Ps-Clemens, Ep. 2, 17, 3; Did 15, 3.

[12] Ignatius, Ad Philad. 3, 2; 1 Clem 57, 2.

[13] Sie wird zuletzt vertreten von *R. Joly:* RHR 147 (1955) 35—49, allerdings mit der bedeutsamen Abschwächung, Hermas wende sich hier gegen eine rigoristische Strömung innerhalb der römischen Gemeinde.

Lebens eingeschrieben werden, „wenn sie von Grund ihres Herzens Buße tun"; diese aber waren vom Glauben abgefallen und hatten überdies noch ihre Eltern denunziert[14]. Nur wer die Buße ablehnt oder sie nur zum Schein übernimmt, kann nicht auf Vergebung rechnen[15]. Die Hermas in der zweiten Vision zuteil gewordene Offenbarung enthält nun als neues Element die Ankündigung, daß die bisherige Bußmöglichkeit befristet wird; sie besteht bis zu einem festgesetzten Tag noch ein einziges Mal für die nach der Taufe begangenen Sünden, jedoch nicht mehr für zukünftige; denn das Weltende naht heran, es kündigt sich durch eine bevorstehende Verfolgung an[16]. Die Modifizierung der Bußfrist wird also eschatologisch begründet. Für die These, Hermas verkündige hier erstmalig in der Geschichte der Kirche eine grundsätzlich neue, bisher nicht geübte Bußmöglichkeit nach der Taufe, hat man in erster Linie auf sein Gespräch mit dem Hirten hingewiesen, dem Hermas seine Zweifel vorträgt; „einige Lehrer" vertreten die Auffassung, nur die bei und mit der Taufe gewährte Buße bringe den Nachlaß (ἄφεσις) der Sünden, eine weitere Möglichkeit der Buße existiere nicht. Der „Hirt" bestätigt diese Auffassung als korrekt; wer die Vergebung der Sünden durch die Taufe empfangen hat, sollte eigentlich (ἔδει!) nicht mehr sündigen; die Barmherzigkeit Gottes gewähre aber denen, die durch menschliche Schwäche nach ihrer Taufe wieder in Sünden gefallen seien, eine einmalige, letzte Buße[17]. Ob man in diesen Lehrern die Wortführer einer zum Rigorismus neigenden Minderheit sehen soll oder die Vertreter einer katechetischen Praxis, die unentwegt das Ideal einer Tauffrömmigkeit verkündete, welche die empfangene Taufgnade immerfort bewahrt[18], mag offenbleiben; in jedem Fall bleibt bestehen, daß eine Mehrheit und mit ihr Hermas selbst eine nochmalige Bußmöglichkeit nach der Taufe kannte. Ihre Betonung trat gegenüber der immer neu erhobenen Forderung nach Verwirklichung des Taufideals im Alltag zurück, sie ist auch nach den Worten des „Hirten" mit Rücksicht auf die Neugetauften nur mit aller Diskretion zu verkünden[19]. Hermas ist offenbar von der Sorge bedrängt, eine postbaptismale Buße enthalte einen gewissen Unsicherheitsfaktor, da sie durch unvorhergesehene Ereignisse verhindert werden könne; sie mußte wohl auch in der Bewertung ihrer Wirkkraft im Bewußtsein der Gläubigen gegenüber der radikalen Wirkung der Taufe zurücktreten. Die Antwort des Hirten gibt Hermas wiederum Vertrauen und läßt ihn hoffen, daß seine Kinder und alle, die die gebotene, wenn auch befristete zweite Bußmöglichkeit nützen wollen, Vergebung erlangen werden[20]. Allerdings an der Einmaligkeit der postbaptismalen Buße läßt Hermas keinen Zweifel aufkommen; sie ist nicht

[14] Vis. 1, 3, 2; 2, 2, 2—4. [15] Vis. 1, 4, 2; sim. 8, 6, 4; 8, 7, 2; 9, 26, 3.
[16] Vis. 2, 2, 5; 2, 3, 4; 3, 5, 5; 3, 8, 8f; sim. 9, 9, 4. [17] Mand. 4, 3, 1—7.
[18] So *K. Rahner:* ZKTh 77 (1955) 398f. [19] Mand. 4, 3, 3.
[20] Vis. 2, 2, 2—3, 4; mand. 4, 3, 7.

darin begründet, daß nach der Verkündigung seiner Offenbarung rein zeitlich kein Raum mehr für sie wäre, sondern sie ist prinzipiell unwiederholbar, wohl aus der Vorstellung heraus, wie es nur *eine* Taufe gibt, die Vergebung gewährt, so nur *eine* Buße, die die postbaptismalen Sünden tilgt[21]. Darüber hinaus ist Hermas davon überzeugt, die Buße eines zum zweiten Male rückfällig Gewordenen könnte keine unwiderrufliche Absage an das Böse, also keine echte Buße gewesen sein, für die darum Gott auch keine Vergebung gewähren kann. Das Prinzip der Einmaligkeit der *poenitentia secunda* wird durch Hermas zum erstenmal klar formuliert und bleibt nun für lange gültig.

Zu den Bußleistungen des Sünders rechnet Hermas das Bekenntnis der Sünden, Gebet, Fasten und Almosengeben und die Demut, mit der er all diese Übungen auf sich nimmt[22]. Wenn die Buße vollendet ist, d. h., wenn sie dem Maß der Schuld entspricht, tritt ihre doppelte Wirkung ein: sie bringt die Vergebung der Sünden, die Heilung, und sie gibt der Seele das Leben oder das verlorene Taufsiegel wieder[23]. Daß die Buße nach Hermas nicht nur eine Sache zwischen Gott und Sünder, sondern kirchlich gebunden ist, macht er klar mit dem Gleichnis von dem Turm, der symbolhaft für die Kirche steht. Die Sünder stehen außerhalb dieses Turmes, die einen weniger, die andern weiter von ihm entfernt[24]. Wer sich nicht im Turm befindet, ist aus der kirchlichen Gemeinschaft ausgeschlossen; wer nicht mehr in den Turm aufgenommen wird, ist verloren. Da es aber die Kirche ist, die den Ehebrecher oder den in den Götzendienst Rückfälligen ausschließt[25], im damaligen Sinne exkommuniziert, sind alle außerhalb des Turmes Stehenden von ihr Exkommunizierte. Die Wiederaufnahme in den Turm setzt eine Prüfung darüber voraus, daß die Exkommunikationsbuße als ausreichend, als „vollendet" angesehen werden kann. Eine solche Prüfung obliegt naturgemäß den kirchlichen Vorstehern[26], die den Sünder gegebenenfalls zunächst noch an einem „minderen Ort" zurückhalten[27] oder ihm die ganze Rekonziliation gewähren und ihn damit wieder in den Turm einlassen, d. h. wieder in die Heilsgemeinschaft der Kirche aufnehmen. Es ist zu beachten, daß es nicht die Absicht des Hermas ist, die kirchliche Buße seiner Zeit in all ihren Aspekten zu schildern, er will vielmehr nur Buße predigen.

[21] Mand. 4, 1, 8; 4, 3, 6; dazu *K. Rahner* a. a. O. 405.

[22] Vis. 1, 1, 3; 3, 1, 5; 3, 9, 4—6; 3, 10, 6; sim. 5, 1, 3; 9, 23, 4; mand. 8, 10.

[23] Vis. 2, 4; 1, 9; 8, 6, 3.

[24] Vis. 3, 2, 7 9; 3, 7, 1—3; 3, 5, 5. Es ist nicht zulässig, hieraus mit *Grotz* a. a. O. auf zwei Gruppen von Sündern zu schließen, von denen die eine exkommuniziert sei, die andere nicht, diese jedoch einer kirchlichen Buße unterworfen; entscheidend ist, daß alle außerhalb des Turmes stehen. Ihre verschiedene Entfernung vom Turm ist im Maß ihrer Schuld bzw. ihrer „Exkommunikationsbuße" begründet.

[25] Mand. 4, 1, 8—9.

[26] Vgl. vis. 3, 9, 7—10. [27] Dazu *K. Rahner* a. a. O. 421—424.

Die Buße nach der zweifachen Stellungnahme Tertullians

Die steigenden Mitgliederzahlen in der starken Wachstumsphase der Gemeinden besonders in der zweiten Hälfte des 2. Jh. brachten auch häufigere Fälle eines Versagens in der christlichen Lebensführung mit sich und gaben damit der Bußfrage erhöhte Bedeutung. Bei aller grundsätzlichen Überzeugung, daß solchen Sündern eine zweite Buße nicht zu versagen sei, konnte man in der Praxis der Bußdisziplin strengere oder mildere Formen wählen, je nachdem man das christliche Heiligkeitsideal mit allem Ernst in den Vordergrund rückte oder sich mehr von dem christlichen Motiv der Barmherzigkeit lenken lassen wollte. Beide Tendenzen konnten in der gleichen Gemeinde vertreten sein, beide werden auch hier und da in den Quellen faßbar. Wenn Dionys von Korinth um 170 fordert, man müsse alle, „die sich von irgendeinem Fall, einem Irrtum oder selbst einer Häresie bekehren, wiederaufnehmen", so vertritt er damit die allgemein geltende Auffassung, wendet sich aber offensichtlich auch gegen eine andersartige Tendenz[28]. Eine rigoristische Strömung kam nun im phrygischen Montanismus zum Durchbruch, die zunächst wie ein Protest gegen eine allzu laxe Lebensauffassung und -führung vieler Christen aussah, sich aber später als eine extreme Bewegung enthüllte, deren erster Prophet Montanus die These vertrat: *Potest ecclesia donare delicta, sed non faciam, ne et alii delinquant*[29]. Damit wird die Forderung erhoben, die Kirche solle den Sündern die Möglichkeit der Buße, deren Gewährung ihr prinzipiell zugestanden wird, mit Rücksicht auf die Zucht in den Gemeinden versagen. Der Anfangserfolg des Montanismus läßt erkennen, daß diese Forderung auf gewisse Sympathien stieß, weil sie anscheinend ein hohes Heiligkeitsideal kompromißlos durchzusetzen suchte. Die Bußfrage wurde mit einem Schlage zu einem erstrangigen Problem, als sich Tertullian durch seinen Übertritt zum Montanismus diese Forderung zu eigen machte und sie mit der ganzen Wendigkeit seines Intellektes sowie der erbarmungslosen Härte seines Willens vertrat. Da er aber vorher als Glied der katholischen Gemeinde von Karthago in einer eigenen Schrift die traditionelle Auffassung in der Bußfrage dargelegt hatte, bietet seine doppelte Stellungnahme zum gleichen Problem eine hervorragende Möglichkeit, es im Vergleich schärfer zu erfassen.

Existenz und Einmaligkeit einer Buße für die Getauften sind für Tertullian, als er in den ersten Jahren nach 200 seine Monographie „Über die Buße" schreibt, völlig unangezweifelte Realitäten[30]. Gott weiß um die Gefährdung des Christen auch nach seiner Taufe, die von der Bosheit des Teufels ausgeht. Für diejenigen, die ihr zum Opfer fallen, hat er „die zweite Buße aufgestellt, um den Anklopfenden die Tür zu öffnen, aber nur

[28] Euseb. HE 4, 23, 6.

[29] Als „Orakel" des Montanus überliefert bei Tertullian, De pud. 21, 7.

[30] Die Kap. 7—12 in De paen. behandeln sie im Zusammenhang.

noch einmal, weil es schon das zweite Mal ist, fürderhin jedoch nicht mehr, weil es das nächste Mal schon vergebens ist"[31]. Ebenso unmißverständlich bringt Tertullian demgegenüber das eigentliche Ideal zum Ausdruck, wobei er bis in die Formulierung hinein an die gleiche Stellungnahme des Hermas erinnert; nur mit Widerwillen spricht er von der Möglichkeit dieser Buße, weil sie leicht zu einer allzu sorglosen Haltung gegenüber der Sünde verführen könnte[32]. Deutlich läßt Tertullian auch erkennen, daß der Verlust der Taufgnade in der katholischen Gemeinschaft als sehr schweres Versagen empfunden wurde, so daß einige fast den Mut zu neuem Beginn verloren und die zweite Buße in einer Art Verzweiflung nicht mehr auf sich nehmen wollten. Ihnen gilt seine Mahnung: „Es sollte uns freilich schwer sein, zum zweitenmal zu sündigen, aber zum zweitenmal Buße zu tun, das sollte uns nicht verdrießen"[33]. Von besonderer Wichtigkeit für die Würdigung von Tertullians späterer Haltung ist die Feststellung, daß er in seiner katholischen Zeit die Allgemeinheit der Buße vertritt und keine Sünde als unvergebbar ausnimmt. Als Materie der Buße kommen ohnehin nur schwere Sünden in Frage — die Buße soll ja die verlorene Taufgnade wiederbringen[34] —, und er nennt einige nebenhin, nicht im Sinn einer erschöpfenden, katalogartigen Aufzählung, wie „der fleischlichen Begierde oder den Verlockungen der Welt erliegen, den Glauben aus Furcht vor der weltlichen Macht verleugnen, infolge falscher Lehren vom rechten Weg abweichen"[35]. An anderer Stelle erwähnt er Unzucht *(stuprum)*, Genuß des Götzenopferfleisches und Häresie *(perversa docere)*[36].

Ein radikaler Umschwung in Tertullians Anschauung über die Buße offenbart sich in „De pudicitia", einer ausgesprochenen Streitschrift, die jetzt der Kirche jedes Recht auf Vergebung schwerer Sünden abspricht und es den Geistträgern der montanistischen Bewegung reserviert, der er sich inzwischen angeschlossen hat. Schon in der Einleitung wird ein katholischer Bischof scharf angegriffen, der ein definitives Edikt publiziert habe, das laute: „Ich vergebe auch die Sünden des Ehebruches und der Hurerei denen, die Buße getan haben."[37] Es war verlockend, in diesem Bischof den damaligen Leiter der römischen Gemeinde zu sehen, weil die Ausdrücke *pontifex maximus* und *episcopus episcoporum*, mit denen er von Tertullian bedacht wird, auf den ersten Blick auf Rom hinzuweisen schienen. Aber die behauptete Identifizierung des angegriffenen Bischofs mit Kallist oder Zephyrin von Rom ist nicht zu halten, weil Tertullian sie selber ausschließt, wenn er später von diesem Bischof sagt, er nehme vermessentlich an, die dem Petrus übertragene Macht, zu binden und zu lösen, sei auf jede

[31] De paen. 7, 10. [32] Ebd. 7, 2. [33] Ebd. 7, 12. [34] Ebd. 7, 11. [35] Ebd. 7, 9.

[36] Ebd. 8, 1. Zur Materie der Buße gehören natürlich für Tertullian noch weitere Sünden, die gelegentlich in anderen Schriften als schwere Vergehen genannt werden, vgl. *K. Rahner:* Festschr. K. Adam (1952) 141—144.

[37] De pud. 1, 6.

Kirche übergegangen, „die eine Verwandte des Petrus" ist. Das kann nur heißen, daß der Gegner Tertullians ein (nordafrikanischer) Bischof ist, der die Binde- und Lösegewalt in jeder Kirche vorhanden sieht, die mit Petrus in Zusammenhang steht[38]. Diese Deutung gewinnt erheblich an Gewicht durch eine Bemerkung Cyprians, die besagt, einige afrikanische Bischöfe hätten früher den Ehebrechern die Buße verwehrt[39]; der afrikanische Gegner Tertullians hat diesen gegenüber die entgegengesetzte Auffassung verteidigt[40].

Daß die von Tertullian in „De pudicitia" vorgetragene Haltung in der Bußfrage gegenüber seiner früheren Auffassung etwas Neues darstellt, sagt er selber mit aller wünschenswerten Deutlichkeit, wenn er sich rühmt, er schäme sich nicht, sich von seinem früheren Irrtum, der katholischen Lehre, losgesagt zu haben[41]. Das zwingt ihn allerdings, seine früheren Schriftbeweise für die Allgemeinheit der Kirchenbuße in einer sozusagen akrobatischen Exegese umzudeuten. Das grundlegende Neue ist nun seine Einteilung der Sünden in vergebbare und unvergebbare, unter denen die des Götzendienstes, der Unzucht und des Mordes eine besondere Rolle spielen. Es ist im Grunde nicht zulässig, von einer Trias von Kapitalsünden bei Tertullian zu reden, da er außer den genannten Sünden noch weitere unvergebbare kennt[42], wenn er auch für die „drei" besondere Begründungen aus dem Dekalog und dem Aposteldekret der Apostelgeschichte zu geben versucht[43]. Für den Beweis der Unvergebbarkeit gewisser Sünden durch die Kirche beruft sich Tertullian darauf, daß sie auch von Gott nicht vergeben würden[44], muß sich aber selbst widersprechen, wenn er an anderer Stelle sagt, eine Verzeihung dieser Sünden solle man Gott anheimstellen[45]. Es ist ausgeschlossen, daß die drei Kapitalsünden in der Bußdisziplin der Kirche vor Tertullians montanistischer Periode als unvergebbar gegolten haben, da er sie in diesem Fall in der Schrift „De paenitentia" nicht mit Stillschweigen übergehen konnte. Diese Trias ist vielmehr als Konstruktion Tertullians zu werten, deren er sich in seiner literarischen Polemik gegen die katholische Kirche wirkungsvoll zu bedienen gedachte.

In seiner Monographie über die Buße und in einigen Partien der montanistischen Streitschrift gibt Tertullian als erster christlicher Schriftsteller so-

[38] De pud. 21, 9. Die Versuche von *K. Stoeckius*, Ecclesia Petri propinqua: AkathKR 117 (1937) 24—126, und *W. Koehler*, Omnis ecclesia Petri propinqua (Heidelberg 1938), nachzuweisen, Tertullian habe hier die römische Kirche verstanden, sind als mißlungen anzusehen; vgl. zuletzt *C. B. Daly:* Studia patristica III (Berlin 1961) 176—182. [39] Ep. 55, 21.
[40] Bei Tertullians Neigung, in der Polemik mit literarischen Fiktionen zu arbeiten, wäre es nicht ausgeschlossen, daß der *episcopus episcoporum* gar keine konkrete Bischofsgestalt meint, sondern ein literarischer Repräsentant für alle Bischöfe Nordafrikas ist, die die von Tertullian angegriffene Haltung einnehmen, vgl. *A. Ehrhard,* Kirche der Märtyrer 366 f. [41] De pud. 1, 10—13. [42] De pud. 9, 9; 19, 25; Adv. Marc. 4, 9.
[43] De pud. 5 und 12. [44] Ebd. 17, 8. [45] Ebd. 19, 6.

viel Detail über das Bußverfahren, daß sich daraus eine anschauliche Vorstellung von dessen Verlauf gewinnen läßt. Ihre erste Stufe ist ein äußerer Akt, den er gern mit dem griechischen Lehnwort Exhomologese, Bekenntnis, bezeichnet[46]. Der Sünder muß öffentlich eingestehen *(publicatio sui)*, daß er sich in einem Zustand befindet, der ihn zur Ableistung der öffentlichen Buße zwingt. Wie sich dieses öffentliche Bekenntnis im einzelnen vollzogen hat, ist nicht restlos klar. Wenn es sich um eine Buße für notorische Vergehen handelte, ging die Aufforderung zur Bußleistung wohl schon von der Kirchenleitung selber aus, die in besonders schweren Fällen von sich aus auch den Ausschluß aus der kirchlichen Gemeinschaft, also die Exkommunikation, verhängen konnte. Schwieriger wird die Frage, wenn es sich um geheime schwere Sünden handelte, für die ja ebenso sicher Bußpflicht bestand wie für öffentlich bekannte[47]. Verschiedene Überlegungen sprechen dafür, daß der Sünder sich in diesem Falle von sich aus dem Leiter der Gemeinde eröffnete. Einmal konnte er selbst im Zweifel darüber sein, ob seine Vergehen die Bußleistung überhaupt notwendig machten. Dann aber war die Schwere der geforderten Bußwerke, vor allem ihre zeitliche Dauer, abhängig von der Schwere der begangenen Sünden; ihre Festsetzung setzt aber ein differenziertes Bekenntnis des Sünders bei der kirchlichen Führung notwendig voraus. Von hier aus versteht sich auch die nachdrückliche Mahnung Tertullians, trotz aller begreiflichen seelischen Hemmungen die Buße auf sich zu nehmen; es sei doch für den Sünder besser, öffentlich losgesprochen zu werden, als in Verdammnis weiter verborgen zu bleiben[48].

Die öffentliche Bußleistung setzt ein mit dem Versagen der Teilnahme am eucharistischen Gottesdienst und am Gebet der Gemeinde, der Büßer besitzt jetzt nicht mehr die *communicatio ecclesiastica*[49]. Dieser Akt, der dem Leiter der Gemeinde zusteht, ist nicht identisch mit dem heutigen kirchenrechtlichen Vorgang einer Exkommunikation, es ist vielmehr ein Einweisen in den Stand des Büßers, der damit „außerhalb der Kirche“ *(extra ecclesiam dare)* steht[50]. Auf den Beginn der öffentlichen Buße konnte sich der Sünder schon durch Bußwerke privater Art vorbereiten, von denen Tertullian ebenfalls als erster eingehender spricht[51]; er nennt neben dem anhaltenden Gebet in reuiger Gesinnung das Fasten, das die Wirkung dieses Betens verstärken soll, eine der Bußgesinnung entsprechende Kleidung „in Sack und Asche“ und eine Einschränkung der Körperpflege. Die öffentliche Buße leistet der Sünder in zwei Stufen ab; zuerst steht er am Eingang der Kirche *(pro foribus ecclesiae* oder *in vestibulo)*, wohl auch im Bußkleid, wo Klerus und Gläubige an ihm vorbeischreiten, die er nun kniefällig um ihre Mithilfe durch ihr Gebet und um Wiederaufnahme in ihre Gemeinschaft

[46] De paen. 9, 1, 5 und öfter. [47] Ebd. 10, 8.
[48] Ebd. 10—12, bes. 10, 8: *an melius est damnatum latere quam palam absolvi?*
[49] Apolog. 39; De pud. 18, 2.
[50] De pud. 1, 21. [51] De paen. 9—10.

bittet[52]. Die zweite Stufe gewährt ihm wieder den Zutritt zum Kirchenraum, wo er weiter die Fürbitte der Gemeinde und die Gewährung der früheren Gemeinschaft erflehen muß[53]. Solches Bußetun erstreckte sich über eine längere Zeitdauer, die nach der Schwere der Vergehen und wohl auch nach der Bußhaltung des Pönitenten differenziert war; eine lebenslängliche Buße scheint zur Zeit Tertullians nicht verhängt worden zu sein[54]. Dem ersten Akt der Exkommunikation zu Beginn der Bußleistung entsprach der Akt der Rekonziliation an ihrem Ende, durch den der Bischof die Vergebung *(venia)* und die „Wiederherstellung" *(restitutio)* gewährt. Die äußere Form, nach der sich dieser Akt vollzog, ist bei Tertullian nicht näher erkennbar, aber höchstwahrscheinlich entsprach sie dem zur Zeit Cyprians üblichen Ritus der mit einem Gebet verbundenen Handauflegung[55]. Obwohl Tertullian sich über den Rekonziliationsakt durch den Bischof erst eingehender in „De pudicitia" äußert, hat er sicher doch schon in seiner vormontanistischen Zeit existiert, denn eine zweite Buße, die die Taufgnade wiederbringen soll[56], verliert ihren Sinn, wenn nicht ein erkennbarer abschließender Akt, der wieder in die Gemeinschaft eingliedert und um deren Gewährung der Büßer so flehentlich bittet, an ihrem Ende steht. Daß dieser Akt eindeutig beim Bischof der Gemeinde liegt, bezeugt allein schon Tertullians montanistische Polemik gegen den Bischof der katholischen Kirche, der die Vergebung der Unzuchtssünden für sich in Anspruch nimmt. Aber auch die Gemeinde ist mit ihrem fürbittenden Gebet für den Büßer in den Rekonziliationsvorgang eingeschaltet; das kann durchaus in jenem tieferen Sinn einer Mitwirkung verstanden werden, daß Lossprechung und Wiederaufnahme eines Sünders in die sakramentale Gemeinschaft als ein besonderes Anliegen der Christusgemeinde empfunden wurde, ohne daß sie damit eine Teilhabe an der sakramentalen Vollmacht des Bischofs beanspruchte[57]. Die durch den Bischof ausgesprochene und vollzogene Rekonziliation schenkt dem ehemaligen Sünder wieder die *pax* mit seiner Kirche[58], sie verleiht und garantiert aber zugleich seine Versöhnung mit Gott, so wie die Taufe als erste Buße seine Sünden tilgte und ihm die Gnade der Gotteskindschaft schenkte[59]. Diese Versöhnung ist einerseits gewährleistet durch die Kraft des fürbittenden Gebetes der Kirche, das zugleich das Gebet Christi und deshalb unfehlbar ist, anderseits wird sie verbürgt durch die Vollmacht der Kirche, in Gottes Stellvertretung die Sünden zu vergeben, wofür man sich katholischerseits besonders auf Mt 18, 18 berief[60]. So maßlos und unsachlich die Auseinandersetzung über Buße und Bußdisziplin von dem Montanisten Tertullian gegen-

[52] De pud. 1, 21; 9, 4 6; 4, 5; 7, 10; De paen. 10, 5—6. [53] De pud. 13, 7; 18, 13.
[54] De paen. 7, 11; 12, 7. [55] Cyprian, De laps. 16; Ep. 15, 1; 16, 2; 18, 1; 20, 3 und öfter.
[56] De paen. 7, 11, dazu *K. Rahner:* Festschr. K. Adam (1952) 149 f.
[57] *K. Rahner:* ebd. 152—154. [58] De pud. 1, 21; 12, 11 (pax); 3, 5; 15, 5 (communicatio).
[59] De paen. 7, 14; 10, 8; De pud. 2, 15; 3, 1—3 und öfter.
[60] De paen. 10, 6 f; De pud. 5, 14. — De pud. 1, 6; 21, 9.

über der katholischen Kirche geführt wurde, so hatte sie doch auch die positive Wirkung, die katholische Seite zu veranlassen, die biblischen und theologischen Grundlagen der geübten Bußpraxis erneut zu überdenken und wohl auch in ihrer Verkündigung präziser zu formulieren. Eine größere und dauernde Anhängerschaft hat sich Tertullian in Karthago und Nordafrika nicht sichern können.

Ernstere Konsequenzen für die kirchliche Einheit schien zunächst ein fast gleichzeitig in Rom über die Bußpraxis ausgebrochener Streit zu haben, in dem der gelehrte Presbyter *Hippolyt* scharf gegen den damaligen römischen Bischof Kallist (217—222) auftrat. Ein innerer Zusammenhang mit den afrikanischen Bußkämpfen liegt aber offensichtlich nicht vor. Hippolyt gibt sich hier als Vertreter einer rigoristischen Strömung zu erkennen, wie sie vielleicht schon zur Zeit des Hermas in Rom vorhanden war; er wirft Kallist allgemein eine laxe Handhabung der Kirchendisziplin vor und führt dafür einige Beispiele an: ein Bischof dürfe nach Kallist im Amt bleiben, selbst wenn er sich schwerster Verfehlungen schuldig gemacht habe; auch solchen Männern, die in zweiter oder dritter Ehe lebten, seien alle Ämter im Klerus zugänglich; wer sich als Kleriker verheirate, sündige dadurch nicht; schließlich erkläre Kallist Ehen zwischen freien Frauen und Männern niederen Standes, Sklaven nicht ausgenommen, als gültig, obwohl diese nach römischem Recht verboten waren. Hippolyt faßt seine Anklagen zusammen in dem Vorwurf, keinem, auch nicht dem, der einer Sekte angehört habe, würden seine Sünden angerechnet, wenn er nur zur „Schule des Kallist" übertrete[61]. Wie man sieht, geht es hier im Grunde gar nicht um die eigentliche Bußfrage; Kallist erläßt keine Verordnung, die Neuerungen in der Bußpraxis verkündet oder die gar den Unzuchtssündern entgegen der bisherigen Praxis erstmals die Möglichkeit einer Buße zugestanden hätte. Erst recht geht es nicht um vergebbare oder unvergebbare Sünden noch um die prinzipielle Frage der Vergebungsgewalt der Kirche wie bei Tertullian. Kallist ist offensichtlich ein Vertreter der allgemein üblichen Bußlehre und Bußpraxis, der seine Auffassung, daß es in der Kirche Heilige und Unheilige gäbe, mit der Parabel von dem Unkraut unter dem Weizen begründet. Wie Hippolyt selbst zugibt, hatte Kallist die Mehrheit der römischen Katholiken auf seiner Seite. Sogar Hippolyt selber läßt sich nicht als Vertreter der Lehre von der Unvergebbarkeit gewisser Sünder kennzeichnen, vielleicht hat er nur eine schärfere, eventuell lebenslängliche Buße für manche Vergehen gefordert. Ja, wenn der Verfasser der „Philosophumena" mit dem Hippolyt der „Apostolischen Überlieferung" identisch ist, hätte er darin sogar dem Bischof grundsätzlich die Gewalt zugestanden, von jeder Sünde loszusprechen[62]. Daß aber schon unter Kallists Vorgänger Zephyrin (199—217)

[61] Hippolyt, Refut. 9, 12 (das ganze Kapitel).

[62] Vgl. Trad. apost. 3 das Weihegebet für den Bischof.

die Praxis bestand, einen Häretiker nach öffentlicher Bußleistung zu rekonziliieren, beweist der bei Eusebius überlieferte Bericht über den Confessor Natalis, der nach harter Buße von dem römischen Bischof wieder in die Kirchengemeinschaft aufgenommen wurde[63]. Die Gefolgschaft Hippolyts bestand nur aus einer Minderheit, die sich zwar in Rom zu einer eigenen „Schule" zusammenschloß, aber über die Stadt hinaus anscheinend keine Anhänger gewann und spätestens mit dem Tode Hippolyts wieder zerfiel.

Die Bußdisziplin in Nordafrika zur Zeit Cyprians

Anlaß zu einer erneuten Diskussion der Bußfrage in Nordafrika und anschließend in Rom wurde der für die Großkirche so betrübliche Verlauf der Decischen Verfolgung, nach deren Ende die hohe Zahl der Abgefallenen die kirchliche Führung zu einer Überprüfung der bisherigen Bußpraxis wenigstens in Einzelpunkten nötigte. Dieser Phase der altchristlichen Bußstreitigkeiten kommt kirchengeschichtlich die größte Tragweite zu, weil sie die kirchliche Einheit in hohem Maße bedrohte und auch tatsächlich zu Spaltungen führte, die in der weitverbreiteten novatianischen Gegenkirche ihren Höhepunkt erreichten.

Bischof Cyprian von Karthago sah sich vor eine neue Situation in der Bußfrage gestellt, als ihm in seinem Versteck vor den heidnischen Behörden Nachrichten zukamen, die ihn nicht nur über die hohe Zahl der Abgefallenen in der Verfolgung informierten, sondern auch über einen bedenklichen Einbruch in die bisher von ihm mit sicherer Hand gelenkte Bußdisziplin. Einige Presbyter nahmen Gefallene wieder in die Kirche auf, ohne von ihnen auch nur irgendeine Bußleistung zu verlangen. Viele der Abgefallenen wiesen sog. Friedensbriefe *(libelli pacis)* vor, die ihnen Martyrer vor ihrem Tode oder Bekenner ausgestellt hatten und in denen die baldige oder sofortige Gewährung der kirchlichen Gemeinschaft für sie empfohlen wurde. Cyprian verbot seinen Presbytern unter Androhung der Amtsenthebung sofort, die Gefallenen wieder aufzunehmen; den Bekennern teilte er mit, ihre Friedensbriefe könne er nur als Empfehlung an die kirchliche Autorität betrachten, eine kirchlich rechtskräftige Entscheidung stellten sie nicht dar. Auf neue Nachrichten von wachsenden Unruhen in seiner Gemeinde gab er seinem Klerus die Anweisung, den Gefallenen, die auf den Tod krank seien, die kirchliche *pax* sofort zu gewähren, wenn sie Friedensbriefe von Martyrern vorweisen könnten, anderen Sterbenden nur dann, wenn sie bisher schon Beweise echter Bußfertigkeit gegeben hätten; die weitere Regelung für die übrigen Gefallenen wolle er nach seiner Rückkehr nach Karthago treffen[64]. Ein Teil der Gefallenen fügte sich diesen Maßnahmen Cyprians sofort und

[63] Euseb. HE 5, 28, 8—12. [64] Cyprian, Ep. 1; 15; 16; 18 und 19.

erklärte sich auch zur Buße bereit, obwohl sie im Besitz von Friedensbriefen waren; andere revoltierten jedoch, schrieben auch an Cyprian, ihnen sei der Friede mit der Kirche schon von einem Martyrer wiedergegeben worden. Cyprian charakterisiert ihr Verhalten ironisch mit der Bemerkung, diese Gefallenen gerierten sich so, als seien sie die Kirche und als müsse er sie um ihre huldvolle Zulassung zur Kirche bitten[65]. An die Spitze dieser Gruppe stellte sich bald ein Kleriker mit Namen Felicissimus, den der Presbyter Novatus in Cyprians Abwesenheit ohne dessen Wissen zum Diakon der karthagischen Gemeinde bestellt hatte. Ihm schlossen sich einige andere Kleriker an, die schon vorher zu Cyprian aus anderen Gründen in Opposition standen, und zogen einen beachtlichen Teil der Gemeindemitglieder zu sich herüber und betrachteten sich nun als die rechtmäßige katholische Gemeinde Karthagos, die eine heftige Propaganda gegen Cyprian entfaltete[66].

Diese Situation fand Cyprian vor, als er nach Ostern 251 nach Karthago zurückkehrte. Bald danach veröffentlichte er seine Schrift „Über die Gefallenen", die eine lehrreiche Schilderung über die Gesamtlage der nordafrikanischen Kirche vor und nach der Decischen Verfolgung bietet. In ihr legt Cyprian noch einmal seinen Standpunkt in der Bußfrage dar; er wendet sich entschieden gegen die laxe Praxis seiner Gegner und verlangt eine ernste und umfassende Buße der Gefallenen als Vorbedingung für ihre Wiederaufnahme[67]. Die oppositionelle Gruppe gab sich nun in der Person des Presbyters Fortunatus einen eigenen bischöflichen Leiter und suchte auch in Rom durch eine Delegation die Anerkennung des Papstes Cornelius zu erreichen. Dieser wies sie jedoch ab und unterrichtete Cyprian über seine Haltung[68]. Cyprians Energie gelang es schnell, der kirchlichen Autorität die alleinige Behandlung der Bußdisziplin für die Gefallenen zu sichern. Auf einer von ihm einberufenen und von zahlreichen afrikanischen Bischöfen besuchten Synode des Jahres 251 wurde einheitlich eine ernste Buße von allen Gefallenen gefordert, dabei aber eine gesonderte Behandlung der *libellatici* und *sacrificati* festgelegt; erstere konnten nach genauer Prüfung jedes Einzelfalles bald die *pax* erlangen, die *sacrificati* aber, die durch den ganzen Vollzug des heidnischen Opfers sich einer eindeutigen Verleugnung ihres Glaubens schuldig gemacht hatten, sollten nur in Todesgefahr wieder aufgenommen werden. Wer aber bisher sich nicht zur Übernahme der Buße bereit gefunden hatte, sollte auch in der Todesgefahr vom Frieden mit der Kirche ausgeschlossen bleiben, da offensichtlich überhaupt kein Bußwille vorhanden sei. Cyprian rechtfertigte die mildere Behandlung der *libellatici* mit der viel geringeren Schwere ihres Vergehens[69]. Als dann eine neue Verfolgung unter Kaiser Gallus sich andeutete, von der man annahm, sie würde

[65] Ep. 33 und 35, bes. 33, 1.

[66] Ep. 41, 1 f; 42 und 43, 1—7; 52, 3. [67] De laps. 15 und 16.

[68] Ep. 59, 1 9 16.

[69] Der Bericht darüber an Bischof Antonianus: Ep. 55, 6; 55, 13—16; 55, 23.

die Decische an Heftigkeit noch übertreffen, behandelte eine zweite Synode in Karthago im Jahre 252 erneut die Bußdisziplin für die Gefallenen. Man entschied sich angesichts der ernsten Lage dafür, allen Gefallenen die Aufnahme in den Kirchenfrieden zu gewähren, falls sie vom Tage ihres Abfalls an mit ihrer Bußleistung begonnen hätten. Diese Entscheidung wurde damit begründet, daß man jetzt nicht die Praxis der Friedenszeit beibehalten könne; alle hätten jetzt die Stärkung durch die Kirche nötig; man könne die nicht vom Blute Christi ausschließen, von denen man erwarte und fordere, sie sollten ihr Blut für Christus vergießen. Nur der sei fähig, das Martyrium auf sich zu nehmen, den die Kirche für diesen Kampf ausgerüstet habe; nur aus solchen könne der Heilige Geist sprechen, die den Geist des Vaters durch den Frieden mit der Kirche empfangen hätten[70]. Da die Verfolgung des Gallus doch nicht das befürchtete Ausmaß annahm, kam die Diskussion um die Buße für die *lapsi* durch den Sieg der Anschauungen Cyprians zur Ruhe, die sich der nordafrikanische Episkopat zu eigen machte, ebenso verlor die Oppositionsgruppe um Felicissimus und Fortunatus an Bedeutung, so daß bald nach der zweiten Synode von Karthago der Friede in der Gemeinde Cyprians in der Hauptsache wiederhergestellt war.

Diese Skizze vom Verlauf des nordafrikanischen Bußstreites läßt bereits klar erkennen, daß sich die Diskussion auf zwei konkrete Fragen erstreckte: einmal, ob eine Wiedergewährung des Friedens mit der Kirche ohne entsprechende Bußleistung möglich sei, und dann, ob der kirchlichen Führung die Entscheidung darüber zustehe oder ob der von Martyrern bzw. Bekennern ausgesprochenen Empfehlung eine die Kirchenleitung verpflichtende Kraft zukomme. Die Gegner Cyprians traten für eine Milderung oder gar Beseitigung der bisherigen strengeren Praxis ein, Cyprian verfocht ihnen gegenüber die Beibehaltung einer vollen Bußleistung und deren Kontrolle durch die kirchliche Autorität. In keinem Falle läßt sich in seiner Haltung ein Bruch mit einer bisher strengeren Praxis sehen, die für die Sünde des Glaubensabfalles die Möglichkeit einer Sühne durch öffentliche Kirchenbuße abgelehnt hätte, mit anderen Worten, die Vergebbarkeit oder Unvergebbarkeit dieser Sünde war überhaupt nicht Gegenstand der Auseinandersetzung. Die Möglichkeit der Zulassung zur Buße und der endgültigen Wiederaufnahme in die kirchliche Gemeinschaft war vielmehr von beiden Parteien vorausgesetzt. Nur in einem Punkte läßt sich Cyprian nach anfänglichem Zögern für eine mildere Handhabung der Bußpraxis gewinnen, wenn er auch den Todkranken die Rekonziliation gewährt, obwohl sie noch nicht die übliche Buße geleistet haben; Bedingung ist nur der Besitz eines Friedensbriefes von einem Martyrer oder Bekenner[71].

Für die äußere Gestalt des Bußinstitutes oder der Bußliturgie läßt sich aus den Äußerungen Cyprians Folgendes entnehmen: ein erster Akt ist das

[70] Ep. 57. [71] Ep. 8, 3; 30, 8; 18, 1; 29, 2; 20, 3. — Ep. 55, 6; 57, 1; 64, 1.

paenitentiam agere oder *satisfacere* des Sünders, seine Bußwerke, also Gebet, Fasten, Tragen eines Bußkleides, Almosengeben und Verzichtleistungen ähnlichen Charakters[72]. Diese Werke liegen aber nicht im rein privaten Ermessen des Büßers, sie werden vielmehr mit dem Wissen der Kirche vollzogen, die sie mit ihrem Gebet unterstützt und auch ihre Dauer bestimmt[73]. An zweiter Stelle der Bußliturgie findet sich die Exhomologese, der Teil der Bußleistung, der sich vor der Gemeinde vollzieht; sie besteht in der Bitte des Sünders an Bischof, Klerus und Gemeinde, ihn wieder in die kirchliche Gemeinschaft aufzunehmen, ihm die Rekonziliation zu gewähren[74]. Ob sie nur einmal oder öfters stattfand, läßt sich nicht mit Sicherheit erkennen. Sie setzt jedoch ein nicht-öffentliches Bekenntnis der Schuld vor dem Vorsteher der Gemeinde voraus, das Cyprian mit *confessio* bezeichnet[75]. Die Exhomologese Cyprians wird mißverstanden, wenn man in ihr eine Sonderform der Buße sieht, die „eigentliche Kirchenbuße“, die von der Exkommunikationsbuße oder „Vollbuße“ zu unterscheiden sei, welche sich aus der Exhomologese entwickelt habe[76]. Der dritte und abschließende Akt ist die eigentliche Rekonziliation, die durch Handauflegung des Bischofs vorgenommen wird; sie wird erstmals durch Cyprian für die lateinische Kirche erwähnt, aber als längst eingebürgerter Ritus, der ja schon früher im Osten in Übung ist[77]. Der Bischof vollzieht den Akt der Rekonziliation auf Grund der ihm übertragenen Binde- und Lösegewalt[78]. Bei dem Urteil, ob die Rekonziliation zu gewähren sei, wirkt die Gemeinde mit, doch ist diese Mitwirkung nicht näher beschrieben. Die vollzogene Rekonziliation gewährt dem Büßer wieder die *communicatio* mit der Kirche, er erhält wieder die *pax ecclesiae*[79]. Damit ist ihm die Teilnahme am eucharistischen Gottesdienst und der Empfang der Eucharistie wieder gestattet[80]. Cyprian ist ferner davon überzeugt, daß die von der Kirche gewährte *pax* auch letztlich heilsbedeutsam ist, da durch sie der ehemalige Büßer wieder der Gemeinschaft der Kirche eingegliedert ist, in der allein man sein Heil wirken kann[81].

Römischer Bußstreit und Schisma des Novatian

Während Cyprian sich in Nordafrika gegen eine laxistische Tendenz in der Bußpraxis seines eigenen Klerus zur Wehr setzen mußte, sah man sich um die Jahrhundertmitte in Rom einer rigoristischen Strömung gegenüber, die durch die Persönlichkeit, die sie lenkte und theologisch begründete, eine

[72] De laps. 24 30 35. [73] Ebd. 32; Ep. 4, 4. [74] Ep. 15, 1; 16, 1; 19, 2; 20, 3.
[75] De laps. 28 29; Ep. 55, 17 19.
[76] So *J. Grotz* in seinem angeführten Werk, dagegen *S. Hübner*: ZKTh 84 (1962) 171 bis 195. [77] Cyprian, Ep. 16, 2; Origenes, In Lev. hom. 2, 4; Didasc. 2, 18, 7; 43, 1.
[78] Ebd. Ep. 57, 1. [79] Ep. 64, 1. [80] Ep. 4, 4; 16, 2; 18, 1; 55, 29.
[81] Ep. 73, 21; 74, 7; De eccl. unit. 6

besonders wirksame und gefährliche Stoßkraft erhielt. In einer auffallenden Parallele zu Tertullian hat auch der römische Presbyter Novatian in einer ersten Stellungnahme die traditionelle Bußlehre vertreten, aber bald danach, freilich aus völlig anderen Motiven als der Afrikaner, einen extrem rigoristischen Standpunkt verkündet und speziell eine Wiederaufnahme in der Verfolgung Abgefallener in die kirchliche Gemeinschaft als unvereinbar mit deren Heiligkeit zurückgewiesen. Die römische Einstellung zur Frage der Rekonziliation der *lapsi* hatten noch vor Novatian einige Presbyter der Gemeinde in einem Schreiben an Cyprian dargelegt und darin sogar entschiedener als der afrikanische Bischof gefordert, man müsse den Kranken unter den Abgefallenen, die ihre Verfehlung bereuten und die Wiederaufnahme wünschten, „zu Hilfe kommen"[82]. Diese Auffassung vertritt zunächst auch Novatian, als er als Sekretär des römischen Presbyterkollegiums während der Sedisvakanz der Jahre 250—251 die Korrespondenz mit den auswärtigen Gemeinden zu führen hat, nur daß seine elegante Feder sie wortreicher und ansprechender zu formulieren vermag. Wenn nach menschlichem Ermessen, so schreibt er an Cyprian, der Tod eines Abgefallenen unmittelbar bevorstehe, solle man ihm mit der gebotenen Umsicht „zu Hilfe kommen", vorausgesetzt, er habe bereits Bußwerke geleistet, seinen Abfall öffentlich und wiederholt verabscheut und durch seine Tränen die Echtheit seiner Reue kundgetan[83]. Eine Übereinstimmung zwischen Rom und Karthago liegt noch in einem weiteren Punkt vor. So wie Cyprian die endgültige Regelung der Bußfrage in die Hand nehmen will, sobald er nach Karthago zurückgekehrt ist, so soll in Rom endgültig darüber entschieden werden, wenn die Gemeinde wieder einen Bischof habe; dabei wird zum erstenmal ein Prinzip römischer Praxis in Rechts- und Glaubensfragen formuliert, das bald im Ketzertaufstreit und späterhin eine eminente Rolle spielen sollte: *nihil innovandum,* man wolle sich an die Tradition halten[84]. Als inter essantes Detail enthält dieser Brief Novatians noch den Hinweis, daß die römischen Bekenner, anders als ihre Freunde in Karthago, es ablehnen, Friedensbriefe für die Abgefallenen auszustellen, und in der Kirchendisziplin entschiedene Gegner jeder Erweichung der bisherigen Praxis sind und daher die ungestüme Forderung der afrikanischen Abgefallenen nach sofortiger Wiederaufnahme mißbilligen; sie ihnen übereilt gewähren hieße handeln wie ein Arzt, der eine Wunde nur schließt, ohne ihr Zeit zum Vernarben zu lassen, und so die Krankheit nur verschlimmere[85]. Wenn Novatian noch bemerkt, der Abfall habe in der ganzen Kirche solche Ausmaße angenommen, daß eine endgültige Regelung nur in gemeinsamer Beratung von Bischöfen, Presbytern, Diakonen, Bekennern und standhaft gebliebenen Laien getroffen werden sollte, scheint er eine römische Synode im Sinne zu haben[86]. Ein weiterer Brief an Cyprian, dessen Stil ebenfalls Novatian als

[82] Cyprian, Ep. 8, 3. [83] Ebd. 30, 8. [84] Ebd. [85] Ebd. 30, 2 3. [86] Ebd. 30, 5.

Verfasser erweist, tadelt scharf die Gruppe der Abgefallenen in Karthago, die Cyprians Rückkehr nicht abwarten wollten und trotz ihres schweren Vergehens die *pax* mit der Kirche forderten, ja behaupteten, im Himmel sei sie ihnen bereits gewährt; für sie sei es an der Zeit, wirkliche Buße zu tun, die Echtheit ihrer Reuegesinnung zu erweisen und in demütiger Unterwerfung Gottes Barmherzigkeit auf sich herabzulenken[87]. Keiner der beiden Briefe Novatians berechtigt zu der Auffassung, in der römischen Gemeinde sei für die Sünde der Glaubensverleugnung bisher keine Vergebung gewährt worden; im Gegenteil, eine Wiederaufnahme der Abgefallenen in die Kirche wird auch von Novatian vorausgesetzt, wenn es einmal heißt, man solle beten, daß die Buße der Gefallenen die Vergebung auch erlange, und ein anderes Mal, eine demütige Haltung der Gefallenen würde ihre Bitte um Wiederaufnahme erleichtern[88]. Zwei Beobachtungen drängen sich noch beim Lesen dieser beiden meisterhaft formulierten Schreiben Novatians auf. Während im ganzen Verhalten Cyprians gegenüber den Gefallenen immer wieder eine barmherzige Liebe spürbar wird, vermißt man einen solchen Zug bei Novatian; er steht ihnen kühl, fast hart gegenüber und beruft sich dafür mit einem Unterton von Stolz auf die ruhmreiche römische Tradition[89]. Weiter kann man sich nur schwer des Eindruckes erwehren, daß die Begründung, man könne eine Gesamtregelung für die Buße der Abgefallenen erst nach der Wahl eines neuen römischen Bischofs in Angriff nehmen, nicht ohne Hintergedanken gegeben wird; sollte er es vielleicht sein, dem diese Aufgabe zufiele?

Der Umschwung in Novatians Stellung zur Bußfrage trat ein, als die nach dem Ende der Decischen Verfolgung möglich gewordene Wahl eines Nachfolgers für Papst Fabian nicht ihn, sondern Cornelius zum Bischof von Rom bestimmte. Gewiß ist das Bild, das dieser von seinem Gegenspieler in einem Schreiben an Fabius von Antiochien entwirft[90], durch persönliches Ressentiment entstellt, es wird aber in vielen sachlichen Angaben durch die Korrespondenz des maßvollen und nicht leicht zu Übertreibungen neigenden Cyprian und sonstige Nachrichten bestätigt. Novatian ließ sich in Rom als Gegenbischof aufstellen, wozu der aus Karthago nach dort gekommene Presbyter Novatus seine Unterstützung lieh[91], und suchte nun Anhänger mit der Devise zu gewinnen, die Wiederaufnahme Gefallener in die kirchliche Gemeinschaft sei grundsätzlich zu verweigern. Eine römische Synode von 60 Bischöfen und zahlreichen weiteren Klerikern sprach über Novatian den Bann aus und bestätigte durch Synodalbeschluß die bisherige römische Praxis, die Abgefallenen zur Buße zuzulassen[92]. Novatian aber ging sofort energisch und mit unleugbarem propagandistischem Geschick daran, allenthalben in West und Ost eine Gegenkirche aufzubauen, für

[87] Ebd. 36, 1—3. [88] Ebd. 30, 6; 36, 3. [89] Ep. 30, 2. [90] Euseb. HE 6, 43, 5ff.
[91] Cyprian, Ep. 52, 2. [92] Euseb. HE 6, 43, 2.

deren Organisation er die der Großkirche übernahm[93]. In Rom und Italien war der Erfolg seiner Bemühungen allerdings gering, da der schnelle Zugriff des Cornelius durch die Einberufung der römischen Synode die Situation klärte. Nach dem ironischen Bericht des Cornelius hat Novatian seine Anhängerschaft sogar beim Darreichen der Eucharistie flehentlich beschworen, ihm die Treue zu halten, sie schmolz aber immer mehr zusammen[94]. Auch in Nordafrika fand seine Propaganda keinen Boden, weil Cyprian hier die Lage mit sicherer Hand beherrschte, wohl auch weil der Übertritt des Führers der Laxisten, Novatus, ins entgegengesetzte Lager die novatianische Bewegung nicht besonders glaubwürdig erscheinen ließ. Immerhin ging von den Werbebriefen Novatians an afrikanische Bischöfe eine gewisse Wirkung aus, wie der Fall des Bischofs Antonianus erkennen läßt. Dieser hatte sich von vornherein nicht für Novatian gewinnen lassen, als er aber ein Schreiben von ihm erhielt, wurde er doch schwankend und wandte sich an Cyprian um Aufklärung. Die Antwort Cyprians liegt in einem umfangreichen Briefe vor, in dem er seine Gesamtauffassung von der Bußlehre entwickelt[95]. Cyprian gewährte auch Papst Cornelius seine Unterstützung im Kampf gegen den Novatianismus durch einen regen Briefverkehr mit Rom und erreichte es, daß ein Teil der Anhänger Novatians sich dem rechtmäßigen römischen Bischof wieder anschloß[96]. In anderen Gebieten waren die Erfolge der novatianischen Propaganda um so beträchtlicher. In Gallien schloß sich der Bischof Marcian von Arles der Bewegung an und verweigerte unerbittlich den Abgefallenen die Rekonziliation auch auf dem Sterbebett, so daß viele in Verzweiflung starben. Cyprian griff den Fall auf und ersuchte Papst Stephan (254—257) in einem eigenen Schreiben, Marcian zu exkommunizieren und der südgallischen Gemeinde einen anderen Leiter zu geben[97]. Auch für Spanien liegen Anzeichen einer novatianischen Infiltration vor, die allerdings erst später faßbar wird. Bischof Pacian von Barcelona († vor 392) kannte noch ein Dokument, das ihm ein Novatianer Sympronianus vorlegte, in dem die Sätze standen: „Nach der Taufe gibt es keine Buße mehr; die Kirche kann keine Todsünde vergeben, und sie vernichtet sich selbst, wenn sie die Sünder aufnimmt."[98] Das könnte sehr wohl eine Fortbildung novatianischer Bußlehre sein, zumal auch manche Beschlüsse der Synode von Elvira mit ihrer rigoristischen Tendenz erkennen lassen, daß man in Spanien schon früh für derartige Auffassungen empfänglich war.

Beachtlich ist die Fernwirkung, die von Novatian und seiner Lehre auf zahlreiche Gemeinden im Osten ausging; sie fand Anhänger besonders in Syrien und Palästina, in den kleinasiatischen Provinzen Bithynien, Phrygien, Kappadokien, Pontus und Kilikien, darüber hinaus noch in Armenien und Mesopotamien. An der Propaganda im Osten beteiligte sich Novatian per-

[93] Nach Cyprian, Ep. 73, 2 äffte er sie nach. [94] Euseb. HE 6, 43, 18 19.
[95] Die schon öfters zitierte Ep. 55. [96] Epp. 44—54. [97] Ep. 68, 1—3.
[98] Pacianus, Ep. ad Sympronianum 3, 1.

sönlich, da er sich brieflich an dortige führende Bischöfe wandte, wie z. B. an Dionys von Alexandrien, und seinen Schritt einer eigenen Kirchengründung vor ihm zu rechtfertigen suchte. Das Antwortschreiben des Dionys an Novatian ist noch erhalten; der Bischof von Alexandrien beschwört ihn eindringlich, noch jetzt von seinem Vorhaben abzustehen, seine Anhänger zur Rückkehr in die katholische Einheit zu bewegen, um so wenigstens seine eigene Seele zu retten[99]. Eine besondere Gefahr für den Einbruch novatianischen Einflusses war bei Fabius von Antiochien gegeben, der zu rigoristischen Auffassungen und somit „etwas zum Schisma neigte", wie Eusebius sich ausdrückt. Es gelang Dionys von Alexandrien jedoch, ihn durch ausführliche Darlegung der Bußlehre und durch Beispiele aus dem Leben, welche die Sehnsucht der Abgefallenen nach Rekonziliation eindrucksvoll wiedergaben, bei der traditionellen Auffassung zu halten[100]. Über den Umfang der Korrespondenz des Dionys in der Bußfrage hat Eusebius, dem sie noch vorlag, einige wertvolle Angaben überliefert[101]. Aus einem dieser Briefe ging hervor, daß das Novatianische Schisma im Osten sich so zu verfestigen drohte, daß die führenden Bischöfe in Kilikien, Kappadokien und Palästina auf einer Synode in Antiochien die ganze Frage beraten wollten, wozu man auch Dionys eingeladen hatte[102]. Dieser hat durch seine rege briefliche Aufklärungsarbeit wesentlich zur Eindämmung der novatianischen Bewegung im Osten beigetragen. Er täuschte sich allerdings über das Ausmaß seines Erfolges, wenn er später an Papst Stephan berichtete, daß der Kirchenfriede im Osten wiederhergestellt, „die Neuerung des Novatus (= Novatian) abgelehnt" worden sei und ob der wiedergewonnenen Einheit allenthalben große Freude herrsche[103]. Der Novatianismus lebte im Osten noch lange weiter, wenn auch nur in kleinen Sondergemeinden, die den Rigorismus ihres ersten Gründers noch steigerten und sich anspruchsvoll Katharer, Kirche der Reinen, nannten[104].

Bußlehre und Bußpraxis des 3. Jahrhunderts im Osten

Eine Skizze der Bußlehre und Bußpraxis, wie sie im östlichen Verbreitungsgebiet des Christentums im 3. Jh. in Geltung waren, darf mit einem Hinweis auf den aus Kleinasien stammenden *Irenäus* von Lyon beginnen. Auch er wurde in die Schar derer eingereiht, die noch das strenge, von der Urkirche ererbte Heiligkeitsideal vertreten und eine Wiederaufnahme derer in die Kirche abgelehnt hätten, die sich schwerer Vergehen schuldig gemacht

[99] Bei Euseb. HE 6, 45. [100] Ebd. 6, 44, 1—6. [101] Ebd. 6, 44—46.
[102] Ebd. 6, 43, 3. [103] Ebd. 7, 5.
[104] Ebd. 6, 43, 1; Conc. Nicaen., can. 8. Einige kleinasiatische novatianische Grabinschriften: DACL XII 1759. Ferner Cod. Theodos. 16, 5, 2; Socrates HE 5, 21 22.

hatten[105]. Zweifellos ist gerade Irenäus besonders tief durchdrungen von dem Gedanken, daß die dem Menschen durch die Erlösung geschenkte Gottebenbildlichkeit ihn zu einem ganz heiligen, unsündlichen Leben verpflichtet[106]; weil die Christen so hoher Gnaden teilhaftig geworden seien, würden sie unter ein viel strengeres Gericht gestellt als die Menschen des Alten Bundes, sie sollten daher nach ihrer Taufe auf der Hut vor jeder Sünde sein, weil Christi Tod nicht ein zweites Mal für sie wirksam werde[107]. Zu der Frage, ob es für einen Sünder nach der Taufe überhaupt keine Rettung mehr gebe, äußert sich Irenäus hier nicht, aber bei anderer Gelegenheit spricht er sich eindeutig für eine solche Bußmöglichkeit aus; er glaubt, Gott schenke denen seinen Frieden und seine Freundschaft, „die Buße tun und sich bekehren", nur wer ohne Buße in der Apostasie verharre, sei ewig verloren[108]. Besonders wichtig ist eine Bemerkung in der sog. „Regula fidei" des Irenäus, jener Zusammenfassung des alten, von den Aposteln ererbten Glaubensgutes[109], wo es heißt, Gott werde „den in seiner Liebe Verbliebenen — teils von Anfang an, teils seit der Buße — in Gnade Leben gewähren, Unverweslichkeit schenken und ewige Herrlichkeit verschaffen". Daraus ergibt sich, daß die Überzeugung, der Mensch würde durch die Buße auch nach der Taufe wieder die Liebe Gottes gewinnen, seit je zum Glaubensgut der Kirche gehört hat[110]. Für die Bezeichnung dieser Buße ist Irenäus der Ausdruck Exhomologese geläufig[111]; er schweigt allerdings über eine Rekonziliation der Büßer, die sich aber indirekt aus seinem Glauben an die Wirkkraft der Buße ergibt. Daß die Buße nach der Taufe Angelegenheit der Kirche ist, wird klar aus seiner Bemerkung, die Presbyter hätten die Pflicht, über das sittliche Leben der Christen zu wachen und, wenn nötig, einen Sünder aus der Kirche auszuschließen[112].

Die Stellungnahme der alexandrinischen Lehrer zu Buße und Bußpraxis ist dadurch charakterisiert, daß ihr die kämpferische Note der Auseinandersetzungen im lateinischen Westen fehlt, ihre Aussagen sind nicht in der Hitze der Diskussion mit einer gegnerischen Anschauung formuliert worden. Die Bußauffassung des *Klemens* ist einmal gekennzeichnet durch seinen von Plato beeinflußten Läuterungsbegriff; danach stellt er das Freiwerden von der Sünde als längeren Prozeß dar, der aber nicht ohne Buße durchführbar ist[113]. Des weiteren fällt bei ihm eine vielfache Übereinstimmung mit der Bußlehre des Hermas auf. Wie dieser betont er, es sei das Ideal christlicher Lebensführung, alle Vergehen nach der großen Sündenvergebung durch die Taufe zu meiden[114]; aber Gott weiß um die menschliche Schwäche und ge-

[105] Vgl. *B. Poschmann*, Poenitentia secunda 212.
[106] Adv. haer. 3, 18, 1; 3, 9, 1; Epid. 42. [107] Adv. haer. 4, 27, 1—4.
[108] Ebd. 4, 40, 1; 5, 26, 2. [109] Ebd. 1, 10, 1.
[110] Vgl. *K. Rahner:* ZKTh 70 (1948) 452—455. [111] Adv. haer. 1, 13, 5 7; 3, 4, 3.
[112] Ebd. 4, 26, 2 3; 4, 27, 4. [113] Quis div. salv. 40, 3—6; 42, 14 15; Strom. 7, 10, 56.
[114] Strom. 56, 1.

währt die Möglichkeit einer zweiten, jedoch einmaligen Buße; sie ist unwiederholbar, weil immer neue Bußen zeigen würden, daß keine ernste Bußgesinnung vorläge[115]. Auch die Wirkung der Buße sieht Klemens ähnlich wie Hermas; sie gewährt zwar wie die Taufe die Vergebung der Sünden, aber nicht als ein Geschenk göttlicher Begnadung, sondern nur nach voraufgehender schmerzlicher Läuterung, die in Gebet, Fasten und Werken der Nächstenliebe besteht[116]. Zur Buße gehört auch ein Bekenntnis der Schuld, Einzelheiten über den Verlauf dieser Exhomologese werden jedoch nicht mitgeteilt[117]. Keine Verfehlung gilt als unvergebbar, wie die Ausführungen über die Ehebrecherin, den Räuberhauptmann und die Häretiker dartun[118]. Wie Irenäus spricht auch Klemens nicht von einer Rekonziliation, daß aber auch für ihn die Buße mit der Wiederaufnahme in die Kirche endet, ergibt sich aus seiner Erzählung von dem in die Irre gegangenen Jüngling, den der Apostel Johannes nach langem Beten und Fasten wieder „in die Kirche hereinbrachte“[119]. Klemens von Alexandrien ist der erste, der dem Büßer eine Art Seelenführer empfiehlt, von dessen helfendem Gebet und Mahnungen er großen Gewinn habe[120]. Solche Seelenführer sind neben den kirchlichen Vorstehern die vollkommenen Christen, die Gnostiker und die Armen der Gemeinde. Die Wirkung ihrer Hilfe durch Gebet und Abtötung ist in ihrer persönlichen Vollkommenheit begründet[121]. Damit führt Klemens den pneumatischen Seelenführer in die Bußpraxis der Ostkirche ein, in welcher er nach dem Aufkommen des Mönchtums eine hervorragende Rolle spielen sollte.

Wie schon bei Klemens gilt das Interesse des *Origenes* weniger den Einzelheiten der konkreten Bußpraxis als vielmehr ihrer theoretischen Begründung, die jedoch auch von ihm nicht im Zusammenhang vorgelegt wird. Die Hochschätzung der Taufe und ihrer gnadenhaften Wirkungen durch Origenes läßt ihn besonders schmerzlich den krassen Gegensatz zu dem Ideal empfinden, in welchem das Alltagsleben vieler Christen steht. Die Sünde nach der Taufe in allen Schichten und allen hierarchischen Stufen sowie in allen Formen ist für ihn eine unleugbare Tatsache. Leichtere Sünden führen zwar nicht zum Verlust der Taufgnade und schließen daher auch nicht aus dem sakramentalen Gemeinschaftsleben der Kirche aus. Aber die schweren Vergehen des Sünders bringen seiner Seele den Tod und versetzen ihn in einen Zustand, der schlimmer ist als der vor seiner Taufe; eine solche Sünde kann nicht mehr wie bei der Taufe durch die Gnade getilgt

115 Ebd. 2, 13, 56f; 2, 13, 59.
116 Ebd. 2, 12, 55, 6; 2, 70, 3; Quis div. salv. 40, 1; 42, 14 15; Strom. 2, 15, 71.
117 Strom. 2, 59, 3.
118 Ebd. 2, 23, 147; Quis div. salv. 38, 4—39, 2; 42, 7; Strom. 7, 16, 102.
119 Quis div. salv. 40, 1. Einen zeitweiligen Ausschluß aus der Kirche deutet an Strom. 7, 16, 102, 4, vgl. dazu *A. Méhat:* VigChr 8 (1954) 232.
120 Quis div. salv. 31, 1; 41, 1—6; Strom. 7, 12, 79. 121 Eclog. proph. 15, 2.

werden, für sie gibt es nur Vergebung durch eine ihr gemäße sühnende Buße[122]. Das Vorbild dieser Buße ist gegeben in der von Paulus über den Blutschänder von Korinth verhängten Strafe, die „zu seiner Rettung am Tage des Gerichtes" bestimmt war[123]. Origenes lehrt also die Möglichkeit einer Sündenvergebung nach der Taufe durch die Buße, und zwar auch für jene schweren Verfehlungen, die er den „Sünden zum Tode" zurechnet, wie Götzendienst, Ehebruch, Unzucht, Mord oder ein anderes schweres Verbrechen[124]. Von einer Vergebung nimmt er nur die Sünde der Verstockung aus, die ihrem Wesen nach Unbußfertigkeit ist[125]; die Buße für die schweren Sünden ist nicht wiederholbar[126]. Zahlreich sind die Bemerkungen des Origenes, die eine Mitwirkung der kirchlichen Leiter beim Bußvollzug klar erkennen lassen; er vergleicht sie mit Ärzten, denen man die Wunden zeigen müsse, damit sie die rechte Medizin anwenden könnten[127]. Eine große Rolle spielt bei ihm die mahnende Zurechtweisung, die *correptio;* ihre schärfste Form ist die Exkommunikation, und harter Tadel des Origenes trifft die kirchlichen Vorsteher, die es aus Feigheit unterlassen, sie, wenn nötig, zu verhängen[128]. Wenn er auch verlangt, die Buße solle nicht so schwer sein, daß sie den Sünder mutlos mache, so geht ihre zeitliche Dauer doch über die Vorbereitungszeit auf die Taufe hinaus. Neu ist bei Origenes die Bemerkung, rekonziliierte Christen könnten nicht mehr zu einem Amt in der Kirche zugelassen werden[129]. Dem Bischof als Seelenarzt muß sich der Sünder durch ein Bekenntnis eröffnen; dieser wird auch feststellen, ob der Charakter der Sünde eine öffentliche Buße überhaupt notwendig macht[130]. In seiner Wertung des Seelenarztes schreitet Origenes auf dem von Klemens gewiesenen Weg weiter; er muß durchaus nicht Priester sein, vor allem kann er dem Sünder bei der Tilgung geringerer Vergehen eine Hilfe sein, wenn er sich durch freiwillig übernommene Werke und Gebet an dessen Bußleistung beteiligt[131]. Scharfe Mißbilligung finden einige Priester, die den Anspruch erheben, „durch ihr Gebet" so schwere Sünden wie Götzendienst, Ehebruch und Unzucht vergeben zu können[132]. In der Gesamtschau des Origenes kann das nur heißen, daß diese Kleriker überheblich ihrer persönlichen Betreuung des Sünders auf dem Wege der *correptio* die Vergebungskraft auch für so schwere Vergehen zuschrieben, anstatt für sie die Übernahme der öffentlichen Kirchenbuße zu fordern; keinesfalls kann diese Äußerung im Sinne einer Lehre von der kirchlichen Unvergebbarkeit

[122] In Ioann. comm. 2, 11; 15, 15; Exhort. mart. 30; In Exod. hom. 6, 9; In Lev. hom. 11, 2. [123] In Lev. hom. 14, 4. [124] In Ioann. comm. 19, 4; De or. 28, 9, 10.
[125] In Ioann. comm. 19, 13. [126] In Lev. hom. 15, 2. [127] In Ioann. hom. 37, 1, 1.
[128] In Lev. hom. 3, 2; In Iesu Nave hom. 7, 6.
[129] In Ioann. comm. 28, 7; Contra Cels. 3, 51.
[130] In Lev. hom. 2, 4; In Matth. comm. 13, 30; In ps. 37 hom. 2, 6.
[131] In Lev. hom. 5; In Matth. comm. 4, 16, 8; diese Texte lassen sich nicht verwerten für den Nachweis einer privaten Buße bei Origenes im heutigen Sinn, vgl. *K. Rahner:* RSR 37 (1950) 452—456. [132] De or. 28, 10.

gewisser Kapitalsünden bei Origenes gedeutet werden. Noch entschiedener als Klemens vertritt Origenes die These, die Nachlaßgewalt des Priesters sei an seine persönliche Vollkommenheit gebunden; er spricht die Vergebungsgewalt auch den einfachen Christen zu, die einen hohen Grad persönlicher Vollkommenheit erreicht haben[133]. Damit ist jedoch nicht behauptet, der Nichtpriester könne auch die kirchliche Rekonziliation vollziehen, da Origenes diese ebenso wie die Exkommunikation den Bischöfen reserviert. Wohl bleibt bestehen, daß die alexandrinischen Theologen der Mitwirkung des vollkommenen Christen bei der Bußleistung einen ganz besonderen Wert beimessen. Bei Origenes steht diese Auffassung in Zusammenhang mit der Bedeutung, die er überhaupt „den Heiligen" innerhalb des kirchlichen Lebens zuschreibt; so wie die Sünde eines ihrer Glieder jeweils die ganze Kirche trifft, so ist sie auch als Ganzes an der Wiedergutmachung beteiligt. Die durch die Rekonziliation erfolgte Wiedereingliederung in die Kirche hat heilsträchtige Wirkung, weil das Heil des einzelnen und seine Gliedschaft in der Kirche unlöslich miteinander verbunden sind[134]. Darum muß der Akt der Wiedereingliederung tatsächlich auch die Vergebung der Sünden bewirken, wenn für Origenes auch diese Wirkung nicht so im Vordergrund seiner Interessen steht wie etwa die Betonung der Aufgabe des pneumatischen Seelenarztes bei dem Prozeß der Entsündigung der Büßer.

Besonders ergiebig für die Erkenntnis der *Bußliturgie* im Osten ist die syrische „Didaskalie", deren Entstehung in die ersten Jahrzehnte des 3. Jh. verlegt werden darf, zumal angeblich antinovatianische Züge sich in ihr nicht mit Sicherheit nachweisen lassen oder allenfalls als spätere Zusätze angesehen werden können[135]. Sie betont in nachhaltigster Form die pflichtmäßige Sorge für die Sünder, die dem Bischof obliegt; zu ihr gehört auch der zuweilen erforderliche Ausschluß eines hartnäckigen Frevlers aus der kirchlichen Gemeinschaft, der ohne Ansehen der Person erfolgen soll. Die Vollmachten des Bischofs im ganzen Bußverfahren gründen sich auf die ihm übertragene Binde- und Lösegewalt[136]. Seine Maßnahmen gegenüber dem Sünder haben immer ein doppeltes Ziel; sie sollen die Gemeinde der Gläubigen im Guten stärken, dem Sünder aber Hoffnung auf Vergebung gewähren; er soll nach dem Vorbild des Guten Hirten handeln, der durch ihn die Sünden vergibt und den Frieden schenkt[137]. Keine noch so schwere Verfehlung ist von der Vergebungsgewalt des Bischofs ausgenommen[138]. Das Bußverfahren nimmt nach der „Didaskalie" ungefähr folgenden Ver-

133 De or. 28, 8; In Matth. comm. 12, 11—14.
134 In ps. 36 hom. 2, 4; vgl. In Ezech. hom. 10, 1.
135 Vgl. *P. Galtier,* La date de la Didascalie des apôtres: Aux origines du sacrement de pénitence (Rom 1951) 189—221.
136 Didasc. 2, 20, 3—4; 2, 8, 4; 2, 10; 2, 11, 1—2; 2, 18, 2.
137 Ebd. 2, 15, 8; 2, 20, 9. 138 Ebd. 2, 22—23, 1; 2, 24, 3.

lauf: Wenn der Bischof von einem Sünder in seiner Gemeinde erfahren hat, stellt er ihn zur Rede, hält ihm seine Verfehlungen eindringlich vor und schließt ihn dann von der Teilnahme am kirchlichen Gemeinschaftsleben aus, auch die Gemeindemitglieder geißeln sein sündhaftes Verhalten[139]. Nach einiger Zeit aber legen sie, vor allem durch die Diakone, Fürsprache für ihn beim Bischof ein; dieser versichert sich der Aufrichtigkeit seiner Reue und legt ihm unter neuen Ermahnungen und Belehrungen eine seiner Schuld entsprechende Buße auf, in der das Fasten einen besonderen Rang einnimmt[140]. Mit der Übernahme dieser vom Bischof verhängten Buße beginnt die „liturgische" Phase der Bußleistung des Sünders, die bis zum eigentlichen Rekonziliationsakt andauert. Die „Didaskalie" mahnt den Bischof, bei Anzeigen eines Sünders durch Gemeindemitglieder nicht nur die Berechtigung der Beschuldigung gewissenhaft zu prüfen, sondern auch auf die Motive solcher Anzeigen zu achten[141]. Während der offiziellen Bußzeit wird der Sünder zur Teilnahme an den Lesungen und der Predigt zugelassen, die Exkommunikation wird also in gewissem Sinne schon gelockert[142]. Die volle Rekonziliation wird erst mit der Handauflegung des Bischofs gewährt, die unter dem Gebet der Gemeinde vorgenommen wird; sie macht den Sünder wieder zu einem Glied der Kirche und verleiht ihm wieder den durch die Sünde verlorenen Heiligen Geist, wobei eigens auf die Parallelität der Geistverleihung durch die Taufe hingewiesen wird[143]. Deutlicher als sonstwo offenbart sich in der „Didaskalie" der kirchliche Charakter der Buße durch ihre Bindung an den bischöflichen Leiter der Gemeinde und damit auch die Sakramentalität der durch ihn gewährten Sündenvergebung.

Eine Besonderheit der Bußlehre der „Didaskalie" muß noch eigens hervorgehoben werden; sie erwähnt nirgendwo, daß die von ihr mit soviel Ausführlichkeit und Sorge geschilderte postbaptismale Buße einmalig sei. Das fällt auf in einem Werk, das so oft die Vergebbarkeit der nach der Taufe begangenen Sünden betont. Sie scheint vielmehr die Wiederholbarkeit der Buße nach schon erfolgter Rekonziliation vorauszusetzen, weil sie sie in einem einzigen Fall, dem des rückfälligen Denunzianten, nicht zugesteht; sie hätte sich dabei einfach auf das Prinzip von der nur einmaligen Bußmöglichkeit berufen können, begründet aber diesen Fall umständlich und ausführlich mit anderen Argumenten[144]. Die Vermutung, die „Didaskalie" habe die wiederholte Buß- und Rekonziliationsmöglichkeit nach der Taufe gekannt, verstärkt sich durch eine weitere Beobachtung. Zwischen der kirchlichen Bußpraxis der „Didaskalie" und der Bannpraxis der Synagoge besteht eine solche Fülle von auffälligen Parallelen[145], daß sich einzelne ihrer Züge in der „Didaskalie" nur als ein wenig weitergebildeter Fortbestand

[139] Ebd. 2, 16, 1—2. [140] Ebd. [141] Ebd. 2, 37, 4—5. [142] Ebd. 2, 39, 6; 2, 41, 1.
[143] Ebd. 2, 41, 1. [144] Ebd. 2, 43, 1—4. [145] Vgl. *K. Rahner:* ZKTh 72 (1950) 278f.

der synagogalen Bannpraxis verstehen lassen. Hier ist aber jeder Bann wiederholt lösbar. Nimmt man hinzu, daß auch die aus dem syrischen Raum stammenden „Apostolischen Konstitutionen" eine Einmaligkeit der kirchlichen Buße wohl ebenfalls nicht kennen[146], so drängt sich die Annahme auf, daß die nur einmalige Kirchenbuße im Osten nicht überall in Geltung war, ja daß diese nicht einfachhin als die ursprüngliche Praxis gelten kann. Im Westen wird sie, wie oben dargestelt wurde, erstmalig bei Hermas faßbar und mit pastoralen Erwägungen begründet. Wenn er sie, vielleicht als Konzession an eine rigoristische Strömung, überhaupt erst eingeführt hat, würde sich die ganze vor ihm liegende Einstellung der Kirche zur Buße als eine Periode größerer Milde charakterisieren lassen, und die Annahme einer umgekehrten Entwicklung von ursprünglicher Strenge zu wachsendem Laxismus erwiese sich einmal mehr als Irrweg.
Die sonstigen Nachrichten aus dem Osten, die sich auf die Bußfrage beziehen, ergeben mit einer Ausnahme keine neuen, vom bisherigen Bild abweichenden Erkenntnisse[147]. Der Origenes-Schüler Gregor der Wundertäter erwähnt die Einteilung der Büßer in verschiedene Klassen als eine schon länger bestehende Einrichtung, seine Terminologie ist allerdings, wie es scheint, noch nicht fixiert[148]. Einige nehmen die Stufen der Hörenden und Niederfallenden als sicher bezeugt an, andere auch die der Weinenden und Mitstehenden[149]. Die Synoden des 4. Jh. geben den Bußbestimmungen nach und nach eine in Kanones gefaßte gesetzliche Normierung und leiten damit über zur kanonischen Buße der nächsten Jahrhunderte.

Bußstreitigkeiten nach der Diokletianischen Verfolgung

Die Diokletianische Verfolgung ließ die Frage der Behandlung der Abgefallenen wieder aktuell werden, da die Kirche auch diesmal in verschiedenen Gebieten *lapsi* zu beklagen hatte, wenn auch, wie noch zu zeigen sein wird, das Gesamtergebnis diesmal bei weitem nicht so betrüblich für sie war wie während und nach der Decischen Angriffswelle. Für Rom steht die Tatsache von Auseinandersetzungen in der Bußfrage unter Papst Eusebius (310) fest, wenn auch die Zusammenhänge unklar bleiben. Eine von Papst Damasus (366—384) seinem Vorgänger Eusebius gewidmete Inschrift sagt von diesem, er habe von den Gefallenen Buße gefordert, dabei aber Widerspruch bei einem gewissen Heraclius gefunden, welcher den *lapsi* die

146 Const. Apost. 2, 40, 1.
147 Zur Auffassung des Bischofs Dionys von Alexandrien siehe oben S. 380.
148 In seiner sog. Epistula canonica: PG 10, 1019—1048 und *J. B. Pitra,* Iuris ecclesiastici Graecorum historia et monumenta I (Rom 1864) 562—575.
149 *B. Poschmann:* HDG IV/3, 39. — *J. Grotz* a. a. O. 400—408.

Buße „verbot“[150]. Der Text gestattet nicht, Heraclius einer der beiden möglichen extremen Richtungen mit Sicherheit zuzuschreiben, der rigoristischen, die den Abgefallenen die Buße versagte, oder der laxistischen, die eine Wiederaufnahme ohne Buße verlangte, wenn auch die erste Möglichkeit die größere Wahrscheinlichkeit für sich hat. Nach Damasus hat die Diskussion über diese Dinge zu schweren Unruhen und zu einer Spaltung der Gemeinde geführt; der Streit veranlaßte das Eingreifen des Kaisers Maxentius, der die Führer der beiden Parteien, Bischof Eusebius und Heraclius, in die Verbannung schickte. Ein Zusammenhang von Bußstreitigkeiten unter dem Vorgänger des Eusebius, Marcellinus (296—304), mit der Diokletianischen Verfolgung kann dagegen nicht mehr aufrechterhalten werden; auch Marcellinus[151] habe, so berichtet Damasus in einem weiteren Epigramm[152], von den Gefallenen Bußleistung verlangt und sei dabei auf starken Widerstand gestoßen. Da Marcellinus den Beginn der Diokletianischen Verfolgung nicht mehr erlebte, lassen sich die Verfehlungen dieser *lapsi* nicht näher bestimmen.

Nicht als Bußstreit im strengen Sinn läßt sich die Auseinandersetzung verstehen, die sich in Nordafrika an die Diokletianische Verfolgung anschloß. Manche Christen waren den Forderungen Diokletians, ihre heiligen Bücher auszuliefern, nachgekommen, und galten als *traditores*. Von einer rigoristischen Richtung wurden die Weihen bischöflicher *traditores* als ungültig angesehen; als im Jahre 311 der neugewählte Bischof von Karthago, Caecilian, von einem angeblichen *traditor*, dem Bischof Felix von Aptungi, die Weihe empfing, entfachte sich daran der heftige Donatistenstreit, dessen Darstellung aber der Geschichte des 4. Jh. angehört.

Das Problem der *lapsi* beschäftigte nach dem Abflauen der Diokletianischen Verfolgung auch die alexandrinische Kirche, deren Bischof Petrus in einer epistula canonica die Grundsätze aufstellte, nach denen ihre Bußleistungen zu regeln waren. Die noch erhaltenen Kanones lassen keine eigentliche Weiterbildung der Bußpraxis seit Origenes erkennen, lassen aber ein warmherziges Empfinden für das Schicksal der Gefallenen spüren[153]. Bischof Petrus wird aber auch als einer der Führer der beiden Parteien genannt, die sich in einer frühen Phase des sog. Meletianischen Schismas[154] in Ägypten in der Bußfrage gegenüberstanden. Der Führer der anderen Gruppe ist Meletios selbst, der nach dem allerdings späten Bericht des Epiphanios sich mit zahlreichen Bekennern der Wiederaufnahme der Gefallenen

[150] Epigr. Damas. (129 Ferrua): ...*Heraclius vetuit lapsos peccata dolere Eusebius miseros docuit sua crimina flere.*

[151] Damasus nennt zwar Marcellus, der aber wahrscheinlich mit Marcellinus gleichzusetzen ist, vgl. *R. H. Röttges:* ZKTh 78 (1956) 385—420.

[152] S. 181 Ferrua.

[153] Die Kanones bei *J. B. Pitra* a. a. O. 551—561, dazu *J. Grotz* 409—413.

[154] Vgl. *K. Baus:* LThK VII unter Meletios v. Lykopolis.

entschieden widersetzt habe[155]. Die Bußfrage war jedoch nicht der Ausgangspunkt dieser Spaltung in der Kirche Ägyptens, sie war vielmehr von Meletios, dem Bischof von Lykopolis in der Thebais, durch Eingriff in die Weiherechte des Bischofs von Alexandrien hervorgerufen worden. Meletios aber benützte die Bußfrage, um Anhänger im Kampf gegen den Bischof der ägyptischen Hauptstadt zu gewinnen und den von ihm selbst abhängigen Kirchen eine charakteristische und wirksame Losung zu geben. Nach einigen Jahren verlor die Bußfrage in den meletianischen Wirren an Aktualität, die Anhänger des Meletios gingen bald zu den Arianern über, um mit ihnen gemeinsame Front gegen Athanasius zu machen.

Nach dem Umschwung unter Konstantin kommen die Auseinandersetzungen um das Bußproblem zur Ruhe. Es ist das bleibende Verdienst der Kirche des 3. Jh., in den oft heißen Kämpfen um das rechte Verständnis christlicher Buße gegenüber dem immer wieder aufflammenden Rigorismus den Geist barmherzigen Verstehens für den Sünder, wie ihn der Gründer der Kirche verkündet hatte, verteidigt, anderseits den Einbruch laxistischer Tendenzen in die christliche Bußdisziplin abgewehrt zu haben.

26. Kapitel

Der Ausbau der kirchlichen Verfassung im 3. Jahrhundert

LITERATUR: Siehe oben die Literatur zu Kap. 10, ferner die Übersichten von *K. Müller,* Die Kirchenverfassung im christlichen Altertum: RGG² III 968—988, auch: Aus der akademischen Arbeit (Tübingen 1930) 101—134 (ohne Anmerk. und Lit.); *A. Adam,* Kirchenverfassung II: RGG³ III 1533—1945; *H. Lietzmann,* Zur altchristlichen Verfassungsgeschichte: Kleine Schriften I (Berlin 1958) 141—185; *E. Rösser,* Göttliches und menschliches, unveränderliches und veränderliches Kirchenrecht von der Entstehung der Kirche bis zur Mitte des 9. Jh. (Paderborn 1934); *G. Krüger,* Die Rechtsstellung der vorkonstantinischen Kirchen (Stuttgart 1935, Nachdruck Amsterdam 1961); *G. Bardy,* La théologie de l'Église de s. Irénée au concile de Nicée (Paris 1947); *E. Kohlmeyer,* Charisma oder Recht? Vom Wesen des ältesten Kirchenrechts: ZSavRGkan 38 (1952) 1—36; *H. Chadwick,* The Circle and the Ellipse. Rival Concepts of Authority in the Early Church (Oxford 1959).

Klerus: *M. Andrieu,* Les ordres mineurs (Paris 1925); *H. Leclercq,* Célibat: DACL II 2802—2832; *G. Dix,* The Ministry of the Early Church: *K. E. Kirk,* The Apostolic Ministry (London ²1947) 183—303; *E. Lanne,* Le ministère apostolique dans l'œuvre de s. Irénée: Irénikon 25 (1952) 113—141; *J. Lecuyer,* Épiscopat et presbytérat dans les écrits d'Hippolyte de Rome: RSR 41 (1953) 30—50; *A. Adam,* Die Entstehung des Bischofsamtes: Wort und Dienst (Bethel) 5 (1957) 1—16; *H. v. Campenhausen,* Die Anfänge des Priesterbegriffes in der alten Kirche: Tradition und Leben (Tübingen 1960) 272—289.

155 Epiphanius, Haer. 68.

Gemeinden und übergemeindliche Organisationen: *P. de Labriolle,* Paroecia: RSR 18 (1928) 60—72; *K. Müller,* Rom, Arelate und spanische Kirchen um 250: ZNW 28 (1929) 296—305; *J. P. Kirsch,* Die römischen Titelkirchen im Altertum (Paderborn 1918); *F. Lanzoni,* I titoli presbiterali di Roma antica: RivAC 2 (1925) 195—257; *E. Kirsten,* Chorbischof: RAC II 1105—1114. — *P. Batiffol,* Le règlement des premiers conciles africains et le règlement du sénat romain: Bulletin d'ancienne lit. et d'archéol. chrétiennes 3 (Paris 1913) 3—19; *G. Roethe,* Zur Geschichte der römischen Synoden im 3. und 4. Jh. (Stuttgart 1937).

Primatsfrage: Textsammlung: *H. J. Vogels,* Textus antenicaeni ad primatum Romanum spectantes (Bonn 1937) (FlorPatr 9); *K. Adam,* Neue Untersuchungen über die Ursprünge der kirchlichen Primatslehre: ThQ 109 (1928) 161—256, auch: Gesammelte Aufsätze zur Dogmengeschichte (Augsburg 1936) 123—185; *K. J. Kidd,* The Roman Primacy to A. D. 461 (London 1936); *P. Batiffol,* Cathedra Petri (Paris 1938); *E. Stauffer,* Zur Vor- und Frühgeschichte des Primats: ZKG 61 (1943/44) 3—34; *L. Hertling,* Communio und Primat: Misc. hist. pontif. 7 (1943) 1—48, auch: Una Sancta 17 (1962) 91—125; *A. Rimoldi,* L'apostolo San Pietro fondamento della Chiesa ... dalle origini al Concilio di Calcedonia (Rom 1958). — Zu Hegesipp: *Th. Klauser,* Die Anfänge der römischen Bischofsliste: BZThS 8 (1931) 193—213; *H. v. Campenhausen,* Lehrerreihen und Bischofsreihen im 2. Jh.: Festschr. E. Lohmeyer (Stuttgart 1951) 240 ff; *N. Hydahl,* Hegesipps Hypomnemata: StTh 14 (1960) 70—113. — Zu Irenäus: *L. Spikowski,* La doctrine de l'église dans s. Irénée (Strasbourg 1926) (hier die ältere Lit.); *H. Holstein,* Propter potentiorem principalitatem: RSR 36 (1949) 122—135; *R. Jacquin,* Ab his qui sunt undique dans s. Irénée: RevSR 24 (1950) 72—87; *D. J. Unger,* St. Irenaeus and the Roman Primacy: ThSt 13 (1952) 359—418; *P. Nautin,* Irénée, Adv. haer. III 3, 2. Église de Rome ou Église universelle?: RHR 151 (1957) 37—78, dazu *B. Botte:* Irénikon 30 (1957) 156 bis 163. — Cyprian und Ketzertaufstreit: *G. Bardy,* Cyprien: DHGE XIII 1152 bis 1154 1158—1160; *A. d'Alès,* La théologie de s. Cyprien (Paris 1922) 380—388; *H. Koch,* Cathedra Petri, Neue Untersuchungen über die Anfänge der Primatslehre (Gießen 1930), dazu *K. Adam:* Gesammelte Aufsätze zur Dogmengeschichte (Augsburg 1936) 186—195; *B. Poschmann,* Ecclesia principalis (Breslau 1933); *T. Zapelena,* Petrus origo unitatis apud s. Cyprianum: Gr 15 (1934) 500—523, 16 (1935) 196—224; *F. de St. Palais d'Aussac,* La réconciliation des hérétiques dans l'église latine (Paris 1943); *B. Neunheuser:* HDG IV/2 (Freiburg 1956) 44—47; *G. Klein,* Die hermeneutische Struktur des Kirchengedankens bei Cyprian: ZKG 68 (1957) 48—68; *G. Mongelli,* La chiesa di Cartagine contro Roma durante l'episcopato di s. Cipriano (249—258): MF 59 (1959) 104—201. — *H. Rahner,* Navicula Petri: ZKTh 69 (1947) 1—35; *J. C. Plumpe,* Mater ecclesia. In Inquiry into the Concept of the Church as Mother in Early Christianity (Washington 1943); *H. Rahner,* Mater ecclesia. Lobpreis der Kirche aus dem 1. Jahrtausend (Einsiedeln 1944); *J. Daniélou,* Die Kirche Pflanzung des Vaters. Zur Kirchenfrömmigkeit der frühen Christenheit: Sentire ecclesiam (Festschr. H. Rahner, Freiburg 1961) 92—103; *L. Bouyer,* Zur Kirchenfrömmigkeit der griechischen Väter: ebd. 104—112.

Das 3. Jh. führt in vielfacher Hinsicht zu einem weiteren Ausbau der Kirchenverfassung. Über die Dreizahl der Ämter des 2. Jh. hinaus entwickeln sich neue, allerdings rangniedere klerikale Stufen, das Bischofsamt gewinnt an innerer Festigung und äußerem Ansehen, die Organisation der Einzelgemeinden differenziert sich, im Osten vor allem entwickeln sich die Kirchenprovinzen, das Synodalwesen erlebt einen bedeutsamen Aufschwung, und schließlich verstärkt sich in Anerkennung und Widerspruch in eindeutiger Weise die Vorrangstellung der römischen Kirche und ihres Bischofs. Die

Gesamtheit dieser Entwicklungen auf dem Gebiet der kirchlichen Verfassung bestätigt, daß auch hier das junge Christentum zur frühchristlichen Großkirche herangewachsen ist.

Der Klerus

Die bereits bestehenden Ämter des Bischofs, Presbyters und Diakons bleiben zwar ihrer inneren Bedeutung nach unverändert, erfahren aber vielfach eine schärfere Abgrenzung, zum Teil auch Erweiterung ihres Aufgabenbereiches, eine Differenzierung der Bedingungen für die Zulassung zum einzelnen Amt, für das Bischofsamt wird schließlich eine tiefere theologische Begründung versucht, die seine stetig wachsende Bedeutung für das Leben der Gesamtkirche im 3. Jh. nachhaltig unterstreicht. Die verschiedenen innerkirchlichen Probleme, wie Abwehr des Gnostizismus und Montanismus, erhöhter Anspruch an die Leitungsaufgaben in den einzelnen Verfolgungswellen, die Klärung der Bußfrage und der Kampf gegen schismatische Bedrohungen, zeigen im 3. Jh. den *monarchischen Episkopat* in voller Funktion und im unbezweifelten Besitz der mit seinem Amt gegebenen Vollmachten. Der Bischof ist nun der unbestrittene Leiter der Gemeinde in all ihren Lebensäußerungen; er verkündet ihr den Glauben durch die Predigt und wacht wie je über dessen Reinheit, über den rechten Vollzug der Liturgie, vor allem in Taufe und Eucharistiefeier, er ist der Hüter der innerkirchlichen Disziplin und verantwortlich für die Beobachtung des christlichen Lebensideals durch die Gemeinde. Er leitet ihre karitative Arbeit im Alltag und organisiert ihre Hilfsmaßnahmen in Not- und Krisenzeiten. Er vertritt seine Gemeinde in ihren Beziehungen zu anderen lokalen Kirchen oder auf den nun wichtig werdenden synodalen Zusammenkünften der Gemeindeleiter der Provinzen oder noch größerer regionaler Zusammenschlüsse und wird so zur wichtigen Klammer zwischen Einzelgemeinde und Gesamtkirche und zu einem wirksamen Förderer der kirchlichen Einheit.

Begreiflich, daß sich einem kirchlichen Amt, dessen Träger so im Zentrum des kirchlichen Lebens und im Bewußtsein der Gläubigen steht, auch die theologische Reflexion mehr zuwendet, sein Wesen tiefer zu erfassen und zu begründen sucht und im Anschluß daran die Verpflichtungen, die es auferlegt, besonders unterstreicht. Am meisten von allen Schriftstellern des 3. Jh. hat das kirchliche Amt den Alexandriner *Origenes* beschäftigt, dem es in vielen Vertretern in seinem Leben begegnete und der es in reifen Jahren in der Form des Priestertums auch selbst auf sich nahm. Keinen Augenblick zweifelt er an der inneren Berechtigung des kirchlichen Amtes. Die Vollmacht des Bischofs gründet sich auf das Wort des Herrn, das Petrus die Schlüsselgewalt verliehen hat; es ist daher die Stimme Gottes, die zu solchem Amt beruft, ihm sollte man auch immer die Wahl überlassen, wenn es gilt, in der Gemeinde einen neuen Bischof zu bestellen[1]. Der Träger dieses Amtes hat die Aufgabe, die Menschen dem Reich Gottes zuzuführen, daher sollte er ein Vorbild jeglicher Tugend sein[2]. Er hat das Wort zu verkünden, daher sollte er die heiligen Schriften lesen und meditieren, nicht seine eigenen Gedanken predigen, sondern was ihn der Heilige Geist gelehrt hat[3]. Er hat den liturgischen Kult zu vollziehen, aber er sollte dabei nur reine Hände zum Gebet erheben[4]. Origenes vertritt offensichtlich die Auffassung, die Wirksamkeit der priesterlichen Vollmacht sei an die persönliche Heiligkeit ihres Trägers gebunden[5]. Daher sein unüberhörbar scharfes Urteil über den Klerus seiner Zeit, wenn er die Wirklichkeit mit dem aufgestellten Ideal vergleicht; die Kirche, die der Tempel Gottes, das Haus des Gebetes sein sollte, ist zur Räuberhöhle geworden; Bischöfe, Priester und Diakone sind voller Geiz, herrschsüchtig, unwissend, ja unreligiös; Ehrgeizige bewerben sich um diese Ämter, die käuflich geworden sind und von unwürdigen Inhabern an unwürdige Nachfolger weitergegeben werden[6]. Daher soll die Gemeinde bei der Wahl eines neuen Bischofs zugegen sein und darauf achten, daß der gewählt wird, der durch Gelehrsamkeit, Heiligkeit und Tugend hervorragt[7]. Im Westen ist es *Cyprian,* der einige Jahre nach Origenes Wesen und Funktion des bischöflichen Amtes in der Kirche als erster lateinischer Schriftsteller näher zu begründen sucht. Nur *einen* Bischof kann es in der Gemeinde geben, der ihr Richter ist und Christi Stelle vertritt[8]. Der Bischof ist in der Kirche und die Kirche im Bischof, wer nicht mit dem Bischof ist, der ist auch nicht in der Kirche[9]. Die Kirche ist nach dem Willen ihres Stifters Bischofskirche; „sie ist auf den Bischöfen aufgebaut und wird durch sie als Vorsteher regiert“[10]. Bei seiner Wahl äußert Gott irgendwie seine Zustimmung, daher ist er auch Gott allein verantwortlich[11]. Die Verantwortung beschränkt sich allerdings nicht auf seine Gemeinde, sondern erstreckt sich auf die Gesamtkirche. Auch Origenes betont, daß ein Bischof zum Dienst an der ganzen Kirche berufen wird[12]. Bei Cyprian äußert sich diese Verantwortung in der angelegentlichen Sorge des Bischofs für die Bewahrung der kirchlichen Einheit[13]. Mit dem Bischofsamt verbindet Cyprian die Idee der Sukzession, wenn er sagt, daß sich sein Amt auf das Wort des Herrn an Petrus bei Mt 16, 18 gründe und sich von daher im Wechsel der Zeiten und Sukzessionen die Bestellung der Bischöfe

[1] In Matth. comm. 12, 14; In Lev. hom. 6, 6; In Num. hom. 22, 4; In Iesu Nave hom. 32, 2. [2] In Matth. comm. 14. [3] In Ezech. hom. 2, 2. [4] In Rom. comm. 9, 42.

[5] In Matth. comm. 12, 14; De or. 28, 8.

[6] In Matth. comm. 16, 21—22; 15, 26; In Ezech. hom. 10, 1; In Num. hom. 22, 4.

[7] In Lev. hom. 6, 3. [8] Ep. 59, 5. [9] Ep. 66, 8.

[10] Ep. 33, 1: ... *(ut) ecclesia super episcopos constituatur et omnis actus ecclesiae per eosdem praepositos gubernetur.* [11] Ep. 59, 5; 55, 21; 69, 17; 72, 3.

[12] In Cant. comm. 3: *qui vocatur ad episcopatum, non ad principatum vocatur, sed ad servitutem totius ecclesiae.* [13] Ep. 73, 26.

und die Organisation der Kirche herleite[14]. Daß er die cathedra des Petrus *per successionem* habe, darauf beruft sich nach Cyprian auch Bischof Stephan von Rom[15].

Bei der Bedeutung des Bischofsamtes mußte die Berufung eines Mannes in dieser Stellung durch einen einwandfreien *Wahlmodus* gesichert werden. Wie Origenes schreibt auch Cyprian der Gemeinde eine Mitwirkung dabei zu; diese sei deshalb erforderlich, weil sie das Leben eines jeden aus ihrer Mitte kenne und ein Urteil über die Lebensführung des Kandidaten abgeben könne[16]. Auch die Bischöfe der Provinz sind an der Wahl maßgebend beteiligt, deren Gültigkeit hängt von ihrer Zustimmung ab, die das Urteil über die Rechtmäßigkeit des Wahlvorganges mit einschließt[17]. Diesen Bischöfen steht auch das Recht der Weihe des Gewählten zu, wie dies auch schon die Kirchenordnung Hippolyts weiß[18]. Wenn hier mit einem gewissen Nachdruck gesagt wird, der zu weihende Bischof müsse vom ganzen Volk gewählt sein, so darf das doch wohl in einem die Mitwirkung der Nachbarbischöfe nicht ausschließenden Sinn verstanden werden[19]. Cyprian sieht den in Nordafrika beobachteten Wahlmodus als eine göttliche Überlieferung und als apostolischen Brauch an, der weit verbreitet sei[20]. In einzigartiger Weise läßt die syrische „Didaskalie“ die überragende Stellung des Bischofs in seiner Gemeinde erkennen, dessen Würde sie in ehrendsten Wendungen feiert; er vertritt Gottes Stelle in der Gemeinde, er ist Abbild Gottes und Mittler zwischen ihm und den Gläubigen[21]. In seinem Predigtamt ist er „der Mund Gottes“, der zur Gerechtigkeit ermuntert, gute Werke empfiehlt, die Wohltaten Gottes begeistert verkündet, aber auch vom künftigen Zorn beim göttlichen Gericht sprechen muß[22]. Eindringlich wie keine andere vorkonstantinische Schrift spricht die „Didaskalie“ von den Eigenschaften, die für das Bischofsamt erforderlich sind, und von den Hindernissen, die von ihm ausschließen. Erstes Erfordernis ist innige Vertrautheit mit der Heiligen Schrift, deren Dolmetscher der Bischof sein soll; weitere Bildung ist zwar erwünscht, aber nicht unerläßliche Bedingung[23]. Da er in seinem ganzen Wandel Vorbild der Gemeinde sein soll, muß er in charakterlichen Qualitäten und in sittlicher Hinsicht höchste Ansprüche erfüllen[24]. Garantien dafür sind eher bei vorgeschrittenem Alter gegeben, daher soll der Bischof bei seiner Wahl möglichst 50 Jahre alt sein, bei einem jüngeren Kandidaten soll eine gewissenhafte Prüfung seine wirkliche Eignung feststellen[25]. Einem Digamus, einem mehr als einmal Verheirateten, ist der Zugang zum Bischofs-

[14] Ep. 33, 1: *inde per temporum et successionum vices episcoporum ordinatio et ecclesiae ratio decurrit.* [15] Ep. 75, 17. [16] Ep. 67, 5; 59, 5 *(populi suffragium);* 55, 8.
[17] Ep. 67, 5 *(episcoporum iudicium),* 59, 5 *(coepiscoporum consensus).*
[18] Ebd. 67, 5 und Trad. apost. 2 (26 *Botte*).
[19] Vgl. *K. Müller:* ZNW 28 (1929) 276—278.
[20] Ep. 67, 5: *traditio divina et apostolica observatio.* [21] Didasc. 2, 18, 2; 2, 11; 2, 25, 7.
[22] Ebd. 2, 28, 9; 2, 17, 6. [23] Ebd. 2, 1, 2; 2, 5, 3. [24] Ebd. 2, 6, 5. [25] 2, 1, 1—3.

amt versperrt; die Lebensführung von Frau und Kindern muß in Einklang stehen mit der hohen Würde, die das Familienoberhaupt bekleidet[26].

Die *Presbyter* nehmen in der „Didaskalie" im allgemeinen noch die Stellung ein, die ihnen die Ignatiusbriefe schon zuschreiben; sie sind „die Ratgeber und Beisitzer des Bischofs", wirken besonders bei gerichtlichen Verfahren gegen einen Christen mit, haben aber keinen Anspruch auf einen Pflichtanteil an den Gaben der Gemeinde[27]. Das 3. Jh. kennt aber auch Anzeichen einer steigenden Bedeutung des Presbyteramtes wenigstens in einigen Ausbreitungsgebieten des Christentums. Sie hängt einmal zusammen mit der wachsenden Zahl von Christen in ländlichen Bezirken, für die kein Bischof, sondern nur ein Presbyter als Leiter der Gemeinde bestellt werden konnte. Dies war sicher in Ägypten nach der Jahrhundertmitte der Fall, wie Dionys von Alexandrien bezeugt[28]. Es ist kaum zu bezweifeln, daß ein für solche Kleingemeinden bestimmter Dorfpresbyter auch das Recht hatte, die Eucharistie zu feiern. Eine Erweiterung presbyteraler Vollmachten wurde auch in Notzeiten gewährt, wie in den Verfolgungen, wenn der Bischof infolge seiner Haft oder Flucht die Gemeinde nicht mehr persönlich betreuen konnte. Instruktiv ist hier ein Brief Cyprians, der Presbyter und Diakone ermächtigt, in Zeiten besonderer Gefährdung durch Krankheit das Sündenbekenntnis der Gefallenen entgegenzunehmen und sie zu rekonziliieren[29]. Schließlich bedingt die in den bedeutenderen Städten des Römischen Reiches, wie Rom, Karthago, Alexandrien und Antiochien, in diesem Jahrhundert entstehende, oft mehrere tausend Mitglieder umfassende christliche Großgemeinde ein Anwachsen priesterlicher Funktionen. Die häufige Erwähnung der Presbyter bei der Spendung der Taufe in der „Kirchenordnung" Hippolyts ist hier ebenso bemerkenswert wie die Betonung ihrer Rolle bei der Weihe neuer Presbyter, denen sie mit dem Bischof die Hände auflegen[30]. In Rom bringt die Errichtung der Tituli als eigener Seelsorgsbezirke[31] den damit betrauten Presbytern eine selbständigere Stellung, als sie in kleineren Gemeinden möglich war. Die Betreuung der Christen in der ländlichen Umgebung Alexandriens durch Wanderpriester (περιοδευταί)[32] am Beginn des 4. Jh. weist schon deutlich auf die sich anbahnende Entwicklung zur „Pfarrei" hin, die ebenfalls dem Presbyter einen neuen und erweiterten Aufgabenbereich und damit seinem Amt erhöhte Bedeutung bringen wird.

Im Alltagsleben einer christlichen Durchschnittsgemeinde treten die Presbyter allerdings noch immer hinter den *Diakonen* zurück. Diese kommen als die hauptamtlichen Gehilfen des Bischofs vor allem in der Armenpflege

[26] Ebd. 2, 2, 1—4. Es gibt also noch im 3. Jh. keine Zölibatspflicht, erst can. 6 der Synode von Elvira legt sie den Klerikern vom Diakon aufwärts auf.

[27] Ebd. 2, 34, 3; 2, 46, 6; 2, 48, 4.

[28] Bei Euseb. HE 7, 24, 6—9; vgl. auch ebd. 6, 44, 2—5. [29] Ep. 18, 1.

[30] Trad. apost. 8; 21 (37, 49—51 *Botte*). [31] Siehe unten S. 424.

[32] Euseb. HE 8, 13, 7; Epist. episc. Aegypt.: PG 10, 1566.

und Vermögensverwaltung in häufigeren Kontakt mit den einzelnen Gemeindemitgliedern, sie sind daher, wie die „Didaskalie" sagt, des Bischofs „Ohr und Mund, Herz und Seele"[33]. Da der Diakon den Bischof über alle Vorgänge innerhalb der Gemeinde unterrichten soll, sichern ihm solche Besprechungen der Gemeindeangelegenheiten naturgemäß einen hohen Einfluß auf dessen Entscheidungen. Von der einmütigen Zusammenarbeit zwischen Bischof und Diakon hängt nach der „Didaskalie" das Wohl der Gemeinde ab[34].

Die wachsenden Bedürfnisse der Gemeinden des 3. Jh. führen schließlich zur Entwicklung weiterer Stufen in der Reihe der klerikalen Ämter, die aber alle unter dem Rang des Diakons bleiben. Sie werden aufgezählt in der Liste des römischen Klerus, die Bischof Cornelius in einen Brief an Fabius von Antiochien aufnahm[35]. Danach stehen 7 Subdiakone, 42 Akolythen und 52 Exorzisten, Lektoren und Ostiarier im Dienst der Gemeinde. Die Inhaber dieser Ämter treten meist in liturgischer Funktion in Erscheinung, andere in Spezialaufgaben der Gemeindecaritas, wie der Betreuung der Geisteskranken und Epileptiker. Letztere Aufgabe war den Exorzisten zugewiesen, während die Subdiakone als direkte Gehilfen der Diakone und die Akolythen wiederum als Stützen der Subdiakone anzusehen sind. Das am häufigsten genannte Amt unter den Ordines minores ist das des Lektors[36], des Vorlesers beim Gottesdienst, das eine gewisse Bildung des damit Betrauten voraussetzte und allgemein ein besonderes Ansehen verlieh. Der Ostiarier überwachte die Eingänge zu den gottesdienstlichen Räumen und verwehrte Unbefugten den Zutritt.

Die Berufung in diese Ämter erfolgte, wie auch beim Presbyter- und Diakonenamt, ausschließlich durch den Bischof, der sich natürlich mit seiner Gemeinde über geeignete Kandidaten beraten konnte. Dem Lektor überreichte der Bischof das Vorlesebuch bei der Einführung in sein Amt, er empfing aber, wie die „Traditio apostolica" betont, keine Weihe. Ebenso wurde der Subdiakon nicht durch Handauflegung geweiht[37].

Die Anfänge der sog. Irregularitäten sind im 3. Jh. schon deutlich faßbar. Unfähig für den geistlichen Stand war, wie schon erwähnt, wer einmal zur öffentlichen Kirchenbuße verpflichtet worden war; desgleichen schloß die auf dem Krankenbett empfangene Taufe *(baptismus clinicorum)*, die als Mangel an Bekenntnismut betrachtet wurde, von den kirchlichen Ämtern aus; schließlich wird auch die Selbstverstümmelung als Weihehindernis angesehen, wenn dies auch zur Zeit des Origenes noch nicht allgemein anerkannt ist.

[33] Didasc. 2, 44, 4. [34] Ebd. und 3, 13, 7.

[35] Euseb. HE 6, 43, 11; sie werden auch alle mit Ausnahme des ostiarius von Cyprian erwähnt.

[36] Schon Tertullian, De praescr. 41 nennt ihn, der Osten kennt zunächst nur die Stufe des Lektors (ἀναγνώστης). [37] Trad. apost. 12 und 14 (43 *Botte*).

Da der Bischof und die Diakone in den größeren Gemeinden völlig durch ihren Dienst beansprucht wurden, war es Pflicht der Gläubigen, die Sorge für ihren Unterhalt zu tragen; er wurde aus den allgemeinen Gaben der Gläubigen für die Gesamtbedürfnisse der Gemeinde bestritten[38]. Die übrigen Kleriker waren auf ihr Privatvermögen oder die Einkünfte angewiesen, die ihnen ihr Beruf im zivilen Leben einbrachte. Cyprian muß sich sogar über den zu großen Erwerbseifer mancher Bischöfe beklagen, und die Synode von Elvira sieht sich gezwungen, ganz bestimmte Vorschriften über die Handelsunternehmungen des Klerus zu erlassen[39].

Über die Ausbildung des Klerus für seine religiös-kirchlichen Aufgaben liegen für diese Zeit kaum Nachrichten vor, sie unterliegt noch keinesfalls festen Normen der kirchlichen Führung. Sein theologisches Wissen erwarb sich der Kleriker demnach zunächst im Katechumenatsunterricht und in persönlichem Weiterstudium, gegebenenfalls bei einem gebildeten christlichen Lehrer, der nach Art antiker Philosophen nun auch in der „Philosophie" des Christentums unterrichtete. Die Kenntnis der liturgischen Funktionen vermittelte ihm die unmittelbare Teilnahme am kultischen Dienst seiner Gemeinde. Die sich entwickelnde Vielfalt der kirchlichen Ämter gab die Möglichkeit, sich in einer niedrigeren Amtsstufe zu bewähren und allmählich vertieftes religiöses Wissen und wachsende Vertrautheit mit den Aufgaben eines höheren Amtes zu erwerben[40].

Die Bischofsgemeinde des 3. Jahrhunderts

Wiederholt wurde schon auf das Wachstum der Gemeinden und den damit notwendig gewordenen Ausbau ihrer Organisation im 3. Jh. hingewiesen. Die Ausgestaltung des kultischen Dienstes in Taufliturgie und Eucharistiefeier, die Schaffung weiterer hierarchischer Ämter gehören zu den bedeutsamsten Erscheinungen dieser Art. In diesem Zusammenhang ist noch eigens zu sprechen von der Stellung der bischöflichen Einzelgemeinde als Trägerin des kirchlichen Vermögens, das besonders in den Großgemeinden der Städte im 3. Jh. von erheblicher Bedeutung wurde. Die Gaben der Gläubigen, die für die mannigfachen Aufgaben der Gemeinde gespendet wurden, flossen in einer Gemeindekasse zusammen, die wohl schon früh zu einer ständigen Einrichtung wurde[41]. Zur Zeit Tertullians haben diese Gaben den Charakter einer freiwilligen monatlichen Selbstbesteuerung angenommen, deren Erträge an die *arca* der Gemeinde abgeführt werden[42]. So gewinnen die

[38] Didasc. 2, 25, 4 14. [39] Cyprian, De laps. 6; Synod. Illib., can. 19.
[40] Dazu *Harnack Miss* 860—866. [41] Schon Ignatius von Antiochien kennt sie: Ad Polyc. 4, 3; auch Justin, Apol. 67, 12 setzt sie voraus.
[42] Apol. 39; die Gemeindekasse von Alexandrien heißt γλωσσόκομον, vgl. Origenes, In Matth. comm. 11, 9.

Gemeinden allenthalben einen kirchlichen Vermögensfonds, dessen Kontrolle und Verwaltung letztlich dem Gemeindebischof obliegt. Zu den Abgaben in Geld und Sachwerten des täglichen Gebrauchs (Nahrungsmittel und Kleidung) kamen bald auch Zuwendungen von Häusern und Grundstücken, so daß das Vermögen der Kirchengemeinden schon vor Konstantin sich aus Geld und Liegenschaften zusammensetzte[43]. Die Existenz dieses Kirchenvermögens war den staatlichen Behörden nicht unbekannt, Tertullian und Origenes erörtern ja die damit zusammenhängenden Probleme in aller Öffentlichkeit. Wenn, abgesehen von dem Ausnahmezustand der einzelnen Verfolgungen, dieses Vermögen vom Staat nicht angetastet wurde, setzt das die Anerkennung der Einzelgemeinde als zivilrechtlichen Eigentümer des Kirchenvermögens voraus[44]. Die Erlasse der staatlichen Behörden, die nach dem Ende der Diokletianischen Verfolgung die Rückgabe des beschlagnahmten Vermögens an die einzelnen Christengemeinden als die rechtmäßigen Eigentümer verfügen, sprechen gleicherweise für die staatlich anerkannte Vermögensfähigkeit der Kirchen im 3. Jh.[45] Auch an dieser Entwicklung wird deutlich, daß die Kirche des 3. Jh. in Verhältnisse hineingewachsen ist, die sie deutlich von der vorhergehenden Periode scheiden und zu ihrer Charakterisierung als frühchristlicher Großkirche berechtigen.

Daneben ist ein zweiter Vorgang im organisatorischen Bereich für viele bischöfliche Gemeinden von Wichtigkeit; sie wachsen nicht nur zahlenmäßig, sondern auch in ihrer lokalen Ausdehnung. Wenn in Ägypten[46] nun Kirchen auf dem Lande vorhanden sind, die entweder von einem ansässigen Priester oder einem Kleriker vom Bischofssitz aus betreut werden, so geht daraus hervor, daß neuentstehende Gemeinden nicht automatisch einen bischöflichen Leiter erhalten, sondern dem Bischof der nächstliegenden größeren Gemeinde unterstellt bleiben. Damit nimmt eine Entwicklung im 3. Jh. ihren Anfang, die auf eine Ausdehnung der Zuständigkeit des Bischofs auf immer größer werdende Sprengel ausgerichtet ist; eine organisatorische Umgestaltung ist im Werden, die zu zwei neuen Formen führt: einem größeren bischöflichen Sprengel, der mehrere christliche Gemeinden in Stadt und Land umschließt, aber nur einen Bischof als Leiter hat, und einer christlichen Gemeinde, die im Presbyter, allenfalls in einigen Gegenden im Chorbischof[47], ihren eigenen, aber stets dem Bischof unterstellten Seelsorger für ihre unmittelbaren religiösen Bedürfnisse erhält.

[43] Vgl. etwa Tertullian, Ad Scap. 3; Origenes, In Lev. hom. 11, 1; Cyprian, De op. et eleem. passim. Zum Besitz der römischen Gemeinde an Häusern und Friedhöfen vgl. Liber pontif. 26; Euseb. HE 4, 23, 10; für Antiochien ebd. 7, 30, 7.

[44] Vgl. *G. Krüger* a. a. O. 191—226. [45] Ebd. 231—242.

[46] Vgl. Euseb. HE 7, 24, 6; zur Aufteilung der römischen Gemeinde in eigene Seelsorgsbezirke siehe *Harnack Miss* 854—860.

[47] Euseb. HE 7, 30, 10; Syn. Ancyr., can. 13.

Das Werden der Großkirche offenbart sich nach außen hin besonders deutlich im Zusammenschluß der bischöflichen Einzelgemeinden zu einem übergeordneten Gebilde, der *Kirchenprovinz.* Ihr Entstehen wird vor allem durch zwei Faktoren bedingt. Der erste ist gegeben mit der Methode der frühchristlichen Mission, die zunächst in volkreichen Städten, damit auch jeweils in der Hauptstadt einer Provinz des Römischen Reiches, Fuß zu fassen sucht und hier ihre erste Gemeindegründung vornimmt. Von der bischöflichen Gemeinde der Provinzhauptstadt setzt normalerweise die Missionierung der weiteren größeren Orte der Provinz ein, die so entstehenden neuen Gemeinden halten aber begreiflicherweise nähere Beziehungen zur Mutterkirche aufrecht. Damit war ein Verhältnis der Zusammengehörigkeit aller von einer zentralen Bischofskirche gegründeten Tochtergemeinden auch untereinander gegeben. In diesem Zusammenschluß fiel dem Bischof der Mutterkirche naturgemäß eine gewisse Führungsrolle zu, die sich seit dem 4. Jh. in dem Titel eines Metropoliten ausdrückt. Entscheidender als durch die missionarisch bedingte Bindung wurde aber die Bildung von Kirchenprovinzen durch die Einrichtung der *Synoden* gefördert, die seit dem Ausgang des 2. Jh. die Bischöfe bestimmter Regionen zur Beratung wichtiger kirchlicher Angelegenheiten zusammenführte. Die Frage des Ostertermins und die montanistische Bewegung werden als Motive für solche Zusammenkünfte genannt, die sich allerdings nicht nur auf die Bischöfe einzelner politischer Provinzen beschränken, sondern darüber hinausgreifen. So sieht eine Synode anläßlich des Osterfeststreites die Bischöfe von Cäsarea in Palästina, Aelia, Ptolemais und Tyrus zusammen, deren Sitze aber in zwei Provinzen, nämlich Syrien und Palästina, liegen. Die genannten Bischöfe unterhalten auch Beziehungen zum Bischof von Alexandrien, mit dem sie sich über den Ostertermin verständigen[48]. Ebenso nehmen um die Mitte des 3. Jh. Bischöfe aus verschiedenen staatlichen Provinzen, wie Kappadokien, Galatien, Kilikien usw., an der Synode von Ikonium in Kleinasien teil[49]. Solche Synoden waren im Orient jedenfalls am Beginn des 3. Jh. fester Brauch, während man ihn in Nordafrika noch nicht kannte, wie aus einer Bemerkung Tertullians hervorgeht, die auch erkennen läßt, daß solche synodalen Zusammenkünfte als wichtige und angesehene Repräsentation des Christentums nach außen hin empfunden wurden[50]. Daß man den übergemeindlichen Zusammenschluß zu Kirchenprovinzen, wenigstens im Osten, später den Grenzen der politischen Provinzen anpaßte, wird an der Liste der Teilnehmer des Konzils von Nikaia deutlich, die in der Reihenfolge der staatlichen Provinzen aufgeführt werden[51]. Das gleiche Konzil setzt das

[48] Euseb. HE 5, 23, 25. [49] Vgl. Cyprian, Ep. 75, 7. [50] Tertullian, De ieiun. 13.
[51] Vgl. *E. Schwartz:* AAM NF 13 (1937) 14ff.

Bestehen von Kirchenprovinzen bereits voraus, wenn es allen Bischöfen einer solchen das Recht zuschreibt, die Einsetzung eines Bischofs in seinem Sprengel vorzunehmen, und dem Metropoliten der Provinz das Bestätigungsrecht vorbehält[52].

Im lateinischen Westen wird die Tendenz auf einen übergemeindlichen Zusammenschluß erst später faßbar und vollzieht sich dann auch in anderen Formen. Es kommt nicht zur Bildung mehrerer Kirchenprovinzen im eigentlichen Sinn wie im Orient, sondern unmittelbar zu je einem überprovinzlichen Zusammenschluß aller Bischofssitze in Nordafrika einerseits, Mittel- und Süditalien anderseits. Den Bischöfen von Rom bzw. Karthago fiel in diesen organisatorischen Gebilden die Leitung zu, wobei sich die Tatsache besonders geltend machte, daß die Gemeinden dieser Großstädte die Ausgangspunkte der Christianisierung für die von ihnen kirchlich geführten Gebiete waren. Wenn der Bischof von Karthago im 3. Jh. Synoden einberuft, ergeht seine Einladung an die Bischöfe aller nordafrikanischen staatlichen Provinzen, die ihr auch Folge leisten[53]. Ebenfalls sind die Synoden, die die römischen Bischöfe des 3. Jh. abhalten, Versammlungen aller damals in Italien existierenden Bischöfe. Somit sind Rom und Karthago *kirchliche Vororte* von einem Rang, der weit über den einer einfachen kirchlichen Metropole hinausragt. Zwei solcher übergeordneter Vororte treten auch im Osten im 3. Jh. immer stärker in Erscheinung: Antiochien und Alexandrien. In Antiochien treten ebenfalls Synoden zusammen, die von den Bischöfen ganz Syriens und des östlichen Kleinasien besucht werden, wie die im Jahre 251 gegen den Novatianismus geplante[54] oder die der Jahre 264—268, die sich besonders mit dem Fall Pauls von Samosata zu befassen hatten[55]. Auch die missionarischen Interessen der antiochenischen Bischöfe reichen über das Gebiet einer Kirchenprovinz hinaus, wie ihre Bemühungen um Kilikien oder die Osrhoëne zeigen[56]. Ähnliches gilt von dem Bischofssitz der ägyptischen Hauptstadt, dessen Inhaber auch die Angelegenheiten der Bistümer der libyschen Pentapolis kontrolliert, obwohl diese administrativ zu Kreta gehört. Auch hier wird die Entwicklung des 3. Jh. durch das Konzil von Nikaia bestätigt[57]: dem Bischof von Alexandrien sind alle Bistümer Ägyptens, Libyens und der Pentapolis unterstellt, dabei wird auf einen ähnlichen Vorrang Roms ausdrücklich hingewiesen; auch Antiochien hat gleiche Rechte, offensichtlich im Bereich der politischen Diözese Oriens. Damit sind die Inhaber dieser beiden östlichen Bischofssitze als eine Art Obermetropolit anerkannt, die Grundlage zur Entwicklung der späteren *Patriarchate* ist

[52] Conc. Nic., can. 4.
[53] Vgl. etwa die Einleitung zu den „Sententiae episcoporum"; sie kommen aus den Provinzen Africa (proconsularis), Numidien, Mauretanien, siehe die Tabelle der Synoden von 251—256 mit den Teilnehmerzahlen und der Angabe der vertretenen Provinzen: DHGE I 747—750. [54] Euseb. HE 6, 46, 3.
[55] Ebd. 7, 5, 1—2. [56] Ebd. 6, 12, 2; vgl. unten Kap. 27, S. 417. [57] Conc. Nic., can. 6.

gelegt. Daß sich ähnliche Tendenzen auch in anderen Gebieten geltend machten, deutet Kanon 6 von Nikaia nur an. Erst der Kanon 2 von Konstantinopel (381) macht klar, daß die Bischöfe von Ephesus, Herakleia und Cäsarea jeweils die Rechte eines Obermetropoliten für die politischen Diözesen Asien, Thrakien und Pontus erstrebten, ohne sich auf die Dauer durchsetzen zu können.

Die Vorrangstellung Roms und seines Bischofs

Schon wiederholt hatte die bisherige Darstellung Anlaß, auf den besonderen Einfluß hinzuweisen, den die Gemeinde Roms auf Fragen und Ereignisse nahm, die über die Interessensphäre einer durchschnittlichen Bischofsgemeinde hinausragten. Ebenso war wiederholt ein Echo auf eine derart beanspruchte Vorrangstellung festzustellen, das eine besondere Anerkennung und Achtung der römischen Gemeinde innerhalb der Gesamtkirche verriet. Damit setzt sich im 3. Jh. eine Entwicklung kraftvoll fort, deren Ansätze schon in nachapostolischer Zeit deutlich faßbar waren[58]. Die bereits bekannten Einzelzüge sind hier mit noch nicht erwähnten Tatsachen und Äußerungen der Kirchenschriftsteller der Zeit in einem Überblick zusammenzufassen.

Bei der Darstellung des kirchlichen Abwehrkampfes gegenüber dem Gnostizismus war bereits Gelegenheit, auf die Bedeutung hinzuweisen, die *Irenäus* von Lyon der apostolischen Tradition für die Erkenntnis der wahren Lehre beimaß[59]. Hier ist nun besonders hervorzuheben, daß er der römischen Gemeinde für das Auffinden der apostolischen Tradition einen betont hohen Wert zuschreibt. Diese ist zwar in jeder Kirche erkennbar, deren Bischöfe sich in einer unverfälschten Sukzessionsreihe von den Aposteln herleiten lassen[60]. Aber es genügt, diese Sukzession bei „der größten und ältesten und allbekannten Kirche", der von Rom, nachzuweisen; denn „sie ist von den beiden ruhmreichen Aposteln Petrus und Paulus gegründet und gebaut", und ihre Bischofsliste beweist, daß in ihr „die apostolische Tradition und Glaubenspredigt" bis auf unsere Tage gekommen ist[61]. Hier wird also ein besonderer Vorrang Roms mit der Tatsache in Zusammenhang gebracht, daß seine Gemeinde auf vornehmster apostolischer Gründung beruht und daß sie der von den Aposteln ihr übergebenen Glaubenslehre stets treu blieb. Wer darum die Wahrheit sucht, der findet sie in Rom; mit der in Rom gefundenen überlieferten Wahrheit kann man alle gnostischen Sektengründer widerlegen. Diese an sich schon sehr eindrucksvoll dargestellte Relevanz der römischen Gemeinde für die Wahrheitsfindung würde

[58] Siehe oben Kap. 10, S. 179f. [59] Oben Kap. 15, S. 228f.
[60] Adv. haer. 3, 3, 1. [61] Ebd. 3, 3, 2.

allerdings noch erheblich an Gewicht gewinnen, wenn der nun bei Irenäus folgende, seit Jahrhunderten diskutierte[62], aber bis heute noch nicht restlos befriedigend interpretierte Satz ebenfalls mit Sicherheit auf die römische Kirche und nur auf diese bezogen werden müßte[63]. Dieser Bezug wird aber weder vom Zusammenhang zwingend gefordert, noch wäre er frei von ernsten philologischen Schwierigkeiten. Der Gedankengang des Irenäus ist offenbar dieser: Die apostolische Tradition findet sich mit Sicherheit in den Gemeinden, die auf unmittelbarer apostolischer Gründung beruhen; deren gibt es mehrere, und jede von ihnen hat eine stärkere, in ihrem (apostolischen) Ursprung begründete Kraft für die Wahrheitsfindung als sonst eine beliebige christliche Gemeinde. Aus der Reihe der apostolischen Gründungen ragt aber Rom noch hervor, weil, wie allgemein bekannt, Petrus und Paulus hier die Gründer sind. Dann faßt Irenäus zusammen: Mit einer solchen Kirche apostolischer Gründung muß jede Einzelgemeinde übereinstimmen, da eben eine solche Kirche die apostolische Tradition allzeit bewahrt hat. Eine dieser Kirchen ist die römische, diese ist es sogar in einer für die Feststellung der apostolischen Überlieferung besonders günstigen Weise, aber sie ist es nicht ausschließlich[64].

Ein aus gleichen Motiven fließendes Interesse für die Sukzession der römischen Bischöfe bekundet der ungefähr gleichzeitig mit Irenäus lebende Judenchrist *Hegesipp*. In seinem Kampf gegen die gnostische Häresie sucht er in den bedeutenderen Christengemeinden seiner Zeit die Glaubensüberlieferung festzustellen; wo er eine von Bischof zu Bischof weitergereichte Überlieferung (διαδοχή) vorfindet, ist ihm das Beweis für die Unverfälscht-

[62] Vgl. die Übersicht über die einzelnen Interpretationsversuche bei *L. Spikowski*, La doctrine de l'église dans s. Irénée (Strasbourg 1926) 146—155.

[63] Adv. haer. 3, 3, 3: *ad hanc enim ecclesiam propter potiorem* (al. potentiorem) *principalitatem necesse est omnem convenire ecclesiam, hoc est eos qui sunt undique fideles, in qua semper ab his qui sunt undique conservata est ea quae est ab apostolis traditio.*

[64] Die Schwierigkeit der Interpretation ist zum Teil durch das Fehlen des Urtextes bedingt. Besonders wichtig scheinen die Versuche von *P. Nautin:* RHR 151 (1957) 37—78, und *B. Botte:* Irénikon 30 (1957) 156—163. P. Nautin gelingt der Nachweis, daß der grammatische Bau des Satzes es unmöglich macht, *hanc ecclesiam* ausschließlich auf die römische Gemeinde zu beziehen. Nicht haltbar scheint hingegen seine Deutung auf die *ecclesia universalis;* denn dann müßte sich *omnis ecclesia* auch auf jede gnostische Gemeinde beziehen, der sogar eine gewisse *principalitas* zukäme, nie aber nennt Irenäus eine gnostische Sekte *ecclesia*. Sieht man aber in *hanc ecclesiam* eine Kirche unmittelbar apostolischer Gründung, dann begreift sich leicht, daß einer solchen eine *potior principalitas* gegenüber jeder sonstigen christlichen Gemeinde zukommt, die ihren Ursprung nur indirekt von den Aposteln herleiten kann. Sehr erwägenswert erscheint der Vorschlag von B. Botte a. a. O., im Schlußteil *conservare* im Sinne von τηρεῖν aufzufassen und in *ab his qui sunt undique* die Gnostiker zu sehen, vor denen die apostolische Überlieferung „gehütet" wird. Wenn auf den berühmten Irenäus-Text als einen der Beweise für das frühchristliche Primatsbewußtsein verzichtet werden muß, so wird damit die anderswo vielfach greifbare Entfaltung desselben nicht eingeschränkt.

heit ihrer Lehre. Seine Reise zu den einzelnen Gemeinden führt ihn auch nach Rom, wo er sich überzeugt, daß eine solche Diadoche bis auf den letzten Bischof, Eleutheros, vorliegt[65]. Auch hier wird der römischen Gemeinde eine spezifische Bedeutung für die Erkenntnis der unverfälscht bewahrten apostolischen Tradition zugeschrieben. Ebenso nennt Tertullian neben Smyrna Rom als Beispiel einer Kirche, die die Sukzessionsreihe ihrer Bischöfe bis auf einen Apostel zurückführen kann[66].

Das Bewußtsein von einer Vorrangstellung der römischen Gemeinde für das Feststellen apostolischer Tradition liegt auch dem Verhalten des römischen Bischofs Viktor (189—198) im Osterfeststreit zugrunde[67]. Er beruft sich für die Rechtmäßigkeit der römischen Praxis, Ostern am Sonntag nach dem 14. Nisan zu feiern, auf apostolische Überlieferung. Wenn er dann aber die Befolgung dieses Brauches auch entschieden von den kleinasiatischen Gemeinden fordert und für den Fall einer Weigerung die schwerwiegendste Maßnahme, nämlich Ausschluß aus der kirchlichen Gemeinschaft, androht, weil er in der kleinasiatischen Praxis Heterodoxie sieht[68], dann wird ein Führungsanspruch Roms deutlich, der weit über jenen Vorrang hinausgeht, der Rom als Hüterin apostolischer Überlieferung zugesprochen wird. Er wird nur aus dem Bewußtsein des römischen Bischofs verständlich, in die Angelegenheiten auch entfernter Gemeinden verbindlich eingreifen zu können. Woraus dieses Bewußtsein im Falle Viktors resultiert, spricht er nicht aus. Seine Anweisung[69], in der Frage Synoden abzuhalten, wird jedenfalls befolgt, auch von den kleinasiatischen Bischöfen, obwohl sie hier anders denken als Rom. Die Mehrheit der Synoden entscheidet sich auch für den römischen Brauch. Widerspruch gegen die römische Forderung wird von Bischof Polykrates von Ephesus und seinen Synodalen erhoben, weil auch sie sich an eine apostolische Überlieferung gebunden glauben. Wenn Polykrates in seinem Antwortschreiben an Papst Viktor betont an die großen Gestalten der asiatischen Kirche in der Vergangenheit erinnert, so läßt das vermuten, daß letzterer für den Anspruch Roms die Gründung seiner Gemeinde durch Petrus und Paulus ins Feld führte. Daß Viktor sich auch sonst als Wahrer der Rechtgläubigkeit empfand, beweist die von ihm ausgesprochene Exkommunikation des Monarchianers Theodotos. Wenige Jahrzehnte später wird Sabellius von dem römischen Bischof Kallist wegen Häresie aus der kirchlichen Gemeinschaft ausgeschlossen[70].

Eine eindeutige Bekundung des Bewußtseins einer Sonderstellung des römischen Bischofs innerhalb der Gesamtkirche begegnet zunächst in verschiedenen Maßnahmen disziplinären Charakters, die Papst Stephan (254

[65] Vgl. Euseb. HE 4, 22, 3. [66] De praescr. 32.
[67] Siehe oben Kap. 23, S. 311, mit den Belegen in den Anmerkungen.
[68] Euseb. HE 5, 24, 9. [69] Ebd. 5, 24, 8.
[70] Ebd. 5, 28, 6 und Hippolyt, Refut. 9, 12. Beide Fälle können allerdings als interne Angelegenheiten der römischen Gemeinde gelten.

bis 257) trifft. Zwei spanische Bischöfe, Basilides von Emerita und Martialis von Asturica, hatten in der Decischen Verfolgung Opferscheine angenommen und waren wegen dieser und anderer Vergehen abgesetzt worden[71]. Basilides begab sich nach Rom und erreichte — durch eine falsche Darstellung des Falles, wie Cyprian betont[72] — seine und seines Kollegen Rehabilitierung. Ein Zweifaches ist an diesem Vorfall bezeichnend. Ein spanischer Bischof wendet sich nach Rom, weil er überzeugt ist, hier sei die Stelle, an die man vom Beschluß einer spanischen Synode her appellieren könne; diese Stelle könne einen solch disziplinären Fall aufgreifen und rechtskräftig entscheiden. Noch bezeichnender ist der schon erwähnte Fall des Bischofs Marcian von Arles, eines dezidierten Anhängers Novatians, der die Abgefallenen seiner Gemeinde trotz aller Bußwilligkeit ohne Rekonziliation sterben ließ. Diesmal ist es Cyprian von Karthago, der sich in einem aufschlußreichen Brief[73] an Papst Stephan wendet und von ihm ein entschiedenes Vorgehen gegen Marcian fordert, nämlich Absetzung und Einsetzung eines neuen Gemeindevorstehers, dessen Name dem afrikanischen Episkopat mitzuteilen sei, damit er wisse, mit wem er Gemeinschaft zu halten habe[74]. Der ganze Tenor des Briefes vertritt die Auffassung, daß der Arler Fall allein den Papst angehe und nur von ihm definitiv geregelt werden könne und daß Rom verbindlich darüber entscheiden könne, wem Kirchengemeinschaft zu gewähren sei und wem nicht. Der gleichen Überzeugung ist man in Gallien, weil Cyprians Schreiben auf eine Initiative des Lyoner Bischofs Faustinus zurückgeht[75].

Diese offenkundige Anerkennung einer Vorrangstellung des römischen Bischofs durch Cyprian, wenigstens für Spanien und Gallien, überrascht etwas, wenn man sie mit seiner theoretischen Stellungnahme und seiner Haltung Rom gegenüber im Ketzertaufstreit vergleicht. Zwar finden sich im Schrifttum Cyprians Äußerungen über die römische Kirche, die zunächst der Anerkennung einer besonderen Autorität Roms entgegenzukommen scheinen. In einem seiner Briefe an Papst Cornelius geißelt er das Verhalten des oppositionellen Teiles seines Klerus, der Vertreter nach Rom schickt, um dessen Bischof für sich zu gewinnen; sie bringen Briefe „zum Stuhle Petri und zur Hauptkirche, von der die Einheit der Bischöfe ihren Ausgang nahm"[76]. Der römische Bischofssitz wird anderswo von ihm „Stelle Petri" genannt[77]. In seiner Schrift „Über die Einheit der Kirche" kommt Cyprian auf die Gründung der Kirche zu sprechen, die er in dem Wort des Herrn bei Mt 16, 18f ausgesprochen findet, der mit der Bestimmung Petri zum

[71] Vgl. die ganze Ep. 67 Cyprians.
[72] Ep. 67, 5. [73] Ep. 68. [74] Ep. 68, 3—5. [75] Ep. 68, 1.
[76] Ep. 59, 14: *ad Petri cathedram atque ad ecclesiam principalem, unde unitas sacerdotalis exorta est.* Gleich bedeutsam bliebe diese Stelle, wenn man in ihr die Losung der Gegner Cyprians sehen würde, vgl. *J. Ludwig,* Der hl. Märtyrerbischof Cyprian von Karthago (München 1951) 44. [77] Ep. 55, 8.

Felsen kundgetan hat, daß er nur „auf *einen* die Kirche baut, daß der Ursprung der Einheit sich von einem herleitet“ [78]. Die übrigen Apostel waren zwar Petrus ranggleich an Ehre und Macht, aber der Anfang der Einheit ist mit Petrus gegeben. Primatsfreundlich scheint auch die in einigen Handschriften vorliegende Fassung des 4. Kapitels der genannten Schrift zu klingen, wo es heißt: „Wer den Stuhl Petri verläßt, auf den die Kirche gegründet ist, ist der noch überzeugt, innerhalb der Kirche zu stehen?“ und: „Gewiß waren auch die anderen, was Petrus war, aber *Petro primatus datur,* und so wird eine Kirche und eine *cathedra* erwiesen.“ [79] Man darf es als wahrscheinlich ansehen, daß diese Sätze, die unverkennbar Cyprians Stil verraten, in der „Erstauflage“ seiner Schrift zu lesen waren und erst in einer Überarbeitung derselben zur Zeit des Ketzertaufstreites getilgt wurden, und braucht keine spätere Interpolation von interessierter römischer Seite anzunehmen [80]. Aber eine genauere Analyse des Cyprianischen Sprachgebrauches zwingt zum Verzicht auf diese Texte als Beweise für die Existenz der römischen Primatsidee bei dem nordafrikanischen Bischof. Cyprian will hier immer nur einen zeitlichen Vorrang des Petrus in der Übertragung der Binde- und Lösegewalt vor den übrigen Aposteln ausdrücken, die ja nach seinen eigenen Worten die gleichen Vollmachten wie er besaßen. Dementsprechend besitzen auch jetzt alle Bischöfe das eine und gleiche Bischofsamt. In der *cathedra Petri* sieht Cyprian den Quellgrund der kirchlichen Einheit, in Petrus hat sie ihren Anfang; die Konsequenz, daß dieser Quellgrund auch jetzt noch, in seinen Tagen, in der *cathedra* des jeweiligen römischen Bischofs seine die Einheit bewirkende Funktion besitzt, spricht Cyprian nicht aus. Er scheint sie auch innerlich nicht zu ziehen, da er mit allem Nachdruck die These verficht, die Bischöfe seien für die Verwaltung ihrer Bistümer Gott allein verantwortlich [81]. Wie Cyprian in einer konkreten Situation über das Recht eines römischen Bischofs dachte, mit entscheidender Autorität bindende Verordnungen für die Gesamtkirche zu erlassen, das offenbart der Testfall des Ketzertaufstreites, der sich hier passend darstellen läßt.

[78] De eccl. unit. 4.
[79] Ebd.: *qui cathedram Petri, super quem fundata ecclesia, deserit, in ecclesia se esse confidit? — hoc erant utique ceteri, quod fuit Petrus, sed primatus Petro datur et una ecclesia et cathedra una monstratur.* Zum Problem vgl. *M. Bévenot,* St. Cyprian's De unitate c. 4 in the Light of the Manuscripts (Rom 1937), siehe die beiden Rezensionen nebeneinander gestellt bei *J. Ludwig* a. a. O. 33.
[80] So besonders *D. van den Eynde:* RHE 29 (1933) 5—24, dort die ältere Literatur; weiteres bei *Altaner*[6] 156.
[81] Ep. 59, 14.

Mit dem Problem der Ketzertaufe wurden die christlichen Gemeinden erst konfrontiert, als sich häretische (oder schismatische) Gruppen von gewisser Stärke bildeten, aus denen bisherige Mitglieder zur Catholica übertreten wollten. Handelte es sich dabei um ehemalige Heiden, die erst in der häretischen Gemeinschaft die Taufe empfangen hatten, stand man vor der Frage, ob die dort gespendete Taufe als gültig anzusehen sei. Die Frage fand nicht in allen christlichen Gemeinden die gleiche Antwort. In Nordafrika findet sich in Tertullians Taufschrift eine erste Stellungnahme, die sich gegen die Gültigkeit ausspricht[82]. Eine Synode unter Bischof Agrippinus von Karthago um 220 vertrat die gleiche Auffassung[83]. Im Osten ist die Praxis, in der Häresie Getaufte bei der Aufnahme in die Kirche wieder zu taufen, vor allem in Kleinasien verbreitet. Firmilian von Cäsarea hat selbst an einer Synode in Ikonium (nicht vor 230) teilgenommen, auf der Bischöfe aus Galatien, Kilikien und weiteren Nachbarprovinzen entschieden, es sei an der Wiedertaufe der Montanisten bei ihrem Übertritt festzuhalten[84]. Die alexandrinischen Theologen standen der Häretikertaufe ebenfalls kritisch gegenüber, wenn sie sich über ihre Gültigkeit auch nicht klar äußerten[85]. Allerdings hat die alexandrinische Kirche unter Bischof Dionys den gleichen Standpunkt wie Rom eingenommen, wo man in einer häretischen Sekte Getaufte durch bloße Handauflegung in die eigene Gemeinde aufnahm. Die verschiedene Wertung der Ketzertaufe und die aus ihr resultierende verschiedene Behandlung der mit ihr Getauften konnte offensichtlich Jahrzehnte in der Kirche nebeneinander existieren, ohne daß die eine Seite die Praxis der anderen als untragbar empfunden hätte. Zu einem schweren Zusammenstoß in dieser Frage kam es aber kurz nach der Mitte des 3. Jh., als die verschiedenen Auffassungen in Cyprian von Karthago und Stephan von Rom ihre unnachgiebigen Verteidiger fanden. Ein afrikanischer Bischof Magnus hatte sich an Cyprian mit der Anfrage gewandt, ob „die von Novatianus Kommenden“ in der katholischen Kirche wieder getauft werden müßten. Cyprians umfangreiche Antwort ist eindeutig: nur der katholischen Kirche ist die Taufe anvertraut, ihre Taufe allein ist gültig; wer den Heiligen Geist nicht hat, kann ihn auch nicht verleihen[86]. Eine ähnliche Anfrage von 18 numidischen Bischöfen legte Cyprian 255 einer Synode vor, die zum gleichen Ergebnis kam[87]. Immer noch waren

[82] Tertullian, De bapt. 15; vgl. auch De praescr. 12; De pud. 19.
[83] Cyprian, Ep. 73, 3; 71, 4.
[84] Firmilian bei Cyprian, Ep. 75, 7; eine Synode mit gleichem Entscheid fand um diese Zeit in Synada statt; vgl. Euseb. HE 7, 7, 5.
[85] Clemens Al., Strom. 1, 19; Origenes, In Ioann. comm. 6, 25.
[86] Ep. 69, 1 2 und passim.
[87] Das Synodalschreiben liegt in Ep. 70 vor.

aber nach Cyprian „einige unserer Kollegen“ in Zweifel, ob die afrikanische Praxis die rechte sei; in einem nach der Synode geschriebenen Brief ist bei Cyprian ein gereizter Ton diesen gegenüber unverkennbar. Eine Spitze gegen Rom ist ebenfalls in ihm vorhanden; denn Cyprian greift die These an, man dürfe sich in solchen Fragen nicht einfach auf das Herkommen berufen, sondern müsse die vernünftige Überlegung sprechen lassen; Petrus, den der Herr als Ersten auserwählte, habe deswegen doch keine arroganten Ansprüche erhoben und nicht darauf gepocht, die erste Stelle *(primatus)* einzunehmen[88]. Eine Synode beriet im Frühjahr 256 noch einmal die Frage, Cyprian schrieb in ihrem Auftrag an Papst Stephan und fügte die Beschlüsse der Vorjahrssynode sowie seine bisherige Korrespondenz in der Angelegenheit bei. Das ganze Aktendossier ließ klar erkennen, daß Cyprian den römischen Brauch und die ihn tragende Auffassung von der Gültigkeit der Ketzertaufe als schweren dogmatischen Irrtum wertete, aber in einer merkwürdigen Inkonsequenz schreibt er, er wolle niemand seine Anschauung aufdrängen, da jeder Bischof seine Gemeinde frei verwalte; voller Ironie fügt er hinzu, es gäbe allerdings Leute, die in ihrer Hartnäckigkeit nicht von einem gefaßten Entschluß abzubringen seien[89].

Die Antwort Papst Stephans auf diesen Brief ist nicht erhalten, aber ein deutliches Echo findet sich doch in Cyprians Korrespondenz. Einer seiner Briefe charakterisiert sie als „ohne Sachkenntnis und unbesonnen geschrieben“, der Standpunkt Stephans wird als Irrtum gekennzeichnet[90]. Besonders empört Cyprian das Prinzip, mit dem der römische Bischof diesen Standpunkt rechtfertigt: „keine Neuerung, sondern bei der Tradition bleiben“, weil es Cyprian zum Neuerer stempeln will[91]. Darüber hinaus habe Stephans Brief noch einige „hochmütige und nicht zur Sache gehörige Stellen“ enthalten[92]. Der Brief Firmilians von Cäsarea, der in Cyprians Korrespondenz überliefert ist, gibt willkommenen Aufschluß über den Sinn dieser Stellen. Cyprian war darüber informiert, daß Papst Stephans Initiative in der Frage der Ketzertaufe sich nicht auf Nordafrika beschränkte. Auch an die kleinasiatischen Gemeinden war ein Schreiben von Rom ergangen, das das Aufgeben ihrer Praxis der Wiedertaufe verlangte und mit der Exkommunikation drohte[93]. Cyprians Diakon Rogatianus überbrachte Firmilian einen Bericht seines Bischofs über den bisherigen Verlauf der Diskussion in Nordafrika. Die ausführliche Antwort des kappadokischen Bischofs zeigt, wie sehr man in Kleinasien durch das Vorgehen Stephans getroffen war, dem die alleinige Schuld an der Spaltung zugeschrieben wird und den

88 Ep. 71, 3. 89 Ep. 72, bes. c. 3. 90 Ep. 74, 1.
91 Ep. 74, 1—2. Zur Formel *nihil innovetur, nisi quod traditum est* vgl. *F. J. Dölger:* AuC I (1929) 79f. Es handelt sich hier um ein Prinzip, mit dem Rom schon seine Kulttradition verteidigte, als Novatian in der Frage der Rekonziliierung der *lapsi* schrieb: *nihil innovandum putavimus* (Cyprian, Ep. 30, 8).
92 Ep. 74, 1: *superba quaedam et ad rem non pertinentia.* 93 Euseb. HE 7, 5, 4 5.

Firmilian mit Judas vergleicht[94]. Hier heißt es nun auch, daß Stephan in seiner Torheit „sich seiner bischöflichen Stellung rühme und die Nachfolge des Petrus innezuhaben glaubte, auf dem die Fundamente der Kirche errichtet sind"[95]. Damit ist klar, daß Stephanus sich auf Mt 16, 18f berief und als Nachfolger des Petrus dessen Stellung in der Kirche für sich beanspruchte. Das schon bei früheren römischen Bischöfen faktisch vorhandene Bewußtsein eines ihnen zukommenden Vorranges in der Gesamtkirche wird nun erstmals auch formell begründet mit dem Bibeltext, der in Zukunft immer mehr als die entscheidende Urkunde des römischen Primates angesehen wird. Dem Anspruch Stephans haben sich die beiden führenden Bischöfe Nordafrikas und Kleinasiens nicht gebeugt. Cyprian ließ auf einer dritten Synode im September 256, an der 87 Bischöfe aus den drei Provinzen Africa proconsularis, Mauretanien und Numidien teilnahmen — es war also nicht die Mehrheit der damals etwa 200 Bischöfe —, noch einmal seinen Standpunkt bekräftigen[96]. Die mit den Beschlüssen nach Rom entsandte bischöfliche Delegation wurde von Stephan überhaupt nicht empfangen, er gab sogar Anweisung, ihr in der Gemeinde überhaupt keine Aufnahme zu gewähren[97]. Das bedeutete den Bruch mit der von Cyprian geführten nordafrikanischen Kirche. Es ist die bisher bedeutsamste Demonstration der Vorrangstellung Roms durch einen seiner Bischöfe; Stephan unternimmt sie, selbst um den Preis einer Spaltung, in dem Bewußtsein, Amt und Aufgabe des Petrus in der Gesamtkirche innezuhaben und erfüllen zu müssen. Daß dieser Anspruch auf Widerstand stieß, ist nicht überraschend. So wie der Führungsauftrag Roms in der Geschichte der Kirche erst in Situationen deutlicher in Erscheinung trat, die sein Aktivwerden forderten — die Situationen häufen sich allmählich mit dem Wachsen der Kirche —, so mußte sich auch die Primatsidee, historisch gesehen, in einem längeren Prozeß entfalten und klären. Cyprian von Karthago ist in seinem Ringen um das Verständnis von Mt 16, 18f das Beispiel für eine Durchgangsstufe in diesem Klärungsvorgang. Viel bemerkenswerter scheint es, daß sich der Primatsgedanke gegenüber solchem Widerspruch durchsetzt und behauptet.

Es ist über die Frage der Ketzertaufe dann doch nicht zu einer länger anhaltenden Spaltung in der frühchristlichen Kirche gekommen. Die beiden Häupter der einander entgegenstehenden Auffassungen im Westen starben kurz nacheinander, Papst Stephan noch 257, Bischof Cyprian am 14. September 258 als Martyrer. Ihre Nachfolger waren nicht mehr so persönlich in der Auseinandersetzung engagiert und ließen sie zunächst ruhen, indem eine Seite die bisher geübte Praxis der anderen tolerierte. Im Osten unternahm es der eifrige Bischof Dionys von Alexandrien, zwischen beiden

[94] Ep. 75, 2.

[95] Ep. 75, 17: *de episcopatus sui loco gloriatur et se successionem Petri tenere contendit super quem fundamenta ecclesiae collocata sunt.*

[96] Siehe Sent. episcop. 87 de haer. baptiz. prooem. [97] Ep. 75, 25.

Lagern zu vermitteln; allein sechs Briefe gingen in der Angelegenheit nach Rom. Eine knappe Notiz aus einem dieser Briefe an Papst Stephan, an den er „flehentlich" schrieb, rühmt die Einigung zwischen allen östlichen Bischöfen in der Abwehr des Novatianismus[98]. Sein weiterer Gedanke läßt sich erraten: sollte nicht auch in der Diskussion um die Ketzertaufe ein Schisma vermieden werden können? Auch bei Stephans Nachfolger Sixtus (257—258) verwandte sich Dionys im gleichen Sinne[99]. Unter Sixtus' Nachfolger Dionys (260—268) scheint der Konflikt zwischen Rom und den Kleinasiaten beigelegt worden zu sein. Im Westen kommt es nach einer ersten Annäherung auf der Synode von Arles[100] durch die dogmatische Arbeit Augustins zur endgültigen Klärung im Sinne der römischen Auffassung und Praxis.

Der so eifrig auf den Frieden der Kirche bedachte alexandrinische Bischof Dionys erfuhr aber an sich selbst, daß der römische Bischof jeden zur Rechenschaft zog, der falsche oder mißverständliche Auffassungen in Glaubensfragen vertrat, als er um 260 in der Auseinandersetzung mit den Patripassianern allzu wenig präzise Formulierungen über den Unterschied zwischen Vater und Sohn gebrauchte[101]. Der römische Bischof ersuchte ihn nicht nur um eine genaue Darlegung seiner Anschauungen, er wandte sich auch direkt an seine Gemeinde und warnte sie vor Lehrern, die die bisherige Verkündigung der Kirche über die Trinität zu verfälschen drohten. Auch hier verrät das Eingreifen Roms selbst gegenüber einem Bischof von so unleugbaren Verdiensten, wie Dionys von Alexandrien sie aufzuweisen hatte, daß sein Bischof sich verantwortlich wußte für die Bewahrung des rechten Glaubens in der Gesamtkirche.

Der römischen Vorrangstellung wird aber auch spontane Anerkennung zuteil. Aus dem frühen 3. Jh. stammt die hymnische Huldigung des Christen Aberkios aus Phrygien an die Kirche Roms; er wird von einem heiligen Hirten dorthin gesandt, um ein Reich zu schauen, eine Königin im Goldgewand und in goldenen Schuhen, ein Volk, das ein glänzendes Siegel besitzt[102]. Hier wird in dichterischer Sprache ausgesagt, welche Anziehungskraft von dieser christlichen Gemeinde im Westen bis in die östlichen Provinzen des Reiches ausging. Auch Origenes hat Rom gesehen, und mit keinem Wort wird bei ihm und andern christlichen „Rompilgern" der Zeit angedeutet, Ruf oder Ansehen der Reichshauptstadt als solcher habe sie angelockt. Was Origenes sagt, gilt sicher stellvertretend für viele: „Ich wünschte die uralte Kirche der Römer zu sehen."[103] Die Besuche, Abordnungen, Briefe, die nach Rom kommen und von denen im Vorhergehenden

[98] Euseb. HE 7, 5, 1 2. [99] Ebd. 7, 5, 3; 7, 9, 1 6. [100] Can. 8 (314).

[101] Siehe oben Kap. 21, S. 297, mit Quellenangaben.

[102] Am christlichen Charakter der Inschrift ist seit der Untersuchung von *F. J. Dölger*, Ichthys II (Münster 1922) 454—507 nicht zu zweifeln, den Text siehe auch RAC I 13.

[103] Euseb. HE 6, 14, 10.

so oft die Rede war, haben oft nur das eine Ziel: von dieser Gemeinde und ihrem Bischof Anerkennung und Bestätigung ihrer Anliegen oder Auffassungen zu erlangen; sie bezeugen damit das Vorhandensein einer weitverbreiteten Überzeugung, daß beiden eine einzigartige Sonderstellung zukommt. Dies wird noch an einem letzten, sehr bezeichnenden Faktum faßbar; auch die christliche Symbolsprache bemächtigt sich des Themas, um auf ihre Weise eine Wirklichkeit auszudrücken oder sie in neuer Form zugänglich zu machen. Das so aussagestarke und weitverbreitete Symbol vom Schiff der Kirche[104] wird weitergebildet zu dem Bild von der Kirche als dem Schiff Petri. Es begegnet schon in einem Text des frühen 3. Jh., dem Brief des Ps-Klemens an den Apostel Jakobus, der die klementinischen „Recognitionen“ einleitet und wahrscheinlich römischer Herkunft ist[105]. Hier ermahnt Petrus den zögernden Klemens, dem er seine Kathedra anvertraut, sich dem Dienst an den Gläubigen, die auf ihrer Schiffahrt durch dieses Leben in Gefahr sind, doch nicht zu versagen. Der Besitzer dieses Schiffes ist Gott, sein Steuermann Christus, der Buglotse der Bischof, die Fahrgäste die gläubigen Brüder; die schwerste Aufgabe trägt der Bischof, er muß wachsam auf die Worte des Steuermanns (Christus) hören und seine Befehle laut weitergeben. Dem Bischof, „dem Vorsitzer der Wahrheit“, sollen daher alle Brüder gehorchen, da ihm die *cathedra Christi* anvertraut ist[106]. Mit einer erstaunlichen Treffsicherheit ist hier die Überzeugung von der Stellung des römischen Bischofs in die Sprache der Symbolik eingefangen; er ist der zweite Steuermann des Schiffes der Kirche, über die er amtliche Vollmacht hat; aus der προκαθημένη τῆς ἀγάπης des ignatianischen Römerbriefes ist der προκαθεζωμένος ἀληθείας geworden, er hat die Wahrheit dessen zu verkünden, dessen Kathedra er innehat. Auch Novatian betont nicht ohne Selbstgefühl in dem Brief, den er in der Sedisvakanz 250—251 an Cyprian schreibt, die römische Kirche habe das Steuer des Kirchenschiffes in sicherer Hand. Die größte Stunde für das Symbol der *navicula Petri* kommt erst in nachkonstantinischer und frühmittelalterlicher Zeit, als es kirchenpolitisch ausgewertet wird, theologisch reicher ist seine Symbolik in den klementinischen „Recognitionen“.

Kirchenfrömmigkeit des 3. Jahrhunderts

Die vorausgehenden Kapitel haben versucht, ein Bild von allen bedeutsamen Lebensäußerungen der frühchristlichen Großkirche zu zeichnen. Die Wirklichkeit, die dieses Bild enthüllt, ist bunt und kontrastreich wie alles Lebendige. Es ist hier ein letzter Zug in das Bild einzutragen, der ebenfalls

[104] Vgl. vor allem *H. Rahner*, Antenna crucis III: ZKTh 66 (1942) 196—227, 67 (1943) 1—21, und *J. Daniélou*, Le navire de l'église: Les symbols chrétiens primitifs (Paris 1961) 65—76. [105] Dazu *H. Rahner:* ZKTh 69 (1947) 6. [106] Ps-Clemens, Recogn. 14—17.

zu dieser Wirklichkeit gehört. Diese Kirche wird nicht nur zur Kenntnis genommen, wird nicht nur theologisch begründet und mit dem Verstand bejaht, ihre Wirklichkeit wird auch in die Herzen der Gläubigen aufgenommen und als gnadenhaftes Geschenk empfunden, es existiert wie eine Tauf- und Martyriumsfrömmigkeit auch eine Kirchenfrömmigkeit.

Sie äußert sich am eindrucksstarksten in der Übertragung eines der menschlichen Urworte auf die Kirche, die als *Mutter* der Gläubigen geliebt wird. Dieser Name wird vorbereitet durch die Personifikation des „Glaubens" als mütterliche Gestalt bei Polykarp von Smyrna[107] und durch Hermas, dem die Kirche als ehrwürdige Matrone erscheint[108]. Die Christen von Lyon sind die ersten, die den Namen Mutter dann wie eine längst vertraute Bezeichnung auf die Kirche anwenden; die Martyrer des Jahres 177 sind die von ihr geborenen Kinder, die im Frieden zu Gott heimgingen, ohne ihre Mutter zu betrüben[109]. Nach Irenäus haben die Häretiker keinen Anteil an dem Geist der Wahrheit, weil sie nicht genährt werden an der Brust der Mutter Kirche, die zugleich die Braut Christi ist[110]. Als Mutter, die in der Taufe ihre Kinder gebiert, dann ernährt und hütet, hat die vorbereitende Taufkatechese offensichtlich den Katechumenen die Kirche mit Vorliebe dargestellt. Mit innerer Anteilnahme spricht Tertullian vor allem in seinen pastoralen Schriften von der *Domina mater ecclesia*, die in mütterlicher Fürsorge die Eingekerkerten betreut[111], deren Kinder nach der Taufe das Vaterunser als ihr erstes gemeinschaftliches Gebet mit den Brüdern „bei der Mutter" verrichten[112], während die Häretiker mutterlos sind[113]. Dieselbe affektive Note begegnet in der Terminologie der Alexandriner; für Klemens ist die Kirche die jungfräuliche Mutter, die ihre Kinder zu sich ruft und sie mit heiliger Milch nährt[114]. Origenes sieht sie sowohl als *sponsa Christi* wie als Mutter der Völker; ihr bereitet man bitteres Leid durch Unbußfertigkeit und Anhänglichkeit an das Böse[115]. Ein wirkliches *nomen pietatis* ist das Wort *mater ecclesia* in den Schriften Cyprians geworden, der die Freuden dieser Mutter besingt, die sie über ihre jungfräulichen Kinder und ihre tapferen Bekenner empfindet, der aber auch die Tränen kennt, die sie um die Abgefallenen vergießt[116]. Wie kein anderer Schriftsteller des 3. Jh. beschwört er das Bild dieser Mutter, wenn die Einheit der Kirche durch Spaltung bedroht ist; seine inständig wiederholten Appelle an die Gläubigen, diese Einheit um jeden Preis zu bewahren, gipfeln in einem seiner berühmtesten Worte: „Der kann Gott nicht

[107] Phil. 3, 2 im Anschluß an Gal 4, 26. Vgl. auch Acta ss. Iustini et sociorum 4, 8.
[108] Pastor vis. 2, 1, 3; 2, 4, 1; 3, 9, 1. [109] Euseb. HE 5, 1, 45; 5, 2, 6.
[110] Adv. haer. 3, 38, 1; Fragm. 30. [111] Ad mart. 1.
[112] De bapt. 20, dazu *F. J. Dölger:* AuC II (1930) 142—155. [113] De praescr. 42, 10.
[114] Paed. 1, 6, 42; 3, 12, 99.
[115] In Cant. hom. 1, 7; In Iudic. hom. 5, 6; weitere Texte bei *J. C. Plumpe* a. a. O. 70—80.
[116] De hab. virg. 3; Ep. 10, 4; De laps. 8.

zum Vater haben, der die Kirche nicht zur Mutter hat."[117] In mystischer Schau erblickt Methodios von Olymp die Kirche, die als reich geschmückte Königin ihren Platz zur Rechten des Bräutigams hat[118]. Um ihretwillen verließ der Logos den Vater und vereinigte sich mit ihr, als sie aus seiner Seitenwunde geboren wurde. In den Umarmungen zwischen Logos und Kirche werden die Neugetauften empfangen, von ihr zu einem ewigen Leben wiedergeboren und von ihrer mütterlichen Sorge durch ihr Leben bis zur Vollendung begleitet[119].

Neben diesem das Gemüt der Gläubigen am unmittelbarsten ansprechenden Bild von der Kirche als Mutter verwendet die frühchristliche Verkündigung noch andere Vorstellungen, um ihren Hörern die Wirklichkeit „Kirche" zu verdeutlichen und ins Herz zu senken. So ist die Kirche nach Hippolyt „der geistliche Garten Gottes, gepflanzt auf Christus", in dem ein Strom unversiegbaren Wassers fließt, von dem die vier Paradiesflüsse ausgehen, die vier Evangelien, die der Welt den Herrn verkünden[120]. Origenes setzt die Kirche dem Paradies gleich, in dem die Neugetauften die Werke des Geistes erfüllen[121]. Als katechetisch besonders ergiebig mußte sich das johanneische Gleichnis vom Weinstock und den Reben anbieten (Jo 15, 1—7), das von den Vätern immer wieder in breit ausgesponnener Symbolik auf die Kirche angewandt wird[122]. All diese Bilder waren dazu angetan, der Kirche im Bewußtsein ihrer Glieder einen eigenartigen Gefühlswert zu geben und sie ihnen in einem betont affektiven Sinn „teuer" zu machen.

Eine derartige im 3. Jh. weitverbreitete Kirchenfrömmigkeit ist wie die schon früher behandelte Tauf- und Martyriumsfrömmigkeit ein bedeutsames kirchenhistorisches Faktum, an dem man nicht achtlos vorübergehen kann. Läßt sich auch ihre Tiefen- und Fernwirkung im einzelnen oft nur schwer ermessen und abgrenzen, sie ist zweifellos vorhanden; sie gibt dem Kirchenbewußtsein des 3. Jh. eine charakteristische Note und darf als eine der Quellen angesehen werden, aus welcher der frühchristlichen Großkirche ein Teil ihrer Lebenskraft zufloß.

117 De eccl. unit. 6: *habere non potest deum patrem qui ecclesiam non habet matrem.*

118 Symp. 2, 7, 50.

119 Ebd. 3, 8, 70—72, dazu vgl. außer *J. C. Plumpe* a. a. O. 113—122 noch *H. Rahner:* ZKTh 64 (1940) 71—74.

120 Hippolyt, In Dan. comm. 1, 17; ähnlich Cyprian, Ep. 73, 10.

121 Vgl. *J. Daniélou:* Sentire ecclesiam (Festschr. H. Rahner, Freiburg 1961) 96.

122 Ebd. 100—102; *ders.,* Un testimonium sur la vigne dans Barnabé 12, 1: RSR 50 (1962) 389—399.

27. Kapitel

Der Stand der Ausbreitung des Christentums am Vorabend der Diokletianischen Verfolgung

LITERATUR: Die oben zu Kap. 17 angegebenen Werke, außerdem: *A. Bigelmair*, Der Missionsgedanke bei den vorkonstantinischen Vätern: ZMR 4 (1914) 264—277; *L. Hertling*, Die Zahl der Christen zu Beginn des 4. Jh.: ZKTh 62 (1934) 243—253; *K. Prümm*, Christentum als Neuheitserlebnis (Freiburg 1939); *J. Zeiller*, Observations sur la diffusion du christianisme en Occident: ATh 5 (1944) 193—208; *F. Altheim*, Die Krise der alten Welt, III: Götter und Kaiser (Berlin 1943) = Niedergang der alten Welt II (Frankfurt a. M. 1952) 198—383.

Ägypten: *J. Faivre*, Alexandrie: DHGE II 289—369; *H. Leclercq*, Égypte: DACL IV 2457—2571; *A. Heckel*, Die Kirche von Ägypten bis zur Zeit des Nicänums (Diss. Straßburg 1918); *H. Delehaye*, Les martyrs d'Égypte (Brüssel 1923); *G. Bardy*, Les premiers temps du christianisme de langue copte en Égypte: Mémorial Lagrange (Paris 1940) 203 bis 216; *J. M. Creed - De Lacy O'Leary*, The Legacy of Egypt (London 1942) 300—331; *R. Remondon*, L'Égypte de la suprême résistance au christianisme: BIFAO 51 (1952) 63—78.

Arabien: *R. Aigrain*, Arabie: DHGE III 1158—1339; *H. Charles*, Le christianisme des Arabes nomades (Paris 1936); *D. S. Attema*, Het oudste christendom en Zuid-Arabie (Amsterdam 1949); *G. Kretzschmer*, Origenes und die Arabier: ZThK 50 (1953) 250—279.

Palästina: *R. Devreesse*, Les anciens évêchés de Palestine: Mémorial Lagrange (Paris 1940) 217—227.

Syrien: *E. R. Hayes*, L'école d'Édesse (Paris 1930); *P. V. C. Baur*, Christian Church at Doura-Europos (New Haven 1934); *C. Watzinger*, Die Christen in Dura: ThBl 17 (1938) 113—119; *O. Eißfeldt*, Dura-Europos: RAC IV 362—370.

Persien: *J. Labourt*, Le christianisme dans l'empire perse (224—632) (Paris 1904); *A. Allgeier*, Untersuchungen zur ältesten Kirchengeschichte von Persien: Katholik 98 II (1918) 224—241 289—300; *K. Lübeck*, Die altpersische Missionskirche (Aachen 1919).

Indien: *A. Väth*, Der heilige Thomas, der Apostel Indiens (Aachen ^{2}1925); *A. Mingana*, The Early Spread of Christianity in India: BJRL 10 (1926) 435—495; *L. W. Brown*, The Indian Christians of St. Thomas (Cambridge 1956).

Armenien: *G. Klinge*, Armenien: RAC I 678—689; *S. Weber*, Die katholische Kirche in Armenien (Freiburg 1903); *F. Tournebize*, Histoire politique et religieuse de l'Arménie (Paris 1910); *L. Arpee*, A History of Armenian Christianity (New York 1946); *M. Ormanian*, The Church of Armenia (London 1955).

Georgien: *K. Lübeck*, Georgien und die katholische Kirche (Aachen 1918); *K. Kekelidse*, Die Bekehrung Georgiens (Leipzig 1928); *P. Peeters*, Les débuts du christianisme en Géorgie d'après les sources hagiographiques: AnBoll 50 (1932) 5—58.

Balkan: *A. Lippold - E. Kirsten*, Donauprovinzen: RAC IV 166—189; *J. Zeiller*, Les origines chrétiennes dans les provinces danubiennes (Paris 1918).

Italien: *H. Leclercq*, Italie: DACL VII 1612—1841; *ECatt* VII 386—389; *F. Lanzoni*, Le diocesi d'Italia dalle origini al principio del sec. VII (Faenza ^{2}1927). — Rom: *J. P. Kirsch*, Die römischen Titelkirchen im Altertum (Paderborn 1918); *U. Stutz*, Die römischen Titelkirchen und die Verfassung der stadtrömischen Kirche unter Papst Fabian: ZSavRGkan 40 (1920) 288—312; *E. Josi*, Titoli della chiesa Romana: ECatt XII 152—158; *P. Styger*, Die römischen Katakomben (Berlin 1933). — *H. Leclercq*, Ravenne: DACL XIV 2070—2146; *M. Mazzotti*, Ravenna: ECatt X 558—573.

Afrika: *J. Mesnage*, Le christianisme en Afrique. Origine, développement, extension (Paris 1914); *J.-P. Brisson*, Gloire et misère de l'Afrique chrétienne (Paris 1949) 32—141; *A. Berthier - F. Logeart - M. Martin*, Les vestiges du christianisme antique dans la Numidie centrale (Paris 1951).

Spanien: *H. Leclercq*, L'Espagne chrétienne (Paris [2]1916); *Garcia - Villada* I (Madrid 1929); *A. Ferrua*, Agli albori del cristianesimo nella Spagna: CivCatt (1940) IV 421—431.

Gallien und Belgien: *L. Duchesne*, Fastes épiscopaux de l'ancienne Gaule I (Paris [2]1907); *E. Griffe*, La Gaule chrétienne I (Paris 1949) 51—116; *M. Schuler*, Über die Anfänge des Christentums in Gallien und Trier: Trier. Zeitschr. 6 (1931) 80—103; *A. de Moreau*, Histoire de l'Église en Belgique I (Brüssel [2]1947).

Germanien: *Hauck* I ([4]1922) 3—33; *W. Neuß*, Die Anfänge des Christentums im Rheinland (Bonn [2]1933); *Tüchle* I (1950); *Bauerreiß* I ([2]1958); *H. Lehner - W. Bader*, Baugeschichtliche Untersuchungen am Bonner Münster: Bonner Jahrbücher 136/37 (1932) 1—216; *W. Neuß*, Eine altchristliche Märtyrerkirche unter dem Chor der St.-Viktor-Kirche in Xanten: RQ 42 (1934) 177—182; *H. Leclercq*, Xanten et Bonn: DACL XV 3271—3276 (weitere Literatur).

Britannien: *E. Kirsten:* RAC II 603 f; *J. Chevalier*, Angleterre: DHGE III 145 bis 149; *L. Gougaud*, Christianity in Celtic Lands (London 1932); *G. Sheldon*, The Transition from Roman Britain to Christian England (London 1932); *W. Levison*, St. Alban and St. Alban's: Antiquity 15 (1941) 337—359.

Mit der reichen Entfaltung des innerkirchlichen Lebens in Literatur und Liturgie, in organisatorischem Ausbau und tätiger Frömmigkeit, die das 3. Jh. kennzeichnet, läuft ein zahlenmäßiges Wachstum parallel, das dem Christentum dieser Periode auch nach außen den Charakter einer Großkirche verleiht. Das innere Erstarken der Kirche in diesem Jahrhundert hat die Voraussetzungen dafür geschaffen, daß ihr bis zum Beginn der Diokletianischen Verfolgung der entscheidende missionarische Durchbruch in der hellenistischen Kulturwelt gelingt. Dieser kirchengeschichtlich eminent bedeutsame Vorgang war über die genannten Voraussetzungen hinaus durch das Zusammentreffen einiger weiterer günstiger Faktoren beeinflußt, denen im einzelnen ein verschieden starkes Gewicht zukommt.

Hier sind zunächst die beiden langen Friedensperioden des 3. Jh. zu nennen, die der Kirche in einem bisher nicht gekannten Ausmaß propagandistische und missionarische Möglichkeiten gewährten, die nur durch wenige Verfolgungswellen von relativ kurzer Dauer gestört wurden. Diese Chancen wurden in den verschiedenen geographischen Räumen des Imperiums und an seinen Grenzen verschieden genutzt. Dem Ausbreitungsdrang des Christentums kam ferner die Entwicklung im Heidentum der Antike selbst entgegen. Die Krise der alten Welt im 3. Jh. bestand nicht nur in dem bedrohlichen Zerfall der politischen Macht des Römischen Reiches, sie war ebensosehr eine Krise der bisherigen religiösen und kulturellen Kräfte[1]. Unter der syrischen Dynastie gab die römische Staatsreligion ihre bisherigen Grundlagen auf; neue Kulte aus dem Osten fanden immer mehr

[1] Vgl. *F. Altheim*, Der Niedergang der alten Welt II (Frankfurt a. M. 1952) 197—233.

Anhänger auch in der lateinischen Welt, bis schließlich Kaiser Caracalla den Gottheiten dieser Kulte den Einzug in die römischen Tempel gestattete[2]; der Baal von Emesa, der Sonnengott von Palmyra, der ägyptische Sarapis und der persische Mithras sprengten den Rahmen der altrömischen Religion und nahmen ihr die innere Geschlossenheit. An ihre Stelle trat ein weitreichender Synkretismus, der zwar jedem religiös Suchenden etwas bieten wollte, aber selber arm war an religiöser Substanz und darum im Grunde eine Schwächung der früheren religiösen Kräfte darstellte. In diesen sich entleerenden Raum konnte das Christentum vorstoßen und traf mit seinem Anspruch, inmitten dieses religiösen Wirrwarrs die absolute Wahrheit und zugleich das „Neue", Zukunftsträchtige zu bieten, auf eine hohe Ansprechbarkeit der antiken Bevölkerung. Diesen Anspruch trug die christliche Verkündigung der Zeit nicht nur mit einer starken Siegessicherheit vor, sie hat auch mehr und mehr dafür eine hochstehende Form in Wort und Schrift gefunden, die auch dem gebildeten Heidentum Achtung abnötigte. Am Anfang des 3. Jh. wagen die alexandrinischen Lehrer Klemens und Origenes den Versuch, dem Christentum nicht nur die Gebildeten, sondern die Bildung selbst zu gewinnen[3]. Auf dem tragenden Grund der christlichen Offenbarung errichten sie ein neues Bildungsideal, dem nach ihrer Überzeugung die Zukunft gehört; sie sind weit genug, in dieses Ideal jene Elemente heidnischen Bildungsgutes einzubauen, die den Grundwahrheiten des Evangeliums nicht widersprechen. Die Gestalt des Origenes gewinnt in Ost und West ein überragendes Ansehen und wird zu einer werbenden Kraft von weitreichender Ausstrahlung. Gegen Ende des Jahrhunderts entwickelt sich in Antiochien das zweite geistige Zentrum des Christentums im Osten, das auf das syrische Hinterland ähnlich wirkt wie das alexandrinische auf Ägypten. Im Westen entstehen dem Christentum ebenfalls Schriftsteller von Rang und Ruf, die eindrucksvoll das steigende Niveau des christlichen literarischen Schaffens bezeugen. Dieser reiche Gewinn an Geltung und Ansehen führt dem Christentum eine stetig wachsende Schar von Anhängern aus der heidnischen Oberschicht zu. Unter den syrischen Kaisern, unter Philippus Arabs und Gallienus finden sich Christen in einflußreichen Stellungen am kaiserlichen Hof, eine steigende Zahl von Bischöfen kommt aus der Schicht der Gebildeten. Gewiß steht die Mehrheit der heidnischen Bevölkerung dem Werben der neuen Religion noch ablehnend gegenüber, in den führenden Kreisen vor allem die „Konservativen", die instinktiv den bisherigen geistigen und kulturellen Besitzstand verteidigen. Aber am Beginn des 4. Jh. bekennt sich eine Minderheit von solcher Stärke und Qualität zur neuen Religion, daß sie in dem letzten Ansturm unter Diokletian in ihrer Widerstandskraft nicht mehr gebrochen werden kann.

[2] *K. Bihlmeyer,* Die syrischen Kaiser zu Rom und das Christentum (Rottenburg 1916) 9—28. [3] *K. Prümm,* Christentum als Neuheitserlebnis (Freiburg 1939) 382—388.

Am Beginn des 3. Jh. setzt jener Aufstieg der *alexandrinischen* Christenheit ein, der die dortige Gemeinde rasch zum geistigen Zentrum des östlichen Christentums werden läßt. Die Lehrtätigkeit des Origenes zieht manchen Gnostiker und Heiden in ihren Bann, sein späterer Freund und Gönner Ambrosius ist das bekannteste Beispiel eines durch ihn gewonnenen gebildeten Konvertiten, dem sich viele andere anschlossen. Die alexandrinische Gemeinde bildet naturgemäß auch das Missionszentrum, von dem die Christianisierungsversuche unter der Bevölkerung des ägyptischen Landes und bei benachbarten Völkern ausgehen. Die Verbreitung des Christentums auf dem Lande wird in steigendem Maße bezeugt durch die zahlreichen Papyrifunde auf ägyptischem Boden mit Bibelfragmenten, besonders der Paulusbriefe, der synoptischen Evangelien, des Johannesevangeliums und der Apostelgeschichte, von denen über 20 mit einiger Sicherheit dem 3. Jh. zugewiesen werden können[4]. Die Decische Verfolgung offenbart die Existenz vieler Christen auch außerhalb Alexandriens in Städten und Dörfern, die Erwähnung verschiedener Bischöfe[5] zeigt das Anwachsen hierarchisch organisierter Gemeinden, deren Existenz man für die meisten Distriktshauptorte annehmen darf. Dionys, der führende Bischof Ägyptens um die Jahrhundertmitte, besucht mehrere christliche Gemeinden im Fayûm, die offensichtlich beachtliche Mitgliederzahlen hatten[6]. Als er während der Verfolgung unter Decius selbst ins Exil muß, benutzen er und seine Begleiter die ihnen gegebene Möglichkeit, als Missionare unter den Heiden ihres Verbannungsortes zu wirken[7]. Ein Papyrus, der um das Jahr 300 geschrieben wurde, spricht von zwei christlichen Kirchen in Oxyrhynchos, eine im Norden, die andere im Süden der Stadt[8]. Naturgemäß wandten sich die ersten griechisch sprechenden Missionare zunächst an das griechische Element der ägyptischen Bevölkerung, aber für die Jahrhundertmitte liegen auch Belege dafür vor, daß sich Angehörige des koptisch sprechenden Volksteiles dem Christentum anschließen[9]. Noch in das 3. Jh. reichen die Anfänge des ägyptischen Mönchtums, das in der Frühphase des Eremitentums in Antonius seinen ersten berühmten Vertreter hat, der der koptischen Bevölkerung angehört[10]. Um das Jahr 300 ist sicher eine starke Minderheit der Einwohner Ägyptens christlich[11].

Nach dem Zentrum Alexandrien ist auch die im 3. Jh. mehr in Erscheinung tretende Christenheit des nördlichen *Arabien* ausgerichtet, ob diesen Beziehungen jedoch eine missionarische Betreuung von Alexandrien her zu-

[4] *H. Idris Bell,* Cults and Creeds in Greco-Roman Egypt (Liverpool 1954) 84 f.
[5] Euseb. HE 6, 42, 1 3; 6, 46, 2. [6] Ebd. 7, 24, 6. [7] Ebd. 7, 11, 13 14.
[8] *H. I. Bell* a. a. O. 87. [9] *G. Bardy:* Mémorial Lagrange (Paris 1940) 209 f.
[10] *K. Heussi,* Der Ursprung des Mönchtums (Tübingen 1936) 101 f.
[11] Nach Eusebius, Praep. ev. 3, 5 hätte sich zu seiner Zeit bereits die Mehrheit in Ägypten von den heidnischen Kulten abgewandt.

grunde liegt, muß offenbleiben. Origenes steht bei den Christen der Provinz Arabien in hohem Ansehen[12]; ihr Statthalter wendet sich brieflich an Bischof Demetrios von Alexandrien und bittet ihn, Origenes zu ihm zu senden, damit er sich über das Christentum unterrichten könne. Origenes leistet der Bitte Folge, und die Sorge für die Lehre der Kirche führt ihn noch öfters nach der arabischen Provinzhauptstadt Bostra, wo er um 240 an zwei Synoden teilnimmt[13], offensichtlich auf Veranlassung des Bischofs Beryllos, des führenden Kopfes der arabischen Christen, der auch schriftstellerisch tätig war[14]. Auch das jüngst ans Licht gekommene Stenogramm eines Religionsgespräches des Origenes mit einem Bischof Hierakleides in Gegenwart mehrerer Bischöfe, dessen Gegenstand die trinitarische Frage ist, fand wohl in einer Kirche Arabiens statt[15]. Die späteren Inhaber der hier bezeugten Bischofssitze Arabiens nehmen am Konzil von Nikaia teil. Welcher Rasse die arabischen Christen dieser Zeit angehörten, läßt sich nicht entscheiden.

Das Mutterland des Christentums, *Palästina*, bleibt im 3. Jh. hinter der rascheren Entwicklung in Ägypten zurück. Die Landbevölkerung verschließt sich hier noch weitgehend dem christlichen Glauben, dessen Anhänger hauptsächlich unter der griechischen Bevölkerung der Städte zu suchen sind. Etwa zwanzig Namen von Städten und Dörfern mit christlichen Gruppen oder Gemeinden sind aus der Zeit vor Konstantin bekannt, 16 ihrer Bischöfe befinden sich unter den Teilnehmern des Konzils von Nikaia. In seinem Bericht über die palästinischen Opfer der Diokletianischen Verfolgung führt Eusebius fast nur griechische Namen für die Martyrer an, deren relativ geringe Zahl ein Spiegelbild des Standes der Ausbreitung des Christentums darstellt. Die Jerusalemer Christengemeinde gewann nicht die Bedeutung, die man nach ihrer urchristlichen Tradition erwarten sollte. Die im 3. Jh. einsetzenden Wallfahrten der Christen aus anderen Reichsteilen[16] tragen zu einem wieder steigenden Ansehen bei. Unter ihren Bischöfen ragte damals Alexander hervor, der durch Einrichtung einer Bibliothek sein Interesse an der theologischen Wissenschaft bekundete[17]; die Anregung kam ihm wohl von dem alexandrinischen Vorbild, dessen Lehrer Pantainos und Klemens er hochverehrte, während ihn mit Origenes eine warme Freundschaft verband[18]. Die kirchenpolitische Führung Palästinas war schon früh von den Bischöfen der Provinzhauptstadt Cäsarea übernommen worden, die die Kirchenprovinz auf den antiochenischen Synoden vertraten. Die christliche Gemeinde Cäsareas wurde auch zum theologisch-wissenschaftlichen Schwerpunkt, als sich Origenes nach seinem Weggang von Alexandrien 230 endgültig hier niederließ und unter starker Förderung durch Bischof Theo-

[12] *G. Kretzschmer*, Origenes und die Araber: ZThK 50 (1953) 250—279. [13] Euseb. HE 6, 33, 3; 6, 37. [14] Ebd. 6, 20, 2. [15] *J. Scherer* in seiner Ausgabe: SourcesChr 67 (1960) 19—21. [16] Euseb., Dem. ev. 6, 18, 23. [17] Euseb. HE 6, 20. [18] Euseb. HE 6, 14, 8; über Bischof Alexander siehe *P. Nautin*, Lettres et écrivains chrétiens aux IIe et IIIe siècles (Paris 1961) 105—137.

ktistos seine Arbeit fortsetzen konnte. Der Ruf des Alexandriners und seine reiche Predigttätigkeit haben dazu beigetragen, daß sich das Christentum in dieser Stadt Palästinas am wirkungsvollsten entfalten konnte und daß ihm um 300 auch die heidnischen Einwohner nicht unfreundlich gesinnt waren [19].

Im wesentlichen gleichartige Verhältnisse finden wir in *Phönikien* vor, das bereits dem großen syrischen Raum zugehört. Auch hier gelingen dem Christentum Bekehrungen zunächst meist nur in den griechenreicheren Küstenstädten, während die Mission auf dem Lande kaum Erfolg hatte. Im Landesinnern hatten die großen heidnischen Kultstätten des Sonnengottes in Emesa, Heliopolis und Palmyra eine beherrschende Stellung inne, die der christlichen Predigt nur schwer Zugang gewährte. Hier spielten auch nationalsyrische Empfindsamkeiten ihre Rolle, die ein von Griechen getragenes Christentum ungünstig beurteilten. In den Städten Damaskus und Paneas sind Christen vorhanden, weil in ihnen das Griechentum stärker vertreten ist. So bleiben im 3. Jh. die Küstenorte Tyrus, Sidon, Berytos, Byblos und Tripolis die Schwerpunkte der christlichen Expansion, unter denen Tyrus um 250 die Führung gewinnt. In dieser Stadt beschließt Origenes sein Leben und findet er sein Grab, Tyrus hat auch die meisten Martyrer in der Verfolgung des 4. Jahrhunderts [20].

Im eigentlichen *Cölesyrien* setzt sich der im 2. Jh. schon so deutliche Aufstieg der christlichen Gemeinde Antiochien weiter fort. In ihren Mauern tagen seit der Mitte des 3. Jh. die Synoden, zu denen sich die Bischöfe aus einem weiten Umkreis einfinden und deren Vorsitz naturgemäß dem antiochenischen Oberhaupt zufiel. Als der antiochenische Bischof Paul von Samosata selber wegen christologischer Sonderlehren als Angeklagter vor einer solchen Synode stand [21], zeigte es sich, daß diesem Bischofssitz damals auch schon eine erhebliche politische Bedeutung zukam. Daß man den Fall des Bischofs Paul bis vor den römischen Kaiser Aurelian brachte und dessen Entscheidung darüber erbat, wem die Bischofswohnung der syrischen Hauptstadt zustehe, und daß der Kaiser den Schiedsspruch fällte [22], macht es sehr deutlich, daß der Bischofssitz von Antiochien, neben dem Roms, selbst der römischen Staatsführung nicht mehr gleichgültig war. Mit einem gewissen Abstand gegenüber Alexandrien wird *Antiochien* gegen Ende des 3. Jh. ebenfalls ein Zentrum theologischer Wissenschaft im Osten. Angesehene christliche Lehrer in Antiochien waren damals die Presbyter Malchion und Dorotheos [23], vor allem aber der spätere Martyrer Lukian († 311) [24], der den Grund zur antiochenischen theologischen Schule legte. Auch die

[19] *Harnack Miss* 647.

[20] Euseb. HE 8, 7, 1; 8, 13, 3; De mart. Palaest. 5, 1; 7, 1.

[21] *G. Bardy*, Paul de Samosate (Löwen ²1929); zu seiner Anklage vgl. *H. de Riedmatten*, Les actes du procès de Paul de Samosate (Fribourg 1952).

[22] Siehe oben S. 360. [23] Euseb. HE 7, 29, 2; 7, 32, 2—4.

[24] *G. Bardy*, Recherches sur s. Lucien d'Antioche et son école (Paris 1936).

antiochenische Christengemeinde wird zu einem Missionszentrum, das nicht nur die Christianisierung der unmittelbaren Umgebung betrieb, sondern auch um die Verbreitung des christlichen Glaubens in entfernteren Bezirken, wie Zentralkleinasien, Armenien, Mesopotamien und Persien, bemüht war. Im syrischen Hinterland begegneten sich die antiochenischen Missionierungsbestrebungen mit denen Edessas. Der Erfolg ist hier im 3. Jh. beachtlich gewesen, da 22 Bischöfe aus Cölesyrien zum Konzil von Nikaia kamen, die Mehrheit wohl aus den größeren Städten, unter ihnen aber auch zwei Chorbischöfe, die für die Christianisierung auf dem Lande sprechen[25]. Einen gewissen Maßstab für deren Intensität gibt die Bemerkung des Eusebius, nach der die Gefängnisse in Syrien nach Ausbruch der Diokletianischen Verfolgung im Jahre 303 „an jedem Ort mit Bischöfen, Presbytern, Diakonen, Lektoren und Exorzisten gefüllt waren"[26].

In der Osrhoëne macht das Christentum im Hauptort *Edessa* im 3. Jh. solche Fortschritte, daß es am Anfang des 4. Jh. als christliche Stadt gelten kann[27], die den Mittelpunkt der syrischen Christenheit bildet. Die Anfänge einer christlichen Schule von Edessa reichen wohl ebenfalls noch in das 3. Jh. zurück[28]. Von hier nimmt auch die Mission auf dem Lande ihren Ausgang, das schon um 260 mehrere bischöfliche Gemeinden aufweist[29]. Zur gleichen Zeit macht das Christentum Fortschritte im östlich sich anschließenden Mesopotamien, in dessen Grenzgebiet die Garnisonstadt Dura-Europos am Euphrat am Beginn des 3. Jh. eine christliche Gemeinde hatte, deren Kulträume in einem für diesen Zweck umgebauten Privathaus wieder aufgefunden werden konnten. Ein ebenfalls in Dura-Europos entdecktes Fragment des griechischen „Diatessarons" Tatians läßt dessen Verbreitungsbereich erkennen[30]. Die Existenz weiterer Gemeinden in Mesopotamien ist durch einen Hinweis des Bischofs Dionys von Alexandrien gesichert[31]. Im 3. Jh. entstehen auch noch die Bistümer Nisibis, das später ein intellektuelles Zentrum der ostsyrischen Christenheit werden sollte, und Seleukia-Ktesiphon am Euphrat, die zukünftige kirchliche Metropole dieses Gebietes[32]. Als missionarisches Neuland erschließt sich im 3. Jh. das anschließende *Persien* der christlichen Religion. Einzelne Missionare konnten von der Landschaft Adiabene aus in das persische Hochland vordringen. Politische Ursachen führten dann zur Ansiedlung größerer Gruppen syrischer Christen im persischen Reich; um die Jahrhundertmitte (252) setzen die Einfälle der Sassanidenherrscher auf römisches Gebiet ein, aus dem zahl-

[25] *Harnack Miss* 671. [26] Euseb. HE 8, 6. [27] Vgl. Euseb. HE 2, 1, 7.
[28] *E.-R. Hayes,* L'école d'Édesse (Paris 1930). [29] Ebd. 7, 30, 10.
[30] *O. Eißfeldt,* Dura-Europos: RAC IV 362—370 mit Lit.
[31] Euseb. HE 7, 5, 2. Aus der Chronik von Arbela lassen sich keine sicheren Daten entnehmen, da ihre Angaben für die ältere Zeit zweifelhaft sind, vgl. *I. Ortiz de Urbina:* OrChrP 2 (1936) 5—32. Wesentlich positiver wird die Chronik von Arbela allerdings beurteilt von *G. Messina:* Orientalia 6 (1937) 237 ff. [32] *Harnack Miss* 691.

reiche syrische Christen in das Innere Persiens deportiert werden, wo man ihnen geschlossene Siedlungsmöglichkeiten gewährt. In der Organisation ihres Kirchenwesens und in der Ausübung ihres Kultes läßt ihnen Schapur I. viel Freiheit, und so entstehen neben den rein persischen Christengemeinden solche mit ausschließlich syrischen Mitgliedern. Da einer der persischen Vorstöße bis Antiochien geführt hatte, befanden sich unter den Gefangenen auch griechische Christen, die in Rew-Ardaschir, dem späteren Sitz der persischen Erzbischöfe, ein eigenes Gotteshaus besaßen[33]. Als der kirchenpolitische Umschwung im Römerreich unter Konstantin bei den Christen Persiens bekannt wurde, waren deren Sympathien begreiflicherweise auf der Seite des christlich gewordenen Imperiums; das führte zu einem Wandel in der Haltung der Sassaniden gegenüber dem Christentum und bereitete die harte Verfolgung vor, die die junge persische Kirche im 4. Jh. unter König Schapur II. schwere Blutopfer kosten sollte.

Ein Vordringen ostsyrischer oder persischer Missionare in das westliche *Indien* läge angesichts der Stärke des dortigen Christentums für diese Zeit durchaus im Bereich der Möglichkeit. Den Thomas-Christen Südwestindiens gilt zwar der Apostel Thomas als ihr erster Missionar[34], die apokryphen Thomas-Akten, auf die sie sich dafür berufen müssen, sind jedoch keine einwandfreie Quelle. Als Origenes einmal Indien erwähnt, sieht er in ihm noch ein heidnisches Land[35]. Arnobius d. Ä. setzt aber offensichtlich die Existenz einzelner Christen in Indien um das Jahr 300 voraus[36], und die von Kosmas Indikopleustes um 525 in Malabar, in der Gegend des heutigen Bombay und auf Ceylon bezeugten wohlorganisierten Christengemeinden[37] zwingen zur Annahme einer längeren missionarischen Entwicklung, deren Anfänge im 4. oder 5. Jh. liegen. Das läßt wiederum an die Möglichkeit einer Missionierung durch persische Christen denken, die vor den Verfolgungen aus Persien nach dem Osten geflohen waren, eine Vermutung, die durch die spätere Abhängigkeit der indischen Christen von Seleukia-Ktesiphon gestützt wird[38].

Der *kleinasiatische* Raum wahrt auch das 3. Jh. hindurch seinen Vorsprung in der Christianisierung, den er bis zum Ende des 2. Jh. gegenüber anderen Bereichen des Ostens gewonnen hatte. Die Provinz Kilikien, das geographische Bindeglied zwischen dem westlichen Syrien und Kleinasien, bleibt dabei stark nach Antiochien orientiert. Der paulinische Ursprung der Gemeinde der Stadt Tarsos verlieh ihr einen besonderen Rang und ließ sie zum Metropolitansitz der Provinz werden. Den Metropolitenrang des Bi-

[33] *A. Allgeier*, Untersuchungen zur ältesten Kirchengeschichte von Persien: Katholik 98 II (1918) 224—241 289—300.
[34] Vgl. *L. W. Brown*, The Indian Christians of St. Thomas (Cambridge 1956) 43—64.
[35] Origenes, In Iesu Nave hom. 15, 5.
[36] Arnobius, Adv. nat. 2, 12, dazu *G. E. McCracken*, Arnobius of Sicca: ACW 7 (1949) 311 f. [37] Cosmas Indicopl., Topogr. christ. 3, 178.
[38] Vgl. *R. Garbe*, Indien und das Christentum (Tübingen 1914) 153—155.

schofs von Tarsos will Dionys von Alexandrien wohl andeuten, wenn er Helenos von Tarsos vor den übrigen Bischöfen Kilikiens hervorhebt[39]. Bischöfliche Kirchen sind z. B. die von Epiphania und Neronias, deren Leiter auf der Synode von Ankyra 314 vertreten sind, dazu noch weitere sieben, die auf der Teilnehmerliste von Nikaia genannt werden, unter ihnen auch ein Chorbischof, so daß also auch Christen auf dem Lande schon zu Gemeinden zusammengefaßt sind[40]. Von den kleinasiatischen Provinzen stehen Kappadokien und Pontus weiter im Vordergrund, sowohl wegen des Ansehens ihrer Metropoliten wie auch wegen ihres starken missionarischen Interesses. Firmilian von Cäsarea ist der anerkannte Führer des kappadokischen Episkopates auf den jährlichen Bischofsversammlungen, begeisterter Verehrer des Origenes, den er in sein Bistum einlädt[41]; mit Cyprian von Karthago berät er sich brieflich in der Frage der Ketzertaufe und weist so schon auf den späteren theologischen Rang Cäsareas hin[42]. Eine nicht geringe Zahl von Martyrern trug ebenfalls zu dessen Ansehen bei. Am Ende der Verfolgungszeit sind in Kappadokien die Christen bereits in der Mehrheit. Ein fruchtbares Missionsfeld des 3. Jh. waren auch die nördlich an Kappadokien anschließenden pontischen Länder. Hier gab es zwar schon früh sicher größere Christengemeinden, wie Amastris, Sinope, Pompeiopolis, zu denen bald das wichtige Amaseia hinzukam, das um 240 schon Metropole war[43]. Der Missionar jedoch, dem es gelang, auch die Landbevölkerung des Pontus in der Mehrheit dem Christentum zu gewinnen, ist Gregorios Thaumaturgos, der bei Origenes seine theologische Ausbildung erhielt und nach seiner Rückkehr in seine Heimat von dem Bischof von Amaseia zum Oberhirten seiner Vaterstadt Neocäsarea geweiht wurde[44]. In seinem Wirken läßt sich ein wohlüberlegter Missionierungsplan erkennen. Nach der Decischen Verfolgung bereiste er systematisch die Landbezirke, verschaffte sich eine genaue Kenntnis von der Stärke des Heidentums und dem religiösen Brauchtum des Volkes und orientierte daran seine Missionsmethode. Es gelang ihm, die Vertrauensstellung des heidnischen Priestertums beim Volke zu erschüttern und es durch einen eindrucksvollen Gottesdienst für das Christentum zu gewinnen. Die Neigung der Bevölkerung zu festlichen Feiern im Laufe des Jahres griff er auf, indem er diesen einen christlichen Inhalt gab und die Verehrung der Martyrer zu festlichen Höhepunkten des Jahres machte. Durch sein Wirken wurde das Heidentum weitgehend zurückgedrängt[45], wenn auch den späteren Bischöfen im Pontus die Aufgabe der Vertiefung des christlichen Glaubens geblieben ist, wie die Beratungen einer Synode von Neocäsarea zwischen 314 und 325 erkennen lassen, die

[39] Euseb. HE 7, 5, 1. [40] *Harnack Miss* 730 f. [41] Euseb. HE 6, 27. [42] Cyprian, Ep. 75.
[43] Euseb. HE 4, 23, 26. Die pontischen Bischöfe nahmen auch schon an der Diskussion um den Termin des Osterfestes teil: ebd. 5, 23, 3. [44] *Quasten P* II 123 f.
[45] Diese Züge lassen sich dem sonst nicht legendenfreien Bericht Gregors von Nyssa über das Leben Gregorios' entnehmen: PG 46, 893—958.

sich eingehend mit der Disziplin der pontischen Gemeinden beschäftigen[46]. Damals konnte aber der Pontus als ein Land gelten, das weithin den christlichen Glauben angenommen hatte.

Auf die Christianisierung *Armeniens* haben seine Nachbargebiete Pontus und Kappadokien im Westen und die Osrhoëne im Südosten wesentlichen Einfluß ausgeübt, der in verschiedenen Formen in der armenischen Kirche nachgewirkt hat. Die ersten Missionare kamen wahrscheinlich vom Süden aus dem Raum von Edessa, haben in der Provinz Sophene in Kleinarmenien gepredigt und das Syrische als Sprache der Liturgie verwandt. Hier im Südosten ist wohl Meruzanes Bischof gewesen, an den sich Dionys von Alexandrien in einem Schreiben wandte, das die Bußfrage behandelte[47]. Der entscheidende Anstoß zur Gesamtkonversion des Landes kam aber von Kappadokien her. Hierhin war der Armenier Gregor geflohen, als in seiner Heimat die Kämpfe um die politische Macht zwischen den persischen Sassaniden, den Herrschern von Palmyra und schließlich mit Rom im Gange waren. In Cäsarea hatte Gregor das Christentum kennengelernt und sich taufen lassen (ca 285—290). Nach seiner Rückkehr wurde er der große Missionar seines Volkes, das ihn dafür mit dem Namen des „Erleuchters" ehrte. Er fand bei seiner Bekehrungsarbeit die volle Unterstützung seines Königs Trdat II., mit dem sich auch die Oberschicht des Landes dem christlichen Glauben zuwandte. Die Annahme des Christentums durch die Armenier bekam einen politischen Akzent, als sich dieses als die nationale Alternative zur früher aufgezwungenen persischen Religion ausgab. Nach Überwindung des Widerstandes der heidnischen Priesterschaft wurde das christliche Bekenntnis Staatsreligion und die Kirche mit dem ehemaligen Tempelbesitz reich dotiert. Ihr religiöses Zentrum erhielt sie in Aschtischtat, wo sich bis dahin das angesehenste heidnische Heiligtum befand; ein weiterer wichtiger Bischofssitz war Bagravan[48]. Der Einfluß Kappadokiens blieb bestehen, da Gregor und seine nächsten Nachfolger Cäsarea als eine Art Obermetropole anerkannten. In seiner Missionierungsmethode scheint Gregor der Erleuchter den pontischen Gregorios den Wundertäter nachgeahmt zu haben, da auch er ein eifriger Förderer des Martyrerkultes war und heidnische Kultstätten und Kultzeiten durch christliche Gotteshäuser an diesen Stellen und durch Festfeiern zum Gedächtnis der christlichen Heiligen ersetzte[49]. Daß das Christentum um 300 in Armenien auch die ländlichen Bezirke schon stark erfaßt hatte, zeigt der Bericht über die 40 Martyrer von Sebaste[50]; die

[46] Die Kanones der Synode bei *F. Lauchert,* Die Kanones der altkirchlichen Concilien (Freiburg 1896) 35f, und bei *E. J. Jonkers,* Acta et symbola conciliorum quae saeculo quarto habita sunt (Leiden 1954) 35—38.

[47] Euseb. HE 6, 46, 2. [48] *F. Tournebize:* DHGE IV 294f.

[49] *Harnack Miss* 760.

[50] Text bei *R. Knopf - G. Krüger,* Ausgewählte Märtyrerakten (Tübingen ³1929) 116—119 mit Literatur.

einzelnen Dorfgemeinden haben zum Teil einen Bischof als Leiter, andere nur Presbyter und Diakone. Die letzte große Verfolgung trifft in Armenien ein mehrheitlich christliches Land, so daß der Kampf des Maximinus Daia gegen die armenischen Christen als ein Angriff auf das ganze Volk empfunden wurde[51]. Eine Missionierung Georgiens setzt in größerem Umfang erst in nachkonstantinischer Zeit ein, wohl aber konnte das Christentum in Einzelfällen dort durch den regen Handelsverkehr mit dem kleinasiatischen Westen bekannt werden[52].

Wenn auch in den Quellen kaum von einer stärkeren Auseinandersetzung zwischen Heidentum und Christentum in den *westlichen* Provinzen *Kleinasiens* im 3. Jh. die Rede ist, so hat die christliche Religion ersteres vor allem in den Städten während dieses Zeitraums doch in die Rolle einer Minderheit gedrängt. Das ergibt sich eindeutig aus der Situation, die die römischen Behörden allenthalben vorfanden, als sie die Diokletianischen Religionsedikte und die Verordnungen des Maximinus Daia oder des Licinius durchführen wollten. In Nikomedien selbst, wo die Verfolgung ihren Anfang nahm, sind zahlreiche Christen in hohen staatlichen Stellungen, selbst am Hof; dem entsprach ihre numerische Stärke in der Residenzstadt, und im Verhältnis ähnlich starke Gemeinden gab es in den bithynischen Städten Nikaia, Chalkedon, Prusa und anderen, wie die Anwesenheit ihrer Bischöfe beim Konzil von Nikaia ersehen läßt. Die weitere Ausbreitung auf dem Lande wird bezeugt durch die Existenz zweier Chorbischöfe[53]. In den Provinzen Galatien, Phrygien und Pisidien ergibt sich ein ähnliches Bild; ihre Bischöfe finden sich zur Zeit des Ketzertaufstreites zu Synoden in Ikonium und Synnada zusammen. Ankyra, die Metropole Galatiens, sieht im Jahre 314 eine größere Synode, deren Akten noch erhalten sind[54]. Laodikeia, Metropolitansitz für Phrygien, hat in Bischof Sagaris seinen berühmten Martyrer, die Zahl der Bischöfe dieser Provinz in Nikaia ist beachtlich (8). In Phrygien fällt der Reichtum an christlichen Inschriften aus vorkonstantinischer Zeit auf, durch den sich auch das benachbarte Pisidien auszeichnet, das in Ikonium und Laodikeia seine bekanntesten Bischofssitze hat, neben neun weiteren, deren Inhaber auf der Liste von Nikaia figurieren. Am kärglichsten ist die Aussage der Quellen für die kleinasiatischen Südprovinzen Lykien, Pamphylien und Isaurien, obwohl wieder die Anwesenheit von nicht weniger als 25 Bischöfen aus diesen Gebieten in Nikaia die intensive Missionsarbeit des vorausgehenden Jahrhunderts beweist. Das gleiche gilt für die kleinasiatische Westküste, wo zu den angesehenen Namen Ephesus, Smyrna, Pergamon, Sardes, Thyateira und Milet noch eine große Anzahl weiterer Städte mit bischöflichen Gemeinden hinzugekommen ist.

[51] Euseb. HE 9, 8, 2. [52] *K. Lübeck* a. a. O. 6.
[53] *Harnack Miss* 762—785, auch für das Folgende.
[54] Vgl. *F. Lauchert* a. a. O. 29—34; *E. J. Jonkers* a. a. O. 28—35.

Der Eindruck einer weit fortgeschrittenen Christianisierung Kleinasiens, den die hier gegebene Übersicht nach den einzelnen Landschaften und Provinzen vermittelt, bestätigt sich an einer Reihe von Nachrichten und Hinweisen, die sich auf den gesamten kleinasiatischen Raum bezieht. Daß hier, abgesehen von der kurzen Decischen Verfolgung, das ganze 3. Jh. hindurch eine fast unbeschränkte Freiheit für die Verkündigung des christlichen Glaubens gegeben war, lehren die zahlreichen kleinasiatischen Grabinschriften auch aus kleineren Orten, in denen das Christenbekenntnis der Toten unverhüllt ausgesprochen werden konnte[55]. Ebenso scheint der Bau christlicher Gotteshäuser keinen Schwierigkeiten begegnet zu sein; ein Städtchen wie Amaseia im Pontus besaß zur Zeit des Licinius mehrere Gotteshäuser[56], und diese Stadt dürfte kaum die einzige in dieser Hinsicht gewesen sein. In manchen Provinzen, wie etwa in Phrygien und seinen Nachbargebieten, war ein hoher Stand der Christianisierung schon um die Jahrhundertmitte erreicht, da Dionys von Alexandrien die Gemeinden dieser Länder „die menschenreichsten Kirchen“ nennt[57]. Lukian von Antiochien hat wohl kleinasiatische Verhältnisse im Sinn, wenn er in einer Rede in Nikomedien sagt, „ganze Städte“ bekennten sich zur Wahrheit des Evangeliums[58]. In der Diokletianischen Verfolgung wird eine Stadt der Provinz Phrygien verbrannt, weil sie als Ganzes schon christlich war[59]. Schließlich begründet Maximinus Daia seine Maßnahmen gegen die Christen mit dem Hinweis, bei dem er Kleinasien im Auge hat, „fast alle“ würden zu dieser Religion übertreten[60]. Der hohe Prozentsatz kleinasiatischer Bischöfe, der in Nikaia anwesend ist — dabei ist noch mit mehreren Ausfällen zu rechnen —, zeigt schließlich, daß das kleinasiatische Christentum sich auch eine bereits völlig durchgebildete Organisation gegeben hat, die für die seelsorgerliche Betreuung einer so zahlreichen Anhängerschaft in den Stadt- und Landgemeinden gefordert wurde.

Über die Fortschritte des Christentums auf den *griechischen Inseln* bis zum 4. Jh. enthalten die Quellen nur spärliches Material. Gewiß war es Zufall, daß kein Bischof von der Insel Kreta am Konzil von Nikaia teilnahm, da ja die Existenz von bischöflichen Gemeinden in Knossos und Gortyna durch die Korrespondenz des Dionys von Korinth schon um 170 erwiesen ist[61]. Dagegen hatten die Christengemeinden der Inseln Korkyra, Kos, Lemnos und Rhodos ihre Vertreter dorthin entsandt. Christentum vor 400 darf man wohl auch für die traditionsreiche Insel Patmos annehmen. Zypern war durch die Bischöfe von Salamis, Paphos und Trimithus in Nikaia ver-

[55] Gesammelt in den Monumenta Asiae Minoris antiqua IV und VI, hrsg. von der American Society for Archaeological Research (London - Manchester 1928/56). Vgl. auch *H. Grégoire*, Recueil des Inscriptions chrétiennes de l'Asie Mineure (Paris 1922).

[56] Eusebius, Vita Const. 2, 1 2. [57] Bei Euseb. HE 7, 7, 5. [58] Bei Rufin. HE 9, 6.

[59] Euseb. HE 8, 11, 1. [60] Ebd. 9, 9 a, 1.

[61] Ebd. 4, 23, 5 7—8.

treten[62]; hier hatte die Nähe von Antiochien offensichtlich eine schnellere Entwicklung begünstigt. Schließlich hatte das Christentum bis zum Konzil von Nikaia auch in den griechischen Siedlungen am Nordrand des Schwarzen Meeres und auf der Halbinsel Krim Eingang gefunden, denn die beiden als Konzilsteilnehmer bekannten Bischöfe Theophilos von Gothia und Kadmos von Bosporus kamen aus diesem Raum. Auch unter den Goten nördlich des Schwarzen Meeres war das Christentum bereits durch kappadokische Kriegsgefangene, die man im Jahre 258 nach einem Einfall in Kleinasien dorthin verschleppt hatte, verbreitet worden[63].

Das *griechische Mutterland* hat weder Intensität noch Extensität der Missionierung der kleinasiatischen Westküste oder Bithyniens um 300 erreichen können, obwohl hier die Städte mit paulinischer Tradition eine stärkere missionarische Aktivität erwarten ließen. Eine solche wird in etwa faßbar für Korinth[64], das sich um die Christianisierung des Peloponnes bemühte, der im 3. Jh. mehrere Christengemeinden besitzt, da „die Bischöfe von Achaia" um 231 für Origenes eintraten. Korinth besitzt auch kirchenpolitisch als Metropole den Vorrang gegenüber Athen, das noch bis ins 4. Jh. den Charakter einer heidnischen Stadt und eines profanen Wissenschaftszentrums bewahrt. Es ist nicht recht ersichtlich, aus welchem Anlaß Origenes zweimal in Athen weilte; er lobt die Ordnung und den Frieden der Gemeinde, der im Gegensatz zu den lärmenden Versammlungen des athenischen Volkes stehe[65]. Weiter nach Norden hatten die Insel Euböa und die Städte Theben, Larissa und natürlich Thessalonike bischöfliche Gemeinden, deren Leiter 325 in Nikaia anwesend waren[66].

Der Westen

Nur allmählich erschließt sich der romanisierte *Balkan* mit seinen Donauprovinzen und dem anschließenden Noricum der Botschaft des Evangeliums[67]. Die Nachrichten über die Missionstätigkeit von Apostelschülern in diesen Gebieten sind legendär und ergeben keine verwertbaren Anhaltspunkte. Für Noricum lassen sich frühestens für die zweite Hälfte des 3. Jh. Spuren des Christentums nachweisen, wobei man mit einem Einfluß von Aquileia her rechnen muß[67a]. Erst die Nachrichten über Martyrien von Christen in der Diokletianischen Verfolgung zeigen, daß der christliche Glaube bis zum Beginn des 4. Jh. in verschiedenen Balkangegenden Eingang gefunden hatte. Für die Provinzen Moesien und Pannonien ist die Zahl der Martyrer sogar relativ hoch; zu ihnen gehören die Bischöfe von Siscia, Sirmium und

[62] *Harnack Miss* 786 677. [63] Ebd. 797.
[64] Vgl. den Brief des Dionys von Korinth an die Gemeinde von Lakedaimon: Euseb. HE 4, 22, 2. [65] Euseb. HE 6, 23, 4; 6, 32, 2. [66] *Harnack Miss* 788—792.
[67] Vgl. *A. Lippold - E. Kirsten:* RAC IV 166—169. [67a] Für Noricum gilt das Martyrium des hl. Florian (um 304) in Lorch als sicher, vgl. *R. Noll* a. a. O. 32—36.

Pettau, in Durostorum (Moesien) wird der Soldat Dasius hingerichtet, über dessen Prozeß und Tod ein eigenartiger Bericht erhalten ist[68]. Die Teilnehmerliste von Nikaia kennt außer den Genannten noch die Bischofssitze von Dacus in der Provinz Dardania, Marcianopolis in Moesien und Serdica in Dacien. Darüber hinaus darf man noch für etwa zwölf weitere Orte Christengemeinden annehmen, mit einer Ausnahme sind es aber nur Städte, in denen der christliche Glaube zunächst größere Zahlen von Anhängern gewann, die Missionierung der Landbevölkerung bleibt Aufgabe des 4. und 5. Jahrhunderts.

In *Italien* bedeutet das 3. Jh. für die christliche Gemeinde der Hauptstadt Rom eine Periode starken äußeren und inneren Wachstums; die Zahl ihrer Mitglieder steigt beträchtlich, ihre innere Organisation baut sich aus und festigt sich, und innerhalb des Gesamtchristentums steigt ihr Ansehen stetig. Wenn Papst Kallist am Anfang des 3. Jh. erklärt, Ehen zwischen Sklaven und römischen Matronen würden von der Kirche als gültig angesehen, so läßt sich daraus schließen, daß das Christentum auch in die Oberschicht eindringt. Um die Mitte des Jahrhunderts war die Gesamtzahl aller Christen Roms so beträchtlich gestiegen, daß sie nicht mehr von einem Gemeindezentrum aus seelsorglich betreut werden konnte; eine Aufteilung in sieben Seelsorgsbezirke, die wohl unter Papst Fabian vorgenommen worden ist, erwies sich als notwendig[69]. Sehr präzise und aufschlußreiche Angaben bietet Eusebius über die Stärke des stadtrömischen Klerus unter Papst Cornelius (251—253). Die Gesamtzahl von 154 Klerikern gliedert sich auf in 46 Presbyter, 7 Diakone, 7 Hypodiakone, 42 Akolythen und insgesamt noch 52 Exorzisten, Lektoren und Ostiarier. Die Zahl der Witwen und Armen, die die Gemeinde damals zu betreuen hat, übersteigt 1500[70]. Selbst wenn man den Prozentsatz der von der kirchlichen Caritas Betreuten ziemlich hoch ansetzt, so ergibt sich aus alldem doch wohl eine Christenzahl von einigen Zehntausend. In der zweiten Hälfte des Jahrhunderts wird der organisatorische Ausbau der römischen Großgemeinde fortgesetzt durch die Einführung und Ordnung der später so genannten Titelkirchen; einzelne Bezirke Roms erhalten nun eine *domus ecclesiae,* ein größeres Privathaus, das die Gemeinde erwirbt, in dem neben den Wohnräumen für den Klerus der betreffenden Region auch Räume für den Gottesdienst und andere Seelsorgszwecke vorhanden sind. Diese Titelkirchen bilden mit den Friedhöfen jenen Besitz, der nach der Diokletianischen Verfolgung der Kirche zurückgegeben wird[71]. Daß der Anteil der Christen an der Gesamtbevölke-

[68] Text bei *Knopf - Krüger* a. a. O. 91—95.

[69] Hippolyt, Refut. 9, 12, dazu *K. v. Preysing:* ZKTh 38 (1914) 422f; *Duchesne LP* I 148.

[70] Euseb. HE 6, 43, 11.

[71] Vgl. *F. Lanzoni,* I titoli presbiterali di Roma antica: RivAC 2 (1925) 195—257; *R. Vielliard,* Recherches sur les origines de la Rome Chrétienne (Mâcon 1941) 27ff; *E. Josi:* ECatt XII 152—158.

rung Roms am Beginn des 4. Jh. sehr beachtlich war, ergibt sich schließlich aus der Haltung des Kaisers Maxentius, der, obwohl selbst Heide, bewußt von jeder Verfolgung absieht, weil er sich die starke Gruppe der Christen nicht zu einem innerpolitischen Gegner machen will[72]. Schließlich spricht auch die vielzitierte Bemerkung Cyprians[73], Kaiser Decius habe geäußert, ihn berühre die Nachricht von der Erhebung eines Gegenkaisers weniger als die von der Neuwahl eines christlichen Bischofs in Rom, zunächst für das hohe Ansehen des römischen Bischofs, indirekt aber auch für die Bedeutung der römischen Christengemeinde um 250.

Gewiß ist von dieser starken und ranghohen Gemeinde auch mancher missionarische Vorstoß unternommen worden, um die nähere und fernere Umgebung der Hauptstadt dem Christentum zu gewinnen. Leider fehlen Einzelheiten, die es erlauben, den Verlauf der Christianisierung Mittel- und Unteritaliens eingehender darzustellen. Daß sie erfolgreich war, zeigt die Auseinandersetzung, die sich an den Schritt Novatians anschloß, mit dem er nach der Trennung von der Großkirche eine eigene kirchliche Organisation für seine Anhängerschaft aufzubauen suchte. Er ließ sich selbst von drei Bischöfen zu ihrem Oberhaupt weihen, die man aus Italien, d. h. hier: vom Lande, herbeiholte[74]. Papst Cornelius gab den Gemeinden dieser Bischöfe neue Leiter und berief dann eine Synode nach Rom ein, an der 60 italienische Bischöfe mit zahlreichen Presbytern und Diakonen teilnahmen. Cornelius gab in seinem Bericht an Bischof Fabius von Antiochien ein Verzeichnis mit Namen der Bischöfe und ihrer Gemeinden sowie auch Name und Wirkungsort der Bischöfe, die damals an der Teilnahme an der römischen Synode verhindert waren, aber schriftlich den Schritt Novatians mißbilligten[75]. Leider ist diese doppelte Bischofsliste, die Aufschluß geben könnte über die Verteilung der Christengemeinden in Mittel- und Unteritalien, nicht erhalten geblieben. Rechnet man aber zu den 60 Teilnehmern der römischen Synode und den verhinderten Bischöfen noch die bischöflichen Anhänger Novatians, so dürfte die Zahl der Christengemeinden Italiens um 250 leicht die Hundert erreicht haben. Die Unterschriften der Teilnehmer an den Synoden in Rom 313 und Arles 314 geben acht dieser Bischofssitze mit Namen an, etwa 50 weitere Ortsnamen lassen sich aus Martyriumsberichten und archäologischen Funden erschließen, für die wahrscheinlich schon vor Konstantin Christengemeinden anzunehmen sind[76]. Die Landbevölkerung Mittel- und Unteritaliens ist allerdings bis zum Beginn der Friedenszeit noch nicht wirksam von der christlichen Mission erfaßt worden. Einen überraschend niedrigen Stand der Christianisierung zeigen um diese

[72] *H. v. Schoenebeck*, Beiträge zur Religionspolitik des Maxentius und Constantin (Leipzig 1939) 4—27.
[73] Ep. 55, 9. [74] Euseb. HE 6, 43, 8. [75] Ebd. 6, 43, 2 10 21.
[76] *Harnack Miss* 811—816.

Zeit die ober- und norditalienischen Provinzen; sie lagen damals offenbar nicht im Blickpunkt der missionarischen Interessen Roms. Besonders die dem Tyrrhenischen Meer zugewandte Seite Oberitaliens scheint vor dem 4. Jh. völlig frei von christlichem Einfluß geblieben zu sein. Eine der ältesten Gemeinden in der Aemilia dürfte Ravenna sein, dessen Bischofsliste bis ins 3. Jh. hinabreicht[77]. In seiner näheren Umgebung kommen Rimini, Cesena und wohl auch Bologna als vorkonstantinische Gemeinden in Frage[78]. Auf eine christliche Gemeinde in Piacenza weist für diese Zeit das Martyrium des Antoninus hin[79].

In der Venetia stellt Aquileia ein wichtiges frühchristliches Zentrum dar, das sicher in der zweiten Hälfte des 3. Jh. einen bischöflichen Leiter hatte; sein vierter Bischof, Theodor, nimmt mit seinem Diakon Agathon an der Arler Synode von 314 teil, er ist auch der Erbauer der ersten christlichen Basilika seiner Stadt[80]. Von hier konnte das Christentum leicht nach Verona und Brescia vordringen, die beide noch im 3. Jh. ihren ersten Bischof erhielten. Die Existenz von Christen in Padua schon vor Konstantin kann als wahrscheinlich gelten[81]. Vielleicht noch älter als die Aquileias ist die christliche Gemeinde von Mailand, der Hauptstadt der Transpadanischen Provinz. Ihr Bischof Merokles, der an den beiden Synoden von Rom 313 und Arles 314 teilnimmt, erscheint in der Mailänder Bischofsliste an sechster Stelle, das Bistum dürfte somit bis in die erste Hälfte des 3. Jh. zurückreichen. Der Ruhm des christlichen Mailand im 4. Jh. waren seine einheimischen Martyrer Felix, Nabor und Viktor[82]. Ob man Christen vor Konstantin auch im benachbarten Bergamo voraussetzen darf, bleibt fraglich. Die Quellen geben keine Auskunft über das Vorhandensein von Christen in den ländlichen Bezirken aller genannten Provinzen vor Konstantin; das Landvolk wird hier tatsächlich erst im 4. und 5. Jh. durch missionseifrige Bischöfe der Städte für den christlichen Glauben gewonnen.

Im Interessenkreis Roms lagen hingegen die großen Inseln des Tyrrhenischen Meeres, *Sardinien* und *Sizilien.* Es drängt sich die Vermutung auf, daß das Christentum im 3. Jh. durch römische Christen nach Sardinien kam, die zur Zwangsarbeit in den dortigen Bergwerken verurteilt worden waren[83]. Der erste mit Namen bekannte Bischof der Insel ist Quintasius von Calaris, der mit seinem Presbyter Ammonius der Arler Synode beiwohnte. Im Innern der Insel hat sich allerdings das Heidentum noch lange erhalten. In der Decischen Verfolgung stand der römische Klerus mit Christen Siziliens in Briefverkehr[84]. Ein christliches Zentrum ist das traditionsreiche Syrakus am

[77] *M. Mazzotti:* ECatt X 558—573 mit Literatur. [78] *Delehaye OC* 328 f.

[79] Ebd. 329.

[80] ECatt I, 1722, 1726 mit Lit.; *J. Fink,* Der Ursprung der ältesten Bauten auf dem Domplatz von Aquileja (Köln 1954), dazu *L. Voelkl:* RQ 50 (1955) 102—114.

[81] *Harnack Miss* 871. [82] *Delehaye OC* 335—337. [83] Hippolyt, Refut. 9, 12.

[84] Cyprian, Ep. 30, 5.

Ostufer, dessen Katakomben noch ins 3. Jh. zurückreichen[85] und dessen Bischof Chrestos von Konstantin zur Synode von Arles eingeladen wurde[86].

Das 3. Jh. stellt für die Kirche *Nordafrikas* die Periode ihres entscheidenden Wachstums vor Konstantin dar, in der das Christentum in den Städten praktisch die Mehrheit gewann. Die Schriften Tertullians spiegeln in vielfacher Hinsicht die Lebendigkeit und Intensität wider, mit der die Christianisierung am Anfang des Jahrhunderts betrieben wird. Der Martyriumsbericht über den Tod der Perpetua und Felicitas gibt einen starken Eindruck von dem frischen Leben der Gemeinde Karthagos, deren Mitglieder aus den verschiedensten sozialen Schichten kommen[87]. Die Verfolgung unter Scapula im Jahre 211 erfaßt auch Christen in den Provinzen Byzacena und Mauretanien[88]. Aufschlußreich für die wachsende Verbreitung christlicher Gemeinden über das nordafrikanische Land hin sind vor allem die Zahlen der Bischöfe, die an den gerade in Afrika besonders häufigen Synoden teilnehmen. Bischof Agrippinus (218—222) hat schon auf einer Synode in Karthago 70 Bischöfe um sich, darunter auch solche aus Numidien[89], auf einer Synode zu Lambaesis um 240 ist ihre Zahl bereits auf 90 gestiegen[90]. Schließlich hat das Protokoll der Synode vom Jahre 256 nicht nur die Stellungnahme der 87 teilnehmenden Bischöfe zur Ketzertauffrage festgehalten, sondern gibt auch die Namen ihrer Sitze an[91]. Danach weist die Proconsularis die größte Bistumsdichte auf, die auch noch für Numidien beachtlich hoch ist, während sie in Mauretanien und Tripolis stark abfällt. Die Korrespondenz und das sonstige Schrifttum Cyprians sind eine Fundgrube für die Erkenntnis von der Stärke und Mannigfaltigkeit der Gemeinde der Hauptstadt Karthago mit ihrem zahlreichen, stark gegliederten Klerus, von der verschiedenen Qualität der Gemeindemitglieder[92], von denen ein erschreckend großer Teil in der Decischen Verfolgung versagt, alsbald aber reumütig die Wiederaufnahme in die kirchliche Gemeinschaft erbittet, während andere ein hochherziges und mutiges Bekenntnis für ihren Glauben ablegen. An der Spitze dieser Großgemeinde waltet als gewissenhafter Seelsorger und darüber hinaus als souveränes Haupt der afrikanischen Christenheit Cyprian selbst, der an innerem und äußerem Rang jeden Provinzstatthalter seiner Zeit in Nordafrika in den Schatten stellt und die Geltung des von ihm vertretenen Glaubens in der Öffentlichkeit überragend dokumentiert.

[85] *G. Agnello,* La Sicilia cristiana: Atti del I° congresso nazionale di archeologia cristiana (Rom 1952) 7—29; *ders.:* Actes du Ve congrès international d'Archéologie chrétienne (Città del Vaticano 1957) 291—301; weitere Lit. ebd. 156—158.

[86] Euseb. HE 10, 5, 21. [87] Text hrsg. von *C. I. M. van Beek* (Bonn 1938, FlorPatr 43).

[88] Tertullian, Ad Scap. 3—4. [89] Cyprian, Ep. 71, 4. [90] Ebd. 59, 10.

[91] Sent. episc. 87, dazu die kartographische Auswertung bei *F. van der Meer - Ch. Mohrmann,* Bildatlas der frühchristlichen Welt (Gütersloh 1959) Karte 4, S. 10.

[92] Vgl. *D. D. Sullivan,* The Life of the North-Africans as Revealed in the Works of St. Cyprian (Diss. Washington 1933).

Die christliche Religion hat sich mit diesem hohen Ansehen und dem durch die relativ rasche Ausbreitung gewonnenen Schwung bis zum Ende der Verfolgungszeit die Mehrheit der afrikanischen Städte erobern können[93]. Kurz zuvor schlossen sich die angesehensten Vertreter der heidnischen Literatur, die Afrikaner Arnobius und Lactanz, dem christlichen Bekenntnis an. In der Diokletianischen Verfolgung scheinen sich Abfall und Treuebekenntnis ungefähr die Waage gehalten zu haben; es wurde offenbar, daß sich die Bevölkerung der städtischen Siedlungen in solcher Stärke für das Christentum entschieden hatte, daß dieses nicht mehr zu überwinden war. In der donatistischen Auseinandersetzung glaubt man zwei Konfessionen eines christlichen Volkes vor sich zu haben, für das das Heidentum eine längst verklungene Episode seiner Geschichte geworden ist. Trotzdem bleibt der afrikanischen Kirche noch eine große missionarische Aufgabe, nämlich über die romanisierte Bevölkerung hinaus auch den punischen Volksteil und dann die Berberstämme im Süden und Westen an den Rändern der nordafrikanischen Berge so intensiv dem Christentum zu gewinnen, daß sie es in Zeiten der Verfolgung und Belastung selbständig bewahren konnten. Es wird später zu zeigen sein, daß die Vernachlässigung dieser Doppelaufgabe eine der Ursachen dafür war, daß das Christentum den eindringenden Islam als beachtliche Größe nicht überleben konnte.

Über den Fortschritt der christlichen Eroberung der *spanischen* Provinzen liegen für das 3. Jh. nicht gerade zahlreiche Nachrichten vor. Von Bedeutung ist ein Brief Cyprians, der weiß, daß zu seiner Zeit an verschiedenen Orten Spaniens bischöflich organisierte Gemeinden existieren, deren er nur vier mit Namen nennt: León, Astorga, Mérida und Saragossa[94]. Es ist Cyprian auch bekannt, daß sich diese spanischen Bischöfe zu Synoden zusammenfinden. Kein Missionar wird aber genannt, der hier den Glauben predigte, keine Kirche, die ihn ausgesandt hätte. Eine gewisse Bindung des spanischen Christentums an Rom kann man vielleicht der Tatsache entnehmen, daß einer dieser Bischöfe gegen den Urteilsspruch der Synode an den Bischof von Rom appelliert. Die Berichte über christliche Martyrien weisen auf die Existenz christlicher Gruppen — außer in den bereits schon genannten Städten — noch in den Orten Tarragona, Córdoba, Calahorra, Complutum, Sagunt und Astigi hin[95]. Besonders ergiebig für unsere Fragestellung sind die schon oft zitierten Akten einer Synode, die unmittelbar vor Beginn der Friedenszeit in der südspanischen Stadt Elvira (Granada) stattfand[96]. Auf ihr waren 23 Gemeinden der Provinz Baetica durch ihre Bischöfe oder sonstige Kleriker vertreten; die Vertreter von 14 weiteren Gemeinden kamen aus der Provincia Tarraconensis, davon 8 aus dem Grenzgebiet der Baetica und 2 aus der Provinz Lusitanien. Aus den Heimatorten der Synodalteil-

[93] Euseb. HE 10, 5, 16—18. [94] Cyprian, Ep. 67. [95] *Delehaye OC* 362—371.
[96] Text bei *Lauchert* a. a. O. 13—26 und bei Jonkers a. a. O. 5—23. Zur Liste der Teilnehmer vgl. *Hefele-Leclercq* I 214 f.

nehmer scheint sich zu ergeben, daß der Südosten Spaniens am stärksten von der Christianisierung erfaßt war, die dann zur atlantischen Küste im Westen und Nordwesten des Landes hin abnimmt[97]. Der Inhalt der Synodalbeschlüsse von Elvira gibt einen willkommenen Maßstab für die Tiefenwirkung der bisherigen Missionsarbeit in den spanischen Provinzen. Sie muß als erschreckend gering bezeichnet werden, auch wenn man in Rechnung stellt, daß in den Beschlüssen einer solchen Konferenz im allgemeinen nicht gerade die positiven Züge kirchlich-religiösen Lebens ihren Niederschlag finden. Die Loslösung von heidnischem Brauchtum und Aberglauben ist noch bei weitem nicht erreicht, die Beziehungen zwischen christlichen Herren und ihren Sklaven atmen wenig christlichen Geist, der Kirchenbesuch läßt zu wünschen übrig, der Klerus in allen Rängen versagt in seiner sittlichen Lebensführung, sexuelle Vergehen sind weit verbreitet. Man hat nicht den Eindruck, daß es sich hier um einen neuen Verweltlichungsprozeß in früher hochstehenden Gemeinden handelt, sondern um einen ernsten Mangel an intensiver missionarischer Bemühung um die Einführung in ein alle Lebensbereiche prägendes Christentum bei vielleicht allzuschnell Bekehrten. Dafür spricht vor allem die Tatsache, daß man den bestehenden Mängeln durch rigorose Strafbestimmungen abzuhelfen sucht[98]. Die vorkonstantinische Mission in Spanien hat der Kirche noch keinen Bischof oder Schriftsteller von Rang schenken können, der missionarischen Nacharbeit stand noch ein weites Feld offen.

In *Gallien* gewinnt das Christentum im 3. Jh. im Südosten der Rhône entlang seine meisten neuen Anhänger. Neben Lyon haben hier schon um 200 weitere Bistümer existiert, ohne daß ihre Namen festzustellen wären. Erst eine Notiz bei Cyprian[99] nennt Arles, das rasch an Bedeutung gewinnt; sein Bischof Marcian nimmt 313 an der römischen Synode teil, und 314 wird die Stadt von Konstantin selbst zum Tagungsort der Bischofskonferenz bestimmt, die über die donatistische Frage beraten soll. Auf ihr ist die Provincia Narbonensis noch durch fünf weitere Bistumsvorsteher vertreten, während aus Aquitanien noch drei, aus der Lyoner Provinz nur zwei Bischöfe anwesend sind[100]. Die Christianisierung nimmt also nach dem Westen hin ab, hier setzt die Missionsarbeit erst im 4. Jh. in größerem Maßstab ein. In der Provinz Belgica wird Trier in der zweiten Jahrhunderthälfte Bistum[101], sein dritter Bischof Agricius ist ebenfalls 314 in Arles anwesend. Daß am Trierer Hof des Konstantius Chlorus Christen waren[102], spricht mehr für die Toleranz des Kaisers als für die Größe der Christengemeinde.

[97] Siehe die Karte 4 bei *F. van der Meer - Ch. Mohrmann* a. a. O. 10.

[98] Dazu vgl. *J. Grotz,* Die Entwicklung des Bußstufenwesens in der vornicänischen Kirche (Freiburg 1955) 414—427.

[99] Ep. 68, 1.

[100] Vgl. wiederum Karte 4 bei *F. van der Meer - Ch. Mohrmann* a. a. O. 10.

[101] *M. Schuler:* Trierer Zeitschrift 6 (1931) 80—103. [102] Eusebius, Vita Const. 1, 16.

Diese wächst erst seit der Alleinherrschaft Konstantins rascher, ihr bisheriges Gotteshaus muß durch eine größere Kirche ersetzt werden. Für das ganze übrige Gebiet der belgischen Provinz fehlt jede weitere Nachricht über eine christliche Missionstätigkeit, so daß vor Konstantin hier nicht mit erfolgreicher Arbeit zu rechnen ist.

Irenäus spricht zwar schon von Kirchen auch in den *germanischen* Provinzen[103]; sollte er organisierte bischöfliche Gemeinden im Auge haben, so kämen nur die römischen Zentren wie Köln und Mainz in Frage. Nur für ersteres steht aber die Existenz einer vorkonstantinischen Bischofskirche fest, deren Leiter Maternus zu den Synoden von Rom und Arles eingeladen wird. Weiter rheinabwärts haben Ausgrabungen in Xanten, der alten Colonia Traiana, eine Martyrerkultstätte ans Licht gebracht und damit die Existenz von Christen vor Konstantin wenigstens für diese Siedlung am Niederrhein erwiesen[104]. Christen darf man noch mit einigem Grund im 3. Jh. in der Germania inferior für Tongern annehmen, da die Stadt mit Bischof Servatius in der ersten Hälfte des 4. Jh. Bistumssitz wird. Im süddeutschen Raum finden sich Christen vor Konstantin nur in Augsburg, da das Martyrium der heiligen Afra hier gesichert ist[105].

Der erste sichere Anhaltspunkt für das Vorhandensein von Christen auf den *britischen* Inseln ist mit dem Bericht über das Martyrium des hl. Alban von Verulam gegeben[106], das aber nicht in die Diokletianische Verfolgung verlegt werden kann, weil Konstantius Chlorus die Edikte gegen die Christen in seinem Herrschaftsbereich nicht durchführen ließ. Das gleiche gilt für den Zeugentod der Martyrer Julius und Aron in Legionum urbs (Caerleon) weiter im Westen[107]. Immerhin ist Britannien mit den Bischöfen von London, York und (wahrscheinlich) Colchester auf der Synode von Arles vertreten, so daß sich doch stärkere Christengemeinden vor Beginn des konstantinischen Friedens entwickelt haben müssen. Aber die eigentliche Bekehrungsarbeit mit durchgreifendem Erfolg setzt auch hier erst im folgenden Jahrhundert ein.

Man hat den Versuch unternommen, das Ergebnis der christlichen Missionsarbeit, wie es sich zu Beginn des 4. Jh. darbot, auch zahlenmäßig zu errechnen, und glaubte, bei einer Gesamtbevölkerung des damaligen Römischen Reiches von etwa 50 Millionen mindestens 7 Millionen Christen, also fast 15%, annehmen zu müssen[108]. Da sich der Anteil der Christen aber nicht gleichmäßig über das ganze Reichsgebiet verteilt, kommt diesen Zahlen nur eine bedingte Aussagekraft zu. Wichtiger ist die Erkenntnis,

[103] Adv. haer. 1, 10, 2.
[104] Vgl. W. *Neuß:* RQ 42 (1934) 177—182, und W. *Bader:* AHVNrh 144/45 (1946/47) 5—31.
[105] *Delehaye OC* 259; *Bauerreiß* 23 f.
[106] Beda HE 1, 17 f nach älteren Quellen, dazu W. *Levison* a. a. O.
[107] Gildas, De excid. et conquestu Brit. 10.
[108] *Harnack Miss* 946—955; L. *Hertling:* ZKTh 62 (1934) 243—253.

daß die Christianisierung in manchen Gegenden, wie Kleinasien, im Gebiet von Edessa und Armenien, fast die Hälfte der Bevölkerung erfaßt hatte, in anderen Provinzen des Reiches, wie Ägypten, entlang der syrischen Küste, in Africa proconsularis und in der Hauptstadt Rom mit ihrer unmittelbaren Umgebung, eine so starke Minderheit dem neuen Glauben anhing, daß damit der entscheidende missionarische Durchbruch der christlichen Religion in verschiedenen Reichsteilen gelungen war. Wichtig war ferner die Tatsache, daß in anderen Gebieten, wie Phönikien, Griechenland, den Balkanprovinzen, Südgallien und Südspanien sowie Oberitalien, so viele missionarische Stützpunkte gewonnen waren, daß man hoffen durfte, die weitere Entwicklung werde hier ähnlich günstig verlaufen. Nur noch in wenigen Grenzbezirken des Ostens, an der Nord- und Westküste des Schwarzen Meeres, im Alpengebiet, in den germanischen Provinzen, an der europäischen Atlantikküste und auf den britischen Inseln stand die christliche Mission noch in ihren Anfängen. Wer am Beginn des 4. Jh. mit abwägendem Blick diese Gesamtsituation überschaute, konnte unschwer zur Gewißheit kommen, daß das Vordringen der christlichen Glaubensbewegung mit den Mitteln einer staatlichen Verfolgung nicht mehr einzudämmen war. Aus solcher Erkenntnis zog der junge Kaiser Konstantin die Konsequenzen.

Eine Frage verlangt hier noch eine Antwort, die nach der Intensität und Tiefenwirkung der christlichen Missionsarbeit im Verlauf des 3. Jh. Es lassen sich wohl zwei Phasen in derselben unterscheiden. Die lange Friedensperiode der ersten Jahrhunderthälfte hatte der Kirche zwar einen beachtlichen äußeren Gewinn gebracht, aber die unmittelbare Auswirkung der Decischen Verfolgungswelle ließ erkennen, daß er nicht durch eine entsprechende religiöse Vertiefung gesichert wurde. Die enorm hohe Zahl der Abfälle in Ägypten, Asien, Nordafrika und Rom macht es eindeutig klar, daß man allzu optimistisch und bereitwillig die Aufnahme in die Kirche gewährte, wo ein rigoroseres Katechumenat am Platz gewesen wäre. Offensichtlich zog man in der zweiten Friedensperiode nach dem Zusammenbruch der Decischen Verfolgung daraus einige Lehren. Denn die letzte Verfolgung unter Diokletian weist eine weitaus günstigere Bilanz auf; man wandte demnach der vertiefenden missionarischen Nacharbeit eine erhöhte Sorgfalt zu.

Wenn man bedenkt, daß sich die Missionstätigkeit der vorkonstantinischen Kirche in der Hauptsache an Menschen wandte, die einer relativ hohen Kultur mit reichen religiösen Formen und bunter Mannigfaltigkeit der Kulte angehörten, so wird man den Gesamterfolg als hervorragend bezeichnen müssen. Ein Vergleich mit den relativ geringen Erfolgen der christlichen Mission bei den kulturell hochstehenden Völkern der Neuzeit, wie Japan oder der Oberschicht in Indien, fällt durchaus zugunsten der frühchristlichen Großkirche aus. Der Missionsauftrag des Stifters der christlichen Religion war von ihren Anhängern mit Begeisterung aufgegriffen und trotz zuweilen schwerster Belastungen mit immer erneuerter Energie verfolgt worden. Im 3. Jh. setzt sich in der Verkündigung der kirchlichen Schriftsteller der Gedanke der Missionspflicht in vollem Umfang durch. Hippolyt weist ausdrücklich darauf hin, daß das Evangelium zunächst noch der ganzen Welt verkündet werden müsse[109]. Ähnliche Gedanken spricht Origenes aus, der davon überzeugt ist, daß das einheitliche Römerreich die von der Vorsehung geschaffene Voraussetzung für die schnelle Verbreitung des Evangeliums ist[110]. Er kennt die Gestalt des Berufsmissionars, der nicht nur von Stadt zu Stadt, sondern von Dorf zu Dorf, von Flecken zu Flecken wandert, um dem Herrn neue Gläubige zu gewinnen; er findet dabei Aufnahme bei vermögenden christlichen Männern und Frauen, nimmt aber auf seinen Missionswanderungen nur soviel mit, wie er gerade zum Leben braucht[111]. Vielfach fühlt sich auch der einzelne Christ zu missionarischem Wirken gerade in seinem Lebenskreis verpflichtet, der Soldat wie der Kaufmann, der Sklave wie der Christ bei Hof, die Frau und der Bekenner im Gefängnis. Auch der christliche Schriftsteller weiß um seinen missionarischen Auftrag[112]. Sie alle haben ihr Teil dazu beigetragen, daß eine zahlenmäßig beachtliche, innerlich gefestigte frühchristliche Großkirche in die letzte Bewährung unter Diokletian hineingehen kann.

[109] In Dan. comm. 4, 17. [110] Contra Cels. 8, 72; 2, 30. [111] Ebd. 3, 9.
[112] Clemens Al., Strom. 1, 1.

ZWEITER ABSCHNITT

Letzter Ansturm des Heidentums und Endsieg der Kirche

28. Kapitel

Der geistige Kampf gegen das Christentum im ausgehenden 3. Jahrhundert

QUELLEN: Porphyrius, Περὶ Χριστιανῶν, Fragmente, hrsg. von *A. v. Harnack:* AAB 1916/1 (97 Fragm.), Nachtrag: SAB 1921/14 (5 weitere Fragm.); *P. Nautin,* Trois autres fragments du livre de Porphyre „Contre les chrétiens“: RB 57 (1950) 409—416; Eusebius, Contra Hieroclem: PG 22, 795—868; auch bei *C. L. Kayser,* Philostratus opera I (Leipzig 1870) 369—413, wiederum abgedruckt von *F. C. Conybeare,* Philostratus, The Life of Apollonius of Tyana (London 1912).

LITERATUR: Die oben zu Kap. 13 genannten Arbeiten von *J. Geffcken, P. de Labriolle* und *W. Nestle.* Außerdem: Zum Neuplatonismus im allgemeinen *Ueberweg* I 590—612, zu Porphyrios ebd. 609—612 und 190* f. — Über Porphyrios siehe die Übersichten von *L. Vaganay:* DThC XII 2555—2590, und *R. Beutler:* Pauly-Wissowa XXII 278—313; ferner *J. Bidez,* Vie de Porphyre (Gent 1913); *A. v. Harnack,* Griechische und christliche Frömmigkeit am Ende des 3. Jh.: Aus der Friedens- und Kriegszeit (Berlin 1916) 47—65; *A. B. Hulen,* Porphyry's Work against the Christians (New Haven 1933); *W. Theiler,* Porphyrios und Augustin (Halle 1933); *H. O. Schröder,* Celsus und Porphyrius als Christengegner: Die Welt als Geschichte 17 (1957) 190—202; *J. J. O'Meara,* Porphyry's ‚Philosophy from oracles‘ in Augustine (Paris 1959). — *J.-B. Laurin,* Orientations maîtresses des apologistes chrétiens de 270—361 (Rom 1954).

Als Kaiser Gallienus (260—268) bei seinem Regierungsantritt die von seinem Vater Valerian veranlaßte Verfolgung einstellte und eine Reihe christenfreundlicher Maßnahmen traf, gaben sich manche Christen wie Bischof Dionys von Alexandrien überschwenglichen Hoffnungen hin und glaubten, für das Christentum breche nun eine neue Ära an[1]. An das Reskript Galliens schloß sich tatsächlich eine etwa 40jährige Friedensperiode an, in der die Christen nicht von einer zentralgelenkten Verfolgung getroffen wurden und in einer relativen Freiheit den inneren und äußeren Ausbau ihrer Gemeinschaft zur frühchristlichen Großkirche weiterführen und sichern konn-

[1] Vgl. Euseb. HE 7, 23.

ten. Eusebius hat die Jahre vor dem Ausbruch der Diokletianischen Verfolgung als eine Zeit weitestgehender Toleranz gegenüber dem Christentum und seinen Lebensäußerungen in der Öffentlichkeit gefeiert und vor allem drei Freiheiten hervorgehoben, deren sich die christliche Religion damals erfreuen durfte: Freiheit des Bekenntnisses, die es den Christen aller sozialen Schichten gestattete, sich ihres Bekenntnisses sogar öffentlich zu rühmen; Freiheit des Kultes, die eine ungehinderte Teilnahme am christlichen Gottesdienst gewährte und überall den Bau großer Gotteshäuser ermöglichte; Freiheit der Verkündigung, die von niemand und gegenüber niemand eingeschränkt war. Dazu kam ein betont wohlwollendes Verhalten staatlicher Behörden, die besonders den Leitern der Christengemeinden mit Achtung begegneten[2].

Wenn nach einer solchen Phase der Toleranz mit der Diokletianischen Verfolgung ein radikaler Umschwung der Verhältnisse eintrat, der die bisher blutigste Unterdrückungswelle für das Christentum brachte, wird man fragen müssen, ob manche Christen nicht gewisse Zeichen der Zeit übersahen und Vorgänge unterschätzten, die auf eine Entwicklung hindeuteten, welche dem Christentum weniger günstig war und die Wende unter Diokletian begreifen läßt.

Zunächst einmal war die Lage der Christen auch unter den Kaisern seit Gallienus in keiner Weise rechtlich gesichert. Es war eine Selbsttäuschung, wenn manche Christen glaubten, die tolerante Haltung einzelner Kaiser und, von ihr abhängig, die mancher höherer Beamter, habe auch bereits einen endgültigen Umschwung in der Einstellung der gesamten nichtchristlichen Reichsbevölkerung gebracht und den endgültigen Ausgleich mit der heidnischen Staatsmacht bereits gesichert. Es war immer noch möglich, daß die feindselige Haltung eines Beamten einen einzelnen Christen mit aller Härte traf, da ihn kein Gesetz vor solchen Maßnahmen schützte. Der Bericht über das Martyrium des vornehmen Marinus aus Cäsarea in Palästina, den Eusebius aus sicherem Wissen wiedergibt, zeigt, daß auch, „als die Kirchen überall Frieden hatten", ein Christ noch auf bloße Denunziation hin vor Gericht gezogen werden und ihn allein wegen der Treue zu seinem Bekenntnis die Hinrichtung treffen konnte[3]. Wie schnell der Gesinnungswandel eines Kaisers zu einer völlig veränderten Situation führen konnte, läßt auch die von Eusebius und Lactanz verbürgte Tatsache erkennen, daß sich selbst Kaiser Aurelian (270—275) gegen Ende seiner Regierung „durch gewisse Ratgeber" gegen die Christen einnehmen ließ und ein Verfolgungsedikt vorbereitete, an dessen Publikation bzw. Ausführung ihn nur sein plötzlicher Tod hinderte[4]. Diese fortbestehende Rechtsunsicherheit beweist, daß die von Gallienus eingeleitete Toleranzperiode

[2] Ebd. 8, 1, 1—6. [3] Ebd. 7, 15, 1—5.
[4] Ebd. 7, 30, 20 21; Lactantius, De mort. pers. 6.

noch weit entfernt war von dem Umschwung in der Gesamtlage, wie er unter Konstantin Wirklichkeit wurde.

Besonders folgenschwer mußte auf die Dauer eine neue Welle geistiger Intoleranz gegenüber dem Christentum werden, die sich seit der Regierungszeit Aurelians unter den Gebildeten bemerkbar machte und in dem Neuplatoniker *Porphyrios* ihren Exponenten fand. Dieser war schon in seiner phönikischen Heimat — er ist um 233 in der Nähe von Tyrus geboren — mit dem Christentum in Berührung gekommen, wenn sich auch eine schon frühbehauptete Zugehörigkeit zu ihm und eine spätere Lossage nicht erweisen lassen[5]. Er ist nach seiner eigenen Aussage in seiner Jugend auch Origenes begegnet[6] und konnte das rapide Anwachsen der Anhängerschaft der christlichen Religion in der Friedenszeit nach 260 miterleben. Seine erste philosophische und philologische Ausbildung verdankte er Longinus in Athen, 263 kam er als Dreißigjähriger nach Rom, wo er Schüler, Freund und geistiger Erbe Plotins wurde, dessen Vorträge er in den „Enneaden" herausgab. Plotin selbst hat sich zwar nicht in eine direkte Auseinandersetzung mit dem Christentum eingelassen, aber in der 2. Enneade finden sich doch einige Hinweise, die eine positive Wertung desselben durch ihn wohl ausschließen. Wenn er hier seinen Gegnern, den „Gnostikern", vorwirft, sie verachteten die geschaffene Welt und behaupteten, für sie gäbe es eine neue Erde, auf die sie nach ihrem Tode gelangten, wenn er ihre Gewohnheit, „die schlimmsten Menschen Brüder zu nennen", anprangert[7], so kann man sich kaum des Eindrucks erwehren, daß hier die Christen getroffen werden sollten.

Bei Porphyrios wird eine negative Einstellung zum Christentum schon in seinen Frühschriften faßbar. In seiner „Philosophie der Orakel" ließ er in einem Spruch des Apollo eine Christin als unbekehrbar und unbelehrbar bezeichnen; sie klage um einen toten Gott, den jedoch gerechte Richter zur schlimmsten Todesart verurteilt haben; die Juden werden dabei religiös über die Christen gestellt[8]. Die 15 Bücher „Gegen die Christen", an denen Porphyrios seit etwa 268 arbeitete, sind zweifellos der bedeutsamste Beitrag zu dem großangelegten Versuch des Neuplatonismus, griechische Weisheit und Religiosität zu erneuern und ihnen vor dem immer erfolgreicheren Vordringen des Christentums vor allem die gebildete Oberschicht zu erhalten. Die Aufgabe, die er sich damit stellte, setzte für eine erfolgreiche Lösung zu dieser Zeit weit mehr voraus als das Vorhaben des Kelsos hundert Jahre zuvor. Das Christentum hatte inzwischen literarische Leistungen aufzuweisen, die auch einem gebildeten Heiden Achtung abnötigten. Vor allem war jetzt eine umfassende Auseinandersetzung mit der Bibel erforderlich, die durch die Arbeit des Origenes zu weitreichendem Einfluß gelangt war.

[5] Socrates HE 3, 23, 37; vgl. noch Augustinus, De civ. dei 10, 28.
[6] Euseb. HE 6, 19, 5. [7] Ennead. II 9, 5 9 14 18. [8] Augustinus, De civ. dei 19, 23.

Porphyrios brachte für seinen Plan einer umfassenden Widerlegung des Christentums, das lassen die erhaltenen Fragmente erkennen, eine gediegene Kenntnis der heiligen Schriften der Christen, einen kritischen, philologisch geschulten Intellekt und eine beachtliche Darstellungsgabe mit. Anders als der 'Ἀληθὴς λόγος des Kelsos rief das Werk des Porphyrios sofort die christliche Abwehr auf den Plan. Wohl noch zu seinen Lebzeiten erschien die Gegenschrift des Methodios von Olymp, die Hieronymus mit Achtung erwähnt[9]; dann veröffentlichte Eusebius von Cäsarea eine umfangreiche Widerlegung in 25 Büchern[10], beide aber wurden nach dem Urteil des Hieronymus und des Philostorgios überboten von der Leistung des Apollinaris von Laodikeia in 30 Büchern[11]. Ein gleiches Schicksal hat Angreifer und Verteidiger getroffen, da all diese Schriften als ganze verlorengegangen sind. Konstantin ordnete noch vor dem Konzil von Nikaia die Vernichtung „der gottlosen Schriften" des Porphyrios, „des Feindes der wahren Frömmigkeit", an, das erste Beispiel der Ächtung einer christentumsfeindlichen Schrift durch staatliche Macht; Kaiser Theodosius II. verfügte 448 erneut die Verbrennung aller Schriften des Porphyrios[12]. Offenbar hat aber ein Heide noch am Anfang des 4. Jh. einen Auszug aus Porphyrios hergestellt, der seine Haupteinwände gegen das Christentum zusammenfaßte. Mit diesem Auszug setzte sich Makarios Magnes, vielleicht Bischof von Magnesia, noch um 400 in seinem „Apokritikos" auseinander und hat so eine relativ große Anzahl von Auszügen aus Porphyrios erhalten[13].

Wenn auch die Gestalt Christi bei Porphyrios nicht einer so scharfen Verurteilung unterliegt wie etwa die Evangelisten, die Apostel und die Christen allgemein, so findet er an ihr doch viele Züge, die sich nach seinem Urteil mit einer wirklich religiösen und heroischen Persönlichkeit nicht vereinbaren lassen. Vor allem erweist sich Christus nicht im Besitz der göttlichen Macht, die er für sich in Anspruch nimmt; er weigert sich aus Furcht, sich von der Zinne des Tempels zu stürzen, er ist nicht Herr über die Dämonen, er versagt kläglich vor den Hohenpriestern und vor Pilatus, seine ganze Passion ist eines göttlichen Wesens unwürdig; im Vergleich mit ihm ist der wundertätige Apollonios von Tyana aus dem 1. Jh. die weit eindrucksmächtigere Gestalt[14]. Christus hätte nach seiner Auferstehung statt einfachen, unbekannten Frauen dem Pilatus, dem Herodes, ja dem römischen Senat erscheinen sollen, seiner Himmelfahrt hätte er einen grandioseren Rahmen geben müssen, er hätte dadurch seinen Anhängern die harten Verfolgungen erspart, da gegenüber solchen Demonstrationen göttlicher Macht jeder Zweifel a

[9] De vir. ill. 83; Ep. 48, 13; 70, 3.

[10] *Quasten P* III 333. [11] Hieronymus, De vir. ill. 104; Philostorgius HE 8, 14.

[12] Socrates HE 1, 9, 30; Cod. Theod. 16, 6, 66.

[13] Für den Nachweis dieser literarischen Zusammenhänge vgl. vor allem *A. Harnack* TU 37/4 (Leipzig 1911). Im Folgenden werden die Nummern der Fragmente des Porphyrios in der Harnackschen Ausgabe in AAB 1916, 1 zitiert. [14] Fragm. 48 49 62 63.

seiner Sendung hätte schweigen müssen[15]. Scharfe Ablehnung erfahren die Evangelisten mit ihrer Darstellung der Taten und Reden Jesu, die sie selbst erfunden, also nicht erlebt haben[16]. Ihre Berichte sind voller Widersprüche, Ungenauigkeiten, Absurditäten und verdienen keinen Glauben[17]. Die führenden Gestalten der Urkirche, Petrus und Paulus, sind Porphyrios im tiefsten unsympathisch; Petrus ist dem hohen Amt, zu dem er berufen wurde — diese Berufung bestreitet Porphyrios nicht im geringsten —, in keiner Weise gewachsen, seine Wahl war einer der schwersten Fehlgriffe Christi[18]. Als widerwärtiger Charakter erscheint ihm Paulus; doppelzüngig, lügenhaft, mit sich selbst in stetem Widerspruch, sich selbst immer wieder korrigierend, verkündet er in seiner Eschatologie die Lehre vom Weltende, vom Jüngsten Gericht und von der Auferstehung der Toten, die den schärfsten Widerspruch des Neuplatonikers herausfordert[19]. Der Gegensatz zwischen Petrus und Paulus in der Frage der Verbindlichkeit des mosaischen Gesetzes für Juden- und Heidenchristen ist Porphyrios nicht entgangen; beide offenbaren sich aber hier durch ihr Verhalten als klägliche Figuren[20]. Auch die zentralen Lehren des christlichen Glaubens und die wesentlichen Züge des christlichen Kultes finden entschiedene Ablehnung. Die Lehre Christi verlange einen irrationalen Glauben, eine Zumutung für alle Denkenden und philosophisch Gebildeten[21]. Der christliche Monotheismus ist im Grunde nur schlecht verhüllter Polytheismus, da die Engel ebenfalls als göttliche Wesen auftreten[22]. Die Inkarnationslehre erfüllt jeden Griechen mit Abscheu, desgleichen die christliche Eucharistie, in der Porphyrios einen Ritus sieht, dem man selbst bei den wildesten Völkerstämmen nicht begegnet; die Worte Christi Jo 6, 53: „wenn ihr das Fleisch des Menschensohnes nicht essen werdet . . .", sind für ihn bestialisch, diese Worte allein stellen das Johannesevangelium weit unter die Werke der Synoptiker[23]. Die christliche Taufe, die durch *eine* Waschung alle, selbst die schlimmsten Verfehlungen Erwachsener tilgen soll, kann nur als eine unmoralische Einrichtung gewertet werden, die Anreiz zu neuen Lastern und Freveln gibt[24]. Die christliche Hochschätzung der Armen und Kranken stößt bei Porphyrios auf absolutes Unverständnis, für das Ideal christlicher Jungfräulichkeit hat er nur Spott übrig[25]. Die charakteristische Note für den Ton der Auseinandersetzung des Porphyrios mit dem Christentum ist ein bitterer Sarkasmus; man begegnet hier keinem aufgeschlossenen Geist, der sich sachlich um das Verständnis einer andersartigen religiösen Bewegung bemühte; er ist vielmehr betont Partei in einem Kampf, der zwischen der antiken Kultur und dem Christentum in sein entscheidendes Stadium eingetreten ist. Das Vorhaben der Christen bezeichnet er als „barbarisches Wagnis"[26], Strafmaßnahmen der staatlichen Behörden gegen sie billigt er offensichtlich, wenn er sagt: „Welche zu strengen Züchtigungen

[15] Fragm. 64 65. [16] Fragm. 15. [17] Fragm. 9—17. [18] Fragm. 23—26.
[19] Fragm. 27—34. [20] Fragm. 21 22. [21] Fragm. 54. [22] Fragm. 75 76.
[23] Fragm. 69. [24] Fragm. 88. [25] Fragm. 87 58 33. [26] Fragm. 39.

könnte man Menschen auferlegen, die die Gesetze des Vaterlandes preisgeben?"[27] Dabei steht das Schicksal des Reiches für Porphyrios bei weitem nicht so im Vordergrund wie die Gesamtheit dessen, was für ihn mit der geistigen und religiösen Tradition des Griechentums gegeben war. Daß das Christentum dagegen zu einem bedrohlichen und überraschend erfolgreichen Angriff angetreten war, erfüllte ihn mit gereizter Verbitterung.

Auf christlicher Seite wurde das Werk des Porphyrios ohne Zweifel als bedeutsam empfunden, sonst hätte es nicht die schnelle und wirksame Reaktion in den eben genannten Gegenschriften hervorgerufen. Mit einem zentralen Punkt seines Angriffs erreichte Porphyrios sogar sehr beachtliche Fernwirkung auf einem bestimmten Sektor der altchristlichen Literatur. Seine Behauptung, die Evangelien seien wegen ihrer zahlreichen offenkundigen Widersprüche unglaubwürdig, veranlaßte christliche Schriftsteller, diesem Problem besondere Aufmerksamkeit zuzuwenden und in der Literatur der „Quaestiones et responsiones" Lösungen vorzulegen, angefangen von den „Quaestiones evangelicae" des Eusebius von Cäsarea über Augustinus' „De consensu evangelistarum" bis zu Hesychs von Jerusalem Sammlung von 61 derartigen Einzelfragen[28]. Es ist eigenartig, daß Porphyrios, dessen Gegnerschaft zum Christentum allgemein bekannt war[29], gerade von lateinischen Theologen der Spätantike intensiv studiert wurde. Augustinus vor allem kann eine gewisse Sympathie für ihn nicht verhehlen — eine Nachwirkung des positiven Einflusses, den der Neuplatonismus auf seinen religiösen Weg ausübte —, er glaubt gern, Plato und Porphyrios „wären wohl beide Christen geworden", wären sie sich begegnet und hätten ihre Anschauungen über die Bestimmung der Seele kombinieren können[30]. Schwerwiegendere Folgen hatte die Christenschrift des Porphyrios in den Kreisen der heidnischen Oberschicht. Vielen mußte eine Religion unannehmbar erscheinen, in der so gegen den Logos, gegen Klarheit und Wahrheit gefehlt wurde, wie es nach seiner Darstellung in Lehre und Praxis der Christen der Fall war. Vor allem hat sein Werk den Gegensatz zwischen Neuplatonismus und Christentum unüberbrückbar werden lassen. Des letzteren Anspruch auf ausschließlichen Besitz der Wahrheit wurde als Verleugnung all dessen empfunden, was der Weltlogos bisher der Menschheit kundgetan hatte[31]. Wenn eine starke Staatsmacht wiederum gegen die Anhänger des christlichen Glaubens mit Gewalt vorgehen wollte, fand sie dafür weitgehend Verständnis bei den Gebildeten und ein durch Porphyrios vorbereitetes günstiges Klima.

[27] Fragm. 1.

[28] Vgl. *G. Bardy,* La littérature patristique des quaestiones et responsiones sur l'écriture sainte: RB 41 (1932) 210—236 341—369 515—537, 42 (1933) 211—229.

[29] Firmicus Mat., De err. prof. rel. 13, 4 nennt ihn *hostis dei, veritatis inimicus, scelerarum artium magister;* Augustinus, De civ. dei 9, 12: *Christianorum* (serm. 242, 7: *fidei christianae) acerrimus inimicus.*

[30] Serm. 241, 6 7. [31] Vgl. *H. Dörrie,* Porphyrios: RGG³ V 463 f.

Die Möglichkeit, daß sich literarische Polemik gegen die Christen einmal mit dem Willen zu aktueller Verfolgung von staatlicher Seite verband, verwirklichte sich in der Person des Sossianus *Hierokles*, der als hoher staatlicher Funktionär — er war nacheinander Präses der Provinzen Arabia Libanensis und Bithynien, dann Präfekt von Ägypten[32] — auch zur Feder griff und in zwei Schriften das Christentum bekämpfte, denen er in deutlicher Anspielung auf das Werk des Kelsos den Titel Λόγοι φιλαληθεῖς gab[33]. An der Vorbereitung der Diokletianischen Verfolgung hatte er wesentlichen Anteil[34]; ob seine beiden Abhandlungen noch vor Ausbruch der Verfolgung erschienen, ist nicht zu entscheiden. Zwar trat Hierokles zunächst wie ein wohlwollender Ratgeber auf, da er sich, wie Lactanz hervorhebt[35], „an die Christen“, nicht gegen sie wandte. Daß diese Haltung unehrlich war, geht einmal aus der schamlosen Behandlung hervor, die er als Präfekt Ägyptens christlichen Jungfrauen zuteil werden ließ[36], wie auch aus dem Inhalt seiner Streitschriften, über den Lactanz referiert. Das Material für sie entnahm Hierokles nämlich weitgehend dem großen Werk des Porphyrios; das wird offenkundig an den wichtigsten Argumenten, mit denen er die christliche Religion bekämpft: Die Heilige Schrift der Christen setzt sich aus Lügen und Widersprüchen zusammen; die Apostel, in erster Linie Petrus und Paulus, sind ungebildet und Ignoranten, die allenthalben Lügen ausstreuten; Christus war das Haupt einer Räuberbande von 900 Leuten, dessen angebliche Wunder von denen des Apollonios von Tyana weit übertroffen wurden; schließlich glaubten auch die Nichtchristen an einen höchsten Gott, den Schöpfer und Erhalter der Welt[37]. Eigengut des Hierokles ist hier nur die Kennzeichnung Christi als Räuberhauptmann und die stärkere Hervorhebung des Apollonios von Tyana, jenes legendenumwobenen Wanderphilosophen aus dem 1. Jh., dessen Leben Philostratos auf Veranlassung der Kaisermutter Julia Domna um 220 niedergeschrieben hatte[38]. Vielleicht hat schon Philostratos mit dieser Biographie seiner Zeit eine religiöse Gestalt vorhalten wollen, die im wägenden Vergleich mit Christus den Vorzug verdiente[39]. In diesem Sinne wurde jedenfalls die angebliche Wunderkraft des Apollonios von Porphyrios ausgewertet, und Hierokles hat dies dann in einer Ausführlichkeit getan, daß Eusebius von Cäsarea in seiner Gegenschrift gegen Hierokles den Vergleich zwischen Apollonios und Christus zum Kernpunkt seiner Widerlegung macht. Eusebius streitet der Arbeit des Hierokles Originalität und Selbständigkeit ab, weil er glaubt,

[32] Zu den Schwierigkeiten dieses cursus honorum vgl. *J. Moreau:* SourcesChr 39 II 292 bis 294. [33] Lactantius, Div. inst. 5, 3, 23.

[34] Lactantius, De mort. pers. 16, 4 nennt ihn *auctor et consiliarius ad faciendam persecutionem.* [35] Div. inst. 5, 2, 12. [36] Eusebius, De mart. Palaest. 5, 3.

[37] Lactantius, Div. inst. 5, 2, 13—15, 3—23.

[38] Vgl. *K. Gross,* Apollonius von Tyana: RAC I 529—533 mit Lit.

[39] Vgl. *P. de Labriolle,* La réaction païenne (Paris 1934) 311 f.

er sei hauptsächlich von Kelsos abhängig[40]; er hat also offensichtlich damals das Werk des Porphyrios, die eigentliche Quelle des Hierokles, noch nicht vor Augen gehabt, zu dem er später selbst eine Gegenschrift verfaßte.

Lactanz weiß noch von einem anderen Philosophen, der zu seiner Zeit in Bithynien lehrte und bei Beginn der Diokletianischen Verfolgung „Drei Bücher gegen die Religion und den christlichen Namen" publizierte, sein Name ist allerdings nicht mehr erschließbar. Nach der knappen Inhaltsangabe des Lactanz wollte der salbungsvoll schreibende, opportunistische Verfasser die Verirrten zum Kult der Götter zurückführen und verhüten, daß sie in ihrer Einfalt von skrupellosen Menschen ausgebeutet würden. Er lobte deshalb die Kaiser, die die notwendigen Maßnahmen ergriffen hätten, um einen gottlosen Aberglauben zu unterdrücken, der nur alter Frauen würdig sei; vom Wesen der christlichen Religion habe er keine Kenntnis gehabt[41]. Wenn auch Lactanz dem Werk dieses unbekannten Philosophen keine allzu große Bedeutung beizumessen und in ihm keine besondere Gefahr für das Christentum zu sehen scheint, so war es doch ein Glied in der Kette der allgemeinen Animosität gegenüber dem Christentum, besonders unter den Gebildeten, die die Atmosphäre auf heidnischer Seite am Vorabend der Verfolgung kennzeichnet.

Als eine letzte Quelle antichristlicher Polemik und Propaganda ist die heidnische Priesterschaft zu nennen, die mit begründeter Unruhe den machtvollen Anstieg der christlichen Bewegung beobachtete und sich in ihrem Ansehen und in ihren Privilegien bedroht fühlen mußte. Ihr Einfluß auf die erneute Verschärfung wird deutlich in dem von Eusebius bestätigten Bericht des Lactanz, wonach der immer noch vor einer gewaltsamen Verfolgung zurückscheuende Diokletian einen Haruspex zur Befragung des Apollo von Milet entsandt habe; erst der Spruch des Orakels, der negativ für die christliche Religion lautete, habe die Entscheidung herbeigeführt[42]. Die steuernde Hand der heidnischen Priesterschaft erkennt man auch unschwer in einem vielleicht noch früheren Ereignis. Als Diokletian einmal die Eingeweideschau vornehmen lassen wollte, erklärten ihm die Priester, sie bliebe ohne Ergebnis, weil die Gegenwart „profaner Menschen" sie lähme. Damit waren die Christen bei Hof gemeint, und Lactanz weiß zu berichten, daß Diokletian daraufhin für das ganze Hofpersonal und die Armee ein Opfer an die Götter vorschrieb, die Verweigerer sollte die Auspeitschung bzw. der Ausstoß aus dem Heer treffen[43]. Daß diese Methode der Priesterschaft sich nicht auf Einzelfälle beschränkte, sondern auf breiter Ebene angewandt wurde, läßt sich aus dem Hinweis bei Arnobius d. Ä. entnehmen, mit dem er seine Schrift „Ad nationes" eröffnet: die den Christen schon

[40] In Hieroclem 1. [41] Div. inst. 5, 2.
[42] Lactantius, De mort. pers. 11, 7—8; Eusebius, Vita Const. 2, 50 51.
[43] De mort. pers. 10.

früher nachgesagten Greuel würden jetzt wieder aufleben und durch Haruspices, Wahrsager, Orakelverkünder und dergleichen Leute ausgebeutet, die ihre Kundschaft im Schwinden sähen[44].

Die geschilderten Einzelzüge lassen erkennen, daß um 270 eine Welle antichristlicher Polemik und Propaganda einsetzt, die zunächst die Gebildeten zu gewinnen sucht, später aber auch weitere Kreise erfaßt. Sie ist als wesentlicher Faktor in Rechnung zu stellen, wenn man verstehen will, warum es am Beginn des 4. Jh. noch zu einer so blutigen, im Grunde jedoch für das Heidentum aussichtslosen Machtprobe zwischen römischer Staatsmacht und christlicher Religion kommen konnte.

29. Kapitel

Ausbruch und Verlauf der Diokletianischen Verfolgung bis zum Toleranzedikt des Galerius im Jahre 311

QUELLEN: Lactantius, De mortibus persecutorum, ed. *J. Moreau:* SourcesChr 39 (Paris 1954), I: Text und Übersetzung, II: Kommentar; Eusebius, HE Buch 8 und De martyribus Palaestinae; Panegyrici latini, ed. *E. Galletier,* 2 Bde (Paris 1949/52). Einzelne Martyriumsberichte werden in den Anmerkungen genannt. Zu Eusebius vgl. *R. Laqueur,* Eusebius als Historiker seiner Zeit (Berlin 1929).

LITERATUR: Die oben zu Kap. 8 angeführten Gesamtdarstellungen über die Christenverfolgungen, bes. *H. Grégoire, J. Moreau* und *J. Vogt.* Ferner: *L. Pareti,* Storia di Roma e del mondo romano, VI: Da Decio a Costantino (251—337) (Turin 1962); *J. Vogt,* Constantin der Große und sein Jahrhundert (München ²1960); *ders.,* Zur Religiosität der Christenverfolger (Heidelberg 1962).

Zu Diokletian: *W. Ensslin:* Pauly-Wissowa VII A 2419—2495; *W. Seston:* RAC III 1036—1053, dazu *J. Straub:* Historia 1 (Baden-Baden 1950) 487—499; *W. Seston,* Dioclétien et la Tétrarchie I (Paris 1946); *ders.,* A propos de la „passio Marcelli centurionis". Remarques sur les origines de la persécution de Dioclétien: Mélanges M. Goguel (Paris 1950) 239—246. — *K. Stade,* Der Politiker Diokletian und die letzte große Christenverfolgung (Wiesbaden 1927); *N. H. Baynes,* The Great Persecution: Cambridge Ancient History 12 (London 1929) 646—677; *A. Rehm,* Kaiser Diokletian und das Heiligtum von Didyma: Philologus 93 (1938) 74—84; *J. Straub,* Vom Herrscherideal der Spätantike (Stuttgart 1939) 84—89; *J. Moreau,* Annales Univ. Sarav. 2 (1953) 97 ff. (beide zur Abdankung Diokl.).

Zu Maximianus Herculius: *W. Ensslin:* Pauly-Wissowa XIV 2486—2516.

Zu Galerius: *W. Ensslin:* Pauly-Wissowa XIV 2516—2528; *J. Vogt:* RAC II 1192 bis 1199; *Fliche-Martin* II 457—477; *M. Gelzer,* Vom Wesen und Wandel der Kirche: Festschrift E. Vischer (Basel 1935) 35 ff.

Zu Maximinus Daia: *O. Seeck:* Pauly-Wissowa IV 1986—1990; *H. Grégoire,* La religion de Maximin Daia: Byz(B) 8 (1933) 49—56.

Zu Maxentius: *E. Groag:* Pauly-Wissowa XIV 2417—2487; *H. Leclercq:* DACL X 2752—2769.

[44] Arnobius, Adv. nat. 1, 24.

Mit der eben dargestellten wachsenden Animosität gegenüber dem Christentum ist der relativ plötzliche Übergang Diokletians von einer großzügig gehandhabten Toleranz zu schärfster Verfolgung noch nicht erklärt. Der Kaiser hat diese Toleranz jahrelang mit vollem Bewußtsein geübt, da er über die steigenden Erfolge und die unaufhörlich zunehmende Anziehungskraft der christlichen Religion nicht im unklaren sein konnte. Vom Kaiserpalast in Nikomedien fiel sein Blick auf ein offenbar repräsentatives Kultgebäude der Christen[1]. Das christliche Bekenntnis hoher Staatsbeamter, die täglich in seiner Umgebung tätig waren, konnte ihm ebensowenig verborgen bleiben wie das zahlreicher Hofangestellter[2] und die durchaus glaubwürdige Hinneigung seiner Gattin Prisca und seiner Tochter Valeria zur christlichen Religion[3]. Diese Duldsamkeit des Kaisers hat zeitgenössische und moderne Historiker veranlaßt, ihn von der Verantwortung für den Ausbruch der Verfolgung weitgehend freizusprechen. Lactanz sieht in dem Caesar Galerius die treibende Kraft, die dem unschlüssigen Diokletian den Befehl zum Vorgehen gegen die Christen geradezu abgerungen habe[4]. Dabei gerät er allerdings in Widerspruch mit sich selbst, da an anderer Stelle, wie wir sahen, Hierokles von ihm als „Urheber und Ratgeber in der Vorbereitung der Verfolgung“ genannt wird[5]. In Wirklichkeit hat eine Mehrzahl von Ursachen und Einflüssen vorgelegen, die Diokletians Entschluß zur Anwendung staatlicher Zwangsmaßnahmen herbeiführten, den er aber in voller Freiheit und persönlicher Verantwortlichkeit traf. Man wird das zentrale Motiv für sein Handeln in seiner Überzeugung sehen müssen, das Christentum stehe der Wiederaufbauarbeit im Wege, die er in den verschiedensten Lebensbereichen des Römischen Imperiums so erfolgreich in Angriff genommen hatte. Nach der Sicherung der Grenzen und der Festigung der Staatsführung, nach der Beseitigung wirtschaftlicher Schwierigkeiten im Innern wandte er sich nun dem brennenden religiösen Problem zu, das er eindeutig im Sinne einer Restauration der altrömischen Religion lösen wollte. Auf sie berief er sich schon in seinem Edikt über die Ehe vom Jahre 295, und zwei Jahre später bezeichnete er in seinem Erlaß gegen die Manichäer diese als nichtswürdige Menschen, „die neue und unerhörte Sekten den älteren Religionen entgegenstellen“[6]. Seine Mitarbeiter und Ratgeber, wie Galerius und Hierokles, haben ihm dabei die ihnen richtig erscheinende Lösung vorgetragen

[1] Lactantius, De mort. pers. 12, 2.

[2] Adauctus und Dorotheus, der erste hoher Beamter in der Finanz-, der andere in der Domänenverwaltung: Euseb. HE 8, 2; 7, 22, 3; Christen unter dem Hofpersonal: Lactantius, De mort. pers. 10, 4. [3] De mort. pers. 15, 1.

[4] Ebd. 11; Eusebius schwankt in seiner Beurteilung der Schuldfrage, vgl. *R. Laqueur* a. a. O. 77—80.

[5] De mort. pers. 16, 4; Div. inst. 5, 2, 12 heißt es von ihm: *qui auctor in primis faciendae persecutionis fuit.*

[6] Coll. mos. rom. leg. 6, 4, 1; 15, 3, dazu *J. Vogt*, Constantin 123.

und ihn vielleicht in der Richtung bestärkt, in der auch er diese Lösung sah; auch die erneute christentumsfeindliche Stimmung in der gebildeten Oberschicht und zum Teil auch beim einfachen Volk schien ihm diesen Weg zu empfehlen. Beschritten hat er ihn aus eigener Verantwortung.

Daß Diokletian die Bekämpfung des Christentums mit einer Säuberung im Heer begann, ist begreiflich, weil die Zuverlässigkeit der Armee oberstes Gesetz im römischen Machtstaat war. Sie legte sich aber auch nahe wegen einiger Ereignisse jüngster Zeit, die beunruhigend waren. In Numidien hatte sich der Christ Maximilian im Jahre 295 heftig gegen seine Rekrutierung gewehrt, in Mauretanien lehnte drei Jahre später der christliche Centurio Marcellus den weiteren Militärdienst ab, als er am Jahrestag der Übernahme der Titel Jovius und Herculius durch die beiden Augusti den Eid, der ihn an Christus band, nicht brechen wollte[7]. Weitere Zwischenfälle verursachten zwei Veteranen, Tipasius und Julius, in den Jahren 298 und 302, als sie bei einem Donativum die Münzen ablehnten, auf denen die Kaiser als Söhne der Götter dargestellt waren. Fabius, ein Angestellter in der Zivilverwaltung und *vexillifer* beim Statthalter von Mauretanien, weigerte sich, „die Bilder von Toten", d. h. die Fahne mit den Bildnissen der gottgleichen Kaiser, zu tragen[8]. In allen Fällen hatte der Konflikt eine religiöse Grundlage; die genannten Christen waren nicht Gegner des Militärdienstes an sich, sie lehnten die Teilnahme an einem heidnischen Kultakt ab, wie er mit der Kaiserehrung in ihren verschiedenen Formen für sie gegeben war, seit sich die Herrscher selbst als Söhne des Jupiter und Herkules proklamiert hatten. Solche unzuverlässigen Elemente suchte ein Erlaß aus dem Heer zu entfernen, mit dem Diokletian schon um 300 anordnete, alle Soldaten hätten den Göttern zu opfern oder aus der Armee auszuscheiden[9]. Der schon erwähnte Mißerfolg bei der Eingeweideschau und das Orakel bei der Befragung des milesischen Apollo ließen ihn dann, nach Konsultierung des Staatsrates, das allgemeine Edikt vom Februar 303 veröffentlichen, das im Namen der vier Kaiser die Zerstörung aller christlichen Gotteshäuser und die Auslieferung und Verbrennung der heiligen Bücher der Christen anordnete sowie ihre sämtlichen gottesdienstlichen Zusammenkünfte verbot. Empfindlich war die allgemeine Degradierung der Christen, die das Edikt weiterhin aussprach; soweit sie in der kaiserlichen Verwaltung tätig waren, wurden sie in den Sklavenstand versetzt, die Vornehmen unter ihnen verloren ihre Standesprivilegien und Ämter, alle Christen im Reich wurden für unfähig erklärt, rechtsgültige Akte vorzunehmen[10]. In Nikomedien begann man mit der Demolierung der Kirche gegenüber dem Kaiserpalast; ein Christ, der in seiner spontanen Empörung das angeschlagene Edikt zerriß, wurde sofort

[7] Die Acta der beiden bei *Knopf-Krüger*³ 86—89.
[8] Vgl. *W. Seston:* Mélanges Goguel (Paris 1950) 242 f.
[9] Euseb. HE 8, 4, 2—3.
[10] Lactantius, De mort. pers. 13; Euseb. HE 8, 2, 4; De mart. Palaest. prooem. 1.

hingerichtet[11]. Zwei Feuersbrünste im Kaiserpalast, deren Urheber man auch im schärfsten Verhör nicht ausfindig machen konnte, verschlimmerte die Lage; die Christen in der Hofverwaltung wurden harten Foltern unterworfen, dann verbrannt oder ertränkt; besonders die vornehmen Christen wurden zum Opfer gezwungen, unter ihnen auch die Gattin und Tochter Diokletians[12]. Schon jetzt richtete sich die eigentliche Stoßkraft der Verfolgung gegen den Klerus; in der Residenzstadt Diokletians wurde Bischof Anthimos hingerichtet, auch anderwärts traf viele Kleriker Verhaftung oder Tod[13], wohl weil sie eine Anordnung des Ediktes, nämlich die Auslieferung der heiligen Schriften, nicht befolgten. Dies war sicher der Grund für die Enthauptung des Bischofs Felix von Thibica in Nordafrika[14] und die Hinrichtung einer Anzahl Laien aus Numidien[15]. Allerdings gab es gerade hier auch Versager im Klerus, besonders in Nordafrika und Rom, die man später als *traditores* brandmarkte[16]. Eine Übersicht über die Auswirkungen des ersten Ediktes für alle Reichsteile liegt in den Quellen nicht vor. Das Edikt wurde als Anordnung des Oberkaisers selbstverständlich den drei anderen Gliedern der Tetrarchie zugestellt und seine Durchführung von ihnen erwartet. Dies war auch in allen Reichsteilen der Fall, jedoch mit unterschiedlicher Intensität. Im Westen hat sich Kaiser Maximian besonders willfährig gezeigt, während sein Caesar Konstantius das Edikt in Gallien und Britannien sehr lässig durchführte, da er nur die Kirchengebäude zerstören, aber keine Einkerkerungen und Hinrichtungen vornehmen ließ[17].

Diokletian wurde bald auf dem beschrittenen Weg weitergedrängt. In Syrien und in der Landschaft Melitene brachen Unruhen aus, die man mit der Verfolgung in Zusammenhang brachte[18]. Sie lösten ein zweites Edikt aus, das die christlichen Gemeinden ihrer Seelsorger beraubte und damit die kirchliche Organisation in ihrem Lebensnerv traf; die Gefängnisse füllten sich überall „mit Bischöfen, Presbytern, Diakonen, Lektoren und Exorzisten“, so daß für die gemeinen Verbrecher kein Raum mehr blieb[19]. Ein drittes Edikt enthielt die nähere Anweisung für die Prozedur gegenüber dem Klerus; wer das heidnische Götteropfer vollzog, erhielt die Freiheit, wer es verweigerte, wurde der Folter unterworfen und hingerichtet[20]. Das vierte und letzte Edikt vom Frühjahr 304 vollendete die reichsgesetzlichen Maßnahmen gegenüber den Christen, als es für alle ohne Ausnahme das Götteropfer vorschrieb[21]. Diokletian hatte im Herbst zuvor in Rom die

[11] Lactantius, De mort. pers. 12 und 13; Euseb. HE 8, 5.

[12] De mort. pers. 14 und 15, 1; Euseb. HE 8, 6, 6, dazu *P. Collinet:* RHE 45 (1950) 136—140. [13] Euseb. HE 8, 6, 6; Lactantius, De mort. pers. 15, 2—4.

[14] Martyriumsbericht bei *Knopf-Krüger*³ 90f.

[15] Augustinus, Breviculus collat. 3, 25—27. [16] Siehe unten Kap. 30, S. 465.

[17] Lactantius, De mort. pers. 15, 6 7; Euseb. HE 8, 13, 13 spricht den Vater Konstantins sogar von dieser Maßnahme frei. [18] Euseb. HE 8, 6, 8.

[19] Ebd. 8, 6, 9. [20] Ebd. 8, 6, 10. [21] Eusebius, De mart. Palaest. 3, 1.

Feier seines zwanzigjährigen Regierungsjubiläums, die Vicennalia, begangen und dabei betont seinen Glauben an die von ihm neubelebte römische Religion in den Vordergrund gestellt. Die Römer allerdings waren weniger an Bekundigung ernster Frömmigkeit als an den Spielen und Spenden, wie sie die Vicennalienfeier mit sich brachte, interessiert. Auf der Rückreise von Rom nach Nikomedien zog sich der über die Bevölkerung der alten Reichshauptstadt enttäuschte Kaiser eine ernste Erkrankung zu, die ihn seelisch schwer bedrückte und im Kaiserpalast Anlaß zu tiefer Sorge gab[22]. Ob das vierte Edikt durch seine Depression bedingt war oder durch die enttäuschende Auswirkung der voraufgegangenen Maßnahmen, ist kaum zu entscheiden. Mit ihm griff man nun auf die Methode des Kaisers Decius zurück und dehnte die Verfolgung auf einen Bevölkerungsanteil von sechs bis sieben Millionen aus, über die man durch die brutalsten Verfolgungsmethoden unsägliches Leid heraufbeschwor; zugleich gab man damit zu erkennen, daß ein Erfolg nur noch von derart verzweifelten Mitteln erhofft wurde. Die Intensität der Verfolgung änderte sich nicht, als mit der gemeinsamen Abdankung der beiden bisherigen Augusti Diokletian und Maximian am 1. Mai 305 die zweite Tetrarchie begann, die Konstantius Chlorus im Westen, Galerius im östlichen Reichsteil in den ersten Rang aufrücken ließ, Severus und Maximinus Daia die Caesarenwürde brachte, wobei gegen die Erwartung des Heeres der junge Konstantin, Sohn des Konstantius, übergangen wurde. Da letzterer als Augustus an seiner bisherigen Toleranz festhielt und sein Caesar Severus diese Haltung zur seinigen machte, kam es im westlichen Reichsteil nur während der Regierungszeit und im Hoheitsbereich Maximians zu einer konsequenten Durchführung der Verfolgungsedikte, also etwa für die Dauer von zwei Jahren. Auch die späteren Veränderungen in der Regierungsspitze des Westens taten der hier geübten Toleranz keinen Abbruch; sowohl Konstantin, der 306 die Nachfolge seines Vaters antrat, wie Maxentius, der im gleichen Jahr Severus aus der Macht verdrängte, waren, beide aus verschiedenen Motiven, jeder Verfolgung der Christen abhold. Der östliche Reichsteil dagegen hatte von dem ersten Edikt des Jahres 303 bis zum Toleranzerlaß des Galerius im Jahre 311 ihre ganze Schwere zu ertragen, mit Ausnahme Pannoniens, wo seit 308 Licinius als Augustus herrschte, der aus taktischen Überlegungen von einer Belästigung seiner christlichen Untertanen Abstand nahm.

Die beiden Kronzeugen der Diokletianischen Verfolgung, Lactanz und Eusebius, schweigen leider vollkommen über Verlauf und Ausmaß des Maximianischen Vorgehens im Westen. So lassen sich sichere Einzelerkenntnisse über die Namen von Martyrern und ihre Heimatprovinzen oft nur schwer gewinnen, hier und da gibt jedoch die Geschichte des Martyrerkultes Anhaltspunkte für die Existenz einzelner Blutzeugen aus dieser Zeit. Wenn

[22] Lactantius, De mort. pers. 17.

auch die große Zahl angeblicher römischer Martyrer, von denen in wenig glaubwürdigen Martyriumsberichten ohne Angabe der Zeit ihres Zeugnisses die Rede ist, keineswegs in globo der Diokletianischen Verfolgung zugeschrieben werden darf, so können doch einige von ihnen, die die Kultgeschichte als historische Personen erweisen konnte, als ihr Opfer gelten. So spricht eine gewisse Wahrscheinlichkeit für das Martyrium der von der Legende stark verklärten heiligen Agnes in dieser Zeit[23], ebenso für Sebastian, Felix und Adauctus, Petrus und Marcellinus[24], welch letzteren das vielleicht wertvollste Epigramm des Papstes Damasus gilt[25]. Wenn Eusebius von Papst Marcellinus (296—304) sagt, „die Verfolgung nahm ihn hinweg", so weist diese Formulierung doch sehr auf einen Tod durch Verfolgung hin[26], das Fehlen seines Namens im ältesten römischen Martyrer- und Bischofsverzeichnis erregt jedoch Bedenken. Über Verhör und Hinrichtung des sizilianischen Martyrers Euplius aus Catania liegt ein zwar fragmentarisches, aber authentisches Protokoll vor[26a]. Der Bericht des Bischofs Eucherius von Lyon († um 450) über das Martyrium einer in ihrer Gesamtheit christlichen Legion unter ihrem Führer Mauritius in Agaunum (Schweiz) um 286 ist legendär; einmal ist in der Frühzeit der Regierung des Maximian und Diokletian eine Verfolgung von Christen nicht nachweisbar, außerdem hat eine geschlossen christliche Legion wie die thebäische damals im römischen Heer kaum existiert, und schließlich bewahren alle anderen Quellen über ein so spektakuläres Ereignis vollkommenes Schweigen[27]. Nicht gering war die Zahl der Opfer in den nordafrikanischen Provinzen, auch Spanien hat eine Reihe von Martyrern aufzuweisen[28], von denen dem Diakon Vincentius aus Saragossa die größte Verehrung zuteil wurde; für einzelne Namen läßt sich allerdings eine absolut sichere Zuweisung in die Jahre 303 bis 305 nicht behaupten[29].

[23] ActaSS Ian. II 350 f; *E. Schäfer,* Agnes: RAC I 184.

[24] *J. Moreau,* Persécution 120 f.

[25] Bei *Ihm,* Damasi epigr. 29; *Delehaye OC* 280 f.

[26] Euseb. HE 7, 32, 1; vgl. *J. Zeiller:* Fliche-Martin 466 Anm. 6.

[26a] Krit. Text bei *P. Franchi de' Cavalieri,* Note agiografiche VII (Rom 1928) 1—46, dazu *F. Corsaro,* Studi sui documenti agiografici intorno al martirio di S. Euplo: Orpheus 4 (London 1957) 33—62, auch separat (Catania 1957).

[27] Vgl. *D. van Berchem,* Le martyre de la légion thébaine (Basel 1956); *C. Curti,* La passio Acaunensium martyrum di Eucherio di Lione: Convivium Dominicum (Catania 1959) 297—327; *L. Dupraz,* Les passions de s. Maurice d'Agaune (Fribourg 1961); *H. Büttner,* Zur Diskussion über das Martyrium der Thebäischen Legion: ZSKG 55 (1961) 265—274. Die Übertragung des Kultes eines Mauritius (von Apamea?) aus dem Osten durch Bischof Theodor von Agaunum ist nicht ausgeschlossen.

[28] Die angesehensten Namen führt *J. Zeiller:* Fliche-Martin II 467 an; zu Vincentius vgl. *M. Simonetti,* Una redazione poco conosciuta della passione di s. Vincenzo: RivAC 32 (1956) 219—241.

[29] Für die meisten von ihnen sind die Hymnen 3—5 des Prudentius in seinem „Peristephanon" der früheste Beleg.

Auf dem Balkan und in den Provinzen des Ostens wütete die Verfolgung acht Jahre, wenn auch mit gelegentlichen lokalen Unterbrechungen. Hier sind Galerius und seit 305 sein Caesar Maximinus Daia die treibenden Kräfte und auch verantwortlich für die ausgeklügelte Brutalität der Verfolgungsmethoden. Für Palästina und Phönikien haben die Berichte des Eusebius zum Teil Augenzeugenwert, auch über die Martyrien in Ägypten hat er zuverlässige Nachrichten gesammelt. Über einzelne der illyrischen Martyrer liegen glaubwürdige Berichte vor, so für den Bischof Irenäus von Sirmium und die drei Frauen aus Salonike, Agape, Chione und Irene[30]. In den asiatischen Provinzen Kappadokien und Pontus waren die verfolgten Christen besonders erfindungsreichen Quälern ausgesetzt, die das Ausstechen des rechten Auges oder das Lähmen des linken Beines durch glühendes Eisen ironisch als menschenfreundliche Behandlung darstellten und sich gegenseitig im Entdecken immer neuer Brutalitäten zu überbieten suchten[31]. Als man feststellte, daß die Einwohnerschaft eines Städtchens in Phrygien nur aus Christen bestand, brannte man es mit allen Insassen nieder[32]. Den Bericht des Martyrerbischofs Phileas von Thmuis über das Raffinement der in Ägypten angewandten Folterungen, die alle Möglichkeiten der damaligen Technik ausnützten, hat Eusebius in seine Schilderung der Verfolgung aufgenommen[33]; die beim Lesen dieses Briefes aufsteigenden Zweifel, ob solche Unmenschlichkeiten überhaupt möglich waren, werden durch die Erinnerung an ähnliche Ereignisse der jüngsten Vergangenheit behoben.

Eusebius macht zwar, von Palästina abgesehen, keine absoluten Angaben über die *Zahl der Opfer*. Für Palästina läßt sie sich aus seiner Sonderdarstellung für dieses Gebiet errechnen, sie bleibt unter der Hundertgrenze. Anderweitig war sie aber beträchtlich höher, sicher z. B. in Ägypten, wo Eusebius aus genauer Kenntnis der Vorgänge weiß, daß an einem einzigen Tage manchmal zehn, dann zwanzig, zuweilen aber auch sechzig und gar hundert Christen hingerichtet wurden[34]. Auf die Provinzen im Osten mit ihrer relativen Dichte des christlichen Bekenntnisses umgerechnet, ergibt sich eine Gesamtzahl von mehreren tausend Toten. Dazu kommen die zahlreichen Bekenner der Zeit, die nur der Folter unterworfen und dann zur Zwangsarbeit in den Bergwerken verurteilt wurden[35]. Mit Namen nennt Eusebius nur die angesehensten Opfer, vor allem aus dem Klerus, neben den bisher Erwähnten etwa den Presbyter Lukian von Antiochien, den Begründer der dortigen Theologenschule, aus Phönikien die Bischöfe von Tyrus, Sidon und Emesa; von den palästinischen Martyrern hebt er Bischof Silvanus von Gaza hervor und den Presbyter Pamphilus, „die große Zierde der Kirche von Cäsarea"; an die Spitze der ägyptischen Glaubenszeugen

[30] Texte bei *Knopf-Krüger*³ 103—105 bzw. 95—100, zu letzterem vgl. *Delehaye* PM 141 bis 143. [31] Euseb. HE 8, 12, 8—10. [32] Ebd. 8, 11, 1. [33] Ebd. 8, 10, 4—10; zum Martyrium des Phileas vgl. *F. Halkin:* RHE 58 (1963) 136—139; AnBoll 81 (1963) 5—27. [34] Ebd. 8, 9, 3. [35] Ebd. 8, 12, 10.

stellt er Bischof Petrus von Alexandrien, neben dem er noch sechs weitere Bischöfe sowie drei Presbyter der alexandrinischen Gemeinde namentlich anführt[36]. Es fällt auf, daß Eusebius über die Versager in der Verfolgung schweigt, die es sowohl im Klerus wie unter den Laien gab, wie das schon besprochene Wiederaufleben des Problems der Behandlung der *lapsi* gerade in Ägypten erkennen ließ.

Obwohl die Art des Vorgehens gegen die Christen, wie es besonders Maximinus Daia praktizierte, von manchen Heiden scharf mißbilligt wurde[37], kam es nur im Jahre 308 zu einer vorübergehenden Entspannung[38], die mit der Verärgerung des Maximinus Daia über die Erhebung des Licinius zum Augustus zusammenhängen mag. Die zu Zwangsarbeit in den Bergwerken verurteilten Christen wurden zum Teil freigelassen oder es wurde ihnen Erleichterung gewährt. Auf christlicher Seite begann man schon „ein wenig aufzuatmen", aber alsbald leitete Maximinus Daia eine neue Welle der Unterdrückung mit einem Erlaß ein, der den Aufbau der verfallenen heidnischen Tempel befahl und neue detaillierte Bestimmungen für den Vollzug der Götteropfer bekanntgab[39]. Die eigentliche Wende kam mit einer schweren Erkrankung des Augustus Galerius, die den Christen nur als Eingriff der Vorsehung begreiflich schien. Man hatte schon mit der Planung seiner Vicennalien begonnen, als der Kaiser 310 erkrankte und in dem Auf und Ab seines sich bedrohlich verschlimmernden Zustandes zum Nachdenken über die Tragweite des ganzen Unternehmens gegen die Christen kam. Das Ergebnis der Überlegungen des vom Tode Gezeichneten war das *Edikt* des Jahres 311, das die Einstellung der Verfolgung für das ganze Reichsgebiet anordnete. Der Wortlaut des Erlasses, den Lactanz wiedergibt und dessen Übersetzung ins Griechische Eusebius in seine „Kirchengeschichte" aufgenommen hat[40], läßt in seiner Eigenart noch die Erschütterung spüren, durch die Galerius hindurchgehen mußte, als ihm die Erkenntnis kam, die von ihm von Anfang an gewollte und mit aller Energie durchgeführte Gewaltpolitik gegenüber den Christen sei ein Irrtum und ein Fehlschlag gewesen. Das Edikt trägt den Namen der vier Herrscher an der Spitze, aber es spricht aus ihm Galerius, in dessen Innern sich die neuen Einsichten nur mühsam zu einem Ganzen ordneten. Es beginnt mit der Beteuerung, daß die Kaiser mit ihren früheren Maßnahmen nur das Beste des Staates im Auge hatten und eine Restauration der alten Gesetze und römischen Lebensordnung erstrebten, für die sie auch die Christen zurückgewinnen wollten. Denn diese waren von der Religion ihrer Väter abgefallen und hatten sich in revolutionärem Aufbegehren ihre eigenen Gesetze gegeben. Die Verfolgungsedikte haben jedoch die Mehrheit der Christen nicht beugen können, viele von ihnen

[36] Ebd. 8, 13, 1—7.

[37] Nach Eusebius, De mart. Palaest. 9, 3 nannten es manche drückend und maßlos, ekelerregend und töricht. [38] Eusebius, De mart. Palaest. 9, 1. [39] Ebd. 9, 2.

[40] Lactantius, De mort. pers. 34; Euseb. HE 8, 17, 3—10.

mußten ihr Leben lassen, andere sind in Verwirrung geraten. Das Ergebnis ist eine religiöse Anarchie, in der weder den alten Göttern der ihnen gebührende Kult erwiesen noch der Christengott selbst verehrt wird. Um diesen Zustand zu beseitigen, gewähren die Kaiser Verzeihung und gestatten, „daß Christen wieder existieren und ihre religiösen Zusammenkünfte wieder abhalten, vorausgesetzt, daß sie nichts gegen die öffentliche Ordnung unternehmen“ [41]. Es wird ein weiteres Schreiben an die Statthalter in Aussicht gestellt, das ihnen nähere Anweisungen über die Durchführung des Ediktes geben soll. Den Christen wird auferlegt, zu ihrem Gott für das Wohl des Kaisers, des Staates und ihr eigenes zu beten.

Das Edikt des Galerius war ein Dokument von höchster Tragweite; mit ihm widerrief der höchste Träger der römischen Staatsmacht eine Religionspolitik gegenüber den Christen, die über 200 Jahre praktische Geltung hatte. Von jetzt ab waren die Christen der quälenden Rechtsunsicherheit der vergangenen Zeiten enthoben, zum erstenmal erkannte sie ein Reichsedikt ausdrücklich an, ihr Glaube war nicht mehr *superstitio* und *religio illicita,* sondern durch reichsrechtlich ausgesprochene Duldung den anderen Kulten gleichgestellt. Das war mehr und mußte den Christen auch mehr bedeuten als alle noch so schöne Freiheit in den sog. Friedensperioden, die keine rechtlichen Grundlagen hatten. Die beiden Herrscher im Westen hatten keine Schwierigkeiten, in ihren Machtbereichen das Edikt bekanntzumachen, es gab dem schon länger bestehenden Zustand nur ein legales Fundament. Im Osten ließ Maximinus das Edikt in seinen Provinzen zwar nicht im Wortlaut veröffentlichen, er gab aber seinem Gardepräfekten Sabinus Anweisung, schriftlich den untergeordneten Behörden mitzuteilen, daß kein Christ mehr wegen der Betätigung seiner Religion belästigt oder bestraft werden dürfe [42]. Diese zogen daraus die unmittelbaren Konsequenzen, ließen alle inhaftierten Christen sofort frei und riefen die *ad metalla* Verurteilten zurück. Ein ungeheuerer seelischer Druck wich von den Christen der Ostprovinzen und machte einer erhöhten religiösen Betätigung Platz; die noch bestehenden Gotteshäuser füllten sich wieder, die Gottesdienste wurden stark besucht, auf den Straßen sah man frohe Gruppen von Verbannten, die in ihre Heimat zurückkehrten. Auch die in der Verfolgung versagt hatten, suchten wieder Versöhnung mit der Kirche und baten ihre standhaft gebliebenen Brüder um ihre Gebetshilfe und ihre Wiederaufnahme in ihre Gemeinschaft. Sogar die Heiden nahmen an der Freude der Christen teil und beglückwünschten sie zu dem unerwarteten Umschwung [43]. Mit Recht schien sich den Christen mit dieser gesetzlich garantierten Toleranz das Tor in eine hellere Zukunft zu öffnen.

[41] De mort. pers. 34, 4 der entscheidende Satz: *ut denuo sint christiani et conventicula sua componant ita ut ne quid contra disciplinam agant.*

[42] Rundschreiben des Sabinus bei Euseb. HE 9, 1, 3—6.

[43] Ebd. 9, 1, 7—11.

30. Kapitel

Die endgültige Wende durch Konstantin den Großen. Rückschlag unter Maximinus Daia. Konstantins „Bekehrung" zum Christentum. Von der Mailänder Konvention 313 bis zum Beginn der Alleinherrschaft 324

QUELLEN: wie zum vorhergehenden Kapitel, dazu Eusebius, Vita Constantini, ed. *I. A. Heikel*, GCS Eusebius I (Leipzig 1902). Zur Echtheitsfrage: *I. Daniele*, I documenti Constantiniani della „Vita Constantini" di Eusebio di Cesarea (Rom 1938); *J. Vogt*, Die Vita Constantini des Eusebius und der Konflikt zwischen Constantin und Licinius: Historia 2 (1953) 463—471; *P. Franchi de' Cavalieri*, Constantiniana (Rom 1953) 51—65; *F. Vittinghoff*, Eusebius als Verfasser der Vita Constantini: RhMus 96 (1953) 330—373; *H. Grégoire*, L'authenticité et l'historicité de la Vita Constantini attribuée à Eusèbe de Césarée: Bulletin Acad. Royale Belg. 39 (1953) 466—483; *J. Moreau*, Zum Problem der Vita Constantini: Historia 4 (1955) 234—245; *F. Scheidweiler*, Die Kirchengeschichte des Gelasios und die Vita Constantini: ByZ 46 (1953) 293—301; *ders.*, Nochmals die Vita Constantini: ByZ 49 (1956) 1—32. Die Briefe, Erlasse und Gesetze Konstantins mit religionspolitischem Inhalt behandeln *H. Dörries*, Das Selbstzeugnis Kaiser Konstantins (Göttingen 1954) und *H. Kraft*, Kaiser Konstantins religiöse Entwicklung (Tübingen 1955) (mit reicher Bibliographie 273—282). *A. Bolhuis*, Die Rede Konstantins an die Versammlung der Heiligen und Lactantius' Divinae Institutiones: VigChr 10 (1956) 25—32. Zu Eusebius als Historiker außer *R. Laqueur* (siehe Lit. zu Kap. 29) *I. Sirinelli*, Les vues historiques d'Eusèbe de Césarée durant la période prénicéenne (Dakar 1961).

LITERATUR: Aus der kaum noch übersehbaren Fülle kann nur eine Auswahl aus dem jüngeren Schrifttum geboten werden. Übersichten über Neuerscheinungen zur Konstantinischen Frage bei: *N. H. Baynes*, Constantine the Great and the Christian Church (London 1929); *J. Miller:* BJ 246 (1935) 42—130, 279 (1942) 237—365; *E. Gerland*, Konstantin d. Gr. in Geschichte und Sage (Athen 1937); *F. Staehelin*, Constantin d. Gr. und das Christentum: ZSKG 17 (1937) 385—417, 19 (1939) 396—403; *A. Piganiol:* Historia 1 (1950) 82—96; *H. Karpp:* ThR 19 (1950) 1—21; *K. F. Strohecker:* Saeculum 3 (1952) 654—680; *E. Delaruelle:* BLE 54 (1953) 37—54 84—100.

A l l g e m e i n e D a r s t e l l u n g e n ü b e r K o n s t a n t i n: beste Zusammenfassung und Übersicht über die Probleme der Konstantinforschung von *J. Vogt:* RAC III 306—379. — *J. Burckhardt*, Die Zeit Constantins d. Gr. (1853, Stuttgart [6]1949); *A. Piganiol*, L'empereur Constantin (Paris 1932); *E. Schwartz*, Kaiser Konstantin und die christliche Kirche (Leipzig [2]1936); *K. Hönn*, Konstantin d. Gr. (Leipzig [2]1945); *A. H. Jones*, Constantine the Great and the Conversion of Europe (London 1948); *L. Voelkl*, Der Kaiser Konstantin (München 1957); *H. Dörries*, Konstantin d. Gr. (Stuttgart 1958); *ders.*, Constantine and Religious Liberty (New Haven 1960); *J. Vogt*, Constantin d. Gr. und sein Jahrhundert (München [2]1960).

D i e B e k e h r u n g K o n s t a n t i n s: Forschungsbericht von *J. Vogt:* Relazioni del X° Congresso internaz. di Scienze stor. II (Florenz 1955) 375—423; *H. Grégoire*, La ‚conversion' de Constantin: Rev. univ. Bruxelles 36 (1930/31) 231—272; *ders.*, La statue de Constantin et le signe de la croix: Antiquité classique 1 (1932) 135—143; *W. Seston*, La vision païenne de Constantin et les origines du chrisme constantinien: Mélanges Cumont (Brüssel 1936) 373—395; *H. Grégoire*, La vision de Constantin ‚liquidée': Byz(B) 14 (1939) 341—351; *A. Alföldi*, In hoc signo victor eris: Pisciculi, Festschr. F. J. Dölger (Münster 1939) 1—18; *J. Vogt*, Die Bedeutung des Jahres 312 für die Religionspolitik Konstantins d. Gr.: ZKG 61 (1942) 171—190; *J. Moreau*, Sur la vision de Constantin: RÉA 55

(1953) 307—333; *F. Altheim*, Konstantins Triumph von 312: ZRGG 9 (1957) 221—331; *H.-I. Marrou*, Autour du monogramme Constantinien: Mélanges Ét. Gilson (Paris 1959) 403—414.

Konstantins Verhältnis zum Christentum: *H. Koch*, Konstantin d. Gr. und das Christentum (München 1913); *P. Batiffol*, La paix Constantinienne et le Catholicisme (Paris [1]1929); *J. Straub*, Christliches Sendungsbewußtsein Konstantins: Das neue Bild der Antike 2 (Leipzig 1942) 374—394; *H. Lietzmann*, Der Glaube Konst. d. Gr.: SAB 1937, 29; *H. v. Schoenebeck*, Beiträge zur Religionspolitik des Maxentius u. Constantin (Leipzig 1939; I, Neudruck Aalen 1962); *J. Vogt*, Zur Frage des christlichen Einflusses auf die Gesetzgebung Konstantins d. Gr.: Festschrift L. Wenger II (München 1945) 118—148; *J. Gaudemet*, La législation religieuse de Const.: RHEF 33 (1947) 25—61; *H. Berkhof*, Kirche und Kaiser (Zürich 1947); *A. Alföldi*, The Conversion of Constantine and Pagan Rome (London 1948); *W. H. C. Frend*, The Donatist Church (Oxford 1952); *C. Cecchelli*, Il tronfo della Croce (Rom 1954); *K. Kraft*, Das Silbermedaillon Constantins d. Gr. mit dem Christusmonogramm auf dem Helm: Jahrb. für Numismatik 5/6 (1954/55) 151—178; *J.-J. Van de Casteele*, Indices d'une mentalité chrétienne dans la législation civile de Constantin: Bulletin Assoc. G. Budé 14 (1955) 65—90; *A. Ehrhardt*, Constantins Religionspolitik und Gesetzgebung: ZSavRGrom 72 (1955) 127—190; *J. Straub*, Konstantins Verzicht auf den Gang zum Kapitol: Historia 4 (1955) 297—313; *H. U. Instinsky*, Bischofsstuhl und Kaiserthron (München 1955); *I. Karayannopulos*, Konstantin d. Gr. und der Kaiserkult: Historia 5 (1956) 341—357; *H. Kraft*, Kaiser Konstantin und das Bischofsamt: Saeculum 8 (1957) 32—42; *K. Aland*, Die religiöse Haltung Kaiser Konstantins: Kirchengeschichtliche Entwürfe (Gütersloh 1960) 202—239; *ders.*, Der Abbau des Herrscherkultes im Zeitalter Konstantins: ebd. 240—256; *J. Vogt*, Heiden und Christen in der Familie Constantins d. Gr.: Eranion, Festschr. H. Hommel (Tübingen 1961) 148—168; *I. Gillmann*, Some Reflections on Constantine's ‚Apostolic Consciousness': Studia patristica 4 (Berlin 1961) 422—428; *S. Calderone*, Costantino e il Cattolicesimo (Florenz 1962).

Nach den Intentionen des Galerius sollte das Toleranzedikt des Jahres 311 die Neuordnung der religiösen Verhältnisse im ganzen Imperium einleiten. Der Gott der Christen hatte sich nach seiner Erfahrung als eine reale Macht erwiesen, die zugleich mit seiner Anhängerschaft anerkannt und in die Vielfalt der religiösen Bekenntnisse des Reiches eingegliedert werden sollte, damit der so gewonnene religiöse Friede dem Staat und der ihn leitenden Tetrarchie zum Segen gereiche. Das Edikt wird so von den Vorstellungen des frommen Polytheisten Galerius und Anhängers der diokletianischen Staatsauffassung her verständlich und braucht nicht mit Hilfe anderer, an den Augustus herangetragener Einflüsse erklärt zu werden. Die Anschauung, Kaiser Licinius habe als erster den Gedanken der Toleranz verfochten und sei der geistige Urheber des Umschwunges im Osten, weil er sich damit die Gunst der Christen für seine Eroberungspläne im Orient sichern wollte[1], findet in den Quellen keine Stütze. Andere haben in Konstantin die treibende Kraft sehen wollen, die den kranken Galerius zur Änderung seiner Religionspolitik veranlaßt habe[2]. Ein so früher und eklatanter Beweis chri-

[1] So *H. Grégoire:* Revue univ. Brux. 36 (1930/31) 259—261.

[2] Zum Beispiel *H. Lietzmann*, Geschichte der alten Kirche 3, 57 unter Berufung auf *E. Schwartz* a. a. O. 58.

stentumsfreundlicher Gesinnung Konstantins hätte jedoch ein Echo bei Eusebius und Lactanz finden müssen, die aber völlig darüber schweigen.

Während Licinius nach dem Tod des Galerius — er starb wenige Tage nach der Publikation des Ediktes — die Beobachtung der Toleranz in seinem Machtbereich gewährleistete, war die Freude der Christen über die gewonnene Freiheit in den orientalischen Provinzen und in Ägypten nur von kurzer Dauer. *Maximinus Daia,* der sein inneres Widerstreben gegen die Toleranzpolitik schon in der Art, wie er sie bekanntgab, nur schlecht verbarg, kehrte nach einigen Monaten etappenweise zu den früheren Unterdrükkungsmethoden gegenüber den Christen zurück. Er begann mit dem Verbot von Versammlungen der Christen auf ihren Friedhöfen[3] und dem Versuch, sie aus den größeren Städten auszuweisen. Man griff zu dem primitiven Mittel bestellter Bittgesuche der Heiden an den Kaiser, in ihrer Stadt den Christen den Aufenthalt zu verbieten. Eine führende Rolle spielte dabei der Finanzbeamte der Stadt Antiochien Theoteknos, der auch angebliche Orakelsprüche verbreitete, welche die Verbannung der Christen aus der syrischen Hauptstadt und ihrer Umgebung verlangten[4]. Dieses Vorgehen machte Schule, und die Petitionen aus den verschiedensten Städten an den Kaiser häuften sich. Maximinus beantwortete solche Adressen mit eigenen Reskripten, die jeweils in der ganzen Provinz veröffentlicht wurden und huldvollst das Ansuchen gewährten[5]. Die Städte fühlten sich durch die kaiserliche Antwort hochgeehrt und ließen Bittgesuch und Reskript zu ewigem Gedenken auf Inschrifttafeln oder Säulen anbringen[6]. Eine derartige Inschriftenplatte wurde bei dem alten Städtchen Arykanda in Lykien wiedergefunden, die den unvollständigen lateinischen Text des kaiserlichen Reskriptes und die griechisch verfaßte Eingabe „des Volkes der Lykier und Pamphylier“ aufweist[7]. Die kaiserliche Propaganda gegen die Christen schreckte vor noch weit schäbigeren Methoden nicht zurück. In Damaskus zwang ein kaiserlicher Beamter übel beleumundete Frauen unter Androhung der Folter zur Aussage, sie hätten als ehemalige Christinnen an den Ausschweifungen teilgenommen, die die Christen in ihren Gotteshäusern begingen; das Protokoll über diese Aussage wurde dem Kaiser zugestellt und auf seine Anordnung in Stadt und Land publiziert[8]. Eine andere Methode der Diffamierung bestand in der Fabrikation von Akten des Pilatus, „die voll von Lästerungen aller Art gegen Christus“ waren; auch sie wurden auf Wunsch des Regenten öffentlich angeschlagen, in der Schule sollten die Lehrer sie anstelle der Schulbücher benützen und die Kinder sie auswendig lernen lassen[9]. Mit dieser scharfen antichristlichen Propaganda verband Maximinus eine tat-

[3] Euseb. HE 9, 2. [4] Ebd. 9, 2—3.

[5] Ebd. 9, 4; 9, 7, 3—14 die Abschrift des Reskriptes an die Stadt Tyrus.

[6] Ebd. 9, 7, 1—2.

[7] *Dittenberger,* Orientis Graeci inscriptiones selectae n. 569; CIL III n. 12132 und 13625 b. [8] Euseb. HE 9, 5, 2. [9] Ebd. 9, 5, 1.

kräftige Reorganisierung der heidnischen Kulte; alle Städte erhielten Priester und Oberpriester, die man unter den besonders staatstreuen Beamten auswählte[10]. Alle diese Maßnahmen des Kaisers schufen schnell wieder eine Atmosphäre, in der die Beamten sich auch zu tätlichem Vorgehen gegen die Christen berechtigt glaubten. Die Strafe der Verbannung aus den Städten wurde von neuem verhängt, wenn auch nicht in vollem Ausmaß durchgeführt, führende Christen wurden wieder verhaftet, eingekerkert und zum Tode verurteilt; als Hinrichtungsart wurde wieder der Tod durch wilde Tiere oder durch Enthauptung angewandt. In diese Phase der Verfolgung setzt Eusebius den Zeugentod der schon genannten Bischöfe Silvanus von Emesa und Petrus von Alexandrien sowie des Presbyters Lukian von Antiochien[11]. Die für die Christen wieder sehr ernst gewordene Lage entschärfte sich aber überraschend durch ein Schreiben des Kaisers vom Ende des Jahres 312 an seinen Präfekten Sabinus, dessen Übersetzung bei Eusebius erhalten ist[12]. Hier wird zwar grundsätzlich an dem Ziel festgehalten, „die Bewohner unserer Provinzen ... zum Dienst der Götter zurückzurufen"; die früheren Maßnahmen Diokletians und Maximians werden als gerecht hingestellt. Maximinus hebt hervor, er habe schon früher die Weisung gegeben, in dieser Sache nicht mit Gewalt vorzugehen, und seitdem sei in den östlichen Gebieten niemand mehr verbannt oder mißhandelt worden. Dem widerspricht allerdings, daß er im gleichen Schreiben einschärfen muß, die Christen dürften nicht Schmähungen und Mißhandlungen ausgesetzt werden, sondern seien eher durch Freundlichkeit und Belehrung zur Anerkennung des Götterkultes zurückzuführen. Seine Reskripte auf die Petitionen der Städte sucht Maximinus mit der Begründung zu rechtfertigen, solche Eingaben hätten eine gnädige Antwort verdient, sie sei überdies auch den Göttern wohlgefällig. Das Schreiben schließt mit der Anordnung, der Präfekt habe den Befehl des Kaisers allen Provinzen zur Kenntnis zu bringen. Es ist begreiflich, daß die Christen nach so viel bitterer Erfahrung selbst dieser eingeschränkten Toleranz mißtrauten; sie hielten daher noch nicht ihre früher üblichen Versammlungen ab und wagten erst recht nicht, etwa neue Kirchen zu bauen oder sonstwie die Aufmerksamkeit auf sich zu lenken[13]. Die Hintergründe für den neuen Kurs Maximins waren für sie auch zunächst nicht erkennbar; er war bedingt durch die weittragenden Ereignisse im westlichen Reichsteil, die Konstantin nach seinem Sieg über Maxentius im Oktober 312 zum Herrn über Italien und Afrika gemacht hatten. Der Sieger hat damals sofort bei Maximinus zugunsten der Christen interveniert[14], und die neue politische Konstellation riet ihm das Einschwenken auf eine tolerantere Linie an. Der junge Augustus des Westens wurde damit in

[10] Ebd. 9, 4, 2. [11] Ebd. 9, 4, 3; 9, 6, 1—4.
[12] Ebd. 9, 9a, 1—9.
[13] Ebd. 9, 9a, 11.
[14] Lactantius, De mort. pers. 37, 1, dazu *A. Piganiol* a. a. O. 86—90.

einer Weise religionspolitisch aktiv, die weit über seinen Herrschaftsbereich hinausgreift. Seiner Haltung gegenüber dem Christentum haben wir uns nun zuzuwenden.

Konstantins „Bekehrung" zum Christentum

Daß die Frage der Hinwendung Konstantins zum Christentum, näherhin ihre Tatsächlichkeit, ihr Verlauf und ihr Zeitpunkt, in der Forschung so heiß umstritten war und ist, rührt zum Teil von der Eigenart einiger Quellen her, die für ihre Beantwortung zur Verfügung stehen. Der eigentliche Geschichtsscheiber Konstantins, Bischof Eusebius von Cäsarea, seit 325 des Kaisers Freund, ist zutiefst überzeugt von der seinem Helden zukommenden providentiellen Sendung, in deren Licht er alle Ereignisse dieses das Antlitz der Zeit verändernden Lebens sieht. Seine „Kirchengeschichte" spiegelt in ihren einzelnen Auflagen wider, wie sich nicht nur sein Wissen in Einzelfragen bereichert, sondern wie sich auch viele seiner Anschauungen im Sinne einer fortschreitenden Verklärung der Kaisergestalt wandeln. Erst recht wird die Eusebius zugeschriebene Vita des Kaisers von dieser Tendenz beherrscht; das Mißtrauen, das sie deshalb weckte, gab Anlaß zu einer Serie von Hypothesen, die von der Annahme verschiedener Bearbeitungen durch den Verfasser und andere bis zur Behauptung einer Fälschung reichen, die erst um 430 entstanden sei[15]. Die Reaktion gegen diese Wertung der „Vita Constantini" hat allerdings zu einer entschiedenen Verteidigung ihrer Echtheit geführt[16], die jüngst eine beachtliche Stütze durch einen Papyrusfund erhielt; dieses Dokument aus der Zeit um 324 bietet das Fragment eines in der Vita wiedergegebenen Ediktes Konstantins an die Orientalen, das gerade von einem ihrer schärfsten Kritiker als eindeutige Fälschung angesehen wurde[17]. Der zweite zeitgenössische Autor, Lactanz, steht ebenfalls auf der Seite Konstantins, seine Berufung zum Erzieher des ältesten Kaisersohnes Crispus zeigt das Ausmaß des Vertrauens, das er beim Kaiser genoß. Auch er ist daher verdächtig, Konstantin in allzu strahlendem und deswegen die Wirklichkeit fälschendem Licht zu sehen. Von der heidnischen Kritik am Kaiser hat sich nur Weniges bei seinem Neffen Julian und dem Historiker Zosimus erhalten. Wertvoll sind dagegen die Reden der heidnischen Panegyriker besonders für die Aufhellung der religiösen Wandlung des Kaisers in der Übergangsphase. Eine Möglichkeit, seine religiöse Welt näher zu erfassen, bieten ferner die zahlreichen Briefe und Gesetze des Kaisers, denen

[15] Vgl. die jüngste Übersicht bei *K. Aland* a. a. O. 205—215.

[16] Vor allem durch *J. Vogt:* Historia 2 (1953) 463—471; *P. Franchi de' Cavalieri* und *F. Vittinghoff* a. a. O.

[17] Siehe *A. H. M. Jones:* JEH 5 (1954) 196—200 und *K. Aland:* FF 28 (1954) 213—217.

sich die Forschung letzthin mit Erfolg zuwandte. Ebenso gewähren die Münzbilder mit ihrer religiösen Symbolik Einblick in die sich wandelnde Anschauung des obersten Münzherrn. Zwei Züge fallen schon an der frühen Überlieferung über Kaiser Konstantin auf: die Leidenschaftlichkeit der Stellungnahme im Für und Wider und die Neigung zur Legendenbildung[18]. Sie lassen erkennen, daß die Lebensleistung dieses Herrschers die Geschicke der Mit- und Nachwelt so tief beeinflußt hat, wie es nur die großen Gestalten der Geschichte vermögen.

Über die Kinder- und Jünglingsjahre Konstantins und damit auch über die religiöse Entwicklung in seiner Jugend machen die Quellen nur karge Aussagen. Sicher waren Konstantius und Helena, die Eltern des um 285 Geborenen, heidnischen Glaubens. Die Bindung an die Mutter war tief und dauerhaft; die ehemalige Herbergswirtin[19] war mit Konstantius nicht in einer legitimen Ehe verbunden, da diese den höheren Offizieren in der Provinz mit einheimischen Frauen nicht gestattet war. Wenige Jahre nach der Geburt Konstantins trennte sich sein Vater von ihr, um eine standesgemäße Ehe mit Theodora, der Stieftochter Maximians, einzugehen. Der Sohn blieb wohl zunächst bei seiner Mutter Helena und empfing damit wohl auch die ersten religiösen Eindrücke von dieser Frau, die überdurchschnittliche Qualitäten besaß. Durch ihren Sohn hat sie später den Weg zum Christentum gefunden[20]; als Alleinherrscher hat ihr Konstantin die Rolle der ersten Frau im Reich zuweisen können, der sie ausgezeichnet gerecht wurde[21]. Es bleibt fraglich, ob vom Vater her stärkere Einflüsse religiöser Art auf Konstantin einwirkten; man könnte hier an die Unabhängigkeit gegenüber der offiziellen Religionspolitik der diokletianischen Tetrarchie denken, die bei Konstantius auffällt. Er hat sich nie betont als Herculier geriert, sondern sich eher dem Mars verbunden gefühlt, der auch in seinem Herrschaftsbereich besonders verehrt wurde[22]. Seine Distanz zu der Linie der harten Verfolgungsedikte wurde schon erwähnt; sie läßt auf eine bewußte Ablehnung allen Zwanges in religiösen Fragen schließen. Eusebius kennzeichnet Konstantius als Anhänger des Monotheismus[23] und will den Kaiser damit wohl in jene religiöse Strömung des 3. Jh. einordnen, die immer mehr das eine, alle anderen Gottheiten überragende göttliche Wesen, den *summus deus*, in den Vordergrund rückte. Auf positive Beziehungen der Familie des Konstantius zu christlichen Kreisen weist vielleicht der Name Anastasia für eine seiner Töchter hin, dem man damals nur bei Christen oder Juden begegnet[24];

[18] Zum Nachleben Konstantins vgl. *E. Ewig:* HJ 75 (1956) 1—46; *W. Kaegi:* Schweiz. Zeitschr. f. Gesch. 8 (1958) 289—326; *H. Wolfram:* MIÖG 68 (1960) 226—243.

[19] Ambrosius, De obit. Theodos. 42 weiß, daß sie *stabularia* war.

[20] Eusebius, Vita Const. 3, 47. [21] Ebd. 3, 42—45.

[22] Vgl. die Auswertung seiner Münzprägungen bei *H. v. Schoenebeck* a. a. O. 31 f.

[23] Vita Const. 1, 17.

[24] Darauf weist hin *H. Lietzmann,* Der Glaube Konstantins d. Gr.: SAB 29 (1937) 268.

eine andere Tochter, Konstantia, erweist sich später als überzeugte Christin. Die Gesamtatmosphäre des konstantinischen Vaterhauses war jedenfalls eher christenfreundlich, und sie fand Konstantin vor, als er im Jahre 305 nach seiner Flucht aus Nikomedien in den Westen zum Vater kam. Man wird aber noch mit starken Eindrücken rechnen dürfen, die er in seinen empfänglichen Jünglingsjahren am Hofe Diokletians gewann, wo er Ausbruch und Härte der Christenverfolgung erlebte und vielleicht schon damals ihre Fragwürdigkeit empfand. Als Konstantin 306 von den Truppen des Vaters zum Augustus erhoben wurde, hat er dessen religionspolitische Linie beibehalten, also weitgehende praktische Toleranz gegenüber seinen christlichen Untertanen und bewußte Eigenständigkeit gegenüber den östlichen Herrschern. Ob er, wie Lactanz anzunehmen scheint, bei der Regierungsübernahme einen allgemeinen Toleranzerlaß herausgab[25], muß offenbleiben, es ist jedoch nicht ausgeschlossen, daß er in vereinzelten Fällen christlichen Gemeinden ausdrücklich die Freiheit ihres Kultes zusicherte.

Von grundlegender Bedeutung ist die Tatsache, daß Konstantin in dieser Zeit in bezeichnender Weise für die religiöse Frage offen ist. Er verknüpft seine persönliche Religiosität eindeutig mit einer ihm von der Gottheit zugedachten Sendung für das gesamte Imperium. Das wird offenkundig im Jahre 310, als der Sturz des Maximianus ihn in eine neue Entscheidung heischende Situation stellt. Die Münzbildnisse zeigen, daß sich Konstantin damals von der tetrarchischen Theologie löst, indem er anstelle des Hercules den Sol invictus zu seinem besonderen Schutzgott erwählt[26]; damit deutet er eine neue politische Konzeption an. Der Sonnengott wurde in allen Teilen des Reiches in wechselnder Gestalt verehrt, in Gallien als Apollo, bei den Truppen als Mithras, er ist der Gott des ganzen Reiches, wie ihn schon Aurelian verstand. Der Kaiser, der sich in seinen Schutz begibt und seinen Beistand erfährt, ist dazu berufen, die Geschicke des gesamten Imperiums zu bestimmen. Diese Vorstellungen deuten sich an in dem Panegyricus, der im Jahre 310 in Trier in Gegenwart des Kaisers gehalten wurde[27]. Darin wird Konstantins Herrschaftsanspruch nicht mehr mit seiner Zugehörigkeit zum tetrarchischen System begründet, sondern mit seiner Abstammung aus kaiserlichem Geschlecht legitimiert; Schutzherr dieser Dynastie und ihres jetzigen Gliedes sei Apollo, der sich Konstantin in einzigartiger Form offenbart habe; bei einem Besuch eines Apolloheiligtums in Gallien habe er den Gott mit Victoria geschaut, die ihm einen Lorbeerkranz mit den Zahlen XXX reichten und damit Konstantin Sieg und langes Leben verhießen[28]. Damit wird des Kaisers Anspruch auf universale Herrschaft angekündigt, sein Schutzgott ist der Sol invictus in der Gestalt des gallischen Apollo.

[25] De mort. pers. 24, 9, dazu *J. Moreau* in seinem Kommentar 343 f. [26] *H. v. Schoenebeck* a. a. O. 24—26, und *A. Piganiol* a. a. O. 22—27. Zu Konstantins Verehrung des Sonnengottes: *J. Karayannopulos:* Historia 5 (1956) 341—357; St. P. Kyriakidis: Hellenika 17 (1962) 219—246. [27] Paneg. 7 bei *Galletier.* [28] Ebd. 7, 21, dazu *H. Kraft* a. a. O. 10 f.

Den ersten Schritt zur Verwirklichung seiner Konzeption unternahm Konstantin im Herbst des Jahres 312, als er gegen den Rat seiner Umgebung mit an Zahl unterlegenen Truppen zum Kampf gegen den Usurpator Maxentius auszog, der Italien und Afrika beherrschte. Vorher hatte er sich der Zustimmung des Licinius für sein Unternehmen versichert und ihm dafür die Hand seiner Schwester Konstantia versprochen. Das Verständnis der Hintergründe dieses Kampfes wäre verfehlt, wenn man in Maxentius den Unterdrücker der Christen sehen wollte, gegen die Konstantin als deren Befreier aufgetreten wäre. Maxentius hatte vielmehr die Christen für sich zu gewinnen versucht, als er über die Bestimmungen des Galerischen Ediktes von 311 hinaus der römischen Christengemeinde Anfang 312 ihre eingezogenen Güter zurückerstattete[29]. Die Begleitpropaganda Konstantins charakterisierte daher Maxentius auch nicht als Christenverfolger, sondern als Tyrann, der seine Untertanen ausbeutete und quälte, von dessen Joch Rom befreit werden sollte. In raschem Zugriff überrannte Konstantin die bis an die Alpen gestaffelte Verteidigung des Maxentius, brachte ganz Oberitalien in seine Hand und näherte sich der Stadt Rom, die der Gegner als letztes Bollwerk verteidigen wollte. Die Entscheidung fiel zugunsten Konstantins im Norden der Stadt in der Schlacht an der Milvischen Brücke am 28. Oktober 312, die Maxentius um Thron und Leben brachte, Konstantin aber den Weg in die traditionsreichste Hauptstadt des Westens öffnete und ihn mit der Gewinnung des ganzen europäischen Westens und Nordafrikas die erste Etappe auf seinem Weg zur Universalherrschaft siegreich abschließen ließ[30].

Auf diesem Feldzug erfolgte die entscheidende Hinwendung Konstantins zum Gott der Christen, wie es die zeitgenössischen christlichen Schriftsteller, die heidnischen Panegyriker und das Verhalten Konstantins unmittelbar nach dem Siege bezeugen.

Der erste Bericht darüber findet sich bei Lactanz[31], der erzählt, Konstantin sei während des Schlafes ermahnt worden, das himmlische Zeichen Gottes auf den Schilden seiner Soldaten anzubringen und so die Schlacht zu wagen; der Kaiser habe diese Anweisung befolgt und eine Abkürzung für „Christus" auf den Schilden anbringen lassen, indem er den quergestellten Buchstaben X am oberen Ende umbog. Dieser Text des Lactanz ist in sich verständlich; er beschreibt das auf den Schilden der Soldaten angebrachte Zeichen als ein quergestelltes X, also +, das durch Umbiegen seiner oberen Spitze zu ⳨, also zur crux monogrammatica, wird, ein Zeichen, das damals den Christen neben dem eigentlichen Christusmonogramm ☧ nicht mehr

[29] *H. v. Schoenebeck* a. a. O. 4—23.

[30] Vgl. den Verlauf des Feldzuges etwa bei *E. Stein,* Geschichte des spätrömischen Reiches I (Wien 1928) 139f, und *J. Vogt,* Constantin 155—160.

[31] De mort. pers. 44: *Commonitus est in quiete Constantinus, ut caeleste signum dei notaret in scutis atque ita proelium committeret. Facit ut iussus est et transversa littera X summo capite circumflexo Christum notat.*

unbekannt war[32]. Lactanz nimmt für seine Erzählung nicht den Charakter eines wunderbaren Ereignisses in Anspruch. Ein aus der Situation kurz vor der Schlacht begreiflicher Traum des Kaisers ist die Ursache für dessen Anordnung, die sich leicht ausführen ließ, aber in ihrer Aussagekraft sofort und von allen verstanden werden konnte: Kaiser und Heer zogen nicht, wie bisher üblich, unter einem heidnischen magischen Zeichen, sondern unter dem Schutz des Christengottes in den Kampf. Dessen siegreicher Ausgang bedeutete, daß der Christengott diese Entscheidung herbeigeführt habe und daß man ihn nun als Helfergott anerkennen müsse. Das ist die Schilderung des merkwürdigen Ereignisses, wie sie in der Umgebung des Kaisers in Umlauf war, als Lactanz um 318 sein „Buch über die Todesarten der Verfolger" veröffentlichte. Lactanz selber versagt sich jede Deutung der psychologischen Hintergründe dieses Vorganges, erst recht kann ihn der moderne Historiker nicht mehr rekonstruieren, sondern nur als Faktum hinnehmen. Es besteht kein Anlaß, den Text des Lactanz zu emendieren[33], da er in sich klar ist; es besteht erst recht kein Anlaß, für seinen Bericht nach einer literarischen Vorlage zu suchen und diese bei dem heidnischen Panegyriker zu finden, der von dem Besuch Konstantins im gallischen Apolloheiligtum im Jahre 310 erzählt[34]; weder sachlich noch formal kann diese Erzählung als Vorstufe des Lactanzschen Berichtes angesprochen werden.

Offensichtlich das gleiche Ereignis steht auch im Zentrum des Berichtes, den Eusebius etwa 25 Jahre später in der Lebensbeschreibung" des Kaisers gibt[35], aber welche Ausweitung hat es nun im Vergleich zur knappen Darstellung bei Lactanz erfahren! Konstantin, so berichtet Eusebius, wollte den Feldzug gegen Maxentius unter dem Schutzgott seines Vaters führen und wandte sich im Gebet an ihn, er möge sich ihm offenbaren und auch ihm seine Hilfe gewähren. Sogleich sah der Kaiser mit dem Heer, es war am späten Nachmittag, „am Himmel über der Sonne das Siegeszeichen des Kreuzes aus Licht", neben dem die Worte standen: „Hierdurch siege — τούτῳ νίκα." In der folgenden Nacht erschien ihm Christus mit dem Kreuz und trug ihm auf, es nachzubilden und in seinem Krieg als Schutz mitzuführen. Der Kaiser ließ eine Standarte nach seinen Angaben anfertigen; ein langer Schaft mit Querstange endete in einem Kranz, der in seiner Mitte das Monogramm Christi ☧ trug, wie es Konstantin später auch auf seinem Helm anbringen ließ. Ein quadratisches Fahnentuch hing von der Querstange herab, oberhalb desselben waren am Längsschaft die Brustbilder des Kaisers und und seiner Söhne angebracht. Eusebius beruft sich darauf, er habe diese Fahne selbst gesehen[36], was nicht vor 325, dem Beginn seiner näheren Beziehung zum Kaiser, möglich war. Damals war die Fahne aber

[32] Vgl. *C. Cecchelli* a. a. O. 65—79 und 151—170.
[33] Wie *J. Moreau* in seiner Ausgabe 1, 127.
[34] So *H. Grégoire* und seine Schule. [35] Vita Const. 1, 27—32.
[36] Ebd. 1, 30.

bereits zur Kaiserstandarte geworden, die später den Namen Labarum erhielt[37]. Es mußte auffallen, daß Eusebius auch in der letzten Auflage seiner „Kirchengeschichte" (etwa 324) diesen Bericht von der Kreuzesvision nicht vorlegt; der sich aufdrängende Schluß, er habe ihn überhaupt nicht gekannt und somit sei er auch erst in die „Vita Constantini" von späterer Hand eingefügt worden, verbietet sich jedoch, weil Eusebius in der Festrede zum Regierungsjubiläum des Kaisers 335 deutlich auf die Kreuzesvision anspielt und auch in der „Kirchengeschichte" davon spricht, daß Konstantin bei Beginn des Feldzuges gegen Maxentius Christus im Gebet um Hilfe angerufen habe[38]. Er gibt demnach in der Vita jene Version des Ereignisses wieder, wie sie sich bei Konstantin in der zeitlichen Entfernung vom Geschehen selbst und in der verklärenden Rückschau auf seinen erfolgreichen Weg ausgebildet hatte. Das hinzugekommene, im Legendenstil ausschmükkende Detail darf den Blick jedoch nicht von dem in beiden Berichten vorhandenen wesentlichen Kern ablenken: Konstantin war davon überzeugt, ihm sei das Zeichen des Kreuzes bei Beginn des Feldzuges gegen Maxentius offenbart worden; er hat es in den Namenszug Christi umgewandelt und hat mit dessen Hilfe über seinen auf die Macht der heidnischen Götter vertrauenden Gegner gesiegt. Von diesem Ereignis her gilt seine Verehrung Christus als seinem Schutzgott, es wurde für ihn der Anlaß zu seiner Hinwendung zum Christentum.

Die Frage drängt sich auf, ob und in welcher Form diese Hinwendung in der noch heidnischen Umgebung Konstantins ihren Niederschlag fand. Im Herbst des Jahres 313 hat der heidnische Panegyriker in Trier Konstantins Sieg über Maxentius gefeiert, und traditionsgemäß mußte von dem Gott gesprochen werden, der den Sieg verliehen hatte. Es fällt auf, daß der Redner keinen Namen für ihn nennt; Konstantin sei im Einverständnis mit dem ihm gegenwärtigen Gott, mit dem ihn ein tiefes Geheimnis verband, gegen die Befürchtungen seiner Offiziere in den Kampf gezogen, weil ihm dieser Gott den Sieg versprochen hatte[39]. Ein naher Gott, der seinem Schützling direkte Anweisungen erteilt[40], der ihn in geheimem Zuspruch des Sieges versichert, das sind Formulierungen, die Christen sowohl wie neuplatonisch gesinnten Gebildeten verständlich waren; sie lassen erkennen, auf welche Weise Konstantin seiner Umgebung das Erlebnis andeutet. Wichtiger ist, daß der gleiche Redner bei der Schilderung des feierlichen Einzugs Konstantins in Rom den traditionellen Zug des Siegers zum Capitol und das dort übliche Opfer an Jupiter nicht erwähnt; der Kaiser hat sie offensichtlich unterlassen und damit wiederum zu erkennen gegeben, daß er seinen Sieg

[37] Zuerst bei Prudentius, Contra Symm. 1, 486, wohl von *laurus,* Lorbeer, abgeleitet; vgl. *H. Grégoire:* Byz(B) 12 (1937) 227—281.
[38] Eusebius, Tric. 6; HE 9, 9, 2.
[39] Paneg. 9, 2, 4—5; 9, 3, 3.
[40] Ebd. 9, 4, 4: *divina praecepta.*

einem anderen Gott verdanke[41]. Das steht im Einklang mit einer weiteren angedeuteten Frontstellung gegen die übliche heidnische Praxis, durch Eingeweideschau die Zukunft zu erforschen, die Maxentius vor dem Kampf vornehmen ließ, während Konstantin auf die Weisungen seines Gottes vertraute[42]. Der Panegyricus vermittelt den starken Eindruck, daß sich bei Konstantin nach dem Sieg über Maxentius eine Distanzierung zum heidnischen Kultbrauch vollzieht.

Der dem Kaiser nach seinem Sieg vom römischen Senat gewidmete und 315 vollendete Triumphbogen in Rom erhielt naturgemäß einen Bildschmuck, der den Vorstellungen des heidnischen Senates entsprach; dieser sah im Sol invictus den Schutzgott des Kaisers und ließ darum auch den im Triumph in die Stadt einziehenden Konstantin mit den Attributen und dem Gestus des Sonnengottes darstellen[43]. Die Inschrift des Triumphbogens ist allerdings verhaltener und nennt seinen Namen nicht, sondern schreibt den Sieg einer „Eingebung der Gottheit" und der geistigen Bedeutung des Kaisers zu[44]. Diese Gottheit ist hier noch das neuplatonische höchste Wesen, sie kann aber von den Christen in ihrem Sinne gedeutet werden. Wichtiger ist ein anderes Denkmal, das ebenfalls die Erinnerung an den Sieg und das konstantinische Verständnis desselben festhalten sollte. Es ist das Standbild des Kaisers auf dem Forum, dem nach Konstantins persönlicher Anordnung „das Zeichen des heilbringenden Leidens" in die Rechte gegeben wurde. Auch die der Statue beigegebene Inschrift geht auf Konstantins Initiative zurück und deutet das Zeichen in seiner Hand: „Durch dieses heilbringende Zeichen, den wahren Erweis der Kraft, habe ich eure Stadt vom Joch des Tyrannen errettet und befreit und dem Senat und Volk der Römer mit der Freiheit die alte Würde und den alten Glanz zurückgegeben."[45] Es kann sich nach diesem betonten Hinweis der Inschrift nicht um ein gebräuchliches Vexillum in der Hand des Kaisers handeln, in das die Christen die Kreuzesgestalt hineingelesen hätten[46], sondern um das *signum caeleste dei* des Lactanz, das christliche Kreuz, wahrscheinlich in seiner monogrammatischen Gestalt. So stellt diese Statue nicht nur formal ein Novum dar, insofern es das erste Beispiel eines Kaiserstandbildes mit einem Feldzeichen ist[47], sie beleuchtet besonders klar die Überzeugung Konstantins, von diesem geführt

[41] Ebd. 9, 19, 3, dazu bes. *J. Straub:* Historia 4 (1955) 297—313; dagegen *F. Altheim:* ZRGG 9 (1957) 221—231. [42] Ebd. 9, 2, 4; 9, 4, 4, dazu *H. Dörries* a. a. O. 248f.

[43] Vgl. *H. P. L'Orange - A. v. Gerkan,* Der spätantike Bildschmuck des Konstantinbogens (Berlin 1939).

[44] Bei *Dessau,* Inscriptiones latinae selectae n. 694: *instinctu divinitatis — mentis magnitudine.* [45] Euseb. HE 9, 9, 10—11; vgl. Vita Const. 1, 40 und Tric. 9, 8.

[46] *So H. Grégoire:* Antiquité classique 1 (1932) 141—143.

[47] Vgl. A. *Alföldi:* Pisciculi 11; *P. Franchi de' Cavalieri* a. a. O. 98—100; neuerdings wird sehr mit der Möglichkeit gerechnet, daß das Haupt der Konstantinischen Kolossalstatue im Konservatorenpalast diesem Standbild zugehört; vgl. *H. Kaehler:* JdI 67 (1952) 1—30, und *C. Cecchelli* a. a. O. 13—40.

worden zu sein, und seinen Willen, sich öffentlich dazu zu bekennen. Schließlich deutet sich der Vorgang einer Hinwendung zum Christentum, wenn auch in sehr zurückhaltender Form, in den konstantinischen Münzprägungen an. Neben die Bildnisse der alten Gottheiten, besonders des Sol invictus, der noch bis zum Jahre 322 als Münzbild nachweisbar ist, treten allmählich auch christliche Zeichen. Eine Prägung anläßlich der Decennalien von 315 aus Ticinum zeigt auf einem Silbermedaillon den helmgekrönten Kopf Konstantins, der am vorderen Rand des Helmkammes ein klares Christusmonogramm ☧ trägt[48]. Prägungen der Münzstätte Siscia bringen seit 317/18 das gleiche Zeichen am Spangenhelm des Kaisers, von 320 an erscheinen Münzen mit dem Christusmonogramm im Blickfeld neben dem Vexillum[49]. Diese wenn auch langsame Einführung des programmatischen Christuszeichens auf den Münzbildern war nicht möglich ohne Billigung des Kaisers. Selbst wenn man in ihr nicht mehr sehen will als einen Beweis für die neutrale Haltung des Kaisers, die neben dem Heidentum nun auch das Christentum berücksichtigt, so kann doch die Verwendung des Christusmonogramms auf dem kaiserlichen Helm kaum anders denn als persönliches Bekenntnis Konstantins verstanden werden.

Aufschlußreich für die Stellung des Kaisers zum Christentum sind schließlich noch einige Maßnahmen, die sich unmittelbar an den Sieg vom Oktober 312 anschließen. Noch im gleichen Jahr muß ein Schreiben Konstantins an Maximinus ergangen sein, das die Einstellung der Christenverfolgung in den östlichen Gebieten forderte. Daß und wie dieses Verlangen erfüllt wurde, ist schon gezeigt worden[50]. Sollte der Kaiser zu diesem schnellen Schritt nur veranlaßt worden sein, weil er Wert darauf legte, Maximinus wissen zu lassen, daß er sich als ranghöchsten Augustus betrachte? Ebenfalls noch im Jahre 312 verfügt er in einem Brief an den Präfekten Anullinus in Nordafrika, daß das beschlagnahmte Kircheneigentum zurückzugeben sei[51]. Ein weiteres Schreiben wendet sich direkt an den katholischen Bischof Caecilian von Karthago, dem eine größere Summe für den Klerus „des rechtmäßigen und hochheiligen katholischen Kultes“ überwiesen wird[52]. Beide Akte gehen weit über die Intention des Galerius-Ediktes hinaus, der zweite verrät bereits ein spezielles Interesse des Kaisers für die kultischen Belange der katholischen Kirche, das in ihm geweckt worden sein mag durch den spanischen Bischof Ossius von Córdoba, der in diesem Brief schon als Ratgeber Konstantins in kirchlichen Fragen erscheint. Der Kultus der Kirche steht im Mittelpunkt eines dritten hochbedeutsamen Schreibens[53], das den Klerus der karthagischen Kirche von öffentlichen Diensten befreit, damit

[48] Abb. in Pisciculi, Taf. 1, 2, dazu A. *Alföldi* ebd. 4f und: Studies in Honour of A. C. Johnson (Princeton 1951) 303—311, Abb. nach besserem Exemplar bei H. *Kraft* a. a. O. 35—58. [49] Vgl. H. *v. Schoenebeck* a. a. O. 35—58. [50] Siehe oben S. 453.

[51] Euseb. HE 10, 5, 15—17. [52] Ebd. 10, 6, 1—5.

[53] Ebd. 10, 7, 1—2, dazu H. *Dörries* a. a. O. 18f; H. *Kraft* a. a. O. 164f.

er sich ungehindert dem Vollzug des kultischen Dienstes widmen könne; Mißachtung der Gottesverehrung, so begründet Konstantin seine Maßnahme und beruft sich dafür auf vielfache Erfahrung, habe den Staat in ernste Gefahr gebracht, ihre sorgfältige Beachtung bringe ihm dagegen Glück und Gedeihen. In dieser Stellungnahme des Kaisers wird ganz deutlich, wie in ihm Vorstellungen aus römischer Religionsauffassung mit neuen religiösen Ideen ringen; der Rang des christlichen Kultes ist Konstantin aufgegangen, wenn auch noch kein Verständnis für seinen inneren Gehalt anklingt. Er fühlt sich verpflichtet, nicht etwa die bloße Freiheit dieses Kultes zu sichern — das tut auch das Galerische Edikt —, sondern seinen exakten und würdigsten Vollzug, weil er darin eine Voraussetzung für das Gelingen des von ihm begonnenen Werkes sieht.

Gewiß kommt den bisher besprochenen Einzelzügen des konstantinischen Verhaltens gegenüber dem Christentum in den Jahren 312—313 ein jeweils verschiedenes Gewicht an Beweiskraft zu. In ihrer Gesamtheit führen sie jedoch zwingend zu dem Ergebnis, daß Konstantin in diesem Zeitraum die persönliche Hinwendung zum Christentum vollzogen hat. Ganz abgesehen von den weiteren religionspolitischen Maßnahmen des Kaisers bis zum Beginn der Alleinherrschaft, schließen sie allein schon den Ansatz dieser Wende um 324 aus. Die „Bekehrung" Konstantins will allerdings auch nur im Sinne einer Hinwendung verstanden sein, die auf der vielleicht sich schon länger in ihm vorbereitenden Erkenntnis beruht, daß der Gott der Christen allein Anspruch habe auf die dem höchsten Wesen geschuldete Verehrung. Ein Urteil etwa darüber, wieweit Konstantin in das Verständnis der christlichen Erlösungsbotschaft eingedrungen sei oder wieweit er Grundsätze christlicher Ethik zur Norm seines persönlichen Handelns gemacht habe, erlauben diese Züge noch nicht.

Von der Mailänder Konvention 313 bis zum Beginn der Alleinherrschaft 324

Im Februar 313 trafen Konstantin und Licinius zu Beratungen über die durch des ersteren Sieg neugeschaffene politische Gesamtlage in Mailand zusammen, wo auch die Hochzeit zwischen Licinius und Konstantia gefeiert wurde. In der Religionsfrage führten die Beratungen zu einer Absprache, die jedoch keinen Niederschlag in der Form eines Ediktes von Mailand fand, wie man früher annahm[54]. Daß es aber bei dieser Vereinbarung nicht nur darum ging, die Toleranzbestimmung des Galerius-Ediktes durchzuführen[55], sondern um eine grundsätzliche inhaltliche Erweiterung desselben, läßt sich aus

[54] Vgl. zuletzt *J.-R. Palanque,* A propos du prétendu édit de Milan: Byz(B) 10 (1935) 607—616, und *H. Nesselhauf,* Das Toleranzgesetz des Licinius: HJ 74 (1955) 44—61.
[55] So *J. Moreau:* Annales Univ. Sarav. 2 (1953) 100—105.

einem Vergleich des Galerischen Textes mit dem Inhalt zweier Erlasse des Licinius feststellen, die dieser nach seinem Sieg über Maximinus Daia publiziert hat. Der eine datiert aus Nikomedien und ist im lateinischen Wortlaut von Lactanz überliefert[56], der andere findet sich bei Eusebius[57] und war wohl für Palästina bestimmt. Das lateinische Schreiben, das geringfügig von dem griechischen bei Eusebius abweicht, beruft sich eingangs ausdrücklich auf die Verhandlungen zwischen Konstantin und Licinius in Mailand. Zunächst wird betont, es sei das Anliegen der Kaiser, die religiöse Frage im Sinne der Toleranz zu ordnen; jeder, auch die Christen, hätte die volle Freiheit, der Religion zu folgen, die ihm am meisten zusagt; darin sähen sie die Garantie für das weitere Wohlwollen der *summa divinitas*. Danach folgt aber eine Reihe von Sonderbestimmungen für die christliche Kirche, die sowohl inhaltlich wie der Intensität nach, mit der sie eingeschärft werden, und auch in ihrem respektvoll-wohlwollenden Ton die doch nur mit Bedauern gewährte Toleranz des Galerius weit hinter sich lassen. Den Christen sind alle Räumlichkeiten, in denen sie früher zusammenkamen, also Kirchen und Friedhöfe, unentgeltlich zurückzugeben, gleichviel ob sie sich in staatlichem oder privatem Besitz befinden[58]. Dieser Besitz ist näherhin den einzelnen christlichen Gemeinden zu übergeben, deren Rechtsfähigkeit damit anerkannt wird[59]. Zum Schluß wird die bei Galerius noch unmögliche Überzeugung ausgesprochen, durch diese Behandlung der christlichen Religion werde die göttliche Gunst, die die Kaiser in so großen Dingen erfahren hätten, für immer in ihrem erfolgreichen Wirken für das öffentliche Wohl fortdauern[60]. Man geht kaum fehl, wenn man in dem Hinweis auf die Gewährung göttlicher Gunst die Erfolge des konstantinischen Feldzuges gemeint sieht. Auch die Sonderbestimmungen über das Kircheneigentum entsprechen den von Konstantin bereits für Afrika verfügten Maßnahmen und verraten seinen Anteil am Inhalt der Mailänder Konvention. Diese darf als das religionspolitische Programm angesprochen werden, dessen Ausführung er zunächst erstrebte. Ihre Bestimmungen konnten den Christen der orientalischen Provinzen und Ägyptens jedoch nicht eher zugute kommen, bis die schon länger anhaltende Spannung zwischen Licinius und Maximinus bereinigt war. Letzterer suchte eine schnelle Entscheidung mit der Waffe, als er Anfang 313 auf den Balkan übersetzte, zu einem Zeitpunkt, da er Konstantin durch seinen Krieg mit den Rheinfranken gebunden wußte. Lactanz hat den Kampf zwischen den beiden Herrschern als Religionskrieg dargestellt, wenn er Maximinus vor der Schlacht dem Jupiter das Gelübde ablegen läßt, im Falle seines Sieges den Christennamen auszurotten; dem Licinius aber offenbart ein Engel ein Gebet an den *summus deus*, das ihm den Sieg bringen sollte, wenn es vor dem Kampf vom ganzen

[56] De mort. pers. 48, 2—12. [57] HE 10, 5, 1—14. [58] Lactantius, De mort. pers. 48, 7. [59] Ebd. 48, 8—9. [60] Ebd. 48, 11.

Heer gesprochen würde[61]. Inhaltlich ist das Gebet neutral, eine christliche Nuance stellt lediglich der es offenbarende Engel dar. Maximinus wurde entscheidend bei Adrianopel geschlagen und von Licinius in raschem Nachsetzen weit nach Kleinasien hinein verfolgt; jetzt suchte er noch durch ein uneingeschränktes Toleranzedikt die Sympathien seiner bisherigen christlichen Untertanen zu gewinnen[62] und bereitete einen neuen Kampf vor. Sein baldiger Tod im Herbst 313 in Tarsos brachte die ganzen östlichen Gebiete in die Hand des Licinius, der in ihnen nun die Mailänder Vereinbarung bekanntgab. Wenig Großmut bewies der Sieger gegenüber der Familie und den nächsten Anhängern des Maximinus; sie wurden erbarmungslos ausgerottet, unter ihnen auch Gattin und Tochter Diokletians, die sich in den Schutz des Maximinus begeben hatten.

Für Licinius brachte die Eroberung der orientalischen Gebiete einen enormen Machtzuwachs, und Konstantin mußte sein Endziel, die Aufrichtung einer universalen römischen Herrschaft, zunächst zurückstellen. So wandten sich die beiden Augusti vorerst der Festigung und Sicherung des Gewonnenen zu. In der religiösen Frage hielt sich Licinius an die Richtlinien der Mailänder Konvention, Konstantin allerdings sah in seiner geistigen Wachheit schon jetzt ein Problem und eine Aufgabe auf sich zukommen, die ihn in Zukunft immer wieder locken sollten: die Heranführung der christlichen Kirche an den Staat und das Suchen nach einer Form ihres gegenseitigen Verhältnisses, die seinen Vorstellungen von der Sendung beider entsprach. Diese Vorstellungen wandelten und klärten sich in einem längeren Prozeß durch die Erfahrung, die ihm ein immer tieferes Eindringen in die Eigenart der christlichen Welt und ihrer spezifischen Fragen vermittelte. Mit ihnen wurde er erstmalig in größerem Ausmaß konfrontiert durch die innerkirchliche Entwicklung in Nordafrika, die kurz vor seinem Sieg zu einer tiefreichenden Spaltung unter den dortigen Anhängern des Christentums geführt hatte. Die Anfänge der donatistischen Bewegung sind hier soweit heranzuziehen, als sie die persönliche Haltung des Kaisers zur christlichen Religion begreiflich machen, eine zusammenhängende Darstellung und Würdigung ist erst später möglich[62a].

Der äußere Anlaß für die donatistische Spaltung war mit der kirchendisziplinären Frage gegeben, wie das Vergehen der Christen zu bewerten sei, die in der Diokletianischen Verfolgung die Heilige Schrift an die heidnischen Behörden ausgeliefert hatten. Eine Gruppe Treugebliebener sah darin schweren Verrat am Glauben und bezeichnete die Schuldiggewordenen als *traditores,* unter denen sich sowohl Laien wie Kleriker, auch Bischöfe, befanden. Theologische Relevanz ernielt die Frage, als sie mit der Sondermeinung der traditionellen nordafrikanischen Theologie verknüpft wurde,

[61] Ebd. 45—47. [62] Euseb. HE 9, 10, 7—11. [62a] Zum Donatistenstreit: *E. L. Grasmück,* Coercitio. Staat und Kirche im Donatistenstreit (Bonn 1964).

nach der die Gültigkeit eines Sakramentes von dem Gnadenstand des Spenders abhänge; die von einem *traditor*, letztlich einem Apostaten, gespendeten Sakramente könnten demnach nicht als gültig angesehen werden. Die Auseinandersetzung wurde aufs äußerste verschärft, als sie mit den persönlichen Differenzen verquickt wurde, die den Streit um die Nachfolge des Bischofs Mensurius von Karthago im Jahre 312 kennzeichnen. Als man dessen bisherigen Diakon Caecilian auf den Sitz von Karthago berief, machte eine Gruppe der Gemeinde, die sich durch Brüskierung eines ihrer einflußreichen Mitglieder — Caecilian hatte es wegen allzu schwärmerischer Martyrerverehrung getadelt — gekränkt fühlte, geltend, einer seiner Konsekratoren bei der Bischofsweihe, Felix von Aptungi, sei *traditor* gewesen. Der Fall wurde von dem ersten Bischof Numidiens, Secundus von Tigisis, aufgegriffen und vor eine Synode von 70 numidischen Bischöfen gebracht, die Caecilian für abgesetzt erklärte. In diesem Vorgehen des numidischen Episkopates spielt zweifellos eine gewisse Rivalität gegenüber Karthago ebenfalls eine Rolle. Gegenbischof Caecilians wurde zunächst Majorinus, dann seit Sommer 313 Donatus, der eigentliche geistige Kopf der Opposition, von dem die sich rasch entwickelnde Sonderkirche, die *pars Donati*, ihren Namen erhielt.

Dieser verworrenen Situation, die in ihren letzten Zusammenhängen für einen Außenstehenden nur schwer durchschaubar und in ihrer durch persönliche Rankünе vergifteten Feindseligkeit beider Gruppen noch schwerer zu begreifen war, sah sich Konstantin gegenüber, als er sich 312 über die Lage in den neugewonnenen Gebieten informieren ließ. Einen ersten Bericht hat er wohl aus der Sicht der Anhänger Caecilians erhalten, vielleicht durch Bischof Ossius, der sich schon früh über den afrikanischen Klerus unterrichtet zeigt. Gewiß konnte Konstantin damals die dogmatischen Hintergründe des Zwistes nicht verstehen, er hat aber sofort seine negativen Auswirkungen für die Einheit der christlichen Gemeinschaft als Ganzes erkannt und sich angelegentlich um deren Wiedergewinnung bemüht. Zunächst sah er durch die Spaltung den satzungsgerechten Vollzug des christlichen Kultes nicht mehr gesichert, der ihm, wie schon gezeigt, ein besonders Anliegen war; daher ist er bereit, die Hilfe staatlicher Beamten zur Verfügung zu stellen, um die Friedensstörer — als solche erscheinen ihm zunächst die Donatisten — zur Ordnung zurückzuführen[63]. Diese wenden sich darauf unmittelbar an den Kaiser, reichen über den Prokonsul Anullinus eine Denkschrift ein, die ihre Haltung gegenüber Caecilian erklärt, und bitten um eine Schlichtung des Streites durch gallische Richter[64]. Konstantin greift diesen Vorschlag auf und wendet sich an den damaligen römi-

[63] Brief an Bischof Caecilian ebd. 10, 6, 1—5; bei *H. v. Soden*, Urkunden zur Entstehungsgeschichte des Donatismus (Berlin ²1950) n. 8.
[64] Bei *Soden* a. a. O. nn. 10 und 11.

schen Bischofs Miltiades, dem er mitteilt, was er in dieser Sache beschlossen habe: Caecilian solle mit je 10 Bischöfen seiner Wahl und der Gegenpartei nach Rom kommen; dort solle ein kirchliches, aus Miltiades und drei gallischen Bischöfen bestehendes Gericht — es sind die Bischöfe von Arles, Autun und Köln — nach entsprechendem Verhör das Urteil fällen. Der Kaiser betont, die Untersuchung gegen Caecilian müsse feststellen, ob er „den hoch zu verehrenden kirchlichen Bestimmungen" entspreche. Zum Schluß beteuert er, er hege vor der katholischen Kirche große Ehrfurcht und wolle nicht, daß irgendwo in ihr eine Spaltung bestehe[65]. An diesem Dokument wird deutlich, daß der Kaiser sich in eine Lage gestellt sieht, die für ihn in mehrfachem Bezug völlig neu ist. Eine christliche Konfession ruft die Hilfe der staatlichen Macht an und bittet um die Bestellung von unbefangenen Richtern. Der rechtlich denkende Sinn des Kaisers kann sich ihrem Ansuchen nicht versagen, aber kann er eine derart innerkirchliche Frage einem weltlichen Gericht übertragen? Konstantin entscheidet sich für bischöfliche Richter, er will also die Angelegenheit in kirchlicher Zuständigkeit belassen und hofft, daß damit der Friede wiederhergestellt werde[66]. Von einem anmaßenden Eingriff kaiserlicher Gewalt in interne Angelegenheiten der Kirche kann demnach keine Rede sein, aber das brennende Interesse des Kaisers an der Wiedergewinnung des Friedens innerhalb dieser Kirche ist unverkennbar. Miltiades lädt, wohl kaum im Gegensatz zu den Intentionen des Kaisers, noch weitere 15 italienische Bischöfe zu der Verhandlung ein, offensichtlich als Glieder eines größeren *consilium*, wie es für Entscheidungen von weittragender Bedeutung üblich war[67]. Das einstimmige Endurteil dieses Gerichtes sprach Donatus schuldig und bestätigte Caecilian als rechtmäßigen Bischof von Karthago. Die Donatisten aber fochten beim Kaiser das Urteil wegen Verfahrensmängel an, und dieser sah sich genötigt, die Frage noch einmal verhandeln zu lassen, diesmal in Arles im Sommer 314, in einem größeren Rahmen unter Hinzuziehung zahlreicher Bischöfe, für deren Reise die kaiserliche Post zur Verfügung gestellt wurde.

Die Einladungsschreiben des Kaisers lassen einen doppelten Fortschritt in seinem Verständnis des Christentums erkennen. Er sieht jetzt die Kirche als Gemeinschaft, die in brüderlicher Eintracht durch ihren Kult die wahre Gottesverehrung vollzieht[68]. Wer die Einheit dieser Gemeinschaft nicht achtet, gefährdet sein Heil, die Kirche ist also als Heilsmittlerin empfunden. Der Kaiser weiß sich auf der Seite dieser Gemeinschaft, wenn er für sich und den als Christen bekannten Aelafius die Bezeichnung *cultor dei* in Anspruch nimmt, die hier als Ersatz für *christianus* gelten darf[69]. Er fühlt sich noch nicht als ihr volles

[65] *Soden* a. a. O. n. 12, dazu *H. Kraft* a. a. O. 166—169.
[66] Zur rechtlichen Seite des Vorganges vgl. *H. U. Instinsky* a. a. O. 59—82.
[67] So überzeugend *Instinsky* a. a. O. 77.
[68] *Soden* a. a. O. n. 15; *H. Kraft* a. a. O. 170 f.
[69] *H. Kraft* a. a. O. 54 f zu *Soden* a. a. O. n. 14.

Glied, aber er fürchtet für ihr Ansehen und für ihren universalen Auftrag, wenn er darauf hinweist, der Zank der Christen untereinander halte die Anhänger der heidnischen Religion von ihr zurück. Wenn Konstantin weiter sagt, er selbst könne von der *summa divinitas* zur Rechenschaft gezogen werden, falls er die Spaltungen in der Kirche ignoriere, und fände erst Ruhe, wenn die brüderliche Eintracht in ihr wiederhergestellt sei, dann wird damit eine stetig wachsende persönliche Bindung an die Kirche greifbar. Es bahnt sich auch ein persönlicheres Verhältnis zu den Bischöfen der Kirche an, da er sie in dem Schreiben an die Teilnehmer in der Synode von Arles zum erstenmal — und von da ab ständig — als *carissimi fratres* anredet[70]; in warmen Worten bittet er sie um ihr Gebet, „damit sich unser Erlöser immer meiner erbarme" [71]. Nach dem ergebnislosen Verlauf der Arler Synode entschloß sich Konstantin nun doch, die donatistische Spaltung mit eigenen Mitteln zu beseitigen. Keinen Erfolg hatte allerdings sein Bemühen um Befriedung, als er der donatistischen Delegation von Arles zunächst die Rückkehr nach Afrika untersagte; ebenso gelang es nicht, anstelle Caecilians einen neuen Bischof in Karthago einzusetzen. In drohendem Ton kündigte der Kaiser beiden Parteien sein persönliches Erscheinen in Afrika an und bekannte sich zu dem Ziel, alle Menschen zur wahren Religion und zur würdigen Verehrung des allmächtigen Gottes zu führen[72]. In diesem Brief an den Vikar Celsus spricht sich das Sendungsbewußtsein des christlichen Herrschers bereits in aller Deutlichkeit aus; es ist des Kaisers Aufgabe *(munus principis)*, allen Irrtum zu beseitigen, für die Verkündigung der wahren Religion Sorge zu tragen, die Eintracht zu wahren, die Gottesverehrung zu gewährleisten; die *vera religio*, an die sich der Kaiser gebunden weiß, ist allein das Christentum. Konstantin hat von einer Reise nach Afrika dann doch abgesehen, sich aber in einem Brief vom Ende des Jahres 316 klar auf die Seite Caecilians und seiner Anhänger gestellt[73]. Gegen die von 317 an aufkommenden Unruhen setzte er Truppen ein, ließ donatistische Bischöfe verbannen und ihre Kirchen beschlagnahmen, schuf aber damit nur Martyrer und Martyriumsgesinnung, bis er resignierend den Kampf zunächst aufgab[74]. Schon früh mußte Konstantin erfahren, daß sich Spaltungen in der Christenheit gegenüber dem Versuch, sie mit staatlichen Machtmitteln zu beseitigen, nur noch verhärten, wenn auch hinter seinem Bemühen die Überzeugung stand, zur Rettung der Einheit der christlichen Kirche diesen Weg aus der Verpflichtung seines Herrscheramtes heraus gehen zu müssen. Gleichzeitig werden aber auch hier schon die gefährlichen Möglichkeiten sichtbar, die für die Kirche in dem Sendungsbewußtsein eines christlichen

[70] *Soden* a. a. O. n. 18, dazu *H. Kraft* a. a. O. 184—191 und Saeculum 8 (1957) 40 f.
[71] Ebd. Schlußteil: *meique mementote, ut mei salvator noster semper misereatur.* Das Mittelstück dieses Briefes ist, da interpolationsverdächtig, nicht verwertbar, vgl. *H. Kraft* 186—189. [72] *Soden* a. a. O. n. 23 an den Vikar Celsus, Schlußsatz.
[73] *Soden* a. a. O. n. 25. [74] Vgl. *Frend* a. a. O. 159—162.

Herrschers gegeben waren, der sich aus religiöser Berufung zu unmittelbarem Eingriff in ihre ureigenen Belange berechtigt glaubte.

In die bisher geschilderte stetig wachsende persönliche Hinneigung des Kaisers zum Christentum ordnen sich auch einige Gesetze ein, die positiv den Einfluß christlichen Ideengutes verraten oder den Geltungsbereich heidnisch-religiöser Betätigung einschränken.

In der allgemeinen Linie der Gesetzgebung Konstantins, die eine steigende Achtung vor der Würde der menschlichen Person erkennen läßt[75], liegt eine Verordnung des Jahres 315, die es verbietet, die Brandmarkung der zur Zwangsarbeit oder zu Zirkusspielen Verurteilten an ihrem Gesicht vorzunehmen[76], da das menschliche Antlitz nicht geschändet werden dürfe, das nach dem Gleichnis der himmlischen Schönheit gebildet sei. Der biblisch-christliche Charakter dieser Begründung ist unverkennbar. Eine ähnlich humanitäre Tendenz verbindet sich mit einer achtungsvollen Anerkennung der christlichen Gemeindeleiter, wenn ein an Bischof Ossius gerichteter Erlaß erklärt, Christen könnten vor dem Bischof ihren Sklaven in voller Rechtsgültigkeit die Freiheit schenken, die Kleriker in bestimmten Fällen ebenfalls ohne schriftliches Verfahren und ohne Zeugen[77]. Da die Freilassung „im Schoß der Kirche" erfolgen muß, wird sie als religiös bedeutsame Tat gewertet. Die gleiche Achtung vor dem bischöflichen Amt äußert sich in dem wichtigen Entscheid, der ein Schiedsgericht des christlichen Bischofs auch für zivile Streitsachen zuläßt, wenn die streitenden Parteien beim Richter den Antrag stellen, ihren Fall einem solchen zu übertragen. Was die *lex christiana* dann entscheidet, hat Rechtskraft[78]. In dem Gesetz, das die Ehe- und Kinderlosen von gewissen Belastungen befreit, darf man mit Recht eine Rücksichtnahme auf den Asketenstand der frühchristlichen Großkirche erblicken[79]. Von einschneidender Bedeutung ist dann das Sonntagsgesetz Konstantins von März/Juli 321, das an diesem „ehrwürdigen Tag" die Arbeitsruhe bei den Gerichten und für das Handwerk anordnet[80]. Dem religiösen Rang des Tages entspricht es, ihn durch besonders fromme Werke auszuzeichnen, wie die Freilassung der Sklaven, die man an ihm auch durch ein amtliches Protokoll beglaubigen lassen darf. Es geht nicht an, in dem *dies solis* hier einen dem Sol geweihten Tag zu erblicken; die Einführung eines staatlichen Feiertages am ersten Tag der Woche will eindeutig den Herrentag der christlichen Kirche und damit einen wesentlichen Zug ihrer Liturgie ehrend hervorheben. Eine spezielle Vergünstigung der katholischen Kirche stellt der Erlaß dar, der jedem das Recht zuspricht, der katholischen Gemeinde testamentarisch zu hinterlassen, was er will[81]; eine ähnliche Bestimmung für jüdische oder schismatische Gemeinden existiert nicht.

[75] Vgl. *J. J. Van de Casteele* a. a. O. 68—74. Gesetzgebung Konstantins 312—324: *A. A. T. Ehrhardt:* Stud. patrist. II (Berlin 1957) 114—121. [76] Cod. Theod. IX 40, 2. [77] Ebd. IV 8, 1. [78] Ebd. I 27, 1. [79] Ebd. VIII 16, 1. [80] Cod. Theod. II 8 1a und II 8, 1. [81] Ebd. XVI 2, 4.
[80] Cod. Theod. II 8 1a und II 8, 1. [81] Ebd. XVI 2, 4.

Einige Gesetzesbestimmungen müssen das in der Mailänder Konvention niedergelegte Recht des freien religiösen Bekenntnisses schützen, immer in der konkreten Anwendung auf das Christentum. Christliche Konvertiten aus dem Judentum, die von ihren ehemaligen Glaubensgefährten verfolgt werden, stehen unter besonderem Rechtsschutz[82]. Nur der katholische Glaube wird hier als *cultus dei* gewertet, weder Judentum noch Heidentum können den Anspruch erheben, ihn zu besitzen[83]. Ein konkreter Vorfall liegt einem Gesetz vom Mai 323 zugrunde, das die Strafe der Auspeitschung oder eine schwere Geldbuße für diejenigen vorsieht, die Angehörige der christlichen Gemeinschaft, Kleriker oder Laien, zur Teilnahme am heidnischen Lustralopfer zwingen[84]. Es ist bezeichnend, daß Konstantin hier die heidnische Religion als solche nicht mehr mit einem neutralen Namen kennzeichnet, sondern abwertend als *superstitio* charakterisiert. Als man in Lukanien auf heidnischer Seite das Immunitätsprivileg der Kleriker nicht achten will, schärft Konstantin dasselbe wieder ein[85]; seine Ausdrucksweise — die Kleriker weihen ihre fromme Tätigkeit dem göttlichen Kult, die frevelhafte Mißgunst der Heiden sucht sie von dieser Aufgabe abzuhalten — enthält wiederum ein klares Werturteil über die alte und neue Religion, das seine eigene Stellung offenkundig macht. Eine den Geltungsbereich heidnischer Religionsübung einschränkende Verordnung liegt schließlich in dem doppelten Haruspizin-Erlaß der Jahre 319 und 320 vor[86], der die Ausübung dieses Brauches im privaten Raum unter strenge Strafen stellt. Es kann sich dabei nicht etwa um Abstellung eines Mißbrauches handeln, da die Haruspizin in der Öffentlichkeit noch gestattet bleibt. Gerade im privaten Bereich ermöglichte sie jedoch den Anhängern des Heidentums eine wirksame Propaganda für ihre Religion, die sich jeder Kontrolle entzog. Durch die Einschränkung auf die öffentlichen Fälle wird nun eine Kontrolle gesichert und jene geheime Propagandamöglichkeit abgedrosselt[87].

Diese Gesetze Konstantins aus der Zeit vor der Alleinherrschaft bestätigen das bisher gewonnene Bild. Der Kaiser steht unter dem Einfluß christlicher Vorstellungen, die Sorge für den Vollzug des christlichen Kultes entspringt persönlicher innerer Anteilnahme, im Einzelfall deutet sich bereits eine Bevorzugung der christlichen Religion an; besonders wichtig ist die unverkennbare Tendenz des Kaisers, die moralischen und religiösen Werte der christlichen Religion und die Autorität der christlichen Gemeindeleiter für das Staatswohl heranzuziehen. Damit erhalten einzelne Züge des öffentlichen Lebens der Zeit bereits eine christliche Prägung. Die Haltung gegenüber dem Heidentum ist grundsätzlich tolerant, eine erste Einschränkung seiner Wirkmöglichkeiten wird aber im Haruspizin-Gesetz faßbar.

[82] Ebd. XVI 8, 1. [83] Vgl. *H. Dörries* a. a. O. 170. [84] Cod. Theod. XVI 2, 5.
[85] Ebd. XVI 2, 2. [86] Ebd. IX 16, 1; XVI 10, 1.
[87] Vgl. dazu *H. Karpp*, Konstantins Gesetze gegen die private Haruspizin: ZNW 41 (1942) 145—151.

Die sich schon seit einiger Zeit anbahnende Auseinandersetzung um die Alleinherrschaft im Römischen Imperium zwischen Licinius und Konstantin sollte letzteren einen wichtigen Schritt weiterführen auf dem Weg der äußeren und inneren Anerkennung der christlichen Religion. Ein erster militärischer Zusammenstoß im Herbst 316[88] in Pannonien und Thrakien brachte noch keine endgültige Klärung, für Konstantin bedeutete aber der dabei erreichte Landgewinn auf dem Balkan und die Anerkennung der beiden ältesten Söhne als Cäsaren eine gewichtige Verstärkung seiner Position für den unausweichlich gewordenen Endkampf. Dieser erhielt, obwohl er letztlich dem politischen Führungsanspruch im Reich galt, doch den Charakter eines Religionskrieges, der die endgültige Entscheidung über Sieg oder Niederlage des Christentums bringen sollte. Licinius hatte zwar seit 313 die Richtlinien der Mailänder Konvention in seinem Machtbereich gelten lassen[89], wenn er auch nicht wie Konstantin daran dachte, die christliche Kirche näher an den Staat heranzuführen oder ihr gar einzelne Aufgaben im öffentlichen Bereich zu übertragen. Die stärkere Bevorzugung des Christentums durch den Augustus des Westens veranlaßte ihn jedoch, allmählich von der in Mailand festgelegten religionspolitischen Linie abzurücken und die Christen im Osten etwa seit 320 in steigendem Maße unter Druck zu setzen. Die bisherigen Freiheiten wurden zwar nicht ausdrücklich widerrufen, aber doch in kleinlich bürokratischer Weise eingeengt, so etwa die Kultfreiheit durch das Verbot christlicher Gottesdienste innerhalb der Städte und in geschlossenen Räumen oder durch die Forderung getrennter Gottesdienste für Männer und Frauen; die Freiheit der Verkündigung durch das Verbot, den Unterricht im christlichen Glauben für Frauen durch den Klerus erteilen zu lassen; die Freiheit der christlichen Fürsorgetätigkeit durch Behinderung der karitativen Betreuung der Gefangenen[90]. Ernster war dann die Aufhebung der Bekenntnisfreiheit, als Christen aus dem Heer oder der Verwaltung entlassen wurden[91]. Schließlich folgten gezielte Maßnahmen gegen die kirchliche Organisation, als die synodalen Zusammenkünfte der Bischöfe untersagt wurden[92]. Begreiflich, daß sich die Sympathien und Hoffnungen der klein- und vorderasiatischen Christen dem Augustus des Westens zuwandten. Die Gereiztheit der höheren Beamten ihnen gegenüber entlud sich in Gewaltmaßnahmen. Im Pontus wurden einzelne Gotteshäuser geschlossen, andere niedergerissen; einige Bischöfe wurden verhaftet, andere verbannt, an einzelnen auch das Todesurteil vollstreckt[93], obwohl keine allgemeine Verfolgung von oben angeordnet war. Als nach umfangreichen Vorbereitungen der Krieg im Sommer 324 begann, stellte ihn Konstantin bewußt unter ein christliches Vorzeichen, als er dem Heer das jetzt vollentwickelte

[88] Zu diesem zeitlichen Ansatz vgl. zuletzt *C. Habicht*, Zur Geschichte des Kaisers Konstantin: Hermes 86 (1958) 360—378. [89] Euseb. HE 10, 2.
[90] Ebd. 10, 8, 11; Vita Const. 1, 53 und 54. [91] Euseb. HE 10, 8, 10; Vita Const. 1, 54.
[92] Vita Const. 1, 51. [93] HE 10, 8, 13—17.

Labarum als Feldstandarte gab, während Licinius die heidnischen Orakel befragte und durch Opfer die Hilfe der Götter suchte[94]. Die für Konstantin erfolgreichen Schlachten bei Adrianopel und am Bosporus im Juli und bei Chrysopolis auf kleinasiatischem Boden im September 324 zwangen Licinius zur Einstellung des Kampfes und zur Aufnahme von Unterhandlungen mit Konstantin. Dieser sicherte dem Unterlegenen auf Bitten seiner Gemahlin Konstantia das Leben zu und wies ihm Thessalonike als Zwangsaufenhalt an, ließ ihn aber später, angeblich wegen Vorbereitung zum Hochverrat, hinrichten.

Der vollständige Sieg Konstantins und die damit gewonnene Alleinherrschaft leitete mit einer gewissen Zwangsläufigkeit eine neue Phase seiner Religionspolitik ein, da ihn nun die Rücksicht auf einen andersdenkenden Mitherrscher oder Rivalen nicht mehr zu hemmen brauchte. Mit hochgespannten Erwartungen sahen die Christen vor allem im Osten der kommenden Entwicklung entgegen. Eusebius spricht im Schlußabschnitt seiner „Kirchengeschichte" von den festlichen Tagen, mit denen man enthusiastisch den Sieg des Kaisers feierte. Auch er sah klar, welche Möglichkeiten ein einheitliches, von einem dem Christentum ergebenen Kaiser gelenktes Römisches Reich dem christlichen Glauben bieten konnte; „man freute sich der gegenwärtigen Güter und harrte der zukünftigen"[95]. Die ersten Kundgebungen des siegreichen Kaisers mußten solche Hoffnungen bestätigen. Ein umfangreicher Erlaß an die Bewohner der Ostprovinzen beseitigte sofort das an den Christen in der Verfolgungszeit begangene Unrecht in einer großzügigen Wiedergutmachung[96]. Wichtiger sind jene Stellen des Schreibens, an denen Konstantin die jüngsten Ereignisse deutet: sie waren das große Ringen um die Anerkennung des Christengottes, der seine Macht im Erfolg des konstantinischen Heeres offenbarte. Dieser Gott hat ihn zu seinem Werkzeug auserwählt, um die Völker „zum Dienst des heiligsten Gesetzes zu führen und den seligsten Glauben auszubreiten". Dem höchsten Gott gebührt nicht nur Dank dafür, ihm „schulde ich meine ganze Seele, jeden Atemzug und jede Regung meines Geistes ganz und vollständig"[97]. Anstelle des früher schon ausgesprochenen Sendungsbewußtseins ist nun ein hochgemutes sicheres Wissen um seine Auserwählung getreten, das alle Akte des Kaisers in Zukunft bestimmen wird. Der Erlaß schließt mit der Ermahnung, „dem göttlichen Gesetz", d. h. dem Christentum, mit aller Ehrfurcht zu dienen[98]. Noch eindeutiger wird das persönliche Bekenntnis zum Christentum ausgesprochen in einem zweiten Schreiben an die östlichen Provinzen, in dem sich das Hochgefühl des Siegers mit dem Dank für die Auserwählung verbindet[99]. Hier wendet sich Konstantin in einem Gebet an den heiligen Gott: „Unter deiner Leitung habe ich die heilbringenden Taten

[94] Vita Const. 2, 4. [95] HE 10, 9, 6—8; Vita Const. 2, 19. [96] Vita Const. 2, 30—41.
[97] Ebd. 2, 28—29. [98] Ebd. 2, 42. [99] Ebd. 2, 48—60.

begonnen und vollendet. Dein Zeichen ließ ich vorantragen und führte so das Heer zu glorreichen Siegen; und wenn irgendeine Not des Staates rufen sollte, werde ich den gleichen Losungen deiner Macht folgen und gegen die Feinde ziehen. Darum habe ich dir meine Seele geweiht; . . . deinen Namen liebe ich, deine Macht verehre ich, die du durch viele Zeichen kundtatest und damit meinen Glauben stärktest. Ich verlange danach, selbst meine Schultern hinzuhalten und dir das heiligste Haus neu aufzubauen."[100] In den Schlußworten äußert sich der Tatendrang des in der Vollkraft des Lebens stehenden Herrschers eindrucksvoll; er hat ein scharf umrissenes Ziel vor Augen, den Wiederaufbau der christlichen Kirche. Im gleichen Schreiben zeigt sich auch die staatsmännische Größe des Kaisers; der Sieger läßt die Anhänger des Heidentums nicht verfolgen oder zum Christentum zwingen, die Freiheit des Gewissensentscheids wird garantiert: „Wie sein Herz es will, so soll jeder es halten."[101] Erst die Zukunft konnte lehren, ob Konstantin zu diesem Wort und dem in ihm ausgesprochenen Programm stehen würde.

31. Kapitel

Die Ursachen für den Sieg der christlichen Religion. Die Tragweite der „Konstantinischen Wende"

LITERATUR: 1. *M. Sdralek,* Über die Ursachen, welche den Sieg des Christentums im römischen Reich erklären (Breslau 1907); *K. S. Latourette,* History of the Expansion of Christianity I (New York 1937) 160—170: Reasons for Ultimate Success; *K. Prümm,* Das Christentum als Neuheitserlebnis (Freiburg 1939); *W. Eltester,* Die Krisis der alten Welt und das Christentum: ZNW 42 (1949) 1—19; *G. E. M. de Ste Croix,* Aspects of the Great Persecution: HThR 47 (1954) 75—113; *W. H. Frend,* The Failure of the Persecutions in the Roman Empire: Past and Present n. 16 (London 1959) 10—30.
2. Die im letzten Kap. zu Konstantin genannte Literatur, außerdem: *K. Voigt,* Staat und Kirche von Konstantin d. Gr. bis zum Ende der Karolingerzeit (Stuttgart 1936); *H. Berkhof,* Kirche und Kaiser. Eine Untersuchung der byzantinischen und theokratischen Staatsauffassung im 4. Jahrhundert (Zürich 1947); *F. E. Cranz,* Kingdom and Polity in Eusebius of Caesarea: HThR 45 (1952) 47—66; *S. L. Greenslade,* Church and State from Constantine to Theodosius (London 1954); *J.-P. Brisson,* Autonomisme et christianisme dans l'Afrique romaine de Septime Sévère à l'invasion arabe (Paris 1958); *K. Aland,* Das Konstantinische Zeitalter: Kirchengeschichtliche Entwürfe (Gütersloh 1960) 165—201; *ders.,* Kirche und Kaiser von Konstantin bis Byzanz: ebd. 257—279; *B. Lohse,* Kaiser und Papst im Donatistenstreit: Ecclesia und Res Publica, Festschr. für K. D. Schmidt (Göttingen 1961) 76—88; *H. Rahner,* Konstantinische Wende?: StdZt 167 (1960/61) 419—428.

Der Wendepunkt in der Geschichte der Kirche, der mit dem Beginn der Alleinherrschaft des ersten christlichen Kaisers erreicht wurde, wirft zwei Fragen auf, deren rechte Beantwortung für das Verständnis der Gesamtlage der Kirche am Beginn des 4. Jahrhunderts von wesentlicher Bedeutung ist.

[100] Ebd. 2, 55. [101] Ebd. 2, 56.

1. Die Frage nach den Ursachen für den Enderfolg der christlichen Religion in ihrer Auseinandersetzung sowohl mit den konkurrierenden religiösen Strömungen der Spätantike wie mit der römischen Staatsmacht ist oft gestellt worden und hat erheblich voneinander abweichende Antworten gefunden. Ganz im Vordergründigen bleibt der Versuch, den Sieg des Christentums mit dem Zerfallsprozeß zu erklären, in dem sich gerade damals die spätantike Kultur befand; dieser habe dem synkretistischen Christentum einen im Grunde billigen Triumph über eine zusammenbrechende Welt gebracht[1]. Diese für die religiöse Eigenständigkeit des Christentums blinde Auffassung bedeutet nur eine Verschiebung der Antwort, da sich sofort die neue Frage erhebt, warum sich gerade das Christentum und nicht eine der anderen religiösen Bewegungen der Zeit in dieser allgemeinen Auflösung durchsetzte. Ebensowenig wird ein Verständnis des christlichen Enderfolges gewonnen, wenn man in ihm den Sieg einer proletarischen, klassenkämpferischen Revolution über die das Römische Imperium bis dahin beherrschende Oberschicht sieht[2]. Zwar hat schon Kelsos dem Christentum den Vorwurf gemacht, es übe eine besondere Anziehungskraft auf die sozial tiefstehenden, ungebildeten Schichten der römischen Reichsbevölkerung aus[3], aber die gesamte christliche Verkündigung der vorkonstantinischen Zeit läßt mühelos erkennen, daß sie bewußt alle Klassen und alle Rassen in gleicher Weise ansprach. Man kann gerade diese Universalität der Kirche mit Recht als einen der Faktoren ansehen, die für den Enderfolg der christlichen Religion besonders wirksam wurden. Aber auch dann bleibt die Frage bestehen, worin die Anziehungskraft des Christentums auf alle sozialen Schichten und auf alle Völker begründet war.

Eine andere Antwort auf die Frage sieht in der Förderung des Christentums durch Konstantin den eigentlichen Grund für sein siegreiches Sichdurchsetzen. Eine solche Sicht der Dinge verwechselt jedoch Ursache und Wirkung in der Erklärung des Vorganges; Konstantin hat vielmehr aus der Einsicht in den faktisch schon errungenen Sieg des Christentums gehandelt, als er diesem Duldung und dann Bevorzugung gewährte. Auch die Verfolgerkaiser unmittelbar vor ihm gewannen bereits die Erkenntnis von dem Fehlschlag der Verfolgungen, so vielleicht schon Diokletian, sicher aber Galerius, Maximinus Daia und auch, ohne selbst Verfolger zu sein, Maxentius; sie haben nur die Konsequenzen aus dieser Erkenntnis zu widerwillig und zu spät gezogen. Ein Kaiser nach Konstantin hätte früher oder später eine Verständigung mit der siegreichen Kirche suchen müssen. Die Tat Kon-

[1] Diese Dekadenztheorie hat ihren ersten Vertreter in *E. Gibbon*, der sie in seiner „History of the Decline and Fall of the Roman Empire" leidenschaftlich verfocht; sie wurde modifiziert wieder vorgetragen von *F. Altheim*, Literatur und Gesellschaft im ausgehenden Altertum (Halle 1948) 16.

[2] So z. B. *A. J. Toynbee*, A Study of History 1, 57 f, ebenso die marxistische Geschichtsschreibung. [3] Contra Cels. 3, 59.

stantins und seine weitere konsequent christenfreundliche Religionspolitik haben die Aufgabe der Kirche gewiß ungemein erleichtert, ihren Sieg erklären sie nicht.

Der Wirklichkeit wesentlich näher kommen jene Antworten auf die obige Frage, die die Erklärung für den Endsieg in einem innerkirchlichen Faktor suchen. So hat man mit Recht auf das überdurchschnittliche sittliche und charakterliche Niveau bei der Mehrheit der Anhänger des Christentums hingewiesen, das den schwersten Belastungen gewachsen blieb. Die Tatsache der aktuellen oder doch immer höchst potentiellen Verfolgung unterwarf die Taufbewerber einer unerbittlichen Auslese, die den christlichen Einzelgemeinden einen beachtlichen Prozentsatz hochqualifizierter Mitglieder zuführte wie kaum noch einmal in der Geschichte der Kirche. Der Katechumenenunterricht machte ihnen klar, daß beim Übertritt zum Christentum von ihnen ein radikaler Bruch mit ihren bisherigen Lebensformen verlangt wurde; wer diesen Bruch vollzog, tat es aus einer tiefen Glaubensüberzeugung, die in der Stunde der Bewährung die Quelle seiner Kraft war. Das Versagen vieler Christen in der Decischen und Diokletianischen Verfolgung widerspricht dem nicht; das freimütige Eingeständnis solcher Verluste durch Dionys von Alexandrien und Cyprian und ihr Bemühen um die Heilung der Wunden, die der Kirche durch eine allzu sorglose Aufnahme von Taufbewerbern in der Friedenszeit entstanden, bestätigen den ernsten Willen der Gesamtkirche, das hohe Niveau in den Gemeinden zu halten. Die heidnische Umgebung wurde auch beeindruckt von der Haltung der Christen gegenüber ihren Verfolgern, für die sie keine Rachegefühle und Vergeltungswünsche hegten. Ebenso stellte die umfassende karitative Tätigkeit der frühchristlichen Großkirche eine starke Werbekraft für das Christentum dar. Aber auch hier bleibt die Frage nach der letzten Wurzel für diese Haltung und diese hohen moralischen Qualitäten offen.

Sehr viel Wahrheit kommt jener Auffassung zu, die den Erfolg des Christentums von den Werten herleitet, die es einer religiös suchenden und aufgewühlten späthellenistischen Welt zu bieten hatte. Es ist richig, daß es hier oft in eine seelische Leere vorstoßen konnte, die es ausfüllte mit seiner in froher Sicherheit verkündeten Botschaft von dem neuen und einzigen Weg zum Heil, die sich auf göttliche Offenbarung gründete. Aber dieser christlichen Heilsbotschaft muß eine letzte bestimmte Qualität eigen gewesen sein, die sie vor dem Gnostizismus oder Neuplatonismus oder den heidnischen Mysterienkulten die Entscheidung gewinnen ließ, da diese ja auch mit dem Anspruch auftraten, der nach dem Heil ausschauenden Menschenseele die Erfüllung ihrer Sehnsucht zu bringen.

Den Weg zur letzten Antwort auf die Frage nach der Endursache des christlichen Sieges weist Augustinus im siebten Buch der „Bekenntnisse“. Hier spricht er davon, daß er in den Schriften der Platoniker viele Erkenntnisse fand, die ihm später in der christlichen Lehre wieder begegneten; aber der Neuplatonismus habe ihn auf die Dauer nicht fesseln können, weil er den Satz des Johannesevangeliums nicht kannte: „Das Wort ist Fleisch geworden und hat unter uns gewohnt."[4] Die Botschaft von dem menschgewordenen Gott und die letztlich in der Inkarnation gründende Auffassung von der *humilitas* waren es, die Augustinus nach seinen eigenen Worten zum Christen machten. Damit ist der entscheidende Grund genannt, der zum Sieg des Christentums geführt hat, die Quelle, aus der alle anderen bisher erwähnten Faktoren ihre Wirkkraft empfingen: die Gestalt Jesu Christi und die von ihm verkündete Botschaft, die in ihrer Einzigartigkeit und absoluten Neuheit alle anderen religiösen Strömungen der Zeit weit hinter sich ließen. Es ist nicht schwer, in den Quellen für die Geschichte der ersten drei christlichen Jahrhunderte den einzigartigen Zauber und die alle Energien des Menschenherzens aufrufende Kraft festzustellen, die von der Gestalt Christi ausgingen. Der Glaube an seine Sendung band seine ersten Jünger an ihn, der Glaube an seinen erlösenden Kreuzestod, die Hoffnung auf die durch ihn verheißene Auferstehung sind der letzte Grund für den Enthusiasmus der Urgemeinde, den Erfolg der paulinischen Missionspredigt und die frohe Bereitschaft der christlichen Martyrer zum Zeugentod. Das Werden dieses Glaubens, seine Intensität und nicht versiegende Frische sind mit historischen Mitteln nicht aufzuhellen, seine Existenz und Strahlungskraft werden aber in den Auswirkungen eindeutig faßbar. Im Glauben an den Gottmenschen fanden sich die Anhänger Jesu in einer Gemeinschaft brüderlicher Liebe zusammen, die in bisher unerhörter Weise alle sozialen und rassischen Schranken der Menschen untereinander aufhob. Der Eindruck, daß die Vitalität und Stärke des Christentums in Jesus Christus ihre Wurzel hatte, war es letztlich, der Konstantin zur Anerkennung des Christengottes führte. Ebenso war es das unerhört Neue in seiner Botschaft, das die Menschen der Spätantike in wachsendem Ausmaß für ihn gewann. Ihr zentraler Gehalt war die Verkündigung von der Menschwerdung des eingeborenen Gottessohnes und von seinem erlösenden Sühnetod am Kreuz; gerade der heidnische Widerspruch gegen die Lehre von einem gekreuzigten Gott macht offenkundig, wie absolut neu diese Botschaft empfunden wurde. Neu war der Weg, auf dem die Menschheit durch Taufe und Eucharistie des durch den Kreuzestod Christi erworbenen Heiles teilhaftig werden sollte. Neu war die Forderung, daß man durch ein Leben der Nachfolge, die bis zur Hingabe des eigenen Lebens reichte, die Echtheit seines Glaubens an diesen Erlöser beweisen müsse. Neu war schließlich die Botschaft Jesu von einem Jenseits, in dem der Mensch nach seiner Auferstehung mit seinem Herrn in einem ewigen Leben vereint sein wird. Das Empfinden der vorkonstantinischen Christenheit hat Irenäus gültig ausgesprochen: „Er hat jegliche Neuheit gebracht, indem er sich selbst gebracht hat."[5] Dieses Neu-

[4] Conf. 7, 9, 14. [5] Adv. haer. 4, 34, 1.

heitserlebnis in seiner Gesamtheit, das Christi Gestalt und Botschaft der spätantiken Menschheit gab, halten wir für den tiefsten historisch faßbaren Grund, der das Christentum zum Triumph über die Widerstände geführt hat, die sich ihm in den ersten drei Jahrhunderten seiner Existenz entgegenstellten. Der gläubige Christ sieht in diesem Geschehen das Walten einer göttlichen Vorsehung, die der jungen Kirche auf ihrem ersten entscheidenden Wegesabschnitt in allen Höhen und Tiefen nahe war.

2. Auch die Frage nach der Tragweite der „Konstantinischen Wende“ ist oft gestellt worden und steht gegenwärtig wieder im Mittelpunkt einer eindringlichen Diskussion[6], die diesem Thema leider einen etwas schlagwortartigen Charakter verleiht. Es herrscht im allgemeinen Einmütigkeit darüber, daß der durch Konstantin herbeigeführte Umschwung im Verhältnis von christlicher Kirche und römischer Staatsmacht ein Ereignis von weltgeschichtlicher Konsequenz war. In der Beurteilung seiner Tragweite für das Christentum im besonderen variieren die Stellungnahmen jedoch beträchtlich, je nach dem weltanschaulichen Standort oder dem Kirchenbegriff dessen, der eine Wertung des Ereignisses versucht. Einige sehen seine Bedeutung darin, daß es dem römischen Kaiser durch sein Bündnis mit der Kirche gelungen sei, diese dem Staat dienstbar zu machen, und daß er damit das System des Cäsaropapismus begründet habe, das die Kirche in entwürdigender Abhängigkeit vom Staate hielt, wie sie in der byzantinischen Welt niemals ernstlich bestrittene Praxis gewesen sei; die Kirche sei durch ihr Schweigen gegenüber solcher Versklavung schuldig geworden und habe selbst zur Einengung ihrer Wirkmöglichkeiten im Sinne ihres göttlichen Auftrages beigetragen. Andere erkennen in Konstantins Bevorzugung und Privilegierung der christlichen Religion vielmehr den ersten Schritt auf den Weg einer verhängnisvollen Fehlentwicklung, die bis in die Gegenwart fortwirke; die kirchliche Führung habe damals den Verlockungen zur Macht nicht widerstanden, ihre Stellung mit staatlichen Privilegien gesichert, die Beherrschung der ihr wesensfremden profanen Kulturgebiete erstrebt und sich so als Machtkirche um die Glaubwürdigkeit ihres religiösen Sendungsanspruches und ihrer missionarischen Bemühungen gebracht. Beide Wertungen stimmen darin überein, daß sie die Haltung der Kirche bei der „Konstantinischen Wende“ als Abfall von dem Ideal des Evangeliums betrachten, für das die Gegnerschaft zur Welt, die Trennung von profaner und kirchlicher Autorität und der Verzicht auf den Einsatz irdischer Macht in der Erfüllung ihres Missionsauftrages wesentlich seien. Eine Beurteilung der „Konstantinischen Wende“, die ihre Maßstäbe für das Verständnis dieser Entwicklung den zeitgenössischen Quellen entnimmt, kommt etwa zu folgenden Ergebnissen.

Zunächst hat die durch Kaiser Konstantin herbeigeführte Annäherung zwischen christlicher Religion und römischer Staatsmacht nicht den um-

[6] Zur Diskussion vgl. *H. Rahner* a. a. O. und die dort angegebene Literatur.

stürzend revolutionären Charakter, der ihr zuweilen zugeschrieben wird. Wie schon früher gezeigt, hat bereits die vorkonstantinische Christenheit ein tragbares Verhältnis selbst zum heidnischen Staat gesucht, weil sie nach paulinischem Vorbild (Röm 13, 1—7) hinter jeder staatlichen Gewalt den Willen Gottes sah[7]. Die zahlreichen Kontakte zwischen Anhängern der christlichen Religion und Repräsentanten des römischen Staates im Lauf des 3. Jh. lassen bereits deutlich eine Entwicklung erkennen, die zu gegenseitiger Anerkennung und zur Zusammenarbeit beider Gemeinschaften führen wird. Die von Konstantin und Licinius in der Mailänder Konvention 313 ausgesprochene Toleranz gegenüber allen Religionen konnte nach damaliger Auffassung nicht von Dauer sein. Religion und Staat kannten in der Spätantike nur ein grundsätzliches Zueinander. Es wäre revolutionär gewesen, wenn römischer Kaiser und Staat eine absolute Neutralität gegenüber allen religiösen Kulten zum dauernden Grundsatz ihrer Politik gemacht hätten und an irgendwelchen Beziehungen zwischen Staat und Religion uninteressiert gewesen wären. Die Vorstellung von einem religiös notwendig neutralen Staat gegenüber einer pluralistischen Gesellschaft ist für den Beginn des 4. Jh. anachronistisch. Daher war es völlig normales Denken, wenn Christen der Zeit erwarteten, unter einem Kaiser, an dessen aufrichtiger Hinwendung zu ihrem Glauben nicht zu zweifeln war, werde das Christentum allmählich an die Stelle des heidnischen Kultes treten. Daß sich darüber hinaus ihre Herzen diesem Kaiser in einem bedenkenlosen Enthusiasmus zuwandten, ist psychologisch durchaus begreiflich. Besonders die Christen der östlichen Reichsgebiete hatten Jahre schwerster seelischer und nervlicher Belastung hinter sich; eine Verfolgungswelle nach der anderen war gleich nach Beginn des Jahrhunderts über sie gekommen; die aufkeimende Hoffnung auf Frieden bei einem Abflauen der Verfolgung wurde immer wieder jäh und bitter enttäuscht durch neues Aufflammen der Gewaltmaßnahmen. Da kam mit Konstantin ein Kaiser ihres Glaubens zur Alleinherrschaft mit allen Garantien für den Beginn einer dauernden Friedenszeit. Das mußte zwangsläufig eine überschäumende Welle der Begeisterung auslösen, zu deren Sprecher sich Eusebius machte, wenn er das 10. Buch seiner „Kirchengeschichte" einleitete mit dem Jubelruf aus dem 97. Psalm: „Singet dem Herrn ein neues Lied, denn Wunderbares hat er getan!"[8] Bedenken ob einer sich hier anbahnenden Fehlentwicklung kamen um so weniger auf, wenn man die biblischen Worte von der gottgewollten staatlichen Autorität gerade auf die neue Lage anwandte und im gesalbten König des Alten Testamentes das Vorbild für Konstantin sah, der ebenso wie jener Verantwortung trug für die rechte Gottesverehrung der ihm untergebenen Völker[9]. Wer bei solch theokratischer Wertung des christlichen Kaisers von den da-

[7] Siehe oben S. 358/60 die Äußerungen der christlichen Schriftsteller der Zeit zu dieser Frage. [8] HE 10, 1, 3. [9] Vgl. *S. L. Greenslade* a. a. O. 11 f.

maligen Bischöfen erwartet, daß sie sofort die Gefährdungen sahen, die objektiv mit dem sich entwickelnden neuen Verhältnis zwischen Staat und Kirche gegeben waren, und prophetische Warnungen davor bei ihnen vermißt, überfordert sie. Die Einsicht in das Vorhandensein solcher Gefahren konnte erst durch Erfahrung gewonnen werden, erst dann war auch die Stellungnahme der Kirche zu dem Problem christlicher Staat — christliche Kirche fällig.

Die positiven wie negativen Möglichkeiten, die sich am Beginn der konstantinischen Alleinherrschaft für die christliche Kirche boten, lassen sich in folgenden Punkten zusammenfassen. Positiv entband die der Kirche gewährte Freiheit starke Kräfte, die sich dem ungehemmten Ausbau des innerkirchlichen Lebens widmen konnten. Die Freiheit des Kultes und der Verkündigung im innerkirchlichen Raum war gesetzlich gesichert; für den würdigen Vollzug der Liturgie waren neue Voraussetzungen gegeben mit der Möglichkeit des Wiederaufbaues und Neubaues der christlichen Kultgebäude, die reiche staatliche Förderung erfuhren. Die religiöse Betreuung der Gläubigen in den mannigfachen Formen der katechetischen Unterweisung, der Predigt, des sakramentalen Lebens war keiner Beschränkung mehr unterworfen. Den kirchlichen Schriftstellern stellten sich neue lockende Aufgaben in der unbelasteten Arbeit an einem pastoralen und theologischen Schrifttum. Der missionarische Auftrag der Kirche unterlag ebenfalls keinen Beschränkungen mehr und konnte sich besonders segensreich entfalten, da der freie Gewissensentscheid im religiösen Bekenntnis gewährleistet war.

Der Kirche war es jetzt ferner möglich, die enorme Aufgabe einer Verchristlichung der profanen Kultur und des öffentlichen Lebens in Angriff zu nehmen und ein eigenes christlich geprägtes Geistesleben zu entwickeln. Sie hat diese Aufgabe nicht als problematisch empfunden, da ihr Vorstellungen von der Eigenständigkeit der profanen Kultur fremd waren. Hier stand die Kirche vor ihrer vielleicht radikalsten Umstellung. Bisher hatte sie in bewußter Distanz zur kulturellen Umwelt gelebt und sich vor dem völlig paganen öffentlichen Leben auf ihre sittlich-religiöse Eigenart zurückgezogen, die in einer völligen Isolierung leichter zu bewahren war. Die gewonnene Freiheit führte sie aus dieser Abkapselung heraus, setzte sie damit aber zugleich einer Gefährdung aus; sie konnte leicht bei dem Versuch der Durchdringung der profanen Kultur mit christlichem Ideengut Elemente aufnehmen, die ihrem Glauben und ihrer Sittlichkeit fremd waren und sie verfälschten. Der christlichen Führung war hier eine hohe Verantwortung auferlegt.

Nicht ohne Gefahr für den sittlich-religiösen Hochstand der christlichen Gemeinden war die mit der Bevorzugung der christlichen Religion durch Konstantin gegebene Möglichkeit, daß man sich nun um die Aufnahme in die Kirche bewarb, weil der Übertritt zum Christentum soziale und berufliche Vorteile bot. Das in der Verfolgungszeit wirksame Ausleseprinzip fiel weg, damit gewann die Institution des Katechumenats erhöhte Bedeutung.

Die objektiv schwerste Aufgabe war der Kirche damit gestellt, daß sie die rechte Einstellung zu dem neuen Verhältnis von Kirche und Staat finden mußte. Die hier vorliegende doppelte Gefahr war ihr, wie schon gezeigt, nicht von Anfang an bewußt. Eusebius berichtet noch völlig unbefangen und voll des Lobes für Konstantin, daß nun „die Bischöfe kaiserliche Schreiben und Ehrungen und Geldzuwendungen erhielten"[10]. Es mußte für viele Bischöfe, vor allem im Osten, nach so langer Unterdrückung zu einer Versuchung werden, sich in kaiserlicher Gunst zu sonnen und dadurch unfrei zu werden. Gefährlicher war die vom kaiserlichen Pol ausgehende Tendenz, die Kirche nicht als Partner eigener Art zu werten, sondern den Interessen des Staates dienstbar zu machen und damit ihre Unabhängigkeit und notwendige Freiheit im innerkirchlichen Bereich zu ersticken. Man hat zwar behauptet, Papst Miltiades habe schon in der Frühphase des Donatistenstreites diese Tendenz des Kaisers erkannt, als dieser den Urteilsspruch des römischen Bischofsgerichts über die donatistischen Führer nicht als endgültig ansah und eine neue Behandlung der Frage anordnete[11], aber die Quellen sagen darüber nichts Bestimmtes aus. Erst die bitteren Erfahrungen unter Kaiser Konstantius konnten dem Episkopat eine Vorstellung davon geben, wie unendlich schwer es war, ein gesundes, fruchtbringendes Spannungsverhältnis im Zueinander von christlich geführtem Staat und katholischer Kirche zu verwirklichen.

[10] HE 10, 2. [11] Zum Beispiel *B. Lohse* a. a. O. 85—88.

NACHTRÄGE ZUR BIBLIOGRAPHIE

I

EINLEITUNG IN DIE KIRCHENGESCHICHTE VON HUBERT JEDIN

Zu Kapitel 2:

H. Foerster, Abriß der lateinischen Paläographie (Stuttgart ²1963); *K. Th. Weiss,* Handbuch der Wasserzeichenkunde, hrsg. v. W. Weiss (Leipzig 1962); *R. C. van Caenegem* - *F. L. Ganshof,* Kurze Quellenkunde des westeuropäischen Mittelalters (Göttingen 1964); *P. Deffontaines,* Géographie et religion (Paris 1948).

Zu Seite 22:

Die drei griechischen Fortsetzungen des Eusebius wurden zusammengefaßt und bis 527 weitergeführt durch Theodoros Lector, dessen Werk jedoch nur in einer Epitome erhalten ist. Die spätere byzantinische Chronistik (z. B. Theophanes Confessor, Xantopulos) schöpfte aus ihm. Koptisch verfaßt, aber nur äthiopisch erhalten ist die für das 7. Jahrhundert wichtige Chronik des Monophysiten Johannes von Nikiu. Die spätere Historiographie der Byzantiner berücksichtigte, obwohl in erster Linie Reichsgeschichte, die theologischen Streitigkeiten, am meisten Georgios Pachymeres († um 1310) und Nikephoros Gregoras († 1359/60).

Zu Seite 43:

In England wandte sich *J. Milner* in seiner „History of the Church of Christ" (1794 bis 1809), in Amerika der Unitarianer *J. A. Priestley* in seiner „General History of the Christian Church" (1802/03) von der Aufklärungshistorie ab.

Zu Seite 48:

R. Aubert, Un demi-siècle de revues d'histoire ecclésiastique: RSTI 14 (1960) 173—202.

II

VON DER URGEMEINDE ZUR FRÜHCHRISTLICHEN GROSSKIRCHE

von Karl Baus

Zu Seite 63:

Zu den christlichen Inschriften Roms: *H. Zilliacus,* Sylloge inscriptionum christianarum veterum Musei Vaticani I/II (Helsinki 1963); *I. Kajanto,* Onomastic Studies in the Early Christian Inscriptions of Rome and Carthage (Helsinki 1963).

Nachträge zur Bibliographie

Zu Seite 65 (Abschnitt a):

L. J. Rogier - R. Aubert - M. D. Knowles, Nouvelle Histoire de l'Eglise, vol. I: *J. Daniélou - H.-I. Marrou,* Des origines à Saint Grégoire le Grand (Paris 1963), deutsch: Geschichte der Kirche, I: Von der Gründung der Kirche bis zu Gregor d. Gr. (Köln 1963).

Zu Seite 71:

Literatur 1: *B. Reicke,* Neutestamentliche Zeitgeschichte (Berlin 1964); *M. Simon,* Die jüdischen Sekten zur Zeit Jesu (Köln 1964). Literatur 2: *K. Schubert,* Die Religionsparteien im Zeitalter Jesu — Der historische Jesus und der Christus unseres Glaubens (Wien 1962) 15—101; *J. Jeremias,* Jerusalem zur Zeit Jesu (Göttingen [3]1963); *F. Nötscher,* Vom Alten zum Neuen Testament (Bonn 1962). Literatur 3: Von *Ch. Burchard,* Bibliographie ... erschien Band II (1964). *Textausgaben: M. Baillet - J. T. Milik - R. de Vaux,* Les ‚petites grottes' de Q. (2Q, 3Q, 5Q—10Q). Le rouleau de cuivre (Oxford 1962); *E. Lohse,* Die Texte aus Q. Hebräisch und Deutsch (München 1964). Einen Forschungsbericht über ‚Q. und das Neue Testament' gibt *H. Braun:* ThR 28 (1962) 97—294; 29 (1963) 142—176. — *F. F. Bruce,* Second thoughts on the Dead Sea Scrolls (London [2]1961); *J. Jeremias,* Die theol. Bedeutung der Funde am Toten Meer (Göttingen 1962); *L. Mowry,* The Dead Sea Scrolls and the Early Church (Chicago 1962); *J. Carmignac,* Christ and the Teacher of Righteousness (Baltimore 1962); *J. Jeremias,* Der Lehrer der Gerechtigkeit (Göttingen 1963); *H. Bardtke* (Hrsg.), Qumranprobleme (Berlin 1963); *S. H. Siedl,* Qumran, eine Mönchsgemeinde im Alten Bund (Rom 1963); *J. Gnilka,* Die Kirche des Matthaeus und die Gemeinde von Qumran: BZ 7 (1963) 43—63; *A. N. Gilkes,* The Impact of the Dead Sea Scrolls (London 1963).

Zu Seite 76:

E. M. Smallwood, High Priests and Politics in Roman Palestine = JThS n. s. 13 (1962) 13—34; *N. Oswald,* Grundgedanken zu einer pharisäisch-rabbinischen Theologie: Kairos 5 (1963) 40—59.

Zu Seite 82:

Neuausgabe des Aristeasbriefes von *A. Pelletier:* SourcesChr 89 (Paris 1962), dazu vom gleichen Verfasser: Flavius Josèphe, adaptateur de la lettre d'Aristée, ebd. 1962.

Zu Seite 84 (Lit.):

R. Guardini, Das Bild von Jesus dem Christus im N. T. (Freiburg [2]1962); *J. M. Robinson,* Kerygma und historischer Jesus (Zürich 1960); *E. Lohse,* Die Frage nach dem historischen Jesus in der gegenwärtigen neutestamentlichen Forschung: ThLZ 87 (1962) 161—172; ebd. 575—580 *W. Marxsen* zur gleichen Frage; *F. Hahn - W. Lohff - G. Bornkamm,* Die Frage nach dem historischen Jesus (Göttingen 1962); *W. Schmithals,* Paulus u. der historische Jesus: ZNW 53 (1962) 145—160; *K. Schubert* (Hrsg.), Der historische Jesus und der Christus unseres Glaubens (Freiburg 1962).

Zu Seite 89:

Quellen: Der Jakobusbrief, Auslegung von *F. Mußner* (Freiburg 1964). Literatur: *W. Hartke,* Vier urchristliche Parteien und ihre Vereinigung zur Apostolischen Kirche, 2 Bde (Berlin 1961); *W. D. Davies,* Christian Origins and Judaism (London 1962); *H. Grass,* Ostergeschehen und Osterberichte (Göttingen [2]1962); *J. Sint,* Die Auferstehung Jesu in der Verkündigung der Urgemeinde: ZKTh 84 (1962) 129—151; *E. Haenchen,* Judentum und Christentum in der Apostelgeschichte: ZNW 54 (1963) 155—187; *W. Schrage,* ‚Ekklesia' und ‚Synagoge'. Zum Ursprung des urchristlichen Kirchenbegriffs: ZThK 60 (1963) 178—202.

Zu Seite 90:

K. H. Rengstorf, Die Zuwahl des Matthias: StTh 15 (1961) 35—67.

Zu Seite 91:

J. Blinzler, Rechtsgeschichtliches zur Hinrichtung des Zebedaiden Jakobus (Act XII 2): NovT 5 (1962) 191—206.

Zu Seite 92:

Apostelkonzil: *V. Kesich:* St. Vladimir's Quarterly 6 (1962) 108—117; *P. Gächter:* ZKTh 85 (1963) 339—354; *Th. Fahey:* IThQ 30 (1963) 232—261. Christenname: *B. Lifshitz,* L'origine du nom des chrétiens: VigChr 16 (1962) 65—70.

Zu Seite 96:

Anmerkung 21: *J. Schmitt,* Jésus resuscité dans la prédication apostolique (Paris 1949) 175—240; *F. X. Durwell,* La Résurrection du Jésus (Paris 1954); *J. Sint,* Die Auferstehung Jesu in der Verkündigung der Urgemeinde: ZKTh 84 (1962) 129—151; *H. Grass,* Ostergeschehen und Osterberichte (Göttingen ²1962). Anmerkung 22: *S. Schulz,* Maranatha und Kyrios Jesus: ZNW 53 (1962) 125—144; *F. Hahn,* Christologische Hoheitstitel im Neuen Testament (Göttingen 1963); *W. Kramer,* Christos, Kyrios, Gottessohn (Zürich 1963).

Zu Seite 103 (Lit. 2 d):

M.-J. Vermaseren, Mithra, ce dieu mystérieux (Paris 1960); Corpus inscriptionum et monumentorum religionis Mithriacae, 2 Bde (Hagae Comitis 1956/60); *A. Álvarez de Miranda,* Religiones mistéricas (Madrid 1961); *R. Merkelbach,* Isisfeste in griech.-röm. Zeit (Meisenheim 1963); *H. Hepding,* Attis, seine Mythen u. sein Kult (Berlin ²1964).

Zu Seite 116/117:

Zur Biographie: *W. Bieder,* Paulus und seine Gegner in Korinth: ThZ 17 (1961) 319—333; *O. Glombitza,* Der Schritt nach Europa (Act 16, 9—15): ZNW 53 (1962) 77—82; *H. Schürmann,* Das Testament des Paulus für die Kirche: Unio christianorum, Festschrift L. Jaeger (Paderborn 1962) 108—146; *J. Dupont,* Le discours de Milet. Testament Spirituel de s. Paul (Paris 1962). Zur Missionstätigkeit: *J. W. Maier,* Paulus als Kirchengründer und kirchlicher Organisator (Würzburg 1961); *K. Prümm,* Zum Vorgang der Heidenbekehrung nach paulinischer Sicht: ZKTh 84 (1962) 427—470; *O. Haas,* Das Missionsziel des Apostels Paulus: ZMR 48 (1964) 1—10. Zur Theologie und Frömmigkeit: *C. K. Barrett,* From First Adam to Last. A Study in Pauline Theology (London 1962); *L. Cerfaux,* Le chrétien dans la théologie Paulinienne (Paris 1962); *E. Stalder,* Das Werk des Geistes in der Heiligung bei Paulus (Zürich 1962); *C. Spicq,* Les éléments hellénistiques dans s. Paul = Da Tarso a Roma (Mailand 1962) 37—60; *G. Rinaldi,* Elementi giudaici in s. Paolo: ebd. 19—63; *E. Käsemann,* Paulus und der Frühkatholizismus: ZThK 60 (1963) 75—89; *O. Kuss,* Die Rolle des Apostels Paulus in der theologischen Entwicklung der Urkirche: MThZ 14 (1963) 1—59; 109—187; *L. Cerfaux,* Christus in der Paulinischen Theologie (Düsseldorf 1964); *D. E. H. Whitelly,* The Theology of St. Paul (Oxford 1964). Die paulinischen Gemeinden: *G. Dix,* Jew and Greek (London ²1955); *K. H. Schelkle,* Kirche als Elite u. Elite in der Kirche nach dem NT: ThQ 142 (1962) 257—282; *M. Guerra y Gómez.* Diáconos helénicos y bíblicos (Burgos 1962); *H. W. Bartsch,* Die Anfänge urchristlicher Kirchenordnungen in den Pastoralbriefen (Berlin 1963).

Zu Seite 141 (Untersuchungen):

A. Stöger, Das Christusbild des johann. Schrifttums = *K. Schubert,* Der historische Jesus ... (Freiburg 1962) 129—167; *J. N. Sanders,* St. John on Patmos: NTS 9 (1963) 75—85; *K. Wennemer,* Theologie des ‚Wortes' im Joh.-Ev.: Schol 38 (1963) 1—17; *J. Blank,* Der johann. Wahrheitsbegriff: BZ n. F. 7 (1963) 163—173; *G. H. Dodd,* Historical Tradition in the Fourth Gospel (Cambridge 1963); *A. Feuillet,* L'apocalypse. Etat de question (Bruges 1963).

Zu Seite 149 (Lit. 1):

L. Pareti, Primi contrasti fra Cristianesimo e Impero Romano: Responsabilità di sapere 12 (1960) 7—26. *Zum Christenprozeß: L. Dieu,* La persécution au IIe siècle. Une loi fantôme: RHE 38 (1942) 5—19; *Ch. Saumagne,* Tertullien et l'„Institutum Neronianum": ThZ 17 (1961) 334—357. *Zu Nero: H. Capocci,* Per il testo di Tacito, Annales 15, 44, 4: Stud. et Docum. hist. et juris (Rom) 28 (1962) 65—99; *G. Roux,* Néron (Paris 1962). *Zu Trajan: L. Vidman,* Étude sur la correspondance de Pline le Jeune avec Trajan (Praha 1960) 87—106.

Zu Seite 155 (Anm. 8):

H. Grégoire, Les Persécutions 25 ff; *J. Beaujeu,* La Religion romaine à l'apogée de l'Empire I (Paris 1955) 107.

Zu Seite 162/163 (Lit.):

D. Barsotti, La dottrina dell'amore nei Padri della Chiesa fino a Ireneo (Mailand 1963). *Zu Klemens: Ch. M. Nielsen,* Clement of Rome and Moralism: CH 31 (1962) 131—150. *Zu Ignatius: R. Padberg,* Geordnete Liebe. Amt, Pneuma u. kirchl. Einheit bei Ignatius v. Ant. = Unio Christianorum, Festschr. L. Jaeger (Paderborn 1962) 201—217; *ders.,* Vom gottesdienstlichen Leben in den Kirchen des Ign. v. A.: ThGl 53 (1963) 337—347; *R. M. Grant,* Scripture and Tradition in St. Ign. of A.: CBQ 25 (1963) 322—335; *P. Meinhold,* Episkope — Pneumatiker — Märtyrer. Zur Deutung der Selbstaussagen des Ignatius von Antiochien: Saeculum 14 (1963) 308—324. *Zu Polykarp: L. W. Barnard,* The Problem of St. Polycarp's Epistle to the Philippians: ChQR 163 (1962) 421—430. *Zu Hermas:* St. Giet, Hermas et les Pasteurs. Les trois auteurs du Pasteur d'Hermas (Paris 1963).

Zu Seite 172/173 (Quellen):

O. Knoch, Die Ausführungen des 1. Clemensbriefes über die kirchliche Verfassung im Spiegel der neueren Deutungen seit R. Sohm u. A. Harnack: ThQ 141 (1961) 385—407; *A. M. Javierre,* La primera ‚diadoche' de la patrística y los ‚ellogimoi' de Clemente Romano (Turin 1958); *ders.,* El tema literario de la sucesión en el Judaísmo, Helenismo y Cristianismo primitivo (Zürich 1963).

Zu Seite 175:

J. G. Davies, The Origin of Docetism: Stud. patr. 6 (TU 81, Berlin 1962) 13—35.

Zu Seite 180/181 (Lit.):

E. Bammel, Zur Frühgeschichte der Mandäer: Orientalia 32 (1963) 220—225; *M. Simon,* Recherches d'histoire judéo-chrétienne (Paris 1963).

Zu Seite 200:

Quellen: *R. M. Grant,* The Fragments of the Greek Apologists and Irenaeus: Festschr. R. P. Casey (Freiburg 1963) 179—218. Literatur: *J. H. Waszink,* Some Observations on the Appreciation of the ‚Philosophy of the Barbarians' in Early Christian Literature: Mélanges Chr. Mohrmann (Utrecht 1963) 41—56; *A. Wifstrand,* L'église ancienne et la culture grecque (Paris 1962).

Zu Seite 201:

Zu Theophilos: *A. W. Ziegler* = Festschr. G. Söhngen (Freiburg 1962) 332—336 (Gottesnamen bei Theophil). Zur Christologie des Melito: *R. Cantalamessa:* RSR 37 (1963) 1—26.

Zu Seite 206:

Zu Justins Tauflehre: *Cullen I. K. Story:* VigChr 16 (1962) 172—178. Zum Chiliasmus: *O. Giordano,* S. Giustino e il millenarismo: Asprenas 10 (1963) 155—171.

Zu Seite 212/213 (Quellen):

R. M. Grant, Gnosticism (a Sourcebook) (New York 1961); *W. C. Till,* Das Evangelium nach Philippos (Berlin 1963). Zu den Funden von Nag Hammadi *vgl. M. Schenke,* ZRGG 14 (1962) in Fortsetzg. *M. Krause,* Das liter. Verhältnis des Eugnostosbriefes zur Sophia Jesu Christi: Mullus, Festschr. Th. Klauser (Münster 1964) 215—223. Zu ‚Judentum und Gnosis': *J. Maier:* Kairos 5 (1963) 18—40.

Seite 223 (Lit.):

G. Hanson Tradition in the Early Church (London 1962); *G. Widengren,* Tradition and Literature in Early Judaism and the Early Church: Numen 10 (1963) 42—83; *G. G. Blum,* Tradition u. Sukzession (bis Irenäus, Berlin 1963); *B. Reynders,* Premières réactions de l'église devant les falsifications du dépôt apostolique = l'infaillibilité de l'église (Chevetogne 1963) 27—52.

Zu Seite 237 (Lit.):

R. Kasser, Les origines du Christianisme égyptien: RThPh (Lausanne) 12 (1962) 11—28; *L. W. Barnard,* The Background of Early Egyptian Christianity: ChQR 164 (1963) 300—310; 428—441; *W. H. C. Frend,* A note on the influence of Greek Immigrants on the spread of Christianity in the West: Mullus, Festschr. Th. Klauser (Münster 1964) 125—129.

Zu Seite 249 (Lit.):

L. Pareti, Storia di Roma e del mondo Romano, vol. VI: Da Decio a Costantino (Turin 1961); *L. Koep,* Antikes Kaisertum u. Christusbekenntnis im Widerspruch: JbAC 4 (1961) 58—76. Zu Septimius Severus: *A. A. Schwarte,* Das angebliche Christusgesetz des Septim. Sev.: Historia 12 (1963) 185—208. Zu Decius: *Ch. Saumagne:* Byz(B) 32 (1962) 1—29.

Zu Seite 251:

Neue krit. Ausgabe von Tertull., Ad martyras von *A. Quacquarelli* (Rom 1963).

Zu Seite 261/263 (Lit.):

F. Pericoli Ridolfini, Le origini della scuola di Alessandria: Riv. Studi Orient. 37 (1962) 211—230. Zu Origenes: *H. Musurillo,* The recent revival of Origen studies: ThSt 24 (1963) 250—263; *J. Daniélou,* Origène comme exégète de la Bible: Stud. patrist. I (TU 63, Berlin 1957) 280—290; *H. Crouzel,* Origène est-il un systématique?: BLE 60 (1959) 81—116; *ders.,* Origène et la „connaissance mystique" (Bruges 1961); *ders.,* Virginité et mariage selon Origène (Paris 1963). Zur Engellehre des O.: *M. Simonetti:* Riv. Cult. class. mediev. 4 (1962) 165—208. Zur Trinitätslehre: *V. Peri:* Stud. patrist. VI (TU 81, 1962) 155—180.

Zu Seite 272:

Zur Nachwirkung der Christusmystik des Origenes vgl. jetzt *J. Pr. Th. Deroy,* Bernardus en Origenes. Enkele opmerkingen over de invloed von Origenes op sint Bernardus' Sermones super Cantica Canticorum (Haarlem 1963).

Zu Seite 277/279:

Altchristliches Latein: Erste Einführung gibt *K. Baus:* TThZ 61 (1952) 192 bis 205; *E. Franceschini,* Latino dei Cristiani e Latino della Chiesa = Mélanges Chr. Mohrmann (Utrecht 1963) 152—164. Hippolyt: *B. Botte,* La tradition apostolique de S. Hippolyte. Essai de reconstruction (Münster 1963); *J.-M. Hanssens,* La liturgie d'Hippolyte (Rom 1959); dazu kritisch: *J. G. Davies:* JThS (1960) 163—166; *B. Botte:* BThAM 8 (1960) 575—577; *A. Amore,* La personalità dello scrittore Ippolito: Antonianum 36 (1961) 3—28. Tertullian: Neuausgabe mit Komm. von Adv. Judaeos von *H. Tränkle* (Wiesbaden 1964); De Baptismo (mit Komm.) von *E. Evans* (London 1964); zu De idol. u. De cultu fem.: *P. G. Van der Nat:* VigChr 17 (1963) 71—84; 18 (1964) 14—31. Zu De spectaculis: *ders.:* ebd. 129—143; *R. Cantalamessa,* Le cristologia di Tert. (Freiburg/Schweiz 1962); *G. G. Blum,* Der Begriff des Apostolischen im Denken Tert.s: KuD 9 (1963) 102 bis 121; *G. C. Stead,* Divine substance in T.: JThS 14 (1963) 46—66; *B. Piault,* T. a-t-il été subordinatien?: RSPhTh 46 (1946) 181—204. Cyprian: *M. F. Wiles,* The Theological Legacy of St. C.: JEH 14 (1963) 139—149.

Zu Seite 283:

Der römische Charakter der in der Traditio apostolica Hippolyts wiedergegebenen Liturgie wird mit gewichtigen Gründen gegen *J.-M. Hanssens* verteidigt von *J. G. Davies:* JThS 11 (1960) 163—166; *A. Amore:* Antonianum 36 (1961) 3—28 u. vor allem von *B. Botte,* La tradition apostolique de s. H. (Münster 1963), dazu *C. Lambert:* RBén 74 (1964) 144—147.

Zu Seite 290:

B. de Margerie, L'intérêt théologique du De mortalitate de s. Cyprien: Sciences ecclésiastiques 15 (1963) 199—211.

Zu Seite 291 (Lit.):

R. Cantalamessa, Prassea e l'eresia monarchiana: SC 90 (1962) 28—50: *W. Marcus,* Der Subordinatianismus als historisches Phänomen (München 1963).

Zu Seite 307:

Literatur 1: *W. Nagel,* Geschichte des christlichen Gottesdienstes (Berlin 1962); *A. G. Martimort* (Hrsg.), L'église en prière. Introduction à la Liturgie (Paris 1961), deutsch: Handbuch der Liturgiewissenschaft I (Freiburg 1964). Ostern und Osterfeststreit: *Chr. Mohrmann:* VigChr 16 (1962) 154—171; *P. Nautin,* Lettres et écrivains chrétiens au IIe et IIIe siècles (Paris 1961) 65—89; *B. J. Van der Veken:* SE 14 (1963) 5—33. Taufe und Eucharistie: *G. Kretschmer:* JbLit Hymnol 8 (1963) 1—54 (Tauflit. in Äg.); *A. Adam:* ThLZ 88 (1963) 9—20 (Euchar.). Altchristliche Kunst: *A. v. Gerkan:* Mullus, Festschrift Th. Klauser (Münster 1964) 144—149 (Dura-Europos).

Zu Seite 328:

Tauffrömmigkeit: *T. Ysebaert,* Greek baptismal terminology (Nijmegen 1962). Martyriumsfrömmigkeit: *E. Benz:* ZNW 43 (1950/51) 195—224; *Th. Klauser:* Arb. Gem. Forschung NRW Geisteswiss. 91 (1960) 27—38; *M. Pellegrino:* RevSR 35 (1961) 151—175. Gebet: *A. Stuiber,* Refrigerium interim (Bonn 1957). Sittenleben: *N. H. Baynes,* Idolatry in the Early Church: Byzantine Studies (London 1955) 116—143. Kirche und Kultur: *J. H. Waszink,* Het oudste Christendom en de antieke Cultuur, 2 Bde (Haarlem 1951); *St. Perowne,* Caesars and Saints. The Evolution of the Christian State A.D. 180—313 (London 1962); *J.-M. Hornus,* Politische Entscheidung in der alten Kirche (München 1963); *H. v. Campenhausen,* Der Kriegsdienst der Christen in der Kirche des Altertums = Tradition und Leben (Tübingen 1960) 203—215; *W. Jaeger,* Early Christianity and Creek Paideia (Cambridge/Mass. 1961); auch deutsch: Das frühe Christentum und die griechische Bildung (Berlin 1963); *A. Wifstrand,* L'église ancienne et la culture grecque (Paris 1942).

Zu Seite 388/389:

Klerus: *J. G. Davies,* Deacons, Deaconesses and the Minor Orders in the Patristic Period: JEH 14 (1963) 1—15; *O. Perler,* L'évêque, représentant du Christ = L'épiscopat et l'Église universelle (Paris 1962) 31—66; *J. Colson,* L'épiscopat catholique. Collégialité et primauté dans les trois premiers siècles (Paris 1963). Verfassung: *W. de Vries,* Der Episkopat auf den Synoden von Nicäa: ThprQS (1963) 263—277. Primat: *P.-Th. Camelot:* S. Cyprien et la primauté: Istina 4 (1947) 421—434.

Zu Seite 411/412:

Literatur: A. *Ehrhardt,* The Adoption of Christianity in the Roman Empire: BJRL 45 (1962/63) 97—114. Syrien: *A. F. J. Klijn,* Edessa. Het oudste Christendom in Syrie (Baam 1963). Persien und Indien: *E. Tisserant,* Nestorienne bzw. Syro-Malabare (Église): DThC 11, 157—166; 14, 3089—3093. Balkan: *R. Noll,* Frühes Christentum in Österreich (Wien 1954); *I. Zibermayr,* Noricum, Bayern und Österreich (Horn [2]1956). Afrika: *Ch. Courtois,* Les Vandales et l'Afrique (Paris 1955); *W. Telfer,* The Origins of Christianity in Africa: Stud. patrist. 4 (Berlin 1961) 512—517; *W. H. C. Frend:* ThSt 12 (1961) 280—284. Spanien: *T. Fernández Alonso,* Espagne: DHGE 15 (1963) 892—901 (Lit.).

Zu Seite 430:

Vielleicht weist eine Grabinschrift des 4. Jh. auf christliche Martyrien in Regensburg hin, vgl. *J. A. Fischer,* Das Christentum zur Römerzeit im nachmaligen Bistum Freising: JbfAltbayer. Kirchengeschichte (1963) 28. — Über das frühe Christentum am Rhein jetzt zusammenfassend *W. Neuß,* Geschichte des Erzbistums Köln I (Köln 1964) 31—108.

Zu Seite 441 (Lit.):

G. E. M. de Ste Croix, Why were the Early Christians persecuted?: Past and present No. 26 (1963) 6—38; *H. U. Instinsky,* Die alte Kirche und das Heil des Staates (München 1963).

Zu Seite 472 (Lit.):

G. Brunner, Zur Konstantinischen Frage: OstKSt 11 (1962) 43—51; *R. Hornegger,* Macht ohne Auftrag (Olten/Freiburg 1963); *P. Stockmeier,* Konstantinische Wende und kirchengeschichtliche Kontinuität: HJ 82 (1963) 1—21.

III
ERGÄNZENDE BIBLIOGRAPHISCHE NACHTRÄGE

von Hermann Josef Vogt

L. Abramowski, Marius Victorinus, Porphyrius und die römischen Gnostiker: ZNW 74 (1983) 108–128; *K. Aland,* Das Verhältnis von Kirche und Staat in der Frühzeit, in: Aufstieg und Niedergang der römischen Welt, II, 23, hrsg. v. W. Haase (Berlin 1979) 60–246; *C. Andresen* (Hrsg.), Die Gnosis 1–3 (Zürich – Stuttgart 1969); *ders.,* Die Kirchen der alten Christenheit (RM 29,1/2) (Stuttgart 1971); *Annuarium Historiae Conciliorum* (AHC). Internationale Zeitschrift für Konziliengeschichtsforschung 1–2 (Amsterdam 1969/70), 3 ff (Paderborn 1971 ff) *Archivum Historiae Pontificiae* (AHP) Rom 1 ff (1963 ff) (Lit.!); *A. H. Armstrong,* The Way and the Ways: Religious Tolerance and Intolerance in the Fourth Century A. D.: VigChr 38 (1984) 1–17; *J. Barbel,* Jesus im Glauben der Kirche. Die Christologie bis zum 5. Jahrhundert (Aschaffenburg 1976); *U. Berner,* Origenes (EdF 147) (Darmstadt 1981); *Bibliographia Patristica.* Internationale patristische Bibliographie, hrsg. v. W. Schneemelcher (Berlin 1959 ff); *W. Bienert,* Dionysius von Alexandrien. Zur Frage des Origenismus im 3. Jahrhundert (PTS 21) (Berlin – New York 1978); *G. G. Blum,* Zur religionspolitischen Situation der persischen Kirche im 3. und 4. Jahrhundert: ZKG 91 (1980) 11–32; *A. Böhlig,* Die Gnosis. Bd. III: Der Manichäismus (Zürich 1980); *P. F. Bradshaw,* Daily prayer in the early Church (London 1981); *R. Brändle,* Die Ethik der Schrift an Diognet (Zürich 1975); *R. Braun,* Deus Christianorum. Recherches sur le vocabulaire doctrinal de Tertullien (Paris [2]1977); *G. Bray,* Creeds, councils and Christ (Leicester 1984); *B. Brenk,* Spätantike und Frühes Christentum. (PKG Suppl. I) (Frankfurt – Berlin – Wien 1977); *R. E. Brown – J. P. Meyer,* Antioch and Rome, New Testament cradles of catholic Christianity (London 1983); *N. Brox,* Kirchengeschichte des Altertums (Düsseldorf 1983); *R. Cantalamessa* (Hrsg.), Ostern in der Alten Kirche (TC 4) (Bern – Frankfurt – Las Vegas 1981); *T. Christensen*, Christus oder Jupiter. Der Kampf um die geistigen Grundlagen des Römischen Reiches (Göttingen 1981); *E. Church – T. George*, Continuity and discontinuity in church history (FS G. H. William) (Leiden 1979); *F. Coarelli*, Rom. Ein archäologischer Führer (Freiburg 1975); *J. Daniélou*, Les origines du christianisme latin (Histoire des doctrines chrétiennes avant Nicée III) (Paris 1978); *L. Davies*, The Gospel of Thomas and Christian wisdom (New York 1983); *F. W. Deichmann* (Hrsg.) Repertorium der christlich-antiken Sarkophage (Wiesbaden 1967 ff); *ders.*, Einführung in die Christliche Archäologie (Darmstadt 1983); *G. Denzler* (Hrsg.), Päpste und Papsttum (Stuttgart 1971 ff); *Dizionario Patristico* e di Antichità Cristiana, hrsg. v. A. Di Bernardino, 2 Bde. (Casale Monferrato 1983/84); *G. Dumeige – H. Bacht*, Geschichte der ökumenischen Konzilien. 12 Bde. (Mainz 1964 ff); *J. D. G. Dunn*, The Incident at Antioch (Gal 2,11–18): Journal for the Study of the New Testament (Sheffield), Bd. 18, S. 3–56; *A. Faivre*, Naissance d'une hiérarchie. Les premières étapes du cursus clérical (Paris 1977); *G. Feeley-Harnik*, The Lord's Table: Eucharist and Passover in early Christianity (Philadelphia 1981); *A. L. Fenger*, Zur Beurteilung der Ketzertaufe durch Cyprian von Karthago und Ambrosius von Mailand, in: Pietas (FS B. Kötting): JAC.E 8 (1980) 179–197; *R. J. De Simone*, The treatise of Novatian the Roman Presbyter on the Trinity (Studia ephemeridis „Augustinianum" 4) (Rom 1970); *A. Festugière* (Hrsg.), Ephèse et Chalcédoine. Actes des conciles (Paris 1982); *ders.*, Actes du Concile de Chalcédoine. Sessions 3–4. La définition de la foi (Cahiers d'orientalisme 4) (Genf 1983); *J. Fischer*, Die antimontanischen Synoden des 2./3. Jahrhunderts: AHC 6 (1974) 241–273; *K. S. Frank* (Hrsg.), Askese und Mönchtum in der Alten Kirche (Darmstadt 1975); *W. H. C. Frend*, The rise of Christianity (1984); *J. Füllenbach*, Ecclesiastical office and the primacy of Rome ... theological discussion of First Clement (Washington 1980); *N. G. Garsoian – T. Mathews – R. W. Thomson*, East of Byzantium: Syria and Armenia in the formative period (Washington 1982); *St. Gero*, „Die Kirche des Ostens". Zum Christentum in Persien in der Spätantike: OstKSt 30 (1981) 22–28; *W. Gessel*, Die Theologie des Gebetes nach „De Oratione" von Origenes (München – Paderborn – Wien 1975); *H. Görgemanns – H. Karpp* (Hrsg.), Origenes. Die Bücher von den Prinzipien (Darmstadt 1976); *A. Grabar*, Die Kunst des frühen Christentums (München 1967); *ders.*, Die Kunst im Zeitalter Justinians (München 1967); *R. M. Grant*, Christen als Bürger im Römischen Reich (Göttingen 1981); *M. Greschat* (Hrsg.), Gestalten der Kirchengeschichte (Stuttgart – Berlin – Köln – Mainz 1984 ff); *Ch. W. Griggs*, The History of Christianity in Egypt to 451 A.D. (Berkeley 1979); *A. Grillmeier*, Jesus der Christus im Glauben der Kirche I (Freiburg ²1982); *H. Gülzow*, Cyprian und Novatian ... Rom und Karthago zur Zeit der Verfolgung des Kaisers Decius (Tübingen 1975); *H. Jedin*, Kirchengeschichte als Theologie und Geschichte: IKaZ 8 (1979) 496–507; *A. Jilek*, Initiationsfeier und Amt ... Traditio Apostolica, Tertullian, Cyprian (Frankfurt – Bern 1979); *H. C. Kee*, Das frühe Christentum in soziologischer Sicht (Göttingen 1982); *J. N. D. Kelly*, Altchristliche Glaubensbekenntnisse. Geschichte und Theologie (Göttingen ³1972); *P. Keresztes*, Constantine: a great Christian monarch and apostle (Amsterdam 1981); *ders.*, From the Great Persecution to the Peace of Galerius: VigChr 37 (1983) 379–399; *E. Kirschbaum* (Hrsg.), Lexikon der christlichen Ikonographie, 8 Bde. (Rom – Freiburg – Basel – Wien 1968–1976); *Th. Klauser*, Gesammelte Arbeiten zur Liturgiegeschichte, Kirchengeschichte und christlichen Archäologie (JAC.E 3) (Münster 1974); R. Krautheimer, Early Christian and Byzantine architecture (New Jersey 1980); *ders.*, Rome, profile of a city, 312–1308 (1980); *E. Langlotz*, Der architekturgeschichtliche Ursprung der christlichen Basilika (Opladen 1972); *A. Lindemann*, Paulus im älteren Christentum ... bis Marcion (Tübingen 1979); *A. Mandouze*, Prosopographie de l'Afrique chrétienne (303–533) (Paris 1982); *R. A. Markus*, Christianity in the Roman world (New York 1975); *Les Martyrs de Lyon* (Paris 1978); *P. Nautin*, Origène. Sa vie et son œuvre (Paris 1977); *K. Niederwimmer*, Askese und Mysterium: über Ehe, Ehescheidung und Eheverzicht in den Anfängen des christlichen Glaubens (Göttingen 1975); *W. Nyssen – F. P. Sonntag*, Der Gott der wandernden Völker. Frühe christliche Zeugnisse der keltisch–germanischen Stämme von Västergötland bis Asturien (Leipzig 1969); *W. H. Ollrog*, Paulus und seine Mitarbeiter ... Praxis der paulinischen Mission (Neukirchen-Vluyn 1979); *Origène*, Philocalie, 1–20 sur les écritures. La lettre à Africanus sur l'histoire de Suzanna. Ed. M. Harl et N. de Lange (Sources Chr 302) (Paris 1983); *Origéne*, Sur la Pâque. Ed. O. Guérand et P. Nautin (Paris 1979); *T. Osawa*, Das Bischofseinsetzungsverfahren bei Cyprian (Frankfurt – Bern 1983); *H. Paulsen*, Zur Wissenschaft vom Urchristentum und der alten Kirche – ein methodischer Versuch: ZNW 68

(1977) 200–230; *ders.*, Studien zur Theologie des Ignatius von Antiochien (Göttingen 1978); *ders.*, Die Bedeutung des Montanismus für die Herausbildung des Kanons: VigChr 31 (1978) 19–52; *F. van de Paverd*, Disciplinarian Procedures in the Early Church: Augustinianum 21 (1981) 291–316; *ders.*, Ausschluß und Wiederversöhnung in der byzantinischen Kirche: OstKSt 28 (1979) 281–302; *R. Pesch*, Simon-Petrus. Geschichte und geschichtliche Bedeutung des ersten Jüngers Christi (Päpste und Papsttum 15) (Stuttgart 1980); *K. Pichler*, Streit um das Christentum. Der Angriff des Kelsos und die Antwort des Origenes (Frankfurt – Bern 1980); *M. Restle*, Die byzantinische Wandmalerei in Kleinasien, 3 Bde. (Recklinghausen 1967); *A. Richardson*, Creeds in the making. A short introduction to the history of Christian doctrine (Philadelphia 1981); *A. M. Ritter*, Alte Kirche. Kirchen- und Theologiegeschichte in Quellen I (Neukirchen 1977); *J. Ritter*, Historisches Wörterbuch der Philosophie (Basel – Darmstadt 1971 ff); *W. Rordorf – A. Schneider*, Die Entwicklung des Traditionsbegriffs in der Alten Kirche (Bern – Frankfurt 1983); *K. Rudolph*, Gnosis und Gnostizismus (Darmstadt 1975); *G. Ruhbach* (Hrsg.), Die Kirche angesichts der konstantinischen Wende (Darmstadt 1976); *V. Saxer*, Vie liturgique et quotidienne a Carthage vers le milieu du IIIe siècle. Le Témoignage de S. Cyprien ... (Rom 1969); *ders.*, Morts, Martyrs, Reliques en Afrique chrétienne aux premiers siècles (Paris 1980); *W. Schneemelcher*, Das Urchristentum (Stuttgart – Berlin – Köln 1981); *H. R. Seeliger*, Kirchengeschichte – Geschichtstheologie – Geschichtswissenschaft (Düsseldorf 1981); *F. Shoot*, The ethics of Paul and its influence on second century christianity (Los Angeles 1983); *H. J. Sieben*, Voces. Eine Bibliographie zu Wörtern und Begriffen aus der Patristik (1918–1978) (Berlin 1980); *Spätantike und Frühes Christentum:* Ausstellung im Liebieghaus, Museum alter Plastik, Frankfurt/M ... (Frankfurt 1983); *R. D. Spinks* (Ed.), The sacrifice of praise. Studies on the themes of thanksgiving and redemption in the central prayers of the eucharistic and baptismal liturgies (FS A.H. Couration) (BEL Subsidia 19) (Rom 1981); *J. Stevenson*, Im Schattenreich der Katakomben: Entstehung, Bedeutung und Wiederentdekkung ... (Bergisch Gladbach 1980); *H. D. Stöver*, Christenverfolgung im Römischen Reich: ihre Hintergründe und Folgen (Düsseldorf – Wien 1982); *G. Strecker*, Das Judenchristentum in den Pseudoklementinen (Tu 70) (Berlin ²1981); *A. Strobel*, Ursprung und Geschichte des frühchristlichen Osterkalenders (TU 121) (Berlin 1977); *ders.*, Das heilige Land der Montanisten. Eine religionsgeographische Untersuchung (1980); *H. A. Stützler*, Die Kunst der römischen Katakomben (Köln 1983); *M. Testard*, Chrétiens latins des premiers siècles: la littérature et la vie (Paris 1981); *G. Theissen*, Soziologie der Jesusbewegung. Ein Beitrag zur Entstehungsgeschichte des Urchristentums (München 1977); *Ch. Thomas*, Christianity in Roman Britain to AD 500 (London 1981); *J. L. Vermaseren*, Die orientalischen Religionen im Römerreich (1981); *A. Vögtle*, Exegetische Reflexionen zur Apostolizität des Amtes und zur Amtssukzession, in: Die Kirche des Anfangs (FS H. Schürmann) hrsg. v. R. Schnackenburg u. a. (Leipzig 1978) (Freiburg 1978) 529–582; *H. J. Vogt*, Das Kirchenverständnis des Origenes (Köln – Wien 1974); *ders.*, Origenes. Der Kommentar zum Evangelium nach Mattäus T. 1 (übers. und eingel.) (Stuttgart 1983); *W. de Vries*, Die Entwicklung des Primats in den ersten drei Jahrhunderten, in: Papsttum als ökumenische Frage, hrsg. v. der Arbeitsgemeinschaft ökumenischer Universitätsinstitute (Mainz 1979) 114–158; *G. Walker*, Gnosticism. Its history and influence (1983); *D. S. Wallace-Hadrill*, Christian Antioch: a study of early Christian thought in the East (New York 1982); *G. Wehr*, Auf den Spuren urchristlicher Ketzer (Schaffhausen 1983); *W. C. Weinrich*, Spirit and martyrdom ... persecution and martyrdom in the New Testament and early Christian literature (Washington, D. C. 1981); *K. Weitzmann*, Age of Spirituality. Late antique and early Christian art, 3rd to 7th century. Catalogue of the Exhibition at the Metropolitan Museum of Art (New York 1979); *ders.*, A symposium (Ergänzung zum Ausstellungskatalog mit Beiträgen v. H. G. Beck, B. Brenk, E. Kitzinger, R. Krautheimer u. a.) (Princeton 1980). *K. Wengst* (Hrsg.), Didache. Barnabasbrief. Zweiter Klemensbrief. Schrift an Diognet (Schriften des Urchristentums) (Darmstadt 1984); *R. L. Wilken*, The Christians as the Romans saw them (London 1984); *J. Wilpert – W. Schuhmacher*, Die römischen Mosaiken der kirchlichen Bauten vom 4.–13. Jahrhundert (Freiburg 1976); *D. Wyrwa*, Die christliche Platonaneignung in den Stromateis des Clemens von Alexandrien (Berlin – New York 1983); *R. Zolltisch*, Amt und Funktion des Priesters ... in den ersten zwei Jahrhunderten (Freiburg 1974).

REGISTER

HANDBUCH DER KIRCHENGESCHICHTE

VI/1

HANDBUCH DER KIRCHENGESCHICHTE

Herausgegeben von

HUBERT JEDIN

Band VI

Die Kirche in der Gegenwart

Die Kirche in der Gegenwart

Erster Halbband:

Die Kirche zwischen Revolution und Restauration

von

ROGER AUBERT
JOHANNES BECKMANN
PATRICK J. CORISH
RUDOLF LILL

HERDER
FREIBURG · BASEL · WIEN

Umschlaggestaltung:
Finken & Bumiller, Stuttgart

Unveränderter Nachdruck
der Sonderausgabe von 1985

Herstellung: Freiburger Graphische Betriebe 1999
ISBN 3-451-27100-1

VORWORT

Im 19. und 20. Jahrhundert wird die Kirche faktisch, was sie dem Anspruch nach stets war: Weltkirche. Zwar behält Europa die geistige Führung, aber die alten und neuen Kirchen der anderen Kontinente wachsen, gefördert durch Weltwirtschaft und Weltverkehr, zu immer größerer Bedeutung heran. Tempo und Ausmaß ihres Wachstums werden sichtbar, wenn man die Zusammensetzung des Weltepiskopates auf dem Ersten Vatikanischen Konzil mit der des Zweiten vergleicht. Aber eben diese Konzilien demonstrieren auch, daß in Theologie und Spiritualität nach wie vor Europa führend blieb. Um beiden Gesichtspunkten gerecht zu werden, erwies es sich als notwendig, in diesem Handbuch der Darstellung des 19. und 20. Jahrhunderts einen größeren Raum zuzubilligen. Deshalb wurde der letzte Band in zwei Halbbände zerlegt und dadurch die Möglichkeit geschaffen, den Wurzeln unserer kirchlichen Gegenwart im verflossenen Jahrhundert nachzugehen; der abschließende zweite Halbband wird die Entwicklung bis zum Zweiten Vatikanischen Konzil führen, wenn auch der geringere Abstand und die Quellenlage noch nicht abschließende Urteile gestatten.
Mancher Leser dieses Bandes — und deren wünschen wir uns viele, nicht nur „Benutzer“ — wird vielleicht finden, daß die Darstellung der kirchlichen Entwicklung in den romanischen Ländern umfangreicher geworden ist als die Schilderung des kirchlichen Lebens in den deutschsprachigen Ländern. Wir halten das für keinen Nachteil, weil die Verhältnisse der romanischen Länder in Deutschland wenig bekannt sind. Es ging uns darum, den Blick universalkirchlich zu weiten und die meist unwillkürliche Einengung auf die Vorgänge in e i n e m Lande, dem der jeweilige Verfasser angehört, fallenzulassen. Der Bericht über den preußischen Kulturkampf, dessen Entstehung und Höhepunkt eigentlich noch in diesen Halbband gehört, ist wegen des ohnehin gewachsenen Umfangs in den zweiten Halbband verwiesen worden, wo der gesamte Verlauf des Kampfes bis zur Beilegung unter Papst Leo XIII. dargestellt wird.

Während der Band V noch die weitere Entwicklung der im Band IV ausführlich gewürdigten Reformation anzeigen konnte, bietet das 19. und 20. Jahrhundert ein so differenziertes Bild der Kirchen der Reformation, daß eine ihrer Bedeutung angemessene Darstellung in diesem Handbuch nicht möglich ist. Es wird deshalb in diesem Band und in dem folgenden von diesen Kirchen nur insoweit die Rede sein, als es zum Verständnis der Geschichte der katholischen Kirche nötig ist. Gerade diese Beschränkung möchten wir als einen Ausdruck ökumenischer Haltung verstanden wissen, wie sie dem „Atlas zur Kirchengeschichte" zugrunde liegt, mit dessen Hilfe die äußere Entwicklung der christlichen Kirchen verfolgt werden kann.
Es ist zu hoffen, daß die so erfreulich zahlreichen Subskribenten dieses Werkes den Entschluß zur Aufteilung des letzten Bandes auf zwei Halbbände begrüßen, auch wenn er ihnen ein größeres finanzielles Opfer auferlegt, als vorgesehen war.
Herrn Walter Burkart, Oberkorrektor im Verlag Herder, sei an dieser Stelle für die Anfertigung des Registers zu diesem Band bestens gedankt.

Hubert Jedin

INHALT

ERSTER TEIL: DIE KATHOLISCHE KIRCHE UND DIE REVOLUTION

(Univ.-Prof. Dr. Roger Aubert, Louvain)

ZWEITER TEIL: DIE KATHOLISCHE KIRCHE UND DIE RESTAURATION

DRITTER TEIL:

ZWISCHEN DEN REVOLUTIONEN VON 1830 UND DER KRISE VON 1848

VIERTER TEIL:
DIE KATHOLISCHE REAKTION GEGEN DEN LIBERALISMUS

VERZEICHNIS DER ABKÜRZUNGEN

ADRomana = Archivio della Deputazione Romana di Storia Patria, Rom 1935 ff (1878 bis 1934: ASRomana)
AFP = Archivum Fratrum Praedicatorum, Rom 1931 ff
AGKKN = Archief voor de Geschiedenis van de Katholieke Kerk in Nederland, Utrecht 1959 ff
AHPont = Archivum historiae pontificiae, Rom 1963 ff
AHR = The American Historical Review, New York 1895 ff
AHRF = Annales historiques de la Révolution française, Paris 1924 ff
AHSI = Archivum historicum Societatis Iesu, Rom 1932 ff
AHVNrh = Annalen des Historischen Vereins für den Niederrhein, insbesondere das alte Erzbistum Köln, Köln 1855 ff
AIA = Archivo Ibero-Americano, Madrid 1914 ff
AkathKR = Archiv für Katholisches Kirchenrecht, (Innsbruck) Mainz 1857 ff
Albers Herstel = P. Albers, Geschiedenis van het herstel der hiërarchie in de Nederlanden, 2 Bde, Nijmegen-'s-Gravenhage 1903—04
Albers Lib.saec. = [P. Albers,] Liber saecularis historiae Societatis Iesu ab anno 1814 ad annum 1914, Rom 1914
Ammann = A. M. Ammann, Abriß der ostslawischen Kirchengeschichte, Wien 1950
AMrhKG = Archiv für mittelrheinische Kirchengeschichte, Speyer 1949 ff
Anthropos = Anthropos. Internationale Zeitschrift für Völker- und Sprachenkunde, Mödling 1906 ff
Antonianum = Antonianum, Rom 1926 ff
AÖG = Archiv für österreichische Geschichte, Wien 1865 ff
AOP = Analecta Sacri Ordinis Praedicatorum, Rom 1892 ff
ArchSR = Archives de Sociologie des religions, Paris 1956 ff
ArSKG = Archiv für schlesische Kirchengeschichte, hrsg. v. K. Engelbert, I—VI Breslau 1936—41, VII ff Hildesheim 1949 ff
ASRomana = Archivio della Reale Società Romana di Storia Patria, Rom 1878—1934 (ab 1935: ADRomana)
ASS = Acta Sanctae Sedis, Rom 1865—1908
AstIt = Archivio storico Italiano, Florenz 1842 ff
Aubert, Pie IX = R. Aubert, Le pontificat de Pie IX (Histoire de l'Église depuis les origines jusqu'à nos jours, hrsg v. A. Fliche und V. Martin, 21), Paris [2]1962
Aubert, Vat = R. Aubert, Vaticanum I, übersetzt von K. Bergner (Geschichte der ökumenischen Konzilien XII), Mainz 1965
Aubert-Martina = R. Aubert, Il pontificato di Pio IX, übersetzt von G. Martina mit Noten und Anhang, Turin [2]1969
Backmund = N. Backmund, Monasticon Praemonstratense, I—III Straubing 1949 ff
Bastgen = F. Bastgen, Die römische Frage, 3 Bde, Freiburg i. Br. 1917—19

Baunard = L. Baunard, Un siècle de l'Église de France 1800—1900, Paris [3]1902
Becqué = M. Becqué, Le cardinal Dechamps, 2 Bde, Löwen 1956
Bellesheim, Irland = A. Bellesheim, Geschichte der Katholischen Kirche in Irland, 3 Bde, Mainz 1890—91
Bellesheim, Schottland = A. Bellesheim, Geschichte der Katholischen Kirche in Schottland, Mainz 1883
Belvederi = R. Belvederi, Il papato di fronte alla Rivoluzione ed alle conseguenze del Congresso di Vienna (1775—1846): I Papi nella storia, hrsg. v. P. Paschini u. P. Brezzi II, Rom 1951, 767—930
Bernasconi = A. M. Bernasconi, Acta Gregorii Papae XVI, auspice card. Vanutelli recensita, 4 Bde, Rom 1901—04
BIHBR = Bulletin de l'Institut historique belge de Rome, Brüssel-Rom 1919 ff
Bihlmeyer-Tüchle = K. Bihlmeyer u. H. Tüchle, Kirchengeschichte, I: Das christliche Altertum, Paderborn [14]1955, II: Das Mittelalter, ebd. [14]1955, III: Die Neuzeit und die neueste Zeit, ebd. [18]1968
BLE = Bulletin de littérature ecclésiastique, Toulouse 1899 ff
BnatBelg = Biographie nationale. Publiée par l'Académie de Belgique, 35 Bde, Brüssel 1866—1970
Boudou = A. Boudou, Le Saint-Siège et la Russie. Leurs relations diplomatiques au XIXe siècle, 2 Bde, Paris 1922—25
Brugerette = J. Brugerette, Le prêtre français et la société contemporaine, 3 Bde, Paris 1933—38
BStBiS = Bolletino storico-bibliografico subalpino, Turin 1896 ff
BullRomCont = Bullarii Romani Continuatio, hrsg. v. A. Barberi u. A. Spetia, 19 Bde, Rom 1835—58
Burnichon = J. Burnichon, La Compagnie de Jésus en France. Histoire d'un siècle, 4 Bde, Paris 1914—22
Cath = Catholica. Jahrbuch (Vierteljahresschrift) für Kontroverstheologie, (Paderborn) Münster 1932 ff
CathEnc = The Catholic Encyclopedia, hrsg. v. Ch. Herbermann u. a., 15 Bde, New York 1907—1912; dazu Index-Bd 1914 u. Suppl.-Bd 1922
Catholicisme = Catholicisme. Hier — Aujourd'hui — Demain, hrsg. von G. Jacquemet, Paris 1948 ff
CH = Church History, New York - Chicago 1932 ff
CHR = The Catholic historical Review, Washington 1915 ff
ChStato = Chiesa e Stato nell'Ottocento. Miscellanea in onore di P. Pirri, hrsg. v. R. Aubert, A. M. Ghisalberti, E. Passerin d'Entrèves, 2 Bde, Padua 1962
Cîteaux = Cîteaux. Commentarii cistercienses, Westmalle (Belg.) 1950 ff
CivCatt = La Civiltà Cattolica, Rom 1850 ff (1871—87 Florenz)
CodCanOrFonti = S. Congregazione per la Chiesa Orientale. Codificazione Canonica Orientale. Fonti, 3. Reihe, Rom 1931 ff
Colapietra = R. Colapietra, La Chiesa tra Lamennais e Metternich, Brescia 1963
ColLac = Collectio Lacensis: Acta et Decreta sacrorum conciliorum recentiorum, hrsg. v. Jesuiten aus Maria Laach, 7 Bde, Freiburg i. Br. 1870—90
CollFr = Collectanea Franciscana, Rom 1931 ff
CPF = Collectanea S. Congregationis de Propaganda Fide I (1622—1866), II (1867 bis 1906) Rom 1907
D = H. Denzinger, Enchiridion Symbolorum, Definitionum et Declarationum de rebus fidei et morum, Freiburg i. Br. [34]1967
DACL = Dictionnaire d'archéologie chrétienne et de liturgie, hrsg. v. F. Cabrol u. H. Leclercq, 15 Bde, Paris 1903—53

Daniel-Rops = Daniel-Rops, L'Église des Révolutions, 2 Bde, Paris 1960—63
Dansette = A. Dansette, Histoire religieuse de la France contemporaine, 2 Bde, Paris 1948—51
DBI = Dizionario biografico degli Italiani, hrsg. v. A. M. Ghisalberti, Rom 1960 ff
DDC = Dictionnaire de droit canonique, hrsg. v. R. Naz, 7 Bde, Paris 1935—65
Debidour, Histoire = A. Debidour, Histoire des rapports de l'Église et de l'État en France de 1789 à 1870, 2 Bde, Paris 1891
Debidour, IIIe République = A. Debidour, L'Église catholique et l'État sous la Troisième République, 1870—1906, 2 Bde, Paris 1906
de Clercq = Ch. de Clercq, Conciles des Orientaux catholiques (Histoire des conciles XI) 2 Bde, Paris 1949—52
Delacroix = Histoire universelle des missions catholiques, hrsg. v. S. Delacroix, 4 Bde, Paris - Monaco 1957—59
de Montclos = X. de Montclos, Lavigerie, le Saint-Siège et l'Église, 1846—1878, Paris 1965
DHGE = Dictionnaire d'histoire et de géographie ecclésiastiques, hrsg. v. A. Baudrillart u. a., Paris 1912 ff
DictEnglCath = A Literary and Biographical History or Bibliographical Dictionary of the English Catholics from 1534 to the Present Time, by J. Gillow, 5 Bde, London u. New York o. J. (1885 ff); neubearb. v. H. Thurston, London 1925 ff
DSAM = Dictionnaire de Spiritualité ascétique et mystique. Doctrine et Histoire, hrsg. v. M. Viller u. a., Paris 1932 ff
DThC = Dictionnaire de théologie catholique, hrsg. v. A. Vacant u. E. Mangenot, fortges. v. É. Amann, 15 Bde, Paris 1930, dazu Tables générales
Dupeux = G. Dupeux, La société française 1789—1960 (Collection U, série „Histoire contemporaine"), Paris 1964
Duroselle = J.-B. Duroselle, Les débuts du catholicisme social en France 1822—1870, Paris 1951
DVfLG = Deutsche Vierteljahresschrift für Literaturwissenschaft und Geistesgeschichte, Halle 1923 ff
ECatt = Enciclopedia Cattolica, 12 Bde, Rom 1949—54
ED = Euntes docete (Commentaria urbana), Rom 1948 ff
EEAm = Enciclopedia Universal Ilustrada Europeo-Americana, 70 Bde, Barcelona 1908 bis 1930
Éfranc = Études franciscaines, Paris 1909—40; NF 1950 ff
Ellis, AmCath = J. T. Ellis, American Catholicism (The Chicago History of American Civilization), Chicago 1956
Ellis, Documents = Documents of American Catholic History, hrsg. v. J. T. Ellis, Milwaukee 1956
Engel-Janosi = Fr. Engel-Janosi, Österreich und der Vatikan, 2 Bde, Graz 1958—60
EnI = Enciclopedia Italiana di scienze, lettere ed arti, 35 Bde, Rom 1929—37, Erg.-Bd 1938, Index-Bd 1939, 2 Erg.-Bde (1938—48) ebd. 1948—49
ÉO = Échos d'Orient, Paris 1897 ff
EThL = Ephemerides Theologicae Lovanienses (Brügge), Gembloux 1924 ff
Études = Études, Paris 1856 ff (bis 1896: Études religieuses)
Feine RG = H. E. Feine, Kirchliche Rechtsgeschichte, I: Die katholische Kirche, Graz [4]1964
Fliche-Martin = Histoire de l'Église depuis les origines jusqu à nos jours, publiée sous la direction de A. Fliche et V. Martin, Paris 1935 ff
FreibDiözArch = Freiburger Diözesan-Archiv, Freiburg i. Br. 1865 ff
Friedrich = J. Friedrich, Geschichte des Vaticanischen Conzils, 3 Bde, Nördlingen 1877 bis 1887

FZThPh = Freiburger Zeitschrift für Theologie und Philosophie (vor 1914: Jahrbuch für Philosophie und spekulative Theologie; 1914—54: DTh), Fribourg
Goyau = G. Goyau, L'Allemagne religieuse au XIXe siècle, 4 Bde, Paris 1905—09
Gr = Gregorianum, Rom 1920 ff
Grabmann G = M. Grabmann, Die Geschichte der katholischen Theologie seit dem Ausgang der Väterzeit, Freiburg i. Br. 1933
GregMC = Gregorio XVI. Miscellanea commemorativa (Miscellanea historiae pontificiae XIII/XIV) 2 Bde, Rom 1958
Grimaud = L. Grimaud, Histoire de la liberté d'enseignement en France, 6 Bde, Grenoble - Paris 1944—54
GRM = Germanisch-Romanische Monatsschrift, Heidelberg 1909—42 u. 1951 ff
Gurian = W. Gurian, Die politischen und sozialen Ideen des französischen Katholizismus 1789—1914, Freiburg i. Br. 1929
Hagen R = A. Hagen, Geschichte der Diözese Rottenburg, 3 Bde, I Stuttgart 1957
HAHR = Hispanic American Historical Review, Durham (North Carolina) 1918 ff
Hajjar = J. Hajjar, Les chrétiens uniates du Proche-Orient, Paris 1962
Hales = Pio Nono, a Study in European Politics and Religion in the 19th Century, London 1954
Heimbucher = M. Heimbucher, Die Orden und Kongregationen der katholischen Kirche, 3 Bde, Paderborn [2]1907—08; [3]1932—34 ebd. in 2 Bdn
Hermelink = H. Hermelink, Das Christentum in der Menschheitsgeschichte von der Französischen Revolution bis zur Gegenwart, I—III Stuttgart - Tübingen 1951—55
HistCathFr = A. Latreille, J. R. Palanque, E. Delaruelle u. R. Rémond, Histoire du catholicisme en France, III La période contemporaine, Paris 1962
HJ = Historisches Jahrbuch der Görres-Gesellschaft, (Köln 1880 ff), München 1950 ff
Hocedez = E. Hocedez, Histoire de la Théologie au XIXe siècle, Brüssel - Paris I 1948, II 1952, III 1947
Hochland = Hochland, München 1903 ff
Holzapfel = H. Holzapfel, Handbuch der Geschichte des Franziskanerordens, Freiburg i. Br. 1909
HPBl = Historisch-politische Blätter für das katholische Deutschland, hrsg. v. F. Binder u. G. Jochner, 171 Bde, München 1838—1923
HRSt = Historical Records and Studies of the United States Catholic Historical Society, Philadelphia 1884 ff
HS = Hispania Sacra, Madrid 1948 ff
Hurter = H. Hurter, Nomenclator literarius theologiae catholicae, 6 Bde, Innsbruck [3]1903 bis 1913; I [4]1926 hrsg. v. F. Pangerl
IER = The Irish ecclesiastical record, Dublin 1864 ff
Irénikon = Irénikon, Amay-Chevetogne 1926 ff
JEH = The Journal of Ecclesiastical History, London 1950 ff
Jemolo = A. C. Jemolo, Chiesa e Stato in Italia negli ultimi cento anni, Turin [2]1963
JLW = Jahrbuch für Liturgiewissenschaft, Münster 1921—41 (jetzt: ALW)
JP = Jus pontificium de Propaganda fide, Pars I[a] complectens Bullas, Brevia, Acta S. Sedis, hrsg. v. R. De Martinis, 7 Bde, Rom 1888—97
Jürgensen = K. Jürgensen, Lamennais und die Gestaltung des belgischen Staates. Der liberale Katholizismus in der Verfassungsbewegung des 19. Jh., Wiesbaden 1963
Katholik = Der Katholik, Mainz 1821 ff (Generalregister für 1821—89)
KuD = Kerygma und Dogma, Göttingen 1955 ff
Latourette, Christianity = K. S. Latourette, Christianity in a Revolutionary Age. A History of Christianity in the Nineteenth and Twentieth Centuries, 5 Bde, New York 1958—62

Latourette, Expansion = K. S. Latourette, A History of the Expansion of Christianity, 7 Bde, New York - London 1937—45

Le Bras S = G. Le Bras, Études de sociologie religieuse, 2 Bde, Paris 1955—56

Lecanuet = E. Lecanuet, L'Église et l'État en France sous la Troisième République, 4 Bde, Paris 1907—30

Leflon = J. Leflon, La crise révolutionnaire 1789—1846 (Histoire de l'Église depuis les origines jusqu'à nos jours, hrsg. v. A. Fliche und V. Martin, 20), Paris 1949

LJ = Liturgisches Jahrbuch, Münster 1951 ff

Lösch = St. Lösch, Döllinger und Frankreich. Eine geistige Allianz, 1823—1871, München 1955

LThK² = Lexikon für Theologie und Kirche, Freiburg ²1957—68

Maaß = F. Maaß, Der Josephinismus. Quellen zu seiner Geschichte in Österreich, I—V Wien 1951 ff (Fontes rerum Austriacarum II/71—74)

MAH = Mélanges d'archéologie et d'histoire, Paris 1880 ff

Mansi = J. D. Mansi, Sacrorum conciliorum nova et amplissima collectio, 31 Bde, Florenz - Venedig 1757—98; Neudruck u. Forts. hrsg. v. L. Petit u. J. B. Martin in 60 Bdn, Paris 1899—1927

Mathew = D. Mathew, Catholicism in England, London 1936

McAvoy = Th. McAvoy, A History of the Catholic Church in the United States, Notre-Dame (Indiana) 1969

MCom = Miscelánea Comillas, Comillas/Santander 1943 ff

MD = Maison-Dieu, Paris 1945 ff

Mellor = A. Mellor, Histoire de l'anticléricalisme français, Paris 1966

Mercati = A. Mercati, Raccolta di Concordati su materie ecclesiastiche tra la Santa Sede e le autorità civili, 2 Bde, Rom 1919—54

Meulemeester = M. de Meulemeester, Bibliographie générale des écrivains rédemptoristes, I—III Louvain 1933—39

MF = Miscellanea francescana, Rom 1886 ff

MH = Missionalia Hispanica

MIÖG = Mitteilungen des Instituts für österreichische Geschichtsforschung, (Innsbruck) Graz - Köln 1880 ff

MiscMercati = Miscellanea Giovanni Mercati, 6 Bde, Rom 1946

Mollat = G. Mollat, La Question romaine de Pie VI à Pie XI, Paris 1932

Moroni = G. Moroni, Dizionario di erudizione storico-ecclesiastica, 103 Bde, Venedig 1840—61, u. 6 Bde Index 1878 f

Mortier = A. Mortier, Histoire des maîtres généraux de l'ordre des frères prêcheurs, Paris 1903 ff

MÖSTA = Mitteilungen des Österreichischen Staatsarchivs, Wien 1948 ff

MThZ = Münchener Theologische Zeitschrift, München 1950 ff

NAG = Nachrichten von der Akademie der Wissenschaften in Göttingen (bis 1940: NGG), Göttingen 1941 ff

NDB = Neue Deutsche Biographie, Berlin 1953 ff

NRTh = Nouvelle Revue Théologique, Tournai - Löwen - Paris 1849 ff

NZM = Neue Zeitschrift für Missionswissenschaft, Beckenried 1945 ff

ÖAKR = Österreichisches Archiv für Kirchenrecht, Wien 1950 ff

ÖBL = Österreichisches Biographisches Lexikon, Graz - Köln 1954 ff

OrChrP = Orientalia Christiana periodica, Rom 1935 ff

Pastor = L. v. Pastor, Geschichte der Päpste seit dem Ausgang des Mittelalters, 16 Bde, Freiburg i. Br. 1885 ff u. ö.

Pouthas = Ch. Pouthas, L'Église catholique de l'avènement de Pie VII à l'avènement de Pie IX (Les Cours de Sorbonne), Paris 1945

PrJ = Preußische Jahrbücher, Berlin 1858 ff

PrOrChr = Le Proche-Orient chrétien, Jerusalem 1951 ff
QLP = Questions liturgiques et paroissiales, Löwen 1921 ff
RACHS = Records of the American Catholic Historical Society, Philadelphia 1884 ff
RAM = Revue d'ascétique et de mystique, Toulouse 1920 ff
Rémond = R. Rémond, La Droite en France, de la Première Restauration à la Ve République, Paris [2]1963
RevSR = Revue des Sciences Religieuses, Straßburg 1921 ff
RF = Razón y Fe, Madrid 1901 ff
RGB = Revue générale belge, Brüssel 1945 ff
RH = Revue historique, Paris 1876 ff
RHE = Revue d'histoire ecclésiastique, Löwen 1900 ff
RHEF = Revue d'histoire de l'Église de France, Paris 1910 ff
RHLR = Revue d'histoire et de littérature religieuse, Paris 1896—1907
RHM = Revue d'histoire des missions, Paris 1924 ff
RHPhR = Revue d'histoire et de philosophie religieuses, Straßburg 1921 ff
RhVJBll = Rheinische Vierteljahresblätter, Bonn 1931 ff
Rigault = G. Rigault, Histoire générale de l'Institut des Frères des Écoles chrétiennes, 9 Bde, Paris 1936—53
Ris = Risorgimento, Brüssel 1958 ff
ROC = Revue de l'Orient chrétien, Paris 1896 ff
Rogier KG = Geschichte der Kirche, hrsg. v. L. Rogier, R. Aubert u. D. Knowles, IV, Einsiedeln 1966
Rogier, KathHerleving = L. Rogier, Katholieke Herleving. Geschiedenis van Katholiek Nederland sinds 1851, Den Haag 1956
RömHM = Römische Historische Mitteilungen, Graz - Köln 1958 ff
Roskovany = A. de Roskovany, Romanus Pontifex tamquam Primas Ecclesiae et Princeps civilis e monumentis omnium saeculorum demonstratus, 20 Bde, Nitra 1867—90
RPol = Review of Politics, Notre Dame (Indiana) 1939 ff
RQ = Römische Quartalschrift für christliche Altertumskunde und für Kirchengeschichte, Freiburg i. Br. 1887 ff
RQH = Revue des questions historiques, Paris 1866 ff
RRosm = Rivista Rosminiana, Stresa 1906 ff
RSIt = Rivista storica Italiana, Neapel 1884 ff
RSoc = Recherches sociographiques, Québec 1960 ff
RSPhTh = Revue des sciences philosophiques et théologiques, Paris 1907 ff
RSR = Recherches de science religieuse, Paris 1910 ff
RSTI = Rivista di storia della Chiesa in Italia, Rom 1947 ff
RStRis = Rassegna storica del Risorgimento, Rom 1913 ff
RStT = Rassegna storica toscana, Florenz 1955 ff
Saeculum = Saeculum. Jahrbuch für Universalgeschichte, Freiburg i. Br. 1950 ff
Salvatorelli = L. Salvatorelli, Chiesa e Stato dalla Rivoluzione francese ad oggi, Florenz 1955
SC = Scuola Cattolica, Mailand 1873 ff
Scheffczyk = Theologie in Aufbruch und Widerstreit. Die deutsche katholische Theologie im 19. Jh., hrsg. v. L. Scheffczyk, Bremen 1965
Schmidlin PG = J. Schmidlin, Papstgeschichte der neuesten Zeit, I—IV München 1933 bis 1939
Schmitz GB = Ph. Schmitz, Histoire de l'ordre de S. Benoît IV und VII (Maredsous 1948 und 1956)
Schnabel G = F. Schnabel, Deutsche Geschichte im 19. Jahrhundert, Freiburg i. Br. I [4]1948, II [2]1949, III [3]1954, IV [3]1955

Scholastik = Scholastik, Freiburg i. Br. 1926 ff

Schrörs, Braun = H. Schrörs, Ein vergessener Führer aus der rheinischen Geistesgeschichte des 19. Jh., Johann Wilhelm Joseph Braun, Bonn 1925

Schulte = J. F. v. Schulte, Geschichte der Quellen und der Literatur des kanonischen Rechts, 3 Bde (Bd III in 2 Abt.), Stuttgart 1875—80

SE = Sacris Erudiri. Jaarboek voor Godsdienstwetenschapen, Brügge 1948 ff

Seppelt-Schwaiger = F. X. Seppelt, Geschichte der Päpste von den Anfängen bis zur Mitte des 20. Jahrhunderts, I, II, IV, V Leipzig 1931—41; I München ^{2}1954, II ebd. ^{2}1955, III ebd. 1956, IV ebd. ^{2}1959

Simon, Rencontres = A. Simon, Rencontres mennaisiennes en Belgique (Académie royale de Belgique, Mémoires de la Classe des Lettres, LVI/3), Brüssel 1963

Simon, Sterckx = A. Simon, Le cardinal Sterckx et son temps, 2 Bde, Wetteren 1950—51

SM = Studien und Mitteilungen aus dem Benediktiner- und Zisterzienserorden bzw. zur Geschichte des Benediktinerordens und seiner Zweige, München 1880 ff (seit 1911 Neue Folge)

Sommervogel = C. Sommervogel, Bibliothèque de la Compagnie de Jésus, Bd. I—IX, Brüssel - Paris ^{2}1890—1900; Bd X (Nachträge v. E. M. Rivière) Toulouse 1911 ff; Bd XI (Histoire par P. Bliard) Paris 1932

SourcesHist.rel.Belg. = Sources de l'histoire religieuse de la Belgique. Époque contemporaine. Colloque Bruxelles 1967 (Centre interuniversitaire d'histoire contemporaine, Cahiers 54), Löwen - Paris 1968

SpAzLCIt = Spiritualità e Azione del laicato cattolico italiano, 2 Bde (Italia sacra 11/12), Padua 1969

Spini = G. Spini, Risorgimento e protestanti, Neapel 1956

SPM = Sacrum Poloniae Millenium, Rom 1954

StdZ = Stimmen der Zeit (vor 1914: Stimmen aus Maria-Laach), Freiburg i. Br. 1871 ff

StL^{5} = Staatslexikon, hrsg. v. H. Sacher, Freiburg i. Br. ^{5}1926—32 (StL^{6}: ebd. 1957 ff)

StMis = Studia Missionalia, Rom 1943 ff

Streit = Bibliotheca Missionum, begonnen v. R. Streit, fortgef. v. J. Dindinger, (Münster, Aachen) Freiburg i. Br. 1916 ff (bis 1971: 28 Bde)

StudFr = Studi francescani, Arezzo - Florenz 1903 ff

SZG = Schweizerische Zeitschrift für Geschichte, Zürich 1951 ff

ThGl = Theologie und Glaube, Paderborn 1909 ff

ThJ = Theologische Jahrbücher, Leipzig 1842 ff

ThQ = Theologische Quartalschrift, Tübingen 1819 ff; Stuttgart 1946 ff

TThZ = Trierer Theologische Zeitschrift (bis 1944: Pastor Bonus), Trier 1888 ff

Villoslada = R. G. Villoslada, Manual de historia de la Compañía de Jesús, Madrid ^{2}1954

Walz = A. Walz, Compendium historiae Ordinis Praedicatorum, Rom ^{2}1948

Weill, Cath. lib. = G. Weill, Histoire du catholicisme libéral en France 1828—1908, Paris 1909

Weill, Idée laïque = G. Weill, Histoire de l'idée laïque en France au XIXe siècle, Paris 1929

Winter, Byzanz = E. Winter, Byzanz und Rom im Kampf um die Ukraine, Leipzig 1942

Winter, Rußland = E. Winter, Rußland und das Papsttum II: Von der Aufklärung bis zur Oktoberrevolution, Berlin 1961

WiWei = Wissenschaft und Weisheit, Düsseldorf 1934 ff

WZ = Westfälische Zeitschrift. Zeitschrift für vaterländische Geschichte. Münster 1838 ff

ZAGV = Zeitschrift des Aachener Geschichtsvereins, Aachen 1879 ff

ZBLG = Zeitschrift für Bayerische Landesgeschichte, München 1928 ff

ZGObrh = Zeitschrift für die Geschichte des Oberrheins, Karlsruhe 1851 ff

ZKG = Zeitschrift für Kirchengeschichte, (Gotha) Stuttgart 1876 ff

ZKTh = Zeitschrift für Katholische Theologie, (Innsbruck) Wien 1877 ff

ZMR = Zeitschrift für Missionswissenschaft und Religionswissenschaft, 34 ff Münster 1950 ff (Zeitschrift für Missionswissenschaft 1—17 ebd. 1911—27; Zeitschrift für Missionswissenschaft und Religionswissenschaft 18—25 ebd. 1928—35; Zeitschrift für Missionswissenschaft, 26—27 ebd. 1935—37; Missionswissenschaft und Religionswissenschaft, 28—33 ebd. 1938—41, 1947—49)
ZRGG = Zeitschrift für Religions- und Geistesgeschichte, Marburg 1948 ff
ZSKG = Zeitschrift für schweizerische Kirchengeschichte, (Stans) Fribourg 1907 ff

ALLGEMEINE BIBLIOGRAPHIE

I. ALLGEMEINE GESCHICHTE

a) Universalgeschichte

O. Westphal, Weltgeschichte der Neuzeit. 1750—1950 (Stuttgart 1953).
F. Valjavec (Hrsg.), Historia Mundi IX und X (Bern 1961).
G. Mann (Hrsg.), Propyläen-Weltgeschichte VII und VIII (Berlin 1960).
D. K. Fieldhouse, Die Kolonialreiche seit dem 18. Jh. (Fischer-Weltgeschichte, 29) (Frankfurt a. M. 1965).

b) Europa

B. Croce, Storia d'Europa nel secolo *decimonono* (Bari 1932), dt.: Geschichte Europas im 19. Jh. (Stuttgart 1950).
W. Mommsen, Geschichte des Abendlandes von der Französischen Revolution bis zur Gegenwart, 1789—1945 (München 1951).
H. Herzfeld, Die moderne Welt. 1789—1945. 2 Bde (Braunschweig [5]1966).
L. Salvatorelli, Storia del novecento (Florenz 1957).
M. Beloff u. a. (Hrsg.), L'Europe du XIXe et du XXe siècle I (Paris 1959) (für 1815—70).
J. B. Duroselle, L'Europe de 1815 à nos jours. Vie politique et relations internationales (Nouvelle Clio 38) (Paris 1964).
G. A. Craig, Europe since 1815 (London [2]1966).
A. Sorel, L'Europe et la Révolution française, 8 Bde (Paris 1885/1904, [12]1908/11).
J. L. Godechot, La grande nation. L'expansion révolutionnaire de la France dans le monde de 1789 à 1799, 2 Bde (Paris 1956).
E. Naujoks, Die Französische Revolution und Europa (Stuttgart 1969).
L. Bergeron - F. Furet - R. Koselleck, Das Zeitalter der europ. Revolution 1780—1848 (Fischer-Weltgeschichte, 26) (Frankfurt a. M. 1969).
L. Salvatorelli, La rivoluzione europea. 1848—1849 (Mailand 1949).
P. Robertson, Revolutions of 1848 (New York [2]1960).

c) Frankreich

R. Rémond, La vie politique en France depuis 1789, 2 Bde (Paris 1965/69).
ders., La Droite en France de 1815 à nos jours (Paris [2]1963).
J. L. Godechot, Les révolutions, 1770—1799 (Paris [2]1965).
F. Furet - D. Richet, La Révolution française, 2 Bde (Paris 1965/66).
J. L. Godechot, La contre-révolution, doctrine et action, 1789—1804 (Paris 1961).
ders., L'Europe et l'Amérique à l'époque napoléonienne 1800—1815 (Paris 1967).

B. Groethuysen, Philosophie de la Révolution française (Paris 1956), dt.: Philosophie der Französischen Revolution (Neuwied - Berlin 1971).
I. Kaplow (Hrsg.), New Perspectives on the French Revolution (New York 1965).
A. Gérard, La Revolution française, mythes et interprétations 1799—1970 (Paris 1970).
G. de Bertier de Sauvigny, La Restauration (Paris ²1963).
J. Chastenet, Histoire de la Troisième République, 7 Bde (Paris 1952/63).
G. Dupeux, La Société française 1789—1960 (Paris 1964).
J. L. Godechot, Les institutions de la France sous la Révolution et l'Empire (Paris ²1968).
F. Ponteil, Les institutions de la France de 1814 à 1870 (Paris 1966).
A. Prost, L'enseignement en France 1800—1967 (Paris 1968).
L. Duguit - H. Monnier - R. Bonnard, Les constitutions et les principales lois politiques de la France depuis 1789 (Paris ⁷1952).
Le Moniteur Universel (1799/1868) und Journal officiel (Paris 1869 ff) für die Gesetzgebung und die Parlamentsreden.

d) Belgien, Niederlande, Luxemburg

P. Gerin - S. Vervaeck - J. De Belder - J. Hannes, Bibliographie de l'histoire de Belgique 1789—1914, 3 Bde (Löwen 1960/66).
H. Pirenne, Histoire de Belgique VI/VII (Brüssel 1926/32).
Algemene Geschiedenis der Nederlanden, hrsg. von *J. Van Houtte* u. a. VIII/XII (Antwerpen - Zeist 1955/58).
Histoire de la Belgique contemporaine 1830—1914, hrsg. von *J. Deharveng*, 3 Bde (Brüssel 1928/30).
Th. Luykx, Politieke geschiedenis van België van 1789 tot heden (Brüssel ²1969).
A. Simon, Le parti catholique belge (Brüssel 1958).

e) Spanien und Portugal

F. G. Bruguera, Histoire contemporaine d'Espagne. 1789—1950 (Paris 1953).
R. Carr, Spain 1808—1939 (Oxford 1966).
M. Fernández Almagro, Historia política de la España contemporánea, 2 Bde (Madrid 1956/59).
H. V. Livermore, A New History of Portugal (Cambridge 1966).

f) Italien

C. Spellanzon, Storia del Risorgimento e dell'unità d'Italia, 5 Bde (Mailand 1932/40).
W. Maturi, Interpretazioni del Risorgimento (Turin 1962).
L. Salvatorelli, Spiriti e figure del Risorgimento (Florenz ³1962).
D. Mack Smith, Italy. A modern history (Univ. of Michigan 1959).

g) Deutsche Länder und Schweiz

B. Gebhardt - H. Grundmann, Handbuch der deutschen Geschichte II und III (Stuttgart 1960).
L. Just (Hrsg.), Handbuch der deutschen Geschichte III (Konstanz 1956).
E. Marcks, Der Aufstieg des Reiches 1807—78, 2 Bde (Stuttgart 1936).
A. H. Springer, Geschichte Österreichs seit dem Wiener Frieden 1809, 2 Bde (Leipzig 1863/65).
G. Mann, Deutsche Geschichte im 19. und 20. Jh. (Frankfurt a. M. ²1966).
A. Ramm, Germany, 1789 to 1919 (London 1967).
Th. S. Hamerow, Restauration, Revolution, Reaction. Economics and politics in Germany. 1815—71 (Princeton 1958).
H. Hantsch, Die Geschichte Österreichs II (Graz ³1962).

F. Schnabel, Deutsche Geschichte im 19. Jh., 4 Bde (Freiburg 1929/37).
V. Valentin, Geschichte der deutschen Revolution von 1848—49, 2 Bde (Berlin 1930/31).
R. Charmatz, Österreichs innere Geschichte von 1848 bis 1895, 2 Bde (Leipzig ³1918).
V. Bibl, Der Zerfall Österreichs, 2 Bde (Wien 1922/24).
H. v. Srbik, Deutsche Einheit, 4 Bde (München 1935/42).
E. Fueter, Die Schweiz seit 1848 (Zürich 1928).

h) Großbritannien

G. M. Trevelyan, British History in the Nineteenth Century and after (London ²1937).
E. Halévy, History of the English People in the Nineteenth Century, 6 Bde (London ²1949/52).

i) Vereinigte Staaten von Amerika

H. G. Dahms, Geschichte der Vereinigten Staaten von Amerika (München 1953).
E. Samhaber, Geschichte der Vereinigten Staaten von Nordamerika (München 1954).
E. Angermann, Die Vereinigten Staaten von Amerika, in: Historia Mundi X (Bern 1961) 253—331 (Lit.).

j) Die lateinamerikanischen Staaten

S. de Madariaga, The Fall of the Spanish American Empire (London 1947).
H. V. Livermore (Hrsg.), Portugal and Brazil (Oxford 1953).
A. P. Whitaker, Die iberoamerikanische Welt von 1825—1920, in: Historia Mundi X (1961) 332—357 (Lit.).

II. DIE KIRCHENGESCHICHTE

1. Allgemeine Kirchengeschichte

L. A. Veit, Die Kirche im Zeitalter des Individualismus, II: 1800 bis zur Gegenwart (Freiburg i. Br. 1933).
A. Fliche - V. Martin, Histoire de l'Église, Bd 20: *J. Leflon,* La crise révolutionnaire, 1789 bis 1846 (Paris 1949); Bd 21: *R. Aubert,* Le pontificat de Pie IX, 1846—1878 (Paris ²1964), italienische Übersetzung mit Anhängen durch *G. Martina* (Rom ²1970).
L. Rogier - R. Aubert - D. Knowles, Geschichte der Kirche IV (Einsiedeln 1966).
E. E. Y. Hales, The Catholic Church in the Modern World. A Survey from the French Revolution to the present (London 1958).
K. S. Latourette, Christianity in a Revolutionary Age. A History of Christianity in the 19th and 20th Centuries, 5 Bde (New York 1958/62) (prot.).
K. Bihlmeyer - H. Tüchle, Kirchengeschichte III (Paderborn ¹⁸1968).
J. Lortz, Geschichte der Kirche in ideengeschichtlicher Betrachtung II (Münster ²¹1964).
L. Girard, Le catholicisme en Europe de 1814 à 1878 (Les Cours de Sorbonne) (Paris 1962).
Daniel-Rops, L'Église des Révolutions, 2 Bde (Paris 1960/63).
H. Hermelink, Das Christentum in der Menschheitsgeschichte von der Französischen Revolution bis zur Gegenwart, 3 Bde (Stuttgart 1951/55) (prot.).
K. D. Schmitt, Grundriß der Kirchengeschichte, IV: Geschichte der Kirche im Zeitalter des Individualismus und des Säkularismus (Göttingen ³1960) (prot.).
K. D. Schmitt - E. Wolf, Die Kirche in ihrer Geschichte. Ein Handbuch, IV Lieferung N 1; *F. Heyer,* Die katholische Kirche vom Westfälischen Frieden bis zum ersten Vatikanischen Konzil (Göttingen 1963) (prot.).

2. *Das Papsttum*

J. Schmidlin, Papstgeschichte der neuesten Zeit, 4 Bde (München 1933/39).
F. X. Seppelt - G. Schwaiger, Geschichte der Päpste (München 1964).
P. Paschini - P. Brezzi, I papi nella storia II (Rom 1961).
Ch. Ledré, Un siècle sous la tiare. De Pie IX à Pie XII (Paris 1955).
G. Mollat, La Question romaine de Pie VI à Pie XI (Paris 1932).
V. Del Giudice, La Questione romana (Rom 1948).
C. Berthelet, Conclavi pontifici e cardinali nel secolo XIX (Rom 1903).
E. De Marchi, Le Nunziature apostoliche dal 1800 al 1956 (Rom 1957).
Notizie dell'anno (b. z. 1860); Annuario pontificio (1861/70 1912ff); La Gerarchia cattolica (1872/1911).

3. *Die Geschichte der katholischen Kirche in einzelnen Ländern*

a) Deutschland

H. Brück, Gesch. der kath. Kirche in Deutschland im 19. Jh. (Mainz 1902/03) 1—273.
G. Goyau, L'Allemagne religieuse. Le Catholicisme, 4 Bde (Paris 1905/09).
F. Heyer, Die katholische Kirche von 1648 bis 1870 (Die Kirche in ihrer Geschichte. Ein Handbuch, hrsg. von K. D. Schmidt - E. Wolf, Bd 4, Lieferung N, 1. Teil, Göttingen 1963).
Ph. Funk, Von der Aufklärung zur Romantik (München 1925).
F. Schnabel, Deutsche Geschichte im 19. Jh., IV: Die religiösen Kräfte (Freiburg i. Br. 1937).
H. Schrörs, Die Kölner Wirren. Studien zu ihrer Geschichte (Berlin - Bonn 1927).
H. Bastgen, Die Verhandlungen zwischen dem Berliner Hof u. dem Hl. Stuhl über die konfessionell gemischten Ehen (Paderborn 1936).
H. (B.) Bastgen, Die Besetzung der Bischofssitze in Preußen in der ersten Hälfte des 19. Jh., 2 Tle (Paderborn 1941).
R. Lill, Die Beilegung der Kölner Wirren (Düsseldorf 1962).
J.-B. Kißling, Geschichte der deutschen Katholikentage, 3 Bde (Münster 1920/21).
R. Lill, Die ersten deutschen Bischofskonferenzen (Freiburg i. Br. 1964).
A. K. Huber, Kirche und deutsche Einheit im 19. Jh. (Königstein 1966).
K. Buchheim, Ultramontanismus und Demokratie. Der Weg der deutschen Katholiken im 19. Jh. (München 1963).
K. Bachem, Vorgeschichte, Gesch. und Politik der deutschen Zentrumspartei I (Köln 1927, Neudr. Aalen 1967).
F. Hanus, Die preußische Vatikangesandtschaft, 1747—1920 (München 1954).
G. Franz-Willing, Die bayerische Vatikangesandtschaft, 1803—1934 (München 1965).
F. Engel-Janosi, Österreich und der Vatikan 1846—1918 I (Graz - Wien - Köln 1958) Kap. 1 und 2.
R. Hacker, Die Beziehungen zwischen Bayern und dem Heiligen Stuhl in der Regierungszeit Ludwigs I. (Tübingen 1967).
H. Schiel, J. M. Sailer, 2 Bde (Regensburg 1948/52).
W. Schellberg, J. Görres (Köln ^{2}1926).
J. Janssen, Friedrich Leopold Graf zu Stolberg (Freiburg i. Br. 1877; ^{4}1910, bearb. von L. v. Pastor).
E. Hosp, Hofbauer (Wien 1951).
R. Till, Hofbauer und sein Kreis (Wien 1951).
O. Pfülf, Kardinal Joh. von Geissel, 2 Bde (Freiburg i. Br. 1895/96).
L. Lenhart, Bischof Ketteler, 3 Bde (Mainz 1966/68).

L. v. Pastor, August Reichensperger, 2 Bde (Freiburg i. Br. 1899).
F. Schmidt, Peter Reichensperger (M.-Gladbach 1913).
S. J. Schäffer - J. Dahl, A. Kolping (Köln ^{8}1961).
J. Friedrich, Ignaz von Döllinger, 3 Bde (München 1899/1901).

b) Österreich

F. Engel-Janosi, Österreich und der Vatikan, 2 Bde (Graz 1958/60).
ders., Die politische Korrespondenz der Päpste mit den österreichischen Kaisern 1804 bis 1918 (Wien 1964).
J. Grisar, De historia Ecclesiae catholicae austriacae saeculi XIX (Rom 1936).
A. Hudal, Die österreichische Vatikanbotschaft 1806—1918 (München 1952).
C. Wolfsgruber, J. O. Rauscher (Wien 1888).
ders., Kardinal Schwarzenberg, 3 Bde (Wien 1905/17).

c) Frankreich

G. Bourgin, Les sources manuscrites de l'histoire religieuse de la France moderne: RHEF 10 (1924) 27—66 172—206 333—358 466—492.
J. Gadille, Les sources privées de l'histoire contemporaine du catholicisme en France: RH 238 (1967) 333—346.
G. Weill, Le catholicisme français au XIXe siècle: Revue de synthèse historique 15 (1907) 319—356 (gedruckte Quellen und alte Lit.).
A. Latreille - J.-R. Palanque - É. Delaruelle - R. Rémond, Histoire du catholicisme en France III (Paris 1962).
W. Gurian, Die politischen und sozialen Ideen des französischen Katholizismus 1789 bis 1914 (Freiburg i. Br. 1929).
A. Dansette, Histoire religieuse de la France contemporaine, 2 Bde (Paris 1948/51).
A. Debidour, Histoire des rapports de l'Église et de l'État en France de 1789 à 1870, 2 Bde (Paris 1891).
ders., L'Église catholique et l'État sous la IIIe République, 1870—1906, 2 Bde (Paris 1906).
A. Rivet, Traité du culte catholique et des lois civiles d'ordre religieux (Paris 1947).
J. Brugerette, Le prêtre français et la société contemporaine, 3 Bde (Paris 1933/38).
F. Boulard, Essor ou déclin du clergé français (Paris 1950).
L. Baunard, L'Épiscopat français depuis le Concordat jusqu'à la Séparation (Paris 1907).
ders., Un siècle de l'Église de France, 1800—1900 (Paris 1901).
L. Grimaud, Histoire de la liberté d'enseignement en France, 6 Bde (Grenoble/Paris 1944/54).
P. Nourisson, Histoire légale des congrégations religieuses en France depuis 1789, 2 Bde (Paris 1928).
G. Le Bras, Études de sociologie religieuse, 2 Bde (Paris 1955/56, man findet darin mehrere Kapitel aus Introduction à l'histoire de la pratique religieuse en France, 2 Bde [Paris 1942/45]).
G. Weill, Histoire de l'idée laïque en France au XIXe siècle (Paris 1929).
A. Mellor, Histoire de l'anticléricalisme français (Paris 1966).
P. Droulers, Action pastorale et problèmes sociaux sous la Monarchie de Juillet chez Mgr d'Astros (Paris 1954).
E. Sevrin, Un évêque militant et gallican au XIXe siècle, Mgr Clausel de Montals, 2 Bde (Paris 1955).
F. Lagrange, Vie de Mgr Dupanloup, 3 Bde (Paris 1883/84; auch DHGE XIV 1070 bis 1122).

A. de Falloux, Mémoires d'un royaliste, 2 Bde (Paris 1888; dagegen *E. Veuillot,* Le comte de Falloux et ses Mémoires [Paris 1888]); auch DHGE XVI 1499—1513.
C. de Ladoue, Mgr Cerbet, sa vie, ses œuvres, 3 Bde (Paris 1870).
F. Gousset, Le cardinal Gousset (Besançon 1903).
[P. Delatte,] Dom Guéranger, abbé de Solesmes, 2 Bde (Paris 1909/10).
J. Paguelle de Follenay, Vie du cardinal Guibert, 2 Bde (Paris 1896).
Th. Foisset, Vie du R. P. Lacordaire, 2 Bde (Paris 1870).
L. Baunard, Le cardinal Lavigerie, 2 Bde (Paris 1896).
X. de Montclos, Lavigerie, le Saint-Siège et l'Église, 1846—78 (Paris 1965).
G. Bazin, Vie de Mgr Maret, 3 Bde (Paris 1891/92).
F. Besson, Vie de S. É. le cardinal Mathieu, 2 Bde (Paris 1882).
J. Leflon, Eugène de Mazenod, 3 Bde (Paris 1957/65).
A. d'Andigné, Un apôtre de la charité, Armand de Melun (Paris 1962).
E. Lecanuet, Montalembert, 3 Bde (Paris 1896/1902).
Ch. Guillemant, P.-L. Parisis, 3 Bde (Paris 1916/25).
L. Baunard, Histoire du cardinal Pie, 2 Bde (Paris 1893).
C.-J. Destombes, Vie de S. É. le cardinal Régnier, 2 Bde (Paris 1885).
M. de Hédouville, Mgr de Ségur, sa vie, son action (Paris 1957).
F. Poujoulat, Vie de Mgr Sibour (Paris 1857).
M. J. Rouët de Journel, Une russe catholique. La vie de Mme Swetchine (Paris ²1953).
E. u. F. Veuillot, Louis Veuillot, 4 Bde (Paris 1902/13).

d) Italien

Archiva Ecclesiae 3/4 (1960/61) 87—179 223—287.
Silvino da Nadro OFMCap, Sinodi diocesani italiani. Catalogo bibliografico degli atti a stampa, 1574—1878 (Vatikanstadt 1960).
A.-C. Jemolo, Chiesa e Stato in Italia negli ultimi cento anni (Turin ⁵1963).
P. Scoppola, Chiesa e Stato nella storia d'Italia. Storia documentaria dall'Unità alla Repubblica (Bari 1967).
ders., Dal Neoguelfismo alla Democrazia cristiana (Rom 1957).
A. Della Torre, Il cristianesimo in Italia dai filosofisti ai modernisti (Mailand 1912).
G. De Rosa, Storia del movimento cattolico in Italia, 2 Bde (Bari 1966).
I cattolici italiani dall'800 ad oggi (Brescia 1964).
T. Chiuso, La Chiesa in Piemonte dal 1797 ai giorni nostri, 4 Bde (Turin 1888).
T. Salvemini, La statistica ecclesiastica con speciale riguardo al clero in Italia (Ferrara 1941).
G. Spini, Risorgimento e protestanti (Neapel 1956).
C. Castiglioni, Gaysruck e Romilli, arcivescovi di Milano (Mailand 1938).
ders., Mons. Nazari di Calabiana (Mailand 1942).
E. Federici, Sisto Riario Sforza (Rom 1945); auch *G. Russo,* Il card. S. Riari Sforza e l'unità d'Italia (Neapel 1962).
J. E. Borrel, Vie de Mgr Charvaz (Chambéry 1909).
P. Stella, Don Bosco nella storia della religiosità cattolica, 2 Bde (Zürich 1968/69).
A. Castellani, Il b. Leonardo Murialdo, 2 Bde (Rom 1966/68).

e) Spanien

J. del Burgo, Fuentes de la Historia de España. Bibliografía de las guerras carlistas y de las luchas políticas del siglo XIX, 4 Bde (Pamplona 1954/60).
V. de la Fuente, Historia eclesiástica de España VI (Barcelona 1875).
P. Gams, Die Kirchengeschichte von Spanien III/2 (Regensburg 1872, Nachdruck Graz 1956).

E. A. Peers, The Church in Spain 1737—1937 (London 1938).
ders., Spain, the Church and the Orders (London 1939).
J. M. Cuenca, La Iglesia española ante la Revolución liberal (Madrid 1971).
J. Becker, Relaciones diplomáticas entre España y la Santa Sede durante el siglo XIX (Madrid 1909).
M. Menéndez y Pelayo, Historia de los heterodojos españoles VII (Madrid ²1932).

f) Belgien

Sources de l'histoire religieuse de la Belgique. Époque contemporaine. Colloque de Bruxelles 1967 (Löwen 1968).
A. Simon, Réunions des évêques de Belgique. Procès-verbaux, 1830—83, 2 Bde (Löwen 1960/61).
ders., Instructions aux nonces de Bruxelles, 1835—89 (Brüssel 1961).
R. Aubert, Kirche und Staat in Belgien im 19. Jh.: Beiträge zur deutschen und belgischen Verfassungsgeschichte im 19. Jh., hrsg. von *W. Conze* (Stuttgart 1967).
V. Mallinson, Power and Politics in Belgian Education, 1815—1961 (London 1963).
A. Tihon, Le clergé et l'enseignement moyen pour garçons dans le diocèse de Malines, 1802—1914 (Diss. masch. Löwen 1970).
Prêtres de Belgique, 1838—1930: NRTh 57 (1930) 617—744.
150 jaar katholieke arbeidersbeweging in België, 1789—1939, hrsg. von *S. Scholl,* 3 Bde (Brüssel 1963/66).
N. Piepers, La „Revue générale" de 1865 à 1940 (Löwen 1968).

g) Portugal

F. de Almeida, Historia da Igreja em Portugal IV 1/4 (Coimbra 1917/23).
M. de Oliveira, Historia eclesiástica de Portugal (Lissabon 1940).

h) Großbritannien und Irland

J. H. Whyte, Historians of XIXth-cent. English Catholicism: Clergy Review 52 (1967) 791—801.
The English Catholics 1850—1950, hrsg. von *G. A. Beck* (London 1950).
D. Mathew, Catholicism in England (London 1936).
A History of Irish Catholicism, hrsg. von *P. J. Corish* IV/V (Dublin 1968 ff).
A. Bellesheim, Geschichte der katholischen Kirche in Schottland (Mainz 1883).
P. Thureau-Dangin, La renaissance catholique en Angleterre au XIXe siècle, 3 Bde (Paris 1899/1906).
O. Chadwick, The Victorian Church, 2 Bde (London 1966/70).
C. Butler, The Life and Times of Bishop Ullathorne, 2 Bde (London 1926).
W. Ward, The Life and Times of Cardinal Wiseman, 2 Bde (London 1897).
ders., The Life of J. H. Cardinal Newman, 2 Bde (London 1912).
E. Purcell, Life of Cardinal Manning, 2 Bde (London 1895).

i) Niederlande

L. J. Rogier - N. De Rooy, In vrijheid herboren. Katholiek Nederland 1853—1953 (Den Haag 1957).
P. Albers, Geschiedenis van het herstel der hiërarchie in de Nederlanden, 2 Bde Nijmegen - 's - Gravenhage 1903/04).
A. Commissaris, Van toen wij vrij werden 1795—1903, 2 Bde (Groningen 1929).
J. Witlox, De Katholieke Staatspartij, 2 Bde ('s-Hertogenbosch 1919/27).
J. A. De Kok, Nederland op de breuklijn Rome-Reformatie. Numerieke aspecten van protestantisering en katholieke herleving in de Noordelijke Nederlanden 1580—1880 (Assen 1964).

j) Schweiz

A. *Büchi,* Die katholische Kirche in der Schweiz (München 1902).
T. *Schwegler,* Geschichte der katholischen Kirche in der Schweiz (Stans 1945).
K. *Müller,* Die katholische Kirche in der Schweiz seit dem Ausgang des 18. Jh. (Einsiedeln 1928).
F. *Strobel,* Die Jesuiten und die Schweiz im 19. Jh. (Olten 1954).

k) Skandinavien

A. *Palmqvist,* Die römisch-katholische Kirche in Schweden nach 1781, 2 Bde (Uppsala 1954/58).
K. *Kjelstrup,* Norvegia catholica 1843—1943 (Rom 1947).
J. *Metzler,* Die apostolischen Vikariate des Nordens (Paderborn 1919).

l) Rußland und Polen

A. M. *Ammann,* Abriß der Ostslawischen Kirchengeschichte (Wien 1950).
A. *Boudou,* Le Saint-Siège et la Russie, 2 Bde (Paris 1922/25).
E. *Winter,* Rußland und das Papsttum, II: Von der Aufklärung bis zur Oktoberrevolution (Berlin 1961).
W. *Urban,* Ostatni etap dziejów Kościola w Polsce przed nowym tysiącleciem 1815—1965 (Rom 1966).
O. *Beiersdorf,* Papietswo wobec sprawy polskiej w latach 1772—1864 wybor źródel (Breslau 1960).
J. *Wasilewski,* Arcybiskupi i administratorowie archidiecezji Mohylowskiej (Pinsk 1930).
J. A. *Malinowski,* Die deutschen katholischen Kolonien am Schwarzen Meere (Stuttgart 1927).
St. *Załęski,* Jezuici w Polsce V (Krakau 1907).
J. *Bjelogolovov,* Akten und Dokumente in bezug auf die Organisation und Verwaltung der römisch-katholischen Kirche in Rußland (St. Petersburg 1915).
A. *Welykyj,* Documenta Pontificum Romanorum historiam Ukrainiae illustrantia II (Rom 1954).
S. *Olszamowska-Skowronska,* La correspondance des papes et des empereurs de Russie (1814—78) selon les documents authentiques (Rom 1970).

m) Südosteuropa und Naher Osten

G. G. *Golubovich,* Biblioteca bio-bibliografica della Terra Santa e dell'Oriente cristiano, 8 Bde (Quaracchi 1906/30).
E. *von Mülinen,* Die lateinische Kirche im Türkischen Reiche (Berlin 1903).
F. W. *Hasluck,* Christianity and Islam under the Sultans, 2 Bde (Oxford 1929).
A. *Schopoff,* Les Réformes et la protection des chrétiens en Turquie, 1673—1904 (Paris 1904).
G. *Goyau,* Le protectorat de la France sur les chrétiens de l'Empire ottoman (Paris 1895).
J. *Friedrich,* Die christlichen Balkanstaaten in Vergangenheit und Gegenwart (München 1916).
B. *Rupčič,* Entstehung der Franziskanerpfarreien in Bosnien und Herzegowina und ihre Entwicklung b. z. J. 1878 (Breslau 1937).
I. *Simrak,* Graeco-catholica Ecclesia in Jugoslavia (Zagreb 1931).
P. *Tocanel,* Storia della Chiesa cattolica in Romania, III: Il Vicariato apostolico e le missioni dei Frati Minori Conventuali in Moldavia, 2 Bde (Padua 1960/65).
K. *Lübeck,* Die katholische Orientmission in ihrer Entwicklung dargestellt (Köln 1917).

Hilaire de Barenton OFMCap, La France catholique en Orient durant les trois derniers siècles (Paris 1912).
Les jésuites en Syrie 1831—1931 (Paris 1931).
A. Posseto, Il patriarcato latino di Gerusalemme (Mailand 1938).
F. de Portu, Notice sur le diocèse de Smyrne et le vicariat apostolique de l'Asie Mineure (Smyrna 1908).
Für die Kirchen mit orientalischem Ritus siehe Abschn. 3.

n) Vereinigte Staaten

J. T. Ellis, A Guide to American Catholic History (Milwaukee 1959).
C. R. Fish, Guide to the Materials for American History in Roman and other Italian Archives (Washington 1911).
Th. McAvoy, Catholic Archives and Manuscript Collections: The American Archivist 24 (1961) 409—414.
P. Cadden, The Historiography of the American Catholic Church 1785—1943 (Washington 1944).
H. J. Browne, American Catholic History, a Progress Report, Research and Study: CH 26 (1957) 372—380.
J. G. Shea, History of the Catholic Church in the United States, 4 Bde (New York 1886 bis 1892).
Th. McAvoy, A History of the Catholic Church in the United States (Notre-Dame/Indiana 1969).
J. T. Ellis, American Catholicism (Chicago 1956).
L. Hertling, Geschichte der katholischen Kirche in den Vereinigten Staaten (Berlin 1954).
R. F. McNamara, Etats-Unis: DHGE XV 1109—47.
A. Greeley, The Catholic Experience. An Interpretation of the History of American Catholicism (Garden City 1968).
F. Kenneally, United States Documents in the Propaganda Fide Archives, 2 Bde (Washington 1966/68).
J. T. Ellis, Documents of American Catholic History (Milwaukee 1956).
D. Shearer, Pontificia Americana. A Documentary History of the Catholic Church in the United States, 1784—1884 (Washington 1933).
P. Guilday, The National Pastorals of the American Hierarchy, 1792—1910 (Washington 1923).
ders., A History of the Councils of Baltimore (New York 1932).
E. Shaughnessy, Has the Immigrant kept the Faith? A Study of Immigration and Catholic Growth in the United States (New York 1925).
J. A. Burns, The Growth and Development of the Catholic School System in the United States (New York 1912).
ders. - J. Kohlbrenner, A History of Catholic Education in the United States (New York 1937).
D. Th. McColgan, A Century of Charity: the first one hundred Years of the Society of St. Vincent de Paul in the United States, 2 Bde (Milwaukee 1951).
P. J. Dignan, A History of the Legal Incorporation of Catholic Property in the United States, 1784—1932 (Washington 1933).
F. McDonald, The Catholic Church and the Secret Societies in the United States (New York 1946).
R. Corrigan, Die Propaganda-Kongregation und ihre Tätigkeit in Nord-Amerika (München 1928).
Th. Roemer, The Ludwig-Missionsverein and the Catholic Church in the United States, 1838—1918 (Washington 1933).

R. Clarke, Lives of Deceased Bishops of the Catholic Church in the United States, 3 Bde (New York 1888).
J. B. Code, Dictionary of the American Hierarchy (New York 1940).
R. Baudier, The Catholic Church in Louisiana (New Orleans 1939).
W. Casper, History of the Catholic Church in Nebraska, 3 Bde (Milwaukee 1960/66).
R. Trisco, The Holy See and the Nascent Church in the Middle Western United States (Rom 1962).
W. Schoenberg, A Chronicle of the Catholic Historiography of the Pacific Northwest, 1743—1960 (Spokane 1962).
E. V. O'Hara, Pioneer Catholic History of Oregon (Portland 1907).
Ch. Blanchard, History of the Catholic Church in Indiana, 2 Bde (Logansport 1898).
H. H. Heming, The Catholic Church in Wisconsin (Milwaukee 1895/98).
J. F. Kempker, History of the Catholic Church in Iowa (Iowa City 1887).
R. F. Saxton - E. Harrington, History of the Archdiocese of Boston (New York 1944).
J. H. Lamott, History of the Archdiocese of Cincinnati (New York 1921).
M. J. Hynes, History of the Diocese of Cleveland (Cleveland 1953).
G. Garraghan, The Catholic Church in Chicago (Chicago 1921).
G. Paré, The Catholic Church in Detroit (Detroit 1951).
J. Smith, The Catholic Church in New York, 2 Bde (New York 1905).
L. J. Kirlin, Catholicity in Philadelphia (Philadelphia 1909).
F. J. Magri, The Catholic Church in the City and Diocese of Richmond (Richmond 1906); auch *J. H. Bailey,* A History of the Diocese of Richmond, the Formative Years (Richmond 1956).
J. E. Rothensteiner, History of the Archdiocese of St. Louis, 2 Bde (St. Louis 1928).
J. M. Reardon, The Catholic Church in the Diocese of St. Paul (St. Paul 1952).
F. Parkman, The Jesuits in North America (Boston 1963).
V. O'Daniel, The Dominican Province of St. Joseph (New York 1942).
G. Herbermann, The Sulpicians in the United States (New York 1916).
Br. *Angelus Gabriel,* The Christian Brothers in the United States (New York 1948).
M. de L. Walsh, The Sisters of Charity of New York, 1809—1959, 3 Bde (New York 1960).
Th. P. McCarty, Guide to the Catholic Sisterhoods on the United States (Washington 1964).

o) Kanada

M. Sheehan, A Current Bibliography of Canadian Church History: Canadian Historical Association Report (ab 1964).
Dominique de St-Denis OFMCap, L'Église catholique au Canada. Précis historique et statistique (Montréal 1956).
H. H. Walsh, The Christian Church in Canada (Toronto 1956).
J. S. Moir, Church and State in Canada 1627—1867. Basic documents (Toronto 1967).
L. Pouliot, Canada: DHGE XI 675—698.
Alexis de Barbézieux OFMCap, Histoire de la province ecclésiastique d'Ottawa, 2 Bde (Paris 1925).
W. P. Bull, From MacDonnell to McGuigan. The History of the Growth of the Roman Catholic Church in Upper Canada (Toronto 1939).
A. Morice, Histoire de l'Église catholique dans l'Ouest canadien III/IV (Winnipeg [4]1928).
A. A. Johnston, A History of the Catholic Church in Eastern Nova Scotia (Antigonish 1963).
H. Têtu, Les évêques de Québec. Notices biographiques (Québec 1889).
Mgr. Tangay, Répertoire général du clergé canadien (Montréal 1893).
L. E. Hamelin, Évolution numérique du clergé catholique dans le Québec: Recherches sociographiques 2 (1961) 189—243.

Mandements, lettres pastorales et circulaires des évêques de Québec, 9 Bde (Québec 1887/98); — publiés dans le diocèse de Montréal, 13 Bde (Montréal 1887/1926).

p) Australien

P. F. Moran, History of the Catholic Church in Australasia, 2 Bde (Sydney 1896).
P. O'Farrell, The Catholic Church in Australia, 1788—1967 (London 1968).
Documents in Australian Catholic History, hrsg. von *P. O'Farrell,* 2 Bde (London 1969).

q) Latein-Amerika

R. Streit - J. Dindinger, Bibliotheca Missionum III (Freiburg i. Br. 1927).
J. L. Mecham, Church and State in Latin America (Chapell Hill [2]1966).
E. Ryan, The Church in the South American Republics (New York 1932).
The Conflict between Church and State in Latin America, hrsg. von *F. B. Pike* (New York 1964).
J. J. Kennedy, Catholicism, Nationalism and Democracy in Argentina (Notre-Dame/Indiana 1958).
J. S. Campobassi, Laicismo y catolicismo en la educación pública argentina (Buenos Aires 1961).
F. López Menéndez, Compendio de la historia eclesiástica de Bolivia (La Paz 1965).
P. F. da Silveria Camargo, Historia eclesiástica do Brasil (Petropolis 1955).
J. Dornas Filho, O padroado e la Igreja brasileira (São Paulo 1939).
Julio Maria, A Religiâo: Livro do Centenario I (Rio de Janeiro 1900; über die Orden, Kongregationen und fromme Vereine).
C. Silva Cotapos, Historia eclesiástica de Chile (Santiago de Chile 1925).
M. Cruchaga Montt, De las relaciones entre la Iglesia y el Estado en Chile (Madrid [2]1929).
J. M. Groot, Historia eclesiástica y civil de Nueva Grenada, 4 Bde (Bogotá, 1889/93).
J. P. Restrepo, La Iglesia y el Estado en Colombia (London 1885).
B. E. Haddox, Sociedad y religión en Colombia (Bogotá 1965).
J. Maramillo, El pensamiento colombiano en el siglo XIX (Bogotá 1964).
J. T. Donoso, La Iglesia ecuatoriana en el siglo XIX, 2 Bde (Quito 1934/36).
M. Cuevas, Historia de la Iglesia en México V (Mexico [3]1928).
J. Bravo Ugarte, Diocesis y obispos de la Iglesia mexicana 1519—1939 (Mexico 1941).
J. Ramírez Cabañas, Las relaciones entre México y el Vaticano (Mexico 1928).
G. Decorme, Historia de la Compañía de Jesús en la República Mexicana durante el siglo XIX, 2 Bde (Guadalajara 1914/21).
R. Vargas Ugarte, Historia de la Iglesia en el Perú V (Burgos 1962).
A. Watters, A History of the Church in Venezuela 1819—1930 (Chapell Hill 1933).
F. B. Pike, The Catholic Church in Central America: RPol 21 (1959) 83—113.

3. Die katholischen Kirchen mit orientalischem Ritus

J. Hajjar, Les chrétiens uniates du Proche-Orient (Paris 1962).
ders., L'apostolat des missionnaires latins dans le Proche-Orient selon les directives romaines (Jerusalem 1956).
S. Sidarous, Les patriarcats dans l'Empire ottoman et spécialement en Égypte (Paris 1907).
Statistica con cenni storici della gerarchia e dei fedeli di rito orientale (Vatikanstadt 1932).
C. de Clercq, Conciles des Orientaux catholiques (= Histoire des conciles, hrsg. von *Hefele-Leclercq* XI), 2 Bde (Paris 1949/52).
S. Congregazione per la Chiesa Orientale. Codificazione canonica orientale. Fonti, 3. Reihe (Rom 1931 ff).

C. Charon (= C. Korolewski), Histoire des patriarcats melkite. II/III (Rom - Paris 1910/11).
A. D'Avril: ROC 3 (1898) 1—30 265—281.
T. Anaissi, Bullarium Maronitarum (Rom 1911).
G. Beltrami, La Chiesa caldea nel secolo dell'unione (Rom 1933).
M. Cramer, Das christlich-koptische Ägypten einst und heute. Eine Orientierung (Wiesbaden 1959).
V. Inglisian, Hundertfünfzig Jahre Mechitaristen in Wien 1811—1961 (Wien 1961).
Die Artikel Maronites, Nestorienne (Église), Roumanie, Syrienne (Église) im DThC; Alep, Antioche, Antonins, Arménie, Audo, Beyrouth, Constantinople, Égypte im DHGE.
E. Likowski, Dzieje Kosciola unickiego na Litwie i Rusi w XVIII i XIX wieku, 2 Bde (Warschau ²1906).
A. Korczok, Die griechisch-katholische Kirche in Galizien (Leipzig 1921).
N. Nilles, Symbolae ad illustrandam historiam Ecclesiae in terris Coronae S. Stephani, 2 Bde (Innsbruck 1885).
I. Radu, Istoria diocezei romane-unite a Orazü-Mari (Oradea Mare 1930).
Siehe auch *A. M. Ammann* a. a. O. (sub 2 l).

4. Missionsgeschichte

Bibliotheca Missionum, begonnen von *R. Streit,* fortgef. v. *J. Dindinger* (Münster, Aachen) (Freiburg i. Br. 1916 ff) VIII, XII—XIV, XVII—XXI, XXVII.
Collectanea S. Congregationis de Propaganda Fide I (1622—1866) II (1867—1906) (Rom 1907).
S. Delacroix, Histoire Universelle des Missions Catholiques, III: Les Missions Contemporaines (1800—1957) (Paris 1958).
K. S. Latourette, A History of the Expansion of Christianity, IV/VI: The Great Century (New York 1941).
A. Launay, Histoire Générale de la Société des Missions Étrangères, 3 Bde (Paris 1894).
F. Schwager, Die katholische Heidenmission der Gegenwart I—IV (Steyl 1907).

5. Die Orden und Kongregationen

M. Heimbucher, Die Orden und Kongregationen der katholischen Kirche, 2 Bde (Paderborn ³1932/34).
Ordini e Congregazioni religiose, hrsg. von *M. Escobar,* 2 Bde (Turin 1951/53).
Ch. Tyck, Notices historiques sur les congrégations et communautés religieuses et les instituts missionnaires du XIXᵉ siècle (Löwen 1892).
H. C. Wendlandt, Die weiblichen Orden und Kongregationen der katholischen Kirche und ihre Wirksamkeit in Preußen von 1818 bis 1918 (Paderborn 1924).
S. Hilpisch, Geschichte des benediktinischen Mönchtums (Freiburg i. Br. 1929).
Ph. Schmitz, Histoire de l'Ordre de S. Benoît VI und VII (Maredsous 1948 und 1956).
P. Weissenberger, Das benediktinische Mönchtum im 19./20. Jh. (Beuron 1958).
L. F. Lekai, Geschichte und Wirken der Weißen Mönche. Der Orden der Cisterzienser (Köln 1958).
N. Backmund, Monasticon Praemonstratense, 3 Bde (Straubing 1949/56).
A. Walz, Compendium historiae Ordinis Praedicatorum (Rom ²1948).
A. Mortier, Histoire des Maîtres généraux de l'ordre des Frères Prêcheurs VII (Paris 1914).
H. Holzapfel, Manuale historiae Ordinis FF. Minorum (Freiburg i. Br. 1909).

M. de Pobladura, Historia generalis Ordinis Fratrum Minorum capucinorum III (Rom 1951).
R. Villoslada, Manual de historia de la Compañía de Jesús (Madrid ²1954).
[P. Albers] Liber saecularis historiae Societatis Iesu ab anno 1814 ad annum 1914 (Rom 1914).
H. Azzolini: AHSI 2 (1933) 88—92 (Statistiken 1814—1932).
J. Burnichon, La Compagnie de Jésus en France. Histoire d'un siècle. 1814—1914, 4 Bde (Paris 1914/22).
L. Frías, Historia de la Compañía de Jesús en su Asistencia moderna de España, 2 Bde (Madrid 1923/44).
B. Basset, The English Jesuits (New York 1968).
P. Galletti, Memorie storiche intorno alla Provincia Romana della Compagnia di Gesù 1814—1914 (Prato 1914).
A. Monti, La Compagnia di Gesù nel territorio della Provincia torinese V (Chieri 1920).
A. Aldegheri, Breve storia della Provincia veneta della Compagnia di Gesù 1814—1914 (Venedig 1914).
Volpe, I Gesuiti nel Napoletano 1804—1914, 3 Bde (Neapel 1914/15).
F. Strobel, Die Jesuiten und die Schweiz (Olten 1955).
G. Decorme, Historia de la Compañía de Jesús en la República mejicana durante el siglo XIX (Guadalajara 1914).
T. Hugues, History of the Society of Jesus in North America II/IV (New York 1908/13).
A. Brou, Cent ans de missions 1815—1934. Les jésuites missionnaires au XIXe et XXe siècle (Paris 1935).
E. Hosp, Die Kongregation des Allerheiligsten Erlösers (Graz 1924).
M. De Meulemeester, Histoire sommaire de la Congrégation du T. S. Rédempteur (Löwen ²1958).
G. Rigault, Histoire générale de l'Institut des Frères des Écoles chrétiennes, 9 Bde (Paris 1936/53).
K. Zähringer, Die Schulbrüder (Freiburg i. Br. 1962).
H. Neufeld, Die Gesellschaft Mariens (München 1962).
P. Coste - G. Goyau, Les Filles de la Charité (Paris 1933).
J. F. Devaux, Les Filles de la Sagesse II (Cholet 1955).
L. Ziegler, Die Armen Schulschwestern von U. L. F. (München 1935).
A. Hillengass, Die Gesellschaft vom hl. Herz Jesu (Stuttgart 1917).

6. Theologiegeschichte

E. Hocedez, Histoire de la théologie au XIXe siècle, 3 Bde (Brüssel 1947/52).
M. Grabmann, Die Geschichte der katholischen Theologie seit dem Ausgang der Väterzeit (Freiburg i. Br. 1933).
L. Scheffczyk, Theologie in Aufbruch und Widerstreit. Die deutsche katholische Theologie im 19. Jh. (Bremen 1965).

NACHTRÄGE ZUR BIBLIOGRAPHIE

von Oskar Köhler, Rudolf Lill und Patrik J. Corish

1. Allgemeine Kirchengeschichte:

P. Meinhold, Kirchengeschichte in Schwerpunkten. Ein ökumenischer Versuch (Salzburg 1982).

2. Papsttum und Kurie:

O. Chadwick, The Popes and the European Revolution (Oxford 1981).
E. E. Y. Hales, The Emperor and the Pope. The story of Napoleon and Pius VII (New York [2]1978).
A. B. Hasler, Pius IX. (1846–1878), 2 Bde. (Stuttgart 1977).
G. Martina, Pio IX., Bd. I (Rom 1974).

3. Theologie:

H. S. Schwedt, Das römische Urteil über Georg Hermes: RQ. Suppl.-Bd. 37 (Freiburg i. Br. 1980).
J. Lacroix (Hrsg.), L'actualité de Lamennais. Colloque de La Tourette 1978 (Straßburg 1981).
M. J. et L. Guillou, La condamnation de Lamennais (Paris 1982).
G. Valerius, Deutscher Katholizismus und Lamennais: Veröffentlichungen der Kommission für Zeitgeschichte, Reihe B, 39 (Mainz 1983).
K. Deufel, Kirche und Tradition. Ein Beitrag zur Geschichte der theologischen Wende ... am Beispiel Kleutgens (Paderborn 1976).

Kapitel 7, 13 und 20:

E. Gatz (Hrsg.), Die Bischöfe der deutschsprachigen Länder 1785/1803–1945, ein biographisches Lexikon (Berlin 1983).
A. Rauscher (Hrsg.), Der soziale und politische Katholizismus, 2 Bde. (München 1981).
ders. (Hrsg.), Entwicklungslinien des deutschen Katholizismus (München – Paderborn – Wien 1973).
ders. (Hrsg.), Probleme des Konfessionalismus in Deutschland seit 1800 (München 1984).
R. Kottge – B. Moeller (Hrsg.), Ökumenische Kirchengeschichte, Bd. III: Neuzeit (Beiträge zur Geschichte des deutschen Katholizismus im 19. und 20. Jahrhundert von *R. Lill*, *Chr. Weber* und *E. Iserloh*) (Mainz – München 1974, [3]1985).
N. Trippen, Das Domkapitel und die Erzbischofwahlen in Köln 1821–1929 (Köln – Wien 1972).
Chr. Weber, Aufklärung und Orthodoxie am Mittelrhein 1820–1850 (Köln – Wien 1973).
A. Rauscher (Hrsg.), Deutscher Katholizismus und Revolution im frühen 19. Jahrhundert (München – Paderborn – Wien 1975).

H.-G. Aschoff, Das Verhältnis von Staat und katholischer Kirche im Königreich Hannover 1813–1866 (Hildesheim 1976).

F. W. Graf, Die Politisierung des religiösen Bewußtseins ...: Das Beispiel des Deutschkatholizismus (Stuttgart-Bad Cannstatt 1978).

R. Lill, Kirche und Revolution. Zu den Anfängen der kath. Bewegung im Jahrzehnt vor 1848: Archiv für Sozialgeschichte 18 (1978).

H. Raab (Hrsg.), Josef Görres ... Auswahl aus seinem Werk. Urteile von Zeitgenossen (Paderborn – Wien – München 1978).

B. Gajek, Johann Michael Sailer, Melchior Diepenbrock, Clemens Brentano ...: Zwei Jahrtausende Regensburg, hrsg. von D. Albrecht (Regensburg 1979).

Kapitel 21 und 30:

John Bossy, The English Catholic community 1570–1850 (London 1975).

Desmond Keenan, The Catholic church in nineteenth-century Ireland: a sociological survey (Dublin 1983).

S. J. Connolly, Priests and people in pre-famine Ireland 1780–1845 (Dublin 1982).

Donal A. Kerr, Peel, priests and politics: Sir Robert Peel's administration and the Roman Catholic church in Ireland 1841–1846 (Oxford 1982).

Emmet Larkin, The making of the Roman Catholic church in Ireland 1850–1860 (University of North Carolina Press 1980).

Kapitel 27, 29 und 40:

R. Morsey – J. Aretz – A. Rauscher (Hrsg.), Zeitgeschichte in Lebensbildern. Aus dem deutschen Katholizismus des 19. und 20. Jahrhunderts, bisher 6 Bde. (Mainz 1973–1984).

J. Becker, Liberaler Staat und Kirche in der Ära von Reichsgründung und Kulturkampf. Geschichte und Strukturen ihres Verhältnisses in Baden 1860–1876 (Mainz 1973).

M. Klöcker, Theodor Brüggemann 1796–1866. Eine Studie zur preußischen Geschichte unter besonderer Berücksichtigung der Kulturpolitik ... (Ratingen 1975).

J. Horstmann, Katholizismus und moderne Welt. Katholikentage, Wirtschaft, Wissenschaft 1848–1914 (München – Paderborn 1976).

W. Becker, Georg von Hertling 1843–1919, Bd. 1: Jugend und Selbstfindung zwischen Romantik und Kulturkampf (Mainz 1951).

Kapitel 44:

A. Franzen, Die katholisch-theologische Fakultät Bonn im Streit um das erste vatikanische Konzil. Zugleich ein Beitrag zur Entstehungsgeschichte des Altkatholizismus ... (Köln 1974).

TEIL I

Die katholische Kirche und die Revolution

Univ.-Professor Dr. Roger Aubert, Louvain

Einleitung

Die katholische Kirche am Ende des 18. Jahrhunderts

Die Krise der Kirche des Ancien Régime

Auf der einen Seite erfaßt man heute mehr und mehr, daß „die Krise des europäischen Geistes 1680—1715“, von welcher der französische Literaturhistoriker Paul Hazard in seinem Werk schon 1935 gesprochen hat, in Wirklichkeit eine Wachstumskrise war (vgl. Bd V, Kap. 18), in der viele positive und zukunftsträchtige Elemente zögernd versuchten, auf gedanklicher Ebene und auf dem Gebiet der Institutionen Ausdruck zu finden und Gestalt anzunehmen. Auf der anderen Seite ist nicht an der Tatsache zu rütteln, daß das 18. Jh. damals für alle christlichen Kirchen ein überaus schwieriger Zeitabschnitt war, für die römische Kirche im besonderen jedoch eine Periode mit viel mehr Dekadenzerscheinungen als Anzeichen einer Erneuerung. Gewiß blieb nach außen hin die Macht dieser Kirche, die unermeßliche Reichtümer ihr eigen nannte, sich zahlreicher Privilegien erfreute und vom Staat getragen wurde, dem Anschein nach beträchtlich, doch war ihr Ansehen erschüttert. Jahr für Jahr kam es zu neuen Mißtönen. Ganz offen zutage trat schließlich das Mißverhältnis zwischen einer Welt, die sich in voller wirtschaftlicher, gesellschaftlicher und kultureller Entwicklung befand, einerseits und einer kirchlichen Hierarchie anderseits, die einfach nicht zu unterscheiden vermochte zwischen den wirklichen Erfordernissen des Glaubens und dem unwesentlichen Zubehör, mit dem sich die Kirche und die Theologie im Laufe der Jahrhunderte umgeben hatten, und die sich daher an völlig überholte Positionen klammerte.

Dies zeigte sich besonders deutlich beim Heiligen Stuhl. Gallikanismus und Febronianismus verkörperten nicht nur die Thesen einer bestimmten Schule. Beide waren vielmehr der doktrinäre Ausdruck einer kurienfeindlichen Stimmung, die im gesamten katholischen Europa mehr und mehr zum

Gemeingut wurde. Viele Angehörige des Klerus, der hohen Beamtenschaft, der Justiz usw. betrachteten es als ganz natürlich, daß die geistliche Obergewalt des Papstes nicht mehr sei als ein bloßes Ehrenprivileg. Diese Abwertung der Autorität des Papstes wurde durch die Zweideutigkeit seiner Stellung als kleiner italienischer Herrscher noch verstärkt: Im Europa des aufgeklärten Despotismus bemühten sich die Regierungen, die wirtschaftliche Lage ihrer Staaten zu verbessern, die Institutionen in einem rationelleren Sinn zu reformieren und die allgemeine Bildung zu fördern; in diesem Europa löste die rückständige Verwaltung des Kirchenstaates natürlich Kritik und sarkastische Kommentare aus. Hinzu kommt, daß sich dieser so sehr verwundbare Staat in einer recht schwierigen internationalen Lage befand. Er war Objekt der Rivalitäten zwischen Wien, Paris und Madrid und zwang seinen Herrscher so zu ständigem Lavieren und zu immer neuen Kompromissen. So war es dem gemeinsamen Vater aller Gläubigen unmöglich, sich über die Parteien zu erheben und eine wirklich übernationale Autorität zur Geltung zu bringen. Die weltliche Macht, die als unverzichtbare Vorbedingung für die Unabhängigkeit des Papsttums von der Welt beansprucht wurde, war so in Wirklichkeit eine Ursache zusätzlicher Schwäche dieser Institution geworden. Andere Dinge waren jedoch noch schwerwiegender. Man muß Professor Rogier unbedingt zustimmen, wenn er für das gesamte 18. Jh. — mit Ausnahme des Pontifikats Benedikts XIV. — folgende Feststellungen trifft: „Im allgemeinen war der tatsächliche Einfluß Roms auf das Weltgeschehen äußerst gering; auch erschöpften sich seine Beziehungen zur Entwicklung des Denkens in stereotypen und sterilen Protesten. Wer die Kulturgeschichte des 18. Jh. überblickt, vermißt immer wieder die Beteiligung der Kirche und ihrer obersten Leitung an den Diskussionen über brennende Zeitfragen. Wenn Rom sich überhaupt einmischte, so durchaus negativ: mit einem Monitum, einem Anathem oder durch Auferlegung der Schweigepflicht. Bedauerlicherweise hat Rom das Gespräch mit einer vom Strom der Zeit so stark erfaßten Generation wie der des 18. Jh. unterlassen, um nicht zu sagen systematisch vermieden.“[1] Am Vorabend der Umwälzungen von 1789 traf noch mehr als je zu, was Präsident Charles de Brosses bereits 1740 folgendermaßen formulierte: „Wenn in Europa der Kredit des Heiligen Stuhls von Tag zu Tag kleiner wird, so kommt dies daher, daß sich das Verständnis für seine antiquierte Ausdrucksweise immer mehr verliert.“

Zweifellos kam die breite Masse der Bevölkerung äußerlich noch ihren religiösen Pflichten nach. Die religiöse Betätigung war jedoch häufig mehr Anpassung an ein Gesamtgefüge gesellschaftlicher Überlieferungen als Überzeugungssache. Vor allem emanzipierten sich der Adel und das gebildete Bürgertum mehr und mehr unter dem Einfluß der „Aufklärung“.

[1] *Rogier* KG 29.

Die Philosophie wurde von den Fortschritten der Erfahrungswissenschaften und auch von der Enttäuschung angespornt, zu der die endlosen und unfruchtbaren Kontroversen um den Jansenismus führten. Dies hatte zur Folge, daß die Philosophie schließlich als Denkmodell den Platz einnahm, den bisher die Theologie innehatte. Wesentlich wurde diese Entwicklung dadurch gefördert, daß der größte Teil der offiziellen Kirche darauf beharrte, Vorkämpfer einer Globalkonzeption der Welt, der Wissenschaft, der Gesellschaft und der Erziehung auszubilden, bei der alles unabänderlich im voraus festgelegt ist, so daß praktisch für den Fortschritt sowohl auf dem Gebiet des Denkens wie auch im Bereich der praktischen Verwirklichungen keinerlei Spielraum mehr übrigbleibt. Die Reaktion gegen diese mehr und mehr anachronistischen Prätentionen war in einer auf Modernität versessenen Welt unvermeidlich. Immer stärker wurden die Bestrebungen, das gesellschaftliche Leben auf säkularisierter Basis zu ordnen, die Autonomie des Individuums gegenüber allen politischen und kirchlichen Autoritäten zu verherrlichen und eine „natürliche Religion" zu fordern, die dem entspricht, was im Menschenherzen beschlossen ist, eine Religion, die alle Meinungen toleriert, die nicht nur lächerliche Frömmigkeitsübungen ersetzt, in denen man Offenbarungen des Aberglaubens sieht, sondern auch die Dogmen, die Sakramente und die gesamte kirchliche Organisation.

Diese Bewegung ging von England aus und breitete sich rasch in Frankreich und dann in Deutschland aus. Und in Deutschland, wo sich seit dem Dreißigjährigen Krieg die Kulturzentren im katholischen Süden zusammengeballt hatten, holte der protestantische Norden rasch seinen Rückstand auf. Von der Jahrhundertmitte ab tritt er sogar als Träger der wirklich zukunftsträchtigen Werte in Erscheinung, und zwar im Gegensatz zur geistigen Stagnation der bedeutendsten katholischen Bildungszentren, für welche die von nun an völlig unmodern gewordene alte jesuitische „ratio studiorum" mehr und mehr zum Halseisen wird. Immerhin versuchte die „katholische Aufklärung" der protestantischen Herausforderung und der Ausbreitung der religiösen Gleichgültigkeit, ja sogar des Unglaubens, die Stirn zu bieten, die Sklerose der Kirche der Gegenreformation zu bekämpfen und alle lebendigen Kräfte zusammenzufassen, um einer Heilsmystik zum Sieg zu verhelfen, die der Entwicklung der Profanwissenschaften entsprach und dem Trachten der Menschheit nach einer Verbesserung ihrer Lebensbedingungen auf Erden den angemessenen Platz einräumte[2]. Die Zahl ihrer Anhänger war jedoch verhältnismäßig klein. Außerdem wurde sie in Frankreich und in Italien häufig durch ihre Beziehungen zu den Jansenisten kompromittiert. Vor allem aber war ihr

[2] Siehe die aufschlußreichen Ausführungen von *B. Plongeron* in seinem Artikel L'„Aufklärung" catholique en Europe occidentale, 1770—1830: Revue d'histoire moderne et contemporaine 16 (1969) 557—605.

suchendes Bemühen, auch wenn es reich an zukunftsweisenden Intuitionen war, vorerst nur ein recht schüchternes Vorwärtstasten, das bei vielen — genau wie bei der Gärung, die dem Zweiten Vatikanischen Konzil folgte — den Eindruck einer doktrinären Verwirrung und eines Zerfalls des traditionellen Katholizismus erweckte. All das mußte bei den Zeitgenossen den Eindruck noch verstärken, daß der Katholizismus einer Krise die Stirn zu bieten hatte, die doppelt ernst genommen werden mußte, weil zu den Angriffen von außen her auch noch ein schwerwiegendes inneres Unbehagen hinzukam.

Den verantwortlichen Führern der katholischen Kirche fehlte es an dem Scharfblick, der zur Erarbeitung einer neuen Religionsanthropologie notwendig gewesen wäre, die zugleich der Offenbarungsbotschaft und der geistigen Neuorientierung der Zeit hätte entsprechen müssen. Genausowenig brachten sie es fertig, endlich mit der bis ins Mittelalter zurückgehenden Verwechslung zwischen den echten kirchlichen Strukturen und den aristokratischen Strukturen der Kirche des Ancien Régime, die nichts mit dem Evangelium zu tun hatten, wie vor allem dem Pfründensystem, aufzuräumen. Seit dem Konzil von Trient war es nie gelungen, dieses Pfründensystem zu verbessern oder abzuschaffen, weil sich die Souveräne widersetzten, die es nutzten, um ihren Adel dadurch zu befriedigen, daß sie seine jüngeren Nachkommen unterbrachten. Aber die Untragbarkeit dieses Systems, die durch zahllose Mißbräuche noch verschärft wurde, trat sowohl auf pastoraler Ebene wie auch auf gesellschaftlicher Ebene immer klarer zutage. Es lag nahe, daß es bei der nächsten Gelegenheit vom Geist der Zeit in einem Großteil Europas hinweggefegt würde, wobei freilich die Gefahr bestand, daß diese an sich ersprießliche Strukturreform vielen als das Vorspiel zum Verschwinden der Kirche als solcher erschien, weil diese Reform gegen den Willen der kirchlichen Autoritäten durchgeführt wurde, da sie von der Plötzlichkeit dieses von ihnen nicht vorausgesehenen Zusammenbruchs völlig überrascht wurden.

Jedenfalls waren am Ende des Ancien Régime viele kirchliche Institutionen krank. Ganz besonders krank war jedoch der gesamte Klosterbereich. Allerdings gab es so ziemlich überall glaubenseifrige Mönche, und zwar in größerer Zahl, als alberne Verallgemeinerungen vermuten lassen könnten. Aber schon seit geraumer Zeit galt das Kloster als Institution in den Augen der Welt nicht mehr als besonders überzeugender Ort der Übung der evangelischen Tugenden. Die Klöster waren zwar nicht die Stätten der Ausschweifung, als die sie in einer gewissen Literatur hingestellt wurden, doch war in ihren Mauern der religiöse „Tonus“ im allgemeinen recht mittelmäßig. Ihre Insassen waren — abgesehen von einigen besonders strengen Orden wie den Kartäusern, den Trappisten oder den Karmelitern und einer Reihe von Gelehrten in den anderen Klöstern — in den Augen der Welt häufig nichts als Müßiggänger mit recht guten Einkünften, die einen ausgedehnten Grundbesitz verwalteten und außerordentlich kostspielige Bauten unterhielten. Viele von diesen im Mittelalter gegründeten Klöstern standen übrigens seit geraumer Zeit halb leer, was auch noch gegen sie sprach. Die Bettelorden provozierten zwar weniger durch ihren Reichtum, doch litten auch ihre Angehörigen unter einer Krise des Glaubenseifers, zu der sich dann noch, vor allem in den südlichen Ländern, eine Krise der Disziplin gesellte. Fand man bei den Bettelorden auch so ziemlich überall eifrige Prediger und Apostel der Nächstenliebe, so bildete doch ein beträchtlicher Teil ihrer Angehörigen eine recht wenig erbauliche „kirchliche Plebs", die den Verächtern der Ordensgelübde als leichtes Ziel diente. Die Gegner des Klosterlebens kritisierten aber nicht nur die häufige Erschlaffung und die allzu vielen Schwächen dieser Institution, sondern behaupteten darüber hinaus, die Orden seien für die Gesellschaft völlig unnütz. Vor ihren Augen fanden nur noch die Orden Gnade, die sich ausschließlich dem Unterricht oder der Krankenpflege widmeten. So war es nicht verwunderlich, daß die Regierungen, von der öffentlichen Meinung ermutigt, im Verlauf der zweiten Hälfte des 18. Jh. einen Teil der Klöster säkularisierten und ihre Güter zur Gründung der durch den Bevölkerungszuwachs schon lange notwendig gewordenen neuen Pfarreien oder zur Subventionierung des Unterrichtswesens und der Armenfürsorge verwendeten, die man übrigens am liebsten in staatliche Dienststellen umgewandelt gesehen hätte. In dieser Sicht stellten die von den französischen Revolutionären ergriffenen radikalen Maßnahmen letzten Endes nur die Krönung einer Politik dar, die sich in allen katholischen Ländern seit einem Vierteljahrhundert entfaltete und gegen welche die kirchlichen Autoritäten, die sich der ungesunden Verhältnisse durchaus bewußt waren, nur halben Herzens protestierten. So wurden von 1748 bis 1797 allein in der Republik Venedig nicht weniger als 127 Klöster geschlossen. Ähnliche Maßnahmen waren, wie im vorigen Band dargelegt wurde, in der Toskana, im Herzogtum Parma, in der Lombardei, in Spanien und — in besonders systematischer Weise — zwischen 1780 und 1790 in den verschiedenen Provinzen der österreichischen Monarchie ergriffen worden. In Frankreich war eine entsprechende Aktion sogar — trotz der Proteste des Papstes — vom Klerus selbst angeregt und organisiert worden. Eine „Commission des réguliers"[3], deren treibende Kraft der Erzbischof von Toulouse Loménie de Brienne war, ein sachverständiger Administrator und ein Mann, der um den guten Ruf der Kirche in der Gesellschaft besorgt war, jedoch „den Philosophen näherstand als dem Christentum", schlug im Jahre 1768 dem König eine ganze Reihe von Maßnahmen vor: Maßnahmen, die darauf hinzielten, das Alter für die Ablegung der Ordensgelübde hinaufzusetzen, um deren Freiwilligkeit besser zu garantieren, die Konstitutionen der alten Orden zu reformieren, um der Fortentwicklung der geistigen

[3] Vgl. *P. Chevallier*, Loménie de Brienne et l'ordre monastique, 1776—89, 2 Bde (Paris 1959).

Haltung seit ihrer Gründung Rechnung zu tragen, die Kontrolle der Bischöfe über die nicht ihrer Gerichtsbarkeit unterstehenden Orden zu verstärken und pro Haus eine Mindestzahl von Mönchen vorzuschreiben. Dies führte zur Aufhebung von 426 Klöstern, deren Güter den Diözesen zur Verfügung gestellt wurden, und zum Verschwinden einer Reihe von kleineren Kongregationen, die zugegebenermaßen „den wahrlich ruinösen Teil des Mönchstums" bildeten (Chevallier). Diese Commission des réguliers hatte zweifellos mehr eine Reformierung der Ordensleute als ihre Abschaffung im Auge. Sie appellierte jedoch an die Staatsgewalt, ignorierte systematisch alle Einwände des Heiligen Stuhls und nahm einen weit mehr utilitaristisch als religiös orientierten Standpunkt ein. Und eben diese Art des Vorgehens schuf „einen Präzedenzfall, dessen sich die Konstituante dann zwanzig Jahre später erinnern wird" (Latreille).

Bei den Klosterleuten war die Krise zwar besonders heftig, spürbar war sie aber auch beim Weltklerus, übrigens mit recht großen Unterschieden von Land zu Land. So war die Situation beispielsweise in den belgischen Provinzen und im Rheinland verhältnismäßig zufriedenstellend, im Königreich Neapel oder in manchen Gegenden Spaniens jedoch ganz besonders bejammernswürdig. Die Tatsache, daß eine übergroße Zahl von Priestern von den Einkünften aus einer Pfründe oder gar aus anderen trüben Quellen lebte, ohne irgendeine pastorale Tätigkeit auszuüben, beleuchtet eines der ganz offensichtlichen Gebrechen der Kirche am Ende des Ancien Régime. Gewiß konnte man im Laufe des 18. Jh. in verschiedenen Gegenden feststellen, daß man sich bemühte, die intellektuelle und spirituelle Erziehung des niederen Klerus zu verbessern, und gegen Ende des Jahrhunderts waren gebildete Priester und sich aufopfernde Seelenhirten oft zahlreicher als ein Jahrhundert früher. Das ändert nichts an der Tatsache, daß es noch viele Mißstände gab, mit denen sich die aufgeklärte öffentliche Meinung immer schwerer abfinden konnte. Auf diesem Gebiet wie auf anderen Gebieten dürfen die sachlichen Feststellungen den Historiker nicht vergessen lassen, daß auch die psychologischen Reaktionen eine erhebliche Rolle spielen. Andererseits war ein Streben nach einem höheren Bildungsniveau des niederen Klerus festzustellen, jedoch ließ sich ein großer Teil dieses Klerus, nicht nur in Frankreich, sondern auch in Italien und in Westdeutschland, für die richeristischen Lehren erwärmen, die auf eine Einschränkung der Autorität des Papstes und der Bischöfe abzielten und die den demokratischen Vorstellungen den Weg bahnten, die dann ihren Niederschlag in der Zivilkonstitution des Klerus fanden, was dadurch noch erleichtert wurde, daß viele Pfarrer glaubten, Grund zur Klage über den bischöflichen „Despotismus" zu haben, und sich als Opfer einer schlechten Verteilung der Einkünfte aus den Kirchengütern betrachteten. Hinzufügen muß man noch, daß die Erhebung des Zehnten auf dem Land wachsende Unzufriedenheit auslöste, die in manchen Ländern wie in Frankreich durch eine „Feudalreaktion" der Zehntherren noch gesteigert wurde; ferner daß die schon alte, von vielen Regierungsbeamten vertretene Ansicht, daß der Klerus lediglich der Depositär seines unermeßlichen Grundbesitzes sei und daß seine Vorrechte ausschließlich von der Entscheidung des Souveräns abhingen, in den mit der Modernisierung der Institutionen beschäftigten Kreisen immer mehr an Boden gewann.

Daher wurden nicht nur „Mißbräuche" gebrandmarkt, sondern es wurden die verschiedenen Fundamente der Macht der Kirche des Ancien Régime, ihr Reichtum, ihr Prestige, ihre moralische Autorität immer systematischer in Frage gestellt. So machte die katholische Kirche am Vorabend der Revolutionsstürme wirklich einen sehr geschwächten Eindruck, und das trotz mancher sporadischer und zunächst noch erst keimender Bemühungen, die auf ein so dringend notwendiges „aggiornamento" abzielten, und auch trotz aller noch vorhandenen spirituellen Kräfte, deren Stärke dann im Verlauf der Heimsuchungen zum Vorschein kam; sie allein erklären auch, daß die Kirche sich so rasch wieder aufzurichten verstand. Die in den Meinungen und Vorstellungen herrschende Verwirrung in Verbindung mit der Tatsache, daß der hohe Klerus und die Führungsschichten seit langem an Eingriffe der Regierung in die kirchlichen Angelegenheiten gewohnt waren, machte den katholischen Widerstand noch schwieriger, um so mehr, als es an einer einheitlichen und straffen Führung fehlte. In der Tat hätte man gerade in dem Augenblick, in dem in Frankreich plötzlich das Gewitter ausbrach, das dann immer weiter um sich griff und den größten Teil des katholischen Europa in Mitleidenschaft zog, an der Spitze der Kirche einen genialen Mann mit außergewöhnlicher Energie dringend gebraucht. In diesem Augenblick saß auf dem Stuhle Petri jedoch ein Papst, der zweifellos gewissenhaft war, dem jedoch gerade die Eigenschaften fehlten, die unter so schwierigen Umständen unbedingt nötig gewesen wären.

Pius VI.

LITERATUR: *Pastor* XVI/3 (Lit.); *V. Gendry*, Pie VI, 2 Bde (Paris 1907); *J. Flory*, Pie VI (Paris 1942); DThC XII 1653—69; *Seppelt-Schwaiger* V (München [2]1959) 484—490 547 (Lit.). Ferner: *I. Rinieri*, Relazioni storiche tra Pio VI e la corte di Napoli negli anni 1776—1799 (Turin 1910); *G. Soranzo*, Peregrinus Apostolicus. Lo spirito pubblico e il viaggio di Pio VI a Vienna (Mailand 1937). Über die Beziehungen zum revolutionären Frankreich siehe unten Kap. 1.

Über das Konklave siehe vor allem *E. Pacheco y de Leyva*, El conclave de 1774—1775 (Madrid 1915). Ferner: *J. Gendry*: Revue des questions historiques 51 (1892) 424—485; *F. Masson*, Le cardinal de Bernis (Paris 1903) 300—318, auch *E. Harder*, Der Einfluß Portugals bei der Wahl Pius' VI. (Königsberg 1882), wegen der Dokumente.

Über die Verwaltung des Kirchenstaates: *C. De Cupis*, Le vicende dell'agricoltura e della pastorizia nell'agro romano (Rom 1911) 330—347 367; *E. Piscitelli*, La riforma di Pio VI e gli scrittori economici italiani (Mailand 1958); dazu *F. Venturi:* RSIt 71 (1959) 135—142; *L. Del Pane,* Lo Stato pontificio e il movimento riformatore del Settecento (Mailand 1959).

Die Frage der mehr oder weniger radikalen Durchführung des Breves über die Aufhebung der Gesellschaft Jesu lag wie ein Alpdruck auf dem Konklave, das nach dem Tod Clemens' XIV. zusammentrat und sich über mehr als vier Monate hinzog (5. 10. 1774—15. 2. 1775). Die Kronkardinäle, die übrigens selbst untereinander nicht einig waren — Österreich und Frankreich wünschten eine gemäßigte Anwendung des Breves, während Spanien und Portugal für ein radikales Durchgreifen waren —, stießen auf die Gruppe der „Zelanten", welche die Kapitulation Clemens' XIV. vor den Großmächten bedauerten, aber ihrerseits zwischen mehreren Kandidaten unschlüssig waren. Nach zahlreichen vergeblichen Vorstößen gelang es Zelada, der als Vermittler fungierte, zu erreichen, daß sich alle „Zelanten" auf Braschi einigten, der sich, obwohl er als Jesuitenfreund galt, unter den beiden vorherigen Pontifikaten von allen politisch-religiösen Kontroversen ferngehalten hatte. Diese Kandidatur wurde von Kardinal de Bernis, dem französischen Gesandten, nachdrücklich unterstützt, und er verstand es geschickt, die letzten Einwände der Österreicher und Spanier auszuräumen, so daß Braschi schließlich einstimmig gewählt wurde.

Gianangelo Braschi, der auf Grund seiner Verehrung für Pius V. den Namen Pius VI. annahm, hatte am 25. Dezember 1717 in Cesena im Norden des Kirchenstaates das Licht der Welt erblickt. Er hatte Jura studiert und war erst 1758 zum Priester geweiht worden. Die Protektion des Kardinals T. Ruffo, Legat in Ferrara, und seine persönlichen guten Eigenschaften hatten ihm einen raschen Aufstieg in der Kurie gesichert. Im Jahre 1766 hatte ihn Clemens XIII. zum Schatzmeister der Apostolischen Kammer, d. h. zum Finanzminister, ernannt, und es war ihm gelungen, die stark zerrüttete wirtschaftliche und finanzielle Situation des Kirchenstaates etwas aufzubessern. Das Unglück, das ihn in seinen letzten Lebensjahren verfolgte, hat ihn idealisiert und zum Martyrer-Papst gestempelt. Es besteht jedoch ein recht großer Unterschied zwischen dem Mythus und der Wirklichkeit. Der neue Papst war zwar fromm, rechtschaffen und unbescholten und zeigte in der Heimsuchung auch echten Mut. Er war aber eine wenig hervorragende Persönlichkeit, eitel und mondän, stolz auf sein schönes und stattliches Aussehen, darauf bedacht, Leo X. als Protektor der schönen Wissenschaften und der Kunst nachzuahmen. Viel Geld gab er für die Verschönerung der Ewigen Stadt aus, förderte die archäologischen Ausgrabungen und umgab sich mit mehreren gelehrten Kardinälen, wie Garampi und Gerdil. Außerdem ließ er den Nepotismus noch einmal aufleben und praktizierte ihn in viel stärkerem Ausmaß als irgendein anderer Papst des 18. Jh., in erster Linie zugunsten des Sohnes seiner Schwester, Luigi, für den er in Rom ein prachtvolles

Palais erbauen ließ. Im Verlauf seines Pontifikats, der sich über ein Vierteljahrhundert ausdehnte, bewies er wiederholt, daß es ihm an Energie und Scharfblick fehlte: er zögerte, unter den verschiedenen Vorschlägen seiner Ratgeber eine Entscheidung zu treffen, und ließ sich durch völlig zweitrangige Prestigefragen ganz in Anspruch nehmen, so beispielsweise durch den lächerlichen Streit, der ihn wegen des Zelter-Tributs jahrelang mit dem König von Neapel in Konflikt brachte (die Könige von Neapel mußten dem Papst als Lehnsherrn ihres Königreichs jedes Jahr einen weißen Zelter als Tribut senden). Doch konnte er auch recht selbständig und unabhängig auftreten. Obwohl er im Konklave der Kandidat der „Zelanten" gewesen war, rückte er dann sofort von ihrem Standpunkt ab und führte eine geschmeidige und gemäßigte Politik, um nicht die europäischen Höfe direkt vor den Kopf zu stoßen. Dabei ließ er jedoch seinem Staatssekretär, Kardinal Pallavicini, der ihm von den Kronen aufgezwungen worden war, praktisch keinerlei Initiative. Gleichermaßen um das Wohlergehen seiner Untertanen und die Verteidigung der Rechte der Kirche besorgt und bemüht, befaßte er sich gewissenhaft mit seiner doppelten Aufgabe als weltlicher Herrscher und als Pontifex maximus.

Da er im Augenblick seiner Wahl noch verhältnismäßig jung war, hatte er große Pläne. In der Verwaltung des Kirchenstaates ließ er Reformbestrebungen erkennen, die unter anderem von den merkantilistischen Theorien inspiriert wurden. Offenbar waren seine Unternehmungen aber häufig schlecht geplant oder wurden schlecht durchgeführt. Manche von ihnen sind jedoch nicht ohne Interesse: so beispielsweise die mit Hilfe von Kardinal Boncompagni Ludovisi[4] in Angriff genommene Einrichtung des Katasters, die jedoch am Widerstand der Grundbesitzeraristokratie scheiterte; die Verbesserung der Straßen, die Modernisierung der Häfen von Anzio und Terracina; die Trockenlegung eines großen Teils der Pontinischen Sümpfe. Diese großen Arbeiten erforderten jedoch finanzielle Mittel, die ihm nicht zur Verfügung standen, und führten in Verbindung mit den Riesenausgaben, die das Gedenken an den Papst in Rom verewigen sollten, noch vor der französischen Invasion zu einer gewaltigen Erhöhung der öffentlichen Verschuldung. Anderseits schwankte Pius VI. ständig zwischen einer Politik der Verbesserung der Verhältnisse in der römischen Campagna und einer protektionistischen Politik auf dem Gebiet der Fabrikation und des Handels. Außerdem schadete ihm die oft unglückliche Wahl seiner Mitarbeiter und die Gleichgültigkeit der römischen Kreise, obwohl der Reformgeist nach und nach doch einen Teil der Führerschicht erfaßte.

Als Papst mußte Pius VI. von Anfang an einer besonders schwierigen Situation die Stirn bieten. Daran änderte auch der Umstand nichts, daß in Frankreich und in Portugal eine gewisse Besserung der allgemeinen Lage

[4] Vgl. *U. Coldagelli:* DBI XI 712—719.

zu verzeichnen war: in Frankreich erwies sich der neue König, Ludwig XVI., als ziemlich wohlgesonnen, und in Portugal fiel Pombal nach der Thronbesteigung der frommen Königin Maria I. im Jahre 1777 in Ungnade und wurde entlassen. Der Heilige Stuhl stieß jedoch mehr und mehr auf die Kurienfeindlichkeit der öffentlichen Meinung und der Regierungen, die sich bemühten, dem Papst eine Konzession nach der anderen mit dem Ziel zu entreißen, ihren Einfluß auf den nationalen Klerus zu verstärken. Schon im vorigen Band kam der vergebliche Abwehrkampf Pius' VI. gegen die Kirchenpolitik des österreichischen Kaisers, Josephs II., zur Sprache. Hingewiesen wurde auch auf den Konflikt des Papstes mit den deutschen Fürstbischöfen im Münchener Nuntiaturstreit und bezüglich der „Emser Punktation", auf die großen Sorgen, die ihm die Reformen des Großherzogs von Toskana, Pietro Leopoldo, direkt vor den Toren des Kirchenstaates bereiteten, auf die ständig wiederkehrenden Spannungen mit Rußland wegen der Eingliederung der polnischen Katholiken auf Grund der Annexionen von 1772, 1793 und 1795. Seiner Schwäche bewußt, bemühte sich Pius VI. im Maße des Möglichen, Zeit zu gewinnen. Kraftvoller ging er jedoch gegen die Infiltrationen des jansenistischen Reformismus in Rom vor, er erreichte die Demission des Bischofs Scipione de' Ricci, und nach achtjährigem Zögern verurteilte er schließlich in der Bulle „Auctorem fidei" vom 28. August 1794 die Hauptdekrete der Synode von Pistoia. In der Jesuitenfrage manövrierte er außerordentlich vorsichtig, um die bourbonischen Höfe nicht vor den Kopf zu stoßen, fand sich schließlich aber stillschweigend damit ab, daß die Jesuiten sich heimlich um den Kern, der im Westen des russischen Reiches fortbestand, neu formierten.

Der Ausbruch der Französischen Revolution im Jahre 1789 und ihre Auswirkungen im Verlauf der folgenden Jahre leiteten einen für die katholische Kirche im allgemeinen und für den Heiligen Stuhl im besonderen noch viel bedrohlicheren Zeitabschnitt ein. Pius VI. aber zögerte in seinen letzten Jahren mehr als je hinsichtlich der gebotenen Haltung und wurde zwischen den gegenteiligen Ratschlägen seiner Umgebung hin und her gerissen. Er zeigte, wie Godechot formuliert, „mehr mutigen Eigensinn als wirkliches politisches Gespür", wie wir noch näher sehen werden.

1. Kapitel

Die Französische Revolution und Pius VI.

QUELLEN: Orientierung, vor allem bezüglich der noch unveröffentlichten Quellen: *P. Caron,* Manuel pratique pour l'étude de la Révolution française (Paris ²1947); *L. Le Grand,* Les sources de l'histoire religieuse de la Révolution aux Archives Nationales (Paris 1914), zu ergänzen durch *G. Bourgin,* Les sources manuscrites de l'histoire religieuse de la France moderne (Paris 1929) 97—115; *E. Audard,* Histoire religieuse de la Révolution française aux Archives Vaticanes: RHEF 4 (1913) 516—545; *E. Sevestre,* Étude critique des sources de l'histoire religieuse de la Révolution en Normandie (Paris 1916); *B. Plongeron,* Conscience religieuse (unten) 305—317.

A. Theiner, Documents inédits relatifs aux affaires religieuses de la France 1790—1800, 2 Bde (Paris 1857); Collection générale des brefs et instructions du Pape Pie VI relatifs à la Révolution française, hrsg. von *J. Guillon* (Paris 1798); *G. Bourgin,* La France et Rome de 1788 à 1797. Regeste des dépêches du cardinal secrétaire d'État (Paris 1909); Correspondance secrète de l'abbé de Salamon, chargé d'affaire du Saint-Siège pendant la Révolution, hrsg. von *de Richemont* (Paris 1898), vervollständigt: MAH 18 (1898) 419—450; *A. Barruel,* Collection ecclésiastique, 14 Bde (Paris 1791/92); *S. Viviani,* Témoignage de l'Église de France sur la Constitution civile du clergé, 16 Bde (Rom 1791/94); *J. Maury,* Correspondance diplomatique et mémoires inédits, hrsg. von *A. Ricard,* 2 Bde (Lille 1891); Archives parlementaires, 1. Reihe: 1787—99, 87 Bde (Paris 1867/1968); Actes du Directoire exécutif, hrsg. von *A. Debidour,* 4 Bde (Paris 1910/17); *A. Aulard,* La Révolution française et les congrégations (Paris 1903).

Über die Haltung des Klerus in den Generalständen und in der Konstituante: die Tagebücher von *Jallet,* hrsg. von *J. J. Brethé* (Fontenay-le-Comte 1871) und von *Thibault* und *Coster,* hrsg. von *A. Houtin* (Paris 1916); *Durand de Maillane,* Histoire apologétique du Comité ecclésiastique de l'Assemblée nationale (Paris 1791).

Über die konstitutionelle Kirche: Mémoires de Grégoire, hrsg. von *H. Carnot,* 2 Bde (Paris 1840); die Korrespondenz Grégoires mit Ricci und mit Defraisse, hrsg. von *M. Vaussard* (Florenz 1963, Paris 1962), mit Le Coz, hrsg. von *L. Pingaud* (Besançon 1906), mit Dom Grappin, hrsg. von *B. Plongeron* (Paris 1969); die Korrespondenz von Le Coz, hrsg. von *A. Roussel* (Paris 1900); Annales de la Religion (1795/1803).

LITERATUR: Repertorium: *A. Martin-G. Walter,* Catalogue de l'histoire de la Révolution française, 5 Bde (Paris 1936/43).

Allgemeine Werke: *A. Latreille,* L'Église catholique et la Révolution française I (Paris 1946); *Leflon* 7—158; *K. D. Erdmann,* Volkssouveränität und Kirche (Köln 1949); *Ch. Ledré,* L'Église de France sous la Révolution (Paris 1949); *Hermelink* I 1—95; *Daniel-Rops* I 7—116; *H. Maier,* Revolution und Kirche (Freiburg i. Br. ²1965); *J. Godechot,* Les institutions de la France sous la Révolution et l'Empire (Paris ²1968) 250—270 421—432 526—535. Von den älteren Werken: *A. Gazier,* Études sur l'histoire religieuse de la Révolution (Paris 1887); *A. Sicard,* Les évêques pendant la Révolution (Paris 1894); *ders.,* Le clergé de France pendant la Révolution, 2 Bde (Paris 1912/27); *Giobbio,* La Chiesa e lo Stato in Francia durante la Rivoluzione (Rom 1905); *P. de la Gorce,* Histoire religieuse de la Révolution, 5 Bde (Paris 1909/23); *A. Mathiez,* La Révolution et l'Église (Paris 1910); *J. Lacouture,* La politique religieuse de la Révolution (Paris 1924). Wichtig für die neue Problematik: *B. Plongeron,* Conscience religieuse en Révolution. Regards sur l'historiographie religieuse de la Révolution française (Paris 1969).

Über die Lage der französischen Kirche am Vorabend der Revolution: *A. Sicard,* L'ancien clergé de France I (Paris [5]1912); *E. Sevestre,* Les idées gallicanes et royalistes du haut-clergé à la fin de l'Ancien Régime (Paris 1917); *ders.,* L'organisation du clergé paroissial à la veille de la Révolution (Paris 1911); *P. de Vaissière,* Curés de campagne de l'ancienne France (Paris 1933; siehe auch Anm. 8); *Ch. Gérin:* RQH 19 (1876) 449—491, 21 (1877) 35—99 (Benediktiner, Augustiner u. Dominikaner); *L. Chevallier* a. a. O. 7 Anm. 3; *P. Lecarpentier,* La propriété foncière du clergé sous l'Ancien Régime (Paris 1902); *H. Marion,* La dîme ecclésiastique en France au XVIIIe siècle et sa suppression (Paris 1912); *E. Préclin,* Les jansénistes du XVIIIe siècle et la Constitution civile du clergé (Paris 1929); *J. Delumeau,* Le catholicisme entre Luther et Voltaire (Paris 1971).

Über die Zivilkonstitution des Klerus und die konstitutionelle Kirche: *L. Sciout,* Histoire de la constitution civile du clergé 1790—1801, 4 Bde (1872/81); *A. Mathiez,* Rome et le clergé français sous la Constituante (Paris 1910); *H. Leclercq,* L'Église constitutionnelle 1790—1791 (Paris 1934); *J. Haak,* De discussie over de Constitution civile du clergé, 1790 (Groningen 1964); DThC III 1537—1604; *E. Préclin* a. a. O. 463—540. Es gibt noch keine zusammenfassende Arbeit über die Organisation der konstitutionellen Kirche, jedoch ein gutes Répertoire biographique de l'épiscopat constitutionnel von *P. Pisani* (Paris 1907). Von den Monographien sind vor allem beachtlich: *J. Leflon,* N. Philibert, évêque constitutionnel des Ardennes (Mézières 1954); *H. Lacape,* P. Pontard, évêque constitutionnel de la Dordogne (Bordeaux 1962); *Ch. Grelier,* Bulletin de la Société archéologique et historique de Nantes 99 (1960) 177—188 (für die Vendée); *A. Sabathès:* BLE 62 (1961) 245—274 (die Wahl der Pfarrer in der Aude); *E. Sevestre,* L'acceptation de la Constitution civile du clergé en Normandie (Laval 1922); *C. Constantin,* L'évêché du département de la Meurthe (Nancy 1935); *R. Reuss,* La constitution civile du clergé et la crise religieuse en Alsace, 2 Bde (Straßburg 1922/23); *P. Mesple:* Mémoires de l'Académie de Toulouse 128 (1966) 73—83; *M. Chartier:* Revue du Nord 45 (1963) 307—316; *P. Tartat:* AHRF 22 (1950) 221—246; *W. Edington:* Bulletin de la Société des antiquaires de Normandie 54 (1957/58) 492—501. Ein Modell eines Regionalrepertoriums: *J. Camelin,* Les prêtres de la Révolution (Lyon 1944; für die Diözese Rhône-et-Loire).

Über die revolutionären Kulte: *A. Aulard,* Le culte de la Raison et de l'Être suprême (Paris 1901); *A. Mathiez,* Les origines des cultes révolutionnaires (Paris [5]1904); *ders.,* La Théophilanthropie et le culte décadaire (ebd. 1904); *A. Soboul:* AHRF 29 (1957) 193—213; *M. Dommanget,* Le symbolisme et le prosélytisme révolutionnaire à Beauvais et dans l'Oise (Beauvais 1932). Ferner die Bibliographie bei *J. Godechot* a. a. O. 423—424 427.

Über die Religionspolitik des Direktoriums: *L. Séché,* Les origines du concordat I (Paris 1894); *E. Sol,* Sous le régime de la séparation (ebd. 1931); *V. Pierre,* La déportation ecclésiastique sous le Directoire (ebd. 1896); *A. C. Sabatié,* La déportation révolutionnaire du clergé français (ebd. 1916).

Über die religiösen Orden während der Revolution: *P. Nourisson,* Histoire légale des congrégations religieuses en France depuis 1789 I (Paris 1928); *B. Plongeron,* Les réguliers de Paris devant le serment constitutionnel (ebd. 1964; Lit. 534—538); *J. Boussoulade,* Moniales et hospitalières dans la tourmente révolutionnaire (ebd. 1962; für das Bistum Paris); *A. Lestra,* Le P. Coudrin, fondateur de Picpus I (Lyon 1952); *J. Letort:* Cahiers L. Delisle 15 (1966) 107—131 (für das Bistum Évreux); *Cl. Schmitt:* Mémoires de l'Académie de Metz 5. R. 10 (1964/65) 21—61 (Klarissen). Auch *Armel d'Etel,* Les historiens et la question des réguliers: Éfranc (1925) 355—379 601 bis 616, (1926) 57—77.

Regionale Monographien: Viele von ihnen beschränken sich auf den Bereich der Geschehnisse und Anekdoten und sind oft aus einer veralteten Sicht geschrieben.

Beachtung verdienen vor allem: *J. Gallerand,* Les cultes sous la Terreur en Loir-et-Cher (Blois 1929); *P. Clémendot,* Le département de la Meurthe à l'époque du Directoire (Nancy 1966). Auch *Ch. Aimond,* Histoire religieuse de la Révolution dans le departement de la Meuse (Paris 1949); *J. Annat,* Le clergé du diocèse de Lescar pendant la Révolution (ebd. 1954); *P. Bois,* Paysans de l'Ouest (ebd. 1959); *E. Bouchez,* Le clergé du pays rémois pendant la Révolution (Reims 1913); *C. Brelot,* Besançon révolutionnaire: Cahiers d'Études comtoises 9 (1966) 33—212 (Lit.); *F. Bridoux,* Histoire religieuse du département de Seine-et-Marne pendant la Révolution, 2 Bde (Paris 1953/55); *J. Eich,* Histoire religieuse du département de la Moselle pendant la Révolution (Metz 1964); *ders.,* Les prêtres mosellans pendant la Révolution, 2 Bde (ebd. 1959/64); *M. Giraud,* Essai sur l'histoire religieuse de la Sarthe de 1789 à l'an IV (La Flêche 1920); *J. Hérissay,* La vie catholique à Paris sous la Terreur (Paris 1952; s. auch *J. Boussoulade,* L'Église de Paris du 9 thermidor au Concordat: ebd. 1950); *Ch. Ledré,* Le diocèse de Rouen et la législation révolutionnaire de 1793 à 1800 (ebd. 1939); *J. Nicolas,* Annecy sous la Révolution: Annesci 13 (1966) 11—148; *J. Peter - Ch. Poulet,* Histoire religieuse du département du Nord pendant la Révolution, 2 Bde (Lille 1930); *A. Prevost,* Histoire du diocèse de Troyes pendant la Révolution, 3 Bde (Troyes 1908/09), zu ergänzen durch sein Répertoire biographique (ebd. 1914); *M. Reinhard,* Le département de la Sarthe sous le régime directorial (St-Brieuc 1935); *Mlle de Roux,* Histoire religieuse de la Révolution dans la Vienne (Paris 1952); *E. Sevestre,* La vie religieuse dans les principales villes normandes pendant la Révolution, 2 Bde (ebd. 1945); *Ch. Tilly,* The Vendée (London 1964) 100—112 227—262. Vgl. *E. Lavaquery,* L'histoire religieuse de la Révolution dans le cadre diocésain: RHEF 20 (1934) 216—230.

Biographien: *J. Leflon,* M. Émery I (Paris 1944; „einer der Schlüssel der Kirchengeschichte der Revolution" nach Godechot); *ders.,* É. A. Bernier I (Paris 1938); *F. Masson,* Le cardinal de Bernis (ebd. 1903) 449—560 (s. auch *J. Sudreau,* Un cardinal diplomate F. J. de Pierre de Bernis [Paris 1969]); *Ch. Ledré,* L'abbé de Salamon (ebd. 1966); *E. Lavaquery,* Le cardinal de Boisgelin II (ebd. 1920); *L. Mahieu,* Mgr L. Belmas I (Paris 1934); über Grégoire siehe Anm. 23.

Über die nichtkatholischen Kulte: *B. C. Poland,* French Protestantism and the French Revolution (Princeton 1957; dazu *D. Ligou:* Bull. de la Société d'hist. du protestantisme français 103 [1957] 25—52); *M. A. Wemyss:* Annales du Midi 69 (1957) 307—322; *Z. Szakowsky,* The Attitude of the French Jacobine toward Jewish Religion: Historia judaica 18 (1956) 107—120.

Seit einigen Jahren neigt man dazu, vor allem in den Vereinigten Staaten, aber auch in Frankreich, die „Französische Revolution" nicht mehr lediglich als ein ganz besonderes und nationales Ereignis zu betrachten, sondern in ihr den bedeutendsten Zeitabschnitt innerhalb einer großen Revolution zu sehen, die Umwälzungen im gesamten Westen ausgelöst hat, eine „atlantische Revolution", die bereits gegen 1770 begonnen haben soll [1]. Diese Auffassung ist vom sozialen und politischen Standpunkt aus sicher gerechtfertigt; das ändert jedoch nichts an der Tatsache, daß vom Gesichtspunkt der katholischen Kirche aus das Gewicht der Ereignisse, die sich in Frankreich zwischen 1789 und 1801 abspielten, ganz und gar vorherrschend bleibt. Frankreich war nicht nur bevölkerungsmäßig das größte katholische Land. Frankreich war auch nicht nur das Land, in dem die Orden die meisten Häuser

[1] Vgl. *R. Palmer,* The Age of the Democratic Revolution (Princeton 1959); *J. Godechot,* Les Révolutions, 1770—99 (Paris 1963).

besaßen, das Land, dessen theologische und geistige Ausstrahlung nach ganz Europa und bis hin nach Amerika besonders groß war, sondern es war auch unbestreitbar der Herd des Erdbebens, das in wenigen Jahren die überalterten Strukturen der katholischen Kirche in einem großen Teil Europas zum Einsturz brachte und die Stellung der Katholiken gegenüber den etablierten protestantischen Kirchen mitunter tiefgreifend veränderte, wie vor allem in Deutschland und in den Vereinigten Niederlanden. Darüber hinaus hatte die Politik des revolutionären Frankreich in Italien beträchtliche Auswirkungen auf die Lage des Papsttums. Und die neuen Lösungen, die nach zehnjährigem Konflikt von Napoleon und Pius VII. gemeinsam erarbeitet wurden, beeinflußten und bestimmten nachhaltig die Beziehungen zwischen Kirche und Staat im Verlauf des 19. Jh. Angesichts dieses Sachverhalts ist es angebracht, die beiden ersten Kapitel dieses Bandes VI ganz auf die Entwicklung der religiösen Krise in Frankreich auszurichten.

Die gallikanische Kirche am Vorabend der Revolution

Auf den ersten Blick macht die Kirche von Frankreich im Jahre 1789 noch durchaus den Eindruck der Stärke und der Macht. In Wirklichkeit war ihr Ansehen in den gebildeten Kreisen jedoch — trotz ihrer Allgegenwart — angeschlagen. Sie war durch innere Zwiste geschwächt, und während es in den Köpfen gärte, wurden auf der Ebene der Institutionen die Symptome ihrer Verkalkung immer deutlicher sichtbar.

Die katholische Kirche war in Frankreich, wie in den anderen katholischen Ländern Europas, eine offizielle Institution, die mit dem Staat verschmolzen war und sich bedeutender politischer, juristischer und finanzieller Privilegien erfreute. Der römische Katholizismus war in Frankreich Staatsreligion, die von der weltlichen Macht geschützt wurde. Der Gedanke der Toleranz, der in den angelsächsischen und deutschen Ländern seit mehreren Jahrzehnten immer weitere Fortschritte machte, fand in Frankreich in den bürgerlichen Institutionen noch kaum den geringsten Niederschlag: für die anderen, nichtkatholischen Konfessionen blieb jeder öffentliche Gottesdienst weiterhin verboten. Die Protestanten hatten zwar seit dem Edikt von 1787 endlich durchgesetzt, daß ihre Eheschließungen auch dann gültig waren, wenn sie sich keines katholischen Pfarrers als Mittlers bedienten, doch stieß diese Regelung bei allen — Klerusangehörigen und Laien —, die weiterhin dem alten Grundsatz der Einheit des Glaubens im ganzen Königreich huldigten und Toleranz und Atheismus gleichsetzten, auf Widerstand. Noch heikler war die Lage der Juden, und zwar trotz einiger 1784 freilich nur für das Elsaß gemachter Zugeständnisse.

Die Beziehungen zwischen der Kirche von Frankreich und dem Heiligen Stuhl wurden noch immer vom Konkordat von 1516 geregelt, dessen Durchführung zu keinerlei Beschwerden Anlaß gab. Es gestand dem in Reims gekrönten König bedeutsame Rechte zu: unter anderem verteilte er die meisten „Pfründen", und wenn er bei den Bistümern und Abteien auch um die Zustimmung des Papstes nachsuchen mußte, so war doch seine Wahl immer entscheidend. Damit sicherte er sich die Ergebenheit des Klerus. Hinzu kam die überlieferte Anhänglichkeit an das Herrscherhaus und das ebenfalls traditionelle Mißtrauen gegenüber allen ultramontanen Forderungen, ganz zu schweigen von häufigen Meinungsverschiedenheiten zwischen Rom und Versailles auf dem Gebiet der internationalen Politik. Alle diese Faktoren zusammengenommen erklären die weitverbreiteten Sympathien für die gallikanischen Doktrinen. Andererseits hatte sich, wie man feststellen kann, in dieser Hinsicht ein gewisses Gleichgewicht zwischen den Rechten des Heiligen Stuhls und den Rechten der Krone eingespielt, und Klerus und Gläubige hingen doch mehr am Papst, als man auf den ersten Blick hin hätte meinen können.

Der Klerus konnte sich in jeder Hinsicht einer Vorrangstellung erfreuen. Er bildete im Königreich neben dem Adel und dem „Dritten Stand" einen eigenen Stand, übrigens den einzigen Stand mit einer regelrechten Organisation, die mehr und mehr darauf abzielte, als adelige „Pressure-Group" aufzutreten. Die Delegierten dieses Standes traten alle fünf Jahre zur Generalversammlung zusammen. In Paris wurde er durch eine „Agence générale", eine Generalagentur, vertreten. Talleyrand gelang es dann zwischen 1780 und 1785, diese „agence" in eine Art von ständigem Ministerium des Klerusstandes umzuwandeln[2]. Der Klerus behielt das Vorrecht der eigenen Gerichtsbarkeit der Kirche, obwohl der Fiskalanwalt als Vertreter des Staates immer häufiger eingriff, sogar in rein religiöse Angelegenheiten. Die französische Kirche gliederte sich in 135 erstaunlich ungleichartige Diözesen mit altertümlichen und unzweckmäßigen Bezirken[3]. Der Klerus umfaßte rund 50000 im Pfarrdienst stehende Priester, ferner 15000 bis 18000 Stiftsherren, die so gut wie nichts zu tun hatten. Hinzu kamen 20000 bis 25000 Ordensmänner und 30000 bis 40000 Nonnen. Insgesamt bestand der fran-

[2] Vgl. *L. S. Greenbaum,* Talleyrand, Statesman Priest. The Agent-General of the Clergy and the Church of France at the End of the Old Regime (Washington 1970). Auch *M. Péronnet:* AHRF 34 (1962) 8—35.

[3] In der Provence und auch im Languedoc gab es zahlreiche winzige, auf die alten gallisch-römischen Siedlungen zurückgehende Diözesen. Mehrere Diözesen erstreckten sich über beide Seiten der Grenze, so z. B. die Diözese Glandève, die 34 Pfarreien in Frankreich und 25 im Königreich Sardinien zählte. Sieben Diözesen hatten ihren Sitz sogar im Ausland, so z. B. Tournai und Basel. Die Diözese Straßburg gehörte weiter zur Kirchenprovinz Mainz, während die Diözesen Metz, Toul und Verdun zur Kirchenprovinz Trier gehörten. Auch bezüglich der Einkünfte herrschte ein gewaltiger Unterschied zwischen den „Elendsbistümern" im Süden (Einkünfte zwischen 7000 und 14000 Livres) und manchen großen Diözesen im Norden oder Osten (Diözese Straßburg 400000 Livres, Diözese Cambrai 200000 Livres und Diözese Beauvais 96000 Livres).

zösische Klerus also aus rund 120 000 Personen. Hinzu kam noch ein großes Personal von Sakristanen, Choristen usw. sowie Geschäftsleuten und Bevollmächtigten für die Erledigung der weltlichen Angelegenheiten. Dieser Welt- und Ordensklerus verfügte über beträchtliche wirtschaftliche Macht. Er besaß zahlreiche Gebäude in den Städten, aber noch bedeutsamer war der kirchliche Grundbesitz auf dem Lande, von Gegend zu Gegend übrigens recht verschieden. Er machte 4 bis 6 Prozent des Bodens im Süden aus, 3,5 Prozent in der Auvergne, manchmal noch weniger, aber 20 Prozent in der Brie oder in der Picardie und sogar zwei Drittel des Bodens in der Landschaft Cambrésis. Auf ganz Frankreich umgerechnet, besaß der Klerus 10 Prozent des Territoriums, was ihm ein Einkommen von mehr als 100 Millionen Livres einbrachte. Der in den einzelnen Gegenden ebenfalls unterschiedliche Zehnte, der seit 1770 zu regelrechten örtlichen Bauernaufständen führte, brachte nochmals die gleiche Summe ein. Er konnte dort, wo der Kirchenbesitz gering war, bis zu 80 Prozent der Einkünfte des Pfarrklerus betragen. Und diese Einkünfte waren fast völlig steuerfrei, da der Klerus sich darauf beschränkte, einen freiwilligen Beitrag zu den Lasten des Staates beizusteuern, der am Ende des Ancien Régime durchschnittlich 4 Millionen Livres, das heißt kaum 2 Prozent, betrug. Allerdings standen diesem Steuerprivileg schwere Belastungen gegenüber, unter anderem die Aufwendungen für die Armenpflege und das Unterrichtswesen; aber diese Tätigkeiten sicherten dem Klerus in der französischen Gesellschaft einen beträchtlichen Einfluß, dem er dann mehr als ein Jahrhundert lang nachtrauerte.

Vor allem auf dem Lande blieb dieser Einfluß groß. Zwar wurden die Mönche und die Domherren, die als „lästige Grundbesitzer" galten, oft schief angesehen, doch wurde der Pfarrklerus, der im Dorf die Bildung repräsentierte und das Personenstandsregister führte, im allgemeinen respektiert, oft sogar geliebt, weil er die Armen unterstützte. In manchen Gegenden lösten sich die Bauern jedoch nach und nach von der Kirche, so im Bordelais und vor allem in der Saintonge und in der Provinz Aunis, wo die Zwangsbekehrung der Protestanten im vorigen Jahrhundert viele Einwohner zur Gleichgültigkeit in religiösen Dingen geführt hatte. In vielen Gesellschaftsschichten fehlte es nicht an Freigeistern, so in der Landbourgeoisie, unter den örtlichen Beamten, unter den Schenkwirten, den alten Soldaten. Selbstverständlich fing erst recht die Stadtbevölkerung an, sich von der Kirche zu distanzieren. So kam in Städten wie Auxerre, Rouen oder Bordeaux ein beträchtlicher Teil der Bevölkerung seinen österlichen Kirchenpflichten nicht mehr nach[4]. Die „philosophische" Strömung erfaßte vor allem die gebildeten Schichten, griff jedoch auch auf andere Bevölkerungsschichten über. Freilich darf man nicht zu rasch verallgemeinern. Ausländische Reisende gewannen in Frankreich um das Jahr 1780 noch immer den Eindruck, daß das Volk

[4] Y. *Hilaire:* L'information historique 25 (1963) 57—58.

an der überlieferten Religion hing, und zwar weit über eine bloß äußere Anpassung hinaus. Sehr stark beeindruckte sie vor allem der Ernst und die Frömmigkeit, die man beim Besuch der Gottesdienste an den Tag legte, sogar in Paris. Auch in Beamtenkreisen fehlte es nicht an sehr frommen Familien, und selbst in Adelskreisen dürften nach D. Mornet die „philosophischen" Grandseigneurs kaum die Mehrheit gebildet haben. Auch der Erfolg, den die Freimaurerei zu verzeichnen hatte, darf nicht zu Trugschlüssen führen. Es ist wahr, daß die Freimaurerei ein günstiges Klima schuf für die Idee einer „natürlichen Religion", die den Menschen von der Unterwerfung unter die Kirche entbindet, aber kein ernst zu nehmender Historiker verficht heute noch die These, es habe in den Logen des 18. Jh. eine systematische Verschwörung gegen die Kirche gegeben[5]. Diese gewichtigen Vorbehalte mußten gemacht werden, weil sie dazu beitragen, die Widerstandsfähigkeit der alten Religion in allen Stürmen der Revolution verständlich zu machen. Andererseits muß jedoch zugegeben werden, daß — auch abgesehen vom schon alten Antiklerikalismus der „compagnonnages" — in dem sich emporarbeitenden Mittelstand der Einfluß der „Philosophen" mehr und mehr dem Einfluß des Klerus Konkurrenz machte[6]. Diese Entwicklung wurde durch die Tatsache gefördert, daß die zahlreichen Widerlegungen der „Aufklärung" durch die katholischen Apologeten meist von recht mittelmäßiger Qualität waren und daß die verantwortlichen Stellen es im allgemeinen vorzogen, die Hilfe der weltlichen Macht und der Zensur der Publikationen in Anspruch zu nehmen, statt einzuräumen, daß auf vielen Gebieten ein ernsthaftes aggiornamento dringend geboten war.

Das war — in Frankreich wie anderwärts — besonders bei den Ordensleuten ganz offensichtlich. In der zeitgenössischen Literatur war es gang und gäbe, die Faulheit, die Habgier und die Immoralität der Mönche anzuprangern. Und in der Tat waren viele Ordensangehörige von ihren Familien für das Klosterleben bestimmt worden und führten im Kloster ein leichtsinniges und mitunter sogar skandalöses Leben, lasen die gewagtesten Werke der

[5] Über die Freimaurerei in Frankreich am Vorabend der Revolution siehe AHRF Nr. 197 (1969) und als Beispiel einer Monographie: *A. Le Bihay,* Francs-maçons parisiens du Grand Orient de France à la fin du XVIIIe siècle, 3 Bde (Paris 1966/72). Siehe auch die bibliographischen Hinweise im Hdb. der europäischen Geschichte IV, hrsg. von *F. Wagner,* 297—298, Anm. 29—33. — Über die von dem Eudisten Lefranc im Jahre 1791 lancierte These vom angeblichen „Komplott" gegen die Kirche, die dann von dem Altjesuiten Barruel in seinen „Mémoires pour servir à l'histoire du jacobinisme", 3 Bde (Hamburg 1797/99) in volkstümlicher Form verbreitet wurde, siehe *A. Gérard,* La Révolution française, mythes et interprétations (Paris 1970) 22—24; *M. Defourneaux:* AHRF 37 (1965) 170—186; *J. Droz:* RH 226 (1961) 313—338.

[6] Es empfiehlt sich eine Nuancierung des Werkes von *R. R. Palmer,* Catholics and Unbelievers in XVIIIth-century France (Princeton 1940) durch die Analysen von *L. Trenard* und *Y. Hilaire,* Idées, croyances et sensibilité religieuse du XVIII au XIXe siècle: Bulletin de la section d'histoire moderne du Comité des travaux historiques 5 (1964) 7—27.

„Philosophen" und lieferten einige Jahre später gar einen Teil der Revolutionskader. So manches Kloster hatte den Geist der Armut völlig ausgerottet, vergeudete seine besten Kräfte in den Auseinandersetzungen mit den Schuldnern und kümmerte sich nicht mehr um die Werke der Nächstenliebe und den Gottesdienst. Dies traf besonders bei den vielen Klöstern zu, deren Äbte vom König nominiert wurden und die kirchliche Sinekuren geworden waren, die an Günstlinge des Hofes verteilt wurden, von denen die meisten nicht einmal residierten. Im Jahre 1789 waren von insgesamt 740 Abteien nicht weniger als 625 in Kommende vergeben; ihre Inhaber genossen die Pfründeneinkünfte unter Befreiung von der Amtspflicht, also ohne das Kirchenamt zu verwalten. So ist unbestreitbar, daß zahlreiche Mißbräuche und Mißstände eine Reform dringend nötig machten, die tiefer ging als die ziemlich ungeschickte Reform, die von 1766 bis 1768 von der Commission des réguliers ins Auge gefaßt worden war. Dennoch kann man es heute nicht mehr bei der geläufigen, gar zu simplen Behauptung bewenden lassen, am Vorabend von 1789 sei eine allgemeine Dekadenz zu verzeichnen gewesen. Zunächst einmal war in den Frauenklöstern — die Stiftsdamen-Kapitel ausgenommen — die geistliche Erschlaffung die Ausnahme. Die beschaulichen weiblichen Orden hatten trotz des Zeitgeistes ständig neue Berufungen zu verzeichnen. Und die öffentliche Meinung, die den alten Orden, deren feierliche Gelübde man im Sinn des Romanes „La religieuse" von Diderot bewertete, so feindselig gesinnt war, schätzte die Dienste, welche die zahlreichen neuen Kongregationen mit einfachen Gelübden oder ohne Gelübde — wie beispielsweise die „Barmherzigen Schwestern" — auf caritativem und erzieherischem Gebiet leisteten. Hinsichtlich der Männerklöster weisen alle Historiker auf die Abnahme der Zahl der Mönche in den Jahren 1768 bis 1789 hin[7]. Diese Entvölkerung war jedoch von Orden zu Orden und von Gegend zu Gegend recht verschieden. Noch bemerkenswerter ist, daß bei so unterschiedlichen Orden wie den Benediktinern, den Dominikanern und den Regularkanonikern von Sainte-Geneviève von 1780 an die Kurve der Berufungen wieder anzusteigen begann, was übrigens — wie stets, wenn nach einem langen Niedergang der Wiederaufstieg beginnt — die Beziehungen zwischen den für die Zukunft aufgeschlossenen jungen Kräften und den alten Kräften, die deren Reformbestrebungen nicht verstehen, problematisch machte. Gab es auch Mönche ohne jegliche Berufung zum Klosterleben, die froh waren, auf Grund der Beschlüsse der Constituante ihre Freiheit wiedererlangen zu können, so konnte B. Plongeron andererseits „das Fortbestehen wahrhaft religiöser und priesterlicher Gesinnung", ja in manchen Fällen sogar echte religiöse Inbrunst

[7] Zwischen 1768 und 1789 ging die Zahl der Ordensangehörigen in Cluny von 671 auf 301 zurück. Bei den Franziskanern sank sie von 2385 auf 1544, bei den Kapuzinern von 4937 auf 2674 und bei den Dominikanern von 1432 auf 1006.

feststellen, was bestätigt, daß man nicht allzu rasch sagen darf, die ganze spirituelle Geschichte des 18. Jh. beschränke sich auf den „Rückzug der Mystiker“, von dem Bremond sprach. Plongeron wies auch auf die Tatsache hin — die zum Teil die voreiligen Verallgemeinerungen früherer Historiker erklärt —, daß man sogar „unter völlig irreligiösem Gebaren festgegründete religiöse Überzeugungen“ finden konnte. So gab es also nicht nur Mißstände und Mißbräuche, doch ließ ihr greifbares Vorhandensein leicht allzu rasch auf einen allgemeinen Verfall schließen. Man kann nicht nachdrücklich genug auf die Tatsache hinweisen, daß die unbestreitbare Krise der Klöster nicht immer mit Dekadenz gleichzusetzen war. Es konnte sich vielmehr um eine Anpassungskrise handeln, was an sich ein Zeichen der Vitalität ist. Doch das Streben zahlreicher Ordensgeistlicher nach einer tiefgreifenden Reform des Klosterlebens unmittelbar vor den Ereignissen von 1789 war angesichts der Haltung des hohen Klerus im Rahmen der Kirche des Ancien Régime kaum zu verwirklichen.

Aber auch den hohen Klerus, der einen großen Teil der Verantwortung trug, darf man nicht einfach in Bausch und Bogen verurteilen. Die skandalöse Lebensführung, der Skeptizismus, mitunter sogar die Ungläubigkeit einiger Bischöfe und das mondäne Gebaren einer Reihe von anderen Bischöfen, die es vorzogen, am Hofe zu leben, und die Verwaltung ihrer Diözese Hilfsgeistlichen überließen, machen allzu rasch vergessen, daß die französischen Bischöfe der zweiten Hälfte des 18. Jh. in ihrer überwiegenden Mehrheit ein würdiges Leben führten und sich bemühten, ihre Amtspflichten gewissenhaft zu erfüllen. Es mangelte nicht an echten, frommen und tugendhaften Seelenhirten wie Lefranc de Pompignan. Andere betätigten sich mehr „als Provinzverwalter denn als Sakramentsverwalter“ (Gurian), befaßten sich vor allem mit wirtschaftlichen und sozialen Reformen. Ihr Verhalten wurde jedoch dadurch bestimmt, daß sie, vom Zeitgeist erfaßt, überzeugt waren, die Treue zum Evangelium gebiete vor allem, an der Verbesserung des Loses der armen Leute zu arbeiten. Dieser Episkopat rekrutierte sich seit einigen Jahren ausschließlich aus dem Adel und sogar aus dem hohen Adel und hatte so die guten und die schlechten Eigenschaften seiner gesellschaftlichen Klasse. Er bezog aus seinem Milieu umfassende Bildung, Großherzigkeit, Ehrgefühl; aber diese aristokratischen Bischöfe, die ihre Ernennung mehr ihrer Geburt und ihren Beziehungen als ihrer persönlichen Eignung verdankten, hatten nur eine oberflächliche theologische Ausbildung, deren Lücken in einem Augenblick, in dem die Kirche von Frankreich ganz besonders einer festen und sicheren Führung bedurfte, besonders bedauerlich sein sollten. Sie verteidigten eifersüchtig ihre Privilegien und hielten die Kumulierung der Pfründen für völlig natürlich, da sie diese für notwendig erachteten, um ihnen ein ihrer Stellung entsprechendes Auftreten zu ermöglichen; und diese Grandseigneurs hatten — von einer kleinen Minderheit abgesehen — lediglich mit Amtsbrüdern oder Laien aus ihrem Milieu Kontakt. Als regelrechte Kaste erschienen sie dem mittleren Klerus der Stiftsherren, Seminarprofessoren oder gelehrten Priester, der aus dem wohlhabenden Bürgertum hervorgegangen war und dessen geistige Rolle und Wirkung auf das örtliche Milieu beträchtlich waren. Auch der Pfarrklerus, der im allgemeinen aus dem mittelständischen Bürgertum stammte, ertrug den Dünkel der adligen Bischöfe um so schwerer, als er verbittert die ostentatorische Prunkentfaltung vieler von ihnen mit dem oft geringen eigenen Einkommen verglich.

Geringes Einkommen bedeutete in vielen Fällen durchaus nicht Not, denn auch in diesem Punkt machen die Monographien über einzelne Diözesen eine Korrektur der landläufigen pauschalen Meinungen über die Lage des Landklerus nötig[8] und bewiesen, daß sich die Pfarrer in vielen Diözesen eines echten Wohlstands erfreuten, vor allem dort, wo die offiziellen Einkünfte durch großherzige Spenden der Pfarrkinder ergänzt wurden. Dem war jedoch nicht überall so, und in manchen Gegenden machten die Vorwegentnahmen der großen Zehntherren das „Jahrgehalt" unzureichend, dies um so mehr, als die Pfarrer, die meistens aus der mittleren städtischen Bourgeoisie stammten, als Standespersonen auftreten wollten. Festzuhalten ist, daß die Pfarrer zwar in einigen Fällen, so 1779 in der Dauphiné und in der Provence, trotz der Verbote eine Aktion gewerkschaftlicher Art ins Leben riefen, um eine Verbesserung ihrer Einkünfte zu erlangen, die Klagen des niederen Klerus am Vorabend der Ereignisse von 1789 aber in erster Linie nicht die wirtschaftliche, sondern vielmehr die gesellschaftliche, pastorale und theologische Lage betrafen: diese Bürgersöhne bemühten sich vor allem mit ganzer Kraft darum, eine für gefährdet gehaltene Elitestellung behalten zu können, und waren durch den aristokratischen Dünkel, den die Bischöfe ihnen gegenüber an den Tag legten, schwer verärgert. Im Gefolge von Richer, der in den Pfarrern die Nachfolger der 72 Jünger sah, vertraten sie den ekklesiologischen Standpunkt, daß „der echte kirchliche Körper lediglich der Körper der amtierenden Pastoren ist, der vom Bischof bloß präsidiert wird, und daß alles andere: Stiftsherrnpfründe, Abteien, Mensalgut oder Kollegien, die den Zehnten besitzen, das Resultat einer jahrhundertelangen Geschichte ist". Sie forderten von den Bischöfen, die sie nie zu Rate zogen, die Wiedereinführung der Diözesansynoden, um in ihrem Rahmen gemeinsam die Mittel zu einer Reformierung der Kirche im Sinne der Vergeistigung und größerer Gleichheit erörtern zu können. Die Gleichgültigkeit, mit der die Hierarchie dieser Bewegung begegnete, die den niederen Klerus von einem Ende Frankreichs bis zum anderen Ende aufwühlte, trug mit dazu bei, den Graben zwischen den Bischöfen und den Pfarrern noch tiefer zu machen. Wenn es auch nicht überall, wie in Nancy, zu einem „echten Klassenkampf" (Eich) kam, so

[8] Siehe als Beispiel den Artikel von *D. Julia* über die Diözese Reims (Revue d'histoire moderne et contemporaine 13 [1966] 195—216) und den von *Ch. Girault* über das Département Sarthe (La Province du Maine 33 [1953] 69—88).

steht doch fest, daß viele Priester bereit waren, tiefgreifende Umwandlungen der Position der Oligarchie, die die Führung der gallikanischen Kirche zu ihrem Monopol machte, zu begrüßen[9]. So muß man A. Latreille zustimmen, wenn er feststellt: „Unter den Ursachen der Revolution hat man oft nachdrücklich auf das Ressentiment einer Bourgeoisie hingewiesen, die sich ihrer wirtschaftlichen und gesellschaftlichen Funktion bewußt und empört darüber war, daß die privilegierten Schichten sie weiter unterdrücken wollten: analog muß man sich vergegenwärtigen, daß ein ganzer Teil des Klerus von der Ungerechtigkeit der etablierten Ordnung überzeugt war und spontan dazu getrieben wurde, sich gegen sie zu erheben."[10] Die Versammlung der Generalstände rückte dann ins volle Licht, daß der Klerus in Frankreich zwar einen eigenen Stand im Staate, aber keine sozial homogene Einheit bildete.

Die „Verfassunggebende Versammlung" und die Kirche

Nichts ließ im Sommer 1789 voraussehen, daß die in Gang kommende Revolution für die französische Kirche der dramatischste Zeitabschnitt ihrer Geschichte werden würde. In den für die Generalstände abgefaßten Beschwerdeheften fand man zwar ziemlich häufig Klagen gegen die Privilegien und die Mißbräuche des Klerus, gegen den Zehnten und gegen die Entartung des Mönchtums, aber nur selten wurde die Aufhebung der religiösen Orden ins Auge gefaßt und noch weniger die offizielle Stellung der Kirche und ihre Führungsrolle auf dem Gebiet des Unterrichtswesens und der Fürsorge in Frage gestellt. Allgemein wünschte man die Durchführung der unbedingt notwendigen Reformen unter Heranziehung und Mitarbeit der in Betracht kommenden Kreise. Diese machten übrigens unter dem Druck der Pfarrer häufig von sich aus eine ganze Reihe von Vorschlägen in diesem Sinn und unterstützten verschiedene Forderungen des dritten Standes, das heißt des Bürger- und Bauernstandes, auf politischem, juristischem oder fiskalischem Gebiet[11]. Während der Periode, in der sich die Generalstände zur „Verfassunggebenden Versammlung" entwickelt haben, konnte man klar feststellen, daß der Klerus, nach anfänglichem Zögern, wieder zur Mitarbeit bereit war. Zunächst hatte sich allerdings ein recht beträchtlicher Teil des niederen Klerus — und nicht nur der hohe Klerus, wie oft

[9] Vgl. *M. G. Hutt,* The Curés and the Third Estate. The ideas of reform in the pamphlets of the french lower clergy in the period 1787—1789: JEH 8 (1957) 74—92.

[10] HistCathFr III 51.

[11] Außer dem veralteten Werk von *L. Chassin,* Les cahiers des curés de 1789 (Paris 1882) s.: *B. Hyslop,* A Guide to the General Cahiers of 1789 (New York 1936); *J. Richard,* L'élaboration d'un cahier de doléances. P. Cl. Perrot, curé de Brazey (Dijon 1961); *A. Dupront,* Cahiers de doléances et mentalités collectives: Acts du 89e Congrès des Sociétés savantes (Paris 1969) 375ff.

behauptet worden war — durchaus nicht geneigt gezeigt, in der Verfassunggebenden Versammlung der Forderung des reformfreudigen dritten Standes nach der Abstimmung nach Köpfen statt nach Ständen zuzustimmen und ihm dadurch eine Vorrangstellung gegenüber den beiden privilegierten Ständen zu sichern. Schließlich konnte die kleine Gruppe der für den Fortschritt eintretenden Pfarrer aber doch erreichen, daß zwei Drittel ihrer Amtsbrüder dieser Lösung zustimmten. Und als dann der König am 23. Juni die Situation retten und das Ballhaus räumen lassen wollte, weigerten sich gemeinsam mit den Vertretern des dritten Standes auch achtzig Pfarrer, auseinanderzugehen, blieben da und trugen so mit zum Erfolg der Revolution bei.

Als dann einige Wochen später, in der berühmten Nacht des 4. August, die Abschaffung des Feudalsystems mit allen sich daraus für die Organisation der Kirche ergebenden Folgen und vor allem die Abschaffung des Zehnten beschlossen wurden, stimmte der Klerus diesem Beschluß nicht nur in seiner Mehrheit, sondern fast einmütig zu. Und die Versammlung erklärte ihrerseits in der folgenden Woche, man grolle durchaus nicht dem Klerus als solchem und werde dafür Sorge tragen, „die Ausgaben für den Gottesdienst, für den Unterhalt der Altardiener, für die Hilfe für die Armen auf andere Weise zu bestreiten“. Schon am 12. August wurde ein kirchliches Komitee zur Regelung dieser Probleme eingesetzt.

Eine viel radikalere Maßnahme sollte dann am 2. November ergriffen werden. Die dramatische Zuspitzung der Finanzkrise zwang dazu, erneut ein Problem auf die Tagesordnung zu setzen, das seit vielen Jahren von den Juristen und Nationalökonomen erörtert wurde: das Problem des Einzugs des Grundbesitzes der Kirche zugunsten des Staates. Viele Angehörige des Klerus leisteten diesmal Widerstand, selbst reformfreundliche Pfarrer wie Henri Grégoire: sie hielten es für gefährlich, die Angehörigen des Klerus zu Gehaltsempfängern und Staatsbeamten zu machen. Auch viele von den weltlichen Abgeordneten zögerten angesichts eines solchen eklatanten Bruchs mit einer vielhundertjährigen Überlieferung. Aber eine geschickte Ansprache des Bischofs von Autun, Charles-Maurice de Talleyrand, der von der Inkohärenz der königlichen Politik enttäuscht war und der Neuordnung ein Unterpfand geben wollte, gab schließlich den Ausschlag. Die Debatte selbst zog sich über drei Wochen hin. In ihrem Verlauf verfocht der Abbé Maury energisch die juristische These der Unverletzbarkeit der Rechte der Kirche, während einige gemäßigte Gruppen, die sich um den ehrwürdigen Bischof Boisgelin von Aix scharten, vergeblich eine Kompromißlösung vorschlugen. Schließlich beschloß die Versammlung, die mehr vom Gespenst des Staatsbankerotts als vom Ideal der Säkularisation getrieben wurde, mit 510 gegen 346 Stimmen die Verstaatlichung der Kirchengüter mit der Auflage, den Pfarrern ein Mindestgehalt von 1200 Livres zu bezahlen — obwohl viele bisher nicht die Hälfte erhielten — und die öffentliche Armenpflege zu übernehmen. Der Verkauf der Kirchengüter begann schon im nächsten Monat[12]. Anfänglich machten es die Bischöfe den Gläubigen nicht zur Gewissenspflicht, vom Kauf solcher Güter Abstand zu nehmen; doch wurde sehr bald auf örtlicher Ebene Druck ausgeübt, um sie davon abzubringen, als Bewerber aufzutreten, und schon 1790 konnte man in vielen Gegenden Frankreichs beobachten, daß gute Katholiken zögerten, beim Verkauf mitzubieten. In den folgenden Jahren wandte sich dann der Klerus, vor allem der Emigrationsklerus, mehr und mehr gegen den Kauf der „biens noirs", der nun als sakrilegisch gebrandmarkt wurde, was dann bei vielen Käufern einen hartnäckigen Antiklerikalismus auslöste.

Parallel zur Frage des Kirchenbesitzes nahm die Verfassunggebende Versammlung auch die Frage der kirchlichen Klostergemeinschaften in Angriff: die Einziehung ihrer Güter schloß die Säkularisierung der Personen ein, und viele waren zudem davon überzeugt, daß sich die Ordensgelübde nicht mit den Menschenrechten vereinbaren ließen. Ein Dekret vom 13. Februar 1790 verbot diese Gelübde für die Zukunft; zugleich wurden alle Orden und Kongregationen mit feierlichen Gelübden, die weder in der Krankenpflege noch im Unterrichtswesen tätig waren, aufgehoben. Mönche und Nonnen hatten die Wahl zwischen zwei Möglichkeiten: sie konnten ins bürgerliche Leben zurückkehren und eine Staatspension beziehen, oder aber sich bis zu ihrem Tod neu in einer Reihe von Häusern, die weiterhin zu ihrer Verfügung blieben, zusammenschließen. Einige Bischöfe protestierten gegen diese Eingriffe der weltlichen Macht in einen Bereich, für den sie nicht zuständig war. Denn hatte auch schon bisher das bürgerliche Gesetz die juristischen Auswirkungen der religiösen Gelübde geregelt, so ging man diesmal doch viel weiter. Die neue Verfügung, die vorläufig die „nützlichsten" Ordensangehörigen weiterwirken ließ, löste im Land aber kaum Erregung aus, zumal sie anfänglich verhältnismäßig wohlwollend angewandt wurde. Während bei den männlichen Orden viele Austritte zu verzeichnen waren, erklärten die meisten Nonnen, sie würden ihrer Regel die Treue halten; so konnten sie in ihren Klöstern bleiben, die lediglich sequestriert wurden. Erst im August 1792 führte die Gesetzgebende Versammlung dann die endgültige Aufhebung aller Kongregationen einschließlich der im Dienste der Armen stehenden Klostergemeinschaften durch und vollendete so die Zerstreuung der Ordensangehörigen.

Selbstverständlich hatten viele Angehörige des Klerus die fortschreitende

[12] Zahlreiche regionale Monographien befassen sich mit diesen massenhaften Grundbesitzübertragungen (die der Republik zehn Jahre lang einen bedeutenden Teil ihrer Einnahmen geliefert haben, wie immer es sich auch mit den Verschwendungen verhalten haben mag) und ihren sozialen Folgen (den größten Nutzen hatte die Bourgeoisie, aber auch die wohlhabenden Bauern hatten Vorteile; dagegen wurde die Lage der armen Bauern durch diese Maßnahmen häufig verschlimmert, da die alten Kollektivrechte zugunsten des Eigentumsrechts im engsten Sinne des Wortes aufgehoben worden waren). Vgl. eine erste Bilanz von *G. Lefebvre:* Revue d'histoire moderne 3 (1958) 189—219.

Zerstörung der überlieferten Strukturen der gallikanischen Kirche mit Besorgnis verfolgt, zumal es im Laufe des Herbstes in Paris im Zuge der Gärung der Massen auch noch zu mancherlei antiklerikalen Kundgebungen gekommen war. Eine Reihe von Bischöfen oder aristokratischen Priestern war von den ergriffenen Maßnahmen ausdrücklich abgerückt, doch hatten die meisten Geistlichen — teils mit Begeisterung, teils mit Resignation — die Religionspolitik der Nationalversammlung im Anfang bestätigt. Und diese war ihrerseits nicht nur weit davon entfernt, die Trennung von Kirche und Staat anzustreben, sondern bemühte sich ganz im Gegenteil, die Kirche eng mit der Revolution zu verbinden. Dies bewies u. a. das Dekret vom 23. Februar 1790, das verfügte, daß die Beschlüsse der Versammlung in allen Pfarreien von der Kanzel verlesen und kommentiert werden mußten. Die weitere Entwicklung zeigte dann jedoch — wie M. G. Hutt nachgewiesen hat —, daß das Bündnis zwischen dem Klerus und dem dritten Stand zum Teil auf Grund von beiderseitigen Unklarheiten zustande gekommen war. Den ersten großen Riß verursachte im April 1790 das Problem des juristischen Status der Nichtkatholiken. Als im August des Vorjahres bei der Abstimmung über die Erklärung der allgemeinen Menschen- und Bürgerrechte, gegen die von katholischer Seite kein Einwand erhoben worden war, die kleine Gruppe der protestantischen Abgeordneten, die von den liberalen Adeligen unterstützt wurden, die vollkommene Kultgleichheit gefordert hatte, war die Versammlung nicht mitgegangen und hatte sich auf eine negative Formel beschränkt, die besagte: „Niemand darf wegen seiner Überzeugungen, auch der religiösen, beunruhigt werden.“ Im Süden wurde jedoch der Fanatismus der Pfarrer und der breiten Volksmassen, der sich gegen die reichen Hugenotten richtete, die offene Anhänger des neuen Kurses waren, von den Kräften der Konterrevolution ausgebeutet. Daher forderten die Katholiken des Südens eine in der Verfassung verankerte Anerkennung des Katholizismus als Staatsreligion. Als ein mit diesem Ziel am 12. April von dem Kartäuser Dom Gerle eingebrachter Antrag aber abgelehnt wurde, sahen viele Katholiken in dieser Ablehnung einen nationalen Abfall vom Glauben — was zum damaligen Zeitpunkt sicher stark übertrieben war, weil es sich mehr um einen Akt politischer Räson handelte und weil diese Ablehnung viele Pfarrer veranlaßte, sich nun vom progressiven Flügel der Revolution zu lösen. Viel schwerwiegender war jedoch — wie J. Haak auf Grund einer systematischen Auswertung der Presse klar nachweisen konnte — der Umstand, daß die hierdurch ausgelöste Unruhe der Katholiken mit den Bestrebungen mehrerer Bischöfe zusammenfiel, in der Provinz einen Widerstand gegen die gesamte Kirchenpolitik der Nationalversammlung zu organisieren, und daß dadurch die Linke den Eindruck einer aristokratischen und klerikalen Verschwörung gewann. In diesem verschlechterten politisch-religiösen Klima erfolgten dann die Auseinandersetzungen über das neue Statut der Kirche von Frankreich, die schließlich zum offenen Bruch führten.

Die Reform der kirchlichen Organisation erschien der Konstituante als die Konsequenz der allgemeinen Umschmelzung aller Institutionen und der radikalen Umwandlung der wirtschaftlichen Fundamente der Kirche von Frankreich. Die Bischöfe hätten die Durchführung dieser Reform am liebsten einem Nationalkonzil übertragen. Man hegte jedoch die Befürchtung, dieses Konzil, das nur aus Adeligen rekrutiert worden wäre, könnte ein Streitroß im Dienste der Reaktion werden. So erklärten die Juristen, die von dem im 18. Jh. geläufigen Prinzip ausgingen, daß „die Kirche innerhalb des Staates steht", und zahlreiche Pfarrer, die in ihrer kirchenrechtlichen Schulung die Unterscheidung zwischen Dogma und Disziplin gelernt hatten, die Konstituante habe, wenn sie die Lehre nicht antaste, das Recht, auch die kirchlichen Institutionen, genau wie die anderen, zu reformieren, zumal sich der Staat zur Gehaltszahlung an die Geistlichen verpflichtet habe und so ihre Zahl und ihre Rekrutierung kontrollieren müsse. So kam es zum Gedanken an eine „Zivilkonstitution des Klerus". Die Ausarbeitung dieser Konstitution wurde dem Kirchenkomitee der Nationalversammlung übertragen, dessen personelle Besetzung man zu Gunsten der Gallikano-Jansenisten änderte, um die Mehrheit zu sichern. Für unbedingt notwendig hielt man einerseits eine beträchtliche Verminderung des Personalbestandes der Kirche — sowohl wegen der aus wirtschaftlichen Gründen gebotenen Einsparungen wie wegen des Grundsatzes der „gesellschaftlichen Nützlichkeit", der eine Beibehaltung der Dom- und Kollegiatkapitel oder Klöster nicht rechtfertige. Andererseits wollte man soweit wie möglich zu den Bräuchen der Urkirche zurückkehren: das Altertum war wieder „à la mode", und alle wurden von je verschiedenen Prinzipien verführt: die „Philosophen" von der Rückkehr zu einem goldenen Zeitalter im Zeichen der Gleichheit und der Brüderlichkeit; die Gallikaner von der Aussicht auf eine Rom gegenüber unabhängigere Kirche; die Jansenisten von der Aussicht auf ein evangeliumsgetreueres Leben und die Richeristen von der Aussicht auf die Wiederherstellung der Presbyterialkollegialität. Nach zwei Monate dauernden, teils recht bewegten Debatten[13] verabschiedete die Konstituante dann am 12. Juli 1790 die Zivilkonstitution des Klerus. Sie brachte drei Reihen von wesentlichen Verfügungen: eine Neueinteilung der Diözesen, nach der es nur noch 83, den Départements entsprechende Bistümer gab, was das Verschwinden von 52 Diözesen bedeutete und eine starke Reduzierung der Zahl der Pfarreien; die Besoldung der Bischöfe, Pfarrer und Vikare durch den Staat mit der Auflage unentgeltlicher Verrichtung aller religiösen Amtshandlungen; die Wahl der Bischöfe und Pfarrer durch politische Wahlkörperschaften auf Départements- oder Distriktsebene und die kanonische Institution der Bischöfe durch den Metropoliten ohne vorherige Bestätigung durch den Papst (Bischöfe waren

[13] Parallel zu den Debatten im Rahmen der Konstituante (vgl. Archives parlementaires, 1. Reihe, Bd XV—XVII) kam es auch in der Presse zu hitzigen polemischen Auseinandersetzungen (die von *J. Haak* a. a. O. analysiert wurden).

nur noch berechtigt, dem Papst von ihrer Wahl — „en témoignage de l'unité de foi et de communion" — Mitteilung zu machen) sowie eine starke Einschränkung der bischöflichen Amtsgewalt durch einen an der Führung der Amtsgeschäfte mitbeteiligten Conseil de prêtres.

Diese Verfügungen hatten jedoch, wie Mgr. Leflon treffend formulierte, „trotz des Anscheins keinen spezifisch revolutionären Gehalt; sie sind ganz einfach ein Vermächtnis der Vergangenheit und gehören mehr zum Ancien Régime als zum neuen Régime" [14]. Sie verdankten nur sehr wenig einer Philosophie laizistischer Inspiration, sondern wollten ganz im Gegenteil die innige Verbindung von Kirche und Staat unterstreichen und waren in ihrem wesentlichen Teil der Ausdruck des Gallikanismus des 18. Jh., des kirchlichen Gallikanismus, der die Autonomie der Pfarrer gegenüber den Bischöfen und die Autonomie der Bischöfe gegenüber dem Pontifex maximus forderte, vor allem aber des politischen Gallikanismus der Juristen und der Parlamentarier, der — abgesehen vom Dogma — die Staatsgewalt als für das gesamte Gebiet des kirchlichen Lebens zuständig ansah. Und eben das war der wesentliche Fehler der Konstitution. Viele Bestimmungen waren an sich annehmbar (vor allem, wenn man sie in der Perspektive der gallikanischen Ekklesiologie und nicht im Hinblick auf die späteren Konzeptionen betrachtet, die auf dem Vaticanum I Geltung gewannen), manche sogar ausgezeichnet, wie immer es sich auch mit einigen Modalitäten verhalten haben mag (so befanden sich beispielsweise unter den Wählern der Bischöfe und Priester auch einige Nichtkatholiken). Die Konstitution erhob jedoch den Anspruch, „auf dem Gebiet der Religion Änderungen ohne die Mitwirkung der Kirche durchführen zu wollen", wie es in der Broschüre hieß, in der die 30 Bischöfe, die (unter Ausschluß von Talleyrand und Gobel) noch in der Konstituante tagten, ihre Einwände zusammenfaßten [15]. Selbst wenn man einräumt, daß ganz besondere Umstände die einseitige Kündigung des Konkordats von 1516 rechtfertigten, hätte in einer Angelegenheit, die das Leben und die fundamentalen Strukturen der Kirche so nah anging, zumindest die geistliche Autorität in den kanonischen Formen konsultiert werden müssen, wie im Verlauf der gesamten Diskussion immer wieder von fast allen Bischöfen, sogar den opportunistischsten und den konziliantesten, betont wurde [16]. Da die Konstituante von einem Nationalkonzil nichts wissen wollte, wäre lediglich der Papst für die „Taufe" der Zivilkonstitution zuständig gewesen. Die Versammlung lehnte es jedoch ab, sich an ihn zu wen-

[14] *Leflon* 59.

[15] Exposition des principes de la constitution civile, veröffentlicht am 30. 10. 1790.

[16] Der Episkopat war in der Tat bezüglich des Kernproblems geteilter Meinung: während sich viele Bischöfe, und zwar nicht nur die, die schon Ende 1789 emigriert waren, sondern auch ein Teil derer, die in Frankreich geblieben waren, mehr oder weniger klar gegen den Entwurf der Zivilkonstitution aussprachen, hielten sie andere für geeignet, die Lage der Kirche zu verbessern.

den, und beschränkte sich darauf, stillschweigend zuzulassen, daß dies der König und die Bischöfe taten. Am 1. August beauftragte Ludwig XVI. den französischen Botschafter in Rom, Kardinal de Bernis, die Zustimmung Pius' VI. zu erlangen.

In Rom hatte man schon vor dem Eintreffen der ersten Emigranten — die sich dort zu einer mächtigen Gruppe formierten und entsprechenden Druck im antirevolutionären Sinn ausübten — sehr negativ auf die Entwicklung reagiert, die sich seit dem Sommer 1789 in Frankreich vollzog, ganz abgesehen von der bedrückenden Wendung, die die Affäre von Avignon nahm. Anstoß genommen hatte man einerseits an der Abschaffung der Annaten, der Verstaatlichung des Kirchenguts, der Zerstörung der Klöster, andererseits an der Verkündigung von politischen und religiösen Freiheiten, die man für unvereinbar mit der von Gott gewollten Gesellschaftsordnung hielt. Obwohl die Feinde der Revolution versucht hatten, den Papst zu einem Eklat zu treiben, hatte Pius VI., darauf bedacht, die Lage Ludwigs XVI., zu dem er Vertrauen hatte, nicht noch weiter zu verschlimmern, es für besser gehalten, eine abwartende Haltung einzunehmen, und sich darauf beschränkt, die Erklärung der Menschenrechte insgeheim in einer Ansprache vor dem Konsistorium zu verurteilen. Er blieb bei dieser abwartenden Haltung auch dann noch, als er zu einer Erklärung über die Zivilkonstitution des Klerus aufgefordert wurde. Mit der Prüfung dieser Frage beauftragte er eine besondere Kardinalskongregation[17]. Diese Kardinäle waren durch die sich immer rascher vollziehenden Umwälzungen verwirrt und darauf bedacht, den Heiligen Stuhl nicht leichtfertig zu engagieren. Dies trieb sie dazu, die in der Tat vielschichtigen Probleme eingehend zu untersuchen und in dieser Frage nur mit großer Behutsamkeit zu entscheiden. Hinzu kamen Befürchtungen sowohl politischer wie auch religiöser Natur. Auf politischem Gebiet wollte man es vermeiden, die französische Versammlung direkt vor den Kopf zu stoßen, um nicht als Reaktion eine plötzliche Annexion der Grafschaft Avignon auszulösen, deren Einwohner den Anschluß an Frankreich forderten. Auf religiösem Gebiet wollte man die empfindlichen Gallikaner nicht reizen und deshalb dem so eifersüchtig auf seine Vorrechte bedachten französischen Episkopat auch nicht sein Verhalten diktieren, da man mit einem solchen Diktat vielleicht die mächtigste Nationalkirche zum Schisma — dessen Gefahr man überschätzte — treiben konnte. Und schließlich war man weit und breit der Ansicht, die Revolution sei ein Fieberanfall, der rasch vorübergehen werde, so daß es besser sei, die Situation „ausfaulen" zu lassen, ohne sich zu kompromittieren. Die Folge war ein „nicht wiedergutzumachender Aufschub von acht Monaten" (Latreille), in deren Verlauf die verhängnis-

[17] Zur Einsetzung dieser Congrégation pour les affaires ecclésiastiques de France siehe *L. Pásztor:* AHPont 6 (1968) 193.

volle Verkettung der Umstände — wenn auch auf unvorhergesehene Weise — gerade das Schisma auslöste, das man hatte vermeiden wollen.

Die französischen Bischöfe hatten gefordert, zunächst die päpstliche Zustimmung zur Zivilkonstitution abzuwarten und diese erst nach ihrem Vorliegen in Kraft zu setzen. Da starb am 30. September der Bischof von Quimper. Dieser Todesfall zwang die Verfassunggebende Versammlung zu einer Entscheidung, und sie befahl, seinen Nachfolger nach den von der Konstitution festgelegten Bestimmungen zu wählen. So wurde Expilly, Pfarrer und Deputierter, der das Kirchenkomitee geleitet hatte, am 31. Oktober vom Wahlkollegium des Départements Finistère designiert[18]. Die damit bekundete Absicht, den Papst systematisch zu ignorieren und unverzüglich Neuerungen einzuführen, die sogar Geistliche, die in keiner Weise mit der aristokratischen Opposition liiert waren, als Gegner brandmarkten, verstärkte die Gärung, die sich auf dem Lande auszubreiten begann und die sich gegen die anderen Maßnahmen der Nationalversammlung und besonders, vor allem im Elsaß und im Süden, gegen den Verkauf der Kirchengüter richtete. Von den örtlichen Behörden alarmiert, wollte sich die Nationalversammlung rasch durchsetzen und forderte mit den Dekreten vom 27. November und 26. Dezember 1790 von allen Geistlichen, die ein öffentliches Amt bekleideten — das heißt von den Bischöfen, den Pfarrern und den Vikaren —, die gleiche Eidesleistung wie von den zivilen Beamten: sie sollten schwören, „dem Staat, dem Gesetz und dem König treu zu sein und mit ihrer ganzen Kraft die Verfassung aufrechtzuerhalten". Dieser Eid schloß die Zustimmung zu der in ihr verankerten Neuregelung der kirchlichen Angelegenheiten ein. Eidesverweigerung sollte als Verzicht auf das Amt gelten, und Unruhestifter sollten vor Gericht gestellt werden.

Die beiden Kirchen: Konstitutionelle und Eidesverweigerer

Zur allgemeinen Überraschung verweigerten zwei Drittel der geistlichen Deputierten der Konstituante und alle Bischöfe außer sieben — von denen vier ohnehin bereits wegen ihres Unglaubens oder ihrer ungehörigen Lebensführung in Mißkredit geraten waren — die Eidesleistung. Auch fast die Hälfte des Pfarrklerus weigerte sich, den Eid zu leisten. In manchen Gegenden, dem Norden, dem Westen (vom Calvados bis zur Vendée), dem Elsaß, lehnten sogar 80 bis 90 Prozent des niederen Klerus, in anderen Gegenden 60 bis 70 Prozent, die Eidesleistung ab. Und wenn in der Pariser Gegend, im Zentrum und vor allem im Südosten eine große, mitunter sogar eine sehr große Mehrheit den Eid leistete[19], so erfolgte die Eidesleistung

[18] Vgl. DHGE XVI 257—261.

[19] Es handelt sich hier um recht approximative Zahlen, denn die statistische Untersuchung *Ph. Sagnacs* in der Revue d'histoire moderne et contemporaine 8 (1906/07) 97—115 ist, wie auch die zahlreichen Monographien, die sie später zu ergänzen suchten, durch die

hier häufig mit Vorbehalten (wie beispielsweise: „sous réserve du spirituel"), welche die örtlichen Behörden stillschweigend hinnahmen, ganz abgesehen von den Widerrufen, die ziemlich rasch einsetzten. Da die Nationalversammlung trotz dieses enttäuschenden Ergebnisses ihre Beschlüsse nicht umstoßen wollte und zugleich von der alten Sehnsucht nach auf die Religion gestützter politischer Einheit und vom immer stärkeren Verlangen nach Ausmerzung jeder Opposition getrieben wurde, enthob sie die Eidesverweigerer, die „réfractaires", ihres Amtes und sorgte für ihre Ablösung durch Geistliche, die den Eid geleistet hatten. In vielen Diözesen war dies, wenigstens anfänglich, verhältnismäßig leicht, was den Pfarrklerus betraf, da man auch auf die ehemaligen Ordensleute zurückgreifen konnte, von denen manche zumindest vorläufig zur Eidesleistung bereit waren[20]. Anders war die Lage dort, wo es zu massiven Verweigerungen gekommen war: trotz der Reduzierung der Zahl der Pfarreien — die von der Landbevölkerung übrigens schärfstens mißbilligt wurde — waren Hunderte von Stellen neu zu besetzen, während die Zahl der Bewerber recht gering war — und zwar trotz eines Dekrets vom 7. Januar 1791, das die Bedingungen für die Übernahme einer Pfarrstelle erleichterte. So mußte man sich mitunter damit abfinden, die „réfractaires", die nicht abgelöst werden konnten, vorläufig im Amt zu belassen. Die Neubildung des Episkopats gab andere Probleme auf, da es fast nirgends einen Metropoliten gab, der die Neugewählten in ihr Amt einführen und weihen konnte. Die Konstituante hatte bereits am 15. November 1790 verfügt, daß sich die Neugewählten in einem solchen Fall an die Départementsbehörden zu wenden hätten, die ihnen dann einen französischen Bischof namhaft machen würden, der den Auftrag habe, ihnen die Bischofsweihe zu erteilen. Aber sechs von den sieben Prälaten, die den Eid geleistet hatten, entzogen sich dieser Aufgabe. Schließlich war Talleyrand, der nach Pioros Feststellungen[21] bei der Placierung des konstitutionellen Episkopats eine viel bedeutsamere Rolle spielte, als man bisher annahm, dazu bereit,

Vernachlässigung von methodischen Voraussetzungen entwertet, auf die *B. Plongeron* in einem grundlegenden Artikel hingewiesen hat: AHRF 39 (1967) 145—198 (weitergeführt in Conscience religieuse en Révolution 17—100).

[20] Auch hier müssen, unter anderem hinsichtlich der Motivierungen, die zu sehr vereinfachten Urteile der früheren Geschichtsschreibung mehr nuanciert werden. Vgl. vor allem die These von *B. Plongeron,* Les réguliers de Paris devant le serment constitutionnel. Sens et conséquences d'une option (Paris 1964); zu ergänzen durch seine Artikel: Notre vie eudiste 9 (1962) 68—80 (über die Eudisten) und Oratoriana 4 (1964) 34—65 (über die Oratorianer). Bezüglich der wegen ihrer Reichweite, Mannigfaltigkeit und Verkettung mit ganz Frankreich besonders repräsentativen Situation in Paris kommt B. Plongeron zu der Schlußfolgerung, daß die Zahl der Ordensangehörigen, die der Eidesleistung den Vorzug gaben, entgegen weitverbreiteten Meinungen recht gering war, und daß es sich bei vielen von ihnen um Männer handelte, deren religiöser Wert und deren Aufrichtigkeit nicht bezweifelt werden konnten.

[21] Institution canonique et consécration des premiers évêques constitutionnels: AHRF 28 (1956) 346—380.

am 24. Februar 1791 zwei Bischöfe zu weihen. Im Verlauf der beiden nächsten Monate weihte dann der inzwischen zum Erzbischof von Paris aufgestiegene Gobel 36 weitere Bischöfe.

Diesmal war der Papst zur Stellungnahme gezwungen. Am 10. März 1791 verurteilte er mit dem Breve „Quot aliquantum“[22] die Zivilkonstitution des Klerus, da sie mit ihren Verfügungen bezüglich der kanonischen Einsetzung der Bischöfe, der Wahl der Seelsorger und der Einsetzung der Bischofsräte die göttliche Konstitution der Kirche tödlich verletze. Und in einem zweiten Breve „Caritas“ vom 13. April erklärte er die Weihen der neuen Bischöfe als sakrilegisch, verbot ihnen jede Amtshandlung und drohte mit der Suspendierung aller vereidigten Priester, die nicht widerrufen würden. Er nutzte diese Gelegenheit auch zu einer strengen Verurteilung der Erklärung der Menschenrechte, da ihre Prinzipien im Widerspruch zur katholischen Lehre über den Ursprung der Staatsgewalt, die Religionsfreiheit und die gesellschaftlichen Ungleichheiten stünden.

Die Konstituante war enttäuscht und schlug damit zurück, daß sie das gesetzliche Gebot der Eidesleistung auch noch auf neue Gruppen von Geistlichen ausdehnte. Und während einerseits die konstitutionellen Bischöfe die Authentizität der päpstlichen Erlasse bestritten oder sich auf die gallikanischen Freiheiten beriefen, um zu behaupten, der Papst könne gar keine kanonischen Strafen gegen den französischen Klerus verhängen, kam es andererseits im Laufe des Sommers bei einer ziemlich großen Zahl von Priestern, die ehrlich geglaubt hatten, den Eid leisten zu dürfen, zu Widerrufen. Der vor achtzehn Monaten noch so einige Klerus war nun zutiefst gespalten, und die Kluft wurde aus zugleich religiösen, soziologisch-kulturellen und politischen Gründen immer noch tiefer. Die Kontroverse zwischen zwei Ekklesiologien, die darüber stritten, welche Rechte einerseits der Papst, anderseits die staatliche Gewalt zum Eingriff in das Leben der nationalen Kirchen besäßen, wurde durch eine tiefgehende Meinungsverschiedenheit auf dem Gebiet politischer Theologie noch weiter kompliziert. Ein Teil des Klerus vertrat die Ansicht, die Menschenrechte seien aus einem christlichen Prinzip abzuleiten, das Christentum sei eine Religion der Freiheit und der Brüderlichkeit, und die Revolution werde eine evangelische Erneuerung herbeiführen. Einer der repräsentativsten Vertreter dieser Gruppe war Henri Grégoire, Pfarrer und Deputierter in der Konstituante, der Anfang 1791 zum konstitutionellen Bischof von Blois gewählt worden war[23]. Ein anderer Teil

[22] *A. Theiner* a.a.O. I 32—71. Das Breve des 13. 4. 1791 ebd. I 75—88.

[23] Über Henri Grégoire (1750—1831), dessen Wirken und dessen Vorstellungen lange in einer recht parteiischen Beleuchtung gezeigt wurden, fehlt noch immer die erschöpfende Darstellung, die er verdient. Inzwischen siehe: *J. Tild,* L'abbé Grégoire (Paris 1946); *L. Pouget,* Les idées religieuses et réformatrices de Grégoire (Paris 1905); *N. Ravitch:* CH 36 (1967) 419—439; vor allem das Sammelwerk „L'abbé Grégoire“: Europe 34 (Paris 1956) Nr. 128—129.

des Klerus war der Überzeugung, das Gleichheitsprinzip müsse zwangsläufig zu einer „Republikanisierung der Kirche“ durch Untergrabung ihrer hierarchischen Fundamente führen und das Freiheitsprinzip lasse den einfacher Menschen keine Möglichkeit, sich gegen den religiösen Irrtum zu verteidigen. Für diese Kleriker bildeten die politischen und sozialen Prinzipien des Ancien Régime die notwendigen Voraussetzungen für die Verteidigung des Katholizismus. Deshalb kam für sie eine andere Gesellschaftsphilosophie, die den katholischen Glauben hätte mehr mit den demokratischen Bestrebungen in Übereinstimmung bringen können, überhaupt nicht in Frage. Auch wurde die Opposition immer grimmiger, weil die Unzufriedenheit vieler Gläubigen, die von den romtreuen Priestern zur Ablehnung der von Rom nicht anerkannten Priester, die ihnen die revolutionären Behörden aufzwingen wollten, ermahnt wurden, von den royalistischen Kräften zugunsten ihrer konterrevolutionären Pläne ausgebeutet wurde. Dies führte rasch dazu, daß der den Weisungen aus Rom treue Klerus mit der aristokratischen Reaktion in recht simpler Weise in einen Topf geworfen wurde, und trug mit dazu bei, allen, die sich in der konstitutionellen Kirche neu zusammenschlossen, wieder zu einem guten Gewissen zu verhelfen.

Die traditionelle katholische Geschichtsschreibung hat den konstitutionellen Klerus lange scharf verurteilt. Heute wird man sich jedoch mehr und mehr der Tatsache bewußt, daß er kein Sammelsurium von Renegaten und Apostaten war, sondern ihm viele würdige Priester und einige bedeutende Persönlichkeiten angehörten. Zweifellos wurden in manchen Diözesen die Lücken mitunter mit überstürzten Ordinationen oder durch die Einschaltung zweifelhafter Elemente ausgefüllt, was sofort nach der Verschärfung der Lage zu zahlreichen Abfällen führte. Aber viele konstitutionelle Bischöfe und Pfarrer waren tadellose Priester und eifrige Seelsorger, was sie dann in der Stunde der Gefahr auch unter Beweis stellen konnten. Man darf übrigens auch nicht vergessen, daß die Gründe, die sie zur Eidesleistung getrieben hatten, sehr verschiedenartig und mitunter sehr ehrbar waren. Manche wollten ihren Bruch mit einer kirchlichen Organisation, von der sie die Revolution befreit hatte, deutlich unterstreichen oder aber vermeiden, an der Schwelle des Greisenalters ein Wanderleben oder ein sonst schwieriges Leben führen zu müssen. Wieder andere nahmen den Eid auf sich, weil ihnen ein frommer und gebildeter Ratgeber erklärte, die Eidesleistung sei unbedenklich und erlaubt, oder weil ihre kirchlichen Prinzipien ihnen gestatteten, die Zivilkonstitution weniger streng zu beurteilen, oder auch weil sie der Überzeugung waren, der Kirche besser dienen zu können, wenn sie ihre Gläubigen nicht im Stich ließen, was den Eid als gerechtfertigtes Übel erscheinen ließ. Manche waren schließlich nicht nur weit davon entfernt, ihre Wahl durch politische Körperschaften als ein „kleineres Übel“ zu betrachten, sondern hielten sie für doktrinär vollkommen gerechtfertigt, und zwar im Namen einer Ekklesiologie und einer politischen Theologie, die von den Ultramontanen und den Konterrevolutionären des 19. Jh. in Bausch und Bogen verurteilt wurde, deren Bedeutung und Ernsthaftigkeit heute jedoch wieder anerkannt werden[24].

Beide feindliche Parteien waren der Überzeugung, im Recht zu sein, und bekämpften sich daher mit der bei religiösen Auseinandersetzungen üblichen Leidenschaft. Zogen es die meisten früheren Bischöfe — übrigens vor allem aus religiösen Beweggründen — ziemlich rasch vor, ihren Platz zugunsten ihres konstitutionellen Konkurrenten zu räumen, um im Ausland zu den ersten Emigranten zu stoßen, so wiederholten sich die gleichen Vorgänge durchaus nicht in allen Pfarreien: häufig blieb der „non-jureur" da, zelebrierte die Messe in einem „Oratoire" oder machte dem neuen Pfarrer die Kirche streitig — was die Gläubigen völlig verwirrte, da viele von ihnen, vor allem auf dem Lande, nicht viel von den Jurisdiktionsstreitigkeiten verstanden. In vielen Gegenden kam es ihnen nur darauf an, daß das Pfarramt verwaltet wurde, und es spielte keine Rolle, wenn dieser Pfarrer ein „jureur" war, denn man konnte nicht einsehen, daß ihn ein Eid offensichtlich politischer Natur plötzlich zum Schismatiker machen sollte. Aber die Anklagen der „non-jureurs" gegen die konstitutionellen Priester, die „jureurs", und die Tatsache, daß sich mitunter manche von diesen gar zu große Freiheiten herausnahmen — einige von ihnen gingen allmählich bis zur Forderung der Priesterehe —, führten anderwärts dazu, daß ein Teil der Gläubigen am Wert der von den „jureurs" gespendeten Sakramente zweifelte. Diese Gläubigen brachen dann jede Beziehung zu ihnen ab, machten ihnen mitunter das Leben völlig unmöglich und verlangten wieder „gute Priester". Vor allem in den Städten, wo man besser erfaßte, worum es in Wirklichkeit ging, war der Wettstreit zwischen den beiden Kirchen besonders scharf. Die Konstituante versuchte zunächst, den Auseinandersetzungen durch scharfes Durchgreifen ein Ende zu bereiten. Man mußte jedoch rasch einsehen, daß es einfach unmöglich war, ganz Frankreich die konstitutionelle Kirche aufzuzwingen. Man versuchte es daher mit einer gewissen Legalisierung des „nonkonformistischen" Kults: die den Eid verweigernden Priester sollten das Recht erhalten, sogar in der Pfarrkirche die Messe zu zelebrieren, jedoch mit der Auflage, dort weder zu predigen noch zu taufen oder Trauungen vorzunehmen. Diese Maßnahme befriedigte jedoch weder die Konstitutionellen noch die „réfractaires", da beide Parteien ihre Kirche als die alleinige Staatskirche anerkannt sehen wollten. Unter dem Druck der Volksklubs, die auf Grund eines „abscheulichen Irrtums" (G. Lefebvre) die Eidesverweigerer immer ungestümer als Gegner der Revolution brandmarkten, wurden die Behörden schließlich zu administrativen Verfolgungsmaßnahmen gezwungen.

[24] Siehe das sehr neue Kapitel über die zwei einander gegenüberstehenden Ekklesiologien bei *B. Plongeron*, Conscience religieuse 179—290.

Verfolgungen und „Dechristianisierung“

Mit der „Assemblée législative“, der Gesetzgebenden Versammlung, die am 1. Oktober 1791 die Konstituante ablöste, kam ein sowohl auf politischem wie auch auf religiösem Gebiet noch weiter links stehender Personenkreis ans Ruder: die Girondisten — die treibende Kraft — waren Bürger, die ganz im Bann der zeitgenössischen Philosophie standen, sich von der Kirche gelöst hatten und bisweilen irreligiös waren. So kam für sie eine Rücksichtnahme auf die Gewissensbedenken der „réfractaires“ und ihrer Anhänger überhaupt nicht in Frage. Die Konstituante hatte erkannt, daß die religiösen Unruhen, die sich in verschiedenen Provinzen Frankreichs, vor allem im Westen, ausbreiteten, ein Alarmzeichen darstellten und die nationale Einheit bedrohten. Deshalb hatte sie noch kurz vor Beendigung des ihr erteilten Auftrags durch Erlaß einer Generalamnestie eine Entspannung einleiten wollen. Die Législative vollzog jedoch unter dem Druck der Presse und der Volksklubs in den großen Städten, welche die Eidesverweigerer weiter und immer schärfer als schlechte Bürger und Agenten der Konterrevolution hinstellten, eine vollständige Kehrtwendung. Vom Herbst an leitete sie, trotz der Proteste verschiedener Abgeordneter, welche auf Grund der Erklärung der Menschenrechte die Gewissensfreiheit forderten, die Verfolgung ein. Mit dem Dekret vom 29. November 1791 verfügte sie, daß die Geistlichen, gleichgültig ob sie ein Pfarramt bekleideten oder nicht, die den Eid nicht binnen acht Tagen geleistet haben würden, „als der Revolte gegen das Gesetz und böser Absichten gegen das Vaterland suspekt“ gelten würden, jeder Pension verlustig gingen und von ihrem Wohnsitz entfernt würden. Das gleichzeitige Veto Ludwigs XVI. gegen diese Maßnahme und gegen die parallel hierzu im Emigrantengesetz gegen die Emigranten erlassenen Maßnahmen kompromittierte die romtreuen Priester vollends dadurch, daß es ihre religiöse Sache direkt mit der politischen Reaktion der Aristokraten verknüpfte. Und unter dem Druck einer vom Jakobinerklub zentral gesteuerten und auf örtlicher Ebene übernommenen Kampagne leiteten viele Behörden unverzüglich die Verfolgung ein und internierten die Geistlichen, die den Eid nicht geleistet hatten.

Im Mai 1792 war der Krieg mit Österreich und Preußen ausgebrochen. Als der Papst dann den Abbé Maury, einen für seine antirevolutionäre Haltung bekannten emigrierten französischen Geistlichen, als Legaten zum Kaiser nach Deutschland entsandte, wurde dieser Schritt natürlich als regelrechte Herausforderung verstanden. Die Folge war, daß die Geistlichen, die auf Grund ihrer Treue zum Papst die Eidesleistung verweigert hatten, nun nicht mehr bloß als Helfershelfer der Reaktion betrachtet wurden, sondern auch als „fünfte Kolonne“ galten, bereit, dem Eindringling zu helfen. Die „zweite Revolution“ vom 10. August 1792 und die Machtübernahme durch die „Sans-cullotes“ beschleunigten den

Prozeß: Aufhebung der im Dienst der Lehrtätigkeit oder der Armenpflege stehenden Kongregationen, die im Dekret von 1790 als „nützlich" von der Aufhebung noch ausgenommen worden waren; Schließung der letzten Klöster; Verkauf der Güter der Kirchenverwaltungen; Verbot des Tragens der klerikalen Kleidung; Prozessionsverbot in Paris; und, nachdem durch die Absetzung des Königs alle früheren Eide hinfällig geworden waren, Verpflichtung, einen neuen Eid, den sogenannten „Freiheit-Gleichheits-Eid", zu leisten, dessen Formulierung augenscheinlich ohne religiöse Bedeutung war — weshalb Jacques-André Émery, Generalsuperior der Kongregation von Saint-Sulpice, ein allgemein hochgeachteter Theologe, ihn als erlaubt betrachtete —, der viele jedoch wieder vor Gewissensprobleme stellte, denn sie fragten sich, ob man geloben könne, die Freiheit und die Gleichheit zu erhalten, nachdem der Papst die Menschenrechtserklärung verurteilt hatte[25]. Am 26. August erging die Generalorder zur Deportation aller romtreuen Priester. Diesen Maßnahmen folgten dann einige Tage später (2.—4. 9.) die sogenannten Septembermorde, denen 300 in den Pariser Gefängnissen internierte Geistliche, darunter drei Bischöfe, zum Opfer fielen[26].

In den folgenden Monaten gingen mehr als 30 000 Geistliche ins Ausland. Nach der ersten, freiwilligen Emigration des hohen Klerus während der ersten Monate der Revolution wurde nun der niedere Klerus durch gesetzliche Maßnahmen ins Exil geschickt[27]. Am 23. 7. 1793 verschärften zwei weitere Dekrete des Nationalkonvents die allgemeine Lage noch mehr. Sie sahen die härtesten Strafen vor: die binnen 24 Stunden vollstreckbare Todesstrafe für alle Geistliche, die das Dekret vom 26. August nicht befolgt und Frankreich noch nicht verlassen hatten, und die Deportation nach Guayana für die nichtamtierenden Priester, die den „Freiheit-Gleichheits-Eid" verweigert hatten. Dennoch zogen es mehrere tausend Priester vor, unter Einsatz ihres Lebens in Frankreich zu bleiben und sich zu verstecken, um ihren Gläubigen weiterhin im geheimen die Sakramente spenden zu können.

[25] Bibliographie zu diesem Eid, zu dem Pius VI. — trotz der gegenteiligen Ansicht einer römischen Kardinalskongregation und der meisten emigrierten Bischöfe — keine offizielle Erklärung abgab, bei *Leflon* 86 und 99 Anm. 3.

[26] Die Werke von *P. Caron*, Les massacres de septembre (Paris 1935) und von *J. Hérissay*, Les journées de septembre (Paris 1946) bedürfen einer Ergänzung und Nuancierung durch *B. Plongeron*, Conscience religieuse 36—74, der nachweist, daß die Beweggründe für dieses Gemetzel, das durch die Erregung des Mobs bei der Meldung vom Anmarsch der preußischen Armeen ausgelöst wurde, wesentlich politischer Natur waren.

[27] Bezüglich des emigrierten oder deportierten Klerus sei auf die reiche Bibliographie bei *G. Bourgin*, La France et Rome S. XIII Anm. 6 und *Leflon* 88 hingewiesen. Zu ergänzen durch: *T. de Raemy*, L'émigration française dans le canton de Fribourg (Fribourg 1935); *R. Picheloup*, Les ecclésiastiques français émigrés dans l'État pontifical (Diss. Toulouse 1968); *L. Sierra*, La inmigración del clero francés en España: Hispania 28 (1968) 393 bis 422. Diese Arbeiten befassen sich jedoch fast ausschließlich mit den Statistiken und der Art der Aufnahme und nur sehr wenig mit der Mentalität oder Aktivität der Immigranten.

Ende 1792 sah die Lage des romtreuen, verfolgten und jeder Infrastruktur beraubten Klerus, trotz seines Mutes und seiner Findigkeit, trotz der Unterstützung durch einen Teil der Pfarrkinder in manchen Gegenden[28] und mitunter sogar der Mithilfe der Behörden, fast verzweifelt aus. Aber auch die konstitutionelle Kirche, der es, wie auch immer, gelungen war, im größten Teil Frankreichs Fuß zu fassen, und die sich mitunter noch über die drakonischen Maßnahmen gefreut hatte, die gegen ihre Rivalen ergriffen wurden, geriet bald in eine nicht weniger dramatische Situation. Zunächst mußte sie erleben, daß nun auch sie schrittweise ihres offiziellen Charakters beraubt wurde. Schon am 20. September 1792 hatte ihr die Législative die Führung der Zivilstandsregister entzogen und sie den staatlichen Behörden übertragen und so den Weg zur Trennung von Kirche und Staat beschritten. Dann stellte die gesetzliche Genehmigung der Eheschließung der Geschiedenen und der Priester die Konstitutionellen vor ein ähnliches Gewissensproblem wie die Eidesverweigerer von 1791 und zersetzte sie von innen her: sie wurden hin und her gerissen zwischen der Beachtung des Gesetzes und der Beachtung ihrer theologischen Prinzipien und spalteten sich in zwei Lager. Auf der einen Seite trieben eine Reihe von Priestern und einige Bischöfe die revolutionäre Logik sogar so weit, selbst zu heiraten, natürlich zum großen Ärgernis ihrer Amtsbrüder, für welche die Einmischung des Staates in den geistlichen Bereich diesmal wirklich alle Grenzen überschritt. Auf der anderen Seite bedauerte ein Teil des konstitutionellen Klerus die politische Entwicklung, die von der eingeschränkten Monarchie zur Republik geführt hatte. An zahlreichen Orten unterstützte die konstitutionelle die föderalistische Bewegung, die im Juli 1793 rund 60 Départements aufwiegelte, was die Konstitutionellen für die Revolutionäre ebenso verdächtig machte wie ihre unvereidigten Gegner. So kam es, daß nunmehr auch die Konstitutionellen als Volksfeinde gebrandmarkt wurden. Die gewaltige Welle der Dechristianisierung, die das Land vom Sommer 1793 bis zum Sommer 1794 überspülte, vollendete vollends die Zerrüttung der konstitutionellen Kirche und verbannte auch sie in den Untergrund.

Sicher darf man die Rolle, die das Phänomen der „Dechristianisierung"[29] in der Kirchengeschichte der Revolution spielte, nicht übertreiben, wie dies

[28] Die Gründe für diese Unterstützung waren vielschichtig. Die Triebfeder waren manchmal oberflächliche, aber aufrichtige katholische Überzeugungen; mitunter aber auch die Anhänglichkeit an die alten Überlieferungen, oder das Vergnügen, den Vertretern der Staatsgewalt ein Schnippchen zu schlagen, bisweilen auch der soziale Antagonismus, der die Bauern dazu trieb, sich gegen die revolutionären Bourgeois, die den Boden aufkauften, zu stellen.

[29] Eine gute Zusammenfassung der Theorien über die Dechristianisierung von Aulard an findet man bei *Leflon* 104—106. Die Frage ist in einer neuen Sicht, die den soziologischen Aspekten und der Analyse der verschiedenen Geisteshaltungen einen viel breiteren Raum gewährt, von *B. Plongeron* wieder aufgegriffen worden: AHRF 40 (1968) 145—205 (wiederbehandelt in Conscience religieuse en Révolution 101—177).

oft getan wurde. Man muß nicht nur mit A. Soboul festhalten, daß der Anstoß zur Dechristianisierungskampagne von den Départements und nicht von Paris ausging, sondern auch mit R. Cobb feststellen, daß dieses Phänomen in den verschiedenen Gegenden außerordentlich verschieden auftrat[30]. Die Gegend zwischen Saône und Loire war das „Idealgebiet der revolutionären Dechristianisierung", wobei die Dörfer offensichtlich mehr betroffen waren als die Städte. Vor allem muß man sich vergegenwärtigen, daß dieser der Mentalität des 18. Jh. durchaus nicht angemessene neue Begriff „Dechristianisierung" mehrere grundverschiedene Realitäten überdeckt und daß man in sehr vielen Fällen mit Reinhard eher von Antiklerikalismus oder von Säkularisation sprechen muß. In Wirklichkeit kam es letzten Endes trotz aller Anstrengungen nur in sehr geringem Maße zu echter Dechristianisierung — außer dort, wo sich dieses Phänomen schon seit der Mitte des Jahrhunderts entfaltet hatte. Jedenfalls recht oft handelte es sich im Zuge der revolutionären Umwälzungen eher um eine mehr oder weniger heftige Reaktion gegen die übertriebene Einmischung des Klerus in das Alltagsleben der Bevölkerung, eine Reaktion, die dadurch noch verschärft wurde, daß der ganze — das heißt sowohl der konstitutionelle wie auch der romtreue — Klerus als eine der jakobinischen Ideologie politisch feindlich gesinnte Gesellschaftsklasse gewertet wurde. Obwohl nicht nur der Konvent, sondern auch die Mehrheit des „Wohlfahrtsausschusses" — Comité de salut publique — gegen die religionsfeindlichen Übertreibungen waren — was heute unbestreitbar feststeht —, kam es unter dem Druck von Extremisten wie Hébert doch zu einer ganzen Reihe von radikalen Maßnahmen, die offensichtlich sogar jede Erinnerung an die christliche Vergangenheit des Landes ausmerzen sollten: der alte Kalender wurde durch den republikanischen Kalender ersetzt; der Sonntag wurde zugunsten des „décadi" — des zehnten Tages einer Dekade — gestrichen; es wurden rein weltliche Feste organisiert; ferner wurde ein eigener revolutionärer Kult der Göttin Vernunft eingeführt, der übrigens ziemlich rasch in seiner Lächerlichkeit unterging; ihm stellte Robespierre selbst, der Spiritualist war, den Kult des „Höchsten Wesens" entgegen. Vor allem aber wurde während mehrerer Monate die Ausübung des Kults — mitunter auch des protestantischen und des jüdischen Kults — radikal gestört; die Jagd auf suspekte Geistliche wurde verstärkt; es wurde — oft von Drohungen begleiteter — Druck ausgeübt,

[30] *A. Soboul,* Les sans-culottes parisiens de l'an II (Paris 1958) 290—291; *R. Cobb,* Les armées révolutionnaires, instrument de la Terreur dans les départements, 2 Bde (Paris 1961/63). Dieses Werk bringt zahlreiche präzise Einzelheiten über die antireligiöse Aktion dieser politischen Polizeiformationen, die zum Kampf gegen den Feind im Innern eingesetzt waren, und S. 690—694 einen sehr nützlichen Kalender, doch sind verschiedene Interpretationen dieses Werkes umstritten (siehe u. a. *J. Godechot:* RH 232 [1964] 502 und vor allem *B. Plongeron,* den bei Anm. 29 zitierten Artikel). Bezüglich eines Sonderfalls, des Süd-Ostens, siehe *M. Vovelle:* Annales du Midi 76 (1964) 529—542.

um die Abschwörungen von Priestern zu erreichen, die auch ziemlich zahlreich waren, obwohl man das Ausmaß des Phänomens viel mehr nuancieren muß, als dies bisher in der traditionellen Geschichtschreibung geschehen ist[31]; die meisten Kirchen wurden geschlossen, mitunter sogar niedergerissen, ihre liturgische Ausrüstung wurde geplündert[32]. Als die Gläubigen versuchten, Veranstaltungen außerhalb der Kirchen zu organisieren, wurden auch diese unter dem Vorwand verboten, hinter ihnen versteckten sich konterrevolutionäre Umtriebe (selbst die Freimaurerlogen blieben nicht verschont, was wieder die führende Rolle der politischen Beweggründe beweist). Aber diese Maßnahmen wurden ohne Gesamtplanung und häufig auch nicht kontinuierlich durchgeführt und hatten schließlich dort, wo der Glaube noch lebendig war und wo die kirchlichen Instanzen den Widerstand wirksam organisieren konnten, was häufiger der Fall war, als man früher annahm[33], oder bisweilen in Gegenden, deren religiöser Konformismus von den Exzessen der Schreckensherrschaft aufgerüttelt wurde und wo man echte „revivals“ erlebte[33a], oft nur vorübergehend Erfolg. Tiefe Verheerungen, deren Spuren noch lange zu verfolgen waren, entstanden jedoch in den Gegenden, die schon vorher vom Unglauben unterminiert waren, oder — wie im Pariser Becken oder in der „Vendée bleue“ — in den Bezirken, die von den Extremisten großer Nachbarstädte systematisch bearbeitet wurden.

[31] Schon am 17. 11. 1793 wurden der Pariser Erzbischof Gobel und seine Generalvikare von den Sansculotten hierzu gezwungen. Die „déprêtrisations“ — die Verzichtserklärungen auf das Priesteramt — waren vor allem beim konstitutionellen Klerus zahlreich, wobei freilich die Tatsache zu berücksichtigen ist, daß die „réfractaires“ in ihrer großen Mehrheit zu diesem Zeitpunkt Frankreich verlassen hatten. Die Frage wurde mit den regionalen Erhebungen neu aufgegriffen, die unter Leitung von Professor *M. Reinhard* durchgeführt und unter dem Titel: Les prêtres abdicataires pendant la Révolution française (Paris 1965) zusammengefaßt wurden. Sie bestätigen die regionale Verschiedenheit des Phänomens und unterstreichen seine Vielfältigkeit. Die Abdankungen waren manchmal die Manifestation militanter Apostasie, manchmal das Ergebnis einer Kollektivpanik, mitunter auch bedeutungslose Formalität, die nicht an der weiteren Zelebration des Meßopfers hinderte.

[32] Vgl. *S. J. Idzerda,* Iconoclasm during the French Revolution: AHR 60 (1954) 13—26. Zu den Bemühungen zur Rettung des künstlerischen und literarischen Erbes der kirchlichen Institutionen siehe auch *P. Riberette,* Les bibliothèques françaises pendant la révolution (Paris 1970).

[33] Es mangelt nicht an Anekdoten über die Lebenskraft des Kults während dieser düsteren Jahre. Dagegen ist man lange nicht so gut über die klandestine Verwaltung der Diözesen während dieser Zeit unterrichtet. Als Beispiel genannt sei *J.-B. Lechat:* Annales de Normandie 17 (1957) 263—279.

[33a] Ein Beispiel bei *B. Plongeron,* Autopsie d'une Église constitutionelle, l'Indre-et-Loire de 1793 à 1802: Actes du 93ᵉ Congrès des Sociétés savantes (Paris 1971) II 134—190.

Die Trennung von Kirche und Staat

Angesichts der wachsenden Unzufriedenheit der Bevölkerung sah sich der Nationalkonvent wohl oder übel gezwungen, den Rückwärtsgang einzulegen. Zunächst bemühte er sich, nicht immer mit Erfolg, den Versuchen, den Katholizismus auszurotten, ein Ende zu bereiten. Dann steuerte er, mehr unter dem Druck der Gegebenheiten als auf Grund einer philosophischen Präferenz, die Trennung von Staat und Kirche an. Schon im April 1794 war die Zahlung der Gehälter der konstitutionellen Priester eingestellt worden, und am 18. September wurde dann das Budget für den öffentlichen Kult offiziell gestrichen. Andererseits machte trotz der Kirchenfeindlichkeit der Thermidorianer (seit 27.7.1794) der Geist der Toleranz Fortschritte: während sich die französische Regierung im Verlauf ihrer Verhandlungen mit Spanien und Toskana verpflichtete, den Katholizismus schonend zu behandeln, wurde auch in Frankreich selbst die Kultfreiheit gefordert, und zwar sowohl von Grégoire, der im Namen des konstitutionellen Klerus sprach, wie auch von den Aufständischen in der Vendée, welche die Gewährung der Kultfreiheit zur conditio sine qua non der Wiederherstellung der Ruhe im Lande machten. Sie wurde durch das Dekret vom 21. Februar 1795 gewährt, allerdings mit gewichtigen Einschränkungen: so wurde den Katholiken die Benutzung der Kirchen untersagt. Aber sofort nach dem Sturz Robespierres, der in der Provinz zu Unrecht als das Ende des Systems der Unterdrückung interpretiert wurde, waren ganz spontan viele Kirchen wieder geöffnet worden, und viele romtreue Priester nahmen in gleich großer Zahl wie die konstitutionellen Priester ihr Hirtenamt wieder auf[34]. Der Konvent sah sich wohl oder übel gezwungen, sich mit dem Fait accompli abzufinden, und ein neues Dekret vom 30. Mai 1795 liberalisierte das vorhergehende; doch forderte der Konvent als Gegenleistung für diese Konzession von den Priestern eine Erklärung dahingehend, daß sie sich „den Gesetzen der Republik unterwerfen und ihnen Gehorsam leisten". In der Theorie waren auch die alten romtreuen Priester genauso wie die konstitutionellen berechtigt, diese Erklärung abzugeben.

Und wieder war der Klerus in der Frage nach der Erlaubtheit dieses Eides gespalten: die einen waren mit Jacques-André Émery der Ansicht, dieser Eid habe nur rein politische Bedeutung, während die anderen erklärten, eine globale Unterwerfung unter eine Gesetzgebung mit ihren den Grundprinzipien der Kirche völlig widersprechenden Dispositionen sei völlig unannehmbar. Die Mißhelligkeiten steigerten sich noch wegen des Problems der Rekonziliation der konstitutionellen Priester, der Priester, die auf ihr Amt verzichtet hatten, und der reumütigen verheirateten Priester: die einen ließen

[34] Zahlreiche Beispiele findet man bei *E. Soreau*, La résurrection religieuse après la Terreur: Revue des études historiques 100 (1933) 557—574 und *L. Mirot:* ebd. 101 (1934) 193—206.

sich von Émery und den elf in Frankreich gebliebenen Bischöfen, die die Schreckensherrschaft überlebt hatten, leiten und waren Anhänger der Nachsicht, die ihrer Überzeugung nach auf Grund der außergewöhnlichen Umstände gerechtfertigt war (Mgr. Pisani nannte dies die „Pariser Methode" im Gegensatz zur „Lyoner Methode"), während die anderen auf Anraten der emigrierten Bischöfe, die jeden Kontakt mit dem Lande verloren hatten, von den „Lapsi" demütigende Widerrufe und lange Bußen forderten[35]. Der gleiche Gegensatz — untermauert von dem alten Konflikt zwischen den Anhängern der Jesuiten und denen der Jansenisten auf dem Gebiet der Moral — entbrannte in der Frage, welche Haltung man den Gläubigen gegenüber einnehmen müsse. Hier kam es zur Konfrontierung „zwischen den aktiven Priestern, die den Standpunkt vertraten, das Heil der Seelen könne manche Arrangements hinsichtlich der doktrinären Strenge kompensieren, und den Reinen unter den Reinen, die die Reinheit sogar über die Evangelisation stellten"[36].

Diese Streitigkeiten erschwerten die Wiederherstellung des katholischen Kults noch ganz besonders, zumal der Umstand, daß die meisten legitimen Bischöfe im Ausland blieben, in vielen Fällen zu außerordentlich verworrenen Situationen führte. Dennoch kam es bis 1797 zu einer erfolgreichen Reorganisation der Kirche. In gewissem Umfang wurde sie durch die Rückkehr vieler emigrierter Priester nach Frankreich unterstützt, obwohl diesen Heimkehrern die Anpassung an die seit ihrem Weggang völlig veränderte Situation mitunter gewisse Schwierigkeiten bereitete.

Parallel hierzu bemühte sich auch die konstitutionelle Kirche, die sich nun als die „gallikanische Kirche" gab, in bemerkenswerter Weise um eine Erneuerung, deren positive Aspekte bisher zu wenig beachtet wurden. Triebfeder dieser Erneuerung war Grégoire, der mit klugen und tief religiösen Amtsbrüdern, so mit Le Coz u. a., zusammenarbeitete, die allen Stürmen standgehalten hatten. Zusammengeschlossen im „Comité des évêques réunis", das Ausdruck einer bischöflichen Kollegialität und jeder „religiösen" Demokratie völlig entgegengesetzt war, gelang es ihnen, im August 1797 ein Nationalkonzil zustande zu bringen, das durch die Konsultation der Diözesan-„Presbyteria" vorbereitet worden war[37]. Darauf bedacht, der Qualität den

[35] Über die „Pariser Methode" siehe *P. Pisani,* L'Église de Paris et la Révolution IV Kap. 3; über die „Lyoner Methode" *Ch. Ledré,* Le culte caché sous la Révolution. Les missions de l'abbé Linsolas (Paris 1949). — Es ist festzuhalten, daß man sich in der konstitutionellen Kirche — unter dem Einfluß des jansenistischen Rigorismus — gegenüber den „abdicataires" und den verheirateten Priestern oft noch strenger zeigte.

[36] *J. R. Suratteau,* Le département du Mont-Terrible sous le régime du Directoire (Paris 1965) 250.

[37] *J. Leflon,* La reconstitution de l'épiscopat constitutionnel après Thermidor: Actes du 81e Congrès National des Sociétés savantes (Paris 1956) 475—481. Bezüglich des Konzils von 1797 siehe u. a. den Briefwechsel Grégoires mit Dufraisse und mit Ricci, der von *M. Vaussard* herausgegeben wurde.

Vorrang vor der Quantität zu geben und in Frankreich eine zugleich der katholischen Überlieferung und dem republikanischen Ideal treue Kirche einzupflanzen, arbeiteten diese Männer gemeinsam ein umfassendes Rechristianisierungsprogramm aus, das weniger ausschließlich auf die Rückkehr zur Vergangenheit ausgerichtet war als das Programm, das dann die Zustimmung Roms fand und das „das Verdienst hatte, den psychologischen und strukturellen Umwälzungen, dem allgemeinen Sehnen und dem Wandel der Mentalität, die die in Frankreich gebliebenen Priester unablässig untersuchten, Rechnung zu tragen“ [38]. Dieses Bemühen um eine Reform stieß jedoch auf viele Schwierigkeiten: Zunächst fehlte es am erforderlichen Menschenmaterial, denn Episkopat und Klerus waren durch die Abdankungen, die Eheschließungen, die Todesfälle und im Augenblick durch immer mehr zunehmende Widerrufe dezimiert worden. Hinzu kamen ferner die internen Zwiste, welche Presbyterianer und Episkopalisten, Anhänger und Gegner der Liturgiefeier in der Landessprache [39], gegeneinander auftreten ließen.

Daß sich zu Beginn des Direktoriums die Katholiken beider Obedienzen relativer Freiheit erfreuten, zeigt auch die Tatsache, daß ihnen Publikationen zugestanden wurden: die Konstitutionellen gaben die „Annales de la religion“ heraus, die „Römer“ die „Annales religieuses, politiques et littéraires“ (= „Annales catholiques“). Ende des Sommers 1797 stellte jedoch eine politische Krise, die dann zum Staatsstreich vom 18. Fructidor führte, die prekäre Besserung der beiden letzten Jahre erneut in Frage. Nicht ohne Grund warf das Direktorium dem katholischen Klerus vor, er unterstütze auch weiterhin die royalistische Opposition, die in der Provinz wieder stärker fühlbar wurde, und kehrte so zu einer scharf antiklerikalen Politik zurück. Der Directeur La Révellière wollte aus der „Theophilanthropie“ eine neue revolutionäre Religion machen, die Ende 1796 lanciert wurde, einen offiziellen Kult, dem übrigens von 1798 ab durch den „culte décadaire“ Konkurrenz gemacht wurde, den Merlin de Douai installiert hatte. Die Verfechter dieser von der Regierung protegierten Kulte besetzten an manchen Orten, vor allem in den Städten, die Kirchen; doch stellten sie für die alte Religion zu keinem Zeitpunkt eine ernsthafte Gefahr dar. Viel schwerwiegender waren die Maßnahmen, die gegen die Priester ergriffen wurden. Die Dekrete von 1792 und 1793, die den Romtreuen den Aufenthalt in Frankreich verboten, wurden wieder in Kraft gesetzt. Ferner wurde allen Priestern ein neuer Eid des „Hasses gegen das Königtum“ auferlegt. Einige Bischöfe und eine Anzahl Kasuisten hielten ihn für akzeptabel, während sämtliche emigrierten Bischöfe und zahlreiche Theologen öffentlich beteuerten, es sei, vor allem für einen Priester, völlig untragbar, Gott zum Zeugen eines

[38] *B. Plongeron*, Dom Grappin correspondant de l'abbé Grégoire (Paris 1969) 4.
[39] Vgl. *M. D. Forstier:* MD 1 (1945) 74—93.

Haßbekenntnisses zu machen. Zum gleichen Urteil kam auch die römische Kongregation für die französischen Angelegenheiten, aber Pius VI. verzichtete auch diesmal wieder auf eine offizielle Publikation dieser Entscheidung. Viele Priester — eine starke Minderheit — leisteten den Eid in der Überzeugung, daß die Eidesleistung angesichts des zweideutigen Charakters der Formel das kleinere Übel und besser war, als die Gläubigen erneut ohne Gottesdienst und ohne religiöse Unterweisung zu lassen. Viele verweigerten die Eidesleistung jedoch und verfielen den gesetzlichen Strafmaßnahmen, die zwar nicht mehr so blutig wie unter der Schreckensherrschaft, dafür aber von noch ausgeklügelterer Grausamkeit waren. Sie kamen in die „Pontons de Rochefort" — in alte, als Gefängnis dienende Kriegsschiffe — oder wurden nach Guayana deportiert. Die Zahl der Opfer dieser neuen Verfolgung war jedoch geringer als die der Verfolgung von 1792—93, zunächst einmal weil weniger Priester auf heimatlichem Boden blieben, und dann vor allem, weil die Durchführung des Gesetzes von Département zu Département recht verschieden war. Mancherorts blieben die gesetzlichen Bestimmungen dank der Mithilfe der Bevölkerung und mitunter sogar der örtlichen Behörden toter Buchstabe. Dafür wurden andere Gegenden schwer heimgesucht: im Département Yonne blieb keine einzige Kirche geöffnet, und im Département Sarthe gelang es, fast ein Viertel der romtreuen Priester zu verhaften, obwohl die Bevölkerung sehr am überlieferten Katholizismus hing[40].

Indessen darf man, so düster die Endzeit des Direktoriums auch gewesen sein mag, gewisse positive Seiten nicht übersehen. Zunächst einmal mußten sich die Gläubigen, die sich früher mit einem meist passiven Konformismus begnügt hatten, nun ihrer Verantwortung der Kirche gegenüber bewußt werden. Einige ergriffen die Initiative und organisierten dort, wo es keine Priester mehr gab, Gebetszusammenkünfte, erteilten den Kindern Religionsunterricht oder lasen sogar die Messe. Andere entdeckten — lange bevor man auf den entsprechenden Namen kam —, was die katholische Aktion der Laien in ihren verschiedenen Gestalten zu leisten vermag. Mit Erfolg machten sich ehemalige Nonnen einen Artikel der Konstitution des Jahres III zunutze, der den Privatunterricht gestattete, und gruppierten sich erneut[41], womit sie bereits in allen Wirren dieser Zeit die Wiederaufnahme des Klosterlebens vorbereiteten, über das noch vor wenigen Jahren das endgültige Todesurteil gefällt zu sein schien. Und auf dem Lande, vor allem im Westen und im Norden, veranlaßten verschiedene Pfarrer, denen die zu-

[40] *V. Pierre*, La déportation ecclésiastique sous le Directoire (Paris 1895). Von den für die Zeit des Direktoriums leider noch allzu seltenen regionalen Monographien siehe *R. Daniel:* Bulletin de la société archéologique du Finistère 92 (1966) 212—253.

[41] Eine Anzahl von Beispielen für Paris findet man bei *J. Boussoulade*, Moniales et hospitalières dans la tourmente révolutionnaire (Paris 1962) 179—216. Charakteristisch ist der Untertitel des Kapitels: „Épreuves et renouveau" — „Heimsuchungen und Erneuerung".

nehmende religiöse Unwissenheit der Kinder und die Vernachlässigung der Kranken große Sorge bereiteten, fromme junge Mädchen dazu, sich zu gruppieren und sich den Kindern und Kranken zu widmen. Damit legten sie die Keime für bestimmte spätere, für das 19. Jh. typische kirchliche Kongregationen. Ein anderes Zeichen der untergrundigen Vitalität der französischen Kirche in diesen in mancher Hinsicht so harten Jahren waren die Filles du Cœur de Marie, deren Kongregation 1791 von einem Vorläufer auf der Suche „nach modernen — den neuen Verhältnissen angepaßten — Formen des gottgeweihten Lebens“ [42] gegründet wurde. Im Jahre 1799 gab es bereits 267 Filles du Cœur de Marie, die sich auf 10 Diözesen, von der Bretagne bis zum Jura, verteilten. Die Angehörigen dieser neuen Kongregation trugen kein äußeres Kennzeichen, behielten ihren Beruf bei und lebten auch weiterhin im Schoße ihrer Familie [42a].

Die Auswirkungen in den Nachbarländern

LITERATUR: Außer den allgemeinen Werken über die Kirche und die Französische Revolution (S. 13) siehe *J. Godechot,* La grande nation (Paris 1956) II 501—535.

Die einzige synthetische Arbeit über die religiösen Probleme in Belgien ist die von *P. Verhaegen,* La Belgique sous la domination française, 5 Bde (Brüssel - Paris 1922/29, bes. II 268—349, III 203—282); sie hat den Vorteil, daß sie auf den Quellen fußt, doch müßte sie in einer Sicht überarbeitet werden, die dem revolutionären Regime nicht so systematisch feindselig gegenübersteht. Siehe auch DHGE VII 711—716. Monographien liegen in großer Zahl vor, doch lassen sie häufig die wissenschaftliche Strenge vermissen. Zu beachten sind vor allem: *J. Plumet,* L'évêché de Tournai pendant la révolution française (Löwen 1963) und *F. Claeys-Bounaert,* Les déclarations et serments imposés par la loi civile aux membres du clergé belge sous le Directoire (Gembloux 1960), deren Problematik überholt ist, die jedoch eine umfassende, noch unveröffentlichte Dokumentation auswerten. Bezüglich der Eide siehe auch die Korrespondenz S. P. Ernsts, hrsg. von *C. de Clercq* (Bezugnahmen in DHGE XV 812); *ders.:* SE 8 (1956) 349—378; *ders.:* Taxandria 27 (Turnhout 1955) 3—35; *W. Munier:* Bulletin de la Société d'art et d'histoire du diocese de Liège 44 (1964) 51—124. Über den Verkauf der Kirchengüter: *J. Delatte,* La vente des biens nationaux dans le département de Jemappes (Brüssel 1938); *ders.,* La vente des biens du clergé dans le département de l'Ourthe (Lüttich 1951); *ders.:* Annales de la Société archéologique de Namur 40 (1934) 189—339; *J. Paquay:* Bulletin de la Soc. scient. et litt. du Limbourg 42 (1928) 25—52. Ferner: *A. Thys,* La persécution religieuse en Belgique sous le Directoire (Antwerpen 1898); *F. Prims,* De Kerk van Antwerpen onder het Directoire: Antwerpiensia VIII (Antwerpen 1935) 231—287; *L. Lefebvre,* La crise religieuse dans la région de Bastogne 1794—1814: Mémorial A. Bertrang (Arlon 1964) 127—158; *A. Verhaegen,* Le cardinal de Franckenberg (Brügge - Lille 1889) 299—426 (auch *C. De Clercq:* SE 10 [1958] 298—328, 15 [1964] 341—411); *ders.,* ebd. 9 (1957) 286—375, 10 (1958) 238—297 (über Bischof Nelis von Antwerpen).

[42] Vgl. *A. Rayez,* Ad. de Cicé et P. de Clorivière (Paris 1966).

[42a] Erwähnt sei noch, daß die Kultfreiheit nicht nur für die beiden rivalisierenden katholischen Kirchen galt, sondern auch für die Protestanten und die Juden, die, vor allem von 1796 ab, ihre Gemeinschaften reorganisieren konnten, ohne in irgendeiner Weise unter dem Wiederaufleben des Antiklerikalismus nach dem Fructidor leiden zu müssen.

Zum Rheinland: siehe Bibliographie in Bd V 5 535. Ferner als Ergänzung: *Ph. Sagnac,* Le Rhin français pendant la Révolution et l'Empire (Paris 1918) und *F. C. Dreyfus,* Sociétés et mentalités à Mayence dans la 2e moitié du XVIIIe s. (ebd. 1968).

Zu den Vereinigten Niederlanden: *M. van der Heyden,* De dageraad van de emancipatie der Katholieken (Nijmegen 1947; grundlegend). Ferner: Romeinse bescheiden voor de geschiedenis der Rooms-Katholieke Kerk in Nederland II 1754—1795, hrsg. von *P. Polman* (Den Haag 1963) 467—877; *ders.,* Katholieke Nederland in de 18e eeuw (Hilversum 1968) II 246—286, III 291—305; *P. Noordeloos,* De restitutie der Kerken in de Fransche tijd (Utrecht 1937); *M. Spiertz,* Maastricht in het vierde kwart van de 18e eeuw (Assen 1964); *H. van den Eerenbeemt,* 's-Hertogenbosch in de Bataafse en Franse tijd 1794—1814 (Nijmegen 1955).

Zur Schweiz: *E. Chapusat,* La Suisse et la Révolution française (Genf 1945); *G. Gautherot,* La Révolution française et l'évêché de Bâle, 2 Bde (Paris 1907); *J. R. Suratteau,* Le département du Mont-Terrible sous le régime du Directoire (Paris 1965) 227—279.

Bezüglich Italien liegt seit rund zwanzig Jahren eine besonders reichhaltige Literatur vor. Allgemeine Darstellungen, vom institutionellen Gesichtspunkt aus: *A. De Stefano,* Rivoluzione e religione nelle prime esperienze costituzionali italiane (Mailand 1954); vom Gesichtspunkt der Geisteshaltungen aus: *M. Vaussard,* Jansénisme et gallicanisme aux origines religieuses du Risorgimento (Paris 1959); *ders.,* Les jansénistes italiens et la constitution civile du clergé: RH 205 (1951) 243—259; *ders.,* Correspondance Sc. de' Ricci H. Grégoire 1796—1807 (Florenz 1963); *V. Giuntella:* Nuove questioni di storia di Risorgimento (Mailand 1961) I 320—325; *ders.:* RStRis 42 (1955) 289—296 (anregendes Forschungsprogramm); *M. Finocchiaro:* Archivio giuridico F. Serafini 171 (1966) 136 bis 154; *A. Aquarone,* Giansenismo italiano e rivoluzione francese prima del triennio giacobino: RStRis 49 (1962) 559—624; *P. Stella,* Il Giansenismo in Italia. Piemonte (Zürich 1970); *B. Plongeron,* Questions pour l'Aufklärung catholique en Italie: Il Pensiero politico 3 (1970) 30—58; *R. De Felice,* Italia giacobina (Neapel 1965); auch Giacobini italiani, a cura di *D. Cantimori,* 2 Bde (Bari 1956/64; Textausgabe).

Bezüglich der Zisalpinischen Republik: *J. Leflon,* Pie VII (Paris 1958) 360 bis 529; *U. Marcelli,* La vendita dei beni nazionali nella Repubblica cisalpina (Bologna 1967); *ders.,* Polemiche religiose a Bologna nel sec. XVIII: Atti e Memorie della Dep. di storia patria per la Romagna N. F. 6 (1954/55) 103—177.

Zur Ligurischen Republik: *C. Caristia,* La Repubblica ligure e il giansenismo democratico: Atti dell'Accademia di Torino 94 (1960) 427—505; *Cassiano di Langasco:* Nuove ricerche storiche sul Giansenismo (Rom 1954) 211—229; *A. Coletti,* La chiesa durante la Repubblica ligure (Genua 1950).

Über die demokratischen Priester: *R. De Felice,* L'evangelismo giacobino e l'abate Cl. Della Valle: RSIt 60 (1957) 196—249 378—410; *A. Bersano,* L'abate F. Bonardi e i suoi tempi (Turin 1957).

Von Ende 1792 an ging die französische Republik auf Eroberungen aus. Bereits im November 1792 annektierte sie Savoyen und etwas später die Grafschaft Nizza, die beide zum Königreich Sardinien gehörten, dann im März 1793 die Gegend von Pruntrut im Jura, aus der das Département du Mont-Terrible wurde. Belgien — in der damaligen politischen Geographie die österreichischen Niederlande und das geistliche Fürstentum Lüttich — wurde erstmals im Verlauf des Winters 1792—93 und dann endgültig nach dem Sieg von Fleurus im Juni 1794 besetzt und am 1. Oktober 1795 annektiert. Das linke Rheinufer, das erstmals bereits im Herbst 1792 besetzt worden war, wurde im Laufe des Sommers 1794 gleichfalls wieder okkupiert:

man führte die französischen Institutionen ein, doch wurde das Land offiziell dem französischen Territorium nicht vor Napoleon eingegliedert. Dagegen wurden die von Venedig eroberten griechischen Inseln im Oktober 1797 einverleibt, wodurch die französischen Behörden mit der orthodoxen Kirche in Berührung kamen[43]. Genf wurde im April 1798 französisches Département, und Piemont annektierte man im Februar 1799. Außerdem wurden mit Hilfe der Armeen des Direktoriums an den Grenzen Frankreichs nacheinander sechs „Schwesterrepubliken“ geschaffen, die Protektorate bildeten, deren Institutionen denen der „Grande Nation“ entsprachen: die Batavische Republik (1795), die Zisalpinische Republik und die Ligurische Republik (1797), die Römische Republik und die Helvetische Republik (1798) und die Parthenopeische Republik (1799). Zusammen mit den Prinzipien von 1789 und den Institutionen, die sie verkörperten, exportierte Frankreich auch seine Religionspolitik in diese verschiedenen Länder, zumal die Armee vermutlich das Milieu war, in dem man die Priester am meisten haßte und in dem man jeder religiösen Idee gegenüber am meisten verschlossen war. Man war jedoch darauf bedacht, den Volksmassen, die im allgemeinen sehr am Glauben hingen[44], keinen zusätzlichen Grund zum Widerstand zu liefern, und bemühte sich, gar zu brutale Maßnahmen zu vermeiden, so daß — nach Godechot — „die örtlichen Überlieferungen sich am besten auf religiösem Gebiet hielten“.

Belgien war ein Land, das stark in der katholischen Religion verwurzelt war. Es hatte in seiner Reaktion gegen die Reformversuche Josephs II. klar bewiesen, wie ultramontan man eingestellt war. So nahmen die Besatzungsbehörden in diesem Land zunächst einmal Rücksicht auf die „Vorurteile“ der Bevölkerung. Der Konvent verfügte zwar die Verstaatlichung des Kirchenguts, schob dessen Verkauf aber monatelang hinaus. Und das Direktorium wagte es erst im Sommer 1796, das Zivilstandsregister den staatlichen Behörden zu übertragen und die Klöster zu schließen; aber auch dann ließ man die Orden, die sich der Jugenderziehung und der Krankenpflege widmeten, noch unbehelligt. Doch der offen zur Schau getragene Antiklerikalismus der Offiziere und der Beamten und vor allem der belgischen Jakobiner

[43] Vgl. *E. Rodocanachi,* Bonaparte et les Îles Ioniennes (Paris 1899). Der Kommissar des Direktoriums versuchte Gleichheit für den orthodoxen, den römischen und den jüdischen Kult einzuführen. Dies verdroß die Mehrheit der Bevölkerung, die daher die russischen Truppen 1799 warm empfing.

[44] In der Tat scheint bei den Schwierigkeiten, auf die der französische Eroberer stieß, der religiöse Faktor nur eine sekundäre Rolle gespielt zu haben. Jedenfalls ist dies eine der Schlußfolgerungen des Kolloquiums „Occupants, occupés, 1792—1815“ (Brüssel 1969), das *J. R. Suratteau* folgendermaßen zusammenfaßt: „Man wußte bereits, daß man die Bedeutung dieses Faktors in Belgien ein bißchen geringer werten mußte. Die religiösen Motivierungen waren sowohl in der Schweiz wie auch in Spanien geringer, als oft gesagt worden war, und schwach im Rheinland und in der Schweiz. Auf jeden Fall gehören sie offensichtlich in einen sozioreligiösen Komplex“ (RH 240 [1968] 257).

führte auf lokaler Ebene zu zahlreichen Ausschreitungen: zu Verhaftungen von Priestern und Mönchen (von denen rund dreißig hingerichtet wurden), zur Zerstörung von Klöstern, zur Profanierung von Kirchen durch den Kult der Vernunft. Alles in allem wurde die Kultausübung jedoch — nach der kurzen, aber brutalen Verfolgung vom Sommer 1794 — bis zum Jahre 1797 kaum behindert, wenn man vom Verbot der Prozessionen und der Ersetzung des Sonntags durch den „décadi" absieht. So waren die Generalvikare, die mit den Bischöfen, die fast alle das Land verlassen hatten, in ziemlich regelmäßiger Verbindung standen, in der Lage, die Diözesen mehr oder weniger regelmäßig zu verwalten. Übrigens zeigten die Behörden der Départements und der Gemeinden keinerlei Eifer, die Priester zu zwingen, den Eid der Unterwerfung unter die Gesetze der Republik zu leisten, einen Eid, der vom belgischen Klerus als unerlaubt viel massiver abgelehnt wurde, als dies in Frankreich der Fall war, obwohl mehrere Generalvikare der gegenteiligen Ansicht waren. Eine schlimme Wendung nahmen die Dinge aber nach dem Fructidor. Die bis dahin verschonten Kongregationen wurden zerstreut, die Universität Löwen und die Seminare wurden aufgehoben, das Tragen klerikaler Kleidung wurde verboten und der „Eid" des Hasses gegen das Königtum jedem Priester als Vorbedingung für die Ausübung des Kults auferlegt. Im Gefolge von Kardinal von Franckenberg — der eingesperrt und dann nach Deutschland ausgewiesen wurde — verweigerte der Klerus in seiner Mehrheit (außer im Département Ourthe) die Eidesleistung. Kurz darauf wurden die Priester — übrigens zu Unrecht — für die Bauernaufstände im Kempenland und in den Ardennen verantwortlich gemacht[45], und die Regierung verurteilte alle Eidesverweigerer zur Deportation. Von mehr als 8000 in Frage kommenden Priestern konnten jedoch lediglich 10 Prozent verhaftet werden, denn die meisten konnten sich dank der fast einmütigen Beihilfe der Bevölkerung verbergen und ihr Hirtenamt in der Heimlichkeit weiter versehen. Diese drei Jahre heimlichen Kults — im Flämischen spricht man von der „Beloken Tijd" — bildeten jedoch nicht nur eine Klammer: sie waren freilich der Gnadenstoß für alte, noch fortbestehende Formen der Frömmigkeit wie die Bruderschaften, aber man erlebte zugleich die Entfaltung neuer, individueller Formen der Frömmigkeit, die dann für die Frömmigkeit des 19. Jh. charakteristisch wurden[46].

Im Rheinland führte die französische Okkupation zum Verschwinden der geistlichen Fürstentümer, doch wurden die Strukturen der Kirche selbst nicht verändert. Anfänglich nahmen die Truppen, die die Protestanten kaum belästigten, dem katholischen Klerus gegenüber eine feindselige Haltung

[45] Vgl. *T. Vandebeeck - J. Grauwels,* De boerenkrijg in het departement van de Nedermaas (Hasselt 1961) und *G. Trausch,* La répression des soulèvements paysans dans le département des Forêts (Hasselt - Luxemburg 1967).

[46] Vgl. *L. Preneel:* Sources Hist. rel. Belg. 7—36 und *J. Grauwels:* Het Oude land von Loon 13 (1958) 177—246.

ein, da er sich in seiner Mehrheit der Propaganda für die Vereinigung mit Frankreich widersetzte. Doch Hoche, der Anfang 1797 Oberkommandierender der Rheinarmee wurde, verhalf einer viel gemäßigteren Religionspolitik zum Sieg, da er eine große Ähnlichkeit zwischen den Verhältnissen in der Vendée, in der er eben die Ruhe wiederhergestellt hatte, und denen im Rheinland feststellte, wo die Bevölkerung ebenfalls sehr stark an der traditionellen Religion hing. Er gewährte dem niederen Klerus gewisse Vorteile und ließ die kirchlichen Orden fortbestehen. Nach seinem Tode verfolgte sein Nachfolger die gleiche Politik: der Kult konnte innerhalb der Kirchen weiter frei ausgeübt werden, und der Klerus erhielt weiterhin seine Bezüge aus den sequestrierten Kirchengütern. Aber die auf das rechte Rheinufer emigrierten Bischöfe stachelten Priester und Ordensleute gegen die Franzosen auf, was diese natürlich zu einer Versteifung ihrer Haltung veranlaßte, und zwar vor allem den Klöstern gegenüber, die sie jedoch nicht aufhoben. Und wie in Belgien half auch hier die Bevölkerung den Geistlichen, die Schwierigkeiten mit den Besatzungsbehörden hatten, beim Untertauchen im Untergrund. Auch die kommunalen Behörden sabotierten häufig die Maßnahmen gegen die Kirche.

In den ehemaligen Vereinigten Niederlanden war bisher — im Gegensatz zu Belgien und zum Rheinland — der Protestantismus die privilegierte Religion gewesen, und die Katholiken, die fast 40% der Bevölkerung ausmachten, aber von der herrschenden Oligarchie jedoch unterdrückt worden waren, begrüßten im allgemeinen die französischen Revolutionäre als Befreier — zum großen Ärger des Nuntius Brancadoro, dem die holländische Mission unterstand. Lediglich die Südprovinzen, die sich von der Feindseligkeit der französischen Truppen gegen die belgische Kirche hatten überzeugen können, verhielten sich anfänglich sehr reserviert. Andererseits unterstützte jedoch die Mehrheit des Klerus unter Führung einer Amsterdamer Priestergruppe die „Patrioten"-Partei, die Anfang 1795 mit Hilfe der Franzosen das alte Regime stürzte. Die Verfassung der neuen Batavischen Republik gewährte den Katholiken die gleichen Bürgerrechte und völlige Religionsfreiheit, und die meisten Priester leisteten, ohne irgendwelche Schwierigkeiten zu machen, den Eid „ewigen Hasses gegen den Stathouderat". „Die Periode der Batavischen Republik war" — wie Professor Rogier formuliert — „für die Katholiken in den Vereinigten Niederlanden eine Zeit der Emanzipation und des Fortschritts, eine Zeit ohne Dissonanzen oder Verfolgungen." In wenigen Jahren wurden Dutzende von neuen Kirchen eröffnet und dank des Zustroms flämischer oder rheinischer Priester, die ins Exil gegangen waren, auch ohne Mühe personell versorgt. Und da die Universität Löwen von den Franzosen geschlossen worden war, wurden auf dem Gebiet der Batavischen Republik 1799 drei Seminare eröffnet. Darüber hinaus zogen einige katholische Notabeln und verschiedene Priester die logische Konsequenz aus dem neuen freiheitlichen Regime, das sich aus der Trennung von Staat und Kirchen ergab, und warfen, da sie keine Italiener mehr an ihrer Spitze haben wollten, da „diese das Land schlecht kennen", unverzüglich das Problem der Wiederherstellung der bischöflichen Hierarchie auf[47]. Der Heilige Stuhl, für den die Periode des Direktoriums aber ganz im Gegenteil eine Zeit immer kritischer werdender Heimsuchungen war, sah sich aber nicht in der Lage, sich mit diesem Problem zu befassen.

Auch in der Schweiz waren die Katholiken zahlenmäßig schwächer als die Protestanten. Bis zum Ende des 18. Jh. waren sie jedoch in homogenen Massen in nahezu völlig souveränen Kantonen gruppiert. Auf Grund der Verfassung der Helvetischen Republik, die im April 1798 entstand[48], waren sie plötzlich eine Minorität in einem protestantischen Staat, was große Unzufriedenheit auslöste und sogar zu bewaffneten Aufständen im Wallis und in den kleinen Urkantonen führte[49]. In der Tat gewährte der Verfassungstext zwar Gewissens- und Kultfreiheit, doch wurden gewisse Einschränkungen gemacht, die sich vor allem auf die Katholiken und ihr Verhältnis zum Papst bezogen. Und in der praktischen Durchführung der Bestimmungen wurden der römischen Kirche noch verschiedene andere Schläge versetzt: die helvetische Regierung verbot den Bischöfen, die im Ausland residierten — was bei den meisten der Fall war —, die Ausübung ihrer Jurisdiktion auf schweizerischem Gebiet; das Pfründenbesetzungsrecht, die Zehnten und die Gerichtsbarkeit der Kirche wurden aufgehoben. Verzichtete man schließlich auf die Aufhebung aller kirchlichen Orden, so verbot man ihnen doch, weiterhin noch Novizen zu rekrutieren; ihre Güter wurden sequestriert, und verschiedene Klöster wurden sofort aufgelöst. Bemerkenswert ist übrigens, daß man es — im Gegensatz zu Holland — ablehnte, den Juden Rechtsgleichheit zuzugestehen. Die Religionspolitik der Helvetischen Republik unterschied sich also grundlegend von der wirklich liberalen Religionspolitik der Batavischen Republik.

In Italien hatte die Religionspolitik ein viel konservativeres Gepräge. Die Verständigung mit den französischen Besatzungsbehörden wurde durch die Tatsache erleichtert, daß zahlreiche, bereits für die josephinistischen Bestrebungen gewonnene italienische Priester und Beamte geneigt waren,

[47] *Rogier*, KathHerleving 10—11.

[48] Es sei daran erinnert, daß zur gleichen Zeit die alte Republik von Genf Frankreich einverleibt wurde, wie dies schon im März 1793 mit der ephemeren Rauracischen Republik geschehen war, die im Vorjahr mit dem alten Bistum Basel gebildet worden war. In diesem Gebiet wurde die revolutionäre Gesetzgebung gegen den katholischen Klerus genauso angewandt wie im übrigen Frankreich, und die meisten Priester flüchteten in die (bis 1798 unabhängigen) katholischen Kantone; von einem in Solothurn sitzenden Provikar geleitet, konnten sie ziemlich leicht zurückkehren und ihr Amt wieder ausüben. Manche von ihnen zogen es allerdings vor, in Sicherheit das Ende der Heimsuchung abzuwarten. Vgl. *J. R. Suratteau:* Mémoires pour l'histoire du droit et des institutions des anciens pays bourguignons, comtois et romands 24 (1963) 167—188.

[49] Vgl. *J. R. Suratteau,* Occupants, occupés 1792—1815 (Brüssel 1969) 165—220.

Reformmaßnahmen, die im Gegensatz zu den ultramontanen Prinzipien standen, positiv aufzunehmen. Andererseits waren die Führer des französischen Militärs — wie übrigens auch viele italienische Patrioten, die mit ihrer Hilfe das republikanische Regierungssystem einführen wollten — bestrebt, die breite Masse der Bevölkerung nicht vor den Kopf zu stoßen, da sie wußten, daß diese sehr am Katholizismus hing (wenn nicht aus tiefer Überzeugung, so wenigstens aus Anhänglichkeit an jahrhundertealte Überlieferungen). Deshalb erfaßte Bonaparte, der Befehlshaber der Armee in Italien, als Mann aus dem Mittelmeerraum und Realist die Gegebenheiten der Situation viel besser als das Direktorium. Er machte zwar dem grimmigen Antiklerikalismus der „giacobini" einige Konzessionen, stützte sich jedoch vor allem auf die aufgeklärten Katholiken und war damit einverstanden, daß mehrere der in den Jahren 1796 bis 1799 von den verschiedenen italienischen Republiken erarbeiteten Verfassungen der katholischen Kirche eine mehr oder weniger bevorzugte Stellung einräumten, obwohl sich die französische Verfassung des Jahres III, von der sie sich sonst in hohem Maße leiten ließen, im Gegenteil für die radikale Trennung von Staat und Kirche entschieden hatte. Diese letztere Richtung hatten übrigens auch die Verfasser der ersten nach der Ankunft der Franzosen in Italien redigierten Verfassung, der Verfassung von Bologna (4. 12. 1796), eingeschlagen, die keinerlei Anspielungen auf die religiöse Frage machte, aber in einem „Avis" des Senats wurde präzisiert, „man werde bezüglich unseres heiligen Glaubens und seiner Dogmen nicht die geringste Neuerung einführen". Dies bewirkte, daß — trotz Widerstands einiger Katholiken — die Mehrheit des Klerus die Verfassung annahm, die dann übrigens nie praktisch in Kraft treten konnte, weil Bologna kurz danach in die neue Zispadanische Republik eingegliedert wurde (in der die Romagna und die Emilia, die dem Papst entrissen worden waren, und das ehemalige Herzogtum Modena neu zusammengefaßt wurden). Bei der Ausarbeitung der Verfassung für diese neue Republik (27. 3. 1797) führte das Problem der Stellung der Kirche im Staat zu leidenschaftlichen Diskussionen. Die von den Aufgeklärten und den Demokraten verfochtene These, die Religion sei Privatsache, wurde von den Jansenisten unterstützt, die von der Trennung von Kirche und Staat eine Erneuerung des religiösen Lebens erhofften. Den Sieg trug jedoch die Gegenthese davon: der Katholizismus wurde zur Religion der Republik erklärt (unter Toleranz, jedoch ohne Gleichstellung des israelitischen Kults), u. a. „weil die Religion den Massen einen Zügel anlegt". Bonaparte billigte nach kurzem Zögern diesen von den Grundsätzen des Direktoriums völlig abweichenden Artikel, weil er erkannte, daß er damit die Sympathie des Volks und des Klerus gewinnen würde. Als er dann aber einige Monate später selbst die Verfassung der Zisalpinischen Republik ausarbeitete (9. 7. 1797) — welche die Lombardei, den westlichen Teil der ehemaligen Republik Venedig und die Zispadanische Republik umgruppierte —, kehrte er zum

Grundsatz der völligen Kultgleichheit und der religiösen Neutralität des Staates zurück, allerdings mit einigen Einschränkungen (eine Bestimmung, die dann aber in der zweiten Verfassung der Zisalpinischen Republik vom September 1798 in Wegfall kam, ermächtigte die Exekutive, den Kultdienern die Amtsausübung zu untersagen, wenn sie sich das Vertrauen der Regierung verscherzten). So kamen manche Geistliche, obwohl sie ehrlich für das republikanische System waren, zu der Überzeugung, unter diesen Umständen die Eidesleistung auf die Verfassung vor ihrem Gewissen nicht verantworten zu können[50]. In der Anwendung der Verfassung machten sich jedoch die lokalen Einflüsse spürbar: die neue Republik akzeptierte einen Nuntius in Mailand und entsandte ihrerseits einen Botschafter nach Rom; vor allem griff man aber eine ganze Reihe von Bestimmungen, die seit Joseph II. angewandt worden waren, wieder auf. Die konkrete Wirklichkeit sah daher folgendermaßen aus: „Während die Trennung von Kirche und Staat in Frankreich selbst so ziemlich verwirklicht worden war, hing in der Zisalpinischen Republik die katholische Kirche im Gegenteil faktisch sehr eng vom Staat ab und bekam sogar einen verschärften Josephinismus zu verspüren; neu war eher die Kultgleichheit" (Godechot), obwohl sich die bürgerliche Gleichstellung der Juden nicht ohne Widerstand seitens der Bevölkerung durchführen ließ. Darüber hinaus führte der Einfluß der Jansenisten zur Einführung der Zwangs-Zivilehe (23. 7. 1797), die sich in der Praxis übrigens nur schwer durchsetzen konnte. Der Einfluß der Jakobiner wiederum löste eine ganze Reihe von immer kleinlicheren Maßnahmen aus, die das Volksempfinden schwer verletzten[51]. Ihrer Hetze war auch die Aufhebung der kirchlichen Orden zu verdanken. Dagegen scheiterte ihr Versuch, auch die Verstaatlichung der Güter des Pfarrklerus durchzusetzen, ebenso ihr Plan der Abschaffung des Zehnten.

Die römische Verfassung von 1798 und die Verfassung der Parthenopeischen Republik von 1799 übernahmen aus der Verfassung des Jahres III und aus der Verfassung der Zisalpinischen Republik das Prinzip der Trennung von Kirche und Staat. Im Gegensatz hierzu erscheint die Verfassung der Ligurischen Republik (2. 12. 1797) als die „katholischste" aller auf der Halbinsel angenommenen Verfassungen. Die dort besonders einflußreichen Jansenisten lehnten hier die Zustimmung zum Prinzip der Trennung ab, wünschten freilich eine Erklärung dahingehend, daß die Verleihung aller kirchlichen

[50] Über das Problem der Eidesleistung in der Zisalpinischen Republik liegt noch keine Arbeit und auch keine Statistik vor. Bekannt ist dagegen, daß allein in der Diözese Brescia bei der Rückkehr der Österreicher im Jahre 1799 nicht weniger als 484 Priester a divinis suspendiert wurden, weil sie die zisalpinische religiöse Gesetzgebung angewandt hatten (*A. de Gubernatis,* E. Degola [Florenz 1882] 246).

[51] Vgl. *Leflon,* Pie VII 380: „Bonaparte, über dessen klare Pläne die italienischen Jakobiner weit hinausgingen, wird dann im Jahre 1800 die Lehren einer so ärgerlichen Erfahrung nicht vergessen."

Pfründen und die Gewährung der Ehe- und sonstigen Dispense „unabhängig von der römischen Kurie" erfolgen solle. Die Mehrheit des Klerus protestierte jedoch mit der Unterstützung eines Teils der Bevölkerung gegen dieses Vorhaben, und Bonaparte, der darauf bedacht war, sich den Rücken freizuhalten, riet zur Abänderung des Entwurfs, „um den Mönchen und den Priestern Genugtuung zu leisten". Die Jansenisten machten sich schleunigst die Pressefreiheit zunutze, erweckten die „Annali politico-ecclesiastici", deren Seele Degola war[52], zu neuem Leben und fuhren auch nach der Annahme der Verfassung fort, unter Ausnutzung der Willfährigkeit des greisen Erzbischofs Lercari Propaganda für ihre Ideen zu machen. Ihre herben Kritiken am Reichtum der Klöster, verbunden mit den Kritiken der „illuministi", die ebenfalls nach einer tiefgehenden kirchlichen Reform strebten, führten zum Gesetz vom 4. Oktober 1798, das zur Aufhebung bestimmter Klöster ermächtigte, wenn dies für die Nation von Nutzen wäre.

Veränderte auch alles in allem das „triennio rivoluzionario" von 1796 bis 1799 die institutionelle Situation der katholischen Kirche in Italien viel weniger als anderwärts, so darf man daraus doch nicht schließen, diese kurze Periode voller Aufregungen sei ohne Bedeutung gewesen. Seit rund zwanzig Jahren lenken die italienischen Geschichtschreiber die Aufmerksamkeit auf den Einfluß, den die Auseinandersetzungen und die Hoffnungen, die in diesen Jahren geweckt wurden, auf die Entwicklung der Geisteshaltung der italienischen Katholiken ausübten, und zwar sowohl bezüglich der liberalen und patriotischen Ideen wie auch bezüglich des Strebens nach einer Reform auf kirchlichem Gebiet. Alle diese Strömungen vereinigten sich dann im Verlauf der ersten Hälfte des 19. Jh. in der Bewegung des Risorgimento.

Während in Belgien oder im Rheinland die antichristliche Politik des französischen Nationalkonvents den gesamten Klerus, der schon von innen heraus konservativ war, vollends in das antirevolutionäre Lager getrieben hatte, war die Einstellung der italienischen Geistlichen viel nuancierter. Viele Priester, und vor allem der hohe Klerus, begegneten dem neuen Regime zwar mit Mißtrauen, aber nur wenige leisteten anfänglich offenen Widerstand. Die meisten hielten es angesichts des konzilianten Verhaltens der Franzosen für angebracht, gute Miene zum bösen Spiel zu machen, versuchten, möglichst viele der ehemaligen Rechte der Kirche zu retten, und priesen die Aussöhnung mit den neuen Regierungen an, wobei sie auf die Indifferenz der Kirche in der Frage der zivilen Gewalt hinwiesen. Manche —

[52] Eustachio Degola (1761—1826) war „die originellste und stärkste Persönlichkeit des italienischen Jansenismus" am Ende des 18. Jh. (Codignola), ein tiefgläubiger Mann von großer und unbeugsamer sittlicher Strenge, der in enger Verbindung mit Sc. de' Ricci und dann mit Abbé Grégoire stand; siehe DHGE XIV 160—162; *E. Codignola*, Carteggi di giansenisti liguri I (Florenz 1941) CIII—CCLIX und III 105—563; *S. Banacchi*, La vita e la teologia di Eustachio Degola (Pistoia 1949).

darunter auch einige Bischöfe[53] — unterstrichen den christlichen Charakter der Prinzipien der Gleichheit und der Brüderlichkeit. Andere gingen offen noch weiter und empfingen die französischen Republikaner mit Wohlwollen, mitunter sogar mit Begeisterung. Es handelte sich hierbei zwar nur um eine Minderheit[54], doch hatte sie großen Einfluß, denn zu ihr gehörten neben Ordensleuten, die man von ihren Gelübden entbunden hatte und die glücklich waren, ihre Freiheit wiedererlangt zu haben, auch viele Gebildete und recht würdige Priester. Kann man sie, wie man dies häufig getan hat, einfach als „Jakobiner" abstempeln? Mit diesem Stempel wurden recht unterschiedliche Realitäten bedacht[55], angefangen bei den Katholiken, die sich damit begnügten, ihre Religion der „Aufklärungsbewegung" anzupassen, bis zu vagen, der christlichen Religion feindlich gesinnten zänkischen Deisten, und bis zum Anhänger des „Vicaire savoyard". Besser spricht man mit V. Giuntella von „cattolici democratici" — eine Formel, der man übrigens bereits in den zeitgenössischen Schriften begegnet —, wenn man die Priester und Laien kennzeichnen will, die sich bemühten, zu den Quellen der Heiligen Schrift und der Patristik zurückzukehren und mit ihrer Hilfe das Wesentliche des christlichen Glaubens von den kontingenten Aspekten zu trennen, die er im Lauf der Jahrhunderte angenommen hatte. Die „cattolici democratici" meinten, die völlige Übereinstimmung des echten Katholizismus mit der Demokratie beweisen zu können, indem man besser, als dies in der Vergangenheit der Fall war, den geistlichen Bereich vom weltlichen unterscheide.

Oft hat man diese demokratischen Katholiken einfach mit den Jansenisten identifiziert, die man ihrerseits mit den Jakobinern gleichstellte. Heute erkennt man die tiefgreifenden Unterschiede, welche diese verschiedenen Gruppen voneinander trennten, immer besser. Zweifellos machten die Jansenisten in den meisten Fällen gemeinsame Sache mit den Jakobinern, um eine neue Religionspolitik durchzusetzen, doch handelte es sich hierbei um ein taktisches Bündnis: nachdem es den Jansenisten nicht gelungen war, bei den Fürsten die Verwirklichung ihres Programms durchzusetzen, was sie zunächst gehofft hatten, sahen sie in den strukturellen Reformen, die die Jakobiner aus Feindschaft gegen die Kirche predigten, die Vorbedingung

[53] Am bekanntesten ist der Fall von Kardinal Chiaramonti, Bischof von Imola (dem späteren Papst Pius VII.); es gab aber auch noch andere gleich eingestellte Bischöfe, beispielsweise den Bischof Dolfini von Bergamo. Zur Romagna vgl. *J. Leflon*, Pie VII 439 bis 443. Festzustellen ist, daß die Raccolta di tutte le lettere pastorale, hrsg. von *G. Zatta* (Venedig 1797), mehrere Fälschungen enthält.

[54] Ein Beispiel: In Piemont wurden während der Reaktion von 1799 insgesamt 448 Geistliche als „Jakobiner" verfolgt. Es waren dies nicht ganz 3% des Weltklerus und 4,36% des Ordensklerus (*G. Vaccarino:* RSIt 77 [1965] 27—77). Diese Geistlichen bildeten jedoch nach den Juristen die stärkste Fraktion (14%) der Jakobinergruppe.

[55] Vgl. *D. Cantimori,* Giacobini italiani I 407—413; *P. Villani,* La storiografia italiana nei ultimi vent'anni (Mailand 1970) I 612—618.

für eine Rückkehr der Kirche zu ihrer ursprünglichen Reinheit. Diese Vorbedingungen waren für sie: Verzicht auf die für den Gottesdienst nicht unentbehrlichen Schätze, Abschaffung der kirchlichen Ehrentitel, Aufhebung der Pfründen, Kollegiate oder Klöster und der Bruderschaften, die Anlaß zu abergläubischer Devotion geben könnten, Reduzierung der kirchlich gebotenen Feste usw. In dieser Sicht arbeitete Degola, von ziemlich vielen Priestern und vom Bischof von Noli, B. Solari OP, unterstützt, einen Plan für die „Organizzazione civile del clero ligure" aus, dessen Ziel es war, diesen Klerus von der Autorität Roms zu befreien und ihn zu erneuern, indem man sich vom Beispiel der französischen konstitutionellen Kirche und den von Grégoire auf dem Nationalkonzil von 1797 dargelegten Gesichtspunkten leiten ließ[56]. Man darf sich jedoch durch diese Sympathien für die Zivilkonstitution des Klerus — die übrigens durchaus nicht alle Jansenisten teilten, wie Aquarone nachgewiesen hat— keinesfalls täuschen lassen: es bestanden ja fundamentale Divergenzen zwischen den Jakobinern, die die Kirche vernichten wollten, und den Jansenisten, die sie reformieren wollten, und, noch tiefer gehend, zwischen den Jakobinern, die meist Deisten waren und die ihr Vertrauen in die menschliche Natur setzten, und den Jansenisten, Jüngern des heiligen Augustinus, die den Prinzipien von 1789 meist recht mißtrauisch gegenüberstanden und die Begeisterung der Jakobiner für die Freiheit und den Fortschritt als Pelagianismus betrachteten. In diesem Punkt nahmen auf ideologischer Ebene übrigens auch die Jansenisten und die demokratischen Katholiken — unbeschadet ihrer häufigen Zusammenarbeit auf dem Gebiet der praktischen Verwirklichungen — grundverschiedene Standpunkte ein.

Die gemeinsamen Bemühungen der der Französischen Revolution gewogenen Katholiken und der Jansenisten bildeten eine bedeutsame Verbindung zwischen den „illuministi" der Jahre 1770 und den Adepten der Synode von Pistoia einerseits und den liberalen Katholiken und den Reformisten wie Raffaele Lambruschini oder Rosmini der 1830er Jahre andererseits, weshalb ihnen der Historiker besondere Aufmerksamkeit schenken muß. Im Augenblick wurden ihre Hoffnungen jedoch rasch enttäuscht. Die Wiederaufnahme der Verfolgungen in Frankreich nach dem Fructidor, die Plünderung der Kirchenschätze und der Klöster und dann die Vertreibung des Papstes aus Rom erweckten bei vielen den Eindruck einer Rückkehr zu den antireligiösen Ausschreitungen von 1793/94. Und Befürchtungen, verbunden mit Beweggründen politischer und gesellschaftlicher Ordnung, führten dann im Laufe des Jahres 1799 zu verschiedenen Volksaufständen mit für sie charakteristischen Namen („Sanfedisti" im Süden, „Vivamaria" in Toskana), die häufig von Priestern oder Mönchen geleitet wurden und als Verteidi-

[56] Über das Echo, das dieses Konzil und das von 1801 (an dem mehrere italienische Jansenisten teilnahmen) in Italien fanden, siehe *M. Vaussard,* Jansénistes et gallicans aux origines religieuses du Risorgimento 55—59.

gung des Glaubens gegen die erschienen, die man des Verrats an ihm durch die Zusammenarbeit mit der Besatzungsmacht beschuldigte[57]. Die demokratischen Katholiken, die stets nur eine Minderheit gebildet hatten, verloren so bei den breiten Volksschichten jeden Kredit, und die politische Entwicklung nach dem 18. Brumaire vollendete ihre völlige Niederlage, während das zwischen Bonaparte und Pius VII. abgeschlossene Konkordat die Pläne der Jansenisten, in Italien eine nach dem Vorbild der französischen konstitutionellen Kirche erneuerte Kirche zu installieren, zunichte machte.

Die Destruktion des Heiligen Stuhls

LITERATUR: Zu den auf S. 9 und 13 angeführten Werken allgemeiner Natur kommen hinzu:

Über das Direktorium und den Heiligen Stuhl: *P. Gaffarel,* Bonaparte et la République italienne (Paris 1895); *A. Sorel,* Hoche et Bonaparte en 1797 (Paris 1896); *A. Dufourcq,* Le régime jacobin en Italie (Paris 1900); *J. du Teil,* Rome, Naples et le Directoire (Paris 1902); *R. Guyot,* Le Directoire et la paix de l'Europe (Paris 1911); *de Richemont:* Correspondant 188 (1897) 801—849; *F. Bouvier,* Bonaparte, Cacault et la papauté: Revue d'histoire diplomatique 21 (1907) 340—356.

Über den Vertrag von Tolentino und seine Vorgeschichte: *G. Filippone,* Le relazioni tra lo Stato pontificio et la Francia rivoluzionaria, 2 Bde (Mailand 1961/67; dazu RSTI 16 [1962] 145—149); *R. Olaecha:* MCom 43 (1965) 95—292; *L. Pásztor:* AHPont 1 (1963) 295—383.

Über die Römische Republik: *V. Giuntella,* Bibliografia della Repubblica romana (Rom 1957); *ders.:* ASRomana 73 (1950) 1—213; *ders.,* La crisi del potere temporale alla fine del Settecento e la parentesi constituzionale del 1798—99 (Bologna 1954 = Einleitung des Bd I von Assemblei della Repubblica Romana, Rom 1954); *R. De Felice,* La vendita dei beni nazionali nella Repubblica Romana (Rom 1960); *M. Battaglini,* La soppressione dei conventi nella Repubblica Romana giacobina: Palatino 9 (1965) 13—23.

Über die letzten Monate Pius' VI.: *G. Merck,* La captivité et la mort de Pie VI (London 1814); *P. Baldassari,* Histoire de l'enlèvement et de la captivité du pape Pie VI (Paris-Lyon 1839); *T. de la Rive,* L'esilo e la morte di Pio VI (Rom 1899); *Ch. Poncet,* Pie VI à Valence (Paris 1868).

Die revolutionäre Welle, die Italien überspülte, verschonte den Kirchenstaat nicht und setzte auch der Zentralverwaltung der Kirche so furchtbar zu, daß viele sehr wohl der Meinung sein konnten, sie erlebten das Ende des Papsttums als Institution.

Pius VI. befand sich angesichts der Ereignisse in Frankreich in einer besonders schwierigen Situation, weil er sich einerseits seit dem Weggang seines Staatssekretärs Boncompagni sehr einsam fühlte und andererseits recht tendenziös informiert wurde: die Emigranten, die während der beiden

[57] Siehe u. a. das Kapitel „Paura e religiosità popolare nello Stato della Chiesa" bei *R. De Felice,* Italia giacobina (Neapel 1965). Auch *G. Cingari,* Giacobini e sanfedisti in Calabria nel 1799 (Messina 1957).

ersten Jahre nach Rom strömten, sahen die Dinge im Zerrspiegel ihrer politischen Vorurteile. Außerdem verblieb nach dem im Mai 1791 erfolgten Abbruch der diplomatischen Beziehungen zwischen Paris und Rom in Frankreich nur noch ein offiziöser Geschäftsträger, der mit übertriebenem Starrsinn viel Naivität und Wankelmut verband[58].

Schon Anfang 1791 hatte Pius VI. die Gelegenheit verpaßt, die wahre Bedeutung der gegen die Revolution gerichteten Verurteilungen klar zu umreißen, weil er sich — trotz entsprechender Anregungen verschiedener französischer Bischöfe und Deputierter in der Konstituante — weigerte, auf den Unterschied zwischen den zwangsläufig unwandelbaren Prinzipien religiöser Ordnung und den akzeptablen Transaktionen auf zivilem Gebiet einzugehen. Vollends kompromittierte er sich dann im Jahr darauf, als er den Abbé Maury mit dem Auftrag nach Deutschland entsandte, die Staatsoberhäupter zur Unterstützung der Konterrevolution in Frankreich mit Waffengewalt zu veranlassen[59]. Die französische Republik war jedoch, trotz des warmen Empfangs, der zahlreichen französischen Emigranten im Kirchenstaat zuteil wurde[60], trotz der strengen Maßnahmen, die gegen die der Sympathie für die französischen Ideen verdächtigten Römer ergriffen wurden, ja sogar trotz des schweren Zwischenfalls, den im Januar 1793 die Ermordung des französischen Geschäftsträgers Bassville durch den Mob darstellte, nach der Annexion von Avignon nicht in der Lage, gegen den Papst direkt zu intervenieren, da die Halbinsel durch die von Piemont unterstützte österreichische Militärmacht abgeriegelt war und zudem von der englischen und neapolitanischen Flotte geschützt wurde. Die Situation änderte sich jedoch schlagartig im Frühjahr 1796 nach den Blitzsiegen des Generals Bonaparte und der Besetzung von Mailand. Noch im Vorjahr hatte Pius VI. ein Angebot des spanischen Botschafters Azara, Verhandlungen mit dem Ziel einer Wiederannäherung zwischen Rom und Frankreich aufzunehmen, voller Verachtung zurückgewiesen. Nun war er angesichts der drohenden Gefahr aber nur zu gerne bereit, sich dieser Vermittlerdienste zu bedienen. Die ersten Gespräche scheiterten an den französischen Forderungen. Die Franzosen verlangten schwere Kriegskontributionen, vor allem aber die Zurücknahme aller vom Papst seit 1790 gegen die Zivilkonstitution des Klerus und die revolutionären Prinzipien verkündeten Verurteilungen. Nach der Ablehnung durch Rom besetzte Bonaparte den nördlichen Teil des Kirchenstaates und drohte, als die Verhandlungen auch weiterhin nicht von der Stelle kamen, mit dem Marsch auf Rom. Der Papst, der im Falle eines Einmarsches der Franzosen eine Revolte seiner Untertanen befürchtete, ent-

[58] Vgl. *Ch. Ledré,* L'abbé de Salamon, correspondant et agent du Saint-Siège pendant la Révolution (Paris 1965).
[59] Siehe hierzu *L. Madelin,* Pie VII et la première coalition: RH 81 (1903) 292—306.
[60] Vgl. *Surrel de Saint-Julien,* L'œuvre pontificale des émigrés français et son organisation. Mgr. L. Caleppi: Annales de St-Louis des Français 1 (1897).

schloß sich nun zum Nachgeben, um das Wesentliche zu retten, und am 20. Juni wurde ein Waffenstillstand unterzeichnet, der übrigens nur territoriale und finanzielle Klauseln enthielt, da das Problem der Zurücknahme der Verurteilungen bis zum Friedensvertrag verschoben worden war und dann in seinem Rahmen gelöst werden sollte.

Viel erörtert wurde inzwischen die Frage, wer zuerst auf den Gedanken gekommen war, den militärischen Druck auf den Kirchenstaat zu nutzen, um vom Papst eine pazifizierende Intervention in den religiösen Angelegenheiten Frankreichs zu erlangen: Bonaparte in Zuwiderhandlung gegen die ausdrücklichen Weisungen des Direktoriums, dessen Wunsch, „die Tiara des angeblichen Oberhaupts der allgemeinen Kirche ins Wanken zu bringen“ [61], er zugleich für unrealistisch und unpolitisch hielt? Dieser Ansicht sind A. Sorel und nach ihm L. Madelin und in jüngerer Zeit G. Filippone. Oder — wie R. Guyot meint — das Direktorium selbst, das weniger starrsinnig und nicht so einfältig war, wie man angenommen hatte? Wie so häufig, dürfte auch hier die Wahrheit in der Mitte dieser beiden extremen Annahmen liegen. Auch im Direktorium gab es zwei einander entgegengesetzte Bestrebungen, und manche seiner Mitglieder waren der Ansicht derer nicht unzugänglich, die, wie F. Cacault, erklärten, das Papsttum repräsentiere trotz des gegenteiligen Anscheins noch immer eine beträchtliche geistige und diplomatische Macht, und man täte, statt in Rom das Banner der Freiheit aufzupflanzen, besser daran, die Kurie zu schonen, um sie zu beherrschen und sich ihrer zu bedienen. Während sich das Direktorium jedoch auf einander widersprechende Vorhaben, denen keine Taten folgten, beschränkte, erkannte Bonaparte sofort den Nutzen der Anregung und verstand es, sie in eine kohärente Politik umzumünzen.

Die Verhandlungen über den Friedensvertrag begannen im Laufe des Sommers in Paris. Auf den Rat Azaras hatte die Kurie ein Breve entworfen, das die Katholiken Frankreichs daran erinnerte, daß „die wahre Religion in keiner Weise dazu geschaffen ist, die bürgerlichen Gesetze umzustoßen“, und ihnen die Unterwerfung unter die Regierung empfahl, was bedeutete, daß damit implizite auch die Legalität ihrer Existenz anerkannt wurde. Dem Direktorium genügte diese Konzession des Breves „Pastoralis sollicitudo“ nicht, obwohl sie so gewichtig war, daß sie die Royalisten und die Romtreuen, als sie von ihr erfuhren, für ganz unglaublich hielten. Auf Betreiben Grégoires, der unbedingt beweisen wollte, daß der konstitutionelle Klerus niemals die Gemeinschaft mit Rom aufgegeben hatte, forderte das Direktorium vom Papst weiterhin den Widerruf der früheren Verurteilung der konstitutionellen Kirche. Pius VI. weigerte sich natürlich. Im September kam es dann in Florenz zu neuen Verhandlungen, doch verliefen auch sie erfolglos. Mittlerweile schien sich die militärische Lage in Italien zugunsten

[61] Actes du Directoire, hrsg. von *A. Debidour* IV 787.

Österreichs zu entwickeln, und Staatssekretär Zelada, Anhänger einer konzilanten Politik, wurde von Kardinal Busca abgelöst, der den Waffenstillstand aussetzte und — allerdings vergeblich — versuchte, die Unterstützung der Könige von Spanien und Neapel und dann die des Kaisers zu erlangen, um den bewaffneten Widerstand erneut aufzunehmen. Sowie Bonaparte die Situation im Norden wieder bereinigt hatte, machte er Miene, auf Rom zu marschieren, und zwang den Papst, am 16. Februar 1797 den Vertrag von Tolentino anzunehmen, mit dem er nicht nur die Zahlung einer neuen, schweren Kriegskontribution auf sich nahm, sondern auch noch den reichsten Teil seines Kirchenstaates an Frankreich abtrat, womit er sich die Erhaltung seiner weltlichen Macht sicherte, die unter den augenblicklichen Verhältnissen mehr als je als unentbehrliche Grundlage für die Funktion des Kurialsystems betrachtet wurde. Zudem sprach Bonaparte, der sich nun stark genug fühlte, um über die Weisungen des Direktoriums hinweggehen zu können, nicht mehr von einem Widerruf der früheren päpstlichen Dokumente und sicherte sich so die Chance, später die religiöse Pazifikation in Frankreich mit einem zur rechten Zeit geschonten Papsttum aushandeln zu können.

Nachdem der kriegerische Kardinal Busca durch einen gemäßigten Mann, den als frankophil geltenden Kardinal Doria, abgelöst worden war und nachdem Frankreich Joseph Bonaparte, den leiblichen Bruder des Generals, der es abgelehnt hatte, dem Heiligen Stuhl den Gnadenstoß zu versetzen, zu seinem Geschäftsträger in Rom bestimmt hatte[62], konnte man hoffen, das Wesentliche gerettet zu haben. Die Situation verschlechterte sich jedoch bald erneut. Während in Frankreich der Staatsstreich vom Fructidor dem jakobinischen Antiklerikalismus seine alte Virulenz wiedergab, glaubten in Rom die „zelanti“, in den Volksaufständen, die an verschiedenen Stellen aufflammten, die Vorboten eines allgemeinen Aufstandes gegen die französische Okkupation sehen zu können, und gossen schleunigst Öl ins Feuer. In dieser überspannten Atmosphäre wurde am 27. Dezember 1797 der General Duphot ermordet. Das Direktorium, das von La Révellière-Lépeaux, einem erbitterten Gegner des Katholizismus und Apostel der neuen religiösen Bewegung, der Theophilanthropie, beherrscht wurde, befahl sofort die Besetzung des Kirchenstaates, und am 15. Februar 1798 proklamierten die römischen Jakobiner, die unter der Hand von französischen Agenten geführt wurden, die Römische Republik[63]. Erstmals stellte sich nun das Problem der

[62] Erstmals war der Vatikan in diesem Fall bereit, einen Diplomaten zu empfangen, der einen nicht offiziell katholischen Staat vertrat. Vgl. *R. Graham*, Vatican Diplomacy (Princeton 1959) 40—41.

[63] Diese Römische Republik hatte es schwer, ihre Autorität außerhalb von Rom zu beweisen. Während des ganzen Jahres 1798 kam es zu einheimischen Revolten, und selbst dort, wo sich das neue Regime reibungslos durchsetzte, handelte es sich häufig um einen „Rosenwasser-Jakobinismus“ (ein Beispiel bei *R. Lefèvre*, La rivoluzione giacobina all'Ariccia: RStRis 47 [1960] 467—520).

weltlichen Souveränität des Gebiets, das seit tausend Jahren den Kirchenstaat gebildet hatte, in seinem ganzen Ausmaß. Und als ein Anzeichen für die rasche Weiterentwicklung der Meinungen auf diesem Gebiet kann man die Stellungnahme des ultramontanen Theologen Bolgeni werten: um die geistliche Gewalt des Pontifex maximus zu erhalten, riet er, zum großen Ärgernis der „zelanti", das neue politische Regime anzunehmen[64].

Der nun einundachtzigjährige Papst hatte dringend gebeten, man möge ihn doch in Frieden in Rom sterben lassen. Er wurde jedoch gezwungen, in das damals noch unabhängige Herzogtum Toskana zu flüchten. Da er von fast allen seinen Mitarbeitern getrennt und zudem seit mehreren Jahren bei sehr schwacher Gesundheit war, wurde es für ihn sehr schwer, wirklich als Oberhirte der Kirche zu fungieren. Er veröffentlichte jedoch einige Breven, darunter das vom 13. November 1798 — als Ergänzung der Konstitution vom 11. Februar 1797 — über die Durchführung des Konklave unter diesen Ausnahmezuständen. Durch den Nuntius in Florenz, der als Staatssekretär fungierte, ließ er an alle Herrscher in Europa — einschließlich Zar Paul I. — Appelle richten, in denen er um ihre Hilfe gegen die Besetzung seines Kirchenstaates bat. So trug er in gewissem Maße mit dazu bei, die zweite Koalition gegen Frankreich zu fördern. Im März 1799 veranlaßten deren Erfolge die Franzosen, die in der Zwischenzeit Toskana besetzt hatten, Pius VI. nach Frankreich zu deportieren: etappenweise wurde der sterbende Greis erst nach Grenoble, dann nach Valence geschleppt, wo er am 29. August starb.

In diesem Augenblick war vom einstigen Räderwerk des Heiligen Stuhls praktisch nichts mehr übriggeblieben: die Arbeit der Kurie war völlig desorganisiert, das Heilige Kollegium zerstreut, und mehrere Kardinäle waren eingekerkert. So war es nicht erstaunlich, daß viele, die einen mit Freude, die anderen mit Bestürzung, der Ansicht waren, mit Pius VI. verschwände unter den Schlägen der französischen Jakobiner auch das Papsttum als solches, also der Schlußstein der katholischen Kirche.

2. *Kapitel*

Napoleon und Pius VII.

QUELLEN: BullRomCont XI—XIII (Rom 1846/47); Documenti relativi alle contestazioni insorte fra la S. Sede ed il Governo Francese, hrsg. von *G. Sala*, 6 Bde (Rom 1833/34); Correspondance de Napoléon Ier, 32 Bde (Paris 1958/70; andere Publikationen s. bei *Leflon* 9); *P. Feret*, La France et le St-Siège sous le Ier Empire (Paris 1911; diplomatische Korrespondenz); *Bastgen* I 42—72; *E. Consalvi*, Memorie, hrsg. von *M. Nasalli Rocca*, 2 Bde (Rom 1950; dazu DHGE XIII 521—522; die französische Übersetzung von *J. Crétineau-Joly* [Paris 1864] ist nicht zuverlässig); *B. Pacca*, Memorie,

[64] DBI XI 276.

3 Bde (Rom 1830; dazu *J. Leflon - Ch. Perrat:* ChStato II 355—381); Mémoires et papiers de Lebzeltern, hrsg. von *E. de Lévis-Mirepoix* (Paris 1949; österreichischer Botschafter beim Papst). — *J. Jauffret,* Mémoires pour servir à l'histoire de la religion au XIXe s., 3 Bde (Paris o. J.; sehr nützlich bezüglich der Reorganisation der Kirche in Frankreich); *É. A. Bernier,* Lettres, Notes diplomatiques, Mémoires inédits, hrsg. von *J. Leflon* (Reims 1938); Correspondance de Le Coz, archevêque de Besançon, hrsg. von *A. Roussel,* 2 Bde (Paris 1900/03); Correspondance de Le Coz et Grégoire 1801—15, hrsg. von *L. Pingaud* (Besançon 1906); La correspondance de Mgr Zaepfel, hrsg. von *J. Puraye* (Brügge - Paris 1951; Bischof von Lüttich). — Mgr. *de Barral,* Fragments relatifs à l'histoire ecclésiastique du XIXe s. (Paris 1814); *F. de Lamennais,* Réflexions sur l'état de l'Église de France et sur sa situation actuelle (Paris 1821; geschrieben 1808); Annales littéraires et morales, 4 Bde (Paris 1803/06; Standpunkt der ehemaligen réfractaires); Journal des curés, 6 Bde (Paris 1806/11; Standpunkt der ehemaligen Konstitutionellen). — *Lemière d'Argy,* Précis historique du voyage et de la captivité de Pie VII (Paris 1814); *A. de Beauchamp,* Histoire des malheurs et de la captivité de Pie VII (Paris 1815).

LITERATUR: Über den Pontifikat Pius' VII. bis 1815: *Schmidlin PG* I 39—130; *Leflon* 159—273; *Pouthas* 60—172; *Hermelink* I 95—171; *Belvederi* 820—867; DThC XII 1670—83; ECatt IX 1504—08; *Rogier KG* IV 183—203; *Daniel-Rops* I 117—234; *C. Wunderlich,* Der Pontifikat Pius' VII. in der Beurteilung der deutschen Umwelt (Leipzig 1913); *Mollat* 69—99; *Salvatorelli* 16—26; *A. Latreille,* Napoléon et le Saint-Siège 1801—08. L'ambassade du cardinal Fesch à Rome (Paris 1935).

Biographien Pius' VII.: siehe S. 62.

Über die Persönlichkeit Consalvis: *G. A. Angelucci,* Il grande segretario della S. Sede, E. Consalvi (Rom 1924); *M. R. Wichterich,* Sein Schicksal war Napoleon. Leben und Zeit des Kardinals Consalvi (Heidelberg 1951); *L. v. Ranke,* Cardinal Consalvi und seine Staatsverwaltung unter dem Pontifikat Pius' VII.: Sämtliche Werke XLI/XLII (Leipzig 1877/78) 3—180; Nel primo centenario della morte del cardinale Consalvi (Rom 1925); *I. Rinieri:* CivCatt 1925 I 289—300 395—402; DHGE XIII 509—523; *Colapietra* 18—36 139.

Über die Reorganisation der Kirche in Frankreich: Eine gute Einleitung bei *J. Leflon:* RHEF 34 (1948) 103—117. — Die beste Synthese bringt *A. Latreille,* L'Église catholique et la Révolution, II: L'Ère napoléonienne (Paris 1950; Lit.); s. auch HistCathFr 155—218. Eine grundlegende Arbeit: S. *Delacroix,* La réorganisation de l'Église de France (Paris 1962; erster Teil einer masch. Doktordissertation an der Sorbonne 1957 mit einem Dokumentenband). Ferner: *J. d'Haussonville,* L'Église romaine et le Premier Empire, 5 Bde (Paris 1866/68; immer noch nützlich, obwohl weder die Staatsarchive noch die Archive des Vatikans herangezogen werden konnten und die Arbeit in antibonapartistischer Perspektive geschrieben wurde); *I. Rinieri,* La diplomazia pontificia nel sec. XIX II (Rom 1904); *ders.,* Napoleone e Pio VII, 1804—13, 2 Bde (Rom 1906; Dokumente); *Debidour,* Histoire II (Paris 1891) 5—324; *V. Bindel,* Histoire religieuse de Napoléon, 2 Bde (Paris 1940); *J. Godechot* a. a. O. (S. 13) 709—731; *E. Walder,* Staat und Kirche in Frankreich II (Bern 1953); *Dansette* I 159—231.

Über die Salbung Napoleons: *E. Celani,* Il viaggio di Pio VII a Parigi (Rom 1893); *F. Masson,* Le sacre et le couronnement de Napoléon (Paris 1908); *J. Leflon,* Bernier II 197—222.

Über den Klerus und die Ordensleute: *J. Leflon,* Le clergé de second ordre sous le Consulat et l'Empire: RHEF 31 (1945) 97—119; *L. Preneel:* De Leiegouw 4 (Kortrijk 1962) 73—101 205—230, 5 (1963) 5—29 (über den Klerus der Diözese Gent); *ders.:* Bijdragen 23 (Nijmegen 1962) 63—74 (über die geistliche Amtstracht); *L. Deries,* Les congrégations religieuses au temps de Napoléon (Paris 1928); *P. Imbert,* Le droit hospitalier de la Révolution et de l'Empire (Paris 1954); *G. Rigault,* Histoire de l'Institut des Frères des Écoles chrétiennes IV (Paris 1942) 1—413; *P. Zind,* Les nouvelles congrégations de Frères enseignants en France de 1800 à 1830 I (Le Montet 1969) 47—71; DSAM II 974—979 (über die Gründungen von P. de Clorivière).

Örtliche Monographien sind seltener als für die revolutionäre Periode. Zu beachten sind vor allem: *Ch. Ledré,* La réorganisation d'un diocèse au lendemain de la Révolution. Le cardinal Cambacerès (Paris 1943); *P. Mouly,* Le concordat en Lozère et en Ardèche (Mende 1943); *F. Le Douarec,* Le concordat dans un diocèse de l'Ouest, Mgr Cafarelli et le préfet Boullé (Paris 1958, für St-Brieuc); *R. Pinet,* Le diocèse de Valence 1802—15 (Valence 1963); *G. Lacroix,* Ch. de la Tour d'Auvergne (Arras 1965); *J. Godel,* La reconstruction concordataire dans le diocèse de Grenoble (Grenoble 1968). Ferner: *F. Uzureau,* Les premières applications du concordat dans le diocèse d'Angers (Paris 1901); *J. Contrasty,* Le mouvement religieux en Haute-Garonne sous le consulat (Paris 1907); *P. Pisani,* Histoire de l'Église de Paris sous la Révolution V (Paris 1911); *L. Lévy-Schneider,* L'application du consulat par un évêque d'Ancien régime, Champion de Cicé (Paris 1921; für die Diözese Aix); *P. Genevray,* L'administration et la vie ecclésiastique dans le diocèse de Toulouse (Paris 1921); *A. Poirier,* Mgr Paillou et les débuts du concordat en Vendée (Paris 1924); *Ch. Le Sueur,* Le clergé picard et le Concordat, 2 Bde (Paris 1929/30). — Für die belgischen Diözesen: *L. Preneel:* RHE 57 (1962) 871—900 (über die Festlegung der Diözesanbezirke); *C. de Clercq,* L'opposition à Mgr de Roquelaure dans de département de la Dyle: SE 13 (1962) 194—265; *Fr. Jacques,* Le rétablissement du culte catholique à Namur (Gembloux 1962). — *W. Munier,* Het concordaat van Napoleon en de opheffing van het oude bisdom Roermond: Publications de la Société historique et archéologique dans le Limbourg 98/99 (1962/63) 147—214.

Man hat sich viel mehr mit der materiellen Reorganisation des Kults als mit der Wiedergeburt des religiösen Empfindens befaßt. Über diese Wiedergeburt siehe vor allem: *G. Constant,* Le réveil religieux en France au début du XIXe s.: RHE 29 (1933) 905—950, 30 (1934) 54—84; *J. Goretti,* Bonald. La Révolution française et le réveil religieux (Paris 1962). Auch: *Ch. Sainte-Beuve,* Chateaubriand et son groupe littéraire, 2 Bde (Paris 1960); *Ch. Pouthas,* La jeunesse de Guizot (Paris 1936).

Von den Biographien sind vor allem zu beachten: *J. Leflon,* É. A. Bernier, 2 Bde (Paris 1938) und M. Émery II (Paris 1946). Ferner: die Biographien über Belmas von *L. Mahieu,* 2 Bde (Paris 1934), über Boulogne von *A. Delacroix* (Paris 1880), über Broglie von *J. Lenfant* (RHEF 17 [1931] 312—347), über Duvoisin von *E. Gabory* (Nantes 1947), über Fesch von *J. P. Lyonnet,* 2 Bde (Paris - Lyon 1841, mit DHGE XVI 1315—19 zu nuancieren), über Le Coz von *A. Roussel* (Paris 1898), über Maury von *A. G. Bonet-Maury* (Paris 1892; ungenügend) und über Périer von *A. Durand* (Paris 1902). Da noch immer eine gute Biographie des Straßburger Bischofs Saurine fehlt, siehe *F. L'Huillier,* Recherches sur l'Alsace napoléonienne (Paris 1947).

Über den Konflikt zwischen Pius VII. und Napoleon: *H. Welschinger,* Le pape et l'empereur (Paris 1905); *L. Madelin,* La Rome de Napoléon (Paris 1906); *B. Melchior-Bonet,* Napoléon et le pape (Paris 1958); *E. Hales,* The Emperor and the Pope (New York 1961); *H. de Mayol de Luppé,* La captivité de Pie VII (Paris 1912). Ferner: *M. Crépon,* Nomination et institution canonique des évêques: Le Correspondant 210 (1903) 843—878; *L. Maddi:* RStRis 22 (1935) 685—745; *A. Le Glay,* Mgr d'Arezzo, une victime de Napoléon (Cambrai 1908); *J. Destrem,* Documents sur les déportations de prêtres sous le Premier Empire: RH 11 (1879) 331—388; *Borrey,* L'esprit public chez les prêtres franc-comtois pendant la crise de 1813 à 1815 (Paris 1912). — Über den Widerstand in Belgien: *F. Claeys-Bouuaert,* Le diocèse et le séminaire de Gand pendant les dernières années de la domination française (Gent 1913); *A. Milet,* L'opposition à la politique religieuse de Napoléon dans le département de Jemappes (Tournai 1970).

Die Wahl Pius' VII. und die erste Restauration des Kirchenstaates

Biographien: *E. Pistolesi,* Vita del S. Pontefice Pio VII, 2 Bde (Rom 1824/30); *A. F. Artaud de Montor,* Histoire de la vie et du pontificat de Pie VII (Paris 1836); *G. Giucci,* Storia della vita e del pontificato di Pio VII (Rom 1857); *M. Allies,* The Life of Pope Pius the Seventh (London 1875); *D. Bertolotti,* Vita di Pio VII (Turin 1881); *J. Leflon,* Pie VII (Paris 1958; grundlegend, aber nur bis 1800).

Über das Konklave: *J. Leflon,* Pie VII I 532—606, zu ergänzen durch *L. Pásztor:* ASRomana 83 (1960) 99—187 (neu entdecktes Tagebuch Consalvis); s. auch *ders.:* AHPont 3 (1965) 239—308 und *G. Incisa della Rocchetta:* Boll. dell'Istituto di storia della società e dello Stato veneziano (1962) 268—323 (Tagebuch des Fürsten Chigi). Ferner: *E. Celani,* I preliminari del conclave di Venezia: ASRomana 26 (1913) 475—518; *Ch. Van Duerm,* Un peu plus de lumière sur le conclave de Venise et sur les commencements du pontificat de Pie VII (Löwen 1896); *A. Ricard,* Correspondances et Mémoires du cardinal Maury I (Lille 1891) 200—374; *R. Cessi,* L'Austria al conclave di Venezia: Il Risorgimento italiano 15 (1922) 356—413; *A. Mater,* La République au conclave (Paris 1923); *G. Damerini,* L'Isola e il cenobio di S. Giorgio Maggiore (Venezia 1956) 201—236 (nach dem Tagebuch des Kardinals L. Flangini); *B. Bastgen:* HJ 79 (1960) 146—174 (Briefe Consalvis).

Über die erste Restauration des Kirchenstaates: außer *Schmidlin PG* I 28—39, *Mollat* 73—86 und vor allem den Memoiren Consalvis: siehe *J. Leflon:* Revue des travaux de l'Académie des sciences morales et politiques 114/II (1961) 173—182 (nach dem Tagebuch von Despuig) und *L. Dal Pane,* Le riforme economiche di Pio VII: Studi romagnoli 16 (1965) 257—276. Ferner: *F. Grosse-Wietfeld,* Justizreformen im Kirchenstaat (Paderborn 1932) 1—27; —?? *Ardent,* Pape et paysans (Paris 1891); *L. Madelin,* La Rome de Napoléon (Paris 1906).

Pius VI. war sich der Tatsache bewußt, daß das nächste Konklave unter ganz außerordentlichen Umständen abrollen würde. Deshalb hatte er noch vor seinem Tode verfügt, daß es, vom ältesten Kardinal einberufen, an jedem beliebigen Ort auf dem Gebiet eines katholischen Fürsten abgehalten werden könne. Allerdings war Rom inzwischen durch die neapolitanischen Truppen von den Franzosen und Jakobinern befreit worden; außerdem hielten sich etwa zehn Kardinäle in Rom auf. Man verdächtigte König Ferdinand jedoch der Absicht, seine Staaten auf Kosten des Heiligen Stuhls vergrößern und versuchen zu wollen, einen seinen territorialen Ambitionen gewogenen „papabile" vorzuschreiben. Spanien aber war weitab und zudem seit fünf Jahren mit Frankreich verbündet, also der Abhängigkeit verdächtig. So ist es selbstverständlich, daß Kardinal Albani, der Älteste des Heiligen Kollegiums, der mit vielen anderen Kardinälen nach Venedig — seit 1797 österreichisches Territorium — geflüchtet war, es vorzog, das Konklave unter die Protektion des Kaisers Franz II. zu stellen. Dieser ließ das Kloster auf der Insel San Giorgio für diesen Zweck herrichten und übernahm die Kosten des Konklave, das am 1. Dezember 1799 seine Arbeit aufnahm. Von den 46 noch lebenden Kardinälen nahmen 35 (darunter 30 Italiener) teil. Sehr rasch standen sich zwei Parteien gegenüber: die „politicanti", die darauf bedacht waren, sich der neuen europäischen Lage anzupassen und die Brücken nach Frankreich nicht abzubrechen, und diskret von Spanien unterstützt wurden; und die „zelanti", deren erstes Anliegen es war, das Erbe der Vergangenheit unangetastet zu erhalten und die guten Beziehungen zu Österreich aus zwei Gründen nicht zu trüben: einmal aus Feindschaft gegen das revolutionäre Frankreich und dann, weil sie dies für das beste Mittel hielten, um vom Kaiser die vollständige Restauration des Kirchenstaates, dessen größten Teil er zurückerobert hatte, zu erlangen. Die „politicanti", die sich um Kardinal Braschi scharten, unterstützten den Kardinal Bellisomi, der rasch fast zwei Drittel der Stimmen auf sich vereinigen konnte. Die „zelanti" wurden von dem autoritären Kardinal Antonelli geführt, der sich nicht von eigennützigen Gesichtspunkten leiten ließ, wie ihm Consalvi später vorwarf, sondern von der sich seiner Überzeugung nach aus einer objektiven Analyse der Situation ergebenden Konsequenz[1]; unterstützt wurden sie von dem einzigen anwesenden französischen Kardinal, von Maury, der von Ludwig XVIII. (den das Heilige Kollegium offiziell als König von Frankreich anerkannt hatte, nachdem Pius VI. dies ständig abgelehnt hatte) bevollmächtigt worden war, und von dem österreichischen Kardinal Herzan, der das kaiserliche Veto gegen jeden der Lauheit gegenüber Wien verdächtigen Kandidaten einzulegen hatte. Der Kandidat dieser Partei war Mattei, ein gemäßigter Antifranzose. Die ungeschickte Art, in der sich der Bevollmächtigte des Kaisers der fast gesicherten Wahl Bellisomis widersetzte und Mattei aufzudrängen suchte, verstimmte die Mehrheit, und Mattei verlor seine letzten Chancen, als man erfuhr, daß Spanien — das von Bonaparte, der praktisch der Herr Frankreichs geworden war, in seinem Sinne dirigiert wurde — sich in keinem Fall mit ihm abfinden würde. So war man drei Monate nicht von der Stelle gekommen, obwohl die Lage der Kirche eine rasche Lösung dringend erforderte. Schließlich zeichnete sich dann am 12. März die Möglichkeit einer Lösung des Knotens durch ein Arrangement ab: Antonelli sollte für Kardinal Chiaramonti, einen klugen und gemäßigten Kirchenfürsten, der zwar stets mit den „politicanti" gestimmt, sich jedoch mit keiner Faktion kompromittiert hatte, die Simmen der „zelanti" gewinnen, denen so die Ehre zukommen würde, „Papstmacher" zu werden. Der Kondottiere-Kardinal Ruffo, der an der Spitze seiner „Sanfedisti"-Scharen Kalabrien befreit hatte, leitete diese Aktion ein (und nicht Dugani, wie man lange angenommen hatte), doch nicht aus eigener Initiative: dieses Vorgehen „wurde ihm geschickt von jemandem beigebracht, der nicht Kardinal war und sehr großen Anteil am Erfolg hatte, ohne daß es jemand ahnte", wie wir aus dem kürzlich wiedergefundenen Tagebuch von Consalvi erfuhren. Handelte es sich, wie L. Pásztor meint, um Consalvi selbst, der für die materielle Organisation des Kongresses verantwortlich war? Oder, wie Mgr.

[1] Über seine Befürchtungen unmittelbar vor dem Konklave vgl. *L. Briguglio:* RStRis 45 (1958) 449—457.

Leflon versicherte, um den Geheimbeauftragten Spaniens, Despuig, der von Anfang an die Kandidatur Chiaramontis ins Auge gefaßt hatte? Beide Männer kannten sich als ehemalige Auditoren der Rota sehr gut, und wahrscheinlich handelten sie im Einverständnis und schufen mit vollendeter Geduld die günstigen Vorbedingungen für den Erfolg des Kandidaten, dem sie — übrigens aus Gründen, die viel mehr politischer und diplomatischer als religiöser Natur waren — den Vorzug gaben. Wie dem auch sei, jedenfalls stimmte Antonelli dieser Kompromißlösung zu, und Herzan fand sich nach einer Unterredung mit dem neuen Kandidaten mit ihr ab. Binnen 48 Stunden wurde nun alles erledigt, und am 14. März 1800 wurde Chiaramonti — trotz des unverhohlenen Mißvergnügens Maurys und der Zurückhaltung einiger Kollegen, die diesen 58jährigen Kandidaten recht jung fanden — einstimmig minus einer Stimme gewählt. Aus Anhänglichkeit an seinen Vorgänger, der auch sein Protektor gewesen war, nahm er den Namen Pius VII. an.

Barnaba Chiaramonti entstammte einer mit der Familie Braschi eng verbundenen Adelsfamilie und hatte — wie Pius VI. — in Cesena, einer kleinen Stadt des Kirchenstaates, am 14. August 1742 das Licht der Welt erblickt. Der lebhafte, muntere, selbständige und den neuen Ideen aufgeschlossene Mann aus der Romagna hatte es verstanden, die hochfahrenden und bissigen Züge seines Temperaments zu beherrschen, und zeichnete sich im reifen Alter durch eine mit Freundlichkeit und nimmermüder Geduld auf das richtige Maß gebrachte Energie und durch einen von Scharfsinn und Sinn für das Maß gespeisten Realismus aus. Im Unterschied zu seinen Vorgängern im 18. Jh., die in erster Linie Administratoren oder Politiker gewesen waren, erwies er sich als ein Mann der Lehre und als Seelenhirte, der immer darauf bedacht war, klar zwischen den geistlichen und den weltlichen Interessen der Kirche zu unterscheiden und stets den religiösen Zielen den deutlichen Vorzug zu geben. Tat dies not, so zeigte er Mut, zugleich aber auch großes Verständnis für Ansichten, die von seinem eigenen Standpunkt abwichen. Er war durch seine früheren Erfahrungen vortrefflich darauf vorbereitet, sich mit den ernsten Problemen zu befassen, die eine Welt in voller Umwandlung dem Heiligen Stuhl aufgab. Bis zu den sorgfältigen Nachforschungen von Leflon war man über den ersten Abschnitt seines Lebens ziemlich mangelhaft unterrichtet. Denn während des Konfliktes, der im 18. Jh. die Anhänger der Jesuiten mit denen konfrontierte, die man mit dem vagen Wort „Jansenisten“ etikettierte, hatte der junge Chiaramonti nicht im Jesuitenlager gekämpft; und später, während des „triennio rivoluzionario“, hatte er die unnuancierte Verdammung der Prinzipien von 1789 nicht für die beste Methode zur Verteidigung der religiösen Interessen gehalten. Angesichts dieses Sachverhalts ist es begreiflich, daß seine ersten Biographen, die zur Zeit des Wiedererwachens des Ultramontanismus schrieben, die Werdejahre des späteren Pius VII. lieber „in einem undeutlichen und vorsichtigen Halbschatten" ließen. Im Alter von 14 Jahren war Chiaramonti bei den Benediktinern eingetreten, hatte in Padua und Rom studiert und war dann von 1766 bis 1775 Theologieprofessor in Parma, also in der Zeit, als im Kreis um den Minister du Tillot und seine französischen Mitarbeiter Pläne einer Reform der Gesellschaft, der Kirche und des Staates gärten. Der Katalog seiner damaligen Bibliothek zeigt, daß er den modernen Gedankenströmungen aufgeschlossen gegenüberstand: seine Bücherei enthielt nur wenige Werke scholastischer Theologie, dafür aber kritische Ausgaben der Kirchenväter, Werke von Muratori, von Mabillon, von Martène und Tillemont und — die „Enzyklopädie" von d'Alembert. Als er dann Professor in St. Anselm in Rom geworden war, warfen ihm verschiedene Kollegen zu große Sympathien für die Reformbestrebungen der jungen Mönche vor, weshalb ihn Pius VI., um ihn dieser Feindseligkeit zu entziehen, 1783 zum Bischof von Tivoli ernannte. Im Jahre 1785 wurde er dann zum Kardinal kreiert und nach Imola in der Romagna versetzt, wo er Gelegenheit hatte, die Mängel der päpstlichen Regierung festzustellen. Fünfzehn Jahre lang stellte er unter Beweis, daß er über bedeutende pastorale Qualitäten verfügte und es verstand, seine Unabhängigkeit gegenüber den zivilen Instanzen — sowohl gegenüber dem päpstlichen Legaten in Ferrara wie auch gegenüber den jakobinischen Beamten und den Besatzungsmächten — zu wahren. „In einer Situation, die ganz besonders schwierig war, weil drei verschiedene Regime — das päpstliche Regime, das Regime der Zisalpinischen Republik und schließlich das österreichische Regime — die durch eine ungestüme Reaktion und eine Art von weißem Terror noch weiter erschwert wurde, einander folgten, erwies er sich als ein mutiger, Initiativen und geschmeidiger Entschlossenheit fähiger Führer, als sehr diplomatischer Mittelsmann, der es ausgezeichnet verstand, zu halten, ohne zu zerbrechen, zu versöhnen, ohne sich zu beugen" (Leflon). Kurz nach der französischen Invasion hielt er Weihnachten 1797 eine sensationelle Homilie über Kirche und Demokratie[2], in der er erklärte, die demokratische Regierungsform stehe nicht im Widerspruch zum Evangelium, jedoch hinzufügte, die Religion sei in der Demokratie allerdings noch notwendiger als in jedem anderen Regierungssystem. Während des dreijährigen Bestehens der Republik zeichnete er sich immer wieder durch das Bestreben aus, die politischen und die religiösen Aspekte der Probleme streng auseinanderzuhalten und den Klerus nicht mit dem Widerstand gegen das demokratische Regime zu kompromittieren, ferner durch seine Kunst, im Nebensächlichen nachzugeben, um seine Position zu verstärken, wenn es um die Wahrung des Wesentlichen ging.

Schon unmittelbar nach seiner Wahl bewies der neue Papst, daß er über einen sicheren Blick verfügte, geistig recht selbständig und entschlossen war. Er lehnte es ab, einen Österreich verpflichteten Kardinal zu seinem Staats-

[2] Imola 1797. Diese Homilie wurde in der Folge weit verbreitet.

sekretär zu machen, wie Herzan wünschte. Seine Wahl fiel vielmehr auf den jungen Prälaten, dem er die Tiara verdankte, auf Consalvi[3], einen konservativen Reformer in der Linie der aufgeklärten Geister des 18. Jh., der es verstand, Energie mit Geschmeidigkeit zu paaren. Consalvi war zwar bisher nicht in der Diplomatie tätig gewesen, stand dem Papst, der sich auf die religiöse Seite der Probleme konzentrierte, jedoch mit einer starken Begabung für eine kluge und vorsichtige Politik zur Seite und blieb bis zum Ende seines Pontifikats seine rechte Hand. Kaiser Franz II. versuchte wiederholt, den neuen Papst in seinen Staaten festzuhalten. Pius VII. war jedoch fest entschlossen, sich vor der österreichischen Vormundschaft zu befreien, und kehrte sofort, als er die Möglichkeit hatte, nach Rom zurück (3. 7. 1800), obwohl der ständige Wechsel der fremden Heere seine Lage mehr als ein Jahr lang, bis zum September 1801, recht heikel gestaltete.

Dennoch hatte sich Consalvi unverzüglich auf diplomatischer und administrativer Ebene ans Werk gemacht. Einerseits ging es um die Erlangung der Restitution der von den Österreichern, Neapolitanern und Franzosen besetzten päpstlichen Gebiete. Zwar hielten die Franzosen an ihren Positionen fest, doch die anderen gaben schließlich mehr oder weniger bereitwillig nach, und allmählich stellten die Mächte ihre diplomatische Vertretung beim Heiligen Stuhl wieder her[3a]. Andererseits mußte die durch eine dreißig Monate andauernde fremde Besetzung völlig desorganisierte päpstliche Administration wieder in Gang gebracht werden. Dazu mußten Institutionen, deren überalterten Charakter die Einführung des französischen Systems noch unterstrichen hatte, verjüngt werden. Consalvi war sich dieses Sachverhalts, der durch vielerlei Mißbräuche noch verschlimmert wurde, voll bewußt und war bereit, verschiedene Neuerungen einzuführen, stieß jedoch auf den Widerstand der reaktionären Mehrheit der Kurie. Deshalb leitete die Bulle „Post diuturnas“ vom 30. Oktober 1800[4], die von einer Kommission von Kardinälen, Praläten und sachverständigen Laien vorbereitet worden war, auch nur eine recht schüchterne Verjüngung der Institutionen ein, indem sie eine Reihe von gar zu offenkundigen Mißbräuchen beseitigte und einige adelige Laien in die bisher ganz den Geistlichen vorbehaltene Verwaltung hineinnahm. Auf wirtschaftlichem Gebiet wurden verschiedene nützliche Maßnahmen ergriffen. Es handelte sich hierbei vor allem um die Verkündigung der Handelsfreiheit (11. 3. 1801), um eine begrenzte Zerstückelung der Latifundien (15. 9. 1802), um eine Kompromißlösung bezüglich der

[3] Ercole Consalvi (1757—1824) war der vollendete Typus des nicht zum Priester geweihten (er wurde erst 1822 Priester), der römischen Kirche aber leidenschaftlich ergebenen Prälaten. Er hatte in der päpstlichen Verwaltung rasch Karriere gemacht, wurde 1799 Sekretär im Konklave Pius' VII., dann Prostaatssekretär, am 11. 8. 1800 Kardinal und definitiver Staatssekretär. [3a] Zum erstenmal in der Geschichte kam auch ein Protestant als Diplomat nach Rom, der preußische Minister Humboldt. Vgl. *R. A. Graham*, Vatican Diplomacy (Princeton 1959) 42—53.

[4] BullRomCont XI 48—71.

säkularisierten Kirchengüter, um eine teilweise Sanierung der katastrophalen Finanzlage und um eine Vereinfachung des Fiskalwesens. Solche Initiativen, die praktisch eine Weiterführung der bereits von einigen Päpsten des 18. Jh. ins Auge gefaßten Reformen darstellten, waren zweifellos anerkennenswert, vor allem in einem Staat, in dem man nur allzusehr dazu neigte, die auf ein bestimmtes Alter zurückblickenden Verhältnisse gewissermaßen als sakrosankt zu betrachten. So zögerte z. B. Professor Demarco nicht, einige dieser Maßnahmen als revolutionär zu bezeichnen. Alles in allem blieben die Realisationen jedoch weit hinter den Plänen zurück, um so mehr als Pius VII., der so klar und entschlossen war, wenn es sich um für die Kirche bedeutsame Entscheidungen handelte, die Einzelheiten der Verwaltung gern Untergebenen überließ, die bei weitem nicht alle Consalvis waren[5]. So blieb der vom passiven Widerstand der Gegner von rechts und von links unterminierte Kirchenstaat trotz einiger unbestreitbarer Verbesserungen bis zu seiner Annexion durch Napoleon in einer außerordentlich prekären administrativen und ökonomischen Situation.

Das Konkordat von 1801

QUELLEN: *A. Boulay de la Meurthe,* Documents sur la négociation du concordat, 6 Bde (Paris 1901/05); *J. Portalis,* Discours, rapports et travaux inédits sur le concordat de 1801 (Paris 1845).

LITERATUR: Außer den S. 60 angeführten allgemeinen Werken und der Biographie über Bernier (S. 61): *F. D. Mathieu,* Le concordat de 1801 (Paris 1902); *I. Rinieri,* Il concordato tra Pio VII e il Primo Console (Rom 1902); *E. Sevestre,* L'histoire, le texte et la destinée du concordat de 1801 (Paris 1905); *A. Boulay de la Meurthe,* Histoire de la négociation du concordat (Tours 1920); *A. Rayez:* RHE 46 (1951) 624—680, 47 (1952) 142—162.

Kurz nach der Rückkehr Pius' VII. nach Rom traf dort, gerade in dem Augenblick, in dem man ein Wiedereinrücken der französischen Truppen zur Wiedereinsetzung der Republik befürchtete, der Bischof von Vercelli ein, um dem Papst von seiten des Ersten Konsuls den Vorschlag zu unterbreiten, Verhandlungen mit dem Ziel einer Regelung der religiösen Angelegenheiten in Frankreich aufzunehmen.

Unmittelbar nach der Ausschaltung des Direktoriums durch den Staatsstreich vom 18. Brumaire (9. 11. 1799) hatte sich eine Entspannung auf religiöser Ebene angebahnt: die Jagd auf die Unvereidigten war eingestellt worden, viele Kirchen konnten wieder geöffnet werden, die Einhaltung des

[5] *L. Pásztor* weist darauf hin, daß die Kardinalskreierungen in den ersten Jahren des Pontifikats Pius' VII. nicht in der Absicht erfolgten, neue Kräfte in der Reorganisation des Lebens der Kirche und des Kirchenstaats zu gewinnen, sondern offenbar vom Wunsche des Papstes bestimmt wurden, die engsten Mitarbeiter seines Vorgängers und einige Nuntien zu belohnen (RHE 65 [1970] 479).

„décadi" war nicht mehr obligatorisch, was bewies, daß man auf eine Fortsetzung der Politik systematischer Dechristianisierung verzichtete. Diese Entwicklung, die viele Republikaner in führender Stellung bedauerten, war dem ausdrücklichen Willen des Ersten Konsuls zu verdanken, nicht aus religiösen Gründen — obwohl er allem Anschein nach weniger areligiös war, als man oft behauptet hatte[6] —, sondern aus politischen Gründen. Er war zu der Überzeugung gekommen, daß Frankreich, vor allem auf dem Land, katholisch bleiben wollte; und seine Erfahrungen in Italien hatten ihn gelehrt, daß in einem katholischen Land der Einfluß der Priester eine Macht darstellt, die man besser nutzt als bekämpft. Manche rieten ihm, sich auf die konstitutionelle Kirche in ihrer Eigenschaft als gallikanische und republikanische Kirche zu stützen, die energisch mit ihrer Reorganisation beschäftigt war und sich anschickte, für den 29. Juni 1801 ihr zweites Nationalkonzil einzuberufen. Er war sich jedoch darüber im klaren, daß er, wenn er sich für sie entschiede, den zahlenmäßig stärksten und einflußreichsten Klerus wieder von den feindseligen Emigrantenbischöfen abhängig machen würde, ganz zu schweigen von den stark ultramontan gesinnten belgischen und rheinischen Departements. Zudem erahnte er das Prestige, das ihm eine Einigung mit dem Papsttum bei den Italienern, im katholischen Spanien und bei den Großmächten des Ancien Régime verschaffen mußte. Der Sieg von Marengo (14. 6. 1800) ermöglichte es ihm, nun von einer Position der Stärke aus mit Rom zu verhandeln. Er beeilte sich, die Gelegenheit zu nutzen, ohne auf die Unzufriedenheit der zahlreichen Gegner der Kirche in der politischen und administrativen Beamtenschaft, im Heer und in den Kreisen der Käufer von Kirchengütern Rücksicht zu nehmen. Pius VII. wußte seinerseits sehr genau, daß bei einer Annäherung an das Frankreich der Revolution bei einem großen Teil der Kurie, ganz zu schweigen von der Masse der Emigranten, das „tolle!" schärfsten Protest auslösen würde. Obwohl er im ersten Augenblick verstimmt war, weil Napoleon aus dem von ihm vorgeschlagenen Abkommen ein regelrechtes Feilschen machen wollte, erfaßte er sofort, was für einen gewaltigen Vorteil für die zutiefst, bis in ihre Grundfesten erschütterte französische Kirche und zugleich für den Heiligen Stuhl selbst eine Lösung bedeuten würde, die den Frieden und die religiöse Einheit im wichtigsten katholischen Land Europas wiederherstellen würde, wobei darüber hinaus in einem feierlichen Akt öffentlichen Rechts auch noch die hervorragende Stellung des Pontifex maximus an der Spitze der katholischen Hierarchie anerkannt würde.

So wurden die Verhandlungen eingeleitet, erwiesen sich jedoch, wie vorauszusehen war, als außerordentlich mühselig und konnten schließlich erst nach mehr als einem Jahr erfolgreich abgeschlossen werden. Eine erste Verhandlungsphase rollte von November bis Februar in Paris ab. Verhand-

[6] Vgl. *M. Guerrini*, Napoléon devant Dieu (Paris 1960).

lungspartner waren einerseits Mgr. Spina, ein Kurienprälat, der sich mit Pius VI. in Frankreich aufgehalten hatte, in Begleitung eines Theologen, des P. Caselli, andererseits der Bevollmächtigte des Ersten Konsuls, Abbé Bernier, ein Pfarrer aus dem Westen, der bei der Befriedung der Vendée eine führende Rolle gespielt hatte und nun „die Hilfsmittel einer subtilen Theologie und einer mitunter zweideutigen Diplomatie" (Latreille) in den Dienst der Aussöhnung zwischen Rom und Frankreich stellte und dem es gelang, den Widerstand des Außenministers Talleyrand zu neutralisieren, ohne ihn offen zu bekämpfen. Nach vier Entwürfen wurde schließlich ein neuer nach Rom geschickt, wo von März bis Mai die zweite Verhandlungsphase abgewickelt wurde. Die Kurienkreise unter Führung von Kardinal Antonelli erklärten, der von Bonaparte vorgeschlagene Text sei unannehmbar. Sie arbeiteten einen Gegenentwurf aus, der seinerseits zahlreiche Einwände des französischen Bevollmächtigten Cacault auslöste. Über das römische Schleichtempo aufgebracht, schickte Bonaparte ein Ultimatum, und Pius VII. entschloß sich, Consalvi selbst mit Abschlußvollmacht nach Paris zu schicken. In der Zeit vom 20. Juni bis zum 15. Juli kam es erneut, diesmal auf höchster Ebene, zu scharfen, oft stürmischen Auseinandersetzungen. Bis zur letzten Minute mußte man ständig mit dem Abbruch der Verhandlungen rechnen, denn Bonaparte blieb in mehreren Punkten absolut unnachgiebig, zumal er mit dem hartnäckigen Widerstand eines großen Teils seiner Umgebung, in der der jakobinische Antiklerikalismus noch immer virulent blieb, rechnen mußte. Consalvi schöpfte jedoch „alle Fähigkeiten eines geschmeidigen Genies" (Mollat) aus, um die Annahme versöhnlicher Formulierungen zu erreichen, und schließlich kam man am 15. Juli, um Mitternacht, zu einem Übereinkommen.

Der — verhältnismäßig kurze — Text[7], der die Anerkennung der Republik als rechtmäßige Regierung Frankreichs durch den Papst einbegriff, wurde durch eine Präambel eingeleitet, in der die katholische Religion als „die Religion der großen Mehrheit der französischen Bürger" anerkannt wurde. Es handelte sich hierbei um eine Kompromißformulierung, denn die Kurie hatte lange darauf bestanden, daß die katholische Religion als „dominierend" gegenüber den anderen Kulten, deren Gleichheit vor dem Gesetz so von Rom stillschweigend eingeräumt wurde, anerkannt würde. Artikel 1 erklärte den katholischen Kult für öffentlich und frei, jedoch mit einer Einschränkung: „wenn er sich nach den Polizeiverordnungen richtet, deren Erlaß die Regierung zur Aufrechterhaltung der öffentlichen Ruhe für notwendig erachten wird". Consalvi hatte sich vergeblich alle Mühe gegeben, einen Wegfall dieser Klausel zu erreichen, die zahlreichen Schikanen Tür und Tor öffnete, mußte sich jedoch mit der Hinzufügung des letzten Passus, der der Willkür wenigstens eine Grenze setzte, begnügen. Nach dieser

[7] *Mercati* I 561—565.

Grundsatzerklärung, die den Verzicht auf alle früheren Gesetze restriktiven Charakters mit sich brachte, verfolgten die weiteren Artikel ein doppeltes Ziel: einmal sollten die Schwierigkeiten, die sich seit 1790 zwischen dem Staat und der Kirche angehäuft hatten, ausgeräumt werden; dann sollte die französische Kirche auf neuen Fundamenten reorganisiert werden. Schwierigkeiten bereiteten vor allem zwei Probleme: der Verkauf des verstaatlichten Kirchenguts, mit dessen Ratifizierung der Heilige Stuhl einverstanden war, nachdem er vergeblich versucht hatte, wenigstens die Restitution der noch unveräußerten Kirchengüter zu erreichen; ferner die Existenz eines doppelten Episkopats. Bonaparte ließ stillschweigend die konstitutionelle Kirche im Stich, während sich der Papst in verlegener Formulierung (Artikel 3) damit einverstanden erklärte, alle noch lebenden Bischöfe des Ancien Régime um ihren Rücktritt zu ersuchen, um so den Weg für die Schaffung eines völlig neuen Episkopats frei zu machen. Bezüglich der künftigen Organisation der Kirche von Frankreich beschränkte man sich auf die Festlegung allgemeiner Prinzipien: Berechtigung des Heiligen Stuhls zu einer Neugliederung der Diözesen, Berechtigung der Bischöfe zu einer Neugliederung der Pfarreien, in beiden Fällen jedoch „im Einvernehmen mit der Regierung"; Nomination der Bischöfe, wie unter dem Ancien Régime, durch das Staatsoberhaupt, ihre kanonische Institution durch den Papst; Ernennung der Pfarrer, die jedoch von der Regierung „agreiert" werden müssen, durch die Bischöfe; Anrecht der Bischöfe auf ein Domkapitel und ein Seminar, jedoch ohne Verpflichtung der Regierung zur Dotierung dieser Institutionen; dagegen als Kompensation für die Verstaatlichung des Kirchenguts Verpflichtung der Regierung zur Zahlung eines „angemessenen Gehalts" an die Pfarrer und Bischöfe; und schließlich — trotz ursprünglich schroffer Ablehnung — Ermächtigung der Gläubigen zu Stiftungen zugunsten der Kirchen. Dagegen enthielt das Konkordat nichts über die kirchlichen Kongregationen.

Nun galt es, diesen Kompromiß zu ratifizieren. Zweifellos brachte er jeder der beiden Parteien beträchtliche Vorteile: auf der einen Seite verstärkte er das Prestige Bonapartes, bestätigte mehrere wichtige Errungenschaften der Revolution und erkannte der französischen Regierung auf zahlreichen Gebieten ein Kontrollrecht über die Kirche zu; auf der anderen Seite hatte der Heilige Stuhl dem Staat diese Vorrechte jedoch auf Grund einer Bevollmächtigung übertragen und nicht auf Grund eines der Staatsgewalt an sich zustehenden Rechts, was für Rom eine außerordentlich wichtige Genugtuung bedeutete, da es ja hier um ein Prinzip ging; weiter war das Schisma, das die französische Kirche zehn Jahre lang gespalten hatte, überwunden, und es waren Grundlagen geschaffen für eine modernisierte Restauration des alten Ideals einer auf den Staat gestützten Christenheit; und schließlich — last but not least — war das Recht des Papstes zur Intervention in die Organisation der Nationalkirchen noch verstärkt worden. Allerdings „enthielt jeder oder so gut wie jeder Artikel ebenso viele unfreiwillige oder beabsichtigte Zweideutigkeiten wie gelöste Schwierigkeiten" (Latreille). In Rom fing die Kardinalskommission an, Abänderungen zu fordern. Consalvi beurteilte die Situation mit größerem Realismus — er war zudem der Ansicht, daß die erzielten politischen Vorteile die theologischen und pastoralen Bedenken der „zelanti" überwogen — und versicherte, man könne auf keine weitere Verbesserung mehr hoffen. Kardinal Antonelli stellte mit tiefer Betrübnis fest, in Frankreich werde leider nur der „Schemen einer Religion" restauriert, hielt es aber dennoch alles in allem für notwendig, sich mit dieser Konvention abzufinden, die — paradoxerweise — darauf hinauslief, direkt im Zentrum der ehemaligen Hochburg des Gallikanismus die geistliche Jurisdiktionsobergewalt des Papstes zu unterstreichen. Indessen stimmten nur vierzehn von insgesamt achtundzwanzig Kardinälen für eine uneingeschränkte Annahme. Pius VII. ging jedoch über das Abstimmungsergebnis hinweg und verkündete bereits am 15. August 1801 die Zustimmung des Heiligen Stuhls und forderte die legitimen Bischöfe auf, ihre Demission einzureichen. In Paris zögerte Bonaparte dagegen, der Feindseligkeit der Assemblées délibérantes die Stirn zu bieten, und griff zu einer Ausflucht, um ihre Einwände, die durch den entschiedenen Widerstand der Minister Talleyrand und Fouché noch verstärkt wurden, wenigstens teilweise zu beschwichtigen: der Text der „Convention de Messidor" — wie man das Konkordat in Frankreich offiziell nannte — wurde zur Genehmigung zusammen mit zwei Gesetzen vorgelegt, von denen das eine den protestantischen Kult ordnete, was den Willen zur völligen Unparteilichkeit in der Frage der religiösen Konfessionen bekundete, während das andere die Katholiken unter ein komplettes Kirchenrechtsgesetz mit 77 „Organischen Artikeln" stellte[8]. Dadurch wurde im einzelnen wieder ein Teil dessen zurückgenommen, was zugestanden worden war, da nun die Kirche dem Staat in purer regalistischer Tradition untergeordnet wurde: der Klerus bedurfte der Ermächtigung der Regierung zur Veröffentlichung der päpstlichen Dokumente, zur Veranstaltung eines Provinzial- oder Nationalkonzils, zur Schaffung neuer Pfarreien, ja sogar zur Eröffnung von Privatkapellen; in den Seminaren mußte über die Deklaration von 1682 unterrichtet werden; die alten Diözesankatechismen mußten durch einen Einheitskatechismus ersetzt werden; den Priestern wurde verboten, Eheschließungen vor der zivilen Trauung vorzunehmen; die Betätigung der Nuntien und sonstigen päpstlichen Delegierten wurde stark eingeschränkt; jeder Verstoß der Priester oder sogar der Bischöfe sollte „comme d'abus" verfolgt werden und vor den Staatsrat kommen. Andere Artikel bestimmten die Rechte und die Pflichten der Bischöfe „mit der ganzen Schärfe und der Präzision einer militärischen Dienstvorschrift" (Godechot) und zwangen der französischen Kirche eine den anderen kaiserlichen

[8] Vgl. DDC I 1064—72.

Verwaltungen entsprechende Organisation auf. Von nun an gab es keinen französischen Episkopat mehr, sondern nur noch vom Kultusministerium streng kontrollierte Bischöfe, die keinerlei organische Verbindung miteinander hatten und denen jede kollektive Betätigung untersagt war. Dafür jedoch wurden diese Bischöfe innerhalb ihrer Diözese regelrechte „violette Präfekten“, die über ihre Priester eine quasi nur ihrem eigenen Ermessen überlassene Amtsgewalt hatten, wie sie das Ancien Régime nie gekannt hatte: die einst so mächtigen und wuchernden Domkapitel wurden gemäß den von Bernier erlassenen Richtlinien auf rein dekorative Funktionen beschränkt; die Priester aber, deren Wunsch nach einer synodalen und demokratischen Erneuerung des diözesanen Lebens durch die Zivilkonstitution des Klerus erfüllt worden war, sahen sich nun auf die Rolle lediglich ausführender Kräfte beschränkt und waren zu striktem Gehorsam gezwungen, da sie den Schutz verloren hatten, den ihnen einst der Besitz einer Pfründe gewährte, und da vier Fünftel von ihnen von nun an „auf den leisesten Verdacht hin“ (Portalis) abgesetzt werden konnten. Napoleon verlieh den Bischöfen diese praktisch unumschränkte Gewalt, weil er bei der Unterzeichnung des Konkordats in allererster Linie der Nation durch die Beseitigung des Schismas zwischen dem romtreuen und dem konstitutionellen Klerus den notwendigen Zusammenhalt verleihen wollte und weil er sich darüber klar war, daß diese außerordentlich schwierige Verschmelzung nur mit imperativen Methoden verwirklicht werden konnte. Diese — von den augenblicklichen Interessen diktierte — Verstärkung der bischöflichen Autorität sollte jedoch nachhaltige Folgen haben. Der Fügsamkeit eines verbeamteten Klerus sicher, verloren die Bischöfe den Sinn für innerkirchliche Kritik. Bei den Priestern aber verstärkte der Parallelismus zwischen der kirchlichen Organisation und den zivilen Bezirken und die Tatsache, daß sie vom Staat besoldet wurden, den Beamtencharakter. So machten sie sich mehr und mehr die Beamtenmentalität mit allem zu eigen, was dies an geregelter Pünktlichkeit und Respektabilität, aber auch an Mangel an eigener Initiative und Flucht vor der Verantwortung einbegreift. Die Institution gewann dadurch an Kohäsion und funktionierte besser, verlor dafür jedoch an Freiheit und Erfindungsgeist[9]. Das Bild des Bischofs und des Priesters wurde — auf lange Sicht — durch diese Umwandlungen nicht nur in Frankreich, sondern in ganz Westeuropa, stark beeinflußt. Übrigens hat Napoleon (wie die Historiker wiederholt gezeigt haben) damit, daß er autoritär sein Ideal administrativer Zentralisation den gallikanischen und presbyterianischen Traditionen der alten Kirche von Frankreich substituierte, wenn auch völlig unbewußt, den Triumph des Ultramontanismus vorbereitet, der sein Haupt wieder erheben würde, sobald erst einmal die Regierungsmacht nicht mehr

[9] Man beachte die betreffenden Anmerkungen *J. Godels:* Revue d'histoire moderne et contemporaine 17 (1970) 837—845.

despotisch genug sein würde, um ein Gegengewicht gegen die päpstliche Macht zu bilden.

Diese späteren Folgen waren jedoch im Augenblick noch nicht vorauszusehen, und in Rom war man in dieser Situation vor allem über die Unkorrektheit bei der einseitigen Veränderung und damit Verfälschung des Konkordats durch eine Verstärkung der Regierungskontrolle über das Leben der Kirche betroffen. Pius VII. erhob einen unmißverständlichen Protest[10]. In Paris, wo Bonapartes Manöver einen Teil der Opposition entwaffnet hatte, so daß am 8. April 1802 die Verabschiedung der neuen Gesetzgebung über die Kulte ermöglicht wurde[11], tat man erstaunt und erwiderte: die „Organischen Artikel" „führen kein neues Recht ein; sie sind lediglich eine erneute Sanktionierung der alten Grundsätze der gallikanischen Kirche"[12]. Dies war jedoch nur teilweise richtig, da die Artikel die früheren Bestimmungen durch neue, schwer mit dem Buchstaben des Konkordats zu vereinbarende Maßnahmen[13] verschärften. Pius VII. und Consalvi stellten wieder einmal ihren Realismus unter Beweis: da sie einsahen, daß die Aussöhnung der Kirche mit der neuen, aus der Revolution hervorgegangenen Gesellschaft nur um diesen Preis zu erreichen war, drängten sie im Augenblick nicht weiter — beseelt von der Hoffnung, daß es die Zukunft gestatten würde, eine Situation zu verbessern, die sie jetzt so, wie sie nun einmal war, hinnehmen mußten, wenn sie nicht alles erneut in Frage stellen wollten.

Die Reorganisation der Kirche von Frankreich

Das Konkordat und die „Organischen Artikel" legten die Grundsätze für die Reorganisation der Kirche von Frankreich fest. Nun galt es, ihnen zunächst einmal auf nationaler und dann auf lokaler Ebene Geltung zu verschaffen.

An der Durchführung des Konkordats auf nationaler Ebene wirkten gemeinsam drei Köpfe mit:

Kardinal Caprara[14], den sein Alter, seine körperliche Verfassung und sein Charakter zu einer bis zur Schwäche gesteigerten Kompromißbereitschaft disponierten. Er hatte dies bereits als Nuntius in Wien bewiesen. Bonaparte war es — trotz des Widerstrebens Pius' VII. und Consalvis — gelungen, seine Ernennung zum päpstlichen Legaten durchzusetzen.

Kultusdirektor Portalis[15], einer der wenigen Katholiken unter den führen-

[10] Konsistorialansprache vom 24. 5. 1802, bei *A. Boulay*, Documents V 584 ff.

[11] Es gab immerhin noch 21 Neinstimmen und 51 Stimmenthaltungen.

[12] *J. Portalis*, Discours 113.

[13] Siehe eine gedrängte Kritik bei *Pouthas* 112—114.

[14] Über Giovanni Battista Caprara (1733—1810) s. DHGE XI 944—957 und *S. Delacroix* a. a. O. 60—64.

[15] Über Jean Portalis (1746—1807) s. *L. Adolphe*, Portalis et son temps (Paris 1936) und *S. Delacroix* a. a. O. 77—97.

den Politikern, ein gewissenhafter Jurist. Er war ein überzeugter Verfechter der Grundsätze des parlamentarischen Gallikanismus, im Rahmen der gegebenen Möglichkeiten jedoch auf Bevorteilung der Kirche bedacht.

Ferner und in erster Linie der unbeständige Bernier, der als Verbindungsmann auch weiterhin auf bestreitbare Weise unbestrittene Dienste erwies, und zwar dadurch, „daß er seine geschickte und subtile Feder sowohl dem Kardinal wie auch dem Minister lieh, um häufig sowohl die Fragen wie auch die Antworten zu redigieren, was ihm als das sicherste Mittel erschien, sie in Übereinstimmung zu bringen" (Leflon).

Alles in allem gelang es Napoleon, der im Konkordat ein wesentliches Element seiner Befriedungspolitik sah und die Kirche zu einem seiner wirksamsten Machtwerkzeuge machen wollte, die meisten seiner Gesichtspunkte durchzusetzen.

Als erstes Problem stellte sich die Anpassung der Diözesen an die administrative Neuordnung Frankreichs. Die einfachste Lösung hätte in einem Wiederaufgreifen des Plans der Zivilkonstitution bestanden: ein Bistum je Département. Pius VII. wollte jedoch keinesfalls den Eindruck erwecken, er billige das, was Pius VI. abgelehnt hatte. Vor allem aber hielt die französische Regierung diese Lösung für viel zu kostspielig. Ihr Vorschlag sah zunächst 10 Erzbistümer vor, die dem Zuständigkeitsbereich der Appellationsgerichte entsprechen sollten, und 40 Bistümer für die 102 Départements, die Frankreich damals zählte. In der letzten Minute erhöhte Bonaparte die Gesamtzahl jedoch auf 60. Dies geschah natürlich nicht aus pastoralen Gründen, sondern vor allem mit der Absicht, die kirchliche Organisation der eroberten Gebiete zu stärken[16]. Die Bulle vom 13. Dezember 1801 und das Exekutivdekret Capraras vom 9. April 1802 bestätigten die Neuordnung kanonisch. So gab es nun 24 Diözesen, die ein einziges Département umfaßten, 30 Diözesen, die aus zwei Départements, und 6, die aus drei Départements bestanden. Etwa zehn Diözesen waren größer als 15000 Quadratkilometer, und 37 zählten mehr als 500000 Seelen. Einige ehrwürdige Bischofssitze, wie Reims, Arles oder Sens, verschwanden, während viele der neuen Diözesen ein künstliches Mosaik bildeten, das aus Bruchstücken der alten Diözesen — mitunter bis zu sechs und sogar acht — zusammengesetzt war, die alle ihre eigenen Überlieferungen und ihre eigene Mentalität hatten. Dieser Mischmasch bereitete dann den Bischöfen während der ersten Generation naturgemäß große Schwierigkeiten.

Bevor man an die Besetzung der neuen Bischofsstühle gehen konnte, mußte man die Demission der bisherigen Amtsträger erreichen. Die 59 konstitutionellen Bischöfe entsprachen — trotz ihrer Enttäuschung — ohne

[16] Die Hälfte der zusätzlichen Bistümer wurde in diesen Gebieten errichtet: Lüttich und Gent in Belgien, Mainz auf dem linken Rheinufer, Chambéry und Nizza in Savoyen.

Protest dem Wunsche der Regierung. Nachdem es bezüglich der Formulierung noch zu einigen Auseinandersetzungen gekommen war, richteten sie ein gemeinsames Schreiben an den Papst, in dem sie erklärten, daß sie dem Konkordat und „den Prinzipien, die Seine Heiligkeit und die französische Regierung in ihm bestätigt haben", zustimmen. Von den 92 noch lebenden Bischöfen des Ancien Régime reichten alle, die schon nach Frankreich zurückgekehrt waren, und auch die, die nach Italien geflüchtet waren, ihre Demission ein, ohne irgendwelche Schwierigkeiten zu machen. Dagegen bildete sich um Mgr. Dillon in England ein Widerstandsherd, der auf eine ganze Anzahl der nach Deutschland und nach Spanien geflüchteten Prälaten übergriff. Bei dieser Gruppe gewann die Treue zum König um so leichter die Oberhand über die Weisungen des Papstes, als ihre gallikanische Theologie[17] ihnen die Überzeugung verlieh, der Papst habe die ihm zustehende Macht überschritten. Schließlich erklärten sich lediglich 55 Bischöfe — darunter neun aus den annektierten Gebieten — bereit, zu demissionieren. Die meisten der anderen waren wenigstens klug genug, in ihrer alten Diözese nicht mehr zu intervenieren und ihrem Klerus und ihren Gläubigen sogar den Rat zu geben, sich ihren neuen Bischöfen zu unterwerfen. Zwei von ihnen, Thémines und Coucy, organisierten jedoch den offenen Widerstand gegen das Konkordat und lösten so ein neues Schisma aus, das zwar zahlenmäßig ziemlich unbedeutend war, in manchen Gegenden jedoch bis zum Vaticanum II fortbestand[18]. Im allgemeinen verhielt

[17] Sie fand ihren Niederschlag in ihrem „Mémoire" vom 23. 12. 1801 und in ihren „Réclamations canoniques" vom 6. 4. 1803 und vom 15. 4. 1804.

[18] Hinter der „Petite Église", mit der wir es hier zu tun haben, verbirgt sich in Wirklichkeit eine komplexe Bewegung, in der in verschiedenen Graden die gallikanischen Überlieferungen, die royalistischen Gefühle, der religiöse Fanatismus, der bäuerliche Widerstand gegen die Neuerungen und die Aktion einiger Führer mit der seltsamen Psychologie zusammenwirkten. Vgl. *C. Latreille,* L'opposition religieuse au concordat II (Paris 1910), zu ergänzen durch den aufschlußreichen Artikel von *M. Rebouillat,* Étude comparée des schismes anti-concordataires en France: Revue du Bas-Poitou 73 (1962) 27—38 212—219 458—483. Die Bewegung wirkte sich, je nach der Gegend, recht unterschiedlich aus. Man kann drei Hauptzentren unterscheiden: a) den Westen, zu dem man auch noch die Gegend von Blois hinzunehmen kann. Hier war das Schisma, in dessen Mittelpunkt die Bischöfe Coucy und Thémines standen, hauptsächlich royalistisch inspiriert und zählte ursprünglich rund 30000 Dissidenten. Das zunächst bischöfliche und dann presbyterianische Schisma wurde rasch zu einer Volkssache, was erklärt, daß es auch nach dem Hinscheiden seiner Urheber noch lange fortbestand (vgl. *A. Billaud,* La Petite Église dans la Vendée et les Deux-Sèvres, 1800—30 [Paris 1962]; *R. de Chauvigny,* La résistance au concordat de 1801 [Paris 1921]; *L. Chesneau,* Les dissidents vendômois de la Petite Église [Vendôme 1924]; *J. Leflon,* Bernier II 252—258). b) die Gegend von Lyon, in der das Schisma nicht so lautstark, dafür aber kühler und hartnäckiger und stark vom Jansenismus gefärbt war (vgl. *C. Latreille,* Histoire de la Petite Église de Lyon [Paris 1910]; *E. Dermenghem:* Bulletin de la Société d'Études historiques des Hautes-Alpes [1957] 115—147). c) den Süden (vgl. *P. Mouly,* Concordataires, constitutionnels et

sich jedoch der alte, eidverweigernde Klerus — nach einer kurzen Verstimmung — wie der spätere Bischof Eugène de Mazenod: „Der Monarchie treu, hielt er Bonaparte für einen Usurpator, jedoch als Sohn der Kirche stellte er das Interesse der Religion und den Gehorsam gegenüber dem Heiligen Stuhl allem voran.“ [19]

Die Designierung der neuen Bischöfe warf ein schwieriges Problem auf. Bonaparte legte Wert darauf, daß wie bei den Ernennungen der staatlichen Präfekten, so auch bei den Ernennungen der Bischöfe sein Prinzip der Mischung bzw. Verschmelzung Anwendung fand: der Konkordats-Episkopat sollte daher gleichzeitig aus Bischöfen des Ancien Régime, aus konstitutionellen Bischöfen und aus neuen Männern bestehen. Der Heilige Stuhl aber wollte von den konstitutionellen Bischöfen als Schismatikern zunächst einmal einen ausdrücklichen Widerruf erlangen. Die meisten der von der Regierung vorgeschlagenen Kandidaten dieser Gruppe lehnten es jedoch ab, sich als des Schismas schuldig zu betrachten. So mußte sich Caprara, der von Bernier geschickt bearbeitet wurde, schließlich mit einem Kompromiß begnügen, der in den Augen Roms ungenügend war.

Es kam zu heiklen Verhandlungen, über die S. Delacroix ausführlich berichtet und bei denen neben Bernier auch Émery eine bedeutende Rolle spielte. Sie zogen sich von Oktober 1801 bis Oktober 1802 hin. Schließlich wurde der neue Episkopat doch gebildet. Ihm gehörten an: 16, oft sehr betagte Bischöfe aus der Zeit vor der Revolution; 12 ehemalige konstitutionelle Bischöfe, deren die bedeutendsten Primat und Le Coz waren, nachdem Bonaparte den als zu sehr kompromittiert betrachteten Grégoire ausgeschaltet hatte; und 32 Priester, darunter viele Generalvikare, die meist verhältnismäßig jung waren. Zu dieser Gruppe gehörte auch ein Onkel Bonapartes: Fesch, der zum Erzbischof von Lyon ernannt worden war. Obwohl politische Einflüsse mit im Spiel gewesen waren, erwiesen sich die Nominationen im allgemeinen als gut. Zwar gab es im neuen Episkopat nur wenig starke Persönlichkeiten, dafür bestand er durchweg aus sauberen, ausgeglichenen und konzilianten Männern — was damals die Hauptsache war —, die sich gewissenhaft ihrer Aufgabe widmeten und sich in der Mehrzahl

enfarinés en Quercy et Rouergue [Sarlat 1945]; *Gabent,* Les illuminés ou anticoncordataires de l'ancien diocèse de Lombez [Auch 1906]). In England gab es ein klerikales Schisma ohne Gläubige: fast 900 Priester scharten sich um den Abbé Blanchard, der zahlreiche Pamphlete verteilte; vgl. *A. Dechène,* Contre Pie VII et Bonaparte. Le blanchardisme (Paris 1932). Anders lag der Fall bei den belgischen Stevenisten: bei ihnen handelte es sich nicht um einen Protest gegen das Konkordat, sondern um einen Protest gegen die Annahme der „Organischen Artikel“ durch die neuen Bischöfe (vgl. *J. Soille,* C. Stevens [Gembloux 1957]; *ders.,* Notes pour servir à l'histoire du stévenisme, 2 Bde [ebd. 1958/63]; *E. Torfs:* Annales du Cercle archéologique d'Enghien 10 [1955] 9—154, 11 [1956] 2—56; *Th. Van Biervliet,* Het stevenisme in Vlaanderen [Löwen 1956]).

[19] *J. Leflon,* E. de Mazenod I (Paris 1957) 317 (vgl. 248—249).

unter besonders schwierigen Verhältnissen als ausgezeichnete Administratoren erwiesen.

Alles mußte neu geschaffen und neu aufgebaut werden. Die neue Diözesanverwaltung mußte nicht nur eingesetzt, sondern auch den mageren Mitteln, die zur Verfügung standen, angepaßt werden. Die Neuabgrenzung der Pfarreien war nach den Richtlinien der Regierung durchzuführen, wobei wiederum den wirtschaftlichen Gesichtspunkten Rechnung getragen werden mußte. Die während der Revolution dem Gottesdienst entzogenen und zu profanen Zwecken verwendeten kirchlichen Gebäude[20] mußten wieder übernommen und mit neuem Mobiliar und Ornat ausgestattet werden. Vor allem mußte aber ein neuer Pfarrklerus gebildet werden. Gerade dieser Punkt warf vielschichtige Probleme auf. Zunächst sah es auf den ersten Blick gar nicht nach Personalmangel aus. Zwar waren in den letzten Jahren nur wenig Ordinationen erfolgt, wogegen viele Priester in dieser Zeit auf ihr Amt verzichtet hatten; nun aber bemühten sich viele „Abdicataires" und verheiratete Priester, sich nach dem Abschluß des Konkordats mit der Kirche wieder auszusöhnen[21]. Auch stellten die ehemaligen Präbendare und Mönche eine bedeutende Reserve[22]. In Wirklichkeit waren jedoch — ganz abgesehen von denen, die aus prinzipiellen, politischen oder theologischen Prinzipien ihre Eingliederung in die Konkordatskirche verweigerten — viele für eine pfarramtliche Verwendung ungeeignet: die einen waren zu alt oder durch die neuen materiellen und psychologischen Umstände zu sehr entmutigt; die Angehörigen der ehemaligen Kapitel waren im allgemeinen Universitätsangehörige ohne pastorale Schulung; bei den Ordensleuten wiederum zögerten viele, „sich einzureihen", weil die einen eine Restauration ihres Ordens in Kürze erhofften und andere dem seßhaften Leben eines schlecht bezahlten Vikars die Tätigkeit eines von frommen alten Jungfern beherbergten Wanderpredigers vorzogen[23]. So konnten zunächst zahlreiche Stellen überhaupt nicht besetzt werden, und an dieser Situation änderte sich jahrelang nichts. Noch 1808 waren 10477 Stellen — das waren 21,2 Prozent der Gesamtstellenzahl — vakant.

Hinzu kam, daß dieser zahlenmäßig völlig unzureichende Klerus auch

[20] Schon am 14. 10. 1801 hatte Bonaparte die Théophilanthropie-Anhänger aus den Kirchen verbannt.

[21] Eine präzise Zählung der Priester im Jahre 1801 ist praktisch unmöglich. Vgl. *J. Leflon*, Bernier II 283 356—391 und *S. Delacroix* a. a. O. 134—144.

[22] Caprara hatte hierfür durch ein Breve vom 15. 8. 1801 weitgehende Vollmachten erhalten. Insgesamt ersuchten 3224 Priester, davon 2313 Weltpriester und 911 Ordenspriester, um die Absolution nach. Vgl. *S. Delacroix* a. a. O. 443—456.

[23] Im Jahre 1808 zählte man in ganz Frankreich noch 25 Prozent Priester ohne Amt, in manchen Diözesen, wie z. B. in der Diözese Mecheln, stieg der Prozentsatz bis auf 46. Viele von diesen, vor allem in den Städten zusammengeballten „otiosi" bereiteten den ersten Konkordatsbischöfen auf Grund ihrer latenten Opposition erhebliche Schwierigkeiten.

noch sehr disparat war. Er bestand aus Personen, die verschiedenen Diözesen mit verschiedenen Traditionen entstammten — aus häufig landesfremden Mönchen, von denen manche in das Leben der Diözese auch noch völlig neue Aspekte ihrer Spiritualität einbrachten —, aus Emigranten, die zehn Jahre lang in halbem Müßiggang gelebt hatten —, aus ehemaligen Konstitutionellen, die von vielen ihrer Mitbrüder und auch ihrer Pfarrkinder mit Mißtrauen betrachtet wurden und deren Rekonziliation übrigens heikle Probleme aufgab[24]. Nach Bonapartes Plänen sollte ein Drittel des Pfarrklerus von den Konstitutionellen gestellt werden. In Wirklichkeit erreichte man diese Proportion jedoch bei weitem nicht, wenn nicht gerade der Bischof selbst ein ehemaliger Konstitutioneller war. Die staatlichen Behörden verschlossen vor dieser Tatsache die Augen, denn sie waren sich darüber im klaren, daß die Eidesleister beim Landvolk unbeliebt waren.

Alles in allem wurde das absolut unentbehrliche Personal trotzdem ziemlich schnell — oft sogar etwas zu schnell — placiert; es gab keine ernsten Zwischenfälle, außer dort, wo es der Bischof — oder der staatliche Präfekt, wie in Namur — an Fingerspitzengefühl fehlen ließ. Höchste Zeit war es aber auch, an die Ablösung zu denken, denn dieser Klerus stand — im Gegensatz zum Episkopat — im vorgerückten mittleren Alter (im Jahre 1809 waren mehr als 33 Prozent der Pfarrer über 60 Jahre alt, und diese Proportion stieg von Jahr zu Jahre noch weiter an).

Die Wiedereröffnung der Seminare erwies sich als recht mühsam und langwierig. Es fehlten die finanziellen Mittel hierzu, da die Regierung ursprünglich für diesen Zweck keinerlei finanzielle Zuwendungen vorgesehen hatte. Viele Bischöfe mußten auf die Rückgabe der einstigen Seminargebäude mehr als fünf Jahre, mitunter bis zum Jahr 1810 warten. Auch an kompetenten Lehrern fehlte es. Man mußte auf die noch lebenden Lehrkräfte aus der vorrevolutionären Zeit zurückgreifen, die sich in keiner Weise in den Geist der Zeit schicken konnten, oder — wie das nur allzu häufig ge-

[24] Über den Konflikt, der Caprara im Mai—Juni 1802 wegen der Widerrufsformel mit der Regierung zusammenprallen ließ, vgl. S. *Delacroix* a. a. O. 315—335. Auf örtlicher Ebene war die Einstellung in den verschiedenen Diözesen recht unterschiedlich: manche Bischöfe, wie Fesch oder d'Aviau, waren sehr streng, andere, wie Bernier, großzügig; die konstitutionellen Bischöfe waren natürlich noch großzügiger, manche, vor allem der Bischof von Straßburg, Saurine, stellten sogar den Grundsatz eines Widerrufs in Frage. Andere Schwierigkeiten ergaben sich, vor allem in den belgischen Diözesen, bezüglich des Widerrufs des Haßeides gegen das Königtum (vgl. z. B. *J. Plumet* a. a. O. 211—235 und *C. de Clercq:* Bulletin de la Société d'art et d'histoire du diocèse de Liège 38 [1953] 71 bis 107). Es kam sogar zu Auseinandersetzungen unter den ehemaligen „Réfractaires", da manche (die „Puristen") ihren Mitbrüdern vorwarfen, den Treueid auf die Verfassung des Jahres VIII noch vor der Regelung der religiösen Frage geleistet zu haben. Die Gläubigen stellten sich teils auf die Seite dieser, teils auf die Seite jener Gruppe, woraus sich Verdächtigungen und Streitereien ergaben.

schah — einfach irgend jemanden irgend etwas lehren lassen[25]. Schließlich gab es anfänglich auch nur sehr wenig Schüler für die Seminare, denn die kleinen kirchlichen Schulen, in denen sie ihre erste Schulung erhalten mußten, waren seit zehn Jahren verschwunden, und die auf ihr Monopol versessenen hohen Beamten des öffentlichen Unterrichtswesens hemmten ihre Wiedereinführung. Zwar nahmen die Ordinationen von Jahr zu Jahr langsam zu, vor allem nachdem die Seminaristen vom Militärdienst freigestellt wurden und die Regierung Stipendien für sie zur Verfügung stellte; dennoch betrug die Gesamtzahl der Priesterweihen in der ganzen Periode von 1801 bis 1815 nur 6000, was den Priesterweihen eines einzigen Jahres vor 1789 entsprach. Hinzu kam, daß die materielle Sitution des Landklerus während der ersten Jahre alles andere als attraktiv war: nur die Bezirkspfarrer wurden vom Staat besoldet; die übrigen, das heißt neun Zehntel, mußten von den Gemeinden, die sich häufig alles andere als großherzig zeigten, Quartier und Unterhalt beziehen[26]. Die Reorganisation der Kirchenverwaltungen konnte unter diesen Umständen erst 1809 vollendet werden[27]. Nach und nach verbesserte sich die allgemeine Lage jedoch, denn die Regierung legte größten Wert darauf, sich das Wohlwollen des Klerus zu sichern. Das Kultbudget stieg von 1802 bis 1807 von 1 200 000 Francs auf 17 000 000 Francs, was u. a. ermöglichte, allen Pfarrverwesern ein jährliches Gehalt von 500 Francs zu bezahlen (Dekret vom 31. 5. 1804).

Die Zusammenarbeit der Regierung mit der Kirche kam jedoch nicht nur im finanziellen Bereich zum Ausdruck. Verschiedene Maßnahmen verstärkten das Prestige der katholischen Kirche: das Gesetz vom 1. April 1803 verfügte, daß die Kinder die Namen von Heiligen erhalten mußten; das Dekret vom 13. Juli 1804 ordnete an, daß dem in Prozession getragenen Altarsakrament militärische Ehren zu erweisen waren, und gewährte den kirchlichen Würdenträgern einen Ehrenplatz in der offiziellen Sitzordnung (die Kardinäle vor den Ministern, die Erzbischöfe vor den Präfekten). Auf lokaler Ebene konnten die Bischöfe im allgemeinen auf die aktive Mitarbeit der Vertreter der Staatsgewalt zählen, wenn sich auch einige Präfekten nicht gerade von der angenehmsten Seite zeigten. Selbstverständlich oblag der Kirche als Gegenleistung die Pflicht, mit der Verwaltung bei der Aufrechterhaltung der Ordnung und der sehr strengen Kontrolle zusammenzuarbei-

[25] Um ein besseres Bildungsniveau zu erreichen, hätte Portalis gern in jeder Kirchenprovinz ein den Begabtesten vorbehaltenes Metropolitanseminar geschaffen. Die Bischöfe widersetzten sich jedoch diesem Vorhaben, da sie befürchteten, seine Tätigkeit nicht kontrollieren zu können. Über die Reorganisation der Seminare s. *J. Leflon,* M. Émery II 201—264.

[26] Vgl. *E. Dupont,* La part des communes dans les frais du culte paroissial (Paris 1906). Siehe auch *A. Sicard,* Quinze années de budget des cultes à la charge des fidèles 1792—1807: Le Correspondant 220 (1905) 209—238.

[27] Vgl. *J. Gennart:* Annales de droit et de sciences politiques 21 (Brüssel 1961) 3—42.

ten, der ihre gesamte Betätigung seitens der Kultusdirektion unterworfen war, die Bonaparte ja ins Leben gerufen hatte, um die Kirche ebenso zu lenken, wie auch sonst die Ministerien die anderen offiziellen Administrationen lenkten[28]. Man darf die Starrheit und Strenge dieser Zentralisation jedoch auch nicht überschätzen. Die Männer, die auf örtlicher Ebene die auf nationaler Ebene erlassenen Beschlüsse durchzuführen hatten, verhielten sich — vor allem, wenn es sich um wichtige Belange handelte — weniger servil, als man ihnen häufig nachsagte. Sie schlugen mitunter ziemlich persönliche Wege ein, wie es beispielsweise Godel für die Diözese Grenoble oder Preneel für die Diözese Gent nachgewiesen haben. Ganz allgemein lassen übrigens die — leider noch zu seltenen — Monographien erkennen, daß die Situation von Region zu Region, mitunter sogar von einer Diözese zur Nachbardiözese, auf Grund der örtlichen Gegebenheiten, aber auch auf Grund der Persönlichkeit des Bischofs oder des Präfekten recht verschieden war.

Man erlebte sogar — obwohl das Konkordat hierzu schwieg — eine gewisse offizielle Restauration der religiösen Kongregationen. Napoleon und die meisten seiner Mitarbeiter standen allerdings den Männerorden durchaus feindlich gegenüber; sie hielten sie nicht nur für unnütz, sondern sogar für gefährlich, da sie nicht der Kontrolle der Bischöfe unterworfen waren. Als man feststellte, daß die „Pères de la foi", die man mit Recht verdächtigte, die Wiederauferstehung der Gesellschaft Jesu vorzubereiten, dank der Protektion des Kardinals Fesch einige Schulen eröffnet hatten, verfügte ein Dekret vom 22. Juni 1804 die sofortige Auflösung aller nicht genehmigten Kongregationen. Die Zulassung durch die Regierung erhielten lediglich die Missionskongregationen (Priester der auswärtigen Missionen, Väter des Heiligen Geistes und Lazaristen), die als nützlich für die Ausstrahlung Frankreichs nach draußen galten, die Brüder der christlichen Schulen auf Grund der unersetzlichen und praktisch kostenlosen Dienste, die sie für die Volksbildung leisteten[29], und einige Klöster, die als Etappen bei der Überquerung der Alpenpässe dienten. Dagegen wurden die „nützlichen" weiblichen Kongregationen, d. h. die Kongregationen, die sich dem Unterricht und vor allem der Krankenpflege widmeten, nicht nur in keiner Weise belästigt, sondern oft von den Behörden sogar noch ermutigt. Schon am 22. Dezember 1800 war mit der Wiederzulassung der „Filles de la Charité"

[28] Portalis starb 1807. Sein Nachfolger war Bigot de Préameneu, ein der Kirche ergebener Katholik, der sich jedoch damit abfand, alles, was der Beherrscher Frankreichs forderte, erfüllen zu müssen (vgl. *J. Savant,* Les préfets de Napoléon [Paris 1959] 69—72).

[29] Es war Napoleon sehr an der Kontrolle über das höhere Unterrichtswesen, in dem die künftige Führerschicht erzogen wurde, gelegen, und das Dekret vom 15. 11. 1811 verstärkte dann noch die Kontrolle der „Université" über die privaten Gymnasien und die Knabenseminare; aber er interessierte sich nicht für die Volkserziehung. Vgl. *L. Grimaud,* Histoire de la liberté d'enseignement en France III/IV (Paris 1946).

(Vinzentinerinnen) eine Bresche in die Revolutionsgesetzgebung geschlagen worden. Mit der Konzession hatten sie zugleich die Erlaubnis erhalten, Schülerinnen zum Dienst in den Krankenhäusern auszubilden, und acht Jahre später gab es bereits wieder 1653 „Filles de la Charité" in 274 Häusern. Im Verlauf des ersten Jahrzehnts des neuen Jahrhunderts erlebte man eine regelrechte Blütezeit: die Wiederherstellung der aufgelösten Klöster, die bereits unter dem Direktorium begonnen hatte, setzte sich weiter fort. Die Kontemplativen machten oft den Unterricht zum Aushängeschild und erklärten, ihre Noviziatsanwärterinnen bzw. Hilfskräfte seien zur Pflege der bejahrten Schwestern bestimmt. Es kam zu vielen Neugründungen, von denen verschiedene zu einer großen Zukunft berufen waren. Bereits 1800 wurde in Paris von Madeleine Barat, die dem Beispiel der „Pères de la foi" folgte, die Ordensgenossenschaft der „Dames du Sacré-Cœur" gegründet, die sich als „Dames de la doctrine chrétienne" der Mädchenerziehung widmeten. 1803 gründete der Belgier Pierre-Joseph Triest in Gent die „Sœurs de Charité", die als erste neue Kongregation anerkannt wurden (1806). Im Jahr 1804 stiftete Marie-Rose-Julie Billiart in Amiens die Kongregation der „Sœurs de Notre-Dame" („Schwestern Unserer Lieben Frau") für den Unterricht und die Erziehung der weiblichen Jugend, 1809 nach Namur verpflanzt; 1807 gründete Jeanne-Elisabeth Bichier des Ages in Poitiers die Kongregation „Filles de la Croix" für Unterricht, Armen- und Krankenpflege. Wir mußten uns hier auf die Erwähnung der wichtigsten Kongregationen beschränken[30]. Am 23. März 1805 wurde durch ein Dekret die Mutter des Kaisers zur Protektorin der Barmherzigen Schwestern im gesamten Kaiserreich ernannt. Im Jahre 1807 berief Napoleon, dessen Organisationsgeist an der Verzettelung der vielen kleinen Kongregationen Anstoß nahm, ein Generalkapitel aller Gemeinschaften, die sich der Krankenpflege widmeten, nach Paris ein mit dem Ziel, sie zu einer einzigen großen Vereinigung zusammenzuschließen. Da sich dieser Plan nicht verwirklichen ließ, beschränkte er sich darauf, am 18. Februar 1809 gemeinsame Richtlinien zu erlassen, die das Alter der Novizinnen, die Dauer der Gelübde usw. festlegten und den Kongregationen aufgaben, ihre Statuten noch vor Jahresende von der Administration genehmigen zu lassen. Zu diesem Zeitpunkt gab es im Kaiserreich 2057 Klöster mit 16 447 Nonnen, die sich der Krankenpflege und dem Unterricht widmeten.

[30] Vgl. *L. Baunard,* Histoire de Madame Barat, 2 Bde (Paris 1876, [8]1925); *L. Cnockaert,* Le chanoine Triest et ses fondations (Diss. masch. Löwen 1971); *Th. Réjalot,* La bienheureuse Julie Billiart (Namur 1922); *E. Domec,* Vie de Ste Jeanne-Élisabeth Bichier des Ages (Paris 1950).

Das religiöse Erwachen

„Napoleon wollte Frankreich nicht rechristianisieren, sondern das, was an Religion noch vorhanden war, zu seinem Vorteil nutzen“, schrieb G. Lefebvre mit vollem Recht. Das Werk von S. Delacroix illustriert im einzelnen diese utilitaristische und häufig zynische Auffassung der Religion. Dem Ziel der Wiederverchristlichung Frankreichs, das Napoleon nicht verfolgte, widmete sich jedoch ein beträchtlicher Teil des Konkordatsklerus, der von den wiedererstehenden religiösen Kongregationen und von einer Elite von Laien unterstützt wurde; er konnte dabei einen zwar begrenzten, aber doch unbestreitbaren Erfolg verbuchen. Hinzufügen muß man, daß diese Kräfte, zumindest in den ersten Jahren nach dem Abschluß des Konkordats, bei der Kultusdirektion eine gewisse Unterstützung fanden, die dem Kreis provenzalischer Geistlicher zu verdanken war, die sich um Portalis und Kardinal Fesch scharten (auf diesen Sachverhalt hat A. Latreille ganz besonders hingewiesen).

Selbstverständlich gab es in diesem auf gut Glück zusammengewürfelten Klerus viele Priester, denen der apostolische Geist völlig abging und die sich ohne Schwierigkeit mit dem Amt einer „frommen Verwaltung“ abfanden, auf das sie sich nach dem Willen der Regierung beschränken sollten. Aber viele andere und zahlreiche Bischöfe, unter denen sich die ehemaligen Konstitutionellen oft durch besonderen Eifer auszeichneten (was immer man auch über sie gesagt haben mag), waren der festen Überzeugung, daß mit der Wiedereinführung des Gottesdienstes und des ganzen Kults bei weitem nicht alles getan war. Sie unternahmen eine „gigantische Anstrengung“ (Leflon), um eine Situation zu bereinigen, die — wie die von G. Le Bras veranlaßten Untersuchungen wiederholt festgestellt haben — schon aus der vorrevolutionären Zeit stammte, aber durch die Revolution noch weiter verschlimmert worden war. Immerhin muß man feststellen, daß die Wiedereröffnung der Kirchen fast überall freudig begrüßt worden war, daß sich die Gläubigen eifrig darangemacht hatten, die niedergerissenen Kreuze wieder aufzurichten, und daß das Ende 1803 verkündete Jubeljahr ein großer Erfolg war. Aber trotz aller äußeren Anhänglichkeit an die Bräuche und trotz des Gefallens an äußeren Festlichkeiten und Förmlichkeiten herrschte in den Städten ziemlich häufig religiöse Gleichgültigkeit. Man begegnete ihr sogar in manchen ländlichen Gegenden, wo ein großer Teil der Bevölkerung seit einem Jahrzehnt nicht mehr die Möglichkeit gehabt hatte, die religiösen Bräuche zu beobachten — wo viele anomale Verhältnisse, unter anderem auf dem Gebiet der Ehen, in Ordnung gebracht werden mußten — und wo, was noch viel schwerwiegender war, die meisten jungen Leute keine Gelegenheit zum Besuch des Katechismusunterrichts gehabt hatten und in tiefer religiöser Unwissenheit lebten.

Die Ernsthaftigkeit, mit welcher die Bischöfe die systematische Visitation ihrer Diözese durchführten, bezeugt die Zahl der Firmungen. Einige von ihnen, wie der fromme Erzbischof von Bordeaux, Mgr. d'Aviau, zögerten nicht, den ganzen Tag zu predigen und Beichten abzunehmen[31]; andere organisierten den Katechismusunterricht nach dem Vorbild von St-Sulpice und ließen sich gern von den Ratschlägen des ehrwürdigen Émery inspirieren, der seine schon 1800 wieder auferstandene Gesellschaft zu einem der aktivsten Zentren der religiösen Erneuerung gemacht hatte und im verborgenen bis zu seinem Tod (1811) „das Gewissen der Kirche von Frankreich" blieb[32].

Vor allem ergriff jedoch der niedere Klerus zahlreiche Initiativen. Manche Priester veranstalteten Einkehrtage, um den Eifer ihrer Amtsbrüder anzuspornen. Schon 1799, also noch unter dem Direktorium, gründete der Abbé Allemand in Marseille das erste Jugendheim, eine Einrichtung, die dann im Verlauf des 19. Jh. eine große Zukunft hatte. Andere wollten die Kreise der Intellektuellen zur Kirche zurückführen und bemühten sich um eine Erneuerung der apologetischen Predigt. Über den großen Erfolgen, die Frayssinous mit seinen Konferenzpredigten in Paris auf diesem Gebiet erzielte, darf man aber die parallellaufenden bescheidenen Bemühungen nicht vergessen, die da und dort in der Provinz mit unterschiedlichem Erfolg und in verschiedenen Richtungen unternommen wurden: die einen predigten, den Kompromiß des 18. Jh. verwerfend, eine offene Rückkehr zu dem großen religiösen Jahrhundert von Malebranche und Bossuet, während die anderen versuchten, aus dem Faktum der Revolution alle Konsequenzen für die Zukunft der Kirche zu ziehen. Wieder andere, denen mehr die Massen am Herzen lagen, organisierten Missionen in den Pfarreien[33], die nach dem Jubeljahr von 1803 großen Umfang annahmen, u.a. dank der Unterstützung durch die „Société des Prêtres du Cœur de Jésus" des Paters de Clorivière und vor allem durch die „Pères de la foi" des Paters Varin. Diese Missionen wurden zwar von der Polizei scharf überwacht, häufig jedoch von den staatlichen Stellen auch ermutigt und mitunter sogar subventioniert. Kardinal Fesch, Erzbischof von Lyon, entwarf sogar den Plan einer nationalen Missionsgesellschaft, die unter Leitung von Abbé Rauzan, einem bereits berühmten Missionar, der Grande Aumônerie angeschlossen werden sollte. Napoleon untersagte jedoch am 26. September 1809 nach seinem Zerwürfnis mit Pius VII. die Fortführung dieser Missionen, da er

31 Vgl. *Dom du Bourg,* Mgr du Bourg, évêque de Limoges (Paris 1907) 391—408; *J.-P. Lyonnet,* Histoire de Mgr d'Aviau IV (Paris 1847) 528—531.

32 Vgl. *J. Leflon,* M. Émery II 177—199. Über die Compagnie de St-Sulpice unter Napoleon s. *J. Leflon,* E. de Mazenod I 309—409; *C. Maréchal,* La jeunesse de Lamennais (Paris 1913) 125—148; *de Montclos* 5—17; *J. Audinet:* L'Ecclésiologie au XIXe siècle (Paris 1960) 115—139.

33 Vgl. *E. Sevrin,* Les missions religieuses en France sous la Restauration I (Paris 1948) 11—21.

befürchtete, diese „umherziehenden und umherschweifenden" Prediger könnten als Propagandaagenten für die päpstliche Sache eingesetzt werden. Durch Maßnahmen dieser Art, die in den letzten Jahren des Kaiserreichs einander jagten und das traditionelle priesterliche Apostolat behinderten, erhielten verschiedene Initiativen bescheideneren Gepräges ihren vollen Wert: Initiativen, die darauf abzielten, im Schoß der Masse der Gläubigen eine Elite von Laien aufzuspüren. Erwähnt seien besonders in diesem Zusammenhang: die 1801 in Paris von einem ehemaligen Jesuiten, P. Delpuits, wieder für die studierende Jugend ins Leben gerufenen Marianischen Kongregationen, die nach ihrer Ausschaltung im Jahre 1809 dann eine aktive Rolle im religiösen Widerstand spielten[34]; die Kongregationen junger Männer und junger Mädchen aller Stände, die von 1806 ab in Bordeaux von dem Abbé J. Chaminade gegründet wurden und eine Art von Säkularinstitut darstellten, mit dem Ziel, im „Lebens-Milieu" der verschiedenen Schichten Kernzellen zu bilden[35]; die Lyoner Kongregation mit noch ausgeprägterem Laiencharakter, deren Ursprünge noch in die Zeit vor dem Konkordat fielen und die dann zu einem guten Teil mit dazu beitrug, die Kirche von Lyon in der Vorhut der religiösen Restauration im Frankreich des 19. Jh. zu placieren[36]. Dagegen muß andererseits festgestellt werden, daß das durch die Revolution herbeigeführte Verschwinden der meisten Bruderschaften im gesamten Frankreich dem Landpfarrer eine ausschließliche Führungsrolle verschaffte, was die Gläubigen allzu häufig veranlaßte, sich um das kirchliche Leben in der Pfarrei überhaupt nicht mehr zu kümmern.

Diese vielgestaltigen Evangelisationsbemühungen zeitigten nur langsam Früchte. Man konnte zwar überall Taufen und Erstkommunionen von Erwachsenen registrieren, und für die Angehörigen der sogenannten guten Gesellschaft gehörte es wieder zum guten Ton, die Messe zu besuchen. Dennoch wurden bis zum Ende des Kaiserreichs — wie übereinstimmend bezeugt wird — die Sakramente, vor allem von den Männern, nur sehr wenig in Anspruch genommen. Eine charakteristische Einzelheit kann die ganze Situation beleuchten: Im Jahre 1812 verlangten in den Moskauer Militärlazaretten von Tausenden von verwundeten Soldaten nur wenige nach einem Priester. Solche Tatsachen rechtfertigten die enttäuschte Feststellung Grégoires: „In Frankreich haben wir zwar Kult, jedoch sehr wenig Religion."[37] In einem Bereich immerhin war jedoch eine ermutigende Entwicklung angelaufen: in der Welt der Intellektuellen.

[34] Vgl. *G. de Grandmaison,* La Congrégation (Paris ²1890) 14—137. Über die Verzweigungen in der Provinz ist nicht viel bekannt. [35] *P. Broutin:* NRTh 65 (1938) 413—436; *A. Windisch,* The Marianist Social System (Fribourg 1964).

[36] *Cl. Embruyen,* La vie a jailli des ruines. Le P. Roger (Lyon 1947) und vor allem *A. Lestra,* Histoire secrète de la congrégation de Lyon (Paris 1967).

[37] Mémoires II 423. Über die Situation in Paris im besonderen s. *L. de Lanzac de Laborie,* Paris sous Napoléon IV (Paris 1907) Kap. 3.

Die Exzesse der Revolution und das Scheitern einer philosophischen Sittenlehre ohne Gott hatten viele Köpfe von der rationalistischen Ideologie des 18. Jh. abrücken lassen. Sie fingen wieder an, in der Offenbarungsreligion die unabdingbare Grundlage für das gesamte soziale Leben zu sehen, und verknüpften unlösbar die Ideen der Wahrheit, der Überlieferung und der Autorität miteinander, wobei sich der Autoritätsbegriff sowohl auf die Autorität des Monarchen im Staat wie auch auf die Autorität Gottes und der Kirche bezog. Fanden die Werke von Joseph de Maistre und Vicomte de Bonald, die sie 1796 in der Emigration veröffentlicht hatten und in denen sie schon die großen Linien ihres traditionalistischen Systems zeichneten, in Frankreich vor 1815 auch nur ein begrenztes Echo, so waren sie doch für die Geisteshaltung, die von Jahr zu Jahr an Boden gewann, symptomatisch. Und gerade in dem Augenblick, in dem Bonaparte die Kirchen wieder öffnete, trug der große Schriftsteller Chateaubriand viel dazu bei, den Katholizismus in den Augen der gebildeten Kreise wieder salonfähig zu machen. Er veröffentlichte am 14. April 1802 sein Werk „Le Génie du christianisme", eine radikale Absage an die voltairianische Aufklärung. Das Buch hatte ungeheuren und anhaltenden Erfolg, was beweist, daß es gerade zur rechten Zeit erschien. Es orchestrierte in bewunderungswürdiger Sprache mit genialer Beschwörungskraft Themen, die bereits manche Apologeten des 18. Jh. angeschnitten hatten, lenkte das religiöse Sehnen seiner Zeitgenossen aber nicht mehr zu einem vagen Christentum à la Rousseau, sondern direkt zur katholischen Kirche mit ihren Dogmen, ihren Sakramenten und ihren Riten[38]. Es vernichtete die Vorurteile des 18. Jh., das den Katholizismus der Barbarei und der Mittelmäßigkeit zugerechnet hatte, und schilderte ihn als heilsamen Hafen für alle, die physisch oder seelisch leiden, und als Quelle dichterischer Inspiration, genauso fruchtbar wie das heidnische Altertum.

Chateaubriand setzte den Erfolg des „Génie du christianisme" 1809 mit der Veröffentlichung des Romanes „Les martyrs ou le triomphe de la religion", einer christlichen Heldendichtung, fort. Inzwischen hatten aber auch andere, meist aus den Kreisen der Emigration hervorgegangene Schriftsteller den Kampf gegen die Philosophie des 18. Jh. als die Urheberin der Gottlosigkeit aufgenommen: Royer-Collard im „Journal de l'Empire", Ballanche, Michaud und andere. Unterstützung fanden diese Männer in einigen Salons, so in den Salons von Madame de Rémusat, Madame de la Briche und auch Élisa Bonaparte. Von 1808 ab wurden sie auch vom Großmeister der „Université", Fontanes, unterstützt, einem persönlich eher skeptischen Epikureer, der jedoch von der sozialen Nützlichkeit der Religion überzeugt war und Émery und Bonald in seinen Conseil général aufnahm; er schickte

[38] Vgl. V. *Giraud,* Le christianisme de Chateaubriand, 2 Bde (Paris 1925/28).

ziemlich viele Angehörige der alten Kongregationen, die sich der Lehrtätigkeit verschrieben hatten, in die Lyzeen, damit sie dort gegen die als politisch gefährlich erachtete Ideologie des 18. Jh. Stellung nehmen sollten und konnten.

Allerdings waren, wie Fontanes als Beispiel illustriert, viele dieser „Neu-Christen“ — wie man sie damals nannte — nur äußerlich Sympathisierende. Auch bildeten sie noch lediglich eine Minderheit, denn die „Ideologen“, die Erben der ungläubigen Enzyklopädisten waren, hielten noch immer starke Stellungen in wichtigen Gebieten: in der Presse, in den literarischen Salons, in den wissenschaftlichen Gesellschaften und auf den philosophischen Lehrstühlen.

Zusammenfassend kann man sagen, daß die Konkordatskirche um das Jahr 1810 zwar berechtigten Grund hatte, sich über das im letzten Jahrzehnt zurückeroberte Terrain zu freuen, daß ihre Kräfte aber trotz allem schwach geblieben waren und ihre Erfolge lediglich „bloße Wiedergeburts-Keime“ (Pouthas) darstellten, die dann zu einem Teil erst schließlich bei der Restauration ihre Frucht tragen sollten. Zuvor mußte man jedoch einem neuen Sturm die Stirn bieten.

Der Papst und der Kaiser

Anfang Mai 1804 wurde Bonaparte zum Kaiser der Franzosen proklamiert. Die Führer der Kirche von Frankreich hatten diese Entwicklung mit ihren überschwenglichen Lobliedern auf den „modernen Cyrus“ oder den „neuen Konstantin“, den „Wiederhersteller der Altäre“, womit sie ihre Hirtenbriefe füllten, in hohem Maße gefördert. Trotz größter Bedenken der Kurie entschloß sich Pius VII., nach Paris zu gehen und den neuen Kaiser zu salben (2. 12. 1804), obwohl in der ganzen Geschichte noch nie ein Papst zur Krönung eines Kaisers nach Wien gegangen war. Der Papst hatte sich von Fesch, der im April 1803 zum Botschafter in Rom ernannt worden war, davon überzeugen lassen, daß ein direkter Kontakt mit Napoleon es ermöglichen würde, eine Abänderung der „Organischen Artikel“ und der Gesetzgebung über die Eheschließung zu erreichen und zugleich die besorgniserregenden Probleme zu regeln, welche die Entwicklung der Situation in Italien und in Deutschland der Kirche stellte. In Wirklichkeit zeitigte sein Aufenthalt in Paris, der sich bis April 1805 hinauszog, bezüglich der strittigen Fragen nur recht magere Ergebnisse. Er hatte jedoch insofern nützliche Auswirkungen für den Heiligen Stuhl, als die exkonstitutionellen Bischöfe gezwungen wurden, endlich ihre Situation zu bereinigen, was in Frankreich und Italien als Sieg der päpstlichen Autorität gewertet wurde, und zahlreichen Priestern und Gläubigen, für die das Papsttum bisher lediglich ein abstrakter Begriff gewesen war, Gelegenheit gegeben wurde, einem

Mann zuzujubeln, dessen geistige Ausstrahlung einen so tiefen Eindruck machte, daß man in dieser Reise den Auftakt der „dévotion au pape“ sehen kann, die in der Kirchengeschichte Frankreichs im 19. Jh. eine so große Rolle spielen sollte. Die Salbung des Kaisers bestätigte überdies offiziell die Ablehnung der revolutionären Ideologie und die neue Allianz zwischen Thron und Altar, die zur damaligen Zeit den meisten als eine wesentliche Vorbedingung für die religiöse Restauration erschien. Aus diesem Grunde leistete der Episkopat, gefolgt von einem großen Teil des Klerus, der Regierung in den nächsten drei Jahren einen immer eifrigeren Beistand. Dies ging sogar so weit, daß man schließlich einwilligte, in den neuen Einheitskatechismus „zum Gebrauch in allen Kirchen des französischen Kaiserreichs“ einen Passus einzufügen, der unter Androhung der ewigen Verdammnis allen Gläubigen „Liebe, Ehrfurcht, Gehorsam, Treue gegenüber Napoleon, unserem Kaiser, Ableistung der Wehrpflicht und Zahlung der zur Erhaltung und Verteidigung des Vaterlandes und seines Thrones auferlegten Steuern“ gebot[39].

Die Loyalität des französischen Klerus dem Kaiser gegenüber, die nur allzu häufig bis zur Servilität ging, wurde seit 1808 durch den Konflikt erschüttert, der zwischen Napoleon und Pius VII. ausbrach. Die Folge war, daß nach und nach ein solcher Umschwung in der Einstellung Napoleons zur Kirche eintrat, daß man in den letzten Jahren seiner Herrschaft hätte glauben können, in die traurigen Jahre des Direktoriums zurückversetzt worden zu sein.

Der Konflikt brach aus, als der Krieg in Europa erneut begann. Napoleon, der seine Religionspolitik auf kontinentale Dimensionen ausweitete, wollte sich im Abendland ebenso des Papstes bedienen, wie er sich in Frankreich seiner Bischöfe bediente, und Pius VII. dazu zwingen, sich politisch und moralisch auf seine Seite zu stellen. Mit dieser Prätention stieß er jedoch auf eine kategorische Ablehnung, da der Papst als Oberhaupt der universellen Kirche strikte Neutralität für geboten hielt. In der Überzeugung, daß Consalvi hinter diesem Widerstand des Papstes steckte, forderte Napoleon dessen Verabschiedung. Aber die Demission Consalvis (17. 6. 1806) verstärkte

[39] Der Katechismus wurde unabhängig von den Bischöfen in den Büros der „Direction des Cultes“ vom Abbé d'Astros und von Bernier redigiert und von Napoleon selbst berichtigt, zum großen Mißvergnügen Roms von dem alten Legaten Caprara gebilligt, der sich wieder einmal hatte manövrieren lassen, und — mit gewissen Vorbehalten — auch vom gesamten Episkopat genehmigt. Er wurde in Wirklichkeit kaum gelehrt, und viele Bischöfe vermieden es, ihn dort vorzuschreiben, wo starker Widerstand spürbar wurde. Vgl. *A. Latreille,* Le catéchisme impérial de 1806 (Paris 1935). In den belgischen Départements war der Widerstand fast allgemein, da die ultramontanen Gefühle durch eine Prozedur verletzt wurden, die an die Interventionen Josephs II. in die kirchlichen Angelegenheiten erinnerte. Vgl. *C. de Clercq:* Annales de la Fédération historique et archéologique de Belgique 35 (1953) 319—378; *ders.:* SE 8 (1956) 378—420. Über den Widerstand in Italien vgl. *R. Paschini:* RSTI 17 (1963) 406—412.

nur noch den Einfluß der reaktionären und unnachgiebigen Gruppe. Im Jahre 1807 jagten sich die immer imperialer werdenden Kapitulationsforderungen: Napoleon bestand nicht nur auf dem Beitritt des Papstes zu einer italienischen Liga gegen das „häretische England", sondern stellte auch noch hinsichtlich der Kirchenpolitik in Italien Forderungen, die als unannehmbar betrachtet wurden, und verlangte die Aufnahme neuer französischer Kardinäle in das Heilige Kollegium bis zur Erreichung eines vollen Drittels der Gesamtzahl. Pius VII., der sich bereits vorwarf, in der Frage der „Organischen Artikel", der Kultgleichheit[40] oder des kaiserlichen Katechismus zu schwach gewesen zu sein, gab diesmal nicht nach, sondern lehnte die Forderungen des Kaisers ab. Hierauf befahl Napoleon dem General Miollis, Rom zu besetzen (2. 2. 1808), ließ dem Pontifex maximus jedoch in der Hoffnung, er werde unter dem Einfluß der Drohung schleunigst nachgeben, doch noch einen Schimmer von Souveränität. Pius VII. konnte jedoch auch durch diesen neuen massiven Druck nicht eingeschüchtert werden. Ganz im Gegenteil: Als rund fünfzehn seiner Mitarbeiter aus Rom ausgewiesen wurden, erklärte er öffentlich, der Kaiser wolle die Regierung der Kirche in Fesseln legen, und beantwortete diese „Verfolgung" mit der Abberufung des Kardinals Caprara aus Paris und der Weigerung, die kanonische Investitur der Bischöfe künftig nach den Bestimmungen des Konkordats, das heißt unter Erwähnung ihrer Nomination durch den Kaiser, vorzunehmen. Nachdem dann auch sein Staatssekretär ausgewiesen worden war, ernannte er den Kardinal Pacca, den besten Kopf der „zelanti", zu seinem Nachfolger. Napoleon reagierte nicht sofort. Aber nach seinem entscheidenden Sieg über Österreich war er fest davon überzeugt, daß der Zusammenbruch der letzten großen katholischen Monarchie Europas den Papst seiner letzten Stütze beraubt habe, und verfügte am 17. Mai 1809 die Vereinigung des Restes des Kirchenstaats mit Frankreich, um „der mißbräuchlichen Verbindung von geistlicher und weltlicher Macht" ein Ende zu bereiten. Am 10. Juni, als auf der Engelsburg die päpstliche Fahne eingeholt und die Trikolore gehißt wurde, antwortete Pius VII. mit der Exkommunikation aller „Räuber des Patrimoniums Petri", ohne jedoch Napoleon mit Namen zu nennen. Es folgten mehrere Wochen der Unschlüssigkeit. Als die Besatzungsbehörden dann einen Aufstand der römischen Bevölkerung befürchteten, gingen sie über

[40] Ein letzter Schritt in dieser Richtung war 1806 getan worden, als Napoleon die jüdische Religion mit dem katholischen und protestantischen Kult gleichgestellt und die Neubildung des großen Sanhedrin erlaubt hatte. Festzuhalten ist, daß die napoleonische Politik auch den Protestanten nicht in allen Punkten gewogen war. Die sie betreffenden „Organischen Artikel" beraubten sie nämlich eines wesentlichen Bestandteils der calvinistischen Kirchenorganisation: der Synoden. So vollzog sich die Restauration der protestantischen Gemeinschaften noch langsamer als die der katholischen Kirchen. Vgl. *D. Robert,* Les Églises reformées en France, 1800—30 (Paris 1961) 47—259; *R. Anchel,* Napoléon et les Juifs (Paris 1928).

die Weisungen des Kaisers hinaus[41] und setzten den Papst und den Kardinal Pacca in einen Wagen, der nach Norden dirigiert wurde. Nach einer mühseligen, mehr als einen Monat dauernden Reise wurde dem Papst Savona an der italienischen Riviera als Aufenthaltsort zugewiesen. Dort blieb er bis Anfang 1812, von allen Ratgebern getrennt und — trotz der offiziellen Achtung, die man ihm bekundete — mehr und mehr von der Außenwelt abgeschnitten, so daß es ihm unmöglich war, „als Papst zu handeln", das heißt sich mit den Angelegenheiten der Weltkirche zu befassen, worüber er sich ständig beklagte.

Während sich die französische Administration mit der Modernisierung des Kirchenstaats, der in Départements eingeteilt wurde, befaßte und die fremden Kollegien — das Germanische, das Spanische, das Irische Kollegium usw. — geschlossen wurden, verlegte man einen Teil der päpstlichen Dienststellen nach Paris, da Napoleon in Kürze auch den Sitz des Papstes dorthin verlegen wollte. Inzwischen mußten Anfang 1810 die Kurienkardinäle und die Führer kirchlicher Orden in die Hauptstadt des Kaiserreichs übersiedeln. Sie wurden zunächst ehrenvoll behandelt; das änderte sich aber sehr rasch, als sich auf Anraten Consalvis dreizehn von ihnen weigerten, der Wiederverheiratung Napoleons mit Marie-Luise, der Tochter des Kaisers von Österreich, beizuwohnen, weil sie die vom Pariser Offizialat ausgesprochene Nichtigkeitserklärung seiner ersten Ehe nicht anerkannten[42]. Napoleon verbot ihnen zunächst das Tragen der Insignien ihrer Würde (worauf der Spitzname „schwarze Kardinäle" zurückzuführen ist), stellte dann ihren Besitz unter Sequester und verbannte sie schließlich in die Provinz[43].

Auf Grund der Wachsamkeit der Zensur nahm die Masse des Klerus und der Gläubigen in Frankreich zunächst an dem Konflikt keinen Anteil, zumal es sich um einen Streit politischer Natur zu handeln schien, bei dem es lediglich um den Papst als weltlichen Herrscher ging. So konnte ein Generalvikar den Pfarrern von Lyon erklären: „Dem Klerus von Frankreich hat man seinen Besitz weggenommen, dem Papst den seinen. Deshalb hat sich aber an der Religion und an seiner geistlichen Macht nichts geändert." Seit dem Herbst 1809 kam jedoch — auf Grund der Aktivität klandestiner Gruppen von Laien und Geistlichen[44] — eine Reihe von Dokumenten in Umlauf,

[41] Vgl. *H. Aureas,* Un général de Napoléon, Miollis (Paris 1961) 151—154.

[42] Das Offizialat hatte seine Entscheidung nach gallikanischem Recht gefällt, und kein französischer Bischof hatte an ihr etwas auszusetzen, nicht einmal Émery, den man sicher nicht irgendwelcher Willfährigkeit der staatlichen Gewalt gegenüber verdächtigen kann. Die römischen Kirchenrechtslehrer urteilten jedoch anders. Vgl. *L. Grégoire,* Le „divorce" de Napoléon. Étude du dossier canonique (Paris 1957).

[43] Vgl. *U. Beseghi,* I tredici cardinali neri (Florenz 1944). Auch *G. de Grandmaison,* Napoléon et les cardinaux noirs (Paris 1895) und *V. Bindel,* Le Vatican à Paris 1809—14 (Paris o. J.).

[44] Hauptsächlich die „Congrégation de Lyon" und die „Aa" der sulpizianischen Seminare. *J. Verrier:* RHE 54 (1959) 71—121 453—491 zeigte die große Rolle, die der Lyoner Laie

darunter die Exkommunikationsbulle. Ferner wurde immer präziser darüber berichtet, daß es dem gefangenen Papst völlig unmöglich gemacht worden war, sein Amt als Oberhaupt der Kirche auszuüben. Die dem Kaiser feindlichen Kreise, vor allem die Angehörigen der royalistischen Opposition, waren nur allzu froh, seinen Bruch mit dem Papst ausschlachten zu können, einen Bruch, den die Sanktionen gegen die „schwarzen Kardinäle" vollends offensichtlich machten.

Die Bischöfe befürchteten, die eben erst genesende französische Kirche könnte in einen neuen Konflikt mit der staatlichen Gewalt hineingerissen werden, und zwar einer staatlichen Gewalt, die viel mächtiger war als zur Zeit des Direktoriums. Deshalb bemühten sie sich zunächst, das immer stärker werdende Unbehagen mit der Erwartung zu beschwichtigen, man werde sicher schon bald zu einem Ausgleich kommen können. Darüber hinaus legte ihnen die gallikanische Tradition und die Erinnerung an einen ähnlichen Zusammenstoß zwischen Ludwig XIV. und Innozenz XI. nahe, die Dinge nicht tragisch zu nehmen. Die Taktik Pius' VII., die darin bestand, den vom Kaiser benannten Bischöfen die kanonische Investitur zu verweigern, zwang sie schließlich jedoch, eine klarere Haltung einzunehmen. Im Verlauf des Sommers 1810 gab es bereits 27 Diözesen ohne Oberhirten, und die Gläubigen machten sich allmählich ernste Sorgen. Einige der neuen, vom Kaiser benannten Bischöfe versuchten, ihre Stühle auch ohne die päpstliche Investitur zu besetzen, stießen jedoch auf den Widerstand des Klerus, den nach und nach die ultramontanen Ideen erfaßten. Die unter dem Einfluß des Generalvikars d'Astros erfolgte Weigerung des Kapitels von Paris, die Administration der Diözese wieder Kardinal Maury zu übertragen[45], beeindruckte die öffentliche Meinung ganz besonders. Nachdem mehrere Vorstöße beim Papst ohne Erfolg geblieben waren, mußte sich Napoleon wohl oder übel entschließen, dem Ratschlag zu folgen, den ihm das Theologenkomitee, das er bezüglich dieses Problems konsultiert hatte, schon im Jahre 1809 erteilt hatte: ein Nationalkonzil einzuberufen, das beschließen sollte, angesichts der besonderen Umstände wieder zum „früheren Brauch" der Investitur der Bischöfe durch den Metropolitanbischof zurückzukehren. An diesem „Konzil", das am 17. Juni 1811 in Paris begann[46], nahmen 140 französische, italienische und deutsche Bischöfe teil. Obwohl ein beträchtlicher Teil der Teilnehmer das Vorgehen Pius' VII. für über-

F. D. Aynès bei der Verbreitung dieser Dokumente gespielt hat, und *C. Bona,* Le „Amicizie" (Turin 1962) 283—296 schildert die Tätigkeit der Turiner Gruppe Pio Lanteris.

[45] Vgl. *G. de Bertier:* RHEF 35 (1949) 49—58.

[46] Das unzulängliche Werk von *A. Ricard,* Le concile de 1811 (Paris 1894) ist noch nicht ersetzt worden. Siehe inzwischen außer *A. Latreille* a. a. O. 214—225 und RH 194 (1944) 1—22, *J.-B. Vanel,* Le concile de 1811 d'après les papiers du cardinal Fesch: Bulletin d'histoire du diocèse de Lyon (1912/13) und *V. Bindel,* Le Vatican à Paris (Paris o. J.).

trieben hielt, zeigte sich die Versammlung viel widerspenstiger, als man erwartet hatte, und erklärte, der Erlaß eines Konzilsdekrets sei ohne die Zustimmung des Papstes nicht möglich. Napoleon war wütend und ließ die drei Bischöfe, die die Opposition geführt hatten, im Gefängnis einsperren[47]. In Wirklichkeit lehnten es jedoch alle Bischöfe, selbst die gallikanischsten, nach den Erfahrungen der Revolution ab, abermals den Weg zu einem Schisma einzuschlagen, denn sie wußten sehr genau, daß sie in diesem Fall auf den Widerstand eines großen Teils des niederen Klerus und der militanten Katholiken stoßen würden, die wegen der Entwicklung der Dinge mehr und mehr besorgt waren.

Nachdem auch dieser Versuch gescheitert war, bemühte sich Napoleon, wieder Herr der Lage zu werden, und verstärkte zu diesem Zweck die polizeilichen Schikanen gegen die Priester und besonders gegen die Sulpizianer, denen man die Verantwortung für die ultramontane Haltung des jungen Klerus in die Schuhe schob. Nach seiner Rückkehr aus Rußland versuchte er dann erneut, den Papst, der auf seine Weisung hin nach Fontainebleau gebracht worden war, zum Nachgeben zu zwingen. Nach mehrtägigen, äußerst scharfen Auseinandersetzungen willigte der durch Krankheit völlig entkräftete Papst am 25. Januar 1813 ein, den Entwurf einer Konvention zu unterzeichnen, die im wesentlichen den Forderungen des Kaisers entsprach. Dieser veröffentlichte den Text entgegen der Vereinbarung, nach der er geheim bleiben und lediglich als Grundlage für ein endgültiges Übereinkommen dienen sollte, schleunigst als das sogenannte „Konkordat von Fontainebleau". Aber schon am 28. Januar hatte sich der Papst entschlossen, diesen Akt der Schwäche zu widerrufen[48], und schrieb am 24. März in diesem Sinne einen langen Brief an Napoleon, der so tat, als ob er dieses Schreiben nicht kenne, und die Wiederversöhnung von Kirche und Staat mit Tedeums feiern ließ.

In Wirklichkeit „war die Konkordatszeit vorüber" (Latreille). Das Verhalten Napoleons der geistlichen Macht gegenüber hatte das katholische Bewußtsein zutiefst empört. Die Katholiken waren mehr und mehr in Atem gehalten und aufgerüttelt worden, hauptsächlich durch eine außerordentlich aktive — aus den Reihen der Kongregationisten rekrutierte — Geheimgesellschaft, die „Chevaliers de la foi". Diese Geheimgesellschaft war im Mai 1810 von einem royalistischen Adeligen, F. de Bertier, mit dem zweifachen Ziel gegründet worden, dem Papst seine Freiheit und seine weltliche Macht wiederzugeben und die legitime Monarchie

[47] Es handelte sich um Mgr. de Boulogne, Bischof von Troyes, Mgr. de Broglie, Bischof von Gent, und Mgr. Hirn, Bischof von Tournai. Die beiden letzteren hatten sich von den sehr ultramontanen Ansichten ihres Klerus erfassen lassen.

[48] Dies wurde kürzlich von *L. Pásztor* nachgewiesen: ChStato II 597—606. Siehe den Text des Entwurfs von Fontainebleau bei *Mercati* I 579—581 und den Brief Pius' VII. vom 23. 3. 1813 ebd. 581—585.

zu restaurieren[49]. Diese „Glaubensritter" hatten sich die Ansichten des Abbé Barruel über den freimaurerischen Ursprung der Revolution[50] zu eigen gemacht und trugen viel dazu bei, die französischen Katholiken zu überzeugen, ihr Glaube wäre schwer gefährdet, solange sie es mit einer von den Prinzipien der Revolution inspirierten Regierung zu tun haben würden. Diese heimliche Propaganda bereitete die Katholiken auf solche Weise aktiv darauf vor, die Sache der Religion mit der Restauration der Bourbonen zu verbinden. Das schnell wieder auflodernde Feuer des Antiklerikalismus, das die kurze napoleonische Herrschaft während der „Hundert Tage" begleitete, verhärtete vollends die Haltung der immer größer werdenden Schar derer, die nach den Enttäuschungen der letzten Jahre unter der Herrschaft Napoleons das Heil der Kirche lediglich im Triumph der Konterrevolution erblickten. Dies ist das Passivum dieses neuen Zusammenstoßes zwischen dem Sacerdotium und dem Imperium, der noch mehrere Generationen hindurch schwer auf der Zukunft der französischen Katholiken lasten sollte. Für das Papsttum hatte er dagegen einen doppelten Vorteil: einerseits „wurde vor der ganzen Welt das Problem der Freiheit der Kirche und der Neutralität des Heiligen Stuhls als ein Problem internationaler Politik aufgeworfen" (Belvederi); andererseits verlieh die Tatsache, daß der Papst den Mut besessen hatte, dem Tyrannen die Stirn zu bieten, während sich alle Regierungen des Kontinents vor ihm verneigten, dem Papsttum ein moralisches Prestige, dem die Regierungen der folgenden Generation Rechnung tragen mußten.

Südeuropa

Zu Italien: Außer den allgemeinen Werken über diesen Zeitabschnitt, auf S. 60 angeführt, und den Memoiren von Consalvi (s. S. 59) und von F. Melzi d'Eril, 2 Bde (Mailand 1865): *I. Rinieri*, La diplomazia pontificia nel sec. XIX, II (Rom 1902); *A. Fugier*, Napoléon et l'Italie (Paris 1947), bes. Buch II, Kap. V (Lit. S. 345); *M. Roberti*, La legislazione ecclesiastica nel periodo napoleonico: Chiesa e Stato. Studi storici I (Mailand 1939) 253—332; *A. Theiner*, Histoire des deux concordats de la République française et de la République Cisalpine II (Bar-le-Duc 1869) 1—53 und Pièces justificatives 249—285 (Dokumente; die Konkordatsgeschichte muß noch geschrieben werden); *A. Latreille*, L'ambassade du cardinal Fesch (Paris 1935); *G. Manganella*, L'applicazione del Concordato italiano: Miscellanea di studi storici ad A. Luzio II (Florenz 1933) 143—168; *Stanislao da Campagnola:* Laurentianum 5 (1964) 245—282, 11 (1970) 129—153; *ders.:* Collectanea franciscana 39 (1969) 304—361.

Zu den anderen italienischen Staaten: *J. Rambaud*, L'Église de Naples sous la domination française: RHE 9 (1908) 294—312; *C. Tori*, Lo schema di concordato del 1804 fra la Repubblica democratica di Lucca e la Santa Sede: RSTI 20 (1966) 328—352; *P. Barbaini*, Problemi religiosi del Risorgimento in Toscana (Turin 1961) 56—58.

[49] Vgl. *G. de Bertier*, Le comte F. de Bertier (Paris 1948; dazu *A. Saitta:* RSIt 62 [1950] 124—133).

[50] Über den Ursprung und den Erfolg dieser These siehe oben S. 19, Anm. 5.

Zu Spanien: Außer den allgemeinen Werken (Allg. Bibliogr.) von *V. de la Fuente* VI und *P. B. Gams* III/2 422—429: *F. Marti Gilabert*, La Iglesia en España durante la Revolución francesa (Pamplona 1971; Lit.); *M. Artola*, Los orígenes de la España contemporánea, 2 Bde (Madrid 1959, Lit.), bes. I 34—44 506—536, II 115—245; *L. Sierra*, La reacción del episcopado español ante los decretos de matrimonios del ministro Urquijo de 1799 a 1803 (Bilbao 1964); *M. Menéndez y Pelayo*, Historia de los heterodoxos españoles II (Ausg. BAC Madrid 1956) 770—841; *G. de Grandmaison*, L'Espagne et Napoléon, 3 Bde (Paris 1908/31); *J. M. Cuenca Toribio*, La actitud de la jerarquía barcelonesa ante la Revolución francesa 1790—95; Analecta sacra Tarraconensia 40 (1967) 355—369; *A. Pérez Goyena*, El espíritu religioso de la guerra de la Independencia: RF 21 (1908) 5—18; *ders.*, La masonería en España durante la guerra de la Independencia: ebd. 22 (1908) 413—428; *Isidoro de la Villapadierna*, Conflicto entre el Cardenal Primado y el Nuncio Mons. Gravina en 1809—14: Anthologica annua 5 (1957) 261—311.

Zu den Cortes von Cádiz: *Isidoro de Villapadierna:* Nuove ricerche storiche sul giansenismo (Rom 1954) 275—303; *ders.:* HS 8 (1955) 275—335; *L. M. de Mendijur:* Scriptorium Victoriense 12 (1965) 300—341; *J. M. Cuenca Toribio:* HS 15 (1962) 149—162.

Ein großer Teil Italiens gehörte nicht zum französischen Staatsgebiet, wenn er von den französischen Heeren auch streng kontrolliert wurde. In diesem Teil fand das Konkordat von 1801 natürlich keine Anwendung.

Im Norden wurde die ehemalige Zisalpinische Republik als Italienische Republik reorganisiert. Napoleon, der sich darüber klar war, daß die Bevölkerung hier noch immer viel mehr an der Religion hing als an Frankreich [50a], ließ — trotz des Mißvergnügens der Führer der Jakobiner — den Katholizismus als Staatsreligion im Artikel 1 der neuen Verfassung verankern. Mit Rücksicht auf den Einfluß, den sich der Klerus erhalten hatte, ersuchte er ein Komitee von Klerikern unter Vorsitz von Kardinal Belisomi — und nicht Laien-Juristen wie in Frankreich —, das „Organische Gesetz für den Klerus der Italienischen Republik" (27. 1. 1802) vorzubereiten. Dieses Gesetz ließ sich teilweise vom französischen Konkordat leiten, war jedoch in einer ganzen Reihe von Punkten für die Kirche günstiger: die Jurisdiktion des Klerus auf dem Gebiet der Ehefragen wurde beibehalten, die Domkapitel und die Seminare erhielten Dotationen, die noch nicht anderen Zwecken zugeführten Kirchengüter wurden zurückerstattet. Napoleon wünschte die Bestätigung dieses Gesetzes durch ein Konkordat mit dem Heiligen Stuhl. Die Verhandlungen, die darüber in Paris zwischen Kardinal Caprara und dem Gesandten der Republik stattfanden, zogen sich jedoch mehr als ein Jahr hin, weil der Vizepräsident Melzi d'Eril inzwischen ein Dekret rein josephinistischer Inspiration erlassen hatte (23. 6. 1802), das fast jede kirchliche Betätigung der Billigung der Staatsgewalt unterwarf. Pius VII. verlangte die ausdrückliche Aufhebung dieses Dekretes im Text des Abkommens. Schließlich fand man eine Ausgleichsformel, und das Konkordat konnte am 16. Sep-

[50a] Was nicht bedeutet, daß alles erfreulich war. Im Jahr 1809 schrieb der Bischof von Vercelli: „Ein gutes Drittel der Gläubigen kommt seiner Osterpflicht nicht mehr nach, besonders seit der Revolution."

tember 1803[51] unterzeichnet werden. Es war für die Kirche noch günstiger als das „Organische Gesetz" von 1802. Eine schwere Enttäuschung ließ jedoch nicht lange auf sich warten. Am 24. Januar 1804 veröffentlichte Melzi ein Durchführungsdekret, das mehrere wichtige Punkte wieder in Frage stellte. Es begnügte sich nicht damit, einen Teil der dem Konkordat voraufgehenden republikanischen Kirchengesetzgebung — unter Verletzung der Konkordatsbestimmungen — wieder in Kraft zu setzen, sondern erklärte auch, die Regierung der Republik habe als Nachfolgerin des ehemaligen Herzogs von Mailand alle seine Rechte geerbt, was praktisch die Wiedereinführung der vor der Revolution geltenden josephinistischen Gesetzgebung bedeutete. Die heftigen Proteste des Heiligen Stuhls hatten zunächst keine unmittelbare Wirkung. Als jedoch 1805 aus der um Venetien vergrößerten Republik das Königreich Italien geworden war, hob Napoleon mit einem Dekret vom 22. Mai 1805 das Melzi-Dekret von 1804 wieder auf. Im nächsten Monat wurden verschiedene Maßnahmen ergriffen, die auf disziplinarischer und finanzieller Ebene die Situation des Klerus regelten, einen Teil der Klöster aufhoben und die Zahl der Pfarreien herabsetzten, um ihnen eine bessere Dotation zu sichern. Diese Maßnahmen waren im großen ganzen vernünftig und wurden vom Klerus gut aufgenommen. Ihr einseitiger Charakter löste jedoch neue römische Proteste aus, ebenso die ohne vorheriges Übereinkommen erfolgte Ausdehnung des Konkordats von 1803 und der darauf zurückgehenden Gesetze auf Venetien, weil diese Gesetze in einem neuen Bereich der Halbinsel die Säkularisierung der Institutionen nach französischem Modell einleiteten. Auch die Einführung des französischen Bürgerlichen Gesetzbuchs und damit auch der Ehescheidung stieß auf den Widerstand des Heiligen Stuhls. Die Spannung zwischen Rom und Mailand verschärfte sich in den folgenden Jahren noch weiter. Schon im Oktober 1806 begann Pius VII. in Italien damit, den von Napoleon benannten Bischöfen unter Berufung auf die Verletzungen des Konkordats die Investitur zu verweigern. Dann löste die Einführung des kaiserlichen Katechismus in Italien im Laufe des Jahres 1807 zahlreiche Polemiken aus. Die Einverleibung des Kirchenstaates in das Königreich brachte neue Probleme mit sich[52]. Die Verschärfung des Konflikts zwischen dem Papst und dem Kaiser verschob den Kernpunkt der Auseinandersetzungen jedoch bald nach Frankreich.

[51] *Mercati* I 565—572.

[52] Erst Bischöfe und danach mehrere hundert Priester verweigerten die Eidesleistung. Vgl. *G. Cornaggia-Medici,* Una pagina di politica del Regno italico. Il giuramento di fedeltà dei vescovi dei dipartimenti del Metauro, Musone et Tronto (1808): Archivio storico lombardo 41 (1934) 169—222; *L. Madelin,* La Rome de Napoléon (Paris 1906) 330—345 435—453; *A. Mercati:* RSTI 7 (1953) 51—96. Andere Probleme ergaben sich aus der Aufhebung der Klöster. Vgl. *C. A. Naselli,* La soppressione napoleonica delle corporazioni religiose. Il caso dei passionisti (Rom 1970).

Die Situation in den anderen italienischen Staaten war für die römische Kurie kaum befriedigender. Eine Ausnahme bildete lediglich Toskana, aus dem das Königreich Etrurien geworden war. Dort unterwarf sich der Bischof Scipione de' Ricci völlig dem Papst, und der neue König, Ludwig von Parma, änderte das Kirchengesetz, das josephinistischste ganz Italiens, in einem dem Standpunkt Roms besonders günstigen Sinn ab: er gab damit der Kirche eine fast völlige Freiheit zurück. So konnte 1802 in Florenz die erste katholische Zeitschrift im 19. Jh. gegründet werden[53]; sie war das Sprachrohr der militanten katholischen Gruppe der „Amicizie". Doch der Widerstand der französischen Botschaft und die Einverleibung des Königreichs Etrurien ins Kaiserreich nach der Schlacht bei Austerlitz machten den Hoffnungen des Heiligen Stuhls, der seit 1808 außerdem die Aufhebung aller Klöster erleben mußte, ein rasches Ende.

Im Herzogtum Parma und in der Republik Lucca veranlaßten die Eingriffe der staatlichen Gewalt in die kirchlichen Angelegenheiten Pius VII. zu wiederholten Protesten. Sie blieben jedoch erfolglos, zumal sich der Klerus den französischen Behörden gegenüber, sogar schon vor der Annexion, sehr willfährig zeigte.

Im Königreich Neapel scheiterten die Verhandlungen, die mit dem Ziel des Abschlusses eines Konkordats geführt wurden, einerseits wegen der Weigerung des Ministers Acton, auf die alte Gesetzgebung josephinistischer Inspiration zu verzichten, andererseits wegen der Weigerung Pius' VII., die Zahl der Diözesen von 131 (bei einer Bevölkerungszahl von 5 Millionen!) auf 50 zu reduzieren. Als 1805 Napoleons Bruder Joseph König Ferdinand ablöste, machte er sich unmittelbar an eine radikale Reform der Kirche, die bisher ihre Ancien-Régime-Strukturen fast unberührt beibehalten hatte. Aus ideologischen und vor allem finanziellen Gründen wurden durch eine Reihe von Dekreten vom August 1806 bis zum August 1809 nacheinander alle Abteien und Priorate und ein großer Teil der Häuser der Bettelorden aufgehoben[54], wobei man bei den reichsten anfing. Auch der Weltklerus war Gegenstand verschiedener Maßnahmen mit dem Ziel, die in der Tat übermäßig hohe Zahl der Kleriker zu reduzieren (es kam ein Priester auf hundert Einwohner, und viele Priester lebten oft in erbärmlichen Verhältnissen, da die reichen Pfründen eine Ausnahme bildeten). Geplant wurde auch eine beträchtliche Reduzierung der Zahl der Diözesen. Doch König Murat, Josephs Nachfolger, wurde von den diplomatischen und militärischen Ereignissen und den inneren Wirren so in Anspruch genommen, daß ihm keine

[53] „Ape", unter aktiver Mitarbeit von Cesare d'Azeglio. Vgl. *C. Bona,* Le „Amicizie" (Turin 1962) 248—252.

[54] Vgl. *P. Villani:* RStRis 44 (1957) 508—513. Im ganzen wurden mehr als 1100 Klöster verkauft, und der Anteil des Klerus am Grundbesitz sank von 26 Prozent am Ende des 18. Jh. auf 13 Prozent im Jahre 1815. Siehe auch *U. Caldora,* Calabria napoleonica (Neapel 1960).

Zeit zur Weiterverfolgung dieses Planes blieb. Hinzu kam, daß das gewaltsame Vorgehen Napoleons gegen den Papst und bestimmte Reformmaßnahmen den Klerus hart vor den Kopf gestoßen hatten, so daß nun seine heimliche, ebenso wirksame wie schwierig zu bekämpfende Opposition die latente Feindseligkeit der Bevölkerung gegen die Franzosen schürte.

In Spanien hatten die revolutionären Ideen lange nicht den gleichen Erfolg wie in Italien. Der Grund hierfür lag zum Teil in der Stärke der politischen Einheit des Landes zu dieser Zeit, aber auch in dem noch kräftigen Einfluß der Kirche und in der Macht der Inquisition[55]. Dennoch war Spanien die einzige katholische Macht, die während der ganzen Stürme herzliche Beziehungen zum revolutionären Frankreich unterhielt: Godoy, der Günstling König Karls IV., stützte seine Außenpolitik sogar auf das französische Bündnis. In diesen Zusammenhang gehört es, daß beim Konklave von Venedig der offiziöse Vertreter Spaniens, Mgr. Despuig, bei der Vorbereitung der Wahl Pius' VII. mit Frankreich zusammenarbeitete, wie oben gezeigt wurde.

Die letzten Jahre des 18. Jh. brachten also für Spanien — im Unterschied zu Frankreich, Italien und Deutschland — nicht das Ende der Ancien-Régime-Kirche. Dennoch bereitete die Kirchenpolitik der spanischen Regierung dem Heiligen Stuhl große Sorgen. Einerseits hatte man in Madrid den — zum Teil begründeten — Eindruck, daß die weltlichen Interessen, in erster Linie Avignon und dann der Kirchenstaat, den Papst und seine Ratgeber mehr beschäftigten als die rein religiösen Probleme; man hielt hier nicht mit der Meinung zurück, die Kirche hätte alles zu gewinnen, wenn der Papst auf seine weltliche Macht verzichten würde, um eine rein geistige Macht zu werden. Andererseits wurden die schon alten Ansprüche der Regierung, die kirchlichen Angelegenheiten unabhängig von Rom zu regeln, und die episkopalistischen Bestrebungen eines Teils des Klerus, die unter dem späten Einfluß des italienischen Jansenismus neue Nahrung bekamen, durch die Entwicklung der politischen Lage in Italien seit 1797 noch verstärkt. Es war ja nicht ersichtlich, wie das stark zentralisierte System auf dem Gebiet der Besetzung der kirchlichen Pfründen und der Erteilung der Dispense, nachdem Rom unter französische Kontrolle geraten und die römische Kurie völlig desorganisiert war, weiterhin funktionieren sollte. In diesem Zusammenhang — und nicht auf Grund von freimaurerischen und jakobinischen Einflüssen, wie Menéndez Pelayo behauptet hat — unternahm der Staatsminister M. L. de Urquijo mit Unterstützung der „jansenistischen" Partei einen Feldzug für die Rückkehr zur „alten Kirchendisziplin" und nutzte die

[55] Vgl. *R. Herr,* The Eighteenth-Century Revolution in Spain (Princeton 1958). Die Bischöfe taten alles, um ein Eindringen der revolutionären Ideen zu verhindern. So wurden sogar die emigrierten französischen Priester als verdächtig angesehen und unter Überwachung sorgfältig abseits gehalten. Über die spanische Inquisition am Ende des 18. Jh. vgl. *F. Marti Gilabert* a. a. O. 155—190.

Vakanz des Stuhles Petri nach dem Tod Pius' VI. zur Veröffentlichung eines von einem Auditor der spanischen Rota, J. Espiga, verfaßten Dekrets (5. 9. 1799), mit dem das Recht zur Dispenserteilung bei Ehehindernissen von den römischen Kongregationen auf die spanischen Bischöfe übertragen wurde. Allerdings wurde dieses Dekret angesichts des Widerstands der Mehrheit des Episkopats und der Gewissenszweifel des Königs sofort nach der Erhebung Pius' VII. auf den Stuhl Petri aufgehoben und Urquijo beiseite geschoben. Godoy gelang es jedoch im Lauf der folgenden Jahre, dem König eine Reihe von Maßnahmen abzuringen, die den Einfluß des Nuntius und die Rolle der Inquisition einschränkten, und Rom die Ermächtigung abzunötigen, über bestimmte Kirchengüter zu verfügen und die kirchlichen Orden stärker der Krone unterzuordnen. Die Orden stellten die Kirche allerdings vor ein ernstes Problem, denn man zählte im Jahre 1797 nicht weniger als 53 098 Mönche und 24 471 Nonnen, was fast ein Prozent der Bevölkerung ausmachte, und die Zeichen der Dekadenz traten überall offen zutage. Godoy erreichte, daß der seinen Ideen gewogene junge Kardinal Luis de Borbón mit der Visitation aller spanischen Klöster — es gab mehr als 2000 — beauftragt wurde. Er ließ nach einer ziemlich oberflächlichen Erhebung dem Papst durch den König Vorschläge unterbreiten (30. 5. 1803), die darauf abzielten, die Überwachung der Klöster durch die örtlichen Bischöfe zu verschärfen und für die Bettelorden, die 84 Prozent der Gemeinschaften repräsentierten, eine Quasi-Unabhängigkeit von den in Rom sitzenden Generaloberen zu erlangen. Nach mehr als einjährigen Verhandlungen mit Consalvi erklärte sich die spanische Regierung bereit, ihre Forderungen etwas zurückzuschrauben. Dennoch brachte ihr die Bulle „Inter graviores" (15. 5. 1804) noch substantielle Genugtuung[56].

Als Napoleon im Jahre 1808 die Dynastie der Bourbonen durch seinen Bruder Joseph als König von Spanien[57] abgelöst hatte, verstärkten die Prinzipien der französischen Verwaltung die Bestrebungen des alten spanischen Regalismus. Er war am Hof unter anderen durch den Kirchenrechtler J. A. Llorente[58] und durch Urquijo vertreten, der wieder Minister geworden war. So mehrten sich die Interventionen der Regierung auf kirchlichem Gebiet. Das Inquisitionsgericht wurde sofort aufgehoben, und die Güter der Bruderschaften wurden zum Verkauf gestellt. Das Dekret von 1799 über die Ehedispense wurde wieder in Kraft gesetzt (16. 11. 1809). Die religiösen Orden wurden aufgehoben (18. 8. 1809); diese Maßnahme konnte allerdings nur teilweise durchgeführt werden, da fast sofort ein Aufstand ausbrach, der, je nach der Gegend wechselnd, bis zur Rückkehr von König Ferdinand VII.

[56] Vgl. S. 252 Anm. 8.
[57] Katalonien wurde Frankreich eingegliedert. Im Jahre 1811 zogen sich die Bischöfe unter dem Schutz der englischen Flotte nach Mallorca zurück.
[58] Vgl. EEAm XXXI 1063—65 und *Schulte* III 766—767.

im Dezember 1813 andauerte. Napoleon tat den Unabhängigkeitskrieg verächtlich als „Mönchsaufstand“ ab, doch war er in Wirklichkeit die Folge der gewaltigen Unzufriedenheit, die auf wirtschaftlichem, sozialem und politischem Gebiet durch die französische Okkupation ausgelöst wurde. Unbestreitbar ist aber auch, daß der religiöse Faktor zum Teil mit dazu beitrug, den Widerstand zu beseelen. Nur einige Prälaten, wie der Kardinal de Borbón, Erzbischof von Toledo, oder der Erzbischof von Saragossa, schlossen sich anfänglich Joseph Bonaparte in der Hoffnung an, die französische Verwaltung würde endlich die wurmstichigen Strukturen des Staates und der Kirche modernisieren. Aber der größte Teil des Episkopats, der seit 1790 die Revolution als satanisches Werk gebrandmarkt hatte, spielte eine bedeutende Rolle in den aufständischen „Juntas“, die das sehr religiös gebliebene Volk aufriefen, sich zugleich für die Befreiung des Landes und die Erhaltung der Religion „in ihrer Rechtgläubigkeit und ihrer Reinheit“ zu erheben. Die von Pius VII. im Juli 1809 verkündete Exkommunikationsbulle verstärkte noch diese Kampagne gegen „das gottlose Frankreich“. Viele Klöster verwandelten sich in Widerstandszentren, und zahlreiche Priester und Mönche begnügten sich nicht damit, den religiösen Fanatismus ihrer Pfarrkinder zu schüren, sondern kämpften häufig an der Seite der „Guerrilleros“.

Im „befreiten“ Spanien hob die zentrale Junta, die ihren Sitz in Sevilla hatte, zunächst die Maßnahmen zur „desamortisación“ (die Verstaatlichung des Kirchenguts) auf und führte die Inquisition wieder ein (28. 12. 1808). Man erlaubte sogar die Rückkehr der Altjesuiten. Bei der Ausarbeitung der Verfassung durch die Cortes von Cádiz (19. 3. 1812) trug jedoch die aufgeklärte Minderheit — die man keinesfalls, wie dies oft geschehen ist, mit den Anhängern der französischen revolutionären Ideen verwechseln darf — mit der Unterstützung jansenistischer Geistlicher, die eine tiefgreifende Reform des Kirchenrechts wünschten, wie Joaquín Villanueva[59], den Sieg über die traditionalistische Mehrheit davon. Man wagte es zwar nicht, bis zu einer Zivilkonstitution des Klerus zu gehen, griff jedoch die Politik Godoys in verschärfter Form wieder auf. Angesichts der finanziellen Schwierigkeiten wagten die Bischöfe keinen Protest gegen die Maßnahmen wirtschaftlicher Natur, wie den Einzug bestimmter Zehnten und Kirchengüter durch den Staat oder den Beschluß, rund tausend Klöster mit zu geringer Belegschaft aufzuheben. Obwohl die Okkupation eines Teils des Gebietes eine kollektive Aktion unmöglich machte, reagierten die Bischöfe, vor allem die des Nordens[60], scharf gegen die Einführung der Pressefreiheit und gegen die Erklärung, das Inquisitionsgericht sei mit den liberalen Prinzipien der neuen

[59] Vgl. *J. S. Boa,* Doctrina canónica del doctor Villanueva (Vitoria 1957).

[60] Festzuhalten ist, daß angesichts der verworrenen Lage, in der sich das Land befand, viele Beschlüsse der Cortes von Cádiz außerhalb Andalusiens und einiger großer Städte toter Buchstabe blieben.

Verfassung unvereinbar. Festzuhalten ist dagegen, daß ein Teil des Episkopats den Forderungen der zivilen Macht nach Unabhängigkeit vom Heiligen Stuhl weniger feindlich gegenüberstand und daß sich knapp die Hälfte der Bischöfe bei den Jurisdiktionskonflikten, die Kardinal de Borbón seit 1809 mit dem Nuntius Gravina hatte, anfänglich auf die Seite des Kardinals stellte. Die Opposition erreichte ihren Höhepunkt, als der Primas und die Regierung den Anspruch erhoben, die durch Todesfälle verwaisten Bischofsstühle[61] zu besetzen, solange der Papst Gefangener Napoleons wäre. Es kam so weit, daß der Nuntius ausgewiesen wurde (5. 4. 1813) und sich bis zur Restauration Ferdinands VII. nach Portugal zurückziehen mußte.

[61] Im Jahre 1813 waren 16 Bischofsstühle, ein Viertel von allen, vakant.

ZWEITER TEIL

Die katholische Kirche und die Restauration

Dem neuen Europa gegenüber, das, von der gegenrevolutionären Bewegung auf den Trümmern des napoleonischen Kaiserreiches errichtet, dennoch von dessen modernen Ideen, für die die Zeitgenossen den vagen Begriff „Liberalismus“ fanden, geprägt blieb, mußte die Kirche in viel größerem Maßstab als zum Zeitpunkt der Wahl Pius' VII. den Wiederaufbau ins Werk setzen. Mit dieser Aufgabe befaßte sich Pius VII. gleich nach seiner Rückkehr nach Rom (24. 5. 1814). Mehr denn je unterstützt von dem genialen Consalvi[1], den er am 17. Mai 1814 wieder zum Staatssekretär ernannt hatte, und getragen von der Bewegung einer religiösen Wiedergeburt, die sich in verschiedenen Ländern spontan entwickelt hatte, widmete er die neun letzten Jahre seines Pontifikats, das — auf geistiger Ebene noch mehr als in politisch-religiöser Sicht — die Geschichte der Kirche in der ersten Hälfte des 19. Jh. bestimmen sollte, einer soliden Grundlegung dieses raschen Wiederaufstiegs.

Das Erwachen der katholischen Lebenskraft, auf die ein großer Teil der Bemühungen Pius' VII. und seines Nachfolgers Leo XII. sich richtete, hatte die Reorganisation der Kirchen zur Voraussetzung.

Nur Österreich, Spanien und Portugal waren von der Revolution nicht erfaßt worden und erfuhren demzufolge in ihrer kirchlichen Struktur keine wesentlichen Änderungen. In allen anderen Ländern war es notwendig, die Diözesangliederung an die neuen politischen Grenzen anzupassen, die kirchlichen Institutionen und vor allem die Priesterseminare wiederaufzubauen, den fast ausgestorbenen Ordensklerus und das „patrimonium Ecclesiae“ wiederherzustellen. Die Bedingungen für dieses Werk der Restauration waren jedoch in den einzelnen Ländern verschieden: in Frankreich war die Grundordnung der Kirche der neuen Situation bereits angepaßt, aber mit der Wiedereinsetzung der Bourbonen hatte sich auch die Orientierung der Kirchenpolitik verändert; in Deutschland, den Niederlanden und Italien hatten die Ausbreitung der französischen Ideen und die Säkularisierungen zu einer

[1] Siehe S. 66 Anm. 3.

tiefgreifenden Erschütterung der Kirchen geführt, und darüber hinaus ergaben sich wichtige territoriale Veränderungen, an die es sich anzupassen galt; in Großbritannien mußte die Zunahme der liberalen Ideen ausgenützt werden, um die Katholiken Irlands aus ihrer unterdrückten Lage zu befreien; in Rußland dagegen mußte die neue Lage, die Ende des 18. Jh. durch die Eingliederung von mehreren Millionen polnischer Katholiken in einen orthodoxen Staat entstanden war, mit einem autokratischen Machthaber geregelt werden. Auch in Übersee entstanden ernste Probleme: die Unabhängigkeitserklärungen im gesamten spanischen Amerika erforderten eine neue Lösung des Statuts der bisher vom spanischen „patronato" abhängigen Kirchen; was den Nahen Orient betrifft, der dem Abendland im Verlauf der napoleonischen Kriege psychologisch viel näher gerückt war, wünschte der Heilige Stuhl die bisher sehr losen Bindungen mit den noch schwachen mit Rom unierten Patriarchaten enger zu knüpfen; sogar das missionarische Apostolat hatte die Folgen der Umwälzungen in Europa deutlich zu spüren bekommen und bedurfte einer vollständigen Neugestaltung.

Consalvi, der die Tatsache eines zu starken Engagements vieler Kardinäle in Rom in Sachen der Restauration des Kirchenstaates oder der deutschen kirchlichen Staaten und die daraus resultierende Vernachlässigung der Regelung religiöser Probleme beklagte, versuchte schon während des Wiener Kongresses[2] durch Verhandlungen mit den Vertretern Österreichs, Bayerns, Preußens, Württembergs, der Schweiz, Rußlands und Frankreichs die zukünftigen Konkordate anzubahnen und führte Gespräche mit Lord Castlereagh über die Situation der englischen Katholiken. Dies waren die ersten Wegmarken eines kirchlichen Restaurationswerkes, das er bis zu seinem Tod unermüdlich verfolgte und das eine große und schwierige Aufgabe darstellte, die noch dadurch erschwert wurde, daß der in Gefangenschaft festgehaltene Papst und die Kurie vier Jahre hindurch von der Christenheit abgeschnitten waren. Es handelte sich also vor allem darum, die Leitung der Kirche wieder fest in die Hand zu bekommen und die päpstliche Autorität zu stärken.

[2] Über den Heiligen Stuhl und den Wiener Kongreß siehe: *I. Rinieri*, Il Congresso di Vienna e la Santa Sede (Rom 1904); *ders.*, Corrispondenza inedita dei card. Consalvi e Pacca nel tempo del Congresso di Vienna (Turin 1903); *A. Omodeo*, Aspetti del cattolicesimo della Restaurazione (Turin 1946) 81—180; *E. Ruch*, Die römische Kurie und die deutsche Kirchenfrage auf dem Wiener Kongreß (Basel 1917); *Mollat* 102—127; La missione Consalvi e il Congresso di Vienna, hrsg. von *A. Roveri* I (Rom 1970; neue Dokumente).

ERSTER ABSCHNITT

Die Reorganisation der Kirchen

Univ.-Professor Dr. Roger Aubert, Louvain
(Kap. 3—6 und 8—10)
Univ.-Professor Dr. Rudolf Lill, Köln-Rom (Kap. 7)
Professor Dr. Johannes Beckmann, Fribourg (Kap. 11)

3. Kapitel

Die katholische Kirche nach dem Wiener Kongreß

LITERATUR: Über Welt und Europa am Ende der napoleonischen Kriege vgl. neben den allgemeinen Darstellungen Bilan du monde en 1815: XIIe Congrès international des sciences historiques I Grands Thèmes (Wien 1965) 451—573, bes. *L. Trénard,* Bilan idéologique, 547—573.

Über das religiöse Wiedererwachen und den Einfluß der Romantik: *Ph. Funk,* Von der Aufklärung zur Romantik (München 1925); *A. Béguin,* L'âme romantique et le rève (Paris 1947); *H. F. Hedderich,* Die Gedanken der Romantik über Kirche und Staat (Gütersloh 1941); *B. Magnino,* Romanticismo e cristianesimo, 3 Bde (Brescia 1962/63); *L. Cellier,* Fabre d'Olivet. Contribution à l'étude des aspects religieux du romantisme (Paris 1953); *L. Guinet,* De la franc-maçonnerie mystique au sacerdoce ou la vie romantique de F. L. Z. Werner (Caen 1964); *A. v. Martin:* Logos 17 (1928) 141—164; *L. Trénard - Y. M. Hilaire,* Idées, croyances et sensibilité religieuse du XVIIIe au XIXe s.: Comité des travaux historiques. Bulletin de la section d'hist. mod. et cont. 5 (1964) 7—27.

Der Pontifikat Pius' VII. nach 1814: *Schmidlin PG* I 131—366; *Belvederi* 832—887; *Pouthas* 173—261; *Rogier KG* 204—209; *L. v. Ranke,* Card. Consalvi und seine Staatsverwaltung: Sämtliche Werke XLI/XLII (Leipzig 1877/78) 3—180 oder Historische Meisterwerke. Geschichte der Päpste III/IV (Hamburg o. J.) 301—439.

Leo XII: *R. Colapietra,* La Chiesa tra Lamennais et Metternich. Il pontificato di Leone XII (Brescia 1963; grundlegend wegen Archivmaterialbenützung) und *Schmidlin PG* I 367—474. Ferner *A. F. Artaud de Montor,* Histoire du pape Léon XII, 2 Bde (Paris 1843); *Belvederi* 887—898; *Pouthas* 262—273; *Leflon* 379—408.

Über das Konklave von 1823: *M. Rossi,* Il conclave di Leone XII (Perugia 1935) zu verbessern durch *R. Colapietra:* AstIt 120 (1962) 76—146; s. auch *Ch. Terlinden:* RHE 14 (1913) 272—343.

Pius VIII.: *Schmidlin PG* I 474—510 und *O. Fusi-Pecci,* La vita di Papa Pio VIII (Rom 1965). Ferner: *A. F. Artaud de Montor,* Histoire du pape Pie VIII (Paris 1844); *G. Malazanza,* Cenni storico-biografici su Pio VIII (Cingoli 1931); *Belvederi* 898—903; *Leflon* 409—425; *C. Vidal,* La S. Sede e la spedizione francese in Algeria: ASRomana 77 (1954) 77—89; *ders.,* La Monarchie de Juillet et le St-Siège au lendemain de la Révolution de 1830: Revue d'hist. diplomatique 46 (1932) 497—517.

Über das Konklave von 1829: *P. Dardano,* Diario dei conclavi del 1829 e del 1830—31 (Florenz 1879); Chateaubriand, Journal d'un conclave, hrsg. von *Thomas* (Paris 1913); *M. Y. Durry,* L'ambassade romaine de Chateaubriand (Paris 1927); *R. Jacquin:* RevSR 31 (1957) 299—308; *R. Moscati:* RstRis 20 (1933) 257—274; *J. Marche* RHEF 48 (1962) 49—53; *R. Colapietra:* Critica storica 1 (1962) 517—541 636—661.

Die Restauration im Kirchenstaat: *M. Petrocchi,* La restaurazione, il card. Consalvi e la Riforma del 1816 (Florenz 1941); *ders.,* La restaurazione romana, 1815—23 (ebd. 1943). Zu nuancieren durch *A. Aquarone,* La restaurazione nello Stato pontificio ed i suoi indirizzi legislativi: ASRomana 78 (1955) 119—188. Auch *R. Colapietra,* La doctrina economica della Restaurazione romana (Neapel 1966; Textausgabe mit Einleitung). Ferner: Card. *B. Pacca,* Il mio secondo ministero, hrsg. von *A. Quacquarelli,* La ricostituzione dello Stato Pontificio (Città di Castello 1969) 160 ff; *Mollat* 128—150; *A. Ventrone,* L'amministrazione dello Stato Pontificio dal 1814 al 1850 (Rom 1942); *G. Cassi,* Il card. Consalvi ed i primi anni della Restaurazione pontificia 1815—1819 (Mailand 1931); *M. Moscarini,* La Restaurazione pontificia nelle provincie di prima ricupera (Rom 1933); *F. Grosse-Wietfeld,* Justizreformen im Kirchenstaat in den ersten Jahren der Restauration, 1814—16 (Paderborn 1932); *E. Lodolini,* L'ordinamento giudiziario nello Stato pontificio: Ferrara viva (1959) 43—73; *ders.,* L'amministrazione periferica e locale nello Stato pontificio dopo la Restaurazione: ebd. (1959) 5—32; *G. Forchellini,* Un progetto di codice civile del 1818 nello Stato Pontificio: Scritti in onore di U. Borsi (Bologna 1955) 89—164.
Über die Geheimgesellschaften: *D. Spadoni,* Sette, cospirazioni e cospiratori nello Stato Pontificio all'indomani della Restaurazione (Macerata 1904); *G. Bandini,* Giornale e scritti politici clandestini della Carboneria Romagnola, 1819—21 (Rom 1908); *G. Leti,* Carboneria e Massoneria nel Risorgimento (Genua 1925) 98 ff; *A. Berselli:* L'apporto delle Marche al Risorgimento (Florenz 1961) 67—106; *A. Bersano,* L'abate Fr. Bonardi e i suoi tempi (Turin 1957); *G. De Caesaris:* RstRis 19/II (1932) 335—356.

Der Orbis catholicus im Jahre 1815

Bis zum Ende der napoleonischen Zeit blieb die katholische Kirche trotz der früheren Missionserfolge im wesentlichen eine europäische Kirche, begrenzt von dem alten Städteviereck Wien—Neapel—Cádiz—Brüssel.

In Afrika bestanden nur noch einige wenige missionarische Niederlassungen, in Senegal und Angola, und die unierten Kopten im Niltal zählten nur noch einige wenige Tausend. Die Gläubigen der anderen unierten Patriarchate des Nahen Orients waren, außer den fast 200 000 Maroniten des Libanon, kaum zahlreicher[3]. Indien hatte etwa 100 000 Katholiken mit orientalischem und 50 000 mit lateinischem Ritus; in Ostasien gab es, abgesehen von den Philippinen, wo ein Großteil der 1 500 000 Bewohner sich zum katholischen Glauben bekannte, und Annam, das 400 000 Christen und 180 eingeborene Priester zählte, erst einige 10 000 Christen in China und Korea, die überdies durch die Verfolgungen praktisch von Rom abgeschnitten waren.

Sogar die amerikanischen Kirchen stellten zahlenmäßig erst ein relativ schwaches Kontingent. In Nordamerika gab es unter den kinderreichen Franko-Kanadiern knapp 200 000 und in den Vereinigten Staaten erst 150 000 Katholiken. Unter den 15 bis 18 Millionen Bewohnern Lateinamerikas

[3] Genaue Statistiken für diese Zeit existieren nicht, es können deshalb nur Größenordnungen angegeben werden.

schließlich, die sich zum großen Teil um die Antillen konzentrierten, hatten viele Indianer und Mestizen das Christentum nur dem Namen nach angenommen.

Um 1815 gab es in Europa über 100 Millionen Katholiken (gegenüber 40 Millionen Orthodoxen, etwa 30 Millionen Protestanten, 9 Millionen Anglikanern und einigen Millionen Mohammedanern und Juden). Von diesen 100 Millionen lebten mehr als 60 Prozent in drei Ländern, die von der industriellen Revolution noch verhältnismäßig wenig berührt waren und in denen der Klerus trotz der wachsenden Bedeutung der Verstädterung noch hauptsächlich in der Vorstellungswelt der bäuerlichen Bevölkerung lebte: in Frankreich mit 28,5 Millionen (daneben 700000 Protestanten); im habsburgischen Kaiserreich mit 24 Millionen (fast 80 Prozent der Bevölkerung) und in Spanien mit 10 Millionen. Das Kräfteverhältnis zwischen diesen drei katholischen Mächten hatte sich jedoch seit 1789 gewandelt. Das besiegte Frankreich mußte für einige Zeit auf den Hegemonieanspruch in Europa verzichten, während Österreich im europäischen Direktorium führend war, und, was für die römische Politik bedeutsam war, in Italien starken Einfluß gewonnen hatte. Außer der Lombardei hatte es sich auch Ligurien und Venetien einverleibt und übte über die Herzogtümer im Zentrum der Halbinsel und auch nach dem Vertrag von Laibach (1821) über das Königreich von Neapel eine unverhüllte Herrschaft aus. Spanien dagegen, geschwächt durch die napoleonischen Kriege, durch dynastische Streitigkeiten und durch den Abfall seiner amerikanischen Kolonien, der sein altes „patronato" auf einen geringen Rest reduzierte, hatte viel von seiner kirchlichen Bedeutung verloren. In der Tat verblieben künftig nur zwei katholische Großmächte, Österreich und Frankreich, die sich meist als Rivalen gegenüberstanden.

Von den restlichen 40 Millionen Katholiken lebten 14 Millionen in den sieben unabhängigen italienischen Staaten, 3 Millionen in Portugal (das 1822 Brasilien verlor), annähernd 3 Millionen in Bayern und 4 Millionen (von 6 Millionen Einwohnern) im Königreich der Niederlande. Den Rest bildeten Minderheiten in den nichtkatholischen Staaten: 4 Millionen in Preußen, 1,5 Millionen in den anderen deutschen Staaten, 4,5 Millionen in Irland, das zum Vereinigten Königreich von Großbritannien gehörte, 3 Millionen im russischen Polen, 750000 in der Schweiz, 500000 in der Türkei, die fast zur Hälfte dem orientalischen Ritus zugehörte.

Diese neue Verteilung der Katholiken, wie sie sich aus den Grenzverschiebungen durch den Wiener Kongreß ergab, befriedigte den Heiligen Stuhl keineswegs. Mit großem Bedauern beobachtete er die Auflösung der geistlichen Fürstentümer in Deutschland, die er trotz seiner Interventionen nicht zu verhindern vermochte und die zur Folge hatte, daß mehrere Millionen Katholiken protestantischen Fürsten unterstellt wurden und daß sich die Staaten mit gemischter Religion im Verhältnis zum Ancien Régime um ein beträchtliches vermehrten. Der Heilige Stuhl bedauerte weiterhin die Inkorporierung der belgischen Katholiken in einen Staat mit protestantischer Führung und die Fortsetzung der Unterjochung der polnischen Katholiken unter eine orthodoxe Autokratie. Er zeigte sich ferner darüber beunruhigt, daß eine päpstliche Demarche, die dem traurigen Los der Christen im Ottomanischen Reich galt, unbeantwortet blieb, zumal dieses als eine Ordnungsmacht angesehen wurde. Schließlich konnte der Einfluß, den das mächtige Habsburgerreich, dessen Kirchenpolitik noch vom Josephinismus gekennzeichnet war, im Bereich der alten Republiken Genua und Venedig gewann, in Rom, wo die italienischen Probleme immer ein besonderes Interesse fanden, kaum Zustimmung hervorrufen.

Probleme und Möglichkeiten der katholischen Kirche

Die Anpassungsprobleme, die sich aus den durch die Grenzverschiebung entstandenen Veränderungen der kirchlichen Geographie ergaben, waren weder die einzigen noch die schwierigsten Probleme der Kirche. Am Ausgang einer Krise, die fast ein Vierteljahrhundert gedauert hatte, mußte überall neu begonnen werden. Für eine bestimmte Gruppe, die man in Frankreich die „Ultras" nannte, die aber in allen Ländern anzutreffen waren, bestand das Programm des Wiederaufbaus einfach in der Vernichtung der Revolution und ihres Werkes und in der Restauration der Ordnung von gestern; das Ancien Régime sollte auf einer doppelten Grundlage, der der Legitimität und der Gegenrevolution, wieder eingeführt werden. War ein solches Programm aber möglich, ja überhaupt wünschenswert?

Es ist erstaunlich, zu sehen, daß die neuen Institutionen der Verwaltung, der Justiz, der Finanzen, der Ökonomie und des Militärs trotz einiger oft mehr nomineller als wirklicher Änderungen jene Gestalt behielten, die die Franzosen ihnen gegeben hatten. Wo diese Gestalt dennoch zerstört wurde, sehnte man sie bald wieder zurück und setzte sie schon einige Jahre später durch revolutionäre Erhebungen wieder ein; mehr als einmal wurde sie sogar von Ländern, die keine französische Okkupation erlebt hatten, kopiert. Diese Institutionen waren die juridische Verwirklichung einer ökonomischen und sozialen Entwicklung, die unvermeidlich und nicht mehr rückgängig zu machen war. Dieser Prozeß verlief in den einzelnen Ländern mehr oder weniger schnell, hatte aber überall die Zerstörung der Strukturen des Ancien Régime und die Einrichtung einer Gesellschaft zur Folge, in der die Bourgeoisie, die die neuen Bestrebungen verkörperte, für ein Jahrhundert das Übergewicht haben sollte.

Parallel zu den sozialen Umschichtungen, denen die Kirche Rechnung tragen mußte, vollzog sich — und das war, von religiöser Warte gesehen, weit bedeutsamer — auch eine Umwälzung der Ideen. Man mußte sich deshalb fragen, ob es nicht unsinnig war, die Geister, die die Ideen der Freiheit und Gleichheit in sich aufgenommen hatten, mit Polizeigewalt zurückverwandeln zu wollen. War die Revolution auf diesem Gebiet wirklich nur ein gewaltsam herbeigeführtes Ereignis, oder mußte darin nicht vielmehr das Ergebnis einer Entwicklung gesehen werden, die bis in die Renaissance zurückreichte, und war es in diesem Fall klug, dem Lauf der Geschichte entgegentreten zu wollen? War denn überhaupt alles an diesen neuen Bestrebungen von innen heraus verkehrt, und gab es nicht auch neben all den Auswüchsen und Irrungen einen wenn auch ungeschickten Versuch, bestimmte Grundwerte zu fördern? Pius VII. hatte diesen Versuch, als er noch Bischof von Imola war, in seiner berühmten Weihnachtshomilie von 1797 über die Kirche und die Demokratie angedeutet. Aber nach den vorangegangenen schmerzlichen Erfahrungen, deren Opfer sie gewesen waren, waren 1815 nur wenige Männer der Kirche bereit, diesen Weg einzuschlagen; die meisten glaubten, in Verkennung der ökonomischen und sozialen Wurzeln der Revolution, in ihr die Erklärung für die Entfesselung satanischer Gewalten gefunden zu haben, und gefielen sich in einer trügerischen Sehnsucht nach den „guten Zeiten" der Christenheit, aus der sich noch jahrzehntelang die antimoderne Geisteshaltung eines Großteils des katholischen Klerus nährte. Vielfach sah man jedoch ein, daß das Ancien Régime der Kirche nicht nur Vorteile gebracht hatte: es verkörperte nicht nur in den protestantischen und orthodoxen Ländern die Herrschaft der Staatsreligion mit der Unterdrückung der Katholiken im Gefolge. Es bedeutete auch in den katholischen Ländern selber unter anderen Übeln den Gallikanismus und den Josephinismus; und diese Prinzipien blieben gerade in jenen Staaten, in denen die Reaktion triumphierte, lebendiger denn je: im Österreich Metternichs, im Frankreich der Bourbonen, in Spanien, im Königreich Neapel. So wurde sehr bald deutlich, daß die religiöse Gegenrevolution trotz der von gegenrevolutionären Laientheoretikern wie Haller und Bonald proklamierten These sich faktisch nicht genau mit der politischen Gegenrevolution deckte. Diese Diskrepanz wurde sehr bald sichtbar, als Pius VII. trotz der ablehnenden Haltung der meisten Regierungen die Gesellschaft Jesu wieder einsetzte und andererseits den Vorschlag, der Heiligen Allianz beizutreten, nicht annahm. Wenn diese Allianz auch zweifellos von einer größeren Religiosität inspiriert war, als dies die Historiker wahrhaben wollten[4], so entsprang sie dennoch einem Verständnis des Christentums, das zu wenig am Institutionellen orientiert war, um die römischen Autoritäten nicht zu beunruhigen; diese konnten sich nämlich kaum einen Plan für eine Aussöhnung der Völker vorstellen, in dem die Kirche nicht einen zentralen Platz einnehmen würde, und in Anbetracht der Tat-

[4] Vgl. dazu *E. Susini*, L'Allemagne religieuse au XIXe s. (Cours de Sorbonne 1959/60) I 97—107.

sache, daß alle drei Urheber dieses Planes von regalistischen Ideen durchdrungen waren, befürchteten sie, in primär politische Pläne verwickelt zu werden.

Nichtsdestoweniger hatte es sich gezeigt, daß die glühendsten Propagandisten der revolutionären Ideen Schüler der Philosophen des 18. Jh., also erklärte Gegner der Kirche, waren und blieben und daß überall dort, wo die Revolution erfolgreich war, die Kirche zu leiden gehabt hatte und die religiöse Praxis daniederlag. War deshalb die Erwartung gewisser Vorteile von einem Kompromiß mit der Revolution nicht ein Spiel der Selbsttäuschung? Das Dilemma, das sich durch das ganze 19. Jh. hindurch den Katholiken immer dramatischer stellte, zeichnete sich im Jahr 1815 noch nicht sehr deutlich ab, und selbst in Kreisen, die gewisse Konzessionen für angebracht hielten, sah man darin nur eine Politik des geringeren Übels und beschränkte sich im übrigen auf zweitrangige Aspekte der liberalen Forderungen. Der Groll vieler Leidtragender der revolutionären Unruhen vermischte sich mit der Überzeugung, daß zwischen den beiden Ideologien ein grundlegender Widerspruch bestand, und dies führte anfänglich dazu, daß die Katholiken mit dem Klerus an der Spitze fast vollzählig und ohne große Gewissenszweifel für die Gegenrevolution eintraten. Ihre einzige Unsicherheit bestand in der Frage, ob diese Gegenrevolution unversöhnlich oder aber mit einer gewissen taktischen Beweglichkeit durchzuführen sei.

Neben dieser grundsätzlichen Entscheidungsfrage bestanden jedoch auch Probleme praktischer Art. Die Kirche hatte in zahlreichen Ländern den größten Teil ihrer Güter verloren. Wenn diese Verarmung auch als eine Reinigung von Vorteil war, so stellte sich doch die Frage nach der künftigen Finanzierung der Seminare, Schulen, caritativen Einrichtungen und apostolischen Unternehmungen. Fast überall, und auch in Rom, war die kirchliche Verwaltung von Grund auf zerstört, ihre Archive waren zerstreut, ihre Verbindungen weitgehend unterbrochen. Außerdem hatte der Klerus nicht nur in vielen Ländern seine frühere privilegierte Stellung verloren, sondern auch der Nachwuchs hatte sich in verschiedenen Gegenden sehr vermindert, und das Problem der Nachfolge stellte sich in aller Schärfe. Auch die religiösen Orden, diese so wertvolle apostolische Hilfe, waren zutiefst in Mitleidenschaft gezogen.

Eine weitgehende Neugestaltung war also notwendig. Aber mehr noch als die Diözesanverwaltungen hatte die Revolution die Geister verwirrt. Die von den Soldaten und Funktionären des Kaiserreiches in ganz Europa verbreiteten neuen Ideen hatten die Grundlagen der traditionellen sozialen und politischen Ordnung in Frage gestellt und gleichzeitig die Krise des europäischen Bewußtseins verschärft, die sich seit einem Jahrhundert angebahnt hatte. Gewiß hielt die Kirche die ländlichen Massen noch immer fest in der Hand; dies hatte sich noch nach dem Aufstand der Vendée, im Bauernkrieg in Belgien, in der Erhebung der neapolitanischen „sanfedisti“, in der Revolte Spaniens gegen Napoleon und beim Tiroler Aufstand, bei dem der Klerus maßgebend beteiligt war, gezeigt. Aber die intellektuelle Jugend war aufgerüttelt worden. Durch die plötzliche Befreiung von der strengen Kontrolle, die die Kirche durch die Bücherzensur oder die Inquisition über sie ausgeübt hatte, waren viele ins entgegengesetzte Extrem verfallen. Es kam zu zahlreichen Glaubenskrisen, die durch eine allgemeine Lockerung der Sitten begünstigt wurden. Es genügte also nicht, die Pfarreien und Klöster wieder zu öffnen, sondern es bedurfte vor allem einer Heilung der Seelen.

Um dieser großen Aufgabe gerecht zu werden, verfügte die Kirche glücklicherweise über mehrere bedeutende Hilfsmittel. Neben dem geistigen Vorteil, den die Säkularisation der Kirchengüter mit sich brachte, da sie die unheilvolle Vermischung rein kirchlicher und aristokratischer Strukturen des Ancien Régime aufhob, konnte der Katholizismus nun auf die Mitwirkung der öffentlichen Hand rechnen, und auch die Bewußtseinsänderung in den führenden Schichten wirkte sich günstig aus. Einerseits waren die Herrscher wie auch die Regierungen im Augenblick der Wiederherstellung der alten Ordnung überzeugt, daß der Altar den sichersten Schutz des Thrones gewährleiste und daß die Kirche unter den wieder einzusetzenden traditionellen Institutionen eine Vorrangstellung erhalten müsse. Da aber gerade die Institutionen zur Erhaltung der Religion der Massen von größter Bedeutung waren, mußte die Kirche, zumindest für den Augenblick, einen möglichst großen Vorteil aus dem Wohlverhalten der Staatsgewalt ziehen. Da die Kirche auf diese Weise mit den reaktionären Kräften gemeinsame Sache machte, riskierte sie zwar, die jungen und dynamischen Elemente abzustoßen und sie endgültig den Ideen der Revolution auszuliefern. In der Atmosphäre des Augenblicks jedoch, da viele sowohl aus dem Volk als auch aus den höheren Schichten von dem „Schrecken der Schreckenszeit" (B. Croce) befallen waren, war es nicht leicht, sich Rechenschaft zu geben über die Macht der Zukunft, die diese jungen Elemente verkörperten; der Klerus war jedenfalls in seiner Weitsicht getrübt durch die trügerische Hoffnung, mit Hilfe der gegenrevolutionären Regierungen eine neue christliche Gesellschaft erwecken zu können, und andererseits durch die unmittelbaren Vorteile, die er in dieser Hilfe für die Seelsorge fand und die zweifellos die rasche Wiedererrichtung der kirchlichen Kader begünstigte.

Die Zeichen einer religiösen Erneuerung, wie sie in Frankreich seit der napoleonischen Zeit sichtbar wurden, zeigten sich nun in allen Ländern. Das Phänomen war übrigens allgemein sichtbar, und die zahlreichen Reversionen zum Glauben und zur religiösen Praxis auf katholischer Seite hatten ihre Entsprechung in der protestantischen Welt in den Erweckungsbewegungen; auch erhoben sich von beiden Seiten Stimmen, die den Zusammenschluß der Christen gegen die „Aufklärer" propagierten. Die Zerrüttung und das Leid der zwanzig Jahre voll Elend und Unsicherheit hatten doch viele

Menschen nachdenklich gemacht und sie in der Religion Trost suchen lassen, aber ebenso und tiefgreifender an der Richtigkeit der rationalistischen Aufklärungsideologie, die man für die Katastrophe verantwortlich machte, zweifeln lassen. Fast überall wandte man sich vom Fortschrittsgedanken ab, um zur Tradition zurückzukehren, einer Tradition, die im katholischen Mittelalter gründete und deren Einfluß sogar in protestantischen Kreisen wirksam wurde, wo eine Reihe von aufsehenerregenden Konversionen zur römischen Kirche stattfand.

Die Veränderung des intellektuellen Klimas, herbeigeführt von den französischen gegenrevolutionären Denkern, deren Einfluß auf ganz Europa dem weltweiten Ansehen der Philosophen des 18. Jh. gleichkam, wurde noch verstärkt durch die Verbreitung der Romantik. Die tödlichste Waffe gegen die Kirche war ihre Herabsetzung durch die Schöngeister gewesen, die die Religion und im besonderen den Katholizismus als ein Zeichen intellektueller Mittelmäßigkeit und des Obskurantismus darstellten. Nun aber priesen Künstler und Schriftsteller im Gefolge eines Chateaubriand in Frankreich, eines Stolberg in Deutschland, eines Schlegel in Österreich, eines Manzoni in Italien das Christentum als Garanten einer hohen Kultur und die katholischen Riten als fruchtbare Quelle künstlerischer Inspiration. Die romantische Bewegung war nicht frei von Gefahren, da sie die Sittenlosigkeit und die Schwärmerei begünstigte, was das Mißtrauen vieler Kleriker ihr gegenüber erklärte, und weil sie überdies, selbst in der Form der „katholischen Romantik“, häufig den christlichen Glauben gegen eine Pseudomystik und eine vage Religiosität vertauschte, in der das Gefühl stärker beteiligt war als der Intellekt; sie war außerdem schlecht dazu geeignet, den Problemen des Positivismus, die bald das 19. Jh. charakterisieren sollten, die Stirne zu bieten. Für den Augenblick jedoch hatte die Kirche trotz allem wieder eine mächtige Unterstützung in dieser Gesinnungswandlung gefunden, die die Geister über den progressiven Rationalismus der Aufklärung hinweg zur Mystik und zu den überkommenen Traditionen des Mittelalters zurückführte.

Die oben angeführten Probleme stellten sich in der gesamten Kirche, vor allem jedoch in Rom, wo die Grundsätze festgelegt werden mußten, die nicht nur das Verhalten der Kirche überhaupt, sondern auch die Restauration der weltlichen Belange im Kirchenstaat im besonderen regeln sollten. Die römische Kurie sah sich 1815 in diesem Punkt in zwei Gruppen gespalten.

Die eine Gruppe, die sich um Consalvi scharte, die „politicanti“, und von ihren Gegnern in stark übertriebener Weise „liberali“ genannt wurden, setzte zur Realisierung der erstrebten katholischen Restauration vor allem auf politische Mittel; sie hatte daher auch jenen Sinn für die Wirklichkeit, der zu einer wirksamen politischen Aktion gehört. Sie hielt es einerseits für vorteilhaft, sich gewissen modernen Bestrebungen gegenüber aufgeschlossen zu zeigen oder ihnen zumindest nicht offen entgegenzutreten, solange der Glaube nicht betroffen war, andererseits zeigte sie im Bewußtsein der Vorteile, die die Kirche aus der Gunst offizieller Stellen ziehen konnte, Mäßigung in den Beziehungen zu den verschiedenen Regierungen, wobei sie eine zögernde Haltung oder gar ein teilweises Nachgeben den jurisdiktionalistischen Ansprüchen gegenüber vorzog, wenn um diesen Preis das gute Einvernehmen gewahrt werden konnte.

Die „politicanti" trafen auf die entschiedene Gegnerschaft der großen Mehrheit der Kardinäle und Prälaten, die der modernen Philosophie absolut feindlich gegenüberstanden und Gegner jeglicher modernen Institutionen, also Anhänger des Absolutismus in der Politik und der Rückkehr zu einer Staatsreligion waren, die aber gleichzeitig die Kirche frei von jeder Beeinträchtigung seitens der Regierung sehen wollten, ohne irgendeine Einmischung in die Ausübung ihrer Lehre und ihrer apostolischen Sendung.

Diese Gruppe der „zelanti", deren Anführer der greise Kardinal Pacca war, bestand aus Konservativen, die psychologisch und soziologisch den alten Formen und Privilegien verbunden blieben und ihr Vertrauen mehr auf die Gewalt und auf Zwangsmaßnahmen als auf Ermahnungen und auf die friedliche Macht von Nachsicht und Toleranz setzten. Viele Historiker sind jedoch in den Fehler verfallen, sie nur unter diesem einen Aspekt zu sehen. In Wirklichkeit waren sie weit mehr von religiösen Erwägungen als von einer reaktionären Geisteshaltung angetrieben. Es waren anspruchslose Männer, deren Frömmigkeit bisweilen in Bigotterie umschlug. Ihr Hauptinteresse galt der Seelsorge, sie waren unerbittlich in moralischen Dingen und unerschütterlich in Glaubensfragen. Sie glaubten, daß der „moderne Geist", der hinter den Forderungen der Liberalen stand, im Grunde nur die Weiterentwicklung der Prinzipien der protestantischen Reformation sei und daß jedes, auch das geringste Zugeständnis der Häresie Tür und Tor öffnen würde. In ihrem Bemühen, die Gesellschaft den Forderungen der Religion entsprechend umzuformen, waren sie überzeugt, daß die kirchliche Macht, in der sich Gott auf Erden repräsentierte, über der der Fürsten stehe, da diese ja nur Diener Gottes und seiner Kirche seien. Sie waren außerdem überzeugt, daß der Sieg der wahren Religion, den die Menschen schwachen Glaubens mit den Mitteln menschlicher Diplomatie herbeiführen zu müssen glauben, nur in der Hoffnung auf die Hilfe der Vorsehung erwartet werden dürfe. Deshalb stützten sie sich lieber auf die religiösen Orden als auf jene Kleriker, die allzusehr in Kontakt mit der Welt standen. Sie waren ferner der Ansicht, daß die Kompromisse, die die Kirche im Laufe des 18. Jh. mit dem „Neuen Geist" geschlossen habe, ihr kaum Erfolg gebracht hätten und also fortan eine unnachgiebige Haltung angebracht sei. Mit der überlegenen Sicherheit jener, die sich auf der Ebene der Prinzipien bewegen und dazu neigen, in den menschlichen Angelegenheiten nur noch das Übernatürliche wirksam zu sehen, traten sie außerordentlich streng gegen jene auf, die nicht wie sie selbst dachten, und betrachteten sie als Verräter der Religion; einige gingen sogar so weit, sie als Freimaurer zu bezeichnen[5].

Im Laufe der Jahre jedoch bildeten sich im Lager der unerbittlichen Gegner jeder Konzession an den Liberalismus und den kirchenpolitischen Gallikanismus zwei Richtungen heraus, die in einem gewissen Grad dem Unterschied zwischen den Generationen entsprachen: Die Anhänger der einen Richtung blieben im wesentlichen Menschen des 18. Jh., erstarrt in ihrer ängstlichen ablehnenden Haltung gegenüber dem Jansenismus und demokratischen Jakobinismus, Verfechter einer vollständigen Rückkehr zu einer idealisierten Vergangenheit, die die Lösung in einer engen Zusammenarbeit zwischen Fürsten und kirchlichen Autoritäten sahen, mit einer absoluten Unterordnung der weltlichen Macht unter die der Kirche. Die Anhänger der zweiten Richtung jedoch, die am Ursprung der neuen ultramontanen Bewegung standen, zögerten nicht, den Gebrauch bestimmter moderner Methoden zur Realisierung ihres Ideals zu empfehlen; enttäuscht von dem beharrlichen Jurisdiktionalismus der Höfe, und aus der Erfahrung, daß die Kirche in ihrem Widerstand gegen Napoleon die Unterstützung der Massen gefunden hatte, empfahlen sie eine aktive christliche Rückeroberungspolitik, die sich auf das Volk stützen und sich mehr der Presse und der Laienverbände als polizeilicher Maßnahmen bedienen sollte, um die Gewissen direkt zu beeinflussen und die wahren Prinzipien einzuschärfen, die einer Restauration der Gesellschaft in christlichem Sinne zugrunde liegen sollten[6].

Die drei Restaurationspäpste

Pius VII. war eine religiöse Natur von einer geistigen Strahlkraft, die weit über die Grenzen der Kirche hinausreichte, und in seinen apostolischen Pflichten von äußerster Gewissenhaftigkeit. Er zeigte Verständnis für das Anliegen der „zelanti" und zögerte nicht, neue Verdammungsurteile gegen die Freimaurer, in denen er die Verkörperung der antichristlichen Philosophie erblickte, zu erlassen[7] und vor den Bibelgesellschaften[8] zu warnen, deren protestantischer Ursprung sie der Verbreitung des Indifferentismus verdächtig machte. Mit Klugheit und Taktgefühl versuchte er, die Verbindungen des Klerus der verschiedenen Nationen mit Rom wieder enger zu knüpfen. Er war außerdem bemüht, die Äußerungen des religiösen Lebens

[5] Vgl. V. *Giuntella*, Profilo di uno zelante, Mgr. B. Gazzola: RstRis 43 (1956) 413—418.

[6] Vgl. R. *Colapietra* a. a. O. 36—55 240—241 247 255—256.

[7] Bulle vom 21. 9. 1821 (BullRomCont XV 446—448).

[8] Breven vom 29. 6. und 3. 9. 1816 (ASS IX 580—587). Die erste katholische Bibelgesellschaft war 1805 in Regensburg vom Seminarregens Wittmann gegründet worden. Über den Einfluß der Zustände in Polen und Rußland auf die Verurteilung s. *Boudou* I 110 bis 123.

wieder neu zu beleben. Wo es ihm möglich war, förderte er die Organisation der Pfarrmissionen und sorgte sich um Exerzitien für den Klerus. Durch Gewährung von Ablässen begünstigte er die Gründung von Bruderschaften, und er ermutigte zu Prozessionen und Wallfahrten. Er vermehrte die Zahl der Marienfeste und regte neue Heiligsprechungsprozesse an, in der Überzeugung, daß die heldenhaften Tugenden der Heiligen den einfachen Gläubigen zur Nachahmung anspornen würden. Seine Fähigkeiten waren schon seit Beginn seines Pontifikats zutage getreten: seine umfassende Bildung und wache Intelligenz, verbunden mit einem konzilianten Geist; sein Mißtrauen den Systematikern gegenüber; sein Sinn für ein angemessenes Urteil, das es ihm ermöglichte, die wesentlichen Punkte zu erkennen und sie unter Vernachlässigung der Einzelheiten mit Nachdruck zu vertreten; sein Realismus, der ihn trotz seiner Achtung vor der Tradition dazu befähigte, das, was an den modernen Institutionen gut war, zu akzeptieren. Hinsichtlich der Regierung des Kirchenstaates wie auch in der Orientierung der Kirchenpolitik in den verschiedenen Ländern stimmte er mit der von Consalvi vertretenen Tendenz überein. So überließ er Consalvi, besonders von dem Zeitpunkt an, als er das Alter von 70 Jahren überschritten hatte, häufig die Initiative auf diesen Gebieten. Allerdings war seine Persönlichkeit weit ausgeprägter, als oft behauptet wurde, und er war auch für andere Strömungen aufgeschlossen; so konnte er, wenn er es im Interesse der Religion für erforderlich hielt, in einer Weise sich einmischen, die die Aufgabe seines Ministers oft erschwerte.

Gestützt durch das Vertrauen seines Souveräns und im Genuß des hohen Ansehens, das er wegen seiner weisen und gemäßigten Ansichten selbst bei nichtkatholischen Politikern fand, leitete Consalvi von 1815 bis 1823 mit bewundernswerter Geschicklichkeit die Kirchenpolitik praktisch ganz allein. Getreu seiner Ausbildung, die in der Tradition der großen römischen Kanonisten des vorhergehenden Jahrhunderts erfolgte, blieb er bei seiner Überzeugung von der Unverrückbarkeit der irdischen Souveränität des Papstes und der Verbindung von Thron und Altar in den einzelnen Ländern. Gleichzeitig war er aber frei von jedem Vorurteil, für den Zeitgeist empfänglich und davon überzeugt, daß die Mehrzahl der Veränderungen, die das letzte Vierteljahrhundert in Europa gebracht hatte, nicht rückgängig zu machen sei. Er war deshalb bereit, auf viele konkrete Formeln des Ancien Régime zu verzichten und die Zweckmäßigkeit einer klareren Trennung der kirchlichen und weltlichen Interessensphären zuzugeben. Aus dieser Sicht erarbeitete er, fast als einziger in der damaligen römischen Welt, eine neue, den Umständen des 19. Jh. besser angepaßte Methode, um der Kirche ein Maximum an Handlungsmöglichkeiten im politischen Europa der Restauration zu sichern. Wenn er sich auch dem Werk der Gegenrevolution verband, dort, wo er sich — wie in Frankreich, Spanien oder Portugal — Vorteile daraus erhoffte, so zögerte er dennoch nicht, im Interesse der

Kirche gegenüber den verschiedenen Formen des Regalismus auf die neuen Freiheitsideen zu pochen oder in Ländern, in denen die Katholiken eine Minderheit bildeten, ihre rechtliche Lage zu verbessern. Consalvi erkannte auch, daß die Politik der Päpste des 17. und 18. Jh., die darin bestand, die Unterstützung der „katholischen Kronen" zu suchen, der neuen Situation Europas nicht mehr entsprach. Er bemühte sich, und das mit Erfolg, um eine Verbesserung der Beziehungen des Heiligen Stuhles zu England und Rußland, den beiden großen Siegermächten der napoleonischen Kriege. Er bemühte sich besonders um die Unterstützung durch Rußland, als es darum ging, den Einfluß Österreichs auf Italien zu mindern; es war ihm nämlich nicht verborgen geblieben, welche abstoßende Wirkung dieser Einfluß auf die patriotischen Bestrebungen der jüngeren Generation hatte. Consalvi erkannte trotz seiner grundsätzlich antiliberalen Einstellung die Gefahr, die in einer allzu bereitwilligen Annahme des Metternichschen Systems lag[9]. Seit dem Wiener Kongreß war ihm klar, daß der Geist der Revolution, obwohl man ihn zu ersticken suchte, dennoch durch alle Spalten drang, die durch die allzu große Geschäftigkeit übersehen wurden oder aber aus Nachsicht bestehen blieben; die größere Klugheit sollte künftighin darin bestehen, den neuen Geist zu leiten und in die rechten Bahnen zu lenken, um nicht schließlich erneut von ihm überschwemmt zu werden.

Aber Consalvi war im Heiligen Kollegium isoliert und wurde es mehr und mehr. Man warf dem autoritären und unermüdlichen Staatssekretär vor, alle Geschäfte in seinen Händen konzentriert zu haben. Einige „politicanti" hielten seine Bemühungen, sich dem österreichischen Einfluß zu entziehen, für irreal. Besonders aber die „zelanti" erhoben grundlegende Einwände gegen seine Politik. Sie kritisierten seine reformistische Orientierung in der Verwaltung des Kirchenstaates und die Aufrechterhaltung bestimmter, von den französischen Revolutionären eingeführter Maßnahmen. Sie bemängelten seine Schwäche den Regierungen gegenüber, die dem Gesichtspunkt der Kirche in ihrer Politik nicht voll Rechnung trugen, und den Abschluß von Konkordaten, die die von den Regierungen vorgenommenen Usurpationen nur bestätigen würden und die unter dem Deckmantel einer Friedensstiftung, die dem Heiligen Stuhl einen Teil seiner Rechte zurückgebe, zu neuen Forderungen ermutigen könnten. Der grundlegende Einwand jedoch, der bisher von vielen Historikern übersehen wurde, wandte sich gegen die Vorrangstellung, die der Staatssekretär der Diplomatie vor den eigentlich religiösen Belangen einräumte. Tatsächlich überwog bei ihm der Wunsch, die Beziehungen zu den nichtkatholischen Mächten, besonders England und

[9] Typisch ist beispielsweise seine Haltung während der Revolution in Neapel, wo er sich trotz des Drängens Österreichs, das Rom an einer gewaltsamen Repression beteiligen wollte, sehr nuanciert verhielt. Siehe: *J. H. Brady*, Rome and the Neapolitan Revolution of 1820—21 (New York 1937); *S. Furlani:* Nuova Rivista storica 39 (1955) 465—491, 40 (1956) 14—47; *A. Tamborra:* AstIt 118 (1960) 190—211.

Rußland, zu verbessern, die Stellung des Papsttums im europäischen Zusammenspiel zu festigen[10] und vor allem die effektive Vertretung der Kirche bei den Regierungen institutionell zu sichern, gegenüber den Bemühungen um die Aufrechterhaltung der strengen Orthodoxie in Lehrfragen und die Ausübung eines unmittelbaren Apostolats beim christlichen Volk. Als Pius VII. starb (20. 8. 1823), zeigten sich daher die „zelanti", die im Konklave eine Mehrheit bildeten, entschlossen, jedem den Weg zu versperren, der nicht bereit war, Consalvi aus seiner Stellung zu entfernen und der religiösen Restauration unter nachdrücklicher Hervorhebung der Rechte der kirchlichen Macht den Vorrang einzuräumen. Vergeblich versuchte die „Partei der Kronen", die unter der Leitung des Kardinals Albani stand, aber durch die Spaltung zwischen Frankreich und Österreich geschwächt war, die Kandidatur Castiglionis, eines gemäßigten „zelante", in den Vordergrund zu schieben; die Mehrheit befürchtete, daß es zu keinem genügenden Bruch mit der Richtung Consalvis kommen würde. So vermehrten sich trotz eines mit aller Härte geführten Kampfes, der sich über drei Wochen hinzog, die Chancen des unnachgiebigen Severoli von Tag zu Tag. Als aber Österreich gegen ihn wegen seiner Haltung zur Wiener Politik sein Veto einlegte, siegte am 28. September der von ihm benannte Kandidat Della Genga, der die Kirche als Leo XII. bis Anfang des Jahres 1829[11] regieren sollte.

Leo XII., relativ jung, aber vor der Zeit verbraucht, war ein strenger und frommer, einfacher und guter Mann, der über eine ungewöhnliche moralische Kraft verfügte. Er wurde von seinen pastoralen Verpflichtungen in seiner Diözese Rom sehr in Anspruch genommen. Von einem rigorosen „aktiven Reformgeist" (Wiseman) beseelt, zog er sich sehr bald das Mißfallen jener zu, deren Gewohnheiten er störte, da er der Kurie und der Kirche eine mehr religiös bestimmte und den Forderungen der Politik weniger unterworfene Ausrichtung geben wollte. Gleichzeitig plante er die dringend notwendige Anhebung des Niveaus der kirchlichen Studien. Unglücklicherweise bestand jedoch eine gewaltige Diskrepanz zwischen den Führungs- und staatsmännischen Fähigkeiten dieses ehemaligen Diplomaten, der in seinen verschiedenen Ämtern kaum je erfolgreich war, und dem Grad seiner

[10] Das Interesse der großen Mächte für das Konklave 1823 ist ein Beweis für den Erfolg seiner Bemühungen.

[11] Annibale Della Genga wurde am 22. 8. 1760 als Sohn einer adeligen Familie in der Umgebung von Spoleto geboren. Pius VI. war auf ihn aufmerksam geworden und hatte ihn 1794 zum Nuntius in Köln ernannt und anschließend mit der Nuntiatur in Bayern betraut, dann mit Missionen in Wien und Rastatt. Pius VII. hatte ihm ebenfalls mehrere diplomatische Missionen anvertraut und ihn mit Konkordatsverhandlungen mit den Höfen von Bayern, Baden und Württemberg beauftragt. Consalvi machte ihm 1814 schwere Vorwürfe wegen des Scheiterns seiner Verhandlungen bezüglich Avignon; Genga zog sich daraufhin in seine Abtei Monticelli zurück. Im Jahre 1820 war er Kardinalvikar geworden. Vgl. *R. Colapietra,* La formazione diplomatica di Leone XII (Rom 1966) und *A. F. Artaud de Montor* a. a. O.

persönlichen Tugenden und seines Eifers. Stets zögernd und zu leicht von Ratgebern beeinflußbar, die sein Vertrauen nicht verdienten, dazu ohne die erforderliche Geschicklichkeit, hatte er nicht das Format, die sehr delikate Lage, in der sich die Kirche damals befand, zu meistern. So hinterließ er trotz einiger klarblickender Einsichten den Eindruck einer etwas blassen Figur, die nicht in der Lage war, die Ereignisse zu steuern.

Da die „zelanti" Leo XII. gewählt hatten, um dem consalvischen System ein Ende zu bereiten, betrachteten ihn viele Historiker als bloßen Reaktionär; dieses Urteil war jedoch allzu einseitig und hatte nur die Tatsache im Auge, daß er vor allem in den letzten Jahren seines Pontifikats den Kirchenstaat nach veralteten Methoden, paternalistisch und polizeimäßig verwaltete. Die Wirklichkeit war jedoch viel nuancierter und vor allem komplexer.

Die ersten Handlungen des neuen Papstes schienen zwar einen klaren Bruch mit der Haltung der vorhergehenden Regierung anzukündigen: rücksichtslose Ungnade gegenüber Consalvi und Neubildung einer von den Wählern des neuen Papstes geforderten Staatskongregation, die nun aus erklärten Feinden Consalvis bestand und den Papst in allen politischen und religiösen Fragen zu beraten hatte. Aber schon die Wahl des betagten Kardinals Della Somaglia (1744—1830) zum Staatssekretär, eines Mannes ohne Weitblick, aber an der „extremen Linken des Zelantismus" (Colapietra) stehend, bezeichnete das Bemühen Leos XII., sich nicht dem Bund der Intransigenten hörig zu machen, der diese Nominierung sehr mißbilligte. Nach knapp drei Monaten schon berief der Papst zur allgemeinen Verwunderung Consalvi, um ihn um seine Meinung zur Lage der Kirche zu befragen [12], und ernannte ihn nach dieser Begegnung zum Präfekten der Kongregation für die Glaubensverbreitung, der er in seinem apostolischen Eifer und in seiner Sorge um die Aufrechterhaltung des Kontaktes mit den nichtkatholischen Ländern besondere Bedeutung zumaß. Diese sensationelle Rehabilitierung fiel übrigens genau in die Zeit, in der die neugeschaffene Staatskongregation an Bedeutung verlor. Zwar zeigten Maßnahmen wie die scharfe Verurteilung des Indifferentismus und der Toleranz in seiner ersten Enzyklika, die Verstärkung der Wachsamkeit des Index und des Heiligen Offiziums, die Gunstbezeigungen den Jesuiten gegenüber, die mehr religiös als politisch motivierte Wahl der neuen Kardinäle oder auch die Entscheidung, das Heilige Jahr 1825 trotz des allgemeinen

[12] Die Ratschläge Consalvis betrafen folgende Punkte: die immer stärkere Annäherung an Frankreich wegen seines Einflusses in der Levante; Klugheit in der Gastfreundschaft gegenüber der Familie Bonapartes; die Nützlichkeit des Heiligen Jahres 1825; die Haltung, die man den neuen spanisch-amerikanischen Republiken gegenüber einnehmen wollte; das Mißtrauen gegen die Projekte des Erzbischofs von Mogilew und die Möglichkeiten einer Annäherung an die russische Kirche; schließlich die Emanzipation der englischen Katholiken.

Widerstandes der Staatskanzlei festlich zu begehen, daß der Papst nicht ins Lager der „politicanti" übergewechselt war; diese Haltung wurde auch deutlich in seiner Absicht, den „Paßgängertribut", ein Symbol für das Vasallentum des Königs von Neapel dem Heiligen Stuhl gegenüber, wieder in Kraft zu setzen, oder auch in dem erstaunlichen Brief vom 4. Juni 1824 an den König von Frankreich[13], in dem er ihm vorwarf, den Klerus nicht genügend zu fördern und eine Gesetzgebung noch nicht geändert zu haben, „die von den Maximen und der unglücklichen Zeit der Revolution bestimmt sei". Gleichzeitig, besonders aber nach dem Tode Severolis (8. 9. 1824), neigte Leo XII. immer deutlicher zu einer unabhängigeren und gemäßigteren Politik und begann bestimmte Angelegenheiten ohne das Wissen seines Staatssekretärs unter Mithilfe des vormaligen Sekretärs Consalvi zu behandeln. Aus eigenem Antrieb nahm er die Konkordatspolitik Consalvis wieder auf und bezog nach einem Augenblick des Nachgebens gegenüber dem Drängen des sehr reaktionären Botschafters von Spanien eine verständnisvolle Haltung gegenüber Lateinamerika.

Kann dann Leo XII. jedoch als ein echter „zelante" angesehen werden? Gewiß, weil es auch unter diesen viele Abstufungen von der äußersten Strenge eines Severoli bis hin zu dem im 18. Jh. gebräuchlichen Empirismus eines Della Somaglia gab[14]. Della Genga stand, wie Pacca, in der Mitte zwischen diesen beiden Extremen. Er vereinigte den Rigorismus in religiösen Dingen mit der Mäßigung in den Beziehungen zu den Regierungen. Seine Bemühungen galten der Stärkung des klerikalen Einflusses in der Verwaltung des Kirchenstaates, einer engeren Angliederung der Klöster an das apostolische Wirken der Kirche, der Einführung eines strengeren Lebensstils und einer besseren theologischen Ausbildung des Klerus, der Förderung aller Initiativen, die den religiösen Geist der Massen erwecken und das Eindringen des christlichen Gedankengutes in die Gesellschaft begünstigen könnten, dem Widerstand in Wort und Tat gegen den liberalen Indifferentismus und dem Versuch, den katholischen Herrschern ihre Pflichten Gott und der Kirche gegenüber ins Gedächtnis zu rufen. Gleichzeitig war er sich aber auch bewußt, daß die religiöse Spaltung Europas und die nachrevolutionären Gegebenheiten traditionelle Lösungen, wie sie für die mittelalterliche Christenheit angebracht waren, hinfällig machten, und er bezog diese Tatsache in seine Rechnung ein. Er wußte um die Gefahren, die eine Brüskierung der Inhaber der Macht nach sich ziehen konnte, und er besaß genügend Erfahrung, um zu begreifen, daß in den Beziehungen zu ihnen Mäßigung im allgemeinen lohnender sei als Starrheit[15]. Um jedoch die Politik Leos XII. in all ihren Variationen verstehen zu können, muß der vorher-

[13] Abgedruckt bei *A. F. Artaud de Montor* a. a. O. I 234–239.

[14] Siehe die Analyse von *R. Colapietra:* AstIt 120 (1962) 82–84.

[15] Symptomatisch ist seine 1828 abgegebene Erklärung hinsichtlich seiner maßvollen Einstellung gegenüber den Verordnungen Martignacs, die sich gegen die Knaben-

gehenden Betrachtung eine zweite folgen, die erst jüngst von Colapietra ins Bewußtsein gebracht wurde. Wenn der Papst als Kardinal Della Genga noch den gemäßigten Standpunkt eines Pacca geteilt hatte, so unterlag er bereits während der ersten Jahre seines Pontifikats dem starken Einfluß der jungen ultramontanen Generation und im besonderen dem des P. Ventura. Diese „zelanti" einer neuen Art waren überzeugt, daß nach dem unwiderruflichen Zerfall der politischen und sozialen Strukturen des Ancien Régime die große Chance der Kirche darin bestehe, durch ihr intellektuelles und spirituelles Ansehen den Geist der neuen führenden Klassen zu beeinflussen, statt alle Hoffnungen auf die Unterstützung der katholischen Fürsten zu setzen; ferner daß das Papsttum und nicht, wie Metternich glaubte, die Regierungen die religiöse und soziale Restauration Europas herbeiführen müsse, indem es sich als der geistige Führer der Menschheit präsentiere und sich nicht mehr auf das politische Geschehen, sondern auf das stütze, was später „katholische Aktion" genannt wurde. Einen Augenblick lang war Leo XII. von diesen Ansichten gefangen, und in diesem Geiste verfaßte er seine ersten Enzykliken „Ubi primum" und „Quo graviora"[16] und rief das Heilige Jahr 1825 aus, das Gelegenheit dazu bieten sollte, den Kontakt zwischen dem Papst und dem christlichen Volk wiederherzustellen. In diesem Zusammenhang ist auch der Plan zu sehen, ein Konzil der italienischen Bischöfe nach Rom zu berufen, um den apostolischen Initiativen des Papstes mehr Gewicht zu geben[17], wie auch der herzliche Empfang, der Lamennais anläßlich seiner Romreise zuteil wurde, als Leo XII. ernsthaft erwog, ihn als Experten zu diesem Konzil einzuladen[18].

Leo XII. wollte sich aber nicht bis zum Letzten nach dieser Richtung engagieren, in der er zwar Zukunftsmöglichkeiten erblickte, die ihm jedoch zu sehr mit Risiken belastet schien. Auf die Völker mehr als auf die Könige zu setzen, hieß das nicht, das Aufkeimen von Revolutionen begünstigen? Es war auch die Frage, ob sich der Heilige Stuhl dabei nicht zu sehr isolieren würde, um so mehr, als die verschiedenen europäischen Episkopate den Bewegungen ultramontanen Ursprungs mehr als reserviert gegenüberstanden. Seit dem Ende des Jahres 1826 zeigten die Entfernung Venturas von seinem Lehrstuhl[19], der Aufstieg Cappellaris, die Ernennung Lambruschinis zum

seminare in Frankreich richteten: „Dies ist vielleicht nicht die Sprache eines Papstes der zelanti, aber alle Entscheidungen, die ich in meiner politischen Laufbahn gefällt habe, und der Wunsch, sie auf die Situation, in die mich Gott gestellt hat, ohne Zaudern anzuwenden, haben mir bewiesen, daß der Friede der Kirche nur mit diesem System der Mäßigung gewahrt werden konnte" (zitiert von *Leflon* 395).

[16] BullRomCont XVI 45—49 (5. 5. 1824) und *Roskovany* II 240ff (13. 3. 1825).

[17] Siehe: Memoriale del Card. Pacca a Leone XII dell' 11. 4. 1825 sul projetto di convocare un concilio romano, hrsg. von *P. Perali* (Rom 1928).

[18] Über eine eventuelle Erhebung Lamennais' zum Kardinalat s. S. 282 Anm. 16.

[19] *R. Colapietra,* L'insegnamento del P. Ventura alla Sapienza: Regnum Dei 17 (1961) 230—259.

Nuntius in Paris, die Mission Bernettis beim Zaren, der als der eigentliche Vertreter der etablierten Ordnung galt, daß der Papst den von Lamennais und seinen Bewunderern vorgezeichneten Weg aufgab, um zu der von Metternich, Villèle und Nesselrode gewünschten Politik zurückzukehren, das heißt also zur Kollaboration des Heiligen Stuhles mit den konservativen Mächten, um eine gemeinsame Front gegen den Aufstieg des Liberalismus zu formieren. Diese in zunehmendem Maß politische und defensive Orientierung seines Pontifikats, der im Zeichen religiöser Erneuerung und der apostolischen Rückeroberung begonnen hatte, verschärfte sich noch, als im Juni 1828 Della Somaglia durch Bernetti als Staatssekretär abgelöst wurde, den Consalvi einst sehr geschätzt hatte. Aber Leo XII. hatte nur noch wenig Gelegenheit, von diesem neuen Mitarbeiter zu profitieren. Beständig krank, starb er am 10. Februar des darauffolgenden Jahres, auf dem Gipfel der Unpopularität, vom römischen Volk verachtet, das seine Bemühungen um moralische Reformen kaum gewürdigt hatte; verachtet auch von den Liberalen, die ihn einen der Heiligen Allianz hörigen Tyrannen nannten, während die enttäuschten „zelanti" ihm nicht verziehen, daß er sich von ihrer Partei zurückgezogen hatte.

Im Konklave von 1829, das sich vom 23. Februar bis zum 31. März erstreckte, standen sich, wie schon 1823, „politicanti" und „zelanti" gegenüber. Letztere waren jedoch, wenngleich in der Überzahl, so doch durch die Unpopularität des verstorbenen Papstes in ihrem Ansehen geschwächt. Es fehlte ihnen außerdem die feste Einheit, die ihnen beim letzten Konklave die gemeinsame Feindschaft gegen Consalvi gegeben hatte. Die „politicanti" dagegen verstanden es unter der klugen Leitung des Kardinals Albani und mit der Unterstützung der Botschafter der katholischen Mächte, die sich dieses Mal geeinigt hatten, einen genügend großen Block zu bilden, um De Gregorio, den Kandidaten der „zelanti", auszuschalten und diese dazu zu zwingen, die Wahl Francesco Saverio Castiglionis [20], den sie 1823 zurückgewiesen hatten, zu dulden.

Schon durch die Wahl des Namens bekundete **Pius VIII.** seine Absicht, die Tradition dessen aufzunehmen, der ihn als seinen Nachfolger gewünscht hatte. Es blieb ihm jedoch nicht die Zeit, sich zu bewähren. Schon bei seiner Wahl im Alter von 67 Jahren war er ernstlich krank und starb am 30. November 1830 nach einer Regierungszeit von nur 20 Monaten. Als Seelsorger und rechtgläubiger Mensch hatte er sich mehr mit den Nachwehen des Jan-

[20] Geboren am 20. November 1761 als Sohn einer adeligen Familie des Kirchenstaates, hatte er eine vornehmlich kanonistische Ausbildung erhalten. Seine ersten Erfahrungen in der Diözesanverwaltung machte er bei pflichteifrigen Bischöfen, er wurde schließlich im Jahr 1800 selbst Bischof von Montalto. Von Napoleon von 1808 bis 1814 exiliert, wurde er nach Cesena versetzt und 1816 zum Kardinal ernannt. 1821 wurde er Großpönitentiar und Präfekt der Indexkongregation; in seiner Amtsführung war er immer um einen Ausgleich bemüht.

senismus als mit den neuen Problemen, die die Aufmerksamkeit der jungen Generation in Anspruch nahmen, beschäftigt und sich wenig für politische Fragen interessiert. Durch seine Ausbildung stand Castiglioni der Bewegung der „zelanti" nahe, aber er hatte mehr zu der geschmeidigen Politik, die Consalvi sowohl innerhalb des Kirchenstaates als auch in seinen Beziehungen zu den fremden Regierungen führte, geneigt. Dabei blieb er sich auch als Papst treu: Er stand unbeugsam zu seinen Grundsätzen und zur Verteidigung der Rechte der Kirche. Dabei wußte er wohl den Zufälligkeiten Rechnung zu tragen und war in untergeordneten Fragen zu Konzessionen bereit und in ausschließlich politischen Dingen konziliant, wie es seine Haltung zu den in Deutschland auftauchenden Problemen der Mischehen und der „kirchlichen Pragmatik" zeigte, oder auch in seiner gegen den Rat des Großteils seiner Umgebung getroffenen Entscheidung, nach der Julirevolution von 1830 ohne Zögern Louis-Philippe als König der Franzosen anzuerkennen. In anderen Bereichen jedoch zeigte er sich weniger aufgeschlossen. In der Angelegenheit der früheren Diözesen des spanischen Amerika blieb er mehr als Leo XII. und Cappellari der legitimistischen Ansicht verhaftet. Er machte auch kein Hehl aus seiner feindlichen Haltung den Bewegungen nationaler Emanzipation gegenüber, die in den letzten Monaten des Jahres 1830 in Belgien, Polen und Irland ausbrachen. Hier war der Einfluß seines bedeutendsten Wählers, des Kardinals Albani, spürbar, der dem Österreich der Heiligen Allianz völlig ergeben war. Pius VIII. ernannte ihn zu seinem Staatssekretär und überließ ihm einen großen Teil der politischen Angelegenheiten, um sich selbst den religiösen Problemen zu widmen. Der Einflußnahme Albanis muß es auch zu einem Teil zugeschrieben werden, daß die Politik, der Pius VIII. in seinem Pontifikat Rechnung tragen zu müssen glaubte, nicht mehr die Kirchenpolitik war, in der Consalvi, der Vorläufer so vieler Kirchenmänner des 19. Jh., es zur Meisterschaft gebracht hatte, sondern einfach Politik, die dynastische Politik der rivalisierenden „Kronen" von Wien, Paris und Madrid. Dies verweist ihn auf diesem wie auch auf dem Gebiet der theologischen Kontroversen unter die Nachzügler des 18. Jh., die in der Restaurationsperiode noch so zahlreich waren. Sie waren gewiß hervorragende Geister, die keineswegs verdienten, ohne Unterschied als Reaktionäre eingestuft zu werden, denen aber darum nicht weniger die Problematik der neuen, aus der Folter der Revolution hervorgegangenen Welt unzugänglich blieb.

Die Restauration des Kirchenstaates

Der Kirchenstaat wurde als einziger unter den alten geistlichen Staaten vom Wiener Kongreß wiederhergestellt und erhielt sogar den internationalen Schutz Europas. Im Augenblick des Sturzes Napoleons waren die alliierten

Herrscher, die aus den jüngsten Erfahrungen die Überzeugung gewonnen hatten, daß die Unversehrtheit der geistlichen Macht in der Person eines souveränen Papstes eine wertvolle Garantie für die Ordnungsmächte darstelle, gern dazu bereit, ihn anzuerkennen. Aber die Staatskanzleien zogen diese Restauration zunächst nur für ein begrenztes Gebiet in Betracht und verwiesen darauf, daß die päpstlichen Provinzen, auf die der Papst im Vertrag von Tolentino verzichtet hatte, französisches Eroberungsgebiet seien, über das man frei verfügen könne. Es bedurfte der ganzen Geschicklichkeit Consalvis, um nach monatelangen Verhandlungen die fast vollständige Restitution des alten Gebietes zu erreichen[21].

Aber sogar dieser Erfolg sollte zu einer Quelle von Schwierigkeiten für die Päpste werden: Der am weitesten entwickelte Teil dieses kleinen Landes mit 2,5 Millionen Einwohnern, vor allem in den Bezirken der Romagna, die seit mehr als 15 Jahren von Rom getrennt waren, hatte Geschmack an den modernen Verwaltungsmethoden gewonnen und scheute vor der auch nur teilweisen Wiedererrichtung des archaischen vorrevolutionären Systems zurück. Es sei leichter, so wurde gesagt, die Göttinnen, die Napoleon in den päpstlichen Palästen hatte malen lassen, in Madonnen umzugestalten, als die Geister, besonders die Jugend, die nur das französische Regime gekannt hatte, umzuwandeln. Die immer wieder auftauchenden Schwierigkeiten sollten im Verlauf des folgenden halben Jahrhunderts zu einer zunehmenden Quelle der Sorgen werden, die häufig die Aufmerksamkeit der Päpste von wichtigen religiösen Problemen ablenkten.

Während Consalvi in Wien verhandelte, hatte man in Rom unmittelbar die Reorganisation des Staatskernes, in dem der Papst seine Herrschaft bereits ausübte, begonnen. Im Mai 1814 hatte Pius VII. diese Reorganisation einer Art provisorischer Regierung unter dem Vorsitz des Prälaten Rivarola übergeben. Dieser begnügte sich nicht damit, wie in allen Ländern, die zum französischen Kaiserreich gehört hatten, mit wenig Takt gegen die „Kollaborateure" des zerstörten Kaiserreichs vorzugehen, sondern er schaffte, was viel schlimmer war, durch das Edikt vom 13. Mai 1814 alle französischen Regierungsstellen ab, um die alte ungeheuer verwickelte Verwaltung wieder einzusetzen, und er stellte — ein einmaliger Fall im westlichen Europa — sogar die feudale Rechtsprechung der „Barone" wieder her.

Consalvi, der einen wachen Sinn für die historische Entwicklung hatte und der schon 1801 anläßlich der ersten Restauration der pontifikalen Macht die Unmöglichkeit einer totalen Ausschaltung der von den Jakobinern ein-

[21] Übereinkommen vom 12. 6. 1815. Die österreichischen und napoleonischen Behörden zeigten wenig Bereitschaft zur Durchführung der Bestimmungen des Vertrages, und die Verhandlungen über die Enklave von Benevent wie über die Räumung der nördlichen Provinzen zogen sich noch einige Jahre hin. Vgl. die unveröffentlichte Dissertation von *H. Breitenstein,* Metternich und Consalvi (Wien 1959) und für Benevent *A. Zazo:* Samnium 26 (1953) 1—32.

geführten französischen Institutionen betont hatte, protestierte bei Pacca scharf gegen diese wenig intelligente reaktionäre Politik. Diese Politik, die sogar in einem ziemlich rückständigen Gebiet, das nur eine kurze Zeit des napoleonischen Regimes erlebt hatte, Proteste hervorrief, war auf jeden Fall unanwendbar in den Provinzen „di seconda ricuperazione", die unter heftigen Kämpfen im Verlauf der Verhandlungen von Wien wieder zurückerobert worden waren, d. h. in den Marken und in der Romagna, die auf viel höherer Entwicklungsstufe standen. Am 5. Juli 1815 garantierte ihnen ein Edikt das vorläufige Inkraftbleiben des französischen Verwaltungssystems, mit Ausnahme jener Punkte, die dem kanonischen Recht widersprachen, wie auch die Beibehaltung aller Funktionäre.

Ein Jahr später, am 6. Juli 1816, erschien ein Motu proprio, das dem Kirchenstaat seine endgültige Form gab und damit die Dualität der Regierung beendete[22]. Es brachte für die administrative und gerichtliche Ordnung eine Reihe glücklicher Reformen, die, vom napoleonischen System inspiriert, auf eine Zentralisierung und Vereinheitlichung der Institutionen zielten und die Steuern zugunsten einer besseren Lastenverteilung reorganisierten. Dieser ernsthafte Versuch, die archaische Struktur des Kirchenstaates zu reformieren, mußte nach dem Ausscheiden des Staatssekretärs einen „Mythus Consalvi" hervorbringen, der zum Ursprung des „neoguelfismo" der folgenden Generation wurde. Die Tragweite dieser Reform darf jedoch nicht, wie so oft geschehen, überschätzt werden. Einerseits bedeutet der die Gesetzgebung betreffende Teil einen beträchtlichen Rückschritt, gemessen an der Erfahrung aus der napoleonischen Zeit, und auch die Veröffentlichung einer Zivilgerichtsordnung vom 22. November 1817, die vom französischen Gesetzbuch inspiriert war, konnte die Dinge, vor allem in der Praxis, kaum verbessern. Andererseits war Consalvi ein gemäßigter und offener Geist, aber er hatte nichts von einem liberalen Reformator an sich: er war ein Vertreter des aufgeklärten Despotismus und davon überzeugt, daß die Unabhängigkeit des Heiligen Stuhles, die die zeitliche Macht sichern muß, mit einer konstitutionellen Regierung, in der der Papst die Verantwortung der Macht mit seinen Untertanen teilen müßte, unvereinbar sei. So blieb trotz der auf dem Kongreß von Laibach 1821 von Österreich und Rußland vorgebrachten Anregungen nicht nur in der politischen Führung alles unverändert, sondern selbst auf der Ebene der Verwaltung hat es Consalvi trotz seiner ernsten Sorge um eine Verbesserung der Verwaltungsmethoden nicht vermocht, sich über eine Reihe von Gesichtspunkten hinwegzusetzen, die mit dem Geist der modernen Institutionen unvereinbar waren. So blieb im besonderen die Laisierung des Personals streng auf die untergeordneten Funktionen beschränkt.

[22] BullRomCont XIV 47—196. Siehe *Schmidlin PG* I 149—154 und *R. Colapietra* a. a. O. 21—22.

Diese Reform von 1816 hätte, wenngleich sie sehr begrenzt war, dennoch zum Ausgangspunkt für eine weitere Entwicklung werden können. Aber für viele war sie schon allzu revolutionär, so z. B. für die Konservativen, die durch die Unterdrückung der örtlichen Partikularismen oder bestimmter Feudalprivilegien geschädigt waren, ferner für die Kardinäle, deren Rolle durch diese Reorganisation, die die Leitung der Geschäfte mehr und mehr auf das Staatssekretariat konzentrierte[23], geschmälert wurde, und schließlich für die „zelanti", die im Werk Consalvis eine Erscheinung des „philosophischen Jakobinismus" sahen. Diese Opposition von rechts bemühte sich unter der Leitung der Kardinäle Severoli, Rivarola, Della Genga und Somaglia, die Realisierung des Motu proprio zu sabotieren, den Erlaß neuer und modernerer Zivil- und Strafgesetzbücher zu verhindern und im Gegenzug nach und nach die Privilegien und alten Exemtionen wieder einzuführen.

Um dieser systematischen Reaktion Widerstand leisten zu können, blieb Consalvi isoliert und mußte sich oft mit mittelmäßigen Mitarbeitern zufriedengeben. Er fand nicht nur im Heiligen Kollegium und der hohen Prälatur zu wenig Männer, die sich seinen Ansichten anschlossen und die er an die Spitze der Provinzen hätte setzen können, sondern selbst bei den Laien fehlte in Rom eine wirklich führende Schicht, auf die er sich stützen konnte. Mit dem entstehenden Bürgertum konnte er nicht rechnen, da ihm dieses, trotz der Wertschätzung einiger seiner Maßnahmen, vorwarf, sich in wirtschaftlicher Hinsicht auf nebensächliche Reformen zu beschränken und das Erwachen des italienischen Nationalgefühls zu ignorieren. Das Volk wiederum war unzufrieden wegen der Krise, die auf das Ende der französischen Regierung folgte und eine Verminderung der Einkünfte mit sich brachte, und es empfand keinerlei Begeisterung für eine Regierung, die im Prinzip aristokratisch blieb. So konnte sich besonders in den weiterentwickelten Provinzen der Marken und der Romagna in diesem Klima der allgemeinen Unzufriedenheit die Opposition entwickeln. Sie organisierte sich in den revolutionär orientierten Geheimbünden, die noch aus der französischen Zeit stammten und deren bedeutendste die „Carbonari" und die „Gulfi" waren. Vergeblich erneuerte der Papst, gedrängt von Metternich, wegen ihres umstürzlerischen Charakters und ihrer Beziehungen zu den Freimaurern seine Verdammungsurteile gegen sie[24]; durch ihren mehr politischen als religiösen Charakter hatten diese Verdammungsurteile jedoch kaum eine Wirkung auf

[23] Vgl. *L. Pásztor*, Per la storia della Segreteria di Stato, la riforma del 1816: Mélanges Tisserant V (Vatikanstadt 1964) 209—272. Nach dem Willen Consalvis führte man für die Behandlung der Akten moderne Methoden ein, indem man sich durch jene inspirieren ließ, deren man sich während des französischen Regimes im Königreich Italien bedient hatte. Über die Umwandlung und Reduzierung des Heiligen Kollegiums und die Anstrengungen der Kardinäle, um gegen diese Situation zu reagieren, siehe *L. Pásztor:* RHE 65 (1970) 479—484.

[24] Bullen vom 13. 9. 1821 und vom 13. 3. 1825.

die durch die liberale Mystik erregten Geister. Obwohl von lokalen Zufälligkeiten hervorgerufen, trugen diese Verdammungsurteile doch dazu bei, die Kirche in den Augen ganz Europas als Feind der modernen Institutionen wie auch der nationalen Bestrebungen erscheinen zu lassen.

Kurz, die Restauration konnte im Kirchenstaat noch weniger als in den benachbarten Staaten eine Synthese zwischen der Tradition und den neuen Bestrebungen herbeiführen, und die Mangelhaftigkeit der von Consalvi unternommenen Reformen wurde noch durch die unkluge Opposition der Konservativen und der „zelanti" verschlimmert.

Nach dem Tode Pius' VII. übernahmen die „zelanti" die Leitung der inneren Angelegenheiten, und sie verstanden es, eindeutig gegen die vorhergehende Politik Stellung zu beziehen. Um bei der Wahrheit zu bleiben: Es wurde, genau wie man die „Modernität" von Consalvis Werk oft übertrieben betont hatte, auch der rückschrittliche Charakter der Regierung Leos XII. überbetont. Es sollten keinesfalls die administrativen und juristischen Reformen des ersteren außer acht gelassen werden. Die neue Struktur, die er dem Staat gegeben hatte, blieb im wesentlichen unberührt, ungeachtet einer Anzahl von Änderungen, die ihren organischen Ausdruck in den Motu proprios vom 5. Oktober 1824 und vom 21. Dezember 1827 [25] fanden und unter anderem zu einer Verstärkung der autoritären Zentralisierung führten. Das Edikt vom 27. Februar 1826, das die Wohltätigkeitsinstitutionen reformierte, enthielt eine Reihe positiver Aspekte und stellte im Vergleich zu anderen italienischen Staaten einen Fortschritt dar. Nützliche, aber unpopuläre Sparmaßnahmen ermöglichten eine Steuersenkung, und die Finanzpolitik wurde liberaler, was aber eine Verschlechterung der ökonomischen Situation nicht verhindern konnte. In einigen Punkten war jedoch eine klare Rückwärtsentwicklung zu verzeichnen: die Juden wurden erneut auf die Ghettos eingeschränkt; die Feudalaristokratie gewann ihre beherrschende Stellung zurück; die kirchlichen Gerichte wurden in den Stand zurückversetzt, den sie vor 1809 hatten; die zaghafte Laisierung der Verwaltung wurde noch mehr gebremst; die Universitätsausbildung wurde nach rückläufigen Konzeptionen reformiert, mit der sehr deutlich spürbaren Absicht, die Entwicklung der Kritik zu hemmen [26]. Aber die wichtigste Änderung, auch in den Nachbarstaaten, mit Ausnahme der Toskana, vollzog sich nicht im Bereich der Gesetzgebung, sondern in der allgemeinen Stimmung. Sie kam zur Wirkung in dem engstirnigen Puritanismus, mit dem man das tägliche Leben regeln wollte; in den systematischen Bemühungen, in den klerikalen Kreisen jede Erinnerung an die Atmosphäre des „Regno italico" auszulöschen, die schließlich dazu führten, daß nur entweder alte Ordensleute oder Priester, die noch zu jung

[25] BullRomCont XVI 128—255, XVII 113—291.

[26] Konstitution „Quod divina sapientia" vom 28. 8. 1824 (BullRomCont XVI 85—112). Über ihre Vorbereitung s. *A. Gemelli - S. Vimara*, La riforma degli studi universitari negli Stati pontifici, 1816—24 (Mailand 1932).

waren, um in der napoleonischen Zeit wichtige Posten innegehabt zu haben, zu Bischöfen gewählt wurden; in der hochmütigen Indifferenz gegenüber der immer größer werdenden Stagnation des politischen, ökonomischen und sozialen Lebens; schließlich in der Ablösung des Geistes abgeklärter Mäßigung, wie er unter Consalvi vorherrschend war, durch einen Polizeistaat, dessen Spionagesystem die Gemäßigten erbitterte und dessen brutale Repressionsmaßnahmen — symbolisiert durch das Edikt von Palotta (15. 5. 1824) in der Campagna und vor allem das „Urteil Rivarola" (31. 8. 1825) in Bologna[27] — die zunehmende Tätigkeit der Carbonari nicht aufhalten konnten, um so mehr, als sie nur intermittierender Art waren. Die Politik der „zelanti", zunächst verkörpert in der Vigilanzkongregation, die sich trotz Stockungen und Verzögerungen in zunehmend antiliberalem Sinn fortsetzte, in der Hoffnung, sich dadurch die Gewogenheit der konservativen Höfe zu sichern, hat nur dazu geführt, das revolutionäre Element, das Consalvi allmählich zu dämpfen gehofft hatte, zu verstärken. Und wenn Pius VIII. bei seiner Rückkehr zur Politik Consalvis den Polizeistaat milderte und auf ökonomischem und sozialem Gebiet einige sinnvolle Maßnahmen traf, so war doch die Kluft zwischen der päpstlichen Regierung und den aufsteigenden Klassen, besonders in der Romagna, zu tief, um noch eine Befriedigung erhoffen zu können, und dies am wenigsten in der erhitzten Atmosphäre von 1830.

4. Kapitel

Die erneuerte Stellung des Heiligen Stuhles in der Kirche

LITERATUR: Über die baulichen und künstlerischen Verschönerungen Roms s. *Schmidlin PG* I 163—178. Über die Konkordatspolitik s. unten Kap. 5—7 und die Werke über Consalvi (oben S. 60). Ferner: *Ranke* a.a.O. (S. 105) Kap. 5; *I. Rinieri,* La diplomazia pontificia nel sec. XIX, 2 Bde (Rom 1902); *Hermelink* I 356—362; *Colapietra* 71—90; *L. Pásztor:* AHPont 6 (1968) 220—234. Über die Römische Kurie s. *ders.:* RHE 65 (1970) 474—485.

Fortschritte des Ultramontanismus: *Y. Congar,* L'ecclésiologie ... sous le signe de l'affirmation de l'autorité: L'ecclésiologie au XIXe s. (Paris 1960) 77—114; *R. Aubert,* La géographie ecclésiologique au XIXe s.: ebd. 11—32; *Colapietra* 56—69 429—447; *Maaß* V 244—259; *Friedrich* I 1—95 173—202; *G. Alberigo,* Lo sviluppo della dottrina sui poteri nella Chiesa universale (Bologna 1964) 349—389.

In Frankreich: C. Latreille, J. de Maistre et la papauté (Paris 1906); *Chr. Maréchal,* La jeunesse de La Mennais (Paris 1913) 299—357 386—434 468—492; *ders.,* La Mennais. La dispute de l'„Essai sur l'indifférence" (Paris 1925) 147—164; *A. Bardoux,* Le comte de Montlosier et le gallicanisme (Paris 1881); *E. Sevrin,* Mgr Clausel de Montals (Paris 1955) I 94—100; *R. Limouzin-Lamothe,* Mgr de Quélen (Paris 1955) I 230ff. Siehe auch die Biographien von Frayssinous (S. 140), Gerbet, Rohrbacher und Combalot (S. 417).

In Deutschland und Österreich: F. Vigener, Gallikanismus und episkopalistische Strö-

[27] Sentenza del Card. A. Rivarola legato a latere, hrsg. (mit Einleitung) von *D. Berardi* (Ravenna 1970); vgl. *R. Colapietra* a.a.O. 189—214 261—269.

mungen im deutschen Katholizismus: HZ 111 (1913) 495—581; *H. Becher,* Der deutsche Primas (Colmar 1943); *G. Krüger,* Der Mainzer Kreis und die katholische Bewegung: PrJ 148 (1912) 395—414; *Schulte* III; *Maaß* V, bes. 51—73 173—195 275 ff.

Kircheneinheit: *O. Rousseau,* Les attitudes de pensée concernant l'unité chrétienne au XIXe s.: L'ecclésiologie au XIXe s. (Paris 1960) 351—365; *M. Jugie,* J. de Maistre et l'Église gréco-russe (Paris 1922); *F. Kantzenbach,* J. M. Sailer und der ökumenische Gedanke (München 1955); *J. M. Congar,* La signification œcuménique de l'œuvre de Moehler: Irénikon 15 (1938) 113—130; *J. Doyle,* Lettres on the Reunion of the Churches of England and Rome (Dublin 1824); *D. Robert,* Les Églises réformés en France (Paris 1961) 177—185 193—203 446—457.

Rom, das Zentrum der Weltkirche

Ganz zu Anfang des 19. Jh. schien die Stellung des souveränen Papstes in der Kirche durch die Vereinigung zweier Strömungen sehr gefährdet: der febronianistisch orientierten Kanonisten und der Theoretiker des Josephinismus und andererseits der gallikanischen Juristen der Französischen Revolution und des Kaiserreiches. Das brutale Vorgehen Napoleons jedoch, der den Papst auf die Rolle eines hohen kirchlichen Funktionärs des Reiches einschränken wollte, führte zu einem zweifachen Ergebnis: einmal verschaffte es seinem Opfer die respektvolle Verehrung jener Gläubigen, die, vor allem nördlich der Alpen, in den vergangenen Jahrhunderten einem Papst gegenüber, der nie die Umgebung Roms verließ, ziemlich gleichgültig waren, und andererseits stellte es den Papst in den Augen der Staatskanzleien, die zum Zeitpunkt des Geschehens kaum reagiert hatten, beim Sturz der kaiserlichen Regierung auf die Seite der Siegermächte. Diese Herstellung des früheren Prestiges erfuhr eine weitere Akzentuierung durch die Erkenntnis der Regierungen und der führenden Schichten, daß es zweckmäßig sei, das Werk der gegenrevolutionären Restauration auf die moralische Autorität des Papstes zu stützen, der plötzlich in den Augen ganz Europas als das Symbol des Ordnungs- und Autoritätsprinzips erschien. Ein zweifaches Anzeichen dieser erneuten Wertschätzung des Heiligen Stuhles findet sich in der Entscheidung des Wiener Kongresses: den Nuntien das Recht des Doyens im diplomatischen Korps zuzuerkennen [1] und die Zahl der akkreditierten Diplomaten in Rom zu vermehren (sie stieg von 1816 bis 1823 von 8 auf 16 an, darunter 8 Vertreter protestantischer Herrscher und der Botschafter des orthodoxen Rußlands).

In Rom wußte man diese neue Situation nicht nur zum Vorteil der weltlichen Interessen des Heiligen Stuhles, sondern ebenso für streng kirchliche Belange bestens zu nutzen, und Pouthas konnte mit Recht sagen, daß „das Papsttum mit Pius VII. entschlossen auf die Monarchisierung der Kirche zugeht, die vor allem durch den Sieg des Ultramontanismus unter

[1] *S. Schröcker,* Der Nuntius als Doyen des Diplomatischen Korps: Reich und Reichsfeinde IV (1943) 214 ff.

Pius IX. erreicht wird". In dem Augenblick, da sich das Nationalitätenprinzip mehr und mehr bestätigte, vollzog sich eine Wiederherstellung der römischen Autorität in einem übernationalen Sinne, die in gewisser Hinsicht eine Rückkehr zur alten Christenheit einzuleiten schien.

Die in Gemeinschaft mit Consalvi durchgeführte Konkordatspolitik, von der später noch die Rede sein wird, war eines der wichtigsten Mittel, deren sich Pius VII. zu diesem Zweck bediente. Es muß gleichzeitig aber auch hervorgehoben werden, daß er, wie seine Vorgänger nach dem großen Schisma, bestrebt war, Rom wieder zu einem Zentrum der Kultur und Kunst zu machen, indem er Wissenschaftler wie Mai und Künstler wie Canova oder Thorwaldsen nach Rom rief, die Akademien, die Vatikanische Bibliothek und die päpstlichen Museen mit Schenkungen bedachte, den Neubau oder die Restaurierung von Denkmälern förderte und die von den Franzosen im alten Rom begonnenen Ausgrabungen fortsetzen ließ. Diese Politik hatte jedoch den Nachteil, daß Gelder für Anlagen ohne wirtschaftlichen Nutzwert abgezweigt wurden, die zur Finanzierung öffentlicher Arbeiten, deren der Kirchenstaat dringend bedurfte, hätten dienen können. Dies ist nur ein Beispiel unter vielen für die Antinomie zwischen der doppelten Aufgabe des Papstes: als Haupt der Weltkirche und als Souverän eines italienischen Staates.

Leo XII., der dieses Mäzenatentum, das mit dazu beitrug, das Augenmerk der christlichen Welt auf Rom zu lenken, fortsetzte, griff aber gleicherweise, seinen persönlichen Neigungen entsprechend, auf andere Mittel unmittelbar religiösen Charakters zurück. So bestimmte er, entgegen dem Rat der politischen Partei der Kurie und trotz der ablehnenden Haltung der meisten katholischen und nichtkatholischen Regierungen Europas, das Jahr 1825 als Heiliges Jahr feierlich zu begehen. Es war dies das erste seit 50 Jahren und zog die Italiener in Scharen an, u. a. auch einige Herrscher und eine zweifellos kleine, aber doch bemerkenswerte Zahl von ausländischen Pilgern, die nun den Weg nach Rom wieder zu entdecken begannen [2].

In seinem Bestreben, im Papsttum den geistigen Führer der christlichen Welt erkennen zu lassen, erneuerte Leo XII. gleicherweise die Tradition der großen Lehrschreiben und richtete am 3. Mai 1824 eine programmatische Enzyklika „Ubi primum" [3] an die Welt, die mit dem Gallikanismus und dem Josephinismus auch den Indifferentismus und seine beiden Folgeerscheinungen, die Toleranz und den Liberalismus, verwarf. Pius VIII. setzte diese Tradition fort, als er seinen Pontifikat mit der Enzyklika „Traditi humilitati nostrae" [4] eröffnete, die eine neuerliche Bekräftigung des höchsten

[2] Vgl. *G. de Grandmaison,* Le Jubilé de 1825 (Paris 1910) und *Colapietra* 143—144 226—227 237—238 252—254 291.

[3] BullRomCont XVI 45—49.

[4] Ebd. XVIII 17—20.

Lehramtes Roms darstellte. Dieser Anspruch auf die geistige Leitung der Menschheit, der im vorhergehenden Jahrhundet auf so starken Widerstand gestoßen war, fand nun beim jungen Klerus, der die Situation des Ancien Régime nicht mehr gekannt hatte und von der Notwendigkeit überzeugt war, in den schwierigen Umständen, denen sich die Kirche konfrontiert sah, die Betonung mehr auf die römische Einheit als auf den katholischen Pluralismus zu legen, eine günstige Aufnahme.

Die Konkordatspolitik

Pius VII. hatte seinen Pontifikat mit dem Abschluß eines Konkordats mit Napoleon eröffnet, das den gallikanischen Traditionen einen besonders spürbaren Schlag dadurch versetzt hatte, daß es dem Papst mit der Feststellung der grundsätzlichen Absetzbarkeit aller Bischöfe durch seinen Hoheitsakt das wahre Ausmaß seiner Vollmacht zu zeigen ermöglichte. Die bloße Tatsache, daß ein Konkordat abgeschlossen wurde mit der Absicht, das ganze Leben der Kirche eines Landes völlig neu zu gestalten, stellte schon einen moralischen Sieg für das Papsttum dar. Es wurde nun von den Regierungen nicht mehr wie in den vergangenen Jahrhunderten als eine nicht weiter zu berücksichtigende oder, was noch schlimmer war, als ausländische Macht, gegen die man sich auf den nationalen Episkopat stützte, angesehen, sondern galt im Gegenteil als ein Verbündeter, dessen höchste Autorität über den Ortsklerus man anerkannte und dessen Mitarbeit man suchte, statt die religiösen Fragen nur in einseitiger Weise zu regeln.

Aus dieser Tatsache wird verständlich, daß Pius VII., da er nun einmal wieder die Möglichkeit hatte, die Geschicke der Kirche tatsächlich zu leiten, auf diesem Weg auch weitergehen wollte[5], und dies um so mehr, als er nun — in einer gegenüber 1801 diplomatisch viel günstigeren Situation — mit höheren Forderungen auftreten und die Interessen der Kirche sehr viel wirksamer schützen konnte. Diese Möglichkeit bestand besonders hinsichtlich der Ordensgemeinschaften, die das Konkordat von 1801 völlig übergangen hatte. Das Ergebnis war eine noch deutlichere und grundsätzliche Anerkennung der Rechte des Heiligen Stuhles. Natürlich warfen die „zelanti" diesen Konkordaten gerade die Tatsache vor, daß sie bestimmte übertriebene Einschränkungen der Intervenierungsmöglichkeiten des Papstes als gegeben respektierten. In Wirklichkeit aber hatte Consalvi, der

[5] Vertrag mit der Toskana im Jahr 1815; mit Bayern, Frankreich und dem Piemont im Jahr 1817; mit dem Königreich beider Sizilien und Rußland im Jahr 1818; mit Preußen und den oberrheinischen Staaten im Jahr 1821. Andere, von Consalvi eingeleitete Abmachungen wurden im nachfolgenden Pontifikat abgeschlossen: 1824 mit Hannover, 1826 mit dem Herzogtum Lucca, 1827 mit den Niederlanden und 1828 mit den schweizerischen Kantonen.

kluge Unterhändler dieser Konkordatspolitik, mit seinem klaren Sinn für das Wirkliche und Mögliche erkannt, wie überaus wichtig es war, neben der Schaffung solider Grundlagen für einen Wiederaufbau der vom Sturm der Revolution erschütterten Kirchen (selbst um den Preis von Konzessionen in einigen sekundären Punkten) zahlreiche Regierungen[6] — auch protestantische und orthodoxe — unter Hinweis auf diese diplomatischen Mittel anzuregen, einer Anerkennung der Kirche als unabhängiger und vollkommener Gesellschaft und der führenden Stellung Roms innerhalb der Struktur der katholischen Kirche zuzustimmen. Heute kann der Historiker besser beurteilen, daß es zu einem großen Teil dem Staatssekretär Pius' VII. zu verdanken ist, daß im 19. Jh. die Weltkirche für immer an die Stelle der Nationalkirchen des Ancien Régime trat.

Um diese Wiederaufbauarbeit der Kirchen von Rom aus leiten zu können, schuf Pius VII. eine neue Kongregation für „die außerordentlichen kirchlichen Angelegenheiten"[7]. Da zur Zeit ihrer Gründung, im Jahr 1814, Consalvi jedoch in Wien weilte und Pacca die Geschäftsführung innehatte, setzten sich ihre Mitglieder — Kardinäle und Theologen — fast ausschließlich aus der Gruppe der „zelanti" zusammen, was in der Folge mehr als einmal die Geschäfte des Staatssekretärs erschweren sollte. Dieser war auch stark benachteiligt durch die Anwesenheit von Kardinälen, die die Leitung verschiedener wichtiger Kongregationen innehatten und die nicht der gleichen Ansicht wie er waren, was die allgemeine Politik der Kirche betraf. Der Wille Consalvis, den Immobilismus der Kurie zu erschüttern, veranlaßte ihn, im Staatssekretariat nicht nur, wie man es schon gesehen hatte, die Führung des Kirchenstaates, sondern auch viele Fragen, die die Weltkirche betreffen, zu konzentrieren. Um seine kirchlich-politischen Pläne zu ver-

[6] Zwei große katholische Nationen blieben jedoch außerhalb dieser Bewegung: Österreich, da dort die gemachten günstigen Bedingungen vom Kaiser und auch von Metternich auf den Widerstand der Wiener Bürokratie stießen, und Spanien, wo die antikurialischen Vorurteile bei dem Absolutisten Godoy wie auch auf seiten der Liberalen gleichermaßen lebendig waren.

[7] Im Gegensatz zu dem, was oft gesagt wurde, bestand keine Verbindung zwischen dieser Kongregation, die durch das Dekret vom 19. Juli 1814 gestiftet wurde, und jener der kirchlichen Angelegenheiten Frankreichs, die durch Pius VI. im Jahre 1790 ins Leben gerufen wurde, und selbst nicht mit der Kongregation des gleichen Namens, die durch Pius VII. im Jahre 1800, zur Zeit der Vorbereitung des Konkordats mit Bonaparte, errichtet wurde. Seit Beginn war ihre Organisation klar und deutlich, aber ihre Benennung hat sich geändert, und vor allem ihre Zuständigkeit hat sich während der ersten 15 Jahre stark gewandelt. Ihre Rolle war bei der Vorbereitung der Konkordate zur Zeit Consalvis (und selbst noch unter Leo XII.) viel beschränkter, als man es gewöhnlich behauptet. Während des kurzen Pontifikates von Pius VIII. bestätigte sich die bedeutende Rolle der neuen Kongregation, und gleichzeitig präzisierte sich ihr eigener Tätigkeitsbereich. Über die ersten Jahre ihres Wirkens vgl. die sehr seltene Sammlung „Raccolta dei rapporti delle sessioni tenute nell'anno [1814—1819] della S. Congregazione deputata sugli affari ecclesiastici del mondo cattolico" (8 Bde).

wirklichen, nahm er Organismen in Dienst, die außerhalb des institutionellen Rahmens der Kurie blieben, indem er Sonderkongregationen ad hoc einrichtete und viel eher auf Prälaten als auf Kardinäle zurückgriff — Prälaten wie Capaccini, Sala, Mazio, die neben ihm die eigentlichen Urheber der Restaurationspolitik waren. Der Pontifikat Pius' VII. hat so in der Geschichte der römischen Kurie, wie L. Pásztor bemerkt, „einen ziemlich bedeutenden Platz inne, den eines Versuchs, das Funktionieren der Kurie nicht mittels einer Reform der bereits bestehenden Institutionen, sondern außerhalb dieser, mit Hilfe neuer Organismen, zu verbessern".

Die ultramontane Offensive in Frankreich

Während Rom sich bemühte, die zentrale Führung der Kirche fest in die Hand zu bekommen, erlebten gerade jene Länder, in denen der Gallikanismus und Febronianismus entstanden waren, eine parallele Entwicklung ihres Bewußtseins.

In den Jahren der Revolution und der Zeit des Kaiserreiches war der französische Klerus, seiner Privilegien und der Unterstützung durch die Monarchie beraubt, zur Erkenntnis gekommen, daß die beste Politik für ihn künftig in einem engen Anschluß an das Haupt der Kirche bestehe. Außerdem hatte der Versuch, den Klerus in die zivile Verfassung einzugliedern, wie auch Napoleons Bemühungen zur Zeit des Konzils von 1811, eine Nationalkirche zu errichten, vielen die Augen für die Gefahren durch die gallikanischen Prinzipien geöffnet.

Einen auffallenden Beweis für die Geistesentwicklung lieferten am 8. November 1816 fünf Prälaten des Ancien Régime aus der Reihe der Hauptgegner des Konkordats von 1801, die anläßlich einer Aufforderung der Regierung ihrer Opposition entsagten und „im Namen der ganzen gallikanischen Kirche" ihren unbedingten Gehorsam allen Maßnahmen gegenüber versicherten, die Pius VII. zum Wohl der Religion in Frankreich ergreifen zu müssen glaubte. Camille Latreille hat in diesem Schritt, der der „Petite Église"[8] einen nicht wiedergutzumachenden Schlag versetzte, ein wichtiges Datum im Verfall des Gallikanismus gesehen, da mit dieser Entscheidung der französische Klerus — lange vor der Anerkennung des Prinzips durch das I. Vatikanum — das Recht des Papstes, zu intervenieren und die Angelegenheit einer Nationalkirche von sich aus selbständig zu regeln, de facto anerkannte.

Wenn die Entwicklung auch nicht mehr aufzuhalten war, so schien sie sich doch zunächst mit der Wiedereinsetzung der Bourbonen zu verlangsamen.

[8] Wo sich die Opposition gegen das Konkordat versammelte, die nun nur noch die Unterstützung von fünf alten Bischöfen, darunter Thémines von Blois, fand.

Einerseits verharrte der Regierungs- und Verwaltungsapparat tatsächlich im Pithouschen parlamentarischen Gallikanismus, der nicht nur die Unabhängigkeit des Staates von der Kirche, sondern auch die Abhängigkeit der Kirche vom Staat in allen Bereichen, die nicht rein geistlicher Natur waren, vertrat. Die Bourbonen betonten und verstärkten den Gallikanismus noch dadurch, daß sie ihrerseits die autoritären und etatistischen Methoden Napoleons wieder aufgriffen. Sie tendierten dahin, die Beziehungen zwischen den Bischöfen und dem Heiligen Stuhl dem königlichen Placet zu unterwerfen, die von den Organischen Artikeln vorgesehenen „Appels comme d'abus“ beizubehalten und die Ernennungen von Bischöfen ohne Intervention Roms zu regeln. Durch diese Unterwerfung der Kirche unter die Regierung sollte der Absolutismus gestärkt und gleichzeitig auch die liberale Opposition, deren Angriffslust man auf den Heiligen Stuhl lenken wollte, entwaffnet werden. Die theoretischen Schriften sowohl eines André Dupin als auch eines Grafen von Montlosier zur Verteidigung dieses Systems hatten großen Erfolg bei einer öffentlichen Meinung, die einige Bedingungen des Konkordats von 1817 als Demütigung für den Staat empfand.

Wenn andererseits auf der Seite des Klerus die Opposition gegen die Organischen Artikel und „die Unterwerfung der Kirche unter die königliche Macht“ (Mgr. de Clermont-Tonnerre) einstimmig war, so vollzog sich dennoch eine klare Umstimmung zugunsten der Artikel von 1682, die übrigens sehr gemäßigt interpretiert wurden. Die mit dem König nach Frankreich zurückgekehrten Prälaten des Ancien Régime ordneten die Lehre dieser gallikanischen Artikel an; St-Sulpice, das die Führung vieler Seminare innehatte, blieb der Tradition Bossuets treu, und viele Kleriker, die sich aus Opposition gegen den napoleonischen Despotismus dem Ultramontanismus aufgeschlossen gezeigt hatten und — wie z.B. Mgr. d'Astros — die Rechte des Papstes bis ins Gefängnis verteidigt hatten, neigten nun dazu, einem in Frankreich traditionellen gemäßigten Gallikanismus wieder eine Chance zu geben; dies mag vielleicht aus dem Bedenken heraus geschehen sein, eine Regierung, die die Kirche so offen begünstigte, nicht zu brüskieren.

Jedoch nicht alle, vor allem die Jüngeren nicht, urteilten in dieser Weise, und das ultramontane Wiedererwachen zeigte sich bald mit zunehmender Macht. Nach der von den Jesuiten geförderten Verbreitung französischer Übersetzungen der Werke italienischer Ultramontanisten war die erste bemerkenswerte Manifestation dieses Wiedererwachens die Veröffentlichung des Buches „Du Pape“ von Joseph de Maistre[9], eines savoyischen Laien, im Jahr 1819. De Maistre verteidigt darin in vereinfachender Weise die extremsten Positionen der papalistischen Schule, indem er sich weit weniger auf biblische oder patristische Zeugnisse als auf Analogien mit der in der

[9] Über de Maistre s. S. 272. Kritische Ausgabe von „Du Pape“ mit Einleitung durch *J. Levie* u. *J. Chetail* (Genf 1966).

Perspektive der absoluten Monarchie gesehenen politischen Gesellschaft beruft. Zu theokratisch, um die Politiker, für die es in erster Linie bestimmt war, zu beeinflussen, und zu wenig theologisch für die Kleriker, machte dieses Buch dennoch seinen Weg in die breite Öffentlichkeit, die es zur These der Unfehlbarkeit des Papstes zu gewinnen begann.

Die Bekehrung des französischen Klerus zum Ultramontanismus sollte das Werk des Abbé de Lamennais [10] werden. Dieser hatte sich seit 1810 einem noch sehr gemäßigten Ultramontanismus angeschlossen, und die Lektüre Joseph de Maistres konnte ihn nur weiter in diesem Sinne bestärken. Anläßlich seiner Pressekampagne zugunsten des freien Unterrichts nahm er die ultramontanen Thesen nachdrücklicher wieder auf, einerseits um die Rechte der Kirche gegen den Staat zu unterstreichen und andererseits die fast durchwegs gallikanisch orientierten Bischöfe, die sich weigerten, sich einem Schulmonopol zu widersetzen, das den Glauben der Jugend gefährdete, in den Augen Roms und der katholischen öffentlichen Meinung zu diskreditieren. Ohne die Rückkehr zur Theokratie befürworten zu wollen (er stellte im Gegenteil den Heiligen Stuhl als Schiedsrichter dar, der das Recht gegenüber der Macht garantiert), beschuldigte er nun den Gallikanismus bei jeder Gelegenheit der Einführung demokratischer Prinzipien in der Kirche, bezichtigte ihn also des Angriffs auf ihre göttliche Konstitution, der darüber hinaus dazu führe, die geistliche Macht in Abhängigkeit von der politischen Macht, in der Augenblickssituation also von einer von liberalen Ideen verderbten Regierung, zu bringen.

Der Autor des „Essai sur l'indifférence" hatte bereits als Apologet Berühmtheit erlangt, und so zog seine Parteinahme zugunsten des Ultramontanismus — oder vielmehr gegen den Gallikanismus — sofort die Aufmerksamkeit einiger junger Priester auf sich. Mit ihrer Hilfe konnte er innerhalb weniger Jahre im jungen Klerus die „römischen Auffassungen" verbreiten, trotz des Widerstandes der Hierarchie und der Zurückhaltung vieler älterer Priester, die von dem ungestümen Wesen dieser Neuerer befremdet waren, weil diese jungen Kleriker den ihren sulpizianischen Lehrern so teuren Sinn für das rechte Maß mißachteten.

Die Bischöfe waren nicht nur über die Ungehörigkeit empört, mit der diese jungen Kleriker, die kein Mandat hatten, sie behandelten; sie beobachteten auch mit Besorgnis — und dies nicht ohne Grund — die Entwicklung einer Bewegung, in der sie den Ausdruck einer klerikalen Anarchie sahen, die einen fern weilenden Souverän verherrlichte, um sich besser über einen legitimen unmittelbaren Vorgesetzten hinwegsetzen zu können. Dennoch war vielen von ihnen, besonders den jüngeren, bewußt, daß das gallikanische System überholt war. Dies wurde offenbar, als Mgr. Frayssinous, der Minister für kirchliche Angelegenheiten und Autor eines klassischen und

[10] Über Lamennais s. S. 272.

gleichzeitig sehr gemäßigten Werkes über „Les vrais principes de l'Église gallicane", im Jahr 1826 eine Erklärung des Episkopats gegen die Thesen von Lamennais durchsetzen wollte. Die Ergebnisse dieser Konsultation zeigten, bis zu welchem Grad bereits von jener Epoche ab die Prinzipien des Gallikanismus, auch jene der gemäßigten Richtung, im französischen Episkopat zu wanken begonnen hatten.

Gerade weil man in Rom die Zwangsläufigkeit dieser Entwicklung erkannte, zog man es vor, sie ohne jede übereilte Einmischung, die zu einer Versteifung der Bischöfe führen könnte, ungestört reifen zu lassen. Dieses diplomatische Schweigen des Heiligen Stuhles, der darüber hinaus den frommen König Karl X. nicht verletzen wollte und sich weigerte, jenen offene Unterstützung zu gewähren, die seine Sache in Frankreich verteidigten, war offensichtlich eine bittere Enttäuschung für Lamennais. Die römische Klugheit[11] erklärt sich noch aus einem weiteren Grund: wie über das Werk „Du Pape" von de Maistre, das in Rom sehr reserviert aufgenommen worden war, waren die römischen Theologen auch hier mit einer Darstellung der ultramontanen Lehre unzufrieden, die der positiven göttlichen Institution nicht voll ihren Platz einräumte und darüber hinaus durch zu viele Unterscheidungen im Bereich der Aussagen des Kirchenrechts oder in der genauen Darlegung der Beziehungen zwischen Papsttum und Episkopat mangelhaft erschien. Man beschränkte sich daher darauf, ohne sich durch eine ausdrückliche Billigung zu kompromittieren, mit Genugtuung die Erfolgsbulletins entgegenzunehmen, in denen der Nuntius von Paris[12] die regelmäßigen Fortschritte der ultramontanen Bewegung unter dem Klerus und den frömmsten Laien berichtete[13].

Die Anfänge der Entwicklung in Deutschland

Wenn die Wiedergeburt des Ultramontanismus, die sich zur gleichen Zeit in den deutschen Ländern vollzog (vgl. 7. Kap.), auch bescheidener und langsamer verlief, so war sie dennoch eine unleugbare Tatsache und um so bemerkenswerter, als man einen weiteren Weg dorthin zurückzulegen hatte. Es mußten nicht nur die im ganzen sehr gemäßigten Ansichten der Schule von St-Sulpice überwunden werden, sondern die viel radikaleren und eindeutig episkopalistisch orientierten des Febronius und der josephinistischen Kano-

[11] Vgl. dazu *Colapietra* 443—447 und — was J. de Maistre betrifft — *J. Levie* u. *J. Chetail* a. a. O. (S. 133 Anm. 9) XXX—XXXIV.

[12] Der sich seinerseits sehr klug verhielt (vgl. *L. Lambruschini*, La mia nunziatura di Francia [Bologna 1934] 50—55).

[13] Der Nuntius von Spanien übermittelte ähnliche Berichte. An der Universität von Sevilla z. B. ersetzten nach der Restauration von 1823 durch Ferdinand VII. die Werke des römischen Kanonisten Devoti jene von Van Espen und Tamburini.

nisten; auch hatten die deutschen Bischöfe sich lange Zeit der Kurie gegenüber viel unabhängiger gezeigt, als dies in Frankreich der Fall war.

Während nun die Säkularisierung die Macht der einst in ihren Beziehungen zum Heiligen Stuhl so stolzen Erzbischöfe des Rheintals erschütterte, zwangen die nach 20 Jahren Krieg und durch neue Territorialaufteilungen entstandenen langandauernden und zahlreichen Vakanzen der Bischofssitze viele dazu, um Dispenserlaubnis in Rom nachzusuchen, die die Bischöfe sich bisher selbst reserviert hatten; die Entwicklung führte zu einer Wiederentdeckung der theologischen These vom Universalepiskopat des Papstes. Andererseits hielten es verschiedene Regierungen, die eine starke und geeinigte Kirche als Widerpart vermeiden wollten, nach dem Wiener Kongreß für klug, die Reorganisation einer deutschen Nationalkirche nicht zu begünstigen, die von jenen propagiert wurde, die sich nach dem Ancien Régime zurücksehnten. Es sollte vielmehr die Lage ihrer katholischen Untertanen durch Übereinkommen mit dem Heiligen Stuhl, der noch schwach und fern schien, geregelt werden; damit unterstrichen sie praktisch den Umfang der Rechte des Papstes in der Kirche.

Fortan ergaben sich günstigere Bedingungen für das Erwachen des Ultramontanismus in Deutschland. Die ersten Zeichen dafür finden wir in den verschiedenen „Kreisen“, die die katholische deutsche Restauration vom Anfang des Jahrhunderts charakterisieren: der Kreis in Wien um Clemens Maria Hofbauer und den Konvertiten Friedrich Schlegel; jene von Münster und München, in denen die Umgebung der Prinzessin Gallitzin sowie auch Görres und seine Freunde den Akzent auf die Vereinigung mit Rom als Faktor der katholischen Regeneration in Deutschland legten; schließlich und vor allem der Mainzer Kreis um eine elsässische Gruppe: den Bischof von Colmar, den Seminarvorstand Liebermann und Professor Räß, die ihre Bildung von Straßburger Jesuiten, die außerhalb der gallikanischen und febronianistischen Tradition standen, erhalten hatten. Sie wollten den Klerus in einem römischen und sehr antiprotestantisch orientierten Geist heranbilden und verbreiteten zu diesem Zweck durch den Seminarunterricht und die vulgarisierenden Beiträge ihrer Zeitschrift „Der Katholik“ die ultramontanen Thesen Bellarmins.

Allmählich drang der ultramontane Gesichtspunkt in den theologischen Unterricht ein, selbst eines Möhler, der sich, trotz seines geringen Interesses für die hierarchischen Aspekte der Kirche, dennoch bemühte, im Papst den lebendigen Mittelpunkt der Einheit der Kirche aufzuzeigen. Auch in der Lehre einiger Kanonisten, die mit der josephinistischen Tradition brachen und gegen die von Dalberg oder Wessenberg vertretenen Ideen einer deutschen Nationalkirche polemisierten, wurde der Einfluß des Ultramontanismus spürbar. Dies gilt vor allem für Frey, Schenkle und besonders für den der jüngeren Generation angehörenden Scheill, der das Werk der erstgenannten fortsetzte und einen Teil des jungen Klerus für ihre Ideen gewinnen konnte. Diese Bewegung wurde offensichtlich ermutigt durch die kühne Geste Pius' VII., der es 1820 nach langem Zögern schließlich gewagt hatte, die Handbücher des kanonischen Rechts und der Kirchengeschichte von G. Reichsberger und R. Dannenmayer, die seit 30 Jahren in allen österreichischen Universitäten verwendet wurden, auf den Index zu setzen.

Im Gegensatz zu dem französischen radikalen Ultramontanismus in der Form und den Ideen eines Joseph de Maistre und der Anhänger de Lamennais' war dieser deutsche Ultramontanismus der ersten Jahrzehnte des 19. Jh. sehr gemäßigt; er war weit mehr eine Reaktion gegen die extremen Positionen des Febronius und des Josephinismus denn eine allgemeine Aussöhnung mit den römischen Theologen und Kanonisten über die Vorrechte des Papstes. Obwohl viele Bischöfe die Lehre von der Superiorität des allgemeinen Konzils über den Papst verwarfen, glaubten sie sich berechtigt, ihre Diözese ohne Rekurs an die römische Kurie und — besonders im Falle der Mischehen — ohne Berücksichtigung der ausdrücklichen Anweisungen Roms zu leiten und selbständig eine Reihe von Maßnahmen zu ergreifen. In ähnlicher Weise wandte sich der Großteil der Theologen gegen eine Auffassung des römischen Primats, die praktisch den größten Teil der kirchlichen Autorität in den Büros der römischen Kurie konzentrieren würde. Jedoch konnte sich nach und nach die These von der persönlichen Unfehlbarkeit des Papstes in Deutschland durchsetzen. Zunächst beeinflußte die 1822 erschienene deutsche Übersetzung von de Maistres „Du Pape" einige Laien, die um so williger mit der aus Frankreich kommenden neuen Strömung sympathisierten, als sie in ihrer romantischen Begeisterung die mittelalterliche theokratische Verfassung idealisierten und, durch die aus dem Rationalismus des 18. Jh. entstandene geistige Anarchie erschreckt, nun bereitwillig den Akzent auf die Notwendigkeit eines Lehramtes legten, das sich mit einer absoluten Autorität äußert. Von den Laienkreisen aus erreichten diese Thesen allmählich den Klerus, bis sie schließlich durch Männer wie Klee oder Phillips nach 1830 bei einigen Universitätslehrstühlen Eingang fanden.

Römische Katholiken und getrennte Christen

Das 19. Jh. sollte zufolge dieses ultramontanen Enthusiasmus, der zu einer konfessionellen Verhärtung und einer praktischen Verstoßung der von Rom getrennten Christen in die Finsternis des Außenseitertums führte, den Höhepunkt der Ghettogesinnung in der katholischen Kirchengeschichte bringen. Dennoch erlebten im ersten Viertel des Jahrhunderts sowohl die katholische Kirche als auch die anderen christlichen Bekenntnisse ein Wiederaufleben unionistischer Bestrebungen, deren Beweggründe jedoch unterschiedlicher Art waren. Bei den einen, vor allem in Deutschland und Holland, handelte es sich um Manifestationen des adogmatischen Interkonfessionalismus, der sich im Verlauf des vorhergehenden Jahrhunderts in Kreisen, die mit der Aufklärung oder dem Pietismus in Berührung gekommen waren, entwickelt hatte und der noch bestärkt wurde von der romantischen Neigung zur Bevorzugung der religiösen Innerlichkeit vor den genau definierten Aspekten des Dogmas und der kirchlichen Disziplin. Andere hatten kein anderes Ziel, als vor allem Jünger Christi zu versammeln, um den Gefahren der Säkularisierung der modernen Gesellschaft, dem Fortschreiten des Rationalismus, besser begegnen zu können; wieder andere, die jedoch auch bisweilen der letztgenannten Gruppe angehörten, propagierten die religiöse Einheit in Europa[14] als das beste Mittel gegen den Fortschritt der revolutionären Ideologie. Während jedoch einige diese Einheit, den Vorstellungen der Heiligen Allianz folgend, als einen Zusammenschluß aller Christen über Grenzen und konfessionelle Bindungen hinweg auffaßten, handelte es sich für andere, wie z. B. in Frankreich für Bonald, de Maistre und Lamennais, darum, die „Rückkehr" der getrennten „Sekten" in „die umfassende katholische Einheit" zu beschleunigen, da in ihrer Sicht die auf dem Prinzip der Autorität begründete römische Kirche „das einzige brauchbare Bollwerk gegen den Atheismus in der Religion und gegen den Individualismus in der Politik" darstelle.

Erwägungen dieser Art waren tatsächlich der Anlaß zu einer ganzen Reihe von Konversionen zur römischen Kirche, vor allem in Deutschland, wo auch die Begeisterung für das Mittelalter eine Rolle spielte, ebenso in der russischen Aristokratie; manche glaubten, daraus die ersten Anzeichen einer Bewegung ablesen zu können, die sich im Lauf der Jahre noch ausbreiten könnte. Einige hielten sogar — wahrscheinlich in diesen utopischen Hoffnungen ermutigt durch die Gerüchte über die den Zaren Paul I. und Alexander I. zugeschriebenen Annäherungsprojekte[15] — eine Eingliederung der russischen in die römische Kirche für möglich[16].

Auch hinsichtlich der Protestanten in Frankreich, wo selbst unter dem Kaiserreich Gerüchte einer Fusion oder Absorption umgingen, entging man kaum einer triumphalistischen Apologetik; ein Beispiel dafür sollte für die folgende Generation die in den vier Bänden „El protestantismo comparado con al catolicismo" (1841/44) des Katalanen J. Balmes verbreitete These sein, daß der Protestantismus alle sozialen Tugenden verderbe, der Katholizismus sie dagegen fördere. In Irland jedoch regte 1826 Bischof Doyle bei der Regie-

[14] Dies ist der Titel eines 1806 veröffentlichten Artikels von Bonald (vgl. Œuvres VII [Brüssel 1845] 164—202).

[15] Zu Paul I. s. *M. J. Rouët de Journel:* RHE 55 (1960) 838—863. Zu Alexander I. s. *Boudou* I 131—139, *Winter,* Rußland II 205—207 und Lettres du Général Michaud à Nicolas Ier: L'Unité de l'Église (1937) 129—133.

[16] Ebenso der bayerische Priester *H. J. Schmitt,* der 1824 „Harmonie der morgenländischen und abendländischen Kirche. Ein Entwurf zur Vereinigung beider Kirchen" veröffentlichte. Einige Zeit später trat der französische Priester *L. Bautain* in einen sehr irenisch gehaltenen Briefwechsel mit zwei russischen Denkern (vgl. *E. Baudin:* RevSR 2 [1922] 393—410, 3 [1923] 1—23).

rung an, die theologischen Gespräche zwischen Anglikanern und Katholiken in Gang zu bringen, die er in der Haltung des Irenismus und des geistigen Wettstreites durchführen wollte. In Deutschland pflegten zwar die ultramontanen Zirkel, in denen man sich über Tendenzen zum Synkretismus und einen doktrinalen Indifferentismus beunruhigte, eine gewisse kontroversistische Apologetik; aber verschiedentlich, wie z. B. in Frankfurt um Schlegel und den Historiker Boehmer, begannen im Gegenteil dazu Dialoge, die sich in einigen Fällen bis in die Jahrhundertmitte hinzogen und das ernste Bemühen zeigten, die Divergenzen in einem Geist, der den modernen Ökumenismus einleitete, zu überwinden[17]. In diesem Geist war auch das die Grenzen der katholischen Welt überschreitende Werk Sailers konzipiert[18], der zahlreiche Protestanten zu seinen Freunden zählte. Zweifellos war das ekklesiologische Werk J. A. Möhlers[19] der fruchtbarste Beitrag des katholischen Deutschland am Beginn des 19. Jh. zur christlichen Union, auch wenn die Mehrzahl seiner Früchte erst zu einem späteren Zeitpunkt reifen konnte. Möhler hatte durch die Lektüre der Kirchenväter einen Kirchenbegriff zurückgewonnen, den die Theologie schon lange aus ihrer Sicht verloren hatte; die Kirche ist hier als eine alle Unterschiede umfassende und zu ihnen allen eine innere Affinität besitzende dynamische Einheit dargestellt.

In Rom war man freilich in erster Linie empfänglich für die Konversionsbewegung, die die ersten Jahrzehnte des Jahrhunderts kennzeichnete, und für die Tatsache, daß eine wachsende Zahl von nichtkatholischen Besuchern nach Rom kam, worin man ein Anzeichen für ein Abnehmen der antipäpstlichen Vorurteile erblickte. Obwohl sich der Apostolische Stuhl gern wieder als das Zentrum der christlichen Einheit gesehen hätte, zögerte man dennoch, Maßnahmen zu ergreifen, die in London oder St. Petersburg Verstimmungen hätte hervorrufen können. Als die Griechen nach ihrem ersten Aufstand gegen die Türken im Jahr 1822 römische Unterstützung suchten, wagte Pius VII. nicht, ihre Angelegenheit zu besprechen[20], und als Chateaubriand 1829 Leo XII. einlud, an die Spitze einer weitgespannten Bewegung für die christliche Einheit zu treten, vermittels einiger Konzessionen auf dem Gebiet der Disziplin, antwortete ihm der Papst: „Die Dinge müssen erst ausgereift sein, und Gott selbst muß sein Werk vollenden. Die Päpste können nur warten.“[21] Dagegen zögerten die Päpste nicht, gegen alles einzuschreiten, was eine panchristliche Vermischung hätte begünstigen können; dies war vor allem der Grund für die negative Haltung des Heiligen Stuhles den Bibelgesellschaften gegenüber; hier wurde sehr deutlich, daß das Papsttum dieser Zeit die Restauration der katholischen Kirche nicht auf dem Weg des echten Ökumenismus herbeiführen wollte.

[17] Einige Beispiele in *A. Mouchoux*, L'Allemagne devant les lettres françaises de 1814 à 1835 (Toulouse 1953) 315—316. [18] Siehe unten S. 266 f. [19] Siehe unten S. 296.
[20] *E. Duhaut-Lhéritier*, Histoire diplomatique de la Grèce I (Paris 1925) 208—213.
[21] Mémoires d'Outre-Tombe, Garnier-Ausg., V 110—112.

5. *Kapitel*

Die Allianz von Thron und Altar in Frankreich

QUELLEN: Für Gesetzgebung und Parlamentsreden siehe Allg. Bibliogr. Für diese Zeit sind zahlreiche Memoiren und Briefwechsel erhalten (vgl. *G. de Bertier,* La Restauration 462), im besonderen *Kard. Lambruschini,* La mia nunziatura di Francia (Bologna 1934) und *L. de Carné,* Souvenirs de ma jeunesse (Paris 1872), wie auch die Korrespondenz Lamennais', die jedoch leider sehr verstreut ist (siehe Lit. zum Kap. 14). Die wichtigsten Zeitungen und Zeitschriften sind: „L'Ami de la Religion et du Roi", „Le Drapeau blanc", „Le Journal des débats", „La Quotidienne", „Le Mémorial Catholique". Außerdem gibt es noch eine große Anzahl von Broschüren (vgl. Catalogue de l'Histoire de France der Pariser Bibliothèque Nationale, III 280—554 und XI 230—292).

Diese Quellen sind zu vervollständigen durch die zahlreichen unveröffentlichten Dokumente in den Archives Nationales von Paris (vor allem die Reihe F^{19}), den Archiven der Départements und Diözesen und den römischen Archiven (vgl. *G. de Bertier,* L'histoire religieuse de la Restauration aux Archives du Vatican: RHEF 38 [1952] 77—89).

LITERATUR: Allgemein: Neben den Werken von *Schmidlin PG* (I 178—186 394 bis 405), *Leflon* (328—336 393—401), *Debidour,* Histoire (II 325—412), *Brugerette* (I 1—62), *Dansette* (I 233—284), *Gurian* (76—101), *Dupeux* (103—129), *Rémond* (25—59) siehe vor allem HistCathFr (III 219—293), *Ch. Pouthas,* L'Église de France sous la Monarchie constitutionelle (Cours de Sorbonne, Paris [1942]) und *G. de Bertier de Sauvigny,* La Restauration (Paris ²1963), bes. 299—326. Auch: *E. de Guichen,* La France morale et religieuse sous la Restauration, 2 Bde (Paris 1911); *S. Charléty,* La Restauration (Paris 1921); *F. Artz,* France under the Bourbon Restauration (Cambridge 1931); *P. Dudon:* RHEF 20 (1934) 79—114.

Besondere Aspekte: *P. Pouthas,* Le clergé sous la Monarchie constitutionelle: RHEF 29 (1943) 19—53; *P. Broutin,* La piété sacerdotale au début du XIXe s.: RAM 20 (1939) 158—180; *R. Limouzin-Lamothe:* BLE 55 (1954) 144—163; *H. Forestier:* Annales de Bourgogne 28 (1956) 195—203; *Burnichon* I; *E. Piscitelli,* Lambruschini e alcune fasi della sua attività diplomatica: RStRis 40 (1953) 158—182; *Colapietra* 73—74 371—379 387—398 413—417 431—443; *D. Robert,* Les Églises réformées en France, 1800—1830 (Paris 1961) 2. Tl., bes. 446—461. Über die antiklerikale Bewegung: *Weill,* Histoire 11 bis 55; *Mellor* 262—279; *R. Casanova,* Montlosier et le Parti prêtre (Paris 1970).

Schulfrage: *R. Sevrin,* L'enseignement primaire en France sous la Restauration (Paris 1933); *Grimaud; A. Garnier,* Frayssinous, son rôle dans l'Université sous la Restauration (Paris 1925); *ders.,* Les ordonnances du 16 juin 1828 (Paris 1919); *R. Limouzin-Lamothe:* Annales du Midi 65 (1953) 457—474, 69 (1957) 259—265; *G. de Bertier:* RHEF 46 (1960) 70—78.

Missionen: *E. Sevrin,* Les missions religieuses en France sous la Restauration, 2 Bde (Paris 1948/59); *A. Omodeo,* Aspetti del cattolicesimo della Restaurazione (Turin 1946) 11—78; *G. Richard:* Annales de l'Est, 5e sér. 10 (1959) 39—71.

Biographien: Es gibt zahlreiche Biographien von Bischöfen und Gründern religiöser Gesellschaften, von denen jedoch viele wenig kritisch verfaßt sind; die für den Historiker brauchbarsten sind: *Ch. Baillé,* Le cardinal de Rohan-Chabot (Paris 1904); *A. Garnier,* Frayssinous (s. oben); *J. Dissard,* Mgr. Ch.-Fr. d'Aviau (Bordeaux 1953); *E. Sevrin,* Mgr. Clausel de Montals, évêque de Chartres I (Paris 1955); *R. Limouzin-Lamothe,* Mgr. de Quélen, archevêque de Paris I (Paris 1955); *J. Leflon,* E. de Mazenod II (Paris 1960); *A. P. Laveille,* Jean-Marie de Lamennais, 2 Bde (Paris 1903).

Monographien, die *lokalen* Verhältnissen gewidmet sind, gibt es nur wenige. *P. Genevray,* L'administration et la vie ecclésiastique dans le grand diocèse de Toulouse

(Toulouse 1943); *P. Guillaume,* Essai sur la vie religieuse dans l'Orléanais de 1801 à 1878 (Orléans 1959); *P. Leuillot,* L'Alsace au début du XIXe s. III (Paris 1960), bes. 1—154; *J. Vidalenc,* Le département de l'Eure sous la Monarchie constitutionelle (Paris 1952), bes. 546—602; *P. Huot-Pleuroux,* Le recrutement sacerdotal dans le diocèse de Besançon de 1801 à 1960 (Besançon 1966); *M. Faugeras,* Le diocèse de Nantes sous la Monarchie censitaire, 2 Bde (Fontenay 1964).

Die Kirchengeschichte der Restauration in Frankreich — lange Zeit nur durch das entstellende Prisma ideologischer Leidenschaftlichkeit betrachtet — ist allmählich Gegenstand echter wissenschaftlicher Arbeiten geworden. Diese stellen zwar die naiven Wunschvorstellungen eines Klerus fest, der durch die Unterstützung des herrschenden Adels seine Vorrangstellung, die er vor 1789 innehatte, wieder zu erhalten glaubte, sich aber in den Augen der aufsteigenden Klassen durch sein Einverständnis mit der politischen und sozialen Reaktion kompromittierte, vermögen aber gleichzeitig die kirchliche und geistliche Aufbauarbeit dieser 15 Jahre, der ein dauerhafter Erfolg beschieden war, zu erhellen.

Die Restauration des katholischen Staates

„Der Thron des heiligen Ludwig ohne die Religion des heiligen Ludwig ist eine absurde Vorstellung." Diese Feststellung Chateaubriands, die mit dem Ideal jener Kreise bricht, die im 18. Jh. die alte monarchische Institution durch eine Umformung nach dem Vorbild der Enzyklopädisten wieder zu beleben suchten, entspricht einer Geisteshaltung, die weit über die Emigrantenkreise hinausreicht. Meinten die einen aus religiöser Überzeugung — während der Prüfungen der Revolution bekehrten sich viele zur Religion —, daß es die erste Pflicht eines Herrschers sei, seine Untertanen zu Gott zu führen, so gelangten andere auf Grund ihres politischen Realismus zu der Auffassung, daß der beste Schutz des Thrones in der sozialen Macht liege, die der Katholizismus darstellt. Durch die Integration ihrer sozialen und politischen Philosophie der „Gegenrevolution" in eine religiöse Perspektive vereinigten sie sich zur gemeinsamen Arbeit an der Wiedererrichtung des alten Kirchensystems, einer mächtigen und geachteten Kirche in einem offiziell christlichen Staat. Diese, von den „Ultras" gerne bis in die letzten Konsequenzen vertretene Politik mußte jedoch auf die liberale Meinung Rücksicht nehmen, die im Parlament zwar schwach vertreten war, im Lande aber starke Positionen hatte. Also blieb der individualistisch und liberal orientierte Code civil unangetastet, der somit für ein Jahrhundert das religiöse und sittliche Leben des Landes bestimmen sollte, unter anderem durch die Beschleunigung der Geburtenkontrolle, die im vorhergehenden Jahrhundert eingeleitet worden war. Auf verschiedenen Gebieten wurde ganz allgemein eine Politik des Ausgleichs notwendig. Deshalb beklagten sich, trotz der von der Majorität des

Konkordatsepiskopats praktizierten Mäßigung, zahlreiche Prälaten und vor allem katholische Journalisten in bisweilen empörten Formulierungen über die „Schwäche" der Regierung hinsichtlich der Unterstützung der Kirche. Tatsächlich und rechtlich gesehen wurden der Kirche von seiten der Regierung jedoch beträchtliche Vorteile eingeräumt.

Gleich nach seiner Rückkehr im Jahre 1814 erhob Ludwig XVIII. den Katholizismus wieder zur Staatsreligion und ergriff verschiedene Maßnahmen (z. B. die Verpflichtung zur Sonntagsheiligung). Außerdem machten sich Bestrebungen zugunsten einer Abschaffung der Glaubensfreiheit und für die Restitution der Güter des Klerus breit. Im darauffolgenden Jahr verbot die Kammer („chambre introuvable" genannt, weil sie alle Erwartungen der royalistischen Partei übertraf) die Scheidung und versuchte, dem Klerus die Funktionen des Standesamtes zurückzugeben und ihm wieder das nationale Erziehungswesen anzuvertrauen. Gleichzeitig kamen auf Betreiben der Repräsentanten der „Petite Église", die die gesamte religiöse Politik der ersten Restauration inspirierten, geheime Verhandlungen in Gang, die die Annullierung des Konkordats von 1801 und die Rückkehr zu den Konkordatsbestimmungen von 1516 sowie die Wiedereinrichtung der alten aufgehobenen Diözesen und die Erneuerung des von Napoleon ernannten Episkopats herbeiführen sollten. Pius VII. und die „zelanti" seiner Umgebung erstrebten zwar das Zustandekommen eines neuen, für die Kirche günstigeren Vertrags, der eine Aufhebung der sogenannten „Organischen Artikel" herbeiführen sollte. Jedoch wollte der Heilige Stuhl sich dadurch nicht den Anschein geben, als habe er sich geirrt und würde seine Verhandlungen mit dem „Usurpator" nun mißbilligen, noch wollte er einfach zum alten Status der Kirche von Frankreich zurückkehren, der allzusehr dem Gallikanismus verhaftet war. Darüber hinaus beurteilte Consalvi die Zweckmäßigkeit einer so weitgehenden Gegenrevolution sehr skeptisch. Nach drei Jahren schwieriger Verhandlungen gelangte man am 11. Juni 1817 zu einem Kompromiß, der trotz der beabsichtigten Ungenauigkeit vieler seiner Abmachungen im ganzen einen Erfolg für Rom darstellte und u. a. 42 der aufgehobenen Diözesen wieder errichtete[1]. Aber die Reaktion der gallikanischen Juristen und der liberalen Meinung war derart, daß die Regierung darauf verzichtete, den Vertrag den beiden Kammern zur Approbation vorzulegen; sie geriet damit Rom gegenüber in eine sehr schwierige Lage. Die geschickte Vermittlung durch den Sohn Portalis' und das Versprechen des Königs, die Zahl der Diözesen nach und nach von 50 auf 80 zu erhöhen (seit Oktober 1822 verwirklicht), bestimmten Pius VII., auf ein neues Konkordat zu verzichten. Man griff auf das Konkordat von 1801 zurück, das paradoxerweise so durch die übermäßigen Forderungen der „Ultras" gerettet wurde.

Das Scheitern des Konkordats von 1817 erklärt sich aus der Tatsache, daß

[1] Text MiscMercati I 597—601.

Ludwig XVIII. auf Anraten Decazes' in diesen Jahren eine Versöhnung mit der liberalen Meinung suchte, so daß die Regierung trotz ihrer Bereitschaft, die materielle und rechtliche Situation der katholischen Kirche zu verbessern, doch in erster Linie die Unabhängigkeit des Staates dem Klerus gegenüber zu bewahren suchte, wodurch die vollständige Verwirklichung des Programms der Ultras verhindert wurde. Nach der Ermordung des Thronfolgers jedoch (13. 2. 1820) nahm der Widerstand von Klerus und Adel einen neuen Aufschwung. Er äußerte sich vor allem in Schikanen gegen die Protestanten, dann in dem Pressegesetz vom März 1822, das Lästerungen gegen die Religion unter Strafe verbot, und in einer wachsenden Einflußnahme der Kirche auf das Erziehungswesen. Diese Reaktion wurde noch durch die Thronbesteigung Karls X. (September 1824) verstärkt, Prototyp des zur Frömmigkeit bekehrten Emigranten, der „die unreflektierten Irrungen seiner Jugend durch die unreflektierten Andachtsübungen seines Alters sühnte" (Dansette) und dessen Krönung in Reims wie ein Symbol und Programm erschien.

Diese klerikale Politik wurde von der religiösen Presse unterstützt, die in ihren Forderungen noch viel weiter ging, wie auch von der geheimen ultraroyalistischen und religiösen Gesellschaft, einer Art katholischer Gegenfreimaurerei, die sich „Association des bannières" oder „Glaubensritter"[2] nannte. Ihr oberstes Ziel war der Dienst an der Religion und der Monarchie; sie wurde aber schon bald von einer Anzahl ehrgeiziger Elemente durchsetzt. Während der ersten Jahre der Restauration übte sie eine regelrechte geheime Regierung aus, und bis 1826, dem Jahr ihrer Auflösung, arbeitete sie — nicht damit zufrieden, die vollständige Christianisierung der Institutionen durch legale Reformen herbeizuführen — unnachgiebig an der Eroberung der Verwaltung, besetzte systematisch alle einflußreichen Posten mit ihren Parteigängern und ließ klar erkennen, daß für sie der religiöse Eifer die wichtigste Voraussetzung zur Übertragung einflußreicher Ämter sei.

Festigung der kirchlichen Hierarchie

Parallel zu dieser sehr anfechtbaren öffentlichen Aktion, die sich recht rasch gegen die Kirche selber wandte, der zu dienen sie vorgab, entwickelte, sich auf weniger spektakuläre, aber viel nützlichere Weise das Werk des 1801 begonnenen eigentlichen kirchlichen Wiederaufbaus.

Dieser Aufbau vollzog sich unter der Leitung eines Episkopats, der auf Grund der Vakanzen, die durch Tod und die Schaffung von 30 neuen Sitzen entstanden waren, schnell „gesäubert" werden konnte (von 90 zwischen 1815 und 1830 ernannten Bischöfen waren 70 Adlige). Im ganzen ge-

[2] Vgl. S. 275.

sehen, unterschieden sich diese Bischöfe der Restauration, die von der Grande Aumônerie vor allem aus Emigrantenkreisen oder aus Priestern, die Napoleon Widerstand geleistet hatten, ausgewählt worden waren, jedoch spürbar von jenen des Ancien Régime. Sie waren, ähnlich den „napoleonischen" Bischöfen, in erster Linie gewissenhafte Verwalter, hatten jedoch zu wenig Kontakt mit ihrem Volk und ihren Priestern und waren zu alt, kamen aber, untadelig in ihren Sitten, mit Eifer, wenn auch nicht immer mit Intelligenz, den Pflichten ihrer Aufgabe nach. Dupanloup, mit der Materie vertraut, lobte den Eifer dieser Bischöfe zur Wiedergewinnung verlorengegangener Positionen, Foisset jedoch bedauerte den Mangel neuer, der Situation angepaßter pastoraler Initiativen („Es wurde nichts unternommen, um das 19. Jh. nicht zu einer Fortsetzung des 18. werden zu lassen"). Angesichts einer Gesellschaft, die nicht fähig war, zuzugeben, daß das vergangene Vierteljahrhundert nichts weniger als eine Episode war, war dieser Episkopat zweifellos nicht zeitgemäß.

Eine der wichtigsten Aufgaben war es, den Priestermangel zu beseitigen, und hier wurden bedeutende Ergebnisse erzielt. Mit Hilfe der Regierung, die beträchtliche Summen[3] für die Schaffung von Stipendien für Seminaristen und eine bessere Besoldung des Klerus bereitstellte, gelang es den Bischöfen, in wenigen Jahren die bestehende kritische Situation zu meistern. Bei oberflächlicher Betrachtung mag die Zahl von 36000 Priestern im Frankreich des Jahres 1814, auch wenn sie nur die Hälfte der Zahl von 1789 ausmacht, für eine Bevölkerung von 30 Millionen ausreichend erscheinen; es muß jedoch berücksichtigt werden, daß viele dieser Priester schon sehr alt waren (nur 4% unter 40 Jahren). Die zur Abhilfe ergriffenen Maßnahmen bewirkten eine Besserung der Lage. Die Zahl der Ordinationen vermehrte sich von Jahr zu Jahr (918 im Jahre 1815, 1400 im Jahre 1820, 1620 im Jahr 1825, 2357 im Jahre 1830; diese letzte Zahl stellte einen absoluten Höhepunkt dar, sie wurde nie mehr überboten). Das Durchschnittsalter des Klerus sank, und von 1825 an trat eine leichte Steigerung der absoluten Zahl der Priester ein.

Der junge Klerus, meist bäuerlicher Herkunft, war bisweilen von dem Glanz einer vom Staat mit einem neuen Ansehen ausgestatteten Karriere angezogen, aber Jean-Marie Vianney[4], 1818 zum Pfarrer von Ars ernannt, war durchaus nicht der einzige, der seine pastoralen Verpflichtungen ernst nahm. Viele Priester entstammten Familien mit starker religiöser Tradition, die durch die Prüfungen der Revolution hindurchgegangen waren, und erfuhren ihre Berufung im Kontakt mit unnachgiebigen und strengen Priestern

[3] Der Kirchenetat stieg nach und nach von 12 auf 33 Millionen Franken pro Jahr. Gleichzeitig vermehrten sich die Spenden der Gläubigen beträchtlich (42 Millionen gegen 2,5 Millionen im Kaiserreich), sie wurden durch das Gesetz vom 2. 1. 1817 begünstigt, das den Kauf von Immobilien und den Empfang von Vermächtnissen ermöglichte.

[4] *R. Fourrey*, Le curé d'Ars authentique (Paris 1964).

des „Widerstandes". In neuorganisierten Seminaren, in denen noch immer der Einfluß von St-Sulpice vorherrschend war, erhielten sie eine solide asketische Schulung, die dem französischen Klerus ein im Verhältnis zu den Nachbarstaaten relativ hohes Niveau ermöglichte. Einige Bischöfe suchten darüber hinaus durch die Organisation von Einkehrtagen und Priesterkonferenzen dieses Niveau aufrechtzuerhalten. In Fragen der humanistischen, ja selbst der theologischen Bildung erschien dieser Klerus jedoch selbst in den Städten nur halbgebildet; der Grund dafür ist in dem mäßigen Niveau der Studien in den Seminaren und in der totalen Zerstörung des höheren kirchlichen Bildungswesens durch die Revolution zu suchen[5]. Bautain und Lamennais und die wenigen Priester, die sie um sich scharten, waren selten, und sie waren Autodidakten mit allen daraus erwachsenden Unzulänglichkeiten[6]. Bischöfe, die wie Mgr. Trévern in Straßburg in einer Zeit außerordentlicher intellektueller Gärung dieser besonders nachteiligen Situation zu begegnen versuchten, waren Ausnahmen.

Die Ordensgeistlichen konnten in dieser Hinsicht das Versagen des Klerus nicht ausgleichen, denn von den alten „intellektuellen" Orden traten nur die Jesuiten im Frankreich der Restauration in Erscheinung. Sie waren, noch klein an Zahl, von der Neuorganisation ihrer Kollegien und den Volksmissionen voll in Anspruch genommen. Die Kongregationen dagegen, die sich mit der Volksschulbildung und Krankenpflege befaßten, standen in voller Blüte, besonders im Osten und Südosten des Landes und noch mehr im Westen. Im Jahr 1815 gab es bereits 14226 Ordensschwestern, die auf 43 Kongregationen in 1829 Häusern verteilt waren, 1830 waren es 24995 in 65 Kongregationen und 2875 Häusern. Die rasche Zunahme der lokalen Kongregationen[7], die sich aus der Isolierung, in der noch einige Provinzen lebten, aus dem Bemühen der Bischöfe, Herr in ihrem Territorium zu bleiben, und aus der Engstirnigkeit einiger Gründer erklärt, brachte bedauerlicherweise einen großen Kraftverlust mit sich. Auch bei den Schulbrüdern, die gleichfalls in voller Entwicklung standen, waren zahlreiche lokale Gründungen zu verzeichnen; hier herrschte aber trotzdem eine größere Einheit. Drei Kongregationen zeichneten sich durch besondere Aktivität aus: das Institut der „Frères de l'instruction chrétienne" von Ploërmel in der Bretagne[8], gegründet 1820 von Jean-Marie de Lamennais; die „Petits frères de Marie" von Marcellin Champagnat, zur gleichen Zeit in der Gegend von Lyon gegründet, und vor allem die „Frères des Écoles chrétiennes", die nie

[5] Vgl. S. 298ff (Kap. 14).

[6] Über Bautain vgl. Kap. 15, S. 298f; über Lamennais vgl. Lit. S. 272. Über die Mennaisianische Bewegung vgl. auch 301—304 326—329.

[7] Liste, unvollständig, in: NRTh 82 (1960) 609—610; für die Brüderkongregationen siehe ebd. 612

[8] *H. C. Rulon - Ph. Friot,* Histoire des méthodes et des manuels scolaires utilisés dans l'Institut des Frères de Ploërmel (Paris 1962).

völlig untergegangen waren und deren Stärke sich in 15 Jahren vervierfachte. Hinter diesen offiziell anerkannten Kongregationen („d'utilité publique") tauchten — trotz der Mißbilligung gewisser gallikanischer Bischöfe, die gegen jede Ausnahmeregelung waren — vorsichtig am Rande des Gesetzes[9] wieder alte Kongregationen auf; andere formierten sich neu, ohne große Rücksichtnahme auf die von Napoleon übernommene regalistische Gesetzgebung, die die Regierung nicht aufzuheben wagte, deren Wirkungen sie aber, besonders durch ein Gesetz von 1825, das wegen seines gemäßigten Charakters bis zum Ende des Jahrhunderts bestehen blieb, abschwächte.

Versuch der Rückeroberung der Gesellschaft und antiklerikale Reaktionen

Administrative und gesetzliche Vorteile für den Klerus, einseitige Auswahl der Beamten, Neuordnung der kirchlichen Strukturen — all dies zielte teilweise auf eine Befestigung der Monarchie; in den Vorstellungen der Kirche jedoch blieb das erste Ziel eine Rechristianisierung der Gesellschaft. Da uns nur wenige Monographien zur Verfügung stehen, ist der Grad der Dechristianisierung im Frankreich des Jahres 1815 nicht genau feststellbar. Allgemein kann jedoch folgendes gesagt werden: Trotz der religiösen Erneuerung, die dem Konkordat von 1801 folgte, haben die ständigen Kriege, das Hetzsystem, das sich seit Napoleons Zerwürfnis mit dem Papst entwickelt hatte, und die Unzufriedenheit, die aus den Ungeschicklichkeiten der ersten Restauration und deren hemmungsloser Ausnützung während der Hundert Tage erwachsen war, die Kirche in eine sehr schwierige Lage gebracht. Natürlich war die Situation in den verschiedenen Gebieten sehr unterschiedlich. Während beispielsweise in Périgueux faktisch kein männlicher Einwohner mehr sich religiös betätigte, war die Bevölkerung von Marseille noch sehr religiös, und während bestimmte ländliche Départements wie Yonne oder Charente eine schon beträchtliche Zahl ungetaufter Kinder aufwiesen, so waren andere von diesen Erscheinungen noch kaum berührt; dies trifft im besonderen auf bestimmte Randgebiete zu, wie z. B. den Norden, die Vendée und Anjou, Aquitanien, die Provence, die Franche-Comté, Lothringen und Elsaß. Allgemein kann gesagt werden, daß die alte Aristokratie sowie einige Gebildete zur Rückkehr zum alten Glauben neigten, die freien Berufe und die Notabeln der Provinz jedoch weiterhin dem Klerus in offener Feindschaft gegenüberstanden und daß die religiöse Gleichgültigkeit in der Welt des Handels und der Industrie allgemein verbreitet war. Die Masse des Volkes dagegen blieb nicht nur auf dem Lande, sondern auch in vielen

[9] Die wirkliche Haltung der lokalen Autoritäten ist verschieden, entsprechend den Gegenden und der Zeit. Siehe z. B. F. *Tavernier*, L'affaire des capucins à Aix et à Marseille: Provence historique 8 (1958) 235—264.

Provinzstädten weiterhin den christlichen Gepflogenheiten verhaftet. Die religiöse Unkenntnis jedoch war tiefgreifend, die Moral spürbar gesunken und die Sakramentenpraxis — besonders bei den Männern —fast ganz erloschen[10]. Die Massen waren darüber hinaus von der freidenkerischen Presse, die man in den Schenken laut vorlas, sowie durch die schlechten Groschenbroschüren, die von Straßenverkäufern verbreitet wurden, beeinflußt. Kurz, die Situation war, wenngleich nicht ganz so katastrophal wie sie in bestimmten Hirtenbriefen erscheinen mochte, dennoch beunruhigend. Neben der umfassenden Bewegung der apostolischen Werke, von der später noch die Rede sein wird[11], zählte die Kirche von Frankreich vor allem auf zwei bedeutende Hilfsmittel, um diese Gesellschaft, die ihr zu entgleiten drohte, wieder zu erfassen: die christliche Erziehung der Jugend und Volksmissionen für die Erwachsenen.

Aus dem Bewußtsein, daß die Rechristianisierung des Volkes in der Volksschule beginnen müsse, erklärt sich die feindliche Haltung des Klerus gegen den „wechselseitigen Unterricht“ [12] wie auch das Aufblühen der oben erwähnten Lehrkongregationen. Deren Wirken wurde durch verschiedene legislative Maßnahmen erleichtert, die dem Klerus eine wichtige Rolle in der Organisation der Kommunalschulen zuwiesen, so vor allem durch den Erlaß vom 2. April 1824, der den gesamten Elementarunterricht der Kontrolle der Kirche unterstellte. Aber die Kirche interessierte sich vor allem für die Gymnasien, in denen die künftige Führungsschicht herangebildet wurde. Man hätte es sehr begrüßt, wenn die Restauration der Kirche das Unterrichtsmonopol wiedergegeben hätte, das, nachdem es durch die Revolution verlorengegangen war, von Napoleon der „Université“ zugewiesen worden war. Dieser Wechsel konnte jedoch nicht von einem Tag auf den anderen geschehen. Fortan versuchte man neben der mit Duldung der Autoritäten unternommenen Organisation eines rein kirchlichen Gymnasialunterrichtes, der sich am Rande des staatlichen Unterrichts entwickelte[13], vor allem diesem letzteren durch eine Reihe aufeinanderfolgender Anordnungen einen offiziell religiösen Charakter zu geben. Es wurden neben dem Katechismus auch die tägliche Messe und die wöchentliche Beichte zur Pflicht gemacht;

[10] Die Lage ist besonders schlecht in Paris. Der Nuntius Macchi schrieb 1826: „In Paris übt kaum ein Achtel der Bevölkerung seine Religion aus, und es ist fraglich, ob es in der Hauptstadt 10000 praktizierende Christen gibt.“

[11] Vgl. unten Kap. 14, Seite 273—276.

[12] Vgl. *R. Limouzin-Lamothe:* BLE 57 (1956) 71—83.

[13] Knabenseminare, in denen neben den zukünftigen Priestern auch junge Menschen Aufnahme fanden, die eine liberale Karriere einschlagen wollten; von Pfarrern organisierte Privatschulen; sogar von Ordensleuten eingerichtete Gymnasien, die durch den Erlaß vom 27. 2. 1821 zur Erteilung der gleichen Grade wie die königlichen Gymnasien ermächtigt waren. Man fürchtete tatsächlich den schlechten Einfluß, den viele Gymnasiasten, die aus liberalen oder aufklärerischen Kreisen kamen, auf die Kinder aus christlichen Familien ausüben könnten.

die Almoseniers erhielten eine große Autorität; einige Druckmittel wurden, jedoch relativ selten, auf die jungen Protestanten ausgeübt. Dann bemühte sich Mgr. Frayssinous, der seit 1822 dem Unterrichtswesen vorstand, die Universitäten zu säubern, und ersetzte, vor allem in den wichtigsten Posten, Professoren, deren religiöse oder monarchische Einstellung suspekt erschien, durch Kleriker (139 von 309 Direktoren und 66 von 80 Philosophieprofessoren im Jahr 1818 waren Kleriker). Diese Reinigung der „Université" schien in einigen kleineren Städten zu positiven Ergebnissen geführt zu haben, vielerorts jedoch, ganz besonders aber in Paris, war sie ein totaler Mißerfolg: Heuchelei von seiten der Professoren und Erbitterung bei den Schülern, die beim Verlassen dieser königlichen Gymnasien der Religion feindlicher gegenüberstanden als bei ihrem Eintritt. Aus der Erkenntnis dieses zumindest teilweisen Versagens des protektionistischen Systems erklärt sich auch der Erfolg, der der Aktivität Lamennais' zugunsten der freien Schule beschieden war[14], trotz des Mißtrauens von seiten der meisten Bischöfe, denen alles, was irgendwie im Zusammenhang mit dem Liberalismus stand, von vornherein verdächtig war.

Was die Volksmissionen anbelangt, so war die Methode, die bis in das 17. Jh. zurückreicht, schon unter Napoleon wieder in Gebrauch, von ihm jedoch nach einigen Jahren abgeschafft worden. 1816 wurde sie mit bisher unbekannter Intensität wiederaufgenommen. Verschiedene Gesellschaften von Diözesanmissionaren wurden gegründet (im Süden, in Lyon, in Besançon, in Tours), deren bedeutendste die der „Prêtres des missions de France" des Abbé J.-B. Rauzan von Bordeaux war. Einige religiöse Orden, Jesuiten, Lazaristen, Monfortaner, oder unabhängige Priester beteiligten sich an diesem Apostolat. Von der Mehrheit der Bischöfe und des Pfarrklerus wie auch bisweilen von den zivilen und militärischen Autoritäten unterstützt, ergriffen diese begeisterten Apostel jede Möglichkeit eines spektakulären Auftritts, um die Ungläubigen wachzurütteln und das geistige Leben der Gewohnheitschristen wieder zu erwecken, gleichzeitig jedoch auch, um sie zur Loyalität gegenüber den Bourbonen anzuhalten, da sie von der Solidarität zwischen Monarchie und Religion überzeugt waren. Diese immer wieder praktizierte Vermischung von Politik und Religion war in einem ideologisch geteilten Land ein schwerer Fehler, und die Missionare hoben häufig noch deutlicher die bestehenden Divergenzen hervor, statt die Geister einander näherzubringen. Ihre provozierende Einstellung gegenüber den Ungläubigen, ihre Predigten über die Wiederherstellung der Nationalgüter, ihre Schmähungen gegen die Tanzveranstaltungen sowie ihre in unangenehmer Weise an die Inquisition erinnernden Autodafés schlechter Bücher verbitterten eine einflußreiche Minderheit, und sie waren letztlich der Grund für die Ablehnung, die diese Missionen begleitete, wie auch für die heftige Reaktion, die sich

[14] Vgl. S. 280 f.

nach 1830 gegen die „Missionskreuze" bildete, deren theatralische Errichtung die Zeremonien abzuschließen pflegte. Eine objektive Betrachtung dieser Missionstätigkeit muß jedoch zugeben, daß sie — zumindest unmittelbar — einen relativen Erfolg verzeichnen konnte. Wenn sie auch auf die gebildeten Kreise kaum Einfluß hatte und durch ihre Auswüchse sogar deren Feindseligkeit vermehrte, so hat sie doch beim einfachen Volk vielerorts dazu beigetragen, den Prozeß der Säkularisierung für eine Weile aufzuhalten, auch wenn dabei der Akzent allzuhäufig mehr auf der öffentlich vertretenen Zugehörigkeit zur katholischen Ordnung als auf der geordneten Glaubensausübung lag. In einigen Fällen organisierten die Missionare vor ihrem Abzug ein „Werk der Beharrlichkeit", dessen Tätigkeit noch lange wirksam blieb. Das allgemeine Ziel einer wirklichen Rechristianisierung Frankreichs wurde sicher nicht erreicht; man muß jedoch auch berücksichtigen, daß die Zahl dieser Missionen entgegen dem Anschein doch sehr klein war: etwa 1500 in 15 Jahren, vielleicht 100 im Jahr bei einer Zahl von 36 000 Pfarreien.

Der Ausbruch von Haß und Gewalt gegen die Kirche, der im Jahr 1830 den Sturz der Bourbonen begleitete, war nur das Ergebnis der stets wachsenden Erregung einer fünfzehnjährigen Opposition. Die provozierende und ungeschickte Politik der Ultras, die die Religion mit der Gegenrevolution gleichsetzten und den Staat der Kirche unterordnen wollten, führte zur Gegnerschaft des jungen Frankreichs, das dabei war, die Schwelle zum Erwachsensein zu überschreiten, und das das Ancien Régime nicht gekannt hatte, wie auch der Überlebenden des alten gallikanischen Parlamentarismus. Die Liberalen bildeten nur eine kleine, aber sehr dynamische Minderheit; sie versuchten aus aufklärerischer Feindseligkeit gegen die Religion und in der Absicht, damit auch den mit der klerikalen Reaktion solidarischen Thron zu treffen, mit allen Mitteln die Tätigkeit des Klerus zu untergraben. Man verbreitete unter dem Kleinbürgertum und bis in das entlegenste Dorf billige Ausgaben der Enzyklopädisten: 2 740 000 Exemplare von 1817 bis 1824, also weit mehr, als im ganzen 18. Jh.[15]. Die liberale Presse unterrichtete ihre Leser täglich über Zeugnisse der Intoleranz oder Skandale aus dem Klerus. Der Pamphletist Paul-Louis Courrier und der Liederdichter Béranger unterstützten diesen erbitterten Kampf mit ihrem Talent. Eine allgemeinverbreitete Sorge um die Aufrechterhaltung der Vorrangstellung des Staates vor der Kirche gegen die „Priesterpartei" verschaffte ihnen die Unterstützung der gemäßigten Richtung der konstitutionellen Monarchisten, die in der Kammer der Pairs, in der Akademie, in der Magistratur und in der Universität sehr einflußreich waren. Die Unruhe der Erben jansenistischer Tradition angesichts der immer aktiver werdenden Tätigkeit der ultramontanen Kongregationen bewog außerdem eine Anzahl von Gallikanisten dazu, sich der antiklerikalen Opposition anzuschließen. 1826 stellte sich sogar ein alter

[15] Genaue Zahlen im „Mémorial catholique" vom Mai 1825 (III 261—299).

katholischer Edelmann, der Graf von Montlosier, der jedoch zugleich ein fanatischer Gallikanist war, an die Spitze der Kampagne gegen die Jesuiten, die für viele zum Symbol für die Unterwerfung des Staates unter das Papsttum geworden waren.

Die Auflösung der ultraroyalistischen Mehrheit bei den Wahlen von 1827 und die Ersetzung des Ministeriums Martignacs durch Villèle sicherte diesem Unternehmen einen ersten Erfolg, nämlich den Erlaß vom 21. April 1828, der den Bischöfen einen Teil der Vollmachten von 1824, die das Volksschulwesen betrafen, wieder entzog, und vor allem den Erlaß vom 16. Juni, der die Mitglieder der nichtautorisierten Orden aus dem Unterrichtswesen entfernte und die Ordnung der kleinen Seminarien dahingehend regelte, daß diese nicht in Gymnasien verwandelt werden konnten. Diese Maßnahmen waren zwar begrenzt, aber die Linke jubelte: „Das Zepter der Inquisition ist gebrochen." Wenngleich sich die Jesuiten ohne Aufsehen zerstreuten, so begann doch der Episkopat, aufgewiegelt durch die rechtsstehende Presse, mit Festigkeit zu reagieren. Leo XII. jedoch, von den Gesandten Karls X. geschickt beeinflußt, wollte die Schwierigkeiten eines der Kirche so ergebenen Herrschers nicht noch vermehren und riet — im übrigen beglückt von dieser Gelegenheit, seine pontifikale Autorität auf den hohen französischen Klerus auszuüben — den Bischöfen nachzugeben. Die Regierung zeigte sich außerdem in der Anwendung des Gesetzes tolerant[16]. Diese erste Niederlage der „Priesterpartei" war jedoch weit davon entfernt, die liberale Opposition zu beschwichtigen, sondern reizte sie im Gegenteil noch mehr.

Bilanz der Restauration

Auf der Ebene der Institutionen hat der von der Nuntiatur oft schlecht beratene Eifer der Ultras und der Partei der Frommen der Kirche keine großen Ergebnisse gebracht. „Jedesmal, wenn man meinte, die in der Zeit Ludwigs XVIII. unter Zwang gezogenen Schranken überwinden zu können, in der Hoffnung auf eine soziale und religiöse Gegenrevolution, mußte man ganz oder zumindest annähernd zu der napoleonischen Lösung einer Unterscheidung der Herrschaftsgebiete von Kirche und Staat zurückkehren, da diese Lösung der Situation des durch die Revolution veränderten Landes offensichtlich am besten entsprach."[17] Die Heftigkeit der antiklerikalen Reaktion, die sich in den 15 Jahren der Restauration noch vermehrte, und die beklagenswerte Geisteshaltung der studierenden Jugend, die in den unter

[16] In Marseille blieb z.B. alles beim alten (*J. Leflon,* Mazenod II 332—333). Ebenso in Lyon, wo die Autoritäten erst unter der Julimonarchie auf die Ausführung der Anordnungen drängten (*C. Latreille:* Revue d'Histoire de Lyon 11 [1912] 5—25).
[17] HistCathFr 250.

so starkem Einfluß der Kirche stehenden königlichen Gymnasien ausgebildet war, genügte, um die Nichtigkeit einer Politik aufzuzeigen, die geglaubt hatte, die religiöse Geisteshaltung der Franzosen verändern zu können, indem sie der Kirche die von Napoleon errichtete zentralisierte Verwaltungsmaschinerie zur Verfügung stellte. Zu den unüberlegten Forderungen des Klerus, der es nicht vermochte, die soziologischen Ursachen der religiösen Indifferenz der Volksmassen oder die wahren Motive der Religionslosigkeit in den intellektuellen Kreisen zu analysieren, kam noch die unkluge Zufluchtnahme bei den weltlichen Mächten, durch die der Klerus mit der reaktionären Partei kompromittiert wurde; auf diese Weise wurde der Kirche ein dauernder Schaden zugefügt.

Wie wir jedoch gesehen haben, ist die Bilanz der Restauration in religiöser Hinsicht keineswegs negativ. Es wurde eine bedeutende geistige Wiederaufbauarbeit geleistet, von der die rasche Zunahme der Priesterweihen, die zahllosen Gründungen von Kranken- und Schulorden, die fortschreitende Neuorganisierung des traditionellen Lebens in den Pfarrgemeinden, das Aufblühen caritativer Werke oder auch eines Apostolats, in dessen Dienst sich eine Laienelite stellte, und schließlich zahlreiche Fälle der Rückkehr zum Glauben und zur religiösen Praxis zeugten. Nicht alles an diesen Ergebnissen war nur oberflächlich, und die Heftigkeit der Reaktion der Feinde der Kirche scheint noch zu bestätigen, daß Frankreich im Jahr 1830 christlicher war als im Jahr 1815. Es darf aber nicht vergessen werden, daß es die Hilfe und Protektion der Regierung waren, die den Wiederaufbau der Kirche in Frankreich und, zumindest in der Provinz, eine wichtige und dauerhafte Wandlung des geistigen Klimas ermöglicht haben. So kann man sich berechtigterweise mit G. de Bertier fragen: „Hätte die Kirche von Frankreich ohne diese 15 Jahre des Wiederaufbaus und der Zurückeroberung ihre Begeisterung für den Liebesdienst und das Apostolat in dem Maße, wie es im 19. Jh. geschah, aufrechterhalten und entwickeln können?“ [18], eine Begeisterung, deren Ausstrahlung auf Europa und die Welt bedeutend war und den Platz rechtfertigt, den die Historiker den verschiedenen Manifestationen des katholischen Lebens dieses Landes zuschreiben.

6. Kapitel

Die Fortsetzung des Ancien Régime in Südeuropa

LITERATUR: 1. Italien: *Schmidlin PG* I 186—196 425—426 500—501; *Leflon* 322—325 402; *S. Fontana,* La controrivoluzione cattolica in Italia, 1820—30 (Brescia 1968) bes. 211—344; *L. Bulferetti,* La Restaurazione 1815—30: Storia d'Italia III (Turin 1959) 361 bis 504; *Spini* 70—152.

[18] La Restauration 324.

Königreich beider Sizilien: *W. Maturi*, Il concordato del 1818 (Florenz 1929; zu ergänzen durch *L. Pásztor:* AHPont 6 [1968] 226—231); *R. Romeo:* RSIt 67 (1955) 402—408; *G. Catalano,* I Borboni e la manomorta ecclesiastica di Sicilia: Il diritto ecclesiastico 59 (1948) 198—213; *G. M. Monti:* Chiesa e Stato I (Mailand 1939) 355—405 (über die Revolution 1820—21).

Toskana: *P. Pieri,* La Restaurazione in Toscana, 1814—21 (Pisa 1922) bes. 79 ff; *A. Aquarone:* RStRis 43 (1956) 18—21; *P. Barbaini,* Problemi religiosi del Risorgimento in Toscana (Turin 1961) 58—69.

Herzogtümer: *D. Corsi:* RSTI 7 (1953) 256—266.

Lombardisch-Venezianisches Königreich: *Maaß* IV und V (Wien 1957 und 1961); *C. Castiglione,* Gaysruck e Romilli (Mailand 1938); *G. Mantese:* AHPont 4 (1966) 259—280.

Piemont: *G. Pellicia,* Il concordato del 17 luglio 1817; Palestra del clero 32 (1953) 1173—83 1243—54, 33 (1954) 36—54 (neue Dokumente); *R. Colapietra,* Le relazioni tra Roma e Torino sotto Leone XII: Rassegna di politica e di storia 12 (1966) 23—32; *P. Stella,* Crisi religiose nel primo Ottocento piemontese (Turin 1959); *L. Berra:* Bollettino della Società per gli studi storici nella provincia di Cuneo 36 (1955) 18—59.

2. Spanien: Neben den in der Allg. Bibliogr. angeführten Werken siehe *Schmidlin PG* I 200—203 427—428; *J. A. Díaz Merino,* Colección eclesiástica española, 14 Bde (Madrid 1823/24; Dokumente, die sich auf die religiöse Politik der liberalen Regierung von 1820 bis 1823 beziehen); *P. Leturia:* HJ 46 (1926) 233—332; *M. Pinto-Vieites,* La política de Fernando VII entre 1814 y 1820 (Pamplona 1958); *M. Artola Gallego,* La España de Fernando VII (Madrid 1968); *J. S. Laboa,* Doctrina canónica del Dr. Villanueva. Su actuación en el conflicto entre la S. Sede y el gobierno de España, 1820—23 (Vitoria 1957; vgl. Revista española de derecho canónico 12 [1957] 747—761); *J. M. Cuenca Toribio,* D. Pedro de Inguanzo y Rivero (1764—1836), último primado del antiguo régimen (Pamplona 1965); *ders.,* La Iglesia española en el trienio constitucional: HS 18 (1965) 333—364; *ders.:* Ius Canonicum 10 (Pamplona 1970) 412—425; *A. Rodriguez Eiras,* La Junta apostólica y la restauración realista en Galicia: Cuadernos de estudios galegos 22 (1967) 198—220; *A. C. Jemolo,* Il conte Solaro della Margarita ed il nunzio Tiberi: Atti della Reale Accademia di Torino 77 (1941/42) 119—143; *Colapietra* 379—387 399 402; Informes sobre el Estado de España, 1825, hrsg. von *F. Suárez* (Pamplona 1966).

Über das Ende der spanischen Inquisition: *L. Alonso Tejada,* Ocaso de la Inquisición (Madrid 1969); *M. Defourneaux:* Annales hist. de la Révolution française 35 (1963) 160—184; *A. C. Jemolo:* Atti della R. Accad. di Torino 76 (1940/41) 433—458.

Portugal: Außer *F. de Almeida* (Allg. Bibliogr.), bes. IV/2, 205—289, siehe *Schmidlin PG* I 205—206 428—429.

Italienische Staaten

Nach Beendigung des — je nach den verschiedenen Gebieten mehr oder weniger langen — napoleonischen Zwischenspiels war Italien wieder zu einem „geographischen Begriff" geworden. Es gliederte sich in acht Einzelstaaten: in das Königreich von Piemont-Sardinien, das sich um die ehemalige Republik Genua vergrößerte; das lombardisch-venezianische „Königreich", das Teil der habsburgischen Besitzungen war; die Herzogtümer von Parma, Modena und Lucca sowie das Großherzogtum Toskana, die nominell unabhängig, in Wirklichkeit jedoch österreichische Protektorate waren; den Kirchenstaat; das Königreich beider Sizilien oder Neapel.

Das Problem des Priestermangels, das sich in Frankreich in aller Dringlichkeit stellte, gab es in Italien nicht, da hier der Klerus in seinem Überfluß fortbestehen blieb. Seine Qualität ließ jedoch oft zu wünschen übrig. Im Süden des Landes hatten viele Priester nur deshalb die Soutane gewählt, weil dies die landesübliche Bedingung war, um entweder eine Stelle als Erzieher zu erhalten oder aber sich in Ruhe seinen Studien widmen zu können. In Mittelitalien setzte der Landadel häufig Priester, die eine kleine Pfründe hatten, zur Verwaltung seiner Güter ein. Im Kirchenstaat klagte Mgr. Sala über den Müßiggang vieler Priester, die keine eigentliche Aufgabe hatten. Im Norden des Landes jedoch, wo die Bischöfe um eine Verbesserung der Seminare bemüht waren und, wie Mgr. Lambruschini in Genua, damit begannen, Exerzitien und Einkehrtage für die Priester zu organisieren, stand der Klerus eindeutig auf höherem Niveau; vor allem in Piemont gesellte sich zu einem Giuseppe Cottolengo oder einem Pio Lanteri eine Anzahl weniger bekannter Nacheiferer.

Dagegen traten andere Probleme in aller Schärfe auf: Festlegung der Beziehungen zwischen dem Heiligen Stuhl und den neuen Regierungen; Anpassung der Diözesangrenzen (die ihre noch heute gültige Form annahmen) an die territorialen Veränderungen; Regelung der durch die Verstaatlichung der Kirchengüter und die Unterdrückung der Klöster während der französischen Periode entstandenen Fragen; Rückgewinnung der vom antirömischen Jansenismus des 18. Jh. und dann von den durch die Franzosen verbreiteten liberalen Ideen beeinflußten Geister.

Innerhalb weniger Jahre konnte die institutionelle Reorganisation dank einer Reihe von Übereinkünften, die jedoch nicht ohne Schwierigkeiten zustande kamen, mit Erfolg abgeschlossen werden. Wenn man auch in Regierungskreisen auf den Einfluß des Klerus zählte, um das gegenrevolutionäre Werk abschließen zu können, so war man jedoch keineswegs bereit, auf die alte Gesetzgebung regalistischer Prägung zu verzichten. Es vollzog sich sogar, wie Romeo sehr treffend bemerkte, „eine Entwicklung des Cäsaro-Papismus des 18. Jh. zu einer Form des modernen weltlichen Jurisdiktionalismus napoleonischer Prägung“. Entgegen allen Einwänden seitens der „zelanti“ akzeptierte Consalvi schließlich eine Reihe von Konzessionen an diese Mentalität; denn er sah darin den unabwendbaren Charakter einer Gesellschaft, die — so reaktionär sie auch war — dennoch nicht in den Geist des Mittelalters zurückfallen wollte. Außerdem erwuchsen der Kirche, im ganzen gesehen, aus dieser Politik des guten Einvernehmens auch echte Vorteile.

Gleich bei seiner Rückkehr nach Neapel verlangte König Ferdinand I. Verhandlungen über ein Konkordat. Diese gestalteten sich besonders schwierig, da die römischen „zelanti“ in ihrer anachronistischen Anmaßung die feudale Abhängigkeit des Königtums vom Heiligen Stuhl erneut bestätigt wissen wollte und unannehmbare Forderungen stellten, in einem Staat, in dem die jurisdiktionalistische Tradition Giannones noch durch die Bürokratie der Zeit Murats verstärkt worden war. Unter dem Druck, den die projesuitische Partei auf den Hof ausübte, sowie durch die nachgiebige Haltung Consalvis konnten die Verhandlungen jedoch am 13. Februar 1818[1] zu einem Ergebnis geführt werden. Wie das Konkordat von 1801 mit Frankreich, so machte auch dieses Konzessionen sowohl an die modernen Ideen (Beendigung der privilegierten Stellung der Kirchengüter, Einschränkung der kirchlichen Gerichtsbarkeit, Neugliederung der zu kleinen Diözesen[2], Verminderung der Feiertage) als auch an die regalistischen Tendenzen (Recht des Königs, Bischöfe zu ernennen; Zugeständnis des Eingreifens der Regierung in die Verwaltung der Kirchengüter). Diese Zugeständnisse wurden jedoch durch weit größere Vorteile ausgeglichen, als wie sie das französische Konkordat bot: Der Katholizismus wurde als einzige Religion des Königreichs mit allen daraus folgenden Vorrechten in der Erziehung und der Zensur der Veröffentlichungen anerkannt; das Plazet wurde abgeschafft und das Appellationsrecht an Rom autorisiert; den Bischöfen wurde das ausschließliche Recht der Jurisdiktion über die Kleriker zugesichert; schließlich übernahm der Staat weitreichende Garantien für den materiellen Unterhalt der Kirche, indem er sich verpflichtete, dem Klerus feste Einkünfte zu sichern, die noch nicht veräußerten Kirchengüter wieder zurückzuerstatten und den Klöstern Domänen zu übergeben. Eine Kommission aus beiden Parteien wurde mit der Verwirklichung betraut und begann 1819, die religiösen Orden wieder einzuführen.

Diese Übereinkunft erschien den Unnachgiebigen als zu günstig für den Staat und daher enttäuschend, und sie rief wegen ihrer ökonomischen Bedingungen die heftige Opposition der führenden Klassen hervor. Die Regierungsbürokratie, die auf die traditionelle Fügsamkeit des südländischen Episkopats zählte, bemühte sich, die ihr verbliebenen Vorrechte auszuweiten und soweit wie möglich die alten Privilegien der „Monarchia Sicula" zu erhalten. Die Streitigkeiten über verschiedene Anwendungspunkte zogen sich bis in die Zeit Leos XII. hin, vor allem als es darum ging, der Nuntiatur die Jurisdiktion über die Konvente zurückzugeben. Die „zelanti" dagegen hatten eine gewisse Genugtuung an der Politik, die sich jeder Öffnung zur liberalen Seite hin entschlossen entgegenstellte; sie wurde seit den Unruhen von 1820/21 von dem Prinzen von Canosa[3] geleitet, der einige Jahre als Spitze der intransigenten Katholiken in ganz Italien galt.

[1] Text bei *Mercati* I 620—637.

[2] 50 Bistümer wurden durch die Bulle vom 3. 4. 1818 (BullRomCont XV 31 f) aufgelöst oder zusammengelegt. In Sizilien dagegen wurde ihre Zahl aus pastoralen Gründen leicht erhöht (Bullen vom 28. 6. 1818 und 23. 3. 1822, ebd. 36—40 487 ff).

[3] Vgl. *W. Maturi*, Il principe di Canosa (Florenz 1944).

Im Königreich beider Sizilien waren diese Intransigenten jedoch nicht sehr zahlreich. Sie hatten weder in gebildeten Kreisen, die unter dem Einfluß des aufgeklärten Reformismus des 18. Jh. standen und unter denen die Freimaurerei schottischen Ritus zahlreiche Anhänger hatte, noch in Kreisen des Volkes, dessen abergläubische Religiosität nichts Klerikales an sich hatte, und auch nicht beim Klerus selbst Unterstützung; denn im Süden kam es nicht selten vor, daß der Klerus eher liberal orientiert war.

In den nördlich des Kirchenstaates gelegenen Staaten verloren die dem Jansenismus anhängenden Kleriker, die häufig mit der französischen Regierung Kompromisse geschlossen hatten, zum Teil ihren Einfluß; damit war ein Faktor der Opposition zur römischen Kurie ausgeschaltet; dagegen blieben die josephinistischen Tendenzen lebendig.

In der Toskana bekundete nach dem kurzen Zwischenspiel des Prinzen Rospigliosi, der alle französischen Maßnahmen, die mit der katholischen Religion unvereinbar erschienen, außer Kraft gesetzt hatte, Großherzog Ferdinand III. zunächst eine gewisse Geschmeidigkeit. Wenn er auch die Abschaffung der Gesetze über die Tote Hand, die Pius VII. als Ausgleich für die Aufgabe eines Teiles der Kirchengüter zu erlangen versuchte, verweigerte und nicht bereit war, die Jesuiten in seinen Ländern wieder zuzulassen, so kam doch relativ leicht der Abschluß einer Konvention[4] zustande (4. 12. 1815). In dieser wurden die Orden, die zum Zeitpunkt der Eroberung noch bestanden, wieder eingesetzt, die Klöster aber im Hinblick auf die Verminderung des kirchlichen Patrimoniums zahlenmäßig verringert. Auch hinsichtlich der kirchlichen Gerichtsbarkeit wurde ein Kompromiß gefunden. Die von Großherzog Leopold überkommene jurisdiktionalistische Tradition erwies sich jedoch als so stark, daß es sehr bald wieder zu einem Rückschritt kam, und schon 1819 war man praktisch wieder auf die Situation vom Ende des 18. Jh. zurückgefallen, nämlich in eine privilegierte, aber streng kontrollierte Staatsreligion. Der Regierungsantritt Leopolds II. im Jahr 1824 leitete jedoch eine Entspannung der Beziehungen mit der römischen Kurie ein. Diese fand 1828 ihren Ausdruck in der Neuerrichtung der seit 1788 aufgehobenen Nuntiatur von Florenz.

Die Lage war sehr ähnlich in den drei Herzogtümern[5]: Die Obrigkeiten rechneten mit einem günstigen Einfluß des Klerus auf die Konsolidierung der absolutistischen Regierungen und waren daher bereit, die äußere Macht der Kirche, die sich ihrerseits hinsichtlich der säkularisierten Güter verständnisvoll zeigte, wiederherzustellen; ein Aufgeben der josephinistischen Praktiken des 18. Jh. stand jedoch für die Regierungen nicht in Frage.

Das gleiche galt in besonderer Weise für das lombardisch-venezianische Königreich, das noch unmittelbarer unter dem Einfluß Wiens

[4] *Mercati* I 585—590.

[5] Wo man gleichfalls eine Neuaufstellung der Diözesen unternahm, um sich den Grenzveränderungen anzupassen (Bulle vom 11. 12. 1821, BullRomCont XV 462—465).

stand, mit seiner josephinistischen Verwaltung und seinen aufgeklärten Bischöfen, wie dem Erzbischof von Mailand, Gaysruck, einem gewissenhaften Seelsorger, der jedoch der Entwicklung der nach und nach sich verbreitenden religiösen Kongregationen feindlich gegenüberstand.

Im Königreich Sardinien, wo das französische Konkordat in Kraft blieb, zeigten sich König Viktor Emanuel I. und seine Minister, die die Kirche für die beste Stütze des Thrones hielten, dem Heiligen Stuhl gegenüber sehr gewogen. Eine der ersten Handlungen der Restauration hob jene napoleonischen Gesetze auf, durch die die Waldenser emanzipiert worden waren. Der Bischof von Pinerolo leitete eine Konversionskampagne ein, die allerdings durch Druckmittel unterstützt wurde und eine Wiederkehr der Verfolgungen der vergangenen Jahrhunderte befürchten ließ. Im Jahr 1817 wurde eine Reihe ehemaliger, von Napoleon aufgehobener Diözesen wiedererrichtet, und ihre Grenzen wurden den pastoralen Erfordernissen entsprechend neu gezogen[6]. Die Jesuiten, denen man hier im 18. Jh. nicht die gleiche Feindseligkeit entgegengebracht hatte wie in den bourbonischen Staaten, gewannen, vor allem in der Erziehung, schnell ihre herrschende Stellung zurück. Zwar bewiesen in einer Kommission, die mit der Rückerstattung der nicht veräußerten Kirchengüter und der Wiedererrichtung der Klöster betraut wurde, die darin tätigen Laienmitglieder, ehemalige napoleonische Beamte, wenig guten Willen, so daß ein definitives Übereinkommen erst im Jahr 1828 zustande kam. Es muß jedoch eingeräumt werden, daß die Lebensweise vieler Mönche und Ordensfrauen zu Ausstellungen Anlaß gab, und Rom mußte seit 1825 Apostolische Visitatoren damit beauftragen, die Disziplin wiederherzustellen und die zum Teil skandalösen Mißbräuche abzuschaffen. Dagegen schien der Weltklerus den übrigen Klerus der Halbinsel eindeutig an Qualität zu übertreffen, und es gelang ihm, kleine militante Gruppen zu bilden, die — allerdings in sehr reaktionärem Geist — zu Vorläufern der späteren Katholischen Aktion wurden[7].

Die Umwandlung der Geister war jedoch schwerer als jene der institutionellen Kader. Der tridentinische Katholizismus bestimmte zweifellos die Verhaltensweisen des Volkes. Sein Glaube war im allgemeinen lebendig, aber wenig aufgeklärt. Selbst bei der Elite wurden die Schmähschriften der Jesuiten und Redemptoristen gegen die modernen Ideen, die sie als vom Protestantismus hergeleitet darstellten, wohlwollend aufgenommen. Auf diese Weise vollzog sich die Gegenrevolution in Italien mehr als in den anderen Ländern im Geist der Gegenreformation. Gleichzeitig gab es aber, selbst in der patriarchalischen Monarchie Savoyen, genügend aufgeklärte Katholiken, die als Erben der jansenistischen Tradition in Italien oder auch jener der Enzyklopädisten eine Reform sowohl der Kirche als auch des Staa-

[6] *Mercati* I 601—619.

[7] Vgl. S. 282—286.

tes anstrebten. Vor allem unter der bürgerlichen Jugend war in großen Teilen Italiens eine Entwicklung festzustellen, wie sie sich analog im gleichen Zeitabschnitt in Frankreich zeigte: In Opposition gegen den offiziellen Zwang bekundeten die Studenten von Turin, noch mehr aber jene von Padua, Pavia, Pisa und sogar von Bologna und dem Kirchenstaat einen Antiklerikalismus, der zwar nur selten bis zum Unglauben ging, jedoch gern zwischen Religion und Kirche unterschied. Sie empörten sich laut gegen den wachsenden Einfluß der Jesuiten und wandten sich — vor allem seit der mit der Wahl Leos XII. eingetretenen Verschärfung des römischen Antiliberalismus — mehr und mehr vom Papsttum ab. Auch wenn sich diese Bewegung nur auf die intellektuellen Kreise beschränkte, so ließ sie doch, trotz des von offizieller Seite bekundeten Optimismus, den Graben sichtbar werden, der sich zwischen der Kirche und dem „jungen Italien" des Risorgimento bildete.

Iberische Halbinsel

In Spanien wie auch in Portugal war die französische Okkupation zu kurz und viel zu gewalttätig verlaufen, um einen tiefergreifenden Wandel der Denkweise herbeiführen zu können. So war die Wiedereinsetzung des Ancien Régime — betrieben von einer allzu eifrigen politischen Partei, die mehr als andernorts religiöse mit politischer Restauration gleichsetzte — total.

Für die Kirche war dies kein wirklicher Vorteil, denn die Regierungen blieben auch weiterhin auf dem regalistischen Weg des 18. Jh., und überdies war man nicht, wie in den anderen Ländern, gezwungen, einen gerechten Ausgleich zwischen den neuen Ideen und der Tradition zu suchen. Der Klerus identifizierte sich dadurch mehr und mehr mit einer Vergangenheit, die sowohl von der intellektuellen Elite wie auch vom Bürgertum bereits überwunden war; dieses schaute, nachdem es unter dem Einfluß der Enzyklopädisten gestanden hatte[8], nun mit Neid nach England.

Die Organisation der spanischen Kirche forderte dennoch tiefgreifende Reformen: unzweckmäßige Diözesan- und Pfarreigrenzen, außerordentlicher Reichtum der Kirche[9]; Unwissenheit und bisweilen Sittenlosigkeit beim niederen Klerus; unverhältnismäßig hohe Zahl von Ordensleuten (40000 und dazu noch 22000 Nonnen bei 10 Millionen Einwohnern), dazu weitere

[8] Ohne übrigens auf dem Weg der Pietätlosigkeit oder gar des Antiklerikalismus so weit wie sie zu gehen, denn sie sprachen erst von Adaptation und nicht von einer Verwerfung der nationalen Traditionen.

[9] Siehe einige Punkte in *E. A. Peers,* Spain. The Church and the Orders (London 1939) 18—20. Vgl. auch die Bemerkung desselben Autors zur Entwicklung des spanischen Antiklerikalismus des 18. und 19. Jh.: „What had originally been in the main struggle for power between Church and King became a struggle for property" (S. 63).

46000 Diözesanpriester (im Verhältnis doppelt so viele wie die schon beträchtliche Anzahl von Priestern in Italien). Bei dem an sich sehr würdigen Episkopat fehlte es an klarsichtigen Männern. So haben die Einmischungen der Cortes von Cádiz in rein kirchliche Belange[10], zusammen mit gewissen Verhaltensweisen, die die nach französischem Muster praktizierte revolutionäre Demagogie hervorriefen, in ihren Augen jede Art von Liberalismus, selbst des gemäßigtsten, der sich von den Theorien Suárez' und Thomas von Aquins herleitete, in Mißkredit gebracht. Daher unterstützten sie leidenschaftlich die heftige absolutistische Reaktion, die die Rückkehr König Ferdinands VII. nach Madrid im Jahr 1814 begleitete und die bei der Unterdrückung die „afrancesados“ mit den patriotischen Liberalen verwechselte. In den nächsten Jahren triumphierte das „Schwarze Spanien“, das die der Kirche treu gebliebenen Volksmassen hinter sich hatte, über eine „aufgeklärte“ Minderheit; es kam zur sofortigen Wiedereinsetzung der Inquisition, die sich gegen alle wandte, die von 1808 bis 1814 mit der „Revolution“ geliebäugelt hatten, zur Wiedereröffnung der geschlossenen Klöster und sogar zur Erlaubnis für die Jesuiten, sich erneut im Lande niederzulassen — dies aber nur unter der Bedingung, daß sie sich den Rechten der Krone unterordneten. Denn diese hielt mit aller Entschiedenheit an einigen Aspekten des Erbes des Ancien Régime fest, was von Zeit zu Zeit, insbesondere in Fragen der Nominierung von Bischöfen (ganz zu schweigen von den Angelegenheiten Amerikas[11]), zu Spannungen mit Rom führte. Pius VII., der einen ausgesprochenen Sinn für die notwendigen Anpassungen an die Zeit hatte, gab im übrigen mehreren königlichen Forderungen nach. So willigte er 1817 ein, daß Klausurschwestern mit dem Unterricht für Mädchen und Kinder betraut wurden, dort, wo die Schulen unzureichend waren. Im Jahre 1818 stellte er einen beachtlichen Teil der Kircheneinkünfte zur Verwendung für kulturelle und soziale Zwecke zur Verfügung.

Von 1820 bis 1823 gelang es den Liberalen, an die Macht zu kommen. Sofort ließen sie die Kirche ihre Zugeständnisse an die Reaktion teuer bezahlen: mit der Inhaftierung und Verbannung jener Kleriker, die sich der Verfassung von 1812, die nun unmittelbar wieder in Kraft gesetzt wurde, widersetzten[12]; mit der Schließung der Hälfte aller Klöster, der Vertreibung der Jesuiten, der Verstaatlichung zahlreicher Kirchengüter und der Abschaffung der Inquisition und der bischöflichen Zensur. Schließlich führte die Nominierung des Kanonikus Villanueva, eines sehr antikurialen Jansenisten, der die Seele aller kirchlichen Reformprojekte gewesen war, zum Botschafter beim Heiligen Stuhl zu einem Bruch mit Rom und dann zur Ausweisung des Nuntius.

[10] Vgl. S. 98—99. [11] Vgl. Kap. 9, S. 198—206.

[12] An der Spitze des bischöflichen Widerstandes zeichnete sich der Bischof von Zamora, P. Inguanzo y Rivero aus, der 1824 Erzbischof von Toledo werden sollte.

Unter diesen Umständen war es nicht verwunderlich, daß Bischöfe, Priester und Ordensangehörige die von der „Regenza de Urgel“ durchgeführte Gegenrevolution lebhaft unterstützten und zahlreiche Klöster zu Stützpunkten im Dienste der traditionalistischen Partei und der sogenannten Junta apostólica wurden. Nach der Wiedereinsetzung der absolutistischen Regierung durch die „100000 Söhne des heiligen Ludwig“, die sich noch über 10 Jahre (1823—33) behauptete, wurde die Kirche nochmals in ihre frühere Position zurückversetzt (die Erwerber der Kirchengüter wurden nicht einmal entschädigt). Die wenigen Konzessionen jedoch, die der König den liberalen Bestrebungen einräumte, wie z. B. seine Weigerung, die Inquisition wieder einzusetzen[13], verstimmten die Intransigenten oder „apostólicos“, die unter der Führung des Franziskanergenerals standen und vom Nuntius Giustiniani unterstützt wurden. Letzterer war ein Vertreter der römischen „zelanti“ und wollte tatsächlich in Spanien einen Versuch unternehmen, das Land zu einem Musterbeispiel für eine katholische Rekonstruktion auf antiliberaler Basis in Europa zu machen. In dieser Perspektive setzte der Klerus, und vor allem der Ordensklerus, seine Hoffnung auf die bevorstehende Thronbesteigung des Bruders des Königs, des Don Carlos. Man war unfähig, zu begreifen, bis zu welchem Punkt die anachronistische Haltung dieser Kirche des Ancien Régime sie selber in eine bedrohliche Lage bringen mußte, trotz der beharrlichen Anhänglichkeit der Bevölkerung an die traditionelle religiöse Praxis.

Die „Restauration“ der Kirche in Portugal verlief kaum zufriedenstellender. Mehr noch als in Spanien mußte hier die Gesamtsituation in den Griff genommen werden; denn die Dekadenz der Orden und die schlechten Sitten des Klerus[14] waren noch viel ausgeprägter. Der Episkopat war dem Heiligen Stuhl gegenüber sehr viel emanzipierter, und die Durchdringung mit den Ideen der französischen Philosophen und der Freimaurerei war viel tiefgreifender. Die Regierung, die die Richtlinien Pombals weiterführte, wollte ohne eine Mitwirkung Roms die Reform der religiösen Orden herbeiführen und stand in ständigen Differenzen mit dem Papst hinsichtlich der Nominierung der Bischöfe und deren Jurisdiktion. Dies schützte die dem Thron hörige Kirche jedoch nicht vor der Feindseligkeit der Liberalen. So brachte die Machtergreifung durch die Freimaurer nach der Revolution von 1821 nicht nur die Abschaffung verschiedener kirchlicher Privilegien und die Schließung zahlreicher Klöster mit sich, sondern gleichermaßen auch Gewalttätigkeiten gegen die Mitglieder des Klerus, einschließlich der Bischöfe. Das

[13] Diese Wiedereinsetzung hatte für die *Apostólicos* symbolischen Wert. Sie sahen darin eine Herausforderung an das liberale Europa. Der Heilige Stuhl dagegen hielt es für klüger, nicht Öl ins Feuer zu gießen (und war im übrigen nicht unerfreut, daß dieses Nationaltribunal, das die Berufungen auf Rom verhindert hatte, verschwand).

[14] Es gab sehr viele, denn 1822 zählte man 18000 Priester auf eine Bevölkerung von kaum 3,5 Millionen (also ein Priester auf 200 Einwohner).

führte dazu, daß diese sich wieder mehr Rom zuwenden mußten, um hier Unterstützung zu suchen. Der Regierungsantritt Don Miguels im Jahr 1829 führte gleichzeitig wieder den Absolutismus und die privilegierte Stellung der Kirche ein[15]. Die Entfesselung der antiklerikalen Presse während der liberalen Regierung hatte jedoch deutlich werden lassen, bis zu welchem Grad sich die Spaltung zwischen dem Klerus und den Intellektuellen schon vertieft hatte. Die wenigen Geistlichen, die den modernen Ideen offen gegenüberstanden, wie z. B. der Benediktiner Fr. Saraiva, Urheber eines Verfassungsentwurfs im Jahre 1821 auf der Linie der Cortes von Cádiz, konnten an dieser Situation nichts ändern, zumal sie bald von Rom, bald vom Landesepiskopat getadelt wurden.

7. Kapitel

Kirchliche Reorganisation und Staatskirchentum in den Ländern des Deutschen Bundes und in der Schweiz

QUELLEN: *F. Walter,* Fontes iuris ecclesiastici antiqui et hodierni (Bonn 1862); *Ph. Schneider,* Die partikulären Kirchenrechtsquellen in Deutschland und in Österreich (Regensburg 1898); *A. Mercati,* Raccolta di Concordati su materie ecclesiastiche tra la S. Sede e le Autorità Civili I² (Città del Vaticano 1954); *L. Schöppe,* Konkordate seit 1800. Originaltext und deutsche Übersetzung der geltenden Konkordate (Frankfurt - Berlin 1964; enthält nur die fortgeltenden Bestimmungen!). — *E. R. Huber,* Dokumente zur deutschen Verfassungsgeschichte I (Stuttgart 1961). — *F. Maaß,* Der Josephinismus IV (Wien - München 1957); *I. H. v. Wessenberg,* Autobiographische Aufzeichnungen (Unveröffentlichte Manuskripte und Briefe I/1), hrsg. von *K. Aland* (Freiburg - Basel - Wien 1968).

LITERATUR: Allgemein: *H. Brück,* Gesch. der kath. Kirche in Deutschland im 19. Jh. I² (Mainz 1902) 254—362, II² (Mainz 1903) 1—273; *Schmidlin PG* I² 206—265 270—287 492 ff; *Leflon (Fliche-Martin* 20) 232 ff 336 f 340—349; *Schnabel G* IV: Die religiösen Kräfte (Freiburg ³1955) 21—43; *E. R. Huber,* Deutsche Verfassungsgeschichte seit 1789 I (Stuttgart 1957, Nachdr. 1961) 387—450; *Bihlmeyer-Tüchle* III¹⁷ 312—321; *Feine RG,* Die kath. Kirche (Köln - Graz ⁴1964) 613—627; *F. Vigener,* Gallikanismus und episkopalistische Strömungen im deutschen Katholizismus zwischen Tridentinum und Vatikanum (zuerst 1913, jetzt unter dem Titel: Bischofsamt und Papstgewalt ..., hrsg. von *G. Maron* [Göttingen 1964]); *H. Becher,* Der deutsche Primas (Colmar 1943); *E. Plaßmann,* Staatskirchenrechtliche Grundgedanken der deutschen Kanonisten an der Wende vom 18. zum 19. Jh. (Freiburg - Basel - Wien 1968).

Reichskonkordat und Kirchenfrage auf dem Wiener Kongreß: *H. Bastgen,* Dalbergs und Napoleons Kirchenpolitik in Deutschland (Paderborn 1917); *E. Ruck,* Die römische Kurie und die deutsche Kirchenfrage auf dem Wiener Kongreß (Basel 1917); *Becher* a. a. O. 31—130; *A. K. Huber,* Kirche und deutsche Einheit im 19. Jh. (Königstein 1966) 18—24; *H. Raab,* Karl Theodor v. Dalberg. Das Ende der Reichskirche und das Ringen um den Wiederaufbau des kirchlichen Lebens 1803—15: AMrhKG 18 (1966) 27—39. Weitere Lit. über Dalberg s. u. Anm. 1.

Reorganisation auf der Ebene der Einzelstaaten: *E. Friedberg,* Der

15 Einschließlich, mit 14 Jahren Verspätung hinter Spanien, der Wiedereinsetzung der Gesellschaft Jesu, die jedoch von 1834 bis 1857 erneut unterdrückt werden sollte (vgl. *L. Frias,* Historia de la Compañía de Jesús en su asistencia moderna de España II/1 [Madrid 1944] 536—573).

Staat und die Bischofswahlen in Deutschland ... Mit Aktenstücken: Das 19. Jh. (Leipzig 1874; Neudr. Aalen 1965); *U. Stutz,* Der neueste Stand des deutschen Bischofswahlrechtes. Mit Exkursen in das Recht des 18. und 19. Jh. (Stuttgart 1909); *H. E. Feine,* Persona grata, minus grata (Festschr. A. Schultze, Weimar 1934); *W. Weber,* Die politische Klausel in den Konkordaten. Staat und Bischofsamt (Hamburg 1939); *L. Link,* Die Besetzung der kirchl. Ämter in den Konkordaten Pius' XI. (Bonn 1942, Nachdr. Amsterdam 1964; mit ausführlicher Darstellung der Rechtslage im 19. Jh.); *J. H. Kaiser,* Die politische Klausel der Konkordate (Berlin - München 1949).

Die einzelnen Staaten: Bayern: *H. v. Sicherer,* Staat und Kirche in Bayern ... 1799—1821 (München 1873); *M. Frhr. v. Lerchenfeld,* Zur Gesch. des bayerischen Konkordates (Nördlingen 1883); *K. A. Geiger,* Das bayerische Konkordat vom 5. Juni 1817 (Regensburg 1917); *M. Doeberl,* Entwicklungsgeschichte Bayerns II (München [3]1928) 480 ff 576 ff; *A. Scharnagl,* Das kgl. Nominationsrecht für die Bistümer in Bayern 1817—1918: ZSavRGkan 17 (1928); *B. Bastgen,* Bayern und der Heilige Stuhl in der 1. Hälfte des 19. Jh., 2 Bde (München 1940); *Link,* Besetzung der kirchl. Ämter 112 ff 231 ff 345 ff u. ö.; *G. Schwaiger,* Die altbayerischen Bistümer Freising, Passau und Regensburg zwischen Säkularisation und Konkordat 1803—17 (München 1959); *G. Franz-Willing,* Die bayerische Vatikangesandtschaft 1803—1934 (München 1965) 13—32.

Preußen: *W. Rudolphi,* Zur Kirchenpolitik Preußens (Paderborn 1897); *C. Mirbt,* Die preuß. Gesandtschaft am Hofe des Papstes (Leipzig 1899); *W. Wendland,* Die Religiösität und die kirchenpolitischen Grundsätze König Friedrich Wilhelms III. (Gießen 1909); *J. B. Kißling,* Gesch. des Kulturkampfes im Deutschen Reiche I: Vorgeschichte (Freiburg 1911); *L. Kaas,* Die geistl. Gerichtsbarkeit der kath. Kirche in Preußen, 2 Bde (Stuttgart 1915/16); *J. Löhr,* Das Preuß. Allg. Landrecht und die kath. Kirchengesellschaften (Paderborn 1917); *J. Hansen - U. Stutz:* Die Rheinprovinz 1815—1915, hrsg. von *J. Hansen,* 2 Bde (Bonn 1917); *H. Müssener,* Die finanziellen Ansprüche der kath. Kirche an den preuß. Staat auf Grund der Bulle De salute animarum (M.-Gladbach 1926); *M. Bierbaum,* Vorverhandlungen zur Bulle De salute animarum (Paderborn 1927); *Link,* Besetzung der kirchl. Ämter 119 ff 239 ff 356 ff; *F. Hanus,* Die preuß. Vatikangesandtschaft 1747—1920 (München 1954) 78—195; *W. Lipgens,* Ferdinand August Graf Spiegel und das Verhältnis von Kirche und Staat 1789—1835, 2 Teil-Bde (Münster 1965).

Hannover, mittel- und norddeutsche Staaten: *L. Dreves,* Gesch. der kath. Gemeinden zu Hamburg und Altona (Schaffhausen [2]1866); *H. Meurer,* Die Säkularisation und Wiederherstellung des Stifts Osnabrück: AkathKR 33 (1875); *J. Freisen,* Staat und kath. Kirche in den deutschen Bundesstaaten Lippe, Waldeck, Anhalt ..., 2 Bde (Stuttgart 1906); *J. Metzler,* Die Apost. Vikariate des Nordens (Paderborn 1919); *A. Bertram,* Gesch. des Bistums Hildesheim III (Hildesheim - Leipzig 1925); *G. Langer,* Landesherrl. Patronatsrecht und staatl. Oberaufsichtsrecht gegenüber der kath. Kirche Sachsens (Leipzig 1929); *E. Hegel,* Die kirchenpolitischen Beziehungen Hannovers, Sachsens und der norddeutschen Kleinstaaten zur röm. Kurie 1800—46 (Paderborn 1934); *Link,* Besetzung der kirchl. Ämter 244 f Anm. 81, 356 Anm. 78, 367 f Anm. 109, 422 Anm. 42.

Oberrhein. Kirchenprovinz: *I. v. Longner,* Beiträge zur Gesch. der oberrhein. Kirchenprov. (Tübingen 1863); *H. Brück,* Die oberrhein. Kirchenprov. (Mainz 1868); *E. Göller,* Zur Vorgesch. der Bulle „Provida sollersque": FreibDiözArch 55 (1927), 56 (1928); *M. Miller,* Die Errichtung der oberrhein. Kirchenprov., im bes. des Bistums Rottenburg: HJ 54 (1934); *Link,* Besetzung der kirchl. Ämter 125 ff, 255 ff, 375 ff; Frankfurter Konferenzen: *A. Williard:* FreibDiözArch 61 (1933), 63 (1935). — *H. Maas,* Gesch. der kath. Kirche im Großherzogtum Baden (Freiburg 1891); *H. Lauer,* ders. Titel (Freiburg 1908); *R. Gönner - J. Sester,* Das Kirchenpatronatsrecht im Großherzogtum Baden (Stuttgart 1904). — *A. Hagen,* Gesch. der Diözese Rottenburg I (Stuttgart 1957). — *C. J. Reidel,* Die kath.

Kirche im Großherzogtum Hessen (Paderborn 1904); *K. Walther*, Hessen-Darmstadt und die kath. Kirche 1803—30 (Darmstadt 1933). — *Th. Apel*, Die Versuche zur Errichtung eines kath. Bistums für Kurhessen ...: ZSavRGkan 41 (1920); *St. Hilpisch*, Die Bischöfe von Fulda von der Gründung des Bistums (1752) bis zur Gegenwart (1957). — *M. Höhler*, Gesch. des Bistums Limburg (Limburg 1908); *W. Nicolay*, Die Beteiligung der Freien Stadt Frankfurt an der Stiftung des Bistums Limburg (Frankfurt 1921); *ders.*, Zur Vorgeschichte des Bistums Limburg: FreibDiözArch 55 (1927); *H. Natale*, Zur Vorgeschichte des Bistums Limburg: AMrhKG 21 (1969); *J. Weier*, Das bischöfl. Kommissariat Frankfurt a. M.: AMrhKG 7 (1955).

Österreich: *A. Beer*, Kirchl. Angelegenheiten in Österreich 1816—1842: MIÖG 18 (1897); *H. Bastgen*, Die Neueinrichtung der Bistümer in Österreich nach der Säkularisation (Wien 1914); *Maaß*, Josephinismus IV; *E. Tomek*, Kirchengeschichte Österreichs III (Innsbruck-Wien-München 1959) 507—677; *E. Weinzierl-Fischer*, Die österreichischen Konkordate von 1855 und 1933 (Wien-München 1960) 10—25; *E. Winter*, Der Josefinismus (Berlin ²1962) 204 ff; *P. Pototschnig*, Die Entwicklung des östr. Patronatsrechtes im 19. Jh.: ÖAKR 18 (1967).

Schweiz: Außer den Werken von *K. Müller*, *T. Schwegler*, *W. Martin* (Allg. Bibliogr.) und von *Schmidlin PG* I 279—288 413—416 492—498 s.: Urkunden zur Gesch. der kirchlichen Veränderungen in der Schweiz 1803—30 (Mannheim 1851); *C. Gareis-Ph. Zorn*, Staat und Kirche in der Schweiz, 2 Bde (Zürich 1877/78); *A. Büchi*, Die kath. Kirche in der Schweiz (München 1902); *H. Seeholzer*, Staat und röm.-kath. Kirche in den paritätischen Kantonen der Schweiz (Zürich-Leipzig 1912); *E. His*, Gesch. des neueren Schweizer Staatsrechts, 3 Bde (Basel 1920/38) I 360 ff, II 539 ff, III 2 828 ff; *U. Lampert*, Kirche und Staat in der Schweiz, 3 Bde (Basel 1929/39). — *C. Attenhofer*, Die Besetzung des bischöfl. Stuhls und der Domkapitularstellen in ... Basel: AKKR 19 (1868), 20 (1869); *F. Fleiner*, Staat und Bischofswahl im Bistum Basel (Leipzig 1897); *J. Kälin* u. a., Das Bistum Basel 1828—1928 (Solothurn 1928); *G. Boner*, Das Bistum Basel ... bis zur Neuordnung 1828: FreibDiözArch 88 (1968) 5—101; *A. Bölle*, Die Seminarfrage im Bistum Basel (Rom 1964); *J. Danuser*, Die staatl. Hoheitsrechte des Kantons Graubünden gegenüber dem Bistum Chur (Diss. Zürich 1897); *H. Fehr*, Staat und Kirche im Kanton St. Gallen (Diss. Bern 1899); *F. Gschwend*, Die Errichtung des Bistums St. Gallen (Stans 1909); Hundert Jahre Diözese St. Gallen, hrsg. v. *J. Meile* (Uznach 1947); *C. Trezzini*, Le diocèse de Lugano ... (Fribourg 1948); *G. Staffelbach*, Der Plan eines von Konstanz gelösten schweiz. Nationalbistums der Waldstätte: HJ 72 (1953); *O. Karmin*, Le transfert de Chambéry à Fribourg de l'évêché de Genève (Annecy 1890); *Martin-Fleury*, Histoire de M. Vuarin et du rétablissement du catholicisme à Genève (Genf 1861); *J. Widmer*, Chorherr F. Geiger (Luzern 1843); *J. L. Schiffmann*, Lebensgeschichte A. Güglers, 2 Bde (Augsburg 1833); *A. Renner*, Görres und die Schweiz (Freiburg i. Br. 1930); *E. Reinhard:* Schweiz. Rundschau 25 (1925/26) 557 ff 669 ff 768 ff; *ders.*, C. L. v. Haller. Ein Lebensbild aus der Zeit der Restauration (Köln 1915); *ders.:* Zschr. für die gesamte Staatswissenschaft 111 (1955) 115—130.

Die katholische Kirche Deutschlands war durch die Säkularisation ihrer materiellen Grundlagen, ihrer politischen Rückhalte und ihrer Bildungseinrichtungen beraubt worden (vgl. Bd V, 24. Kap.) und in die Abhängigkeit der Staaten geraten; auch sie mußte den neuen Verhältnissen angepaßt und von Grund auf reorganisiert werden.

Der Reichsdeputationshauptschluß hatte in § 62 eine reichsrechtliche Neuordnung in Aussicht gestellt, die aber während der durch die Säkularisation eingeleiteten Agonie des Reiches trotz der Bemühungen des Wiener Hofes und des Fürstprimas Dalberg nicht zustande gekommen war; auch Dalbergs Pläne für ein Rheinbundskonkordat waren gescheitert[1]. Die Kurie, die soeben im französischen Konkordat die Voraussetzungen für einen zentralisierenden Wiederaufbau durchgesetzt hatte, konnte nicht wünschen, daß in Deutschland von neuem ein eigenständiger kirchlicher Organismus begründet wurde. Noch konsequenter widersetzten sich mehrere Mittelstaaten, besonders Bayern und Württemberg, jeder reichs- oder bundesrechtlichen Regelung. Sie bestanden auf ihrer soeben gewonnenen Souveränität, erstmals in der deutschen Geschichte setzte sich der staatskirchenrechtliche Partikularismus durch. Er wurde mit schroffer Anwendung der absolutistischen Kirchenhoheit verbunden, in den gerade arrondierten Mittelstaaten sollte die ihrer Selbständigkeit beraubte „Landeskirche" ein Instrument staatlicher Integrationspolitik werden.

Erst der Zusammenbruch des unsicheren und wechselhaften napoleonischen Systems und die politische Neuordnung des Wiener Kongresses (September 1814 bis Juni 1815) schufen die Voraussetzungen auch für die kirchliche Reorganisation. In Wien rückte die gesamtdeutsche Lösung zum letzten Mal in den Bereich des Möglichen, ihr umsichtiger und unermüdlicher Vorkämpfer war der Konstanzer Koadjutor Ignaz Heinrich v. Wessenberg, Dalbergs Bevollmächtigter zum Kongreß[2]. An der febronianischen Konzeption festhaltend, erstrebte Wessenberg die Schaffung einer von einem Primas geleiteten Nationalkirche, die nur in loser Abhängigkeit von Rom stehen und durch ein Bundeskonkordat und die Aufnahme des Staatskirchenrechtes in die Verfassung des neuen deutschen Bundes abgesichert werden sollte. Zwar konnte Wessenberg die Vertreter Österreichs und Preußens weitgehend gewinnen, aber auch er stieß auf den doppelten Widerstand Roms und der Mittelstaaten. Kardinal Consalvi, der in Wien die Wiederherstellung des Kirchenstaates und die Aufnahme des Papstes in die Solidarität der europäischen Fürsten erreichte, mußte freilich in der deutschen Kirchenfrage ebenfalls in doppelter Richtung kämpfen, gegen Wessenbergs Episkopalismus wie gegen die Ansprüche der Einzelstaaten. Unterstützt vom Hofbauer-Kreis (vgl. unten Kap. 13) und von den Vertretern der ultramontanen Gruppe des deutschen Episkopats, den „Oratoren" F. v. Wambold, J. A. Helfferich und J. Schieß, trat der Kardinal für eine bundesrechtliche Regelung ein, die der Kurie die direkte Regierungsgewalt über

[1] Über Dalbergs Kirchenpolitik s. jetzt auch *R. Reinhardt,* Fürstprimas Carl Theodor v. Dalberg im Lichte der neuen Forschung: ThQ 144 (1964); *G. Schwaiger,* Carl Theodor v. Dalberg: Beiträge zur Gesch. des Bistums Regensburg I (1967); MThZ 18 (1967).

[2] Vgl. Wessenbergs autobiographische Aufzeichnungen, bes. 155—167, sowie seine 1815 erschienene Schrift „Die deutsche Kirche" (s. dazu *Becher* a. a. O. 98f 131ff).

Neuere Arbeiten über Wessenberg: *W. Müller,* Die liturg. Bestrebungen des Konstanzer Generalvikars W.: LJ 10 (1960); *ders.,* W. in heutiger Sicht: ZSKG 58 (1964); *E. Keller,* Die Konstanzer Liturgiereformen unter Ignaz Heinrich v. W.: FreibDiözArch 85 (1965); *F. Popp,* Studien zu liturg. Reformbemühungen im Zeitalter der Aufklärung: ebd. 87 (1967).

die Kirche in Deutschland verschaffen sollte. Sowohl Wessenbergs wie Consalvis Pläne wurden auch in Wien wieder vornehmlich von Bayern und Württemberg zu Fall gebracht, welche jede bundesrechtliche Beeinträchtigung ihrer Kirchenhoheit ablehnten. Ein einziger Kirchenartikel (Art. 16) wurde schließlich in die Bundesakte aufgenommen. Er bestimmte lediglich, daß die Verschiedenheit der christlichen Religionsparteien in den Ländern des Bundes keinen Unterschied bürgerlicher und politischer Rechte begründen durfte. Damit wurden also den Konfessionen keinerlei korporative Rechte, sondern nur ihren Anhängern die Gleichheit der individuellen Bürgerrechte garantiert.

Die Regelung der Kirchenfragen geriet definitiv auf die Ebene der Einzelstaaten. Noch in Wien leitete Consalvi Verhandlungen mit mehreren Regierungen ein, die später in Rom fortgesetzt wurden. Es gelang dem Kardinal, die deutschen Länder mit starkem katholischem Bevölkerungsanteil in sein Konkordatssystem einzubeziehen, wenngleich ein förmliches Konkordat nur mit Bayern geschlossen wurde. Für die protestantisch regierten Staaten ergingen Zirkumskriptionsbullen und erläuternde Breven, d. h. der Form nach päpstliche Erlasse, die aber inhaltlich echte Verträge waren[3]. Sie hielten die Ergebnisse bilateraler Verhandlungen fest, die beteiligten Staaten gaben ihnen „unbeschadet der Majestätsrechte" Gesetzeskraft.

Nachdem die Mediatisierung der Bischöfe das Haupthindernis gegen die

Durchsetzung alter febronianischer Ansprüche beseitigt hatte, hatte B a y e r n schon 1806—1809 um ein Konkordat verhandelt, dann aber im Religionsedikt vom 24. März 1809 Parität, Toleranz und extensive staatliche Kirchenaufsicht verordnet. Die 1815 wieder einsetzenden, auf bayerischer Seite dem Titularbischof (seit 1818 Kardinal) v. Haeffelin übertragenen Verhandlungen führten zum Konkordat vom 5. Juni 1817, dessen Bestimmungen der kirchlichen Forderung nach Unabhängigkeit vom Staat (Koordination) weitgehend entsprachen[4]. Der katholischen Kirche wurde die unversehrte Erhaltung ihrer „auf göttlicher Anordnung und auf den kanonischen Satzungen" beruhenden Rechte garantiert (Art. 1). Den Bischöfen wurden die Regierung ihrer Diözesen gemäß den Kanones, der unbehinderte Verkehr mit Rom und die freie Erziehung des Klerus zugesichert (Art. 12); sie konnten der Regierung Bücher anzeigen, die dem Glauben und der Kirchenordnung widersprachen, der Staat sagte deren Unterdrückung zu (Art. 13); Kränkungen der katholischen Religion wurden untersagt (Art. 14), die Wiedererrichtung von Klöstern wurde gestattet (Art. 7). Widersprechende staatliche Bestimmungen sollten aufgehoben (Art. 16), die nicht im Konkordat behandelten kirchlichen Angelegenheiten nur nach Lehre und Ordnung der

[3] Zum Rechtscharakter der Zirkumskriptionsbullen: *Huber,* Verfassungsgeschichte I 418 f.
[4] Text: *Walter,* Fontes 204—212; *Mercati,* Raccolta 591—596.

Kirche geregelt werden (Art. 17). Das Land wurde in die beiden Kirchenprovinzen München-Freising (mit Augsburg, Passau und Regensburg) und Bamberg (mit Würzburg, Eichstätt und Speyer) eingeteilt (Art. 2); die Zusammenfassung in einer Provinz hatte die Kurie abgelehnt, weil deren Metropolit zu mächtig werden und in die Rolle eines Primas hineinwachsen konnte. Der Staat versprach ausreichende Realdotation der Bistümer, Domkapitel und Seminare (Art. 4 und 5), die Säkularisation sollte mithin partiell rückgängig gemacht werden.

Als Gegenleistung wurde dem König und seinen katholischen Nachfolgern die Nomination aller Bischöfe zugestanden, die zudem einen Treue- und Gehorsamseid zu leisten hatten (Art. 9, 15). Auch auf die Zusammensetzung der Domkapitel (Propst, Dekan, zehn bzw. acht Kanoniker) gewann der Staat gewichtigen Einfluß (Art. 10). Die Ernennung der Pröpste verblieb dem Papst, der aber wenig später ein königliches Vorschlagsrecht akzeptierte; der König nominierte die Dekane und in den sechs „päpstlichen" (ungeraden) Monaten auch die Kanoniker. Der landesherrliche Patronat wurde bestätigt und auf alle Pfarren ausgedehnt, die säkularisierten Klöstern und Stiften unterstanden hatten (Art. 11).

Nomination, Patronat und Bischofseid begründeten eine so weitgehende Mitsprache bei der Besetzung der Kirchenämter, wie sie, abgesehen von Österreich, im 19. Jh. kein anderer deutscher Staat erhalten hat. Trotzdem stieß das Konkordat in der aufgeklärten Beamtenschaft, bei den Protestanten und bei liberalen Katholiken auf anhaltenden Widerstand. Die der katholischen Kirche zugesagte Monopolstellung war mit der modernen Staatsauffassung, dem Edikt von 1809 und der Existenz einer bedeutenden evangelischen Minderheit (in Franken, Schwaben und der Pfalz) nicht zu vereinbaren. Um die selbstverschuldeten Schwierigkeiten auszuräumen, ging die bayerische Regierung einen rechtlich fragwürdigen Weg. Das Konkordat wurde erst mit der neuen Verfassung und als Anhang zum Religionsedikt vom 26. Mai 1818 [5] veröffentlicht, welches Napoleons Organische Artikel nachahmte. Das Edikt garantierte Religionsfreiheit und Gleichberechtigung der drei christlichen Hauptkonfessionen, die staatliche Kirchenaufsicht (u. a. Plazet und Recursus ab abusu) wurde wiederhergestellt. Zahlreiche Geistliche verweigerten daraufhin den Eid auf die das Religionsedikt einschließende Verfassung, die Kurie drängte, vor allem durch den Nuntius Serra di Cassano [6], auf Einhaltung des Vertrages. Der Staat kam schließlich äußerlich entgegen: In der Tegernseer Erklärung vom 15. September 1821 [7] ver-

[5] Text: *Walter*, Fontes 213—226.

[6] Die seit 1800 vakante Münchener Nuntiatur war sogleich nach Abschluß des Konkordates wieder besetzt worden. Bis 1925 ist sie die einzige diplomatische Vertretung des Heiligen Stuhls im außerösterreichischen Deutschland geblieben. Preußen (zeitweise auch Hannover und die südwestdeutschen Staaten) unterhielt nur eine Gesandtschaft beim Heiligen Stuhl.

[7] Text: *Walter*, Fontes 212 f.

sicherte König Max I. Joseph, daß der Eid sich nur auf die bürgerlichen Verhältnisse beziehe; auch sagte er strikte Einhaltung des Konkordates zu, aber dem widersprach schon das Ausbleiben der Realdodation. Die Widersprüche zwischen Edikt und Konkordat waren überdeckt, aber nicht beseitigt, an ihnen haben sich im Laufe des Jahrhunderts zahlreiche Konflikte entzündet.

Das nach Tradition und Selbstverständnis dem Protestantismus eng verbundene Preußen hatte infolge der polnischen Teilungen, der Säkularisation und der Gebietsverschiebungen des Wiener Kongresses 1815 eine zu zwei Fünfteln katholische Bevölkerung. Ungefähr die Hälfte der preußischen Katholiken waren Polen. Die Folgen waren Vermischung konfessioneller und nationaler Gegensätze, aber auch Solidarisierung der deutschen mit den polnischen Katholiken. Das Allgemeine Landrecht (1793) hatte den einzelnen Untertanen Glaubens- und Gewissensfreiheit zugesichert, aber die friderizianische Staatsaufsicht über die Kirchen verfestigt. Ihre Übertragung auf die im Westen erworbenen Gebiete komplizierte deren ohnehin schwierige Integration: Rheinland und Westfalen waren durch eine von der altpreußischen ganz verschiedene politische und soziale Entwicklung geprägt, die Einbeziehung des linken Rheinufers in das fortgeschrittene Rechtssystem Napoleons hatte den Abstand noch vergrößert. An einer Regelung wenigstens der äußeren Rechtsverhältnisse der katholischen Kirche waren Regierung und Papst gleichermaßen interessiert. Dank preußischem Entgegenkommen in finanziellen Fragen und dank dem Geschick Niebuhrs (seit 1816 preußischer Gesandter beim Heiligen Stuhl) wurde eine partielle Verständigung verhältnismäßig schnell gefunden; die Bulle „De salute animarum“[8] und das Breve „Quod de fidelium“[9] (beide vom 16. 7. 1821) faßten ihren Inhalt zusammen. Die Bulle begründete die Kirchenprovinzen Köln (mit Münster, Paderborn und Trier) und Gnesen-Posen (mit Kulm), die Bistümer Breslau[10] und Ermland blieben exemt. Das von Napoleon in Aachen gegründete Bistum wurde aufgelöst[10a]. In den Domkapiteln (Propst, Dekan, zehn bzw. acht Kanoniker, dazu vier stimmberechtigte Ehrenkanoniker) wurde die Ernennung der Pröpste stets, die der Kanoniker in den „päpstlichen“ Monaten an königliche Nomination gebunden. Dieses für einen evangelischen Landesherrn ungewöhnliche Zugeständnis war für

[8] Text: *Walter,* Fontes 239—262; *Mercati,* Raccolta 648—665.

[9] Text: *Walter,* Fontes 262f; *Mercati,* Raccolta 665f.

[10] Berlin, die Mark Brandenburg und Pommern wurden als Delegaturbezirk dem Bistum Breslau angegliedert. Vgl. *L. Jablonski,* Gesch. der fürstbischöfl. Delegatur Brandenburg-Pommern, 2 Bde (Breslau 1929).

Breslau behielt seine Gebietsanteile in Österreichisch-Schlesien, andererseits verblieb die einen selbständigen Verwaltungsbezirk bildende Grafschaft Glatz beim Erzbistum Prag.

[10a] *J. Torsy,* Gesch. des Bistums Aachen während der französischen Zeit 1802—1814 (Bonn 1940).

den Staat um so wichtiger, als die Bulle den Domkapiteln das Bischofswahlrecht bestätigte. Außerdem ermahnte das Breve „Quod de fidelium" die Kapitel, nur solche Kandidaten zu wählen, von denen sie sich vorher vergewissert hatten, daß sie dem König nicht minder genehm waren. Damit wurde zwar nicht das von Preußen zunächst geforderte, aber nichtkatholischen Souveränen stets verweigerte positive Nominationsrecht, wohl aber ein negatives Ausschließungsrecht begründet. Eine mißverständliche Formulierung in der Bulle ermöglichte es zudem der Regierung, in Gnesen-Posen, Ermland und Kulm einstweilen an der den dortigen Kapiteln seit langem aufgezwungenen Nomination festzuhalten.

Die in der Bulle vereinbarte finanzielle Ausstattung der Diözesen sollte ab 1833 auf Grundbesitz und Grundzinsen übergehen, aber wie in Bayern ist die Ausführung dieser Zusage, die der Kirche größere Unabhängigkeit gegeben haben würde, unterblieben. Jährliche Zahlungen aus der Staatskasse blieben die Regel.

Die Bulle „De salute animarum" ist durch ihren Exekutor, den Bischof Joseph v. Hohenzollern von Ermland, im Jahrzehnt nach 1821 im wesentlichen ausgeführt worden, die ersten Bischöfe der größtenteils vakanten Diözesen ernannte der Papst auf Vorschlag der Regierung. Die Bulle hatte vornehmlich Organisationsfragen geregelt, in allen übrigen Bereichen blieb es bei der drückenden Kirchenhoheit des Landrechtes und (im Rheinland) der Organischen Artikel. Plazet und Recursus ab abusu bestanden fort, der Staat kontrollierte kirchliche Vermögensverwaltung und Unterrichtsanstalten, die Korrespondenz zwischen den Bischöfen und der Kurie mußte über die Staatsbehörden erfolgen. Darüber hinaus erzwang der Staat während der Regierung Friedrich Wilhelms III. (bis 1840) in der Praxis der Bistumsbesetzung das in Rom verweigerte Nominationsrecht, indem er dem wählenden Kapitel einen Kandidaten als persona grata bezeichnete.

Auch mit dem Königreich Hannover, welches ebenfalls seit der Säkularisation größere katholische Anteile umfaßte, wurden 1817 Verhandlungen eingeleitet. Wegen hoher staatlicher Forderungen, so nach Nomination der Bischöfe, zogen sie sich lange hin; erst am 26. März 1824 erging die Bulle „Impensa Romanorum Pontificum"[11]. Sie bestätigte den Fortbestand der Bistümer Hildesheim und Osnabrück, die den Landesgrenzen angepaßt und, weil der Staat die Einwirkung eines auswärtigen Metropoliten verweigerte, eximiert wurden. Die Domkapitel erhielten das Bischofswahlrecht nach dem Listenverfahren (sog. irischer Wahlmodus). Sie hatten vor der Wahl der Regierung eine Liste von Kandidaten einzureichen, aus der diese die „minder genehmen" streichen konnte, doch sollte eine „hinreichende Zahl" übrigbleiben. Die vom Staat zugesagte Realdodation wurde

[11] Text: *Walter,* Fontes 265—275; *Mercati,* Raccolta 689—696.

auch in Hannover durch Geldzahlungen ersetzt, selbst diese wurden im vollen Umfang zunächst nur für die Diözese Hildesheim geleistet. Osnabrück verblieb daher unter der provisorischen Leitung eines Weihbischofs, erst 1857 erfolgte die Dotation, welche den Aufbau einer regulären Diözesanverwaltung ermöglichte.

Die Katholiken der übrigen nord- und mitteldeutschen Staaten wurden benachbarten Bischöfen oder Apostolischen Vikaren unterstellt. Für das Großherzogtum Oldenburg wurde 1830 ein Offizialat in Vechta gegründet und dem Bistum Münster angeschlossen. Das 1743 errichtete Apostolische Vikariat für das Königreich Sachsen, dessen katholische Dynastie ein größtenteils evangelisches Land regierte, wurde seit 1816 von einem Titularbischof geleitet. Der Vikar wurde vom König nominiert, seit 1831 war er in Personalunion Stiftsdekan von Bautzen. Das im 17. Jh. entstandene Vikariat der nordischen Missionen blieb zuständig für Dänemark mit Schleswig-Holstein, die beiden Mecklenburg, die Hansestädte und das Herzogtum Braunschweig. Seit 1841 war der jeweilige Weihbischof (seit 1857 Bischof) von Osnabrück Provikar. In vielen protestantischen Kleinstaaten blieb der katholische Kult noch lange Beschränkungen unterworfen, die der modernen Staatsauffassung widersprachen.

Langwierig und problemreich war die Neuregelung in Südwestdeutschland, wo Staatskirchentum und Aufklärung am tiefsten verwurzelt waren. Erschwerend wirkte der Streit um Wessenberg; wegen seiner Konstanzer Reformen (Wiederbelebung synodaler Strukturen, Einführung der Landessprache in die Liturgie) wie wegen seiner nach 1815 fortgesetzten Bemühungen um gemeinsame Kirchenpolitik wenigstens der südwestdeutschen Staaten fiel er in Rom vollends in Ungnade. Nachdem der Papst seine Wahl zum Kapitularvikar (nach Dalbergs Tod 1817) verworfen hatte, konnte er trotz seiner zahlreichen Anhänger nur im Amte bleiben, solange die badische Regierung ihn stützte. Er erlitt somit das Schicksal, welches noch vielen Reformern im 19. Jh. widerfahren ist: um wenigstens einen Teil ihrer antikurialen Pläne verwirklichen zu können, mußten sie sich mit staatskirchlichen Regierungen verbünden und wurden deshalb in der Kirche doppelt suspekt.

Die febronianische Konzeption erzielte insofern noch einen Teilerfolg, als die Regierungen Badens, Württembergs, Hessen-Darmstadts, Kurhessens und Nassaus sich zu gemeinsamer Aktion gegenüber Rom zusammenfanden. Auf den Frankfurter Konferenzen einigten sie sich 1818 unter dem Vorsitz des württembergischen Bundestagsgesandten K. A. v. Wangenheim auf eine für Rom bestimmte „Deklaration“ sowie auf josephinische „Grundbestimmungen“ (1820 zur „Kirchenpragmatik“ erweitert), die zunächst geheimgehalten wurden und später als Staatskirchengesetz erlassen werden sollten. Die Deklaration forderte in ultimativer Form die Errichtung von Landesbistümern und die landesherrliche Nomination der Bischöfe aus einer Dreierliste des Kapitels und der Landdekane. Als Consalvi ein solches Nominationsrecht verweigerte, traten die Regierungen zunächst noch als Verteidiger ortskirchlicher Freiheit auf; der Zustimmung vieler Geistlicher konnten sie sicher sein. Im Zeichen der beginnenden Restauration lenkten sie aber seit 1820 ein, weil ihnen nunmehr eine Verständigung mit der Kirchenautorität wichtiger erschien als die Verwirklichung der liberalisierenden Ideen Wessenbergs und seiner Freunde. Am 16. August 1821 konnte Pius VII. wenigstens die Zirkumskriptionsbulle „Provida sollersque" erlassen [12]. Sie bestimmte die Errichtung der Freiburger oder Oberrheinischen Kirchenprovinz mit dem Erzbistum Freiburg (für Baden, anstelle von Konstanz) und den Bistümern Rottenburg (für Württemberg), Mainz (für Hessen-Darmstadt), Fulda (für Kurhessen) und Limburg (für Nassau und Frankfurt), außerdem die Zusammensetzung der Domkapitel (Dekan, sechs bis vier Kanoniker) und die Dotation. Nur Mainz und Fulda waren frühere Bischofssitze.

Die Regierungen machten die Ausführung der Bulle von einem Kompromiß bei der Bistumsbesetzung abhängig und erreichten in zähen Verhandlungen eine wirkungsvolle Kombination des preußischen und des hannoveranischen Vetorechtes. In der Bulle Leos XII. „Ad Dominici gregis custodiam" (11. 4. 1827) [13] wurde das Wahlrecht der Domkapitel nach dem Listenverfahren und gleichwertige Mitsprache des Staates bei der Ernennung der Domherren verordnet; das Breve „Re sacra" (28. 5. 1827) [14] verpflichtete die Kapitel zur Aufstellung nur solcher Kandidaten, die den Landesherren genehm waren. Beide Bullen wurden nunmehr ausgeführt und die ersten Bischöfe ernannt. Dabei setzten die Regierungen febronianisch gesinnte Geistliche durch, während Wessenberg, das allzu exponierte Haupt der Bewegung, wegen der nun vollzogenen Auflösung des Bistums Konstanz seine kirchenamtliche Tätigkeit aufgeben mußte.

Der Vorbehalt der Majestätsrechte hatte in Südwestdeutschland besonders schwerwiegende Folgen. Am 30. Januar 1830 erließen die fünf Regierungen gleichlautende Verordnungen [15], welche entsprechend der früheren Geheimabsprachen der Kirche ein geschlossenes System staatlicher Aufsicht auferlegten: Plazet, Recursus ab abusu bei gleichzeitigem Ausschluß römischer Tribunale, Treueid der Bischöfe und Geistlichen, staatliche Mitkontrolle über kirchliche Ausbildung und Vermögensverwaltung, Anpassung der kirchlichen an die staatliche Verwaltung, staatliche Dienstinstruktion für die Dekane, landesherrlicher Patronat für die meisten Pfarren. Synoden wurden

[12] Text: *Walter*, Fontes 322—335; *Mercati*, Raccolta 667—676.

[13] Text: *Walter*, Fontes 335—339; *Mercati*, Raccolta 700—703.

[14] Text: *Mercati*, Raccolta 703.

[15] Text: *Walter*, Fontes 340—345. Der päpstliche Protest (Breve Pius' VIII. vom 30. 6. 1830) das. 345—348.

von staatlicher Genehmigung abhängig gemacht. Auch abgesehen von der Zurückdrängung Roms kamen die Verordnungen einigen der Anliegen Wessenbergs entgegen: Die Ausbildung der Geistlichen sollte an den theologischen Fakultäten staatlicher Universitäten erfolgen; als Voraussetzungen für die Ernennung zum Bischof oder Domkapitular wurden vorzügliche theologische Kenntnisse und ausgezeichnete Ausübung der Seelsorge, eines akademischen Lehramtes oder eines öffentlichen Amtes bezeichnet. Die landesherrlichen Verordnungen sind von den Bischöfen hingenommen und trotz päpstlichen Protestes von den zuständigen Staatsbehörden, in denen auch Geistliche tätig waren (in Baden der Oberkirchenrat, in Württemberg der katholische Kirchenrat), konsequent angewendet worden. Nur in Kurhessen sind schon bald Milderungen erfolgt.

Die kirchliche Neuorganisation Deutschlands, die in ihren Grundzügen bis in die Gegenwart besteht, folgte weitgehend dem Vorbild des französischen Konkordates. Auch sie entsprach dem gemeinkirchlichen Schema weit mehr als die 1803 zerstörte Ordnung, deren vielfältige Rechtstitel und Traditionen Eigenständigkeit und Selbstbewußtsein begründet hatten. Im Gegensatz dazu beruhte die neue Ordnung nur auf Rechtsakten des Papstes und auf seinen Abkommen mit den Regierungen; römischer Jurisdiktionsprimat und staatliche Kirchenhoheit wurden in ebenso effizienter wie demonstrativer Weise praktiziert. Weiter, als es später die im Papst den Garanten kirchlicher Freiheit sehende ultramontane Doktrin wahrhaben wollte, hatte die Kurie dabei nachgeben müssen; vor allem bei der Besetzung der Bischofssitze und der anderen höheren Kirchenämter hatten die Regierungen extensive, sachlich nicht berechtigte Mitentscheidung durchgesetzt.

Die Aufteilung der Kirche Deutschlands in kleine, in der Vereinzelung schwache Landeskirchen entsprach vorzüglich staatlichen, aber auch römischen Wünschen. Die alten Zwischeninstanzen waren nicht wiederhergestellt worden: Fortan standen zwischen Pfarrern und Bischöfen keine Pröpste und Archidiakone, zwischen Bischöfen und Papst keine mächtigen Metropoliten mehr, aus politischen Rücksichten waren gerade die Rechte der Erzbischöfe geschmälert und etliche Bistümer eximiert worden. Die neue, „römischere" Kirchenorganisation gab der Kurie vielfache Einwirkungsmöglichkeiten. Das Staatskirchentum hat diese zunächst noch gehemmt, langfristig aber eine zusätzlich zentralisierende Bewegung angeregt und die Entstehung des Bündnisses zwischen Papsttum und Volkskirche begünstigt. Als abhängig gewordene Minderheiten mußten die Katholiken Deutschlands engeren Anschluß an die römische Zentrale suchen. Initiativen zur Erweiterung des kirchlichen Freiheitsraumes waren im allgemeinen nicht von den mit staatlichen Vertrauensmännern durchsetzten Domkapiteln und Diözesankurien, sondern vom Seelsorgsklerus und von Laien zu erwarten. Gegen mißbräuchliche Ausweitung staatlicher Rechte konnte nur der Papst angerufen werden, der nunmehr allein mit den Regierungen auf völkerrechtlich-diplomatischer Ebene verhandeln konnte.

Österreich war von der Säkularisation verhältnismäßig wenig betroffen worden; die Bistümer, deren Inhaber auf Landeshoheit verzichten mußten (Salzburg, Brixen, Trient), blieben samt hinreichender finanzieller Ausstattung bestehen, ebenso die von Joseph II. belassenen Klöster. Die Regierung benutzte allerdings die Säkularisation, um die in den meisten Kronländern schon 1782—88 vollzogene Neuumschreibung der Diözesen auch in Salzburg, Tirol und Vorarlberg durchzuführen [16]. Seitdem waren die Diözesen der Monarchie fast ausnahmslos auf österreichisches Gebiet beschränkt [17], annähernd gleich groß und gemäß der politischen und administrativen Gliederung des Staates umgrenzt. Der Kaiser nominierte fast alle Bischöfe. Nur in Olmütz und Salzburg blieb das Wahlrecht der Domkapitel erhalten, der Erzbischof von Salzburg behielt das singuläre Recht der Bischofsernennung in dreien seiner Suffraganbistümer [18].

Überhaupt bestimmte gemäßigter Josephinismus unter der langen Regierung Kaiser Franz' II. (I.) [1792—1835] weiterhin die österreichische Kirchenpolitik, nicht ohne Schwierigkeiten ist er auch auf die 1815 wieder- und neuerworbenen Gebiete ausgedehnt worden. Von seinen Prinzipien ließ sich zunächst auch Metternich leiten, der seit 1809 die Außenpolitik bestimmte. 1814—16 unterstützte er Wessenbergs Pläne für ein Bundeskonkordat, mit seiner Hilfe hoffte er den Josephinismus auf die übrigen deutschen Staaten zu übertragen, dadurch dem neuen Bund größere Gleichförmigkeit zu verschaffen und Österreichs Einfluß zu vergrößern. In Metternichs konservativer Gesellschaftskonzeption kam dem Frieden zwischen Staat und Kirche hohe Bedeutung zu; früher als andere hat er den Nutzen engen Einvernehmens zwischen restaurativem Papsttum und restaurativem Kaiserreich erkannt und dabei auch kirchenpolitische Anregungen aus dem Hofbauer-Kreis aufgenommen [19]. Nach dem Scheitern der Bundeskonkordatspläne hat

[16] Die definitive Neuregelung erfolgte 1818. Salzburg verlor sein Bistumsgebiet und seine Metropolitanrechte in Bayern. Die Anteile Churs in Südtirol wurden auf Brixen und Trient verteilt, Brixen erhielt Vorarlberg (bis dahin größtenteils bei Konstanz) und trat zum Ausgleich Südtiroler Dekanate an Trient ab, das 1825 zur Salzburger Kirchenprovinz kam.

[17] Nur in Schlesien wurde das josephinische Kirchenorganisationsprinzip nicht durchgesetzt, vgl. oben Anm. 10. Zum Problem der Anpassung kirchlicher an staatliche Grenzen: *R. Kottje*, Diözesan- und Landesgrenzen: Reformata Reformanda, Festgabe für Hubert Jedin II (Münster 1965) 304—316.

[18] In Lavant und Seckau stand dem Erzbischof das Ernennungsrecht jedes Mal, in Gurk jedes dritte Mal zu (*H. Bastgen*, Die Prärogativen der Salzburger Metropole: HJ 33 [1912]).

[19] Metternichs Abkehr vom Josephinismus: *H. v. Srbik*, Metternich. Der Staatsmann und der Mensch (München 1925, Neudr. das. 1957) I 308 ff, II 40—45 455 u. ö.; *A. Posch*, Die Vorgeschichte des österreichischen Konkordats von 1855: Religion, Wissenschaft, Kultur

er daher die Milderung der josephinischen Gesetze und den Abschluß eines Konkordates für die Monarchie erwogen. Der Kaiser und die höchsten Beamten, an der Spitze der Staats- und Konferenzminister Graf Wallis, bestanden jedoch auf der unter Maria Theresia und Joseph II. durchgesetzten Kirchenhoheit, die freilich innerhalb der vom Staat gezogenen Grenzen auch Schutz der Kirche und ihrer Tätigkeit bedeutete. Erst in seinen letzten Regierungsjahren hat Kaiser Franz sich Metternichs Anregungen zu eigen gemacht und das „Bündnis von Thron und Altar" eingeleitet.

Die französische Besetzung der Schweiz (Helvetische Republik 1798 bis 1803) hatte die Aufhebung der Klöster und die Ausweisung des Nuntius zur Folge gehabt, aber schon die unter Napoleons Einwirkung beschlossene Mediationsverfassung (1803) verbesserte die Lage. Ein neuer Nuntius, Testaferrata, wurde nach Luzern geschickt; er vor allem hat den Abwehrkampf gegen die von Konstanz einströmenden und auch in der Schweiz zahlreiche Anhänger findenden Reformen geführt und die gegen Wessenberg einlaufenden Anklagen und Verdächtigungen nach Rom geleitet. Um der weiteren Verbreitung seiner Ideen Einhalt zu gebieten, wurden schon 1814 die Schweizer Anteile von Konstanz gelöst und der provisorischen Verwaltung des streng römisch gesinnten Propstes von Beromünster, Goldlin von Tiefenau, unterstellt.

Der Bundesvertrag von 1815, mit dem die Schweiz sich unter der Garantie des Wiener Kongresses als Bundesstaat von 22 Kantonen neu konstituierte, stellte das frühere Staatskirchenrecht im wesentlichen wieder her und enthielt eine Klostergarantie. Wie bereits die Verfassung von 1803 nahm er etliche Grenzveränderungen vor, welche konfessionell heterogene Kantone begründeten und damit Voraussetzungen für manche spätere Spannungen schufen. Auch die Hauptursachen der in den dreißiger Jahren beginnenden Konflikte (vgl. unten Kap. 20), der Radikalismus vieler Liberaler und der fortdauernde Gegensatz zwischen febronianischen und ultramontanen Katholiken, wurden schon bei der Neuordnung sichtbar.

Auch in der Schweiz mußte die Kirche neu organisiert werden. Nachdem die Idee eines einzigen Nationalbistums, der die Schweizer zunächst den Vorzug gaben, von Rom verworfen worden war, stand man vor der Schwierigkeit, die rivalisierenden Ansprüche der Kantone aufeinander abzustimmen. Die Erstellung einer neuen Organisation für die ganze Schweiz bedurfte mehr als zehn Jahre dauernder Bemühungen, die durch die Vermittlung der Nuntiatur in Luzern unternommen wurden. Unverändert blieb nur das Bistum Sitten. Die Konstanzer Gebiete und der Schweizer

7/1 (1956); *Weinzierl-Fischer,* Konkordate 15 ff. Vgl. auch Kap. 13, S. 264 f u. bes. Kap. 20, S. 404 ff.

[20] Die Verträge über die Begründung des Bistums Basel samt Zirkumskriptionsbulle: *Mercati,* Raccolta 711—724.

Rest des Fürstbistums Basel wurden 1828 zum Bistum Basel (Sitz in Solothurn) zusammengefaßt. Es umfaßte sieben Kantone, deren Regierungen Einfluß auf die Besetzung des zur Bischofswahl berechtigten Domkapitels erhielten. Auch hier durften nur Kandidaten gewählt werden, die den Regierungen genehm waren[20]. Das um sein österreichisches Gebiet verkleinerte Chur wurde 1823 mit St. Gallen uniert (bis 1836). In der Westschweiz, die um einige katholische Landstriche vergrößert worden war, wurde 1821 das alte Bistum Genf wieder errichtet und mit Lausanne uniert. Die vier Bistümer blieben exemt, wodurch der weiterhin durch einen Nuntius in Luzern vertretene Heilige Stuhl unmittelbaren Einfluß erhielt. Der Tessin verblieb bis 1859 bei den italienischen Diözesen Mailand und Como.

8. *Kapitel*

Die anderen europäischen Kirchen

LITERATUR: 1. Niederlande: Neben *Rogier,* KathHerleving und *Albers,* Herstel vgl. *Ch. Terlinden,* Guillaume Ier, roi des Pays-Bas, et l'Église catholique en Belgique, 1814—30, 2 Bde (Brüssel 1906); *J. Witlox,* De Noord-Nederlandsche Katholieken in de politiek onder Koning Willem I ('s-Hertogenbosch 1919); *S. Stokman,* De religieuzen en de onderwijspolitiek der Regering in het Ver. Kon. der Nederlanden 1814—30 (Den Haag 1935); *A. F. Manning,* De betekenis van C. R. A. van Bommel voor de Noordelijke Nederlanden (Utrecht 1946); *G. Gorris,* J. G. Le Sage ten Broek en de eerste faze van de emancipatie der katholieken I (Amsterdam 1947); *Simon,* Sterckx I 31—123; *Jürgensen* 62—158.

Ferner: *H. J. Allard,* A. van Gils ('s-Hertogenbosch 1875); *J. Demarteau,* F. A. de Méan (Brüssel 1944); *J. Kleyntjens,* Les instructions données par le St-Siège à Mgr Capaccini en 1827: Bulletin de la Commission royale d'histoire 114 (1949) 227—255; *A. van Peer:* Bossche Bijdragen 19 (1948) 113—137; *A. M. Frenken:* ebd. 20 (1950/51) 118—226; *ders.:* ebd. 22 (1954) 69—96; *W. Munier:* ebd. 29 (1969) 1—61, 30 (1970) 1—59; *J. Muyldermans,* Vereeniging ter verspreiding van goede boeken 1826—30: Ons Geloof 15 (Antwerpen 1929) 49—64 111—127; *A. Marlier,* L. V. Donche (Löwen 1948); *A. Alkemade,* Geschiedenis van 19 religieuze congregaties 1800—1850 ('s-Hertogenbosch 1966); *M. De Vroede,* Het openbaar lager onderwijs in België onder Willem I: Bijdragen en mededelingen van het Hist. Gennootschap 78 (1964) 10—44; *A. Ribberink:* AGKKN 8 (1966) 98—110; *J. Bornewasser,* Duitse bemoeienissen met de strijd om het collegium philosophicum: Bijdragen tot geschiedenis der Nederlanden 14 (1960) 273—301; *L. Rogier,* Het tijdschrift „Katholikon" 1827—30 (Amsterdam 1957); *J. C. Van der Loos,* Geschiedenis van het Seminarie Warmond tot 1853 (Haarlem 1932); *J. Meyhoffer,* Le protestantisme belge de 1815 à 1830: Annales de la Soc. d'hist. du protest. belge 16 (1955) 152—174.

2. Großbritannien: Neben *Mathew* 150—186 und *Bellesheim,* Irland III 273—377 wie auch *Schmidlin PG* I 298—307 429—432 501—502 und *Leflon* 349 bis 351 405—406 461—462 siehe *B. Ward,* The Eve of the Catholic Emancipation, 3 Bde (London 1911/13); *J. T. Ellis,* Card. Consalvi and Anglo-papal Relations 1814—24 (Washington 1942); *G. I. Machin,* The Catholic Question in English Politics 1820 to 1830 (Oxford 1964); *J. W. Osborne:* CHR 49 (1963/64) 382—389; *D. Gwynn,* The Struggle for Catholic Emancipation 1750—1829 (London 1928); *J. Reynolds,* The Catholic Emancipation's Crisis

in Ireland 1823—29 (New Haven 1954); *R. B. McDowell*, Public Opinion and Government Policy in Ireland 1801—46 (London 1952); *Th. Wyse*, Historical Sketch of the Late Catholic Association of Ireland, 2 Bde (London 1829); *J. A. Murphy*, The Support of the Catholic Clergy in Ireland 1750—1850: Historical Studies 5 (1965) 103—121; *J. B. Bockery*, Collingridge (Newport 1959; Apostolischer Vikar des Western District von 1809 bis 1829).

Biographien D. O'Connells von *A. Zimmermann* (Paderborn 1909), *D. Gwynn* (London 1929) und *M. Thierney* (Dublin 1949; dazu *J. Hennig:* Modern language Review 54 [1959] 573—578); Correspondence, ed. by *W. J. Fitzpatrick*, 2 Bde (London 1888). — Über J. Milner *F. Husenbeth* (Dublin 1862, mit vollst. Verzeichnis seiner Schriften) und DictEnglCath V 15—53. — Über J. Murray *F. P. Carey* (Dublin 1951); Pastoral Letters and Religious Discourses, 2 Bde (ebd. 1859). — Über J. Doyle *W. J. Fitzpatrick*, 2 Bde (Dublin 1861) und DHGE XIV 771—773.

3. Russisches Reich: Neben den allg. Werken von *Lescœur, Boudou I, Ammann, Winter, Wasilewski* und *Malinowski* (Allg. Bibliogr.) wie auch *Schmidlin PG* I 325—332 433—436 505 627—632 und den zwei Quellensammlungen *J. Biełohołowy*, Akty i dokumenty otnosjaściesja k nstrojstvu i upravlenju rimsko-katoliskoj cerkvi v Rossii I 1762—1825 (Petrograd 1915) und Allocuzione della Santità di ... Gregorio P. P. XVI ... seguita da una Esposizione corredata di documenti sulle incessanti cure della stessa S. S. a riparo dei gravi mali da cui è afflitta la Religione cattolica negli imperiali e reali dominii di Russia e Pologna (Rom 1842; 90 Dokumente) siehe: *E. Theiner*, Die neuesten Zustände der katholischen Kirche beider Ritus in Polen und Rußland seit Katharina II. bis auf unsere Tage, 2 Bde (Augsburg 1841); *M. Loret*, Watykan a Polska 1815—32 (Warschau 1913); *K. Piwarski*, Kuria rzymska a polski ruch naradowo-wyzwolenczy 1794—1863 (ebd. 1955); *B. Pawloski*, Grzegorz XVI a Polska po powstaniu listopadowem (ebd. 1911); *M. Żywczyński*, Geneza i nasępstwa encykliki „Cum primum" (ebd. 1935); *G. Bozzolato:* RStRis 51 (1964) 319—344 455—480.

Ferner: *H. Lutteroth*, Rußland und die Jesuiten von 1772 bis 1820 (Stuttgart 1846); *P. Bliard*, L'empereur Alexandre Ier, les jésuites et J. de Maistre: Études 130 (1912) 234—244; *A. Brumanis*, Mgr St. Siestrzencewicz (Löwen 1968); *L. Chodzko*, Un évêque polonais, K. G. Colonna Cieciszewski et son temps 1745—1831 (Paris 1866); *M. Czapska*, Stosunek Michiewicza do religii i Kościola w świetle jego listów i przemowień: SPM 2 (1955) 73—128 (über die religiösen Ansichten von A. Mickiewicz); *F. A. Symon*, De seminario principali Vilnensi: Academia Rom. Cath. Ecclesiastica Petropolitana 1887/88 (s. auch *M. Godlewski*, Documenta ad historiam seminarii principalis Vilnensis pertinentia 1805—22, St. Petersburg 1911).

4. Ottomanisches Reich: Neben den Arbeiten, die in der Allg. Bibliogr. aufgeführt sind, wie *Schmidlin PG* I 333—336 462—464 505—506 664—667, siehe *P. Gams*, Geschichte der Kirche Christi im XIX. Jh. I (Innsbruck 1854) 175ff; Art. „Türkei" im Kirchenlexikon, hrsg. von *H. Wetzer* u. *B. Welte*, 2. Aufl., XII 126—134; *J. Hajjar*, L'Europe et les destinées du Proche-Orient, 1819—1848 (Paris 1970).

Über Bulgarien: DHGE X 1188—89.

Über Rumänien: *Tocanel* (Allg. Bibliogr.) III/1; *N. Jorga*, Studii si documente cu privire la istoria Românilor I (Bukarest 1901) 340—405 443—444; *R. Cândea*, Der Katholizismus in den Donaufürstentümern. Sein Verhältnis zum Staat und zur Gesellschaft (Leipzig 1916); *F. Pall*, Les consuls des Puissances étrangères et le clergé catholique en Valachie au début du XIXe s.: Mélanges de l'École roumaine en France 15 (1939/40) 145—264.

Über Griechenland: *G. Hoffmann:* OrChrP 2 (1936) 164—190 395—436; *ders.*, Papa Gregorio XVI e la Grecia: Gregorio XVI. Miscellanea commemorativa II (Rom 1948) 135—157.

Als künstliche Schöpfung des Wiener Kongresses, in der die ehemaligen, hauptsächlich calvinistischen Vereinigten Provinzen und die neun katholischen belgischen Departements unter einem protestantischen Monarchen, Wilhelm I. von Oranien, zusammengefaßt wurden, bot das neue Königreich der Niederlande in kirchlicher Sicht ein höchst uneinheitliches Bild. Im Norden der „Grote rivieren" zählte die von der Kongregation der Propaganda Fide abhängige „Holländische Mission" etwa 325 000 Katholiken, das ist ein Fünftel der Bevölkerung dieses Gebietes. Sie wurde seit der Auflösung der Nuntiatur in Brüssel von einem Vizesuperior, Mgr. Ciamberlani, der in Münster in Westfalen residierte, verwaltet. In Wirklichkeit jedoch besaßen die Erzpriester und Ordensleute, denen zahlreiche Stadtpfarreien unterstanden, eine große Autonomie, was natürlicherweise zu Unzulänglichkeiten in der Kirchendisziplin führen mußte. Die im Seminar von Warmond zentralisierte Ausbildung des Klerus wurde von der deutschen katholischen Aufklärung mit all ihren positiven und negativen Aspekten stark beeinflußt. In Nordbrabant und den anderen von den Holländern im 17. Jh. eroberten Gebieten waren außer dem Rest der alten Diözese von Roermond, deren Bischof noch immer lebte, die Katholiken in der Überzahl (etwa 400 000) und in zwei Apostolische Vikariate aufgegliedert: 's-Hertogenbosch und Breda (für die Napoleon im Jahr 1811 ein aus eigener Autorität errichtetes Bistum gründen wollte). Das kulturelle Niveau des Klerus, der daran gewöhnt war, am Rande des nationalen Lebens zu stehen, ließ zu wünschen übrig. In den „südlichen Provinzen" lebten schließlich 3,5 Millionen Belgier, die eine lange Tradition nachtridentinischen Katholizismus hinter sich hatten, auf 5 Diözesen aufgeteilt, die durch das noch immer gültige Konkordat von 1801 errichtet wurden[1]. Ihre Reorganisation jedoch, die nach den Wirren der Revolutionszeit zu einer dringenden Notwendigkeit wurde, war noch lange nicht abgeschlossen. Sie war es um so weniger, als in den letzten Regierungsjahren Napoleons die Verwaltung durch Prälaten, die ohne Zustimmung des Papstes eingesetzt worden waren, auf die wachsende Ablehnung eines durch seinen erfolgreichen Widerstand gegen Joseph II. ermutigten Klerus stieß, der einer stark ultramontan orientierten Tradition verhaftet war. Die Schwierigkeiten, die fast von Anfang an die Kirche in eine oppositionelle Haltung gegen die holländische Regierung brachten, verzögerten diese Reorganisation zusätzlich. Aber zumindest die Wahl der Weihen stieg spürbar an und ermöglichte — immerhin bis zur Schließung der Seminare als Folge der Beschlüsse von 1825 — wie in Frank-

[1] Rom und Den Haag hatten zunächst gezögert; aber ab 1816 kam es tatsächlich zu einer teilweisen provisorischen Erneuerung. Siehe *H. Wagnon,* La reconduction du Concordat de 1801 dans les provinces belges du Royaume Uni des Pays-Bas: Scrinium Lovaniense (Löwen 1961) 514—542.

reich eine allmähliche Beseitigung der durch die Revolution entstandenen Lücken.

In diesem konfessionell geteilten Staat war die einzig vernünftige Lösung die von den Mächten im Juli 1814 auferlegte und in die Verfassung aufgenommene Aufrechterhaltung der Religionsfreiheit, die unter der französischen Regierung eingeführt worden war, und die Gleichberechtigung der Kulte. Während jedoch die holländischen Katholiken, die lange Zeit wie zweitrangige Bürger behandelt worden waren, dieses neue System trotz der durch die Organischen Artikel auferlegten Beschränkungen als einen Fortschritt aufnahmen, hätte der belgische und vor allem der flämische Klerus, dessen reaktionäre Haltung durch die Kirchenpolitik Napoleons verstärkt worden war, eine Wiedereinsetzung der Kirche in den südlichen Provinzen in die privilegierte Stellung, die sie bis zur französischen Okkupation innegehabt hatte, vorgezogen, vor allem auf dem Gebiet der Erziehung, das ihr besonders am Herzen lag. So verurteilten die diözesanen Autoritäten unter der Führung des rührigen Bischofs von Gent, Mgr. de Broglie, des heldenhaften Widersachers gegen Napoleon, durch ihr „Jugement doctrinal" vom September 1815 den Indifferentismus der neuen Verfassung und untersagten den Katholiken unter schwerer Sünde, den Eid auf sie zu leisten. Aufgestachelt durch den im Jahr 1815 im Dienste des gegenrevolutionären Traditionalismus gegründeten „Spectateur catholique" des Abbé De Foere, beugten sich viele dieser Anordnung. Dagegen war der in einer weniger starren theologischen Tradition als der Klerus der ehemals österreichischen Niederlande herangebildete frühere Fürstbischof von Lüttich, François-Antoine de Méan, als Mitglied der Generalstände bereit, den Eid zu leisten. Er wurde wenig später vom König zum Erzbischof von Mecheln ernannt. In Rom aber, wo eine Kardinalskommission das „Jugement doctrinal" gebilligt hatte, zögerte man zunächst, die Ernennung zu bestätigen; unter dem Druck Metternichs jedoch und dank der Geschmeidigkeit Consalvis wurde schließlich eine Vergleichsformel gefunden, die klarlegte, daß der Eid nur zivile und keineswegs dogmatische Bedeutung habe. Der Erzbischof erhielt im Jahr 1817 seine Ernennungsbulle, und 1821 gestand der König nach monatelangen schwierigen Verhandlungen schließlich zu, daß die Katholiken den Eid „im Sinne M. de Méans" leisteten. Das Ergebnis war eine zeitweilige Beruhigung der Gegner.

In der Zwischenzeit waren jedoch neue Schwierigkeiten aufgetaucht. Die Regierung, die keine Einmischungen in ihre Zuständigkeit duldete, hatte Mgr. Ciamberlani 1815 verboten, sich mit den Angelegenheiten der belgischen Diözesen zu befassen, und hatte seine Ausweisung verfügt. Außerdem hatte sie, um dem Widerstand eines Teils des Klerus zu begegnen, im Jahr 1816 die napoleonischen Organischen Artikel, die eine Quelle zahlreicher Verwaltungs- und Polizeischikanen wurden, wieder in Kraft gesetzt; ebenso wurde 1818 die napoleonische Gesetzgebung hinsichtlich der Ordensangehörigen fast unverändert wieder eingeführt, um dadurch das Wiedererstehen anderer Kongregationen außer solchen, die die Werke der Barmherzigkeit pflegten[2], einzudämmen. Wenn die entsprechenden Maßnahmen zunächst auch noch sehr vorsichtig angewandt wurden, so vermehrten sich die Hindernisse seit 1822 doch spürbar. Gleichzeitig führten aber die Maßnahmen zu einer Laisierung des Schulwesens, ein Punkt, in dem der belgische Klerus besonders empfindlich war. Von 1822 bis 1824 wurden zahlreiche katholische Schulen geschlossen, vor allem jene der Frères des écoles chrétiennes, denen man vorwarf, französische Agenten zu sein. Im Juni 1825 lösten zwei königliche Erlasse alle freien Gymnasien einschließlich der Knabenseminare auf. Gleichzeitig wurde in Löwen ein „Collège philosophique" errichtet, dessen Besuch für alle jungen Leute obligatorisch sein sollte, die in den Klerikerstand aufgenommen werden wollten, und dessen gesamtes Personal unabhängig von den Bischöfen nur vom König ernannt werden sollte.

Diese verschiedenen Maßnahmen, die zum größten Teil die Katholiken des Nordens kaum berührten, wurden von einem Teil des katholischen Bürgertums des Südens, der von den Ideen des 18. Jh. eingenommen war und der die Absicht des Klerus, auch weiterhin die Kontrolle über das öffentliche Leben zu behalten, als einen Anachronismus auffaßte, lebhaft begrüßt. Die Maßnahmen fanden ebenfalls die Zustimmung einiger von der Aufklärung und dem deutschen Febronianismus beeinflußter Priester, vor allem aus dem Norden und aus der Provinz Luxemburg, die vor der Revolution zur Diözese Trier gehörte. Die diözesanen Behörden waren zwar beunruhigt, protestierten aber kaum; der Großteil der Bistümer war vakant oder von durch Alter und Krankheit geschwächten Prälaten besetzt; der Erzbischof de Méan wollte vor allem die guten Beziehungen zur Regierung aufrechterhalten. Der Großteil des Klerus jedoch sowie einige militante Katholiken reagierten mit immer größerer Heftigkeit. Nach den Erlassen von 1825 eröffneten zwei Holländer, der Advokat Van der Horst und der Priester Van Bommel, denen sich bald auch der Generalvikar von Mecheln, E. Sterckx, anschloß, eine heftige Kampagne gegen die Schulpolitik der Regierung.

Vor allem in Belgien war man überzeugt, daß der König heimlich das Land protestantisieren wolle, während dieser in Wirklichkeit vor allem eine Hebung des kulturellen Niveaus der Südprovinzen, das dem der ehemaligen Vereinigten Provinzen tatsächlich unterlegen war, anstrebte. Er wollte in der Tradition des aufgeklärten Despotismus[3] auf Grund seines ius circa sacra die Kirche, die als die hauptsächliche Institution der Volkserziehung galt,

[2] Liste der Klöster mit Zahl ihrer Mitglieder bei *Stockmann* a. a. O. 404—450. Ergänzende Fakten wären aus den zahlreichen Darstellungen, die sich mit den lokalen Gegebenheiten befassen, zu entnehmen.

[3] Über seine frühere Haltung gegen die Katholiken vgl. *J. A. Bornewasser*, Kirche und Staat in Fulda unter Wilhelm Friedrich von Oranien, 1802—06 (Fulda 1956).

streng kontrollieren (er zeigte sich im übrigen noch diktatorischer gegenüber der Reformierten Kirche, wie aus der Regelung, die er ihr 1816 aufzwang, ersichtlich wird).

Unter dem Einfluß des Ministers Van Maanen, der zwar ein guter Jurist war, aber jedes psychologischen Gespürs entbehrte, und umgeben von Beratern, die zwar größtenteils katholisch, aber gleichzeitig vom Febronianismus, Josephinismus und napoleonischen Gallikanismus beeinflußt und zu einer Zerbrechung der klerikalen Macht bereit waren, hatte sich Wilhelm I. nach dem Scheitern der Konkordatsverhandlungen von 1822 und 1824 zur Regelung der Nominierung der Bischöfe die Idee einer Nationalkirche zum Leitbild genommen, die vom Staat geleitet und nur durch ein Minimum von Beziehungen mit dem Heiligen Stuhl verbunden sein sollte.

Aber der gegen das Collège philosophique entfesselte Sturm rührte dieses Mal an die Ausbildung des Klerus, und die Diözesankurien hielten damit die Grenze der möglichen Konzessionen für erreicht. Demzufolge wurden das Abwerfen von Ballast sowie die Wiederaufnahme von Kontakten mit Rom unerläßlich. Man nahm wieder Verhandlungen um ein neues Konkordat auf, die schließlich am 18. Juni 1827 zum Abschluß eines für das ganze Land gültigen Übereinkommens[4] führten. In diesem wurden die allgemeinen Anordnungen des Konkordats von 1801 auch auf die Nordprovinzen ausgedehnt, wo zwei neue Diözesen geschaffen werden sollten (Amsterdam und 's-Hertogenbosch), und die Frage der Nominierung von Bischöfen wurde durch einen Kompromiß geregelt: der protestantische Monarch sollte die Bischöfe, die durch die Kapitel gewählt würden, zwar nicht nominieren, wohl aber das Vetorecht erhalten.

Die Ruhe kehrte jedoch nur für einige Monate zurück. Angesichts der Klagen der holländischen Calvinisten und belgischen Liberalen bekundete die Regierung ihre Absicht, die Anwendung der für die Katholiken als zu günstig erachteten Konkordatsbeschlüsse zu verzögern. In der Tat scheiterten die Verhandlungen des Mgr. Capaccini, den Leo XII. gesandt hatte, „um dem Labyrinth zu entrinnen“, trotz einiger Teilergebnisse an dem offenkundig mangelnden Willen der mit den Angelegenheiten des katholischen Kultes betrauten Kommission, die nach wie vor hauptsächlich josephinistisch und antiklerikal orientiert war. Während de facto der Religionsunterricht in den meisten Schulen erhalten blieb, verfolgte die Regierung auch weiterhin ihre Absicht einer Laisierung des Schulwesens und trieb damit die katholische Résistance in immer größere Verbitterung. Van Bommel, 1829 zum Bischof von Lüttich ernannt, hoffte jedoch immer noch, ein Übereinkommen mit dem König zu erreichen, der tatsächlich zu Konzessionen bereit war. Aber der belgische Klerus, „ultramontaner als der Papst selbst“, hatte endgültig das Vertrauen auf eine Lösung durch die Regierung

[4] *Mercati* I 704—710.

verloren und forderte nun unter der Leitung von E. Sterckx die völlige Unabhängigkeit der Kirche vom Staat und setzte zur Erreichung dieses Zieles seine Hoffnungen auf eine Union mit den Gegnern der Regierung zur Erlangung der „Freiheit in allem und für alle“ [5].

In dieser Lage war der belgische Klerus fast ausschließlich mit institutionellen Problemen und mit dem Wiederaufbau einer katholischen Gesellschaft beschäftigt, die jener vor den Revolutionswirren ähnlich sein sollte. Durch die nur rudimentäre Ausbildung, die er in den Seminaren erhielt, wo alle Professoren nur Autodidakten waren, schwer behindert und durch die (größtenteils unbegründeten) Befürchtungen um eine Protestantisierung des Landes gelähmt, kümmerte er sich nur wenig um eine Anpassung der Verkündigung an die Entwicklung der von Frankreich und Deutschland ins Land getragenen antireligiösen Ideen. Positiv muß jedoch vermerkt werden, daß der Klerus, auf diesem Gebiet von einigen aktiven Laien, wie L. de Robiano oder P. Kersten, unterstützt, sehr schnell die damalige Bedeutung der Presse erkannte.

Ein Laie, J. G. Le Sage ten Broek, war es auch, der im Jahr 1818 in Holland die erste katholische Monatszeitschrift „De Godsdienstvriend“ gründete. Dieser erfolgreiche Publizist, der, gleichzeitig ein Mann der Tat, ein wenig exzentrisch zwar, aber voller Initiativen war, hat mehr als jeder andere dazu beigetragen, die holländischen Katholiken, die seit dem 17. Jh. halb im Untergrund zu leben gezwungen waren, aus ihrer Schüchternheit aufzurütteln und sie langsam dazu zu bringen, zur Verteidigung ihrer Rechte auch in der Öffentlichkeit aufzutreten. Dieser Pastorensohn und Konvertit, der von der großen Bewegung des „Erwachens“ angerührt worden war, war unermüdlich darum bemüht, seine friedliebenden Landsleute für den militanten Ultramontanismus zu gewinnen. Er beschränkte sich im übrigen nicht darauf, die mittelalterliche katholische Tradition mit den protestantischen Neuerungen zu konfrontieren. Mit gleicher Leidenschaftlichkeit prangerte er das Einsickern rationalistischer Ideen bei einigen seiner Glaubensbrüder, wie z. B. dem Priester Schrant, an, die ihre Anregungen lieber im Deutschland der Aufklärung als im Frankreich Joseph de Maistres und des frühen Lamennais suchten. Auf diese Weise trug er dazu bei, die niederländischen Katholiken vor der Versuchung eines auf die natürliche Moral gegründeten adogmatischen Christentums zu warnen. Er war aber ebenso an der Bildung einer streng konfessionellen Mentalität beteiligt, die allen Manifestationen der Toleranz und des Irenismus mißtrauisch gegenüberstand, und lehnte das Erbe Sailers wie den durch den Hegelianismus und Josephinismus schmackhaft gemachten Katholizismus der aufgeklärten Kleriker entschieden ab.

Kurz zusammengefaßt, haben die Jahre nach 1815 in institutioneller Sicht zwar nur Enttäuschungen gebracht. Sie haben aber im Norden den unter

[5] Über die Stadien dieser Entwicklung siehe S. 323—326.

der französischen Regierung erwachten Katholizismus gekräftigt und im Süden, unter der Wirkung dieser Enttäuschungen, eine neue Mentalität aufkommen lassen, die bald unter dem Namen des katholischen Liberalismus ganz Europa ergreifen sollte.

Die politische Emanzipation der Katholiken auf den Britischen Inseln

Seit der Unionsakte von 1800, durch die Irland dem Vereinigten Königreich Großbritannien eingegliedert wurde, bildeten die Katholiken ein Viertel der Gesamtbevölkerung. Außer der Glaubensgemeinschaft und dem gemeinsamen Verlust zahlreicher bürgerlicher und politischer Rechte gab es wohl kaum größere Unterschiede als die zwischen der auf die Lebensweise in Missionsländern herabgedrückten kleinen Handvoll englischer Katholiken und der Kirche von Irland, die durch alle Verfolgungen hindurch mehr als 4 Millionen Gläubige und ihre Episkopalhierarchie bewahrt hatte und für die seit der Mitte des 18. Jh. eine Periode fortschreitender Normalisierung begonnen hatte.

Diese durch die Umstände von jeder „Etablissement"-Tradition losgelöste irische Kirche[6] schöpfte ihre Kraft aus den Volksmassen, die durch die englischen Eroberer, die sich 95 Prozent der Ländereien angeeignet hatten, zwar im Status einer halben Leibeigenschaft gehalten wurden, die aber seit Jahrhunderten daran gewöhnt waren, mit der gleichen Leidenschaft sowohl ihren religiösen Glauben als auch ihre nationale Eigentümlichkeit zu verteidigen, und die von den aus Frankreich stammenden revolutionären Ideen neue Anregung zu einer nachdrücklicheren Forderung ihrer religiösen, sozialen und politischen Unabhängigkeit — drei Aspekte, die in ihren Augen eng verbunden waren — erhielten. In dieser Atmosphäre wandte sich eine neue, nun nicht mehr außer Landes, sondern im Nationalseminar von Maynooth, das 1795 eröffnet wurde, herangebildete Priestergeneration, die die gegen die Katholiken gerichteten Strafgesetze nicht mehr erlebt hatte, ohne jegliche Hemmung der Neuordnung des pfarrlichen Lebens zu und begünstigte die Entwicklung äußerer Frömmigkeitsformen, die dem Vorstellungsvermögen der Bevölkerung entsprachen. Dieser Klerus, der trotz einer allmählichen Verbesserung seiner materiellen Lage in engem Kontakt mit dem gläubigen Volk lebte, wurde in seiner Aufgabe immer noch von den religiösen Kongregationen unterstützt, die nach einem Rückgang im 18. Jh.[7] in den ersten Jahrzehnten des 19. Jh. einen raschen Auf-

[6] Die 1801 und 1824 verbreitete Idee, daß der Staat die Bezahlung des Klerus übernehmen könnte, wurde von der großen Mehrheit der Bischöfe und Priester zurückgewiesen.

[7] Als Folge der Schließung der Noviziate, die im Jahre 1751 durch Rom auf Anfrage gewisser Bischöfe auferlegt wurde, waren die Ordensleute, die im Jahre 1742 ungefähr

schwung erlebten. Zu den alten Orden, die sich nun wieder mehr oder weniger frei formieren konnten, kamen einheimische Gründungen wie die Christian Brothers, eine der besonderen Situation Irlands entsprechende Anlehnung an die Frères des écoles chrétiennes. Im Jahr 1804 gegründet, erhielten die Christian Brothers im Jahr 1817 durch den Erzbischofkoadjutor in Dublin, Mgr. D. Murray, ihre endgültige Organisation.

In England dagegen machten die Anhänger der römischen Kirche nur zwei Prozent der Gesamtbevölkerung aus. Ihre Vorliebe für einen Katholizismus von äußerster Nüchternheit erklärt sich einerseits aus einer gewissen Sorge, nicht die Aufmerksamkeit der Öffentlichkeit auf sich zu lenken, andererseits aus dem britischen Temperament und aus der Reaktion gegen das Schwärmertum der protestantischen Sekten. Die römische Kirche war in vier Apostolische Vikariate gegliedert, deren Ausdehnung eine wirksame Leitung der Seelsorge erschwerte. Noch 1815 lebten die Katholiken zum größten Teil isoliert auf dem Lande in der Umgebung einiger Schlösser, deren Besitzer oft mehr aus Treue zur Tradition als aus religiöser Überzeugung einen Almosenier unterhielten, im übrigen aber der Krone treu ergeben waren. Zu Beginn des 19. Jh. jedoch hat diese katholische Gemeinde begonnen, ihre Struktur im Gefolge der irischen Einwanderung nach London und nach den Industriestädten des Nordostens hin auszurichten. Während sich die Zahl der Gläubigen innerhalb einer Generation verdoppelte und bereits im Jahr 1814 die Zahl von 200000 überschritt, wodurch der Bau von 900 neuen Kapellen notwendig wurde, begann der Katholizismus städtischen Charakter anzunehmen, und der Landadel verlor nach und nach zugunsten der unternehmungsfreudigen Mittelklasse seinen monopolartigen Einfluß auf die Kirche, den er seit dem 17. Jh. besaß.

Gleichzeitig vollzog sich in den führenden Schichten Englands ein gewisser Wandel in der Einstellung zum Katholizismus: Die Dekadenz der anglikanischen Kirche und das Fortschreiten des Indifferentismus in den oberen Schichten bedingten eine tolerante Haltung; der Kontakt mit französischen Emigranten sowie die romantische Wiederentdeckung des Mittelalters durch Walter Scott beseitigten einige schwere Vorurteile gegenüber dem „Papismus". Sie bewirkten sogar einige Bekehrungen, wie z. B. die von K. Digby im Jahr 1823 und von A. Philipps de Lisle im Jahr 1829. Dieser Gesinnungswandel erfuhr durch die feste Haltung Pius' VII. gegenüber Napoleon eine weitere Verstärkung und begünstigte den Beginn einer Wiederaufnahme offizieller Kontakte zwischen dem Heiligen Stuhl und der britischen Regierung nach einer 200jährigen nahezu vollständigen Unterbrechung[8].

700 gegen 1400 Priester zählten, im Jahre 1802 auf 250 gegenüber 1900 Weltgeistlichen gesunken.

[8] Diese Kontakte wurden auf dem Wiener Kongreß geknüpft und waren durch die wachsende Bedeutung der katholischen Gruppe in Irland und Kanada sowie die

Das Zusammentreffen dieser verschiedenen Elemente trug zu einer leichteren Lösung der Frage bei, die sich mit wachsender Schärfe seit Jahrzehnten stellte: der „Emanzipation" der Katholiken, d. h. der Aufhebung der gesetzlichen Beschränkungen, denen sie seit der Reformation unterworfen waren. Im Jahr 1813 war man dieser Lösung nahe, wenn auch um den Preis zahlreicher Konzessionen, die aber sowohl die katholischen Adligen Englands wie auch die Kongregation der Propaganda Fide einzugehen bereit waren. Die Iren jedoch, in ihrer Meinung von dem ungestümen Apostolischen Vikar der Midlands, John Milner (1752—1826), aus englischem Geschlecht stammend, aber entschiedener Gegner der vornehmen Anglo-Gallikaner des „Cisalpine Club", unterstützt, bezeichneten eine solche Lösung als einen Versuch, die Kirche dem protestantischen Staat unterzuordnen. Die Bemühungen um eine Wiederaufnahme der Verhandlungen von seiten Consalvis, der nichts gegen eine gewisse Kontrolle der Regierung über die Loyalität des Klerus einzuwenden hatte, wie auch von seiten Castlereaghs, der die britische Regelung als anachronistisch ansah, scheiterten an der unnachgiebigen Haltung der Iren, die um keinen Preis von der Freiheit der Kirche abrücken wollten. Sie scheiterten auch daran, daß die Iren, um ihre nationalen Interessen nicht aufs Spiel zu setzen, weder dem römischen Standpunkt Rechnung tragen zu müssen glaubten noch den Tories des Oberhauses, für die die Forderung des Vetorechtes bei der Nominierung der Bischöfe nicht nur Ausdruck des Antipapismus, sondern auch — vor allem angesichts der Lage in Kanada — eine Sicherheitsmaßnahme darstellte.

Die Verhandlungen blieben also trotz des wachsenden Verständnisses von liberaler Seite einige Jahre lang auf einem toten Punkt stehen, und die regelmäßig im Parlament eingebrachten Petitionen führten praktisch zu keinem Ergebnis (der einzige Erfolg war eine Bill aus dem Jahr 1817, die die Ernennung katholischer Offiziere in der Armee erleichterte). Die englischen Katholiken fanden sich damit ab, geduldig auf bessere Zeiten zu warten, nicht aber die Katholiken Irlands, deren nationale Sorgen die religiösen Forderungen anfachten. Die im „The Chronicle" von John England, dem Leiter des Priesterseminars von Cork, entfachte Pressekampagne und die von 1820 bis 1823 von John MacHale[9], einem Dogmatikprofessor in Maynooth, der, ebenso wie John England, typisch für die neue Generation des Klerus war, unter dem Pseudonym Hierophilus veröffentlichten 32 Briefe gegen die Vorzugsrechte der Anglikanischen Kirche in Irland waren die ersten Anzeichen einer Veränderung der Taktik, die nun an die Stelle von diplomatischen Verhandlungen und behutsamen Initiativen, meist englischen

Etablierung Englands auf Malta und den Ionischen Inseln immer notwendiger. Der Tod Castlereaghs und Consalvis und die Thronbesteigung des sehr antipäpstlichen Georg IV. brachten nach 1823 eine Abkühlung, ohne daß die Kontakte jedoch ganz abgebrochen wurden (vgl. *N. Miko:* ZKTh 78 [1956] 206—214).

[9] Vgl. The Letters of M. Rev. J. MacHale (Dublin 1847) 9—155.

Ursprungs, trat. Es setzte eine von Irland ausgehende Massenaktion ein, die fest entschlossen war, den Druck erst wieder nach gewonnener Sache zu lockern. Ein erster entscheidender Schritt war getan, als im Jahr 1823 Daniel O'Connell, ein Volksredner, der zugleich über ein bedeutendes Organisationstalent verfügte und seit 20 Jahren an der Spitze des Kampfes um die nationalen und religiösen Freiheiten stand, die alte „Catholic Association", die bislang bürgerlichen Kreisen reserviert war, in eine Massenbewegung umwandelte, indem er den jährlichen Beitrag von 20 Schillingen auf einen Penny pro Monat senkte. Mit Hilfe von freiwilligen Propagandisten, die die politische Erziehung der ungebildeten Bauern selbst in den kleinsten Dörfern übernahmen, organisierten sie „die friedliche Agitation im Rahmen des Gesetzes". Viele Priester zögerten zunächst, sich einer Bewegung anzuschließen, die eindeutig politische Züge annahm; aber nach dem Vorbild einiger Bischöfe, wie Mgr. Doyle von Kildare, und unter dem Einfluß des Seminars von Maynooth, schloß sich der Klerus nach und nach an und wurde nicht nur zum Förderer der „Catholic Rent", sondern stellte sogar die Kirchen für Wahlversammlungen zur Verfügung. Bald folgte die gesamte, nun fest zusammengefügte katholische Bevölkerung der Insel in einem wahren Kreuzzugsgeist dem Mann, den man den „ungekrönten König Irlands" nannte. Die britische Regierung, die vergeblich versucht hatte, die von O'Connell entfachte Kampagne aufzuhalten, fühlte sich immer mehr überrannt. Die triumphale Wahl des irischen Parteiführers Ende Sommer 1828 zum Abgeordneten für Clare, obwohl er rechtlich nicht wählbar war, ließ die klarsichtigeren unter den grundsätzlich von den Liberalen angefeindeten Tories begreifen, daß man nun, wollte man nicht einen Bürgerkrieg riskieren, nachgeben mußte. Über den Widerstand der königlichen Familie, des anglikanischen Episkopats und zahlreicher Pairs sowie, wie man festhalten muß, auch der Mehrheit der öffentlichen Meinung hinweg, warf Wellington, der keineswegs, wie so oft behauptet, ein blinder Gegner der Emanzipation der Katholiken war, sein Ansehen als Sieger von Waterloo in die Waagschale. Er erreichte mit Unterstützung des Innenministers Robert Peel durch Maßnahmen, die in drastischer Weise die politischen Aktivitäten in Irland einschränkten, die Durchsetzung einer Bill, die vom König am 30. April 1829 sanktioniert wurde und die den Katholiken endlich die Gleichheit der staatsbürgerlichen und persönlichen Rechte mit wenigen Ausnahmen[10] zugestand, ohne daß sie diesen Vorteil mit der Zuerkennung des Veto-

[10] Die Katholiken waren zu allen öffentlichen Ämtern zugelassen, außer jenen des Lord Chancellors, des Lord Keepers und des Generalleutnants für Irland; sie konnten ins Parlament gewählt werden, mußten aber einen besonderen Eid leisten: „not to disturb or weaken the protestant religion" und bestätigen, daß der Papst keinerlei politisches Recht über England besaß. Im übrigen blieb die Anwerbung von Ordensleuten (nicht aber von Schwestern) theoretisch untersagt. Ihre Anwesenheit, vor allem die der Jesuiten, war einer strengen Kontrolle unterworfen.

rechtes bei den Bischofswahlen an die Regierung zu bezahlen hatten. Dieser Sieg, den die irische Agitation errungen hatte, kam übrigens der Gesamtheit der von der Krone abhängigen Katholiken in England und Schottland sowie auch in Kanada und den anderen Kolonien zugute.

Die unleugbare Bedeutung dieser legalen Umstrukturierung für die Zukunft des Katholizismus im Britischen Reich darf jedoch nicht jene Wandlungen verdecken, die sich gleichzeitig innerhalb der katholischen Gemeinschaft vollzogen. In Irland konnte die protestantische Propaganda, die im Verlauf der zwanziger Jahre verschärft einsetzte, einige Erfolge verzeichnen. Anderseits beschleunigte sich die seit dem Ende des 18. Jh. eingeleitete kirchliche Erneuerungsarbeit, vor allem unter dem günstigen Einfluß der Nominierung einer Reihe fähiger Prälaten, wie P. Curtis in Armagh (1819 bis 1832), J. Doyle in Kildare (1819—34) und vor allem D. Murray in Dublin (1823—52; Koadjutor seit 1809), eines der Hauptförderer der katholischen Erneuerung auf der Insel in der ersten Hälfte des 19. Jh. In England ging die Entwicklung zwar langsamer vor sich, war aber darum nicht weniger wirksam. Zwar blieb das Gewicht der wenigen hundert Land-Edelleute, um die sich die katholische Bevölkerung zwei Jahrhunderte lang gruppiert hatte, bis 1830 hinein spürbar; auch gibt ihr sozialer und wirtschaftlicher Einfluß und die gallikanisch und jansenistisch geprägte Bildung, die der vor der Revolution ausgebildete Klerus in den Seminaren Frankreichs erhalten hatte, die Erklärung für das weitere Fortbestehen des „cisalpinen“ Geistes, der sehr stark auf die Unabhängigkeit nicht nur von Rom, sondern auch von den hierarchischen Autoritäten Englands bedacht war und jeder katholischen Initiative, die die Protestanten hätte kränken können, feindlich gegenüberstand. Aber die Apostolischen Vikare, die im Jahr 1818 das „Englische Kolleg“ in Rom wiedereröffnet hatten, nahmen immer mehr Abstand gegenüber dem Laienadel und waren bestrebt, den Klerus, der eine durch die Umstände bedingte lange Tradition der Unabhängigkeit hinter sich hatte, wieder fest in die Hand zu bekommen. So schrieb W. Poynter 1826 zum erstenmal die jährlichen Priesterexerzitien vor. Am besten verkörperte die neue Mentalität jedoch John Milner, von 1803 bis 1826 der streitbare Apostolische Vikar des Midlanddistrikts, der nicht nur wegen seiner entschiedenen Stellungnahme zugunsten der Iren in der Frage der Emanzipation, sondern ebenso wegen der Kraft seines Ultramontanismus [11] und seiner neuen pastoralen Wege, die ihn zu einem frühen Vorläufer Mannings machten, die alles überragende Persönlichkeit im ersten Viertel des Jahrhunderts war. Man muß ihm die Heftigkeit seiner Polemik und die Engstirnigkeit seiner Auffassungen gegenüber den Protestanten vorwerfen, aber

[11] Der Eifer, mit dem er die Rechte des Heiligen Stuhles gegen seine vom Gallikanismus angesteckten Glaubensbrüder verteidigte, brachte ihm den Beinamen „Athanasius Englands“ ein.

er begriff als einer der ersten die Bedeutung der irischen Einwanderung in England und erkannte, daß die Zukunft des englischen Katholizismus fortan in den Städten lag. Er reagierte auch als einer der ersten gegen den Formalismus in den Frömmigkeitsübungen und führte in England kontinentale Andachtsformen, wie z. B. die Herz-Jesu-Verehrung, ein. Schließlich machte er sich als einer der ersten den Einfluß der Presse zunutze, indem er die Bemühungen W. E. Andrews unterstützte, der 1813 das „Orthodox Journal", die erste englische katholische Monatszeitschrift, gegründet hatte, deren polemische Heftigkeit jedoch allmählich das kluge Vorgehen Roms störte.

Selbst das intellektuelle Leben wies einige zaghafte Anzeichen des Erwachens auf. Zweifellos blieb die Seminarerziehung im allgemeinen höchst oberflächlich und konzentrierte sich auf die Moral und die Praxis; einige Fortschritte waren jedoch im Ushaw College [12] zu verzeichnen. Wenn die apologetischen Werke Poynters und vor allem Milners auch einen sehr einseitigen Antiprotestantismus spüren ließen, so bewiesen sie doch darum nicht minder das Verlangen der Katholiken, sich erneut Gehör zu verschaffen. Vor allem aber die große „History of England" J. Lingards [13], die von 1819 bis 1830 erschien, beeindruckte durch ihre solide Gelehrsamkeit und ihre Objektivität und bewog viele Engländer, einen Teil ihrer antipapistischen und unzeitgemäßen Vorurteile aufzugeben. Leider wurde die Wirkung der im Jahre 1803 durch einige Laien gegründeten katholischen „Bible Society" bald durch die kirchliche Zensur unterbrochen.

Die schwierige Situation der Katholiken im Russischen Reich

Während sich zwischen 1815 und 1830 die Lage der von der Englischen Krone abhängigen Katholiken spürbar erleichtert hatte, war im Russischen Reich, das seit der Annexion des größten Teils Polens mehrere Millionen Katholiken beider Riten zählte, keineswegs eine Verbesserung, sondern vielmehr eine Verschlechterung eingetreten, die sich nach dem Aufstand von 1830 noch weiter verschärfte.

Nach 1815 jedoch schienen bestimmte Hoffnungen nicht unbegründet zu sein. Auf dem Wiener Kongreß hatte Zar Alexander I. im Namen der legitimistischen Grundsätze aktiv zur Rückerstattung des Kirchenstaates an Pius VII. beigetragen, und Consalvi war es gelungen, nach zehnjähriger Unterbrechung nun wieder diplomatische Beziehungen in Fragen der Normalisierung der Lage der katholischen Kirche im Zarenreich einzuleiten.

[12] Vgl. *D. Milburn*, A History of Ushaw College (Durham 1964) 26—145. Das Seminar gehörte nicht dem Bischof, sondern dem Klerus des Distrikts.

[13] Vgl. *M. Haile-E. Bonney*, Life and Letters of J. Lingards (London 1911); *G. Culkin*: The Month 192 (1951) 7—18.

Der Zar wünschte eine Weiterführung dieser direkten Kontakte mit dem Heiligen Stuhl, um einerseits dadurch dem österreichischen Einfluß in den Balkanländern entgegenzutreten, und zum anderen, weil er, trotz der enttäuschenden Weigerung Pius' VII., der Heiligen Allianz beizutreten, stark auf die Unterstützung der römischen Kirche zur politischen Restauration Europas rechnete. Vielleicht strebte er aber auch — diese Frage bleibt im dunkeln — eine Vereinigung der Kirchen an und empfand gewisse persönliche Sympathien für den Katholizismus [14]. Wenn die Mission des Generals Tuyll von 1815 bis 1816 auch ein Mißerfolg war, so erbrachte doch jene Italinskis, des bevollmächtigten Gesandten des Zaren in Rom von 1817 bis 1823, einige positive Ergebnisse, die durch den Besuch Alexanders bei Pius VII. im Jahr 1822 noch bekräftigt wurden. Im übrigen jedoch waren der Zar und vor allem seine Berater zwar bereit, den Papst als einen Verbündeten im gemeinsamen Widerstand gegen das Aufsteigen revolutionärer Kräfte zu betrachten, das Leben der katholischen Kirche in den Gebieten des Reiches aber sollte unter der strengen Kontrolle der Regierung verbleiben, und die Kontakte mit Rom sollten auf ein Minimum reduziert werden. Der russische Staat, der seit Peter dem Großen direkt in das Leben seiner Nationalkirche eingriff, mußte die vom Papsttum geforderten Freiheiten zugunsten einer fremden Kirche, die gerade noch geduldet wurde und die man als die Seele des Widerstandes Polens gegen seine Integration und als Trojanisches Pferd im Dienste der österreichischen Ziele in Osteuropa betrachtete, als absolut undenkbar ansehen, und dies um so mehr, als zu dieser Zeit im benachbarten Habsburgerreich, in dem die josephinistische Gesetzgebung noch immer in Kraft war, die Kirche keineswegs vom Staat unabhängig war. Zu diesem ersten Konfliktstoff zwischen den beiden Mächten, die von zwei unvereinbaren totalitären Prinzipien ausgingen, kam noch ein zweiter: Auf die Öffnung für westliche Einflüsse, die das Jahrhundert der Aufklärung in Rußland bestimmt hatte und die den Erfolg der Jesuiten und die Bildung einer Gruppe von „Papalisten" um den Botschafter von Savoyen, Joseph de Maistre, erklärt, war seit dem Feldzug von 1812, der den patriotischen Geist erweckt hatte, eine Bewegung nationaler Reaktion gefolgt. Diese bestand angesichts des auf dem Wege der Entchristianisierung befindlichen revolutionären Europa darauf, daß die in der orthodoxen Kirche verkörperten Werte des Slawentums wieder voll zur Geltung gebracht werden müßten. Einige aufsehenerregende Konversionen zum Katholizismus in der Aristokratie [15] bewirkten in diesen Kreisen, die von Prinz Golizin,

[14] Siehe die Sachlage bei *Winter*, Rußland 205—207.

[15] Vgl. *Winter*, Rußland 165—166 178; *J. Gagarine*, Le salon de la comtesse Golovine (Paris 1879); *M. J. Rouët de Journel*, Une russe catholique, Mme Swetchine (Paris 1929). Im Jahre 1817 reiste J. de Maistre ab, der einer der Anreger der Gruppe der „Papalisten" war und dessen „Du Pape" als Antwort auf die 1816 veröffentlichten „Considérations sur la doctrine et l'esprit de l'Église orthodoxe" von A. Sturdza gedacht war.

dem Minister für Unterricht und Kultus, protegiert wurden, eine lebhafte Reaktion, die zur Vertreibung der Jesuiten zunächst (1816) aus den zwei Hauptstädten und schließlich (1820) aus dem ganzen Reich führte. Diese durch die romantische Welle und den Erfolg der idealistischen Philosophie genährte slawophile Strömung setzte sich schließlich mit der Thronbesteigung Nikolaus' I. (1825) durch. Dieser Zar wollte noch entschlossener als sein Bruder und ohne Rücksicht auf römische Klagen vorgehen. Bis zu einer möglichen Verwirklichung seines Ideals, nämlich eines unter einem einzigen, dem orthodoxen Glauben geeinten Rußland, sollte der katholische Klerus des Reiches immer mehr von Rom isoliert und immer stärker der alleinigen Gesetzgebung des russischen Staates unterworfen werden. Er entzog sich systematisch allen Diskussionen mit dem Heiligen Stuhl, indem er sich auf die Kultfreiheit seiner Untertanen berief und die Berechtigung der ihm dargelegten Sorgen verneinte. Die Verwirklichung dieser Politik fortschreitender und stillschweigender Übergriffe wurde zunächst durch die Tatsache erleichtert, daß der Papst und die Mehrzahl seiner Berater zögerten, sich mit Nachdruck gegen das zaristische Rußland zu stellen, das ihnen, nachdem es gestärkt aus den napoleonischen Kriegen hervorgegangen war, als ein Musterbeispiel der „etablierten Ordnung" erschien.

In dieser sich ständig verschlechternden Atmosphäre entwickelten sich immer wieder Diskussionen zwischen Rom und Petersburg, in denen man eine Koexistenzmöglichkeit zu finden hoffte, die durch die grundlegenden Meinungsverschiedenheiten jedoch fast unmöglich war. Drei Problemreihen standen im Mittelpunkt dieser Verhandlungen: die Lage der katholischen Kirche im autonomen Königreich Polen („Kongreßpolen" genannt), die Lage des römischen Katholizismus im eigentlichen Rußland und schließlich die Lage der Unierten.

Die Schicksalsschläge, die diese letzteren zu erdulden hatten und die im Kap. 10 dieses Buches näher untersucht werden, führten im Jahr 1839 schließlich zu einer erzwungenen Eingliederung der Mehrheit in die offizielle orthodoxe Kirche. Die beherrschende Figur des lateinischen Katholizismus in Rußland[16] war bis 1826, dem Jahr seines Todes, der sehr umstrittene Mgr. Siestrzencewicz, seit 1773 Erzbischof von Mogilew. Die von den Jesuiten, die in der Tat über sein Vorgehen nicht immer glücklich waren, beeinflußte ultramontane Geschichtsschreibung des 19. Jh. schildert ihn als einen ehrgeizigen Höfling, der mehr um die Gunst des russischen Herrschers als um eine Respektierung der Rechte des Heiligen Stuhles bemüht war und

[16] Neben den zahlreichen Katholiken der seit 1795 annektierten polnischen Provinzen und der baltischen Länder bestanden auch deutsche Kolonien im Gebiet der Wolga und um Odessa; am Ufer des Schwarzen Meeres, im Kaukasus, lebten Katholiken französischer und flämischer Herkunft. Die ersteren waren zum größten Teil auf die Diözesen Wilna, Samogitien, Minsk, Łuck und Kamenez verteilt, der Rest bildete die riesige Erzdiözese Mogilew.

der den Orden überhaupt, insbesondere aber der Gesellschaft Jesu, grundsätzlich feindlich gesonnen war. In einer genaueren Untersuchung durch A. Brumanis erscheint er jedoch eher als ein eifriger Vertreter der Kirche, der zwar keineswegs die Ehren und Realitäten der Macht verachtete und, wie übrigens viele andere Bischöfe auch, die Exemtion von Ordensgeistlichen kaum schätzte, dessen geschmeidiges und bisweilen unberechenbares Handeln im ganzen jedoch eine positive Bilanz erbrachte. Durch seine fortwährenden Bemühungen, bei Hof persona grata zu bleiben, was in einem autokratischen Regime von außerordentlicher Bedeutung war, konnte er bei seinem Tode nicht nur eine blühende Diözese mit Dutzenden von neuen Pfarreien, einem fast ausreichenden Welt- und Ordensklerus sowie aktiven caritativen Werken zurücklassen, sondern es war ihm um den Preis einiger Manipulationen des kanonischen Rechts vor allem auch gelungen, für die katholische Kirche ein Minimum an Achtung von seiten der Behörden, die sie als einen staatsfremden Körper betrachteten, zu gewinnen und die grundlegenden Voraussetzungen für ihre Lebensfähigkeit, unter Berücksichtigung ihrer fundamentalen Prinzipien, zu sichern. Zwischen 1815 und 1820 machte man ihm in den jesuitisch beeinflußten katholischen Kreisen Rußlands und dann auch in Rom heftige Vorwürfe wegen seiner Zugehörigkeit zur Russischen Bibelgesellschaft und wegen der Ermunterung, die er dieser Gesellschaft, die protestantischen Ursprungs war und mehrere orthodoxe Bischöfe zu ihrem Generalrat zählte[17], in seinem Brief vom 14. Dezember 1814 zuteil werden ließ. Zweifellos war seine Haltung zu einem Teil von einem aufgeklärten Interkonfessionalismus bestimmt, aber er hatte auch darüber gewacht, daß die für die Katholiken bestimmte Übersetzung nach der Vulgata angefertigt wurde. Nach dem Wiener Kongreß beschuldigte man auch den Erzbischof von Mogilew, die Forderungen der zaristischen Regierung unterstützt, ja vielleicht sogar provoziert zu haben, in denen diese für ihn Primatialrechte beanspruchte, die ihn in den meisten Fällen, und sogar für die kanonische Bestallung der vom Zar ernannten Bischöfe, von einer Rücksprache mit Rom dispensiert hätten. Aber im Lichte der jüngsten Entwicklung der Ekklesiologie haben wir ein besseres Verständnis für den Widerstand, den Mgr. Siestrzencewicz unter Berufung auf die Selbständigkeit, die die Kirchen in den ersten Jahrhunderten besaßen, den damals in der Kurie herrschenden zentralisierenden Anschauungen[18] entgegenstellte; dieses Verständnis gründet sich auch darauf, daß er an Ort und Stelle weilte,

[17] Über die russische Bibelgesellschaft vgl. *Boudou* I 105—123 und *A. Brumanis* a.a.O. 282—291.

[18] Die übrigens mit Recht fürchten konnten, daß in der zu dieser Zeit vorherrschenden regalistischen und josephinistischen Atmosphäre eine Konzession von quasipatriarchalischen Rechten, die Österreich und andere Länder sofort gefordert hätten, nicht nur für den römischen Primat, sondern auch für das gesamte kirchliche Leben eine ernsthafte Gefährdung bedeutete.

sich somit von den Grenzen des bei der Regierung Erreichbaren besser überzeugen konnte und genau wußte, daß man mit einem Versuch zu offener Konfrontierung statt geschickten Lavierens nichts gewonnen, aber wahrscheinlich viel verloren hätte.

Damit soll aber keineswegs gesagt sein, daß die Lage ideal war. Wenn auch die Diözese Mogilew sich in einer relativ zufriedenstellenden Situation befand, so galt dies doch in weit geringerem Maße für die anderen Diözesen, in denen die Katholiken am zahlreichsten waren. Die materielle und moralische Lage der Priester war oft unzulänglich, da die Ausbildung des Klerus den Bischöfen zu einem großen Teil von den Behörden streitig gemacht wurde. Mehrere Diözesen waren seit langen Jahren führungslos (Wilna von 1815 bis 1830, Minsk von 1816 bis 1831) oder erhielten vom Zaren unwürdige oder unfähige Kandidaten als Bischöfe zugeteilt. Der Nachfolger von Siestrzencewicz im Amt des Erzbischofs von Mogilew, Mgr. G. Cieciszewski — auch er einmal mehr ohne vorheriges Übereinkommen mit Rom bestimmt —, war wenigstens ein eifriger und gelehrter Prälat; aber er war ein gebrechlicher Greis von 80 Jahren, der natürlich nicht mehr die Kraft hatte, der Russifizierungspolitik der Behörden von Petersburg und Moskau entgegenzutreten. Als er im April 1831 starb, verzögerte die Regierung, die eine Umgruppierung der römischen Diözesen im Reich plante, die Ernennung eines Nachfolgers bis zum Jahr 1839. Im Jahr 1832 wurden die katholischen Einrichtungen durch eine Reihe von Ukas hart getroffen: von insgesamt 291 Klöstern und Konventen wurden unter — nur teilweise berechtigter — Berufung auf ihren moralischen Verfall 202 aufgelöst[19], Pfarrschulen in Podolien und Wolhynien wurden katholischen Priestern entzogen und orthodoxen Popen übergeben.

In „Kongreßpolen" war die Lage trotz seiner relativen Autonomie und trotz der Tatsache, daß der Katholizismus durch die Verfassung von 1815 zur Staatsreligion erklärt worden war, kaum besser. Die rationalistischen Strömungen des 18. Jh. hatten das religiöse Leben der führenden Schicht sehr lau werden lassen. Der lateinische Klerus, vor allem in ländlichen Gegenden, wurde, oft nicht ohne Grund, der Ignoranz und Unmoral beschuldigt, und die Orden, obwohl sie noch viele Häuser besaßen, hatten sehr unter der fortgesetzten Teilung des Landes zu leiden. Erst im zweiten Drittel des 19. Jh. wurde in Polen jenes religiöse Erwachen spürbar, das die anderen Kirchen Europas seit Anfang des Jahrhunderts charakterisierte.

Im Jahr 1817 hatte Zar Alexander I. ohne Rücksprache mit dem Heiligen Stuhl das Organische Grundgesetz der Kirche durch die Akte vom 6./18. März in regalistischem Sinne abgeändert. Es wurde eine Kommission für Kultus und Unterrichtswesen eingesetzt, die den Klerus kontrollieren, als obligatorischer Vermittler zwischen diesem und den Behörden dienen, die

[19] Siehe Dokument X und XI in Allocuzione ... del 22 luglio seguita da una Esposizione corredata di documenti (Rom 1842) 16—25.

Bischöfe nach dem Vorschlag der Kapitel nominieren und die Veröffentlichung päpstlicher Bullen autorisieren sollte. Pius VII., der die Unterstützung des Zaren benötigte, zog es vor, über diese Bestimmungen hinwegzusehen, und akzeptierte die Errichtung eines Erzbistums in Warschau[20], um dadurch dem Wunsch der russischen Regierung zu entsprechen, die polnischen Diözesen vom Einfluß des Primas von Gnesen, dessen Sitz sich auf preußischem Gebiet befand, zu befreien. Ein Breve vom 3. Oktober 1816 verlieh der Warschauer Universität das Recht, die Doktorwürde in Theologie und kanonischem Recht zu verleihen, und erleichterte dadurch die Kontrolle der Regierung über die Bildung des höheren Klerus wesentlich. Der Papst, immer bestrebt, seine Verständigungsbereitschaft unter Beweis zu stellen, ermächtigte auch den Erzbischof von Warschau zur Auflösung einiger Klöster. Diese Einwilligung wurde jedoch weit überschritten, und das dem todkranken Erzbischof abgenötigte Dekret vom 17. April 1819 löste, trotz der römischen Einwände[21], mehr als 40 Abteien und Klöster auf. Ein weiterer Schritt auf dem Weg des Regalismus wurde getan, als im Jahr 1825 der Landtag gegen die Einwände des Episkopats die Ehefälle der Kompetenz der Zivilgerichte unterstellte und dadurch sogar für Katholiken die Scheidung ermöglichte. Gleichzeitig wurde durch die Unterdrückung der Synoden und kanonischen Visitatoren, durch die Berufung zweifelhafter Ehrgeizlinge auf wichtige Stellen sowie durch willkürliche Sanktionen gegen Kleriker, die sich weigerten, die kanonischen Gesetze zu übertreten und die Maßnahmen der Regierung anzuwenden, die regelmäßige Verwaltung der Diözesen immer schwieriger. Diese Zustände wurden noch durch längere Vakanzen auf den Bischofssitzen verschlimmert.

Eine weitere Verschlechterung der Lage trat nach dem gescheiterten polnischen Aufstand vom Dezember 1830 ein, an dem der Klerus und auch mehrere Bischöfe aktiv teilgenommen hatten. Nachdem die Verfassung von 1817 aufgehoben und Polen dem übrigen Reich angeschlossen worden war, wurde die katholische Kirche einer zunehmenden Verstaatlichung und einer Russifizierung ihrer Führungskräfte unterworfen. Die Bewegungsfreiheit des Klerus wurde 1834 beschränkt, und auf die Gläubigen wurde Druck zum Übertritt zur Orthodoxie ausgeübt. Gregor XVI., der von der revolutionären Welle, die Europa erschütterte, sehr betroffen war und die polnische Erhebung nicht als einen Kreuzzug gegen den schismatischen Unterdrücker, sondern als eine von Radikalen und Freimaurern entfesselte subversive Bewegung betrachtete, hatte zweimal, am 19. Februar 1831 und am 9. Juni

[20] Bulle „Militantis Ecclesiae" vom 12. 3. 1818 (JP IV 552; vgl. 568—569). Sie wurde ergänzt durch die Bulle „Ex imposita Nobis" vom 30. 6. 1818 (*Mercati* I 638—648), die die Grenzen der 8 Diözesen des Königreiches den durch den Wiener Kongreß entstandenen Grenzveränderungen anpaßte.

[21] Über die Auflösung vgl. Z. *Olszamowska:* Ochrona Zabytków (Warschau 1952).

1832[22] — übrigens auf das Betreiben Metternichs hin und wahrscheinlich auch einiger reaktionärer Kardinäle — die Erhebung gegen „die legitime Macht der Herrscher“, die er den Machenschaften „einiger listenreicher und lügnerischer Anstifter“ zuschrieb, mißbilligt und zum großen Entsetzen der liberalen Katholiken Westeuropas den Bischöfen geraten, im Sinne des Apostels Paulus die Unterwerfung zu predigen und den polnischen Katholiken die Hinwendung zu „ihrem mächtigen Herrscher, der sich ihnen wohlwollend erweisen würde“, empfohlen. Diese Haltung des Papstes entsprang einem Gefühl der gegenseitigen Verbundenheit der konservativen Mächte. Er erwartete nun auch, daß der Zar als Gegenleistung für diese Intervention, die die polnischen Katholiken übrigens vor den Kopf stieß und in manchen Fällen zum Glaubensabfall führte, nun seine Kirchenpolitik ändere. Deshalb hatte er auch seiner Enzyklika vom 9. Juni 1832 ein dem Prinzen Gagarin überreichtes vertrauliches Memorandum folgen lassen, in dem er, unter Anführung einiger präziser Fälle, energisch „die Bosheit und Schikanen der Regierung in Polen, die den Verfall der Kirche verursacht haben“[23], anprangerte. Dieses Dokument blieb jedoch unbeantwortet, ebenso wie auch eine ergänzende Note des Staatssekretärs Bernetti. Als Gregor XVI. sich ein wenig später anschickte, anläßlich der Auflösung von zwei Dritteln der Klöster Rußlands noch nachdrücklicher zu protestieren, hielt Metternich ihn davon ab. Er versprach eine persönliche Intervention des österreichischen Herrschers beim Zaren, die jedoch zu keinem Ergebnis führte. Genauso erfolglos blieben auch der wiederholte Austausch von Protestnoten (1836 bis 1840) gegen die Gewaltmaßnahmen, denen Mgr. Gutkowski OP, Bischof von Podlachien, zum Opfer fiel. Er war einer der wenigen Prälaten, die gegen die den Interessen der katholischen Kirche schädlichen Maßnahmen der Regierung zu protestieren wagten, und mußte seinen Mut mit der Deportation bezahlen[24]. Erst nach dem Eklat von 1842[25] zeigte sich endlich eine Hoffnung auf eine Verbesserung.

[22] Acta Gregorii XVI, I 143—144 und BullRom Cont XIX 571—572. Irrtümlicherweise bezeichnet man das zweite Dokument „Cum primum“ bisweilen mit den Worten „Superiori anno“, die jedoch ein schärferes Dokument einleiteten, das nicht abgesandt wurde (von diesem erhielt Lamennais Kenntnis). Über die Abfassung dieser Enzyklika und die eventuelle Rolle des russischen Botschafters, siehe *Boudou* I 178—187 (gegen *F. Lamennais,* Les affaires de Rome [Brüssel 1836] 122—128), *M. Żywczyński* a. a. O. 168 ff und *K. Piwarski* a. a. O. 42 ff. Hat Gregor XVI. die Absendung dieses Dokuments bedauert, als er die Stärke der russischen Unterdrückung erfuhr? Diese Frage ist nicht eindeutig zu beantworten (s. *P. Lescœur,* L'Église catholique en Pologne I 201—216 und *A. Simon,* Rencontres mennaisiennes en Belgique 259; dagegen *Boudou* I 187—188). Über die Reaktionen in Polen s. *G. Bozzolato:* RStRis 51 (1964) 328—338 und *L. Le Guillou,* Les Discussions critiques. Journal de la crise mennaisienne (Paris 1967) 23—25.

[23] Text in Allocuzione ... del 22 luglio seguita da una Esposizione corredata di documenti, 11—14 (vgl. ebd. 26—27). [24] Siehe *Boudou* I 246—296. [25] S. Kap. 32.

Die lateinischen Katholiken im Ottomanischen Reich

In den ersten drei Jahrzehnten des 19. Jh. verblieben — mit Ausnahme der Ionischen Inseln[26], die aus der venezianischen Einflußsphäre unter britisches Protektorat übergegangen waren — alle Balkan- und Donauländer im Ottomanischen Reich, das sich jenseits des Bosporus über den ganzen Mittleren Orient erstreckte. Trotz des muselmanischen Übergewichts in diesem riesigen Reich war jedoch immer noch ein Drittel der Bevölkerung christlich, und fast 10 Prozent standen in Verbindung mit Rom.

Diese Christen genossen seit der Eroberung eine gewisse Freiheit in der Ausübung ihres Kultes und in der Organisation ihrer Gemeinschaften. Ihre Lage war deshalb jedoch nicht etwa leichter. Im Gegenteil, trotz des offiziell den französischen Konsuln zuerkannten Protektoratsrechts, das in Wirklichkeit immer mehr auch von österreichischen und russischen Vertretern ausgeübt wurde, waren sie ständigen Kränkungen durch die Lokalautoritäten ausgesetzt. Sie wurden bisweilen sogar von gewissen Maßnahmen betroffen, die aber weniger durch Religionsantagonismus als durch politische Agitationen oder Rassenhaß hervorgerufen wurden. So bewirkten die ersten Interventionen der christlichen Mächte — Frankreichs, Österreichs, Rußlands und Englands — im Ottomanischen Reich eine Beute, auf die sie begierig warteten, um sie untereinander aufteilen zu können, sowie der erfolgreiche griechische Aufstand von 1820 am Anfang nur eine Verstärkung des türkischen Mißtrauens gegen die Christen. Man verdächtigte sie prompt, ihre Befehle aus dem Ausland zu erhalten und nur auf eine Gelegenheit zu warten, sich ihrerseits zu erheben.

Die katholische Gruppe, eingebettet in die Masse der Orthodoxen, in der das griechische Element sich den Slawen und Arabern immer mehr aufzudrängen strebte, war weit davon entfernt, einen homogenen Block darzustellen. Mehr als die Hälfte — vor allem die Bevölkerungsgruppen in Syrien und Ägypten — gehörte anderen Riten an und hatte ihre eigene Hierarchie. (Von ihr wird in Kapitel 10 noch die Rede sein.) Es gab jedoch auch eine beachtliche Zahl lateinischer Katholiken, die über das ganze Reich verstreut waren. Ihre Zahl war im Jahr 1815 etwa auf 200000 zu schätzen, und sie wuchs im Laufe des Jahrhunderts stetig an, teilweise durch Bekehrungen, welche das damals auf seinem Höhepunkt stehende Ansehen des Westens förderte, besonders aber dank der hohen Geburtenziffer in den ländlichen oder gebirgigen Gegenden und der italienischen, französischen und österreichischen Einwanderung in die Handelszentren.

Zu Beginn des 19. Jh. befand sich der Großteil dieser lateinischen Gemeinden in einer sehr schlechten Lage. Die Unterbrechung der regelmäßigen Verbindungen mit Rom und die auf die österreichisch-türkischen und na-

[26] Wo man zu dieser Zeit etwa 4000 Katholiken zählte, die vor allem auf der Insel Korfu konzentriert waren und einen landeseigenen Welt- und Ordensklerus hatten.

poleonischen Kriege folgenden Wirren hatten zu häufigen Vakanzen auf Bischofssitzen, zur Verringerung der Missionare und zur Entwicklung von Disziplinlosigkeit innerhalb des im Lande verbliebenen Klerus geführt. Der Beseitigung dieser Mißstände widmeten sich die Delegierten der Kongregation der Propaganda Fide, sobald diese nach der Rückkehr Pius' VII. nach Rom reorganisiert war, immer systematischer, aber nicht immer mit dem erwünschten Taktgefühl.

Das dichteste lateinische Zentrum, das zwar auch nur 20 Prozent der Bevölkerung dieses Gebiets ausmachte, befand sich in *Albanien* (75 000 Katholiken), wo noch 6 Bistümer aus der Zeit des Mittelalters bestanden, und in *Bosnien-Herzegowina* (100 000 Katholiken), wo es im Gegensatz zu Albanien praktisch keinen örtlichen Klerus mehr gab und wo die Pfarreien von den Franziskanern verwaltet wurden, deren drei autorisierte Klöster der einzige Mittelpunkt katholischer Bildung waren.

Ein weiteres relativ bedeutendes Zentrum befand sich im rumänischen Vasallenfürstentum *Moldau*, das in der ersten Hälfte des Jahrhunderts eine besonders schnelle Zunahme der Katholiken erlebte (von 16 000 auf 60 000). Das Apostolat in diesem Gebiet jedoch, das italienischen und ungarischen Konventualen anvertraut war, stieß wegen der weiten Streuung der Gläubigen und vor allem der Rassenstreitigkeiten zwischen Rumänen und Magyaren auf große Schwierigkeiten. Da der Katholizismus als die Religion des noch mehr als der Türke verhaßten Ungarns erschien, trafen die zwischen 1808 und 1818 unternommenen Versuche Roms, mit Hilfe Wiens, das die Beschützerrolle Polens übernommen hatte, den alten Bischofssitz Bakau wiederzuerrichten, auf den entschiedenen Widerstand der von den rumänischen Bojaren unterstützten orthodoxen Hierarchie.

Eine analoge Reaktion entwickelte sich zur gleichen Zeit in der *Walachei*, dessen Fürst zwar das unauffällige Vorhandensein einiger übrigens wenig bedeutender katholischer Kerne tolerierte, von einem Proselytentum jedoch nichts wissen wollte. Da die Missionen Bulgariens durch die Kriege zwischen der Türkei und Österreich vollständig aufgelöst worden waren, hatte sich der Bischof von Nikopolis, ein italienischer Passionist, zu Beginn des 19. Jh. mit dem kärglichen Rest seiner Gläubigen in die Umgebung von Bukarest zurückgezogen, um in den Genuß der relativen Autonomie dieser Gegend zu gelangen. Zunächst blieb diese Tatsache unbemerkt, aber als die Propaganda im Jahr 1815 einen neuen Bischof, Mgr. Ercolani, ernannte, der ein antischismatischer Eiferer war und die Ratschläge des österreichischen Residenten zur Besonnenheit nicht befolgte, kam es rasch zu Protesten von seiten der orthodoxen Bischöfe. Mgr. Ercolani, der außerdem durch seine reformerische Unbeugsamkeit die wenigen Franziskaner, die seit langem in der Gegend ansässig waren, gegen sich aufgebracht hatte, mußte 1822 zurücktreten, und der Sitz blieb für einige Jahre vakant. Seinem Nachfolger gelang es jedoch durch Geschicklichkeit, einen allmählichen Abbau des Mißtrauens zu erreichen, und im Jahr 1833 konnte er sich in Bukarest niederlassen und mit Hilfe Österreichs einige katholische Schulen in dieser Gegend aufbauen.

Im Süden *Bulgariens,* wo die wenigen verbliebenen katholischen Kerne keinen ansässigen Klerus mehr besaßen, ließen sich erst im Jahr 1830 österreichische Redemptoristen in Philippopel nieder und begannen von hier aus, sich im Lande auszubreiten. In *Serbien* war die Lage kaum besser, obwohl sich hier der orthodoxe Klerus toleranter als in anderen Gebieten zeigte.

In *Griechenland* war der römische Katholizismus vor 1830 auf dem Festland kaum vertreten, und selbst auf den Inseln, wo lange Zeit lateinische Gruppen venezianischen oder genuesischen Ursprungs weitergelebt hatten, hatten sowohl die durch die Auflösung der italienischen Niederlassungen eingeleitete Emigration als auch die Mischehen die katholische Präsenz auf geringe Reste reduziert. Das Zentrum der Katholiken befand sich auf der Insel Syros. Die Gruppe wurde jedoch in der Zeit von 1815 bis 1822 von der berechtigten Unzufriedenheit des Klerus und der Gläubigen mit ihrem Bischof Rossini, der schließlich demissionieren mußte, erschüttert. Durch die Ankunft zahlreicher orthodoxer Flüchtlinge im Verlauf der Unabhängigkeitskriege verlor diese „Isola del Papa" übrigens sehr bald den ausschließlich lateinischen Charakter, den sie so lange bewahrt hatte. Dagegen ermöglichte die Anerkennung der Unabhängigkeit durch das Londoner Protokoll im Jahr 1830, das die völlige Freiheit des katholischen Kultes garantierte, und die darauffolgende Einsetzung eines katholischen Souveräns in Athen[27], Otto von Wittelsbach, dem Katholizismus, im kontinentalen Griechenland Fuß zu fassen. In diesem Zusammenhang wurde Mgr. Blancis, der neue Bischof von Syros (1830—51), im Jahr 1834 zum Apostolischen Delegaten ernannt. Er wurde gleichzeitig mit der Reorganisation der lateinischen Kirche im gesamten Königreich betraut, in deren Verlauf vor allem Mißbräuche in der Diözese Naxos beseitigt werden mußten, und mit der Kontaktnahme zur Regierung, die ihn 1838 als offiziellen Verhandlungspartner anerkannte. Gregor XVI. blickte aber schon weiter. Als ehemaliger Präfekt der Propaganda war er genügend über die Probleme des christlichen Orients informiert. Er wußte, daß der lateinische Ritus bei der griechischen Bevölkerung keinerlei Zukunft hatte, und so bot er im Jahr 1836 an, junge Griechen in das wiedereröffnete griechische Kolleg nach Rom zu senden, damit sie dort im orientalischen Ritus ausgebildet würden und dann die Konversion ihres Volkes betreiben sollten. Dies war jedoch eine trügerische Hoffnung; denn trotz der Erfolge, die die mit Unterstützung der Konsuln von französischen und italienischen Ordenskongregationen gegründeten Schulen bei den Orthodoxen hatten, zeigten die Be-

[27] Diese Wahl stellte eine Erleichterung für den Vatikan dar, der den Einfluß Rußlands fürchtete. Schon Leo XII. war aus diesem Grund beim König von Frankreich vorstellig geworden (vgl. *L. Manzini,* Il card. Lambruschini [Vatikanstadt 1960] 121—123).

stimmungen der Verfassung von 1844, die den Proselytismus untersagten und festlegten, daß der Thronfolger der orthodoxen Religion angehören müsse, sehr deutlich, daß das neue Griechenland seiner Nationalkirche treu bleiben wollte.

In Konstantinopel und noch mehr in den anderen Hafenstädten der *Levante* waren die katholischen Missionen seit der Unterdrückung der Gesellschaft Jesu in vollem Verfall begriffen. Um 1800 zählten sie insgesamt kaum noch mehr als 6000 Gläubige. Sie waren vor allem Ausländer und wurden durch einige italienische Lazaristen und Kapuziner schlecht zusammengehalten. Nachdem die im eigenen Interesse unternommenen Bemühungen der französischen Diplomatie eine gewisse Verbesserung der Lage eingeleitet hatten, begann die Propagandakongregation im Jahr 1817 die Reorganisation dieses Gebietes. Sie errichtete das Erzbistum Smyrna, das seit zwei Jahrhunderten auf den Rang eines Apostolischen Vikariats reduziert gewesen war, und das Apostolische Vikariat von Aleppo, das seit 1774 verwaist war, wieder und übertrug ihm die Jurisdiktion über alle Missionen Syriens, Palästinas [28] und Ägyptens.

Um 1830 ergaben sich für die Christen durch das wachsende Interesse, das die europäischen Kanzleien der orientalischen Frage widmeten, sowie durch die Änderung des Gleichgewichts, die die zeitweilige Okkupation Syrien-Palästinas durch den ägyptischen Pascha, Mohammed Ali, hervorrief, neue Perspektiven. Zwar war die von dem Historiker-Diplomaten Bunsen entwickelte Idee, Palästina zu einem freien Gebiet zu machen, in dem sich das Christentum unter einer christlichen Regierung frei entfalten könne, unbeachtet geblieben. Aber die konfessionelle Landkarte veränderte sich sehr rasch mit der Beschleunigung der angelsächsischen missionarischen Durchdringung [29], die um 1825 eingesetzt hatte. Die Errichtung eines anglopreußischen Bischofssitzes in Jerusalem im Jahr 1841 mußte wie ein Symbol der neuen Beziehungen der politischen und kirchlichen Kräfte, die sich im Mittleren Orient einzurichten begannen, erscheinen [30].

Die römischen Stellen beobachteten diesen wachsenden Einfluß des protestantischen Englands und des orthodoxen Rußlands [31] in Gebieten, in denen sie bisher auf die nahezu uneingeschränkte Unterstützung der fran-

[28] In Jerusalem setzte die den Franziskanern anvertraute Kustodie des Heiligen Landes ihre traditionelle Politik der langsamen Unterwanderung der orientalischen Gemeinden fort. Im Jahr 1818 wollte der griechische Patriarch vom Sultan ein Dekret erlangen, das die Konvertiten zur Rückkehr in die orthodoxe Kirche zwingen sollte, aber auf Bitten Pius' VII. intervenierten die katholischen Mächte in Konstantinopel, um die Drohung abzuwenden (JP IV 566 und n. 1, *F. Engel-Janosi,* Die politische Korrespondenz der Päpste mit den österreichischen Kaisern 137—140).

[29] *Latourette,* Expansion VI 20—26 38—55; *Rogier KG* 374—379; *J. Hajjar,* L'Europe et les destinées du Proche-Orient 5—16 33—62 230—260.

[30] Vgl. *J. Hajjar* a. a. O. 373—458.

[31] Über die Russische Aktion in Palästina vgl. *J. Hajjar* a. a.O. 17—26 460—482.

zösischen und österreichischen Diplomaten zählen konnten, nicht ohne Unruhe. Aber sie bemühten sich trotzdem, aus der Niederlassung einer wachsenden Zahl von Europäern in der Levante, welche die Krise des Ottomanischen Reiches dem politischen und wirtschaftlichen europäischen Wettbewerb öffnete, den größtmöglichen Nutzen zu ziehen. Das Anwachsen der katholischen Bevölkerung, größtenteils europäischer Herkunft, rechtfertigte die Errichtung neuer lateinischer Missionsstationen. Man erwartete von ihnen, daß sie, dank des Ansehens der westlichen Schulen und in Anerkennung der durch die Armenapotheken und Krankenhäuser geleisteten Dienste, mehr als die noch unbedeutenden Kerne der Unierten zu Anziehungspunkten für die schismatischen Orientalen würden. Das Wiedererstehen der Orden in den katholischen Ländern Europas, besonders in Frankreich, begünstigte diese Politik. Die zu Beginn des Jahrhunderts noch kümmerlichen Effektivbestände der Franziskaner, Kapuziner und Lazaristen waren in einem fortschreitenden Wachstum begriffen. Die Jesuiten erschienen zu Beginn der dreißiger Jahre wieder in Syrien und ließen sich im Jahr 1839 in Beirut, der neuen libanesischen Hauptstadt, nieder. Die Filles de la Charité ließen sich 1838 in Konstantinopel und 1839 in Smyrna nieder; seit 1841 folgten ihnen die Frères des Écoles chrétiennes, und bis zum Ende des Jahrhunderts breitete sich die Bewegung noch weiter aus.

Diese Ordensleute, deren kultureller und geistiger Einfluß für den Augenblick zweifellos wohltuend war, hatten jedoch leider zum größten Teil keinerlei Einführung in die spezifischen Probleme des christlichen Orients erhalten. Sie sahen daher die einzige Lösung in einer systematischen Latinisierung, die ihnen als die einzig wirksame Garantie für die katholische Einheit erschien. Sie nahmen keine Rücksicht auf die Einwände, die ihr wenig gescheiter Eifer ständig bei der auf ihrem Wirkungsfeld ansässigen unierten Hierarchie hervorrief. Sie beachteten auch nicht die Aufforderungen zur Klugheit, die ihnen von Zeit zu Zeit durch die Propaganda, die ja durch ihre geschichtliche Erfahrung einen genaueren Einblick hatte, zugingen. Sie bemühten sich nur, die Übertritte der Orientalen zum lateinischen Ritus zu vermehren, und konnten damit nach und nach auch die in Rom Verantwortlichen für ihre Ansichten gewinnen. In diesem Zusammenhang erwachte der Gedanke einer Wiedererrichtung des lateinischen Patriarchats in Jerusalem. Diese erfolgte jedoch erst nach einer Verzögerung von zehn Jahren in den ersten Monaten des Pontifikats Pius' IX. [32], weil man in Rom befürchtete, damit die unierte Hierarchie zu verletzen. Sie stellte einen Markstein in dem Latinisierungsprozeß des christlichen Orients dar, der sich im Lauf der zweiten Jahrhunderthälfte weiter auswirken sollte.

[32] Bulle „Nulla celebrior" vom 23. 7. 1947 (JP VI/1, 42 ff). Vgl. *J. Hajjar* a. a. O. 482—514.

9. *Kapitel*

Die Kirchen Amerikas

Schmidlin gab von der paradoxen Lage des Katholizismus in Amerika zu Beginn des 19. Jh. eine sehr treffende Charakterisierung: „Im lateinischen Süden und Zentrum eine meist äußerlich christianisierte und katholisierte, aber innerlich fast durchweg degenerierte und der Auflösung nahe Kirche; im angelsächsischen wie französischen Norden der Katholizismus erst in winzigen Keimen und zum Teil noch im Verfolgungsstadium, aber überall zu neuem Leben erwachend und seine Schwingen weit ausbreitend.“ [1]

Das spanische Amerika

LITERATUR: Allgemein: *P. de Leturia,* Relaciones entre la Santa Sede e Hispanoamérica II, III (Rom-Caracas 1959/60; grundlegend). Ferner: *Schmidlin PG* I 313—321 437—445 504; *L. Tormo,* Historia de la Iglesia en América latina II: La Iglesia en la crisis de independencia (Bogotá 1962); *D. Olmedo,* La crisis máxima de la Iglesia católica en la América española: Memorias de la Academia mexicana de la historia 9 (1950) 274—324; *R. Vargas Ugarte,* El episcopado en los tiempos de la emancipación sudamericana (Buenos Aires 1945); *G. Furlong,* La Santa Sede y la emancipación hispanoamericana (Buenos Aires 1957); *R. F. Schwaller,* The Episcopal Succession in Spanish America 1800—50: The Americas 24 (1968) 207—271; *P. de Leturia - M Batllori,* La primera misión pontificia a Hispanoamérica 1823—25 (Città del Vaticano 1963); *A. de la Peña y Reyes,* León XII y los países hispanoamericanos (Mexiko 1924); *J. Pérez de Guzmán,* El embajador de España en Roma, don Ant. de Vargas Laguna: La ilustración española y americana 29 (Madrid 1906) 18—79; *C. Sáenz de Santa María,* Bolívar y Pío VIII: Rev. de Hist. de América 49 (Mexiko 1960) 147—171; *L. Frías,* Historia de la Compañía de Jesús en su asistencia moderna de España I (Madrid 1923) 94—97 274—283 349ff.

Über Bolívar und Miranda außer *F. Blanco - R. Azpurúa,* Documentos para la historia de la vida pública del Libertador de Colombia, Perú y Bolivia, 14 Bde (Caracas 1875/78), siehe Lit. bei *P. de Leturia* a.a.O. 16.

Für die verschiedenen Länder sei über die in der Allg. Bibliogr. angegebenen Werke hinaus hingewiesen auf:

Chile: *S. Cotapos,* Don J. S. Rodríguez Zorrilla, obispo de Santiago de Chile 1752—1832 (Santiago 1915); *W. J. Coleman,* La restauración del episcopado chileno en 1828 según fuentes Vaticanos (Santiago 1954); *A. Undurraga Huidobro,* Don Manuel Vicuña Larrain (Santiago 1887).

Ekuador: *J. J. Donoso* a.a.O. (Allg. Bibliogr.) I.

Mexiko: *M. Cuevas* a.a.O. (Allg. Bibliogr.) V 73—209; *L. Medina Ascensio,* La Santa Sede y la emancipación mexicana (Guadalajara 1946, ²1965); *A. Gómez Robledo:* Historia Mexicana 13 (1963/64) 18—58; *E. Shiels:* CHR 28 (1942) 206—228; *M. P. Costeloe,* Church Wealth in Mexico. A Study of the „Juzgado de capellanias“, 1800—56 (Cambridge 1967); *L. Frías* a.a.O. (oben) 349—388 668—700.

Peru: *J. P. de Rada y Gamio,* El arzobispo Goyeneche y apuntes para la historia del Perú (Rom 1917).

[1] PG I 314.

Río de la Plata: *R. Carbia,* La revolución de mayo y la Iglesia (Buenos Aires 1945); *J. F. Sallaberry,* La Iglesia en la independencia del Uruguay (Montevideo 1930); *A. A. Tonda,* Rivadavia y Medrano, sus actuaciones en la reforma eclesiástica (Santa Fe 1952); *ders.,* Las facultades de los vicarios capitulares porteños, 1812—53 (Buenos Aires 1953); *ders.,* El deán Funes y la reforma de Rivadavia (Santa Fe 1961; über die Stütze eines Teiles des Weltklerus an die Maßnahmen gegen die religiösen Orden); *A. P. Carranza,* El clero argentino de 1810 a 1820 (Buenos Aires 1917); *G. Furlong,* Clero patriótico y clero apatriótico entre 1810—16: Archivum 4 (Buenos Aires 1960) 569—612; *G. Gallardo:* ebd. 106—156; *R. C. González,* Las órdenes religiosas y la revolución de mayo: ebd. 42—86 (Lit.); *E. Ruiz Cuiñazu,* El deán de Buenos Aires, D. E. de Zavaleta (Buenos Aires 1952); *G. Nowak,* La personalidad de mons. M. Escalada (Zamora 1958).

San Salvador: *S. Malaina,* Historia de la erección de la diócesis de San Salvador (San Salvador 1944); *S. R. Vilanova,* Apuntamientos de historia patria eclesiástica (San Salvador 1911) 92—141.

Als im Jahr 1814 das napoleonische Zwischenspiel zu Ende ging und die römische Kurie wieder frei Kontakt mit den Kirchen der ganzen Welt aufnahm, gab es im spanischen Amerika 40 Bischofssitze[2] für eine auf etwa 15 Millionen geschätzte Bevölkerung, die damals größtenteils um das Karibische Meer konzentriert war. Trotz der bleibenden Anhänglichkeit der Bevölkerung an den katholischen Glauben — und vor allem an dessen äußere Manifestationen (mit einer deutlichen Tendenz zum religiösen Synkretismus bei den in Mexiko, Peru und Bolivien zahlenmäßig stark vertretenen Ameriko-Indianern) — sah sich die Kirche nach dem Aufstand der alten Kolonien gegen Spanien, der am Ende des 18. Jh. begonnen und um 1810 zur tatsächlichen Unabhängigkeit der meisten Kolonien geführt hatte, mit äußerst schwierigen Problemen konfrontiert.

Da waren zunächst finanzielle Schwierigkeiten: Der bedeutende kirchliche Besitz mußte zwangsläufig zur Deckung der Unkosten der zwei streitenden Parteien dienen, und die vormals zu reiche Kirche sah sich als Folge dieser Situation häufig gezwungen, nützliche Werke oder sogar Seminare aufzugeben, weil sie nicht mehr über die entsprechenden Mittel verfügte.

Daneben ergaben sich Probleme der inneren Disziplin: Zu dem sowohl quantitativen als auch qualitativen Rückschritt und den Zerrüttungen, die die jahrelangen zivilen und militärischen Unruhen für den Säkular- und vor allem für den Ordensklerus mit sich brachten[3], gesellte sich häufig genug eine

[2] 8 Diözesen für Mexiko, 4 für die Antillen, 4 in Zentralamerika, 3 konstituieren die Provinz von Caracas, 4 jene von Bogotá, 10 jene von Lima und 7 jene von Charcas oder Chuquisaca in Bolivien.

[3] Über die häufig sehr aktive Rolle des jungen Klerus (vor allem des Weltklerus, bei dem Kreolen eine größere Rolle spielten als bei den Ordensgeistlichen) in der Unabhängigkeitsbewegung siehe vor allem *M. André,* La fin de l'empire espagnol d'Amérique (Paris 1922). Man muß sich jedoch davor hüten, alle patriotischen Priester als schlechte Priester anzusehen. Vgl. dazu die Biographie von *R. M. Tisnes* über den kolumbianischen Dominikaner Fray I. Mariño OP, Capellán general del Ejercito libertador (Bogotá 1963), der sich immer beispielhaft verhielt. Und wenn die Beispiele für

Art kirchlicher Anarchie, als ein Großteil des spanischen oder mit der legitimistischen Partei eng liierten hohen Klerus freiwillig oder unter Zwang das Land verließ und es den Ordensangehörigen (die daneben auch über die Konfiskation eines Großteils ihrer Güter erregt waren) unmöglich gemacht wurde, mit dem in Spanien residierenden Generalkommissar ihres Ordens, der jahrhundertelang das normale Bindeglied zur zentralen Autorität gewesen war, in Verbindung zu bleiben.

Schließlich erwuchsen aus den Beziehungen zwischen Kirche und Staat äußerst heikle Probleme mit allen daraus folgenden Konsequenzen. Der König von Spanien berief sich auf das Patronato, das die Juristen nicht als widerrufliches päpstliches Privilegium, sondern als unverjährbares Recht der zivilen Macht betrachteten. Er duldete nicht, daß der Papst in den Gebieten, die er trotz des dort ausgebrochenen Aufstandes als noch immer dem Krongebiet zugehörig betrachtete, über ihn hinweg neue Bischöfe einsetzte. Im Namen desselben Patronato jedoch, als dessen Erbe sie sich betrachteten, wollten die neuen republikanischen Regierungen nicht nur auf die Verwaltung der Kirchengüter, sondern auch auf die inneren Angelegenheiten der Kirche, besonders auf die Wahlen der Kapitularvikare für die vakanten Diözesen oder auf die Entscheidungen der Provinzialkapitel der Orden direkten Einfluß nehmen. Dies führte schließlich dazu, daß die Jurisdiktion jener, die auf diese Weise durch eine Verletzung der kanonischen Vorschriften in die Verantwortung eingesetzt waren, zumindest zweifelhaft, wenn nicht gar ungültig war. Daraus ergaben sich vielerorts Situationen, die in streng juristischer Sicht als „schismatisch" angesehen werden mußten. Auf konkreter und psychologischer Ebene ist jedoch eine nuancierte Betrachtung angebracht, und man muß mit P. Batllori von einem „flúido estado de transición" sprechen. Das einzige formale Schisma ereignete sich erst viel später im Jahr 1829 in der Diözese San Salvador [4].

Mit Ausnahme einiger Politiker, deren Regalismus noch jenen der radikalsten Gallikaner in Europa übertraf, waren die Mehrzahl der führenden Laien sowie der gesamte Klerus sehr bald davon überzeugt, daß die einzig mögliche Lösung in einer Kontaktnahme mit dem Heiligen Stuhl lag, der allein durch seine universale Jurisdiktion eine von Grund auf irreguläre Situation wieder heilen konnte. Die ersten Bemühungen in diesem Sinne wurden 1813 und 1814 unternommen, als der spanische König Ferdinand VII. in Bayonne gefangen war und man hoffen konnte, daß Napoleon, dessen Sympathien für die amerikanische Unabhängigkeit gewonnen waren, auf den Papst Druck ausüben würde, damit sich dieser so verständigungbereit

im Konkubinat lebende Priester und Ordensleute oder für mehr der Politik denn dem Apostolat zugetane Geistliche in allen Gebieten auch sehr zahlreich waren, so war Mgr. Muzi bei seinem Aufenthalt in Buenos Aires im Jahr 1824 doch sehr beeindruckt von dem tadellosen Verhalten sowohl des Welt- als auch des Ordensklerus.

[4] *P. de Leturia,* Relaciones II 296—297 317—319.

wie möglich zeige. Die Entwicklung der Lage in Amerika und Europa verzögerte die Weiterführung dieser Bemühungen jedoch um mehrere Jahre. Von 1814 bis 1817 ermöglichten bedeutende militärische Erfolge Spaniens die provisorische Wiedererrichtung dieser Autorität über fast das ganze Gebiet mit Ausnahme der Provinzen von La Plata, während man in Rom, geleitet vom Geist der Restauration, in dieser nationalistischen Bewegung Amerikas nur verzögerte Auswirkungen der Französischen Revolution sah, d. h. einer Fehlentwicklung, die man als der Vergangenheit angehörend betrachten zu können hoffte. Unter diesen Verhältnissen akzeptierte Pius VII., der über die wahre Lage nur unzureichend informiert war, da Rom bis 1819 alle Informationen über Amerika nur durch die Vermittlung von Madrid erhielt, stillschweigend die Maßnahmen des spanischen Königs gegen die patriotischen Bischöfe. Ja, er veröffentlichte darüber hinaus noch ohne großen Druck seitens des spanischen Königs am 13. Januar 1816 die Enzyklika „Etsi longissimo", in der er die Bischöfe der Neuen Welt aufforderte, die Wiedereinsetzung der gesetzmäßigen Autorität zu begünstigen[5]. Es folgten heftige Polemiken der republikanischen Presse[6] gegen Rom und die loyalistischen Bischöfe, und so wurde die Kirche — wie Pouthas feststellt — in Amerika das Opfer des gleichen Legitimitätsprinzips, das sich zur gleichen Zeit im Europa der Restauration günstig für sie auswirkte.

Schon bald jedoch sollte die Enzyklika durch die Ereignisse selbst überholt werden, und Consalvi war klug genug, dies sehr schnell zu erkennen. Von 1818 bis 1820 konnte Amerika durch die Siege Bolívars seine Unabhängigkeit zurückerobern. Als nun in Spanien eine liberale Regierung an die Macht kam, die von 1820 bis 1823 eine betont antiklerikale Politik betrieb, schwanden die prospanischen Sympathien, die ein Teil des südamerikanischen Klerus noch immer hegte, sehr rasch, und auch der Heilige Stuhl, der sich mehr und mehr der pastoralen Seite der Angelegenheit zuwandte, ließ bei der Lösung dieses Problems den spanischen Gesichtspunkt völlig außer acht. Viele der seit 1814 unter Zustimmung des Königs Ferdinand ernannten Bischöfe befanden sich nun auf Grund der veränderten Situation auf der Flucht oder waren zumindest an der Ausübung ihrer Autorität gehindert. Daraus ergab sich in beängstigender Weise eine ständige Verschlechterung der kirchlichen Lage. Daraufhin nun begann man in Rom, eine neue, realistischere Haltung ins Auge zu fassen. Ein erstes öffentliches Echo war der Brief Pius' VII. vom 7. September 1822 an den Bischof Lasso, der sich Bolívar angeschlossen hatte, nachdem er bis 1820 ein glühender

[5] Text ebd. 110—112. Über alle dieses Problem betreffenden Dokumente vgl. *P. de Leturia* a.a.O. II 95—116, III 385—437. Pater de Leturia hat als erster auf die Rolle hingewiesen, die F. Badan, ein Genuese im Dienste Spaniens, in dieser Angelegenheit gespielt hat (II 100—106). [6] Vor allem in den unabhängig gebliebenen Vereinigten Provinzen von La Plata, wo er dazu beitrug, für lange Jahre die antirömischen Ressentiments der Regierung zu verstärken.

Anhänger des Legitimismus gewesen war. In diesem Brief, der durch die südamerikanische Presse eine weite Verbreitung fand, bestätigte der Papst die Neutralität des Heiligen Stuhles gegenüber den politischen Veränderungen in Amerika, was gleichbedeutend war mit einer tatsächlichen Lossagung von der spanischen Sache und einer impliziten Widerrufung der unheilvollen „legitimistischen Enzyklika" von 1816.

Diese neue Stellungnahme traf mit der Ankunft des ersten offiziellen Gesandten einer südamerikanischen Republik, des Kanonikus Cienfuegos, in Rom zusammen. Er war von der Regierung von Chile abgesandt worden[7], um den Papst zu ersuchen, die vakanten Diözesen zu besetzen, wenn auch nur durch Titularbischöfe, und das Patronatsrecht, das einst der König von Spanien innehatte, den neuen Regierungen zuzuerkennen. Dieser Schritt bewog Pius VII. im Frühjahr 1823, Mgr. Muzi als Apostolischen Vikar, ausgestattet mit umfangreichen Vollmachten, zur Sanierung der kirchlichen Lage nach Chile zu entsenden. Dieser erhielt unmittelbar vor seiner Abreise die Jurisdiktion über alle Gebiete Amerikas, die nicht mehr von Spanien verwaltet wurden und deren weitere Entwicklung Consalvi mit wachsender Aufmerksamkeit verfolgte. Die Mission Muzis endete leider mit einem Mißerfolg. In Buenos Aires, wo der Apostolische Vikar seinen geheimen Aufträgen zufolge die Regelung einer Anzahl sehr heikler kirchlicher Probleme versuchen sollte, stieß er auf den entschlossenen Regalismus des Ministers Rivadavia und des Administrators des Bistums Zavaleta, ganz zu schweigen von den seit der Enzyklika von 1816 immer noch bestehenden Feindseligkeiten. Zwar wurde er in den inneren Provinzen von La Plata mit größerem Wohlwollen empfangen, in Chile jedoch vergiftete sein Mangel an Taktgefühl und politischem Weitblick die Situation. Der Diktator O'Higgins[8], dessen Demarchen den Anfang der römischen Mission bildeten, war eben erst von einer Regierung abgelöst worden, die den Interventionen des Heiligen Stuhles in nationalen kirchlichen Belangen sehr viel feindlicher gegenüberstand. Ihr Haupt, General Freire, wie auch der Außenminister Pinto, stellten für die Konsekration zweier neuer Titularbischöfe, deren Ernennung eines der wichtigsten Ziele der Mission war, unannehmbare Bedingungen und zeigten sich daneben auch hinsichtlich der Orden nicht zu Verhandlungen bereit. Muzi stieß außerdem auf die Intrigen des Kapiteldekans Cienfuegos, der Bischof werden wollte und nicht zögerte, seine Ernennung zum Administrator der Diözese von Santiago durch die Regierung anzunehmen, als diese den legitimen Bischof, dem man vorwarf, für den römischen Gesandten Partei ergriffen zu haben, vertrieben hatte. Muzi, der nach Chile gekommen war, um die Hierarchie zu

[7] Im Jahr 1821 hatten auch Groß-Kolumbien und Mexiko die Entsendung eines Agenten nach Rom zur Regelung kirchlicher Probleme erwogen; diese Pläne gelangten jedoch nicht zur Ausführung. [8] Vgl. *J. Eyzaguirre,* La actitud religiosa de don Bernardo O'Higgins: Historia 1 (Santiago de Chile 1962) 7—46.

festigen, hatte also das Land seines letzten Bischofs und damit auf Jahre hinaus der Quelle des Priestertums beraubt. Darüber hinaus beging er, verblendet durch seine reaktionäre Geisteshaltung, die ihn Streben nach Unabhängigkeit mit Revolution gleichsetzen ließ, den Fehler, die offizielle Einladung Bolívars, sich nach Großkolumbien zu begeben, nicht anzunehmen; diesen Aufenthalt hätte er zweifellos dazu nützen können, die kirchliche Reorganisation dieser Gebiete, die weit dichter besiedelt waren als jene südlich des Äquators, einzuleiten.

Inzwischen hatte Leo XII. die Nachfolge Pius' VII. angetreten, und mit dem Ende des liberalen Trienniums in Madrid tauchte in Rom, auf dem Gipfel seines Ansehens, wieder der spanische Botschafter Vargas Laguna auf. Er war ein erbitterter Verteidiger der Rechte der Legitimität und stand aus diesem Grunde jeder Kontaktnahme des Heiligen Stuhles mit den Insurgenten, und sei es auch nur zur Regelung rein geistlicher Fragen, feindlich gegenüber. Mit der Unterstützung der Botschafter von Österreich und Rußland gelang es ihm, dem neuen Papst eine weitere legitimistische Enzyklika „Etsi iam diu" (24. September 1824) abzuringen[9]. Dieses Dokument sollte jedoch nur ein bloßes Zwischenspiel darstellen. In Amerika führte es nicht zu den befürchteten Reaktionen gegen Rom, weil viele es als apokryph betrachteten; seine Wirkung wurde außerdem noch abgeschwächt durch all das, was bald über die wahren Gefühle des Papstes und seiner Ratgeber bekannt wurde. Leo XII. war in pastoraler Hinsicht äußerst empfindlich, und die von Mgr. Muzi gegebenen Auskünfte aus erster Hand hatten die Verantwortlichen des Staatssekretariats und der Propagandakongregation in der Überzeugung bestärkt, daß man viel zu verlieren habe, wenn man die Dinge bis zum Äußersten kommen lasse. So setzte sich, vor allem nach dem plötzlichen Tod von Vargas unmittelbar nach seinem Sieg, immer mehr die Meinung durch, daß der Heilige Stuhl nicht in den politischen Konflikt zwischen Spanien und seinen ehemaligen Kolonien eingreifen, sondern sich ausschließlich um eine bestmögliche Sicherung der geistlichen Interessen der Diözesen Amerikas bemühen solle. Ein erster wichtiger Schritt in dieser Richtung wurde im Sommer 1825 unternommen, als Leo XII. in Übereinstimmung mit einem Votum von Fra Mauro Cappellari, dem späteren Papst Gregor XVI., der hier zum erstenmal in Erscheinung trat und sehr bald zum Fachmann für die lateinamerikanischen Angelegenheiten werden sollte, sich auf die dringenden Bitten des Episkopats von Großkolumbien hin nach langem Zögern entschloß, dem Rat der Kardinäle

[9] Text bei *P. de Leturia*, Relaciones II 165—271. Über den Ursprung dieses Dokumentes und die von ihm ausgelösten Reaktionen vgl. ebd. 241—281 und *G. Mönkeberg Barros:* Anales de la Universidad católica de Valparaíso 3 (1956) 239—258. Mehrere Historiker haben seine Authentizität in Zweifel gezogen (zur kritischen Diskussion siehe *P. de Leturia* a. a. O. II 243—259).

der Propagandakongregation zu folgen und einen Bischof in partibus ernannte, ohne die Regierung von Madrid davon zu unterrichten.

Dies war jedoch erst eine vorläufige Maßnahme. Um die radikalen Elemente nicht herauszufordern und sich nicht bald vor echte „Zivilkonstitutionen des Klerus" gestellt zu sehen, waren direkte Verhandlungen mit den interessierten Regierungen über das Gesamt der kirchlichen Situation nötig. Dank der Vermittlung des französischen Kabinetts stimmte der spanische König schließlich im März 1826 zu, daß J. Sánchez de Tejada, einer der Delegierten Bolívars, der 1824 auf Ersuchen von Madrid aus Rom abberufen worden war, nun als einfacher Delegierter der Bischöfe und Kapitel Großkolumbiens und nicht mehr als diplomatischer Agent dort wieder zugelassen wurde. Die nun endlich eröffneten Verhandlungen wurden erleichtert durch die wachsende Angst Roms, daß sich die neuen Regierungen Amerikas immer mehr dem Schisma anschließen würden, wie auch durch die Geschmeidigkeit Tejadas, der als guter Katholik ein positives Ergebnis herbeisehnte und es fertigbrachte, die Forderungen seiner Mandanten soweit wie möglich zu mäßigen, ohne dabei dem Zögern Roms gegenüber die Geduld zu verlieren. Dazu kommt, daß Bolívar selbst, ungeachtet seiner persönlichen areligiösen Auffassung, klug genug war, zu begreifen, daß es einer den katholischen Interessen gewogenen Politik, die in einer Übereinkunft mit Rom gipfelte, am leichtesten gelingen werde, den gesamten Klerus, der immer noch einen starken Einfluß auf die Massen ausübte, an die neue Regierung zu binden[10]. Durch diese günstigen Umstände wie auch dank der kühnen Klarsicht Cappellaris wurde schon zu Beginn des Jahres 1827 eine neue Etappe eingeleitet: Ohne Rücksicht auf die einst dem spanischen König zuerkannten Prärogativen berief der Papst auf die vakanten Bischofssitze Großkolumbiens nun nicht mehr Titularbischöfe, sondern residierende Bischöfe. Um jedoch den Anschein einer Verquickung mit politischen Fragen zu vermeiden, geschahen diese Nominierungen motu proprio und nicht offiziell auf Vorschlag der Regierungen (wenngleich die ernannten Kandidaten in Wirklichkeit den von Bolívar angegebenen entsprachen).

Kaum hatte Leo XII. jedoch diese Geste, die im ganzen spanischen Amerika große Hoffnungen weckte, vollzogen, als er auch schon wieder einen Schritt rückwärts tat. Seine legitimistischen Gefühle beugten sich den heftigen Einwänden Ferdinands VII., und trotz des gegenteiligen Rates von Cappellari, der inzwischen Präfekt der Propagandakongregation geworden war, verpflichtete er sich, künftig nur noch Apostolische Vikare zu ernennen[11], außer in den — offensichtlich sehr seltenen — Fällen, in denen der

[10] Über die Kirchenpolitik Bolívars siehe *P. de Leturia* a.a.O. III, Anhang 1 4 12 13 15 und *Cr. Mendoza,* ebd. I, S. XXI—XXXV.

[11] Diese vermittelnde Lösung war natürlich solcher Art, daß sie die Empfindlichkeit der neuen Republiken reizen mußte; darüber hinaus hatte sie aber auch den Nachteil, keinerlei Anknüpfungspunkte in den kirchlichen Traditionen des spanischen Amerika zu haben,

König seine vorherige Zustimmung zur Person gegeben hätte. In Übereinstimmung mit dieser Entscheidung schlug er im Konsistorium vom 15. Dezember 1828 zwei Apostolische Vikare für Chile vor, wo sich die Vorurteile gegen Rom seit der Zeit Muzis vermindert hatten und die Verfassung von 1833 der Kirche bald zahlreiche Privilegien zugestehen sollte. Die argentinische Krise, die besonders ernst war, weil die Provinzen von La Plata lange Jahre keinen einzigen Bischof mehr gehabt hatten und die Regierung hier in ihren einseitigen Eingriffen in kirchliche Belange sehr weit gegangen war, wurde im folgenden Jahr, als die politische Lage Männer an die Macht gebracht hatte, die Rom weniger feindlich gesinnt waren, von Pius VIII. auf ähnliche Weise gelöst.

Eine gleichlaufende Entwicklung in Mexiko, wo fast die Hälfte der Katholiken des spanischen Amerika ansässig war, gab auch hier zur Hoffnung auf eine baldige Regelung Anlaß. Jedoch blieb der Gesandte der Regierung, der Kanonikus Vázquez, in einem Punkt unnachgiebig: es sei für sein Land eine unerträgliche Demütigung, sich mit Apostolischen Vikaren zufriedengeben zu müssen, während Großkolumbien residierende Bischöfe erhalten habe. Cappellari riet, dieser vernünftigen Forderung nachzugeben. Aber Pius VIII. verstand sie nicht in dieser Weise; als ehemaliger Mitarbeiter Consalvis blieb er dessen vor acht Jahren vertretenen, inzwischen aber veralteten Formel treu, und dies um so lieber, als sie mit seinen eigenen legitimistischen Grundsätzen besser in Einklang stand. Die Wahl Cappellaris, der Anfang 1831 als Gregor XVI. den Heiligen Stuhl bestieg, setzte diesem letzten Zögern Roms ein Ende. Schon nach 3 Wochen ernannte er unter Anwendung des kurz darauf in der berühmten Bulle „Sollicitudo Ecclesiarum“ [12] formulierten Grundsatzes sechs residierende Bischöfe für Mexiko. Im Jahr darauf erhielten die Apostolischen Vikare von Argentinien und Chile den Status von residierenden Bischöfen, und wenig später (1834—35) reorganisierte der Papst auf die gleiche Art auch die peruanische Hierarchie, um auch dem Schisma von San Salvador in Zentralamerika (1839—42) ein Ende zu machen und die zweideutige Lage Paraguays zu regeln (1844).

Die nach der offiziellen Anerkennung Neugranadas (Kolumbien) durch den Heiligen Stuhl im Jahr 1836 erfolgte Entsendung eines Internuntius nach Bogotá, dessen Vollmachten sich über das ganze spanische Amerika erstreckten [13], kennzeichnete einen neuen Abschnitt in der Normalisierung

wodurch schon sehr bald Konflikte juristischer Natur zwischen den neuen Apostolischen Vikaren und den Regierungen heraufbeschworen wurden. [12] Siehe S. 317.

[13] Bislang hatte die im Jahr 1829 errichtete Nuntiatur von Rio de Janeiro den geheimen Auftrag, sich um ganz Lateinamerika zu kümmern; aber die Verbindungen mit Kolumbien, Zentralamerika und Mexiko waren äußerst schlecht (vgl. *W. J. Coleman* a. a. O. 59). Dennoch mußte dem Nuntius von Rio bald wieder die Apostolische Delegation für Lateinamerika anvertraut werden, da der Internuntius von Bogotá nicht in der Lage war, diese Aufgabe zu erfüllen. Ein Versuch, 1837 in Mexiko eine dritte Nuntiatur einzurichten, führte zu keinem Ergebnis (*P. de Leturia*, Relaciones II 4—5).

der Beziehungen zwischen dem Heiligen Stuhl und den neuen südamerikanischen Republiken[14].

Daß diese Normalisierung so lange gedauert hatte, lag sicherlich zum Teil an den schwerwiegenden legitimistischen Skrupeln und antirevolutionären Reflexen der römischen Kreise wie auch an den allzu häufigen Kompromissen des einheimischen hohen Klerus mit der Kolonialregierung. Der Einfluß dieser Kompromisse sollte jedoch nicht überschätzt werden. So waren die Reibungen zwischen Kirche und Staat in den La-Plata-Staaten besonders heftig, obwohl dort der Episkopat sich bald für die nationale Revolution eingesetzt hatte. Außerdem wurden nach 1820 die Fälle des Einverständnisses zwischen Klerus und der spanischen Monarchie überall sehr selten, ohne daß sich darum die Schwierigkeiten vermindert hätten. Für diese nämlich gab es andere, tieferliegende Ursachen. Sie waren vor allem sozialer Natur, da die Kirche oft mit der Klasse der Großgrundbesitzer liiert war, während sich die neuen Regierungsbeamten vor allem aus den Intellektuellen der Städte rekrutierten. Daneben gab es auch ideologische Ursachen: Der Großteil des Klerus wollte die frühere Kontrolle der Kirche über Presse, Unterrichtswesen und die Gesellschaft im allgemeinen soweit wie möglich aufrechterhalten; die Klasse dagegen, die nun die Macht übernommen hatte und die stark mit Anhängern der Freimaurerei durchsetzt war, wollte zwar noch nicht für einen rationalistischen Laizismus eintreten — die meisten Verfassungen anerkannten noch den Katholizismus als Staatsreligion[15] —, vertraten jedoch die Hauptbestrebungen der Aufklärung, die Unabhängigkeit der zivilen Gewalt und eine Kontrolle der kirchlichen Initiativen durch die Regierung. Die Orden wurden die ersten Opfer dieser Einstellung. In gleicher Weise, wie es im Europa des 18. Jh. geschah, beschränkte sich der Staat nicht auf die teilweise Konfiskation der Ordensbesitzungen, sondern begrenzte darüber hinaus auch häufig den Ordensnachwuchs; er setzte ein Mindestalter für die Profeß fest, untersagte die Anwerbung von Ausländern und unterdrückte bisweilen einfach ihre Einrichtungen, wie dies z. B. für die franziskanischen Indianermissionen in Mexiko der Fall war. Der Weltklerus, auf den diese Maßnahmen nicht un-

[14] Der Anerkennung Neugranadas im Oktober 1835 folgte 1836 die Anerkennung Mexikos, 1838 jene Ekuadors und 1840 jene von Chile. Bei den anderen Republiken zog es Rom vor, zuzuwarten, bis ihre politische Situation sich geklärt habe.

[15] Sogar in Argentinien, wo man freilich aus Rücksichtnahme auf die Engländer, deren Unterstützung entscheidend zur Befreiung des Landes beigetragen hatte, den nichtkatholischen Kultverbänden große Toleranz entgegenbrachte. In anderen Ländern teilte man im allgemeinen die Ansichten des chilenischen Juristen J. de Egaña, der in seinem wiederholt aufgelegten Werk „Memoria política sobre si conviene en Chile la libertad de cultos" die These verteidigte, daß die Duldung mehrerer Kulte zum Unglauben und im zivilen Bereich zu Unstimmigkeiten führe. Vgl. *M. Gongora*, El pensamiento de J. de Egaña sobre la reforma eclesiástica: Boletín de la Academia chilena de la historia 30 (1963) 30—53.

mittelbar abzielten, war dennoch beunruhigt, als man unter Berufung auf die Prinzipien von 1789 seine alten Privilegien einschränkte; diese Beunruhigung war um so mehr angebracht, als sich der politische Liberalismus der Regierungen angesichts des lastenden regalistischen Erbes der Bourbonenzeit nur selten mit der Freiheit der Kirche abfinden konnte. Dies führte dazu, daß der niedere Klerus, der zu Beginn der Unabhängigkeitsbewegung oft mit den liberalen Verfassungen sympathisiert hatte, sich von 1830 an immer mehr zum Konservatismus hin entwickelte; eine Entwicklung, die noch durch den Einfluß der aus Europa kommenden Priester und Ordensangehörigen verstärkt wurde.

Brasilien

LITERATUR: Außer den in der Allg. Bibliogr. angeführten Werken siehe *M. de Oliveira Lima,* O movimento da Independencia 1821—22 (São Paulo 1922); *C. Magalhaes de Azevedo,* O reconhecimento da Independencia e do Imperio do Brasil pela Santa Sè (Rom 1932); *L. Silva,* O clero nacional e a independencia do Brasil (Rio de Janeiro 1922); *M. C. Thornton,* The Church and Freemasonry in Brazil. A Study in Regalism (Washington 1958) 27—68; *W. J. Coleman,* The First Apostolic Delegation in Rio de Janeiro and its Influence in Spanish America, 1830—40 (Washington 1950); *H. Accioly,* Os primeros nuncios do Brasil (São Paulo 1948); *I. Silveira,* Tentativas de concordato no Brasil Imperio: Revista eclesiastica brasileira 21 (1961) 361—379 (Jahre 1824 bis 1837); *Metodio da Nambro,* Le missioni cappuccine nel Brasile 1822—40: CollFr 27 (1957) 385—415; *R. B. Lopes,* Monte Alverno, pregador imperial (Petropolis 1958).

Die politische Entwicklung Brasiliens war für den Heiligen Stuhl viel weniger problemgeladen als jene der ehemaligen spanischen Kolonien; denn trotz einiger republikanischer Unruhen, an denen sich auch eine Anzahl von Klerikern aktiv beteiligte, führte sie hier nicht zu einem so eindeutigen Bruch mit dem Ancien Régime. Im Jahr 1808 hatte sich der portugiesische König João VI. auf der Flucht vor der napoleonischen Invasion in Rio de Janeiro niedergelassen. Ihm folgte auch der Nuntius von Lissabon, Caleppi, der die Vorhaben, kirchliche Güter zu verkaufen, zu einer glücklichen Lösung führen und verhindern konnte, daß Bischöfe ohne römische Intervention durch die Erzbischöfe eingesetzt wurden. Erst 1822, nach der Rückkehr Joãos VI. in seine Hauptstadt, bewogen die brasilianischen Großgrundbesitzer den Erbprinzen Don Pedro, sich zum Herrscher eines unabhängigen Kaiserreiches zu erklären, der von Portugal offiziell anerkannt wurde; schon 1826 empfing Leo XII. den Botschafter dieses neuen Staates.

Da der Fortbestand der monarchischen Organisation und die gemeinsame Dynastie gegeben waren, erkannte man in Rom dem Kaiser ohne weiteres die Patronatsrechte zu, die bisher der König von Portugal[16] über die Kirche ausgeübt hatte, und sorgte für eine diesem Umstand ent-

[16] Bulle vom 15. 5. 1827 (JP IV 685). Über die durch die Verfassung von 1824 und den Zusatzakt vom 12. 8. 1824 zwischen Kirche und Staat festgelegten Beziehungen siehe *K. Rothenbücher,* Die Trennung von Staat und Kirche (München 1908) 362 ff.

sprechende Reorganisation der Diözesanhierarchie. Zwar verzichtete man in Anbetracht der allzu regalistischen Prätentionen der Regierung sehr schnell auf das geplante Konkordat und zog es vor, die Probleme so zu lösen, wie sie sich gerade stellten. Aber schon 1829 konnte nach Überwindung einiger Schwierigkeiten die erste Nuntiatur auf dem amerikanischen Kontinent in Rio de Janeiro als ein Symbol der Zusammenarbeit zwischen Kirche und Staat errichtet werden.

Diese Zusammenarbeit darf jedoch nicht über die wahren Zustände hinwegtäuschen, sie brachte für den Heiligen Stuhl auch unerfreuliche Momente. Sie war vor allem bestimmt durch die gallikanische und febronianistische Geisteshaltung des Klerus, der sehr stark von den Schriften des portugiesischen Oratorianers Pereira de Figueiredo beeinflußt und vor allem von der freimaurerischen Ideologie durchdrungen war. Mgr. Azevedo Coutinho (1743—1821), der in diesem Sinne das Seminar von Olinda reorganisiert hatte, oder der gelehrte Mgr. da Silva Coutinho, Bischof von Rio de Janeiro (1767—1833) — beide in Coimbra ausgebildet —, waren typische Vertreter dieses „aufgeklärten" Klerus, der es als normal empfand, daß die Regierung alle Akte des Heiligen Stuhles ihrem Plazet unterwarf, die Kirche als einen durch die Regierung kontrollierten Staatsdienst betrachtete und auf Kosten der Orden immer restriktiver werdende Maßnahmen ergriff, die vor allem den raschen Verfall der einst so blühenden Benediktinerabteien nun endgültig herbeiführten. Wenn Brasilien auch nicht die zur gleichen Zeit in Portugal durch den liberalen Antiklerikalismus bewirkten Spannungen kannte, so war hier doch der Geist Pombals mehr denn je lebendig.

Die Vereinigten Staaten

LITERATUR: Außer *Shea* III, *Ellis,* AmCath 40—81 und Documents 167—259, *McAvoy* 61—162 und DHGE XV 1121—26 und s. *Schmidlin PG* I 321—324 445—446 645—648, *Latourette,* Christianity III 4—241 und *Rogier KG* 272—284. Ferner: *F. Kenneally,* U. St. Documents in the Propaganda Fide Archives I (Washington 1966); *Ch. Metzger,* Catholics and the American Revolution (Chicago 1962); *J. Baisnée,* The Catholic in the United States, 1784—1829; RACHS 56 (1945) 133—162 245—292; *Th. McAvoy,* The Catholic Minority in the U. St. 1789—1821: HRSt 39—40 (1952) 33—50; *P. J. Foik,* Pioneer Catholic Journalism (New York 1930); *M. Ch. Sullivan,* Some Non-Permanent Foundations of Religious Orders and Congregations of Women in the U. St. 1793—1850: HRSt 31 (1940) 7—118; *V. J. Fecher,* A Study of the Movement for German National Parishes in Philadelphia and Baltimore, 1784—1832 (Rom 1955).

Regionale Belange betreffende Monographien: *P. Guilday,* The Catholic Church in Virginia 1815—22 (New York 1924); *R. F. Trisco,* The Holy See and the Nascent Church in the Middle Western U. St., 1826—50 (Rom 1962; Lit.); *R. Mattingly,* The Catholic Church on the Kentucky Frontier 1785—1812 (Washington 1936); *Th. McAvoy,* The Catholic Church in Indiana 1780—1834 (New York 1940); *W. McNamara,* The Catholic Church in the Northern Indiana Frontier 1789—1844 (Washington 1931).

Vgl. auch die an Rom adressierten Berichte von Mgr. Flaget 1815 (CHR 1 [1915/16] 305—319), von Mgr. Maréchal 1818 (ebd. 439—453) und von Mgr. Bruté 1836 (ebd. 29 [1943] 177—233) wie auch die Korrespondenz von Mgr. Dubourg mit der Kongregation Propaganda Fide (St. Louis Cath. hist. Review 1—3 [1918/21] passim) und die Sketches of the Early Catholic Missions of Kentucky 1787—1826, von *M. J. Spalding* (Louisville 1844).

Über die Provinzialkonzilien von Baltimore: Concilia provincialia Baltimori habita ab a. 1829 ad a. 1849 (Baltimore 1851). Vgl. *Th. Casey,* The S. Congr. de propaganda fide and the Revision of the First Prov. Council of Baltimore (Rom 1957).

Über das katholische Unterrichtswesen und die Ausbildung des Klerus: *E. J. Goebel,* A Study of Catholic Secundary Education during the Colonial Period up to 1852 (New York 1957); *F. P. Cassidy,* Catholic College Foundations in the U. St. 1667 to 1850 (Washington 1924); *H. J. Browne,* Public Support of Catholic Education in New York 1825—42: CHR 39 (1953) 1—27; *J. M. Daley,* Georgetown University, Origin and Early Years (Washington 1957); *L. P. McDonald,* The Seminary Movement in the U. St. 1784—1833 (Washington 1927); *J. W. Ruane,* The Beginnings of the Society of St. Sulpice in the U. St. 1791—1829 (Washington 1935).

Ausländische Unterstützung durch Entsendung von Priestern und durch finanzielle Hilfe: *J. A. Baisnée,* France and the Establishment of the American Catholic Hierarchy (Baltimore 1934); *J. Griffin,* The Contribution of Belgium to the Catholic Church in America (Washington 1932) 63—189; *J. Thauren,* Ein Gnadenstrom zur Neuen Welt: Die Leopoldinen-Stiftung (Wien 1940); *G. Kummer,* Die Leopoldinen-Stiftung 1829 bis 1914 (Wien 1966); *L. Laurent,* Québec et l'Église aux États-Unis sous Mgr Briand et Mgr Plessis (Washington-Montreal 1945).

Über den Trusteeismus: *P. J. Dignan,* A History of the Legal Incorporation of Catholic Church Property in the U. St. (New York 1935); *R. F. McNamara,* Trusteeism in the Atlantic States: CHR 30 (1944) 135—154; *A. G. Stritch,* Trusteeism in the North-West: ebd. 155—164.

Über den Nativismus: *R. A. Billington,* The Protestant Crusade 1800—50 (New York 1938). Für ein Studium dieses Phänomens auf lokaler Ebene siehe *L. D. Scisco,* Political Nativism in the New York State (New York 1901) und *W. D. Overdyke,* The Know-Nothing Party in the South (Baton Rouge 1950) wie auch A Selection of Sources dealing with the Nativist Riots of 1844: RACHS 80 (1969) 68—20 und eine Reihe von Dissertationen von der Catholic University of America.

Die amerikanische Geschichtsschreibung ist vor allem reich an Biographien. Siehe besonders *P. Guilday,* The Life and Times of John Carroll (New York 1922); *ders.,* The Life and Times of John England, 2 Bde (New York 1927); *H. J. Nolan,* The Most Rev. Fr. P. Kenrick (Washington 1948); darüber hinaus jene der Bischöfe Rosati (von *F. J. Easterly,* Washington 1942), David (von *M. C. Fox,* New York 1925), Bruté (von *Th. Maynard,* New York 1943), de Cheverus (von *A. M. Melville,* Milwaukee 1958), Flaget (*J. H. Schauinger,* Cathedrals in the Wilderness, Milwaukee 1952) und E. D. Fenwick (von *V. Fr. O'Daniel,* Washington [2]1921); die der heiligen Elisabeth Seton, Stifterin der Sisters of Charity (von *A. M. Melville,* New York 1951, und von *J. I. Dirvin,* ebd. 1962) und die der beiden Laien, W. Gaston, einer der ersten katholischen Politiker (von *J. H. Schauinger,* Milwaukee 1939) und R. Br. Taney, des ersten katholischen Chief Justice (von *C. B. Swisher,* New York 1935).

Zum Zeitpunkt der Unabhängigkeitserklärung der 13 Staaten, die den Grundstein der Vereinigten Staaten legten, waren die Katholiken nur ein kleines Häufchen: 25000 bei einer Bevölkerung von 4 Millionen im Jahre

1785. Sie konzentrierten sich in der Hauptsache noch auf die beiden Staaten, deren Gesetzgebung toleranter war: 16000 in Maryland und 7000 in Pennsylvanien mit 19 bzw. 5 Priestern, die in der Hauptsache Altjesuiten waren. Der Rest der Gläubigen verteilte sich auf die übrigen Staaten, und sie verfügten über keinen landeseigenen Priester. Aber im Verlauf der letzten 20 Jahre des 18. Jh. setzte eine rapide Entwicklung ein. Unter dem Einfluß des demokratischen Ideals und unter Berücksichtigung des krassen Unterschiedes der religiösen Bekenntnisse wurde das Prinzip der Religionsfreiheit und der Gleichheit aller Kirchengemeinschaften anerkannt[17]. Gleichzeitig bildete sich eine eigenständige Hierarchie. Dadurch, daß der Apostolische Vikar von London seine Gewalt in den ehemaligen Kolonien nicht mehr ausüben konnte, entschloß sich der Heilige Stuhl, nachdem er zunächst den Gedanken erwogen hatte, diese Gebiete der Jurisdiktion des Bischofs von Quebec zu unterstellen, nun doch, dem Widerstand der Altjesuiten nachzugeben und einen von ihnen als Leiter der Missionen einzusetzen, allerdings unmittelbar der Propaganda Fide unterstellt. Seine Wahl fiel auf John Carroll (1735—1815), Bruder eines der Urheber der „Unabhängigkeitserklärung“ von 1776, „erfahrener Priester und Weltmensch zugleich, zutiefst römisch und doch ganz amerikanisch“ (McNamara), völlig überzeugt von den Grundsätzen der Trennung von Kirche und Staat und von der allgemeinen Toleranz gegenüber den Religionen. Im Verlauf einiger Jahre gelangte Carroll zu der Überzeugung, daß nur ein mit bischöflicher Autorität ausgestatteter Beauftragter seine so verschiedenartige Herde, die ihm eine Menge delikater Probleme auferlegte, mit der notwendigen Autorität leiten könne. Der Heilige Stuhl schloß sich seiner Meinung an und errichtete am 6. November 1789[18] die Diözese von Baltimore in Maryland, das der Klerus für den bischöflichen Sitz gewählt hatte. Nach seiner Weihe in England am 15. August 1790 setzte Carroll mit Erfolg seine schwere Aufbauarbeit fort. Er nützte die Ankunft von einigen französischen Priestern, die die Revolution aus Frankreich vertrieben hatte, und mit Hilfe von vier Sulpizianern eröffnete er im Jahre 1792 in Baltimore das erste Seminar der Vereinigten Staaten. Im Jahre vorher hatte er bereits in Georgetown ein Knabenkolleg gegründet, dessen Leitung bald die im Jahre 1806 wieder zugelassenen Jesuiten übernahmen. Einige irische Dominikaner ließen sich im Mittelwesten nieder, wo die Ansiedler Fuß zu fassen begannen. Dagegen war es viel schwerer, in Europa Ordensschwestern zu finden, die das Bedürfnis hatten, sich der Pfarrschulen anzunehmen. Aber im Jahr 1809 gründete eine junge Witwe, eine Konvertitin

[17] Art. 6 der Verfassung von 1789 und Zusatz Nr. 1, im Jahre 1791 angenommen („Congress shall make no law respecting an establishment of religion or prohibiting the free exercise thereof“).

[18] Briefe „Ex hac apostolicae“, deren Text bei *D. C. Shearer,* Pontificia Americana 81—84.

namens Elisabeth Bayley Seton (1774—1821), die erste landeseigene Kongregation, die Sisters of Charity; diese Kongregation entwickelte sich rasch und diente anderen ähnlichen Kongregationen als Vorbild.

Die Entwicklung der jungen Kirche erforderte bald eine Aufgliederung der gewaltigen Diözese von Baltimore, die die gesamten Vereinigten Staaten umfaßte, mit Ausnahme von Louisiana (von den Franzosen kolonisiert und im Jahr 1803 annektiert, seit 1793 mit einem eigenen, in New Orleans ansässigen Bischof). Am 8. April 1808 errichtete Pius VII. vier neue Diözesen: Boston, Philadelphia und New York — das aber bis 1814 vakant blieb — an der Ostküste und Bardstown (1841 umbenannt in Louisville) in Kentucky. Als Carroll, aus diesem Anlaß Erzbischof geworden, im Jahr 1815 starb, waren die 25000 Katholiken aus dem Jahr 1785 auf 150000 angewachsen, betreut von etwa 100 Priestern. Diese Zahl entsprach zwar nur einer kleinen Diözese im westlichen Europa, aber die seit der Unabhängigkeit erzielten Fortschritte sollten sich fortsetzen. Ein Vierteljahrhundert später, kurz bevor die große Einwanderungswelle der vierziger Jahre einsetzte, hatte sich die Zahl der Katholiken bereits mehr als vervierfacht. Dies war sowohl die Folge des natürlichen Bevölkerungszuwachses als auch der langsam, aber stetig voranschreitenden Einwanderung, vor allem aus dem katholischen Irland; der Erfolg kam zustande trotz zahlreicher, unter dem Einfluß der protestantischen Umgebung und der großen räumlichen Streuung erfolgter Austritte. Zwar waren die 663000 Katholiken der Vereinigten Staaten im Jahr 1840 weniger als der katholische Bevölkerungsanteil der Insel Kuba und nur 4 Prozent der Gesamtbevölkerung der Vereinigten Staaten. Der Prozentsatz hatte sich aber seit 1815 schon verdoppelt, und allein die Tatsache, daß der Heilige Stuhl zwischen 1820 und 1837 zwanzig neue Diözesen gründete, zeigte sein Bemühen, diese neue in der Ausbreitung begriffene Kirche unverzüglich mit kirchlichen Verwaltungsorganen auszustatten. In Rom betrachtete man die Vereinigten Staaten zwar noch als Missionsgebiet; in Wirklichkeit aber erhielt die dortige Kirche sehr schnell und trotz der mannigfachen Anfangsschwierigkeiten eine eigene Prägung und Orientierung.

Die erste der genannten Schwierigkeiten lag im Priestermangel. Trotz der allmählichen Entwicklung des sulpizianischen Seminars in Baltimore und der Bemühungen der Bischöfe um die Einrichtung von Knabenseminaren, deren einzige Lehrer sie manchmal selber waren, blieben die Berufungen aus den eigenen Kreisen noch lange Zeit spärlich. Um in den weiten Räumen, die durch die Verschiebung der Grenze nach Westen in stetem Wachsen begriffen waren, dennoch ein Minimum an sakralem Leben zu sichern, bedurfte es also der Zuhilfenahme europäischer Priester, auch mit dem Risiko, der Katholizismus könne als eine fremde Religion erscheinen. Eine Aufstellung aus dem Jahr 1838 verzeichnet, daß von 430 Pfarrern und Vikaren nur 20 Prozent in Amerika geboren waren, während

132 irischer, 98 französischer und 41 belgischer Abstammung waren. Unter diesen aus Europa gekommenen Priestern gab es neben glühenden Aposteln eine nicht unbedeutende Zahl von Abenteurern oder herumschweifenden Ordensleuten, die von ihren Oberen ohne Bedenken zur Auswanderung freigegeben wurden, die aber ihren neuen Bischöfen nicht wenige Sorgen bereiteten.

Nationale Rivalitäten, die diesen heterogen zusammengesetzten Klerus spalteten, komplizierten die Lage noch zusätzlich. Die Priester, die Frankreich verlassen hatten, um sich nicht den Unannehmlichkeiten der Revolution auszusetzen, waren zweifellos die gebildetsten und fast immer untadelig in ihrem Lebenswandel. Aus ihren Reihen sowie aus dem von ihnen empfohlenen Personenkreis wählte man anfangs viele der neuen Bischöfe und deren nächste Mitarbeiter, was jedoch nicht ganz ohne Nachteile war. Diese Seelsorger beherrschten die englische Sprache nur unvollkommen. Auch litten die immer zahlreicher werdenden irischen Priester, voller Unternehmungslust und bisweilen ungestümen Geistes, unter der Mäßigung der im sulpizianischen Geist erzogenen französischen Prälaten, einer Mäßigung, die ihnen als Unfähigkeit erschien. Tatsächlich mußte es den Eindruck erwecken, als ob diese Franzosen in einem Land, das sich sehr schnell und in einem dem Europäer fremden Geist entwickelte, bisweilen zu einseitig orientiert waren. Wiederholte Vorsprachen amerikanischer Iren beim Heiligen Stuhl, die auch von den irischen Bischöfen und von den in Rom lebenden Iren unterstützt wurden, führten nach und nach zu einer Veränderung der Lage. Um das Jahr 1840 begann der amerikanische Episkopat jene irischen Verhaltensweisen anzunehmen, die fast ein Jahrhundert lang für ihn charakteristisch werden sollten. Zwar blieb auch diese irische Methode nicht ohne Nachteile, aber sie hatte immerhin den einen großen Vorteil, daß sie dem amerikanischen Katholizismus Seelsorger gab, die daran gewöhnt waren, keine Erwartungen an eine staatliche Unterstützung zu knüpfen und ihr Apostolat in einer von einer protestantischen Führungsschicht beherrschten Gesellschaft auszuüben.

Zum Ungestüm des Klerus kam in einigen Pfarreien noch der Unabhängigkeitsgeist der Laien, der zur Krise des Trusteeismus führte, die sich bis über die Jahrhundertmitte hinaus auswirken sollte. Die kirchlichen Konfessionen waren nicht berechtigt, Eigenbesitz zu haben, und so hatte man zur Verwaltung des Kirchengutes für jede Pfarrei eine Körperschaft geschaffen, deren Verwalter — die trustees — von der Gemeinde durch Wahl bestimmte Laien waren. In manchen Gebieten, vor allem in Neu-England und im Mittleren Westen, funktionierte dieses System im allgemeinen ohne größere Schwierigkeiten. Einige von der protestantischen Umwelt und von einem radikalen demokratischen Geist beeinflußte trustees jedoch, die überdies oft von aufsässigen Priestern unterstützt wurden, nahmen dem Bischof gegenüber ein regelrechtes ius patronatus in Anspruch, das sich bis zur Wahl des Gemeindeklerus erstreckte. Die Frage war schon für Mgr. Carroll eine sehr schwere Prüfung gewesen. Nach seinem Tod ereigneten sich besonders schwere Vorfälle dieser Art in Charleston, Philadelphia, New Orleans und Norfolk (wo die trustees sogar einen unzufriedenen irischen Franziskaner aufforderten, sich von dem jansenistischen Prälaten der Niederlande zum Bischof weihen zu lassen, um dann eine unabhängige Kirche zu gründen); Vorfälle, die zwischen 1817 und 1826 mehrfach zum Eingreifen des Papstes Anlaß gaben[19]. Mgr. England, ein Ire, der zum ersten Bischof von Charleston ernannt worden war, um die Krise zu beheben, ersann ein System, das den Klerus und die Laiendelegierten der Pfarreien dem Bischof in der Diözesanverwaltung assoziierte; seinen Kollegen jedoch erschien diese Lösung zu „demokratisch“. Erst im zweiten Drittel des Jahrhunderts normalisierte sich die Lage allmählich, und zwar in erster Linie dank der gesetzlichen Regelung durch die Provinzialkonzilien von Baltimore, die hauptsächlich entschieden, daß der Bau neuer Kirchen nicht mehr gestattet sei, es sei denn, daß die Verträge im Namen des Bischofs abgeschlossen würden.

Von 1825 an sah sich die katholische Kirche, besonders Neu-Englands, mit einer anderen, diesmal von außen kommenden Krise konfrontiert: Eine Welle der Fremdenfeindlichkeit (daher der Name Nativismus für diese Bewegung) bewirkte ein aggressives Wiedererwachen des antikatholischen Ressentiments. Der Einspruch, den die Hierarchie gegen die Verpflichtung, daß katholische Schüler in den staatlichen Schulen an der protestantischen Bibellesung teilzunehmen hätten, gerade in dem Augenblick vorbrachte, als die Sekten eine Erneuerung des Bibeleifers erlebten, wurde als ein Beweis der Mißachtung der Heiligen Schrift interpretiert, und eine lebhafte Kampagne in Presse und Meetings, die von der Protestant Association unterstützt wurde, wurde gegen die „Gottlosigkeit und Korruption des Papismus“ ausgelöst. Die wachsende Zahl der Einwanderer aus Irland und Deutschland gab dieser Kampagne den nötigen Auftrieb. Ein Teil der Bevölkerung sah seinen Lebensstandard durch diese billigen Arbeitskräfte gefährdet, andere erblickten darin ein vom Heiligen Stuhl und der Heiligen Allianz angestiftetes Komplott, das die Heimstatt politischer und religiöser Freiheit, wie es die Vereinigten Staaten darstellten, unter einem Zustrom katholischer, dem reaktionären Klerus blindlings unterworfener Einwanderer ersticken sollte. Die Folge war eine Reihe von Attentaten auf Kirchen und Klöster in den Jahren 1834—36, die nach einer kurzen Phase der Beruhigung nach 1840 mit vermehrter Heftigkeit erneut aufflammten.

Diese „nativistische“ Kampagne hatte jedoch zumindest den einen posi-

[19] Briefe „Litteras tuas“ vom 9. 7. 1817 (JP IV 557 f), „Non sine magno“ vom 24. 8. 1822 (ebd. 619 f) und „Quo longius“ vom 16. 8. 1828 (ebd. 705 ff).

tiven Aspekt, daß sie die Katholiken dazu brachte, ihre Ghettos zu verlassen und ihre Sache in Wort und Schrift zu verteidigen. Sie führte vor allem zu einem ersten Aufschwung der katholischen Presse. Seit Mgr. England, der als Bischof nicht minder seine ehemaligen journalistischen Fähigkeiten einsetzte, 1822 mit dem „United States Catholics Miscellaney" die erste katholische Wochenschrift der Vereinigten Staaten publiziert hatte, verging für die Dauer des folgenden Vierteljahrhunderts kaum ein Jahr, in dem nicht in irgendeinem Teil des Landes eine katholische Zeitung gegründet wurde.

Dieses ist jedoch nicht der einzige Bereich, in dem der Einfluß von John England (1786—1842), dem dynamischen Bischof von Charleston, spürbar wurde. Von ihm sagte ein Zeitgenosse, er habe „als erster der katholischen Religion in den Augen der amerikanischen Öffentlichkeit Respekt verschafft". Es war vor allem seiner Beharrlichkeit zu verdanken, daß das erste Konzil der Kirchenprovinz Baltimore, das schon 1812 zusammentreten sollte, durch verschiedene Umstände aber verzögert worden war, schließlich doch im Oktober 1829 einberufen wurde. Das unmittelbare Ergebnis waren vor allem Dekrete über die Rechte der Bischöfe gegenüber dem Klerus und den trustees, über Fragen des Baues und der Unterhaltung der Kirchen, über Katechismus und Schulen, über die Kleidung des Klerus und über den Sport, über die katholische Presse und über die Lebensbedingungen der Orden. Zum Abschluß der Session verfaßten der Erzbischof und seine sechs anwesenden Suffraganen zwei Hirtenbriefe, den einen an den Klerus mit der Empfehlung, sich nicht allzusehr in die irdischen Geschäfte einzulassen und die Heilige Schrift zu studieren, den anderen als Aufforderung an die Laien, an den Werken der Presse und Erziehung mitzuwirken und sich vor dem religiösen Indifferentismus zu hüten, der unter dem Deckmantel des Liberalismus Wahrheit und Irrtum auf die gleiche Stufe stelle. Das zweite Konzil, das 1833 zusammentrat, legte Rom nahe, bei den Bischofsernennungen den Rat der Bischöfe zu berücksichtigen. Die Propagandakongregation akzeptierte unter gleichzeitiger Wahrung des Prinzips der Wahlfreiheit des Heiligen Stuhles eine Regelung, nach der künftig die Namen der Kandidaten vom amerikanischen Episkopat vorgeschlagen werden sollten; dieses System wurde bis 1866 beibehalten. Ein drittes Provinzialkonzil fand 1837 statt; danach traten die Bischöfe in regelmäßigen Abständen von drei Jahren zusammen.

Wie bereits erwähnt, betraf eine der Fragen, die das erste Provinzialkonzil von Baltimore beschäftigte, die Ordensgemeinschaften. Tatsächlich hatten die Bischöfe, um dem Mangel an Weltklerus wenigstens einigermaßen abzuhelfen, einen nachdrücklichen Appell an die europäischen Orden und Kongregationen gerichtet. Zu den schon zur Zeit Mgr. Carrolls anwesenden Jesuiten, Sulpizianern, Augustinern und Dominikanern kamen seit 1816 die Lazaristen, 1832 die vor allem im Mittleren Westen in der Bevölkerung deutschen Ursprungs tätigen Redemptoristen, 1841 die Väter vom Heiligen Kreuz, 1844 die Franziskaner. Bei den Frauenorden sah man neben den Kongregationen europäischen Ursprungs, wie den Damen vom Heiligen Herzen (1818), den Schwestern vom heiligen Joseph von Cluny (1831), den Schwestern von Unserer Lieben Frau von Namur (1840) usw. schon sehr bald — dies war ein Zeichen der Vitalität der jungen amerikanischen Kirche — einheimische Kongregationen entstehen. Zu den Sisters of Charity von Elizabeth Seton kamen 1812 in Kentucky die Sisters of Charity of Nazareth und die Sisters of Loreto und etwas später die Negergemeinschaften der Sisters of Providence (1829) und der Sisters of the Holy Family (1842).

Diese Ordensfrauen dienten vor allem zur Betreuung der Pfarrschulen und der caritativen Werke, um deren Aufbau die Hierarchie neben der Schaffung von Sammelzentren für die katholischen Emigranten mit der großzügigen Hilfe der europäischen Missionswerke, wie der französischen Gesellschaft für die Verbreitung des Glaubens, der Leopoldinen-Stiftung Österreichs und des bayerischen Ludwig-Missionsvereins, bemüht war. In Fragen der katholischen Erziehung hatten die Vereinigten Staaten noch keinerlei Tradition, aber ihre Notwendigkeit wurde sehr schnell offenkundig. Das Eintreffen der Iren wirkte sich günstig aus, und der erste von Mgr. Carroll gegebene Impuls löste eine allmähliche Weiterentwicklung aus. Im Jahr 1840 gab es schon etwa 200 Pfarrschulen, davon die Hälfte westlich der Alleghanys. In der Aktivierung der caritativen Werke wurde 1814 das erste katholische Waisenhaus in Philadelphia von den Sisters of Charity gegründet, die dank der Großmut eines Laien aus Saint Louis 1828 in dieser Stadt auch das erste katholische Krankenhaus eröffnen konnten. Das dichte Netz konfessioneller und von der Regierung völlig unabhängiger Institutionen jeder Art, wie es heute für den amerikanischen Katholizismus kennzeichnend ist, begann also schon in den ersten Jahrzehnten des 19. Jh. sich herauszubilden, damals in der Absicht, den unmittelbaren Erfordernissen einer Kirche zu entsprechen, die sich in wachsendem Maß aus armen Emigranten bildete, die in einem protestantischen Land in der Minderheit waren, sich aber dank einer verfassungsmäßig garantierten vollständigen Trennung zwischen Kirche und Staat ungehindert und in voller Freiheit organisieren konnten.

Die junge Kirche Amerikas war fest entschlossen, sich von den französischen und spanischen Traditionen, die sich unter anderen politischen Verhältnissen von den Missionsstationen der Großen Seen oder den seit dem 18. Jh. errichteten Kirchen Louisianas und Floridas aus hätten weiterentwickeln können, abzuwenden. Sie stand der Atmosphäre der katholischen Romantik wie auch der Sehnsucht nach der mittelalterlichen Christenheit völlig fremd gegenüber und entfaltete ihre Kräfte, mehr und mehr auf die Städte der Ostküste konzentriert, entschlossen nach einer neuen, bis dahin noch unbegangenen Richtung, in der ihre weitsichtigsten Prälaten schon jene der Zukunft vorausahnten. Bereits 1784 hatte John Carroll geschrieben: „America may come to exhibit a proof to the world, that general and equal toleration, by giving a free circulation to fair argument, is the most effectual method to bring all denominations of christians to a unity of faith.“ [20] Der bedeutendste Kirchenführer der folgenden Generation, John England, ließ 40 Jahre später diese Aussage mit gesteigertem Vertrauen wieder anklingen, als er an O'Connell schrieb: „I am convinced that a total separation from the temporal government is the most natural and safest state for the Church in any place where it is not, as in papal territory, a complete government of churchmen.“ [21] Diese und ähnliche Auffassungen erschienen der römischen Kurie als gefährliche Paradoxe, und man war in Rom häufig über die Vorgänge in dieser Kirche, von der man noch sehr ungenaue Vorstellungen hatte, betroffen. Bald jedoch beeindruckte das amerikanische Beispiel die europäischen Beobachter und von Lamennais bis hin zu den „Amerikanisten“ des ausgehenden 19. Jh. beeinflußte es immer wieder die Verteidiger des katholischen Liberalismus.

Kanada

LITERATUR: Außer den in der Allg. Bibliogr. angeführten Arbeiten siehe vor allem *L. Lemieux,* L'établissement de la première province ecclésiastique au Canada 1783—1844 (Montreal 1968; Lit.). Ferner: *J.-P. Wallot,* Jewell et son projet d'asservir le clergé canadien, 1801: Revue d'histoire de l'Amérique française 16 (1963) 549—566; *Ferland,* J. O. Plessis (Quebec 1864); *H. J. Somers,* The Life and Times of A. Macdonnell, First Bishop of Upper Canada (Washington 1931); *L. Pouliot,* Lord Gosford and Mgr Lartigue: Canadian historical Review 46 (1965) 238—246; *ders.,* Mgr Bourget et son temps I: Les années de préparation 1799—1840 (Montreal 1955); *A. A. Johnston,* A History of the Catholic Church in Eastern Nova Scotia I (Antigonish 1960; bis 1827); *M. Trudel,* L'influence de Voltaire au Canada, 2 Bde (Montreal 1945); *F. Quellet,* L'enseignement primaire, responsabilité des Églises ou de l'État 1801—36: Recherches sociographiques 2 (Quebec 1961) 171—187 (dazu *L. Lemieux* a.a.O. 27—28, Anm. 22). Siehe auch den Journal d'un voyage en Europe de Mgr J. O. Plessis 1819—20, hrsg. von *H. Têtu* (Quebec 1903) und den Report on the Affairs of British North America from the Earl of Durham (London 1839).

Während zu Beginn des 19. Jh. in den Vereinigten Staaten erst einige 10000 Katholiken lebten, waren es in Kanada schon etwa 150000 und im Jahr 1831 sollten es 465000 sein. Unter der Regierungszeit des Bischofs Mgr. O. Plessis (1806—1825) begann für diese Kirche, die seit der Eroberung durch England unter administrativen Schikanen zu leiden gehabt hatte, eine Zeit des Aufschwungs. Die Bestimmungen des Vertrags von Paris vom Jahre

[20] Zitiert von *Ellis,* Documents 151.
[21] Zitiert von *J. T. Ellis:* Harper's Magazine 207 (1953) 64.

1763, präzisiert im „Quebec Act" vom 22. Juni 1774, garantierte den Katholiken Kanadas „die freie Ausübung des Glaubens der Kirche Roms" und die Beibehaltung ihrer traditionellen Institutionen, unter anderem für den Klerus das Recht, den Zehnten zu erheben. Andererseits hatte die britische Regierung nach einigem Zögern ihre Zustimmung zur Errichtung eines Bistums in Quebec gegeben. Dessen Amtsträger sollte sich zwar offiziell mit dem einfachen Titel „Superintendant of the Romish Church" zufriedengeben, sollte aber das Recht haben, die Pfarrer ohne Mitbestimmung des Gouverneurs zu ernennen[22]. Der Aufstand in den Kolonien der Vereinigten Staaten hatte eine zweifache günstige Wirkung. Die Katholiken bildeten von da an in dem Teil, der nach dem amerikanischen Bürgerkrieg von den britischen Kolonien Amerikas fortbestand, eine verhältnismäßig recht bedeutsame Gruppe; die Regierung ihrerseits war bereit, die Loyalität der Katholiken mit neuen Zugeständnissen zu bestärken. Sie ließ sie zu, daß die Katholiken die politischen Versammlungen mit einem einfachen Schwur auf die Treue gegenüber dem König statt mit der antikatholischen Formel, die in England gefordert wurde, abhielten. Ferner konnten die Seminare von Quebec und Montreal, die von den Sulpizianern geleitet wurden, im Jahr 1791 die Benutzung ihres Eigentums wiedererlangen und ihre Pforten wieder öffnen. Schließlich durften einige Dutzend französischer Priester, Opfer der Revolution, sich in Kanada trotz des im Anschluß an die Eroberung erlassenen Verbotes niederlassen.

Aber eines Tages, als der Lärm verrauscht war, begannen die Verdrießlichkeiten von neuem. Sie nahmen unter anderem ihren Ausgang vom neuen anglikanischen Bischof Mountain, den Georg III. im Jahre 1794 zum „Lord Bishop of Quebec" ernannt hatte. Er hatte Unterstützung beim Gouverneur Craig und vor allem beim Sekretär von Südkanada, Ryland. Beide waren der Ansicht, daß das beste Mittel zur Anglisierung der neuen Kolonie die Begünstigung der Entwicklung der anglikanischen Kirche sei. Die Katholiken wurden unter anderem gezwungen, eine Kontrolle der Regierung über die kirchlichen Ernennungen wie auch über die Einkünfte der Kirche zu dulden.

Unter diesen Verhältnissen wurde Mgr. Plessis, seit 1800 Koadjutor, im Jahr 1806 Bischof von Quebec. Dieser Prälat, der Charakterstärke und Unternehmungsgeist gleichermaßen in sich vereinigte, wurde zur Seele des Widerstandes gegen die antikatholischen Angriffe der britischen Ortsbehörden. Gleichzeitig verstand er es aber auch, London gegenüber die Loyalität zu wahren, was besonders beim Konflikt von 1812 mit den Vereinigten Staaten hohe Anerkennung fand und ihm als Gegenleistung die Mitgliedschaft im Gesetzgebenden Rat, in dem er sehr einflußreich wurde, sowie die offizielle Anerkennung seines Titels als Bischof von Quebec (1817), der zunächst abgelehnt worden war, einbrachte. Nun

[22] Vgl. A. *Gosselin*, L'Église du Canada après la conquête, 1760—75 (Quebec 1916).

konnte man an eine Teilung der bisher einzigen Diözese, die sich vom Atlantik bis zum Pazifik erstreckte, denken. Obwohl London einige Schwierigkeiten bereitete, konnten von 1817 bis 1820 fünf Apostolische Vikariate errichtet werden: zwei in den maritimen Provinzen, wo zahlreiche irische und schottische Einwanderer sich zu den Nachkommen der alten Neuschottländer gesellt hatten; eines in Montreal, das damals schon Quebec an Bedeutung zu übertreffen begann; eines in Kingston am Ufer des Ontariosees, wo sich seit 1817 um A. Macdonnell, einen ehemaligen Militärgeistlichen, eine englischsprachige katholische Gemeinde entwickelte; ein letztes schließlich in Manitoba, wo Lord Selkirk Priester für die deutschen Siedler seiner Gründung Rivière Rouge angefordert hatte (daher der Name St. Bonifatius für die neue Kirche). Nach Kingston (1826) und Charlottetown (1829) erhielt Montreal, nach einem lange andauernden Streit mit den Sulpizianern, den geistlichen und weltlichen Herren der „Insel", im Jahr 1836 den Rang einer unabhängigen Diözese.

Die katholischen Schulen waren durch die auf Initiative des anglikanischen Bischofs erfolgte Gründung der „Institution royale" stark bedroht, konnten aber vor allem dank der „Société d'éducation" von Quebec gerettet werden. Durch die Unterstützung der protestantischen „Dissenters", die sich ebenfalls gegen eine anglikanische Beschlagnahme wehrten, erreichte man schließlich eine pluralistische Schulordnung, unter der sich die konfessionellen Schulen frei entwickeln konnten. Um die Güter des Seminars von Quebec gab es langwierige Streitigkeiten, die dann schließlich im Jahr 1839 auf zufriedenstellende Weise geregelt wurden.

Mgr. Plessis war in seinem Handeln stets auf der Ebene der Legalität geblieben und hatte damit das Mißfallen einiger Schwarmgeister erregt, die die rasche Vermehrung der katholischen Franco-Kanadier vor Augen hatten. Nach seinem Tod entwickelte sich unter dem Vorwand religiöser Ansprüche und gegen den Willen der Bischöfe eine autonomistische Agitation, die zwischen 1837 und 1838 zu bewaffneten Aufständen führte und die Kirche in eine unangenehme Lage hätten bringen können. Die Regierung in London zeigte sich aber sehr verständnisvoll, und die von den Katholiken zunächst mit Mißtrauen betrachtete Unionsakte von 1840 zwischen Quebec und Ontario erwies sich schließlich für sie als sehr vorteilhaft, da sie die religiösen Garantien, die 1791 nur Nieder-Kanada zugesichert worden waren, nun auf das ganze Land ausdehnte.

Während sich die rechtliche Position des Katholizismus also besserte, erschien seine religiöse Lage — soweit sie überhaupt überschaubar ist — zumindest in Quebec, das den Großteil der Katholiken beherbergte, eher mittelmäßig. Die Gläubigen zeigten eine unbestreitbare religiöse Indifferenz, die gleichzeitig von bestimmten aufklärerischen Einflüssen, einer Reaktion gegen den englischen Loyalismus im hohen Klerus und wahrscheinlich auch vom exzessiven Rigorismus vieler Priester, die jedoch im übrigen im 18. Jh. „aufgehört haben, Missionare zu sein, um sich zu verbeamten“ [23], genährt wurde. Die Zahl der Priester war überdies viel zu gering. Das Verbot, Priester in Frankreich anzuwerben, führte zu einer Kanadisierung des Klerus [24]. Aber trotz der Bildung von Seminarkollegs in mehreren kleineren Städten (Nicolet 1807, Saint-Hyacinthe 1811 usw.) war das beginnende 19. Jh. die unfruchtbarste Zeit für priesterliche Berufungen, und die Zahl der Gläubigen pro Priester stieg von 350 bei der Eroberung auf 1800 im Jahr 1830. Dieser Priestermangel, zusammen mit den großen Entfernungen, dem langen Winter und der lockeren Siedlungsweise erschwerte die an und für sich schon schwierigen Arbeitsbedingungen noch mehr. Unter diesen Bedingungen war es also nicht verwunderlich, daß sich einige Priester, unter dem Einfluß der in der Denkweise Richers verfaßten Werke, trotz ihres einwandfreien Lebenswandels wenig um die bischöfliche Autorität kümmerten. Hingegen war eine Einmischung des Klerus in die Politik zu dieser Zeit noch selten.

10. Kapitel

Die Kirchen des orientalischen Ritus

LITERATUR: Die Unierten des Vorderen Orients: Zu den in der Allgemeinen Bibliographie angegebenen Werken und Lexikonartikeln ist hinzuzufügen: Für die Maroniten: *P. Curzon,* Visits to the Monasteries in the Levant (London 1849); *A. Laurent,* Relation historique des affaires de Syrie 1840—42, 2 Bde (Paris 1846). — Für die Melkiten: *J. Hajjar,* Un lutteur infatigable, le patriarche Maximos III Mazloum (Harissa 1957), das das Werk von K. Lübeck (Aachen 1919) ersetzt. — Für die Chaldäer: *S. Bello,* La congrégation de S. Hormisdas et l'Église chaldéenne dans la première moitié du XIXe s. (Rom 1939); *I. X. Morand,* Voyage en Turquie et en Perse 1846—48, 4 Bde (Paris 1854/60). — Für die Kopten: *J. Metzlar:* ED 14 (1961) 36—62, 15 (1962) 70—105. — Für die Armenier: *Berberian,* Geschichte der Armenier 1772—1860 (Konstantinopel 1871; auf armenisch; aus gregorianischer Sicht, zahlreiche Dokumente); *A. Alexandrian,* Historischer Abriß über die 12 Catholicos von Cilicien (Venedig 1906; armenisch).

Rumänen: Neben den in der Allgemeinen Bibliographie angeführten Quellen und Arbeiten und dem Artikel „Roumanie“ im DThC XIV siehe: *de Clercq* I 211—214; *A. de Gerando,* La Transylvanie et ses habitants, 2 Bde (Paris 1845); *C. Sucin,* Missionari greco-cattolici in Valachia 1718—1829 (Blaj 1934).

Ruthenen: *Ammann* 637—658; *Boudou* I 153—169 213—240; *Winter,* Byzanz 138 bis 164; *de Clercq* I 184—190; *A. Theiner,* Die neuesten Zustände der Katholischen Kirche beider Riten in Polen und Rußland (Augsburg 1841); *J. Zelechowski,* Joann Sniegurski, ego zizn i djejatelnost v Galitskoj Rusi (Lemberg 1894); *W. Lencyk,* The Eastern Catholic

[23] *M. Trudel,* Situation de la recherche sur le Canada français (Quebec 1963) 25.

[24] Zwar sind zwischen 1794 und 1802 45 Priester, die vor der Revolution geflohen waren, ins Land gekommen, aber dieser Zuwachs war, wenngleich zu begrüßen, doch sehr gering angesichts der rapiden Bevölkerungszunahme.

Church and Czar Nicholas I (Rom 1966; gegen *N. Riazonowsky*, Nicholas I and Official Nationality in Russia 1825—1855, Berkeley 1950).

Die Unierten des Vorderen Orients

Während im Westen die kirchliche Reorganisationsarbeit schon 1815 begann, stießen die Bemühungen um eine Rückgewinnung der christlichen Gemeinschaften im Ottomanischen Reich auf sehr viel größere Schwierigkeiten. Dies gilt vor allem für die unierten kirchlichen Minderheiten, die — mit Ausnahme des maronitischen Patriarchates, das gewissermaßen die Inkarnation der Unionsidee darstellte — zu Beginn des 19. Jh. eben erst dem Anfangsstadium entwachsen waren. Um das zunächst nur sehr zaghaft eingeleitete Erneuerungswerk wirklich fruchtbar werden zu lassen, mußten sich — hier noch mehr als in den europäischen Provinzen der Türkei — erst jene Strukturwandlungen vollziehen, die von 1830 an die zivile und religiöse Physiognomie des Vorderen Orients verändern sollten. Diese Veränderung hatte jedoch auch ihre Schattenseiten. Die liberalere Tendenz der Ottomanischen Regierung, die die Unierten begünstigte, erleichterte gleichermaßen auch die von Jahr zu Jahr stärker werdende missionarische Durchdringung vom Westen her und setzte die noch schwachen unierten Gemeinden der protestantischen, anglikanischen und russisch-orthodoxen Konkurrenz aus. Andererseits förderte sie die latinisierende Infiltration und den römischen Zentralisierungsprozeß, was für die Geschichte der Unionsbewegung des ganzen 19. Jh. charakteristisch werden sollte.

Die weitaus bedeutendste Gruppe unierter Christen im Vorderen Orient bildete das maronitische Patriarchat. Die Autoritätskrise, die es in der zweiten Hälfte des 18. Jh. durchgemacht hatte, wurde unter der Leitung der Patriarchen Yohanna Al-Halu (1809—23) und vor allem unter Yussef Hobeich (1823—45), eines energischen und klar blickenden Mannes, beendet, der sein Werk kirchlichen Wiederaufbaus auf eine ungetrübte Zusammenarbeit mit den Apostolischen Delegaten und dem politischen und religiösen Frankreich stützte.

Yohanna Al-Halu gelang nach seiner Aussöhnung mit Mgr. Gandolfi, dem zugänglichen Vertreter des Heiligen Stuhles, im Jahr 1818 die Einberufung eines Konzils nach Lowaizeh[1]. Auf ihm wurde beschlossen, nun endlich die vor einem Jahrhundert, im Jahre 1736, durch das Konzil vom Libanon angenommene Gesetzgebung zu verwirklichen. Die tatsächliche Durchführung der wichtigsten Maßnahmen konnte jedoch erst sein Nachfolger durchsetzen: er war es, der 1826 die doppelten oder gemischten Klöster endgültig auflöste und sich um die Errichtung einer Bischofsresidenz in jeder Diözese bemühte, so daß um 1835 die Bischöfe endlich begannen, an einem festen

[1] Dekrete in *de Clercq* I 479—483; vgl. ebd. 308—313.

Ort zu residieren. Ihm kommt auch das Verdienst zu, mehrere neue Seminare errichtet und damit die Ausbildung eines relativ gut geschulten Klerus sowie zahlreicher Schulvorsteher gesichert zu haben. Die Unterstützung seines zivilisatorischen Werkes von französischer Seite führte jedoch zu einer Verstärkung der latinisierenden Tendenzen, von denen die Veröffentlichung des Rituale (1839—40) Zeugnis gibt.

Mit ihren annähernd 200 000 Gläubigen [2] übertraf die maronitische Kirche zahlenmäßig bei weitem alle anderen unierten östlichen Gemeinschaften, von denen sich einige selbst noch im Jahr 1815 auf einer sehr niederen Entwicklungsstufe befanden.

Dies gilt im besonderen für die koptische Gruppe, die noch immer von der franziskanischen Mission in Ägypten abhing und erst unter dem Pontifikat Leos XIII. eine autonome kirchliche Organisation erhielt. Der Brief, mit dem Pius VII. 1822 den monophysitischen Patriarchen von Alexandrien einlud, sich zum katholischen Glauben zu bekennen und junge Kopten zum Studium nach Rom zu senden [3], blieb ohne jedes Echo, und noch 1831 betrug die Zahl der Unierten erst 2624 mit 14 Priestern, die über das ganze Land verstreut waren. Trotz dieser Tatsache beschloß Leo XII. im Jahr 1824, gefälschten Briefen des Mohammed Ali Glauben schenkend, die Wiedererrichtung eines koptischen Patriarchates. Die Folgen dieses Betruges, dessen Urheber ein sizilianischer Franziskaner war, konnten zwar von dem französischen Konsul in Alexandrien sehr schnell vereitelt werden [4], belasteten jedoch lange Zeit die Geschicke der koptischen Unionsbewegung.

Die unierte chaldäische Kirche, die ihr Entstehen dem Anschluß verschiedener nestorianischer Prälaten an Rom verdankt, den diese nacheinander im Verlauf des 17. und 18. Jahrhunderts vollzogen [5], erscheint zu Beginn des 19. Jh. noch mannigfachen Wechselfällen ausgesetzt, obwohl ihre Hierarchie zu diesem Zeitpunkt schon vollkommen errichtet war und sie etwa 20 000 Gläubige zählte. Neben einer Isolierung in Obermesopotamien unter äußerst schlechten Lebensbedingungen sah sie sich auch noch durch die Rivalität der beiden Anwärter auf die patriarchale Obergewalt gespalten, nämlich des Metropoliten von Mosul, Johannes Hormez, und des Metropoliten von Diarbekr, Augustin Hindi. Nach dem Tode des letzteren (1828)

[2] Nach einem Bericht von 1844 von 1205 Priestern betreut, zu denen noch 1420 Mönche und 330 Nonnen in 82 Klöstern kamen.

[3] JP IV 529—530.

[4] Einzelheiten zu dieser peinlichen Affäre, die für den Improvisationscharakter der den christlichen Orient betreffenden Politik des Heiligen Stuhls jener Jahre typisch ist, da die Propagandakongregation erst sich zu reorganisieren begann, siehe *G. B. Brocchi*, Giornale IV (Bassano 1841) 210—214.

[5] Auch in Malabar, in Südindien, lebte eine Anzahl Katholiken nestorianischer Herkunft, die jedoch keine Bischöfe hatten und der Jurisdiktion eines lateinischen Apostolischen Vikars unterstanden. Sie traten erst nach 1850 mit dem Patriarchat von Mesopotamien in Verbindung.

beendete eine Entscheidung der Propagandakongregation die Krise, die 1826 ihren Höhepunkt erreicht hatte; die Kongregation beschloß, die patriarchalische Jurisdiktion zu vereinen und Hormez, dem man bisher in Rom mit Mißtrauen begegnet war, zum „Patriarchen von Babylon" zu ernennen. Unter dieser neuen Bezeichnung, die den traditionellen Titel des Katholikos ersetzte, eröffnete Hormez die Reihe der Patriarchen der gegenwärtigen unierten chaldäischen Kirche. Einen weiteren Schritt in deren Reorganisation unternahm die Propagandakongregation im Jahr 1838: Sie gab, mit der 300jährigen Tradition brechend, nach der der Patriarch stets durch einen seiner Neffen abgelöst wurde, dem Patriarchen Hormez als bischöflichen Koadjutor Nikolaus Zeya, mit dem Recht der Nachfolge, bei — eine Wahl, die sich im übrigen als so wenig glücklich erwies, daß Gregor XVI. ihm schließlich 1846 seine Jurisdiktion entzog. Noch wichtiger als diese institutionellen Veränderungen war der 1828 erfolgte Anschluß des bedeutenden Klosters Rabban Hurmuz an Rom. Mit diesem monastischen Zentrum wuchs der chaldäischen Unionsbewegung, die noch nicht ihre eigentliche Form gefunden hatte, eine wertvolle geistige Potenz zu; die von den Leitideen des heiligen Antonius inspirierte Regel des Klosters wurde im Jahr 1845 von Gregor XVI. bestätigt.

Die kleine, seit 1782 neuorganisierte syrische Gemeinschaft machte in der ersten Hälfte des 19. Jh. eine weitgehend parallele Entwicklung durch. Auch hier verzögerten Zwistigkeiten rivalisierender kirchlicher Parteien, die durch das wenig geschickte Eingreifen der Propagandakongregation noch weiter kompliziert wurden, die Reorganisation bis unmittelbar vor 1830. Der tendenziösen Information durch Mgr. Gandolfi entsprechend, wollte die Propagandakongregation Pierre Jarweh (1820—51), der regulär gewählt, jedoch einer kompromißbereiten Einstellung den englischen Protestanten gegenüber verdächtigt worden war, zunächst vom Patriarchensitz entfernen. Nach Klärung der Umstände dieser mangelhaften Information jedoch wurde er von der Propagandakongregation schließlich im Jahr 1828 anerkannt; fortan konnte sich dieser dynamische Mann der Fundierung einer den Forderungen der modernen Zeit besser entsprechenden Strukturierung seiner Kirche widmen. Zu diesem Zweck wandelte er vor allem das Kloster von Scharfeh, in dem er residierte, in ein Seminar um und ersetzte die monastischen Gelübde durch eine einfache Annahme des Zölibats, ein Gehorsamsgelübde und einige testamentarische Verpflichtungen für die ehemaligen Studenten. Dieses Projekt, das die Propagandakongregation im Jahr 1828 zunächst ablehnte, wurde 1841 angenommen. Zwischen 1827 und 1836 nahm die syrische Kirche — so nannte man sie von da an, um sie einerseits von den Jakobiten-Monophysiten abzuheben, und zum anderen, um, wie man hoffte, aus dem althergebrachten Ansehen der Christengemeinde von Antiochien zu profitieren — eine sehr günstige Entwicklung dadurch, daß sich mehrere jakobitische Bischöfe an Rom anschlossen und damit der

Gemeinschaft etwa 20000 Gläubige zuführten. Das daraus resultierende Übergewicht der vormals „häretischen“ Bischöfe beunruhigte jedoch Rom, und man veranlaßte Jarweh, die Liberalisierungsmaßnahmen des Ottomanischen Reiches auszunützen, um seinen Patriarchensitz nach Aleppo zu verlegen und damit einen besseren Überblick über die Lage zu gewinnen.

Die Rückkehr jakobitischer Prälaten zur katholischen Einheit war in mehreren Fällen dem neuen melkitischen Patriarchen Maximos III. Mazlum (1833—55) zu verdanken, der durch seine vielgestaltige und ausdauernde Tätigkeit in einem Vierteljahrhundert seine daniederliegende Gemeinde[6] in eine führende Kirche umwandelte, die zur Verteidigung der legitimen Eigenständigkeit der byzantinischen Tradition innerhalb der römischen Einheit durchaus entschlossen war. Bis um das Jahr 1830 hatte die melkitische Kirche unter den Folgen des Konzils von Karkafeh (1806)[7] zu leiden gehabt, dem einige Bischöfe, mit Germanos Adam an der Spitze, eine eindeutig gallikanische Orientierung gegeben hatten, zumal sie der Einmengungen der lateinischen Missionare überdrüssig und wegen ihrer theologischen Unterlegenheit im Nachteil waren. Die gemeinsame Reaktion des maronitischen Patriarchen und aller Missionare hatte die melkitische Kirche schließlich in die Abhängigkeit des Apostolischen Delegaten Mgr. Gandolfi gebracht, der die Situation dadurch meistern wollte, daß er „den hervorragenden Persönlichkeiten das Rückgrat brach, die Hierarchie schwächte und ihr so das Bewußtsein eines Besiegten aufnötigte“ (Hajjar). Aus Furcht vor einer gallikanischen Indoktrinierung hatte er verlangt, daß das 1811 gegründete Seminar von Ain-Traz auch weiterhin geschlossen bliebe. Da dem melkitischen Klerus aber keinerlei andere Bildungszentren zur Verfügung standen, die Gebildetsten unter den Laien jedoch einen gelehrten Klerus wünschten, zogen diese es vor, bei den lateinischen Missionaren zu beichten und deren Predigten zu hören. Ein erster Schritt zur Wiederaufrichtung war getan, als Mazlum, der seit 1814 in römischem Exil lebte, dort jedoch die Wertschätzung des späteren Gregor XVI. erringen konnte, im Jahr 1831 in den Orient zurückkehrte und einige Jesuiten für die Leitung des Seminars von Ain-Traz mitbrachte. Zwei Jahre später wurde er zum Patriarchen gewählt und widmete sich in anerkennenswerter Weise — neben seinen Bemühungen um eine Anhebung des religiösen Niveaus seiner Gläubigen und die Heranbildung eines gelehrten und frommen Klerus — sofort mit klar blickender Entschlossenheit der Durchführung einer Generalreform der kirchlichen Institutionen, sowie der Anpassung der Gesetzgebung und sogar der Struktur der diözesanen Organisation seiner über den ganzen Vorderen Orient und

[6] Die er durch die Förderung individueller und kollektiver Beitritte von 30000 auf 75000 Gläubige erhöhen konnte. Um die Jahrhundertmitte gab es ungefähr 200 Geistliche, vor allem Ordensmitglieder.

[7] Über das Konzil von Karkafeh, durch den gallikanischen Bischof von Aleppo Germanos Adam beseelt und dessen Verurteilung in Rom (1835), vgl. *de Clercq* a. a. O. I 337—360.

darüber hinaus verstreuten Gemeinde an die neuen politischen und sozialen Gegebenheiten des Landes[8]. Als Verteidiger der patriarchalischen Rechte gegenüber den Missionaren, den Apostolischen Delegaten und den römischen Kongregationen vermochte es dieser — in ultramontanen Kreisen sehr umstrittene — „unermüdliche Kämpfer" (der schließlich aber doch von P. Hajjar zu Recht rehabilitiert wurde) seine Kirche von dem erdrückenden Monopol der offiziellen Orthodoxie zu befreien, indem er mit großer Ausdauer die Emanzipation seiner Nationalkirche erfolgreich durchzusetzen vermochte, die durch einen Erlaß des Sultans aus dem Jahr 1831 zugunsten der katholischen Armenier eingeleitet worden war.

Als Handelsvolk hatten sich die Armenier schon sehr früh über die ganze östliche Welt verbreitet, und ein Teil von ihnen war mit Rom eine Union eingegangen. So lebten einige Tausend im russischen Kaiserreich verstreut, und seit 1635 gab es in Lemberg (Polen) einen unierten armenischen Erzbischof, während in Venedig und seit 1811 auch in Wien[9] zwei Gemeinschaften gelehrter Mönche, die Mechitharisten, dazu beitrugen, den Westen mit einigen Traditionen des christlichen Orients bekannt zu machen. Innerhalb des Ottomanischen Kaiserreiches waren sie vor allem in Kilikien und Syrien anzutreffen — mit einem Katholikos an ihrer Spitze, der sich seit 1750 in Bzommar (Libanon) niedergelassen hatte —, und in Konstantinopel, wo sie trotz der stattlichen Zahl von etwa 15000 Gemeindegliedern noch keinen eigenen Prälaten hatten, sondern vom lateinischen Apostolischen Vikar abhängig waren (erst 1830 erhielten sie einen vom Patriarchen unabhängigen Erzbischof ihres Ritus). Der weltlichen Gesetzgebung des türkischen Kaiserreiches entsprechend waren diese unierten Armenier für alle Akte des bürgerlichen Lebens von dem schismatischen armenischen Patriarchen abhängig, wie auch die anderen unierten Kirchen dem orthodoxen Patriarchen unterstanden, da die türkische Regierung keine Unterscheidung machte zwischen katholischen und nichtkatholischen Christen, sofern diese nur dem orientalischen Ritus angehörten. Anläßlich des Aufstandes Griechenlands im Jahr 1827 denunzierte der gregorianische (d.h. nichtunierte armenische) Patriarch die Katholiken Konstantinopels beim Sultan als Komplizen der Aufständischen und löste damit eine heftige Verfolgung aus. Leo XII., von diesem Vorgehen zutiefst erschüttert, intervenierte bei den Regierungen von Frankreich und Österreich, die 1830 beim Sultan neben einer Einschränkung der Vertreibungsmaßnahmen auch die Emanzipation der katholischen armenischen Gemeinschaft durchsetzten, so daß diese fortan ungehindert neue Kirchen bauen konnte und einen eigenen zivilen „patrik" erhielt. Der im Januar 1830 zu diesem Amt bestimmte Priester erlebte als Folge der libera-

[8] Über die zwei Konzilien von Ain-Traz (1835) und Jerusalem (1849) siehe *de Clercq* I 379—414.

[9] Über die Anfänge dieser Gründung siehe *V. Inglisian*, 150 Jahre Mechitharisten in Wien (Wien 1961).

len Entwicklung nach den Siegen des Mohammed Ali eine Ausweitung seiner Jurisdiktion durch einen Ferman vom 3. Juni 1834 auf alle Unierten, Maroniten, Melkiten, Syrer und Chaldäer, deren legale Existenz damit zum erstenmal von der „Hohen Pforte" anerkannt wurde.

Der nächste Schritt sollte die Anerkennung der Autonomie einer jeder dieser Gemeinschaften sein. Dem melkitischen Patriarchen Mazlum kam hierbei eine bedeutende Rolle zu. Zur gleichen Zeit, da er mit Nachdruck den „Kampf des Kallous" (zylindrisches Barett, das nur die orthodoxen Priester tragen durften), das zum Symbol des Kampfes um die bürgerliche Gleichheit mit der Orthodoxie wurde, verfocht und schließlich gewann, gelang es ihm auch, mit Unterstützung der französischen Diplomatie und trotz der russischen Gegenmaßnahmen im Jahr 1837, eine Akte des Sultans zu erhalten, die ihn als das zivile Oberhaupt der katholischen Melkiten in nur rein formeller Abhängigkeit vom armenischen Patrik anerkannte. Ein weiterer Schritt wurde 1844 getan, als — wiederum unter der Schirmherrschaft des französischen Botschafters — den unierten Patriarchen der Syrer und Chaldäer eine analoge Stellung zuerkannt wurde. Diese jedoch lebten sehr zurückgezogen und hielten es für besser, mit dem armenischen Patrik ein Übereinkommen zu treffen; Mazlum jedoch setzte seinen Kampf fort und erreichte schließlich am 7. Januar 1848 einen Ferman, der seine Kirchengemeinde von jeder auch nur nominellen zivilen Vormundschaft befreite.

Diese Emanzipation der unierten Gruppen von den jeweils entsprechenden orientalischen Kirchen, die sich aus der Entwicklung im politischen Bereich im Vorderen Orient ergab, stellte eine wichtige Wendung in der Geschichte der Unionsbewegung dar, die nun endgültig die Unsicherheit des Anfangsstadiums überwunden hatte. Die unierten Kirchen konnten sich fortan frei und ungehindert organisieren und entwickeln. Diese Konsolidierung führte aber gleichzeitig zu einer Vertiefung jenes Grabens, der die unierten von den alten Kirchen, von denen sie ausgegangen waren, trennte. Damit konnten sie immer weniger als Brücke zwischen diesen und Rom fungieren, und zwar um so weniger, als die Entwicklung ihres Aufbaus und die kulturelle und apostolische Erneuerung, deren sie dringend bedurften, in dieser Zeit nur durch die Hilfe des Westens geschehen konnte, dessen juristische, theologische und geistige Konzeption sich verhängnisvoll auf Gemeinden auswirken mußte, die an und für sich leicht zu einem Inferioritätsbewußtsein neigten. Diese spontane und oft unbewußt sich vollziehende Entwicklung, die die unierten Kirchen der rein orientalischen Tradition immer weiter entfremdete, wurde noch verstärkt durch die sehr bewußt betriebene Politik der Apostolischen Delegaten, die sich — bisweilen mit großer Gutmütigkeit, oft aber in ungeschickter Intransigenz, die in einigen Fällen noch ihre Instruktionen übertraf — bemühten, die unierten Patriarchate der zentralistischen Kontrolle Roms zu unterwerfen. Die Bemühungen des Heiligen Stuhles um eine engere Verbindung dieser Kirchen mit Rom wurden sicherlich in dem Maße verständlich, als diese Kirchen größere Bedeutung gewannen. Aber die damals fast ausnahmslose Unkenntnis der Ursprünglichkeit der orientalischen Institutionen und die allgemeine Überzeugung, die wahre Einheit könne nur in der Perspektive der Uniformität erreicht werden, hatten zur Folge, daß man nun die Institution des Patriarchats und die synodale Organisation der Kirche, wenn auch guten Glaubens, ihrer Substanz entleerte. Diese römische Politik, die auf eine Neugestaltung der Vollmachten der Patriarchen nach dem Vorbild der rein nominalen Vorrechte der lateinischen Erzbischöfe zielte, wurde in ihrer letzten Konsequenz erst unter Pius IX. durchgeführt, aber schon in der Regierungszeit Gregors XVI. war sie in ihren ersten Ansätzen deutlich festzustellen. Eine wichtige Wegmarke bildete die Entscheidung der Propagandakongregation vom 23. Mai 1837, die auf die Initiative des Mgr. R. Fornari[10] zurückging. Sie bestimmte, daß die unierten Patriarchen verpflichtet seien, beim römischen Papst die Bestätigung ihrer Wahl und die Investitur mit dem Pallium einzuholen und erst nach Empfang dieser beiden wichtigere Akte der Jurisdiktion vorzunehmen; darüber hinaus verlangte sie die vorherige, durch den Heiligen Stuhl vorzunehmende Approbation von Konzilsentscheidungen vor der Veröffentlichung und untersagte dem Patriarchen und seiner Synode die Veröffentlichung von Dekreten, die von seiten der römischen Autorität — und sei es implizit — approbierten Punkten der Dispizlin widersprächen. Dieser Erlaß, der damals kaum beachtet wurde, brachte eine wahre Revolution in das orientalische Recht, die die Weite des Weges kennzeichnet, der innerhalb weniger Jahrzehnte auf dem Gebiet der Restauration der papalen Vorrechte zurückgelegt worden war.

Die rumänischen und slawischen Gruppen

Wenn auch die unierten Kirchen des Vorderen Orients durch die anfänglich auftretenden Schwierigkeiten und ihr ausgeprägteres Bemühen um eine Verteidigung der Eigenständigkeit des östlichen patriarchalischen Systems gegen die lateinischen Angriffe die Aufmerksamkeit in höherem Maße auf sich zogen, so stehen sie damit unter den mit dem Apostolischen Stuhl unierten christlichen Gemeinschaften des orientalischen Ritus nicht allein. In Osteuropa gab es mehrere Millionen Unierte, die zum größten Teil der österreichisch-ungarischen Doppelmonarchie angehörten und somit selbst in den Augen Roms als natürliche Brücke für eine Begegnung mit der slawischen Orthodoxie galten.

Transsylvanien beheimatete eine halbe Million Rumänen[11], gruppiert in

[10] CodCanOrFonti, 1. Reihe II (Rom 1931) 439. Vgl. *Hajjar* 270.

[11] 1840 gab es in Transsylvanien 571 400 Griechisch-Unierte gegenüber 686 300 Orthodoxen, 601 100 Protestanten und 207 400 römische Katholiken.

zwei der ungarischen Kirchenprovinz Gran angegliederte Diözesen mit einem kirchlichen und kulturellen Zentrum in Blaj, der Residenz des Bischofs von Făgăras. Diesen Sitz hatte von 1782 bis 1830 der in josephinischem Geiste erzogene Johannes Bob inne, der dem unierten Monachismus, der immerhin sehr bedeutende Männer, wie Peter Maior (†1821), eine der Säulen der rumänischen kulturellen Renaissance, zu seinen Anhängern zählte, ein Ende bereitete. Dagegen war es sein Verdienst wie auch das seines Kollegen Vulcan, des Bischofs von Oradea Mare (Großwardein) (1806—39), die Reintegration der unter Maria Theresia zum Schisma zurückgekehrten Pfarreien in die katholische Kirche fortgeführt und im Weltklerus ein waches Bewußtsein seiner pastoralen Verpflichtungen erweckt zu haben. Sie entwickelten trotz geringer Hilfe seitens der lateinischen Katholiken ein Netz qualifizierter Bildungsstätten[12], die den Gläubigen ihrer Kirche ein intellektuelles Niveau sicherten, das weit über jenem der anderen unierten Kirchen lag, was vor allem die Synoden von Blaj (1821 und 1833) bewiesen[13]. Der Nachfolger von J. Bob, I. Lomeni (1833—50), setzte das begonnene Werk in diesem Sinne fort, indem er die religiösen Kräfte seines Klerus förderte und in Blaj fähige Professoren versammelte, um damit gleichzeitig einem religiösen wie auch nationalen Ziel zu dienen. In der Revolution von 1848 stand er, zusammen mit dem orthodoxen Bischof, der Nationalversammlung vom Mai vor; im Verlauf der daraus folgenden Reaktion veranlaßte dies die ungarische Regierung, seine Demission zu fordern.

Noch sehr viel bedeutender war die Gruppe der Ruthenen oder Ukrainer, die sich nach der Union von Brest (1595) von der russischen Kirche losgelöst hatten. Nach zwei Jahrhunderten andauernder Beherrschung durch Polen waren die Ruthenen der Anziehungskraft der mächtigen und reichen lateinischen Kirche in höherem Maß als die anderen Unierten erlegen und nahmen auf dem Gebiet der Andachtsübungen und der Disziplin verschiedene westliche Gebräuche an; eine Praxis, die vom Konzil von Zamosc von 1720 anerkannt und bestärkt wurde und schließlich zu ihrer klaren Unterscheidung von den Orthodoxen geführt hat.

Die Teilungen Polens am Ende des 18. Jh. spalteten die Ruthenen in eine Österreich und eine Rußland zugehörige Gruppe. Die russische Regierung konnte der latinisierenden und polonisierenden unierten Kirche der *Ukraine* nur feindlich gegenüberstehen und bemühte sich sofort um ihre Rückführung in den Schoß der Orthodoxie, und zwar mit den Mitteln der Gewaltanwendung, der Überzeugungsversuche und der Ausrottung des Klerus. Alexander I. (1801—25) wollte eine Union der Kirchen herbeiführen, und unter seiner Regierung war eine gewisse Entspannung möglich, die zu einer teilweisen

[12] Einzelheiten in DThC XIV 31—51.

[13] Text bei *J. Moldovanu*, Acte sinodali II (Blaj 1872) 68—74 63—68. Für die Synode von 1821 s. *L. Pásztor:* AHPont 6 (1968) 251—252 300.

Wiederherstellung der unter Katharina II. fast völlig unterdrückten Hierarchie führte. Der Verfall war jedoch nicht mehr aufzuhalten; die Beziehungen des Heiligen Stuhls zu der unierten Kirche blieben auch weiterhin sehr schwierig, und der Verantwortliche der katholischen Kirche in Rußland, Mgr. Siestrzencewicz († 1826), der den Untergang der Unierten für unvermeidlich hielt, bemühte sich, ungeachtet der Proteste des ruthenischen Klerus oder der römischen Verbote, eine möglichst große Zahl dieser Unierten dem lateinischen Ritus zuzuführen. Bei der Thronbesteigung Nikolaus' I. (1825) war die unierte Kirche innerhalb des russischen Kaiserreiches noch mit etwa 1,5 Millionen Gläubigen, 2000 Priestern und 600 Ordensangehörigen vertreten, aber schon im Verfall begriffen. Dieser Verfall wurde noch gefördert durch die Zwistigkeiten einiger weltlicher Würdenträger, die im Generalseminar von Wilna (errichtet 1808) in josephinischem Geist herangebildet worden waren, mit den prorömisch-orientierten, basilianischen Mönchen, deren Reichtümer den Neid der anderen erweckten. Der Plan Katharinas II. einer radikalen Russifizierung wurde durch die Hilfe einiger ehrgeiziger Subjekte, wie des Intriganten J. Siemaszko, wiederaufgenommen. Unter dem Vorwand einer Kräftigung der unierten Kirche wurde ihre Struktur durch einen Ukas vom 22. April 1828 nach dem Vorbild der orthodoxen Kirche völlig umgebildet. Die Liturgie wurde angeglichen, der Klerus systematisch indoktriniert; die Bischofssitze wurden ohne Rücksicht auf Rom mit Männern neu besetzt, die für die Absichten der Regierung eingenommen waren. Nachdem diese im Klerus eine Petition mit 1305 Unterschriften in Umlauf gebracht hatten, verfaßte Siemasko schließlich, zusammen mit zwei anderen Bischöfen unter völliger Ignorierung der Opposition aus der Bevölkerung (ein Teil der Opponenten floh daraufhin nach Galizien, andere bewahrten im geheimen mehrere Generationen hindurch Rom die Treue) im Februar 1829 auf der Synode von Polozk eine Unionsakte über die Vereinigung mit der orthodoxen Kirche. Nur die Diözese von Chelm konnte sich der unmittelbaren Integrierung entziehen, da sie sich im Königreich Polen und damit in einer anderen Verwaltungssituation befand; ihre Agonie wurde durch den Widerstand ihres Bischofs, Mgr. Szumborski, noch etwa 40 Jahre hinausgezögert.

Den Österreich unterstellten Ruthenen *Galiziens* war ein besseres Los beschieden. Um sie dem russischen Einfluß zu entziehen, hatte Pius VII. im Jahr 1807 ihrer Intention entsprechend eine neue Kirchenprovinz[14] gegründet und den alten Titel eines Metropoliten von Halicz wieder aufleben lassen, den er dem Bischof von Lemberg (Lwow, Leopol) mit Přzemysl und Chelm[15] als Suffragansitzen verlieh. In diesem neuen Rahmen konnte sich

[14] JP IV 493ff.

[15] Von 1795 bis 1815 gehörte die Diözese Chelm tatsächlich den Habsburg unterstehenden Gebieten an. Nachdem sie unter russische Herrschaft gekommen war, löste Leo XII. sie im Jahr 1828 von der Metropole Lemberg los.

die unierte ruthenische Kirche des habsburgischen Kaiserreichs, die 1840 zwei Millionen Gläubige zählte, unter der Führung der fähigen Prälaten Mgr. M. Lewicki in Lemberg (1816—58) und Mgr. J. Suigurski in Přzemysl (1818—47) neu organisieren. In Weiterführung der auf der Synode von Přzemysl im Jahr 1818[16] entworfenen Direktive vermehrten sie die Zahl der Pfarreien und vor allem der Schulen (deren es viel zu wenige gab) und bemühten sich um eine quantitative wie auch qualitative Verbesserung des Weltklerus, den sie, genau wie in Transsylvanien, in dem gleichen ererbten Geist der Aufklärung systematisch unter Zurücksetzung der basilianischen Mönche förderten. Die Ergebnisse dieser Bemühungen blieben jedoch begrenzt, da die Ruthenen über keine führende Schicht mehr verfügten, seit der größte Teil der Aristokratie den orientalischen Ritus aufgegeben hatte, um die den Polen reservierten Vorteile genießen zu können. So hatte man sich schließlich gewöhnt, den „Bauernglauben" des ruthenischen Leibeigenen auf der einen Seite und den „Herrenglauben" des dem lateinischen Ritus angehörenden Großgrundbesitzers auf der anderen Seite gegenüberzustellen. Das aus dieser Lage erwachsende Inferioritätsbewußtsein ist die Ursache für eine verstärkte Tendenz zur Angleichung an westliche Gebräuche, eine Entwicklung, die es dennoch nicht vermochte, die häufigen Spannungen mit dem lateinischen Klerus zu verhindern, da dieser, besonders auf Betreiben des Primas, Erzbischofs A. A. Ankwicz (1815—33), den Wechsel des Ritus begünstigte. Der lateinische Klerus folgte dabei seiner nationalistisch-polnischen Einstellung und der Überzeugung, daß die Ruthenen auf diese Weise am besten im katholischen Glauben bestärkt werden könnten. Die Stellung des Heiligen Stuhles war jedoch nuancierter. Man ermutigte zwar die latinisierende Entwicklung, wollte aber keineswegs die Unterdrückung des ruthenischen Ritus bewirken. Gregor XVI. erwog im Gegenteil im Jahr 1843 ernsthaft die Ernennung eines Patriarchen für die Unierten in der habsburgischen Doppelmonarchie[17], da er hoffte, damit die Rückkehr zahlreicher dort noch lebender Orthodoxer (nahezu 3 Millionen, vor allem im ungarischen Bereich) nach Rom zu begünstigen und die Unierten besser gegen die Anziehungskraft der russischen Kirche zu schützen.

Im Habsburgerreich des 17. Jh. lebte in *Podkarpathien* eine weitere Gruppe von mehreren Hunderttausend unierten Ruthenen, die nie zu Polen gehört hatten und deren Gebräuche daher in einigen Punkten von jenen der galizischen Ruthenen abwichen. Sie hatten seit 1781 eine eigene Diözese, Mukačevo (Munkács). Die steigende Zahl der Konversionen bewog Pius VII., im Jahr 1818 in Eperjes (Prevov) eine zweite Diözese zu errichten. Eifrige und sachkundige Bischöfe — ähnlich jenen in Galizien —, die über die von St. Petersburg intendierte Mittelmäßigkeit der Prälaten der russischen

[16] Akten bei *G. Lakota,* Tri sinodi peremiski (Přzemysl 1939) 153—165.
[17] *A. Baran:* Analecta Ordinis S. Basilii 3 (1958/60) 454—488.

Ukraine hinausragten, vermittelten unter dem Einfluß der damaligen katholischen Wiedergeburt des habsburgischen Reiches dem religiösen Leben einen starken Antrieb. Die Rivalitäten zwischen Österreich, von dem Galizien abhängig war, und Ungarn, dem Podkarpathien unterstellt war, verhinderten die an sich naheliegende Verbindung dieser beiden Diözesen mit der Metropole vom Lemberg. Sie gehörten also weiterhin, ebenso wie die rumänischen unierten Diözesen von Transsylvanien, der lateinischen Kirchenprovinz von Gran an, mit dem Ergebnis, daß bestimmte Regelungen, die den ungarischen Klerus betrafen, auch von diesen Unierten angenommen wurden.

Unmittelbar nach 1815 hatte sich die österreichische Regierung einen Augenblick lang der Hoffnung hingegeben, die Serben Dalmatiens, die nach der Auflösung der Republik Venedig im Jahr 1799 zur Rückkehr in die Orthodoxie sich beeilt hatten, könnten zur römischen Einheit zurückgeführt werden und eine weitere Gruppe „unierter Griechen“ bilden. Aber alle ihre Bemühungen blieben ohne Erfolg[18]; in diesem Gebiet überdauerte nur die kleine, 1777 gegründete Diözese Križevci (Körös, Kreutz) in Bosnien, die 1847 an die Metropole von Zagreb angegliedert wurde.

Diese erfolglosen Bemühungen der Wiener Regierung in Dalmatien wie auch die wirksamere Unterstützung, die sie der in mehr oder weniger latinisierendem Sinn betriebenen Reorganisation der unierten Diözesen sowohl in Transsylvanien als auch in Galizien oder Podkarpathien angedeihen ließ, gehörten zu einem umfangreichen Gesamtplan, der auf eine bestmögliche Absorbierung der im Kaiserreich überlebenden orthodoxen Gruppen zielte, und zwar nicht so sehr konfessioneller Interessen wegen, wie dies für Rom der Fall war[19], sondern vielmehr aus politischen Gründen, d. h. mit der Absicht, zu verhindern, daß sich Stützpunkte für den russischen Einfluß im europäischen Balkan- und Donauraum bildeten. Diese Hintergedanken, die die „Unierten“-Politik der Habsburgerstaaten bestimmten, sollten noch lange in verhängnisvoller Weise die Beziehungen zwischen dem Vatikan und der russisch-orthodoxen Kirche belasten.

11. Kapitel

Die Wiederaufnahme der Missionsarbeit

QUELLEN und LITERATUR: *Streit* VIII XII-XIV XVII-XXI XXVII. Collectanea S. Congregationis de Propaganda Fide I (1622—1866) (Rom 1907) (= CPF); Juris Pontificii

[18] Vgl. *G. Markovič,* Gli Slavi e i Papi II (Zagreb 1897) 431—434.

[19] Und auch für gewisse örtliche Geistliche, wie im ungarischen Teil der Doppel-Monarchie der Pfarrer A. Horvath, der Bischof von Székesfehérvár J. Horvath und vor allem der Benediktinerabt I. Guzmics, der viel zugunsten der christlichen Einheit schrieb (vgl. DSAM VII 697—698).

de Propaganda Fide, Pars V (Rom 1898) (= JP); S. *Delacroix,* Histoire Universelle des Missions Catholiques, III: Les Missions Contemporaines (1800—1957) (Paris 1958); *K. S. Latourette,* A History of the Expansion of Christianity, IV/V: The Great Century (New York 1941); *A. Launay,* Histoire Générale de la Société des Missions Étrangères, 3 Bde (Paris 1894); *J. Leflon,* La crise révolutionnaire 1789—1846 (Histoire de l'Église XX) (Paris 1951); A. *Mulders,* Missionsgeschichte (Regensburg 1960); *J. A. Otto* SJ, Gründung der neuen Jesuitenmission durch General Johann Philipp Roothaan (Freiburg 1939); *F. Schwager,* Die katholische Heidenmission der Gegenwart I-IV (Steyl 1907); *J. Schmidlin,* Papstgeschichte der neuesten Zeit I (München 1933).

Die Anbahnung einer Restauration vor Gregor XVI.

Die Französische Revolution hatte für die Missionsarbeit direkt keine katastrophale Auswirkung, da nur wenige französische Gebiete der Antillen und in Indien davon betroffen wurden. Dagegen zeigten sich immer mehr in den Zentren der Heimatkirchen die destruktiven Folgen der antichristlichen Tätigkeit der Enzyklopädisten und theistischen Philosophen. In den Missionsländern blieb bis zur Jahrhundertwende die Lage ungefähr so, wie sie der Sekretär der Propaganda, Stefano Borgia († 1804), in seiner zusammenfassenden Darstellung von 1773 geschildert hatte[1].

Dieser weitblickende Sekretär und spätere Präfekt der Propaganda suchte auch der durch ständige Verfolgungen und wachsenden Mangel an Missionaren bedrohten chinesischen Kirche durch die Weihe chinesischer Bischöfe zu helfen. Seine Memoranden von 1785[2] wurden zwar 1787 von den Kardinälen der Propaganda negativ beantwortet; die zunehmenden Nöte brachten es indes mit sich, daß sie nach seinem Tode 1817 nochmals behandelt, aber 1819 endgültig abgelehnt wurden[3]. Erst 100 Jahre später ging man an die Verwirklichung dieser Vorschläge.

Die Behandlung der wichtigen Frage um die Jahrhundertwende fiel in eine Zeit allgemeiner Wirren. Die ununterbrochenen Kriege nach der Französischen Revolution und vor allem unter Napoleon machten einen regelmäßigen Verkehr der Missionszentrale mit den außereuropäischen Ländern fast unmöglich. Dazu kam, daß auch die Arbeiten der Zentrale selbst emp-

[1] *N. Kowalsky OMI,* Stand der katholischen Missionen um das Jahr 1765 an Hand der Übersicht des Propagandasekretärs Stefano Borgia aus dem Jahre 1773 (Schriftenreihe der NZM 16) (Beckenried 1957).

[2] Veröffentlicht von *V. Bartocetti:* Pensiero Missionario VI (1934) 231—247.

[3] *J. Beckmann,* Beratungen der Propagandakongregation über die Weihe chinesischer Bischöfe von 1787—1819: ZMR 30 (1940) 199—217. — Für die großen Sorgen in Rom, den bedrohten Missionen zu helfen, sprechen auch die Pläne des Propagandasekretärs Mgr. Coppola von 1805 ff, ein Seminar für Weltpriester zu gründen, welche als Professoren in den einzelnen Missionsländern für die Bildung des einheimischen Klerus wirken sollten. *J. Metzler OMI,* Missionsseminarien und Missionskollegien. Ein Plan zur Förderung des einheimischen Klerus um 1805: ZMR 44 (1960) 257—271.

findlich gestört wurden. Das geschah bereits anläßlich der Besetzung Roms und der Propaganda durch General Berthier 1798. Seit 1800 kaum etwas reorganisiert, erlag sie nach 1808, da Pius VII. in die französische Gefangenschaft abgeführt wurde, einer fast vollständigen Vernichtung: die Güter wurden französisches Staatseigentum, die Druckerei geschlossen, ihre wertvollen Lettern der französischen Staatsdruckerei einverleibt und schließlich auch das gesamte Archiv in 141 Kisten nach Paris überführt[4]. Erst nach dem Sturze Napoleons und der Rückkehr Pius' VII. konnte die Propaganda langsam wieder eine geordnete Tätigkeit aufnehmen, zumal sich nach 1817 die Finanzlage etwas besserte[5].

Obwohl die Pläne Napoleons, mit dem Papsttum auch die Zentrale der Glaubensverbreitung nach Paris zu verlegen, scheiterten, zeigen sie doch, daß der Kaiser für die große, wenigstens politische Bedeutung der Mission aufgeschlossen war. Dieses wird bereits in einem Brief vom 28. August 1802 an Pius VII. sichtbar. In diesem bietet er dem Papste das Protektorat Frankreichs über alle Missionen des Vorderen Orients und Chinas an[6]. Der Minister Portalis kam noch im gleichen Jahr in einer besonderen Eingabe auf die politischen Werte der französischen Missionsarbeit zu sprechen, wobei er es nicht unterließ, konkrete Beispiele für die Bemühungen der Engländer um ein solches Protektorat in China anzuführen[7].

Zu dieser Missionsauffassung der herrschenden Kreise gesellte sich in Frankreich auch bald wieder das Verständnis für die religiösen Anliegen der Glaubensverbreitung. Zu den stillen, aber erfolgreichen Förderern des heimatlichen Missionswesens gehörte vor allem der Retter des Pariser Missionsseminars und spätere Generalobere Denis Chaumont (1752—1819). Von seinem Londoner Exil aus bemühte er sich, durch Herausgabe von Missionsberichten und durch kraftvolle Aufrufe den Missionsgeist neu zu beleben[8]. 1805 wurde durch kaiserliches Dekret das Pariser Missionsseminar

[4] *J. Schmidlin,* Die Propaganda während der napoleonischen Invasion: ZMR 12 (1922) 112—115.

[5] Das Archiv wurde 1817 zurückerstattet, doch gingen manche Bände verloren. Erst 1925 kamen 74 Bände aus dem Wiener Staatsarchiv durch die Bemühungen des österreichischen Gesandten und Historikers Frh. von Pastor wieder ins Propagandaarchiv. Diese Bände bilden den „Fondo di Vienna". *N. Kowalsky,* Inventario dell'Archivio storico della S. Congregazione „de Propaganda Fide" (Schriftenreihe der NZM 17) (Beckenried 1961); *ders.,* L'Archivio della S. Congregazione „de Propaganda Fide" ed i suoi Archivisti: Annales Pont. Univ. Urbaniana (Romae 1964) 33—53.

[6] *Streit* XII 17.

[7] *F. Combaluzier CM,* Les missions au temps de Napoléon: RHM 14 (1937) 258—266 395—402 521—524 (die Eingabe von Portalis 261 f). Eine Zusammenfassung der Bemühungen Englands um die Gunst der katholischen Missionare und ein Missionsprotektorat bei *L. Wei Tsing-sing,* La politique missionnaire de la France en Chine 1842—1856 (Paris 1960) 70—76.

[8] Seit 1776 Missionar in China, kam er 1784 als Vertreter der Chinamission nach Paris,

nebst dem Seminar der Väter vom Heiligen Geist, welche vor allem auf den französischen Antillen tätig waren, wiederhergestellt[9].

Der Erfolg aller Bemühungen kirchlicher Kreise wurde durch das Werk René de Chateaubriands (1768—1848) „Le Génie du Christianisme" (1802) vorbereitet. Das genannte Werk sollte vor allem der Neubelebung der katholischen Religion und ihres Kultes in Frankreich dienen; die Mission, zumal in Amerika, das Chateaubriand persönlich kannte, leistete ihm dafür vorzügliche Dienste[10].

Das Buch des Romantikers war ein Beweis für die enge Verbindung eines erneuerten Katholizismus und des Einsatzes für die Verbreitung des Glaubens. So wird es verständlich, daß die Kirche Frankreichs, obwohl noch lange durch rationalistische und antichristliche Kräfte niedergehalten, sich allmählich anschickte, eine Vormacht der katholischen Mission zu werden. Das Schwergewicht der Glaubensverbreitung verlagerte sich immer mehr von den iberischen Ländern in den Norden. Hier entstanden neue Orden und Kongregationen mit missionarischer Ausrichtung: 1805 die Kongregation der Heiligsten Herzen Jesu und Mariä (nach ihrer Niederlassung in Paris Picpusväter genannt), welche die erste geschlossene Gruppe katholischer Missionare für Ozeanien stellen sollte[11]; 1807 die Josephschwestern von Cluny, welche den Auftakt zu der nicht mehr aussetzenden Schwesternarbeit in Afrika und Asien gaben[12]; 1816 die Oblaten der Unbefleckten Jungfrau Maria, die modernen Apostel Kanadas[13], und die Gesellschaft Mariä (Maristen), der schon 1836 ein riesiges Gebiet in der Südsee übertragen wurde[14].

mußte 1792 fliehen, kehrte 1814 zurück. Seiner finanziellen Hilfe war zunächst der Rückkauf der beschlagnahmten Seminargebäude zu danken. Von 1814 war er Generaloberer. *A. Launay,* Mémorial de la Société des Missions Étrangères II (Paris 1916) 126 f.

[9] Text des Dekretes bei *A. Launay,* Histoire Générale II (Paris 1894) 377—378. — Das Mutterhaus der Lazaristen konnte erst 1817 wieder nach Paris verlegt werden, und zwar auf Grund eines recht optimistischen Memorandums des ehemaligen Chinamissionars J. Fr. Richenet (1759—1836): Note de M. Richenet CM sur la Mission des Lazaristes en Chine: T'oung Pao XX (1920/21) 117—129. Die Regierung zahlte selbst das neuerworbene Generalat in der Rue de Sèvres.

[10] Er widmete ihrer Schilderung das 4. Buch und Teile des 5. und 6. Buches. *J. Schmidlin,* Chateaubriand und Maistre über die Mission: ZMR 21 (1931) 295—297; *J. Beckmann,* Chateaubriand et les Bethléemites: NZM 19 (1963) 130 f.

[11] *St. Perron,* Vie du T. R. P. M.-J. Coudrin, fondateur et premier supérieur de la Congrégation des Sacrés-Cœurs de Jésus et Marie (Paris 1940).

[12] Gegründet von Anne-Marie Javouhey (1779—1851). *G. Goyau,* Un grand Homme: Mère Javouhey, apôtre des Noirs (Paris 1929).

[13] Gegründet von Ch. J. E. de Mazenod (1782—1861). *J. Leflon,* Eugène de Mazenod, Évêque de Marseille, Fondateur des Missionnaires Oblats de Marie I-III (Paris 1957/65).

[14] Gegründet von J. Cl. Colin (1790—1875). *G. Goyau,* Le Vénérable Jean Colin (Paris 1913). Vgl. auch die zusammenfassende Darstellung über diese Orden bei *L. Deries,* Les congrégations religieuses au temps de Napoléon (Paris 1928) (Les missions et les missionnaires au temps de Napoléon 107—119).

Während die französischen Orden und Gesellschaften neue Missionskräfte ausbildeten und aussandten, suchte in Lyon Marie-Pauline Jaricot (1799 bis 1862) durch die 1822 rechtlich erfolgte Gründung des Vereins der Glaubensverbreitung der gesamten Mission, zunächst auf nationaler und bald schon auf internationaler Ebene, zu helfen, einerseits durch die regelmäßigen Gebete der Mitglieder für die Ausbreitung des Glaubens und anderseits durch den wöchentlichen „Sous" für die Missionen[15]. Die Bemühungen der M.-P. Jaricot erfolgten zunächst noch stark in Verbindung mit dem Pariser Missionsseminar, doch brach schon bei der Gründungsversammlung dank verschiedener Einflüsse, zumal der beiden französischen Bischöfe in Amerika, Flaget (1763—1850) und Dubourg (1766—1833), der Plan eines allgemeinen, das heißt alle katholischen Missionen umfassenden Vereins durch. Diese Tatsache der „Katholizität" gab wohl den Ausschlag, daß sich der Verein bald über die Grenzen Frankreichs ausbreitete, zunächst in die Nachbarländer Savoyen und Piemont[16], etwas später in die Schweiz (1827)[17] und in die Niederlande (1830)[18], dann auch in Amerika und sogar in Portugal und Spanien[19]. Die ausschließlich französische Leitung und Verwaltung wurde allerdings Anlaß, daß sich in Deutschland und Österreich eigene, von Lyon unabhängige Körperschaften entwickelten. Hier hatten sich schon früh verschiedene Missionskreise gebildet. Der Wiener Kreis führte bereits 1828 zur Gründung der Leopoldinen-Stiftung[20]; der Rheinische Kreis konnte sich erst 1834 zum Xaverius-Verein organisieren[21], und in Bayern verhinderte der Bürokratismus bis 1838 die Bildung des Ludwig-Missionsvereins[22]. Von

[15] *De Lathoud,* Marie-Pauline Jaricot, 2 Bde (Paris 1937). — Über die Vorläufer des Vereins, zumal im Rahmen des Pariser Missionsseminars, orientiert *H. Sy,* Précurseurs de l'Œuvre de la Propagation de la Foi: NZM 5 (1949) 170—188.

[16] Über die schnelle Ausbreitung des Vereins *A. Schmidlin,* Zur Zentenarfeier des Vereins der Glaubensverbreitung: ZMR 12 (1922) 65—76; *M.-A. Sadrain,* Les premières années de la Propagation de la Foi: RHM 16 (1939) 321—348 554—579. In Piemont stand die Gründung des Vereins im engen Zusammenhang mit der religiösen Erneuerung. Vgl. *C. Bona IMC,* La rinascita Missionaria in Italia (Turin 1964).

[17] *J. Beckmann,* Die katholischen Schweizermissionen in Vergangenheit und Gegenwart: StMis 9 (Rom 1956) 135—136.

[18] *A. J. J. M. van den Eerenbeent,* Die Missie-actie in Nederland (± 1600—1940) (Nijmegen 1945) 81—84.

[19] *A. Schmidlin* a. a. O. (Anm. 16) 88.

[20] *J. Thauren,* Ein Gnadenstrom zur Neuen Welt und seine Quelle. Die Leopoldinen-stiftung zur Unterstützung der amerikanischen Missionen (Mödling b. Wien 1940); *G. Kummer,* Die Leopoldinen-Stiftung (1829—1914) (Wien 1966).

[21] Schon seit 1827 arbeitet der Kreis für das Werk der Glaubensverbreitung in Lyon, aber erst 1834 gelang unter neuem Namen und selbständiger Leitung die Gründung des Xaveriusvereins. Die Seele aller Bemühungen war der Aachener Arzt Heinrich Hahn (1800—82). Biographie von *Cl. Bäumker* (Aachen 1930); *G. Schückler,* Brücken zur Welt. 125 Jahre Aachener Missionszentrale (Aachen 1967).

[22] *W. Mathäser OSB,* Der Ludwig-Missionsverein in der Zeit König Ludwigs I. von

1824 an begann die Zeitschrift „Annales de la Propagation de la Foi" in regelmäßiger Folge und bald in die meisten europäischen Sprachen übersetzt zu erscheinen[23]. Nach der zweimaligen Ausraubung der Propaganda (durch die Revolutionstruppen und Napoleon) entwickelte sich der Verein der Glaubensverbreitung zur wichtigsten Finanzquelle der Missionen in neuerer Zeit[24].

Die folgenreichste Tat Pius' VII. für die Missionen war die Wiederherstellung der Gesellschaft Jesu durch die Bulle „Sollicitudo omnium" vom 7. August 1814. Schon kurz nach seinem Amtsantritt (1800) bestätigte der Papst die Existenz des Ordens in Rußland. Dieser hatte dort nach seiner Aufhebung unter dem Schutz Katharinas II. weiterbestanden, aber erst die päpstliche Anerkennung dieses Ordensreservates bewog zahlreiche ältere und auch neue Mitglieder, in Rußland in den Orden einzutreten[25]. Von hier aus sollte auch die alte Jesuitenmission in China neu belebt werden. Rußland hoffte, durch eine solche unter seinem Protektorat stehende Mission eine Verbesserung seiner Beziehungen mit China zu erreichen. Verschiedene Versuche schlugen fehl. Ein letzter führte zwar mit ausdrücklicher päpstlicher Erlaubnis Antonio Grassi mit zwei Gefährten 1806 nach Lissabon. Er wurde aber letztlich zuwenig durch staatliche und kirchliche Kreise unterstützt, so daß auch sein Unternehmen fehlschlug[26]. Doch zeigte dies, gleichsam symbolhaft, welch großes Ansehen die Chinamission noch immer in den maßgebenden Kreisen genoß. Sie war, trotz aller Hemmnisse, neben der hinterindischen Mission die einzige, die wirklich lebendiges religiöses Leben zeigte.

Von grundlegender Bedeutung für ganz China wurde die erste Synode, welche der Martyrerbischof J.-G.-T. Dufresse (1750—1815) im entfernten Szetschwan mit 14 chinesischen und 3 europäischen Priestern abhielt. Die Akten konnten erst 1822 von der Propaganda approbiert und gedruckt werden. Ein Dekret von 1832 gab den Bestimmungen der Synode verpflichtende Kraft für ganz China[27]. Diese Synode mit ihren weitblickenden Bestimmun-

Bayern (München 1939). Auch in Bayern gingen die Anfänge, die Lyoner Zentrale zu unterstützen, ins Jahr 1827 zurück (a. a. O. 16).

[23] *Streit* I 571—573 führt Ausgaben in 19 Sprachen auf. Da vor allem in den ersten Jahrzehnten die Missionsbischöfe selbst oder die von ihnen beauftragten Vertreter die Berichte schrieben, sind die Bände des 19. Jh. „eine der wichtigsten Quellen der Missionsgeschichte unserer Zeit" (a. a. O. 572).

[24] Nach den Abrechnungen des Vereins wurden im 1. Jahrhundert seines Bestandes rund 1/2 Milliarde Franken den Missionen zugewandt (*A. Schmidlin* a. a. O. [Anm. 16] 69).

[25] *J. A. Otto,* P. Roothaan 9 ff. — Als 1820 der Orden in Rußland aufgehoben wurde, mußten 350 Jesuiten, welche in 32 Niederlassungen tätig waren, das Land verlassen (ebd. 10).

[26] *J. A. Otto* a. a. O. 64—81; *G. Garraghan SJ,* John Anthony Grassi SJ (1775—1849): CHR 23 (1937) 273—292.

[27] *Streit* XII 22 f 89.

gen könnte den Eindruck größter Ruhe in China erwecken. Tatsächlich aber hielten die lokalen Schikanen an, die sich 1805 und 1811 zu allgemeinen Verfolgungen ausweiteten. Der von 1805 fiel die Propagandamission in Peking zum Opfer. Ihre Missionare mußten China verlassen. Auf Grund der kaiserlichen Dekrete von 1811 starben 1815 Bischof Dufresse von Szetschwan und 1816 der italienische Franziskaner Johannes von Triora von Schansi als Martyrer. Ihnen folgte 1820 der französische Lazarist J.-Fr. Clet (1748 bis 1820). Die Franziskanermissionen des Nordens hatten zudem unter internen Schwierigkeiten zu leiden. Der Apostolische Vikar G. B. de Mandello († 1804) wurde infolge seiner Differenzen mit den einheimischen Priestern seines Amtes enthoben[28].

Trotz aller Verfolgungen blieb nicht nur die äußere Organisation der Diözesen und Apostolischen Vikariate in China intakt, sondern es gelang den Missionaren, chinesischen und europäischen, neue christliche Zentren zu schaffen. Sie waren zwar klein und weithin zerstreut, konnten aber im Verlaufe des 19. Jh. zu eigentlichen Gemeinden ausgebaut werden[29]. Um 1815 widmeten sich 89 chinesische und 80 europäische Priester der Missionsarbeit und betreuten insgesamt 210000 Christen[30]. Die verhältnismäßig hohe Zahl des chinesischen Klerus zeigt, daß sich die europäischen Missionare besonders für dessen Bildung und Erziehung einsetzten. Zu den bestehenden Bildungsstätten in Makao und in abgelegenen Orten Innerchinas kam seit 1808 das neueröffnete Generalseminar der Parisermissionare in Pulo-Penang[31].

Andere Versuche Pius' VII., bedrängten Katholiken Hilfe zu bringen, etwa in Südafrika und Australien, in Indien und Ozeanien, hatten leider nur kurzfristige Erfolge oder erwiesen sich als vergeblich. Sein besonderes missionarisches Verdienst liegt jedoch in der Reorganisation der Propaganda, der Wiederherstellung der Gesellschaft Jesu, der Bestätigung neuer Missionsgesellschaften, in der Empfehlung des Vereins der Glaubensverbreitung und anderer Hilfswerke. Durch all das bahnte sich die Restauration der Folgezeit, und zwar bereits unter den Pontifikaten Leos XII. (1823—29) und Pius' VIII. (1829—30), an[32].

[28] *K. S. Latourette,* A History of Christian Missions in China (New York 1929) 175 ff.

[29] Mgr. *Dufresse* gibt für sein Gebiet 1814 folgende Einzelangaben: in Ost-Szetschwan bestanden 123, im Westen 73, im Norden 73 und im Süden 183 solcher Zentren, zusammen also 577. Dazu unterstanden ihm noch die in den Provinzen Kweitschu (10) und Yünnan (25). *J. Beckmann,* Die Lage der katholischen Missionen in China um 1815: NZM 2 (1946) 222.

[30] Ebd. 217—223.

[31] *P. Destombes,* Le Collège Général de la Société des Missions Étrangères (Hongkong 1934). Das Seminar bestand seit 1665 in Siam, mußte 100 Jahre später nach dem Einfall der Birmanen fliehen, konnte aber nach verschiedenen Versuchen 1808 im englischen Gebiet neu eröffnet werden.

[32] *Schmidlin,* Papstgeschichte I 307—343, *Leflon* 343—356, *Delacroix* III 45—51.

Die Restauration der Missionsarbeit unter Gregor XVI. (1831—46)

1831 wurde der Kamaldulenser Kardinal Mauro Cappellari zum Papst gewählt. Seit 1826 war er Präfekt der Propagandakongregation[33]. Wohlvertraut mit den Mängeln und Schwierigkeiten, den Nöten und Aufgaben der Missionsarbeit, suchte er diese als Papst auf den verschiedenen Missionsfeldern zu fördern und neu zu beleben[34].

Seine erste Aufgabe sah er darin, die Kirche des Abendlandes mit den Pflichten und Aufgaben der Glaubensverbreitung, welche bisher vor allem durch die Patronatsmächte getragen wurde, vertraut zu machen. Das geschah speziell durch die erste päpstliche Missionsenzyklika „Probe nostis" vom 15. August 1840[35], ferner durch eine weitgehende Förderung des Vereins der Glaubensverbreitung[36] und durch die Anerkennung und Unterstützung des 1843 von Bischof Forbin-Janson von Nancy gegründeten Werkes der Heiligen Kindheit[37]. Förderung erfuhren auch die nationalen Missionsvereine von Aachen, Wien und München, wobei sich Gregor XVI. besonders darum bemühte, sie der Leitung in Lyon zu unterstellen[38].

Eine der Hauptsorgen des Papstes bestand in der Vermehrung des Missionspersonals, da Spanien und Portugal, die bisher den Großteil aller Missionskräfte gestellt hatten, während der Kirchenverfolgungen von 1834 bis 1836 fast alle Orden und religiösen Gemeinschaften aufhoben und ihre Mitglieder vertrieben oder einkerkerten[39]. Die Verfolgungen wirkten sich in den spanischen Nachfolgestaaten Amerikas wie auch in den portugiesischen Missionen verhängnisvoll aus. Obwohl in beiden iberischen Staaten, ebenso in Frankreich, in der Schweiz und anderswo gerade die Jesuiten am heftigsten verfolgt wurden, suchte Gregor XVI. besonders in ihren Reihen

[33] *J. Schmidlin*, Gregor XVI. als Missionspapst (1831—46): ZMR 21 (1931) 209—228; *ders.*, Papstgeschichte I 662—675; *C. Costantini*, Gregorio XVI e le Missioni: Gregorio XVI, Miscellanea Commemorativa II (Misc. Hist. Pont. XIV/2) (Rom 1948) 1—23; *R. S. Maloney SX*, Mission Directives of Pope Gregory XVI (1831—1846) Teildruck (Rom 1959).

[34] *C. Costantini* a. a. O. 6—8 mit Aufführung aller Erlasse, welche Gregor als Präfekt der Propaganda herausgegeben hat.

[35] JP V 250—253.

[36] Der Teildruck der Anm. 33 genannten Diss. von Maloney handelt von diesen Förderungen. Dabei suchte der Papst vor allem den internationalen und missionarischen Charakter des Vereins sicherzustellen. Mit Rücksicht darauf wurde sogar das vom Papst selbst gebilligte Werk des Katholischen Apostolates von Vinzenz Pallotti 1838 aufgelöst (a. a. O. 18—20). Dagegen billigte er die Verwendung von Geldern des Vereins zum Bau des neuen Jesuitenkollegs in Schwyz, doch mußte er diese Erlaubnis auf Grund des Protestes von Kard. Fransoni, Präfekt der Propaganda, 1835 zurückziehen (a. a. O. 12—13).

[37] *P. Lesourd*, Un grand cœur missionnaire: Mgr de Forbin-Janson (1785—1844), Fondateur de l'Œuvre de la Sainte-Enfance (Paris 1944).

[38] *Maloney* a. a. O. 49—55. — Diese verschiedenen Vereine wurden Zweige des Vereins der Glaubensverbreitung, wobei, je nach den Verhältnissen, die Verbindung eng oder lose war.

[39] *Schmidlin*, Papstgeschichte I 614—627.

Hilfe für die bedrängten Missionen. Er fand bei ihrem General Johann Philipp Roothaan (1785—1853) großes Verständnis und unter den Jesuiten, vielfach wie im 16. und 17. Jh., eine begeisterte Bereitschaft. Seitdem der holländische General den Orden leitete (1829), stand dieser innerlich und äußerlich neugestärkt da — bei seinem Tode zählte er bereits wieder 5209 Mitglieder[40]. Noch wichtiger für das organische Wachstum der Kirche war die grundsätzlich positive Haltung General Roothaans zur Missionszentrale der Propaganda. Unablässig bemühte er sich, das Wirken der Jesuitenmissionare voll und ganz dem höchsten Organ für die Missionstätigkeit anzupassen. Sein Ringen um eine für beide Seiten tragbare Form der Zusammenarbeit sollte nicht nur ein Segen für die gesamte Missionsarbeit, sondern auch beispielhaft für die Tätigkeit anderer Orden und Kongregationen werden[41]. Am Schluß dieser Entwicklung stand die bis zur neuesten Zeit gültige Strategie: die Aufteilung der Missionsgebiete und ihre Übertragung an die verschiedenen Orden und Kongregationen.

Diesem neuen Trend folgte nun auch das Pariser Missionsseminar. Bis ins 19. Jh. hatte es wohl die Apostolischen Vikare für die fernöstlichen Missionsfelder gestellt, daneben aber nur vereinzelte Missionare ausgesandt; jetzt gesellten sich zu den Bischöfen immer mehr gesellschaftseigene Missionare, welche geschlossene Missionsgebiete übernahmen. Das Seminar wurde im 19. Jh. geradezu *die* Missionsgesellschaft für den Fernen Osten. Einen nachhaltigen Einfluß übte vor allem Bischof Luquet (1810—58) aus. Noch als Seminarist schrieb er ein Werk, welches die Richtlinien für die Bildung des einheimischen Klerus und die Errichtung der einheimischen Hierarchie (inkl. des Kardinalates) bot und damit die Leitideen des Seminars aus der Gründungszeit erneuerte[42].

Ein Freund Mgr. Luquets, der seit 1845 in Paris oder in Rom lebte, war der vom Judentum zum Katholizismus bekehrte Rabbinersohn Franz Maria Libermann (1802—52)[43]. Er gründete 1841 die Genossenschaft der Missionare vom Heiligsten Herzen Mariä, welche sich 1848 mit der bereits seit 1703 bestehenden Gesellschaft vom Heiligen Geist zusammenschloß[44] und

[40] Bei *J. A. Otto,* P. Roothaan 106.

[41] Ebd. 504—520. — Über die rechtsgeschichtliche Entwicklung der Frage vgl. *S. Masarei,* De missionum institutione ac de relationibus inter Superiores Missionum et Superiores Religiosos (Rom 1940), besonders 59—84.

[42] Lettres à Mgr l'évêque de Langres sur la Congrégation des Missions Étrangères (Paris 1842). — Luquet wurde 1845 von Gregor XVI. zum Weihbischof von Pondichéry ernannt, aber von seinen Mitarbeitern nicht akzeptiert. *A. Launay,* Mémorial de la Société des Missions Étrangères II (Paris 1916) 411—413; *R. Roussel,* Un Précurseur: Monseigneur Luquet, 1810—1858 (Langres 1960); *J. Millet,* La Pensée missionnaire de Monseigneur Luquet (Diss. masch. Paris 1962).

[43] Die Literatur von und über Libermann bei *Streit* XVII 422—428, dazu *P. Blanchard,* Le Vénérable Libermann 1802—52, 2 Bde (Paris 1960).

[44] Diese Gesellschaft, gegründet von Fr. Poullart des Places (1679—1719), widmete sich

deren Namen annahm. Libermann stellte seine Gründung ganz in den Dienst der schwarzen Rasse, die zu seiner Zeit fast ohne Missionare war. 1841 begann die Gesellschaft ihre Missions- und Seelsorgearbeit auf der Insel Mauritius, 1842 auf Réunion; 1843 trafen die ersten zehn Missionare, sieben Priester und drei Brüder, in Westafrika (Senegal) ein. Aber nach einem Jahr hatte das Tropenklima bereits alle Missionare bis auf einen Priester hinweggerafft. Trotz aller Verluste füllten sich die Reihen indessen immer wieder auf, und ein Missionsgebiet nach dem andern konnte der Kongregation vom Heiligen Geist in West- und Ostafrika anvertraut werden[45]. Diese fruchtbare Entfaltung der spiritanischen Missionsarbeit ist nicht nur der heroischen Haltung der Missionare, zumal der Anfangszeit, zu verdanken, sondern auch den weitschauenden Instruktionen des Stifters, der — ähnlich wie Mgr. Luquet und ungeachtet all der Härten und der bescheidenen Anfänge — stets die einheimische Kirche vor Augen behielt[46].

Bevor die Söhne Libermanns Afrika erreichten, hatte eine glaubensstarke Frau, Maria Anna Javouhey (1779—1851), das Werk der Glaubensverbreitung in Afrika begonnen. Sie hatte 1807 die Kongregation der St.-Josephs-Schwestern von Cluny ins Leben gerufen, um das darniederliegende religiöse Leben in Frankreich zu erneuern. Die große Not in Afrika, von der sie hörte, veranlaßte sie 1817, ihre Schwestern auf die Insel Réunion und 1819 zum Senegal zu senden. Mit sechs Begleiterinnen eilte die Stifterin 1822 selbst den notleidenden Schwestern in Westafrika zu Hilfe, organisierte die Missionsarbeit in Senegal und im benachbarten Sierra Leone, um sich nach 1827 vor allem den Negern Amerikas und Guayanas zu widmen. Überzeugt von der dringenden Notwendigkeit von Priestermissionaren, wollte sie selbst eine solche Gemeinschaft gründen, stand aber davon ab, als sie von P. Libermanns Werk erfuhr. Sie legte mit ihrer Arbeit den Grund für die Schwesternarbeit in Afrika[47]. Mère Javouhey war aber nicht nur die Bahnbrecherin der

vor allem der Missions- und Seelsorgearbeit in den französischen Kolonien. *J. Michel CSSp*, Claude-François Poullart des Places. Fondateur de la Congrégation du St. Esprit, 1679—1719 (Paris 1962); *J. Janin CSSp*, La Religion aux Colonies Françaises sous l'Ancien Régime (Paris 1942); *V. Lithard* CSSp, Spiritualité Spiritaine. Étude sur les Écrits Spirituels de M. Poullart des Places et du Vén. Libermann (Paris 1948); *H. J. Koren - M. Carrignan*, Les Écrits de M. Cl.-Fr. Poullart des Places, fondateur de la Congrégation du St. Esprit (Pittsburgh - Löwen 1959).

[45] *H. J. Koren*, The Spiritans. A History of the Congregation of the Holy Ghost (Pittsburgh - Löwen 1958).

[46] So schrieb Libermann den ersten Missionaren in Dakar: „Werdet Neger mit den Negern, um sie zu bilden, wie sie gebildet werden müssen. Bildet sie nicht nach europäischer Weise, sondern laßt ihnen das, was ihnen eigentümlich ist! Stellt euch ihnen gegenüber wie Knechte gegen ihren Herrn ..." bei *A. Engel CSSp*, Die Missionsmethode der Missionare vom Hl. Geiste auf dem afrikanischen Festland (Knechtsteden 1932) 41.

[47] Literatur bei *Streit* XVII 383—386. Bisher beste Biographie von *G. Goyau*, Un grand Homme: Mère Javouhey, apôtre des Noirs (Paris 1929). Ihre Briefe erschienen in 5 Bänden (Paris 1909/17). 1950 seliggesprochen.

Mission in Afrika; durch das Beispiel ihrer Schwestern gab sie auch sozusagen das Signal für die allgemeine Teilnahme der Frauen am modernen katholischen Apostolat in Übersee.

Schon vor Aufhebung der Orden in den iberischen Ländern hatte sich der Mangel an Missionaren, besonders in den weiten Gebieten Asiens, welche dem Padroado unterstanden, verhängnisvoll ausgewirkt. Gregor XVI., als ehemaliger Präfekt der Propaganda mit den dortigen Verhältnissen vertraut, suchte deshalb vom Anfang seines Pontifikates an, hier wirksame Abhilfe zu schaffen. 1832 stellte er Portugal vor die Alternative, entweder seine Pflichten als Patronatsherr zu erfüllen oder vom Patronat zurückzutreten. Da Portugal nicht auf die päpstliche Aufforderung reagierte, nahm der Papst selbständig die Neuordnung der kirchlichen Verhältnisse in Asien, und zwar zuerst in Indien, in die Hand.

Nach Lösung mannigfacher Schwierigkeiten, die teils von den beteiligten religiösen Orden, teils von den Mächten Portugal und England herrührten, errichtete Gregor XVI. 1834 das Apostolische Vikariat Bengalen (Kalkutta)[48]. Hier hatte seit 1733 die englische ostindische Handelsgesellschaft, welche das Gebiet beherrschte, ihren Hauptsitz. Hier erstand 1819 das erste anglikanisch-indische Bistum. Hier hielten aber auch die portugiesischen Augustiner zäh am überlieferten Padroado fest und anerkannten nur den Bischof von Meliapur oder dessen Stellvertreter als ihren kirchlichen Obern[49].

Ähnlich lagen die Verhältnisse in Madras, wo die Engländer schon seit 1641 durch den Bau eines Forts festen Fuß gefaßt hatten und von Anfang an portugiesischen Missionaren den Zutritt verwehrten. Die Seelsorge übten französische Kapuziner aus[50]. Wie in Kalkutta ließen sich auch mit der Errichtung des Apostolischen Vikariates Madras 1832 die jurisdiktionellen Verhältnisse nicht restlos klären. Das gleiche gilt für die 1836 errichteten Vikariate von Pondichéry, Ceylon und Madura[51].

Der außergewöhnliche und bedeutende Eingriff Roms in die Missionsverhältnisse Indiens wurde vom Padroado-Klerus nicht überall gleich gut aufgenommen. Da und dort verweigerten Priester mit ihren Gemeinden den neuen Bischöfen den Gehorsam. Diese drängten in Rom auf eine eindeutige Entscheidung, welche der verhängnisvollen Doppeljurisdiktion ein Ende bereiten sollte. Doch erst am 28. April 1838 unterzeichnete Gregor XVI. das

[48] JP V 95 f; 1835 folgte die Trennung von Meliapur, ebd. 135—136.

[49] *N. Kowalsky OMI,* Die Errichtung des Apostolischen Vikariats Kalkutta nach den Akten des Propagandaarchivs: ZMR 36 (1952) 117—127 187—201, 37 (1953) 209—228. Für die Geschichte der Jesuiten in Kalkutta um diese Zeit vgl. *J. A. Otto,* P. Roothaan 257—283.

[50] *N. Kowalsky OMI,* Die Errichtung des Apostolischen Vikariates Madras nach den Akten des Propagandaarchivs: NZM 8 (1952) 36—48 119—126 193—210.

[51] JP V 97 161 168. — Für Ceylon: *J. Rommerskirchen OMI,* Die Errichtung des Apostolischen Vikariates Ceylon: ZMR 28 (1938) 124—132, für Madura: *J. A. Otto,* P. Roothaan 283—339.

Dekret „Multa praeclare“[52], unterließ es allerdings, dies Portugal und den entsprechenden Instanzen Indiens in korrekter Form mitzuteilen. Durch das Breve wurden die Patronatsbistümer Kotschin, Kranganore und Meliapur in Indien und das Bistum Malakka in Hinterindien aufgehoben. Die Wirkung war verheerend; denn der bisher nur sporadisch geäußerte Widerstand gegen die Apostolischen Vikare verhärtete sich zu einer geschlossenen Front und führte in der Folgezeit zu schweren Wirren.

Portugal wurde durch das Breve gleichsam aufgeschreckt und schlug für den seit 1831 vakanten erzbischöflichen Stuhl von Goa den Benediktiner José Maria da Silva Torres (1800—54) vor, den Gregor XVI. 1843 dann auch ernannte[53]. Leider ließ er die Ernennung nach dem Muster der früheren Bullen ausstellen, und nur in einem Privatbriefe „Nuntium ad te“ verpflichtete er den neuen Erzbischof zu einer Anerkennung des Breve „Multa praeclare“ und zur weiteren Einschränkung seiner Jurisdiktion[54]. Der neue Erzbischof mußte sich als Portugiese an die Bestimmung der Bulle halten, während die Apostolischen Vikare, im Besitze des Breve „Nuntium ad te“, sich nach diesem richteten. So standen sich von Anfang an die beiden Standpunkte unversöhnlich gegenüber und vergifteten die religiös-kirchliche Lage Indiens[55].

In der Kapuziner-Mission von Hindustan errichtete Gregor XVI. 1834 das Apostolische Vikariat Sardhana[56] und 1845 das Vikariat Patna, dessen erster Bischof der Schweizer Kapuziner Anastasius Hartmann wurde[57].

Ruhiger als die Neuordnung der aufgelösten portugiesischen Diözesen Indiens vollzog sich jene von Malakka, das, zuerst mit Birma (Apostolisches Vikariat Ava und Pegu) und seit 1840 mit Siam vereint, 1841 in zwei Vikariate geteilt wurde[58]. Das lebendigste Christentum Hinterindiens entfaltete sich unbestritten in den früheren Reichen Tonking und Cochinchina.

[52] JP V 195—198. — *J. Metzler OMI,* Die Aufnahme des Apostolischen Breve „Multa praeclare“ in Indien: ZMR 38 (1954) 295—317.

[53] *J. Metzler OMI,* Die Patronatswirren in Indien unter Erzbischof Silva Torres (1843—49): ZMR 42 (1958) 292—308.

[54] JP V 316—317.

[55] Es dürfte nicht mehr angebracht sein, die so geschaffene Lage als „goanesisches Schisma“ zu bezeichnen, da man — abgesehen von subjektiver Auffassung und Unkenntnis — auch die Haltung des Erzbischofs nicht schismatisch nennen kann. *A. Lourenço,* Utrum fuerit Schisma Goanum post Breve „Multa praeclare“ usque ad annum 1849 (Goa 1947) lehnt die früher vertretene Auffassung mit neuen Gründen und Dokumenten ab.

[56] JP V 108—110 nebst anderen Dokumenten Gregors (Brief an den Fürsten), *S. Noti SJ,* Das Fürstentum Sardhana (Freiburg 1906).

[57] JP V 351 352. — Monumenta Anastasiana, ed. *A. Jann a Stans OMCap.* I/1 (Luzern 1939), 1. Appendix 970—1152, auch die Dokumente zur Vorgeschichte von Patna, d. h. der Kapuzinermission von Hindustan; *W. Bühlmann OFMCap,* Pionier der Einheit. Bischof Anastasius Harmann (Paderborn - Zürich 1966).

[58] *Schmidlin,* Papstgeschichte I 670.

Unter Kaiser Gialong († 1821), der mit französischer Hilfe, zumal der des Apostolischen Vikars Pierre Pigneau de Behaine († 1799), an die Regierung gelangt war, erhielt die Mission eine Ruhepause, um die Schäden der Verfolgungen des 18. Jh. wiedergutzumachen. Unter seinem Nachfolger Ming Mang († 1841) jedoch begann nach 1830 eine der blutigsten Verfolgungen, welcher Hunderte von Christen, 20 vietnamesische Priester, neun europäische Missionare und vier Bischöfe zum Opfer fielen[59]. Gregor XVI. richtete 1839 an die verfolgte Kirche ein Trost- und Ermunterungsschreiben[60] und pries im öffentlichen Konsistorium vom 27. April 1840 den christlichen Starkmut der einzelnen Martyrer[61]. Die Kirche konnte nur noch im Schutz der Wälder und auf den zahlreichen Flüssen weiterleben.

Trotz Verfolgungen und Mangel an Missionaren konnte sich die Chinamission in ihrem Bestand während der ersten Hälfte des 19. Jh. wesentlich erhalten[62]. Das verdankte sie vor allem dem ununterbrochenen Fortbestand der Propagandaprokur in Makao und ihren durchwegs vorzüglichen Vertretern[63]. Auch ging Gregor XVI. mit den Bistümern des Padroado umsichtiger vor als in Indien[64]. So wurde nach dem Tod (1838) des letzten Bischofs von Nanking, Gaetano Pirés Pereira, der allerdings seinen Wohnsitz und seine Arbeit in Peking niemals aufgeben konnte, nur ein Apostolischer Administrator, der italienische Weltpriester L. de Besi, ernannt. Auch die Errichtung des Apostolischen Vikariates Korea 1831 und der Apostolischen Vikariate der Mandschurei (1838) und der Mongolei (1840) berührten kaum die Interessen Pekings. Allein das Apostolische Vikariat Schangtung wurde 1839 vom Bistum losgelöst. Die Errichtung anderer Vikariate (Hu-Kuang, Kiansi, Tschekiang 1838) betraf nur Gebiete, welche bereits der Propaganda unterstanden. Zu einem eigentlichen Zusammenstoß mit den portugiesischen Behörden kam es erst, als die Propaganda die Jurisdiktion über das den Engländern von den Chinesen überlassene Gebiet von Hongkong beanspruchte. Sie erhob das Gebiet 1841 zur Apostolischen Präfektur und ernannte den Prokurator in Makao, Theodor Joset, zum Apostolischen Präfekten. Dieser

[59] *F. Schwager SVD,* Aus der Vorgeschichte der hinterindischen Missionen: ZMR 3 (1913) 146—156.

[60] JP V 318—320. [61] JP V 229—231.

[62] *J. Beckmann,* Die Lage der katholischen Kirche in China um 1815: NZM 2 (1946) 217—222.

[63] Unter Gregor als Kardinalpräfekt der Propaganda und als Papst hatten dieses Amt inne: Raffaele Umpierres (bis 1834), dann Theodor Joset und seit 1842 Antonio Feliciani OFM. Eine Geschichte dieser für die asiatischen Missionen bedeutenden Institution fehlt bis heute. Für die Jahre 1834—42 vgl. *J. Beckmann,* Msgr. Theodor Joset, Prokurator der Propaganda in China und erster Apostolischer Präfekt von Hongkong (1804—42): ZSKG (1942) 19—38 121—139.

[64] Der Grund für diese Zurückhaltung lag wohl bei der Propaganda-Prokur in Makao. Diese konnte ihr Amt bis 1842 ausüben.

wurde aus Makao ausgewiesen und starb noch im Jahre 1842 an den Folgen der Entbehrungen in einer Strohhütte des erst werdenden Hongkong[65].

In die Zeit Gregors XVI. fällt auch die Sendung der drei ersten Missionare der neuerstandenen Gesellschaft Jesu; 1841 trafen sie in Makao ein und übernahmen bald ihre Tätigkeit in der Diözese Nanking[66]. Nach den Plänen des Generals Roothaan sollte die Chinamission vor allem eine Brücke für die Wiedereröffnung der Japanmission bilden. Korea, die nächste und natürlichste Verbindung nach Japan, war äußerst schwer zu erreichen. Erst 1837 konnte ein Priester-Missionar und 1838 der erste Bischof, Mgr. Imbert, koreanischen Boden betreten. Der Bischof fiel aber bereits 1839 der blutigen Verfolgung zum Opfer. 1836 wurden auch die Riukiu-Inseln der Koreamission zugeteilt, in der Hoffnung, von hier aus einen Eingang nach Japan zu finden. 1846 erhielt der Parisermissionar P. Forcade die Ernennung zum Apostolischen Vikar[67]. Aber alle Versuche, die eigentliche Japanmission in Angriff zu nehmen, schlugen fehl.

Eine neue Epoche der chinesischen Missionsgeschichte beginnt mit dem chinesisch-französischen Vertrag von Whampoa 1844. Dieser war durch den unseligen Opiumkrieg und den abschließenden Vertrag von Nanking vorbereitet worden. In Whampoa erreichte der französische Bevollmächtigte De Lagrené nicht nur die von Frankreich geforderte Handelsfreiheit, sondern auch die Religionsfreiheit, wenn auch vorerst nur in bescheidenem Umfang[68]. Mit diesem Vertrag schloß die Periode der älteren Chinamission ab; die neue stand — besonders in der zweiten Hälfte des 19. und im 20. Jh. — im Schatten des französischen Protektorates.

Während auf den Philippinen auch im 19. Jh. die Glaubensverkündigung bei den noch heidnischen Resten der Bevölkerung im Rahmen der ordentlichen Hierarchie weitergeführt wurde und in Indonesien die 1831 errichtete Präfektur Batavia (seit 1842 Apostolisches Vikariat) ihre Tätigkeit auf die europäische Bevölkerung beschränken mußte, eröffnete sich den Missionen

[65] *J. Beckmann*, Msgr. Th. Joset 132—137; *A. Choi*, L'érection du premier vicariat apostolique et les origines du Catholicisme en Corée (Schöneck-Beckenried 1961).

[66] *J. A. Otto*, P. Roothaan 350—383. — Der Administrator von Nanking, Graf de Besi, hatte sich mit den französischen Lazaristen überworfen. Ein Konflikt mit den neuen Missionaren veranlaßte ihn, 1848 seine Demission einzureichen und China zu verlassen.

[67] JP V 359.

[68] *A. Grosse-Aschhoff OFM*, The Negotiations between Ch'i-Ying and Lagrené 1844 bis 1846 (St. Bonaventura/N. Y. 1950). — Nach dieser, zumal auf chinesischen Dokumenten fußenden Darstellung hatte Lagrené weder den Auftrag noch gar die persönliche Neigung, für die religiöse Freiheit der Missionare einzutreten. Die diesbezüglichen Bestimmungen wurden ihm geradezu von den Chinesen angeboten, wobei vor allem die Hoffnung mitspielte, die Franzosen gegen die Engländer gewinnen zu können. Missionare haben, abgesehen von einzelnen Privatbriefen, nicht auf die Verhandlungen eingewirkt. Ältere Darstellungen, auch die von *B. Wirth*, Imperialistische Übersee- und Missionspolitik, dargestellt am Beispiel Chinas (Münster 1968) 20 sind daher abwegig. Vgl. auch *L. Wei Tsing-sing*, La Politique missionnaire de la France en Chine 1842—1856 (Paris 1960).

in Ozeanien ein neues und weites Missionsfeld[69]. Die ersten katholischen Vertreter (Picpusväter) trafen 1827 in Honolulu (Sandwich-Inseln) ein, nachdem protestantische Missionare schon seit 1797 dort tätig gewesen waren. 1833 wurde das Gebiet Polynesien Apostolisches Vikariat[70], 1836 West-Ozeanien für die Maristen von Lyon abgetrennt und 1842 ein Teil davon zum Vikariat Zentral-Ozeanien erhoben[71].

Der konfessionelle Gegensatz, von Anfang an in Ozeanien lebendig, verschärfte sich weiterhin durch die politische Gegnerschaft, wobei die protestantischen Missionen zu England und die katholischen zu Frankreich hielten. Beide Konfessionen hatten nach dem Leitbild der alten Paraguay-Mission in ihren Gebieten autonome Theokratien mit einheimischen Häuptlingen an der Spitze errichtet. Der immer stärker werdenden europäischen Durchdringung der Südsee zeigten sich diese sozialen Neuschöpfungen jedoch nicht gewachsen, so daß die Missionare neue Stützen suchen mußten. Diese fanden sie in ihren Heimatstaaten, wobei es ganz natürlich war, daß sich die Protestanten für England und die Katholiken für Frankreich entschieden und damit für manche politischen Haltungen der Folgezeit den Grund legten[72]. Allerdings suchten gerade auch Missionare sich schützend vor ihre Christengemeinden zu stellen, um sie vor französischer Ausbeutung zu bewahren, so zum Beispiel P. Honoré Laval (1838—80), der seit 1834 auf den Gambier-Inseln ein christliches Zentrum auf Mangareva aufgebaut hatte. Er wurde wegen der Verteidigung der Eingeborenen von den Franzosen nach Tahiti verbannt[73].

[69] Von der bei *Streit* XXI aufgeführten Literatur seien hervorgehoben die Überblicke von *J. Braam MSC,* Die Gestaltung der ozeanischen Kirche: ZMR 26 (1936) 241—255; *J. Schmidlin,* Missionsmethode und Politik der ersten Südsee-Missionare: ebd. 255—263. Gegen letzteren Artikel richtete *A. Perbal OMI* seine Verteidigungsschrift Les missionnaires français et le nationalisme (Paris 1939).

[70] JP V 78—80 nebst Ernennungsbreve des ersten Apostolischen Vikars Mgr. St. Rouchouz.

[71] JP V 157—158 295—298. — Bischof Pompallier SM traf 1837 in seinem Missionsgebiet ein, übergab die Insel Wallis dem späteren Bischof Bataillon und die Insel Futuna dem hl. Pierre Chanel, dem Erstlingsmartyrer Ozeaniens. Vgl. *Streit* XXI 174—183, ferner Écrits du P. Chanel 1803—41, ed. *Claude Rozier* (Paris 1960).

[72] *A. Koskinen,* Missionary Influence as a Political Factor in the Pacific Islands (Helsinki 1953). — Diese Arbeit übertrifft alle früheren zum Thema an Gründlichkeit und Tiefe, obwohl sie sich auf Polynesien beschränkt. Der Verfasser glaubt feststellen zu können, daß beide Konfessionen im Interesse ihrer begonnenen Missionsarbeit nicht anders handeln konnten. Eine gute Zusammenfassung des katholischen-französischen Standpunktes bieten *C. W. Newbury* und *P. O'Reilly* in der Einführung zur Ausgabe der Geschichte von *P. Honoré Laval,* Mémoires pour servir à l'histoire de Mangareva ère chrétienne 1834—1871 (Paris 1968) LXXXVIII—CVIII und 244—249.

[73] *H. Laval,* Mémoires a. a. O. Er schließt die Ausführungen über seine Vertreibung und damit seine Mémoires mit den Worten: „Est-ce donc là ma récompense de 36 ans de Mission!!" (p. 629). Gregor XVI. hatte bereits 1840 an den neubekehrten Fürsten von Mangareva ein Glückwunschschreiben gerichtet (JP V 256—257).

Während sich in der Südsee sowohl die Kolonialmächte wie die Missionen ausbreiteten, schien der afrikanische Kontinent — abgesehen von einzelnen Randgebieten — noch kein großes koloniales oder missionarisches Interesse zu wecken[74]. In Nordafrika wurden nach der französischen Besetzung 1838 die Diözese Algier und 1843 das Apostolische Vikariat Tunis errichtet. In Abessinien begann der Lazarist Giustino de Jacobis (1800—60) 1839 die seit langem unterbrochene Missionsarbeit[75], während der Kapuziner Wilhelm Massaia (1809—89) 1846 von Gregor zum Apostolischen Vikar der noch heidnischen Gallas ernannt wurde[76]. In Westafrika konnte zuerst in Liberia, wo ein neuer Staat mit frei gewordenen Negern aus Amerika entstanden war, die Missionsarbeit aufgenommen werden. Von dort traf 1841 Mgr. Eduard Barron (1801—54) ein, nachdem bereits das Konzil von Baltimore 1833 auf die Verpflichtung der Katholiken der USA für die Negermissionen nachdrücklich hingewiesen hatte. 1842 wurde er Apostolischer Vikar von Ober-Guinea, konnte aber angesichts der Schwierigkeiten — fast alle Missionare starben in kürzester Zeit — dieses Riesengebiet nicht betreuen[77]. Deshalb trat er 1844 Senegambien und Gabun an die Väter vom Heiligen Geiste ab[78] und kehrte, selbst erkrankt, nach Amerika zurück. In Südafrika wurde 1837 das Vikariat Kapstadt errichtet, dessen erste Missionare sich vor allem der Seelsorge an den weißen Katholiken annahmen[79]. Wenn auch der Papst, infolge der mangelnden Kenntnisse des noch unerforschten Kontinentes, für Afrika wenig Positives tun konnte, so suchte er doch, der schwarzen Rasse durch seine gegen den Sklavenhandel gerichtete Apostolische Konstitution vom 3. Dezember 1839 zu helfen[80].

Georges Goyau nannte Gregor XVI. „le grand pape missionnaire du 19e

[74] Selbst der Weltpriester Henri de Solages, der 1829 zum Apostolischen Präfekt der Insel Réunion ernannt wurde, richtete seinen Blick vor allem nach Ozeanien und wurde 1830 „Präfekt der Südsee-Inseln", begab sich aber 1832 nach Madagaskar, wo er noch im gleichen Jahr starb. *G. Goyau,* Les grands Desseins Missionnaires d'Henri de Solages (1786—1832) (Paris 1933) und wertvolle Ergänzungen bei *A. Boudou SJ,* Les Jésuites à Madagascar au XIXe siècle I (Paris 1942).

[75] *Streit* XVII 428—433.

[76] Ebd. 540—548. — Massaia konnte aber erst 1852 sein Arbeitsfeld erreichen.

[77] *M. Bane,* The Catholic Story of Liberia (New York 1950).

[78] *Streit* XVII 448—451.

[79] JP V 188—189 mit dem Ernennungsbreve für Mgr. Raym. Griffith OP. *W. Rörig OMI,* Die Entwicklung der katholischen Mission in Südafrika von 1836—1850: ED 22 (1969) 129—175.

[80] JP V 223—225; CPF I 503—505; *J. Margraf,* Kirche und Sklaverei seit der Entdeckung Amerika's (Tübingen 1865) 227—230. Die Konstitution Gregors war noch mehr als die von ihm aufgeführten Erlasse seiner Vorgänger gegen den Sklavenhandel ein Schlag ins Leere, denn weder die arabischen Sklavenhändler im Osten noch die Portugiesen im Westen Afrikas kümmerten sich um die päpstliche Verfügung (Brasilien hat erst 1888 die Sklaverei aufgehoben). Anderseits hatte England bereits 1834 die Sklaverei in seinem weiten Kolonialgebiet verboten.

siècle“[81]. Auch J. Schmidlin bezeichnete ihn als „Missionspapst“[82]. Andere Historiker sind zurückhaltender[83]. Der „große Missionspapst des 19. Jahrhunderts“ war Gregor XVI. sicher nicht. Von ihm gingen keine tiefer oder nachhaltiger wirkenden Impulse aus, weder missionsstrategischer noch missionsmethodischer Natur. Wohl hatte er die Weisungen der Propaganda von 1845 über die Förderung des einheimischen Klerus in Indien gebilligt[84]. Durch sorgfältige Untersuchung der Vorgeschichte gelangte C. Costantini jedoch zum Schluß, daß die Instruktion durch die Synode von Pondichéry von 1844 angeregt und letztlich durch ein detailliertes Memorandum von Mgr. Luquet veranlaßt worden war[85]. Indessen hat Gregor der gesamten Mission ein neues Gepräge gegeben. Dazu wurde er weniger durch persönliche missionsstrategische Überlegungen geführt, sondern vor allem durch die zeitgenössischen Ereignisse genötigt, ja vielfach geradezu gezwungen. Das System der Apostolischen Vikare, das seine Vorgänger nur zaghaft begonnen hatten, wurde während seines Pontifikates zur eigentlichen Regel erhoben. „Mit Gregor XVI. übernahm das Papsttum durch sein Missionsministerium der Propaganda endgültig die Führung der gesamten Missionsbewegung. Unter seinem Pontifikate wurden 44 neue Missionssprengel errichtet.“[86]

Durch die Errichtung von Apostolischen Vikariaten, deren Zahl sich unter den folgenden Pontifikaten noch bedeutend steigerte, wurde die Gesamtmission „erneuert“, das heißt, sie erhielt eine bisher kaum gekannte Struktur. Dadurch, daß die einzelnen Vikariate oder Missionsgebiete stets einzelnen Orden und religiösen Gemeinschaften geschlossen zur Missionierung anvertraut wurden, ergaben sich eine Reihe nicht zu unterschätzender Vorteile: 1. Die früher vielfach hemmenden Spannungen zwischen den missionierenden Orden und der Hierarchie hörten auf, da die neuen Bischöfe durchwegs aus den Reihen der Missionare derselben Gemeinschaft gewählt wurden. 2. Durch die allmähliche Gewaltentrennung zwischen kirchlichen und Ordensobern stand den Orden nicht nur die Möglichkeit offen, für das religiös-sittliche Leben ihrer Mitglieder Sorge zu tragen, sondern es wurde sogar ihre Pflicht. Dadurch fühlten sich die heimatlichen Ordensinstanzen,

[81] Kapitelüberschrift in seinem Werk: Missions et Missionnaires (Paris 1931) 106—127, ähnlich *Mulders,* Missionsgeschichte 364.

[82] Gregor XVI. als Missionspapst: ZMR 21 (1931) 209, ähnlich Papstgeschichte I 662; auch Kard. C. Costantini überschreibt ein Kapitel seiner Würdigung „Il Papa Missionario“ (Anm. 33) 8—10.

[83] So P. Lesourd bei Delacroix III, 52—71; *J. A. Otto,* P. Roothaan 102 („Der große Erneuerer der Weltmission“).

[84] CPF I 541—545.

[85] *C. Costantini,* Ricerche d'Archivio sull'istruzione „De Clero Indigeno“: Miscellanea Pietro Fumasoni-Biondi (Rom 1947) 1—78.

[86] *J. A. Otto,* P. Roothaan 103.

denen meist die Ernennung der Ordensobern überlassen wurde, stärker als bisher an die missionarische Tätigkeit ihrer Mitbrüder gebunden. Dieses wirkte sich spürbar aus in der materiellen Hilfe, die die Heimat nun den Missionaren gewährte, und in der Entwicklung einer eigenen missionarischen Spiritualität der einzelnen Orden und Gesellschaften. 3. Die logische Folge dieser Umorientierung war, daß die gesamte wissenschaftliche und religiöse Bildung der Missionare nicht mehr Sache der Missionsleitung, sondern der Ordensleitung wurde [87].

Die neue Ausrichtung der Missionstätigkeit barg aber auch schwerwiegende Nachteile. Weit über das bisherige Maß hinaus geriet diese nun in den Sog der Zentralisierung und Bürokratisierung der Leitung. Die aktive Missionsarbeit entwickelte sich immer ausschließlicher zur Angelegenheit der Orden und Kongregationen, die Leitung der Propaganda hingegen — von Ausnahmen abgesehen — blieb stets in Händen von Weltpriestern, denen oft die einfachsten Kenntnisse der Missionsarbeit abgingen. Dazu kam eine neue politische Ausrichtung. Der portugiesisch-spanische Einfluß wurde zwar zurückgedrängt, doch an Stelle der iberischen Länder traten jetzt die modernen Kolonialmächte, zumal England und Frankreich. Es waren nicht die einzelnen Missionare, welche diesen Anschluß suchten, sondern die Propaganda selbst oder die Apostolischen Vikare der einzelnen Länder [88]. Der politischen Neuorientierung der Mission lagen wohl auch die geistige Haltung und der Anschluß Gregors XVI. an die Restaurationsmächte und -strömungen seiner Zeit zugrunde. In diesen politisch-geistigen Bindungen muß der Grund für den oben erwähnten Mangel an missionarischen Impulsen gesehen werden.

[87] Infolge der antiklerikalen, rationalistischen und freimaurerischen Haltung der meisten Staatsuniversitäten ging die Bildung der Orden und damit auch die Bildung der Missionare immer mehr eigene Wege, d. h. abseits von der Bildung der Nation, wie sie in früheren Jahrhunderten üblich war. Vgl. *J. Beckmann,* Die Universitäten vom 16.—18. Jh. im Dienste der Glaubensverkündigung: NZM 17 (1961) 24—47.

[88] In diesem Zusammenhang muß auch die noch nicht untersuchte Stellung des Apostolischen Vikars von London für die missionarischen Belange genannt werden; auch die unbestrittene Bevorzugung der amerikanischen Missionen, d. h. des Aufbaus der Kirche in den Vereinigten Staaten. Bis in das 20. Jh. war der Name „Missionar“ in deutschsprachigen Ländern gleichbedeutend mit dem eines Seelsorgers in Amerika.

ZWEITER ABSCHNITT

Das Erwachen der katholischen Lebenskraft

Univ.-Professor Dr. Roger Aubert, Louvain (Kap. 12, 14 und 15)
Univ.-Professor Dr. Rudolf Lill, Köln - Rom (Kap. 13)

12. Kapitel

Die Wiedergeburt der alten Orden und das Aufblühen neuer Kongregationen

LITERATUR: Hinsichtlich der Wiederzulassung der Gesellschaft Jesu vgl.: Synopsis historiae SJ (Löwen 1950) 368—426; *Albers*, Lib. saec. 5—74; *P. Dudon*, La résurrection de la Compagnie de Jésus 1773—1814: RQH 133 (1939) 21—59; *M. J. Rouët de Journel*, La Compagnie de Jésus en Russie (Paris 1922); *P. Galletti*, Brevi notizie intorno alla Compagnia di Gesù in Italia dall'1773 all'1814, 2 Bde (Rom 1926); *P. Chadwick*, Paccanarists in England: AHSI 20 (1951) 142—166; *E. I. Dewitt*, The Suppression and Restauration of the Society in Maryland: Woodstock Letters 34 (1905) 113—130 203—235; *O. Pfülf*, Die Anfänge der deutschen Provinz der Gesellschaft Jesu und ihr Wirken in der Schweiz 1805—47 (Freiburg i. Br. 1922); *J. Joachim*, Le P. A. Kohlmann (Paris 1938; über Deutschland und Niederländer); *A. Rayez*, Clorivière et les Pères de la Foi: AHSI 21 (1952) 300 bis 328; *A. Guidée*, Vie du P. Varin (Paris 1860); *J. Burnichon*, La Compagnie de Jésus en France I (Paris 1914); *L. Frías* a. a. O. (Allg. Bibliogr.) I 69—187 274—283 349—388 668—700; *I. Beretti*, De vita Al. Fortis (Verona 1833); DHGE XVII 1160—63.

Hinsichtlich der alten Orden vgl. neben *Heimbucher* und *Escobar* die großen Werke (Allg. Bibliographie von *Walz* und *Mortier* für die Dominikaner (auch: *S. M. Villaro*, Del ristabilimento della Provincia domenicana nel Piemonte dopo la soppressione francese, Chieri 1929; *V. F. O'Daniel*, Dominican Province of St. Joseph, New York 1942); von *Holzapfel* für die Franziskaner (auch *A. Barrado Manzano:* AIA 24 [1964] 353—387); von *Melchior de Pobladura* für die Kapuziner; von *Schmitz, Hilpisch* und *Weissenberger* für die Benediktiner (auch *Pl. Sattler*, Die Wiederherstellung des Benediktinerordens durch Ludwig I. von Bayern, München 1931); von *Lekai* für die Zisterzienser (auch *J. du Halgoüet:* Cîtaux 17 [1966] 89—118, 18 [1967] 51—74 240—262, 20 [1969] 38—68); von *Backmund* für die Prämonstratenser; von *Hops* und von *De Meulemeester* für die Redemptoristen (auch *J. Hofer*, Der hl. Klemens Maria Hofbauer, Freiburg i. Br. ²1923; Monumenta Hofbaueriana, 8 Bde, Krakau 1915/39; *H. Girouille*, Vie du vén. P. J. Passerat, Paris 1924; *A. Sampers:* Spicilegium hist. Congr. SS. Redempt. 9 [1961] 129—202); von *Rigault* für die Christlichen Schulbrüder (auch *M. De Vroede:* Paedagogica historica 10 [Gent 1970] 49—79); von *Coste* für die Filles de la Charité (auch *Marboutin:* Revue de l'Agenais 1916, 267—287); von *Devaux* für die Filles de la Sagesse. Hinzuzufügen sind: *A. P. Laveille - Ch. Collin*, G. Deshayes et ses familles religieuses (Brüssel 1924).

Hinsichtlich der neuen Kongregationen vgl. neben *Heimbucher* II, *Escobar* II und *Zähringer* wie auch *P. Zind*, Les nouvelles congrégations de frères enseignants en France de 1800 à 1830 (St-Genis-Laval 1969) und *P. Broutin:* NRTh 82 (1960) 607—632; *J.-B. Furet*, Marcellin Champagnat (Landshut 1958); *A. P. Laveille*, Jean-Marie de Lamennais, 2 Bde (Paris 1903; auch *F. Symphorien-Auguste*, A travers la correspondance de l'abbé J.-M. de Lamennais, 7 Bde, Vannes 1937/60); *L. Cnockaert*, Le chanoine Triest et ses fondations (Diss. masch. Löwen 1971); *K. G. Reichgelt*, De Broeders van Liefde I (Gent 1957); *S. Perron*,

Vie du T. R. P. Coudrin (Paris 1900; s. auch *V. Jourdan,* Allg. Bibliographie); *A. Delaporte,* Vie du T. R. P. J.-B. Rauzan (Paris 1857); *J. Leflon,* Eug. de Mazenod (Paris 1957/65) II 38—198 260—297 604—614, III 129—184; *P. Mayet,* Le T. R. P. J. C. Colin (Lyon 1895; s. auch *H. Neufeld,* Allg. Bibliographie); *G. Goyau,* Chaminade, fondateur des marianistes (Paris 1914; auch *P. Broutin:* NRTh 65 [1938] 413—436); *F. S. Zanon,* I servi di Dio P. A. A. e P. M. Cavanis, 2 Bde (Venedig 1925); *T. Piatti,* Un precursore dell'Azione cattolica, Br. Lanteri (Turin [2]1934; auch *A. P. Frutaz,* Positio super introductione causae ... Vatikanstadt 1945); *G. Pusineri,* Rosmini, fondatore dell'Istituto della carità (Domodossola [2]1929); *Th. Réjalot,* La bienheureuse Julie Billiart (Namur 1922); *D. Voss,* Die hl. M. M. Postel (Werl 1959); *G. Bernoville,* Ste Émilie de Rodat (Paris 1959); *I. Giordani,* Maddalena di Canossa (Rom [5]1963); *L. Baunard,* Histoire de Madame Barat, 2 Bde (Paris [8]1925; auch *Hillengass,* Allg. Bibliographie); *G. Goyau,* Un grand homme, Mère Javouhey (Paris 1929); *E. Cl. Scherer,* Schw. J. Jorth und die Einführung der Barmherzigen Schwestern in Bayern (Köln 1932); *L. Ziegler,* Mutter Theresia v. J. Gerhardinger (München 1950; auch *ders.,* Die Armen Schulschwestern von ULF, ebd. 1935); *M. B. Degnan,* Mercy unto thousands: Life of Mother Mary Cath. McAuley (Westminster/Md. 1957; auch Annals of the Sisters of Mercy); *A. J. Alkemade,* Vrouwen XIX. Geschiedenis van 19 religieuze congregaties 1800—50 ('s-Hertogenbosch 1966).

Zwar hatten alle kirchlichen Institutionen unter den Revolutionsunruhen und deren Folgen zu leiden gehabt, keine von ihnen war jedoch am Ende der napoleonischen Zeit tiefer und umfassender getroffen als das Ordenswesen. Nachdem es bereits in der zweiten Hälfte des 18. Jh. durch den Geist der Aufklärung und des Josephinismus stark erschüttert worden war, schien es nun durch die Säkularisierungsmaßnahmen, die im letzten Viertel des Jahrhunderts in ganz Westeuropa ausgelöst worden waren (1790 in Frankreich, 1796 in Belgien, von 1803 bis 1807 in Deutschland, von 1807 bis 1811 in Italien, 1809 in Spanien, wo Joseph Bonaparte jedoch nur einen Teil der Klöster auflöste), den Todesstoß erhalten zu haben. Nur wenige Länder waren von diesem Sturm verschont geblieben; aber die Dekadenz vieler Klöster in diesen Gebieten war schon so weit fortgeschritten, daß auch hier ein Wiederaufstieg fraglich erschien. In weniger als einer Generation wurde nun eine Restaurationsbewegung eingeleitet, „die in ihrer Weite und Komplexität in der Geschichte nicht ihresgleichen kennt" (H. Marc-Bonnet) und die zu einem der Hauptmerkmale der Kirchengeschichte des 19. Jh. wurde. Die alten Orden begannen — mit Ausnahme von etwa zwanzig, die nun endgültig untergingen — mit ihrer Reorganisation, und fast überall, vor allem aber in Frankreich und später, mit einer gewissen Verzögerung, auch in Norditalien, entstanden als unleugbares Zeichen für die Lebenskraft des Katholizismus zahlreiche neue Kongregationen, die den Erfordernissen der Zeit besser angepaßt waren.

Eine spektakuläre Entscheidung Pius' VII., der selbst Ordensmann gewesen war, leitete diese plötzliche Änderung der Lage ein: die Wiederzulassung der Gesellschaft Jesu, die seit 1773 offiziell verboten war. Sie war in Wirklichkeit nie völlig verschwunden, da die russische Provinz unter stillschweigender Billigung Pius' VI. weiterbestanden und als Sammelplatz für viele ehemalige Patres gedient hatte. Pius VI. hatte unter anderem den heiligmäßigen und gewandten José Pignatelli[1] ermutigt, sich den russischen Jesuiten anzuschließen, ohne jedoch Italien zu verlassen, wo er bis zu seinem Tod im Jahre 1811 in einem Maße bemüht war, den Geist des heiligen Ignatius lebendig zu erhalten, daß man ihn heute mit Recht als das Bindeglied zwischen der alten und der neuen Gesellschaft Jesu bezeichnet. Er war es, der 1795 im Herzogtum Parma ein Noviziat einrichtete und im Jahr 1804 — nun mit der offiziellen Genehmigung Pius' VII. — die Jesuiten im Königreich Neapel wieder ansässig machte. Andere gleichzeitig eingeleitete Initiativen bereiteten zur gleichen Zeit die allgemeine Wiederherstellung der Gesellschaft Jesu vor. In England und den Vereinigten Staaten schlossen sich kurz nach 1800 Gruppen von Ex-Jesuiten der russischen Gruppe an. In Frankreich hatte P. de Clorivière während der Unterdrückung die „Prêtres du Cœur de Jésus", eine der Gesellschaft Jesu nachgebildete geheime Kongregation, gegründet. In Löwen riefen zwei emigrierte Sulpizianer, Tournely und de Broglie, im Jahr 1794 in der gleichen Absicht die „Société des Prêtres du Sacré-Cœur" ins Leben, die 1799 mit einer zwei Jahre vorher in Spoleto von N. Paccanari gegründeten ähnlichen Kongregation fusionierte und sich nun „Pères de la foi" nannte und die vor allem unter der Führung P. Varins und durch die Mitarbeit der „Chevaliers de la foi" den Widerstand Pius' VII. gegen Napoleon aktiv unterstützte. Damit waren die Grundpfeiler für eine Wiederherstellung der Gesellschaft Jesu in der gesamten Kirche vorhanden. Die Jesuiten reichten Pius VII. bei seiner Rückkehr nach Rom im Jahr 1814 eine Bittschrift in diesem Sinne ein. Der Papst, ermutigt durch die Kardinäle Pacca und Consalvi, die ihre alten Vorurteile aufgegeben hatten, griff diesen Antrag unverzüglich auf, eine positive Entwicklung zu begünstigen[2]. Er ließ dabei jede politische Vorsicht außer acht, besonders im Hinblick auf Spanien und Österreich, die eventuell zu einer Vertagung der Entscheidung geraten hätten.

Diese Maßnahme wurde von den aufgeklärten Katholiken und einigen Romantikern, wie z. B. dem Zirkel um Görres, sehr reserviert aufgenommen. Auch reagierten die Liberalen in heftiger Abwehr gegen diesen offenkundigen Akt der „Gegenrevolution", und die Regierung in Wien widersetzte sich noch mehrere Jahre hindurch einer Wiederaufnahme der Jesuiten im Kaiserreich[3]. Von zahlreichen Bischöfen jedoch sowie auch von der Mehrzahl

[1] *J. M. March,* El restaurador de la Compañía de Jesús, Beato José Pignatelli y su tiempo, 2 Bde (Barcelona 1935/36).

[2] Bulle „Sollicitudo omnium Ecclesiarum" vom 7. 8. 1814 (BullRomCont XIII 325—327).

[3] In Spanien dagegen konnte der Druck der Bischöfe der zögernden Haltung der Verwaltung entgegenwirken: schon am 29. 5. 1815 autorisierte ein königliches Dekret die teilweise Wiederaufnahme der Tätigkeit der Gesellschaft Jesu, und am 17. 4. 1816 hob ein neues Dekret alle Restriktionen im gesamten Königreich auf (vgl. *L. Frías* a. a. O. I 69—97 349—388).

der militanten Katholiken wurde die Wiederzulassung der Gesellschaft Jesu mit Freude aufgenommen. Der Ordensgeneral (seit 1805 Thaddäus Brzozowski, der das Generalat der Gesellschaft Jesu in Rußland aufrechterhalten mußte, um dadurch das Mißtrauen der zaristischen Regierung gegen eine Kongregation, die nun wieder internationalen Charakter annahm, zu zerstreuen) erhielt zahlreiche Anfragen hinsichtlich der Wiedereröffnung der alten Kollegien und Ordensresidenzen. Auch die — nun etwas heterogenen — Berufungen nahmen zu[4]; eine Tatsache, die in den folgenden Jahren gewisse Probleme mit sich brachte, denn die Versuchung war groß, angesichts des großen Bedarfs die neu Hinzukommenden nicht mit der wünschenswerten Strenge auszuwählen. Die Schwierigkeiten wurden durch den Konflikt zwischen den verschiedenen Strömungen innerhalb des Ordens noch verschärft. Während einige, im allgemeinen ältere Mitglieder die Bewahrung des echten Geistes der Gesellschaft Jesu in der vollen Rückkehr zur Lage von 1773 sahen, waren andere in der Gefolgschaft von P. Angiolini († 1816), der sehr einflußreich bei Pius VII. war, von den Fehlern des Ordens im Augenblick seiner Aufhebung abgeschreckt und versuchten ein echtes Aggiornamento, das von den Quellen her inspiriert würde, herbeizuführen. Letztere wurden durch einen Teil jüngerer Mitglieder, die sich um P. Rezzi und den Assistenten für Italien Pietroboni scharten, unterstützt. Diese Jüngeren hingen weniger an den alten Überlieferungen, und im Bewußtsein der gewaltigen Umwälzungen in der Welt als Folge der Revolution suchten sie den Geist der Gesellschaft Jesu und ihrer Institutionen der neuen Zeit anzupassen, indem sie sich der zweifelhaften Termini der Restaurationsbulle bedienten. Es gelang ihnen, nach dem Tod Brzozowskis (5. 2. 1820) den Vicarius generalis des Ordens, Petrucci, und Kardinal Della Genga für ihre Ideen zu gewinnen. Die für den 14. September nach Rom einberufene Generalkongregation[5] durchschaute jedoch dank der Klarsicht Consalvis das Manöver, und dieser bestand darauf, daß die Gesellschaft Jesu ein wirksames Instrument in den Händen des Heiligen Stuhles blieb. Die Neuerer wurden ausgeschlossen, und die Wahl von P. Luigi Fortis zum General (1820—29), die Wahl seiner Assistenten und die Erklärung, daß die Regeln und Konstitutionen der alten Gesellschaft weiterhin ihre Gültigkeit haben sollten, beseitigten endgültig alles Provisorische und setzten allen Bestrebungen, die auf eine Umgestaltung der Gesellschaft hinzielten, ein Ende. Della Genga bestätigte übrigens, nachdem er Papst (Leo XII.) geworden war und den Jesuiten das Collegium Romanum zurückgegeben hatte, im

[4] Unmittelbar nach der Wiederzulassung der Jesuiten zählte man etwa 800 Patres (davon 337 in Rußland, 199 in Sizilien, 84 in England, 86 in den Vereinigten Staaten, 47 in Frankreich). Schon 1820 waren es etwa 2000 (davon 436 in Spanien, 400 im Kirchenstaat, 198 in Frankreich).

[5] Die Jesuiten waren zu Beginn des Jahres 1820 aus Rußland verbannt worden (vgl. oben S. 187).

Jahr 1826 auch ihre alten Privilegien, vor allem auf dem Gebiet der Exemtionen[6].

Im gleichen Maß, wie die Effektivbestände der Gesellschaft Jesu wiederhergestellt waren, entwickelte sie auch ihre Tätigkeit auf der dreifachen Ebene der Kollegien, der Verkündigung und der Volksmissionen. Zwar stieß sie auf den wachsenden Widerstand der Liberalen in Spanien (wo sie während des konstitutionellen Triennats von 1820 bis 1823 erneut vertrieben wurde) und in Frankreich (wo man die von Béranger besungenen „schwarzen Männer" als Sündenböcke für alle von den Ultras begangenen Fehler behandelte). Aber sie hatte dafür die Genugtuung, im habsburgischen Kaiserreich wieder Fuß fassen zu können. Um die Erziehung der polnischen Jugend in Galizien zu gewährleisten, hatte die habsburgische Regierung im Jahr 1820 einige aus Rußland vertriebene Patres zugelassen. Schließlich gelangte man nach langen Verhandlungen und trotz der Schwierigkeiten, die von der Zivilverwaltung und von einigen der Exemtion von Ordensleuten negativ gegenüberstehenden Bischöfen bereitet wurden, am 18. November 1817 zu einem modus vivendi, der die erste Bresche in die josephinistische Gesetzgebung schlug[7].

Während die Gesellschaft Jesu also einen ebenso glänzenden wie raschen Neubeginn erlebte, ging die Reorganisation der alten Orden wesentlich langsamer vor sich. Man sah sich hier vor ein zweifaches Problem gestellt: einmal galt es, zur Neugruppierung der Überlebenden eine Anzahl von Häusern wiederzueröffnen und ihnen die materiellen Mittel zur Wiederaufnahme ihres gemeinsamen Lebens zu verschaffen, zum anderen mußte in jenen Provinzen, die nicht von der Säkularisation betroffen waren, eine Anzahl von Mißbräuchen abgeschafft werden, die seit zwei Jahrhunderten um sich gegriffen und sich durch die außergewöhnlichen Umstände der letzten Jahre noch verschlimmert hatten: Lockerung der Disziplin und des gemeinsamen Lebens; Verstöße gegen das Armutsgelübde; Vernachlässigung des Chorgebetes; Nichtbeachtung der Klausur in zahlreichen Nonnenklöstern usw. Diese zweite Aufgabe war besonders schwierig geworden durch die Hindernisse, die manche Regierungen regalistischer Tendenz (bisweilen aber auch Bischöfe, die um die Verteidigung ihrer Jurisdiktion bemüht waren) den Interventionen der in Rom etablierten Ordensgeneräle oder den vom Heiligen Stuhl entsandten Visitatoren in den Weg legten. Vor allem aus diesem Grund wurde in Österreich eine echte Erneuerung erst in der Mitte des Jahrhunderts möglich.

Auch im spanischen Amerika konnten die Klöster, die im übrigen durch die Unabhängigkeitskriege einen großen Teil ihrer Güter verloren hatten, den Kontakt mit ihren Oberen in Europa nicht mehr aufrechterhalten. Dies

[6] BullRomCont XXVIII 449—452.
[7] *Maaß* V 74—96 271—272.

wirkte sich in verhängnisvoller Weise auf die Disziplin und das religiöse Leben aus, und dies bot eine weitere Rechtfertigung für die im Verlauf des Jahrhunderts von verschiedenen liberalen Regierungen beschlossenen systematischen Unterdrückungsversuche. In Spanien stellte sich seit der Bulle „Inter graviores" vom 15. Mai 1804[8] ein besonderes Problem: Unter dem Vorwand, daß nach der Auflösung einer Anzahl von Klöstern der Bettelorden in Westeuropa nun jene von der spanischen Krone (einschließlich der Philippinen) abhängigen Klöster in der Mehrzahl waren, hatte König Karl IV. von Pius VII. eine Abtrennung der spanischen Provinzen erreicht, wobei die beiden Gruppen abwechselnd von einem General und einem praktisch unabhängigen Generalvikar verwaltet werden sollten.

Nach seiner Rückkehr nach Rom im Jahr 1814 beeilte sich Pius VII., im Kirchenstaat mit gutem Beispiel voranzugehen. Er schuf eine besondere Reformkongregation zur Wiederherstellung der Orden, die diese verpflichtete, vor der Wiedereröffnung einer gewissen Anzahl ihrer früheren Häuser eine Neugruppierung, die ihre Lebensfähigkeit erhöhen sollte, sowie disziplinäre Reformen durchzuführen. Einen Augenblick lang dachte er sogar daran, alle Klöster seines Staates in zwei Kongregationen, eine für die schwarzen und eine für die weißen Mönche, zu gliedern. Dieses Projekt wurde von Leo XII. wiederaufgenommen, kam jedoch schließlich nicht zur Durchführung. Pius VII. verfolgte außerdem mit wachem Interesse das Wiedererstehen der großen Bettelorden und intervenierte persönlich mehr als einmal, jedoch mit sehr unterschiedlichem Erfolg, um die notwendigen Reformen voranzutreiben.

Die Bettelorden waren aus der Revolutionszeit in zweifacher Weise geschwächt hervorgegangen: Alle Konvente in Frankreich, Belgien und Deutschland sowie eine Anzahl jener Italiens waren aufgelöst; die Klöster in Spanien — dem einzigen Land neben dem russischen Teil Polens, in dem sie noch in großer Zahl weiterbestanden — waren, wie bereits erwähnt, aus der Jurisdiktion der zentralen Verwaltungen herausgelöst und wurden schließlich, nach einem ersten Alarmzeichen im Jahr 1820, bei der Säkularisation von 1834 bis 1836 aufgehoben. Die *Dominikaner*, die nur das zu retten suchten, was noch zu retten war, bemühten sich vor allem um eine Neugruppierung ihrer Patres in Italien; auf diese Weise wurden 80 Klöster wiedererrichtet (an Stelle von 500 am Ende des 18. Jh.). Diese Klöster sollten dem Orden vierzig Jahre hindurch die Führungskräfte für seine Zentralverwaltung stellen und gleichzeitig, wenngleich mit einigen Abschwächungen, die Aufrechterhaltung seiner Tradition sichern. Zu eben dieser Zeit zeigte sich ein gewisser Neubeginn in England um P. Hill wie auch in Hol-

[8] BullRomCont XIII 164ff. Vgl. *B. de Rubi*, Reforma de regulares en España a principio del siglo XIX. Estudio histórico-jurídico de la bula „Inter Graviores" (Barcelona 1943).

land, wo man im Jahr 1824 in Huisseling ein Scholastikat eröffnen konnte, während in den Vereinigten Staaten P. E. A. Fenwick den Grundstein für die Provinz S. Joseph legte.

Die Söhne des heiligen Franziskus dagegen konnten sich nur unter sehr viel größeren Schwierigkeiten erholen. Zwar konnten sich die *Kapuziner,* in erster Linie dank eines energischen Generals, des späteren Kardinals Micara (1824—30), der die Reform seines Ordens unter Einsatz seines Lebens vorantrieb, langsam wieder erholen. Sie faßten durch die Initiative eines spanischen Ordensmannes im Jahr 1824 wieder in Frankreich Fuß; aber die *Konventualen,* deren groß angelegte Klöster für die Beamten auf der Suche nach Verwaltungsgebäuden besonders begehrenswerte Objekte gewesen waren, konnten sich nie mehr vollständig von dieser Krise erholen[9]. Die *Minderbrüder* ihrerseits waren durch Spannungen innerhalb ihrer verschiedenen Richtungen, insbesondere aber zwischen den beiden größten Gruppen, der spanischen und der italienischen, geschwächt. Der im Jahr 1827 unternommene und leider sehr ungeschickt angelegte Versuch des Generals J. Tecca da Capestrano, allen italienischen Franziskanern einheitliche Statuten aufzuerlegen, mißglückte. Keine der außerspanischen Provinzen war bereit, an dem für das Jahr 1830 in Alcalá de Henares einberufenen Generalkapitel teilzunehmen. Erst im Jahr 1844 kam es zu einer Neubildung der belgischen Provinz, und im Jahr 1850 schließlich konnten die Minderbrüder wieder in Frankreich Fuß fassen. Den *Klarissinnen* dagegen, die — außer in Spanien — fast völlig untergegangen waren, gelang ein schnellerer Wiederaufstieg, da ehemalige Schwestern schon vor dem Sturz Napoleons begonnen hatten, sich neu zu gruppieren, und da der Orden mit den wieder einsetzenden Berufungen sich weiter ausbreitete.

Das gleiche gilt für die *Karmeliterinnen,* die schon in den ersten Jahren des 19. Jh. wieder in Frankreich auftauchten. Die *Karmeliter* dagegen traten erst im Jahr 1830 wieder in Erscheinung, konnten jedoch nie mehr die Bedeutung zurückgewinnen, die sie vor der Revolution hatten. Die Apostolische Visitation stellte bei ihnen überdies zahlreiche Mißbräuche und den Verfall der Studien fest, und auch die von Leo XII. im Jahr 1824 ergriffenen Maßnahmen zeitigten nur begrenzte Erfolge. Dies gilt auch für die *Augustinereremiten,* die jedoch außer den in der nachnapoleonischen Zeit da und dort neuerstehenden italienischen Provinzen immerhin einige Plätze in Irland, Holland und in den Vereinigten Staaten halten konnten, die dann zum Ausgangspunkt blühender Provinzen wurden.

Die verschiedenen Zweige der benediktinischen Gemeinschaft wie auch die Klöster der Regularkanoniker waren besonders hart getroffen worden,

[9] In der Mitte des 19. Jh. hatten sie noch nicht die Zahl von 1500 Mitgliedern erreicht, wogegen man 1773 25000 zählte. Zur gleichen Zeit erreichten die Minoriten bereits 20 Prozent und die Kapuziner 40 Prozent der Mitgliederzahlen vor der Revolution.

da sie die Krise der Revolution in einem bereits sehr geschwächten Zustand überrascht hatte. In der Mehrzahl der Fälle fehlte außerdem jene belebende Kraft, wie sie die Bettelorden in ihrer straffen Organisation besaßen. Eine solche Organisation hatte bei diesen Orden entweder, wie im Falle der Benediktiner, nie bestanden oder aber hatte, wie im Falle der Zisterzienser oder Prämonstratenser, ihren Sitz in Frankreich und war somit zerstört worden. Dennoch ermöglichten persönliche Initiativen eine Anzahl von Wiedereröffnungen. Dom de Lestrange, der seine *Trappistengemeinschaft* in La Valsainte in der Schweiz erneut konstituiert hatte (von der sich im Jahr 1814 eine Gruppe von Mönchen nach Darfeld in Deutschland abzweigte), nahm nach einer abenteuerlichen Reise, die ihn bis nach Amerika geführt hatte, im Jahr 1815 sein ehemaliges Kloster wieder in Besitz. Im Verlauf der folgenden Monate wurden die französischen Trappistenklöster von Melleraye, Aiguebelle und Gard wieder besetzt. Die erneute Inbesitznahme von Westmalle in Belgien erfolgte bereits im Jahr 1814 und die der beiden römischen Abteien Santa Croce und San Bernardo im Jahr 1817. Zwar mußten die allzu strengen Regeln, die der zu überschwengliche Charismatiker Dom de Lestrange seinen Mönchen auferlegen wollte, kurz nach dessen Tod (1827) wieder aufgegeben werden, aber trotzdem kann er mit voller Berechtigung als der „Retter des Trappistenordens" bezeichnet werden. Die *Zisterzienser der observantia communis,* die zum Teil in Spanien und Portugal weiterbestanden hatten, reorganisierten sich 1806 in Oberdeutschland, und im Jahr 1821 schloß Pius VII. die Klöster Italiens zu einer einzigen Kongregation zusammen. Da Cîtaux aufgelöst war, hatte er im Jahr 1816 den Abt eines der in Rom bestehenden italienischen Klöster zum Generaloberen des Ordens bestimmt. 1816 wurde die *Grande Chartreuse* wiedereröffnet. Die *Prämonstratenser* dagegen, die ihre großen Abteien in Mitteleuropa behalten hatten, lebten nur sehr langsam in Belgien (nach 1830) und in Frankreich (1856) wieder auf. Erst im Jahr 1869 konnten sie ihr erstes Generalkapitel abhalten.

Genauso erging es den *Benediktinern,* obwohl sie die persönliche Sympathie des Papstes für ihren Orden genossen. Im Verlauf der vorhergegangenen Unruhen hatten sie mehr als tausend ihrer Häuser verloren, und die Klöster, die noch bestanden, waren durch die Feindseligkeiten der regalistischen Regierungen im habsburgischen und russischen Kaiserreich und durch die zeitweise Schließung zahlreicher Häuser in Spanien im Jahre 1809 und während der Jahre 1820—23 häufig von einem Gefühl der Unsicherheit bedroht. Zwölf Abteien konnten in Italien wiedereröffnet werden, und im Jahr 1821 wurde die Kongregation von Monte Cassino reorganisiert, die jedoch in der Observanz weniger streng war. In Frankreich und Belgien entstanden zwar wieder sehr schnell, in einigen Fällen sogar schon vor dem Sturz Napoleons, eine Anzahl von Konventen der Benediktinerinnen. Die ersten Männerklöster konnten jedoch nicht vor dem zweiten Drittel des 19. Jh. wiedereröffnet werden. In Deutschland stieß man trotz der im Konkordat mit Bayern (1817) vorgesehenen Wiederherstellung einiger Klöster auf die mangelnde Bereitschaft der Regierung und eine sehr geringe Bereitschaft der ehemaligen Mönche, wieder ins Ordensleben zurückzukehren. So konnte es erst, dank der Begeisterung Ludwigs I. für das Mittelalter, im Jahr 1830 zu einer allmählichen Wiedererrichtung der Abtei Metten kommen, der die Abteien St. Stephan in Augsburg (1834), St. Bonifaz in München (1835), Scheyern (1838) und Weltenburg (1842) sowie einige Benediktinerinnenklöster folgten.

Im Unterschied zu dem raschen Wiederaufleben der Gesellschaft Jesu gestaltete sich das Wiedererstehen der alten Orden mittelalterlichen Ursprungs im ganzen also viel schwieriger. Dennoch wurden die Positionen festgelegt, von denen aus in den beiden folgenden Generationen eine weitere Erneuerung ihren Ausgang nehmen sollte. Dies geschah gerade in dem Augenblick, als es den Anschein gehabt hatte, daß das Ende der alten Orden unmittelbar bevorstehe, und zwar am Vorabend der durch die spanischen und portugiesischen Dekrete von 1834 bis 1836 erfolgten Zerstörung ihres noch bestehenden repräsentativsten Mittelpunkts. Andernteils profitierten einige moderne und den Erfordernissen der Zeit besser angepaßte Institute schon in den ersten Jahrzehnten des 19. Jh. von einer Entwicklung, die unter dem Ancien Régime undenkbar war. Dies gilt vor allem für einige caritativ orientierte Frauenkongregationen. Dazu gehörten in Frankreich unmittelbar nach dem Konkordat die Sœurs de S. Joseph auf Anregung der Mutter S. Jean Fontbonne, die von P. Deshayes (1820—41), dem Erneuerer der drei Gründungen des heiligen Grignion de Montfort, geleiteten Filles de la Sagesse und vor allem die Sœurs de S. Vincent de Paul oder Filles de la Charité, die nach ihrer offiziellen Anerkennung durch die Regierung im Jahr 1809 seit 1810 sich auch im Ausland verbreiteten und im Verlauf des 19. Jh. ihr religiöses Charakterbild formten. Auch mehrere Männerkongregationen standen zu Beginn der Restauration in voller Blüte. So die Brüder der christlichen Schulen, die nur ihre wenigen Häuser im Kirchenstaat behalten hatten; im Jahr 1803 wurden sie aber von Bruder Frumence, den Pius VI. im Jahr 1795 zum Generalvikar ernannt hatte, mit Unterstützung des Kardinals Fesch in Frankreich wieder eingeführt. Sie konnten bereits 1810 ein Generalkapitel abhalten, und schon 1814 besaßen sie wieder 55 Häuser. Dies gilt auch für die Redemptoristen, die der heilige Klemens Maria Hofbauer (1751—1820) in Mitteleuropa und besonders in Österreich eingeführt hatte, wo ihnen Kaiser Franz I. nach seiner Romreise im Jahre 1819 trotz der den Orden feindlich gesinnten josephinischen Gesetzgebung Sicherheiten garantierte. Von hier aus breiteten sie sich durch die Anregung des Elsässers J. Passerat (1772 bis 1858), der im Jahr 1820 der Nachfolger Hofbauers als Generalvikar nördlich der Alpen wurde, nach Frankreich (1820), Portugal (1826), der Schweiz (1827), nach Belgien (1833), Bulgarien (1836) und bis in die Vereinigten

Staaten (seit 1832) aus. Sie entwickelten eine apostolische Dynamik, die die italienische Mutterkongregation, trotz deren raschen Wiederaufbaus nach dem Sturz Napoleons, weit in den Schatten stellte.

Das Bemerkenswerteste an dieser Erscheinung war jedoch die Vermehrung der neuen Kongregationen. Ihre Ausstrahlung reichte häufig — vor allem bei den Frauenkongregationen — nicht über eine Diözese, ja bisweilen nicht über einige Pfarreien hinaus, aber einige von ihnen entwickelten sich sehr schnell und nahmen in wenigen Jahrzehnten einen bemerkenswerten Platz neben den großen alten Orden ein. Die Gründer der Männerkongregationen orientierten sich vor allem nach zwei verschiedenen Modellen: die Schulbrüder nach dem im vorhergehenden Jahrhundert vom heiligen Jean-Baptiste de la Salle eingeführten Schema und die Priestergesellschaften nach den französischen Vorbildern des 17. Jh., wobei die letzteren eine geschmeidige Formel boten, die eine vielseitige apostolische Tätigkeit begünstigte. Unter vielen anderen seien folgende Kongregationen genannt[10]: Nach dem ersten Schema richteten sich die Maristenbrüder von M. Champagnat in der Gegend von Lyon (1817, 1839) ein; die Frères de l'Instruction chrétienne von J.-M. Lamennais, auch Frères de Ploërmel (Bretagne) genannt (1819, 1851); in Westfrankreich die Frères de S. Gabriel, von P. G. Deshayes gegründet (1821); die Frères du Sacré-Cœur du Puy des Abbé A. Coindre (1821); in Irland die durch bischöfliche Initiative geschaffenen Christian Brothers (1802, 1820) und die Brothers of St. Patrick (1808); in Belgien die Broeders van Liefde des Kanonikus Triest in Gent (1807), die sich außerdem der Krankenpflege und den Irrenanstalten widmeten. Für die zweite Kategorie sind zu nennen: in Frankreich die mitten in der Revolution von J. P. Coudrin gegründete Picpus-Gesellschaft (1800, 1817), die sich gleichzeitig der eucharistischen Anbetung und der Verkündigung widmete und sich seit 1826 auch den Missionen in Ozeanien zuwendete; die Prêtres de la Miséricorde von J.-B. Rauzan für die Verkündigung bei den Volksmissionen (1808, 1834); die in der Provence von Eugène de Mazenod mit demselben Ziel gegründeten Oblats de Marie Immaculée (1816, 1826), die nach anfänglichen Schwierigkeiten in dem Augenblick sich voll entfalteten, als sie sich (seit 1841) vor allem den Missionen in Kanada zuwendeten; die Maristen von J. Cl. Colin, die sich ebenfalls zunächst der Predigt in den ländlichen Gebieten um Lyon widmeten und dann von Gregor XVI. für Missionen in fremden Ländern bestimmt wurden (1816, 1822); die Marianisten von G.-J. Chaminade, einem Vorläufer der Katholischen Aktion und der Säkularinstitute, der, im Wissen um den Einfluß des Milieus, die Notwendigkeit erkannte, als Gegengewicht zu dem Individualismus der Zeit die verschiedenen sozialen Gruppen zu organisieren, und der, im Un-

[10] Die in Klammern angeführten Daten bezeichnen die Gründung des Instituts und, soweit angegeben, das der ersten päpstlichen Approbation.

terschied zu den meisten seiner Zeitgenossen, die Notwendigkeit einer möglichst engen Zusammenarbeit von Priestern und Laien auf dem Gebiet des Apostolats erkannt hatte (1817, 1839); in Norditalien die Sacerdoti delle scuole di carità der Brüder Cavanis in Venetien (1802, 1828); die Oblati di Maria Vergine von Bruno Lanteri in Piemont, deren Aufgabe es war, durch Exerzitien den Eifer des Klerus anzuspornen und die Gläubigen durch die Verbreitung guter Bücher in ihrem Glauben zu festigen (1815, 1826); das Istituto della carità von A. Rosmini in der Lombardei, das ebenfalls dem geistlichen Apostolat gewidmet war (1828, 1838).

Bei den Frauenkongregationen fällt vor allem die außerordentliche Vermehrung eines neuen Typs kleinerer Kongregationen auf, die sich gleichzeitig caritativen und schulischen Aufgaben widmeten. Sie standen im unmittelbaren Dienst des Pfarrklerus und wurden meist auch von diesem, ohne Rücksichtnahme auf die Nachteile, die die örtliche Zersplitterung mit sich brachte, wie z. B. für die Heranbildung von Novizen, ins Leben gerufen. Die genaue Zahl der Gemeinschaften ist nie statistisch erfaßt worden; die Erfassung wäre überdies durch die vielen Fusionen, Spaltungen und die Gleichheit der Bezeichnungen nicht leicht durchzuführen gewesen. P. de Bertier hat in pittoresker Weise die Entstehungs- und Entwicklungsgeschichte dieser zahllosen kleinen Schwesternkongregationen, wie sie sich in der Regel abspielte, beschrieben. Er schreibt: „Die Geschichte dieser Gründungen ist fast in allen Fällen die gleiche. Um deren verwirrende Vielfalt angesichts identischer Aufgaben begreifen zu können, muß man sich immer wieder die Isolierung vor Augen halten, in der die verschiedenen Provinzen lebten. Ein frommes Mädchen weiht sich spontan oder auf Anraten eines Priesters der Kindererziehung oder der Kranken- und Armenfürsorge; bald nimmt sie einige durch ihr Beispiel angezogene Gefährtinnen zu sich; die Schloßherrin des Ortes gewährt ihr moralische und finanzielle Unterstützung, der Pfarrer ermutigt sie oder aber legt ihr Hindernisse in den Weg; ein Seelenführer aus dem Jesuitenorden oder einem anderen Orden taucht im Hintergrund auf; bald festigt sich die Gründung; man kauft ein Haus; der Bischof mischt sich ein; um seine Billigung zu erhalten, braucht man Regeln, eine Tracht, eine verantwortliche Obere, einen Namen, einen Schutzpatron, ein Noviziat. All dies kristallisiert sich nach und nach heraus, und eines Tages ist man schließlich bereit, um die Autorisation des Heiligen Stuhles und der Regierung einzugeben. Eine neue Kongregation ist geboren.“ [11] Dieses Phänomen zeigt sich vor allem in Frankreich [12] seit dem Konkordat, ist aber in den folgenden Jahren

[11] La Restauration 312.

[12] Wo die Gesetzgebung kleinlich für die Männerkongregationen, für die Frauenkongregationen jedoch liberaler war, vor allem seit dem Gesetz vom 24. 5. 1825. So erhöhten sich bei den Schwestern die Zahlen von 12400 Mitgliedern in 1829 Häusern im Jahr 1815 auf 25000 Mitglieder in 2872 Häusern im Jahr 1830, ohne von den vielen Gemeinschaften

fast überall in Westeuropa anzutreffen[13]. Zu dem allzu eigennützigen Verlangen einiger Pfarrer, Herr im eigenen Hause zu sein, gesellte sich oft die Unmöglichkeit, Hilfe von den von allen Seiten in Anspruch genommenen wichtigeren Kongregationen zu erhalten. In der ersten Zeit konnten sich die Gründungspriester häufig noch auf ehemalige, während der Revolution säkularisierte Schwestern stützen. Aber bald kamen zu dem bei den meisten vorhandenen ernsten Verlangen, der Kirche und dem Nächsten im Rahmen des täglichen Lebens zu dienen, noch weitere Beweggründe hinzu: der Frauenüberschuß und der späte Zeitpunkt der Heirat, die einen größeren zeitlichen Spielraum für die Wahl des geistlichen Lebens ermöglichten; die Achtung, die die Ordensfrau innerhalb der Kirchengemeinschaft genoß; die vor allem in den Schulorden gegebene Erwartung auf einen sozialen Aufstieg. Im Unterschied zu den Verhältnissen im Ancien Régime entstammte die Mehrzahl der Aspirantinnen wirtschaftlich schwachen Kreisen, bisweilen auch der Aristokratie, selten jedoch dem Mittelstand. Unter den Gründerinnen waren viele einfache Seelen, die sich sehr passiv von einem kirchlichen Ratgeber führen ließen. Aber es gab unter ihnen auch einige starke, sehr differenzierte Persönlichkeiten, die große geistige Fähigkeiten mit einem ausgeprägten Sinn für Aktion und Organisation vereinten. Zu ihnen zählen die heilige M. M. Postel, die normannische Gründerin der „Schwestern der Christlichen Schulen der Barmherzigkeit" (1807), die später in den germanischen Ländern weite Verbreitung fanden; die selige Julie Billiart, Gründerin der Sœurs de Notre-Dame von Namur (1808); die Marchesa di Canossa, Gründerin der Figlie della Carità (1816) in Verona; die heilige Émilie de Rodat, Gründerin der Sœurs de la Sainte Famille (1817) in Südfrankreich. Mehrere Gründerinnen standen am Anfang von Kongregationen, die schnell über den regionalen Rahmen hinauswuchsen und eine nationale oder in einigen Fällen sogar internationale Ausbreitung fanden. So war die heilige Madeleine Sophie Barat, die im Jahr 1800 die Reihe solcher Gemeinschaften eröffnete, ein vom Geist des heiligen Ignatius bewegter apostolischer Charakter, Gründerin der Dames du Sacré-Cœur, die eine weibliche Elite in christlichem Geist formen sollten und die sich nach ihrer definitiven Konstitution (1815) im Jahr 1818 in den Vereinigten Staaten, im Jahr 1823 in Turin, 1828 in Rom, 1825 in Brüssel und wenig später in Österreich und England niederließen. Eine weitere bedeutende Figur dieser Reihe ist Ma-

zu sprechen, die zu dieser Zeit noch im Versuchsstadium standen und noch nicht um die administrative Autorisation nachgesucht hatten.

[13] Jedoch mit lokalen Unterschieden. Während in Frankreich die Mehrzahl der Gründungen auf dem Land gelegen war, hatten sie in Italien vor allem in den Städten ihre Heimat. Hier in Italien verhinderte der Brauch lange Zeit, daß sich die Schwestern, wie in den Ländern nördlich der Alpen, auch der Pflege kranker Männer widmeten. In den germanischen Ländern dagegen verlangte man weit weniger als in Frankreich und Italien nach Schulschwestern.

ter Javouhey, die Gründerin der Schwestern des heiligen Joseph von Cluny, die sich seit 1817 als Kranken- und Schulschwestern der Afrikamission zuwendeten und die in der Mitte des Jahrhunderts in allen fünf Erdteilen ihre Niederlassungen hatten. Das Bild war jedoch nicht ausschließlich französisch geprägt. Die im Jahr 1808 in Münster nach dem Vorbild der französischen Filles de la Charité gegründeten Barmherzigen Schwestern verbreiteten sich allmählich über die verschiedenen Länder Deutschlands und in Österreich; die Armen Schulschwestern U. L. F., im Jahr 1833 von einer Schülerin G. M. Wittmanns, K. Gerhardinger, gegründet, ließen sich in dreizehn Ländern Europas und seit dem Jahr 1847 auch in den Vereinigten Staaten nieder; die 1829 in Irland von C. MacAuley gegründeten Sisters of Mercy breiteten sich schnell in England, in den Kolonien und schließlich auch in den Vereinigten Staaten aus. Diese Liste könnte leicht noch weitergeführt werden.

Die rasche Entwicklung dieser zahlreichen Kongregationen, die so anders als die alten Orden waren und oft erst nach tastenden Versuchen zu ihrer definitiven Form fanden, stellte dem Heiligen Stuhl oft schwierige kirchenrechtliche Probleme: „Die Vielfalt dieser Anfragen, die uns häufig aus Frankreich erreichen", so erklärte Leo XII. im Jahre 1825 gegenüber Mazenod, „bewog die Kongregation zu einer besonderen Art der Approbation, die darin besteht, zu loben und zu ermutigen, ohne jedoch eine formelle Approbation auszusprechen."[14] Dies war der Ursprung des „decretum laudis", das seit dem 19. Jh. zur ersten Stufe einer päpstlichen Approbation wurde. Im übrigen änderte der Heilige Stuhl, der sich lange Zeit den Frauenkongregationen mit einfachem Gelübde und ohne Klausur gegenüber zögernd verhalten hatte, nun seine Haltung, da diese Form des Ordenslebens der neuen Zeit besonders gut zu entsprechen schien. Die erste Approbation dieser Art wurde 1816 durch die Bischofs- und Religiosenkongregation den Schwestern der Liebe von Gent[15] erteilt. Einmal mehr veranlaßte der Anstoß, den das Leben gab, zu einer Anpassung des kirchlichen Rechtes an neue Gegebenheiten.

13. Kapitel

Die Anfänge der katholischen Bewegung in Deutschland und in der Schweiz

LITERATUR: Allgemein: *V. Cramer*, Bücherkunde zur Gesch. der kath. Bewegungen in Deutschland im 19. Jh. (M.-Gladbach 1914); *Ph. Funk*, Von der Aufklärung zur Roman-

[14] Zitiert von *J. Leflon*, Mazenod II 281—282.

[15] *Fr. Callahan*, The Centralization of Government in Pontifical Institutes of Women with Simple Vows (Rom 1948) 34 44—45. Der Autor führt folgende Approbationen an: Filles du S. Cœur de Marie d'Angers (1821), Sœurs de la Miséricorde de Cahors (1824), Sœurs de l'Instruction chrétienne von Gent (1827), Canossiane (1828), Sœurs de Ste. Thérèse de Bordeaux und Sœurs du Bon Pasteur d'Angers (1835).

tik (München 1925); *K. Bachem,* Vorgeschichte, Gesch. und Politik der deutschen Zentrumspartei I (Köln 1927, Neudr. Aalen 1967); *Leflon* (Fliche-Martin 20) 359 ff 474 ff; *Schnabel* G IV³ 44—97; *E. Ritter,* Die kath.-soziale Bewegung Deutschlands im 19. Jh. und der Volksverein (Köln 1954), Kap. 1 und 2; *Bihlmeyer-Tüchle* III¹⁷ 326—330 336 f; *K. Buchheim,* Ultramontanismus und Demokratie. Der Weg der deutschen Katholiken im 19. Jh. (München 1963); *F. Heyer,* Die katholische Kirche von 1648 bis 1870 (Die Kirche in ihrer Geschichte. Ein Handbuch, hrsg. von *K. D. Schmidt - E. Wolf,* Bd 4, Lieferung N, 1. Teil, Göttingen 1963) 94—100 102—105 108 f; *Vigener* (vgl. vor Kap. 7) 57—77. — *K. Löffler,* Geschichte der kath. Presse Deutschlands (M.-Gladbach 1924); *R. Pesch,* Die kirchl.-polit. Presse der Katholiken in der Rheinprovinz vor 1848 (Mainz 1966). — *A. v. Martin,* Das Wesen der romantischen Religiosität: DVfLG 2 (1924); *ders.,* Romantische Konversionen: Logos 17 (1928); *A. L. Mayer,* Liturgie, Romantik und Restauration: JLW 10 (1930); *H. F. Hedderich,* Die Gedanken der Romantik über Kirche und Staat (Gütersloh 1941); *R. Benz,* Die deutsche Romantik (Leipzig ⁵1956); *J. Droz,* Le Romantisme allemand et l'État (Paris 1966).

Einzelne Zentren und Zirkel: *Münster* (Gallitzin): *J. Galland,* Die Fürstin Gallitzin und ihre Freunde (Köln 1880); *P. Brachin,* Le cercle de Münster et la pensée religieuse de F. L. Stolberg (Lyon - Paris 1952); *E. Reinhard,* Die Münsterische familia sacra (Münster 1953); *E. Trunz,* Fürstenberg, Fürstin Gallitzin und ihr Kreis (Münster 1955); *S. Sudhof:* Hochland 52 (1960); *E. Hegel,* Gesch. der kath.-theol. Fakultät Münster 1773—1964 I (Münster 1966) 21—79. — *H. Heuveldop,* Bernard Overberg (Münster 1933); *W. Sahner,* Overberg als Pädagoge (Gelsenkirchen 1949); *G. Kruchen,* Die Bibel Overbergs (Diss. Münster 1956). — *Th. Rensing,* Franz v. Fürstenberg (Münster 1961); *A. Hanschmidt,* Franz v. Fürstenberg als Staatsmann ... (Münster 1969). — *J. Janssen,* Friedrich Leopold Graf zu Stolberg (Freiburg 1877; ⁴1910, bearb. von *L. v. Pastor*); *P. Brachin,* Friedrich Leopold zu Stolberg und die deutsche Romantik: LJ N. F. 1 (1960); *H. Raab,* Friedrich Leopold zu Stolberg und Karl L. v. Haller: ZSKG 62 (1968). — *F. Beelert,* Bernard Georg Kellermann (Münster 1935). — *K. Gründer,* Hamann in Münster: Westfalen 33 (1955); *W. H. Bruford,* Fürstin Gallitzin und Goethe (Köln - Opladen 1957).

Wien (Hofbauer): Monumenta Hofbaueriana, 15 Bde (Thorn - Krakau - Rom 1915/51); *M. B. Schweitzer:* HJ 48 (1928); *E. Winter,* Die Differenzierungen der kath. Restauration in Österreich: HJ 52 (1932); *E. Hosp,* Hofbauer (Wien 1951); *R. Till,* Hofbauer und sein Kreis (Wien 1951); *E. Winter,* Romantismus, Restauration und Frühliberalismus im östr. Vormärz (Wien 1968). — *Fr. Schlegel,* Kritische Ausgabe der Werke, hrsg. von *E. Behler* (Paderborn 1958 ff); *B. v. Wiese,* Fr. Schlegel (Berlin 1927); *L. Wirz,* Fr. Schlegels philosophische Entwicklung (Bonn 1939); *J. J. Anstett,* La pensée religieuse de Fr. Schlegel (Paris 1941); *E. Behler,* Neue Ergebnisse der Fr.-Schlegel-Forschung: GRM N. F. 8 (1958); *G. P. Hendrix,* Das polit. Weltbild Fr. Schlegels (Diss. Köln 1962). — *A. v. Martin,* Die polit. Ideenwelt Ad. Müllers: Festschr. f. Walter Goetz (Leipzig 1927); *J. Baxa,* Adam Müller (Jena 1930). — *A. v. Klinckowström,* Friedrich August v. Klinckowström (Wien 1877). — *P. Hankamer,* Zacharias Werner (Bonn 1920).

Landshut (Sailer): *J. M. Sailer,* Werke, 41 Bde (Sulzbach 1830/45); *B. Lang,* Bischof Sailer und seine Zeitgenossen (Regensburg 1932); *H. Schiel,* J. M. Sailer, 2 Bde (Regensburg 1948/52); *J. R. Geiselmann,* Von lebendiger Religiosität zum Leben der Kirche (Stuttgart 1952); *G. Fischer,* Sailer und Kant (Freiburg i. Br. 1953); *ders.,* Sailer und Pestalozzi (Freiburg i. Br. 1954); *ders.,* Sailer und Jacobi (Freiburg i. Br. 1955); *F. W. Kantzenbach,* J. M. Sailer und der ökumenische Gedanke (Nürnberg 1955); *H. J. Müller,* Die ganze Bekehrung (Salzburg 1956); *J. Vonderach,* Sailer und die Aufklärung: FZThPh 5 (1958); *R. Adamski:* ThJ (Leipzig 1960).

München (Görres, Ringseis): *M. Spindler,* Die kirchlichen Erneuerungsbestrebungen in Bayern im 19. Jh.: HJ 71 (1952), jetzt auch in: *M. Spindler,* Erbe und Verpflichtung. Aufsätze und Vorträge zur bayerischen Geschichte (München 1966); *J. Görres,* Hist.-krit. Neuausgabe der Werke, hrsg. von *W. Schellenberg - A. Dyroff - L. Just* (Köln 1926 ff, bisher 16 Bde); *J. N. Sepp,* J. Görres und seine Zeitgenossen (Nördlingen 1877); *H. Kapfinger,* Der Eos-Kreis 1828—32 (München 1928); *W. Schellberg,* J. Görres (Köln [2]1926); Görres-Festschrift, hrsg. von *K. Hoeber* (Köln 1926); *J. Grisar,* Görres' religiöse Entwicklung: StdZ 112 (1927); *A. Schorn,* Görres' religiöse Entwicklung (Diss. Köln 1929); *R. Saitschick,* J. Görres und die abendländische Kultur (Olten - Freiburg 1953); *G. Bürke,* Vom Mythos zur Mystik (Einsiedeln 1958); *E. R. Huber,* J. Görres und die Anfänge des kath. Integralismus in Deutschland (in: *E. R. Huber,* Nationalstaat und Verfassungsstaat, Stuttgart 1965). — *B. Lang,* J. N. Ringseis (Fribourg 1931). — *D. Baumgardt,* F. Baader und die philosophische Romantik (Halle 1927); *E. Susini,* F. Baader et le romantisme mystique, 2 Bde (Paris 1942). — *J. Friedrich,* I. v. Döllinger I und II (München 1899); *G. Schwaiger,* I. v. Döllinger (München 1963); *J. Finsterhölzl,* I. v. Döllinger (Graz - Wien - Köln 1969). — *A. Doeberl,* Ludwig I. und die kath. Kirche: HPBl 158—160 (1916/17); *M. Spindler,* Der Briefwechsel zwischen König Ludwig I. und Ed. v. Schenk 1824—41 (München 1930); *R. Hacker,* Die Beziehungen zwischen Bayern und dem Heiligen Stuhl in der Regierungszeit Ludwigs I. (Tübingen 1967); *G. Schwaiger,* Ludwig I. von Bayern: ZKG 79 (1968).

Mainz: J. Guerber, Fr. L. Liebermann (Freiburg 1880); *J. Wirth,* Mons. Colmar (Paris 1906); *A. Schnütgen,* Das Elsaß und die Erneuerung des kath. Lebens in Deutschland von 1814 bis 1848 (Straßburg 1913); *S. Merkle,* Zu Görres' theol. Arbeit am „Katholik" (Görres-Festschr. 1926); *L. Lenhart,* Das Mainzer Priesterseminar als Brücke von der alten zur neuen Mainzer Universität (Mainz 1947); *ders.,* Die erste Mainzer Theologenschule des 19. Jh. (Mainz 1956); *H. Schwalbach,* Der Mainzer „Katholik" ... 1821 bis 1850 (Diss. Mainz 1966).

Andere Persönlichkeiten und Kreise: *A. F. Ludwig,* Weihbischof Zirkel von Würzburg ..., 2 Bde (Paderborn 1904/06); *A. Dyroff,* Karl Josef Windischmann und sein Kreis (Köln 1916); *W. Schellberg,* Klemens Brentano (M.-Gladbach 1916); *H. Rupprich,* Brentano, Luise Hensel und Ludwig v. Gerlach (Wien - Leipzig 1927); *C. Schönig,* Anton Jos. Binterim (1779—1855) als Kirchenpolitiker und Gelehrter (Düsseldorf 1933); *O. Dammann,* Johann Friedrich Schlosser auf Stift Neuburg und sein Kreis: Neue Heidelberger Jbb. (1934); *E. Ritter,* Radowitz (Köln 1948); *A. Klein,* Werner v. Haxthausen und sein Freundeskreis am Rhein: AHVNrh. 155/156 (1954); *K. G. Faber,* Rhein. Geistesleben zwischen Restauration und Romantik: RhVJBll 21 (1956); *E. Kleinstück,* Johann Friedrich Böhmer (Frankfurt 1959); *A. Brecher,* L. A. Nellessen (1783—1859) und der Aachener Priesterkreis: ZAGV 76 (1964); *H. Witetschek,* Studien zur kirchl. Erneuerung im Bistum Augsburg in der 1. Hälfte des 19. Jh. (Augsburg 1965); *W. Hoffmann,* Clemens Brentano (Berlin - München 1966); *Chr. Weber,* Orthodoxie und Aufklärung am Mittelrhein 1820—50 (in Vorbereitung). — Über Hermes und die Tübinger Schule vgl. die Lit.-Ang. vor Kap. 15.

Bedeutende Bischöfe: *A. Schnütgen,* Das religiös-kirchl. Leben im Rheinland unter den Bischöfen Graf Spiegel und Hommer: AHVNrh 119 (1931); *W. Lipgens,* Ferdinand August v. Spiegel (s. vor Kap. 7). — *P. Sieweck,* L. A. Frh. v. Gebsattel (Diss. München 1955). — Über Hommer: *A. Thomas:* TThZ 58 (1949), AMrhKG 1 (1949), 15 (1963); *J. Schiffhauer:* Festschr. f. Alois Thomas (Trier 1967).

Geschichtsmächtiger als der organisatorische Neuaufbau ist die geistige Erneuerung gewesen, welche auch die katholische Kirche Deutschlands in den ersten Jahrzehnten des 19. Jh. erlebt hat. Sie ist von eigenständigen, von der Amtskirche unabhängigen Kräften ausgegangen. Gemeinsam war ihnen der

Wille zur Überwindung der Krise, welche die radikale Aufklärung heraufgeführt hatte. Gegen die rationalistische Entleerung der Theologie, die Säkularisierungstendenzen in der Gesellschaft und die weitgehende Unterwerfung der Kirche unter den Staat sollte durch Rückbesinnung auf Wesen und Geschichte der Kirche eine gültige Alternative begründet werden. Eine wichtige Voraussetzung war die in weiten Bereichen, vor allem außerhalb der höfischen und städtischen Bildungsschichten, ungebrochene kirchliche Tradition. Auch sind nicht wenige Leistungen der gemäßigten Aufklärung in den Aufbruch eingeströmt: die Pflege der positiven Theologie, Reformen in Liturgie, Verkündigung und Seelsorge, mancherorts auch eine ökumenische Grundstimmung. Aufrüttelnd wirkte das Erlebnis der Französischen Revolution und ihrer Auswirkungen, es steigerte zugleich den Defensivcharakter der entstehenden Bewegung. Indem Revolution und Säkularisation radikalste Konsequenzen aus Aufklärung und moderner Staatslehre zogen, machten sie diese insgesamt bei den Katholiken suspekt. Die katholische Abwehr mußte schon in ihren Anfängen auf zwei konkrete Ziele gerichtet sein, auf die Wiederherstellung kirchlicher Freiheit und auf Ersatz für die zerstörten Bildungszentren.

Die Romantik gab starke, gemäß ihrer wesenhaften Vielfältigkeit sehr verschiedenartige Impulse. Ihre Weltdeutung griff auf christliche Ideen und Werte in Gesellschaftsordnung, Kunst und Wissenschaft zurück, dabei bevorzugte sie das Irrationale, das Historische und das Organisch-Gewachsene. Gegenüber dem aufgeklärten Bemühen um Individuum, Vernunft und Fortschritt erfolgte eine nicht selten ins gegenteilige Extrem umschlagende Aufwertung von Gemeinschaft, von Gefühl und Mystik, von Tradition und Kontinuität. Die Kirche wurde wieder als lebendiger und geschichtlicher Organismus empfunden, romantisches Ganzheitsdenken erstrebte die Synthese religiöser und profaner Kultur. Im evangelischen Bereich hat die Romantik Erweckungsbewegung und Nationalprotestantismus gefördert. Viele ihrer Vertreter fühlten sich aber zur katholischen Kirche hingezogen, deren Strukturen und Frömmigkeitsformen ihren Idealen mehr entsprachen. Bedeutende Konvertiten haben die Anfänge der katholischen Bewegung in Deutschland entscheidend geprägt. Die neue Hochschätzung der katholischen Kirche war oft eine Folge der Wiederentdeckung des wesentlich katholischen, von der Aufklärung verachteten Mittelalters und seiner künstlerischen wie geistigen Schöpfungen. In zweifacher Hinsicht hat die Romantik zudem den großdeutschen Patriotismus der Katholiken gefördert. Ihre Hinwendung zu Kontinuitäten und gewachsenen Strukturen führte zur Restaurationsideologie, die Kaisertum und Reich idealisierte; die Aufwertung von Volk und Nation ließ im Gefolge der Freiheitskriege auch im deutschen Katholizismus eine Affinität von Religion und Nationalität aufkommen.

Die katholische Bewegung ist in kleinen, dem Gesellschaftsstil der Zeit entsprechenden Zirkeln entstanden, dabei bestanden oft enge Gemeinsamkeiten zur Wiederbelebung der theologischen Wissenschaft[1]. Römische Anregungen fehlten ganz. Die französische Restaurationsphilosophie hat erst seit den zwanziger Jahren eingewirkt, vornehmlich über den Kreis um das Mainzer Priesterseminar und verwandte Zirkel im Rheinland[2].

Die seit 1779 in Münster lebende Fürstin Amalie Gallitzin (1748—1806) sammelte noch vor der Französischen Revolution einen Kreis um sich, der sich um gefühlsbetonte Glaubensvertiefung bemühte und die Reaktion gegen die Aufklärung zum antiintellektuellen Fideismus steigerte. Vertraute Berater der Fürstin waren der Katechet und Pädagoge Bernard Overberg (1754—1826) und der Domherr Franz v. Fürstenberg (1729—1810). Fürstenberg hatte seit 1762 als erster Minister das Hochstift Münster musterhaft verwaltet, aber im Gegensatz zum eigenen Bischof, der zugleich Kurfürst von Köln war und seinen Bonner Hof ganz den modernen Ideen geöffnet hatte, die Aufklärung konsequent ferngehalten. Seit er 1780 seine politischen Ämter aufgeben mußte, konzentrierte er sich auf „innere Verbesserung" und auf sein pädagogisches Reformwerk, bei dem der von ihm mit der Leitung der Lehrerbildung betraute Overberg sein engster Mitarbeiter war. Zum Gallitzinschen Kreis, der sich als „familia sacra" empfand, gehörten mehrere Professoren der von Fürstenberg gegründeten Akademie, darunter der Kirchenhistoriker Theodor Katerkamp und der Exeget Bernard Georg Kellermann. Unter den Jüngeren, die der Kreis nachhaltig beeinflußt hat, waren die Brüder Droste-Vischering.

Enge Beziehungen bestanden zu pietistischen Lutheranern, so zu Matthias Claudius, Friedrich Perthes, Graf Friedrich Leopold zu Stolberg und Johann Georg Hamann. Von der Aufklärung war der Kreis insofern beeinflußt, als er die Gemeinsamkeiten der Konfessionen hervorhob, freilich mit antiaufklärerischer Absicht: Die gläubigen Kräfte sollten sich gegen den Rationalismus als gemeinsamen Feind zusammentun. 1800 wurde Stolberg katholisch; sein Übertritt, der die stattliche Reihe romantischer Konversionen einleitete, erregte größtes Aufsehen. Er lebte fortan in Münster und schrieb gemeinsam mit anderen Mitgliedern der „familia sacra" in den folgenden Jahren die „Geschichte der Religion Jesu Christi", welche die Kirchengeschichte universalistisch und als Heilsgeschichte deutete und das durch die Aufklärung verschüttete historische Bewußtsein im deutschen Katholizismus neu geweckt hat[3]. Trotz seiner apologetischen Grundhaltung hat Stol-

[1] So hat die Tübinger Theologenschule (vgl. Kap. 15, S. 294ff) samt ihrem Organ, der seit 1819 erscheinenden „Theologischen Quartalschrift", den gebildeten Katholiken zu neuem und tieferem, Aktivitäten begünstigenden Selbstbewußtsein verholfen.

[2] *E. Fleig*, Zur Gesch. des Einströmens französischen Restaurationsdenkens nach Deutschland: HJ 55 (1935) 501—522.

[3] Das Werk erschien in 15 Bänden (Hamburg 1806/18). Vgl. *L. Scheffczyk*, Fr. L. Stolbergs „Geschichte der Religion Jesu Christi" (München 1952).

berg auch lutherische Elemente, so den Glauben an die nur durch Gottes Erbarmen ermöglichte Offenbarung, eingebracht; sein Kirchenbegriff war weit und hatte auch episkopalistische Züge.

Overbergs Schriften haben gemeinsam mit denen Sailers eine neue katholische Pädagogik begründet. Overberg förderte Lehrgespräch und Selbstentfaltung des Schülers im Sinne der Aufklärung. „Die höhere Sicherheit des christlichen Glaubens" entnahm er aber nur der Offenbarung, die er darum wieder in die Mitte des Religionsunterrichtes stellte und durch seine für Lehrer und Familien gedachte, oft aufgelegte „Geschichte des Alten und Neuen Testaments" weiten Kreisen nahegebracht hat.

Unter dem Eindruck der Erhebung gegen Napoleon (1809) wurde Wien ein ausstrahlendes Zentrum deutscher Romantik, die im Kreis um Clemens Maria Hofbauer (1751—1820) und Friedrich Schlegel (1772—1829) auch ein neues religiöses Bewußtsein heraufführte. Beide lebten seit 1808 in Wien. Hofbauer, der aus Südmähren stammende erste deutsche Redemptorist, erfaßte als Erzieher, Prediger, Volksmissionar und Organisator kirchlichen Lebens Angehörige aller Schichten. Schlegel, der zuvor im mittelalterlich anmutenden Köln konvertiert war, trat in den österreichischen Staatsdienst ein. Außerdem lehrte er in Wien Religionsgeschichte und entwickelte dabei seine umfassende Deutung europäischer Geschichte und Kultur aus dem Geiste katholischen Christentums[4], die alle Bereiche der Romantik beeinflußt hat. Andere norddeutsche Konvertiten mit weitgespanntem Wirkungskreis schlossen sich an, so der Staatsrechtler Adam Müller, der Maler und Erzieher Klinckowström, der Dichter Zacharias Werner. Vorübergehend verkehrten auch Franz v. Baader, Brentano, Eichendorff und Johann Friedrich Schlosser in dem Kreis, der vor allem in der Zeit des Kongresses weiterwirkende Beziehungen zu Gleichgesinnten in allen deutschen Ländern herstellte.

Schlegel, Müller[5] und ihre Freunde versuchten monarchische Autorität und hierarchische Gesellschaftsordnung als gottgewollt und natürlich zu erweisen. Sie propagierten daher den ständisch gegliederten korporativen Staat, der auf Religion und Volkstum gegründet und an mittelalterlichen Vorbildern orientiert sein sollte; Staat und Kirche waren ihnen innerlich zugeordnete, gleichberechtigte Partner. In der Kontinuität bewahrenden, hierarchisch gegliederten katholischen Kirche erblickten sie den legitimsten

[4] Besonders in seinen 1810 bzw. 1812 gehaltenen Vorlesungsreihen „Über die neuere Geschichte" (Wien 1811) und über die „Geschichte der alten und neuen Literatur (Wien 1815), außerdem in den Zeitschriften „Deutsches Museum" (Wien 1812/13) und „Concordia" (Wien 1820/22).

[5] Müllers Hauptwerke: Die Elemente der Staatskunst, 3 Bde (Berlin 1810, neu hrsg. von *J. Baxa*, Jena 1922); Von der Notwendigkeit einer theol. Grundlegung der gesamten Staatswissenschaft (Leipzig 1820, Neuausgabe Wien 1898). — Ausgew. Schriften Müllers zur Staatsphilosophie, hrsg. von *R. Kohler* (München 1923).

Garanten jeder Autorität. Sie stimmten mit den Zielen de Maistres überein und suchten ihnen die tiefere religiöse und philosophische Begründung zu geben, die sie in seinen Schriften vermißten. Die Gesellschaftsauffassung des Wiener Kreises hat die Ideologie der Restauration mitgeformt, an deren Ausprägung ein weiterer Konvertit, der Berner Staatsrechtler Karl Ludwig v. Haller (1768—1854), führenden Anteil hatte[6]. Aus dem ständischen Prinzip haben Schlegel, Müller und Baader auch erste Postulate des sozialen Katholizismus abgeleitet. Ihre Forderungen nach gerechtem Lohn und Einbürgerung der unteren Klassen, nach Unterordnung der Wirtschaft unter die Sozialpolitik und nach gerechtem Ausgleich zwischen Landwirtschaft und Industrie konnten sich nicht direkt auswirken, haben aber die Entstehung der katholischen Soziallehre nachhaltig beeinflußt.

Während Kaiser, Regierung und die Mehrzahl des österreichischen Klerus, besonders der Prälaten, am Josephinismus festhielten, wurde im Hofbauer-Kreis dessen geistige Überwindung eingeleitet[7]. Die aus dem Kreis hervorgegangenen Bischöfe Zengerle (1824—48 Bischof von Seckau) und Ziegler (1827—52 Bischof von Linz) verhalfen in ihren Diözesen dem neuen Geist zum Durchbruch. Der spätere Kardinal Rauscher (s. u. Kap. 20, 27, 29) wurde als junger Priester im Hofbauer-Kreis geformt.

Mit kompromißloser und oft verletzender Schärfe bekämpfte Hofbauer die Aufklärung in allen ihren Formen, während des Wiener Kongresses war er der geistig bedeutendste Gegner Wessenbergs. Auch der streitbare Redemptorist erstrebte die Wiederherstellung einer gesamtdeutschen Kirchenorganisation, aber sein Kreis war unter den Zirkeln der katholischen Erweckung der erste, der diesen Wiederaufbau in engstem Anschluß an Rom durchführen wollte. Hofbauer und seine Freunde berieten den Wiener Nuntius Severoli und während des Kongresses auch den Kardinal Consalvi, nach 1815 versuchten sie über Schlegel und Schlosser die an den Frankfurter Bundestag verwiesenen Kirchenverhandlungen zu beeinflussen. Nur das wiedererstarkende Papsttum konnte nach ihrer Überzeugung den deutschen Diözesen Bischöfe geben, die von Staatskirchentum und Febronianismus frei waren; daher ihr folgenschwerer, in die Gesamtentwicklung des 19. Jh. einmündender Einsatz für zentralistisch-autoritäre Kirchenordnung. Auf geheimen Wegen haben sie die Kurie vor Vertretern anderer Konzeptionen gewarnt und damit im deutschen Bereich die Denunzierung innerkirchlicher Gegner begonnen, die allenthalben eine peinliche Nebenerscheinung der ultramontanen Konzentration geworden ist. Dabei hat Hofbauer gerade im Interesse der ihm vorschwebenden römisch-deutschen Allianz

[6] Vor allem durch sein „Handbuch der allg. Staatskunde" (Winterthur 1808) und „Die Restauration der Staatswissenschaften" (6 Bde, ebd. 1816/26, ²1820/34), die der Epoche den Namen gegeben hat.

[7] Ansätze zur Überwindung des Josephinismus: *A. Reinerman,* The Return of the Jesuits to the Austrian Empire and the Decline of Josephinism 1820—1822: CHR 52 (1966/67).

von der Kurie stärkere Berücksichtigung Deutschlands gefordert; in der Kritik an römischer Unkenntnis deutscher Verhältnisse stimmte er mit manchen Antikurialisten überein.

Der Hofbauer-Kreis hat besonders auf verwandte Gruppen im benachbarten Bayern gewirkt, so auf die „Konföderierten" um den Würzburger Weihbischof Zirkel († 1817) und auf den Münchener Görres-Kreis. Hofbauer ist auch an den bayerischen Kronprinzen Ludwig herangetreten, der aber vorzüglich den Anregungen aus Landshut und München gefolgt ist.

Johann Michael Sailer (1751—1832), der Führer des Landshuter Kreises, hat die philosophische und literarische Bildung der Zeit aufgenommen und die Begegnung des Katholizismus mit der modernen Geisteskultur der Nation eingeleitet. Dabei war auch sein Hauptanliegen die Verinnerlichung des überlieferten Kirchentums, schon früh hat er gegen den Deismus Stellung genommen. Mit ähnlicher Begründung wie die Münsteraner pflegte Sailer die Freundschaft zu Evangelischen verwandter Grundhaltung, so zu Lavater, Claudius, Savigny und den Fürsten Stolberg-Wernigerode. Sailer war Eklektiker, in der Moral übernahm er viele Anregungen Kants, in der Religionsphilosophie Jacobis, in der Pädagogik Pestalozzis.

Die Universität Dillingen, wo man ihm Illuminatismus und Aufklärertum vorwarf, mußte Sailer 1794 verlassen; fünf Jahre später berief der bürokratisch-staatskirchliche Minister Montgelas ihn als Professor für Moral- und Pastoraltheologie an die Universität Ingolstadt, die 1800 als bayerische Landesuniversität nach Landshut verlegt wurde. Obwohl Sailer an seinem Humanismus und an der Ablehnung der Scholastik festhielt, entfaltete er in den beiden folgenden Jahrzehnten eine Tätigkeit, die den Ideen Montgelas' ganz widersprach und zu ihrer Überwindung erheblich beigetragen hat. Er warb für die Erneuerung der Kirche aus ihren eigenen Kräften, gerade durch seine Vertrautheit mit der Aufklärung wurde Sailer zu ihrer glaubwürdigen Bekämpfung befähigt. Er entwickelte eine für seine Zeit neuartige Theologie der Offenbarung und der Spiritualität, die biblisch und patristisch begründet war[8]. Sein Kirchenbegriff, dem Stolbergs verwandt, suchte zwischen Kurialismus und Febronianismus zu vermitteln. Auch in seiner ebenfalls bibelorientierten Pädagogik führte Sailer in ähnlicher Weise wie Overberg über die Aufklärung hinaus.

Sailer war nicht nur wirkungsvoller Lehrer und Publizist, sondern auch charismatischer Seelsorger und Berater. Einen ungewöhnlich großen Kreis von Schülern und Freunden aus allen Ständen und Fakultäten sammelte er um sich; der zelotische Eifer Hofbauers, der auch ihn verdächtigte, war ihm

[8] Sailers Hauptwerke: Vorlesungen aus der Pastoraltheologie, 3 Bde (München 1788/89); Neue Beiträge aus der Pastoraltheologie, 2 Bde (ebd. 1809/11); Beleuchtung einiger Hauptideen der kath. Theologie, 3 Hefte (ebd. 1816/21); Hdb. der christl. Moral, 3 Bde (ebd. 1817).

fremd. An den Intrigen seiner Gegner scheiterte noch 1819 Sailers Ernennung zum Bischof von Augsburg, nach schwierigen Verhandlungen der Regierung mit dem Heiligen Stuhl wurde er 1822 Weihbischof und Koadjutor in Regensburg, 1829 Bischof daselbst. Bedeutende Geistliche aus Sailers Umgebung haben seine religiös-kirchlichen Anliegen fortgeführt, so Georg Michael Wittmann (1760—1833) und Franz Xaver Schwäbl (1778—1841), seine Nachfolger als Bischöfe von Regensburg, der Pädagoge und Schulorganisator Christoph v. Schmid (1768—1854), der Exeget und Bibelübersetzer Joseph Franz v. Allioli (1793—1853), schließlich Melchior v. Diepenbrock (1798—1853, s. u. Kap. 20, 27, 29).

Bestimmenden Einfluß gewann der Landshuter Kreis auf die bayerische Innenpolitik, da zu Sailers Verehrern Kronprinz Ludwig gehörte und zwei Mitglieder des Kreises, der Mediziner Johann Nepomuk Ringseis (1785 bis 1880) und der Jurist Eduard v. Schenk (1788—1841), dessen kulturpolitische Berater wurden. Der Kronprinz, der 1817 den Sturz Montgelas' herbeiführte, bestieg 1825 als Ludwig I. den Thron. An Parität und Staatskirchentum hielt der König fest, aber sonst lenkte er ganz in die Bahn romantischer Restaurationspolitik, auch wollte er Bayern zur Führungsmacht im deutschen Katholizismus machen. Schenk trat an die Spitze der neuen Abteilung für Kirche und Unterricht im Justizministerium. Benediktiner, Franziskaner und mehrere Frauenorden konnten zurückkehren, die Lehrerbildung wurde weitgehend den Kirchen anvertraut, für die Priesterausbildung entstanden königliche Lyzeen, die Missionen erhielten Unterstützung, zahlreiche Kirchenbauten wurden restauriert.

Ringseis wurde erster Rektor der 1826 von Landshut nach München verlegten Universität, die sich infolge seiner konsequenten Berufungspolitik zum bedeutendsten katholischen Zentrum der Zeit entwickelte. Die Führung übernahmen neben Ringseis drei der neuen Professoren, Josef v. Görres[9], Franz v. Baader und der junge Ignaz v. Döllinger. Sie haben katholischen Zusammenschlüssen vorgearbeitet und auf philosophischer und historischer Ebene Rationalismus und Liberalismus bekämpft, in zunehmendem Maße auch den damit oft verbündeten Protestantismus. Schon die aufwendigen Feiern des Reformationsjubiläums von 1817 hatten eine erste Konfrontation bewirkt, überhaupt entwickelten die wiedererstarkten Kirchen neues, konfessionalistisches Selbstbewußtsein.

In der Zeitschrift „Eos" schuf der Kreis um Ringseis und Görres sich 1828 erstmals ein Organ, von dem er sich aber zwei Jahre später wieder zurückziehen mußte; die antiliberalen Schärfen des Blattes hatten den Unmut des Königs erregt, der sich mit keiner Partei ganz identifizieren wollte. Fast

[9] Görres ist der Konversionsbewegung der Zeit insofern zuzurechnen, als er, ähnlich wie Brentano, unter dem Eindruck der Romantik zum angestammten katholischen Glauben zurückfand. Vgl. *Grisar* a. a. O.; *Schorn* a. a. O.

gleichzeitig ermöglichte seine Kirchenpolitik aber die Entstehung zweier Kirchenblätter[10], die auch nichtbayerische Probleme aufgriffen und kirchenpolitisch sehr aktiv wurden; mit ihnen und dem einige Jahre zuvor in Mainz gegründeten „Katholik" begann die Entwicklung der deutschen katholischen Kirchenpresse.

Mit größerer publizistischer Effizienz als Hofbauers Freunde ist ein Kreis in Mainz für zentralistisch-autoritäre Erneuerung der Kirche eingetreten. Seine ersten Führer, der von Napoleon zum Bischof von Mainz ernannte Johann Ludwig Colmar (1760—1818) und Franz Leopold Liebermann (1759—1844), entstammten dem elsässischen Katholizismus, der sich von den innerfranzösischen Entwicklungen ferngehalten, dann aber in den Revolutionswirren die radikalsten Folgen der Aufklärung verspürt hatte. Colmar gründete anstelle der theologischen Fakultät der durch die Säkularisation zerstörten Universität schon 1805 ein tridentinisches Seminar, dessen Leitung Liebermann übernahm; 1816 wurde ein weiterer Elsässer, Liebermanns Schüler Andreas Räß (1794—1887), berufen. Im Gegensatz zu den anderen Zirkeln der Erneuerung waren im Mainzer Kreis die Führer sämtlich Geistliche. Wie alle Verfechter strengkirchlicher Konzentration waren sie den theologischen Fakultäten an staatlichen Universitäten abgeneigt; zur Propagierung der auch in Rom gewünschten Seminarerziehung haben sie in Deutschland erheblich beigetragen. Dabei konnten sie darauf verweisen, daß an manchen staatlichen Fakultäten noch rationalistische und staatskirchliche Theologen lehrten. Colmar und Liebermann gründeten die theologische Ausbildung wieder auf die Scholastik[11], Räß und sein Freund Nikolaus Weis (1796—1869) bezogen die französische Restaurationsphilosophie ein. Die Mainzer waren davon überzeugt, daß gegenüber der Aufklärung und deren Folgen wie gegenüber dem Staatskirchentum straffe geistige und organisatorische Konzentration der Kirche vonnöten war; sie plädierten für den Rückzug auf die anscheinend sichere Bastion der alten Lehre, aber auch für neuartige Aktivierung der Gläubigen; von der Romantik waren sie unberührt. Ihr Programm stimmte mit dem der „Zelanti" an der römischen Kurie überein, die seit der Wahl Leos XII. (1824) die Oberhand gewonnen hatten[12]. Seitdem traten die Mainzer erst recht für engen An-

[10] Mit aktiver Unterstützung von Räß (Mainz) und von Mitgliedern des Münchener Görres-Kreises gründete Joh. Bapt. v. Pfeilschifter 1829 in Aschaffenburg die „Katholische Kirchenzeitung", die während des folgenden Jahrzehnts große Bedeutung erlangt hat; in Würzburg erschien seit 1828 der „Allg. Religions- und Kirchenfreund" (Red: Franz Gg. Benkert). Vgl. *Pesch* a. a. O. 150—154.

[11] Liebermanns Lehrbuch, die Institutiones theologiae dogmaticae (Mainz 1819/21), fand weite und lange Verbreitung ([10]1870), ebenfalls die spekulative, scharf antihermesianische Dogmatik seines Schülers Heinrich Klee (Mainz 1834/35, [4]1861), der kurz vor seinem frühen Tode (1840) an die Münchener Universität berufen wurde.

[12] Vgl. Kap. 3, S. 117—121.

schluß an Rom ein; allzu vereinfachend meinten sie, daß Episkopalismus zum Staatskirchentum, Papalismus zur Kirchenfreiheit führte. Napoleons Kirchenhoheit hatten sie hinnehmen müssen, gegen die Kirchenpolitik der schwächeren deutschen Staaten leisteten sie alsbald Widerstand und gerieten darüber schnell in Gegensatz zur hessischen Regierung.

Um Klerus und gebildete Laien im Sinne des Mainzer Programms zu beeinflussen, gründeten Räß und Weis 1821 die Monatsschrift „Der Katholik"; unter dem Druck der Regierung mußte die Redaktion ein Jahr später nach Straßburg ausweichen, 1827 konnte sie ins bayerische Speyer verlegt werden. Im „Katholik" und in populären Broschüren stritten die Mainzer Theologen gegen Aufklärung, Staatskirchentum und Protestantismus, zudem gegen katholische Strömungen, die nicht in ihr Konzept paßten, so gegen den im preußischen Rheinland um sich greifenden Hermesianismus[13]. Die autoritäre Defensive, auf die man sich dabei zurückzog, war manchen Notwendigkeiten der Zeit angemessen, aber ihre Verallgemeinerung hat erheblich dazu beigetragen, die katholische Kirche von den geistigen Entwicklungen abzuschließen und in das ihr von den Gegnern zugedachte Ghetto abzudrängen.

Drei bedeutende Bischöfe sind aus dem Mainzer Kreis hervorgegangen, neben Räß (seit 1842 Bischof von Straßburg) und Weis (seit 1841 Bischof von Speyer) Johannes v. Geissel, der als Erzbischof von Köln in den vierziger und fünfziger Jahren der Führer des preußischen Episkopats gewesen ist (vgl. Kap. 20, 27 und 29).

Der kämpferische Geist des Mainzer Seminars wirkte auch nach Bayern und teilte sich manchen anderen katholischen Zirkeln mit, die zunächst auf lokaler Ebene die innerkirchliche Erneuerung einleiteten, sich daneben seit den zwanziger Jahren aber mit zunehmender Deutlichkeit gegen das bürokratische Kirchenregiment zur Wehr setzten. Solche Kreise bestanden u. a. in Kassel um Josef Maria v. Radowitz, in Frankfurt um Johann Friedrich Schlosser, in Koblenz um Clemens Brentano und Hermann Josef Dietz, in Bonn um den Kirchenrechtler Ferdinand Walter[14] und den Philosophen Karl Josef Windischmann, in Köln um Werner v. Haxthausen, in Aachen um Martin Wilhelm Fonck und Leonhard Aloys Nellessen, in Düsseldorf um Anton Josef Binterim. Die rheinischen Kreise hielten untereinander engen Kon-

[13] Vgl. Kap. 15, S. 292ff.

[14] Das Lehrbuch des Kirchenrechtes, welches Ferdinand Walter (1794—1879) schon 1822 in Bonn veröffentlichte ([14]1871), hat erheblich zur Überwindung des Febronianismus beigetragen. Wie die meisten Vertreter seiner Richtung hat Walter freilich noch nicht den Kirchenbegriff vertreten, der sich unter Gregor XVI. und Pius IX. durchgesetzt hat. Genausowenig wie Liebermann lehrte er die päpstliche Unfehlbarkeit, erst von der 8. Auflage seines Werkes an (1839) ist er der sich ausbreitenden Doktrin nähergetreten. Vgl. *Vigener* a. a. O. 62—70. — Unter dem Einfluß des Bonner Kreises ist Carl Ernst Jarcke, damals Privatdozent der Rechte, 1825 katholisch geworden. Vgl. Kap. 20, S. 405f.

takt. Gemeinsam war ihnen die besonders in Bonn betriebene Gegnerschaft gegen Hermes, in Koblenz wurden Vorstufen moderner Caritas entwickelt, in Köln galt das Interesse zunächst vorzüglich der Erhaltung mittelalterlich-katholischer Traditionen und Bauwerke.

Zur kirchlichen Erneuerung haben in erheblichem Maße auch Personen und Kräfte beigetragen, welche die sich verfestigende katholische Bewegung später bekämpft oder beiseite geschoben hat. Wessenberg hat eine biblisch-liturgische Reformbewegung angestoßen, die lange weiterwirkte[15]. Aus der Hermes-Schule ist eine von der Vereinbarkeit des alten Glaubens mit den neuen Ideen überzeugte und darum optimistisch-aktive Pfarrergeneration erwachsen[16]. Bedeutende Bischöfe der ersten Generation nach 1815, so Spiegel in Köln, Gebsattel in München, Hommer in Trier, haben auch den inneren Wiederaufbau gefördert. Indem sie positive Ergebnisse der Aufklärung einbezogen und Konflikten mit den Regierungen auszuweichen suchten, unterschieden sie sich von ihren kämpferischen, durch die Erneuerungsbewegung geprägten Nachfolgern.

Die Anfänge der Bewegung in Deutschland hatten die ganze geistige Spannungsweite des Katholizismus von universalistischer Weltdeutung aus Geist und Tradition der Kirche bis zu defensiv-hierarchischer Konzentration aufgewiesen. Die weite, in die Romantik hineinwirkende Konzeption ermöglichte zum letzten Mal in der neueren deutschen Geschichte aktive Mitgestaltung des geistig-künstlerischen Lebens der Nation[17], aber für die innerkirchliche Entwicklung hat die engere und strengere Richtung den Ausschlag gegeben. Die Kreise um Hofbauer und das Mainzer Seminar wußten der durch die geistigen Umwälzungen verwirrten und durch das Staatskirchentum bedrückten Mehrheit der Katholiken ein klares und leicht eingängiges Programm zu geben, bei grundsätzlicher Anerkennung des konservativen Staates forderten sie von ihm die Verwirklichung der versprochenen Parität. Sie haben im Katholizismus das erste moderne Massenbewußtsein in Deutschland geschaffen, welches seit den Kölner Wirren[18] politische Relevanz erlangte. Die ursprünglich vielgestaltige Bewegung ist in die ultramontane Restauration eingemündet, die sich in den zwanziger Jahren in Rom durchsetzte und seit dem Regierungsantritt Gregors XVI. von dort planvoll gefördert worden ist.

15 Vgl. *Th. Klauser,* Kleine abendländische Liturgiegeschichte (Bonn 1965) 122; *W. Müller:* Band V dieses Handbuches Seite 605.

16 *H. Schrörs,* Hermesianische Pfarrer: AHVNrh 103 (1919) 76—183.

17 Über die allgemeinen Einwirkungen auf die Romantik hinaus ist die katholische Bewegung an der Ausprägung von Nazarenertum und Neugotik wie an der Wiederbelebung der altklassischen Polyphonie beteiligt gewesen. — *H. Beenken,* Das 19. Jh. in der deutschen Kunst (München 1944); *Schnabel G* IV³ 220—249; *W. Neuß:* LThK² VII 849 ff; *H. Schade - H. Kirchmeyer:* ebd. 9, 21 ff. Vgl. jetzt auch *W. Weyres - H. Mann,* Hdb. zur rheinischen Baukunst des 19. Jh. (Köln 1968).

18 Vgl. Kap. 20.

Die Neuordnung der schweizerischen Diözesen war, so nützlich sie auch sein mochte[19], nur eine Vorbedingung zur Wiedererweckung des katholischen Lebens, die in der Schweiz ebenso dringlich war wie in den ihr benachbarten Ländern. Zwar stand in Genf der aktive Pfarrer Vuarin in enger Verbindung mit der französischen katholischen Bewegung; in vielen Kantonen jedoch hatten sowohl der Indifferentismus der Aufklärung als auch die antirömische Haltung Wessenbergs die Geister sogar in klerikalen Kreisen tief beeinflußt, in denen diese Ideen vor allem durch die „Helvetische Gesellschaft" und Männern wie Pfarrer Müller oder dem Luzerner Lehrer Dereser verbreitet wurden. Die Reaktion gegen die „Philosophen und Jakobiner" und gegen die febronianischen Reformisten wurde in besonders aktiver Weise von einer Gruppe Professoren des Luzerner Seminars, die Sailerschüler waren, vor allem aber von J. Gügler, einem der ersten Vertreter der romantischen Theologie, und von F. Geiger, dem Begründer der „Schweizerischen Kirchenzeitung", geführt. Sie waren jedoch nicht die einzigen. Gleichzeitig nahmen auch die großen Schulen von Solothurn und Einsiedeln ihre Tätigkeit in eindeutig klerikalem Sinne wieder auf, und die Jesuiten wurden ihrerseits in Brig (1814) und Fribourg (1818) aktiv und hielten, ebenso wie die Kapuziner, zahlreiche Volksmissionen, deren Auswirkungen sich in der Gründung von Bruderschaften und Kongregationen zeigten. Obschon der Anspruch der Behörden, die Arbeit in den Seminaren zu kontrollieren, die Dinge nicht vereinfachte, trugen doch fromme und eifrige Prälaten, wie der Apostolische Vikar B. Göldlin, von 1815 bis 1819 Verwalter der von der Diözese Konstanz losgelösten Gebiete, und Ch.-R. Buol, von 1793 bis 1833 Bischof von Chur, sowie etwas später A. Salzmann, der neue Bischof von Basel, wirksam zu jener Erweckung bei, die sich auch im schweizerischen Protestantismus vollzog, wenngleich diese Entwicklung im Protestantismus in einigen Zielen und Manifestationen deutliche Unterschiede aufwies. Diese katholische Erweckung wurde im übrigen, wie in Deutschland, von einer Anzahl Konversionen begleitet[20]. Einige von ihnen, besonders die des Berner Juristen K. L. v. Haller (1817) erregten besonderes Aufsehen. Trotz seines freiwilligen Exils in Paris von 1820 bis 1830 bildete sich um Haller eine Gruppe katholischer Ultras, die, in heftiger Opposition zu J.-J. Rousseau, der Revolution und dem Liberalismus, einen unversönlichen Ultramontanismus mit politischen Konzeptionen patriarchalischer und legitimistischer Inspiration verbanden, während die Mehrzahl ihrer Landsleute sich im Gegensatz dazu einem liberalen Progressismus zuwendete.

[19] Ein Beispiel: im Jahr 1826 mußte der Erzbischof von Paris, der sich auf der Reise nach der Abtei Rheinau befand, hier 6000 Personen firmen (*Henrion*, Vie de Mgr de Quélen [Paris ²1840] 168—170).

[20] Vgl. *D. A. Rosenthal*, Konvertitenbilder aus dem 19. Jh. I (Regensburg 1868) 348 ff.

14. Kapitel

Die katholische Bewegung in Frankreich und Italien

LITERATUR: Frankreich: *Katholische Vereine: G. de Grandmaison,* La Congrégation (Paris 1889); *J. B. Duroselle,* Les „filiales" de la Congrégation: RHE 50 (1955) 867—891; *G. de Bertier de Sauvigny,* Ferdinand de Bertier et l'énigme de la Congrégation (Paris 1948) bes. 353—407; *A. Lestra,* Histoire secrète de la Congrégation de Lyon. De la clandestinité à la fondation de la Propagation de la Foi, 1801—31 (Paris 1967).

Katholische Publizistik: Über Bonald und Maistre siehe LThK II 581—582 und VI 1305—06; ferner *R. A. Lebrun,* Throne and Altar. The Political and Religious Thought of J. de Maistre (Ottawa 1965). — *E. Reinhard,* Haller, ein Lebensbild aus der Zeit der Restauration (Köln 1915); *H. Weilenmann,* Untersuchungen zur Staatstheorie C. L. v. Hallers (Aarau 1955). — *P. M. Burtin,* Un semeur d'idées au temps de la Restauration, le baron d'Eckstein (Paris 1931); DHGE XIV 1405—06. — *A. Viatte,* Le catholicisme chez les romantiques (Paris 1922); *V. Giraud,* De Chateaubriand à Brunetière (Paris 1939) 113—119; *J. R. Derré,* Lamennais, ses amis et le mouvement des idées à l'époque romantique, 1824—34 (Paris 1962).

Lamennais: WW: Œuvres complètes, 12 Bde (Paris 1836/37) und 10 Bde (Paris 1844), enhalten unter anderen die 3 Bde der „Mélanges" (Paris 1819, 1826, 1835), in denen Lamennais verschiedene seiner kleineren Schriften und Zeitungsartikel gesammelt veröffentlichte; Œuvres posthumes, hrsg. von *E. Forgues,* 6 Bde (Paris 1855/59). — Die Korrespondenz Lamennais', die eine Hauptquelle darstellt, ist leider sehr verstreut und teilweise immer noch nicht herausgegeben (L. Le Guillou bereitet die Publikation der allgemeinen Korrespondenz vor: Bd I, 1805—20 [Paris 1971]); die hauptsächlichsten Sammlungen sind angegeben in Catholicisme V 1723; siehe auch die chronologische Aufstellung der gedruckten Briefe (die allerdings weitgehend zu ergänzen wäre) bei *A. Feugère,* Lamennais avant l'„Essai sur l'Indifférence" (Paris 1906) 249—437 (Index 445—450).

Lit. bei *F. Duine,* Essai de bibliographie de Lamennais (Paris 1923). — Über Leben und Denken beachte man vor allem: *A. Roussel,* Lamennais d'après des documents inédits, 2 Bde (Rennes 1893); *Ch. Boutard,* Lamennais, sa vie et ses doctrines, 3 Bde (Paris 1905/13); *F. Duine,* Lamennais (Paris 1922); *A. Vidler,* Prophecy and Papacy. A Study of Lamennais, the Church and the Revolution (London 1954); *L. Foucher,* La philosophie catholique en France au XIXe s. (Paris 1955) 31—71; *G. Verucci,* F. Lamennais dal cattolicesimo autoritario al radicalismo democratico (Neapel 1963); *L. Le Guillou,* L'évolution de la pensée religieuse de F. Lamennais (Paris 1966); Bd I des Bulletin Lamennais, hrsg. von *L. Le Guillou* (Paris 1971). — Für die Epoche der Restauration auch *Chr. Maréchal,* La jeunesse de Lamennais (Paris 1913), La dispute de l'„Essai sur l'Indifférence" (Paris 1925) und Lamennais au „Drapeau blanc" (Paris 1946); *E. Sevrin,* Dom Guéranger et Lamennais (Paris 1933); *Y. Le Hir,* Lamennais écrivain (Paris 1948).

Zum Einfluß Lamennais' außerhalb Frankreichs: A. Gambaro: Studi francesi 2 (1958) 198—219 und Sulle orme ... (s. u.); *A. Simon,* Rencontres mennaisiennes en Belgique (Brüssel 1963); *F. Vrijmoed,* Lamennais avant sa défection et la Néerlande catholique (Paris 1930); *St. Lösch,* Döllinger und Frankreich (Münster 1955) bes. 88 ff; *W. G. Roe,* Lamennais and England (London 1966); *C. de Carilla,* Lamennais y el Río de la Plata: Rev. de hist. de las ideas ... (1950) 63—68.

Italien: Eine breite Übersicht und Lit. finden sich bei *G. Verucci,* Per una storia del cattolicesimo intransigente in Italia dal 1815 al 1848: Rassegna stor. toscana 4 (1958) 251—285. Grundlegend sind die Werke von *S. Fontana,* La controrivoluzione cattolica in Italia 1820—30 (Brescia 1968) und *C. Bona,* Le „Amicizie". Società segrete e rinascita religiosa, 1770—1830 (Turin 1962). Ferner: *G. De Rosa,* L'Azione cattolica I (Bari 1953)

28—45; *P. Pirri,* C. d'Azeglio e gli albori della stampa cattolica in Italia: CivCatt 1930 III 193—212; *G. Verucci:* Rassegna di politica e di storia 5 (1959) 12—16; *L. Bulferetti,* A. Rosmini nella Restaurazione (Florenz 1942); *G. Pusineri,* La „Società degli amici". Rosmini precursore dell'Azione cattolica: Charitas 5 (1931), 7 (1933), passim; *U. Biglia:* Novarien. 3 (1969) 207—246 (über die durch P. Scavini fortgepflanzten Bruderschaften für junge Intellektuelle).

Zum Einfluß Lamennais': A. Gambaro, Sulle orme del Lamennais in Italia I (Turin 1958; grundlegend). Ferner: *P. Pirri:* CivCatt 1930 IV 3—19, 1932 III 313—327 567—583; *P. Dudon:* Gr 18 (1937) 88—106; *G. Verucci* a.a.O. 264—267; *C. Bona* a.a.O. 396—406.

Zu *Lanteri: [A. P. Frutaz,]* Positio ... Servi Dei P. B. Lanteri (Vatikanstadt 1945); *T. Piatti,* Un precursore dell'Azione cattolica, P. B. Lanteri (Turin [4]1954).

Zu *Ventura: A. Rastoul,* Le P. Ventura (Paris 1906); *A. Cristofoli,* Il pensiero religioso del P. Ventura (Mailand 1927); *R. Rizzo,* Teocrazia e neocatolicismo nel Risorgimento. Genesi e sviluppo del pensiero politico del P. Ventura (Palermo 1938); *F. Salinitri:* Salesianum 2 (1940) 318—348 (Ventura und Lamennais); WW und Lit.: Regnum Dei 20 (1969) 148—210.

Zu *Rosmini* und *Gioberti:* Übersicht und Lit.: ECatt X 1359—71, VI 414—422. Vgl. auch S. 288 377 385—386.

Zu *Manzoni: M. Parenti,* Bibliografia manzoniana (Florenz 1936), zu ergänzen durch *F. Ghisalberti,* Critica manzoniana di un decennio 1939—48 (Mailand 1949); *A. Galletti,* Le origini del romanticismo italiano e l'opera di A. Manzoni (Mailand 1942); *ders.,* Manzoni (Mailand 1958); *R. Amerio,* A. Manzoni filosofo e teologo (Turin 1958); *M. Bendiscioli:* Scritti stor. e giurid. in memoria di A. Visconti (Mailand 1955) 145—155. Siehe auch S. 286 Anm. 24.

Die Katholische Aktion der Laien in Frankreich

Der französische Klerus rechnete zwar sehr stark mit der Unterstützung durch die weltlichen Behörden, blieb aber dennoch nicht untätig. Sein Eifer wurde vor allem im Rahmen der Pfarrei wirksam: Verlängerter Katechismusunterricht[1]; Einrichtung von Gottesdiensten, die man dadurch anziehender zu gestalten versuchte, daß man sie mit Liedern verschönte, deren Melodie, der Tradition des 18. Jh. entsprechend, modernen Romanzen entnommen wurden; Eingliederung der Gläubigen in fromme Vereine, vor allem in die Bußbruderschaften, deren Wiederentstehung in diese Zeit fiel. Einige unternehmungsfreudigere Priester versuchten, dem Vorbild des Abbé Allemand in Marseille[2] entsprechend, Jugendwerke zu organisieren, allerdings meist mehr in einer Treibhaus- und Bewahrungsatmosphäre denn im Stil einer Formung zum Apostolat.

Diese pflichtbewußte priesterliche Aktivität konnte jedoch allenfalls in den noch wenig aufgeschlossenen Landgebieten ausreichen, sie entsprach aber keinesfalls mehr den neuen Bedürfnissen der Stadtbevölkerung. Um diese anzusprechen, wurde im Verlauf der Restauration eine stattliche Anzahl von Organisationen und Werken ins Leben gerufen, in denen die

[1] Einige spätere Bischöfe wie Quélen, Borderies, Feutrier, Gallard gewannen ihren Ruf durch ihre Tätigkeit in den „catéchismes de persévérance". Vgl. S. 434.

[2] *P. Gaduel,* Le directeur de la jeunesse, J. J. Allemand (Marseille 1885).

Laien eine hervorragende Stellung einnahmen. Selbstverständlich behielten die Kleriker bei der Gründung und Leitung vieler dieser Werke auch weiterhin eine bedeutende Rolle, aber auch die Laien hatten, nicht nur als Ausführende, sondern auch als Initiatoren und Mitbegründer, großen Anteil daran. Dies war ein neues Phänomen, und man muß bis zur Compagnie du S. Sacrement ins 17. Jh. zurückgehen, um in Frankreich eine analoge Erscheinung zu finden. Bemerkenswert ist, daß sich dieses Eindringen aktiver Laien in einen Bereich, der lange Zeit dem Klerus vorbehalten war, zum Teil aus dem Mangel an Priestern und Ordensleuten erklärte, aber gleichermaßen auch einem Bewußtwerden der neuen Bedingungen des Apostolats entsprang: „Ich bin überzeugt, daß die Priester nicht länger die erfolgreichsten Apostel sein können“, schrieb einer von ihnen. Wir befinden uns also hier an den Ursprüngen der modernen Katholischen Aktion, sogar einer auf ein bestimmtes soziales Milieu spezialisierten Aktion.

Am Ursprung vieler dieser Laienwerke stand die „Kongregation“, die als „Zentralbüro der katholischen Aktion“ zu bezeichnen vielleicht übertrieben sein mag, durch deren Wirken jedoch auf nationaler Ebene ein bedeutendes Werk geschaffen wurde. Im Jahr 1801 in Paris von einem Ex-Jesuiten in Nachahmung der früheren Marianischen Kongregation gegründet, wurde sie 1809 von Napoleon verboten und schließlich im Jahr 1814 neu errichtet. Der Jesuit P. Ronsin war ihr geistiger Anreger, ihre Präfekten und Assistenten aber waren Laien. Etwa 60 ähnliche Kongregationen, die in verschiedenen Provinzstädten oft im Anschluß an eine Volksmission gegründet wurden, waren ihr angegliedert. Sie umfaßte nur eine relativ begrenzte Zahl von Mitgliedern, die fast alle gesellschaftlich höherstehenden Kreisen entstammten. Im Gegensatz zu den ehemaligen Bruderschaften, denen die Religion oft nur als Vorwand zu fröhlichen Zusammenkünften diente, richtete die Kongregation ihre Mitglieder auf alle Arten von wohltätigen und apostolischen Werken aus, die eine Beeinflussung der Masse beabsichtigten und durch Zweigvereine im ganzen Land vertreten waren. Dazu gehörten die 1816 gegründete Société des bonnes œuvres, die mit Krankenhausbesuchen, Gefängnisbesuchen und Religionsunterricht für die jungen Kaminkehrer drei caritative Werke zusammenfaßte, die von den Mitgliedern der Kongregation individuell ausgeübt wurden; die 1822 gegründete Société Saint-Joseph, die etwa 1000 kleinere Arbeitgeber zusammenschloß, um damit die christliche Betreuung der jungen Arbeiter zu sichern; die ebenfalls im Jahr 1822 gegründete Société des bonnes études, ein erster Anfang der studentischen Studienzirkel; die 1824 gegründete Société catholique des bons livres, die in Nachahmung ähnlicher Gruppen in Bordeaux, Grenoble und vor allem Turin[3] der Verbreitung der antireligiösen Presse durch eine positive Aktion begegnen wollte, nämlich Ver-

[3] Siehe unten S. 283.

öffentlichung von Büchern katholischer und monarchistischer Gesinnung und deren Verbreitung zu billigen Preisen in bürgerlichen Kreisen (1600000 in 6 Jahren).

Die Kongregation war heftigen Angriffen von seiten der Gegner der „Priesterpartei" ausgesetzt. Man warf ihr vor, ein von den Jesuiten geleiteter Geheimbund zur Beherrschung von Staat und Gesellschaft zu sein. Die Geschichtsschreiber waren sich lange im unklaren, inwieweit dieser Vorwurf berechtigt war. P. de Bertier gelang es jedoch, unter Heranziehung bisher unbekannter Dokumente, die Dinge nun endgültig klarzulegen. Es ist nachgewiesen, wie von den katholischen Autoren, und vor allem von G. de Grandmaison, immer wieder betont wurde, daß die Kongregation als solche jede unmittelbare politische Aktion vermieden hat und daß weder sie selbst noch ihre „Filialen", die vor allem religiöse Ziele verfolgten, je den Charakter von Beistandsorganismen zur Besetzung einflußreicher Posten angenommen haben. Es entspricht aber gleichermaßen den Tatsachen, daß die Mehrzahl der Leiter dieser Werke davon überzeugt war, daß die religiöse Zukunft Frankreichs eng an die Bourbonendynastie geknüpft sei; aus dieser Einstellung heraus gaben sie ihrer katholischen Aktion eine eindeutig monarchische Orientierung. Mehr noch: eine Anzahl einflußreicher Mitglieder der Kongregation waren gleichzeitig, auf Grund ihrer Funktion innerhalb des Staates oder auch ihrer sozialen Stellung, eifrige Vertreter einer Ultrapolitik und gehörten zudem auch dem monarchischen Geheimbund der Chevaliers de la foi als aktive Mitglieder an. Die Liberalen waren also nicht im Unrecht, wenn sie den mit diesen Werken betrauten Personenkreis, der in Verbindung mit der Kongregation stand, als Führer einer Geheimmacht bezeichnete, die Regierung und Verwaltung an sich reißen wolle. „Ihr freilich entschuldbarer Irrtum bestand darin, daß sie der Kongregation die Funktion eines all diesen politischen und religiösen Unternehmungen gemeinsamen Organs zuschrieben, während diese in Wirklichkeit nur eine jener sehr deutlich unterschiedenen Institutionen war, deren nicht bestreitbare Gleichzeitigkeit sich genügend daraus erklärte, daß an ihrer Spitze die gleichen, vom selben Ideal und denselben Prinzipien bestimmten Persönlichkeiten standen."[4]

Es bleibt noch hinzuzufügen, daß die Kongregation selbst auf rein religiöser Ebene keineswegs das Monopol der Inspiration besaß. Sie hatte weder mit der Société des bonnes lettres noch mit der gallikanisch inspirierten Bibliothèque catholique irgend etwas zu tun. Die von P. Chaminade in Bordeaux gegründeten Kongregationen mit ihren verschiedenen Gruppen für junge Leute, Erwachsene und Frauen waren unabhängig von ihr. Dasselbe gilt auch für die Kongregation von Lyon, die am Ende der Revolution durch die Initiative der örtlichen Laien gegründet wurde und in Beziehung

[4] *G. de Bertier* a. a. O. 406.

zu savoyardischen und piemontesischen Gruppen wie auch zu den Chevaliers de la foi stand. Diese Kongregation war trotz des geheimnisvollen Schleiers, mit dem sie sich umgab, unter der Leitung des Kaufmanns Coste, den man wegen seines Eifers als „ersten Christen der Diözese" bezeichnete, sehr rührig und gründete im Jahr 1818 mehrere selbständige Filialkongregationen, die sehr verschiedenen Tätigkeiten auf dem Sektor der caritativen Werke nachgingen. Diese Gruppe von Lyon hatte vor allem, in Zusammenarbeit mit einem frommen jungen Mädchen, Pauline Jaricot, bedeutenden Anteil an der Gründung der Société pour la Propagation de la foi[5].

Immerhin standen viele dieser Laienwerke, auch wenn sie keine Schöpfungen der Pariser Kongregation waren, darum nicht weniger stark unter deren Einfluß, zumindest bis zum Jahr 1826, in dem Mathieu de Montmorency, die führende Figur der ersten Generation der Kongregation, starb. Nach seinem Tod, der mit der großen Offensive Montlosiers und der Liberalen gegen die Kongregation zusammenfiel, übernahm eine neue Generation die Leitung dieser Gesellschaften, und neben den Kongregationisten führten Berryer, Bailly oder die Anhänger Lamennais', Gerbet und Salinis, einen neuen Geist ein. Sie hatten geringeren Einfluß auf die Behörden — woraus sich übrigens der schnelle Verfall all jener Gesellschaften erklärt, die von der offiziellen Unterstützung lebten — und wandten sich mehr einer unmittelbaren Einwirkung auf die Meinungsbildung zu. Sie waren es vor allem, die am Anfang der Association pour la défense de la religion catholique, der ersten unter den Gesellschaften zur „Katholischen Verteidigung" gegen die antiklerikalen Unternehmungen, standen. Gegründet im Juni 1828 im Anschluß an die Bildung des Ministeriums Martignac, zielte sie auf die Errichtung von Sektionen in ganz Frankreich und gründete als Organ für diese Aktion die Revue „Le Correspondant"[6].

Die katholische Publizistik in Frankreich

Mehrere der oben angeführten Gesellschaften machten sich die Verbreitung guter Bücher zur Aufgabe, da die Katholiken die große Bedeutung der Presse zur Gewinnung der öffentlichen Meinung für die Sache der Kirche klar erkannt hatten. Nach seiner Befreiung von der napoleonischen Zensur entwickelte das katholische Verlagswesen eine beachtliche Aktivität. Neuauflagen apologetischer Werke des 18. Jh. und Veröffentlichungen neuer Apologien der katholischen Kirche wie auch der monarchischen Regierung

[5] Vgl. *A. Lestia* a. a. O. und *G. Gorrée*, P. Jaricot, une laïque engagée (Paris 1962). Abbé Jaricot und seine Schwester Pauline hatten eine Gesellschaft zur Unterstützung der Missionen Amerikas gegründet. Das Prinzip der Hilfe für die Missionen der ganzen Welt wurde in einer Versammlung der Kongregation von Lyon vom 3. 5. 1822 festgelegt; das Werk dehnte sich durch die Mithilfe der Chevaliers de la foi bis Paris und über ganz Frankreich aus.

[6] Siehe S. 328 f und Anm. 8.

wurden immer zahlreicher, wobei der Gesichtspunkt der Quantität übrigens den der Qualität überwog. Neben Lamennais, von dem später die Rede sein wird, waren es vor allem vier Persönlichkeiten, dank deren etwa 15 Jahre hindurch eine auf der Verbindung des Katholizismus mit der monarchischen Autorität basierende politisch-religiöse Ideologie von Paris aus in das gesamte Europa ausstrahlte, eine Ideologie, die nun die rationalistische und liberale Ideologie, wie sie vom Frankreich der beiden vorhergehenden Generationen verbreitet worden war, ablösen sollte. Charakteristisch für die intellektuelle Lage der Kirche in Frankreich am Ausgang der revolutionären Krise war die Tatsache, daß diese vier Persönlichkeiten Laien und drei von ihnen sogar Ausländer waren.

Graf Louis de Bonald (1754—1840) setzte während der ganzen Restaurationsperiode seine wenig gelesenen, aber oft zitierten Veröffentlichungen gegen die individualistische und kritische Philosophie des 18. Jahrhunderts fort, in denen er unermüdlich und mit unbeirrbarer Logik jene Themen behandelte, die ein halbes Jahrhundert lang zum Ausgangs- und Bezugspunkt des politischen und sozialen Traditionalismus einerseits und des philosophischen und religiösen Traditionalismus andererseits werden sollten. Der Savoyer *Joseph de Maistre* (1754—1821), ein Schriftsteller mit brillanter und spitzer Feder, der — als ehemaliger Schüler der Jesuiten — gegenüber der Gesellschaft Jesu, natürlich unter Berücksichtigung ganz anderer Verhältnisse, fast das wurde, was Pascal für Port-Royal war (Thibaudet), verblaßte viel früher, aber wirkte zeitgemäßer: Nachdem er auf dem Hintergrund der revolutionären Exzesse die Notwendigkeit des monarchischen Absolutismus und der Theokratie abgeleitet hatte, machte er sich zum Verfechter der Unfehlbarkeit des Papstes und in seinen „Soirées de Saint-Pétersbourg" (1821) zum „Laientheologen der Vorsehung" (Brunetière). Der Schweizer *Karl Ludwig v. Haller* (1768—1854), Gegner Rousseaus und Verteidiger des Autoritätsprinzips, gelangte durch eine Ausweitung seiner Gedanken auf das Gebiet der Religion zur Absage an den Protestantismus. Seine „Lettre à sa famille pour lui déclarer son retour à l'Église catholique" (Brief an seine Familie, um ihr seine Rückkehr zur katholischen Kirche zu erklären) (1821), in mehr als 50 Neuauflagen gedruckt, wurde in Paris veröffentlicht, wo er von 1824 bis 1831 lebte und durch seine Schriften und persönlichen Kontakte einen bemerkenswerten Einfluß auf die katholische Restauration in der intellektuellen Welt ausübte. Schließlich der Däne *Nikolaus von Eckstein* (1790—1861), der 1809 zum Katholizismus konvertierte und seit 1816 in Frankreich ansässig war. Er war ein fruchtbarer, oft konfuser, aber bisweilen auch origineller Autor, der seinen deutschen Lehrern Schlegel und vor allem Görres, zu dessen Verbreitung in Frankreich er beitrug, sehr viel verdankte. Er wollte in einer umfassenden Synthese alles zusammenführen, was in der zeitgenössischen Forschung das christliche Dogma betraf und den Glauben zu unterstützen schien: die Ergebnisse, zu denen Brognart und Cuvier oder Humboldt die Geologie und Ethnologie geführt hatten, sowie jene der Philologie, der Jurisprudenz, des Orientalismus oder der Prähistorie. Als ein Verfechter der Tradition im Sinne der deutschen historischen Schule, jedoch den politischen Freiheiten offener gegenüberstehend als diese, bereitete Eckstein in gewissem Sinne auch das Aufkeimen des katholischen Liberalismus vor. Dieser heute allzusehr in Vergessenheit geratene Publizist bildete einige Jahre hindurch neben Lamennais „einen Mittelpunkt für einige junge Christen, die, wie er, das Werk der neuen Zeit in der Wissenschaft und Politik sahen" (L. de Carné); im Jahre 1826 gründete er, um seine Ideen besser verbreiten zu können, in Nachahmung des Mainzer „Katholik", die Monatszeitschrift „Le Catholique", der Görres höchstes Lob zollte.

Die katholischen Streiter wollten nicht nur durch Buch oder Broschüre der gemeinsamen Sache von Thron und Altar dienen. Nachdem sich Lamennais schon 1814 mit dem Gedanken, eine Zeitschrift zur Verteidigung der katholischen Interessen zu gründen, befaßt hatte, lag ihm sehr daran, regelmäßig an politischen Zeitungen mitzuarbeiten, die er „nicht nur für eine Tribüne, sondern sogar für eine Kanzel" hielt. So finden wir ihn als Mitarbeiter am „Conservateur" Chateaubriands, dann am „Défenseur" Genoudes und Bonalds, und schließlich veröffentlichte er im „Drapeau blanc", dessen Leiter er für kurze Zeit war, beredte Anklagen gegen die Politik der Zugeständnisse an einen Säkularstaat, wie er aus der Revolution hervorgegangen war[7]. Zwar wandten sich viele Katholiken dem Journalismus zu, wenige besaßen jedoch das Talent des bretonischen Abbé, und unter den zahlreichen in der Restauration gegründeten katholischen Zeitungen waren die meisten reichlich farblos, an erster Stelle die am weitesten verbreitete „L'ami de la religion et du roi", die von Michel Picot, einem Mann voller Eifer, jedoch von großer Beschränktheit, geleitet wurde.

Neben der Unterstützung durch die Denker und einige Journalisten konnte der Katholizismus während der Restauration auch auf die Dichter zählen, die den vor 20 Jahren durch Chateaubriand eingeschlagenen Weg weiterverfolgten. In den „Méditations", die das literarische Ereignis von 1820 schlechthin darstellten, zeigte Lamartine, der unter dem Einfluß Lamennais' wie auch durch persönliche Erfahrungen zum Glauben und zur Lebenshaltung seiner Jugend zurückgefunden hatte, daß und wie die Religion die Probleme der menschlichen Bestimmung erhellte. Trotz mancher Verschwommenheit in seinem Denken verbreitete er durch sein Schrifttum in den folgenden 10 Jahren eine gewisse, dem christlichen Glauben günstige Atmosphäre. In dem Kreis um Nodier feierten die Anführer der neuen Romantischen Schule, und vor allem der junge Victor Hugo, die Schönheiten

[7] Seine Artikel wurden in „Premiers mélanges" (Paris 1819) und „Nouveaux mélanges" (1826) abgedruckt. Über Lamennais als Journalist siehe *C. Maréchal*, La dispute de l'Essai 81—195 und Lamennais au „Drapeau blanc".

der Bibel, der gotischen Kathedralen und der katholischen Liturgie. Die Situation war jedoch nicht ganz so günstig, wie sie auf den ersten Blick erscheinen mag, und man konnte bei den französischen Romantikern kaum in dem Maße wie bei Görres oder Manzoni von einer katholischen Kultur sprechen. Einige Jahre genügten bereits zur Selbstentlarvung des oberflächlichen Charakters eines „elastischen Christentums" (Viatte), in dem das Verlangen nach einer Vereinigung mit der Natur oder die Sehnsucht nach der mittelalterlichen Vergangenheit über eine vernunftbegründete Zustimmung an einen klar definierten Glauben überwog. Im übrigen begannen die Romantiker, nachdem gewisse Umstände sie vorübergehend mit der extremen Rechten verbunden hatten, sich unter Karl X. von dieser widernatürlichen Bindung zu lösen und wandten sich den Gegnern der etablierten Ordnung, der neuen liberalen Generation, zu, deren Antiklerikalismus und sogar Freidenkertum sie häufig übernahmen.

Der Auftritt des Abbé de Lamennais

Im Vorhergehenden war mehrmals die Rede von der Tätigkeit Lamennais', der im Verlauf der letzten Jahre der Restauration in immer stärkerem Maße die katholische Bewegung in Frankreich und auch in anderen Ländern, vor allem aber in den Niederlanden und Italien, beherrschte und auf irgendeine Weise am Ursprung der meisten großen Geistesströmungen im Katholizismus des 19. Jh. stand.

Félicité Robert de Lamennais (1782—1854) hatte im Jahr 1804 zum Glauben zurückgefunden und sich entschlossen, fortan im Dienste der Kirche zu arbeiten. Er las viel, vor allem die Bibel, Bossuet, Malebranche und Bonald. Zusammen mit seinem Bruder Jean-Marie hatte er, unterbrochen durch lange Perioden nervöser Depression, ein Werk gegen den Rationalismus und ein weiteres gegen die Kirchenpolitik Napoleons verfaßt. Nach langem Zögern hatte er sich schließlich im Jahr 1815 von seinen geistlichen Führern zum Empfang der Priesterweihe bestimmen lassen[8]. Darauf wandte er sich, neben seiner Mitarbeit an ultraroyalistischen Zeitungen mit der Absicht, einen wirksamen Schutz der Religion und die Freiheit der katholischen Kirche zu erreichen, der Abfassung eines großen apologetischen Werkes „Essai sur l'indifférence en matière de religion" zu. In diesem Werk bekämpfte er weniger die Weigerung des Einzelnen, sich für religiöse Fragen zu interessieren, als vielmehr die Haltung der Regierungen, die es ablehnten, offen für die einzig wahre Religion Partei zu ergreifen.

Der erste, im Dezember 1817 veröffentlichte Band verrät eine intime Kenntnis der Mentalität seiner Zeit. Er war zwar in einem Stil konzentrier-

[8] Vgl. *P. Dudon,* La vocation ecclésiastique de Lamennais: Le recrutement sacerdotal (Reims 1912) n° 1.

ter Emotion verfaßt, der heute schwülstig erscheinen mag, traf aber durchaus den Geschmack der Leser des „Génie du Christianisme" und erlebte in der Folge trotz der Zurückhaltung sowohl der rechten als auch der linken Presse einen riesigen Erfolg. „Dieses Buch könnte einen Toten erwecken", bekannte Frayssinous. Über Nacht war der junge, unbekannte Priester in den ersten Rang der literarischen Berühmtheiten aufgestiegen, während doch seit dem Tode Massillons (1742) „kein Kleriker in Frankreich den Ruhm eines Schriftstellers oder überragenden Mannes mehr erreicht hatte" (Lacordaire). Er durfte auch erleben, wie sich durch seinen Einfluß mehrere Führer der jungen romantischen Literatur wieder der Kirche annäherten. Die folgenden, zwischen 1820 und 1823 veröffentlichten Bände, die in einem etwas nüchterneren Stil verfaßt sind, verwirrten die breite Öffentlichkeit und mißfielen den Theologen. Sie vermochten aber eine Anzahl junger Priester zu begeistern, die infolge mangelnder philosophischer Ausbildung in den Seminaren nun schutzlos diesen Gedankengängen einer scheinbar unerbittlichen Logik ausgeliefert waren und in Lamennais den Mann der Zukunft gefunden zu haben glaubten, der die religiöse Restauration durch eine Anpassung an den Zeitgeist beleben könne.

Im gleichen Maße spendeten sie aber auch dem leidenschaftlichen Polemiker Beifall, der in der Presse heftige Angriffe gegen die Lauheit einer Regierung richtete, deren Politik, vor allem in schulischen Belangen, nicht christlich genug orientiert war, sowie gegen die in dem gallikanischen Einfluß wurzelnde Unterwürfigkeit gegenüber der Zivilgewalt, die die Bischöfe daran hinderte, wirksam gegen diesen „Verrat" vorzugehen. Einen Höhepunkt stellte die berühmte „Lettre au grand-maître" (22. 8. 1823) dar, in dem er Mgr. Frayssinous vorwarf, den „praktischen Atheismus" der königlichen Gymnasien[9] mit seiner Autorität zu decken. Damit zog sich Lamennais eine erste bischöfliche Zurechtweisung zu und wurde aus dem „Drapeau blanc" ausgeschlossen. Aber zwei seiner ersten Bewunderer, die Abbés Gerbet und Salinis, Seelsorger der studierenden Jugend[10], entschlossen sich im Januar 1824 in Nachahmung der Vorbilder in Deutschland und Italien, für die Verbreitung der Ideen ihres Meisters unter seiner Mithilfe eine unabhängige Zeitschrift zu gründen, die an Stelle der politischen Diskussion religiöse, philosophische und literarische Fragen aus moderner Sicht behandeln sollte; so entstand das „Mémorial catholique"[11]. Die Zeitschrift, die bis in liberale Kreise hinein ein lebhaftes Echo fand, überraschte nicht nur durch „jugendliche

[9] Vgl. *C. Maréchal,* Lamennais au „Drapeau blanc" 160—285; *M. R. Henrion,* Vie de Mgr Frayssinous II (Paris 1844) 425ff; *A. Garnier,* Frayssinous et la jeunesse (Paris 1932).

[10] Als Almoseniers des Kollegs Henri IV. hatten sie unter der Bezeichnung „Conférences" ein neues Genre von Studienzirkeln geschaffen, in denen sich eine Reihe von Männern für die katholische Bewegung der Jahrhundertmitte heranbildeten: E. d'Alzon, die Brüder Boré, L. Dulac, E. de Casalès, L. de Carné usw.

[11] *C. de Ladoue,* Gerbet II 74—81 und vor allem *J. R. Derré* a. a. O. 169—225.

Kraft und glühenden Bekehrungseifer" (Sainte-Beuve), sondern auch durch die Weite und Vielfalt der angeschnittenen Fragen, die beträchtlich über das hinausgingen, was die übrige zeitgenössische Presse bot[12], sowie durch das wachsende Bemühen, die wichtigsten ausländischen Werke bekanntzumachen. Sie hatte jedoch den Nachteil, daß sie in die kirchliche Literatur ein kämpferisches, provozierendes und bisweilen wenig duldsames Element brachte, das die Schule Lamennais' und von hier aus einen ganzen Teil der französischen Publizistik des 19. Jh. charakterisiert.

So verstärkte sich die Opposition gegen Lamennais und gegen die um ihn versammelten jungen Reformer des Apostolats in zunehmendem Maße. Die Bischöfe waren empört über die Ungezwungenheit, mit der diese „religiösen Jakobiner" (Frayssinous) die hierarchische Autorität in ihren Angriffen gegen den Gallikanismus behandelten. Die Sulpizianer waren in ihrem Sinn für das Maß und die Tradition getroffen, und die Jesuiten waren keineswegs davon überzeugt, daß Lamennais der größte Denker sei, den der französische Klerus seit Bossuet hervorgebracht habe; sie befürchteten aber, seine Maßlosigkeit könne eine Reaktion der Liberalen auslösen, deren erste Opfer sie wären. Schließlich mußten die Kleriker um die Vorteile bangen, die die Kirche aus der Protektion der Zivilmacht zog, und sie verurteilten darum die scharfe Kritik der neuen Schule an deren Haltung. Diese Vorwürfe verschärften sich noch, als Lamennais sein neues, aufsehenerregendes Werk „De la religion considérée dans ses rapports avec l'ordre politique et civil" (1825/26) veröffentlichte. In ihm griff er den Gallikanismus heftiger denn je an und empfahl der Kirche, sich offen von der Herrschaft der Bourbonen loszulösen. Die überspitzten Formulierungen reizten aber besonders die Jugend, die, wie übrigens so oft, angesichts einer scheinbar günstigen Situation den Gefahren in größerem Ausmaß ausgesetzt war. Durch die elektrisierende Wirkung seiner Schriften, den prophetischen Charakter seiner genialen Intuitionen und durch den bezaubernden Charme seiner Person[13] konnte Lamennais eine begeisterte Elite junger Kleriker und Laien um sich scharen, unter denen sich die meisten führenden Köpfe des französischen Katholizismus der folgenden Jahrzehnte[14] befanden (aber mehr als einer von ihnen, wie z. B. Guéranger, versuchte später diese Jugendkontakte bei der Nachwelt in Vergessenheit geraten zu lassen[15]). Ermutigt durch die wohlwollende Aufnahme, die Leo XII. dem talentierten Apologeten und Verteidiger der ultramontanen Lehren bei sei-

[12] Der solidere „Catholique" Ecksteins erschien erst zwei Jahre später.

[13] Besonders evozierend in dieser Hinsicht sind die Souvenirs de jeunesse von *Charles Sainte-Foi* (= Élie Jourdain) (Paris 1911) und das Journal von *Maurice de Guérin* (Paris 1862).

[14] Jedoch nicht alle. So blieb Lacordaire lange Zeit zurückhaltend, und Dupanloup, der dem sulpizianischen Kreise sehr verbunden war, blieb ihm immer feindlich gesonnen.

[15] Vgl. *E. Sevrin*, Dom Guéranger et Lamennais (Paris 1933).

ner Reise nach Italien im Jahr 1824 zuteil werden ließ[16], machte sich dieser kleine, kränkliche Priester immer mehr zum Führer der neuen Generation, und sein Einfluß wurde schließlich so groß, daß Duine von einer geistigen Diktatur über die Kirche Frankreichs sprechen konnte.

Einer der Gründe für diesen außerordentlich großen Einfluß lag darin, daß Lamennais, so große Bedeutung er auch der geistigen Arbeit zumaß, dennoch in gleichem Maß um die „Katholische Aktion" — die Bezeichnung stammt von ihm — bemüht war, also um eine praktische Verwirklichung seiner neuen christlichen Philosophie und der sie belebenden religiösen Strömung. Er wollte seine Mitkämpfer zu einer vollkommenen Reform der katholischen Gesellschaft[17] und des Wirkens der Kirche in der Welt veranlassen, indem er sie aufforderte, alle Probleme des sozialen Lebens nicht aus einer respektvollen Neutralität gegenüber allen Meinungen, sondern aus der Sicht der geoffenbarten göttlichen Lehre zu lösen. In dieser Perspektive ist das leidenschaftliche Interesse zu sehen, das er der Frage der freien katholischen Erziehung entgegenbrachte und das im Anschluß an die Gesetze von 1828 noch lebendiger wurde, wie auch die Entwicklung seiner politischen Ideen, die diesen ehemaligen Ultra zum Anführer des katholischen Liberalismus, immer in der gleichen Ausrichtung auf eine Wiedereroberung der Gesellschaft für den Katholizismus, werden ließ[18].

Die Anfänge der Katholischen Aktion in Italien

Auch in Italien war die katholische Restauration, wie in den anderen Ländern Westeuropas, nicht nur ein politisches Unternehmen, sondern gleichermaßen eine Manifestation der religiösen Vitalität, in der die Laien eine bedeutende Rolle spielten. Zwar gab es auf der italienischen Halbinsel nichts, was der Dynamik der religiösen Zirkel des Rheinlandes oder Bayerns oder den Initiativen der Gruppe um Lamennais vergleichbar gewesen wäre; aber es gab auch hier, vor allem im Norden, eine Anzahl von Priestern und Laien, die ihre ganze Kraft dem Dienste der religiösen Restauration widmeten. Unter den Priestern verlegten sich, vor allem in Savoyen, die einen, so der spätere Mgr. J. M. Favre oder auch P. Mermier, besonders auf die Predigt bei Volksmissionen nach dem Beispiel Frankreichs. Andere, wie B. Rubino, der Begründer der Oblaten des heiligen Ludwig von Gonzaga, und ein wenig später F. Aporti, widmeten sich dem Apostolat der Jugend oder

[16] Zur Frage, ob er ihn wirklich zum Kardinal machen wollte, siehe *L. Le Guillou,* L'évolution de la pensée religieuse de Lamennais (Paris 1966) 135—136 und *Colapietra* 326 bis 329.

[17] Schon 1822 hatte er im „Drapeau blanc" von der unglücklichen Lage der Arbeiter in der neuen liberalen Gesellschaft gesprochen und damit in Frankreich den ersten Markstein des sozialen Katholizismus gesetzt. Vgl. *Duroselle* 36—40.

[18] Vgl. Kap. 16.

wandten sich, wie der in seiner Art einmalige Giuseppe Cottolengo[19], der Milderung der Not der Armen zu. Wieder andere versuchten, die Meinung der gebildeten Kreise zu beeinflussen und gegen die am Ende des 18. Jh. herrschende Mentalität anzugehen: gegen die philosophischen Auffassungen, die kaum vereinbar waren mit dem christlichen Spiritualismus; gegen den „Illuminismo", der im Schlepptau der Enzyklopädisten lag und sich mitunter eigenartigerweise rigoristischen Tendenzen in der Moral anschloß; schließlich gegen den Regalismus und gegen die gegenüber den päpstlichen Vorrechten herrschende Opposition. Unter diesen letzteren waren um 1820 drei Namen dominierend: Ventura in Neapel, Rosmini in der Lombardei und Lanteri in Piemont. Von den beiden Erstgenannten wird später noch die Rede sein. Pio Brunone Lanteri (1759—1830), den die Umstände oft zwangen, geheim oder anonym zu handeln, ist am wenigsten bekannt, und die Historiker haben erst in jüngster Zeit die Bedeutung der Rolle erkannt, die er ein halbes Jahrhundert lang — unter anderem als Zeuge für die allzuoft aus dem Blick verlorene Kontinuität der priesterlichen Arbeit — über die durch die Französische Revolution hervorgerufene „Sintflut" (so Consalvi) hinweg innehatte. Als ein Mann der Lehre verwandte er einen Teil seines Vermögens zur Verbreitung kleinerer, zum Teil von ihm selbst verfaßter Schriften, die die Irrtümer der Zeit widerlegen sollten. Er war gleichzeitig aber auch ein Organisator, der durch die Schaffung fester Vereine[20] oder durch die Neubelebung bereits bestehender Gesellschaften seiner Aktion die größtmögliche Wirksamkeit sichern wollte.

Ihm war es vor allem zu verdanken, daß eine etwa 40 Jahre vorher durch den Ex-Jesuiten Diesbach gegründete Gesellschaft zur Verbreitung guter Bücher 1817 in völlig erneuerter Form wieder zum Leben erweckt wurde, die Amicizia cattolica. Sie war fortan ausschließlich von Laien, die ohne Ausnahme dem Adel angehörten, geleitet und stellte nun nicht mehr die persönliche Heiligung ihrer Mitglieder in den Vordergrund, sondern eine vor allem durch die Presse zu verwirklichende Massenaktion. Sie nahm sich in ihrer forma mentis die Organisation der Freimaurerlogen zum Vorbild. Ihr Hauptförderer war der Marchese Cesare d'Azeglio, dem vor allem das Verdienst zukommt, im Jahr 1824 in Piemont das französische Werk der Glaubensverbreitung eingeführt und damit das erste Zentrum der missionarischen Laienarbeit außerhalb Frankreichs begründet zu haben[21]. Meh-

[19] Über Cottolengo (1786—1842) vgl. A. *Scheiwiller*, G. Cottolengo (Freiburg i. Br. 1937); Il Cottolengo. L'uomo, l'opera, lo spirito (Turin ²1950).

[20] Er steht am Ursprung der Oblati di Maria Vergine, für die er im Jahr 1826 gegen die Opposition seines Erzbischofs die Approbation Leos XII. erhielt, sowie des Convitto ecclesiastico von Turin, der 1817 von seinem Schüler Guala geschaffen wurde und aus dem später G. Cafasso und Don Bosco hervorgehen sollten.

[21] Vgl. *C. Bona*, La rinascita missionaria in Italia. Dalle „Amicizie" all'Opera per la propagazione della fede (Turin 1964).

rere der turinischen „Amicizia“ verwandte Gesellschaften wurden entweder unter deren direktem Einfluß (in Rom und Novara) oder in Nachahmung ihrer Prinzipien und Methoden[22] geschaffen. Unter den letzteren nimmt die im Jahr 1819 von Rosmini in Rovereto gegründete Società degli amici mit ihren verschiedenen Filialen in Venedig und in der Lombardei eine besondere Stellung ein. Ihre Haltung war weniger ängstlich-konservativ und dank ihrem Gründer überwiegend italienisch gesinnt. Andererseits waren aber ihre Ziele weiter gespannt; sie wollte als eine vielschichtige Gemeinschaft sich unter anderem der caritativen Tätigkeit und der Vertiefung der katholischen Bildung widmen. Die „Amicizie“ konzentrierten ihre Bemühungen im allgemeinen auf den Kampf gegen den Liberalismus und verbreiteten zu diesem Zweck kleine, der breiten Öffentlichkeit leicht zugängliche Schriften, die sich im übrigen nicht auf eine politisch-religiöse Polemik oder auf die Betonung der sozialen Nützlichkeit der Religion beschränkten. Sie begünstigten gleichzeitig die durch die Gesellschaft Jesu erweckten spirituellen und theologischen Bestrebungen: die Verehrung des Heiligen Herzens Jesu und der Jungfrau Maria, die häufige Kommunion, eine weniger rigoristische Moral und den Glauben an die Unfehlbarkeit des Papstes.

Nach den Wirren von 1820/21 erhielt die katholische Presseaktion durch die Gründung von Blättern, die zur Verteidigung der katholischen und monarchischen Prinzipien bestimmt waren, eine neue Form. Die erste, die „Enciclopedia ecclesiastica e morale“, wurde im Jahre 1821 in Neapel in Zusammenarbeit eines Ordensmannes, P. Ventura, und eines Laien, des Prinzen von Canosa, gegründet. Ihr Ziel war, den liberalen Bestrebungen, gegen die polizeiliche Maßnahmen machtlos waren, ein auf religiöser Basis ruhendes ideologisches Bollwerk entgegenzustellen. Im darauffolgenden Jahr verwirklichte Cesare d'Azeglio ein schon länger ins Auge gefaßtes Projekt, indem er in Turin den „Amico d'Italia“ gründete, und in Modena gründete P. Baraldi die „Memorie di religione, di morale e di letteratura“. Im Jahr 1825 erschienen ähnliche Blätter[23], in Rom das stark von Ventura beeinflußte „Giornale ecclesiastico“ und in Florenz das „Giornale degli apologisti della religione cattolica“. Zu diesem Zeitpunkt begann allerdings der anfängliche Eifer durch die nur mittelmäßigen Ergebnisse der unternommenen Bemühungen bereits nachzulassen; es fehlte ein echtes journalistisches Talent, und dadurch war auch die Strahlkraft begrenzt. Alle diese Zeitschriften, die unermüdlich und in allen Bereichen der intellektuellen und sozialen Anarchie das Autoritätsprinzip entgegenstellten, inspirierten sich — allerdings mit erheblichen Unterschieden — an der zur gleichen

[22] Sein Einfluß reichte bis Frankreich und sogar bis in die Niederlande. Vgl. *C. Bona*, Le „Amicizie“ 357—361.

[23] Über die unterscheidenden Nuancen der „Memorie“ (Modena) von dem „Giornale ecclesiastico“, das vor allem das christliche „Volk“ ansprechen wollte, siehe *Colapietra* 238—242.

Zeit in Paris und Wien entwickelten gegenrevolutionären Ideologie. Im Gegensatz zu vielen Konservativen, die vor allem eine politische und soziale Restauration anstrebten, zu deren Durchführung sie die Kirche einsetzen wollten, waren die Leiter dieser italienischen katholischen Blätter mehr oder weniger fest davon überzeugt, daß die Kirche die einzige und unerläßliche Garantie für die soziale Ordnung und die politische Revolution von 1789 nur die logische Konsequenz der religiösen Revolution des 16. Jh. sei und daß deshalb vor allem eine integrale religiöse Restauration herbeigeführt werden müsse; mit Hilfe dieser Restauration sollte man jenseits der Abweichungen des Gallikanismus des Ancien Régime zum mittelalterlichen Christentum zurückkehren, in dem die Kirche, verkörpert durch den Papst, dem Staat seine Pflichten diktiere.

Solche Ideen, die selbst manche Mitglieder der römischen Kurie für exzessiv oder doch unter den momentanen Gegebenheiten für unklug hielten, konnten den regalistischen Regierungen des damaligen Italien kaum gefallen, und in der Tat wurden diese Blätter eines nach dem anderen unterdrückt. Die Begeisterung, mit der in jenen Kreisen die Kampagne Lamennais' zugunsten der Theokratie und des Ultramontanismus begrüßt wurde, war freilich verständlich. In diesem Zusammenhang wurde oft von einer Beeinflussung gesprochen; es handelte sich hierbei jedoch vielmehr um ein Zusammentreffen verschiedener Denkweisen. Sehr häufig fanden sich in den katholischen Blättern lobende Anspielungen auf Lamennais. Seine Werke wurden mehrfach übersetzt; briefliche Kontakte mit den Hauptvertretern der katholischen Bewegung, vor allem mit der piemontesischen Gruppe, wurden immer häufiger und verstärkten sich noch anläßlich seiner Reise nach Italien im Jahr 1824. Aber dennoch war es nicht Lamennais, dem sie ihre Überzeugungen verdankten; sie haben in dem französischen Schriftsteller einfach nur ein besonders glänzendes Sprachrohr erkannt. So war es nicht verwunderlich, daß sich im Gegensatz zu Belgien seine italienische Hörerschaft in dem Augenblick verminderte, als er (seit 1825) begann, die Trennung von Kirche und Monarchie zu entwickeln und zu propagieren, und daß sich nach der Veröffentlichung des „Progrès de la révolution" im Jahr 1829 in vielen Fällen sogar eine echte Feindschaft entwickelte, mit Ausnahmen zwar, deren bemerkenswerteste P. Ventura war.

Diese Entwicklung in der Haltung gegenüber Lamennais ist charakteristisch für die italienische und vor allem piemontesische katholische Bewegung der Restaurationsepoche. Es fehlte eine gewisse kulturelle Aufgeschlossenheit — ihre eindeutige Opposition gegenüber der Romantik ist typisch — und vor allem jenes Gespür für die neuen politischen und religiösen Probleme, die der französischen Bewegung Lamennais' ihre erobernde Dynamik verliehen. Ihre Bemühungen blieben auf eine sehr äußerliche Konzeption der Aktion der Kirche in der Welt beschränkt, die der Christianisierung der Institutionen mehr Bedeutung zumaß als der Gewissensbildung.

Wir befinden uns hier — und dies rechtfertigt die Bedeutung, die dieser Bewegung trotz ihres geringen unmittelbaren Erfolges zugemessen wird — an den Ursprüngen der „intransigenten“ Strömung, deren Rolle im katholischen Leben Italiens der zweiten Jahrhunderthälfte immer bedeutender wurde.

Jedoch nicht alle katholischen Kräfte orientierten sich nach dieser konservativen Richtung. Schon Rosmini distanzierte sich von ihr trotz seiner Beziehungen zu der Restaurationsbewegung und trotz seiner Sympathien für Haller und den deutschen politischen Traditionalismus sowohl auf kultureller Ebene durch sein Bemühen um eine Verjüngung der traditionellen christlichen Philosophie als auch auf politischer Ebene durch seine nationalen Bestrebungen. Auf der anderen Seite fanden sich auch überzeugte Katholiken in der romantischen Bewegung, die, im Gegensatz zu Frankreich und vor allem zu Deutschland, in Italien in viel stärkerer Kontinuität zum „Illuminismo“ des 18. Jh. stand. Die markanteste Figur ist hier Alessandro Manzoni (1785—1873), weit mehr als Gioberti, der trotz seines Einflusses auf die liberal orientierten Katholiken an der Grenze des Katholizismus verblieb und zwischen Deismus und Skeptizismus schwankte. Über die aus jansenistischen und calvinistischen Kreisen übernommenen moralischen Bestrebungen war Manzoni vom revolutionären Enzyklopädismus zum Katholizismus gelangt. Mit seinen religiösen Ideen gab er Anlaß zu verschiedenen Kontroversen[24], aber an der Ernsthaftigkeit seines Glaubens am Ende der langsamen Entwicklung, die seiner Konversion (Paris 1810) folgte, kann nicht gezweifelt werden. Seine immer wieder aufgelegten „Osservazioni sulla morale cattolica“ (1819), in denen er den Protestanten Sigismondi zurechtweist, der dem Katholizismus die politische Dekadenz der Italiener anlastet, bildeten das erste bemerkenswerte Manifest eines kulturellen Patriotismus in Italien, der sich offen der katholischen Tradition anschloß. Die hier skizzierten ethisch-religiösen Themen werden einige Jahre später in dem berühmten Roman „I promessi sposi“ (1826/27) wiederaufgenommen, mit dem das Italien des 19. Jh. ein literarisches Meisterwerk anderer Tiefe, als es das „Génie du Christianisme“ Chateaubriands war, erhielt. Wenn das Denken Manzonis zu diesem Zeitpunkt auch noch nicht im eigentlichen Sinn liberal zu nennen war, so implizierte es doch, wie R. Amerio hervorhebt, liberale Konsequenzen, die Manzoni zu einem der wichtigsten Urheber des katholischen Liberalismus im Italien des zweiten Drittels des Jahrhunderts machten. In einer Umgebung, die im wesentlichen reaktionär blieb, wurden so Keime einer Erneuerung der katholischen Mentalität gelegt, die den modernen Werten mit größerer Offenheit gegenüberstanden.

[24] Vgl. *G. Busnelli,* La conversione di A. Manzoni (Rom 1913); *G. Salvadori,* Libertà e servitù nel pensiero giansenista e in A. Manzoni (Brescia 1932); *F. Ruffini,* La vita religiosa di A. Manzoni (Bari 1931); *P. Fossi,* La conversione di A. Manzoni (Bari 1933).

15. Kapitel

Die komplexe Belebung der kirchlichen Wissenschaften

LITERATUR: Allgemeine Darstellungen: *Hocedez* I (mit Lit.); *Grabmann* 218 ff (Lit. 337 ff); *B. Magnino*, Romanticismo e cristianesimo, 3 Bde (Brescia 1962/63). Dazu *Hurter*, Nomenclator V/1 (Innsbruck 1912).

1. Deutschland: Allgemeines: *K. Werner*, Geschichte der katholischen Theologie (München ²1889); *D. Gla*, Reportorium der kath.-theol. Literatur in Deutschland, Österreich und der Schweiz I (Paderborn 1895/1904); *Goyau* I 161—391, II 2—111; *Schnabel* IV 62—97 164 ff; *Scheffczyk* 1—233; *Ph. Funk*, Von der Aufklärung zur Romantik. Studien zur Vorgeschichte der Münchener Romantik (München 1925); *A. Reatz*, Reformversuche in der katholischen Dogmatik Deutschlands zu Beginn des 19. Jh. (Mainz 1917); *J. Diebolt*, La théologie morale catholique en Allemagne 1750—1850 (Straßburg 1926); *A. Anwander*, Die allgemeine Religionsgeschichte im katholischen Deutschland während der Aufklärung und Romantik (Salzburg 1932).

Theologische Fakultäten: *M. Braubach*, Die katholischen Universitäten Deutschlands und die französische Revolution: HJ 49 (1929) 263—303; *H. Schrörs*, Geschichte der kath.-theol. Fakultät zu Bonn 1818—31 (Köln 1922); *M. Huber*, Ludwig I. von Bayern und die Universität in München (Würzburg 1939); *H. Witetschek*: HJ 86 (1966) 107—137 (für München); *S. Merkle - A. Bigelmair* u. a.: Aus der Vergangenheit der Universität Würzburg (Berlin 1932); *F. Haase*, Die schriftstellerische Tätigkeit der Breslauer theologischen Fakultäten 1811—1911 (Breslau 1911); *A. Wappler*, Geschichte der theologischen Fakultät zu Wien (Wien 1884). Für Tübingen s. unten.

Einzelnes: *L. Lenhart*, Die erste Mainzer Theologenschule 1805—30 (Mainz 1956); *A. F. Ludwig*, Weihbischof Zirkel von Würzburg in seiner Stellung zur theologischen Aufklärung und zur kirchlichen Restauration, 2 Bde (Paderborn 1904/06); *L. Scheffczyk*, L. F. zu Stolbergs Geschichte der Religion Jesu Christi. Die Abwendung der katholischen Kirchengeschichtsschreibung von der Aufklärung und ihre Neuorientierung im Zeitalter der Romantik (München 1952); *P. Brachin*, Le Cercle de Munster et la pensée religieuse de F. L. Stolberg (Paris 1952); *L. Wirz*, Fr. Schlegels philosophische Entwicklung (Bonn 1939); *J. Anstett*, La pensée religieuse de Fr. Schlegel (Paris 1941); *J. R. Geiselmann*, Von lebendiger Religiosität zum Leben der Kirche. J. M. Sailers Verständnis der Kirche geistesgeschichtlich gedeutet (Stuttgart 1952); *A. Dyroff*, C. J. Windischmann und sein Kreis (Köln 1916); *A. Sonnenschein*, Görres, Windischmann und Deutinger als christliche Philosophen (Bonn 1937); *E. Susini*, F. Baader et le romantisme mystique, 2 Bde (Paris 1942); *Th. Steinbüchel*: WiWei 10 (1943) 41—60 103—126; *St. Lösch*, Prof. A. Gengler. Die Beziehungen der Bamberger Theologen zu I. Döllinger und J. A. Möhler (Würzburg 1963).

Hermes: *K. Eschweiler*, Die zwei Wege der neueren Theologie. G. Hermes - M. J. Scheeben (Augsburg 1926); *K. Thimm*, Die Autonomie der praktischen Vernunft in der Philosophie und Theologie des Hermesianismus (München 1939, Lit.); andere Lit. bei *R. Schlund*: LThK V 258—260. Über den Anfang des Streits: *H. Schrörs* a. a. O. 69—91 166—190 371—379.

Tübinger Schule: *J. Zeller*, Die Errichtung der kath.-theol. Fakultät in Tübingen 1817: ThQ 108 (1927) 77—158; *St. Lösch*, Die Anfänge der Tübinger Theologischen Schule, 1819—31 (Rottenburg 1938); *P. Schanz*: ThQ 80 (1898) 1—49; *E. Vermeil*, J. A. Möhler et l'école catholique de Tubingue, 1815—40 (Paris 1913); *P. Chaillet*: RSPhTh 26 (1937) 483—498 713—726; *J. R. Geiselmann*, Lebendiger Glaube aus geheiligter Überlieferung. Der Grundgedanke der Theologie J. A. Möhlers und der katholischen Tübinger Schule (Mainz 1942); *ders.*, Die katholische Tübinger Schule (Freiburg 1964; dazu *B. Dupuy*:

RSPhTh 50 [1966] 311); *H. J. Brosch*, Das Übernatürliche in der kath. Tübinger Schule (Essen 1962); *F. W. Kantzenbuch:* ZRGG 15 (1963) 55—86; *A. Hagen*, Gestalten aus dem schwäbischen Katholizismus I und II (Stuttgart 1948/50). — Zu Drey: Übersicht und Lit. bei *J. R. Geiselmann:* LThK III 574. — Zu Hirscher: WW und Lit. bei *F. X. Arnold:* LThK V 383—384; ferner: *J. Rief*, Reich Gottes und Gesellschaft nach J. S. Drey und J. B. Hirscher (Paderborn 1965); *E. Keller*, J. B. Hirscher (Graz 1969). — Zu Möhler: Ältere Literatur bei *St. Lösch*, J. A. Möhler I (München 1928) XXIIff; neuere bei *J. R. Geiselmann:* LThK VII 521—522.

2. Frankreich: Gesamtdarstellungen: *A. Baudrillart*, Le renouvellement intellectuel du clergé en France au XIXe s. Les hommes, les institutions (Paris 1903); DThC VI 695—712; *L. Foucher*, La philosophie catholique en France au XIXe s. (Paris 1955) 11—98; *J. A. At*, Les apologistes français au XIXe s. (Paris 1909); *N. Hötzel*, Die Uroffenbarung im französischen Traditionalismus (München 1962).

Monographien: *P. Poupard*, L'abbé L. Bautain (Paris 1961); *S. Merkle*, Die Anfänge französischer Laientheologie im 19. Jh. Festschr. K. Muth (München 1927) 325—357. — Zu Eckstein, Bonald und de Maistre: Siehe S. 272. — Zu Lamennais: Siehe S. 272, bes. *Maréchal* (dagegen *Foucher* a. a. O. 31—50), *Verucci* und *Le Guillou*.

Schule von La Chesnaie: *Ch. Sainte-Foi* (= É. Jourdain), Souvenirs de jeunesse, hrsg. von *C. Latreille* (Paris 1911) 37—134; *A. Roussel*, Lamennais à la Chênaie (Paris 1909); *J. R. Derré*, Lamennais, ses amis et le mouvement des idées à l'époque romantique (Paris 1962) 278—305; *A. Dargis*, La Congrégation de Saint-Pierre (Diss. masch. Löwen 1971). — Zu Gerbet: ebd. 248—266 346—383; LThK IV 711 (Lit.).

3. Italien: Lehranstalten: *A. Gemelli - S. Vismara*, La riforma degli studi universitari negli Stati pontifici (Mailand 1933); L'Università Gregoriana nel 1° secolo della restituzione (Rom 1924).

Einfluß Lamennais': Vgl. S. 273.

Anfänge des Neothomismus: *A. Masnovo*, Il neotomismo in Italia, origini e prime vicende (Mailand 1923); *P. Dezza*, Alle origini del neotomismo (Mailand 1940); *C. Fabro:* ECatt XI 135—140; *G. F. Rossi*, La filosofia nel Collegio Alberoni e il neotomismo (Piacenza 1959); *A. Fermi*, Origine del tomismo piacentino (Piacenza 1959).

Ventura: Vgl. oben S. 273.

Rosmini: WW: Edizione nazionale, hrsg. von *E. Castelli* (Rom 1934ff). Die ältere Literatur ebd. Bd I; die neuere LThK IX 55. Siehe auch *C. Bergamaschi*, Bibliografia rosminiana, 2 Bde (Mailand 1967). — *[G. Pagani,]* Vita di A. Rosmini, neu bearb. von *G. Rossi*, 2 Bde (Rovereto 1959); A. Rosmini nel 1° centenario della morte, hrsg. von *C. Riva* (Florenz 1958); Atti del Congresso internazionale di filosofia A. Rosmini (Florenz 1957); *A. Gambaro*, A. Rosmini nella cultura del suo tempo: Rivista Rosminiana 49 (1955) 162—196; *F. Traniello*, Società religiosa e società civile in Rosmini (Bologna 1966); *G. Ferrarese*, Ricerche sulle riflessioni teologiche di A. Rosmini negli anni 1819—1928 (Mailand 1967); *D. Mancini*, Il giovane Rosmini I (Urbino 1963). Siehe auch S. 385—386.

Das 18. Jh. war trotz fruchtbarer Erneuerungen im Bereich der Exegese, Kirchengeschichte und Seelsorge, im ganzen gesehen, eine für die Theologie wenig glanzvolle Zeit; das folgende Jahrhundert sollte unter noch beklagenswerteren Umständen beginnen. Dem katholischen Denken fehlte trotz einer reichen apologetischen Literatur Kraft und Geschlossenheit: in Italien und Spanien wurde es von einer sterilen Polemik absorbiert und blieb in seiner Mittelmäßigkeit ohne jede Ausstrahlung. In Frankreich vermochte die Magie des Stils eines Chateaubriand nur schwer die doktrinale Armut zu verbergen, und die mehr der Klassik verbundenen Werke waren der neuen Mentalität denkbar schlecht angepaßt. In Deutschland war ein Großteil der vom Rationalismus ihrer Umgebung infizierten Theologen in Gefahr, das Christentum seines übernatürlichen Gehalts zu entleeren. Dazu kam, daß die alten Bildungszentren infolge der in ganz Westeuropa durch die Französische Revolution herbeigeführten Umwälzung desorganisiert und oft genug zerrüttet wurden.

Trotz dieser schwierigen Lage setzte zwischen 1810 und 1820 eine Reaktion ein, die gerade durch die Tiefe der Krise im katholischen Denken, deren Ernst nun nicht mehr zu verheimlichen ist, verursacht wurde. Innerhalb weniger Jahre wurde eine Reihe von Initiativen, die mehr oder weniger ungeschickt, aber dennoch eindrucksvoller und positiver waren, als es die Neuscholastik der Jahrhundertwende wahrhaben wollte, in dem Bemühen unternommen, dem Katholizismus in den gebildeten Kreisen wieder jenes Ansehen zu verschaffen, das er fast ganz verloren hatte. Diese Bemühungen wurden außerordentlich begünstigt durch den Impuls der Romantik, von welch gefährlicher Ambivalenz diese auch immer sein mochte. Die literarische und theologische Erneuerung vollzog sich nicht nur gleichzeitig, sondern die Theologie erfuhr darüber hinaus eine nachhaltige Beeinflussung durch die romantische Denkart, die eine Reaktion der Empfindsamkeit gegen die Kälte der Vernunft, eine mystische Auffassung des Universums, eine Reaktion gegen den Individualismus zugunsten der Werte der Gemeinschaft und die Rehabilitierung der Tradition und Geschichte einschließt. Diese Mentalität fand manchmal überakzentuiert ihren Niederschlag in der Philosophie, in der man einen gewagten Idealismus auf der Suche nach umfassenden harmonischen Synthesen propagierte, wie auch in der Geschichte, in der das Werden, die „organische Entwicklung der Idee" durch die Epochen hindurch, zur Darstellung gebracht werden sollte. In der Theologie führte diese Mentalität zu einer Aufwertung der Glaubenserkenntnis, die zuweilen sogar in den Fideismus abglitt; zu einer Akzentverlagerung in der Religion vom Moralismus des 18. Jh. auf die mystischen und übernatürlichen Aspekte; zu einer Sicht der Kirche als eines lebendigen Organismus, in der die Persönlichkeit des Gläubigen bisweilen etwas vernachlässigt wurde, und als Nährboden, aus dem sich die Dogmen entwickeln; zur Wiederentdeckung der Bedeutung der Vergangenheit und besonders der Kirchenväter, ja sogar, als Folge der Schwärmerei für das Mittelalter, zu neuem Interesse an der Scholastik. Man gelangte auch zu einer Betonung der organischen Einheit und der inneren Verbindung zwischen den verschiedenen theologischen Wissenschaften, wie der Dogmatik und Moral, der Exegese oder Kirchengeschichte und der theologischen Spekulation. Diese neue Sicht führte in gleicher Weise zu dem Wunsch einer Annäherung der Theologie an die Profankultur: trotz der tiefgreifenden Unterschiede, die sie auf vielen Gebieten trennten, trafen sich die Bestrebungen eines Hermes oder der Theologen von Tübingen in diesem Punkt mit jenen eines Lamennais in Frankreich oder eines Rosmini in Italien.

In Deutschland: Zwischen Rationalismus und romantischem Idealismus

Im Gegensatz zu Österreich, wo die Struktur der theologischen Fakultäten von den Erschütterungen des ausgehenden 18. Jh. kaum berührt worden war, hatte in Deutschland die Säkularisation der geistlichen Fürstentümer und zahlreicher Abteien, die auf die Unterdrückung der Gesellschaft Jesu gefolgt war, zur Auflösung der meisten kirchlichen Bildungszentren des Alten Reichs geführt. Die Unterbrechung war jedoch, dank der festen Organisation der katholisch-theologischen Fakultäten an einer Anzahl von Universitäten nur von kurzer Dauer. Diese neue Ordnung des Studiums der Theologie an den staatlichen Universitäten, die sich bis in unsere Tage erhalten hat, bot den Vorteil einer engeren Kontaktmöglichkeit der katholischen Gelehrten mit der nichtkatholischen Wissenschaft, die sich für ihre Arbeit fruchtbar auswirkte. Auf der anderen Seite schränkte die neue Studienordnung die Kontrolle der kirchlichen Autorität über die Lehrtätigkeit fühlbar ein und begünstigte damit zwar die wissenschaftliche Freiheit, aber zuweilen auch einen übertriebenen Geist der Unabhängigkeit[1] und sogar wirkliche Abweichungen von der rechten Lehre. Diese Gefahr wurde vor allem während der ersten Jahre spürbar, in denen die Berufungen auf die Lehrstühle ohne Rücksicht auf die Rechtgläubigkeit der Kandidaten erfolgten.

Neben dem Mainzer Seminar, das unter dem französischen Regime reorganisiert und durch den Elsässer Liebermann zum Mittelpunkt der späteren neuscholastischen Bewegung in Deutschland[2] wurde, beherrschten am Anfang des 19. Jh. zwei starke und gleichermaßen gefährliche Tendenzen die Theologie und Apologetik. Auf der einen Seite hatte der Rationalismus des vorhergehenden Jahrhunderts, nunmehr durch den Erfolg der großen nachkantischen philosophischen Systeme bestärkt, noch immer eine starke Anziehungskraft, und die mannigfachen Versuche zur Verteidigung des Christentums standen unter dem Zeichen eines nicht mehr zu rechtfertigenden Eingehens auf die Positionen des Gegners und damit unter dem Risiko einer unangemessenen Konzessionsbereitschaft. Die Tendenzen zum

[1] Die Erklärung der Bonner Professoren von 1820 ist charakteristisch für diese Tendenz. Vgl. *H. Schrörs* a. a. O. 134 ff.

[2] Von 1819 bis 1820 veröffentlichte er ein klassisches vierbändiges Handbuch „Institutiones theologiae dogmaticae", das in der ersten Hälfte des folgenden Jahrhunderts wiederholt neu herausgegeben wurde. Er wollte darin vor allem eine genaue Darstellung der Lehre der Kirche geben, und zwar in einer eindeutig antiprotestantischen Sicht. Vgl. *L. Lenhart* a. a. O. 25—53.

Ausgleich gingen in manchen Fällen sehr weit: Professoren wie Fingerlos, Berg oder Gratz interpretierten die Wunder des Evangeliums in der von Heinrich Paulus eingeführten Methode; sie verwarfen bestimmte Dogmen, die sie als bloße Subtilitäten qualifizierten, oder zogen sogar die Gottheit Christi in Zweifel. Neben diesen extremen Fällen blieb das Denken vieler, selbst frommer und der Kirche treu ergebener Theologen von der Aufklärung bestimmt, oder es erlag der kantischen Kritik und dem idealistischen Pantheismus. Zu dieser Richtung gehörten z. B. Oberthür, der die Theologie in der Sprache des Humanismus Herders darlegte, oder auch Zimmer, der das Dogma von Schelling her interpretierte. Demgegenüber führte die von Philosophen wie Jacobi oder Schleiermacher, dem (protestantischen) „Hofgeistlichen der Romantik", inspirierte Reaktion gegen den trockenen Moralismus und den kalten Rationalismus der natürlichen Religion trotz der Überlegenheit, die in ihrer Betonung der nicht reduzierbaren Ursprünglichkeit der christlichen Erfahrung und der religiösen Dynamik liegt, häufig zu einem Antiintellektualismus, der die rationalen Grundlagen des Glaubensbekenntnisses gefährdete und sich in einigen Fällen mit einem Konkordismus verband, der Katholizismus und Protestantismus nur noch als zwei verschiedene Aspekte derselben mystischen Kirche verstand. Selbst Kreise, deren Kirchlichkeit außer Frage stand, wie der Zirkel der Fürstin Gallitzin in Münster, glaubten im Fideismus die wahre christliche Antwort auf die Auswüchse des Rationalismus zu finden.

Wie immer in Zeiten des Umsturzes und intensiver intellektueller Reifung wurden einige tastende Versuche unternommen, die verschiedenen Bestrebungen der Zeit zu vereinen. So bemühten sich zwei Konvertiten, der Graf Friedrich Leopold von Stolberg[3] und Friedrich von Schlegel[4], die in ihrer Intellektualität wie in ihrem Charakter vom Klassizismus des 18. Jh. geformt waren, die aber auch die Erkenntnisse und Werte der Romantik aufgriffen, durch ihre mehr durch den Stil als durch die Aussage bestechenden und gleichermaßen für die Geschichte, die Literatur und die Religionsphilosophie bedeutsamen Schriften nicht unwesentlich zur Rehabilitierung des Katholizismus in der gebildeten Welt beizutragen. Friedrich Leopold von Stolberg, seit 1800 Mitglied des Kreises von Münster, stellte alle Hilfsmittel, die ihm seine glänzende klassische Bildung bot, in den Dienst seines begeisterten Glaubens, um damit die Überlegenheit der katholischen Weltanschauung über jene, die von der antiken Philosophie inspiriert ist, aufzuzeigen. In den fünfzehn Bänden seines „epochemachenden Werkes" (Janssen), „Geschichte der Religion Jesu Christi" (1806/18), das mit mehr Seelenglut als mit Gelehrsamkeit und kritischem Geist verfaßt wurde, eröffnete er dem Studium der Kirchengeschichte, das bis dahin von einer febronianistischen und josephinistischen Mentalität bestimmt war, einen

[3] Vgl. Kap. 13, S. 263—264 (Lit. S. 260).

[4] Vgl. Kap. 13, S. 264—265 (Lit. S. 260).

neuen, zwar apologetischeren, aber auch universalistischeren Horizont, der der eigentlich religiösen und heilsmittlerischen Sendung der Kirche in der Entwicklung der Menschheit gerechter wurde. Schlegel, ein Bewunderer Goethes, Schüler Fichtes und Schellings, ist durch seine Forschungen über die Religionsgeschichte, die er — seit 1810 in engem Kontakt mit dem Kreis um Clemens Maria Hofbauer — in Wien dozierte, auf die Idee der Offenbarung gestoßen und entwarf in seinen „Vorlesungen über die neuere Geschichte" (1811) eine katholische Geschichtsphilosophie im Grundriß[5], während seine „Geschichte der alten und neueren Literatur" (1813) in Deutschland eine dem „Génie du Christianisme" vergleichbare Rolle spielte, da sie die literarische und künstlerische Bedeutung der Bibel und des Mittelalters aufdeckte.

Sehr charakteristisch für diese Übergangszeit von der Aufklärung zur katholischen Romantik ist Johann Michael Sailer[6], von 1800 bis 1821 Professor der Pastoraltheologie in Landshut; ein Eklektiker, der jedoch einer gewissen schöpferischen Kraft nicht entbehrte und als einer der ersten die Theologie wieder in die christliche Spiritualität einbezog. Ausgehend von einer Sicht, die noch völlig den Anschauungen des 18. Jh. verhaftet ist, gelangte er nach R. Geiselmann stufenweise „von lebendiger Religiosität zum Leben der Kirche", indem er nacheinander den patristischen Begriff der Tradition, dann jenen der Kirche als eines spirituellen Organismus wiederentdeckte, an dessen übernatürlichem Leben ihre Glieder teilhaben[7].

Zwischen 1820 und 1830 waren vor allem Bonn, Tübingen und München die drei Zentren, die das religiöse Denken in den deutschen Ländern beeinflußten[8].

In Bonn lehrte seit 1819 Georg Hermes (1775—1831), Begründer einer Schule, deren Einfluß eine Generation hindurch spürbar bleiben sollte. Hermes, der in der Zeit, als er in Münster Dogmatikprofessor war, dem Zirkel der Prinzessin Gallitzin angehört hatte, war eine Priestergestalt von großem apostolischem Eifer; er wollte durch die Überwindung des scheinbaren Antagonismus zwischen der modernen Philosophie und der Lehre der Kirche zur katholischen Restauration beitragen. In Erkenntnis der großen Gefahr,

[5] Die er später in seiner „Philosophie der Geschichte" (1829) weiterentwickelte.

[6] Vgl. S. 266—267 (Lit. S. 260).

[7] Eine ähnliche Entwicklung zeigt sich in der Auffassung Sailers über den Katechismus. Sein stetes Bemühen um ein konkretes wie bibelorientiertes Denken manifestiert sich in dem Nachdruck, mit dem er sich immer wieder auf das moralische Vorbild biblischer Personen bezieht; aber in der Folge verlangt er in erster Linie, daß der Religionsunterricht den Stoff als Heilsgeschichte zur Darstellung bringen solle.

[8] Bis zu einem gewissen Grad wäre unter Berücksichtigung Schlegels noch Wien hinzuzufügen. Aber Schlegels starker Einfluß wird vor allem in Randgebieten der eigentlichen kirchlichen Wissenschaften wirksam. Seit dem Weggang Jams im Jahr 1806 kommt der theologischen Fakultät, die unter strenger staatlicher Kontrolle steht, keine große Bedeutung mehr zu. Vgl. A. *Wappler* a. a. O. 254—262.

die der kantianische Kritizismus und der Idealismus Fichtes für den christlichen Glauben darstellten, aber gleichzeitig allzusehr fasziniert von diesen philosophischen Systemen, als daß er sie völlig hätte verwerfen können, wollte er Kant mit seinen eigenen Waffen bekämpfen und führte die Kritik der menschlichen Erkenntnis noch weiter als dieser, indem er die Zustimmung zu den Glaubenswahrheiten als den notwendigen Schluß eines Beweises auffaßte, um dann in Übereinstimmung mit den Forderungen des Idealismus eine apriorische Darstellung aller — auch der übernatürlichen — Wirklichkeit auf rationaler Ebene durchzuführen [9]. Dank seiner beachtenswerten pädagogischen Fähigkeiten und seiner priesterlichen Ausstrahlung, unterstützt vom Kölner Erzbischof Spiegel, der seiner Diözese gebildete und dem neuen Denken aufgeschlossene Priester geben wollte, vermochte es Hermes, einen Teil der intellektuellen Jugend zu begeistern, und hinterließ nach seinem Tod zahlreiche überzeugte Schüler, die mehr als dreißig philosophische und theologische Lehrstühle und in einigen Fällen auch bedeutende Stellen in der kirchlichen Welt innehatten. In Wirklichkeit jedoch fehlte seinem Werk, das zu seiner Zeit so modern erschien, jeder Sinn für die Geschichte; es stellte sich mit seinem übersteigerten Moralismus, seiner Auffassung von der Religion, in der es nicht so sehr übernatürliches Leben als vielmehr eine Lehre sah, die von der Vernunft erobert werden kann, und seinem geringen Interesse für die kirchliche Tradition, die Dogmenentwicklung und Dogmengeschichte sogar als „ein echter Spätling der Aufklärungsepoche" (Schrörs) dar. Hermes mußte deshalb nicht nur mit der fundierten Kritik einiger klar blickender Geister, die ihm seine pelagianische und semirationalistische Position zum Vorwurf machten, zusammenstoßen, sondern gleichermaßen mit der leidenschaftlichen Opposition jener, die — in immer größerer Zahl vor allem in außeruniversitären Kreisen vertreten — unter dem Einfluß der Romantik den Primat der Empfindung und des Herzensglaubens vor der kalten Vernunft vertraten oder unter dem Einfluß des französischen Traditionalismus standen [10].

Unter den Gegnern Hermes', von denen viele dem Fideismus anhingen, der ihre dogmatische Position ebenfalls relativierte, verlangt sein Bonner Kollege Karl Joseph Windischmann (1775—1839) eine gesonderte Behandlung. Dieser Arzt und Philosoph, der, nachdem er zwischen Pantheismus und

[9] Das Wesentliche seiner Grundsätze ist in seinem Werk „Philosophische Einleitung in die Christkatholische Theologie" (1819) und deren Ergänzung „Positive Einleitung" (1829) dargelegt. Seine „Christkatholische Dogmatik" (1834) wurde posthum von seinem Schüler Achterfeld veröffentlicht.

[10] Zu dem beachtenswerten Einfluß des Traditionalismus Lamennais' in Deutschland und vor allem im Rheinland vgl. *H. Schrörs,* Ein vergessener Führer aus der rheinischen Geistesgeschichte des 19. Jh., *J. W. J. Braun* (Bonn 1925) 289—295 und *St. Lösch,* Döllinger und Frankreich (München 1955). Das Hauptorgan der Bewegung war die „Aschaffenburger Kirchenzeitung"; „Der Katholik" (Mainz) zeigte auch gewisse Sympathien.

Deismus geschwankt hatte, 1813 zum katholischen Glauben zurückgekehrt war, wollte eine hegelianisch orientierte, aber auf der Offenbarung aufbauende christliche Philosophie ausarbeiten. Durch seine Lehrtätigkeit, seine zahlreichen persönlichen Kontakte und seine Korrespondenz weit mehr als durch seine allzu esoterischen Schriften hatte er einen großen Einfluß und führte viele zum christlichen Glauben zurück. Gleichzeitig trug er dazu bei, die Aufmerksamkeit auf die großen Lehrer des Mittelalters zu lenken, deren eigentliche Lehre er übrigens mehr in ihren mystischen Schriften als in ihren Lehrsystemen suchte.

Während im Rheinland Hermes die Ausarbeitung einer Apologetik in Konfrontation mit den durch den Kantianismus und Rationalismus hervorgerufenen Problemen unternahm, suchte im württembergischen Tübingen[11] eine Gruppe von Theologen, die zwar von der Philosophie des Idealismus fasziniert, aber dennoch mehr als viele ihrer Zeitgenossen bestrebt waren, nicht von der katholischen Rechtgläubigkeit abzuweichen, „die glückliche Mittelstraße" (Drey) zwischen dem ungesunden Mystizismus vieler Romantiker und dem engstirnigen Rationalismus verspäteter Schüler der Aufklärung. Sie waren mutige und den Bestrebungen ihrer Zeit aufgeschlossene Forscher, die sich die Tatsache zunutze machten, daß bestimmte Begriffe der neuen Philosophie vom zeitgenössischen protestantischen Denken bereits theologisch adaptiert waren. Auf dieser Basis legten sie eine neue theologische Synthese vor, die gleichermaßen modern wie traditionell war, kritisch gegen die Grundpositionen des Protestantismus, durch ein kühnes Programm zur Reform der Liturgie und Kirchenzucht abgerundet. In einigen Punkten hatten sie bereits Vorläufer, die erst durch die jüngste Geschichtsforschung wieder Beachtung fanden[12]: Sailer, dessen tiefgreifender Einfluß auf die gesamte Theologie der Romantik sich immer deutlicher abzeichnet; Geiger und Gügler, seine Luzerner Schüler, die als Bindeglied zwischen dem beginnenden Traditionalismus und der Geistphilosophie Hegels angesehen werden können; Brener, Professor am Bamberger Priesterseminar, der in einem Entwurf, der gleichermaßen Theologie, Philosophie wie auch Geschichte ist[13], die gesamte Dogmatik von der Idee des Reiches Gottes her entwickelte; Seber, Professor in Bonn, dann in Löwen, der die Kirche unter dem Leitbild eines sich entwickelnden spirituellen Organismus sieht; Ziegler in Wien, der bereits den Begriff der „lebendigen Tradition" verwendet. Aber es gelang erst der Tübinger Schule, die geistigen Tendenzen zu arti-

[11] Die neue, 1812 in Ellwangen errichtete katholisch-theologische Fakultät wurde 1817 nach Tübingen verlegt (vgl. ThQ 108 [1927] 77—158). Einige Professoren gründeten 1819 die „Theologische Quartalschrift", die zum Organ der neuen Schule werden sollte.

[12] Siehe die Textsammlung von *J. R. Geiselmann,* Geist des Christentums und des Katholizismus. Ausgewählte Schriften katholischer Theologie im Zeitalter des deutschen Idealismus und der Romantik (Mainz 1938).

[13] Vgl. *F. Dressler,* Lebensläufe aus Franken VI (München 1960) 32—53.

kulieren und die großen Thesen der Romantik in einer geschlossenen Synthese zu vereinen.

Für Godet ist sie „primär eine Schule der spekulativen Theologie", Bihlmeyer hingegen bezeichnet sie als „vornehmlich historisch-kritisch eingestellt". In Wirklichkeit zeichnet sie sich aber gerade durch eine enge Verflechtung der positiven und der spekulativen Methode aus. In dem Bemühen, die Dogmatik nicht in jener Verengung der klassischen Theologie zu verstehen, für die sie nur eine Art Katalog der orthodoxen Lehren darstellt, sondern die offenbarten Gegebenheiten spekulativ zu durchdringen und deren innere Harmonie aufzuzeigen, glaubten die Tübinger Theologen in der Philosophie Schellings und dann auch in der hegelschen Dialektik, die sich damals größter Beliebtheit erfreute, ein geeigneteres Instrument für deren Vertiefung zu finden, als dies die scholastische Philosophie war. Von der Philosophie Schellings, die den romantischen Bestrebungen sehr nahe stand, übernahmen sie die Idee des Lebens und des Organismus wie auch die Hochschätzung der mystischen Erkenntnis. Von Hegel entlehnten sie unter anderem den Begriff eines lebendigen Geistes, der die fortschreitende Entfaltung der „christlichen Idee" beseelt. Tatsächlich war die Dogmengeschichte gleichzeitig mit dem Begriff der lebendigen Tradition, die eine Art Kollektivgewissen der unter der Wirkung des Geistes Gottes reflektierenden Kirche darstellt, für die theologische Erneuerung bedeutsam geworden, die durch die Begegnung mit den Schriften der Väter belebt wurde. Diese Hinwendung zur genetischen Methode war um so zwingender, als man sich — in diesem Punkt in Deutschland lange vor den romanischen Ländern — der Bedeutung der Forschungen protestantischer Gelehrter über die Entstehungsgeschichte des Christentums und, allgemeiner, der nun aufkommenden und für das 19. Jh. charakteristischen Ausrichtung auf den historischen Zugang zu allen Fragen bewußt geworden war.

Drei Namen dominieren in der jungen Tübinger Schule. Ihr Begründer, *Johann Sebastian Drey* (1777—1851), war als Initiator in seinem Vorgehen noch manchmal zögernd und in seinem Denken noch stark den Ideen Schellings und Schleiermachers verhaftet. Ihm kommt jedoch das doppelte Verdienst zu: einerseits einer Integration des Beitrags protestantischer Historiker in die Theologie, ohne einem Archäologismus zu verfallen, andererseits das Verdienst der Ausarbeitung einer in der Perspektive des transzendentalen Idealismus entwickelten theologischen Wissenschaft, um so den Katholizismus auf eine grundlegende und umfassende Idee zurückzuführen. Diese Idee aber ist, wie er ausdrücklich betont, kein Apriori der Vernunft, sondern eine geoffenbarte Gegebenheit; sie ist auch keine reine Idee, sondern „der ewige Plan Gottes, der sich in der Zeit manifestiert", das Geschenk des übernatürlichen Lebens an den Menschen. Diese Überlegung führte ihn zu einer Erörterung über die organische Einheit der Kirche, ihre fortschreitende Entwicklung und das vom Heiligen Geist beseelte Leben der Gemeinschaft, also zu Themen, die die deutsche und später auch die europäische Theologie lange Zeit inspirieren sollten.

Johann Baptist Hirscher (1788—1865) war ein Reformator auf dem Gebiet der Katechese und der Pastoral und entwickelte in diesem Bereich teils wirklichkeitsfremde, teils gewagte, oft aber auch anregende und sehr brauchbare Gedanken. Er war ebenso ein Erneuerer der Moraltheologie[14], der — wie Drey — die soziale Dimension in diese Disziplin einführte und die Moraltheologie in einer Weise zur Darstellung brachte, die an das paulinische Kerygma erinnert, und sie damit weniger abstrakt gestaltete und in Reaktion auf den naturalistischen „Moralismus" des 18. Jh. und die Kasuistik der vorhergehenden Jahrhunderte eine enge Verbindung mit dem Dogma und der Spiritualität anstrebte.

Beide überragt *Johann Adam Möhler* (1796—1838), „wie das Genie die Begabung übertrifft" (de Grandmaison). Im Laufe seiner kurzen Professoren-Laufbahn — er starb bereits mit 42 Jahren — hat er alle Themen, die er in Angriff nahm, neu formuliert: die Grunddogmen des Christentums, die Glaubenserkenntnis, das Übernatürliche, die Gnade und die Kirche. Sein Denken gewinnt übrigens nicht nur auf dem Weg von seiner so eindrucksvollen Jugendschrift „Die Einheit in der Kirche" (1825) bis zu seiner „Symbolik" (1832) an Präzision, sondern auch noch später in den vier aufeinanderfolgenden Auflagen dieses Werkes[15], das die bedeutendste kontroverstheologische Schrift seit dem Ende des 16. Jh. darstellt. Möhler war in weit geringerem Maß, als Goyau dies annahm, ein Autodidakt; in ihm vollzieht sich vielmehr die Entfaltung einer theologischen Erneuerung, die in ihren Anfängen von tiefen und reichen, von der Tradition geprägten Einsichten getragen war, daneben aber auch eine nicht reflektierte Begeisterung einschloß und in ihren philosophischen Voraussetzungen anfechtbar blieb. War Möhler vielleicht im spekulativen Denken Drey unterlegen, so ist er dennoch der Größere, weil es ihm gelang, das Ergebnis dieses Denkprozesses, seine Synthese von der systemimmanenten pantheistischen Tendenz der idealistischen Philosophie zu befreien. So kann also sein wohldurchdachtes und ausgewogenes Werk, das schon in seinem temperamentvollen Stil den Eindruck einer begeisterten Überzeugung, von der es getragen ist, vermittelt, „als bemerkenswertes Beispiel der geistig wachen und im Grunde sehr katholischen Theologie der Romantik gelten"[16].

[14] Er hatte in den ersten Jahren des 19. Jh. Vorläufer. Siehe z.B. *C. Schmeing*, Studien zur „Ethica christiana" M. v. Schenkls und zu ihren Quellen (Regensburg 1959).

[15] Von diesen beiden Werken hat *J. R. Geiselmann* kritische Ausgaben besorgt (Köln-Olten 1957 und 1958/61), denen wichtige Einleitungen vorangestellt sind; diese vermitteln eine Rekonstruktion der Entstehungsgeschichte der Werke.

[16] *A. Minon:* EThL 16 (1939) 375. Gegen die heute allgemein verworfene Ansicht Vermeils, der in Möhler den Stammvater des Modernismus sehen wollte, vgl. *L. de Grandmaison:* RSR 9 (1919) 400—409 und vor allem *S. Lösch:* ThQ 99 (1917/18) 28—59 129—152.

Die Universität in München, die 1825 von Landshut dorthin verlegt worden war, hat nicht in gleichem Maß wie Tübingen zur theologischen Erneuerung, die sich im ersten Drittel des Jahrhunderts vollzog, beigetragen; aber sie wird durch die Aktivität König Ludwigs I. und seines Vertrauten Ringseis, des ersten Rektors der Universität, in wenigen Jahren auf dem Gebiet der Philosophie, Geschichte, Literatur und der Künste zum wichtigsten intellektuellen Zentrum des Katholizismus in Mitteleuropa. Neben Schelling, der als Protestant dem Katholizismus gegenüber sehr aufgeschlossen war und durch seine glänzende philosophisch-religiöse Synthese des Christentums allgemeine Begeisterung hervorrief, neben dem Historiker Döllinger, der damals noch am Beginn seiner Laufbahn stand, dem fähigen Exegeten Allioli und neben dem Dichter Brentano, der die „Offenbarungen" der Katharina Emmerick verbreitete, lenkten vor allem zwei Männer — beide Laien — die Aufmerksamkeit auf sich. Der Philosoph *Franz von Baader* (1765—1841), von manchen Zeitgenossen in übertriebener Weise als Erneuerer der spekulativen Dogmatik begrüßt, ist in seinem Werk eher der Theosophie zuzurechnen; er war ein sehr religiöser und sehr ursprünglicher und kühner Geist, der sich nicht nur von Thomas von Aquin und Meister Eckhart, sondern vor allem auch von dem protestantischen Mystiker Jakob Böhme inspirieren ließ und die Union der Kirchen „außerhalb der Herrschaft des Papstes" herbeiführen wollte. Als Schriftsteller schwer verständlich, aber unvergleichlich als Plauderer, „scharfsinnig wie Platon, geistreich wie Voltaire" (Ch. Sainte-Foi), hat er dazu beigetragen, die Aufmerksamkeit wieder auf die mittelalterliche Scholastik zu lenken; er betrieb aber gleichzeitig mit Nachdruck die Zerstörung des Rationalismus. Der zweite Laie war *Johann Joseph Görres* (1776—1848), ein typischer Vertreter der Entwicklung, die eine Reihe junger Intellektueller von der im 18. Jh. in Mode gekommenen Ungläubigkeit zur Wiederentdeckung der geistigen Forderungen in der Atmosphäre der Romantik und dann zum christlichen Glauben und zu einem lebendigeren und tieferen Verständnis der katholischen Kirche zurückgeführt hat, ohne sie jedoch der positiven Werte ihres früheren intellektuellen Standortes zu berauben. 1826 erhielt er einen Ruf nach München als Professor der Geschichte und Literatur und wurde dort für etwa 20 Jahre zum Anreger der deutschen katholischen Bewegung gegen das Staatskirchentum[17] und darüber hinaus zum Mittelpunkt einer auf intellektueller und künstlerischer Ebene außerordentlich aktiven Gruppe. In seinen Vorlesungen, die trotz hoher Gelehrsamkeit mehr die Philosophie der Geschichte als die Wissenschaft der Geschichte behandelten, erarbeitete er als Grundlage für die Veröffentlichung seines Werkes über die „Christliche Mystik" (1836/42), das wenig kritischen Geist aufweist, aber ein halbes Jahrhundert lang zum Ausgangspunkt zahlreicher gelehrter Arbeiten der speku-

[17] Vgl. oben S. 267—268 (Lit. S. 260—261) und 397—398.

lativen Mystik wurde, eine Abhandlung über die Universalgeschichte im Stil der Romantik, deren „Adlerperspektive“ (Diepenbrock) die Geister beeindruckte.

Von dieser Münchener Schule, in der freilich auch das Illuminatentum einen breiten Raum einnahm, ging eine ungewöhnliche Kraft aus; ihre Ausstrahlung wurde für ganz Europa bedeutsam, wie Lamennais, Rio oder Montalembert in Frankreich, Wiseman in England durch die Kontaktnahme mit ihr bewiesen.

In Frankreich: Auf dem Weg zu einer neuen Apologetik

Die Erneuerung der kirchlichen Wissenschaften ging in Frankreich auf Grund des lange fehlenden institutionellen Rahmens viel langsamer vor sich als in Deutschland. Durch die Unterdrückung der religiösen Orden und die Zerstörung der Klosterbibliotheken waren gleichzeitig mit den theologischen Fakultäten des Ancien Régime auch die meisten Bildungszentren untergegangen, und die wenigen, von Napoleon nach fünfzehnjähriger Unterbrechung errichteten Fakultäten konnten sie nicht ersetzen, da sie nicht kanonisch konstituiert waren und unbedeutend blieben. Der 1824 vom Minister für kirchliche Belange und Unterricht, Mgr. Frayssinous, erarbeitete Plan zur Gründung eines Instituts für die Hochschulbildung des Klerus in Paris scheiterte am Unverständnis des Episkopats. Durch mehrere Generationen hindurch konzentrierte sich daher die gesamte geistige Ausbildung des Klerus in den Seminaren der Diözesen, in denen die Studienordnung unter zweifacher Hinsicht zu wünschen übrigließ: Infolge der Unterbrechung durch die Revolution fehlten kompetente Professoren, und im übrigen zwang der Priestermangel die Bischöfe, sich mehr um eine schnelle Ordination als um eine gründliche Ausbildung zu sorgen. Die Ausbildung war rein praktischer Natur: In 75 von 80 Seminaren stand die Kirchengeschichte nicht einmal auf dem Lehrplan, die Exegese beschränkte sich im allgemeinen auf einen erbaulichen Kommentar ohne jede kritische Absicht, die Moraltheologie auf die übliche Kasuistik, die Dogmatik auf das Auswendiglernen einfacher und veralteter Handbücher[18]. Nur zwei dieser Seminare überragten ein wenig diese allgemeine Mittelmäßigkeit: das Seminar von St-Sulpice, in dem vor allem einige gute Alttestamentler lehrten, wo man aber aus Tradition allen Neuerungen feindlich gegenüberstand, also auch den Versuchen einer Anpassung der Theologie an die moderne Denkart. Dazu kam seit 1827 das Seminar von Straßburg mit der ihm angegliederten École des Hautes-Études in Molsheim, die dem Abbé Bautain, einem Konvertiten, an-

[18] Die allmähliche Ablösung der „Institutiones Theologicae“ (1818/33) von J.-B. Bouvier durch die „Theologia dogmatica et moralis“ von L. Bailly oder die „Theologie de Toulouse“ verbesserte die Situation nur geringfügig.

vertraut war, der mit der deutschen Wissenschaft Kontakt hatte und einige bedeutende Männer, darunter Gratry, um sich versammelte. Diese kleine Schule[19] zerstreute sich aber sehr schnell unter dem Einfluß der verschworenen Feindschaft der Anhänger von Lamennais, die in ihr eine Konkurrenz vermuteten, und des konservativen Klerus, der sich wegen der neuen Lehren Bautains und seiner Schüler beunruhigte.

Louis Bautain (1796—1867) ist gewöhnlich nur als Vorkämpfer des Fideismus bekannt. Sein Denken, das sich an Platon und Augustinus orientiert, war in Wirklichkeit sehr viel nuancierter, wie P. Poupard es gezeigt hat. Er war ein tiefer, aber etwas schwärmerischer Geist, hatte jedoch, was damals durchaus noch eine Seltenheit war, eine Universitätsbildung genossen. Gleichzeitig war er sehr um eine Einheit des Denkens und Lebens bemüht und versuchte, die geistigen Probleme seiner Zeit in einem wahrhaft katholischen Geist zu lösen. Er war allerdings nicht mit der scholastischen Tradition vertraut, was gewisse Gefahren mit sich brachte, ihm andererseits einen frischeren und freieren Zugang zu den Dingen ermöglichte[20]. Über eine scharfe Kritik des Rationalismus hinaus wollte sein Werk vor allem eine echte theologische Synthese in der Sicht des deutschen Idealismus bieten. Indem er durch die Reflexion den Reichtum jener Grundidee, die durch die Offenbarung eingepflanzt ist, entfaltete, wollte er die völlige Übereinstimmung der Dogmen darlegen und zeigen, wie diese die Rätsel der Natur und des menschlichen Lebens erklären. Diese theologische Weisheit, die den Ungläubigen als die einzig wahre Philosophie angeboten wurde, gewann in seinem Denken eine apologetische Bedeutung.

Die apologetischen Absichten beherrschten während dieser ganzen Zeit das katholische Denken in Frankreich, wo die Zerstörungen durch den Unglauben mehr als in allen anderen Ländern spürbar waren. Vielfach jedoch schien man die Notwendigkeit einer Erneuerung im Bereich der Methoden nicht zu erkennen. Bis 1830 wurden die polemischen Schriften des ausgehenden 18. Jh. gegen Voltaire und die Enzyklopädisten von Duvoisin, dem Kardinal de la Luzerne und Abbé Bergier immer wieder neu aufgelegt. Die meisten der im ersten Viertel des 19. Jh. veröffentlichten apologetischen Werke sind derselben Perspektive verpflichtet, selbst die „Conférences de Mgr Frayssinous sur la Défense du christianisme"[21], die so großen Erfolg hatten, verbleiben der älteren Klassik verhaftet. Die zahlreichen Ausgaben dieser Werke, von denen viele nur mittelmäßiges Niveau haben, zeigen, wie wenig anspruchsvoll das kirchliche Publikum war, das sie kaufte und verbreitete.

[19] Vgl. *P. Poupard* a. a. O. 184—191 255—256.

[20] Vgl. *H. Walgrave:* RHE 58 (1963) 641—642. Die Synthese des Denkens Bautains findet sich in seiner „Philosophie du christianisme" (1835).

[21] Gehalten von 1803 bis 1809 und 1814 bis 1820; 1825 veröffentlicht, 17mal neu aufgelegt; Übersetzungen ins Englische, Deutsche, Italienische und Spanische.

Vereinzelt wurde jedoch der Versuch unternommen, die Apologetik in neue, der Mentalität der Zeit besser angeglichene Bahnen zu lenken. Diese Ansätze trugen in gewissem Maß zu einem Wiedererstehen der katholischen Bildung bei, ohne jedoch eine wirklich solide und dauerhafte Synthese erreichen zu können.

Eckstein[22], der an der deutschen Wissenschaft geschult war, propagierte in der Nachfolge von Görres das umfassende Studium der Vergangenheit der Menschheit, mit dem Ziel, in ihr allenthalben das Wesen der einen göttlichen Geschichte aufzudecken[23]; als Schüler Schlegels erschloß Eckstein den Zeitgenossen Champollions die Bedeutung der Orientalistik für die Verteidigung des Christentums. Die Katholiken sollten in diesem Bereich der Wissenschaft bis in die Jahrhundertmitte einen ehrenwerten Platz einnehmen.

Zwei andere Laien, *Louis de Bonald* und *Joseph de Maistre,* die mit ihren ersten Schriften in die Zeit der Revolution zurückreichen, deren Einfluß aber vor allem nach 1815 wirksam wurde, nahmen in einer Reihe neuer Werke die seit 1796 angeschnittenen Themen[24] wieder auf mit der Absicht, nicht unmittelbar, wie die klassischen Apologeten, die Wahrheit der Religion, sondern vielmehr ihre Notwendigkeit zu beweisen, indem sie die pragmatische Perspektive Chateaubriands auf das Gebiet der Politik anwandten: die Offenbarung erfüllt nicht nur in höchstem Maß das Verlangen des Herzens und entfaltet die edelsten Neigungen des Menschen, sondern sie zeigt sich auch als die durch die Erfahrung bestätigte notwendige Grundlage der Tätigkeit des geistigen und des sozialen Lebens, da die Zerstörungen der Revolution den Irrtum der „Aufklärungsphilosophie“ erwiesen hatten. Für Bonald mußte an die Stelle der individuellen Vernunft, die die Wahrheit nicht zu erreichen vermag, die äußere Autorität, göttlich in ihrem Ursprung und sozial durch ihre Vermittlung, treten: die durch die Tradition übermittelte Uroffenbarung. Diese trotz interessanter Ausblicke auf den Ursprung der Sprache in philosophischer und theologischer Hinsicht sehr anfechtbare Konzeption sollte sich in Frankreich als Impuls für die Entwicklung des Studiums der Religionsgeschichte und der Soziologie erweisen und die Aufmerksamkeit der Theologen auf die sozialen Aspekte des Christentums lenken. De Maistre vertrat eine analoge, aber doch klar unterschiedene Richtung. Mehr als die frühe Überlieferung erforschte er die historische Er-

[22] Vgl. S. 277—278 (Lit. S. 272).

[23] Hier ist anzumerken, daß selbst der Protestant B. Constant durch sein mehrbändiges Werk „De la religion“ — ein an Tatsachenmaterial und Ideen reiches Werk, das gleichfalls von der zeitgenössischen deutschen Wissenschaft beeinflußt ist — auf seine Weise zum Erfolg der traditionalistischen Apologetik beitrug, indem er zeigte, daß eine dokumentierte Arbeit über die Urgeschichte der Menschheit den einzigartigen Rang der christlichen Offenbarung bestätigt.

[24] Vgl. S. 85 und *G. Constant:* RHE 30 (1934) 54—60.

fahrung der letzten Jahrhunderte in visionärer Weise, um so die Gesetze der Vorsehung und die ewigen Prinzipien der Gesellschaft herauszuarbeiten. Auch er kam zu dem Schluß, daß die Monarchie die beste Regierungsform sei, aber er bestand mehr auf der Notwendigkeit ihrer Anlehnung an den Katholizismus und vor allem darauf, daß jede Unabhängigkeitsbestrebung gegenüber dem Heiligen Stuhl zu Erschütterungen führen müsse. Damit wurde de Maistre zu einem Vorläufer sowohl der ultramontanen Erneuerung als auch jener Richtung, die die Rückkehr der getrennten Christen zur römischen Einheit propagierte[25].

Diese gegenrevolutionäre Apologetik, die den individualistischen Rationalismus dadurch zerstört, daß sie das soziale Heil einzig auf die Rückkehr zu einer Religion der Autorität gründet, war einer Welt angepaßt, die die Gesellschaft in ihren Grundfesten erschüttert sah; aber um wirklich durchschlagend werden zu können, und dies besonders für die Jugend, mußte sie sich weniger dogmatisch ausdrücken, in einer Sprache also, die der romantischen Mentalität mehr entgegenkam, wie auch in einer weniger unmittelbar politischen Perspektive; nicht mehr primär als Rechtfertigung einer monarchischen sozialen Ordnung, sondern als ein stärker intellektuell ausgerichtetes System der katholischen Philosophie. Dies blieb *Lamennais* vorbehalten, der uns hier in seinem so wohlwollend aufgenommenen „Essai sur l'indifférence en matière de religion" (4 Bde, 1817/23) noch einmal begegnet. Er inspirierte sich weithin an Themen, die schon vor ihm die Apologeten des 17. Jh. — so besonders Pascal und Bossuet — und in der Zeit des Empire Frayssinous in seinen Vorlesungen von St-Sulpice, de Maistre und vor allem Bonald entwickelt hatten. All dies wurde zwar in sehr origineller Weise neu gesagt, wenn auch nicht gründlich neu durchdacht, von einem Mann, der in bewundernswerter Weise die Mentalität und die Schwierigkeiten seiner Zeitgenossen von innen heraus kannte und sich deshalb selbst einen Augenblick lang von der Ideologie des 18. Jh. hinreißen ließ, der dann aber zur Kirche zurückkehrte, nicht aus einem reaktionären Reflex, wie viele der Anhänger Bonalds oder de Maistres, noch durch rein gefühlsmäßige Anziehung wie Chateaubriand, sondern im Namen der Forderungen der geistigen Freiheit, die vom staatlichen Despotismus unter der Herrschaft Napoleons bedroht war[26].

[25] Vgl. S. 133—134 und *M. Jugie*, J. de Maistre et l'Église gréco-russe (Paris 1922).

[26] Lamennais bekämpft prinzipiell die „politische Indifferenz", d.h. die Position eines Staates, dessen Einrichtungen nicht auf der freien und ausschließlichen Anerkennung der katholischen Wahrheit beruhen; aber er tut dies nicht nur deshalb, weil der Katholizismus durch die Legitimierung der monarchischen Autorität die einzige feste Grundlage einer dauerhaften Gesellschaft bildet, sondern genauso deshalb, weil er durch die Verpflichtung dieser Autorität, nur in Übereinstimmung mit einem den Menschen als Person ernst nehmenden, moralischen Gesetz zu handeln, auch den einzig wirksamen Schutz für die innere Freiheit des Gewissens garantiert.

Aber diese brillante Apologetik, die Ideen, die in der Luft lagen, mit prophetischer Kraft artikulierte und sie durch einige fruchtbare, wenn auch noch unausgereifte Einsichten bereicherte, paarte sich mit einem philosophischen Traditionalismus, der in den Augen von Lamennais ihre unentbehrliche rationale Grundlage darstellte. Aus dem echten Bestreben, der Lehre der Kirche eine gültige philosophische Rechtfertigung zu vermitteln, ging er von einer Erkenntnistheorie aus, die — von Bonald inspiriert — das Kriterium der Gewißheit in den „sensus communis" im Gegensatz zur „Einsicht des Einzelnen" und in die „allgemeine Vernunft" legte, die eine Dimension der sozialen Wirklichkeit ausmacht, also in den konstanten Glauben der Menschheit seit Anbeginn, für den das katholische Christentum die einzige gültige Ausdrucksform darstellt. Dieses System enthielt positive Aspekte, die in den vorhergehenden Jahrhunderten vernachlässigt worden waren: die Betonung des sozialen Charakters des religiösen Menschen und der historischen Perspektive der geistigen Entwicklung der Menschheit; eine Veranschaulichung der These, die die moralische Notwendigkeit der Offenbarung bestätigt; den im Gegensatz zur protestantischen Auffassung stehenden Gedanken, daß die Tradition, die der Redaktion der Heiligen Schrift voraufgeht, das Hauptorgan der Offenbarung ist; die Ausarbeitung einer nicht apriorischen, sondern von den Tatsachen ausgehenden Religionswissenschaft. Aber diese leidenschaftliche Kritik der individuellen Vernunft, die Lamennais seiner Apologetik zugrunde legt, birgt eine zweifache Gefahr in sich: einmal die des Fideismus, der für den Akt der Übernahme der religiösen Glaubensüberzeugungen die Autonomie des individuellen Gewissens suspendiert, und zum anderen und vor allem jene des Naturalismus, der die von der allgemeinen Vernunft erkannten Wahrheiten mit den übernatürlich geoffenbarten, die Autorität der Menschheit mit jener der Kirche verwechselt. Das neue System zog sich nun nicht nur die Verachtung der Rationalisten zu, sondern sah sich auch der teilweise berechtigten Kritik der Theologen aus dem Kreis um St-Sulpice konfrontiert, die den klassischen Konzeptionen treu geblieben waren. In mehr als 300 kleineren Schriften bemühten sie sich um seine Widerlegung; aber diese Kritiken, vorgetragen im Namen einer traditionellen, längst nicht mehr lebendigen Philosophie, deren cartesianische Infiltration Lamennais temperamentvoll aufgezeigt hat, fanden nur ein schwaches Echo außerhalb der geschlossenen Gesellschaft der Fachtheologen. In dem gebildeten Publikum ist man vielmehr empfindungsfähig für das Streben Lamennais' nach einer katholischen Wissenschaft, die der Tradition der Kirche die Philosophien des klassischen Altertums und die alten Religionen integriert, während sie offenbleibt nach der Zukunft hin. Dieser Autodidakt, der „die Klassiker nicht kennt" (Lambruschini), von dem man aber vorausahnte, daß er, der chronologisch wie ideologisch an der Wende vom 18. zum 19. Jh. stand, der Ursprung eines neuen christlichen Humanismus sein könnte, wurde für ein Jahrzehnt zur führenden geistigen

Potenz des dynamischsten Flügels des jungen Klerus, der sich gleichermaßen für eine unbarmherzige Kritik des Gallikanismus wie auch für den Entwurf einer neuen, der modernen Zeit besser angepaßten politischen Theologie begeisterte, die Lamennais in seinem neuen erfolgreichen Werk „De la religion considerée dans ses rapports avec l'ordre politique et civil" (1826) vorlegte. Sein Einfluß reichte übrigens weit über die Grenzen Frankreichs hinaus: er hatte nicht nur in Belgien[27], das traditionsgemäß mit Frankreich verbunden war, zahlreiche Bewunderer, sondern gleichermaßen im nördlichen Teil des Königreiches der Niederlande[28]; auch in Italien[29] und selbst in Deutschland fand er ein, wenn auch zahlenmäßig kleines, so doch sehr interessiertes Publikum[30].

Die dynamische Wirkung Lamennais' auf das Wiedererwachen der spekulativen Philosophie und Theologie in Frankreich ging nicht allein von seinen Schriften aus. Mehr noch als ein Denker war der Meister von la Chênaie eine charismatische Persönlichkeit. Aus der längst gewonnenen Überzeugung, daß einer der Hauptgründe für die seit einigen Jahrhunderten andauernde Unterlegenheit der Katholiken in Frankreich in der Rückständigkeit des Klerus auf kulturellem und wissenschaftlichem Gebiet zu suchen sei — in der Erkenntnis, daß die Erneuerungsbemühungen die Kräfte eines einzelnen übersteigen — und in der Hoffnung, den Kreis der jungen begeisterten Intellektuellen, der sich auf seinem bretonischen Sitz La Chênaie gesammelt hatte, in eine feste und wirkfähige Gruppe zu verwandeln, entwickelte er 1828 unter Mithilfe seines Bruders Jean-Marie[31] den Gedanken einer neuen Kongregation, die an die Stelle der alten, nach seiner Auffassung den Anforderungen der Zeit nicht mehr gewachsenen Orden treten sollte. Unter einer einfachen Regel, die sowohl Priester als auch Laien zuließ, sollte sie Gelehrte nach dem Beispiel der Benediktiner, Kolleg- und Seminarprofessoren nach dem Vorbild der Jesuiten und Sulpizianer und Prediger nach der Art der Dominikaner heranbilden. In der Absicht, mit neuen Methoden eine Versöhnung von Wissenschaft und Glaube — das große Problem des 19. Jh. — herbeizuführen, wollte man in Weiterführung der bereits von Eckstein propagierten Gedanken und durch einen umfassenden Rückgriff auf die deut-

[27] Die Philosophie des sensus communis, die im „Spectateur belge" — herausgegeben vom Abbé De Foere — mit begeisterter Zustimmung dargestellt wurde, fand schnell Verbreitung in den belgischen Seminarien, im besonderen durch Abbé De Ram, den späteren Organisator der Universität von Löwen. Vgl. *E. de Moreau:* NRTh 55 (1928) 560—601; *Jürgensen* 107—113; *Simon,* Rencontres 54—56 107—112.

[28] Die Verbreitung der Apologetik Lamennais' geschah hauptsächlich durch die Publizisten Broere und Le Sage ten Broek wie auch durch van Bommel, den späteren Erzbischof von Lüttich. Vgl. *Vrijmoed* a. a. O. (s. Lit. vor Kap. 14).

[29] Vgl. S. 305—306. [30] Vgl. S. 293, Anm. 10.

[31] Der als Organisator von ausschlaggebender Bedeutung war (vgl. *Le Guillou* a. a. O. 76—78 und *A. Dargis* a. a. O.).

sche Philosophie und Wissenschaft[32] alle Zweige der Bildung vertiefen: Philosophie, Theologie, Exegese, Kirchengeschichte, die zur Erforschung des Ursprungs der Völker und Traditionen notwendigen orientalischen Sprachen, aber auch die Profanwissenschaften bis hin zur Mathematik und Chemie. Dieses ehrgeizige Programm war jedoch unrealistisch, und so wurden häufig klare Ideen durch Wunschbilder und ernste wissenschaftliche Arbeit durch leere Phrasen ersetzt. Der Grund dafür lag darin, daß Lamennais und seinen Gesinnungsgenossen „trotz ihrer oft prophetischen Intuitionen wie dem gesamten Klerus in Frankreich eine fundierte Grundausbildung fehlte" (Leflon); ihre Arbeiten sollten dies beweisen. Dennoch haben die Schule von La Chênaie und ihre Fortführung durch die Kongregation von St-Pierre, wenngleich sie — durch den Glaubensabfall Lamennais' bedingt — nur kurzen Bestand hatten, der intellektuellen Erneuerung des französischen Klerus einen nachhaltigen Impuls vermittelt. Auf diesem Gebiet wie in vielen anderen Bereichen erscheint Lamennais trotz der Unklarheit seiner Ideen als großer Initiator.

Unter seinen Mitarbeitern in La Chênaie ist Philippe Gerbet (1798—1864), sein engster Vertrauter, der beste Theologe der Gruppe; sein scharfer Verstand verblüffte alle, die ihn kennenlernten. Als aktivster Anreger des „Mémorial catholique" erarbeitete er seit 1826 unter Anwendung der Theorie der Gewißheit von Lamennais eine originale Analyse des Glaubensaktes, die zu Recht die Aufmerksamkeit der Theologen auf sich zog. Wichtiger war die Veröffentlichung der „Considérations sur le dogme générateur de la piété catholique" (1829), ein Werk über die Eucharistie, das „weder ein dogmatisches Traktat, noch ein Erbauungsbuch ist, sondern sich zwischen den beiden situiert"[33]. Es ist das typischste und vollkommenste Ergebnis der Methode von Lamennais, nach J. R. Derré „vielleicht das Hauptwerk der Frömmigkeit der Romantik überhaupt", aber auch der Entwurf einer vergleichenden Untersuchung des Katholizismus und Protestantismus, die — wäre sie durchgeführt worden — ein französisches Pendant zu Möhlers „Symbolik" hätte werden können.

In Italien: Renaissance der christlichen Philosophie

Trotz der Erschütterung durch die Revolution, die in Italien nicht minder stark war als in den anderen Ländern, blieben hier die kirchlichen Bildungsstätten dennoch zahlreicher erhalten als in Frankreich. Die gelehrte Tradi-

[32] Lamennais selbst kannte die Veröffentlichungen von jenseits des Rheins nur aus zweiter Hand über Eckstein, B. Constant, Villers usw., aber er empfahl seinen Schülern dringend, Deutsch zu lernen, „eine Sprache, die das Lateinische ersetzt zu haben scheint" (*Ch. Sainte-Foi*, Souvenirs de jeunesse 125).

[33] Vorwort, S. v.

tion des 18. Jh. fand vor allem auf dem Gebiet der Patrologie, der Epigraphik und der Orientalistik eine rühmliche Fortsetzung, das theologische Denken dagegen ruhte. Von den durch die Regierung scharf kontrollierten Fakultäten des Nordens konnte keine Erneuerung erwartet werden. Die von Leo XII. reorganisierten römischen Bildungszentren, vor allem die schon fast in der Auflösung begriffene Università Gregoriana, die 1824 wieder den Jesuiten anvertraut wurde, bewahrten fast als die einzigen in Europa zusammen mit den spanischen Fakultäten die scholastische Tradition im höheren Bildungswesen. Aber es war eine verhärtete Scholastik, die von den beim italienischen Klerus des beginnenden 19. Jh. sehr beliebten Lehren Lockes und Condillacs infiziert war. Selbst die Apologetik, die nördlich der Alpen einen Höhepunkt erreicht hatte, blieb hier hinter ihren Möglichkeiten zurück: sie verfing sich in längst überwundenen Polemiken gegen den Protestantismus, Jansenismus oder Febronianismus und rechtfertigte damit das strenge Urteil von Lamennais: „Wäre es mir gestattet, die Römer nach den Büchern, die aus ihrem Land zu uns kommen, zu beurteilen, so möchte ich fast glauben, daß sie ein wenig hinter der Gesellschaft zurückgeblieben sind. Bei ihrer Lektüre entsteht der Eindruck, als habe sich seit einem halben Jahrhundert nichts in der Welt geändert.“ [34]

Unter diesen Bedingungen wird die manchmal begeisterte Haltung des Publikums verständlich, die dem sehr bald, unter anderen von dem neapolitanischen Theatiner G. Ventura, ins Italienische übertragenen Werk Lamennais' entgegenkam. Der erste Band des „Essai sur l'indifférence“ wurde mit großem Beifall aufgenommen, und die Sympathien für seinen Autor vermehrten sich noch anläßlich seiner Reise von 1824. Dies traf vor allem auf Piemont zu, wo im „Amico d'Italia“ häufig in positiver Weise auf Lamennais und das „Mémorial catholique“ hingewiesen wurde. Jedoch darf die Wirkung des Denkens von Lamennais in Italien nicht überschätzt werden: wie auf der politisch-religiösen Ebene handelte es sich hier weniger um einen Einfluß als um ein Zusammentreffen analoger Gedanken; und wenn sie Zustimmung gefunden haben, so deshalb, weil Lamennais bereits vorliegende Ideen gemäßer und eleganter formulierte und weil man in ihm einen genialen Verbreiter der Überzeugungen zu finden hoffte, die de Maistre — der wohlgemerkt dem sardinischen Königreich angehörte — seit einigen Jahren publiziert hatte. In Lamennais bewunderte man den Verteidiger der Kirche gegen den revolutionären Rationalismus, den Verfechter der Theokratie, den Erneuerer des Begriffs der Autorität, den Apologeten, der die umfassende Zustimmung zur religiösen

[34] Brief vom 2. 1. 1821, wiedergegeben in den „Lettres et opuscules inédits du comte J. de Maistre“ I (Paris [6]1873) 120—221; dieses Urteil ist durch den „Memoriale“ des Kard. Pacca vom 11. 4. 1829 (hrsg. von *P. Perali* [Rom 1928]) befestigt. Vgl. *Gemelli-Vismara* a. a. O. 20 ff 83 ff und *Colapietra* 111—112.

Wahrheit herausstellt. Dagegen standen die Italiener dem philosophischen System, das er zur Grundlage seiner intellektuellen Erneuerung machen wollte, sehr viel reservierter gegenüber. Die Lehre vom „sensus communis" fand freilich einige Anhänger, insbesondere Ventura, der sich in seinem Werk „De methodo philosophandi" (1828) für sie einsetzte. Die meisten aber waren beunruhigt von dem unklaren Verhältnis zwischen der Autorität der Kirche und jener der Menschheit und von den Konsequenzen einer radikalen Zurückweisung der Möglichkeiten der individuellen Vernunft.

So bildeten sich in dem Augenblick, da die deutschen Katholiken von den nachkantischen Systemen fasziniert und die Franzosen für eine Generation in die philosophische Sackgasse des Traditionalismus geraten waren, in Italien im Schoß einer vom Cartesianismus oder Empirismus verderbten scholastischen Tradition zaghafte Ansätze einer Renaissance des ursprünglichen Thomismus. Der Mittelpunkt der Bewegung war Piacenza. Dort lehrte seit 1806[35] der Kanonikus Vincenzo Buzzetti (1777—1824), der zwei junge Jesuiten, die Gebrüder Sordi, und durch ihre Vermittlung Pater Taparelli d'Azeglio für seine Ideen gewann. Letzterer, von 1824—1829 Rektor am Collegium Romanum, versuchte vergeblich, Thomas in diese „Zitadelle" des Suarezianismus[36] einzuführen; nach seiner „Beförderung" zum Provinzial von Neapel beauftragte er jedoch 1831 Serafino Sordi mit der Lehre der Philosophie am Scholastikat dieser Stadt, die fortan ein zweites Zentrum dieser Bewegung wurde.

Andere katholische Denker in Italien glaubten jedoch, daß eine einfache Rückkehr in das Mittelalter die Befreiung der Gebildeten vom Sensualismus Lockes und Condillacs oder vom gemäßigten Rationalismus der Enzyklopädisten nicht herbeizuführen vermöge, daß vielmehr die traditionelle Philosophie einer Verjüngung bedürfe. Pasquale Galuppi (1770—1846), der Kant in Italien eingeführt hatte, schlug diesen Weg ein. Sein Versuch wurde in umfassender Weise von Antonio Rosmini (1797—1855), einem der besten italienischen Vertreter der Metaphysik im 19. Jh., weitergeführt. Auch er hatte mit dem Vorschlag einer Rückkehr zum Thomismus begonnen, entwickelte jedoch allmählich ein persönlicheres System, in dem sich

[35] Die Diskussion der Frage, ob Buzzetti den Thomismus selbständig wiederentdeckt hat (die seit 1923 von Masnovo und Fermi vorgelegte und von Dezza wiederaufgenommene These) oder über seine lazaristischen Professoren des Collegio Alberoni (die von Fabro vertretene, von zahlreichen Gelehrten übernommene und neuerdings von Rossi auf der Grundlage wichtigen unveröffentlichten Materials verteidigte Auffassung) ist noch nicht abgeschlossen. Wenngleich eingeräumt werden muß, daß Buzzetti tatsächlich, wenn auch nur in begrenztem Ausmaß, dem Einfluß des zu seiner Zeit im Collegio Alberoni vorgetragenen eklektischen Scholastizismus und vor allem dem Einfluß der Brüder Masdeu, zweier spanischer Ex-Jesuiten, erlegen ist, so scheinen die unmittelbaren Quellen seiner philosophischen Entwicklung doch eher im kontinuierlich tradierten Thomismus der Dominikaner in Italien zu liegen. Vgl. *M. Battlori:* AHSI 29 (1960) 180—185.

[36] Er konnte zumindest die Brüder Pecci für seine Ansichten gewinnen.

thomistische Elemente mit Inspirationen Platons, Augustinus', Anselms von Canterbury, Leibniz' und Hegels verbinden. Er war ein frommer und eifriger Priester, einer der Vorkämpfer der katholischen Bewegung im Norden der Halbinsel[36], seit 1826 persönlicher Freund Manzonis, ein geschickter Pädagoge, dessen „Dell'unità dell'educazione" (1826) noch heute geschätzt ist. Pius VIII. ermutigte ihn zur Durchführung philosophischer und theologischer Arbeiten, 1830 lag das erste Ergebnis seiner Überlegungen, der „Nuovo saggio sull'origine delle idee" vor, der auch als sein grundlegendes Werk betrachtet werden kann. Die erste Reaktion der durch seine Angriffe auf Idole der Gegenwart schockierten Laien war ablehnend, bald folgten auch Angriffe von seiten Giobertis — eines weiteren Erneuerers des Spiritualismus in Italien, der selbst damals nicht als katholischer Denker angesehen werden konnte — wie auch aus scholastischen Kreisen, die in seinem System eine Tendenz zum Ontologismus finden wollten. Trotz alledem konnte sich diese Philosophie, die gleichermaßen modern wie religiös bestimmt war, allmählich durchsetzen, da sie sich gewissen Wesenszügen des nationalen Temperaments anzupassen wußte. Von 1830 bis 1850 bildeten sich fast überall rosminische Zirkel von Priestern und Laien, die sowohl den Denker als auch den Priester verehrten. Seine Ideen eroberten nach und nach die Lehrstühle der Universitäten und zahlreicher Seminare Norditaliens, wo sie bis in die Zeit Leos XIII. eine starke Position behalten sollten.

[36] Siehe S. 283.

DRITTER TEIL

Zwischen den Revolutionen von 1830 und der Krise von 1848

Einleitung

Gregor XVI.

QUELLEN: BullRomCont XIX (Rom 1835); Acta Gregorii Papae, hrsg. von *A. M. Bernasconi*, 4 Bde (Rom 1901/04); Raccolta delle leggi e disposizioni di pubblica amministrazione dello Stato Pontificio (Rom 1834/71); *H. Bastgen*, Forschungen und Quellen zur Kirchenpolitik Gregors XVI. (Paderborn 1929); *Moroni* XXXII 312—328; *N. Wiseman*, Recollections of the Last Four Popes (London 1858; dt. Übersetzung Köln [4]1870).

LITERATUR: Es gibt noch keine wissenschaftlichen Studien über das Leben Gregors XVI. und seinen gesamten Pontifikat. Zahlreiche wertvolle Elemente über verschiedene Aspekte seiner Persönlichkeit und sein Wirken als Papst und weltlicher Herrscher findet man jedoch in: Gregorio XVI, Miscellanea commemorativa, 2 Bde (Rom 1948).

Erwähnt sei die jüngere Synthese von *D. Federici*, Gregorio XVI tra favola e realtà (Rovigo 1948; Lit. S. 17—25; zu lobrednerisch, jedoch als Reaktion auf die übliche Tendenz, Gregor XVI. mehr als Herrscher denn als Papst zu behandeln). Von den älteren Biographien sind zu erwähnen: *F. Fabi-Montanari*, Notizie istoriche di G. XVI (Rom 1846); *B. Wagner*, Papst G. XVI., sein Leben und sein Pontifikat (Sulzbach 1846); *G. Audisio*, Storia religiosa e civile dei Papi V (Rom 1868) 356—394; *C. Sylvain*, G. XVI et son pontificat (Lille 1889); *F. Hayward*, Le dernier siècle de la Rome pontificale II (Paris 1928) 174—215; *E. Vercesi*, Tre pontificati. Leone XII, Pio VIII, Gregorio XVI (Turin 1936); *M. Vincenti*, G. XVI (Rom 1941).

Gesamtabhandlungen über den Pontifikat: *Schmidlin PG* I 511—687; *Leflon* 426—516; *Pouthas* 275—315; *Belvederi* 903—922; *Daniel-Rops* I 341—427; DThC VI 1822—36; ECatt VI 1148—56; *A. Simon*, Vues nouvelles sur Grégoire XVI: RGB Nr. 63 (1951) 395—408.

Zum Konklave: *L. Alpago-Novello*, Il conclave di Gregorio XVI: Archivio venetotridentino 6 (1924) 68—114; *G. Cacciamani*, Storia del conclave di Papa Gregorio XVI (Camaldoli 1960); *D. Silvagni*, Diarii dei conclavi di Mons. Dardano (Rom 1879) 73 ff; *L. Wahrmund*, Das Ausschließungsrecht bei den Papstwahlen (Wien 1888) 233 ff (nach den Wiener Archiven); *A. Eisler*, Das Veto der katholischen Staaten bei den Papstwahlen (Wien 1907) 238 ff; *T. M. March*, La exclusiva dada por España contra el card. Giustiniani en el conclave de 1830—31: RF 98 (1932) 50—64 337—348, 99 (1932) 43—61.

Pius VIII. starb am 30. November 1830 in einem kritischen Zeitpunkt der europäischen Geschichte. Bedeutete das Jahr 1830 auch keine so gewichtige

Wende wie 1789, 1815 und 1848, so war es doch eine bedeutsame Zäsur. Die Julirevolution in Frankreich besiegelte nicht nur den Sieg des Bürgertums und des parlamentarischen Systems über die vergeblichen Bemühungen der Restauration des Ancien Régime in diesem Land, sondern löste in Europa eine Reihe von Kettenreaktionen aus: in Belgien, wo das Werk des Wiener Kongresses sein erstes großes Fiasko erlebte, in Polen, in Irland, in Piemont, in den Herzogtümern Parma und Modena und bald auch im Kirchenstaat. Diese politische Gärung, in die bald auch die Iberische Halbinsel mit ihren dynastischen und ideologischen Konflikten hineingezogen wurde, war nur das Spiegelbild eines viel tiefer gehenden Aufruhrs der Geister. In einer Welt, deren wirtschaftliche und soziale Strukturen sich erst zu wandeln anfingen und in welcher der Großgrundbesitz fast überall weiter eine vorherrschende Rolle spielte, waren Intelligenz und Phantasie den „Strukturen" weit vorausgeeilt. In einer Gesellschaft, deren Formen sich eben erst zu ändern begannen, waren neue Ideen von Freiheit und Gerechtigkeit geboren worden und lösten Zukunftsträume aus, die überall ihren Niederschlag fanden: in den liberalen Zeitungen und Traktätchen, in den Systemen eines utopischen Sozialismus und in der Romantik, die nur „der Liberalismus in der Literatur" war, wie Victor Hugo mit Vorwort zu „Hernani" (März 1830) erklärte. Das Verlangen nach Umgestaltung war das große Anliegen der gesamten intellektuellen Jugend geworden, die von Veränderungen träumte, deren Verwirklichung unmöglich war, weil sie noch nicht den verschiedenen Kräfteverhältnissen entsprachen. Dieses verdrängte Verlangen kam jedoch schon bei der geringsten Gelegenheit immer wieder zum Vorschein und explodierte dann im Jahre 1848.

Selbstverständlich waren die Mitglieder des Heiligen Kollegiums ebensowenig wie irgendein Staatsmann dieser Zeit in der Lage, die Situation so zu analysieren, wie dies einem Historiker mit einem Abstand von mehr als hundert Jahren möglich ist. Alle spürten jedoch, mehr oder weniger dunkel, daß der Papst, den sie zu wählen hatten, einer besonders schwierigen Situation die Stirn zu bieten haben würde. Für diese Situation — deren Neuheitsgehalt wir heute in allen Aspekten immer besser verstehen lernen — suchten sie eine Lösung in den traditionellen Bahnen, zumal die beiden Parteien, die einander im Konklave von 1829 gegenübergestanden waren, nun wieder in fast unveränderter Stärke auftraten: Die „politicanti", die noch immer gleich bemüht waren, die Verteidigung des päpstlichen Staates durch eine enge Zusammenarbeit mit dem Österreich Metternichs zu gewährleisten, und die „zelanti", denen mehr die Unabhängigkeit der Kirche von den Regierungen als diplomatische Kombinationen am Herzen lag. Von den 55 lebenden Kardinälen waren 34 bei der Eröffnung des Konklaves (14. 12. 1830) zugegen. Es zog sich, entgegen allen Erwartungen, über 50 Tage hin. Die vom alten Kardinal Albani geführte pro-österreichische Partei unterstützte die Kandidatur Paccas. Anfänglich sah es ganz nach einem Sieg für ihn aus, dies um so mehr, als die zögernde Antwort, mit der der Kardinal De Gregorio, der Kandidat der „zelanti", auf die Ansprache des französischen Botschafters reagierte, enttäuscht und seine Chancen sehr verringert hatte, die ursprünglich ziemlich groß gewesen waren (schon 1829 hatte er 24 Stimmen erhalten). Am 28. Dezember gaben die „zelanti" ihre Stimmen Giustiniani, der rasch auf 21 Stimmen kam. Aber am 9. Januar lehnte der spanische Botschafter im Namen seiner Regierung diesen Kandidaten ab, da er sich während seiner Nuntiatur in Madrid durch seine energische Verteidigung der Rechte des Klerus die Feindschaft des Regimes zugezogen hatte. Nun gaben die „zelanti" ihre Stimme dem Kamaldulenser Cappellari, dem Präfekten der Propagandakommission, den man schon von Anfang an als einen der „papabili" genannt hatte, der es bisher aber nie auf mehr als 7 Stimmen gebracht hatte. Schließlich gab die pro-österreichische Partei die Hoffnung auf, Pacca mit zwei Dritteln der Stimmen durchzubringen, und präsentierte einen neuen Kandidaten: Macchi. Aber auch diese Kandidatur hatte keinen Erfolg, denn Macchi war der französischen Regierung angesichts seiner Beziehungen zum Ex-König Karl X. von vornherein suspekt. Das Duell Pacca—Cappellari zog sich noch fast drei Wochen hin, obwohl die Unzufriedenheit der römischen Bevölkerung wuchs und die politische Lage in Italien sich verschlimmerte. Es bedurfte der ganzen Geschicklichkeit des Kardinals Bernetti und der Ankündigung eines bevorstehenden Aufstandes in der Romagna, um Albani zur Kapitulation zu veranlassen. So wurde dann Cappellari am 2. Februar 1831 zum Papst gewählt. Er entschied sich für den Namen Gregor XVI. [1].

Bartolomeo Alberto Cappellari, Fra Mauro mit Ordensnamen, hatte am 18. September 1765 in Belluno in Venetien das Licht der Welt erblickt. Im Jahre 1783 war er bei den Kamaldulensern, dem strengsten Zweigorden der Benediktiner, eingetreten und widmete sich mehr als ein Vierteljahrhundert theologischen Studien. Im Jahre 1799, in dem Augenblick, in dem das Papsttum am tiefsten erniedrigt war, veröffentlichte er u. a. ein gegen die Febronianer und die Jansenisten gerichtetes Werk „Il trionfo della Santa Sede e della Chiesa contro gli assalti dei Novatori" (Der Triumph des Heiligen Stuhles und der Kirche über die Angriffe der Neuerer), das dann großen Einfluß auf die Entwicklung der ultramontanen Bewegung haben sollte [2]. Nach und nach hatte dieser Mönch, Theologe und Gelehrte Gelegenheit, sich mit der Vielschichtigkeit der kirchlichen Angelegenheiten vertraut zu machen. Nachdem er 1795 nach Rom geschickt worden war, wurde er 1805

[1] Der letzte Papst dieses Namens hatte die Sacra Congregatio de Propaganda Fide zu Beginn des 17. Jh. gegründet. Der Neugewählte, der Abt des Klosters San Gregorio al Celio gewesen war, dachte bei der Namenswahl jedoch sicher auch an Gregor d. Gr. und wahrscheinlich auch an Gregor VII., den mittelalterlichen Vorkämpfer der Freiheit der Kirche gegen die Interventionen der staatlichen Macht.

[2] Über dieses Werk und seinen Einfluß s. S. 416, Anm. 1.

Abt von S. Gregorio al Celio und etwas später Oberprokurator seines Ordens. Hierdurch lernte er die Schwierigkeit der Verwaltungsarbeit in einer besonders bewegten Zeit kennen. Kurz nach seiner Rückkehr nach Rom im Jahre 1814 ernannte ihn Pius VII. auf Rat von Kardinal Fontana zum Konsultor in verschiedenen Kongregationen, unter anderen in der Kongregation für die Außerordentlichen kirchlichen Angelegenheiten, und zum Examinator der Kandidaten für den Episkopat. Nachdem er 1823 Generalvikar seines Ordens geworden war, wurde er 1826 von Leo XII., der seine Sicherheit auf doktrinärem Gebiet sehr schätzte, zum Kardinal kreiert und zum Präfekten der Propaganda Fide ernannt. Als solcher hatte er sich nicht nur mit den Missionen im eigentlichen Sinn zu befassen, sondern auch mit den Kirchen Amerikas, mit den unierten Kirchen des Nahen Ostens und Rußlands und mit den Angelegenheiten Englands und der Niederlande. Regelmäßig wurde er vom Staatssekretär konsultiert, und oft hatte seine Meinung entscheidendes Gewicht. Daher war der neue Papst, obwohl er den größten Teil seines Lebens in seiner Mönchszelle verbracht hatte, nicht nur mit der Welt der Kurie vertraut, sondern auch mit den konkreten Schwierigkeiten, denen die Kirche so ziemlich überall die Stirn bieten mußte, was die auf die politischen Fragen ausgerichteten Historiker häufig aus den Augen verloren haben. Er war auch intelligent und durchaus fähig, die verschiedenen Aspekte einer Frage zu erfassen, wenn sich diese Aspekte in den Rahmen seiner geistigen Kategorien fügten, die solche des 18. Jh. blieben. Ebenfalls war er ein in der Art dieses Jahrhunderts gebildeter Mann, ermutigte die wissenschaftliche Arbeit, insbesondere die archäologischen Forschungen[3]. Andererseits hatte dieser Mönch, dem der Kontakt zu den Menschen schwerfiel und der ein strenges Leben abseits vom mondänen Leben Roms führte, kaum ein Gespür für die Interessen, die die Laienkreise des päpstlichen Staates fast ausschließlich beschäftigten, ein Handicap für einen Papst, der gleichzeitig auch ein weltlicher Herrscher war. Als weiteres Hemmnis kam hinzu, daß er keine Fremdsprache beherrschte, nie einem der Staatsmänner seiner Zeit begegnet war und nicht viel von der Politik verstand, was ihn auf diesem Gebiet Ratgebern auslieferte, die nicht immer erleuchtet oder unparteiisch waren. Diesem strengen Theologen, der sein ganzes Wissen aus Büchern bezogen hatte, war es unmöglich, die Problematik der neuen Strömungen, die rings um ihn gärten, zu erfassen. Als Mann der Tradition, der 40 Jahre im Klima der Konterrevolution gelebt hatte, hegte er gegenüber den liberalen Aspirationen der heranwachsenden neuen Gesellschaft nur

[3] Über diese Seite seines päpstlichen Wirkens siehe in: Gregorio XVI, Miscellanea commemorativa I die Artikel von *A. Bartoli*, G. XVI, le antichità e belle arti (S. 1—98) und von *R. Fausti*, G. XVI e l'archeologia cristiana (405—456), ferner die von *P. Perali* (365 bis 403), *R. Lefèvre* (223—287) und *E. Josi* (201—221), über die Organisation des päpstlichen Museums für etruskische Kunst im Jahre 1837, des Museums für ägyptische Kunst im Jahre 1839 und des griechisch-römischen Lateranmuseums im Jahre 1841.

Mißtrauen und bezog entschlossen das Lager der Verteidiger der etablierten Ordnung [4].

Vergegenwärtigt man sich diese Voraussetzungen, so versteht man die allgemeinen Richtlinien seines Pontifikats, die gar nicht so leicht zu begreifen sind, wie dies auf den ersten Blick erscheinen mag, besser. Einerseits wollte dieser starrsinnige, autoritär veranlagte Doktrinär, der — im Gegensatz zu seinen beiden Vorgängern — kerngesund den Stuhl Petri bestieg, den Gefahren die Stirn bieten, auf welche die Bewegung der „zelanti" seit einem halben Jahrhundert immer wieder warnend hingewiesen hatte. Aus dieser Geisteshaltung heraus stellte sich der durch und durch von den religiösen Anliegen beseelte Papst, der sich mit Vorliebe auf die kirchlichen Orden stützte, deren schwierige Wiedergeburt er im Rahmen aller seiner Möglichkeiten förderte, den wirren Ideen, der vagen romantischen Religiosität und vor allem dem rationalistischen Naturalismus entgegen. Den Ursprung der Übel, unter denen die Kirche zu leiden hatte, sah er in den Geheimgesellschaften. Deshalb beauftragte er den französischen Schriftsteller Crétineau-Joly mit der Enthüllung ihres Wirkens. Hartnäckig nutzte er sein Lehramt, um an die großen überlieferten Grundsätze zu erinnern und alles als Irrtum aufzuweisen, was sich der Unterordnung unter das Übernatürliche entziehen wollte. Aus der gleichen Gesinnung heraus machte er sich laut und deutlich zum unbeugsamen Verteidiger der rein kirchlichen Prinzipien und der Unabhängigkeit der Kirche vom Staatskirchentum in jeder Gestalt. Energisch wandte er sich gegen alle Regierungssysteme, die den Anspruch erhoben, „das geistliche Hirtenamt der weltlichen Herrschaft zu unterwerfen" [5], vor allem auf dem Gebiet der Bischofsnominationen. Ebenso energisch lehnte er jeden Kompromiß in Fragen ab, bei denen für ihn dogmatische Prinzipien auf dem Spiel standen, insbesondere im Fall der Mischehen [6], denen gegenüber man sich in Rom seit vielen Jahren sehr willfährig gezeigt hatte. In der gleichen Einstellung verteidigte er die oberste Autorität des Papstes in der Kirche gegen alle Überbleibsel des Febronianismus und des Gallikanismus und setzte — ohne sich über den Anachronismus solcher Prätentionen klarzuwerden — immer systematischer die Nuntien ein, um zu versuchen, bei den katholischen Regierungen die Anerkennung der Suprematie der päpstlichen Monarchie zu erlangen, zu deren Ehrenretter er sich in seinem „Trionfo della Santa

[4] Typisch ist die Erklärung, die er 1833 dem belgischen Gesandten gegenüber abgab: „Man darf sich nie erheben" (Ris 5 [1962] 82—83). Sie erklärt besonders sein ihm so oft vorgeworfenes Verhalten beim polnischen Aufstand (vgl. S. 190—191).

[5] Enzyklika „Commissum divinitus" vom 17. 5. 1835 (*Roskovany* IV 134).

[6] Außer im Fall des „Kölner Ereignisses" und der Gnesener Affäre (vgl. S. 395—399), den spektakulärsten Vorkommnissen, kam Gregor XVI. wiederholt auf diese Frage zurück: Enzyklika vom 27. 5. 1832 (*A. Bernasconi* a. a. O. I 140 ff); Brief vom 8. 2. 1836 (ebd. II 97 f); Breve vom 9. 2. 1839 (ebd. II 292 ff); Brief vom 30. 11. 1839 (ebd. II 385 f); Instruktionen vom 30. 4. und 22. 5. 1841 (ebd. III 122 ff 132 ff); Brief vom 23. 5. 1846 (ebd. III 357 f).

Sede" aufgeschwungen hatte[7]. Weil er die Kurzsichtigkeit der „zelanti" angesichts der Wandlungen der modernen Gesellschaft teilte und das Hinfällige im politischen und sozialen System des Ancien Régime, in dem er den Ausdruck des göttlichen Willens zu sehen glaubte, einfach nicht erkennen konnte, aber auch weil er von dem Gedanken verfolgt wurde, der päpstliche Staat, in dem er die Garantie für die geistliche Unabhängigkeit des Papstes sah, könnte durch die liberalen Aspirationen zerstört werden, wollte Gregor XVI. alle Kräfte mobilisieren, über die das wieder auflebende Papsttum verfügte, um zu versuchen, den weiteren Fortschritten der „Revolution" Einhalt zu gebieten. Aus den gleichen Gründen weigerte er sich in einer im Laufe der Jahre sich noch verstärkenden Halsstarrigkeit, mit den „subversiven Kräften" zu paktieren, selbst dort, wo sie zugunsten der Befreiung der Katholiken zu arbeiten schienen, wie in Polen oder in Irland.

Der Pontifikat Gregors XVI. erscheint in dieser Sicht als ein „Pontifikat des Kampfes" (Pouthas) im Dienste eines konservativen, ja sogar reaktionären Ideals. So ist es nicht erstaunlich, daß außerhalb des Papsttums — im Gegensatz zu dem, was sich dann ein halbes Jahrhundert später unter dem Pontifikat Leos XIII. abspielte — Laien und Geistliche der „Basis" Initiativen ergriffen, die auf eine Aussöhnung der Kirche mit der modernen Gesellschaft zielten, schließlich dem Katholizismus unmittelbar vor 1848 ein gegenüber 1815 völlig verändertes Gesicht gaben und bei vielen den Eindruck eines neuen Frühlings erweckten, was die Illusionen der ersten Monate des Pontifikats Pius' IX. erklärt.

Eine solche Entwicklung war in den fünfzehn Jahren, in denen Gregor XVI. die Geschicke der Kirche leitete, nicht allein deshalb möglich, weil der Heilige Stuhl, trotz seiner fortschreitenden Wiederaufrichtung, noch nicht in der Lage war — im Unterschied zu dem nachfolgenden Pontifikat —, wirksam die Bestrebungen zu zügeln, denen er nicht gewogen war. Hinzu kam vielmehr, daß das Wirken Gregors XVI. auch viele positive, auf die Zukunft ausgerichtete Züge hatte und daß in mehr als einem Fall Pius IX. lediglich die Früchte der geduldigen Vorbereitungsarbeit seines Vorgängers zu pflücken brauchte. So gab der ehemalige Präfekt der Propaganda Fide dem missionarischen Wirken neue Impulse, die allerdings von den meisten Historikern überbewertet wurden. Aber neben diesem Aspekt, auf den oft hingewiesen worden ist, gab es andere, die der liberale Geschichtsschreiber zu sehr aus dem Auge verloren hat. Mit seinem Kampf gegen die Entgleisungen des Rationalismus, des Indifferentismus und des kantischen Subjektivismus verhalf Gregor XVI. dem Sinn für das Übernatürliche und zugleich dem Wert der menschlichen Vernunft wieder zum angemessenen

[7] Über diese neue Politik siehe die Bemerkungen von *A. Simon*, Signification politique de la nonciature de Bruxelles: BIHBR 33 (1961) 617—648.

Platz und legte damit die festen Grundlagen für die spätere Entwicklung des katholischen Geistes und der katholischen Spiritualität. Indem er unbedingt auf den Rechten des Heiligen Stuhls und der Unabhängigkeit der Kirche bestand, bereitete er freilich auch den späteren Erfolgen eines Ultramontanismus den Weg, der schließlich jeden Pluralismus erstickte und die kollegiale Natur der kirchlichen Autorität gefährdete, jedoch zunächst einmal die endgültige Überwindung der Etappe jenes kirchlichen Nationalismus ermöglichte, in dem die von den regionalen Kirchen Rom gegenüber gewonnene Autonomie mit der Unterwerfung der Kirche unter die staatliche Gewalt teuer bezahlt werden mußte. Andererseits darf man bei aller Unnachgiebigkeit des Kamaldulenserpapstes nicht vergessen, daß er bei der praktischen Anwendung seiner Grundsätze auch geschmeidig sein konnte. Er bewies es u. a. dadurch, daß er beim „Kölner Ereignis" der Ablösung des Erzbischofs Clemens August von Droste zu Vischering zustimmte, nachdem er in der Hauptsache erfolgreich gewesen war[8], oder auch dadurch, daß er sich Louis-Philippe gegenüber in der Affäre Guillon im Jahre 1831 und anläßlich der vorübergehenden Ausweisung der Jesuiten im Jahre 1845[9] nachgiebig zeigte. Übrigens hatten manche „zelanti" dem Kardinal Cappellari schon vor seiner Wahl zum Papst bei den Verhandlungen wegen eines Konkordats mit Wilhelm I., König der Niederlande, zu große Nachgiebigkeit den Protestanten gegenüber vorgeworfen. Außer in diesen besonderen Fällen zeigte sich die Geschmeidigkeit, deren Gregor XVI. fähig war, auch in seiner Bulle „Sollicitudo Ecclesiarum" (7. 8. 1831), in der er, obwohl er persönlich ja den legitimistischen Standpunkt vertrat, erklärte, der Heilige Stuhl werde in den Fällen einer Änderung des politischen Regimes mit den Regierungen verhandeln, die de facto im Besitz der Macht seien[10], ein Prinzip, das er vor allem in dem außerordentlich heiklen Fall der jungen südamerikanischen Republiken zur Anwendung brachte, die für seine drei Vorgänger ein Stein des Anstoßes gewesen waren. Sowohl hier wie angesichts des Problems, das im katholischen Belgien die Verabschiedung einer Verfassung rein liberaler Konzeption[11] aufwarf, verstand er es, die berühmte Unterscheidung zwischen „These" und „Hypothese", noch bevor sie formuliert wurde, praktisch anzuwenden. Mgr. Simon schrieb sogar, er habe sich gelegentlich „nicht als ein Papst der Vergangenheit, sondern als ein Pontifex, der die Zukunft einleitete", erwiesen. Diese Charakteristik ist mißverständlich, denn man darf nicht vergessen, daß Gregor XVI. auf solche politischen Anpassungen nur mit äußerstem Widerwillen einging und versuchte, sie soweit wie möglich einzuschränken. Sie enthält jedoch trotz allem ein unbestreitbares Körnchen Wahrheit.

[8] Unten S. 399.

[9] Vgl. *J. P. Martin,* La nonciature de Paris (Paris 1949) 127 130 und S. 354.

[10] Text bei *A. Bernasconi* I 38 ff; Kommentar bei *Leflon* 453—454.

[11] Vgl. S. 335.

Die gleiche Ambivalenz zeigte der Papst in der Wahl seiner Hilfskräfte und Ratgeber. Der den „zelanti“ zugehörige Cappellari ersah sich als seinen ersten Staatssekretär einen ehemaligen Mitarbeiter und Gesinnungsfreund Consalvis aus: Kardinal Bernetti [12], einen Weltmann, den der religiöse Aspekt der Probleme wenig kümmerte, einen reinen Techniker der Politik und der Diplomatie, der die Mängel der Verwaltung des päpstlichen Staates klar erkannte. Metternich schätzte „seine Kenntnis der Bedürfnisse der heutigen Zeit“, während Lamennais ihm vorwarf, er neige sehr dazu, den Forderungen der Regierungen nachzugeben [13]. Aber, geformt in der Atmosphäre der ersten, auf das jakobinische Zwischenspiel folgenden römischen Restauration, teilte Bernetti mit den „zelanti“ die entschlossene Feindschaft gegen die liberalen politischen Regime und die Überzeugung, daß die einzige Hoffnung auf ein Weiterbestehen des Kirchenstaates in einer konservativen Politik bestehe.

Als der wachsende Widerstand des Kardinalskollegiums, das Bernetti vorwarf, er wolle — wie einst Consalvi — die ganze Führung der Geschäfte ausschließlich in seinen eigenen Händen zentralisieren [14], Gregor XVI. veranlaßte, ihn 1836 abzulösen [15], fiel seine Wahl auf einen Mann ganz anderen Gepräges, auf Kardinal Lambruschini [16], einen echten, frommen und stren-

[12] Tommaso Bernetti (1779—1852) war ein energischer, selbstloser und auch intelligenter Mann, jedoch mit einem ziemlich beschränkten Gesichtskreis, mitunter auch zu impulsiv. Als Gouverneur von Rom und Direktor der Polizei hatte er gezeigt, daß er auch ohne Brutalität energisch sein konnte. Nachdem er während des Pontifikats Leos XII. noch einige Monate Staatssekretär gewesen war, war er beim Konklave der Kopf der Gruppe gewesen, die der proösterreichischen Politik Albanis gegenüberstand. Siehe ECatt 1443—44 und DBI IX 338—343 (Lit.). Es liegt eine gute Studie von *E. Morelli* vor: La politica estera di T. Bernetti (Rom 1953). Dagegen fehlt es noch an einer Arbeit über seine gesamte Kirchenpolitik.

[13] *J. R. Derré,* Metternich et Lamennais (Paris 1963) 27.

[14] Ein Vorwurf, der nicht ganz gerechtfertigt war. Vgl. *L. Pásztor:* AHPont 6 (1968) 269—270. Hinzufügen muß man, daß die von verschiedenen Zeitgenossen registrierte Mittelmäßigkeit der hohen römischen Prälatur (z.B. Lützow bei *H. Bastgen* a.a.O. 240 oder Bautain bei *P. Poupard,* Journal romain de l'abbé L. Bautain 1838 [Rom 1964] 31) zum Teil erklärt, warum der Einfluß des Kardinalskollegiums zurückgegangen ist.

[15] Über den Sturz Bernettis, bei dem die österreichischen Intrigen anscheinend eine geringere Rolle spielten, als man früher annahm, siehe *E. Morelli* a. a. O. 156—168; *ders.:* ChStato II 559—560; *N. Nada,* Metternich e le riforme nello Stato Pontificio (Turin 1957) 170—187; *H. Bastgen* a. a. O. 2.

[16] Zu Luigi Lambruschini (1776—1854) — Barnabit, Theologe, Erzbischof von Genua (1819—27), Nuntius in Frankreich (1827—31), wo er eng in die Affäre Lamennais verwickelt war, Präfekt der SC Stud. (1831—36), wo er zeigte, daß er den neuen Gedankenströmungen ablehnend gegenüberstand — siehe: *L. Manzini,* Il Card. Lambruschini (dazu RStRis 48 [1961] 319—324); ECatt VII 844—845; DThC VIII 2471—73; *M. A. Giampaolo,* La preparazione politica del card. Lambruschini: RStRis 18 (1931) 81—163; *E. Piscitelli:* ebd. 40 (1953) 158—182; *F. Andreu,* Il card. Lambruschini e il P. Ventura: Regnum Dei 10 (1954) 219—249; *G. Bofitto,* Scrittori barnabiti II (Florenz 1933) 312—336.

gen Mann der Kirche, der — wie der Papst selbst — Sinn für den pastoralen Aspekt der Probleme hatte und eng mit den Jesuiten verbunden war. Er gehörte jedoch zu jenen Mitgliedern der Kurie, die sich dem Fluß der Ideen und der modernen Mentalität am entschiedensten verschlossen. Aber war er auch auf Grund seiner Veranlagung und seines Werdegangs Reaktionär und sehr darauf bedacht, unbarmherzig jede Erbschaft der Revolution zu bekämpfen, so hatte ihn seine diplomatische Erfahrung doch dazu gebracht, in der Praxis die Starrheit seiner Prinzipien zu mäßigen. Dies zeigte sich sowohl in der Leitung des Kirchenstaates, dessen hartes Polizeiregime man übertrieben hat, wie auch in seiner allgemeinen Kirchenpolitik, die er, wenn es darauf ankam, auch den konstitutionellen Verhältnissen anzupassen verstand.

Außerdem muß man der Tatsache Rechnung tragen, daß sich Gregor XVI. in weit höherem Maße als seine Vorgänger persönlich an der Führung der Geschäfte beteiligte, die Akten sehr eingehend studierte und außer seinen Staatssekretären auch noch andere Berater heranzog. Lützow stellte 1833 fest, Bernetti habe sich darüber beklagt, daß die Entscheidungen des Papstes nicht immer mit seinen Vorschlägen übereinstimmten, weil sich der Papst von diesem oder jenem rigoroseren Prälaten hatte beeinflussen lassen [17]. Umgekehrt hat Mgr. Simon berichtet, daß der Einfluß des Substituts im Staatssekretariat, des Mgr. Capaccini, der den modernen Interessen aufgeschlossener gegenüberstand, zeitweise den Einfluß Lambruschinis überwog [18]. Das ändert nichts an der Tatsache, daß Lambruschini einer der Hauptverantwortlichen für die Unbeweglichkeit war, die auf zahlreichen Gebieten die letzten Jahres des Pontifikats Gregors XVI. charakterisierte und grell von der Vitalität abstach, die die katholische Kirche zur gleichen Zeit außerhalb von Rom unter Beweis stellte.

[17] *H. Bastgen* a. a. O. 237—238.

[18] Documents relatifs à la nonciature de Bruxelles (Brüssel-Rom 1958) 12. — Zu Francesco Capaccini (1784—1845) — ehemaliger Sekretär Consalvis, Substitut des Staatssekretariats von 1831 bis 1837, dann Sekretär der Sacra Congregatio pro Negotiis Ecclesiasticis extraordinariis (SC Neg. extr.) von 1839 bis 1844 — siehe Biographie Nationale XXX (Brüssel 1958) 262—264.

ERSTER ABSCHNITT

Die erste Phase des katholischen Liberalismus

Univ.-Professor Dr. Roger Aubert, Louvain

STAND DER FORSCHUNG: *R. Aubert - J.-B. Duroselle - A. Jemolo,* Le libéralisme religieux au XIXe s.: X Congresso internazionale di Scienze storiche. Relazioni V (Florenz 1955) 305—383.
LITERATUR: Über die mehr allgemeinen Darstellungen in den Handbüchern der Kirchengeschichte des 19. Jh. und die Geschichtsschreibung des Pontifikats Gregors XVI. hinaus vgl. die Gesamtüberblicke von *Weill,* Cath. lib. und von *P. Constantin:* DThC IX 506—565 (in der Perspektive überholt, aber immer noch nützlich für die faktischen Gegebenheiten), von *Gurian* 101—147 und von *Salvatorelli* 21—49; die Anthologie von *M. Prélot,* Le libéralisme catholique (Paris 1969) 9—141; *H. Maier,* Revolution und Kirche. Studien zur Frühgeschichte der christlichen Demokratie (Freiburg i. Br. 1959); die Werke über Lamennais, aufgeführt S. 272, besonders die von *G. Verucci* und von *L. Le Guillou,* denen hinzuzufügen wäre: *K. Jürgensen,* Lamennais und die Gestaltung des belgischen Staates. Der liberale Katholizismus in der Verfassungsbewegung des 19. Jh. (Wiesbaden 1963); *E. Sevrin,* Dom Guéranger et Lamennais (Paris 1933); die Biographien (aufgeführt in Allg. Bibliogr.) von Lacordaire, Montalembert, Gerbet, d'Astros und Mazenod.

Die mit der Revolution identifizierte liberale Gesellschaftsauffassung stellte in den Augen der Katholiken der Restauration ein Übel schlechthin dar, das es auszurotten galt. In Frankreich waren auch die letzten Sympathien, die man den liberalen Ideen zu Ende des 18. Jh. in einem Teil des „konstitutionellen" Klerus, die sogenannten „Vereideten", entgegengebracht hatte, geschwunden. Aber um 1830, zu einer Zeit also, da in ganz Europa die Masse der Priester und Gläubigen auch weiterhin das Heil der Kirche ausschließlich in der Wiederherstellung der politischen Verfassung des Ancien Régime wie in der Rückeroberung der privilegierten Stellung der Kirche in der Gesellschaft sah, begann eine steigende Zahl junger Kleriker und Laien — fasziniert von der Mystik der Freiheit, die sowohl die Literaten und Künstler der Romantik als auch die liberalen Verschwörer und jene Studenten, die Gegner des Systems der Heiligen Allianz waren, inspirierte — die Frage nach der Möglichkeit, den Katholizismus in gewissem Maße mit dem Liberalismus auszusöhnen, zu stellen und — ohne den eigenen Glauben zu verraten — eine auf den Grundsätzen von 1789 basierende Gesellschaftsordnung zu akzeptieren. Diese Grundsätze waren: persönliche Freiheit anstelle der Willkür der Gewalt; politische Freiheiten, die nicht mehr nur zugestandenes Privileg, sondern gesetzlich gesichert waren; das Recht der Völker auf Selbstbestimmung im Namen des Primats des Nationalitätsprinzips über das Legitimitätsprinzip; schließlich in jenem Bereich, der unmittelbar das religiöse Leben betraf, Presse- und Religionsfreiheit zusammen mit einer Einschränkung der kirchlichen Privilegien, möglicherweise sogar Trennung von Kirche und Staat.

Die eine Seite propagierte diese Versöhnung von Kirche und Liberalismus aus praktischen Gründen: als Mittel der Apologetik, um die intellektuelle Jugend für die Kirche zurückzugewinnen, oder auch als unvermeidliche Notwendigkeit angesichts einer Entwicklung, die unwiderruflich zu sein schien und der es den für die Interessen der Kirche besten Teil abzugewinnen galt. Einige gaben auch zu bedenken, daß in den Ländern mit protestantischer oder orthodoxer Mehrheit, in denen die Katholiken Opfer des Systems der Staatsreligion waren, die Errichtung einer liberaleren Regierung diesen spürbare Vorteile bringen würde. Wieder andere verwiesen darauf, daß das gleiche auch in zahlreichen katholischen Ländern eintreten würde, in denen die regalistischen Maßnahmen dem Wirken der Kirche ernsthafte Hindernisse entgegenstellten. In der Auffassung, daß von einem apostolischen Standpunkt aus die liberalen Institutionen der erstickenden Protektion, in die die Einheit von Thron und Altar häufig ausartete, bei weitem vorzuziehen sei, glaubten sie, die gegenwärtige Bewegung nicht nur tolerieren, sondern sie sogar ermutigen und sie dort, wo sie noch nicht eingesetzt hatte, provozieren zu müssen. Wieder andere vertraten eine Annäherung zwischen Kirche und Liberalismus aus prinzipiellen Erwägungen. Sie teilten das optimistische Vertrauen der Philosophen des 18. Jh. in die Möglichkeiten des Menschen und betrachteten die Entwicklung der Gesellschaft in einem liberalen Sinne als einen Fortschritt, der einen Moment in der Geschichtsbewegung selbst darstellt, oder noch besser: sie betrachteten das demokratische Ideal, das die Liberalen inspirierte, als die Verwirklichung der Botschaft des Evangeliums, die dazu einlädt, die Gleichheit der Natur anstelle der Ungleichheit der Bedingungen und die Freiheit aller an die Stelle der Herrschaft einiger zu setzen. Andere würden schon bald noch weiter gehen und sogar innerhalb der Kirche jene freiheitlichen Bestrebungen, die einen Teil ihrer Zeitgenossen bewegten, einführen wollen: weniger autoritäre Beziehungen zwischen Bischöfen und Gläubigen; größere Autonomie der katholischen Denker den offiziellen theologischen Systemen gegenüber; größere Beweglichkeit für den Klerus im Hinblick auf die traditionellen Pastoralmethoden. Welcher Art auch immer die konkreten Anwendungsbereiche sein mochten, es handelte sich hier stets im Grunde um dieselbe Mystik der Freiheit, die den Reformwillen eines Hirscher in Tübingen, eines Raffaele Lambruschini oder eines Rosmini in Italien, eines Lamennais in Frankreich inspirierte.

Diese allgemeine Geistesrichtung, die also sehr verschiedene Tendenzen umfaßte, wurde als „katholischer Liberalismus" oder „liberaler Katholizismus" bezeichnet. Sie sollte zu einem der Hauptprobleme werden, die —

vor allem in den lateinischen Ländern — die Katholiken das ganze 19. Jh. hindurch bewegten. Die Lösung erwies sich als um so schwieriger, als die Liberalen auf Grund der Weigerung der kirchlichen Autoritäten, auf die ihnen vorgeschlagene Entwicklung einzugehen, nun verstärkt ihren Antiklerikalismus gegenüber einer Kirche betonten, die in ihren Augen das Haupthindernis auf dem Weg der politischen Freiheit, der intellektuellen Befreiung und des Fortschritts im allgemeinen war. Dies wiederum versteifte die Haltung der meisten Verantwortlichen in der Kirche noch mehr; sie sahen sich nämlich in ihrer Vorstellung einer Unvereinbarkeit der Kirche mit jenen Kräften, die im Einvernehmen mit den Freimaurern und den Erben der Philosophen des 18. Jh. die etablierte Ordnung auf religiösem und politischem Gebiet umstürzen wollten, bestätigt.

Man hat lange Lamennais für den Begründer des katholischen Liberalismus gehalten, für jenen, der als erster in einer prophetischen Vision die Vorteile verkündet habe, die der Kirche erwüchsen, sobald sie sich auf das Gebiet der modernen Freiheiten begäbe. Neuere Untersuchungen jedoch haben eine bemerkenswerte Nuancierung der gängigen Darstellung der Sachlage bewirkt. Auf der einen Seite erkannte man, daß in Frankreich schon einige Jahre vor Lamennais auch andere begonnen hatten, analoge Ideen zu entwickeln. Dies gilt vor allem für Eckstein, in dessen Umkreis sich einige der ersten Schüler Lamennais' herangebildet haben. Auf der anderen Seite haben die zur gleichen Zeit von A. Simon und H. Haag unternommenen und von K. Jürgensen bestätigten Forschungen definitiv nachgewiesen, daß die Verbindung des Katholizismus mit den modernen Freiheiten in Belgien zwischen 1825 und 1828 systematisch eingeleitet worden war und keineswegs, wie früher angenommen wurde, von den Theorien Lamennais' ihren Ausgang genommen habe, sondern daß im Gegenteil die auf praktischer Ebene realisierte „Union" zwischen den belgischen Katholiken und den Liberalen die geistige Entwicklung Lamennais' beeinflußt hat. Jedoch hat Lamennais, der sofort mit genialer Intuition erfaßte, wie fruchtbar das neue Vorgehen, das von den Belgiern, um eine spezielle Schwierigkeit zu lösen, verkündet wurde, auf universaler Ebene werden könnte, dieses zu einem theoretischen System weiterentwickelt, das eine neue Sozialphilosophie einschloß, und er zögerte nicht, die Kirche aufzufordern, selber die Richtung der Bewegung einzuschlagen, die die Völker zur Demokratie hindrängte. Und indem er sein Ansehen, das beachtlich war, in den Dienst dieser Idee stellte, hat er ihr die weitgehende Beachtung verschafft, die ihr bisher fehlte. In dieser Hinsicht verdient er, weiterhin einen Platz ersten Ranges in den Anfängen des katholischen Liberalismus einzunehmen.

16. Kapitel

Vom belgischen Unionismus zur Kampagne des „L'Avenir"

QUELLEN und LITERATUR: Belgien: *Ch. Terlinden*, Guillaume Ier roi des Pays-Bas, et l'Église catholique en Belgique II (Paris - Löwen 1906; veraltet, aber immer noch brauchbar); *H. Haag*, Les origines du catholicisme libéral en Belgique (Löwen 1950); *A. Simon*, Rencontres; *ders.*, Aspects de l'unionisme (Wetteren 1958) 9—81; *ders.*, Sterckx I 65—155, ferner die Beiträge desselben Verfassers ebd. II 461; *K. Jürgensen* a. a. O. 62 bis 228 (dazu *A. Simon:* Revue belge de phil. et d'hist. 37 [1959] 408—418); *S. Stockman*, De religieuzen en de onderwijspolitiek der regering in het Vereenigd Koninkrijk der Nederlanden (Den Haag 1935); *A. Manning*, De betekenis van C. R. A. Van Bommel voor de Noordelijke Nederlanden (Utrecht 1956) 42—161; *E. Perniola*, De internuntius Cappaccini en de belgische Omwenteling: Mededelingen van het Nederl. hist. Instituut te Rome 3. Reihe 4 (1947) 53—169; *H. Wagnon*, Le Congrès national belge de 1830—31 a-t-il établi la séparation de l'Église et de l'État?: Études d'histoire du droit canonique dédiées à G. Le Bras II (Paris 1965) 753—781. Zu erwähnen ist auch die unveröffentlichte Dissertation von *A. Boland*, Adolphe Bartels, révolutionnaire et démocrate (Löwen 1960).

Frankreich: Außer den Zeitungsartikeln und Büchern von Lamennais ist seine Korrespondenz die wichtigste Quelle. Siehe vor allem: *E. Forgues*, Lamennais, Correspondance, 2 Bde (Paris 1863); *ders.*, Correspondance inédite entre Lamennais et le baron de Vitrolles (Paris 1886); *A. Blaize*, Œuvres inédites de F. Lamennais, 2 Bde (Paris 1866); *G. Goyau*, Le portefeuille de Lamennais 1818—36 (Paris 1930). Die wichtigsten Artikel des „L'Avenir" wurden damals, systematisch geordnet, erneut veröffentlicht (mit einigen Abstrichen) in den Mélanges catholiques. Extraits de l'Avenir, 2 Bde (Paris 1831) und chronologisch in Articles de l'Avenir, 7 Bde (Löwen 1830/31); und jüngst, mit einer Einleitung und Anmerkungen versehen, von *G. Verucci*, L'Avenir. Antologia degli articoli (Rom 1967). — Den oben S. 320 erwähnten Arbeiten über Lamennais ist hinzuzufügen *J. R. Derré*, Lamennais, ses amis et le mouvement des idées à l'époque romantique (Paris 1962) bes. 156—163 199—206 385—459. Ferner *Weill*, Histoire 28—50.

Die Entscheidung der belgischen Katholiken für die Freiheiten

Die Katholiken und vor allem der Klerus Belgiens hatten sich 1815 als sehr reaktionär erwiesen, und der Episkopat war sogar so weit gegangen, die Eidesleistung auf die Verfassung zu verbieten, da diese die Presse- und Religionsfreiheit proklamierte. Diese Haltung hatte die Feindschaft der Liberalen gegen den Klerus, der ihnen als Verfechter einer veralteten Theokratie erschien, nur verstärkt.

Das Bemerkenswerte an der 10 Jahre später entfesselten Kampagne gegen die Seminarerlasse vom Juni 1825[1] ist, daß sie zwar von der Berufung auf das Recht der Kirche, ihre künftigen Priester selbst heranzubilden, ausging, schon bald jedoch breitere Formen annahm: seit den letzten Wochen des Jahres 1825 begannen katholische Parlamentarier und Journalisten, mit

[1] Siehe S. 177.

Vorliebe sich auf die konstitutionellen Freiheiten zu berufen. Als natürliche Ausdehnung der Meinungsfreiheit forderte man nun die Freiheit des Unterrichts; im Namen der Religionsfreiheit verlangte man die Unabhängigkeit der Kirche von jeglicher Einmischung der Regierung in die Ernennung der kirchlichen Würdenträger; die Publizisten schließlich entdeckten in der Pressefreiheit den besten Schutz gegen die Verwaltungsschikanen, denen die katholischen Autoren ausgesetzt waren. Die Katholiken verzichteten jedoch, auch wenn sie sich auf dieses Gebiet begaben, keineswegs auf ihre Prinzipien, die sehr verschieden waren vom Ideal der Liberalen, die ihrerseits auf eine Laisierung der Gesellschaft hinzielten. Um jedoch ihr beständiges Ziel, das Eindringen der christlichen Werte in das öffentliche Leben, zu sichern, hielt man es in katholischen Kreisen für realistischer, zu anderen Hilfsmitteln als unter dem Ancien Régime zu greifen. Der katholische Standpunkt könnte wie folgt zusammengefaßt werden: In einer parlamentarischen Regierung, in der wir, dank der Freiheit des Unterrichts und der Presse, die uneingeschränkte Möglichkeit einer Beeinflussung der Gewissen haben, können wir hoffen, auf legalem Wege die Vorherrschaft zu gewinnen, und uns dann durch Gesetze, die von einer Mehrheit gewollt sind, selbst eine christliche Gesellschaft aufbauen, die bislang ausschließlich vom Wohlwollen eines katholischen Herrschers abhing.

Im Verlauf des Jahres 1826 begannen die beiden wichtigsten katholischen Zeitungen, die Vorteile der Freiheit hervorzuheben: noch sehr vorsichtig zunächst der „Courrier de la Meuse", der von dem Lütticher Pierre Kersten inspiriert war, und mit mehr Nachdruck der „Catholique des Pays-Bas" von Gent, in dem Adolf Bartels zu bedenken gab, daß die Wahrheit auch ohne die offizielle Protektion durch ihre Strahlungskraft zu siegen vermöge und daß die politischen Bestrebungen der Liberalen in ihrer Forderung nach einer Regierung, die von den Bürgern ausgeht und nicht mehr das Regierungsinstrument eines Monarchen ist, mit der katholischen Orthodoxie vereinbar seien.

Während sich bei den Katholiken diese Entwicklung anbahnte, gelangten einige junge Liberale zu der Auffassung, daß die Taktik der alten Freidenker, die darin bestand, die Regierung in ihren Schikanen der Kirche gegenüber zu unterstützen, ein Narrenspiel sei, da die Regierung daraus nur Nutzen ziehe, indem sie in die Lage versetzt werde, eine Politik des aufgeklärten Despotismus zu verfolgen. Sie hielten es für dringlicher, gegen die absolutistischen Neigungen der königlichen Regierung Front zu machen, als die Kirche um jeden Preis ersticken zu wollen, und erwogen die Möglichkeit, den Katholiken eine Vereinigung in einer breiten Opposition auf folgender Basis anzubieten: Wir verzichten auf eine Ausschaltung der Kirche aus dem Unterrichtswesen sowie auf jegliche Kontrolle ihres Wirkens, die auf eine Beschränkung ihres Einflusses auf die Gesellschaft zielt; als Gegenleistung verzichtet ihr eurerseits darauf, durch Konkordatsabschluß oder in anderer Weise eine privilegierte Stellung im Staat zu erlangen, und seid bereit, mit uns die integrale Anwendung der modernen Freiheiten zu fordern.

Als der Liberale Devaux im Frühjahr 1827 einen ersten Aufruf in diesem Sinne verkündete, zögerten viele Katholiken, da man sich gerade zu diesem Zeitpunkt erneut Hoffnungen auf ein direktes Abkommen mit dem König machte, durch das man in Anwendung des am 18. Juni 1827 unterzeichneten Konkordats die Durchsetzung der wichtigsten Forderungen zu erlangen glaubte, ohne auf das Spiel der Liberalen eingehen zu müssen. Als sich jedoch vier Monate später herausstellte, daß die Regierung die Ausführung der Konvention verschieben wollte[2], war alles wieder in Frage gestellt. Am 1. November ging der „Courrier de la Meuse" auf das Angebot von Devaux ein, und im Verlauf des Jahres 1828 zog die Idee einer Vereinigung der Katholiken und Liberalen auf der Basis der gemeinsamen Forderung der konstitutionellen Freiheiten, die von Lüttich ihren Ausgang genommen hatte, im Land, vor allem in Flandern weitere Kreise, ohne auf Widerstand von seiten des Klerus zu stoßen: „Bei ihm ist der Haß gegen die Regierung stärker als die Abneigung gegen die Liberalen" (Haag). Die kirchlichen Autoritäten waren zwar nach außen hin zurückhaltend, betrachteten aber die Entwicklung der Dinge im Grunde wohlwollend, trotz der Warnung des Internuntius Capaccini, der über die „monströse Allianz" zwischen Katholiken und Liberalen entsetzt war.

Seit dem Ende des Jahres 1828 waren die belgischen Katholiken und ihre Anführer also für den „Unionismus" gewonnen, d. h. für jene Taktik, die darin bestand, sich mit den Liberalen zu verbünden, um auf der Grundlage der modernen Freiheiten die Unabhängigkeit der Kirche und ihr Recht auf die Errichtung eines ausschließlich von ihr selbst abhängigen Unterrichtswesens zu fordern. Kann man nun sagen, sie seien von diesem Zeitpunkt an „liberale Katholiken" geworden, die jene Theorien vorwegnahmen, die Lamennais zwei Jahre später im „L'Avenir" vorlegte? Dies hieße die Dinge vereinfachen. Die Unionisten von 1828 betrachteten in Wirklichkeit das Bündnis mit den Liberalen und die Übernahme des liberalen Gesichtspunktes für ihre Forderungskampagne nur als eine vorläufige Taktik und nicht als ein System, das ein allseitig und stets zu verwirklichendes Ideal darstellte. Sie dachten keineswegs daran, wie schon bald Lamennais es tun sollte, von einer „natürlichen Allianz des Katholizismus mit der Demokratie" zu sprechen, noch ihre Forderungen nach Freiheit bis zu einer vollständigen Trennung von Kirche und Staat zu steigern. Die Dinge lagen sehr klar für die kirchlichen Autoritäten, aber auch für die jungen Adeligen der Gruppe Robiana-Merode, deren wirkliche Absichten H. Haag aus ihren Privatpapieren erschließen konnte. Sie vertraten keineswegs die Grundsätze von 1789 und

[2] Siehe S. 178.

wollten im Gegenteil, daß die Kirche wieder die geistige Kontrolle der zivilen Gesellschaft übernähme; ebenso bestanden auch — wie K. Jürgensen aufgezeigt hat — de Gerlache und vor allem Kersten auf der Vermeidung jeglicher Überbetonung der „Menschenrechte" und wiesen es von sich, von einer Volkssouveränität zu sprechen, ebenso wie sie auch die Unionspolitik mit den Liberalen nur als das durch die Umstände geforderte geringere Übel betrachteten. Zweifellos zeigte sich Bartels — unter Billigung einer ganzen Gruppe flämischer Kleriker — auch weiterhin progressistisch und entwickelte schon seit 1828 mehrere Themen, die dann im darauffolgenden Jahr in den Schriften Lamennais' vertreten wurden, unter anderem, daß man dem Volk Vorzug gegenüber den Königen geben müsse. Er präzisierte jedoch: „Ich will die allgemeine Freiheit nicht als ein in sich Gutes, sondern als das geringere Übel." Man war also noch weit entfernt von der Forderung der Freiheit um ihrer selbst willen, wie sie später zum Anliegen des „L'Avenir" werden sollte. Die von den belgischen Katholiken in ihrer Opposition gegen Wilhelm I. eingenommenen Positionen wurden jedoch als solche und trotz ihres begrenzten Charakters für Lamennais zu einer Entdeckung.

Die Entwicklung Lamennais' zum Liberalismus hin

Lamennais, der reaktionäre Redakteur des „Conservateur" und des „Drapeau blanc", schien auf den ersten Blick sehr wenig dazu bestimmt zu sein, zum Anführer des katholischen Liberalismus zu werden. Er war im ersten Jahrzehnt der Restauration[3] einer der glühenden Verfechter der Rückkehr zum Ancien Régime gewesen. Sein Ideal einer von der Monarchie göttlichen Rechtes protegierten Kirche schien dem System der freien Kirche im freien Staat gerade entgegengesetzt zu sein, und wenn er 1826 in seinem Buch „De la Religion considérée dans ses rapports avec l'ordre politique" der Kirche riet, sich vom Bourbonenregime loszusagen, so deshalb, weil dieses in seinen Augen durch dessen Kompromisse mit dem Liberalismus dem Untergang geweiht erschien; sein Ideal war zu dieser Zeit noch der christliche, ja sogar der theokratische Staat.

Christian Maréchal[4] glaubte jedoch, verschiedene Anzeichen gefunden zu haben, die bewiesen, daß die Hinwendung Lamennais' zum Liberalismus bereits um 1820 begonnen habe. Tatsächlich lagen in seiner Abstammung, seinem bretonischen Temperament, dem der Wunsch nach Unabhängigkeit eigen ist, seinem Abscheu vor jeglichem Despotismus, der durch die napoleonische Regierung vermehrt wurde, seiner großen Sorge um die geistige

[3] Über Lamennais und sein Wirken im Verlauf dieser Jahre siehe S. 279—282 301—304.

[4] Besonders in La dispute de l'„Essai sur l'indifférence" (Paris 1925) VIII 443 und passim und in Lamennais au „Drapeau blanc" (Paris 1946), wo er „hinter den ‚Ultra' den Demokrat entdeckt" (Moreau).

Freiheit des Christen und die Unabhängigkeit der Kirche, die durch die antigallikanischen Kämpfe stets wach blieb, mögliche Ansatzpunkte für eine spätere Weiterentwicklung. Maréchal hat diesen Elementen jedoch eine Bedeutung beigemessen, die sie in ihrem damaligen Zusammenhang keineswegs hatten. Zwar spricht Lamennais in seinen Artikeln oft von der Freiheit, zwar basiert, wie A. Simon und G. Verucci nachgewiesen haben, sein Ultramontanismus auf der Freiheitsidee, aber es handelt sich hier um die Freiheit des Christen gegenüber den Mächten des Bösen und um die Freiheit der Kirche gegenüber den Regierungen; nicht die Freiheit für alle ist hier gemeint, sondern, wie Jürgensen schreibt, „es war eine Freiheit ohne Toleranz". Im übrigen ist vor 1828 in seinen Schriften keinerlei Sympathie für den politischen Liberalismus und noch weniger für die Demokratie festzustellen. Maréchal hat jedoch sehr richtig gezeigt, daß Lamennais während dieser Periode eher theokratisch als monarchistisch dachte. Von hier aus wird verständlich, daß es ihm — einmal von der Monarchie enttäuscht — nicht zu schwer gefallen ist, sich von ihr abzuwenden und die Kirche mit der wachsenden Sache des Volkes in ihrem gemeinsamen Interesse zu verbinden und das anzustreben, was Verucci eine „demokratische Theokratie" nennt; der Papst erscheint in dieser Perspektive, illustriert durch einige Beispiele vom Mittelalter bis hin zu Pius VII., als der Beschützer der Schwachen und als der Schiedsrichter, der das Recht gegenüber der Gewalt garantiert. Diese Entwicklung mußte um so leichter vor sich gehen, als Lamennais schon in seinem apologetischen Werk gezeigt hatte, in welchem Maße er — bei der für ihn bezeichnenden intellektuellen Wachheit — die Mentalität seiner Zeit und die Notwendigkeit, sich ihr anzupassen, begriffen hatte[5].

Die Kämpfe um die Unabhängigkeit der Kirche, besonders auf der Ebene des Unterrichtswesens, hatten den Meister von La Chênaie zur Idee einer — noch ganz vorläufigen — Trennung von Kirche und Staat geführt. Er vertrat sie in aller Offenheit in seinem Buch „De la Religion" (1825/26) zur gleichen Zeit, als er begann, die These zu entwickeln, daß die Wahrheit in sich eine viel stärkere Strahlkraft habe als die Macht der Institutionen. In dieser Idee bestärkt durch die Schriften Ecksteins und Benjamin Constants und vor allem durch das Beispiel des Auslandes (Vereinigte Staaten, Irland und besonders Belgien, wo sich die Katholiken zu ihrer Verteidigung nicht auf die Protektion durch den Staat, sondern auf das Prinzip der Freiheit beriefen), kam Lamennais in seiner Korrespondenz der folgenden Monate gerne auf diese Idee zurück. Zur gleichen Zeit entdeckte er in Paris bei der Gruppe um die Zeitung „Le Globe" einen weniger antireligiösen Liberalismus, der nicht

[5] Einen Beweis für diese Anpassungsfähigkeit gibt er in seinem zu Beginn des Jahres 1827 verfaßten „Mémoire confidentiel à Léon XII", in dem er auf die Gefahr hinweist, die darin liegt, wenn man die Kirche „als den natürlichen Verbündeten aller Arten von Despotismen" erscheinen läßt (Text der ersten Kapitel in *A. Blaise*, Œuvres inédites de Lamennais II 311—340 und der zwei letzten Kapitel: RSR 1 [1910] 476—485).

neue Überwachungsmaßnahmen gegen die Kirche, sondern „alle Freiheiten für alle" forderte.

Unter der Einwirkung dieser verschiedenen Einflüsse veröffentlichte Lamennais im Februar 1829 „Des progrès de la Révolution et de la guerre contre l'Église", in dem er nach wie vor den ultramontanen Katholizismus als die einzige Lösung für die Gesellschaft darstellte und das Programm des Liberalismus, des Säkularismus und des Etatismus zurückwies, in dem jedoch auch eine Anzahl neuer Ideen entwickelt wurden: nämlich daß der Liberalismus anders sein könne, als er sich zu dieser Zeit in Frankreich darstellte, und daß es eine wesenhafte innere Verbindung zwischen Katholizismus und dem gesunden Liberalismus, der nur auf die Befreiung des Menschen von jeglicher Unterdrückung durch den Menschen ziele, gebe; daß die Pressefreiheit ein geringeres Übel und in ihrer konkreten Auswirkung für die Kirche von Vorteil sein könne; daß die Revolution ein Instrument der Vorsehung sein könne, um eine Reihe veralteter Institutionen, unter denen die Kirche lange zu leiden hatte, abzuschaffen.

Das Buch verzeichnete einen großen Erfolg, und wenn es einerseits auf die heftige Opposition der Royalisten, der Juristen und des Episkopats stieß, so festigte es doch andererseits die Stellung Lamennais' in den Augen seiner jungen Parteigänger, die in zunehmendem Maße über die Kompromisse der Bischöfe gegenüber der königlichen Regierung verstimmt waren. Mit einem nicht geringen romantischen Optimismus kamen sie zu der Überzeugung, daß es nur einiger Gesten der Kirche bedürfe, um dem Liberalismus eine andere Wendung zu geben und diese im Kommen befindliche Macht in den Dienst des katholischen Apostolats zu stellen. Diese Auffassung vertraten sie mit zunehmender Überzeugung zu ihren Zeitschriften, dem „Mémorial catholique" und der „Revue catholique". Die Weiterentwicklung der belgischen Erfahrung konnte sie nur in diesem Sinne bestärken, und schon bald schreckten sie nicht mehr davor zurück, noch weiter als die Belgier zu gehen und zu behaupten, daß die Allianz zwischen Katholizismus und Liberalismus in ganz Europa der einzige Heilsweg der Kirche sei.

Diese Ideen trafen im übrigen auf bereits vorbereiteten Boden[6]. Baron Eckstein hob in seiner Revue „Le Catholique" seit 1827 die „bewundernswerte Allianz" zwischen dem Katholizismus und einem Regime der politischen Freiheiten[7] hervor. Der Einfluß, den er damit auf einen Teil der Pariser katholischen Jugend ausübte, wurde bislang durch die Historiker zu wenig beachtet. Junge Adelige, die mit ihm zusammen gearbeitet und kaum je Kontakt mit Lamennais gehabt hatten, waren es, die im März 1829 den „Correspondant"[8] gründeten. In ihm erklärten sie sich als Parteigänger der

[6] *M. Prélot* a. a. O. 53—72.

[7] Siehe *J. R. Derré* a. a. O. 156—166 199—206.

[8] Diese Gruppe wurde viel weniger erforscht als die der Anhänger Lamennais'. Siehe *L. de Carné,* Souvenirs de ma jeunesse (Paris 1873); *E. Trogan:* Le Correspondant 315

von Lamennais scharf zurückgewiesenen Religionsfreiheit der Protestanten, pochten auf das Recht zu Zusammenschlüssen für die Ordensleute und auf die Freiheit des Unterrichts gegenüber dem Staatsmonopol und zeigten die Gefahren einer zu engen Verbindung zwischen Thron und Altar auf, ohne jedoch jemals so weit zu gehen — wie später die Anhänger Lamennais' —, auch die vollständige Trennung von Kirche und Staat und die gänzliche Auflösung des Kirchenbudgets zu fordern. Eben diese jungen Leute des „Correspondant" erhielten als erste den Namen „liberale Katholiken", und zwar von den Redakteuren des „Globe", mit denen sie in einen Dialog eingetreten waren.

Die Julirevolution von 1830 und der damit verbundene Ausbruch des Antiklerikalismus bestärkten Lamennais und seine Mitarbeiter in ihren Überzeugungen: Die Kirche müsse jene politischen Regierungsformen begrüßen, die die Kontrolle durch das Volk an die Stelle der Willkür setzten, um dadurch sowohl die Beschuldigungen gegen sie zu entwaffnen als auch diesen neuen Regierungsformen „eine Seele zu geben". Die Trennung von Kirche und Staat war nun, angesichts der feindlichen Haltung dieses Staates, wichtiger denn je.

Ein junger Konvertit, Harel de Tancrel, schlug dem wichtigsten Helfer Lamennais', dem Abbé Gerbet, die Gründung einer Tageszeitung vor, die diese Themen verbreiten sollte. Lamennais war dieser Idee sehr zugetan; zwar übernahm er die Leitung dieser Zeitung nicht selber, er ließ sich jedoch nahe bei Paris im Collège Juilly nieder, um von hier aus ihre Entwicklung verfolgen zu können. Am 20. August veröffentlichte Gerbet eine Ankündigung[9], die begeisterte Zustimmung fand; unter den Anhängern waren die namhaftesten der junge Charles Montalembert[10], Abbé Lacordaire und der Nationalökonom Charles de Coux. Am 16. Oktober 1830 erschien die erste Nummer des „L'Avenir" mit einem Leitartikel von Lamennais[11].

(1929) 5—13; *L. C. Gimpfl*, The „Correspondant" (Washington 1959) 2—8; siehe auch die unveröffentlichte Dissertation von Mother *Flavia-Augustina*, Le „Correspondant", liberal catholic Review, 1829—55 (Cath. Univ. of America 1958) und die unveröffentlichte Arbeit von *J. Darmon*, Le groupe du premier „Correspondant" 1829—31 (Sorbonne 1959).

[9] Text in Articles de „L'Avenir" I, I—VIII.

[10] Über Charles de Montalembert (1810—70) ist die gut dokumentierte, aber einseitige Biographie von *Lecanuet* (3 Bde, Paris 1895/1902) zu ergänzen durch *A. Trannoy*, Le romantisme politique de Montalembert avant 1843 (Paris 1942); *P. de Lallemand*, Montalembert et ses amis dans le romantisme (Paris 1927); *A. Schnütgen*: AHVNrh 148 (1949) 62—144; *Lösch* 138—175. Siehe auch *Ch. Trannoy*, Montalembert, Dieu et la liberté (Paris 1970). Werke: Œuvres de Montalembert, 9 Bde (Paris 1860/68; s. DThC X 2344—55) und Les Moines d'Occident, 7 Bde (Paris 1860/77). Briefe: LThK[1] VII 294.

[11] Über die Kampagne des „L'Avenir" siehe vor allem für die Ideen *Lecanuet*, Montalembert I 152—218, DThC IX 527—545 und *M. Prélot* a. a. O. 84—109; und für die Fakten, neben den Biographien über Lamennais, *C. de Ladoue*, Mgr Gerbet (Paris 1872) I 176—207, *Lecanuet* a. a. O. 132—151 219—268 und *A. Trannoy*, Le romantisme 143—162. Ferner Procès de L'Avenir (Paris 1831).

Der Titel der Zeitung war an sich schon charakteristisch, noch mehr jedoch das Motto: „Gott und die Freiheit". Die Zeitung wollte einen Zweifrontenkampf führen. Sie erklärte einerseits den Liberalen ihre Bereitschaft, sich unvoreingenommen und sogar mit Begeisterung den aus der Revolution von 1789 hervorgegangenen modernen Freiheiten anzuschließen, was allerdings für alle Freiheiten gelten solle, einschließlich der Freiheit des Unterrichts, die viele Liberale aus Furcht vor einer eventuellen Begünstigung der ultramontanen Propaganda nur ungern zugestehen wollten. Auf der anderen Seite versuchte der „L'Avenir", den Katholiken und vor allem dem Klerus verständlich zu machen, daß es nun gelte, sich endgültig vom Ancien Régime zu lösen, um sich der Zukunft zuzuwenden und einen neuen Humanismus zu erarbeiten. Diese Bemühung um eine umfassende Erneuerung des katholischen Denkens und Handelns, die daneben auch die neuen künstlerischen und wissenschaftlichen Richtungen und die demokratischen Bestrebungen der Zeit einbezog, erklärt die Anziehungskraft dieser Zeitung und ihres Inspirators auf zahlreiche junge Menschen. Die entschlossene Hinwendung zur neuen Zeit zeigte sich tatsächlich auf allen Gebieten: „L'Avenir" gab sich aufgeschlossen für die junge romantische Literatur[12]; sie forderte zur allgemeinen Abrüstung und zur Vereinigung Europas[13] auf; sie unterstützte gleichzeitig die nationalen Aufstände der Belgier, Iren und Polen im Namen des Selbstbestimmungsrechts der Völker[14]; sie zeigte sich in zunehmendem Maße aufgeschlossener für das allgemeine Wahlrecht und sogar für die republikanische Regierung[15] und unterstrich den providentiellen Charakter der Revolutionen, die damals Europa erschütterten; sie zeigte sich aufgeschlossen für die soziale Demokratie[16]. Auch betonte „L'Avenir" die Verbindung zwischen der Unabhängigkeit der Kirche und ihrer freiwillig übernommenen Armut; nur so könne sie sich mit der gesamten Menschheit solidarisch fühlen und sich den einfachen und unterdrückten Menschen nähern.

Auf politisch-religiösem Gebiet beschränkte sich „L'Avenir" zunächst darauf, das Regime der Freiheiten und die Trennung — oder besser, die Unterscheidung — von Kirche und Staat als das geeignetste Sprungbrett für die Rückgewinnung der Ungläubigen anzupreisen und als eine Notwendigkeit „in dem gegenwärtigen Zustand der Geister" und „in der nun einmal jetzt gegebenen Lage der Völker" darzustellen, ohne sie allerdings zum theoretischen Ideal zu erheben. Wenn er den Verzicht auf das Konkor-

[12] *J. R. Derré* a. a. O. 529—614. [13] *M. Prélot* a. a. O. 102—109.

[14] Aber er zeigte sich sehr viel reservierter gegenüber den Erhebungen in Spanien und Italien, die von Geheimgesellschaften jakobinischer Tendenz angezettelt wurden und die ihm entgegengesetzt zum wahren Geist des Liberalismus — wie er in Amerika entwickelt wurde — zu stehen schienen. Vgl. *G. Verucci:* RSIt 67 (1955) 31—51.

[15] Siehe die Einleitung von *G. Verucci,* L'Avenir XIII—LXIV.

[16] Vgl. *Duroselle* 36—59.

dat verlangte, so deshalb, weil dieses in einer Gesellschaft, „die Gott vergessen hat", tatsächlich die Freiheit des Papstes und der Bischöfe behindere und weil der Katholizismus — wäre der Klerus dieser unseligen Bindungen enthoben — einen neuen Aufschwung erleben würde, wie es das Beispiel Irlands beweise. Im Frühjahr und Sommer 1831 erfolgte jedoch eine Weiterentwicklung, in deren Verlauf das liberale System immer mehr als die ideale Regierungsform für eine in den Stand des Erwachsenseins gelangte Gesellschaft erschien.

Während die Zeitung, deren Abonnements einschließlich etwa 1000 belgischer Abnehmer nie die Zahl von 3000 überschritt, Tag um Tag ihre Ideen mit äußerstem Eifer, der sich wenig um die konkreten Umstände kümmerte, in Schlagwörtern unter ihren Lesern verbreitete, errichteten Lacordaire, Montalembert und de Coux — nicht zufrieden mit einem bloßen Feldzug der Ideen — eine „Generalagentur für die Verteidigung der Religionsfreiheit"[17] ein. Diese organisierte in der Provinz eine systematische Kampagne zur Beeinflussung der öffentlichen Meinung mit dem Ziel, in kleinen Gruppen auf legalem Wege im Namen der verfassungsmäßigen Freiheiten gegen die Verwaltungsschikanen angehen zu können, über die sich die Katholiken besonders im Bereich des Unterrichts zu beklagen hatten. Auf diese Weise gelang es ihnen nicht nur, die Sympathien im jungen Klerus zu vermehren, sondern auch eine relativ große Zahl junger Laien aus ihrer Trägheit wachzurütteln.

Auf Vorschlag des holländischen Journalisten Le Sage ten Broek weitete sich die Kampagne der „Agence" schon bald auch auf das Ausland aus, wo sie sich um eine Unterstützung ihrer Befreiungsbemühungen bei den Katholiken Irlands, Polens, Deutschlands und der Niederlande bemühte. In der Absicht, eine echte internationale Solidarität in der Erlangung nicht nur der religiösen, sondern auch der politischen Freiheit herzustellen und der Heiligen Allianz der Könige „die Heilige Allianz der Völker" entgegenzustellen, veröffentlichten die Redakteure des „L'Avenir" am 15. November 1831 den Entwurf einer „Unionsakte, die allen jenen unterbreitet wird, die trotz des Mordes an Polen noch auf die Freiheit der Welt hoffen und an ihr mitwirken wollen"[18], ein Manifest, das die Regierungen als ein Unternehmen zum internationalen Umsturz bewerteten.

In welchem Maß nun drangen die von „L'Avenir" propagierten politisch-religiösen Ideen auch in diese Nachbarländer ein? In Deutschland traf die Philosophie Lamennais' zwar auf das Interesse der Münchner Gruppe, aber die Führer der katholischen Bewegung standen der Idee einer Annäherung

[17] Statuten in Articles de „L'Avenir" I 456—458. Die Rolle Lamennais', der kein Mann der Tat war, blieb in dieser Kampagne, die von seinen Helfern geplant und geleitet wurde, zweitrangig.
[18] Articles de „L'Avenir" VII 176—185.

an den Liberalismus mißtrauisch gegenüber[19]. In Italien nahmen jene konservativen Kreise, die einst den Verteidiger von Thron und Altar gefeiert hatten, die neuen Ideen nicht eben freundlich auf, während die liberal orientierten Katholiken von den ultramontanen Lehren des „L'Avenir" und seiner Verteidigung der weltlichen Macht des Papstes enttäuscht waren; einige Priester und Ordensleute jedoch, besonders in der Toskana, von P. Ventura abgesehen, nahmen sie wohlwollend auf[20]. In Holland dagegen wurde die Kampagne des „L'Avenir" mit großer Sympathie verfolgt, denn sie brachte für jene, die unter der französischen Regierung die Vorteile der Religionsfreiheit entdeckt hatten, in einem Land, in dem die Katholiken in der Minderheit waren, eine Bestätigung. Neben Le Sage ten Broek sind auch der Publizist Broere und der Redemptorist Bernard Haskenscheid unter die Anhänger Lamennais' zu zählen[21]. Nirgendwo jedoch war der Einfluß des „L'Avenir" größer und wirksamer als in Belgien.

Die belgische Verfassung von 1831

Bis zu Beginn des Jahres 1831 war der Unionismus für die belgischen Katholiken eine bloße Taktik, eine vorübergehende Koalition, aus der man die größtmöglichen Vorteile zu ziehen gedachte; als rein empirische Entdeckung verdankte er Lamennais nichts. Seit der Veröffentlichung der Schrift „Progrès de la Révolution", die in Belgien auf ein „unglaubliches Echo" stieß (de Gerlache), weil das Land als ein Beispiel durch einen so berühmten Meister hingestellt war, war bei einer Anzahl von Katholiken eine gewisse Weiterentwicklung festzustellen[22]. Angeregt durch die neuen Veröffentlichungen Lamennais' und seiner Schüler, kamen verschiedene Kreise ebenfalls zu der Auffassung, ein Regime der modernen Freiheiten sei die in sich beste Regierungsform; dies nicht nur deshalb, weil sie den Wünschen des Volkes entspreche, nach dem Grundsatz „Vox populi vox Dei" — so die Auffassung der Anhänger des philosophischen

[19] Der Einfluß Lamennais' in Deutschland ist noch kaum erforscht (das Werk von *L. Ahrens,* La Mennais und Deutschland untersucht nur die deutschen Einflüsse auf Lamennais). Siehe einige Angaben bei *J. R. Derré,* a. a. O. 461—492, *Schnabel G* IV 181—202 und *Lösch* 88—137.

[20] Siehe *A. Gambaro,* La fortuna di Lamennais in Italia: Studi francesi 2 (1958) 198—219. Siehe auch S. 390—391.

[21] Siehe *F. Vrijmoed,* Lamennais avant sa défection et la Néerlande catholique (Paris 1930), zu ergänzen durch *G. Gorris,* J. Le Sage ten Broek II (Amsterdam 1949).

[22] H. Haag, A. Simon und K. Jürgensen stimmen in einer Reihe wichtiger Punkte überein, ihre Meinungen divergieren jedoch in der Frage nach dem Ausmaß der Bindung der belgischen Katholiken an den Liberalismus: Gibt es bei ihnen eine ideologische Weiterentwicklung, oder sind sie, wie Haag annimmt, bei der einfachen, 1828 eingeleiteten Taktik stehengeblieben? Siehe vor allem *H. Haag:* RHE 54 (1959) 593—598 und *A. Simon:* Revue belge de phil. et d'hist. 37 (1959) 408—418.

Traditionalismus —, sondern auch wegen der wesentlichen Verbindung zwischen Christentum und Freiheit. Am Vorabend des Septemberaufstandes 1830 waren also mehrere Strömungen unter den belgischen Katholiken festzustellen. Es gab fortan eine Lamennaissche Gruppe, die zahlenmäßig eindeutig in der Minderheit war, die jedoch durch ihren Eifer schon bald die Gesamtheit der Katholiken mit sich zog und dazu beitrug, daß sich die Union der Katholiken und Liberalen, die sich in den vergangenen Monaten gelockert hatte, erneut festigte. In ihren Reihen, die von Monat zu Monat mehr und mehr Anhänger fanden, vor allem in Flandern und in der Gegend um Tournai, waren nicht nur Laien, sondern auch junge Priester, die mehr Vertrauen in die Ausstrahlungskraft des aus den jüngsten Verfolgungen siegreich hervorgegangenen Glaubens setzten als in die Protektion, die die Zivilgewalt bieten konnte. Ohne sich völlig mit den Liberalen zu identifizieren, teilten sie deren Begeisterung für die großen Möglichkeiten der Freiheit in apostolischer, aber auch in politischer Hinsicht (einige, jedoch nicht alle, bekannten sich offen als Demokraten und sogar als Republikaner) und gingen bisweilen sogar so weit, gegenüber bischöflichen Weisungen in zeitlichen Belangen ihre persönliche Handlungsfreiheit und gegenüber den theologischen Traditionen, soweit es sich nicht um definierte Dogmen handelt, ihre persönliche Freiheit der Auslegung zu beanspruchen.

Neben diesen Anhängern Lamennais', denen sich andere liberale Katholiken anschlossen, die jedoch eher Bewunderer der englischen Institutionen waren — der Einfluß Lamennais' war nicht ausnahmslos —, gab es zahlreiche Konservative, die nur aus Notwendigkeit Unionisten waren, die jedoch keineswegs die Natürlichkeit der Allianz zwischen Katholizismus und Liberalismus zugestehen wollten und — als loyale Monarchisten — auf eine baldige Rückkehr zur alten Einheit von Thron und Altar hofften.

Dazwischen lag jene Gruppe, der Mgr. Simon die Bezeichnung „Mechelner Schule“ gegeben hat[23]; zwar war sie zahlenmäßig sehr klein, wurde jedoch durch die vorherrschende Stellung des Erzbischofs in der belgischen Kirche und die starke Persönlichkeit seines Generalvikars Sterckx und des neuen Bischofs von Lüttich, Van Bommel, die die Anreger der Gruppe waren und deren Ideen auch in anderen Bistümern Einlaß fanden, sehr einflußreich. Die vor allem im Klerus relativ stark vertretenen Parteigänger dieser dritten Richtung waren zumeist nicht den Theorien Lamennais' zugetan, obschon sie Sympathien für den berühmten Apologeten zeigten, sondern sie stellten ganz realistisch fest, daß eine Rückkehr zum Ancien Régime angesichts der Revolutionierung der Geister nicht mehr möglich und im übrigen

[23] Vgl. Collectanea Mechliniensia 22 (1952) 349—364. Die Vorstellungen dieser Gruppe kommen in der umfangreichen Korrespondenz zum Ausdruck, die in den Archiven des Erzbistums Mecheln und im Rijksarchief in Den Haag aufbewahrt werden, sowie in einer Broschüre von C. Van Bommel, veröffentlicht im Oktober 1829: „Système de liberté illimitée des cultes et des opinions religieuses“.

auch nicht wünschenwert sei, da mit der engen Verbindung zwischen Kirche und Staat unvermeidlich Eingriffe des Staates in das kirchliche Leben verbunden wären, die, wie die Erfahrung der vergangenen fünfzig Jahre gezeigt habe, sehr schnell unerträglich würden. Die gegenseitige Unabhängigkeit der beiden Mächte schien also den Vorzug zu verdienen, mit dem Ergebnis, daß die Freiheit allen Religionsgemeinschaften zuerkannt werden müßte. Diese Entscheidung für die Freiheit wurde jedoch nicht im Namen der von Lamennais vertretenen Tendenz zur totalen Trennung von Kirche und Staat gefällt, und die Mechelner Schule bemühte sich, die Vorteile des liberalen Systems mit jenen des Ancien Régime zu verbinden, da nach ihrer Auffassung, wie Van Bommel, der vor allem an die finanziellen Unterstützungen dachte, schrieb, „weder die Freiheit die Protektion ausschließen, noch die Protektion die Freiheit ersticken dürfe".

Als die „holländisch-belgische Verbindung" im September 1830 ein Ende gefunden hatte, nach einer Revolution, die durch Elemente herbeigeführt worden war, die im allgemeinen als wenig gläubig galten[24], und deren Ausbruch die Mehrheit des Klerus nicht ohne Besorgnis sah, mußte die Verfassung für den neuen Staat erarbeitet werden. Die Bischöfe intervenierten energisch, um in der konstituierenden Versammlung eine katholische Mehrheit zu sichern[25]. Aber sehr viele der gewählten Katholiken, aufgeschlossen für die Ideen Lamennais', die von dem in Belgien häufig gelesenen „L'Avenir" verbreitet wurden, waren gerne bereit, der Freiheit voll und ganz zu vertrauen. Die Mechelner Schule dagegen, die auch weiterhin eine gewisse Protektion der Kirche im Rahmen der Religionsfreiheit wünschte, bemühte sich um eine Verbesserung des ersten Verfassungsentwurfs in diesem Sinne. Sie veröffentlichte im November die Broschüre „Considérations sur la liberté religieuse, par un unioniste", die starke Beachtung fand und einen Monat später durch einen Brief des Erzbischofs de Méan an den Präsidenten des Nationalkongresses unterstützt wurde.

Dieser Brief fand wohlwollende Aufnahme, da er in einer quasi-offiziellen Weise bewies, daß die belgische Kirche dem System der Staatsreligion total abschwor und den Gesichtspunkt der Freiheit eindeutig akzeptierte. Dennoch war die Atmosphäre des Nationalkongresses zu liberal, und die in ihm vertretenen Katholiken waren zu sehr von den Ideen Lamennais' bestimmt, als daß das in der Broschüre und dem Brief aufgeführte Programm hätte voll realisiert werden können. Aber wenn die Kirche auch nicht alle von ihr, vor allem für die religiösen Kongregationen gewünschten Garantien

[24] Über die Religionspolitik der „Provisorischen Regierung", die sehr liberal eingestellt war, aber dennoch auf die Kirche Rücksicht nahm, vgl. *A. Simon*, L'Église catholique et les débuts de la Belgique indépendante (Wetteren 1949) 14—24.

[25] Über ihre Debatten vgl. *L. de Lichtervelde*, Le Congrès national (Brüssel 1945). Die Vorschläge, Amendements und Reden bei *E. Huyttens*, Discussions du Congrès national de Belgique, 5 Bde (Brüssel 1844/45).

durchsetzen konnte, so billigte ihr die am 7. Februar 1831 gewählte Verfassung doch eine sehr vorteilhafte Position zu, die sie im wesentlichen befriedigte: die Freiheit des Unterrichts war gewährleistet (Art. 17), ebenso wie auch das Recht auf freien Zusammenschluß (Art. 20), konkret die Freiheit für die Ordensleute. Der Staat übernahm auch weiterhin die Zahlung der kirchlichen Gehälter (Art. 117)[26]. Vor allem gewährte Art. 16 der Kirche eine Unabhängigkeit, wie sie zu dieser Zeit kein anderes katholisches Land kannte; es war dem Staat de facto verboten, irgendwelche Bedingungen für die Ernennung der Bischöfe oder die Veröffentlichung der päpstlichen Verlautbarungen zu erzwingen oder durch Konkordat zu erlangen.

Die Aufhebung aller Privilegien für die Kirche und vor allem die liberale Atmosphäre, in der diese Verfassung ausgearbeitet worden war, beunruhigten den Heiligen Stuhl, der, aufgerüttelt durch einige strenge Kirchenmänner, darin ein „Manifest der Schule Lamennais'" zu sehen glaubte. Gewarnt von Capaccini, verfaßte Mgr. Sterckx, der inzwischen Kapitularvikar von Mecheln geworden war, eine geschickte Verteidigungsschrift[27], in der er vor allem darauf hinwies, daß man zwar der traditionellen Union zwischen den beiden Mächten entsagt habe, die Trennung jedoch in Wirklichkeit nur scheinbar und nicht vollkommen durchgeführt sei. Seine Erklärungen waren nicht ohne Raffinement, aber aus seiner Stellung inmitten der belgischen politisch-religiösen Wirklichkeit heraus hatte er begriffen, daß dieser Modus vivendi der einzig mögliche war, und er hoffte, daß die Kirche in Belgien genügend Ansehen habe, um in der Praxis das wieder aufzuholen, was sie in der Theorie verloren hatte. Immerhin gelang es ihm durch diese Intervention, die von mehreren Jesuiten unterstützt wurde, eine formelle Mißbilligung des Heiligen Stuhls abzuwehren. Durch eben diese Tatsache sollte die belgische Verfassung — auch nach Zerstreuung der Schule Lamennais' — in der weiteren Entwicklung des katholischen Liberalismus europäische Bedeutung erlangen, da sie über Jahre hinaus in den Augen zahlreicher Katholiken, die bald „die Freiheit wie in Belgien", „la liberté comme en Belgique", „la libertà come nel Belgio" forderten, ein echtes Ideal darstellte.

Kurz zusammengefaßt: Der Unionismus der belgischen Katholiken wollte in seinen Anfängen nur eine vorübergehende und vor allem taktische Verbindung mit den modernen Freiheiten sein. Der echte katholische Liberalismus hat sich jedoch im Laufe der Jahre 1829—31 in zweifacher Form herausgebildet: in den theoretischen Schriften Lamennais' und seiner Schüler, besonders im „L'Avenir", und in der konkreten Verwirklichung in der belgischen Verfassung, die durch die Tatsachen den Beweis für die Fruchtbarkeit dieser Ideen erbringen sollte.

[26] Vgl. *R. Georges:* Revue dioc. de Namur 17 (1963) 1—46.
[27] Gedruckt in Mélanges d'histoire offerts à L. van der Essen II (Brüssel-Löwen 1947) 983—990.

17. Kapitel

Die römische Reaktion

QUELLEN: Lamennais hat seinen Standpunkt in „Les affaires de Rome“ (Paris 1836) dargelegt; vgl. dazu auch seine Korrespondenz (in den angeführten Briefsammlungen S. 323; ferner: Lettres inédites de Lamennais à Montalembert, hrsg. von *E. Forgues,* Paris 1898). Das Werk von *P. Dudon,* Lamennais et le Saint-Siège (Paris 1911) ist wertvoll durch seine zahlreichen Auszüge aus Dokumenten der Vatikanischen Archive, muß jedoch ergänzt und nuanciert werden durch *L. Ahrens,* Lamennais und Deutschland (Münster 1930) und *J. L. Derré,* Metternich und Lamennais (Paris 1963), die auch die Archive von Wien heranziehen. Daneben sind auch die Tagebücher von Montalembert (im Schloß von La-Roche-en-Breny; Auszüge in seiner Biographie von *Lecanuet* und bei *A. Trannoy,* Le romantisme politique de Montalembert avant 1843 [Paris 1942]) und seine Korrespondenz (vor allem Lettres de Montalembert à Lamennais, hrsg. von *G. Goyau* [Paris 1932]), die Erinnerungen von Lacordaire (Le testament du P. Lacordaire [Paris 1865]) und die Memoirenliteratur der Zeit wie auch *G. Procacci,* Le relazioni diplomatiche fra lo Stato pontificio e la Francia, 2. Reihe, I—II (Rom 1962/63) zu konsultieren.
LITERATUR: Hier ist hinzuweisen auf die zu Kap. 16 genannten Gesamtdarstellungen und Biographien. Die beiden jüngsten Abhandlungen, nuanciert und mit den Quellen und Monographien vertraut, sind *A. Vidler,* Prophecy and Papacy (London 1954) 184—284 und *P. Droulers,* Action pastorale et problèmes sociaux chez Mgr d'Astros (Paris 1954) 125—162. Über die Entwicklung von Lamennais nach „Mirari vos“ siehe vor allem: *L. Le Guillou,* L'évolution de la pensée religieuse de F. Lamennais (Paris 1966) 170—402; *ders.,* Les „Discussions critiques“, journal de la crise mennaisienne (ebd. 1967); *ders.,* L'information romaine de Lamennais: Annales de Bretagne 71 (1964) 373—421; *G. Verucci,* F. Lamennais dal cattolicesimo autoritario al radicalismo democratico (Neapel 1963) 228—339 und die Einleitung von *Y. Le Hir* zur kritischen Ausgabe der Paroles d'un croyant (Paris 1949).

Der Appell an Rom

Die Polemik Lamennais' gegen den Gallikanismus und gegen die scholastische Philosophie hatte ihm schon die ernsthafte Gegnerschaft des Episkopats und der Theologen, vor allem von seiten Saint-Sulpices und der Gesellschaft Jesu eingetragen[1]. Seine Entscheidung für den Liberalismus und vor allem die von der Zeitung „L'Avenir“ für die Aussöhnung der Kirche mit der Demokratie geführte Kampagne vermehrte die Zahl seiner Gegner, die außerdem durch den provokativen Ton und die persönlichen Angriffe, deren sich „L'Avenir“ gern bediente und die mehr als eine Generation für die Schule Lamennais' charakteristisch bleiben sollten, noch mehr verbittert wurden. Die Regierung Louis-Philippes warf ihm sowohl einen politischen Radikalismus als auch seine Angriffe gegen die Religionspolitik der Julimonarchie vor. Die Legitimisten, die ihm seine Kehrtwendung nicht verziehen hatten, waren empört über seine ungerechtfertigte Kritik an ihnen und

[1] Vgl. *L. Le Guillou,* L'évolution et la pensée religieuse de F. Lamennais 199—216.

griffen ihn in ihrer Presse heftig an. Dupanloup übertreibt kaum, wenn er Lamennais beschreibt als „das Idol der jungen Priester ... aber das Ärgernis aller alten Geistlichen und frommen Gläubigen“ [2], die ihm nicht nur seine kühnen politischen Ideen zum Vorwurf machten, sondern ihn der Absicht verdächtigten, die katholische Religion selbst reformieren zu wollen. Die Bischöfe waren schon verstimmt, weil sie zum größten Teil Legitimisten und Gallikaner waren und nicht unterscheiden konnten, was in dieser Bewegung falsch und übertrieben und was an ihr vernünftig war. Nun warfen sie „L'Avenir“ vor, er fordere die Aufhebung des Konkordats, dessen Vorteile in ihren Augen die tatsächlichen Nachteile wettmachten, sie untergrabe die bischöfliche Autorität durch den ständigen Sarkasmus in ihren Zeitungsartikeln und lasse Laien Fragen diskutieren, die der kirchlichen Autorität unterstehen. Sie wollten es keinesfalls billigen, daß so schwierige Fragen auf journalistischer Ebene diskutiert würden, und waren mit Recht beunruhigt über die Spaltung, die in ihren Klerus getragen wurde [3]. Die meisten von ihnen zögerten jedoch, öffentlich durch Hirtenbriefe gegen einen so bekannten Apologeten, der sich gleichzeitig als Verfechter der römischen Sache zeigte, vorzugehen. Aber viele säuberten ihre Seminare und vermehrten den Druck auf ihre Priester, um sie dazu zu verpflichten, die Zeitung nicht mehr zu lesen. Eine Anzahl alter Parteigänger, die eine offenere Haltung gegenüber den liberalen Bestrebungen wünschten, waren im übrigen beunruhigt über die zunehmend radikaler werdende Haltung des „L'Avenir“ auf politischer Ebene. Sie dachten wie P. Ventura, der in einem im Februar 1831 veröffentlichten Artikel zwar den liberal-katholischen Standpunkt der Zeitung billigte, ihr jedoch vorwarf, „im Namen der Religion die Revolution zu predigen“. Diese Reaktion eines römischen Freundes beeindruckte um so mehr, als sich zur gleichen Zeit der Eindruck verstärkte, daß sich die Nuntiatur eine immer größere Zurückhaltung auferlege.

Die Redakteure des „L'Avenir“ hatten versucht, die Situation durch eine „Declaration“ [4] an den neuen Papst zu korrigieren, in der sie ihre philoso-

[2] Brief an Kardinal de Rohan, zitiert in *F. Lagrange,* Vie de Mgr Dupanloup I 132. Zu vergleichen mit dem Brief des Internuntius in *P. Dudon* a. a. O. 123.

[3] Denn darin lag jenseits der Beziehungen zwischen Kirche und Staat das ganze Problem des Apostolats in einer von Grund auf erneuerten Welt und, noch tiefgreifender, jenes der Beziehung zwischen Glaube und Vernunft und zwischen Kirche und Welt auf Grund eines Standorts des Menschen außerhalb der hierarchischen und autoritären Auffassung der Gesellschaft. Die zahlreichen unveröffentlichten Briefe, die *L. Le Guillou* publizieren wird, zeigen, „wie sehr die von Lamennais gestellten Probleme — weil sie vordringlich und wesentlich für das Gewissen zahlreicher Priester waren — selbst die religiösen Orden gespaltet haben. Anhänger und Gegner bekämpften sich so heftig, daß sie bisweilen die elementarsten Regeln der Liebe vergaßen“ (L'Information littéraire 18 [1966] 141).

[4] Text bei *G. Verucci,* L'Avenir (Rom 1967) 288—307. Diese von Gerbet verfaßte und am 6. 2. veröffentlichte Erklärung bekam der Papst wahrscheinlich nie zu Gesicht.

phischen, theologischen und kirchenpolitischen Positionen ausführlich erläuterten. Als jedoch in den folgenden Monaten keine zustimmende Antwort von Rom kam, mehrten sich die Abbestellungen, und die seit langem schwierige Finanzierung der Zeitung wurde bald unhaltbar. So entschloß man sich Ende Oktober, die Herausgabe des „L'Avenir" und die Tätigkeit der Agentur einzustellen.

Ein unerwarteter Umschwung trat ein, als Lacordaire am 11. November Lamennais vorschlug, seine Sache dem Papst persönlich vorzutragen, um, mit einem Zeugnis seiner Rechtgläubigkeit nach Hause zurückgekehrt, mit gestärkter Autorität neu beginnen zu können[5]. Am 15. November erschien die Zeitung „L'Avenir" zum letzten Mal und kündigte in einem Artikel an, daß sie ihr Erscheinen vorläufig einstelle. Eine Woche später machte sich Lamennais mit Lacordaire und Montalembert trotz einer Warnung des Erzbischofs von Paris auf den Weg. Dieser hatte sie auf die Gefahr aufmerksam gemacht, die darin liege, den Heiligen Stuhl zur Stellungnahme zu zwingen. Lamennais, der als Visionär zutiefst in dem Kampf um den — nach seiner Auffassung einzigen — Heilsweg für die Kirche engagiert war, glaubte, daß der Papst nur deshalb seine Bemühungen nicht unterstütze, weil er, von seiner Umgebung getäuscht, nicht den wahren Sachverhalt der Dinge kenne. Der Heilige Stuhl könne ja nicht zwischen Gut und Böse, zwischen dem Wahren und dem Falschen neutral bleiben. Befangen von der Lage in Frankreich, bedachte Lamennais nicht, daß, abgesehen von den kirchlichen Aspekten der ganzen Angelegenheit und von der Beunruhigung, die dem Papst aus der Entwicklung der Lage in Belgien erwuchs[6], die Kampagne des „L'Avenir" zugunsten der Demokratie ganz besonders für Rom, die Hauptstadt eines Staates, dessen Existenz erst jüngst durch die liberale Erhebung ernsthaft bedroht war, beunruhigend sein müsse.

Am 30. Dezember in Rom angekommen, fanden die „Pilger Gottes und der Freiheit" hier doch einige einflußreiche Persönlichkeiten, die ihnen gewogen waren und die sie trotz „wirklicher Fehler" dieser politischen Schriftsteller wegen ihrer „tatsächlichen Verdienste" als Apologeten, als Verfechter des Ultramontanismus und als Verteidiger der Freiheit der Kirche gut aufgenommen wissen wollten. Sie waren außerdem beeindruckt von dem evangelischen Echo, das die Appelle des „L'Avenir" an eine ärmere und weniger vom System Metternichs kompromittierte Kirche weckten. Dieser Ansicht waren unter anderen der Kapuzinerkardinal Micara und einige andere Mitglieder des Heiligen Kollegiums sowie mehrere Theologen, darunter P. Olivieri, Magister Sacri Palatii, und vor allem P. Ventura, der mit Lamennais

[5] Siehe seine autobiographischen Anmerkungen bei *P. Foisset,* Vie du R. P. Lacordaire I (Paris 1870) 180—181.

[6] Über das Gewicht, welches die belgische Situation bei der Verurteilung Lamennais' hatte, vgl. *A. Simon:* Ris 6 (1963) 15—16; *ders.,* Rencontres 129—138.

wieder vollständig versöhnt und mit Eifer bemüht war, der Aktivität der Gegner Lamennais' entgegenzutreten[7].

Diese Gegner waren zahlreich und mächtig: der Staatssekretär, den das Urteil des „L'Avenir" über seine Unterdrückung der Aufstände im Kirchenstaat gekränkt hatte; ganz besonders Kardinal Lambruschini, der als ehemaliger Nuntius in Frankreich als Autorität für die Angelegenheiten dieses Landes galt, ein ausgesprochener Reaktionär, dem es sehr leicht fiel, Anhänger zu finden für seine Indignation gegen diesen „Hochmut", der diensterfahrenen Nuntien Unterricht in Diplomatie und dem Papst selbst Unterricht in Religion erteilen wollte; verschiedene Theologen und Kanonisten, die sich über die Herablassung, mit der Lamennais anerkannte Theologen behandelte, alterierten, vor allem die Jesuiten unter der Führung von P. Rozaven, der schon immer ein erbitterter Gegner der philosophischen Ideen Lamennais' war; und schließlich — unterstützt von den österreichischen und russischen Botschaften — französische Legitimisten, die sich um den Auditor der Rota und den Kardinal de Rohan gruppierten und die Besorgnisse des Episkopates artikulierten.

Die Frage nach der Rolle der ausländischen Diplomaten in der Verurteilung Lamennais' wurde heftig diskutiert, und Lamennais selbst schrieb ihnen in seinen „Affaires de Rome" einen vorrangigen Einfluß zu. Der Zugang zu den Archiven hat hier eine klarere Sicht ermöglicht. Die französische Regierung griff zwar nicht direkt ein, ihre Feindschaft gegen „L'Avenir" war jedoch bekannt, und Gregor XVI. wollte um keinen Preis die Spannung zwischen der Kirche und der neuen Regierung noch verschärfen. Der Einfluß Rußlands, das über die Unterstützung des Polenaufstandes durch „L'Avenir" sehr verärgert war, scheint sehr viel bedeutender gewesen zu sein, als die Historiker im allgemeinen zugeben[8], die sich vor allem mit dem Vorgehen Metternichs befaßt haben. P. Dudon hat sich sehr bemüht, die Bedeutung seiner Interventionen abzuschwächen[9], aber die Archive von Wien, die er nicht herangezogen hatte, verlangen doch, wie L. Ahrens und dann J. R. Derré gezeigt haben, eine Berichtigung einiger seiner Behauptungen. Es trifft zu, daß Gregor XVI. bereits vor der zweifachen Intervention des Botschafters von Österreich im Dezember 1831[10] nicht gut auf Lamennais zu

[7] Siehe sein Votum bei *P. Dudon* a. a. O. 126—132.

[8] Vgl. vor allem den Brief Montalemberts an Guéranger bei *P. Dudon* a. a. O. 151—152 und den von *A. Trannoy* a. a. O. 181 zitierten Absatz seines Tagebuches. Siehe auch *A. Vidler* a. a. O. 210—212 sowie allgemeiner bei *A. Boudou,* Le S.-Siège et la Russie I, Kap. 5. Der Zar schrieb „L'Avenir" wenn nicht den Aufstand in Polen, so doch dessen Verlängerung und den religiösen Charakter, den der Kampf angenommen hatte, zu.

[9] Sein Artikel in BLE 33 (1932) 16—34, eine Antwort auf das Buch von L. Ahrens, bringt keine neuen Aspekte.

[10] Siehe die Depeschen von Lützow vom 18. und 25. 12. 1831 bei *L. Ahrens* a. a. O. 237—240.

sprechen war und dessen Anmaßung, den Heiligen Stuhl zu einer Äußerung über seine Angelegenheit aufzufordern, sehr unpassend fand Aber das Eingreifen des Botschafters, dem keineswegs, wie Dudon behauptete, höflich verweigert wurde, seine Klagen anzuhören, konnte die ungünstigen Eindrücke des Papstes verstärken und jenen Stimmen entgegenarbeiten, die vorschlugen, den Pilgern dennoch einen guten Empfang zu bereiten. Außerdem wiederholte sich diese Intervention Metternichs während des Romaufenthaltes Lamennais' mehrmals. Noch später — vor allem nach der Veröffentlichung von „Mirari vos" — hat Metternich dem Heiligen Stuhl zahlreiche, von seiner Zensur abgefangene und von Rom bereitwillig aufgenommene kompromittierende Briefe zugesandt, die er mit Kommentaren und Ratschlägen versehen hatte, die zwar zweifellos der persönlichen Meinung des Papstes entsprachen, und zu deren Verhärtung beitragen konnten. Das lebhafte Interesse der Vertreter der Heiligen Allianz für die Entwicklung der Affäre Lamennais konnte ebenfalls den Papst zur definitiven Überzeugung bringen, daß er nun Stellung nehmen und sich trotz seines Zögerns dazu entscheiden müsse, die neue Schule öffentlich zu mißbilligen.

Wie dem auch sei, Lamennais und seine Gefährten stießen in ihren ersten Wochen in Rom auf eine Mauer höflichen Schweigens. Anfang Februar ließen sie dem Papst ein langes, von Lacordaire verfaßtes Memorandum[11] überreichen, in dem sie ihre Position darlegten. Die von Kardinal Pacca, dem Dekan des Heiligen Kollegiums, überbrachte Antwort war eine diskrete Aufforderung, die Sache auf sich beruhen zu lassen. Lacordaire begriff sofort und beschloß, unverzüglich nach Frankreich zurückzukehren[12]. Lamennais dagegen, überzeugt, daß die Opposition gegen ihn ausschließlich politischer Natur sei und man ihm in doktrinärer Sicht nichts vorwerfen könne, wollte Rom auf jeden Fall zur Stellungnahme bringen. Er verlängerte also seinen Aufenthalt bis Anfang Juli; als aber auch dann noch nichts geschah, entschloß er sich, von einigen römischen Freunden ermutigt, eine Wiederaufnahme der Veröffentlichung des „L'Avenir" zu versuchen, und verließ Rom, sehr verbittert darüber, daß er nicht die Gelegenheit gehabt hatte, seine Verteidigung persönlich vorzubringen, und daß die Autoritäten sogar in systematischer Weise sich jeder ernsten Diskussion entzogen hatten, was ihn schließlich davon überzeugte, daß die römischen Kreise, überbeschäftigt mit Tagesfragen und rein weltlichen Problemen, kein Interesse an dem Allgemeinwohl der Kirche hätten.

[11] Texte in Les Affaires de Rome 45—104.

[12] Über diese Entscheidung vgl. *P. Foisset,* Vie du R. P. Lacordaire I 197—199.

Die Enzyklika „Mirari vos"

Entgegen der Annahme Lamennais' war sein Fall von der Kongregation für Außerordentliche kirchliche Angelegenheiten seit März ernsthaft untersucht worden. Die von Kardinal Lambruschini redigierte „Posizione" betonte die internationalen Nachwirkungen der Kampagne des „L'Avenir": Unbehagen der Bischöfe Frankreichs und sogar Belgiens [13], Besorgnis der „Kabinette der katholischen Mächte". Die Berater vertraten einstimmig die Auffassung, daß der Papst nicht mehr schweigen könne, da er sonst den Anschein erwecke, daß er die subversiven Lehren, die Lamennais seit zwei Jahren verkündete, billige. Statt eine Liste der zu verurteilenden Sätze aufzustellen, was zu lange gedauert hätte, schlugen die Berater dem Papst vor, in seiner ersten Enzyklika, ohne „L'Avenir" ausdrücklich zu nennen, dessen Thesen über die Legitimität der Revolution, die Trennung von Kirche und Staat und die Religions- und die Pressefreiheit zu verurteilen. Ein Entwurf der Enzyklika, vorgelegt von Mgr. Frezza, dem Sekretär der Kongregation, wurde am 9. August ratifiziert. Zweifellos waren die vorgebrachten Argumente vor allem theologischer Natur: man warf den inkriminierten Theorien vor, „sich von einem gewissen religiösen Indifferentismus, den der Glaube zurückweisen muß, herzuleiten", und stellte den Auffassungen über die Volkssouveränität Texte wie „omnis potestas a Deo" entgegen. Es ist jedoch nicht ausgeschlossen, daß die Überzeugung der Kardinäle und des Papstes selbst über die Dringlichkeit einer Intervention durch außertheologische Faktoren verstärkt wurde: erneute Bemerkungen der Diplomaten, Wiederausbruch der liberalen Agitation im Kirchenstaat, die belgische Frage.

Die Enzyklika „Mirari vos", mit dem Datum vom 15. August 1832 [14], zeichnet ein pessimistisches Bild von der Lage, die Gregor XVI. bei seiner Thronbesteigung vorgefunden hat. Nach einer erneuten Verurteilung des Rationalismus und Gallikanismus, die auch Lamennais seit 15 Jahren heftig befehdete, wendet sie sich mit äußerster Heftigkeit gegen den Liberalismus in seinen verschiedenen Formen: „Diese falsche und absurde Maxime, oder vielmehr dieser Wahn, man müsse jedem die Gewissensfreiheit ermöglichen und garantieren"; gegen die Pressefreiheit, „diese verabscheuungswürdige Freiheit, vor der man nie genug Abscheu haben kann" und von der auch nur irgendein gutes Resultat zu erwarten illusionistisch wäre; gegen die Aufforderung zur Revolution gegen die Herrscher (dieser Punkt war mit besonderem Pathos entwickelt); gegen die Trennung von Kirche und Staat. Jedes Nachgeben in diesen Punkten wurde „mit einem biblischen Ton, der aus einem anderen Zeitalter zu sein schien" (Droulers), verurteilt. Weder

[13] Vgl. den Brief von Van Bommel an Gregor XVI. vom 29. 1. 1832 bei A. *Simon*, Rencontres 136—137.

[14] Text in Acta Gregorii PP XVI, hrsg. von A. *Bernasconi* (Rom 1901) I 169—174.

Lamennais noch „L'Avenir" waren ausdrücklich genannt, aber alle von ihnen verteidigten Thesen waren verworfen, indem man sie, übrigens fälschlich, mit dem naturalistischen Indifferentismus in Zusammenhang brachte. Die Tatsache, daß Rom diese Enzyklika nicht als Verurteilung der belgischen Verfassung betrachtete, zeigt, daß man hierbei auf der Ebene der Prinzipien bleiben wollte und bereit war, ein Regime, das die modernen Freiheiten tolerierte, in gewissen außergewöhnlichen Fällen hinzunehmen, unter der Bedingung, daß die wesentlichen Rechte der Kirche unangetastet blieben. Was man verurteilte, war die Behauptung der rechtlichen Gleichstellung aller Religionen und daß die Freiheit der Verbreitung jeder beliebigen Lehre ein Ideal und Fortschritt sei[15]. Ebenso wurde auch die Lehre von der Volkssouveränität verurteilt, wobei man sich mehr an den Theoretikern des ius divinum der Könige als an den aristotelischen Positionen des heiligen Thomas von Aquin über den Ursprung der Macht inspirierte; dies führte zu Reaktionen gewisser Dominikaner, sogar in Rom, wo sie im übrigen nicht die einzigen waren, die die Opportunität der Enzyklika oder gar ihre Autorität mit Vorbehalt betrachteten.

Ein Exemplar der Enzyklika wurde sofort an Lamennais gesandt, begleitet von einem Schreiben des Kardinals Pacca, der erläuternd ausführte, daß Lamennais angesprochen sei nicht nur wegen der Taktik, die er zur Verteidigung der Kirche anwenden zu müssen glaubte, sondern auch wegen seiner Lehren auf kirchenpolitischem Gebiet. Lamennais, der diesen Brief in München erhielt, wo er mit seinen deutschen Gesinnungsfreunden Kontakt aufnehmen wollte[16], veröffentlichte in Übereinstimmung mit seinen Mitarbeitern eine Erklärung, die nichts widerrief, aber ankündigte, daß man, „der obersten Autorität des Stellvertreters Jesu Christi ergeben, den Kampfplatz verlasse, auf dem man zwei Jahre lang loyal gekämpft habe", daß „L'Avenir" nicht mehr erscheinen werde und die Agentur aufgelöst sei. Diese Erklärung befriedigte Rom, das einen Aufruhr befürchtet hatte.

Von „Mirari vos" zu „Singulari nos"

Wenn nun eine Anzahl der Anhänger Lamennais' aus der Enzyklika den Schluß zog, daß sie den falschen Weg gegangen waren und ihre Absage an die Theorien, die sie bislang verteidigt hatten, verkündeten, so waren Lamennais und viele seiner Schüler — überzeugt, daß die Enzyklika „mehr ein Akt der Regierung als des Lehramts sei" (Le Guillou) — der Auffas-

[15] Siehe *R. Aubert*, L'enseignement du magistère ecclésiastique au XIXe siècle sur le libéralisme: Tolérance et communauté humaine (Tournai 1952) 75—82.
[16] Über diesen Aufenthalt in München vgl. *L. Ahrens* a. a. O. 86 ff.

sung, daß sie nur zum Schweigen verpflichtet seien und ihre früheren Ideen unverändert beibehalten könnten.

Die belgischen Katholiken standen vor einem besonderen Gewissenskonflikt[17], da für sie der katholische Liberalismus nicht nur ein theoretisches System, sondern durch eine — mit der Zustimmung des Episkopats garantierte — Verfassung in Anwendung gebracht worden war, deren konkrete Vorteile man von Tag zu Tag mehr schätzte. Die Konservativen, die diese in ihren Augen zu liberale Verfassung kritisiert hatten, jubelten; die Unionisten waren im ersten Augenblick niedergeschmettert, und einige von ihnen gingen sogar so weit, sich zu fragen, ob ihre aktive Opposition gegen den Regalismus Wilhelms I. und der Aufstand von 1830 nicht gleichermaßen durch die antirevolutionären Aussagen der Enzyklika verurteilt seien. Aber die Bischöfe zeigten keinerlei Beunruhigung, da sie mit Recht annahmen, daß die Grundsatzerklärungen über ein ideales Regime nicht die Verfassung betrafen, die ja ein Übereinkommen ziviler und nicht theologischer Art war. Schon bald begannen die katholischen Zeitungen die Enzyklika im gleichen Sinne zu interpretieren, und einige fügten mitunter sogar hinzu, daß eine Enzyklika im übrigen nicht für den Glauben verbindlich sei. Einige Unionisten der ersten Stunde, wie Gerlache, fühlten sich jedoch verpflichtet, aus Treue zur römischen Lehre ihre parlamentarische Tätigkeit aufzugeben; aber die meisten äußerten nach einigen Wochen, daß sich für sie im Grunde nichts verändert habe. Metternich war äußerst verärgert und versäumte nicht, Rom in dieser Frage zu alarmieren und darauf zu bestehen, daß nun eine neue, deutlichere Erklärung angebracht sei.

Auch aus Frankreich forderten zahlreiche Stimmen eine erneute päpstliche Intervention, die die Anhänger Lamennais' zu einem echten Widerruf verpflichten sollte. Man wollte vor allem, daß der Papst die Liste der 56 Sätze Lamennais' verurteile, die Mgr. d'Astros im Juli 1832 dem Heiligen Stuhl unterbreitet hatte und die aus diesem Grund unter dem Namen „Zensur von Toulouse"[18] bekannt wurde. Aber während einige im geheimen hofften, damit Lamennais zu zwingen, seine Maske abzuwerfen, und glaubten, über diesen gegen Rom rebellierenden Apostel des Ultramontanismus triumphieren zu können, zog Gregor XVI. es vor, trotz der Ratschläge, die er von Metternich, den Jesuiten und vielen anderen, was die Unterwerfung der Anhänger Lamennais' betraf, erhielt, noch zuzuwarten. Demgemäß schloß er sich der Meinung der Kongregation für Außerordentliche kirchliche Angelegenheiten an, die vorschlug, der „Zensur von Toulouse" nicht zu

[17] Vgl. *H. Haag* a. a. O. (S. 323) 180—196, *K. Jürgensen* a. a. O. (S. 320) 254—269 und *A. Simon,* Rencontres 149—153.

[18] Über deren Ursprung und Geschichte siehe *P. Droulers* a. a. O. 132—144, vervollständigt von *P. Dudon* a. a. O. 243—263. Zwei Drittel dieser Sätze betrafen die philosophische Theorie der Sicherheit und etwa ein Drittel die kirchenpolitischen Thesen des „L'Avenir".

folgen; man verfaßte sogar einen Breve-Entwurf, in dem der Papst sich darauf beschränkte, seine uneingeschränkte Freude über die Aufnahme seiner Enzyklika auszudrücken.

Zum gleichen Zeitpunkt jedoch traten zwei neue Tatsachen in den Vordergrund. Eine belgische Zeitung veröffentlichte einen Briefauszug, in dem Lamennais seine Absicht, die Veröffentlichung des „L'Avenir" wiederaufzunehmen, zum Ausdruck brachte; entgegen dem Anschein stammte der Brief jedoch aus der Zeit vor der Enzyklika[19]. In Rom glaubte man jedoch darin den Beweis für seine damalige Unaufrichtigkeit zu sehen. Die Wirkung dieses tragischen Mißverständnisses wurde noch verschärft durch das niederschmetternde Vorwort, das Montalembert zu einer Übersetzung des „Buchs der polnischen Pilger" von Mickiewicz schrieb. Das Breve an Mgr. d'Astros (8. 5. 1833) wurde sofort geändert, und man fügte einen Satz gegen Lamennais ein. Lamennais' Erklärungsschreiben befriedigte den Papst nicht, und er richtete — diesmal an den Bischof von Rennes — ein erneutes, noch strengeres Breve (5. 10. 1833), dem ein Briefwechsel zwischen Lamennais und Rom folgte. Der bretonische Abbé, der sich nun kaum mehr mit der Religionsfreiheit oder der Trennung von Kirche und Staat befaßte, sondern sich immer mehr für die Sache des ausgebeuteten Volkes und der unterdrückten Nationen begeisterte, war bereit, seine Unterwerfung unter den Heiligen Stuhl in den Fragen des Glaubens, der Moral oder der Kirchendisziplin zu verkünden. Unter Berufung auf die radikale Unterscheidung zwischen dem geistlichen und weltlichen Bereich erhob er jedoch den Anspruch, auch nach der Enzyklika seine volle Freiheit der Wertung und Handlung auf politischem Gebiet zu bewahren. Dies wollte Gregor XVI. jedoch nicht zugestehen, da er die Auffassung vertrat, daß der Aufruf zur Revolte gegen die etablierten Autoritäten die moralischen und religiösen Prinzipien in Frage stelle. Man sandte also eine Aufforderung an Lamennais, ausdrücklich der Gesamtheit der in „Mirari vos" aufgeführten Lehren, einschließlich jener, die das politische Handeln berührten, zuzustimmen.

Physisch durch die Wochen anstrengender Diskussionen erschöpft, erbittert über die Verstärkung der Angriffe der katholischen Presse auf seine Loyalität und aus dem Wunsch nach „Frieden um jeden Preis", gab Lamennais schließlich am 11. Dezember nach. Aber in seinen Privatbriefen wird seine damalige Geistesverfassung deutlich: er hätte alles unterschrieben, „auch wenn es die Erklärung gewesen wäre, daß der Papst Gott sei"[20]. Dies war das Ende einer Entwicklung, die bei seinem Romaufenthalt eingesetzt hatte; er hatte nun „sehr starke Zweifel über mehrere Punkte des Katholizismus",

[19] Diese Tatsache ist von *G. Charlier:* Revue d'hist. litt. de la France 11 (1933) 109—114 entdeckt worden.

[20] Brief an Montalembert vom 1. 1. 1834 (a. a. O. 231). Vgl. auch den Brief an Marion vom 4. 1. 1834 bei *A. du Bois de la Villerabel,* Confidences de Lamennais, lettres inédites (Paris 1886) 94—95.

da er überzeugt war, daß die „Kirche nicht so bleiben könne, wie sie ist, und daß man nie das Göttliche und das Menschliche in ihr klar unterschieden habe". Es ist wahrscheinlich — L. Le Guillou hat die Aufmerksamkeit auf diesen Punkt gelenkt —, daß das Breve vom Juni 1832 an die polnischen Bischöfe, das die nationale Erhebung verurteilte und die brutale Unterdrückung durch den Zaren im Namen des dem legitimen Herrscher schuldigen Gehorsams[21] rechtfertigte, in Lamennais einen noch tieferen Eindruck hinterlassen hat als die Verurteilung des „L'Avenir". Der polnische Aufstand war für ihn nicht nur eine Bemühung zur Volksbefreiung, sondern auch eine religiöse Erhebung für die Verteidigung der von den russischen Schismatikern vergewaltigten Rechte der Katholiken. Nun, je mehr er in den folgenden Monaten reflektierte, um so mehr begann er sich zu fragen, was man einem Papst noch glauben könne, der so offenkundig seine geistliche Mission aus Gründen verrate, die ihm rein politischer Natur zu sein schienen, nämlich, daß man bei Rußland Unterstützung suchte, um der aufständischen Romagna besser widerstehen zu können; dies mußte ihn logisch zu einer Ausweitung des Problems führen: „Was ist die Kirche? Ist sie die Hierarchie und das Papsttum, die sich gegen die Bestrebungen des Volkes im Kampf für seine Freiheit stellen, oder ist sie die gesamte Menschheit?" Im Geiste — er neigte zu einer apokalyptischen Sicht — sah er eine Entwicklung sich anbahnen, die analog jener war, durch die die hierarchische Kirche an die Stelle der jüdischen Synagoge getreten ist. Fortan ist für ihn die Zeit, in der das Papsttum als Interpret der von Gott der Menschheit anvertrauten Wahrheit eine von der göttlichen Vorsehung bestimmte Rolle gespielt hatte, vorbei; man müßte die Heraufkunft einer neuen religiösen Gesellschaft erwarten, die wie eine Schmetterlingspuppe aus der katholischen Kirche hervorgehe. Mehr als ein Aufrührer, der einer Mahnung nicht folgen kann, erschien Lamennais so als ein enttäuschter Mann, der in die katholische Kirche eine abgründige Hoffnung auf die Befreiung der Menschheit gesetzt hatte und, da er erkannte, daß sie dieser Hoffnung nicht entsprach, daraus schloß, daß ihre Hierarchie nicht das Organ Gottes auf Erden sein könne.

Seine äußere Unterwerfung brachte ihm zunächst einige Wochen der Erleichterung, aber schon bald begann er sich seine, wie er glaubte, Lauheit zum Vorwurf zu machen, vor allem da er aus Briefen Venturas und anderer römischer Freunde erfuhr, daß sogar im Zentrum des Katholizismus die Stellungnahmen Gregors XVI. nicht ohne Vorbehalte gebilligt wurden und daß sich die französische und europäische Politik immer reaktionärer entwickelte. Er wollte sich offen wieder von ihr lossagen und entschied sich unvermittelt im April 1834 — gegen den Rat seiner Freunde —, unter dem Titel „Paroles d'un croyant" die Reihe von Prosagedichten zu veröffentlichen, die er in

[21] Siehe S. 190—191.

den vergangenen Monaten verfaßt hatte, um im Stil der Propheten des Alten Testaments die Ankunft eines neuen Zeitalters, in dem ein erneutes Eingreifen Christi schließlich die Völker von der Tyrannei der Despoten und Machthaber befreien werde, zu verkünden. Diese Hymne zum Ruhme allen dessen, was der Papst in „Mirari vos" verurteilt hatte, erregte Aufsehen[22]. Die Katholiken sahen in diesem Werk, dessen Ton sehr religiös, dessen Christentumsbegriff aber sehr unklar gezeichnet war, den Beweis des endgültigen Abfalls Lamennais', was wohl etwas verfrüht war[23]. Rom reagierte, ohne zu zögern: Lambruschini wurde mit einem Bericht über die Frage beauftragt, und obwohl er zu dem Schluß kam, daß ein einfaches Breve ausreichen würde, und wiewohl der Erzbischof von Paris sogar völliges Schweigen empfohlen hatte, veröffentlichte der Papst am 21. Juni 1834 die Enzyklika „Singulari nos"[24]. Diese führte den Ablauf der Ereignisse auf, verurteilte ausführlich die revolutionären Lehren, die dem Werk Lamennais' zugrunde lagen, das um so verwerflicher sei, als es diese Lehren auf die Bibel stützen wolle, und schloß mit einer kurzen, in sehr allgemeinen Begriffen gehaltenen Verurteilung des philosophischen Traditionalismus.

Lamennais reagierte nicht unmittelbar, und erst im November 1836 wurde mit der Veröffentlichung der „Affaires de Rome"[25] sein Bruch offenkundig. Alle seine früheren Anhänger dagegen gaben sehr schnell ihre Unterwerfung unter den päpstlichen Entscheid bekannt. Dennoch blieb der Einfluß der von Lamennais ausgelösten Bewegung in katholischen Kreisen tief und dauerhaft. Wie die folgenden Kapitel zeigen werden, behielt der von dem bretonischen Propheten ausgelöste Anstoß seinen Einfluß auf das Handeln und das Denken, und dies trotz der schweren Belastung, der er durch

[22] Siehe bei *Forgues,* Correspondance II 368—369 in der Anmerkung eine Reihe geistreicher Worte, durch Vitrolles in Paris gesammelt: „un bonnet rouge planté sur une croix", „Babeuf débité par le prophète Ezéchiel", „Robespierre en surplis" ...

[23] Erst um die Jahre 1835—36 hörte Lamennais auf, an die Grundwahrheiten des Christentums zu glauben. Siehe die beiden letzten Kapitel von *L. Le Guillou,* L'évolution de la pensée religieuse de F. Lamennais.

[24] Texte in Acta Gregorii PP XVI, I 433—434. Über die Vorbereitung der Enzyklika siehe *P. Dudon* a. a. O. 323—329, zu ergänzen durch den Brief von E. d'Alzon vom 5. 7. 1834 (Lettres inédites de Lamennais à Montalembert 307—309 als Anmerkung). Die Wiener Archive beweisen die außerordentliche Aktivität Metternichs in den Wochen vor Erscheinen der Enzyklika, aber L. Ahrens glaubt, im Gegensatz zu Harispe, daß die frappierenden Parallelen zwischen der Enzyklika und den Briefen des österreichischen Kanzlers eher Ausdruck einer schon vorher vorhandenen Übereinstimmung als das Ergebnis einer ausdrücklichen Einflußnahme waren.

[25] Er verkündete darin, daß er das „Christentum des Pontifikats" aufgebe, um dem „Christentum des Menschengeschlechts" zu folgen, was tatsächlich einem Deismus analog jenem des savoyischen Vikars entsprach. Er nahm seinen Wohnort in Paris, widmete sich dem Journalismus, blieb jedoch fortan isoliert, sogar in den Kreisen der Linken, wo man ihn für zu religiös hielt; er starb, nach einem vergeblichen Versuch, 1848 in die Politik einzutreten, am 17. 2. 1854.

die Ungeduld seines genialen Vorläufers ausgesetzt war; dieser hatte die Geduld Gottes nicht zu respektieren vermocht und auch nicht seinen exzessiven Individualismus aufgegeben, der es nicht zuließ, daß seine fruchtbaren Intuitionen sich nach und nach im Kontakt mit der Erfahrung der kirchlichen Kollektivität läuterten und reinigten. Er war gleichermaßen belastet von einer zu äußerlichen Auffassung der Religion, die noch lange auf den verschiedenen Formen des „politischen Katholizismus" lasten sollte, die sich im 19. Jh. in den Spuren Lamennais' herausbildeten.

ZWEITER ABSCHNITT

Kirche und Staat in Europa von 1830 bis 1848

Univ.-Professor Dr. Roger Aubert, Louvain (Kap. 18 und 19)
Univ.-Professor Dr. Rudolf Lill, Köln - Rom (Kap. 20)
Univ.-Professor Dr. Patrick J. Corish, Maynooth/Irland (Kap. 21)

Verschiedentlich nahm man an, daß die Verurteilung der Ideen des „L'Avenir" durch die Enzyklika „Mirari vos", der kurz darauf der Abfall Lamennais' folgte, dem katholischen Liberalismus den Todesstoß versetzt habe. Tatsächlich jedoch war dies nicht der Fall. Jene Anhänger Lamennais', die auch weiterhin von der Fruchtbarkeit seiner Ideen überzeugt waren, verzichteten nun darauf, Theorien über die ideale Ordnung der Beziehungen zwischen Kirche und Staat zu entwickeln und vor allem die systematische Apologie der Trennung der beiden Gewalten zu betreiben, und wandten sich der Umsetzung der Theorie in die Praxis zu, indem sie einmal die modernen Institutionen zugunsten der Religion einsetzten und dort, wo die Freiheit der Katholiken durch Regierungsmaßnahmen beeinträchtigt war, nun nicht mehr Privilegien, sondern die Anwendung des allgemeinen Rechtes forderten, und andererseits um eine Anpassung der katholischen Kultur an die Bestrebungen und Tendenzen der modernen Gesellschaft bemüht waren. Vor allem in Frankreich engagierte sich der militante Flügel des Katholizismus entschlossen in dieser Richtung. Dies war auch die von den belgischen und holländischen Katholiken verfolgte Politik, die von ihren Bischöfen spürbar unterstützt wurde. In Italien versuchten einige Vorläufer den gleichen Weg. In den deutschen Ländern, die von Lamennais nur in geringem Maße beeinflußt wurden, zeigten sich dennoch parallele Tendenzen in den Bemühungen eines Görres und des Münchener Kreises, das katholische Denken der protestantischen Intelligenz zu erschließen und die Kirche vom Joch des vom Ancien Régime überkommenen Regalismus zu befreien: es kommt nicht von ungefähr, daß die alten Parteigänger Lamennais' in Frankreich und Belgien den Widerstand der preußischen Katholiken während des Kölner Ereignisses mit so großer Begeisterung verfolgten. Schließlich verdankt der Katholizismus in England den zweiten Frühling, den er — nach einem Wort Newmans — in diesen Jahren erlebte, vor allem der Emanzipation von 1829, einem katholischen und liberalen Erfolg, der in der Aktivität O'Connells seine Ursache hat, dessen Beispiel die Anhänger Lamennais' überzeugte und deren Bedeutung Montalembert hervorhob. So vollzogen sich trotz der in Rom und Wien vorherrschenden reaktionären Ausrichtung die wichtigsten katholischen Unternehmungen in West- und Mitteleuropa in den 15 Jahren des Pontifikats Gregors XVI. unter dem Zeichen der Freiheit.

18. Kapitel

Das Fortbestehen des katholischen Liberalismus in Westeuropa

Frankreich

QUELLEN: Für Gesetzestexte und Parlamentsreden siehe Allg. Bibliogr. Die bischöflichen Hirtenbriefe sind eine der wichtigsten Quellen (unvollständige Sammlungen in den Nationalarchiven von Paris F[19] 5473—5488 und in der Nationalbibliothek, Ser. E). Zahlreiche Memoiren, vor allem jene von *Guizot,* 8 Bde (Paris 1857/58), und Korrespondenzen, hier bes. jene von *Lamennais* (vgl. 323 und 336), *Lacordaire* (vgl. LThK VI 726) und *Veuillot* (Œuvres complètes XV—XVI [Paris 1931]). Die wichtigsten Zeitungen sind „L'Avenir" (1830/31), „L'Ami de la Religion" (ab 1830), „L'Univers religieux" (ab 1833) und „Le Journal des villes et des campagnes". Für die Broschüren vgl. den Catalogue de l'histoire de France der Pariser Nationalbibliothek III 555—804 und XI 292—319. Ferner: *G. Procacci,* Le Relazioni diplomatiche fra lo Stato pontificio e la Francia, 2. Serie, 1830—48, 3 Bde (Rom 1962/69, bis 1838); *P. Poupard,* Correspondance inédite entre Mgr Garibaldi, internonce à Paris, et Mgr Mathieu, archevêque de Besançon (Paris 1961). Für die unveröffentlichten Quellen, vgl. *G. Bourgin,* Les sources manuscrites de l'histoire religieuse de la France moderne (Paris 1925). Besonders wichtig sind die Serie F[19] in den Nationalarchiven von Paris und die Archivbestände der Nunziatura di Francia in den Vatikanischen Archiven.

LITERATUR: Gesamtdarstellungen: Neben den Werken von *Schmidlin PG* (I 556—567), *Leflon* (440—452 478—484 489—509), *Brugerette* (I 63—122), *Gurian* (124—184), *Dansette* (I 285—337) und HistCathFr (274—365) s. vor allem *Ch. Pouthas,* L'Église de France sous la Monarchie constitutionnelle (Cours de Sorbonne 1942).

Unter den zahlreichen Biographien von Bischöfen, Klerikern oder bedeutenden Männern dieser Epoche sei besonders verwiesen auf: *P. Droulers,* Action pastorale et problèmes sociaux sous la Monarchie de Juillet chez Mgr d'Astros (Paris 1954; das Interesse des Werkes übersteigt wesentlich den Charakter einer Biographie); *J. Leflon,* E. de Mazenod II—III (Paris 1960/65; hierzu ist dasselbe anzumerken); *E. Sevrin,* Mgr Clausel de Montals, 2 Bde (Paris 1957); *R. Limouzin-Lamothe,* Mgr de Quélen, archevêque de Paris II (Paris 1957); *ders.* und *J. Leflon,* Mgr D.-A. Affre (Paris 1971); *Ch. Guillemant,* P. L. Parisis I—II (Paris 1916/17); *S. Vailhé,* Le P. E. d'Alzon, 2 Bde (Paris 1927); *Lecanuet,* Montalembert I—II (Paris 1895/99); *M. J. Rouët de Journel,* Mme Swetchine (Paris 1929). — Gleichermaßen nützlich, wenn auch weniger kritisch jene über Dupanloup (von *F. Lagrange* I [Paris 1883]), Mathieu (von *Besson* I [Paris 1882]), *Gerbet* (von *C. de Ladoue* I—II [Paris 1882]), Sibour (von Poujoulat [Paris 1857]), *Gousset* (von *F. Gousset* [Besançon 1903]), Guibert (von *J. Paguelle de Follenay,* 2 Bde [Paris 1896]), *Lacordaire* (von *Th. Foisset,* 2 Bde [Paris 1870]), Veuillot (von *E.* u. *Fr. Veuillot* I—II [Paris 1899/1901]).

Zu den Beziehungen zwischen Kirche und Staat: *P. Thureau-Dangin,* L'Église et l'État sous la Monarchie de Juillet (Paris 1895); *Debidour,* Histoire II 413—490; *Rémond* 75—94; *E. Piscitelli,* Stato e Chiesa sotto la Monarchia di Luglio attraverso i documenti vaticani (Rom 1950); *J. P. Martin,* La nonciature de Paris et les affaires ecclésiastiques en France sous le règne de Louis-Philippe (Paris 1949); *L. Manzini,* Il card. Lambruschini (Vatikanstadt 1960) 160—238. — Über die Anerkennung der Juli-Monarchie durch den Heiligen Stuhl: *C. Vidal:* Revue d'hist. diplomatique 46 (1932) 497—517; *S. Celli:* ChStato I 67—104.

Zur Diözesanorganisation: *Ch. Pouthas,* Le clergé sous la Monarchie constitutionelle: RHEF 29 (1943) 19—74; *P. Poupard,* L'épiscopat angevin sous la Monarchie de Juillet: Mémoires de l'Académie d'Angers, 8. R. 5 (1961) 15—29 und hauptsächlich die Einleitung zur Veröffentlichung der Korrespondenz Garibaldi-Mathieu von demselben Autor (s. Quellen), die den Untertitel trägt: Contribution à l'histoire de l'administration ecclésiastique sous la Monarchie de Juillet; *J.-B. Duroselle,* L'abbé Clavel et les revendications du bas-clergé sous Louis-Philippe: Études d'histoire moderne et contemporaine 1 (1947) 99—126.

Zur Kampagne für die Freiheit im Unterrichtswesen: neben den Biographien über Montalembert, Parisis, Dupanloup, Clausel und Veuillot: *Grimaud* VI; *L. Follioley,* Montalembert et Mgr Parisis (Paris 1901); *L. Trénard,* Salvandy et son temps (Paris 1968); *P. Gerbod,* La condition universitaire en France au XIXe s. (Paris 1965) 141—156 176—181; *A. J. Tudesq,* Les grands notables en France 1840—49 (Paris 1964) 695—730; *A. Rivet:* Actes du 88e congrès national des sociétés savantes (Paris 1964) 181—200 (für die Elementarschulen).

Zur katholischen Bewegung: *F. Mourret,* Le mouvement catholique en France de 1830 à 1850 (Paris 1917); *Weill,* Cath. lib. 51—90; *M. Prélot,* Le libéralisme catholique (Paris 1969) 148—178; *P. Fernessole,* Les conférenciers de Notre-Dame I (Paris 1935); *E. Martin,* La Mère de Gondrecourt (Nancy 1895) 1—54 (für Nancy).

Zum religiösen Leben: *Y. M. Hilaire:* L'information historique 25 (1963) 57—69, 29 (1967) 31—35; *Chr. Marcilhacy,* Le diocèse d'Orléans au milieu du XIXe s. (Paris 1964); *ders.,* ArchSR 6 (1958) 91—103; die Werke (zitiert S. 141) von *M. Faugeras, P. Huot-Pleuroux* u. *J. Vidalenc; G. de Bertier:* RHEF 55 (1969) 273—278; *L. Trénard,* Aux origines de la déchristianisation, le diocèse de Cambrai de 1830 à 1848: Revue du Nord 47 (1965) 399—459; *H. Pomme,* La pratique religieuse dans les campagnes de la Meurthe vers 1840: Annales de l'Est 5. R. 21 (1968) 137—157; *H. Forestier:* Bull. de la soc. des sciences hist. et naturelles de l'Yonne 97 (1957/58) 33—54 (über die protestantische Werbung); *M. Vincienne-H. Courtois:* ArchSR 6 (1958) 104—118; *F. Isambert:* ebd. 7—35; *M.-H. Vicaire,* Les ouvriers parisiens en face du catholicisme de 1830 à 1870: Schweizerische Zschr. f. Gesch. 1 (1951) 226—245; *R. Voog,* Le problème religieux à Lyon pendant la Monarchie de Juillet d'après les journaux ouvriers: Cahiers d'histoire 8 (1963) 405 bis 421. — Zum Antiklerikalismus s. *Weill,* Idée laïque 56—104; *Mellor* 271—285.

Zu Katholiken und die soziale Frage: *Duroselle* 80—287, zu ergänzen durch das zitierte Werk von *P. Droulers* über Mgr. d'Astros und durch die Artikel desselben Autors in: Revue d'hist. moderne et contemporaine 4 (1957) 281—301; Cahiers d'histoire 6 (1961) 265—285; Revue de l'Action populaire 47 (1961) 442—460; Saggi storici intorno al Papato (Rom 1959) 401—463. Siehe auch: *A. d'Andigné,* Un apôtre de la charité, A. de Melun (Paris 1962); *F.-A. Isambert,* Politique, religion et science de l'homme chez Ph. Buchez (Paris 1967).

Beim französischen Klerus — mit Ausnahme der zahlenmäßig kleinen Gruppe der Anhänger Lamennais' — löste die Julirevolution von 1830, die an die Stelle der für den Klerus so vorteilhaften Allianz von Thron und Altar ein Regime brachte, in dem der Einfluß des antiklerikalen und liberalen Bürgertums vorherrschend war, Bestürzung aus. Pius VIII. hatte, auf Anraten u. a. Österreichs und gegen die Empfehlung seiner Umgebung und des Nuntius von Paris die neue Regierung, die versprach, das Konkordat zu respektieren, sehr rasch anerkannt. Aber einige antiklerikale institutionelle Maßnahmen[1], die durch eine Anzahl, im ganzen zwar lokaler, aber dennoch bedauerlicher Vorfälle[2] sowie durch Angriffe der Pariser Presse und des Theaters auf den Klerus noch unterstrichen wurden, wie auch der Hang gewisser Gemeinderäte — vor allem in den Städten — zur Verringerung des kirchlichen Einflusses auf das öffentliche Leben und einige unglückliche Bischofsernennungen in den ersten Monaten des neuen Regimes ließen bei dem von vornherein mißtrauischen Klerus den Eindruck entstehen, daß nun die Verfolgungen erneut beginnen würden. Mehrere Priester und drei Bischöfe, unter ihnen auch die Kardinäle de Latil und de Rohan, verließen sogar Frankreich und bezeichneten sich als die Vorhut einer neuen Emigrationswelle, ähnlich jener vor vierzig Jahren. Der Historiker muß jedoch feststellen, daß sich in den 18 Jahren der Julimonarchie der kirchliche Wiederaufbau konsolidierte und in einigen Bereichen — zum Teil dank einer sinnvollen Anwendung der von der Zeitung „L'Avenir" empfohlenen Taktik — sogar eine Weiterentwicklung der unter der Restauration angebrochenen katholischen Wiedergeburt stattfand.

Weder der König noch seine Minister — obschon in religiösen Dingen sehr gleichgültig — hegten der Kirche gegenüber eine gezielte Feindschaft; da sie nicht wollten, daß in den Volksschichten die Anarchie obsiege, versöhnten sie sich mit dem Klerus, dessen Einfluß auf dem Land und in den kleineren Städten trotz allem noch beachtlich war. Um zu verhindern, daß der Klerus diesen Einfluß in den Dienst der legitimistischen Opposition stelle, mußte man ihm beweisen, daß man nicht beabsichtige, sein apostolisches Wirken zu beeinträchtigen. Zwar konnte sich die Regierung anfänglich nicht eindeutig festlegen, da sie die durch die Presse erregte öffentliche Meinung schonen mußte, aber der Geschicklichkeit des Internuntius Garibaldi, der im August 1831 die Nachfolge des äußerst reaktionären Lambruschini angetreten hatte, gelang es schließlich, die ersten Schwierigkeiten zu überwinden; und in dem Maße, in dem sich die Regierung festigte, zeigten sich auch die Autoritäten verständnisvoller. Diese Entwicklung verstärkte

[1] Aufhebung jenes Verfassungsartikels, der den Katholizismus zur Staatsreligion erklärte, Abschaffung der Militärgeistlichen und der Krankenhausseelsorger, Reduktion der Bezüge der Bischöfe und Kanoniker und Aufhebung der Stipendien für die Knabenseminare, Entfernung der Kruzifixe aus den Justizpalästen, Umfunktionierung der Kirche Ste-Geneviève in ein Mausoleum großer Männer (Panthéon).

[2] Die Mehrzahl der angegebenen Fälle betraf Paris: Zerstörung des Erzbischöflichen Palais und der Kirche St-Germain l'Auxerrois (vgl. R. *Limouzin-Lamothe:* Éfranc 13 [1963] 184—208, 14 [1964] 58—76), Zerstörung des Jesuitennoviziats und Kundgebungen gegen soutanetragende Priester. In den Provinzen war — außer der Plünderung der Seminare von Metz, Lille und Nîmes und der Zerstörung der Missionskreuze, die das Lilienwappen trugen — die Atmosphäre im ganzen kaum getrübt.

sich nach dem Tode des Erzbischofs von Paris, Mgr. de Quélen (1839), der einer der wenigen Bischöfe gewesen war, die sich bis zum Ende geweigert hatten, sich mit dem „Usurpator" zu versöhnen. Immer mehr schätzte man den Klerus angesichts der drohenden sozialistischen Gefahr als „obersten Wahrer der öffentlichen Ordnung" (Molé). Die Kultusminister hatten im übrigen von Anfang an die besten Absichten gezeigt. Als die Kammern 1832 die Aufhebung der 30 Diözesen forderten, die unter der Restauration den Konkordatsdiözesen hinzugefügt worden waren, wurde ihnen nicht stattgegeben; man gründete 1838 sogar eine neue in Algier[3]. Seit 1837 wurde das Religionsbudget regelmäßig vergrößert, infolgedessen konnte man die Zahl der Pfarreien um 10 Prozent vermehren; und obwohl der Staatsrat nun mehr Schwierigkeiten als unter der Restauration bei der Gewährung von Kaufgenehmigungen für die Kirche machte, investierte die Kirche nicht weniger als 25 220 549 ffrs in den 18 Jahren der Julimonarchie gegenüber 13 664 760 in den 15 Jahren der vorangehenden Regierung. Die Bischofsbiographien dieser Zeit zeigen durchwegs, daß nach den ersten Jahren, ungeachtet einiger lokaler Widerstände, die Verwaltung — trotz der Zurückhaltung der bourbonentreuen Adeligen — und vor allem die lokalen Behörden die Entwicklung frommer Stiftungen und katholischer Wohltätigkeitsvereine und Schuleinrichtungen kaum behinderten und bisweilen sogar erleichterten[4].

Die Entwicklung des Verfahrens für die Bischofsernennungen ist charakteristisch für die Verbesserung der Beziehungen. Nach der unglücklichen Auswahl in den ersten Monaten willigte die Regierung ein, die Ernennungen durch eine Umfrage bei den Bischöfen vorzubereiten. Aus der von P. Poupard entdeckten Korrespondenz zwischen Mgr. Garibaldi und dem Erzbischof von Besançon, Mathieu, geht hervor, welche bedeutende Rolle dieser letztere in enger Zusammenarbeit mit der Nuntiatur spielte und in welchem Maße er dazu beitrug, daß man tatsächlich zu einer „echten Teilung der Prärogative bei der Bischofsernennung zwischen der geistlichen und der weltlichen Macht" gelangte, „einer wirklichen Teilung, die weit über die Positionen des geltenden Konkordats hinausging" (Latreille). Regierung und Nuntiatur strebten gemeinsam die Ausschaltung der engsten Anhänger des gestürzten Königs wie auch der Anhänger Lamennais', also der Progressisten dieser Zeit, an. Die Mehrzahl der neuen Bischöfe — Louis-Philippe ernannte 77 — entstammten dem mittleren Bürgertum und waren noch relativ jung

[3] Über die Schwierigkeiten, die katholische Kirche nach der Eroberung in Algerien einzupflanzen, siehe *M. Emerit:* Revue africaine 97 (1953) 66—97; *J. Leflon,* E. de Mazenod III 26—29; *P. Poupard* a. a. O. 166—170.

[4] Die Unterstützung, die die traditionellen Gesellschaftskader trotz des Regierungswechsels der Kirche boten, wird oft hervorgehoben von *A. J. Tudesq,* Les grands notables 124—126 199 213—215 227—228 439—440. Zu viele Historiker haben die französische Einstellung zum Katholizismus fälschlicherweise ausschließlich aus der Pariser Presse beurteilt.

(zwischen 40 und 50 Jahren); damit verschwindet die Generation von vor 1789 allmählich. Viele von ihnen waren ehemalige Generalvikare, die sich vor allem mit aller Umsicht um die Erledigung der laufenden Angelegenheiten ihrer Diözesen kümmerten. Das Ergebnis war ein solider und frommer Episkopat, der sich jedoch mehr in der Verwaltung auszeichnete, als er von den Problemen der intellektuellen und pastoralen Anpassung, die die neue Gesellschaft aufwarf, beschwert war[5]. Diese Bischöfe strebten an, die Kirche vor jeder politischen Bloßstellung frei zu halten und ihre Unabhängigkeit von den Behörden zu bewahren, aber sie verhielten sich oft autoritär gegenüber ihrem Klerus, den die Konkordatsbestimmungen einer willkürlichen Ausübung der Amtsgewalt der Hierarchie auslieferten, einer Willkür, die durch eine allgemeine Unkenntnis des kanonischen Rechts noch begünstigt wurde: 3500 „desservants", d. h. nicht unabsetzbare Pfarrer — mehr als 10 Prozent der Gesamtzahl —, wurden so im Verlauf eines einzigen Jahres (1837) versetzt; in einigen Diözesen mußten zwischen 1836 und 1842 sogar alle ihre Stellen wechseln. Dies führte zu einer Protestbewegung mit Zusammenkünften und Veröffentlichungen, die von den Brüdern Allignol aus der Diözese Viviers ausgelöst wurde. Deren Buch „De l'état actuel du clergé de France" (1839) ist ein bewegendes Zeugnis für die mißliche Situation des Landklerus, der das Opfer einer doppelten Abhängigkeit gegenüber den Laiennotabeln und den kirchlichen Oberen war.

Die Effektivzahlen dieses Klerus waren einer sehr bemerkenswerten Veränderung unterworfen. Anfänglich führte zwar die Ängstlichkeit, die in der kirchenfeindlichen Haltung der neuen Regierung und der Aufhebung der Stipendien für die Seminare ihre Ursache hatte, zu einem eindeutigen Rückgang der Priesterweihen, von 2357 im Jahr 1830 bis auf 1095 im Jahr 1845. Man vergesse nicht, daß die Verzögerungsspanne zwischen dem Eintritt in das kleine Seminar und der Priesterweihe etwa 10 Jahre betrug. Aber dank der geringen Sterblichkeitsziffer vermehrte sich die Gesamtzahl der aktiven Priester von 38388 auf 45456; 1848 entfiel also trotz einer Bevölkerungszunahme von 21 Prozent ein Priester auf 752 Einwohner gegenüber einem Priester auf 777 Einwohner im Jahre 1830[6]. Dies war das Ergebnis der Verjüngung des Klerus in den letzten 20 Jahren, die auch weiterhin anhielt. Die Zahl der Sechzigjährigen sank von 29 Prozent im Jahr 1830 auf 10 Prozent im Jahr 1840 und erreichte um 1847 mit 5,6 Prozent ihren niedrigsten Stand. Dieser junge Klerus, dynamischer als der Klerus der Restauration und frei

[5] Mit einigen glänzenden Ausnahmen: Doney, Parisis und vor allem der neue Erzbischof von Paris, Affre (1839—48), unter Einfluß Montalemberts ernannt, der am besten von allen Prälaten die neuen Probleme erkannt zu haben schien, dessen Hang zur Ausübung einer gewissen Primatie über die Kirche von Frankreich jedoch auf den Widerstand seiner Kollegen stieß.

[6] Mit großen Unterschieden zwischen den Diözesen: 1 Priester auf 1450 Einwohner im Jahr 1841 in der Diözese Bourges, aber einer auf 348 in der Diözese Rodez.

von der Sehnsucht nach dem Ancien Régime, das er nicht mehr erlebt hatte, war bedauerlicherweise kaum gebildeter als der ältere. Herangebildet in Seminaren, deren Unterrichtsniveau auch weiterhin mittelmäßig blieb, besaß der Klerus, der sich in seinen pastoralen Bemühungen kaum den neuen Problemen anpaßte, im ganzen nur eine sehr schwache Strahlkraft.

Bei der Mittelmäßigkeit des Diözesanklerus blieb den Ordensleuten ein um so breiteres Feld. Diese hatten nach der Julirevolution zu leiden gehabt: Volksaufruhre waren gegen die Jesuiten gerichtet, der Minister Casimir Périer hatte die Trappisten, Kartäuser und Kapuziner aus Marseille vertrieben. Um 1835 wurde man jedoch toleranter. Man duldete nicht nur die neuen Brüder- und Schwesternkongregationen, die sich dem Volksschulunterricht oder auch wohltätigen Werken widmeten, sondern auch die großen alten Orden, die seit der großen Revolution verschwunden waren und über deren Wiedererstehen man die Augen verschloß. 1833 führte Dom Guéranger die Benediktiner wieder in Frankreich ein; und als Lacordaire 1841 dasselbe für die Dominikaner unternahm, wagte die Regierung — trotz der Warnungen antiklerikaler Deputierter und Zeitungen, die sich auf die gesetzlichen Verbote beriefen — nicht, ihm entgegenzutreten [7]. Die Jesuiten, die 1828 nur 12 Häuser hatten, besaßen 1840 bereits 74, und als man 1845 als Vergeltungsmaßnahme für den Kampf um die Unterrichtsfreiheit die Auflösung der Gesellschaft in Frankreich forderte, endete die Angelegenheit mit einem Kompromiß zwischen dem Gesandten Louis-Philippes, P. Rossi, und dem Staatssekretär Lambruschini: Offiziell blieben die Jesuiten als einfache Priester im Lande zwar zerstreut, aber in ihrer Tätigkeit kaum beeinträchtigt [8]. Im gleichen Jahr gründete E. d'Alzon eine neue Kongregation, die Assumptionisten, denen eine große Zukunft bevorstand. Der wachsende Einfluß, den die Ordensleute damit in der französischen Kirche einnahmen, gefiel im übrigen nicht allen Bischöfen; einige von ihnen schätzten diese „Freischärler", die nicht einmal der bischöflichen Jurisdiktion unterstanden, dafür aber möglicherweise durch unzeitige Initiativen die Annäherung von Kirche und Staat gefährden könnten, keineswegs. Zudem zogen die neuen Kongregationen, die häufig von den oberen Gesellschaftsklassen begünstigt wurden, einen Teil der Spenden der Gläubigen auf sich.

Mehr noch als auf der strukturellen Ebene bestätigte sich in der Julimonarchie die Lebenskraft der Kirche auf dem Gebiet der katholischen Aktion. Natürlich gab es hier nicht nur Erfolge: nach dem Abfall von Lamennais entfremdeten sich die Romantiker, die den aktiven Flügel der literarischen Welt darstellten, der Kirche; viele Bürger respektierten zwar die Kirche, beschränkten sich jedoch in der Religionsausübung auf einen unverbindlichen

[7] Siehe S. 425.

[8] Für die Einzelheiten vgl. *Burnichon* II 611—673, III 1—113.

Konformismus und verwendeten alle ihre Mühen auf den materiellen Erfolg. In mehreren Landgebieten, wie z. B. in der Bauce, wurden der Rückgang des Sakramentenempfangs wie auch die Abnahme des religiösen Empfindens deutlich feststellbar[9]. Der Protestantismus, der als Konkurrent angesehen war, intensivierte seine Propaganda und konnte sogar dank der Dynamik, die er aus der „Erweckungsbewegung" empfangen hatte, einige Erfolge verzeichnen[10]. Andererseits war die Jugend der Städte häufig in religiöser Hinsicht bereitwilliger als unter der Restauration. In einigen Diözesen, unter anderen des Westens, trugen fähige Prälaten zu einem weiteren Fortschritt, der schon vor 1830 eingesetzt hatte, bei. Vor allem aber bildete sich eine zwar noch kleine, aber sehr dynamische Elite heraus, die sich um die eine oder andere Persönlichkeit gruppierte: um Bautain in Straßburg, um Blanc de Saint-Bonnet in Lyon, um Guerrier de Dumast in Nancy, um Salinis im Collège de Juilly und vor allem in Paris um die berühmten Salons von Mme. Swetchine und um den Comte de Montalembert, aber auch um den jungen Studenten Ozanam[11], der 1833 in Zusammenarbeit mit einem Mann der Tat, E. Bailly, die erste Vinzenz-Konferenz organisierte; auch um L. Rendu, den Anreger des „Cercle catholique scientifique et littéraire" (1840), oder den Abbé Ledreuille, den „Arbeiterpriester", Gründer der „Société de S. François-Xavier" (1840), die Tausende von Arbeitern zusammenfaßte und sogar mehrere Filialen in der Provinz hatte. Die Gruppen waren zahlreich, und die Legitimisten, die in der Welt der Notabeln der Kirche am meisten verbunden waren, waren in ihnen häufig vertreten[12]. Aber den militanten Flügel bildeten die Schüler Lamennais', die einem Klerus, der nach den alten Methoden herangebildet wurde, ohne Nachsicht zu-

[9] Da systematische Untersuchungen noch nicht vorliegen, sind wir über die religiöse Lage der Arbeiterklasse vor 1848 noch auf sehr unbestimmte Eindrücke angewiesen. Es muß berücksichtigt werden, daß diese noch keineswegs homogen sind, und man muß unterscheiden zwischen Paris, wo die Areligiosität der Arbeiter bis in die Jakobinerclubs von 1793 zurückreichte, und der Provinz, zwischen den wenigen Industriezentren und der kleinen Handwerksindustrie, zwischen der über eine gewisse Bildung verfügenden Elite, die zwar ein schwaches christliches Empfinden bewahrte, jedoch den kirchlichen Paternalismus nur schwerlich ertragen konnte, und den Massen des Proletariats, das im Gegensatz dazu positiv berührt war von den beträchtlichen Unterstützungsbemühungen, die die Kirche nach 1830 unternahm und die von dem Egoismus der in der Mehrzahl antiklerikalen Arbeitgeber abstachen.

[10] Über die Lage der Protestanten in Frankreich unter der konstitutionellen Monarchie siehe *E. Léonard,* Histoire générale du protestantisme III (Paris 1964) 217—248.

[11] Über Frédéric Ozanam (1813—53) liegt noch keine wissenschaftliche Biographie vor. Siehe LThK² VII 1325—26 und daneben auch: *L. Baunard,* F. Ozanam d'après sa correspondance (Paris 1913); *Duroselle* 154—183 (soziale Aktion); *Ch. Moeller:* RHE 14 (1913)) 304—330 (historisches Werk); Lettres de F. Ozanam, hrsg. von *L. Celier* und *J. Caron,* 2 Bde (Paris 1960/71).

[12] J. B. Duroselle auf nationaler Ebene und P. Droulers im Rahmen von Toulouse haben deutlich die äußerst aktive Teilnahme der Legitimisten an den katholischen Unternehmungen dieser Zeit gezeigt.

setzten. Sie hatten ihr altes Ideal einer Versöhnung zwischen der Kirche und den modernen Bestrebungen zwar nicht aufgegeben, aber begriffen, daß der Fehler des „L'Avenir" darin lag, daß er Theorien propagierte, die noch nicht voll entwickelt waren, und daß es besser sei, nun auf praktischer Ebene zu handeln, um die Fruchtbarkeit der angeratenen Methoden zu beweisen. Ebensowenig verzichteten sie auf die Zusammenarbeit zwischen Laien und Klerikern in einem gemeinsamen Kampf für den Glauben, erkannten jedoch, daß ein wirksames Arbeiten in der Kirche nur möglich sei in Übereinstimmung mit der Hierarchie und nicht wie Lamennais gegen sie. Zwischen 1832 und 1848 entwickelte sich ihre Aktivität in zweifacher Weise.

Eine Anzahl junger Katholiken, die das ehrgeizige Programm der Schule von La Chênaie begeistert hatte, erachteten es nicht für überflüssig, eine katholische Wissenschaft zu erarbeiten und zu verbreiten, die auch für die kommenden Generationen annehmbar und dazu geeignet sein sollte, der Kirche die Achtung der intellektuellen Welt zurückzugewinnen. Seit 1830 hatte A. Bonnetty die „Annales de philosophie chrétienne" herausgebracht, in denen er aus traditionalistischer Sicht in der frühen Geschichte und der Ethnologie den Beweis für die Uroffenbarung suchte und damit auf jene historischen und positiven Bemühungen antwortete, die das 19. Jh. kennzeichneten. Ozanam, der 1841 Professor an der Sorbonne geworden war, brachte dort das christliche Mittelalter wieder zu Ehren. Lacordaire setzte in seinen „Conférences de Notre-Dame", die 1835 durch die Initiative Ozanams eingeführt wurden, das Werk einer Verjüngung der Apologetik fort, indem er den Katholizismus aus den veralteten Denkformen herauslöste. E. d'Alzon schließlich wies seinen Assumptionisten Aufgaben zu, die ähnlich jenen waren, die einst Lamennais für seine Congrégation de S. Pierre entwickelt hatte. Im November 1833 brachte Abbé Migne ein neues Tagblatt, „L'Univers", heraus, das die Ereignisse aus katholischer Sicht beurteilen sollte; zwar gestalteten sich seine Anfänge schwierig, bald jedoch kamen ihm die außerordentlichen Fähigkeiten eines Konvertiten, L. Veuillot[13], zugute. Ch. Lenormant nahm 1843 die Veröffentlichung des „Correspondant" im Dienste der Kampagne für die Unterrichtsfreiheit wieder auf[14].

Diese vom Klerus so sehr gewünschte Unterrichtsfreiheit wie auch die Existenzberechtigung religiöser Kongregationen, die die Behörden ständig in Frage zu stellen drohten, sollte Montalembert, der sich seit „Mirari vos" zurückgehalten hatte, in den letzten 10 Jahren der Julimonarchie auf parlamentarischer Ebene fordern; er stützte sich hierbei gegen die mangelnde

[13] Über Louis Veuillot (1813—83) fehlt noch eine unparteiische Biographie. Siehe *E.* u. *Fr. Veuillot,* L. V., 4 Bde (Paris 1899/1913); DThC XV 2799—2835; *E. Gauthier,* Le vrai L. V. (Paris o.J.); *ders.,* Le génie satirique de L. V. (Paris 1953); *J. Gadille:* Cahiers d'histoire 14 (1969) 275—288. WW: Œuvres complètes, 40 Bde (Paris 1924/40), davon 12 Bde Korrespondenz.

[14] Einzelheiten über die Gründung von katholischen Zeitschriften und Zeitungen bei *C. de Ladoue,* Mgr Gerbet II 71—146. Siehe auch S. 475.

Verständigungsbereitschaft der Regierung auf das souveräne Volk, statt, dem Wunsch der meisten Bischöfe und des Papstes entsprechend, eine Lösung durch diplomatische Verhandlungen zwischen dem Heiligen Stuhl und dem König abzuwarten.

Die Frage der Unterrichtsfreiheit, deren Grundsatz in der Verfassung formuliert war, die jedoch einer gesetzlichen Regelung bedurfte, war bereits zur Zeit des „L'Avenir" erörtert worden. Als Anfang 1831 die Regierung Casimir Périer in dem kirchenfeindlichen Klima dieser Zeit die Singschulen von Lyon, in denen die Chorknaben kostenlos unterrichtet wurden, schließen ließ, beschlossen die Mitarbeiter des „L'Avenir", ohne Ermächtigung eine Grundschule zu eröffnen, um die Frage durch einen Skandal vor die Öffentlichkeit zu bringen[15]. Zwei Jahre später schlug die „Loi Guizot" vom 28. Juni 1833 mit der Gewährung der Freiheit für den Elementarunterricht und des Rechtes, Ordensleute als öffentliche Lehrer anzuerkennen, eine erste Bresche in das Universitätsmonopol. Dank der raschen Entwicklung der Schulbrüder- und Schulschwestern-Kongregationen machte die Kirche umfassenden Gebrauch von diesem Gesetz, bedauerte es jedoch gleichzeitig, daß die staatlichen Lehrer nicht in stärkerem Maße den Pfarrern untergeordnet waren[16].

Aber vor allem auf dem Gebiet des mittleren Unterrichtswesens gelang es Montalembert durch seine Begeisterung und sein Rednertalent, den Franzosen ein wahres Kreuzzugsdenken zu vermitteln, das durch mehrere Generationen hindurch ihre Mentalität tief beeinflussen sollte; in der Praxis artete dieses Bewußtsein jedoch — entgegen dem idealisierenden Bericht, den Lecanuet und nach ihm viele katholische Historiker davon gaben — häufig in einen „Krieg ohne Disziplin" (Dupanloup) aus, der von Ausschreitungen und Polemiken gekennzeichnet war, in denen Laien und Kleriker in Heftigkeit und Gehässigkeit wetteiferten. Über Jahre hinweg warfen katholische Zeitungen und Broschüren den staatlichen Gymnasien vor, „Schulen der Pestilenz" zu sein und einen „gottlosen und materialistischen" Unterricht zu vermitteln, ja sogar „die Kinder in unreine und wilde Tiere" zu verwandeln. Es ist eine Tatsache, daß die Mehrzahl der Professoren Freidenker waren und daß der in Klerikerkreisen besonders berüchtigte Eklektizismus V. Cousins in den Philosophieklassen vorherrschend war; anderseits zählte das staatliche Unterrichtswesen noch 5 Prozent Priester, unter ihnen zahlreiche Direktoren, und mehr als 20 Prozent Lehrer waren praktizierende Katholiken. Daher hätten die Bischöfe, die auch schon mit der Freiheit für die Knabenseminare zufriedengestellt waren, eine diskrete Über-

[15] *Lecanuet,* Montalembert I 229—251.

[16] Die Unzufriedenheit zahlreicher Pfarrer über „die Art von Gleichheit" (Mgr. Parisis), die man den Lehrern in bezug auf die Priester zusprach, führte zu zahlreichen Streitigkeiten auf lokaler Ebene. Einige Beispiele in *L. A. Meunier,* Défense des instituteurs laïcs contre les attaques du clergé (Évreux 1847).

einkunft mit der Regierung der öffentlichen Diskussion vorgezogen. Aber Montalembert, der in der Pairskammer zum mutigen Vertreter der katholischen Interessen geworden war, beschloß, auf der Ebene des allgemeinen Rechts zu intervenieren; er forderte für die Kirche weder das Privileg noch das Recht, den offiziellen Unterricht zu kontrollieren — ein Recht, auf das viele Bischöfe nicht verzichtet hatten[17] —, sondern nur die in der Verfassung verankerte Unterrichtsfreiheit, die es der Kirche gestattete, neben den staatlichen Schulen ihr eigenes Unterrichtswesen nicht nur für die künftigen Priester, sondern für alle Kinder zu organisieren. Viele Katholiken sahen jedoch die staatlichen Schulen keineswegs in so dunklen Farben, und die öffentliche Meinung war anfänglich nur in geringem Maße auf seiten Montalemberts, vor allem als man sah, daß der Episkopat selber, der darin ein Wiederaufleben des letzten Restes Lamennaisscher Ideen sah, sich sehr zurückhaltend verhielt. Der Entwurf freilich, den der Unterrichtsminister Villemain 1841 einbrachte, enttäuschte sehr und ließ einige Prälaten aus ihrer Zurückhaltung heraustreten. Zu dieser neuen Einstellung trugen unter anderem auch die militanten Katholiken bei, die eine immer größere Anhängerschaft fanden und für den katholischen Unterricht unbegrenzte Freiheit forderten, ähnlich jener, wie sie in Belgien seit der Verfassung von 1831 herrschte. Der Kampf, der sich seit Monaten im verborgenen vorbereitet hatte, tobte bis 1847. Zwar zogen viele Bischöfe mit Mgr. Affre geheime Bittschriften an die Regierung vor, einige jedoch warfen sich offen ins Gefecht, wie z. B. Mgr. Clausel de Montals, der hitzige Bischof von Chartres, der im Namen der Rechte der Kirche kämpfte, und Mgr. Parisis, der junge Bischof von Langres, der in engem Kontakt mit dem Bischof von Lüttich, Van Bommel, die von Montalembert vorgezeichnete Linie verfolgte. Dieser hatte Ende 1843 eine Broschüre, „Du devoir des catholiques dans la question de la liberté d'enseignement", herausgebracht, die großes Aufsehen erregte. Parisis veröffentlichte nun noch eine weitere mit dem Titel „Liberté de l'enseignement, examen de la question au point de vue constitutionnel et social", deren Thesen von 56 Bischöfen — einschließlich des vorsichtigen Mgr. Affre — als unmittelbare Folge ihrer Erregung über die jüngste Veröffentlichung eines Pamphlets von Michelet gegen die Jesuiten gebilligt wurden. Zur gleichen Zeit versöhnte sich ein in der Pariser Gesellschaft und im Klerus sehr bekannter Seminarsuperior, der Abbé Dupanloup[18], der von Anfang an gegen Lamennais aufgetreten war (der ein-

[17] Das „Mémoire adressé au roi par les évêques de la province de Paris" von 1841 (Paris 1844) ist charakteristisch.

[18] Über Félix Dupanloup (1802—78) vgl. mangels einer wissenschaftlichen Biographie: *F. Lagrange,* Vie de Mgr D., 3 Bde (Paris 1883/84; dazu *E. de Pressensé:* Revue bleue 34 [1884] 582—587 und *U. Maynard,* Mgr D. et M. Lagrange son historien [Paris 1884]); *E. Faguet,* Mgr D. (Paris 1914); *R. Aubert:* DHGE XIV 1070—1122. WW: De l'Éducation, 6 Bde (Paris 1850/66); Œuvres choisies, 6 Bde (Paris 1862); Nouvelles œuvres choisies, 7 Bde (Paris 1874); Dupanloup. Les meilleurs textes, hrsg. von *H. Duthoit* (Paris 1933).

zige unter den Führern der katholischen Bewegung in der Julimonarchie), mit Montalembert und übernahm dessen Taktik, die darin bestand, die Frage auf den Boden der verfassungsmäßig garantierten Freiheiten zu stellen. Da der neue, von Villemain vorgelegte Gesetzentwurf dem katholischen Unterricht nur begrenzte Freiheit zugestand (sie wurde den religiösen Kongregationen, d. h. konkret den Jesuiten, verweigert), versuchte man in den Jahren 1844 und 1845 eine Petitionskampagne zu organisieren, deren Erfolg jedoch zweifelhaft war, und vermehrte Mgr. Parisis seine aggressiven Broschüren. Dann veröffentlichte Dupanloup eine weitere, in gemäßigtem Ton verfaßte kleine Schrift „De la pacification religieuse" (Juni 1845). In ihr entwarf er in großen Zügen „eine Art Konkordat" (Goyau) für den schulischen Bereich, das auf gegenseitigen Konzessionen zwischen Kirche und Staat beruhte. Die mangelnde Bereitschaft der Kammern und der Regierung, die durch einen unmittelbaren Angriff auf die Jesuiten abzulenken versuchte, brachte Montalembert, der trotz seiner Jugend (35 Jahre) in diesen Jahren die katholische Bewegung personifizierte, jedoch zu einer Änderung seiner Taktik. Auch hier dem belgischen Beispiel folgend, versuchte er, ungeachtet der Unzufriedenheit vieler Bischöfe, die, wie der Erzbischof von Rouen, der Auffassung waren, daß „die Laien nicht den Auftrag hätten, sich mit kirchlichen Belangen zu befassen", und trotz der sehr reservierten Haltung des Heiligen Stuhls, der den Führern der katholischen Bewegung vorwarf, durch ihre laute Kampagne die Bemühungen Roms um eine Wiederherstellung der früheren Allianz zwischen Kirche und Staat zu gefährden[19], alle Katholiken in einer großen politischen Partei zusammenzufassen. Ermutigt durch seinen Freund Lacordaire, gründete Montalembert mit der Unterstützung von de Vatimesnil und de Riancey ein „Comité pour la défense de la liberté religieuse" (Komitee zur Verteidigung der Religionsfreiheit), das trotz des Widerstandes zahlreicher Kleriker, die über dieses unmittelbare Eingreifen in die parlamentarische Politik entrüstet waren, außerhalb Paris eine starke Aktivität entwickelte. Mit der Unterstützung der Zeitung „L'Univers" erreichte er bei den Wahlen von 1846, zu einem Zeitpunkt also, da die Wahl Pius' IX. die Befürchtungen der römischen Seite zerstreute, die Wahl von 144 Abgeordneten, die die Freiheit des Unterrichts befürworteten. Aber dieser Erfolg, von einem Führer „mehr kämpferischer denn politischer Natur" (Trannoy) schlecht genutzt, verwandelte sich nicht in einen Sieg; denn die „Loi Salvandy" (vom April 1847) war kaum zufriedenstellender als die vorherigen Gesetze, und so kam es zum Sturz der Julimonarchie, noch ehe diese Frage geregelt war. Dieser lange, in vielfacher Hinsicht bedauerliche Konflikt — bedauerlich vor allem deshalb, weil er durch ungerechte Angriffe die Kluft zwischen dem Klerus und dem staatlichen Lehrkörper vertiefte — hatte

[19] Über diese Reaktion Gregors XVI. und vor allem des Staatssekretärs Lambruschini vgl. *J. Martin* a. a. O. 315—327.

dennoch zumindest zwei unmittelbar greifbare Vorteile: er hat die Energien der Laien wieder geweckt, die sich nun ihrer Verantwortung für die Verteidigung der katholischen Interessen im Parlament bewußt wurden (obschon diese Interessen in sehr klerikaler Sicht verfolgt wurden), und er hat, zum Teil unbeabsichtigt, die französische Kirche von einer Regierung gelöst, die schon bald durch die Revolution von 1848 gestürzt werden sollte.

Belgien

QUELLEN: Neben den Hirtenbriefen und dem „Journal historique et littéraire" (1834 ff) sind die Veröffentlichungen von Dokumenten durch *A. Simon,* denen wertvolle Einleitungen vorangestellt sind, von grundlegender Bedeutung: Réunions des évêques de Belgique 1830—67. Procès-verbaux (Löwen 1960); Documents relatifs à la nonciature de Bruxelles 1834—38 (Brüssel 1958); Correspondance du nonce Fornari 1838—43 (Brüssel 1956; daneben BIHBR 29 [1955] 33—68 und RHE 49 [1954] 462—506 808—834); Lettres de Pecci 1843—46 (Brüssel 1959); La politique religieuse de Léopold Ier (Brüssel 1953); Aspects de l'Unionisme 1830—57 (Wetteren 1958). Auch *L. Jadin:* BIHBR 11 (1931) 421—462 (über die Bischöfe).

LITERATUR: Neben den in der Allg. Bibliogr. genannten Titeln siehe vor allem *Simon,* Sterckx (Lit.); *ders.,* Rencontres 147—265; *H. Haag,* Les origines du catholicisme libéral en Belgique (Löwen 1950) 199—292; *C. Lebas,* L'union des catholiques et des libéraux de 1839 à 1847 (Löwen 1960). — Ferner: *H. Wagnon,* Le St-Siège et la nomination des évêques belges: Miscellanea hist. A. De Meyer (Löwen 1946) 1248—67; *G. Simenon,* Mgr Van Bommel: Revue ecclésiastique de Liège 32 (1945) 313—327, 33 (1946) 341—351 (auch *A. Simon,* Catholicisme et politique [Wetteren 1959] 41—61); *E. de Moreau,* A. Dechamps (Brüssel 1911) 43—199; *C. Pieraerts - A. Desmet,* Vie du chan. C. Van Crombrugghe (Brüssel 1937); *J. Willequet,* La vie tumultueuse de l'abbé Helsen (Brüssel 1956); *A. Milet:* Revue diocésaine de Tournai 9 (1954) 209—228, 10 (1955) 355—361 (über das Seminar von Tournai); *P. Janssens:* Spicilegium hist. Congregationis SS. Redemptoris 12 (1964) 185—202, 13 (1965) 380—403; *P. Gérin:* 150 Jaar katholieke Arbeidersbeweging in België, hrsg. von *S. Scholl* I (Brüssel 1963) 223—245. Über die katholische Presse: *E. Lamberts:* BIHBR 40 (1969) 389—467; *A. Cordewiener:* Revue belge d'hist. contemporaine 2 (1970) 27—44; *R. Van Eenoo:* ebd. 55—100.

Heranzuziehen sind auch die unveröffentlichte Diss. von *E. Lamberts,* Kerk en liberalisme in het bisdom Gent 1821—57 (Löwen 1970) und die Lizentiatarbeiten (Löwen) von *A. Arnould,* Le clergé paroissial dans le diocèse de Namur 1836—65 (1964), *St. van Outryve d'Ydewalle,* Structuren van het bisdom Brugge 1834—48 (1966) und *L. Billiouw,* De sekuliere roepingen in het arrondissement Roeselare, 1833—63 (1964).

Nicht ohne Grund blickten die Führer der katholischen Bewegung in Frankreich um 1840 neidvoll nach Belgien. Dort vollzog sich in den Jahren nach der Erlangung der Unabhängigkeit tatsächlich ein bemerkenswerter Aufschwung. Er war die Frucht einer „katholischen, wenn nicht gar klerikalen Offensive auf der Grundlage der verfassungsmäßig garantierten Freiheit der Religion und des Unterrichts, die man als eine der Kirche zugestandene apostolische Erleichterung verstand" (Simon). Durch die systematische Intervention des Klerus bei den Wahlen, vor allem in Flandern[20], die den Katholiken starke Positionen in Parlament und Regierung sicherte, sowie dank der Unterstützung durch Leopold I., der — obwohl Protestant — die katholische Kirche begünstigte, da er in ihr den besten Schutz gegen den „revolutionären Geist" sah, war es möglich, trotz eines konstitutionellen Regimes, das unleugbare Verwandtschaft zu jenen aufwies, die die Trennung befürworteten, der Kirche einen wichtigen Platz im Leben der Nation zu sichern[21]. Man konnte durch Gesetze und Übereinkünfte, die in Freundschaft zwischen Kirche und Staat zum Schutze der Moral im Volk erlassen wurden, die liberalen Institutionen mit der Unterstützung der Behörden katholisieren. Der hervorstechendste Erfolg dieser Politik war das Gesetz vom 23. September 1842 über die Elementarschulen, das zum größten Teil den Bemühungen des Bischofs von Lüttich, Van Bommel, zu verdanken war[22]. Es sicherte die völlige Freiheit für die Kirche im schulischen Bereich und machte darüber hinaus in den staatlichen Schulen den Religionsunterricht verbindlich. Die Ausführung dieses Gesetzes überließ — dank der Bemühungen des katholischen Ministers de Theux — dem katholischen Klerus praktisch die Kontrolle über den gesamten Elementarunterricht. Auch im mittleren Schulwesen standen 15 Jahre nach der Unabhängigkeit zwei Drittel der 74 Gymnasien des Landes unter der Leitung von Klerikern oder Ordensleuten.

Diese positiven Ergebnisse führten schließlich dazu, daß die liberale Verfassung auch von jenen anerkannt wurde, die durch die Enzykliken „Mirari vos" und „Singulari nos" in ihrer Opposition zu allem, was — zu Recht oder Unrecht — von Lamennais inspiriert schien, bestärkt worden waren; einer Opposition, die übrigens neuen Auftrieb erhalten hatte durch die unnachgiebigen Positionen weiter Kreise des flandrischen Klerus, der sehr aktiv und empfänglich für die demokratischen Bestrebungen des kleinen Bürgertums war, dem die Mehrzahl der Geistlichen entstammte. Um 1835 herrschte eine starke Spannung zwischen den beiden Lagern, die sich jedoch schon bald legen sollte. Einerseits bezog die Mehrzahl der ehemaligen Anhänger Lamennais', mit Ausnahme jener engagierten Gruppe um das „Journal des Flandres", unter dem Eindruck des Bruches ihres Meisters mit der Kirche konservativere Positionen und wechselte — nach einem Ausdruck A. Simons — vom katholischen Liberalismus, der vom liberalen Ideal all das beibehielt, was mit dem katholischen Glauben vereinbar war, zum liberalen

[20] Neben den Veröffentlichungen von *A. Simon* (bes. Lettres de Pecci, 39—41) siehe *E. Witte:* Revue belge d'histoire contemporaine I (1969) 216—253.

[21] Im übrigen gewöhnte sich Rom — obschon die Regierung verfassungsgemäß in der Wahl der Bischöfe nicht mitzusprechen hatte — sehr schnell daran, durch die Vermittlung der Nuntiatur eventuelle Einsprüche gegen die geplanten Kandidaten zu erfragen.

[22] Vgl. *M. Leveugle,* L'„Exposé des vrais principes" de Mgr Van Bommel: son influence en Belgique et en France (unveröffentlichte Diss. Löwen 1956).

Katholizismus über, d. h. zu einem Katholizismus, der sich der Freiheiten als Mittel der christlichen Aktivität bediente. Andererseits erkannten — wie bereits erwähnt — viele der sogenannten „Enzyklisten", die nach wie vor der amtlich privilegierten Stellung der Kirche unter dem Ancien Régime nachtrauerten, aus ihrer persönlichen Erfahrung heraus die großen apostolischen Vorteile eines Systems, das dem Klerus praktisch die Unterstützung des Staates bot, ohne ihn unter sein Joch zu zwingen. Sie vertraten daher die Auffassung, daß trotz ihrer Sorge um die strikte römische Orthodoxie ihnen dennoch die Freiheit bliebe, sich dem System anzuschließen, da es sich nicht mehr als theoretisches Ideal, sondern als geringeres Übel, das der Kirche tatsächlich nütze, darstelle.

Dies war im übrigen von Anfang an die Ansicht der Bischöfe gewesen, die sich — zum großen Entsetzen der Nuntiatur und vieler Jesuiten wie auch Metternichs — deutlich von den Enzykliken distanziert hatten. Zweifellos waren die Bemühungen einiger von ihnen um eine Sicherung des kirchlichen Einflusses innerhalb des gesetzlichen Rahmens vom alten theokratischen Geist der Beherrschung der zivilen Gesellschaft getragen. Ihr oberstes Ziel jedoch war rein: trotz der Vermengung von Politischem und Religiösem, die für den belgischen Katholizismus ein Jahrhundert lang charakteristisch war, waren sie vor allem Seelsorger, die der Kirche die besten Voraussetzungen zur Ausübung ihrer Sendung, der Heiligung der Seelen, sichern wollten. Aber sie waren auch und gerade Seelsorger, die aus der Zeit der napoleonischen Regierung und des aufgeklärten Despotismus Wilhelms I. die Neigung beibehalten hatten, ihr Amt in stark verwaltungsmäßiger und zentralistischer Art auszuüben. Sie waren anderseits die Erben einer langen Tradition, die eine bedingungslose Loyalität gegenüber dem Papst mit einer bemerkenswerten Unabhängigkeit gegenüber römischer Einflußnahme auf das Leben der Lokalkirchen zu verbinden wußte, und sie traten so an die Planung einer Neugestaltung der Diözesanverwaltung heran, wobei sie zwar der neuen Situation, nicht aber immer den kanonischen Vorschriften Rechnung trugen [23].

Die Aktionseinheit der 6 Bischöfe — 1834 wurde die Diözese Brügge den 5 Diözesen, die aus der Zeit des Konkordats von 1801 datierten, ausgegliedert — wurde durch ihre jährliche Zusammenkunft gesichert. Es war dies die erste dieser Art in Europa, und sie ersetzte in den Augen der Bischöfe die Provinzialkonzilien. Noch mehr jedoch wurde die Aktionseinheit der Bischöfe durch den Druck, den der Kardinalerzbischof von Mecheln, E. Sterckx (1831—67), auf seine Suffragane ausübte, garantiert. Dieser, ein frommer und arbeitsamer Kirchenfürst ohne besondere theologische Bildung, erschien dadurch, daß er die Autonomie des Staates in seinem eigenen Bereich achtete, eine verständnisvolle Haltung den neuen Bestrebungen gegenüber einnahm, dafür aber dem Heiligen Stuhl treu ergeben war, in seinen klugen

[23] Vgl. *A. Simon*, Documents relatifs à la nonciature de Bruxelles 19—21 39—42.

apostolischen Unternehmungen als ein „bemerkenswerter Vorläufer der Bischöfe unserer Zeit, der Zeit der freien Kirche im freien Staat" (Simon).

Die langen Vakanzen der meisten Bischofssitze in der Zeit der holländischen Regierung hatten die katholische Restauration, die durch die Gleichgültigkeit weiter Bevölkerungsschichten der religiösen Praxis gegenüber sehr notwendig geworden war, verzögert. Sie wurde unmittelbar nach Erlangung der Unabhängigkeit mit Nachdruck wiederaufgenommen. Man stützte sich hierbei vor allem auf die Pfarrmissionen[24], die im Verlauf von etwa 20 Jahren in zwei Dritteln aller Pfarreien durchgeführt wurden und die auf dem Lande, wo man vielerorts eine Zunahme der Osterbeichten verzeichnete, einen unbestreitbaren Erfolg hatten.

Bei ihrem Werk des Wiederaufbaus konnten die Bischöfe auf einen zahlenmäßig ausreichenden Klerus rechnen, dessen Qualität sich im Laufe der Jahre verbesserte. Während um 1830 der Klerus sich einigermaßen unabhängig gezeigt hatte, übernahmen nach und nach die Bischöfe wieder selbst die Führung, und seit der Jahrhundertmitte akzeptierten die belgischen Priester die zunehmende Zentralisierung des Diözesanlebens mit sehr viel mehr Fügsamkeit als ihre französischen Mitbrüder. Herangebildet in Seminaren, deren Programme zwar von 1842—48 überarbeitet und vereinheitlicht wurden, deren Professoren jedoch zum größten Teil Autodidakten waren, die sehr stark unter dem Einfluß der Schule Lamennais' standen, blieb der belgische Klerus lange Zeit auf sehr niederem Niveau. Dagegen zeichnete er sich, unterstützt durch jährliche Exerzitien und monatliche Rekollektionen, die seit Ende der dreißiger Jahre wieder veranstaltet wurden, durch eine Sittenstrenge und eine wenig mystische, aber stark methodisch geregelte Frömmigkeit aus, durch seine einfache und offene Haltung ebenso wie auch durch den Realismus seiner Apostolatsmethoden, obschon das Hauptwirken des Pfarrklerus sich lange Zeit auf Sakramentenspendung, Beichte und Krankenbesuche beschränkte

Dank der verfassungsmäßigen Freiheit des Zusammenschlusses konnten sich die religiösen Kongregationen sehr rasch entwickeln. Die Bischöfe jedoch begünstigten zwar die kleinen Kongregationen, die ihnen im Unterricht und auf caritativer Ebene eine wertvolle Hilfe waren, zeigten sich aber viel zurückhaltender den alten Orden gegenüber, deren Privilegien sie einzuschränken wünschten, um ihr apostolisches Wirken kontrollieren zu können, dies um so mehr, da bei diesen Orden nach einem vierzig-

[24] Vgl. *A. Simon,* Sterckx II 253—258; *J. Vieujean:* Revue ecclésiastique de Liège 25 (1934) 14—24; *F. Holemans,* Le saint curé de Tildonck (Brüssel 1926); *A. Marlier,* Missionaris in eigen land. I. van de Kerkhove (Brüssel 1960); *E. de Moreau:* AHSI 10 (1941) 259—282; *St. d'Ydewalle:* Sources hist. rel. Belg. 64—69; und die Lizenziatsarbeiten von *L. Grégoire,* Les missions paroissiales prêchées par les rédemptoristes dans le diocèse de Liège de 1833 à 1852 (Löwen 1966) und *M. Bodranghien,* Les missions paroissiales à Bruxelles et dans les environs 1833—1914 (Löwen 1970).

jährigen anomalen Zustand in ihrer Leitung die Disziplin sich häufig sehr gelockert hatte. Der Heilige Stuhl zeigte sich in dieser Frage sehr verständnisvoll und gestattete, daß die oberste Leitung der Orden vorübergehend deren Superioren entzogen und einem Apostolischen Visitator anvertraut wurde, den der Erzbischof aus dem belgischen Klerus ausgewählt wissen wollte[25].

Welt- und Ordensklerus konnten auf die Mitarbeit zahlreicher einflußreicher Laien rechnen, die der katholischen Sache nicht nur im Parlament oder in den Kommunalräten, sondern auch durch ihre aktive Teilnahme in meist untergeordneter Stellung und in jenen Werken dienten, durch die die Volksmassen unter dem Einfluß der Kirche gehalten werden sollten. 1834 eröffneten die Bischöfe die katholische Universität von Löwen wieder, um sich eine katholische Elite innerhalb der weltlichen Berufe, auf denen die bürgerliche Gesellschaft des 19. Jh. ruhte, zu sichern. Die Wiedereröffnung der Universität war zweifellos eine Frucht der Lehrfreiheit, und ganz bewußt entzog man sich dem römischen Wunsch, daraus eine päpstliche Einrichtung zu machen.

Diese Erfolge, die der belgischen Kirche aus der geschickten Handhabung der verfassungsmäßigen Freiheiten erwuchsen, dürfen jedoch nicht darüber hinwegtäuschen, daß es auch schwache Punkte gab. Zwei vor allem waren für die Zukunft sehr folgenschwer. Der eine war das mangelnde Interesse an dem Arbeiterproblem, sehr bedauerlich in einem Land, das sich schon mitten in der industriellen Umwälzung befand. Man schuf zwar einige Einrichtungen, die zur Anhebung der Moral in den niederen Volksschichten oder zur Milderung des Elends beitragen sollten, aber sowohl die Priester als auch die Laien, beherrscht vom Problem der Anpassung der Kirche an die neue bürgerliche Gesellschaft, verschlossen sich den Problemen der Sozialreform, wie sie das kapitalistische System mit wachsender Dringlichkeit forderte. Die wenigen von einigen flämischen Anhängern Lamennais' umrissenen Ansätze eines christlichen Sozialismus wurden sehr schnell von der konservativen Reaktion, die Leopold I. mit Hilfe der Nuntiatur führte, erstickt. Darüber hinaus schienen die neuen seelsorglichen Probleme, die sich aus der raschen Entwicklung der Arbeiterviertel in den Industriegebieten ergaben, kaum Beachtung zu finden; die zahlreichen Neugründungen von Pfarreien in dieser Zeit beschränkten sich meist auf ländliche Gebiete. Es war also nicht verwunderlich, wenn die Arbeiter, die vielfach durchaus noch religiöses Empfinden hatten, nach und nach den Kontakt mit der offiziellen Kirche verloren. 1834 stellt Kersten fest, daß im wallonischen Sprachgebiet ein großer Teil der Bevölkerung nicht mehr zu den Sakramenten ging.

Auf der anderen Seite begann auch ein Teil des liberalen Bürgertums,

[25] Über das Werk dieses letzteren, Mgr. Fr.-Th. Corselis, siehe *P. Frederix:* Sources hist. rel. Belg. 113—123.

das um 1830 noch gläubig und häufig sogar noch religiös praktizierend war, sich von der Kirche zu entfernen. Das unglückselige Rundschreiben der Bischöfe vom Jahre 1837, das in der Haltung eines „katholischen Purismus" (Simon) die päpstlichen Verurteilungen gegen die Freimaurer wiederholte [26], trug zu einem nicht unwesentlichen Teil dazu bei; es vertiefte die Kluft zwischen Katholiken und Liberalen und stärkte die antichristliche Orientierung der Freimaurerei. Aber vor allem die um 1840 erfolgte Aussöhnung der Ultramontanen mit den verfassungsmäßigen Freiheiten hatte eine Umbildung des liberal-katholischen Geistes zur Folge: das Ziel der meisten Kleriker und Militanten war nun nicht mehr „die Freiheit in allem für alle" im Sinne einer gegenseitigen Toleranz, sondern die größtmögliche Freiheit für die Kirche, damit sie unter den bestmöglichen Bedingungen ihren Einfluß auf die Gesellschaft ausüben könne. Diese Haltung, die vielen als planmäßiger klerikaler Angriffswille erschien, mußte unweigerlich zum Wiedererwachen des Antiklerikalismus führen, der sich dann seit der Jahrhundertmitte auch immer aggressiver zeigte.

Die Niederlande

LITERATUR: Neben den angeführten Werken (Allg. Bibliogr. und S. 173) vor allem *Albers,* Herstel I 432—467, II 1—92; *J. Witlox,* De katholieke Staatspartij, 2 Bde ('s-Hertogenbosch 1919/27); *G. Brom,* Romantiek en Katholicisme in Nederland, 2 Bde (Groningen 1926); *ders.,* Corn. Broere (Utrecht 1955); *G. Gorris,* J. Le Sage ten Broek II (Amsterdam 1949); *A. Manning,* C. van Bommel (a. a. O. S. 323) 162—183; *R. Reinsma:* AGKKN 3 (1961) 50—72; *W. Munier:* ebd. 9 (1967) 259—321; *A. J. Alkemade,* Vrouwen XIX. Geschiedenis van 19 religieuze congregaties, 1800—1850 ('s-Hertogenbosch 1966).

Seit dem Ende des holländisch-belgischen „Amalgams" waren die niederländischen Katholiken wieder in der Minderheit [27], aber eine Rückkehr zu den „Schuilkerken" war bis auf weiteres undenkbar. Zwar dauerte es noch fast ein Vierteljahrhundert, bis die Missionsverwaltung durch eine Diözesanorganisation ersetzt wurde, aber es vollzog sich doch eine kontinuierliche Entwicklung auf eine weniger anomale Situation hin. 1833 wurde ein ehemaliger Professor des Seminars von Warmond, der Baron van Wijckerslooth, zum Bischof in partibus geweiht; damit waren die Niederlande wenigstens

[26] Über dieses Zirkular siehe *Simon,* Sterckx I 320—328 und *J. Bartier:* Revue de l'Université de Bruxelles N. R. 16 (1963/64) 162—171 203—211.

[27] Etwas weniger als 40 Prozent der Gesamtbevölkerung. Entgegen der allgemeinen Annahme waren sie im Norden relativ zahlreich: zwar stellten die Katholiken 87,64 Prozent in Brabant und 97,80 Prozent in Limburg und nur 9,05 Prozent in Friesland und 3,83 Prozent in Drenthe, aber sie waren mit 39,43 Prozent in der Provinz Utrecht, 38,03 Prozent in Geldern und mit 27,15 und 24,46 Prozent in den Provinzen Zuid- und Noordholland vertreten.

für Firmungen und Priesterweihen nicht mehr vom Ausland abhängig. Anfang 1840 gewährte ein königlicher Erlaß der katholischen Kirche gewisse Subsidien, jedoch unter Bedingungen, die im Klerus heftig umstritten waren[28]. Schließlich öffneten sich neue Perspektiven durch die Thronbesteigung Wilhelms II. (1840—49), der mit dem Pfarrer von Tilburg, J. Zwijsen, eng befreundet war und im Katholizismus eine antirevolutionäre Kraft sah; man sprach erneut von einem Konkordat. Die Konvention von 1827 war im Grunde von den meisten holländischen Geistlichen schlecht aufgenommen worden, und man hatte ihr vorgeworfen, dem Herrscher allzuviel Macht in kirchlichen Belangen zugestanden zu haben. Fortan hatte der Einfluß Lamennais' und seiner Schule, die die großen Vorteile der Freiheit geltend gemacht hatten, die Abneigung gegen eine Konkordatslösung noch verstärkt. Rom jedoch hatte diese Lösung immer angestrebt, und im Herbst 1840 wurden durch den Internuntius Capaccini Verhandlungen eingeleitet, die nach einigen Monaten zu einem halben Erfolg führten: die holländische Regierung akzeptierte den Grundsatz eines Konkordats, das vor allem die Errichtung einer Diözesanhierarchie in den südlichen Provinzen erbringen sollte. Angesichts der erbitterten Opposition von seiten der Protestanten beschloß man jedoch einstimmig, den Abschluß zu verschieben. In der Zwischenzeit wollte man die Zahl der Apostolischen Vikariate in diesen Provinzen vermehren[29], und ihre Titulare sollten die bischöfliche Würde erhalten, ohne daß der König in irgendeiner Weise in ihre Nominierung eingriff.

Das Wohlwollen Wilhelms II. war noch folgenschwerer für die Zukunft des holländischen Katholizismus. Die Aufhebung der Maßnahmen gegen die Orden ermöglichte deren rasche Entwicklung sogar nördlich von Moerdijk, und vor allem erlebten die im Unterrichtswesen und in der Caritas tätigen Frauenkongregationen einen raschen Aufschwung.

Dieses Aufblühen war ein Beweis für die Lebenskraft des holländischen Katholizismus, wie sie auch in der spirituellen und intellektuellen Anhebung des Klerus sichtbar wurde. Sie war unter anderem durch den Einfluß des neuen Seminarvorstandes von Warmond, F. J. Van Vree, und eines seiner Professoren, C. Broere, eines fähigen, stark von Lamennais beeinflußten fruchtbaren Schriftstellers zustande gekommen, der es verstand, nach dem Beispiel von Le Sage ten Broek, jedoch auf weniger populärer Ebene, diese Energien in den Dienst der Kirche zu stellen.

[28] Vgl. *J. Gasman:* Archief voor de Geschiedenis von de Aartsb. Utrecht 72 (1952) 47—84.

[29] Ebenfalls im Jahr 1840 wurde ein Apostolisches Vikariat für das Großherzogtum Luxemburg errichtet, das 1839 endgültig von Belgien gelöst und der Herrschaft der Könige der Niederlande unterstellt worden war. Sein erster Titular war J. Th. Laurent, der 1848 wegen eines Konfliktes mit den Liberalen das Land verlassen mußte (vgl. *J. Goedert:* Biographie nationale du pays de Luxembourg VIII [1957]). Mehrmals unterbrochene Verhandlungen mit Rom führten 1870 schließlich zur Errichtung eines Bistums. Siehe *N. Majerus,* L'érection de l'évêché de Luxembourg (Luxemburg 1951).

Um das so notwendig gewordene Aufkeimen einer katholischen Intelligenzschicht zu fördern, gründeten Van Vree und Broere 1842 eine neue Zeitschrift, „De Katholiek", der es zwar nicht gelang, jene Isolierung zu durchbrechen, in die sich der niederländische Katholizismus noch lange einschließen sollte, die jedoch ein halbes Jahrhundert hindurch einen bemerkenswerten Beitrag zum katholischen Wiedererwachen lieferte. Drei Jahre später gründete Abbé J. Smits das Tagblatt „De Tijd", dem es gelang, die Mitarbeit zweier talentierter Laien zu gewinnen: J. W. Cramer, ein Bewunderer Veuillots, dessen schneidende Intransigenz er teilte, und J. Alberdingk Thijm, ein begeisterter Anhänger der romantischen Bewegung, der wesentlich dazu beitrug, der Zeitung kulturelles Ansehen und einen echt nationalen Geist zu vermitteln, der um die Jahrhundertmitte in den katholischen Kreisen der Niederlande noch äußerst selten war.

Die Verbesserung der Lage des Katholizismus in den Niederlanden während des zweiten Drittels des 19. Jh. war zweifellos die Frucht des dynamischen Verhaltens einiger unternehmungsfreudiger Persönlichkeiten, wie Le Sages oder Broeres, sowie des Eifers zahlreicher Kleriker, wie z. B. Zwijsens[30], die zwar nicht außerordentlich begabt waren, aber ihren pfarramtlichen Pflichten gewissenhaft nachkamen. Der Katholizismus profitierte jedoch auch von zwei breiteren Strömungen, die zu einer Wandlung der Geister zu seinen Gunsten beitrugen, von der Romantik und dem Liberalismus.

Unter dem Einfluß der Romane von Walter Scott und der Studien deutscher Philologen über die niederländische Literatur des Mittelalters begeisterten sich viele Protestanten für die nationalen Traditionen vor der Reformation und gewannen dadurch auch Interesse an einer Anzahl katholischer Werte, wie z.B. der Liturgie, denen man bislang nur stolze Verachtung entgegengebracht hatte. Vorurteile lösten sich auf, und dies um so leichter, als die romantische Wiederentdeckung des Mittelalters nicht das Werk der Katholiken war, die lange Zeit — mit wenigen Ausnahmen — einem beschränkten Klassizismus verhaftet blieben, sondern vielmehr von Pastoren und der Kirche fernstehenden Gelehrten, was diese letzteren von jedem Anflug verdächtiger Apologetik befreite.

Der Liberalismus seinerseits prangerte die calvinistischen Aktivitäten zur Aufrechterhaltung einer privilegierten Staatsreligion als anachronistisch an und unterstützte gleichzeitig aktiv den Eintritt der Katholiken in das öffentliche Leben. Es wurde bereits gezeigt[31], welch begeisterte Aufnahme die Schriften Lamennais' bei mehreren der bedeutendsten geistigen Führer des niederländischen Katholizismus gefunden hatten. Vor allem Le Sage ten Broek war vor „Mirari vos" in seinen liberalen Erklärungen sehr weit ge-

[30] Über Johannes Zwijsen (1794—1877), der 1853 erster Bischof von Utrecht wurde, siehe *J. Witlox*, Mgr J. Z. ('s-Hertogenbosch 1927, ²1941), zu nuancieren durch *Rogier*, Kath Herleving, passim, bes. 192—195.
[31] S. 332.

gangen. Nicht zufrieden damit, die Konkordate als unnütz und sogar gefährlich zu bezeichnen, zögerte er nicht, zu erklären, daß die „Wahrheit ihren Sieg nur sich selbst verdanken dürfe und daß daher auch der Irrtum frei sein müsse". Die Verurteilungen durch Gregor XVI. bewirkten — mit einiger Verspätung — eine Umkehr. Le Sage räumte nun nicht nur ein, daß „die Freiheit ihre Gefahren und Exzesse habe" und daß ihr die Weisheit „Grenzen setzen" müsse, sondern er verzichtete auch 10 Jahre später darauf, die Katholiken zu einer Annäherung an die Liberalen auf parlamentarischer Ebene zu ermutigen, während er vorher dem belgischen Unionismus zugestimmt hatte, den er als einen Sieg über die Vorurteile begrüßt hatte. Aber wenn diese reserviertere Haltung in den traditionsgemäß konservativeren Südprovinzen bis 1848 vorherrschend war, so nicht im gleichen Maße im Norden von Moerdijk, wo viele Katholiken, ohne eine doktrinäre Aussöhnung zwischen Kirche und Liberalismus herbeiführen zu wollen, der Auffassung waren, daß es eine ganze Reihe von Gründen gebe, um die liberale Opposition zu unterstützen. Deren Programm entsprach den Interessen der Katholiken aus der Welt des Handels und der Wirtschaft, die in den Großstädten sehr stark vertreten waren (25 % in Amsterdam, 35 % in Rotterdam, 40 % in Utrecht und Haarlem), und die religiöse Indifferenz vieler Liberaler ließ eine tolerantere Haltung der Kirche gegenüber erhoffen als jene der konservativen Protestanten, die an der Macht waren. Im Werk von Witlox über die Vorgeschichte der katholischen Partei[32] läßt sich dieses langsame Hinübergleiten der Katholiken zur Linken hin verfolgen, das sich trotz der Zurückhaltung der „brabantischen" Standespersonen und des greisen Le Sage vollzog. Ein Mann, dessen Einfluß lange Zeit übersehen wurde, hat hier eine bedeutende Rolle gespielt: der intelligente F. J. Van Vree, der spätere Bischof von Haarlem. Zusammen mit dem Journalisten Smits, der aus Brabant stammte und in Amsterdam die Redaktion seiner Zeitung „De Tijd" errichtete, ermutigte und leitete er vorsichtig und beharrlich die Entwicklung der neuen katholischen Bevölkerungsschichten des Nordens, die sich in der Bewegung „Junges Holland" zusammenfanden und zu einem großen Teil am Wahlsieg der Liberalen, der seinerseits die Gesetzesänderung von 1848 zur Folge hatte, beteiligt waren. Diese Änderung brachte den Katholiken zweifachen Vorteil: sie schützte sie durch die Einführung der Ministerverantwortlichkeit vor den königlichen Launen und gab der Kirche eine bislang nicht gekannte Unabhängigkeit, deren erste Frucht die Restauration der Hierarchie von 1853[33] sein sollte, die unabhängig von jeglicher Konkordatsverhandlung, in — bei vielen mehr oder weniger bewußter — Anwendung des Grundsatzes der freien Kirche im freien Staat, wie ihn Lamennais vertreten hatte, durchgeführt wurde.

[32] Zu vervollständigen durch *G. Beekelaar,* Rond grondwetherziening en herstel der hierarchie. De Hollandse Katholieke jongeren 1847—52 (Hilversum 1964).

[33] Siehe S. 501—503.

19. Kapitel

Der Beginn des Risorgimento in Italien

Die Gärung im Kirchenstaat

LITERATUR: *Schmidlin PG* I 520—556; *Leflon* 432—440; *Mollat* 150—190 (Lit.); *E. Morelli,* La politica estera di T. Bernetti (Rom 1953); *L. Manzini,* Il card. L. Lambruschini (Vatikanstadt 1960) 188—208 280—306 539—543 (panegyrisch; s. auch *M. G. Giampaolo:* RStRis 18 [1931] 103—136); *F. A. Gualterio,* Gli ultimi rivolgimenti italiani. Memorie storiche con documenti inediti I (Neapel 1861); *F. Engel-Janosi,* Die politische Korrespondenz der Päpste mit den österreichischen Kaisern (Wien 1964) 21—25 199—222; Le relazioni diplomatiche fra lo Stato pontificio e la Francia, 2. Reihe 1830—48, 3 Bde (Rom 1962/69); s. auch *E. Calvi,* Bibliografia di Roma nel Risorgimento (Rom 1912) Nr. 2083—2281.

Zu den Unruhen von 1831—32: *E. Morelli,* Lo Stato pontificio e l'Europa nel 1831—32 (Rom 1966); *ders.:* Studi storici in onore di G. Volpi II (Florenz 1958) 665—677; *ders.:* ChStato II 549—562; *N. Nada,* L'Austria e la Questione Romana, agosto 1830—luglio 1831 (Turin 1953); *ders.,* La polemica fra Palmerston e Metternich sulla Questione romana nel 1832 (Turin 1955); *L. Pásztor - P. Pirri,* L'archivio dei Governi provvisori di Bologna e delle Provincie Unite del 1831 (Vatikanstadt 1956); *P. Pirri,* Il Memorandum del 1831 nei dispacci del card. Bernetti al Nunzio di Vienna: GregMC II 353—372; *L. Pásztor:* RSTI 8 (1954) 95—128; *ders.:* Boll. del Museo del Risorgimento di Bologna 3 (1958) 167—202; *ders.:* Studi romagnoli 8 (1957) 529—595; *S. Celli,* Il card. Benvenuti nella rivoluzione del 1831: RSTI 14 (1960) 48—93. Ferner: Nel primo centenario della Rivoluzione del 1831 (Bologna 1931); Contributi alla storia della rivoluzione italiana del 1831 (ebd. 1931); *B. Gamberale:* RStRis 14 (1927) 657—715; *R. Dal Piano,* Roma e la rivoluzione del 1831 (Imola 1931); *P. Zama,* La marcia su Roma del 1831 (Mailand 1931); *F. Falaschi:* RStRis 19 Suppl. (1932) 117—127; *E. Docci,* Deputati romagnoli a Roma nel maggio 1831 (Faenza 1957).

Zum Kirchenstaat und den Reformversuchen: *D. Demarco,* Il tramonto dello Stato pontificio. Il papato di Gregorio XVI (Turin 1949; s. auch RStRis 44 [1957] 191—258); *G. Quazza,* La lotta sociale nel Risorgimento (Turin 1951) 113—142; *N. Nada,* Metternich e la Riforma nello Stato pontificio. La missione Sebregondi a Roma 1832—1836 (Turin 1957; wichtig, aber zu differenzieren nach *E. Morelli:* ChStato II 554—560 und *L. Pásztor:* La Bibliofilia 60 [1958] 285—297); *P. Dalla Torre,* L'opera riformatrice e amministrativa di Gregorio XVI: GregMC 29—121; *P. Ciprotti:* ebd. I 113—121. Siehe auch *A. Boyer d'Agen,* La prélature de Léon XIII. De Bénévent à Pérouse, 1838—45 (Paris 1907).

Zu den Unruhen der letzten Jahre: Außer *Schmidlin PG* I 549—556: *A. M. Ghisalberti:* GregMC II 123—134; *ders.:* RStRis 19 (1932) 70—88; *O. Montenovesi,* I casi di Romagna, sett. 1845: ebd. 8 (1921) 307—426; *J. A. v. Helfert,* Gregor XVI. und Pius IX. vom Okt. 1845 bis Nov. 1846 (Prag 1895). Siehe auch *M. d'Azeglio,* Degli ultimi casi di Romagna (Florenz 1846).

Die seit 1815 im Bürgertum und in der intellektuellen Jugend des Kirchenstaates, vor allem in der Romagna, im Verborgenen reifende Unzufriedenheit mit der „Priesterregierung" war seit dem Rücktritt Consalvis weiter gewachsen. Sie wurde durch die Julirevolution in Frankreich und die belgische Revolution auf die Spitze getrieben. Das doppelte Scheitern des Legitimitätsprinzips und der Schlag, der in einem wichtigen Punkt den Bestimmungen des Wiener Vertrags versetzt wurde, forderten dazu heraus, die Aufrechterhaltung des traditionellen Regierungssystems sowohl im Kirchenstaat wie auch im übrigen Italien erneut in Frage zu stellen, zumal sich verschiedene französische Politiker bereit erklärten, den Italienern gegen die Intervention des „Auslands", d. h. gegen das Österreich Metternichs, beizustehen. Am 4. Februar 1831, zwei Tage nach der Wahl Gregors XVI., erhob sich, dem Beispiel von Parma und Modena folgend, Bologna und verkündete am nächsten Tag unter dem Druck der „Carbonari" das Ende der weltlichen Herrschaft des Papstes in dieser Provinz. In den folgenden Tagen dehnte sich der Aufstand auf die gesamte Romagna, auf die Marken und auf Umbrien, d. h. auf vier Fünftel des Kirchenstaats, aus. Kardinal Benvenuti, Bischof von Osimo, der wegen seiner Popularität in der Gegend als Sonderlegat zur Organisierung des antirevolutionären Widerstands eingesetzt worden war, wurde gefangengenommen. Am 25. Februar bildete sich eine „Vorläufige Regierung der vereinigten italienischen Provinzen", die zur Verhinderung einer österreichischen Intervention auf die französische Unterstützung zählte. Sie machte sich sofort an die Abfassung einer Verfassungs-Charta und versuchte, nach Rom zu marschieren, wo die kleinen Leute der päpstlichen Regierung die Treue hielten. Die Revolution war von Juristen improvisiert worden, die sich an romantischen Phrasen berauschten, wurde jedoch von den breiten Schichten des Volkes nicht unterstützt. So wurde sie in wenigen Wochen vom österreichischen Heer niedergeschlagen[1], um dessen Eingreifen die päpstliche Regierung bereits am 17. Februar ersucht hatte, nachdem es ihr nicht gelungen war, die Bewegung mit eigenen Kräften einzudämmen. Dennoch hatte dieser Aufstand gewichtige Folgen. Auf italienischer Ebene hatte das Scheitern der Rebellion die Fruchtlosigkeit örtlicher, von den Geheimgesellschaften vorbereiteter Komplotte erwiesen und zum Verfall der Bewegung der „Carbonari" und zum Aufstieg einer neuen, nationalen Bewegung mit viel weiter gesteckten Zielen geführt, der „Giovine Italia" Mazzinis, die eine einheitliche Republik mit Rom als Hauptstadt verkündete. Noch gewichtiger waren die Folgen auf internationaler Ebene, da die öffentliche Meinung in Europa mit der Römischen Frage in einer ganz neuen Problemstellung konfrontiert wurde, die bis 1870 beherrschend blieb. Es ging nun nicht mehr wie im 18. Jh. um die Unvereinbarkeit der religiösen Werte mit den Belastungen der Politik, sondern um die Interessen der Untertanen des Kirchenstaats, und dies im Zeichen der beiden katholischen Großmächte Österreich und Frankreich, das nun aus seinem fünfzehnjährigen Schatten wieder auf die Bühne des großen

[1] Bologna wurde am 21. 3. besetzt, und Ancona, das letzte Bollwerk, kapitulierte am 26. 3.

europäischen Spieles trat. Anläßlich der österreichischen Intervention in der Romagna tauchte die alte Rivalität zwischen den beiden Staaten wegen der Suprematie in Italien wieder auf. Sie führte dazu, daß eine internationale Konferenz nach Rom einberufen wurde, bei der die Bevollmächtigten Englands, Rußlands, Preußens, Österreichs und Frankreichs trotz ihrer Meinungsverschiedenheiten — die Bernetti geschickt auszunutzen suchte — gemeinsam ein Memorandum ausarbeiteten, das am 21. Mai dem Staatssekretär überreicht wurde[2]. Dieses Dokument schlug eine Reihe von Reformen vor, die als unbedingt notwendig erachtet wurden, um der römischen Regierung ein festes Fundament zu geben, „wie dies das europäische Interesse erforderte": insbesondere die Wiederinkraftsetzung des von Leo XII. zum Teil aufgehobenen Motu proprio von 1816, „die allgemeine Zulassung der Laien zu den Verwaltungs- und Justizämtern und die Einführung des Wahlsystems auf Munizipal- und Provinzialebene". Der Papst fühlte sich durch diese Einmischung der Mächte in die inneren Angelegenheiten des römischen Staates verletzt und war darüber hinaus mit der Mehrheit seiner Ratgeber, angefangen bei Bernetti, der Ansicht, das vorgeschlagene Programm sei zu liberal. So beschränkte sich das Edikt vom 5. Juli auf die Einführung einiger unbedeutender Änderungen in der Administration der Provinzen und der Kommunen[3] und löste tiefe Enttäuschung aus. Kurz nachdem die österreichischen Truppen den Kirchenstaat am 15. Juli geräumt hatten, kam es in der Romagna zu neuen Unruhen. Im Herbst machten vier Edikte den Romagnolen einige Zugeständnisse[4]. Als auch dieses Entgegenkommen nichts nützte, beschloß der päpstliche Hof, nun scharf durchzugreifen: Anfang Dezember wurde Kardinal Albani zum Sonderkommissar für die vier Legationen ernannt[5]. Das brutale Vorgehen seiner Truppen in Forlì löste jedoch einen allgemeinen Aufstand aus. Um ihn niederzuschlagen, rief er — ohne Beratung mit dem Papst — die Österreicher zu Hilfe, die erneut in die Romagna vorstießen (28. 1. 1832). Diesmal jedoch reagierte Frankreich, das unbedingt verhindern wollte, daß aus dem Kirchenstaat ein österreichisches Protektorat wurde, sofort und besetzte Ancona. Der päpstliche Hof mußte sich trotz seiner Entrüstung, die von den europäischen Staatskanzleien geteilt wurde, damit abfinden und einwilligen, daß die französische Okkupation bis zur Räumung der Legationen durch Österreich bestehenblieb. Diese erfolgte jedoch erst Ende 1838, trotz aller Bemühungen Bernettis, der zwar mit dem konservativen Einfluß Österreichs in Italien rechnete, aber sehr

[2] Text bei *F. A. Gualterio* a. a. O. I 277—279 (besser als bei *Bastgen* I 91—92).

[3] *A. M. Bernasconi*, Acta Gregorii Papae XVI, IV (Rom 1904) 25—31.

[4] Edikte vom 5. und 31. 10. und 5. und 15. 11. 1831 (ebd. IV 42 53 74 117).

[5] L. Pásztor hat klar nachgewiesen, daß die Historiker den Antagonismus, der zwischen Albani und Bernetti bestanden haben soll, lange übertrieben haben. Letzterer setzte auf das Prestige, das Albani in Wien genoß, um so die Unabhängigkeit der römischen Regierung zu retten.

darauf bedacht war, daß der Kirchenstaat nicht wie die italienischen Herzogtümer unter österreichische Vormundschaft geriet[6].

Unter dem Schutz der ausländischen Bajonette ging die päpstliche Regierung scharf gegen die Rädelsführer des Aufstands vor. Danach stand sie jedoch wieder dem Problem der Reformen gegenüber. Sie wurden nicht nur von den liberalen Regierungen Frankreichs und Englands gefordert, sondern — in anderer Perspektive — auch von Metternich, der ein aufgeklärter und realistischer Konservativer war. Er teilte die Feindschaft Gregors XVI. und seiner Ratgeber gegen alles, was nach einem konstitutionellen Regime aussah, und erachtete im Interesse Österreichs die Erhaltung eines absolutistischen Regierungssystems in den italienischen Staaten für notwendig, hielt aber, im Unterschied zu den reaktionären Kreisen in Wien und an der Kurie, Änderungen für dringend geboten, wenn man der endemischen Unruhe in Mittelitalien ein Ende bereiten wollte. Seiner Meinung nach wurzelte diese Unruhe großenteils in der Unfähigkeit der römischen Verwaltung. Deshalb hielt er es für unbedingt nötig, „die Initiative zu Verbesserungen zu ergreifen, die geeignet sind, den berechtigten Beschwerden der Bevölkerung Rechnung zu tragen, und die Staatsgewalt so zu organisieren, daß man am Tag der Gefahr auf diese zählen kann". Deshalb entsandte er im Februar 1832 den Hofrat G. Sebregondi als Berater nach Bologna zu Kardinal Albani, der mit der Wiederherstellung der Ordnung in der Romagna beauftragt war. Der österreichische Delegierte konnte jedoch bei dem alten Kardinal, der an den herrschenden Zuständen gar nichts ändern wollte, nichts erreichen. Dagegen lud ihn Gregor XVI. spontan nach Rom ein, wo er dann drei Jahre lang das Hauptwerkzeug des Versuches war, den Kirchenstaat zu reorganisieren. Er arbeitete jedoch so im Hintergrund, daß sein Wirken bis zu den Forschungen von E. Morelli und N. Nada praktisch unbekannt geblieben ist.

Gregor XVI. und Bernetti waren zwar radikale Gegner politischer Reformen, die der Bevölkerung eine Beteiligung an der Regierung des Staates erlaubt hätten, und lehnten die Übertragung wichtiger Posten an Laien ab, wünschten jedoch aufrichtig Verbesserungen auf administrativer und wirtschaftlicher Ebene. So wurden verschiedene Maßnahmen ergriffen, deren Bedeutung von den Verteidigern des Heiligen Stuhls zwar übertrieben wurde, die aber dennoch nützlich waren. Wenn auch Sebregondi die katastrophale finanzielle Lage nicht völlig sanieren konnte, so gelang es ihm zumindest, das Defizit des Budgets teilweise zu beseitigen. Aber eine Gruppe

[6] In der Hoffnung, bei der Verteidigung der öffentlichen Ordnung nicht mehr auf fremde Hilfe angewiesen zu sein, kam Bernetti, nach vergeblichem Bemühen um eine Reorganisierung des regulären Heeres, auf den Gedanken, örtliche Milizen aus Freiwilligen zu bilden: die „Centurioni". Ihr willkürliches Vorgehen im Dienst der Konterrevolution führte zu zahlreichen berechtigten Klagen (vgl. *E. Morelli,* La politica estera di T. Bernetti 148—154).

der Kurie setzte den Bemühungen Sebregondis passiven Widerstand entgegen, so daß er nur einen Teil seines ursprünglichen Programms verwirklichen konnte. Jedoch stand er in den ersten Jahren des Pontifikats mit seinen Einsichten nicht allein. So war (entgegen der Meinung von N. Nada) Sebregondi praktisch so gut wie gar nicht an der Reform des Staatssekretariats beteiligt, die im Februar 1833 in zwei Abteilungen, eine für die innere Verwaltung und eine für die auswärtigen Beziehungen, aufgegliedert und zwei verschiedenen Kardinälen unterstellt wurde; denn dieser Plan, der zweifellos als „der erste Schritt zu einer bedeutsameren Reform" gewertet werden muß, wurde von Mgr. Brignole und dann Kardinal Bernetti und seiner Umgebung ausgearbeitet[7].

Die auf Veranlassung Metternichs entwickelten Reformpläne führten schließlich aus vielen Gründen nur zu sehr begrenzten Resultaten. Es genügte ja nicht, Verordnungen zu erlassen, wenn diese dann nicht durchgeführt wurden, sondern auf Grund der Saumseligkeit des Beamtentums und infolge der mangelnden Unterstützung der Pläne durch die hohe römische Gesellschaft toter Buchstabe blieben. Hinzu kam, daß Reformen besonders schwierig waren in einem Land, dessen Wirtschaft auf einer rückständigen Landwirtschaft und einem an die neuen Produktionsbedingungen schlecht angepaßten Handwerkerstand ruhte und nur über eine noch primitive Industrie und ein völlig unzureichendes Verkehrsnetz verfügte. Vor allem war es anachronistisch, in einem Land mit drei Millionen Einwohnern die Laien weiter von der Führung der Staatsgeschäfte auszuschließen. Bernetti — wie schon vorher Consalvi — war nur mit Reformen einverstanden, die über den paternalistischen Despotismus des 18. Jh. nicht hinausgingen — und dies, obwohl seit 1830 so ziemlich überall in Europa die Versuche einer vollständigen Restauration an der wachsenden liberalen Geisteshaltung gescheitert waren.

Aber selbst dieser schüchterne und längst überholte Reformismus war für die Mehrheit der „zelanti" schon zu fortschrittlich. So begrüßten sie 1836 die Ablösung Bernettis durch Lambruschini mit Befriedigung. Er war allerdings, wie oben bereits gezeigt wurde, kein blinder Reaktionär und bemühte sich nicht nur, die polizeiliche Repression durch Gegenmaßnahmen zu mildern, sondern ergriff auch auf verschiedenen Gebieten förderliche Maßnahmen, so in der Volksbildung[8] oder im Straßenbau. Es ist auch übertrieben, ihn als völlig Österreich hörig hinzustellen[9]. Aber das Verderbnis beherrschte den ganzen Geist des Systems. Die Politik des Staatssekretärs bestand freilich

[7] *L. Pásztor,* La riforma della Segreteria di Stato di Gregorio XVI: La Bibliofilia 60 (Florenz 1958) 285—305.

[8] *Formiggini-Santamaria,* L'istruzzione popolare nello Stato pontificio 1824—70 (Rom 1909). Viel weniger aufgeschlossen zeigte er sich dagegen auf der Ebene der Mittelschulen und der höheren Schulen. Vgl. M. A. *Giampaolo:* RStRis 18 (1931) 124—130.

[9] Vgl. z. B. *M. A. Giampaolo:* ebd. 137—139.

nur darin, die wichtigen Stellen und Privilegien den Anhängern der Regierung vorzubehalten. Dies erbitterte natürlich die liberale Partei, der es nicht schwerfiel, vor der aufgeklärten öffentlichen Meinung Europas die Rückständigkeit mancher Beschlüsse zu brandmarken, so etwa die Weigerung Gregors XVI., die Eisenbahn in seinen Staaten einführen zu lassen[10]. Charakteristisch war es, daß die meisten Mitglieder der im Ausland gebildeten Komitees revolutionärer italienischer Flüchtlinge aus dem Kirchenstaat stammten. Hier aber verschlimmerte sich im Laufe der Jahre die Lage immer mehr. Seit 1843 vervielfachten sich die örtlichen Aufstände, und zu Anfang des folgenden Jahres schrieb der Vertreter der Niederlande in Rom, alle Bevölkerungsschichten „bäumten sich unter ihrem derzeitigen Zügel auf und sehnten sich danach, ihn zu zerreißen“ [11]. Die militärischen Sondergerichte tagten in Permanenz, und Tausende von Personen wurden wegen ihrer politischen Meinungen verfolgt, verbannt oder verurteilt. Diese Unterdrükkungsmaßnahmen konnten jedoch die Ruhe nicht wiederherstellen. Während im Herbst 1845 der bolognesische Anwalt Galetti Zirkulare verteilte, in denen die „Brüder“ der Romagna aufgerufen wurden, unter dem Panier „Freiheit, Ordnung, Einheit!“ die Beamten zu ermorden und die Kirchen zu plündern, bemächtigte sich eine Gruppe von Aufständischen, die von San Marino gekommen waren, der Stadt Rimini und verbreitete in Tausenden von Exemplaren ein „Manifest der Bevölkerung des römischen Staates an die Fürsten und Völker Europas“ [12], das L. C. Farini sehr geschickt formuliert hatte. Die vorgeschlagenen Reformen waren sehr gemäßigt und blieben oft sogar noch hinter dem Memorandum von 1831 zurück. Lambruschini aber sprach in seiner Antwort[13] von den „verbrecherischen Erklärungen einer wildgewordenen Faktion“ und zeigte damit die Tiefe des Grabens, der die päpstliche Regierung von den Aspirationen eines beträchtlichen Teils des Bürgertums ihrer Staaten außerhalb der Stadt Rom trennte.

Der Freudenausbruch, den die Nachricht vom Tod des Papstes am 1. Juni 1846 auslöste, vermittelt eine Vorstellung von dem Haß, der sich in manchen Kreisen gegen den Papst und das von ihm verkörperte Regierungssystem aufgespeichert hatte. Gewaltig verschärft worden war die Unzufriedenheit übrigens noch durch die völlig negative Einstellung Gregors XVI. und seines Staatssekretärs gegenüber den Bestrebungen der italienischen Patrioten, die Halbinsel von den österreichischen Einmischungen zu befreien, und gegen-

[10] Die Ablehnung erfolgte, obwohl es in apologetischer Absicht geleugnet worden ist, aus wesentlich politischen Gründen, wie *P. Negri* nachgewiesen hat in: Gregorio XVI e le ferrovie: Rassegna degli Archivi di Stato 28 (1968) 103—126. Vgl. auch *C. De Biase*, Il problema delle ferrovie nel Risorgimento (Modena 1940).

[11] Angeführt von *A. M. Ghisalberti*, Cospirazioni del Risorgimento (Palermo 1938) 8—11.

[12] Text bei *F. A. Gualterio* a. a. O. II 359—369. Vgl. *P. Zama:* Studi romagnoli 2 (1951) 373—387.

[13] Wiedergegeben bei *G. Margotti*, Le vittorie della Chiesa (Mailand 1857) 490 ff.

über den Manifestationen des Nationalgefühls, das seit einem Jahrzehnt in allen Schichten der Bevölkerung, einschließlich eines Teils des Klerus, mächtig aufgeblüht war.

Die Katholiken und das Problem der italienischen Einheit

LITERATUR: *A. M. Ghisalberti*, Il movimento nazionale del 1831 alla vigilia della prima guerra d'indipendenza d'Italia III, hrsg. von *N. Valeri* (Turin ²1965) 533—712; *Jemolo* 19—36; *W. Maturi:* EnI XXIX 437—439; *A. Anzilotti*, La funzione storica del giobertismo (Florenz 1923); *S. A. Kähler*, Über zwei italienische Programmschriften zur Neuordnung Italiens und Europas von 1843: NAG, Phil.-Hist. Kl. (1944) 33—62; *A. M. Ghisalberti*, Reazioni cattoliche alle „Speranze d'Italia": AstIt 112 (1954) 195—216; *A. Luzio*, La massoneria e il Risorgimento I (Bologna 1925); *G. Ambrosetti*, Illuminismo e tradizione cattolica nei concetti del Risorgimento: I cattolici e il Risorgimento (Rom 1963) 35—49; *L. Bulferetti*, Albori del Risorgimento fra illuminismo e diritto naturale cristiano: BStBiS 19 (1947) 55—75; *D. Massè*, Il caso di coscienza del Risorgimento italiano (Alba 1946); *ders.*, Cattolici e Risorgimento (Rom 1961); *M. Apollonio*, La letteratura d'ispirazione cattolica e il Risorgimento: Vita e Pensiero 42 (1959) 918—932; *A. Manno*, L'opinione religiosa e conservatrice in Italia del 1830 al 1850 (Turin 1912); *P. Treves*, L'idea di Roma e la cultura italiana del sec. XIX (Mailand-Neapel 1962).

Das Mitte des 18. Jh. in Italien erwachte Nationalbewußtsein hatte nach und nach immer weitere Fortschritte gemacht und sich, als die französische Invasion die damaligen Dynastien gestürzt hatte, bei einer jakobinischen Minderheit sogar schon als recht lebendig erwiesen. Dieses Nationalbewußtsein war sowohl von dem revolutionären Prinzip des Rechts der Völker auf freie Selbstbestimmung wie von den konkreten Erfahrungen im Königreich Italien angefacht worden. Nach 1815 war das oft ziemlich vage Streben nach einer Einigung der vom österreichischen antiliberalen Joch befreiten Halbinsel vor allem bei den jungen, aus bürgerlichen Kreisen stammenden Leuten lebendig geblieben, die sich nach dem Italien Napoleons zurücksehnten, aber auch bei einem Teil des gebildeten Publikums, das von den Erinnerungen an die Größe Roms oder auch an den Widerstand der lombardischen Städte gegen die deutschen Kaiser zehrte. Auch die breite Masse war in der romantischen Atmosphäre, die geschichtliche Erinnerungen förderte, von der Bewegung des „Risorgimento" ergriffen worden, vor allem dank einiger literarischer Erfolgswerke, besonders durch das Buch von Silvio Pellico „Le mie prigioni" über die Schrecken seiner Haft, das eine entsetzliche Anklageschrift gegen die Methoden der österreichischen Polizei darstellt. Die Wirren von 1830/31 vergrößerten noch die Zahl der gesamtitalienischen Patrioten, da nach der neuen österreichischen Intervention deutlich wurde, daß die konstitutionellen und liberalen Bestrebungen nur durch eine gemeinsame Frontbildung aller Italiener verwirklicht werden konnten. In den folgenden Jahren trugen die regelmäßigen wissenschaftlichen Kongresse in den italienischen Hauptstädten mit dazu bei, den „campanilismo" dadurch zu brechen, daß die nationalen Fragen[14] in den Vordergrund gestellt wurden. Die wirtschaftliche Entwicklung, die durch den Bau der Eisenbahnlinien illustriert wurde, wirkte in der gleichen Richtung. Anfänglich gab es unter den „Carbonari" auch überzeugte Katholiken und sogar Priester und Ordensleute, häufig mit jansenistischer Tradition[15]. Zwischen 1830 und 1840 wurde das Streben nach dem Zusammenschluß ganz Italiens jedoch vor allem von Männern vertreten, die der Kirche feindlich gegenüberstanden, entweder weil sie im Papst, dem weltlichen, Österreich hörigen Herrscher, das Haupthindernis für die Verwirklichung der Vereinigung oder weil sie unter dem Einfluß der Freimaurerei die Freiheit für unvereinbar mit der Religion hielten und in den Priestern die Hauptverteidiger einer autoritären Gesellschaft sahen, die ihrem Streben nach Volkssouveränität entgegengesetzt war, oder weil sie dem Programm Mazzinis, der 1831 die „Giovine Italia" (das „Junge Italien") gegründet hatte, verpflichtet waren. Dieses Programm forderte die Befreiung von allen Dogmen und allen Kirchen, damit unter der Devise „Dio e Popolo" eine neue Religion der Menschlichkeit, deren enthusiastischer Prophet Mazzini war, heraufgeführt und in der allgemeinen Brüderlichkeit die Demokratie der Zukunft verwirklicht werde. Die systematische Gewaltanwendung der Geheimgesellschaften und der radikale Charakter des Programms Mazzinis, das darauf abzielte, die legitimen Herrscher durch eine demokratische Republik abzulösen, vergrößerten noch das Mißtrauen vieler Katholiken und erklären die fast völlig negative Reaktion der Hierarchie auf die nationale Bewegung, wie sie sich ihnen konkret darstellte. Um das Jahr 1840 vollzog sich jedoch eine neue Entwicklung unter dem Einfluß von Intellektuellen, die ein etwas verschwommenes, jedoch echt religiöses Christentum vertraten und sich darüber klarwurden, daß die Treue zum Katholizismus in Italien die allererste nationale Überlieferung darstellt. Infolgedessen versuchten sie, die Einheit ihres Vaterlandes nicht gegen die Kirche, sondern mit ihrer Unterstützung zu verwirklichen. Diese Bewegung des Neoguelfismus ersetzte die Antithese, mit der die revolutionären Linken „Risorgimento" und Katholizismus, Italien und das Papsttum als feindliche Mächte einander entgegenstellten, durch die Konvergenz, durch das Bündnis und mitunter sogar durch die Gleichförmigkeit.

Der Neoguelfismus ging von der Überzeugung aus, daß die Verbindung der religiösen und der patriotischen Empfindungen einen mächtigen nationalen Hebel bilden könne, wie es das Beispiel des spanischen Widerstands

[14] Lambruschini war sich der politischen Tragweite dieser Kongresse wohl bewußt und lehnte es ab, sie in Rom zu genehmigen. Über die Bedeutung dieser Kongresse vgl. *F. Bartocini - S. Verdini,* Sui congressi degli scienzati (Rom 1952).

[15] Vgl. *M. Vaussard,* Jansénisme et gallicanisme aux origines religieuses du Risorgimento (Paris 1959) 101—136. — Über die „Carbonari"-Priester im Königreich Neapel vgl. *A. De Santis:* Archivi 2-R. 25 (1958) 13—28.

gegen Napoleon und in jüngster Zeit die Befreiung Griechenlands vom ottomanischen Joch oder auch die Emanzipation Belgiens von der „protestantischen holländischen Herrschaft“ bewiesen hatten. Schon einige Jahre vorher hatte Manzoni versucht, das Nationalgefühl durch einen Appell an das religiöse Empfinden zu wecken, und außerdem die Aufmerksamkeit auf die Protektorrolle gelenkt, die der Papst zur Zeit der Langobardenherrschaft gespielt hatte, als er für Italien nach dem Zusammenbruch des Römischen Reichs der einzige Sammelpunkt geworden war. Parallel hierzu bemühte sich eine historische Schule, in — wissenschaftlich bestreitbaren — Rekonstruktionen die Überlieferungen des nationalen Guelfismus durch Erinnerung an den Widerstand gegen die Staufenkaiser wieder zu Ehren zu bringen. Unter anderen verfaßte der Neapolitaner G. Troya (1782—1858) ein Riesenwerk, um zu beweisen, daß der Papst, der im Mittelalter Italien in seinem Widerstand gegen die von jenseits der Alpen eingedrungenen „Barbaren“ repräsentiert hatte, es auch jetzt wieder repräsentieren müsse, um es ihren Händen zu entreißen.

Erst Tommaseo[16], der seit 1833 nach Frankreich verbannt war, stellte in seinem Werk „Dell'Italia“ (1835) den Gedanken eines Papsttums heraus, das sich an die Spitze der Wiedergeburt Italiens stellt. Er forderte in seinem Buch die Vertreibung der Österreicher aus der Halbinsel und ein vereinigtes Italien und verkündete seinen Glauben an die Einheit von Christentum und Freiheit. Der wahre Initiator und geistige Führer des Neoguelfismus war jedoch Gioberti[17], ein piemontesischer Priester, der wegen seiner offen bekundeten Sympathien für Mazzini nach Brüssel verbannt worden war, dann aber mit den Anhängern Mazzinis gebrochen hatte. Der Grund für diesen Bruch war die Unfruchtbarkeit ihrer Agitation und ihre ideologische Unbeständigkeit, die es ihnen unmöglich machte, den Italienern eine konstruktive Gesinnung zu vermitteln. Nach einer Krise, während deren er zwischen Skeptizismus und Pantheismus geschwankt hatte, fand er zu einer dem Katholizismus wieder näherstehenden Haltung zurück und veröffentlichte im Januar 1843 ein dickes, unverdauliches Werk „Del primato morale e civile degli

[16] Über Niccolò Tommaseo (1802—74), Dichter, Philologe und Essayist, s. *R. Ciampini*, Vita di Niccolò Tommaseo (Florenz 1945); *M. L. Astaldi*, Tommaseo come era (Florenz 1966).

[17] Vincenzo Gioberti (1801—52) war Professor an der theologischen Fakultät von Turin und Almosenier des Hofes von 1825 bis 1833, obwohl er in engem Kontakt zu den Bewegungen liberaler und revolutionärer Inspiration stand; 1848—49 war er Präsident der piemontesischen Regierung. Siehe *A. Bruers*, Gioberti (Rom 1924; Lit. bis 1923); *A. Anzilotti*, Gioberti (Mailand 1922; grundlegend); *U. Padovani*, Vincenzo Gioberti ed il cattolicismo (Mailand 1927); *R. Rinaldi*, Gioberti e il problema religioso del Risorgimento (Florenz 1929); *T. Vecchietti*, Il pensiero politico di Vincenzo Gioberti (Mailand 1941); *A. Omodeo*, Vincenzo Gioberti e la sua evoluzione politica (Turin 1941); *G. Bonafede*, Gioberti e la critica (Palermo 1950). WW: Opere complete, 35 Bde (Neapel 1877/1937); neue kritis « Ausgabe (Rom-Mailand 1938 ff); Epistolario, 11 Bde (Florenz 1927/37).

Italiani", dessen Widerhall mit dem von Fichtes „Reden an die deutsche Nation" verglichen wurde. Nachdem er in diesem Buch den Genius Italiens gepriesen und an seinen Beitrag zum kulturellen Erbe der Menschheit erinnert hatte, verkündete er, die Auferstehung des Vaterlandes, zu der die Freiheit, die nationale Einheit und Unabhängigkeit gehöre, müsse sich — in einem gemäßigten Liberalismus — des Bündnisses zwischen den modernen Bestrebungen und den bestehenden Institutionen, das heißt der Monarchie und dem Katholizismus, bedienen. In dieser Perspektive forderte er den Zusammenschluß Italiens zu einem Staatenbund mit dem Papst als Präsidenten und Schiedsrichter. Wie fast stets in solchen Fällen, waren diese Gedanken nicht ganz neu; einige von ihnen hatte Rosmini schon geraume Zeit vorher geäußert[18]. Noch nie jedoch hatte man diese Gedanken mit solcher Beredsamkeit dargeboten, wie dies Gioberti gelang, und mit solcher Kraft den weltlichen, politischen und praktischen Wert des Katholizismus und seiner Hauptstütze, des Papsttums, als geistige Quelle der nationalen Wiedergeburt verherrlicht. Selbstverständlich fand das Werk nicht den Beifall der antiklerikalen liberalen Kreise; es fiel ihnen nicht schwer, dem Idealpapst Giobertis die Wirklichkeit Roms unter Gregor XVI. gegenüberzustellen. Die traditionalistischen katholischen Kreise aber kritisierten das Buch, weil sie von seinen so sehr auf Neuerungen abzielenden Perspektiven und seinen Reformbestrebungen beunruhigt wurden. Aus diesem Grunde verbot Lambruschini schleunigst die Verbreitung des Buches im Kirchenstaat. Es wurde jedoch von sehr vielen Katholiken und einem großen Teil des Klerus, einschließlich dieses oder jenes Kardinals[19], so sehr begrüßt, daß man unmittelbar nach seiner Veröffentlichung schreiben konnte: „Die Idee der italienischen Einheit hieß bis jetzt Mazzini, heute heißt sie Gioberti" (de Boni). Dieser Riesenerfolg war besonders erstaunlich, weil das Werk schwer lesbar war, bewies jedoch, daß sein Inhalt einer ziemlich weitverbreiteten Einstellung entsprach: man sehnte sich danach, miteinander in Einklang zu bringen, was bisher unvereinbar erschien: die Anhänglichkeit an die Religion der Vorfahren und das Verlangen nach politischer Erneuerung, das Nationalgefühl und den Abscheu vor der revolutionären Gewalttätigkeit. Die marxistische Geschichtsschreibung hat den Erfolg des neoguelfischen Programms aus einer äquivoken Klassenreaktion erklärt, da der rückständige Adel im Papst den Hüter der Feudalhierarchie gesehen habe, während das Besitzbürgertum seine Interessen mit einer gemäßigten Monarchie verbunden habe, die im Namen der christlichen Persönlichkeitsrechte das Wesentliche der Prinzipien

[18] Vgl. *C. Callovini*, Il primato del neoguelfismo rosminiano: Atti del Congresso internazionale di filosofia A. Rosmini I (Florenz 1957) 481—495. *A. Anzilotti*, Gioberti 242 hatte bereits geschrieben: „Rosmini appare più neoguelfo del Gioberti stesso." Über Rosmini und das Risorgimento siehe auch unten S. 385—388 und Anm. 42.

[19] Bekannt ist vor allem, daß das Werk einen tiefen Eindruck auf den späteren Papst Pius IX. machte, der damals Bischof von Imola in der Romagna war.

von 1789, nämlich Freiheit und Eigentum, garantieren sollte[20]. Jedenfalls hatte der Neoguelfismus — aus welchen Gründen auch immer — einige Jahre lang beträchtlichen Erfolg, der auch noch anhielt, als Gioberti in den „Prolegomeni al Primato" (1845) seinem Vertrauen auf einen Reformpapst einen Dämpfer aufsetzte und die Aufmerksamkeit auf die reaktionären Einflüsse in der Kirche lenkte, hauptsächlich auf die Gesellschaft Jesu.

Die von Gioberti verbreiteten Gedanken wurden, mit dieser oder jener Variation, von verschiedenen katholischen Schriftstellern aufgegriffen. Durchweg sahen sie allein in der Aufrechterhaltung der weltlichen Macht des Papstes die Garantie für die freie Ausübung seines geistlichen Amtes, waren jedoch der Ansicht, dieses Prinzip könne mit mehr oder weniger tiefgreifenden Änderungen im Statut des Kirchenstaates im Schoß eines föderalen Italiens in Übereinstimmung gebracht werden. In seinem 1844 veröffentlichten und Gioberti gewidmeten Buch „Speranze d'Italia", das ebenfalls einen sehr großen Erfolg hatte, befaßte sich Cesare Balbo[21], ein piemontesischer Adeliger, weniger mit der künftigen Situation des Papstes als mit den diplomatischen Perspektiven Europas, die zur Hoffnung auf eine baldige Räumung der Halbinsel durch die Österreicher berechtigten. Dagegen stand die Frage der Anpassung der weltlichen Macht des Papstes an die politischen Wirklichkeiten des 19. Jh. im Mittelpunkt von vier Büchern, die in den ersten Monaten des Jahres 1846 erschienen, drei im Ausland, das vierte im Untergrund. In seinen „Pensieri sull'Italia" schlug der Lombarde Torelli[22] die Aufteilung des von den Österreichern befreiten Italien in drei Königreiche vor: Savoyen, Mittelitalien und Neapel, während Rom als Sitz des Papstes freie Stadt werden sollte. Durando[23] entwickelte in „Della nazionalità italiana" den Plan, der Papst solle dem für seine Freiheit als Oberhaupt der Kirche so schädlichen Einfluß der verschiedenen europäischen Mächte entzogen werden und nur Rom und Civitavecchia behalten, den Rest seiner Staaten aber an die Könige von Piemont und Neapel abgeben, die aufgefordert wurden, das absolutistische System durch parlamentarische Institutionen zu ersetzen. Der Toskaner Galeotti[24], einer der besten liberalen katholischen Publizisten der damaligen Zeit, kam in „Della sovranità e del

[20] Vgl. *L. Bulferetti*, Il Neoguelfismo: Quaderni di Rinascita I (Rom 1948).

[21] Cesare Balbo (1789—1853) entstammte einer liberal eingestellten Familie und verfaßte verschiedene kunstgeschichtliche und kunstphilosophische Werke, bevor er sich von den Ereignissen von 1848 ab in die aktive Politik einschaltete. Vgl. DBI V 395—405 (Lit.) und *N. Valeri*, Cesare Balbo. Pagine scelte precedute da un saggio (Mailand 1960).

[22] Über Luigi Torelli (1810—67), Aristokrat und Wissenschaftler, s. *A. Monti*, Il conte Luigi Torelli (Mailand 1931) und *E. Morelli:* RStRis 36 (1949) 3—25.

[23] Über Giacomo Durando (1807—94), nach den Ereignissen von 1831 verbannt, Soldat und seit 1848 ein sehr aktiver Politiker, s. *N. Nada:* BStBis 60 (1962) 147—160 und *P. M. Toesca*, Italia e cattolicesimo nel pensiero di Giacomo Durando: Il Saggiatore 3 (1953).

[24] Über Leopoldo Galeotti (1813—84) s. *G. Calamari*, Leopoldo Galeotti e il moderatismo toscano (Modena 1935).

governo temporale dei Papi“ nach einer scharfen Kritik an der Führung des Kirchenstaates zu dem Schluß, die Lösung bestünde in einer Rückkehr zu den Verhältnissen im Mittelalter: in einer nominellen Souveränität des Papstes über Kommunen, die im Genuß ihrer vollen örtlichen Freiheiten bleiben. Massimo d'Azeglio[25], einer der wenigen piemontesischen Aristokraten, die leidenschaftlich den Gedanken der Einheit Italiens verfochten, schloß seine Anklage gegen die Verfolgungsmaßnahmen nach der Affäre von Rimini in seiner Schrift „Degli ultimi casi di Romagna“ mit dem enthusiastischen Porträt eines liberalen Reformpapstes, den er in Kürze als Nachfolger Gregors XVI. auf dem Stuhl Petri zu sehen hoffte.

Festzuhalten ist, daß bei allen diesen Neoguelfen die nationalen und unitarischen Bestrebungen Hand in Hand gingen mit dem Willen, liberale Institutionen zu schaffen. Diese beiden Gesichtspunkte waren seit dem Aufflackern der Bewegung des „Risorgimento“ eng miteinander verknüpft. Dies erklärt zum großen Teil das Mißtrauen und oft die offene Feindseligkeit, die dieser Bewegung von zahlreichen Ordensleuten, vor allem von den Jesuiten[26], und vom größten Teil der Hierarchie entgegengebracht wurden. Man konnte diesen neuen, an Lamennais erinnernden Versuch, „die Revolution zu katholisieren“, nicht zulassen. Doch der Erfolg, den die Neoguelfen bei einem beträchtlichen Teil der katholischen Welt Italiens am Vorabend des Pontifikats Pius' IX. erzielten, bewies zur Genüge, daß sich auch in Italien — wenn auch in wesentlich anderen Formen als in den verschiedenen Ländern Westeuropas —, trotz der viel weniger günstigen politischen und sozialen Verhältnisse, eine liberale katholische Strömung gebildet hatte.

Die Mannigfaltigkeit des katholischen Liberalismus in Italien

LITERATUR: Dieses Thema wird in den Publikationen über die Ursprünge des Risorgimento und in den zahlreichen Studien angeschnitten, die den verschiedenen Führern gewidmet waren: Manzoni (s. S. 273), G. Capponi (s. S. 384 Anm. 38), R. Lambruschini (ebd. Anm. 39), A. Rosmini (s. S. 385 Anm. 42), V. Gioberti (s. S. 377 Anm. 17), G. Ventura (s. S. 273 und S. 391 Anm. 49) usw. Für eine Gesamtorientierung: *A. C. Jemolo:*

[25] Massimo Taparelli d'Azeglio (1798—1866) war der Sohn eines der markantesten Vertreter des piemontesischen Katholizismus unter der Restauration, Maler und Romanschriftsteller in seiner Jugend und dann in einem sehr gemäßigten konstitutionellen Sinn aktiv in der Politik tätig. Über ihn *N. Vaccaluzzo,* Massimo d'Azeglio (Rom ²1930); *A. M. Ghisalberti,* Massimo d'Azeglio, un moderato realizzatore (Rom 1953); DBI IV 746—752 (Lit.).

[26] Billigerweise muß hinzugefügt werden, daß der Widerstand mancher Jesuiten gegen das neoguelfische Programm andere Gründe als die Furcht vor liberalen Reformen hatte. So erklärte P. Curci in seinen „Fatti ed argomenti in risposta alle molte parole di V. Gioberti“ (1845), die Männer der Kirche hätten sich nicht mit politischen Problemen zu befassen, sondern müßten sich darauf beschränken, die Apostel des Evangeliums zu sein. Zur Kritik von P. Taparelli d'Azeglio an den „Großtuern des Patriotismus“ s. *Jemolo* 34 Anm. 1 und 2.

Relazioni del X Congresso internazionale di scienze storiche V (Florenz 1955) 325 bis 331 365—371; *ders.*, Il cattolicesimo liberale dal 1815 al 1848: RStT 4 (1958) 239 bis 250; *E. Artom*, Il problema politico dei cattolici italiani nel XIX sec.: ebd. 215—237; *E. Passerin d'Entrèves*, Il cattolicesimo liberale ed il movimento neoguelfo in Italia: Nuove Questioni di storia del Risorgimento I (Mailand 1961) 565—588; *L. Salvatorelli*, Il problema religioso nel Risorgimento: RStRis 43 (1956) 193—216; *ders.*, Il pensiero politico italiano del 1700 al 1870 (Bari [3]1943) 187—221 259—290. Ferner: *F. De Sanctis*: Opere, hrsg. von *C. Muscetta - G. Candeloro* XI (Turin 1953); *A. Anzilotti*, Dal neoguelfismo all'idea liberale: Nuova Rivista storica 1 (1917) 227—256 385—422; *F. Landogna*, Saggio sul cattolicesimo liberale in Italia (Livorno 1925); *P. Fossi*, Italiani dell'Ottocento, Rosmini, Capponi, Lambruschini, Tommaseo, Manzoni (Florenz 1941); *A. Pietra*, Storia del movimento cattolico liberale (Mailand 1947; Lit.). Die Anthologie von *R. Tisato*, I liberali cattolici. Testi scelti e commentati (Treviso 1959) ist sehr bestreitbar (dazu: Nuova Rivista storica 44 [1960] 156—161).

Über die toskanische Gruppe siehe: *A. Gambaro*, Riforma religiosa nel carteggio inedito di R. Lambruschini, 2 Bde (Turin 1926); *P. Barbaini*, Problemi religiosi nella vita politica-culturale del Risorgimento in Toscana (Turin 1961) 157—215; *R. Mori*: I cattolici italiani dall'800 ad oggi (Brescia 1964) 29—47; *G. Gentile*, G. Capponi e la cultura toscana nel sec. XIX (Florenz [3]1942); *S. Jacini*, Un reformatore toscano dell'epoca del Risorgimento, il conte P. Guicciardini (Florenz 1940); *M. L. Trebiliani*: Studium 53 (1957) 527—540.

Obwohl es in der italienischen Geschichtsschreibung gang und gäbe ist, von „cattolici liberali" im Gegensatz zu den „intransigenti" zu sprechen, hat man seit einigen Jahren von verschiedenen Seiten bezweifelt, daß es in Italien vor 1848 überhaupt einen katholischen Liberalismus gab, der mit dem verglichen werden könnte, der sich zur gleichen Zeit in Frankreich oder in Belgien entwickelte. In der Tat wurden die italienischen Katholiken im Gegensatz zu den französischen Katholiken unter der Julimonarchie oder den belgischen Katholiken nach 1830 nicht mit der Frage konfrontiert, welche Vorteile oder Nachteile das Regime der konstitutionellen Freiheiten oder die eventuelle Trennung von Kirche und Staat für das katholische Apostolat darstellen würden. Trotz der Agitation eines dynamischen, aber zahlenmäßig kleinen Teils der bürgerlichen und intellektuellen Schicht wurden die liberalen Institutionen auf der Halbinsel nirgends vor der großen Krise der Jahrhundertmitte eingeführt, und die Beziehungen zwischen der Kirche und dem Staat wickelten sich weiter im Rahmen des Ancien Régime ab. Es gab eine privilegierte, wenn auch von der Regierung streng überwachte Staatskirche. Dies bestätigen die verschiedenen Konkordate und Übereinkommen aus der Zeit des Pontifikats Gregors XVI.

Am 16. April 1834 wurde zwischen dem Heiligen Stuhl und dem Staat Neapel ein Konkordat abgeschlossen, das dann durch die Konvention vom 29. August 1839[27] ergänzt wurde und das Vorrecht der kirchlichen Gerichts-

[27] *Mercati* I 724—725. Vgl. *W. Maturi*: Archivio stor. per le Prov. Napoletane 73 (1955) 319—369.

barkeit und die Aufrechterhaltung der persönlichen Immunität der Geistlichen betraf. Ein ähnliches Konkordat über die juristischen Privilegien der Geistlichen und das Statut der Kirchengüter wurde am 30. April 1841 vom Herzog von Modena unterzeichnet[28]. Auch Piemont, der erste italienische Staat, der seit 1848 den liberalen Weg einschlug, blieb bis zu diesem Zeitpunkt auf dem traditionellen Pfad. Im Jahre 1836 wurde zwischen Rom und Turin ein Abkommen über die Führung der Personenstandsregister durch den Klerus getroffen[29]. Im Jahre 1839 wurde die seit 1753 aufgehobene Nuntiatur in Turin wieder neu errichtet, und zwar auf Grund der persönlichen Bemühungen des Grafen Solaro della Margarita, der das Bündnis zwischen Kirche und Staat verstärken wollte[30]; und 1841 wurde ein Konkordat über den privilegierten Status des Klerus hinsichtlich der Gerichtsbarkeit abgeschlossen[31]. Zweifellos stellte diese Konvention, die angesichts der politischen Opposition und der Komplotte, an denen sich auch Geistliche beteiligten, erforderlich war, eine echte Konzession des Heiligen Stuhls an die juristischen Bedürfnisse eines Staates dar, der sich unter dem Druck der kurienfeindlichen Magistratur mehr und mehr auf die Säkularisierung ausrichtete. Sie beruhte aber trotzdem noch auf der Anerkennung des Prinzips eines privilegierten Rechtsstandes für den Klerus und lag deshalb, wie alle anderen erwähnten Maßnahmen, nicht auf der liberalen Ebene.

In Frankreich und in Belgien bekannte sich, trotz Ausnahmen, die Mehrheit der militanten Katholiken mehr oder weniger zu der liberalen katholischen Strömung. Grundverschieden war die Situation in Italien. Hier stellten sich die militanten Katholiken, selbst in den mehr von den modernen Gedankenströmungen erfaßten Nordprovinzen, meist in die Reihe der Konterrevolutionäre und Traditionalisten der voraufgehenden Periode. Man kann sogar sagen, daß das Scheitern der revolutionären Bewegungen von 1831 den reaktionären Charakter dieser „intransigenti" noch verschärft und ihr Bündnis mit dem Legitimismus verstärkt hat. Wochen- oder Monatszeitschriften wie „La Voce della verità"[32] aus Modena (1831/41), „La Voce della ragione"[33] aus Pesaro (1832/35) oder „La Pragmalogia"[34] aus Lucca (1828 gegründet) sind charakteristisch für diese Geisteshaltung. Zu ihren

[28] *Mercati* I 739—742. Es wurde am 13. 4. 1846 und am 24. 2. 1851 durch zusätzliche Dokumente ergänzt (ebd. 742—747). Vgl. *P. Forni:* RSTI 8 (1954) 356—382.

[29] *Mercati* I 727—736; vgl. 725—726. Siehe *J. A. Albo,* Relationes inter S. Sedem und Gubernium Sardiniae 1831—46 (Rom 1940).

[30] Vgl. *C. Ricciardi:* RSTI 10 (1956) 396—436. Auch *L. Madaro:* Il Risorgimento italiano 23 (1930) 515—526 und *N. Nada:* BstBiS 48 (1950) 119—138.

[31] *Mercati* I 736—738: Vgl. *V. Naymiller:* Il Risorgimento italiano 24 (1931) 424—441.

[32] Vgl. *E. Clerici:* La Nuova Antologia 221 (1908) 646—655.

[33] Vgl. *N. Quilici:* Otto Saggi (Ferrara 1934) 256 ff.

[34] Vgl. *M. Stanghellini:* RSTI 9 (1955) 58—69. Nach 1838, als Mgr. Bertolozzi, ein Anhänger Rosminis, Direktor wurde, schlug die Wochenzeitschrift eine offenere Richtung ein.

markantesten Vertretern gehörte Graf Monaldo Leopardi[35], ein Gegner jeder Revolution, selbst wenn der Herrscher offensichtlich gegen die Gerechtigkeit verstößt, weil nichts ein so großes Übel wie die Auflehnung gegen die rechtmäßige Autorität rechtfertigen könne. Unaufhörlich beschimpft er die Freiheit, „die liebste und treueste Freundin des Teufels", und ganz besonders die Pressefreiheit, denn sie ermögliche „Obszönitäten und skandalöse Dummheiten aller Art, aufrührerische Schriften, Lästerungen gegen Gott und die Heiligen". Diese intransigenten katholischen Kreise trieben zu einer härteren Haltung gegenüber den Protestanten, vor allem in der Toskana und in Piemont[36], und verdächtigten nachdrücklich alle Initiativen, die nicht streng konfessioneller Natur waren, des religiösen Indifferentismus, so die Bibelgesellschaften und sogar gewisse Versuche auf dem Gebiet des Unterrichts und der caritativen Betätigung, weil sie das Monopol der Kirche auf diesen Gebieten bedrohten. Sie empfahlen den in den Jesuitenkollegien erteilten „wesentlich religiösen und wesentlich monarchischen" Unterricht und griffen die Versuche des wechselseitigen Unterrichts, in dem die in Gruppen eingeteilten Schüler von einem kenntnisreichen Schüler (dem Monitor) unterrichtet wurden, mit der Begründung an, daß sie die Kinder dem „kostbaren Joch" der Autorität entzögen. Die jahrelange erbitterte Kampagne gegen die Kindergärten des Abbate Aporti[37], denen man vorwarf, sie bahnten einer Verweltlichung des Unterrichts den Weg, erklärt sich zwar zum Teil daraus, daß die Liberalen sich solche Einrichtungen zunutze machten, enthüllte aber dennoch die reaktionäre und ängstliche Haltung gegenüber jeder Neuerung, die einen großen Teil der katholischen Welt Italiens in der damaligen Zeit charakterisierte.

[35] Über M. Leopardi (1776—1847), den Vater des Dichters, den Redakteur der „Voce della ragione", s. *M. Angelastri,* M. Leopardi (Mailand 1948; Lit.) und *L. Salvatorelli* a. a. O. 191—196. Seine „Dialoghetti sulle materie correnti" (1831) wurden von *A. Moravia* unter dem Titel „Viaggio di Pulcinella" (Rom 1945) neu herausgegeben.

[36] Man muß feststellen, daß Anfang der dreißiger Jahre mehrere Momente dazu beitrugen, die protestantische Propaganda in einem besonderen und besorgniserregenden Licht erscheinen zu lassen, besonders die Ausstrahlung, die in Florenz von Vieusseux und seiner „Antologia" ausging, und die momentane Hinkehr des jungen Herzogs von Lucca zur Reformation. Vgl. *G. Spini* 153—210, bes. 188 202—206 210 und *N. Nada:* Atti della Accademia delle Scienze di Torino 89 (1954/55) 39—115 (betr. den Herzog von Lucca).

[37] Ferrante Aporti (1791—1858), Direktor der Elementarschulen in Cremona, einer der bedeutendsten italienischen Pädagogen der ersten Hälfte des 19. Jh., gründete von 1829 an Kindergärten für die breiten Volksschichten („Asili infantili"), die sich von der Lombardei zunächst nach der Toskana und dann nach und nach auf alle italienische Staaten ausbreiteten. Der protestantische Ursprung dieser Methode und die Tatsache, daß man in diesen Kleinkinderschulen Laien einsetzte, lösten eine heftige Reaktion der „intransigenti" aus. Vgl. *A. Gambaro,* Ferrante Aporti e gli asili infantili nel Risorgimento, 2 Bde (Turin 1937) und Ferrante Aporti nel primo centenario della morte (Brescia 1962; Dokumente und Bibliographie).

Aber trotz einer derartigen Einstellung weitester Kreise gab es in Italien in den zwei Jahrzehnten vor 1848 auch eine Anzahl von Katholiken, die das Problem der Konfrontierung des religiösen Glaubens mit den liberalen Bestrebungen ihrer Zeit ernsthaft beschäftigte. Sie schlossen sich jedoch zu keiner einheitlichen Bewegung zusammen, was durchaus möglich gewesen wäre, wenn sich — trotz mannigfaltiger Unterschiede — die Männer zusammengefunden hätten, die eine Fülle von gemeinsamen Zielen, wie das Erbe der Lehren des „L'Avenir" oder die Nutzung der konstitutionellen Freiheiten im Dienst der Kirche, einander hätte nahebringen können. Sie bildeten im Gegenteil verschiedene kleine Gruppen, die kaum Kontakt miteinander hatten, oft in wichtigen Punkten ganz verschiedener Ansicht waren und das Problem außerdem noch aus ganz verschiedener Sicht anpackten.

So gab es freie Geister, welche die Frage der Reform des Katholizismus in seinen Institutionen und mitunter sogar in seinen Dogmen aufwarfen, um ihn der Entwicklung der modernen Gedankenströmungen anzupassen. Besonders in der Toskana scharte sich um den Marquis Gino Capponi[38] und um Raffaele Lambruschini[39] — unter dem gemeinsamen Einfluß der Aufklärung der Zeit des Großherzogs Leopold, der Jansenisten und des schweizerischen Protestantismus[40] — ein Kreis von „Modernisten", wie man später sagen würde. Sie machten sich zu Vorkämpfern der Toleranz und des menschlichen Fortschritts und erstrebten eine Reduzierung des Ausmaßes

[38] G. Capponi (1792—1876) hatte seine Gedanken im Verlauf von Reisen nach Deutschland, nach der Schweiz, nach Belgien und Holland entwickelt. Er veröffentlichte verschiedene Werke über das italienische Mittelalter in romantischer Perspektive, wurde jedoch vor allem durch seine pädagogischen Arbeiten bekannt. Vgl. G. Capponi. Scritti inediti preceduti da una bibliografia ragionata, hrsg. von *G. Macchia* (Florenz 1957) und: Lettere di G. Capponi e di altri a lui, hrsg. von *A. Carraresi*, 6 Bde (Florenz 1884/90). Auch *A. Gambaro*, La critica pedagogica di G. Capponi (Bari 1956); *G. Gentile* a. a. O.; *E. Sestan*, G. Capponi storico: Nuova Rivista storica 27 (1943) 270—306.

[39] R. Lambruschini (1788—1873) stammte aus Genua. Nachdem er bis 1817 kirchliche Ämter bekleidet hatte, zog er sich auf seine Güter in der Toskana zurück, um sich mit Pädagogik und religiösen Fragen zu befassen. Vgl. *A. Gambaro* a. a. O. I (grundlegend); *R. Gentili*, Lambruschini. Un liberale cattolico dell'800 (Florenz 1967); *M. Casotti*, R. Lambruschini e la pedagogia italiana dell'Ottocento (Brescia 1964); *G. Sofri*, Ricerche sulla formazione religiosa e culturale di R. Lambruschini: Annali della Scuola Normale di Pisa 2. R. 29 (1960) 149—189. R. Lambruschinis sehr zerstreute Werke wurden von *A. Gambaro* gesammelt und kritisch hrsg.: Primi scritti religiosi (Florenz 1918); Dell'autorità e della libertà (ebd. 1932; krit. Ausgabe mit vielen noch unveröffentlichten Dokumenten); Scritti politici e di istruzione pubblica (ebd. 1937); Scritti di varia filosofia e di religione (ebd. 1939).

[40] Entweder direkt durch den Genfer Sismondi (wie sein Epistolario, hrsg. von *C. Pellegrini*, 4 Bde [Florenz 1933/54], zeigt) oder indirekt durch Vieusseux als Vermittler (vgl. *R. Ciampini*, G. P. Vieusseux. I suoi viaggi, i suoi giornali, i suoi amici [Turin 1953]; dazu *G. Spini:* RStRis 45 [1954] 30 ff; der bedeutsame Einfluß des Vieusseux wurde bestätigt von dem Carteggio inedito N. Tommaseo - G. P. Vieusseux, hrsg. von *R. Ciampini* - *P. Ciureanu* I (Rom 1956).

der kirchlichen Macht und ihre immer stärkere Vergeistigung. Von ganzem Herzen aber wünschten sie eine Reform des Katholizismus und des Papsttums im Sinne der Prinzipien der protestantischen Erweckungsbewegung. So entwarf beispielsweise Lambruschini die Pläne zu einer Kirchenreform, die so weitgehend waren wie die von Ricci oder Degola, und er schlug die gemeinsame Führung der Pfarreien durch einen von den Gläubigen gewählten Pfarrer und ein ebenfalls gewähltes Laienkonsistorium vor, welches das Gegengewicht gegen die kirchliche Macht bilden sollte. Aber über diese organisatorischen Reformpläne wirkten diese Männer gegen eine Autoritätsreligion und erstrebten eine Verinnerlichung des Christentums, in dem sie mehr eine Kraft zur individuellen sittlichen Vervollkommnung als eine gemeinschaftliche Heilsreligion sahen.

Neben diesem „liberalen Katholizismus", der sich an den Grenzen der kirchlichen Lehre bewegte und sie mitunter sogar überschritt und gewisse Ähnlichkeiten mit dem zeitgenössischen liberalen Protestantismus aufwies, begegnete man auch Reformern, die nicht daran dachten, das katholische Dogma in seiner tridentinischen Formulierung auch nur im geringsten in Frage zu stellen, jedoch nach einer gewissen „Demokratisierung" der kirchlichen Institutionen strebten. Meistens handelte es sich bei ihnen um geistige Erben der Jansenisten der vorigen Generation, deren Ziele in diesem Punkt mit gewissen liberalen Bestrebungen übereinstimmten: um Priester oder Ordensleute, welche die Wahl der Bischöfe durch die Gläubigen und eine größere Unabhängigkeit von den kirchlichen Oberen forderten, oder um Laien wie den Toskaner Ricasoli[41], die es ungebührlich fanden, die Botschaft des Evangeliums in Konkordatsverhandlungen mit der staatlichen Macht zu gefährden, und deshalb die Trennung von Kirche und Staat forderten, und zwar nicht im Namen der Laizität des Staates, sondern im Namen der Transzendenz der Religion.

Einen besonderen Platz muß man dem Philosophen, Theologen und politischen Denker Rosmini[42] einräumen, „der vielleicht stärksten Persönlichkeit

[41] Bettino Ricasoli (1809—80) war mehr ein Mann der Aktion als ein Denker, einer der Führer der gemäßigten liberalen Bewegung in der Toskana. Er hatte während der ersten Jahre des Königreichs Italien eine bedeutsame politische Stellung inne (vgl. ECatt. X 853—854); s. vor allem sein Carteggio, hrsg. von *S. Camerani* (Rom 1939 ff) und die beiden Artikel von *P. Gismondi*, Dottrina e politica ecclesiastica in Ricasoli: RStRis 24 (1937) 1071—1113 1256—1301 und von *G. Gentile*, Bettino Ricasoli e il problema dei rapporti tra Stato e Chiesa: G. Capponi e la cultura toscana (Florenz ³1942).

[42] Über Antonio Rosmini-Serbati (1797—1855) liegt eine außerordentlich reichhaltige Bibliographie vor; siehe S. 288. Biographie von *G. B. Pagani*, neu bearb. von *G. Rossi*, 2 Bde (Rovereto 1959); Epistolario, 13 Bde (Casale Monferrato 1889/94). Von dem uns hier interessierenden Gesichtspunkt aus sind besonders zu erwähnen: *L. Bulferetti*, A. Rosmini nella Restaurazione (Florenz 1942); *P. Piovani*, La teodicea sociale di R. (Padua 1957); vor allem *F. Traniello*, Società civile e società religiosa in R. (Bologna 1966; dazu Riv. di storia e lett. religiosa 4 [1968] 397—401 und CivCatt 1967 III 402—405). Auch Il

des gesamten italienischen Katholizismus des 19. Jh." (Martina), einmal wegen der Originalität mancher seiner Lehrsätze und dann wegen der Ausstrahlung seiner Gedanken, vor allem in Norditalien. Dieser junge Aristokrat war in seiner Jugend Anhänger der religiösen und politischen Restauration in der theokratischen und legitimistischen Linie, wie sie von de Maistre und Haller vertreten wurde. Er entwickelte sich jedoch — dank einer tieferen Fühlungnahme mit der patristischen und scholastischen Tradition — rasch weiter und wurde sich immer besser des noch lange keine Trennung einbegreifenden Unterschieds bewußt, der zwischen der bürgerlichen Gesellschaft und der Kirche als einer wesensmäßig geistlichen Gemeinschaft besteht. Dennoch wich er in mehreren wichtigen Punkten vom rein liberalen Standpunkt ab. Er blieb bis zum Schluß ein Gegner der Aufklärung und der Prinzipien der Französischen Revolution, versuchte jedoch, ihre tiefsten Bestrebungen in einem anderen Kontext wieder aufzugreifen, da er die Überzeugung vertrat, man müsse es lernen, zwischen „den Neuerungen, die zerstören, und denen, welche die von der Vergangenheit ererbten Werte bereichern", zu unterscheiden. Daher setzte er den Akzent mehr und mehr auf die Themen von der Freiheit der menschlichen Person, vom Recht der Nationalitäten, sich frei zu entfalten, und von der Notwendigkeit, den Katholizismus mit der modernen Kultur in Übereinstimmung zu bringen. So erscheint er schon um 1830 als ein Vorläufer der Neoguelfen der vierziger Jahre. Im Unterschied zu Gioberti, der versuchte, die Kirche dadurch in den Dienst seines politischen und nationalen Ideals zu stellen, daß er ihr eine Mission im weltlichen Bereich zuwies, interessierte Rosmini vor allem die Freiheit der Kirche in der Ausübung ihrer apostolischen Sendung und in der Verfolgung ihres übernatürlichen Ziels. Da er die Unabhängigkeit des Papstes von den regalistischen Regierungen mit der Unabhängigkeit Italiens von Österreich gleichsetzte, mußte er mit den Patrioten die nationale Freiheit als eine Vorbedingung der Freiheit der Kirche fordern. Andererseits veranlaßte ihn seine radikale Ablehnung der regalistischen Regierungen, die er mit den „intransigenti" der Restauration teilte, sich — im Gegensatz zu diesen — gegen jeden Absolutismus gleich welcher Art zu wenden und im Namen der in der romantischen Atmosphäre wiederentdeckten kulturellen Überlieferung des mittelalterlichen Italien eine christliche Konzeption der Politik und des Rechts auszuarbeiten, die sich gleichermaßen dem von Metternich vertretenen Despotismus im Stil des 18. Jh. wie auch der von

pensiero di A. Rosmini e il Risorgimento (Convegno von Turin 1961): RRosm 56 (1962) 81—339 (bes. *E. Passerin,* La fortuna del pensiero di Rosmini nella cultura del Risorgimento 97—109); *C. Callovini,* A. Rosmini come uomo del Risorgimento italiano (Rom 1953); *S. Colonna,* L'educazione religiosa nella pedagogia di A. Rosmini (Lecce 1963); *G. Ferrarese,* Ricerche sulle riflessioni teologiche di A. Rosmini negli anni 1819—28 (Mailand 1967). Eine gute Anthologie bringt *M. F. Sciacca,* Il pensiero giuridico e politico di A. Rosmini (Florenz 1962).

manchen sogenannten Liberalen der Zeit gepredigten jakobinischen Staatsallmacht widersetzte. Rosmini unterstrich zwar — im Unterschied zu Lamennais und Gioberti — den wesentlich übernatürlichen Charakter der Kirche, stellte ihr jedoch in der bürgerlichen Gesellschaft die Aufgabe, die wahre Freiheit (die mit der „Freiheit" der demokratischen Liberalen durchaus nicht völlig identisch ist) zu verteidigen und zu fördern. Andererseits war Rosmini zutiefst davon überzeugt — und stieß so auf einem anderen Weg zu den Reformbestrebungen der liberalen Katholiken Toskanas vor —, daß die Freiheit der Kirche gegenüber den Regierungen, die ihm so sehr am Herzen lag und die allein es der Kirche ermöglichen konnte, wahrhaft „die Mutter der Freiheit" zu werden, wesentlich an eine innere Erneuerung der kirchlichen Gesellschaft gebunden war. Die Kirche, so betonte er, die eine vor allem spirituelle Größe ist, muß ihre Ausstrahlungskraft durch die Wahrheit und die Gewissensbildung gewinnen, nicht aber durch Zwangsmaßnahmen, und sie muß dabei auf manche so kostspielige Stützen verzichten, die sie häufig bei der staatlichen Macht sucht. Sie muß sich darüber hinaus auch dem Volk nähern — ein weiteres Thema von Lamennais, jedoch in völlig anderer Perspektive —, indem sie den christlichen Laien den ihnen gebührenden Platz an der Seite der Hierarchie einräumt und auch den höchsten Respekt vor den alten Rechten der partikularen Kirchen gewährleistet, die von der nachtridentinischen Zentralisation bedroht sind. Lange hat man diesem ekklesiologischen Aspekt der Gedankenwelt Rosminis — der damals eine kühne Neuerung darstellte, obwohl er in seinem Kern traditioneller Natur ist — nicht die ihm gebührende Beachtung geschenkt, und es ist das große Verdienst F. Traniellos, ihn wieder ins Licht gerückt und gezeigt zu haben, daß er der Schlüssel ist, der es ermöglicht, „Le cinque piaghe della Santa Chiesa"[43] in ihrer richtigen Perspektive zu verstehen. Rosmini wagte es erst 1848, diese kritische Diagnose des italienischen und österreichischen Katholizismus seiner Zeit zu veröffentlichen, verfaßte das Werk jedoch schon zwischen November 1832 und März 1833 nach einem Gedankenaustausch mit N. Tommaseo und legte die hier vertretenen Gedanken wiederholt schon zu dieser Zeit in seinen Unterhaltungen und Briefen dar, die seine Gedanken in die Ferne ausstrahlten[44]. Diese Ausstrahlung beschränkte sich jedoch vor 1848 auf eine Anzahl von einzelnen Schülern, ohne sich zu einer großen

[43] Die hier aufgezeigten „fünf Wunden der heiligen Kirche" waren: der Graben zwischen dem Klerus und dem gläubigen Volk, der bei der Feier der Liturgie wegen des Gebrauchs der lateinischen Sprache entstanden ist; die ungenügende Ausbildung des Klerus; die zu große Abhängigkeit des Episkopats von den Fürsten; die Ausschaltung des niederen Klerus und der Gläubigen bei der Nomination der Bischöfe; die Kontrolle der Kirchengüter durch die staatliche Macht. Eine kritische Ausgabe des Werkes mit einer Einführung, die es in seinen geschichtlichen Rahmen stellt, veröffentlichte *C. Riva* (Brescia 1966). Zur Indizierung vgl. *G. Martina:* RRosm 62 (1968) 384—409, 63 (1969) 24—49.

[44] Siehe z. B. *G. Radice*, Antonio Rosmini e il clero ambrosiano. Epistolario, 3 Bde (Mailand 1962/64).

Gedankenströmung zu entfalten, wie das bei Lamennais in Frankreich und dann um 1845 bei Gioberti in Italien der Fall war.

Der sich auf Reformen innerhalb der Kirche konzentrierende Wunsch nach größerer Freiheit, dem man, in recht unterschiedlichen Schattierungen, bei Rosmini, Capponi, Raffaele Lambruschini und den Männern begegnete, die mehr oder weniger unter ihrem Einfluß standen, verlieh dem italienischen Katholizismus der Jahre 1830 bis 1850 ein Gesicht, das sich grundlegend von dem des katholischen Liberalismus der Freunde Montalemberts oder des Konstitutionalismus der belgischen Katholiken unterschied. Es gab jedoch auch in Italien Katholiken, die sich vor allem für die Frage der bürgerlichen und politischen Freiheiten interessierten. Sie packten sie jedoch in einer ganz anderen Perspektive an als ihre Glaubensgenossen nördlich der Alpen. Dort handelte es sich meistens um militante Katholiken, für welche die Aussöhnung mit den in ihren Ländern im Zug der Revolutionen von 1830 an die Macht gelangten modernen und freiheitlichen Regierungssystemen ein Gewissensproblem aufwarf, weil bei ihnen die liberale Strömung seit dem Ende des 18. Jh. konkret antiklerikal, mitunter sogar antichristlich ausgerichtet war. Dennoch waren diese Katholiken nördlich der Alpen der Ansicht, die Kirche habe, wenn sie sich mit diesem neuen Regime abfinde, mehr zu gewinnen als zu verlieren, weil ihr diese Aussöhnung erlauben würde, ihre Rechte wirksamer zu verteidigen und die Möglichkeit apostolischer Ausstrahlung in einen Sektor der führenden öffentlichen Meinung zu vergrößern, der ihr eben zu entwischen drohe. In Italien jedoch waren die reformpolitisch engagierten Katholiken vor die Aufgabe gestellt, die noch immer herrschenden absolutistischen Regierungssysteme durch liberale Institutionen abzulösen. In erster Linie ging es ihnen nicht um die Verteidigung der Kirche und ihrer Rechte, sondern um den Sieg des Liberalismus. Deshalb waren sie eher mit den noch gläubigen und praktizierenden Liberalen Frankreichs und Belgiens als mit den Jüngern des Lamennais zu vergleichen; darum haben mehrere Historiker vorgeschlagen, sie lieber als „liberali e cattolici“ statt als „cattolici liberali“ zu bezeichnen. Es bereitete ihnen übrigens keine Schwierigkeit, ihre liberale Parteinahme mit ihrem religiösen Glauben in Übereinstimmung zu bringen. Der italienische Liberalismus um 1825 war ja nicht voltairianischen Geistes und erst recht nicht atheistisch, nicht einmal in den Geheimgesellschaften, bei denen man oft den Eid auf ein Kruzifix leistete. Sofern ausländische Einflüsse eine Rolle spielten, ließ er sich eher von den Cortes von Cádiz als von den revolutionären französischen Assemblées leiten. Außerdem wußte man gerade in Italien, wo sich die Forderung liberaler Institutionen konkret mit dem Erwachen des Nationalbewußtseins in der Ablehnung auswärtiger Einflüsse verband, die Unterstützung zu schätzen, die der Klerus in Spanien, in Tirol und sogar in Italien selbst dem Widerstand gegen die napoleonische Eroberungspolitik gewährt hatte.

Selbst die fast durchweg konterrevolutionäre Einstellung der kirchlichen Hierarchie stellte diesen Männern kaum ein Gewissensproblem. Viele von ihnen hatten aus alten jansenistischen Neigungen die Gewohnheit geschöpft, ihre religiösen Überzeugungen grundsätzlich von der Unterwerfung unter die kirchlichen Autoritäten auf nicht-dogmatischem Gebiet zu trennen; sie ließen sich durch die Verurteilungen des Liberalismus durch den Papst genausowenig vom Katholizismus abbringen wie einst ihre Lehrer durch die päpstliche Verurteilung der Synode von Pistoia.

Der Hinweis, daß die jansenistische Mentalität möglicherweise die Zustimmung mancher Katholiken zum Liberalismus erleichterte, bedeutet aber noch lange nicht, daß man im Jansenismus des 18. Jh. die Quelle für den katholischen Liberalismus in Italien zu suchen hat, wie E. Rota annahm. A. Jemolo hat klar den radikalen Unterschied herausgestellt, der — trotz mancher parallellaufender Forderungen — die Jansenisten von denen trennte, die ihr Vertrauen in den Fortschritt und in die Freiheit setzten. Der entscheidende Einfluß ist in den Ideen der Philosophen des 18. Jh. und in den in der Zeit des Directoire verwirklichten Neuerungen zu suchen. In Italien gab es ja — wiederum im Gegensatz zu Frankreich — keine so tiefe Kluft zwischen den demokratischen Katholiken der letzten Jahre des 18. Jh. und den liberalen Katholiken nach 1830; da Italien nicht die Exzesse der Schreckensherrschaft erlebt hatte, gab es hier auch keine so radikale Reaktion gegen alles, was an die revolutionäre Epoche erinnerte, wie nördlich der Alpen. Übrigens wurden die Ideen auf recht unterschiedliche Weise von einer Generation auf die andere vererbt: sowohl durch Geistliche, die zunächst wirkliche Sympathien für die neuen Gedanken im Augenblick des französischen Einmarsches gehegt und sie in der Atmosphäre der Restauration nicht völlig vergessen hatten, wie auch durch ehemalige Jakobiner, die zunächst entschieden antiklerikal eingestellt gewesen waren, aber nun zur traditionellen Treue gegenüber der katholischen Kirche zurückgekehrt waren, ohne indessen auf ihre jugendliche Begeisterung für die Freiheit zu verzichten. Nachdem sie die revolutionäre Formel „Libertà senza religione" aufgegeben hatten, ohne sich deshalb der Formel „Religione senza libertà" im Sinne der Heiligen Allianz anzuschließen, waren sie nunmehr die Herolde der liberalen katholischen Formel: „Religione con libertà".

Die „liberali e cattolici" dieser Richtung, die zwischen den Anhängern Mazzinis, die sich klar von der Kirche und vom Christentum abgesetzt hatten, einerseits und den reaktionären militanten Katholiken andererseits standen, verfügten ohne jeden Zweifel über ziemlich viele Anhänger in den intellektuellen Kreisen. Aus den zahlreichen Einzelgestalten mit ihren vielfachen Schattierungen seien zwei herausgehoben: Niccolò Tommaseo und Alessandro Manzoni. Bei Tommaseo[45] verbanden sich die Ein-

[45] Zu den in Anm. 16 erwähnten Werken kommt hinzu: *R. Ciampini,* Studi e ricerche su N. Tommaseo (Rom 1944) bes. 107—210.

flüsse der toskanischen Gruppe, Rosminis und auch Lamennais'; sein leidenschaftliches Werk „Dell'Italia (1835) bildete ein Echo zu der Devise des „L'Avenir": „Das von der Freiheit getrennte Christentum wird stets unzulänglich sein; die Freiheit, die dem Christentum feindlich gegenübersteht, wird stets Sklavin sein; die Verbindung der beiden Namen wird der Hinweis darauf sein, daß der Weltfriede nahe ist. Nur das Banner, auf dem beide Namen stehen, wird sich siegreich erheben ..." Manzonis exakte Einstellung zum katholischen Liberalismus ist schwer zu präzisieren[46]. Nach seiner Bekehrung — die übrigens unter jansenistischen Einflüssen erfolgte — entdeckte er in der Religion den Quell der wahren geistigen Freiheit, das Prinzip der Autonomie des Gewissens den Kräften gegenüber, die von außen her Druck auf es ausüben wollen, und auch den Führer der Freiheit, der sie in vernünftigen Grenzen halten und verhindern wird, daß sie, wie dies während der Französischen Revolution der Fall war, zunächst in die Anarchie und dann in die Tyrannei mündet. Diese Sicht der Dinge erinnert an die Position von Lamennais um 1826—27. Sie hat sich bei Manzoni jedoch völlig unabhängig von dem französischen Theoretiker entwickelt, da sie sich in den Rahmen einer nationalen Tradition einfügt, die gern an Aphorismen wie den von Savonarola erinnert: „Unus ex potissimis vitae christianae effectibus est animi libertas." Außerdem findet man bei ihm und bei allen, die seine Ansichten teilen, nichts von der theokratischen Ausrichtung Lamennais' in seiner ersten Zeit. Bei Manzoni handelte es sich nicht um die Wiedergeburt der Gesellschaft durch die freie Kirche, sondern um die Entfaltung der Persönlichkeit dank des freien Gewissens[47]; deshalb erklärte er, die lamennaissche Versuchung eines „politischen Katholizismus" sei unvereinbar mit der Reinheit der Religion.

Heißt das, daß man in Italien kein Äquivalent des liberalen Katholizismus, wie man ihm in Frankreich unter der Julimonarchie begegnete, finden kann? Das wäre zuviel gesagt. Der Lamennais des „L'Avenir" fand in Italien kein großes Echo[48], und die Liberalen standen im allgemeinen seiner Hoffnung, den Liberalismus mit einer exzessiven päpstlichen Souveränität in Übereinstimmung bringen zu können, skeptisch gegenüber. Er hatte jedoch die Genugtuung, von einigen angesehenen kirchlichen Persönlichkeiten in Italien gebilligt zu werden, so von dem Servitengeneral Battini, dem Kapuzinerkardinal Micara und sogar von dem einen oder anderen

[46] Vgl. A. *Jemolo:* RStT 4 (1958) 242—243. Über Alessandro Manzoni (1785—1873) s. S. 286 (Lit. S. 273 und Anm. 24).

[47] Diesen Gesichtspunkt unterstrich *P. Scoppola,* Dal neoguelfismo alla democrazia cristiana (Rom 1957) 13—14.

[48] Über den von Lamennais im Verlauf seiner liberalen katholischen Phase in Italien ausgeübten Einfluß s. *A. Gambaro:* Studi francesi I (1958) 204—206 211—215 (mit Angabe der älteren Bibliogr.). Nach A. *Simon:* RHE 54 (1959) 213 soll Lamennais indessen einen größeren Einfluß auf Gioberti ausgeübt haben, als man häufig annimmt.

römischen Theologen, ganz abgesehen von P. Ventura, dem General der Theatiner[49]. Man konnte sogar in einigen kleineren Kreisen von echten Schülern reden, vor allem im jungen Ordens- und Weltklerus Toskanas[50] und der Lombardei.

In diesen kirchlichen Kreisen und bei manchen jungen katholischen Laien, die der Gedanke eines liberalen Ultramontanismus erregt hatte, wurde der Begeisterung für die Lehren des Lamennais durch „Mirari vos" ein rasches Ende bereitet. Möglicherweise erklären jedoch die Hoffnungen, die Lamennais geweckt hatte, in einem gewissen Maße den Erfolg, den dann zehn Jahre später in breiten Schichten der kirchlichen Welt die neoguelfische Strömung errang, in der viele die Möglichkeit sahen, ihre Treue zum römischen Katholizismus sowohl mit ihren patriotischen wie auch mit ihren liberalen Bestrebungen in Einklang bringen zu können, und zwar trotz der Skepsis vieler Liberaler, die sofort den Illusionscharakter dieser Bewegung, die ein Spätprodukt der romantischen Begeisterung war, diagnostiziert hatten.

Abschließend sei noch erwähnt, daß es in Italien am Vorabend von 1848 auch noch Katholiken gab, deren Grundsätze sehr an die von Montalembert erinnerten. Dies war beispielsweise der Fall bei dem Jesuiten Taparelli d'Azeglio, der nicht nur klar gegen den Despotismus Stellung nahm, womit er die übliche politische Theologie der Gesellschaft Jesu verließ und auf die thomistische Linie einschwenkte, sondern auch erklärte, er vertraue darauf, daß ein Regierungssystem konstitutioneller Freiheiten auch für die Kirche Vorteile bringe, und die katholischen Laien aufrief, sich zur Verteidigung der religiösen Interessen auf der Basis des gemeinen Rechts zu organisieren[51]. Dies beweist, daß die anderwärts herangereiften Ideen nach und nach ihren Weg machten und bis zu den Jesuiten durchdrangen, von denen man etwas zu rasch angenommen hat, sie hätten sich in Italien stets mit der Verteidigung des reaktionären Absolutismus identifiziert.

Am Ende dieses Überblicks versteht man, daß A. Jemolo sich fragen konnte, ob — auf Italien angewendet — die Formel: „katholischer Liberalismus" mehr als ein bloßes Etikett war, da die damit bezeichneten

[49] Gioacchino Ventura (1792—1861) stammte aus Sizilien. Gregor XVI. verbot ihm, sich 1833 erneut für das Generalat seines Ordens zur Verfügung zu stellen. Lit. s. S. 273; ferner *L. Tomeucci*, „Libertà e religione" nel pensiero di G. Ventura: Archivio storico messinese 55 (1954/55) 21—62. Über seine Beziehungen zu Lamennais siehe *F. Salinitti:* Salesianum 2 (1940) 318—348. Über seine Unterstützung der sizilianischen Revolution im Jahre 1848 s. *E. Di Carlo:* Regnum Dei 5 (1949) 134—147 und RstRis 37 (1950) 119—124.

[50] Vgl. z. B. *C. Cannarozzi*, I Frati Minori di Toscana e il Risorgimento: StudFr 52 (1955) 406—412.

[51] Ins Licht gerückt wurde dieses Faktum von *G. De Rosa*, I gesuiti in Sicilia e la rivoluzione del' 48 (Rom 1963). Zur Religionspolitik der sizilianischen Republik von 1848 vgl. *M. Condorelli*, Stato e Chiesa nella rivoluzione siciliana del 1848 (Catania 1965).

Realitäten von Fall zu Fall grundverschieden waren. Festzustellen ist jedoch, daß alle diese verstreuten Bemühungen, trotz der Verschiedenheit der Standpunkte und der vorgeschlagenen Lösungen, auf einer gemeinsamen Realität basierten. Jemolo selbst sprach von der Begegnung des „sentire cattolico" und des „sentire liberale", während Passerin d'Entrèves erklärte, zahlreiche Katholiken hätten erfaßt, daß es, wenn man den neuen, von der modernen Gesellschaft bzw. im weiteren Sinn von der modernen Kultur gestellten Problemen gerecht werden wolle, nicht mehr möglich sei, sich mit einem Wiederaufgreifen der traditionellen Lösungen zufriedenzugeben, sondern daß eine — mehr oder weniger radikale — Anpassung unabdingbar notwendig sei. Aber während diese Überzeugung in den katholischen Kreisen nördlich der Alpen schon weit verbreitet war — ohne übrigens überall auch nur annähernd Zustimmung gefunden zu haben —, begegnete man ihr in Italien vor der Jahrhundertmitte lediglich in kleinen Kreisen Intellektueller, von denen jedoch kein einziger in die Öffentlichkeit durchstoßen konnte. Die einzige Ausnahme bildete, ganz am Ende dieser Periode, der Neoguelfismus, aber auch bei ihm ging es mehr um den nationalen als um den liberalen Aspekt.

20. Kapitel

Die Länder des Deutschen Bundes und die Schweiz 1830—1848

LITERATUR: Allgemein: *Brück*, Geschichte (s. vor Kap. 7) II² 274—592; *L. Bergsträsser*, Studien zur Vorgeschichte der Zentrumspartei (Tübingen 1910); *Bachem*, Zentrumspartei (s. vor Kap. 13) I; *Schmidlin PG* I 488—492 567—595, II 190 f; *Leflon* (*Fliche-Martin* 20) 415 f 464 f 465—470; *Schnabel G* IV 97—220; *Ritter*, Kath.-soz. Bewegung (s. vor Kap. 13) Kap. 3; *Huber*, Verfassungsgeschichte (s. vor Kap. 7) II (Stuttgart 1960) 185—265 345—370; *Bihlmeyer-Tüchle* III¹⁷ 321 328—335 336 f; *Buchheim*, Ultramontanismus und Demokratie (s. vor Kap. 13) 25 ff 48—55; *Heyer*, Die katholische Kirche 1648—1870 (s. vor Kap. 13) 93 f 99 f 117—122 129; *Pesch*, Kirchl.-polit. Presse (s. ebd.) 154—194 203—226.

Preußen: *J. Bachem*, Preußen und die katholische Kirche (Köln ⁵1887) 56—71; *J. Hansen:* Gesch. des Rheinlandes I (Bonn 1922) 270—298; *W. Schulte*, Volk und Staat. Westfalen im Vormärz und in der Revolution 1848/49 (Münster 1954); *F. H. Fonk*, Das staatl. Mischehenrecht in Preußen vom Allgemeinen Landrecht an (Bielefeld 1961); *B. Poll*, Preußen und die Rheinlande: ZAGV 76 (1964); *R. Vierhaus*, ders. Titel: RhVJBll 30 (1965); *Lipgens*, Spiegel (s. vor Kap. 7); *K.-G. Faber*, Die Rheinlande zwischen Restauration und Revolution. Probleme der rhein. Geschichte 1814—1848 im Spiegel der zeitgenöss. Publizistik (Wiesbaden 1966); *A. Klein*, Die Personalpolitik der Hohenzollernmonarchie bei der Kölner Regierung (Düsseldorf 1967). — Kölner Wirren: *H. Schrörs*, Die Kölner Wirren. Studien zu ihrer Geschichte (Berlin-Bonn 1927); *H. Bastgen*, Forschungen und Quellen zur Kirchenpolitik Gregors XVI. (Paderborn 1929); *ders.*, Die Verhandlungen zwischen dem Berliner Hof und dem Heiligen Stuhl über die konfessionell gemischten Ehen (ebd. 1936); *Schönig*, Binterim (s. vor Kap. 13); *J. Grisar*, Die Allokution Gregors XVI. vom 10. Dezember 1837: Misc. Hist. Pont. XIV (Rom 1948); *R. Lill*, Die Beilegung der Kölner Wirren (Düsseldorf 1962).

Bayern: Lit. über München (Görres, Ringseis) vor Kap. 13, bes. das Werk von *R. Hacker;* außerdem: *M. Doeberl,* Entwicklungsgeschichte Bayerns III, hrsg. von *M. Spindler* (München 1931) 15—31 123f 125—147; *B. (H.) Bastgen,* Bayern und der Heilige Stuhl (s. vor Kap. 7), außerdem Aufsätze Bastgens: HJ 49 (1929), AkathKR 109 (1929), Mitt. des Hist. Vereins der Pfalz 50 (1930/32); *W. Mathäser,* Der Ludwigs-Missionsverein in der Zeit Ludwigs I. (München 1939); *H. Gollwitzer,* Carl v. Abel und seine Politik 1837—47 (Diss. masch. München 1944); *M. Spindler,* Die politische Wendung von 1847/48 in Bayern: Bayern. Staat und Kirche, Land und Reich, Gedenkschrift für Wilhelm Winkler (München 1961), jetzt auch in: *Spindler,* Erbe und Verpflichtung (München 1966); *Franz-Willing,* Bayerische Vatikangesandtschaft (s. vor Kap. 7) 36—45; *W. M. Hahn,* Romantik und katholische Restauration. Das Wirken des Sailerschülers und Bischofs von Regensburg Franz X. v. Schwäbl (Misc. Bavarica Monacensia Heft 24, München 1970).

Südwestdeutschland: Lit. über die Oberrheinische Kirchenprovinz vor Kap. 7, bes. die Werke von *Brück, Maas, Lauer, Gönner-Sester, Hagen, Reidel* und *Höhler,* außerdem: *O. Bechtold,* Der „Ruf nach Synoden" als kirchenpolitische Erscheinung im jungen Erzbistum Freiburg 1827—60 (Diss. Freiburg 1958); *E. Keller,* Das erste Freiburger Rituale von 1835: FreibDiözArch 80 (1960). — *C. Bauer,* Politischer Katholizismus in Württemberg bis 1848 (Freiburg 1929); *A. Hagen,* Der Mischehenstreit in Württemberg 1837—55 (Paderborn 1931); *ders.,* Gestalten aus dem schwäbischen Katholizismus, 3 Bde (Stuttgart 1948/54); *ders.,* Die kirchl. Aufklärung in der Diözese Rottenburg (Stuttgart 1953); *P. Blickle,* Katholizismus, Aristokratie und Bürokratie im Württemberg des Vormärz: HJ 88 (1968). — *H. Becker,* Der nassauische Geh. Kirchenrat Joh. Ludw. Koch, ein Exponent der episkopalistischen ... Bewegung: AMrhKG 15 (1963).

Österreich: Lit. vor Kap. 7, bes. die Werke von *Beer, Maaß, Tomek, Weinzierl-Fischer* und *Pototschnig,* außerdem: *C. Wolfsgruber,* Jos. Othmar Card. Rauscher (Freiburg 1888); *M. Hussarek,* Die Verhandlung des Konkordates vom 18. August 1855: AÖG 109 (1921); *H. v. Srbik,* Metternich. Der Staatsmann und der Mensch II (München 1925, Neudr. ebd. 1957) 1—45; *F. Engel-Janosi,* Österreich und der Vatikan 1846—1918 I (Graz-Wien-Köln 1958) Kap. 1 und 2; *Winter,* Romantismus, Restauration und Frühliberalismus (vgl. vor Kap. 13).

Schweiz: Lit. vor Kap. 7, bes. die Werke von *Gareis* und *Zorn, Büchi, Seeholzer, Lampert* und *Schwegler,* außerdem: *W. Näf,* Der schweizerische Sonderbundskrieg als Vorspiel der deutschen Revolution (Diss. München 1920); *H. Dommann,* Die Kirchenpolitik im ersten Jahrzehnt des neuen Bistums Basel: ZSKG 22/23 (1928/29); *E. J. J. Müller,* Religion und Politik. Vom Sinn des „Sonderbund"-Geschehens: Schweizer Rundschau 47 (1947); *E. F. J. Müller-Büchi,* Die Anfänge der kath.-konservativen Tagespresse in der Schweiz: ZSKG 54 (1960); *F. Glauser,* Der Kanton Solothurn und die Badener Artikel 1834—35: Jbb. für solothurn. Geschichte 33/34 (1960/61); *ders.,* Ludwig v. Roll und die solothurn. Ausgleichsbewegung von 1830—31: SZG 12 (1962); *ders.,* Luzern und der Zürcher Putsch von 1839: ZSKG 57 (1963); *R. Flury,* Joh. Matth. Hungerbühler ... Werdegang und Wirken bis 1848 (St. Gallen 1962); *E. Bucher,* Die Gesch. des Sonderbundkrieges (Zürich 1966); *K. Büchi,* Die Krise der Luzerner Regeneration 1839—41 (Zürich 1967); *H. Raab,* Friedr. Leop. zu Stolberg und Karl L. v. Haller: ZSKG 62 (1968); *ders.,* Jos. v. Görres und die Schweiz: HJ 89 (1969).

Die Julirevolution hatte das Fortwirken der von vielen für überwunden geglaubten revolutionären Ideen erwiesen, das politische System von 1815 in Frage gestellt und die Furcht vor einer neuen Krisenepoche heraufgeführt. Diese ihre allgemeine Bedeutung war geschichtsmächtiger als die konkreten Auswirkungen, die in den europäischen Staaten sehr verschieden waren; von den hier zu behandelnden Ländern wurde die Schweiz am meisten betroffen (s. u. S. 406 ff). Die Strukturen des Deutschen Bundes und seiner Gliedstaaten haben die Krise im wesentlichen überdauert, dennoch ergaben sich weitreichende Folgewirkungen, die in den kirchlichen Raum übergriffen. Allenthalben sahen sich die konservativen Kräfte zu weiterer Absicherung ihrer Position genötigt, besonders in Österreich verstärkte sich die Tendenz zum Bündnis von Thron und Altar (s. u. S. 404 ff). Gewichtiger war, daß die Kräfte der liberalen Bewegung, die Bemühungen um moderne konstitutionelle Formen und die Proteste gegen den autoritären Obrigkeitsstaat anhaltenden Aufschwung erhielten. Die veränderte Gesamtstimmung ergriff auch die inzwischen erstarkte katholische Bewegung[1]. Der Widerstand gegen das Staatskirchentum und die Forderung nach endlicher Verwirklichung der in den meisten Verfassungen zugesagten Parität wurden deutlicher artikuliert. Gelegentlich kam es zu begrenztem Zusammengehen von Liberalen und Katholiken gegen den gemeinsamen Gegner[2], im katholischen mehr noch als im liberalen Lager entstanden Ansätze von Volksbewegungen.

Die römische Kurie, die um 1840 die Führung ergriffen hat, stand zunächst noch zurück. Gregor XVI., ohnehin ein scharfer Reaktionär, hatte die Regierung während der Julirevolution angetreten, die den innerlich schwachen Kirchenstaat in seine erste existenzgefährdende Krise stürzte. Der neue Papst suchte daher erst recht den Anschluß an die autoritären Gewalten[3]. Die Entwicklung in Deutschland hat Gregor XVI. zunächst insofern beeinflußt, als bald nach seinem Regierungsantritt die erste deutsche Ausgabe seines Werkes über den „Triumph des Heiligen Stuhls“ erschien[4]. Sie wurde eine der Programmschriften der Erneuerungsbewegung und hat zu deren ultramontaner Verfestigung erheblich beigetragen.

Das Festhalten der meisten Regierungen am absolutistischen Staatskirchentum verschärfte die bestehenden Spannungen erheblich. Die konfessionellen Minderheiten lebten meist in den Gebieten, welche die Staaten zwischen 1803 und 1815 neu erworben hatten. Die Kirchenpolitik rückte daher in den größeren Zusammenhang der staatlichen Integration dieser Gebiete,

[1] Vgl. Kap. 13.

[2] So im Rheinland, wo der bürgerliche Liberalismus viele aktive Katholiken umfaßte und wo zudem das belgische Beispiel wirkte. Zu letzterem vgl. *L. Schwahn,* Die Beziehungen der kath. Rheinlande und Belgiens in den Jahren 1830—40 (Straßburg 1914); *H. Schrörs:* AHVNrh 107—108 (1923/26).

[3] Vgl. Kap. 19, S. 369 ff.

[4] Cappellaris Werk „Il trionfo della S. Sede e della Chiesa contro gli assalti dei novatori“, welches Universalepiskopat und Unfehlbarkeit des Papstes propagierte, war zuerst 1799 in Venedig erschienen. Die erste deutsche Ausgabe wurde 1833 in Augsburg besorgt. Vgl. Kap. 22, S. 416 mit Anm 1.

in der Opposition gegen die neuen Gewalten verbanden sich oft kirchliches und landschaftlich-historisches Eigenbewußtsein. Das traf am stärksten zu im preußisch gewordenen Rheinland, wo im Jahrzehnt nach 1830 die Kölner Wirren, der erste große Streit zwischen Staat und Kirche nach 1815, ausgebrochen sind. Die Anlässe ergaben sich aus der römischen Verurteilung des Bonner Philosophen Hermes[4a] und aus der die Öffentlichkeit weitaus mehr bewegenden Frage der Mischehen, die in den meisten der konfessionell nicht mehr einheitlichen Staaten die Kirchenpolitik belastet hat.

Der Kölner Erzbischof Graf Spiegel[5] hatte Hermes an die Bonner Universität gezogen und in ihm wie in manchen seiner Schüler geeignete Mitarbeiter beim geistigen und organisatorischen Wiederaufbau des kirchlichen Lebens gefunden. Nach Denunziation durch streng kirchliche Gegner wurde die Lehre des Hermes in Rom langwierig geprüft und erst nach Spiegels Tod durch das allzu summarische Breve Gregors XVI. „Dum acerbissimas" (26. 9. 1835)[6] verurteilt. Die Kurie vermied die Mitteilung des Breve an die Staatsbehörden; es wurde somit nicht ordnungsgemäß publiziert, seine amtliche Anwendung bereitete Schwierigkeiten. Die päpstliche Entscheidung kam für die Hermesianer ganz überraschend. Mit ihrer Verbreitung betrauten die Nuntien in München und Brüssel die Hermes-Gegner, die sich dieser Aufgabe mit größtem Eifer unterzogen und das Breve auch als Kampfmittel gegen das Staatskirchentum benutzten, die katholische Presse leistete Unterstützung. Die Einschaltung der Nuntien markiert deutlich Anfänge des ausgreifenden Ultramontanismus.

Das strenge tridentinische Mischehenrecht hatte sich im 18. Jh. nicht überall aufrechterhalten lassen. Auch für Preußen, dessen Regierung seine Anwendung verhinderte, waren Milderungen konzediert worden; für Schlesien hatte Pius VI. 1777 die Regelung in das Ermessen des Breslauer Bischofs gestellt. Die Geistlichen fanden sich mit dem Allgemeinen Landrecht ab, nach dem die Söhne in der Konfession des Vaters, die Töchter in der der Mutter zu erziehen waren; selbst eine Deklaration von 1803, wonach eheliche Kinder grundsätzlich der Konfession des Vaters folgen sollten, war hingenommen worden. Vor Abschluß der kirchlichen Neuorganisation scheute die Regierung weitere Schritte; 1825 aber übertrug eine Kabinettsorder die Deklaration von 1803 auf die westlichen Provinzen, wo das kanonische Eherecht fortgalt und das Staatskirchentum preußischer Ausprägung keine Tradition hatte. Die Order widersprach der Garantie des kirchlichen Besitzstandes in den königlichen Besitzergreifungspatenten, sie mußte als gezielte Maßnahme zur Protestantisierung der westlichen Pro-

[4a] Vgl. Kap. 15, S. 292 f und Kap. 24, S. 448—452.

[5] Vgl. Kap. 13, S. 270. Über Spiegels bedeutende Persönlichkeit und vielseitiges Wirken unterrichten am gründlichsten die Biographie von *Lipgens* (vgl. vor Kap. 7) und *Schrörs*, Kölner Wirren, Kap. II und III. Vgl. auch *H. Bastgen:* RQ 39 (1931).

[6] *Bernasconi*, Acta Gregorii XVI, I 85 f; D 1618—1620.

vinzen erscheinen, da fast nur evangelische Beamte und Offiziere aus Altpreußen in den Westen entsandt wurden. Bischöfe und Kurie wagten keinen Widerstand, aber viele Geistliche, besonders solche, die der Erneuerungsbewegung nahestanden, verweigerten die Ausführung der Order. Ihre Berufung auf die Gewissensfreiheit fand auch bei manchen Liberalen Resonanz. Weil die Regierung weder auf ihre Ansprüche noch auf die kirchliche Einsegnung der Mischehen verzichten wollte, leitete sie neue Verhandlungen mit der Kurie ein, die Chr. Karl Josias von Bunsen (1791—1860), Niebuhrs geschäftiger Nachfolger als Gesandter in Rom, geführt hat[7]. Im Breve „Litteris altero abhinc" (25. 3. 1830) kam Pius VIII. im weitestmöglichen Maße entgegen. Er gestattete den Pfarrern, in allen Fällen, in denen eine Mischehe trotz Abmahnung nicht verhindert und die Zusage katholischer Kindererziehung nicht erlangt werden konnte, „passive Assistenz" zu leisten. Die Regierung, welche mehr, nämlich feierliche Trauungen und Verzicht auf die Abmahnung des katholischen Partners wünschte, verweigerte die offizielle Annahme des Breve. Da Rom nunmehr aber hart blieb, versuchte sie, die rheinisch-westfälischen Bischöfe zu möglichst weitherziger Auslegung der päpstlichen Entscheidung zu bewegen, dabei operierte sie mit massivem Druck wie mit später nicht eingehaltenen Versprechungen. Die Bischöfe von Münster, Paderborn und Trier gaben schnell nach, nicht aber der auch sonst um Durchsetzung kirchlicher Unabhängigkeit bemühte Erzbischof Spiegel von Köln, auf den alles ankam. Nur weil die preußischen Unterhändler ihn davon zu überzeugen wußten, daß der Papst die denkbar mildeste Auslegung des Breve wünschte, kam schließlich auch er entgegen. Als die preußische Regierung daraufhin das Breve zur Weiterleitung an die Bischöfe entgegennahm, mußte die Kurie an einen Sieg ihres Standpunktes glauben. Am 19. Juni 1834 unterzeichneten jedoch Spiegel und Bunsen in Berlin eine geheime Konvention, in der nur mehr „die religiöse Gesinnung des katholischen Teils in Absicht auf Glaubenstreue und Pflichterfüllung bei der künftigen Kindererziehung" zur Vorbedingung der feierlichen Trauung gemacht und die passive Assistenz auf Fälle offenkundiger Leichtfertigkeit eingeschränkt wurde. Spiegels Suffragane schlossen sich an.

Die erhoffte Beruhigung erfolgte nicht. Die Proteste gegen Preußens Kirchenpolitik, nunmehr verbunden mit Kritik an der Nachgiebigkeit des Erzbischofs und am Schweigen Roms, wurden vielmehr heftiger. Polizei und Zensur konnten in Preußen viele Äußerungen unterdrücken, aber

[7] Bunsen mußte nach dem Scheitern der preußischen Mischehenpolitik 1839 den römischen Posten verlassen. Vgl. über ihn außer der Lit. über die Kölner Wirren die dreibändige Biographie von *F. Nippold* (Leipzig 1868/69), über seine kirchl. Auffassungen außerdem *L. v. Ranke,* Aus dem Briefwechsel Friedrich Wilhelms IV. mit Bunsen (Leipzig ²1874); *F. H. Reusch,* Briefe an Bunsen ... (Leipzig 1897); *W. Bußmann:* NDB 3, 17f.

außerhalb seiner Grenzen nahmen führende Publizisten der katholischen Bewegung, so Räß und Weis [8], den Kampf in wirkungsvoller Weise auf.

Nachfolger Spiegels, der schon 1835 starb, wurde 1836 Clemens August Frhr. v. Droste-Vischering (1773—1845) [9]. Im Gallitzin-Kreis hatte er sich eine fideistische Wissenschaftsfeindlichkeit angeeignet, er lebte aszetisch-verschlossen und gewann wegen seines autoritären Regiments in Köln bei Mitarbeitern und Untergebenen kaum Sympathien. Die wenigen Berater, denen er vertraute, entstammten der militanten Richtung der katholischen Bewegung. Als erste Aufgabe betrachtete Droste die Vernichtung des ihm seit je suspekten Hermesianismus; darüber hinaus wollte er die Bonner theologische Fakultät als solche treffen. Auch sein Fernziel war ein für den gesamten theologischen Unterricht zuständiges tridentinisches Seminar. Er wandte Schärfen an, die staatlichen, aber auch kirchlichen Gesetzen widersprachen, und manövrierte sich dadurch selbst in eine Sackgasse. Offenbar wollten Droste und noch mehr seine Berater die Kraftprobe mit dem Staat, für die ihnen die Zeit reif schien. Seit dem Frühjahr 1837 griff der Erzbischof die bis dahin zurückgestellte Mischehenfrage auf, die sich als wirkungsvoller Kampfgegenstand anbot. Die Berliner Konvention, gegen die inzwischen auch die Kurie auf Grund sicherer Kenntnis protestieren konnte [10], wollte er fortan nur noch anwenden, soweit sie dem Breve Pius' VIII. entsprach. Durch das preußische Ultimatum, entweder nachzugeben oder zurückzutreten, ließ Droste sich nicht einschüchtern. Die Regierung griff zu den Methoden des autoritären Polizeistaates und ließ den Erzbischof am 20. November 1837 auf die Festung Minden abführen, ein amtliches Publikandum warf ihm Wortbruch und revolutionäre Bestrebungen vor.

In der feierlichen Form einer Allokution an die Kardinäle protestierte Gregor XVI. am 10. Dezember 1837 gegen die Gewalttat. Zugleich legte er das gesamte Verhalten Preußens in der Mischehenfrage offen und verwarf die Berliner Konvention. Weitaus größeren Eindruck erzielte Görres mit seiner Streitschrift „Athanasius" (Januar 1838). Es gelang darin dem genialen Publizisten, Droste als den großen Vorkämpfer der Kirchenfreiheit hinzustellen und seine Sache zu der aller deutschen Katholiken zu machen. Zahlreiche Broschüren folgten, die Kirchenblattbewegung erhielt

[8] Vgl. Kap. 13, S. 268 f.

[9] Eine ausreichende Biographie fehlt. Bisher gründlichste, aber bisweilen zu kritische Behandlung: *Schrörs*, Kölner Wirren, Kap. IV—IX. Vgl. außerdem *Schnabel* G IV 133—138.

[10] Schon weitgehende Enthüllungen des Lütticher Journal historique et littéraire (Oktober 1835) hatten die Kurie zu Demarchen veranlaßt. Noch fester trat sie auf, nachdem Bischof v. Hommer von Trier († 11. 11. 1836) unmittelbar vor seinem Tode von der Konvention zurückgetreten war und den Papst über deren Entstehung und Inhalt unterrichtet hatte. Bunsen wandte gegenüber den römischen Protesten eine kurzsichtige Verschleierungstaktik an.

stärksten Auftrieb. Der Görres-Kreis begründete 1838 die „Historisch-Politischen Blätter“[11], die unter der Führung von George Phillips[12], Görres' Sohn Guido und Carl Ernst Jarcke[13] die katholisch-konservative Staats- und Gesellschaftslehre ausgebaut haben. In zunehmendem Maße richtete die Polemik sich auch gegen den Protestantismus, dessen große Mehrheit auf die Seite der preußischen Regierung getreten war; das „Kölner Ereignis“ hat die konfessionellen Fronten nachhaltig verhärtet.

Aus dem Streit um die Mischehen wurde die erste mit modernen publizistischen Mitteln geführte Massenbewegung für die Kirchenfreiheit, die beim Papst ihren Rückhalt fand und den preußischen Staat in einer bis dahin unbekannten Weise an die Grenzen seiner Macht stieß. Schon wenige Monate nach Drostes Verhaftung mußte die Regierung „bescheidene Erkundigungen“ über die katholische Erziehung der Kinder aus Mischehen gestatten. In den westlichen Provinzen wurde sogleich nach der päpstlichen Allokution das kanonische Mischehenrecht angewendet, bald setzte es sich auch im Osten durch, wo nur der staatskirchlich gesinnte Fürstbischof von Breslau, Leopold Graf Sedlnitzky[14], vorerst an der bisherigen Praxis festhielt. Auch ein weiterer Versuch der Regierung, die Lage durch Gewalt, nämlich durch die Verhaftung auch des Erzbischofs Martin v. Dunin von Gnesen-Posen (1774—1842, Erzbischof seit 1830)[15], in ihrem Sinne zu stabilisieren, schlug

[11] *F. Rhein,* 10 Jahre Hist.-Pol. Bll. 1838—48 (Diss. Bonn 1916); *K.-H. Lucas,* Joseph Edmund Jörg. Konservative Publizistik zwischen Revolution und Reichsgründung 1852 bis 1871 (Diss. Köln 1969); *Pesch,* Kirchl.-polit. Presse 166 f.
Der Aufschwung der übrigen kath. Presse: *Pesch* a. a. O. 167—184 209—219.

[12] George Phillips (1804—72), Rechtshistoriker, Kanonist und Publizist, seit 1828 katholisch, wurde 1834 Prof. in München, 1850 in Innsbruck, 1851 in Wien. Sein Kirchenrecht (7 Bde, Regensburg 1845/72) hat die Ausbreitung des papalistischen Kirchenbegriffs nachdrücklich gefördert. *G. v. Pölnitz:* HZ 155 (1937); *Vigener* a. a. O. 99 ff.

[13] Der Jurist Carl Ernst Jarcke (vgl. Kap. 13, Anm. 14) war seit 1832 Prof. in Wien, wo er auch kirchenpolitischer Mitarbeiter Metternichs wurde (s. u. S. 405 f). *F. Peters,* Jarckes Staatsauffassung (Berlin 1926); *O. Weinberger:* HJ 46 (1926); *A. Wegener:* Festschr. für Ernst Heinr. Rosenfeld (Berlin 1949); *O. Köhler:* StL[6] IV 621 f.

[14] Leopold Graf Sedlnitzky v. Choltitz (1787—1871), 1835 auf Druck der Regierung Fürstbischof, glaubte durch seine Nachgiebigkeit dem Frieden mit dem Staat wie zwischen den Konfessionen zu dienen, von der katholischen Publizistik wurde er im Mischehenstreit heftig angegriffen. Obwohl Friedrich Wilhelm IV. seinen Kurs billigte, trat er 1840 auf päpstliche Aufforderung kampflos zurück; offenbar sah er ein, daß die Entwicklung über seine aufgeklärten Auffassungen hinweggegangen war. Sedlnitzky lebte fortan in Berlin und ist 1863 evangelisch geworden.
Sedlnitzkys Selbstbiographie (Berlin 1872); Schles. Lebensbilder IV (Breslau 1931); *J. Gottschalk:* ArSKG 2 (1936), 5 (1940); *W. Urban* (Warschau 1955, chauvinistische Verzerrung); *Lill,* Beilegung der Kölner Wirren 64—67 102—106 u. ö.; *H. Jedin,* Von Sedlnitzky zu Diepenbrock: ArSKG 29 (1971) 173—204 (Briefe des Kapitelvikars Ritter, 1841—47).

[15] Im Falle Dunins wurden immerhin rechtsstaatliche Formen gewahrt. Der Erzbischof wurde vom Posener Oberlandesgericht seines Amtes enthoben und zu Festungshaft verurteilt. *B. Stasiewski:* LThK III 601 (Lit.).

fehl. Fast geschlossen und in demonstrativer Weise ergriffen die Polen die Partei ihres Erzbischofs, der zudem im ganzen katholischen Deutschland eifrige Unterstützung fand.

Die grundsätzliche Wende brachte die Thronbesteigung Friedrich Wilhelms IV. (Juni 1840). Der neue König war von der politischen Romantik geprägt, er verachtete Staatskirchentum und Bürokratie. Aus dem Glauben an die eine Kirche in verschiedenen konfessionellen Ausprägungen wollte er einen christlichen Staat schaffen, er wünschte die Unabhängigkeit der Kirchen und ihre Koordination mit dem Staat, für spezifisch katholische Formen und Traditionen brachte er ein in Berlin ungewohntes Verständnis auf[16]. In Verhandlungen mit der Kurie, in die sich Ludwig I. von Bayern und Metternich vermittelnd einschalteten, kam der König schnell und weit entgegen. Die Diplomatie Gregors XVI. konnte daher schon im Sommer 1841 den Kompromiß aushandeln, der der Kirche in Preußen größere Freiheiten eröffnete als in allen anderen deutschen Staaten und das Ansehen des päpstlichen Stuhls in Deutschland erheblich gesteigert hat. Ein umsichtiger Interpret römischer Wünsche war dabei der Münchener Nuntius Viale-Prelà, der auch sonst den Einfluß der Nuntiatur auf die außerbayerischen Diözesen auszudehnen verstand[17]. Preußen verzichtete auf Plazet und Einmischung in die Mischehenpraxis, die Korrespondenz der Bischöfe mit Rom wurde freigegeben, die Freiheit der Bischofswahlen im 1821 vereinbarten Maße garantiert, im Kultusministerium eine besondere Abteilung für die katholischen Angelegenheiten errichtet[18]. Dunin konnte in sein Amt zurückkehren; Droste, den auch die Kurie ob seiner Schroffheit nicht ungern in den Hintergrund treten ließ, mußte sich mit einer persönlichen Ehrenerklärung begnügen.

Die Verwaltung des Kölner Erzbistums übernahm als Administrator (seit 1845 Erzbischof) der aus dem Mainzer Kreis stammende Bischof von Speyer, Johannes v. Geissel (1796—1864)[19]. Mit großer Energie hat Geissel

[16] *E. Schaper,* Die geistespolitischen Voraussetzungen der Kirchenpolitik Friedrich Wilhelms IV. (Stuttgart 1938); *W. Bußmann:* Spiegel der Geschichte, Festschr. für Max Braubach (Münster 1964); *K. Borries:* NDB 5, 563—566. Zur Kirchenpolitik des Königs s. a. seinen Briefwechsel mit Bunsen (s. o. Anm. 7); *E. Friedberg,* Die Grundlagen der preuß. Kirchenpolitik unter König Friedrich Wilhelm IV. (Leipzig 1882); *Lill* a. a. O.

[17] Michele Viale-Prelà (1798—1860), Nuntius in München (1838—45) und Wien (1845 bis 1855, seit 1852 Kard. und Pronuntius), 1855 Erzbischof von Bologna. *Engel-Janosi,* Österreich und der Vatikan I 39 71 117 u. ö.; *Hacker,* Bayern und der Heilige Stuhl 109—113 115—129 u. ö.

[18] *V. Conzemius,* Die Briefe Aulikes an Döllinger. Ein Beitrag zur Gesch. der „Katholischen Abteilung" im preußischen Kultusministerium (Rom - Freiburg - Wien 1968).

[19] Schriften und Reden Geissels, 4 Bde, hrsg. von *K. Th. Dumont* (Köln 1869/76); Biographien von *J. A. F. Baudri* (Köln 1881) und *O. Pfülf* (2 Bde, Freiburg 1895/96); *Schnabel* G IV 75—80 153 ff 197 f u. ö.; *R. Haas:* NDB 6, 157 f; *R. Lill:* Rheinische Lebensbilder 3 (Düsseldorf 1968).

die der Kirche gewährten Freiheiten benutzt und die Kräfte der von unten erstandenen katholischen Bewegung in sein hierarchisches Konzept eingebaut. Über Viale-Prelà unterhielt er enge Beziehungen nach Rom, dabei wußte er seine eigenen Rechte wohl zu wahren. Mit der unnötig harten Ausschaltung der letzten Hermesianer leitete Geissel die innere Uniformierung ein, sie schien ihm für die Auseinandersetzung mit den feindlichen Kräften ebenso notwendig zu sein wie die organisatorische Ausweitung der Kirche und die Aktivierung der ihr verbliebenen Reserven. Alsbald begann er den weit über die Grenzen seiner Diözese wirkenden Aufbau katholischer Vereine; die Gründung des Borromäus-Vereins (1844) war ein vielversprechender Anfang[20]. Auch knüpfte Geissel Kontakte zu verschiedenen anderen Bischöfen, welche die 1848 erstmals realisierte Aktionseinheit des deutschen Episkopats vorbereiteten; schon vor der Revolution erreichte er gemeinsames kirchenpolitisches Vorgehen der Bischöfe seiner Kirchenprovinz, wie es die Regierung vor 1840 verhindert hatte. Dabei unterstützte ihn Wilhelm Arnoldi (1798—1864), dessen Ernennung zum Bischof von Trier (1842) ebenfalls erst der kirchenpolitische Kurswechsel ermöglicht hatte[21]. Arnoldi organisierte 1844 die Wallfahrt zum Heiligen Rock, die sich mit mehr als einer Million Pilgern zu einer ungewohnt-machtvollen Demonstration des erstarkten Katholizismus ausweitete, von vielen Protestanten und Liberalen aber als Herausforderung an den Geist des Jahrhunderts heftig befehdet wurde. Sie bildete den äußeren Anlaß für die Abspaltung des Deutschkatholizismus[22], der als nationale und flach-rationalistische Gegenströmung gegen die kirchliche Erneuerung in Ost- und Mitteldeutschland eine zunächst wirkungsvolle Agitation entfachte. Die kurzlebige Bewegung, die bei liberalen und demokratischen Publizisten Unterstützung fand, bediente sich wesentlich nichtkirchlicher Argumente, auf die sich keine kirchliche Gemeinschaft gründen ließ; sie ist teils in den Protestantismus, teils in völkische Gruppen eingemündet. Große Verdienste um besonnene Abwehr der deutschkatholischen Angriffe erwarb sich Melchior v. Diepenbrock (1789—1853), Sailers bedeutender Schüler, der nach Überwindung mancher Bedenken streng

[20] Ziel des Vereins war es, durch Verbreitung guter Schriften das katholische Bewußtsein zu vertiefen und eine qualitätvolle Alternative zu dem im Rheinland weitverbreiteten liberalen Schrifttum zu schaffen. Die Gründer Franz X. Dieringer (Prof. der Dogmatik in Bonn und Berater Geissels), Frhr. Max v. Loë und August Reichensperger kamen aus den Schichten, die auch weiterhin die Führer der Vereinsbewegung gestellt haben (Klerus, Adel, bürgerliche Intellektuelle). *W. Spael*, Das Buch im Geisteskampf. 100 Jahre Borromäus-Verein (Bonn 1950).

[21] Biographie von *J. Kraft* (Trier 1862, ²1865); *A. Thomas:* NDB 1, 390f.

[22] Die Führer der Bewegung waren Johannes Ronge (1813—87) und Johann Czerski (1813—93). *K. Algermissen*, Konfessionskunde (Hannover ⁴1930) 181—221; *ders.:* LThK² III 279; *H. J. Christiani*, J. Ronges Werdegang bis zu seiner Exkommunikation (Breslau 1924).

kirchlicher Kreise 1845 Fürstbischof von Breslau wurde[23]. Entgegen dem kämpferisch-defensiven Aktivismus Geissels hielt Diepenbrock an der versöhnlichen Grundhaltung und am weiten Kirchenbegriff seines Lehrers fest und erwarb dadurch das volle Vertrauen Friedrich Wilhelms IV.; inmitten ultramontaner Verfestigung bewahrte er sich ein ausgeprägtes Bewußtsein bischöflicher Selbständigkeit.

In Bayern verlief die Entwicklung zunächst ganz in den seit dem Regierungsantritt Ludwigs I. vorgezeichneten Bahnen[24]. Auf die Revolution folgte auch hier eine konservativere Akzentuierung der gesamten Politik. Der König verstand Staatskirchentum und streng kirchliche Erneuerung zu verbinden; da er die Kirche sehr förderte, machte die Kurie Konzessionen an seinen Regalismus, so auch im Mischehenstreit, in dem Gregor XVI. anfangs die kanonischen Normen durchzusetzen versuchte[25]. Auf Drängen des Königs und seiner Regierung gab der Heilige Stuhl in dieser für die katholische Erneuerung so wichtigen Frage ein letztes Mal nach. Eine Instruktion an die bayerischen Bischöfe (12. 9. 1834)[26] enthielt dieselben Konzessionen, die Pius VIII. für Preußen gewährt hatte. Ludwig, der im Gegensatz zu den in Berlin Regierenden die Grenzen römischen Entgegenkommens kannte, gab sich mit diesem Kompromiß zufrieden.

Der Kreis um Ringseis, Baader, Görres und Döllinger erreichte in den dreißiger Jahren seine größte Breitenwirkung, unter seinen jüngeren Mitgliedern taten sich neben Phillips der Jurist Karl Ernst v. Moy de Sons (1799—1867) und der Theologe Friedrich Windischmann (1811—61, Sohn des Bonner Philosophen) hervor. Von Phillips beeinflußt war der Innenminister Carl August v. Abel (1788—1859), der seit 1837 den Kurs des Ministeriums bestimmte. Er schloß bewußt an die katholischen Staatstraditionen Bayerns an und führte eine extrem konservative und zugleich militant katholische Politik; Konvertiten wurden begünstigt, Neugründungen evangelischer Gemeinden erschwert.

Abels Betrauung war symptomatisch für die Reaktion Ludwigs I. auf die kirchenpolitische Zuspitzung in Preußen. Gerade während der Kölner Wirren glaubte der König als defensor ecclesiae handeln zu müssen[27], nur

[23] Biographien von *H. Förster* (Breslau ³1878) und *J. H. Reinkens* (Leipzig 1881); *H. Finke:* Westfäl. Zeitschr. 55 (1897); *J. Jungnitz,* Die Beziehungen des Kard.s M. v. Diepenbrock zu Kg. Friedrich Wilhelm IV. (Breslau 1903); *F. Vigener,* Drei Gestalten aus dem modernen Katholizismus (München 1926); *J. H. Beckmann:* Westfäl. Lebensbilder I (Münster 1930); *ders.:* HJ 55 (1935); A. Nowack, Ungedruckte Briefe von und an Kard. M. v. Diepenbrock (Breslau 1931); M. Kard. v. Diepenbrock, Gedenkschrift, hrsg. v. *E. Bröker* (Bocholt 1953); *J. Gloßner-Gitschner:* NDB 3, 651 f. [24] Vgl. Kap. 13, S. 267.

[25] Breve „Summo iugiter studio" (27. 5. 1832). Text: *Bernasconi* I 140 ff.

[26] Text: *Bernasconi* I 459 ff.

[27] In seiner historisierenden Amtsauffassung berief sich dabei auch der König selbst gern auf die katholisch-gegenreformatorischen Traditionen des Hauses Wittelsbach. *Hacker*

dank seiner und Abels Unterstützung konnte vornehmlich von Bayern aus der katholische Standpunkt publizistisch vertreten werden (s. o.). Das Kölner Ereignis und Ludwigs Parteinahme bewirkten in Bayern einen weiteren Aufschwung der katholischen Bewegung und besonders ihres intransigenten Flügels. In der Hitze des Streites trat Sailers versöhnliches Erbe in den Hintergrund. Eine kurze Periode besonders engen Einvernehmens zwischen München und Rom begann; Ludwigs Vermittlung bei der Beilegung der Kölner Wirren wurde schon erwähnt; dem preußischen Vorbild folgend, hat auch er noch 1841 die Korrespondenz zwischen den Bischöfen seines Staates und der Kurie freigegeben.

Bei den Bischofsernennungen steuerte Ludwig I. im allgemeinen einen mittleren Kurs, aber schon die Nomination des jungen Grafen Reisach[28] zum Bischof von Eichstätt (1836) bedeutete eine Stärkung der kämpferischen Kräfte. Reisach, der Gregor XVI. persönlich nahestand, war der erste eigentliche Kurialist unter den deutschen Bischöfen des 19. Jh. Während die meisten seiner Amtsbrüder auch im Rahmen des Ultramontanismus noch begrenzte Eigenständigkeit zu erhalten suchten, wollte er alle kirchlichen Strukturen und Lebensformen an römischen Normen und Vorbildern ausrichten.

Während der König nach der kirchenpolitischen Beruhigung wieder einzulenken versuchte, blieben die Katholikenführer bei dem einmal eingeschlagenen Kurs. Ihre von Abel zu oft gedeckte Intransigenz nahm zu[29], sie wandte sich nun auch gegen Ludwigs Staatskirchentum, beeinträchtigte den inneren Frieden des Landes und gab den heftigen liberalen Attacken gegen das Ministerium stets neue Nahrung. Reisach, seit 1846 Erzbischof von

a. a. O. 106. Zur Reaktion des Königs auf das Kölner Ereignis vgl. auch *J. Grisar*, Bayern und Preußen zur Zeit der Kölner Wirren (Diss. masch. München 1923).

[28] Karl August Graf v. Reisach (1800—69), nach Studium im Germanicum 1830 Studienrektor im römischen Kolleg der Propagandakongregation, 1836 Bischof von Eichstätt, 1841 Koadjutor, 1846 Erzbischof von München-Freising, nach Differenzen mit König Maximilian II. 1855 Kurienkardinal (vgl. Kap. 29). Als solcher führte er die Verhandlungen um die Konventionen des Heiligen Stuhls mit Württemberg und Baden und wurde Mitglied aller wichtigen Kongregationen. Seit 1865 war er zudem Mitglied der dirigierenden Kommission zur Vorbereitung des Vatikanum I, seit 1867 zugleich Präsident der kirchenpolitischen Konzilskommission. *H. Rall:* LThK² VIII 1151 f.

[29] Im Widerspruch Baaders und Diepenbrocks (der bis 1845 Domdechant in Regensburg war) gegen diese durch den fortdauernden heftigen Antikatholizismus vieler Protestanten wie durch das südwestdeutsche Staatskirchentum (s. u.) allerdings nahegelegte Intransigenz kündigen sich die innerkatholischen Gegensätze der fünfziger und sechziger Jahre an. Vgl. Kap. 29, S. 534 f.

Döllinger warnte zwar in der Krise von 1847 vor unnötigen Schärfen, gehörte aber sonst noch ganz der kämpferischen Richtung an. In vielen Artikeln in den Historisch-Politischen Blättern und vor allem durch seine gegen Ranke gerichtete Reformationsgeschichte (3 Bde, Regensburg 1846/48) hat er sich an der Auseinandersetzung mit dem Protestantismus beteiligt.

München, und Windischmann, den er zu seinem Generalvikar ernannte, trugen erhebliche Mitverantwortung für die Verschärfung. Die Folge war eine allmähliche Entfremdung zwischen der katholischen Bewegung und dem König, der sich auf seine frühere Abneigung gegen kirchliche Übertreibungen zurückbesann und seine Kirchenhoheitsrechte wieder stärker betonte. Abels Einfluß sank, Ende 1846 mußte er die Kirchenpolitik abgeben. Wenige Monate später, im Zusammenhang der zur Revolution hinführenden Lola-Montez-Affäre, brach die offene Krise aus. Nachdem ein Memorandum Abels gegen die Einbürgerung der Geliebten des Königs bekannt geworden war, mußten der Minister und seine Kollegen einem liberalen Kabinett weichen, auch führende katholische Beamte und Professoren verloren ihre Ämter.

In Südwestdeutschland verhinderten die 1830 der Kirche aufoktroyierten und seitdem rigoros angewendeten Gesetze [30] jede freiere Entfaltung kirchlichen Lebens. Die Bischöfe waren im wesentlichen auf die Weiherechte beschränkt, überdiözesane Gemeinsamkeiten konnten nicht zustande kommen, durch die Abhängigkeit von staatlichen Kirchenbehörden wurde der Klerus seinen Bischöfen entfremdet. Wie in der benachbarten Schweiz erschwerten innere Spannungen die Lage: Die kirchliche Erneuerung faßte nur langsam Fuß; viele Geistliche erblickten weiterhin in josephinischer Bindung an den Staat eine bessere Garantie für zeitgemäßes kirchliches Wirken als in engem Anschluß an Rom; ein beträchtlicher Teil des Klerus zog aus Wessenbergs Reformen radikale Konsequenzen und forderte weitgehende Demokratisierung, nicht selten kam es zur Solidarisierung mit parallelen politischen Bewegungen.

Die beiden ersten Erzbischöfe von Freiburg, Bernhard Boll (1756—1836, Erzbischof seit 1827) [31] und Ignaz Anton Demeter (1773—1842) [32] versuchten, durch Nachgiebigkeit staatliches Entgegenkommen zu erlangen, und führten die liturgischen Reformen Wessenbergs fort. Demeter widersetzte sich der synodalen Bewegung; er erreichte die Eröffnung eines staatlichen Theologenkonvikts sowie die Berufung zweier bedeutender Theologen, des Katecheten Hirscher und des Dogmatikers Staudenmaier, an die Freiburger Universität. Auch Erzbischof Hermann v. Vicari, nach der Revolution ein konsequenter Vorkämpfer der Kirchenfreiheit [33], mußte in den

[30] Vgl. Kap. 7, S. 169 f.

[31] *P. P. Albert:* FreibDiözArch 56 (1928); *J. Klein:* ebd. 61 (1933); *W. Müller:* LThK² II 570.

[32] *W. Reinhard-H. Bastgen:* FreibDiözArch 56 (1928); *H. Schiel:* ebd. 57 (1929); *H. Baier:* ebd. 61 (1933); *W. Müller:* NDB 3, 591; LThK² III 214 f.

[33] Vicari (1773—1868) war seit 1802 Geistl. Rat, seit 1816 Offizial in Konstanz gewesen und als einziges Mitglied der dortigen Kurie 1827 als Domkapitular nach Freiburg berufen worden, wo er seit 1832 Weihbischof war. Über Vicaris Tätigkeit ab 1848 s. u. Kap. 29, S. 541 f, Kap. 40, S. 734.

ersten Jahren seines langen Episkopats (1842—68) viele Konzessionen machen, immerhin konnte er unter dem Eindruck der Kölner Wirren das kanonische Mischehenrecht durchsetzen. Überzeugte Josephinisten und langjährige Vertrauensmänner der Regierungen waren Joseph Vitus Burg (1786—1833)[34] und Johann Baptist v. Keller (1774—1845)[35], die ersten Bischöfe von Mainz und Rottenburg. Kellers schwache Bemühungen um Ausgleich zwischen den verschiedenen Parteiungen seines Bistums scheiterten, die Erneuerungsbewegung, die ihren geistigen Rückhalt an der Tübinger Schule hatte, blieb ihm innerlich fremd. Nur unter dem Druck Roms und der katholischen Öffentlichkeit setzte er sich für größere kirchliche Selbständigkeit ein; eine Motion, die er zu diesem Zweck 1841 an den Landtag richtete, wurde abgelehnt.

Die wichtigeren Initiativen zur Befreiung der Kirche von polizeistaatlicher Aufsicht sind in Südwestdeutschland von Laien ausgegangen, dabei ergaben sich die ersten Ansätze katholischer Parteibildung. In Baden taten sich Heinrich Bernhard v. Andlaw-Birseck (1802—71)[36] und Franz Josef Buß (1803—78, seit 1836 Prof. der Rechte in Freiburg)[37] hervor. Andlaw verfocht einen konsequent konservativen Kurs, Buß suchte eine Synthese konservativer und liberaler Kräfte. Buß hat die korporative Gesellschaftslehre selbständig fortentwickelt, stärker als die Wiener politischen Romantiker betonte er die individuelle Selbstverantwortlichkeit. Als erster bezeichnete er neben der Erringung der Kirchenfreiheit die Lösung der sozialen Probleme als Hauptaufgabe der deutschen Katholiken. In Württemberg führte der katholische Adel Oberschwabens, an der Spitze der Erbgraf Konstantin v. Waldburg-Zeil und der Freiherr v. Hornstein, die meist konservativ motivierte Opposition gegen das Staatskirchentum[38].

Metternich hat sich seit 1830 mit größerer Energie als zuvor für das Bündnis mit der Kirche eingesetzt. Mehr noch als von zweifellos echter religiöser Überzeugung ließ er sich dabei von den bereits erwähnten staatspolitischen Motiven leiten[39]. Er war nun vollends davon überzeugt, daß die

Unzureichende Biographien von *L. v. Kübel* (Freiburg 1869), *H. Hansjakob* (Würzburg 1873), *R. Aichele* (Stuttgart 1932). *A. Rösch:* FreibDiözArch 55 (1927); *H. Bastgen:* ebd. 56 (1928), 57 (1930); *W. Müller:* LThK² X 764 f.

[34] *L. Lenhart:* Jb. für das Bistum Mainz 2 (1947); *ders:* LThK² X 786; *A. Ph. Brück:* NDB 3, 43.

[35] *Hagen R* I.

[36] Biographie von *F. Dor* (Freiburg 1910); *M. Wellner:* NDB 1, 272.

[37] Biographie von *F. Dor* (Freiburg 1910); *J. Dorneich,* Der badische Politiker F. J. Buß (Diss. Freiburg 1921); *R. Lange,* F. J. Ritter v. Buß und die soziale Frage seiner Zeit (Freiburg 1955); *J. Dorneich:* NDB 3, 72 f.

[38] Waldburg-Zeil bediente sich in zunehmendem Maße liberaler Argumente und ist 1848 ins liberale Lager übergegangen.

[39] Vgl. Kap. 7, S. 171 und Kap. 13, S. 264 f.

universale, autoritäre Ordnungsmacht der katholischen Kirche und die übernationale Monarchie der Habsburger aus innerer Notwendigkeit gegen die revolutionären Kräfte zusammenstehen mußten. Daneben ging es ihm um die Steigerung des durch den Josephinismus verdunkelten österreichischen Prestiges in der katholischen Welt und deren Rückwirkung auf Österreichs internationale wie deutsche Stellung[40]. Gregor XVI. in seinen reaktionären Grundsätzen zu bestärken, gelang dem Staatskanzler leicht; die 1830—31 dem Kirchenstaat gewährte militärische Hilfe vergrößerte die Solidarität. Schwieriger war es, die vom Papst gewünschten und von Metternich großenteils als notwendig erkannten kirchenpolitischen Konzessionen zu leisten. Nach wie vor widersetzte sich dem die liberale Bürokratie, die weiterhin gerade im Josephinismus eine der stärksten Klammern der Monarchie erblickte. Immerhin hatte der Staatskanzler inzwischen auch beträchtlichen innenpolitischen Einfluß gewonnen, den er trotz großer Schwierigkeiten unter dem regierungsunfähigen Kaiser Ferdinand (1835—48) weiter ausbaute[41]; zudem hatte ihn das von ihm mitinspirierte kirchenpolitische Testament Franz' II. zur Revision der josephinischen Gesetze förmlich ermächtigt[42]. Metternich erstrebte seitdem eine behutsame „Koordinierung" der beiden Gewalten, die Widersprüche zwischen staatlichem und kirchlichem Recht sollten einvernehmlich beseitigt, dabei die beiderseitigen Ansprüche sorgfältig geschieden werden[43]. Gleichgesinnte Mitarbeiter des Kanzlers waren dabei Jarcke[44] und in immer stärkerem Maße der Titularabt Joseph Othmar v. Rauscher (1797—1875)[45], der aus einer staatsverbundenen Beamtenfamilie stammte und seine geistige Prägung im Hofbauerkreis erhalten hatte; enges Einvernehmen ergab sich zwischen dem Staatskanzler

[40] Vortrag Metternichs in der Staatskonferenz 13. 6. 1841: *Hussarek* a. a. O. 688 ff; *Weinzierl-Fischer* a. a. O. 24.

[41] Metternichs heftiger Gegensatz zum Minister Graf Kolowrat, der mit ihm in der für Kaiser Ferdinand die Regierungsgeschäfte führenden Staatskonferenz saß, erstreckte sich auch auf die Kirchenpolitik. Kolowrat war überzeugter Josephinist. *Srbik* a. a. O. 8 f 42 ff u. ö.

Durch die ebenso grausame wie unkluge Ausweisung der Zillertaler „Inklinanten", welche die Regierung 1837 im Interesse der Glaubenseinheit Tirols anordnete, erhielt der liberale Widerstand gegen Wiens „reaktionäre" Kirchenpolitik weiteren Auftrieb. Mit Art. 16 der Bundesakte war die Ausweisung vereinbar, weil die „Inklinanten" keiner der anerkannten „Religionsparteien" angehörten.

[42] Text: *Weinzierl-Fischer* a. a. O. 18.

[43] Metternich wünschte u. a. eine Erleichterung der nur auf dem Weg über die Staatsbehörden erlaubten Korrespondenz zwischen Bischöfen und Papst, die Wiederherstellung der Verbindung österreichischer Ordensoberer mit ihren römischen Vorgesetzten sowie die Wiederzulassung des theologischen Studiums im Collegium Germanicum. Vgl. den in Anm. 41 zitierten Vortrag Metternichs; *Srbik* a. a. O. 44 f.

[44] Vgl. oben S. 398.

[45] Über Rauscher s. außer der Biographie von *Wolfsgruber: M. Hussarek:* AÖG 109 (1922), 112 (1933); *E. Weinzierl-Fischer:* Große Österreicher XI (1957).

und dem seit 1845 in Wien tätigen Nuntius Viale-Prelà. Die Bemühungen Metternichs und seiner Mitarbeiter haben das Konkordat von 1855 vorbereitet, aber vor 1848 blieb ihnen durchschlagender Erfolg versagt, sie versandeten einstweilen in Kommissionen.

Es wurden jedoch Teilergebnisse erzielt, so in der Mischehenfrage, die auch in Österreich ein ernstes, unter dem Eindruck der Kölner Wirren noch aktueller gewordenes Problem darstellte. Seit langem forderte die Kurie als wichtigste Voraussetzung für die Normalisierung der Beziehungen die Beseitigung der josephinischen Ehegesetze, die sich über das tridentinische Eherecht hinweggesetzt hatten. Gegen Kolowrat setzte Metternich die Einleitung der seit 1839 von Rom vorgeschlagenen zweiseitigen Verhandlungen durch. Auch das 1841 erzielte Ergebnis der Verhandlungen [46] entsprach den Vorstellungen des Staatskanzlers, der an religiöser Toleranz und Gewissensfreiheit, soweit sie mit seiner Staatskonzeption vereinbar waren, festhielt. Für Ungarn wurde die Gültigkeit der vor dem nichtkatholischen Pfarrer geschlossenen Mischehe ausdrücklich anerkannt. Für die übrigen Teile der Monarchie wurde die Gültigkeit der Mischehen ohne Verpflichtung zu katholischer Kindererziehung von der passiven Assistenz des katholischen Pfarrers abhängig gemacht, die aber vom Klerus nicht verweigert werden durfte.

In der Schweiz beendete die Julirevolution die Vorherrschaft der konservativen Staatsidee, die „Regeneration" setzte in zwölf Kantonen liberaldemokratische Verfassungen durch. Im Gefolge der Umgestaltung meldeten auch zahlreiche Katholiken Reformwünsche josephinisch-wessenbergischer Prägung an, die bei den Liberalen Unterstützung fanden. Die sieben Kantone, die sich 1832 mit dem Ziel einer liberalen Umgestaltung der Bundesverfassung zusammengetan hatten, formulierten 1834 auf den Badener Konferenzen auch ein gemeinsames kirchenpolitisches Programm. Darin forderten sie die staatliche Kirchenhoheit in dem in Südwestdeutschland durchgesetzten Umfang [47] (u. a. Plazet für alle kirchlichen Erlasse, staatliche Aufsicht über Synoden, Stellenbesetzung, Gerichts- und Unterrichtswesen der Kirche, Eid der Geistlichen) sowie nationalkirchlich begründete Vereinheitlichung und Verselbständigung des Kirchenwesens (Schaffung einer Schweizer Kirchenprovinz mit Basel als Erzbistum, Erweiterung der bischöflichen Rechte gegenüber Papst und Nuntiatur). Die Klöster sollten ihre Exemtion verlieren und für soziale Zwecke besteuert werden.

Die Badener Artikel haben die Gegensätze unter den Katholiken wie zwischen Katholiken und Liberalen nachhaltig verschärft. Vom Episkopat

[46] Breve Gregors XVI. 30. 4. 1841; Instruktionen des Kardinalstaatssekretärs 30. 4., 22. 5. 1841. Texte: *Bernasconi* III 122 ff 125 f 132 ff. Vgl. auch *O. Weinberger:* Zschr. für öffentl. Recht 5 (1925).

[47] Vgl. oben S. 403 f und Kap. 7, S. 168 ff.

und vom Papst wurden sie verurteilt[48], von der großen Mehrheit der katholischen Bevölkerung in freier Abstimmung verworfen. Die radikal-liberalen Kräfte steigerten daraufhin ihre Katholikenfeindschaft, der ursprünglich politische Gegensatz zwischen liberalen und konservativen Ständen verlagerte sich auf das religiös-weltanschauliche Gebiet. Liberale Katholiken, die in den Kantonen Aargau, St. Gallen und Solothurn großen politischen Einfluß erlangt hatten, versuchten ihr Programm der Mehrheit aufzudrängen. Am weitesten ging der Kanton Aargau, der 1841 in verfassungswidriger Weise alle Klöster aufhob[49]. Die allgemeine Erbitterung der Katholiken, die durch die Wiederherstellung einiger Frauenklöster nicht zu beruhigen war, führte im benachbarten Luzern zum Sturz der Liberalen. Die neue katholische Regierung berief die Jesuiten zurück und erregte dadurch nicht nur bei den Radikalen, sondern beim ganzen Schweizer Protestantismus heftigste Reaktionen[50]. Auf beiden Seiten bestimmten zunehmend kämpferische Kräfte das Feld. Nachdem 1844 die Radikalen Freischarenzüge zum Sturz der Luzerner Regierung organisierten und eine weitgehende Revision der Bundesverfassung in zentralistisch-liberalem Sinne propagiert wurde, schlossen sich die katholischen Kantone[51], die in der ungeschmälerten Erhaltung ihrer Souveränität die unabdingbare Voraussetzung der Kirchenfreiheit erblickten, zu einem Verteidigungsbündnis zusammen. Den Aufforderungen des obersten Bundesorgans, der Tagsatzung, zur Auflösung dieses „Sonderbundes“ (1846/47) kamen sie nicht nach. Die Tagsatzung beschloß daraufhin die Anwendung militärischer Gewalt. Im kurzen Sonderbundskrieg, dem letzten Religionskrieg in Mitteleuropa, unterlagen die katholischen Kantone[52]. Die liberale Mehrheit der Tagsatzung, deren Sieg in ganz Europa von der liberalen Bewegung stürmisch gefeiert wurde und stimulierend auf die Gesamtentwicklung des Jahres 1848 gewirkt hat, konnte nunmehr ihre Pläne durchführen. In verschiedenen Kantonen wurden Klöster aufgehoben, mehrere der unterlegenen Kantone erhielten liberale und staatskirchliche Regierungen, die 1848 beschlossene Bundesverfassung enthielt das diskriminierende Verbot der Jesuiten. Die Schweizer

[48] Enzyklika Gregors XVI. vom 17. 5. 1835. Text: Bernasconi II 32—36.

[49] Darunter die berühmten Abteien Muri (OSB) und Wettingen (OCist), deren Konvente in Österreich (Bozen/Gries und Bregenz/Mehrerau) neue Heimstätten fanden.

[50] Die alten antikatholischen Ressentiments der reformierten Schweiz hatten nach dem Wiedererstarken des Katholizismus und besonders nach den aufsehenerregenden Konversionen des Berner Staatsrechtlers von Haller (vgl. Kap. 13, S. 265 271) und des Schaffhausener Antistes Friedrich Hurter (1787 1863) noch zugenommen.

[51] Freiburg, Luzern, Schwyz, Unterwalden, Uri, Wallis, Zug.

[52] Vergeblich hatte Metternich sich um eine Intervention der europäischen Mächte zugunsten der katholischen Kantone und damit zugunsten des Systems von 1815 bemüht. Vgl. *E. Streiff*, Die Einflußnahme der europäischen Mächte auf die Entwicklungskämpfe in der Schweiz 1839—45 (Zürich 1931), außerdem *Näf* a. a. O. passim und *Srbik* a. a. O. 160—174.

Katholiken wurden in ein Ghetto abgedrängt, auf das sie sich fortan geistig und gesellschaftlich eingestellt haben. Die Bindung nach Rom wurde intensiviert, im Inneren größtmögliche Geschlossenheit erstrebt, in zahlreichen Vereinen wurden alle Lebensbereiche konfessionalisiert. Den Auseinandersetzungen mit neuen Ideen ging man aus dem Wege, die Teilnahme am staatlichen Leben beschränkte sich auf das unbedingt Notwendige. Die katholischen Prinzipien und Interessen wurden mit denen der konservativ-ultramontanen Richtung gleichgesetzt.

21. Kapitel

Großbritannien und Irland 1830—1848

BIBLIOGRAPHIE: The Letters of the Most Rev. John MacHale (Dublin 1847); *W. J. Fitzpatrick,* The Life Times and Correspondence of Right Rev. Dr. Doyle, 2 Bde (Dublin 1880); *B. O'Reilly,* John MacHale, Archbishop of Tuam, 2 Bde (New York 1890); *J. Healy,* Maynooth College 1795—1895 (Dublin 1895); *W. Ward,* The Life and Times of Cardinal Wiseman, 2 Bde (London 1897); *B. Ward,* The Sequel to Catholic Emancipation 1830—1850, 2 Bde (London 1915); *J. E. Handley,* The Irish in Scotland 1798—1845 (Cork 1943); *J. D. Fitzpatrick,* Edmund Ignatius Rice (Dublin 1945); *D. Gwynn,* O'Connell, Davis and the Colleges Bill (Cork 1948); *M. Tierney* (ed.), Daniel O'Connell (Dublin 1949); *J. F. Broderick,* The Holy See and the Irish Movement for the Repeal of the Union with England (Rom 1951); *R. B. MacDowell* (ed.), Social Life in Ireland 1800—1845 (Dublin 1957); *T. J. Walsh,* Nano Nagle and the Presentation Sisters (Dublin 1959); *R. Chapman,* Father Faber (London 1961); *J. A. Jackson,* The Irish in Britain (London 1963); *B. Fothergill, Nicholas Wiseman* (London 1963); *K. B. Nowlan,* The Politics of Repeal (London 1965); *O. Chadwick,* The Victorian Church I (London 1966); *J. Hickey,* Urban Catholicism in England and Wales from 1829 to the Present Day (London 1967); *D. H. Akenson,* The Irish Education Experiment (London 1970).

Folgende Abschnitte von *P. J. Corish* (ed.), A History of Irish Catholicism wurden veröffentlicht: *D. Gwynn - J. E. Handley,* Great Britain (Dublin 1968); *T. P. Cunningham,* Church Reorganization; *T. P. Kennedy,* Church Building; *J. Corkery,* Ecclesiastical Learning (Dublin 1970); *I. Murphy - S. V. Ó. Súilleabháin - F. McGrath,* Catholic Education (Dublin 1970).

Aus dem umfangreichen Schrifttum zur Oxford-Bewegung und vor allem über John Henry Newman seien folgende Werke angeführt:

QUELLEN: Newman's Works (Einheitsausgabe, London 1868/81); *A. Mozley* (ed.), Letters and Correspondence of John Henry Newman during his Life in the English Church, 2 Bde (London 1891); Correspondence of John Henry Newman with John Keble and Others 1839—45 (Birmingham 1917); *H. Tristram* (ed.), John Henry Newman, Autobiographical Writings (London 1956); *C. S. Dessain - V. Blehl,* The Letters and Diaries of John Henry Newman, Bde XI—XX (1845—63), (London 1961/70; wird fortgesetzt).

LITERATUR: *H. Tristram - J. Bacchus,* Newman: DThC XI 327—398; *R. W. Church,* The Oxford Movement (London 1891); *P. Thureau-Dangin,* La renaissance catholique en Angleterre au XIXe siècle, 3 Bde (Paris 1899/1906); *W. Ward,* The Life of John Henry Newman, 2 Bde (London 1912); *M. Laros,* Newman (Mainz 1921); *H. Tristram,* Newman and his Friends (London 1933); *J. Guitton,* La philosophie de Newman (Paris 1933); *M. Nédoncelle,* La philosophie religieuse de J. H. Newman (Straßburg 1946); *G.*

Söhngen, Newman, sein Gottesgedanke und seine Denkergestalt (Bonn 1946); *H. Fries*, Die Religionsphilosophie Newmans (Stuttgart 1948); *H. Fries - W. Becker* (Hrsg.), Newman-Studien (Nürnberg 1948 ff); *F. McGrath*, Newman's University: Idea and Reality (London 1951); *J. Seynaeve*, Cardinal Newman's Doctrine on Holy Scripture (Löwen 1953); *J. H. Walgrave*, Newman, le développement du dogme (Paris - Tournai 1957); *H. Fries*, Newmans Beitrag zum Verständnis der Tradition: M. Schmaus (Hrsg.), Die mündliche Überlieferung (München 1957) 281—308; *G. Biemer*, Überlieferung und Offenbarung: Die Lehre von der Tradition nach J. H. Newman (Freiburg 1960); *J. Artz*, Der Ansatz der Newmanschen Glaubensbegründung: Newman-Studien IV (1960) 249—268; *A. T. Bochraad - H. Tristram*, The Argument from Conscience to the Existence of God according to John Henry Newman (Löwen 1961); *F. McGrath*, The Consecration of Learning (Dublin 1962); *J. Altholz*, The Liberal Catholic Movement in England (London 1962); *H. A. MacDougall*, The Acton-Newman Relations (New York 1962); *M. Trevor*, Newman, 2 Bde (London 1962); *C. S. Dessain*, John Henry Newman (London 1966).

Der englische Katholizismus hatte die Strafgesetze als eine kleine, von einer Laienaristokratie beherrschte Gemeinschaft überstanden; aber bereits vor der Emanzipationsakte von 1829 waren Kräfte wirksam, die seinen Charakter verändern sollten. Unter dem Einfluß der Romantik hatte es eine Reihe berühmter Konvertiten gegeben, unter ihnen Kenelm Digby (1823), Ambrose Philipps de Lisle (1825), George Spencer (1829) und den Architekten der Neu-Gotik, Augustus Welby Pugin (1834). Diese Konvertiten fügten sich denkbar schlecht in den traditionellen Katholizismus ein, der den religiösen Enthusiasmus nach wie vor beargwöhnte und nur zögernd aus seiner langen Tradition einer Isolierung vom öffentlichen Leben heraustrat.

Obwohl diese Konvertiten, die von der Romantik her zur katholischen Kirche fanden, Hoffnungen auf Massenkonversionen erweckten, war ihr Einfluß viel geringer als jener der Oxford-Bewegung. Diese entstand aus einer Unzufriedenheit innerhalb der Kirche von England, die sich mehr dem zeitgenössischen Rom als der Kirche des Mittelalters zuwandte. Über die Reformbedürftigkeit der Kirche war man sich weitgehend einig. Nicht so klar war jedoch, wo man die geistliche Kraft für eine Reform finden sollte, zumal die Kirche in mancher Hinsicht vom Parlament kontrolliert wurde, das seit 1829 Männern aller christlichen Bekenntnisse offenstand. Die Krise kam 1833, als das Parlament eine Anzahl protestantischer Bistümer in Irland auflöste. Nun war zwar kaum zu leugnen, daß diese Bistümer für die Bedürfnisse des irischen Protestantismus überflüssig waren, aber diese Maßnahme warf die Frage der Parlamentskontrolle im ganzen auf, und man diskutierte nun sogar die Möglichkeit einer Entstaatlichung. In Oxford kam eine Anzahl prominenter Persönlichkeiten zu dem Schluß, daß der Gefahr einer Unterordnung der Kirche unter die Staatsgewalt nach der Theorie des Erastus nur dann wirksam zu begegnen sei, wenn die Kirche sich selbst reformiere.

Die Leiter dieser Gruppe waren Kleriker der Staatskirche. Einige von ihnen, wie Keble und Pusey, blieben ihr treu, andere jedoch, vor allem die Vertreter der jüngeren Generation, wie Ward und Faber, konvertierten zum

Katholizismus. Der berühmteste dieser Konvertiten war John Henry Newman (1801—90). Obschon in keiner Weise ein offizieller Führer der Bewegung, wurde er doch durch seine charakterlichen und intellektuellen Fähigkeiten zu deren geistigem Zentrum.

Newmans alles einbegreifender Sinn für Religion und Verantwortung für die Menschen wie auch seine lebenslange Bindung an Schrift und Kirchenväter können bis auf eine im spirituellen Bereich zentrierte Jugendkrise des Jahres 1826 zurückverfolgt werden. 1817 trat er in das Trinity College in Oxford ein und wurde 1822 zum Fellow von Oriel gewählt, obwohl er nur einen nicht den Erwartungen entsprechenden Gradus erlangt hatte. 1825 wurde er geweiht und 1828 zum Vikar der Universitätskirche St. Mary ernannt. In diesen Jahren begann er, seine Ideen von der Kirche zu entwickeln: die Kirche als Bindeglied des Menschen zu Christus, auf der Basis ihrer auf der Tradition beruhenden Lehre, ihrer Sakramente und der apostolischen Sukzession ihrer Hierarchie. Als es 1833 zur Krise kam, hatte er in religiösen Kreisen Oxfords schon beachtlichen Einfluß gewonnen.

Der Protest begann am 14. Juli mit Kebles Predigt über „Die nationale Apostasie". Er wurde in den als „Tracts for the Times" bekannt gewordenen Schriften fortgeführt, in deren Folge die anglokatholische Gruppe unvermittelt eine Machtposition in der Nationalkirche gewann [1]. Die Gruppe traf auf Widerstand, obwohl Newman sich in den von ihm selbst verfaßten Traktaten auf ein Verständnis der anglikanischen Kirche als der *via media* zwischen den Irrtümern des Protestantismus einerseits und denen Roms anderseits — die via media berief sich gegen beide auf die Antike, die Schrift und die Väter — festlegte sowie auch gegen das stellte, was in seinen Augen eine ständige Bedrohung für den Anglikanismus darstellte, nämlich gegen jenen „Liberalismus", der die Offenbarungswahrheit dem menschlichen Urteil unterwerfen will [2].

Nach und nach wurde er zu dem Eingeständnis gezwungen, daß das Alter in sich nicht als Quelle der kirchlichen Autorität der Gegenwart gelten könne. Katholizität, nicht Alter allein war der Prüfungsmaßstab; Katholizität aber, so behauptete er, war nun im anglikanischen, römischen und östlichen Zweig der Kirche nur noch unvollkommen zu finden, und Rom habe trotz seines hohen Ansehens seine Katholizität durch Hinzufügungen zum Symbolum der frühen Kirche deformiert. Der Traktat 90 erschien am 27. Februar 1841. Er stellt die These auf, daß die anglikanischen 39 Artikel nicht unvereinbar seien mit dem Wesen des Katholizismus. Er rief einen „jähen Sturm der Entrüstung" hervor [3] und wurde von der Universität und 24 Bischöfen verurteilt. Newman zog sich daraufhin nach Littlemore bei Oxford zurück.

[1] Apologia 76.

[2] Siehe Traktate 38 40 71; The Prophetical Office of the Church (1837); Lectures on the Doctrine of Justification (1838).

[3] Apologia 88.

Später berichtete er, daß er damals, obschon er sich dessen erst allmählich bewußt wurde, im Hinblick auf seine Zugehörigkeit zur anglikanischen Kirche „auf seinem Totenbett" lag[4]. Roms Hinzufügungen zum ursprünglichen Symbolum stellten für ihn jedoch nach wie vor eine wirkliche Schwierigkeit dar. Es gibt nur einen Glauben, argumentierte der Anglikaner in ihm, und Rom hat ihn nicht bewahrt; seine Lektüre der Väter jedoch schien ihn immer wieder gegen die römische Antwort „es gibt nur eine Kirche, und die Anglikaner sind nicht in ihr" aufzubringen[5]. Um 1843 war er aber „weit sicherer, daß England im Schisma ist, als darüber, daß die römischen Hinzufügungen zum Glaubensbekenntnis nicht Entwicklungen seien, die einer kühnen und lebendigen Artikulierung des depositum fidei entsprangen"[6]. Nach seiner am 25. September gehaltenen Predigt über „The Parting of Friends" zog er sich in aller Stille in die Laiengemeinschaft zurück, um sich einer Arbeit zu widmen, die schließlich als „Essay on the Development of Christian Doctrine" Gestalt annahm. Noch vor ihrer Veröffentlichung war er durch den italienischen Passionisten Dominikus Barberi am 9. Oktober 1845 in die katholische Kirche aufgenommen worden.

Unter Newmans Einfluß hatten einige seiner Freunde bereits den gleichen Schritt getan, und weitere sollten ihm folgen; aber die Hoffnungen auf eine Massenkonversion erfüllten sich nicht, obschon viele, und vor allem Nicholas Wiseman, der 1840 zum Koadjutor des Bischofs Walsh im Midland District ernannt worden war, sie hegten. Wiseman, in Spanien als Sohn eines irischen Vaters und einer spanischen Mutter geboren, hatte seine Ausbildung in Ushaw und dem English College in Rom, dessen Rektor er 1828 wurde, erhalten. Seine Londoner Vorlesungen, die er bei einem Englandaufenthalt im Jahr 1835 hielt, hatten nicht nur wegen ihrer Gelehrsamkeit starkes Aufsehen erregt, sondern auch, weil er in ihnen etwas darstellte, das jenseits der überkommenen und insularen Tradition des katholischen England lag. 1836 gründete er mit der Unterstützung und Ermutigung Daniel O'Connells die „Dublin Review" als Organ für die katholische Wissenschaft[7]. Als er 1840 für immer nach England zurückkehrte, war es nur natürlich, daß er in die Oxford-Bewegung große Hoffnungen setzte. Aber zu diesem Zeitpunkt lagen die vordringlichen Probleme der Bischöfe in England in der steigenden Zahl katholischer Einwanderer aus Irland.

Die Iren waren schon im 18. Jh. in geringer Zahl nach England und vor allem nach London gekommen. Die Einwanderungsquote erhöhte sich mit der Entwicklung der britischen Industrialisierung vor allem nach der Unionsakte von 1800. Um 1840 gab es 450000 Katholiken in England und Wales. Die Hälfte von ihnen war in Irland geboren, und etwa 80 Prozent waren Iren durch Geburt oder Abstammung. In Schottland lebten etwa 150000

[4] Ebd. 147. [5] Ebd. 106. [6] Ebd. 208—209.
[7] Der Titel war eine Anerkennung für O'Connells großzügige finanzielle Unterstützung. Tatsächlich jedoch war die Zeitschrift immer ein englisches Organ.

Katholiken, auch hiervon waren 80 Prozent irischer Abkunft. Viele irische Katholiken dienten in Heer und Flotte, die große Mehrheit jedoch war in der industriellen Schwerarbeit, im Eisenbahnbau, in den Häfen und Bergwerken, in Eisenhütten und Textilfabriken beschäftigt. Die meisten von ihnen waren sehr arm und lebten unter beengten und abschreckenden Bedingungen in London und den Industriegebieten der Midlands, Lancashires, Süd-Wales und Schottlands zusammengedrängt. Sie fügten sich nur schlecht in das englische Leben ein, das sich nun — da die Reformakte von 1832 das öffentliche Leben einer sich wandelnden Gesellschaft zu beeinflussen begann — in eine bürgerliche Demokratie verwandelte. Das irische Proletariat wurde mit Mißtrauen und Furcht als Keimzelle politischer und radikaler Unruhe betrachtet. Die Organisation des katholischen England war für die Seelsorge, deren es so dringend bedurfte, nur schlecht gerüstet, aber es waren gerade die Bedürfnisse dieses irisch-katholischen Proletariats, die — weit mehr als die Konversion von Engländern, so bedeutend diese auch sein mochten — die traditionelle Form brachen. Obwohl sich wohlhabende englische Katholiken sehr großzügig zeigten, mußten die Kirchen und Schulen der industriellen Ballungszentren doch größtenteils aus den Spenden der Armen aufgebaut werden [8]. Für die Schulen konnte man eine gewisse staatliche Unterstützung beanspruchen, da man in England die Erziehung nach wie vor primär als Aufgabe der Kirchen betrachtete, und so gründete man Organisationen, die diese Hilfsmittel entsprechend einsetzen sollten. Der rasche zahlenmäßige Anstieg der Katholiken und die daraus entstehenden Seelsorgsprobleme führten 1840 zu einer Vermehrung der Apostolischen Vikarssitze von 4 auf 8. Die Errichtung einer Diözesanhierarchie war jedoch wegen des Mißtrauens der englischen Katholiken gegen eine solche Einrichtung erst 1850 möglich.

In Irland hatte die Auswanderung nach England nur wenig dazu beigetragen, die Suche der Bevölkerung nach Arbeitsstellen zu erleichtern. Irlands Bevölkerung hatte sich von etwa 5 Millionen im Jahr 1780 auf über 8 Millionen im Jahr 1840 vermehrt. Industrie gab es jedoch nur im protestantischen Ulster. In allen anderen Gebieten waren die Städte und Ballungszentren im Verfall begriffen, da die englischen Fabrikerzeugnisse die lokale Industrie verdrängten. Zwei Drittel der Bevölkerung war unmittelbar von der Landwirtschaft abhängig und bildete — vor allem im Westen — ein großes Landproletariat, das sehr unsicheren Lebensbedingungen unterworfen war.

Die katholische Emanzipationsakte von 1829 war für die Probleme der Armen von nur geringer Bedeutung gewesen. Die politische Macht war eng

[8] Für eine genaue Beschreibung der Probleme in einem Schlüsselgebiet Londons siehe *B. Bogan*, The Great Link: A History of St. George's Cathedral, Southwark, 1786—1958 (London [2]1958).

mit dem Besitztum verbunden, das noch größtenteils in protestantischen Händen war. Die protestantische Staatskirche forderte immer noch von jedem den Zehnten, obwohl ihre Anhänger überall nur eine Minderheit und in einigen Gebieten sogar eine sehr schwache Minderheit bildeten. So konnte Daniel O'Connell, als er sich entschloß, die von ihm zur Erlangung der katholischen Emanzipation aufgebaute politische Bewegung nun zur Durchsetzung der Widerrufung der Unionsakte einzusetzen, überzeugend argumentieren, der Klerus solle seine neue Bewegung unterstützen, wie er die vorhergegangene unterstützt hatte, da die Widerrufung insofern auch ein religiöses Problem sei, als man den Katholiken als Gegenleistung für die Union ihre volle Emanzipation zwar versprochen, aber nicht gewährt hatte.

Die Emanzipation war 1829 gewährt worden, da die politische Öffentlichkeit im Vereinigten Königreich allgemein von deren Vernünftigkeit und Notwendigkeit überzeugt war. In der Widerrufungsangelegenheit bestand keine derartige Überzeugung, aber O'Connell gelang es, in Irland eine mächtige Bewegung aufzubauen, die, trotz einigen Zögerns von seiten der Bischöfe, die Unterstützung der meisten Kleriker fand. Sie wurde vor allem unterstützt durch den einflußreichen Bischof von Kildare und Leighlin, James Doyle. Als dieser 1834 im Alter von 48 Jahren starb, nahm John MacHale seinen Platz ein, der in diesem Jahr trotz der Opposition der Regierung zum Erzbischof von Tuam ernannt worden war.

Die Regierung versuchte, die irische Unzufriedenheit durch Sozialgesetze, wie die „Tithe Composition Act" (Zehntregelungsakte) und das neue Armengesetz, beide vom Jahr 1838, einzudämmen. Keines dieser Gesetze war jedoch radikal genug, um wirksam zu sein. Sie versuchte außerdem, vor allem durch Druck auf Rom, den irischen Klerus in Schranken zu halten. Hierin war ihre Lage jedoch schwierig, da eine formale diplomatische Beziehung unannehmbar war und der den Katholiken in der Emanzipationsakte von 1829 aufgezwungene Untertaneneid diese gezwungen hatte, zu beschwören, daß der Papst im Vereinigten Königreich keine politische Machtbefugnis habe. Aber die Kurie Gregors XVI. fürchtete die Gefahren einer Revolution und war überdies schlecht informiert über die Zustände in Irland, und so wurde 1839 besonders MacHale scharf zurechtgewiesen.

Als 1841 die Tories mit Peel als Prime-Minister an die Macht kamen, waren sie entschlossen, die Widerrufungsbewegung zu unterdrücken; zu diesem Zeitpunkt aber war Erzbischof Murray von Dublin (1768—1852) fast nur noch der einzige Bischof, der sich gegen diese Bewegung stellte. Weitere Gesetze wurden erlassen: 1844 die „Charitable Bequests Act", 1845 die „Queen's Colleges Act" für das Hochschulwesen und ebenfalls 1845 die „Maynooth Act" zur Erhöhung der staatlichen Dotation dieses Kollegs. Auf Rom wurde weiterer Druck ausgeübt, der schließlich zu einer Anweisung vom 15. Oktober 1844[9] führte, in der die Priester aufgefordert wurden, sich

[9] Kardinal Fransoni an Erzbischof Crolly von Armagh, 15. 10. 1844, abgedruckt bei

der Politik fernzuhalten. Der Wortlaut dieser Aufforderung jedoch war vorsichtig und unbestimmt und enthielt sich hinsichtlich der Widerrufungsbewegung als solcher und hinsichtlich des Rechtes der katholischen Laien, sie zu unterstützen, jeglichen Urteils.

Aber weder Roms Warnungen noch die Abhilfe schaffenden Gesetze konnten die Unterstützung der Kleriker für die Widerrufungsbewegung brechen. 1846 jedoch formierte sich die Bewegung „Junges Irland“ als Herausforderung an O'Connells unqualifizierte Zurückweisung physischer Gewalt. O'Connells Gesundheit war bereits gebrochen, und sein Tod im Jahr 1847, zusammen mit der großen Hungersnot dieses Jahres, setzten dem unmittelbaren Problem der Widerrufung ein Ende.

Trotz ihrer Armut bauten die irischen Katholiken Kirchen, Hospitäler und Schulen. Die bescheidenen Bußtags-Kapellen wurden weithin ersetzt. Für die Schulen und Hospitäler waren die neuen Ordensgemeinschaften eine große Hilfe: die Presentation Sisters (1782), die Irish Christian Brothers (1802) und die Sisters of Charity (1815), die Loreto Sisters (1821) und die Sisters of Mercy (1831). Die Sisters of Charity eröffneten 1834 mit dem St.-Vincent-Hospital das erste katholische Hospital in Dublin.

Die Geldmittel, vor allem auf dem Gebiet des Schulwesens, waren stets unzureichend. Die Ergebnisse der ersten Volkszählung im Jahr 1841 wiesen eine Analphabetenquote von 53 Prozent auf, und wie diese Zahl auch immer interpretiert werden mag, so kann sie doch nicht weit von der Wirklichkeit entfernt sein. 1831 hatte die „Stanley Act“ ein Regierungssystem für den Elementarunterricht geschaffen, indem sie eine nationale Behörde zur Verwaltung der Simultanschule einsetzte und Garantien für den Glauben der Schüler bot. Die irischen Katholiken hatten schon reichliche Erfahrungen gemacht mit der staatlichen Unterstützung von Erziehungsgesellschaften, die die Kinder für den Protestantismus gewinnen sollten, aber das 1831 vorgelegte System schien genügend Sicherheiten zu bieten und wurde weithin akzeptiert, obschon es in seiner Billigung einer staatlichen Unterrichtskontrolle den Entwicklungen im zeitgenössischen England weit voraus war. Ein römisches Reskript von 1841 überließ jedem Bischof die Regelung der Schulbestimmungen für seine eigene Diözese. Nur der Erzbischof von Tuam, MacHale, weigerte sich, diese behördlich verwalteten Schulen anzuerkennen. Nicht so einig waren sich die Bischöfe jedoch über die „Queen's Colleges Act“ von 1845 über den nicht konfessionsgebundenen Hochschulunterricht. Dieses Problem wurde erst 1850 auf der Synode von Thurles gelöst.

Broderick, The Holy See and the Irish Movement for the Repeal of the Union with England 232f.

DRITTER ABSCHNITT

Die Fortführung der katholischen Erneuerung in Europa

Univ.-Professor Dr. Roger Aubert, Louvain

22. *Kapitel*

Die Fortschritte des Ultramontanismus und das Wachstum der internationalen Orden

LITERATUR: Über die Weiterentwicklung des Ultramontanismus finden sich zahlreiche Einzelangaben in dem tendenziösen Werk von *J. Friedrich*, Geschichte des Vaticanischen Conzils I: Vorgeschichte (Bonn 1877) 96—142 200—226. Zusammenfassende Darstellungen von *R. Aubert* - *Y. Congar:* L'Ecclésiologie au XIXe siècle (Paris 1960) 11—35 97—104.

Zu Frankreich siehe ferner die zu S. 349—350 zitierten Werke von *J. Martin* und *P. Poupard* hinsichtlich der Tätigkeit der Nuntien sowie die Biographien über Guéranger, Montalembert, Gousset und Parisis.

Zu Deutschland: *H. Becher,* Der deutsche Primas (Colmar 1943) 175—223; *F. Vigener:* HZ 111 (1913) 565—581; die Biographien (genannt in der Allg. Bibliogr.) über Geissel und Döllinger.

Zu Österreich: *E. Winter,* Der Josephinismus (Wien 1962) 222—298 und *F. Maaß,* Lockerung und Aufhebung des Josephinismus 1820—50 (Wien 1961).

Zum Wachstum der Gesellschaft Jesu unter dem Generalat von P. Roothaan vgl. dessen Biographie von *P. Albers* (2 Bde, Nijmegen 1912), zu ergänzen durch die von *P. Pirri* (Isola del Liri 1930) und die von *R. G. North* (Milwaukee 1944) sowie durch Io. Ph. Roothaan. Testimonia aequalium (Rom 1935), durch die Edition seiner Korrespondenz (5 Bde, Rom 1935/40) und seiner Opera spiritualia (2 Bde, Rom 1936). Ferner *J. A. Otto,* Gründung der neuen Jesuitenmission durch General P. J. Ph. Roothaan (Freiburg i. Br. 1939) und *J. de Guibert*, La spiritualité de la Compagnie de Jésus (Rom 1953) 461—468. — Hinsichtlich der Wechselfälle auf nationaler Ebene vgl. vor allem die Werke (Allg. Bibliogr.) von *J. Burnichon* für Frankreich, von *L. Frias* für Spanien, von *P. Galetti* und *Volpe* für Italien und von *F. Strobel* für die Schweiz.

Zur Wiederherstellung der Dominikaner in Frankreich vgl. neben den Biographien über Lacordaire (s. S. 425 Anm. 16) jene über P. Jandel (von *H. Cormier,* Paris [3]1890) und P. Besson (von *E. Cartier,* Paris 1865), eine Dokumentensammlung von *R. Devas,* Ex umbris. Letters and Papers hitherto unpublished of the Fathers Lacordaire, Jandel, Danzas (Hawkesyard 1920; dazu Année dominicaine 1921, 118—120) und *A. Duval:* AFP 36 (1966) 493—542.

Zur Wiederherstellung der Benediktiner in Frankreich vgl. die S. 425 Anm. 17 angeführten Werke über Guéranger wie auch die Biographien über Dom Pitra (von *F. Cabrol,* Paris 1891 und von *A. Battandier,* Paris 1896), über Dom Couturier (von *A. Houtin,* Angers 1899) und über Dom Gauthey (von *R. B. Laure,* Grenoble 1944).

Fortschritte des Ultramontanismus

Die fünfzehn Jahre des Pontifikats Gregors XVI.[1] bezeichnen einen entscheidenden Schritt zum Sieg des Ultramontanismus. Begünstigt durch den Verlust des kirchlichen Einflusses auf die zivile Gesellschaft, der die Kirche nun zu einer Rückbesinnung auf sich selbst zwang, entwickelte sich die Bewegung unter dem Einfluß innerer Kräfte, die bereits unter der Restauration in allen Ländern, vor allem jedoch in Frankreich und Deutschland, spürbar geworden waren. Sogar in Rom fand die Bewegung von da an eine immer offenkundigere Ermutigung.

Sicherlich blieb der Widerstand gegen die Einmischung der römischen Kurie in das Leben der Nationalkirchen noch weit über die Jahrhundertmitte bestehen, aber er wurde in zunehmendem Maße durch entgegengesetzte Tendenzen ausgeglichen. So machten in England Männer von Rang, wie der Historiker J. Lingard, der Archäologe M. A. Tierney, der eine Neuausgabe der „Church History" von Dodd besorgte, der Liturgiewissenschaftler D. Rock, der die alte nationale Liturgie von Sarum wieder in Erinnerung rief[2], und der Seminarvorstand von St. Edmund's, E. Cox, aus ihrer Ablehnung gegen die Einführung neuer, aus Italien kommender kirchlicher Bräuche wie auch gegen die Lehre von der persönlichen Unfehlbarkeit des Papstes kein Hehl. Wiseman dagegen entwickelte mit Unterstützung der ersten Generation liberaler Katholiken und italienischer Missionare die Kontakte mit Rom und begünstigte die „neuen" Frömmigkeitsübungen kontinentalen Ursprungs, was allmählich eine Veränderung der Lage herbeiführte. In Piemont, wo in den theologischen Fakultäten und im Seminarunterricht noch immer josephinistische Tendenzen sehr lebendig waren, begann ein Teil des jungen Klerus und der militanten Katholiken diese als eine Äußerung des verachteten österreichischen Einflusses anzuprangern und die Orientierung auf Rom hin als Bejahung der Zugehörigkeit zur italienischen Nation darzustellen.

In Frankreich hatte der eigentliche Gallikanismus nach 1830 kaum noch Vertreter. Die Beziehungen zwischen den Bischöfen und dem Heiligen Stuhl blieben jedoch spärlich, und jener Teil des Klerus, der nicht für die Bewegung Lamennais' gewonnen war, bemühte sich auch weiterhin, den

[1] Im Unterschied zu Pius VII., der in einem leicht jansenistisch orientierten Milieu herangebildet wurde, schloß sich Mauro Cappellari der strengsten ultramontanen Strömung an. Sein 1799 verfaßtes Werk „Trionfo della Santa Sede" formulierte den strengsten papalistischen Standpunkt, der die gesamte Kirche dem Papst zuordnet, ohne den Kollegialaspekt zu berücksichtigen (vgl. *Y. Congar:* L'ecclésiologie au XIXe s. 92f 96ff). Das Werk, das nach der Wahl seines Verfassers zum Papst wieder aufgelegt und 1833 ins Französische und Deutsche übersetzt wurde, trug zur Verbreitung der ultramontanen Thesen im Klerus bei.

[2] The Church of our Fathers, 3 Bde (1849/53).

Platz des Bischofs in der Kirchenstruktur und vor allem eine lebhafte Anhänglichkeit an die besonderen kirchlichen Bräuche, insbesondere auf liturgischem und kanonischem Gebiet, zu bewahren. Die ehemaligen Schüler Lamennais' griffen nun diesen Partikularismus auf dem Gebiet der Kirchendisziplin, den sie — im übrigen nicht ohne Übertreibung — als praktischen Gallikanismus anprangerten, an, weil sie eine deutlichere Hervorhebung der verbindenden Elemente mit Rom wünschten. Auf eben diesem Gebiet spielte sich während der Julimonarchie die ultramontane Kampagne, die sich auf verschiedenen Ebenen gleichzeitig entwickelte und sehr schnell an Boden gewann, im wesentlichen ab.

Abbé Combalot[3], ein Diözesanmissionar, der einen mitunter unzeitgemäßen Eifer entwickelte, machte sich zum Vorkämpfer der römischen Ideen beim niederen Klerus. Dagegen war die von einer steigenden Zahl junger Priester unterstützte Kampagne Dom Guérangers zugunsten der römischen Liturgie[4] vor allem gegen die gallikanischen Sympathien gerichtet, wie sie noch einige Mitglieder des hohen Klerus hegten. Die Tatsache, daß viele Diözesen schon vor 1848 die modernen französischen Liturgien ablehnten, erschien wie ein Siegeszug des Ultramontanismus über den kirchlichen Partikularismus. Abbé Rohrbacher[5], der sich seit 1826 mit dem Gedanken getragen hatte, die „Histoire ecclésiastique" von Fleury für den Gebrauch der jungen Klerikergenerationen in ultramontanem Sinn umzuarbeiten, verwirklichte sein Vorhaben — allerdings mit mehr gutem Willen als kritischem Sinn — in den Jahren 1842—49, unterstützt von P. Gaultier[6], einem gelehrten Ordensmann der Congrégation du Saint-Esprit. Die Zelle dieses letzteren war „der römische Salon von Paris", und seine Bibliothek war die für die gallikanische Frage am besten ausgestattete. Bei ihm verweilten anläßlich ihrer Reise nach Paris die beiden eifrigsten Verteidiger der ultramontanen Bewegung im französischen Episkopat, Mgr. Gousset und Mgr. Parisis. In der Wirksamkeit Goussets ragt vor allem sein Be-

[3] Théodore Combalot (1797—1873), bis 1833 einer der eifrigsten Verfechter der Bewegung Lamennais' in Südostfrankreich, gewann als Prediger bei Priesterexerzitien großen Einfluß. Biographie von *Ricard* (Paris 1891).

[4] Über Dom Guéranger und die Gründung von Solesmes s. unten, Anm. 17; über sein Wirken auf liturgischem Gebiet s. S. 471 f 671. Guéranger war weder der einzige noch der erste, der die Rückkehr zur römischen Liturgie forderte, aber erst nach der Veröffentlichung von Bd 2 seiner „Institutions liturgiques" (1842) überschritt die Bewegung den Kreis einiger Eingeweihter. Guéranger bekämpfte hier erbittert „die antiliturgische Häresie". Mehr als 60 Bischöfe protestierten gegen diese Attacke, an der einige „den Ton und die Haltung der Schule Lamennais' und seinen geringen Respekt vor den Bischöfen" beanstandeten.

[5] Über René-François Rohrbacher (1789—1856), den früheren Gefährten Lamennais' und langjährigen Professor am Seminar von Nancy sowie Verfasser einer „Histoire de l'Église" in 28 Bdn, siehe *A. Ricard,* Gerbet, Salinis et Rohrbacher (Paris 1886) 269—365.

[6] Notice sur le R. P. Gaultier (Paris o. J.). Über den Zirkel des P. Gaultier s. auch *F. Cabrol,* Le card. Pitra 205 f.

mühen hervor, die theologischen Prinzipien gemeinverständlich zu machen. Parisis wußte, daß der Heilige Stuhl einen Verzicht der französischen Diözesen auf ihr Gewohnheitsrecht wünschte, und führte daher — zum großen Mißfallen all jener, die das Eingreifen der Kurie in die inneren Angelegenheiten der Kirche von Frankreich verurteilten — den Brauch ein, die römischen Kongregationen in Sachen des Kults oder der Kirchendisziplin regelmäßig zu konsultieren.

Verschiedene Elemente begünstigten diese ultramontane Kampagne. Durch den Sturz der Bourbonen verlor die Treue zur Monarchie, die das Fundament des Gallikanismus bildete, ihren Grund, und der Antiklerikalismus, den die Julimonarchie am Anfang an den Tag legte, veranlaßte erneut dazu, von römischer Seite Unterstützung zu suchen. Die Trägheit gewisser Bischöfe im Kampf für die Unterrichtsfreiheit wirkte sich in gleicher Weise aus, und Montalembert und seine Freunde gewannen mit Hilfe der Zeitung „L'Univers" die breite katholische Öffentlichkeit für diese Überzeugungen. Fortan fand der Ultramontanismus immer wieder begeisterte Unterstützung in der Elite der französischen Laien. Ein weiterer, geradezu entscheidender Faktor lag in der Tatsache, daß der niedere Klerus sich der unumschränkten Machtvollkommenheit der Bischöfe, mit der die Organischen Artikel sie ausgestattet hatten, nur ungern unterwarf und nichts mehr begehrte, als bei den römischen Kongregationen gegen die bischöfliche Willkür Schutz zu suchen. Aber auch die Bischöfe selbst hatten durch ihre Aufforderung an den Papst, gegen Lamennais einzuschreiten, das Vorrecht des Heiligen Stuhls, in die doktrinalen oder disziplinären Fragen, die die Kirche von Frankreich bewegten, einzugreifen, de facto anerkannt. Im übrigen intervenierte die Nuntiatur immer offener. Während Mgr. Garibaldi, ein konzilianter Geist, im Bestreben, die Beziehungen zur Regierung nicht zu verschlechtern, es für besser gehalten hatte, den Gallikanismus langsam aussterben zu lassen, unterstützte sein Nachfolger Fornari, seit 1843 Nuntius, die militanten Ultramontanen entschlossen sogar dann, wenn ihr Verhalten fragwürdig war. Nicht damit zufrieden, sich den Forderungen mehrerer Bischöfe nach Unabhängigkeit im liturgischen und kirchenrechtlichen Bereich entgegenzustellen, unterstützte er mit Vorliebe die heftigen Reaktionen, die diese Forderungen bei einigen Priestern oder Ordensleuten, besonders bei früheren Schülern Lamennais' bewirkten, die von ihrem Meister eine beleidigende Arroganz gegenüber den der Lauheit verdächtigen Bischöfen übernommen hatten.

1844 konnte Montalembert ausrufen: „Ich wette, daß unter den 80 Bischöfen Frankreichs nicht drei Anhänger der Vier Artikel zu finden sind", und die allgemeine Billigung der Verurteilung des „Manuel de droit ecclésiastique" von Dupin im Jahr 1845 beweist, daß der politische Gallikanismus in Frankreich vollkommen in Mißkredit gekommen war. Gleichzeitig sind auch die Ausrichtung des Kirchentraktats, wie er zu dieser Zeit in St-Sulpice[7], das den Traditionen des alten Frankreich so stark verbunden war, gelehrt wurde, sowie die Überarbeitung der gebräuchlichen Katechismen und Handbücher[8] symptomatisch für den Rückgang des theologischen Gallikanismus. Immerhin bewahrte sich der gemäßigte Gallikanismus vor allem in der Praxis noch beachtenswerte Sympathien, wovon mehrere Hirtenbriefe zum Lobe Bossuets, die Stellungnahme Mgr. Affres gegen die Exemtion der Ordensleute oder auch die Haltung der Bischöfe in dem Konflikt mit Dom Guéranger um die Einführung der römischen Liturgie zeugen. Prälaten, die in dieser Weise reagierten, waren zwar zu Ende des Pontifikats nur noch eine Minderheit und wurden vom jungen Klerus mit Mißtrauen betrachtet, aber sie wußten sich doch von einer Anzahl älterer Priester unterstützt, die den Traditionen des alten französischen Klerus und seiner spezifischen Auffassung der Hierarchie, der Liturgie und der Frömmigkeit verhaftet blieben und zum ernsthaftesten Hindernis für den vollkommenen Sieg der römischen Ideen in Frankreich wurden. Diesen Elementen des Widerstands fehlte jedoch ein zusammenfassender Mittelpunkt, und in dieser Hinsicht war das Scheitern der Versuche, die alten, von der Revolution zerstörten theologischen Fakultäten wiederzuerrichten, von großer Bedeutung; an ihnen hätte sich aus der Begegnung mit der Geschichte des christlichen Altertums eine Kirchenauffassung gallikanischen Typs entwickeln können.

Eine analoge, obschon viel langsamere Entwicklung vollzog sich in Deutschland. Zweifellos kam es hier viel häufiger zum Widerstand als in Frankreich. Wohl modifizierte Liebermann 1831 in seinem Lehrbuch die Ausführungen über den Papst in einem stärker römisch orientierten Sinne und stellte Klee auf seinem dogmatischen Lehrstuhl in Bonn die päpstliche Unfehlbarkeit als „höchst achtungswürdig" dar. Wohl verteidigte in München der Kirchenrechtler G. Phillips mit Begeisterung das Ideal einer höchstmöglichen Zentralisierung der Kirche um die römische Kurie. Aber dennoch verteidigten viele Theologen auch weiterhin einen gemäßigten Episkopalismus, der in ihren Augen der Organisation der alten Kirche wie auch einer germanischen Autoritäts- und Gesellschaftskonzeption, die weniger vom römischen Recht durchdrungen, patriarchalisch und korporativ war und die Beziehungen zwischen Papst und Bischöfen in der auf dem Organismus-Gedanken beruhenden Perspektive des Heiligen Römischen Reiches sah, wo Herrscher und Feudalherren im Reichstag zusammenarbeiteten, besser zu entsprechen schien. Im übrigen handelte eine große Anzahl von Bischöfen im praktischen Alltag nach wie vor in großer Unabhängigkeit

[7] *de Montclos* 40—58; *A. Castellani*, Il b. Leonardo Murialdo (Turin 1966) 769—774; *M. de Hédouville*, Mgr de Ségur (Paris 1957) 177—207.

[8] Siehe die (tendenziös interpretierten) Angaben von *E. Michaud*, De la falsification des catéchismes français et des manuels de théologie par le parti romaniste (Paris 1872). Unter anderen wurden die „Institutiones theologicae" von Bailly 1842 verbessert.

von den römischen Kongregationen. Aus der Erfahrung heraus, daß diese der jeweiligen Situation in den protestantischen Gegenden zu wenig Rechnung trugen, versuchten sie, sich die Entscheidung von Fällen, die der Heilige Stuhl für sich beanspruchte, wie früher zu reservieren; sie neigten dazu übrigens um so mehr, als die Werbung für eine häufigere Zuflucht in Rom sehr oft von Männern vertreten wurde, die sich weder durch Intelligenz noch durch Mäßigung auszeichneten und die, wie der Pfarrer Binterim, den man einst zu einem der Anführer der katholischen Wiedergeburt in Deutschland machen wollte[9], es darauf angelegt hatten, ohne Berücksichtigung von Gerechtigkeit und Wahrheit alle jene in Rom zu denunzieren, mit denen sie nicht einig waren.

Die Gegner der geplanten Zentralisierung des katholischen Lebens um die römische Kurie, die dieser Entwicklung aus verschiedenen theoretischen oder praktischen Gründen Widerstand leisteten, wurden jedoch überspielt von jenen, die glaubten, daß dieser Widerstand gewissen ängstlichen oder nachlässigen kirchlichen Würdenträgern sowie auch jenen Regierungen, denen wenig daran lag, daß die Kirche sich durch ihre Anlehnung an Rom ihrer Vormundschaft entziehe, Vorschub leiste. So bildete sich in Deutschland, ähnlich wie in Frankreich, jedoch mit zehnjähriger Verspätung, eine echte ultramontane Partei, der nicht nur Kleriker, sondern auch Laien, wie die Badener Buß und Andlaw, angehörten. Den Mittelpunkt dieser Partei bildete der Mainzer Kreis, wo die Einflüsse von Maistre und Lamennais[10] mit einem durch die Entwicklung der katholischen Aktion bereits gegebenen Zustand zusammentrafen. Die führenden Männer von Mainz, die auf dem Gebiet des Apostolats bahnbrechend waren und gewisse Forderungen der modernen Welt sehr klar erkannten, spürten, daß der überkommene kirchliche Partikularismus in einer die Landesgrenzen sprengenden Welt nicht mehr haltbar sei und daß man der zerstörenden Kraft der antireligiösen Kräfte nur noch durch eine Mobilisierung der Massen begegnen könne, die durch strenge und einheitliche Anweisungen geführt werden müßten; zu deren Formulierung sei niemand besser geeignet als der Heilige Stuhl. Wie Schnabel sehr gut gezeigt hat, handelte es sich hier weniger um eine nationale Gegnerschaft zwischen germanischem Geist und italienischen Einflüssen als um einen Generationenkonflikt: Deutschland entwickelte sich unter dem Druck der wachsenden Komplexität der Probleme vom kollegialen und korporativen System des Ancien Régime zur modernen Zentralisierung.

Diese ultramontane Partei — verstärkt durch die sogenannten „Ger-

[9] Siehe seine Biographie von *C. Schoenig*, A. J. Binterin (1779—1855) als Kirchenpolitiker und Gelehrter (Düsseldorf 1933), die die Dinge richtigstellt.

[10] Einer der wichtigsten Verbindungsmänner war der Elsässer Räß, Dogmatikprofessor in Mainz, bevor er 1829 Superior des Seminars von Straßburg wurde. Er war jedoch nicht der einzige. Buß zitiert in „Die Gemeinsamkeit der Rechte", dessen erster Band 1847 erschien, verschiedene französische Schriften, vor allem jene Montalemberts.

maniker", das heißt die ehemaligen Schüler des 1824 wiedereröffneten Germanikums in Rom —, die in der Zeitung „Der Katholik" ihre Ideen verbreitete, erfuhr durch zwei Umstände eine Steigerung ihres Ansehens: sie gewann zum einen durch die Tatsache, daß sich vor allem die römisch orientierten Bischöfe und Priester im Kampf der Katholiken für die Durchsetzung einer größeren Religionsfreiheit bei den protestantischen Regierungen besonders einsetzten, das Vertrauen der Massen; zum anderen verloren die mit den Lehren von Hermes sympathisierenden Gegner der Ultramontanen in den Augen der Gläubigen ihr Ansehen, als diese Lehren nach jahrelanger Diskussion schließlich verurteilt wurden. So breitete sich die Bewegung aus, und es bildeten sich weitere Zentren: in Köln um den Erzbischof Geissel, der sich an den im Seminar von Mainz empfangenen Prinzipien inspirierte und dessen Wirksamkeit ganz Westdeutschland erfaßte; in Speyer, wo Geissel bis 1841 Bischof war und mit Bischof Weis einen Nachfolger erhielt, der ebenfalls im Mainzer Geist herangebildet worden war; in München, wo im gleichen Jahr 1841 ein Germaniker, Karl August v. Reisach, der Kardinal Cappellari noch persönlich gekannt hatte, Koadjutor wurde und 20 Jahre hindurch einer der eifrigsten Vertreter des römischen Einflusses in Süddeutschland blieb, darin übrigens geschickt unterstützt von Mgr. Viale Prelà, dem Wiener Nuntius.

In Österreich ging die Entwicklung noch langsamer vor sich als in Deutschland, und es ist bezeichnend, daß noch 1842 in der Frage um die Aufhebung des seit 1781 bestehenden Verbots für die Seminaristen, in Rom zu studieren, von den vier befragten Bischöfen sich zwei gegen eine Änderung aussprachen und ein dritter ernsthafte Einschränkungen machte[11]. Auch hier jedoch erwachte das kirchliche Bewußtsein, und die Opposition der militanten Katholiken begann, obwohl sie erst von einer Minderheit getragen wurde, das josephinistische System zu erschüttern. Die im Jahre 1833 getroffene Entscheidung — die wahrscheinlich durch die Intervention des Bischofs Wagner von Sankt Pölten in unmittelbarem Kontakt mit dem Kaiser zustande gekommen war —, die 1820 auf den Index gesetzten Handbücher des kanonischen Rechts und der Kirchengeschichte aus dem Unterricht zu ziehen, bedeutete einen Wendepunkt und konnte als „schlechthin revolutionär" (Maaß) betrachtet werden. Einige Jahre später lenkte der österreichische Botschafter die Aufmerksamkeit Metternichs auf die wachsende Bedrohung des österreichischen Einflusses in Rom, die darin gegeben sei, daß die Wiener Behörden auch weiterhin die Beziehungen zwischen dem Heiligen Stuhl und der Kirche von Österreich auf jede Weise unterbinden wollten, während, wie die Kurie bei jeder Gelegenheit betonte, Frankreich dieses veraltete System immer mehr aufgebe.

[11] *Maaß* a. a. O. 673 f; s. auch 142—145.

In Rom fühlte man sich tatsächlich immer stärker und zögerte nun nicht mehr, eindeutig Einfluß zu nehmen, um jene Bewegung zu ermutigen, die Gläubige und Klerus immer mehr auf das Zentrum des Katholizismus hin orientierte. Bald handelte es sich, wie in Österreich, um eine Aktion bei den Regierungen, die eine Lockerung ihrer regalistischen Politik erreichen sollte; bald unterstützten, wie weiter oben gezeigt wurde, die Nuntien an Ort und Stelle das Wirken der ultramontanen Kleriker und versuchten, die Zahl der Seminaristen für die römischen Kollegien zu erhöhen. Um den Eifer der einen anzustacheln, die Entwicklung bei den anderen zu beschleunigen und Widerstände zu brechen, setzte man mit großer Geschicklichkeit eine systematische Politik ins Werk. Dazu gehörten direkter oder indirekter Druck und Mißbilligungen mit einer ganzen Skala von fein abgestuften Begriffen ebenso wie Approbationsbreven je nach den Umständen; dazu gehörten aber auch Verleihungen von Pfründen und im Gegenteil dazu verzögerte Verleihung von Würden und Ehren. Diese Handlungsweise Roms entwickelte sich vor allem unter Pius IX., aber sie trat auch schon in den letzten Jahren Gregors XVI. deutlich zutage und zeitigte wachsende Erfolge.

Die großen Orden

Die großen internationalen Orden hatten ihren General in Rom und waren daher seit dem Mittelalter sehr aktive Helfer bei der römischen Zentralisierung; sie stellten auch den römischen Kongregationen kompetente Mitarbeiter zur Verfügung [12]. Wenn auch die Bettelorden sich nur langsam wieder erholten und auf dieser Ebene zunächst nur eine zweitrangige Rolle spielen konnten, so war der Pontifikat Gregors XVI. doch von einem dreifachen Phänomen gekennzeichnet, dessen Folgen für die Effizienz des Heiligen Stuhles unter den folgenden Pontifikaten von Bedeutung wurde: das rasche Wachsen der Gesellschaft Jesu, der neue Impuls, den der Dominikanerorden von Lacordaire erhielt, und die Gründung der Benediktinerkongregation Frankreichs durch Dom Guéranger.

Nachdem die Gesellschaft Jesu die Wachstumskrise des ersten Jahrzehnts einmal überwunden hatte, erlebte sie unter dem Generalat des Holländers J. Roothaan [13] (1829—53) eine bemerkenswerte Entwicklung, da Roothaan seinen großen Einfluß auf Gregor XVI. geschickt zugunsten seines Ordens auszunutzen verstand, diesen aber auch zu einem bewundernswert geleiteten Instrument im Dienst der römischen Einheit und der ultramontanen Ideale machte. Die Jesuiten, deren Zahl sich von 2137 im Jahre 1830 auf 4757 im Jahr 1847 erhöhte, errichteten in kurzer Zeit wieder ihre ehemaligen Pro-

[12] Über die schädlichen Folgen der Krise, die die Orden seit dem Ende des 18. Jh. durchmachten, für den Heiligen Stuhl, vgl. den Brief Lambruschinis vom 6. 7. 1829, zitiert bei *L. Manzini*, Lambruschini (Vatikanstadt 1960) 151.

[13] Über seine Wahl siehe *P. Grootens:* AHSI 33 (1964) 235—268.

vinzen: 1831 Piemont, 1832 Belgien, 1833 Amerika, 1836 eine zweite in Frankreich, 1846 Österreich; und während sie in diesen verschiedenen Ländern wachsenden Einfluß auf die Ausrichtung der kirchlichen Wissenschaften und die Frömmigkeit im nachtridentinischen Sinn, also gegen den Geist des 18. Jh. ausübten, eroberten sie sich auch in den römischen Kongregationen nach und nach eine Position, die durch das Zurücktreten der Bettelorden schon bald ihre einstige Stellung unter dem Ancien Régime übertraf, was sogar in Rom zu Mißstimmung Anlaß gab. Im übrigen forderte P. Roothaan 1833 die Jesuiten in einem vom Fest des heiligen Franz Xaver datierten Rundschreiben auf, sich wie unter dem Ancien Régime auch jetzt wieder intensiv der Heidenmission zu widmen. So kamen zu den alten Missionen in Indien und dem Missourigebiet innerhalb weniger Jahre jene von Bengalen (1834), Madeira und Argentinien (1836), Jamaika (1837), China, Algerien und den Rocky Mountains (1840), Kanada (1842), Kolumbien (1844), Madagaskar (1845), Australien (1849), Kalifornien und Guatemala (1851). 1851 gab es 975 Jesuiten, die in der Mission tätig waren, d. h. ein Fünftel der Gesamtzahl der Glieder der Gesellschaft.

P. Roothaan war ein frommer und zugleich geschickter General, weswegen man ihn auch den „zweiten Gründer der Gesellschaft" genannt hat. Während er nun so die äußere Entwicklung systematisch weitertrieb und sich — übrigens mit begrenztem Erfolg — anschickte, die von seinem Vorgänger Fortis bereits reformierte „Ratio studiorum" (1832) den neuen Gegebenheiten anzupassen, bemühte er sich gleichzeitig um eine Intensivierung des inneren Lebens seines Ordens. Er war bestrebt, in ihm den Geist seines Gründers in vollem Umfange wiederzuerwecken, den er freilich in etwas engem Sinne interpretierte, indem er nämlich den Akzent mehr auf die asketische Bemühung als auf die mystische Begeisterung setzte. Er drängte energisch darauf, daß die zwei Noviziatsjahre und das Terziat unter normalen Bedingungen verlaufen konnten, berief seit 1832 regelmäßig alle drei Jahre eine Versammlung der Generalprokuratoren ein, um dadurch eine genaue Beobachtung der Regeln durchzusetzen, und er richtete viel häufiger als irgendein anderer General vor ihm Briefe an die gesamte Gesellschaft, um in allen ihren Mitgliedern den der Sozietät eigenen religiösen Geist wachzuhalten.

Die beachtenswerten Erfolge, die die Gesellschaft Jesu innerhalb weniger Jahre erreichte, blieben jedoch nicht ohne Rückschlag. Einige Bischöfe, z. B. in Belgien, empfanden die Gesellschaft schon bald als aufdringlich. Vor allem aber die Liberalen beunruhigten sich über diese allzu schnellen Erfolge, und der Starrsinn vieler Jesuiten, „die unbesiegbare Neigung, die die moderne Welt dazu führt, das Prinzip und die Praxis der Nationalsouveränität an die Stelle der absoluten Monarchie zu setzen, mit revolutionären Verwirrungen zu verwechseln" (Montalembert), lieferte ihren Feinden einen leichten Vorwand, die Öffentlichkeit gegen sie aufzuwiegeln.

1834 waren sie erneut aus Spanien und Portugal ausgewiesen worden. Um 1845 kam es dann zu einer Generaloffensive: in Frankreich anläßlich der Kontroverse um die Unterrichtsfreiheit, jedoch mit sehr begrenzten Auswirkungen in der Praxis; in der Schweiz, wo die Radikalen einige Unvorsichtigkeiten der Jesuiten im Wallis ausnützten, um die Schweizer Tagsatzung zu deren Ausweisung aus dem gesamten Schweizer Gebiet zu bewegen (3. 9. 1847) und dann, nach dem Krieg des Sonderbundes, dieses Verbot durch einen eigenen Artikel der neuen Verfassung bestätigen zu lassen; in Italien, wo die Vorwürfe gegen den Orden, mit Österreich im Bunde zu stehen und das Haupthindernis für eine harmonische Verbindung von Religion und moderner Gesellschaft zu sein, von V. Gioberti in „Il Gesuita moderno" (1847) scharf formuliert wurden und wo es schließlich, obwohl die Jesuiten sich überall glühende Anhänger bewahrten, zu ihrer Vertreibung aus dem Königreich Neapel, dann aus Piemont und schließlich Anfang 1848 zu ihrem mehr oder weniger erzwungenen Weggang aus dem Kirchenstaat kam. Der Sturm war jedoch nur von kurzer Dauer; begünstigt durch die konservative Reaktion, die der Krise von 1848 folgte, entwickelten sich die Fortschritte der Gesellschaft Jesu, die einen Augenblick lang gehemmt worden waren, nun um so besser.

Die Bettelorden dagegen erholten sich nur langsam von der Krise, die sie zu Ende des 18. Jh. so schwer betroffen hatte, zumal die Iberische Halbinsel, auf der sie sehr starke Positionen halten konnten[14], nun ihrerseits von den Säkularisierungen erschüttert wurde, die Madrid und Lissabon von 1833 bis 1837 durchführten. So verschwanden die Augustinereremiten für immer aus Portugal, wo sie etwa 50 Klöster besessen hatten, während sie in Spanien nur noch ihr Missionskolleg von Valladolid beibehielten.

Die Franziskaner, die in Spanien etwa 10000 Mitglieder zählten, wurden auf einige hundert reduziert; dadurch gewannen die Italiener wieder die Vorherrschaft im Orden, um so mehr, als die Klöster Polens und Rußlands, die den Aufhebungsmaßnahmen von 1831 entgangen waren, immer deutlicher unter der Auszehrung litten, zu der sie die zaristische Regierung verurteilt hatte, und andererseits die Entwicklung des Ordens in den deutschsprachigen und angelsächsischen Ländern erst in der zweiten Jahrhunderthälfte bedeutungsvoll wurde.

Auch die Dominikaner wurden das Opfer verschiedener Aderlässe in Mexiko, Rußland, Portugal, Kuba sowie vor allem in Spanien, wo 221 Klöster aufgelöst wurden (eine Anzahl der Mönche fand jedoch Zuflucht in den Missionen des Fernen Ostens, und das Seminar von Ocaña, ihre Nachwuchsquelle, blieb geöffnet). Die Provinzen Italiens, die 40 Prozent der

[14] Zumindest quantitativ. Im Juni 1833 unmittelbar vor der Katastrophe hatte Gregor XVI. den Nuntius von Madrid mit der Reform — die sich als sehr notwendig erwies — der Disziplin in den spanischen Männer- und Frauenklöstern betraut, nachdem man den Wahlmodus ihrer höheren Oberen verändert hatte.

Ordensangehörigen beherbergten[15], zeigten keine große Lebenskraft. Unter dem Pontifikat Gregors XVI. kam es jedoch zu einer entscheidenden Wendung im Orden. 1838 kündigte Abbé Lacordaire[16], der sich durch seine Fastenpredigten in Notre-Dame in Paris großes Ansehen unter der studierenden Jugend erworben hatte, seine Absicht an, den Dominikanerorden in Frankreich wieder einzuführen, indem er ihm in der von Lamennais bei der Gründung seiner Congrégation de St-Pierre vorgezeichneten Erneuerungsbewegung ein intellektuelles Apostolat unter allen möglichen Formen zum Ziel setzte. Dazu gehörte die Predigt in den Städten und Landgebieten, die Abfassung religiöser oder profaner Schriften in apologetischer Perspektive, die den Erfordernissen der Zeit angepaßt sein sollten, sowie die Jugenderziehung. Nachdem er mit dem Generalmagister Ancaroni Kontakt aufgenommen hatte, veröffentlichte er am 7. März 1839 mit seiner „Mémoire pour le rétablissement en France des Frères Prêcheurs" einen Appell an das Land für die Freiheit der Orden. Er leistete sein Noviziat in Italien ab und kehrte dann mit päpstlichen Ermutigungen nach Frankreich zurück, wo ihn die Regierung nach einigem Zögern mit wohlwollender Neutralität behandelte. Schon bald hatte er genügend Anhänger, um 1850 eine französische Dominikanerprovinz zu errichten. Im gleichen Jahr wurde einer der ersten Gefährten Lacordaires, P. Jandel, von Pius IX. zum Generalvikar des Ordens (dann 1855 zum Generalmagister) ernannt und erhielt den Auftrag, diesen zu reorganisieren.

Eine andere, fast gleichzeitig erfolgte französische Initiative, die trotz eines gewissen Widerstands der Kurie ebenfalls von Gregor XVI. unterstützt wurde, führte in der zweiten Jahrhunderthälfte zur Erneuerung des Benediktinerordens. Getragen von einer romantischen Sehnsucht nach der mittelalterlichen Vergangenheit und dem Wunsch Lamennais', die Zentren klösterlicher Gelehrsamkeit, die dem nachrevolutionären Frankreich so bitter fehlten, wieder zu errichten, siedelte sich Prosper Guéranger[17] —

[15] 1844 trafen von 4562 Dominikanern 1709 auf Italien (und Malta), 1048 auf die Provinzen von Spanien und den Philippinen, 709 auf Rußland, 626 auf Lateinamerika (*Walz* 576).

[16] Über Henri Lacordaire (1802—61), den Mitstreiter Lamennais' in der Kampagne der Zeitung „L'Avenir" (s. oben S. 329—331), vgl. die Biographien von *B. Chocarne* (2 Bde, Paris 1866) und vor allem *Th. Foisset* (2 Bde, Paris 1870), *P. Baron*, La jeunesse de Lacordaire (Paris 1961; bis 1830) und Le testament du P. Lacordaire, hrsg. von *Ch. de Montalembert* (Paris 1870: Autobiographie bis 1851). Ergänzende Bibliogr.: Catholicisme VI 1572. WW: Œuvres complètes du R. P. H.-D. Lacordaire (9 Bde, Paris 1911/12) und Lacordaire journaliste (1830—48), hrsg. von *P. Fesch* (Paris 1897).

[17] Über die sehr umstrittene Persönlichkeit Dom Guérangers (1806—75) ist die panegyrische, aber gut dokumentierte Biographie von *[P. M. Delatte,]* Dom Guéranger Abbé de Solesmes (2 Bde, Paris 1909/10) kritisch zu ergänzen durch *E. Sevrin*, Dom Guéranger et Lamennais (Paris 1933) und *A. Ledru*, Dom Guéranger et Mgr Bouvier (Paris 1911). Er hatte große Fehler (enger, kämpferischer, exzessiver Geist, Mangel an kritischem Sinn), aber seine unbezähmbare Energie hat ihm die Verwirklichung eines auf verschie-

auch er übrigens ohne Berücksichtigung der rechtlichen Hindernisse — mit drei Gefährten im ehemaligen Priorat von Solesmes an. 1837 bestätigte der Papst Solesmes als Abtei und erklärte sie zur Zentrale einer neuen „Kongregation von Frankreich", deren Konstitutionen er anerkannte. Diese orientierten sich im wesentlichen an jenen der Mauriner; nur zwei Punkte von Dom Guéranger griffen auf die alte Tradition zurück, die man fast überall aufgegeben hatte: die Autonomie eines jeden Hauses — die ihn jedoch, so paradox dies auch scheinen mag, nicht daran hinderte, sich zum eifrigen Verfechter der liturgischen Zentralisierung und der extremsten ultramontanen Thesen zu machen — und die Abtswürde auf Lebenszeit, der Rom erst nach langem Zögern seine Zustimmung gab. Der Gründer hatte zahlreiche Schwierigkeiten zu überwinden: Mißtrauen, wegen seiner früheren Bindung an Lamennais und wegen der lautstarken Unterstützung, die er der ultramontanen Bewegung entgegenbrachte; die Feindschaft des Bischofs von Le Mans gegen die klösterliche Exemtion; wiederholte finanzielle Sorgen; innere Zwistigkeiten unter seinen eigenen Schülern, die durch seine Fehler in der Verwaltung noch erschwert wurden. Aber Dom Guérangers kämpferischer Kraft gelang es, alle Hindernisse zu überwinden. Seine Abtei Solesmes wurde trotz ihrer bescheidenen Ausmaße zu einem Leuchtturm, dessen Beispiel bewußt oder unbewußt die Bewegung beeinflußte, die zur Rückbesinnung auf die Traditionen der Vergangenheit drängte, wie sie in den folgenden Jahrzehnten in den verschiedenen Zweigen der benediktinischen Familie immer deutlicher zutage trat. Allerdings lag darin auch die Gefahr, künstlich einen Typus klösterlichen Lebens wiedererwecken zu wollen, der in einem ganz anderen sozialen und ökonomischen Zusammenhang als jener des neuen, in der Industrialisierung begriffenen bürgerlichen Europa entstanden war.

Gerade die Bemühung, sich den religiösen Bedürfnissen einer im Wandel begriffenen Gesellschaft anzupassen, erklärt den Erfolg der für das Unterrichtswesen und die Krankenpflege gegründeten Kongregationen. Besonders erstere hatten im Verlauf der ersten Jahrzehnte des Jahrhunderts einen starken Aufschwung erlebt, aber auch letztere verzeichneten nun ihrerseits eine aufsteigende Entwicklung. Alte Kongregationen, wie die Filles de la Charité, deren Zahl sich zwischen 1807 und 1849 von 1600 auf 8000 vermehrte, erlebten eine neue Blüte. Vor allem aber kam es zu vielen Neugründungen: 1830 die Vinzenzbrüder des Abbé Glorieux und 1839 die Brüder Unserer Lieben Frau von der Barmherzigkeit von Mgr. Scheppers in Belgien; 1832 die Suore della Carità der seligen B. Capitanio und 1833 die Suore

denen Gebieten dauerhaften Werkes ermöglicht. Sevrin, der ihm sehr kritisch gegenübersteht, ist der Auffassung, daß außer Lamennais „niemand stärker als er das katholische Leben seiner Zeit geprägt hat".

della provvidenza von Rosmini in Italien; 1840 die Brüder der Unbefleckten Empfängnis und 1844 die Brüder von Unserer Lieben Frau der Barmherzigkeit in den Niederlanden; 1841 die Kleinen Schwestern der Armen von Jeanne Jugan und 1849 die Schwestern vom Allerheiligsten Heiland, die sog. Niederbronner Schwestern, in Frankreich und viele andere. Die Entwicklung dieser Kongregationen trug auf ihre Weise bei zum Fortschritt der römischen Zentralisierung. Während unter dem Ancien Régime jedes Frauenkloster und auch die zahlreichen, im ersten Viertel des Jahrhunderts gegründeten sehr kleinen Kongregationen autonom und nur dem jeweiligen Bischof unterstellt waren, wurde nun eine von Rom immer stärker ermutigte Tendenz spürbar, die Novizen zusammenzufassen und die Mitglieder unter der Autorität einer Generaloberin zu konzentrieren; einer Autorität, die trotz Protesten der Diözesanbischöfe immer häufiger zur Befreiung von ihrer Oberhoheit und zur direkten Unterstellung unter die Kongregation der Bischöfe und Ordensleute führte[18]. Diese letztere, sehr umsichtig und mit der großen Verschiedenartigkeit der Zielsetzungen und Lokalbedingungen vertraut, zwang ihnen keinen einheitlichen Typ der Konstitutionen auf, sondern überließ jeder Kongregation die Ausarbeitung ihrer eigenen Statuten, vorausgesetzt, daß sie diese kontrollieren und eventuelle Veränderungen vorschlagen konnte. So bildete sich nach und nach unter dem Druck der Tatsachen ein neues Recht der Ordensangehörigen heraus, das erst sehr viel später kodifiziert wurde, aber dessen Ausarbeitung sich seit dem zweiten Viertel des 19. Jh. unter der wachen Kontrolle Roms entwickelte. Andererseits begünstigte die an Bedeutung zunehmende Rolle, die man den Oberen dieser neuen Kongregationen gegenüber den einfachen Mitgliedern zumaß, die Entfaltung einer Mentalität, die den Akzent eher auf die Autorität und den Gehorsam als auf die kollegiale Verantwortung legte, was ebenfalls den Fortschritt des ultramontanen Standpunktes erleichterte.

23. Kapitel

Altes und Neues in Seelsorge und Moraltheologie

LITERATUR: *F. X. Arnold,* Grundsätzliches und Geschichtliches zur Theologie der Seelsorge (Freiburg i. Br. 1949); *ders.,* Seelsorge aus der Mitte der Heilsgeschichte (Freiburg i. Br. 1956) 152—195; *H. Schuster,* Hdb. der Pastoraltheologie, hrsg. von *F. X. Arnold* u. a., I (Freiburg i. Br. 1964) 47—76; *H. J. Müller,* Die ganze Bekehrung. Das zentrale Anliegen des Theologen und Seelsorgers J. M. Sailer (Regensburg 1949); *A. Schrott,* Seelsorge im Wandel der Zeiten (Graz 1949) 153—266 (Lit.); *Schnabel G* IV, bes. 50—56

[18] Vgl. *F. Callahan,* The Centralization of Government in Pontifical Institutes of Women (Rom 1948) 48—62.

270—276; *M. H. Vicaire:* Histoire illustrée de l'Église II (Genf 1948) 261—326; *P. Broutin,* L. Querbes, Recherches sur l'évolution de la pastorale au XIXe siècle: NRTh 81 (1959) 696—720; *E. Vercesi - E. Santini,* La sacra eloquenza dal sec. XVII ai nostri giorni (Mailand 1930).

Über die Katechetik: DThC II 1951—67; *F. H. Thalhofer,* Entwicklung des katholischen Katechismus in Deutschland von Canisius bis Deharbe (Freiburg i. Br. 1899); *F. X. Arnold,* Dienst am Glauben (Freiburg i. Br. 1948) 31—92; *B. Dreher,* Die biblische Unterweisung im evangelischen und katholischen Religionsunterricht (Freiburg i. Br. 1963) 9—55; *H. Kreutzwald,* Zur Geschichte des biblischen Unterrichts (Freiburg i. Br. 1957) 107—179; *J. Hofinger,* Geschichte des Katechismus in Österreich (Innsbruck 1937) 238 bis 277; *P. Broutin,* Le mouvement catéchistique en France au XIXe siècle: NRTh 82 (1960) 494—512 607—632 699—715.

Über die Moraltheologie in der ersten Hälfte des 19. Jh.: *B. Häring,* Das Gesetz Christi I (Freiburg i. Br. [6]1961) 62—64; *J. Diebolt,* La théologie morale catholique en Allemagne 1750—1850 (Straßburg 1926) 166—354; *P. Hadrossek,* Die Bedeutung des Systemgedankens für die Moraltheologie in Deutschland seit der Thomas-Renaissance (München 1950) 76—214; *F. Steinbüchel,* Der Zerfall des christlichen Ethos im 19. Jh. (Frankfurt 1951).

Über die Fortschritte der Liguorischen Moral: *I. v. Döllinger - F. H. Reusch,* Geschichte der Moralstreitigkeiten in der röm.-kath. Kirche I (Nördlingen 1889) 462—476; *G. Cacciatore,* S. Alfonso de' Liguori e il Giansenismo (Florenz 1944) 440—459; *J. Guerber,* Le rôle de P. B. Lanteri dans l'introduction de la morale ligorienne en France: Spicilegium Historiae Congreg. SS. Redemptoris 4 (1956) 343—376; *M. de Meulemeester,* Introduction de la morale de S. Alphonse de Liguori en Belgique: EThL 16 (1939) 468—484.

Modernisierung der kirchlichen Institutionen

Immer wieder haben die Geschichtschreiber den nachhaltigen Einfluß der napoleonischen Institutionen in einem großen Teil Europas festgestellt: sie wurden im allgemeinen dort, wo sie die Franzosen eingeführt hatten, auch beibehalten und mitunter sogar in den Ländern, die keine Okkupation kennengelernt hatten, nachgeahmt. Es war dies die normale Folge der Tatsache, daß diese Institutionen lediglich die Übertragung einer irreversiblen wirtschaftlichen und sozialen Evolution auf das juridische Gebiet darstellten. Genau so vollzog sich die Entwicklung auf kirchlichem Gebiet. Hier breiteten sich nach und nach die tiefgreifenden Umwandlungen immer weiter aus, zu denen die Verstaatlichung der Kirchengüter und das Konkordat von 1801 geführt hatten. Dieses Konkordat machte aus dem Bischof einen „préfet violet". Ein Geissel im Rheinland, ein Sterckx in Belgien und ein Mathieu oder ein Bonald in Frankreich sind charakteristisch für diese neue Bischofsgeneration. Diese Bischöfe hatten sich Rechenschaft darüber abgelegt, daß die Restauration des erschütterten katholischen Lebens und die ständig wachsende Vielschichtigkeit der zu lösenden Probleme viel mehr an Organisation und Verwaltungsarbeit erforderte, als dies unter dem Ancien Régime der Fall gewesen war. Im klaren Wissen um ihre bischöfliche Autorität, wie sie von den „Organischen Artikeln" Napoleons festgelegt wurde, ließen sie es sich angelegen sein, die pastorale Betätigung ihrer Priester und ihren Einsatz systematisch zu lenken. Ein zeitgenössischer Zeuge dieser Entwicklung des bischöflichen Amtes zu einer zentralisierten und sogar mehr oder weniger verbürokratisierten und verbeamteten kirchlichen Tätigkeit, der Abbé Combalot, schlug mit Bitterkeit vor, die Formel der Bischofsweihe „Accipe baculum pastorale" abzuändern in „Accipe calamum administrativum, ut possis scribere, scribere, scribere usque in sempiternum et ultra".

Parallel hierzu veränderte sich auch die Situation des niederen Klerus von Grund auf. Die unter dem Ancien Régime so zahlreichen Priester ohne genau bestimmten Aufgabenkreis wurden immer seltener. Dieser Abbau vollzog sich jedoch in den südlichen Ländern, in denen der Klerus noch lange stark überbesetzt blieb, weniger rasch als in Westeuropa oder in den deutschen Gebieten. Manche dieser Priester übten ihr Apostolat am Rande der Diözesankader weiter als Kanzelredner, als Hauslehrer oder als Lehrer in den staatlichen Schulen aus. Die meisten von ihnen wurden von nun an jedoch im Pfarramt eingesetzt. Es entstand ein Pfarrklerus, dessen gesellschaftlicher Status sich in wenigen Jahren völlig verwandelte; er bezog von nun an seine Einkünfte nicht mehr aus einer Pfründe, die ihm eine gewisse Unabhängigkeit gesichert hatte, sondern wurde in immer mehr Ländern vom Staat besoldet. Gleichzeitig jedoch war er in hohem Maße der bischöflichen Willkür ausgeliefert. In der Tat spielten die Offizialate oder Diözesangerichte häufig eine wesentlich geringere Rolle als zur Zeit des Ancien Régime, und vor allem hatten die meisten Pfarrer in zahlreichen Ländern damit zu rechnen, gegen ihren Willen von einer Pfarrei zur anderen versetzt zu werden. Allerdings blieben in Österreich, in Bayern und in Südeuropa die Verpflichtung zur Verleihung der Pfarrstellen auf Grund einer Ausschreibung und das kanonische Prinzip der Unabsetzbarkeit bestehen. Manche Bischöfe in Spanien oder in Italien umgingen jedoch die Regel, indem sie erklärten, der Bischof allein sei der einzige unabsetzbare Pfarrer. Geissel gelang es, die preußische Regierung zur Anerkennung des Prinzips der Absetzbarkeit der Pfarrverweser zu veranlassen, das nach dem Konkordat von 1801 in Frankreich und in Belgien eingeführt worden war[1]. Die Kontrolle der ordnungsgemäßen Verwaltung der Pfarreien wurde dadurch sicherlich erleichtert, doch gab das System Anlaß zu Mißbräuchen, die — vor allem in Frankreich — lange Zeit zu ernsthafter Beunruhigung führten. Denn nur wenige Bischöfe bemühten sich, wie Mgr. Sibour, der Bischof von Digne, in kollegialer Sicht um die Schaffung von Garantien für ihre Priester[2]. Dagegen begann der eine oder andere Bischof gegen Mitte des Jahrhunderts damit, sich mit der Organisation von Pensionskassen für die alten Priester zu befassen.

[1] Vgl. DDC I 492—500; auch IV 895—896.

[2] Seine „Institutions diocésaines" (2 Bde, Paris 1845/48; s. *Montclos* 246 und 251 Anm. 4) fanden beim Episkopat ein nur geringes Echo.

Auch die Kapitel hatten viel von ihrer Unabhängigkeit und vor allem von ihrer Bedeutung verloren. Ihre Mitglieder, die nun vom Bischof selbst unter den diözesanen Kurienbeamten ausgewählt wurden, waren nur noch Untergebene, die gar nicht daran dachten, einen Konflikt mit ihren Vorgesetzten zu riskieren. Außerdem wurden die Aufgaben, die einst den Domherren oblagen, mehr und mehr den Sekretären übertragen, die zusammen mit den Generalvikaren die wirklichen Mitarbeiter der Bischöfe der damaligen Zeit wurden.

Dieser Bischof, dessen Machtbefugnis über seinen Klerus so stark erweitert worden war, wurde außerdem immer weniger unter Heranziehung dieses Klerus gewählt. Die Konkordate, die seit Anfang des 19. Jh. immer häufiger abgeschlossen wurden, gestanden das Vorschlagsrecht im allgemeinen den Regierungen zu, bei denen die Wahl natürlich mehr durch administrative als durch pastorale Kriterien bestimmt war. Die Vorschläge Rosminis in Italien (in seinen „Cinque piaghe") oder Affres 1848 in Frankreich, diese Situation zu ändern, wurden von der römischen Kurie schlecht aufgenommen[3]. In anderen Ländern, in denen die Regierung auf eine Intervention verzichtete, wie in den Vereinigten Staaten oder in Belgien[4], schlugen die Bischöfe die Kandidaten vor, ohne die Priester der betreffenden Diözese zu Rate zu ziehen. Und selbst dort, wo — wie in einem Teil Deutschlands oder in der Schweiz — eine Kapitelswahl oder — wie in Irland — eine gewisse Beteiligung des Klerus bestehenblieb, trug der Heilige Stuhl diesen Vorschlägen allmählich immer weniger Rechnung, eine Praxis, die nach der Jahrhundertmitte noch häufiger verfolgt wurde[5]. Man muß übrigens einräumen, daß die Wahl Roms meistens auf echte Seelenhirten fiel, und zwar auf solche aus allen Gesellschaftsschichten. Das Gewicht der Vergangenheit war jedoch, vor allem in den Ländern, in denen es zu keinem gewaltsamen Bruch mit dem Ancien Régime gekommen war, so stark, daß der hohe Klerus sich mehr mit den Reaktionen der herrschenden Klasse als mit den Bestrebungen der breiten Schichten des Volkes befaßte. Immerhin trachtete er in wachsendem Maß danach, in der Erfüllung seiner apostolischen Aufgaben eine gewisse Unabhängigkeit von den staatlichen Behörden zu erlangen. Die Bischöfe waren sich auch der Notwendigkeit bewußt, sowohl ihre Aktionen den Regierungen gegenüber wie auch ihre Tätigkeit auf pastoraler Ebene zu koordinieren. Sie bemühten sich daher, die alte Praxis der Synoden wieder aufleben zu lassen, das seit geraumer Zeit außer Gebrauch gekommen war, weil es das doppelte Mißtrauen des Staatskirchen-

[3] Vgl. *G. Martina:* RRosm 62 (1968) 384—409, bes. 394—398.

[4] Bezüglich der Vereinigten Staaten s. ColLac III 47—48 153 (Dekrete vom 16. 6. 1834 und 10. 8. 1850); bezüglich Belgien s. *Simon,* Sterckx II 280—290.

[5] Siehe z.B. *J. H. Whyte,* The Appointment of the Catholic Bishops in XIXth Century Ireland: CHR 48 (1962/63) 12—32.

tums einerseits und der römischen Kurie andererseits erregt hatte. Die „Organischen Artikel“ verboten den französischen Bischöfen jede kollektive Aktion, und erst nach der Revolution von 1848 konnten dann die ersten Provinzialkonzilien wieder zusammentreten. Dagegen hatte der Primas von Ungarn bereits 1822 ein Nationalkonzil nach Preßburg einberufen, und die amerikanischen Bischöfe hielten regelmäßig ihre Konzilien in Baltimore ab. Andere Episkopate zogen die geschmeidigere Formel einer unförmlichen jährlichen Zusammenkunft vor: so die irischen Bischöfe seit der Emanzipation von 1829 und die belgischen Bischöfe seit der Unabhängigkeit. Die deutschen Bischöfe folgten diesem Beispiel dann anläßlich der ernsten Ereignisse von 1848[6].

Die Wege der katechetischen Unterweisung

Die Umwälzungen zu Ende des 18. Jh. lösten nicht nur auf dem Gebiet der Institutionen tiefgreifende und dauerhafte Änderungen aus; auch die verschiedenen Aspekte der Pastoral wurden zwangsläufig von ihrer Auswirkung betroffen. Zugleich machten sich die Einflüsse der neuen Gedankenströmungen geltend. Daraus erklärt sich, daß vor allem der Katechismus, besonders in den deutschen Ländern und in Frankreich, zum Gegenstand verschiedener Erneuerungsbemühungen wurde[7].

In Deutschland hatte die Einführung der allgemeinen Schulpflicht zur Folge, daß der Katechismusunterricht aus der Kirche in die Schule verlegt wurde. Dies ermöglichte es, dem Religionsunterricht mehr Zeit zu widmen, der freilich nun andererseits zu einem bloßen Fach im allgemeinen Lehrplan und in einer profanen Umgebung erteilt wurde. So bestand die Gefahr einer Infizierung durch den Intellektualismus und den Naturalismus, die in der Atmosphäre der Aufklärung groß war. Der Einfluß der Aufklärung war es übrigens, der die Pädagogen veranlaßte, um sich der geistigen Aufnahmefähigkeit der Kinder besser anzupassen, die biblische Geschichte in den Katechismusunterricht einzubeziehen und zur „sokratischen Methode“ zu greifen. Diese Methode vermied es, dem Gedächtnis Begriffe aufzuzwingen, die nicht vorher richtig erklärt wurden, sie brachte jedoch auch die Gefahr mit sich, den transzendenten Charakter des Wortes Gottes vergessen zu lassen. Die Folge war, daß zu Beginn des 19. Jh. die dogmatische Substanz der kirchlichen Lehre aus zahlreichen Katechismen, die vom Moralismus beherrscht und mehr

[6] *R. Lill,* Die ersten deutschen Bischofskonferenzen (Freiburg i. Br. 1964) 5–8. Siehe auch *A. Simon,* Réunions des évêques de Belgique (Löwen 1960); *J. Ahern:* IER 75 (1951) 385–403, 78 (1952) 1–20.

[7] In den anderen Ländern findet man vor der Mitte des Jahrhunderts recht wenig Publikationen zur Katechismusfrage. In Italien wurden 1817 verschiedene Katechismen auf den Index gesetzt (vgl. *H. Reusch,* Der Index [Bonn 1885] 1056).

auf den Menschen als auf die Heilsgeschichte ausgerichtet waren, fast ausgemerzt war. In der ersten Jahrhunderthälfte kam es zu einer Reaktion, die sich bemühte, die wertvollen Impulse der Aufklärung zu vertiefen und weiterzuentwickeln, die zu rationalistische Denkweise jedoch auszuschalten. Als erster schlug der Westfale *Overberg* diesen Weg ein. Seine im Jahre 1804 veröffentlichten Hauptwerke: der „Katechismus" und das „Christkatholische Religionshandbuch" wurden jahrzehntelang in den Diözesen Norddeutschlands benutzt, 1824 von Wien übernommen und ins Holländische übersetzt, während seine „Biblische Geschichte" (1799) im Zuge verschiedener Umarbeitungen und Neubearbeitungen fast hundertmal neu aufgelegt werden konnte [8]. Den größten Einfluß auf die Überwindung der Aufklärung unter Beibehaltung ihrer positiven Elemente hatte in diesem Bereich wie auch auf so vielen anderen Gebieten *Johann Michael Sailer.* Er teilte das Interesse der Menschen seiner Zeit für alle Fragen der Pädagogik und unterstrich nachdrücklich die Bedeutung der Persönlichkeit des Katecheten mit dem Hinweis darauf, daß auch das beste Handbuch einen frommen und überzeugten Lehrer nicht ersetzen könne. Mehr als Overberg befaßte er sich jedoch auch mit dem Lehrinhalt des Katechismus, gab ihm eine stärkere biblische und dogmatische Grundlage und forderte, ihn in erster Linie auf die Verkündigung der Heilsbotschaft auszurichten.

In Österreich machten die gesetzlichen Regelungen des Staates vor dem Abschluß des Konkordats von 1855 eine Ablösung des offiziellen Katechismus von 1777 schwierig. Es wurden jedoch Anstrengungen auf methodischer Ebene unternommen. *Galura,* einer der Pioniere der modernen katechetischen Erneuerung, drängte auf die Verwendung der biblischen Erzählungen als pädagogischen Ausgangspunkt und unterstrich die Notwendigkeit, den Religionsunterricht auf die Idee des Reiches Gottes hin zu orientieren [9]. *Milde,* der spätere Erzbischof von Wien, der sehr auf eine Verbesserung der katechetischen Schulung des Klerus bedacht war, unterstrich in seinem „Lehrbuch der allgemeinen Erziehungslehre" (1811/13) nachdrücklich die psychologischen Aspekte. Der Erzbischof von Salzburg, *Gruber,* forderte in den katechetischen Belehrungen seines Klerus („Praktisches Handbuch der Katechetik", 2 Bde, Salzburg 1832/34), bei denen er sich von „De catechizandis rudibus" des heiligen Augustinus inspirieren ließ, den Katecheten auf, sich den Kindern als Bevollmächtigter Gottes zu präsentieren, der ihnen — im Gegensatz zur sokratischen Methode der Aufklärung — eine Botschaft zu übermitteln habe, und verlangte, daß die Katechese mehr als nur reines Wissen vermittele, um beim Kind die drei christlichen Haupttugenden zur Entfaltung zu bringen [10].

[8] *W. Sahner,* Overberg als Pädagoge und Katechet (Gelsenkirchen 1949).

[9] *J. Hemlein,* B. Galuras Beitrag zur Erneuerung der Kerygmatik (Freiburg i. Br. 1952).

[10] *F. Ranft,* Fürstbischof A. Gruber. Ein Beitrag zur Geschichte der katholischen Religionspädagogik (Innsbruck 1938).

In Deutschland wurden die Gedanken Sailers u. a. von *Christoph Schmid* in die Praxis umgesetzt. Er war der Verfasser von Katechismen (1801, 1836, 1844/45) und einer „Biblischen Geschichte", die mehrere Generationen hindurch in Gebrauch waren. Darüber hinaus schuf er die katholische Kinderliteratur, deren Ziel es war, mit Hilfe von erbaulichen Erzählungen die Hand Gottes im Leben der Menschen zu zeigen[11]. Hauptsächlich verfocht jedoch *J. B. Hirscher*[12] die Sailerschen Ideen. Viele Jahre lang (von 1817 bis 1863) war er Professor der Pastoral- und Moraltheologie, erst in Tübingen und dann in Freiburg. Als solcher kritisierte er nicht nur die zu abstrakte Ausdrucksweise der von der Gegenreformation ererbten Katechismen, wie z. B. des sogenannten Mainzer Katechismus, der von Räß und Weis aus dem Französischen adaptiert wurde, sondern forderte auch eine stärkere Berücksichtigung der Gemütskräfte des Kindes, wobei er unterstrich, daß das Hauptziel der Katechese die religiöse Erziehung und nicht die Vermittlung eines übergroßen Wissens sein muß. Sein Leben lang drängte er auch darauf, daß das Christentum vor allem als Heilsgeschichte präsentiert werden müsse, als eine Lehre vom Reiche Gottes, die sich aus den biblischen Geschichten herausschält. Er versuchte, seinen Prinzipien zur praktischen Anwendung zu verhelfen, und verfaßte zu diesem Zweck für die Diözese Freiburg einen großen und einen kleinen Katechismus (1842, 1847), in denen er den organischen und gemeinschaftlichen Aspekt der Glaubenswirklichkeiten hervorhob. Die Darlegung dieser Gedanken war jedoch zu kompakt, die theologische Präzision mitunter unzulänglich. Vor allem aber setzte Hirschers Erneuerungsprogramm eine Bildung voraus, die die Kräfte des durchschnittlichen Klerus jener Zeit weit überstieg.

Hirscher fand einige begeisterte Schüler, wie Ignaz Schuster und G. Mey, die mit dazu beitrugen, der Bibel während der nächsten Jahrzehnte einen Platz im Religionsunterricht zu erhalten. Hirschers so verheißungsvoller Einfluß wurde jedoch in wenigen Jahren durch die Neuscholastik und das Bestreben, die doktrinären Unterschiede zwischen den christlichen Konfessionen wieder stärker zu betonen, zunichte gemacht. In diesem neuen Klima gaben die Bischöfe, die nach einer Vereinheitlichung der Katechismen strebten, dem Katechismus des Jesuiten *Deharbe* den Vorzug. Er bot einen kurzen Abriß scholastischer Theologie mit klaren und präzisen Formulierungen, war mehr auf theologische Korrektheit als auf pädagogische Anpassung bedacht, sehr stark apologetisch und antiprotestantisch ausgerichtet und frei von allen biblischen und kerygmatischen Perspektiven. Nachdem er 1847 erschienen und 1853 umgearbeitet worden war, wurde er zunächst von den bayerischen Bischöfen, dann von den meisten deutschen Diözesen übernom-

[11] Vgl. LThK IX 432—433.

[12] *F. Bläcker*, J. B. v. Hirscher und seine Katechismen (Freiburg i. Br. 1953); *W. Nastainczyk*, J. B. v. Hirschers Beitrag zur Heilpädagogik (Freiburg i. Br. 1957). Über Hirscher s. S. 296 (Lit. S. 288).

men, wo er bis 1924 in Gebrauch gehalten wurde. In der zweiten Jahrhunderthälfte fand er in zahlreichen anderen Ländern Verbreitung: in England, in den Vereinigten Staaten, in Österreich, in den Missionen in Indien und in China. Parallel hierzu hörte man seit etwa 1850 auf, die Probleme der Konzeption des Katechismus und seines Inhalts zu diskutieren, und beschränkte sich auf die Prüfung rein didaktischer und pädagogischer Fragen.

In Frankreich gab es keine Lehrstühle für Pastoraltheologie, und man diskutierte in diesem Land auch viel weniger als in Deutschland über theoretische Probleme. Dagegen wurden auf praktischer Ebene verschiedene interessante Versuche unternommen. Der interessanteste Versuch ging vom Seminar von St-Sulpice aus. J.-A. Émery, von dem St-Sulpice wieder eingerichtet worden war, hatte die Überlieferung J.-J. Oliers aufgegriffen und die jungen Geistlichen zuerst durch katechetische Übungen in der Pfarrei in die Pastoral eingeführt. Diese Methode wurde von einigen glaubenseifrigen Priestern, die das rechte Verständnis für die Psychologie des Kindes hatten, der Neuzeit angepaßt; sie verstanden es, aus dem Katechismusunterricht, der durch Lobzettel und andere Belohnungen angeregt und von Liedern und Gebeten unterbrochen wurde, etwas Lebendiges zu machen. Genannt seien in diesem Zusammenhang: Teysseyrre, Frayssinous, de Quélen und vor allem Borderies, der Verfasser von „Adeste fideles", Direktor der Katechesen der Pfarrei St-Thomas d'Aquin von 1802 bis 1819[13]. Das Wesentliche — bei dem die „recettes" eine große Rolle spielten — wurde in der „Méthode de St-Sulpice dans la direction des catéchismes" zusammengefaßt, die 1832 von Abbé Faillon veröffentlicht wurde. Direkter Erbe dieser Erneuerer wurde Dupanloup, der sich von ihrem Beispiel und ihrer Gesinnung inspirieren ließ und sein pädagogisches Genie einbrachte. Wenn der alte Klerus dem jungen Vikar auch vorwarf, er belebe seinen Katechismusunterricht in La Madeleine in Paris (1826—34) durch zu viel Inszenierung und durch weltliche Mittel, setzte sich seine Methode, die gleichermaßen auf die Schulung des religiösen Sinns des Kindes wie auf seine theoretische Unterrichtung abzielte, doch nach und nach durch, und die Werke, in denen er sie kommentierte[14], wurden für mehrere Generationen das Brevier der Katecheten in der ganzen Welt außerhalb der deutschen Länder.

Die französische Provinz blieb in den ersten Jahrzehnten des Jahrhunderts, im ganzen genommen, weit zurück. Erst als die Gruppe der Pariser Katecheten durch die aufeinanderfolgenden Bischofspromotionen über das Land verstreut wurde, konnte sich die katechetische Bewegung auch dort ausbreiten. Sie wurde dann in den Dekreten der Provinzialkonzilien verankert, die seit 1848 zusammentraten. Da und dort hatte man jedoch schon

[13] Vgl. F. *Dupanloup*, La vie de Mgr Borderies (Paris 1905) bes. 61—67 89—185.

[14] „Manuel des catéchismes" (1831); „Méthode générale de catéchisme" (2 Bde, 1839); und vor allem: „L'œuvre par excellence ou entretiens sur le catéchisme" (1868).

vorher interessante Initiativen feststellen können. Es sei hier nur an den außerordentlichen Erfolg erinnert, den schon vor 1830 die Katechesen des Pfarrers von Ars erzielten, die sich durch das ständige Bemühen auszeichneten, eine Sprache zu sprechen, die auch von den ganz schlichten Menschen verstanden wurde. Und sein Bischof, Mgr. Devie, der sich von seinem Beispiel inspirieren ließ, veröffentlichte mehrere Werke über die Unterweisung in der christlichen Lehre, die zu ihrer Zeit Erfolg hatten. Unter dem zweiten französischen Kaiserreich bemühten sich Abbé Timon-David in Marseille und P. Chevrier in Lyon in der gleichen Perspektive darum, den Religionsunterricht weniger abstrakt zu gestalten, wobei der erstere häufig die Biblische Geschichte heranzog, da er auf der „Unterweisung durch das Herz" bestand, während der letztere die Methode des Katechismusunterrichts durch das Bild entwickelte und auf die seit dem 16. Jh. traditionelle Gliederung (Glaubenswahrheiten, verpflichtende Gebote und Gnadenmittel) verzichtete, um sich auf drei konkrete Themen zu konzentrieren: Gott, Jesus Christus und Kirche.

Unbestreitbar wurde in Frankreich in der Zeit zwischen dem ersten und dem zweiten Kaiserreich bedeutsame katechetische Arbeit geleistet. Sie hatte jedoch ihre Grenzen darin, daß eine viel zu individualistische Sicht der Religion vorherrschte, die als Mittel verstanden wurde, „sein Heil zu wirken" [15], und daß eine Verbindung mit dem liturgischen Leben fast völlig fehlte, vor allem aber darin, daß sie — trotz aller Bemühungen um die Entwicklung der für die jungen Männer und die jungen Mädchen bestimmten „catéchismes de persévérance" — zu ausschließlich auf die Erstkommunion ausgerichtet war. In der Zeit der Julimonarchie erhielt die Erstkommunion das Gepräge eines spektakulären Festes, das zweifellos ihre Bedeutung auch äußerlich unterstrich, jedoch gleichzeitig bei den Kindern und bei den Eltern den Eindruck erwecken konnte, der Katechismusunterricht sei mehr eine Vorbereitung auf den Ritus der Erstkommunion als eine Einführung in das tägliche Leben des Christen. Die Folge war, daß viele unmittelbar nach der Erstkommunion jede Religionsausübung aufgaben. Der Katechismusunterricht, mit dem man sich so große Mühe gegeben hatte, wurde nicht genügend in eine Gesamtpastoral integriert.

Pastoraltheologie und Pastoralpraxis

Leider liegen bisher nur Ansätze von Monographien über die Pastoraltheologie im 19. Jh. vor. Dennoch läßt sich jetzt schon erkennen, daß die Situation auch auf diesem Gebiet ziemlich genau dem entsprach, was im Bereich

[15] Vgl. *E. Germain*, Parler du salut? La catéchèse du salut dans la France de la Restauration (Paris 1968).

des Katechismusunterrichts festzustellen war. In den deutschen Fakultäten wurden mehr theoretische Überlegungen angestellt, mit deren Hilfe man versuchte, die Positionen der katholischen Aufklärung unter Beibehaltung ihrer positiven Resultate zu überwinden. In Frankreich wurden, wenn auch zögernd und unsicher und weit verstreut, mehr praktische Initiativen ergriffen. Ihr Ziel war die Anpassung an die neue Situation, wie sie sich einerseits aus den Umwälzungen der politischen Revolution und der stark veränderten Stellung des Klerus innerhalb der Nation ergab, und andererseits aus der industriellen Revolution, die den scharfsichtigsten Katholiken allmählich das völlig neue Problem der Seelsorge für das städtische Proletariat stellte.

In *Deutschland* hatten der Moralismus und die anthropozentrische Einstellung der Aufklärung den ersten Entwürfen der Pastoraltheologie ihren Stempel aufgeprägt. Dies galt besonders für die Sicht der Kirche und ihrer Mission in einer fast ausschließlich soziologischen Perspektive, für die Konzeption der Predigt und der Katechese, die als bloßer Unterricht nach den Regeln des weltlichen Unterrichts aufgefaßt wurde, und für die Auffassung von der Liturgie, die auf die Übung der Tugend der Religion reduziert wurde. In dieser Perspektive war der eigentlich christliche und übernatürliche Aspekt aus dem Auge verloren und die Pastoraltheologie auf eine Berufsethik zum Gebrauch eines Klerus eingeengt worden, dessen Aufgabe sich auf die sittliche und kulturelle Erziehung der Pfarrkinder zu beschränken schien. Diese Sicht dominierte auch noch in Handbüchern wie dem „Systema theologiae pastoralis" (1818) von Th. Powondra. Aber schon seit der Jahrhundertwende kündigte sich mit Johann Michael Sailer[16] eine Weiterentwicklung an. Als Professor für Pastoraltheologie in Dillingen von 1784 bis 1794 und dann in Landshut von 1800 bis 1822 übte er auf den Klerus von ganz Süddeutschland großen Einfluß aus, der durch den Erfolg seiner „Vorlesungen aus der Pastoraltheologie"[17] noch ausgeweitet und verstärkt wurde. Seine Lehre vollzog den Bruch mit der naturalistischen Pastoral der Zeit der Aufklärung, bemühte sich jedoch, ihre positiven Elemente beizubehalten, die sie in der Reaktion auf die jansenistische Mentalität, die pietistische Anthropologie und den übertriebenen Objektivismus der nachtridentinischen Pastoral entwickelt hatte. Obwohl Sailer sich auch für eine Verbesserung der homiletischen Methoden interessierte, befaßte er sich vor allem mit dem Inhalt der Predigt, dem er den ganzen zweiten Band seiner „Vorlesungen" widmete. Statt moralisierender und an dogmatischer Substanz armer Betrachtungen forderte er die Predigt der „Grundlehren des Christentums" unter Freimachung von scholastischen Formulierungen,

[16] Über seinen Einfluß in der deutschen katholischen Bewegung zu Anfang des 19. Jh. s. S. 266—267.

[17] 3 Bde (München 1788); 2. Ausg. 1794; 3. Ausg. 1812; 4. Ausg. 1820.

„die eben darum über den Horizont des Volkes reichen", und von „bloß gelehrten Erläuterungen eines theologischen Begriffes". Die beste Methode zur Verwirklichung dieses Ideals bestand für ihn in ‚direkter und ständiger Fühlung mit der Heiligen Schrift'. Deshalb war der erste Band seiner „Vorlesungen" einer „Einführung in das praktische Studium der Heiligen Schrift" gewidmet. Allerdings interessierte ihn die Bibel anfänglich vor allem als eine Sammlung von erbaulichen Beispielen. Nach und nach kam er jedoch zu einer klar auf die Heilsgeschichte ausgerichteten Sicht, in der das Christentum in erster Linie nicht mehr als eine Lehre, sondern als ein Ereignis erschien, als die Geschichte des Wirkens Gottes unter den Menschen.

Sailer stand jedoch trotz allem noch zu sehr unter dem Einfluß des sentimentalen Individualismus des „Sturm und Drang" und der zeitgenössischen protestantischen Theologie der „Erfahrung". Einen Schritt nach vorwärts machte die Tübinger Schule, da sie den positiven und historischen Charakter des Christentums und auch die kirchliche Perspektive, in der die Pastoraltheologie erarbeitet werden muß, mehr unterstrich. Schon Hirscher hatte diesen Weg eingeschlagen, war jedoch noch bei einer zu beschränkten Sicht stehengeblieben: in der Überzeugung, daß die kerygmatische Funktion bei weitem die wichtigste Seite des Hirtenamts darstellt — man erkennt hier das didaktische Hauptanliegen der Aufklärung —, beschränkte er sein Bemühen um Erneuerung zu sehr auf die Glaubensverkündigung und vernachlässigte den sakramentalen Aspekt. Vor allem sein Schüler und Nachfolger Graf[18] erweiterte die Perspektiven seines Lehrers dadurch, daß er der Pastoraltheologie über die Erneuerung der Predigt und der Katechese hinaus auch noch die Aufgabe stellte, die gesamten Aktivitäten zu behandeln, durch die sich die Kirche dank dem Wirken des stets gegenwärtigen und im Schoße des Volkes Gottes wirksamen Heiligen Geistes selbst erbaut. Leider konnten die Hoffnungen, die gegen 1840 in Tübingen reiften, kaum Frucht tragen, zunächst weil sich die Schule Hirschers zerstreute, dann aber auch noch aus allgemeineren Gründen. Nach 1850 rückte man von der ekklesiologischen Ausrichtung ab, die Graf der Pastoraltheologie hatte geben wollen, und beschränkte sie mehr und mehr auf eine Wissenschaft der Praxis, in der die psychologischen, asketischen und kanonistischen Erwägungen die Oberhand über die theologischen Gesichtspunkte gewannen. Dies war schon der Fall in der „Pastoraltheologie" (1850/57) von J. Amberger[19], und die Handbücher der folgenden Jahre, wie z. B. das des Österreichers I. Schüch, das zwischen 1865 und 1924 zwanzig Auflagen erzielte, verfolgten die gleiche Linie. Einen anderen Hinweis auf die Entwicklung, die sich in dieser Zeit

[18] Über Anton Graf (1811—67), Professor für Pastoraltheologie in Tübingen von 1838 bis 1843, Verfasser einer bemerkenswerten „Kritischen Darstellung des gegenwärtigen Zustands der praktischen Theologie" (1841), s. *F. X. Arnold,* Seelsorge aus der Mitte der Heilsgeschichte 178—194.

[19] Vgl. *H. Schuster,* Hdb. der Pastoraltheologie I 63—66.

in Deutschland zum Schaden der biblischen und theologischen Erneuerungsversuche vollzog, liefert der Erfolg, den um die Jahrhundertmitte die deutschen Bearbeitungen französischer Handbücher mit charakteristischen Titeln hatten und die dem Pfarrklerus vor allem „Rezepte" liefern sollten: „Pflichten des Priesters" von F. Hurter (1844), „Anleitung zur Selbstprüfung für Weltgeistliche" von Th. Katerkamp (1845), „Der praktische Seelsorger" von H. Dubois, von einem Mainzer Priester adaptiert (1856).

Sobald es sich nicht mehr um theologische Erörterungen über die Pastoral, sondern um praktische Verwirklichungen handelte, gab tatsächlich Frankreich in ganz Westeuropa den Ton an, bis dann von der Jahrhundertmitte ab die „Vereins-Bewegung" aus dem katholischen Deutschland das Musterland machte, dem sich Priester und Laien, die sich um eine Erneuerung der Formen und der Methoden des Apostolats bemühten, mehr und mehr zukehrten.

Die Pastoral, wie sie der französische Priester der ersten Hälfte des 19. Jh. mitsamt seinen Beratern verstand[20], war erfüllt vom Heimweh nach der Vergangenheit, beherrscht von dem Wunsch, eine christliche Gemeinde zu erneuern, und von dem ausgeprägten Gefühl der Feindseligkeit gegenüber der Welt. Es handelte sich um eine Bewahrungspastoral, die sich vor allem bemühte, die nicht zu verlieren, die noch an der Kirche hingen, das heißt vor allem die Frauen und die Kinder. Dies blieb nicht ohne Folgen: „der Schwerpunkt der kirchlichen Seelsorge verlagerte sich mehr und mehr zur Frauen- und Kinderwelt" (Schrott), was noch so viele Kirchenlieder, Heiligenbildchen, Statuen oder religiöse Gemälde aus dieser Zeit bekunden.

Nur allzu häufig waren die Pfarrer im täglichen Leben versucht, sich auf die kleine, treue Herde zurückzuziehen, die sich ihrer Autorität fast widerstandslos fügte. Dennoch verzichteten sie nicht völlig darauf, die Verirrten auf den rechten Weg zurückzuführen. Sie bedienten sich zu diesem Zweck der — noch aus der vorigen Periode stammenden — Volksmissionen (oder Pfarreimissionen), die sich nach und nach zu einem systematischen Ganzen entwickelt hatten, das mit seinen Unterweisungen, Exerzitien und Zeremonien auf ein bestimmtes Ziel ausgerichtet war. Die neuen Verhältnisse machten natürlich einige Anpassungen notwendig, doch blieb man im wesentlichen der bewährten Überlieferung treu. Nach mehrjähriger Unterbrechung in der Endzeit des Kaiserreichs wurden diese Volksmissionen in Frankreich sofort nach der Rückkehr der Bourbonen wiederaufgenommen. Zunächst wurden sie von Weltpriestern durchgeführt, die dann jedoch von Predigern abgelöst wurden, die von den auf dieses Apostolat spezialisierten Kongregationen gestellt wurden[21]. Die Julirevolution stoppte diese Bewegung, die

[20] Siehe unter verschiedenen anderen Handbüchern *J. S. Dieulin,* Le bon curé au XIXe s., 2 Bde (Paris 1842; 4 Neuauflagen zwischen 1845 und 1864) oder „Rituel du diocèse de Belley", 3 Bde, von Mgr. *Devie* (1830/31), in dem ausführlich über die Frage der Verwaltung der Pfarreien und der Sakramente gesprochen wird.

[21] Siehe S. 148—149 und das dort zitierte Werk von *E. Sevrin.*

oft einen politischen Akzent erhalten hatte; doch setzte sie nach und nach wieder ein, nun weniger spektakulär, dafür vielleicht mit größerer Tiefenwirkung. Auch in Italien waren die Volksmissionen zu einer festen Einrichtung geworden und setzten nach den revolutionären Umwälzungen fast überall sehr rasch wieder ein. Im Kirchenstaat beauftragte Pius VII. schon 1815 einen frommen Priester, Gaspare del Bufalo (1786—1837), mit ihrer Durchführung. Dieser — später heiliggesprochene — Priester stiftete zu diesem Zweck in Umbrien eine zu einer bedeutenden Zukunft berufene Priesterkongregation: die Missionare vom Kostbaren Blut[22]. Diese Kongregation wurde 1840 von F. Brunner[23] in der Schweiz eingeführt, wo schon Anfang der zwanziger Jahre P. Roothaan die Jesuiten auf die Veranstaltung von Volksmissionen hingelenkt hatte. Italiener, u. a. der Rosminianer L. Gentili und der Passionist D. Barberi[24], führten die Volksmissionen seit 1843 in England und in Irland ein. In den deutschen Ländern konnten sich die Volksmissionen bis zur Jahrhundertmitte auf Grund der von den Regierungen auferlegten Beschränkungen nur schwer entfalten. Sie konnten jedoch in Österreich seit 1840 und in Deutschland vor allem nach 1848 sich ausbreiten[25]. In den Vereinigten Staaten hielt ein österreichischer Jesuit, F. X. Weninger (1805—88), nach 1848 rund 800 Missionen ab[26].

Die Organisation einer Mission war stets ein außerordentliches Ereignis. Deshalb mußten die Pfarrer für die lange Zeit zwischen den Volksmissionen nach neuen „industries du zèle", wie man in Frankreich sagt, d. h. nach Anregungen suchen, die geeignet waren, das Volk in die Kirche zu ziehen, wo es lernen sollte, welche Pflichten es zu erfüllen, welche Sünden es zu meiden und was es zu tun habe, um gerettet zu werden; in dieser sehr formalistischen Perspektive sahen die Pfarrer der damaligen Zeit ihre Aufgabe. Einen Höhepunkt im Kirchenjahr bildete die jährliche Zeremonie der Erstkommunion, die eine — von der Folklore noch verstärkte — Verbindung zwischen der Pfarrei, der Schule und der Familie herstellte. Man bemühte sich, diese Zeremonie in ein Mittel des Apostolats umzuwandeln, weshalb man sie oft mit einer Art von kleiner Volksmission einleitete, um die gleichgültigen Familien wieder zum Empfang der Sakramente zurückzuführen.

Die Volksmissionen waren aber nicht das einzige, was die französischen Pfarrer des 19. Jh., voller Verehrung für die Traditionen des „ancien clergé de France", wieder zu neuem Leben erwecken wollten. Sie versuchten, eine

[22] Vgl. *G. de Libero,* S. Gaspare del Bufalo (Rom 1954; dt. Mindelheim 1957) und *Heimbucher* II 611—613 (Lit.).
[23] Vgl. *J. J. Simonet,* F. S. Brunner und seine Mutter (Chur 1935).
[24] Vgl. *D. Gwynn:* IER 70 (1948) 169—184; *C. Charles:* JEH 15 (1964) 60—75.
[25] Vgl. *E. Gatz,* Rheinische Volksmission im 19. Jh. (Düsseldorf 1963); *K. Jockwig,* Die Volksmission der Redemptoristen in Bayern von 1843 bis 1873: Beiträge zur Geschichte des Bistums Regensburg I (Regensburg 1967) 41—408.
[26] *F. Weiser,* Apostel der Neuen Welt (Wien 1937).

Anzahl ehemaliger Bruderschaften zu restaurieren, so z. B. im Süden die der „schwarzen und weißen Pönitenten" oder in der Bourgogne die Bruderschaft der Heiligen Kindheit Jesu, die 1821 vom Bischof von Dijon wieder angeregt und von Pius IX. im Jahre 1855 zur Erzbruderschaft erhoben wurde. Vor allem aber erlebten die marianischen Kongregationen, die in Frankreich 1760 unter dem Druck der Jansenisten aufgehoben worden waren und denen nun im 19. Jh. die Ausbreitung der Marienverehrung zustatten kam, unter verschiedenen Parallelformen einen großen Aufschwung. Erwähnt seien: die der römischen „Prima Primaria" angeschlossenen klassischen Kongregationen, die seit dem Dekret Leos XII. vom 7. März 1825 nicht mehr zwangsläufig bei einer Niederlassung der Jesuiten errichtet werden mußten und sich in den ersten Jahrzehnten des Jahrhunderts um rund tausend jährlich vermehrten; die „Association des Enfants de Marie Immaculée", die zwischen 1820 und 1830 von den Filles de la Charité für die Kinder ihrer Internate gegründet wurde, jedoch nach den Marienerscheinungen der Catherine Labouré und ihrer offiziellen Anerkennung durch Pius IX. im Jahre 1847 auf die Pfarreien der ganzen katholischen Welt ohne Unterschied des sozialen Milieus übergriff (600000 Mitglieder am Ende des Jahrhunderts); die „Congrégation des Dames Enfants de Marie", die 1832 in Lyon für die ehemaligen Schülerinnen der Pensionate der Religieuse du Sacré-Cœur gegründet wurde und sich sehr rasch in der Elite der weiblichen Gesellschaft Europas und Amerikas verbreitete[27].

Neben diesen traditionellen Formen tauchten andere auf, die versuchten, den neuen Bedürfnissen einer sich mehr und mehr verstädternden Gesellschaft Rechnung zu tragen. In erster Linie sind hier die Jugendheime zu nennen, in denen versucht wurde, die Mängel der sittlichen und religiösen Erziehung in den breiten Volksschichten auszugleichen. Sie entstanden in verschiedenen Formen und Ländern: in Frankreich durch J. J. Allemand (1772—1836) und seinen Schüler Timon-David (1821—91), die von einsatzfreudigen Laien, wie Armand de Melun[28], unterstützt wurden; etwas später in Piemont, wo Don Bosco andere, weniger bekannte Männer dieses Apostolats überstrahlte; in Belgien; im Rheinland, wo Kolping mit einem ausgeprägteren Verständnis für die Bedürfnisse der modernen Industriegesellschaft diesen pastoralen Stil ausweitete, indem er 1849 die „Gesellenvereine"[29] gründete.

In Frankreich und in Belgien entwickelten sich solche pastoralen Schutzorganisationen besonders unter dem Einfluß der „Société de S. Vincent de Paul" (Vinzenzverein). Der Vinzenzverein, der auf die Initiative einiger

[27] Vgl. Un centenaire. Enfants de Marie du Sacré-Cœur, 2 Bde (Paris 1932).

[28] Vgl. *Duroselle* 183—197, und zum Aufschwung im dritten Viertel des Jahrhunderts: 548—604.

[29] Siehe S. 759 und Anm. 30.

junger französischer Laien zurückgeht, deren bekanntester F. Ozanam[30] ist, stellte sich eine dreifache Aufgabe: Unterstützung der Armen, nicht nur materiell, sondern auch psychologisch durch Kontakte von Mensch zu Mensch; Stärkung des Glaubens der Mitglieder durch die gemeinsame Übung der Nächstenliebe; apologetisches Zeugnis vor der Welt durch den Nachweis der Fruchtbarkeit des Katholizismus der Tat. 1833 in Paris gegründet, strahlte er rasch nach Frankreich (39 Konferenzen im Jahr 1839, 141 im Jahr 1844, 282 im Jahr 1848) und dann ins Ausland aus: 1844 drang er nach Italien vor, 1845 nach Deutschland und in die Vereinigten Staaten[31] und hatte 1848 bereits 108 Filialen außerhalb von Frankreich.

Die „Vinzenzkonferenzen" waren aber nicht nur ein Unternehmen für die Laien, sondern auch ein Unternehmen, in dem die Laien die Hauptrolle spielten. Daß die Laien einen immer größeren Platz im Dienst der Kirche einnahmen, gehört mit zu den wichtigsten Neuerungen der Pastoral im 19. Jh., in dessen Verlauf sich dieser Trend mehr und mehr verstärkte; doch sind die Anfänge schon in den ersten Jahrzehnten festzustellen. Es gibt da eine Reihe berühmter Namen: eine Prinzessin Gallitzin, einen Görres oder einen Buß in Deutschland, einen Montalembert, einen Melun, einen Veuillot, eine Pauline Jaricot in Frankreich, einen Cesare d'Azeglio in Piemont, einen O'Connell in Irland, einen Donoso Cortés in Spanien; aber diese Namen repräsentieren viele Männer und Frauen, meist aus der gesellschaftlichen Elite, die ihr Vermögen oder ihr tätiges Interesse in den Dienst der Pfarreien stellten, um die bereits vorhandenen Einrichtungen am Leben zu erhalten oder bei der Schaffung neuer zu helfen. Immer größer wurde die Zahl der Journalisten und Parlamentarier, die — häufig völlig selbstlos — mit Wort und Feder die Interessen der Kirche verteidigten. In einer Welt, die sich in wenigen Jahrzehnten von Grund auf verändert hatte, in der sich breite Schichten der Bevölkerung von der Kirche entfernt hatten, während die Zahl der Priester und Ordensleute stark gesunken war, und in der man immer weniger auf die Unterstützung rechnen konnte, die der Staat einst dem Klerus gegeben hatte, waren sich die weitsichtigsten darüber klar, daß die Heranziehung aktiver Laien zur Mitarbeit eine absolute Notwendigkeit darstelle, sei es auch nur, um mit der Welt durch die Darlegung und die Verteidigung des Glaubens in einer ihr verständlichen Sprache wieder Fühlung zu bekommen und um durch solche Laien als Mittler — denn in der

[30] Über Frédéric Ozanam (1813—53) s. S. 355 Anm. 11. Über die Anfänge der „Conférences de St-Vincent de Paul" vgl. *A. Foucault*, Histoire de la société de S. Vincent de Paul (Paris 1933), Livre du centenaire, 2 Bde (Paris 1933) und *J. Schall*, A. Baudon (Paris 1897); auch Lettres de F. Ozanam 1819—40, hrsg. von *L. Celier* (Paris 1960).

[31] Vgl. *B. Kühle*, Der Münchener Vincenzverein (Wuppertal 1935); *F. Molinari*, Le Conferenze di S. Vincenzo in Italia: Spiritualità e Azione del laicato italiano (Padua 1969) 59—103 (Lit.). Ein erster Versuch hatte 1836 in Rom stattgefunden.

Theologie von damals vergegenwärtigte man sich noch nicht, daß die Laien selbst Kirche sind — die Kirche in den Nervenzentren der neuen Gesellschaft zu vergegenwärtigen: in den Parlamenten, in den Ministerialbüros, in den Stadtverwaltungen, in den Redaktionsräumen der Zeitungen. Schon 1820 hatte Ferdinand de Bertier, einer der Leiter der Bewegung, das sich um die „Kongregation" entfaltete[32], geschrieben: „Ich bin überzeugt, daß die Priester nicht mehr die wirksamsten Apostel sein können." Das hatte Chaminade in Bordeaux bereits rund zwanzig Jahre vorher erkannt[33]. Und das begriff noch besser Vinzenz Pallotti (1795—1850), der im Jahr 1835 in Rom versuchte, eine „Società dell'Apostolato cattolico" zustande zu bringen, und alle Katholiken — nicht nur die Notabeln, sondern auch die Handwerker, die Lehrer, die Hausangestellten, die Bauern und auch die Hausfrauen und Mütter — aufrief, die christlichen Prinzipien in ihrer Umgebung, in ihrem Lebens- und Arbeitsmilieu zu verbreiten[34]. Das Vorhaben dieses Mannes, den Pius XI. als „Pionier und Vorläufer der Katholischen Aktion" bezeichnete, stieß jedoch auf den heftigen Widerstand der kirchlichen Autoritäten, die der Meinung waren, das Apostolat im eigentlichen Sinn müsse Monopol des Klerus bleiben. Gleichermaßen wurde, zehn Jahre später, in Frankreich die Aktion, die ein Montalembert und ein Veuillot zugunsten des katholischen Unterrichts unternahmen, von einem Teil des alten Klerus und des Episkopats als ein Eingriff in die traditionellen Rechte der Hierarchie angesehen. Trotz dieser Befürchtungen und Klagen, die sich zugleich auf alte Gewohnheiten, von denen man sich nur schwer frei machen konnte, und auf eine zu enge Ekklesiologie[35] stützten und in manchen Kreisen nur langsam ausgeräumt werden konnten, zögerten jedoch die Kräfte, die mit offenen Augen in die Zukunft schauten, immer weniger, sich zu den Gedanken Lacordaires zu bekennen, der schrieb: „Der Laie hat eine Mission zu erfüllen; er muß alles ergänzen, was dem Weltklerus und den religiösen Orden abgeht. Die Gläubigen müssen ihre Bemühungen zur Verteidigung der Wahrheit gegen den ständigen Einfluß schlechter Lehren vereinigen; ihre Liebe muß zusammenarbeiten, um die Breschen in der Kirche und in der sozialen Ordnung auszubessern."[36]

[32] Siehe S. 274—275.

[33] Siehe S. 84.

[34] Vgl. *G. Ranocchini*, Vincenzo Pallotti, antesignano e collaboratore dell'Azione cattolica (Rom 1943) und *H. Schulte*, Priesterbildner und Künder des Laienapostolates, Vinzenz Pallotti (Limburg 1967).

[35] Eine Ekklesiologie, von der die Laien selbst meist durchdrungen waren. Als Beweis mögen folgende Zeilen Montalemberts aus dem Jahre 1834 dienen: „Ich bin nur ein Laie und bin daher der Kirche und Gott gegenüber lediglich für mein persönliches Heil verantwortlich" (Lettres de Montalembert à Lamennais, hrsg. von *G. Goyau* [Paris 1932] 209).

[36] Le Journal de Bruxelles, 27 avril 1849.

Die Reaktion der Moraltheologie gegen den Rationalismus der Aufklärung und den Rigorismus

Sowohl in der Moraltheologie wie auch in der Pastoraltheologie hat man — wie übrigens auch auf vielen anderen Gebieten — allzu häufig die Arbeit der Periode der Aufklärung und der ersten Hälfte des 19. Jh. mit den beiden gegensätzlichen Begriffen der Dekadenz einerseits und der Restauration andererseits charakterisiert. In Wirklichkeit enthielt die Reaktion zahlreicher Moralisten des 18. Jh. gegen die Reduktion der Moraltheologie auf die Kasuistik oder gegen die Diskussionen um den Probabilismus auch positive Werte und völlig berechtigte Bestrebungen. Allzu häufig neigte man jedoch auch dazu, die Eigentümlichkeit der christlichen Moral im Vergleich mit einer rein philosophischen Moral aus den Augen zu verlieren und den psychologischen Überlegungen das Übergewicht über die biblischen und kirchlichen Grundlagen der Moraltheologie zu geben. Dieser antidogmatischen Tendenz begegnete man noch bei verschiedenen deutschen Moralisten der ersten Jahrzehnte des 19. Jh., wie bei J. Salat, der sich von F. H. Jacobi leiten ließ, bei H. Schreiber, dessen „Lehrbuch der Moraltheologie" (1831/34) vom nachkantischen Rationalismus stark beeinflußt wurde, und bei den Schülern von Hermes, P. Elvenich oder G. Braun. Parallel hierzu entwickelte sich jedoch fortschreitend eine Reaktion gegen den Rationalismus in der Moraltheologie wie in der dogmatischen Theologie. Aber wenn sich die deutschen Moralisten auch bemühten, ihre erste Inspirationsquelle in der Heiligen Schrift zu suchen und mehr und mehr die vollständige Lehre der Kirche zu respektieren, so lag ihnen doch viel mehr als ihren Kollegen in den lateinischen Ländern am Herzen, weiterhin Synthesen in enger Fühlungnahme mit der Philosophie und den Problemen ihrer Zeit zu erarbeiten.

Schwach tritt die Erneuerung noch bei G. Riegler (1778—1847) in Erscheinung. Seine „Christliche Moral" (1825; ^{3}1836) war lediglich eine Amplifikation der „Ethica christiana universalis" (1801) von Maurus von Schenkl[37] in deutscher Sprache und ließ es, wie die letztere, an einem tieferen Verständnis der übernatürlichen Ordnung fehlen. Die Erneuerung tritt schon klarer zutage bei dem Österreicher J. A. Stapf (1785—1844), der in seiner „Theologia moralis"[38] gegen Kant die Bedeutung des Dogmas an der Wurzel der Moral unterstrich und die großen Moralisten der Vorzeit wieder zu Ehren kommen ließ, obwohl er selbst zu einer moderneren und mehr synthetischen Methode griff. Aber auch hier muß vor allem wieder auf die von

[37] Zu diesem Werk, das nicht ohne Verdienst war, s. *C. Schmeine*, Studien zur „Ethica christiana" M. v. Schenkls und zu ihren Quellen (Regensburg 1959).

[38] 4 Bde (Innsbruck 1827/31). Er faßte seine Gedanken in seinem „Compendium" (2 Bde, ebd. 1832) zusammen, das viele Jahre lang in Österreich benutzt wurde. Im Jahre 1841 veröffentlichte er in deutsch „Die christliche Moral" (4 Bde), in welcher der Einfluß Hirschers bemerkbar ist.

Sailer und Hirscher geleistete Arbeit[39] hingewiesen werden, deren fruchtbare Intuitionen sich zum Teil im Kontakt mit einigen zeitgenössischen protestantischen Theologen, wie Heß, Schwarz oder Schleiermacher, entwickelten.

In der Auseinandersetzung mit dem Naturalismus der Vorgenerationen bemühten sie sich, die biblische Moral in ihrer ursprünglichen Kraft wiederherzustellen und die engen Bande zu zeigen, die zwischen ihr und den Dogmen bestehen. Zugleich wandten sie sich aber auch gegen die klassische Moraltheologie, die sich darauf zu beschränken schien, die Grenze zwischen schweren Sünden und läßlichen Sünden zu ziehen. Für sie war es Aufgabe der Moraltheologie, das Ideal eines christlichen Lebens in seinem ganzen Umfang darzustellen. Ihrer Ansicht nach paßten auch die Methoden und die Sprache der Rechtswissenschaft nicht für diese auf das Evangelium gegründete Moral. So bildete Sailers wenig systematisches, in einem gehobenen Stil geschriebenes „Handbuch der christlichen Moral" (1817) mit seiner Fülle von originellen Gedanken eine Art von „Introduction à la vie dévote". Es war, wie es im Untertitel hieß, „zunächst für künftige katholische Seelsorger und dann für jeden gebildeten Christen" bestimmt. In der Reaktion gegen den Juridismus der Kasuistik jesuitischer Prägung und auch gegen den Rationalismus, der am Ende des 18. Jh. auf den Lehrstühlen der Universitäten überwog, führte Sailer das eigentliche Wesen des christlichen Gesetzes auf die Liebe Gottes zurück, ohne jedoch die subjektiven Bedingungen dieser Liebe ausreichend zu präzisieren. Hirscher, dessen Verdienste auf dem Gebiet der Moraltheologie bereits erwähnt wurden[40], übertraf diesen Vorläufer noch „an Schärfe der psychologischen Beobachtung, durch die größere Aktualität und Zeitnähe und nicht zuletzt durch die Geschlossenheit der systematischen Darbietung, wenn er auch den mystischen Schwung Sailers nicht immer erreicht" (B. Häring). Seine Absicht war, die Moral vom biblischen Konzept des „Reiches Gottes" aus[41] aufzubauen, wie Drey dies bei der Dogmatik getan hatte[42]. Festzuhalten ist jedoch, daß er seinen „Reich-Gottes"-Begriff nicht eigentlich vom Neuen Testament aus erarbeitete, sondern von seinen Lehrern so übernommen hatte, wie sie ihn in der romantischen Perspektive der Zeit herauskristallisiert hatten[43]. Eine kritische

[39] Bezüglich ihres Beitrags zur Moraltheologie für Sailer, außer *H. J. Müller* a. a. O., *Ph. Klotz*, J. M. Sailer als Moralphilosoph (Paderborn 1909); *J. Ammer*, Christliche Lebensgestaltung nach der Ethik J. M. Sailers (Düsseldorf 1941); für Hirscher: *J. Scharl*, Freiheit und Gesetz. Die theologische Begründung der christlichen Sittlichkeit bei J. B. Hirscher (München 1941); *A. Exeler*, Eine Frohbotschaft vom christlichen Leben, die Eigenart der Moraltheologie J. B, Hirschers (Freiburg i. Br. 1959).

[40] S. 296.

[41] „Die christliche Moral als Lehre von der Verwirklichung des göttlichen Reiches in der Menschheit" (3 Bde, Tübingen 1835; 5. Ausg. 1851).

[42] Vgl. *J. Geiselmann:* ThQ 111 (1930) 116.

Untersuchung fördert auch noch in anderen Punkten Unzulänglichkeiten im Versuch Hirschers zutage, was seine großen Verdienste jedoch nicht schmälern kann.

Die Spuren von Hirschers, Sailers und auch Möhlers Einfluß findet man bei verschiedenen Autoren der nächsten Generation wieder, so bei Magnus Jocham, Bernhard Fuchs, Martin Deutinger, Karl Werner und Ferdinand Probst. Diese Autoren, deren Hauptwerke um 1850 herum erschienen, kamen teilweise zu der — von ihren Vorgängern so heftig kritisierten — scholastischen Tradition zurück, erbten jedoch von ihren Tübinger Lehrern das Anliegen, der Moraltheologie ihre organische Einheit im Unterschied zu einer bloß äußeren Systematisierung zu sichern, und die Überzeugung, daß das ureigene Fundament der christlichen Sittlichkeit in „der Eigenschaft von Gotteskindern, die durch die Sakramente geheiligt sind", liegen muß (Jocham). Ferner unterstrichen sie nachdrücklich den Gedanken der Entwicklung, da sie das sittliche Leben nicht statisch von erstarrten allgemeinen Definitionen und Normen aus zeigen, sondern dynamisch, als einen Kampf zwischen der als Aufruf zum vollkommenen Leben betrachteten Gnade und den irdischen Kräften, die zur Finsternis der Sünde hinabziehen.

Die meisten dieser Moralisten wollten nicht nur die Moral der asketischen und mystischen Theologie annähern, sondern ihre Handbücher auch weniger als einen Leitfaden für den Beichtvater, sondern mehr als ein zugleich für den Katecheten, den Prediger und die gebildeten Gläubigen nützliches Erbauungswerk auf wissenschaftlicher Ebene betrachtet sehen.

Ganz anders sieht es in den lateinischen Ländern aus. Hier bleibt man der klassischen Form des Seminarhandbuchs kanonisch-pastoraler Art treu, das der Schulung künftiger Beichtväter dienen will und eine trockene Kodifizierung der Pflichten und Sünden auf kasuistischer Grundlage bringt. Hier bestand die Neuerung darin, daß die rigoristischen oder zumindest probabilioristischen Prinzipien, die lange Zeit überwogen, in den französisch sprechenden Ländern durch die gemäßigte äquiprobabilistische Lehre des heiligen Alfons von Liguori ersetzt wurden. Man konnte in dieser Entwicklung, die sich im Verlauf des zweiten Viertels des Jahrhunderts vollzog, „eines der Hauptereignisse der französischen Kirchengeschichte im 19. Jh." (Guerber) erblicken. Und sie war in der Tat auch einer der Hauptfaktoren für den Sieg des Ultramontanismus über die gallikanische Tradition. Andererseits erleichterte sie den Gläubigen den Zugang zu den Sakramenten und „führte dadurch sozusagen zum Auftauen des christlichen Lebens und goß ihm neue Jugend ein".

Der Anschluß der Moralisten und des Klerus an das System Liguoris

[43] Vgl. *J. Stelzenberger*, Biblisch oder romantisch ausgerichtete Moraltheologie: ThQ 140 (1960) 291—303.

wurde durch die wiederholten Gunstbezeigungen gefördert, die ihm die römischen Autoritäten zuteil werden ließen: die Ritenkongregation im Jahre 1803, Pius VII. im Jahre 1816 anläßlich der Seligsprechung Alfons' von Liguori, Leo XII. im Jahre 1825 in einem Breve an den Verleger seiner sämtlichen Werke, Pius VIII. im Jahre 1829, die „Heilige Pönitentiarie" im Jahre 1831 in einer vom Papst bestätigten Antwort und Gregor XVI. im Jahre 1839 mit der Heiligsprechungsbulle[44]. Der Sieg Alfons' über den in den sulpizianischen Seminaren gelehrten Rigorismus war vor allem dem Abbé Gousset, einem Seminarprofessor aus Besançon, zuzuschreiben, da er die Antwort der Pönitentiarie vom Jahre 1831 veranlaßt hatte. Er war jedoch nicht der einzige — wie oft behauptet worden ist —, der in Frankreich die Lehren Liguoris verbreitete: abgesehen von drei französischen Ausgaben der „Theologia moralis" unter der Restauration, wurden bereits 1823 und 1824 in Lyon anonym zwei Broschüren des heiligmäßigen Priesters Pio Bruno Lanteri aus Turin zur Verteidigung der liguorischen Stellungnahme gegen die Einwände der Rigoristen veröffentlicht; 1828 machten die Brüder Lamennais in ihrem Studienplan für die Congrégation de Saint-Pierre Liguoris Werk zur Grundlage für die Moraltheologie, und 1830 lobte es Mgr. Devie in seinem „Rituel du diocèse de Belley". Dennoch wurden nur verhältnismäßig kleine Kreise erfaßt, und der Klerus auf dem Land wurde von dieser Bewegung kaum beeinflußt. Als jedoch der Abbé Gousset im Jahre 1832 seine „Justification de la théologie morale du bienheureux Alphonse de Liguori" veröffentlichte, hinterließ diese Arbeit in weiten Kreisen einen tiefen Eindruck, und im Verlauf der nächsten zehn Jahre wurden mehr als 30000 Exemplare von Alfons' „Theologia moralis" in Frankreich abgesetzt. Gousset ergänzte, nachdem er Erzbischof von Reims geworden war, diesen Erfolg noch dadurch, daß er 1844 in französischer Sprache eine „Théologie morale à l'usage des curés et des confesseurs" veröffentlichte, in der er Alfons' Lehre schlicht und eindrucksvoll darstellte. Dieses Werk wurde in Frankreich siebzehnmal neu aufgelegt, in der Schweiz und in Belgien in Neudrucken verbreitet, ins Italienische, ins Deutsche, ins Polnische . . . und ins Lateinische übersetzt. Parallel zu diesem gemeinverständlichen, für den Pfarrklerus bestimmten Werk verschaffte J. B. Bouvier mit seinen weitverbreiteten „Institutiones theologicae" Alfons' Lehren Eingang in den Seminarunterricht, desgleichen, etwas später, der Jesuit P. Gury, der Alfons von Liguori während seiner Studienzeit in Rom entdeckt hatte. Sein „Compendium theologiae moralis", das seit 1833 im Scholastikat von Vals gelehrt wurde und zum Teil von Gousset inspiriert worden war, erzielte in

[44] Vgl. Vindiciae Alphonsianae I (Paris-Tournai ²1874) LXXVIII—LXXX. Man wird feststellen, daß der Heilige Stuhl die Lehre Liguoris zwar lobte, es aber vorsichtig vermied, gegen den Probabiliorismus Stellung zu nehmen (vgl. *O. Fusi-Pecci*, La vita del papa Pio VIII [Rom 1965] 157—160).

wenigen Jahren rund zwanzig Auflagen und wurde in vielen Seminaren in Frankreich und im Ausland übernommen.

In Belgien war der Probabiliorismus wie in Frankreich, vielleicht sogar in noch höherem Maße, die bis zum Ende des 18. Jh. geläufige Lehre. Einige in der Revolutionszeit nach Deutschland emigrierte Priester entdeckten dort die „Theologia moralis" Alfons' von Liguori, von der 1822 zwei Ausgaben in Mecheln und in Antwerpen veröffentlicht wurden. Die Niederlassung der Redemptoristen im Lande trug — trotz des ziemlich hartnäckigen Widerstands in den Seminaren und Scholastikaten wie auch beim alten Klerus — zum Erfolg der Lehre Alfons' von Liguori beim Klerus bei. Sie setzte sich, wie in Frankreich, zwischen 1830 und 1840 durch, und zwar vor allem auch dank der Unterstützung der theologischen Fakultät von Löwen.

Ebenfalls zur gleichen Zeit erzielte Alfons von Liguori, der in den deutschsprachigen Ländern stets eine Reihe von Anhängern gehabt hatte, auch in Deutschland neue Erfolge, da dort bei einem Teil des Klerus das Verlangen nach guten kasuistischen Werken neben den mehr synthetischen, von denen oben die Rede war, erneut spürbar wurde. 1839 veröffentlichte der Franziskaner A. Waibel eine „Moraltheologie nach dem Geiste des heiligen Alphons von Liguori mit reichlicher Kasuistik", und von 1844 ab führte K. Martin, Professor für Moral- und Pastoraltheologie in Bonn, Alfons von Liguori auch in den Universitätsunterricht ein. Verschiedene Ausgaben der „Theologia moralis" folgten einander in den nächsten Jahren: in Mainz 1845, in Regensburg 1846 usw. Erwähnt sei noch ein charakteristisches Detail: das in Deutschland mehrmals neu aufgelegte Handbuch von Gury hatte hier schließlich mehr Erfolg als alle heimischen Moralisten. Auf dem Gebiet der Moraltheologie konnte man, wie auch auf anderen, parallel zum wachsenden Erfolg des Ultramontanismus eine Rückkehr zu mehr und mehr traditionellen Positionen feststellen, natürlich auf Kosten der — trotz ihrer Lücken und ihrer Unausgeglichenheit — häufig so interessanten Erneuerungsversuche, die in der Atmosphäre der Aufklärung und der katholischen Romantik gereift waren und nun für die Dauer von fast einem Jahrhundert erstickt wurden.

24. Kapitel

Das katholische Denken auf der Suche nach neuen Wegen

LITERATUR: *Hocedez* II; *J. Bellamy*, La théologie catholique au XIXe s. (Paris 1904); *L. Scheffczyk*, Theologie im Aufbruch und Widerstreit. Die deutsche katholische Theologie im 19. Jh. (Bremen 1925); *C. Werner*, Geschichte der katholischen Theologie. Seit dem Trienter Concil bis zur Gegenwart (München 1867).

Unter dem Pontifikat Gregors XVI. wurden — wie in den voraufgehenden fünfzehn Jahren — die Bemühungen fortgesetzt, das katholische Denken in Bahnen zu lenken, die der modernen Geisteshaltung besser angepaßt waren als die Scholastik. Der Erfolg dieser Bemühungen war in Deutschland, in Frankreich und in Italien recht ungleich. Die Verteidiger der Tradition widersetzten sich diesen Neuerungen immer leidenschaftlicher, und der Heilige Stuhl, dessen Autorität sich nach und nach wieder festigte, begann nach einer langen Pause erneut, die Darlegungen der katholischen Theologen und Philosophen, die er für glaubensgefährdend hielt, zu zensieren. Immer noch wurde in den deutschen Ländern die theologische Diskussion am weitesten vorangetrieben, so daß ihr ein großer Teil dieses Kapitels gewidmet werden muß. Wir denken hier an die posthumen Kontroversen um die Theorien von Hermes, die Begeisterung für Günther und die Angriffe gegen ihn, die Ausstrahlungen der Schulen von Tübingen und München. Zu registrieren ist jedoch auch das Auftauchen eines neuen Zentrums der Hochschulbildung in Belgien, der katholischen Universität von Löwen. In Frankreich darf über dem doppelten Scheitern von Lamennais und Bautain nicht vergessen werden, daß zahlreiche, oft ungeschickte, mitunter jedoch recht interessante Initiativen ergriffen wurden, die Zeugnis für das Bemühen der aufgeschlosseneren katholischen Intellektuellen ablegten, die alten, ausgetretenen Pfade zu verlassen und sich den Denkweisen ihrer Zeitgenossen anzupassen. Eines der bemerkenswertesten Zeichen dieser Anstrengungen ist die Entwicklung, wenn noch nicht der Tagespresse, so doch wenigstens der katholischen Zeitschriften und Wochenblätter; es ist besonders bedeutsam, daß dieses Phänomen ganz Westeuropa charakterisiert.

Der Streit um den Hermesianismus

LITERATUR: *H. Schrörs,* Ein vergessener Führer der Rheinischen Geistesgeschichte des 19. Jh. (Bonn 1925); *ders.,* Die Kölner Wirren 1837 (Köln 1927); *ders.,* Hermesianische Pfarrer: Annalen des Hist. Vereins f. d. Niederrhein 103 (1919) 76—183; *H. Bastgen,* Forschungen und Quellen zur Kirchenpolitik Gregors XVI. (Paderborn 1929) 18—74 245 bis 277 437—548; *S. Merkle:* HJ 60 (1940) 179—220; *J. Pritz,* Franz Werner (Freiburg i. Br. 1957); *G. Schönig,* A. J. Binterim (Düsseldorf 1933); *Hocedez* I 195—203, II 37—39; *B. Guzzetti,* La perdita della fede nei cattolici (Venegono 1940) 41—73. Vgl. auch *D. Gla,* Repertorium der kath.-theol. Literatur I/2 (Paderborn 1904) 355—370.

Nachdem Georg Hermes am 26. Mai 1831 noch in der Zeit seines vollen Ruhmes gestorben war, verschärften und vermehrten sich sofort die Kritiken, deren Gegenstand seine Lehranschauungen schon seit mehreren Jahren gewesen waren, vor allem seitens der neuscholastischen Gruppe des Mainzer „Katholik", aber auch seitens der Kreise, die sich zur romantischen Erlebnistheorie bekannten. Es fehlte ihnen zwar die geistige Kraft zur präzisen Abgrenzung seiner Irrtümer, doch spürten sie, daß Hermes der Vernunft einen zu hohen Rang in der Glaubenslehre einräumte. Um auf die Vorwürfe des Pelagianismus, des Sozinianismus und vor allem des Rationalismus antworten zu können, gründeten die Schüler von Hermes, die ihren Gegnern ihrerseits vorwarfen, sie landeten beim Fideismus, im Jahre 1832 die „Zeitschrift für Philosophie und katholische Theologie“ [1]. In den Zeitschriften und in häufig anonymen Broschüren kam es zu einer immer heftigeren, aber stets ziemlich verworrenen Polemik ohne nennenswertes Ergebnis; da gelang es einem der entschiedensten Gegner von Hermes, Anton Josef Binterim (seit 1805 Pfarrer in Bilk b. Düsseldorf), den Nuntius von München zu überzeugen und zur Alarmierung der römischen Autoritäten zu veranlassen. Diese hatten bisher dem Kölner Erzbischof Graf Spiegel vertraut, der stets die Rechtgläubigkeit des Bonner Professors verteidigt hatte. Auf Grund des Berichts des Nuntius vom 2. November 1832 wurde nun aber die „Philosophische Einleitung in die christ-katholische Theologie“ vor die Index-Kongregation gebracht. Gegen Ende 1833 wurden zwei deutschsprachige Theologen, der Elsässer Kohlmann und der spätere Kardinal Reisach, beauftragt, die beanstandeten Stellen ins Lateinische zu übersetzen und zu begutachten. Die Nuntien in München und in Wien wurden gebeten, die Gutachten einiger Fachleute einzuholen und zu übersenden. Der Münchener Nuntius wandte sich an zwei erbitterte Gegner von Hermes, an C. H. Windischmann und Binterim (der auf philosophischem Gebiet wenig kompetent war). Der Wiener Nuntius konsultierte den Güntherianer J. E. Veith, der Hermes günstig gesonnen war, aber auch den theologisch nicht geschulten Juristen K. E. Jarcke (Mitbegründer der „Historisch-politischen Blätter für das katholische Deutschland“), der Hermes sehr feindlich gegenüberstand.

In Deutschland setzte die Kontroverse erneut ein, als J. A. Achterfeld aus dem handschriftlichen Nachlaß des verstorbenen Meisters 1834 den bisher unveröffentlichten ersten Band der „Dogmatik“ von Hermes publizierte. Während sich die öffentliche Meinung immer noch erregte, ging in Rom die Überprüfung der Lehren von Hermes weiter. Hierbei spielte P. Perrone eine große Rolle, obwohl er durch seine Unkenntnis der deutschen Sprache bei der Urteilsfindung behindert war. Angesichts des Ausmaßes, das die Kontroverse angenommen hatte, beschloß man, es nicht bei einer einfachen Indizierung bewenden zu lassen. Am 26. September 1835 verurteilte ein scharfes päpstliches Breve [2] die Schriften von Hermes global als „absurda et a doctrina Catholicae Ecclesiae aliena“; gebrandmarkt wurden zahlreiche Irrtümer über Gott, die Gnade, die Erbsünde und die kirchliche Überlieferung, vor allem die Methode, den positiven Zweifel zur Grundlage alles theolo-

[1] Siehe S. 474.

[2] *Bernasconi* II 85ff. Dieses Breve wurde durch ein weiteres vom 7. 1. 1836 ergänzt, das die beiden inzwischen erschienenen letzten Bände der „Dogmatik“ verurteilte.

gischen Forschens zu machen, und das rationalistische Prinzip, das die Vernunft zum einzigen Mittel macht, um zur Erkenntnis der übernatürlichen Wahrheit zu gelangen. Das päpstliche Dokument, das über die Nuntien in Brüssel und in München verbreitet wurde[3], erfüllte die Gegner von Hermes mit Freude und veranlaßte sie, die unverzügliche Entfernung seiner Schüler von allen Universitätslehrstühlen zu fordern. Die Bischöfe ergriffen jedoch — abgesehen von den Bischöfen von Osnabrück und Posen — keinerlei Maßnahmen, da das Breve nicht auf dem Regierungsweg übermittelt worden war. Der Kapitularvikar von Köln verpflichtete seine Priester sogar zu völligem Schweigen über das Breve. Die Hermesianer hatte die Nachricht von der Verurteilung, auf die sie in keiner Weise gefaßt gewesen waren, und die harte Sprache, die ihrem verehrten Meister gegenüber gebraucht wurde, zwar niedergeschmettert, doch sie gingen rasch zum Gegenangriff über und erklärten, man habe Hermes' Lehrmeinungen in Rom sehr schlecht interpretiert, so daß das Breve lediglich eine in der Phantasie existierende Häresie treffe. Weiter brachten sie vor, die unlängst erfolgte Verurteilung des Fideismus von Bautain durch den Bischof von Straßburg rechtfertige den Versuch von Hermes und beweise zugleich, wie schwach die Stellung ihrer Gegner sei, ein Hinweis, der auf einige von ihnen wirklich zutraf. Denn sie waren, so erbittert auch ihre Angriffe waren, noch immer nicht in der Lage, den Hermesianern eine entscheidende Widerlegungsschrift entgegenzuhalten (die erste wirklich ernsthafte Kritik auf philosophischem Gebiet übte A. Kreuzlage im Jahre 1838, auf theologischem Gebiet J. Kuhn im Jahre 1839 und vor allem der Österreicher Franz Werner im Jahre 1845). Dagegen gelang es dem führenden Hermesianer P. J. Elvenich mit seinen „Acta Hermesiana“ (1836), einem außerordentlich geschickten Plädoyer, einen tiefen Eindruck zu machen. Aber die Kontroverse entbrannte erneut nach der Ernennung des Erzbischofs Droste zu Vischering, der in seiner Jugend dem einer mystischen und platonisierenden Tendenz folgenden Kreis der Fürstin Gallitzin angehört hatte und nun — übrigens zu Unrecht — die Hermesianer zusätzlich verdächtigte, gemeinsame Sache mit der preußischen Regierung zu machen, um den Katholizismus heimlich zu unterminieren. Außerdem wollte der Erzbischof den Einfluß der theologischen Fakultät in Bonn zerstören und durch den des Diözesanseminars in Köln ersetzen[4]. Er forderte von den Professoren die ausdrückliche Unterwerfung unter das Breve und von allen geistlichen Amtsbewerbern die eidliche Zustimmung zu 18 Thesen,

[3] Über dieses Verfahren, das nicht ordnungsgemäß war, siehe S. 395.

[4] Die Bedeutung dieser nichttheologischen Aspekte in der hermesianischen Kontroverse — ganz zu schweigen von den persönlichen Rivalitäten, die verschiedentlich die Dinge noch mehr vergifteten — wurde von H. Schrörs unterstrichen, dem zufolge das „Kölner Ereignis“ „im Grunde mehr auf den Hermesianismus als auf die Frage der gemischten Ehen zurückzuführen ist“ (Geschichte der kath.-theolog. Fakultät zu Bonn [Köln 1922] 69 Anm. 1).

in denen die vom Papst verurteilten Irrtümer noch zugespitzter herausgestellt wurden. H. Schrörs hat diese Thesen zu streng beurteilt, wie P. Will nachgewiesen hat[5]; aber sie waren sehr ungeschickt formuliert. Droste unterlief in dieser Sache übrigens auch nach dem Urteil des Antihermesianers Fr. Werner „eine Kette von Mißgriffen“: Er war nicht in der Lage, zu erkennen, was an manchen wissenschaftlichen Forderungen der Hermesianer berechtigt war. Vor allem aber fehlte es ihm am pastoralen Takt und an der Versöhnlichkeit, die den Hermesianern einen gewissen Rückzug hätte ermöglichen können. Er wollte sie zur bedingungslosen Kapitulation treiben, erreichte damit jedoch nur, sie zu erbittern und in ihrer übertriebenen Anhänglichkeit an die Lehren ihres Meisters, von denen sie nicht ein Jota ändern wollten, und in ihrer Verachtung eines kirchlichen Lehramts zu versteifen, das mit Autoritätsargumenten ein philosophisches System widerlegen wollte, dessen Geist es offensichtlich gar nicht erfaßt hatte.

Schon Ende 1835 hatte F. X. Biunde, Professor am Seminar in Trier, mit Rom Fühlung genommen, um den Hermesianern zu ermöglichen, an Ort und Stelle den wirklichen Sinn der verurteilten Schriften zu erklären, die nach ihrer Überzeugung von den römischen Zensoren schlecht verstanden worden waren. Die Verhandlungen führten dazu, daß sich Anfang 1837 zwei Delegierte auf den Weg machen konnten: P. J. Elvenich, ein Laie und Philosoph, der mit dem hermesianischen System völlig vertraut und außerdem ein guter Latinist war, und J. W. Braun, ein Theologe von großer Gelehrsamkeit, „der beste Kopf, den die Bonner Fakultät je hatte“ (Schrörs), der bestimmte Beziehungen zu den römischen Kreisen hatte. Sie wurden zunächst gut aufgenommen — viel besser, als dies bei Lamennais der Fall gewesen war — und aufgefordert, ihre Sache mit dem Jesuitengeneral Roothaan, der die deutsche Sprache beherrschte, zu erörtern. Es stellte sich jedoch sehr rasch heraus, daß man von einem Mißverständnis ausgegangen war: Für die römischen Autoritäten ging es einzig und allein darum, zu prüfen, ob die lateinische Übersetzung, die den Zensoren als Grundlage gedient hatte, korrekt war, während Elvenich und Braun vielmehr Erklärungen über den Kerngehalt dieser Lehren geben wollten, um deren Berechtigung nachzuweisen. Man lehnte es jedoch ab, ihnen auf dieses Terrain zu folgen, und wollte von der lateinischen Zusammenfassung — „Meletemata theologica“[6] —, die sie zu diesem Zweck vorbereitet hatten, nicht einmal auch nur Kenntnis nehmen. Andere Mißverständnisse und eine Intervention Metternichs, der im Rationalismus eine Gefahr für das Autoritätsprinzip sah und befürchtete, die religiösen Gärungen könnten in politische Unruhen ausarten[7], trugen dazu bei, sie vollends

[5] ThGl 21 (1929) 316—328.

[6] D. h. „Theologische Studien“. Über die Schwächen dieser Arbeit, die in lateinischer Sprache und dann nach der Rückkehr der beiden nach Deutschland in deutscher Sprache veröffentlicht wurde, s. *Schrörs,* Braun 272—273.

[7] Über die politische Bedeutung, die der österreichische Kanzler der hermesianischen

in Mißkredit zu bringen. Außerdem verloren sie mit dem Weggang Capaccinis und des preußischen Gesandten Bunsen aus Rom zwei wertvolle Stützen. Daher endete ihr Aufenthalt, der sich über elf Monate hinzog, mit einer völligen Niederlage. Weil sie auf der Erklärung beharrten, sie verwürfen zwar alles, was der Papst verurteilt habe, so auch die Methode des positiven Zweifels, sie könnten jedoch nicht anerkennen, ohne ihr Gewissen zu verraten, daß diese Irrtümer in den Schriften von Hermes enthalten seien, warf ihnen der Staatssekretär Lambruschini in einem harten Brief vom 6. April 1838 mangelnden Gehorsam und den Rekurs auf die jansenistische Unterscheidung zwischen der „quaestio iuris" und der „quaestio facti" vor[8]. Dieser Brief, der von ihren über ihn unterrichteten Gegnern sofort veröffentlicht worden war, beschleunigte den Niedergang des Hermesianismus, der in der katholischen Meinung schon vor zwei oder drei Jahren eingesetzt hatte. Obwohl die in der Seelsorge tätigen Hermesianer sich ausgezeichnet bewährten, lösten sich der Großteil des Klerus und die militanten Katholiken, die in immer stärkerem Maße von der ultramontanen Mentalität erfaßt wurden, vollends von diesen „Stubentheologen", die sich dem Heiligen Stuhl offen widersetzten, während sich die intellektuellen Schichten mehr und mehr A. Günther zuwandten, dem neuen aufsteigenden Stern, auf den bald auch einige der besten spekulativen Köpfe der Hermespartei blickten. Nachdem ein erneuter Vorstoß des Breslauer Kirchenhistorikers Ritter 1845/46 zugunsten der Person des Hermes gar nicht bis nach Rom weitergetragen worden war, konnten die Bischöfe nach und nach ohne Schwierigkeiten die Hauptzentren des Hermesianismus — die Universitäten von Bonn, München und Breslau und das Seminar von Trier — purifizieren. Daran änderten auch die Nachhutgefechte nichts, welche die unnachgiebigen Hermesianer, u. a. Braun und Achterfeld, weiterzuführen suchten. Sie glaubten, noch einmal Hoffnung schöpfen zu können, als Pius IX. in seiner Inaugural-Enzyklika „Qui pluribus"[9] gegen die Fideisten die Bedeutung der vernunftgemäßen Präambeln des Glaubensaktes unterstrich, und erklärten, sie sähen in diesem Passus einen Widerruf des Breves von 1835. Der Papst bereitete diesem taktischen Zug jedoch ein rasches Ende[10]. Die Stunde der Hermesianer war endgültig vorbei.

Kontroverse beimaß, und über seine diesbezüglichen Interventionen in Rom von 1833 an siehe *J. Pritz* a.a.O. 133—135 und *H. Bastgen* a.a.O. 27 408.

[8] Nach ihrer Rückkehr nach Deutschland veröffentlichten Elvenich und Braun unter dem Titel „Acta Romana" (1838) sämtliche Dokumente über ihre Verhandlungen in Rom.

[9] Text in Acta Pii IX I (Rom 1854) 4—24.

[10] Brief an den Erzbischof von Köln vom 25. 7. 1847. Vgl. *H. J. Stupp*, Pius IX. und die Katholische Kirche in Deutschland mit besonderer Berücksichtigung des Hermesianismus (Solingen 1848).

Aufschwung und Niedergang des Güntherianismus

LITERATUR: *F. P. Knoodt,* A. Günther, 2 Bde (Wien 1881; tendenziös, jedoch gut informiert); *E. Winter,* Die geistige Entwicklung A. Günthers und seiner Schule (Paderborn 1931); *P. Wenzel,* Das wissenschaftliche Anliegen des Güntherianismus (Essen 1961); *ders.,* Der Freundeskreis um A. Günther (Essen 1965; dazu *U. Engelmann:* Erbe und Auftrag 42 [1966] 240—245); *J. Pritz,* Glauben und Wissen bei A. Günther. Eine Einführung in sein Leben und Werk (Wien 1963); *A. Dempf,* Weltordnung und Heilsgeschichte (Eichstätt 1958); *K. Beck,* Offenbarung und Glaube bei A. Günther (Wien 1967); *Hocedez* II 39—59.

Anton Günther (1783—1863) war wie Hermes ein frommer und eifriger Priester, der sich bemühte, Glaube und Vernunft in Einklang zu bringen und es den katholischen Intellektuellen zu ermöglichen, in der Kirche zu bleiben und dennoch den großen philosophischen Strömungen der Zeit ins Gesicht zu sehen. Wie Hermes wurde auch er der verehrte Meister einer ganzen Generation von Philosophen und Theologen, die sich darüber freuten, daß die katholische Spekulation neue Wege einschlug, die der modernen Mentalität besser angepaßt waren. Und wie Hermes wurde er — nicht ohne Grund — des Semirationalismus beschuldigt. Die Unterschiede zwischen den beiden Denkern waren jedoch beträchtlich. Hermes hatte sich bemüht, den kantischen Kritizismus zu überwinden und vernunftgemäße Grundlagen für die Zustimmung zur Offenbarung zu schaffen. Günther stellte sich dem pantheistischen Idealismus Hegels und später dem materialistischen Monismus Feuerbachs, um eine philosophische Rechtfertigung der großen christlichen Dogmen zu erarbeiten. Noch mehr unterschieden sich die beiden Männer durch das intellektuelle Milieu, in dem sie wurzelten. Hermes und seine Schule waren, wie gesagt wurde, späte Repräsentanten des trockenen Rationalismus der Aufklärung des 18. Jh., während Günther und die meisten seiner begeisterten Schüler tief von der katholischen Romantik in der Periode der Restauration geprägt waren. P. Wenzel konnte ihr System als eine Art Gnosis der Romantik charakterisieren und hinzufügen, ihr Semirationalismus sei auch ein Semi-Irrationalismus gewesen [11].

Günther war in Nordböhmen geboren und hatte seine philosophische Ausbildung in Prag, wo er Schüler Bolzanos [12] gewesen war, in einem vom Rationalismus durchtränkten Milieu erhalten. Nachdem er eine persönliche Glaubenskrise, die durch das Studium der idealistischen deutschen Philoso-

[11] H. Witetschek ist ebenfalls der Ansicht, daß Günther „die Theologie sowohl mit einem radikalen Vernunftglauben als auch mit irrationalen romantischen Zügen verband" (HJ 86 [1966] 110).

[12] Über Bernhard Bolzano (1781—1841), einen Priester mit fortschrittlichen Ideen, der den Verfechtern der katholischen Restauration rasch verdächtig wurde, einen Religionsphilosophen, der jedoch vor allem als Vorläufer auf dem Gebiet der Logik und der Mathematik bemerkenswert war, s. *E. Winter,* B. Bolzano und sein Kreis (Leipzig 1933); *ders.,* B. Bolzano, ein Denker und Erzieher im österreichischen Vormärz (Wien 1967); *E.* und *M. Winter,* Der Bolzanokreis 1824—33 (Wien 1970).

phen ausgelöst worden war, dank dem Einfluß des Redemptoristen Clemens Maria Hofbauer überwunden hatte, fand er zu einer verinnerlichten Religiosität und begann das Studium der Theologie. 1821 wurde er Priester und ließ sich in Wien nieder, wo er bis zu seinem Tod als Privatgelehrter lebte. Es gelang ihm nicht, in Wien einen Lehrstuhl an der Universität zu erhalten; dagegen lehnte er alle Lehrstühle ab, die man ihm in Deutschland anbot. So lebte er in einem gleichgesinnten Kreis von Bewunderern, Geistlichen und Laien, die sein apostolisches Temperament, sein metaphysisches Genie und der Charme seines Vortrages gleichermaßen begeisterte. Unter ihnen hoben sich besonders der kartesianische Naturalist J. H. Pabst, der Hauptmitarbeiter Günthers, und der bereits oben erwähnte, aus dem Judentum kommende berühmte Prediger J. E. Veith hervor[13].

Weit über diesen persönlichen Kreis hinaus reichte Günthers Einfluß auf Grund seiner zahlreichen Werke[14], die in einem sehr persönlichen, bald sehr dichten, bald frei der ersten Eingebung folgenden und launigen Stil geschrieben waren. Sie boten ohne viel Systematik originelle und oft weitschauende Betrachtungen und scharfsinnige Kritiken der wichtigsten zeitgenössischen Systeme, besonders des Hegelianismus. Zweifellos hat Günther die denkerische Größe des Hegelianismus, aber auch die von ihm drohende Gefahr weit schärfer erkannt als die meisten Theologen seiner Zeit. Andererseits war er überzeugt, daß die Scholastik nicht nur endgültig überholt, sondern auch — wie jede „Begriffsphilosophie" — einem Semipantheismus verhaftet sei, und widmete sich deshalb mit außergewöhnlicher intellektueller Begeisterung einer wissenschaftlichen Neubegründung der Theologie von einem anthropologischen Ansatz her. Er hat die katholische Dogmatik in der Sprache der „Phänomenologie des Geistes" dargestellt und dabei zu zeigen versucht, wie es möglich ist, die Schöpfung von der Dreifaltigkeit her und diese vom menschlichen Selbstbewußtsein aus zu verstehen. Der Akzent war — wie im ganzen deutschen Idealismus — auf die Konzeption des Menschen als „Natur und Geist" gesetzt. Zwischen 1822 und 1835 erarbeitet, waren die wesentlichen Gedanken Günthers bereits in seiner „Vorschule zur spekulativen Theologie" (1828/29) enthalten. Von diesem Zeitpunkt an löste sein Einfluß nach und nach den Einfluß von Hermes ab. Im Laufe der vierziger Jahre beherrschte Günther die deutsche katholische intellektuelle Welt, dies um so mehr, als die preußische Regierung zahlreiche Güntherianer auf die philosophischen und theologischen Lehrstühle berief, da sie es vermeiden wollte, Hermesianer zu berufen, um die kirchlichen Behörden nicht vor den Kopf zu stoßen, aber auch nicht Männer berufen wollte, die durch die katholische Reaktion anläßlich des Kölner Ereignisses kompromittiert waren.

[13] Unter den Anhängern Günthers gab es ziemlich viele jüdische Konvertiten.
[14] Verzeichnis LThK IV 1277.

Hauptzentren der Bewegung wurden neben Wien auch Schlesien, wo der Güntherianismus unter der Protektion von Fürstbischof Diepenbrock dank dem ehemaligen Hermesianer Baltzer und J. H. Reinkens, dem späteren altkatholischen Bischof, die theologische Fakultät von Breslau eroberte, und das Rheinland, wo sich um F. Knoodt und H. Nickes ein „deutsches Port-Royal" (P. Wenzel) bildete, zu dem die Brüder Wolter, die Begründer der Abtei Beuron, gehörten, und wo man in der Atmosphäre eines romantischen Mystizismus davon träumte, den ringsum zirkulierenden Rationalismus durch die vereinigte Wirkung der güntherianischen Spekulationen und einer Rückkehr zum monastischen Mittelalter besiegen zu können. Neben begeisterten und häufig intoleranten Anhängern gab es so ziemlich überall auch zahlreiche Sympathisierende. Zu ihnen gehörten u. a. in Prag Professor Löwe, in Salzburg die späteren Kardinäle Schwarzenberg und Tarnoczy, in Braunsberg der Bischof von Ermland, A. Thiel, in Trier und Bamberg mehrere Professoren, in Augsburg der Benediktinerabt Gangauf, in München Görres, in Tübingen Zukrigl, der Nachfolger Dreys, ganz abgesehen von einigen protestantischen Kreisen. Sogar in Rom hatten die Güntherianer einen eifrigen Protektor in der Person des Abtes Pappalettere von Monte Cassino, der in ihnen Agenten für die Befreiung Deutschlands vom Rationalismus sah[15].

Sehr bald wurden jedoch auch Gegenstimmen laut. Die Philosophen, die von Günther schonungslos kritisiert worden waren, besonders die Schüler Baaders und die Anhänger der Rückkehr zur Scholastik, gingen als erste zum Gegenangriff über. Dann traten die Theologen in die Schranken und warfen Günther vor, er erhebe den Anspruch, eine rationale Beweisführung der übernatürlichen Mysterien zu bringen. Der Philosoph F. J. Clemens im Mainzer „Katholik" und der oben erwähnte Jurist K. E. Jarcke in den „Historisch-politischen Blättern" in München schrieben von seiner Mißachtung der großen Denker der „Vorzeit". Die Arroganz der Schüler Günthers, von denen viele nicht die tiefe Religiosität und den apostolischen Elan ihres Meisters besaßen und die, wie es zu gehen pflegt, die bestreitbaren Seiten mancher seiner Gedanken noch unterstrichen, vergrößerten das Unbehagen. Um das Jahr 1845 formierte sich in den jeden Kompromiß mit der modernen Philosophie ablehnenden Kreisen gegen die Güntherianer erneut die alte antihermesianische Front, vor allem im Rheinland, wo die Ungeschicklichkeit Knoodts, der aus Bonn ein sehr aktives Zentrum der Bewegung gemacht hatte, den Erzbischof Geissel und seine Umgebung gegen ihn aufgebracht hatte. Nach der Krise von 1848, bei der die Güntherianer in der Leitung der katholischen Bewegung eine vorrangige Rolle gespielt hatten, bekundete die Gründung einer neuen philosophischen Zeitschrift „Lydia" (1849/54) ihre Absicht, sich

[15] Über die Unterstützung, die Günther von Simplicio Pappalettere, Abt von Subiaco seit 1846, erhielt, s. *P. Wenzel,* Der Freundeskreis um A. Günther 133—245.

immer energischer zu bestätigen; doch die absolutistische Reaktion in Österreich, die ihnen ihre für die liberalen Bestrebungen an den Tag gelegten Sympathien vorwarf, war ihnen nicht gewogen. Die Ernennung Rauschers, der ihnen seit 20 Jahren feindselig gegenüberstand, zum Erzbischof von Wien im Jahre 1853 gefährdete ihre Stellung noch mehr, und dies gerade in dem Augenblick, in dem sich die Angriffe auf doktrinärer Ebene mehrten. Solche Angriffe starteten der Benediktiner Sorg 1851, Dieringer und Schwetz 1852, Michelis 1854 und vor allem F. J. Clemens, der erbittertste Gegner, dessen Broschüre „Die spekulative Theologie A. Günthers und die katholische Kirchenlehre" (1853) großen Widerhall fand und einen Broschürenkrieg auslöste. Als die Kontroverse die theologische und philosophische Welt Deutschlands und Österreichs leidenschaftlich beschäftigte und an Schärfe alles übertraf, was man 15 Jahre vorher anläßlich des Streits um den Hermesianismus kennengelernt hatte, wurde dieses Problem vom Kölner Erzbischof dem Heiligen Stuhl unterbreitet. Günther hatte jedoch immer noch mächtige Protektoren, die ihm dankbar dafür waren, daß er die katholischen Intellektuellen von der hegelianischen Faszination befreit hatte, und spürten, welche Gefahr es bedeutete, die Universitätskreise, die schon sehr zur Mißlaunigkeit gegenüber der Amtskirche neigten, vor den Kopf zu stoßen. Alles hätte sich zweifellos arrangieren lassen, hätten nicht Baltzer und Knoodt, die ermächtigt worden waren, ihr System direkt in Rom zu verteidigen, durch ihre ablehnende Haltung gegenüber den Jesuiten und durch die Verachtung, die sie für den Stand der römischen Philosophie an den Tag legten, alles verdorben. Dennoch zögerte man dort noch zwei Jahre, bevor man sich zu einer Entscheidung entschloß. Aber die Gegner der Güntherianer gingen immer wieder zum Angriff über, vor allem der autoritäre Erzbischof Geissel, der aus der Verurteilung eine Prestigefrage machte. Pius IX. beschloß schließlich im Januar 1857, die Werke Günthers auf den Index zu setzen, wobei er allerdings zugleich der Person und den Absichten des Autors alle Ehre zollte [16]. Trotz seiner tiefen Erbitterung unterwarf sich A. Günther. Aber viele seiner Freunde erklärten — mit dem Argument, das Dekret verurteile nicht eine einzige bestimmte These —, man könne ruhig weiterhin das Wesentliche des Systems vertreten. Geissel, der in Rom von Kardinal Graf von Reisach unterstützt wurde, bewirkte deshalb beim Papst ein Breve, in dem die Verurteilung präzisiert wurde [17]. Die gemäßigten Güntherianer unterwarfen sich, während sich die radikalen, wie Baltzer, Knoodt und Reinkens, verhärteten, weil sie der Ansicht waren, ihre wissenschaftliche Ehre stehe auf dem Spiel. Sie führten die Kontroverse noch jahrelang weiter. Unter ihnen fand dann der Altkatholizismus nach 1870 seine aktivsten Stützen.

[16] Eine reiche Dokumentation über den Prozeß bringt *E. Winter* a. a. O. 232ff und Anhang B.

[17] Breve „Eximiam tuam" vom 15. 6. 1857 in Acta Pii IX II 585—590.

LITERATUR: Neben den allgemeinen Werken (S. 447): *J. R. Geiselmann,* Die katholische Tübinger Schule (Freiburg i. Br. 1964); *M. Miller,* Die Tübinger kath.-theol. Fakultät und die württembergische Regierung 1835—46: ThQ 132 (1952) 22—45 213 bis 234; *St. Lösch,* Die kath.-theol. Fakultät zu Tübingen und Gießen 1830—50: ThQ 108 (1927) 159—208 (über Gießen); *A. Schuchert,* Die kath.-theol. Fakultät an der Universität Gießen: Jb. für das Bistum Mainz 1 (1946) 64—75; *H. Witetschek,* Die Bedeutung der theol. Fakultät der Universität München für die kirchliche Erneuerung in der letzten Hälfte des 19. Jh.: HJ 86 (1966) 107—137; *A. Lauscher,* Die kath.-theol. Fakultät der Universität zu Bonn (Düsseldorf 1920). Auch: *St. Lösch,* Prof. A. Gengler. Die Beziehungen der Bamberger Theologen zu Döllinger und Möhler (Würzburg 1963; Briefe aus den Jahren 1827—43); *J. Friedrich,* I. v. Döllinger I/II (München 1899; zahlreiche Dokumente); *J. Zinkl,* M. Jocham. Ein Beitrag zur Geschichte der katholischen Theologie und Frömmigkeit im 19. Jh. (Freiburg i. Br. 1950).

Das theologische Leben in den deutschsprachigen Ländern beschränkte sich nicht nur auf die Aktivität der Hermesianer und dann der Güntherianer und die Kontroversen, die sie auslösten. Selbst in Bonn, einer ihrer Hochburgen, stimmten nicht alle Professoren ihren Lehren zu. H. Klee (1800—40), „das hervorragendste Ingenium des ersten Mainzer Kreises“ (Lenhart), lehrte dort von 1829 bis 1839, und Erzbischof Geissel gelang es, 1843 den Lehrstuhl für Dogmatik mit F. X. Dieringer (1811—76) besetzen zu lassen, einem Priester, der stark in der katholischen Bewegung engagiert war, die bereits im folgenden Jahr eine „Katholische Zeitschrift für Wissenschaft und Kunst“ gründete, um der Zeitschrift der Hermesianer antworten zu können. Klee[18] fehlte es an spekulativem Weitblick, aber er hatte einen sehr ausgeprägten Sinn für den übernatürlichen Charakter der offenbarten Religion und war zudem einer der seltenen Katholiken, die in der Lage waren, sich mit ihren protestantischen Kollegen zu messen. Seine außergewöhnliche patristische Gelehrsamkeit erlaubte es ihm, ein „Lehrbuch der Dogmengeschichte“ (2 Bde, 1832) zu schreiben, eines der ersten, das von einem Katholiken verfaßt wurde und damals seinen Wert hatte. Dieringer[19] hatte in Tübingen studiert und zeichnete sich mehr durch begeisterte Liebe zur Kirche und die „geniale Klarheit“ seiner Lehre als durch Schöpferkraft und Tiefe aus. Den Titel eines Doktors h. c., den ihm die Universität München verlieh, hatte er sich redlich mit seinem Werk verdient, dessen Titel ein Programm war: „System der göttlichen Thaten des Christentums“ (1841).

In Süddeutschland konzentrierte sich das theologische Leben vor allem auf die Fakultäten von Tübingen und München. In Tübingen verschwand zwar nach und nach die Generation der Gründer — Möhler und Herbst 1836,

[18] Vgl. „Lebensabriß des Verfassers“ im Bd I der „Katholischen Dogmatik“ (Mainz [3]1844) XXIII—XLIII und LThK VI 324 (Lit.).

[19] Vgl. *J. Wetzel:* FreibDiözArch 72 (1952) 198—212 und NDB III 657 (Lit.).

Hirscher 1837, Drey 1846; doch übernahmen junge Kräfte die Ablösung: A. Graf, der auf dem Lehrstuhl für Pastoraltheologie bemerkenswerte ekklesiologische Gesichtspunkte entwickelte[20], leider aber die Fakultät viel zu früh, schon 1843 verließ, ein Opfer der Spannungen, die einen Teil der Fakultät rund zehn Jahre lang wegen kirchenpolitischer Fragen mit der württembergischen Regierung in Konflikt brachten[21]; K. J. Hefele, der Möhler 1836 auf dem Lehrstuhl für Kirchengeschichte ablöste und nach der Jahrhundertmitte seine Fähigkeiten zeigte; J. E. Kuhn[22], Professor für Dogmatik seit 1839, der dann 40 Jahre lang das unbestrittene Haupt der Schule blieb und seine Schüler — und darüber hinaus die Leser seiner zahlreichen Werke[23] — durch seine Klarheit, den Glanz seiner Dialektik und die Tiefe seiner Gedanken begeisterte. In seiner von der Entwicklungsidee beherrschten Sicht erschien die Scholastik als eine Etappe, die ihren Nutzen in der Geschichte des christlichen Denkens bewiesen hatte, nun aber überholt war. Inspiriert von der Methode Hegels, versuchte er, das christliche Mysterium zu ergründen; aber seine im Glauben wurzelnde Spekulation ging von den Tatsachen der Offenbarung aus und trug der Dogmengeschichte Rechnung. Kuhn blieb nicht nur den Prinzipien der Tübinger Schule treu, sondern war auch ein sehr begabter Metaphysiker und ein guter Kenner der griechischen Kirchenväter und des heiligen Augustin. Darüber hinaus war er ein guter Exeget, der 1832 gegen D. F. Strauß ein „Leben Jesu wissenschaftlich bearbeitet" geschrieben hatte. Kuhn war weniger als seine Lehrer dem romantischen Idealismus verpflichtet und betonte stärker den Begriff „Geist" als den Begriff „Leben". Bei ihm wie bei seinen Kollegen aus der jüngeren Generation der Tübinger Schule „gewinnt die Bewegung an spekulativem Tiefgang und an systematisierender Kraft" (Scheffczyk).

Die Ausstrahlung der „Tübinger Schule" reichte bis in verschiedene andere Fakultäten hinein: nach Münster, wo A. Berlage[24], ein Schüler von Drey und von Möhler, 1835 Professor für Moraltheologie und Dogmatik wurde; vor allem aber nach Gießen und nach Freiburg i. Br. Die theologische Fakul-

[20] Über ihn s. S. 437 Anm. 18.

[21] Über diesen Konflikt siehe *M. Miller* a. a. O.

[22] Über Johann Evangelist Kuhn (1806—87) s. außer LThK VI 656—657 (Lit.) *A. Hagen*, Gestalten aus dem schwäbischen Katholizismus II (Stuttgart 1948/54) 59—95 und *J. R. Geiselmann*, Die lebendige Überlieferung als Norm des christlichen Glaubens dargestellt im Geiste der Traditionslehre J. E. Kuhns (Freiburg i. Br. 1959).

[23] Sein Hauptwerk „Lehrbuch der Dogmatik" erschien in drei Bänden von 1846 bis 1868. Schon 1832 hatte er seine Ansichten in einem Artikel der ThQ „Über den Begriff und das Wesen der spekulativen Theologie" dargelegt.

[24] Über Anton Berlage (1805—81) siehe LThK II 231. Auch er hatte unter dem Einfluß von Hermes und Günther und in München auch von Baader, Schelling und Görres gestanden. Seine „Christ-katholische Dogmatik" (7 Bde, 1839/64) war mit den „Institutiones" Liebermanns eines der meistbenutzten Handbücher in den kirchlich gesinnten Kreisen geworden.

tät von Gießen[25] war 1830, trotz des Protestes des Kapitels, als Ersatz für das Mainzer Seminar eröffnet worden. Gleich zu Beginn gaben ihr zwei in Tübingen ausgebildete Professoren das Gepräge: Kuhn, der hier von 1832 bis 1837 den Lehrstuhl für das Neue Testament innehatte, und Staudenmaier[26], der hier von 1830 bis 1837 Dogmatik lehrte, bevor er nach Freiburg ging, wo im gleichen Jahr ein anderer angesehener Tübinger eintraf: Hirscher. Nach ihrer Reorganisation im Jahre 1832 hatte die Freiburger Fakultät eine Krise durchgemacht, die dank dem Zuwachs dieser beiden neuen Kräfte überwunden werden konnte, beide von Alban Stolz (1808—83) unterstützt, der Hirscher 1847 auf dem Lehrstuhl für Pastoraltheologie ablöste. Die Ausstrahlungskraft Staudenmaiers, den die Theologiehistoriker lange vernachlässigt haben, stand keineswegs hinter der der Tübinger Meister zurück. Zu seiner Zeit verglich man seinen „Geist des Christentums" (1835), der in einem halben Jahrhundert acht Neuauflagen erlebte und auf dem Gebiet der liturgischen Theologie eine bahnbrechende Arbeit darstellt, sogar mit dem „Génie du christianisme" Chateaubriands[27]. Auch seine „Christliche Dogmatik" (4 Bde, 1844/52) war ein sehr persönliches Werk, in dem die ekklesiologischen Perspektiven, die im Mittelpunkt stehen, an eine trinitarische Theologie und an eine Geschichtstheologie gebunden sind, in der an die Stelle der dialektischen Geschichtsphilosophie Hegels die Epochen des lebendigen und freien Wirkens Gottes unter den Menschen treten, wie sie die Offenbarung enthüllt.

In München hatten sich in den ersten Jahren vor allem die Laienprofessoren glänzend bewährt. Görres blieb bis zu seinem Tod im Jahre 1848 der Mittelpunkt der Gruppe; ganz besonders auf ihn richtete sich die Aufmerksamkeit des Auslandes. Doch auch die theologische Fakultät gewann mehr und mehr an Selbstbewußtsein, angeregt sowohl durch die von Sailer ausgegangene einheimische Initiative wie durch die aus Tübingen stammenden Einflüsse, die unter anderem durch die Anwesenheit Möhlers von 1835 bis 1838 vermittelt wurden. Selbstverständlich waren nicht alle Fächer gleich glänzend besetzt. In der Dogmatik blieb es, trotz der schätzenswerten Arbeit,

[25] Sie bestand nur kurze Zeit, denn schon 1851 unterband Ketteler durch die Wiedereröffnung des Mainzer Seminars ihren Nachwuchs. Die unbestreitbar rationalistischen Tendenzen zweier Professoren (L. Schmid und A. Lutterbeck) hatten ihm einen guten Vorwand geliefert. Vgl. *F. Vigener,* Die kath.-theol. Fakultät in Gießen und ihr Ende: Mitt. des oberhessischen Geschichtsvereins N. F. 24 (1922) 28—96.

[26] Über Franz Anton Staudenmaier (1800—56) s. *F. Lauchert,* F. A. Staudenmaier (Freiburg i. Br. 1901); *Ph. Weindel,* Das Verhältnis von Glauben und Wissen in der Theologie Staudenmaiers (Düsseldorf 1940); *A. Burhart,* Der Mensch, Gottes Ebenbild und Gleichnis. Ein Beitrag zur dogmatischen Anthropologie Staudenmaiers (Freiburg i. Br. 1962); *P. Hünermann,* Trinitarische Anthropologie bei Staudenmaier (München 1962); *A. Scholz:* ThQ 147 (1967) 210—239 (Biographisches).

[27] Vgl. *W. Trapp:* Liturgische Zschr. 4 (1931/32) 52—54 und *F. X. Arnold,* Grundsätzliches und Geschichtliches zur Theologie der Seelsorge (Freiburg i. Br. 1949).

die A. Buchner von 1827 bis 1838 geleistet hatte, bei Versuchen, und die Moraltheologie war noch lange auf der Suche nach ihrem Weg. Das kanonische Recht konnte sich jedoch nicht dem von G. Phillips[28] ausgehenden Einfluß entziehen, der — Mitglied der juristischen Fakultät — neue Wege erschloß, indem er die Methoden der historischen Rechtsschule in den Dienst seiner ultramontanen Positionen stellte. Der Exegese flößte — nach dem noch ziemlich glanzlosen Allioli[29], der sich 1835 zurückzog — Möhler neues Leben ein, indem er sich zugleich um eine feste philologische Basis und um eine Konfrontation mit den protestantischen Positionen bemühte; dank seinen Nachfolgern Reithmayr und Haneberg erlosch dieser Aufschwung nicht. Vor allem aber erhielt die Kirchengeschichte nach und nach durch den jungen Döllinger und durch Permaneder[30], der von 1847 bis 1849 während der Lola-Montez-Krise an seine Stelle trat, einen entschieden wissenschaftlichen Charakter auf der Linie Möhlers, dessen entscheidender Einfluß bei der Neuausrichtung der Münchener Fakultät, die sich mehr und mehr von den berauschenden Spekulationen der Schule Baaders und Schellings entfernte, um sich der genetischen Geschichtsbetrachtung zu widmen, immer deutlicher sichtbar wurde. Döllinger[31] gehörte seit 1826 der theologischen Fakultät an, an die er dank der Intervention Sailers berufen worden war. In seiner Jugend mit der Mainzer Gruppe in Verbindung gestanden, war er ein Vertrauter des Kreises von Görres geworden und kämpfte 20 Jahre lang wie er und seine Freunde in der journalistischen Polemik für die Freiheit der Kirche und des Universitätsunterrichts, den er als ein Apostolat betrachtete, in vorderster Linie. Bemerkenswert begabt für die dogmatische Analyse — seine Doktorarbeit behandelte „Die Lehre von der Eucharistie in den ersten drei Jahrhunderten" —, hatte er sich der Kirchengeschichte zugewandt, weil er sich darüber klar-

[28] Siehe S. 768 Anm. 11. Bd I seines „Kirchenrechts" erschien 1845.

[29] Über Joseph Franz von Allioli (1793—1873) s. LThK I 352 und *J. Zinkl*, M. Jocham (Freiburg i. Br. 1950) 54ff. Bekannt wurde er vor allem durch seine Bibelübersetzung, deren Anmerkungen den besten Kommentaren der Zeit entnommen sind (6 Bde, 1830/32); sie wurde von zahlreichen deutschen und österreichischen Bischöfen und 1838 vom Papst genehmigt und fand unter allen deutschen Ausgaben die weiteste Verbreitung.

[30] Über Franz Michael Permaneder (1794—1862) s. LThK VIII 279—280. Er hatte Kirchenrecht und Kirchengeschichte am Lyzeum in Freising gelehrt und eine zuverlässige „Bibliotheca patristica" (2 Bde, 1841/44) veröffentlicht, die in den katholischen Unterricht die von den Protestanten getroffene Unterscheidung zwischen „Patrologie" (Literaturgeschichte der altchristlichen Schriften) und „Patristik" (theologische Behandlung der Lehren) einführte.

[31] Über Ignaz von Döllinger (1799—1890), eine der markantesten Persönlichkeiten des deutschen Katholizismus im zweiten und dritten Viertel des 19. Jh., fehlt noch eine zufriedenstellende Biographie. Siehe *J. Friedrich*, I. v. Döllinger, 3 Bde (München 1899/1901); *F. Vigener*, Drei Gestalten aus dem modernen Katholizismus (München 1926) 108—188; *St. Lösch*, Döllinger und Frankreich. Eine geistige Allianz (München 1955); *G. Schwaiger*, J. v. Döllinger (München 1963); DHGE XIV 553—563 (Lit.). Seine Korrespondenz ist weit zerstreut, und bisher ist nur ein kleiner Teil veröffentlicht worden (vgl. ebd. 562).

wurde, daß die Katholiken den Protestanten auf diesem Gebiet weit unterlegen waren. Nachdem er erst am Handbuch Hartigs mitgearbeitet hatte, veröffentlichte er selbst ein „Lehrbuch der Kirchengeschichte" (2 Bde, 1836/38), das durch die Klarheit der Darlegungen und vor allem durch die Originalität der Konzeption die Aufmerksamkeit auf sich lenkte; er ging nicht nur den Ereignissen nach, sondern stellte auch die Entwicklung der kirchlichen Einrichtungen auf dem Gebiet des Kults, der Disziplin und der Verfassung dar. So wurde das Werk rasch auch in andere Sprachen übersetzt: ins Englische (1840/42), ins Französische (1841) und ins Italienische (1845). Bereits 1837 wurde Döllinger zum Mitglied der „Bayerischen Akademie der Wissenschaften" gewählt. Im Jahre 1842 ergriff er die Initiative zur Gründung eines „Archivs für theologische Literatur" als des Organs für die Professoren der Fakultät. Im Laufe der nächsten Jahre ließ er sich von der konfessionellen Verhärtung erfassen, die unter dem Einfluß der Konvertiten Jarcke und Phillips im Görreskreis den Indifferentismus der Aufklärung, aber auch den Irenismus Sailers und die von Möhler angebahnten Versuche eines Zwiegesprächs ablöste. So schrieb er sein erstes großes Werk: „Die Reformation, ihre Entwicklung und ihre Wirkung" (3 Bde, 1846/48; französische Übersetzung 1847/50) in der Perspektive antiprotestantischer Polemik. Das Werk sollte die von Ranke in seiner „Deutschen Geschichte im Reformationszeitalter" aufgestellten Thesen widerlegen. Auf der Grundlage einer beträchtlichen Masse von Quellen erster Hand, die er den Reformatoren selbst entlieh, versuchte er, die destruktive Auswirkung der Reformation und ihre verhängnisvollen kulturellen Folgen zu zeigen, wenn er auch die ihr vorausgehenden Intentionen zu würdigen bemüht war. Dieses Bild des Luthertums, in dem nur die Schatten festgehalten wurden, weshalb es von protestantischer Seite scharf abgelehnt wurde, stempelte in den katholischen Kreisen seinen Autor vollends zu einem der hervorragendsten Vorkämpfer der Kirche und die Universität München zum strahlendsten Zentrum der katholischen Wissenschaft.

Die katholische Universität von Löwen

LITERATUR: *Simon*, Sterckx I 260—293; *L. van der Essen*, L'Université de Louvain (Brüssel 1945) 279—281; EThL 9 (1932) 608—704; *A. Franco*, Geschiedenis van het traditionalisme aan de Universiteit te Leuven 1835—67 (Diss. masch. Löwen 1956); *J. Henry*, Le traditionalisme et l'ontologisme à l'Université de Louvain: Annales de l'Institut supérieur de philosophie 5 (Löwen 1922) 42—149; *A. Simon*, Le cardinal Sterckx et la condamnation de Ubaghs en 1843: Collectanea Mechliniensia 16 (Mecheln 1946) 639—644.

Schon bald nach dem Entstehen des jungen Königreiches Belgien verlegte sich der Episkopat, der der sittlichen und religiösen Atmosphäre der

Staatsuniversitäten mißtraute, auf ein Experiment, das im Verlauf des 19. Jh. häufig die Aufmerksamkeit der ausländischen Katholiken auf sich lenkte: die bereits im Oktober 1832 beschlossene und zwei Jahre später verwirklichte Gründung einer katholischen Universität im juridischen Rahmen der Lehrfreiheit. In der Absicht, bei den Liberalen nicht den Eindruck zu erwecken, der Profanunterricht unterstehe Rom, weigerte sich der Episkopat, aus ihr eine päpstliche Universität zu machen. Dieser den Bräuchen des Ancien Régime konträre Beschluß beunruhigte den Heiligen Stuhl, dessen Befürchtungen, die neue Anstalt könnte eine Hochburg des katholischen Liberalismus werden, durch die Ernennung mehrerer Anhänger von Lamennais, darunter der Rektor De Ram[32], der Metaphysikprofessor Ubaghs und vor allem der Franzose Charles de Coux, ein ehemaliger Redakteur des „Avenir", bestätigt wurden. Angesichts des Mangels an geeigneten Kräften im Lande hatte man sich nicht nur durch ein von einem jungen deutschen Gelehrten verfaßtes Gutachten leiten lassen, sondern sich auch an verschiedene ausländische Professoren[33] wenden müssen, die man mit Gehaltsangeboten gewann, die den Verhältnissen der staatlichen Universitäten entsprachen. So konnte man, obwohl dem Lehrkörper mehrere Autodidakten angehörten, schon von Anfang an den Studenten einen Unterricht bieten, der qualitativ mit dem der anderen Landesuniversitäten vergleichbar war. Im Rahmen der medizinischen Fakultät zum Beispiel wurde die erste Klinik für Augenheilkunde in Belgien eröffnet. Am meisten zeichnete sich die junge Universität in der ersten Periode auf dem Gebiet der Orientalistik aus, und zwar dank dem Holländer Th. Beelen, einem Sprachgelehrten für das Hebräische, der eine „Chrestomathia rabbinica et chaldaica" (1841/43) von einer für die damalige Zeit seltenen Originalität veröffentlichte, und dank F. Nève, einem Sanskritspezialisten. Der Rektor selbst, ein guter Wissenschaftler, löste die nationale Kirchengeschichte als erster aus dem hagiographischen und erbaulichen Milieu und gründete sie auf das Studium der ursprünglichen Quellen. Dank seinem Eingreifen konnten übrigens die belgischen Jesuiten schon 1837 — nach einer Unterbrechung von einem halben Jahrhundert — die Fortführung des Werkes der Bollandisten in Angriff nehmen[34]. Renan stellte dann 20 Jahre später dieses Unternehmen an die erste Stelle unter jenen Produkten der katholischen Renaissance im 19. Jh., die seiner Meinung nach „seriös" waren.

An der theologischen Fakultät, die rasch Studenten aus den Nachbar-

[32] Über Xavier De Ram (1804—65), den wirklichen Organisator der neuen Universität, die er 31 Jahre lang leitete, s. LThK VIII 982—983.

[33] Aus Deutschland kamen zwei bedeutende Konvertiten: W. Arendt für das griechische und römische Altertum und J. Moeller, ein Schüler Niebuhrs, für die Geschichte. Windischmann kam an die medizinische Fakultät.

[34] Vgl. *H. Delehaye,* L'œuvre des Bollandistes (Brüssel ²1959) 129—135.

ländern anzog, war die markanteste Persönlichkeit J.-B. Malou[35], Professor für Dogmatik von 1837 bis 1849, dessen patristische Gelehrsamkeit in dem Werk voll zum Ausdruck kam, das er einige Jahre später über „L'Immaculée Conception de la bienheureuse Vierge Marie" (1857) veröffentlichte. In Rom geschult, machte er sich in Löwen zum Verteidiger der Scholastik gegen seine ontologistischen und traditionalistischen Kollegen Tits[36] und Ubaghs[37], deren Gedanken in der 1843 als Organ der Professoren von Löwen gegründeten „Revue catholique", in die Seminare und sogar in das gebildete Publikum ausstrahlten, jedoch auf den wachsenden Widerstand der Jesuiten und der Gegner von Lamennais stießen. Die ziemlich lebhafte Kontroverse beschäftigte schließlich auch Rom. Die „Théodicée" und die „Logique" Ubaghs' wurden vom Nuntius Fornari der Indexkongregation angezeigt, die am 23. Juni 1843 zu dem Schluß kam, daß verschiedene Thesen korrigiert werden müßten. Der Heilige Stuhl hielt es jedoch für angebracht, diesen Tadel nicht zu veröffentlichen, um der katholischen Universität nicht zu schaden. So konnte Ubaghs sich guten Glaubens für ermächtigt halten, seinen Unterricht in der nun einmal eingeschlagenen Linie fortzusetzen, die er für geeigneter zur Abwehr der rationalistischen Gefahr hielt als die traditionelle Scholastik. Malou rollte, nachdem er 1849 Bischof geworden war, den Fall neu auf und erzielte schließlich eine unzweideutige Verurteilung durch Rom. Der fromme Ubaghs unterwarf sich und verzichtete auf seinen Lehrstuhl.

Tastende Initiativen der katholischen Intellektuellen in Frankreich

LITERATUR: *J. R. Derré,* Lamennais, ses amis et le mouvement des idées à l'époque romantique (Paris 1962) 461—728; *L. Foucher,* La philosophie catholique en France au XIXe siècle avant la renaissance thomiste (Paris 1955) 51—195; *N. Hötzel,* Die Uroffenbarung im französischen Traditionalismus (München 1962) 115—384; *Brugerette* I 84—97; *H. Bremond,* La littérature religieuse d'avant-hier et d'aujourd'hui (Paris 1906) 3—21; *P. Moreau,* Le Romantisme (Paris 1932) 296—317; *P. Fernessole,* Les conférenciers de Notre-Dame I: Genèse et fondation (Paris 1935). Auch Lettres de F. Ozanam II: Premières années à la Sorbonne, hrsg. von *J. Caron* (Paris 1971).

Während Deutschland den beträchtlichen Vorsprung, den es im Verlauf der ersten Jahrzehnte des Jahrhunderts errungen hatte, behielt und noch verstärkte, machten die lateinischen Länder alles in allem eine ziemlich klägliche Figur.

[35] Über Jean-Baptiste Malou (1809—64), den späteren Bischof von Brügge, vgl. *B. Jungmann:* Katholik 46 (1866) I 716—741, II 74—90 129—156.

[36] Über Arnould Tits (1807—51), Professor der Fundamentaltheologie seit 1840, der viel zu früh starb, jedoch einen tiefen Einfluß ausübte und den Mgr. De Ram mit Klee verglich, s. Annuaire de l'Université catholique de Louvain 16 (1852) [171]—[194].

[37] Über Gerhard Casimir Ubaghs (1800—75), Professor an der philosophischen Fakultät von 1834 bis 1866, s. *H. van Grunsven,* G. Ubaghs (Heerlen 1933) und LThK X 427—428.

In *Spanien,* wo die Kirche die Nachwirkungen der verworrenen politischen Situation zu spüren bekam, stagnierte die theologische Wissenschaft[38]. Die Schulung des Klerus in den Seminaren war der in Frankreich oder in Italien jedoch klar überlegen; freilich beschränkte man sich darauf, die großen Autoren aus dem 16. und 17. Jh. zu wiederholen. Es fehlte jede Aufgeschlossenheit gegenüber den modernen Problemen, so daß die spanischen Theologen außerhalb der Halbinsel praktisch vor dem letzten Drittel des Jahrhunderts, in der Zeit der thomistischen Renaissance, keinerlei Einfluß ausübten. Eine einzige Ausnahme — abgesehen von dem Essayisten Donoso Cortés[39], einem Laien, der in französischer Sprache einen bedeutsamen „Essai sur le catholicisme, le libéralisme et le socialisme" (1851) streng konservativer Tendenz schrieb — bildet der katalanische Priester Jaime Balmes (1810—48), ein fruchtbarer Autor philosophischer, historischer und apologetischer Werke, der auf mehr als einem Gebiet als Vorläufer auftrat, aber gerade deshalb im spanischen Klerus nur beschränkt Gehör fand[40]. Seine Berühmtheit im Ausland verdankte er seinem heute recht veralteten Essay, einer Widerlegung Guizots: „El Protestantismo comparado con el catolicismo en sus relaciones con la civilización europea" (1842), der sofort ins Französische übersetzt wurde.

Italien hatte drei Vorteile: die wissenschaftliche Tradition des 18. Jh. war durch die revolutionären Ereignisse nicht völlig unterbrochen worden; sie besaß in Rosmini einen christlichen Philosophen großen Formats; und das Römische Kolleg stellte für einige seiner Theologen eine Tribüne dar, deren internationaler Einfluß sich immer mehr festigte. Aber die noch lebenden Gelehrten mußten auf den Rahmen berühmter Universitäten verzichten, was sich auf die Qualität ihrer Arbeiten, wenn sie auch noch so verdienstvoll waren, auswirken mußte, so z. B. bei Kardinal Mai[41], dem unermüdlichen Herausgeber klassischer und patristischer Texte.

Rosmini[42] löste Begeisterung sowohl beim gebildeten Publikum wie auch in den lombardischen Seminaren aus, wo er dazu beitrug, daß in wenigen Jahren der Unterricht von febronianischen Tendenzen befreit wurde. Aber er mußte, vor allem seit 1840, erleben, daß seine Lehren leidenschaftlich angegriffen wurden[43], auf philosophischem Gebiet sowohl von Gioberti[44]

[38] Dieses Urteil von *Hocedez* II 185 wird angesichts der sehr kleinen Zahl von spanischen Autoren des 19. Jh. bestätigt, die im DThC zitiert werden (vgl. Tables générales 1226).

[39] Siehe S. 580 Anm. 3.

[40] Siehe S. 580 Anm. 2. Über das — begrenzte — Maß, in dem er ein Vorläufer des Neuthomismus wurde, vgl. *Hocedez* II 195—197.

[41] Über Angelo Mai (1782—1854) s. LThK VI 1289—90 (Lit.); DACL X 1196—1202; *G. Gervasoni,* A. Mai (Bergamo 1954).

[42] Über ihn s. S. 288 306—307 385—386.

[43] Neue Dokumentation bei *G. Martina:* RRosm 61 (1967) 130—170.

[44] Gioberti, dessen Einfluß bei einem Teil des italienischen Klerus groß war, veröffent-

und seinen Schülern wie von den Anhängern der scholastischen Tradition, die ihm mit verschiedenartiger Begründung ontologische Neigungen vorwarfen, und auf theologischem Gebiet von den Jesuiten, die scharf auf die Kritik reagierten, der Rosmini in seinem „Trattato della coscienza morale" (1840) den Probabilismus unterzogen hatte, und gegen die in ihren Augen irrige Auffassung von der Erbsünde polemisierten, in der sie die Grundlage seiner moralischen Anschauungen sahen[45]. Obwohl Gregor XVI., der von den Jesuiten um sein Eingreifen gebeten worden war, beiden Parteien 1843 Schweigen auferlegt hatte, litt die Ausstrahlung der Gedanken Rosminis, die übrigens außerhalb Italiens kaum spürbar wurde, in den zahlreichen katholischen Kreisen, die unter dem Einfluß der Gesellschaft Jesu standen, unter diesen Polemiken.

Im Römischen Kolleg, das für die Erneuerung der Problemstellungen und Methoden recht wenig aufgeschlossen war, wurde ein Unterricht erteilt, dessen Qualität enttäuschte. Hierüber beklagten sich nicht nur die deutschen Professoren, sondern sogar der General der Jesuiten selbst[46]. Vor allem in der Philosophie beschränkte man sich darauf, ohne jedes Bemühen um Originalität die Autoren des vorigen Jahrhunderts zu wiederholen, zumal die Pioniere der thomistischen Renaissance ferngehalten wurden, wie z. B. Pater Taparelli, dessen Arbeiten über das Naturrecht damals nicht die verdiente Aufmerksamkeit gewannen[47]. Auf dem Gebiet der Theologie hoben sich lediglich zwei Namen aus dem grauen Einerlei ab: F. X. Patrizi, Professor für Exegese, ein gewissenhafter Gelehrter, dessen Schrift „De interpretatione Scripturarum sacrarum" (1844) die erste katholische Monographie über die typologische Deutung der Bibel war, und vor allem G. Perrone[48], Professor für Dogmatik von 1824 bis 1848, dessen „Praelectiones theologicae" (9 Bde, 1835/42) 34 Auflagen erreichten. Er war ein Vulgarisator ohne große Originalität, der die Kontroverse gegen die Protestanten und die Rationalisten bei weitem der eigentlichen theologischen Reflexion vorzog; er hatte jedoch das Verdienst, sowohl die verhältnismäßig

lichte 1841 eine heftige Anklage: „Degli errori di A. Rosmini", die eine lange Kontroverse auslöste.

[45] *F. Ruffini*, La vita religiosa di A. Manzoni II (Bari 1931) 247 ff. hat mit Recht darauf hingewiesen, daß der Konflikt zwischen der Gesellschaft Jesu und Rosmini nicht nur in der Konkurrenz zwischen zwei religiösen Kongregationen, die auf dem gleichen Gebiet tätig waren, wurzelte, sondern auch in tiefgehend verschiedenen doktrinären und spirituellen Konzeptionen.

[46] Vgl. *P. Pirri*, P. Giov. Roothaan (Isola del Liri 1930) 306—307, wo ein Brief vom 20. 12. 1842 angeführt wird.

[47] Über Luigi Taparelli d'Azeglio (1793—1862), dessen Hauptwerk „Saggio teoretico di Diritto naturale appoggiato sul fatto" von 1840 datiert, vgl. *R. Jacquin*, Taparelli d'Azeglio (Paris 1943), *B. Armando*, Il concetto di proprietà nel Padre Taparelli (Pinerolo 1960) und *Aubert-Martina* 299 Anm. 20.

[48] Über Giovanni Perrone (1794—1876) vgl. DThC XII 1255—56 und *Hocedez* II 353—355.

neue Behandlung der Beziehungen zwischen Vernunft und Glauben in die klassische Theologie einzuführen wie auch die Bedeutung der positiven Theologie zu erahnen, die dann unter Pius IX. im Römischen Kolleg durch seine Schüler Passaglia und Franzelin ins volle Licht gestellt wurde.

In *Frankreich* hatte es um 1830 zwei Hoffnungen auf eine Erneuerung des katholischen Denkens gegeben: die Schule von La Chênaie und Malestroit um Lamennais und — auf bescheidenerer Ebene — die Schule von Molsheim bei Straßburg um Bautain. Die Verurteilung des Lamennais war für die erstere besonders verhängnisvoll, weil gleichzeitig mit den kirchenpolitischen Theorien des Meisters auch das philosophische System, das er zur Basis des Erneuerungsprogramms der theologischen Studien gemacht hatte, vom Heiligen Stuhl verurteilt wurde und weil diese — an sich ziemlich vage und gemäßigte — Verurteilung[49] von den Gegnern der Lamennais-Schule reichlich ausgebeutet wurde[50]. Der Einfluß des philosophischen Traditionalismus wurde dadurch jedoch nicht von heute auf morgen unterbrochen, vor allem nicht im Ausland, so in Belgien und besonders in den Niederlanden, aber auch in Deutschland, in Italien, in Spanien und bis nach Polen[51]. Aber seit 1835 zogen es die meisten Schüler des Lamennais vor, sich der Praxis zuzuwenden, anstatt sich weiterhin der von nun an suspekten Spekulation zu widmen. So fand die Wachablösung, die die Ausstrahlung der École de la Chênaie hatte erhoffen lassen, letzten Endes nicht statt, und der Unterricht blieb weiterhin mittelmäßig, auch deshalb, weil der Versuch Bautains, der völlig unabhängig von Lamennais unternommen wurde, nach und nach verkümmerte.

Bautain[52] veröffentlichte 1832 eine Broschüre über „L'enseignement de la philosophie en France au XIXe siècle", die als das Manifest der Straßburger Schule galt. Er kritisierte in ihr zugleich den Eklektizismus Victor Cousins und die kartesianische Scholastik, die in den Seminaren herrschte. Der Bischof von Straßburg, Mgr. Le Pappe de Trévern, wurde von den zahlreichen Gegnern Bautains um eine Intervention gebeten. Zu diesen Gegnern gehörten Sulpizianer, die durch seinen Angriff gegen ihre Unterrichtsmethode verletzt waren, Jesuiten, unter ihnen der einflußreiche Pater Rozaven, Lamennais-Schüler, die seine Kritiken gegen die Philosophie der allgemeinen Vernunft durchaus nicht geschätzt hatten, ein Teil des Straßburger Klerus,

[49] Vgl. *L. Le Guillou,* L'évolution de la pensée religieuse de F. Lamennais (Paris 1966) 197—198.

[50] Ebd. 213—222.

[51] Vgl. *Hocedez* II 83—112. Bezüglich Deutschland siehe *Schrörs,* Braun 289—295 426.

[52] Über das System Louis Bautains s. S. 299. Über die Kontroverse der Jahre 1834 bis 1840 s. *F. Ponteil:* RH 164 (1930) 225—287 und vor allem *P. Poupard,* L'abbé L. Bautain (Tournai - Paris 1961) 181—226; über den Romaufenthalt 1838 s. *ders.,* Journal romain de l'abbé L. Bautain (Rom 1964), ferner die Briefe von Rozaven (Bulletin critique 23 [1902] 194—198 353—360) und von Roothaan (CivCatt 1929 III 316—319).

der ihn als Eindringling betrachtete, die Seminarlehrer von Besançon, denen die Konkurrenz der Molsheimer Gruppe ein Dorn im Auge war. Im Frühjahr 1834 unterbreitete Mgr. de Trévern, der sechs Jahre lang nichts an der Lehre Bautains auszusetzen gehabt hatte, diesem sechs Fragen über die Beziehungen zwischen Vernunft und Glauben. Fest steht, daß Bautain, dem die theologische Schulung fehlte, ziemlich richtige Anschauungen über die religiöse Erkenntnis in Begriffen vortrug, die mit den traditionellen Formulierungen unvereinbar schienen, und daß er unter dem Einfluß des Kantianismus dazu neigte, die menschliche Vernunft übermäßig abzuwerten. Aber auch die bischöflichen Sätze waren ungeschickt redigiert. Die Folge war ein Zwiegespräch zwischen tauben Menschen, das sich jahrelang hinzog, wobei die Kontroverse durch Personenfragen weiter vergiftet wurde. Nachdem Bautains Antwort den Bischof nicht befriedigt hatte, veröffentlichte er am 15. September 1834 ein „Avertissement", das er allen Bischöfen Frankreichs und dem Heiligen Stuhl übermittelte. Er wünschte eine römische Intervention gegen den „neuen Lamennais". Die Ausbeutung des „Avertissement" durch die Hermesianer zugunsten ihrer semirationalistischen Positionen veranlaßte Rom jedoch zur Zurückhaltung. Bautain war der Überzeugung, der Bischof überschreite seine Rechte, da es sich nach seiner Ansicht nicht um dogmatische, sondern lediglich um philosophische Fragen handelte. Er konnte im übrigen überhaupt nicht verstehen, daß man eine auf den Glauben gegründete philosophische Lehre beschuldigen konnte, „sie arbeite an der Zerstörung der Religion". So veröffentlichte er im Laufe der nächsten Monate ein umfassendes Werk: „La philosophie du christianisme", in dem er in Form von Briefen an seine Schüler das Wesentliche seiner Gedanken darlegte. Diese Arbeit wurde — allerdings mit einigen Nuancen — von Möhler und der Tübinger Fakultät gebilligt, die ihm den Titel eines Doktors der Theologie verlieh[53]. Ende 1835 schien sich alles zu arrangieren, nachdem Bautain sich bereit erklärt hatte, Sätze zu unterschreiben, die dank der Vermittlung von Mgr. Donnet, Weihbischof von Nancy, modifiziert waren. Der Straßburger Bischof behauptete jedoch, daß diese neuen Sätze keine wesentlichen Unterschiede von seinem eigenen ursprünglichen Text enthielten, versteifte sich erneut und schickte die Werke Bautains nach Rom, um mit Hilfe seines Freundes Rozaven ihre Indizierung durchzusetzen. Auf Lacordaires Rat begab sich Bautain nach Rom, um dort seine Verteidigung zu übernehmen. Er fand eine a priori freundliche Atmosphäre vor, weil man sehr darauf bedacht war, den Forderungen der Hermesianer keine neue Nahrung zu geben. Während der drei Monate, die Bautain in Rom weilte, machte er mit seiner wiederholten Beteuerung, sich dem Heiligen Stuhl unterwerfen zu wollen, was man mit der Arroganz der deutschen Professoren verglich, einen ausgezeichneten Eindruck. So beschränkte man sich darauf, ihn aufzufordern, einige Passagen

[53] Vgl. *P. Poupard:* RSPhTh 42 (1958) 455—482; vgl. ThQ 17 (1835) 421—453.

seines Buches und eines weiteren, dessen Manuskript er bei sich hatte, zu korrigieren. Bautain willigte gern ein, zumal er im Verlauf seiner Gespräche mit den römischen Theologen erfaßt hatte, was die Formulierung seiner Gedanken an Übertreibungen enthielt, und zugleich entdeckt hatte, daß die Verurteilung des Rationalismus noch lange nicht die Verurteilung der Vernunft einschließt und man ihr in der Vorbereitung des Glaubens einen Platz einräumen kann, ohne die Notwendigkeit der Gnade zu seinem Erwachen in den Seelen zu bestreiten. Unter diesen Perspektiven veröffentlichte er seine „Psychologie expérimentale" (2 Bde, 1839), an der er mehr als 18 Jahre gearbeitet hatte und die er für „das Hauptwerk seines Lebens" hielt. Doch der alte Bischof von Straßburg weigerte sich noch immer — trotz entsprechender Aufforderungen von Rom —, Bautain und seinen Gefährten ihre kirchlichen Befugnisse wiederzugeben. Am 8. September 1840 unterzeichnete Bautain eine von Mgr. Räß, dem neuen Weihbischof von Straßburg[54], ausgearbeitete, etwas deutlichere Fassung der fraglichen Sätze und zog sich in die Nähe von Paris zurück. Dort übte er ein Vierteljahrhundert lang als Vortragsredner und Prediger einen fruchtbaren geistigen Einfluß aus. Die lange Polemik über einen einzelnen Punkt seines Systems hatte jedoch die Aufmerksamkeit von der Bedeutung abgelenkt, die seinem Bemühen um eine Erneuerung der Apologetik zukam. Vor allem war aber auch sein Versuch gescheitert, das Niveau der Priesterausbildung im Hinblick auf die von den zeitgenössischen Gedankenströmungen aufgeworfenen Probleme zu heben.

Diese Probleme hatten offensichtlich die meisten Verantwortlichen der Seminare völlig übersehen. Besonders in Saint-Sulpice „verhinderte der Kult der Bescheidenheit und Vorsicht jeden Versuch einer geistigen Verjüngung" (X. de Montclos). Die einzige bemerkenswerte Ausnahme bildete Ch. Baudry, ein Mann von großer patristischer Gelehrsamkeit, der sich darin auszeichnete, „aus Altem Neues zu machen[55]. Auch im Episkopat gab es nur einen einzigen Mann, der wirklich ein Fingerspitzengefühl für diese Fragen hatte: Mgr. Affre, der 1840 Erzbischof von Paris geworden war; doch die Ergebnisse entsprachen nur zum Teil seinen Absichten[56]. Es gelang ihm sowenig wie seinem Vorgänger, der theologischen Fakultät an der Sorbonne neues Leben einzuflößen[57], und er konnte die Gründung einer École des Hau-

[54] Text der aufeinanderfolgenden Propositionen-Listen bei: *P. Poupard*, L'abbé L. Bautain 393—396 (vgl. Denz. 1622—27 und Anm.). Im Jahre 1844 wurde Bautain anläßlich der kanonischen Approbation einer von ihm gegründeten Kongregation von der Congregatio Episcoporum et Regularium aufgefordert, neue, von P. Perrone redigierte Sätze zu unterzeichnen, die noch nuancierter waren als die 1840 in Straßburg ausgearbeiteten Sätze.

[55] Über Charles Baudry (1817—63) vgl. *de Montclos* 64—75 605—606.

[56] Vgl. *R. Limouzin-Lamothe - J. Leflon*, Mgr D.-A. Affre (Paris 1971) 179—187.

[57] Über diese Frage, die im Verlauf des zweiten Drittels des 19. Jh. periodisch immer wieder auftauchte, aber wegen des Mißtrauens des Heiligen Stuhls nie zu einem Ergebnis

tes Études ecclésiastiques, die dem Erzbistum unterstehen sollte, lediglich entwerfen. Newman glaubte, in diesem Plan, der in Wirklichkeit in Frankreich nur geringen Widerhall fand, den Keim einer künftigen katholischen Universität erkennen zu können.

Dennoch war die Bilanz der Julimonarchie nicht nur negativ. Es blieb etwas — angesichts der ganzen damaligen Umstände sogar viel — von der von Lamennais ausgelösten Bewegung voller Originalität und Saft, die das Ziel verfolgte, das intellektuelle Niveau der Protestanten und der Ungläubigen zu erreichen und einen neuen Humanismus zu erarbeiten, in dem das katholische Dogma alle Manifestationen des Geisteslebens leiten sollte, ohne deshalb den Verstand am Gängelband zu führen. Wurde der Plan, eine Anzahl von jungen katholischen Intellektuellen nach München zu schicken (1833—34), nach einigen Monaten auch wieder fallengelassen, so führte er doch zu wichtigen Übersetzungen, die es dem französischen Publikum ermöglichten, einige charakteristische Werke von jenseits des Rheins zu entdecken, u. a. die „Symbolik" Möhlers (1836) und das „Lehrbuch der Kirchengeschichte" von Döllinger (1841). Darüber hinaus hielt der gute Ruf, den die Anhänger des Lamennais der deutschen katholischen Wissenschaft verschafft hatten, lange unter den französischen Katholiken an. Er bewog einige Geistliche — leider viel zu wenige — dazu, an den deutschen Fakultäten ihre Bildung zu ergänzen, so z. B. Maret, einen der sehr seltenen Theologen großen Formats, die Frankreich in der nächsten Generation hervorbrachte.

Dem Versuch Gerbets, im Kolleg von Juilly einen Teil der Gruppe von Malestroit neu zusammenzufassen, blieb ein dauerhafter Erfolg versagt. Dagegen gelang es ihm, im Jahre 1836 unter Mitarbeit einiger von ihnen die Zeitschrift „L'Université Catholique" zu gründen [58], die sich an das breite Publikum wandte. Sie fand gleich 1600 Abonnenten — eine für die damalige Zeit recht beachtliche Zahl —, darunter eine Anzahl von Deutschen und Engländern. Weil in Frankreich eine vom Staat unabhängige Universität nach dem Muster der katholischen Universität Löwen nicht verwirklicht werden konnte, wollten die Gründer der Zeitschrift dem gebildeten Publikum ein Äquivalent zu Vorlesungen und Vorträgen im Geist der Lamennais-Schule bieten: Forschungsergebnisse, die die Interpretation des Dogmas bereichern konnten, kritische Studien mit dem Ziel einer Widerlegung der rationalistischen Thesen unter ausgiebiger Heranziehung der deutschen Forschungsergebnisse, vor allem der Arbeiten der Münchener

kam, s. *R. Limouzin-Lamothe,* Mgr de Quélen (Paris 1955/57) I 263—266 II 247—252; *ders.,* Mgr d'Astros et la réorganisation des facultés de théologie en 1838—39: BLE 52 (1951) 178—186; *de Montclos* 108—110; *J. Maurain,* La politique ecclésiastique du Second Empire (Paris 1930) 104—110 688—692; *G. Bazin,* Vie de Mgr Maret (Paris 1891) I 397—419, II 9—21, III passim; Annales de philosophie chrétienne 26 (1843) 72—80.

[58] Vgl. *C. de Ladoue,* Mgr Gerbet II (Paris 1872) 118—146.

Schule. Zu den Hauptmitarbeitern der neuen Zeitschrift gehörte Bonnetty, der gleichzeitig die Veröffentlichung seiner „Annales de philosophie chrétienne“ [59] fortsetzte, in denen er mit erstaunlicher Arbeitskraft eine riesige historische Dokumentation zur Verteidigung des Christentums zusammentrug, die ihn zu einem Vorläufer der vergleichenden Religionswissenschaft machte, und für breite Kreise in Werken mit großem Auflagenerfolg, wie der „Histoire du monde depuis sa création“ von Henry de Riancé (4 Bde, 1838/44) oder in den „Études philosophiques sur le christianisme“ von Auguste Nicolas (4 Bde, 1843/45; 26 Auflagen in 40 Jahren), ausgewertet wurde. Die Begeisterung im Dienste der Wahrheit und die richtige Erkenntnis der zentralen Wichtigkeit, die der Geschichte im Rahmen der Geisteswissenschaften zukommt, ersetzte bei diesen Autodidakten leider nicht den kritischen Geist und die methodische Strenge, deren Fehlen einen der Hauptmängel des französischen Katholizismus bis zum Ende des Jahrhunderts darstellte. Diese Mängel waren ganz offensichtlich in der umfangreichen „Histoire universelle de l'Église catholique“ Rohrbachers [60] (29 Bde, 1842/49), die von einem großen Teil des französischen Klerus als ein wissenschaftliches Monument betrachtet wurde, die jedoch, obwohl ihr Verfasser die deutsche Literatur der damaligen Zeit kannte, neben den Arbeiten Döllingers eine klägliche Figur machte. Solche Mängel erklären auch die Naivität der kurzlebigen „Société hagiographique“, die 1836 mit dem Ziel gegründet wurde, in rund zehn Jahren, bei einer Folge von drei Bänden pro Jahr, die „Acta sanctorum“ der Bollandisten zu Ende zu führen.

Wenn es auch an echt wissenschaftlichen Werken mangelte, muß man als Aktivposten der französischen Katholiken unter der Julimonarchie das außergewöhnlich starke Bemühen verbuchen, Klassiker der kirchlichen Gelehrsamkeit neu herauszugeben. Unter Beratung durch einige Geistliche publizierte eine Gruppe katholischer Verleger Sammlungen alter Texte, die durch neue Kommentare erläutert wurden und dazu beitragen wollten, den traditionellen Unterricht den Fortschritten der modernen Gesellschaft anzupassen. Erwähnt seien hier Genoude [61], ebenfalls ein ehemaliger Anhänger von Lamennais, der zwölf Bände mit Auszügen aus 196 Schriftstellern der vier voraufgehenden Jahrhunderte mit dem Ziel veröffentlichte, eine apologetische Summa zu schaffen („La Raison du christianisme“ 1834/35), und sieben Bände mit Übersetzungen der Kirchenväter (1835/49) herausbrachte, und vor allem Migne [62], der mit Hilfe einiger ausgezeichneter Gelehrter und

[59] Siehe S. 356. Über Augustin Bonnetty (1798—1879) s. DHGE IX 1058—60 und *N. Hötzel* a. a. O. XVI—XVIII und 140—369 passim.

[60] Siehe S. 417 und Anm. 5.

[61] Über den Journalisten Antoine de Genoude (1792—1849), der 1835 nach dem Tod seiner Frau Priester geworden war, s. DThC VI 1225 f.

[62] Über Jacques-Paul Migne (1800—75) vgl. *F. de Mely:* Revue apologétique 5. R. 2 (1915) 203—258; DThC X 1722—40; DACL XI 948—957.

dank seinem kaufmännischen Genie zur Versorgung des Klerus mit guten Arbeitsmitteln parallel drei Sammlungen auf den Weg brachte: die wichtigsten Bibelkommentare des 17. und 18. Jh. (25 Bde, 1838/40), eine Reihe theologischer Abhandlungen vom 16. bis zum 19. Jh. (28 Bde, 1839/45) und die wichtigsten Apologeten von Tertullian bis Wiseman (16 Bde, 1842/43). Ferner veröffentlichte er eine „Collection universelle et complète des orateurs sacrés" (99 Bde, 1844/66), eine „Encyclopédie théologique" (52 Bde, 1844/52, von 1851 bis 1866 durch 119 weitere Bände ergänzt), die auf den Stand der Zeit gebrachte Auszüge aus alten Lexika (wie dem von Bergier) mit Artikeln aus der Feder zeitgenössischer Autoren vereinigte, und schließlich die beiden berühmten Patrologia-Reihen (die „Series Latina" von 1844 bis 1855 in 217 Bänden, gefolgt von der „Series Graeca" von 1857 bis 1866 in 161 Bänden), eine Leistung, die um so verdienstvoller war, als ein ähnliches Projekt, das einige Jahre vorher in Italien mit der Ermutigung und der finanziellen Unterstützung Gregors XVI. ins Auge gefaßt worden war, völlig gescheitert war.

Zum guten Teil konnte Migne die Veröffentlichung seiner beiden Patrologia-Serien dank der Mitarbeit eines Mönches aus Solesmes, des Dom Pitra[63], eines Gelehrten von großem Format, verwirklichen. Pitra blieb jedoch eine Ausnahme unter den französischen Benediktinern. Dom Guéranger[64], der in seiner Jugend dem Lamennaisschen Ideal einer Erneuerung der kirchlichen Wissenschaft in Frankreich gefolgt war, hatte zwar davon geträumt, aus seiner Abtei eine ihrer Werkstätten zu machen, in der die Tradition der Mauriner, jedoch in antigallikanischem Geist, zu neuer Blüte erwachen sollte; leider gelang es ihm jedoch nicht, die Gruppe, die hierzu nötig gewesen wäre, um sich zu scharen, und sogar Dom Pitras Arbeiten wurden durch die finanziellen Schwierigkeiten des Klosters gehemmt. Das persönliche Werk Guérangers, seine „Institutions liturgiques", von denen die beiden ersten Bände zwischen 1840 und 1841[65] erschienen, und noch mehr seine „Histoire de Sainte Cécile" (1849) litten, wie alle Werke der französischen Theologie jener Zeit, unter dem Mangel wissenschaftlicher Strenge in den Grundlagen. Dagegen nahm er ein bemerkenswertes und originelles Werk in Angriff, als er 1841 den ersten Band seiner „Année liturgique"[66] veröffentlichte, einer Publikation, die zunächst keinen sehr großen Erfolg zu verzeichnen hatte, aber ein „echtes Monument der christlichen Kultur" im

[63] Über Jean-Baptiste Pitra (1812—89) s. die beiden einander ergänzenden Biographien von *F. Cabrol* (Paris 1891) und *A. Battandier* (Paris 1896).

[64] Siehe S. 425 Anm. 17.

[65] Bd I wurde 1854 ins Deutsche übersetzt.

[66] 9 Bände erschienen in der Zeit von 1841 bis 1866; sie wurden später von den Schülern Guérangers ergänzt. Vgl. *O. Rousseau*, Histoire du mouvement liturgique (Paris 1945) 45—53.

Verlauf der verschiedenen Zeitalter darstellte und später mehr als irgendein anderes Werk zur Erneuerung der katholischen Frömmigkeit beitrug.

Auf dieser Ebene der katholischen Kultur konnten sich die Franzosen mehrerer anderer interessanter und der Atmosphäre der Zeit angepaßter Leistungen rühmen. Lamennais' ehemaliger Schüler Rio[67] befaßte sich damit, die Aufmerksamkeit auf die Wesensart der christlichen Kunst zu lenken, für die er das wurde, was Winckelmann für die Kunst des klassischen Altertums gewesen war. Sein Buch „De la poésie chrétienne" (1836), das in Wirklichkeit eine Einführung in die frühe italienische Kunst war und in dem der Einfluß der Ästhetik Schellings zu erkennen ist, hatte in Frankreich nur begrenzten Erfolg, fand jedoch in Italien und vor allem in Deutschland großes Interesse. Bei all seinen vorgefaßten apologetischen Meinungen und seinen methodischen Schwächen versuchte dieses Werk zu zeigen, daß die Malerei des Mittelalters mit einer ganz bestimmten christlichen Schau des Menschen und des Lebens untrennbar verbunden ist, wollte es — den „Génie du christianisme" überbietend — „auf ästhetischer Ebene eine Revolution gleich der auslösen, welche die auf die ursprüngliche Offenbarung gegründete Metaphysik auf dem Gebiet der Philosophie versucht hatte" (Derré). Montalembert unternahm ein analoges Werk auf dem Gebiet der gotischen Architektur; er bekämpfte den Abbruch der Klöster und in seiner „Histoire de Sainte Élisabeth de Hongrie" (1836) schrieb er ein Werk poetischer Hagiographie zu Ehren des christlichen Mittelalters. Er wollte an einer besonders repräsentativen Gestalt die Atmosphäre der mittelalterlichen Frömmigkeit vergegenwärtigen, die ihm die deutschen Romantiker zugänglich gemacht hatten, und widmete zugleich der Marburger Elisabethkirche begeisterte Seiten, auf denen er die Leistungen der gotischen Kunst mit den religiösen Empfindungen der Zeitgenossen des heiligen Franz von Assisi und des heiligen Ludwig in Verbindung brachte. Es handelte sich um ein ähnliches Werk, wie es Ozanam — mit größerer wissenschaftlicher Strenge — für die christliche Literatur des Mittelalters schuf. In seinen Vorlesungen an der Sorbonne über die „Fioretti" des heiligen Franz von Assisi, in seinen beiden Werken über Dante (1838 und 1839) und in seinen „Études germaniques" (1847/49) erteilte Ozanam im Rahmen der vergleichenden Literaturwissenschaft stets Religionsunterricht, indem er — nach seinen eigenen Worten — ständig „die lange und mühsame Erziehung, die die Kirche den modernen Völkern zuteil werden ließ", zum eigentlichen Thema machte.

Ein anderes Verdienst Ozanams war, daß es ihm im Alter von 20 Jahren gelang, den Erzbischof von Paris zu veranlassen, in Notre-Dame anläßlich der Fastenzeit einen Predigtstil einzuführen, der für die intellektuelle Jugend bestimmt war und sich grundlegend von den üblichen Predigten unterschied;

[67] Über Alexis-François Rio (1797—1874) s. *M. C. Bowe,* F. Rio, sa place dans le renouveau catholique en Europe (Paris o. J.) und *J. R. Derré* a. a. O. 615—669.

ferner bewog er den Erzbischof, diese „Konferenzen" dem Abbé Henri Lacordaire[68] anzuvertrauen, und zwar trotz der Voreingenommenheit gegen diesen ehemaligen Anhänger des Lamennais. Als Romantiker, der die Geisteshaltung der neuen Generation völlig erfaßt hatte, erneuerte Lacordaire seit 1835 den Vortrag auf der Kanzel und führte zugleich die Apologetik auf neue Wege. Einer auf Pittoreskes und Emotionen versessenen Generation bot er die Beredsamkeit der Bilder, der Farben, der Begeisterung und der Empörung. Vor allem aber verstand er es, von der Ewigkeit in der Sprache der Welt zu reden, ohne unfruchtbares Jammern über die entschwundene Vergangenheit und ohne Verdammung der Werte, von denen seine Zeitgenossen begeistert waren. Statt methodisch in der Art von Frayssinous eine Philosophie des Spiritualismus zu bieten, um dann von da aus zur Darlegung der Tatsachen der Offenbarung überzugehen, ließ er sich von seiner persönlichen Erfahrung bei seiner Bekehrung inspirieren und stellte sich gleich von vornherein dem Christentum und der Kirche als gegebenen Tatsachen, indem er zu zeigen versuchte, wie sehr sie sowohl den Bedürfnissen der Gegenwart wie auch den wesentlichen Bedürfnissen der menschlichen Natur entsprechen. Der Erfolg, den er erntete[69], zeigte, daß er den richtigen Punkt getroffen hatte[70].

Wachstum der katholischen Presse

Das Bild der katholischen Leistungen auf intellektueller Ebene wäre nicht vollständig, überginge man die Zeitungen und Zeitschriften. Auf viele von ihnen wurde bereits in den früheren Kapiteln hingewiesen. Es ist jedoch zweckmäßig, hier das Wesentliche dieser Publizistik zusammenzufassen, um die Universalität dieses Phänomens, das im ersten Viertel des Jahrhunderts einsetzte und nach 1830 ständig an Umfang gewann, deutlicher zu machen. Im Jahre 1844 stellte die „Revue des deux mondes" fest: „Um freier über ganz andere Themen als Moral und Nächstenliebe predigen zu können,

[68] Über Lacordaire s. S. 425 Anm. 16. Lacordaire hielt die Fastenpredigten in Notre-Dame de Paris 1835 und 1836 und dann nach seiner Rückkehr aus Rom, wo er Dominikaner geworden war, die Adventspredigten von 1843 bis 1846 und die Fastenpredigten von 1848 bis 1851. Von 1837 bis 1846 wurde er von dem Jesuiten de Ravignan, einem ausgezeichneten, aber mehr klassischen Redner, vertreten.

[69] Er fand durchaus nicht in allen Kreisen Beifall. Sowohl im alten Klerus wie auch seitens der Rationalisten beschuldigte man diesen „Savonarola der modernen Kanzel", er trete mehr „als religiöser Tribun denn als Theologe" auf.

[70] Zur gleichen Zeit konnte man auch in Italien einige ähnliche, weniger berühmte Versuche feststellen, die Predigt den modernen Anliegen anzupassen. Erwähnt sei z. B. der junge Franziskaner Arrigoni (vgl. *M. Maccarrone,* Il concilio Vaticano e il „Giornale" di Mons. Arrigoni I [Padua 1966] 15—17).

stürzte man sich auf die Presse. Die Priester stiegen, sogar in ziemlich großer Zahl, in diese neue Arena hinab; die Laien waren Theologen geworden, die Theologen sind Journalisten geworden. Heute ist der Journalismus für einige Mitglieder des Klerus gewissermaßen eine Filialkirche der Kanzel geworden, denn man hat erkannt, daß der Einfluß der Zeitung größer ist als der der Predigt." Diese Feststellung galt nicht nur für Frankreich, sondern für ganz Westeuropa.

In *Deutschland* erfaßten einige hellsichtige Inspiratoren der katholischen Bewegung, unter anderen Lennig und Döllinger, sehr bald die Bedeutung der Presse. Dennoch mußten hier zunächst große Schwierigkeiten überwunden werden, nicht nur weil es an geeigneten Kräften und Geld fehlte, sondern auch wegen der administrativen Scherereien und wegen der Feindseligkeit in einem Teil des Klerus, der die Einmischung der Journalisten in die Angelegenheiten der Kirche befürchtete. Ziemlich rasch verfügte man über einige Zeitschriften, die sich an die geistlichen Kreise und an die gebildeten Laien wandten[71]. Zu nennen sind: der „Katholik"[72], der schon 1821 in Mainz „zur Belehrung, Warnung und Wehr gegen Angriffe auf die Kirche" gegründet wurde, wegen der staatlichen Zensur von 1823 bis 1827 in Straßburg erscheinen mußte, wo Görres als Schriftleiter „größere Straffheit, sorgsamere Auslese und zuverlässiges Fachwissen" anstrebte, dann nach Speyer verlegt wurde (1827—44, wo besonders Dieringer als leitender Redakteur in den Vordergrund trat) und nach seiner Rückkehr nach Mainz im Jahre 1844 die Form einer kirchlichen Wochenzeitung erhielt; die Zeitschrift „Eos", deren Redaktion 1828 Görres in München übernahm und die er zum Organ des konservativen Katholizismus in Süddeutschland machte, in dem sowohl literarische Fragen wie kirchenpolitische Probleme behandelt wurden, die aber bereits 1832 erlosch; die „Zeitschrift für Philosophie und katholische Theologie"[73], die 1832 in Bonn von Braun und einigen anderen Hermesianern mit Unterstützung mehrerer Bischöfe gegründet wurde, um dem Katholizismus in Preußen eine dem dort verbotenen „Katholik" entsprechende, aber vom wissenschaftlichen Gesichtspunkt aus anspruchsvollere Zeitschrift zu geben, die sich dann nach einigen Jahren in einem den kirchlichen Instanzen immer feindseligeren Sinn entwickelte; die „Historisch-politischen Blätter"[74] Jarckes und Phillips' in München, die dem breiten Publikum zugänglicher waren, aber nach Meinung der preußischen Katholiken in einer zu stark süddeutschen Perspektive redigiert wurden; das

[71] Nicht erwähnt wurden hier wissenschaftliche theologische Zeitschriften wie die „Theologische Quartalschrift" von Tübingen. Ihr Verzeichnis findet man: CathEnc XI 678.

[72] Siehe S. 269 und *H. Schwalbach*, Der Mainzer „Katholik" 1821—50 (Diss. Mainz 1966).

[73] Vgl. *Schrörs*, Braun 153—187.

[74] Siehe S. 398 und Anm. 11.

„Rheinische Kirchenblatt“[75], das 1844 in Düsseldorf als Monatsblatt gegründet und 1848 in ein Wochenblatt umgewandelt wurde, um die Meinungen im Kreis um Erzbischof Geissel zu verbreiten. Dagegen hatte die Tagespresse, vor allem im Rheinland, einen schwereren Start und beschränkte sich lange auf Blätter mit rein lokalem Verbreitungsbereich, die in ausgesprochen antiprotestantischer, apologetischer Perspektive konzipiert waren[76]. Ihre Entwicklung vollzog sich erst in der zweiten Jahrhunderthälfte.

In *Frankreich* erschienen einige schätzenswerte Zeitschriften: die bereits erwähnten „Annales de philosophie chrétienne“ (seit 1830) und die „Université Catholique“ (seit 1836); ferner die „Revue européenne“[77], die sehr talentiert den „Correspondant“ von 1831 bis 1834 ablöste und nach dem Verschwinden des „Avenir“ der Gruppe der Lamennais-Anhänger — von den politischen Vorstellungen abgesehen — als Tribüne diente; dann der „Correspondant“ selbst, der von 1843 an wieder erschien, um den von Montalembert für die Lehrfreiheit geführten Kampf zu unterstützen. Hinzu kamen Zeitschriften volkstümlicheren Charakters wie das von Ph. d'Exauvillez und dem Abbé Glaire begründete „Journal des personnes pieuses“. Mit Ausnahme des „Correspondant“ waren die französischen Zeitschriften mehr auf die Problematik der Ideen als auf kirchenpolitische Fragen ausgerichtet. Solche Fragen wurden in der Tagespresse und vor allem im „Univers“ behandelt, der Ende 1833 vom Abbé Migne gegründet wurde und dessen dynamischer — ja allzu streitlustiger — Chefredakteur 1843 Louis Veuillot wurde[78]. Die Tatsache, daß Frankreich bereits in den dreißiger Jahren eine, ja sogar mehrere katholische Tageszeitungen mit nationaler Leserschaft hatte, darf zu keiner Täuschung führen. Es handelte sich lediglich um einen bescheidenen Anfang, denn ihre Gesamtauflage war geringer als die einer einzigen großen liberalen Zeitung. Außerdem wurden sie in Paris, dem Zentrum der geistigen und politischen Bewegungen und Auseinandersetzungen, nur wenig gelesen[79].

Auch in *Belgien* gab es zwar eine Reihe katholischer Zeitungen in der Provinz, dagegen kaum in der Hauptstadt. Diese Situation änderte sich erst im letzten Drittel des Jahrhunderts. Aber schon 1834 veröffentlichte der Laie P. Kersten in Lüttich eine Zeitschrift von allgemeinem Interesse, das

[75] Vgl. *R. Pesch*, Die kirchlich-politische Presse der Katholiken in der Rheinprovinz vor 1848 (Mainz 1966) 25—82.

[76] Vgl. *R. Pesch* a. a. O., bes. 197—226, wo man eine chronologische Liste der katholischen Zeitungen von ganz Deutschland findet.

[77] Vgl. *J. R. Derré* a. a. O. 500—528 und passim.

[78] Über die Anfangszeit siehe *Ch. de Ladoue*, Mgr Gerbet II (Paris 1872) 91—118 und *A. Trannoy*, Le romantisme politique de Montalembert (Paris 1942) 437—456; über die Rolle von Veuillot siehe *E. Veuillot*, L. Veuillot (Paris 1899 ff) I 282—290 313—325, II passim.

[79] Einige Zahlen findet man in der Revue des deux mondes 25 (1844) 355—356.

„Journal historique et littéraire“ [80]. Diese ausgezeichnet redigierte Monatszeitschrift hatte auch echten Erfolg, sogar über die Landesgrenzen hinaus. Etwas später erschienen in den *Niederlanden* eine Monatszeitschrift „De Katholiek“ (1842) und eine Tageszeitung „De Tijd“ (1845), die alle beide eine lange und fruchtbare Laufbahn vor sich hatten [81].

In *Großbritannien* stammt die erste katholische Monatszeitschrift aus dem Jahre 1813; aber erst zwischen 1835 und 1840 nahm die katholische, regelmäßig erscheinende Presse einen Aufschwung, zunächst mit der „Dublin Review“, die 1836 von Wiseman mit der Unterstützung durch zwei irische Laien, D. O'Connell und M. Quin, als Gegenstimme zu der stark antikatholischen „Edinburgh Review“ gegründet wurde, und dann mit der Monatszeitschrift „The Tablet“, die 1840 von dem Konvertiten Fr. Lucas [82] gegründet wurde. Hinzu kamen noch einige andere, weniger wichtige Publikationen [83]. 1846 wurde dann ein „penny-magazine“ für die Arbeiter gegründet: „The Lamp“.

Religiöse Periodika erschienen sehr früh auch in den Ländern im Mittelmeerraum. In *Italien* ist dies vor allem der Aktion der Amicizie zu verdanken. In *Spanien* erschienen nach 1830, vor allem zufolge des Einsatzes von Balmes, nacheinander „La Civilización“, „La Sociedad“ und schließlich „El Pensamiento de la Nación“ [84].

War die Kirchengeschichte im 19. Jh. auch auf vielen Gebieten eine Politik der versäumten Gelegenheiten, so muß man doch konstatieren, daß die Katholiken in den meisten Ländern rasch erkannten, daß die Presse dazu berufen war, in der modernen Gesellschaft eine große Rolle zu spielen. Hinzufügen muß man freilich, daß die publizistischen Leistungen mangels materieller und intellektueller Mittel, vor allem auf dem Gebiet der Tagespresse, häufig im Vergleich mit der freidenkerischen Presse zweitrangig blieben.

[80] Vgl. A. *Vermeersch,* Bijdrage tot de Geschiedenis van de Belgische Pers 1830—48 (Löwen 1958) 36—44.

[81] Vgl. S. 367. Bezüglich der Anfänge von „De Tijd“ siehe *Rogier,* KathHerleving 257 bis 261.

[82] Vgl. *J. J. Dwyer:* English Catholics, hrsg. von *G. A. Beck* (London 1950) 475—476 482—484. Die Beteiligung der Konvertiten der Oxfordbewegung an der katholischen Presse war vor der Jahrhundertmitte schwach (vgl. *J. Altholz,* The Liberal Catholic Movement in England [London 1962] 7).

[83] Vgl. *T. Wall,* Catholic Periodicals of the Past: IER 101 (1964) 206—223 234—244 289—303 375—388, 102 (1964) 17—27 86—100.

[84] Vgl. CathEnc XI 690.

VIERTER ABSCHNITT

Die Thronbesteigung Pius' IX. und die Krise von 1848

Univ.-Professor Dr. Roger Aubert, Louvain (Kap. 25, 26 und 27/II)
Univ.-Professor Dr. Rudolf Lill, Köln-Rom (Kap. 27/1)

25. Kapitel

Die ersten Jahre des Pontifikats Pius' IX.: Vom Neoguelfischen Mythos zur römischen Revolution

LITERATUR: *Über die Revolution von 1848:* neben den Handbüchern der Geschichte vgl. die ausgezeichnete zusammenfassende Abhandlung von *L. Salvatorelli,* La rivoluzione europea 1848—49 (Mailand 1949). Auch *Hermelink* II 40—95. Über das wechselvolle Geschick der Kirche in dieser Zeit: *Aubert* 11—71 505—510; *Schmidlin PG* II 6—45; *Hales* 17—133.

Über G. Mastai vor seiner Wahl ist zu den genannten Biographien S. 507 hinzuzufügen: *A. Serafini,* Pio nono I (Rom 1958; zahlreiche Briefe und andere Dokumente). Vgl. ebenso: *G. Pontrandolfi,* Pio IX e Volterra (Volterra 1928); *G. L. Masetti-Zannini:* Bollettino del Museo del Risorgimento di Bologna 2 (1957) 91—148; *ders.:* RSTI 14 (1960) 283—298; *L. Valentini:* SC 87 (1959) 321—343; *P. Leturia,* El viaje a América del futuro Pio IX: Xenia Piana (Rom 1943) 367—444; *G. Margotti,* Pio IX ed il suo episcopato nelle diocesi di Spoleto e Imola (Turin 1877); *L. Rivera:* RStRis 19 (1932) 205—220; *F. Minoccheri,* Pio IX ad Imola e a Roma. Memorie, hrsg. von *A. M. Bonetti* (Neapel 1892); Pio IX da vescovo a pontefice. Lettere al card. Amat 1832—48, hrsg. von *G. Maioli* (Modena 1949); *R. Fontini:* Archiginnasio 57 (1962) 274—298.

Über das Konklave von 1846: T. Buttini: RStRis 27 (1940) 41—68; *Engel-Janosi* I 4—19.

Über die zwei ersten Jahre des Pontifikats: A.-M. Ghisalberti, Nuove ricerche sugli inizi del pontificato di Pio IX (Rom 1940); *P. Pirri,* L'amnistia di Pio IX: RSTI 8 (1954) 207—232; *ders.,* Massimo d'Azeglio e Pio IX al tempo del quaresimale della moderazione: RSTI 3 (1949) 191—234; *R. Quazza,* Pio IX e M. d'Azeglio nelle vicende romane del 1847, 2 Bde (Modena 1957); *R. Lefèvre,* Le riforme di Pio IX e la libertà di stampa: Studi romani 3 (1955) 667—694; *Jemolo* 13—48; *A. Anzilotti,* La funzione storica del giobertismo (Florenz 1924); *L. de Ruggiero,* Inghilterra e Stato pontificio nel primo triennio del pontificato di Pio IX: ADRomana 76 (1953) 51—172; *L. P. Wallace,* Pio IX and Lord Palmerston 1846—1849: Power, Public Opinion and Diplomacy (Durham 1959) 3—46; *A. Filipuzzi,* Pio IX e la politica austriaca in Italia dal 1815 al 1848 nella relazione di R. Weiss (Florenz 1958); *Engel-Janosi* I 20—37; *M. Gualdi,* I primi anni del pontificato di Pio IX, la celebre benedizione e la questione romana (Carpi 1952); *G. Quazza,* Sull'origine della proposta di Pio IX per la Lega doganale: RStRis 40 (1953) 357—370; *P. Pirri,* La politica unitaria di Pio IX dalla lega doganale alla lega italica: RSTI 2 (1948) sowie die beiden anderen Artikel des gleichen Autors über dasselbe Thema ebd. 1 (1947) 38—84, 4 (1950) 399—446; *J. Anelli Stefanutti,* La lega italica promossa da Pio IX (Tarcento 1951; über die Rolle von Mgr. Corbolli-Bussi); *R. Cessi,* Il mito di Pio IX (Udine 1953); *F. Carollo,* La missione di A. Rosmini a Roma nel 1848 (Palermo 1942); *A. Baviera,* La corrispondenza diplomatica del P. Ventura incaricato del governo siciliano a Roma: Miscellanea Di Carlo II (Trapani 1960) 7—60; *C. Riva,* La missione diplomatica di Rosmini a Roma nel 1848—49: Studium 63 (1967) 13—27.

Über die römische Revolution und ihre Folgen: Zu den angegebenen Quellen bei *Mollat* 225 242 249 268 sind vor allem hinzuzufügen: *A. de Liedekerke,* Rapporti delle cose di Roma 1848—1849, hrsg. von *A. M. Ghisalberti* (Rom 1949); La diplomazia del Regno di Sardegna durante la prima guerra d'indipendenza II: Relazioni con lo Stato pontificio, hrsg. von *C. Baudi di Vesme* (Turin 1951); *E. Brazão,* Relações diplomáticas de Portugal com a Santa Sede. Um ano dramático, 1848 (Lissabon 1969); *A. Capograssi,* La conferenza di Gaeta del 1849 (Rom 1941; zu ergänzen durch *A. Ghisalberti:* RStRis 40 [1953] 235—237); *P. Pirri,* Pio IX e Vittorio Emanuele II dal loro carteggio privato I (Rom 1944) 1*—49* 1—83; *E. Di Carlo,* Lettere inedite del P. Ventura a Rosmini, nov. 1848 — gen. 1849: Regnum Dei 20 (1964) 5—43; *M. Degros,* Rome et les États pontificaux sous l'occupation étrangère (Paris 1950).

Unter den äußerst zahlreichen Arbeiten siehe neben den allgemeinen Werken (besonders *C. Spellanzon,* Storia del Risorgimento IV, V, VII [Mailand 1938/61] und *G. J. Berkeley,* Italy in the Making 1846—48 [Cambridge 1936/40]) vor allem *G. Quazza,* La questione romana nel 1848—49 (Modena 1947); *D. Massé,* Pio IX e il gran tradimento del '48 (Alba 1948); *D. Demarco,* Pio IX e la rivoluzione romana del 1848 (Modena 1947; über die ökonomischen und sozialen Ursachen); *C. Minnocci,* P. Sterbini e la rivoluzione romana (Marcianise 1967); *J. Leflon:* AHPont 1 (1963) 385—402; *Engel-Janosi* 38—60; *L. Rodelli,* La Repubblica romana del 1849 (Pisa 1955); *M. Cessi Drudi,* Contributi alla storia della Conferenza di Gaeta: RStRis 46 (1959) 219—272; *A. M. Ghisalberti,* Roma da Mazzini a Pio IX (Rom 1958; die beste Zusammenfassung über die Restauration der päpstlichen Macht); *L. Pásztor,* La Segreteria di Stato di Pio IX durante il triennio 1848—50: Annali della Fondazione italiana per la storia amministrativa 3 (1966) 308—365.

Als Gregor XVI. am 1. Juni 1846 starb, stellte die religiöse Situation in der Kirche keine schwierigen Probleme; die politische Lage im Kirchenstaat jedoch war äußerst gespannt. Angesichts der administrativen und konstitutionellen Reformbestrebungen und der Bemühungen patriotischer Gruppen, Italien von der Vormundschaft Österreichs zu befreien, war das durch den verstorbenen Papst und dessen Staatssekretär Lambruschini verkörperte Regime an dem Tiefpunkt seines Ansehens angelangt. Deshalb standen beim Konklave interne politische Faktoren im Vordergrund, und dies um so mehr, als man angesichts der ernsten Lage sich entschloß, das Konklave sofort zu eröffnen, ohne die Ankunft der ausländischen Kardinäle abzuwarten. Von seiten der Intransigenten wurde die Wahl Lambruschinis betrieben, da man durch ihn die weitere Unterstützung Österreichs zur Unterdrückung revolutionärer Tendenzen garantiert sah. Andere, die unter der Führung des Kardinals Bernetti standen, hielten einige Konzessionen an die öffentliche Meinung für notwendig und sprachen sich für einen Papst aus, der aus dem Kirchenstaat stammen sollte, um dadurch ihre Unabhängigkeit von ausländischen Einflüssen zu dokumentieren. Der bevorzugte Kandidat dieser zweiten Gruppe war an erster Stelle neben Gizzi, den viele für zu fortschrittlich hielten[1], Kardinal Mastai. Beim ersten Wahlgang erhielt er

[1] Es ist jedoch anzumerken, daß das österreichische Veto nicht gegen ihn, sondern gegen Bernetti gerichtet war, woraus zu schließen ist, daß Metternich nicht so sehr vom italienischen Problem als vielmehr von der Furcht des französischen Einflusses auf Rom betroffen war (*Engel-Janosi* I 15—16).

15 Stimmen gegen 17 Stimmen für Lambruschini. Daraufhin vereinigten sich die Stimmen derer, die einen Sieg Lambruschinis befürchteten, auf Mastai, so daß dieser schon am zweiten Tag des Konklaves, dem 16. Juni, die Zweidrittelmehrheit erreichte.

Giovanni Maria Mastai-Ferretti, der in Erinnerung an seinen Protektor Pius VII. den Namen Pius IX. wählte, war relativ jung. In Senigallia in den Marken am 13. Mai 1792 geboren, hatte er sich schon zu Beginn seiner klerikalen Laufbahn sowohl durch Frömmigkeit und pastoralen Eifer als auch durch seine administrativen Fähigkeiten ausgezeichnet. Eine Reise nach Südamerika (1823—25), die er als Auditor des Apostolischen Delegaten in Chile unternahm, hatte ihm einen Einblick sowohl in die neuen Dimensionen der missionarischen Probleme wie auch in die Schwierigkeiten verschafft, die liberale, regalistisch orientierte Regierungen der Kirche bereiten können. Aber als Erzbischof von Spoleto (1827—32), dann als Bischof von Imola bei Bologna, war es ihm gelungen, sich die Hochachtung der in diesen Gebieten sehr aktiven liberalen Kreise zu erwerben, weil er voll Güte gegenüber seinen Diözesanen, ungeachtet ihrer Anschauungen, geistig aufgeschlossen und ernsthaft bestrebt war, eine Verbesserung des veralteten und polizeistaatlichen Regimes des Kirchenstaates herbeizuführen und einige administrative Reformen durchzuführen. Aber diese Reformen sollten nicht so weit gehen, daß die Bevölkerung aktiv an den Staatsgeschäften beteiligt würde, da ihm dies mit dem religiösen Charakter der päpstlichen Regierung unvereinbar schien. Auf der anderen Seite war Kardinal Mastai sicherlich auch aufgeschlossen für die patriotischen Bestrebungen in Italien. Zweifellos hat er, entgegen häufig vertretenen Auffassungen, das neoguelfische Programm stets für undurchführbar gehalten und die Ansicht vertreten, daß der Papst als das geistige Haupt aller Christen nicht die Rolle eines Präsidenten einer italienischen Föderation spielen dürfe. Trotzdem hat er die von der romantischen Bewegung genährte nationale Begeisterung tief mitempfunden, und die den österreichischen Truppen zur Last gelegten Brutalitäten haben seine großmütige Seele tief verletzt und ihn in Übereinstimmung mit jenen Kräften gebracht, die eine Befreiung der Italiener von der Fremdherrschaft suchten.

Die ersten Entscheidungen des neuen Papstes schienen die „liberale" Gesinnung zu bestätigen, die die reaktionären Kreise Roms diesem aufgeklärten Konservativen vorwarfen: Am 17. Juli erließ er ein großzügiges Amnestiedekret; er ernannte Kardinal Gizzi, in dem man zu Unrecht einen

[2] Er hatte sogar im Jahr 1845 ein Reformprojekt entworfen, das charakteristisch war (vgl. *G. Soranzo:* Aevum 27 [1953] 22—46). Es handelte sich mehr um eine Reform der Mißbräuche als um eine Veränderung der Strukturen, auch der administrativen und a fortiori politischen.

Vertreter der Ideen Massimo d'Azeglios vermutete, zum Staatssekretär[3]; er wählte Mgr. Corboli-Bussi, einen jungen, den neuen Ideen aufgeschlossenen Prälaten, zu seinem geheimen Berater aus; Pater Ventura, dem beredten Schüler Lamennais', gewährte er seine Gunst; er empfing wohlwollend verschiedene für ihre Verbundenheit mit dem Programm der gemäßigten Liberalen bekannte Personen; er gab völlig, wenn auch außerhalb eines umfassenden Konzepts, seine Einwilligung zu einigen sehnsüchtig erwarteten Reformen.

In dieser hitzigen Atmosphäre und zu einer Zeit, in der sich, kurz vor 1848, die romantischen Vorstellungen des Katholizismus mit den Bestrebungen der Demokratie verbanden, erweckten die wenn auch sehr begrenzten Gesten des Papstes die Begeisterung der Massen. Ohne Rücksicht darauf, daß die Enzyklika „Qui pluribus" vom 8. November 1846[4] die Verurteilung der Grundprinzipien des Liberalismus erneut ausgesprochen hatte, glaubte man doch, in Pius IX. „einen Boten Gottes zur Vollendung des großen Werkes des 19. Jh., nämlich der Allianz zwischen Religion und Freiheit" (Ozanam), sehen zu können. Zwar begann Metternich, dessen erste Reaktion auf die Haltung des Papstes wohlwollend gewesen war, sich darüber zu beunruhigen, daß an der Spitze der Kirche ein Mann „mit der Glut des Herzens, aber schwach in der Planung und ohne eigentliches Führungsvermögen" stand. Das gesamte liberale Europa jedoch verhielt sich zustimmend, darunter sogar Länder wie z. B. England[5], denen papistische Sympathien am wenigsten nachgesagt werden konnten.

Für einige Monate stand das Ansehen des Papsttums auf einem Höhepunkt, zumal sich zur gleichen Zeit ein Ausgleich Roms mit dem Ottomanischen Reich abzeichnete und die nach dem Besuch des Zaren Nikolaus bei Gregor XVI. begonnenen Verhandlungen im Jahr 1845 zur Unterzeichnung eines relativ günstigen Vertrages mit Rußland führten[6].

Besonders in Italien, wo alle Kundgebungen gegen die Vorherrschaft der Habsburger oder gegen reaktionäre Regierungen von „Viva Pio IX"-Rufen begleitet waren, hatte die Begeisterung offensichtlich ihren Höhepunkt erreicht. Der Mythos des „liberalen Papstes" wirkte wie ein Katalysator (Jacini) auf die disparaten Elemente, die vor 1848 die italienische progressistische Meinung gebildet hatten, und alle zusammen, ehemalige Kirchengegner, für die modernen Ideen gewonnene Katholiken und der

[3] Über die wahre Persönlichkeit Gizzis (1787—1849), der im Grunde konservativ und antiliberal war, vgl. die aufschlußreichen Ausführungen von *A. Simon*, Documents relatifs à la nonciature de Bruxelles 1834—38 (Brüssel 1958) 51—91.

[4] Text in Acta Pii IX, I 4—24. Vgl. *A. Latreille*, L'explication des textes historiques (Paris 1944) 228—230.

[5] Auch in den Vereinigten Staaten war die Reaktion auf die Wahl begeistert. Vgl. *H. R. Marraro:* CH 25 (1956) 42—44.

[6] Vgl. S. 598 f.

patriotische Klerus[7] fanden sich für einen Augenblick in einer gemeinsamen Hoffnung vereint. Um so größer war die Enttäuschung, als man sich von den Tatsachen überzeugen lassen mußte; die Handlungen des Papstes erfüllten nicht die in ihn gesetzten Erwartungen.

Die Ernüchterung begann auf dem Gebiet der inneren Reformen. Pius IX. mußte nicht nur der immer stärker werdenden Opposition von seiten der meisten Kurienprälaten Rechnung tragen; obwohl er sich ernsthaft um eine Verbesserung der Lage seiner Untertanen bemühte, war er selbst nicht bereit, die Grenzen dessen zu überschreiten, was man vielleicht als kirchlichen Paternalismus bezeichnen könnte. Er befürchtete, durch eine Abtretung eines Teiles seines „priesterlichen Königtums" an Laien jene Unabhängigkeit einzuschränken, deren der Heilige Stuhl zur Erfüllung seiner geistlichen Aufgaben bedürfe. Quazza zeigt in seinem Werk „Pio IX e Massimo d'Azeglio nelle vicende romane del 1847" in allen Einzelheiten, wie Pius IX., selbst in der Zeit der vertraulichsten Zusammenarbeit mit Massimo d'Azeglio, als er die gewagten Ansichten P. Venturas zu billigen schien, nicht über einen gewissen aufgeklärten Despotismus hinauskam. Er blieb weit entfernt von einer liberalen Einstellung gegenüber dem Menschen und der Gesellschaft und wollte den Kirchenstaat um keinen Preis in einen konstitutionellen und modernen, auf den Grundlagen von 1789 reorganisierten Staat umwandeln. Doch gelang es unter dem Druck der Umstände einigen Aktivisten, die es hervorragend verstanden, seine Vorliebe für Popularität auszunützen, ihn mit viel Geschick, wenn auch gegen seine Überzeugung, in diese Richtung zu drängen; das Ergebnis waren Pressefreiheit, Versammlungsfreiheit, Bildung einer „Consultà" von 24 Notabeln im Oktober 1847, Einführung des Laienelements in die Regierung im Januar 1848. So ließ er sich nacheinander verschiedene Zugeständnisse entreißen, die er jedoch sofort wieder soweit wie möglich einzuschränken versuchte. Schließlich mußte er sich aber doch nach dem Sturz Louis-Philippes in Frankreich dazu entschließen, die seit Monaten geforderte Verfassung in aller Eile zu bewilligen[8]. Aber auch diese Entscheidung erschien wieder nur wie eine halbe Maßnahme und bewirkte eher eine Erregung als eine Befriedigung der immer ungeduldiger werdenden öffentlichen Meinung.

Dieses Zögern des Papstes, der ständig zwischen den Ratschlägen, die von rechts und links kamen, schwankte und die utopische Vorstellung hegte, mit seinen Entscheidungen auf keiner Seite Mißfallen zu erregen, mußte

[7] Vgl. z. B. *B. De Giorgio*, Aspetti dei moti del 1847 e del 1848 in Calabria (Reggio 1955).

[8] Text des „Statuto" vom 14. 3. 1848 in Atti del S. Pontefice Pio IX, V/1 (Rom 1857) 222—238. Vgl. *L. Wollenberg:* RStRis 22 (1935) 527—594 und *A. Ara,* Lo statuto fondamentale dello Stato della Chiesa (Mailand 1966; dazu *G. Martina:* RSTI 21 [1967] 131—146). Letzterer zeigt deutlich, daß es ein vergebliches Bemühen war, den Kirchenstaat in einen Verfassungsstaat umzuändern.

sich ebenfalls und mit noch schwerwiegenderen Folgen in seiner Haltung gegenüber der italienischen Bewegung äußern. Gewiß kann man nicht mit vielen alten Geschichtsschreibern des Risorgimento behaupten, Pius IX. habe zunächst das liberale Programm einer italienischen Einigung unterstützt, um es dann aber aufzugeben; genauso falsch wäre es aber auch, zu behaupten, wie es oft unter den katholischen Historikern vor der Conciliazione geschehen ist, der Papst habe nie eine klar umrissene italienische Politik verfolgt und sich nur auf einige unbestimmte Gesten beschränkt, denen man zu seiner Zeit eine Bedeutung beigemessen habe, die ihnen nie zukam. Die Wahrheit liegt zwischen diesen beiden Extremen. Pius IX. konnte offensichtlich die mazzinische Idee einer einheitlichen italienischen Republik nicht akzeptieren, da diese die Unterdrückung der päpstlichen Souveränität mit einschloß; ebensowenig akzeptierte er das neoguelfische Programm. Immerhin hatte er sich nach einer Zeit der tastenden Versuche den Auffassungen einiger Gemäßigter angeschlossen, die die Möglichkeit einer Verringerung des österreichischen Einflusses in Italien im Falle einer friedlichen Neuordnung Europas anstrebten und für diesen Fall durch eine Verstärkung der Verbindungen zwischen den verschiedenen italienischen Staaten die Voraussetzungen zu schaffen suchten. In diesem Zusammenhang hatte er sofort versucht, den Verhandlungen, die im August 1847 um den Abschluß einer Zollunion mit Toskana und Piemont begannen, eine politische Richtung zu geben, und die von Florenz ausgehende und von seinem damaligen Hauptberater, Mgr. Corboli-Bussi, sehr begrüßte Idee einer Vereinigung der italienischen Fürsten in einer Defensivliga wurde auch von ihm sehr günstig aufgenommen. Durch diese Lösung wäre der Kirchenstaat im Falle einer militärischen Intervention Österreichs zur Unterdrückung der überall drohenden Erhebungen automatisch mit der nationalen Résistance assoziiert gewesen, ohne daß der Papst von sich aus eine Kriegserklärung hätte aussprechen müssen. Aber die Ambitionen Piemonts, das die Vorteile des Unabhängigkeitskampfes ganz für sich in Anspruch nehmen wollte, verhinderten das Zustandekommen dieser Liga. Von da an sah sich Pius IX. sehr schnell von der Entwicklung überholt.

Was man das „Wunder von 1848“ genannt hat, beruhte zum Teil auf einem Mißverständnis; einige Monate hindurch jedoch existierte es tatsächlich. Ein paar Äußerungen Pius' IX., die im Gegensatz zu der ablehnenden Haltung Gregors XVI. standen, hatten genügt, um in vielen Italienern die Überzeugung zu wecken, daß der neue Papst selber das gesamte nationale Programm verwirklichen werde und bereit sei, sich selber nach einem Versprechen Giobertis an die Spitze eines Kreuzzuges zu stellen, der Österreich von der Halbinsel vertreiben und dieser schließlich ihre nationale Einheit geben sollte. Diese Illusionen wurden auch genährt durch die offenkundige Zurückhaltung, die Pius IX. seit Beginn seines Pontifikats gegenüber dem österreichischen Botschafter geübt hatte; diese Zurückhaltung entsprang jedoch nicht nur seiner Sympathie für die italienische Sache, sondern auch seiner Unzufriedenheit über die Aufrechterhaltung einer josephinistischen Kirchenpolitik im habsburgischen Kaiserreich, besonders in der Lombardei. Als Pius IX. am 10. Februar 1848 mit einer Ansprache, durch die er die Kampfeslust zu dämpfen suchte, gleichzeitig den Segen Gottes über Italien herabflehte, erreichte die Begeisterung ihren Höhepunkt. In der Überzeugung, daß der Papst auf ihrer Seite stehe, ließen sowohl der Klerus als auch die Gläubigen der verschiedenen Gegenden Italiens in den folgenden Wochen den nationalen Erhebungen wenn nicht ihre volle, so doch eine nicht unbeträchtliche Unterstützung zukommen[9]. Als die piemontesische Regierung zur Unterstützung der Aufständischen zu den Waffen gegen Österreich griff, erwartete man deshalb weithin, daß auch die päpstlichen Truppen sich anschließen würden. Selbst in Rom wünschte ein Teil der päpstlichen Berater ein Eingreifen, da man befürchtete, daß sich sonst der Unmut des Volkes verhängnisvoll auf die Situation des Kirchenstaates auswirken könnte. Die Mehrzahl der Kurientheologen und Kardinäle jedoch entschied sich für die Neutralität, wie es ihnen für das Oberhaupt der Kirche geboten schien. Pius IX. selbst, über den die Ereignisse hinweggingen, stand in einem Konflikt zwischen seinem ehrlichen italienischen Patriotismus und dem Bewußtsein seiner ganz vom Übernatürlichen bestimmten religiösen Verantwortung. Unter diesen Umständen hielt er, um die Lage zu bereinigen, jene berühmte Ansprache vom 29. April[10], deren von P. Martina wiederentdeckter handschriftlicher Entwurf einen unmittelbaren Einblick in seine widersprüchlichen Empfindungen ermöglicht. In der ersten Fassung dieser Ansprache hatte der Papst zwar zum Ausdruck gebracht, daß er militärisch nicht gegen Österreich intervenieren könne, dessen Staatsangehörige genauso wie die Italiener seine geistigen Söhne seien; trotzdem trat seine Sympathie für die italienischen Ansprüche unverhohlen zutage. Der veröffentlichte Text dagegen, wahrscheinlich von Kardinal Antonelli korrigiert, legte den Hauptakzent auf den ersten Punkt und ließ den zweiten im dunkeln. Pius IX. war sich in seiner Schlichtheit der Tragweite dieser Änderungen nicht bewußt, und als er angesichts der empörten Reaktion der italienischen Opposition einige Tage später erläuternd ausführte, daß seine

[9] Der Klerus, einschließlich des hohen Klerus, leistete im Norden starke und im Zentrum (außer in Rom selbst) bedeutende Hilfe. Im Königreich Neapel unterstützten zwar die Bischöfe im allgemeinen weiterhin die Monarchie der Bourbonen, aber wenn auch der niedere Welt- und Ordensklerus geteilt war, war er jedoch zu einem großen Teil für die nationale Sache gewonnen. Zahlreiche bibliographische Angaben sind in Rassegna storica toscana 4 (1948) 277 Anm. 28 zu finden. Selbst die Jesuiten nahmen nicht überall jene reaktionäre Haltung ein, die man ihnen im allgemeinen zuschreibt. Vgl. *G. De Rosa*, I Gesuiti in Sicilia e la rivoluzione del '48 (Rom 1963).

[10] Text in Acta Pii IX, I 92—98. Siehe: *J. Muller*, Die Allokution Pius' IX. vom 29. April 1848 (Basel 1928); *M. Monaco:* Studi Romani 3 (1955) 175—194; vor allem *G. Martina:* RStRis 53 (1966) 527—582, 54 (1967) 40—47.

Worte die besondere Stellung des Papstes darlegen sollten und keineswegs eine Mißbilligung des nationalen Kampfes darstellten[11], war es bereits zu spät; der zweideutige Begriff vom „liberalen Papst" war einem neuen, ebenso irrigen Mißverständnis, dem des antinationalen Papstes, gewichen.

In Rom suchten die Fortschrittlichen eiligst aus der tiefen Enttäuschung, die durch dieses als verräterisch geltende Verhalten hervorgerufen worden war, Nutzen zu ziehen und bei den Patrioten nun ihren Einfluß geltend zu machen, zum Nachteil der gemäßigten Liberalen, die durch das Vertrauen, das sie bisher auf den Papst gesetzt hatten, diskreditiert waren.

Die Situation wurde noch erschwert durch Unzufriedenheit, die aus der im Kirchenstaat und in ganz Europa grassierenden Wirtschaftskrise entstanden war und das einfache Volk zu einer leichten Beute der Agitatoren werden ließ. Die Anarchie breitete sich immer weiter aus. Schon Ende März war der Papst durch öffentliche Demonstrationen gezwungen worden, die Jesuiten, die man allgemein für reaktionär und pro-österreichisch hielt, zu ersuchen, seine Staaten zu verlassen. Im Mai mußte er ein Laienministerium akzeptieren, das dem ständigen Druck radikaler Kreise ausgesetzt war. Es mehrten sich die politischen Attentate. Um einer solchen bis zum höchsten gefährdeten Situation wieder Herr zu werden, hätte es eines genialen Staatsmannes bedurft. Der für äußere Eindrücke empfängliche Pius IX. jedoch schwankte zwischen den reformerischen Ratschlägen, die ihm unter anderen Rosmini unterbreitete[12], und der Furcht, seine religiöse Unabhängigkeit zu verlieren, einer Furcht, die ihm von der reaktionären Partei seiner Umgebung eingeflößt wurde; die Folge war eine zunehmende Entmutigung. Er fand sich aber schließlich damit ab, das Ministerium einem energischen Mann, dem Grafen Pellegrino Rossi[13], anvertrauen zu müssen, der eine konstitutionelle Regierung nach dem Vorbild Frankreichs anstrebte. Dieser jedoch war sowohl bei den Parteien der Rechten wie der Linken unpopulär und wurde kurz nach seiner Nominierung am 15. November ermordet.

Nun überstürzten sich die Ereignisse: Die Aufständischen belagerten den Papst im Quirinalpalast und verlangten die Einberufung einer konstituierenden Versammlung und die Kriegserklärung an Österreich, während in der Stadt Kardinäle und Prälaten allen Arten von Bedrohungen aus-

[11] Er richtete übrigens am 3. 5. einen Brief an den österreichischen Kaiser (vgl. *F. Gentili:* Nuova Antologia 256 [1914] 458—459), in dem er ihm riet, darauf zu verzichten, mit Gewalt den italienischen Provinzen die österreichische Herrschaft aufzuerlegen und somit implizit die Superiorität des Nationalitätsrechtes über das göttliche Recht der Könige oder den unangreifbaren Charakter der Verträge anzuerkennen. Über die kaiserliche Antwort s. *F. Engel-Janosi:* RömHM 10 (1967) 244—248.

[12] Siehe darüber *F. Traniello,* Società religiosa e società civile in Rosmini (Bologna 1966) 283—335.

[13] Vgl. *M. Ruini,* La vita di P. Rossi (Mailand 1962).

gesetzt waren. Unter diesen Umständen entschloß sich Pius IX., vor allem auf das Drängen des Kardinals Antonelli, der befürchtete, der Papst könnte sich zu unüberlegten Zugeständnissen bewegen lassen, am Abend des 24. November Rom in Verkleidung zu verlassen und sich in Richtung des neapolitanischen Hafens Gaeta zu begeben[14], um sich von hier aus nach Frankreich einzuschiffen. Er ließ sich jedoch schnell von jenen umstimmen, die befürchteten, er könnte unter den Einfluß eines republikanischen Landes geraten, und nahm die Einladung des Königs von Neapel, in seinen Staaten zu bleiben, an, wo er 17 Monate im Exil blieb. Am 26. November löste Pius IX. die Regierung, die er in Rom zurückgelassen hatte, auf und stellte Kardinal Antonelli mit dem Titel eines Staats-Prosekretärs an die Spitze der päpstlichen Regierung; dieser sollte 25 Jahre lang die politischen Geschicke des Heiligen Stuhles leiten.

Antonelli[15] war ein leichtlebiger Prälat, ehrgeizig und geldgierig und trotz eines echten Glaubens mehr ein Mann der Welt als ein Mann der Kirche. Er war arbeitsam und energisch und besaß eine gewisse Intelligenz, wenn auch ohne besonderen Weitblick. Er verfügte über jene Fähigkeiten, die hervorragenden Beamten eigen sind, und er hatte in der Tat in der päpstlichen Administration eine sehr rasche, auf jeder Stufe von Erfolg gekrönte Karriere gemacht. Feinfühlig und hellhörig, listig und von gewinnendem Wesen, emsiger Schüler Bernettis, aber ohne eigenständige Ansichten, zeigte er sich nun als wendiger Diplomat. Seine Fähigkeiten bestanden jedoch vor allem darin, Ausflüchte zu finden, sich nur an die jeweiligen Gegebenheiten anzupassen und die Schwierigkeiten beiseite zu schieben, statt ein Problem von seiner Ursache her aufzurollen und neue Lösungen zu finden. Er war keineswegs reaktionär und hatte zunächst die von Pius IX. eingeleitete Reformbewegung unterstützt. Durch die Entwicklung der Ereignisse war er aber zu der Überzeugung gelangt, daß der Versuch einer teilweisen Laisierung und Liberalisierung der Regierung des Päpstlichen Staates zu keinem Ergebnis führen konnte und daß die Unabhängigkeit des Papstes als Haupt der Kirche nur durch die Rückkehr zur theokratischen Herrschaftsform garantiert sei. Er entschloß sich also, gegenüber den politisch-tätigen Kreisen Roms eine Politik der Verschärfung zu betreiben, indem er all seine Hoffnungen auf eine ausländische Intervention setzte, die den Papst wieder auf seinen Thron zurückbringen sollte. Während Rosmini dem Papst riet, die Brücken zum römischen Parlament nicht abzubrechen, weigerte sich Antonelli mit Nachdruck, eine römische Delegation,

[14] Über die Flucht nach Gaeta siehe ergänzend zum Artikel von *G. Mollat:* RHE 35 (1939) 266—282 die Abhandlungen von *P. Pirri:* Miscellanea P. Paschini II (Rom 1949) 421—451 und *F. L. Berro:* Studi romani 5 (1957) 672—686. Siehe auch Positio super introductione causae I 59—60 69 117—126 336 878—880.

[15] Über Giacomo Antonelli (1806—76) siehe Dizionario biografico degli Italiani III 484—493 (Lit.). Eine abschließende Studie existiert noch nicht.

die den Papst bitten sollte, in seine Hauptstadt zurückzukehren, zu empfangen, und forderte am 4. Dezember die europäischen Mächte auf, zur Wiederherstellung der irdischen Macht des Papstes mit den Waffen einzugreifen. Dann riet er dem Papst ab, einen Aufruf an seine Untertanen in der von Rosmini redigierten konzilianten Form zu halten, und ermunterte ihn zu der am 17. Dezember feierlich ausgesprochenen Absetzung der provisorischen Regierung, wodurch der Bruch endgültig wurde. Vergeblich riet Rosmini, der die Nachteile einer Verbindung der päpstlichen Sache mit der Österreichs und der konservativen Mächte klar erkannte, seine Zuflucht lieber bei Piemont als Vermittler als bei ausländischen Truppen zu suchen. Antonelli, der unbedingt eine Lösung durch Gewalt herbeiführen wollte, gelang es aber leicht, sich die Vorurteile Pius' IX. gegen die Regierung von Turin zunutze zu machen, und nach einigen Wochen endete die Rivalität zwischen Rosmini und Antonelli mit einem vollkommenen Sieg des letzteren, dessen Ergebenheit und Geschicklichkeit während der kritischen Novembertage der Papst geschätzt hatte.

In Rom, wo die Flucht Pius' IX. einen sehr schlechten Eindruck hinterlassen hatte, brachte die Unnachgiebigkeit Antonellis die Gemäßigten endgültig in Mißkredit und ließ die Radikalen die Oberhand gewinnen. Mit 134 gegen 123 Stimmen erklärte die am 21. Januar 1849 gewählte konstituierende Versammlung den Papst der politischen Gewalt über den römischen Staat verlustig und rief die Republik aus. Die Regierung wurde einem Triumvirat unter der Führung des Genuesen Mazzini anvertraut. Professor Ghisalberti hat jedoch mit Nachdruck auf den echt römischen Charakter dieser Republik hingewiesen; sie sei weit mehr das Werk des römischen Volkes als das von Agitatoren aus anderen italienischen Staaten gewesen; das Volk war übrigens weniger für die republikanische Ideologie gewonnen worden als vielmehr durch die „Regierung der Priester" und die damit verbundenen Mißbräuche aller Art aufgebracht gewesen. Von den drei Phasen dieser sechsmonatigen Republik kann im eigentlichen Sinne nur die zweite als mazzinisch bezeichnet werden. Aber die Rolle Mazzinis hatte eine hohe Bedeutung; denn er war es, der, einem Propheten gleich, Rom nun in den Mittelpunkt der Auseinandersetzung um die italienische Erneuerung stellte, was es zur Zeit Gregors XVI. nicht war, und es zur „Ideellen Hauptstadt des Risorgimento" machte.

Eine gemeinsame militärische Aktion Österreichs, Spaniens, Neapels und vor allem Frankreichs, wo die Katholiken, begünstigt durch die Entwicklung der Lage in Österreich, trotz des Widerstandes der demokratischen Strömung Louis Napoléon zum römischen Feldzug veranlassen konnten[16], setzte der republikanischen Regierung innerhalb weniger Monate ein Ende.

[16] Unter Führung von General Oudinot gelang nach einem ersten Mißerfolg im April schließlich am 3. 7. 1849 die Einnahme Roms.

Die Konferenz von Gaeta (30. 3. bis 22. 9. 1849) legte daraufhin die Grundlagen zur Restauration der päpstlichen Macht. Die französische Regierung wünschte, daß diese Restauration in einer liberalen Atmosphäre erfolge. Aber Antonelli hielt zwar eine Rückkehr zu der früheren Regierungsform von 1848 für unmöglich, lavierte aber unaufhörlich, um die Aufrechterhaltung des dem Papst im März 1848 abgerungenen Statuto zu verhindern. Dies geschah mit Unterstützung der Diplomaten der konservativen Mächte, deren hartnäckigster keineswegs, wie so oft vermutet, der Botschafter Österreichs war; er war sich im Gegenteil der Gefahr einer übertriebenen Reaktion wohl bewußt. So kam es zu dem Motu proprio vom 12. September 1849[17], das zwar auf kommunaler Ebene große Freiheiten und für die Gerichtsbarkeit und die Verwaltung Reformen versprach, jedoch keinerlei politische Freiheit brachte. Diese Verordnung, die im Grunde nur die Empfehlungen des Memorandums von 1831 ausführte, blieb „um 18 Jahre hinter den Erfordernissen der Gegenwart zurück" (Ghisalberti). Zahlreiche Kardinäle hielten jedoch schon dieses Regime für zu progressistisch. Sie fanden Unterstützung beim neapolitanischen Hof, als sie die Anwendung der Empfehlungen des Motu proprio verzögerten, nachdem sie die Repression in einer Atmosphäre leidenschaftlicher Vorurteile betrieben hatten, die das von Mgr. Corboli-Bussi der päpstlichen Restauration verliehene Prädikat „reaktionär und ungeschickt" vollständig rechtfertigt.

Bemerkenswerter als der veraltete Charakter dieser politischen Restauration war jedoch vom kirchengeschichtlichen Standpunkt aus die Wandlung der Geisteshaltung, die fortan bei Pius IX. festzustellen war. In Gaeta, das „zum Koblenz der italienischen Reaktion" geworden war, war bei ihm, im Gegensatz zu seiner Umgebung, die Sorge für eine religiöse Erweckung vorherrschend und die eigentliche Wurzel der Ideen einer politischen Reaktion. Man weiß, wie sehr der Mensch von enttäuschten Illusionen geprägt werden kann; der Kreis um Pius IX. benützte jede Gelegenheit, um in seiner leicht beeindruckbaren Seele die Erinnerungen an die blutige römische Revolution und insbesondere an die Ermordung seines ersten Ministers Pellegrino Rossi, der Vertreter einer weitgehenden Liberalisierung der Institutionen gewesen war, durch radikale Elemente wachzurufen. Aber außerhalb der psychologischen Ebene verhärteten sich die theoretischen Überzeugungen Pius' IX., ebenso sein Mißtrauen, das er stets Prinzipien gegenüber, deren gefährliche Konsequenzen nun voll ins Licht getreten waren, gehegt hatte. Fortan war er mehr denn je von dem engen Zusammenhang zwischen den Prinzipien von 1789 und der Zerstörung der traditionellen Werte auf sozialem, moralischem und religiösem Gebiet überzeugt. Wie A. M. Ghisalberti anläßlich der Ansprache Pius' IX. vom 20.

[17] Text in Atti del S. Pont. Pio IX, V/1 286—290 (vgl. 293—294).

April 1849[18] aufzeigte, war der gesamte Syllabus in dieser Erfahrung bereits keimhaft vorhanden. Die auf sein Verlangen am 30. Mai 1849 erfolgte Indizierung der Werke, in denen Gioberti, Rosmini und Ventura ihr reformistisches Programm dargelegt hatten[19], stand am Beginn dieser neuen Orientierung. Die „Civiltà cattolica" sollte dem Papst, der ihre Gründung durch eine Gruppe von Jesuiten unter der Leitung des P. Curci[20] sehr befürwortet hatte, ein Organ für die Lehre und ein weit über die Grenzen Italiens hinaus wirksamer mächtiger Werbeträger werden.

26. Kapitel

Die Auswirkungen der Ereignisse von 1848 in Frankreich

QUELLEN: Neben dem „Moniteur universel" (für die Parlamentsdebatten) und dem „Univers", dem „Ami de la Religion" und der „Ère nouvelle" vgl. vor allem die Memoiren von *A. de Falloux* (Paris 1888) und von *A. de Melun* II (Paris 1891) sowie die Notizen und Briefe Montalemberts, hrsg. von *A. Trannoy:* RH 192 (1941) 253—289.

LITERATUR: Neben den Biographien von *Montalembert, Veuillot, Dupanloup, Lacordaire, Maret, Melun, Sibour, Parisis, Clausel* (Allg. Bibliogr.) vgl. vor allem: *J. Leflon,* L'Église de France et la révolution de 1848 (Paris 1948); *Aubert,* Pie IX 40—57 508—509; *Gurian* 185—210; *Duroselle* 291—490; *H. Cabane,* Histoire du clergé de France pendant la Révolution de 1848 (Paris 1908); *R. Limouzin-Lamothe-J. Leflon,* Mgr D.-A. Affre (Paris 1971) 301—361; *F. Isambert:* ArchSR 6 (1958) 7—35; *M. Vincienne,* Notes sur la situation religieuse de la France en 1848; ebd. 104—118; *R. Rancœur,* Bibliographie des traveaux publiés sur le centenaire de 1848 (Paris 1949).

Über die Provinzialkonzilien, deren Dekrete in ColLac IV veröffentlicht sind, siehe *G. Darboy:* Le Correspondant 27 (1851) 193—218; *E. Sevrin,* Mgr Clausel II 539 bis 556.

Über die Loi Falloux: H. Michel, La Loi Falloux (Paris 1906); *F. Ponteil,* Histoire de l'enseignement (Paris 1966) 227—245; *A. Prost* a. a. O. (Allg. Bibliogr.) 173—177. Für die Vorbereitung: La commission extra-parlementaire de 1849. Texte intégral inédit des procès-verbaux, hrsg. von *G. Chenesseau* (Paris 1937).

Die französischen Katholiken waren zunächst niedergeschmettert von der Nachricht der Abschaffung der Monarchie, die bei vielen die dunklen Erinnerungen der Schreckenszeit wachrief; sie konnten dann jedoch erfreut feststellen, daß die neue Regierung keinerlei Feindschaft zeigte und die Revolutionäre der Kirche sogar eine ausgesprochen respektvolle Haltung entgegenbrachten. Zwar wäre es zu einfach, die Beleidigungen, die man 1830

[18] Text in Acta Pii IX, I 167—194. Siehe auch *A. Gambaro,* Ferrante Aporti nel I° centenario della morte (Brescia 1962) 235—250.

[19] Vgl. *F. Rensch,* Der Index der verbotenen Bücher II (Bonn 1885) 1132—41 und *G. Martina,* La censura romana del 1848 alle opere di Rosmini: Rivista rosminiana 62 (1968) 384—409, 63 (1969) 24—49.

[20] Über die Anfänge der „Civiltà cattolica" siehe: Civcatt 1949 II 5—40; *P. Pirri,* Il P. Roothaan (Rom 1930) 463 ff; *A. Dioscoridi:* RStRis 42 (1955) 258—266.

den Priestern in der Soutane antat, oder die Zerstörung des Erzbischofssitzes in Paris dem Appell von 1848 zu kontrastieren, der den Klerus aufforderte, die „Freiheitsbäume" zu segnen, denn die im übrigen nur kurze Idylle zwischen der Kirche und der Republik beschränkte sich vor allem auf Paris; aber es ist dennoch richtig, daß seit 1830 ein Gesinnungswandel eingetreten war und viele „Achtundvierziger" als Erben der Romantik von einem christlichen Sentimentalismus geprägt und vor allem von der evangelischen Botschaft der brüderlichen Liebe und der Gleichheit der Menschen angetan waren. Sie waren darüber hinaus beeindruckt von der liberalen Haltung, die Pius IX. zu Beginn seines Pontifikats zeigte, sowie durch die Tatsache, daß sich der Klerus, nun weniger als unter der Restauration in die Politik verwickelt und von den Autoritäten bisweilen mit Kälte behandelt, in den letzten 15 Jahren dem Volk nähergekommen war. So nahmen Klerus und Gläubige, nach einem ersten Augenblick der Beunruhigung, beschwichtigt durch den Gedanken, daß die Religion auch in den amerikanischen Republiken blühte, die neue Regierung mit Sympathie auf. Zahlreiche Kleriker, die sich ein wenig als Nachfolger der Pfarrer von 1789 fühlten, ließen sich als Kandidaten für die Konstituierende Versammlung aufstellen, die im übrigen auch ihre ersten Hoffnungen bestätigte: In der Tat hat die Revolution durch die Einführung des allgemeinen Wahlrechts in einem Land, in dem viele Bauern noch unter dem Einfluß des Klerus standen, der Kirche einen politischen Einfluß gesichert, der viel wirksamer war als unter dem früheren Klassenwahlrechtssystem.

Aber die Revolution von 1848 stellte dem Gewissen der französischen Katholiken ein viel schwierigeres Problem als die einfache Annahme der Republik: es war deren sozialistischer Charakter, der auf die breite Masse der Katholiken, besonders in den ländlichen Gegenden, im Kleinbürgertum und bei den Grundbesitzern, beunruhigend wirkte. Daneben gab es aber auch einige kleine Zirkel, die sich unter der Julimonarchie den Problemen der Arbeiterwelt geöffnet hatten[1]. Diese waren den sozialen Tendenzen der jungen Republik von vornherein gewogen. Einige Kleriker und Laien, darunter auch Ozanam und Lacordaire, waren sogar bereit, sie aktiv zu unterstützen, und gründeten mit der Billigung des Erzbischofs von Paris, Mgr. Affre, die Zeitung „L'Ère Nouvelle", die dazu bestimmt war, nicht nur die Grundsätze von 1789 und das republikanische Ideal, sondern auch verschiedene Sozialreformen, die zu dieser Zeit noch sehr kühn erschienen, zu verteidigen.

Dieses Programm, das auch in einigen katholischen Zeitungen der Provinz ein Echo fand, hatte zunächst vor allem bei den jungen Klerikern einen gewissen Erfolg. Aber die große Mehrheit der Katholiken war in erster Linie um die Aufrechterhaltung der Ordnung und der Unantastbarkeit des „ge-

[1] Vgl. S. 757 f.

heiligten Dogmas des Eigentums" besorgt. Ihre Unruhe, hervorgerufen durch Finanzmaßnahmen, die die ersten Sozialentscheidungen auffangen sollten, steigerte sich zur Panik nach den Juniunruhen, die durch die Schließung der staatlichen Unternehmen verursacht worden waren. Für mehr als 20 Jahre war die Kirche von Frankreich nun überzeugt, daß Religion und Moral zusammen mit der überkommenen Sozialordnung bedroht seien. In dieser Ansicht noch bestärkt durch die Entwicklung der Ereignisse in Rom, wurde sie mit einigen wenigen Ausnahmen auf eine konservative Position zurückgeworfen und war auf Grund ihrer „roten Angst" zu allen Kompromissen bereit. Während die Bischöfe die Demokratie als die Häresie des 19. Jh. brandmarkten und Louis Veuillot sich anschickte, den Sozialismus, dem man mit Vorliebe die areligiösen oder antifamiliären Neigungen einiger seiner Führer ankreidete, unterschiedslos zu attackieren, übernahm Montalembert die Leitung der Gegenbewegung gegen die Radikalen, in deren Tendenzen er eine Gefahr für den wahren Freiheitsbegriff sah.

Diese rasche Entwicklung wurde begünstigt durch das orléanistische Bürgertum, dem nun eine Parteigängerschaft mit der Kirche höchst willkommen war, um durch einen „Klerikalismus ohne Gott" (Guillemin) das Eigentum zu verteidigen. Zwar waren Montalembert und Falloux[2], die mit Thiers und Molé die „große Partei der Ordnung" bildeten, um die Wahrung der Interessen der Religion bemüht und erreichten tatsächlich wesentliche Vorteile für die Kirche; aber wenn ihr Kalkül auf parlamentarischer Ebene auch klug war, so trugen sie doch der Gefahr dieses „Pakts zwischen der Religion und den kapitalistischen Interessen" (Trannoy) nicht genügend Rechnung. Anderseits gaben die französischen Katholiken ihre kräftige Unterstützung den immer antidemokratischer werdenden Maßnahmen, durch die die Nationalversammlung sich im Verlauf der Jahre 1849 und 1850 bemühte, den Einfluß der linken Elemente zurückzudrängen. Dadurch erschienen sie fortan nicht nur als Antisozialisten, sondern auch als Antirepublikaner, und ihre Haltung zu Louis-Napoléon Bonaparte konnte diesen Eindruck nur noch verstärken. Zweifellos haben die Katholiken im Dezember 1848 ihm als Präsidenten den Vorzug gegenüber Cavaignac gegeben, weil er die Freiheit des Mittelschulwesens und die Unterstützung Frankreichs für die Restauration der weltlichen Macht des Papstes versprochen hatte. Aber in gleichem Maße, wie er sich als Diktator entpuppte, wurde eine wachsende Zuneigung des Klerus spürbar, bei dem die traditionalistische Bewegung die Sympathien für die autoritären Formen der Macht noch verstärkt hatte.

Die Haltung der Katholiken zum Staatsstreich des 2. Dezember 1851 war nun leicht vorauszusehen. Mit einigen Ausnahmen — darunter Lacordaire, Ozanam und die kleine Gruppe der christlichen Demokraten, aber auch Dupanloup — schlossen sich nach kurzem Zögern der Meinung Veuillots an: „Es

[2] Über Alfred de Falloux (1811—86), der in dieser Periode eine bedeutende Rolle spielte, siehe DHGE XVI 1499—1513.

gibt nur die Wahl zwischen Bonaparte als Kaiser und der sozialistischen Republik." Montalembert, der schon bald mit seiner gewohnten Leidenschaftlichkeit „den großen Widerruf der französischen Katholiken" verkündete, riet nun, in dem Volksentscheid mit „Ja" zu stimmen, „um unsere Kirchen, Häuser und Frauen gegen jene zu verteidigen, deren Begehrlichkeiten nichts respektieren". Der Legitimist Mgr. Clausel de Montals war nicht der einzige Bischof, der den Staatsstreich, der das Gespenst einer roten Republik vertrieb, als „das größte Wunder der göttlichen Güte, von dem man in der Geschichte sprechen wird", betrachtete. Aber die Tedeum, die der Klerus vor aller Öffentlichkeit angesichts des Staatsstreichs anstimmte, erweckten den Zorn der republikanischen Führer, die nun unermüdlich die „Allianz zwischen Säbel und Weihwasserwedel" anprangerten und allmählich auch ihren Anhängern diesen heftigen Antiklerikalismus einzuhämmern vermochten.

Für den Augenblick jedoch hatten die vier Jahre der Zweiten Republik für die Kirche von Frankreich eine eindeutig positive Bilanz ergeben. Die von Montalembert unter der Julimonarchie angepriesene Taktik hatte ihre Früchte getragen. Die Katholiken, die sehr zahlreich im Parlament vertreten waren und deren Unterstützung gegen die Linke notwendig war, konnten sowohl auf institutioneller als auch administrativer Ebene verschiedene vorteilhafte Entscheidungen erreichen. Zwar gelang es ihnen nicht, wie man anfänglich erhofft hatte, die sogenannten organischen Artikel, die die Freiheit der Kirche beeinträchtigten, abzuschaffen[3], aber das neue Staatsgrundgesetz hatte mehrere für die katholischen Interessen bedeutende Punkte bestens geregelt. Begünstigt durch eine großzügigere Gesetzgebung, entwickelten sich die Ordensgenossenschaften sehr rasch[4]. Die Beziehungen mit den Behörden waren ungezwungen, oft sogar herzlich, und besonders der Wiederaufbau der Pfarrkirchen nahm zu. Drei neue Diözesen wurden für die Antillen und die Insel Réunion gegründet. Falloux, von Dupanloup beraten, ernannte ausgezeichnete Bischöfe, und diese, vom Nuntius sehr genau überwacht, gewöhnten sich allmählich

[3] Mgr. Affre, Erzbischof von Paris, hatte, unterstützt von einigen Bischöfen, sogar eine noch radikalere Reform geplant, die auf die Vorteile des Konkordats verzichten sollte, um der Kirche ihre Unabhängigkeit von der Verwaltung zu sichern. Mit der Wahl der Bischöfe durch die Bischöfe ihrer Kirchenprovinz sollte ferner die Ernennung der Bischöfe durch die Regierung ersetzt werden. Ein vom Nuntius inspiriertes Breve des Papstes setzte diesem Plan ein Ende. Über die erfolglosen Bemühungen des Comité des Cultes siehe *P. Pradié,* La question religieuse en 1682, 1790, 1802 et 1848 (Paris 1849) und *E. Ponteil,* Les institutions de la France de 1814 à 1870 (Paris 1966) 328—330; über die Initiative des Mgr. Affre siehe *J. Leflon:* Revue des travaux de l'Académie des sciences morales 121 (1968) I 221—228.

[4] Man zählte 207 neue Ermächtigungen innerhalb von drei Jahren gegen 384 in den 18 Jahren der Julimonarchie, und die Gesamtzahl der Ordensleute stieg von 28000 im Jahr 1848 auf 37357 im Jahr 1851.

daran, die kirchlichen Angelegenheiten unmittelbar mit Rom und ohne Eingreifen der Regierung, die ihnen nun viel mehr Freiheit als unter der Monarchie ließ, zu regeln. Nach kurzem Zögern gab sie sogar dem Drängen Mgr. Sibours nach und genehmigte die Abhaltung von Provinzialkonzilien, die seit 1727 nicht mehr stattgefunden hatten. Diese Konzilien regelten zahlreiche kirchliche Verwaltungsprobleme, die seit einem halben Jahrhundert offen waren. Sie waren außerdem eine Bestätigung dafür, daß der Klerus nun endlich wahrnahm, daß sich breite Bevölkerungsschichten von der Kirche getrennt hatten und daß neue Methoden der Seelsorge angewendet werden mußten.

Der Hauptvorteil, den die Kirche aus der Lage in der Zweiten Republik zog, lag jedoch für sie auf dem Gebiet des Unterrichtswesens. Die Angst vor der „sozialistischen Gefahr" und vor den Volksschullehrern, von denen viele für den Sozialismus gewonnen schienen, führte der Kirche die Bürger zu, die sie so lange bekämpft hatten, und Thiers war bereit, dem Klerus, dessen Erwartungen gar nicht so hoch gespannt waren, die gesamte Volksschulerziehung zu überlassen. In der Mittelschulerziehung jedoch, die für die Kinder des Bürgertums bestimmt war, gab es noch zahlreiche Verteidiger des Staatsmonopols, die auf jeden Fall eine Reihe von Bedingungen erzwingen wollten, durch die die in Artikel 9 der Verfassung versprochene Freiheit ernsthaft eingeschränkt worden wäre. Vier Monate lang diskutierte man in der vom Unterrichtsminister Falloux geschaffenen außerparlamentarischen Kommission, aber schließlich gelang es der Geschicklichkeit des Abbé Dupanloup, Thiers und Cousin erhebliche Zugeständnisse abzuringen. Trotz der Opposition der Universitätslehrer und der Linken wurde der von der Kommission ausgearbeitete Entwurf ohne große Veränderungen am 15. März 1850 von der Kammer angenommen. Die „Loi Falloux"[5], die für 30 Jahre die Grundverfassung der Schule auf der Basis eines schulischen Dualismus festlegte, brachte eine Gesamtreform des staatlichen und privaten Unterrichtswesens, die von zwei Prinzipien ausging: der Freiheit des Privatunterrichts, die einige sehr günstige Bedingungen für die kirchlichen Schulen herbeiführte, und dem Einfluß der Kirche auf das staatliche Erziehungswesen.

Die „Loi Falloux" begünstigte die Vermehrung der katholischen Schulen und Gymnasien und mußte damit zwangsläufig im Laufe der Jahre die Kluft vertiefen, die auf ideologischer Ebene die ehemaligen Schüler der kirchlichen Kollegien von jenen der staatlichen Gymnasien, die ehemaligen Schüler der Schulbrüder von jenen der Laienschulen trennte. Indem dieses Gesetz auf schulischem Gebiet die Kirche mehr denn je zur Rivalin des Staates machte, trug es dazu bei, daß sich eine breite antiklerikale Bewegung bildete, die ein halbes Jahrhundert später zu immer drastischeren Maßnahmen

[5] Text bei *H. Michel* a. a. O. 484 ff. Falloux war zu diesem Zeitpunkt nicht mehr Minister, aber sein Name bleibt mit dem Gesetz verbunden, dessen eigentlicher Schöpfer er ist.

gegen die Ordensgenossenschaften führte, durch die man das katholische Unterrichtswesen tödlich zu treffen hoffte. Zunächst jedoch bedeutete das Gesetz — nach 40jährigem Universitätsmonopol — einen großen Sieg für die Kirche.

Aber es war auch ein Sieg des katholischen Liberalismus. Die von Montalembert angeratene Taktik hatte den Erfolg ermöglicht. Auf der anderen Seite bedeutete die Annahme dieses Kompromißgesetzes für die Kirche den offiziellen Verzicht auf ihre Ansprüche auf das Unterrichtsmonopol, das sie im Ancien Régime innehatte und von dem einige nach wie vor träumten. Ein Teil des Klerus, unterstützt von intransigenten Journalisten mit Louis Veuillot an der Spitze, hielt dieses „Edikt von Nantes des 19. Jh." (Lacordaire) für eine unannehmbare Kapitulation, die in einem wesentlichen Punkt das Ende des Systems der Staatsreligion bedeutete. Die Diskussionen wurden bald so heftig, daß der Papst, von Montalembert und Dupanloup alarmiert, den Episkopat zur Annahme des Gesetzes bewegen mußte. Aber die Spaltung des katholischen Blocks, deren Vorzeichen schon am Ende der Julimonarchie sichtbar geworden waren, war nun endgültig, und jeder geringste Vorfall mußte sie noch vertiefen. Dies zeigte sich unter anderem bei der Diskussion der Ideen des Abbé Gaume über die Behandlung der heidnischen Klassiker in den katholischen Kollegien[6]: anfänglich eine Kleinigkeit, erwuchs daraus schnell, durch das Eingreifen der Zeitung „L'Univers", ein Streit zwischen dem Laienjournalismus und den Bischöfen, und der Gegensatz, der zwischen den Gallikanern und den Ultramontanern wieder aufgeflammt war, verschärfte sich noch mehr.

27. *Kapitel*

Die Auswirkungen der Revolution von 1848 in den Ländern des Deutschen Bundes und den Niederlanden

Die Länder des Deutschen Bundes

QUELLEN: Verhandlungen der ersten Versammlung des kath. Vereins Deutschlands ... (Mainz 1848); CollLac V 941—1126 (Würzburger Bischofskonferenz); *L. Bergsträsser,* Dokumente des politischen Katholizismus I (München 1921); *Huber,* Dokumente I (s. vor Kap. 7). Auswahl: *E. Heinen,* Staatliche Macht und Katholizismus in Deutschland I (Paderborn 1969).

LITERATUR: Allgemein: *Brück,* Geschichte (s. vor Kap. 7) III², bearb. von *J. B. Kißling* (Münster 1905); *Schmidlin PG* II 135f 162ff; *Aubert,* Pie IX (*Fliche-Martin* 21) 57—63; *Huber,* Verfassungsgeschichte (s. vor Kap. 7) II (Stuttgart 1960) 685ff 703ff 778ff, III (ebd. 1963) 105ff 114—120 155; *Bihlmeyer-Tüchle* III¹⁷ 329 333 335f 337; *Buchheim,* Ultramontanismus und Demokratie (s. vor Kap. 13) 55—72; *H. Jedin,* Freiheit und Aufstieg des deutschen Katholizismus 1848—70, in: *H. Jedin,* Ausgew. Aufsätze und Vor-

[6] Vgl. DThC XV 2807—08.

träge II (Freiburg 1966) 469—484. — Für Österreich außerdem die vor Kap. 7 zitierten Werke von *Maaß* (Bd V), *Tomek* (III 686—713) und *Weinzierl-Fischer* (26—59) sowie die vor Kap. 20 zitierten Werke von *Engel-Janosi* (Kap. 3 und 4) und *Hussarek.*

Biographien: Andlaw: Kap. 20 Anm. 36; *Binterim:* vor Kap. 13; *Buß:* Kap. 20 Anm. 37; Diepenbrock: ebd. Anm. 23; Döllinger: vor Kap. 13; Geissel: Kap. 20 Anm. 19; Radowitz: vor Kap. 13; Rauscher: vor Kap. 20. — *F. Vigener,* Ketteler. Ein deutsches Bischofsleben des 19. Jh. (München 1924); *L. Lenhart,* Bischof Ketteler, 3 Bde (Mainz 1966/68); *H. Brück,* Adam Franz Lennig (Mainz 1870); *L. v. Pastor,* August Reichensperger, 2 Bde (Freiburg 1899); *F. Schmidt,* Peter Reichensperger (M.-Gladbach 1913); *C. Wolfsgruber,* Friedrich Kard. zu Schwarzenberg, 3 Bde (Wien - Leipzig 1906/17).

Vereinsbewegung, Katholikentag: J. B. Kißling, Gesch. der deutschen Katholikentage I (Münster 1920); *L. Lenhart* (Hrsg.), Idee, Gestalt und Gestalter des 1. dt. Katholikentages in Mainz 1848 (Mainz 1948); *K. Buchheim:* LThK² VI 69—72.

Politischer Katholizismus: Bergsträsser, Studien (s. vor Kap. 20); *F. Schnabel,* Der Zusammenschluß des politischen Katholizismus in Deutschland im Jahre 1848 (Heidelberg 1910); *Bachem,* Zentrumspartei (s. vor Kap. 13) II (Köln 1927; Neudr. Aalen 1967) 1—95; *K. Repgen,* Märzbewegung und Maiwahlen des Revolutionsjahres 1848 im Rheinland (Bonn 1955); *ders.,* Klerus und Politik 1848: Festschr. für F. Steinbach (Bonn 1960); *ders.:* LThK² IV 259 ff.

Bischofskonferenzen: F. H. Vering: AkathKR 21, 22 (1869); *H. Storz,* Staat und kath. Kirche in Deutschland im Lichte der Würzburger Bischofsdenkschrift von 1848 (Bonn 1934); *Becher,* Primas (s. vor Kap. 7) 224—271; *P. Leisching,* Die Bischofskonferenz. Studien zu ihrer Rechtsgeschichte mit bes. Berücksichtigung ihrer Entwicklung in Österreich (Wien - München 1963) 76—149; *R. Lill,* Die ersten deutschen Bischofskonferenzen (Freiburg 1964) 14—56; Huber, Kirche und deutsche Einheit (s. vor Kap. 7) 33—48.

Unter dem Eindruck der Pariser Februarereignisse konnte die liberale Bewegung Deutschlands noch im März 1848 in den meisten Bundesstaaten die Regierung an sich reißen oder weitgehende Mitverantwortung erzwingen. Nach allgemeinen Wahlen trat schon im Mai in der Frankfurter Paulskirche die Nationalversammlung zusammen, die vor die doppelte Aufgabe der Schaffung eines einheitlichen Staates und einer freiheitlichen Verfassung gestellt war. Das Verfassungswerk hat sie zustande gebracht, aber bei seiner Verabschiedung (28. 3. 1849) fehlte ihr längst die Kraft, sich gegenüber den wieder erstarkten Einzelstaaten durchzusetzen. In den größten Bundesstaaten hatten die Regierungen bereits Verfassungen oktroyieren können (Preußen 5. 12. 1848, Österreich 4. 3. 1849), die, obgleich sie manche liberale Postulate verwirklichten, die gegenrevolutionäre Phase einleiteten.

Die meisten deutschen Katholiken haben die Wende im März 1848 bejaht. Der Reichstradition verhaftet, wünschten sie die nationale Einigung; sie begrüßten den Sturz des polizeistaatlichen Regiments, welches die Kirche bedrückt hatte. Im Rahmen der Märzbewegung ließen die alten kirchlichen Freiheitsforderungen sich legitim und wirkungsvoll vertreten, die Führer der Katholiken machten sich daher die soeben durchgesetzten Prinzipien der Presse-, Vereins- und Versammlungsfreiheit unverzüglich zunutze. Zwei große Ziele haben sie fortan verfolgt: Die Kirche in Deutschland sollte zu effektiver Aktionseinheit und darüber zu dauerhafter Autonomie gegenüber den Regierungen gelangen; im erhofften Nationalstaat sollte der katholische Volksteil den seiner Stärke angemessenen, seit der Säkularisation verlorenen Einfluß zurückgewinnen. Die katholische Aktivität entwickelte sich auf drei neuartigen Ebenen, in der Vereinsbewegung, in den Parlamenten und in gemeinsamem Handeln des Episkopats; noch einmal gingen Laien und niederer Klerus voran.

Der Mainzer Kreis ergriff die ersten, wegweisenden Initiativen. Noch im März gründete Domkapitular Lenning[1] gemeinsam mit Prof. Riffel, Pfarrer Moufang und Kaplan Heinrich[2] den „Piusverein für religiöse Freiheit", dessen Programm der „Katholik" und das ebenfalls im Frühjahr 1848 gegründete „Mainzer Journal" (Redakteur Franz Sausen)[2a] verbreiteten. Zahlreiche weitere Vereine folgten, zunächst im Rheinland, in Westfalen und in Baden, wo Andlaw und Buß die Führung übernahmen, dann auch in Bayern, Tirol und im Osten (Breslau, Danzig). Im September bestanden bereits sieben Zentralvereine und Hunderte von Untergruppen, viele unter der Leitung von Laien. Neben der Kirchenfreiheit forderten die Vereine soziale Maßnahmen, manche, besonders am Rhein, übernahmen zudem zentrale Anliegen des politischen Liberalismus[3]. Die wichtigsten der nach dem Mainzer Vorbild noch 1848 gegründeten katholischen Tageszeitungen waren das großdeutsch-föderalistische „Deutsche Volksblatt" (Stuttgart) und die „Rheinische Volkshalle" (Köln) mit der Devise: „Freiheit in allem und für alle".

Die Vereine sowie katholische Wahlkomitees setzten sich mit aktiver Unterstützung des Klerus bei den Wahlen zur Nationalversammlung für katholische Kandidaten ein. Als im Sommer in Frankfurt die Kirchenfragen verhandelt wurden, brachten die Vereine einen Petitionssturm zustande, der die katholischen Forderungen in die breiteste Öffentlichkeit trug.

In Preußen trat Erzbischof Geissel[4] an die Spitze der Bewegung. In Beratungen mit seinen Suffraganen (Mai 1848) machte er sich den schon von Lennig geäußerten Gedanken einer gemeinsamen Synode aller deutschen

[1] Adam Franz Lennig (1803—66), 1845 Domkapitular in Mainz, auch nach 1848 unter den einflußreichsten Führern der katholischen Vereinsbewegung, entscheidend beteiligt an der Erhebung Kettelers zum Bischof von Mainz (vgl. Kap. 29, S. 541 Anm. 24), seit 1852 dessen Generalvikar.

Vgl. außer der Biographie von *Brück* auch *G. Lenhart:* StL[5] III 924 ff.; *L. Lenhart:* LThK[2] VI 944.

[2] Kaspar Riffel (1807—56), Professor der Moraltheologie in Gießen, 1842 zwangspensioniert, 1851 Professor am neuen Klerikalseminar in Mainz.

Über *Heinrich* und *Moufang* vgl. Kap. 29, S. 541 Anm. 25.

[2a] *H. J. Wieseotte,* F. J. Sausen und die Gründung des Mainzer Journals: AMrhKG 5 (1953) 267—298.

[3] Vgl. das Programm des Kölner Wahlkomitees: *Heinen* I 115—119.

[4] Vgl. Kap. 20, S. 399 mit Anm. 19.

Bischöfe zu eigen, den er seitdem zielstrebig verfolgt hat. Er entwarf ein kirchenpolitisches Programm, welches die Wünsche liberaler Katholiken nach Trennung von Kirche und Staat dämpfte und am Miteinander beider Gewalten, soweit es der Kirche zu nutzen schien, festhielt. Es forderte die Autonomie, zugleich aber die Beibehaltung staatlichen Schutzes und rechtlicher Privilegierung der Kirchen und hat für die weitere Entwicklung in Deutschland größte Bedeutung erlangt.

Für die Verwirklichung dieses Programms traten die aktiven Katholiken unter den Frankfurter Abgeordneten ein. Sie gehörten verschiedenen politischen Richtungen an und konnten daher noch keine Fraktion mit allgemeinpolitischen Zielen, sondern nur eine lockere Arbeitsgemeinschaft bilden, den „Katholischen Club". Seine führenden Mitglieder waren die Bischöfe Diepenbrock, Geritz (Ermland), Müller (Münster) und Sedlag (Kulm), die Geistlichen Döllinger, Ketteler und Beda Weber, die Laien Buß, M. v. Gagern, Lasaulx, Linde, Müller (Würzburg), Osterrath, Phillips, Radowitz und August Reichensperger.

Geissel, der sich mit größtem Geschick um Koordinierung der Kräfte bemühte, war Mitglied der preußischen Nationalversammlung, deren katholische Abgeordnete, darunter Peter Reichensperger und die Bonner Rechtsprofessoren Walter[4a] und Bauerband, er um sich sammelte. Gleichzeitig schlug der Erzbischof den Weg direkter Verhandlungen mit der Regierung ein. Da in Berlin die parlamentarischen Arbeiten nur langsam fortschritten und auf der Linken starke antikirchliche Kräfte auftraten, war dieser Weg realistisch, zugleich war er programmatisch. Die meisten Kirchenführer wollten größere Freiheit, hielten aber am Bündnis von Thron und Altar fest, Alternativen wurden nicht erwogen. Das Zusammengehen rheinischer Katholiken mit dem politischen Liberalismus hatte Geissel ungern gesehen, er und noch mehr Diepenbrock[5] traten für die bedrohte Autorität der Krone ein. Dabei war Geissel der härtere Politiker; für die Dienste, die er dem Staat anbot, stellte er seine Gegenforderungen.

Auch in Frankfurt waren die Kirchenfragen hart umkämpft, aber im September wurde ein Kompromiß gefunden, der kirchliche Kernforderungen erfüllte[6]. Im Abschnitt über die Grundrechte wurde allen Deutschen Glaubens- und Gewissensfreiheit, allen Gruppen öffentliche Religionsausübung zugesichert, die bürgerlichen Rechte sollten durch das religiöse Bekenntnis weder bedingt noch beschränkt werden. Der größte Erfolg der Kirchen bestand darin, daß ihnen die selbständige Ordnung und Verwaltung ihrer Angelegenheiten garantiert wurde, freilich im Rahmen der allgemeinen

[4a] Vgl. Kap. 13, S. 269 mit Anm. 14.

[5] Vgl. Kap. 20, S. 400 f mit Anm. 23.

[6] Reichsverfassung Abschnitt VI Art. V §§ 144—151, Art. VI §§ 152—154. Text: *Huber*, Dokumente I 319 f.

Gesetze. Die Autonomie war erreicht, dabei die Trennung vom Staat vermieden worden. Mit der Freiheit der Kirchen wurde ihre Gleichheit verbunden, staatliche Privilegierung einzelner Konfessionen sollte es nicht mehr geben. Auch bestand die liberale Parlamentsmehrheit auf zentralen Forderungen ihrer Staats- und Gesellschaftskonzeption, denen gegenüber die Kirchen nur hilflose Defensive zu ergreifen wußten. Die Zivilehe wurde eingeführt, das gesamte öffentliche Schulwesen mit Ausnahme des Religionsunterrichtes ausschließlich dem Staat unterstellt, immerhin wurde die Errichtung von Privatschulen freigegeben.

Wie andere Teile der Reichsverfassung ist auch der kirchenpolitische Kompromiß trotz des Scheiterns der Nationalversammlung bedeutungsvoll gewesen und hat noch die Weimarer Verfassung stark beeinflußt. Er konnte sich aber auch direkt auswirken, nicht zuletzt dank Geissels Verhandlungen in Berlin. Die Frankfurter Konzessionen an die Kirchen fanden Aufnahme in die oktroyierte Verfassung Preußens, die zudem auf das Plazet wie auf staatliche Mitsprache bei Besetzung geistlicher Ämter verzichtete und Ordensniederlassungen ermöglichte[7]. Die revidierte Verfassung (31. 1. 1850) bestätigte diese Rechte[8]. Im Zeichen der konservativen Reaktion bestimmte sie zudem für alle mit der Religion zusammenhängenden Staatseinrichtungen die Zugrundelegung der christlichen Religion, die nach allgemeiner Auffassung in den beiden Hauptkonfessionen verkörpert war; die Einführung der Zivilehe wurde auf ein späteres (erst im Kulturkampf ergangenes) Gesetz verschoben, für die öffentlichen Volksschulen die Berücksichtigung der konfessionellen Verhältnisse zugesagt. Die kirchenfreundliche Entwicklung, die mit der Beilegung der Kölner Wirren begonnen hatte, erreichte damit ihren Höhepunkt. Mit Recht galten die Kirchenparagraphen der preußischen Verfassung fortan als Magna Charta der Kirchenfreiheit[9].

Schon beim Kölner Dombaufest (August 1848), einer gleichermaßen kirchlichen wie nationalen Kundgebung, hatte Lennigs Vorschlag einer Generalversammlung der Vertreter der katholischen Vereine allgemeine Zustimmung gefunden. Anfang Oktober hat dieser erste Katholikentag in Mainz stattgefunden; es charakterisierte seine Struktur, daß der Laie Buß präsidierte, während der Mainzer Bischof Kaiser an den eigentlichen Verhandlungen nicht teilnahm. Aus Frankfurt waren 23 Abgeordnete gekommen,

[7] Preußische oktroyierte Verfassung II Art. 11—21. Text: *Huber,* Dokumente I 386 f.

[8] Preußische revidierte Verfassung II Art. 12—24. Text: *Huber,* Dokumente I 402 f. Am wichtigsten waren ihre in den späteren Diskussionen immer wieder herangezogenen und anderen Regierungen als vorbildlich hingestellten §§ 15 (Autonomie), 16 (freier Verkehr mit Rom) und 18 (Verzicht auf staatliches Ernennungsrecht).

[9] Vgl. Kap. 29, S. 535 ff — Zu den Anträgen katholischer Abgeordneter auf ihre Übernahme in die Verfassungen des Norddeutschen Bundes (1867) und des Deutschen Reiches (1871), die wegen der damit verbundenen Beschränkung der einzelstaatlichen Kirchenkompetenz nicht unproblematisch waren, vgl. Kap. über den Kulturkampf in Bd VI/2.

Döllinger hielt eine programmatische Rede. Er reklamierte für die Kirche größere Unabhängigkeit, als die Nationalversammlung gewährt hatte. Zu diesem Zweck plädierte er für eine einheitliche, national wie historisch begründete Organisation der deutschen Kirche, die den päpstlichen Primat nicht beschneiden, aber auch in der Gesamtkirche ihr Eigengewicht besitzen sollte. In den Beifall der Mehrheit mischten sich erste Bedenken der Ultramontanen, die solche Eigenständigkeit mit ihrer zentralistischen Konzeption nicht mehr zu vereinbaren wußten. Ungeteilte Zustimmung fand Ketteler, der die Versammlung mit den sozialen Aufgaben der Kirche konfrontierte.

Der Mainzer Katholikentag hat für den deutschen Katholizismus eine nachhaltige Integrationskraft entwickelt. Wichtigste konkrete Ergebnisse waren die Gründung einer Gesamtorganisation, des „Katholischen Vereins Deutschlands", und die kirchenpolitischen Beschlüsse, die sich ebenfalls nicht gegen die Throne, sondern nur gegen das Staatskirchentum richteten und über die Freiheit der Bekenntnisse hinaus rechtsstaatliche Normen forderten. Der katholische Verein sollte, wohl nach dem Vorbild der irischen „Catholic Organisation" O'Connells, von Laien geführt sein und auch nationale Ziele verfolgen. Die zunehmende Kirchenfeindlichkeit vieler Liberaler, das Scheitern der Nationalversammlung und das darauf folgende Anbranden eines revolutionären Radikalismus ließen aber bezüglich der politischen Ziele Unsicherheit aufkommen. Auf den beiden Katholikentagen, die 1849 in Breslau und Regensburg stattfanden, wurden politische Neutralität und Konzentration der Kräfte auf kirchliche Anliegen beschlossen. Die Regensburger Versammlung bezeichnete die Kirchenfreiheit unreflektiert als Voraussetzung größerer nationaler Einheit, der Paulskirche hielt sie vor, diese historische Wahrheit nicht hinreichend berücksichtigt zu haben.

Erzbischof Geissel hatte es 1848 verstanden, die meisten seiner Amtsbrüder für den ganz ungewöhnlichen Plan einer gemeinsamen Konferenz zu gewinnen und bedeutende Theologen, darunter Döllinger, und dazu einige Laien als Berater heranzuziehen. Unter Benutzung ihrer Voten stellte er ein vorläufiges Programm auf, welches nicht nur Kirchenfreiheit, sondern auch Reformen der kirchlichen Verfassung und Verkündigung forderte. Döllinger folgend, sprach der Erzbischof sich für eine strukturelle Einheit des deutschen Episkopats aus, die nur gegen staatliche Bevormundung und keineswegs gegen Rom gerichtet sein sollte. Auch gab Geissel größere Rechte für den niederen Klerus wie für die Laien und stärkere Berücksichtigung der deutschen Sparche in der Liturgie zu bedenken.

Die erste deutsche Bischofskonferenz hat vom 22. Oktober bis 16. November 1848 in Würzburg unter Geissels Vorsitz getagt und ist größtenteils dem von ihm vorbereiteten Programm gefolgt. Von den österreichischen Bi-

[10] Friedrich Fürst zu Schwarzenberg (1809—85), 1836 Erzbischof von Salzburg, 1842 Kardinal, 1850 Erzbischof von Prag, als Befürworter böhmischer Eigenständigkeit Gegner

schöfen nahm nur Kardinal Schwarzenberg (Salzburg)[10] teil. In einer umfangreichen Denkschrift an alle deutschen Regierungen formulierte die Konferenz ihre kirchenpolitischen Ansprüche, der gesamte Episkopat trat damit an die Spitze der kirchlichen Freiheitsbewegung. Die Denkschrift enthielt ein konsequentes Maximalprogramm für die Emanzipation der Kirche vom Staat und bestimmte damit die Richtung für weitere Auseinandersetzungen, die vor allem in Süd- und Südwestdeutschland noch zu bestehen waren. Nach lebhaften Diskussionen befürwortete die Mehrzahl der Bischöfe auch den nationalkirchlichen Zusammenschluß unter einem Primas sowie zeitgemäße Reformen in Kirchenordnung und Liturgie. Der Papst wurde um die Genehmigung eines förmlichen Nationalkonzils gebeten, das die entsprechenden Beschlüsse erlassen sollte.

Die päpstliche Antwort ließ ein halbes Jahr auf sich warten und fiel negativ aus. An der Kurie hatte die neuartige Initiative der deutschen Bischöfe Argwohn und Bedenken erregt; Rom hatte sogar versucht, den Zusammentritt der Konferenz zu verhindern. Pius IX. war nicht bereit, den Bischöfen überdiözesane Verantwortlichkeiten zuzubilligen, auch wurden in Verkennung der in Deutschland handelnden Personen (einschließlich Döllingers!) die Schatten des Febronius und des Emser Kongresses beschworen. Das Mißtrauen wurde geweckt und beharrlich genährt durch den intransigenten Münchener Internuntius Sacconi[11] und den eng mit ihm zusammenarbeitenden Erzbischof Reisach[12]. Die nationalkirchlichen Pläne und liturgischen Reformwünsche standen im Zentrum ihrer Kritik, immer deutlicher kündigten sich die innerkirchlichen Gegensätze der beiden folgenden Jahrzehnte an.

Mit der päpstlichen Entscheidung, die ein Nationalkonzil auf unbestimmte Zeit verschob, haben die deutschen Bischöfe sich abgefunden. Eine dem Papst nicht genehme Aktion hatte ihnen ja ferngelegen, auch war inzwischen die nationale Hochstimmung in allen Bereichen erheblich gedämpft worden; die Kirche mußte wieder mit den Einzelstaaten verhandeln, welche die Kraftprobe der Revolution noch einmal bestanden hatten. Geissel selbst distanzierte sich nunmehr auch deshalb von einigen seiner Reformansätze, weil sie dazu beigetragen hatten, Teile seines Klerus unter Führung des

des Wiener Zentralismus, blieb aber auch in Prag, wo noch 1860 ein allg. deutscher Katholikentag stattfand, dem deutschen Katholizismus eng verbunden. In den sechziger Jahren hat Schwarzenberg gelegentlich zwischen Rom und deutschen Theologen zu vermitteln versucht, er gehörte 1869/70 zu den führenden Gegnern des Unfehlbarkeitsdogmas.
Vgl. außer der Biographie von *Wolfsgruber* auch: *Wurzbach* 33, 71—78; *E. Winter*, Die geistige Entwicklung Anton Günthers und seiner Schule (Paderborn 1931); *K. zu Schwarzenberg*, Gesch. des reichsständ. Hauses Schwarzenberg II (Neustadt/Aisch 1964).

[11] Carlo Sacconi (1808—89), 1845 Geschäftsträger in Florenz, 1847 Internuntius, 1851 Nuntius in München, 1853 in Paris, 1861 Kurienkardinal.
Schmidlin PG II 162 302 338 ff 345 f; *Aubert*, Pie IX 110 f; *Lill*, Bischofskonferenzen 17—51.

[12] Vgl. Kap. 20, S. 402 f mit Anm. 28.

Pfarrers Binterim zu sehr weitgehenden Mitbestimmungsforderungen zu bewegen; auch in Südwestdeutschland wurden die alten Forderungen nach Diözesansynoden im Gefolge der Revolution nachdrücklicher vertreten als zuvor[13]. Vielleicht haben Geissel und die Mehrzahl seiner Kollegen sich auch erst in der Ernüchterung des Jahres 1849 klargemacht, daß die alle Zwischeninstanzen ausschließende organisatorische Konzentration eine Konsequenz der auch von ihnen für notwendig erachteten autoritären Restauration war.

Dank mutiger Initiativen der Gruppe um Anton Günther[14], Sebastian Brunner (1814—93)[15] und Emanuel Veith (1787—1870)[16] breitete die Vereinsbewegung sich 1848 auch in Österreich aus. Die Führer des Restaurationskatholizismus waren durch ihre Bindung an Metternich kompromittiert, die Mehrzahl der Bischöfe schwieg aus josephinischer Grundhaltung. Kardinal Schwarzenberg, Günthers Schüler, hielt schon im August 1848 eine Konferenz mit seinen Suffraganbischöfen, von der u. a. Petitionen an den Reichstag angeregt wurden; nach seiner Rückkehr aus Würzburg steigerte er seine Bemühungen um die Aktivierung des Episkopats. Erst als am Sieg der Gegenrevolution nicht mehr zu zweifeln war, beantragte der josephinistische Wiener Erzbischof Vincenz Milde (1777—1853, Erzbischof seit 1832) beim jungen Kaiser Franz Joseph die Einberufung einer gesamtösterreichischen Bischofskonferenz. Der Kaiser, der schon in einem der Verfassung vom 4. März beigefügten Patent allen christlichen Konfessionen die selbständige Ordnung ihrer Angelegenheiten gewährte, und die von Fürst Felix Schwarzenberg, einem Bruder des Kardinals, geleitete Regierung billigten das Projekt. Vom 27. April bis 17. Juni 1849 hat die Konferenz in Wien getagt, ihre führenden Persönlichkeiten waren Schwarzenberg, Rauscher (seit 1849 Fürstbischof von Seckau und Administrator von Leoben)[17] und Diepen-

[13] Für die Einführung von Synoden, auf denen Klerus und Laien an der kirchlichen Gesetzgebung mitwirken sollten, plädierte der Freiburger Professor und Domkapitular *J. B. Hirscher* in seiner aufsehenerregenden Schrift „Die kirchlichen Zustände der Gegenwart“ (Tübingen 1849). Zugleich griff Hirscher die katholischen Vereine an, denen er Veräußerlichung und Abwendung von eigentlich kirchlichen Aufgaben vorhielt. Er bezog damit eine antipolitisch motivierte Position, die auf die Polemik F. X. Kraus' und seiner Schule gegen den politischen Katholizismus verweist.
Über die Synodenbewegung unter dem rheinischen Klerus s. vor allem *H. Schrörs:* AHVNrh 105 (1921), 106 (1922).

[14] Vgl. Kap. 24, S. 453—456.

[15] Über Brunner, den Gründer (1848) und langjährigen Redakteur der Wiener Kirchenzeitung, s. vor allem: *K. Ammerl,* Seb. Brunner und seine publizistische Stellungnahme in der Wiener Kirchenzeitung (Diss. Wien 1934); *J. Treimer,* Seb. Brunner als Historiker (Diss. Wien 1945); *E. Alker:* NDB 2, 683 f; ÖBL 1, 121 f.

[16] *C. Wolfsgruber,* Veith als Homilet (Wien 1911); *E. Hosp,* Das Erbe des hl. Klemens Maria Hofbauer (Wien 1953).

[17] Rauscher verdankte sein Bischofsamt Schwarzenberg, der als Erzbischof von Salzburg für drei seiner Suffraganbistümer (Lavant, Seckau-Leoben, Gurk) das Ernennungsrecht besaß.

brock, der wegen des österreichischen Anteils Breslaus zur Teilnahme berechtigt war. Gestützt auf das Patent vom 4. März, beantragte die Konferenz bei Kaiser und Regierung den Abbau der Reste der josephinischen Gesetzgebung und die Regelung der Grenzgebiete durch ein Konkordat, dessen Abschluß die Bischöfe fortan bei jeder Gelegenheit gefordert haben. Franz Joseph, Rauschers Schüler, wollte seine Restaurationspolitik, ganz im Sinne der früheren Empfehlungen Metternichs durch die Verständigung mit der Kirche absichern. Seine Erlasse vom 18. und 23. April 1850 erfüllten wichtige Forderungen der Bischöfe (u. a. Aufhebung des Plazet, Freigabe des Verkehrs mit Rom, freie Ausübung der bischöflichen Disziplinargewalt) [18] und leiteten die zum Konkordat von 1855 hinführende Kirchenpolitik ein.

Die Niederländer

LITERATUR: *Rogier,* KathHerleving 50—275 (auch Schrikbeeld van een staatsgreep in 1853, Amsterdam 1959) und *Albers,* Herstel sind die Hauptquellen, aber zu ergänzen durch *J. Witlox,* Studien over het herstel der hierarchie in 1853 (Tilburg 1928) und *A. Bronkhorst,* Rondom 1853. De Aprilbeweging (Den Haag 1953). Ferner: *A. Commissaris* a. a. O. (Allg. Bibliogr.); *J. M. Gijsen,* J. A. Paredis, bisschop van Roermond (Assen 1968); *G. Homan:* CHR 52 (1966/67) 201—211; *J. Schokking,* Historisch-juridische schets van de wet van 10. 9. 1853 (Amsterdam 1894); *J. B. van Hugenpoth,* De kloosters in Nederland in 1861 (Utrecht 1861; polemisch); *D. van Wely:* Bijdragen voor de geschiedenis van de prov. der Minderbroeders in de Nederl. 14 (1964) 101—259; *L. Rogier,* A. Thijm en de katholieke herleving: Annalen van het Thijmgenootschap 37 (1949) 1—23.

Die Unterstützung der liberalen Partei Thorbeckes durch das katholische Bürgertum der nördlichen Provinzen ermöglichte die friedliche Revolution, die zur Verfassung von 1848 führte. Die Katholiken, die die völlige Freiheit im Unterrichtswesen wünschten, mußten sich auf diesem Gebiet zwar mit einem Kompromiß begnügen, erhielten jedoch auf allen anderen Gebieten volle Genugtuung. Dank der Vereinsfreiheit waren die letzten Hindernisse für die Ordensgenossenschaften aufgehoben worden. Die neue Verfassung proklamierte trotz der Bemühungen der Konservativen unter den Reformierten, dem Land seinen Charakter einer „protestantischen Nation“ zu bewahren, daß „alle religiösen Gruppen vor dem Gesetz gleich sind“ und „jede Religionsgemeinschaft ihre inneren Angelegenheiten selbst regeln muß“.

Die Wiedererrichtung einer regulären Bistumsorganisation, die seit mehr als 30 Jahren auf der Tagesordnung stand, mußte als die eigentliche Krönung dieser vollständigen und legalen Emanzipation erscheinen. In Wirklichkeit jedoch wurde sie von vielen Priestern in der Seelsorge nicht gewünscht: im ländlichen Süden war man zufrieden, seit die Apostolischen

[18] Text: *Walter,* Fontes 276—280.

Vikare 1842 den Charakter eines Ordinarius loci erhalten hatten, und in den Städten des Nordens befürchteten die Erzpriester und Ordensleute nun den Verlust ihrer Autonomie. Die Laien des Nordens, unterstützt von einigen Priestern der Gruppe Warmond und von dem Bischof von Lüttich, Van Bommel, der holländischer Abstammung war[19], drangen in Rom darauf, wirkliche Bischöfe zu erhalten, und zwar unter anderem aus dem Bedürfnis heraus, an Ort und Stelle eine Autorität zu haben, die sie in allen politischen Fragen, die die Interessen der Kirche berührten, leiten konnte.

Sie stimmten alle im Prinzip überein, unterschieden sich jedoch in den Modalitäten: Jene, die der Verwaltungsbehörde für die katholische Religion in Den Haag nahestanden, hätten eine Konkordatslösung oder zumindest ein mit dem Staat ausgehandeltes Übereinkommen im Geist der „Mechelner Schule" vorgezogen; die stark liberale Gruppe der jungen „Papo-Thorbeckianer" der „Tijd" dagegen strebte vor allem die Unabhängigkeit der Kirche vom Staat an, und sei es auch um den Preis der vollkommenen Trennung. Die Forderungen der Regierung, die der protestantischen Ablehnung gegenüber der Errichtung von Diözesen im Norden Rechnung tragen mußte, zwangen den Heiligen Stuhl, sich in die zweite Lösung zu schicken und einseitig über die Wiedererrichtung der Hierarchie zu entscheiden. Um die Protestanten so wenig wie möglich zu verletzen, plante man zunächst in Übereinstimmung mit den Vorschlägen des Internuntius und des Apostolischen Vikars von 's-Hertogenbosch, Mgr. Zwijsen, im Norden nur eine Diözese zu errichten, im Süden von Moerdijk, das den Sitz des Metropoliten erhalten sollte, jedoch drei. Der Präfekt der Propaganda überzeugte sich aber bei einer Visite von der nicht nur zahlenmäßig, sondern auch in der Dynamik wachsenden Bedeutung des Katholizismus im Norden[20], und so entschloß man sich schließlich, in der Art einer „Restauration" der vorreformatorischen Hierarchie den Erzbischofsitz in Utrecht einzurichten und vier Suffragandiözesen anzuschließen: Haarlem für die großen Küstenstädte, Breda, 's-Hertogenbosch und Roermond für Brabant und Limburg.

Die Errichtungsbulle vom 4. März 1853 entfesselte auf protestantischer Seite eine unter dem Namen „Aprilbeweging" bekannt gewordene Protestwelle, die jedoch mehr politischer denn religiöser Natur war. Die papstfeindlichen Vorurteile zahlreicher Calvinisten wurden nämlich von den Reaktionären gegen das liberale Kabinett, das die römische Entscheidung ermöglicht hatte, ausgenützt. Diese Bestrebungen, die günstigen Positionen in der Verfassung von 1848 in Frage zu stellen, scheiterten jedoch an der zögernden Haltung König Wilhelms II. Der König hatte zwar kaum Sympathien für die römische Kirche, hielt es aber im Blick auf die Einheit

[19] Vgl. A. *Manning*, De betekenis van C. Van Bommel (Utrecht 1956) 218—260.

[20] Unter anderem durch die Einwanderung einer Anzahl unternehmungsfreudiger Deutscher aus der Münsteraner Gegend.

des Landes für gefährlich, die Katholiken zum Äußersten zu treiben. So beschränkte sich letztlich alles, trotz einiger verletzender Anordnungen, auf ein im wesentlichen recht harmloses Gesetz über die Religionsausübung[21].

Ungeachtet der protestantischen Agitation, begannen die neuen Bischöfe unverzüglich mit der Neuordnung der Kirchenverfassung nach den Bestimmungen des kanonischen Rechtes[22] unter der Leitung Zwijsens[23], der zum Erzbischof von Utrecht ernannt worden war. Er war ein eifriger Seelsorger, ohne Hang zum Intellektuellen, aber mit gesundem Menschenverstand und Charakterstärke. In dieser schwierigen Periode war diese Haltung von Nutzen; jedoch hat sie auch in einem bedeutenden Teil dazu beigetragen, den „ultramontanen Ghetto-Charakter" des holländischen Katholizismus zu verstärken, der diesen fast ein Jahrhundert prägen sollte.

Unter der straffen Führung eines Episkopats, dessen Autorität weder von der Regierung noch durch den Einfluß von Traditionen eingeengt war, umgeben von einem frommen und aktiven, in stetem Wachstum begriffenen Klerus[24] und betreut von Ordensmännern und Ordensfrauen, deren zahlenmäßiges Anwachsen noch größer war, hatte das gläubige Volk kaum noch Gelegenheit, eigene Initiativen zu ergreifen. Es akzeptierte, genau wie die irischen Katholiken, diesen Klerikalismus, der in einer anderen Umgebung unerträglich gewesen wäre, ohne jedes Bedenken und unterstützte seinen Klerus mit beachtenswerter Großzügigkeit. Für alle Lebensbereiche wurden von den Katholiken Vereinigungen gegründet. Sie schufen damit eine Sicherheit für die Aufrechterhaltung des religiösen Lebens, und der nicht praktizierende Katholik blieb, abgesehen von den Arbeiterkreisen, eine Ausnahme. Gleichzeitig aber trug diese gesellschaftliche Organisation der Katholiken dazu bei, sie von den meisten Äußerungen des nationalen Lebens fernzuhalten.

Diese Isolierung wurde vor allem auf kultureller Ebene spürbar. Zwar bildete sich im städtischen Bürgertum eine kleine katholische Intelligenz-

[21] Es erhob unter anderem die kleine Jansenistische Kirche mit etwa 10000 Gläubigen in den Rang einer offiziell anerkannten Religionsgemeinschaft. Die Bischöfe dieser Kirche — mit ihren Sitzen in Utrecht und Haarlem — hatten bei der Regierung gegen die von Rom ausgesprochenen Ernennungen von Prälaten auf Sitze, die bereits von „regulären" Nachfolgern der alten Bischöfe besetzt waren, protestiert. Vgl. *B. Moss,* The Old Catholic Movement (London 1948) 161—168, zu ergänzen durch *Albers,* Herstel I 253—257, II 433—434.

[22] Dagegen dauerte es wegen der Unmöglichkeit einer Zusammenarbeit zwischen dem Internuntius Vecchiotti und den niederländischen Bischöfen bis 1865, ehe ein erstes Provinzialkonzil zustande kam. Vgl. dazu *J. van Laarhoven,* Een Kerkprovincie in concilie (Utrecht 1965).

[23] Vgl. S. 367 Anm. 30.

[24] Die Zahl der Priester stieg unter dem Pontifikat Pius' IX. von 1500 auf 2200, während die katholische Bevölkerung sich nur um 15 Prozent vermehrte (1439137 im Jahre 1878, also 35,86 Prozent der Gesamtbevölkerung; 1840 waren es 38,28 Prozent).

schicht heraus, im ganzen jedoch war im Vergleich zu der spürbaren Gärung in den dreißiger Jahren ein Rückgang festzustellen. Die Katholiken waren zwar auf dem Gebiet der Musik und der Architektur — auch hier steht, wie überall, die Neugotik in Blüte — stark vertreten, ihr Beitrag zur Literatur war jedoch minimal. Schwerwiegender war, daß sie ein kurzsichtiges Mißtrauen gegenüber der Bildungsliteratur in einer fast vollständigen Unkenntnis über die großen literarischen Strömungen der Zeit gefangenhielt. In der Philosophie und Theologie überstiegen die katholischen Veröffentlichungen Hollands kaum das Niveau der Handbücher für Seminare oder der populären apologetischen Schriften. Nur wenige Ausnahmen ragten über diese allgemeine Mittelmäßigkeit hinaus: Th. Borret[25], der auf Grund seiner Kenntnisse in der christlichen Archäologie als erster Katholik Mitglied der Königlichen Akademie wurde; W. Nuyens[26], ein begabter Polemiker, der eine Neueinschätzung der Geschichte der Religionskriege des 16. Jh. unternahm, und vor allem J. Alberdingk Thijm[27], der Verfasser anerkannter Arbeiten über die Kunstgeschichte und die niederländische Literatur, dem es gelang, durch sein Einfühlungsvermögen und seine geistigen Qualitäten auch außerhalb katholischer Kreise Einfluß zu gewinnen, und der für lange Jahre fast allein die Rolle des Vermittlers zwischen Katholiken und Protestanten übernahm. Erst um 1870 sollte eine gewisse Erneuerung beginnen, die unter anderem in der Verbesserung des wissenschaftlichen Niveaus des „Katholiek" und in der Gründung einer neuen Zeitschrift „De Wachter" ihren Niederschlag fand. Letztere nahm sich besonders jener Probleme an, die sich aus dem Eingreifen der Katholiken in das öffentliche Leben ergaben. Das war der Beginn einer neuen Etappe in der allmählichen Emanzipation der Katholiken.

[25] Über Theodor Borret (1812—90) siehe *P. Dessens:* De Katholiek 99 (1891) 4—35; eine genauere Darstellung bietet *Rogier,* KathHerleving 239—241.

[26] Über Willem Nuyens (1823—94) siehe *G. Gorries,* W. Nuyens (Nijmegen 1908).

[27] Über Joseph Alberdingk Thijm (1820—89) vgl. *W. Bennink, A. Thijm* (Utrecht 1952) und *G. Brom,* A. Thijm (Utrecht 1956).

VIERTER TEIL

Die katholische Reaktion gegen den Liberalismus

Einleitung

Pius IX. nach 1848

QUELLEN : Acta Pii IX, 7 Bde (Rom 1854/78); Atti del S. P. Pio IX, 2 Bde (Rom 1857); *A. Marcone,* La parola di Pio IX ovvero discorsi e detti di S. Santità, 2 Bde (Genua 1864/71); ASS, Jahrbücher von 1865 an; *P. Pirri,* Pio IX e Vittorio Emanuele dal loro carteggio privato, 3 Bde (Rom 1944/61; auch umfangreiche Korrespondenz mit anderen Personen als Viktor Emanuel); *S. Jacini,* Il tramonto del potere temporale nelle relazioni degli ambasciatori austriaci a Roma 1860/70 (Bari 1931); *N. Blakiston,* The Roman Question. Extracts from the Despatches of O. Russell from Rome 1858/70 (London 1962); Romana ... Beatificationis et Canonizationis servi Dei Pii IX S. P. Tabella testium et Summarium. Positio super introductione causae, 2 Bde (Rom 1954); Elenchus scriptorum quae in S. Sedis archivis adservantur (Rom 1954), Appendix ad Elenchum scriptorum (Rom 1955), Positio super virtutibus, 3 Bde (Rom 1961/62).
LITERATUR : Außer den allg. Kirchengeschichten (s. Allg. Bibl.): *Schmidlin PG* II 1 bis 330; *Aubert,* Pie IX; *Ch. Pouthas,* Le pontificat de Pie IX (Cours de Sorbonne 1945); *E. Hales,* Pio IX. A Study in European Politics and Religion in the XIXth Century (London 1954, dt. Graz 1957); DThC XII 1686—1716; ECatt IX 1510—23.

Biographien über Pius IX.: Es gibt noch keine kritische Biographie Pius' IX. Die meisten im 19. Jh. erschienenen Lebensbeschreibungen sind nur Panegyriken; zu erwähnen sind vor allem: *L. Wappmannsperger* (Regensburg 1879), *J. M. Stepischnegg* (2 Bde, Wien 1879)· *Ch. Sylvain* (3 Bde, Paris 1885) und *A. Pougeois* (6 Bde, Paris 1877/86). Von den neueren Werken: *A. Monti,* Pio IX nel Risorgimento italiano (Bari 1928); *F. Hayward,* Pie IX et son temps (Paris 1948); *D. Massè,* Pio IX papa e principe italiano (Modena 1957); *P. Fernessole,* Pie IX, pape, 2 Bde (Paris 1960/63, kritikbedürftig; dazu CivCatt [1961] II 63 bis 64 [1964] II 59—60; RHE 59 [1964] 198—204). Auch *Aubert-Martina* 839—848.

Über die *römische Kurie unter Pius IX.:* außer *Aubert,* Pie IX 280—286, *S. Nigro,* Seconda Roma 1850/70 (Mailand 1941) und *F. Hayward* a. a. O., s. die Erinnerungen von Zeitgenossen, vor allem *A. Flir,* Briefe aus Rom (Innsbruck 1864); *H. d'Ideville,* Journal II Rome 1862/64 (Paris 1873); *K. v. Schlözer,* Römische Briefe 1864/69 (Stuttgart 1913); *J. Acton:* Cambridge Historical Journal 8 (1946) 186—204; La Curia romana e i Gesuiti (Florenz 1961; polemisch); La Crise de l'Église (Paris 1878; idem).

Pius IX. war noch relativ jung, im Alter von 54 Jahren, zum Papst gewählt worden, von Kardinälen, denen vor allem eine Lösung der politischen Probleme des Kirchenstaates am Herzen lag. Aber gerade auf diesem Gebiet scheiterte er völlig. Dagegen hat er während seines außergewöhnlich langen Pontifikats (1846—78) die Entwicklung der katholischen Kirche tief und nachhaltig beeinflußt.

Dabei war er durchaus keine starke Persönlichkeit wie später sein Nachfolger Leo XIII. Aber im Gegensatz zu seinem Vorgänger, Gregor XVI., der von der Welt isoliert lebte und dessen Ausstrahlung nicht über den engen Kreis seiner unmittelbaren Mitarbeiter hinausging, gelang es Pius IX. ziemlich mühelos, einen großen Teil des Klerus und der Gläubigen für seine kirchlichen, theologischen und spirituellen Konzeptionen zu gewinnen.

Pius IX. verfügte nach dem übereinstimmenden Zeugnis seiner Zeitgenossen über faszinierenden Charme. Er liebte die Fühlungnahme mit den Menschen, vervielfachte die Audienzen, bei denen er mit liebenswerter Gutmütigkeit nicht nur wie seine Vorgänger einige Notabeln empfing, sondern zahlreiche Priester und Laien, die dank der Verbesserung der Verkehrsverhältnisse in immer größeren Scharen nach Rom kamen. Diese Besucher, von dem ihnen zuteil gewordenen Empfang begeistert, verbreiteten nach der Rückkehr in ihre Heimat die Berichte über ihre Eindrücke, und so entwickelte sich in der katholischen Welt eine wirkliche „Papstverehrung“, deren Übertreibungen je nach Veranlagung Lächeln oder Verärgerung bewirken können. Diese Verehrung erleichterte jedoch in hohem Maße die begeisterte Zustimmung vieler zu einer mehr und mehr zentralisierten Führung der Kirche und zu einer Ausrichtung der regionalen Kirchen auf eine bestimmte, von Rom bevorzugte Art von Katholizismus.

Dieser Papst, den viele, von seiner glühenden Frömmigkeit, seinem Vertrauen auf die Vorsehung und seiner Seelenstärke in den Heimsuchungen tief beeindruckt, schon zu seinen Lebzeiten als einen Heiligen priesen, erschien jedoch andererseits in den Augen eines Teils seiner Zeitgenossen, einschließlich mancher Geistlicher und mancher militanten Laien, deren Hingebung an die Kirche unbestreitbar war, lediglich als ein eitler Autokrat oder als eine von abgestumpften Reaktionären manövrierte Marionette. Beide Bilder sind einseitig und simpel. Es ist heute schon möglich, einige charakteristische Züge herauszuarbeiten, obwohl wir noch immer keine gute Biographie besitzen, die den Rahmen einer naiven Hagiographie sprengt und den Menschen und den Papst in seiner konkreten und nuancierten Persönlichkeit darstellt.

Pius IX. litt unter einem dreifachen Handicap. In seiner Jugend hatte er epileptische Anfälle und behielt von dieser Krankheit eine übermäßige Erregbarkeit zurück. Sie macht manche seiner zu wenig nuancierten Erklärungen und auch die Tatsache verständlich, daß er häufig seine Ansichten änderte und sie nach der zuletzt gehörten Meinung ausrichtete, was dazu führte, daß ihn zahlreiche Beobachter für einen zögernden und unentschlossenen Menschen hielten. War er jedoch der Überzeugung, daß es um seine Pflicht ging, so legte er unerschütterliche Entschlossenheit an den Tag und bezog mutig seine Position. Das zweite Handicap bestand darin, daß er sich — wie die meisten italienischen Geistlichen seines Alters, die in den beiden ersten Dezennien des 19. Jh. inmitten der Umwälzungen der napoleonischen Ära aufgewachsen waren — mit recht summarischen Studien hatte begnügen müssen. So ermöglichte es ihm seine oberflächliche Ausbildung oft nicht, sich über die Vielschichtigkeit der Fragen oder die Relativität mancher Thesen, über die er auf Drängen entscheiden sollte, Rechenschaft abzulegen. Dieser Mangel wurde teilweise durch den italienischen Scharfsinn ausgeglichen, der auch ohne große Gelehrsamkeit vieles erfaßt. So verstand es Pius IX., die konkreten Situationen mit gesundem Menschenverstand richtig einzuschätzen, wenigstens dann, wenn sie ihm genau und richtig geschildert wurden. Leider war aber seine Umgebung — und das war sein drittes Handicap — nicht immer in der Lage, ihn mit der nötigen Sorgfalt aufzuklären. Seine Vertrauensleute waren zwar meistens gewissenhaft und voller Eifer, aber ziemlich exaltiert und sahen die Dinge oft mit der Unnachgiebigkeit des Theoretikers und ohne Kontakt mit der zeitgenössischen Mentalität. Unter diesen Umständen war es nicht verwunderlich, daß es Pius IX. nicht gelang, die Kirche den neuen Verhältnissen anzupassen, nämlich einerseits der tiefgreifenden Evolution, die die Strukturen der bürgerlichen Gesellschaft völlig umwandelte, und andererseits den völlig veränderten Perspektiven, in welche die Fortschritte der Naturwissenschaft und der historischen Forschungen bestimmte traditionelle theologische Positionen hineinstellten.

Wenn die Fähigkeiten Pius' IX. auch unbestreitbar ihre Grenzen hatten, was bei einem Oberhaupt, das immer häufiger in allen möglichen Fragen allein entscheiden mußte, besonders bedauerlich war, so muß man ihm andererseits doch auch Qualitäten und Verdienste zuerkennen, die keineswegs gering einzuschätzen sind. Dies gilt zunächst für die persönliche Ebene. Pius IX. war ein wirklich schlichter und guter Mensch [1], mit einem Zartgefühl begabt, das ihm glückliche Einfälle und charmante Gesten ermöglichte, jedoch eine geradezu grobe Offenheit, wenn er sie für notwendig hielt, nicht ausschloß. Er war geschmeidig genug, um mitunter zu Konzessionen bereit zu sein, die auf den ersten Blick gefährlich wirken konnten, weil er mehr als die Taktiker in seiner Umgebung auf das dank persönlicher Beziehungen

[1] Jedoch mit zwei Vorbehalten: die überstarke Empfänglichkeit für Eindrücke, die er von seiner Jugendkrankheit zurückbehalten hatte, trieb ihn mitunter zu ebenso heftigen wie plötzlichen Zornesausbrüchen, aber diese „mastaine", wie sie der Klerus von Imola genannt hatte, dauerten nie lange und hatten wenige Folgen für den, der sie ausgelöst hatte. Hinzu kam gegen Ende seines Lebens ein Hang, sich von den Schmeicheleien berauschen zu lassen und keinerlei Widerspruch mehr zu ertragen. Es wäre jedoch nicht sehr verständig, bei der Würdigung der Persönlichkeit Pius' IX. lediglich den Schwächen eines achtzigjährigen Greises Rechnung tragen zu wollen.

erweckte Vertrauen baute. P. Hecker, der bedauerte, daß Pius sich häufig „mehr durch Impulse als durch sein Urteil" lenken ließ, fügte sogleich hinzu: „Seine Impulse sind jedoch groß, edel, universell."[2] Er war zwar kein Intellektueller, interessierte sich jedoch für alle geistigen Probleme und hatte sich in seiner Jugend einer ziemlich ausgedehnten Lektüre gewidmet[3]. Nachdem er Papst geworden war, unterrichtete er sich gern über die Fortschritte der modernen Erfindungen. Er war ein Mann, der zu beten verstand, und die Tiefe seiner religiösen Empfindungen ist unbestreitbar, auch wenn er in diesem Bereich — wie auch in anderen — die mit diesen Qualitäten verbundenen Schwächen aufwies: Prophezeiungen und anderen Manifestationen des Wunderbaren maß er zu viel Gewicht bei und ließ sich oft dazu treiben, in den politischen Konvulsionen, in welche die Kirche hineingerissen wurde, eine neue Episode des großen Kampfes zwischen Gott und Satan zu sehen, statt die Erscheinungen mit ein wenig Realismus einer technischen Analyse zu unterziehen. Zu Beginn seines priesterlichen Lebens hatte er in einer Zeit, in der die meisten jungen Kleriker vor allem darauf bedacht waren, in ihrer „carriera" erfolgreich zu sein, auf kirchliche Ehren völlig verzichtet und seine Zeit Waisen und anderen Armen gewidmet. Als Bischof hatte er dann seine Diözesanen durch den apostolischen Elan beeindruckt, mit dem er sich über die Parteienkämpfe erhob, um allen ganz zu gehören, selbst den Gegnern der päpstlichen Regierung. Auch nachdem er Papst geworden war, blieb es seine Hauptsorge, stets als Priester und als Seelenhirte zu handeln, vor Gott verantwortlich für die Verteidigung der in der fortschreitenden Gottlosigkeit des Laizismus und des Rationalismus bedrohten christlichen Werte. Immer klarer ermutigte er die Fortschritte der ultramontanen Strömung, jedoch weder aus persönlichem Ehrgeiz noch aus Gefallen an der Theokratie (die ihn weniger in Versuchung führte als später Leo XIII.), sondern lediglich deshalb, weil ihm diese Bewegung sowohl als die Vorbedingung dafür erschien, daß das katholische Leben dort, wo die Interventionen der Regierungen in die Kirche es zu ersticken drohten, wieder erneuert werde, wie auch als das beste Mittel, alle lebendigen Kräfte des Katholizismus neu zum Kampf gegen die steigende Flut des antichristlichen Liberalismus zusammenzufassen. Sein Widerstand gegen den Liberalismus und dessen immer heftiger werdende Verdammung erklärt sich aus dieser Sicht. Der Papst stand im Bann der politischen Philosophie jenes traditionalistischen Typs, der in den katholischen Kreisen Mitte des 19. Jh. gang und gäbe war, und konnte so in den verworrenen Bestrebungen seiner Zeit nicht

[2] Zitiert von *W. Elliot*, Vie du P. Hecker (Paris 1897) 250 (frz. Übersetzung). Viele Zeitgenossen unterstrichen, wie sehr sich Pius IX. häufig „von den Eindrücken und dem Herzen leiten" ließ.

[3] Vgl. *L. Sandri*, La biblioteca privata di Pio IX: RstRis 25 (1938) 1426—32. Zum Interesse Pius' IX. für die wissenschaftlichen Fragen vgl. *L. v. Pastor*, Tagebücher, hrsg. von *W. Wühr* (Heidelberg 1950) 362.

unterscheiden, was einen positiven Wert hatte und auf lange Sicht eine stärkere Spiritualisierung des katholischen Glaubensverständnisses vorbereitete und was ungeschickte Konzessionen an flüchtige Moden waren oder gar mehr oder weniger unbewußte Kompromisse mit Ideologien, die dem christlichen Geist nicht entsprachen. Vor allem fehlte es ihm an Realismus in seinem kirchenpolitischen Ideal, dem er während seines ganzen Pontifikats mit einer unbezähmbaren Energie nachjagte, die einer besseren Sache würdig gewesen wäre. Wie P. Martina[4] sehr richtig zeigte, war es „eine historische Unmöglichkeit, zugleich die volle Freiheit der Kirche und die Unterstützung des Staates erlangen zu wollen: man mußte wählen".

Diesen zweifellos schwerwiegenden Passiva und den zahlreichen versäumten Gelegenheiten, die heute a posteriori leicht aufgezeigt werden können, steht die Tatsache gegenüber, daß dieser lange Pontifikat auch einen großen positiven Ertrag gebracht hat. Viele Dinge änderten sich in der Welt und in der Kirche, seit Pius IX. im Jahre 1846 auf den Stuhl Petri erhoben worden war; die stärkste kirchliche Veränderung jedoch vollzog sich hinsichtlich der Qualität des durchschnittlichen katholischen Lebens, angefangen beim spirituellen und pastoralen Niveau des Klerus, dem Hauptwerkzeug der Glaubensverkündigung in der Sicht dieses Zeitalters. Zweifellos hatten viele Elemente zu dieser Entwicklung beigetragen, aber auch Pius IX. selbst leistete hierzu seinen beträchtlichen Teil, zunächst einmal dadurch, daß er persönlich seinen Zeitgenossen als ein Musterbeispiel der Frömmigkeit und geistlichen Wiedergeburt galt, die das zweite Drittel des 19. Jh. charakterisiert. Noch mehr als durch sein Beispiel wirkte Pius IX. durch seine Aktivität auf diese Entwicklung ein: entschlossen und autoritätsbewußt widmete er einen großen Teil seiner Zeit und seiner Kraft der Aktivierung und mitunter sogar dem regelrechten Vorantreiben der langsamen Entwicklung, die sich gleich nach der großen revolutionären Krise angebahnt hatte. Weil ihm eine unnachgiebige Haltung auf praktischem und doktrinärem Gebiet als unerläßlich für einen vollen Erfolg erschien, zwang er sich — trotz seiner persönlichen Neigung zur Vermittlung und Besänftigung — unentwegt dazu, manchmal mit einem bedauerlichen Mangel an subtiler Unterscheidung eine Anzahl von Prinzipien zu wiederholen, die die Substanz seiner Lehre bildeten.

Kein Papst, mag er noch so aktiv und eigenständig sein, kann auf Mitarbeiter verzichten. Von den *„camerieri"*, die sich viele Jahre lang des Vertrauens Pius' IX. erfreuten, sind vor allem zu nennen: Mr. Borromeo, Mgr. Ricci und Mgr. Stella, ergebene und gewissenhafte Männer, jedoch ohne großes Format und bestimmt von reaktionären Tendenzen; von noch größerem Gewicht sind zwei Ausländer, Mgr. Talbot[5], ein mit den Borghese verwandter Eng-

[4] Pio IX e Leopoldo II (Rom 1967) 50.

[5] Über George Talbot de Malahide (1816—86) s. Wiseman Review Nr. 502 (1964) 290—308.

länder, und Mgr. de Merode[6], halb Belgier, halb Franzose, die zusammen mit Prinz Gustav von Hohenlohe[7] bei der Rückkehr Pius' IX. nach Rom im Jahre 1850 ernannt worden waren, um die internationale Rolle des Papsttums zu unterstreichen. Talbot und Merode waren intelligente Männer, die hinsichtlich der modernen Gesellschaft weniger simple Ansichten vertraten, als dies in Rom im allgemeinen der Fall war. Aber beide ließen es bei ihren Urteilen am Abwägen des Für und Wider fehlen und ermutigten den Papst, der sehr großes Vertrauen in sie setzte, mehr als einmal zur intransigenten Haltung: Talbot bezüglich englischer Personen- und Sachfragen, in denen sich sein Standpunkt im allgemeinen mit dem von Manning deckte, Merode bezüglich der Römischen Frage und der in guten Beziehungen zur Regierung Napoleons III. stehenden französischen Prälaten.

Spielte einerseits die unmittelbare Umgebung Pius' IX. während seines Pontifikats eine größere (wenn auch nicht offizielle) Rolle als bei seinen Vorgängern und Nachfolgern — „Einfluß ohne Verantwortung", formuliert mit Recht Dom Butler —, so war andererseits eine spürbare Verringerung der Bedeutung des *Kardinalskollegiums* festzustellen, und zwar sowohl in der weltlichen Leitung des Kirchenstaates wie auch in der religiösen Leitung der Kirche. Hinsichtlich des Kirchenstaates trug zum Teil Antonelli die Verantwortung, der die von Consalvi eingeleiteten und von Gregor XVI. wieder aufgegriffenen Bestrebungen, sich vor allem auf die Büros zu stützen, noch verstärkte; hinzu kam, daß die Wahl der Kardinäle mehr und mehr nach neuen Kriterien erfolgte. Als Pius IX. 1850 zehn ausländische, aber nur vier italienische Kardinäle kreierte, hatte er klar gezeigt, daß für ihn die wesentliche Aufgabe des Heiligen Kollegiums nicht mehr in der Verwaltung des Kirchenstaates bestand. Die Internationalisierung des Kardinalskollegiums machte laufend Fortschritte. Gab es beim Tod Gregors XVI. lediglich acht ausländische, aber vierundfünfzig italienische Kardinäle, so waren beim Tod Pius' IX. fünfundzwanzig ausländische und nur noch neununddreißig italienische Kardinäle zu zählen[8], so daß die Italiener allein nicht mehr in der Lage waren, die zur Wahl des neuen Papstes erforderliche Zweidrittelmehrheit zustande zu bringen. Diese Internationalisierung ging übrigens Hand in Hand mit einer anderen Umwandlung: die Repräsentanten der römischen Aristokratie und die hohen Funktionäre auf wichtigen admini-

[6] Über Xavier de Merode (1820—74) s. *L. Besson,* F. F. X. de Merode (Lille 1908) und *R. Aubert:* Revue générale belge (Mai und Juni 1956) 1102—43 1316—34.

[7] Prinz Gustav Adolf Hohenlohe (1823—96) war zwar bei Pius IX. wegen seiner Bescheidenheit beliebt und wegen seiner Sprachkenntnisse nützlich, übte aber keinen politischen Einfluß aus; 1866 wurde er Kardinal, fiel aber wegen seiner Beziehungen zur Opposition während des Vatikanums I in Ungnade. Vgl. *H. Jedin,* Gustav Hohenlohe und Augustin Theiner: RQ 66 (1971).

[8] Von den 123 von Pius IX. kreierten Kardinälen waren 71 Italiener und 52 Ausländer, davon 16 Franzosen, 12 Spanier, 11 Österreicher, 4 Deutsche und 3 Portugiesen.

strativen oder politischen Posten, die lange Zeit die Mehrheit des Kardinalskollegiums gestellt hatten, wurden nach und nach durch Männer der Kirche von oft bescheidener Herkunft ersetzt, die sich durch ihren pastoralen Eifer, ihr theologisches Wissen oder ihre ultramontanen Bestrebungen ausgezeichnet hatten. Trotz dieser Entwicklung aber wurde der Anteil, den das Kardinalskollegium als solches an der religiösen Führung der Kirche hatte, ständig kleiner, und zwar in solchem Maße, daß der französische Botschafter am Vorabend des Konzils schreiben konnte: „Noch nie war die Rolle der Kardinäle so bescheiden und ihr Einfluß so unbedeutend wie heute." Der Grund hierfür war zum Teil der Mangel an Persönlichkeiten großen Formats, den viele zeitgenössische Beobachter feststellten, vor allem aber der recht persönliche Stil Pius' IX. Er verschaffte sich gern selbst Klarheit über einen Sachverhalt und scheute sich nicht, bei seinen Entscheidungen die regulären Instanzen zu übergehen. Leider verließ er sich hierbei nur zu oft auf Informatoren, die parteiisch waren oder denen der Sinn für die Vielschichtigkeit der konkreten Situationen abging, aus denen das tägliche Leben der Kirche besteht[9]. Obwohl so der Zusammentritt der Konsistorien und Kardinalskommissionen zur Beratung der das Leben der Kirche berührenden Probleme immer seltener wurde, spielten einzelne Kardinäle persönlich eine bedeutende Rolle, die einen an der Spitze von Dikasterien — die bedeutendsten von ihnen waren Antonelli, Staatssekretär von 1848 bis zu seinem Tod im Jahre 1876[10], und Barnabò, der die Congregatio de Propaganda Fide von 1856 bis 1874[11] mit Kompetenz und Energie leitete —, die anderen, weil sie sich des persönlichen Vertrauens des Papstes erfreuten. Unter letzteren verdienen Erwähnung die Kardinäle Gaude und Bilio für die dogmatischen Fragen, Mertel für die juridischen Angelegenheiten, Franchi für die kirchenpolitischen Probleme und Reisach für die Belange der deutschsprachigen Länder, vor allem aber Kardinal Patrizi, ein Freund des Papstes,

[9] Vgl. z. B. *G. Martina*, Pio IX e Leopoldo II 375.

[10] Über Giacomo Antonelli (1806—76) s. S. 485 und Anm. 15. Während der beiden ersten Jahre des Pontifikats löste ein Staatssekretär den anderen in rascher Folge ab: Gizzi (8. 8. 1846—7. 7. 1847); Ferretti (17. 7. 1847—20. 1. 1848); Bofondi (1. 2.—9. 3. 1948); Antonelli (10. 3.—2. 5. 1848); Orioli, ad interim (4. 5.—2. 6. 1848); Soglia (3. 6.—29. 11. 1848). Siehe hierzu *G. de Marchi*, Le Nunziature apostoliche dal 1800 al 1956 (Rom 1957) 10—11 und *L. Pásztor:* Annali della Fondazione italiana per la storia amministrativa 3 (1966) 314—318. Nach dem Tod Antonellis (6. 11. 1876) bestimmte Pius IX. den Kardinal Giovanni Simeoni (1816—92) zu dessen Nachfolger. Über ihn siehe *L. Teste* a. a. O. 257—261. Pius IX. soll diese Ernennung, die großes Erstaunen auslöste, folgendermaßen erklärt haben: „Dies wird nicht für lange sein, und ich lasse so dem Konklave und meinem Nachfolger volle Freiheit, indem ich einen Kardinal nehme, der weder für das Papsttum noch für politische Ämter bestimmt ist" (zitiert bei *Aubert*, Pie IX 498).

[11] Über Alessandro Barnabò (1801—74) s. S. 615 und Anm. 1.

der dreißig Jahre lang stets ein offenes Ohr fand, ein Vorbild an Tugend und Frömmigkeit, aber ziemlich engen Geistes[12].

Die Fortschritte der kirchlichen Zentralisation vergrößerten natürlich immer mehr die Bedeutung der *Nuntiaturen* und vor allem der *römischen Kongregationen*. Die meisten Zeugen aus der damaligen Zeit stellen jedoch mit Bedauern die häufige Mittelmäßigkeit des Personals beider Institutionen fest. Die betreffenden Männer waren zwar hinsichtlich ihrer Sitten und ihrer Frömmigkeit meist sehr respektabel und mit den Subtilitäten des kanonischen Rechts und der Theologie der Handbücher wohl vertraut; doch fehlte es ihnen häufig an Verständnis für die moderne Welt und die notwendigen Entwicklungen. Es herrschte „der Aberglaube an alles, was nur immer alt ist, vom Gewand bis zu den Ansichten, vom Etikett bis zur Theologie", schrieb Cochin im Jahre 1862. Diese Männer bekundeten den kritischen Methoden gegenüber eine Feindseligkeit, die nicht nur ihr Mißtrauen gegenüber der neuen Richtung der Philosophie, der Geschichts- und der Naturwissenschaften, sondern auch die Leichtfertigkeit zum Ausdruck bringt, mit der sie die Denunziationen aufnahmen, ja sogar ermutigten, die jene bloßstellen sollten, die auf intellektueller Ebene oder auf kirchenpolitischem Gebiet nicht ihren streng konformistischen Standpunkt teilten. Diese gut gemeinte, aber wenig kluge Haltung schob die Probleme lediglich hinaus, und die aufgeschlosseneren Richtlinien, die dann unter Leo XIII. die Oberhand gewannen, kamen oft schon zu spät und konnten die verlorene kostbare Zeit nicht mehr völlig einholen, so daß man die wirklichen Wurzeln der Krise des Modernismus unter dem Pontifikat Pius' IX. suchen muß, auch wenn man andererseits alle seine positiven Aspekte anerkennt.

Diese positiven Seiten waren zahlreich. Bereits erwähnt wurde als eine der wichtigsten die Vertiefung des christlichen Lebens, an der Pius IX. und verschiedene seiner Mitarbeiter, neben den örtlichen Bemühungen, großen persönlichen Anteil hatten. Auf Kosten mancher wertvoller Traditionen, die das Ansehen des einstigen Klerus von Frankreich oder der Schule Sailers ausgemacht hatten, in ihrer Qualität jedoch zwangsläufig nur eine kleine Elite zu erfassen schienen, entfaltete sich nun mehr und mehr eine große Strömung von Volksfrömmigkeit und priesterlicher Spiritualität. Man machte ihr oft den Vorwurf der Oberflächlichkeit und zu großer Äußerlichkeit; dieses simplifizierende Urteil wird jedoch durch das Aufblühen der kirchlichen Aktivitäten und die gewaltige Entwicklung der Ordensgenossenschaften widerlegt. Zugleich hat sich die Kirche im Lauf dieser drei Dezennien auch äußerlich entwickelt und gefestigt. Die missionarische Expansion vollzog sich — unterstützt von der kolonialen Expansion Europas — unter dem zentralisierenden Impuls des Vatikans in allen fünf Erdteilen. Die Einwande-

[12] Über Costantino Patrizi (1798—1876) s. *L. Teste* a. a. O. 73—81 und *M. Maccarrone*, Il concilio Vaticano I (Padua 1966) I 399—400 Anm. 2.

rung von Katholiken führte zur Entstehung neuer, zukunftsreicher Kirchen in Kanada, in Australien und vor allem in den Vereinigten Staaten, ganz abgesehen von Lateinamerika. Die alten Kirchen aber, die seit der Reformation unter schwierigen Verhältnissen lebten, wurden reorganisiert, so in England, in den Niederlanden und vor allem in Deutschland, wo der im Kulturkampf geleistete Widerstand ermessen ließ, welche Lebenskraft diese Kirche dadurch, daß sie sich immer mehr auf den Heiligen Stuhl stützte, in wenigen Jahren erlangen konnte. Denn zugleich mit der quantitativen Ausbreitung der katholischen Kirche[13] vollzog sich ihr engerer Anschluß an den Papst. Die Fortschritte der römischen Zentralisation, die vom Vatikanischen Konzil feierlich sanktioniert wurden, stellten ohne Zweifel eines der markantesten Phänomene dieses Pontifikats dar. Sie lösten einerseits bitteres Bedauern bei denen aus, die die Vorteile des Pluralismus kennengelernt hatten, wirkten sich jedoch andererseits positiv dort aus, wo die regalistischen Traditionen des Ancien Régime die Kirchen geschwächt hatten.

Dieser Triumph des Ultramontanismus löste die Reaktion der Regierungen aus, denen es nicht gefiel, daß sich der lokale Klerus von ihrem Einfluß frei machte; dazu kam, daß parallel hierzu die Kompromisse mit den antirevolutionären Systemen, die durch aufsehenerregende Verurteilungen des Liberalismus unterstrichen wurden, die Linksparteien gegen die Kirche mobilisierten. So wurden die letzten Jahre des Pontifikats durch zahlreiche Konflikte verdüstert. Im Augenblick des Todes Pius' (7. 2. 1878) konnte man auf den ersten Blick den Eindruck gewinnen, die Kirche stehe völlig isoliert einer feindseligen öffentlichen Meinung gegenüber. In Wirklichkeit hatte sie sich nicht nur innerlich konsolidiert, sondern darüber hinaus gerade in dem Augenblick, in dem der Untergang des Kirchenstaates das Papsttum vom traditionellen diplomatischen Schachbrett Europas eliminierte, begonnen, „eine Welt-Großmacht zu werden, der jede Politik Rechnung tragen muß" (H. Marc-Bonnet). Dies zeigte sich dann schon zu Beginn des Pontifikats Leos XIII.

[13] Von 1846 bis 1878 errichtete Pius IX. 206 neue Diözesen und apostolische Vikariate.

Vorübergehende Besserung der Lage der Kirche

Univ.-Professor Dr. Roger Aubert, Louvain (Kap. 28, 30/II, 31 und 32)
Univ.-Professor Dr. Rudolf Lill, Köln - Rom (Kap. 29)
Univ.-Professor Dr. Patrick J. Corish, Maynooth/Irland (Kap. 30/I)

Die Kirche schien nach der Krise von 1848, die ihre Amtsträger in so hohem Maße beunruhigt hatte, auf beiden Ebenen gewonnen zu haben. Sie profitierte zum Teil aus einer Wendung zum Konservativismus, in dessen Lager man, beunruhigt über das Aufkommen demokratischer Forderungen, von der Religion die Sicherstellung der bürgerlichen Ordnung erwartete. Tocquevilles Feststellung nämlich, daß „die Furcht vor dem Sozialismus auf die bürgerliche Welt eine ähnliche Wirkung hätte wie einst die Revolution auf den Adel", galt nicht nur für Frankreich. Gleichzeitig zog die Kirche jedoch auch Nutzen aus den Zugeständnissen an die liberale Mentalität, der die Regierungen durch eine Mäßigung ihrer regalistischen Politik oder gar durch die Gewährung voller Unabhängigkeit für die Kirche Rechnung tragen mußten. Diese gefestigte Lage ermöglichte dem Heiligen Stuhl den Abschluß einer Reihe vorteilhafter Konkordate [1]. Das spektakulärste war jenes, das 1855 von Österreich unterzeichnet wurde. Gleichzeitig wurde die Anerkennung der Religionsfreiheit, die bereits für die Kirchen von Belgien, Großbritannien und der Vereinigten Staaten bestand, nun in die neuen Verfassungen Preußens und der Niederlande aufgenommen; dies hatte auch in diesen Ländern die gleichen günstigen Auswirkungen auf die Entwicklung des Katholizismus. Schließlich zeitigte auch die unter dem letzten Pontifikat systematisch wiederaufgenommene missionarische Arbeit, zusammen mit den Anfängen der europäischen Kolonialexpansion, seit der Jahrhundertmitte immer spürbarere Erfolge. Diese ließen einige Jahre den Eindruck entstehen, als ob die Kirche nun die große Krise, die sie seit einem Jahrhundert erschütterte, überwunden habe und nun mit Optimismus in die Zukunft blicken könne. Diese Euphorie war jedoch nur von kurzer Dauer: seit den sechziger Jahren verschlechterte sich die Lage erneut und brachte einmal mehr den Beweis, daß es für die Kirche stets zu einer Enttäuschung wird, wenn sie allzusehr auf institutionelle Vorteile baut, die sie durch flüchtige Zufälligkeiten erlangt hatte. Dennoch hat die günstige Lage, die

[1] 1851 mit Spanien, der Toskana und Bolivien; 1852 mit Costa Rica und Guatemala; 1855 mit Österreich; 1857 mit Portugal, Württemberg und dem Herzogtum Modena; 1859 mit dem Großherzogtum Baden; 1860 mit Haiti; 1861 mit Honduras und Nicaragua; 1862 mit San Salvador, Venezuela, Ekuador und Brasilien. Erst viel später, 1881, wurde diese Konkordatspolitik wieder aufgenommen.

sich in den ersten Jahren des Pontifikats Pius' IX. der Kirche fast überall bot, die Festigung und geistige Vertiefung der katholischen Wiedergeburt ermöglicht. Sie darf daher, trotz der Unsicherheit in vielen Ländern, nicht unterschätzt werden, wenn man sich ein genaues Bild von der religiösen Situation im letzten Viertel des 19. Jh. machen will.

28. Kapitel

Die scheinbaren Erfolge der Kirche Frankreichs während des Zweiten Kaiserreichs und der „Ordre Moral"

QUELLEN: Die bischöflichen Hirtenbriefe in *J.-P. Migne,* Orateurs sacrés, 2. R. (Paris 1856/66); die Korrespondenzen von L. Veuillot (12 Bde, Paris 1931/32), A. Cochin (2 Bde, Paris 1926), Lacordaire (vgl. LThK² VI 726), Montalembert (vgl. LThK¹ VII 294); die Erinnerungen von Mgr. Mabile (hrsg. von *P. Mabile,* 2 Bde, Paris 1926), A. de Melun (2 Bde, Paris 1891), M. du Camp (La charité privée à Paris, 1885), A. de Broglie (2 Bde, Paris 1938), H. Loyson (*A. Houtin,* Le P. Hyacinthe dans l'Église romaine [Paris 1920]), H. Taine (Carnets de voyage, 1863—65 [Paris 1897]), Abbé Frémond (hrsg. von *A. Siegfried* I [Paris 1933]); die katholische Presse (vor allem „L'Univers", „Le Monde", „L'Ami de la religion", „Le Français", „Annales de la charité", „Revue de l'enseignement chrétien", „Correspondant", „Études", „La France ecclésiastique"); das „Journal officiel" (für die Diskussion jener Gesetze nach 1870, die religiöse Belange betreffen).

LITERATUR: Grundlegend sind: *J. Maurain,* La politique ecclésiastique du Second Empire (Paris 1930, das das kirchenfeindliche Werk von *Debidour,* Histoire ergänzt); *J. Gadille,* La pensée et l'action politique des évêques français au début de la IIIe République, 2 Bde (Paris 1967); *Lecanuet* I (liberal-katholischer Standpunkt); *Debidour,* IIIe République I (aus der Sicht des Laizisten); *E. Barbier,* Histoire du catholicisme libéral et du catholicisme social en France 1870—1914, I (Paris 1924, antiliberaler Standpunkt); die Sorbonnevorlesung von *Ch. Pouthas,* L'Église et les questions religieuses en France de 1848 à 1877 (Paris 1945). Siehe auch neben den beiden Werken von *L. Baunard* und den Arbeiten von *G. Rigault* und *J. Burnichon: Aubert,* Pie IX 108—131 373—384 517—519 549—550; *Schmidlin PG* II 120—129; HistCathFr 297—415; *Gurian* 210—249; *Brugerette* I 165—294, II 3—151; *C. A. Gimpl,* The „Correspondant" and the Founding of the French Third Republic (Washington 1959); die in der Allg. Bibliographie zitierten Biographien von Dupanloup, Gerbet, Guéranger, Guibert, Lacordaire, Lavigerie, Maret, Montalembert, Parisis, Pie, Regnier, Ségur, Veuillot; hinzuzufügen sind: *J. Foulon,* Histoire de Mgr Darboy (Paris 1899; auch DHGE XIV 84—86); *H. Boissonnot,* Le card. Meignan (Paris 1899); *G. Gautherot,* E. Keller (Paris 1922); *M. de Marcey,* Ch. Chesnelong, 3 Bde (Paris 1903) und *L. Baunard,* Kolb-Bernard (Paris 1899).

Zu Werken und Manifestationen des katholischen Lebens: *Duroselle* 495—710; *H. Rollet,* L'action sociale des catholiques en France I (Paris 1947) 11—65; *A. de Melun,* Manuel des œuvres (Paris 1878); *E. Keller,* Les congrégations religieuses en France (Paris 1880; statistische Angaben); *L. Baunard,* E. Lelièvre (Paris 1907); *J. Schall,* A. Baudon (Paris 1897); *A. d'Andigné,* A. de Melun (Paris 1962); *M. Lynch,* The Organised Social Apostolate of A. de Mun (Washington 1952).

Zum Klerus: *F. Garilhe,* Le clergé séculier français au XIXe siècle (Paris 1898);

L. Bougaud, Le grand péril de l'Église de France au XIXe s. (Paris 1878) und das in der Allg. Bibliographie zitierte Werk von *F. Boulard.* Ferner: *J.-F. Six,* Un prêtre, A. Chevrier, fondateur du Prado (Paris 1965).

Zum konfessionellen Unterricht: *Maurain* a. a. O.; *A. Prost* a. a. O. (Allg. Bibliogr.) 177—190 und *J. Rohr,* V. Duruy. Essai sur la politique de l'Instruction publique au temps de l'Empire libéral (Paris 1967).

Zur religiösen Praxis: Neben den Arbeiten von *G. Le Bras* (Allg. Bibliogr.) siehe vor allem *Chr. Marcilhacy,* Le diocèse d'Orléans au milieu du XIXe s. (Paris 1964) und Le diocèse d'Orléans sous l'épiscopat de Mgr Dupanloup (Paris 1962); *G. Duveau,* La pensée ouvrière sur l'éducation pendant la IIe République et le Second Empire (Paris 1948), vor allem 185—196; *P. Pierrard,* La vie ouvrière à Lille sous le Second Empire (Paris 1965) 362—427; *F. A. Isambert,* Christianisme et classe ouvrière (Paris - Tournai 1960); die Bilanz (zitiert S. 350) von *Y.-M. Hilaire.* Daneben auch, vom gleichen Autor: Les missions intérieures durant la seconde moitié du XIXe s. dans la région du Nord: Revue du Nord 46 (1964) 51—68 und Remarques sur la pratique religieuse dans le bassin houiller du Pas-de-Calais dans la seconde moitié du XIXe s.: Charbon et sciences humaines (Paris - Den Haag 1966) 265—279.

Zu den Fortschritten des Antiklerikalismus: *Mellor* 286—318; *Weill,* Idée laïque 121—244; *A. Dessoye,* Jean Macé et la fondation de la Ligue de l'enseignement (Paris 1883); *G. Duveau,* Les instituteurs (Paris 1954); *L. Capéran,* Histoire contemporaine de la laïcité française I (Paris 1958) 1—94.

Die privilegierte Stellung der Kirche

Die Begünstigungen, die die Kirche unter der Zweiten Republik erlangt hatte, wurden zu Beginn des Zweiten Kaiserreichs noch vermehrt. Der Kaiser und seine Ratgeber waren zwar nicht bemüht, die Kirche zu bevorzugen, aber als konservative Opportunisten wußten sie die Vorteile des moralischen und sozialen Einflusses der Religion gegenüber der revolutionären Propaganda zu schätzen; außerdem erschien ihnen die Mitwirkung der Kirche dazu geeignet, die legitimistischen Kreise an das Kaiserreich zu binden.

Die Regierung gewährte eine spürbare Erweiterung des Religionsbudgets, bestand kaum auf der Anwendung der „Organischen Artikel", verschloß die Augen vor der außerordentlich raschen Entwicklung der Ordensgenossenschaften, unterdrückte religionsfeindliche Tendenzen im staatlichen Unterricht und suchte Gelegenheiten, um die Kirche vor den Augen des Volkes am Ansehen des Staates teilhaben zu lassen. Anderseits kehrte als Reaktion auf die revolutionären Exzesse ein wachsender Teil des Bürgertums — und nicht nur des vermögenden — zur Kirche zurück, die ihm eine wirksame Garantie zur Aufrechterhaltung der sozialen Ordnung zu bieten schien. Mit dem seit Beginn des Jahrhunderts allmählich wieder zurückgewonnenen Einfluß auf die führende Klasse gewann der Klerus auch die Unterstützung zahlreicher hoher Beamter und Bürgermeister, deren Macht in einem autoritären Regime nicht zu unterschätzen war und durch deren Wirken das Wohlwollen der Regierung gegenüber der Kirche noch stärker zum Ausdruck kam. Daneben gab das seit 1848 eingeführte allgemeine Wahlrecht dem niederen Klerus, der in vielen Landgebieten und Kleinstädten engen Kontakt mit dem Volk bewahrt hatte, eine Macht, wie er sie noch nie besessen hatte.

Aber der Klerus verstand es nicht, die wünschenswerte Zurückhaltung zu wahren, und in dem Maße, wie die revolutionären Bedrohungen schwanden, begann die Regierung, die wachsende Bedeutung der Kleriker im öffentlichen Leben zu beargwöhnen. Die ungeschickte Politik des Nuntius Sacconi (1853—61) und die systematischen Bemühungen der ultramontanen Partei um die völlige Ausschaltung jeglicher Einflußnahme der Behörden in kirchliche Belange führten zum Wiedererwachen der gallikanischen Tradition des Kultusministeriums. Die Krise, die sich seit 1856 abzeichnete, kam nach der Entwicklung, die die Römische Frage nach dem Italienkrieg (1859) nahm, zum Ausbruch. Die Führer der katholischen Bewegung, die bis zu diesem Zeitpunkt Napoleon III. als einen neuen Karl den Großen gepriesen hatten, waren sehr enttäuscht, als der Kaiser der Teilung des Kirchenstaates zustimmte, und versuchten, jedoch mit nur geringem Erfolg, das Land zu einer Protestaktion aufzurufen. Die Regierung zog daraus den Schluß, daß der Klerus die Massen nicht mehr fest in der Hand habe. Sie beschloß nunmehr, auf das „Vordringen der Kirche" zu reagieren, und brachte folgerichtig einen von dem Minister Rouland aufgestellten Plan zur Anwendung: Sie ernannte Bischöfe, die die zunehmenden Eingriffe der römischen Kurie in Frankreich nicht billigten, unterband eine Weiterentwicklung der Ordensgenossenschaften und religiösen Vereinigungen und unterstützte bevorzugt die staatlichen Schulen. Sie ging mehr und mehr zu Schikanen über, um den Einfluß des Klerus zu zerstören, protegierte jedoch auch weiterhin ostentativ die Religion im In- und Ausland[1], um das Vertrauen des katholischen Volkes nicht zu verlieren.

Diese Politik, deren Auswirkungen jedoch durch die wohlwollende Neutralität vieler katholischer Beamter gemildert wurden, rief die Entrüstung des Klerus hervor. Diesem gelang es, eine Anzahl von Notabeln auf die Oppositionsseite zu ziehen. Deshalb ließ das Wachstum der republikanischen Partei nach 1863 es dem Regime angebracht erscheinen, zu einer weniger feindlichen Haltung zurückzukehren, um sich dadurch die „Klerikale Partei" wieder günstig zu stimmen[2]. Die Minister duldeten zwar auch weiterhin die

[1] In Syrien, wo die französischen Truppen die Maroniten beschützten; in China und Indochina, wo sie die verfolgten Missionare verteidigten; in Mexiko, wo sie versuchten, die antiklerikale Republik des Juárez durch das katholische Kaiserreich Maximilians zu ersetzen, trat die Regierung des Kaisers als Verteidiger der Kirche auf, deren Interessen sich im übrigen mit jenen Frankreichs deckten.

[2] Zweifellos war der Klerus, außer in einigen Gebieten, immer weniger in der Lage, die Mehrzahl der Wähler zu beeinflussen; diese Tatsache wurde von Maurain aufgezeigt und von *L. M. Case*, French Opinion on War and Diplomacy during the Second Empire (Philadelphia 1954) bestätigt. Aber das Wahlvotum der Anhänger des Klerus bildete doch in vielen Fällen einen bedeutenden und manchmal sogar wesentlichen Faktor.

Angriffe der antiklerikalen Presse gegen die Kirche, versuchten jedoch durch verschiedene Beweise ihrer Verbundenheit mit den katholischen Interessen das Vertrauen des Klerus zurückzugewinnen, da man — übrigens vergeblich — hoffte, daß dieser sich nach der Ernennung zahlreicher gallikanisch orientierter Bischöfe[3] nun weniger leicht den immer unversöhnlicher werdenden Positionen des Vatikans in Fragen der modernen Zivilisation anschließen werde.

Infolge der Entwicklung der Römischen Frage, vor allem aber durch die Konvention vom September 1864, konnte sich diese Befriedigungspolitik nicht unmittelbar auswirken. Aber nach dem Eingreifen der französischen Truppen in Mentana (1867) stand — trotz einiger Schwierigkeiten — der von beiden Seiten gewünschten Aussöhnung nichts mehr im Wege: die gemeinsame Angst vor der republikanischen Opposition führte die beiden Mächte erneut zusammen und verband das seinem Ende zuneigende Kaiserreich wieder mit der großen konservativen Macht des Klerus, der seinerseits den von den Republikanern an den Tag gelegten Antiklerikalismus fürchtete.

Das wiedergewonnene Ansehen der Religion und die Verbesserung der materiellen und moralischen Lage des Landklerus, der bis zur Jahrhundertmitte abseits von den Zentren des christlichen Geisteslebens unsicher geworden war, wirkten sich schon bald auf den Priesternachwuchs aus, der daneben auch von den Auswirkungen der „Loi Falloux“ begünstigt wurde. Die Zahl der Priesterweihen stieg in Frankreich um mehr als ein Drittel an[4], und die Gesamtzahl der Priester vermehrte sich von 46 969 im Jahr 1853 auf 56 295 im Jahr 1869. Diese Zunahme ermöglichte es den Bischöfen, zahlreiche Vikariatsposten, die bislang ohne Titular waren, zu besetzen, die Zahl der Geistlichen im öffentlichen Dienst von 1541 auf 2467 zu erhöhen und 1600 neue Pfarreien zu gründen. Dadurch erschien das Zweite Kaiserreich als „Höhepunkt zwischen einer Periode mittelmäßiger Entwicklung, nämlich der Julimonarchie, und einer Periode des fortschreitenden Abstiegs unter der Dritten Republik“ (Pouthas).

Die Heranbildung und der Einsatz dieses Klerus blieben jedoch, wie es scheint, nicht sehr fundiert. Trotz der Bemühungen einiger einsichtiger Bischöfe — Kardinal de Bonald in Lyon, Dupanloup in Orléans und Lavigerie, dann Foulon in Nancy — blieb die Seminarausbildung, vermittelt durch wissenschaftlich ungenügend befähigte Lehrer, „kaum über dem Niveau eines in lateinischer Sprache erteilten catéchisme de persévérance“

[3] Über diese besonders von Minister Baroche in Anwendung gebrachte Politik siehe zahlreiche Hinweise bei *J. Maurain* a. a. O. und neue genauere Angaben, vor allem über die bedeutende Rolle Lavigeries, bei *de Montclos* 288—299.

[4] Diese günstige Entwicklung war jedoch nicht allgemein, und im Zentrum des Landes begann man, sich über den Rückgang der Berufungen zu beunruhigen.

(Leflon). Die hier herangebildeten Priester[5] waren zwar tugendsam, aber mehr dazu geeignet, die „Gutgesinnten“ in ihren Kirchen zu betreuen, als Kontakt mit dem mehr und mehr indifferenten Volk zu gewinnen und den Vorurteilen der aufsteigenden Volksschichten wirksam zu begegnen. Es erstaunt also nicht, wenn dieser Klerus — mit Ausnahme einer zahlenmäßig begrenzten Elite — in Louis Veuillot seinen Lehrmeister sah und mit absolut unkritischem Eifer den Weisungen der Zeitung „L'Univers“ folgte, die sowohl seine ultramontane Begeisterung als auch sein Mißtrauen gegenüber der „modernen Welt“ nährte.

Wenn der Großteil des niederen Klerus seit Ende der fünfziger Jahre für den Ultramontanismus gewonnen wurde, so vor allem deshalb, weil er sich von der römischen Kurie ein Gegengewicht gegen die autoritäre Haltung zahlreicher Bischöfe erhoffte. Die Mehrzahl der Bischöfe, auch wenn sie sich nicht so unverhohlen wie Kardinal de Bonnechose mit einem General verglich, der es versteht, „sein Regiment marschieren zu lassen“, zeigte doch mehr und mehr den schon in der Julimonarchie feststellbaren Hang zur Zentralisierung der Diözesanverwaltung durch Verstärkung der Kontrollen, Versetzung der „Desservants“ ohne Rücksichtnahme auf persönliche Wünsche, Vermehrung der Anordnungen und Regelungen zur Kirchendisziplin oder zur Seelsorgetätigkeit und überließ ihren Priestern immer weniger eigene Initiativen. Diese systematische und pflichtbewußte Aktivität[6] entsprang dem Bemühen, ihre Diözese zum Besten der Interessen der Religion zu leiten; bedauerlicherweise war jedoch bei den meisten dieser Bischöfe der Eifer nur selten gepaart mit seelsorglichem Einfühlungsvermögen. Im großen und ganzen erschien der hohe Klerus außerordentlich farblos und war keineswegs — mit wenigen Ausnahmen, wie z. B. ein Dupanloup oder Freppel — der kämpferische Episkopat, den die antiklerikale Presse anprangerte. Statt die Apostolatsmethoden gründlich neu zu durchdenken, begnügte man sich mit der Institutionalisierung jener Methoden, die sich in der ersten Hälfte des Jahrhunderts bewährt hatten. So vermehrte man vor allem, ohne Berücksichtigung der starken Bevölkerungsbewegung, die sich aus der zunehmenden Industrialisierung ergab, die Posten auf dem Lande, während es dringend einer Vermehrung der Pfarreien in den neuen Stadtvierteln bedurft hätte[7].

[5] Nur eine kleine Elite — die im übrigen auch eine soziale Elite war — besuchte das 1853 eröffnete Französische Seminar in Rom (vgl. *Y.-M. Hilaire:* ArchSR 23 [1967] 135—140) oder das Seminar von St-Sulpice in Paris, deren Niveau zwar keineswegs jenes der Klerikerausbildung in Deutschland erreichte, jedoch eindeutig über jenem der Provinzseminare stand (einige Einzelheiten bei *A. Castellani,* Il beato Leonardo Murialdo I [Rom 1966] 767—806).

[6] Der am besten bekannte Fall ist jener von Dupanloup in Orléans dank den Arbeiten von Mme. Marcilhacy. Er stand jedoch nicht allein. Über den französischen Episkopat um 1870 insgesamt siehe die gut dokumentierte Darstellung von *J. Gadille* a. a. O. I 15—45.

[7] Zwei typische Fälle: Paris, wo 1861 im Durchschnitt 1 Priester auf 2498 Bewohner in

Die Tätigkeit der Bischöfe und des Klerus wurde wesentlich erleichtert durch die Mitwirkung der Ordensgenossenschaften. Für diese war das Zweite Kaiserreich eine Zeit der großen Blüte; dies galt im besonderen für die weiblichen Kongregationen, die durch den Gesetzeserlaß vom 31. Januar 1852 begünstigt wurden. In 10 Jahren stieg die Zahl der Ordensfrauen von 34208 (1851) auf 89243 (1861), während die männlichen Orden, die 1851 kaum die Zahl von 3000 Angehörigen überschritten hatten, 1861 17656 Mitglieder zählten.

Die rasche Entwicklung der Orden und Kongregationen stellte der Kirche das nötige Menschenpotential zur Verfügung, um ihre beiden Ziele zu erreichen: den Zutritt zum staatlichen Unterricht und die Entwicklung eines freien Unterrichts. Sie war nämlich nicht damit zufrieden, durch die Pfarrer dank der „Loi Falloux" eine Kontrolle über die Unterrichtenden ausüben zu können, was vielfach Ärger auslöste, sondern wollte nun auch noch von den Gemeinderäten, deren Führerschaft oft kirchenfreundlich war, erreichen, daß möglichst viele staatliche Schulen Ordensleuten anvertraut wurden. Gleichzeitig machte man sich eine für Schenkungen und Stiftungen äußerst günstige Rechtsprechung zunutze, um die katholischen Schulen und Kollegien zu vermehren. Diese letzteren übten durch die Bevorzugung von sozial höher gestellten Schülern auf viele Eltern eine große Anziehung aus und trugen wesentlich zu einer Änderung der Mentalität des französischen Bürgertums bei. Zwischen 1850 und 1875 stieg die Zahl der von Ordensleuten unterrichteten Kinder von 953000 auf 2168000, während sich die Zahl der Schüler in den Laienschulen von 2309000 auf nur 2649000 vermehrte.

Der zweifelhafte Charakter dieser Erfolge wurde von A. Latreille deutlich erkannt: „Die Gefälligkeit der Regierung Napoleons III. gegenüber den Kongregationen und ihren Schulen muß als die wichtigste Tatsache der Geschichte des französischen Katholizismus zwischen 1830 und 1880 gewertet werden. Sie gab der Kirche eine wesentliche Befriedigung und Beeinflussungsmöglichkeiten, die ihr seit der Revolution stets verwehrt worden waren. Aber sie trug schon bald, mehr als irgend etwas anderes, dazu bei, das Mißtrauen gegen die Kirche zu nähren." Dieses Mißtrauen wurde vor allem nach 1870 militant, aber auch schon im Zweiten Kaiserreich wurde der Wunsch, den Fortschritt der Kirche zu bremsen, bei all jenen immer lebendiger, die den „klerikalen" — das Wort taucht in dieser Zeit zum ersten Mal auf — Einfluß mit Argwohn beobachteten. Nach einigen Jahren, als der staatliche Unterricht auf Grund der republikanischen Sympathien des staat-

den Pfarreien des Zentrums und 1 Priester auf 4955 in den von einfacheren Menschen besiedelten Pfarreien der Randgebiete traf (vgl. Y. *Daniel,* L'équipement paroissial d'un diocèse urbain, Paris 1802—1956 [Paris 1957]); Lille, wo vor 1870 trotz der Bevölkerungsexplosion nur eine Kirche neu gebaut wurde und seit 1854 in einigen Pfarreien mehr als 4000 Einwohner auf einen Priester kamen (vgl. P. *Pierrard* a. a. O. 372—378).

lichen Lehrkörpers bewußt geopfert worden war, unternahm Minister Rouland seine Reorganisation, um ihn zu einer fähigen Konkurrenz für den Unterricht der Kongregationen auszubauen. Nach 1863 bemühte sich Victor Duruy systematisch trotz wiederholter Proteste des Episkopats und mit wechselndem Erfolg, die Entwicklung des freien katholischen Unterrichts zu hemmen und den öffentlichen Unterricht vom Einfluß der Kirche zu lösen [8]. Diese ministerielle Politik fand Sympathien, wie der Erfolg der 1866 von Jean Macé gegründeten „Ligue française pour l'enseignement public", die 1870 schon 1800 Mitglieder zählte, bewies.

Obwohl im übrigen die Regierung nicht gewillt war, sich von der Kirche aus der öffentlichen Armenpflege verdrängen zu lassen, forderte sie doch die Katholiken nachdrücklich auf, an ihrem sozialen Werk mitzuarbeiten. So entwickelten sich neben Armenhäusern und Hospitälern katholische Einrichtungen aller Art: Wohltätigkeitsvereine und Werke für mittellose Kranke; Gesellschaften gegenseitiger Hilfe, wie sie vor allem im Süden des Landes blühten; Pfarrjugendheime und andere Werke, die sich der jungen Arbeiterschaft widmeten; die Entwicklung dieser letzteren allerdings ging langsamer vor sich (in ganz Frankreich gab es 1866 erst 165 Heime). Initiatoren dieser Werke waren meist religiöse Kongregationen (von denen einige speziell für diese Form des Apostolats gegründet wurden) oder Laien aus dem Landadel oder aus dem vermögenden Bürgertum. Viele dieser Werke waren Zweiggründungen der Société de S. Vincent de Paul, deren legitimistische Orientierung einiger ihrer Führer 1861 eine aufsehenerregende Intervention des Innenministers auslösen sollte, oder auch der Société d'économie charitable. Diese letztere, 1855 neuorganisiert, fand ihren Hauptförderer stets in dem Vicomte Armand de Melun, dessen Name — neben dem auf allen Gebieten der katholischen Bewegung dieser Zeit aktiven Mgr. de Ségur — bis zu seinem Tod im Jahr 1877 mit der französischen Caritasbewegung eng verbunden war.

Neben den caritativen Werken gab es jedoch noch viele andere, die eine starke Aktivität entwickelten, aber leider allzusehr zersplittert waren und nur selten nationales Ausmaß erreichen konnten: apologetische Werke, vor allem gegen die „schlechte Presse", Missionswerke, die sich einer besonderen Blüte erfreuten, Frömmigkeitswerke (ewige Anbetung, nächtliche Anbetung, Priestervereinigungen, Kongregationen der Allerseligsten Jungfrau usw.), die zeigten, daß, jenseits der sozialen Nützlichkeit der Religion, eine Elite des französischen Bürgertums echte christliche Werte wiederentdeckte. Schließlich darf man ein Ereignis im Frankreich des Zweiten Kaiserreichs nicht vergessen: Lourdes wurde in kürzester Zeit „nicht nur

[8] *J. Rohr* a. a. O. 163—175. Obschon vielfach das Gegenteil behauptet wurde, kann Duruy, antiklerikal, aber nicht sektiererisch orientiert, kaum als Vorläufer der Verfechter der „Laienschule" in der Dritten Republik betrachtet werden.

zum meistbesuchten Wallfahrtsort eines Landes, das schon reich an historischen Heiligtümern war, sondern zum Weltzentrum des Gebetes und der aktiven Caritas" (Latreille).

Diese offenbar glänzende Lage wurde vom Sturz des Kaiserreiches im Jahre 1870 kaum beeinflußt. Die Machtergreifung durch die fast durchwegs kirchenfeindlichen und freimaurerischen Republikaner hatte die Katholiken zunächst stark beunruhigt, aber gerade die Exzesse der Kommune führten — genau wie nach 1848 — zu einer Rechtsreaktion, und die „Nationalversammlung", die sich größtenteils aus konservativen Landedelmännern und Großbürgern zusammensetzte, zeigte sich der Kirche gegenüber besonders wohlwollend. Die Regierung des „Ordre Moral", deren Führer in freundschaftlichem Verhältnis zu Mgr. Dupanloup standen, war bestrebt — übrigens zum großen Mißfallen der Zeitung „L'Univers" und ihrer ideologischen Mitstreiter —, den Katholizismus mehr als nützliche soziale Kraft denn als die offizielle Staatsreligion darzustellen, öffnete sich jedoch gleichzeitig bereitwillig dem Wunsch der Kirche nach einer Durchdringung der Institutionen mit christlichem Geist. Sie verband sich diskret mit der Herz-Jesu-Sühnebewegung und verstärkte vor allem — entgegen dem Säkularisierungsideal der Republikaner — den Einfluß des Klerus in der Armee, in der öffentlichen Wohlfahrt und im Unterrichtswesen. Auf diesem letzteren Gebiet gelang es Dupanloup, die Pläne von Jules Simon zu durchkreuzen, die als Vorbereitung zu einer Laisierung des Elementarunterrichts gedacht waren, und er konnte auch den Sieg von 1850 vollständig machen, als er 1875 die Freiheit des höheren Unterrichtswesens erlangte, die sich alsbald durch die Eröffnung mehrerer katholischer Universitäten verwirklichte.

Die Kirche konnte diese — mitunter nur sehr knapp von der ihr wohlgesinnten Nationalversammlung erreichten — gesetzlichen Vorteile um so besser nützen, als ihr Personal auch weiterhin zunahm. Aber es gab auch einen schwarzen Punkt: die Zahl der Seminaristen war, außer in einigen abgeschirmten Gebieten, wie im Süden des Zentralmassivs oder im Jura, im allgemeinen rückläufig. Noch wurde jedoch die Gefahr nicht spürbar, da die Sterblichkeit im Klerus sehr niedrig war und die Zahl der im Dienst befindlichen Priester ständig zunahm. 1876 traf ein Priester auf 654 Seelen, während das Verhältnis 1870 1:730 war. Vor allem die Ordensberufungen nahmen auch weiterhin zu, so daß M. Pouthas die Entwicklung der Kongregationen als Charakteristikum für die Kirche in den Anfängen der Republik betrachtete. 1877 zählte man 30287 männliche und 127753 weibliche Ordensmitglieder, also dreimal mehr als im Jahr 1789. Dadurch konnte Frankreich vor allem das weitaus bedeutendste Kontingent an Missionaren für die Evangelisierung der heidnischen Völker stellen.

Schon allein diese große Zahl der Berufungen, die aus allen Bevölkerungsschichten kamen und also nicht nur dem Verlangen nach sozialem Aufstieg entsprangen, wie auch die anhaltende Weiterentwicklung der Frömmigkeit und vor allem der caritativen Werke, die sich nun allmählich auch regional und sogar national koordinierten, könnte hinlänglich beweisen, daß diese äußerlich mächtige Kirche alles andere als nur Fassade war und daß sie noch über starke Reserven christlicher Kraft verfügte. Aber auch über diese Elite hinaus vollzog sich 1870 im ganzen Land ein echtes religiöses Erwachen; hier betrachtete man vielfach die militärische Niederlage oder die tragischen Konvulsionen der Kommune als göttliches Strafgericht oder zumindest als die logische Folge der Ausbreitung des „sozialistischen Atheismus", den Dupanloup 1866 öffentlich angeklagt hatte, und der Frivolität, in der das Zweite Kaiserreich für ganz Europa beispielgebend war. Dieses religiöse Erwachen fand seinen Niederschlag in einer getreueren Befolgung der Sonntagspflichten und der Gebote der Moral sowie im Aufblühen einer ganzen Volksliteratur der Herz-Jesu-, Marien- und Heiligenverehrung, aber auch, in spektakulärer Form, in großen Glaubens- und Sühnekundgebungen, die vor allem um die Heiligtümer von Lourdes, La Salette und Paray-le-Monial organisiert wurden; dorthin drängten im Namen der „Gallia poenitens et devota" Tausende von Pilgern unter Ägide der dynamischen Kongregation der Assumptionisten. „Durch sie wurde der Katholizismus dieser Jahre populär, ja sogar zur Volksreligion. Sie waren weitblickend, wandten sich an ein breites Publikum, bewegten die Massen und redeten zu ihnen ohne alle Umschweife. Nach 50 Jahren nahmen sie das von den Missionen der Restauration begonnene Werk wieder auf" (R. Rémond). Die äußere Krönung dieser Bewegung bildete der 1874 begonnene Bau der Sacré-Cœur-Basilika auf dem Montmartre, den zahlreiche Vertreter der Amtsgewalt unterstützten.

Ambivalenz der tatsächlichen religiösen Lage

Die im vorhergehenden geschilderte sehr günstige äußere Bilanz darf jedoch nicht über die Wahrheit hinwegtäuschen. Zweifellos stand diesen Erfolgen der etablierten Kirche, die — vor allem auf lokaler Ebene — nur allzuoft klerikale Beherrschungsbestrebungen begünstigten, auch eine religiöse Vertiefung gegenüber, die sich im Aufblühen frommer Bruderschaften, die keineswegs nur hohle Fassaden waren, äußerte; ferner in dem außerordentlichen Aufschwung der Marienfrömmigkeit und des eucharistischen Kultes, in der Zunahme der kontemplativen und missionarischen Berufungen und darüber hinaus in der großen Zahl hervorragender Christen oder sogar Heiliger im Frankreich dieser Zeit. Aber gerade in dem Augenblick, da die Zeitgenossen diese unleugbaren Fortschritte verzeichneten, begannen sich die Vorzeichen der religiösen Krise abzuzeichnen, die dann im letzten Viertel des Jahrhunderts ausbrach. Der anscheinend glänzende Stand der institutionellen Strukturen einerseits und die Ausstrahlung einer kleinen geistigen Elite anderseits hatten nur zu oft die tatsächliche Situation der Volksmassen, die immerhin den wesentlichen Bestandteil der Kirche ausmachten, verschleiert. Über diese Lage können wir uns heute, dank der soziologisch-historischen Untersuchungen, die man seit einigen Jahren auf regionaler Ebene in der von G. Le Bras eingeleiteten Richtung durchführt, eine obschon immer noch unvollständige, aber doch detailliertere Vorstellung machen.

Zunächst ist die geographische Mannigfaltigkeit zu berücksichtigen. Bestimmte Regionen, ein großer Teil des Westens, des Zentralmassivs, der Alpen und des Jura blieben bis zum Ausgang des Jahrhunderts dem Glauben treu verbunden; in ihnen wurde die Religion auch von vielen Männern praktiziert, der Nachwuchs an Priestern, Missionaren und Ordensfrauen war überreich, und die neuen Frömmigkeitsformen fanden auch im Volk starke Verbreitung, vor allem auf dem Lande. Die Volksmassen, die sich immer enger in den Einfluß eines zahlreicher werdenden Klerus und in ein sich verdichtendes Netz katholischer Schulen einfügten, widerstanden dem Druck der zivilen Gesellschaft, die ihre Laisierung anstrebte, relativ gut.

In anderen Gegenden, die schon unter der Julimonarchie im Begriff waren, sich dem Christentum zu entfremden, wurden beachtliche Rückgewinnungsversuche unternommen. Sie standen unter der Leitung aktiver Bischöfe, wie Dupanloup in Orléans, Dupont des Loges in Metz oder Parisis in Arras. Diese Prälaten wurden tatkräftig von speziell für die Predigt in Pfarrmissionen geschulten Ordensleuten unterstützt; dieser intensiven Missionsaktivität während des Zweiten Kaiserreichs hatte man bislang jedoch nicht genügend Beachtung geschenkt. Diese Bemühungen führten, angespornt durch die Administration und die Großnotabeln — zumindest in der Zeit vor 1870 —, in einigen Fällen zu einer beachtlichen Neubelebung der religiösen Praxis. Sie berührten jedoch eigentlich nur das Bürgertum der Kleinstädte und auf dem Lande die abständigen Pfarreien innerhalb gläubiger Gebiete. Andernorts verschärften sich die Unterschiede bei den Geschlechtern: die Frauen lebten, vor allem dank der Entwicklung der Schwesternschulen, ihre Religion ernsthafter, bei den Männern jedoch blieb die sonntägliche und vor allem österliche Praxis trotz einer geringen Besserung sehr schwach[9].

Noch schlimmer war die Lage im Pariser Becken, in den Départements der Charente, im Südosten und in der Provence, wo die religiöse Praxis, die schon vor 1848 sehr schwach war, nun derart absank, daß sie bisweilen unter dem Niveau unserer heutigen Zeit lag, und dies, obwohl man dort Hunderte von Missionen abgehalten hatte. In manchen Pfarreien ging nicht ein

[9] So stieg in der Diözese Orléans der Empfang der Ostersakramente bei den Männern von 3,8% im Jahr 1852 auf 5,8% im Jahr 1868. Die häufige Kommunion wiederum ist bei 28% der Frauen zur Gewohnheit geworden (detailliertere Angaben bei *Ch. Marcilhacy* a. a. O. [II] 239—339).

einziger zu den Ostersakramenten; die religiöse Praxis der Männer war gleich Null; mitunter wurden mehr als die Hälfte aller Ehen nur zivil geschlossen; viele Knaben gingen nicht mehr zur ersten heiligen Kommunion, und bei den Prozessionen kam es zu Zwischenfällen. Mit den Jahren griffen diese Zustände immer mehr auch auf andere Gebiete über.

Im ganzen gesehen, scheint ein bedeutender Teil Frankreichs seit dem Zweiten Kaiserreich trotz der Bemühungen von Welt- und Ordensklerus und trotz der Entstehung religiöser Werke der religiösen Indifferenz verfallen zu sein, einer Indifferenz, die in den meisten Fällen Hand in Hand ging mit einer unerbittlichen Feindschaft gegen die Kirche. Auf dem Lande wurde diese Feindschaft verstärkt durch die Entwicklung der Kommunikationsmittel und durch die daraus resultierende Intensivierung der Kontakte mit der neuen städtischen Zivilisation sowie durch die systematische Beeinflussung durch die kirchenfeindlichen Zeitungen, denen die zu wenig populäre katholische Presse nur schwach entgegenwirken konnte. Sie wurde außerdem geschürt durch die häufigen Konflikte, die in den Dörfern um die Vermehrung der katholischen Schulen und die kostspielige Neuerrichtung von Pfarrhäusern ausbrachen. Häufig trugen auch Herrschsucht und Gewinnsucht mancher Priester sowie die zu rigoristische und negative Art, in der der Klerus die Moral predigte, und dessen vielfach in Erscheinung tretendes Einverständnis mit den legitimistischen Gutsherren[10] zur Feindschaft bei. Dies rief wiederum die Sorge derjenigen hervor, die aus der wirtschaftlichen und sozialen Entwicklung einen Vorteil zogen.

Die Handwerker- und Arbeiterwelt, die zwar noch eine Minderheit bildete, zahlenmäßig jedoch spürbar anwuchs, verharrte oft sehr lange in einem christlichen Atavismus; aber auch ihre Entfremdung von der katholischen Kirche wurde — mit Ausnahme von einigen Gegenden, wie z. B. dem Norden — immer deutlicher[11]. Ihrem ländlichen Milieu entwurzelt, unterlagen die Arbeiter leicht dem Einfluß der Sittenlosigkeit und des Antiklerikalismus der Stadt und vor allem der Großstädte, die sehr schnell anwuchsen[12]. Daneben fühlten sie sich auch vom Klerus vernachlässigt, und dies teilweise sogar mit Recht. Die Gottesdienstzeiten und die kirchlichen Gebräuche waren noch kaum an die Arbeitsbedingungen des Industrieproletariats angepaßt. Das Proletariat wurde dadurch praktisch an den Rand der Kirche gedrängt, und viele Priester ländlicher Abstammung sahen sich schon bald durch die Schwierigkeiten des Apostolats im Arbeitermilieu entmutigt. So

[10] Es muß übrigens festgestellt werden, daß die meisten von Katholiken beeinflußten Regionalzeitungen (es gab etwa 50) legitimistisch orientiert waren.

[11] Ohne daß sie sich jedoch dem Protestantismus als Ersatz zuwandten, der ihnen als „Aristokratenreligion“ mit einer wenig menschenfreundlichen Lehre und zu nüchternen Kultformen erschien. Vgl. *G. Duveau,* Protestantisme et prolétariat en France au milieu du XIXe s.: RHPhR 31 (1951) 417—428.

[12] Vgl. *G. Duveau,* Histoire du peuple français IV (Paris 1953) 72—141.

beschränkte sich, abgesehen von einer kleinen, zumeist weiblichen Minderheit, die religiöse Betätigung dieser Kreise seit dem Zweiten Kaiserreich auf die Hauptereignisse des Lebens, und auch das „Œuvre des cercles", in dem Albert de Mun und Abbé Maignen nach 1870 die Arbeiter zusammenfassen wollten, konnte die eigentlichen Arbeiter gar nicht erreichen und war nur von kurzer Dauer. Ohne Zweifel wurden die Arbeiter durch die Haltung des katholischen Bürgertums in der sozialen Frage, die nicht über den paternalistischen Standpunkt hinausging, zurückgestoßen. Ihr in der Masse noch undeutlich, bei den Militanten jedoch sehr bewußt formulierter Vorwurf gegen die Kirche beschuldigte diese, den sozialen Aufstieg der Arbeiter zu behindern, da Priester und Bischöfe, einer in ihren Augen gottgewollten statischen und hierarchischen Gesellschaftskonzeption verhaftet, die Bemühungen um eine Strukturänderung der Gesellschaft, durch die eine Verbesserung der Lage der Arbeiterschaft herbeigeführt werden sollte, als „antisoziale Lehren" verurteilten und ihren Predigten ausschließlich den Gedanken zugrunde legten, daß die irdische Mühsal in der anderen Welt ihren Ausgleich finden werde. Die klerusfeindlichen Gewalttätigkeiten, die nach dem Sturz des Zweiten Kaiserreichs in Paris, Lyon oder an der Mittelmeerküste zum Ausbruch kamen und in scharfem Kontrast zur nachgiebigen Haltung vieler Arbeiter gegenüber dem Klerus im Jahr 1848 standen, waren bezeichnend für die rasche Entwicklung der Mentalität der Arbeiter. Immer mehr formte sich das Proletariat zu einer eigenen Klasse, die sich soziologisch und psychologisch dem traditionellen katholischen Milieu fremd fühlte und schon bald die Priester als ihren Gegner im Kampf gegen die konservativen Kräfte betrachtete. Nur einige bevorzugte Gegenden, z. B. in Lille oder im Osten, waren von dieser Entwicklung ausgenommen. Dort gelang es starken und weitsichtigen Bemühungen, eine Art zwar kleiner, aber doch lebensfähiger christlicher Arbeiterkreise zu bilden, die dann um die Jahrhundertwende den Großteil der Mitglieder in den ersten christlichen Gewerkschaften stellten.

Wenn auch die Kirche in den breiten Volksmassen, vor allem in den Städten, an Boden verlor, so konnte sie sich wenigstens mit einer verstärkten Rückkehr des Bürgertums trösten. Aber selbst hier war die Lage keineswegs ganz zufriedenstellend. Ein immer größerer Teil des Mittelstandes kehrte — vor allem in jenen Provinzen, in denen das Volk der Kirche treu geblieben war — zu einem echten Christentum zurück, opferte großmütig seine Zeit und sein Geld für katholische Werke und brachte zahlreiche Ordensberufungen hervor. Viele andere jedoch waren nur deshalb zur Kirche zurückgekehrt, weil die Romantik die Kathedralen wieder in Mode gebracht hatte oder weil sie, nach der großen Angst von 1848, im Katholizismus eine starke Macht sozialer Sicherung sahen. Dieses Bürgertum war „mehr klerikal als gläubig", und seine Haltung trug dazu bei, die Kirche in den Augen des Volkes bloßzustellen, zumal seine Moral, von Veuillot in den „Odeurs de

Paris" gebrandmarkt, oft sehr zu wünschen übrigließ. Auf der anderen Seite wurde die Religion, vor allem in der Provinz, zwar allmählich zum äußeren Kennzeichen der Achtbarkeit, aber die freien Berufe blieben größtenteils auch weiterhin kirchenfeindlich. Hier war, besonders in den Kreisen der Linken, die über das Einverständnis der Kirche mit der bonapartistischen Regierung verärgert waren, sogar eine Verstärkung des Antiklerikalismus festzustellen, und der anachronistische Charakter des vom Klerus so erbittert verteidigten Kirchenstaates wie auch die Veröffentlichung des „Syllabus", der als das Manifest der übersteigerten Forderungen traditionalistischer katholischer Kreise hinsichtlich der Gesellschaft erschien, erhöhten das Mißtrauen noch zusätzlich. Noch schwerwiegender jedoch war die Tatsache, daß auch die Intellektuellen — Literaten, Wissenschaftler, Historiker und Philosophen — gewonnen vom Rationalismus und Positivismus, deren Einfluß nun an Stelle der Romantik trat, sich nicht nur der Kirche, sondern auch dem christlichen Glauben und sogar der Religion entfremdeten. Der Erfolg des Buches „La vie de Jésus" von Renan (1863) ist dafür symptomatisch. Aber vor allem der Spiritualismus Jules Simons wirkte sich um 1870 verheerend aus. Etwa um die gleiche Zeit nahm die bislang spiritualistische Freimaurerei jene zutiefst religionsfeindliche Orientierung an, die für sie fortan kennzeichnend werden sollte: die Logen, deren Zahl sich in den Jahren von 1857 bis 1870 von 244 auf 392 vermehrte, wurden zu aktiven Mittelpunkten des laizistischen Ideals, das, ausgehend vom wissenschaftlichen Fortschritt, nun nicht mehr bloß die Gesellschaft vom „klerikalen Joch" lösen, sondern auch den menschlichen Geist von den Fesseln des Dogmas und dem Wahn des Übernatürlichen befreien wollte [13].

Die Verantwortlichen der Kirche in Frankreich begannen zwar nun unruhig zu werden, schienen jedoch die wahre Sachlage nicht zu erfassen und blieben, vor allem nach 1870, in ihren Ansichten weit hinter der Entwicklung ihres Landes zurück. Die meisten glaubten, daß alle Schwierigkeiten gelöst wären, wenn die Behörden die Kirche nur wirksamer unterstützten. Dies war vor allem die Auffassung all jener, die sich an Mgr. Pie oder Louis Veuillot orientierten; im Grunde jedoch sahen auch Mgr. Dupanloup und viele seiner bischöflichen Freunde die Dinge nicht viel anders [14]. Selbst in der übrigens sehr kleinen Gruppe der liberalen Katholiken des „Correspondant", die man oft wegen des Auftretens ihrer Führer für zahlenmäßig stärker hielt und die den illusorischen Charakter der staatlichen Protektion am besten durchschaute, blieb man in Grundsatzerwägungen hängen, ohne konkrete Aktionen einzuleiten, die jenen vergleichbar gewesen wären, die zur gleichen Zeit die deutschen oder auch die belgischen Katholiken

[13] Ein Beispiel: *A. Bouton,* Les luttes ardentes des francs-maçons manceaux pour l'établissement de la République (Le Mans 1966).

[14] Siehe die scharfsinnigen Anmerkungen von *J. Gadille* a. a. O. 81—89.

ins Werk setzten. Im übrigen waren sogar auf der Ebene des Geisteslebens die Mängel des französischen Katholizismus offenkundig. Dieser schien — mit wenigen Ausnahmen — unfähig zu sein, dem Unglauben der Zeit auf seinem eigentlichen Gebiet, dem der Philosophie und der Geschichte der christlichen Ursprünge, zu begegnen. Die apologetische Literatur wie auch die bischöflichen Hirtenbriefe und Predigten blieben zumeist einer vagen und romantischen Phraseologie verhaftet, in der das völlige Fehlen jeglicher Einführung des Klerus in den kritischen Geist und die neuen wissenschaftlichen Methoden zu erkennen ist. Die Notwendigkeit einer solchen Einführung konnten die Bischöfe noch nicht einsehen, und sie befürchteten — mit einigen wenigen Ausnahmen[15] — im Gegenteil, ihre Priester könnten durch den Besuch der Universitäten, die nun nicht mehr der Kirche unterstanden, verdorben werden. Und die bereits eingeleiteten Verhandlungen um die Wiedererrichtung der theologischen Fakultäten konnten wegen des Mißtrauens, das der Heilige Stuhl aus dem Fortbestehen gallikanischer Tendenzen in Frankreich schöpfte, zu keinem Ende gebracht werden. Gratry zwar hatte aus dem Bewußtsein der Notwendigkeit der philosophischen und religiösen Auseinandersetzung zumindest daran gedacht, einer Idee Gestalt zu verleihen, die vor ihm schon Lamennais und Bautain verwirklichen wollten: der Zusammenfassung einiger ausgewählter Priester in einer Art „apologetischer Werkstätte"; aber das Oratorium von Frankreich, das 1852 wieder errichtet worden war, wurde durch mehr praktische Unternehmungen seines Oberen von diesem ursprünglichen Ziel abgelenkt. Erst mit der Gründung katholischer Universitäten, die durch das Gesetz von 1875 ermöglicht wurde, kam es — mit einem halben Jahrhundert Verspätung — zu einem ernsthaften Versuch, die Mängel der Kirche auf intellektueller Ebene zu beheben.

Eine weitere Schwäche der Kirche Frankreichs im Zweiten Kaiserreich waren die zunehmend schärfer werdenden Unstimmigkeiten der Katholiken untereinander auf den verschiedensten Gebieten. Einerseits waren die Gegner einer übermäßigen römischen Zentralisierung, die an den traditionellen Gewohnheiten des alten französischen Klerus festhielten, beunruhigt über die zunehmend aggressivere Haltung der Verfechter des „Neo-Ultramontanismus". Viele von jenen, die einst die ultramontane Aktivität Lamennais' befürwortet hatten, weil sie eine Befreiung der Kirche vom Einfluß des Staates anstrebten, traten nun, da sie eine Entwicklung des Papsttums hin zum despotischen Autoritarismus befürchteten, wieder dem Gallikanismus näher[16]. Anderseits machten sich die liberalen Katholiken, die überzeugt waren, daß die Kirche durch eine offenere Haltung die Achtung der neuen führenden Schichten wiedergewinnen könnte, und die „Katholiken

[15] Mgr. Meignan und Mgr. Lavigerie im besonderen.

[16] Siehe S. 773.

ohne Epitheton“ (im Grunde intransigente Katholiken), die in der Herrschaft der modernen Freiheiten die Ursache für den Rückgang der religiösen Praxis sahen, zwar gegenseitig verantwortlich für die Verschlechterung der Lage, suchten jedoch nicht nach konkreten Möglichkeiten, um Abhilfe zu schaffen. Die liberal orientierten Katholiken schließlich verurteilten zwar gemeinsam den ultramontanen Integralismus, waren jedoch untereinander uneins; denn während die Freunde Mgr. Dupanloups und Montalemberts bei jeder Gelegenheit als unversöhnliche Gegner der Regierung Napoleons III. und Verfechter der weltlichen Macht des Papstes auftraten, antworteten ihnen viele andere Katholiken, daß die Rechte des modernen Menschen, die den archaischen Institutionen des Kirchenstaates noch gänzlich unbekannt waren, in der kaiserlichen Verfassung ausreichend gewährleistet seien[17]. Von diesen internen Streitigkeiten in Anspruch genommen, erkannte die Mehrzahl nicht, daß hier nicht nur die Zukunft des Katholizismus, sondern sogar der Religion auf dem Spiel stand und daß es dringend einer raschen Annäherung auf intellektueller wie auch auf sozialer Ebene bedurfte, wo sich die Verzögerung seit Mgr. Affre noch verschärft hatte.

Auch die Erschütterung von 1870/71 — weit davon entfernt, den Verantwortlichen die Augen zu öffnen — trug zu einer weiteren Vertiefung der Gegensätze bei. Das unruhigste Element des französischen Katholizismus — durch die Niederlage der Minorität beim Vatikanischen Konzil in seiner Autorität noch bestärkt — wollte die Bewegung des religiösen Wiedererwachens mit einer zweifachen Restauration verbinden, von der man das weltliche und geistliche Heil Frankreichs erwartete: die Erhebung des Comte de Chambord auf den Bourbonenthron und die Einsetzung Pius' IX. in seinen wiederhergestellten Kirchenstaat. In einer Atmosphäre providentialistischer Geschichtsinterpretation und eines Illuminismus, der in den Unglücksfällen von heute die Triumphe von morgen zu lesen weiß, erwartete diese Richtung, die beide Positionen vom gleichen Feind bedroht glaubte, fortan das Wunder mit einem Vertrauen, das für viele den politischen Sinn ersetzte.

Die ungeschickte Art jedoch, mit der diese Restauration zwar nicht von den Bischöfen, die vielfach relativ zurückhaltend blieben[18], aber nur zu oft von der Mehrzahl des niederen Klerus und von den militanten Katholiken vorgebracht wurde, brachte die Gemäßigten, die in dem „Roi très chrétien“ einen Vorboten der Theokratie sahen und befürchteten, man könnte Frankreich dazu treiben, „Krieg für den Papst zu führen“, schon bald erneut gegen die Kirche auf. Die Freunde Dupanloups und des Herzogs A. de Broglie erkannten diese Gefahr und distanzierten sich von den anachronistischen Be-

[17] Siehe S. 742f.

[18] Und nicht nur auf der liberal-katholischen Seite. *J. Gadille* a.a.O. hat klar gezeigt, daß z. B. Mgr. Pie ein „weit weniger intransigenter Legitimist war, als ihn sein erster Biograph Baunard darstellte“.

mühungen der Radikalen. Aber ihre Politik der Mitte, die der Mystik dieser Ultras diametral entgegenstand, erregte viele Parteigänger des „politischen Supranaturalismus", die eine solche Politik als Lauheit verurteilten; die Streitigkeiten zwischen liberalen Katholiken und „Katholiken über alles" wurden nun noch erbitterter, als sie es unter dem Kaiserreich waren.

Aber während sich der Klerus auf diese Weise in geräuschvolle und unfruchtbare Streitigkeiten über die ideale politische Regierungsform verstrickte, vernachlässigte er nach wie vor die echten Probleme der Stunde: die Heranbildung engagierter Laien modernen Zuschnitts, die fähig waren, der Kirche in einer Gesellschaft, die in einer zunehmenden Säkularisierung begriffen war, wirksam zu dienen[19]; die Stellungnahme zum materiellen und intellektuellen Fortschritt, den die Kirche zum großen Entsetzen der Bewunderer wissenschaftlicher Entdeckungen, die sich im Laufe dieser Jahre zunehmend vermehrten, zu verachten schien; schließlich und vielleicht vor allem das Problem der sozialen Entwicklung. Wie A. Latreille treffend bemerkte, reagierten die meisten Katholiken und Verantwortlichen der Kirche Frankreichs auf das Aufsteigen des Antiklerikalismus „wie Moralisten und nicht wie Soziologen": sie waren davon überzeugt, daß die antiklerikale Bewegung nicht spontan entstanden, sondern, wie sie glaubten, von einer Art radikaler Intelligenzschicht ersonnen worden sei und nicht den tieferen Neigungen des noch stark seinen religiösen Gewohnheiten verhafteten französischen Volkes entspreche. Diese Überzeugung brachte sie zu dem Schluß, daß diese intellektuelle Krise durch eine Beschränkung der Pressefreiheit einzudämmen sei; sie erkannten jedoch nicht jene enge Verbindung, die sich nach 1870 „in einer Art messianischer Hoffnung auf die egalitäre, brüderliche und laizistische Republik" [20] in zunehmendem Maße zwischen dem militanten, radikalen und antiklerikalen Flügel des republikanischen Bürgertums und den fortschrittlichen Elementen der Arbeiterklasse sowie bisweilen auch der Landbevölkerung bildete. Die Arbeiter dachten in Wirklichkeit nur mit Haß an die grausame Unterdrückung der Kommune zurück, mit der sie auch den soziologisch den konservativen Klassen zugehörigen Klerus in Verbindung brachten. Die Bauern wiederum verdächtigten den Klerus, mit der Restauration der Monarchie auch die Wiedereinführung des Zehnten aus dem Ancien Régime vorzubereiten, und die neuen Schichten des Bürgertums schließlich waren mehr denn je überzeugt von der Unvereinbarkeit der modernen Gesellschaft mit einer Kirche, die seit dem Vatikanischen Konzil mit erneutem Nachdruck den „Syllabus" als ihr Ideal vorstellte. Die antiklerikale Offensive, die sich seit der Machtergreifung der Radikalen (1878) erfolgreich entwickelte, traf also auf einen gut vorbereiteten Boden.

[19] P. d'Alzon war einer der wenigen, die sich schon vor 1870 damit befaßten, aber er kam zu keiner präzisen Formulierung. *Ch. Molette,* L'Association catholique de la Jeunesse Française (Paris 1968) 12.
[20] HistCathFr 391; vgl. 363.

29. Kapitel

Die Länder des Deutschen Bundes und die Schweiz 1848—1870

QUELLEN: Amtl. Tagungsberichte der Generalversammlungen (Katholikentage) 1849 ff, besorgt vom jeweiligen „Vorort"; ColLac V (Provinzialkonzilien und Bischofskonferenzen); Aktenstücke betreffend die Fuldaer Bischofskonferenzen 1867—88 (Köln 1889); *Bergsträsser*, Dokumente I (s. vor Kap. 27); I. v. Döllinger - Lord Acton, Briefwechsel, bearb. von V. *Conzemius*, I 1850—69, II 1869—70 (München 1963, 1965). Auswahl: *Heinen*, Staatliche Macht und Katholizismus I (s. vor Kap. 27).

LITERATUR: *Allgemein: Brück*, Geschichte (s. vor Kap. 7) III², bearb. von *J. B. Kißling* (Münster 1905); *J. B. Kißling*, Geschichte des Kulturkampfes im Deutschen Reich I: Die Vorgeschichte (Freiburg 1911); *Bachem*, Zentrumspartei II (s. vor Kap. 27) 96—410; *Schmidlin PG* II 136—141 162—179 191 ff; *Aubert*, Pie IX (*Fliche-Martin* 21) 132—153 176—179; *Bihlmeyer-Tüchle* III¹⁷ 321 337 403—406 413 f; *Buchheim*, Ultramontanismus und Demokratie (s. vor Kap. 13) 72—219; *Heyer*, Die kath. Kirche von 1648 bis 1870 (s. vor Kap. 13) 94 129 ff 140—144; *Huber*, Verfassungsgeschichte (s. vor Kap. 7) III (Stuttgart 1963) 158 f 174 ff 180 190 f 194—198 200—203 665; *Jedin*, Freiheit und Aufstieg des deutschen Katholizismus (s. vor Kap. 27); *K. H. Grenner*, Wirtschaftsliberalismus und katholisches Denken. Ihre Begegnung und Auseinandersetzung im Deutschland des 19. Jh. (Köln 1967); *R. Lill*, Die deutschen Katholiken und Bismarcks Reichsgründung: Reichsgründung 1870/71, hrsg. von *Th. Schieder - E. Deuerlein* (Stuttgart 1970) 345—365.

Zur *Kirchenpolitik der Einzelstaaten* außerdem: *Preußen: J. Bachem*, Preußen und die katholische Kirche (Köln ⁵1887) 71—85; *B. v. Selchow*, Der Kampf um das Posener Erzbistum 1865 (Marburg 1923); *H. Schrörs*, Die Kölner Erzbischofswahl nach Geissels Tode: AHVNrh 108 (1926) 103—140; *Constabel*, Vorgeschichte des Kulturkampfes; *Conzemius*, Briefe Aulikes an Döllinger (s. Kap. 20, S. 399, Anm. 18).

Österreich: Hussarek, Die Verhandlung des Konkordates (s. vor Kap. 20); *Weinzierl-Fischer*, Konkordate (s. vor Kap. 7) 60—111; *Engel-Janosi*, Österreich und der Vatikan I (s. vor Kap. 20) 61—148; *Leisching*, Bischofskonferenz (s. vor Kap. 27) 150—250.

Bayern: Doeberl - Spindler, Entwicklungsgeschichte Bayerns III (s. vor Kap. 20); die entsprechenden Abschnitte der Werke von *A. Wendehorst*, Das Bistum Würzburg 1803 bis 1957 (Würzburg 1965) und *J. Staber*, Kirchengeschichte des Bistums Regensburg (Regensburg 1966); für die sechziger Jahre auch *Brandmüller*, Publikation des 1. vatikan. Konzils in Bayern.

Staaten der oberrheinischen Kirchenprovinz: Die vor Kap. 7 zitierten Werke von *Longner, Brück, Maas, Lauer, Hagen* (II, Stuttgart 1958), *Reidel* und *Höhler*, außerdem: *L. Golther*, Der Staat und die katholische Kirche im Königreich Württemberg (Stuttgart 1874); *A. Hagen*, Staat und katholische Kirche in Württemberg 1848—62, 2 Bde (Stuttgart 1928); *H. Färber*, Der Liberalismus und die kulturpolitischen Fragen in Baden 1850—70 (Diss. Freiburg 1959); *E. Will*, Die Konvention zwischen dem Heiligen Stuhl und der Krone Baden vom 28. Juni 1859: Baden im 19. und 20. Jh. Verfassungs- und verwaltungsgeschichtliche Studien, hrsg. von *K. S. Bader*, III (1953) 99—188. Vgl. auch die Lit. zum badischen Kulturkampf vor Kap. 40.

Biographien vor Kap. 27 Außerdem: *L. v. Pastor*, Joh. Bapt. Heinrich (Freiburg 1925); *F. X. Zacher*, Heinr. v. Hofstätter, Bischof von Passau 1839—75 (Passau 1940); *J. Nattermann*, A. Kolping als Sozialpädagoge (Köln ³1959); *S. J. Schäffer - J. Dahl*, A. Kolping, (Köln ⁸1961); *O. Pfülf*, Herm. v. Mallinckrodt (Freiburg 1901); *J. Götten*, Chr. Moufang, Theologe und Politiker 1817—90 (Mainz 1969); *O. Pfülf*, Jos. Graf v. Stolberg (Freiburg 1913).

Vereinsbewegung, Politischer Katholizismus, Bischofskonferenzen: Kißling, Katholikentage I (s. vor Kap. 27); *Bachem,* Zentrumspartei II (s. o.); *Buchheim,* Ultramontanismus und Demokratie (s. o.); *ders.,* Der dt. Verbandskatholizismus: *B. Hanssler,* Die Kirche in der Gesellschaft (Paderborn 1961) 30—83; *Lill,* Bischofskonferenzen (s. vor Kap. 27) 56 bis 95; *M. Schmolke,* A. Kolping als Publizist. Ein Beitrag zur Publizistik und Verbandsgeschichte des dt. Katholizismus im 19. Jh. (Münster 1966); *Lucas,* Joseph Edmund Jörg (vgl. Kap. 20, S. 398 Anm. 11).

Kämpfe um *„römische"* und *„deutsche"* Theologie: Lit. in Kap. 37, die Biographien von Döllinger, Heinrich, Ketteler, Moufang, Rauscher, Schwarzenberg; Döllingers Briefwechsel (s. o.); *A. Hagen,* Hefele und das Vatikanische Konzil: ThQ 123 (1942) 223—252; *H. Lang,* Die Versammlung katholischer Gelehrter in München ... 1863: HJ 71 (1952) 246 bis 258; *R. Lill,* Die deutschen Theologieprofessoren vor dem Vatikanum I im Urteil des Münchener Nuntius: Reformata Reformanda, Festgabe für Hubert Jedin II (Münster 1965) 483—508; *B. Schneider,* Der Syllabus Pius' IX. und die deutschen Jesuiten: AHPont 6 (1968) 371—392; *Th. Freudenberger,* Die Universität Würzburg und das erste vatikanische Konzil I (Neustadt/Aisch 1969).

Schweiz: Lit. vor Kap. 7 und 20, außerdem: *C. H. Marmier,* La convention du 23 avril entre l'évêque de Lausanne et Genève et l'État de Fribourg (Fribourg 1925); *V. Conzemius,* Der geistesgeschichtliche Hintergrund des Christkatholizismus ...: ZSKG 60 (1966) 112—159; *ders.,* Katholizismus ohne Rom. Die altkatholische Kirchengemeinschaft (Zürich-Einsiedeln-Köln 1969) 70—81. Vgl. auch unten Anm. 52—57.

Schon 1848/49 war deutlich geworden, daß das partielle Bündnis der Katholiken mit den Liberalen auf schwachem Fundament ruhte. Politischer und weltanschaulicher Liberalismus waren kaum zu trennen. Dieselben Liberalen, welche die auch der Kirche nützlichen allgemeinen Freiheitsrechte erkämpft hatten, plädierten mehrheitlich für Trennung von Kirche und Staat, für Zivilehe und Staatsschule; sie bekämpften damit Positionen, die die Kirche noch für unabdingbar hielt[1]. Der bürgerliche Wirtschaftsliberalismus schädigte zudem die der Kirche eng verbundenen kleinbürgerlichen und bäuerlichen Schichten. Diese Gegensätze und die dadurch geförderte Anlehnung der Katholiken an die römische Kurie und damit an die dort seit 1848 vorherrschende, zum Syllabus führende Reaktion hatten folgenschwere Konsequenzen. Die Führer des deutschen Katholizismus versuchten zwar fortan, die 1848 errungenen Freiheiten zu erhalten und in allen deutschen Staaten durchzusetzen, zugleich aber vollzogen sie die Distanzierung von Liberalismus und Demokratie und die Hinwendung zu patriarchalisch-konservativen Konzeptionen. Das Scheitern der deutschen Revolution wirkte sich dabei insofern aus, als die Kirche wieder mit den noch einmal konsolidierten Einzelstaaten verhandeln und im folgenden Jahrzehnt deren reaktionärer Politik Rechnung tragen mußte.

Nach römischem Vorbild verbreitete sich unter den deutschen Bischöfen und den Führern der Laienbewegung die Überzeugung, daß nur eine monolithische Kirche die große Auseinandersetzung mit dem „Zeitgeist", mit Liberalismus, Rationalismus und Atheismus, bestehen könne. Auch sie ver-

[1] Vgl. Kap. 27, S. 497 498.

suchten daher, gegen das Eindringen neuer Ideen Dämme zu errichten, die zwar viel kirchliche Substanz erhalten konnten, aber auch die von den Gegnern der Kirche zugedachte Isolation gefördert haben. Dem politischen Umschwung zum Liberalismus, der am Ende der fünfziger Jahre in den meisten deutschen Staaten einsetzte, wußte die Kirche nur mit autoritärer Defensive zu begegnen. Die nun vorwiegend durch technische und historische Wissenschaften geprägte geistige Entwicklung Deutschlands ist von den Katholiken nicht mehr mitgeprägt worden[2]; diejenigen, die sich die neue geschichtliche Schau der Welt zu eigen machten, gerieten in Konflikt mit der von Rom geförderten scholastisch-juristischen Konzeption.

Die Führung der katholischen Bewegung ging mehr und mehr an die Kreise in Mainz und München über, die die Abkehr vom Liberalismus am konsequentesten vollzogen und in ihren weitreichenden Organen, Heinrichs und Moufangs „Katholik" und Jörgs „Historisch-politischen Blättern", wirkungsvoll propagierten. Nur die rheinischen Katholiken verblieben in gewisser Nähe zum politischen Liberalismus, sie waren dem fortgeschrittenen Westen Europas verbunden und hatten zudem als Minderheit im preußischen Staat von der Anwendung liberaler Prinzipien Vorteile zu erwarten.

Auch in der weiteste Kreise bewegenden nationalen Frage brach seit den fünfziger Jahren zwischen Liberalen und Katholiken ein unüberbrückbarer Gegensatz aus. Die Mehrheit der Liberalen tendierte mehr und mehr zur kleindeutsch-preußischen Lösung. Von der italienischen, gegen Österreich wie gegen den Kirchenstaat gerichteten Staatsbildung (1859/60), die sie im Namen des gemeinsamen Prinzips vorbehaltlos bejahte, ließ sie sich zu gesteigerter Aktivität anregen[2a]; den katholischen Protesten gegen die Beraubung des Papstes sprach sie jede innere Berechtigung ab. Die Mehrzahl der Katholiken hielt am großdeutschen Reichspatriotismus fest, obwohl eine Einigung unter Österreichs Führung immer unwahrscheinlicher wurde.

In Preußen konnte die Kirche dank der Verfassungen von 1848 und 1850[3] neue Dimensionen gewinnen und Entwicklungen anstoßen, die sich auch in anderen deutschen Staaten ausgewirkt haben. Geissel und Diepenbrock, die bedeutendsten Persönlichkeiten im preußischen Episkopat, wurden 1850 Kardinäle, aber Diepenbrock hat sich nur noch wenige Jahre dem Ausgleich alter und neuer Gegensätze widmen können († 1853). Die Führung lag seitdem vollends bei dem dynamischen Organisator und Kirchenpolitiker Geissel. Er suchte die 1848 gewonnene Rechtsstellung zu wahren und zu vergrößern und das religiöse Leben mit Hilfe der ultramontanen Frömmig-

[2] Die großen Ausnahmen bildeten in der Literatur Adalbert Stifter, in der Musik Anton Bruckner. Erste Information: *L. Nowak:* Große Österreicher XI (1957) 144—153; *H. Cysarz:* ebd. XV (1963) 48—61.

[2a] Vgl. *E. Portner,* Die Einigung Italiens im Urteil liberaler deutscher Zeitgenossen (Bonn 1959). [3] Vgl. Kap. 27, S. 497.

keitsformen zu vertiefen; Seelsorge und neue Aktivität der Laien verstand er zu koordinieren. Er bemühte sich weiterhin um einheitliches Handeln des Episkopats, 1860 konnte er ein Provinzialkonzil halten, an dem die meisten Bischöfe West- und Norddeutschlands teilnahmen. Mit Unterstützung der Bischöfe breitete sich die Vereinsbewegung aus (s. u.); Orden und Kongregationen kehrten zurück, dank ihrem Einsatz konnten Krankenhäuser, Waisenhäuser und Schulen errichtet werden. Sakraments- und Rosenkranzandachten, Wallfahrten und Prozessionen wurden wieder eingeführt, das Dogma von 1854 förderte die Marienverehrung[4]. Ebenfalls mit Hilfe der Orden konnte Geissel die seit der Aufklärung vergessenen Volksmissionen neu beleben[5]. Sie haben in den mittleren und unteren Klassen kirchliches Interesse und religiöses Wissen vertieft. Nach anfänglichem Mißtrauen fanden sie bei manchen staatlichen Behörden Zustimmung, weil die Prediger auch für die konservative Autorität und gegen Revolution, Sozialismus und Demokratie auftraten. Hilfreiche Alternativen wußten jedoch die Missionare den im Proletariat versinkenden Arbeitern nicht zu bieten. Überhaupt haben die sozialen Leistungen Geissels und seiner Helfer sich stets in den Grenzen herkömmlicher Caritas bewegt; erst Ketteler, der zunächst in vielem mit Geissel zusammenging und allmählich in dessen Führerstellung hineinwuchs, hat diese Grenzen überschritten.

Das reaktionäre Ministerium Manteuffel (1850—58) griff auf spezifisch preußische und damit nicht selten antikatholische Staatstraditionen zurück, die weiterhin größtenteils evangelische Bürokratie verhinderte damals wie später die volle Ausführung der verfassungsmäßigen Parität. 1852 ergingen die nach dem Kultusminister v. Raumer benannten Erlasse, welche das Studium im Collegium Germanicum untersagten, eine besondere Aufsicht über ausländische Geistliche und Volksmissionen einführten und letztere auf rein katholische Gebiete zu beschränken suchten. Die Erlasse richteten sich vornehmlich gegen die Jesuiten, von deren Tätigkeit man eine Schmälerung des evangelischen Besitzstandes befürchtete. Geissel und Bischof Müller von Münster widersetzten sich sofort. Daneben formierte sich eine politische Opposition, die noch 1852 im neuen Landtag zur Bildung einer zunächst 62 Abgeordnete umfassenden „Katholischen Fraktion" führte. Unter dem doppelten Druck kam die Regierung entgegen, Raumers Erlasse blieben zwar bestehen, wurden aber in einem für die Katholiken annehmbaren Sinn gemildert. Die bis 1865 von Matthias Aulike geleitete Katholische Abteilung im Kultusministerium bemühte sich fortan erfolgreich um den Ausgleich staatlicher und kirchlicher Interessen, aber durch die Zuspitzung des Gegensatzes zwischen Katholizismus und Liberalismus wie auch der

[4] *G. Müller,* Die Immaculata Conceptio im Urteil der mitteleuropäischen Bischöfe: KuD 14 (1968) 46—70.

[5] *E. Gatz,* Rheinische Volksmission im 19. Jh., dargestellt am Beispiel des Erzbistums Köln ... (Düsseldorf 1963).

konfessionellen Spannungen wurde ihre Tätigkeit in den sechziger Jahren zunehmend erschwert und gehemmt. In die Kölner Erzbischofswahl nach Geissels Tod (1864) suchte die von der liberalen Kapitelsminderheit gegen die ultramontane Mehrheit zu Hilfe gerufene Regierung einzugreifen, aber schließlich akzeptierte sie den der Kurie genehmen Bischof Melchers von Osnabrück[6], auch in Gnesen-Posen konnte Rom seinen Kandidaten, den Grafen Ledóchowski[7], durchsetzen.

Die Führer der Katholischen Fraktion[8] (seit 1858 nach der Sitzverteilung im Parlament „Fraktion des Zentrums"), August und Peter Reichensperger[9] und Hermann v. Mallinckrodt[10], erstrebten die Entwicklung zu einer allgemein politischen Partei. Das Nahziel der Fraktion war die Verteidigung der kirchlichen Freiheit, es war nur folgerichtig, daß sie darüber hinaus für die Aufrechterhaltung der gesamten Verfassung eintrat. Schon 1853 mußte sie daher eine Abspaltung adeliger Abgeordneter hinnehmen, die sich ganz der in München und Mainz propagierten katholisch-konservativen Richtung zuwandten. Die katholische Fraktion unterschied sich durch ihre Kirchenpolitik und ihre großdeutsche Haltung von den Liberalen, durch ihren Konstitutionalismus von den Konservativen. Gemeinsam mit den Liberalen bekämpfte sie die reaktionären Tendenzen der fünfziger Jahre, dabei setzte sie sich auch für die Parität der Juden ein. Gegen die Einführung der Zivilehe und für die Erhaltung der organischen Verbindung von Kirche und Volksschule mußte die Fraktion dagegen seit 1859 gemeinsam mit den Konservativen heftige parlamentarische Kämpfe gegen die Liberalen bestehen. Im großen preußischen Verfassungskonflikt (1862—67) ist die Fraktion, die sich nicht zu einheitlicher Haltung durchringen konnte, zerrieben worden.

[6] Paulus Melchers (1813—95), 1857 Bischof von Osnabrück, 1866 Erzbischof von Köln, als solcher im Kulturkampf Führer des preußischen Episkopats, war 1874 inhaftiert und leitete seine Diözese seit 1875 aus dem Exil. Im Interesse des kirchenpolitischen Friedens resignierte er 1885 und wurde Kurienkardinal. — Biographie von *H. M. Ludwigs* (Köln 1909); *A. Franzen:* LThK² VII 251.

[7] Mieczyslaw Halka Graf v. Ledóchowski (1822—1902), nach Studien in Warschau und Rom in der päpstlichen Diplomatie, 1861 Nuntius in Brüssel, 1866 Erzbischof von Gnesen-Posen, 1875 Kardinal. L. wurde 1874 verhaftet, 1876 aus Preußen ausgewiesen, lebte fortan in Rom und resignierte ebenfalls 1886, seit 1885 war er Sekretär der Breven, seit 1892 Präfekt der Propagandakongregation. — Biographie von *W. Klimkiewicz,* 2 Bde (Krakau 1938/39); *G. Maron:* RGG³ IV 261 f; *B. Stasiewski:* LThK² VI 874.

[8] Grundlegend für die Geschichte der Fraktion und ihrer Auswirkungen auf weitere katholische Parteibildungen (Neugründung der Zentrumspartei 1870) ist die Darstellung *Bachems* (Zentrumspartei II 96—220). Vgl. außerdem *H. Donner,* Die kath. Fraktion in Preußen 1852—58 (Diss. Leipzig 1909); *L. Bergsträsser,* Gesch. der politischen Parteien in Deutschland (München ¹⁰1960) 110 f.

[9] Biographien von *L. v. Pastor* und *F. Schmidt* (vor Kap. 27). Vgl. außerdem *E. Deuerlein:* StL⁶ VI 777 f (Lit.).

[10] Biographie von *O. Pfülf* (vor diesem Kapitel). Vgl. außerdem *E. Deuerlein:* StL⁶ V 519 f (Lit.).

Der Rückgang der Pius-Vereine und die Resignation, die sich vieler Katholiken wegen der politischen Gesamtentwicklung bemächtigte, trugen erheblich zu ihrem Niedergang bei.

In Österreich blieb Kaiser Franz Joseph, der seine Restaurationspolitik im Jahrzehnt nach 1850 Konsequent zum Neo-Absolutismus steigern konnte, auch in den Kirchenfragen auf dem 1849/50 eingeschlagenen Weg[11]. Er leitete Konkordatsverhandlungen ein, die staatlicherseits (!) der inzwischen zum Erzbischof von Wien aufgestiegene Rauscher führte; für die Kurie verhandelte Viale-Prelà. Franz Joseph und sein Unterhändler betrachteten die katholische Kirche als Klammer des Vielvölkerstaates, auch wollten sie Österreich zur politischen Vormacht des Katholizismus erheben; der Kaiser wollte darum das Konkordat für die Gesamtmonarchie[12] um jeden Preis. Die Kurie machte sich das zunutze und bemühte sich erfolgreich, einen Präzedenzfall für ihre Verhandlungen mit anderen Staaten zu schaffen. Am 18. August 1855 wurde das Konkordat unterzeichnet[13], welches nicht nur den Josephinismus liquidierte und berechtigte kirchliche Freiheitsforderungen erfüllte, diese vielmehr aus den ultramontanen Prinzipien ableitete und darüber hinaus ganz vom militant-defensiven Antiliberalismus beider Vertragspartner erfüllt war. In wörtlicher Anlehnung an das bayerische Konkordat von 1817 wurden der katholischen Kirche in der ganzen Monarchie alle Rechte garantiert, die ihr „nach göttlicher Ordnung und den kanonischen Satzungen" zustanden (Art. 1), die dem Konkordat widersprechenden Gesetze wurden widerrufen (Art. 35), alle im Konkordat nicht behandelten Kirchenfragen sollten fortan nur nach der Lehre der Kirche und ihrer vom Heiligen Stuhl autorisierten Ordnung geregelt werden (Art. 34). Der Kaiser versicherte die Kirche und ihre Einrichtungen seines besonderen Schutzes (Art. 16), er behielt sein Nominationsrecht für die Bischofssitze (Art. 19) und die meisten Domkanonikate (Art. 22). Die Nomination der Bischöfe wurde eindeutig als päpstliches Privileg bezeichnet; auch die Freigabe der Korrespondenz mit Rom wurde mit dem auf göttlichem Recht beruhenden Jurisdiktionsprimat des Papstes begründet. Auf das öffentliche Schulwesen behielt die katholische Kirche erheblichen Einfluß: Die schulische Erziehung der Katholiken sollte in allem mit ihrer Lehre übereinstimmen, die Volksschulen für Katholiken wurden ihrer Aufsicht unterstellt (Art. 5, 7, 8). Der Staat sagte die Unterdrückung kirchenfeindlicher Bücher zu (Art. 9), alle Ehesachen wurden der geistlichen Gerichtsbarkeit unterstellt (Art. 10).

[11] Vgl. Kap. 27, S. 500 f.

[12] Gegen die Einwände des ungarischen Episkopats, der unter seinem Primas, Kardinal Scitowsky, für die Erhaltung der kirchenrechtlichen Sonderstellung Ungarns eintrat. *Weinzierl-Fischer,* Konkordate 73 f.

[13] Text: *Weinzierl-Fischer,* Konkordate 250—258. Text des Konkordates samt der zugehörigen Dokumente: *Walter,* Fontes 280—303; *Mercati* I 821—844.

Bei Liberalen und Protestanten, aber auch bei josephinischen Katholiken rief die rechtliche Monopolisierung der katholischen Kirche leidenschaftlichen Widerspruch hervor. Trotzdem glaubten die Kurie und die Mehrzahl der Bischöfe, einen großen Sieg errungen zu haben. Sie erkannten nicht, daß weniger mehr gewesen wäre und daß dieses Konkordat neue und tiefgehende Auseinandersetzungen heraufbeschwören mußte.

Rauscher (1855 Kardinal), der 1856 die Bischöfe der Monarchie in Wien versammelte und den Episkopat fortan autoritär zu leiten verstand, wachte über die strikte Ausführung des Konkordates. Mit seiner Hilfe wollte er den christlichen Charakter aller öffentlichen Institutionen erhalten. Er war überzeugt, dadurch kirchliche wie staatliche Interessen in gleichem Maße zu wahren. Der Kardinal und der gleichgesinnte Kultus- und Unterrichtsminister Graf Thun sahen sich jedoch zunehmenden Schwierigkeiten gegenüber. Mit der Ratifizierung des Konkordates begann auch der Kampf um seine Aufhebung oder Abänderung, der die österreichische Innenpolitik der folgenden fünfzehn Jahre belastet hat. Seitdem Österreich in den sechziger Jahren in die Bahnen liberaler Verfassungspolitik einlenkte (Oktoberdiplom 1860, Februarpatent 1861)[14], sahen seine leitenden Politiker ein, daß das Konkordat den Staat in eine Sackgasse manövriert hatte, aber ihren Bemühungen um Milderung der Ehe- und Schulartikel, die schließlich auch Rauscher partiell unterstützte, setzte die Kurie ebenso kurzsichtigen wie hartnäckigen Widerstand entgegen.

Die innen- und außenpolitische Niederlage der Konservativen im Jahre 1866 verschärfte die Auseinandersetzungen. Der neue Reichskanzler Beust bezeichnete das Konkordat und seine propagandistische Ausnutzung durch die Liberalen Deutschlands und Italiens als eine der Ursachen der österreichischen Niederlage; da er durch eine liberale Politik Österreich zu neuem Ansehen und Einfluß in Deutschland verhelfen wollte, arbeitete er auch in der Kirchenpolitik eng mit der nunmehr liberalen Parlamentsmehrheit zusammen[15]. Im Frühjahr 1868 ergingen die konfessionellen Gesetze, welche Ehe und Schule wieder dem Staat unterstellten und die freie Wahl des Religionsbekenntnisses garantierten. Die wichtigsten Bestimmungen des Konkordates waren damit im liberalen Sinne korrigiert[16].

Während in den beiden Großstaaten die Revolution und ihre Folgewirkungen der Kirche zu freier Rechtsstellung verhalfen, blieb in den übrigen

[14] Durch die in diesem Zusammenhang erlassenen Patente vom 1. 9. 1859 und 8. 4. 1861, die den evangelischen Kirchen Österreichs weitgehende Autonomie gewährten (Texte: *Walter*, Fontes 303—322) trat keine Beruhigung im Streit um das Konkordat ein.

[15] Vgl. *H. Potthoff*, Die deutsche Politik Beusts von seiner Berufung zum österreichischen Außenminister 1866 bis zum Ausbruch des dt.-frz. Krieges 1870/71 (Bonn 1968).

[16] Die Auseinandersetzungen um die Gesetze sind mit den die Kulturkampf-Ära eröffnenden Spannungen der späten sechziger Jahre zu behandeln. Vgl. Kap. 40, S. 727—730.

Staaten des Deutschen Bundes das Staatskirchenrecht bestehen. Der 1848 in Bayern zur Regierung gelangte König Maximilian II.[17] war überzeugter Katholik, empfand sich aber als Hüter von Parität und Toleranz. An den staatlichen Hoheitsrechten wollte er festhalten, dem Ultramontanismus und dessen Exponenten Reisach[18] war er abgeneigt. Er führte eine gemäßigt-liberale Kulturpolitik, zog aber Berater verschiedenster Richtungen heran, darunter auch C. A. v. Abel[19], unter dessen Einfluß das liberal-konservative Ministerium v. d. Pfordten manche Zugeständnisse an die Reaktion machte. Erst nach Pfordtens Rücktritt (1859) wurde in Bayern die Innenpolitik vom Liberalismus bestimmt, mit dem auch König Ludwig II. (seit 1864) sympathisierte.

Erzbischof Reisach versuchte schon bald, die Forderungen der Würzburger Bischofskonferenz in Bayern durchzusetzen. Auf einer ersten bayerischen Bischofskonferenz in Freising (Oktober 1850) wurde eine von Reisach und Windischmann konzipierte Denkschrift verabschiedet, welche die vollständige Verwirklichung des Konkordates und die Aufhebung des Religionsediktes forderte[20]. Entgegen den Warnungen Döllingers, der trotz seiner Spannungen mit Reisach noch Berater der Bischöfe war, erhob die Konferenz außerdem schulpolitische Forderungen, die für einen paritätischen Staat unannehmbar waren, so nach Mitwirkung bei allen Stellenbesetzungen[21].

Über die Freisinger Forderungen kam es zu längeren Auseinandersetzungen. Die Regierung erkannte, daß das alte System sich nicht voll aufrechterhalten ließ, und erstrebte daher einen für sie möglichst günstigen Kompromiß. Die königlichen Entschließungen vom 8. April 1852[22] und vom 9. Oktober 1854 kamen den Bischöfen besonders hinsichtlich der Priesterseminare und der Schulaufsicht entgegen; der zweiten waren weitere, von Reisach mit der Kurie abgestimmte Vorstellungen der Bischöfe vorausgegangen. Als Gegenleistung für ihre Konzessionen erbat die Regierung die Entfernung Reisachs, die Pius IX. nach einigem Zögern bewilligte. Der Erzbischof wurde im Dezember 1855 Kurienkardinal und hat als solcher großen Einfluß auf die deutschen Kirchenangelegenheiten nehmen können, sein Nachfolger in München wurde der Benediktiner Gregor v. Scherr.

Erst 1864 sind die bayerischen Bischöfe erneut zusammengetreten und haben Abwehrmaßnahmen gegen die liberale Kirchen- und Schulpolitik erwogen, auch im katholischen Bayern war die Kirche nicht zuletzt wegen

[17] *H. Rall*, König Max II. von Bayern und die katholische Kirche: HJ 74 (1955) 739—747; *ders.*, Ausblicke auf Weltentwicklung und Religion im Kreise Max' II. und Ludwigs II.: ZBLG 27 (1964) 488—522.

[18] Vgl. Kap. 20, S. 402 f mit Anm. 28. [19] Vgl. Kap. 20, S. 401 ff. [20] Vgl. Kap. 7, S. 165 f.

[21] Entschieden widersprach Döllinger in Freising auch dem gegen die theologischen Fakultäten gerichteten Vorschlag Windischmanns, bischöfliche theologische Lehranstalten zu errichten. Vgl. *Friedrich*, Döllinger III 90—99.

[22] Text: *Walter*, Fontes 233—239. Vgl. AkathKR VIII 403 ff 430 ff.

ihrer undifferenzierten Frontstellung gegen die Ideen der Zeit in weitgehende Isolation geraten. Noch 1864 kam es auch zu einem Konflikt mit der Regierung, welche die Schließung der von Bischof Weis in Speyer eröffneten theologischen Lehranstalt erzwang[22a].

Unter dem Vorsitz des Freiburger Erzbischofs v. Vicari[23] hat auch eine Konferenz der oberrheinischen Bischöfe im März 1851 eine auf den Würzburger Forderungen beruhende Denkschrift an die Regierungen beschlossen, die veröffentlicht wurde und daher als grundsätzlicher Angriff gegen das Staatskirchentum wirkte. Erst zwei Jahre später boten die Regierungen einige Erleichterungen an, die in einer weiteren gemeinsamen Denkschrift der Bischöfe als ungenügend bezeichnet wurden.

Da die Regierungen zunächst nicht nachgaben und zudem die Bischofskonferenz nicht als Partner akzeptierten, mußten die fünf Bischöfe in den folgenden Jahren wieder einzeln verhandeln. In Kurhessen erreichte Bischof Kött von Fulda einen Modus vivendi. In Hessen-Darmstadt erzielte Ketteler, seit 1850 Bischof von Mainz[24], beträchtliche Erfolge. Er begegnete der Regierung Dalwigk mit neuartigem Selbstbewußtsein, unterstützte aber zugleich ihre großdeutsch-konservative Politik und ihren Kampf gegen Liberalismus und Demokratie. So kam im Zeichen der Reaktion ein Bündnis zustande, welches der Bischof und seine Berater, Lennig, Heinrich und Moufang[25], umsichtig in den Dienst der Kirchenfreiheit stellten. Schon 1851 eröffnete Ketteler am Mainzer Seminar eine theologische Studienanstalt und entzog damit der staatlichen Fakultät in Gießen den Boden. Die Regierung begnügte sich mit einem verbalen Protest. 1854 schloß Ketteler mit Dalwigk eine Konvention, die den Interessen beider Seiten Rechnung trug und den

[22a] *L. Stamer*, Der Streit zwischen Staat und Kirche um den Ausbau des Speyrer Priesterseminars 1864: AMrhKG 16 (1964) 249—280.

[23] Vgl. Kap. 20, S. 403 f mit Anm. 33.

[24] Die Mehrheit des Mainzer Domkapitels hatte 1849 den gemäßigt liberalen Gießener Theologieprofessor Leopold Schmid gewählt, der von Lennig und seinen Freunden scharf bekämpft und auf ihr Betreiben von Pius IX. nicht bestätigt wurde. Die hessische Regierung, die jeden Konflikt vermeiden wollte, gab nach; unter dem Druck aus Rom und Darmstadt einigte das Kapitel sich auf eine Dreierliste nichthessischer Geistlicher, in die auf Lennigs Betreiben Ketteler aufgenommen wurde.

[25] Joh. Bapt. Heinrich (1816—91), 1851 Prof. der Dogmatik am neuen Mainzer Priesterseminar, 1855 Domkapitular, 1867 Domdekan, 1869 Generalvikar, 1850—90 mit Moufang Redakteur des „Katholik". — Vgl. außer der Biographie von *Pastor* (vor diesem Kapitel): *H. Lenhart:* AMrhKG 5 (1953) 325—359; *L. Lenhart:* LThK² V 204. — Franz Christoph Moufang (1817—90), 1851 Regens und Prof. für Moral und Pastoral im Mainzer Priesterseminar, seit 1854 auch Domkapitular, nach Kettelers Tod 1877—1886 Bistumsverweser, seit 1863 Abgeordneter der hessischen Kammer. — Vgl. außer der Biographie von *Götten* (vor diesem Kapitel): *K. Forschner:* Hessische Biographien I (1918) 241—247; *L. Lenhart:* Jb. für das Bistum Mainz 5 (1950) 400—441; *ders.:* AMrhKG 19 (1967) 157—191; *G. May:* AMrhKG 22 (1970) 227—236. Über Lennig vgl. Kap. 27, S. 495 mit Anm. 1.

kirchenpolitischen Frieden für mehr als ein Jahrzehnt gesichert hat[26]. An der Kurie, die längst wieder auf der ausschließlichen Konkordatsfähigkeit des Papstes bestand, war man über die Eigenmächtigkeit des Bischofs und über seinen Verzicht auf Maximalforderungen verstimmt; erst nach weiteren Zugeständnissen des Ministeriums erreichte Ketteler, daß die Konvention von Rom toleriert wurde. Dem Rottenburger Bischof Lipp, der gemeinsam mit seinem Generalvikar Oehler ebenfalls 1854 eine ähnliche Übereinkunft mit der Regierung Württembergs ausgehandelt hatte, blieb ein solcher Erfolg versagt; die Kurie bestand auf der Einleitung von Konkordatsverhandlungen, die seit 1856 in Rom geführt wurden.

Sehr viel spannungsreicher verlief die Entwicklung in Baden. Auf Versuche Vicaris, seine bischöflichen Regierungsrechte nunmehr ohne Rücksicht auf staatliche Mitspracheansprüche auszuüben, reagierte die Regierung mit repressiven Maßnahmen, den Erzbischof stellte sie zeitweise unter Hausarrest, die ihm gehorchenden Geistlichen wurden bestraft; Vicari exkommunizierte daraufhin mehrere Mitglieder des Oberkirchenrates. Zur Beilegung des darüber ausgebrochenen Konfliktes, der weiteste publizistische Resonanz fand, ging auch die badische Regierung seit 1854 zu Konkordatsverhandlungen über.

In den Verhandlungen mit den an kirchenpolitischer Beruhigung interessierten Regierungen Württembergs und Badens, denen sich für einige Zeit auch Nassau anschloß[27], konnte der den Heiligen Stuhl vertretende Kardinal Reisach zentrale Forderungen der Kurie nach dem Vorbild des österreichischen Konkordates durchsetzen. Damit wurde aber wieder der Bogen überspannt: Die Konkordate, die mit Württemberg am 8. April 1857[28], mit Baden am 28. Januar 1859[29] zustande kamen, bedurften der parlamentarischen Zustimmung, die in beiden Staaten nicht erreicht wurde. Nach heftigen Polemiken wurde das badische Konkordat im Frühjahr 1860, das württembergische 1861 von der jeweiligen Kammer verworfen.

Beide Staaten nahmen daraufhin gemäß der liberalen Konzeption eine einseitige Regelung der Beziehungen von Staat und Kirche vor. Das badische Gesetz vom 9. Oktober 1860[30] verwirklichte zum ersten Mal in einem deut-

[26] Text: *Walter*, Fontes 359—363. Vgl. *Vigener*, Ketteler 258—261.

[27] Die nassauische Regierung, die seit 1857 wieder mit dem Limburger Bischof Blum verhandelte, erließ am 25. 5. 1861 eine provisorische Regelung der kirchlichen Verhältnisse. Text: *Brück*, Oberrhein. Kirchenprovinz 550. Erst die Annexion des Herzogtums durch Preußen (1866) leitete eine kurze Periode der Kirchenfreiheit ein. — Vgl. *Höhler*, Gesch. des Bistums Limburg (s. vor Kap. 7), passim.

[28] Text des württembergischen Konkordates und der amtlichen Beilagen: *Walter*, Fontes 363—376; *Mercati* I 853—875.

[29] Text des badischen Konkordates und der amtlichen Beilagen: *Walter*, Fontes 376—404; *Mercati* I 880—920.

[30] Text (mit den zugehörigen, ebenfalls am 9. 10. 1860 erlassenen Gesetzen): *Walter*, Fontes 405—410; *Friedberg*, Staat und katholische Kirche in Baden (s. vor Kap. 40) 237 bis 240; *Stadelhofer*, Abbau der Kulturkampfgesetzgebung in Baden (ebd.) 392 ff.

schen Staat die kirchenpolitischen Zielvorstellungen des Liberalismus; die Kompromißformeln der Frankfurter Reichsverfassung[31], an denen man sich orientierte, wurden dabei zu Ungunsten der Kirche korrigiert. Den Kirchen wurde die Stellung öffentlicher Korporationen und die selbständige Ordnung ihrer Angelegenheiten garantiert (§§ 1, 7), aber sie blieben außerhalb der somit zugestandenen und durch die weiteren Paragraphen des Gesetzes sehr restriktiv umschriebenen Autonomiesphäre den staatlichen Gesetzen unterworfen; kirchliche Vorschriften, die „bürgerliche oder staatsbürgerliche Verhältnisse" betrafen, bedurften staatlicher Genehmigung (§§ 13, 15). Als Voraussetzung für die Zulassung zu Kirchenämtern wurde der Nachweis einer „allgemeinen wissenschaftlichen Vorbildung" gefordert; die Regierung konnte gegen Bewerber, die ihr „in bürgerlicher oder politischer Beziehung" nicht genehm waren, Einspruch erheben (§ 9). Für das Kirchenvermögen wurde gemeinsame Verwaltung durch Staat und Kirche bestimmt (§ 10), die Niederlassung von Orden unterlag staatlicher Genehmigung (§ 11). Das gesamte öffentliche Schulwesen wurde dem Staat unterstellt (§ 6), aber die Ermächtigung zur Errichtung kirchlicher Schulen gewährt (§ 12). Das württembergische Kirchengesetz, welches am 30. Januar 1862 erging[32], beruhte auf denselben Grundsätzen, kam dabei aber in einigen Punkten der Kirche weiter entgegen.

Nicht wenige der Bestimmungen dieser Gesetze waren ambivalent; alles kam darauf an, in welchem Geiste sie angewendet wurden. In Württemberg wurden dank der Konzilianz König Wilhelms und der Regierung wie dank der maßvollen, von Eiferern im Klerus manchmal mißverstandenen Haltung des Bischofs Lipp († 1868) und seines Nachfolgers Hefele[33] Kämpfe vermieden. In Baden bemühte sich das für das Kirchengesetz verantwortliche Ministerium Lamey (1860—66) ebenfalls um Ausgleich, aber das nachfolgende Ministerium Jolly (1866—76) hat sich des Gesetzes bedient, um den ersten Grundsatzkonflikt zwischen liberaler Staatsmacht und katholischer Kirche in Deutschland einzuleiten[34].

Zwischen 1850 und 1870 haben siebzehn Katholikentage das auf den ersten Generalversammlungen[35] Begonnene fortgesetzt. Sie dienten der Zusammenfassung und Selbstdarstellung der katholischen Kräfte, der Koordination von Seelsorge, Vereinsbewegung und Presse; in zuvor unbekanntem Maße wurden Laien an kirchlichen Aufgaben beteiligt.

Auf den Katholikentagen sind die meisten Vereine gegründet worden, so schon 1848 in Mainz auf Anregung von A. Reichensperger der Vinzenz-

[31] Vgl. Kap. 27, S. 496 f.
[32] Text: *Golther*, Staat und Kirche in Württemberg 541—547.
[33] Vgl. unten S. 548, außerdem Kap. 40, S. 735.
[34] Vgl. Kap. 40, S. 732 f. [35] Vgl. Kap. 27, S. 497 f.

verein und 1849 auf Betreiben Döllingers in Regensburg der Bonifatiusverein. Der Vinzenzverein widmete sich der Caritas[36]; der Bonifatiusverein, dessen erster Präsident Graf Josef Stolberg (1804—59), der Sohn des bekannten Konvertiten[37], wurde, unterstützte die Gemeinden der Diaspora[38]. Aktive Unterstützung erfuhren auch die Gesellenvereine. Ihr Gründer, Adolf Kolping (1813—65), ein praxisbezogener Volkserzieher, konnte sie nach 1848 zu einer über ganz Deutschland und auch in der Schweiz verbreiteten Organisation für junge Handwerker ausbauen. Nach Abschluß ihrer Ausbildung traten die Gesellen oft den Arbeitervereinen bei, die seit den fünfziger Jahren aufkamen. Kolpings Sorge um Handwerker und gelernte Arbeiter charakterisiert den mittelständischen Ansatz der katholischen Sozialbewegung, der auch in der zeitgenössischen katholischen Presse und Apologetik, so bei Alban Stolz (1803—83), begegnet. Man suchte die alte Gesellschaftsordnung verbessernd zu bewahren und bekämpfte Liberalismus, Kapitalismus und Sozialismus, wußte aber keine Lösungen für die neuartigen Probleme der Industriegesellschaft und des Proletariats. Als erster hat Ketteler sich ihrer seit den sechziger Jahren energisch angenommen und klar ausgesprochen, daß ihnen mit herkömmlicher Caritas nicht beizukommen war[39]. Er forderte staatliche Sozialpolitik und deren Unterstützung durch die Kirche[40] und verwies zugleich die Kirche auf neue Aufgaben, so den Aufbau einer eigenen Arbeiterseelsorge und diözesaner Arbeitervereine unter direkter Leitung des jeweiligen Bischofs sowie sozial-pastorale Unterrichtung der Theologiestudenten. 1869 gelang es Ketteler, den gesamten deutschen Episkopat mit der Arbeiterfrage zu konfrontieren, aber noch nicht, ihn zu Beschlüssen im Sinne seiner Vorschläge zu bewegen. Die Sorge der Bischöfe galt vorzüglich den seit der Konzilsankündigung aufgetretenen Problemen und Kontroversen, das Elend der Arbeiter mußte hinter dem Streit um die päpstliche Unfehlbarkeit zurücktreten.

Zu den vielen anderen Anregungen der Katholikentage gehörten die Kunstvereine, die allzu einseitig-retrospektiv an Nazarenertum und Neugotik festhielten, sowie der zuerst 1852 erörterte Plan einer katholischen Akademie,

[36] *H. Bolzau*, Vinzenzverein und Vinzenzgeist (Köln 1933); *H. Auer*, 100 Jahre Vinzenzverein in Deutschland: Vinzenz-Blätter 33 (1950) 40—54.

[37] Vgl. Kap. 13, S. 263 f.

[38] In heiliger Sendung. 100 Jahre Diaspora-Arbeit, hrsg. vom Generalvorstand des Bonifatiusvereins (Paderborn 1949); Handbuch des Bonifatiusvereins (Paderborn 1953).

[39] Vor allem durch sein Buch „Die Arbeiterfrage und das Christentum" (Mainz 1864, [4]1890), durch zahlreiche Predigten und in seinem Referat über die „Fürsorge der Kirche für die Fabrikarbeiter" auf der Fuldaer Bischofskonferenz (September 1869). *Vigener*, Ketteler 435—470 552—561 u. ö.; *Lenhart*, Ketteler I 92—118 u. ö.; *Lill*, Bischofskonferenzen 91 f.

[40] Wichtige Anregungen in diese Richtung hatte der Kölner Religionslehrer Christian Hermann Vosen (1815—71), ein Mitarbeiter Kolpings, auf dem Frankfurter Katholikentag (1863) gegeben.

der erst 1876 durch die Gründung der Görres-Gesellschaft[41] partiell verwirklicht werden konnte. In denselben Zusammenhang gehört das auf den Versammlungen der sechziger Jahre mehrmals beratene und von den Bischöfen sehr geförderte Projekt einer katholischen Universität. Es war eine verständliche Reaktion auf die Zurücksetzung der Katholiken an den Universitäten außerhalb Österreichs und Bayerns, konnte aber schon wegen des Widerstandes der Regierungen nicht realisiert werden.

An der 1849 beschlossenen tagespolitischen Zurückhaltung haben die Katholikentage festgehalten, aber im Bemühen um möglichste Breitenwirkung der kirchlichen Erneuerung haben sie zu Grundsatzfragen des staatlichen Lebens Stellung genommen. Durch ihren Einsatz für die Erhaltung kirchlicher Positionen und gegen die fortschreitende Säkularisierung sind dabei Katholikentage und Vereine gegenüber dem Liberalismus und dessen Verbündeten aus dem evangelischen Lager mehr und mehr in die Defensive geraten.

Die eingangs erwähnten Kontroversen in der nationalen Frage und um den Kirchenstaat verschärften die Gegensätze. Gerade die Katholikentage haben sich zum Großdeutschtum bekannt, wie es Döllinger 1850 in Linz[42] erneut formulierte. In der Österreich einschließenden Gesamtnation bildeten die Katholiken die Mehrheit und konnten als solche ihre von einzelstaatlichen Regierungen beschnittenen Rechte am ehesten durchsetzen; entgegen liberaler Polemik war die katholische Kirche vielen Traditionen der Nation eng verbunden und sollte daher an ihrer Einigung aktiv mitwirken. Die dabei nur konsequente Forderung Döllingers nach nationalkirchlichem Zusammenschluß stieß freilich wieder auf Reserve, die sich mit der fortschreitenden Integration des deutschen Verbandskatholizismus in den Ultramontanismus zu entschiedenem Widerstand steigerte.

Die Verbindung ultramontaner Kirchlichkeit und großdeutsch-nationaler Zielsetzung vermochte sich nicht durchzusetzen, weil die nichtkatholische Mehrheit im außerösterreichischen Deutschland sich für die kleindeutsche Lösung und das Bündnis mit dem Liberalismus entschied. Der „Deutsche Nationalverein" (seit 1859) orientierte sich ideologisch und organisatorisch am italienischen Risorgimento. Bei den Katholiken griff Resignation um sich, viele Pius-Vereine lösten sich auf. Der Kölner Katholikentag (1858) verlagerte die Schwerpunkte der Bewegung in den sozial-caritativen Bereich, Moufangs „Großdeutsche Partei" (1862) blieb Episode.

[41] *H. Finke,* Gründung, Entwicklung und Erfolge der Görres-Gesellschaft: Jahresberichte der Görres-Gesellschaft 1937 (Köln 1938) 68—73; *A. Allgeier,* Geschichtl. Rückblick: ebd. 1—62; *W. Spael,* Die Görres-Gesellschaft 1876—1941 (Paderborn 1957). Vgl. auch *J. Spörl:* StL[6] III 1007 ff.

[42] Fünf der Katholikentage zwischen 1850 und 1870 fanden in österreichischen Städten statt.

In dieser Lage kam dem Einsatz für den bedrohten Kirchenstaat, zu dem sich erstmals der Münchener Katholikentag (1861) programmatisch bekannte, auch integrierende Bedeutung zu. Vor allem ließen Führer und Mitglieder der Bewegung sich freilich von der besonderen Solidaritätsverpflichtung gegenüber dem Papst leiten, die auf dem ultramontanen Kirchenbegriff beruhte; durch die Tätigkeit der Michaelsbruderschaft (seit 1860) und die Abgabe des Peterspfennigs, durch Wallfahrten und Kundgebungen wurde dem Papst fortan erhebliche materielle und moralische Hilfe geleistet. In gefährlicher Vereinfachung, die nur auf dem Hintergrund der liberalen Angriffe gegen Papsttum und Kirche verständlich wird, machte man die Freiheit der Kirche von der des Papstes und diese vom Fortbestand des Kirchenstaates abhängig. Über dem tatsächlichen Unrecht, das dem Papst geschah, wurde übersehen, daß der römische Priesterstaat den politischen und Rechtsprinzipien des Jahrhunderts widersprach. Der Einsatz für seinen Fortbestand, dem die Liberalen jede innere Berechtigung absprachen, mußte weitere Isolation einbringen und von drängenden Tegesproblemen ablenken. Differenzierende Stellungnahmen wie die Döllingers, der die Notwendigkeit des Kirchenstaates in Zweifel zog, wurden zurückgewiesen oder abgetan[43]; sie nährten nur das Mißtrauen gegen die intellektuelle Minderheit, die der zunehmenden Romanisierung des deutschen Katholizismus widersprach. Der Aachener Katholikentag (1862) verstärkte die Aktivität. Er regte auch die „Kasinobewegung" an; sie führte die Katholiken der oberen und mittleren Schichten in geselligen Vereinen zusammen, die darüber hinaus vielerorts Stützpunkte der noch in den sechziger Jahren gegen die liberale Vorherrschaft aufstehenden katholischen Wahlbewegung wurden.

Kennzeichnend für den geistigen Standort der katholischen Bewegung war ihre Reaktion auf den Syllabus (1864)[44]. Die allzu summarische, in manchen Punkten unberechtigte, in anderen nicht hinreichend begründete Verurteilung des weltanschaulichen wie des politischen Liberalismus wurde vorbehaltlos begrüßt, obwohl eine maßvolle, der geistigen Situation Deutschlands Rechnung tragende Interpretation vonnöten gewesen wäre. Neue Kämpfe wurden darüber unvermeidlich, denn das vatikanische Dokument rief bei Liberalen und Protestanten eine ungeheure Erregung hervor, die nur durch das Unfehlbarkeitsdogma übertroffen werden sollte. Obwohl der Syllabus keine neuen Aussagen machte, mußte er wegen seines Autoritätsanspruches und der Schärfe seiner Formulierungen als Kampfansage an den modernen Staat und die moderne Wissenschaft aufgefaßt werden.

Die politischen Entscheidungen des Jahres 1866 haben die Gegensätze weiter vertieft. Die von Preußen herbeigeführte Zerschlagung des Deutschen Bundes und der Ausschluß Österreichs zerstörten die politischen Hoffnungen

[43] Vgl. die Kontroversen um Döllingers Münchener Odeons-Vorträge (1860): *Friedrich*, Döllinger III 233—269; *Conzemius*, Briefwechsel Döllinger-Acton I?
[44] Vgl. Kap. 41 S. 752 ff.

der Katholiken und wurden von ihnen zunächst mehr als revolutionärer Abbruch legitimer Traditionen denn als Vorstufe einer neuen Form nationaler Einheit empfunden. Die Zerstörung der österreichischen Vormachtstellung in Deutschland und Italien war auch eine Niederlage des Katholizismus. Im neuen Norddeutschen Bund waren die Katholiken nur mehr eine Minderheit; der italienische Nationalstaat bedurfte zu seiner Vollendung nur noch des Restes des Kirchenstaates, dessen Untergang damit eine Frage der Zeit wurde. Die deutsche Zäsur wurde dadurch verschärft, daß liberale und evangelische Publizisten die Wende als Sieg des Protestantismus feierten; dabei wurde in kurzsichtiger Vereinfachung Preußen als Garant des Fortschritts gerühmt, das österreichische Kaisertum als Relikt des Mittelalters abgetan[45].

1867 fand der Katholikentag in Innsbruck statt, er hat sich noch einmal zum Großdeutschtum bekannt und am Beispiel Tirols die von den Liberalen bestrittene Synthese von Deutschtum und Katholizismus beschworen. Bald griff aber die Einsicht um sich, daß wirksame Vertretung katholischer Interessen die Anerkennung der neuen Realitäten voraussetzte und daß die nationale Einigung nur mehr in der von Preußen angestrebten Form zu verwirklichen war. Als erster und am wirkungsvollsten hat Ketteler für die Integration der Katholiken in den Norddeutschen Bund plädiert[46], von den Politikern sekundierte ihm zunächst nur Peter Reichensperger[47]. Diese Integration ist in den folgenden Jahren weiter fortgeschritten, als es die Polemik der siebziger Jahre gegen die katholischen „Reichsfeinde" vermuten ließ. Sie wurde dadurch erleichtert, daß Preußen einstweilen an seiner kirchenfreundlichen Politik festhielt. Bismarck hat zunächst noch um die Katholiken geworben und ihretwegen Italien, Preußens Verbündetem im Krieg gegen Österreich, jede Unterstützung gegen den Kirchenstaat versagt. Bismarcks Politik im Jahre 1866 hatte aber auch sein Bündnis mit den Nationalliberalen begründet, welches im folgenden Jahrzehnt die preußisch-deutsche Innenpolitik entscheidend beeinflußte und in kulturkämpferische Bahnen lenkte.

Die politische Umgestaltung und die Ankündigung des Vatikanischen Konzils ließen im deutschen Episkopat den Wunsch nach engerem Zusammenhalt und zunächst den Plan einer gemeinsamen Konferenz nach dem Vorbild des Jahres 1848 aufkommen. Der realistische Plan stieß nur in Rom

[45] Vgl. u. a. *J. C. Bluntschli,* Denkwürdiges, veröff. von *R. Seyerlen,* III (Nördlingen 1884) 145; *F. Gregorovius,* Römische Tagebücher 1852—74 (Stuttgart 1892), Eintragungen 8., 14. Juli 1866; *H. v. Treitschke,* Aufsätze, Reden und Briefe, hrsg. von *K. M. Schiller,* III (Meersburg 1929) 311 312—330 331—339 360 f. S. auch *K. G. Faber,* Die nationalpolitische Publizistik Deutschlands von 1866 bis 1871, II (Düsseldorf 1963) Nr. 581, 583, 591 f., 596 f., 599, 603, 608, 610, 612, 615 ff.

[46] Im aufsehenerregenden Buch „Deutschland nach dem Kriege von 1866" (Mainz 1867).

[47] August Reichensperger zog sich zunächst aus der aktiven Politik zurück; Mallinckrodt und Windthorst nahmen in Landtag und Reichstag eine gegenüber Preußen sehr distanzierte, gleichwohl loyal zur Verfassung stehende Haltung ein.

auf ernste Bedenken, die der Wiener Kardinal Rauscher mit Mühe besänftigen konnte; der Zentralismus Pius' IX. wollte den Bischöfen keine Initiativen und Kompetenzen zugestehen, die über die Grenzen eines Staates hinausgingen. Im September 1867 versammelten sich die Bischöfe aus dem Norddeutschen Bund und den Staaten Süddeutschlands in Fulda; wichtigstes Ergebnis ihrer Beratungen war die Institutionalisierung der Bischofskonferenz, die fortan alle zwei Jahre stattfinden sollte[48].

Schon die von Döllinger inspirierte, von Rom ebenfalls mit ängstlichem Mißtrauen verfolgte Versammlung der katholischen Gelehrten Deutschlands (1863) hatte keine Verständigung zwischen historischer und neuscholastischer Theologie erbracht, Syllabus und Konzilsankündigung verschärften die Gegensätze. Die von Rom nachdrücklich geförderte Monopolisierung der Neuscholastik verfochten vor allem die Mainzer, neben Heinrich und Moufang Paul Haffner (1829—99, seit 1886 Bischof von Mainz); in der Scholastik erblickten sie die beste ideologische Basis für die von ihnen betriebene antiliberale Konzentration. Im selben Sinne wirkten der seinen Mitstreitern an spekulativer Begabung weit überlegene Kölner Seminarprofessor Matthias Josef Scheeben (1835—83) und die Würzburger Professoren Joseph Hergenröther (1824—90, 1879 Präfekt des Vatikanischen Archivs und Kardinal) und Franz Hettinger (1819—90). Großen Einfluß übten die Schriften des in Rom lehrenden deutschen Jesuiten Joseph Kleutgen (1811—83) aus, auch die den Jesuiten anvertraute Innsbrucker theologische Fakultät vermittelte die römische Neuscholastik.

Die große Mehrzahl der deutschen Theologieprofessoren, darunter nicht wenige, die wie Döllinger bis in die fünfziger Jahre gemeinsam mit den Mainzern für die Kirchenfreiheit gekämpft hatten, widerstand jedoch der romanisierenden Uniformierung mit theologischen, historischen, ökumenischen und kirchenpolitischen Argumenten[49]. Vom extremen Ultramontanismus, den die Kurie Pius' IX. der Kirche auferlegte, fürchteten sie die Zerstörung legitimer kirchlicher Strukturen und Traditionen sowie eine ebenso unnötige wie gefährliche Zuspitzung des Konfliktes mit den liberalen Kräften. Im Gegensatz zu den an einer idealisierten Vergangenheit ausgerichteten Neuscholastikern suchten sie den Dialog mit den übrigen Wissenschaften und darüber die Versöhnung mit der modernen Bildungswelt überhaupt. Neben Döllinger sind vor allem zu nennen zwei Tübinger, der Dogmatiker Johannes E. Kuhn (1806—87) und der Historiker Karl Joseph v. Hefele (1809 bis 1893, seit 1869 Bischof von Rottenburg) sowie der Münchener Abt Daniel Bonifaz v. Haneberg (1816—76, seit 1872 Bischof von Speyer). Sehr polemisch traten Friedrich Michelis (1815—86) und Döllingers Schüler

[48] Die ebenfalls eingeladenen österreichischen Bischöfe hatten nicht nach Fulda kommen können, weil innenpolitische Auseinandersetzungen, darunter der sich zuspitzende Konkordatsstreit, ihre Anwesenheit im eigenen Lande erforderte.

[49] Vgl. Kap. 37, S. 685 f.

Johannes Friedrich (1836—1917) auf. Neben den französischen Neogallikanern um Bischof Maret galten die deutschen Theologieprofessoren als gefährlichste Gegner der kurialen Tendenzen. Von ihren Gegnern, die die katholischen Massen hinter sich hatten, wurden sie bekämpft, diffamiert und weitgehend isoliert. So beschuldigte der Münchener Nuntius sie öfter der Auflehnung gegen die Autorität und der Hinneigung zum Protestantismus.

In der Schweiz haben die Liberalen den eindeutigen Sieg, den sie 1846/48 den Katholiken aufgezwungen hatten[50], fortan konsequent ausgenutzt. Ihre auf weitere Einengung der Kirche zielende Politik wurde von den Liberalen anderer Länder als vorbildlich empfunden und hat in den Kulturkämpfen der sechziger und siebziger Jahre vielerorts Nachahmung gefunden, zuerst im benachbarten Baden[51]. Auch nach 1848 wurden nicht wenige Klöster und kirchliche Schulen geschlossen, die Lehrprogramme der verbleibenden Schulen und die Verwaltung des Kirchenvermögens kantonaler Kontrolle unterstellt, die Geistlichen zur Eidesleistung auf die Gesetze verpflichtet; einige Kantone unterdrückten den Religionsunterricht. Immerhin ermöglichte die Garantie der Kultfreiheit in der Bundesverfassung Kirchen- und Gemeindegründungen in den protestantischen Kantonen, denen Spenden ausländischer Katholiken zu Hilfe kamen.

Einen ersten mehrjährigen Konflikt von grundsätzlicher Tragweite mußte Bischof Marilley von Lausanne-Genf bestehen. Die Regierungen der fünf Kantone Bern, Freiburg, Genf, Neuenburg und Waadt, über die sein Bistum sich erstreckte, schlossen noch 1848 ein Konkordat, in dem sie die Kirchenfragen einseitig und entgegen den kirchlichen Prinzipien regelten. Die Regierungen beanspruchten darin die Nomination des Bischofs, das Plazet und die Anpassung der kirchlichen an die staatlichen Gesetze; den Kandidaten für geistliche Ämter wurde ein Examen vor kantonalen Beamten vorgeschrieben. Auf die Proteste Marilleys, der den Geistlichen den Eid auf die Gesetze verbot, antworteten die Regierungen zunächst mit seiner Verhaftung, dann mit seiner Ausweisung. Die große Mehrzahl der Geistlichen und Laien hielt weiterhin zu ihrem Bischof, unter dem Druck der öffentlichen Meinung leiteten die Regierungen 1852 Verhandlungen mit dem Vatikan ein, die 1856 zu einem Modus vivendi führten. In Freiburg konnte darüber hinaus zwei Jahre später eine Verständigung über das Kirchenvermögen erzielt werden.

Zustimmung hatte das radikale Vorgehen der Regierungen unter den Katholiken nur bei einer Minderheit gefunden, die Wessenbergs Reformanliegen in demokratischem Sinne fortentwickelt hatte und weiterhin im Bündnis mit den Regierungen verwirklichen zu können glaubte. Gruppen mit solcher Zielsetzung haben in den meisten Kantonen der Schweiz fortbestanden und sind großenteils in die zum Altkatholizismus führende Protestbe-

[50] Vgl. Kap. 20, S. 407 f. [51] Vgl. Kap. 40, S. 732 ff.

wegung gegen das Unfehlbarkeitsdogma eingemündet. Auch die in der Kirche verbliebenen Antiultramontanen gerieten in weitgehende Isolation, Männer des Ausgleichs wie der Luzerner Politiker Anton Philipp v. Segesser[52] konnten sich zwischen den verhärteten Fronten nicht durchsetzen. Die Liberalen behaupteten zwar, nicht die Kirche als solche, sondern nur Hierarchismus und Ultramontanismus zu bekämpfen, aber gerade diesen Tendenzen haben ihre Maßnahmen weiteren Auftrieb gegeben.

Möglichst enger Anschluß an Rom galt weiterhin als sicherste Garantie für Fortbestand und Entwicklung des kirchlichen Lebens, ultramontane Aktivisten wie Gaspard Mermillod (1824—92)[53] behaupteten das Feld. Mermillod wirkte in Genf, wo die Zahl der Katholiken durch die Einwanderung aus Savoyen erheblich zunahm. Da die Bundesverfassung die Errichtung neuer Bistümer verbot, ernannte Pius IX. den von ihm sehr geschätzten Mermillod 1864 zum Weihbischof des Bischofs Marilley für Genf; der Papst gab sich anscheinend ganz unrealistischen Hoffnungen auf eine „Bekehrung" der Stadt Calvins hin.

Der auf der Kirche lastende Druck verstärkte den Zwang zur Organisation, die vielfach nach deutschem Vorbild durchgeführt wurde. Seit den fünfziger Jahren verbreiteten sich Pius-Vereine und caritative Organisationen, letztere unter der Führung des Kapuziners Theodosius Florentini[54], des Gründers der Menzinger und der Ingenbohler Schwesternkongregation.

Die vorwiegend ländliche Struktur der katholischen Kantone, die den Kampf mit den städtischen Liberalen mit zusätzlichen sozialen Spannungen belastete, ließ wenig intellektuelle Aktivität aufkommen. Ausstrahlende Zentren waren Freiburg und die Abtei Einsiedeln unter Abt Heinrich Schmid. Durch eigenständige wissenschaftliche Leistungen taten sich hervor der gelehrte, der deutschen Theologie verbundene Bischof Karl Johann Greith von St. Gallen[55], der Pädagoge und Historiker Gall Morel, ein Einsiedelner Benediktiner[56], und der Politiker und Journalist Graf Theodor v. Scherer-Boccard[57].

[52] *E. F. J. Müller-Büchi:* ZSKG 56 (1962) 185—200 301—331, 60 (1966) 76—102 275—304 368—398, 64 (1970) 328—369; *Conzemius*, Katholizismus ohne Rom 72 f.

[53] Mermillod, der nach seiner Ernennung zum Apostol. Vikar von Genf (1873) vom Bundesrat ausgewiesen wurde (vgl. Kap. 40, S. 737), ist 1883 Bischof von Lausanne-Genf, 1890 Kurienkardinal geworden. Mit extremem Einsatz für die papalistische Kirchendoktrin (vgl. *Aubert*, Pie IX 303) verband M. große sozialpolitische Aktivität.
Biographien von *L. Jeantet* (Paris 1906) und *Ch. Comte* (Paris 1924); *C. Massard*, L'œuvre sociale du Card. M. (Löwen 1914); *A. Hamman:* LThK² VII 310.

[54] *P. V. Gadient*, Der Caritasapostel Th. Florentini (Luzern ²1946); *A. v. Wolfenschießen*, Die industriellen Unternehmungen von P. Th. Florentini (Diss. Rom 1956); *B. v. Mehr:* LThK² IV 170.

[55] *J. Oesch*, K. J. Greith (St. Gallen 1909); *J. B. Villiger:* LThK² IV 1220.

[56] *B. Kuehne*, P. Gall Morel (Einsiedeln 1875); *R. Henggeler:* LThK² VII 628.

[57] *J. G. Mayer*, Graf Th. v. Scherer-Boccard (Fribourg 1900).

30. Kapitel

Der Aufstieg des Katholizismus in der angelsächsischen Welt

Großbritannien und Irland (nach 1848)

LITERATUR: *P. F. Moran* (ed.), The Pastoral Letters and other Writings of Cardinal Cullen, 3 Bde (Dublin 1882); *E. S. Purcell,* Life of Cardinal Manning, 2 Bde (London 1896); *S. Leslie,* Henry Edward Manning (London 1921); *C. Butler,* The Life and Times of Bishop Ullathorne, 2 Bde (London 1926); *P. J. Walsh,* William J. Walsh, Archbishop of Dublin (Dublin 1928); *D. Gwynn,* A Hundred Years of Catholic Emancipation (London 1929); *C. Butler,* The Vatican Council, 2 Bde (London 1930); *J. E. Handley,* The Irish in Modern Scotland (Cork 1947); *G. A. Beck* (ed.), The English Catholics 1850—1950 (London 1950); *P. MacSuibhne,* Paul Cullen and his Contemporaries, 3 Bde (Naas 1961/65); *V. A. McClelland,* Cardinal Manning (London 1962); *E. R. Norman,* The Catholic Church and Ireland in the Age of Rebellion 1859—73 (London 1965); *J. H. Whyte - P. J. Corish,* Political Problems 1850/78 (Dublin 1967). Vgl. auch die Lit. zu Kap. 21.

England

1840 hatte man die Zahl der Apostolischen Vikare von vier auf acht erhöht, aber die Lösung der Probleme der katholischen Kirche in England und vor allem der Schwierigkeiten, die sich aus der steigenden Zahl irischer Einwanderer in die Industriestädte ergaben, war, wie sich im darauffolgenden Jahrzehnt zeigte, nur durch die Einrichtung eines Diözesanepiskopats möglich. Nach der Erhebung Pius' IX. auf den Stuhl Petri wurden 1847 und dann noch einmal 1848 Vertreter der Apostolischen Vikare in Rom vorstellig, um auf eine umgehende Abhilfe in ihrem Sinne zu drängen. Aber die römische Revolution und das Exil des Papstes in Gaeta verzögerten die Entscheidung bis 1850. In der Zwischenzeit war die kirchliche Organisation in England durch den Zustrom mittelloser Iren nach der großen Hungersnot von 1847 einer noch stärkeren Belastung ausgesetzt.

Ein päpstliches Breve vom 29. September 1850 richtete in England und Wales eine katholische Hierarchie mit dem Metropolitansitz in Westminster und 12 Suffraganbischöfen ein. Wiseman wurde zum Erzbischof ernannt und erhielt am 3. Oktober die Kardinalswürde. Am 7. Oktober, kurz vor seiner Abreise aus Rom nach England, richtete er einen Hirtenbrief an die englischen Katholiken, in dem er — von Natur aus überschwenglich und optimistisch — seine Freude darüber uneingeschränkt zum Ausdruck brachte, „daß das katholische England nun wieder in seine Umlaufbahn am kirchlichen Firmament gebracht worden sei". In England jedoch bestärkte dieser Text viele Katholiken in ihrer Überzeugung, daß Wiseman im Grunde die englische Situation und das Wesen der Engländer nicht verstehe. Die Nachricht von der Wiederherstellung der Hierarchie war im ganzen mit wohlwollendem Interesse aufgenommen worden, das jedoch durch Wisemans Hirtenbrief in Verärgerung umschlug. Die Presse reagierte mit einem Ausbruch von Bigotterie, und es kam zu Straßendemonstrationen gegen die „papal aggression" in England, wie sie z. B. in Wisemans Anspruch, „die Grafschaften Middlesex, Hertford und Essex als deren Bischof zu regieren", zum Ausdruck komme. Man hatte zwar bei der Auswahl der 12 Suffragansitze die Namen der anglikanischen Diözesen taktvoll vermieden, aber die Wahl Westminsters zum Erzbischofssitz erregte besondere Entrüstung, obgleich Westminster keine anglikanische Diözese war, die Abtei jedoch als Nationalheiligtum gilt.

Wiseman besänftigte den Sturm, den er ungewollt entfacht hatte, durch seinen geschickten und wirkungsvollen „Appeal to the reason and good feeling of the English people", den er am 20. November nach seiner Rückkehr nach England veröffentlichte. Obwohl am 1. August 1851 ein Ecclesiastical Titles Bill zum Gesetz erhoben wurde, die all jenen, die Titel von nicht vorhandenen Bischofssitzen im Vereinigten Königreich annahmen, eine Geldbuße von 100 Pfund auferlegte, bestand man nicht auf deren Anwendung, und 20 Jahre später wurde sie stillschweigend wieder aufgehoben.

Es kam auch jetzt noch zu Konversionen, jedoch nur in geringer Zahl. Die meistbeachtete war jene von Henry Edward Manning, der einer Gruppe angehörte, die 1851 wegen des „Gorham-Urteils" aus der anglikanischen Kirche austrat; dabei handelte es sich um eine Entscheidung eines Staatsrats-Komitees, durch die dieses einen anglikanischen Bischof überstimmte, der sich geweigert hatte, dem Rev. J. C. Gorham, dessen Glaube an die Wirksamkeit der Taufe angezweifelt wurde, seine Bestallung zu gewähren. Die vordringliche Sorge der Hierarchie galt jedoch nicht der Bekehrung Englands, sondern vielmehr dem Aufbau eines Pfarrsystems sowie dem Bau von Kirchen und Schulen für die Massen der katholischen Armen in den Industriegebieten. Mehr als die Hälfte der Katholiken lebte in Lancashire (Diözesen Liverpool und Salford), dessen Bevölkerung durch den starken Zustrom nach Liverpool in den Jahren nach 1847 stark zugenommen hatte. Der Rest war in London (Diözesen Westminster und Southwark) und den Industriegebieten der Midlands (hauptsächlich Diözese Birmingham) konzentriert. Im übrigen England waren die Katholiken in so geringer Zahl und so verstreut, daß es schwierig war, überhaupt eine Diözesanorganisation aufzubauen.

Großes wurde jedoch auf den drei unter Wisemans Episkopat in den Jahren 1852[1], 1855 und 1859 abgehaltenen Provinzialsynoden geleistet. Die

[1] Auf dieser Synode hielt Newman eine seiner bedeutendsten Predigten: The Second Spring. Sie zeigte, daß auch seine Vorstellungskraft durch die Hoffnung auf eine Bekehrung Englands angefeuert worden war, obschon er temperamentsmäßig sehr viel zurückhaltender war als Wiseman.

Pfarrmissionen erhielten einen endgültigen Status, und man widmete sich dem Problem, für sie Priester zu gewinnen. Einige Priester kamen selbstverständlich aus Irland. Daneben führte Wiseman seine Politik, Ordensleute für die Pfarrmissionen einzusetzen, fort. Dies wiederum führte zu gewissen Schwierigkeiten, da die Interessen der exemten Ordensleute sich nicht immer mit jenen der Bischöfe deckten. Der Kardinal selbst gründete eine Diözesankongregation, die Oblaten vom heiligen Karl, und berief Manning als deren Superior. Weitere Probleme ergaben sich, weil sowohl Wiseman als auch Manning die Errichtung einer Anzahl von Seminaren mit streng tridentinischen Grundsätzen begünstigte, während es bis jetzt englische Tradition war, Priesterkandidaten und Anwärter für die Laienberufe gemeinsam auszubilden. Diese Tradition trug schließlich, nach einer beunruhigenden Periode der Unsicherheit und des Wechsels in den Methoden, den Sieg davon.

Wisemans Gesundheitszustand war in den letzten Jahren seines Lebens sehr schlecht, und so gab man ihm 1855 George Errington aus Plymouth als Koadjutor bei. Die Charaktere der beiden waren jedoch zu gegensätzlich, so daß Wiseman immer mehr von Manning abhängig wurde. Als Wiseman am 15. Februar 1865 starb, ernannte Papst Pius IX. persönlich — unter Umgehung der ausdrücklichen Entscheidung des Kapitels für Errington — Manning zu seinem Nachfolger.

Manning, ein Mann mit eisernem Willen und fester Entschlossenheit, blieb 27 Jahre lang Erzbischof. Er war fast unmittelbar nach seiner Konversion zum Priester geweiht worden und hatte dann drei Jahre in Rom verbracht. Hier entwickelte er extrem ultramontane Ansichten, wurde aber dennoch zu einer nationalen Figur im viktorianischen England. Sein soziales Bewußtsein und seine Sorge um die Armen sind vielleicht der hervorstechendste Zug seiner Tätigkeit. Diese Tendenz war schon vor seiner Konversion deutlich geworden und erreichte ihren Höhepunkt in seiner erfolgreichen Vermittlung beim großen Londoner Dockarbeiterstreik von 1889. Insbesondere war sein Leben erfüllt vom Kampf um einen angemessenen Teil der öffentlichen Gelder für die katholischen Grundschulen, vor allem, als nach der Education Bill von 1870 Staatsschulen eröffnet wurden. Auch seine ehrliche Sympathie für Irland wirkte sich günstig auf seine Seelsorge aus, da 80 Prozent der englischen Katholiken irischer Abstammung waren.

Manning hatte einen sicheren Blick für die intellektuellen Probleme seiner Zeit, aber auch ein tiefes Mißtrauen gegenüber deren Wirkung auf den katholischen Glauben. Er war — obschon darin von fast allen Bischöfen unterstützt — verantwortlich für das absolute Verbot für die Katholiken, in Oxford oder Cambridge zu studieren. 1874 gründete er in Kensington eine katholische Universität, die sich jedoch als Fehlschlag erwies und 1882 geschlossen wurde. Drei Jahre nach seinem Tod, im Jahr 1895, wurde das

Verbot für die Katholiken, die staatlichen Universitäten zu besuchen, aufgehoben.

Über die Universitätsfrage kam es schon früh zu Gegensätzen zwischen Manning und Newman. Diese waren aber nur ein Teil weitergreifender Spannungen, nicht gerade auf persönlicher Ebene, aber zwischen den sogenannten „alten Katholiken" und den „Konvertiten". Der „evangelische" Zug in Newman harmonisierte in vielem mit dem traditionellen englischen Katholizismus; Newman und die „Old Catholic"-Gruppe blieben sich wesensmäßig verwandt und beargwöhnten den begeisterten Ultramontanismus, den Manning mit vielen anderen Konvertiten teilte. Obschon diese Gruppierung um 1880 zum Verschwinden kam, bestanden die persönlichen Animositäten zwischen Manning und Newman weiter.

Nach seiner Konversion hatte Newman in Rom Theologie studiert. Hier war ihm seine geistige Nähe zum Oratorium des heiligen Philipp Neri zum Bewußtsein gekommen, und er gründete nach seiner Rückkehr das erste englische Oratorium in Birmingham. Der Entwicklung desselben standen viele Hindernisse entgegen. Auf Grund der Spannungen zwischen ihm und Frederick William Faber entwickelten sich die Oratorien in Birmingham und London unabhängig voneinander und in gewissem Maße sogar in Feindseligkeit. 1852 nahm Newman die Einladung des Erzbischofs Cullen an, nach Dublin als Rektor der dortigen Universität zu kommen. Dieser Plan hatte jedoch nur sehr begrenzten Erfolg, und 1858 legte Newman schließlich sein Amt nieder[2]. Er hinterließ jedoch ein bleibendes Denkmal an sein Rektorat in der Reihe von Vorträgen, die im Mai 1852 in Dublin abgehalten und unter dem Titel „The Idea of a University" veröffentlicht wurden.

Nach England zurückgekehrt, gründete er im Mai 1859 die Oratoriums-Schule und leistete damit eine beachtenswerte Ergänzung zur benediktinischen und jesuitischen Erziehungstradition[3]. Im gleichen Jahr ersuchte ihn sein Bischof, Ullathorne von Birmingham, um die Übernahme der Herausgeberschaft des „Rambler", einer Zeitschrift, die 1848 von John Moore Capes gegründet worden war. Richard Simpson war 1854 ihr Herausgeber und John Acton[4] 1858 Teilhaber geworden. Der Grund für Newmans Ernennung war die kirchliche Verdächtigung des „Rambler", aber sein eigener

[2] Nähere Einzelheiten siehe S. 559 f.

[3] Ein weiteres wichtiges Datum in der Entwicklung der höheren Schulbildung für Knaben ist das Jahr 1855, in dem die Salesianer in London das Clapham College, das erste seiner Art für die Mittelschicht, eröffneten.

[4] John Emmerich Edward Dalberg Acton (1834—1902) war einer der hervorragendsten Schüler Döllingers in München. Als Liberaler in der Politik und Verfechter der Religionsfreiheit stellte er sich tatkräftig gegen den Ultramontanismus. Anders als Döllinger, brach er nach dem Ersten Vatikanischen Konzil nicht mit der Kirche, sondern zog sich in ein ausschließlich akademisches Leben zurück. Er gründete 1886 die „English Historical Review". 1895 wurde er zum Regius Professor für moderne Geschichte in Cambridge ernannt. In seinen letzten Jahren plante er die Cambridge Modern History (veröffentlicht

Beitrag zur Julinummer 1859[5] wurde in Rom denunziert, und George Talbot, der englische Gewährsmann des Papstes, bezeichnete Newman als „den gefährlichsten Mann in England". In den nächsten fünf Jahren wurde er verdächtigt, geringschätzig behandelt und war ein Mann ohne Einfluß. Seine frühere Position wurde wiederhergestellt durch die Veröffentlichung der „Apologia pro vita sua". Diese erschien zwischen April und Juni 1864 in monatlichen Fortsetzungen als Erwiderung auf eine Beschuldigung von Rev. Charles Kingsley, der behauptete, Newman und der katholische Klerus im allgemeinen betrachteten die „Wahrheit um ihrer selbst willen" nicht als Tugend.

Der Kern dieser Erwiderung trägt den Titel: „A history of my religious opinions", und die darin sich zeigende Ehrlichkeit Newmans war eine sehr wirksame Verteidigung seiner persönlichen Ehre. 1864 konnte er kaum einen ähnlichen Erfolg erhoffen, als er die Meinung widerlegen wollte, die katholischen Theologen dürften nur mit starken Einschränkungen arbeiten. Zwei Jahre später, 1866, bot Ullathorne ihm eine Kirche in Oxford an; dieser Vorschlag wurde jedoch durch Manning, Ward, Talbot und andere blockiert, die Newman für nicht genügend orthodox hielten. Im darauffolgenden Jahr verbot die Propagandakongregation den Katholiken endgültig den Besuch der Universitäten.

1870 veröffentlichte Newman „A Grammar of Assent". Zwanzig Jahre lang hatte er daran gearbeitet, und dies ist vielleicht sein einziges Werk, das nicht für einen unmittelbaren Anlaß geschrieben, sondern die Frucht langer Reflexion war[6]. Sein Problem waren die Grundlagen der Gewißheit und, spezieller, die Gründe des Glaubens: Wie kann man etwas glauben, das man nicht verstehen oder nicht absolut beweisen kann? Sein Zugang, um so interessanter, als er unabhängig von der scholastischen Tradition geschieht, ist im wesentlichen eine psychologische Analyse des „moralischen Beweises, eine Sammlung von Wahrscheinlichkeiten"[7], deren keine in sich schlüssig ist, die jedoch im ganzen durch das von Newman als „illative sense" bezeichnete Urteils- und Folgerungsvermögen des Verstandes einen Glaubensakt bewirken können.

Ebenfalls im Jahr 1870 kam es hinsichtlich der Definition der päpstlichen Unfehlbarkeit zu einem Anwachsen der Spannungen zwischen Newman und Manning. Newman hatte keinerlei Schwierigkeiten mit der Lehre als solcher — sie war sogar in einem sehr realen Sinn das Motiv seiner Kon-

1901/11). Siehe vor allem *U. Noack*, Katholizität und Geistesfreiheit nach den Schriften von J. Dalberg-Acton (Frankfurt 1936); *G. E. Fasnacht*, Acton's Political Philosophy (London 1952).

[5] Später getrennt veröffentlicht als On Consulting the Faithful in Matters of Doctrine.

[6] Siehe *H. Tristram* (ed.), John Henry Newman, Autobiographical Writings (London 1956) 273.

[7] Grammar of Assent 217.

version gewesen —, aber er war der Meinung, daß eine formelle Definition Feindseligkeit außerhalb und Unbehagen innerhalb der Kirche hervorrufen würde, vor allem wenn sie in der extremen Form, die zu befürchten er Grund hatte, ausgesprochen würde. Die Annahme der Lehre, wie sie im Konzil definiert wurde, bereitete ihm keine Schwierigkeiten.

1877 kehrte er nach mehr als 30 Jahren wieder nach Oxford zurück, um die erste überhaupt vom Trinity College verliehene Ehren-Fellowship entgegenzunehmen. Zwei Jahre später erhob Leo XIII. ihn zur Kardinalswürde mit dem ungewöhnlichen Privileg, daß er, obschon er nur Priester war, in Birmingham residieren durfte. Hier verbrachte er die letzten elf Jahre seines Lebens im Frieden. Er starb am 11. August 1890. Seine Grabinschrift hatte er sich selbst verfaßt: „ex umbris et imaginibus in veritatem".

Schottland

Die Zahl der Katholiken in Schottland war durch die irische Zuwanderung in die Industriegebiete und vor allem nach Glasgow, das 1851 18 Prozent der Gesamtbevölkerung als Iren verzeichnete, ebenfalls spürbar angewachsen. Die meisten Einwanderer nach Schottland kamen aus der Provinz Ulster und brachten die dort herrschenden Spannungen zwischen Katholiken und Protestanten mit. Daneben stießen sie auch auf die Feindschaft der schottischen Presbyterianer und vermochten nicht, sich den einheimischen Katholiken anzupassen. Seit den Tagen O'Connells waren die irischen Katholiken in Glasgow sehr nationalistisch. Viele ihrer Priester kamen aus Irland, und es herrschte ein Zwiespalt zwischen den irischen und schottischen Priestern. 1851 gründeten die Iren in Glasgow eine Zeitung, die „Free Press", deren unaufhörliche Polemik gegen Dr. Murdoch, den Apostolischen Vikar, zweifellos dessen Tod (15.12.1865) beschleunigte. Sein Nachfolger wurde John Gray, sein früherer Koadjutor. Rom schlug vor, Gray solle sich selbst einen Koadjutor wählen, und gab zu verstehen, daß ein irischer Priester angemessen sei. Gray jedoch war dazu nicht bereit und wurde darin unterstützt von den anderen Apostolischen Vikaren, die im Falle einer irischen Ernennung eine allgemeine Belastung der Situation der Kirche von Schottland befürchteten.

Auf Drängen des Erzbischofs Cullen von Dublin wurde schließlich der Rektor des irischen Kollegs in Paris, James Lynch CM, zu Grays Koadjutor ernannt. Bedauerlicherweise, wahrscheinlich jedoch zwangsläufig wurde dadurch die Spaltung in Glasgow verschärft, da der irische Klerus Lynch, die Schotten jedoch Gray anhingen. 1867 wurde Erzbischof Manning von Westminster zum Visitator ernannt[8]. Er schlug vor, Gray und Lynch zu ver-

[8] *V. A. McClelland,* The Irish Clergy and Archbishop Manning's Apostolic Visitation of the Western District of Scotland 1867: CHR 53 (1967) 1—27 229—250; A Hierarchy for Scotland 1868—78: ebd. 56 (1970) 474—500.

setzen, und vertrat die Auffassung, daß die schottischen Probleme nur durch die Errichtung einer Diözesanhierarchie gelöst werden könnten. Dies erschien der Regierung jedoch noch als verfrüht, und sie teilte Manning und Rom ihre diesbezüglichen Vorbehalte mit.

Rom zögerte daher mit dem Aufbau einer Diözesanhierarchie in Schottland. Außerdem erwies sich die Wahl des Metropolitansitzes als schwierig. Zwei Drittel der 350 000 Katholiken Schottlands lebten in oder um Glasgow. Die nächste größere Konzentrierung lag in Edinburgh, der Hauptstadt; St. Andrews, der Sitz des mittelalterlichen Erzbistums, war eine kleine Stadt mit sehr wenig Katholiken. Als schließlich am 4. März 1878 die Hierarchie eingerichtet wurde, versuchte man, allen diesen Interessen Rechnung zu tragen. Der Metropolitansitz wurde in St. Andrews und Edinburgh mit 4 Suffraganbistümern errichtet, während Glasgow als Erzbistum ohne Suffragansitze unmittelbar dem Heiligen Stuhl unterstellt wurde.

Irland

Es ist allgemeine Auffassung, daß die große Hungersnot von 1847 ein entscheidender Wendepunkt in der modernen Geschichte Irlands war: Beginn einer starken Auswanderung, die den Lebensstandard in Irland möglicherweise etwas hob, aber immer noch ein großes Landproletariat zurückließ, das wenig Hoffnung auf Besserung hatte, solange nicht jene Gesetze, die den Landbesitz betrafen, wesentlich verbessert wurden. Trotz vieler Entwicklungen, die auf Fortschritte hinzuweisen scheinen, wie z. B. der Bau neuer Kirchen und die Vermehrung der kirchlichen Institutionen, ließ die Auswanderung nach der Hungersnot die irischen Katholiken ohne jedes Selbstvertrauen und ständigen ökonomischen und politischen Erschütterungen ausgeliefert zurück.

Die Katholiken machten fast 80 Prozent der Gesamtbevölkerung aus. Die Mehrzahl der Protestanten war in Ulster konzentriert, in weiten Gebieten des Südens und Westens war die Bevölkerung durchwegs katholisch. Die protestantische Übermacht gab ihr Quasimonopol auf Reichtum und politische Macht nur sehr langsam auf. 1873 erklärte ein sehr wichtiger Urteilsspruch, daß die päpstliche Jurisdiktion in Irland nach einem unwiderrufenen Statut aus dem 16. Jh. noch immer illegal war, obschon in der Praxis die Zivilkammern Entscheidungen der kirchlichen Jurisdiktion respektierten, da man deren Anerkennung durch die Katholiken voraussetzte.

Unter dem Penal Code und in den Tagen O'Connells waren enge Bindungen zwischen dem katholischen Klerus und der Laienschaft entstanden, die dann im 19. Jh. durch die Tatsache, daß die große Mehrheit des Pfarrklerus in Irland, zumeist in Maynooth, seine Ausbildung erhalten hatte, noch weiter verstärkt wurden. Nur eine kleine Minderheit besuchte die wenigen, nach der Französischen Revolution wieder eröffneten Seminare auf dem Kontinent.

1849 wurde Paul Cullen, der Rektor des Irischen Kollegs in Rom, zum Erzbischof von Armagh ernannt. 1852 nach Dublin versetzt, ist er seit 1866 der erste irische Kardinal und beherrscht die irische Hierarchie bis zu seinem Tod im Jahr 1878. Er war ausgestattet mit den Vollmachten eines Apostolischen Delegaten, so daß er eine Nationalsynode (Thurles 1850) einberufen konnte, auf der die Kirchendisziplin und die kirchliche Praxis dem allgemeinen kanonischen Recht und den gängigen ultramontanistischen Tendenzen angeglichen, eine synodale Verurteilung der geplanten Queen's Colleges durchgesetzt[9] und die politische Aktivität des irischen Klerus unterbunden werden sollten.

Versuche, Bestimmungen über diesen letzten Punkt zu erzwingen, waren nur teilweise erfolgreich und führten unter anderem zur völligen Entfremdung zwischen Cullen und dem einflußreichen Erzbischof MacHale von Tuam. Nach 1860 entwickelte sich die revolutionäre Bewegung der „Fenians", die nach Cullens Überzeugung für die Kirche in Irland die gleiche Bedrohung darstellten wie die Revolutionäre auf dem Kontinent und vor allem in Italien. Darin jedoch irrte Cullen, denn wenn die Fenians auch nicht bereit waren, wie bislang die klerikale Führung in der irischen Politik anzuerkennen, so waren sie doch nicht ungläubig.

Cullen wurde in seiner Opposition gegen die Fenians von den Bischöfen unterstützt, aber die Kleriker zögerten in einigen Fällen, ihm Hilfestellung zu leisten, da sie die Enttäuschungen und britenfeindlichen Gefühle des Volkes teilten. Es war jedoch für sie nicht leicht, gerade zur Zeit des Syllabus eine theologische Rechtfertigung der Rebellion zu finden, und so enthielten sie sich, mit einigen Ausnahmen, einer offenen Unterstützung der Revolutionsbewegung. Nach einer erfolglosen Erhebung im Jahr 1867 wurden viele Fenier eingekerkert; der Klerus legte sich nun weniger Zurückhaltung auf und schloß sich den öffentlichen Sympathiekundgebungen für die Gefangenen an. Um dieser Bedrohung zu begegnen, setzte Cullen 1870 eine formelle römische Verurteilung der Fenianbewegung durch.

1869 berichtete Odo Russell, der inoffizielle britische Vertreter in Rom, Kardinal Antonelli habe ihm mitgeteilt, „daß der Zustand in Irland ihn mit Abscheu und Schmerz erfülle und ihm der irische Charakter unverständlich sei"[10]. Fünf Jahre vorher hatte sich Cullen dazu durchgerungen, ein vorsichtiges Eingreifen in die Politik zu akzeptieren, und hatte sich trotz seiner römischen Erziehung und Vorgeschichte als eben jener Typ des „liberalen Katholiken" erwiesen, den zu verstehen Antonelli schwerfallen mochte.

[9] Siehe Kap. 21 S. 413 f.

[10] Odo Russell an den Earl of Clarendon, Rom 5. 5. 1869: abgedruckt bei *N. Blakiston*, The Roman Question (London 1962) 363.

Cullen war schließlich bereit, mit der liberalen Partei, die sich nun unter Gladstones Führung in England formierte, zusammenzuarbeiten, obwohl diese dem ultramontanen Papsttum feindlich gegenüberstand.

Englische Liberale und irische Katholiken waren sich einig, daß die protestantische Kirche in Irland entstaatlicht werden sollte. Auf beiden Seiten forderte man eine Verteilung ihres Besitzes auf alle Kirchen in Irland. Cullen bestand aber darauf, daß keine Kirche staatlich subventioniert werde, sondern jede vor dem Gesetz eine auf freiem Entscheid beruhende Gemeinschaft sein sollte, so wie es die katholische Kirche seit der Reformation war, und dieses Prinzip wurde im Irish Church Act vom Jahre 1869 akzeptiert.

Cullens Verbindung mit den englischen Liberalen blieb mehr im Bereich gemeinsamer Interessen als dem gemeinsamer Grundsätze, und seine Unterstützung für „eine freie Kirche im freien Staat" entsprang in erster Linie seinem irischen Denken und nicht irgendwelchen Grundsätzen des Liberalismus. Dies wurde an der Schulfrage deutlich. Nach 1850 hatten die Entwicklungen im System der 1831 eingeführten simultanen Volksschulen den Bischöfen einigen Grund zur Besorgnis gegeben, und sie versuchten verschiedentlich die Regierung zur Unterstützung eines konfessionellen Systems zu bewegen. Sie konnten zwar keine Veränderung des Simultansystems durchsetzen, aber im Lauf der Zeit wurde dieses in allem, außer dem Namen nach, konfessionell, da fast in ganz Irland alle Kinder, die die staatlichen Schulen besuchten, Katholiken waren. Das Mittelschulwesen war immer auf der konfessionellen Privatschule aufgebaut. 1878 bewilligte der „Intermediate Education (Ireland) Act" kleine Gehälter für die Direktoren und Preise für die Schüler, die sich nach den Ergebnissen der staatlichen Examina richteten.

Die Universitätserziehung war Ursache eines langen Konflikts. 1850 hatte die Synode von Thurles den Katholiken den Besuch interkonfessioneller Universitäten, die als Queen's Colleges bezeichnet waren, verboten. Cullen war aus Rom mit dem Auftrag zurückgekommen, eine nach dem Vorbild Löwens aufgebaute Universität zu errichten. Newman nahm seine Einladung zur Übernahme des Rektorats an; die Universität war jedoch immer in Schwierigkeiten. Dies hatte viele Gründe. Die Regierung wollte ihr keine Verfassung zubilligen, und ihre Grade wurden daher rechtlich nicht anerkannt. Die irische katholische Mittelschicht, die ihre Söhne dort hinzusenden bereit war, war zahlenmäßig zu schwach, und Newmans Hoffnung, in Dublin eine für Großbritannien und Irland bestimmte Universität aufzubauen, war unrealistisch. Einige der Bischöfe verweigerten der neuen Universität ihre aktive Unterstützung, und MacHale war schon bald ihr erbitterter Gegner. Dies war besonders schwerwiegend, da die Finanzen der Universität von Kirchensammlungen abhängig waren. In praktischen Belangen mußte Newman mit Cullen allein verhandeln; die Temperamente dieser beiden Männer aber waren zu gegensätzlich[11]. Nach Newmans Weggang 1858 war die katholische Universität fortwährend in Schwierigkeiten. Die Regierung weigerte sich auch jetzt noch, ihr eine Verfassung zu gewähren, obwohl sie 1879 die königliche Universität von Irland als Prüfungskommission einsetzte, vor der die Studenten der katholischen Universität zusammen mit jenen anderer Colleges ihre Prüfungen zur Erlangung der Grade ablegen konnten.

Die Schwäche der katholischen Universität und die Konzentrierung der Seminarerziehung auf Maynooth führte zu einer streng klerikalen Orientierung der katholischen Professoren Irlands. Zwei der Maynooth-Theologen verdienen besondere Erwähnung — Patrick Murray, dessen „De ecclesia Christi" (3 Bde, Dublin 1860/66) die ultramontane Orientierung des College offenbarte, und George Crolly, der in seinem „De iustitia et iure" (3 Bde, Dublin 1870/77) dieses Thema als erster im Kontext der britischen Gesetzgebung diskutierte. Cullens Neffe, Patrick F. Moran (der spätere Erzbischof von Sydney), verwendete als erster in seinen umfangreichen Veröffentlichungen zur irischen Kirchengeschichte die päpstlichen Archive. Zusammen mit Cullen war er verantwortlich für die Gründung der Monatsschrift „Irish Ecclesiastical Record" (1864).

Die Erfahrung hatte Cullen gelehrt, daß es für einen Priester oder Bischof im Irland des 19. Jh. unmöglich war, nicht in die Politik verwickelt zu werden. Diese Einbeziehung des Klerus in die Politik hatte ein besonders unseliges Ergebnis: die Protestanten folgerten, daß ein unabhängiges Irland vom katholischen Klerus beherrscht würde und „Home Rule" eigentlich „Rome Rule" bedeute. Nach 1860 erwachte der 1795 als Instrument protestantischer Vorherrschaft gegründete „Orange Order" zu neuem Leben.

Der Bruch zwischen den irischen Katholiken und den evangelischen Liberalen über der Frage der Universitätserziehung führte 1873 zum Sturz der Regierung Gladstone. Nach sechs Jahren politischer Unsicherheit warf am Ende des Jahrzehnts eine Reihe von Mißernten erneut das Problem der Pachtbauern auf. Charles Stewart Parnell, ein Protestant, trat als Führer einer starken Parlamentsgruppe auf, die eine Landreform und ein gewisses Maß an Selbstverwaltung forderte, die gemeinhin als „Home Rule" bekannt wurde. Er gewann die Unterstützung der Revolutionsführer und der katholischen Hierarchie, vor allem aber der Erzbischöfe Walsh von Dublin

[11] Der Mißerfolg der Universität wurde oft fälschlicherweise diesem letzten Faktor allein zugeschrieben. Cullen und Newman war es gelungen, zu einer Zusammenarbeit zu gelangen, auch wenn sie schwierig war. „Wir waren verschieden", so schrieb Newman am 17. 11. 1878, nach Cullens Tod an C. W. Russell, den Präsidenten von Maynooth, „aber ich war ihm immer in Liebe und Dankbarkeit zugetan und achtete ihn um seiner Arbeit willen sehr hoch". Auch Cullen schätzte Newman und verteidigte dessen Rechtgläubigkeit, als er in Rom verdächtigt wurde. Vgl. *F. McGrath*, Newman's University: Idea and Reality (Dublin 1951) 503—504.

und Croke von Cashel. Gladstone, der 1880 in sein Amt zurückgekehrt war, zeigte sich, ebenso wie auch Kardinal Manning, wohlwollend, aber die englischen Konservativen, einschließlich einiger prominenter Katholiken, stellten die irische Bewegung in Rom als revolutionär dar. Päpstliche Interventionen und Verurteilungen erschwerten den Bischöfen vieles, aber die Bewegung bewahrte ihren Zusammenhalt bis zum Jahre 1889, in dem Parnell als Mitangeklagter in einem Scheidungsprozeß benannt wurde. Die Bischöfe erklärten, er könne nun nicht länger Parteiführer bleiben, und die darauf folgenden Spaltungen führten zu einer weiteren Periode politischer Unsicherheit. Als diese überwunden war, wurde deutlich, daß mit ihr auch die dem 19. Jh. eigene Verwicklung des Klerus in die Politik vergangen war.

Die Vereinigten Staaten — Kanada — Australien

Vereinigte Staaten: QUELLEN: *F. Kenneally,* United States Documents in the Propaganda Fide Archives II (Washington 1968); *Ellis,* Documents 252—424; *D. Shearer* (s. Allg. Bibliogr.) 173—375; *P. Guilday,* The National Pastorals (ebd.) 120—225; ColLac. III (Provinzial- und Nationalkonzilien); Relazione ... da Mons. Bedini (Rom 1854; neu veröffentlicht bei *J. F. Connelly,* The Visit of archbishop G. Bedini to the United States (Rom 1960) 190—287; *H. Browne,* The Archdiocese of New York a Century ago, a Memoir of Archb. Hughes: Historical Records and Studies 39—40 (1952) 129—190. Ferner die katholischen Zeitschriften (bes. The Metropolitan, 1852/58, und Brownson's Quarterly Review, 1844/64) und Zeitungen (bes. The Freeman's Journal, The Catholic Telegraph, The Catholic Vindicator).

LITERATUR: Außer den in der Allg. Bibliogr. genannten Werken (bes. *Shea* IV, *Ellis* 48—104, *McAvoy* 136—225 und DHGE XV 1123—28) und der Bibliogr. zu Kap. 9 (S. 207f) siehe: *Schmidlin PG* II 207—211, *Aubert,* Pie IX 427—436 559—560 und *Latourette,* Christianity III 4—246. Ferner: *M. Hoffman,* The Church Founders of the Northwest (Milwaukee 1937); *R. Bayard,* Lone Star Vanguard. The Catholic Reoccupation of Texas 1838—48 (St. Louis 1945); *L. Lyons,* Fr. N. Blanchet and the Founding of the Oregon Missions 1838—48 (Washington 1940); *J. Pillar,* The Catholic Church in Mississippi 1837—65 (New Orleans 1964); *M. Schroeder,* The Catholic Church in the Diocese of Vincennes 1847—77 (Washington 1946); *J. McSorley,* Fr. Hecker and his Friends (St. Louis 1952); *J. B. Code,* Bp. Hughes and the Sisters of Charity: Miscellanea hist. L. van der Essen (Löwen 1947) 991—1038; *Cl. Walworth,* The Oxford Movement in America (New York 1893); *F. Macdonald,* The Catholic Church and the Secret Societies in the United States (New York 1946); *W. D'Arcy,* The Fenian Movement in the United States 1858—86 (Washington 1947); *P. G. Rahill,* The Cath. Indian Missions and Grant's Peace Policy 1870—74 (Washington 1953).

Über die Auswanderung, ein noch zu wenig bearbeitetes Gebiet, siehe außer dem Werk von *Shaughnessy* (vgl. Allg. Bibliogr.) und dem anregenden Beitrag von *Th. McAvoy,* The Formation of the Catholic Minority in the United States 1820—60: RPol 10 (1948) 13—34: *E. Rothan,* The German Catholic Emigrant in the United States 1830—60 (Washington 1946); *M. Kelly,* Catholic Immigrant Colonization Projects in the United States 1815—60 (New York 1939); *J. P. Shanon,* Catholic Colonization in the Western Frontier (New Haven 1957).

Zur zweiten Phase des Nativismus: Außer den Werken auf S. 208 und den Biographien von Fr. Kenrick und M. Spalding (unten) siehe: *J. Higham*, Strangers in the Land. Patterns of American Nativism 1860—1925 (New Brunswick 1955); *R. Lord* usw., Hist. of the Archdioc. of Boston II 648—703.

Über das katholische Schulwesen und die Bildung des Klerus: *J. A. Burns*, The Growth and Development of the Catholic School System in the United States (New York 1912); *E. Connors*, Church-State Relationship in Education in the State of New York (Washington 1951); *J. M. Campbell*, The Catholic Contribution to the American College: Vital Problems in Catholic Education in the United States, hrsg. von *R. Deferrari* (Washington 1939) 84—107; *J. McCadden:* CHR 50 (1965) 188—207; *Th. McAvoy:* RPol 28 (1966) 19—46; *J. M. Daley*, Georgetown University. Origin and early years (Washington 1957); *J. T. Ellis*, The formative Years of the Catholic University of America (Washington 1946) 15—86; *W. Morris*, The Seminary Movement in the United States 1833—66 (Washington 1932); *J. Sauter*, The American College of Louvain 1857—78 (Löwen 1959).

Über den Sezessionskrieg: *M. Rice*, American Catholic Opinion in the Slavery Controversy (New York 1944); *B. Blied*, Catholics and the Civil War (Milwaukee 1945); *C. Dunham*, The Attitude of the Northern Clergy toward the South 1860—65 (Toledo 1942); *W. Wight:* CHR 44 (1958) 290—306; *L. Stock:* ebd. 16 (1930) 1—18.

Unter den Biographien sind besonders hervorzuheben die der Bischöfe M. Spalding (von *J. L. Spalding*, Baltimore 1873), McQuaid (von *F. Zwierlein*, 3 Bde, Rochester 1925/27), Fr. Kenrick (von *H. Nolan*, Washington 1948), Hughes (von *J. Hassard*, New York 1865), Verot (von *M. Gannon*, Milwaukee 1964), Bailey (von *M. H. Yeager*, Washington 1947), Neumann (von *M. Curley*, Washington 1952), Miles (von *V. O'Daniel*, Washington 1926), Baraga (von *C. Verwyst*, Milwaukee 1900), Purcell (von *M. McCann*, Washington 1918), McCloskey (von *J. Farley*, New York 1918), Eccleston (von *C. Halsey:* RACHS 76 [1965] 69—128, 77 [1966] 131—156), ebenso auch *J. O'Shea*, The two Kenricks (Philadelphia 1904).

Kanada: Außer den in der Allg. Bibliogr. und in Kap. 9 (S. 215) genannten Werken (bes. das von *Lemieux*) wie auch *Aubert*, Pie IX 436—441 und *Latourette*, Christianity III 247—276, siehe: *L. Pouliot*, Mgr Bourget et son temps, 2 Bde (Montreal 1955/56) und die Biographien der Bischöfe de Charbonnel (von *C. Causse*, Gembloux 1931), Lynch (von *H. McKeown*, Toronto 1886), Laflèche (von *R. Rumilly*, Montréal 1938), Provencher (von *D. Frémont*, Winnipeg 1935) und von P. Lefebvre (von *P. Poirier*, Montréal 1898). Ferner: *F. H. Walker*, Catholic Education and Politics in Upper Canada (Toronto 1955); *J. Moir*, Church and State in Canada West (Toronto 1959); *P. Savard*, La vie du clergé québecois au XIXe s.: Recherches sociographiques 8 (1967) 259—273; *Ph. Sylvain*, Quelques aspects de l'antogonisme libéral-ultramontain au Canada français: ebd. 279 bis 297; *G. Carrière*, Histoire documentaire de la congrégation des missionnaires Oblats de Marie Immaculée dans l'Est du Canada, 6 Bde (Ottawa 1957/67); *ders.*, La Compagnie de la Baie d'Hudson et les missions catholiques dans l'Est du Canada (Ottawa 1957); *ders.*, L'Hon. Compagnie de la Baie d'Hudson et les missions dans l'Ouest canadien: Revue de l'Université d'Ottawa 36 (1966) 15—39 232—257; *E. Lamirande*, L'implantation de l'Église catholique en Colombie britannique, 1838—1848: ebd. 28 (1958) 213—225 323 bis 363 453—489; *C. Roy*, L'Université Laval (Québec 1903); *P. Savard:* Culture (Québec) 26 (1965) 64—83. Siehe auch *J. B. Meilleur*, Mémorial sur l'éducation au Bas-Canada (Québec 1876).

Australien: Außer den Werken von *P. Moran* und von *P. O'Farrell* in der Allg. Bibliogr. siehe: *E. O'Brien*, The Dawn of Catholicism in Australia, 2 Bde (London 1930); *H. Birt*, Benedictine Pioneers in Australia, 2 Bde (London 1911); *T. L. Suttor*, Hierarchy and Democracy in Australia, 1788—1870 (Melbourne 1965).

Vereinigte Staaten

Im zweiten Drittel des 19. Jh. konnte die katholische Kirche der Vereinigten Staaten einen wesentlichen Fortschritt in ihrer Enwicklung verzeichnen; denn seit 1870 war sie nicht nur die zahlenmäßig bedeutendste englischsprachige katholische Gruppe der Welt, sondern in dieser Zeit prägte der amerikanische Katholizismus auch seine ihm eigenen Züge aus.

Ursprünglich aus ehemaligen englischen und französischen (in den Südstaaten auch spanischen) Siedlern gebildet, hatte die katholische Gemeinde der Vereinigten Staaten mit dem vermehrten Zuzug irischer Einwanderer ihre Struktur nach und nach verändert. Die große Hungersnot, die 1845 bis 1847 in Irland wütete, bewirkte eine unerwartete Beschleunigung dieser Entwicklung, daneben bewogen die Unruhen von 1848/49 auch zahlreiche deutsche Flüchtlinge, in die Neue Welt auszuwandern. Diese zweifache Bewegung, der die schnelle wirtschaftliche Entwicklung des Landes entgegenkam, setzte sich in den beiden folgenden Jahrzehnten fort. Die Mehrzahl der Iren waren Katholiken und ebenso auch viele Deutsche[1]. Obschon viele von ihnen und vor allem ihre Kinder, in der protestantischen Umgebung isoliert, besonders am Anfang[2] schon bald die Kirche ihrer Taufe verließen, führte die Einwanderung zusammen mit der natürlichen Vermehrung zu einer Zunahme der katholischen Bevölkerung, die alle Erwartungen übertraf. Nach den Ermittlungen von Shaughnessy, die auf einer kritischen Untersuchung der verfügbaren Daten beruhen, gab es 1840 663000 Katholiken, das waren nur 4% der Gesamtbevölkerung der Vereinigten Staaten. Zehn Jahre später hatten sie sich um rund 1 Million vermehrt (davon 700000 Einwanderer aus 14 verschiedenen Ländern); 1860 waren es 3103000 und 1870 4504000 Katholiken, was vergleichsweise 7%, 10% und 11% der Gesamtbevölkerung bedeutete.

Die Verteilung dieser Katholiken war jedoch gebietsweise sehr unterschiedlich. Während um 1870 von 9 Amerikanern einer katholisch war, betrug das Verhältnis in den Südstaaten, die wegen der Überfülle schwarzer Arbeiter von den Einwanderern gemieden wurden, nur 1:25 und mitunter sogar noch weit weniger. Die Einwanderung der Katholiken kam vor allem den Staaten des Nordens, Pennsylvania, Ohio, Kentucky, Illinois, Wisconsin, Iowa und Minnesota, zugute. Die Deutschen, die sich bevorzugt in dem Dreieck Cincinnati — Milwaukee — St. Louis niederließen, wurden, ebenso wie die kanadischen Einwanderer, im allgemeinen auf dem Lande seßhaft, während die Iren, die zu arm waren für eine landwirtschaftliche Kolonisa-

[1] Man hat die Zahl der katholischen Emigranten in den Jahren von 1820 bis 1870 auf 1683791 Iren und 606791 Deutsche geschätzt.

[2] Die Bedeutung dieser Austritte für die zweite Hälfte des Jahrhunderts wurde früher stark überschätzt, wie die genauen Berechnungen von *G. Shaughnessy* (a. a. O.) bewiesen haben.

tion[3] und auf unmittelbare Beschäftigung als Arbeiter oder Hausangestellte angewiesen waren, sich zumeist in den Hafen- und Industriestädten des Nordostens zusammenballten. Da die Iren die bei weitem zahlenstärkste Gruppe bildeten, nahm der amerikanische Katholizismus lange Zeit städtischen, ja sogar proletarischen Charakter an.

Im übrigen führte der ständig wachsende Einwandererstrom aus Irland in den Städten zum Wiederaufflammen der „nativistischen" Kampagne, die in den vierziger Jahren bereits abgeflaut war, und unter dem neuen Namen „Knownothingism" setzten auch die antiklerikalen Gewalttätigkeiten wieder ein. Sie erreichten zwischen 1854 und 1855[4] ihren Höhepunkt und kamen erst mit dem Sezessionskrieg endgültig zur Ruhe.

Die rasche Zunahme der katholischen Bevölkerung im Zusammenwirken mit jener Bewegung, die die Siedler immer mehr nach Westen trieb, und mit der Angliederung (1845 bis 1848) von Oregon und Idaho an den Nordwesten und von Texas, Neumexiko und Kalifornien an den Süden bereitete den kirchlichen Autoritäten schwere Organisationsprobleme.

In den weiten Gebieten des Far-West mußte man völlig neu beginnen, und die Propaganda gründete 1846 auf Vorschlag des unternehmungsfreudigen Apostolischen Vikars Mgr. Blanchet — wohl etwas verfrüht — eine neue Kirchenprovinz mit der Hauptstadt Oregon-City.

Auch in den alten mexikanischen Provinzen mußte man in vielem wieder neu beginnen, denn in diesen scheinbar katholischen Gebieten hatte die Kirche sehr unter den Maßnahmen einer von Freimaurern beherrschten Regierung gegen die Ordensangehörigen sowie unter der Indolenz eines oft korrumpierten Klerus gelitten. Durch die Gründung der Diözesen Galveston (1847) für Texas, Santa Fé (1850) für Neu-Mexiko, Monterey-Los Angeles (1850) und San Francisco (1853) für Kalifornien konnte man der Lage wieder Herr werden, und zwar um so leichter, als die Franziskaner dank der in den Vereinigten Staaten herrschenden Religionsfreiheit ihre Indianermissionen wiederaufnehmen konnten.

In den hauptsächlich ländlichen Staaten des Zentrums und des Südens, in denen der Großteil der Bevölkerung auf dem Lande verstreut war, blieb die Lage lange Zeit ähnlich jener der Missionsländer, da die wenigen Priester nur in großen Zeitabständen die einzelnen Gebiete erreichen konnten.

[3] Es gab einige Versuche, ihnen bei ihrer Niederlassung behilflich zu sein, aber die Iren liebten das Leben auf dem Lande nicht, da sie sich hier zu isoliert fühlten.

[4] Eine der spektakulärsten Episoden war die Manifestationskampagne gegen Mgr. Bedini, den Pius IX. zur Erkundung der Möglichkeit der Errichtung einer Apostolischen Delegation in die Vereinigten Staaten entsandte und der nach einem kurzen Aufenthalt die Flucht ergreifen mußte. Zur Xenophobie und dem Antipapismus kam in seinem Fall noch die ablehnende Haltung der italienischen Emigranten gegen die zeitliche Macht des Papstes. Über diese Episode vgl. *J. F. Connelly,* The Visit of archbishop G. Bedini to the United States (Rom 1960) und *R. Sylvain,* A. Gavazzi (Quebec 1962) II 426—440.

Durch die Anregung aktiver Bischöfe jedoch, wie z. B. J. B. Purcell, der von 1833 bis 1883 Erzbischof von Cincinnati und außerhalb der Diözesen der Ostküste der bedeutendste amerikanische Prälat seiner Zeit war, wurden um aufkeimende Städte neue Diözesen gegründet, die trotz des spärlichen Rückhalts an finanziellen Mitteln und vor allem an Priestern (zu Beginn oft kaum mehr als 10, denen nur einige Holzkapellen zur Verfügung standen) nach und nach ausgebaut werden: Chicago, Milwaukee, Little Rock im Jahr 1843; 1847 Cleveland; 1850 Saint-Paul und Savannah; 1853 Springfield, Covington und Alexandria; 1857 Marquette und Fort Wayne; 1868 schließlich Green Bay, La Crosse und Columbus.

In den Staaten des Nordostens, in denen sich die breite Masse der Auswanderer konzentrierte, wurde die heikle Frage des „trusteeism"[5] erst in den sechziger Jahren zufriedenstellend gelöst. Durch seine Energie und seinen Einfluß auf die Öffentlichkeit erreichte G. Hughes, 1842—66 Bischof, dann Erzbischof von New York, schließlich im Jahre 1860 für den Staat New York ein Gesetz, das der kirchlichen Autorität die wünschenswerte Freiheit gab und gleichzeitig eine hinreichende Kontrolle der Verwaltung des Kirchenvermögens durch Laien aufrechterhielt; nach und nach übernahmen auch die anderen Staaten dieses Gesetz der New Yorker Diözese. Aber die Hauptschwierigkeit für die katholischen Autoritäten lag in dem immer schnelleren Zustrom neuer Einwanderer: die Priester, zwar größtenteils eifrig und agil, konnten trotzdem die Aufgabe nicht mehr bewältigen, und die Vielfalt der Sprachen, die ihre neuen Schutzbefohlenen sprachen, verwirrten die Dinge vollends. Darüber hinaus ließ die Armut der Gläubigen, die ihr Brot als Arbeiter, Tagelöhner oder Hausangestellte verdienen mußten, trotz größter Uneigennützigkeit nur eine teilweise Unterstützung der kirchlichen Unternehmungen zu.

Glücklicherweise zeichneten sich die amerikanischen Bischöfe — von denen zwei Drittel aus Europa stammten[6] — durch ihren praktischen Sinn und Unternehmungsgeist aus, und Europa antwortete großzügig auf ihre Aufrufe. Irische Priester kamen in großer Zahl und stellten sich in den Dienst ihrer emigrierten Landsleute. 1857 wurde auf die Initiative von Mgr. Spalding in Löwen ein Kolleg eröffnet, das europäische Seminaristen aufnehmen sollte, die sich dem Apostolat in den Vereinigten Staaten widmen

[5] Siehe S. 211—212.

[6] Von den 32 Bischöfen, die dem Konzil von Baltimore von 1852 beiwohnten, waren nur 9 in den Vereinigten Staaten geboren; 8 waren irischer, 8 französischer, 2 belgischer, 2 kanadischer, einer österreichischer, einer spanischer und einer savoyardischer Abstammung. Von den 45 beim Konzil von 1866 anwesenden Bischöfen waren 14 in den Vereinigten Staaten, 11 in Irland, einer in Belgien, einer in Österreich, einer in Deutschland und einer in Savoyen geboren. Fast alle Metropolitansitze waren in den Händen der Iren, was neben später noch zu erwähnenden Nachteilen den Vorteil hatte, dem amerikanischen Episkopat in dieser schwierigen Übergangszeit eine große Homogenität zu sichern.

wollten. Durch diesen Zufluß und die langsam ansteigende Zahl der einheimischen Priester[7] vermehrte sich der Effektivbestand des Klerus von etwa 700 bei der Thronbesteigung Pius' IX. auf 1320 im Jahr 1852 und 2770 im Jahr 1866 und erreichte um 1875 die Zahl 6000. So konnte man eine Anzahl neuer Pfarreien gründen; aber der irische Charakter der Kirche der Vereinigten Staaten und vor allem der Hang der irischen Priester, ihre Pfarrkinder als Minderjährige zu behandeln und den Laien in religiösen Belangen nur sehr wenig Initiative zu überlassen, wurde durch diese Entwicklung noch verschärft.

Gleichzeitig mit der Zunahme der Effektivzahlen des Klerus ermöglichten das kontinuierliche Eintreffen von Ordensmännern und -frauen vor allem aus Frankreich, aber auch aus Belgien und Österreich, sowie die Finanzbeihilfen französischer, deutscher und österreichischer Missionsgesellschaften die Vermehrung der katholischen Schulen, die Schaffung caritativer Werke zur Aufnahme der Einwanderer in den Häfen und die Organisation von Pfarrmissionen nach der Methode, die sich bereits in Europa bewährt hatte (der österreichische Jesuit X. Weninger predigte seit 1848 mehr als 800mal bei solchen Pfarrmissionen).

Der Bürgerkrieg, in dem sich von 1861 bis 1865 die Südstaaten gegen die übrige Union erhoben, stellte die Festigkeit der jungen amerikanischen Kirche auf die Probe. Die Kirche hatte noch nie eindeutig in die Kontroverse um die Sklaverei eingegriffen. Im Süden waren die kirchlichen Autoritäten nicht unbedingt gegen die Sklaverei, vorausgesetzt, daß sie human sei, und sogar im Norden, wo die Haltung des Klerus im allgemeinen fast mit jener der protestantischen Pastoren der gleichen Gegend übereinstimmte, waren viele Katholiken von der Allianz zwischen den Abolitionisten und der „nativistischen" Bewegung irritiert. Die theoretischen Wunschvorstellungen, aber auch die voll Resignation vorgetragenen praktischen Überlegungen, die der repräsentativste katholische Theologe Amerikas dieser Zeit, Fr. P. Kenrick, in seiner „Theologia Moralis"[8] vorlegte, sind charakteristisch für die offizielle Haltung der Hierarchie. Diese ließ den Gläubigen in ihren Entscheidungen vollkommene Freiheit, da sie selbst vollauf damit beschäftigt war, die bis auf Caroll zurückreichende Tradition der politischen Neutralität der Kirche in zeitlichen Belangen zu wahren[9]. Der Ausbruch des Krieges,

[7] 1854 gab es bereits 34 Diözesanseminare, um 1860 waren jedoch erst 15 Prozent der aktiven Priester in den Vereinigten Staaten geboren. 1859 eröffnete Pius IX. das Nordamerikanische Kolleg in Rom, das einer Anzahl junger Amerikaner eine höhere theologische Bildung ermöglichen sollte (vgl. *R. McNamara,* The American College in Rome [Rochester 1956]).

[8] 1841. Letzte Ausgabe, Baltimore 1861, I 166. Vgl. *J. D. Brokhage,* Fr. P. Kenrick's Opinion on Slavery (Washington 1955).

[9] Als Beispiel siehe den Hirtenbrief vom Mai 1840, der dem IV. Provinzialkonzil von Baltimore folgte (in *P. Guilday,* The National Pastorals 142—143) und die Beobachtungen von *J. T. Ellis* a.a.O. 68—75.

der sich weniger an der Sklaverei als an der Sorge um die Bewahrung der nationalen Traditionen entzündete, erleichterte den Katholiken ihre Stellungnahme. Sie folgten fast durchwegs den Führern ihrer jeweiligen Staaten, und in beiden Armeen kämpften Katholiken. Das Fehlen eindeutiger Positionen bei den Katholiken in einer Frage, deren moralische Relevanz offenkundig war, führte zu neuen Angriffen der Yankees gegen die römische Kirche; aber ihr Ansehen wurde neu gestärkt durch die caritative Tätigkeit, die Priester und Ordensfrauen sowohl in den Südstaaten wie auch in den Nordstaaten entfalteten, und durch die Tatsache, daß es der katholischen Kirche als einziger unter den verschiedenen religiösen Körperschaften gelang, ihre Einheit zu wahren, obschon ihre Gläubigen und mitunter auch — wenn auch in eigener Regie — ihre Seelsorger[10] sich eindeutig in dem einen oder anderen Lager engagiert hatten.

Nach Beendigung des Krieges begannen die Katholiken sofort, die materiellen und moralischen Schäden zu beheben. Sie standen hierbei unter der Führung von Bischöfen wie Mgr. Verot, des Apostolischen Vikars von Florida und eines der großen Urheber des „Wiederaufbaus" im Süden; nicht einmal sein kindhaftes Benehmen beim Vatikanischen Konzil konnte das beachtenswerte Werk vergessen lassen, das er in dieser wirren Zeit vollbrachte. Zu ihnen gehörte auch Mgr. Spalding, 1864—72 Erzbischof von Baltimore, ein typischer Amerikaner, der in sich die Fähigkeiten des Mannes der Wissenschaft und eines großen Verwaltungstalents, den Eifer für die Kirche und die Sorge um das Nationalwohl vereinigte[11].

Eine der ersten Unternehmungen der Kirche nach Kriegsende war die Einberufung eines neuen Plenarkonzils[12]; es wurde bereits im Oktober 1866 in Baltimore abgehalten. Zwar konnte es die Schwierigkeiten, mit denen die Kirche der Vereinigten Staaten zu Beginn des letzten Drittels des 19. Jh. konfrontiert war, nur teilweise lösen, aber es bestärkte zumindest den Gedanken an eine kollegiale Leitung der Kirche, ein Gedanke, der im damaligen Europa nur selten anzutreffen war, dafür aber eines der charakteristischen Merkmale des amerikanischen Episkopats wurde. Auf Veranlassung Spaldings erarbeitete man neben vielen praktischen Erlassen eine lehrbuchmäßige Erläuterung des Konzils aus, was eine Neuerung gegenüber den früheren Konzilien bedeutete; man wollte damit die großen, in der Enzyklika „Quanta cura" und dem „Syllabus" berührten Themen in posi-

[10] So Bischof Hughes oder Bischof Domenec zugunsten des Präsidenten Lincoln und Bischof Lynch zugunsten der Konföderierten.

[11] Die Biographie, die sein Neffe *J. L. Spalding* (1873) verfaßte, ist noch durch keine andere ersetzt worden. Siehe auch *A. A. Micek*, The Apologetics of M. J. Spalding (Washington 1951).

[12] Ein erstes fand 1852 statt im Anschluß an die Teilung der Kirchenprovinz von Baltimore, die bislang das ganze Gebiet der Vereinigten Staaten umfaßte, durch die Schaffung von fünf neuen Provinzen: 1846 Oregon, 1847 Saint Louis, 1850 New York, Cincinnati und New Orleans; 1853 war noch San Francisco hinzugekommen.

tiver Form darlegen und sie der amerikanischen Mentalität anpassen, vor allem im Hinblick auf die Forderungen, die das Apostolat in einer pluralistischen Gesellschaft an die Kirche stellte[13].

Unter den zahlreichen Konzilsdekreten war ein ganzes Kapitel der geistlichen Fürsorge für die Millionen Schwarzen gewidmet, deren plötzliche Befreiung große Probleme aufwarf, während die protestantischen Neger weit weniger unter der neuen Situation litten, da ihre Seelsorger der gleichen Rasse angehörten. Während im Süden die Beziehungen zwischen schwarzen und weißen Katholiken vor dem Krieg herzlich waren, trug die gegenseitige Verbitterung die Rassentrennung sogar in die Kirche hinein und hatte dort ein weiteres Nachlassen der Kontakte zur Folge. Die Schwarzen, die 10% der Gesamtbevölkerung der Vereinigten Staaten ausmachten, waren für den Katholizismus praktisch verloren, obwohl sich ausländische Ordensleute, vor allem die Väter vom heiligen Joseph von Mill Hill, die der spätere Kardinal Vaughan 1871 auf Bitten des Papstes selbst aus England gesandt hatte, ihrer annahmen[14].

Ein weiteres schwieriges Problem, mit dem sich das Konzil von 1866 zu befassen hatte, war der Beitritt von Katholiken zu Geheimorganisationen. Neben den der Fenian-Bewegung angeschlossenen irischen Gesellschaften nahmen auch andere Gruppen mit philanthropischer Zielsetzung beträchtlich zu. Obschon diese Gruppen nicht, wie die Freimaurerei in Europa, revolutionäre oder antichristliche Absichten vertraten, stellten sie doch mit ihrem Indifferentismus eine wirkliche Gefahr dar. Die Bischöfe waren sich über die einzunehmende Haltung nicht einig, und das Dekret des Konzils von Baltimore, das versuchte, übereinstimmende Regeln zu formulieren, erwies sich als für die Praxis wenig geeignet; unter anderem auch deshalb, weil es zu ständigen Rückfragen in Rom führte, wo man jedoch keine genaue Vorstellung von der amerikanischen Situation hatte.

Die meistbeachtete Frage jedoch betraf die katholischen Schulen. Da die Verfassung die Religionsfreiheit garantierte, hatte der Unterrichtsminister Horace Mann zunächst versucht, in den staatlichen Schulen einen nicht konfessionsgebundenen Religionsunterricht aufzubauen. Dieser Plan stieß jedoch in der Praxis auf Schwierigkeiten, und der staatliche Unterricht entwickelte sich schon bald nahezu völlig in laizistischer Richtung. Dies brachte die Katholiken zu der Überzeugung, daß sie nach irischem Beispiel selbst ihren eigenen Unterricht organisieren mußten, trotz der schweren Belastung, die dieses Unternehmen bedeutete. Die von Erzbischof Hughes ausgegebene Losung „die Schule vor der Kirche" war nach und nach von den

[13] Siehe den interessanten Artikel von *J. Hennesey*, The Baltimore Council of 1866, an American Syllabus: RACHS 77 (1966) 1—18.

[14] Es ist darauf hinzuweisen, daß auch fast alle Indianermissionen das Werk von Ausländern waren, vor allem nach 1830 das des österreichischen Priesters A. F. Baraga und seit 1838 das des belgischen Jesuiten P. Desmet.

meisten Bischöfen übernommen worden. Das Plenarkonzil von 1866 nahm eine Bestimmung des Provinzialkonzils von Cincinnati aus dem Jahr 1858 wieder auf und erklärte, daß die Eröffnung einer Pfarrschule für die Pfarrgeistlichen eine ernste Gewissenspflicht sei, und man richtete dringende Aufforderungen an die katholischen Familien, ihre Kinder soweit wie möglich vom Besuch einer staatlichen Schule fernzuhalten. Nach 1870 brachten einige militante Laien, wie der Journalist J. McMaster — ein zweiter Louis Veuillot in den Vereinigten Staaten —, und Miß Edes, die bei einigen Bischöfen Anzeichen für ein Nachlassen ihrer Forderungen gefunden zu haben glaubten, die Sache in Rom vor, und im November 1876 erhielt der amerikanische Episkopat die Mitteilung, er habe sich an die sehr strikten Weisungen, die damals auch in England und Irland gültig waren, zu halten.

Der Nachdruck, mit dem man auf der Organisation katholischer Schulen bestand, war nur ein, allerdings grundlegender Aspekt einer allgemeineren Politik, die darauf abzielte, die Gläubigen in streng abgeschlossenen Gemeinden zu halten, eine Inanspruchnahme der protestantischen Institutionen soweit wie möglich zu vermeiden und die Katholiken fortan fast am Rande der normalen amerikanischen Gesellschaft anzusiedeln. Viele Priester und Bischöfe, vor allem Mgr. Hughes, dessen persönliches Ansehen in irischen Kreisen dazu beitrug, diesen Standpunkt gegen die Meinung der alteingesessenen amerikanischen Katholiken durchzusetzen, vertraten die Auffassung, daß der Glaube der Emigranten, die in der Mehrzahl sehr einfache Leute waren und bislang der Kirche vor allem durch das Milieu und die Lokaltraditionen verbunden waren, nicht fähig sei, dem Einfluß eines protestantischen oder indifferenten Milieus Widerstand zu leisten. Die ererbte Feindschaft der Iren gegen die Angelsachsen und das Bewußtsein, ein sozial verachtetes Proletariat zu sein, ein Bewußtsein, das noch verstärkt wurde durch die immer wiederkehrenden Angriffe der „nativistischen" Bewegung gegen sie, sowie das Mißtrauen der traditionalistischen deutschen Bauern gegenüber dem materialistischen Charakter der neuen „Yankee"-Zivilisation trieben die Katholiken endgültig zum Zusammenschluß in konfessionellen Ghettos. Der Unternehmungsgeist der Iren zusammen mit dem Organisationstalent der Deutschen[15] führte nun zur Blüte einer Reihe von Werken, deren Aufzählung im „National Catholic Almanac" von 1867 neun Kleindruckseiten einnahm: caritative und hospitaläre Einrichtungen, Presseorgane sowie Zirkel aller Arten. Ihre Entwicklung erfuhr einen weiteren Aufschwung durch die Ankunft zahlreicher Ordensfrauen nach 1870, die der Kulturkampf aus Deutschland vertrieben hatte.

Durch ihre Einkapselung mußten die Katholiken innerhalb ihrer Gemein-

[15] Die 1855 einen vom Piusverein inspirierten Zentralorganismus, die „German Roman Catholic Central Union", geschaffen hatten.

den eine eifrige Aktivität entwickeln, wie sie in den europäischen Kirchen kaum ihresgleichen fand; diese Aktivität steigerte gleichzeitig die Lebenskraft ihres Glaubens. Aber diese Einkapselung, die für den Augenblick Gewinn brachte, zog auf lange Sicht ernste Schwierigkeiten nach sich. Sie trug in erster Linie dazu bei, die Gesamtheit der Katholiken auf sehr niederem kulturellem Niveau zu halten, da diese zu diesem Zeitpunkt mit den ihnen zur Verfügung stehenden Mitteln an Geld und Menschen noch kein vollwertiges höheres Schulwesen aufbauen konnten [16]. Sie verzögerte nach Auffassung P. McAvoys auch den sozialen Aufstieg der irischen Einwanderer um eine ganze Generation. Dieser niedere kulturelle und soziale Stand der katholischen Minderheit erklärt zum großen Teil auch ihre schwache Strahlkraft nach außen. So hat — wie der Comte de Meaux nach seiner Reise in die Vereinigten Staaten feststellte — „in einem Land, in dem soziale und rassische Unterschiede mit weit größerer Eifersucht beachtet werden, als man in Europa glaubt, die Angst, sich zu deklassieren, manchen vornehmen Amerikaner von der Kirche der Iren und der Dienstmädchen ferngehalten".

Da die meisten außerdem aus Ländern kamen, in denen sie jahrhundertelang als zweitrangige Bürger betrachtet worden waren, neigten die Einwanderer nur allzusehr dazu, auf jede religiöse Werbung zu verzichten. Der Wunsch nach einer weniger passiven Haltung wurde dagegen unter den Konvertiten amerikanischer Herkunft spürbar, die unter anderem auch von der Oxfordbewegung beeinflußt waren. Als einer der ersten engagierte sich in dieser Sache O. Brownson [17], ein echter Yankee, der gegen die „irische Vorherrschaft in der Kirche agierte, oft exzentrisch und starrköpfig, aber einer der bedeutendsten Geister des amerikanischen Katholizismus im 19. Jh., Gründer und von 1844 bis 1875 auch Direktor der wenig konformistischen, aber sehr lebendigen Revue „Brownson's Quarterly". Kurze Zeit später, 1859, gründete ein anderer unternehmungsfreudiger Konvertit, I. Hecker [18], mit einigen ehemaligen Redemptoristen, die sich an der zu europäischen Mentalität ihrer Oberen stießen, die Kongregation der Paulisten, die vor allem zur Bekehrung der Protestanten bestimmt war. Aber Männer wie Brownson und Hecker blieben noch lange Ausnahmen.

[16] Es gab zwar, vor allem von seiten der Jesuiten, eine Reihe von Versuchen, katholische „Colleges" zu gründen, aber die meisten konnten sich nur wenige Jahre halten. Das geringe Interesse, das die Bischöfe beim Konzil von 1866 dem Vorschlag Mgr. Spaldings zur Gründung einer katholischen Universität entgegenbrachten, ist ebenfalls charakteristisch.

[17] Über Orestes Brownson (1803—76) siehe neben seiner Biographie durch seinen Sohn (3 Bde, Detroit 1898/1900) die Werke von *A. M. Schlesinger* (Boston 1939) und *Th. Maynard* (New York 1942) wie auch *Th. McAvoy:* RPol 24 (1962) 19—47. Ausgabe: The Works of O. Brownson, 20 Bde (Detroit 1882/87).

[18] Über Isaac Hecker (1819—88) vgl. neben der alten Biographie von *W. Elliot* (New York 1891) jene von *J. McSorley* (zit. S. 561). Das Werk von *V. F. Holden*, The Yankee Paul, I. Th. Hecker I (Milwaukee 1958) bricht mit 1853 ab.

Es gehört in denselben Zusammenhang, daß die Katholiken und vor allem der Klerus der Vereinigten Staaten sich nicht an der Lösung der großen sozialen Fragen beteiligten. Auf diese Tatsache wurde bereits im Zusammenhang mit der Sklaverei hingewiesen. Das gleiche gilt auch für die Bewegungen, die gegen den Alkoholismus kämpften, und ebenso für die Versuche, durch eine Organisierung der Arbeiter größere soziale Gerechtigkeit zu erreichen. Besonders diese letztere Zurückhaltung erscheint auf den ersten Blick erstaunlich, wenn man bedenkt, daß sich der amerikanische Katholizismus soziologisch vor allem auf niedere Volksschichten stützte. Es ist jedoch zu bedenken, daß die sozialen Programme im allgemeinen von antiklerikalen Revolutionären, deren radikale Tendenzen der Kirche gefährlich erschienen, aus Europa eingeführt worden waren.

Die Isolierung der katholischen Minderheit der Vereinigten Staaten am Rande des amerikanischen öffentlichen Lebens prägte dieser für lange Zeit einige ihrer charakteristischen Züge auf. Immerhin setzte nach dem Sezessionskrieg eine langsame Entwicklung, die im Mittleren Westen begonnen hatte, auch im Osten des Landes ein. Sie wurde durch die Tatsache begünstigt, daß an den bedeutenden Orten New York und Baltimore 1864 die Iren Hughes und Kenrick durch die „american-born" McCloskey und Spalding ersetzt wurden. Gleichzeitig wurde offenkundig, daß die junge amerikanische Kirche, die es so gekonnt verstanden hatte, die bekannte Formel der freien Kirche im freien Staat jenseits aller Ideologie anzuwenden, auf universaler Ebene ihren Platz einzunehmen begann, zum ersten Mal beim Vatikanischen Konzil. Und als 1875 McCloskey zur Kardinalswürde erhoben wurde, war der spektakuläre Beweis erbracht, daß die Neue Welt endgültig die Missionsphase hinter sich gebracht hatte.

Kanada

Nach der Unionsakte von 1840 folgten fruchtbare Jahre für den Katholizismus. Die liberalen Neigungen des Gouverneurs Lord Elgin, konkretisiert in der Bill von 1851, beendeten die offizielle Vorherrschaft der anglikanischen Kirche, zumal die Katholiken auch durch den außerordentlichen Geburtenkoeffizienten der Franco-Kanadier und die Einwanderung von Iren in das Gebiet der Großen Seen eine gewisse Zeit hindurch die Mehrheit bildeten (650 000 gegen 550 000 im Jahr 1840). In der Folgezeit begünstigte die Einwanderung zwar vor allem die Protestanten, die absolute Zahl der Katholiken stieg jedoch auch weiterhin spürbar. Bei der Zählung von 1851 überschritten sie schon die Millionengrenze und hatten 1881 die Zahl 1 600 000 (auf 4 300 000, also etwa 40 %) erreicht. Diese zahlenmäßigen Fortschritte äußerten sich in der Errichtung neuer Diözesen: vier unter Gregor XVI. und fünf unter Pius IX.[19]. Die Kirchenprovinz von Quebec, die 1844 nach langen Verhandlungen gegründet worden war[20], wurde nun allmählich wieder abgebaut, und man errichtete drei neue Provinzen: 1862 Halifax für die maritimen Provinzen, dann 1870 Toronto und 1871 mehr im Westen Saint-Boniface. Trotz des verfrühten Versuchs im Jahr 1846, an der Pazifikküste, die beim Tode Pius' IX. erst einige tausend Gläubige zählte, die Hierarchie aufzubauen, und trotz des missionarischen Eifers von Pionieren wie Mgr. Provencher oder Mgr. Taché, denen in Manitoba die Oblaten der Maria Immaculata zur Seite standen, blieben die lebendigen Kräfte des kanadischen Katholizismus auf das Gebiet von Saint-Laurent konzentriert. Selbst hier jedoch waren sie sehr ungleich verteilt. Bei der Bildung der kanadischen Konföderation im Jahr 1867, die von den Katholiken im ganzen gut aufgenommen wurde[21], betrug deren zahlenmäßiger Anteil in Bas-Canada oder Quebec 86 %, bestehend aus Nachkommen ehemaliger französischer Siedler und 50 000 Iren; nur 16 % in Ober-Kanada oder Ontario, zu fünf Sechsteln englisch-sprachig und im allgemeinen wirtschaftlich schwach; 24 % in Neuschottland, vor allem schottischer Abstammung; 33 % in Neubraunschweig, die größtenteils von den französisch sprechenden sogenannten „Acadiens" herstammten.

In der Provinz Quebec verschärfte sich die Ende der zwanziger Jahre von Mgr. Lartigue[22], dem ersten Bischof von Montreal (1821—40), eingeleitete Entwicklung. Der junge Klerus, beeinflußt von der theokratischen Strömung der französischen ultramontanen Schule der Restauration und ihren unterschwellig vorhandenen sozialen Gedanken, verstand es, die nationalistische Reaktion, die ihre anfänglich vorhandenen liberalen Bindungen verlor, für sich auszunutzen. Es gelang ihm, sie zum Motor einer klerikal orientierten Gesellschaft zu machen, die ihren Schwerpunkt in ländlichen Bevölkerungsschichten hatte. In dem Jahrzehnt von 1840 bis 1850 wurde die Kirche durch den zahlenmäßigen und qualitativen Aufstieg des Klerus lang-

[19] Gleichzeitig stieg in *Neufundland*, das erst ein Jahrhundert später der kanadischen Konföderation beitrat, die Zahl der Katholiken, die zu Beginn des Jahrhunderts 15 000 betrug, auf 64 000 im Jahr 1874; 1847, 1856 und 1870 wurden drei neue Diözesen auf der Insel errichtet. Vgl. *M. F. Howley*, Ecclesiastical History of New Foundland (Boston 1888).

[20] Die Regierung von London hatte nicht eingewilligt; außerdem hinderte der sehr schwerfällige Bischof von Quebec, Mgr. Signay, der die Verantwortlichkeit des Metropoliten fürchtete, den Plan nach Kräften. Vgl. *L. Lemieux* a. a. O. 432—518.

[21] Der Anschluß der Katholiken an die Konföderation traf auf eine gewisse Opposition sowohl von seiten der Franco-Kanadier als auch der Iren; aber die Mehrzahl der Bischöfe betrachtete den Plan als ein geringeres Übel, und jene, die dagegen waren, wie Mgr. Bourget, hielten es für wenig realistisch, sich öffentlich gegen eine unvermeidbare Tatsache zu stellen. Vgl. *W. Ullman:* Canadian hist. Review 44 (1963) 213—234 und *J. K. Farrell:* CHR 55 (1969) 7—25.

[22] Vgl. *F. Ouellet*, Histoire économique et sociale du Québec 1760—1850 (Montreal 1966) 373 476—477 589—590.

sam, aber sicher zur stärksten Institution des französischen Kanada. Im Gegensatz zu den Vereinigten Staaten war der einheimische Priesternachwuchs in Kanada schon vor der Jahrhundertmitte sehr stark, und zwischen 1840 und 1880 sank der durchschnittliche Quotient von 1700 Gläubigen je 1 Priester auf nur 520 Gläubige herab. Gleichzeitig mit der Anhebung des geistigen Bildungsstandes in den Seminaren errichtete man um 1840 wieder die Exerzitien für Priester und führte kurze Zeit später periodische Zusammenkünfte zum Studium theologischer Fragen ein. Die Bischöfe leisteten Großes in der Vereinheitlichung und Regelung des priesterlichen Wirkens, und der einst so unabhängige kanadische Klerus wurde im Lauf der zweiten Hälfte des Jahrhunderts zu einem der bestdisziplinierten.

Diese Veränderung der Mentalität und vor allem die „Romanisierung" des Klerus wurde beschleunigt durch die Ankunft zahlreicher französischer Ordensleute[23] in den 1840er Jahren. Sie waren von Mgr. Bourget gerufen worden, dem unternehmungsfreudigen und autoritär denkenden Bischof von Montreal (1840—76), der markantesten kirchlichen Persönlichkeit Kanadas im 19. Jh., der die religiöse Orientierung der Provinz Quebec für mehr als eine Generation in eng klerikalem Sinne bestimmte. Der glühende Ultramontanismus und die reaktionären politischen Konzeptionen dieser aus Frankreich eingewanderten Ordensleute konsolidierten Tendenzen, die bereits in der Provinz Quebec vorhanden waren, obwohl gewisse Schwierigkeiten mit dem einheimischen Klerus auftraten, und nährten die aufkeimenden politisch-religiösen Kämpfe. Ihr Einfluß auf spiritueller Ebene war jedoch beträchtlich; sie trugen wesentlich dazu bei, daß sich neue Formen der Frömmigkeit einbürgerten. Sie stellten sich gegen den moralischen Rigorismus der alten Priester; sie trugen durch die Eröffnung neuer klassischer Kollegien zur Heranbildung der künftigen Kleriker bei; sie begünstigten die Gründung und Ausbreitung von Frauengemeinschaften, wie die der Grauen Schwestern von Ottawa oder die der Filles de la Charité von Montreal[24], die sich später in ganz Amerika ausbreiteten und Zeugnis gaben von der Vitalität der kanadischen Kirche.

Die Provinz Quebec bot den in der Gesamtkirche einzigartigen Fall einer Gesellschaft, die mitten im 19. Jh. nicht legal, aber faktisch vollkommen von katholischen Grundsätzen geformt war. Die Franco-Kanadier akzeptierten in dem Bestreben, ihre kulturelle Eigenart gegenüber der englisch sprechenden und protestantischen Mehrheit zu wahren, spontan ein sich verdich-

[23] 1841 die Oblaten der Maria Immaculata (die in der Gegend von St. Laurent wie auch in den Missionsgebieten des Hohen Nordens und des Westens eine umfangreiche Tätigkeit entwickelten); 1843 die Jesuiten (die 1880 130 Mitglieder zählten, davon mehr als 100 einheimische); 1847 die Clercs de St-Viateur und die Pères de la Sainte-Croix, die in Kanada zu größerer Blüte gelangten als in ihrem Ursprungsland. Auf weiblicher Seite die Ordensfrauen vom Heiligen Herzen Jesu, die Sœurs du Bon Pasteur und viele andere.

[24] Vgl. *[M. A. Blanchard]*, L'Institut de la Providence, 6 Bde (Montreal 1925/40).

tendes Netz kirchlicher Einflußnahme, das alle Bereiche des privaten, sozialen und sogar politischen Lebens umfaßte. Das zeigte sich darin, daß die Interventionen des Klerus bei den Wahlen[25], vermehrt durch die Angst vor dem Radikalismus gewisser Liberaler, sich so häuften, daß selbst Rom es für angebracht hielt, die Bischöfe zu größerer Zurückhaltung aufzufordern. Diese Situation, in der die Kirche mit einem Minimum an offiziellen Privilegien eine fast unbestrittene moralische Autorität ausübte, hatte jedoch auch ihre Nachteile. Sie mündete in der Tat schon sehr bald in einem Klerikalismus, der jede Initiative der Laien systematisch verhinderte. Charakteristisch für die Situation war die Opposition der Hierarchie gegen das „Institut Canadien", einen von jungen, liberal orientierten Katholiken organisierten Zusammenschluß öffentlicher Bibliotheken, oder auch gegen die Entwicklung der Lehrervereinigung[26]. Das Entstehen einer nicht streng konformistischen katholischen Kultur wurde dadurch praktisch unmöglich, und dies trotz der vom ersten Provinzialkonzil (1851) gewünschten Gründung einer katholischen Universität in Quebec, die in einem Lande, in dem Louis Veuillot fast überall als unbestrittenes Orakel galt, zu einer der wenigen Heimstätten des (relativ) katholischen Liberalismus wurde.

In den maritimen Provinzen ist vor allem das Wirken des P. C. Lefebvre, der sich seit 1864 in den Dienst des sozialen Aufstiegs der Bewohner Neuschottlands stellte, hervorzuheben sowie der kurze Schulstreit (1871—74) zwischen den Katholiken Neubraunschweigs und der protestantischen Mehrheit.

In Ober-Kanada, wo die Katholiken in der Minderheit waren, stellten sich den Bischöfen um die Jahrhundertmitte vor allem zwei Probleme. Das eine bestand in der Notwendigkeit, die Flut der Emigranten, vor allem auf dem Lande, zu integrieren, und in den Schwierigkeiten der Priester und Ordensfrauen, die man zu diesem Ziel aus Quebec oder Frankreich geholt hatte, sich einem Milieu anzupassen, das sich so sehr von dem ihres Heimatlandes unterschied. Das andere große Problem war die Frage der katholischen Schulen. Die katholische Kampagne zur Verbesserung des Status der „separierten" Schulen, die in den vierziger Jahren ihren Anfang genommen hatte, entwickelte sich vor allem nach dem Gesetz von 1850 unter dem Impuls des „Toronto Catholic Institute", aber die Bischöfe waren sich selbst nicht einig, wie weit man in den Forderungen gehen sollte[27]. Der eifrigste unter ihnen war der Bischof von Toronto, Mgr. Charbonnel, der vor nicht allzu langer

[25] Einige Beispiele bei *Ch. Lindsey,* Rome in Canada. The Ultramontane Struggle for Supremacy over the Civil Authority (Toronto 1877) und bei *J. Willison,* Sir Wilfrid Laurier and the Liberal Party I (Toronto 1926).

[26] Vgl. *A. Labarrère-Paulé,* Les instituteurs laïques au Canada français, 1836—1900 (Quebec 1963).

[27] Vgl. *P. Hurtubize,* Mgr de Charbonnel et Mgr Guigues, La lutte en faveur des écoles séparées: Revue de l'Université d'Ottawa 33 (1963) 38—61.

Zeit aus Frankreich gekommen war und dessen Sympathien in den Diskussionen um die „Loi Falloux" mehr der Intransigenz eines Louis Veuillot als dem gemäßigten Realismus Dupanloups oder Montalemberts zuneigte. Jahrelange Diskussionen mit den Regierungsstellen und vor allem mit dem Superintendenten Ryerson[28] führten schließlich zu zwar ungenügenden, aber immerhin spürbaren Verbesserungen (1853 Bill Taché; 1863 Bill Scott). In diesem Fall wie auch in der Angelegenheit der Kirchengüter („Clergy reserve"), über die es zu Verhandlungen kam, gelangte man zu einer Lösung, die einen gewissen, von den Kirchen gewünschten konfessionellen Protektionismus mit dem amerikanischen Ideal einer völligen Neutralität des Staates in religiösen Belangen zu vereinen wußte.

Die Ernennung eines Apostolischen Delegaten im Jahr 1877 besiegelte schließlich die wachsende Bedeutung des kanadischen Katholizismus, der trotz zahlreicher mit den Vereinigten Staaten gemeinsamer Probleme (Emigration und „Grenze", Mischung der Rassen und Sprachen, Entkonfessionalisierung) durch die Bedeutung des auf das „Überleben" ausgerichteten französischen Faktors sehr eigenständige Formen entwickelte.

Australien

Die Fortschritte des Katholizismus in Australien führten — obwohl sie bescheidener waren als in Amerika — innerhalb einer einzigen Generation zur Bildung einer neuen Kirche von einer halben Million Gläubigen (25 Prozent der Bevölkerung) am anderen Ende des Britischen Reiches.

Zunächst nur Sträflingskolonie, hatte Australien nach und nach auch die freien Einwanderer angezogen, und die Iren waren bei beiden Gruppen besonders stark vertreten. Seit der Jahrhundertwende hatte die Regierung die Entsendung einiger Geistlicher, die natürlich auch Iren waren, genehmigt. Nach der Emanzipation von 1829 jedoch wünschte sie, daß die Hauptvertreter der jungen Kirche Engländer seien. Benediktiner, die in der Mehrzahl aus Downside Priory kamen, übernahmen diese Aufgabe. Der erste Apostolische Vikar, Polding, 1834 ernannt und seit 1842 Erzbischof von Sydney[29], ein Mann voll Eifer und missionarischem Geist, wollte, daß der zukünftige Klerus in klösterlichem Milieu herangebildet werde, um den Anglikanern durch seinen liturgischen Sinn und seine hohe Bildung und den Gläubigen durch seine Loslösung von den Gütern der Welt imponieren zu können.

[28] Seine Gegner beschuldigten ihn der systematischen Feindschaft gegen die Katholiken; aber er wies auch auf das niedere Niveau hin, auf dem die katholischen Schulen auf dem Lande vielfach blieben.

[29] Die Errichtung der Hierarchie in Australien, die die erste im Britischen Reich war, bewirkte eine heftige Reaktion der Anglikaner der Kolonie; dank des Taktgefühls Mgr. Poldings beruhigte sie sich jedoch schon bald.

Aber die bevölkerungsmäßige Entwicklung machte die Verwirklichung dieses Traums völlig unmöglich. Zum Zeitpunkt seiner Ernennung in Sydney waren 90 Prozent der 40 000 Katholiken Australiens in Neu-Südwales seßhaft, aber die Entwicklung der vor allem irischen Einwanderung in andere Gebiete Australiens und später, nach 1851, der Goldrausch in der Gegend von Melbourne verlangten eine Vermehrung der Pfarreien und Diözesen[30]. Den notwendig gewordenen Rahmen bildeten vor allem irische Priester; auch die Mehrzahl der neuen Bischöfe war naturgemäß irischer Herkunft. Diese jedoch inspirierten sich an pastoralen Grundsätzen, die sehr verschieden von jenen der Benediktiner waren, da sie den Akzent vor allem auf die Volkserziehung und die Vermehrung der Elementarschulen legten. Spannungen, die mehr als einmal unter den Bischöfen aufkamen, Konflikte, die diese mit ihren im ganzen sehr aktiven, aber auch sehr unabhängigen Priestern durchstehen mußten, Mißverständnisse zwischen den Benediktinern englischer Herkunft und dem irischen Klerus, der seine patriotischen Gefühle oft über die Gehorsamspflicht gegenüber den Oberen stellte, die oppositionelle Haltung einiger liberal beeinflußter Laien, die eine demokratischere Organisation der Kirche wünschten, all dies führte zu häufigen Erschütterungen der australischen Kirche im zweiten Drittel des Jahrhunderts[31]. Diese Wirren dürfen jedoch nicht jenen missionarischen Eifer vergessen lassen, der den gesamten Klerus beseelte und seinen sichtbaren Niederschlag im Anwachsen der religiösen Betätigung fand. Nicht zu vergessen ist auch die Hingebung, mit der sich Laien, wie Mrs. Caroline Chisholm, deren caritatives Wirken im Dienste der Emigranten (1838—57) bewundernswert war, engagierten. Nach 1865 trat, wie in vielen anderen Ländern, auch hier das Problem der Schulen in den Vordergrund. Der zunehmende Entzug der staatlichen Hilfsgelder für die Konfessionsschulen, die zur Schließung vieler protestantischer Schulen führte, behinderte kaum den Aufschwung der katholischen Volksschulen, die Bischöfe und Priester als eine der wichtigsten Grundlagen für die seelsorgliche Tätigkeit ansahen[32].

[30] Sechs von 1842 bis 1848 und fünf weitere in der Folge, bis 1874 schließlich eine zweite Kirchenprovinz in Melbourne errichtet wurde.

[31] Und sogar noch später: Intrigen führten zu einer Petition an Rom um die Aufhebung der Nominierung des Benediktiners R. W. Vaughan, der 1873 zum Koadjutor Poldings ernannt worden war.

[32] In *Neuseeland* dagegen setzte die Organisation der katholischen Kirche sehr viel später ein. Zwar wurden 1848 zwei den französischen Maristen anvertraute Diözesen errichtet, aber es gab erst einige tausend Katholiken europäischer Herkunft, und die Revolte der Maoris von 1859 beendete jegliche missionarische Tätigkeit über 10 Jahre hinweg. Erst 1887 wurde die katholische Hierarchie auf Vorschlag der zwei Jahre vorher in Sydney zusammengetretenen Plenarsynode von Australien neu organisiert (das Erzbistum Wellington mit drei Suffragandiözesen). Die Zahl der weißen Katholiken betrug um die Jahrhundertwende kaum mehr als 100 000. Vgl. *A. Landes:* RHM 6 (1929) 8—36 220—259.

Südafrika blieb, was die Katholiken anbelangt, bis zum Jahrhundertende ausschließlich Missionsland. Als 1837 ein Apostolisches Vikariat errichtet wurde, gab es dort erst 700

31. Kapitel

Entspannung in der iberischen Welt

LITERATUR: Spanien: Neben den in der Allg. Bibliographie aufgeführten allgemeinen Arbeiten und *Schmidlin PG* I 614—623, II 143—148 siehe: *F. Izaguirre Irureta,* Las relaciones diplomáticas de la S. Sede con el gobierno español durante la prima guerra carlista: Universidad 35 (Salamanca 1958) 564— 593; *P. Pérez Embid,* Los católicos y los partidos políticos españoles a mediados del siglo XIX: Nuestro tiempo 5 (Pamplona 1958) 387—409; *V. G. Kiernan,* The Revolution of 1854 in Spanish History (Oxford 1966); *F. Costadellas,* El arzobispo Costa y Borras 1848—64 (Barcelona 1947); *J. Goñi Gaztámbide,* S. Adriani, obispo de Pamplona: HS 21 (1968) 179—312; *C. Fernández,* El confesor de Isabel II y sus actividades en Madrid (Madrid 1964); *J. M. Cuenca Toribio,* La desarticulación de la Iglesia española del antiguo régimen 1833—40: HS 20 (1967) 33—98; *ders.,* La tercera restauración religiosa del siglo XIX: Anales de la Universidad Hispalense 26 (1966) 1—11 (über 1843); *ders.,* La Jerarquía eclesiástica en el reinado de Isabel II: Atlantida 6 (1968) 600—621; *ders.,* Apertura e integrismo en la Iglesia española decimonónica (Sevilla 1970); *ders.,* El pontificado pamplonés de D. P. C. Uriz y Labayru: HS 22 (1969) 129—285; *E. Federici,* Santa Gioacchina De Vedruna, fondatrice delle Carmelitane della carità (Rom 1958); *L. Frias,* Hist. de la Comp. de Jesús en su Asistencia moderna de España II, 1835—68 (Madrid 1944); *P. Jobit,* Les éducateurs de l'Espagne contemporaine, les Krausistes (Paris 1936); *J. Gorricho,* Epistolario de Pío IX con Isabel II: AHPont 4 (1966) 281—348.

Zur *Säkularisierung* der Kirchengüter: *J. M. de Antequera,* La desamortización eclesiástica (Madrid 1885); *J. Vicens Vivés,* Historia económica de España (Barcelona 1959) 560—571; *J. Porres Martín,* La desamortización del siglo XIX en Toledo (Madrid 1966).

Zum *Konkordat von 1851: J. Pérez Alhama,* La Iglesia y el Estado español (Madrid) 1967; *F. Suárez:* Ius canonicum (Pamplona) 3 (1963) 65—249.

Portugal: Neben *F. de Almeida* (Allg. Bibliogr.) IV/2 289—419 s. *Schmidlin PG* I 623—627, II 148—150 und *L. Frias* a. a. O. II 574—644.

Spanisch-Amerikanische Republiken: Neben den in der Allg. Bibliographie genannten Werken, im besonderen *Mechan* und *Pyke,* und *Schmidlin PG* I 639—645, II 150—161 s.: *F. B. Pyke,* Heresy, Real and Alleged, in Peru. An aspect of the conservative-liberal struggle 1830—75: HAHR 47 (1967) 50—74; *ders., Church* and State in Peru and Chile since 1840, a Study in Contrasts: AHR 73 (1967) 30—50; *R. Sotomayor Valdés,* Historia de Chile 1831—71, 2 Bde (Santiago 1875/76; hinsichtlich der Aktivitäten von Mgr. Valdivieso); *C. Oviedo Cavada,* La misión Irarrazaval en Roma 1847—50. Estudios de los relaciones de Iglesia y Estado en Chile (Santiago 1962); *ders.,* El gobierno chileno y el concepto misionero del Estado 1832—61: Historia 5 (Santiago 1966) 197—214; *R. Pattee,* García Moreno y el Ecuador de su tiempo (Mexiko 1941). Ferner: *W. Promper,* Priesternot in Lateinamerika (Löwen 1965); *L. Zea,* Dos etapas del pensamiento en Hispanoamérica. Del romanticismo al positivismo (Mexiko 1949); *R. Pérez,* La Compañía de Jesús en Colombia y Centro América después de su restauración (Valladolid 1896);

Gläubige, die nach einem System ähnlich jenem des „Trusteeism" der Vereinigten Staaten organisiert waren, das Mgr. Griffith (1837—62) große Schwierigkeiten bereitete. Sie zählten kaum 1000, als das Vikariat in Anpassung an die politische Teilung in zwei Vikariate aufgeteilt wurde (Engländer im Westen und Buren im Osten, die den Katholiken erst nach 1870 die volle Religionsfreiheit zugestanden haben). Vgl. *W. E. Brown,* The Catholic Church in South Africa (New York 1960).

ders., La Compañía de Jesús restaurada en la República Argentina y Chile, Uruguay y Brasil (Barcelona 1931); *W. Loor,* Los jesuitas en el Ecuador (Quito 1959); *C. A. González,* Fr. de P. González Vigil, el precursor (Lima 1961; ein peruanischer Priester, Vorkämpfer für liberale Reformen).

Zu Mexiko und Kolumbien s. Kap. 40, S. 722.

Brasilien: Neben den in der Allg. Bibliographie genannten allgemeinen Titeln vgl. *F. Guerra,* A questão religiosa do segundo imperio brasileiro (Rio de Janeiro 1952); *M. E. Scherer,* D. Machado (München 1965) 7—162; *M. C. Thornton,* The Church and Free Masonry in Brazil, 1872—75. A Study in Regalism (Washington 1943; behandelt faktisch die ganze Geschichte der religiösen Entwicklung Brasiliens seit der Unabhängigkeit); *M. Melo,* A Maçonaria no Brazil (Recife 1909); *T. Assis Bastes,* O positivismo e la realidade brasileira (Belo Horizonte 1965); *A. Rubert,* O bispado do Rio Grande do Sul e a nomeaçao de seu primo bispo 1848—1853: Rev. ecles. brasileira 28 (1968) 88—99; *J. C. Fernandes Pinheiro,* Dom Manuel do Monte Rodriguez de Araújo: Revista do Instituto histórico e geográfico brasileiro 27 (1867) 194—217; *O. T. de Sousa,* Diogo Antonio Feijó (Rio de Janeiro 1942); *S. Elsner,* Die deutschen Franziskaner in Brasilien (Trier 1912).

Spanien

Spanien verlor für den Heiligen Stuhl durch die Unabhängigkeitserklärung der früheren amerikanischen Kolonien seine große Bedeutung, blieb aber dennoch eine der drei katholischen Großmächte Europas. Jedoch hatte es bis zur Thronbesteigung Pius' IX. Rom mehr Sorgen bereitet als das liberale Frankreich Louis-Philippes oder das josephinistische Österreich Metternichs.

Die Krise war im Jahr 1833 beim Tode des Königs Ferdinand VII. ausgebrochen. Dieser hatte das salische Gesetz annulliert und den Thron seiner jungen Tochter Isabella gesichert. Aber die „Apostolische Partei", die befürchtete, die Regentschaft der Königin Maria Christina werde die Rückkehr der Liberalen an die Macht begünstigen, unterstützte die Thronansprüche des königlichen Bruders Don Carlos, der für seine reaktionären politischen und religiösen Ansichten bekannt war und auch die Unterstützung der Regionalisten der nördlichen Provinzen hatte. Der daraus entstandene Krieg der Dynastien dauerte mit der offenen Unterstützung der meisten Kleriker Navarras, Leóns und des Baskenlandes bis 1839 an. Er verschärfte den Gegensatz zwischen den Liberalen und den intransigenten Katholiken noch mehr dadurch, daß Gregor XVI., teils aus spontaner Sympathie für die durch die Karlisten verkörperte traditionalistische Ideologie, teils unter dem Druck Österreichs und Rußlands, die Anerkennung Isabellas verweigerte und angesichts der antiklerikalen Haltung der neuen Regierung offen Partei für Don Carlos ergriffen hatte. Der gemäßigte Martínez de la Rosa hatte jedoch in den ersten Monaten seiner Regentschaft versucht, nicht mit Rom zu brechen und unter Wahrung der kanonischen Formen eine Anpassung des Statuts der spanischen Kirche zu vollziehen. Dieses Statut war immer noch an dem Konkordat von 1753 ausgerichtet und entsprach weder den Ideen noch den politischen Gegebenheiten der Gegenwart. Es wurde bald von den Radikalen aus dem Wege geräumt. Den Anfang dazu machten Gewalttätigkeiten des Volkes, die Brandschatzung von Klöstern, die Ermordung von Ordensleuten (zuerst in Madrid, am 17. 7. 1834, dann in Saragossa, Murcia und Barcelona) und die Ausschreitungen gegen Kleriker in anderen Städten. Seit 1835 wurden unter dem neuen Minister Mendizábal nach und nach eine Reihe antiklerikaler Gesetze erlassen, die eine Reihe einseitiger Maßnahmen zur Folge hatte. Die erste, die „desamortización" der Kirchengüter, hatte ihren Grund hauptsächlich in ökonomischen Erwägungen und entsprang der Notwendigkeit, einem wachsenden Defizit im Staatshaushalt zu begegnen. Die folgenden waren jedoch vor allem ideologischen Ursprungs und wurzelten in Urteilen, bei denen sich die Wunschvorstellungen der Alumbrados des 18. Jh. mit denen der Liberalen des 19. Jh. vermischten. Sie brachten die Auflösung der meisten Klöster, mit Ausnahme jener, die dem Unterricht und der Krankenpflege oblagen, die bedingungslose Abschaffung der großen Orden[1], die Verstaatlichung der den Pfarrgemeinden und Kapiteln gehörenden Kirchengüter und die Abschaffung des Zehnten (1837), der die Haupteinnahmequelle des Klerus bildete (ungefähr 400 Millionen Real). Der Staat, der die bisher von der Kirche wahrgenommenen Aufgaben nun hätte übernehmen sollen, kümmerte sich keineswegs um die Aufrechterhaltung der öffentlichen Wohlfahrt. Er erließ weiterhin Strafgesetze gegen den „Mißbrauch" der Kanzel und des Beichtstuhles, vertrieb manu militari jene Prälaten, die der Opposition gegen die Regierung beschuldigt wurden, so daß die wichtigsten Bischofssitze, wie Toledo, Valencia, Burgos und Granada, in kurzer Zeit verwaist waren. Die Protestanten erhielten erstmals die Erlaubnis, für ihre Religion zu werben. Schließlich faßte man den Plan zu einer allgemeinen Reform der Kirche nach dem Vorbild der französischen Zivilverfassung von 1790. Der Widerstand der Regentin gegen die Radikalen brachte zwar drei Jahre der Beruhigung (1837—39), in deren Verlauf ein erster Versuch unternommen wurde, die finanzielle Lage des Klerus auf einer neuen Grundlage zu regeln. Aber schließlich wurde Maria Christina zum Verlassen des Landes gezwungen, und die antiklerikale Politik konnte sich stärker denn je unter der Regentschaft des Generals Espartero (1840—43) durchsetzen. Dieser gab sich nicht damit zufrieden, dem Klerus die Auszahlung der Besoldung, zu der sich der Staat zum Ausgleich der Konfiskationen verpflichtet hatte, vorzuenthalten, sondern ging sogar so weit, aus eigener Machtvollkommenheit neue Pfarreien zu errichten und ohne Rücksprache mit dem Heiligen Stuhl Administratoren für 47

[1] Die Zahl der Ordensangehörigen hatte sich bereits von 61723 im Jahr 1830 auf 52627 im Jahr 1835 verringert: 22342 Nonnen und 30285 Mönche (in 1898 Klöstern), davon 11232 Franziskaner, 3202 Karmeliter, 3118 Dominikaner, 2829 Kapuziner, aber nur 363 Jesuiten. Es gab 60 Benediktinerklöster und 53 Zisterzienserklöster.

von insgesamt 62 vakanten Bischofssitzen zu ernennen. Die Widersacher auf katholischer Seite, deren bedeutendster der katalanische Kanonikus Balmes[2] war, konnten sich bei ihrer Opposition gegen diese Politik ohne weiteres auf die Prinzipien des Liberalismus selbst berufen. Tatsächlich begann der Radikalismus dieser Kirchenpolitik in einem Land, in dem der katholische Glaube selbst in der Bourgeoisie noch tief verwurzelt war, auch zahlreiche Gemäßigte zu beunruhigen, wofür die Entwicklung eines Donoso Cortés[3] charakteristisch ist. Nach zehn Jahren, in denen die „Auflösung der alten spanischen Kirchenordnung" (Cuenca Toribio) unaufhaltsam vor sich gegangen war, begann schließlich mit der Rückkehr der Gemäßigten an die Macht eine Entspannung. Sie zog sich über ein ganzes Jahrzehnt hin und setzte mit der Volljährigkeit der Königin Isabella ein, die persönlich sehr kirchentreu war. Am 28. Januar 1844 wurden die Gesetze, die die Ausübung der kirchlichen Jurisdiktion beaufsichtigten, abgeschafft. Einige Tage darauf konnten bereits die des Landes verwiesenen Bischöfe ihre Bischofssitze wieder einnehmen, und der Gerichtshof der Rota wurde wieder eingesetzt. Der Verkauf von Kirchengütern[4] dauerte zwar noch eine gewisse Zeit an, aber er wurde im Laufe des Jahres 1845 endgültig eingestellt. Während die Regierung also begann, einen Rückzieher zu machen, begannen einige hellsehende Bischöfe, unter ihnen P. P. Romo, der neue Erzbischof von Sevilla, zu erkennen, daß ein Regime, das die verfassungsmäßigen Freiheiten anerkenne, der Kirche eine Unabhängigkeit des Apostolats verschaffen könne, die den Verlust gewisser Privilegien bei weitem ausgleichen würde. Man ging also daran, ein pastorales Programm auszuarbeiten, das der neuen Mentalität besser entsprach und nach dem Vorbild der französischen Katholiken die Unterrichtsfreiheit zum Ziel hatte. Dies war jedoch zunächst nur ein erster Versuch, begünstigt durch die offene Atmosphäre, die während der ersten Monate des Pontifikats von Pius IX. in Rom

[2] Jaime Balmes (1810—48), ein kraftvoller Apologet, Vorläufer des Neothomismus, der jedoch den Kontakt mit der modernen Philosophie zu bewahren bestrebt war, politischer Kontroversist und sozialer Initiator, war die bedeutendste intellektuelle Persönlichkeit des spanischen Klerus im zweiten Drittel des 19. Jh., obschon sein Einfluß zur Zeit seines Wirkens sehr begrenzt blieb. Vgl. *I. Casanovas*, Balmes, su vida, sus obras y su tiempo, 2 Bde (Barcelona 1942) und LThK² I 1211—12.

[3] Vgl. *E. Schramm*, Donoso Cortés. Leben und Werk eines spanischen Antiliberalen (Hamburg 1935) und DHGE XIV 668—671.

[4] Während der Verkauf des Klostereigentums bereits 1835 begonnen hatte, wurde der Grundbesitz des Weltklerus erst ab 1842 veräußert. Im ganzen wurden 1835—44 76 734 Grundstücke aus dem Besitz des Ordensklerus für einen Gesamtwert von 2 762 202 415 Real und 69 539 Grundstücke des Weltklerus für einen Gesamtwert von 774 983 086 Real verkauft. Dieser bedeutende Transfer von Grundbesitz wirkte sich auf die Bourgeoisie und die liberale Aristokratie sehr vorteilhaft aus, war jedoch — mehr noch als im Frankreich der Revolution — in sozialer Sicht folgenschwer, da sie die Lage der Bauern im allgemeinen verschlechterte.

geherrscht hatte. Nach diesem mißglückten Versuch beschränkte sich die spanische Kirche darauf, den früheren, staatlicherseits garantierten Stand, dessen Wiederherstellung sie bereits zweimal, in den Jahren 1814 und 1825, erreicht hatte, so vollständig wie möglich wiederzugewinnen. Diese Erwartung erwies sich jedoch als irrig, da der Gesinnungswandel im Bürgertum, vor allem aber bei den Studenten an den Hochschulen, diesmal viel tiefer war.

In der Zwischenzeit waren Verhandlungen mit Rom zur Wiederherstellung der seit 1835 unterbrochenen Verbindungen sowie zu einer Übereinkunft zur Neuregelung der kirchlichen Angelegenheiten eingeleitet worden. Der schwierigste Punkt war das Statut für die Finanzierung des spanischen Klerus; denn hier waren nicht nur grundsätzliche Fragen, sondern auch fiskalische Probleme im Spiel. Die Verhandlungen wurden aber außerdem erschwert durch das Mißtrauen des Heiligen Stuhles gegenüber einer Regierung, die ihm immer noch als zu liberal galt, sowie durch das Beharren auf einigen regalistischen Forderungen von spanischer Seite. Am 27. April 1845 wurde eine Vertragsvorlage unterzeichnet[5], die einige Reformen einleiten sollte. Sie sah unter anderem die Wiedereröffnung bestimmter Klöster und die Rückgabe der noch nicht veräußerten Kirchengüter an den Weltklerus vor, was der Kirche einige Vorteile gebracht hätte. Der Heilige Stuhl wollte jedoch der Beurkundung des Verkaufs von Kirchengütern erst dann seine Zustimmung geben, wenn die Frage der Besoldung des Klerus durch die Kammern in befriedigender Weise geregelt sei. Angesichts der Reaktion von liberaler Seite, die die unverzügliche Anerkennung der „desamortización" forderte, verweigerte die spanische Regierung die Ratifizierung des Vertrags. Viele waren nämlich darüber enttäuscht, daß verschiedene dem Staat durch das Konkordat von 1753 zugestandene Vorteile, vor allem auf dem Gebiet des Placet, darin nicht aufgenommen waren.

Man war jedoch von beiden Seiten daran interessiert, eine Lösung herbeizuführen, und deshalb wurden die Verhandlungen fortgesetzt. Nach Unterbrechung durch den Tod Gregors XVI. wurden sie nach 1847 auf einer neuen Grundlage und einer auf beiden Seiten vorhandenen Verständigungsbereitschaft wiederaufgenommen. Nach äußerst schwierigen Auseinandersetzungen wurde schließlich die heikle Frage der Besoldung des Klerus durch das Gesetz vom 20. April 1849[6] geregelt. Die Verhandlungen führten schließlich zum Konkordat vom 16. März 1851[7]. Dieses Konkordat war insofern ein Erfolg für den Heiligen Stuhl, als durch die Krise des Jahres 1848[8] eine Ausrichtung der Gemäßigten nach der Rechten hin einsetzte.

[5] Text bei *Mercati* I 796—799.

[6] Text bei *J. Pérez Alhama*, La Iglesia y el Estado español 269—270.

[7] Text bei *Mercati* I 770—796.

[8] Die Intervention spanischer, österreichischer, französischer und neapolitanischer Truppen im Jahr 1849 zugunsten der Restauration der zeitlichen Macht des Papstes ist bezeichnend.

In der Tat bestätigte diese Übereinkunft trotz einiger Zugeständnisse an die Forderungen der Zeit „die katholische Seele Spaniens" (Pérez Alhama). Sie unterschied sich gleichzeitig vom Konkordat aus dem Jahre 1753 dadurch, daß sie die Einmischung des Staates in rein kirchliche Belange beseitigte und der Kirche eine weitgehende Autonomie auf ihrem eigenen Gebiet sicherte. Es wurde somit das „liberalste" aller spanischen Konkordate. Es ist hinzuzufügen, daß der Verlust des größten Teils ihres Grundbesitzes für die Kirche auch eine Befreiung bedeutete und die Anhänglichkeit des spanischen Klerus an den Heiligen Stuhl gestärkt aus dieser fünfzehnjährigen Zeit der Prüfung hervorging. Andererseits war der Klerus nach den liberalen Exzessen nun mehr denn je davon überzeugt, daß eine Garantie für Religion und soziale Ordnung nur von den Konservativen erwartet werden konnte. Dies brachte die Kirche in eine größere Nähe zu den Parteien der Rechten, von denen das Geschick des Konkordats abhängig zu sein schien. In der Tat machte Espartero, als er im Jahr 1854 wieder an die Macht gelangte, das Konkordat sofort rückgängig, und die Übergriffe gegen das Kirchengut und die Orden begannen erneut. Die Debatten der neuen Konstituante boten die Gelegenheit „zu einer ersten wirklichen Diskussion über das Verhältnis der Kirche zum Staat in der Geschichte Spaniens" (Kiernan). Schon im Herbst des Jahres 1856 ging jedoch die Regierung wieder auf die Gemäßigten unter der Führung von Narváez über, und die Kirche konnte bis zur Revolution von 1868 in einem relativen Frieden, der durch eine neue Übereinkunft mit dem Heiligen Stuhl[9] sanktioniert wurde, leben.

Durch das Konkordat erhielt die Kirche eine ausschlaggebende Stellung im Staat. Es ermöglichte eine gewisse kirchliche Restauration, die durch die Protektion der Königin Isabella II. erleichtert wurde, einer beschränkten und bigotten Frau, die sich jedoch von ihrem Beichtvater, dem heiligen Antonio-Maria Claret[10], einem übereifrigen Apostel, beraten ließ. Der äußere Wiederaufbau äußerte sich vor allem in einem starken Andrang zu den Seminaren, deren Neuordnung der Episkopat einen bedeutenden Teil seiner Sorge zuwandte. Er zeigte sich auch in der Gründung neuer aktiver Schwesternkongregationen, besonders in Katalonien, die sich dem Unterricht und der Caritasarbeit widmeten. Das Fundament aber bildete zweifellos all das, was an echtem christlichem Leben in breiten Bevölkerungsschichten vorhanden war. Das Aufblühen der Kirche war aber nur äußerlich und

[9] Am 25. 8. 1859; Text bei *Mercati* I 920—929. Ergänzende Übereinkunft vom Juni 1867 über die frommen Stiftungen, ebd. [18]—[24].

[10] Über A. M. Claret (1807—70), Begründer zweier Missionskongregationen, äußerst aktiver Erzbischof von Santiago de Cuba von 1850 bis 1857, Beichtvater der Königin von 1857 bis 1868, siehe *C. Fernández*, A. M. Claret, 2 Bde (Madrid 1942) und Escritos autobiográficos y espirituales, hrsg. von *J. M. Viñas* (Madrid 1959). Auch *C. Fernández*, El confesor de Isabel II y sus actividades en Madrid (Madrid 1964).

darum sehr gefährdet. Der zahlenmäßig noch immer sehr starke Klerus — im Jahr 1868 traf trotz eines Rückgangs von 20 Prozent seit Ferdinand VII. immer noch ein Priester auf 380 Einwohner — gab sich allzuleicht mit einer bloßen Religion der Riten und der Routine zufrieden und verwechselte häufig seine Apostolatsaufgabe mit Aufforderungen zur Unnachgiebigkeit. Er hielt seinen Anspruch auf die moralische Führung der Nation aufrecht, die nicht mehr durch eine ausreichende Bildung gerechtfertigt war, da er fortfuhr, sich mit einer überholten Scholastik ohne jegliche Originalität zu begnügen und die Bemühungen von Balmes und Donoso Cortés um eine Neubelebung der traditionellen Apologetik zu ignorieren. Während in der vorhergegangenen Generation viele unter den Antiklerikalen trotz allem gläubige Christen geblieben waren, vermehrte sich seit 1860 die Zahl der in ihrem Glauben erschütterten Intellektuellen. Die Romantik, die in Spanien durch die nach 1833 aus Frankreich zurückkehrenden Vertriebenen erst sehr spät, und zwar zu einer Zeit, da ihre Hauptvertreter schon der Kirche entfremdet waren, zum Durchbruch kam, hat dem freien Denken den Weg geöffnet, das unter dem Einfluß nachhegelianischer philosophischer Systeme seinen spanischen Ausdruck im „Krausismus" fand. Vor allem unter den Intellektuellen sahen sich viele durch einen Katholizismus entmutigt, der sich unter der Führung der „Neocatólicos" von Nocedal, den geistigen Erben der Karlisten, und ihres Organs „Pensamiento español" in fanatischer Weise antimodern verhielt. Diese lautstarken Stellungnahmen, die freilich von Pius IX. erfreut aufgenommen wurden, hatten nur eine Verstärkung des latenten Antiklerikalismus in der gebildeten Bourgeoisie zur Folge.

Portugal

Die Entwicklung der religiösen Situation in Portugal während des Pontifikats Gregors XVI. hatte sich, ebenso wie in der Restauration, in einer eigenartigen Parallelität zu Spanien vollzogen. Auch Portugal hatte zwei Thronanwärter: Don Miguel auf der einen Seite und Don Pedro und seine Tochter Maria da Gloria auf der anderen. Dieser dynastische Konflikt wurde noch erschwert durch den ideologischen Kampf zwischen Absolutisten, unterstützt von Klerus und Papst, und Konstitutionellen, hinter denen die Freimaurer standen. Auch hier kam es nach dem Sieg Don Pedros im Jahr 1832 zu einer Reihe antiklerikaler Maßnahmen: Ausweisung des Nuntius; Einrichtung einer Kommission zur Reform des Klerus im Juli 1833, die neben vernünftigen Vorschlägen, wie z. B. der Reduzierung der übermäßig großen Zahl von Diözesen, auch Projekte gallikanischer oder jansenistischer Herkunft, die in direktem Gegensatz zu den römischen Konzeptionen standen, ausarbeitete; Unterdrückung der erst 1829 zurückgekehrten Jesuiten; Schließung aller Klöster (28. 5. 1834) einschließlich jener der überseeischen

Besitzungen (die Liberalen in Spanien hatten immerhin noch die Missionen bestehen lassen). Schwerwiegender jedoch war die Tatsache, daß Don Pedro die Anerkennung der von seinem Mitbewerber Don Miguel zwischen 1826 und 1832 ernannten Bischöfe verweigerte und die Mehrzahl der Bischöfe ihrerseits eine Zusammenarbeit mit der liberalen Regierung ablehnte. Zahlreiche Bischofssitze wurden bald für vakant erklärt, und die Regierung schritt unter nichtkanonischen Bedingungen zur Wahl von Kapitularvikaren, die mit der legitimen Autorität in Konflikt gerieten, während die Priester und Gläubigen, die diese Eindringlinge nicht anerkannten, Verfolgungen ausgesetzt waren. Dadurch entstand mehrere Jahre hindurch eine wahrhaft schismatische Situation.

Aber in Portugal wie in Spanien brachte die Entwicklung der politischen Lage eine Entspannung, die in den Jahren 1835/36 schon begonnen hatte. Die Verhandlungen mit Rom, die von Mgr. Capaccini seit 1842 mit sehr viel Wendigkeit geführt wurden, kamen jedoch nur langsam voran. Auch hier gelangte man erst nach dem Tode Gregors XVI. im Oktober 1848 schließlich zu einer Übereinkunft, die vor allem die Frage der Seminare und der kirchlichen Gerichtsbarkeit regelte[11]. Diese Übereinkunft wurde im Jahr 1857 durch eine Konvention über das Patronatsrecht des portugiesischen Königs über die Missionen in Indien und China ergänzt[12]. Man begann mit der Neuorganisation der Seminare, die bei dem niedrigen Bildungsniveau des Klerus, dessen Lebenswandel und Nachlässigkeit in der Seelsorge die Nuntien in ihren Berichten häufig kritisiert hatten, vordringlich war. Die Orden einschließlich der Jesuiten faßten trotz der Behinderungen durch die Freimaurer besonders nach 1858 allmählich wieder Fuß im Lande. Noch mehr als in Spanien blieb das einfache Volk den Traditionen des Katholizismus verbunden. Aber die rationalistische Ausrichtung der gebildeten Bourgeoisie kam mehr und mehr zum Vorschein, und die Gleichgültigkeit der portugiesischen Katholiken gegenüber den Angriffen der antireligiösen Presse stand in unangenehmem Gegensatz zu den spanischen Bemühungen, im Verlauf des zweiten Drittels des 19. Jh. eine katholische Presse ins Leben zu rufen.

Die spanisch-amerikanischen Republiken

Es wäre übertrieben, behaupten zu wollen, daß das Dutzend Republiken des alten Spanisch-Amerika dem Heiligen Stuhl um die Mitte des 19. Jh. viel Freude bereitet hätte. Die meisten Verfassungen erkannten zwar auch

[11] Text bei *J. Ferreira Borges de Castro*, Colecção dos tratados ... (Lissabon 1856 ff) VII 221 ff.

[12] Text bei *Mercati* I 844—852. Es handelte sich um die Beendigung des sogenannten „Goanesischen Schismas". Vgl. S. 239 f.

weiterhin den Katholizismus als Staatsreligion an, die Regierungen aber wollten nicht auf die aus der Kolonialzeit überkommene Tradition einer peinlichen Überwachung der Kirche verzichten und bestanden immer wieder darauf, daß der Heilige Stuhl ihr Patronatsrecht über die Kirche anerkenne. Gleichzeitig versuchten sie im Namen der neuen liberalen Ideologie den Einfluß des Klerus in der bürgerlichen Gesellschaft zu reduzieren, seine Rechtsprivilegien abzuschaffen und seinen immer noch beträchtlichen Grundbesitz wieder der Volkswirtschaft einzugliedern. Dies führte zu immer wieder neu aufbrechenden Konflikten und bisweilen sogar, wie in Kolumbien oder Mexiko, zu einem gewaltsamen Bruch[13]. Diese Konflikte wurden in einigen Fällen herbeigeführt durch den Willen der Kirche, eine mit den neuen ultramontanen Ideen unvereinbare Bevormundung durch die Regierung zurückzuweisen. Jedoch in den meisten Fällen ergaben sie sich aus einer reaktionären Haltung der Kleriker, die sich zuweilen, durch Rom ermutigt, darauf versteiften, Nachhutgefechte zu führen, die nur dazu dienen sollten, die mehr und mehr unzeitgemäße Position zu verteidigen. Auf der anderen Seite war der Klerus, dessen Lebensbedingungen sich radikal geändert hatten, seiner Aufgabe kaum mehr gewachsen, außer in Chile. Es herrschte, besonders auf dem Lande, ein starker Priestermangel[14], der sich noch verschärfte, seitdem die Verbindungen mit Spanien abgebrochen waren, und vor allem da die Einwanderer, im Gegensatz zu den Vereinigten Staaten, fast nie von Priestern aus ihrem Heimatland begleitet waren. Hinzu kamen das Absinken der Moral, eine Disziplinlosigkeit und der Verlust jeglicher pastoraler Dynamik, dessen Folge die totale Auflösung der Indianermissionen innerhalb eines halben Jahrhunderts war. Außerdem befanden sich die nach den Säkularisierungen zu Beginn des Jahrhunderts noch verbliebenen Orden in vollem Niedergang. Sie konnten daher, auch mit Hilfe ausländischer Mitbrüder, nur sehr begrenzt die Ausfälle im Pfarrklerus ausgleichen, zumal die ständigen Behelligungen, ja sogar Vertreibungsmaßnahmen der Regierungen ausgesetzt waren.

Dennoch schien nach der tiefen Krise, die diese Christengemeinden während der Unabhängigkeitskämpfe erschüttert hatte, um die Jahrhundertmitte sich ein Wiederaufbau anzubahnen. Sein Beginn fiel in die Zeit des Pontifikats Gregors XVI. Zunächst wurden, wie schon früher erwähnt[15], die Bischofssitze, von denen eine große Zahl seit langen Jahren vakant gewesen war, nach und nach wieder besetzt. Damit wurde eine unerläßliche Vorbedingung dafür geschaffen, die Kirchendisziplin wieder fest in die

[13] Davon ist in Kap. 39, S. 723—724 die Rede.

[14] Ein Beispiel: In Mexiko beträgt die Gesamtzahl der Priester, die im Jahr 1810 noch 7341 ausmachte (4229) Welt- und 3112 Ordenspriester), im Jahr 1850 nur noch 3275 (2084 Welt- und 1191 Ordenspriester), während die Bevölkerungszahl von 6 Millionen auf 7,5 Millionen gestiegen ist.

[15] Vgl. S. 204.

Hand zu bekommen. Dann konnten in Südamerika die aus der Kolonialzeit stammenden Diözesen, deren Zahl durch die Einwanderungen aus Europa und das damit zusammenhängende stetige Anwachsen der Bevölkerung absolut ungenügend geworden war[16], durch sechs neue ergänzt werden. Apostolische Visitatoren mit sehr weitreichenden Vollmachten waren ernannt worden, um die Disziplin in den Orden wiederherzustellen. Die Jesuiten hatten in einigen Republiken (seit 1836 in Argentinien, 1842 in Neugranada, 1843 in Chile) wieder Fuß gefaßt. Die Wiederaufrichtung ging zwar langsam, aber stetig vor sich. Pius IX., der seit seiner Reise nach Lateinamerika ein lebhaftes Interesse für diese fernen Länder bewahrt hatte, unterstützte die Initiativen: Neuerrichtete Diözesen ermöglichten einen engeren Kontakt zwischen den Priestern und ihren Gläubigen. Die Kirchenprovinzen wurden neu geordnet, um sie der neuen politischen Gliederung anzupassen. Es wurden Versuche unternommen, durch die Nominierung von Delegaten, die sich — übrigens nur mit begrenztem Erfolg — um eine Reform der krassesten Mißstände bemühten, den lokalen Klerus wieder in die Hand zu bekommen. Ordensleute und Schwestern aus Europa wurden zur Gründung von Schuleinrichtungen ermutigt; ihre Zahl hat sich zwar trotz der Hindernisse von seiten der Regierungen in steigendem Maße vermehrt, ihr Einfluß wurde jedoch leider nur bei den vermögenden Klassen wirksam. In Rom wurde das Collegio Pio latino-americano errichtet (1858), das der Heranbildung eines dem Heiligen Stuhl ergebenen Eliteklerus dienen sollte. Zwar mußte fast der ganze Pontifikat Pius' IX. vorübergehen, bevor offizielle diplomatische Beziehungen zwischen Rom und den wichtigsten südamerikanischen Republiken zustande kommen sollten; vor 1877 gab es nur vereinzelt einige Apostolische Delegaten. Dagegen gelang dem Heiligen Stuhl in den Jahren 1852—62 der Abschluß von sieben Konkordaten oder Konventionen[17]. Einige waren nur vorübergehend wirksam, brachten aber zumindest eine Verbesserung der Beziehungen zwischen der Kirche und den Regierungen, wie sie gewöhnlich nach der Rückkehr der Konservativen an die Macht im Verlauf des zweiten Drittels des Jahrhunderts und dem sich in der Regel anschließenden Triumph der Liberalen während der letzten Jahrzehnte einzutreten pflegte.

[16] 24 (ohne Brasilien) im Süden des Golfs von Mexiko, im Jahre 1815, zu einer Zeit, da von den 15 Millionen Spanisch-Amerikanern nur ein Drittel südlich der Landenge von Panama lebte. Während sich die Bevölkerung von Mexiko und Zentralamerika bis 1850 nur um 30 Prozent (13 Millionen) vermehrt hatte, war die Bevölkerung Südamerikas um 250 Prozent, also auf 12,5 Millionen Einwohner, angestiegen, die auf einem Gebiet von 15 Millionen Quadratkilometern lebten.

[17] Mit Guatemala und Costa Rica im Jahr 1852 (Text bei *Mercati* I 800—821); mit Honduras und Nicaragua im Jahr 1861 (ebd. 936—959); mit San Salvador, Venezuela und Ekuador im Jahr 1862 (ebd. 960—999). Verhandlungen zu einem Konkordat wurden auch für Bolivien (1851), Peru (1853) und Argentinien (1855 und 1857) eingeleitet, die

Dies gilt besonders für Mittelamerika, wo der Diktator von Guatemala, General R. Carrera (1839—65), die seit 1829 durch den liberalen Präsidenten Marazán eingeführte antiklerikale Gesetzgebung aufhob, die kirchlichen Privilegien und die Kontrolle des Klerus über Unterricht und Presse wiederherstellte, den Ordensgemeinschaften ihre Güter zurückgab und die kleineren Nachbarstaaten zwang, für die Kirche vorteilhafte Konkordate mit dem Heiligen Stuhl abzuschließen. Dies trifft auch, wenngleich in geringerem Ausmaß für Chile zu. Dort führte Erzbischof R. V. Valdivieso (1847—78), ein eifriger Seelsorger, unbeugsamer Verteidiger der Rechte der Kirche und erbitterter Antiliberaler, unaufhörlich Klage gegen den Regalismus der Regierungen und die den Protestanten gewährten Erleichterungen. Aber die Kirche erhielt in Chile spürbare Ausgleichszahlungen für die Aufhebung des Zehnten (1853), und D. Portales förderte, während 25 Jahren als konservativer Minister für Erziehung, in den staatlichen Schulen den Einfluß des Katholizismus, in dem er die beste Garantie für die öffentliche Ordnung sah, und begünstigte die Einwanderung aktiver Orden bzw. Kongregationen aus Europa wie die der Jesuiten oder der Dames du Sacré-Cœur. In Venezuela mußte die Kirche zwar die Aufhebung der kirchlichen Gerichtsbarkeit und des Zehnten und den Entschluß der Regierung, im Jahr 1847 selbst und ohne römische Intervention zwei neue Diözesen zu gründen, hinnehmen; doch gewährte die von 1830 bis 1864 fast ohne Unterbrechung regierende konservative Oligarchie den Klerikern wesentliche Vorteile, deren Höhepunkt das Konkordat von 1862 darstellte. In Bolivien stand man im Jahr 1851 ebenfalls kurz vor dem Abschluß eines Konkordats[18]; die Regierung jedoch war zwar angesichts des geringen Einflusses der Kirche im öffentlichen Leben dieser besser gewogen als in vielen anderen Ländern, verweigerte jedoch die Ratifizierung des Vertrags, weil Rom sich darauf versteifte, das „patronato" über die Kirche als ein Privilegium „einzuräumen", während die Regierung seine Anerkennung als bestehendes Recht verlangte. Die Beziehungen blieben jedoch auch weiterhin gut, da Rom die Ausübung des „patronato nacional" de facto tolerierte, ohne es jedoch offiziell anzuerkennen. In Peru konnte der gemäßigte liberale Präsident R. Castilla trotz der Proteste einer der konservativen Partei verbundenen Gruppe von Priestern, die der Hierarchie ihre reaktionären Ansichten aufzuzwingen versuchte, mit der Unterstützung

jedoch vor allem wegen der Forderungen hinsichtlich des „patronato" nicht zum Abschluß kamen.

Hingewiesen sei noch auf den nach einem halben Jahrhundert voller Spannungen und Schwierigkeiten erfolgten Abschluß eines Konkordats mit der Negerrepublik Haiti im Jahr 1860 (*Mercati* I 929—936) und die Reorganisation dieser Kirche, die französischen Missionaren anvertraut war. Vgl. *A. Caron*, Notes sur l'histoire religieuse d'Haïti de la Révolution au concordat, 1789—1860 (Port-au-Prince 1933).

[18] Text bei *Mercati* I [3]—[14].

der konzilianten Erzbischöfe F. X. de Luna Pizarro (1845—55) und J. S. Goyeneche (1859—72) die Annahme einer Kompromißlösung erreichen. Es ließ sich zwar nicht verhindern, daß die kirchlichen Gerichtshöfe, der Zehnte und die Kontrolle des Klerus über den Unterricht abgeschafft wurden, aber der Hauptbestand des Kirchenbesitzes war gerettet, und vor allem erhielt die Kirche eine Unabhängigkeit vom Staat, die weit über jene in den anderen südamerikanischen Staaten hinausging. Selbst in Argentinien war mit dem Abtreten des Diktators Rosas im Jahr 1852 das Ende „des goldenen Zeitalters der Kleriker" gekommen. Dort hatten sich die Kleriker einem stark ausgeprägten Regalismus, der jedoch zu ihren Gunsten wirksam war[19], sehr gut angepaßt; aber die Kirche erlebte noch etwa zehn weitere ruhige Jahre, da die Verfassung von 1853 mehrere der Kirche sehr günstige Klauseln enthielt. Einen letzten, besonders spektakulären Erfolg konnte die Kirche in den Jahren nach 1860, in denen es überall zu grundlegenden Änderungen kam, in Ekuador verzeichnen. Präsident García Moreno, ein glühender, aber selbstherrlicher Katholik[20], den die Ultramontanen der ganzen Welt bewunderten, unternahm zwischen 1861 und 1875 den Versuch, aus seinem Land einen christlichen Musterstaat zu machen. Die Gesetzgebung sollte sich an den Enzykliken Pius' IX. und vor allem am Syllabus orientieren. Zur Verwirklichung seines Ideals bediente sich der Präsident weitgehend europäischer Ordensgemeinschaften, in denen er das Unterpfand einer Regeneration sah.

Diese Politik zeigt deutlich eine der Hauptschwächen des Katholizismus in Lateinamerika während des ganzen 19. Jh.: Das soziale Leben war, zumindest in jenen Gebieten, in denen die Kirche bereits unter dem Ancien Régime[21] fest verwurzelt war, zweifellos von christlichen Traditionen bestimmt. Diese waren jedoch den nötigen inneren Veränderungen nicht gewachsen. Der einheimische Katholizismus blieb mit einigen wenigen Ausnahmen, wie z. B. ein Bartolomé Herrera in Peru[22] für den Klerus oder ein José Manuel Estrada, „der argentinische Louis Veuillot", für die Laien, auf kulturellem, sozialem und apostolischem Gebiet passiv und ohne Vitalität oder eigene Originalität. Der Grund dafür war weniger im Klima, das durchaus nicht überall schädlich ist, zu suchen

[19] Zahlreiche Einzelheiten über die Beziehungen zwischen Rosas und der Kirche in der Schrift des antiklerikalen *J. Ingenieros*, Evolución de las ideas argentinas: Obras completas XVI (Buenos Aires 1947) 99—142.

[20] Über die sehr umstrittene Figur Gabriel García Morenos (1821—75) vgl. neben *R. Pattee* a. a. O. *P. H. Smith:* HAHR 45 (1965) 1—24.

[21] Vor allem Mexiko, Guatemala, Kolumbien, Peru und Ekuador. Im Innern Venezuelas und Boliviens dagegen fehlte die institutionelle Präsenz der Kirche fast völlig, und sie war sehr bescheiden am Río de la Plata und in Chile.

[22] Vgl. *O. Barrenechea,* B. Herrera, 1808—64 (Buenos Aires 1947). Das Sammelwerk: Escritos y discursos, 2 Bde (Lima 1929/30) ermöglicht eine Einsicht in das Denken dieses am meisten qualifizierten Vertreters des konservativen Klerus im Peru des 19. Jh.

als vielmehr in dem Fehlen eines Mittelstandes in diesen Ländern, deren soziale Struktur von den politischen Revolutionen kaum verändert wurde. Er ist vor allem zu suchen in der Tatsache, daß die Kirche bis zum Ende des Ancien Régime eine von Spanien zu sehr abhängige Kolonialstruktur bewahrt hatte und dadurch auf die Dauer steril und unfähig zu schöpferischen Initiativen war. Dazu kam eine sehr individualistische Mentalität, die unter dem Einfluß der Freimaurerei das organisierte kirchliche Leben vernachlässigte, um das Heil in einer pietistischen Betrachtungsweise des Glaubens zu suchen.

Brasilien

Im Kaiserreich Brasilien, dem großräumigsten und am stärksten bevölkerten Land Südamerikas mit einer Ausdehnung von 8,5 Millionen Quadratkilometern und mit 5,5 Millionen Einwohnern um 1830 und mehr als 10 Millionen am Ende des Pontifikats Pius' IX., lebte die Kirche unter der Regentschaft und der langen Regierungszeit Pedros II. (1831—88) auch weiterhin in relativer Ruhe, obwohl die Regierung, die, dem Beispiel Pombals folgend, die Kirche gerade durch ihren Schutz beherrschen wollte, periodisch auftretende Spannungen hervorrief. So unterstützte sie z. B. im Jahr 1834 die Bemühungen des politisierenden Priesters D. A. Feijo, der eine Legalisierung der Priesterehe mit der Begründung anstrebte, daß „der Zölibat des Klerus in Brasilien de facto nicht existiere", was bedauerlicherweise häufig den Tatsachen entsprach, und daß dieser Tatbestand „die öffentliche Immoralität in hohem Maße begünstige". Im Jahr 1844 maßte sich die Regierung die Ernennung des Erzbischofs der Hauptstadt entgegen den kanonischen Normen an. Die Maßnahmen gegen die alten Orden, „Opfer innerer Mißstände, die ohne eine radikale Reform unweigerlich zu ihrer Auflösung führen mußten" (Y. de la Brière), wurden vor allem im Jahr 1855 in einseitiger Weise verschärft. Auf der anderen Seite jedoch konnten neue aktive Kongregationen gegründet werden[23], und die europäischen Kongregationen, die sich dem Unterricht und der Wohlfahrt widmeten, fanden relativ freimütige Aufnahme. Seit den sechziger Jahren konnten diese Kongregationen auch große Volksmissionen von mehrwöchiger Dauer abhalten, eine Einrichtung, die angesichts der tiefgreifenden religiösen Unwissenheit des Volkes sehr am Platze war.

Die regalistische Mentalität der Regierung fand bis etwa 1860 in einem großen Teil des Klerus Zustimmung, wofür unter anderem die Verbreitung

[23] Vgl. z. B. die Biographie des Begründers der Kongregation der N.-D. d'Amparo, die für die Sorge um die Waisen bestimmt war (1871), O Padre Siqueira, sua vida e sua obra (Petropolis 1957).

der Handbücher von Mgr. M. de Araujo als Beweis gelten kann. Daneben war aber noch eine Reihe unerfreulicher Tatsachen festzustellen. Die Freimaurerei gewann einen beachtlichen Einfluß, der bis in die religiösen Bruderschaften hineinreichte. Als ein weiteres Vermächtnis des 18. Jh. sind das Eindringen des Rationalismus und Positivismus in die gebildete Schicht und vor allem die beklagenswerte Situation des Klerus zu nennen. Der Klerus war nicht nur zahlenmäßig sehr schwach, denn im Jahr 1872 gab es kaum 1000 Priester. Sie konzentrierten sich aber vor allem in den Küstenstädten, so daß im Landesinnern bisweilen 20 über Tausende von Quadratkilometern verstreute Pfarreien einem einzigen Priester unterstellt waren und viele Gläubige 10 und mehr Jahre lang nicht einen einzigen Priester zu Gesicht bekamen. Darüber hinaus ließ die Moral des Klerus oft sehr zu wünschen übrig, und seine Geisteshaltung gab zur Beunruhigung Anlaß. Bis zum Jahr 1850 waren viele Priester von den Ideen Rousseaus und der Enzyklopädisten beeinflußt, und wenn sich in der Folge auch ein Teil von der Freimaurerei wegen deren Feindschaft gegen den Heiligen Stuhl abwandte, so konnte man doch im Jahr 1870 schätzungsweise noch mehr als die Hälfte des Klerus zu ihren Anhängern zählen. Trotz der Bemühungen einiger Bischöfe, deren es übrigens für dieses ausgedehnte Land nur noch elf gab, ihre Seminare neu aufzubauen, und trotz der wenn auch langsam voranschreitenden Bildung einer katholischen Laienelite war die Zeit des Kaiserreiches, im ganzen gesehen, doch hinter einer gut anzusehenden Fassade eine Periode der Stagnation, wenn nicht gar für den Katholizismus eine Zeit des Verfalls.

32. Kapitel

Die katholische Kirche in der orthodoxen Welt

LITERATUR. Über die unionistischen Perspektiven: *Aubert,* Pie IX 478—484 564; *C. Korolevský:* Unitas 2 (Paris 1949/50) 189—205; *Winter,* Rußland II 287—308; *J. G. Remmers,* De herenigingsgedachte van I. Gagarine (Tilburg 1951); *M. J. Rouët de Journel:* Études 291 (1956) 171—195; *ders.,* Une Russe catholique. La vie de Mme Swetchine (Paris ²1953); *ders.:* Revue des études slaves 3 (1923) 90—104; *V. Laurent:* Mélanges E. d'Alzon (St-Gérard-Namur 1952) 281—302; *A. Tamborra,* Crisi d'Oriente, guerra di Crimea e polemiche politico-religiose fra cattolici e ortodossi 1853—1856: Clio (Rom 1969) 169—191.

Im Russischen Reich: QQ: Allocuzione della Sant. di N. S. Gregorio XVI seguita da una Esposizione corredata di documenti (Rom 1942); *S. Olszamowska-Skowrońska,* Le concordat de 1847 avec la Russie d'après les documents authentiques: SPM 8—9 (1962) 447—877; Esposizione documentata sulle costanti cure del S. P. Pio IX a riparo dei mali che soffre la Chiesa cattolica nei dominii di Russia e Polonia (Rom 1866) und die Russische Antwort: Résumé historique des Actes de la Cour de Rome (St. Petersburg 1867). Daneben: *A. Welykyj,* Documenta (Allg. Bibliogr.) II 381—450 und die Sammlung von *Bjelogolovov*. In den vatikanischen Archiven, neben den Reihen „Rußland" der Kongregation für außerordentliche kirchliche Angelegenheiten, enthält die Korrespondenz der Nuntien in Wien zahlreiche Aufschlüsse.

Die (in der Allg. Bibliogr.) (besonders *Boudou* I 241—556, II 1—471 [Lit.]; *Winter*, Rußland II 248—354; *ders.*, Byzanz 150—177; *Ammann*, 504—536) aufgeführten Werke sind zu ergänzen durch: *Schmidlin PG* I 632—639, II 213—223; *J. Helfert*, Rußland und die Katholische Kirche in Polen (Wien 1867); *R. Lefèvre*, S. Sede e Russia e i colloqui dello Czar 1843—46: Gregorio XVI (Rom 1948) II 159—293; *J. S. Pelczar*, Pius IX a Polska (Krakau 1914); *Dm. A. Tolstoi*, Rimskij Katolitsizm v Rossii, 2 Bde (St. Petersburg 1914); *A. van de Wal:* Het christelijk Oosten en hereeniging 8 (1955/56) 152—162 303—312; *R. Lubienski*, Vie de Mgr *C. I. Lubienski* (Roulers 1898); DHGE XVI 867—870 1471—72; Suppression des couvents dans le Royaume de Pologne (Paris 1865); *A. Petrani*, Kolegium duchowne w Petersburgu (Lublin 1950); *Z. Olszamowska*, La suppression des diocèses catholiques par le gouvernement russe, 1866—69: Antemurale 9 (1965) 41—130; *ders.*, Tentatives d'introduire la langue russe dans l'Église latine de la Pologne orientale: ebd. 11 (1967) 47—169; *A. Petrani:* Nasza przeszlosc 27 (1967) 215—233; *M. E. Jabłonska:* Roczniki humanistyczne 12 (Lublin 1964) 142—194; *ders.:* Wiez 3 (Warschau 1960) 53—70; *ders.:* Sprawozdania ... Towarzystwa Naukowego Kathol. Uniw. Lublin 14 (1963/64) 183—188; *ders.: Znak* 17 (1965) 1653—88 (über die neuen weiblichen Kongregationen); *E. M. de Beaulieu*, Le P. Honorat de Biala, capucin (Toulouse 1932); *A. Szelggiewicz*, E. Bojanowski (Posen 1966); *K. Gadacz*, Les capucins de la province polonaise dans l'insurrection de 1863—64 (Rom 1963).

Im Habsburgischen Kaiserreich: Über die Tätigkeit von Mgr. Stroßmayer s. *N. Lalić:* Le Monde slave N. F. 6 (1929) 442—450; *Ch. Loiseau:* ebd. N. F. 4 (1927) I 379—405; *ders.:* Le Correspondant 219 (1905) 251—271; *A. Fortescue:* Dublin Review 163 (1918) 234—257; *K. Krzanič:* Nova revija 20 (Makarska 1941) 1—28; *Winter*, Rußland II 364—365 382—390 500—503; DThC XIV 2630—35. Vgl. außerdem: *H. Wendel*, Der Kampf der Südslawen um Freiheit und Einheit (Frankfurt 1925) II 377—381 und *R. Rißling*, Die Kroaten (Graz 1956).

Für die Ruthenen in Galizien: neben der Dokumentensammlung von *M. Malinowski*, Die Kirchen- und Staatssatzungen bezüglich des griechisch-katholischen Ritus der Ruthenen (Lemberg 1861) und dem Werk von *Korczok* (Allg. Bibliogr.) *s. Ammann* 644—659 und *N. Miko:* ZKTh 79 (1957) 467—483.

Für die unierten Rumänen Transsylvaniens: Neben *I. Moldovanu*, Acte sinodali ale baserecei romane de Alba Julia, 2 Bde (Blaj 1869/72) vgl. *G. Filip*, Pio IX e i Romeni (Rom 1956); *ders.*, De concilio provinciali Alba-Juliensi et Fagariensi A. D. 1872 (Rom 1954); *ders.:* Acta historica 4 (München 1965) 107—141; *I. Gorgescu*, Mitropolitul Ioan Vancea (Nagyvárad 1942); *de Clercq* II 628—655.

In Süd- und Osteuropa und der Levante: Siehe Allg. Bibliogr.; *Schmidlin PG* II 230—233 und *Aubert*, Pie IX 410—415 wie auch Papers relating to the Condition of Christians in Turkey (London 1861; Konsularberichte).

Über die bulgarische Bewegung von 1860 s. *I. Sofranov*, Histoire du mouvement bulgare vers l'Église catholique au XIXe s. (Rom 1960); *G. Eldarov:* MF 60 (1960) 426—454; *Patriarch Cyrill*, Die katholische Propaganda unter den Bulgaren während der 2. Hälfte des 19. Jh. I (Sofia 1962; im Bulgarischen mit französischer Zusammenfassung). Über den Katholizismus in Bulgarien siehe auch *B. Ristewski:* Razgledi 2 (1960) 908—936 1005—29, 3 (1960) 72—90 158—189.

Über den Katholizismus in Rumänien: P. Tocanel (Allg. Bibliogr. Bd III/2).

In Bosnien: B. Rupčič (Allg. Bibliogr.) 101—142; *I. Kecmanović*, I. Fr. Jukič (Belgrad 1963).

In der Levante: S. Salaville, Mgr Hillereau, vicaire apostolique de Constantinople:

Union des Églises 5 (1926) 134—139; DHGE XIII 748—749, VIII 1326—35; *M. Julien*, La nouvelle mission de la Compagnie de Jésus en Syrie 1831—95 (Tours 1898); *J. Tagher*, Les rapports entre l'Égypte et le Vatican: Cahiers d'histoire égyptienne 2 (1949) 259—271; *A. Martini*, La S. Sede e la questione d'Oriente nel 1854: CivCatt 1958 IV 169—181; Les PP. Ratisbonne et N.-D. de Sion (Paris 1928); *J. Hajjar*, L'apostolat des missionnaires latins dans le Proche-Orient selon les directives romaines (Jerusalem 1956); *P. Médebielle*, Le diocèse patriarcal latin de Jérusalem (Jerusalem 1963).

Die unierten Patriarchate: Unter den allgemeinen Werken vgl. neben *Aubert*, Pie IX 415—425 vor allem *Hajjar* 263—309; auch *ders.*: RHE 65 (1970) 423—455 737—788.

Für die Armenier: de Clerq II 503—542; DHGE III 867—870, IV 338—342; *D. Urquart*, Le patriarche Hassoun (Genf 1872); *Th. Lamy*: Revue catholique 38 (Löwen 1874) 153—175 583—603, 39 (1875) 34—63; *M. Ormanian*, Le Vatican et les Arméniens (Rom 1873).

Für die Chaldäer: B. M. Goormachtigh, Histoire de la mission dominicaine en Mésapotamie: AOP 3 (1897/98) 141—158 197—214 533—545; *J. Vosté*, Les actes du synode de Rabban Hormizd: S. Congr. per la Chiesa orientale. Cod. Can. Orient. Fonti II/17 (Vatikanstadt 1942); *de Clercq* II 543—561; DDC IIII 375—385; DHGE V 317—356; *J. C. Panjikaran*, Christianity in Malabar (Rom 1926)

Für die Syrer: Mamarbashi, Les Syriens catholiques et leur patriarche Samhiri (Paris 1855); *P. Bacel*: ÉO 14 (1911) 293—298; *de Clercq* II 570—598; DHGE IV 676—681.

Für die Melchiten: Charon (Allg. Bibliogr. II 153—400) und vor allem *J. Hajjar*, Le patriarche Maximos III Mazloum (Harissa 1957). Daneben: *de Clercq* I 390—414, II 562—566; DHGE III 652—663, IV 229—236.

Für die Maroniten: DThC IX 104—107; *de Clercq* II 667—682; *Churchill*, The Druses and Maronites under the Turquish Rule from 1840 to 1860 (London 1862).

Unionistische Perspektiven im Orient

Zwei Erscheinungen trugen um die Mitte des 19. Jh. gemeinsam dazu bei, die Aufmerksamkeit auf die Ostkirchen zu lenken. Die eine war die Entfaltung der orientalischen Frage, die mit der Auflösung des Ottomanischen Kaiserreiches tiefgreifende Veränderungen sowohl politischer als auch religiöser Natur im gesamten Vorderen Orient erwarten ließ. Die andere war die deutliche Erkenntnis der Rolle, die Rußland in zunehmendem Maße in der panslawistischen Vorstellungswelt beim Erwachen der Nationalitäten Osteuropas zu spielen berufen war. Schon zu Ende des Pontifikats Gregors XVI. hatte sich um die Prinzessin Volkonskaia, eine reiche, seit dem Jahr 1825 in Rom ansässige Konvertitin, eine Gruppe gebildet, die sich mit der Rückkehr der getrennten Ostkirchen zur römischen Einheit befaßte[1]. Zu ihr zählten unter anderen Mgr. Corboli-Bussi, P. Theiner, Mgr. Luquet, ein ehemaliger französischer Missionar[2], mehrere Konsultatoren der

[1] Vgl. *C. Korolevský*: Unitas 2 (1949/50) 189—190.

[2] Über seine der Zeit vorauseilenden Ideen s. *R. Roussel*, Un précurseur: Mgr Luquet (Langres 1960) 83—89.

Propaganda Fide, einige Unierte und die Gründer der polnischen Resurrektionistenkongregation. Diese Gruppe legte unter der Präsidentschaft des Präfekten der Propaganda Fide im Jahre 1847 in offizieller Mission Pius IX. einen feierlichen Aufruf an die getrennten Brüder im Orient nahe. Der Papst verband diesen Plan mit der eigenen Absicht, einen Apostolischen Visitator zu entsenden, der sich über die Lage informieren sollte. Am 6. Januar 1848 richtete er an die orientalischen Christen die Enzyklika „In suprema Petri sede“[3]. In ihr kündigte er den Unierten die Ankunft des Apostolischen Visitators an, der über besonders gute Beziehungen zu den katholischen Armeniern verfügte. Er beschwor die herkömmlichen Vorzüge des katholischen Glaubens und forderte die getrennten Orientalen, „die kein entschuldbarer Grund an der Rückkehr zur wahren Kirche hindern könne“, zur Einheit mit Rom auf. Die Orientalen sahen jedoch in diesem Dokument eine Provokation. Im Mai 1848 verfaßten vier Patriarchen und 29 Erzbischöfe, die sich in Konstantinopel zusammengefunden hatten, eine ablehnende Antwort, in der sie die lateinischen Neuerungen, die Anmaßungen des Papstes und den Proselytismus der lateinischen Missionare anprangerten[4].

Dieser Mißerfolg konnte jedoch keineswegs jene Kreise entmutigen, bei denen der hohe Klerus der Orthodoxen immer weniger repräsentativ für das wahre Empfinden einer Masse galt, die sich unter dem Druck der neuen Umstände in voller Umwandlung befand. Zunächst lenkte man sein Augenmerk auf Rußland, wo man in den Reforminitiativen, wie sie der Beginn der Regierung Alexanders II. gebracht hatte, und in dem wachsenden Interesse, das einige Adelige auf ihrer Suche nach einer wirksamen antirevolutionären Ideologie dem Katholizismus entgegenbrachten, einen ersten Zugang zu einer Annäherung gefunden zu haben glaubte. Mit direkter oder indirekter Initiative dieser Adligen erfreuten sich die Schriften J. de Maistres über Rußland einige Jahre hindurch neuer Beliebtheit und lösten vor allem nach dem Krimkrieg (1854—56) zahlreiche Unternehmungen aus. So gründete in Deutschland der Baron v. Haxthausen im Jahr 1857 unter der Schirmherrschaft der Bischöfe von Münster und Paderborn den „Petrusverein“, eine Gebetsliga zur Bekehrung Rußlands, und trat in Korrespondenz mit dem Metropoliten Philaret von Moskau. In Italien erweckte P. Schuvarov, ein Konvertit, in P. Tondini die Berufung für die Sache der christlichen Einheit und bewegte ihn zur Gründung einer ähnlichen Gebetsgemeinschaft. Vor allem jedoch im habsburgischen Kaiserreich und in Frank-

[3] Acta Pii IX, I 78—91. Vgl. *A. Tamborra,* Pio IX, la lettera agli orientali del 1848 e il mondo ortodosso: RStRis 56 (1959) 347—367.

[4] *Mansi* XL 377—418. Vgl. *T. Popescu,* Enciclica Patriarhilor ortodocsi dela 1848 (Bucarest 1935) und *A. Tamborra* a. a. O. 357—366. Die russische Kirche schloß sich diesem Protest nicht an, aber *A. Stourdza* veröffentlichte eine neue, sehr heftige Schrift gegen Rom: „Le double parallèle ou l'Église en présence de la papauté“ (Athen 1849).

reich fand sich ein lebhaftes Interesse für die Rückkehr der orientalischen Christen zur römischen Einheit (die unionistische Frage wurde immer mit solchen, dem Ökumenismus widerstrebenden Vorstellungen angegangen). In Österreich versuchte man, die Orthodoxen in den grenznahen Gebieten dem russischen Einfluß zu entziehen und sie nach Rom hin zu orientieren; dabei waren bei Franz Joseph und den Beratern der ersten Regierungsjahre sowohl Gründe der Staatsraison als auch echte Gewissensgründe im Spiel. Diese Bestrebungen wurden auch von einigen slawischen Geistlichen des Kaiserreiches unterstützt. Im Jahr 1851 wurde in Slowenien von Mgr. A. M. Slomšek, dem Bischof von Lavant, die Bruderschaft der heiligen Cyrillus und Methodius gegründet, die durch F. Sušil in Mähren, dann auch unter den Ukrainern Ungarns und Galiziens eine rasche Entwicklung nahm. In Frankreich führte der Tod von Mme. Swetchine im Jahr 1857 zwar zur Auflösung ihrer Gruppe, ihr Wirken wurde jedoch unter der Förderung des Jesuitengenerals und des Paters J. Pierling, noch systematischer aber durch ihren Verwandten, Pater I. Gagarin[5], fortgeführt. In seiner Schrift „La Russie, sera-t-elle catholique?“ (1856), die alsbald in mehrere Sprachen übersetzt wurde, empfahl Gagarin eine Versöhnung, die nicht auf eine Absorbierung der russischen Kirche durch die lateinische Kirche hinauslaufen sollte; er vertraute hierbei jedoch allzusehr auf diplomatische Verhandlungen zwischen dem Papst und dem Zaren. Besser beraten war er, als er im Jahr 1856 aus dem Bewußtsein der Notwendigkeit einer tiefgreifenden wissenschaftlichen Arbeit und mit Hilfe seiner Landsleute P. Martinov und P. Balabin die „Études de théologie, de philosophie et d'histoire“ ins Leben rief. Diese Zeitschrift sollte den Katholiken die Orthodoxie und den Orthodoxen den Katholizismus besser verständlich machen. Zum gleichen Zweck erfolgte zwei Jahre später die Gründung des Werkes der heiligen Cyrillus und Methodius. In dem gleichen Klima unionistischer, auf wissenschaftlicher Basis gegründeter Vorstellungen, jedoch in noch stark apologetischer Sicht, verfaßte Hergenröther zur gleichen Zeit seine Arbeiten über Photius[6].

Nach 1860 verflüchtigten sich die von russischer Seite erweckten Hoffnungen allmählich. Dagegen aber brachte die Auswirkung der Kapitulationen nach der französischen Intervention in Syrien ein neu erwachtes Interesse für die mögliche Rückkehr der Christengemeinden des Ottomani-

[5] Kurz nach seiner Konversion hatte er im Jahr 1845 ein Memorandum über „Das Wirken der Gesellschaft Jesu im Blick auf die Bekehrung des Orients und vor allem Rußlands“ verfaßt (erschienen SPM 2 [1955] 205—228), in dem er unter anderem die Organisation eines Scholastikats für Jesuiten orientalischen Ritus propagierte, die für das Apostolat in Rußland bestimmt sein sollten; der damalige General, P. Roothaan, jedoch zeigte wenig Interesse für dieses Projekt.

[6] Die drei Bände seines „Photius“, die von 1867 bis 1869 veröffentlicht wurden, waren um 1855 begonnen worden und bereits 1857 durch die Ausgabe der „Mystagogia“ vorweg angekündigt. Siehe die lobende Beurteilung von Döllinger bei *J. Friedrich*, Ign. von Döllinger III 444.

schen Kaiserreiches zur römischen Kirche nach dem Beispiel der unierten Kirchen. Vor allem in Frankreich[7], wo seit zwanzig Jahren ein wachsendes Interesse für den christlichen Osten bestand, begeisterte sich die öffentliche Meinung für diese Frage. Sie war durch die Reden von Männern wie Mgr. Dupanloup, durch Veröffentlichungen wie die im Jahr 1864 von Cl. R. Girard gegründete Zweimonatsschrift „La Terre Sainte et les Églises orientales" und vor allem durch die bereits im Jahr 1855 erfolgte Gründung der „Œuvres des Écoles d'Orient", denen Lavigerie jedoch erst im Jahr 1860 den entscheidenden neuen Impuls gab[8], stets lebendig gehalten worden. Im Jahr 1862 schließlich verpflichtete Pater d'Alzon im Auftrag des Apostolischen Vikars von Konstantinopel Brunoni und Pius' IX. seine Assumptionisten unter der Leitung des Pater Galabert zum unionistischen Apostolat im Orient. Sie nahmen dort nach schwierigem Beginn für ein dreiviertel Jahrhundert eine sehr bedeutsame Stellung ein.

Auch in Rom konnte man diesem Interesse für den Orient, das die katholische Welt des Westens bewegte, nicht gleichgültig gegenüberstehen, zumal die gleichzeitig eingeleiteten Initiativen der Russen und die vor allem von England getragenen protestantischen Missionen Anlaß zur Beunruhigung gaben. Unter anderem unterstützte man einige Jahre lang die wohl sehr simplen Unternehmungen eines Griechen, des Intriganten J. G. Pitzipios[9], dessen umfangreiches Werk „L'Église orientale" im Jahre 1855 durch die Druckerei der Propaganda-Kongregation veröffentlicht wurde. Viel ernsthafter dagegen waren die Anstrengungen des Kardinals Reisach, der durch seine Beziehungen zu Österreich verstärktes Interesse an der slawischen Frage gewann und der den Papst auf die Notwendigkeit aufmerksam machte, in Rom einige Spezialisten für den Orient zu haben. Auf seine Anregung hin wurde der Benediktiner Pitra beauftragt, eine Studienreise nach Rußland (1859—60) zu unternehmen und dabei das Material für eine so breit wie möglich angelegte Dokumentation über die Quellen des orientalischen Kanonischen Rechtes zu sammeln[10]. Wenig später, im Januar 1862, entschloß sich Pius IX. zu einer Teilung der Propaganda Fide in zwei Sektionen, deren eine sich mit den Angelegenheiten der Kirchen mit orientalischem Ritus befassen sollte. Hierbei wurde nicht nur jeder der neuen Sektion angehörende Kardinal einem bestimmten Ritus zugeordnet und damit zu einer gewissen Kompetenz für diesen Bereich verpflichtet,

[7] Vor allem, aber nicht ausschließlich: in Österreich wandte sich der „Verein von der unbefleckten Empfängnis Mariens zur Unterstützung der Katholiken im türkischen Reiche", der im Jahr 1857 für die Missionen im Sudan gegründet worden war, immer mehr der Unterstützung der katholischen Kirchen des orientalischen Ritus zu.

[8] *H. de Lacombe,* Note sur l'œuvre d'Orient (Paris 1906) und *de Montclos* 143—155.

[9] Vgl. A. *Tamborra:* Balkan Studies 10 (1969) 51—68.

[10] Vgl. A. *Battandier,* Le cardinal Pitra (Paris 1893) 351—440; *F. Cabrol,* Histoire du cardinal Pitra (Paris 1893) 220—240.

sondern es standen auch einige der besten damaligen Orientalisten zur Verfügung. Ohne Zweifel wünschten Pius IX. und die Hauptverantwortlichen der Propaganda-Kongregation aufrichtig, die Verschiedenartigkeit der liturgischen Gebräuche der orientalischen Kirchen zu respektieren, im Gegensatz zu vielen westlichen Missionaren, die die Treue der orientalischen Katholiken zu Rom durch einen Austausch ihrer traditionellen Gebräuche gegen solche lateinischer Herkunft erzwingen wollten, oder zu Männern wie P. d'Alzon, die der Meinung waren, daß auf den „Vormarsch der europäischen Ideen" zwangsläufig der Untergang der orientalischen Riten folgen müsse. Aber gleichzeitig versuchte man in Rom auch, die Einflußnahme der Kurie auf das Leben dieser Kirchen wiederzugewinnen und den Grundsätzen des nachtridentinischen Katholizismus mehr und mehr Eingang in das kanonische Recht der Ostkirchen zu verschaffen. Die diesen Initiativen zugrunde liegenden optimistischen Erwartungen einer Massenrückkehr der getrennten Orientalen zur römischen Einheit erfüllten sich jedoch nicht. Die übertrieben gehandhabte Zentralisationspolitik des Kardinals Barnabò führte im Gegenteil um 1870 zu ernsten Krisen in den schon mit Rom unierten Gemeinden, die durch das Vatikanische Konzil noch weiter verschärft wurden. Nur im europäischen Südosten und im Vorderen Orient konnte der lateinische Katholizismus einige, wenngleich auch nur sehr oberflächliche Fortschritte verzeichnen, während sich im Innern des Russischen Reiches seine Positionen nach einer kurzen Zeit der Ruhe erneut verschlechterten.

Im Russischen Reich

Entgegen den Erwartungen, die Gregor XVI. zu Beginn seines Pontifikats an die Verurteilung des Polenaufstandes geknüpft hatte, änderte Zar Nikolaus I. seine Politik gegenüber der katholischen Kirche keineswegs; ihre Lage hatte sich im Gegenteil „hinter einem Vorhang des Schweigens" (de Bertier) zunehmend verschlechtert. Die Abteilung für Kultus in Petersburg hatte nicht nur offen den Übertritt dreier unierter Diözesen des Reiches (1839) zur offiziellen orthodoxen Kirche begünstigt[11]. Auch die Maßnahmen, die die Handlungsfreiheit der lateinischen Kirche und ihrer Kontakte mit Rom in Polen und im Russischen Reich einschränkten, verschärften sich von Jahr zu Jahr. Man kann sagen, daß die katholische Kirche durch diese in den sogenannten „svod Zakonov" kodifizierte Gesetzgebung „so sehr in den russischen Staat eingebaut war, daß sie sich nicht viel von irgendeiner anderen Staatskirche unterschied" (Ammann). Die päpstliche Diplomatie hatte zwar um 1840 eine Annäherung an die im Exil lebenden pol-

[11] Vgl. Kap. 10, S. 227.

nischen Konservativen eingeleitet, durch die auf Rußland Druck ausgeübt werden sollte, aber die heftige Abneigung Gregors XVI. und seiner Umgebung gegen jedes revolutionäre Unternehmen[12] hatte schnell wieder die Oberhand gewonnen, und man war zur üblichen Methode geheimer Verhandlungen auf diplomatischem Weg zurückgekehrt.

Die Mission Fuhrmann in Rom führte zwar Mitte des Jahres 1841 gegen neuerliche Zugeständnisse Roms zu einigen vagen Versprechen. Tatsächlich änderte sich jedoch nichts, und der Erlaß vom 25. Dezember 1841, der alles Eigentum der Kirchen in den westlichen Provinzen säkularisierte und die autorisierte Zahl der Ordensangehörigen noch weiter verminderte, bestätigte einmal mehr das Versagen dieser Methode, während sich sowohl in Rußland als auch in Österreich und Westeuropa die Katholiken immer mehr über das lange Schweigen des Heiligen Stuhles verwunderten. Aufgestachelt durch B. Kopitar, den Führer des Austroslawismus, intervenierten A. Theiner und der Jesuit Secchi mit Nachdruck beim Papst. Alle befragten Kardinäle hielten einen öffentlichen Protest für unumgänglich. In dieser Situation bat Gregor XVI. noch einmal um eine Vermittlung des österreichischen Kaisers und Metternichs, mußte aber erfahren, daß diese an einer Verlängerung des kirchlichen Mißstandes in den westlichen Provinzen des benachbarten und feindlichen Rußlands interessiert waren. Nach diesem vergeblichen Versuch veröffentlichte er am 22. Juli 1842 eine Ansprache[13], in der er der Weltöffentlichkeit gegenüber die Unterdrückungsmaßnahmen aufdeckte, unter denen die polnischen und russischen Katholiken zu leiden hatten, und das unloyale Vorgehen des Zaren anprangerte. Dieser von der Angst bestimmte Appell, der von einem formellen Exposé des Staatssekretariats begleitet war, fand um so stärkeren Widerhall, als sehr wohl bekannt war, bis zu welchem Punkt der Papst den Zaren aus politischen Gründen schonen wollte.

Erzürnt über diesen unerwarteten Ausbruch, begann der Zar, wie vielfach bereits befürchtet worden war, mit einer weiteren Verschärfung der Maßnahmen gegen die Seminare und Orden. Auf Anraten seines Kanzlers und Außenministers Nesselrode leitete er jedoch nach einigen Monaten von sich aus eine Entspannungspolitik ein, die ihm aus zwei Gründen günstig schien: Zum einen paßte in dem Augenblick, da Rußland gegenüber dem „revolutionären" Europa als ein auserwähltes Land erscheinen wollte, in dem unter der väterlichen Autorität des Zaren Religion und Ordnung ohne Zwang blühten, ein solcher Appell an die Weltöffentlichkeit nicht ins Kon-

[12] „Der Papst mußte Eure Revolution verurteilen", erklärte Gregor XVI. am 7. 5. 1841 dem Sendboten des Fürsten Czartoryski, „und er wird sie im Fall der Notwendigkeit einer neuerlichen Erklärung, wenn auch mit Bedauern, noch einmal verurteilen" (zitiert: RStRis 51 [1964] 474).

[13] Acta Gregorii XVI, III 224; vgl. auch Allocuzione ... 3—4; das Exposé des Staatssekretariats ebd. 5—19.

zept; zum anderen mußte befürchtet werden, daß Österreich Nutzen aus der Lage ziehen und sich Rom gegenüber als die einzige christliche und konservative Großmacht ins Licht setzen könnte. Die Ablösung des russischen Diplomaten in Rom (1843) durch den gemäßigten Butenev und Kontakte, die im Jahr 1844 durch die Vermittlung der Nuntien von Wien und München eingeleitet wurden, ebneten den Weg zu einer von den Zeitgenossen bis zur Legende dramatisierten persönlichen Begegnung zwischen Nikolaus I. und Gregor XVI. im Dezember 1845, in deren Verlauf Gregor XVI. dem Zaren ein von ihm persönlich ausgearbeitetes Verhandlungsprogramm unterbreitete.

Die Verhandlungen wurden im November 1846 in Rom eröffnet, nachdem Nesselrode zunächst in Rom im Verlauf der Konferenzen mit Mgr. Corboli-Bussi und Kardinal Lambruschini und dann in Petersburg in einem speziellen Ministerkomitee für die katholischen Angelegenheiten vorbereitend gewirkt hatte. Gregor XVI. war in der Zwischenzeit gestorben, aber Pius IX. bestand darauf, daß der ehemalige Staatssekretär Lambruschini, der mit den Problemen vertraut war, auch weiterhin den Heiligen Stuhl vertreten sollte, während die Verhandlungen auf russischer Seite von dem ehemaligen Innen- und Justizminister Bludov, dem Butenev zur Seite stand, geführt wurden. Die Bevollmächtigten standen vor einer schwierigen Aufgabe, handelte es sich doch darum, Lösungen für eine Versöhnung von zwei Mächten zu finden, deren Prinzipien unvereinbar waren. Rom strebte eine totale Revision der russischen Gesetzgebung an, die der katholischen Kirche ihre Freiheit zurückgeben sollte. Petersburg dagegen wünschte eine Verbesserung seiner Beziehungen zu Rom, um dadurch die polnische Agitation zu beruhigen und die europäische Öffentlichkeit für sich zu gewinnen. Zu diesem Zweck war es auch zu einigen Konzessionen bereit, zeigte sich jedoch in der Frage der strengen Kontrolle der Kirchen durch den Staat unnachgiebig. Nach 20 Konferenzen (19. 11. 1846 — 1. 3. 1847) war in einigen Punkten, vor allem in der Frage der Ernennung der Bischöfe, Übereinstimmung erreicht worden. Die Delegierten des Zaren hatten sich jedoch geweigert, noch einmal auf die Unterdrückung der unierten Kirche der Ukraine zurückzukommen. Sie bestanden auf Forderungen, die für Rom unannehmbar waren, wie z.B. auf solchen, die die Mischehen und die Verbindung der Bischöfe mit Rom betrafen. Man war an einem Engpaß angekommen, und sowohl der Zar als auch Kardinal Lambruschini wollten die Verhandlungen abbrechen. Aber der konziliantere Nesselrode forderte die Bevollmächtigten auf, nach einer gewissen Zeit des Stillstandes die Verhandlungen wieder aufzunehmen. Gleichzeitig entschied auch in Rom eine von Pius IX. persönlich geleitete Kardinalskommission in der gleichen Absicht, daß man angesichts der extremen Notsituationen der katholischen Kirche in Rußland die Gelegenheit einer wenn auch noch so begrenzten Verbesserung nicht ungenützt vorbeigehen lassen sollte. Die Verhandlungen wurden also am

15. Juni wieder aufgenommen und führten schließlich am 3. August 1847 zu einer Übereinkunft, in der alle Punkte aufgeführt wurden, über die man sich geeinigt hatte, aber auch jene, die noch ungelöst geblieben waren und späteren Diskussionen vorbehalten bleiben sollten[14]. Man war zwar noch weit entfernt von einem in vollem Umfange zufriedenstellenden Konkordat, aber dennoch war hier ein klarer Bruch mit der von den Zaren seit dem Ende des 18. Jh. verfolgten Politik einseitiger Entscheidungen vollzogen worden, und dieses Abkommen, das Nikolaus I. schließlich in Ermangelung eines besseren ratifizierte, konnte als ein Erfolg für den Heiligen Stuhl gewertet werden.

Die besonderen Umstände erschwerten jedoch eine Normalisierung, zumal die Regierung nach anfänglichen Beweisen eines guten Willens schon bald die administrativen Schikanen vermehrte, nachdem die durch die revolutionären Erhebungen von 1848/49 ausgelösten Befürchtungen verflogen waren. Noch schwerwiegender war, daß sie trotz wiederholter Proteste von seiten Roms auch wieder mit einer Taktik begann, die darin bestand, wenig energische Prälaten, die aus Ehrgeiz oder aus Feigheit bereit waren, den Forderungen der Regierung nachzugeben, für die gehobenen Ämter zu ernennen. In den sechziger Jahren schließlich, die nach dem Krimkrieg einen erneuten Sieg des slawophilen Einflusses über die romfreundliche Partei brachte, wurde eine Kampagne eingeleitet, die zum Übertritt von möglichst vielen lateinischen Katholiken zur orthodoxen Kirche führen sollte[15]. In den Augen vieler Russen galten ohne Zweifel die westlichen Provinzen des Reiches als Fremdkörper, solange noch der Katholizismus, den man als „polnischen Glauben“ bezeichnete, fortbestand. Die wenn auch äußerst ungenügenden Ansätze, die Bestimmungen des Konkordats durchzuführen, waren im übrigen für die überzeugten Orthodoxen der Anlaß, alle die Punkte klar herauszustellen, die für sie Grund zur Opposition gegen den „Romanismus“ waren. Dies führte in den Kreisen der Intellektuellen zu einer Reihe von Kontroversen[16], die sich bis zum Ende des Jahrhunderts hinzogen und die auch in Dostojewskis „Idiot“ (1868) dort wiederzufinden sind, wo Prinz Myschkin den Katholizismus für schlechter hält als den Atheismus.

[14] Text bei S. *Olszamowska* a.a.O. 790—802; angefügte Dokumente ebd. 779—807. Die Bulle setzte die neuen Diözesanbezirke im russischen Kaiserreich unter Anwendung dieser Konvention fest, durch die die Diözesangrenzen mit jenen der Provinzen zusammenfielen und eine neue Diözese Cherson für den Süden Rußlands geschaffen wurde, wo schon zahlreiche Katholiken deutscher Herkunft lebten; sie wurde am 3. 7. 1848 veröffentlicht (Acta Pii IX., I 134—149). Die Übereinkunft regelte außerdem die Lage der mit Rom unierten Armenier, die vor allem im Kaukasus lebten, auf relativ zufriedenstellende Weise (vgl. *Ammann* 517—518 und *M. Tamarti,* L'Église géorgienne, Rom 1910).

[15] *Boudou* II 347—398.

[16] Einige Details bei *Winter,* Rußland II 274—278.

In Polen dagegen war es für die zaristische Regierung klar, daß sie den lateinischen Katholizismus nicht unterdrücken konnte. Ihre Absicht war jedoch, auch weiterhin eine äußerst scharfe Kontrolle über das gesamte kirchliche Leben auszuüben. Aus diesem Grund verlängerte sie planmäßig die Vakanz von Bischofssitzen und suchte die Kontakte der Bischöfe mit Rom auf ein Minimum zu beschränken. Sie verbot ihnen, ihre Priester zur Synode zu versammeln oder sich in Hirtenbriefen öffentlich an die Gläubigen zu wenden. Sie griff in das Leben der Seminare ein, die übrigens mangels ausreichender Mittel sehr schlecht gestellt waren, beschränkte die Zahl der zum Eintritt in die Orden zugelassenen Postulanten streng und setzte schließlich zu Beginn des Jahres 1862 eine Kultuskommission ein, die Katholiken, Orthodoxe, Protestanten und Juden streng auseinanderhielt und in Mißachtung des kanonischen Rechtes und der Konvention von 1847 die Ordinarien eines Großteils ihrer Jurisdiktion beraubte.

Hierbei handelte es sich allerdings weniger um die Verfolgung eines Bekenntnisses als um regalistische Praktiken, wie sie unter dem Ancien Régime in ganz Europa an der Tagesordnung waren, die jedoch nun angesichts der Entwicklung in der katholischen Welt, für die das österreichische Konkordat von 1855 einen Markstein gesetzt hatte, in steigendem Maße anachronistisch und beleidigend erscheinen mußten. So war es nicht verwunderlich, daß zahlreiche Priester und Ordensleute, die sich von einer demokratischeren Regierung die Befreiung der Kirche von den sie beengenden Fesseln erhofft hatten, immer stärker mit der linken Opposition zusammengingen; diese verstand es ausgezeichnet, neben der Propagierung sozialer Reformen aus der Zuneigung des niederen Klerus zu einer polnischen Nationalromantik Nutzen zu ziehen. Diese patriotischen Priester brachten die katholische Kirche trotz der sehr reservierten Haltung des Heiligen Stuhles und des Episkopats mit ihrer revolutionären Agitation in Mißkredit und verstärkten das Mißtrauen der russischen Behörden so, daß ihre Reaktion fortan noch stärker den Charakter eines Kirchenkampfes annahm. Dennoch war trotz der wachsenden Unzufriedenheit der Widerstand des katholischen Volkes nicht stark genug. Die Masse der Landbevölkerung konnte die Tragweite der meisten durch die Erlasse der Regierung verursachten Verletzungen des kanonischen Rechts nicht abschätzen. Vor allem aber fehlten die Grundlagen, auf denen eine Bewegung analog dem irischen Kampf um die Emanzipierung der Katholiken oder dem Widerstand der deutschen Katholiken gegen den Kulturkampf nach 1870 hätte entstehen können. Es gab in diesem Polizeistaat weder eine politische Plattform, noch gab es Zeitungen oder irgendein anderes Mittel, durch das man sich hätte Gehör verschaffen können. Daneben waren viele Bischofssitze, soweit sie nicht vakant waren, von unfähigen Männern besetzt, die in dem Grade zur Annahme eines verstümmelten kanonischen Rechts bereit waren, wie ihre kirchliche Ausbildung vom Josephinismus und Febronianismus bestimmt gewesen war. Darüber hinaus hielt ein Teil des hohen Klerus, vor allem adeligen Ursprungs, teils aus sozialem Konservativismus, teils aus Feindschaft gegen die Deutschen, die Kollaboration mit Rußland für das geringere Übel.

Der Heilige Stuhl, der über die Schwierigkeiten der Kirche in Polen unter anderem durch die Emigranten[17] sowie durch seine zahlreichen Verbindungsmänner im habsburgischen Reich sehr gut informiert war, protestierte immer wieder bei der Russischen Botschaft in Rom gegen die Verletzungen der Übereinkunft von 1847. Gleichzeitig versuchte er erneut — in der Hoffnung, es ließen sich an Ort und Stelle zahlreiche Schwierigkeiten leichter lösen und es wäre möglich, die oft als unglücklich geltenden Initiativen des polnischen Klerus besser zu beaufsichtigen —, die Errichtung einer Nuntiatur in Petersburg zu erreichen. Die liberalere Einstellung des neuen Zaren, Alexanders II., während der ersten Jahre seiner Regierungszeit schien einige Hoffnungen zu rechtfertigen, und die Verhandlungen standen in der Tat im Jahr 1862 vor dem Abschluß. Aber die polnische Erhebung von 1863/64 stellte erneut alles in Frage, und die Beziehungen zwischen Rom und Petersburg verschlechterten sich fortan mehr und mehr.

Die russischen Behörden reagierten sehr hart auf die den Aufständischen vom Klerus geleistete Unterstützung[18]. Mehr als 400 Kleriker, darunter mehrere Bischöfe, wurden nach Sibirien deportiert. 114 Klöster von 197 wurden geschlossen, da sich besonders die Ordensangehörigen mit den Aufständischen verbündet hatten. Es mehrten sich die Verbote von Prozessionen und Pilgerfahrten sowie die polizeiliche Überwachung der Predigten und sogar des Beichtstuhles. Kurze Zeit später, zwischen 1866 und 1869, wurden drei Diözesen ohne die Zustimmung Roms aufgelöst und einer benachbarten Diözese angegliedert.

Pius IX. hegte zwar für revolutionäre Aufstände genausowenig Sympathie wie Gregor XVI.; aber die Brutalität der russischen Repressalien gegen die

[17] Neben der sehr aktiven politischen Rolle der polnischen Emigration während des zweiten Drittels des 19. Jh. müssen auch einige Initiativen religiöser Art beachtet werden, z. B. die Gründung der Kongregation der Resurrektionisten im Jahr 1836 in Paris, die vor allem den sozialistischen Radikalismus christianisieren wollte. Pius IX. hat die Bulgarenmission den Resurrektionisten anvertraut, die auch unter den polnischen Emigranten der Vereinigten Staaten und Kanadas eine wirksame Tätigkeit entfalteten und am Beginn der Gründung des polnischen Kollegs in Rom standen (1866). Vgl. *L. Long,* The Resurrectionists (Chicago 1947) und *W. Kwiatkowski,* O. Piotr Semenenco, C. R. (Wien 1952).

[18] Siehe z. B. *K. Gadacz,* Capucins déportés pour leur participation à l'insurrection en 1863: Miscellanea Melchor de Pobladura II (Rom 1964) 455—482. Über das Einverständnis in nationaler und religiöser Hinsicht vgl. *R. Bender:* Roczniki Humanistyczne 7 (Lublin 1960) 257—288. Das polnische Nationalgefühl war außerhalb der Kirche in Freimaurerkreisen geboren worden, aber es hatte sich vor allem in den oberen Schichten der Gesellschaft entwickelt, aus denen bis Ende des 19. Jh. der größte Teil des Klerus hervorging. Der Klerus beeinflußte seinerseits immer mehr die Masse der Landbevölkerung, die bis dahin wenig Interesse für die nationalen Standpunkte gezeigt hatte.

Kirche entrüstete ihn. Am 24. April 1864 legte er energisch Protest ein. Der Abbruch der diplomatischen Beziehungen wurde durch die Vermittlung Österreichs noch aufgehalten. Aber als sich die Lage weiterhin verschlechterte, erhob der Papst am 29. Oktober 1866 erneut Anklage in einer Ansprache[19], die von einer Kardinalskommission ausgearbeitet und von einem für die Presse bestimmten reichhaltig dokumentierten Exposé begleitet war. Die russische Regierung antwortete am 4. Dezember, indem sie das Konkordat offiziell außer Kraft setzte. Im Mai des Jahres 1867 schließlich bestimmte sie, daß fortan jede Verbindung der Bischöfe einschließlich jener Polens mit Rom der offiziellen Kontrolle durch das Römisch-Katholische Kollegium in St. Petersburg unterliegen solle. Zwar war die Mehrzahl der Bischöfe bereit, sich dieser Maßnahme zu beugen; der Papst jedoch verurteilte diese neue Bestimmung, die er als nicht vereinbar mit der göttlichen Konstitution der Kirche erachtete[20]. Im Jahr 1869 wurde der Administrator von Mogilew, Mgr. Staniewski, exkommuniziert, weil er dieser Verurteilung nicht Rechnung getragen hatte. Die russische Regierung ihrerseits verbot den Bischöfen Rußlands und Polens die Teilnahme am Vatikanischen Konzil. Nach diesem Konzil setzte von verschiedener Seite aus eine Bewegung zugunsten der Errichtung einer slawischen katholischen, nach dem Beispiel der Altkatholiken von Rom getrennten Kirche mit lateinischem Ritus ein. Das Projekt war jedoch utopisch, und die russische Regierung schenkte ihm kaum Beachtung. Dagegen gewährte sie wirksame Unterstützung der Kampagne einiger von M. Popiel geführter ukrainischer Priester. Diese versuchten, geblendet vom Ansehen der Orthodoxie und ihren eigenen antipolnischen Haßgefühlen, die einzige noch in Polen bestehende unierte Kirche, jene von Chelm, der russischen Kirche anzugliedern[21].

Diese Affäre war im Jahr 1865 durch eine an sich legitime Initiative, die jedoch unter den gegebenen Umständen als fadenscheiniges Manöver erscheinen mußte, eingeleitet worden. Es handelte sich zunächst darum, den ruthenischen Ritus von den zahlreichen Latinismen, die sich seit dem Konzil von Zamosc eingeschlichen hatten, zu reinigen. Man hoffte durch die Abschaffung all dessen, was den Unierten ein eigenes Gesicht verlieh, deren Übertritt zur Orthodoxie zu erleichtern. Das Unternehmen wurde ohne Rücksicht auf die römischen Einsprüche durchgeführt, und als so der Boden bereitet war, zögerte Popiel, der von der Regierung mit der Verwaltung der Diözese betraut worden war, nicht, die Staatspolizei in Anspruch zu nehmen, um gegen den Widerstand einer Anzahl romtreuer Katholiken sein Projekt durchzusetzen. Nach einer Petitionskampagne, die von zwei Dritteln des Klerus unterstützt wurde, verkündete er zu Beginn des Jahres 1875

19 Text: L'Esposizione documentata 303—306.

20 Enzyklika „Levate" vom 17. 10. 1867: Acta Pii IX, IV 371—378.

21 Details in *Boudou* II 105—114 263—274 399—447.

„die Reunion der unierten Griechen mit der heiligen orthodoxen Ostkirche, die die Kirche unserer Väter war".

Zur gleichen Zeit jedoch machte die russische Regierung, die sich seit 1870 wieder Rom annähern zu wollen schien, weil es von dort eine befriedende Aktion in Polen erwartete, eine Geste des guten Willens; sie erklärte sich bereit, das katholische Kollegium in einer für den Heiligen Stuhl annehmbaren Weise zu reformieren. Aber 1877 riefen neuerliche Versuche, die russische Sprache in den Kult einzuführen, sowie die anläßlich des Russisch-Türkischen Krieges von England aufgedeckten polizeilichen Gewaltmaßnahmen gegen jene Unierten, die nicht bereit waren, sich der „Räubersynode von Chelm" zu beugen, einen weiteren römischen Protest[22] hervor; dieser führte zum endgültigen Bruch zwischen den beiden Parteien.

Die Bilanz war jedoch, so enttäuschend sie auch in institutioneller Sicht sein mochte, für Polen nicht völlig negativ. Während in den gebildeten Kreisen der rationalistische Einfluß der Aufklärung noch lange spürbar gewesen war, zeichnete sich nach der Jahrhundertmitte in den höheren Schichten, die den befriedenden Einfluß der Kirche gegenüber den revolutionär ausgerichteten sozialen Forderungen anerkannten, in der Tat eine Entwicklung ab, die gleich jener verlief, wie sie Frankreich einige Jahrzehnte vorher erlebt hatte. Diese Veränderung der Atmosphäre, deren Motive allerdings an gewisse Interessen gebunden waren, begünstigte ein tiefgreifendes religiöses Erwachen. Es wurde unterstützt von den neuen Strömungen der Spiritualität, die sich zu dieser Zeit in ganz Europa entwickelten.

Ein bedeutsameres Indiz für die Erneuerung der Vitalität des Katholizismus bietet die Entwicklung der religiösen Orden. Nicht wenige unter ihnen zeigten untrügliche Zeichen einer Dekadenz, die die von der russischen Regierung ergriffenen Maßnahmen nur allzusehr rechtfertigten. Es gab zu viele ungenügend besetzte kleine Klöster, und es mangelte an fähigen Novizenmeistern. Eingriffe in die Klausurvorschriften und in das Armutsgelübde und Annahme von Kandidaten, die ohne eigentliche Berufung waren und nur dem Militärdienst entgehen wollten, waren außerordentlich häufig. Man muß sich allerdings vor Verallgemeinerungen hüten. Die Kapuziner, vor allem in Warschau, übten sowohl auf dem Gebiet der Frömmigkeit — sie waren die großen Verbreiter der Marienfrömmigkeit — als auch auf caritativem und sozialem Gebiet eine äußerst fruchtbare Tätigkeit aus. Seit der Jahrhundertmitte kam es auch zur Gründung zahlreicher neuer Frauenkongregationen, wie z. B. jene der Felizianerinnen[23] im Jahr 1856. Diese Bewegung setzte sich sogar noch nach dem Rückschlag von 1864 fort.

[22] Memorandum des Kardinals Simeoni vom 26. 7. 1877 über „die wichtigsten Ungerechtigkeiten, unter denen die katholische Kirche in Rußland und Polen zu leiden hat", und Rundschreiben an die Nuntien vom 20. 10. 1877 (Text in „L'Univers" vom 20. 1. 1878).

[23] DHGE XVI 855—859; CollFr 37 (1967) 343—365.

So wurde der Kapuziner Honorat Komiński (1829—1916) zum Begründer von etwa 20 geheimen Tertiarierinnenkongregationen, die sich, um einem Verbot der Regierung zu entgehen, in Laienkleidung dem Unterricht und dem sozialen Apostolat im Arbeitermilieu widmeten[24].

Die Slawen in Österreich-Ungarn

Als Nationalitätenstaat an den Grenzen der slawischen Welt war das habsburgische Kaiserreich ein Ort der Begegnungen und bisweilen auch der Konflikte zwischen dem orientalischen und westlichen Christentum. Im Jahr 1870 zählte es neben 24 Millionen lateinischen Katholiken und 3,5 Millionen Protestanten 4 Millionen Katholiken des orientalischen Ritus und 3 Millionen Orthodoxe. Die letzteren genossen eine ausreichende Freiheit des Kultes und der Organisation, aber sowohl die Regierung als auch die katholische Hierarchie hofften mehr denn je auf ihre Rückkehr zur Einheit mit Rom.

In Kroatien, wo die Orthodoxen 30 Prozent der Gesamtbevölkerung ausmachten und in engem Kontakt mit ihren noch immer unter türkischer Herrschaft stehenden Stammes- und Glaubensbrüdern standen, wurden diese unionistischen Bestrebungen von Mgr. J. G. Stroßmayer, in den Jahren 1849—1905 Bischof von Diakovar, repräsentiert. Als pflichtbewußter Prälat und glühender Patriot war er nach und nach zum moralischen Haupt der kroatischen Opposition gegen die magyarische Oligarchie geworden. Aber statt sich in unfruchtbare politische Kämpfe einzulassen, zog er es vor, die slawische Sache auf kultureller Ebene voranzutreiben. Er verwendete einen Großteil seiner hohen Einkünfte dazu, Zeitschriften und Veröffentlichungen über die slawische Literatur, Geschichte oder Folklore zu subventionieren und seinem Vaterland zwei wichtige Institutionen, eine Akademie (1867) und eine Universität (1874), zu schenken. Diese Haltung erbrachte ihm eine unvergleichliche Popularität bei allen Slawen des Südens, bei den Orthodoxen wie auch bei den Katholiken. Diese Popularität hoffte er zugunsten eines zweiten Lebensideals, das für ihn mit dem ersten eng zusammenhing, nämlich der Einheit der Kirchen, nutzen zu können. Diese Union war in seinen Augen die Voraussetzung dafür, daß die slawische Welt sich die westliche Kultur ohne Gefahr zu eigen machen könnte. Zur Erleichterung einer Annäherung unterstützte er die römische Liturgie in Altslawisch und befürwortete vor allem beim Vatikanischen Konzil eine Politik weitgehender Dezentralisation in der Kirche. Seine irenische Art und Weise, an das Problem der Vereinigung der getrennten Christenheit heranzutreten, fand jedoch erst unter dem Pontifikat Leos XIII. in den römischen Kreisen ein günstiges Echo.

[24] *K. Gorski:* Roczniki teologiczno - kanoniczne 11 (1964) 5—50.

An der anderen Grenze des Kaiserreiches konnten die Entwicklung des Panslawismus und die daraus entstehende wachsende Spannung zwischen Österreich und Rußland nicht ohne Rückwirkung auf die ruthenische Kirche Galiziens bleiben. Ihr Haupt, Mgr. Lewicki, seit 1813 Erzbischof von Lemberg, wurde im Jahre 1856 zur Kardinalswürde erhoben; diese Würde war seit dem 16. Jh. nicht mehr an einen Prälaten des orientalischen Ritus verliehen worden. Der Klerus, der seit 1848 in steigendem Maße die demütigende Situation erkannte, in die Polen das ruthenische Volk gestürzt hatte, widmete sich im Namen des ukrainischen Nationalismus immer mehr dem politischen Kampf. Die einen sahen darin ein Mittel zur Neugruppierung aller Unierten beiderseits der Grenzen, um so einen wirksameren Widerstand gegen die Anziehungskraft der russischen Orthodoxie zu schaffen. Andere jedoch, vor allem unter der Jugend, gewöhnten sich daran, im orthodoxen Rußland die natürliche Schutzmacht der Slawen zu sehen. Mit der geheimen Unterstützung zaristischer Agenten begleiteten sie vor allem die Unternehmungen Michael Popiels in der Diözese Chelm, die darauf zielten, den ruthenischen Ritus von den lateinischen Infiltrationen zu reinigen, mit um so größerer Sympathie, als sich nach dem Konkordat von 1855, dessen Abmachungen für alle Katholiken des Reiches gültig waren, die Tendenz zur Ausrichtung der orientalischen Kirchenordnung nach dem lateinischen kanonischen Recht unter dem Druck der Wiener Regierung noch verstärkt hatte.

In dieser Atmosphäre mußten sich die jahrhundertelangen Kontroversen zwischen den Klerikern der beiden Riten noch verschärfen[25], aber der Widerstand des ruthenischen Klerus gegen die latinisierenden Pressionen Polens knüpfte das Band zwischen Kirche und Volk wieder enger. Mit Billigung des Nuntius hatten die galizischen Bischöfe einen sehr vernünftigen Plan für ein Abkommen ausgearbeitet, der im Jahr 1853 dem Heiligen Stuhl vorgelegen hatte. Bedauerlicherweise entschied dieser nicht sofort, und bald verschärfte sich die Lage erneut, da sich die beiden Parteien gegenseitig Proselytismus, vor allem in der Frage der Mischehen, vorwarfen. Erst 1863 gelangte man, zum Teil unter dem Eindruck der polnischen Revolution, schließlich zu einem Abkommen[26].

Die ruthenischen Diözesen Podkarpathiens, die bis zur Mitte des Jahrhunderts in tiefem Frieden leben konnten, begannen nun ebenfalls die Wirkungen der nationalistischen Agitationen zu spüren. In diese Zeit fiel nämlich der Beginn einer Bewegung, die in der Liturgie das für magyarische Bevölkerungsgruppen unverständlich gewordene Altslawisch durch das Ungarische ersetzen wollte[27]. Die Regierung in Budapest, der daran gelegen

[25] Einige Beispiele bei *Winter*, Byzanz 162—164.
[26] ColLac II 561—566.
[27] *C. Korolevský*, Liturgie en langue vivante (Paris 1955) 44—46.

war, das Gebiet soweit wie möglich zu entslawisieren, unterstützte diese Tendenzen, während die russophile Propaganda vor allem um die Erweckung des slawischen Bewußtseins bemüht war und eine Anzahl von Übertritten zur Orthodoxie erreichte.

Die unierten Rumänen Transsylvaniens dagegen hatten der Feindschaft gegen die orthodoxen Serben zahlreiche Konversionen zu verdanken. Auf Anregung des Bischofs von Großwardein, Mgr. Erdeli (1843—62), entschied man sich zur Errichtung von zwei neuen Diözesen und unter Wahrnehmung der günstigen Gelegenheit zur Bildung einer autonomen Provinz mit der Hauptstadt Fogaras[28]. Die Reorganisation dieser Kirche wurde in enger Zusammenarbeit mit Rom und der rumänisch-unierten Hierarchie unternommen. Im Jahr 1858 richtete die Kongregation der Propaganda Fide drei Instruktionen über eherechtliche Fragen an sie, in denen dringend Reformen gefordert wurden[29], und es wurde so z. B. eine römische Delegation unter der Führung des Nuntius in Wien nach Transsylvanien entsandt, um die dortige Lage zu prüfen, die durch den im Konkordat von 1855 anerkannten Anspruch des Kaisers auf Intervention in verschiedenen Angelegenheiten, vor allem in der Frage der Bischofswahlen, unsicher geworden war. Nach Abschluß der Konferenzen zwischen Mgr. De Luca und den rumänischen Bischöfen entschloß man sich zur Abhaltung eines Provinzialkonzils. Nach einer durch die Umstände bedingten Verzögerung, aber sorgfältig vorbereitet durch den neuen Metropoliten Ioan Vancea (1868 bis 1892), einen äußerst aktiven Prälaten römischer Bildung, und Mgr. J. Papp-Szilággi, den Verfasser eines der wenigen Handbücher des orientalischen kanonischen Rechts des 16. Jh.[30], trat es schließlich im Mai des Jahres 1872 in Blaj zusammen. Seine Dekrete[31] bildeten ein äußerst gut angelegtes, geschlossenes Ganzes. Neben diesem Werk der juristischen Erneuerung setzte der Klerus seine Bemühungen auf pastoralem und kulturellem Gebiet fort, indem er sich unter anderem angesichts des dominierenden ungarischen Elements zum glühenden Verteidiger der rumänischen Sprache und der nationalen Idee machte.

[28] Bulle vom 26. 11. 1853 (*Mansi* XLII 619—626; vgl. auch 638—640).

[29] *Mansi* XLII 645—708.

[30] In lateinischer Sprache veröffentlicht: „Enchiridion juris Ecclesiae orientalis catholicae" (Großwardein 1862).

[31] *Mansi* XLII 463—710. Erst im Jahr 1881 gab die Propaganda-Kongregation, die jeden Hinweis auf die Konzile des Photius, auf die Nomokanones und auf die byzantinischen Kanonisten verbot, ihre Approbation. Die römischen Behörden waren bereits über die Stellungnahmen der Diözesansynode von Blaj im Jahre 1868 unzufrieden gewesen, einer Synode, die auf die kollegiale Struktur der Kirche hinwies und die den Laien in der Kirche eine bedeutende Rolle zumaß (vgl. *de Clercq* II 632—634).

Um das Jahr 1860 schien es einen Augenblick, als wollte sich auf der anderen Seite der Grenze, in Bulgarien, eine neue unierte Kirche bilden. Angesichts der beharrlichen Weigerung des Phanar, den Bulgaren als ersten Schritt zur kulturellen und politischen Emanzipation nationale Bischöfe zuzugestehen, begann eine Partei, die unter dem Einfluß des Polnischen Komitees in Paris stand, die Idee zu verteidigen, daß die Bulgaren ihre religiöse Emanzipation nur vom Papst erwarten könnten; sie propagierte fortan die Union mit Rom, mit der Bedingung allerdings, daß das Altslawische als Liturgiesprache beibehalten würde. Pius IX. antwortete wohlwollend auf diesen Vorschlag; nachdem er selbst am 14. April 1861 den greisen Hegumenos, J. Sokolski, zum Erzbischof der unierten Bulgaren geweiht hatte, begann eine Konversionsbewegung, in der die Politik eine ebenso große Rolle wie die religiöse Überzeugung spielte. Aber die Intervention Rußlands, das eine Emanzipation Bulgariens zu seinem eigenen Vorteil wünschte, und die Ungeschicklichkeit des Apostolischen Delegaten, Mgr. Brunoni[32], hatten die Bewegung bald im Keim erstickt. Nach dem geheimnisvollen Verschwinden Sokolskis verblieb nur ein kleiner Kreis von Gläubigen, die Pius IX. den Assumptionisten des P. d'Alzon und den polnischen Resurrektionisten anvertraute. Als schließlich vier Jahre später ein neuer bulgarischer Bischof ernannt wurde, war die Gelegenheit verpaßt.

Während dieser Ereignisse in Bulgarien erweckte in Griechenland die Konversion des Erzbischofs Meletios im Nov. 1861 weitere Hoffnungen, die sich jedoch als ebenso trügerisch erwiesen, da die Griechen unerschütterlich an ihrer Nationalreligion festhielten. Als darum Pius IX. angesichts der wachsenden Zahl der Katholiken in der Hauptstadt und in Piräus im Jahr 1875 in Athen ein Erzbistum errichtete, war diese Stadt eine Diözese mit lateinischem Ritus, deren Gläubige, die überwiegend westlicher Abstammung waren, den Griechen als fremdes Element erscheinen mußten.

In allen Gebieten, die seit Jahrhunderten unter ottomanischer Herrschaft standen, konnte der Katholizismus mit lateinischem Ritus im zweiten Drittel des 19. Jh. Fortschritte erzielen; sie erscheinen uns heute zwar als sehr fragwürdig, waren aber in jener Zeit bedeutungsvoll.

In Rumänien festigte sich die Autonomie bis zur Bildung eines unabhängigen Königreiches im Jahre 1866 fortschreitend. In gleichem Maß verstärkte sich die Mission der Konventualen in der Moldau beträchtlich, trotz der bisweilen gerechtfertigten Kritik, der sie ständig ausgesetzt war, und steigerte die Anzahl der Gläubigen innerhalb von 50 Jahren

[32] Diese Geschichte, so schreibt Ch. Dumont, „verdeutlicht, bis zu welchem Grad einige Persönlichkeiten der lateinischen Kirche damals allem, was die Anhänglichkeit unserer orientalischen Brüder an ihre eigenen Traditionen legitimiert, verständnislos gegenüberstanden" (*I. Sofranov* a. a. O. X).

von 48 000 auf 75 000. In der liberalen Atmosphäre, die bei der Reorganisation des politischen Status der Fürstentümer im Jahre 1859 vorherrschte, erhielten die Katholiken die zivile und politische Gleichberechtigung. Um das Jahr 1864 plante die Regierung, die die österreichische Schutzherrschaft über die Katholiken beenden wollte, sogar ein Konkordat mit dem Heiligen Stuhl. Empfindlichkeiten auf orthodoxer Seite ließen jedoch erst 1884 zu, daß das Amt des Apostolischen Visitators durch die schon lange geplante Errichtung einer Diözese in Jassy abgelöst wurde. Im vorhergehenden Jahr war bereits ein Erzbistum in Bukarest errichtet worden[33], nachdem sich die bis zur Jahrhundertmitte unbedeutende Zahl der Katholiken in der Walachei innerhalb weniger Jahrzehnte verzehnfacht hatte; dank dem Wohlwollen des Königs Carol wurde die Reorganisation der katholischen Kirche im neuen Königreich erleichtert.

Diese Fortschritte auf institutioneller Ebene dürfen jedoch nicht zu Trugschlüssen verleiten. Die Spannung im geistigen Bereich zwischen der orthodoxen Nationalkirche und der katholischen Minderheit bestand auch weiterhin. Die Mehrzahl des lateinischen Klerus war ausländischer Herkunft, und man warf ferner der Mission der Konventualen in der Moldau vor, ein Werkzeug der Magyarisation zu sein. In der Tat haben gewisse Kreise unter Berufung auf die ungarische Herkunft eines Teils der katholischen Bevölkerung lange Zeit versucht, die Mission ungarischen Ordensangehörigen anzuvertrauen und sie sogar der Propagandakongregation zu entziehen, um sie direkt der kirchlichen Verwaltung in Ungarn zu unterstellen. Die Regierung des neuen Königreiches bestand in ihrem Bemühen um die nationale Unabhängigkeit auf der Heranbildung eines einheimischen Klerus, was übrigens bereits 1842 von der Propaganda Fide als durchaus berechtigt anerkannt wurde. Die Konventualen jedoch, die eifersüchtig auf ihre Privilegien bedacht waren, hintertrieben die Eröffnung eines Seminars bis zum Jahr 1866, indem sie sich auf die in der Tat durchaus bestehenden finanziellen Schwierigkeiten beriefen. Daneben hatte sich in diesem Gebiet, in dem die Priester ihrer geringen Zahl wegen sich nicht regelmäßig um die in zahlreichen Dörfern verstreuten Gläubigen kümmern konnten, seit langem eine einheimische Institution gebildet, die Laien-„Didaskalen". Diese waren nicht nur Katecheten und Sakristane, sondern leiteten auch selber die sonntäglichen Gebetsgottesdienste, nahmen Begräbnisse vor und vertraten in zivilen Angelegenheiten die Missionare. Da die meisten von ihnen ehemalige Seminaristen aus Transsylvanien waren, die die ungarische Sache vertraten, wurden die Bemühungen um die Heranbildung rumänischer „Didaskalen" fortwährend durch die ungarischen Konventualen hintertrieben. Sie gelangen erst in den letzten Jahren des Jahrhunderts.

[33] Vgl. DHGE X 1011—12.

In Bosnien, das bis zum Jahr 1878 zum Türkischen Reich gehörte, wurde der langjährige Konflikt zwischen dem Apostolischen Vikar Barišić und den kroatischen Franziskanern, die die südslawische nationale Idee gegen den österreichischen Einfluß vertraten[34], im Jahr 1847 durch die Aufteilung in zwei Vikariate gelöst, nämlich in die Vikariate Bosnien (125 000 Gläubige) und Herzegowina (35 000 Gläubige). In Erwartung der Einrichtung einer regulären Hierarchie, die tatsächlich in der Zeit von 1878 bis 1881 durchgeführt wurde, wurde die Erhöhung der Zahl der Klöster endlich bewilligt; im Jahr 1878 waren es 10 statt wie 30 Jahre früher nur 4. Die Katholiken dieser Gebiete blieben jedoch immer isoliert und hatten nur geringen Anteil an der Verbesserung der rechtlichen Stellung der Christen im Türkischen Reich durch die Dekrete von 1839 und 1856.

Um Konstantinopel und um die Häfen der Levante dagegen zeigte sich die katholische Präsenz, ebenso wie auch die Aktivität protestantischer Missionen, immer offener. Im Jahr 1839 hatte der neue Sultan Abdul-Majid, auf Anraten eines liberal denkenden Großwesirs, den Hatti-Scherif von Gulkhane veröffentlicht, der „allen, welcher Religion oder Sekte sie auch immer angehören mochten, vollkommene Sicherheit ihres Lebens, ihrer Ehre und ihres Besitztums" versprach; er wollte sich damit die westlichen Mächte verpflichten und die Loyalität der Christen dem Staat gegenüber sichern. Die Anwendung dieses Grundsatzes blieb oft, besonders in den Balkanländern, nur sehr theoretisch. Er war aber doch ein erster Schritt zur Emanzipation, vor allem zum Nutzen der unierten Gemeinden. Der Krimkrieg und der daraus folgende Hatti-Hamajun von 1856 brachte eine neue und spürbare Verbesserung in der rechtlichen Situation der Christen, die sich dann nach der Syrienexpedition von 1860 noch weiter verbesserte. Die Abhaltung eines Regionalkonzils in Smyrna im Jahr 1869[35], das den lateinischen Episkopat Griechenlands und der Inseln mit dem Apostolischen Vikar von Konstantinopel um den Erzbischof versammelte, wäre 20 Jahre früher undenkbar gewesen. Überraschend ist jedoch vor allem die ständige Weiterentwicklung der von den Religiosenkongregationen gegründeten Einrichtungen[36], die zumeist französischer Herkunft waren. In enger Verbindung mit den französischen Konsuln, die unter der Dritten Republik noch mehr als unter dem Zweiten Kaiserreich um die Eindämmung des italienischen Einflusses im Vorderen Orient bemüht waren, steigerte sich die Tätigkeit der Lazaristen, der Brüder der christlichen Schulen, der Filles de la Charité und der Sœurs de S. Joseph; zu ihnen gesellten sich bald auch die Assumptionisten, die Dames du Sacré-Cœur, die Sœurs de Notre Dame de Sion und viele andere Gemeinschaften. Die Jesuiten von Beirut traten durch ihren Einsatz besonders hervor. In dem Bemühen, die gebildeten

[34] Vgl. *I. Kecmanović*, Barišiceva afera (Sarajewo 1957). [35] ColLac VI 565—591.

[36] Vgl. ein konkretes Beispiel dieser sprunghaften Zunahme missionarischer Kongregationen zwischen 1840 und 1890 in dem Artikel „Alexandrie" des DHGE II 364—365.

Klassen gegen den protestantischen Einfluß zu schützen, gründeten sie eine moderne Druckerei, die arabische Übersetzungen westlicher Erbauungsliteratur verbreitete; es entstand außerdem ein großes katholisches Tagblatt, der „Al-Bashir" (1871), und schließlich ein modernes Kolleg, das im Jahr 1881 zur Universität St. Joseph umgewandelt wurde.

Rückblickend muß jedoch gesagt werden, daß diese missionarischen Einrichtungen, wie groß auch der Eifer der einzelnen Mitglieder gewesen sein mag, mehr zur Verbreitung der französischen Kultur als zu der des christlichen Glaubens beigetragen haben. Und wenn diese Einrichtungen auch durch ihre intellektuellen und spirituellen Fähigkeiten, gepaart mit dem Ansehen des Westens, in den orientalischen Gemeinden ein wenig Fuß fassen konnten, so muß doch gleichermaßen zugegeben werden, daß die lateinischen Katholiken des Vorderen Orients, deren regelmäßiges Anwachsen die Statistiken mit Befriedigung verzeichnen, zum größten Teil ausländiser Herkunft, besonders Italiener oder Malteser, waren und daß sie mit zunehmender Zahl immer mehr als Fremdkörper angesehen wurden. Für den Augenblick jedoch erweckten die erwähnten Fortschritte eine Illusion, und in Rom neigte man noch mehr dazu, in der Entwicklung der lateinischen Missionen die Zukunft des Katholizismus im Orient zu sehen. Um diese vielgestaltige missionarische Tätigkeit zu koordinieren und die Kontrolle Roms über die Organisation der verschiedenen katholischen Gemeinden des Ottomanischen Reiches besser zu sichern, setzte die Kongregation de Propaganda Fide ihre Hoffnung immer mehr auf die Arbeit der Apostolischen Delegaten, ohne damit aufzuhören, regelmäßig Visitatoren zu entsenden, die über die Anwendung der Reformen zu wachen und über die Lage genau zu informieren hatten. Der aktivste Vertreter dieser römischen und lateinischen Präsenz im Orient war Mgr. Valerga[37], seit 1847 lateinischer Patriarch von Jerusalem und seit 1858 Apostolischer Delegat für Syrien; er verwandte seine ganze Kraft auf die Politik einer Zentralisation, wie sie der Heilige Stuhl gegenüber den unierten Patriarchaten praktizierte[38].

Die orientalischen Patriarchate

Im Verlauf des dritten Viertels des 19. Jh. waren in den unierten Kirchen zwei Erscheinungen festzustellen: eine quantitative Weiterentwicklung und damit die Fortführung der institutionellen Konsolidierung, daneben aber

[37] Über Giuseppe Valerga (1813—72) s. die unedierte Dissertation S. Mannas (Pont. Istituto Orientale in Rom 1969). Auch *de Montclos* 533—534; *Hajjar* 279—281.

[38] Er bemühte sich auch um die Rückgewinnung einer Anzahl geweihter Stätten Palästinas, die sich die Orthodoxen im Verlauf des 18. Jh. von den Türken zuweisen lassen konnten. Bekanntlich waren die scharfen Diskussionen um die Heiligen Stätten u. a. der Anlaß zum Krimkrieg, aber de facto wurde der Status quo bis zum Ende des 19. Jh. aufrechterhalten. Vgl. *B. Collin*, Les lieux saints (Paris 1948); *A. Popov*, La question des lieux saints de Jérusalem dans la correspondance diplomatique russe, 2 Bde (St. Petersburg 1910/11).

die Gefahr neuer Schismen durch die verschärfte Zentralisationspolitik Roms. Diese Politik, die den Pontifikat Pius' IX. kennzeichnete, äußerte sich in der Einmischung der Propagandakongregation in die Wahl der Patriarchen und Bischöfe, in der Änderung der Entscheidungen der Lokalsynoden und in der Einführung von Reformen bei den traditionellen Institutionen. Sie zeigte sich auch in der Tätigkeit, die die Apostolischen Delegaten an Ort und Stelle zugunsten einer Angleichung der orientalischen Kirchendisziplin an jene des lateinischen Westens ausübten.

Ihren besonderen Niederschlag fand diese Entwicklung in der armenischen Kirche. Zahlreiche Konversionen, vor allem im Gebiet um Konstantinopel, haben die Gesamtzahl der Gläubigen in der Türkei um das Jahr 1870 auf 120 000 steigen lassen. Im Jahr 1850 hatte Pius IX. unter Berücksichtigung dieser Fortschritte im Norden Kleinasiens 6 neue Diözesen gegründet und sie dem Primas-Erzbischof von Konstantinopel unterstellt. Dieser Erzbischof, Mgr. Hassun, konnte dank seines unternehmungsfreudigen Eifers und mit Hilfe der Jesuiten und anderer westlicher Missionare wie auch der armenischen Kongregation der Antoniter, die eine beispiellose Blütezeit erlebte, die Zahl der Kirchen und Schulen vervielfachen. Um diese Fortschritte durch die Vereinheitlichung der kanonischen Disziplin[39] und ferner durch eine gleichzeitige weitere Verbesserung der Beziehungen zwischen der türkischen Regierung und Rom zu krönen, beschloß der Heilige Stuhl im Jahr 1866 nach dem Tod des Patriarchen von Kilikien, durch die Wahl von Mgr. Hassun zum Patriarchen die beiden supraepiskopalen Jurisdiktionen zu fusionieren. Aber gerade diese Maßnahme, die aus römischer Sicht den Zusammenhalt der armenischen Kirche festigen sollte, löste eine äußerst schwere Krise aus, die freilich schon seit Jahren latent vorhanden war. Das Dokument nämlich, das das armenische Patriarchat neu organisierte, die berühmte Bulle „Reversurus"[40], veränderte die orientalische Gesetzgebung hinsichtlich der Vorrechte der Patriarchen und des Modus der Bischofswahlen von Grund auf. Die Vornehmen aus dem Laienstand hatten sich schon seit 1850 mehrfach darüber beklagt, daß ihre Interventionsrechte praktisch aufgehoben waren; sie protestierten nun erneut mit Unterstützung eines Teiles des Klerus und der Bischöfe, die ihrerseits dem Patriarchen seine Willkür in der Leitung seiner Kirche und seine allzu große Nachgiebigkeit gegenüber den zunehmenden Übergriffen der Propagandakongregation vorwarfen. Die Opposition verstärkte sich anläßlich des Konzils, das der Patriarch vom Juli bis November des Jahres 1869 nach Konstantinopel einberufen hatte. Während Hassun beim Vatikanischen Konzil

[39] Ein erster Schritt in diesem Sinn wurde im Jahr 1851 von dem Patriarchen von Kilikien versucht, aber das von ihm zu diesem Ziel einberufene Konzil vereinigte nur die Kirchen seiner Jurisdiktion, und dessen Dekrete (*Mansi* XL 783—890), die sich sehr stark an das maronitische Konzil von 1736 anlehnten, waren ungeschickt abgefaßt und wurden daher von Rom nicht anerkannt.

[40] Vgl. Kap. 42, 767—768.

in Rom weilte, bildete sich angesichts der zahlreichen Mißstände in der armenischen Gemeinde Konstantinopels eine Dissidentenpartei, zu deren Führern u. a. der Superior der Antoniter, Mgr. Kasandschan, zählte. Nachdem die Opposition Hassun für abgesetzt erklärt hatte, gelang es ihr, sich von der türkischen Regierung als die wahre armenische Kirche anerkennen zu lassen, und sie eignete sich zahlreiche Kirchen und Schulen an. Dieses Schisma dauerte zehn Jahre, bis Leo XIII. im Jahre 1880 Hassun, der zum Kurienkardinal ernannt worden war, durch einen beweglicheren Mann, Mgr. Azarian, ersetzte.

Die chaldäische Kirche, in der „noch alles zu tun war" (Korolevský), hatte den Vorteil, von 1847 bis 1878 von Joseph Audo, einem eifrigen und dynamischen, wenngleich nur mäßig gebildeten Patriarchen, geleitet zu werden, und konnte seit dem Jahr 1856 auf die Hilfe der französischen Dominikaner von Mossul rechnen. Sie arbeitete auf dem Konzil von Rabban Hurmuz im Jahr 1853[41] eine erste Kodifizierung ihrer kanonischen Disziplin aus, und zwar in einer latinisierten Form unter Einfluß des Apostolischen Delegaten, des Jesuitenpaters Planchet. Während sie sich innerhalb von 25 Jahren von 40000 auf 60000 Gläubige vermehren konnte, wurde sie seit dem Jahr 1860 von dem immer heftiger werdenden Konflikt zwischen Audo einerseits und der Propagandakongregation Pius' IX. andererseits erschüttert. Römischerseits lehnte man sich dagegen auf, daß der Patriarch seine Jurisdiktion auch auf die seit dem 17. Jh. der lateinischen Hoheit unterstehenden Chaldäer Malabars ausdehnte[42]. Nach einer ersten Befriedung im Jahr 1863 und nach der Demission des Apostolischen Delegaten, der seine Kompetenzen überschritten hatte, entbrannte der Streit von neuem, als die Gültigkeit der Bulle „Reversurus" durch die Konstitution „Cum ecclesiastica disciplina" vom 31. August 1869[43] auch auf die Chaldäer ausgedehnt worden war; auch hatte sich der Groll wegen des Vatikanischen Konzils noch nicht gelegt. Der chaldäische Episkopat spaltete sich in zwei Gruppen, und im Jahr 1876 stand der gealterte und von schlechten Ratgebern bestimmte Audo unmittelbar vor einem Bruch mit Rom, während der Apostolische Delegat Auftrag erhielt, selbst die vakanten Bischofssitze zu besetzen. Die Treue des betagten Patriarchen zum Katholizismus und eine Friedensgeste Pius' IX. konnten die Katastrophe im letzten Augenblick verhindern.

Die syrische Kirche hatte keine so schwere Krise zu bestehen, aber auch hier dauerte die gespannte Atmosphäre bis zum Ende des Pontifikats Pius' IX. an. Die durch das Konzil von Sarfeh von 1853 bis 1854[44] veran-

[41] *J. Vosté* a. a. O. 35—76.

[42] Für die Details s. *C. Korolevský:* DHGE V 326—335 343—349.

[43] *De Martinis,* Ius pont. VI/2 32—35.

[44] Das, ergänzt durch das Konzil von Aleppo (1866), versuchte, eine gewisse Einheitlichkeit in die kanonische und liturgische Disziplin, die bis dahin sehr vage gewesen war,

laßte Gründung des Patriarchats von Antonius Samhiri (1854—66), dem „zweiten Gründer seiner Kirche“, war von einigen Kämpfen und neuen Initiativen begleitet, bestimmte jedoch endgültig die Zukunft der syrischen Kirche, deren Zentrum auf römischen Wunsch von Aleppo in das jakobitische Zentrum Mardin verlegt wurde. Der nachfolgende Patriarch jedoch, Philipp Arqus (1866—74), erwies sich als weniger unternehmungsfreudig und zog sich angesichts der durch die Bulle „Reversurus“ sowie durch das Vatikanische Konzil entstandenen Wirren in eine sehr unklare abwartende Haltung zurück.

Der Patriarch der Melkiten, Mazlūm († 1855), dagegen hatte sich mit wachsender Heftigkeit gegen die römischen Eingriffe in die Rechte der Patriarchen gewandt. Dies führte nach dem Tod Gregors XVI. und des Kardinals Litta, die den Patriarchen persönlich gekannt und ihm vertraut hatten, zu äußerst heftigen Zusammenstößen, zumal das autoritäre und machtbesessene Temperament Mazlūms einige seiner Gegner innerhalb seiner eigenen Kirche dazu gebracht hatte, sich mit den westlichen Vertretern der systematischen Latinisierung zu verbinden. Die Propagandakongregation konnte die Wahl Clemens Bahuts (1856—64) zu seinem Nachfolger durchsetzen. Dieser war Rom, wo er studiert hatte, sehr ergeben, war jedoch mehr ein Asket als ein Mann der Praxis. Seine Ungeschicklichkeit rief ein Schisma in seiner Kirche hervor, das glücklicherweise nur kurz andauerte. Es war durch eine anscheinend zweitrangige Frage ausgelöst worden, die jedoch einmal mehr die von der Propagandakongregation verfolgte Politik der Angleichung an die lateinische Disziplin ins rechte Licht setzte. Die syrische und die chaldäische Kirche hatten in den Jahren 1836 bis 1837 den Gregorianischen Kalender angenommen, um dadurch mehr von den „Schismatikern“ abzurücken. Auf die Aufforderung der Propagandakongregation hin, das gleiche zu tun, verfügte Bahut 1857 dieselbe Maßnahme, aber stieß dabei auf eine starke Opposition. Der Metropolit von Beirut, Riachi, der gegen Rom erbittert war, weil er nicht zum Patriarchen ernannt wurde, zog aus diesem Aufruhr Nutzen und bildete mit der Unterstützung der orthodoxen russischen Mission eine eigene Gemeinde.

Glücklicherweise aber machten die Massaker von 1860, bei denen die Drusen unter den Melkiten fast ebenso viel grausames Unheil anrichteten wie unter den Maroniten, den Auseinandersetzungen ein Ende. Durch die verständnisvolle Haltung des Nachfolgers Bahuts, des bedeutsamen Gregor Jussef (1864—97), fand alles wieder in die rechte Ordnung zurück. Eine seiner wichtigsten Sorgen war die Verbesserung der Ausbildung des Lokalklerus, die trotz der Bemühungen Mazlūms noch immer unzulänglich war. Mit der Errichtung von eigenen Bildungsstätten, die ein Gegengewicht gegen die protestantische Arbeit bilden sollten, versuchte er, den Unannehm-

zu bringen, das jedoch keine endgültigen Ergebnisse erbrachte (Texte bei *de Clercq* II 1037—72 1072—93).

lichkeiten zu begegnen, die gewisse von den lateinischen Missionaren unterhaltene Schulen für die Kirchen des orientalischen Ritus bedeuteten. Dagegen konnte er sich zur Einberufung eines Konzils trotz der Vorteile, die es für die Wiederaufnahme des Werkes der Neuorganisation mit sich gebracht hätte, nicht entschließen, da er „zu seiner Durchführung die Hilfe Roms benötigt hätte und davor zurückschreckte, sie erbitten zu müssen" (Korolevský). Ohne Zweifel war Jussef, obschon ehemaliger Schüler des Propagandakollegs in Rom, durch die Bulle „Reversurus" und das undifferenzierte Programm der Neoultramontanen beim Vatikanischen Konzil stärker denn je davon überzeugt, daß Rom die Zerstörung der alten Privilegien der Patriarchen, die ihm selber sehr am Herzen lagen, anstrebte. Die Neuorganisation der melkitischen Kirche war bereits durch das Konzil von Jerusalem eingeleitet worden, seine Dekrete aber hatte der Heilige Stuhl zu einer Zeit des schärfsten Konflikts mit Mazlūm nicht ratifiziert.

Die maronitische Kirche hatte zwar durch äußere Umstände wie den Aufstand der Bauern des Libanon gegen die Feudalherrschaft der Scheiche und die Drusenmassaker von 1845 und 1860[45] schwer zu leiden. Der Verfall der gesellschaftlichen Führungsschicht jedoch machte das Patriarchat schließlich zur wichtigsten politischen Macht des Landes, zumal es für ein halbes Jahrhundert von einem Mann geleitet wurde, der eine beachtenswerte geistige Bildung mit großen Führungsqualitäten verband: Paul Masád (1854 bis 1890). Er eröffnete seinen Pontifikat mit einem nationalen Konzil[46], das im Jahr 1856 unter dem Vorsitz des Apostolischen Delegaten und unter Teilnahme der Oberen der drei maronitischen Orden, die zu dieser Zeit etwa 1800 Mitglieder mit 800 Priestern zählten, in Bkerke stattfand. Die alten und engen Beziehungen mit Frankreich, dem großen Beschützer des Libanon, waren der Boden für ein gutes Einvernehmen mit den lateinischen Missionaren. Die maronitische Kirche, deren Verbindungen mit dem Heiligen Stuhl viel weiter zurückreichten als bei den anderen Unierten, wurde durch die von der Bulle „Reversurus" und den Definitionen des I. Vatikanums hervorgerufenen Mißstimmigkeiten in weit geringerem Maße erschüttert[47]. Bedauerlicherweise sind wir bis heute über das innere Leben, die pastorale Tätigkeit des Klerus, das religiöse Leben der Gläubigen und die Entwicklung der klösterlichen Bräuche dieser lebendigen Kirche wie auch aller anderen unierten Kirchen sehr schlecht informiert. Es bleibt zu hoffen, daß die Erforschung der kirchlichen Archive durch einheimische Historiker bald mehr Licht in diesen Themenkreis bringen wird.

[45] Über deren wahre Natur siehe *de Montclos* 144—154.

[46] Text bei *de Clercq* II 1093—1135. Die Akten wie auch jene der meisten anderen orientalischen Konzilien dieser Zeit wurden jedoch von der Propagandakongregation nicht bestätigt; diese war immer mehr vom Gedanken einer grundlegenden Neuordnung der orientalischen Disziplin und ihrer Anpassung an das lateinische kanonische Recht erfüllt.

[47] Der Patriarch zögerte jedoch nicht, Pius IX. höflich, aber eindeutig darzulegen, wie sehr diese Maßnahme den feierlichen Zusicherungen Benedikts XIV. widersprach.

ZWEITER ABSCHNITT

Die Missionen von 1840 bis 1870

Professor Dr. Johannes Beckmann, Fribourg

33. Kapitel

Die Festigung der gregorianischen Restauration

QUELLEN UND LITERATUR: Vgl. die Hinweise auf allgemeinere Werke bei Kap. 11. Ferner: *A. Brou SJ*, Les Jésuites missionnaires au XIXe et XXe siècles (Paris 1935); Collectanea S. Congregationis de Propaganda Fide. Vol. II (1867—1906) (= CPF); *G. Goyau*, La France missionnaire dans les cinq parties du monde, 2 Bde (Paris 1948); Juris Pontificii de Propaganda Fide VI/1, 2, VII (Rom 1884—87) (= JP); *A. Launay*, Mémorial de la Société des Missions-Étrangères II (Paris 1916); *J. A. Otto SJ*, Gründung der neuen Jesuitenmission durch General P. Joh. Phil. Roothaan (Freiburg 1939) (= *J. A. Otto*, Roothaan); *G. B. Tragella*, Le Missioni Estere di Milano nel quadro degli avvenimenti contemporanei, 3 Bde (Mailand 1950/63); *ders.*, Italia Missionaria (Mailand 1939).

Der lange Pontifikat Pius' IX. (1846—78) bildete, missionarisch gesehen, in allen wesentlichen Teilen eine Fortsetzung, aber auch eine Verstärkung der Reform Gregors XVI. Die eigentliche Arbeit leistete Alessandro Barnabò (1801—74). Seit 1831 im Dienste der Propaganda, wurde er durch Pius IX. 1847 zu ihrem Sekretär und 1856 zum Kardinalpräfekten ernannt. Er war ein pflichtbewußter und gewissenhafter Verwalter seines Postens, aber nicht einmal seine Zeitgenossen, geschweige denn die Nachwelt, wußten die Fülle seiner geleisteten Arbeit zu würdigen[1]. J. Schmidlin schreibt, daß Pius IX. „für die Heidenmission 33 Vikariate und 15 Präfekturen und 3 Delegaturen" schuf. „Schon diese Zahl dient als Gradmesser für seine intensive Missionstätigkeit."[2] Alle Neugründungen bereitete A. Barnabò nicht nur bis zur Ausstellung der päpstlichen Breven und Ernennungen vor, sondern er sorgte auch dafür, daß das Missionspersonal entsprechend vermehrt wurde. Sogar die für die Zukunft bedeutende Tat im Bereich der Propaganda, die Herauslösung der orientalischen Mission aus der Verflech-

[1] Es ist bezeichnend, daß über diesen langjährigen Leiter der Propaganda keine Biographie vorliegt. Sein selbstloser Charakter und seine Hingabe an das Werk der Glaubensverbreitung lassen sich aus dem bescheidenen Nachruf vom 2. 3. 1874 ablesen, der sich im Propagandaarchiv befindet (S. Congr. Cardinali, Segretarii ... vol. 3, 1850—92, f. 253—255). Vgl. DHGE VI 858.

[2] *Schmidlin*, PG II 226.

tung mit den Heidenmissionen, geht auf die Vorarbeiten und Anregungen Kardinal Barnabòs zurück[3].

Während in der ersten Hälfte des 19. Jh. die neuen Missionsinstitute in Frankreich entstanden, sollte sich in der zweiten Hälfte besonders das italienische Element verstärken. Die italienischen Gründungen bis zum 20. Jh. verdanken alle ihr Dasein der religiösen Erneuerung und Vertiefung des ausgehenden 18. und beginnenden 19. Jh., die durch Generationen hervorragender Priester und Bischöfe weitere Pflege fand[4]. Daher die Tatsache, daß alle religiösen Neugründungen, vom Weltklerus ins Leben gerufen und getragen, apostolisch-missionarisch ausgerichtet waren. Manche dieser Institute konnten wegen der italienischen Unruhen erst nach einer längeren Vorgeschichte verwirklicht werden. So wurde 1850 das Mailänder Missionsseminar, seiner Organisation und seinem Geist nach als ein Abbild des Pariser Missionsseminars von Mgr. Ramazotti († 1861) gegründet, der, allerdings bereits 1849 zum Bischof von Pavia erkoren, später auf den Patriarchenstuhl von Venedig gelangte[5]. Das Seminar von Mailand bewahrte exklusiv missionarischen Charakter.

Die Gründung des heiligen Johannes Don Bosco (1815—88), zunächst des Oratoriums, dann seit 1859 der Gesellschaft des heiligen Franz von Sales (Salesianer), erfolgte in erster Linie im Hinblick auf lokale religiöse und soziale Notwendigkeiten; aber der apostolische Geist führte die Mitglieder bald über die Grenze Italiens in alle Kontinente, in denen sie nicht nur einzelne Missionssprengel übernahmen, sondern vor allem in Erziehung und Presseapostolat segensreich wirkten[6]. Ein weiteres, nur für Afrika bestimmtes Institut, rief 1866 Daniel Comboni in Norditalien ins Leben. Es handelt sich um das „Missionsinstitut für Afrika" (Nigrizien, wie er es nannte), das später nach Verona verlegt und 1885 in die „Gesellschaft der Söhne des heiligen Herzens" umgewandelt wurde. Den Anstoß

[3] 1862 wurde, zunächst noch innerhalb der Propaganda, aber mit selbständigem Betrieb und eigenem Sekretär, die „Congregatio de Propaganda Fide pro negotiis ritus Orientalis" errichtet. JP VI/1 381—386. Der obengenannte Nekrolog schreibt gerade diese Loslösung Kardinal Barnabò zu.

[4] Ein typisches Beispiel dafür bieten die „Amicizie", religiöse Geheimgesellschaften, die bei ihrer Entstehung die geheimen politischen und antireligiösen Vereinigungen in Italien nachahmten. *C. Bona IMC*, Le „Amicizie". Società segreta e rinascita religiosa (1770 a 1830) (Turin 1962). Die Seele dieser Gesellschaften und Erneuerung war der Schweizer Konvertit und Exjesuit N. J. A. von Dießbach (1732—98), ebd. 1—230 (Dokumente p. 471—528). Die Mitglieder dieser religiösen Geheimzirkel des 18. Jh. tauchen im 19. Jh. als erste Förderer der jungen italienischen Missionsbewegung auf. *C. Bona* IMC, La Rinascita missionaria in Italia dalle „Amicizie" all'opera per la Propagazione della Fede (Turin 1964).

[5] *G. B. Tragella*, Le Missioni Estere di Milano I (Mailand 1950) 1—89.

[6] *Heimbucher* II 392—399; *E. Cervia*, Annali della Società Salesiana 1841—1888 (Turin 1941); *Pietro Stella*, Don Bosco nella storia dèlla religiosità cattolica, 2 Bde (Zürich 1968/1969 (vgl. *F. Desramaut:* RHE 65 [1970] 926—933).

dazu hatte die seit 1846 in Zentralafrika errichtete und größtenteils von österreichischen Weltpriestern aufrechterhaltene Sudanmission gegeben, der Mgr. Comboni eine feste Grundlage verschaffen wollte[7]. In Rom wurde 1867 das päpstliche Seminar der heiligen Petrus und Paulus gegründet; dessen Mitglieder, in China tätig, wurden später mit dem Mailänder Missionsseminar vereinigt[8].

Auch in Frankreich entstanden neue Missionsinstitute. So errichtete P. J. Chevalier († 1907) in Issoudun die Genossenschaft vom heiligen Herzen Jesu, die sich vor allem der Südseemission widmete[9]. 1856 schlossen sich dem ehemaligen Pariser Missionar und Bischof in Indien, Melchior de Marion Brésillac (1813—59), einige Kleriker in Lyon an, die sich in der „Gesellschaft für die afrikanische Mission" der Bekehrung der Schwarzen weihen wollten. 1858 wurde ihnen das Vikariat Sierra Leone anvertraut, doch schon nach einem Jahr starben der Bischof und seine Begleiter, vom Fieber verzehrt. In Lyon trat der noch jugendliche Augustin Planque (1826—1907) an die Spitze der Gesellschaft und führte sie durch alle Hemmnisse und Opfer zu sicherem Bestand[10]. Die früher gegründeten Väter vom Heiligen Geist und die Lyoner Missionare konnten nur wenige Küstenstriche in West- und Ostafrika missionieren, da ihnen für die weiten Gebiete Zentralafrikas die Glaubensboten fehlten. Ihr Apostel sollte der weitsichtige und tatkräftige Kardinal Lavigerie (1825—92) werden. 1868 rief er die Gesellschaft der Weißen Väter ins Leben, er organisierte ihre ersten Karawanen ins Innere des Landes und förderte mit seinen klugen und praktischen Anweisungen das Wirken der Missionare[11]. 1860 bestätigte Pius IX. die 1833 in Annecy gegründete Gemeinschaft des heiligen Franz von Sales (Salesianer von Annecy), welche 1845 die Missionierung von Zentralindien begonnen hatten[12].

In dieselbe Zeit fällt die Gründung zweier weiterer bedeutender missionarischer Gemeinschaften: der belgischen Missionare von Scheut und der englischen Missionare von Mill Hill. 1862 bot sich eine Gruppe belgischer Weltpriester der Propaganda für die Arbeit in den Missionen an. Mit

[7] *H. Wohnhaas,* Bischof Daniel Comboni, Apostolischer Vikar von Zentralafrika (Ellwangen 1937); *Streit* XVI 714—718; Comboniani. Numero speciale di Nigrizia. Dic. 1962 (Verona).

[8] Weitere Institute von ähnlicher Struktur entstanden 1895 in Parma (Xaveriani) und 1901 in Turin (Missionari della Consolata). *G. B. Tragella,* Italia Missionaria (Rom 1939).

[9] *G. Goyau,* La France missionnaire II 393—458.

[10] Ebd. II 255—302; *F. F. Guilcher,* Un apôtre d'Afrique au XIXe siècle, Augustin Planque 1826—1907. Premier Supérieur Général de la Société des Missions de Lyon (Lyon 1928).

[11] *G. Goyau* a. a. O. II 303—363; *J. Perraudin,* Lavigerie, ses principes missionnaires (Fribourg 1941); *X. de Montclos,* Lavigerie, le Saint Siège et l'Église de l'avènement de Pie IX à l'avènement de Léon XIII (Paris 1965).

[12] *G. Goyau* a. a. O. II 390—391.

ihnen gründete Theophil Verbist die Kongregation vom Unbefleckten Herzen Mariens (in Scheut/Brüssel) und übernahm die Mongolei als Missionsfeld, wo er bereits 1868 starb[13]. Die englische St.-Josephs-Gesellschaft (Missionare von Mill Hill/London), 1866 vom späteren Kardinal Herbert Vaughan gegründet, verpflichtete sich vor allem für die Negermission in den Vereinigten Staaten — wo sie sich seit 1892 als eigene Gesellschaft, die St. Joseph's Society, verselbständigte —, dann aber auch für englische Kolonialgebiete[14].

Nach der Mitte des 19. Jh., als in immer zahlreicheren Ländern Asiens die Freiheit der Religion und der Glaubensverbreitung gesichert war, verlagerte sich das Schwergewicht der Arbeit auf Werke der Erziehung und Caritas. Aus diesem Grunde lag es nahe, auch die eigentlichen Schulbrüder, zumal die Söhne des heiligen J.-B. de la Salle († 1719), für die asiatischen Missionen zu gewinnen. Auf die erste Aussendung nach Indien 1859 folgten bald weitere, und ein Land nach dem andern erschloß sich ihrer Wirksamkeit[15].

Die ansehnliche Zahl neuer Missionsinstitute in dieser Zeit könnte den Eindruck erwecken, als ob die Mission über genügend Personal verfügte; doch zeigen Vergleiche mit früheren Zeiten deutlich, daß diese Zahlen noch lange nicht an die Anstrengungen der Spanier und Portugiesen, speziell im 16. und 17. Jh., heranreichen[16]. Weite Missionsgebiete waren nur schwach oder überhaupt nicht erfaßt. Daher erwies es sich als bedeutungsvoll, daß auch ältere, im apostolischen Elan erlahmte Orden den Missionsgeist erneuerten[17]. In die gleiche Richtung weist die Tätigkeit der Väter vom Heiligen Geist in Portugal; durch die Eröffnung apostolischer Schulen, die Errichtung einer portugiesischen Provinz und schließlich durch die Aufnahme der Missionstätigkeit in Angola erhielten die portugiesischen Missionen neuen Auftrieb[18].

[13] *V. Rondelez CICM,* Scheut, Congrégation missionnaire. Ses origines — ses débuts (Brüssel 1960); *J. Fleckner SVD,* Hundert Jahre Missionare von Scheut: NZM 18 (1962) 220—222.

[14] *Heimbucher* II 621—623; *H. Brugger,* Der erste Josefs-Missionar und sein Werk (Brixen 1941 — über Kard. Vaughan und die Entwicklung der Gesellschaft).

[15] *G. Rigault,* Histoire générale de l'Institut des Frères des Écoles Chrétiennes VIII: L'Institut en Europe et dans les pays de Missions (Paris 1951).

[16] Für Spanien vgl. etwa *L. de Aspurz OFMCap,* Magnitud del esfuerzo misionero de España: MH III (1946) 99—173; für Portugal *Jos. Wicki SJ,* Liste der Jesuiten-Indienfahrer 1541—1758. Aufsätze zur portugiesischen Kulturgeschichte VII (Münster 1967) 252—450.

[17] Eine erste Reorganisation der Kapuzinermissionen führte Bischof A. Hartmann durch. *W. Bühlmann OFMCap,* Pionier der Einheit. Bischof A. Hartmann (Paderborn 1966) 200—210.

[18] *A. Brásio* CSSp, Spiritana Monumenta Historica I. Angola 2 (Pittsburg-Löwen 1968). Seit 1869 wirken die Väter vom Heiligen Geist in Portugal.

Das Zurückdrängen des portugiesischen Padroado und die Neuordnung der asiatischen Missionen

Im britischen Herrschaftsbereich

Nach dem langjährigen Ringen um eine Neuordnung der kirchlichen Verhältnisse, zumal in Indien, hätte man annehmen sollen, aller Zündstoff für neue Konflikte sei beseitigt[19]. Doch trat das Gegenteil ein. Die Gegensätze zwischen Padroado- und Propagandamissionaren verschärften sich zusehends. Wenn auch die goanesischen Wirren kein Schisma im kirchenrechtlichen Sinn auslösten — der Gehorsam gegenüber dem Papst war niemals aufgekündigt —, so belastete doch die Rechtsunsicherheit das religiöse Leben noch stark, speziell in den Gebieten, wo die Interessen beider Instanzen aufeinanderstießen. Eine Anbahnung erfreulicherer Zustände geschah von seiten Portugals bereits 1849 durch die Abberufung des Erzbischofs von Goa, da Silva Torres. Dieser richtete nach seiner Ankunft in Lissabon ein Entschuldigungsschreiben an Pius IX., das dieser im öffentlichen Konsistorium verlas und freundlich beantwortete[20]. Während der Sedisvakanz nahm der Bischof von Makao, Hier. Jos. da Matta, in Gebieten der Apostolischen Vikare von Ceylon und Bombay bischöfliche Funktionen (Firmungen, Priesterweihen) vor, was den Protest der in ihren Rechten geschmälerten Apostolischen Vikare auslöste. Einen dramatischen Höhepunkt erreichten die Auseinandersetzungen zwischen Padroado- und Propagandaanhängern durch die wochenlange Belagerung der Kirche von Ober-Mahim, in der der Apostolische Vikar von Bombay, Anastasius Hartmann, eingeschlossen blieb. In einem Brief vom 12. April 1853 unterrichtete er die Apostolischen Vikare Indiens über die Ereignisse, und nach Eintreffen ihrer Antwort richtete er am 22. Mai 1853 im Namen aller einen Protestbrief an den Heiligen Stuhl[21].

Während des Konflikts beobachteten die britischen Behörden zunächst strikte Neutralität, gemäß ihrem politischen Grundsatz, sich in Indien nicht in Religionsangelegenheiten einzumischen. Doch gaben sie schließlich dem Drängen der Goanesen nach und sprachen Bischof Hartmann die Kirche in Ober-Mahim ab[22]. Von Rom hatte der Bischof keine oder nur beschwichti-

[19] Vgl. Kap. 11.

[20] Die verschiedenen Dokumente bei *Streit* VIII 168ff. — Erzbischof da Silva Torres wurde Weihbischof von Braga. A. Hartmann gab die päpstliche Ansprache und seine Briefe im lateinischen Text mit englischer Übersetzung und Erklärungen heraus. Monumenta Anastasiana I (Luzern 1939) 678—700.

[21] Die umfangreichste Quellensammlung für dieses und die folgenden Jahre bieten die Monumenta Anastasiana II (Luzern 1940) 3—1054. Der Text des Zirkularschreibens ebd. 149—151.

[22] Ebd. 197—205.

gende Antworten erhalten, so daß er sich schließlich genötigt sah, die Konsequenzen zu ziehen: „Da sie (die Apostolischen Vikare) nicht einmal in Rom Unterstützung finden, blieb ihnen nichts anderes übrig, als zu resignieren.“[23] Bischof Hartmann begab sich 1856 nach Europa. Seine Bereitwilligkeit, das Vikariat Bombay an die Jesuiten abzutreten und sich der Organisation der Kapuzinermission auf dem neugeschaffenen Posten eines Missionsprokurators zu widmen, läßt darauf schließen, daß diese Reise die logische Konsequenz der 1853 von ihm selbst unterbreiteten Grundsätze darstellte. War Bischof Hartmann das Opfer, um den Weg zur angebahnten Versöhnung mit Portugal vollends zu ebnen? Diese Frage kann nach den Dokumenten weder bejaht noch verneint werden; aber es sprechen doch gewisse Tatsachen dafür, so etwa der oben angeführte Satz des Bischofs an Pius IX. Dieser Ausspruch kam ihm von Herzen, hatte er doch in seiner größten Not und Bedrängnis nicht einmal eine Antwort auf seine vielfachen Briefe und Hilferufe erhalten[24].

Das Konkordat mit Portugal (21. 2. 1857) legte die Wirren in Indien bei, allerdings zugunsten des Padroado. Die Bemühungen Gregors XVI. und die Regelung durch „Multa praeclare“ (1838), ebenso die Warnungen Bischof Hartmanns fruchteten nichts[25]. Die portugiesischen Bistümer Kotschin, Meliapur und Malakka (neben dem Erzbistum Goa) wurden wiederhergestellt und nur für China und einzelne Teile Malakkas die Rechte der Propaganda anerkannt. Ja, Portugal erreichte sogar das Zugeständnis, weitere Patronatsbistümer in Indien zu errichten[26].

Trotz der einseitigen Betonung der Patronatsrechte wirkte sich das Konkordat von 1857 für die indische Mission nicht schädlich aus, teils wegen der Zurückhaltung der Apostolischen Vikare, welche die goanesischen Gemeinden in ihren Sprengeln duldeten und je nach den lokalen Verhältnissen und persönlichen Beziehungen großherzig für sie sorgten, teils aber auch wegen des Mangels an portugiesischen Priestern, die in den bereits

[23] „Sed vicarii apostolici jure canonico sese defendere nequeunt, quum proinde neque in Roma assistentiam inveniant, aliud haud remanet, quam ut resignent“ (Brief vom 11. 2. 1853 an Pius IX.) ebd. 32.

[24] An dieser Sachlage ändert auch das Breve vom 9. 5. 1853 und die Ernennung Hartmanns zum Apostolischen Vikar von Bombay nichts, ebensowenig seine 1856 erfolgte Ernennung zum päpstlichen Thronassistenten. Der letzte Biograph Bischof Hartmanns, P. W. Bühlmann OFMCap (Pionier der Einheit [Paderborn 1966] 121 f), neigt zur Annahme, daß der Bischof ein Opfer der Auseinandersetzungen und Differenzen zwischen der Propagandakongregation und dem Staatssekretariat (Antonelli) geworden sei.

[25] Das Memorandum über diese Frage vom 10. 10. 1856 in Monumenta Anastasiana III (Luzern 1942) 668—687.

[26] *T. Grentrup SVD,* Jus Missionarium I (Steyl 1925) 211 f. Das kurze Urteil des Rechtshistorikers lautet: „Tota res in favorem Portugalliae fuit ad statum pristinum reducta“ (ebd. 212). Über die verschiedenen Textausgaben des Konkordates vgl. *Streit* VIII 226—228.

christlichen Gemeinden die Seelsorge hätten übernehmen und auch Neuland für den Glauben erschließen können. Nach den Erfahrungen eines Jahrhunderts hätten zudem die Engländer die Tätigkeit portugiesischer Priester höchst ungern gesehen, während sie die einheimischen goanesischen keineswegs behinderten.

In engem Zusammenhang mit der Tätigkeit von Bischof A. Hartmann und seines Sekretärs, des späteren Bischofs und Kardinals Ignatius Persico (1823—95), stand ein Ereignis, das der indischen Kirche für Jahrzehnte neue Wege wies: die päpstliche Visitation. Am 1. Juni 1858 richteten die beiden Kapuzinerbischöfe ein Memorandum über die Mängel der indischen Mission und die Mittel ihrer Beseitigung an die Propaganda[27]. Um den Mangel an Einheit unter den Apostolischen Vikaren und den Missionaren der Propaganda zu begegnen, schlugen sie eine päpstliche Visitation vor. Noch im August desselben Jahres ernannte Pius IX. den Apostolischen Vikar von Pondichery aus dem Pariser Missionsseminar, Clément Bonnand (1796—1861), zu seinem Visitator[28]. Dieser sollte in den der Propaganda unterstellten Gebieten sowohl die Mängel wie auch die Verbesserungsmöglichkeiten genau erforschen und einen gründlichen Bericht über die Lage ausarbeiten. Mit Mut und Zuversicht begann er seine Arbeit, konnte sie aber nicht zu Ende führen, da er am 21. März in Benares der Cholera zum Opfer fiel[29]. Der Apostolische Vikar von Mysore, Mgr. Étienne Charbonneaux, schloß die Visitation ab.

Diese Visitation war nicht nur notwendig, um unter den Apostolischen Vikaren der verschiedenen Nationalitäten und Orden eine größere Harmonie und Zusammenarbeit herbeizuführen, sondern auch, um nach dem Sieg der Portugiesen im Konkordat von 1857 den Vertretern der Propaganda, die sich verlassen, ja verraten fühlten, neuen Mut zum Aushalten zu geben[30]. Innerhalb der portugiesischen Bistümer befanden sich zur Zeit der Visitation folgende Sprengel unter der Leitung der Propaganda: im

[27] Monumenta Anastasiana IV (Luzern 1946) 151—155.

[28] JP VI/1 292—293. Über die Visitation vgl. *J. Waigand,* Missiones Indiarum Orientalium S. C. P. F. concreditae, juxta visitationem apostolicam 1859—62 (Budapest 1940); *A. Launay,* Histoire des Missions de l'Inde III (Paris 1898) 356—427 (Visite Apostolique par Mgr Bonnand, Fin de son Épiscopat 1858—61).

[29] Er befand sich auf der Reise nach Patna, wo A. Hartmann seit 1860 zum zweitenmal als Apostolischer Vikar wirkte, und starb unter seinem Beistand. Monumenta Anastasiana IV (Luzern 1946) 615.

[30] Die Behauptung, Pius IX. habe mit Rücksicht auf die Apostolischen Vikare das Konkordat von 1857 nicht ratifiziert (bei *Delacroix* III 212), stimmt nicht mit der Ernennungsbulle des neuen Erzbischofs von Goa, Joh. Chrys. d'Amorim Pessoa, und dem Begleitbrief vom 22. 3. 1861 überein, in welchem das Konkordat nicht nur als grundlegende Vereinbarung angeführt, sondern dem neuen Erzbischof die Jurisdiktion, zunächst für 6 Jahre, gewährt wird, und zwar über alle Gebiete, welche nach Abschluß des Konkordates den Apostolischen Vikaren unterstanden. JP VI/1 326—329.

Westen Bombay und Puna unter den deutschen Jesuiten, die Bischof Hartmann 1853 berufen hatte, im Norden die riesigen Gebiete der Vikariate Agra und Patna unter den italienischen Kapuzinern, im Zentrum Hyderabad und Vizigapatam, das eine Gebiet unter dem jungen Mailänder Missionsseminar, das andere unter der Leitung der Oblaten des heiligen Franz von Sales von Annecy. Im Süden lebte die alte Jesuitenmission von Madura wieder auf; für die italienischen Jesuiten ist Mangalore zu erwähnen. Die Karmeliter wirkten weiterhin in den beiden Vikariaten Verapoly und Quilon, die Pariser Missionare in Pondichery, Mysore und Coimbatore; dazu kamen die früher errichteten Vikariate Madras, das später von den Salesianern Don Boscos übernommen wurde, und Kalkutta für die Jesuiten, denen 1856 die Priester vom Heiligen Kreuz und seit 1866 die Mailänder Missionare für das östliche Bengalen zur Seite traten. Die Vorschläge der Visitatoren (Errichtung der Hierarchie und Apostolischen Delegatur) konnten erst nach Pius IX. verwirklicht werden.

Ein weiterer Punkt, auf den die Visitatoren mit Nachdruck hinwiesen, war das Fehlen eines einheimischen Klerus in den Gebieten der Propaganda[31]. Abgesehen von Pondichery, wo vor allem seit der Synode von 1844 die Bildung eines landgeborenen Klerus mit neuem Schwung betrieben wurde und das zur Zeit der Visitation ca. 50 indische Priester zählte, besaßen 7 Vikariate keinen eingeborenen Priester, die übrigen nur vereinzelte und meist nur in den Reihen der eigenen Ordensgemeinschaft. Schon Mgr. Bonnand beklagte in seinem Visitationsbericht diese Tatsache mit den Worten: „Monachi monachos gignunt.“[32] Wenn auch das eine oder andere Gebiet noch mit vielen Anfangsschwierigkeiten zu kämpfen hatte und deshalb kaum an die Bildung eines einheimischen Klerus denken konnte, anerkannte die Propaganda die Berechtigung des von den Visitatoren ausgesprochenen Tadels durchwegs. In einer ausführlichen Instruktion (vom 8. 9. 1869)[33] rief sie nicht nur ihre eigenen Bestimmungen von 1845 den Missionsbischöfen ins Gedächtnis, sondern forderte besonders die Bildung eines tüchtigen eingeborenen Diözesanklerus[34].

Der Mangel eines indischen Klerus mußte sich um so nachteiliger auswirken, als der goanesische Klerus, zahlenmäßig stark, theologisch wie aszetisch einen Stand einnahm, der jenem der europäischen Missionare

[31] *C. Merces de Melo SJ,* The Recruitment and Formation of the Native Clergy in India (Lissabon 1955) 255—305; *F. Coutinho,* Le régime paroissial des diocèses du rite latin de l'Inde (Löwen 1958) 217—220; *J. Humbert SJ,* Catholic Bombay, her Priests and their Training, 2 Bde (Bombay 1964) (der 2. Bd behandelt die Priester von 1800 bis 1928); *E. Zeitler SVD,* Die Genesis der heutigen Priesterbildung in Indien: In Verbo Tuo (Festschr.) (St. Augustin 1963) 321—353.

[32] *F. Coutinho* a. a. O. 219.

[33] CPF II 21—28.

[34] Ebd. 21 f.

durchaus entsprach. Das war vor allem der vorzüglichen theologischen Bildungsstätte, dem Seminar in Rachol auf der Salsette-Halbinsel, zu danken[35]. Die Ursprünge gehen auf das dortige Jesuitenkolleg der alten Zeit zurück. Nach Vertreibung der Jesuiten aus Indien durch Pombal 1759 wurde Rachol die zentrale Bildungsstätte des Klerus für Portugiesisch-Indien. Trotz manchen Wechsels der Leitung und auch zeitweiser Unterbrechung — je nach der politischen Lage in Portugal — leistete das Seminar Großes für die Bildung eines zahlreichen und hochstehenden Klerus. Gerade die Erzbischöfe da Silva Torres und d'Amorim Pessoa hatten sich für die Verbesserung der theologischen Studien eingesetzt. Letzterer führte nicht nur die Reorganisation der Studien in einem systematischen Dreijahreskurs durch, sondern schrieb selber theologische Handbücher für den Unterricht und stattete das Seminar mit einer Bibliothek von 7300 Bänden aus[36].

Zu den äußeren Schwierigkeiten der indischen Mission gehörte ferner das Verhältnis zur Kolonialmacht. Die englische Ostindien-Kompagnie zeigte überhaupt keine Sympathie für irgendeine Missionstätigkeit. Es brauchte sogar einen besonderen Befehl von London, damit 1833 die Tätigkeit der anglikanischen und seit 1834 der nichtbritischen protestantischen Missionsgesellschaften erlaubt wurde. Doch die seit Jahrhunderten im Land wirkende katholische Kirche galt vorderhand als nicht existent. Wie schwer es war, auch nur eine gewisse gerechte Behandlung für die Katholiken Indiens zu erreichen — von Gleichberechtigung konnte niemals die Rede sein —, zeigen die unablässigen Bemühungen des Kapuzinerbischofs A. Hartmann. Abgesehen von den persönlichen Vorstellungen in Indien, zumal in Bombay, sandte er 1853 den englischen Jesuiten G. Strickland und seinen Sekretär P. J. Persico zur Regelung gewisser Missionsfragen nach Rom und London. Durch mündliche und schriftliche Bemühungen erreichten sie eine offizielle Stellungnahme der Regierung durch die „Notes on the position of Roman Catholics in India" von 1856[37]. A. Hartmann reiste 1857 selbst nach London und nahm in der Broschüre „Remarks on the Resolution of the Goverment of India upon the Catholic Affairs in India" Stellung zu den Regierungserklärungen[38]. Er behandelte darin klar und sachlich die Frage der Stellung der katholischen Bischöfe, der Militärkapläne und Garnisonspfarrer, der Kirchen, Schulen und Spitäler und der ungerechten Behandlung der katholischen Waisenkinder. Nur mit Mühe erzielte er, zusammen mit anderen Bischöfen das ganze Jahrhundert hindurch, bescheidene Erfolge[39].

[35] *Merces de Melo* a. a. O. 181—205.

[36] Ebd. 190.

[37] Der Text ist abgedruckt in den Monumenta Anastasiana II (Luzern 1940) 238—253.

[38] A. a. O. III (1942) 724—758.

[39] Dank seiner Bemühungen wurde z. B. das Monatsgehalt der katholischen Militärkapläne von 100 auf 150 Rupien erhöht, einige Jahrzehnte später gar auf 200—250, während

Als 1834 im Zuge der Neuordnung das Apostolische Vikariat Ceylon errichtet wurde, zählte man für ca. 250 000 Katholiken nur 16 Priester, goanesische Oratorianer. Die ersten Bischöfe stammten aus ihren Reihen, doch der ursprüngliche Eifer der goanesischen Priester hatte nachgelassen. Infolge des englischen Druckes — Ceylon war seit 1796 englisch —, den die Katholiken von Colombo verstärkten, sah sich Rom veranlaßt, einen Europäer als Weihbischof zu ernennen. Rücksichtsvoll wählte man einen Oratorianer, Orazio Bettachini (1810—56). Schon bald wurde er von seinem Oberhirten mit der Leitung des nördlichen Teils von Ceylon, des 1847 errichteten Vikariates Jaffna, betraut. Im gleichen Jahr gelang es ihm, die Oblaten der Unbefleckten Jungfrau Maria für die Mitarbeit zu gewinnen[40].

Nachdem Bettachini endgültig Apostolischer Vikar von Jaffna geworden war (1849), ernannte Rom den italienischen Silvestriner Giuseppe Bravi (1813—62) zum Weihbischof von Colombo. Während in Jaffna vor allem die Oblaten arbeiteten[41], wirkten in Colombo die restlichen Oratorianer von Goa. Trotz aller Machenschaften blieben die farbigen Apostolischen Vikare der Propaganda treu ergeben; aber durch Intrigen und Sendlinge von Goa wurde die Atmosphäre derart vergiftet, daß schließlich nur noch die eine Lösung blieb: der Ersatz der immer geringer werdenden goanesischen Priester durch europäische Missionare[42]. 1857 rückte Bravi und 1863 sein Mitbruder Hilarion Sillani († 1879) als Apostolischer Vikar nach.

Ein Grund für den Rückgang der einst blühenden Mission der einheimischen Priester war auch die Unfähigkeit der Goanesen, sich den neuen Verhältnissen anzupassen. Immer dringlicher verlangten die Katholiken nach englischer Bildung und englischen Schulen, während ihre Priester starr an der portugiesischen Sprache und Kultur festhielten. Gleichzeitig stellte sich den Katholiken die Aufgabe, tiefer mit der singhalesischen oder tamulischen Kultur des Landes zu verwachsen. Es ist das große Verdienst der Oblaten, vor allem von E. C. Bonjean (1823—93), der zuerst Apostolischer Vikar in Jaffna (1868—83) und dann Bischof bzw. Erzbischof von Colombo war, diese Bildung grundgelegt und gefördert zu haben[43].

schon zu Hartmanns Zeiten das Gehalt eines protestantischen Militärkaplans oder Pfarrers 500—800 Rupien betrug. *F. Coutinho,* Le régime paroissial 271—273.

[40] *J. Rommerskirchen OMI,* Die Oblatenmission auf der Insel Ceylon im 19. Jh. 1847 bis 1893 (Hünfeld 1931).

[41] St. Semeria (1811—68), der erste Obere der Oblaten, wurde 1856 Weihbischof und 1857 Apostolischer Vikar von Jaffna. Er setzte sich vor allem für die Bildung eines einheimischen Klerus ein. *N. Kowalsky OMI,* Mgr. Semeria (Apostolischer Vikar von Jaffna 1857—68) zur Pflege des einheimischen Klerus: NZM VII (1951) 273—281.

[42] *B. Barcatta SilvOSB,* Lo Scisma del Padroado nel Ceylon fino al 1853: NZM V (1949) 241—257, VI (1950) 15—34. Dazu kam, daß 1834 im Zuge der Ordensaufhebungen durch Portugal auch das Oratorianum in Goa aufgelöst wurde.

[43] *J. Rommerskirchen OMI,* Die Oblatenmission auf der Insel Ceylon (Hünfeld 1931) 96—228. Für den Aufschwung des nördlichen Gebietes von Ceylon war die päpstliche

Im Königreich Birma, das während des 19. Jh. allmählich an England überging, waren von 1722 bis 1832 italienische Barnabiten tätig. Wegen Mangels an Personal und Mitteln traten sie die Mission an die Oblaten Mariens von Turin ab, die aber bereits 1856 aus den gleichen Gründen die Mission aufgeben mußten[44]. 1856 übertrug die Propaganda das riesige Gebiet an das neu erstarkte Pariser Missionsseminar und ernannte A. T. Bigandet (1813—94) zum Apostolischen Vikar[45]. Dieser tat sich nicht nur als Organisator der modernen birmanischen Kirche hervor, sondern schuf als ein von König und Volk hochgeschätzter Gelehrter auch eine Reihe bedeutender linguistischer und religionswissenschaftlicher Werke[46]. Er war es auch, der die bereits 1863 durch die Propaganda beschlossene Aufteilung des Gebietes in drei Sprengel[47] zur Durchführung brachte[48]. Zu den Pariser Missionaren in Nord- und Südbirma traten die Missionare des Mailänder Seminars für Ostbirma, die von Anfang an vor allem unter den Karenen eine fruchtbare Tätigkeit entfalten konnten[49].

Zum englischen Kolonialreich gehörte seit 1828 auch die Halbinsel Malaya. Das 1558 errichtete Bistum Malakka, durch das Konkordat von 1857 wiederhergestellt, entbehrte während des ganzen Jahrhunderts eines Oberhirten. Die Tätigkeit der Padroado-Priester beschränkte sich auf die portugiesischen Pfarreien in Malakka und Singapur[50]. Neben ihnen wirkten die Missionare des Pariser Missionsseminars, zumal unter den chinesischen und indischen Einwanderern. Das Hauptgewicht ihrer Arbeit in dem seit 1841 errichteten Vikariat lag indessen auf dem Ausbau des Generalseminars in Pulo Penang. In einer benachbarten Pfarrei residierte meist auch

Visitation durch Bischof Bonnand 1860 entscheidend. *N. Kowalsky OMI,* Die Oblatenmission von Jaffna (Ceylon) zur Zeit der Apostolischen Visitation im Jahre 1860: ZMR 40 (1956) 209—213.

[44] Über diese Periode berichtet vor allem *L. Gallo,* La Storia del Cristianesimo nell'Impero Barmano (Mailand 1862).

[45] *A. Launay,* Mémorial II 50—54.

[46] Die guten Beziehungen zum Hof und zum Volk spiegeln sich in den Breven Pius' IX. an den König von 1857 (JP VI/1, 273) und 1858 (JP VI/1 287) wider. P. Anatriello PIME nennt den Bischof den „principe dei classici cattolici sul Buddismo Birmano (I Cattolici ed il Buddismo Birmano: NZM XXII [1966] 265).

[47] *G. B. Tragella PIME,* Le Missioni Estere di Milano II (Mailand 1959) 11—13.

[48] JP VI/1 442—443 (erste Errichtung der Vikariate von 1866, welche nicht durchgeführt wurde), ebd. VI/2 93—94 (Aufteilung des Landes von 1870 in 2 Vikariate und 1 Präfektur).

[49] *G. B. Tragella* a. a. O. 371—400 (La Missione della Birmania Orientale sotto il prefetto Biffi 1868—81).

[50] *M. Teixeira,* Macau e a sua Diocese, V: Efemérides religiosas de Malaca. VI: A Missão portuguesa de Malaca (Lissabon 1963) (Portugal ernannte bis 1868 Bistumsverweser); *ders.,* The Portuguese Missions in Malacca and Singapore (1511—1959), III: Singapore (Lissabon 1963) (Singapore gehörte kirchenrechtlich zuerst zu Goa, wurde 1884 der Propaganda unterstellt, 1886/87 jedoch der Diözese Makao).

der Apostolische Vikar. Das missionsrechtliche Unicum, d.h. das Nebeneinander eines Bistums des Padroado und eines Apostolischen Vikars, blieb in Malakka auch weiterhin bestehen.

Das Königreich Siam (Thailand) verdankte seine Selbständigkeit im 19. Jh. dem Umstand, daß die beiden kolonialen Nachbarn, England und Frankreich, sich die Herrschaft über das Volk der Thai weder teilen noch einer einzigen Macht überlassen wollten. Schon seit dem 16. Jh. waren hier katholische Missionare tätig gewesen. Obgleich sie in Siam selbst keine nennenswerten Erfolge erzielen konnten, wurde das Land, dank der Duldsamkeit der Herrscher und der Bevölkerung, doch ein wichtiger missionarischer Stützpunkt. Das galt vor allem für die Mitte des 19. Jh., als unter dem Apostolischen Vikar J. B. Pallegoix (1802—62), einem der vorzüglichsten Sprach- und Kulturkenner Siams, die Bande zum siamesischen Königshofe sich enger gestalteten[51]. Pallegoix unterhielt während 15 Jahren freundliche Beziehungen zum Abt eines Buddhistenklosters, der als König Mongkut (1851—68) in Bangkok herrschen sollte. Dessen Sympathie und weitherzige Duldung dauerten an, so daß die katholische Mission, durch Kriege und Mangel an Missionaren fast zum Erlöschen gebracht, neu erstarkte. Mongkut selbst richtete am 1. März 1861 einen freundlichen Brief an Pius IX.; dieser antwortete am 7. Oktober ebenso freundlich darauf, indem er die tolerante Haltung des Monarchen gegenüber dem Christentum belobigte[52]. Bei allen Gunstbezeigungen gegenüber dem Christentum, dem katholischen wie protestantischen, blieb der König überzeugter Buddhist, ja er benützte die neugewonnenen Kenntnisse des Christentums für eine durchgreifende Reform des siamesischen, wie überhaupt des Hinayana-Buddhismus[53].

Die von Bischof Pallegoix angebahnte Festigung der katholischen Kirche in Siam sollte bis in die neueste Zeit nachwirken. Wenn auch Bekehrungen unter den buddhistischen Einwohnern des Landes selten waren, konnten doch mehr und mehr Gemeinden aus chinesischen und vietnamesischen Einwanderern geschaffen werden, aus denen sich bald ein landgeborener Klerus rekrutierte.

Die Mission im französischen Einflußbereich

Nach dem Tode des Königs Ming-Mang (1841), unter seinem Nachfolger Thieu-Tri (1841—47), erfreute sich die Kirche Tongkings einer gewissen

[51] *A. Launay*, Mémorial II 482—485.

[52] JP VI/1 349—350. Das Breve war von Geschenken und einem Bild des Papstes begleitet. Ein früheres Dankesbreve des Papstes ist vom 20. 12. 1852 datiert. JP VI/1 153—154.

[53] *G. Lanczkowski*, Das sogenannte Religionsgespräch des Königs Mongkut: Saeculum 17 (1966) 119—130. Vgl. *G. Höltker:* NZM XXII (1966) 300.

Ruhe, die vor allem der rastlose Apostolische Vikar von West-Tongking, Mgr. Pierre Retord (1803—58), benützte, um die zerstreuten und verängstigten Christen neu zu sammeln[54]. Doch eine neue, noch blutigere Verfolgung unter Tu Duc (1847—82) suchte die schwergeprüfte junge Kirche heim. In die Tausende geht die Zahl der Christen, die ihren Glauben mit dem Leben bezahlten, darunter ca. 50 Priester und 5 Bischöfe. Ein erstes Verfolgungsdekret (1848) richtete sich zunächst gegen die europäischen, ein anderes (1851) gegen die vietnamesischen Priester und schließlich ein drittes (1855) gegen die Christen insgesamt. Die Missionare mußten, um durch ihre Gegenwart die Christen nicht direkt zu gefährden, in den Bergen und Wäldern leben, wo Bischof Retord, durch die Entbehrungen der ständigen Flucht aufgerieben, 1858 starb.

In diese schwierigen Zeiten der Kirche fällt die französische Intervention. Nach einem ersten Fehlschlag bat der französische Konsul de Montigny Mgr. Pellerin, den Apostolischen Vikar von Nord-Cochinchina (1813—62), der als Flüchtling in Hongkong weilte, bei Napoleon III. zugunsten der Missionare und Christen vorzusprechen[55]. Weil 1857 auch ein spanischer Dominikanerbischof, Mgr. Díaz, hingerichtet wurde, kam es zu einem gemeinsamen französisch-spanischen Vorgehen. 1858 wurde der Hafen von Tourane in Tongking und 1859 Saigon in Cochinchina eingenommen und von den Franzosen besetzt. Mit diesem Einschreiten beginnt die allmähliche Besetzung des gesamten hinterindischen Kontinentes durch Frankreich, die praktisch mit der Einnahme Hanois 1873 ihren Abschluß fand. Zwar wurde in allen Verträgen nach den einzelnen Eroberungskriegen immer wieder die Religionsfreiheit festgelegt, doch hatte die Kirche erst nach der „Befriedung" durch die Franzosen den größten Blutzoll zu entrichten, vor allem im heutigen Vietnam. Es ist nicht zu leugnen, daß die Missionare die französische Intervention veranlaßt und die bedrängten Christen sie ersehnt und erwartet haben[56]. Auf der andern Seite steht aber auch fest, daß die meisten Missionare und Christen nicht wegen dieser politisch-kriegerischen Ereignisse, sondern um ihres Glaubens willen gestorben sind[57]. Wie wenig die Missionare im Innern des Landes mit diesen politischen Auseinandersetzungen zu tun hatten, zeigt eindrücklich das Vorgehen gegen den am 2. Februar 1861 enthaupteten sel. Théophane Vénard (1829—61), zumal das Ge-

[54] *A. Launay,* Mémorial II 550—553; *ders.,* Mgr Retord et le Tonkin catholique (Lyon 1919).

[55] *A. Launay,* Mémorial II 497—499.

[56] *E. Do Duc Hanh,* La place du catholicisme dans les relations entre la France et le Viet-Nam de 1851 à 1870, 2 Bde (Leiden 1969).

[57] Diese Tatsache wird vor allem im Lauf des Prozesses in den historischen Gutachten für die letzten Seligsprechungen (1051) hervorgehoben. *B. Biermann OP,* De Martyribus tempore Tu-Duc Regis in Missionibus Ordinis Praedicatorum tunkinensibus profide occisis (Rom 1937); *O. Maas OFM,* Die Christenverfolgung in Tongking unter König Tu duc in den Jahren 1856 bis 1862: ZMR 29 (1939) 142—153.

richtsverfahren. Noch mehr bestätigt dies die vorliegende Korrespondenz des Seligen, insbesondere seine einzigartigen „Käfigbriefe", d. h. jene Briefe, die er in dem Bambuskäfig schrieb, in dem er bis zur Enthauptung gefangengehalten wurde[58].

Trotz der fast unablässig wütenden Verfolgung machte das Christentum weitere Fortschritte. Die Missionssprengel konnten in dieser Zeit verdoppelt werden, ebenso die Zahl des einheimischen Klerus, der meist in Pulo-Penang ausgebildet wurde — daher der Name „Seminarium martyrum". Kaum hatte sich der Süden von Cochinchina beruhigt, begannen 1856 die Schulbrüder in Saigon ihre Tätigkeit; 1861 wurde dort das erste Karmeliterinnenkloster gegründet. Weitere Klöster in Hanoi, Hué, Phat-Diem und Tranh-Hoa folgten. Die im 17. Jh. grundgelegte Form des Laienapostolates, die in einzelnen Gegenden bestehenden Domus Dei, bewährten sich gerade auch während der Zeiten blutiger Verfolgungen[59].

Die Entwicklung der kirchlichen Verhältnisse in China vollzog sich auf zwei Ebenen: der politisch-kirchlichen und der missionarisch-religiösen. Durch das Konkordat mit Portugal von 1857 wurden die bisher portugiesischen Diözesen Peking und Nanking aufgelöst, so daß dem Patronatsrecht nur noch Makao unterstellt blieb. Die Ablösung der Padroado-Missionare durch Vertreter der Propaganda geschah ohne besonderes Aufsehen und ohne Schaden für die betroffenen Gebiete[60]. Nanking wurde durch das Apostolische Vikariat Kiangnan ersetzt und den französischen Jesuiten übertragen, Peking den französischen Lazaristen[61]. Zu Makao gehörten noch die chinesischen Provinzen Kwangtung und Kwangsi, in denen Missionare des Pariser Seminars bereits seit dem 18. Jh. tätig waren. Erst 1858 trennte sich auch dieses Gebiet von der Mutterdiözese ab[62]. Von da ab unterstand die gesamte Mission in China der Propaganda.

Mit der aufgezeigten Entwicklung war wohl das portugiesische Patronatsrecht für China praktisch aufgehoben. Durch den Vertrag von Whampoa (1844) hatte sich aber eine neue politische Bindung angebahnt, welche sich vor allem von der zweiten Hälfte des Jahrhunderts an verhängnisvoll auswirken sollte: das französische Patronat[63]. Die vertraglich festgelegte Reli-

[58] *Streit* XI 177—181, dazu *Th. Vénard,* Käfigbriefe. Bekenntnisse vor seiner Hinrichtung in Hanoi in Tongking 2. 2. 1861. Verdeutscht von W. Stadler (Freiburg 1953); über die 1951 seliggesprochenen Martyrer, zumal des Dominikanerordens, *B. Biermann OP,* Im Feuerofen. Glaubenszeugen unserer Zeit. Die Martyrer von Tongking (Köln 1951).

[59] *Delacroix* III 239—244.

[60] *J. Beckmann,* Die katholische Missionsmethode in China in neuester Zeit, 1842—1912 (Immensee 1931) 26 f.

[61] *J. de Moidrey,* La Hiérarchie catholique en Chine, en Corée et au Japon (Schanghai 1914) 97 140.

[62] Ebd. 107.

[63] *L. Wei Tsing-sing,* La politique missionnaire de la France en Chine 1842—1856 (Paris 1960); *J. Beckmann* a. a. O. 14—23.

gionsfreiheit galt allerdings erst für die fünf sogenannten Vertragshäfen. Doch die kriegerischen Ereignisse (vor allem infolge der Taipingrebellion)[64] führten schließlich zum Vertrag von Tientsin (1858) und dem Friedensvertrag von Peking (1860). Durch sie wurde die Religionsfreiheit auf das gesamte Reich ausgedehnt, und zwar auf alle Missionare, die einen entsprechenden Schutzpaß der französischen Behörden besaßen. Auf der andern Seite erhielten die Chinesen die Freiheit zugestanden, den christlichen Glauben anzunehmen und auszuüben. Die völkerrechtliche Schwäche dieser Verträge und weiterer Abmachungen lag jedoch, wie bereits Th. Grentrup mit Recht bemerkt, darin, „daß sie nicht auf dem Fuß vollkommener Gleichheit abgeschlossen, sondern der chinesischen Nation aufgezwungen waren“[65]. All die Mißhelligkeiten und auch die Verfolgungen, die im Verlauf des Jahrhunderts auftraten, wurzelten letztlich im Haß gegen die Ausländer und nicht gegen das Christentum, das ja kaum bekannt war.

Diese Tatsache ergibt sich eindeutig aus dem Studium der chinesischen Quellen[66]. Die von 1860 an immer zahlreicher werdenden „missionarischen Zwischenfälle“ mögen zuweilen durch Taktlosigkeiten, durch mangelndes Verständnis und allzu drängendes Vorgehen von missionarischer Seite veranlaßt worden sein; doch die eigentliche Ursache bildete die konfuzianisch erzogene Schicht der Gentry, der Mandarine und Großgrundbesitzer, die seit dem 17. Jh. systematisch gegen die Ausländer und das Christentum vorgingen und im 19. Jh. ihre Feindseligkeit bedeutend verstärkten[67]. Durch falsche Darstellung und bewußte Lüge suchten sie, das unwissende Volk gegen die Fremden und gegen die Anhänger der ausländischen Religion aufzuwiegeln[68]. Die meist heftigen Zwischenfälle führten dann zu jahrelangen Verhandlungen mit den ausländischen Mächten, katholischerseits besonders mit Frankreich. Einen ersten Höhepunkt erreichte der Fremden- und Christenhaß im Blutbad von Tientsin am 21. Juni 1870, dem neben dem französischen Konsul und weiteren Europäern ein europäischer

[64] LThK² IX 1277 mit Lit. Die kath. Missionen hatten unter der sozial-religiösen Schwarmgeisterbewegung in doppelter Hinsicht zu leiden, zunächst unter den Mordtaten und Brandschatzungen der Aufständischen, von Kanton bis vor die Tore Schanghais, dann auch außerhalb der betroffenen Gebiete durch das neu geschaffene Mißtrauen, da man die Christen auf die gleiche Stufe mit den Rebellen stellte.

[65] *Th. Grentrup SVD,* Die Missionsfreiheit nach den Bestimmungen des geltenden Völkerrechtes (Berlin 1928) 64.

[66] *P. A. Cohen,* China and Christianity. The Missionary Movement and the Growth of Chinese Antiforeignism 1860—1870 (Cambridge/Mass. 1963).

[67] Allein für das Jahr 1860 enthält das Archiv des Auswärtigen Amtes (Tschungli Yamen) über „missionarische Zwischenfälle“ 8000 Folioseiten, für die Jahre 1860—1909 910 Bände (die größte Abteilung der Archivbestände des Auswärtigen Amtes). *P. A. Cohen* a. a. O. 346.

[68] *P. A. Cohen* a. a. O., vor allem 77—99 (Gentry Opposition to Christianity).

und ein chinesischer Lazarist sowie 10 Barmherzige Schwestern zum Opfer fielen[69].

Trotz dieser Rückschläge konnte sich die Mission bis weit ins Innere des Landes festigen und entfalten. Rein äußerlich schon erhellt dies aus der Vermehrung der Apostolischen Vikariate: 1846 Nord-Kiangsi, Kweitschu und Tibet, 1856 Nord-Tscheli, West-Tscheli, Südost-Tscheli (diese drei Gebiete wurden aus der ehemaligen Diözese Peking gebildet), Kiangnan (für Nanking), Ost-Szetschwan, Süd-Hunan und die Apostolische Präfektur Kwantung, 1860 Süd-Szetschwan. 1870 wurde das Vikariat Hupe in drei Vikariate geteilt. Von Fukien aus nahmen die spanischen Dominikaner 1859 die seit dem 17. Jh. unterbrochene Mission auf der Insel Formosa wieder auf. Die bereits in China tätigen Orden verstärkten ihre Reihen, so die Franziskaner, Dominikaner, Pariser Missionare, Lazaristen und Jesuiten. 1858 begannen die Missionare des Mailänder Missionsseminars ihre Arbeit in Hongkong und 1869 in der Provinz Honan, während die belgischen Missionare von Scheut seit 1865 in den weiten Provinzen Kansu und der Mongolei den Grund für junge Gemeinden legten[70].

In der Instruktion von 1845 über die Bildung und Erziehung des einheimischen Klerus hatte die Propaganda am Schluß darauf aufmerksam gemacht, von welcher Bedeutung die regelmäßigen Zusammenkünfte der Missionsobern in Lokalsynoden für die Wahrung der kirchlichen Einheit und Disziplin seien[71]. Dieser allgemein gehaltenen Mahnung folgte am 29. Juni 1848 ein Rundschreiben an die Bischöfe Chinas und der benachbarten Länder, sich in Hongkong zu einer Synode zu versammeln[72]. Trotz weiterer Mahnungen kam die Synode nicht zustande, vor allem weil den meisten Bischöfen die Lage im Land für eine solche Versammlung ungünstig und die weiten Reisen zu gefährlich schienen, dann aber auch, weil viele Oberhirten die Notwendigkeit einer solchen Versammlung nicht einsahen. Hinter den Kulissen meldete zudem die alte Protektionsmacht (Portugal), ebenso die neue (Frankreich), ihr Mitspracherecht an.

Rom suchte indessen, auf weitere Sicht eine solche Synode vorzubereiten. Deshalb ernannte Pius IX. Mgr. L. C. Spelta OFM, den Apostolischen Vikar

[69] Ebd. 229—261. Er schließt mit der Feststellung: „Each side operated on premises that it believed to be universally valid, and both were caught up in a clash of cultures over neither had much control" (261). Für die missionarischen Belange vgl. *J. Beckmann*, Missionsmethode XIV f.

[70] Die Dekrete für die Errichtung der neuen Vikariate finden sich JP VI/1 und VI/2.

[71] CPF I 545.

[72] *G. B. Tragella PIME*, Il mancato Concilio di Hongkong 1950. Missionswissenschaftliche Studien (Festschr. J. Dindinger) (Aachen 1951) 347—360. Einen Ersatz boten die Zusammenkünfte von 6 Bischöfen in Schanghai und die der Obern der Lazaristenmissionen in Ningpo, *J. Beckmann*, Missionsmethode 10.

von Hupe, zum Apostolischen Visitator[73]. Leider mußte er die begonnene Visitation abbrechen und starb 1862 in Wuchang. Ein weiter reichendes Echo als diese Visitation fand in Europa die Reise der beiden Lazaristen Ev. Huc und Jos. Gabet durch die Mongolei nach Tibet (1844—46)[74]. Jos. Gabet richtete nach seiner Rückkehr nach Europa (1848) ein umfangreiches Memorandum an Pius IX., in dem er ungeschminkt die Lage Chinas darstellt und die Mittel aufführt, um die Bekehrung des Landes zu beschleunigen. Diese bestehen vor allem in konkreten Konsequenzen aus der Instruktion der Propaganda von 1845[75]. Als P. Gabet diese Eingabe an den Papst machte, hatte er bereits eine 10jährige Missionserfahrung hinter sich, war er, der eigentliche Begründer der katholischen Mongolenmission, doch seit 1837 in der Mongolei tätig gewesen[76].

Im Jahr 1848 trafen die ersten europäischen Schwestern in China ein. Deren jetzt einsetzende Mitarbeit in Schulen, Spitälern und Waisenhäusern war der Ausdruck eines tiefgehenden Wandels der Missionsmethode. Seit den Verfolgungen, zumal der letzten 150 Jahre, hatten sich die europäischen Missionare möglichst unauffällig der Glaubensverkündigung in bescheidenen Kreisen und der Christenseelsorge gewidmet. Die Familien- und Frauenseelsorge wurde vornehmlich den chinesischen Jungfrauen überlassen. Von der zweiten Hälfte des 19. Jh. an warben immer mehr die erzieherischen und sozial-caritativen Einrichtungen in aller Öffentlichkeit, wenn auch in indirekter Form, für den christlichen Glauben. Gerade die (sicher weithin segensreiche) Tätigkeit europäischer Frauen wirkte auf das

[73] JP VI/1 308 f. Pius IX. sandte auch einen Brief an den Kaiser von China, in welchem er Mgr. Spelta und die Katholiken des Reiches dem kaiserlichen Wohlwollen empfahl und auf die segensreichen Lehren des Katholizismus für sein Reich hinwies (ebd. 309—310). Der Brief dürfte den Adressaten kaum erreicht haben.

[74] Souvenirs d'un voyage dans la Tartarie, le Thibet et la Chine pendant les années 1844, 1845, 1846. Par E. Huc (Paris 1950). Vgl. *Streit* XII 230—238 mit Angabe der einzelnen Ausgaben und Übersetzungen. Zu den vielfach aufkommenden Zweifeln über die Echtheit des Berichtes nimmt u. a. der französische Sinologe Paul Pelliot Stellung: Le voyage de MM. Gabet et Huc à Lhasa: T'oung Pao 24 (Leiden 1926) 133—178. Danach ist der Bericht in seinen wesentlichen Teilen echt. Er wurde allerdings von E. Huc für ein weiteres Publikum bearbeitet. Damit wurde auch der eigentliche Führer und Obere der Forschungsreise, J. Gabet, in den Hintergrund gedrängt.

[75] Coup d'œil sur l'état des Missions de Chine présenté au Saint Père le Pape Pie IX (Poissy 1848). *Streit* XII 204—208. Mgr. Verrolles, Apostolischer Vikar der Mandschurei, protestierte gegen die Schrift, welche 1850 durch die Propaganda verurteilt wurde. Gabet hatte die Gabe, eine Lage zu durchschauen, die erst 100 Jahre später allgemein erkannt werden sollte. Vgl. *G. B. Tragella*, Le vicende di un opusculo sul clero indigeno e dul suo autore. In: *J. Beckmann*, der einheimische Klerus in Geschichte und Gegenwart (Festschr. L. Kilger) (Beckenried 1950) 189—202; *N. Kowalsky*, Das „verlorene" Manuskript zu Gabets Denkschrift über den einheimischen Klerus: NZM XIV (1958) (1967) 96—103.

[76] *H. Verhaeren CM*, Un catéchisme mongol du lazariste Jos. Gabet?: NZM XXIII, 150—151.

damalige chinesische Volksempfinden befremdend und abstoßend. Es ist daher verständlich, wenn das chinesische Memorandum vom 13. Februar 1871, das nach den oben erwähnten Ereignissen von Tientsin den auswärtigen Mächten zugestellt wurde, die Entfernung der Schwestern verlangte und allgemein mehr Rücksicht auf die chinesische Eigenart von seiten der Europäer forderte[77]. Doch wiesen sowohl die verschiedenen auswärtigen Mächte wie auch die Missionare selbst dieses Ansinnen entschieden zurück[78]. Der Ausbau der begonnenen Werke wurde in der gleichen Weise fortgesetzt und gab der chinesischen Mission bis in die Neuzeit ihr Gepräge. Rückblickend muß man es als ein Verhängnis betrachten, daß die Missionsobern und die Propaganda die von J. Gabet vorgeschlagene Orientierung ablehnten.

1831 wurde Korea als Apostolisches Vikariat von Peking getrennt; aber die Abgeschlossenheit des Landes und die langen Zugangswege brachten es mit sich, daß der erste europäische Missionar, Pierre Ph. Maubant (1803—39), erst 1836 dort eintraf. Der Apostolische Vikar von Korea, Bischof Barth. Bruguière, war 1835 den Reisestrapazen in der Mongolei erlegen. 1837 erreichte P. J. H. Chastan (1803—39) das Land, bald gefolgt vom zweiten Apostolischen Vikar, L. Jos. M. Imbert (1796—1839). Sie starben zusammen den Martyrertod, nachdem man den Bischof gefangengenommen und die beiden Missionare sich freiwillig den Behörden gestellt hatten, um ihre Gemeinden vor weiteren Nachstellungen zu schützen[79]. Der nächsten blutigen Verfolgung fiel 1846 der erste koreanische Priester, Andreas Kim, zum Opfer. Nach Absolvierung seiner theologischen Studien in Makao zusammen mit zwei Gefährten war er 1845 in Begleitung seines Bischofs J. Ferréol (1808—53) und eines Missionars ins Land gekommen. Als 1866 eine neue Verfolgung ausbrach, der 2 Bischöfe, 7 Missionare und ca. 8000 Christen zum Opfer fielen, zählte die junge koreanische Kirche bereits 25000 Anhänger. Erst 10 Jahre später sollte das Land wieder neue Missionare und Seelsorger erhalten[80].

Alle Versuche, von den Ryukyu-Inseln her die Japan-Mission wieder zu eröffnen, schlugen fehl[81]. Die Öffnung Japans durch den amerikanischen

[77] *Streit* XII 455 mit Angabe der verschiedenen Ausgaben dieses Memorandums.

[78] *Streit* XII 455f: Erwiderung durch die Westmächte. Von missionarischer Seite erschien: Le Memorandum Chinois ou violation du Traité de *Peking*. Par un missionnaire (F. Genevois, Rom 1872). Ebd. 476f.

[79] *A. Choi*, L'Érection du premier vicariat apostolique et les origines du Catholicisme en Corée (Beckenried 1961) 76—87.

[80] *Delacroix* III, 281.

[81] *J. Jennes CICM*, A History of the Catholic Church in Japan (1549—1873) (Tokyo 1959); *J. Van Hecken CICM*, Un siècle de Vie Catholique au Japon 1859—1959 (Tokyo 1960); *J. Beckmann*, Die katholischen Missionen in Japan und ihre Auseinandersetzung mit den japanischen Religionen. Priester und Mission (Aachen 1960) 337—374.

Admiral Matthew Perry 1854 sollte indes auch der japanischen Mission die Wege ebnen. 1858 erreichte Frankreich von Japan das Zugeständnis der freien Religionsausübung für die Fremden in den Hafenstädten und in Tokyo. Danach konnte sich als erster anerkannter Priester und als Dolmetscher der französischen Gesellschaft der Pariser Missionar P. Girard (1821 bis 1867) in der Hauptstadt niederlassen. Für die ausländischen Katholiken entstanden auch an anderen Orten kleinere Kirchen, deren Besuch jedoch den Japanern verboten blieb[82].

Nagasaki gewährte 1862 den Ausländern wieder den Zugang, und die Pariser Missionare bauten eine kleine Kirche. Hier wurden am 17. März 1865 durch P. Th. Petitjean die Altchristen entdeckt, von denen sich ca. 25000 den neuen Missionaren anschlossen[83]. Ein solches Ereignis konnte trotz aller Vorsicht der Missionare den japanischen Behörden nicht verborgen bleiben. Noch bestanden die christenfeindlichen Gesetze, welche nach 1869 durch ein kaiserliches Edikt wieder eingeschärft wurden. Eine neue Verfolgungswelle ging über die neuorganisierten Christengemeinden hinweg. Es kam zu Massendeportationen und Verbannungen in die entferntesten Landesteile. Erst auf Druck europäischer Mächte ebbte die Verfolgung ab[84].

Die Wiederentdeckung der Altchristen brachte aber auch innere Schwierigkeiten mit sich, vor allem bezüglich der christlichen Sprachregelung. Die Gläubigen von Nagasaki besaßen noch aus der Vorzeit Gebete und Gesänge, Katechismen und religiöse Literatur in der früheren lateinisch-portugiesischen Terminologie, die noch verstärkt wurde, als Mgr. Petitjean, seit 1866 Apostolischer Vikar von Japan, Werke der alten Jesuitendruckerei neu herausgab. Gerade um diese Zeit hatte sich aber in Zentral- und Nordjapan die chinesische Terminologie durchgesetzt, während im Süden die überlieferte Terminologie bis zum Tod von Bischof Petitjean (1884) weiterlebte[85]. Die Schwierigkeiten wurden allerdings dadurch gemildert, daß Japan seit 1876 zwei Vikariate, Nord- und Südjapan, bildete.

[82] *Van Hecken* a.a.O. 11—13.

[83] Ebd. 14—16. Ein großer Teil der Altchristen traute den neuen Zeiten nicht. Noch 1954 konnten im Westen der Insel Kyushu ca. 30000 Geheimchristen festgestellt werden, welche den katholischen Glauben in seinen wesentlichen Teilen beibehalten hatten, aber das religiöse Leben nur im Verborgenen pflegten. *J. Van Hecken CICM,* Les Cryptochrétiens au Japon au XXe siècle: NZM XI (1955) 69—70.

[84] Wenn Japan nur langsam und zögernd die antichristliche Gesetzgebung abbaute, so lag der Grund darin, daß der neue Staat erst Zeit haben mußte, den nationalen Staatsschintoismus zu organisieren, im Volke zu verankern und so einen mächtigen Damm gegen das aufkommende Christentum zu errichten. *K. M. Panikkar,* Asien und die Herrschaft des Westens (Zürich 1955) 392f.

[85] *J. Laures SJ,* Das kirchliche Sprachproblem in der neuerstandenen Japanmission: Monumenta Nipponica III (Tokyo 1940) 630—636.

Philippinen — Indonesien — Ozeanien — Afrika

Bis zum 19. Jh. bildeten die Philippinen, trotz ihrer relativen Selbständigkeit und religiösen Verwaltung, nichts anderes als eine Ausdehnung Spanisch-Amerikas (speziell Mexikos) in den Fernen Osten. Bei dieser engen Verbindung mußten sich auch hier die Ideen der Französischen Revolution und der amerikanischen Emanzipationsbewegung auswirken. Die ersten Regungen zur politischen Selbständigkeit waren erfolglos, teils weil die spanische Oberschicht zu schwach war, um führend auftreten zu können, teils weil auf allen Inseln die Frailes, zumal die Augustiner-Eremiten, die seit dem Ende des 16. Jh. die Hauptlast der Missions- und Seelsorgearbeit getragen hatten, eine starke Stellung behaupteten. Zusammen mit den Franziskanern und Dominikanern bildeten sie zugleich die sicherste Stütze der spanischen Herrschaft. Es war ein Paradox der Geschichte, das Spanien selbst, besonders nach der Revolution und Aufhebung aller Orden im Jahre 1835, durch die positive Förderung der Freimaurerei seine eigene Stellung im Lande spürbar zu schwächen begann. Die Verbindung philippinischer Kreise mit den Logenbrüdern der Vereinigten Staaten in den asiatischen Ländern der Umgebung, die nur als Bundesgenossen im Kampf gegen die Kirche dienen sollten, führte zu einer immer stärkeren Durchdringung der Insel mit neuen Herden der Unruhe, zur Unabhängigkeitsbewegung und schließlich — zur größten Überraschung und Enttäuschung aller Beteiligten — zur amerikanischen Besetzung des Landes[86].

Bis zur Mitte des 19. Jh. konnten die Reihen der spanischen Missionare aus der Heimat verstärkt werden, aber nach 1835 zeigten sich die Schwierigkeiten der Rekrutierung. Wohl gewährte Königin Isabella II. die Wiedereröffnung der Missionsseminarien für die Philippinen und die Zulassung der Gesellschaft Jesu, deren erste Mitglieder 1859 in Manila ankamen[87]. In der Folgezeit wirkten diese vor allem auf den mehrheitlich mohammedanischen Inseln Jolo und Mindanao. Verhängnisvoll für die gesamte Entwicklung der Kirche sollte sich, neben dem genannten politischen Paradox auch das kirchlich-religiöse Paradox auswirken. Einerseits hatten die alten Orden überall einen gerade im 19. Jh. zahlenmäßig beachtlichen einheimischen Klerus herangebildet, beließen ihn aber weitgehend in untergeordneten Stellungen, ohne seine sozial-wirtschaftliche Situation (etwa durch Teilung ihrer Güter) zu heben. So drängten sie gerade diese Schicht der Gebildeten in die Reihen der Unzufriedenen und Rebellen[88].

[86] Leider fehlt für die neuere Epoche philippinischer Kirchengeschichte eine kritische Gesamtdarstellung, doch ist das reiche Quellenmaterial gesichtet und liegt bei *Streit* IX (1937) in einem Band von bald 1000 S. vor.

[87] *J. A. Otto SJ*, P. Roothaan 493.

[88] *C. A. Majul*, Anticlericalism during the Reform Movement and the Philippine Revolution, in: *G. H. Anderson*, Studies in Philippine Church History (Ithaca 1969) 152—171.

Die Mission in Indonesien oder Niederländisch-Indien wurde erst möglich, als Louis Napoleon 1807 dem heimatlichen Holland die Religionsfreiheit gewährte[89]. Sie blieb allerdings, auch nach Errichtung des Apostolischen Vikariates Batavia 1842, noch lange Zeit auf die seelsorgliche Betreuung der weißen Katholiken beschränkt. Noch die Kolonialgesetzgebung von 1854 machte jede weitere Tätigkeit von einer speziellen Erlaubnis der Regierung abhängig. Nur langsam, Schritt für Schritt, konnten sich die Katholiken ihre missionarische Existenzberechtigung erkämpfen, meist infolge besonderer Ereignisse, so in Borneo (wo für den Norden 1857 eine Apostolische Präfektur geschaffen wurde[90]) und seit 1860 auf Flores, weil Portugal in einem Friedensvertrag mit Holland 1859 diese Insel zusammen mit anderen abtreten mußte, dabei aber eine Betreuung der einheimischen Christen erreichen konnte. Einer der bedeutendsten Missionare in den Anfängen war der Jesuit P. Le Cocq d'Armandville; 1859 trafen die ersten Jesuiten in Batavia ein[91]. Weitere Fortschritte ließen sich erst in der folgenden Missionsperiode erzielen.

Der den Portugiesen verbleibende Teil in Timor und einige andere kleine Inseln (1940 zum Bistum Dili erhoben) wurden bis in die neueste Zeit von der Diözese Makao aus versehen.

Die Missionen Ozeaniens zogen, ungeachtet ihrer großen Schwierigkeiten (ungeheure Entfernungen, Tropenkrankheiten, politische und konfessionelle Gegensätze), gerade nach der Mitte des 19. Jh. immer neue Scharen von Missionaren an[92]. Sicher standen bei der Bevorzugung der pazifischen Inselwelt echte religiöse Motive im Vordergrund, doch dürfte bei manchen ein Stück romantischer Abenteuerlust und die Vorstellung von paradiesischen Verhältnissen, mit und in denen sich leicht eine Idealkirche aufbauen ließe, mitgewirkt haben[93]. Missionarische Romantik pflegte auch

[89] *A. Mulders*, De Missie in tropisch Nederland ('s-Hertogenbosch 1940); ders.: *Delacroix* III 378—380. Diese Niederhaltung der katholischen Mission hängt aufs engste mit der damaligen holländischen kolonialen Methode zusammen, über welche der indische Historiker K. M. Panikkar das harte Urteil fällt: „Die Holländer waren von allen europäischen Nationen im Osten die einzigen, die eine ganze Landesbevölkerung in den Stand von Plantagenkulis herunterdrückten und ihr gegenüber weder eine gesetzliche noch moralische Verpflichtung anerkannten." Asien und die Herrschaft des Westens (Zürich 1955) 103.

[90] Über die Versuche der Mailänder Missionare, in Borneo festen Fuß zu fassen, vgl. *G. B. Tragella*, Le Missioni Estere I 189—191.

[91] *J. A. Otto SJ*, P. Roothaan 34.

[92] *Streit* XXI, *C. R. H. Taylor*, A Pacific Bibliography (Second edition) (Oxford 1965); dazu die regelmäßige „Bibliographie de l'Océanie": Journal de la Société des Océanistes I (Paris 1945 ff). Zum Ganzen auch Journal de la Société des Océanistes. Numéro spécial sur les missions du Pacifique XXV (1969).

[93] *J. Meier MSC*, Primitive Völker und „Paradies"-Zustand mit besonderer Berücksichtigung der früheren Verhältnisse beim Oststamm der Gazelle-Halbinsel im Bismarck-

die Société de l'Océanie, welche von 1844 bis 1854 bestand und zur Unterstützung der Mission in Polynesien und des dortigen Handels gegründet worden war. Selbst Pius IX. und eine Reihe von Bischöfen traten ihr bei. Aber weder Mission noch Handel kamen auf ihre Rechnung, was schließlich zur Auflösung der Gesellschaft führte[94]. Polynesien blieb weiterhin das Missionsfeld der Picpus-Missionare. Von Hawaii aus gelang es ihnen, ihre Missionsarbeit auf die Marquesas-Inseln, Tahiti und Cook auszudehnen, wo nach und nach selbständige Vikariate entstanden. In der Folgezeit rückte die Mission besonders durch den heroischen Einsatz des P. Damian de Veuster (1840—89), der seit 1863 in Hawaii und seit 1873 unter den Aussätzigen von Molokai wirkte, in das Blickfeld der Weltöffentlichkeit[95]. Zu Polynesien gehörte auch die gegen Südamerika einsam im Ozean gelegene Osterinsel, wo Br. Eyraud 1864 eine immer wieder unterbrochene Missionsarbeit begann[96].

Als 1836 das Vikariat Zentralozeanien, das ganz Melanesien und Mikronesien umfaßte, errichtet und den Maristen übertragen wurde, glaubte man infolge der noch mangelhaften geographischen Kenntnisse, vorderhand genug getan zu haben. Aber den Missionaren an Ort und Stelle wurde es bald klar, daß sie allein niemals fähig sein würden, ein solch riesiges Gebiet zu betreuen. Von den Salomonen her hatten die Maristen versucht, dem Vordringen protestantischer Missionare auf Neu-Guinea von der Insel Woodlark (an der östlichen Küste gelegen) zu begegnen; doch das tödliche Klima bereitete ihren Mühen ein frühzeitiges Ende. Freudig begrüßte daher ihr Generaloberer, P. Colin, das Angebot der Mailänder Missionare, diese Missionsarbeit weiterzuführen. 1852 verließ die erste Gruppe Mailand. Aber auch die jungen italienischen Missionare mußten dem Tropenklima ihren Tribut zahlen, und als 1855 P. G. Mazzuconi von den Eingeborenen getötet wurde, verließen sie die ungesunde Mission und zogen sich zunächst zur Erholung nach Sydney zurück. Die Mission wurde nicht mehr aufgenommen[97], es sollten 25 Jahre vergehen, bis neue Hilfe eintraf.

Von ihrem Zentrum in Neuseeland aus, wo sie sich der Bekehrung der Maoris widmeten, konnten die Maristen ihre Arbeiten in neue, nördliche Inselgebiete verlegen, so vor allem nach den Salomonen[98], nach Tonga,

Archipel (Neu-Pommern): Anthropos 2 (Wien 1907) 374—386. — Die missionarischen Utopien der Südseemission harren noch der Untersuchung.

[94] *P. O'Reilly SM,* La Société des Océanie: RHM VII (Paris 1930) 227—262. Dazu die weitere Literatur über diese Gesellschaft bei *Streit* XXI 130—132.

[95] *Streit* XXI 225—242.

[96] *S. Engler OFMCap,* Primer siglo cristiano de la Isla de Pascua 1864—1964 (Villarica 1964).

[97] *G. B. Tragella,* Le Missioni Estere I 125—171.

[98] *Hugh M. Laracy,* Catholic Missions in the Salomon Islands 1845—1966 (Aucland/N.Z. 1969) (Diss. phil. Canberra).

Samoa, Fidschi, Neu-Kaledonien und den Neu-Hebriden. In diesem Raum entstanden nach und nach selbständige kirchliche Sprengel. Gerade die weiten Entfernungen und neuen Sprachen förderten das lokale Pressewerk, in dem sich besonders die Maristen auszeichneten[99].

Mikronesien, das mit der Errichtung des Vikariates Zentral-Ozeanien ebenfalls den Maristen als Missionsgebiet zugefallen war, wurde von diesen nie erreicht. Die Inseln, zumal die Marianen, wo sich das Christentum auch nach der Vertreibung der Jesuiten erhalten hatte, gehörten kirchlich zur Diözese Cebù auf den Philippinen (1814—98). Die Christengemeinden wurden von den Augustiner-Rekollekten betreut[100].

In diese Zeit fällt auch die Missionsarbeit der Benediktiner unter den australischen Ureinwohnern. Ihr Gebiet wurde 1859 Apostolische Präfektur und später Abbatia nullius. In ihrer Methode suchten sie ihre Mitbrüder in der Germanenmission des Mittelalters nachzuahmen[101].

Obwohl Afrika den europäischen Missionskreisen näherlag und leichter zu erreichen war als die Inseln des Pazifik, ließen sich missionarische Gründungen im schwarzen Erdteil auch in diesen Jahrzehnten nur langsam, unter großen Opfern und mit geringen Erfolgen verwirklichen. Eine bewegte und leidvolle Geschichte weist das bereits 1846 errichtete Vikariat von Zentralafrika auf[102]. A. Casolani, Kanonikus auf Malta, hatte durch seine Eingaben in Rom die Gründung angeregt und wurde der erste Apostolische Vikar. Er nahm die Ernennung unter der Bedingung an, daß er Jesuiten als Missionare erhalte[103]. Doch dem General P. J. Ph. Roothaan schien die Gründung zu romantisch und verschwommen, und er stellte zwei Jesuiten nur für die erste Erkundigungsreise zur Verfügung. Als Bischof Casolani von seinem Amt zurücktrat, ernannte die Propaganda P. Ryllo SJ zum Provikar, den der Bischof mit zwei weiteren Weltpriestern als einfacher Missionar begleitete[104]. Bis 1861 forderte die neue Mission, dessen Zentrum Khar-

[99] *P. O'Reilly,* Imprints of the Fiji Catholic Mission 1864—1959 (London-Suva 1958); *ders.,* Premiers traveaux des presses de la mission catholique à Wallis 1845—1849: Journal de la Société des Océanistes XIX (Paris 1963) 119—128. Frühere Arbeiten desselben Verfassers bei *Streit* XXI, XIII/XIV 653—655.

[100] *C. Lopinot OFMCap,* Zur Missionsgeschichte der Marianen und Karolinen: NZM XV (1959) 305—308.

[101] *R. Salvado OSB,* Memorias históricas sobre la Australia y la Misión de Nueva Nursia (Madrid 1946). Diese spanische Ausgabe des 1852 in Neapel erschienenen Originals enthält eine gute historische Einführung über die benediktinische Missionsarbeit in Neu-Nursia.

[102] *E. Schmid MFSC,* L'erezione del Vicariato Apostolico dell'Africa Centrale: ED XXII (1969) 99—127, XXIII (1970) 87—110; *M. B. Storme CICM,* Origine du Vicariat Apostolique de l'Afrique Centrale: NZM VIII (1952) 105—118.

[103] *M. B. Storme CICM,* La renonciation de Mgr Casolani, Vicaire Apost. de l'Afrique Centrale: NZM IX (1953) 290—305.

[104] *J. A. Otto SJ,* P. Roothaan 237—248. — P. Ryllo SJ starb bereits 1848 und sein Nachfolger, der Weltpriester J. Knoblecher, 1858.

tum war, 40 Todesopfer. Erst Daniel Comboni (1830—81), seit 1877 Apostolischer Vikar von Zentralafrika, schuf durch die Übergangsstation in Kairo für seine Missionare bessere Bedingungen und konnte so die ersten Erfolge erzielen. Der Mahdiaufstand (1882) vernichtete wiederum die gesamte Mission[105].

Aus dem Apostolischen Vikariat Zentralafrika entstand, dank der Treue der Missionare von Verona, die blühende Sudanmission. Doch bereits 1868 wurde die neue Apostolische Präfektur Sahara und Sudan errichtet und dem Erzbischof von Algier, Ch. Lavigerie, als Apostolischem Delegaten unterstellt. Ob man in Rom bei der Ausfertigung des Dekretes, das in keine offizielle Sammlung der Propaganda-Dokumente Eingang fand, ernstlich an die Bekehrung des (später französischen) Sudan dachte, ist kaum anzunehmen. Aber der Mann, der mit dieser scheinbar undurchführbaren Aufgabe betraut wurde, faßte den tollkühnen Plan, mit Hilfe der von ihm gegründeten Weißen Väter die Aufgabe durchzuführen. Die ersten Versuche, von der Kabylenmission in Algier aus nach Zentralafrika vorzustoßen, schlugen fehl. Erst nach sorgfältigeren Vorbereitungen gelangten die Weißen Väter von der ostafrikanischen Küste her in das Gebiet der großen Seen[106].

Die Gebiete, welche sie im Osten durchqueren mußten, um ihre innerafrikanischen Arbeitsfelder zu erreichen, unterstanden missionarisch den Vätern vom Heiligen Geist, welche 1863 die Missionsarbeit auf Sansibar und bald darnach auf dem gegenüberliegenden Festland und seit 1868 auch in Bagamoyo ausübten. Nach dem Tode ihres Stifters, F. M. Libermann, versah P. Ign. Schwendimann von 1852 bis 1881 das Amt eines Generalobern. Unter ihm sollte die junge Gesellschaft innerlich erstarken und sich auf dem afrikanischen Festland niederlassen. Zu den früheren Gebieten in Westafrika (Senegal, Senegambien, Gabun) wurde ihnen 1864 das Apostolische Vikariat Sierra Leone anvertraut[107]. Seit 1849 taucht schon der Plan auf, sich der verlassenen portugiesischen Missionsgebiete anzunehmen[108]. Doch erst 1866 trafen die ersten Spiritaner in Portugiesisch-Kongo und Angola ein. Am Kongo stellten sie noch die letzten Spuren der früher hier wirkenden italienischen Kapuziner fest[109]. Zu den normalen Schwierigkeiten in Tropisch-Afrika kam der heftige Widerstand Portugals; nur durch die rastlose Tätigkeit P. Ch. Duparquets (1830—88), der, seit 1866 in Angola tätig, die Niederlassung der Spiritaner in Portugal und die Er-

[105] *St. Santandrea FSCJ,* Bibliografia di Studi Africani della Missione dell'Africa Centrale (Verona 1948).

[106] *Streit* XVII 757—771.

[107] *A. Engel CSSp,* Die Missionsmethode der Missionare vom Hl. Geist auf dem afrikanischen Festland (Knechtsteden 1932).

[108] Spiritana Monumenta Historica. I. Angola 1 Par António Brásio CSSp. (Pittsburg-Löwen 1961) 30 ff.

[109] A. a. O. 514—525.

richtung einer portugiesischen Provinz betrieben hatte, konnten die Hindernisse beseitigt werden[110].

Mit der Ankunft der Oblaten der Unbefleckten Jungfrau Maria 1852 in Natal (Südafrika) erhielt auch der Länderkomplex des Südens seine ersten Missionare, nachdem die bislang dort tätigen Weltpriester nur die weißen Siedler zu betreuen vermochten. 1862 drangen die Oblaten in das den katholischen Missionaren bisher verschlossene Basutoland vor, um eine zunächst unfruchtbare, später aber blühende Mission aufzubauen. Weitere Gebiete erschlossen sich ihnen in späteren Jahrzehnten[111].

Nachdem die Jesuiten bereits auf Réunion und auf den Madagaskar vorgelagerten Inseln tätig waren, suchten sie nach Mitteln und Wegen, auch ins Innere der großen Insel vorzustoßen. Der politisch-konfessionelle Gegensatz (England—Frankreich), aber auch die Schwierigkeiten, welche Frankreich selbst bzw. das noch aus alter Zeit bestehende Kolonialseminar in Paris machte, erwiesen sich als so stark, daß die ersten Versuche vergebens waren. Erst 1861 gelang es den Jesuiten, in Tananarivo festen Fuß zu fassen und mit der eigentlichen Gründung der Kirche in Madagaskar zu beginnen[112].

Es dürfte überraschen, daß in einer Übersicht missionarischer Tätigkeit um die Mitte des 19. Jh. Afrika einen so bescheidenen Platz einnimmt. Natürlich waren die zu überwindenden Schwierigkeiten groß, aber doch nicht größer als jene im Fernen Osten, etwa auf den Inseln der Südsee oder im Innern Chinas und Indiens. Wenn die Missionen des Ostens mit besonderem Vorzug behandelt wurden, so liegen die Gründe dafür tiefer. Die optimistischen Missionsberichte des 17. und 18. Jh. hatten die fernöstlichen Missionen mit einer gewissen Gloriole umgeben, die anziehend wirkte. Auch die hohen Kulturwerte dieser Völker waren, gerade durch die Forschungen und Berichte der Missionare, bekannt und geschätzt, ebenso der tolerante Charakter der Bewohner. In die Inselwelt des Pazifik lockten unvorstellbare Utopien. Solch anziehende Momente fehlten hingegen für Afrika. Es fällt auf, daß die großen Entdeckungsreisen europäischer Forscher erst um die Mitte des letzten Jahrhunderts einsetzten und dann nur zaghaft von christlichen (protestantischen oder katholischen) Missionskreisen ausgenutzt wurden[113]. Sprachen und Kulturen Afrikas waren, abgesehen von der Westküste und den portugiesischen Gebieten, weithin unbekannt. Dazu lastete

[110] Über die Tätigkeit des P. Duparquet und die Errichtung der portugiesischen Niederlassung und Provinz unterrichten die Bde 2 und 3 der Spiritana Monumenta Historica I. Angola (Pittsburg - Löwen 1968/69).

[111] *Th. Ortolan OMI*, Cent ans d'Apostolat dans les deux Hémisphères. II: En dehors de l'Europe 1841—1861 (Paris 1914).

[112] *J. A. Otto SJ*, P. Roothaan 211—237; *A. Boudou SJ*, Les Jésuites à Madagascar au XIXe siècle, 2 Bde (Paris 1952).

[113] *Th. Ohm OSB*, Wichtige Daten der Missionsgeschichte (Münster [2]1961) 193—195, wo in Stichworten sich die Angaben über Entdeckungen und Missionierung folgen.

auf der schwarzen Rasse immer noch das Los der Vorzeit; im Afrikaner sah man weithin in Europa und in der Neuen Welt den Sklaven, und dieser auch kirchlich bejahte soziale Stand prägte sein Bild. Die Beschreibungen der Sklavenjäger und Händler blieben lange, wenigstens unbewußt, lebendig[114]. Man kämpfte zwar gegen die Sklaverei und suchte, das Los der Schwarzen zu mildern; doch übte dieser Kontinent eine mangelnde Anziehungskraft aus, sowohl politisch wie missionarisch — was die nur langsame Durchdringung Afrikas erklärt.

34. Kapitel

Das I. Vatikanische Konzil und die Missionen

QUELLEN: *Mansi* 49—53; ColLac VII (Freiburg 1892); Juris Pontificii de Propaganda Fide VI/2 (Rom 1895 = JP); Schema constitutionis super missionibus apostolicis (Rom 1870 = Schema).

LITERATUR: *Th. Grentrup,* Die Missionen auf dem Vatikanischen Konzil: ZMR 6 (1916); *I. Ting Pong Lee,* De jure missionario in Concilio Vaticano. Commentarium pro Religiosis et Missionariis 14 (Rom 1944/46) 107—137; *P. de Mondreganes,* Las Misiones en las actas del Concilio Vaticano: ED 1 (1948) 231—243 (stützt sich auf die genannten Autoren); *A. Santos SJ,* Aspecto misional de concilio I. Estudios Eclesiasticos, 45 (Madrid 1970) 491—532. — *P. Wanko,* Kirche—Mission—Missionen. Eine Untersuchung der ekklesiologischen und missiologischen Aussagen vom 1. Vaticanum bis „Maximum illud" (Theol. Diss. Münster 1969); *Th. Granderath,* Geschichte des Vatikanischen Konzils, 3 Bde (Freiburg 1903/06); *Schmidlin PG* II 255—292; *R. Aubert,* Le Pontifikat de Pie IX (Paris 1952) 311—367; *ders.,* Vaticanum I (Mainz 1965).

Ein Spiegelbild des mühsamen Aufbaues der Mission im 19. Jh. bot das I. Vatikanische Konzil von 1869 bis 1870. Im Gegensatz zum Konzil von Trient waren diesmal auch die Missionsländer vertreten. Aber schon die Gegenwart der Missionsbischöfe war irgendwie umstritten bzw. nicht gerne gesehen. Ihre eigentlichen Anliegen und schweren Probleme konnten, teilweise wegen des frühzeitigen Abbruches des Konzils und teilweise wegen mangelhafter Vorbereitung und Kenntnisse der Konzilsväter, überhaupt nicht behandelt werden.

Im öffentlichen Konsistorium vom 26. Juni 1867 kündigte Pius IX. das kommende Konzil feierlich an, und ein Jahr später, am 29. Juni 1868, wurden durch die Bulle „Aeterni Patris" die Teilnehmer in der ganzen Welt eingeladen. Zwischen diesen beiden Ereignissen fiel die Entscheidung zugunsten der Apostolischen Vikare, also vorab der Missionsbischöfe. Die vor-

[114] *Urs Bitterli,* Die Entdeckung des schwarzen Afrikaners. Versuch einer Geistesgeschichte der europäisch-afrikanischen Beziehungen an der Guinea-Küste im 17. und 18. Jh. (Zürich 1970).

bereitende Zentralkommission bestimmte in ihrer Sitzung vom 17. Mai 1868, daß es sich zieme, auch die Titularbischöfe zum Konzil einzuberufen. In diesem Sinne seien die Worte „Patriarchen, Erzbischöfe und Bischöfe" im Entwurf der Berufungsbulle zu verstehen[1]. Die eigentliche Rechtsfrage der Teilnahme jedoch umging die Kommission[2]. Diese Tatsache wirkte sich auf die Stellung der Apostolischen Vikare innerhalb des Konzils hemmend aus. Sie wurde noch verstärkt durch die vorausgehenden und das Konzil begleitenden Polemiken, welche, trotz Entscheidung der Zentralkommission, den Apostolischen Vikaren das Recht der Teilnahme am Konzil absprachen oder sich gar respektlos über ihren Mangel an Bildung und Umgangsformen äußerten[3]. Aus den Worten einiger Missionsbischöfe wissen wir, daß sie sich erst in Rom ihrer zweitrangigen Stellung bewußt wurden. Mgr. Em. J. Verrolles (1805—78), der rangälteste Missionsbischof von China, der seit 1838 die Christengemeinden in der Mandschurei betreute und wohl eine der beschwerlichsten Anreiserouten zum Konzil hinter sich hatte, war empört, als er bei seiner Ankunft in Rom erfuhr, daß gerade französische Zeitungen den Apostolischen Vikaren das Recht zur Teilnahme am Konzil streitig machten[4]. Und sein Mitbruder aus dem Pariser Seminar, Mgr. Louis Faurie (1824—71), seit 1860 Apostolischer Vikar in Kweitschu, bemerkte sarkastisch, einige liberale Zeitungen stellten es so dar, als seien „sie als barfüßige Ignoranten und päpstliche Kammerdiener" unter die würdigen Väter des Konzils eingereiht worden[5]. Aber noch schmerzlicher als die journalistisch-polemische Minderbewertung mußte das schlechte „Missionsklima" in Rom die Missionsvertreter berühren. Schon 1865 war erstmals die Idee aufgekommen, vorbereitende Kommissionen ins Leben zu rufen. Kardinal Bizzarri, der Vorsitzende der Zentralkommission, beantragte, vor allem Mitglieder der römischen Kurie beizuziehen, weil diese mit den zu behandelnden Fragen und mit den Überlieferungen des Apostolischen Stuhles am vertrautesten seien. Je nach Bedarf könne man dann weitere Theologen und Kanonisten als Mitglieder ernennen. Infolge der Unruhen in Italien wurden

[1] *Th. Granderath,* Geschichte I 93. — Konsequenterweise wurde daher auch der Text der Berufungsbulle in JP VI/2 16—19 abgedruckt.

[2] *Granderath* a. a. O. 93—97; *Grentrup:* ZMR 6 (1916) 30—32. Beide Autoren wagen nicht, auf die eigentliche Rechtsfrage einzugehen. Granderath betont nur, daß es unbillig wäre, die Titularbischöfe „in den Missionsländern, in denen noch keine geordnete Hierarchie besteht, die ganz nach Art der Diözesanbischöfe die kirchlichen Sprengel verwalten, auf deren Schultern vielfach die größten Lasten ruhen, vom Konzil auszuschließen" (a. a. O. 95).

[3] Eine Untersuchung über die Bedeutung der eigentlichen Heidenmissionen in den ultramontan-liberalen Polemiken fehlt noch. Kurze Zusammenfassung bei *Delacroix* III 81 f, *L. Wei Tsing-sing,* Le Ier concile du Vatican et les problèmes missionnaires en Chine: RHE 57 (1962) 500—525.

[4] *A. Launay,* Mgr Verrolles et la Mission de Mandchourie (Paris 1895) 397.

[5] *Ders.,* Histoire des Missions de Chine. Mission de Kouy-tcheou II (Paris 1908) 596.

aber erst 1867 fünf vorbereitende Kommissionen gebildet, die Pius IX. am 22. August 1867 billigte[6].

In diesem Zusammenhang interessiert vor allem die Commissio pro Ecclesia Orientali et pro Missionibus[7]. Der Vorsitzende dieser Kommission war der Präfekt der Propaganda, Kardinal A. Barnabò (1801—74). Sie bestand aus 17 Mitgliedern: 11 Italienern, 3 Deutschen und je einem Engländer, Russen und Orientalen. Auf Drängen des Kardinals wurde die zunächst aus Mitgliedern der Kurie, speziell der Propaganda, zusammengesetzte Kommission durch drei Männer der Praxis ergänzt. Es waren dies Mgr. Giuseppe Valerga (1813—72), seit 1847 erster lateinischer Patriarch von Jerusalem, sein Bruder, der Karmelit Leonardo di S. Giuseppe Valerga (1821—1903), damals Apostolischer Präfekt der Karmelitermission in Syrien, und der Franziskaner Paolo Brunoni (1807—75), seit 1853 Apostolischer Vikar von Aleppo und seit 1858 Vikar in Konstantinopel. Sowohl unter den Männern der Kurie wie unter den Praktikern gab es hervorragende Orientalisten, zu denen auch der deutsche Benediktinerabt D. B. Haneberg (1816—76) und der russische Jesuit J. Martinov (1821—94) gehörten.

Auf die in Rom ankommenden Missionsbischöfe mußte es enttäuschend und lähmend wirken, daß sich in der vorbereitenden Kommission kein einziger Kenner und vor allem kein Vertreter der eigentlichen Heidenmission befand. Hinzu kam, daß Kardinal Barnabò schon in der ersten Sitzung mitteilte, die Kommission habe hauptsächlich die Disziplinarvorschriften des Konzils von Trient den Verhältnissen der orientalischen Kirchen anzupassen. Unter dieser Anpassung verstand man freilich — von einigen rühmlichen Ausnahmen in der Kommission abgesehen — eine weitgehende Latinisierung der orientalischen Kirchen[8]. „Mission" bedeutete für nicht wenige nur die orientalische Mission. Diese enge Sehweise erklärt sich aus der Tatsache, daß die älteren missionarischen Nationen, wie Spanien und Portugal, überhaupt nicht in der beratenden Vorbereitungskommission vertreten waren, andererseits die Bischöfe des portugiesischen Padroado oder des spanischen Patronats bzw. der amerikanischen Nachfolgestaaten sich zu den europäischen Residentialbischöfen, also zu den Bischöfen der ersten Garnitur und nicht zu den nur geduldeten Apostolischen Vikaren, zählten[9]. Erst am 19.

[6] *R. Aubert*, La composition des commissions préparatoires du premier concile du Vatican: Reformata reformanda (Festschr. Jedin) (Münster 1965) 447—482; *Granderath* a. a. O. I 62—82.

[7] Die folgenden Ausführungen fußen vor allem auf der Darstellung *R. Auberts* a. a. O. 473—477.

[8] *J. Hajyar*, L'Épiscopat catholique oriental et le Ier Concile du Vatican (d'après la correspondance diplomatique française): RHE 65 (1970) 423—455 737—788; *ders.*, Les chrétiens uniates du Proche-Orient (Paris 1962); *L. Lopetegui*, El Concilio Vaticano Primero y la Unión de los Orientales (Berriz 1961).

[9] *Ch. J. Beirne*, Latin American Bishops of the First Vatican Council: The Americas 25

Januar 1870 wurden zwei Missionsbischöfe des Pariser Missionsseminars, Mgr. E. L. Charbonneaux, Apostolischer Vikar von Mysore, und Fr. J. M. Laouënan, Apostolischer Vikar von Pondichery, zu Mitgliedern der Missionskommission ernannt. Beide waren angesehene Sprach- und Geschichtskenner; sie hatten sich auch als Begleiter des Visitators Mgr. Bonnand und Fortsetzer seines Werkes ausgezeichnet[10].

Die Hauptaufgabe der Kommission bestand in der Vorbereitung eines Schemas, das den Konzilsvätern zur Beratung vorgelegt werden sollte. Bereits am 22. Februar und 10. März 1868 hatte Kardinal Barnabò orientalischen und österreichischen Bischöfen geschrieben, um von ihnen Anregungen und Vorschläge zu erhalten[11]. Von den eingegangenen Antworten fordert jene des ungarischen Bischofs Roscovany eine weitgehende und wirksame Förderung der Glaubensverbreitung, und zwar zur Hebung der Frömmigkeit in den christlichen Ländern[12]. Weitere Postulate oder Voten wurden während des Konzils an die Kommission geleitet. Von den Heimatkirchen hatte nur Frankreich ein wertvolles und in die Zukunft weisendes (von 13 Mitgliedern unterschriebenes) Postulat eingereicht. 110 Väter verlangten am 23. Januar 1870 eine feierliche Empfehlung des Vereins der Glaubensverbreitung durch das Konzil. 35 Apostolische Vikare erbaten ähnliches für den Kindheit-Jesu-Verein, und zwei Postulate, das eine mit 13 und das andere mit 61 Unterschriften, setzten sich für den Verein zur Unterstützung der Schulen des Orients ein[13].

Im November 1869 lag ein erster Entwurf eines Missionsschemas gedruckt vor, das allerdings nur ein einziges, jedoch umfangreiches Kapitel über die Missionare, ihre Eigenschaften, ihre Bildung und einzelne Seiten ihrer Tätigkeit umfaßte[14]. Es wurde von der Kommission als ungenügend erachtet und schon im Dezember 1869 durch ein zweites, das vier Kapitel

(Washington 1968/69) 265—288. — Die seit Vertreibung der Jesuiten und später auch anderer Orden in fast allen lateinamerikanischen Ländern unterbrochene Bekehrung und Seelsorge der Indianer war für die Bischöfe Lateinamerikas kein Problem, ebensowenig wie die Indianer- oder Negermission für die Bischöfe Nordamerikas.

[10] *A. Launay,* Mémorial de la Societé des Missions Étrangères II (Paris 1916) 119—121 (über Charbonnaux), 363—366 (über Laouënan) mit Bibliographie ihrer Werke.

[11] *Ting Pong Lee* a. a. O. 106. Ähnliche Schreiben an eigentliche Missionsbischöfe sind mir nicht bekannt.

[12] *Grentrup* a. a. O. 32. In die gleiche Richtung weisen Vorschläge von Bischof Dupanloup und Kardinal Pecci (Leo XIII.).

[13] *Grentrup* a. a. O. 35—37; *Ting Pong Lee* a. a. O. 105—109. Die Zahl der Unterschriften war nicht bedeutend. Nach dem Verzeichnis bei *Granderath* a. a. O. I 463—509 betrug die Zahl der Kardinäle, Patriarchen, Bischöfe, Apostolischen Vikare u. a., welche am Konzil teilzunehmen verpflichtet waren, 990.

[14] Über die Geschichte der Schemata cf. *Ting Pong Lee* a. a. O. 111—115. Der Verfasser fand in der Bibliothek der Universität des Lateran/Rom 2 Manuskriptbände mit 20 Voten der Konsultoren der Missionskommission (Conc. Vat. Acta. Commissio pro Orientalibus), ferner einen Band Conc. Vat. Comm. Orient. Studia praevia a. a. O. 111—121.

aufwies, ersetzt[15]. Auch dieses Schema fand keine Gnade. Erst das dritte, vom 26. Juni 1870, konnte unter die noch in Rom weilenden Konzilsväter verteilt werden[16]. Nach dem Einleitungsschreiben Pius' IX. bringt es drei Kapitel: 1. Über die Bischöfe und Apostolischen Vikare, 2. Über die Missionare, 3. Über die Mittel der Glaubensverbreitung. Dem Text folgen die „Adnotationes ad Schema Decreti de Apostolicis Missionibus"[17].

Der Inhalt des Schemas geht mit einiger Sicherheit auf das umfangreiche Votum des lateinischen Patriarchen von Jerusalem, Giuseppe Valerga (1813—72), zurück. Es enthält 44 Folioseiten über die unierten Kirchen des orientalischen Ritus und 35 Seiten über die Missionare des römisch-lateinischen Ritus in den Ländern des Vorderen Orients[18]. Diese Abhängigkeit des Schemas von einem der hervorragendsten Vertreter der lateinischen Mission im Orient und die oben erwähnte Zielsetzung der Kommissionsarbeit durch Kardinal Barnabò machen verständlich, daß der Inhalt sich vor allem auf die Orientmission bezieht. Wohl durch das Eingreifen der Vertreter der Heidenmission gelang es jedoch, weite Partien so zu ändern, daß sie auf alle Glaubensboten zutrafen. Trotzdem mußten noch größere Abschnitte, welche nur die Kirche und die Seelsorgs- und Missionsarbeit unter den Orientalen angingen, stehenbleiben[19]. Daß gerade das zweite Kapitel, „Über die apostolischen Missionare", genau dem ersten Plan, das heißt der Durchführung der tridentinischen Bestimmungen, entspricht, zeigen vor allem die Adnotationes, in denen nicht weniger als 9 konkrete Hinweise auf das Tridentinum zu finden sind[20].

Diese einseitige Ausrichtung auf die orientalischen Missionen erhellt auch aus den in den Adnotationes angeführten Schriftstellern. Werke aus der Heidenmission fehlen in der Beweisführung ganz. Wohl wird der Karmelit Thomas a Jesu, der in seinem missionstheoretischen Werk vom ehemaligen

[15] Inhaltsübersicht der beiden Schemata bei *Ting Pong Lee* a. a. O. 112—113.

[16] Der Text des dritten Schemas wurde von *Mansi* 53 und in der ColLac VII abgedruckt. Ich zitiere nach dem Originaldruck, der im Juni 1870 den Konzilsvätern verteilt wurde (Photokopie).

[17] Schema, Text 1—20, Adnotationes 21—32.

[18] *Ting Pong Lee* 114. Danach sind nicht nur einzelne Teile des Schemas, sondern sogar wörtliche Formulierungen diesen Gutachten entnommen.

[19] Es sei hier auf die sorgfältige Abgrenzung der Jurisdiktionsgewalt zwischen Bischöfen (des orientalischen Ritus) und Apostolischen Vikaren (des lateinischen Ritus) hingewiesen, der, abgesehen vom Nahen Orient, keinerlei Bedeutung zukam. Schema 9—10, Adnotationes 30—31.

[20] Während der Text im Schema (10—17) nur allgemein gehalten ist, weisen die Adnotationes 26—30 eindeutig auf den Klerus des Vorderen Orients hin, denn in den eigentlichen Missionsländern, auch in denen des Padroado oder der Patronatsländer, waren die Bestimmungen des Konzils von Trient schon seit Jahrhunderten in Kraft und wurden auch für die Erziehung und die Bildung, die Lebensweise und die Arbeit des Klerus befolgt.

Provinzial der Jesuiten in Peru, José de Acosta SJ, abhängig ist[21], zweimal zur Erhärtung päpstlicher oder bischöflicher Jurisdiktionsgewalt genannt[22]. Aber keine Instruktionen der Propaganda selbst, weder die grundlegende von 1659 noch die von ihr gleichsam als missionsmethodisches Handbuch anerkannten „Monita ad Missionarios" (1669), werden irgendwie benutzt[23]. Als Kronzeugen des Schemas figurieren zwei (eigens erwähnte) Kanonisten und der Kenner des Rechtes der orientalischen Kirchen: Angelo Maria Verricelli mit seinem „Tractatus de Apostolicis Missionibus"[24] und der Franziskaner Carolus Franciscus a Breno mit seinem „Manuale Missionarium Orientalium"[25].

Abgesehen von der mangelnden Berücksichtigung der Heidenmission und ihrer Probleme, stieß eine gewisse zentralistische Tendenz auf starken Widerspruch. Es ging weniger um die Frage der päpstlichen Unfehlbarkeit, zu der sich wohl alle Vertreter der Mission bekannten, als um die Konzentration der Jurisdiktion und Leitung der Mission in den Händen der Bischöfe und Apostolischen Vikare, mit praktischem Ausschluß der Ordensautoritäten. Nach der Austeilung des Missionsschemas, Ende Juni 1870, reichten noch 27 Konzilsteilnehmer vielfach umfangreiche Gutachten ein. Fast alle wandten sich in erster Linie gegen diese vorgesehene Ausschaltung der Ordensobern, und zwar nicht nur einzelne Generäle, zumal der General der Gesellschaft Jesu, Petrus Beckx, sondern auch Vertreter des heimatlichen Episkopates aus dem Weltklerus[26]. Hinter dieser Zentralisationstendenz verbarg sich trotz sorgfältiger und vorsichtiger Formulierungen eine deutlich spürbare ablehnende Haltung gegen die missionierenden Orden, vorab die Jesuiten. Die meisten Mitglieder der Kommission gehörten ja der Propaganda selbst an, und Mgr. Giuseppe Valerga, der lateinische Patriarch von Jerusalem, der einflußreichste Vertreter der Orden (OFM), war geradezu das Sprachrohr des Präfekten der Propaganda, Kardinal Barnabò[27]. Für einen Kenner der Missionsgeschichte zeigt sich diese Abneigung sehr deutlich in der (positiven) Wertung des verhängnisvollen Vorgehens des Bischofs Juan de Palafox y Mendoza († 1659) von Puebla in Mexiko gegen die missionieren-

[21] *P. Charles*, Les sources de „De Procuranda salute omnium Gentium": Scientia Missionum Ancilla (Festschr. Mulders) (Nimwegen 1953) 31—63.

[22] Schema 24, 28.

[23] Hdb. der KG V 311—312.

[24] Venedig 1656. — Daß dieses dem Titel nach allgemein missionarische Werk in erster Linie der Orientmission dienen sollte, ergibt sich schon aus dem Appendix, der die Gültigkeit der Bischofs- und Priesterweihen in den orientalischen Kirchen untersucht (*Streit* I 233).

[25] Venedig 1726. *Streit* I 379—380.

[26] *A. M. Hoffmann*, Die Vollmachten der Missionsbischöfe über Ordensmissionare auf dem Vatikanischen Konzil (NZM 12 [1956] 267—275), der die einzelnen Gutachten, welche *Mansi* im 53. Bd veröffentlicht hat, zugrunde legt.

[27] *R. Aubert*, La composition des commissions (Anm. 6) 473—477.

den Orden[28]. Der Vereinheitlichung der gesamten Mission sollte ferner ein für alle Gebiete bestimmtes Missionsdirektorium dienen, dessen Abfassung, gemäß dem Schema von 1870, allerdings der Propaganda überlassen wurde[29]. Auch dieser Vorschlag geht auf Mgr. Valerga zurück, der in seinem Votum zwar bekannte, daß die „Monita ad Missionarios" wertvolle Mahnungen enthielten, aber unvollständig seien und vor allem der notwendigen Autorität entbehrten[30].

Angesichts dieser der eigentlichen Heidenmission nicht gerade günstigen Atmosphäre ist es verständlich, daß die Missionsbischöfe durch lokale Bischofsversammlungen zu einer Art Selbsthilfe schritten[31]. Die indischen und chinesischen Bischöfe traten getrennt zusammen. Die 18 Apostolischen Vikare Indiens richteten an den Papst ein Gesuch, daß er das portugiesische Patronat, in welchem sie das größte Hindernis der Bekehrung Indiens sahen, abschaffe. Aber Pius IX. glaubte nicht, auf diese Bitten eingehen zu können[32]. Die Versammlung der Bischöfe Chinas dagegen entwickelte sich zu einer Art von Synode. Die Seele dieser Zusammenkünfte, die vom 22. Dezember 1869 an zunächst wöchentlich, dann zweimal in der Woche stattfanden, war wohl der Apostolische Vikar von Kweitschu, Mgr. Louis Faurie, der gleichzeitige Sekretär dieser Beratungen[33]. Grundlage der Beratungen bildeten 72 den Bischöfen von der Propaganda vorgelegte Fragen. Daneben beschäftigte die Teilnehmer vor allem das Verhältnis der chinesischen Mission zur französischen Regierung bzw. zum französischen Protektorat. Die Beratungen über eine Dankschrift an Napoleon III. veranlaßten die nicht-

[28] Schema 25, wo allerdings nur das Vorgehen gegen die Jesuiten hervorgehoben wird. Die Argumente des im Schema genannten Kanonisten *A. M. Verricelli*, die er in seinem 1656 erschienenen Werk zur Verteidigung des Bischofs in Mexiko vorbrachte, wurden schon von seinen Zeitgenossen, zumal vom gelehrten Jesuiten Diego de Avendaño († 1688), widerlegt. Vgl. Hdb. der KG V 266 f.

[29] Schema 20; *P. Wanko* a.a.O. 35—37.

[30] *Ting Pong Lee* a.a.O. 134—136.

[31] Pius IX. hatte solche Gruppenversammlungen von Konzilsbischöfen eigens erlaubt. *R. Aubert*, Le Pontificat 323.

[32] *Delacroix* III 84. Wenn dort auch die Instruktion der Propaganda vom 8. 9. 1869 auf die Tätigkeit der Konzilsteilnehmer aus Indien zurückgeführt wird, so kann die Angabe schon zeitlich kaum stimmen, da die indischen Bischöfe damals noch nicht in Rom angekommen sein konnten. Das Dokument ist eine Folge der päpstl. Visitation von Bischof E. Bonnand.

[33] *A. Launay*, Histoire des Missions de Chine. Kouy-Tcheou II (Paris 1908) 598—612 (der das Protokoll, wohl den Entwurf, aus dem Archiv des Pariser Missionsseminars veröffentlicht); *I. Ting Pong Lee*, De congressu praesulum Missionum sinensium Concilio Vaticano durante. Commentarium pro Religiosis et Missionariis 29 (Rom 1948) 104—111 (nach dem Protokoll im Propaganda-Archiv, Acta S. C. de Prop. Fide, vol. 242, 1874); *L. Wei Tsing-sing*, Le Ier concile du Vatican et les problèmes missionnaires en Chine: RHE 57 (1962) 500—523 stützt sich auf Launay, ergänzt durch Dokumente des Auswärtigen Amtes in Paris.

französischen Bischöfe, einzelnen Sitzungen fernzubleiben[34]. Zweifelsohne anerkannten alle französischen Missionare den Schutz ihrer Regierung, dessen wirksame Verstärkung in den Beratungen über das Dankschreiben an Napoleon — es ging vor der Sitzung am 10. März 1870 ab — öfters betont wurde[35].

Die Fragen der Propaganda, die von den Bischöfen Chinas behandelt wurden, betrafen die Errichtung einer Apostolischen Delegatur oder Nuntiatur, gegen welche die auf Selbständigkeit bedachten Bischöfe skeptisch und eher negativ reagierten, die Einteilung der chinesischen Mission in fünf Regionen, speziell im Hinblick auf die Abhaltung lokaler Synoden, die Ernennung eines Rates für die Apostolischen Vikare und eines weiteren Rates für die Verwaltung der Missionsgüter, die Ordensleute in den Missionen, worüber die Protokolle nichts Konkretes aussagen, den chinesischen Klerus, seine Erziehung und Bildung, die derart beschaffen sein müsse, daß sie auch zur Leitung der Mission, d.h. zum Bischofsamt, befähige[36], liturgische Fragen, die Fest- und Fasttage[37], die Bedeutung und Vermehrung der christlichen Literatur und der Schulen, die Spendung der einzelnen Sakramente[38].

Am 14. Juli 1870 wurde noch eine letzte Sitzung aller chinesischen Bischöfe einberufen, die einzige, die unter Leitung des Kardinalpräfekten der Propaganda stattfand. Es kamen 13 Fragen zur Sprache, zum Teil die bereits früher geprüften, zum Teil auch neue (so über das Opium, über chinesische Gesänge während der liturgischen und paraliturgischen Feiern usw.)[39]. Alle Beschlüsse der chinesischen Bischöfe waren dazu bestimmt, den Konzilsvätern zur letzten Entscheidung vorgelegt zu werden. Mit dieser

[34] *Wei Tsing-sing* a. a. O. 513. L. Wei behandelt fast ausschließlich diese politische Seite der Zusammenkünfte, während Ting Pong Lee mehr die missionarisch-seelsorglichen Fragen hervorhebt.

[35] Leider ist nur ein Bruchstück dieses Briefes von *A. Launay* a.a.O. 607 veröffentlicht. Wir wissen vor allem nicht, wer dieses Dank- und Bittgesuch unterschrieben hat. Verfasser ist Mgr. A. Languillat SJ, der Apostolische Vikar von Kiangnan.

[36] Die Bischöfe reagierten prinzipiell positiv auf diese Frage, sprachen sich aber deutlich für ein langsames und vorsichtiges Vorgehen aus (*A. Launay* a. a. O. 602—603).

[37] Die Bischöfe bevorzugten das Chinesisch als liturgische Sprache, überließen aber die Entscheidung darüber der Propaganda (*Ting Pong Lee* a. a. O. 108).

[38] Für die Spendung der Taufe wird die Unterbrechung der Taufzeremonien des römischen Rituale und ihre Verteilung auf die gesamte Dauer des Katechumenats abgelehnt, dagegen aber verlangt, daß alle Fragen in chinesischer Sprache gestellt werden (*Ting Pong Lee* a. a. O. 109). — Dieser Beschluß war ein Kompromiß, denn die Missionare des Pariser Missionsseminars, noch in der jüngsten Vergangenheit Mgr. Faurie, hatten seit dem 18. Jh. die Aufteilung der Taufzeremonien in ihren Sprengeln eingeführt. Ihre Praxis wurde jedoch noch 1866 ausdrücklich von der Propaganda verboten. *J. Beckmann*, Taufvorbereitung und Taufliturgie in den Missionen vom 16. Jh. bis zur Gegenwart: NZM 15 (1959) 20—21.

[39] *Ting Pong Lee* a. a. O. 109—111.

Sitzung fanden die Beratungen des chinesischen Episkopates ihren Abschluß. Bei der oben erwähnten (zurückhaltenden und zweitrangigen) Stellung der Missionsbischöfe ist es nicht weiter überraschend, daß keiner von ihnen im Rahmen des Gesamtkonzils hervortrat[40].

Wie schwach das missionarische Klima des Konzils in seiner Gesamtheit war, zeigt das einzige Postulat über die afrikanische Mission[41]. Dieses verlangt in kurzer und eindringlicher Form, mit einer knappen Begründung, wirksame Maßnahmen von seiten des Konzils zugunsten der Bekehrung der schwarzen Rasse, speziell in Zentralafrika. Der Verfasser ist Daniel Comboni, der Gründer der Missionare von Verona, Missionar und später Apostolischer Vikar von Zentralafrika. Es ist datiert vom 24. Juni 1870 und wurde von 70 Konzilsvätern unterzeichnet. Diese Unterschriften bieten, gerade im Zusammenhang mit den obigen Ausführungen, ein deutliches Bild vom mangelnden Missionsinteresse. Obwohl Comboni wie ein Bettler von Mann zu Mann eilte, um für die Bekehrung Afrikas zu werben, stieß er weithin auf Verständnislosigkeit. Am meisten Gehör fand er bei den Vertretern der orientalischen Kirchen; zusammen mit den Missionsbischöfen des Nahen Ostens — darunter auch zwei aus Nordafrika — gaben 31 ihre Unterschrift[42]. Von den residierenden Bischöfen unterzeichneten 25[43]. Selbst von den eigentlichen Missionsbischöfen liehen nur 15 ihren Namen: 6 aus Indien und 9 aus den fernöstlichen Ländern.

Bei der fehlenden missionarischen Haltung der Konzilsväter und der geradezu systematischen Verdrängung der eigentlichen Heidenmission an den Rand des Konzilsgeschehens konnten keine tiefergehenden Reflexionen über die Mission aufkommen. Dennoch hat das Vatikanische Konzil durch die im Vordergrund stehende Lehre von der Kirche anregend und wegweisend auf das missionstheologische Denken der Folgezeit eingewirkt[44]. Unter den Voten und Postulaten, zumal der französischen und chinesischen Bischöfe, finden sich aber auch programmatische Hinweise, von denen einige schon unter dem aufgelockerten Pontifikat Leos XIII., andere dagegen erst im

[40] *L. Wei Tsing-sing* a. a. O. 508.

[41] *P. Chiocchetta,* Il „Postulatum pro Nigris Africae Centralis" al Concilio Vaticano I e i suoi precedenti storici e ideologici: ED 13 (1960) 408—447. Die folgenden Ausführungen fußen auf diesen Forschungen. Text des Postulatum 409—411, Unterschriften 412—414.

[42] Man vermißt vor allem die Unterschrift des Bischofs von Algier, Mgr. Lavigerie.

[43] Davon waren 6 Nordamerikaner, 2 Brasilianer, ein Deutscher (Senestrey von Regensburg) und die übrigen Italiener. *P. Chiocchetta* (a. a. O. 415 ff) sucht zwar, u. E. etwas künstlich, die einzelnen Unterschriften durch Hervorhebung der persönlichen Bedeutung der Unterzeichner aufzuwerten. Aber weder diese Aufwertung noch der Hinweis auf die Tatsache, daß die Sudanmission und das Werk Combonis später von Rom gefördert wurden, sind ein genügender Grund für seine optimistische Darstellung. Comboni, der als Theologe des Bischofs von Verona am Konzil teilnahm, war ein „Rufer in der Wüste".

[44] *P. Wanko* a. a. O. 16—23.

20. Jh. oder im Verlauf des II. Vatikanischen Konzils in die Tat umgesetzt wurden. So erachteten die französischen Bischöfe in ihrer Eingabe an das Konzil auf Grund einer kurzen Darstellung der Weltlage Beratungen über die Glaubensverbreitung als „eine der ersten, bedeutendsten und wichtigsten Aufgaben, die auf dem Konzil behandelt werden müssen". Gleichzeitig ahnten sie bereits ihre große Mitverantwortung für die Missionen; um ihre Pflicht besser erfüllen zu können, erbaten sie regelmäßige Berichte der Propaganda über Stand und Probleme der eigentlichen Heidenmission zuhanden der Bischöfe[45].

[45] *J. Moreau,* L'Épiscopat français et les missions à l'heure du Ier Concile du Vatican: Missions de l'Église. Paris, févr. 1962, 8—13. Vgl. auch R. Aubert, Vaticanum I (Mainz 1965), 295.

DRITTER ABSCHNITT

Licht und Schatten der katholischen Vitalität

Univ.-Professor Dr. Roger Aubert, Louvain

35. Kapitel

Ordensleute und Weltklerus

Die Orden und Kongregationen

LITERATUR: *Aubert,* Pie IX 456—461; *Schmidlin PG* II 309—313; *Ch. Tyck,* Notices historiques sur les congrégations et communautés religieuses (Löwen 1892) bes. 324—334.

Über die Gesellschaft Jesu: Außer den in der Allg. Bibliographie angeführten Werken vor allem *Burnichon* III und IV (für Frankreich, 1845—80), *Frias* (für die Iberische Halbinsel und Lateinamerika), *Galletti, Monti, Volpe* und *Aldegheri* (für Italien), *Hughes* (für die Vereinigten Staaten), s. *K. Schoeters,* P. J. Beckx en de „Jesuiten-politiek" van zijn tijd (Antwerpen 1965); *B. Duhr,* Aktenstücke zur Geschichte der Jesuiten-Missionen in Deutschland 1848—1872 (Freiburg i. Br. 1903); *A. Pina,* Carlos Rademaker, Restaurador dos Jesuitas em Portugal (Porto 1967).

Über die Benediktiner: Ph. Schmitz, Histoire de l'ordre de S. Benoît IV (Maredsous 1948) 175—212.

Über die Dominikaner: Walz 517—657; *H. Cormier,* Vie du R. P. Jandel (Paris 1890).

Über die Franziskaner: H. Holzapfel, bes. 331—334 360—371; *Frédégand* (Callaey) *d'Anvers,* Le Tiers Ordre de S. François d'Assise (Paris 1923); über ihre Wiederherstellung in Frankreich im Jahre 1851: *P. Sagues,* El P. J. Areso (Madrid 1960).

Über die Redemptoristen: M. De Meulemeester, Histoire sommaire de la Congrégation du T. S. Rédempteur (Löwen [2]1958) 139—173.

Über die Salesianer: LThK IX 263—264.

Über die Schulbrüder: G. Rigault V und VI, L'Ère du Frère Philippe (Paris 1945/48).

Der Pontifikat Pius' IX. kennzeichnet eine neue und entscheidende Etappe in der inneren Reorganisation der alten Orden, während der Platz, den die neuen Kongregationen im Leben der Kirche einnehmen, ständig weiter wächst. Zwar trafen in Südeuropa, in Polen und in Lateinamerika neue Säkularisierungsmaßnahmen die Ordensleute schwer; aber sowohl in Westeuropa wie in Nordamerika kann man einen ständigen numerischen Fortschritt und eine Verbesserung des qualitativen Niveaus feststellen, so daß die Ordensleute zu einem wesentlichen Faktor des Aufblühens der religiösen Organisationen und der Intensität des geistigen Lebens wurden.

Pius IX. war zwar selbst kein Ordensmann, aber dennoch, ebenso wie Pius VII. und Gregor XVI., auf die Wiederherstellung der Disziplin bedacht. Die im Lauf der ersten Jahrhunderthälfte erfolgte Konsolidierung gestattete ihm sogar, mit der Unterstützung durch einen energischen und kompetenten Mann, Mgr. Bizzarri, den Sekretär der Congregatio Episcoporum et Regularium, noch höhere Anforderungen zu stellen. Gleich nach seiner Wahl setzte er im September 1846 eine Kardinalskommission ein, die den Auftrag erhielt, für die Restauration des Ordenslebens in den Ländern zu sorgen, in denen es unter den Wirren schwer gelitten hatte. Im Jahr darauf schuf er eine Kongregation „Super statu regularium", deren spezielle Aufgabe es war, über die Reformen zu wachen[1]. Am 25. Januar 1848 verstärkten zwei Dekrete die Vorsichtsmaßnahmen, die die Aufnahme unwürdiger Kandidaten[2] in die Noviziate verhindern sollten. Im April 1851 verschärfte eine Enzyklika die Anforderungen des gemeinschaftlichen Lebens und der Armut (klugerweise unter Beibehaltung der Duldung des „peculium"). Am 19. März 1857 dehnte die Enzyklika „Neminem latet"[3] eine Maßnahme, die es bisher nur bei den Jesuiten gab, auf alle Männerorden aus: die Verpflichtung, der feierlichen Profeß zeitlich begrenzte Gelübde voraufgehen zu lassen. Um besser gegen die Lockerung der Sitten und Bräuche, die sich im Lauf der voraufgehenden Jahrhunderte eingeschlichen hatte, angehen zu können, begnügte sich Pius IX. nicht damit, zur Zentralisation innerhalb der Orden zu ermutigen und ihre Abhängigkeit von den römischen Kongregationen stärker zu betonen, sondern er zögerte in mehreren Fällen nicht, aus eigener Autorität ihre Oberen zu bestimmen. So designierte er 1850 als Abt von Subiaco den Reformator Don Casaretto und unterstützte ihn im nächsten Jahr bei seinem Unternehmen, die Klöster, die zu einer strikteren Observanz der benediktinischen Regel zurückkehren wollten[4], in einer besonderen Provinz neu zusammenzufassen. Auf seine drängenden Mahnungen hin beschloß 1852 die Cassinesische Kongregation, wo die Mißbräuche sehr häufig waren, die Klausur und das gemeinschaftliche Leben wieder einzuführen und ferner die Noviziate umzugruppieren.

Während seines Aufenthalts in seinem Zufluchtsort Gaëta hatte Pius IX. festgestellt, was für bedauerliche Verhältnisse bei den *Redemptoristen* im Königreich Neapel, wo sich ihr Generalat befand, herrschten, während die Kongregation nördlich der Alpen immer weitere Fortschritte machte[5]. Des-

[1] Collectanea in usum Secretariae S. Congr. Episcoporum et Regularium (Rom 1863) 867—868 und Acta Pii IX I 46—54.

[2] Collectanea ... 882—891; vgl. ebd. 891—902.

[3] Ebd. 904—906. 24 Erklärungen der Kongregation „Super statu regularium" von 1857 bis 1882 vollendeten die neue Reglementierung. Siehe auch Acta Pii IX III 417—420.

[4] Einige Jahre später, im Jahre 1867, wurde diese Provinz zu einer unabhängigen Kongregation erhoben: zur „Congregatio cassiniana primitivae observantiae", die gleichwie die modernen Orden in vier Provinzen eingeteilt wurde: Italien, Anglo-Belgien, Frankreich und Spanien. Vgl. *I. Di Brizio,* L'Italia benedettina (Rom 1929) 103—144.

[5] Trotz einiger Wechselfälle in Österreich um 1850. Vgl. *E. Zettl:* Spicilegium historicum Congr. SS. Redemptoris 6 (1958) 353—404; *E. Hosp:* ebd. 7 (1959) 260—354.

halb beschloß er 1853, um die dringend notwendige Reorganisation voranzutreiben, ihr Zentrum nach Rom zu verlegen und von sich aus den Rector major (General) zu ernennen, der an sich von einem Generalkapitel hätte gewählt werden müssen.

Um den *Dominikanerorden* von der Dekadenz, in die er verfallen war, zu befreien, beschloß er 1850, dort ebenfalls die Wahl des Generalmeisters auszusetzen, und stellte — zum großen Mißvergnügen der italienischen Patres — einen der ersten Gefährten Lacordaires, den Pater Jandel, an die Spitze des Ordens. Dieser blieb bis 1872 Generalmeister und verstand es, die Restaurationsbemühungen, die bereits da oder dort zu verzeichnen gewesen waren, zu einem guten Ende zu führen. Charakteristisch war, daß sich diese Anstrengungen von der ursprünglichen Konzeption des Predigerordens leiten ließen, die in der historischen Forschung des 18. Jh. wieder ins Licht gerückt worden war. So hatten die Aufhebungen, deren Opfer der Orden seit der Revolution gewesen war und die in verschiedenen Ländern über 1870 hinaus fortgesetzt wurden[6], wenigstens den Vorteil, daß mit der jüngsten Vergangenheit Tabula rasa gemacht wurde. Da man gezwungen war, die Ordensprovinzen von neuen Häusern aus zu restaurieren, wurde die Rückkehr zu den ursprünglichen Leitideen erleichtert — trotz mancher Divergenzen über deren Interpretation, die eine Zeitlang Jandel, der mehr an traditionellen Formen hing, in Gegensatz zu Lacordaire brachte, der das bessere Gespür für die Notwendigkeit der Anpassungen an die Bedürfnisse der neuen Zeit hatte.

Pius IX. griff wiederholt auch in die Designierung der Ordensgenerale der *Franziskaner* ein (1856, 1862, 1869), die im Jahre 1856 die seit langem unterbrochene Überlieferung der Generalkapitel wiederaufgreifen und ihre Statuten in Ordnung bringen konnten. So konnten sie sich nach und nach wieder in den verschiedenen Ländern West- und Zentraleuropas etablieren, wo sie seit 1860 dem ehemaligen Dritten Orden wieder neues Leben einflößten. Aber auch sie litten durch die Säkularisationen in den lateinischen Ländern neue und schwere Verluste: während auf dem Kapitel von 1856 noch 90 Provinzen vertreten waren, zählte man 1882 nur noch 30, und die Zahl der Mitglieder sank in diesem Vierteljahrhundert von 25000 auf 15000.

Hatten die von Pius IX. angeregten oder ermutigten Reformbemühungen bei den zentralisierten Orden ziemlich rasch erfreuliche Ergebnisse, so stießen sie bei den Abteien, die weitgehend unabhängig geblieben waren, vor allem in Mitteleuropa, auf starken Widerstand, und die von 1852 bis 1859

[6] Zwischen 1844 und 1876 sank die Zahl der Dominikaner in Italien von 1602 auf 830, in Rußland und Polen von 709 auf 65, in Lateinamerika von 626 auf 315. Trotz der regelmäßigen Zunahme in Westeuropa, unter anderem in Frankreich, betrug die Gesamtzahl 1876 nur noch 3341 gegenüber 4562 im Jahre 1844.

unter Leitung der Kardinäle Schwarzenberg und Scitowsky durchgeführte große kanonische Visitation im Habsburgischen Reich[7] änderte nicht viel. Die *Prämonstratenser* erwachten jedoch nach und nach zu neuem Leben und hielten 1869 ihr erstes Generalkapitel seit der Revolution ab. Ehemalige *Zisterzienser*-Abteien wurden wiedereröffnet und zu neuen Kongregationen zusammengefaßt: So entstand die Kongregation Belgien im Jahre 1846, die von Österreich-Ungarn 1859[8], die von Senanqua (Sénanque) in Südfrankreich 1867. Vor allem aber begann der junge Zweig der *Benediktiner*, den Dom Guéranger[9] in Solesmes gepflanzt hatte, Früchte zu tragen. Wenn auch in Frankreich selbst die Fortschritte langsam und schwierig waren und erst unter dem nächsten Pontifikat Gestalt annahmen, so konnten doch die Brüder Wolter, die 1863 die deutsche Abtei Beuron gründeten[10], in der Schule von Solesmes ihre Ausbildung abrunden. Beuron selbst konnte schon 1872 als erstes Tochterkloster Maredsous in Belgien gründen, und weitere Gründungen folgten dann in der Kulturkampfzeit in Österreich-Ungarn.

Das Beispiel Beuron zeigt, daß es nicht immer erst der Intervention des Heiligen Stuhls bedurfte, um bedeutende alte Orden und Kongregationen zu neuem Leben zu erwecken. Manche machten sogar in besonders bemerkenswerter Weise Fortschritte. Dies war z. B. bei den *Schulbrüdern* der Fall, die unter der geschickten Führung ihres Generalobern Philippe (1838 bis 1874) von 2300 auf mehr als 10000 Mitglieder stiegen und sich, obwohl sie sich im wesentlichen noch aus Frankreich rekrutierten, über die ganze Welt ausbreiteten. Das gleiche gilt von den *Passionisten*, die sich unter dem Generalat von Antonio di S. Giacomo (1839—62), der den Beinamen „zweiter Gründer" erhielt, in der Zahl ihrer Ordensangehörigen und ihrer Provinzen verdreifachten und sich aktiv auf die Missionen ausrichteten (Rumänien, Brasilien, später Australien).

In besonderem Ausmaß zeigte die *Gesellschaft Jesu* die Kraft eigener Initiativen. Die ersten Jahre des Pontifikats Pius' IX. waren für sie ziemlich hart. Einerseits mußte sie in den meisten europäischen Ländern einer allgemeinen Offensive die Stirn bieten[11], andererseits wurde sie von dem neuen Papst nur lau unterstützt, da er über den heimlichen Widerstand verärgert war, auf den seine Politik der Konzessionen an die liberalen Bestrebungen bei vielen Jesuiten stieß. Aber die Nachwehen von 1848 brachten Pius IX. der Gesellschaft Jesu wieder näher, vor allem als P. Roothaan, mit dem er sich nur halb verstand, 1853 von P. Beckx als General abgelöst worden

[7] Vgl. *C. Wolfsgruber:* SM 32 (1911) 304—329 477—502 665—692, 33 (1912) 109—130.
[8] *N. Konrad,* Die Entstehung der österreichisch-ungarischen Zisterzienserkongregation, 1849—69 (Rom 1967).
[9] Siehe S. 425f.
[10] Vgl. Beuron 1863—1963 (ebd. 1963), richtigzustellen in verschiedenen Punkten nach *P. Wenzel,* Der Freundeskreis um A. Günther und die Gründung Beurons (Essen 1965).
[11] Vgl. S. 423f.

war[12]. Er führte die Societas mit Klugheit und Fingerspitzengefühl mehr als dreißig Jahre lang und setzte sich immer wieder dafür ein, daß sich die Jesuiten jeder Polemik enthielten und vor allem vermieden, sich in den politischen Angelegenheiten bloßzustellen; die Häufigkeit seiner Interventionen enthüllt freilich, daß durchaus nicht alle Jesuiten von der Zweckmäßigkeit dieser Taktik überzeugt waren. Obwohl in einem Dritteljahrhundert in nicht weniger als 14 Fällen Maßnahmen gegen die Jesuiten (Ausweisungen oder Konfiskationen) in allen katholischen Ländern Europas, mit Ausnahme von Belgien — ganz abgesehen von Lateinamerika —, ergriffen wurden[13], stieg der Effektivbestand der Gesellschaft von 4540 im Jahre 1848 auf 10030 im Jahre 1878. Vor allem wuchs der Einfluß der Jesuiten ständig weiter: im Leben der regionalen Kirchen wirkten sie sowohl durch Volksmissionen in den Pfarreien und durch populäre Organisationen auf die breiten Massen wie durch ihre Kollegien, ihre Predigten und ihre zahlreichen persönlichen Kontakte auf die Führungsschichten ein; in der Universalkirche hatten sie ihre Bedeutung durch die Ausstrahlung der Gregorianischen Universität und ihrer Zeitschrift „La Civiltà cattolica", ferner auf Grund der Stellung, die sie in den römischen Kongregationen innehatten, in denen der Weltklerus und die alten Orden kaum über kompetente Männer verfügten, die es mit ihnen hätten aufnehmen können, und schließlich auf Grund des wachsenden Vertrauens, das ihnen Pius IX. entgegenbrachte, der nun nach seinen anfänglichen Vorurteilen die Strenge ihrer Ausbildung und ihre Ergebenheit für die Sache des Heiligen Stuhls anerkennen mußte.

Viel weniger Aufsehen machten im Vergleich hierzu die neuen Kongregationen und Institute, die weiter in immer rascherer Folge gegründet wurden (allein im Verlauf der Jahre 1862 bis 1865 erhielten 74 neue Kongregationen und Institute gegenüber 42 im ganzen Jahrzehnt von 1850 bis 1860 die Approbation des Heiligen Stuhls). Aber auch wenn man zunächst ganz von der Tatsache absieht, daß mehrere von ihnen zu einer glänzenden Zukunft berufen waren, wie z.B. die 1857 in Turin gegründeten Salesianer Don Boscos, darf man die globale Bedeutung der Kapillarwirkung nicht unterschätzen, die sie auf allen Apostolatsgebieten ausübten: im Bereich des Unterrichts, vor allem des Mädchenunterrichts, der Krankenpflege, der Hilfe für sozial-schwache Menschen, die mehr und mehr spezialisiert wurde (auf Waisen, Greise, Hausangestellte, junge Arbeiterinnen, Gefangene,

[12] Über Petrus Beckx (1795—1887), belgischer Abstammung, s. *K. Schoeters* a. a. O., der bestätigt, daß er — im Gegensatz zu den häufigen Behauptungen zu seinen Lebzeiten — von Grund aus gemäßigt war.

[13] Das systematische Mißtrauen des liberalen Bürgertums den Jesuiten gegenüber genügt nicht, um alle Erscheinungen zu erklären. Man muß auch den Ungeschicklichkeiten der Jesuiten selbst Rechnung tragen, die sich, vor allem in den lateinischen Ländern, nur schwer der modernen Mentalität anpassen konnten. Siehe z. B. *J. Kennedy,* Catholicism, Nationalism and Democracy in Argentina (Notre-Dame 1958) 61.

Blinde, Taubstumme usw.), aber auch auf dem Gebiet des Katechismusunterrichts, des Pressewesens, der Missionen usw. Das Phänomen, das mit der mehr oder weniger raschen Entwicklung der im Verlauf der ersten Jahrhunderthälfte gegründeten ähnlichen Kongregationen zusammenhing, war allgemein und erstreckte sich auf alle Länder. Besonders erwähnt seien die Priesterkongregationen, die sich zumeist von den ziemlich geschmeidigen, aus der Zeit vom 16. bis 17. Jh. übernommenen Formen leiten ließen, die eine vielgestaltige Aktion begünstigten; die Brüder-Institute, die in einer Zeit, in welcher der den Zugang zum Priestertum eröffnende Besuch der Gymnasien noch ein Privileg war, einen starken Zustrom erlebten; und vor allem unzählige Schwestern-Kongregationen, von denen sich viele unter den Schutz der hl. Jungfrau stellten (Société des Filles du Cœur de Marie, Filles du Cœur Immaculé de Marie, Filles de Marie Immaculée; Kleine Schwestern von der Himmelfahrt, Oblatinnen der Himmelfahrt, Betende Schwestern von der Himmelfahrt usw.).

Rom bemühte sich, diese Bewegung zu kanalisieren und bremste die Vermehrung winziger Kongregationen, die mitunter den Eindruck einer „kirchlichen Anarchie" (Reisach) erwecken konnten, andererseits freilich dem Interesse vieler Priester und im Dienste der Caritas stehenden Frauen entsprachen, weil sie den vielfältigen Bedürfnissen auf örtlicher Ebene gerecht werden konnten. Die Congregatio Episcoporum et Regularium fuhr fort, vor allem die Kongregationen zu ermutigen, die unter einer Generaloberin eine bestimmte Anzahl von Gemeinschaften über die Diözesan- und sogar über die Landesgrenzen hinaus zusammenfaßten; sie mußte jedoch auch den Unterschieden in Sprache und Bräuchen oder etwa dem Einwand Rechnung tragen, daß auf diese Weise zu lange Reisen der Kongregationsangehörigen nötig würden, ganz zu schweigen davon, daß man in manchen Ländern, wie etwa in Österreich, Anstoß an der Unterstellung unter einen ausländischen Oberen nahm. Mgr. Bizzarri wußte, wie außerordentlich verschieden die jeweiligen Intentionen und lokalen Verhältnisse waren, und war klug genug, keine Einheits-Konstitutionen vorzuschreiben. So ließ er, vor allem bis 1860, jeder Kongregation die Freiheit, ihre eigenen Statuten auszuarbeiten, und begnügte sich damit, sie zu kontrollieren und eventuell Änderungen anzuregen. 1862 veröffentlichte er dann eine „Methodus quae a S. Congregatione Episcoporum et Regularium servatur in approbandis novis institutis votorum simplicium" [14], die zwar noch keine Gesetzeskraft hatte, aber doch den Versuch machte, einige gemeinsame Normen herauszuschälen. So wurde nach und nach unter dem Druck der Ereignisse ein neues Recht der Kongregationsangehörigen erarbeitet, das allerdings erst viel später kodifiziert wurde, da das Vatikanische Konzil, das sich damit

[14] Collectanea in usum Secretariae S. Congr. Episc. et Reg. 828—866. Vgl. *F. Callahan*, The Centralization of Government in Pontifical Institutes of Women (Rom 1948) 43—68.

befassen sollte, keine Zeit hatte, die 18 zu diesem Zweck vorbereiteten Dekrete durchzuarbeiten.

Während man sich so in Rom geschmeidig zeigte, hielten es leider viele Kongregationen für ihre Pflicht, die minuziösen Reglementierungen in ihren Ordnungen zu vervielfachen. Diese stammten zwar meistens aus der Zeit starker religiöser Inspiration, aber sie gaben leicht der Regel den Vorrang vor dem Evangelium — eine Folge der allgemeinen Tendenz der damaligen Spiritualität, die mangels solider Lehrgrundlagen oft zu Rezepten degenerierte. Die weibliche Erziehung, wie man sie damals verstand, verstärkte solche Neigungen noch. Aber sehr viele Menschen, die vom christlichen Glauben ergriffen waren, nahmen solche völlig überflüssigen Halseisen ohne Murren auf sich, um sich den vielerlei Bedürfnissen des täglichen Lebens der Kirche widmen zu können. Damit legten sie ein großartiges Zeugnis für eine hohe Gesinnung ab, die auch noch dieses bürgerliche und materialistische Jahrhundert in seinen Tiefenschichten beseelte.

Der Diözesanklerus und seine pastorale Aktivität

LITERATUR: Siehe Kap. 23, S. 427 f. Ferner: *Aubert,* Pie IX 451—456; *Chr. Marcilhacy,* Le diocèse d'Orléans sous l'épiscopat de Mgr. Dupanloup (Paris 1962) bes. 48—191; *P. Broutin,* Pastorale épiscopale au XIXe siècle: RAM 35 (1959) 60—77; *Daniel-Rops,* L'Église des révolutions I (Paris 1960) 882—897; *P. Pierrard,* Le prêtre français (Paris 1969) 101—128; *Baunard* 133—144; *C. Kempf,* Die Heiligkeit der Kirche im 19. Jh. (Einsiedeln 1928) 77—122. In verschiedenen Bischofsbiographien sind Einzelheiten über die Entwicklung der Diözesanorganisation und der pastoralen Praxis enthalten.

Wenn es auch eine Anzahl von Priesterbiographien gibt, so sind doch die soziologischen Studien über den mittleren Klerus der verschiedenen Länder im 19. Jh. noch sehr selten. Dennoch ist es möglich, einige allgemeine Züge herauszustellen. Zweifellos bestanden große Unterschiede zwischen einem französischen Landpfarrer, dem Vikar einer Industriegegend im Rheinland oder in Wallonien, einem Pfründenbesitzer in Österreich-Ungarn, einem spanischen Dechanten, einem sizilianischen Priester und einem Emigrantenpfarrer in den Vereinigten Staaten. Dennoch schälte sich im Lauf der Jahre aus den Unterschieden, die sich aus den nationalen Überlieferungen und dem verschiedenen Lebensmilieu ergaben, der klassische Typus des katholischen Seelsorgers in der zweiten Hälfte des 19. Jh. immer deutlicher heraus. Der mondäne Priester, der den Schöngeist in den Salons spielt, der Gelehrte, dem seine Pfründe genügend Zeit für seine Studien beschert, der Landgeistliche mit den lockeren Sitten, den nur noch sein Gewand von der Masse seiner Pfarrkinder zu unterscheiden scheint, sie alle sind nach 1850, vor allem in Westeuropa, immer seltenere Ausnahmefälle. Die deutliche Anhebung des spirituellen Niveaus im Klerus ist einer der charakteristischsten Aspekte der Kirchengeschichte im Verlauf des Pontifikats Pius' IX., dem an dieser Entwicklung sehr viel lag, so daß er auf dieses Thema in seinen Enzykliken und seinen Ansprachen und in noch höherem Maße in seiner Privatkorrespondenz immer wieder zurückkam.

Diese Entwicklung des Klerus war das Ergebnis einer in den Seminaren erhaltenen Ausbildung, der sich von nun an die meisten Anwärter auf das Priesteramt, häufig von der Kindheit an, unterziehen mußten, einem Wachstum im Treibhaus freilich, das in intellektueller Hinsicht ziemlich mangelhaft war (nur ein Teil deutscher und österreichischer Priester durchlief noch die Universitäten), aber von einem hohen spirituellen und pastoralen Ideal genährt wurde. Es war von den „Messieurs de St-Sulpice" formuliert worden, die direkt oder indirekt in ganz Europa und bis nach Amerika als Vorbild dienten. Diese Entwicklung war auch das Ergebnis der systematischen Bemühungen zahlreicher Bischöfe, die von einem sehr hohen Amtsideal beseelt waren. Verfaßte auch nur Manning ein Buch wie „The Eternal Priesthood", so schrieben doch viele von ihnen in den revidierten Diözesanstatuten oder auf den Provinzialsynoden vielfache Frömmigkeitsübungen vor, empfahlen sie die wöchentliche Beichte und machten die Abhaltung periodischer Einkehrtage, eventuell monatliche Rekollektionen[15], zur Regel. Diese bischöflichen Ziele entsprachen übrigens den spontanen Bestrebungen einer ständig wachsenden Zahl von Priestern, die sich zur Förderung ihrer Bemühungen zu Priestergemeinschaften zusammenschlossen. Einige von ihnen brachten es rasch zu internationaler Ausstrahlung, so die „Union apostolique des prêtres séculiers", die 1862 von einem Domherrn von Orléans, V. Lebeurier, gegründet wurde, oder die 1868 in Wien von R. Koller gegründete „Associatio perseverantiae sacerdotalis"[16]. Hinzu kam, daß die Ordensgeistlichen einen zunehmend stärkeren Einfluß auf den Weltklerus ausübten, der in immer engere Fühlung mit ihnen kam und in ihren Publikationen seine geistliche Lektüre fand. So trug der Ordensklerus dazu bei, beim Diözesanpriester das ihm im Seminar eingeprägte Streben, sich von der Welt zu isolieren, noch zu verstärken, selbst auf die Gefahr hin, die Fühlung mit der Gesellschaft zu verlieren, in der er sein Apostolat auszuüben hatte.

Dies war die „Kehrseite der Medaille", die in den deutschsprachigen Ländern jedoch weniger stark in Erscheinung trat als in den lateinischen, in denen die allgemein werdende Sitte, die Soutane zu tragen[17], dieses Phänomen noch unterstrich. So kann man sich auf dem Gebiet der Pastoral wie auch noch auf anderen Gebieten fragen, ob die kirchliche Politik, die in einem großen Teil der Kirche mit den mehr oder weniger ausdrücklichen Er-

[15] DSAM IV 1937—40. Die im Jahre 1865 im Hinblick auf das Programm des Vatikanischen Konzils konsultierten 36 Bischöfe wünschten übereinstimmend, den Klerus zu verpflichten, alle zwei oder zumindest alle drei Jahre eine Einkehr abzuhalten.

[16] Vgl. *F. Beringer,* Die Ablässe II (Paderborn [15]1921) 367—369.

[17] Vgl. *R. Rouquette,* Une centenaire, la soutane: Études 314 (1962) 32—48, bes. 44—47.

mutigungen Pius' IX. verfolgt wurde, nicht eine ambivalente Erscheinung war: ihren unbestreitbar positiven Ergebnissen, insbesondere in der Hebung der spirituellen Qualität des Klerus und einem besseren Erfassen der „eminenten Würde" der priesterlichen Aufgabe, standen zum Teil negative Konsequenzen gegenüber. P. Martina fragte sich mit Recht, ob die Betonung des Klerikalismus, die sich aus dieser Politik ergab, nicht eine der Teilursachen der Entwicklung des Antiklerikalismus und der Säkularisation des täglichen Lebens wurde [18]. Und ein Geschichtsschreiber, der keinerlei revolutionäre Züge trägt, Daniel-Rops, stellt mit Präzision folgende Frage: „Hat man mit der Reaktion auf die übertriebenen Freiheiten der Krisenzeit, aus Sorge um die Disziplin, die Priester nicht zu sehr darauf vorbereitet, in einer abgeschlossenen Welt, in einer Welt ohne Fenster auf das wirkliche Leben der Menschen, zu leben?" Während der langen Jahre der Ausbildung im „Treibhaus" — häufig, außer in Deutschland und in Österreich, vom 13. Lebensjahr an — hatten die Lehrer dem künftigen Priester eingeschärft, er müsse ein Mann des Gebets und eines zurückgezogenen Opferlebens werden, und versucht, ihn zu befähigen, vor allem korrekt die Messe zu zelebrieren und die Gewissensprobleme seiner Pfarrkinder zu lösen. So war es nicht erstaunlich, daß der Priester seine Aktivität häufig auf die „geste sacramentel" konzentrierte und sich prinzipiell von allem ausschloß, was mehr oder weniger nicht seiner Autorität unterstand und zu Mißbräuchen führen könnte. Wenn er sich besonders von Volksfesten fernhielt, machte er sich nicht genügend klar, daß seine Unterscheidung zwischen dem, was er für den guten Samen und was er für das Unkraut hielt, „möglicherweise im Grunde nur eine Scheidungslinie zwischen verschiedenen kulturellen Ebenen darstellte, der ‚bürgerlichen' und städtischen Kultur des Pfarrers und der Kultur breiterer Volksschichten" [19].

Man darf jedoch nicht zu sehr verallgemeinern. Zweifellos bestätigten sehr viele Priester auf dem Lande und in vielen kleinen Städten — und nicht nur in Frankreich — die berühmte Definition Taines: „Treue Schildwache in ihrem Schilderhaus, die auf das Losungswort hört und korrekt einsame und eintönige Wache hält." Ihre Betätigung bestand im wesentlichen darin, die Messe zu zelebrieren — die Woche über vor ein paar Frauen —, sonntags zu predigen, den Kindern den Katechismus zu erklären, einige Beichten zu hören, den Sterbenden die Letzte Ölung zu spenden. Auch der heroische Eifer des Pfarrers von Ars († 3. 8. 1859) lag alles in allem im wesentlichen auf dieser Linie. Aber diese allgemeinen Gesichtspunkte

[18] RRosm 62 (1968) 409.

[19] *D. Julia - W. Frijhoff:* Concilium 5 (1969) 560. In vielen Gegenden rekrutierte sich der Klerus, im Gegensatz zu einer verbreiteten Meinung, vor allem aus den kleinen Städten. Und wenn der Anteil des Landes sich im weiteren Verlauf des Jahrhunderts vermehrte, so wurden die jungen Geistlichen in kultureller Hinsicht von ihrem langen Seminaraufenthalt nachhaltig beeinflußt.

müssen zunächst einmal den verschiedenen Ländern entsprechend stark nuanciert werden. Ein Dorfpfarrer in Mittel- oder Süditalien war viel enger — mitunter sogar allzusehr — in das tägliche Leben seiner Pfarrkinder einbezogen als ein französischer Pfarrer. Und in England und Irland waren die Pfarrer in den Arbeitervierteln nicht nur die geistlichen Väter ihrer Gemeinde, sondern auch ihre Ratgeber auf weltlichem Gebiet, mitunter sogar die *leader* ihrer Forderungen an die staatlichen Behörden. Andererseits tauchte selbst in jenen Ländern, in denen die Beschränkung des Klerus auf seine rein kirchlichen Funktionen am stärksten ausgebildet war, in zunehmendem Maße, vor allem in den Großstädten, eine Art von Askese der Aktion auf, welche den Klerus zu mehr auf Eroberung bedachten Formen des Apostolats antrieb. Gründer religiöser Kongregationen wie Pater d'Alzon oder Don Bosco wiesen ihrer Schüler deutlich in diese Richtung; doch diese Orientierung beschränkte sich nicht auf solche Ordensgeistliche. Dupanloup ermahnte sogar in seiner ländlichen Diözese seine Pfarrer, sich nicht damit zu begnügen, auf ihre Gläubigen in ihrer Kirche zu warten, sondern Hausbesuche zu machen, um die Gleichgültigen aufzuwecken; er versuchte, ihren Eifer anzuspornen, indem er die Sozialenquêten einführte, für die er einer ihrer Vorläufer[20] ist, jedoch nicht der einzige, wie man manchmal annahm. Obwohl der Schwerpunkt des Priesteramts weiterhin bei der Pfarrei lag, entwickelte sich neben den Pfarrern und Vikaren ein neuer Typ des Priesters: der Leiter sozial-religiöser Organisationen. Gewiß, man war noch nicht beim Beginn des „Spezial-Apostolates", wie man dann im 20. Jh. sagt, angelangt; doch begannen manche Priester, die Apostolatsmethoden den verschiedenen Gruppen anzupassen, die zu betreuen waren: den Handwerkern, den Kranken, den Frauen, den Kindern usw. Das Phänomen war schon so weit Allgemeingut geworden, daß man begann, die Erfahrung auf diesem Gebiet schriftlich zu fixieren, wie die Veröffentlichung eines Werkes wie die „Méthode de direction des œuvres de jeunesse" (1858) des Abbé Timon-David zeigt. Überraschend war das Phänomen vor allem in Deutschland, wo seit 1848 das Aufblühen der verschiedenen „Vereine" festzustellen war. Allerdings war bei ihnen der Anteil der Laien recht beträchtlich, doch viele Priester interessierten sich sehr stark für sie und sahen in ihnen ein den Bedürfnissen der neuen Zeit besonders gut angemessenes Mittel des Apostolats.

Diese Bemühungen um eine wirksamere Neuerfassung der Gläubigen hatten allerdings häufig einen großen Fehler: sie waren mehr auf die Verteidigung als auf die Rückgewinnung ausgerichtet und legten so dem „guten Menschen" nahe, sich auf sich selbst zurückzuziehen und nichts zu tun, um den Graben, der sie von den schlechten Christen und Ungläubigen

[20] Zahlreiche Einzelheiten bei *Chr. Marcilhacy*, Le diocèse d'Orléans sous l'épiscopat de Mgr. Dupanloup (Paris 1962).

trennte, zu verkleinern, da diese von vornherein als Menschen ohne Treu und Glauben betrachtet wurden, bei denen jeder Bekehrungsversuch nutzlos sei[21]. Die gleiche Gefahr einer Einsperrung des Katholizismus in eine Art von geistigem Ghetto mit allen sich daraus ergebenden Hemmungen im Apostolat muß auch bei den beträchtlichen Anstrengungen zur Entwicklung des katholischen Unterrichtswesens aufgezeigt werden. Die „Schulfrage" hatte sich bereits unter dem Pontifikat Gregors XVI. in aller Schärfe gestellt. Aber je mehr die Bildung Allgemeingut wurde, desto mehr hielt der Klerus die Erziehung in einem positiv katholischen Geist für eine Notwendigkeit, die alle Opfer rechtfertigt. Während in den deutschsprachigen Ländern eine die Katholiken befriedigende Lösung gefunden und beibehalten werden konnte, veranlaßte der Schwund der christlichen Ausrichtung an den offiziellen Schulen in vielen lateinischen Ländern und ihr protestantischer Charakter in den angelsächsischen Ländern die kirchlichen Autoritäten (mehr oder weniger rasch in den verschiedenen Ländern), neben dem offiziellen Unterrichtswesen und häufig im Wettbewerb mit ihm ein Netz von freien katholischen Schulen aufzubauen, das sich manchmal, wie in Großbritannien, auf Elementarschulen in den Pfarreien beschränkte, mitunter aber auch zahlreiche höhere Schulen, wie in Frankreich, oder sogar eine katholische Universität, wie in Belgien, umfaßte. Diese wiederholt vom Heiligen Stuhl ermutigte Bewegung hatte unbestreitbar positive Ergebnisse, trotz der bereits erwähnten Gefahren. So wies Mme Marcilhacy auf „die Konkordanz zwischen der Einrichtung des konfessionellen Unterrichts und dem Fortschritt der religiösen Praxis" hin, wobei sie bemerkte, daß Ursache und Wirkung einander gegenseitig befruchteten: „Die christlichen Gegenden nahmen die religiösen Lehrkräfte am liebsten auf, und diese verstärkten ihrerseits den Einfluß der Religion auf die Bevölkerung."[22]

Der gewissenhafte Eifer, mit dem sich so viele Priester auf dem dreifachen Gebiet der Pfarrei, der Organisationen und der Schule aufopferten, wurde leider nicht von einer pastoralen Phantasie begleitet, die nötig gewesen wäre, um die klassischen Methoden unter Berücksichtigung der sich ringsum vollziehenden zivilisatorischen Veränderungen neu zu durchdenken. Dieser Mangel an Initiative war angesichts der Probleme, die sich in der Entwicklung der Großstädte stellten, besonders charakteristisch. Während es zu Anfang des 19. Jh. nur 20 Städte mit mehr als 100000 Einwohnern gab, betrug deren Zahl am Ende des Jahrhunderts 149, darunter 19 Großstädte mit mehr als einer halben Million Einwohnern und zusammen 47 Millionen Einwohnern, statt 5 im Jahre 1801. Obwohl immer größere Volksmassen vom Land in die Städte strömten und sich in ihnen zusammenpferchten, errichtete man nur sehr langsam und verspätet neue Pfarreien.

[21] Siehe die treffenden Beobachtungen von *W. Ward*, W. G. Ward and the Catholic Revival (London 1912) 121—123. [22] A. a. O. (Anm. 20) 312.

Selbstverständlich war die Situation nicht überall gleich. In Großbritannien oder in den Vereinigten Staaten, wo der Katholizismus als Folge der irischen Einwanderung ein wesentlich städtisches Gepräge hatte, wurde ernste Arbeit geleistet. Aber in Frankreich, in Italien, in Belgien oder in Katalonien war die beträchtliche Zunahme der Zahl der nur theoretisch als Pfarrkinder anzusprechenden Gläubigen noch kein ausreichender Grund zur Teilung einer Pfarrei. In den letzten Jahren des Jahrhunderts hat man offenbar lediglich die Entfernungen und die Verkehrsschwierigkeiten berücksichtigt, womit man offensichtlich die Landbezirke in der pastoralen Organisation bevorzugte. Und da die kirchlichen Instanzen vor allem darauf bedacht waren, den als unbeschränkbar erachteten Bedürfnissen der ländlichen Gegenden, aus denen die Seminare hinfort einen großen Teil ihrer Schüler bezogen, gerecht zu werden, erhöhten sie auch noch die Zahl der Vikare in den in voller Expansion begriffenen städtischen Pfarreien nur recht spärlich, was die persönlichen Kontakte zwischen dem Priester und seinen Pfarrkindern immer schwieriger gestaltete. Schließlich legten sich angesichts der Fortschritte der städtischen Dechristianisierung, die man auf die Dauer nicht mehr übersehen konnte, nur sehr wenige Verantwortliche Rechenschaft darüber ab, daß es mehr noch als um die Vermehrung der Kultstätten und des Personals der Pfarreien vor allem darum ging, neue Apostolatsmethoden zu entdecken und auszuarbeiten, die es ermöglichten, die entwurzelten Proletariermassen wieder in wirksamen Kontakt mit der Kirche zu bringen.

War der Klerus auf diesem Gebiet auch weit im Rückstand, so hatte er erfreulicherweise wenigstens ziemlich rasch versucht, die periodische Presse in den Dienst seines Apostolats zu stellen. Schon im Verlauf des zweiten Jahrhundertviertels hatte er dazu ermutigt, entsprechende Zeitschriften für das gebildete Publikum herauszugeben, und sich hieran teilweise sogar aktiv beteiligt[23]. Nun kam es zur Ausbreitung einer neueren, volkstümlicheren Art von Zeitschriften, der Kirchenblattpresse, in der man zugleich den Stundenplan der Gottesdienste in den verschiedenen Pfarreien eines Bezirks und eine Chronik der katholischen Vereine fand. Diese Art von Presseerzeugnissen gab es in Deutschland schon seit den vierziger Jahren, und sie führte mitunter zur Herausgabe bestimmter katholischer Wochenzeitschriften von allgemeinerem Interesse[24]. Sie tauchten in Frankreich seit 1850 und vor allem seit 1862 auf (57 „Semaines religieuses“ in 20 Jahren)[25]. In Belgien erschien die erste „Semaine religieuse“ in Tournai im

[23] Siehe S. 473—476.

[24] Vgl. *R. Pesch,* Die kirchlich-politische Presse der Katholiken in der Rheinprovinz vor 1848 (Mainz 1966); *ders.,* Das „Süddeutsche Katholische Kirchenblatt“ 1841/45, ein „klassisches“ Beispiel für die Übergangssituation der katholischen Kirchenblattpresse vor 1848 in Deutschland: FreibDiözArch 86 (1966) 466—489.

[25] Vgl. *E. Poulat,* Les „Semaines religieuses“. Approche historique et bibliographique (Paris 1958); *A. Boyer-Mas,* Centenaire de la „Semaine religieuse de Carcassonne“. Un siècle de vie diocésaine de l'Église 1868/1968 (Carcassonne 1968).

Jahre 1866, und sechs weitere kamen in den nächsten 15 Jahren hinzu. In der gleichen Zeit erschienen auch die ersten, speziell für den Klerus bestimmten Zeitschriften, so die „Theologisch-praktische Quartalschrift" in Österreich im Jahre 1848, die „Mélanges théologiques" (die sich vor allem mit praktischen Fragen des kanonischen Rechts befaßten) in Belgien im Jahre 1847[26] oder der „Irish Ecclesiastical Record" im Jahre 1865. Alle diese Initiativen legten Zeugnis für einen recht lebendigen Klerus ab, der seine Verantwortung immer ernster nahm.

36. Kapitel

Entwicklung der Frömmigkeitsformen

LITERATUR: *K. Kempf*, Die Heiligkeit der Kirche im 19. Jh. (Einsiedeln 1928); *M. Nédoncelle*, Les leçons spirituelles du XIXe s. (Paris 1936); *J. Friedrich*, Geschichte des Vaticanischen Concils I (Nördlingen 1877) Kap. 15 (tendenziös); *Aubert*, Pie IX 461—476 563; *Baunard* 197—244 486—508; *Daniel-Rops* I 921—955; *H. Pourrat*, Histoire de la spiritualité IV (Paris 1930) 505—658; *J. de Guibert*, La spiritualité de la Compagnie de Jésus (Rom 1953) 459—522; *R. Chapman*, Father Faber (London 1961).

Über die *eucharistische Frömmigkeit:* DSAM III 1282—85, IV 1614—53 (Lit. 1635—37); *M. de Hédouville*, Mgr de Ségur (Paris 1957); *J. Vaudon*, L'œuvre des congrès eucharistiques, ses débuts (Paris 1910); *L. de Paladini*, Die eucharistischen Kongresse. Ursprung und Geschichte (Paderborn 1912).

Über die *Herz-Jesu-Verehrung: A. Hamon*, Histoire de la dévotion au Sacré-Cœur IV (Paris 1931); *ders.:* DSAM II 1037—42; Cor Jesu II Pars historica et pastoralis, hrsg. von *A. Bea* u. a. (Rom 1959; Lit. 633—638), bes. *H. Holstein* (291—340), *E. Bergh* (457—498) und *R. Tucci* (538—571); *F. Degli Esposti*, La teologia del S. Cuore di Gesù (Rom 1967) 11—18 (Lit.).

Über die *Marienfrömmigkeit:* Maria. Études sur la Sainte Vierge, hrsg. von *H. du Manoir*, 7 Bde (Paris 1949/64), bes. III (1954); *B. Saint-John*, The Blessed Virgin in the XIXth Century: apparitions, revelations, graces (London 1903); *B. Metzler*, Die Marien-Maiandacht in ihrer historischen Entwicklung und Ausbreitung: Der Katholik 1909 I 100—125 177—188 262—282.

Über die Anfänge der *liturgischen Bewegung:* außer der Biographie Guérangers (S. 425 Anm. 17) siehe: *P. W. Trapp*, Vorgeschichte und Ursprung der liturgischen Bewegung (Regensburg 1940); *O. Rousseau*, Histoire du Mouvement liturgique (Paris 1945) 1—185; *ders.*, L'œuvre liturgique de Mgr Van Caloen: QLP 17 (Löwen 1932) 79—91; Maurus Wolter, dem Gründer Beurons (Beuron 1945) 93—109.

Das zweite Drittel des 19. Jh. brachte auf dem Gebiet der Frömmigkeit wie auf so vielen anderen Gebieten eine tiefgreifende und dauerhafte Wende, vor allem nördlich der Alpen. Von der strengen und wenig warmherzigen Frömmigkeit, die die Anhänger Sailers in Deutschland, die ehemaligen Schüler des Seminars von Ushaw in England, die „Messieurs de St-Sulpice" in

[26] Die „Mélanges théologiques" wurden 1869 zur „Nouvelle revue théologique" (vgl. NRTh 56 [1929] 785—799).

Frankreich oder die geistigen Erben der Jansenisten der Synode von Pistoia in Italien predigten, kam man in ein oder zwei Jahrzehnten zu einer Religiosität, die mehr gefühlsbetont, weniger rigoristisch war und einen häufigeren Empfang der Sakramente und auch mehr äußere Frömmigkeitsübungen betonte. Von nun an richtete sich die Frömmigkeit mehr und mehr auf den barmherzigen Christus aus, der auf sein Herz weist, „das die Menschen so sehr geliebt hat", auf Jesus, „den Gefangenen der Liebe im Tabernakel", auf Maria unter den anschaulicheren Zügen der „Notre-Dame de Lourdes", auf eine Reihe volkstümlicher Heiliger wie Sankt Antonius und Sankt Joseph, den Pius IX. im Jahr 1870 zum Patron der ganzen Kirche proklamierte. Auch die Wallfahrten, die im 18. Jh. viel von ihrer Bedeutung verloren hatten, erhielten neue Zugkraft. Man pilgerte in Deutschland nach Mariazell und Altötting; in der Schweiz nach Einsiedeln; in Frankreich nach Chartres, Vézelay, nach La Sainte-Baume, nach Rocamadour (und später nach La Salette, nach Lourdes und Ars); in Spanien nach Compostela, zum Montserrat und zu „Nuestra Señora del Pilar"; in Italien nach Assisi, Loreto, zum Monte Gargano.

Verschiedene Faktoren wirkten bei dieser Umwandlung mit, angefangen bei der romantischen Begeisterung für alles, was an das Mittelalter erinnerte: Marienfrömmigkeit, Heiligenkult, Reliquienverehrung, Prozessionen, Wallfahrten und andere öffentliche Bekundungen des Glaubens. Eine große Rolle spielten aber auch wohlbedachte Einwirkungen: der Einfluß Pius' IX. selbst, der die neue Beliebtheit der Ablässe sehr stark förderte und die Gelegenheiten zum Gewinn der Jubelablässe vervielfachte[1]; der Einfluß der Priester römischer Schulung, wie des englischen Oratorianers Frederick William Faber (1814—63) oder des französischen Prälaten Gaston de Ségur (1820—81), die in vielen, sehr erfolgreichen Werken der breiten Öffentlichkeit zugänglich machten, was sie an der Volksfrömmigkeit in Italien entzückt hatte; der Einfluß jener, welche die ganz vom Vertrauen in die göttliche Vorsehung und empfindsamer Liebe zur Heiligen Jungfrau und zur Eucharistie durchdrungenen Werke des heiligen Alfons Maria von Liguori verbreiteten; vor allem und in erster Linie aber die Einwirkung der Jesuiten mit ihrer optimistischen und antijansenistischen Theologie, deren Einfluß sich dadurch vervielfacht hatte, daß sie die Hauptprediger der Einkehrtage für Weltpriester und Ordensleute geworden waren[2]. Daß die Frömmigkeit

[1] Jubelablässe gab es nicht nur während der beiden „Heiligen Jahre" von 1850 und 1875, sondern auch bei der Erhebung Pius' IX. auf den Stuhl Petri (1846), anläßlich der Verkündigung der Unbefleckten Empfängnis" (1854), nach der Reise des Papstes durch den Kirchenstaat (1857), zur Zehnjahresfeier der Definition der „Unbefleckten Empfängnis" (1864), zu seinem Priesterjubiläum (1869) und anläßlich der 25-Jahr-Feier seines Pontifikats (1871).

[2] Ein Beispiel: der Exerzitienmeister Pierre Chaignon (1791—1883) leitete in Frankreich mehr als 300 Einkehrtage für Priester. Er war auch der Verfasser eines „Nouveau cours de méditations sacerdotales" (1857) in 5 Bänden (vgl. DSAM II 438—439).

des 19. Jh. mehr und mehr individualistisch wurde, verdankte sie zum Teil den Jesuiten. Aber sie trugen auch viel zur Verbreitung der Herz-Jesu-Verehrung, zur Neigung zu geschlossenen Einkehrzeiten und zur Übung des stillen Gebets nach der von P. Roothaan interpretierten ignatianischen Methode[3] bei.

Diese Neuausrichtung der Frömmigkeit, die die Anhänger der alten Bräuche als eine der Hauptmissetaten des Ultramontanismus brandmarkten[4], hatte natürlich auch ihre Kehrseite und Fehler: sie war häufig abgeschmackt und kindisch in ihrem Ausdruck, wie viele allzu einfältigen Kirchenlieder[5] und eine ganze Erbauungsliteratur bezeugen, bei der die gute Absicht Mittelmäßigkeit und schlechten Geschmack nicht ausschloß. Sie räumte dem Wunderbaren, den Prophezeiungen, den Berichten über Stigmatisationen, den sog. Offenbarungen der Anna Katharina Emmerick[6] übermäßig großen Raum ein. Und gerade in der Zeit, in der sich die deutschen, nach den Methoden der Universität geschulten Historiker daranmachten, die Kirchengeschichte auf der Grundlage streng authentischer Dokumente neu zu schreiben, bevorzugte die Erbauungsliteratur fromme Autoren, die sich nach dem Prinzip, daß man jede Art von Überlieferung hinzunehmen hat, wenn sie nur die Frömmigkeit fördert, zu glühenden Verteidigern der unwahrscheinlichsten Heiligenlegenden machten, mit denen die Bollandisten und die Mauriner schon ein Jahrhundert vorher aufgeräumt hatten. Der Nachdruck, mit dem die besonderen Frömmigkeitsübungen betrieben wurden, engte den Gesichtskreis zahlreicher Gläubigen, die den Kontakt mit der Bibel und der Liturgie bereits verloren hatten, weiter ein. Andererseits muß anerkannt werden, daß die jetzt erlebte Entwicklung, wenn auch unter ungeschickten Formen, die gesunde Reaktion des christlichen Empfindens gegen das an den Deismus grenzende, entkräftete Christentum zum Ausdruck brachte, dem sich im Verlauf des vorigen Jahrhunderts zahlreiche Kreise zugewandt hatten. Das Drängen auf die regelmäßige Beichte und die Ermahnungen zu häufigeren Kommunionen lenkten die Aufmerksamkeit wieder auf den wesentlich sakramentalen Charakter des katholischen Lebens. Vor allem wurde jedoch durch die Orientierung der neuen Frömmigkeit auf die weih-

[3] Vgl. *J. de Guibert* a. a. O. 464—467.

[4] Ein besonders aggressives Beispiel: *E. Michaud,* L'esprit et la lettre de la piété (Paris 1869). „Dies ist der Schandfleck des gegenwärtigen Pharisäismus auf dem Gebiet der Frömmigkeit", schrieb er an Döllinger (ZSKG 58 [1964] 313).

[5] Vgl. *C. Rozier,* Histoire de 10 cantiques (Paris 1966).

[6] Sie wurden von dem Dichter Clemens Brentano, seit 1833, dann von dem Redemptoristen K. E. Schmöger (3 Bde, Regensburg 1858/60) veröffentlicht; sofort in verschiedene Sprachen übersetzt, hatten sie großen Erfolg. Bezüglich der Frage, in welchem Umfang Brentano die Notizen, die er am Bett der Stigmatisierten gemacht hat, unter Heranziehung älterer Schriften (unter anderem von Martin von Cochem) und freiem Lauf der Phantasie interpoliert hat, sind die Historiker geteilter Meinung. Die jüngeren Historiker sind weniger streng als W. Hümpfner. Vgl. DHGE XV 432—433.

nächtliche Krippe[7], auf das Kreuz, auf das Herz Jesu, auf die Eucharistie die zentrale Wirklichkeit des Christentums wieder ins volle Licht gerückt: Christus als wahrer Gott und wahrer Mensch, Inkarnation der Liebe Gottes, der jeden Menschen aufruft, ihn seinerseits zu lieben.

In der *eucharistischen Frömmigkeit* hatte man noch kein Gespür für den die ganze Gemeinschaft umfassenden Aspekt des liturgischen Lebens; vielmehr fesselte die Kommunion als Quell besonderer Gnaden und die Realpräsenz als Objekt der Anbetung die ganze Aufmerksamkeit. Die Reaktion gegen die jansenistische Strenge bezüglich der Kommunion verstärkte sich von der Jahrhundertmitte an mehr und mehr. Mgr. de Ségur wurde in Frankreich der glühende und unermüdliche Herold der häufigen Kommunion. Sein Buch „La très sainte communion" (1860), in dem er der Masse der Gläubigen zur wöchentlichen Kommunion riet und die Kommunion ziemlich leicht auch jeden zweiten Tag, ja sogar täglich zuließ, löste beim alten Klerus ganze Stürme aus, wurde in Frankreich jedoch in 180000 Exemplaren verbreitet, ins Deutsche, in Englische, ins Spanische, ins Portugiesische, ins Flämische übersetzt und in einem päpstlichen Breve (29. 9. 1860) gelobt. Die Ermutigungen hierzu kamen jedoch hauptsächlich aus Italien. Frassinetti verteidigte in „Il convito del divino amore" (1868) die häufige Kommunion im Namen des christlichen Altertums, und Don Bosco erklärte sich darüber hinaus zum Anhänger der Frühkommunion, die in Süditalien schon lange gang und gäbe war. Schon 1851 korrigierte die Konzilskongregation ein Kapitel der Provinzialsynode von Rouen, in dem untersagt worden war, die Kinder vor Erreichung des 13. Lebensjahrs zur Kommunion zuzulassen. Und 1866 verurteilte ein Brief des Kardinals Antonelli an die französischen Bischöfe scharf den Brauch, die Erstkommunion auf ein späteres, genau festgelegtes Alter zu verschieben.

Gleichfalls aus Italien kamen die verschiedenen Formen der Anbetung des Altarsakraments, die sich im Verlauf der zweiten Hälfte des 19. Jh. sehr stark ausbreitete und das ureigene Anliegen verschiedener, in dieser Zeit gegründeter religiöser Kongregationen wurde. Die von Pius IX. im Jahre 1851 offiziell empfohlene „Ewige Anbetung" wurde in England von den beiden Konvertiten Faber und Dalgairns propagiert, in Kanada von Mgr. Bourget eingeführt und drang in der Dekade von 1850 bis 1860 in die Vereinigten Staaten vor; in Frankreich, wo sie in zwei Diözesen schon bestand, als Pius IX. den Stuhl Petri bestieg, wurde sie zwischen 1849 und 1860 von 20 Diözesen und in den nächsten 15 Jahren von 37 weiteren Diözesen übernommen. Den römischen Brauch der nächtlichen Anbetung führte der Karmelit Hermann Cohen, ein jüdischer Konvertit, berühmter Prediger und talentierter Musiker, der zahlreiche ergreifende Melodien zu Ehren der Eucharistie komponierte, in Deutschland und dann 1848 mit Hilfe des

[7] Über die Kindheit-Jesu-Verehrung im 19. Jh.: DSAM IV 679—680.

Abbé de La Bouillerie in Frankreich ein, wo diese Sitte 30 Jahre später in 20 Diözesen Eingang gefunden hatte und im Norden dank der Bemühungen von Philibert Vrau zu besonderer Blüte kam.

Bei der Anbetung des Altarsakraments war der Akzent seit langem auf die Sühne der von Jesus Christus erlittenen Schmach gelegt worden. In Frankreich erhielt die Idee eine neue Nuance: nicht mehr lediglich die Verfehlungen der einzelnen Sünder, sondern vor allem die Haltung der Staatsgewalt, die die Gesellschaft dem Laizismus ausliefert, sollte gesühnt werden. In dieser Sicht keimte, ebenfalls in Frankreich, am Ende des Pontifikats Pius' IX., der Gedanke der internationalen „Eucharistischen Kongresse“ mit dem Ziel, einerseits den gleichgültigen Massen die eucharistische Präsenz durch das Schauspiel grandioser Kundgebungen näherzubringen, andererseits den durch die antiklerikale Politik eingeschüchterten Katholiken das Bewußtsein ihrer Zahl und ihrer Stärke zu vermitteln. Die Anregung hierzu ging von der frommen Laienchristin E. Tamisier aus, die von Mgr. de Ségur und zwei Bischöfen aus den Nachbarländern, Mgr. Mermillod (Fribourg) und Mgr. Doutreloux (Lüttich), ermutigt wurde. Der ursprüngliche Gedanke bestand darin, unter Ausnutzung des neuen Aufschwungs der Wallfahrten ausgesprochene Sühnewallfahrten zu den Hauptstätten, die eines eucharistischen Wunders gewürdigt worden waren, zu veranstalten. Verschiedene Versuche wurden zwischen 1874 und 1877 auf lokaler Ebene durchgeführt und machten dann, durch Predigten und Broschüren kommentiert, das katholische Publikum nach und nach mit diesen Massenkundgebungen neuer Art vertraut. Sehr bald kam E. Tamisier jedoch auf den Gedanken, mit diesen Veranstaltungen Studientagungen zu verbinden (erstmals in Avignon im Juli 1876), um aus ihnen echte Kongresse zu machen, die internationales Gehör finden sollten. Diese Form wurde dann erstmals 1881 in Lille verwirklicht.

Die Anbetung des Altarsakraments rückte einen der Frömmigkeit des 19. Jh. besonders wichtigen Aspekt ins Licht: sie fühlte sich mehr zur Vereinigung mit dem leidenden Christus als zu den glorreichen Geheimnissen der Osterbotschaft hingezogen. In der sich ausbreitenden *Herz-Jesu-Verehrung* konnten verschiedene Momente dieser Frömmigkeitsrichtung angesprochen werden: schmerzerfülltes Mitleid angesichts des erbamungswürdigen Opfers von Golgotha, wie es das Mittelalter empfunden hatte; Ausgleich für den Verrat und die schweren Beleidigungen der Sünder im Geist der Liebe und der Sühne, gemäß der Botschaft von Marguerite-Marie-Alacoque; schließlich das apostolische Anliegen, das, „was am Leiden Christi noch fehlt, zu ergänzen“, und zwar dadurch, daß man in seiner Nachfolge die Sünden der Menschen und die Sündenfolgen auf sich nimmt — ein paradoxer Aspekt in diesem bürgerlichen, individualistischen und positivistischen Jahrhundert. Diese sühnende und apostolische Seelenglut hatte leider meist nur eine schwache theologische Grundlage, die der Lehre des Corpus Christi mysticum zuwenig Rechnung trug und mehr sentimentaler Art war; in Frankreich kamen auch noch politische Implikationen hinzu[8]. Die Volksmissionen der Restaurationszeit hatten dazu beigetragen, die Herz-Jesu-Verehrung, die bis dahin auf einige Elitekreise beschränkt war, auch in den Pfarreien zu verbreiten. In Frankreich bildete die Gründung von „Herz-Jesu-Vereinigungen", zu der häufig die Bischöfe anregten, oft den regulären Abschluß oder die Weiterführung einer Volksmission. Dazu kam, daß auch viele in dieser Zeit gegründete religiöse Kongregationen die Herz-Jesu-Verehrung betonten[9]. Aber vor allem seit dem Pontifikat Pius' IX. verdiente das 19. Jh. den von Mgr. d'Hulst vorgeschlagenen Namen des „Jahrhunderts des Heiligsten Herzens". Aktiv von den Jesuiten verbreitet, wurde die Herz-Jesu-Verehrung von den Gläubigen begeistert aufgegriffen. Sie sahen im realistischen Mystizismus dieser Verehrung das beste Mittel, gegen die rationalistischen und genußsüchtigen Tendenzen der Zeit zu protestieren. Nach 1870 kam in Frankreich ein neues Element hinzu: das Bestreben, die sühnende Verehrung des Herzens Jesu mit dem Gedanken an den „Gefangenen des Vatikans" und dem Gedenken an die nationale Niederlage zu verbinden. Dieser zweideutige Aspekt gab den grandiosen Kundgebungen von Paray-le-Monial und dann (seit 1876) von Montmartre, wo die Sacré-Cœur-Kirche schon im ersten Jahr drei Kardinäle, 26 Bischöfe und 140760 Pilger vorbeiziehen sah[10], eine besondere — und häufig unangenehme — Färbung.

Wenn auch die Bewegung, die die Massen zur Herz-Jesu-Verehrung trieb, vor allem affektiver Natur war, so begannen doch einige Theologen — im Gefolge Perrones als wahrscheinlich erstem —, die Idee der Herz-Jesu-Frömmigkeit in der Lehre vom „Mensch gewordenen Wort" einzuordnen,

[8] Die Legitimisten, deren Einfluß im katholischen Leben sehr groß war, vergaßen nicht, daß sich Ludwig XVI. während seiner Gefangenschaft im Temple verpflichtet hatte, Frankreich dem Heiligsten Herzen zu weihen, und daß sich die Leute aus der Vendée mit dem auf ihre Brust genähten göttlichen Emblem geschlagen hatten. Und die päpstlichen Zuaven setzten es auf ihre Fahnen. Alles in allem trug jedoch der rein christliche Elan bei dieser Verehrung, die immer volkstümlicher wurde, den Sieg über die monarchistischen Tendenzen davon.

[9] Vgl. *E. Bergh,* La vie religieuse au service du Sacré-Cœur: Cor Jesu II 457—498. Zwei speziell dem Heiligsten Herzen geweihte Kongregationen wurden 1800 gegründet, so die Congregatio Sacrorum Cordium Jesu et Mariae (Picpus-Gesellschaft) und die Gesellschaft der Ordensfrauen vom Heiligen Herzen Jesu von Madeleine Barat. Zwischen 1815 und 1846 werden gezählt: eine Priesterkongregation, eine Bruder- und 15 Schwesternkongregationen für Frankreich, zwei Schwestern- und eine Priesterkongregation für Italien, zwei Schwesternkongregationen für Belgien. Unter Pius IX. aber drei Priester- und neun Schwesternkongregationen in Frankreich, eine Priester- und zehn Schwesternkongregationen in Italien, je 3 Schwesternkongregationen in Belgien, in Spanien und in den Vereinigten Staaten, je eine Schwesternkongregation in Deutschland, im Libanon und in Australien. In Österreich und in Lateinamerika datierten die ersten Gründungen vom Pontifikat Leos XIII.

[10] Vgl. *Lecanuet* I 208—211 378—380.

und einige geistliche Autoren versuchten, allerdings noch recht ungeschickt, die theologischen Grundlagen der Herz-Jesu-Verehrung herauszuarbeiten. Pius IX. ermutigte die Bewegung. Im Jahre 1856 entsprach er einem oft an ihn herangetragenen Wunsch und dehnte auf Bitten der französischen Bischöfe das Herz-Jesu-Fest auf die ganze Kirche aus; 1864 sprach er Marguerite-Marie Alacoque selig.

Die Botschaft dieser Mystikerin enthielt auch einen sozialen Aspekt. Nachdem er lange im Hintergrund geblieben war, wurde er von der Jahrhundertmitte an von den ultramontanen Kreisen hervorgehoben, die sich bemühten, die ganze Welt dazu zu bringen, die absolute Souveränität des Heiligsten Herzens Jesu und die Pflicht anzuerkennen, für seine „soziale Königsherrschaft" zu arbeiten. In dieser Sicht komponierte der Musiker Verboitte die berühmte Motette: „Christus vincit, Christus regnat, Christus imperat." Zwei französische Jesuiten führten das „Gebetsapostolat" ein, der Spiritual F.-X. Gautrelets schon 1844, und dann vor allem Pater H. Ramière, der 1856 sein Nachfolger wurde. Es handelte sich um eine Vereinigung, deren Mitglieder allmonatlich in inniger Verbindung mit dem Herzen Jesu für ein besonderes und gemeinsames Anliegen beteten und kommunizierten. Dieses Anliegen wurde monatlich mit Billigung des Papstes vorgeschlagen und in dem „Sendboten des Herzens Jesu" (seit 1861) kommentiert, der dann ein Vierteljahrhundert später 16 nationale Ausgaben aufzuweisen hatte und bald in vielen Ländern Nachahmung fand. An derselben Perspektive, in die sich bei manchen auch unbestreitbare Sympathien für die Theokratie mischten, orientierte sich mehr und mehr auch die Bewegung der „Weihen an das Heiligste Herz". Nach den Weihen der Einzelpersonen, der Familien und der Ordensgenossenschaften forderte man auch noch die feierliche Weihe der Staaten (1869 Belgien, 1873 Ekuador und Frankreich) und sogar der ganzen Welt an das Herz Jesu. 1875 händigte Pater Ramière, der die Seele der Bewegung gewesen war, dem Papst eine entsprechende Bittschrift aus, die von 525 Bischöfen unterstützt wurde. Pius IX. konnte sich jedoch nicht zu einem überstürzten Handeln entschließen und begnügte sich damit, durch die Ritenkongregation eine von ihm gebilligte Weiheformel an Ramière zu übersenden und ihn zu ermutigen, diese am 16. Juni 1875, der Zweihundertjahrfeier der großen Christuserscheinung der seligen Marguerite-Marie Alacoque, öffentlich verlesen zu lassen. Die Antwort, die dieser Aufruf in allen Erdteilen fand, war eines der feierlichsten Ereignisse, die die katholische Welt bisher erlebt hatte.

Der Aufschwung der *Marienverehrung* erfolgte etwas später als der der Herz-Jesu-Verehrung. In Spanien war die sehr starke Strömung, die zwei Jahrhunderte lang angehalten hatte, Ende des 18. Jh. versiegt und setzte erst wieder im 20. Jh. ein. In Italien waren die schwachen, sich durchhaltenden Veröffentlichungen theologisch ziemlich dürftig. In Frankreich blieb die marianische Erneuerung in der Restaurationszeit oberflächlich und ohne theologische Kraft, trotz einiger frommer Initiativen wie dem „Lebendigen Rosenkranz" von Pauline Jaricot. Doch pötzlich erfolgte binnen eines Vierteljahrhunderts ein völliger Umschwung. Ausgangspunkt wurde eine Reihe von Erscheinungen der Heiligen Jungfrau[11], die weltweiten Widerhall fanden. Solche Erscheinungen erfuhren: 1830 in Paris Catherine Labouré[12], Auftakt der „Épopée de la médaille miraculeuse" (R. Laurentin); 1836, auch in Paris, der Pfarrer von Notre-Dame des Victoires, der eine Erzbruderschaft gründete, die sich sehr rasch ausbreitete und vierzig Jahre später fast 800000 Mitglieder zählte[13]; 1846 zwei savoyardische Hirtenkinder auf dem Plateau von La Salette[14]; 1858 schließlich Bernadette Soubirous in Lourdes[15]. Die marianischen Kongregationen entfalteten sich in allen Ländern, und die Maiandachten breiteten sich von den dreißiger Jahren an ständig weiter aus[16]. Die Wiederauffindung der Manuskripte des „Traité de la vraie dévotion à la Sainte Vierge" von Grignion de Montfort, dessen erste Ausgabe von 1843 stammt, gab der Marienfrömmigkeit einen neuen Impuls. Schließlich gab die feierliche Definition der „Unbefleckten Empfängnis" im Jahre 1854, die das Ergebnis einer ganzen Reihe von Petitionen war[17], einen zusätzlichen Anstoß[18].

[11] Bemerkenswert ist das Detail, daß das 19. Jh. die Erscheinungen der Gottesmutter allein, ohne Christus, eröffnet.

[12] Vgl. *L. Misermont,* La b. C. Labouré et la Médaille miraculeuse (Paris ³1933; Lit.); *W. Durrer,* Siegeszug der Wunderbaren Medaille (Freiburg i. Br. 1947); *M. Pélissier,* Le secret de la Reine (Paris 1957).

[13] *L. Blond,* L'abbé du Friche des Genettes (Diss. masch. Paris 1960); *C. Savart,* Pour une sociologie de la ferveur religieuse, l'archiconfrérie de Notre-Dame des Victoires: RHE 59 (1964) 824—844.

[14] Vgl. *E. W. Roetheli* La Salette (Olten 1945); *La Bassette,* Le fait de La Salette (Paris 1955); Pour servir à l'histoire réelle de La Salette. Documents I (Paris 1963; dazu *R. Laurentin:* RSPhTh 48 [1964] 120—121).

[15] Alle früheren Veröffentlichungen über Lourdes sind neu durchzuarbeiten im Licht der umfassenden Dokumentation, die *R. Laurentin* zusammengetragen hat: Lourdes. Documents authentiques, 7 Bde (Paris 1957/66); s. auch *ders.,* Lourdes. Histoire authentique des apparitions, 6 Bde (Paris 1961/64).

[16] J. Beck veröffentlichte 1837 die erste Ausgabe von „Der Monat Mariae", der 1853 schon die 5. Auflage erlebte.

[17] Die Petitionen zur Erlangung der Definition des neuen Dogmas hatten 1840 begonnen (51 französische Prälaten). Die Bitten setzten wieder ein, als Pius IX. auf den Stuhl Petri erhoben wurde, und zwar trotz des Widerstandes der jansenistischen Kreise und der deutschen theologischen Fakultäten. Auf Grund einer bedeutenden Denkschrift Perrones setzte Pius IX. im Juni 1848 eine Kommission ein. 1849 wurden alle Bischöfe konsultiert, und neun Zehntel von ihnen befürworteten die Petitionen. Die Vorbereitung der Definitionsbulle war ziemlich mühselig, und die in Rom anwesenden Bischöfe beteiligten sich an der endgültigen Formulierung. Die Definition erfolgte am 8. 12. 1854 und führte zu Kundgebungen in der gesamten katholischen Welt (über einige Widerstände vgl. *Aubert,* Pie IX 279 Anm. 3). Quellen und Lit.: Pareri dell'Episcopato cattolico, di capituli, di congregazioni, di università ... etc., sulla definizione dogmatica dell'immacolato concepimento della B. V. Maria, 10 Bde (Rom 1851/54); *V. Sardi,* La solenne definizione

Die Intensität der Marienfrömmigkeit im 19. Jh. zeigte sich u. a. durch den Platz, den die Jungfrau Maria bei der Namensgebung der in dieser Zeit gegründeten religiösen Kongregationen einnahm. Man hat nachgerechnet und festgestellt, daß es von 1802 bis 1898 kein einziges Jahr ohne die Gründung einer und häufig mehrerer der Heiligen Jungfrau gewidmeter Kongregationen gab, wobei die Dezennien 1830/39 und 1850/59 besonders ergiebig waren[18]. Es gab jedoch auch Schatten in der Marienverehrung. Die Formen dieser marianischen Erneuerung waren sehr ungleicher Art, mitunter kindisch, manchmal sogar derart, daß ein Eingreifen des Heiligen Offiziums erforderlich wurde. Vor allem waren jedoch die mariologischen Schriften „von betrüblicher Mittelmäßigkeit"[19]. Nur wenige Theologen legten persönliche Leistungen vor: Passaglia und Malou anläßlich der Definition der „Unbefleckten Empfängnis", Newman und Scheeben etwas später. Sie blieben jedoch Einzelerscheinungen und fanden damals nur wenig Gehör.

Aber nicht nur die marianische Literatur war im allgemeinen mittelmäßig. Diese Feststellung gilt auch für die gesamte *geistliche Literatur* der damaligen Zeit, vor allem in den lateinischen Ländern, wo die Geschmacklosigkeiten der „art St-Sulpice" ihr Gegenstück in den von Ernest Hello gebrandmarkten „affreux petits livres de piété" fanden. Das Beste, was es in Frankreich vor 1860 gab, waren die vielen, dem Tagesgeschmack mehr oder weniger geschickt angepaßten Neuausgaben von Werken der französischen Schule des 17. Jh. oder des Jesuiten Grou, eines Schülers Surins, von dem auch mehrere bisher noch nicht veröffentlichte Arbeiten erschienen. Nach 1860 verbesserte sich die Situation allmählich mit Lacordaire, Gratry, Perreyve, Mgr. de Ségur, der sich ganz vom heiligen Franz von Sales inspirieren ließ, den A. J. M. Hamon wieder zu Ehren gebracht hatte, und vor allem mit Mgr. Gay[20], dessen großes, von paulinischer und johanneischer Spiritualität durchtränktes Werk „De la vie et des vertus chrétiennes" (1874) einen unerwarteten und ermutigenden Erfolg erzielte.

del dogma dell'immacolato concepimento di Maria santissima, Atti e documenti (Rom 1905); DThC VII 1189—1218; *Giulio da Nembro,* La definibilità dell'Immacolata Concezione negli scritti e nell'attività di G. Perrone (Mailand 1961); *W. Kasper,* Die Lehre von der Tradition in der Römischen Schule (Freiburg i. Br. 1962) 231—266; *G. Frenaud:* Virgo Immaculata. Acta Congressus 1954 II (Rom 1956) 337—386; *J. Alfaro:* ebd. 201 bis 275; *R. Aubert:* EThL 31 (1955) 63—99; *G. Russo:* Asprenas 10 (1963) 59—93.

[18] Vgl. *E. Bergh:* Maria III 465—488. Weitaus an der Spitze steht Frankreich, gefolgt von Belgien, dann von Italien und Spanien. Es sind Rekordjahre zu verzeichnen: 16 neue der Heiligen Jungfrau gewidmete Kongregationen im Jahr 1850, 14 im Jahr 1854.

[19] Diese Feststellung stammt von R. Laurentin (Maria III 19). Sie hatte auch schon ein ziemlich unverdächtiger Zeuge getroffen: Louis Veuillot (Mélanges: 2. R. V [Paris 1860] 605—606); vgl. eine Bestätigung bei *J. Pintard:* Bulletin de la Société française d'études mariales 17 (1960) 119—150.

[20] Über Charles Gay (1815—92) s. *B. du Boisrouvray,* Mgr Gay, 2 Bde (Tours 1922).

Etwas besser war die Situation in England und in Deutschland. England brachte einige originelle Werke hervor, die Konvertiten zu verdanken waren, die von ihrer anglikanischen Schulung einen viel ausgeprägteren Sinn für die Bibel und die Patristik behalten hatten, als es bei den meisten Katholiken auf dem Kontinent der Fall war. Erwähnt seien Newman, Manning[21], Dalgairns und vor allem Faber, dessen rasch in verschiedene Sprachen übersetztes Werk in ganz Europa wie in den angelächsischen Ländern eine Spiritualität verbreitete, die sich zugleich von der italienischen Schule des heiligen Alfons di Liguori und den großen Oratorianern des 17. Jh. inspirieren ließ. In Deutschland war das große Werk von Görres über die „Christliche Mystik“ der Ausgangspunkt einer Reihe von wissenschaftlichen Arbeiten und Werken spekulativer Mystik. Die ersten Werke Scheebens — „Natur und Gnade“ (1861) und die „Herrlichkeiten der göttlichen Gnade“ (1863) — ließen sich von den griechischen Vätern leiten, die ihm sein Lehrer Franzelin vor Augen geführt hatte. Hierbei handelte es sich jedoch noch um Publikationen, die dem breiten Publikum kaum zugänglich waren. Dagegen kam Deutschland das Verdienst zu, mit der Verbreitung der liturgischen Frömmigkeit auch im gläubigen Volk begonnen zu haben.

Am Ursprung der *liturgischen Erneuerung*[22] stand der französische Benediktiner Dom Guéranger[23]. Die Schätze, die er in den Bänden seines „Année liturgique“ zusammengetragen hatte[24], blieben in seinem Land jedoch lange einer kleinen Elite vorbehalten zum Teil wahrscheinlich deshalb, weil sein Blickpunkt wie der seines Zeitgenossen Viollet-le-Duc auf dem Gebiet der Architektur zu sehr vom Interesse eines Archäologen bestimmt blieb, der eine möglichst vollständige Restitution des Mittelalters im Auge hat[25]. In den deutschsprachigen Ländern war die liturgische Frage bereits in den dreißiger und vierziger Jahren in pastoraler Sicht aufgegriffen worden, und zwar von Männern wie A. A. Hnogek, dessen „Christkatholische Liturgik“ (5 Bde, Prag 1835/42) josephinistischer Denkweise auch heute noch von Interesse ist, und vor allem von den Tübingern Graf und Hirscher, deren Bestrebungen, die Laien wieder zum Kelch zuzulassen und die Landessprache

[21] Er hatte unter anderem das Verdienst, das Wirken des Heiligen Geistes bei der Führung der Kirche und der Heiligung der Seelen wieder ins Licht zu rücken: „The temporal Mission of the Holy Ghost“ (1865); „The internal Mission of the Holy Ghost“ (1875).

[22] Es soll hier nicht von der Erneuerung des gregorianischen Chorals die Rede sein. Darüber handelt ein eigenes, der christlichen Kunst gewidmetes Kapitel im 2. Teil des 6. Bandes.

[23] Vgl. S. 471 f.

[24] Erst nach 1875 bekunden die Neuauflagen ein stärkeres Interesse. Vgl. *Cl. Savart*, Vie spirituelle et liturgie au XIXe s.: MD Nr. 69 (1962) 67—77.

[25] Die positiven Aspekte des liturgischen Werkes von Dom Guéranger werden behandelt von *O. Rousseau* a. a. O. 1—24 45—65 und *F. Cabrol:* Liturgia (Paris 1930) 864—872; die negativen Aspekte von *H. Leclercq:* DACL IX 1636 und *L. Bouyer*, La vie de la liturgie (Paris 1960) 23—29.

in der Meßfeier einzuführen, jedoch auf starken Widerstand gestoßen waren. In einer Form, die mehr der mittelalterlichen Tradition entsprach, wurde dann die Rückkehr zu einer liturgischen Frömmigkeit den Deutschen in der nächsten Generation nahegebracht. Im Jahre 1864 übersetzte Maurus Wolter, einer der Neubegründer Beurons, die auf das jährliche und tägliche Leben gegründeten berühmten „Exercitia spiritualia" der heiligen Gertrud von Helfta ins Deutsche, und in einer langen Einleitung, in der man die Begeisterung eines Schülers spürt, machte er die deutsche Öffentlichkeit mit der von Dom Guéranger in Frankreich ausgelösten Bewegung bekannt und legte ihre Prinzipien dar. Im Jahr darauf veröffentlichte er ein Büchlein „Choral und Liturgie", das ganze Seiten aus der Einführung von „L'année liturgique" zitiert und einen Abriß der Hauptgedanken des Abtes von Solesmes über den unübertrefflichen Reichtum der im Chordienst enthaltenen geistlichen Nahrung enthält. Diese Veröffentlichung fand in weiten Kreisen großen Widerhall. Parallel hierzu verfaßte Maurus Wolter für die Mönche einen von patristischen Zeugnissen untermauerten Psalmenkommentar „Psallite sapienter" (5 Bde, 1871/90), um sie zu veranlassen, ihr geistliches Leben mit dem liturgischen Leben in Übereinstimmung zu bringen. Was heute als selbstverständlich erscheint, war damals dringend notwendig, denn der Einfluß der ignatianischen Methoden hatte die geistliche Atmosphäre der meisten Benediktinerklöster so tief verändert, daß der Chordienst den liturgischen Geist oft völlig vermissen ließ. In der Gesinnung seines Meisters Maurus Wolter veröffentlichte dann Dom Gérard van Caloen, ein Mönch von Maredsous, in Belgien 1878 das erste „Missel des fidèles"[26].

37. Kapitel

Der Rückstand der kirchlichen Wissenschaft und die Kontroverse um die „deutschen Theologen"

LITERATUR: *Hocedez* II; *Aubert*, Pie IX 184—223 526—531; *J. Bellamy*, La théologie catholique au XIXe siècle (Paris 1904); *Grabmann G* 3. Teil; *Schmidlin PG* II 315—330; *F. Russo*, Cent années d'un dialogue difficile entre la science et la foi: Recherches et débats du C. C. I. F. Nr. 4 (1953) 7—30. — Nützliche Notizen bei *Hurter* und *Sommervogel*.

Zur rationalistischen Bewegung der damaligen Zeit: *A. D. White*, A History of the Warfare of Science and Theology, 2 Bde (London 1896); *J. Maurain*, Le conflit de la science et de la croyance: Peuples et civilisations, hrsg. von *L. Halphen-Ph. Sagnac* XVII (Paris 1939) 303—318; *J. M. Robertson*, A History of Free Thought in the XIXth Century, 2 Bde (London 1929); *Weill*, Idée laïque 147—178; *A. Della Torre*, Il cristianesimo in Italia dai filosofisti ai modernisti (Palermo 1912); *A. Schweitzer*, Geschichte der Leben-Jesu-Forschung (Tübingen 1913).

[26] Außer dem S. 662 genannten Artikel von O. Rousseau siehe *A. Haquin*, Dom Lambert Beauduin et le renouveau liturgique (Gembloux 1970) 8—13.

Döllinger erklärte in seinen berühmten Ansprachen, die er 1863 in München vor der Versammlung katholischer Gelehrter hielt, nur Deutschland habe „die beiden Augen der Theologie, Geschichte und Philosophie, mit solcher Sorgfalt und Gründlichkeit gepflegt". Indem er die beiden Schulen, die sich mehr und mehr die Stirn boten, die „deutsche" und die „römische", miteinander verglich, erklärte er, die erstere verteidige den Katholizismus „mit Feuergewehren", während sich die letztere mit „Pfeil und Bogen" begnüge. Diese Erklärungen erregten damals in vielen Kreisen Anstoß. Heute, im Abstand von mehr als hundert Jahren, muß man jedoch zugeben, daß sie viel Wahres enthielten. Übertrieb der gelehrte Historiker die theologische Dekadenz der lateinischen Länder auch etwas, so ist doch unbestreitbar, daß diese alles in allem weiterhin eine ziemlich klägliche Figur machten. Und wenn auch in den Lehren und den Forschungen der deutschen Gelehrten durchaus nicht alles vollkommen war, so ist doch unleugbar, daß die deutschen theologischen Fakultäten den Vorsprung, den sie in der ersten Hälfte des Jahrhunderts erzielt hatten, behielten und sogar noch vergrößerten. Außerhalb von ihnen gab es nur sehr wenig Zentren, in denen eine katholische Wissenschaft entstand, die in der Lage war, sich auf gleicher Ebene mit den protestantischen oder rationalistischen Leistungen zu messen.

Die kirchliche Wissenschaft außerhalb von Deutschland

LITERATUR: *L. Foucher,* La philosophie catholique en France au XIXᵉ siècle (Paris 1955); *E. Vacherot,* La théologie catholique en France: Revue des deux mondes 70 (1868) 294—318; *Ch. Pouthas,* L'Église et les questions religieuses en France de 1848 à 1877 (Cours de Sorbonne 1954) 223—260; *A. Houtin,* La question biblique chez les catholiques de France au XIXᵉ siècle (Paris 1902); DThC VIII 235—242, Tables générales 2356—58 (für Italien); *P. Barbaini,* Cultura teologica e cultura generale nell'epoca del Risorgimento: SC 89 (1961) 411—443; *K. Werner,* Die italienische Philosophie des 19. Jh., 5 Bde (Wien 1884/86), bes. Bd I. Rosmini und seine Schule; *C. D. Fonseca,* La formazione del clero a Napoli nel sec. XIX (Diss. masch. Neapel-Posilippo 1955); *E. Van Roey,* Les sciences théologiques: Le mouvement scientifique en Belgique 1830/1905 II (Brüssel 1908) 488—523.

Zur christlichen Archäologie: *G. Ferretto,* Note storico-bibliografiche di archeologia cristiana (Vatikanstadt 1942); *R. Fausti,* Il P. G. Marchi e il rinnovamento degli studi di archeologia cristiana: Xenia Piana Pio XII dicata (Rom 1943) 445—514.

Zur Theologie am Römischen Kolleg: L'Università Gregoriana del Collegio Romano (Rom 1925); *H. Schauf,* C. Passaglia und Cl. Schrader (Rom 1938); *H. Kerkvoorde:* EThL 22 (1946) 174—193; *C. G. Arévalo,* Some Aspects of ... the Ecclesiology of Perrone, Passaglia and Schrader (Rom 1959); *W. Kasper,* Die Lehre von der Tradition in der Römischen Schule (Freiburg i. Br. 1962).

Zur thomistischen Renaissance: *A. Masnovo,* Il neotomismo in Italia. Origini e prime vicende (Mailand 1923); *P. Dezza,* Alle origini del neotomismo (ebd. 1940); *C. A. Walz,* Il tomismo dal 1800 al 1879: Angelicum 20 (1943) 300—326; *Aubert-Martina* 808—811 (Lit.); G. Sanseverino nel 1° centenario della morte (Rom 1965); *P. Orlando,* Il tomismo a Napoli nel sec. XIX. La scuola del Sanseverino I (Rom 1968); *Fr. Duranti,* La rinascita del tomismo a Perugia: Aquinas 2 (Rom 1962) 249—294; *R. Pizzorni:* ebd. 8 (1965) 423—458.

Übereinstimmend bedauern alle Beobachter, auch die dem Heiligen Stuhl am meisten ergebenen, den außerordentlichen Tiefstand des wissenschaftlichen Lebens in Rom unter Pius IX., die mangelnde Organisation der Bibliotheken und das fehlende Interesse der zuständigen Stellen für den Unterricht oder für die Forschung[1]. Dennoch wird, so paradox das zunächst klingen mag, außer in Deutschland in Rom die ernsthafteste Arbeit auf dem Gebiet der kirchlichen Gelehrsamkeit geleistet. Dies war zum Teil Ausländern zu verdanken, die in Rom arbeiteten, besonders dem französischen Benediktiner Pitra[2], der (wenn auch philologisch nicht fehlerfreie) patristische Editionen und zahlreiche bedeutsame Werke über das orientalische kanonische Recht und die byzantinische Hymnologie veröffentlichte, und dem deutschen Oratorianer Theiner[3], Präfekt am Vatikanischen Archiv, einem mitunter etwas nachlässigen und Verwirrung stiftenden Geist, der aber zahlreiche Quellenpublikationen herausbrachte, die heute noch nützlich sind. Aber es handelte sich nicht nur um Ausländer. Ein Mitarbeiter des Kardinals Mai (1854), der Barnabit Vercellone (1814—69), veröffentlichte einige schätzenswerte textkritische Arbeiten über die Bibel. Vor allem aber präsentierte sich die christliche Archäologie als eine rein römische Wissenschaft. Sie war unter dem Pontifikat Gregors XVI. zu neuem Leben erwacht, und zwar dank der Ermutigung durch diesen hellsichtigen Papst und der allzusehr in Vergessenheit geratenen Arbeit des Stiftsherrn Settele und dann des Jesuiten Giuseppe Marchi. Letzterer hatte nach der Reorganisation des Museum Kircherianum, wenn auch mit einiger Ungeschicklichkeit, die wissenschaftliche Erforschung der Katakomben angebahnt, die seit dem 17. Jh. völlig in Verfall geraten war. Pius IX. sanktionierte diesen Neubeginn 1852 durch die Gründung der „Commissione di archeologia sacra“. Das Werk von Pater Marchi wurde von Pater Fr. Tongiorgi, der bis 1886 Professor am Römischen Kolleg war, fortgeführt, doch der Lieblingsschüler und Fortführer Marchis wurde De Rossi[4]. Kann man nach den Arbeiten von P. Fausti auch nicht mehr sagen, er sei der Schöpfer der christlichen Archäologie, so hat er ihr doch auf jeden Fall eine streng wissenschaftliche Methode geschenkt und zugleich die Regeln der christlichen Epigraphik in solchem Maße präzisiert, daß er als ihr Begründer erscheint. Nachdem er die „Inscriptiones christianae Urbis Romae“ (1857) veröffentlicht und 1863 das „Bollettino di

[1] Einige Zitate findet man bei *Aubert*, Pie IX 184—185. Hinzuzufügen wäre die Feststellung, die Ventura in einem Brief vom 25. 2. 1861 traf: „Alles, was auf rein wissenschaftlichem Gebiet aus Rom kommt, ist ein Jammer und beweist klar, daß man dort keine Ahnung von den großen Fragen des Augenblicks hat.“

[2] Siehe S. 471 Anm. 63.

[3] Über Augustin Theiner (1804—74) vgl. *H. Jedin:* ArSKG 11 (1953) 247—250; s. auch die Biographie seines Bruders Anton von *H. Hoffmann:* ebd. 9 (1951) 74—143, 10 (1952) 226—278, 11 (1953) 169—209, 12 (1954) 199—232, 13 (1955) 228—267.

[4] Über Giovanni Battista De Rossi (1822—94) s. LThK IX 58—59 und *H. Leclercq:* DACL XV 18—100.

archeologia cristiana“ gegründet hatte, arbeitete De Rossi die umfassende Synthese „Roma sotterranea cristiana“ aus, in der die ganze Geschichte der römischen Urkirche, ihrer Lehre, ihrer Hierarchie, ihrer Liturgie und ihrer Kunst zu neuem Leben erwachte — nach einem Wort von Kardinal Pie ein neuer „locus theologicus“ —, obwohl er es mit vorbildlicher wissenschaftlicher Redlichkeit absolut ablehnte ‚die Bedeutung von Tatsachen in apologetischer Absicht zu vergrößern. Sein Werk war die bestmögliche Arbeit der damaligen Zeit, erklärte H.-I. Marrou und fügte hinzu: „Sogar der große Mommsen legte Zeugnis für ihn ab, indem er es ablehnte, die christlichen Inschriften Roms in das Programm des Corpus inscriptionum latinarum hineinzunehmen; es war die größte Ehrerbietung, die einem italienischen, römischen und katholischen Gelehrten bezeigt werden konnte.“ [5]

Ferner gab es das Römische Kolleg. War der hier erteilte Unterricht auch weiterhin schulmäßiger als an den deutschen Universitäten [6] und überragte auch ein Teil des Lehrkörpers eine anständige Mittelmäßigkeit nicht, so war doch die dogmatische Theologie glänzend vertreten. Passaglia [7], der bekannteste Schüler Perrones und (nach W. Kasper) „einer der genialsten Theologen des 19. Jh.“, lehrte hier von 1844 bis 1858 und erarbeitete eine Theologie, die auf einer bemerkenswerten Kenntnis der griechischen Väter beruhte und sich von Petau und Thomassin, aber auch von J. A. Möhler leiten ließ. Obwohl er nicht Deutsch konnte, ließ er sich über das Beste, was in dieser Sprache erschien, von seinem jungen Kollegen Cl. Schrader [8] auf dem laufenden halten, der sich, etwas enger und in mehr scholastischer Form, in der Folge sehr weitgehend von der Methode und von der Lehre seines älteren Konfraters hat leiten lassen. Als Schrader zum Professor in Wien ernannt wurde (1857) und Passaglia Rom wegen seiner Verstrickung in die causa italica verlassen mußte, wurde ihr Werk am Collegium Romanum von dem Österreicher Franzelin weitergeführt [9]. Dieser baute eine Theologie auf, die zwar weniger hervorstach als die Passaglias, dafür aber gediegener und exakter war, sich auf die Kritik der Texte, der Monumente und der Fakten stützte, wobei er sich die neuesten archäologischen Entdeckungen zunutze machte und seine gründlichen Kenntnisse der orientalischen Sprachen und die Arbeiten der deutschen historischen Schule auswertete. Die soliden und

[5] Aspetti della cultura cattolica nell'età di Leone XIII (Rom 1961) 81.

[6] Interessante Angaben in den Erinnerungen von *Fr. Hettinger*, der hier von 1841 bis 1845 studierte: Aus Welt und Kirche I (Freiburg i. Br. 1911) Kap. I.

[7] Über Carlo Passaglia (1812—87) vgl. LThK VIII 133. *C. G. Arévalo* a. a. O. lenkte die Aufmerksamkeit auf den Wert seiner Schrift „De Ecclesia Christi“, in der er als ein Vorläufer der Lehre vom Mystischen Leib erscheint.

[8] Über Clemens Schrader (1820—75) vgl.: LThK IX 482; DThC XIV 1576—79; *F. van der Horst,* Das Schema über die Kirche auf dem I. Vatikanischen Konzil (Paderborn 1963) 52—56 153—160.

[9] Über Johannes Baptist Franzelin (1816—86) vgl. LThK IV 272—273 und *G. Bonavenia,* Raccolta di memorie intorno alla vita dell'Em. card. Franzelin (Rom 1877).

originellen Werke — denen die lateinische Form abträglich war — dieser drei Lehrmeister räumten sowohl der positiven Theologie wie der Spekulation großen Raum ein; ihre spekulative Theologie bemühte sich mehr um eine organische Synthese der Glaubenstatsachen von der Bibel her als um eine philosophische Ergründung der Offenbarungswahrheiten.

Neben diesen Arbeiten machen die „Instructions synodales sur les erreurs du temps présent“ von Mgr. Pie [10], die lange als eines der Meisterwerke der französischen Theologie im 19. Jh. galten, einen kläglichen Eindruck. Sie wollten im Kampf gegen den Naturalismus der Zeit die übernatürliche Heilsökonomie darlegen und enthielten zwar sehr schöne Proben der Beredsamkeit, waren jedoch arm an wissenschaftlichem Geist und vor allem gegen Autoren gerichtet, die, wie Cousin, auf die junge Generation noch wenig Einfluß ausübten. Trotz der Überzeugungskraft, die sie beseelt, sind sie ein Zeugnis der großen Schwäche des katholischen Denkvermögens in Frankreich unter dem Zweiten Kaiserreich. Die Theologen blieben immer noch bei den oratorischen Methoden der Romantik stehen, während die Denker dieser Zeit mehr und mehr von den Ergebnissen der positiven Wissenschaften oder durch die minuziösen Analysen der Geschichtskritik beeindruckt wurden. Die Schwäche der Widerlegungen des eigentlich doch recht oberflächlichen „Vie de Jésus“ (1863) von Ernest Renan ist in dieser Hinsicht charakteristisch.

Auf dem Gebiet der Kirchengeschichte wurde die Unterlegenheit der Katholiken während des Pontifikats Pius' IX. — mit Ausnahme Deutschlands — am deutlichsten sichtbar. In Spanien wurde die Tradition von Flórez und Villanueva für fast ein ganzes Jahrhundert unterbrochen. Auch in Italien blieb man, abgesehen von der christlichen Archäologie, gegenüber dem 18. Jh. im klaren Rückstand. Selbst tüchtige Arbeiter wie C. Cantù und L. Tosti kamen über die alte Konzeption der „historia magistra vitae“, bei der das Interesse an der Darbietung die Oberhand über die kritische Einstellung behielt, nicht hinaus. In Frankreich gab es freilich zwei oder drei gute Arbeiten der positiven Theologie: nicht etwa die Werke Freppels über die Kirchenväter, die nichts anderes als beredte Popularisierung waren, sondern die „Histoire du dogme catholique pendant les trois premiers siècles“ (1852) von Ginoulhiac und die beiden Bände von Mgr. Maret „Du concile général“ (1869), die eine gute Kennntnis des christlichen Altertums und gewisse kritische Tendenzen zeigen. Aber Maret besaß so wenig wie Bossuet — von dem er sich, übrigens recht klug und frei von jeglicher Abhängigkeit, leiten ließ — die Veranlagung zu einem echten Forscher und neigte mehr zur Synthese als zur Analyse [11]. Wohl nutzten nicht wenige Geistliche ihre Freizeit zu wissenschaftlichen Arbeiten;

[10] Siehe S. 744 Anm. 5. Über sein theologisches Werk s. *Hocedez* II 265—267 und passim.
[11] Vgl. R. *Thysman:* RHE 52 (1957) 401—465.

doch beschränkten sie sich meist auf lokale Forschungen und Geschichtsschreibung, wobei ihre Publikationen auf Grund der fehlenden technischen Schulung selten über einen mittelmäßigen Rahmen hinausgingen. Schwerwiegender war es, daß die 1835 von dem Sulpizianer Faillon wieder aufgegriffene These von der Apostolizität der Kirchen Galliens, deren Unhaltbarkeit die Gelehrten des 17. und 18. Jh. klar aufgezeigt hatten, erneut in den Seminaren gelehrt wurde, in die Geschichtsbücher Eingang fand, von zahlreichen Bischöfen unterstützt wurde und mit dem Erscheinen des Werkes des Benediktiners Chamard „Les Églises du monde romain "im Jahre 1877 zu triumphieren schien[12]. Inzwischen mußten die Mönche von Solesmes auf die Weiterveröffentlichung der „Gallia christiana" verzichten, da sie überhaupt keine Mitarbeiter fanden. Dieser Rückstand auf wissenschaftlichem Gebiet wurde nicht einmal durch annehmbare, dem französischen Genius besser entsprechende Arbeiten im Stil der Synthese ausgeglichen. Die „Histoire générale de l'Églisc depuis la création jusqu'à nous jours" des Abbé Darras (1825—1878) in 44 Bänden, die mit dem Segen des „Univers" ein Vierteljahrhundert lang in den Seminaren und in den Pfarrhäusern in hoher Gunst stand, offenbart eine völlige Unkenntnis der elementarsten Prinzipien der historischen Methode[13]. Etwas besser war die Situation in Belgien. Dort wurden an der Universität Löwen weiterhin beachtliche, aber nicht genug ausgereifte Arbeiten auf dem Gebiet der Orientalistik, der Patrologie[14] und des in historischer Perspektive betrachteten kanonischen Rechts geleistet. Die Bollandisten konnten nach der Wiederbegründung des Unternehmens im Jahre 1837 in der Zeit von 1845 bis 1867 sechs Bände der „Acta sanctorum" veröffentlichen und die slawischen Quellen und die keltische Hagiographie in ihr Arbeitsgebiet einbeziehen. Ihr Anreger, der unermüdliche V. de Buck, blieb jedoch bis zu seinem Tode (1876) ein „genialer Improvisator" (P. Peeters), und erst mit seinem Nachfolger Ch. de Smedt fand die Gruppe dann endlich ihre feste Grundlage[15].

In der Philosophie, dem „anderen Auge" der Theologie, war die Situation verwickelter. Die Systeme, die in der Stellungnahme gegen den Rationalismus die Kraft der Vernunft übermäßig abwerteten, hatten nach der Verurteilung Lamennais' und den Schwierigkeiten Bautains einen Teil ihres Prestiges verloren, aber viele Katholiken erblickten in den Interventionen Roms jedoch lediglich Warnungen vor Übertreibungen, und der Traditionalis-

[12] Vgl. *A. Houtin*, La controverse de l'apostolicité des Églises de France au XIXe siècle (Laval 1900).

[13] Vgl. DHGE XIV 89—91

[14] Vgl. EThL 9 (1932) 663—670 678—680 689—692. Bezüglich des Kirchenrechtslehrers Henri Feye (1820—94), Professor von 1850 bis 1885, unter dessen Leitung mehrere Doktorarbeiten erschienen, die die Aufmerksamkeit der wissenschaftlichen Welt auf sich zogen, s. auch DHGE XVI 1359—60 und *Schulte* III 295.

[15] Vgl. *P. Peeters*, Figures bollandiennes contemporaines (Brüssel 1948) 11—26.

mus lebte in gemilderter Form bis zum Vatikanischen Konzil fort, vor allem in Italien und in Frankreich, wo er in dieser Hinsicht besonders von A. Bonnetty[16] und dem glänzenden italienischen Polemiker Ventura[17] vertreten wurde, der auf Grund der Ereignisse von 1848 gezwungen gewesen war, sich nach Frankreich abzusetzen. Bonnetty verfolgte in seinen „Annales de philosophie chrétienne“ weiterhin seinen Plan, das Fortleben der Uroffenbarung aufzudecken, wobei er scharf den verhängnisvollen Einfluß des aristotelischen Rationalismus auf die „so wenig christliche Sprache“ der scholastischen Theologie kritisierte. Ventura räumte ein, daß das Dasein Gottes, die Unsterblichkeit der Seele und die Grundlagen der Moral, sofern sie einmal erkannt sind, von der Vernunft auch bewiesen werden können, vertrat jedoch gegen die „Semi-Pelagianer der Philosophie“ die Notwendigkeit der Offenbarung für eben diese primäre Erkenntnis und die Bedeutung der von Gott geschenkten Sprache für die Verarbeitung dieser Begriffe. Der Erfolg des Traditionalismus, der trotz der von den Verteidigern der Rechte der Vernunft, sowohl aus der Gesellschaft Jesu[18] wie von Saint-Sulpice, vorgetragenen Kritik und trotz einer sehr zurückhaltenden neuen Intervention Roms[19] anhielt, erklärt sich nicht nur aus der Faszination, die Lamennais auf die meisten seiner Schüler ausgeübt hatte, sondern auch daraus, daß das traditionalistische System sehr gut mit den autoritären Tendenzen, denen nach der Krise von 1848 so viele Katholiken gewogen waren, und mit der ultramontanen Einstellung harmonierte. In dieser Perspektive erhält der Versuch der französischen Ontologisten — der übrigens im Gegensatz zu dem System Rosminis nur begrenzte Verbreitung fand — seinen eigentlichen Sinn. Er ging von einer Gruppe intelligenter Priester[20] aus, die die Gefahr erkannten, welche der Fortschritt eines in der Philosophie geltend gemachten autoritären Prinzips für die Zukunft des Katholizismus in einer auf intellektuelle Autonomie versessenen Gesellschaft bedeutete, und die sich andererseits weder mit den idealistischen deutschen Systemen noch mit dem

[16] Über ihn s. 470 Anm. 59.

[17] Über ihn s. S. 273. Auch *L. Foucher* a. a. O. 238—249.

[18] P. M. A. Chastel SJ (1804—61) zeigte sich besonders grimmig und erhielt für sein Buch „De la valeur de la raison humaine“ (1854) die Billigung der PP. Liberatore und Passaglia und des Magister Sacri Palatii. Vgl. *L. Foucher* a. a. O. 250—252 und *Sommervogel* II 1089—91.

[19] Bonnetty wurde im Jahre 1855 aufgefordert, vier Sätzen zuzustimmen (vgl. ASS III 224), von denen die drei ersten Sätze von denen bestimmt worden waren, die Bautain 20 Jahre vorher unterschrieben hatte. Der letzte Satz erkannte den Wert der scholastischen Philosophie an.

[20] Die bedeutendsten waren in Saint-Sulpice Baudry und Branchereau und an der Sorbonne Maret und vor allem Hugonin; das System begegnete großen Sympathien im Scholastikat der Jesuiten von Vals, in mehreren sulpizianischen Seminaren und sogar im gebildeten Publikum dank der Unterstützung des „Ami de la religion“ und des „Correspondant“. Vgl. *L. Foucher* a. a. O. 176—195.

sich den metaphysischen Problemen verschließenden Positivismus zufriedengeben konnten und daher versuchten, den Intellektualismus in einer platonischen und augustinischen Tradition zu restaurieren. Eine Intervention des Generals der Jesuiten bereitete jedoch schon 1850 dem Erfolg der ontologistischen Lehren am Scholastikat von Vals ein rasches Ende[21]. Und während die Angriffe gegen Rosmini zweimal (1854 und 1876) mit einem vorläufigen Freispruch endeten[22], gelang es der neuscholastischen Opposition, im Jahre 1861 beim Heiligen Offizium die Verurteilung von sieben charakteristischen Sätzen des französischen Ontologismus[23] und, etwas später, der Schriften des Professors Ubaghs[24] zu erreichen. Letzterer war der Hauptrepräsentant des mit dem Traditionalismus kombinierten Ontologismus, der die dominierende Lehre der Universität Löwen geworden war, und zwar sowohl an der theologischen wie auch an der philosophischen Fakultät.

Die Reaktion gegen den Traditionalismus und den Ontologismus war eine der Konsequenzen der Scholastik-Renaissance, die durch den konservativen Flügel der Romantik gefördert wurde, der sowohl von den Ideen wie von den Institutionen des Mittelalters begeistert war. Vor 1870 waren viele Anhänger einer Rückkehr zur Scholastik noch keine echten Neuthomisten, sondern eher Eklektiker, die zur Philosophie des Mittelalters zurückkehren wollten, jedoch darnach strebten, diese Philosophie im Licht von Suárez — so in Spanien, aber nicht nur dort — oder des Cartesianismus — dies vor allem in Frankreich und Italien, neu durchzudenken. Fortschreitend mehrte sich jedoch die Zahl der Anhänger einer Rückkehr zum echten Thomismus: in Deutschland von den fünfziger Jahren an, wie wir noch näher sehen werden;

[21] Vgl. *Burnichon* III 140—161.

[22] Vgl. *H. Reusch*, Der Index II (Bonn 1885) 1142—44; ferner *Aubert-Martina* 812—819 (Lit.).

[23] Vgl. ASS III 204—206. Über die Diskussionen, die auf diese Intervention folgten, s. DThC XII 1047—55 und *J. Kleutgen*, L'ontologismo e le sette tesi censurate dalla S. Inquisizione (Rom 1867).

[24] Vgl. ASS III 206—224. Über die Anfänge der Affäre Ubaghs s. S. 463 (Lit. S. 461 und Anm. 37). Die Frage tauchte seit 1858 wieder auf, und zwar auf Betreiben der Bischöfe von Lüttich und vor allem von Brügge, ehemaligen Schülern der Gregoriana, die auch darauf bedacht waren, dem Kardinal Sterckx entgegenzuwirken, dem sie den Vorwurf machten, der Meinung der anderen Bischöfe in der Überwachung der doktrinären Ausrichtung der katholischen Universität nicht Rechnung zu tragen. Sie sicherten sich die Unterstützung des P. Perrone und der „Civiltà cattolica", und so erreichte man beim Papst, daß er die Prüfung der Causa der Index-Kongregation wegnahm und dem Heiligen Offizium überwies, weil sich Kardinal D'Andrea, der Präfekt des Index, ein Gegner der Jesuiten, den Löwenern zu gewogen zeigte. Die Interventionen von Kardinal Sterckx, der den Ruf der Universität retten wollte, verzögerten die Entscheidung Roms mehrere Jahre lang. Im Jahre 1864 erklärte das Heilige Offizium jedoch die von Ubaghs schon vorgenommenen Berichtigungen für unzureichend und verurteilte 1866 seine Werke endgültig, wobei unter anderem auf die Verurteilung der 7 ontologischen Thesen von 1861 Bezug genommen wurde.

in Spanien im Kreis um den Dominikaner González, der in dieser Perspektive 1873 die Zeitschrift „La ciencia cristiana" gründete; in Frankreich im Kreis um den Abbé d'Hulst; in Belgien im Kreis um den italienischen Dominikaner Lepidi, Professor und dann Regens der Studienabteilung im Scholastikat von Löwen (ab 1863); aber vor allem in Italien. Blieb das Collegium Romanum bis zur Erhebung Leos XIII. auf den Stuhl Petri eine Hochburg des Suarezianismus, so wurden die Jesuiten der „Civiltà cattolica" zu glühenden Propagandisten des Thomismus, besonders P. Liberatore. Die beiden Hauptzentren waren Piacenza um das Collegio Alberoni und vor allem Neapel um das Collegio Massimo der Jesuiten und das Liceo arcivescovile, wo G. Sanseverino[25] seit 1846 eine Accademia tomista organisiert und die Zeitschrift „Scienza e fede" herausgegeben hatte, um seine Gedanken zu verbreiten, und wo nach seinem Tod (1865) S. Talamo die Führung übernahm. Es gab jedoch weitere Zentren, vor allem in Bologna, wo ein anderer Jesuit, Cornoldi, den die Übereinstimmung von Wissenschaft und Glaube ganz besonders beschäftigte, eine kämpferische Zeitschrift für den Thomismus „La Scienza italiana" herausgab, und in Perugia, wo Kardinal Pecci mit Hilfe seines Bruders, der Jesuit war, und einiger Dominikaner eine Accademia San Tommaso gegründet hatte, an der er sein Programm einer Reform der kirchlichen Studien reifen ließ.

Betrachtet man die Dinge vom quantitativen Standpunkt aus, so muß man feststellen, daß die katholischen Autoren des dritten Viertels des 19. Jh. ihre besten Kräfte zweifellos der Apologetik gewidmet haben. Denn nach der Belebung der Religiosität und der Sympathie für die mittelalterliche Kirche, wodurch die Generation der Romantik charakterisiert war, erlebte man in der intellektuellen Welt von der Jahrhundertmitte an eine rasche und andersartige Entwicklung. Der geschichtliche Anspruch des Christentums und die traditionelle Autorität der Bibel wurden im Namen der Geschichtskritik sowie der Entdeckungen der orientalistischen Archäologie und der Paläontologie in Frage gestellt. Das Problem der Transzendenz des Christentums wurde gleich zu Beginn der vergleichenden Religionsgeschichte aufgeworfen, und bald wurden dann im Gefolge der jungen hegelianischen Linken und Feuerbachs sogar die Grundlagen des Theismus und die Idee der Religion angegriffen. Die materialistischen Erklärungen der Welt wurden durch Männer wie Ludwig Büchner (Bruder des Dichters Georg), Karl Vogt oder Ernst Haeckel in Deutschland in weiten Kreisen verbreitet. Spencer führte die Tradition des englischen Empirismus fort und trug dazu bei, über die Grenzen seines Landes hinaus eine von Darwin inspirierte evolutionistische Interpretation der Welt zu propagieren, welche die Theologen kategorisch ablehnen

[25] Seine „Philosophia christiana cum antiqua et nova comparata" (7 Bde, Neapel 1862/72), die von seinem Schüler N. Signoriello vollendet wurde, ist ein bemerkenswertes Werk mit Klarheit, Tiefe und geschichtlichen Informationen.

zu müssen glaubten[26]. Im Frankreich des Zweiten Kaiserreichs verband sich die von Auguste Comte ausgegangene Geistesrichtung mit dem englischen Agnostizismus und dem deutschen Materialismus und wurde unter dem Namen „Positivismus" ihrerseits ein intellektueller Exportartikel.

Unter diesen Umständen ist es nicht verwunderlich, daß die Apologetik im Laufe des 19. Jh. immer größere Bedeutung erlangte. Die Auslotung des Dogmas an sich, die bis jetzt als die wesentliche Aufgabe der Theologie gegolten hatte, erschien den meisten katholischen Denkern nun als eine Aufgabe, die weniger dringlich war als die Verteidigung der Grundlagen des Christentums und der Religion. Selbst wenn sie Theologie in ihrem eigentlichen Sinn betrieben, taten sie auch dies noch in apologetischer Sicht. Die Spekulationen von Hermes oder Günther, die (vor allem bei letzterem) formal in den Bereich der Dogmatik gehörten, waren in Wirklichkeit von dem Ziel bestimmt, das Dogma auch für die von der modernen Philosophie gewonnenen Menschen annehmbar zu machen. Auch die wissenschaftlichen Arbeiten, die in Deutschland unter der Leitung der Lehrmeister von Tübingen und vor allem von München durchgeführt wurden, waren mehr auf die Verteidigung der großen christlichen oder katholischen Thesen gegen die rationalistische oder protestantische Kritik ausgerichtet als auf eine Hinkehr zu den Urquellen der Heiligen Schrift der Väter.

Zwar vermehrten sich die im eigentlichen Sinn apologetischen Werke und bezeugten den apostolischen Eifer ihrer Verfasser; aber die meisten von ihnen litten unter dem fast völligen Mangel einer jeden Anpassung. Gediegener in Deutschland, oberflächlicher anderwärts, wiederholten sie unaufhörlich die gleichen klassischen Argumente, die angesichts der intellektuellen Atmosphäre der Zeit nicht mehr wirkten, weil die Menschen immer weniger empfänglich für sie waren. Erstaunlich ist unter anderem, feststellen zu müssen, wie selten vor den letzten zwanzig Jahren des Jahrhunderts die katholischen Arbeiten waren, die kompetent das Hauptproblem der Ausgleichung zwischen dem christlichen Glauben und der neuen, weithin auf den Naturwissenschaften gegründeten Geisteshaltung behandelten. Ein erster Schritt vorwärts wurde jedoch 1875 von dem Jesuiten Carbonelle mit der Gründung der „Société scientifique de Bruxelles" getan, die katholische Wissenschaftler aller Länder zusammenschloß. Zwei Jahre später erfolgte dann die Gründung der „Revue des questions scientifiques" als Organ dieser Gesellschaft.

Unter den Apologeten, die sich bemühten, sich den Gesichtspunkt derer zu eigen zu machen, die sie überzeugen wollten, kann man in Italien G. Bonomelli nennen, dessen Werk, „Il giovane studente" (3 Bde, 1871/74)

[26] Die erste Intervention des kirchlichen Lehramts bezüglich der Deszendenztheorie war die Erklärung der Kölner Provinzialsynode von 1860. Es hieß in ihr, die Ansicht, der menschliche Leib sei aus der Umwandlung eines früheren Naturzustandes hervorgegangen, verstoße entschieden gegen die Heilige Schrift und den Glauben.

eines der besten dieser Art in damaliger Zeit war[27]. In Belgien arbeitete der Redemptorist Dechamps[28] eine sogenannte „Méthode de la providence" aus, die er in einer Reihe von zwischen 1857 und 1874 veröffentlichten Werken darlegte und dann gegen die mitunter recht scharfen Kritiken verteidigte. In Frankreich sind P. Félix und Gratry zu nennen. Der Jesuit Félix hielt von 1853 bis 1869 die Konferenzpredigten in Notre-Dame zu Paris[29] und entwarf in ihnen eine Apologetik, die von den Realitäten der Zeit ausging. Er verstand es, diese Tendenzen, vor allem die Begeisterung für den Fortschritt, scharfsinnig zu analysieren, und bemühte sich, zu beweisen, daß das Christentum nicht nur weit davon entfernt ist, irgendeine legitime Bestrebung der Menschheit auch nur im geringsten zu behindern, sondern im Gegenteil der einzige Weg ist, auf dem sie das erreichen kann, wonach sie dunkel strebt. Gratry[30] hatte vergeblich versucht, die Idee von Lamennais, einige Priester zu einer Art von „atelier apologétique" zusammenzufassen, dadurch zu verwirklichen, daß er 1852 das Oratoire de France restaurierte[31], er erahnte jedoch in verschiedenen seiner Schiften bereits den Weg, den dann in der nächsten Generation Ollé-Laprune und später Blondel einschlugen. Nach dem Urteil L. Fouchers verwirklichte er „den umfassenden und bestgelungenen Versuch einer katholischen Philosophie in Frankreich des 19. Jh.", aber man muß mit Sertillanges einräumen, daß er „zu sehr als Literat formuliert und zu sehr als Dichter denkt, um unter die großen Philosophen eingereiht werden zu können".

Ein Mann überragt jedoch alle anderen durch die Macht und Kraft seines Genies und die Fruchtbarkeit seiner Zukunftsschau: Newman[32]. Noch mehr als Möhler hat er der Rezeption neuer Forderungen und neuer Werte der

[27] *C. Bellò,* G. Bonomelli (Brescia 1961) 52—55.

[28] Über Victor Dechamps (1810—83), einen der berühmtesten belgischen Prediger, der dann 1867 Erzbischof von Mecheln wurde, s. *M. Becqué,* Le card. Dechamps, (2 Bde, Löwen 1956) und L'apologétique du card. Dechamps (Paris - Löwen 1949). Das Wesentliche seiner Gedanken wird in den „Entretiens sur la démonstration catholique de la révélation chrétienne" (1857) dargelegt.

[29] *P. Fernessolle,* Les conférenciers de Notre-Dame II (Paris 1936) 59—136.

[30] Über Alphonse Gratry (1805—72) s. *A. Chauvin,* Vie du P. Gratry (Paris 1911) und *L. Fouché* a. a. O. 197—236.

[31] Vgl. außer der Biographie von Gratry (136—190: „L'idéal", „La réalité") *A. Perraud,* L'oratoire de France au XVIIe et au XIXe siècle (Paris 1866) und *G. de Valroger,* Le P. de Valroger (Paris 1911). Er konnte einige wertvolle Nachwuchskräfte zusammenbringen, doch der Abbé Pététot, der mit der Organisation betraut war, richtete seine Leute trotz der Proteste Gratrys lieber auf den Gymnasialunterricht aus.

[32] Über John Henry Newman (1801—90), der 1845 zum Katholizismus konvertierte, s. Lit. S. 408—409. Zur theologischen Konzeption: *R. A. Dibble,* J. H. Newman. The Concept of Infallible Doctrinal Authority (Washington 1955); *J. Stern,* Bible et tradition chez Newman. Aux origines de la théorie du développement (Paris 1967); *B. D. Dupuy,* Textes newmaniens. VII. Lettre au Duc de Norfolk (Brügge - Paris 1970); *L. Bouyer,* L'Église de Dieu (Paris 1970) 135—152 (über die Ekklesiologie Newmans).

menschlichen Vernunft im Dienste des Glaubens den Weg gebahnt: dem Wert und der Forderung geschichtlichen Denkens in seinem „Essay on the Development of Christian Doctrine" (1845); dem Wert der spontanen Urteilskraft, die auf der Konvergenz von Urteilen gründet und ausgeht von der totalen Lebenserfahrung, und der Forderung einer „Dialektik des Gewissens" und einer psychologischen Vorbereitung des Subjekts zu einer vernunftmäßig gerechtfertigten Zustimmung zum Glauben in der „Grammar of Assent" (1870); der Bedeutung des Sinns der Heiligen Schrift und der altchristlichen Väter für das Mysterium an der Basis aller religiösen Erkenntnis; ganz zu schweigen von den Anregungen auf dem Gebiet der Ekklesiologie in seinem ihm so oft vorgeworfenen Artikel „On Consulting the Faithful in Matters of Doctrine" (1859), in seinem „Letter to the Duke of Norfolk" (1875) und in den beiden Bänden der „Via Media" (1877). Leider war damals niemand darauf vorbereitet, die neuen Wege zu betreten, deren Fruchtbarkeit Newman erahnt hatte, und die Essay-Form machte seine meisten Studien den Berufstheologen noch unzugänglicher. Hinzu kamen die Verdächtigungen seiner Rechtgläubigkeit, die einen der mißlichsten Aspekte der Geistespolitik der römischen Kurie unter Pius IX. beleuchten und andauerten, bis Leo XIII. den Stuhl Petri bestieg.

Scholastiker und Germaniker gegen die „Deutschen Theologen"

QUELLEN: Außer dem Briefwechsel Döllingers (u. a. Briefwechsel mit Lord Acton, hrsg. von *V. Conzemius* I [München 1963]) s.: *A. Flir,* Briefe aus Rom (Innsbruck 1864); Janssens Briefe, hrsg. von *L. Pastor* I (Freiburg i. Br. 1920); Briefe von und an Ketteler, hrsg. von *I. Raich* (Mainz 1879); *A. M. Weiß,* Lebensweg und Lebenswerk (Freiburg i. Br. 1925) Kap. I und II; *G. v. Hertling,* Erinnerungen I (Freiburg i. Br. 1919); *J. F. v. Schulte,* Lebenserinnerungen I/II (Gießen 1908/09); *F. X. Kraus,* Tagebücher, hrsg. von *H. Schiel* (Köln 1957) 1—276. Ferner die Zeitschriften „Der Katholik", „Stimmen aus Maria Laach", „Theologisches Literaturblatt" und „La Civiltà cattolica" und die zeitgenössischen Übersichten von *A. v. Schmid,* Wissenschaftliche Richtungen auf dem Gebiet des Katholizismus in der neuesten und gegenwärtigen Zeit (München 1862) und *K. Werner,* Geschichte der katholischen Theologie (München 1866) 342—642.

LITERATUR: Das Werk des Altkatholiken *J. Friedrich,* I. v. Döllinger III (München 1901) ist grundlegend, wenn auch parteiisch. Von den neueren Arbeiten seien erwähnt: *Scheffczyk* XXXVI—IL 261—522; *F. v. Bezold,* Geschichte der rheinischen Fr.-W.-Universität zu Bonn 1818—1918 (Bonn 1920); *S. Merkle,* Die Vertretung der Kirchengeschichte in Würzburg bis zum Jahre 1879: Aus der Vergangenheit der Universität Würzburg (Berlin 1932) 146—214; *Th. Funk:* ThQ 108 (1927) 209—220 (für Tübingen); *G. B. Guzzetti,* La perdita della fede nei cattolici (Venegono 1940) 75—175; *R. Lill,* Die deutschen Theologieprofessoren im Urteil des Münchener Nuntius: Reformata reformanda. Festgabe für H. Jedin II (Münster 1965) 483—508.

Zur scholastischen Erneuerung: *F. Buuck:* Scholastik 18 (1943) 54—77; *M. Schmaus,* Die Stellung Scheebens in der Theologie des XIX. Jh.: M. J. Scheeben. Der Erneuerer der katholischen Glaubenswissenschaft (Mainz 1935) 31—54; *A. Kerkvoorde,* Scheeben et son époque: M. J. Scheeben. Le Mystère de l'Église (Paris 1946) 5—34; *B. Welte,* Zum Strukturwandel der katholischen Theologie im 19. Jh.: Freiburger Dies Universitatis 2 (1953/54) 25—55; *Th. Schäfer,* Die erkenntnistheoretische Kontroverse Kleutgen - Günther. Ein Beitrag zur Entstehungsgeschichte der Neuscholastik (Paderborn 1961); *W. Bartz,* Das Problem des Glaubens in der Auseinandersetzung mit J. Kleutgen (Trier 1950).

Ein Hauptverdienst der Tübinger Schule hatte darin bestanden, daß das katholische Dogma mit einem ausgeprägten Sinn für die „historische Dimension“, deren Entdeckung einen der Hauptzüge des Geisteslebens des 19. Jh. darstellt, neu durchdacht wurde: was von nun an zählte, war nicht mehr lediglich die kritische Gelehrsamkeit oder die Chronologie, sondern der Sinn für das Werden und das Bewußtsein, daß die Ereignisse, die Institutionen und die Doktrinen erst sind, was sie wirklich sind, wenn sie in die Zeit hineingestellt werden und sich aus dem Zusammenhang ihrer Entstehung erklären. Im Gefolge von Drey und Möhler beschäftigten sich immer mehr Theologen damit, die Folgerungen aus der Eingliederung des christlichen Ereignisses und der Offenbarung in die Geschichte zu erörtern. Die spekulativen Momente verschwanden deshalb nicht, auch nicht außerhalb der in der scholastischen Überlieferung verharrenden Kreise. Dies beweist die Begeisterung für die Ideen Günthers in ganz Deutschland und auch die Lehrtätigkeit Kuhns in Tübingen, die erfolgreich bis 1882 fortgesetzt wurde. Dennoch richteten sich mit dem fortschreitenden Jahrhundert die theologischen Wissenschaften mehr in Richtung auf die historische Theologie aus und interessierten sich mehr für die Lebenskraft des Dogmas als für seine Metaphysik. Diese Orientierung in einem weniger spekulativen Sinn als in der ersten Hälfte des 19. Jh. wurde durch die apologetischen Interessen beschleunigt. Indem die protestantischen Historiker eine kritische Methode ausarbeiteten, die es ihnen ermöglichte, manche traditionellen Positionen hinsichtlich der Ursprünge des Christentums oder in der Anschauung vom Mittelalter zu erschüttern, entwickelte sich in einigen Fakultäten, vor allem in Tübingen, eine radikale Exegese und eine hegelianische Interpretation der Dogmengeschichte, die von Ferdinand Christian Baur begonnen worden war. In enger Fühlung mit ihren Gegnern an den Universitäten erfaßten die katholischen Theologen rasch, daß es unerläßlich war, ihnen auf das neue Gebiet, auf dem sich der Kampf abspielte, zu folgen, sie mit den gleichen Waffen zu bekämpfen, die sie selbst einsetzten, das heißt mit den Tatsachen, den Texten und den Dokumenten, und eventuell gewisse mit den Tatsachen unvereinbare Positionen zu revidieren.

Auf dem Gebiet der Exegese sind vor allem zu nennen: Bisping[33], dessen „Exegetisches Handbuch zum Neuen Testament“ (9 Bde, 1854/76) lange der einzige, aber wenig originelle vollständige Kommentar von katholischer Seite war; die Münchener Professoren für das Alte und das Neue Testament

[33] Über August Bisping (1811—84), Professor in Münster, s. DHGE IX 10—11.

Haneberg[34] und Reithmayr[35]; Schegg[36], dem man ein „Leben Jesu" verdankte (2 Bde, 1874/75). Hinzufügen kann man zwei ziemlich glanzlose Abhandlungen zur biblischen Theologie, das „Handbuch der Theologie des Alten Bundes" (2 Bde, 1861/62) von P. Scholz und „Die neutestamentlichen Lehrbegriffe" (2 Bde, 1852) von J. Lutterbeck, sowie einige Essays, die in der Absicht geschrieben wurden, die Berichte der Genesis mit den modernen wissenschaftlichen Entdeckungen in Übereinstimmung zu bringen[37], u. a. „Bibel und Natur" von Reusch (1860; ^{4}1870) und „Die biblische Schöpfungsgeschichte" von Baltzer (1867, ^{2}1872). Alles in allem blieb die von katholischer Seite geleistete Arbeit, wenn sie auch nicht unbedeutend war, doch ziemlich weit hinter dem zurück, was von protestantischer Seite geschah.

Dagegen erlebten die Dogmengeschichte und die Kirchengeschichte eine bemerkenswerte Blüte: zunächst einmal in Tübingen, wo Hefele[38] neben anderen wissenschaftlichen Arbeiten, die von den apostolischen Vätern bis zu Kardinal Ximenes reichten, seine monumentale „Conciliengeschichte" (7 Bde, 1855/74) veröffentlichte, während eine Gruppe von jungen Wissenschaftlern, die sich um die „Theologische Quartalschrift" sammelten, die neuen kritischen Methoden nutzten, um die Etappen des Fortschritts im christlichen Denken nachzuzeichnen; vor allem aber in München, dank der immer stärkeren Ausstrahlung Döllingers[39], dem unbestrittenen Oberhaupt der deutschen katholischen historischen Schule.

Döllinger war im Verlauf der Ereignisse von 1848 als einer der bedeutendsten katholischen Führer sowohl auf politischem wie auch auf religiösem Gebiet aufgetaucht, wurde jedoch von der Orientierung der katholischen Bewegung unter der Führung der Männer von Mainz und dem wachsenden Einfluß der Jesuiten in der Kirche enttäuscht. Daher gab er die öffentliche Tätigkeit auf, um sich ganz der wissenschaftlichen Arbeit zu widmen, übrigens stets in einem apologetischen Horizont: „Hippolytus und Callistus" (1853), ein Meisterwerk der Geschichtskritik, das den Beifall der gesamten deutschen Wissenschaft fand, sollte das katholische Gewissen befestigen angesichts der Einwände gegen das Papsttum, welche Protestanten wie Bunsen in den kürzlich entdeckten „Philosophoumena" gefunden zu haben glaubten; ebenso wollte „Heidentum und Judentum. Vorhalle zur Geschichte des Christentums" (1857), der erste von katholischer Seite unternommene Ver-

[34] Über Daniel-Bonifaz Haneberg (1816—76) s. 100 Jahre St. Bonifaz in München (München 1960) 29—36 61 f.

[35] Über Franz Xaver Reithmayr (1809—72) s. LThK VIII 1155.

[36] Über Peter Johann Schegg (1815—85) s. LThK IX 379 f.

[37] Vgl. DThC VI 2340—46.

[38] Über Karl Joseph Hefele (1809—93), Professor der Kirchengeschichte und Patrologie von 1840 bis 1869, wo er zum Bischof von Rottenburg ernannt wurde, s. *A. Hagen*, Gestalten aus dem schwäbischen Katholizismus II (Stuttgart 1950) 7—58.

[39] Über Ignaz Döllinger (1799—1890) s. Lit. S. 460 Anm. 31; über seine früheren Arbeiten bis 1850 s. S. 460 f.

such, die Anfänge des Christentums durch ihre Einordnung in ihren geschichtlichen Rahmen wissenschaftlich darzulegen, im Licht der Geschichte nachweisen, daß keine natürliche Entwicklung griechischen oder jüdischen Ursprungs das Auftauchen des Christentums erklären kann; und „Christentum und Kirche in der Zeit der Grundlegung“ (1860), eine Arbeit, in der man mitunter einen echten religiösen Atem verspürt, enthielt mehrere Stellen über das Papsttum, die offensichtlich gegen die Protestanten gerichtet waren[40]. Noch mehr als durch seine Veröffentlichungen weitete sich der Einfluß Döllingers, von dem man sich heute kaum mehr eine Vorstellung machen kann, immer weiter aus durch seine Vorlesungen, deren Auswirkung durch seine Schüler auf zahlreiche Lehrstühle in Deutschland, in Österreich und in der Schweiz ausstrahlte. Überdies schlug in den persönlichen Kontakten der Gedankenreichtum, der strahlende Blick und der schlichte Ton dieses Mannes den Gesprächspartner in seinen Bann, und sein Briefwechsel erstreckte sich auf die gesamte wissenschaftliche Welt deutscher, englischer und französischer Sprache.

Döllinger, Hefele, Kuhn, Günther und ihre meisten Kollegen und Schüler, die in engem Kontakt mit der Welt der Universität standen, waren vor allem von dem Ziel beseelt, die katholischen Intellektuellen von dem Minderwertigkeitskomplex zu befreien, den das Aufblühen der protestantischen und rationalistischen Wissenschaft bei ihnen ausgelöst hatte. Sie wollten dieses Ziel dadurch erreichen, daß sie ihnen nahelegten, mit den gleichen Waffen mit ihr in Wettbewerb zu treten, und ihnen das Gefühl völliger wissenschaftlicher Freiheit vermittelten, abgesehen von den verhältnismäßig wenigen Fragen, bei denen es klar um das Dogma ging. Sie hofften, auf diese Weise für die Kirche in der Welt des Geistes einen Einfluß zu gewinnen, der dem entsprach, den sie durch ihre politische Aktion im öffentlichen Leben zu erobern im Begriff war. Ein Teil des deutschen Klerus, unter anderen der Mainzer Bischof Ketteler und seine Berater Lenning, Heinrich, Moufang sahen die Dinge jedoch unter einem anderen Sehwinkel. Sie hatten vor allem die Masse der Katholiken — die Bauern, die Handwerker, den Mittelstand — im Auge, deren durch einen frömmeren und eifrigeren Klerus gefestigte christliche Überzeugung sich nach außen in einer mächtigen Bewegung von wohldisziplinierten Vereinigungen niederschlagen sollte, die sich dem Heiligen Stuhl unterordneten und in der Lage sein sollten, die Losungsworte der Hierarchie in die verschiedenen Bereiche des Alltagslebens weiterzugeben. Die Anhänger dieser Bestrebungen waren darauf bedacht, mehr gute Priester als gelehrte Priester zu haben, und opponierten daher entschieden dem deutschen System, das die jungen Geistlichen zwang, an den zu den staatlichen Universitäten gehörenden theologischen Fakul-

[40] Die 2. Auflage (1868) wurde in einem dem Papsttum weniger günstigen Sinn abgeändert.

täten zu studieren. Sie wollten dieses System durch das in Frankreich und in Italien übliche System der Diözesanseminare ablösen, das Ketteler sehr rasch in seiner Diözese Mainz wieder eingeführt hatte. Viele von ihnen wollten darüber hinaus sogar die jungen Laien dem Milieu der Universitäten, deren Lehrkörper in seiner übergroßen Mehrheit protestantisch war[41], entziehen und forderten daher die Gründung einer katholischen Universität[42], die bei den deutschen Katholiken die gleiche heilsame Rolle spielen sollte wie die Universität Löwen in Belgien[43]. Diese Pläne wurden von den Zeitschriften und Gruppen unterstützt, die sich von dem Kreis um Ketteler inspirieren ließen. Ihnen widersetzten sich mit Döllinger an der Spitze alle, die erkannten, daß man unbedingt einen Klerus auf der Höhe der geistigen Anforderungen der Zeit brauchte, und die sahen, welche Gefahr eine Erziehung der jungen Katholiken in völliger Abgeschlossenheit bedeutete, weil diese sie der wissenschaftlichen Hilfsmittel berauben würde, die ihnen nach ihrer Überzeugung nur die alten Universitäten liefern konnten. Sie befürchteten, erleben zu müssen, daß die Katholiken vom wissenschaftlichen Leben ihrer Zeit abgeschnitten würden, wenn der Standpunkt ihrer kirchenpolitischen Gegner sich durchsetzen sollte, und dies um so mehr, als diese Gegner offen die Rückkehr zur Scholastik forderten, weil sie im allgemeinen die Dringlichkeit der Probleme der Geschichtskritik nicht begriffen und vor allem die Überzeugung hegten, das gesamte spekulative Denken in Deutschland sei seit Kant in eine Sackgasse geraten.

Diese Rückkehr zur Scholastik war das Losungswort der Mainzer Zeitschrift „Der Katholik“, die damals von den bei der Wiedereröffnung des Seminars 1849 von Ketteler ernannten Professoren geleitet wurde. Von ihnen standen mit in der vordersten Reihe der Pioniere des neuscholastischen

[41] So gab es in Preußen 1864 bei einer Bevölkerung von 7 Millionen Katholiken und 10 Mill. Protestanten unter den 556 Universitätsprofessoren nur 55 katholische Professoren.

[42] Der Gedanke an eine katholische Universität war schon 1848 aufgetaucht, hatte von 1861 an greifbarere Gestalt angenommen. Verschiedene Schwierigkeiten und dann, nach 1870, der Kulturkampf zwangen jedoch, den Plan aufzugeben. Vgl. *G. Richter,* Der Plan zur Errichtung einer katholischen Universität in Fulda (Fulda 1922).

[43] Man stößt zu dieser Zeit auch in mehreren anderen Ländern auf die gleiche Bestrebung. In Großbritannien gründeten schon 1851 die irischen Bischöfe mit Unterstützung Wisemans eine katholische Universität in Dublin, doch scheiterte das Unternehmen nach einigen Jahren trotz der Bemühungen Newmans (vgl. *F. McGrath,* Newman's University, Idea and Reality [London 1951] und *A. Gwynn:* Newman-Studien III [Nürnberg 1957] 99—110); Manning versuchte seinerseits, ein katholisches College in Kensington zu gründen, das jedoch auch nur kurz existierte (vgl. *E. Purcell,* Life of card. Manning I 495—505). In Frankreich gelang es den Katholiken, vor allem dank Mgr. Dupanloup, durch das Gesetz vom 12. 7. 1875 die Ermächtigung zur Eröffnung freier Universitäten zu erlangen. Und sofort wurden 5 Universitäten in Paris, Lille, Angers, Lyon und Toulouse gegründet (vgl. *Lecanuet* I 251—268 501—510 und *A. Baudrillart,* Vie de Mgr, d'Hulst I [Paris 1912] 277—383).

Wissenschaftsideals in Deutschland der Dogmatiker Heinrich[44] und der Philosoph Haffner[45]. Die Bewegung wurde in Bonn durch einen jungen, kämpferischen Laien, Franz Jakob Clemens[46], nachdrücklich gefördert. In München erhielt sie die Unterstützung der „Historisch-politischen Blätter“, ferner des Erzbischofs Reisach, eines ehemaligen Schülers des Deutschen Seminars in Rom, und des Generalvikars Windischmann, der seit langem die Aufmerksamkeit auf die Gefahr des Güntherianismus lenkte. In Österreich wurde sie von Kardinal Rauscher ermutigt, der 1857 den Jesuiten Schrader und den Dominikaner Guidi an die Universität Wien holte; seit 1857 fand sie einen aktiven Mittelpunkt in der theologischen Fakultät von Innsbruck, die den Jesuiten anvertraut wurde. Die Jesuiten gehörten überall zu den eifrigsten Bahnbrechern der scholastischen Restauration, zu deren Erfolg die Werke von Kleutgen[47] beitrugen: „Die Theologie der Vorzeit vertheidigt“ (5 Bde, 1853/70) und vor allem „Die Philosophie der Vorzeit vertheidigt“ (2 Bde, 1860/63). Kleutgen gelang es, die Lehre des hl. Thomas in origineller und gründlicher Weise neu zu durchdenken, obwohl er nicht zögerte, auch Probleme in Angriff zu nehmen, die Thomas nicht gesehen hatte, oder sich gelegentlich auch eher von Suárez leiten ließ. Er verstand es, zu zeigen, wie die traditionelle Lehre den neuen Problemen gerecht werden konnte, und sie in der synthetischen Perspektive der großen modernen Systeme darzubieten, befreit von den überholten Methoden, die sie für die gebildeten Köpfe ungenießbar machten. Hierin bestand sein großes Verdienst.

Die Tatsache, daß viele dieser scholastischen Richtung gewogen waren, erklärt sich zum Teil aus den wirklichen Schwächen, die der theologische Unterricht an den Universitäten mitunter aufzuweisen hatte, so in der rationalistischen oder in der historizisierenden Tendenz einer Reihe von Professoren und vor allem in der Vernachlässigung der Führerrolle, die in der Theologie dem vom Heiligen Geist gelenkten kirchlichen Lehramt zukommen muß. Scheeben[48] zeigte in der nächsten Generation andererseits, daß die Neuscholastik nicht nur von defensivem Nutzen im Kampf gegen

[44] Über Johann Baptist Heinrich (1816—91) s. S. 541, Anm. 25. Seine „Dogmatische Theologie“ (6 Bde, Mainz 1873 ff.) bezeugt das doppelte Anliegen, die Theologie kerygmatisch auszurichten und die scholastischen Darlegungen durch ein ernsthaftes Studium der Heiligen Schrift und der Väter zu ergänzen.

[45] Über Paul Leopold Haffner (1829—99) s. *L. Lenhart:* Jb. für das Bistum Mainz 8 (1958/60) 11—117.

[46] Über Franz Jakob Clemens (1815—62), aktives Mitglied des Katholischen Vereins, s. Der Katholik 42 (1862) I 257—280 und LThK II 1230.

[47] Über Joseph Kleutgen (1811—83), einen in Rom ansässigen Jesuiten deutscher Abstammung, s. *F. Lakner:* ZKTh 57 (1933) 161—214 und LThK VI 340. Wenn seine Werke auch in der Universitätswelt kaum beachtet wurden, so fanden sie in der kirchlichen Welt doch großen Widerhall, der durch die Übersetzung der „Philosophie der Vorzeit“ ins Italienische und ins Französische noch verstärkt wurde.

[48] Siehe Bd VI/2.

die Exzesse der „Deutschen Theologen“ war, sondern auch Werke von wirklichem geistigem und religiösem Wert inspirieren konnte; und die Werke von Karl Werner[49] bewiesen, daß der Anschluß an die Scholastik eine solide historische Gelehrsamkeit nicht immer ausschloß. Dennoch muß man einräumen, daß die meisten Erzeugnisse der neuscholastischen Schule auf einem ziemlich mäßigen Niveau stehenblieben. Selbst wenn in ihnen versucht wurde, die spekulativen Abhandlungen der klassischen Autoren durch die Einbeziehung historischer Kenntnisse — die übrigens fast stets aus zweiter Hand stammten — zu ergänzen, so wurden doch diese Kenntnisse nicht wirklich integriert und geschichtlich-theologisch ausgewertet. Der Rückzug auf die Bastion eines zeitlos gültigen Systems kostete die Theologie ihre Aktualität und ihre Repräsentanz in der modernen Welt, und man muß L. Scheffczyk ohne Einschränkung recht geben, wenn er schreibt: „Es ist kein Zweifel daran möglich, daß im Vergleich mit der jugendlichen Frische, der Vielgestaltigkeit und dem begeisterten Schwung des theologischen Denkens in der Zeit von S. Drey bis A. Günther die Arbeit der Neuscholastik behutsam, uniform und nüchtern wirkt; an die Stelle des manchmal ins Geniale-Subjektive abgleitenden Selbstdenkertums trat die nüchtern-lehrhafte Methode der Interpretation der ewig gültigen Wahrheit; die auf Einheit und organische Zusammenschau dringende Spekulation wurde durch die objektivierende Einzelforschung abgelöst, und die universale Offenheit für alle Ströme des Geisteslebens wich der Abwehr und Polemik.“

Dieser letzte Aspekt war besonders bedauerlich, da die Reaktion gegen die Universitätstheologie zum Teil von Männern angeführt wurde, die nicht nur von den mitunter wirklich vorhandenen Exzessen der „deutschen Wissenschaft“ beunruhigt waren, sondern die darüber hinaus der Wissenschaft als solcher gleichgültig oder sogar feindselig gegenüberstanden. Dies trifft selbstverständlich nicht auf alle zu. Manche hegten sogar für die Wissenschaft, sofern sie orthodox war, eine echt deutsche Bewunderung; aber viele ehemalige Schüler des Collegium Romanum — die man die „Germaniker“ nannte, weil sie in Rom im „Collegium Germanicum“ gewohnt hatten —, hatten sich die Perspektiven nicht zunutze gemacht, die die Lehren eines Passaglia oder eines Franzelin eröffnen konnten, und schienen nicht zur Kenntnis nehmen zu wollen, daß die Fortschritte der historischen Methoden auf vielen Gebieten neue Standpunkte erforderlich machten. Noch weniger schätzten die Überlebenden der fideistischen oder traditionalistischen Strömung, die im Kreis um Erzbischof Geissel einflußreich waren, das Ziel der „deutschen Theologen“, das christliche Denken mit den großen neukantianischen Systemen zu konfrontieren und vor allem eine ernsthafte, den An-

[49] Über Karl Werner (1821—88) s. LThK X 1056. Er war Professor der Moraltheologie und dann der Exegese in Sankt Pölten und in Wien und zeichnete sich vor allem als Historiker des mittelalterlichen Denkens aus.

forderungen der modernen historischen Kritik gemäße Überprüfung der Texte vorzunehmen, die von den Katholiken gewöhnlich zur Verteidigung ihrer traditionellen Positionen angeführt wurden, die sie aber gar zu leicht mit der kirchlichen Tradition als solcher verwechselten.

Noch schwerwiegender war jedoch, daß sich manche Verteidiger der Neuscholastik, verstimmt durch die Verachtung, die ihnen die Universitätswelt entgegenbrachte, darum bemühten, das Gewicht ihrer Argumentation und ihrer Einwände durch den Appell an die auswärtige kirchliche Obrigkeit zu verstärken. So entsprangen die Anzeigen, die sie immer häufiger nach Rom sandten, nicht immer dem Eifer um die Wahrheit, sondern mitunter auch persönlichen Intrigen und Rivalitäten. Schon 1854 zwangen ungerechtfertigte Angriffe der Mainzer Parteien einen der besten Kirchenhistoriker, Schwarz, seinen Lehrstuhl an der Universität Würzburg aufzugeben. Der erste große Erfolg der scholastischen Reaktion wurde jedoch die Verurteilung des Güntherianismus im Jahre 1857 [50]. In ihren immer schärferen Angriffen gegen ihre Gegner wurden die Neuscholastiker vom Nuntius in München unterstützt, der sich gern zum Echo ihrer Denunziationen machte, und in den Kreisen der Kurie wurden sie gefördert von Kardinal Reisach und von Kleutgen, dessen Einfluß besonders groß war, weil er Konsultor bei der Indexkongregation war.

Die Verurteilung Günthers ermutigte die Ultramontanen, die Theologen und Philosophen anzugreifen, die den Anspruch erhoben, ihre Arbeiten weiterzuführen, ohne den kirchlichen Direktiven Rechnung zu tragen. Das Werk von F. J. Clemens „De sententia scholasticorum philosophiam esse theologiae ancillam“ (1856) wurde zum Manifest dieser Partei. Und als Kuhn reagieren und das Recht der Philosophie auf Unabhängigkeit verteidigen wollte, unterstützte „Der Katholik“, der die doktrinären Strömungen seit seiner Neugestaltung im Jahre 1858 sehr genau verfolgte, Clemens mit Entschiedenheit [51]. Zur Unterstützung der Mainzer entstand übrigens im Universitätsbereich selbst eine Bresche: im Jahre 1854 hatte ein ehemaliger Schüler der Gregoriana, Denzinger [52], wenn auch nicht ohne Schwierigkeiten, den Lehrstuhl für Dogmatik in Würzburg erhalten, und kurz darauf stießen zwei weitere „Römer“ zu ihm: der Kirchenhistoriker Hergenröther [53] und der

[50] Siehe S. 455 f.

[51] Vgl. *G. B. Guzzetti* a. a. O. 79—86.

[52] Über Heinrich Denzinger (1819—83) s. die Erinnerungen seines Bruders in „Der Katholik“ 63 (1883) I 428—444 523—538 638—649 und NDB III 604.

[53] Über Joseph Hergenröther (1824—90) s. *S. Merkle:* Aus der Vergangenheit der Universität Würzburg (Berlin 1932) 186—214 und LThK V 245—246. Er war ein wenig glänzender Lehrer, aber ein Gelehrter von wirklichem Wert, der seine römische Ausbildung durch eine unter Leitung Döllingers in München erlangte Doktorwürde ergänzt hatte und dessen 3 Bände über Photius seinen Ruf begründeten. Sein „Handbuch der Kirchengeschichte“ (3 Bde, 1876/80) „fand wegen der souveränen Beherrschung des Stoffes

Apologet Hettinger[54]. Alle drei wollten im Geist der völligen Unterwerfung unter die kirchliche Autorität arbeiten. Noch im Jahre seiner Berufung hatte Denzinger mit der Veröffentlichung seiner Sammlung der kirchlichen Entscheidungen für den Handgebrauch, „Enchiridion Symbolorum et Definitionum", die deutschen Theologen, die dies so gern vergaßen, daran erinnert, welche Bedeutung den Entscheidungen — auch den nicht unfehlbaren — des ordentlichen Lehramts beizumessen ist.

Zahlreiche deutsche Professoren lehnten es im Namen der Freiheit der Wissenschaft ab, sich vor einer anderen Autorität als der ihresgleichen zu beugen, wenn es sich nicht um ein definiertes Dogma handelte. Diese Einstellung erregte tiefes Mißfallen in Rom, wo die wissenschaftlichen Interessen sehr gering und die Reaktion gegen den Liberalismus in vollem Gang waren. In diesem Zusammenhang wurden seit 1857 verschiedene Indizierungen verfügt[55]. Vor allem aber richtete Pius IX. 1862 einen Brief an den Erzbischof von München, in dem er im Zusammenhang mit den dem Münchener Professor Frohschammer[56] vorgeworfenen Irrtümern bedauerte, daß dieser bei weitem nicht der einzige sei, der „eine bisher in der Kirche unbekannte Lehr- und Schreibfreiheit" fordere[57]. Auf Grund der räumlichen Entfernung verschärfte sich das Mißtrauen Roms der deutschen Wissenschaft gegenüber rasch und erfaßte nach und nach auch die hervorragendsten Wissenschaftler, angefangen bei Döllinger.

Schon vor ein paar Jahren war der berühmte Historiker gewissen Verdächtigungen ausgesetzt gewesen[58]; aber auch er selbst fühlte sich durch die zentralisierenden Tendenzen der römischen Kurie, die mit dem aggressiven Gebaren der Neuscholastik Hand in Hand gingen, mehr und mehr vor den Kopf gestoßen. Aber wenn auch die eifrigsten unter den Ultramontanen diesen Theologen, der so unrömische Methoden anwandte und dazu neigte,

allgemeine Bewunderung, wenn auch kritisch auf die apologetische Tendenz und Abhängigkeit von anderen Darstellungen der Kirchengeschichte hingewiesen wurde" (Bigelmair).

[54] Über Franz Hettinger (1819—90), eine ausgeglichene Persönlichkeit von universaler Bildung, scharfem Verstand und ausgeprägter Darstellungskraft, s. Lebensläufe aus Franken, hrsg. von *A. Chroust* II (München 1921) 202—215. Seine „Apologie des Christentums" (2 Bde, 1863/67) blieb lange klassisch ([10]1914/18) und verdiente es.

[55] Vgl. *F. H. Reusch*, Der Index (Bonn 1885) 1125—32. Die Verurteilungen waren im Vergleich zu den Anzeigen jedoch zahlenmäßig gering, und die Vorsicht der Indexkongregation wurde von der Sympathie den Scholastikern gegenüber wenig verdächtigen Gelehrten anerkannt, z. B. von Flir (Briefe aus Rom 47) oder Kuhn (ThQ 108 [1927] 215).

[56] Über Jakob Frohschammer (1821—93), Philosophieprofessor seit 1855, der nach seiner Indizierung im Jahre 1857 die dem liberalen Protestantismus nahen Positionen verteidigte und sich dann dem Altkatholizismus anschloß, s. LThK IV 397, *Hocedez* II 60 bis 68 und *J. Stracke*, Ecclesiae judicium de J. F. doctrina circa mysteria (Diss. masch. Rom 1934). Seine wirkliche Einstellung zur Freiheit des christlichen Philosophen müßte vielleicht noch mehr nuanciert werden.

[57] Brief „Gravissimas inter" (11. 12. 1862, in Acta Pii IX, 548—556.

[58] Vgl. *Aubert* Pie IX 203—204.

ernsthafte kirchliche Wissenschaft nur den deutschen Universitäten zuzuerkennen und den wachsenden Einfluß der ehemaligen Schüler des Collegium Romanum im kirchlichen Leben in Deutschland als einen Sieg des Obskurantismus zu betrachten, mißtrauisch beobachteten, so bewahrten ihm die kirchlichen Autoritäten zunächst noch ihre Achtung, bis es im Jahr 1861 zum Zwischenfall der zwei Vorträge im „Odeon“ in München kam. In diesen verfolgte Döllinger ein wesentlich pastorales Ziel: da er vom bevorstehenden Untergang des Kirchenstaates überzeugt war, hatte er die Katholiken mit dem Nachweis beruhigen wollen, daß dies in keiner Weise einen Niedergang des Papsttums als solchen bedeuten würde, was immer die Protestanten auch sagen mochten. Er begnügte sich jedoch nicht mit der Darlegung positiver Ansichten über die Bedeutung des päpstlichen Primats und mit der Anerkennung der Bemühungen Pius' IX. um eine Besserung der Verhältnisse im Kirchenstaat, sondern erklärte auch die Feindseligkeit gegen die weltliche Macht des Papstes aus den nur zu offenkundigen Mängeln der päpstlichen archaischen und klerikalen Regierungsweise. Viele sahen in Döllingers Intervention eine offene Unterstützung Cavours, und manche nahmen diese Gelegenheit gerne zum Anlaß, einzugreifen; sie organisierten eine Protestkampagne und versuchten, den Gelehrten in den Augen der dem Papst alles in allem sehr ergebenen katholischen Massen in Verruf zu bringen. Bestürzt versuchte Döllinger, den Sachverhalt richtigzustellen; es gelang ihm jedoch nicht mehr, den ersten negativen Eindruck zu verwischen. Von nun an erfolgte die Kritik an der von ihm vertretenen theologischen Richtung offener, da die Kritiker sicher sein konnten, nun bei denen ein offenes Ohr zu finden, die die Verteidigung der Rechte des Papsttums an die Spitze ihrer Ziele gestellt hatten.

Döllinger verdroß es, feststellen zu müssen, daß sein Prestige bei den Katholiken angeschlagen war, und es reizte ihn, daß sein wissenschaftlicher Wert von absolut unkompetenten Leuten bezweifelt wurde. Dennoch blieb er weiter der Kirche ergeben, trotz seiner wachsenden Feindseligkeit gegen die Politik der Kurie. Aber es bereitete ihm Sorgen, daß sich die intellektuellen Kräfte des deutschen Katholizismus gegenseitig zerfleischten, statt, wie es dringend geboten gewesen wäre, Front gegen die immer radikaleren Angriffe der ungläubigen Wissenschaft zu machen. Der Versuch einer Aussöhnung der beiden katholischen Gruppen war daher dringend geboten. Nun lag seit Jahren der Gedanke in der Luft, die deutschen katholischen Gelehrten zu einem Kongreß einzuberufen. So luden Döllinger, Alzog und Haneberg — trotz der Skepsis der Tübinger, der Zurückhaltung der Mainzer und der offenen Feindseligkeit der Jesuiten — die katholischen Gelehrten Deutschlands, Österreichs und der Schweiz ein, sich Ende September 1863 in München zu versammeln[59]. Unglückseligerweise hatte sich in der Zwi-

[59] Über diesen Kongreß s. Die Verhandlungen der Versammlung katholischer Gelehrter in München (Regensburg 1863). Auch: *J. Friedrich,* I. v. Döllinger III 270—354; *K. Müller,*

schenzeit das Mißtrauen gegen Döllinger weiter verstärkt, unter anderem auf Grund seines Buches „Die Papstfabeln des Mittelalters" (1863), in dem er den legendären Charakter verschiedener Überlieferungen über die Päpste des Mittelalters aufzeigte und die Schwächen der Päpste Liberius und Honorius gegen die These von der Unfehlbarkeit auswertete.

In seiner bemerkenswerten Eröffnungsansprache über „Die Vergangenheit und die Gegenwart der Theologie"[60], die Goyau mit Recht eine „Deklaration der Rechte" der Theologie nannte, legte er verschiedene richtige Gedanken über die theologische Methode dar, forderte jedoch für den Theologen dort, wo es sich nicht direkt um den Glauben handelt, völlige Bewegungsfreiheit: „Der Wissenschaft ist diese Freiheit so unentbehrlich wie dem Körper die Luft zum Atmen", und verlangte die Bekämpfung der theologischen Irrtümer mit „rein wissenschaftlichen Waffen" statt mit kirchlichen Zensuren. Ja er erklärte sogar, wie es bei den Hebräern gleichzeitig das Prophetentum und die priesterliche Hierarchie gegeben habe, so müsse es auch in der Kirche neben der regulären Gewalt eine außerordentliche Macht geben: die öffentliche Meinung, deren Bildung Sache der Theologie sei. Da er zugleich vom völligen Verfall der Theologie in den lateinischen Ländern sprach, erweckte er den Eindruck, er fordere für die deutschen Theologen die eigentliche intellektuelle Führung der Kirche. Die Theologen von Mainz und Würzburg konnten solche Behauptungen nicht ohne Protest durchgehen lassen; schließlich einigte man sich jedoch auf eine etwas unbestimmte Formel hinsichtlich der zu respektierenden Rechte der Autorität und der Freiheit. So konnten viele der Meinung sein, das Hauptziel der Gelehrtenversammlung, die Verständigung mit der „römischen Partei", sei erreicht, um so mehr, als die erste Reaktion Pius' IX., bei dem man die Befürchtung erweckt hatte, die Versammlung könnte zu einer Schilderhebung gegen die römischen Kongregationen ausarten, eher günstig war. Aber die Berichte des Nuntius und anderer Gegner Döllingers über die Atmosphäre des Kongresses, auf dem die Schüler Döllingers die Majorität bildeten, und der Text der Ansprachen Döllingers führten rasch eine Wandlung der Haltung des Papstes herbei. Einen Augenblick lang war sogar die Rede von einer Indizierung der Kongreßakten; schließlich begnügte sich Pius IX. jedoch mit einem Brief an den Erzbischof von München[61], in dem er die Angriffe gegen die Scholastik tadelte und bedauerte, daß eine Theologenversammlung ohne Auftrag der Hierarchie zusammengetreten war, obwohl „es deren Aufgabe ist, die Theologie zu leiten und zu überwachen". Er präzisierte ferner, daß der katholische Gelehrte nicht nur durch die feierlichen Definitionen gebunden sei, sondern darüber hinaus verpflichtet sei, dem re-

Leben und Briefe von J. Th. Laurent III (Trier 1889) XIII—XXVIII; *H. Lang:* HJ 71 (1952) 246—258; *G. Martina:* AHPont 6 (1968) 350—351 Anm. 39.

[60] Text leicht abgeschwächt in Verhandlungen ... 25—29.

[61] Brief „Tuas libenter" (21. 12. 1863) in Acta Pii IX, III 636—645.

gulären Lehramt, den Entscheidungen der römischen Kongregationen und der gemeinsamen Lehre der Theologen Rechnung zu tragen. Diese Mißbilligung wurde einige Monate später noch durch eine sehr strenge Regelung ergänzt, die neue Versammlungen dieser Art praktisch unmöglich machte.

Somit war der Versuch Döllingers gescheitert, und die Schärfe der Polemik zwischen den beiden Lagern verdoppelte sich sofort. Auf der einen Seite standen die Männer, die überzeugt davon waren, daß es vor allem darauf ankäme, der Kirche die Achtung der gebildeten Kreise durch eine gewissenhafte Anwendung der historischen Methoden und durch eine der modernen philosophischen Geisteshaltung angepaßte Präsentation des katholischen Dogmas zurückzugewinnen. Die Tübinger vertraten zwar ebenfalls dieses doppelte Ideal, billigten jedoch den Radikalismus der Münchener Schule nicht und hielten sich mehr und mehr abseits. Die kämpferische Vorhut der Münchener Gruppe bestand aus den Freunden Döllingers, die bald ihre eigene Zeitschrift hatten, das „Theologische Literaturblatt", das 1865 von dem jungen Bonner Professor Reusch gegründet wurde. Ihnen gegenüber stand die „römische" Schule, die es als ihre wesentliche Aufgabe betrachtete, den Katholiken ein fertiges doktrinäres System von unzweifelhafter Orthodoxie zu übermitteln. Ihre Hauptzentren hatte sie außer im Seminar von Mainz im Kölner Seminar, wo Scheeben die Lehre der Dogmatik erneuerte, im Seminar von Eichstätt, wo Stöckl einen philosophischen Unterricht nicht nur scholastischen, sondern streng thomistischen Geistes inaugurierte, und im Scholastikat der Jesuiten, in dem P. Rieß 1864 die „Stimmen aus Maria Laach" gegründet hatte, um die Lehre des „Syllabus" zu kommentieren.

Nur wenigen gelang es, gute Beziehungen zu beiden Parteien zu behalten. Noch seltener waren die Männer, die wie K. Werner, A. Schmidt oder Dieringer eine letzte Anstrengung machten und versuchten, eine Annäherung der beiden Standpunkte zu erreichen. Die Spannung wuchs von Jahr zu Jahr, und der kleinste Zwischenfall gab Anlaß zu scharfen Polemiken, bei denen weder die echte Wissenschaft noch die Nächstenliebe auf ihre Rechnung kamen.

Döllinger, dem die ernsthafte Bedrohung der Freiheit der katholischen Gelehrten immer größere Sorge bereitete, wurde immer verbitterter, als er spürte, daß seine Popularität mehr und mehr schwand. So machte er den Eindruck, als suche er selbst die Angriffe seiner Gegner zu rechtfertigen, indem er seine Kompromisse mit protestantischen Gelehrten und antiklerikalen Ministern und seine immer böswilliger werdenden Urteile über alles, was aus Rom kam, mit lauter Stimme verkündete. Auch manche seiner Schüler, wie Huber, Friedrich oder Pichler, die „junge Münchener Schule", wie man sagte, erregten durch ihre Arroganz und ihren Mangel an katholischer Gesinnung Anstoß.

Die Verantwortung für diese Zustände lag jedoch auf beiden Seiten, denn die Intransigenz oder die Beschränktheit verschiedener Verteidiger der römischen Bestrebungen trugen erheblich dazu bei, eine schon an sich heikle Situation noch weiter zu vergiften. Selbstverständlich gab es unter ihnen auch gemäßigte Köpfe, so z. B. Hergenröther, Hettinger oder Scheeben. Es gab aber auch die Männer, denen Ritter den Spitznamen „die Zornigen" gab, deren Fanatismus recht bedauerliche Folgen hatte, u. a. weil sie das Werk Kuhns in ihre heftigen Angriffe einbezogen und so auch die Tübinger Schule in Verdacht brachten. Damit wurde es dieser Schule unmöglich gemacht, den ausgleichenden Einfluß auszuüben, zu dem sie sehr wohl in der Lage gewesen wäre, weil sie weder an dem Historizismus noch an dem Rationalismus litt, von denen die Münchener Schule mehr und mehr verdorben wurde, und andererseits hätte ergänzen können, was der neuscholastischen Schule an biblischem und geschichtlichem Denken und an Sinn für das Mysterium fehlte.

VIERTER ABSCHNITT

Die Auseinandersetzung zwischen Katholizismus und Liberalismus

Univ.-Professor Dr. Roger Aubert, Louvain (Kap. 38, 39 und 41)
Univ.-Professor Dr. Rudolf Lill, Köln-Rom (Kap. 40)

Die Konfrontation der liberalen Ideen mit den traditionellen Positionen der Kirche, die im 18. Jh. eingesetzt und sich seit der Erklärung der Menschenrechte im Jahre 1789 immer weiterentwickelt hatte, erreichte unter dem Pontifikat Pius' IX. ihren Höhepunkt. Schon bald nach Beendigung der kurzen Idylle von 1848 verschärfte sich der Antagonismus von beiden Seiten sowohl auf ideologischer als auch auf praktischer Ebene. Das Wiederaufflammen der Römischen Frage mußte diese Gegnerschaft noch zusätzlich verschärfen. Wenn auch ihre wahren Wurzeln in dem nationalen Enthusiasmus der Italiener und zu einem Teil auch in den politischen Ambitionen Piemonts zu suchen waren, so wurde die Souveränität des Papstes doch offiziell im Namen der neuen Freiheiten — dem Recht der Völker auf Selbstbestimmung und der liberalen Konzeption des Staates — in Frage gestellt. Die beiden Probleme, die sehr wohl auseinandergehalten werden konnten — den Beweis dafür liefert die von der Gruppe Montalembert — Dupanloup eingenommene Haltung —, wurden in der Tat jedoch in sehr engem Zusammenhang betrachtet.

38. Kapitel

Die Römische Frage

QUELLEN: Der diplomatische Standpunkt. *B. Bastgen,* Die Römische Frage, 3 Bde (Freiburg i. Br. 1917/19); I documenti diplomatici italiani, 1. R. I—III/XIII, 2. R. I—II (Rom 1952/66); Carteggi di Cavour, 16 Bde (Bologna 1926/62); Les origines diplomatiques de la guerre de 1870—71, 28 Bde (Paris 1910/31); *L. Thouvenel,* Le secret de l'empereur, 1860—63, 2 Bde (Paris 1889); *S. Jacini,* Il tramonto del potere temporale nelle relazioni degli ambasciatori austriaci a Roma 1860—70 (Bari 1931); *N. Blakiston,* The Roman Question. Extracts from the Despatches of O. Russel 1858—70 (London 1962); *M. Gabriele,* Il carteggio Antonelli-Sacconi 1858—60, 2 Bde (Rom 1962); *G. Bandini,* Roma nel 1860, dalla corrispondenza diplomatica spagnuola: RStRis 24 (1937) 3—50 194—230 369—404; *E. Brazão,* A unificação de Italia vista pelos diplomatas portugueses 1848—70, 2 Bde (Coimbra 1963/66); *ders.,* Relações diplomáticas de Portugal com a Santa Sé a queda de Roma 1870 (Lissabon 1970; August 1870 bis Juli 1871); *N. Miko,* Das Ende des Kirchenstaates, 4 Bde (Wien 1962/70; bis September 1871).

Aus dem Briefwechsel siehe besonders: *P. Pirri,* Pio IX e Vittorio Emanuele II dal loro carteggio privato, 5 Bde (Rom 1944/60; enthält außer dem Briefwechsel zwischen Pius IX. und Viktor Emanuel noch zahlreiche andere Briefe); La Questione Romana negli anni 1860—61, 2 Bde (Bologna 1930; zu ergänzen mit Carteggio inedito fra M. d'Azeglio e D. Pantaleoni, hrsg. von *G. Faldella* [Rom 1888] und mit *A. Berselli:* AstIt 113 [1955]

73—100). Ferner: Carteggi del P. L. Taparelli d'Azeglio, hrsg. von *P. Pirri* (Tuιin 1933; wertvoll für den Standpunkt der „intransigenti" in der Zeit von 1850 bis 1862); *F. Quintavalle,* La conciliazione fra l'Italia e il Papato nelle lettere di P. Tosti al senatore Casati (Mailand 1907; wertvoll für den Standpunkt der „conciliatoristi"); Lettere e documenti del Barone B. Ricasoli, hrsg. von *M. Tabarrini* - *A. Gotti,* 11 Bde (Florenz 1887/96), und Carteggi di B. Ricasoli, hrsg. von *M. Nobili* - *S. Camerani,* 23 Bde (Rom 1939/68; wird fortgesetzt); *B. Ferrari,* E. Rendu e M. d'Azeglio. Il Risorgimento italiano visto da un cattolico liberale francese 1849—65 (Santena 1967); über die (weitverstreute) Korrespondenz von M. d'Azeglio siehe *A. M. Ghisalberti:* RStRis 30 (1943) 398—403.

Zu den Reden: *C. de Cavour,* Discorsi parlamentari, 11 Bde (Turin 1863/72; neue Ausgabe von *A. Omodeo* - *L. Russo,* Florenz 1932 ff); Scritti e discorsi politici di M. d'Azeglio, hrsg. von *M. De Rubris,* 3 Bde (Florenz 1931/38); Discorsi di U. Rattazzi, 8 Bde (Rom 1876/80).

Zu den Memoiren: *G. Pasolini,* Memorie (Turin 1887); *M. Minghetti,* I miei ricordi (Turin 1889; neue Ausgabe von *A. M. Ghisalberti,* Turin 1948; s. *ders.:* RStRis 34 [1947] 159—196); *N. Roncalli,* Diario dall'anno 1849 al 1870, hrsg. von *A. De Magistris* (Turin 1887); *G. Margotti,* Memorie per la storia dei nostri tempi 1856—63 (Turin 1863).

Zahlreiches Material findet sich in den Zeitungen und Zeitschriften, bes. in: La Civiltà cattolica (1850ff) und L'Osservatore Romano (1861 ff) aus römischer Sicht; L'Univers und Le Monde aus französischer Sicht; für Italien: L'Armonia (1846/66), L'Unità cattolica (1863 ff), L'Osservatore cattolico (1864 ff) und Il Veneto cattolico (1867 ff) aus päpstlich gesinnter Sicht, Gli Annali cattolici (1862/66) und La Rivista Universale (1866/79) aus katholisch-liberaler Sicht, La Gazzetta del Popolo (1848 ff) und La Nuova Antologia (1860 ff) aus liberaler Sicht.

LITERATUR: Zahlreiche bibliographische Hinweise finden sich bei *B. Bastgen* a. a. O. III 841—864, *Mollat* passim und Nuove questioni di storia del Risorgimento (Mailand 1961) 377—380. — Das Werk von *Mollat,* lange Zeit das Standardwerk, muß ergänzt werden durch: *P. Pirri* a. a. O. II—1, III—1; *J. Maurain,* La politique ecclésiastique du Second Empire (Paris 1930), *L. Case,* Franco-Italian Relations 1860—65 (Philadelphia 1932), *Engel-Janosi* I 61—197 und bes. *R. Mori,* La Questione Romana 1861—65 (Florenz 1963) und Il tramonto del potere temporale 1866—70 (Rom 1967).

Zu den neueren Einzelstudien zählen: Il problema religioso del Risorgimento: RStRis 43 (1956) 191—345 411—589 (= Kongreß von Messina 1954); L'unità d'Italia e i cattolici italiani: Vita e pensiero 42 (1959) 858—1010; I cattolici e il Risorgimento (Rom 1963); *L. Salvatorelli,* Roma e la Questione Romana nella politica europea del sec. XIX: Il Risorgimento e l'Europa (Rom 1964) 39—134; über Cavour und die Römische Frage, Lit. in Il Diritto ecclesiastico 75 (1964) 415 Anm. 18; *W. Hancock,* Ricasoli and the Risorgimento in Tuscany (London 1926; auch *C. Pischeda:* RSIt 68 [1956] 37—81); *L. Lipparini,* Minghetti, 2 Bde (Bologna 1942/47); *R. Aubert,* Pie IX et le Risorgimento: Ris 4 (1961) 51—74; *ders.,* La chute de Mgr de Merode en 1865: RSTI 9 (1955) 331—392; *ders.,* La Chiesa cattolica in Italia e la questione dell'unità politica: Humanitas 16 (Brescia 1961) 682—709; *G. De Rosa,* Il „non expedit" e lo Stato unitario italiano: ebd. 709—732; *F. Fonzi,* Echi e reazioni del mondo cattolico all'unificazione italiana: RStT 6 (1960) 247—271; *N. Miko,* Österreich—Ungarn und der Untergang des Kirchenstaates im Jahre 1870: RömHM 1 (1958) 130—176; *J. M. Goñi Gastambide,* El reconocimiento de Italia y monseñor Claret, confesor de Isabel II: Anthologica annua 17 (1970) 369—462; *A. Graham,* The Rise of the Double Diplomatic Corps in Rome 1870—75 (Den Haag 1952); *L. P. Wallace,* The Papacy and European diplomacy 1869—78 (Chapel Hill 1948); *A. Vigevano,* La fine dell'Esercito pontificio (Rom 1920); *D. McElrath:* RHE 65 (1970) 86—113.

Von der päpstlichen Restauration zum Italienkrieg

Die Wiederherstellung der Autorität des Papstes in seinen Ländern nach dem kurzen Zwischenspiel der römischen Republik war in einer eindeutig reaktionären Atmosphäre erfolgt. Die neue, von Kardinal Antonelli in einer Reihe von Gesetzen, die in der Zeit vom 10. September bis 24. November 1850 veröffentlicht wurden, ausgearbeitete Regierungsform orientierte sich an den Grundsätzen des Kardinals Bernetti. Ihn betrachtete der Staatssekretär fortan als seinen Lehrer in politischen Dingen. Er sah zwar eine Anzahl von Reformen vor, aber diese bestanden ausschließlich in Verbesserungen bereits bestehender Institutionen und brachten keine echten Strukturreformen. Antonelli sah im Scheitern des Versuchs von 1848 den endgültigen Beweis für die Unvereinbarkeit der Aufrechterhaltung der zeitlichen Macht des Papstes und einer selbst nur teilweisen Liberalisierung des Regierungssystems. Daher erteilte er dem wiederholten Drängen nicht nur der Pariser, sondern auch der Wiener Regierung, die ihn dazu bewegen wollten, den Weg der Verfassungsreform einzuschlagen, wenn auch nur in gemäßigter Form, ein eindeutige Absage. Dennoch bleibt anzuerkennen, daß die Regierung des Kardinals auf der Ebene administrativer Leistungen wohl ihre Verdienste hatte. Wie zu seiner Zeit schon der französische Botschafter de Rayneval[1], dessen Ansichten durch die genaue (jedoch in zu apologetischer Perspektive konzipierte) Untersuchung von P. Dalla Torre[2] bestätigt wurden, aufgezeigt hatte, ergriff oder inspirierte Antonelli eine Reihe von Maßnahmen, die von sehr großer Aktivität und gutem Willen, ja sogar von einem gewissen Weitblick zeugten, was verschiedene ausländische Beobachter befriedigt feststellten. Aber viele dieser Maßnahmen, die nur teilweise verwirklicht wurden, blieben auf der Linie des aufgeklärten Despotismus des 18. Jh. stehen und waren nicht in der Lage, die Weiterentwicklung der Geister aufzuhalten, die von zwei Gedanken beherrscht wurden: der liberalen Entwicklung der politischen Institutionen und der Verwirklichung der italienischen Einheit.

Die ersten Jahre waren jedoch relativ ruhig. Aber seit dem Pariser Kongreß (1856) trat die Frage der im päpstlichen Staat notwendigen Reformen durch die geschickte, von Cavour organisierte und von England unterstützte Propaganda in den Vordergrund der Besorgnisse vor allem der italienischen Öffentlichkeit. Zwar war das einfache Volk, das ein leichtes Ansteigen seines

[1] Sein 1856 verfaßter Bericht wurde abgedruckt im Recueil des traités ... concernant l'Autriche et l'Italie (Paris 1859) 697—726. Vgl. *A. M. Ghisalberti:* ADRomana 75 (1952) 73—101.

[2] L'opera riformatrice e amministrativa di Pio IX fra il 1850 e il 1870 (Rom 1945). Siehe auch *M. Roncetti:* Bollettino della Deputazione di storia patria per l'Umbria 43 (1966) 139—174. Ein Beispiel auf lokaler Ebene: *M. Pellegrini,* Le condizioni economiche, sociali, culturali e politiche di Jesi dal 1849 al 1859 (Jesi 1957).

Lebensstandards verzeichnen konnte und außerdem die leutselige Bescheidenheit des Papstes schätzte, mit der paternalistischen Regierung Pius' IX. nicht allzu unzufrieden, trotz der Schikanen österreichischer Truppen, die mit der Aufrechterhaltung der Ordnung in den Nordprovinzen betraut waren. Das Bürgertum dagegen konnte immer schwerer eine Regierung ertragen, die nicht nur den Bürgern keinerlei politische Verantwortung überließ, sondern auch alle wichtigeren Posten mit Klerikern besetzte, und deren Gesetzgebung sich noch immer im wesentlichen am mittelalterlichen kanonischen Recht orientierte, wie die Öffentlichkeit im Westen noch 1858 in der unseligen Affäre Mortara mit Bestürzung erfahren mußte[3].

Dies war die Situation, als im Sommer 1859 der Italienkrieg ausbrach. Mehrere Provinzen erhoben sich, ermuntert durch die österreichische Niederlage, und forderten ihre Angliederung an das Königreich Piemont, in das vom Norden bis zum Süden der Halbinsel all jene ihre Hoffnung setzten, die ein vereinigtes Italien den modernen konstitutionellen Forderungen entsprechend regiert wissen wollten. In dem Bewußtsein der Unterstützung durch Napoleon III., der aus verschiedenen Gründen die Aufrechterhaltung der weltlichen Macht des Papstes zwar wünschte, aber auf einen kleinen, nur noch symbolischen Staat reduziert[4], beeilte sich die piemontesische Regierung, die Lage soweit wie möglich auszunützen. Viktor Emanuel forderte Pius IX. nicht nur auf, die vollendete Tatsache in der Romagna (die sich bereits spontan unter die piemontesische Oberhoheit gestellt hatte) zu akzeptieren, sondern er verlangte von ihm auch die effektive Regierungsvollmacht über die Marken und Umbrien, die weiterhin noch unter der nominalen Oberhoheit des Papstes stehen sollten. Der Vatikan verweigerte jedoch jedes Übereinkommen. Erst geißelte er in der Enzyklika „Nullis certi verbis" vom 19. Januar 1860[5] vor den Augen der katholischen Welt „die sakrilegischen Attentate auf die Souveränität der römischen Kirche" und forderte „die uneingeschränkte Restitution" der Romagna. Nachdem der Papst sich durch Kardinal Antonelli erneut hatte versichern lassen, daß es nur eine Lösung gebe, nämlich „zurückzuerstatten, was genommen worden war", schleuderte er am 26. März den großen Bannstrahl gegen die Usurpatoren, die das Recht des Heiligen Stuhls an sich gerissen hatten[6].

[3] Über die Affäre selbst siehe *R. De Cesare,* Roma e lo Stato del Papa I (Rom 1907) 278 bis 294 und *G. Masetti Zannini:* RSTI 13 (1959) 239—279. Über die Reaktionen: *G. Volli:* Bolletino del Museo del Risorgimento 5 (Bologna 1960) 1085—1152; *J. Altholz:* Jewish Social Studies 23 (1961) 111—118 (für England); *G. Braive:* Ris 8 (1965) 49—82 (für Belgien); *B. Korn,* The American Reaction to the Mortara Case (Cincinnati 1957).

[4] Wie es vor allem die Broschüre „Le Pape et le Congrès" ausdrückte, die der Vicomte de la Guéronnière im Dezember 1859 nach seiner Instruktion verfaßte: „Die Stadt Rom faßt vor allem deren Bedeutung zusammen ... Je kleiner das Territorium, um so größer der Herrscher."

[5] Acta Pii IX, III 129—136.

[6] Ebd. III 137—147.

Die Römische Frage war nun akut geworden. Obwohl sie mehr eine Frage der Diplomatie als der Kirche an sich war, stellte sie dennoch eine schwere psychologische Belastung für die noch verbleibenden 18 Jahre des Pontifikats Pius' IX. dar. Die Opposition des Vatikans, mehr die von Antonelli als die Pius' IX., gegen jede Vergleichslösung mußte jene, die in der Kirche eine grundsätzliche Gegnerschaft zu den Ideen der modernen Welt vermuteten, in ihrer Auffassung noch bestärken. Sie trug zu einem beträchtlichen Teil dazu bei, daß das päpstliche Ansehen in nichtkatholischen oder indifferenten Kreisen immer mehr schwand. Daneben blockierte die Römische Frage die Energien der dynamischsten Katholiken in Frankreich und Italien durch ein vorrangig politisches Problem und lenkte sie damit für eine ganze Generation von eigentlich religiösen Fragestellungen ab. Die Römische Frage trug zwar dazu bei, die engagierten Katholiken noch enger an den Papst zu binden, und spielte auf diese Weise eine wichtige Rolle in der endgültigen Niederlage der gallikanischen und josephinistischen Tendenzen; sie bewirkte dies jedoch in einer Atmosphäre der Leidenschaftlichkeit, die ihrerseits dazu beitrug, dem Ultramontanismus dieser Zeit einen gefühlsmäßigen, in doktrinaler Sicht nicht unbedenklichen Charakter zu verleihen.

Von der Errichtung des Königreiches Italien bis zur Besetzung Roms

Während Antonelli in der Hoffnung, zu retten, was noch zu retten war, mit der französischen Regierung auf diplomatischer Ebene in vorsichtige Verhandlungen eintrat, wurden seine Bemühungen von seiten Roms selbst kompromittiert. Schon seit einigen Monaten versuchte einer der meistbeachteten Favoriten Pius' IX., Mgr. de Merode[7], ein überzeugter Bonapartistengegner — dazu ausersehen, das zweideutige Spiel, das Napoleon III. in den vergangenen Monaten gegen den Heiligen Stuhl betrieben hatte, noch zu steigern —, den Papst dazu zu bringen, mit Eklat auf den Schutz der französischen Truppen zu verzichten und durch Anwerbung von Freiwilligen aus der ganzen katholischen Welt eine eigene Armee aufzubauen. Antonelli war zu realistisch, um diesen Plan gutzuheißen. Aber Pius IX., den die wechselhafte Politik Napoleons III. tief enttäuscht hatte, war in dieser Krisenzeit nicht bereit, der Vorsicht seines Staatssekretärs zu folgen. Er entzog diesem zwar nicht, wie man vielfach erwartete, die allgemeine Leitung der Geschäfte, beauftragte jedoch seinen Gegner Merode, zusammen mit dem legitimistischen französischen General Lamoricière die neue Armee zu organisieren[8]. Einige Monate später aber beschleunigte der Feldzug

[7] Über Xavier de Merode (1820—74) siehe S. 512 Anm. 6.

[8] Vgl. *G. Carletti,* L'esercito pontificio dal 1860 al 1870 (Viterbo 1904). Über das Regi-

Garibaldis und der Sturz des Königreichs Neapel die Entwicklung der Dinge. Italienische Truppen besetzten eilends die Marken und Umbrien, nachdem sie in Castelfidardo (18. 9. 1860) die kleine Armee Lamoricières vernichtet hatten. Kurze Zeit später proklamierte ein Nationalparlament Viktor Emanuel zum König von Italien.

Der päpstliche Staat war nun auf Rom und seine Umgebung reduziert (etwas mehr als 700000 Einwohner im Gegensatz zu früher 3 Millionen), und es bestand wenig Hoffnung, die verlorenen Provinzen je wieder zurückzugewinnen. Der Augenblick schien gekommen, sich vor der Wirklichkeit zu beugen und einen vernünftigen Vergleich zu suchen. Dies war die Auffassung der französischen Regierung, aber auch vieler italienischer Katholiken und sogar Kleriker. Cavour, der bis in die römische Kurie hinein auf tätige Sympathie rechnen konnte, versuchte, sein Werk zu vollenden, indem er Rom eine Übereinkunft auf folgender Grundlage anbot: der Papst sollte frei auf die weltliche Macht, die in jedem Fall schon bald der Vergangenheit angehören würde, verzichten; Italien dagegen sollte auch auf die letzten Reste regalistischer Einflußnahme auf das kirchliche Leben verzichten und die frühere Gesetzgebung durch das Regime der Libera Chiesa in libero stato ersetzen. Aber den Verhandlungen stand von Anfang an der mangelnde Wille Antonellis entgegen, und sie endeten im März 1861 mit einem vollkommenen Mißerfolg.

Die Position des Heiligen Stuhls war nun für lange Zeit festgelegt: man versteifte sich auf eine totale Ablehnung. Antonelli, der nicht klar genug erkannte, bis zu welchem Punkt sich seit 10 Jahren die politischen Bedingungen und Ideen gewandelt hatten, hoffte noch immer, durch die Politik, die in Gaeta zum Erfolg geführt hatte, nämlich den Appell an die katholischen Mächte im Namen des Grundsatzes der Legitimität und der unveränderlichen Rechte des Papstes auf seine Staaten, noch einmal die weltliche Macht retten zu können. Dazu mußte man jedoch auf jeden Fall auf der Ebene der Grundsätze des internationalen Völkerrechts bleiben, ohne auch nur den Anschein zu erwecken, man würde auch nur die Möglichkeit eines Kompromisses in Erwägung ziehen. Durch diese streng juridische Position konnte man Zeit gewinnen, indem man damit die europäischen Regierungen in eine schwierige Lage versetzte. Der Staatssekretär, der insgeheim den neapolitanischen Widerstand ermutigte, hoffte wahrscheinlich, wie viele andere zu dieser Zeit, daß das junge Königreich Italien schon schnell wieder zerbrechen würde und sich damit neue Möglichkeiten eröffnen könnten.

Für Pius IX. lag die Fragestellung auf ganz anderer Ebene. Im Gegensatz zu seinem Staatssekretär hatte er tiefe Sympathien für das nationale Anliegen Italiens bewahrt. Aber die Frage war für ihn nicht die Unabhän-

ment der päpstlichen Zuaven siehe *E. de Barral,* Les zouaves pontificaux (Paris 1932) und *Cerbeland-Salagnac,* Les zouaves pontificaux (Paris 1963 ;Lit.).

gigkeit der Italiener von Österreich, sondern die gewaltsame zentralistische Einigung unter der Leitung des antiklerikalen Piemont, die zur Auflösung des Kirchenstaates führte. Pius IX. hielt nicht so sehr an der weltlichen Souveränität um ihrer selbst willen fest, aber er sah in ihr die unerläßliche Garantie für seine geistliche Unabhängigkeit, und die empörte Reaktion der ultramontanen Presse ganz Europas bestätigte ihn in der Auffassung, daß es sich hier um eine Macht handele, für die er vor den Katholiken der ganzen Welt verantwortlich sei und über die er nicht nach eigenem Gutdünken verfügen könne. Den Realisten, die ihn davon zu überzeugen versuchten, daß man nicht umhin könne, über kurz oder lang in Verhandlungen einzutreten, stellte Pius IX. ein mystisches Vertrauen in die Vorsehung entgegen, das genährt war von der Überzeugung, daß die politischen Erschütterungen, in die auch er mit einbezogen war, nur eine Episode in dem großen Kampf zwischen Gott und Satan seien, der unverkennbar nur mit dem Sieg des ersteren enden könne. Der Konflikt zwischen dem liberalen Italien und der weltlichen Macht verwandelte sich in seinen Augen in einen Religionskrieg, in dem der Widerstand gegen das, was er mit wachsender Vorliebe als „die Revolution" bezeichnete, nicht mehr eine Frage des Gleichgewichts der diplomatischen, militärischen oder politischen Kräfte, sondern eine Frage des Gebets und Gottvertrauens war. Die geradezu mystische Glut, mit der einige der Führer des Risorgimento den Kampf gegen die Forderungen der Kirche führten, bestärkten ihn noch in der Überzeugung, daß es sich hier um eine Frage vorrangig religiöser Natur handele. Um diesen religiösen Charakter der Römischen Frage noch feierlicher zu bekunden, berief er im Mai 1862 eine Versammlung von mehr als 300 Bischöfen ein[9], die in Erwiderung einer päpstlichen Allokution, in der Pius IX. den Rationalismus und Materialismus der Zeit angriff und die italienische Regierung geißelte, einer Adresse zustimmten, die zwar den Liberalismus nicht so eindeutig verurteilte, wie der Papst es gewünscht hatte, die jedoch, ohne die zeitliche Macht zum Glaubensdogma zu erheben, sie als eine zum Wohl der Kirche unerläßliche Institution der Vorsehung darstellte.

Aber weder die Proteste der Bischöfe noch die — im ganzen wenig zahlreichen — Anwerbungen päpstlicher Söldner konnten den unabänderlichen Lauf der Dinge hemmen, ebensowenig wie es auch die Beteuerungen der katholischen Presse vermochten, die nur schwerlich die Indifferenz der katholischen Massen und die mehr oder weniger offenen Sympathien einer Anzahl italienischer Gläubigen und sogar Priester, die in einem schmerz-

[9] Über diese Versammlung siehe neben der Broschüre von *N. Wiseman,* Rome and the Catholic Episcopate (London 1862) und CC 5. R. II (1862) 705—746: *Aubert,* Pie IX 96—97 248—249; *J. Maurain,* La politique ecclésiastique du Second Empire 612—615; *de Montclos* 184—187.

lichen Gewissenskonflikt zwischen ihren patriotischen Bestrebungen und den Weisungen der Kirche schwankten, verbergen konnten[10]. Der plötzliche Tod Cavours (6. 6. 1861), dessen Nachfolger ohne diplomatisches Geschick waren, und die zaudernde Politik Frankreichs bewirkten jedoch eine kurze Verzögerung der Entscheidung. Napoleon III., der trotz allem der katholischen Agitation Rechnung tragen mußte und nun auf eine baldige Ablösung Pius' IX., dessen Gesundheit zunehmend schwächer wurde, durch einen zu Zugeständnissen bereiteren Papst hoffte, wollte niemanden brüskieren. Er unterzeichnete jedoch schließlich am 15. September 1864 mit der Regierung von Turin eine Konvention[11], nach der sich letztere verpflichtete, den Rest des Kirchenstaates zu respektieren; damit war auch die Rückberufung der französischen Garnison in Rom innerhalb von zwei Jahren ermöglicht. Diese, ohne Wissen des Papstes beschlossene Übereinkunft erschien wie eine kaum verborgene Abtretung, und die Niederlage Österreichs von 1866 bei Königgrätz, die auch die letzten Erwartungen von dieser Seite zunichte machte,

[10] Über die sowohl im Temperament als auch hinsichtlich der Orthodoxie unterschiedliche „vermittelnde" Bewegung („conciliatoristi"), die sich nach 1860 mit der Unterstützung des Ministers Ricasoli in einem Teil des italienischen Klerus entwickelte, siehe den differenzierten und gut dokumentierten Artikel von *M.-L. Trebiliani:* RStRis 43 (1956) 560—575 und die Angaben von *M. Themelly,* La riforma cattolica dell'Italia moderna prima del Sillabo: XIIe congrès international des Sciences historiques (Wien 1965) I 161—175.

Die Bewegung der patriotischen Priester, die vor allem unter jenen erfolgreich war, die an den Ereignissen von 1848 beteiligt gewesen waren, wie auch unter dem niederen Klerus im Süden, organisierte sich im Norden um den Ex-Jesuiten Passaglia und seine Zeitung „Il Mediatore" (1862—66) und im Süden um L. Zaccaro. Eine Petition an den Papst im Jahr 1862 erhielt 8943 Unterschriften (darunter 767 von Ordensleuten); bereits im folgenden Jahr jedoch erlebte sie, verfemt von den Bischöfen, einen spürbaren Rückgang.

Über die Haltung des Klerus zur italienischen Einigung und zur Frage der weltlichen Macht, die sich je nach den Regionen stark unterscheidet, vgl. *M. Bertazzoli,* I conciliatoristi milanesi: SC 110 (1962) 307—330; *C. Castiglioni:* Memorie stor. della dioc. di Milano 9 (1962) 9—39; *E. Passerin d'Entrèves,* Il clero lombardo dal 1848 al 1870: Il movimento unitario nelle regioni d'Italia (Bari 1962) 44—59; *A. Pesenti:* Bergomum 33 (1959) 45—67; *A. Gambasin,* Il clero padovano e la dominazione austriaca 1859—1866 (Rom 1967) 255—300; *L. Briguglio,* Questione romana e clero veneto: Ateneo veneto 151 (1960) 49—61; *C. Cannarozzi,* I frati minori di Toscana e il Risorgimento italiano: StudFr 52 (1955) 394—425, 54 (1957) 199—249; *A. Berselli,* Aspetti e figure del movimento conciliatorista nelle ex-legazioni: AstIt 112 (1954) 84—108; *F. Manzotti:* RStRis 48 (1961) 271—293 (für die Emilia); *M. Fanti:* Strenna storica bolognese 10 (1960) 3—26; *A. Cestaro:* Rassegna di politica e di storia 9 (1963) 6—23 (für das Königreich Neapel); *P. Sposato:* Atti del 2° congresso stor. calabrese (Neapel 1961) 368—405; *Fr. Brancato,* Riflessi delle vicende del '59 sul clero siciliano: Bollettino del Museo del Risorgimento 5 (Bologna 1960) 365—385; *ders.,* La participazione del clero alla rivoluzione siciliana del 1860: La Sicilia verso l'unità d'Italia (Palermo 1960) 6—33; *ders.,* La dittatura garibaldina nel Mezzogiorno (Trapani 1964) 41—45 216—220.

[11] Text bei *Bastgen* III 350—351. Vgl. *P. Pirri* a. a. O. III/1 1—56; *R. Mori,* La questione romana 162—269 (Lit. 228—229; auch bei *Mollat* 345).

stürzte die Verteidiger der weltlichen Macht schließlich endgültig in Verwirrung. Die französische Intervention in Mentana (3.—4. 11. 1867), die einem Handstreich Garibaldis auf Rom den Weg versperrte[12], und die kategorische Erklärung des Ministers Romher[13] waren zwar eine freudige Überraschung, aber die äußerst reservierte Haltung der meisten europäischen Mächte einschließlich Österreichs bestätigte, daß die Tage der weltlichen Macht gezählt waren. Weniger als drei Jahre später öffnete der Zusammenbruch des französischen Reiches in Sedan den Italienern den Weg nach Rom; am 20. September 1870 drangen sie in die Stadt ein[14], und wenige Tage darauf erfolgte die Annexion.

Zwar folgte Pius IX. trotz der Ratschläge einiger Hitzköpfe ohne Bedenken dem Rat Antonellis, Rom nicht zu verlassen; aber seine Reaktionen auf diese neue vollendete Tatsache brachten, wie vorauszusehen war, neue Exkommunikationen, Proteste auf diplomatischem Weg und einen Aufruf an die katholischen und konservativen Mächte[15] sowie die wiederholte Beschwörung der unveränderlichen Rechte des Heiligen Stuhls. Ebenso verweigerte er im folgenden Jahr die Annahme des Gesetzes vom 13. Mai 1871 „für die Garantie der Unabhängigkeit des Papstes und der freien Ausübung der geistlichen Autorität des Heiligen Stuhls"[16], da ihm diese Garantie absolut ungenügend erschien. Es muß in der Tat festgestellt werden, daß den damaligen Liberalen, selbst den gemäßigten, die Notwendigkeit eines uneingeschränkten Verzichts auf die weltliche Macht, in welcher Form auch immer, als absolut unantastbares „Dogma" erschien und eine Lösung vom Typ der Lateranverträge von 1929 für sie nicht annehmbar gewesen wäre. Um also der Unversöhnlichkeit, mit der Pius IX. immer wieder vor der ganzen Welt Forderungen vorbrachte, die uns heute unangemessen erscheinen, gerecht zu werden, muß man sich dieses Unverständnis des offiziellen Italien gegenüber der Sorge des Heiligen Stuhles um die Unabhängigkeit in der Ausübung seiner geistlichen Sendung vergegenwärtigen. Aber der greise Papst wurde immer wieder durch die illusionären Vorstellungen

[12] Vgl. *P. Della Torre,* L'anno di Mentana (Turin 1938, Lit.); *R. Di Nolli,* Mentana (Rom 1966); *R. Mori,* Il tramonto 207—307.

[13] „Wir erklären im Namen der französischen Regierung: Italien wird sich nicht Roms bemächtigen. Nie wird Frankreich diese Gewalttat gegen seine Ehre und seine Katholizität dulden." Die französische Regierung hatte sich bislang stets geweigert, öffentlich ein solches Engagement einzugehen; sie sah sich dazu gezwungen durch die Entwicklung der Innenpolitik, die die katholische Unterstützung auf parlamentarischer Ebene notwendig machte.

[14] Lit. bei *Mollat* 357—358. Über das Zögern Pius' IX. hinsichtlich des Widerstandes vgl. *P. Pirri* a. a. O. III/1 310—316.

[15] Unter anderem Preußen, wo man hoffte, die legitimistischen Bestrebungen ausnützen zu können. Vgl. *P. Pirri* a. a. O. III/1 294—302 317—324; *A. Constabel,* Die Vorgeschichte des Kulturkampfes (Berlin 1956) 29—37.

[16] Siehe Bd VI/2.

seiner Umgebung und die begeisterten Kundgebungen der immer zahlreicher werdenden Pilger, die dem „Gefangenen des Vatikans" zujubelten, in der Hoffnung auf ein „Wunder" bestärkt und durch den engstirnigen Fanatismus der italienischen Kirchenpolitik erregt. So verband er mit seinen Forderungen auf die geistliche Freiheit des Heiligen Stuhles immer mehr eine radikale Kritik der liberalen Grundsätze, die er mit stets neuer Kraft als die Ursache allen Unglücks der Kirche brandmarkte. Eine solche Haltung konnte nur die Meinung jener stärken, die glaubten, die Kirche sei im Innersten solidarisch mit den vom Fortschritt des Jahrhunderts weggefegten Regierungen und erstrebe noch immer die allgemeine Wiedererrichtung des theokratischen Regimes. Es sei jedoch eingeräumt, daß, obgleich die undifferenzierten Erklärungen Pius' IX. gegen Regierungen, die auf den modernen Freiheiten basierten, dazu beitrugen, im dritten Viertel des 19. Jh. viele Geister der Kirche zu entfremden, doch die praktische Haltung der meisten Regierungen, die sich auf die liberalen Grundsätze beriefen, häufig den Unwillen des Papstes rechtfertigte und die wachsende Unversöhnlichkeit seiner Einstellung leichter verständlich macht.

39. Kapitel

Die Offensive der liberalen Regierungen in den nichtdeutschsprachigen Ländern

Die Säkularisationspolitik in Italien

QUELLEN: *G. D'Amelio,* Stato e Chiesa. La legislazione ecclesiastica fino al 1867 (Mailand 1961); ColLac VI (Provinzial-Konzile); Memorie biografiche di S. Giov. Bosco I—IX, hrsg. von *G. B. Lemoyne* (Turin 1898/1917), X—XX, hrsg. von *E. Ceria* (Turin 1940/48); *Silvino da Nadro,* Sinodi diocesani italiani (Vatikanstadt 1960); für die Hirtenbriefe vgl. *Aubert-Martina* 14—15; für Zeitungen und Zeitschriften vgl S. 697; heranzuziehen sind auch die S. 696 f angegebenen Editionen von diplomatischen und privaten Korrespondenzen und von Reden, speziell *P. Pirri,* Pio IX e Vittorio Emanuele II. Eine gute Anthologie in Chiesa e Stato nella storia d'Italia. Storia documentaria, hrsg. von *P. Scoppola* (Bari 1967) 3—138.

LITERATUR: Die Bibliogr. ist besonders reichhaltig. Eine erste Orientierung bietet *F. Fausti,* I cattolici e la società italiana dopo l'Unità (Rom [2]1960) 111—118 und Stato e Chiesa: Nuove questioni di storia del Risorgimento (Mailand 1961) II 325—335.

Allgemeine Darstellungen: Über die bereits genannten Werke von *P. Pirri, R. Mori* (vgl. S. 697) und *F. Fonzi* hinaus siehe vor allem: *Aubert-Martina* 119—133 163—182 563—573 761—838; *Jemolo* 13—264; *ders.:* La questione delle proprietà ecclesiastiche 1848—88 (Turin 1911); *S. Jacini,* La politica ecclesiastica italiana da Villafranca a Porta Pia (Bari 1938); die Akten der Kongresse von Messina 1954, Il problema religioso nel Risorgimento (Rom 1958) und von Castiglioncello 1958, Il problema politico del cattolicesimo nel Risorgimento (= RStT 4 [1958] 213—407); *A. Della Torre,* Il cristianesimo in Italia dai filosofisti ai modernisti (Mailand 1912; über die Ideenströmungen); *G. Spini,* Risorgimento e protestanti (Neapel 1958) 257—369; *A. Luzio,* La massoneria e il Risorgimento italiano (Bologna 1925).

Über die Entwicklung des Konflikts zwischen dem Heiligen Stuhl und Piemont: *C. Magni,* I Subalpini e il concordato. Studio storico-giuridico sulla formazione delle leggi Siccardi (Padua [2]1967; dazu: Humanitas 17 [1962] 686—689 und RSIt 82 [1970] 256—259); *V. Gorresio,* La lotta per lo stato laico: Saggi storici sul liberalismo italiano (Perugia 1953) 373—458; *F. J. Coppa:* CHR 54 (1969) 579—612; *A. M. Ghisalberti,* M. d'Azeglio, un moderato realisatore (Rom 1953), bes. 187—192 199—223; *A. C. Jemolo,* Scritti vari (Mailand 1965) 277—395; *B. Ferrari:* Aevum 32 (1958) 262—270; *M. Fr. Mellano,* Il caso Fransoni e la politica ecclesiastica piemontese 1848—50 (Rom 1964; auch *G. Griseri:* BStBiS 64 [1966] 375—492); *A. Bozzola - T. Buttini:* Il Risorgimento italiano 13 (1920) 217 ff, 14 (1921) 81 ff (über die Mission Pinelli 1849—50); *G. Biagio Furiozzi,* P. di Santa Rosa e il cattolicesimo liberale in Piemonte, 1850: RStRis 58 (1971) 21—47; *M. Hudry:* ChStato I 327—354; *ders.,* Charvaz e Cavour 1852—61: Miscellanea Cavouriana (Turin 1964) 117—208; *V. Eligio,* Il tentativo di introdurre il matrimonio civile in Piemonte (Rom 1951); *G. Ferroglio,* Per la storia della legge del 29. 5. 1855: Il Diritto ecclesiastico 63 (1952) 3—42; *E. Borghese,* La crisi calabiana [1855] sec. nuovi documenti: BStBiS 55 (1957) 425—481; *C. Pischeda,* Documenti sulla questione ecclesiastica in Piemonte, 1857: Critica storica 3 (1964) 764—791.

Für die anderen italienischen Staaten: *I. Arcuno,* Il Regno delle Due Sicilie nei rapporti con lo Stato pontificio 1846—50 (Neapel 1933); *G. Martina,* Pio IX e Leopoldo II (Rom 1967; s. auch *A. Salvestrini:* Studi storici 6 [1965] 55—98; für die Toskana); *G. Ferroglio,* I provvedimenti in materia ecclesiastica dei governi provvisori parmensi 1859: Raccolta di scritti in on. di A. C. Jemolo I (Mailand 1963) 489—519; *L. Briguglio,* Patriarcato di Venezia e governo austriaco: Nova historia 13 (Verona 1961) 3—30; *ders.,* Lo spirito religioso nel Veneto durante la terza dominazione austriaca: RStRis 42 (1955) 22—57; *G. De Rosa,* La crisi della parrochia nel Veneto dopo il 1866: Fonti e ricerche di storia ecclesiastica padovana (Padua 1967) 205—221; *A. Gambasin,* Orientamenti spirituali e stati d'animo di cattolici intransigenti veneti: ChStato I 243—296; *G. Mantese,* La cultura religiosa a Vicenza negli anni dell'unificazione italiana: ebd. II 391—419; *A. Agazzi,* E. Tazzoli e il clero del Lombardo-Veneto: Bergomum 28 (1954) 25—47.

Über den Klerus: Über die bibliogr. Angaben S. 703 Anm. 10 hinaus bietet *Aubert-Martina* 761—807 neben einer guten — wenn auch vorläufigen — Synthese eine Ortsbestimmung der Forschung. Ferner: *S. Bruno,* Ordini religiosi e clero in Basilicata 1861—70 (Matera 1964); *X. Toscani,* Indicazioni sul clero bergamasco: RSTI 21 (1967) 411—453; *A. Gambasin,* Il clero padovano 1859—66 (Rom 1967); *B. Bertoli,* Il clero veneziano dopo il 1848; Rassegna di politica e di storia (1964) 7—25.

Biographien (einer der am meisten vernachlässigten Sektoren der kirchlichen Historiographie in Italien): *G. Russo,* Il card. S. Riario Sforza e l'unità d'Italia (Neapel 1962; auch *ders.:* Asprenas 11 [Neapel 1964] 225—319, 14 [1967] 66—162 324—390); *A. Fermi,* Mons. A. Ranza, vescovo di Piacenza, 2 Bde (Piacenza 1956/66); *C. Castiglioni,* Gaysruck e Romilli arcivescovi di Milano (Mailand 1938); *ders.,* Vita di Mons. Nazari di Calabiana (Mailand 1952); *T. Lecissotti,* Il card. Dusmet (Catania 1962); *M. Maccarrone,* Il Concilio Vaticano I (Padua 1966) 3—132 (für Erzb. Arrigoni). Andere Referenzen bei *Aubert-Martina* 18—20 und unten S.708 Anm. 4.

Über die Ursprünge der Katholischen Bewegung: *L. Bedeschi,* Le origini della gioventù cattolica (Bologna 1959); *G. De Rosa,* Storia del Movimento cattolico in Italia I (Bari 1966) 39—120; *ders.,* Le Associazioni cattoliche dal Neoguelfismo all'Unità: I cattolici italiani dall 800 ad oggi I (Brescia 1964) 95—150; *A. Berselli,* Alle origini del movimento cattolico intransigente (Livorno 1954); *B. Bertoli,* Le origini del movimento cattolico a Venezia (Brescia 1965); *G. Griseri:* BStBiS 11 (1963) 257—297 (für Piemont zwischen 1849 und 1861); *S. Sciortino:* La Sicilia e l'unità d'Italia (Mailand 1962) 562—592; *C. Marsilli:* Aurea Parma 47 (1963) 127—145; *M. Stranghellini:* RStRis 43 (1956) 547—556 (zu Lucca); *P. Borzomati,* Aspetti religiosi e storia del movimento cattolico in Calabria 1860—1919 (Rom 1967) 7—182. Siehe auch *Aubert-Martina* 563—564.

Bis 1860 blieb Italien ein rein geographischer Begriff; seine politisch-kirchliche Situation war, wie auch das religiöse Leben und die Mentalität des Klerus, in den einzelnen Staaten sehr unterschiedlich.

Im Königreich beider Sizilien behauptete sich die privilegierte Stellung der Kirche, und die auf 1848 folgende Reaktion hatte die Bevormundung der Schule durch den Klerus noch verstärkt; aber trotz der herzlichen Beziehungen zwischen dem Hof von Neapel und dem Heiligen Stuhl nahm die regalistische Mentalität der Beamten nur ganz allmählich ab, zumal sich der örtliche Episkopat, im Gegensatz zu den Bischöfen des Nordens, sehr gut damit abfand. Die antirömischen Traditionen des 18. Jh. waren überdies in mehreren Seminaren noch sehr lebendig; anderseits erklärten die sehr spezifischen Bedingungen, unter denen der Priesternachwuchs im Süden gewonnen wurde, die mangelnde Disziplin und lockere Sitten eines nach wie vor zahlenmäßig sehr starken Klerus. Neben reichen, fast leeren Klöstern bestand ein Klerikerproletariat — Pfarrer kleiner Dörfer, Priester mit nicht genau bestimmter Funktion, Kapuziner usw. Von ihnen verließen viele seit der Ankunft Garibaldis den geistlichen Stand.

In der Toskana dagegen lag das Niveau des zahlenmäßig gleichfalls äußerst starken Klerus eindeutig über dem Durchschnitt; aber seine häufigen Reformbemühungen überschritten oft die Grenzen der Orthodoxie. 1851 unterzeichnete die Regierung auf Druck des Großherzogs, der Pius IX., mit dem er das Exil in Neapel geteilt hatte, verehrte, nur widerwillig ein Konkordat[1]; dieses setzte der von Pietro Leopoldo überkommenen regalistischen Gesetzgebung ein Ende. Der Erfolg Roms war jedoch mehr theoretisch als praktisch; denn die toskanische Bürokratie hatte zwar in den Grundsätzen nachgegeben, gewann jedoch einen großen Teil der früheren Kontrolle über die kirchlichen Belange zurück. Acht Jahre hindurch führte man einen auf beiden Seiten gleichermaßen unfruchtbaren Dialog unter Tauben: Florenz argumentierte weiterhin in der Perspektive des 18. Jh. und Rom aus der Sicht des mittelalterlichen Christentums; charakteristisch sind in diesem Zusammenhang die Bemühungen des Vatikans zur Verhinderung der Emanzipationspläne der Juden[2]. Symptomatisch für den Fortschritt des Ultramontanismus war die Tatsache, daß einige Bischöfe, vor allem Kardinal Corsi, allmählich dazu übergingen, der Regierung Widerstand zu leisten.

1857 wurde eine Übereinkunft mit dem Herzog von Modena[3] getroffen, die eine Begrenzung des kirchlichen Asylrechts erreichte und als Gegen-

[1] Text bei *Mercati* I 767—769. Vgl. *A. Bettanini*, Il concordato di Toscana (Mailand 1933); *R. Mori:* AstIt 98 (1940) 41—82, 99 (1941) 131—146, zu ergänzen durch *G. Martina*, Pio IX e Leopoldo II 142—194.

[2] Über die Art und Weise, in der sich das Problem der Emanzipation der Juden in Italien Mitte des 19.Jh. stellte, s. *G. Martina*, Pio IX e Leopoldo II 195—227 (die Bibliogr. ist sehr umfangreich, vgl. ebd. 195—197).

[3] Text bei *Mercati* I 876—880. Vgl. *P. Forni:* RSTI 8 (1954) 356—382.

leistung Konzessionen über die Tote Hand einräumte, eine Frage, die überall durch die vielen Klöster, die es auf der Halbinsel gab, dringlich geworden war.

Im lombardisch-venezianischen Königreich entsprang die Abneigung vieler Kleriker gegen die österreichische Regierung sowohl dem italienischen Nationalgefühl als auch der Feindschaft gegen das josephinistische System; nach dem Konkordat von 1855 war eine gewisse Entwicklung zu verzeichnen, die der Kirche ihre Freiheit wiedergab. Diese Entwicklung war vor allem in Venetien spürbar, wo der Klerus weniger Kontakt mit der Laienwelt hatte, obschon die Untersuchung von A. Gambasin über die Diözese Padua zeigt, daß die neoguelfische Strömung bis 1862 zahlreiche Anhänger behalten hatte. In der Lombardei, wo die Priester gebildeter und autoritären Argumenten weniger zugänglich waren, sympathisierten viele von ihnen auch nach 1848 noch mit den nationalen und liberalen Bestrebungen des Bürgertums und bildeten nach der Angliederung an Italien einen wichtigen Widerstandsblock gegen die römischen Weisungen.

In Piemont — nach Doubet „das Volk, das in ganz Italien am ernsthaftesten katholisch war" — waren Apostel wie Don Bosco, Cafasso oder Murialdo[4] nur die markantesten Erscheinungen einer großen Zahl frommer und eifriger Priester, die dank der im Convitto ecclesiastico von Turin erteilten Schulung[5] eindeutig über die Gesamtheit des italienischen Klerus (einschließlich des Kirchenstaates) hinausragten. Caritative und apostolische Werke florierten nach wie vor und orientierten sich oft an französischen Beispielen; um die strahlende Figur Rosminis gruppierte sich geradezu eine Elite von Intellektuellen aus der Laien- und Klerikerwelt. Aber unter dem Druck eines immer stärker gegen die kirchlichen Privilegien eingenommenen Bürgertums, das jedoch immer noch gläubiger und stärker praktizierend blieb als in Frankreich, verfiel das Land in eine Politik der Säkularisation, gegen die der Klerus, vor allem der Savoyens, vergeblich ankämpfte. Die ersten unter der gemäßigten Regierung Massimo d'Azeglio ergriffenen Maßnahmen, vor allem die Gesetze Siccardis (9. 4. 1850), die die Gerichtsbarkeit der Kirche aufhoben und die Tote Hand spürbar einschränkten, hatten nichts Übertriebenes an sich. Sie wurden, trotz der prinzipiellen Opposition Roms, das sich vor allem auf die Konkordatsbestimmungen berief, von einem Großteil der katholischen Öffentlichkeit gutgeheißen, die über die ungeschickte Starrheit des Erzbischofs von Turin, Fransoni, erzürnt und seit

[4] Über den heiligen Johannes Don Bosco (1815—88) s. *P. Stella,* Don Bosco nella storia della religiosità cattolica, 2 Bde (Zürich 1968/69). Über den heiligen Giuseppe Cafasso (1811—60) s. *J. Cottino,* San Giuseppe Cafasso, il piccolo prete torinese (Turin 1947). Über den heiligen Leonardo Murialdo (1828—1900) s. *A. Castellani,* Il beato Leonardo Murialdo, 2 Bde (Rom 1966/68).

[5] Über diese 1817 von P. Br. Lanteri gegründete Anstalt s. *G. Usseglio:* Salesianum 10 (1948) 453—502.

langem daran gewöhnt war, die päpstlichen Anweisungen mit Betonung der eigenen Unabhängigkeit entgegenzunehmen. Aber die ungeschickte Haltung der Regierung von Turin, die Unbeweglichkeit der römischen Kanonisten, die kein Empfinden für die geistige Entwicklung hatten, und der Machiavellismus des Kardinals Antonelli, der es für angebracht hielt, die „Affäre Fransoni" (der zunächst eingekerkert, dann des Landes verwiesen wurde) zugunsten seines allgemeinen politischen Spiels auszumünzen, dabei jedoch den religiösen Interessen, die auf lange Sicht auf dem Spiele standen, zu wenig Rechnung trug, vergifteten die Lage, die sich durch die Verbündung Cavours mit der antiklerikalen Linken noch weiter verschlechterte. Diese letztere forderte die Zivilehe, leitete die Säkularisation des Unterrichts ein und erzwang, nachdem der König zuletzt noch gezögert hatte, die Verabschiedung des Gesetzes vom 22. Mai 1855, das eine Anzahl von Klöstern auflöste. Während der Vatikan die diplomatischen Beziehungen abbrach und die Urheber des Gesetzes exkommunizierte, entwickelte sich nun eine katholische Opposition, die teilweise versuchte, sich nach dem Beispiel Montalemberts in Frankreich auf parlamentarischer Ebene aufzubauen, vor allem jedoch durch eine nach dem Modell des „Univers" von Louis Veuillot organisierte Presse[6] die Meinung des Volkes aufzuwiegeln.

Cavour wollte den Kampf jedoch nicht ausweiten. Wenn er die mehr regalistisch als liberal inspirierte Politik der antiklerikalen Linken unterstützt hatte, so nur deshalb, weil er ihrer parlamentarischen Unterstützung bedurfte, um seine Italienpolitik durchführen zu können; er wollte jedoch keineswegs das Wirken des Klerus beeinträchtigen, vorausgesetzt, daß dieser sich auf das eigentlich religiöse Gebiet beschränkte. Sein Ziel war eine in freundschaftlicher Übereinstimmung beschlossene Trennung von Staat und Kirche, in der diese durchaus die Freiheit, sich selbst nach eigenem Ermessen zu verwalten, behalten sollte[7]. In Rom, wo Pius IX. die Konkordatspolitik Pius' VII. und Consalvis wiederaufgenommen hatte, waren die Ideen noch nicht reif für eine Lösung dieser Art; aber zweifellos wäre man nach einiger Zeit zu einem modus vivendi gelangt, wenn die Entwicklung der Römischen Frage nach 1859 nicht die Regierung von Turin unwiderruflich gegen den Heiligen Stuhl aufgebracht hätte.

[6] Besonders „L'Armonia della Religione colla Civiltà" von Turin, die unter der Leitung des Priesters G. Margotti (1823—87) stand; sie führte auf der Ebene der Tageszeitungen einen Kampf gleich jenem, den die „Civiltà cattolica" von Rom aus leitete (vgl. *B. Montale:* RStRis 43 [1956] 474—484). Einer der wichtigsten Initiatoren der katholischen Presse, unter anderem für Broschüren, war Mgr. M. Moreno, von 1848 bis 1878 Bischof von Ivrea.

[7] Über die Ursprünge der berühmten Formel Cavours „Libera Chiesa in libero stato" wurde viel diskutiert. Vgl. *F. Ruffini,* Ultimi studi sul conte di Cavour (Bari 1936) 19—124 (die Formel kommt von Vinet); *E. Passerin d'Entrèves:* RStRis 41 (1954) 494—506 (sie kommt von Montalembert); *U. Marcelli:* RStRis 43 (1956) 449—455 (jansenistische Einflüsse).

Tatsächlich umfaßte fortan die piemontesische Kirchengesetzgebung ganz Italien, und ihre rasche Anwendung in den ehemaligen päpstlichen Provinzen empfand man in Rom um so schmerzlicher, als die reformerischen Tendenzen des Nachfolgers Cavours, Ricasoli, der der toskanischen Gruppe des Raffaele Lambruschini angehörte, ihn in den — übrigens unbegründeten — Verdacht brachten, das Land protestantisieren zu wollen[8]. Es gab jedoch noch Möglichkeiten einer Annäherung. Auf italienischer Seite wünschten viele Gemäßigte, obschon sie gezwungen waren, den Radikalen Zugeständnisse zu machen, dennoch — sei es nun aus religiöser Überzeugung oder aus gefühlsmäßiger Tradition oder auch, weil sie das Wirken der Kirche als Garantie der sozialen Ordnung betrachteten — allen Ernstes eine Verständigungsbasis mit Rom zu finden. Pius IX. seinerseits war der Auffassung, daß eine zufriedenstellende Regelung der kirchlichen Angelegenheiten Italiens für die Kirche wichtiger sei als die Restitution der 1860 annektierten Provinzen; den er war trotz allem sehr hellhörig für die Gefahren, die ein dauerhafter Bruch mit sich brachte: Verweigerung des Exsequatur durch die Regierung und damit jährliche Zunahme der vakanten Bischofssitze (1864 waren es 108 von 225); Desorganisation der Seminare und des Diözesanlebens als Folge der Verhaftungen von renitenten Priestern; Überflutung des mittleren und höheren Schulwesens durch Ungläubige oder abtrünnige Priester[9] usw. Die zweifache Feindschaft, nämlich die der antiklerikalen Linken in Florenz, das die Hauptstadt des Königreichs geworden war, und die der erbitterten Gegner des neuen Italien in Rom, brachte die Mission Vegezzi im Frühjahr 1865 zum Scheitern. Aber das lange Zögern der Regierung, das Gesetz vom 7. Juli 1866, das die religiösen Körperschaften auflöste und das Kirchengut konfiszierte[10], in Anwendung zu bringen, zeigte deutlich, daß die Brücken noch nicht abgebrochen waren. Nach der Mission von Tonello An-

[8] Vgl. S. *Marchese,* La riforma mancata, le idee religiose di B. Ricasoli (Mailand 1961). Auch: Bollettino storico pisano 3. R. 30 (1961) 418—425 (Lit.); *P. Gismondi:* RStRis 24 (1937) 1071—1113 1256—1301; *F. Fonzi:* Humanitas 6 (Brescia 1951) 65—83.

[9] Vgl. *G. Talamo,* La Scuola dalla legge Casati alla inchiesta del 1864 (Mailand 1964). Das Gesetz Casati vom 13. 11. 1859, durch das das Unterrichtspersonal laisiert werden sollte, konnte wegen der schlechten Bezahlung der Lehrer im Elementarunterricht kaum verwirklicht werden (1864 waren noch zwei Drittel der Schulmeister Geistliche); im mittleren Schulwesen dagegen waren nach fünf Jahren bereits zwei Drittel der Professoren Laien, und gleichzeitig mit dem Personal laisierte sich auch der Geist sehr rasch.

[10] Vgl. *G. Jacquemyns:* Revue belge de philologie et d'histoire 42 (1964) 442—494 1257—1291. Die Liegenschaften der Kirche waren auf 2 Milliarden Lire (mehr als 15% des Grundbesitzes) geschätzt. Es wird immer deutlicher, daß die Motive für die Aufhebung religiöser Körperschaften weit mehr finanzielle Bedürfnisse als ideologische Grundsätze waren, und in zahlreichen Fällen ließ man die Ordensleute ihr Kloster unter der Hand wieder zurückkaufen. Aber dennoch führten die Auflösungen zur Säkularisierung zahlreicher Ordensleute, die sich von 30632 im Jahr 1861 auf 9163 im Jahr 1871 (trotz der Annexion Roms) verminderten.

fang 1867[11] hegte man in Rom die berechtigte Hoffnung auf eine für beide Seiten annehmbare Übereinkunft, zumal sich in gewissen römischen Kreisen eine Entwicklung zur Versöhnung hin abzeichnete. Die Opposition der Radikalen jedoch, die keine Trennung auf freundschaftlicher Basis wünschten, sondern eine Erstickung der Kirche erstrebten, die in ihren Augen ein Hindernis auf dem Weg des Fortschritts war, brachte auch diesen neuen Versuch zum Scheitern. Das zweite Kabinett Ratazzi eröffnete eine neue Periode eines erbitterten Antiklerikalismus, der schließlich zum Gesetz vom 15. August 1867 führte, das eindeutig jakobinisch orientiert war und dessen Folgen jahrelang schwer auf der Kirchenpolitik lasten sollten; vor allem als nach 1870 sektiererische Elemente den König und die Regierung entgegen ihrem Wunsch nach Befriedung zwangen, dieses Gesetz mit vermehrter Schärfe anzuwenden und damit neue Beleidigungen gegen Papst und Klerus heraufzubeschwören[12].

In dieser gespannten Atmosphäre, in der der Liberalismus als Unterdrücker der Kirche und selbst der christlichen Werte in Erscheinung trat, entwickelte sich die katholische Presse und nahm die italienische Katholische Aktion ihren Anfang. In Italien hatte es seit der Restauration eine Anzahl katholischer Zeitschriften gegeben, Tageszeitungen waren jedoch selten: 1860 gab es erst sieben für die ganze Halbinsel. Innerhalb von fünf Jahren verdoppelte sich nun ihre Zahl, und 1874 waren es bereits 18[13]. Aber während in den anderen Ländern die katholischen Zeitungen im allgemeinen von Laien geleitet wurden, waren in Italien die Gründer fast immer Priester, ja häufig waren sie sogar in direkter Abhängigkeit von einem Bistum, was ihre streng klerikale Orientierung noch steigerte — eine Besonderheit der italienischen Presse, die bis in das 20. Jh. reichte. Während sich nun die Masse derer, die sich der Meinung des Heiligen Stuhls über die neue Regierung angeschlossen hatten, in geheimem Groll zurückzog und passiv den nahestehenden Zusammenbruch des aus der „Revolution“ hervorgegangenen Königreichs erwartete, der täglich von einer immer aggressiver werdenden Presse geweissagt wurde, wollten einige unversöhnliche Laien aus Bologna mit dem Advokaten Casoni an ihrer Spitze die Weisung „ne eletti ne elettori“, mit der einige Jahre vorher in Piemont zur Stimmenthaltung aufgerufen worden war, wiederaufnehmen und über ganz Italien hinweg eine außerkonstitutionelle Bewegung organisieren, die zunächst die Gesellschaft rekatholisieren sollte, um dann die Eroberung der politischen Macht zu ermöglichen. Die Idee gewann nur langsam an Boden. Sie wurde von den Gründern der „Società della Gioventù cattolica italiana“, dem Grafen G. Acquaderni aus Bologna und dem jungen Römer M. Fani, unterstützt und

[11] *E. Del Vecchio:* Studi Romani 16 (1968) 315—343.
[12] Vgl. *P. Gismondi,* Il nuovo giurisdizionalismo italiano (Mailand 1946). Bd VI/1.
[13] Über die katholische Presse siehe *Aubert-Martina* 15—16 832—838 (Lit.).

sollte schließlich durch den Venezianer G. B. Pagganuzzi 1874 zur Versammlung des ersten katholischen Kongresses Italiens führen, der den deutschen Katholikentagen und den Kongressen von Mecheln nachgeahmt war. Angesichts eines Bürgertums, das sich von der Kirche, die die neuen Bestrebungen zu mißbilligen schien, immer mehr abwendete, entschied sich der militante Flügel des italienischen Katholizismus nicht für einen Annäherungsversuch auf der Linie des katholischen Liberalismus, sondern für eine Kampfbewegung im Sinne der Grundsätze des Syllabus, dessen Anathema gegen die liberale Gesellschaft die Energien der „intransigenti" (Unversöhnlichen) wieder geweckt hatte. Diese konnten nun mit der kräftigen Unterstützung einer neuen, romtreuen Klerikergeneration rechnen, die an Stelle der zahlreichen versöhnungsbereiten Priester (Conciliatoristi), der Erben neoguelfischer Illusionen aus dem Jahr 1848, getreten war.

Dieser Gesinnungswandel des Klerus in den sechziger Jahren war das Ergebnis einer systematischen Aktion des Episkopats, der mit Unterstützung des Heiligen Stuhls in manchmal despotischer Weise die liberalen Tendenzen und die Bestrebungen nach einer demokratischen Reform der Kirche, wie sie häufig bei den Priestern der Generation von 1848 anzutreffen waren[14], abwürgte. Aber zu sehr in Anspruch genommen von diesen Bemühungen und den zahlreichen Verwaltungsschwierigkeiten, die ihnen die Regierungspolitik bereitete, obschon es häufig auch zu Übereinkünften mit lokalen Behörden kam, konnten die Bischöfe, unter denen sich auch einige fähige, den Problemen der Zeit aufgeschlossene Männer, wie z. B. ein Charvaz in Genua, ein Arrigoni in Lucca, ein Pecci in Perugia und ein Riario Sforza in Neapel, befanden, sich nicht anderen Aufgaben zuwenden, die ihre ganze Aufmerksamkeit hätten in Anspruch nehmen sollen. Zweifellos stellte sich die Frage der Entchristianisierung noch nicht mit der gleichen Dringlichkeit wie in Frankreich, aber es gab andere Probleme: die wenig erbauliche Situation der alten Orden, die allerdings im Norden teilweise durch die Gründung einiger sehr dynamischer neuer Kongregationen, wie der Salesianer des Don Bosco oder der Afrikamissionare Combonis, kompensiert wurde; der weite Rückstand Italiens in den religiösen Frauenberufen[15]; das besonders den Fremden auffallende unerfreuliche Benehmen vieler Priester

[14] Siehe *M. Bertazzoli,* I riformisti milanesi del „Carrocio" 1863—64: SC 92 (1964) 123—153; *A. Gambasin,* Il clero padovano 1859—66 (Rom 1967) bes. 25—36 117—169; *N. Cavaletti,* L'abate G. a Prato (Trient 1967); *M. Themelly,* La riforma cattolica nell'Italia moderna prima del Sillabo: XII° Congrès international des sciences historiques. Rapports I (Wien 1965) 161—175.

[15] Im Unterschied zu allen Nachbarländern waren sie weit weniger zahlreich als die männlichen Ordensangehörigen, und sie übertrafen diese trotz einer langsamen Zunahme (die sich vor allem aus der Gründung von Schulkongregationen in einigen Diözesen des Nordens ergab) erst zu Beginn des 20. Jh. (1871 gab es in der Provinz Genua 1324 Schwestern gegenüber 3301 Klerikern; in der Diözese Turin 577 Nonnen gegenüber 827 Priestern.)

und die hohe Zahl der Abtrünnigen; die äußerst ungenügende (und im Süden noch weiter absinkende) Bildung des Klerus, der zu einem Großteil (chierici esterni) nicht die Seminare durchlief, und das sehr niedere Niveau dieser Seminare, das unter anderem in der geringen Größe der Diözesen seine Ursache hatte (die seit 1849 vorgetragene Idee interdiözesaner Seminare sollte erst durch Pius X. verwirklicht werden); die häufig noch sehr archaischen Formen der Pastoralmethoden, die auf einer äußeren Kontrolle der religiösen Praxis beruhten (die biglietti pasquali blieben bis 1870 allgemein üblich) und das christliche Volk in der Konfrontation mit der Säkularisierung des öffentlichen Lebens und vor allem der Schulen ratlos ließen, obschon es hier einige bedeutende Privatinitiativen, wie jene Ramazzottis in Mailand, Frà di Brunos in Turin, Frassinettis und Alimondas in Genua oder Mazzas in Verona, gab; schließlich — mit Ausnahme einiger weniger Zentren[16], die übrigens in den fünfziger Jahren noch aktiver waren als um 1870 — das immer deutlicher hervortretende Fehlen einer katholischen Kultur echt italienischen und gleichzeitig wahrhaft christlichen Gepräges. In dieser Sicht ließ die Reaktion der Jesuiten gegen die Anhänger Rosminis, die man liberaler Sympathien verdächtigte, eine Gelegenheit vorbeigehen, die sich nicht so schnell wieder bieten sollte[17]. Die Verzögerung der Lösung dieser dringenden Probleme rührte zum Teil zweifellos von der ungenügenden Strukturierung der italienischen Kirche her, die nicht nur, wie viele europäische Länder dieser Zeit, über zuwenig Zentren pastoraler Besinnung verfügte, sondern darüber hinaus in sehr viele kleine Diözesen zersplittert blieb; sie war jedoch auch zu einem guten Teil die indirekte Folge des langen politisch-religiösen Konflikts, der Italien während des ganzen Pontifikats Pius' IX. bewegte, eine Folge, die viel schwerwiegender war als der Verlust veralteter Privilegien, auf deren Verteidigung die kirchlichen Autoritäten — im übrigen vergeblich — ihre besten Energien konzentrierten.

[16] Neapel z. B., wo zwei sehr aktive Revuen, „La scienza e la fede" (ab 1841) und „La Carità" von P. Ludovico de Casoria (1865/73) erschienen. Über die katholischen Kreise Neapels im 19. Jh., die in der Tradition von Vico und Gioberti standen, siehe *P. López*, E. Cenni e i cattolici napoletani dopo l'unità (Rom 1962) und *F. Tessitore*, Aspetti del pensiero neoguelfo napoletano dopo il Sessanta (Neapel 1962).

[17] Siehe zum Beispiel die klarsichtigen Beobachtungen von *P. Scoppola*, Crisi modernista e rinnovamento cattolico in Italia (Bologna 1961) 20—42. Zu dem Mißtrauen der Kleriker gegen das Werk Manzonis, das man für zu wenig konformistisch hielt, siehe z. B. *R. Comandini*, Della varia fortuna dell'opera manzoniana in Romagna: Collana di Monografie (del Istituto tecnico di Rimini), hrsg. von *R. Pian* 5 (1962) 5—60.

Der Antiklerikalismus in Belgien und in den Niederlanden

LITERATUR: Belgien: Außer den Pastoralbriefen der Bischöfe und *A. Simon*, Réunions des évêques de Belgique. Procès verbaux, 2 Bde (Löwen 1960/61) siehe zahlreiche Auskünfte in den Akten der Kongresse von Mecheln (=Assemblée générale des catholiques en Belgique, 1864, 1865 und 1867), in dem Journal historique et littéraire (bis 1867), der Revue catholique (1843/84), der Revue générale (1865ff) und den beiden wichtigsten katholischen Tageszeitungen Le Journal de Bruxelles (1840ff) und Le Bien public (1853ff). Siehe auch *Ch. Woeste*, Mémoires (ab 1859) I (Brüssel 1927) 53—144; *M. Becqué-A. Louant*, Le dossier „Rome et Louvain" de Ch. Périn: RHE 50 (1955) 36—124; und die Dokumente, von *A. Simon* veröffentlicht in Catholicisme et politique (Wetteren 1955) und L'hypothèse libérale en Belgique (ebd. 1956); *D. De Haerne*, Tableau de la charité chrétienne en Belgique (Brüssel 1857); *[E. Banning,]* L'épiscopat et l'instruction publique de 1830 à 1879 (Brüssel 1879); *ders.*, Exposé historique des rapports entre le gouvernement belge et le Saint-Siège de 1830 à 1880 (Brüssel 1881); Instructions aux nonces de Bruxelles 1835—1889, hrsg. von *A. Simon* (Brüssel 1961).

Zu den in der Allg. Bibliographie genannten Werken siehe auch *K. van Isacker*, Werkelijk en wettelijk land 1863—84 (Antwerpen 1955; vgl. Revue nouvelle 23 [1956] 250—257 und *A. Simon*: RHE 51 [1956] 231—234); *A. Simon*, Le parti catholique belge (Brüssel 1958); *S. Balau*, 70 ans d'histoire contemporaine de Belgique (Brüssel ²1889) 89 bis 376; *A. Erba*, L'esprit laïque en Belgique 1857—70 (Löwen 1967); *M. Defourny*, Les congrès catholiques en Belgique (Löwen 1908; zu ergänzen durch *A. Delmer*: Revue générale 90 [1909] 317—352); *A. Rubbens*, De bezorgdheid van de Belgische Katholieken voor het onderwijs vanaf het Mechels Congres van 1863 tot aan de schoolwet van 1879: Collationes brugenses et gandavenses 13 (1967) 518—533, 14 (1968) 103—129 243—269; *P. Gérin* a. a. O. S. 360 245—319; *A. Verhaegen*, J. Lammens et les œuvres catholiques (Gent 1909); *J. Daris*, Le diocèse de Liège sous Mgr de Montpellier (Lüttich 1892).

Zu den Biographien der Kardinäle Sterckx und Dechamps (Allg. Bibliogr.) und von Bischof Van Bommel und Ad. Dechamps (S. 360) siehe auch: *H. de Trannoy*, J. Malou (Brüssel 1905; zu ergänzen durch die Artikel des gleichen Verfassers: Revue générale 115 [1926] 513—522, 141 [1939] 1—18); *J. Garsou*, Frère-Orban de 1857 à 1878 (Brüssel 1946); *E. Rubbens*, E. Ducpétiaux, 2 Bde (Löwen 1922/34); *R. Warlomont*, Fr. Laurent (Brüssel 1948).

Niederlande: Außer den in der Allg. Bibliographie genannten Werken siehe zum Schulkonflikt auch *D. Langedijk*, De schoolstrijd in de eerste jaren na de wet van 1857 (Kampen 1937) und *C. Brok*, Openbaar en bijzonder onderwijs in Breda (Tilburg 1964). Ferner: *J. M. Gysen*, J. A. Paredis, bischop van Roermond (Assen 1968), bes. 399—431.

Die Kirche von Belgien war in der Mitte des 19. Jh. „durch ihre Kraft und Unabhängigkeit ein Modell, eine Art Ideal für die übrigen europäischen Kirchen geworden" (Pouthas), und die während des ganzen Pontifikats Pius' IX. anhaltende Zunahme des Welt- und Ordensklerus [18] — ihre Zusammenarbeit war trotz einiger Differenzen zwischen mehreren Bischöfen

[18] Die Zunahme der Berufungen im Diözesanklerus war langsamer als die Bevölkerungszunahme, aber die jährliche Zahl der Todesfälle blieb unter jener der Weihen. Auf einen Priester im Pfarramt kamen weniger als 1000 Seelen. Zählt man die im freien Unterricht eingesetzten Priester, die Hilfsgeistlichen und die Ordenspriester hinzu, so ergibt sich ein sehr günstiges Verhältnis. So trafen 1862 in der Diözese Mecheln, zu der die beiden

und den Jesuiten, die nach der Auffassung vieler zu sehr an Einfluß gewonnen hatten, im allgemeinen ausgezeichnet — ermöglichte neben der regelmäßigen Vermehrung der Stellen in den Pfarreien und im katholischen Schulwesen auch die Belebung und Entwicklung aller Arten von Akitivität. Caritative Werke bemühten sich in Fortführung der Vinzenzkonferenzen (422 waren es im Jahr 1863, davon mehr als die Hälfte in den beiden Flandern) um die Linderung des Arbeiterelends und die religiöse Erfassung der Jugend aus den Volksschichten der Städte. Verlegerische Initiativen und Pressegründungen versuchten dem Einfluß des schlechten Schrifttums zu begegnen. Missionswerke entstanden[19]; aber auch seit 1850 in zunehmendem Maße Werke erbaulicher Art, die ihre Gründung der Initiative junger ultramontaner Laien verdankten, die durch die Vertiefung ihres eigenen religiösen Lebens und durch das öffentliche Zeugnis ihres Glaubens das gesamte soziale und kulturelle Leben rechristianisieren wollten.

Aber wenn die Katholiken es auch natürlich finden mochten, daß die Kirche unter dem Schutz der Freiheit zwar nicht de jure, aber doch de facto wachsenden Einfluß auf das Leben des Landes ausübte, so gelangten die Liberalen doch schon bald zu der Überzeugung, daß die Dinge so nicht weitergehen dürften. Um zu dem zurückzukommen, was sie — im übrigen mit Recht — als eine Rückkehr zum Buchstaben der Verfassung betrachteten, veranstalteten sie im Juni 1846 einen Kongreß, auf dem sie eindeutig ihr Programm darlegten: „tatsächliche Unabhängigkeit" der Zivilgewalt gegenüber der Kirche und vor allem die „Organisation eines alle Stufen umfassenden staatlichen Unterrichtswesens unter der ausschließlichen Autorität der Zivilgewalt ... und Ablehnung der Intervention eines Priesters auf der Grundlage seiner Machtbefugnis in dem von der Zivilgewalt organisierten Unterrichtswesen"[20].

Zum erstenmal machte sich diese neue Säkularisationspolitik bemerkbar in dem Gesetz vom 1. Juni 1850 über das Mittelschulwesen[21]. Dieses war für die Kirche weit weniger günstig als jenes von 1842 über die Grundschule, da es — ohne im übrigen die Religion aus der Schule ausschließen zu wol-

Hauptstädte Brüssel und Antwerpen gehörten, 2200 Priester auf 1 100 000 Einwohner. Die Zahl der Orgensangehörigen hatte sich von 4791 im Jahr 1829 in 15 Jahren verdoppelt; sie erreichte 1866 die Zahl 18 196 und 1880 schließlich 25 326. Mehr als 160 neue Häuser wurden zwischen 1832 und 1867 in der Diözese Mecheln eröffnet.

[19] Nachdem sie in der ersten Hälfte des Jahrhunderts vornehmlich der amerikanischen Indianermission galt, wandte sich nun die Aufmerksamkeit dem Osten zu: die belgischen Jesuiten ließen sich 1855 in Bengalen nieder; 1862 gründete ein Priester aus Brüssel, Theophil Verbiest, die Missionskongregation von Scheut, der die Mongolei anvertraut wurde. Vgl. *E. de Moreau - J. Masson,* Les missions belges de 1804 jusqu'à nos jours (Brüssel [2]1944).

[20] Le congrès libéral de Belgique (Brüssel 1846), bes. Art 2 und 3.

[21] Siehe *W. Theuns,* De organieke wet op het middelbaar onderwijs (Löwen 1959) und vor allem *Simon,* Sterckx I 469—501; *ders.,* Réunions des évêques I 102—113; *Becqué,* I 97—106; *H. Fassbender:* BIHBR 40 (1969) 469—520.

len — einen staatlichen Unterricht organisierte, der jetzt von jeder kirchlichen Kontrolle unabhängig war. Viele Liberale, die auch weiterhin der Religion ihre Achtung bezeugen wollten, hatten gehofft, ihre Politik einer Säkularisierung der Institutionen durch ein freundschaftliches Abkommen mit der Kirche verwirklichen zu können. Aber die trotz der Bereitwilligkeit von Kardinal Sterckx unversöhnliche Stellung der meisten Bischöfe zu dem Schulgesetz zerstörte diese Illusionen, und die Haltung Roms trug ein übriges dazu bei, diese Enttäuschung noch zu verstärken. Da die Liberalen nun die Hoffnung auf ein vernünftiges Übereinkommen mit der Kirche verloren hatten und nach wie vor entschlossen waren, ihr Säkularisationsvorhaben auch ohne die Hierarchie und möglicherweise sogar gegen sie durchzuführen, wandten sie sich fortan immer mehr dem Weg der Radikalisierung zu. Nachdem sie durch den Aufruhr von 1857 das „Klostergesetz" und damit den letzten Versuch der Katholiken, die Verfassung in einem für ihre Interessen günstigen Sinn zu vervollständigen, zum Scheitern gebracht hatten, gingen die Liberalen, angeeifert durch die Freimaurerlogen und unterstützt durch eine Wählerschaft, deren Mißtrauen gegen den Reichtum der Orden und insbesondere deren Zwangsvorstellungen von den „Übergriffen des Klerus" sie geschickt auszunützen verstanden, dazu über, „die Unabhängigkeit der Laienobrigkeit" wiederherzustellen, um „die Gesellschaft vor der Wiederkehr der Mißbräuche einer anderen Zeit zu schützen". Die Regierung Rogier-Frère Orban, von 1857 bis 1870 an der Macht, erließ eine Reihe von Gesetzen, die, ergänzt durch Verwaltungsmaßnahmen, die Fragen der caritativen Stiftungen, der Friedhöfe und der Kirchenvorstände im Sinne der Säkularisation lösten (in den Augen der Bischöfe nichts als Verfälschungen der konstitutionellen Freiheiten). Gleichzeitig intensivierten sie, in dieser Entwicklung von radikalen Gruppen wie von der noch vor Frankreich im Jahr 1864 gegründeten „Ligue de l'enseignement" immer weitergetrieben, in den Gemeinden mit liberaler Mehrheit die Bemühungen um eine „Korrektur" des Gesetzes von 1842 auf dem Verwaltungswege, um damit eine Beschränkung der Rechte zu erreichen, die man dem Klerus in der Elementarerziehung zuerkannt oder zugestanden hatte.

Während der Liberalismus also immer geschlossener und kampfbereiter auftrat, verteidigten die Katholiken Fuß um Fuß die religiösen Bastionen, die innerhalb der Zivilinstitutionen aufrechtzuerhalten oder wiederherzustellen ihnen gelungen war. Ihr Widerstand wurde jedoch geschwächt durch die Zersplitterung ihrer Bemühungen und die Spaltung in ihren eigenen Reihen. Trotz der Mahnungen seiner Kollegen — zunächst Van Bommels und dann auch von seiten der jungen, nach 1850 ernannten kampfbereiten Bischöfe, die ihre Weisungen aus Rom empfingen — weigerte sich Kardinal Sterckx aus Furcht, das liberale Mißtrauen noch zu verstärken, die katholischen Kräfte in einer konfessionellen politischen Partei zu vereinen. Er bevorzugte eine individuelle Aktivität der Laien auf parlamentarischer Ebene oder im Rahmen der kirchlichen Werke. Auf der anderen Seite hatten die Sympathien eines Teils der katholischen Öffentlichkeit für die unversöhnliche Haltung des Louis Veuillot, die bekanntermaßen zu einem Großteil mit den Vorstellungen des Papstes übereinstimmte, nach zwanzigjähriger Ruhe nun erneut die Diskussionen zwischen Ultramontanen und verfassungstreuen Katholiken angefacht. Diese Diskussionen wurden von Jahr zu Jahr erbitterter, da die Ultramontanen sogar so weit gingen, die verfassungstreuen Katholiken als für die Kirche schädlicher als die erklärten Antiklerikalen zu qualifizieren [22].

In der Hoffnung, auf praktischem Gebiet die Vereinigung der katholischen Kräfte wieder herbeiführen zu können, organisierten einige Laien, in deren Mittelpunkt E. Ducpétiaux [23] stand, in den Jahren 1863, 1864 und 1867 große katholische Kongresse, die die Tätigkeit der kirchlichen Werke, die sich regellos vermehrt hatten, koordinierten und vor allem eine mächtige Bewegung der öffentlichen Meinung zur Unterstützung des katholischen Widerstands auf parlamentarischer Ebene provozieren sollten. Ermutigt durch den greisen Kardinal und trotz der durch das spektakuläre Eingreifen Montalemberts im Jahr 1863 bewirkten Zurückhaltung der Ultramontanen, trugen diese Kongresse unleugbar dazu bei, die katholischen Energien zu wecken. Man versuchte, die Versäumnisse auf dem Gebiet der Presse wieder aufzuholen [24] und vor allem — zumindest in den Diözesen Brügge, Gent und Tournai — unverzüglich ein Netz freier, unter der unmittelbaren Autorität des Klerus stehender Schulen zu errichten, um damit dem staatlichen Unterricht zu begegnen, dessen ideologische Tendenzen man nunmehr, in vielen Fällen, übrigens mit einiger Übertreibung, als für grundsätzlich unvereinbar mit dem katholischen Glauben erachtete. Außerdem wandelte man die „katholischen Zirkel“ vom Status einer genehmigten Gesellschaft in den von Wahlvereinen um und schloß sie in einer nationalen Föderation zusammen. Dies ermöglichte den Wahlsieg der Katholiken von 1870, durch den sie bis 1878 an der Macht blieben.

Dies war jedoch nur ein Aufschub auf parlamentarischer und legislativer Ebene, denn im Lande hatte sich die Lage seit Anfang der sechziger Jahre zunehmend verschlechtert. Zu dem Umstand, daß sich, wie in ganz Westeuropa, die Trennung zwischen der Masse der Arbeiter und der Kirche verschärfte, der Indifferentismus in den stark von der Freimaurerei indoktrinierten ländlichen Siedlungen fortschritt und die religiöse Praxis in den

[22] Siehe S. 745.

[23] Über Édouard Ducpétiaux (1804—64) dessen Einfluß über die Reorganisation der katholischen Kräfte entscheidend war, siehe *E. Rubbens*, É. Ducpétiaux, 2 Bde (Löwen 1922/34) und BnatBelg. XXXII 154—176.

[24] Reorganisation des „Journal de Bruxelles“ (vgl. *M. Blampain*, Le „Journal de Bruxelles“, histoire interne de 1863 à 1871, Löwen 1965) und 1865 Gründung der „Revue générale“ (vgl. *N. Piepers* a. a. O. Allg. Bibliogr.).

großen Häufungsgebieten rückläufig war, kam die für den Augenblick viel schwerwiegendere Tatsache, daß zwar ein Teil des katholischen Bürgertums nun mit weniger Scheu Zeugnis für seinen Glauben ablegte, die neue liberale Generation jedoch seit 1860 mehr und mehr dem militanten Antiklerikalismus zuneigte, da sie von der gegenseitigen Unvereinbarkeit nicht nur zwischen der Kirche und den modernen Freiheiten (die 1864 vom „Syllabus" unterstrichen wurde), sondern auch zwischen Wissenschaft und Glauben[25] überzeugt war. Sie wendete sich bisweilen einem entmythologisierten Protestantismus, noch häufiger jedoch einem wissenschaftlichen und areligiösen Humanismus zu (die erste Gesellschaft dieser Art, „La Libre Pensée", entstand 1863) oder auch dem sozialistischen Atheismus. Für diese jungen liberalen Intellektuellen handelte es sich nicht mehr nur darum, die Zivilgewalt vom Zugriff der Kirche zu befreien, sondern „die Intelligenz der Finsternis des Obskurantismus zu entreißen". Um dieses Ziel zu erreichen, forderten sie eine staatliche Kontrolle der katholischen Aktivität überhaupt.

Angesichts dieser Entwicklung des Liberalismus zur Intoleranz spalteten sich die Katholiken erneut in zwei Lager. Während die einen nach wie vor in den konstitutionellen Freiheiten den einzig wirksamen Schutz gegen die Ziele der Radikalen sahen, erwiderten die anderen, daß diese nur ein Narrenspiel seien, das den Staatsapparat den Kirchenfeinden überliefere. Diese zweite Gruppe, deren Mittelpunkt Professor Périn (Löwen) war, der sich von Pius IX. ermutigt wußte, leitete eine Kampagne gegen die Grundgesetze und ihre „Freiheiten zum Untergang" ein[26]. Sie war zwar nur eine Minderheit, aber eine lautstarke Minderheit, die um 1875 viele glauben machte, daß in dem Augenblick, da sich der Liberalismus unter dem Einfluß der Radikalen von der Vergleichslösung, die 1830 noch den Vorrang gehabt hatte, entfernen würde, sich auch die Kirche, jedoch in entgegengesetztem Sinn, von ihr abwenden würde und so jedenfalls teilweise ihre Positionen aus dem Ancien Régime zurückgewinnen könne, was nun wiederum die Liberalen und dieses Mal auch die Gemäßigten empörte. Die Lage war also äußerst gespannt, und das gesamte System der Beziehungen zwischen Kirche und Staat schien über kurz oder lang wieder in Frage gestellt zu werden.

In den Niederlanden vollzog sich die Entwicklung zwar etwas später, aber doch ganz ähnlich, trotz der anderen Stellung der Katholiken im Staat. Die auf parlamentarischer Ebene eingegangene Allianz zwischen Katholiken und Liberalen dauerte bis 1866; aber noch stärker als in Belgien war hier die Annäherung von mehr taktischen Erwägungen als von einem Gesinnungswandel bestimmt, und schon bald tauchten auch die tiefen Meinungsverschiedenheiten, noch zusätzlich verstärkt durch die allgemeine Entwicklung der

[25] Die Verurteilung des rationalistischen Unterrichts zweier Professoren der Universität Gent (1856) durch die Bischöfe trug zur Vertiefung der Kluft bei.

[26] Nähere Einzelheiten siehe Bd VI/2. Über Charles Périn (1815—1905) siehe BnatBiogr. XXX 665—671.

Ideen während des dritten Viertels des Jahrhunderts, wieder auf: auf der einen Seite das intolerante Verhalten, das der liberale Antiklerikalismus in allen Ländern Europas annahm und das in den Niederlanden noch verschärft wurde durch das Weiterbestehen einer verstockten Papstfeindlichkeit; auf der anderen Seite die zunehmend reaktionäre Orientierung des Pontifikats Pius' IX. und der Einfluß der antiliberalen Polemik Veuillots, zu deren getreuem Echo Cramer sich in der „Tijd" machte und es den Katholiken schließlich geradezu als eine Pflicht vorstellte, sich von der modernen Zivilisation zu distanzieren. Zwar war es eine Generation vorher um Broere und Van Bommel zu einigen Versuchen gekommen, den Katholizismus auf die neuen Ideen hin erneut zu durchdenken, aber die Verurteilung Lamennais' hatte diesen ersten Eifer intellektueller Modernität gebrochen, und die Ausschreitungen der antiklerikalen Polemik anläßlich der Veröffentlichung des Syllabus festigten die Position jener, die auf der Unvereinbarkeit der katholischen Weltanschauung mit den Grundsätzen von 1789 bestanden. Das Beispiel des liberalen Protestantismus, der sich in den Niederlanden besonders radikal entwickelte, bestätigte außerdem viele holländische Katholiken in der Überzeugung, daß es für den Glauben gefährlich sei, sich den modernen Ideen allzu aufgeschlossen zu zeigen. Gleichzeitig mit diesen doktrinalen Faktoren wurden die dem Papsttum sehr verbundenen niederländischen Katholiken tief verletzt durch die Sympathie der liberalen Presse für die Machenschaften Piemonts gegenüber dem Heiligen Stuhl. Über die Schulfrage schließlich kam es zum endgültigen Bruch.

Die Katholiken verfügten nicht über die entsprechenden Mittel, um ein eigenes Netz von Schulen aufzubauen, und sahen sich also vor die Alternative gestellt, zwischen der Schulpolitik jener, die der staatlichen Schule ihren calvinistischen Charakter bewahren wollten, und der Schulpolitik der Liberalen, die die Neutralität des staatlichen Unterrichts forderten, zu wählen. Da sie aber diese letztere einer protestantischen Konfessionsschule vorzogen und außerdem hofften, sie würde in Wirklichkeit dann doch von christlichem Geist geprägt sein, stellten sich mehrere Katholiken — im übrigen deswegen von einem Teil ihrer Glaubensbrüder kritisiert — hinter die Liberalen, um mit ihnen das Gesetz vom 13. August 1857 durchzubringen, das außer spürbaren pädagogischen Verbesserungen zum erstenmal in Europa eine totale Neutralität im Schulwesen einführte. Nach einigen Jahren jedoch mußte man sich von den harten Tatsachen überzeugen lassen: der neutrale Unterricht wurde in Wirklichkeit immer mehr zu einem vollkommen säkularisierten, ja sogar areligiösen Unterricht. Nun verkündeten die Bischöfe, angeregt durch die Enzyklika „Quanta cura", feierlich zunächst beim Provinzialkonzil von 1865, dann in einem gemeinsamen Hirtenbrief vom Juli 1868 das Recht des katholischen Kindes, in einer katholischen Schule erzogen zu werden, wie auch die entsprechende Pflicht der katholischen Eltern, und sie begannen, auf das Gesetz gestützt, die Zahl der freien Schulen zu vermehren. Um die großen Ausgaben, die diese Politik mit sich brachte, zu decken, begann man, in den Pfarreien sehr tatkräftige Schulkomitees zu organisieren; schon bald kam es in der gemeinsamen Anforderung öffentlicher Mittel für die freien Konfessionsschulen zu einer Annäherung an die Protestanten; diese wäre 20 Jahre vorher ganz undenkbar gewesen, und auch jetzt wurde sie von zahlreichen Katholiken mit größter Zurückhaltung aufgenommen. Nun, da die Liberalen den Spiritualismus von 1850 durch eine rationalistische und positivistische Lebensauffassung ersetzt hatten, entdeckte man zwischen Calvinisten und römischen Katholiken das „gemeinsame Fundament" (A. Kuyper), das zwar sicherlich noch nicht als Basis für einen ökumenischen Dialog, aber doch für eine „christliche Koalition" zur Durchsetzung der religiösen Forderungen dienen konnte. Die erstrebten Ziele wurden jedoch nicht sofort erreicht. Im Gegenteil: da die Wahlen von 1877 den Liberalen eine große Mehrheit gebracht hatten, beeilten sich die Radikalen, ihre Ideen in die Tat umzusetzen, und brachten ein Gesetz ein, das die Anordnungen des Gesetzes von 1857 noch verschärfte und sich für den freien Unterricht als bedrohlich erwies.

Dies war eine schwere Niederlage für die Verteidiger der christlichen Schule. Sie brachte den Katholiken die Notwendigkeit zum Bewußtsein, fortan nicht mehr ohne eine Organisation zu kämpfen, sondern sich in einer politischen Partei zusammenzuschließen. Diese Idee hatte die „Tijd" bereits 1877 vertreten und das deutsche Zentrum als Beispiel angeführt; nach dem Gesetz von 1878 sollte sie ein junger Priester, Abbé Schaepman, meisterlich verwirklichen.

Die verworrene Situation auf der Iberischen Halbinsel

LITERATUR: Spanien: Zu den Angaben siehe Allg. Bibliographie und S. 577; siehe auch *J. López Órtiz,* Los cien años de la vida del concordato de 1851: El concordato de 1953 (Madrid 1956) 41—64; *J. M. Cuenca Toribio,* La Iglesia española ante la revolución liberal (Madrid 1970) 197—290; *ders.:* HS 22 (1969) 129—285; *V. Cacho Via,* La Institución Libre de Enseñanza I: Origenes (Madrid 1962; über Sanz del Río und den Fortschritt des Positivismus); *C. J. Bartlett,* The Question of Religious Toleration in Spain in the XIXth Century: JEH 8 (1957) 205—216 (über das schwierige Eindringen des Protestantismus, unterstützt durch die englische Diplomatie); *G. Barberini,* El art. 11 de la Constitución de 1876. Controversia diplomática entre España y la Santa Sede: Anthologica annua 9 (1961) 279—409 (über die Freiheit der Religionsübungen; *M. Menéndez y Pelayo,* Los heterodoxos españoles (Ausg. BAC Madrid 1956) II 946—1119.

Portugal: Siehe die Angaben S. 577. Dazu *X. Coutinho,* A descritianização de Portugal no sec. XIX: Miscellanea historiae ecclesiasticae III (Löwen 1970) 359—379.

In Spanien wie auch in Portugal hatte sich die Lage der Kirche seit jenen Unruhen, die sie unter dem Pontifikat Gregors XVI. erschüttert hatten, ge bessert, aber der Friede war nur vorübergehend und ständig bedroht. In Portugal kam es immer wieder zu schikanösen Eingriffen der Regierung in das kirchliche Leben: 1864 erzwang sie eine Verminderung der Zahl der Pfarreien; 1862, 1866 und 1869 kam es durch den Druck der Liberalen zu neuen Säkularisierungen der Kirchengüter und zur Vertreibung der ausländischen Nonnen (die Affäre der Filles de la charité im Jahr 1861 wirbelte viel Staub auf); nach 1865 schließlich entfesselten die Freimaurer eine (vom Grafen Paraty reorganisierte) Kampagne zugunsten der Zivilehe.

In Spanien kam es zu noch ernsthafteren Unruhen. Die Liberalen hatten sich geweigert, die Vorherrschaft der Kirche, die diese nach dem Konkordat zurückerobert hatte, zu akzeptieren, und ihre Feindschaft verschärfte sich, als der Klerus mit der zunehmend reaktionärer werdenden Regierung Narvaez einen Ausgleich suchte. Schon von 1854 bis 1856, als Espartero die Macht zurückerobert hatte, war diese Feindseligkeit uneingeschränkt zutage getreten; noch sehr viel schlimmer verhielt es sich jedoch nach der Revolution von 1868, die das geistige und politische Ende des Moderantismo darstellte, weil die „Vorläufige Regierung" sehr rasch durch die Radikalen überflügelt wurde. Es kam nicht nur zur unverzüglichen Aufhebung des Konkordats; viel bedeutsamer war es, daß durch den Ausbruch von Gewalttätigkeiten des Volkes gegen Priester und Ordensleute die stets wachsende Kluft zwischen dem Proletariat der Großstätdte und der Kirche spürbar wurde. Die Entwicklung eines Teils des liberalen Bürgertums von einem einfachen, politisch und ökonomisch motivierten Antiklerikalismus zu einem antichristlichen Rationalismus trat bei den Diskussionen um die neue Verfassung von 1869 deutlich zutage. Diese unterwarf die Kirche einer Reihe gesetzlicher Behinderungen; sie führte nicht nur die Zivilehe und eine relative Religionsfreiheit ein[27], sondern enthielt Maßnahmen gegen die Orden, insbesondere gegen die Jesuiten, und die Vinzenzkonferenzen; signifikant waren jedoch weniger diese Machenschaften in sich als der Geist, in dem sie ihre Wurzel hatten. Die äußerst feierliche Zivilbeerdigung von Sanz del Río, der den Positivismus in Spanien eingeführt hatte, im Jahre 1869 und dann 1874 jene seines Freundes F. de Castro, eines Priesters in offener Rebellion gegen die Kirche, Rektor der Zentraluniversität, unterstrichen die Macht, die diese neue antireligiöse Strömung gewann. Sie wurde noch verstärkt durch die starrsinnige Reaktion der Hierarchie auf die antiklerikalen Maßregeln, die seit Oktober 1868 aufeinander folgten, und schließlich durch die Erklärung der Unfehlbarkeit des Papstes im Jahr 1870.

Canovas del Castillo drängte zwar nach dem Sturz der Republik 1874 darauf, das Konkordat wieder in Kraft zu setzen; angesichts der Entwicklung der Geister schien es ihm jedoch unmöglich, ohne Änderungen zu der Situation von vor 1868 zurückzugehen, und so behielt die Verfassung von 1876 trotz der heftigen Proteste des Klerus und Pius' IX. sogar das

[27] Sie wurde ausschließlich Fremden gewährt. Die protestantischen englischen Missionare zogen den meisten Gewinn daraus, aber ihre Erfolge waren begrenzt. Um 1874 gab es etwa 2500 Anhänger.

Prinzip der Religionsfreiheit bei. Bedenkt man, daß diese Verfassung der Kirche unter anderem auch die Kontrolle über den Unterricht, ja sogar über den universitären Unterricht überließ, so war dies im ganzen nur eine kleine Konzession an die liberalen Forderungen. Aber es war dennoch eine Niederlage mehr für jene, die im „Syllabus" das Ideal der christlichen Gesellschaft sahen; eine Niederlage, für die zu einem großen Teil die antiliberalen Katholiken verantwortlich waren. Die „traditionalistischen" Katholiken hatten dadurch, daß sie sich darauf versteiften, ihre Hoffnung in eine chimärenhafte karlistische Restauration zu setzen, und sich durch ihre antidynastische Opposition, die sich nach 1870 noch verstärkte, praktisch vom öffentlichen Leben isolierten, die gemäßigten Konservativen der Unterstützung einer starken katholischen Regierungspartei beraubt, die es vermocht hätte, den Parteien der Linken einen stärkeren Widerstand und sogar größere Forderungen — dies war die von Balmes schon vor 1848 vorhergesagte Lösung — entgegenzusetzen; so aber trieben sie die in der Regierung tätigen Katholiken zur Kollaboration mit den Liberalen, was unvermeidlich zu Übereinkommen und Konzessionen führen mußte, die diese Unversöhnlichen verabscheuten.

Regalistische Liberale und Freimaurer in Lateinamerika

LITERATUR: Zu den Angaben in der Allg. Bibliographie und S. 577—578 siehe auch:

Für Mexiko: *W. H. Callcott,* Church and State in Mexico 1822—57 (New York 1926); *ders.,* Liberalism in Mexico 1857—1929 (Stanford 1931); *G. Garcia Cantú,* El pensamiento de la revolución, historia documental, 1810—62 (Mexiko 1966); *W. V. Scholes,* Mexican Politics during the Juarez Regime 1855—72 (Columbia 1957; vgl. CHR 44 [1958] 77—78); *R. J. Kowlton,* Clerical Response to the Mexican Reform 1855—75: CHR 51 (1965) 509 bis 528; *M. A. Cleven,* The Ecclesiastical Policy of Maximilian: HAHR 9 (1929) 317—360; *G. Martina,* La corrispondenza tra Pio IX e Massimiliano: AHPont 5 (1967) 373—391; La historia moderna de México, hrsg. von *De Cosio Villegas* I (Mexiko 1956; seit 1867); *L. Zea,* Apogeo y decadencia del positivismo en Méjico (Mexiko 1944).

Für Kolumbien: *A. Pérez* Aguirre, 25 años de historia colombiana 1853 a 1878 (Bogotá 1959); *J. Jaramillo Uribe,* Romanticismo, utopismo y positivismo en el pensamiento social y político colombiano del s. XIX: Revista Bolívar 13 (1960) 117—144.

Für Venezuela: *J. Nava:* HAHR 45 (1965) 527—543.

Für Brasilien: *M. C. Thornton,* a. a. O. (S. 578); *R. de Oliveira,* O Conflicto maçonico-religioso de 1872 (Petropolis 1952).

Die relative Entspannung, wie sie in vielen lateinamerikanischen Staaten in der Mitte des 19. Jh. festzustellen ist, war nicht allgemein. Vor allem in zwei Ländern, Mexiko und Kolumbien, in denen die Kirche seit der Kolonialzeit besonders starke Positionen innehatte, waren die Liberalen — im wesentlichen auch mit Erfolg — pausenlos darum bemüht, diese Macht, die sich zugunsten der Großgrundbesitzer auswirkte, die sich ihrerseits wiederum auf die Armee stützten, zu brechen.

In Mexiko, der am dichtesten bevölkerten Republik Spanisch-Amerikas, in der zu dem bestehenden Konflikt noch ein Rassenhaß der Indios gegen die Spanier trat, hatte V. Gómez Farias schon in den dreißiger Jahren die Orden und Privilegien des Klerus angegriffen und einen Teil seiner großen Reichtümer säkularisiert. Dies hatte vor allem zur Folge, daß die blühenden Missionen der Franziskaner in Kalifornien fast ganz vernichtet wurden; aber die ökonomische und politische Macht der Kirche hatte dennoch ihre Bedeutung nicht eingebüßt. Nach einem konservativen Zwischenspiel führte der Erfolg der „Reforma"-Bewegung, die sich seit 1845 unter der Führung eines anderen Indios, B. Juárez, eines überzeugten Freimaurers und Antiklerikalen, entwickelte, zur Wiederaufnahme einer Politik, die darauf zielte, durch ein Regime individueller Rechte eine korporative Gesellschaft zu ersetzen, in der die konfessionellen Gruppen und vor allem die Orden einen bedeutenden Platz einnahmen. Diese Politik wollte den Staat, der trotz früherer Zwistigkeiten noch immer der Kirche untergeordnet war[28], soweit wie möglich laisieren. Der Widerstand des Klerus, der nicht fähig gewesen war, spontan die unerläßliche Reform der schreiendsten Mißstände einzuleiten, war denkbar ungeschickt. Da sich ihm in dem für eine noch vorindustrielle Gesellschaft utopischen Charakter des demokratischen Programms und in seinem offenkundigen Scheitern in sozialer Hinsicht ein leichter Vorwand anbot, setzte er auch weiterhin alle Hoffnungen auf die vergeblichen Versuche der konservativen Reaktionen, und er weigerte sich sogar, in seiner Unnachgiebigkeit noch durch den Nuntius Meglia und den neuen Erzbischof P. A. Labastida (1863—91) ermutigt, Kaiser Maximilian (1864—67) zu unterstützen, als dieser in der Hoffnung, die gemäßigten Liberalen für sich zu gewinnen, die Religions- und Pressefreiheit aufrechterhalten und die Verstaatlichung der Kirchengüter ratifizieren wollte. Nach seiner Rückkehr zur Macht war Juárez, im Bewußtsein der Kräfte, die die katholischen Traditionen noch im Volk bewahrt hatten, klug genug, die antiklerikalen Gesetze mit Mäßigung anzuwenden; nach seinem Tod (1872) jedoch bemühte sich sein Nachfolger S. Lerdo de Tejada, sie durch ihre Einfügung in die Verfassung zu verschärfen. Fortan galten die Zivilehe, der auf allen Stufen laizistische Unterricht, die Trennung von Kirche und Staat und die Verstaatlichung der Kirchengüter, nachdem sie zu Artikeln des mexikanischen Grundgesetzes geworden waren, als unantastbar. In Wirklichkeit jedoch war die Situation angesichts der Verbundenheit, die ein Großteil der Bevölkerung dem Katholizismus bewahrte — vorausgesetzt, daß er nicht zu hohe Forderungen an sie stellte — und angesichts der Großzügigkeit der Gläu-

[28] Über den Geist, der die durch die Gesetze von 1857, 1859 und 1860 eingeführten Reformen inspirierte, in denen die alten regalistischen Traditionen, das natürliche Mißtrauen gegen Rom und der liberale Individualismus zusammentrafen, die jedoch die Grundsätze des Christentums respektieren wollten, vgl. das Werk eines der wichtigsten Minister von Juárez, *M. Ocampo,* La religión, la Iglesia y el clero (Neuauflage Mexiko 1965).

bigen weniger tragisch, als sie dem Gesetz nach erschien; die weltliche Macht der Kirche jedoch war nun endgültig gebrochen.

Auch in Kolumbien verschlechterte sich die Lage, die schon — mit Ausnahme der Präsidentschaft des Generals Alcántara Herrán (1842—45), der vor allem die Jesuiten wieder ins Land brachte — unter Gregor XVI. nicht gut gewesen war, während des ganzen Pontifikats Pius' IX. zusehends. Seit 1845 folgten die antiklerikalen Maßnahmen rasch aufeinander: Aufhebung des Zehnten, dann auch der kirchlichen Gerichtsbarkeit; Vertreibung von Priestern und Bischöfen, die sich diesen Entscheidungen zu widersetzen versuchten, vor allem des Mgr. M. J. Mosquera (1834—53), des äußerst bemerkenswerten Erzbischofs von Bogotá [29]; 1853 Proklamation der Trennung von Kirche und Staat — die erste Entscheidung dieser Art in Lateinamerika — und dann, nach einer kurzen Zeit der Beruhigung, die Verstaatlichung der Kirchengüter und 1861 schließlich die Auflösung aller Klöster sowie äußerst strenge Kontrollmaßnahmen über die Tätigkeit des Klerus, ohne daß man hierbei den vorhandenen Widerspruch mit dem Trennungsgesetz berücksichtigte. Dieser wahre „Kulturkampf" dauerte bis 1880.

Mit einer gewissen Verspätung erlebten auch die anderen südamerikanischen Republiken, mit Ausnahme Perus und Boliviens, nach 1870 ein vermehrtes Wiederaufleben des militanten Antiklerikalismus und der Säkularisationspolitik. Es handelte sich nun nicht mehr nur um die Verstaatlichung der Kirchengüter, um die Aufhebung der kirchlichen Gerichtsbarkeit oder die Kontrolle über die Ernennung von Bischöfen oder Pfarrgeistlichen, sondern um die Einführung der Zivilehe und um die Religionsfreiheit für die Protestanten (deren Zahl sich in einigen Ländern durch Einwanderung vermehrte), um die Minderung des Einflusses der Kirche auf die Erziehung und mitunter auch um die uneingeschränkte Trennung von Kirche und Staat. Als die Grundlage dieser Politik galt noch — wie in der vorhergegangenen Generation — das Bestreben der Liberalen, die nun fast überall wieder an die Macht gekommen waren, den politischen und sozialen Einfluß des Klerus zu mindern, der im Namen der Verteidigung der „etablierten Ordnung" und einer hierarchischen und paternalistischen Gesellschaftskonzeption fast immer zugunsten der konservativen Parteien eingriff. Aber es waren zwei neue Elemente hinzugetreten, welche die Feindseligkeit gegen die Kirche erregten: Zunächst unter dem Einfluß der aus Europa gekommenen Ordensangehörigen der Fortschritt der ultramontanen Ideen, die sich an einem zunehmend empfindlicher werdenden Nationalismus stießen, und die immer eindeutigere Forderung des Rechtes der Kirche, das Leben der zivilen Gesellschaft zu regeln, die im „Syllabus" mit Nachdruck bestätigt wurde; dann aber auch die Fortschritte des Comteschen

[29] Persönlich gemäßigt, aber durch einen größtenteils reaktionären Klerus kompromittiert. Vgl. im übrigen über seine Person: Antología del Il. Señor M. J. Mosquera y escritos sobre el (Bogotá 1954).

Positivismus, die in einigen Fällen die politisch-kirchlichen Konflikte in einen wahren Kampf gegen den christlichen Glauben verwandelten, den ein Teil des gebildeten Bürgertums bereits zurückzuweisen begann. In Venezuela leitete 1870 Präsident Guzmán Blanco, ein fanatischer Sektierer, den Kampf für die laizistische Schule ein und versuchte, eine gänzlich vom Staat abhängige Nationalkirche zu organisieren, deren Erzbischof vom Kongreß und deren Pfarrgeistliche von ihren Pfarreien gewählt werden sollten. Guatemala war in seiner Orientierung zwar nicht so radikal, aber auch hier begann man nach dem Sturz des Präsidenten Cerna (1871), des großen Beschützers der Jesuiten, mit einer Laisierungspolitik, die in der Verfassung von 1879 ihren Höhepunkt erreichte und schon bald auch von den übrigen Republiken Mittelamerikas (außer Costa Rica) nachgeahmt wurde. Chile ging unter der Präsidentschaft von Errazuriz (1871—76) denselben Weg; ebenso auch Argentinien nach dem Erfolg des Partido autonomista nacional im Jahr 1874, der jedoch um den Landadel zentriert war, woraus deutlich hervorgeht, daß die Wurzeln des südamerikanischen Antiklerikalismus nicht nur sozialer Natur waren; auch Ekuador schlug nach der Ermordung von García Moreno 1875 diese Richtung ein.

In Brasilien, wo der rechtliche Status der Kirche während der Zeit der kaiserlichen Regierung, also bis 1888, kaum verändert wurde, zeigte sich die Verhärtung des Gegensatzes zwischen freimaurerischen Liberalen und ultramontanen Katholiken in einem Vorfall, der, obschon zeitlich und räumlich begrenzt, sogar in Europa ein Echo fand. Einige Bischöfe, beeinflußt durch die immer eindeutigeren Stellungnahmen Pius' IX., beunruhigten sich über die Toleranz des Kaisers gegenüber den protestantischen Missionen, über das Eindringen rationalistischer Lehren aus Deutschland in gebildete Kreise und vor allem über die zunehmend antichristliche Orientierung der Freimaurerei. 1872 verpflichteten der Kapuzinerbischof von Olinda, Mgr. V. de Oliveira, der in Frankreich seine Ausbildung erhalten hatte, und einer seiner Mitbrüder, Mgr. A. de Macedo Costa, Bischof von Para, ihre Priester und die Mitglieder der irmandadas unter Androhung von Strafen, die Freimaurerlogen zu verlassen. Die Regierung ließ jedoch mit der Begründung, daß die päpstlichen Bullen gegen die Freimaurer in Brasilien niemals das Placet erhalten hatten, durch den Staatsrat die Annullierung der bischöflichen Entscheidungen verfügen, und da die Prälaten der Zivilgewalt das Recht, in religiöse Fragen einzugreifen, absprachen, ließ man sie zum großen Entsetzen der katholischen Weltpresse, die sie als Märtyrer im Kampf für die Unabhängigkeit der Kirche feierte, einkerkern. Die übrigen Bischöfe unterstützten ihre Kollegen nur mäßig, aber diese Affäre war der Ausgangspunkt einer Bewegung innerhalb der öffentlichen Meinung, die die energischsten brasilianischen Katholiken veranlaßte, die geistliche Freiheit der Kirche gegenüber dem mißbräuchlichen Eingreifen der Zivilautorität zu fordern.

40. Kapitel

Vorstufen des Kulturkampfes
Österreich, Bayern, Baden und die Schweiz

LITERATUR: Allgemein: Wie vor Kap. 29. Außerdem: *G. Franz,* Kulturkampf. Staat und katholische Kirche in Mitteleuropa von der Säkularisation bis zum Abschluß des preußischen Kulturkampfes (München 1954); *ders.* (u. d. Namen *G. Franz-Willing*), Kulturkampf gestern und heute. Eine Säkularbetrachtung (München 1971).

Österreich: *M. Hussarek,* Die Krise und die Lösung des Konkordates vom 18. August 1855: AÖG 112 (1932); *K. Eder,* Der Liberalismus in Alt-Österreich (Wien 1955); *N. Miko,* Der Untergang des Kirchenstaates und Österreich-Ungarn im Jahre 1870: Röm. Hist. Mitt. 1 (1956/57); *ders.,* Die kath. Kirche in Österreich-Ungarn um 1870...: Festschrift für Karl Eder (Innsbruck 1959); *Engel-Janosi,* Österreich und der Vatikan I (s. vor Kap. 20) 143—197; *ders.,* Die politische Korrespondenz der Päpste mit den österreichischen Kaisern 1804—1918 (Wien-München 1964) 35—46, Nr. 124—142; *Weinzierl-Fischer,* Konkordate (s. vor Kap. 7) 112—124; *E. Saurer,* Die politischen Aspekte der österreichischen Bischofsernennungen 1867—1903 (Wien-München 1968).

Bayern: Lit. vor Kap. 29. Außerdem: *J. Grisar,* Die Circulardepesche des Fürsten Hohenlohe vom 9. April 1869 über das bevorstehende Vatikanische Konzil: Bayern. Staat und Kirche, Land und Reich, Gedenkschrift für Wilhelm Winkler (München 1961); *D. Albrecht,* Döllinger, die bayerische Regierung und das erste Vatikanische Konzil: Spiegel der Geschichte. Festgabe für Max Braubach (Münster 1964); *Franz-Willing,* Bayerische Vatikangesandtschaft (s. vor Kap. 7) 52—68; *W. Brandmüller,* Die Publikation des 1. Vatikanischen Konzils in Bayern. Aus den Anfängen des bayerischen Kulturkampfes: ZBLG 31 (1968); *M. Weber,* Das I. Vatikanische Konzil im Spiegel der bayerischen Politik (Misc. Bavarica Monacensia Heft 28, München 1970).

Baden: Lit. vor Kap. 29. Außerdem: *E. Friedberg,* Der Staat und die katholische Kirche im Großherzogtum Baden seit dem Jahre 1860 (Leipzig 1874); *J. Becker,* Staat und Kirche in Baden in der 2. Hälfte des 19. Jh. Bericht über den Stand der Vorarbeiten an einer geplanten Quellenpublikation: ZGObrrh 111 (1963); *L. Gall,* Die partei- und sozialgeschichtliche Problematik des badischen Kulturkampfes: ZGO 113 (1965); *ders.,* Der Liberalismus als regierende Partei. Das Großherzogtum Baden zwischen Restauration und Reichsgründung (Wiesbaden 1968); *M. Stadelhofer,* Der Abbau der Kulturkampfgesetzgebung im Großherzogtum Baden 1878—1918 (Mainz 1969, informiert auch über Entstehung und Verlauf des Kampfes).

Schweiz: Lit. vor Kap. 29. Außerdem: *P. Gschwind,* Gesch. der Entstehung der christkatholischen Kirche der Schweiz, 2 Bde (Solothurn 1904/10); *V. Conzemius,* Eugène Michaud, ein katholischer Reformator des 19. Jh.?: ZSKG 58 (1964); *ders.,* Der schweizerische Bundesrat und das erste Vatikanische Konzil: SZG 15 (1965). Vgl. auch unten Anm. 35 und 37.

Der Konflikt zwischen Liberalismus und katholischer Kirche erreichte in den sechziger Jahren in mehreren deutschsprachigen Ländern die ideologische Verhärtung, die durch das von Rudolf Virchow geprägte Wort „Kulturkampf“[1] gekennzeichnet worden ist. Der inzwischen zur politischen Füh-

[1] In der programmatischen Rede, in der Virchow, der berühmte Pathologe und linksliberale Politiker, sich am 17. Januar 1873 im preußischen Abgeordnetenhaus für den Gesetzentwurf über die Vorbildung und Anstellung der Geistlichen aussprach. Die Rede ist auszugsweise zitiert bei *Franz-Willing,* Kulturkampf gestern und heute 9f. — Über gelegentliche frühere Benutzung des Wortes „Kulturkampf“ vgl. ebd. 11f.

rungsmacht aufgestiegene Liberalismus schickte sich folgerichtig an, eines seiner zentralen Anliegen, die Befreiung des Staates und der Gesellschaft von kirchlicher Bevormundung, zu verwirklichen. Als hauptsächlicher Gegner erschien der Katholizismus in seiner ultramontanen Konzentration, welche durch das Dogma der unbefleckten Empfängnis und den Syllabus markiert war; die letzte Zuspitzung hat das Unfehlbarkeitsdogma gebracht. In konfessionell gemischten Ländern traten die Gegensätze besonders scharf hervor. Der in Deutschland und in der Schweiz vorzüglich aus dem Protestantismus erwachsene und zudem besonders doktrinäre Liberalismus hielt den frontalen Angriff für notwendig; dabei wurden oft die staatlichen Machtmittel rücksichtslos und unter Verletzung liberaler Prinzipien angewendet. Zum weltanschaulichen kam nicht selten ein wirtschaftlich-sozialer Gegensatz: Das liberale städtische Bürgertum stand gegen die kirchlich gebundenen kleinbürgerlichen und bäuerlichen Schichten, die sich durch die beginnende Industrialisierung benachteiligt fühlten[2].

Verantwortung für die Zuspitzung trifft beide Seiten. Sie waren nicht bereit, die Eigenständigkeit des anderen in seinem Bereich anzuerkennen; liberale Politiker wie Kirchenführer suchten „die Grenzen zwischen Staat und Kirche“[3] in einem für sie möglichst günstigen Sinne festzuschreiben.

Katholische Staaten begnügten sich im allgemeinen damit, ihre Souveränität über die bis dahin von der Kirche behaupteten Grenzgebiete, so über Schule und Zivilstandsgesetzgebung, herzustellen sowie die Reste des Staatskirchentums zu erhalten. Nichtkatholische Politiker gingen erheblich weiter; sie wollten die von der Kirche erkämpfte Koordination durch die vollständige Rückkehr zum früheren Staatskirchentum ablösen, welches nunmehr mit der absoluten Rechtsautorität des modernen Staates begründet wurde. Nicht selten versuchten die ganz von der nationalen Ideologie erfüllten Liberalen dabei das übernationale Prinzip des Katholizismus durch nationalkirchliche Organisationsformen zu ersetzen.

In Österreich hatten die konfessionellen Gesetze vom Frühjahr 1868 das Konkordat weithin ausgehöhlt[4], aber in die innere Sphäre der Kirche nicht eingegriffen. Kaiser Franz Joseph bemühte sich, einen Bruch mit Rom zu vermeiden[5], konnte aber die überaus scharfe Verurteilung der Gesetze

[2] Dieser in der Geschichtsschreibung über den Kulturkampf meist vernachlässigte Aspekt ist in dem vor diesem Kapitel zitierten Aufsatz von L. Gall ans Licht gehoben, dabei aber überbewertet worden.

[3] So der programmatische Titel eines den Kulturkampf propagierenden Werkes des liberalen Kirchenrechtlers Emil Friedberg (Tübingen 1872).

[4] Vgl. Kap. 29, S. 539.

[5] Vergeblich hatte der Kaiser versucht, den Papst von der Notwendigkeit einer Modifikation des Konkordates zu überzeugen. Franz Joseph an Pius IX. 16. 2. 1868; eigenhändige Bemerkungen Pius' IX. o. D. Texte: *Engel-Janosi*, Politische Korrespondenz Nr. 130, 130a. Vgl. auch ebd. Nr. 133, 134.

durch den Papst[6] nicht verhindern. Auch in Österreich erhob sich heftiger Widerstand, nicht nur aus konservativen Kreisen. Der streitbare Bischof Franz Joseph Rudigier von Linz (1811—84, Bischof seit 1852)[7] wurde zum Mittelpunkt einer für Österreich neuartigen katholischen Volksbewegung, wie sie gleichzeitig auch in anderen Staaten im Zeichen des Kampfes gegen das liberale System aufgestanden ist; die katholische Fraktion im Wiener Parlament erstarkte. Wegen seiner Aufforderung zur Nichtbefolgung der Gesetze wurde Rudigier 1869 gerichtlich verurteilt, aber vom Kaiser sofort begnadigt; dennoch wirkte gerade die kurzfristige Inhaftierung des Bischofs aufrüttelnd auf die katholischen Massen. Der Seckauer Bischof Joh. Baptist Zwerger (1824—93, Bischof seit 1867)[8] unterstützte Rudigiers Kurs, ebenfalls Bischof Josef Fessler von St. Pölten (1813—72, Bischof seit 1864)[9].

Der Kaiser blieb um maßvolle Anwendung der Gesetze bemüht, auch sein fortdauernder Kontakt zu Kardinal Rauscher hat entspannend gewirkt. Obwohl die Polemik auf beiden Seiten mit unverminderter Heftigkeit fortdauerte und die Liberalen im Mai 1869 das die konfessionellen Schulen zurückdrängende Reichsvolksschulgesetz erzwangen, haben Kaiser und Kardinal gemeinsam den Ausbruch eines wirklichen Kulturkampfes verhindert. Hervorragenden Anteil an dieser Versöhnungspolitik hatte Rauschers Weihbischof Kutschker[10], der gleichzeitig im Unterrichtsministerium die katholischen Kirchensachen bearbeitete und somit eine nur aus josephinischen Traditionen verständliche Doppelstellung einnahm. Bei der Ernennung der Bischöfe einigte man sich zumeist ebenfalls auf kompromißbereite Kandidaten.

Reichskanzler Beusts konstantes Ziel blieb die Revanche für Preußens Sieg im Jahre 1866. Dazu brauchte er sowohl die weitere Unterstützung der Liberalen wie ein Bündnis mit dem papstfeindlichen Italien. Beidem stand u. a. das Konkordat entgegen, aber Versuche, die Kurie zum freiwilligen Verzicht auf den Vertrag zu bewegen, blieben vergeblich. Im Sommer 1870 hat Beust dann das Unfehlbarkeitsdogma als Vorwand zur Lösung vom Konkordat benutzt, der liberale Kultusminister Stremayr unterstützte ihn. Nach einigem Zögern ließ Kaiser Franz Joseph am 30. Juli 1870 das Konkordat als „in sich verfallen und abgeschafft" erklären, weil der römische Kon-

[6] Allokution vom 22. Juni 1868. Text: Acta Pii IX, IV 407 ff.

[7] Biographie von *K. Meindl* (2 Bde, Linz 1891/92); *J. Lenzenweger:* LThK² IX 85.

[8] Biographie von *F. v. Oer* (Graz 1897); *J. Köck:* LThK² X 1430.

[9] Biographien von *A. Erdinger* (Brixen 1874); *M. Ramsauer* (Würzburg 1875); *F. Grass:* LThK² IV 95; ÖBL I 305.

[10] Johann Rudolf Kutschker (1810—81), 1857—76 Ministerialrat im Unterrichtsministerium, seit 1862 zugleich Weihbischof und Generalvikar in Wien, 1876 als Nachfolger Rauschers Erzbischof von Wien, 1877 Kardinal. Biographie von *A. Eitler* (Diss. Wien 1956); *H. Erharter:* LThK² VI 699.

trahent durch das neue Dogma ein anderer geworden sei, weil mit einem für unfehlbar erklärten Kontrahenten ein Vertragsverhältnis unmöglich sei und weil der Staat den gefährlichen Folgen des neuen Dogmas für das bürgerliche Leben begegnen müsse. Zu diesem rechtlich unhaltbaren und auf einer viel zu extensiven, durch die ultramontane Propaganda allerdings nahegelegten Interpretation des Dogmas beruhendem Schritt hat der Kaiser sich wohl nur entschlossen, weil er über die dem kirchenpolitischen Frieden abträgliche Verhärtung der Kurie und über den Ausgang des Konzils tief enttäuscht war. Die resignierte Stimmung der aus Rom zurückgekehrten österreichischen Bischöfe hatte ihn in dieser Enttäuschung noch bestärkt[11].

Die Bemühungen der Liberalen, nach Beusts Rücktritt den Streit noch weiter zu verschärfen, waren nur zum Teil erfolgreich. Ihren legislatorischen Abschluß bildeten die kirchenpolitischen Gesetze, die vom liberalen Ministerium Auersperg zu Beginn des Jahres 1874 eingebracht und nach parlamentarischer Verabschiedung im Mai desselben Jahres vom Kaiser sanktioniert wurden[12]. Heftige Auseinandersetzungen, in die sich der Papst durch eine Enzyklika an die österreichischen Bischöfe und einen Brief an den Kaiser eingeschaltet hatte[13], waren vorausgegangen. Während auch Kardinal Schwarzenberg für laute Proteste plädiert hatte, hatten Rauscher und Kutschker wieder geduldig verhandelt und tatsächlich die Streichung etlicher Paragraphen erreicht.

Die Gesetze verstärkten die staatliche Aufsicht über die Kirchen und verwirklichten die Gleichberechtigung aller Konfessionen, sie hielten aber die schon 1868 gezogene Grenze ein. Sie beließen der katholischen Kirche die Stellung einer privilegierten öffentlichen Korporation und garantierten ihr die Freiheit der Lehre und des Gottesdienstes, die freie Ausübung ihrer Jurisdiktion im eigentlich kirchlichen Gebiet, die freie Entwicklung der Orden und des kirchlichen Unterrichtswesens. Der kirchliche Anteil an den öffentlichen Schulen wurde nur einem staatlichen Oberaufsichtsrecht unterstellt. Die österreichischen Gesetze waren mithin erheblich milder als die

[11] In einem Brief vom 25. 8. 1870 an seine Mutter, die Erzherzogin Sophie, schrieb Franz Joseph u. a.: „Es ist auch mein innigster Wunsch, mit der Kirche wieder zu einer Einigung zu kommen, doch das ist mit dem jetzigen Papst nicht möglich. Wenn man die Erbitterung und Trostlosigkeit sieht, mit welcher unsere Bischöfe von Rom zurückgekommen sind ..., so möchte man fast an der Zukunft der Kirche verzweifeln, wenn man nicht fest im Glauben wäre und in der Hoffnung, daß Gott die Kirche vor weiterem Unheil bewahren wird." *Weinzierl-Fischer* a. a. O. 117.

[12] Es ergingen drei Gesetze, 1. über die Regelung der äußeren Rechtsverhältnisse der katholischen Kirche; 2. betr. die Beitragsleistung des Pfründenvermögens zum Religionsfonds; 3. betr. die gesetzliche Anerkennung von Religionsgesellschaften.

[13] Pius IX. an Franz Joseph 7. 3. 1874. Erst in diesem Brief protestierte der Papst auch gegen die Kündigung des Konkordates. Text: *Engel-Janosi*, Politische Korrespondenz Nr. 139. — In seiner Antwort (o. D., ebd. Nr. 140) widerlegte der Kaiser die päpstlichen Anklagen und versicherte die Kirche seines fortdauernden Schutzes.

badischen und preußischen Kulturkampfgesetze, auch wurde für ihre Übertretung weder ein Zwang zu staatsanwaltlicher Strafverfolgung noch eine „Absetzung“ von Geistlichen verordnet; die Ämter von Geistlichen, die gegen die Gesetze verstießen, sollten höchstens „für den staatlichen Bereich als erledigt“ betrachtet werden.

Kaiser Franz Joseph war davon überzeugt, daß damit die Rechte des Staates hinreichend gesichert waren. Allen weiteren antikirchlichen Initiativen hat er sich erfolgreich widersetzt; schon ein viertes Gesetz vom Frühjahr 1874, welches ein staatliches Recht zur Aufhebung von Klöstern vorsah, wurde von ihm nicht sanktioniert. Auch die Kurie lenkte ein, nicht zuletzt dank der maßvollen Berichterstattung des 1874 nach Wien entsandten Nuntius Jacobini. Man mußte einsehen, daß unter den österreichischen Gesetzen ein Gleichgewicht zwischen Staat und Kirche möglich war und daß entgegen der voreiligen päpstlichen Klage in Österreich nicht dieselben Zustände heraufbeschworen wurden wie in Deutschland. Die ideologische Auseinandersetzung zwischen Liberalen und Katholiken hat freilich fortgedauert, nicht nur zum Schaden der Kirche. Die katholische Widerstandskraft, die vor allem die „Christlich-soziale Partei“ (gegr. 1880) hervorgebracht hat, erwies sich als weitaus stärker, als die Gegner angenommen hatten.

Chlodwig Fürst zu Hohenlohe-Schillingsfürst (1819—1901)[14], seit 1866 bayerischer Ministerpräsident, war katholisch, aber ebenso antiultramontan wie sein als Kurienkardinal in Rom residierender Bruder[15]; an den Resten des Staatskirchentums hielt er zäh fest. Durch eine betont liberale Innenpolitik wollte er Bayern umgestalten und zunächst die süddeutsche Eigenständigkeit stärken, dann aber, als letzteres sich als aussichtslos erwies, die Annäherung an den Norddeutschen Bund vorbereiten. 1868 wurde die 1852 zugestandene geistliche Schulaufsicht abgeschafft und das gesamte Volksschulwesen verstaatlicht, die Jesuitenmissionen wurden untersagt; 1869 ging nicht nur der theologische, sondern auch der politische Widerstand

[14] Nach 1870 hat Hohenlohe hohe Ämter im Dienste des Deutschen Reiches eingenommen, 1894—1900 ist er Reichskanzler und preußischer Ministerpräsident gewesen.

Chl. zu Hohenlohe-Schillingsfürst, Denkwürdigkeiten I—II, hrsg. von *F. Curtius* (Stuttgart-Leipzig 1907), III, hrsg. von *K. A. v. Müller* (Berlin 1931); *O. Pfülf:* StZ 72 (1907); *Kißling,* Kulturkampf I 423 f., 427 ff., II 1 f., 16—19, 22, 122, III 162, 249 u. ö.; *K. A. v. Müller,* Der dritte deutsche Reichskanzler ... (München 1931).

[15] Gustav Adolf Fürst zu Hohenlohe-Schillingsfürst (1823—1896), seit Studien in München in Beziehung zu Döllinger, seit 1846 in der römischen Academia dei Nobili. Zunächst Günstling Pius' IX., 1857 Tit.-Erzbischof, 1866 Kardinal. Das gute Verhältnis zum Papst war nicht von Dauer, da Hohenlohe sich als heftiger Gegner der Jesuiten erwies und sich auf dem I. Vatikanum der Opposition anschloß; seit 1870 war er an der Kurie isoliert. *F. X. Kraus,* Cardinal Hohenlohe, in: *F. X. Kraus,* Essays 2 (Berlin 1901); *R. Lill,* Vatikanische Akten zur Geschichte des deutschen Kulturkampfes. Leo XIII. I, 1878—80 (Tübingen 1970) 7 f u. ö.; *G. Böing:* LThK² V 431; *H. Jedin,* Gustav Hohenlohe u. Augustin Theiner: RQ 66 (1971).

gegen das Unfehlbarkeitsdogma von München aus. Hohenlohe, durch seinen Bruder und Döllinger über römische Entwicklungen ausführlich, aber einseitig informiert, versuchte durch seine Zirkulardepesche vom 9. April 1869 die Mächte zu einem Kollektivschritt gegen die geplante Definition zu bewegen. Wie andere Liberale befürchtete er, daß das Dogma sich nicht auf das theologische Gebiet beschränken, sondern eine päpstliche Vollgewalt über Fürsten und Staaten auch in nichtreligiösen Fragen implizieren werde. Wegen des Desinteresses der meisten Regierungen blieb Hohenlohes Initiative erfolglos; sowohl Beust wie Bismarck, der damals noch eine dilatorische Politik gegenüber der katholischen Kirche betrieb, antworteten ausweichend.

Der Widerstand gegen die kleindeutsche und antiklerikale Politik Hohenlohes führte 1869 unter maßgeblicher Beteiligung von Joseph Edmund Jörg[16] zur Gründung der „Patriotischen Volkspartei", die fast ausschließlich von Katholiken getragen war und im ersten Anlauf die Mehrzahl der Landtagsmandate gewann. Ihre raschen Erfolge beruhten auf der Abstützung durch die katholische Vereinsbewegung, die sich wenig später bei den katholischen Parteigründungen in Baden und Preußen wiederholt hat. Die Patrioten, deren Agitation sehr dazu beigetragen hat, daß in der liberalen Publizistik katholisch mit partikularistisch gleichgesetzt wurde, haben schon im Januar 1870 den Sturz Hohenlohes erzwungen, dem aber kein Kurswechsel folgte. Gestützt auf das Vertrauen König Ludwigs II., konnte in der neuen Regierung der nationalliberale Kultusminister Johann Frh. v. Lutz (1826 bis 1890)[17] den Ton angeben. Er hat die Kirchenpolitik Hohenlohes konsequent fortgesetzt und nach der Definition der päpstlichen Unfehlbarkeit erheblich verschärft. Die entstehende altkatholische Bewegung schützte er; schon am 9. August 1870 hatte eine Ministerialentschließung, die sich dann aber wegen des Widerstandes der Bischöfe als nicht durchsetzbar erwies, die Verkündung des neuen Dogmas ohne Plazet untersagt. Im Bundesrat des neuen Deutschen Reiches beantragte Lutz 1871 ein Gesetz gegen den Mißbrauch der Kanzel zu politischen Zwecken, welches am 10. Dezember 1871 verabschiedet wurde; auch am Zustandekommen des zweiten Reichsgesetzes des Kulturkampfes, des Jesuitengesetzes (4.7.1872), hatte die bayerische Regierung führenden Anteil[18]. Die offene Unterstützung des in Preußen heraufziehenden Konfliktes hat Lutz aber vermieden; er begnügte sich mit dem sogenannten schleichenden Kulturkampf. Eine königliche Verordnung vom 20. November 1873 bildete dessen Höhepunkt, sie hob das Edikt vom 6. April 1852[19] auf und stellte die frühere Staatsaufsicht über die Kirchen wieder her.

[16] Über Jörg s. Kap. 20, S. 398 Anm. 11 und Kap. 29, S. 535.

[17] *F. v. Rummel*, Das Ministerium Lutz und seine Gegner (München 1935); *W. Grasser*, Johann Frh. v. Lutz. Eine politische Biographie (Misc. Bavarica Monacensia Heft 1, München 1967).

[18] Vgl. Kap. über den Kulturkampf in Bd VI/2.

[19] Vgl. Kap. 29, S. 540.

Erhebliche Spannungen, die sich einige Male, so anläßlich von Bischofsernennungen, zuspitzten, haben noch lange fortbestanden. Zum offenen Bruch ist es aber nicht gekommen, weil König und Regierung am Konkordat festgehalten haben. Die Regierung tolerierte, daß Bayerns Bischöfe preußischen Priestern und Theologiestudenten, denen die Maigesetze Amtsausübung oder Studium unmöglich machten, vorübergehend Aufnahme gewährten.

Die Mehrzahl der vom König nominierten Bischöfe nahm unter der Führung des Erzbischofs Gregor v. Scherr von München-Freising[20], so weit wie möglich, eine ausgleichende Haltung ein. Der Plazet-Forderung war nur Erzbischof Michael Deinlein von Bamberg (1800—75, Erzbischof seit 1858, zuvor 1856 Bischof von Augsburg) nachgekommen. Intransigenter Streiter gegen Liberalismus und Staatskirchentum war der Regensburger Bischof Ignatius v. Senestréy (1818—1906, Bischof seit 1858)[21], dessen streng ultramontane Haltung von Franz Frh. v. Leonrod (1827—1905, seit 1866 Bischof von Eichstätt) geteilt wurde.

In Baden hatte sich früher und vollständiger als in allen anderen deutschen Staaten der bürgerlich-kleindeutsche Liberalismus durchgesetzt. In seinem Sinne haben seit 1860 die Ministerien Lamey und Jolly in kontinuierlicher Zusammenarbeit mit der liberalen Parlamentsmehrheit die Innenpolitik gestaltet und auch das Verhältnis zu den Kirchen neu geregelt. Das Gesetz vom 9. Oktober 1860, welches an die Stelle des in der Kammer verworfenen Konkordats getreten war, bildete die Grundlage[22], mit der sich aber die Mehrheit der Liberalen nicht begnügte; auch in der katholischen Bewegung drängten kämpferische Kräfte nach vorn. Schon 1864 brach ein Schulstreit aus. Gerade unter den in Baden tätigen Liberalen gab es bedeutende Verfechter des Prinzips der absoluten staatlichen Rechtsautorität, so die Juristen Bluntschli[23], Friedberg[24] und Jolly[25]; da Jolly seit 1866 bzw. 1868 an der Spitze der Regierung stand, konnten sie ihr Programm verwirk-

[20] Vgl. Kap. 29, S. 540.

[21] *Staber,* Kirchengeschichte des Bistums Regensburg 190—197; Festschr. zur 150. Wiederkehr des Geburtstages Senestréys, hrsg. von *P. Mai* (Regensburg 1968); *P. Mai:* Annuarium Historiae Conciliorum I (1969) 399—411.

[22] Vgl. Kap. 29, S. 542 f.

[23] Johann Caspar Bluntschli (1808—81), 1833 Prof. der Rechte in Zürich, 1848 in München, 1861 in Heidelberg, 1864 Mitgründer des Protestantenvereins. *H. Fritzsche:* Schweizer Juristen der letzten 100 Jahre (Zürich 1945); *H. Mitteis:* NDB 2, 337 f.

[24] Emil Friedberg (1837—1910), 1868 Prof. der Rechte in Freiburg, 1869 in Leipzig. Vgl. oben Anm. 3. *A. Erler:* NDB 5, 443 f.

[25] Julius Jolly (1823—91), 1847 Dozent der Rechte in Heidelberg, 1861 Regierungsrat, 1862 Ministerialrat im badischen Innenministerium, 1866 dessen Präsident, 1868—76 leitender Staatsminister. Biographie von *H. Baumgarten - L. Jolly* (Tübingen 1897); *J. Heyderhoff:* ZGObrh 86/87 (1934/35).

lichen. Die badische Kirchengesetzgebung der Jahre 1868—76 hat einseitig zahlreiche bis dahin von den Kirchen wahrgenommene Kompetenzen auf den Staat übertragen und zudem die Kirchen einem weitgehenden System staatlicher Aufsicht unterworfen. Die badischen Gesetze haben die Kulturkampfgesetzgebung Preußens und darüber auch anderer deutscher Staaten beeinflußt; andererseits folgten die nach 1871 in Baden ergangenen Gesetze der durch das I. Vatikanum in Preußen und im Reich angestoßenen Gesamtenwicklung.

Beginn und Abschluß der badischen Kirchengesetze[26] wurden durch den liberalen Schulhoheitsanspruch markiert. Das Elementarunterrichtsgesetz vom 8. März 1868 ermöglichte die Umwandlung konfessioneller in simultane Schulen und machte die Errichtung kirchlicher Schulen von einem besonderen Gesetz abhängig; das Schulgesetz vom 16. September 1876 führte die obligatorische Simultanschule ein. Am 21. Dezember 1869 erging das Zivilehegesetz, welches ebenso wie das erste der beiden Schulgesetze mehr eine rechtliche Konsequenz aus der Säkularisierung der Gesellschaft als eine ausgesprochene Kampfmaßnahme darstellte. Anders verhielt es sich bereits mit dem Stiftungsgesetz (5. 5. 1870). Es unterschied willkürlich zwischen weltlichem katholischem Stiftungsvermögen (Schul- und Caritasstiftungen), welches in die Verwaltung der bürgerlichen Gemeinden überging, und eigentlichem Kirchenvermögen, dessen Verwaltung nur staatlicher Oberaufsicht unterstellt wurde.

Die einschneidendsten Eingriffe in das kirchliche Leben folgten 1872 und 1874. Die gesetzlichen Bestimmungen über die religiösen Orden (2. 4. 1872) verboten Ordensmitgliedern jede Lehrtätigkeit, den Angehörigen von Orden, die in Baden nicht gesetzlich zugelassen waren, darüber hinaus jegliche Seelsorgstätigkeit. Das Altkatholikengesetz (15. 6. 1874) konnte davon ausgehen, daß die antirömischen Traditionen einer Minderheit im badischen Katholizismus der Protestbewegung etliche Geistliche und Laien zugeführt hatten. Den Mitgliedern der neuen Gemeinschaft wurden alle Rechte bestätigt, die sie als Katholiken gehabt hatten. Altkatholisch gewordene Geistliche behielten ihre Pfründen und Einkünfte; altkatholische Gemeinden erhielten die Mitbenutzung der katholischen Kirchen sowie einen Anteil am katholischen Gemeindevermögen, dessen Höhe von den staatlichen Behörden recht willkürlich bestimmt werden konnte. Den Höhepunkt der Kulturkampfgesetzgebung bildete das Gesetz über die rechtliche Stellung der Kirchen im Staate (19. 2. 1874). Nachdem gemäß dem Gesetz von 1860 schon 1867 eine wissenschaftliche Prüfung für Geistliche verordnet worden war, wurde nunmehr die Zulassung zu einem geistlichen Amt vom Nachweis des Abiturs

[26] Die Texte der Gesetze sind größtenteils abgedruckt bei *Friedberg*, Staat und katholische Kirche in Baden, Beilagen ab Nr. XX, sowie bei *Stadelhofer*, Abbau der Kulturkampfgesetzgebung in Baden 394—403. Zusammenfassung ebd. 8—20.

und dreijährigen Studiums an einer deutschen Universität sowie von einer diskriminierenden öffentlichen Staatsprüfung in Philosophie, Geschichte, deutscher und klassischer Literatur abhängig gemacht (Art. I)[27]. Den Kirchen verblieben nur Anstalten zur theologisch-praktischen Vorbildung der künftigen Geistlichen; die Konvikte für Theologiestudenten und Gymnasiasten, denen die Liberalen Abkapselung von der nationalen Erziehung der deutschen Jugend vorhielten, wurden geschlossen (Art. II). Für Übertretungen verordnete Art. III Geld- und Gefängnisstrafen, in schweren Fällen zudem Gehaltsentzug und Amtsenthebung; auch Wahlbeeinflussung durch Geistliche wurde mit Geldstrafe bedroht.

Den kirchlichen Widerstand leitete zunächst der hochbetagte Erzbischof v. Vicari[28], der darüber und um die Ernennung des Domdekans, der zugleich Weihbischof werden sollte, noch in seinen letzten Lebensjahren heftige Kämpfe auszustehen hatte. 1867 konnte der Konviktsdirektor Lothar v. Kübel (1823—81)[29] ernannt werden, der nach Vicaris Tode (1868) mehr als dreizehn Jahre lang die Erzdiözese als Kapitularvikar geleitet hat. Eine Erzbischofswahl war daran gescheitert, daß die Regierung die acht vom Domkapitel vorgeschlagenen Kandidaten bis auf einen sämtlich verwarf. Gegen sämtliche Gesetze hat Kübel Rechtsverwahrung eingelegt[30] und darüber hinaus gemeinsam mit der großen Mehrheit des Klerus passiven Widerstand geleistet, der auch durch das die finanziellen Staatsleistungen entziehende Dotationsgesetz vom 25. August 1876 nicht zu brechen war. Kapitularvikar und Klerus verweigerten jede Mitarbeit bei der Ausführung des Kirchengesetzes von 1874; Verurteilungen von Geistlichen, zahlreiche Vakanzen und zunehmende seelsorgliche Notlage waren die Folgen.

Auch in Baden bewirkte der liberale Antiklerikalismus die politische Aktivierung der Katholiken. Die 1869 unter der Führung von Jakob Lindau gegründete „Katholische Volkspartei“ konnte zunächst fünf, 1871 neun Abgeordnete in die Kammer senden; ihr Hauptorgan wurde der 1863 gegründete „Badische Beobachter“. Gegen die oligarchische Struktur des liberalen Systems und entsprechend der demokratischen Tradition Badens forderte die Partei nicht nur die Kirchenfreiheit, sondern auch liberale und demokratische Grundrechte, die der zur Regierung gelangte Liberalismus zurückgestellt hatte, so das allgemeine, gleiche und geheime Wahlrecht.

Die Unversöhnlichkeit der gegenseitigen Positionen, die Wirkungslosigkeit vieler staatlicher Maßnahmen und die erneute Verhärtung durch die

[27] Art. I des Gesetzes schloß sich eng an das preußische Gesetz über die Vorbildung und Anstellung der Geistlichen (11. 5. 1873) an.

[28] Vgl. Kap. 20, S. 403 f.

[29] Biographien v. *J. Schober* (Freiburg 1911) und *A. Schill:* Badische Biographien IV 230—241; *W. Müller:* LThK² VI 655.

[30] Dabei unterstützte ihn, wie schon Vicari, sein Kanzleidirektor, der auch publizistisch hervorgetretene Jurist Heinrich Maas (1826—95).

von Jolly selbst nicht gewünschte, aber von der liberalen Kammermehrheit erzwungene Einführung der obligatorischen Simultanschule bewogen Großherzog Friedrich I. zum Einlenken. Das 1876 berufene Ministerium Turban-Stösser hatte in den meisten Bereichen die bisherige Linie fortzusetzen, aber in der Kirchenpolitik sollte es unter Wahrung der staatlichen Rechte nach einem Modus vivendi suchen.

Bereits Jollys erste Kirchengesetze fanden auch außerhalb Badens bei den Liberalen ein sehr positives Echo. In Preußen erfolgte zwar vor 1871/72 kein Umschwung in der offiziellen Kirchenpolitik, aber in dem Maße, in dem das 1866 begründete Bündnis Bismarcks mit den Liberalen sich verfestigte, breitete sich auch ihr Antiklerikalismus aus. Seit im Frühjahr 1869 Roms Absicht bekannt wurde, auf dem bevorstehenden Konzil die päpstliche Unfehlbarkeit definieren zu lassen, wurde die liberale Polemik noch heftiger, evangelisch-konservative Warnungen kamen hinzu. Die deutschen Katholiken selbst teilte die leidenschaftlich diskutierte Unfehlbarkeitsfrage in zwei Lager.

In dieser spannungsgeladenen Atmosphäre traten die deutschen Bischöfe im September 1869 in Fulda zusammen[31]. Andere dringende Beratungspunkte, so Kettelers soziale Initiativen, traten hinter der Unfehlbarkeitsfrage zurück; der Episkopat wurde in eine einseitige und unnötige Kampfrichtung gedrängt. Immerhin erörterte die Konferenz die badischen Vorgänge und erklärte sich mit Kübel solidarisch.

Der von Rom urgierten Definition war die Mehrheit abgeneigt; vierzehn von zwanzig in Fulda anwesenden oder vertretenen Bischöfen haben sich vergeblich in diesem Sinne an Pius IX. gewendet. Ihren gemeinsamen Brief an den Papst entwarf der kurz zuvor zum Bischof von Rottenburg ernannte Hefele[32], der ebenso wie Ketteler in Fulda zur Unfehlbarkeitsfrage referierte. Dabei nahm Ketteler gewichtige Postulate der Minorität auf dem Konzil vorweg, indem er forderte, daß der Traditionsbeweis für die Definition allen wissenschaftlich-kritischen Ansprüchen genügen müsse und daß die Unfehlbarkeit des Papstes im Zusammenhang mit der der Kirche aufzuweisen sei. Hefele ging von historischen Einwänden aus, einen positiven Anlaß für die Definition bestritt er ebenso wie deren Opportunität. Vom Unfehlbarkeitsdogma befürchtete er eine erhebliche Erschwerung der Wiedervereinigung der getrennten Konfessionen, eine Schwächung der Einheit des deutschen Katholizismus und eine Verschärfung der kirchenpolitischen Kämpfe[32a].

[31] *Lill,* Bischofskonferenzen 80—95. Zu Kettelers Fuldaer Referat zur Unfehlbarkeitsfrage außerdem: *Freudenberger,* Universität Würzburg und erstes vatikanisches Konzil (s. vor Kap. 29) 166 ff. Zur Zurückstellung der sozialen Anregungen Kettelers s. o. Kap. 29, S. 544.

[32] Vgl. Kap. 29, S. 543 548.

[32a] Auch die katholischen Abgeordneten des Zollparlaments (zwischen 1866 und 1870 der einzigen gesamtdeutschen parlamentarischen Körperschaft), darunter Peter Reichensperger

Die Auseinandersetzungen, die seit dem Sommer 1870 über den deutschen Katholizismus hereinbrachen, haben ihm Recht gegeben.

In der Schweiz waren die Kämpfe zwischen Liberalismus und strengem Kirchentum sowie zwischen der liberalen Minderheit und der ultramontanen Mehrheit der Katholiken schon seit den vierziger Jahren durch kulturkämpferische Schärfe gekennzeichnet[33], die im letzten Jahrzehnt vor dem I. Vatikanum noch zunahm[34]. Die letzte Verhärtung führten auch hier Konzil und Unfehlbarkeitsdogma herauf. Die offizielle Verkündigung des neuen Dogmas wurde in manchen Kantonen erschwert, in anderen unterbunden. Dagegen konnte die den Altkatholizismus vorbereitende Propaganda gegen das Konzil sich frei entfalten, zunächst in den „Freisinnigen Katholikenvereinen", in denen die politischen Motive die religiösen oft übertönten. Viele liberale Katholiken, die der Syllabus im Zentrum ihres Denkens und Handelns getroffen und der autoritären Kirche vollends entfremdet hatte, erblickten nämlich in der Opposition gegen das Dogma das geeignetste Instrument zur demokratischen und nationalkirchlichen Umgestaltung des Kirchenwesens. Erst 1873 konnte ein Theologe, der frühere Luzerner Theologieprofessor Eduard Herzog (1841—1924, seit 1875 Bischof der Christkatholischen Kirche der Schweiz)[35], die Führung der Protestbewegung antreten. Es war hauptsächlich sein Verdienst, daß sie die radikalen Elemente ausschied und sich als „Christkatholische Kirche" in die Tradition der Reformanliegen Wessenbergs gestellt hatte[36].

Bischof Eugène Lachat von Basel (1819—86, Bischof seit 1863)[37], dessen Priesterseminar schon im Frühjahr 1870 geschlossen worden war, wurde wegen seines Eintretens für das neue Dogma und der Exkommunikation christkatholischer Opponenten 1873 von fünf der sieben Kantone, über die sein Bistum sich erstreckte, „abgesetzt" und ausgewiesen; er zog sich nach Luzern zurück. Im geschlossen katholischen Jura vertrieb die Berner Regierung alle Pfarrer, weil sie zu Lachat hielten. Sie wurden durch staatshörige Geistliche, darunter etliche Ausländer, ersetzt, die aber von den Gemeinden

und Windthorst, hatten in einer vertraulichen Eingabe an den Episkopat die Definition der päpstlichen Unfehlbarkeit als unnötig und inopportun bezeichnet. Text: ColLac VII 1185 f. Vgl. *Granderath-Kirch* I 223—227.

[33] Vgl. Kap. 20, S. 406 ff und Kap. 29, S. 549 f.

[34] Das hatte nicht nur theologische, sondern auch politische Gründe. So unterband die Eidgenossenschaft die auswärtige Jurisdiktion der Bischöfe von Mailand und Como über den Tessin erst, nachdem 1859 die bis dahin österreichische Lombardei an das neue Italien gefallen war und irredentistische Bestrebungen zu befürchten waren.

[35] Biographie von *W. Herzog* (1935). Vgl. auch *F. Heiler*, Evangelische Katholizität (1926) 9 ff; *W. Küppers:* RGG[3] III 287 f.

[36] Über die weitere Entwicklung des Christkatholizismus s. Kap. über den Kulturkampf in Bd VI/2.

[37] Biographien von *E. Hornstein* (Luzern 1873), *Th. Scherer-Boccard* (Würzburg 1873) und *E. Folletête* (Paris 1925); *A. Chèvre:* ZSKG 58 (1964); *J. B. Villiger:* LThK[2] VI 723.

abgelehnt wurden, so daß ein Schisma vereitelt werden konnte. Sehr unklug handelte Pius IX., als er den ihm ob seines kämpferischen Ultramontanismus nahestehenden Weihbischof Mermillod[38] in der aufs höchste angespannten Situation des Jahres 1873 zum Apostolischen Vikar von Genf ernannte und dadurch eine durch die Verfassung verbotene Bistumsgründung partiell vorwegnahm. Mermillod wurde sogleich durch den Bundesrat ausgewiesen. Die päpstliche Verurteilung der der Kirche zugefügten Ungerechtigkeiten in der Enzyklika „Etsi multa luctuosa" (21. 11. 1873)[39] beantwortete der Bundesrat mit dem völligen Abbruch der seit 1850 nur noch durch vatikanische Geschäftsträger wahrgenommenen diplomatischen Beziehungen[40].

Eine ganz ungewöhnliche staatsrechtliche Sanktionierung erfuhr der Kulturkampf in der am 29. Mai 1874 verabschiedeten neuen Bundesverfassung[41]. Die Errichtung neuer Diözesen blieb von der Genehmigung des Bundes abhängig. Bund und Kantone erhielten die pauschale Ermächtigung, zur Handhabung des Friedens unter den Konfessionen sowie gegen Eingriffe kirchlicher Behörden in die Rechte der Bürger und des Staates die geeigneten Maßnahmen zu ergreifen (Art. 50). Daß bereits die Verkündigung von Glaubenssätzen und die Exkommunikation von Opponenten als solche Eingriffe betrachtet wurden, hatten die Ereignisse seit 1870 gezeigt. Der Jesuitenorden und die ihm „affiliierten" Gesellschaften wurden vom gesamten Gebiet der Schweiz ausgeschlossen, ihren Mitgliedern wurde jede Tätigkeit in Kirche und Schule untersagt (Art. 51). Die Errichtung neuer und die Wiederherstellung aufgehobener Klöster wurde ebenfalls als unzulässig bezeichnet (Art. 52). Die Feststellung des Zivilstandes wurde ausschließlich den bürgerlichen Behörden übertragen (Art. 53), die geistliche Gerichtsbarkeit für abgeschafft erklärt (Art. 58), der Primarunterricht ausschließlich staatlicher Leitung unterstellt (Art. 27).

Obwohl die kulturkämpferischen Politiker sehr bald einsehen mußten, daß die nationalkirchlich-altkatholische Bewegung nur eine Minderheit hinter sich hatte, wurden die antikatholischen Maßnahmen nur langsam abgebaut; grundsätzliche Schritte zur Entspannung konnten auch in der Schweiz erst unter Leo XIII. erreicht werden.

[38] Vgl. Kap. 29, S. 550.
[39] Acta Pii IX, VI 253—273.
[40] Die Nuntiatur in der Schweiz konnte erst 1920 wiedereröffnet werden.
[41] Text: *G. Franz*, Staatsverfassungen (München [2]1964), 584—627, s. bes. 611 ff.

41. Kapitel

Innerkatholische Kontroversen im Blick auf den Liberalismus

STAND DER FORSCHUNG UND GESAMTDARSTELLUNGEN: Zu den oben S. 320 (für *Salvatorelli* 50—92) angeführten Darstellungen sind hinzuzufügen: *Aubert*, Pie IX 224—261 531—537 (unter Angabe der wichtigsten Quellen sind beizufügen für Frankreich *Ch. de Montalembert*, Catholicisme et liberté. Correspondance inédité 1852 bis 1870 [Paris 1970] und für Italien die Carteggi von *L. Taparelli d'Azeglio* und *B. Ricasoli* wie auch die auf S. 697 angeführten Zeitungen); die Akten des Convegno von Castiglioncello, Il problema politico dei cattolici nel XIX sec.: RStT 4 (1948) 215—407; *G. Martina*, Il liberalismo cattolico ed il Sillabo (Rom 1959).

SPEZIALLITERATUR: Für Frankreich: Neben *Weill*, Cath. lib. 91—202, *Gurian* 210—238 und *M. Prelot*, Le libéralisme catholique (Paris 1969) 14—33 190—237 siehe auch: *J. Maurain*, La politique ecclésiastique du Second Empire (Paris 1930); *J. Gadille*, La pensée et l'action politique des évêques français au début de la troisième République (Paris 1967) I 46—142; *J. Fèvre*, Histoire critique du catholicisme libéral en France jusqu'au pontificat de Léon XIII (Paris 1897; parteiische, aber gut informierte Anklage); und die (in der Allg. Bibliogr. zitierten) Biographien über Montalembert, Veuillot, Dupanloup, Pie, Maret, Guéranger und Lacordaire. Außerdem: DHGE XIV 1117—19 (für Dupanloup); *L. de Lanzac de Laborie*, Le comte de Falloux (Paris 1912; s. auch DHGE XVI 1499—1513); *H. Boissard*, Th. Foisset (Paris 1891; s. auch DHGE XVII 1392—96); *J. de Pange:* Le Correspondant 317 (1929) 113—137 (für die Jahre 1855—64); *J. Lecler:* Études 291 (1956) 196—211 (hinsichtlich der Jesuiten).

Für Italien: *Jemolo* 87—264; *ders.*, Scritti vari (Mailand 1965) 397—454 (dazu *E. Passerin:* RSTI 20 [1966] 500—506); *G. Spadolini*, L'intransigentismo cattolico dalla „Civiltà cattolica" al „Sillabo": RStT 4 (1956) 309—332; *F. Fonzi:* Itinerari 4 (Genua 1956) 603—623; *E. Passerin d'Entrèves:* Nuove Questioni di storia del Risorgimento (Mailand 1961) 565—606 (Lit.).

Für Belgien: die zahlreichen Veröffentlichungen von *A. Simon*, bes. L'hypothèse libérale en Belgique (Wetteren 1956), Catholicisme et politique (ebd. 1955), Le cardinal Sterckx (ebd. 1950) I 209—256; *E. de Moreau*, A. Dechamps (Brüssel 1911) 423—478; *K. van Isacker*, Werkelijk en wettelijk Land (Antwerpen 1955) 1—85.

Für Deutschland: Neben den allgemeinen Werken von *Goyau, Schnabel, Brück, Kißling* und den Biographien (zit. Allg. Bibliogr.) über Ketteler und Döllinger s. *J. Rovan*, Le catholicisme politique en Allemagne (Paris 1956) 46—78.

Für England: Neben den allgemeinen Werken von *W. Ward*, W. G. Ward and the Catholic Revival (London 1893) 130—210 und *M. Ward*, The W. Wards and the Transition (London 1934) 1—53 und den (in der Allg. Bibliogr. zitierten) Biographien über Manning, Newman und Ullathorne s.: *J. Altholz*, The Liberal Catholic Movement in England (London 1962); *H. MacDougall*, Acton — Newman Relations (New York 1962); *A. Gasquet*, Lord Acton and his Circle (London 1906; vgl. dazu Cambridge Hist. Journal 10 [1950] 77—105, wo schwerwiegende Lücken in der Edition der Briefe nachgewiesen werden).

Um den Syllabus: *C. G. Rinaldi*, Il valore del Sillabo (Rom 1888); DThC XIV 2877 bis 2923; *G. Martina*, Osservazioni sulle varie redàzioni del „Sillabo": ChStato II 419—523; *ders.*, Nuovi documenti sulla genesi del Sillabo: AHPont 6 (1968) 319—369; *R. Aubert:* Revue Nouvelle 40 (Brüssel 1964) 369—385 481—499; *ders.*, Mgr. Dupanloup et le Syllabus: RHE 51 (1956) 79—142 471—512 837—915; *ders.:* Scrinium Lovaniense (Löwen 1961) 543—560 (über die Reaktionen in Belgien); *ders.:* Gesammelte Aufsätze zur Kulturgeschichte Spaniens 19 (Münster 1962) 291— 304 (über die Reaktionen in Spanien); *E.*

Papa, Il Sillabo di Pio IX e la stampa francese, inglese e italiana (Rom 1968); *D. McElrath,* The Syllabus of Pius IX. Some reactions in England (Löwen 1964); *B. Schneider,* Der Syllabus und die deutschen Jesuiten: AHPont 6 (1968) 371—392.

Katholizismus und Liberalismus nach 1848

Die Krise von 1848, in der sich gezeigt hatte, in welchem Ausmaß die traditionelle Gesellschaftsordnung erschüttert war, und die darauf folgende Welle der Reaktion konnten das große Problem, vor dem das katholische Denken seit einem halben Jahrhundert stand, nur noch verschärfen. Wie sollte man sich gegenüber der aus der Revolution hervorgegangenen Welt und der von ihr gepriesenen Regierungsform der Freiheit verhalten? Konnte man sich mit ihr abfinden, oder war sie ihrem Wesen entsprechend zurückzuweisen? Manche Katholiken waren fasziniert von der Erinnerung an das christliche Mittelalter, das ihnen die katholische Romantik stark idealisiert vor Augen geführt hatte, verfolgt von dem Gedanken an ein Wiederaufflammen der Unruhen, die Europa erneut aufgewühlt hatten, und zutiefst enttäuscht über das Scheitern der Versuche Pius' IX., durch gewisse Zugeständnisse die liberalen Forderungen in annehmbare Bahnen zu lenken. Darüber hinaus waren sie beunruhigt durch den fast allgemeinen Rückgang der religiösen Praxis, in dem sie — als Moralisten und nicht als Soziologen — eine Folgeerscheinung der von der „schlechten Presse" verbreiteten Irrtümer sehen wollten. So gelangten sie mehr denn je zu der Überzeugung, daß die seit Beginn des Jahrhunderts eingeleitete Restauration nur dann erfolgreich sein könne, wenn man entschlossen auf die Sozialphilosophie des 18. Jh. verzichte und zu jenen Konzeptionen zurückkehre, auf denen die Kraft und Größe der „Jahrhunderte des Glaubens" beruhen. Für dieses Mißtrauen gegenüber den liberalen Grundsätzen gab es Bestätigung und Bekräftigung im Fortbestehen der politischen Philosophie, wie sie die Scholastiker der spanischen Gegenreformation ausgearbeitet hatten; im immer noch starken Einfluß von Maistre und Bonald, denen man vielfach den zersetzenden Charakter der rationalistischen, von Descartes inspirierten Systeme gegenüberstellte; schließlich in der Abneigung vieler Kleriker gegen die neue bürgerliche Gesellschaft, der sie Erscheinungen wie die exzessive Börsenspekulation oder die Suche nach materiellen Vergnügungen zum Vorwurf machten. Kurz, politische und soziale Vorstellungen, pastorale Vorurteile und eine traditionalistische Sinnesart verbanden sich je nach dem Einzelfall in verschiedenen Proportionen, um einen beachtlichen Teil des Klerus und eine Anzahl militanter Laien einem autoritären Katholizismus zuzuführen, dessen Ziel darin lag, der Kirche Privilegien und äußeres Ansehen innerhalb eines offiziell katholischen und vom Druck antichristlicher Strömungen befreiten Staates, wie er — zumindest teilweise — noch im Spanien Isabellas II., im Kaiserreich Habsburg und bis 1859 in mehreren italienischen Staaten bestand, zu bewahren oder zurückzugewinnen. Dieser intransigente Katholizismus, der sich gerne auf den „Ensayo sobre el catolicismo, el liberalismo y el socialismo" (1851) des Spaniers Cortés[1] berief, der schon bald ins Französische und Deutsche übersetzt wurde, hatte sein offizielles Organ in der „Civiltà cattolica" der römischen Jesuiten; 1849 gegründet, wollte diese Zeitschrift vor allem die vollständige Restauration der christlichen Grundsätze in der Gesellschaft wie auch im Leben des einzelnen und der Familien herbeiführen. In einigen Ländern trug die Gesellschaft Jesu, wenn auch mit einigen Ausnahmen, dazu bei, daß diese Positionen als die einzigen angesehen wurden, die mit der katholischen Rechtgläubigkeit übereinstimmen.

Im Gegensatz zu 1815 jedoch hatten um die Jahrhundertmitte die der Kirche völlig ergebenen monarchistischen und reaktionären Regierungen aufgehört, die Hoffnungen der Jugend zu verkörpern. So gab es auch viele Katholiken, die, in tiefer Sympathie für die Bestrebungen ihres Jahrhunderts und einer apostolischen Taktik folgend, der „intransigenten" Richtung vorwarfen, diese Rückkehr zu den Konzeptionen der Restauration sei ebenso gefährlich wie vergeblich. Wenn sie auch nicht alle, wie Montalembert in seinen „Intérêts catholiques au XIXe siècle" (1852), die religiöse Wiedergeburt der ersten Jahrhunderthälfte als das ausschließliche Ergebnis jener Freiheiten betrachteten, die die Kirche unter den parlamentarischen Regierungen genoß, so verwiesen sie doch darauf, daß ein bedeutender Teil der führenden Schicht nicht mehr glaube und es daher utopisch sei, vom Staat uneigennützige Hilfe und Protektion zu erhoffen, und daß die Kirche höchstens wohlwollende Neutralität erwarten könne. Einige gingen sogar noch weiter: angesichts der echten Werte und des tatsächlichen humanen Fortschritts, den die liberale Strömung trotz ihrer Exzesse mit sich brachte, waren sie bereit, eine moderne Konzeption des Menschen mit Sympathie anzunehmen, die den Rechten des einzelnen mehr Achtung entgegenbrachte und sich gegenüber dem, was wir heute als „Autonomie des Zeitlichen" bezeichnen würden, aufgeschlossener zeigte; sie waren sich jedoch nicht immer der Gefahr bewußt, die eine Übersteigerung dieser Autonomie bis zum Postulat der Unabhängigkeit des Menschen gegenüber Gott in sich trug.

So entstanden allmählich zwei sich widerstreitende katholische Gruppen, die zwar beide gleichermaßen sich bemühten, der Kirche zu dienen, in ihrer Auffassung über die geeignetste Art, dies zu tun, jedoch verschiedener Ansicht waren. Die einen verstanden unter „moderner Welt" ihr Jahrhundert als historische Epoche, die ihre eigenen Organisationsformen habe, und glaubten nun, ihr vorauseilen zu müssen; indem sie in taktvoller Weise einen

[1] Über Juan Donoso Cortés (1809—53) s. *J. Schramm*, Donoso Cortés (Madrid 1936) und *J. Chaix-Ruy*, Donoso Cortés, théologien de l'histoire et prophète (Paris 1956).

Schleier über die Verurteilungen in der Enzyklika „Mirari vos“ warfen, deren Erinnerung allmählich verblaßte, forderten sie die Kirche auf, die liberalen Institutionen in ihr System aufzunehmen, wie sie es in früherer Zeit mit der griechisch-römischen Kultur, mit der Reaktion der Gemeinden gegen den Feudalismus im Mittelalter oder mit den humanistischen Bestrebungen der Renaissance getan hatte. Die anderen dagegen, die unter der „modernen Welt“ das antichristliche Erbe der Revolution verstanden, zogen es vor, durch den Abbruch aller Verbindungen jede Gefahr eines Paktierens mit dem Irrtum auszuschalten, und wünschten eine Verschärfung der Verbote, um Ansteckungen zu vermeiden. So bestanden sie auf einer feierlichen Wiederholung der früheren Verurteilung des Liberalismus und der anderen modernen Irrtümer durch das Lehramt; sie bedachten jedoch nicht die Gefahren eines solchen Vorgehens, das die Zweideutigkeiten noch verstärken konnte, auf Grund deren viele Liberale zu der festen Überzeugung gelangt waren, daß eine den Erfordernissen der Zeit entsprechende Gesellschaft nur dann aufzubauen sei, wenn man vorher der katholischen Kirche jeglichen Einfluß genommen habe.

Zwischen diesen beiden Gruppen waren Konflikte unvermeidlich. Sie wurden noch verschärft durch das Dazwischentreten anderer Diskussionen, die zur gleichen Zeit die katholische Elite in den wichtigsten Ländern spalteten. In Frankreich, dessen politische Probleme leicht ideologischen und religiösen Charakter annahmen, war es die Frage der Aussöhnung mit dem Kaiserreich nach dem Staatsstreich; in Italien die Römische Frage; in Deutschland der wachsende Gegensatz zwischen Universitätstheologen und Verteidigern der Scholastik, in dem die gleiche geistige Opposition spürbar wurde, die die Fortschrittsgläubigen mit ihrem Sinn für die Geschichte von jenen trennte, die sich lieber jenen Methoden anvertrauten, die bereits von der hierarchischen Autorität gebilligt waren.

Die Spaltung der Katholiken in Frankreich

Ihren Höhepunkt erreichten diese innerkatholischen Kontroversen um die modernen Freiheiten in Frankreich. Andernorts diskutierte man das Problem vor allem auf praktischer Ebene. Rom räumte sowohl unter Pius IX. als auch unter Gregor XVI. ein, daß auf dieser Ebene die Haltung dem jeweiligen Fall entsprechend verschieden sein könne. Während man die liberale Gesetzgebung in Piemont formell verurteilte, tolerierte man sie in Belgien und schätzte sie in Ländern mit katholischer Minderheit, wie z. B. in den Vereinigten Staaten, England oder den Niederlanden. Diese in der Praxis wechselnden Orientierungen jedoch verwirrten die Franzosen, die als Logiker kohärente theoretische, zur Allgemeingültigkeit erhebbare Lösungen anstrebten. Wiederbelebt durch die Meinungsverschiedenheiten um die Loi Falloux, deren Verfechter und Gegner sich dazu bringen ließen, diese Frage auf der Ebene des Grundsätzlichen zu behandeln, begannen nun die alten Diskussionen um die ideale christliche Gesellschaft, die seit der Verurteilung Lamennais' in den Hintergrund getreten waren, erneut gewisse Kreise zu beleben, die zahlenmäßig zwar schwach waren, in ihrem Einfluß jedoch weit über die Grenzen Frankreichs hinausreichten[2].

Die Katholiken, die der Freiheit Vertrauen schenkten, waren ihrerseits wiederum in mehreren wichtigen Punkten gespalten. Da war zunächst die Gruppe um die 1855 neu organisierte Zeitung „Le Correspondant". An ihrer Spitze standen einige antibonapartistische, eng mit orleanistischen Kreisen verbundene Laien: Falloux, Albert de Broglie, Cochin und vor allem Montalembert, die dank ihrer persönlichen Fähigkeiten, ihrer gesellschaftlichen Stellung, ihres Einflusses im politischen Leben und ihrer großen Verdienste um die katholische Sache auch jene Kreise beeinflussen konnten, die nicht mit allen ihren Ideen sympathisierten. Diese „akademische und mondäne" (Palanque) Gruppe, die in einigen Gesichtspunkten das Ideal des „humanisme dévot" verwirklichte, hatte einige Zweige in der Provinz[3] und war auch in den großen Orden, bei den Dominikanern durch Lacordaire, bei den Oratorianern um P. Gratry und sogar bei den Jesuiten mit P. de Ravignan und den ersten Redakteuren der „Études" vertreten. Vor allem aber profitierte sie von der Unterstützung und dem wachsenden Ansehen Mgr. Dupanloups, des beredten und rührigen Bischofs von Orléans, den seine Interventionen zur Verteidigung der zeitlichen Macht des Papstes nach dem Italienkrieg in den Vordergrund der religionspolitischen Szene in Europa stellten. Im Unterschied zu Montalembert, der wie in der Zeit des „L'Avenir" auch jetzt noch uneingeschränkt auf die Freiheit sowohl in der Kirche als auch im Staat vertraute, war Dupanloups Liberalismus höchst relativ: im Grunde zielte er, so wie auch die belgischen Bischöfe oder Ketteler, darauf hin, mit neuen Mitteln, nämlich Institutionen, die den liberalen Bestrebungen entsprachen und unter den gegebenen Umständen die einzig möglichen waren, eine modernisierte Christenheit zu schaffen, in der die Freiheiten „als Garantien für die Aktivität der Kirche aufgefaßt werden" (Gadille). Dennoch wurde er von der gesamten ultramontanen Presse als der kirchliche Führer der „katholischen liberalen Partei" angesehen, während umgekehrt viele gemäßigt denkenden Katholiken, die dem Geist ihres

[2] Über Veuillot, den Hauptfeind des katholischen Liberalismus, schreibt Ph. Sylvain: „Kein französischer Schriftsteller hat die kanadisch-französische Mentalität stärker geformt" (Quelques aspects de l'antagonisme libéral — ultramontain au Canada français: RSoc 8 [1967] 275—297). Auf Montalembert richteten ihr Augenmerk die wenigen liberalen Katholiken Spaniens, wie z. B. Mañe y Flaqeur, der Direktor des „Diario" von Barcelona, und die Gründer der „Revista mensual" (1868), oder auch der Hauptvertreter der liberalen Strömung in Ungarn, Baron J. Eötvös.

[3] Unter anderem in Nancy um Guerrier de Dumast (vgl. *de Montclos* 241—242).

Jahrhundert zu folgen glaubten, ihm gerade deshalb einen Mangel an Logik vorwarfen, weil er sich weigerte, die liberalen Grundsätze zur Lösung der Römischen Frage anzuwenden.

Einen sehr viel konsequenteren Liberalismus vertrat dagegen jene Gruppe von Klerikern, deren Zentrum Mgr. Maret, der Dekan der Theologischen Fakultät der Sorbonne[4], war. Sie zögerten einerseits nicht, gerade innerhalb der Kirche „eine katholische und liberale Reform" zu verkünden, die unter anderem die alten Organe, welche die Autorität eingrenzten, wie die Synoden und Konzile, erneuern und die katholische Forschungsarbeit von dem würgenden Knebel des Index befreien sollte; sie machten kein Hehl aus ihren Sympathien für die konstitutionellen Bemühungen der Römer sowie aus ihrer Überzeugung, daß die weltliche Macht des Papstes der Ausübung seiner geistlichen Sendung eher schädlich als nützlich geworden sei. Auf der anderen Seite hingen sie in der Frage der Beziehungen zwischen den beiden Mächten offen einer Konzeption des modernen Staates an, die den Grundsätzen von 1789 — „die, richtig verstanden, dem Christentum wie auch der philosophischen Vernunft entsprangen" (Maret) — verhaftet war. Diese Neo-Gallikaner sahen im Konkordat ein Instrument der Zusammenarbeit in Freiheit zwischen der Kirche und einer säkularisierten Gesellschaft. Dies nun waren, ohne daß man sie allerdings so deutlich formulieren könnte, auch die Ideen eines Großteils des katholischen Bürgertums, das vielfach bereit war, manches aus der offiziellen Lehre der Kirche auszuklammern oder einfach zu übergehen, wenn es ihre intellektuellen oder politischen Konzeptionen zu sehr belastete. „Die sehr geringe Zahl bewußter liberaler Katholiken und die hohe Zahl gemäßigter, das heißt unbewußt liberaler Katholiken, waren in der Tat zwei wesentliche Merkmale des französischen Katholizismus" (Maurain).

Ihnen gegenüber standen jedoch jene, die sich im Gegensatz zu den liberalen Katholiken stolz als „catholiques tout courts" („nichts als Katholiken") bezeichneten und die damit ihr Bemühen um Treue gegenüber den römischen Positionen, deren Härte sie außerdem noch zu steigern suchten, betonen wollten. Sie waren dem gegenrevolutionären Traditionalismus des ersten Drittels des Jahrhunderts treu geblieben und verfügten nicht über die nötige Unterscheidungskraft, um jenen Teil an Wahrheit herauszufinden, der dem Liberalismus innewohnte. Sie neigten dazu, die politischen Entscheidungen von absoluten Prinzipien her zu beurteilen, aus denen sie die logischen Folgerungen ableiteten, statt Möglichkeiten der Anpassung an die konkreten, je nach Ort und Zeit veränderlichen Situationen zu suchen.

[4] Über diese Gruppe, die weniger Aufmerksamkeit erregte als die brillantere, aber auch oberflächlichere des „Correspondant" s. *de Montclos* 130—132 225—227 287—323; *J. Gadille* a. a. O. 89—108 134—139. Über seine neogallikanische Orientierung siehe unten S. 772 f.

Der Führer dieser Gruppe war Mgr. Pie[5], der in seinen „Instructions synodales sur les erreurs du temps présent" (1855/71) unablässig den Naturalismus, der Gott und die Kirche den Belangen dieser Welt entfremden wolle, anprangerte. Besonders von Dom Guéranger inspiriert, entwickelte er einen politischen Supranaturalismus, der auf der Königsherrschaft Jesu Christi über diese Welt und der Verherrlichung des Papst-Königs basiert; er verkündigte zwar nicht die Theokratie, das heißt die Ausübung einer direkten politischen Macht durch die Kirche, forderte jedoch — immerhin unter der Einschränkung, daß die Vollendung der christlichen Gemeinschaft erst am Ende der Zeiten geschehen könne — über die Erneuerung des Glaubens im einzelnen und in den Familien hinaus auch die Christianisierung des Staates und der staatlichen Einrichtungen. Übereifrige Schüler überholten ihn jedoch rechts und übertrieben — unter Außerachtlassung der eschatologischen Perspektiven und ohne Rücksichtnahme auf die Zurückhaltung des Bischofs von Poitiers gegenüber einem zu eindeutigen politischen Engagement — die Verweltlichung des Übernatürlichen, wobei sie nicht zögerten, die direkte Macht der Kirche und des Papstes über die zivile Gesellschaft zu verkünden. Sie hofften, schon bald durch den Bourbon-Prätendenten Chambord einen christlichen Staat, wie ihn das Mittelalter verstanden hatte, verwirklicht zu sehen.

Diese extremistischen Ideen wurden mit einem absoluten Mangel an Differenzierung und mit oft ungerechten Urteilen über andersdenkende Katholiken seitens verschiedener Publizisten, deren markantester Louis Veuillot war, verbreitet und noch mehr verschärft. Die Verdienste Veuillots sind unbestreitbar: seine Ergebenheit gegenüber dem Papst, seine persönliche Uneigennützigkeit, der große Dienst, den er leistete, indem er mehr als irgendein anderer durch seine sarkastische Verachtung der Antiklerikalen dazu beitrug, den Durchschnittskatholiken von jenem Inferioritätskomplex zu befreien, der so lange auf ihm gelastet hatte. Aber er trug auch mehr als irgendein anderer dazu bei, diesen Streit zu vergiften, indem die Intransigenz seines Konvertitenkatholizismus ihn allzuoft die Forderungen der christlichen Liebe vergessen ließ und ihn zu einer pauschalen Verurteilung der modernen Zivilisation führte, für die in seinen Augen die Torheit der Freidenker seiner Zeit verantwortlich war. Aber wenn sich auch die Bischöfe im allgemeinen diesem Journalisten gegenüber, der sich anmaßte, sie auf dem Gebiete der Orthodoxie zu maßregeln, eher zurückhaltend zeigten, so wurde er doch schon bald zum Orakel des Provinzklerus, der seine populäre Sprache und seine massiven Urteile zu schätzen wußte. Vermittels dieses Klerus wurde Veuillots Einfluß auf eine zwar begrenzte, aber nicht zu unter-

[5] Über Louis Pie (1815—80), seit 1849 Bischof von Poitiers, siehe *L. Baunard,* Histoire du cardinal Pie, 2 Bde (Paris 1893); *E. Catta,* La doctrine politique et sociale du cardinal Pie (Paris 1959), stark zu korrigieren durch *J. Gadille* a. a. O. 48—59.

schätzende Zahl von Gläubigen wirksam, die in der Folge lange Zeit in einer Haltung klerikaler Intoleranz und systematischer Verleumdung der zivilen Instanz verharrten.

Der katholische Liberalismus außerhalb Frankreichs um 1860

In Belgien wiesen die Diskussionen die meisten Parallelen mit Frankreich auf. Auch hier begann sich um 1860 unter der Wirkung sowohl der scharfen Pressepolemik, die den französischen Katholizismus bewegte, als auch durch die Entwicklung der innenpolitischen Situation die Frage nach dem tragbaren Ausmaß der katholischen Anpassung an das System der modernen Freiheiten von der taktischen Ebene auf die Ebene der Ideen zu verlagern. Während einige im persönlichen Kontakt mit Montalembert und dessen Freunden die äußerst liberale Verfassung auch weiterhin als Ideal priesen, zeigten sich andere dagegen beunruhigt über die Entwicklung des belgischen Liberalismus zu einem antiklerikalen Radikalismus, der nichts mehr mit dem Unionismus von 1830 gemein hatte. Sie gaben zu bedenken, daß man auf die traditionellen Rechte der Kirche verzichtet und den Gegnern die Freiheit einer uneingeschränkten Propaganda für ihre Ideen zugebilligt habe, diese jedoch nun nach Erlangung der legalen Mehrheit die Kirche systematisch daran hinderten, sich die ihr als Gegenleistung zugestandenen Vorteile zunutze zu machen. Selbst wenn die Katholiken wieder im Parlament die Mehrheit gewännen, so argumentierten sie weiter, wäre es für sie doch unmöglich, eine eindeutig katholische Politik zu führen, da ihnen die Verpflichtung obliege, die Freiheit des Bösen zu respektieren. So begannen sie nun, ohne sich in allen Punkten den extremistischen Positionen Louis Veuillots anzuschließen — ein Vergleich zwischen den Zeitungen „L'Univers“ und „Le Bien Public“, dem 1853 gegründeten Hauptorgan der belgischen Ultramontanen, ist in diesem Zusammenhang sehr aufschlußreich — und vor allem in deutlicher Distanzierung zum Antiparlamentarismus des französischen Polemikers, von der Notwendigkeit zu sprechen, die Verfassung zu ändern, sobald die Umstände dies erlaubten. Zwischen diesen beiden Positionen standen Kardinal Sterckx und die Kanonisten von Löwen, die trotz des wachsenden Widerstands von seiten mehrerer in Rom ausgebildeter jüngerer Bischöfe, denen die Katholisierung gewisser Ideen des Liberalismus unmöglich erschien, die praktischen Vorteile dieser Verfassung, die der Kirche eine in dieser Weise einmalige Unabhängigkeit gegenüber der Zivilgewalt garantierte, ins Gedächtnis riefen.

In Italien stellte sich das Problem wesentlich anders dar. Nach dem Zusammenbruch der neoguelfischen Bewegung, die bei vielen als Treffpunkt des „sentire cattolico“ und des „sentire liberale“ gegolten hatte, gestaltete hier die Entwicklung der Römischen Frage den Versuch einer Versöhnung zwischen den liberalen Bestrebungen und der katholischen Glaubenstreue sehr viel schwieriger. So fand in Italien die von Montalembert und den belgischen Katholiken bevorzugte Idee einer christlichen Rückeroberung der Gesellschaft mit Hilfe der politischen Freiheit nur sehr wenige Anhänger. Auf der einen Seite schlossen sich viele patriotische und konstitutionelle Katholiken, enttäuscht vom „Verrat" Pius' IX., tatsächlich vorbehaltlos dem liberalen Lager, das heißt den „moderati", an und verbündeten sich zur Durchsetzung ihrer politischen Ideale mehr oder weniger unbeschwert mit der antiklerikalen Linken, „indem sie alles Religiöse hinter sich ließen, um sich erst wieder in letzter Stunde, in der man dann den Priester holt, damit zu befassen" (Curci). Auf der anderen Seite bewirkte die Entrüstung vieler über die mehr etatistische als wahrhaft liberale Politik der Turiner Regierung, die de facto zu einer ernsthaften Verletzung der Rechte der Kirche und einer Beschränkung ihrer Freiheit sogar im geistlichen Bereich führte, eine Reaktion der Verhärtung und eine unterschiedslose Verurteilung des Liberalismus, so gemäßigt dieser auch sein mochte. Diese intransigente Richtung, der das uneingeschränkte Wohlwollen Roms galt und die im ganzen Land von kämpferischen Zeitungen, wie der „Unità cattolica" des Don Margotti oder Don Albertarios „Osservatore cattolico", verbreitet wurde, gewann unter dem Pontifikat Pius' IX. nach dem kurzen Strohfeuer der „vermittlerischen" Priester gleich nach 1860[6] die meisten Kleriker und militanten Katholiken Italiens[7].

Aber wenngleich die Umstände in Italien die Bildung einer katholischen liberalen Partei, die wie in Frankreich und Belgien politisch hätte einflußreich sein können, verhinderten, so war der katholisch-liberale Geist, der an die Möglichkeit einer Versöhnung des katholischen Glaubens mit den konstitutionellen Institutionen und der modernen Kultur glaubte, doch noch nicht ganz verschwunden, vor allem da man aus der Erinnerung an die beiden ersten Jahre des Pontifikats zu der Überzeugung gelangte, daß diese Versöhnung nicht vor doktrinale, sondern nur vor Probleme der Opportuni-

[6] Über die liberalen Tendenzen im Klerus siehe *G. Martina* a. a. O. 765—768 und für einen einzelnen, aber sehr bezeichnenden Fall, *A. Gambasin*, Il clero padovano (Rom 1967) bes. 117—169 279—300. Lit. S. 703 Anm. 10; ferner *A. Fappani*, Il clero liberale bresciano negli anni dell'unità d'Italia (Brescia 1968); *R. Fantini*, Sacerdoti liberali bolognesi dal 1848 all'unità nazionale: Boll. del Museo del Risorgimento 5 (1960) 453—484.

[7] Es ist jedoch darauf zu verweisen, daß, wie Spadolini gezeigt hat, die „Intransigenti" der Zeit nach 1860 im Gegensatz zu jenen der ersten Jahrhunderthälfte nicht notwendigerweise politisch reaktionär waren und daß sie zur Rechtfertigung ihrer Verweigerung einer Zusammenarbeit mit dem Liberalismus auf jeden Fall nicht mehr das Prinzip der Legitimität und des göttlichen Rechtes der Herrscher anführten, sondern die Rechte Gottes und der Kirche über die Gesellschaft und die Unterordnung der Politik unter die Moral. Die von P. Taparelli d'Azeglio in der „Civiltà cattolica" entwickelte politische Philosophie ist charakteristisch für diese neue Geisteshaltung.

tät im Hinblick auf die Römische Frage stelle. Dieser katholisch-liberale Geist, deutlich nuanciert auf Grund der Verschiedenartigkeit der kulturellen Traditionen in den einzelnen Gebieten Italiens und der stark betonten Individualität des einzelnen, fand sich in manchen Gruppen: bei gemäßigten Konstitutionellen wie C. Balbo; bei aufrichtig Gläubigen, die jedoch wie A. Manzoni der Auffassung waren, daß es in der Politik gestattet sei, nicht mit Rom übereinzustimmen; bei Katholiken, die wie Minguetti über die Unbeweglichkeit des Kirchenstaates verstimmt waren; bei Utopisten, die wie die Toskaner Ricasoli oder Capponi an der Grenze der Orthoxie standen; bei Reformern von einer unbedingten Gläubigkeit wie Rosmini, dessen Einfluß weit über seinen Tod (1855) hinaus fortdauerte; bei Historikern in der Tradition der katholischen Romantik wie dem Lombarden Cantù[8] oder auch Tosti, dem Mönch von Monte Cassino[9]; bei Bewunderern Montalemberts wie dem späteren Kardinal Capecelatro in Neapel; bei jener kleinen, von Erzbischof Charvaz ermutigten Genueser Gruppe der „Annali cattolici", die ihre Zeitung 1866 in „Rivista Universale" umbenannten, um durch diesen weniger konfessionellen Titel ihre Leserschaft zu erweitern, und die eine katholische Partei anstrebten, die nach dem Beispiel der Belgier und der Deutschen sowohl dem Papst und dem König als auch der katholischen Orthodoxie und den liberalen Institutionen treu sein sollte[10]. Hinter diesen Führerfiguren nun stand die große Zahl jener, die zwar weiter dem Sakramentenempfang treu blieben, jedoch auf religiöser Ebene das Autoritätsprinzip mit der Gewissensfreiheit verbanden und die Unabhängigkeit der Zivilgesellschaft in ihrer eigenen Sphäre sichern wollten, oder auch unter ehrlicher Anerkennung der historischen Wohltaten, die Italien der Kirche verdankt, doch der Auffassung waren, daß der Status, unter dem diese seit dem Mittelalter stand, nicht unantastbar sei und man daher das Recht habe, es an die Erfordernisse des 19. Jh. anzupassen. Diese Anpassung bedeutete für die einen eine deutlichere Unterscheidung zwischen den Bereichen der Religion und der Politik und die Aufhebung gewisser archaischer kirchlicher Privilegien trotz des Protestes des Heiligen Stuhls und für die anderen die Einführung der Trennung von Kirche und Staat und den Verzicht auf die Ausübung der zeitlichen Macht der Päpste.

In D e u t s c h l a n d führte die Aussöhnung zwischen Kirche und Staat in einer liberalen Konzeption weniger zu Gewissensdramen als in den latei-

[8] Über Cesare Cantù (1804—95) siehe *F. Bertoloni,* Cantù e le sue opere (Florenz 1895); *P. Manfredi,* Cesare Cantù (Turin 1905); ECatt III 646—649. Auch Carteggio Montalembert Cantù, hrsg. von *F. Kancisvili* (Mailand 1969).

[9] Über Luigi Tosti (1811—97) siehe *A. Capecelatro,* Commemorazione di Luigi Tosti (Montecassino 1868) und *A. Quacquarelli,* Il P. T. nella politica del Risorgimento (Genua 1945; Lit.).

[10] Über diese beiden Zeitschriften siehe *O. Confessore:* Annali dell'Univ. di Lecce, Fac. di Lettere 2 (1964/65) 158—210; *ders.,* SpAzLCIt I 141—176.

nischen Ländern. Der Grund dafür war einmal die Tatsache, daß die deutschen Katholiken als Minderheit in ihrer Forderung nach Religionsfreiheit nicht wie in Frankreich oder Belgien den Eindruck erweckten, den Irrtum zu begünstigen, sondern im Gegenteil zugunsten des Katholizismus zu plädieren schienen. Zum anderen dachten die deutschen Katholiken, bestimmt von der Erfahrungswelt der katholischen Romantik, bei ihrem Lob der Freiheit weniger an die Grundsätze von 1789 als an die korporative Freiheit, wie sie vor der absoluten Monarchie bestanden hatte; und schließlich schloß die Religionsfreiheit für sie nicht wie in den lateinischen Ländern die Freiheit des Unglaubens ein, sondern besagte schlicht einen nichtkonfessionellen Staat auf der Grundlage einer christlichen Lebensauffassung. Trotz einer gewissen Beunruhigung in konservativen Kreisen und einiger Zurückhaltung in Österreich[11] und Bayern sah man die Unannehmlichkeiten der kleinlichen Interventionen der Bürokratie in das Leben der Kirche voll aufgewogen durch das offizielle Ansehen, das die Unterstützung des Staates der Kirche verlieh; so kamen die militanten Katholiken und die Verteidiger der Prinzipien, gestärkt durch die Erfahrungen Preußens seit 1848, darin überein, die religiösen Vorteile der konstitutionellen Freiheiten anzuerkennen, die als „Freiheiten des Verlusts" zu verurteilen sie sich wohl hüteten, obschon sie heftige Angriffe gegen den antichristlichen Charakter des ideologischen Liberalismus richteten. Diese gemäßigte, von Ketteler in seinem Werk „Freiheit, Autorität und Kirche" (1862) dargelegte Position wurde auch von der großen Mehrheit der deutschen Katholiken[12] lange Zeit und sogar zur Zeit des „Syllabus" vertreten, als nur einige extremistische Stimmen der Rechten (unter anderem österreichische Jesuiten) und der Linken (in der Gruppe Döllingers) die Einheit trübten.

Heftige Kontroversen brachen in den deutschsprachigen Ländern dagegen um die Freiheit des Gelehrten gegenüber der kirchlichen Autorität aus. Einige Vertreter der katholischen Wiedergeburt, mit Döllinger an der Spitze, wollten die katholischen Intellektuellen von dem Inferioritätskomplex befreien, der durch das Aufblühen der protestantischen und rationalistischen Wissenschaft entstanden war, und hielten es daher für entscheidend, ihnen das Bewußtsein völliger Forschungsfreiheit zu vermitteln, abgesehen von den relativ wenigen Fragen, die ein definiertes Dogma betrafen und die sie möglichst zu vermindern trachteten.

[11] Nach 1855 ist von der kleinen Gruppe der Güntherianer, die um 1848 sehr aktiv war, kaum noch die Rede: es waren dies für das Wiener Bürgertum dieser Zeit auf politischer wie auch auf kultureller Ebene sehr repräsentative Liberale: gleichzeitig feindlich gegenüber Demokratie und Autokratie, Anhänger der freien Kirche im freien Staat und der geistigen Freiheit. Vgl. *Th. Simons:* CHR 55 (1969) 173—194 377—393 610—626.

[12] Dies war auch die Position der Katholiken in der alemannischen Schweiz. Vgl. *W. Ganz,* Philipp Anton von Segesser als Politiker: Schweizerische Zschr. für Geschichte 1 (1951) 245—274. Mgr. Mermillod verteidigte eine analoge Position in der romanischen Schweiz.

Ihre Absichten waren aufrichtig und ihr Bemühen, die wissenschaftliche Arbeit den Kontrollen der Inquisition zu entziehen, gerechtfertigt. Aber sie wollten nur einen Aspekt einer komplexen Situation sehen. Eine Reaktion war daher unvermeidlich; sie kam jedoch bedauerlicherweise von Männern, die oft kaum die neuen wissenschaftlichen Methoden kannten und in einigen Fällen sogar der Wissenschaft im allgemeinen feindlich gegenüberstanden. Reibungen ergaben sich um so zwangsläufiger, als angesichts der Engstirnigkeit der einen die freie Haltung der anderen um so leichter provoziert werden konnte. Einige erhoben sich nun grundsätzlich gegen jede Intervention des kirchlichen Lehramtes und wollten sich jeglicher Kontrolle durch kirchliche Autoritäten entziehen. So entwickelte sich auf dem klassischen Boden des liberalen Protestantismus unter den katholischen Intellektuellen eine Tendenz, die nur in der kleinen englischen Gruppe des „Rambler" ihresgleichen hat.

In England war 1848 von einer Gruppe um den Konvertiten Simpson[13] die Zeitschrift „The Rambler" mit dem Ziel gegründet worden, gegen die intellektuelle Inferiorität des englischen Katholizismus anzugehen. Wiederholt hatte sich diese Zeitschrift zum unvorsichtigen Verteidiger einer gewissen Autonomie der Laien in der Kirche gemacht. Ihre „Enfant-Terrible"-Allüren verschärften sich noch, als 1859 der junge John Acton[14] die Direktion übernahm. Er war ein Schüler Döllingers, und in ihm verkörperte sich für 15 Jahre der englische katholische Liberalismus. Er bezeichnete sich selbst als „ein Mensch, der auf alles verzichtet hat, was im Katholizismus mit der Freiheit und in der Politik mit dem katholischen Glauben unvereinbar ist". Die unabhängige Haltung der Zeitschrift (und auch jene der „Home and Foreign Review", die ihr 1862 folgte) gegenüber der Freiheit des katholischen Gelehrten, der Römischen Frage und zahlreichen anderen brennenden kirchlichen Probleme provozierte die Reaktion Wisemans und vor allem Mannings, die von W. G. Ward, dem Nacheiferer Veuillots in England und seiner „Dublin Review", nachdrücklich unterstützt wurde[15]. Eine der bedauerlichsten Folgen dieser Kontroversen war die Tatsache, daß man damit Newman kompromittierte, der soweit wie möglich vom religiösen

[13] Über Richard Simpson (1820—76) siehe *D. McElrath*, Richard Simpson. Study in English Liberal Catholicism (Löwen 1972); D. McElrath bereitet die Ausgabe seiner Korrespondenz vor.

[14] Es gibt noch keine gute, auf der Gesamtheit der zugänglichen Dokumentation basierende Biographie von John Acton (1834—1902). Siehe vorerst: *H. Butterfield*, Lord Acton (London 1948); *D. Mathew*, Lord Acton and his Times (London 1968); *G. Himmelfarb*, Lord Acton. A Study in Conscience and Politics (London 1954; dazu *E. Watts:* R. Pol 28 [1966] 493—507; *U. Noack*, Katholizität und Geistesfreiheit. Nach den Schriften von J. Dalberg-Acton (Frankfurt ²1947); *D. McElrath*, Lord A. The Decisive Decade 1864 to 1874 (Löwen 1970). Über seine Korrespondenz siehe *O. Chadwick:* JEH 16 (1965) 114f; *D. McElrath:* RHE 65 (1970) 87—89.

[15] Siehe S. 769.

(und auch politischen) Liberalismus entfernt war, sich jedoch vergeblich bemüht hatte, als Vermittler aufzutreten[16].

Der Syllabus und seine Folgen

Diese verschiedenen Manifestationen des Liberalismus im katholischen Milieu, die oft von Unvorsichtigkeiten im Ausdruck und bisweilen auch von offen zweideutigem Verhalten begleitet wurden, waren Ärgernis für die Männer des Glaubens, die angesichts dieser „Religion der Freiheit" und der „Religion der Wissenschaft" bestrebt waren, die „Rechte Gottes über die Gesellschaft und die Geister" erneut zu bestätigen. Sie waren um so stärker beunruhigt, als es ihnen, die zumeist instinktmäßig der Vergangenheit verbundene Konservative waren, sehr schwer fiel, zwischen den ewigen Wahrheiten, die um jeden Preis bewahrt werden müssen, und den kontingenten Strukturen der kirchlichen oder zivilen Ordnung zu unterscheiden. Viele waren daneben auch von der um 1860 tatsächlich nicht mehr bestreitbaren Tatsache erschüttert, daß überall dort, wo die Liberalen an die Macht kamen, schon bald eine kirchenfeindliche Gesetzgebung eingeführt wurde. Diese letztere Erwägung beunruhigte vor allem die römischen Kreise, die durch die Entwicklung in Italien seit 1848 mehr denn je von dem Bestehen eines engen Zusammenhangs zwischen den Grundsätzen von 1789 und der Zerstörung der traditionellen Werte in der sozialen, moralischen und religiösen Ordnung überzeugt wurden. Pius IX., im Mittelpunkt der Christenheit stehend, glaubte nun handeln zu müssen, um nicht durch sein Schweigen die wenigen katholischen Nationen, die dem — in seinen Augen besten — System der privilegierten und vom Staat protegierten Kirche noch mehr oder weniger treu geblieben waren, zu entmutigen. Da die Macht der Umstände ihn in verschiedenen Ländern zu praktischen Konzessionen gezwungen hatte, hielt er es für um so dringlicher, die Prinzipien laut in Erinnerung zu bringen. Daher ergriff er in dem Maße, wie sich die von seinen Vorgängern Pius VI., Pius VII., Leo XII. und Gregor XVI. verurteilten Konzeptionen in den offiziell katholischen Ländern, nämlich in Spanien, in den südamerikanischen Republiken und vor allem im Italien des Risorgimento, durchsetzten, jede sich bietende Gelegenheit[17], um diesen oder jenen Aspekt der entsprechenden klassischen Lehre der Kirche hervorzuheben. Aber die Idee einer zusammenfassenden Verurteilung aller als falsch erachteten Lehren der modernen Gesellschaft nahm, 1849 von Kardinal Pecci in Umlauf gesetzt und

[16] Neben *H. McDougall* a. a. O. vgl. die ausgezeichnete Einführung von *J. Coulson* zur Neuausgabe des seinerzeit sehr umstrittenen Artikels von Newman „On consulting the Faithful in matters of doctrine" (New York 1961).

[17] Enzykliken, aber auch Breven an Schriftsteller, die die „guten Grundsätze" verteidigen, und vor allem zahlreiche Ansprachen. Ihre Liste findet sich in der Broschüre Acta SS. D. N. Pii IX ex quibus excerptus est Syllabus (Rom 1865).

später von der „Civiltà cattolica" aufgenommen, nach und nach ihren Weg. 1859, nach dem Wiederaufleben der Römischen Frage, wurde sie erneut propagiert, und im Herbst ersuchte der Vatikan von einigen Vertrauensmännern, wie Mgr. Pie, Dom Guéranger und dem Rektor der Universität von Löwen de Ram (der in Zusammenarbeit mit einigen Professoren antwortete) um Vorschläge, welche Irrtümer verurteilt und welche Punkte der Lehre hervorgehoben werden sollten. Im Frühjahr 1860 wurde auf der Grundlage der erhaltenen Antworten ein erster Vorentwurf des „Syllabus errorum in Europa vigentium" erarbeitet, der 79 Sätze enthielt. Im Herbst gelangte jedoch ein langer Hirtenbrief des Bischofs von Perpignan, Mgr. Gerbet, nach Rom. Gerbet war ein früherer Mitarbeiter Lamennais', aber ereiferte sich nun gegen das, was er einst verehrt hatte. Das Dokument, das den Titel „Instruction sur les erreurs du temps présent" trug, schloß mit einer Liste von 85 irrigen Sätzen, die dem Papst eine noch bessere Basis für das feierlich zu veröffentlichende Projekt zu sein schien — nach P. Martina jedoch zu Unrecht, da nach seiner Meinung der erste Entwurf mehr auf der Ebene der Prinzipien lag und einen mehr synthetischen Charakter hatte. Mehrere aufeinanderfolgende Kommissionen von Theologen und Kardinälen, deren Arbeiten vom Papst genau verfolgt wurden, befaßten sich daraufhin länger als ein Jahr mit der Ausarbeitung und vor allem der theologischen Qualifizierung der Sätze Gerbets. Trotz der sehr deutlichen Zurückhaltung vieler Kurienkardinäle, die eine Rückkehr zum ersten Entwurf begrüßt hätten, beschloß Pius IX., die neue, auf dem Hirtenbrief Gerbets fußende Liste, die in 61 Thesen die wichtigsten modernen Tendenzen zur Befreiung der Philosophie, Moral und Politik von der Kontrolle der Religion zusammenfaßte, jenen Bischöfen vorzulegen, die im Sommer nach Rom kamen, um für die weltliche Macht des Papstes zu demonstrieren. Obschon die Mitteilung unter dem Siegel der Verschwiegenheit erfolgt war, wurden gewisse Indiskretionen begangen. Die vorzeitige Verbreitung des Dokuments entfesselte in der antiklerikalen Presse einen Sturm gegen den römischen Obskurantismus. Die bischöflichen Reaktionen, die übrigens nur sehr spärlich erfolgten, waren eher zurückhaltend. Dennoch beharrte der Papst auf seiner ersten Idee, und so setzte die Kommission die Ausarbeitung von Mgr. Gerbets Liste von Sätzen fort, jedoch so langsam, daß viele den Eindruck gewannen, die große Verurteilung der modernen Irrtümer sei auf einen späteren Zeitpunkt — einige hofften sogar, sine die — verschoben. Aber Ende des Sommers 1863 ließen zwei unselige Reden die Frage erneut aufflammen: die Apologie, die Montalembert, ungeduldig über die „Ängstlichkeit" seiner Freunde, beim internationalen Kongreß der belgischen Katholiken in Mecheln für die „Freie Kirche im freien Staat" hielt[18], und die hochmütige Forderung Döllingers nach Unabhängigkeit des katholischen

[18] *R. Aubert:* Collectanea Mechliniensia 20 (1950) 525—551. Anläßlich dieser Rede schlug

Gelehrten vom kirchlichen Lehramt, die er auf der Münchener Versammlung vorbrachte[19]. Vor allem die erste dieser Reden ,deren Widerhall sehr stark war, stellte eine Herausforderung an all jene dar, die im katholischen Liberalismus die Hauptgefahr ihrer Zeit sahen, und man drängte nun stärker auf eine klare und eindeutige Stellungnahme Roms zu diesem Thema. Verschiedene Interventionen ersparten Montalembert einen öffentlichen Tadel, aber Pius IX. gelangte immer mehr zu der Überzeugung, daß es einer feierlichen Intervention bedurfte, um die Bewegung der Geister einzudämmen. Verschiedene Einflüsse verzögerten dies jedoch um ein volles Jahr: französische diplomatische Interventionen, die einige Bischöfe aus Furcht vor einer Brüskierung der öffentlichen Meinung angeregt hatten; Hinweise aus Belgien, nicht noch vor den wichtigen Wahlen den Eindruck zu erwecken, Rom verurteile die Verfassung, da man dadurch nur der liberalen Partei in die Hände spiele; schließlich die Bedenken des Kardinals Antonelli, man könne dadurch einige nichtkatholische Verteidiger der weltlichen Macht des Papstes, wie z. B. Adolphe Thiers, entmutigen. Pius IX. verschloß sich diesen Argumenten nicht. Aber ihn, der sehr leicht zu beeindrucken war, bestimmten noch viel stärker andere Einflüsse: das immer stärkere Hineinschlittern zahlreicher italienischer Katholiken in „vermittlerische" Positionen; der Erfolg des Buches „Vie des Jésus" von Renan, in dem sich die Gefahr der Pressefreiheit verdeutlichte; die jüngsten Verletzungen der Rechte der Kirche in Polen und Mexiko; die Warnungen Kettelers vor der geistigen Unabhängigkeit der deutschen Theologen und, allgemeiner, die Gefahr einer Begünstigung des Radikalismus durch die Passivität der Katholiken. Zweifellos war auch die Konvention vom September 1864 für Pius IX. ein zusätzlicher Grund, nun nicht mehr zuzuwarten[20].

Im August 1864 wiederum konsultiert, hatten die Kardinäle der Inquisition ihre Einwände gegen die auf der Grundlage von Gerbets Liste erarbeitete Reihe von Sätzen erneuert und eine andere Art des Vorgehens vorgeschlagen: eine Ansprache des Papstes, in der seine früheren Verurteilungen erneuert werden sollten. Dieser neuen Anregung beschloß der Papst schließlich zu folgen, und so verfaßte man innerhalb weniger Wochen mit der besonderen Unterstützung des jungen Barnabiten L. Bilio außer einer Enzyklika auch eine Liste von Auszügen aus Ansprachen und Schriften des Papstes, die er seit Beginn seines Pontifikats formuliert und in denen er bereits die verschiedenen „modernen Irrtümer" verurteilt hatte. Ende Dezember wurde die Enzyklika „Quanta cura" veröffentlicht, der unter dem Titel „Syllabus errorum" ein Katalog von 80 als unannehmbar beurteilten Sätzen

die „Civiltà cattolica" zum erstenmal die Unterscheidung zwischen „These" und „Hypothese" vor, die klassisch werden sollte. Vgl. *J. Leclerc:* RSR 41 (1953) 530—534.

[19] Siehe S. 692—694.

[20] Vgl. *R. Mori,* La Questione Romana 1861—65 (Florenz 1963) 331 338.

angefügt war[21]. Der Papst verurteilte darin den Pantheismus und den Rationalismus, den Indifferentismus, der alle Religionen für gleichwertig erachtet, den Sozialismus, der das Recht auf Eigentum leugnet und die Familie dem Staat unterordnet, die irrigen Vorstellungen über die christliche Ehe, die Freimaurerei, die Zurückweisung der weltlichen Macht des Papstes, den Gallikanismus, der die Ausübung der kirchlichen Autorität von der Autorisierung durch die Zivilgewalt abhängig machen will, den Etatismus, der auf dem Unterrichtsmonopol besteht und die Orden aufhebt, den Naturalismus, der es als Fortschritt wertet, daß die menschlichen Gesellschaften die Religion nicht achten, und der die Laisierung der Institutionen, die Trennung von Kirche und Staat und die absolute Religions- und Pressefreiheit als Ideal fordert. Besonders dieser letzte Aspekt bewegte die Öffentlichkeit, vor allem da die Sätze des Syllabus, aus ihrem Kontext genommen, oft sehr verwirrend waren und das Urteil Dom Buttlers rechtfertigen, „ein äußerst ungelegenes Dokument" zu sein.

Zunächst sah die Mehrheit der Nichtkatholiken in diesem Dokument die eklatante Bestätigung der Unvereinbarkeit jener Kirche, wie sie die Ultramontanen geschaffen hatten, mit den Denk- und Lebensweisen des 19. Jh. In dieser Meinung konnte sie die ultramontane Presse, die über diese endgültige Klarstellung jubelte, nur bestärken, und viele Katholiken stellten sich nun die ängstliche Frage, ob dies möglicherweise den Tatsachen entspreche.

In Wirklichkeit war die Erregung jedoch nicht überall so heftig. In Italien lieferte sich zwar die Presse Wortgefechte, aber die Öffentlichkeit blieb ruhig, da die einen längst aufgehört hatten, den Weisungen des Vatikans in politischen Belangen große Bedeutung zuzumessen, und die anderen besser mit jener subtilen Exegese vertraut waren, deren es zu einer genauen Interpretation eines römischen Dokuments bedurfte. Im allgemeinen kommentierte man das Dokument im Zusammenhang mit der Römischen Frage, da man darin weniger eine Stellungnahme gegen die moderne Gesellschaft als eine Erwiderung auf die Konvention vom September sah. In Großbritannien stimmte die nichtkatholische Öffentlichkeit nahezu vollständig darin überein, daß der Papst sich durch seinen Feldzug gegen die moderne Gesellschaft, vor allem da er ihn in so undifferenzierten Begriffen führte, absolut lächerlich gemacht habe. Die Katholiken dagegen versuchten, jedoch ohne großen Erfolg, darzulegen, daß Pius IX. die doktrinalen Irrtümer und Exzesse des Liberalismus verurteilt habe und nicht die liberalen Institutionen, wie England sie kannte. Ganz ähnlich war es in den Niederlanden. Obwohl auch dort die katholischen Zeitungen auf dieser Unterscheidung bestanden, trug das päpstliche Dokument doch zur Verstärkung der prote-

[21] Text in Acta Pii IX, III 687—700 (Quanta cura), 701—717 (Syllabus). Kommentare bei *L. Choupin*, Valeur des décisions ... du Saint-Siège (Paris [3]1928) 187—415.

stantischen Feindschaft gegen das Papsttum und zur Beschleunigung des Bruchs zwischen Katholiken und Liberalen auf parlamentarischer Ebene bei. In den deutschsprachigen Ländern jedoch war die Lage anders. Hier befürchtete die österreichische Regierung zunächst, der Klerus könne auf Grund der Enzyklika eine noch günstigere Anwendung des Konkordats fordern. Döllinger und seine Freunde beklagten den „Syllabus"; aber der „Mainzer Kreis", dessen Einfluß außerhalb intellektueller Kreise die breite Masse der Katholiken erfaßte, nahm die Verurteilung der atheistischen Philosophen und der zu waghalsigen Theologen befriedigt zur Kenntnis, vertrat jedoch mit wenigen Ausnahmen die — übrigens gerechtfertigte — Auffassung, daß diese Zurückweisung des antichristlichen Liberalismus kein Hindernis sei, um auch weiterhin das Bestmögliche aus den konstitutionellen Freiheiten zu machen. Diese Interpretation setzte sich auch in Belgien selbst in vielen ultramontanen Kreisen sehr schnell durch; aber in den ersten Tagen war die Mutlosigkeit der konstitutionell eingestellten Katholiken sehr groß. In Frankreich dagegen hielt die Agitation mehrere Wochen an. Viele gemäßigt liberale Katholiken waren in ihren Überzeugungen tief erschüttert; andere erkannten zwar, daß diese Erinnerung an die Prinzipien im ganzen nicht viel an der früheren Situation änderte, waren jedoch sehr niedergeschlagen, da sie mit ansehen mußten, wie sich durch die übertriebenen Kommentare der Presse Veuillots die Kluft, die die Ungläubigen von der Kirche trennte, noch weiter vertiefte. Mehrere Bischöfe reagierten unmittelbar und schrieben nach Rom, um auf die Gefahr der Zweideutigkeit hinzuweisen und eine Klarstellung zu verlangen; einige jedoch, wie vor allem Darboy und Maret, schlugen, um in der Zwischenzeit die übertriebenen Interpretationen einiger ihrer Kollegen zu verhindern, der Regierung vor, die offizielle Veröffentlichung der Enzyklika unter dem Vorwand, daß diese Verurteilungen sich möglicherweise gegen die Verfassung des Kaiserreichs richteten, zu verbieten. Mit dem Genie eines Polemikers nahm Dupanloup, unterstützt von Cochin, diese antiliberale Maßnahme zum Vorwand, einen abschwächenden Kommentar zur Enzyklika und zum Syllabus zu verfassen, der sich als eine Verteidigung des ungerecht von einer feindlichen Presse und ebensolchen Ministern angeklagten Papstes gab; er war darüber hinaus geschickt genug, die captatio benevolentiae der römischen Kreise zu vollenden, indem er seinem Kommentar eine beredte Anklage gegen die jüngste Konvention beifügte, in der sich die kaiserliche Regierung Turin gegenüber verpflichtet hatte, Rom zu evakuieren[22]. Diese „Übersetzung der Enzyklika in die moderne Sprache" (A. Dechamps), in der die Schärfen des Originals allerdings etwas abgeschwächt waren, war (auch in ganz Euro-

[22] „La Convention du 15 Septembre et l'Encyclique du 8 Décembre". Über die Vorbereitung dieser Broschüre, die am 24. 1.. 1865 auf den Markt gebracht wurde, vgl. *R. Aubert:* RHE 51 (1956) 83—142.

pa und sogar in Amerika) äußerst erfolgreich und wandelte innerhalb weniger Tage die öffentliche Meinung zuungunsten der Antiklerikalen, noch mehr vielleicht aber des L. Veuillot und seiner Freunde. Dupanloup gelang es außerdem, von Pius IX., der ihm für die scharfe Kritik gegenüber der kaiserlichen Regierung dankbar war, ein Belobigungsbreve zu erhalten. Dieses war zwar sehr vorsichtig formuliert, bedeutete aber dennoch eine Zustimmung, die zusammen mit den Lobreden zahlreicher Bischöfe der Broschüre des Bischofs von Orléans den Anschein einer mehr oder weniger offiziösen Interpretation des Syllabus gab, obwohl viele Andersdenkende sich bemühten, deren Bedeutung soweit wie möglich herabzusetzen[23]. Diese Tatsache ist von gewisser Bedeutung für die spätere Geschichte des katholischen Liberalismus, und von daher verdient diese Broschüre mehr als nur ein bloß anekdotisches Interesse.

Für den Augenblick hatte sich der Sturm gelegt, und beide Parteien befanden sich auf der theoretischen Ebene wieder in ihren alten Positionen, da die Intervention Dupanloups den liberalen Katholiken ein Zurückweichen, das bereits unvermeidlich erschien, erspart hatte und sie deshalb bis zur Thronbesteigung Leos XIII. ihre Stellung halten konnten. Dennoch mußten sie in der Zwischenzeit ihre Segel einziehen. Mehrere hatten außerdem anläßlich der päpstlichen Verurteilungen erkannt, daß sie in ihren Äußerungen bisweilen zu radikal oder ungenau gewesen waren. Vor allem aber erkannten sie die Notwendigkeit einer Zurückhaltung[24], um den greisen Papst, der sich über das wachsende Sektierertum jener, die sich Liberale nannten, immer stärker erregte, nicht noch mehr zu verärgern. Pius IX., der den Liberalismus von Tag zu Tag mehr als „Irrtum des Jahrhunderts" verurteilte, war schließlich nicht mehr imstande, den radikalen Unterschied zu erkennen, der den katholischen Liberalismus vom Liberalismus schlechthin trennte[25]. Während der allgemeine Liberalismus, auch wenn seine Anhänger religiöse Gewohnheiten praktizierten, naturalistisch war und den Menschen möglichst völlig aus religiösen Bindungen lösen wollte, waren die liberalen Katholiken besonders in der intellektuellen Ausrichtung, aber auch im Handeln durch die Forderungen ihres Glaubens bestimmt und akzeptierten, wenn auch vielleicht nicht immer ganz bereitwillig, eine Unterwerfung unter die Entscheidungen der Kirche. Pius IX. räumte einen Unterschied ein, aber nur unwillig. „Der katholische Liberalismus", so erklärte er 1874, „das

[23] Unter besonderer Hervorhebung der Tatsache, daß Pius IX. Veuillot und P. Schrader, die den Syllabus in sehr viel strengerem Sinne interpretiert hatten, noch wärmer beglückwünschte.

[24] Zumindest die Mehrzahl. Montalembert, verbittert durch Enttäuschungen und Krankheit, richtete an seine ehemaligen Kampfgenossen heftige Vorwürfe, sie vermieden nun die heißen Themen. Siehe *A. Latreille:* RHEF 54 (1968) 281—314.

[25] Vgl. die eingebenden Considérations sur le libéralisme von *A. Simon:* Ris 4 (1961) 3—25.

ist ein Fuß in der Wahrheit und ein Fuß im Irrtum, ein Fuß in der Kirche und ein Fuß im Geist des Jahrhunderts, ein Fuß mit mir und ein Fuß mit meinen Feinden." So schickte er sich zwar darein, die „Hypothese" in vielen Fällen zu tolerieren, konnte sich jedoch nicht enthalten, seine nur geringe Sympathie gegenüber jenen zu zeigen, die sich in seinen Augen leichten Sinnes für diese Notwendigkeit entschieden und nun jederzeit von praktisch zulässigen Konzessionen zur Aufgabe der Prinzipien übergehen konnten. Die volle Gunst des Papstes galt dagegen den „Rittern des Absoluten", die ohne Berücksichtigung der Entwicklung der Geister oder auch nur der lokalen Erfordernisse vor allem und gegen jeden das hervorhoben, was als das „Recht der christlichen Gesellschaft" gelten sollte; die wiederholten Ermutigungen, die Rom den Exaltiertesten von ihnen zukommen ließ, gaben ihnen schließlich die Überzeugung, sie seien vom Papst mit einer echten Sendung betraut[26]. Den liberalen Katholiken war es zwar gelungen, einer Verurteilung zu entgehen, aber sie standen dennoch in Mißgunst und waren sich dessen klar bewußt. 15 Jahre hindurch sollte nun der Vordergrund der Szene von Extremisten — liberale Radikale einerseits und intransigente Ultramontane andererseits — beherrscht werden, die beide gleichermaßen intolerant waren und ihre Ideologie allen aufzwingen wollten.

Antiliberalismus und sozialer Katholizismus

LITERATUR: Allgemeine Orientierung und Bibliographie im Sammelwerk: Katholische Arbeiterbewegung in Westeuropa, hrsg. von *S. Scholl-G. Mees* (Bonn 1966). Nützliche Hinweise bei *R. Kothen,* La pensée et l'action sociale des catholiques (Löwen 1945).

Außerdem für Frankreich: *Duroselle,* zu ergänzen durch die Artikel von *P. Droulers,* angeführt S. 350. Für Belgien: *R. Rezsohazy,* Origines et formation du catholicisme social en Belgique (Löwen 1958) 1—98; *P. Gérin:* 150 Jaar Katholieke Arbeidersbeweging in België, hrsg. von *S. Scholl* I (Brüssel 1963) 223—319. Für Deutschland: *M. Moennig,* Die Stellung der deutschen katholischen Sozialpolitiker des 19. Jh. zur Staatsintervention in der sozialen Frage (Münster 1927); *E. Ritter,* Die katholische soziale Bewegung Deutschlands im 19. Jh. und der Volksverein (Köln 1954).

Die katholische Opposition gegen den Liberalismus beschränkte sich nicht immer auf bloß negative Kritiken, wie es neuere Untersuchungen zeigen. Zwar gab es unter den Gegnern der liberalen Katholiken auch viele Bremsgeister ohne jedes Verständnis für ihre Zeit; aber die beweglicheren unter ihnen, denen es gelang, die Aufmerksamkeit eines beachtlichen Teils der katholischen Öffentlichkeit zu gewinnen, waren von einem zweifachen positiven Ideal bestimmt: einerseits zu reagieren gegen die Ängstlichkeit vieler

[26] Sehr charakteristisch in dieser Hinsicht ist das von *A. Louant* veröffentlichte Dokument Ch. Périn et Pie IX: Bulletin de l'Institut historique belge de Rome 27 (1952) 181—220.

ihrer Glaubensbrüder, die mit der liberalen Auffassung ausgesöhnt schienen, daß die Religion nur Privatangelegenheit ohne Ausstrahlung in das soziale Leben sei, und andererseits das Recht auf das „wirkliche Vaterland" zurückzufordern gegenüber einem „Legalen Vaterland", das von einer zahlenmäßig kleinen bürgerlichen Oligarchie gebildet wurde. Von hier aus wird verständlich, warum seit dem zweiten Drittel des 19. Jh. gerade diese in gewissen Punkten „reaktionären" Kreise mehr als die den demokratischen Idealen anscheinend aufgeschlosseneren liberalen Katholiken gewisse soziale Anstrengungen unternahmen. Dies erklärt aber auch, warum diese Bemühungen vor allem auf eine unmittelbare Linderung der Armut des Arbeitervolkes, durch die man dessen Sympathie und Unterstützung im Kampf gegen den antiklerikalen bürgerlichen Staat zu gewinnen suchte, und nicht so sehr auf eine Lösung seiner wahren Probleme durch Strukturreformen zielten. Schließlich wird von daher auch klar, warum sich diese Bemühungen zu oft mehr an einem sehnsüchtigen Ideal der Rückkehr zu einer idealisierten, patriarchalischen und korporativen Vergangenheit als an einer realistischen Anpassung an die neue, von der industriellen Revolution unwiderruflich geschaffene Situation inspirierten.

Der Zusammenhang zwischen Antiliberalismus und sozialen Bemühungen hatte sich schon sehr früh in der „Civiltà cattolica" [27] gezeigt, in der z. B. P. Taparelli 1852 die Auffassung vertrat, daß die von der Französischen Revolution aufgelösten Korporationen naturrechtlicher Art seien. Pius IX. widmete einen Absatz der Enzyklika „Quanta cura" der Entlarvung nicht nur der Illusion des Sozialismus, der den Staat an die Stelle der Vorsehung setzen möchte, sondern auch des heidnischen Charakters des wirtschaftlichen Liberalismus, der in den Beziehungen zwischen Kapital und Arbeit die Moral eliminiert.

Diese Ideen inspirierten mehrere der ersten Initiatoren der katholischen Bewegung in Italien, die sich in diesem noch kaum industrialisierten Land vor allem mit der beklagenswerten Situation der ländlichen Massen befaßten und deren Initiativen übrigens ihre volle Wirksamkeit erst unter dem folgenden Pontifikat erlangten.

In Frankreich hatte es unter der Julimonarchie neben der „Société d'économie charitable", in der Vicomte A. de Melun legitimistische Vertreter der Sozialarbeit um sich gesammelt hatte und die, zwar vom Elend des Proletariats ernstlich berührt, einer Intervention des Staates in das wirtschaftliche Leben gegenüber jedoch sehr zurückhaltend war, auch eine Frühform des christlichen Sozialismus gegeben, die zurückgeht auf konvertierte Anhänger

[27] *P. Droulers*, Question sociale, État, Église dans la „Civiltà cattolica" à ses débuts: ChStato I 123—147. Über die Wiedereinsetzung der Korporationen durch Pius IX. im Jahr 1852 siehe *E. Lodolini:* RstRis 39 (1952) 664—682; *L. Dal Pane:* Giornale degli economisti, N. F. 8 (1949) 603—608.

Saint-Simons oder Fouriers, auf ehemalige Leser des „L'Avenir", die von den sozialen und kühnen Ansichten Lamennais' berührt waren, sowie auch auf einige Mitglieder der Gesellschaft des heiligen Vinzenz von Paul, die erkannt hatten, daß das Almosen nicht die einzige Lösung bietet. Aber diese Bewegung erhielt durch die allgemeine Reaktion gegen alles, was irgendwie jenem Sozialismus ähnelte, der sich nach der Krise von 1848 entwickelte, ihren Todesstoß. So wurde der soziale Katholizismus 20 Jahre hindurch fast nur noch von Konservativen repräsentiert, die überzeugte Anhänger der paternalistischen Methoden waren und sich weniger darum bemühten, die Lage der Arbeiter im Namen der Erfordernisse der Gerechtigkeit zu verändern, als darum, die Arbeiter in die Kirche zurückzuführen und die Ordnung um den Preis einiger Verbesserungen ihrer materiellen Situation aufrechtzuerhalten. Die Mehrzahl dieser engagierten Männer des zweiten Kaiserreichs, die im übrigen auf die Gleichgültigkeit und oft sogar das Mißtrauen der breiten Masse der Gläubigen und des Klerus stießen, inspirierte sich an den Theorien von Le Play [28], deren Wissenschaftlichkeit zu wünschen übrigließ und die, verbunden mit einer engen Interpretation des „Syllabus", dazu beitrugen, diese Sozialkatholiken — mit einigen Ausnahmen, wie z. B. A. Cochin — auf die Lehre der den Menschenrechten und dem demokratischen Egalitarismus feindlichen „Gegenrevolution" hin zu orientieren. Auf diese Weise wurde sehr viel persönlicher Großmut vergeudet, ohne daß die Arbeiterklasse tatsächlich erreicht werden konnte, die nun im Gegenteil immer stärker danach strebte, ihr Geschick und den Kampf für ihre Befreiung selbst in die Hand zu nehmen.

In Belgien war die Lage kaum anders. Die wenigen progressiven Katholiken, die mit E. Ducpétiaux auf dem Kongreß von Mecheln einige schüchterne gesetzliche Maßnahmen zugunsten der Arbeiter vorschlugen, trafen auf allgemeine Ablehnung. Der tonangebende Meister in dieser Frage war Charles Périn, von 1845 bis 1881 Professor der Nationalökonomie in Löwen, dessen Werk „De la richesse dans les sociétes chrétiennes" (1861) in die meisten europäischen Sprachen übersetzt wurde. Aber dieser Vorkämpfer im Streit gegen den Liberalismus auf ideologischer und politischer Ebene wies zwar energisch auf die Ausbeutung der Arbeiter durch die neue Bürgerklasse hin und forderte auf Grund der Lehre, daß die moralischen Gesetze auch in der Wirtschaft gelten müßten, eine humanere Arbeitseinteilung, verweigerte jedoch dem Staat jegliches Eingreifen und erwartete die Lösung des sozialen Problems einzig und allein von der Privatinitiative und dem Wachsen des christlichen Geistes bei den Arbeitgebern.

Paradoxerweise liegt der Ursprung der realistischeren katholischen Sozial-

[28] Über den Soziologen und Begründer der „Société internationale des hautes études d'économie sociale", Frédéric Le Play (1806—82), siehe *Duroselle* 672—684 (Lit.) und *D. Herbertson,* Fr. Le Play (Ledbury 1952).

bewegung in Deutschland, obwohl dessen industrielle Entwicklung erst später einsetzte; diese deutsche Sozialbewegung zeigte sich aufgeschlossen für die Gewerkschaftsbewegung und stand einer Einschränkung des wirtschaftlichen Liberalismus durch eine Sozialgesetzgebung, die in der Enzyklika „Rerum novarum" von Leo XIII. ihren ersten Niederschlag fand, wohlwollend gegenüber. Die deutschen Katholiken waren freilich wie auch die anderen vorab an der Aufrechterhaltung der Ordnung interessiert; aber was sie anstrebten, war — im Gegensatz zu Frankreich, in dem zu viele Katholiken nur die äußere Ordnung und die Unterwerfung der Arbeiter unter den vorgegebenen Zustand der Dinge forderten — die traditionelle Ordnung, die organisierte Gesellschaft der „alten Zeit", die gewiß wenig demokratisch war, aber zumindest einen Vorteil hatte, daß sie die kleinen Leute gegen eine unbegrenzte Ausnützung durch die Inhaber des Reichtums schützte. Zwar beschäftigte die meisten deutschen Katholiken, die sich darum bemühten, „die Kirche dem Volk, um das Volk der Kirche näherzubringen", bis 1870 vor allem die Verteidigung der selbständigen Handwerker und die Organisation der Bauern. Nach und nach zog aber auch die eigentliche Arbeiterfrage die Aufmerksamkeit auf sich. 1837 wies der militante badische Katholik Buß auf die Gefahren der unkontrollierten Industrialisierung hin und forderte eine Intervention des Staates zur Regelung der Lage der Arbeiter, da nach seiner Ansicht der Kirche die Pflicht zukam, sich um die Verteidigung der Arbeiter, die keine offizielle Vertretung hatten, zu bemühen[29].

1846 gründete A. Kolping[30], ein ehemaliger Schusterlehrling, der Priester geworden war, den ersten Gesellenverein. Dank hervorragender Mitarbeiter und des aktiven Mitwirkens der Lehrlinge selbst, denen Kolping eine breite Initiative überließ, gedieh das Werk mit dem Segen des Kölner Kardinals Geissel sehr rasch und verbreitete sich vom Rheinland aus durch ganz Deutschland bis nach Österreich und in die Schweiz. Nach und nach entwickelten sich in den Industriegebieten des Rheinlands weitere Sozialwerke, die schließlich zur Gründung des Volksvereins und der Bewegung von Mönchen-Gladbach führten. Zu der lange Zeit vorherrschenden Sorge um die Rettung der Seelen und die Linderung der Not trat allmählich auch das Bemühen um eine Berufsorganisation und eine solide Aktionsgrundlage für das Wirken der Arbeiter, durch die man zu einer Änderung der Arbeitsordnung zu gelangen trachtete.

In dieser Entwicklung, die den deutschen Katholiken das Arbeiterproblem immer mehr als eine Frage der institutionellen Reform und nicht nur als bloße Angelegenheit karitativer Hilfe verdeutlichte, spielte der dyna-

[29] Vgl. *Schnabel G* IV 202—207.

[30] Über Adolf Kolping (1813—65) siehe *F. G. Schaffer*, Adolf Kolping, 8., von *J. Dahl* und *B. Ridder* überarbeitete Ausgabe (Köln 1961), wie auch: 100 Jahre Kolpingfamilie 1849—1949, hrsg. von *D. Weber* (Köln 1949). Weitere Lit.: LThK² VI 401.

mische Mainzer Bischof Ketteler[31] eine bedeutende Rolle. Diese wurde jedoch oft falsch verstanden, und man stellte den Prälaten dar als einen Pionier der christlichen Demokratie und Initiator der blühenden Bewegung von Sozialwerken im Deutschland seiner Zeit. Aber viele dieser Aktionen, die sich in der Gegend um Köln entwickelten, sind außerhalb seiner Initiative entstanden; und wenn Ketteler sich zwar bei seinen praktischen Werken mitunter an sozialistischen Lehren inspirierte, vor allem in der Form, die ihnen Lassalle gegeben hatte, und sogar von diesem einige seiner Argumente und Anklagen gegen den Kapitalismus übernahm, so hegte er doch für die moderne Demokratie keine Sympathie. Als er sich gegen die Unterdrückung der wirtschaftlich Schwachen in der Gesellschaftsordnung seiner Zeit erhob, dachte dieser westfälische Aristokrat ursprünglich an eine Rückkehr zu der korporativ organisierten Gesellschaft, wie sie im Heiligen Römischen Reich deutscher Nation des Mittelalters bestanden hatte. Dennoch war der Einfluß Kettelers auf den sozialen Katholizismus seiner Zeit beachtlich, und zwar vor allem durch sein Werk „Die Arbeiterfrage und das Christentum" (1864), die Frucht 15jähriger Reflexion, in dem er sich nicht darauf beschränkte, nur einige konkrete Reformen vorzuschlagen, sondern sich vor allem bemühte, aufzuzeigen, daß die Lösung des Arbeiterproblems nur in Funktion einer allgemeinen Konzeption von Staat und Gesellschaft in unmittelbarer Opposition sowohl gegen den liberalen Individualismus als auch gegen den Totalitarismus des modernen Zentralstaats möglich sei. Er wandte sich energisch gegen die vom kapitalistischen Bürgertum oder dem etatistischen Sozialismus vorgeschlagenen Lösungen und verherrlichte unter dem Einfluß der katholischen Romantik, die ihn in seiner Jugend geprägt hatte, eine Gesellschaftskonzeption, in der diese als lebendiger, von der Einheit des Glaubens belebter und stark hierarchisch gegliederter Organismus erscheint, in dem die Handwerker im Blick auf das Allgemeinwohl organisiert sind und das wirtschaftliche Leben vom eisernen Gesetz der Profitsucht befreit ist. So erscheint Ketteler als der erste Theoretiker des sozialen „Organismus" auf korporativer Basis, der mehr als ein halbes Jahrhundert lang die Grundlage der katholischen Soziallehre bildete und dessen Opposition gegen das individualistische Ideal des Wirtschaftsliberalismus nach 1870 in mehr als einem Fall — vor allem im sozialen Flügel der Zentrumspartei, in der österreichischen Schule und bei La Tour du Pin — unzweideutiger war als das praktische Mißtrauen und die theoretischen Einwände gegen den Sozialismus.

[31] Über das soziale Wirken Kettelers vgl. neben seiner Biographie von *Vigener* (die seine Rolle jedoch zu sehr abschwächt, vgl. *M. Spahn:* Hochland 22 [1925] 144—146) *T. Brauer,* Ketteler. Der deutsche Bischof und soziale Reformer (Hamburg 1927) und vor allem *L. Lenhart,* Bischof Ketteler I—II (Mainz 1966/67).

FÜNFTER ABSCHNITT

Der Sieg des Ultramontanismus

Univ.-Professor Dr. Roger Aubert, Louvain (Kap. 42 und 43)
Univ.-Professor Dr. Rudolf Lill, Köln-Rom (Kap. 44)

42. Kapitel

Ultramontane Fortschritte und letzte gallikanische Widerstände

LITERATUR: Über die Bewegung im allgemeinen: *Aubert*, Pie IX 262—310 537—541 (Lit.); *ders.*, La géographie ecclésiastique au XIXe s.: L'ecclésiologie au XIXe s. 36—55; *C. Butler*, The Vatican Council I (London 1930) 23—78; *J. Friedrich*, Geschichte des Vaticanischen Concils I: Vorgeschichte (Nördlingen 1877); *W. Ward*, W. G. Ward and the Catholic Revival (London 1893), Kap. V.

Frankreich: Vgl. neben den Biographien über Maret, Guéranger, Veuillot, Clausel Sibour, Gousset, Mathieu (Allg. Bibliogr.) und Darboy (S. 773 Anm. 17) *J. Maurain*, Le Saint-Siège et la France de décembre 1851 à avril 1853 (Paris 1930); *ders.*, La politique ecclésiastique du Second Empire (Paris 1930), Kap. III, V, IX, XVI, XVIII, XXI, XXII, XXIV, XXVII; *P. de Quirielle*, Pie IX et l'Église de France: Annales de l'École des sciences politiques 5 (1890) 490—514, 6 (1891) 111—148; *A. Houtin*, Un dernier gallican, H. Bernier (Paris 1904); *ders.*, Le P. Hyacinthe dans l'Église romaine (Paris 1920); *A. Ricard*, L'abbé Combalot (Paris 1891); *M. de Hédouville*, Mgr de Ségur (Paris 1957) 174—227 485—534; *de Montclos*, 107—133 200—321 405; *J. Gadille*, Autour de L. Veuillot et de l'„Univers": Cahiers d'histoire 14 (1969) 275—288; Mgr Darboy et le Saint-Siège: RHLR 12 (1907) 240—281 (dazu *R. Durand:* Bulletin de la Société d'histoire moderne 7 [1907/08] 6—10); *P. Mabile*, Vie de Mgr Mabile (Paris 1926); *J.-R. Palanque*, Catholiques libéraux et gallicans en France face au concile du Vatican (Aix 1962) 5—32.

Deutschland: Vgl. neben den Biographien über Geissel, Ketteler und vor allem Döllinger (Allg. Bibliogr.) s. *Goyau* IV 201—290; *V. Conzemius*, Aspects ecclésiologiques de l'évolution de Döllinger et du vieux-catholicisme: L'ecclésiologie au XIXe s. 247—279; *S. Loesch*, Döllinger und Frankreich (München 1955).

England: Vgl. die Biographien über Wiseman und Ullathorne (Allg. Bibliogr.), W. G. Ward (oben), Newman (S. 408—409) und Manning (S. 551).

Die ultramontane Bewegung um 1850

Wie schon oben gezeigt wurde, waren die 15 Jahre des Pontifikats Gregors XVI. eine entscheidende Etappe im Fortschritt des Ultramontanismus. Aber noch waren nicht alle Widerstände gebrochen. Die große Masse des Klerus und der Gläubigen war überzeugt von den Vorteilen, die der Kirche für ihre Verkündigung aus der Befreiung von der Vormundschaft der Regierungen und aus der Gruppierung der katholischen Kräfte um den Papst erwuchsen. Aber verschiedentlich stellte man sich doch die Frage, ob die

Realisierung dieser Kräftekonzentration durch eine derart weit getriebene Zentralisierung überhaupt angebracht sei. Eine solche Zentralisierung mußte ja unweigerlich zu einer Minderung der wirklichen Autorität der Bischöfe führen, zu einer Vereinheitlichung der Kirchendisziplin, der Liturgie, ja sogar der Frömmigkeit, die einen völligen Verzicht auf ehrwürdige lokale Gebräuche und die Übernahme eines „religiösen Lebensstils" für die gesamte Kirche analog dem Italiens erforderte.

Es ist ohne Zweifel von großer Wichtigkeit, den komplexen Charakter der ultramontanen Bewegung in ihrer konkreten Wirklichkeit nicht aus dem Auge zu verlieren. Ihre Anhänger verbreiteten in der Tat gleichzeitig theologische und kirchenrechtliche Lehren über die Sonderrechte des Papstes und das Vorrecht der Kirche über die Zivilgewalt, entwickelten ein Programm zur Veränderung der kirchlichen Organisation in mehr autoritärem und zentralistischem Sinn und tendierten zu einer Einschränkung der Freiheit der Forschung in der Philosophie und in den theologischen Disziplinen und schließlich zu einem neuen Verständnis der Frömmigkeit, die weniger in einer inneren Haltung als im häufigen Sakramentenempfang und in der Vermehrung der äußeren Übungen bestand. Während die ultramontane Bewegung in ihrer Opposition gegen die Erben des aus dem Ancien Régime überkommenen Regalismus allgemeine Zustimmung fand, stieß sie nun in ihrer eigentlichen kirchlichen Problematik auf mannigfachen Widerstand. Dieser Widerstand kam von seiten der Theologen, die wenig empfänglich für den dogmatischen Fortschritt waren und nicht einsehen wollten, daß der Papst nun einen bedeutenderen Platz einnehmen sollte als in der Kirche der ersten Jahrhunderte. Aber auch den Widerstand von Menschen muß man beachten, die in ihrer Verhaftung mit alten religiösen Gewohnheiten lieber dem Partikularismus der Vergangenheit anhingen, als daß sie einen Schritt in eine Zukunft getan hätten, die von einem überwiegend übernationalen Charakter geprägt sein sollte. Schließlich war auch die Oppposition von Vertretern des hohen Klerus am Werk, die den Verlust ihrer traditionellen Vorrechte befürchteten und sich mitunter sogar die Frage stellten, ob nicht der überlieferte Charakter eines aus göttlichem Recht stammenden Episkopats gefährdet sei.

Fast überall gab es solche Widerstandszellen. Sie fanden sich in England, wo bei einigen „old catholics" noch die insulare Denkart des 18. Jh. weiterbestand, ebenso wie in der Lombardei oder in Polen, wo im Seminarunterricht und an den Universitäten noch immer josephinistisches Gedankengut vertreten wurde. Sie hatten ihre Heimat vor allem aber in Frankreich und in den deutschsprachigen Ländern, wo die latent vorhandenen Widerstände gerade durch die Exzesse der ultramontanen Partei angestachelt wurden. Aber es handelte sich nur noch um Nachhutkämpfe, die den Ablauf einer Bewegung, deren Sieg nun gesichert war, nicht mehr aufhalten konnten.

In Frankreich erlebten die Ultramontanen unter der Zweiten Republik, tatkräftig ermutigt durch den Nuntius Fornari, eine Stärkung ihres Einflusses. Die nach Vorschlägen der Führer der katholischen Partei von Falloux ernannten Bischöfe waren zum größten Teil für die „römischen Ideen" gewonnen und trugen dazu bei, diesen Ideen auf den Provinzialkonzilien zum Durchbruch zu verhelfen. Diese Konzilien boten dem Heiligen Stuhl, der die Änderung einiger Dekrete erzwang, außerdem die Gelegenheit zur gleichzeitigen Anerkennung seines Kontrollrechts. Da die Zeitung „Univers", von Parisis und Gousset angeleitet, es sich zur Aufgabe machte, pflichteifrig alles, was in diesem Zusammenhang stand, hervorzuheben, wurde der Impuls, der die Katholiken seit Jahren auf Rom hin orientierte, noch zusätzlich verstärkt.

Die Verfechter des Ultramontanismus fanden beträchtliche Unterstützung im niederen Klerus, der über die Willkür vieler Bischöfe gegenüber den „Desservants" unzufrieden war. Sie hatten, um sich zu schützen, die Wiedereinsetzung der seit der Revolution aufgehobenen Kirchentribunale gefordert, und die Provinzialkonzilien, die Mitte des Jahrhunderts in Frankreich abgehalten wurden, schienen ihnen durch die Ankündigung der Wiedereinsetzung von Offizialaten Genugtuung zu leisten. Dies war jedoch in vielen Fällen illusorisch, da viele Tribunale nur auf dem Papier existierten. So begannen die Pfarrer, die, nicht immer zu Unrecht, unzufrieden waren über die Art und Weise, in der die bischöfliche Jurisdiktion über sie verfügte, nun auch die kleinsten bischöflichen Entscheidungen, die nicht ihren Vorstellungen entsprachen, den römischen Tribunalen vorzulegen. Diesen wiederum war es nur zu willkommen, über den Kopf der Bischöfe hinweg in die Angelegenheiten der Diözesen Frankreichs eingreifen zu können[1]. Diese Bewegung der Zufluchtnahme in Rom wurde unterstützt durch gewisse Kanoniker, wie den Abbé André[2], und durch Publikationsorgane, wie „Le Rappel" und „La Correspondance de Rome", eine Zeitschrift, die in Frankreich die für den niederen Klerus günstigen Entscheidungen verbreitete, die von den römischen Kongregationen im Namen des allgemeingültigen kanonischen Rechts getroffen wurden.

Anfang 1851 nach Rom zurückgekehrt, unterstützte der frühere Nuntius und jetzige Kardinal Fornari auch weiterhin mit Nachdruck die Bemühungen der Ultramontanen, indem er die Zeitungen „L'Univers" und „La Correspondance de Rome" gegen die Angriffe einiger Bischöfe in Schutz nahm und die Aufnahme gallikanisch ausgerichteter Werke in den Index unterstützte. Auf diese Weise wurden von 1850 bis 1852 mehrere in den Seminaren verwendete Handbücher verurteilt, insbesondere die „Théologie" von Bailly, obwohl sie schon 1842 überarbeitet worden war,

[1] Vgl. *J. Vernay*, Un aspect du mouvement ultramontain dans l'Église de France au XIXe s.: Bulletin des Facultés catholiques de Lyon, N. F. 34 (1963) 5—18.
[2] Über ihn vgl.: DDC I 516—519.

und der „Traité de droit canonique" von Lequeux, der sich zu sehr für die bischöfliche Autonomie und das Gewohnheitsrecht einsetzte.

Die laute Begeisterung, mit der die ultramontane Presse diese Maßnahmen begrüßte und die Anwendung mitunter wenig feinfühliger Verfahren mußten zu einer Gegenreaktion führen. So verfaßte 1852 ein Pariser Theologe, angeregt durch einige Bischöfe, ein „Mémoire sur la situation présente de l'Église gallicaine relativement au droit coutumier", das sich mit den wichtigsten damals diskutierten Fragen befaßte: der Problematik des Sonderrechts im Hinblick auf das allgemeine Recht der Kirche, der Liturgiereform, den Interventionen der römischen Kongregationen usw. Gleichzeitig ergriff man Maßnahmen, um jene Journalisten, die die ultramontane Sache zu laut unterstützten, zum Schweigen zu bringen. Der Zeitpunkt schien gut gewählt, da viele, auch nichtgallikanische Bischöfe, beunruhigt waren über die Agitation von Priestern, in der sie den Geist einer Auflehnung zu erkennen glaubten, der sich auf die ferne römische Autorität berief, um sich der Überwachung durch die eigenen Bischöfe zu entziehen. Daneben waren sie auch bestürzt über das Entstehen einer katholischen Laienaktion, die sich in ihren Augen als lernende Kirche an die Stelle der lehrenden Kirche zu setzen anmaßte, und wurden allmählich über die Arroganz, mit der einige Journalisten ihnen ihre Pflichten vorschreiben wollten, ungehalten. Pius IX. selbst riet Veuillot zur Mäßigung. Führungsfehler von seiten Dupanloups und vor allem des Erzbischofs von Paris, Sibour, machten jedoch sein Eingreifen nötig. Er veröffentlichte Anfang April 1853 über die in Frankreich aufgeworfenen Probleme die Enzyklika „Inter multiples"[3], die eine sehr deutliche Mißbilligung nicht nur des Gallikanismus, auch in der gemäßigten Form, sondern auch aller jener war, die sich aus irgendwelchen Gründen der ultramontanen Strömung widersetzten. Die Betroffenen täuschten sich darin nicht.

Das systematische Wirken Roms

Die Veröffentlichung der Enzyklika „Inter multiples" kennzeichnete eine Wende in der Haltung Roms. Wie die meisten großen Bewegungen der Kirchengeschichte war die ultramontane Strömung von der Basis ausgegangen. Der Heilige Stuhl hatte sich anfänglich darauf beschränkt, ihre Fortschritte aufmerksam zu beobachten, ohne jedoch aktiv einzugreifen. In den letzten Jahren Gregors XVI. jedoch hatte eine Entwicklung eingesetzt, die sich unter dem Pontifikat Pius' IX. zusehends verschärfte.

Schon die Persönlichkeit des Papstes trug dazu bei. Sein Charme und sein offenes Wesen, die sich von der Reserviertheit seines Vorgängers ab-

[3] Text in Acta Pii IX, I 439—448.

hoben, wie auch der Nimbus des „Martyrers", den ihm die seit dem Exil von Gaeta immer wieder auftretenden Schwierigkeiten in der römischen Frage verliehen, schufen ihm nach und nach beim katholischen Volk der ganzen Welt eine Popularität, wie sie kein Papst vor ihm je gekannt hatte. Dieses in der Kirchengeschichte neue Phänomen erklärte zum Teil die Begeisterung, mit der sich die Gesamtheit von Klerus und Gläubigen der seit Jahrhunderten im unklaren verbliebenen Lehre von der Unfehlbarkeit des Papstes anschloß, sowie auch die günstige Aufnahme, die der, wie man wußte, vom Papst selbst gewünschten Betonung der kirchlichen Zentralisierung entgegengebracht wurde.

Man begnügte sich jedoch nicht damit, die günstigen Umstände allein wirksam werden zu lassen. Der Ablauf der Dinge ließ darauf schließen, daß nach der Krise von 1848, um die kirchliche Widerstandskraft gegen die aufkommende Revolution zu stärken, ein systematischer Plan zur Anwendung kam, bei dessen Durchführung die in der Kurie sehr einflußreich gewordenen Jesuiten eine bedeutende Rolle spielten. Bereits 1847 hatte man die gegen Febronius gerichteten „Vindiciae" von Ballerini, eines der Werke, auf das sich die ultramontane Propaganda am meisten stützte, neu aufgelegt. Bald schon entwickelte sich eine Unterdrückungsaktion gegen die gallikanischen oder febronianistischen Handbücher, die starken Eindruck auf die Zeitgenossen machte. Parallel dazu ließen die Professoren der Gregoriana in ihren Arbeiten die klassischen Thesen über den Primat und die Unfehlbarkeit des Papstes stärker hervortreten. Sie bemühten sich, wie Passaglia in seinem „Commentarius de prerogativis B. Petri" (1856), der zahlreichen analogen Veröffentlichungen zum Vorbild diente, um eine mehr wissenschaftliche Fundierung, indem sie die Argumentation aus der Schrift und den Vätern wiederaufnahmen. Oder sie trieben, wie Schrader, die ultramontanen Positionen bis ins Extrem und rückten sie in eine eindeutig theokratische Perspektive. Diese Ideen wurden durch ihre Schüler, deren Zahl dank der Vermehrung der nationalen Seminare in Rom[4] ständig wuchs, in den Seminaren der ganzen Welt verbreitet und gleichzeitig durch die „Civiltà cattolica" in wirksamer Weise popularisiert. Man kann auch die Proklamation der Unbefleckten Empfängnis (1854) in der Perspektive der immer nachdrücklicheren Bestätigung der Unfehlbarkeit des Papstes sehen, da dieses Ereignis, das die katholische Welt stark beeindruckt hat, in einzigartiger Weise dazu beitrug, die Vorrechte des Papstes und seine wachsende Bedeutung im Leben der Kirche zu bestätigen[5].

[4] Zu den alten Kollegien (germanisch-ungarisches, englisches, schottisches, irisches, griechisches und das der Propaganda Fide) kamen nach und nach folgende Seminare: 1844 das belgische, 1852 das Beda-Seminar für die englischsprechenden Konvertiten, 1853 das französische, 1858 das lateinamerikanische Piusseminar, 1859 das nordamerikanische, 1863 das illyrische und 1866 das polnische.

[5] Siehe EThL 31 (1955) 83—86.

Noch mehr als auf doktrinaler Ebene schien die römische Aktivität aber im praktischen Bereich der Disziplin systematisch vorzugehen. In Rom nahm man jede Gelegenheit wahr, um die von den Ultramontanen in den verschiedenen Ländern entfalteten Anstrengungen für eine engere Bindung an das Zentrum der Christenheit und eine Stärkung der päpstlichen Macht zu unterstützen und anzuregen. Die Aktivität der Nuntien entfaltete sich an Ort und Stelle im inneren Leben der Kirchen, während sie früher als diplomatische Verbindungsmänner bei den Regierungen ihre Funktion wahrgenommen hatten. Prorömische Priester wurden in jeder Weise unterstützt und gegebenenfalls auch gegen die Anklagen ihrer Bischöfe in Schutz genommen, ja oft sogar zu Prälaten ernannt, um ihr Ansehen zu festigen. Auf der anderen Seite setzte man die in Vergessenheit geratene Verpflichtung zur periodischen Visite ad limina wieder in Kraft und ergänzte diese vermehrten Kontakte mit den Bischöfen noch durch die großen Versammlungen von 1854, 1862 und 1867[6], die in Rom Hunderte von Bischöfen vereinten und jedesmal wie eine Apotheose der päpstlichen Macht und der katholischen Einheit erschienen. Man verhinderte alles, was zur Aufrechterhaltung regionaler Unterschiede im kirchlichen Leben beitragen konnte, indem man alle Regungen zur Einberufung von Nationalkonzilien niederhielt, die Rückkehr zur integralen Beachtung des allgemeinen kanonischen Rechts begünstigte und die Befragung der Kurie in allen, selbst nebensächlichen Fragen empfahl. Immer häufiger ernannte der Papst Bischöfe, ohne die Vorschläge des jeweiligen lokalen höheren Klerus zu berücksichtigen, und gab mehr als einmal unbedeutenden Männern, deren man sicher war, vor fähigeren, jedoch als zu unabhängig beurteilten den Vorzug; ausschlaggebend waren dabei die römische Ausbildung und die Gefügigkeit der Kandidaten. Ein erschwerender Umstand lag darin, daß man nun die einseitigen Berichte gewisser Ultramontaner über solche Mitglieder des Klerus, die man der Lauheit gegenüber der römischen Bewegung verdächtigte, immer unkritischer entgegennahm. Diese Denuntiationspolitik entwickelte sich vor allem in Frankreich. Bis um 1860 bewahrten Pius IX. und Antonelli in dem Bestreben, die inneren Spannungen nicht zu vermehren, eine reservierte Haltung und wiesen die Regierungen darauf hin, wie paradox es sei, daß „der Heilige Stuhl selbst eine ganz und gar zu seinen Gunsten orientierte Bewegung im Zaume halten solle". Die äußerst laue Haltung der Gallikaner in der Römischen Frage und ihre liberalen Sympathien ver-

[6] Über die Versammlung von 1862, die anläßlich der Römischen Frage einberufen wurde, s. S. 702 Anm. 9 — Über die Versammlung von 1867, auf der nach den Worten Mannings „nicht nur das Martyrium Petri, sondern auch sein Primat über die Welt begangen wurde" (der heilige Paulus war völlig vernachlässigt worden, vgl. Irénikon 40 [1967] 43), s. *P. Karlbrandes,* Der heilige Petrus in Rom oder Rom ohne Petrus (Einsiedeln 1867) und *Aubert,* Pie IX 309 f.

ursachten jedoch in Rom eine tiefe Empörung, und die Gunst des Papstes wandte sich fortan ohne Einschränkung ihren Gegnern zu.

Man versuchte sogar, den römischen Einfluß bei der Wahl der orientalischen Bischöfe zu verstärken. Gelegenheit dazu lieferten die Maßnahmen der ottomanischen Regierung, die die Katholiken mit östlichem Ritus der zivilen Rechtsprechung der schismatischen Patriarchen entzogen und dadurch bewirkt hatten, daß die Bischofs- und Patriarchenwahlen nun weltliche Bedeutung erhielten. Jetzt waren Maßnahmen nötig, um zu verhindern, daß diese Wahlen unter dem Druck einflußreicher Laien vor sich gingen, die möglicherweise mehr ihre materiellen Interessen als das geistliche Wohl ihrer Kirche im Auge hatten. Der armenische Patriarch Hassun hatte Rom eine Übergangslösung vorgeschlagen, die die Rolle des Apostolischen Delegaten bei den Wahlen spürbar verstärken, gleichzeitig jedoch auch das Wesentliche des traditionellen Systems bewahren sollte. Die Mehrzahl der befragten Kardinäle in Rom stimmte dieser Lösung zu, aber eine Gruppe um Kardinal Barnabò, den Präfekten der Propaganda Fide, erblickte in jeder noch so geringen Autonomie im Bereich der Kirchendisziplin einen schismatischen Faktor und wollte den Unierten nur ihre liturgischen Eigenheiten belassen[7]. Pius IX., der persönlich dieser Richtung zuneigte, befragte über den Vorschlag Mgr. Hassuns den lateinischen Patriarchen von Jerusalem, Valerga; dieser schlug eine radikale Reform des östlichen Patriarchatstatuts in viel zentralistischerem Sinne vor. Der Papst nützte die Anwesenheit aller Patriarchen in Rom anläßlich der Feierlichkeiten von 1867, um ihnen seine Absichten zu eröffnen. Der niedere Klerus und die Laien sollten künftig bei den Wahlen keinerlei Rechte mehr haben; außerdem sollte der nur von den Bischöfen gewählte Patriarch erst nach vorheriger Bestätigung durch den Papst die tatsächliche Jurisdiktion erhalten, und die Ernennung der Bischöfe sollte dem Heiligen Stuhl zukommen, der aus drei vom Patriarchen und den Bischöfen vorgeschlagenen oder auch von den Organen der Propaganda benannten Kandidaten einen auswählt. Der sich unmittelbar anschließende Protest des maronitischen und des melkitischen Patriarchen bewirkte eine Aufschiebung der Anwendung dieser Maßnahmen für deren Jurisdiktionsbereich; für die armenische Kirche jedoch traten sie sofort durch die Bulle „Reversurus" vom 12. Juli 1867[8] in Kraft. Die Ankündigung, daß diese Maßnahmen, die eine Umkehrung des

[7] In diesem letzten Punkt waren in der Tat die römischen Kreise weniger radikal als Dom Guéranger, nach dessen Auffassung die liturgische Uniformität eine normale Folge der Einheit der Kirche sein mußte. In seiner Enzyklika vom 8. 4. 1862 (Acta Pii IX, III 424—436) bestätigte Pius IX. eindeutig seine Absicht, die orientalischen Liturgien zu respektieren (s. auch S. 596).

[8] Vgl. JP VI/1 453—465. Über die Diskussionen, die diese Bulle auslöste, siehe *Mansi* XL 745—1132; DThC I 1914—1915 (Lit.); DHGE IV 338—342 679—680, V 337—338 345.

von Benedikt XIV. ausdrücklich gebilligten Statuts bedeuteten, bald auch auf andere Patriarchate ausgedehnt würden, rief in allen unierten Kirchen eine tiefe Bestürzung hervor. Dort war man bereits sehr unzufrieden über den Druck, der in zunehmendem Maße zugunsten einer Angleichung der östlichen Kirchendisziplin an das kanonische Recht der lateinischen Kirche ausgeübt wurde. Dieses Streben trat schon bald in jener Kommission in Erscheinung, die damit beauftragt war, die Dekrete des Vatikanischen Konzils für die unierten Kirchen vorzubereiten[9]. Diese neuen Tendenzen verletzten im Osten die ehrwürdigen Traditionen zu sehr, als daß sie nicht erheblichen Widerstand hervorgerufen hätten; in Europa dagegen konnten sie sich mit gleichzeitiger Unterstützung der Nuntien, einiger Bischöfe mit ausgeprägter Persönlichkeit, der katholischen Bewegungen und der kirchlichen Presse leicht durchsetzen.

In Österreich hatte das Konkordat von 1855 die josephinistische Gesetzgebung liquidiert und die Reorganisation des kirchlichen Unterrichtswesens den Wünschen des Heiligen Stuhls entsprechend ermöglicht. So konnte der Erzbischof von Wien, Kardinal Rauscher, mit Unterstützung seiner Tiroler Kollegen Rudigier, Gasser und Feßler die zahlreichen katholischen Vereine in ultramontanem Sinn beeinflussen und die Tätigkeit der Jesuiten und Redemptoristen begünstigen. Während in Innsbruck, dessen theologische Fakultät 1857 den Jesuiten anvertraut wurde, Moy und Vering das „Archiv für katholisches Kirchenrecht" zu einem einflußreichen Organ für die römischen Ideen machten und in Budapest Fr. Hovanyi die theologische Fakultät zum Zentrum der Reaktion gegen die Ausläufer des Josephinismus in Ungarn ausbaute, wurden die radikalsten ultramontanen Thesen an der Wiener Universität von dem Jesuitentheologen Schrader[10] und dem Kanonisten Phillips[11] verteidigt. In seinem „Kirchenrecht" (7 Bde, 1845/72) verrät Phillips, ebenso wie Schrader, eine romantische Begeisterung für die mittelalterliche Theokratie; er tendiert zu einer Identifizierung der Kirche mit dem Papst, aber auch zu einer ganz juridischen und äußerlichen Auffassung von der Kirche und ihrer Einheit. Dieses in deutscher Sprache verfaßte Werk ist zwar in wissenschaftlicher Hinsicht nur zweitrangig, zeugt aber doch von einem gelehrten Geist; es trug zu einem großen Teil dazu bei, daß in den deutschsprachigen Ländern die Lehre von der Unfehlbarkeit des Papstes und von seinem universalen Bischofsamt wie

[9] Vgl. *Hajjar* 292—300.

[10] Über Clemens Schrader (1820—75), 1852—57 Dogmatikprofessor am Römischen Kolleg, 1857—70 an der Theologischen Fakultät in Wien, siehe S. 675 und Anm. 8.

[11] Über George Phillips (1804—72), v. 1834—47 Professor in München, dann von 1851 bis zu seinem Tod in Wien, siehe *J. v. Schulte*, Die Geschichte der Quellen und Literatur des canonischen Rechts III/1 (Stuttgart 1880) 375—387 und LThK² VIII 468.

auch die Lehre von der indirekten Macht der Kirche über den Staat eine weite Verbreitung fand.

In Deutschland übernahm Ketteler die führende Stellung, die Geissel bis zu seinem Tod im Jahr 1864 innegehabt hatte. Noch immer stand Mainz an der Spitze der Bewegung; aber von Jahr zu Jahr erlebten die Männer von Mainz, Moufang und Heinrich, denen der Nuntius in München und Reisach, der 1854 Kurienkardinal geworden war, zur Seite standen, auch anderwärts ein Anwachsen von Kräften, die in ihrem Sinne arbeiteten: die Jesuiten mit ihrer stets wachsenden Zahl und ihrem Einfluß, die Germaniker und die in Innsbruck unter der Leitung der Jesuiten herangebildeten Priester. Sie alle, die sich gerne als die alleinigen Besitzer des katholischen Geistes betrachteten, prägten ihre Ansichten nach und nach den von den Vereinen fest in Händen gehaltenen Volksmassen ein. Sie vermittelten ihnen ihre Ideen über die Vorrechte des Papstes und die Autorität der römischen Kongregationen im Leben der nationalen Kirchen, aber auch über das Idealbild des guten Katholiken; so erreichten sie im Verlauf einiger Jahrzehnte eine tiefgreifende Wandlung des deutschen Katholizismus. An die Stelle der alten Auffassung von einer um die innere Spiritualität und die Ausübung der Tugenden zentrierten Frömmigkeit trat ein neuer Stil religiösen Lebens, der die äußeren Übungen, die Mitgliedschaft in Bruderschaften und die strenge Beachtung der kirchlichen Gebote in den Vordergrund stellte. Der von Sailer inspirierte Irenismus wich einer Einstellung, die die Kluft zu den Nichtkatholiken stärker in den Vordergrund stellte, indem man das alte Prinzip „Extra Ecclesiam nulla salus" wieder in Anwendung brachte. Anstatt sich unter Berufung auf die Kirchengeschichte und die Philosophie um eine Vertiefung der religiösen Überzeugungen zu bemühen, begnügte man sich oft allzusehr mit der Forderung, sich blind der Autorität der Kirche zu beugen, deren Vorrecht über die staatliche Gewalt man dabei gerne betonte.

In England gelang es dem beharrlichen, von der „Dublin Review" unterstützten Manning, trotz der Opposition der liberalen Gruppe des „Rambler" und trotz der zögernden Haltung Newmans und einiger traditionell orientierter Bischöfe, innerhalb weniger Jahre die Mehrheit der Gläubigen für einen sehr schlichten und radikalen Ultramontanismus zu gewinnen. In Irland verhalf Kardinal Cullen, der vollkommen für die zentralistischen Pläne des Heiligen Stuhls eingenommen war, der römischen Idee zum Sieg.

In Frankreich hatte die Enzyklika „Inter multiples" entscheidend zum Sieg des Ultramontanismus beigetragen. Dieser Sieg wurde ermöglicht durch die wohlwollende Neutralität der Regierung zu Beginn des Zweiten Kaiserreichs, durch die Ausdehnung der Kampagne Dom Guérangers zugunsten der römischen Liturgie, durch die nach Rom orientierte Entwicklung der Compagnie de Saint-Sulpice, die einen Großteil des jungen Klerus heranbildete, und durch die Errichtung des französischen Seminars in Rom, das 1853 mit der Unterstützung Mgr. deSégurs[12], dessen Schriften stark zur Verbreitung des „römischen Geistes" in Frankreich beitrugen, endgültig institutionalisiert wurde. Die Zeitung Louis Veuillots, der „Univers", war, wie 20 Jahre zuvor der „Avenir", zu einem mitunter verletzenden Kampforgan der Bewegung geworden. Sie leitete eine Aktion ein, um den niederen Klerus für eine theokratische Gesellschaftskonzeption zu gewinnen, in der die Politik im Dienst der Religion stehen sollte, und für die Vorstellung von einer Kirche, die in engerer Verbindung mit dem Papsttum zu stehen hätte; dadurch sollte sie den Angriffen der „Revolution" besser widerstehen können. Schließlich gelang es Veuillot, mit seiner Zeitung unter den französischen Katholiken einen wahren „Papstkult" zu erzeugen, wie er in keinem anderen Land zu finden war. Gleichzeitig wurden die Werke Bossuets, der Mauriner und ihrer Schüler wie auch die der „Messieurs de Port-Royal"[13], die die Grundlage für die Ausbildung des Klerus in den früheren Generationen gebildet hatten, durch eine eigene kirchliche Literatur ersetzt, die von sehr geringem wissenschaftlichem Wert, aber ganz eindeutig ultramontan ausgerichtet war.

Die Exzesse des Neo-Ultramontanismus und die Reaktion in Deutschland und Frankreich

Wie alle Bewegungen, so vermochte es auch die ultramontane Bewegung nicht, Exzesse zu vermeiden. Die besonnenen Ultramontanen hatten die Schwächen des Gallikanismus klar erkannt. Sie sahen deutlicher als ihre Gegner, daß die Entwicklung der kirchlichen Einrichtungen nicht mit dem Ende der patristischen Periode ihren Abschluß gefunden hatte. Sie waren der Meinung, daß Eingriffe Roms in das Leben der Einzelkirchen, die, auf sich gestellt, nur schwerlich den Übergriffen der Regierungen standhalten konnten, berechtigt seien. Sie wünschten eine klare Zentralisierung, in der Überzeugung, daß diese zur Lösung der religiösen Probleme auf der eigentlichen Ebene, nämlich der übernationalen, unerläßlich sei. Aber ihren Verfechtern fehlte oft die wünschenswerte Mäßigung und bisweilen auch der Sinn für Gerechtigkeit in ihren Methoden und in ihren Ideen. (Es wurde bereits oben auf den Übelstand der heimlichen Denuntiation, die mit verantwortungsloser Leichtfertigkeit geschah, hingewiesen.) Vor allem nach 1860 bildeten sich Gesamttendenzen heraus, die Wilfrid Ward und Dom Buttler später als „Neo-Ultramontanismus" zu bezeichnen vorschlugen. Die

[12] Vgl. *M. de Hédouville* a. a. O. 208—227.

[13] Die nach und nach entstandene Verbindung zwischen Gallikanismus und Jansenismus erklärt diese letztere Reaktion, die ihren Niederschlag unter anderem in Angriffen gegen „Port-Royal" von Sainte-Beuve (1840—59) und die Veröffentlichung der bislang unveröffentlichen Memoiren des Jesuiten Rapin (Paris 1861/65) findet.

einen wollten die Rolle der Bischöfe in der Kirche auf ein unerträgliches Maß reduziert wissen; andere stellten die extremsten Thesen der mittelalterlichen Theokratie als göttliches Recht dar; wieder andere wollten die Unfehlbarkeit des Papstes auf jede seiner Äußerungen, selbst auf solche, die die Religionspolitik betrafen, ausdehnen, oder sie entwickelten Formen der Papstverehrung, die als „Idolatrie des Papsttums" erscheinen konnten. Man sprach vom Papst als dem „Vice-Dieu der Menschheit" oder als dem „fleischgewordenen Wort, das sich fortsetzt". Mgr. Mermillod predigte über „die drei Inkarnationen des Gottessohnes" im Schoß der Jungfrau, in der Eucharistie und „in dem Greis im Vatikan". Die „Civiltà cattolica" ging sogar so weit, zu schreiben, daß, „wenn der Papst meditiert, Gott in ihm denkt". Alle diese Übertreibungen und Schmeicheleien, gegen die Pius IX. nicht entsprechend einschritt, wurden in der katholischen Presse unübersehbar herausgestellt, zum großen Unwillen jener, die nicht fähig waren einzusehen, daß diese unseligen Formulierungen keineswegs unüberlegte, aus der einfachen Volksseele stammende Ausdrücke waren. Sie trugen wesentlich zur Verstärkung der letzten Widerstandszentren bei.

Die Torheiten des Neo-Ultramontanismus mußten die deutschen Professoren um so mehr empören, als diese sich schon schwer daran taten, die gemäßigteren Ansichten der Schule Bellarmins anzuerkennen. Da sie die kirchliche Wirklichkeit ausschließlich vom Standpunkt des Historikers aus sahen, war ihre Sicht im allgemeinen zu retrospektiv. Sie übersahen, daß die Kirche in ihrer Verflechtung mit der Geschichte eine gewisse Entwicklung ihrer Organisationsformen durchlaufen müsse. Sie weigerten sich als Kenner der Geschichte des christlichen Altertums, die Entwicklung der päpstlichen Vorrechte im Lauf der Jahrhunderte als legitim anzuerkennen. Diese ihre Ansicht wurde untermauert durch die Fragwürdigkeit vieler Argumente, die von den Vertretern des Ultramontanismus, deren wissenschaftliche Aussagen oft nicht mit ihrem katholischen Denken Schritt hielt, vorgebracht wurden. Man warf ihnen vor, eine Partei von Fanatikern zu sein, die zwar durch die Unterstützung einer „beachtlichen Zahl frommer Laien" über eine gewisse Macht verfüge, jedoch das Ansehen der Kirche in den Augen der führenden Schichten in Mißkredit bringe. Daneben hatte die schon oben erwähnte[14] Feindschaft zwischen „deutschen Theologen" und den Vertretern der Scholastik schließlich die Form eines Konflikts zwischen Rom und Deutschland angenommen, der sich an den Verurteilungen und bisweilen sehr undifferenzierten Kritiken entzündete, die man in römischen Kreisen an diesen deutschen Theologen übte; es handelte sich hierbei um Vorwürfe, die nicht nur das sehr ausgeprägte Bewußtsein der deutschen Gelehrten von ihrer wissenschaftlichen Überlegenheit, sondern auch ihren Nationalstolz verletzen mußten.

[14] Oben Kap. 38.

Die Opposition der katholischen Gelehrten gegen die Fortschritte des Ultramontanismus hätte sich jedoch auf einen passiven Widerstand beschränken können, wie er in Tübingen praktiziert wurde. Unter dem Einfluß von Döllinger in München, der der führende Kopf der Reaktionsbewegung gegen den Einbruch der „Römer“ in die katholische Wissenschaft und in die Leitung der Kirche in Deutschland war, nahm sie jedoch den Charakter eines offenen Kampfes an. Das letzte Wort über Döllingers Entwicklung in diesen Jahren, die ihn Schritt für Schritt von einer theologischen zur dogmatischen Opposition führte, ist noch nicht gesprochen; fest steht aber, daß man auf katholischer Seite früher zu sehr einer Vereinfachung der Dinge zuneigte. Döllinger wurde, einmal gegen die Zentralisierungstendenzen der römischen Kreise mißtrauisch geworden, die auf einer Linie mit den aggressiven Vorstellungen der Neuscholastik lagen, aus Angst vor einem päpstlichen Absolutismus zunehmend radikaler. Der „Syllabus“ bestätigte seine Furcht vor einer Gefährdung der wissenschaftlichen Freiheit und vor der Einführung des mittelalterlichen theokratischen Systems als Glaubenslehre. Er war überzeugt, daß die Zukunft des Katholizismus selbst gefährdet sei, wenn keine Veränderung im Verhalten der Kirche eintrete. Auf der katholischen Gelehrtenversammlung in München (1863) stieß er mit den Neuscholastikern zusammen. Seine Entrüstung erreichte ihren Höhepunkt, als 1867 der Inquisitor Arbues heiliggesprochen wurde. Nunmehr stellte er sich die Frage, ob nicht die ultramontane Partei über die kirchlichen Institutionen hinweg das religiöse Ideal des Christentums verfälsche. Aber gerade die Heftigkeit der Polemik, die er nun gegen das „päpstliche System“ führte, das er als Schöpfung des Mittelalters darstellte, brachte die Bischöfe gegen ihn auf, und zwar sogar jene, die, wie Rauscher oder Ketteler, ebenfalls gewisse Formen der römischen Zentralisierung als übertrieben empfanden. So blieb der offene Widerstand gegen den Ultramontanismus in Deutschland fast ausschließlich auf die Universitäten beschränkt.

In Frankreich dagegen bildete sich während der letzten Jahre des Zweiten Kaiserreichs innerhalb des Episkopats wieder eine Gruppe entschiedener Gegner des Ultramontanismus. Sie hatte zwei verschiedene Wurzeln. Der Dekan der theologischen Fakultät der Sorbonne, Mgr. Maret[15], der ganz für die ekklesiologische Sicht Bossuets eingenommen war, wurde durch die absolutistischen und theokratischen Machenschaften der Neo-Ultramontanen tief beunruhigt. Er umgab sich mit einer kleinen Gruppe intelligenter Priester mit liberaler und gemäßigt gallikanischer Gesinnung[16], und es ge-

[15] Über seine theologische Position vgl. neben seiner Biographie von *G. Bazin* (3 Bde, Paris 1891) auch *R. Thysman:* RHE 52 (1957) 401—465 und DThC IX 2033—37.

[16] Der spätere Kardinal Lavigerie gehörte bis 1866 dazu. Er war bemüht, die Exzesse der römischen Zentralisierung in Grenzen zu halten und die Originalität der nationalen Denkweisen zu bewahren; er hatte der französischen Regierung 1862 einen Plan vorgelegt, der die Aufnahme von Männern aus den großen katholischen Ländern in die

lang ihm durch seine engen Beziehungen zu Napoleon III., daß aus ihrem Kreis mehrere zu Bischöfen ernannt wurden; obschon das Wirken dieser Bischöfe durch den römischen Enthusiasmus ihres Klerus und eines Großteils ihrer Gläubigen sich nur begrenzt entfalten konnte, bildeten sie doch eine sehr enge Gemeinschaft von Gegnern der römischen Politik. An ihrer Spitze stand Mgr. Darboy[17], der seit 1863 Erzbischof von Paris war. Entrüstet über das Vorgehen „dieser seltsamen Katholiken, deren Frömmigkeit hauptsächlich darin bestand, den Papst aus der Ferne zu grüßen, um die Bischöfe in der Nähe zu beleidigen“, ließ Darboy den Papst mehrmals mit einer Offenheit, an die man in Rom nicht mehr gewöhnt war, seine tiefe Betroffenheit über die Einmischung der römischen Kongregationen in die bischöfliche Verwaltung spüren und verurteilte diese als Absicht, in Frankreich „das Regiment der Missionsländer“ einzuführen.

Herangewachsen in einem ganz anderen theologischen Klima und den bonapartistischen Bischöfen lange sehr kühl gegenüberstehend, begannen nun auch die liberalen Katholiken der Gruppe des „Correspondant“, die einst im Ultramontanismus die Gewähr für die Freiheit der Kirche gesehen hatten, sich der Gruppe Marets und Darboys anzunähern. Sie sahen den Ultramontanismus immer mehr „dargestellt und personifiziert im ‚Univers‘ und in der ‚Civiltà‘“ (Montalembert), das heißt also in Männern, die keinerlei Kenntnis von den wahren Bedürfnissen der modernen Gesellschaft hatten und den Absolutismus in Kirche und Gesellschaft begünstigten. Selbst dem Heiligen Stuhl so ergebene Männer wie Dupanloup, der mehr als einmal seinen Glauben an die Unfehlbarkeit des Papstes bekannt hatte, bangten nun vor deren endgültiger Festlegung. Sie befürchteten von hier aus eine Verfestigung der Positionen des „Syllabus“ oder anderer Dokumente, in denen mit der modernen Mentalität unvereinbare religionspolitische Ansichten vertreten wurden. So hatte das Ausmaß des ultramontanen Sieges in Frankreich zur Neubildung einer gallikanischen Front geführt, deren lebendigste Glieder zum Teil eben jene Männer waren, die 20 Jahre vorher die Vorkämpfer dieses Sieges waren.

römischen Kongregationen und in das Kardinalskollegium der Kurie vorsah (vgl. *de Montclos* 200—223).

[17] Über Georges Darboy (1813—71), einen der klügsten französischen Bischöfe, fehlt noch eine gute Biographie. Siehe vorerst jene von *J. Foulon* (Paris 1889), DHGE XIV 84—86 und *J.-R. Palanque* a. a. O. 21—25.

43. Kapitel

Das Vatikanische Konzil

QUELLEN: Der größte Teil der offiziellen Akten wurde von *L. Petit* und *J.-B. Martin* in Mansi XLIX—LIII veröffentlicht (über den Wert der stenographischen Aufzeichnungen der Reden vgl. das Tagebuch von *Dehon* (unten) 5—10 60 f und *C. Mirbt:* HZ 101 [1908] 546—548). Um eine Geschichte des Konzils zu schreiben, müssen die offiziellen Akten jedoch noch durch andere Kategorien von Quellen ergänzt werden, die zum Teil noch unveröffentlicht sind. Annähernd 600 Dokumente (Zeitungsartikel, Manifeste, diplomatische Depeschen, Briefe von Bischöfen usw.) sind im 2. Teil (Documenta historica) des VII. Bandes der Collectio Lacensis (Freiburg i. Br. 1892) abgedruckt. Bei *E. Cecconi*, Storia del Concilio Vaticano, 4 Bde (Florenz 1872/79) finden sich 308 Dokumente, die sich auf die Vorbereitung des Konzils beziehen. Verschiedene polemische Broschüren sind abgedruckt bei *J. Friedrich*, Documenta ad illustrandum Concilium Vaticanum, 2 Bde (Nördlingen 1871) und *E. Friedberg*, Sammlung der Aktenstücke zum I. Vatikanischen Konzil, 2 Bde (Tübingen 1872/76).

Unter den Erinnerungswerken und Korrespondenzsammlungen siehe vor allem: *L. Pásztor*, Il Concilio Vaticano I nel diario del card. Capalti: AHPont 7 (1969) 401—490; *J. Friedrich*, Tagebuch während des Vaticanischen Concils (Nördlingen 1873); Reise nach Rom zum I. Vatikanischen Konzil. Tagebuch von Mgr. Adames, hrsg. von *E. Donckel* (Luxemburg 1963); *V. Carbone*, Diario del Concilio Vaticano di L. Dehon (Rom 1962); *L. Veuillot*, Rome pendant le concile, 2 Bde (Paris 1872); Ignaz von Döllinger — Lord Acton, Briefwechsel, hrsg. von *V. Conzemius* II (München 1965); *H. J. Browne*, Letters of Bp. McQaid: CHR 41 (1956) 408—441; *L. Lenhart:* AMrhKG 4 (1952) 307—329, 6 (1954) 208—229 (Briefe von Ketteler und von dessen Sekretär Raich); *F. Guédon:* Les Lettres 1928 II 19—34 190—206 314—331 (Briefe von Mgr. Foulon); *P. Batiffol:* RHEF 13 (1927) 199—213 (Briefe von Mgr. Devoucoux); *J. Nasrallah*, Mgr Grégoire 'Ata et le concile du Vatican: PrOrChr 11 (1961) 297—230, 12 (1962) 97—122; *R. Aubert*, Documents concernant le Tiers Parti au concile du Vatican: Abh. über Theologie und Kirche (Düsseldorf 1952) 241—259; *S. Jacini*, Il tramonto del potere temporale nelle relazioni degli ambasciatori austriaci a Roma (Bari 1931); *N. Blakiston*, The Roman Question. Extracts from the Despatches of Odo Russell from Rome (London 1962); *V. Conzemius:* ThQ 140 (1960) 427—462 (Briefe des bayerischen Diplomaten Arco Valley); *A. Tamborra*, Imbro I. Tkalac e l'Italia (Rom 1966) 123—144 225—338; *R. Aubert - J.-R. Palanque*, Lettres de Lady Blennerhasset au lendemain du concile du Vatican: RHE 58 (1963) 82—135. Weitere, teilweise sehr wichtige Dokumente sind in den unten angeführten Werken von *C. Butler, M. Maccarrone, D. McElrath* und *J. Gadille* abgedruckt.

LITERATUR: Die beste Darstellung ist jene von *C. Butler*, The Vatican Council. The Story told from inside in Bp. Ullathorne's Letters, 2 Bde (London 1930, ²1965; dt. Übersetzung München ²1961); die jüngste ist jene von *R. Aubert*, Vatican I (Paris 1964; dt. Übersetzung Mainz 1965); die vom katholischen Standpunkt aus vollständigste ist jene von *Th. Granderath*, Geschichte des Vatikanischen Konzils, 3 Bde (Freiburg i. Br. 1903/06, zu apologetisch) und vom altkatholischen Standpunkt aus jene von *J. Friedrich*, Geschichte des Vaticanischen Concils, 3 Bde (Nördlingen 1877/87, parteiisch); durch die Verwendung des Tagebuchs von M. Icard ist *E. Mourret*, Le concile du Vatican (Paris 1919) von bleibendem Wert; *H. Rondet*, Vatican I (Paris 1962) befaßt sich vor allem mit den vernachlässigten Aspekten (Vorbereitung der Schemata, Arbeitsmethode, nicht ausgeführte Projekte). Für die diplomatischen Aspekte und Porträts siehe auch *É. Ollivier*, L'Église et l'État au concile du Vatican, 2 Bde (Paris 1877). Aus protestantischer Sicht *C. Mirbt:* HZ 101 (1908) 529—600.

Über die nationalen Gruppen: *J. J. Hennesey,* The First Council of the Vatican. The American experience (New York 1963); *Fr. J. Cwiekowski,* The English Bishops and the First Vatican Council (Löwen 1971); *M. Maccarrone,* Il Concilio Vaticano e il „Giornale di Mons. Arrigoni", 2 Bde (Padua 1966), für den italienischen Episkopat; *J.-R. Palanque,* Catholiques libéraux et gallicans en France face au Concile du Vatican (Aix-en-Provence 1962; siehe auch RHEF 48 [1962] 54—79); *M. Martin Tejedor,* España y el Concilio Vaticano: HS 20 (1967) 99—175; *J. Hajjar,* L'épiscopat catholique oriental et le Ier Concile du Vatican: RHE 65 (1970) 423—455 737—788; *M. Mac Suibhne,* Ireland at the Vatican Council: Irish Ecclesiastical Records 93 (1960) 209—222 295—307. Siehe auch *U. Betti,* I Frati minori al Concilio Vaticano: Antonianum 32 (1957) 17—16.

Über die Ausarbeitung der dogmatischen Konstitutionen: *J. P. Torrell,* La théologie de l'épiscopat au Ier concile du Vatican (Paris 1961); *G. Dejaifve,* Pape et évêques au Ier concile du Vatican (Brügge - Paris 1961); *ders.:* NRTh 82 (1960) 787—802; L'épiscopat et l'Église universelle (Paris 1962) 639—736; *R. Aubert,* L'ecclésiologie au concile du Vatican: Le concile et les conciles (Paris - Chevetogne 1960) 245—284; *ders.:* Lumière et Vie (St-Alban) 14 (1954) 21—52; *A. Alsteen:* EThL 38 (1962) 461—503; *W. Dewan:* ebd. 36 (1960) 23—56. Eine Anzahl historisch-systematischer Arbeiten wurde dank der Bemühungen der Vatikanischen Bibliothek in De doctrina Concilii Vaticani Primi (Vatikanstadt 1969) wieder herausgegeben. Vgl. außerdem unten die Anmerkungen 30 und 43.

Über einige besondere Aspekte: *J. Gadille,* Albert Du Boÿs. Ses „Souvenirs du Concile du Vatican". L'intervention du gouvernement impérial à Vatican I (Löwen 1968); *F. Engel-Janosi:* MÖSTA 8 (1955) 223—235; *L. Pásztor:* RSTI 23 (1969) 441—466; *H. J. Pottmeyer:* Annuarium Historiae Conciliorum 2 (1970) 87—111 (über die Methode in der Konstitution „Dei Filius"); *A. Hagen:* ThQ 123 (1942) 223—252, 124 (1943) 1—40, 148 (1968) 403—428 (über die Haltung Hefeles); *Th. Freudenberger,* Die Universität Würzburg und das erste Vatikanische Konzil I (Neustadt 1969); *R. Lill,* Zur Verkündigung des Unfehlbarkeitsdogmas in Deutschland: GWU (1963) 469—483. Über die politischen Aspekte siehe Anmerkung 35.

Die Vorbereitung

Die Entscheidung Pius' IX., ein Konzil einzuberufen, muß in der pastoralen Perspektive einer Reaktion gegen den Naturalismus und Rationalismus verstanden werden, die er seit Beginn seines Pontifikats verfolgte und die im wesentlichen, so peinlich und rückwärtsgewandt die Modalitäten mitunter auch sein mochten, darauf abzielte, dem katholischen Leben in den fundamentalen Gegebenheiten der Offenbarung erneut einen Mittelpunkt zu geben. Hinzu kam die Absicht, nun die äußerst notwendige Anpassung der kirchlichen Gesetzgebung an die tiefgreifenden Veränderungen, die sich in den drei Jahrhunderten seit dem letzten ökumenischen Konzil ergeben hatten, vorzunehmen.

Die Idee eines Konzils als Heilmittel gegen die Krise, unter der die Kirche litt, war Pius IX. schon 1849 vorgeschlagen worden und reifte langsam heran. Ende 1864 konsultierte er eine Gruppe von in Rom anwesenden Kardinälen über die Opportunität der Angelegenheit. Da ihr Urteil trotz einiger Einschränkungen im ganzen eher zustimmend war, beschloß der Papst, vorsichtig voranzugehen. Er forderte etwa 40 Bischöfe, die man aus den wichtigsten katholischen Ländern ausgewählt hatte, und einige Bischöfe, die ihr Amt in den Kirchen mit orientalischem Ritus ausübten, auf, Vorschläge zur Tagesordnung einzureichen; dann bildete er nach und nach vier vorbereitende Kommissionen, die mit der genaueren Ausarbeitung des Programms beauftragt wurden. Ein Großteil der Kurie zeigte sich jedoch von dem päpstlichen Plan nicht sehr begeistert, und aufgrund dieser Zurückhaltung zögerte Pius IX. mehr als zwei Jahre. Es kam nämlich bei ihm die nicht ganz unberechtigte Furcht hinzu, daß anläßlich des Konzils die gegensätzlichen Tendenzen, die in der Kirche auf verschiedenen Gebieten, wie vor allem hinsichtlich der modernen Freiheiten und der wachsenden römischen Zentralisierung bestanden, offen zutage treten könnten. Aber schließlich gab der Papst, ermutigt durch einige angesehene Bischöfe, am 26. Juni 1867 öffentlich seine Absicht bekannt, und ein Jahr später berief er für den 8. Dezember 1869[1] alle katholischen Bischöfe und jene, denen das Recht zustand, an einem Konzil teilzunehmen[2], nach Rom.

Bereits bei den vorbereitenden Beratungen hatte mehr als ein Bischof vorgeschlagen, anläßlich des Konzils eine Kontaktaufnahme mit den getrennten Christen zu versuchen. Wir haben schon oben[3] auf die Hoffnungen einer Rückkehr der Orthodoxen hingewiesen, die aus den Veränderungen in der slawischen Welt und im Vorderen Orient erwachsen waren. Ebenso hatten auch im Hinblick auf die Reformierten Kirchen das Weiterbestehen der Oxfordbewegung in den angelsächsischen Ländern und die durch die Fortschritte des liberalen Protestantismus im deutschen Luthertum entfachte Krise nach allen Seiten in gewissem Maße unionistische Gedanken erweckt[4]. Es ist wahr, daß sich der Heilige Stuhl eher reserviert gezeigt und in den sechziger Jahren seine Haltung mehrmals — unter anderem unter dem Einfluß Mannings — versteift hatte[5]. Dennoch erhofften Pius IX. und mehrere seiner Berater nach wie vor die Rückkehr der getrennten Christen, und sie glaubten, daß zumindest im Orient einige Möglichkeiten bestanden, die man nicht ungenutzt vorübergehen lassen dürfe. In dieser Perspektive richtete man Anfang September 1868 ein Schreiben an alle orthodoxen Bi-

[1] Bulle „Aeterni Patris“ vom 29. 6. 1868 (Mansi L 193*—200*).

[2] In diese Gruppe begriff man schließlich auch die Bischöfe *in partibus* ein, ungeachtet des Zögerns des Papstes, der den Ausschluß von Mgr. Maret vorgezogen hätte. Vgl. *J. Hamer:* RSPhTh 44 (1960) 40—50. Es ist festzuhalten, daß die Zahl der Apostolischen Vikare, entgegen der zur Zeit des Konzils oft wiederholten Aussagen, nicht über 10 Prozent der Gesamtzahl der Väter hinausging.

[3] Kap. 32, S. 592—596.

[4] Siehe einige Angaben bei *Aubert,* Pie IX, 478 f 484—486 564.

[5] Ebd. 479—485. Über die Dekrete von 1864 und 1865, die den englischen Katholiken untersagten, mit den Anglikanern an der „Association for the Promotion of the Union of Christendom“ (A. P. U. C.) teilzunehmen, siehe *E. Purcell,* Life and Letters of A. Phillips de Lisle (London 1900) I 346—422 und *C. Butler,* Life and times of B. Ullathorne I (London 1926) 334—368.

schöfe, in dem man sie aufforderte, zur katholischen Einheit zurückzukehren, um am Konzil teilnehmen zu können; einige Tage später sandte man einen globalen Aufruf an die Protestanten und Anglikaner[6]. Aber dieses — ungeschickte — doppelte Vorgehen wurde im allgemeinen sehr schlecht aufgenommen, und es erscheint uns heute vom ökumenischen Standpunkt aus als einer der ärgerlichsten Fälle einer verpaßten Gelegenheit[7].

In der katholischen Welt verschärfte die Ankündigung des Konzils sehr schnell die Opposition zwischen den Strömungen, die sich seit einigen Jahren gegenüberstanden: Gallikaner und liberale Katholiken auf der einen, Ultramontane und Gegner der modernen Freiheiten auf der anderen Seite[8]. Die Auswahl der Konsultoren, die Entwürfe der Konzilsdekrete vorbereiten sollten — 60 Römer und 36 Ausländer, fast alle für ihre eindeutig ultramontanen und antiliberalen Ansichten bekannt[9] —, beunruhigte jene, die sich erhofft hatten, daß das Konzil den Bischöfen, die von der Peripherie kamen, die so lange erwartete Möglichkeit geben werde, eine gewisse Öffnung der Kirche für die modernen Bestrebungen zu erreichen, und die nun in all dem eine Taktik zu erkennen glaubten: geheime Vorbereitung des Konzils jenseits aller widerstreitenden Debatten und unter ausschließlicher Berücksichtigung des Standpunkts der Kurie, dann diskussionslose Annahme der bis ins letzte vorbereiteten Vorlagen durch die Konzilsväter. Eine mißverständliche Publikation, die „Correspondance de France“, die am 6. Februar 1869 in der Zeitschrift der römischen Jesuiten „Civiltà cattolica“ abgedruckt wurde, schien durch ihre Ankündigung einer Definition der päpstlichen Unfehlbarkeit durch Akklamation, also ohne Möglichkeit einer Abklärung oder Diskussion durch die Väter, diese Prognose zu bestätigen. Die Reaktionen waren vor allem in den deutschsprachigen Ländern, und zwar sogar in Kreisen, denen man kaum eine systematische Feindschaft gegen Rom vorwerfen konnte, heftig[10]. Döllinger, dessen Feindschaft gegen die Kurie sich seit einigen Jahren zunehmend verschärfte, veröffentlichte unter dem Pseudonym Janus ein heftiges und parteiisches Werk gegen den Primat des Papstes und die römische Zentralisierung[11]. Auch in Frankreich entwickelten sich, allerdings gemäßigtere, Pressepolemiken, da die liberalen Katholiken eine Definition der päpstlichen Unfehlbarkeit für inopportun hielten, die Ultramontanen jedoch diese als ihren Wünschen entsprechend begrüßten. So trat diese im ursprünglichen Konzilsprogramm praktisch nicht

[6] Text der Briefe vom 8. und 13. 9. 1868 bei *Mansi* L 199*—205*.

[7] Siehe *F. de Wyels:* Irénikon 6 (1929) 488—516 655—686.

[8] Vgl. *Aubert*, Vat., 84—101, Auch *R. Lill*, Die deutschen Theologieprofessoren im Urteil des Münchener Nuntius: Reformata reformanda II (Münster 1965) 483—507.

[9] Vgl. *R. Aubert*, La composition des commissions préparatoires du Ier Concile du Vatican: Reformata reformanda II 447—482.

[10] Vgl. *J. Granderath* a. a. O. I 187—246.

[11] Der Papst und das Conzil (Leipzig 1869).

vorgesehene Frage der Unfehlbarkeit des Papstes während der Monate vor der Eröffnung in den Vordergrund der Aktualität. Mehrere angesehene Bischöfe, wie Mgr. Dechamps, Erzbischof von Mecheln, vor allem Mgr. Manning, Erzbischof von Westminster, verlangten unverzüglich, man müsse das Konzil nützen, um diese nun öffentlich bestrittene Wahrheit feierlich zu definieren, während Mgr. Dupanloup nach langem Schweigen schließlich eindeutig gegen die Opportunität einer solchen Definition Stellung nahm. Die Mehrheit der deutschen Bischöfe hatte bei ihrer jährlichen Zusammenkunft in Fulda im September ebenfalls, wenn auch zurückhaltender, eindeutige Vorbehalte gegen eine eventuelle Definition der persönlichen Unfehlbarkeit des Papstes zum Ausdruck gebracht[12].

Mehrere Regierungen befürchteten ihrerseits Entscheidungen des Konzils über die Zivilehe, den Staatsunterricht oder die konstitutionellen Freiheiten und bangten vor einer eventuellen feierlichen Neubestätigung gewisser mittelalterlicher Vorrechte der Kirche über die Zivilgewalt. Der von einer Anzahl von Bischöfen vorgebrachte und in Rom günstig aufgenommene Wunsch, den „Syllabus" von 1864 zur Grundlage der Konzilsberatungen zu machen, konnte diese Befürchtungen nur noch verstärken. Alle, die in der Kirche den Triumph der ultramontanen Partei beim Konzil befürchteten, bemühten sich nun, dieses Mißtrauen der Regierungen zu verstärken, da sie hofften, dadurch Mahnungen und Warnungen auf diplomatischem Weg zu provozieren. Frankreich dachte einen Augenblick daran, wie zur Zeit des Konzils von Trient einen besonderen Botschafter für das Konzil zu ernennen[13], und der Ministerpräsident von Bayern, Fürst Chlodwig zu Hohenlohe, versuchte im April eine gemeinsame Intervention der europäischen Regierungen herbeizuführen[14]; diese jedoch zogen es vor, sich in einer Haltung mißtrauischen Abwartens zu verschanzen.

Infallibilisten und Anti-Infallibilisten

Das Konzil wurde am 8. Dezember 1869 in Gegenwart von etwa 700 Bischöfen, also von gut zwei Dritteln der Teilnahmeberechtigten, eröffnet. Unter ihnen befanden sich 60 Prälaten der orientalischen Riten, die zum größten Teil aus dem Vorderen Orient stammten, und fast 200 Väter aus außereuropäischen Ländern: 121 aus Amerika, davon 49 aus den Vereinigten Staaten, 41 aus Indien und dem Fernen Osten, 18 aus Ozeanien, 9 aus den Missionen von Afrika. Hierbei ist jedoch zu bedenken, daß die Prälaten aus den anderen Teilen der Welt zwar ein Drittel der Versammlung ausmachten, viele

[12] *R. Lill*, Die ersten deutschen Bischofskonferenzen (Freiburg i. Br. 1964) 80—91.
[13] Die detaillierte Darstellung von *E. Ollivier* a. a. O. I 403—536 wurde in diesem Punkt überarbeitet von *de Montclos* 391—405.
[14] Vgl. *J. Grisar:* Bayern. Staat und Kirche (München 1961) 216—240.

jedoch — so vor allem die Missionare — in Wirklichkeit aus Europa stammten, und daß es in Asien und Afrika mit Ausnahme der Bischöfe des orientalischen Ritus noch keinen einheimischen Bischof gab. Diese Versammlung mit faktisch europäischem Übergewicht war auch eine solche mit lateinischem Übergewicht. Gewiß gab es eine bedeutende englischsprachige Gruppe (in der übrigens das irische Element vorherrschend war) und etwa 75 Deutsche und Österreicher; aber auch wenn man von den Spaniern und Lateinamerikanern absieht, die etwa 100 ausmachten, stellten die Franzosen doch 17 Prozent der Versammlung (denn viele Missionare kamen zu dieser Zeit aus Frankreich) und die Italiener sogar mehr als 35 Prozent, sodaß also beide zusammen mehr als die Hälfte der Konzilsväter ausmachten. Das erdrückende italienische Übergewicht, das verschiedentlich heftig kritisiert wurde, hatte übrigens keine taktischen Hintergründe: es war das Ergebnis historischer Umstände, denen zufolge einst die Zahl der Diözesen in Süd- und Mittelitalien vermehrt, dann in neuerer Zeit den italienischen Missionaren ein Großteil des katholischen Apostolats der griechischen und kleinasiatischen Inseln anvertraut und daneben den Italienern eine vorherrschende Stellung in der Kurie zugebilligt wurden. Die italienischen Prälaten bildeten nicht nur für sich allein schon gut ein Drittel der Versammlung, sondern sie stellten auch zwei Drittel der Konsultoren oder Experten und alle Sekretäre sowie auch die 5 Präsidenten; nur ein wichtiger Posten, der des Generalsekretärs, wurde einem Ausländer, dem Österreicher Feßler, anvertraut.

Die Kontroversen, die sich im Laufe des Jahres 1869 um die päpstliche Unfehlbarkeit entwickelt hatten, und besonders das ungeschickte Eingreifen Mgr. Dupanloups Mitte November hatten zur Folge, daß die Aufteilung der Väter in nationale Gruppen, die sich in den ersten Tagen angebahnt hatte, schon sehr bald nach der Eröffnung des Konzils durch eine ideologische Gruppierung verdrängt wurde[15]. Auf der einen Seite standen jene Väter, die nicht daran zweifelten, ja sogar erwarteten, daß nun die Prinzipien erneut hervorgehoben würden, die nach ihrer Auffassung den Beziehungen zwischen Kirche und Staat in einer idealen christlichen Gesellschaft zugrunde liegen müßten, und die eine feierliche Definition der Unfehlbarkeit des Papstes durch das Konzil wünschten. Selbst wenn sie nicht alle zentralistischen Maßnahmen der römischen Kurie billigten und einige Formen der „Papstverehrung" als lächerlich empfanden, waren viele Väter doch überzeugt, daß die gallikanischen und febronianischen Thesen, die eine Einschränkung des päpstlichen Primats zugunsten des Episkopats anstrebten, einen Rückschritt darstellten angesichts der alten Tradition, für die ihrer Auffassung nach einige offenkundig eindeutige Schriftstellen (z. B. das:

[15] Vgl. *R. Aubert,* Motivations théologiques et extrathéologiques des partisans et des adversaires de la définition dogmatique de l'infaillibilité du pape à Vatican I: L'infaillibilité, hrsg. von *E. Castelli* (Paris 1970) 91—103.

„Tu es Petrus"), einige Formulierungen aus der Zeit der Patristik (so: „Roma locuta est, causa finita est") und die Gesamtheit der großen scholastischen Lehrer von Thomas von Aquin bis Bellarmin und Alphons von Liguori sprachen. Sie, die gewissen von ihren Gegnern aufgezeigten Schwierigkeiten historischer Natur den lebendigen Glauben der Kirche gegenüberstellten, waren besonders beeindruckt von der fast allgemeinen Zustimmung der Kirche ihrer Zeit zur These der persönlichen Unfehlbarkeit des Papstes, die in den vorhergehenden 20 Jahren mehrmals von vielen Provinzialkonzilien bestätigt worden war. Unter diesen Umständen schien es ihnen normal, daß nun anläßlich der Zusammenkunft des Konzils die Kontroversen über diese Materie, die sie für völlig unfruchtbar hielten, schon im Keim erstickt werden sollten. Außertheologische Gründe verstärkten darüber hinaus diese Überzeugung vieler Prälaten. Neben ihrer Verehrung für Pius IX. ist vor allem ihre Überzeugung hervorzuheben, daß die Unterstreichung des monolithischen Charakters der römischen Einheit der Kirche Nicht-Katholiken zuführen müsse, die durch das Zögern der von Rom getrennten Kirchen oder durch die Widersprüche der modernen philosophischen Systeme verwirrt seien (der Konvertit Manning betonte vor allem diesen Aspekt). Hervorstechend war ferner ihr Bemühen, in einer Welt, unterminiert von demokratischen Bestrebungen, die in ihren Augen eine gemilderte Form der revolutionären Anarchie waren und ihre Hauptursache im Protestantismus hatten, das Autoritätsprinzip so stark wie möglich zu betonen; ferner ihr Wunsch, angesichts der sich vor ihren Augen entwickelnden Krise eine zunehmend stärker zentralisierte Organisation der offensiven und defensiven Strategie der Kirche zu begünstigen.

Eben diese gleiche Mischung von Erwägungen theoretisch-lehrmäßiger Art und außertheologischer Faktoren brachte aber andere Bischöfe, die zwar weniger zahlreich waren (daher ihre Bezeichnung als „Minorität"), jedoch teils durch ihre theologische Gelehrsamkeit, teils durch die Bedeutung der Sitze, die sie innehatten[16], hohes Ansehen genossen, zu der Auffassung, daß solcherlei Pläne die traditionelle Verfassung der Kirche erschüttern und die Zivilgesellschaft in ihren legitimsten Bestrebungen bedrohen würden. Einige — sie waren zahlreicher, als es eine apologetisch orientierte Historiographie später zugestehen wollte — blieben der semigallikanischen Konzeption des kirchlichen Lehramts eng verbunden, die davon ausging, daß der Papst eine Frage der Doktrin nie unabhängig von einer Ratifizierung durch den Episkopat behandeln könne. Der Einfluß der Tradition von Bossuet,

[16] Fast der gesamte österreichisch-ungarische Episkopat unter der Führung des Kard. Rauscher, eines angesehenen Patrologen und glühenden Verteidigers der Rechte des Heiligen Stuhls gegenüber den josephinistischen oder liberalen Forderungen; alle großen Sitze Deutschlands; ein beachtlicher Teil der französischen Prälaten, darunter auch die Erzbischöfe von Paris und Lyon; mehrere Erzbischöfe Nordamerikas; der Erzbischof von Mailand, der volkreichsten Diözese Italiens; drei orientalische Patriarchen.

eine von den febronianischen Theologen und Kanonisten des vorhergehenden Jahrhunderts übernommene episkopalistische Mentalität, historische Schwierigkeiten, wie die Verurteilung des Papstes Honorius, eine archaisierende theologische Geisteshaltung, die zu sehr an den Quellen haftete und der dogmatischen Entwicklung wenig Gespür entgegenbrachte, hatten sie zu dem Schluß geführt, daß entweder der Papst nicht über das Privileg der persönlichen Unfehlbarkeit verfüge oder zumindest diese Frage noch dunkel und ihre Behandlung daher verfrüht sei.

Stärker verbreitet scheint die legitime, wenn auch mitunter übertriebene Sorge gewesen zu sein, das zweite Element der göttlichen Struktur der kirchlichen Hierarchie zu retten: die geplante Definition der Unfehlbarkeit des Papstes erschien vielen Vätern als Herauslösung eines Teilaspektes aus einem unteilbaren Ganzen, die praktisch auf die Aufhebung des Episkopats ziele[17]. Die Art, in der das Konzil vorbereitet worden war, schien ihre Befürchtungen zu rechtfertigen: Respektierte die vom Papst vorausbestimmte und im Gegensatz zum Konzil von Trient nicht von den Vätern ausgearbeitete Geschäftsordnung[18] ihre Handlungsfreiheit hinreichend? Und konnten die Bischöfe hier mehr als nur eine bloße Staffagerolle in einer im vorhinein von der Kurie fixierten Szene erwarten? Die schlechte Akustik der Konzilsaula, die nicht die notwendigen Bedingungen erfüllte, um ein Ort echter Diskussion zu werden, verstärkte diese Befürchtungen.

Man beunruhigte sich daneben auch über die Tatsache, daß mehrere der bekanntesten Anhänger der Definition als Gegenstandsbereich der Unfehlbarkeit der Kirche, also des Papstes, eine Reihe von „katholischen Wahrheiten" einfügen wollten, die nicht zum Depositum fidei gehören und mit diesem nur in sehr indirektem Zusammenhang stehen. Dies betraf vor allem den religionspolitischen Bereich. Man hatte in der Tat verschiedenerseits hervorgehoben, daß die Definition der päpstlichen Unfehlbarkeit in der von ihren Verfechtern vorgeschlagenen extensiven Interpretation die Autorität von Dokumenten wie der Bulle „Unam sanctam", der Erklärungen Sixtus' V. über das Recht der Päpste, Herrscher abzusetzen, und vor allem des Syllabus, dessen Verurteilungen mit besonderem Gewicht auf dem Konzil lasteten — eine

[17] Dies scheint unter anderem der Standpunkt Kettelers gewesen zu sein. Über seine Haltung (sehr charakteristisch für jene vieler Bischöfe, die zwar Rom sehr ergeben und für eine Annahme der Unfehlbarkeit des Papstes aufgeschlossen waren, der Definition in dem Kontext, in dem sie ihnen dargeboten wurde, jedoch nicht zustimmten) siehe die differenzierten Ausführungen von *V. Conzemius*, Acton, Döllinger und Ketteler: AMrhKG 14 (1962) 194—238, die die von F. Vigener in seiner Biographie des Prälaten vertretene übertriebene These richtigstellen.

[18] Text bei *Mansi* L 215*—222*. Über die Ausarbeitung dieser Regelung siehe *Aubert*, Vat., 78—83. Die Regelung wurde am 20. 2. 1870 (*Mansi* L 854—855) vom Papst in einem Sinne modifiziert, der der Minorität noch mehr mißfiel (vgl. *C. Butler* a. a. O. I 243—253). Vgl. *H. Jedin*, Die Geschäftsordnungen der beiden letzten ökumenischen Konzilien in ekklesiologischer Sicht: Cath 14 (1960) 105—118.

Tatsache, von der die gesamte europäische und amerikanische Presse Zeugnis ablegt — noch verstärken würde. Außerdem war schon die Art, in der die Frage der Unfehlbarkeit von den bekanntesten ultramontanen Zeitungen vorgelegt wurde, dazu angetan, jenen recht zu geben, die davon überzeugt waren, daß „man den Papst in Dingen des Glaubens für unfehlbar erklären wollte, um ihm auch für die anderen den Anschein der Unfehlbarkeit zu geben“ (Leroy-Beaulieu). Man erwartete mit Recht, daß die Regierungen diese Entwicklung der Dinge nicht unwidersprochen hinnehmen würden, allerdings zum Nachteil der Lokalkirchen. Jenseits der unmittelbaren Taktik stellte sich überdies noch eine Grundsatzfrage, die jene stark beunruhigte, die glaubten, daß die Zukunft auf politischer Ebene den liberalen Institutionen gehöre und die Kirche, sofern sie sich als Verfechter eines autokratischen Autoritarismus zeige, alles zu verlieren habe. Hinzu traten noch die ökumenischen Fragen: die vorgeschlagene Definition würde die Annäherung mit den getrennten Brüdern, besonders den Christen des Ostens, zusätzlich erschweren; sie würde die Aggressivität gewisser protestantischer Kreise verstärken und könnte sogar ein neues Schisma in den von der Kampagne Döllingers stark beeindruckten intellektuellen Kreisen Deutschlands provozieren.

Wenn das Gefühl des Unbehagens, das sich seit der Eröffnung des Konzils gezeigt hatte, schon so schnell in eine organisierte Opposition einmündete, so tragen die Verantwortung dafür zum Teil gewisse Mißverständnisse, vor allem aber ein sehr bedauerliches Manöver der Führer der Infallibilistengruppe. Um die Wahl der dogmatischen Kommission, der sog. „Deputatio de fide“, der die Frage der Unfehlbarkeit vorgelegt werden sollte, vorzubereiten, hatten sich zwei verschiedenartige Wahlkomitees gebildet: eines um Dupanloup und das andere um Manning. Dieser letztere nun bestand auf dem Ausschluß aller der Gegnerschaft zur Definition verdächtigen Väter von der Deputation. Eine unter seiner Aufsicht verfaßte und von einem der Konzilspräsidenten gebilligte Liste wurde unter die Väter verteilt, die großenteils noch keine persönliche Meinung über die Mitglieder der Versammlung hatten und am 14. Dezember guten Glaubens die so vorgestellten Kandidaten wählten. Diese Art des Vorgehens, die so kompetente Männer wie Kardinal Rauscher oder Mgr. Hefele, den gelehrten Verfasser der „Conciliengeschichte“, von der Glaubensdeputation ausschloß, war ein schwerer Mißgriff. Er schloß die Möglichkeit eines Dialogs zwischen den beiden gegensätzlichen Positionen aus und erzürnte durch seine Parteilichkeit die Mitglieder der Minorität, die — allerdings fälschlicherweise — glaubten, daß dieses Manöver der von Manning geleiteten Gruppe von der römischen Kurie ferngesteuert gewesen sei; noch mehr jedoch erweckte es außerhalb der Versammlung bei vielen den Eindruck, die Wahlen seien nur Tarnung gewesen. Von diesem Augenblick an begann man in verschiedenen Kreisen, die tatsächliche Freiheit des Konzils anzuzweifeln.

Nach drei Wochen aufreibender Formalitäten wandte man sich am 28. Dezember der Diskussion des ersten Konstitutionsentwurfs „gegen die vielfachen Irrtümer, die dem modernen Rationalismus entspringen", zu[19]. Er stand sofort im Mittelpunkt heftiger Kritiken. Vielen Vätern erschien er undurchsichtig, zu wenig pastoral und zu aggressiv und schließlich auch zu sehr über die von den Theologen frei diskutierten Punkte hinausgehen. Die Kritiken kamen übrigens sowohl von den Infallibilisten als auch von der Minorität, was zumindest den einen Vorteil hatte, daß sich von hierher doch ein freierer Ablauf des Konzils erwarten ließ, als man vielfach befürchtet hatte. Nach sechs Diskussionssitzungen, die im gleichen Ton fortgeführt wurden, verkündeten die Präsidenten am 10. Januar, daß das Schema zur Umarbeitung an die Glaubensdeputation zurückgegeben werde. Einige waren erstaunt, daß man diese Entscheidung ohne vorherige Befragung der Versammlung getroffen hatte, die nach ihrer Auffassung in ihrer Mehrheit bereit gewesen wäre, den Entwurf mit einigen geringen Änderungen zu billigen. Dies ist nicht auszuschließen und zeigt deutlich, daß die römischen leitenden Kreise — entgegen der ihnen schon vor der Eröffnung des Konzils vorgeworfenen Absicht — weit davon entfernt waren, die folgsame Majorität, die in ihren Händen war, zu mißbrauchen und daß sie das bestmögliche Ergebnis auch um den Preis einiger Demütigungen zu erreichen suchten.

Um die Väter während der Zeit, die die Umarbeitung des ersten Lehrschemas in Anspruch nahm, zu beschäftigen, begann man mit der Diskussion der Schemata über die Kirchendisziplin und die Anpassung des kanonischen Rechts. In der Vorstellung vieler hatte diese Anpassung an die neuen Gegebenheiten des 19. Jh. als die Hauptaufgabe des Konzils gegolten. Zu diesem Ziel waren 28 Schemata oder Entwürfe von der Disziplinarkommission vorbereitet worden, die sich jedoch größtenteils auf „kleinste Reformen" beschränkten und kaum eine Offenheit für die Zukunft oder pastorale Vorstellungskraft in der Suche nach wahrhaft neuen Formulierungen bekundeten[20]; 18 weitere hatte die mit den Orden betraute Kommission erarbeitet[21], die ihrerseits dank der Leitung durch einen autoritären und wirksamen Präsidenten, Kard. Bizzarri, in wirklich fruchtbarer Weise gearbeitet hatte. Da-

[19] *Mansi* L 58—119. Diskussion ebd. 122—276. Man kann die langwierige Ausarbeitung dieses Schemas in den Protokollen der vorbereitenden Kommission für Lehrfragen verfolgen (ebd. XLIX 617—736). Siehe auch *L. Orban*, Theologia Güntheriana et Concilium Vaticanum, 2 Bde (Rom 1942/49) und, hinsichtlich der Atmosphäre dieser Kommission, die Briefe des amerikanischen Konsultors Corcoran, veröffentlicht von *J. Hennesey:* CHR 48 (1962) 157—181.

[20] Text bei *Mansi* LIII 721—781; Protokolle der Diskussionen in der vorbereitenden Kommission ebd. XLIX 748—932.

[21] *Mansi* LIII 783—854; Protokolle ebd. XLIX 940—979.

neben hatte auch die vorbereitende Kommission für die Missionen und die Kirchen des orientalischen Ritus drei Schemata ausgearbeitet[22] und die Kommission für politisch-kirchliche Fragen 18 Schemata[23], die Themen von tatsächlichem Interesse betrafen und oft aktueller waren als jene, die von der Kommission der Kirchendisziplin behandelt wurden[24]. Nur einige der 87 Schemata wurden im Verlauf des Konzils an die Väter verteilt, und es fehlte schließlich an der Zeit, um auch nur eines von ihnen zu bestätigen.

Man diskutierte vom 14. Januar an gut einen Monat über die ersten vier[25] und verlor sich in zahlreiche Details, dies um so mehr, da die nicht begrenzte Redezeit viele Väter dazu verleitete, in die Darlegung rein lokaler Probleme abzugleiten. Viele beschränkten sich außerdem — in Verwechslung des Genres — auf ermüdende Homilien über die Heiligkeit des Priesters und den kirchlichen Geist, wodurch die eigentlichen Probleme nicht einen Schritt weiterkamen. Eine Anzahl von Interventionen war jedoch nicht uninteressant. So erhoben z. B. einige orientalische Bischöfe die Frage, an die viele noch kaum gedacht zu haben schienen, in welchem Ausmaß diese Disziplinarschemata die orientalischen Kirchen beträfen. Wieder einmal mußte man feststellen, daß selbst anscheinend ganz neutrale Fragen an die Ekklesiologie rühren konnten. Dies wurde noch offenkundiger im Verlauf der Diskussion des vierten Projekts, das sich mit der Opportunität der Schaffung eines universalen Katechismus befaßte, der die zahlreichen Diözesankatechismen ersetzen sollte: der Vorschlag, dessen Initiative im übrigen nicht von der römischen Kurie ausgegangen war, wurde als ein Zeichen des Mißtrauens gegenüber den Bischöfen angesehen[26].

[22] *Mansi* LIII 45—61 893—914; Protokolle ebd. XLIX 985—1162.

[23] *Mansi* LIII 854—894. Die Protokolle dazu sind nicht erhalten; einige Dokumente ebd. XLIX 1171—1211 und daneben einige Angaben im Tagebuch und der Korrespondenz des Konsultors Moufang, veröffentlicht von *L. Lenhart:* AMrhKG 3 (1951) 323—354, 9 (1957) 227—258.

[24] Vor allem jenen „de pauperum operariorumque miseria sublevanda" (Mansi LIII 867—872).

[25] „De episcopis, de synodis et de vicariis generalibus" und „De sede episcopali vacante" (*Mansi* L 339—352; Diskussion ebd. 359—518); „De vita et honestate clericorum" (ebd. 517—522; Diskussion 522—700); „De parvo catechismo" (ebd. 699—702; Diskussion 703—853).

[26] Der von der Kommission überarbeitete Text dieses letzten Schemas wurde von den Vätern vom 29. 4. bis zum 13. 5. erneut geprüft (*Mansi* LI 454—485) und mit 491 placet-Stimmen gegen 56 non placet und 44 placet juxta modum angenommen, jedoch nie feierlich promulgiert. Die Mehrzahl der Väter war vor allem empfänglich für den Hinweis auf die Nachteile der Vielfalt der Katechismen in einer Welt, in der sich immer stärkere Wanderungsbewegungen — vom Land nach den Industriegebieten, von Europa nach anderen Teilen der Welt — zeigten. Aber einige Gegner des Entwurfs, vor allem Dupanloup für Frankreich und Rauscher für die deutschsprachigen Länder, führten dagegen an, man müsse außer der Achtung vor dem bischöflichen Lehramt auch die Natur der Dinge berücksichtigen, die eine Anpassung der Katechismen an die verschiedenen Bedingungen der jeweiligen Region fordern.

Die Unzufriedenheit vieler Väter mit diesem Punkt war durch die Verteilung des Konstitutionsentwurfs „De Ecclesia Christi“ am 21. Januar noch verschärft worden[27]. Dieser Entwurf war nicht ohne Qualität — man erkannte in ihm die patristische Inspiration seines Hauptverfassers P. Schrader —, aber er hatte auch bedauerliche Schwächen, so vor allem im Mißverhältnis zwischen den Passagen, die dem Episkopat, und jenen, die dem Papsttum gewidmet waren, was sogar von einigen bekannten Mitgliedern der Mehrheit bedauert wurde. Auch die letzten Kapitel, die sich mit den Beziehungen zwischen Kirche und Staat befaßten, trafen wegen ihrer stark theokratischen Perspektive, die den modernen Geist verhängnisvoll verletzen mußte, auf vielfache Ablehnung[28].

Die Prüfung des von P. Kleutgen überarbeiteten Schemas über den Rationalismus wurde am 18. März wieder aufgenommen, nachdem man die Sitzungen drei Wochen unterbrochen hatte, um Arbeiten zur Verbesserung der Akustik vorzunehmen. Die neue Fassung[29] wurde von den Vätern günstig aufgenommen, und man befaßte sich nur noch mit Spezialfragen oder Verbesserungen von Einzelheiten. Diese Diskussion verlief, abgesehen von einem sehr heftigen Zwischenfall, hervorgerufen durch eine leidenschaftliche Intervention von Mgr. Stroßmayer, und einigen Beschwerden über die Eile, mit der man über die Änderungsvorschläge abstimmte, im ganzen äußerst friedlich. Am 24. April approbierte das Konzil, obwohl die mißtrauischsten der Minorität noch in letzter Minute zögerten, feierlich und einstimmig sein erstes dogmatisches Dokument, die Konstitution „Dei Filius“[30], die dem Pantheismus, dem Materialismus und dem modernen Rationalismus eine dichte und erleuchtete Darlegung der katholischen Lehre über Gott, die Offenbarung und den Glauben gegenüberstellte, eine Darlegung, die dann fast ein Jahrhundert lang die Grundlage der fundamentaltheologischen Lehrbücher werden sollte.

Bewegte Aktionen um die Unfehlbarkeit des Papstes

Während man in der Konzilsaula mit weiser Bedächtigkeit wenig aufregende Texte ausarbeitete, waren außerhalb die Diskussionen um die Frage der Unfehlbarkeit, die sehr schnell zum Hauptgegenstand des Interesses geworden war, in vollem Gange. In den letzten Dezembertagen war durch die

[27] Text bei *Mansi* LI 539—636. Beobachtungen der Väter, ebd. 731—930. Vgl. *F. Van der Horst*, Das Schema über die Kirche auf dem I. Vatikanischen Konzil (Paderborn 1963).

[28] Vgl. *C. Colombo*, La Chiesa e la società civile nel Concilio Vaticano I: SC 89 (1961) 323—343.

[29] Text bei *Mansi* LI 31—38; Protokolle der Diskussionen in der Kommission ebd. LIII 177—194; Reden der Sitzungen ebd. LI 42—426.

[30] Text bei *Mansi* LI 429—436. Unter den historisch-theologischen Kommentaren siehe vor allem *A. Vacant*, Études théologiques sur les constitutions du concile du Vatican,

Initiative Mannings, Dechamps und einiger deutschsprachiger Bischöfe eine Petition in Umlauf gebracht worden, die den Papst aufforderte, diese Frage, die die vorbereitende Kommission nicht aus eigenem Antrieb vorschlagen wollte, auf das Konzilsprogramm zu setzen. Die Petition erhielt im Laufe des Januar mehr als 450 Unterschriften[31].

Dieser Kunstgriff, durchgeführt von einer Aktionsgruppe, die unabhängig von der Kurie handelte, war für die Gegner der Definition der Anlaß, den bislang noch nicht klar artikulierten und zersplitterten Widerstand zu organisieren. Mgr. Dupanloup hatte sich Illusionen hingegeben, wenn er glaubte, sein Erscheinen genüge, um ihn unverzüglich zum Mittelpunkt des Zusammenschlusses der verschiedenen unzufriedenen Gruppen zu machen, und selbst die fieberhafte Tätigkeit, die er seit seiner Ankunft in Rom entfaltete, führte nur zu sehr begrenzten Ergebnissen[32]. Der eigentlich führende Kopf der Minorität war ein Laie, John Acton, der mit seinem Lehrer Döllinger als Historiker die Bedenken gegen das neue, in Vorbereitung befindliche Dogma teilte, jedoch noch viel stärker als dieser die möglichen indirekten Folgen der Definition für die künftigen Möglichkeiten des Katholizismus in einer immer stärker um die Idee der Freiheit sich bewegenden Gesellschaft fürchtete. Die jüngst von V. Conzemius veranstaltete Veröffentlichung seiner Korrespondenz mit Döllinger hat die Feststellung des englischen Diplomaten Odo Russell über die bedeutende Rolle des jungen englischen Lords bei der Organisation der Konzilsminorität bestätigt. Er war es, der dank seinen zahlreichen internationalen Verbindungen und seiner Sprachkenntnis ein Großteil dazu beitrug, daß schon zu Beginn des Konzils die wichtigsten Häupter der Opposition, von denen sich mehrere noch kaum kannten, zusammenfanden, und ihnen darüber hinaus mit seinem parlamentarischen Sinn die Möglichkeiten eines gemeinsamen Vorgehens aufzeigte, ihnen mehrere Unternehmungen suggerierte, ihre Aufmerksamkeit auf gewisse Intrigen, die sich im anderen Lager abzeichneten, lenkte und ihnen historische Dokumentationen zur Unterstützung ihrer Einwände lieferte, ganz zu schweigen von der Mittlerrolle, die er zwischen den Führern der Minorität und mehreren ausländischen Regierungen spielte. Ihm ist es vor allem zu einem Großteil zu verdanken, daß in den ersten Januartagen auf die Initiative des aktiven Erzbischofs Haynald, eines Mitglieds des ungarischen Herrenhauses, der durch diese Tätigkeit ebenfalls mit den parlamentarischen Methoden vertraut war, ein „internationales Komitee" gegründet wurde, das den Zusammenhalt der verschiedenen Oppositionsgruppen sichern sollte und mehrmals in der Woche etwa 10 österreichische,

2 Bde (Paris 1895), zu ergänzen und zu differenzieren durch De doctrina Concilii Vaticani Primi (Vatikanstadt 1969) 3—281 und *H. Pottmeyer,* Der Glaube vor dem Anspruch der Wissenschaft (Freiburg i. Br. 1968).

[31] Liste bei *Mansi* LI 650—663.

[32] *R. Aubert:* Miscellanea historiae ecclesiasticae (Löwen 1961) 96—116.

deutsche, französische, britische, italienische und amerikanische Bischöfe zusammenführte. Unter der Verantwortung dieses Komitees wurden Gegenpetitionen in Umlauf gebracht, die vom Papst verlangten, auf eine Definition seiner Unfehlbarkeit durch das Konzil zu verzichten; diese Gegenpetitionen erreichten 136 Unterschriften[33], das ist ein Fünftel der Versammlung der Väter. Dies hinderte Pius IX. jedoch nicht daran, am 1. März die Einfügung einer formellen Definition der Unfehlbarkeit des Papstes in den Entwurf der „Dogmatischen Konstitution über die Kirche" zu beschließen.

Die Führer der Minorität beschränkten sich jedoch nicht nur auf eine Verstärkung der persönlichen Interventionen bei jenen Vätern, die sie für ihre Sache zu gewinnen hofften. Überzeugt von dem für die Kirche verhängnisvollen Charakter der in Vorbereitung stehenden Definition und von der Berechtigung, zu deren Verhinderung alle wirksamen Mittel einzusetzen, hielt es eine Anzahl von ihnen für notwendig, die öffentliche Meinung aufzurufen, in der Hoffnung, diese werde dann auf die Verantwortlichen des Konzils von außen her Druck ausüben. Auf diese Weise wurden mehrere römische Salons zu wahren Intrigennestern im Dienste der einen oder anderen Tendenz; denn auch die Befürworter der Definition ahmten schon bald, mit der Billigung des Vatikans, diese Methode ihrer Gegner nach. Aber wenn auch in dieser noch sehr aristokratischen Gesellschaft die Salons einen sehr bedeutenden Platz einnahmen, so stellten doch die Zeitungen ein noch mächtigeres Wirkungsmittel dar, und man bemühte sich in beiden Lagern, sich ihrer zu bedienen, vor allem seit das Interesse der Öffentlichkeit für die Angelegenheiten des Konzils offenkundig geworden war.

Unter diesen Pressepolemiken, in denen sich besonders auf französischer Seite Louis Veuillot zugunsten der Definition und Mgr. Dupanloup in entgegengesetztem Sinn auszeichneten, muß den „Römischen Briefen" ein besonderer Platz eingeräumt werden, die Döllinger unter dem Pseudonym Quirinus in der „Allgemeinen Zeitung" von Augsburg veröffentlichte und die als eine Art Konzilschronik auf dem Wege einer tendenziösen Darstellung der Teilnehmer und der Ereignisse bemüht waren, von Anfang an alle Entscheidungen, die die Versammlung treffen konnte, zu diskreditieren. Acton war es, der mit Hilfe einiger Bischöfe, die der Auffassung waren, daß die Geheimhaltung, die der Papst dem Konzil eigenmächtig auferlegt hatte, sie nicht im Gewissen binde, Döllinger das notwendige Material lieferte[34].

Zu den Pressefehden, die auf beiden Seiten verstärkt wurden durch die

[33] Liste bei *Mansi* LI 677—686.

[34] Der beachtliche Anteil Actons an diesen „Römischen Briefen", den man bereits vermutete, ist eindeutig seit den Veröffentlichungen von *V. Conzemius* (JEH 20 [1969] 267—294; ThQ 140 [1960] 428—432; RQ 59 [1964] 186—229, 60 [1965] 78—119), dem es daneben auch gelungen ist, den Unterschied in Sicht und Konzeption sehr nuanciert herauszuarbeiten, der die beiden Männer in der Frage nach der besten Art, der Sache der Minderheit zu dienen, mehr und mehr trennte. Siehe auch *D. McElrath* a. a. O.

wiederholte Veröffentlichung polemischer Broschüren, die bisweilen, wie jene Dechamps oder Gratrys mit Namen gezeichnet, häufig jedoch anonym waren, traten die Versuche einiger Mitglieder der Minorität, die Unterstützung der Regierungen von Wien, München oder sogar London, vor allem aber jener von Paris zu erlangen, da man wußte, welches Gewicht eine Intervention Napoleons III. haben konnte, dessen militärische und diplomatische Unterstützung zur Aufrechterhaltung des Überrests der weltlichen Macht des Papstes unerläßlich war[35]. Die verschiedenen, auf diese Weise durch die Hilferufe einiger Bischöfe provozierten Versuche einer Intervention seitens der Regierungen waren hinsichtlich der Aufnahme der Unfehlbarkeitsfrage in die Tagesordnung zwar ein vollkommener Mißerfolg, aber man darf mit Recht annehmen, daß sie trotz allem nicht ganz ohne Einfluß blieben. Neben Kardinal Antonelli, der sich ohnehin mit diesem Aspekt der Frage sehr stark beschäftigte, wurden nun verschiedene Mitglieder der Kurie und eine Anzahl von Gemäßigten der Majorität auf den Einfluß aufmerksam, den die durch den Definitionsentwurf in der Laienwelt entfachte Agitation auf die Diskussionen über die Legitimität der modernen Freiheiten und über das Recht der Kirche zur Intervention in das zivile Leben ausüben mußte. Man bemühte sich fortan, die Frage der Unfehlbarkeit auf das streng doktrinale Gebiet zu begrenzen, um dadurch die Unruhe jener zu zerstreuen, die befürchteten, daß der Papst, einmal als unfehlbar anerkannt, in der Lage sei, wie einer von ihnen sagte, „in der Folge alle und auch die anfechtbarsten Syllabi zu dekretieren".

Während sich auf diese Weise am Rande des Konzils die Unruhe der Öffentlichkeit und der Staatskanzleien entwickelte, setzte die Versammlung ihre Tätigkeit fort; aber es wurde schon bald deutlich, daß bei dem Rhythmus, in dem man vorankam, das Kapitel 11 des Kirchentraktats, das den Primat und die Unfehlbarkeit des Papstes behandelte, frühestens im folgenden Frühjahr zur Diskussion gelangen würde. So forderten im Verlauf des März neue Petitionen, man solle dieses Kapitel, das das Konzil in Aufruhr brachte, in Vorwegnahme sofort nach Beendigung der Diskussion der Konstitution über den Rationalismus behandeln. Obwohl drei von fünf Konzilspräsidenten zögerten, da sie die Minorität nicht verärgern wollten[36], entschied Pius IX., dessen Unzufriedenheit über die Opposition wuchs, im Sinne dieser Petition.

[35] Über die politischen Aspekte des Konzils siehe: für Frankreich *E. Ollivier* a. a. O., zu ergänzen durch *J. Gadille,* A. du Boÿs. L'intervention du gouvernment impérial à Vatican I (Löwen 1968) und *de Montclos* 446—470; für Österreich *Engel-Janosi* I 156—170; für Deutschland *E. Weinzierl-Fischer:* MÖSTA 10 (1957) 302—321; für England *A. Randall:* Dublin Review 479 (1959) 37—56 und vor allem *D. McElrath* a. a. O. 141—183; für die Schweiz *V. Conzemius:* Schweizerische Zschr. für Geschichte 15 (1965) 204—227.

[36] Ihre Mäßigung, vor allem jene des Kard. Bilio, wurde klar aufgewiesen von *M. Maccarrone* a. a. O. Die Intransigenz des Kard. Capalti dagegen wird deutlich in seinem „Diario", das von L. Pásztor jüngst veröffentlicht wurde.

Um das Außergewöhnliche, das in der vorrangigen Behandlung von Kapitel 11 lag, abzuschwächen, entschloß man sich dieses so umzuformulieren, daß daraus eine kleine autonome, speziell dem Papst gewidmete Konstitution wurde[37]. Die Diskussion wurde am 13. Mai durch ein gemäßigtes Gutachten des Mgr. Pie eröffnet. Die Generaldebatte reduzierte sich schon jetzt auf eine Diskussion über die Opportunität der Definition und wurde in gewissen Punkten sehr leidenschaftlich geführt. Nach etwa 15 Sitzungen, in denen vor allem die Plädoyers Mannings und Dechamps und die Kritiken von Hefele, Stroßmayer, Maret und Darboy Aufmerksamkeit erregten, ging man zur gesonderten Diskussion der Einzelheiten des Textes über. Diese befaßte sich vor allem mit dem 4. Kapitel, in dem ein bereits von der Kommission verbesserter Definitionstext für die päpstliche Unfehlbarkeit vorgelegt worden war, der aber der legitimen Rolle, die dem Episkopat neben dem Papst und in Zusammenarbeit mit ihm im obersten Lehramt der Kirche zukommt, noch nicht genügend Rechnung trug. 57 Sprecher ergriffen das Wort und brachten theologische Argumente oder historische Schwierigkeiten vor, wie sie auch die praktischen Vorteile oder Nachteile einer Definition unter den gegebenen Umständen aufzeigten. Diese oft ermüdenden Debatten, die in einer immer unerträglicher werdenden Hitze stattfanden, ermöglichten zumindest die Präzisierung gewisser Ausdrücke und beseitigten einige Widerstände. Die eine oder andere Intervention hob sich aus der allgemeinen Monotonie heraus, so jene von Rauscher, der vom ersten Tag an die im 15. Jh. von S. Antonin von Florenz vorgeschlagene Formel[38] als mögliche Verständigungsbasis zwischen Majorität und Minorität vorschlug; jene von Ketteler, der gemäß seinen Ansichten über die korporative Verfassung der Kirche auf der notwendigen Zusammenarbeit des Papstes mit seinem naturgemäßen Beratern, den Bischöfen, bestand; und vor allem auch jene des Dominikaner-Kardinals Guidi, der für seinen Vermittlungsversuch schwere Vorwürfe von Pius IX. erntete[39].

In der Zwischenzeit hatten sich die Verhandlungen auf den Gängen außerhalb der Konzilsaula vervielfacht, durch die man zu einer Vergleichsformel zu gelangen hoffte, die ein Bekanntwerden der Spaltungen innerhalb der Versammlung in der Öffentlichkeit verhindern sollte. In der Tat hatten viele Verteidiger der Unfehlbarkeit die Komplexität der Frage und die Notwendigkeit einer stärkeren Differenzierung nun besser erfaßt, während die Geg-

[37] Die verschiedenen Entwicklungsstufen des Textes und die Diskussion in der öffentlichen Sitzung sowie in der Kommission bei *Mansi* LII 4—1253, LIII 240—283.

[38] Über diese Formel, die im Verlauf dieser Debatten oft beschworen wurde, siehe *U. Betti:* Memorie domenicane 76 (1959) 173—192.

[39] Über die Rede und die von ihr bewirkten Reaktionen siehe *M. Maccarrone* a. a. O. I 424—432.

ner feststellen konnten, daß der Glaube der Kirche in diesem Punkt allgemeiner und fester war, als viele von ihnen zu Beginn vermutet hatten. Vor allem aber setzte sich die breite Masse der Väter — zwischen den beiden Extremgruppen der Begeisterten der Majorität und der Verfechter des Widerstands bis zum Letzten — im Grunde aus Gemäßigten zusammen, die jede Agitation schmerzte und zutiefst beunruhigte und die, weit davon entfernt, die Vernichtung des Gegners zu wünschen, nur eines verlangten: einen „mezzo termine" zu finden, in dem eine weitgehende Übereinstimmung erlangt werden konnte. Dies galt insbesondere für die Mehrzahl der Italiener, die allein schon ein Drittel der Konzilsväter repräsentierten und die sich in den anfänglichen Manövern um die Einbeziehung der Unfehlbarkeit in die Tagesordnung nicht festgelegt hatten. Sie lieferten durch ihre Anzahl der informellen „Dritten Partei" entscheidende Unterstützung. Dieser Gruppe, die von Anfang an eine Lösung suchte, ist es gelungen, zwischen den neoultramontanen und den antikurialen Exzessen schließlich relativ nuancierte Formeln durchzusetzen, die für weitere Ergänzungen offenblieben. Es ist sogar wahrscheinlich, daß sich eine bedeutendere Fraktion der Minderheit schließlich dieser differenzierten Lösung ebenfalls angeschlossen hätte, wenn nicht Pius IX., der im Verlauf der letzten Monate immer offener zugunsten der Definition eingriff[40], eine so starke Intransigenz gezeigt hätte. Wie immer es sich auch mit seiner persönlichen Verantwortung verhalten mag, so ist es doch eine Tatsache, daß die Bemühungen, in letzter Minute zu einer Versöhnung der Gegner zu gelangen, zu keinem Ergebnis führten, und dies trotz des guten Eindrucks, den die im Namen der theologischen Kommission von Mgr. Gasser redigierte zusammenfassende Darstellung machte; ein autorisierter Kommentar, der für die Erfassung der Nuancen des Konzilstextes noch heute von wesentlicher Bedeutung ist[41]. Nach der vorläufigen Abstimmung, bei der es gegenüber 451 placet-Stimmen zu 88 non placet und 62 placet juxta modum gekommen war, versuchte die Minorität, in der Hoffnung, das Ausmaß dieser Opposition müsse doch zu denken geben, eine letzte Demarche bei Pius IX., um zumindest die Streichung eines umstrittenen Ausdrucks im Kanon, der sich auf den päpstlichen Primat bezog, und die Einfügung einiger Worte in die Definition der Unfehlbarkeit des Papstes zu erreichen, die die enge Zusammenarbeit des Papstes mit der gesamten Kirche implizierten. Aber Pius IX., der im übrigen in entgegengesetztem Sinn von den Extremisten der Majorität unter Druck gesetzt wurde, zeigte sich unnachgiebig. So beschlossen etwa 60 Bischöfe, Rom noch vor der Schlußabstimmung zu verlassen, um nicht ihr Non placet dem Papst selbst gegen-

[40] C. Butler hatte bereits einige Fälle von Druckausübung seitens Pius' IX. aufgezeigt. M. Maccarrone (a. a. O., bes. 350—352 395 409—413 464—477) konnte durch bislang unbeachtete Dokumente genauer aufzeigen, wie er mehrmals im Verlauf der letzten Verhandlungen im Sinne der Ultras der Majorität persönlich eingriff.

[41] Mansi LII 1204—30.

über in einer Frage, die ihn persönlich betraf, wiederholen zu müssen. Die anderen Mitglieder der Minorität glaubten, daß trotz der Einfügung einer ungeschickten Formel — der Papst wurde als unfehlbar „ex sese, non autem ex consensu Ecclesiae“ [42] bezeichnet —, die jeden Verdacht des Gallikanismus zerstreuen sollte, die wichtigsten Grundeinwände durch die verschiedenen Verbesserungen des Textes und den Kommentar von Mgr. Gasser beseitigt seien, und beschlossen, den endgültigen Text zu billigen, der am 18. Juli feierlich und fast einmütig von den Anwesenden verabschiedet wurde [43].

Während der folgenden Wochen setzte das Konzil seine Arbeiten langsamer fort, da die meisten Väter wegen der Hitze und des Deutsch-Französischen Kriegs Rom den Sommer über verließen. Die Besetzung Roms durch die Italiener am 20. September beendete das Konzil endgültig, und am 20. Oktober verkündete der Papst seine Vertagung sine die.

Das Ende der Debatten brachte jedoch keine unmittelbare Beruhigung der Geister. Die Agitation hielt noch einige Zeit an [44], und es kam bedauerlicherweise zu Glaubensabfällen, vor allem in den deutschsprachigen Ländern, in denen sich um einige Universitätsprofessoren, die sich auf Döllinger beriefen, das sog. „altkatholische“ Schisma bildete [45]. Unter den Bischöfen der Minorität zögerten einige, darunter Hefele und Stroßmayer, mehrere Monate, aber schließlich verweigerte keiner von ihnen dem neuen Dogma seine Zustimmung.

[42] Über die genaue Bedeutung dieser Formel siehe *G. Dejaifve:* Salesianum 24 (1962) 283—295 und *H. Fries:* Volk Gottes. Festgabe J. Höfer (Freiburg i. Br. 1967) 480—500.

[43] Text bei *Mansi* LII 1330—34. Unter den historisch-theologischen Kommentaren siehe vor allem: *U. Betti,* La costituzione dommatica „Pastor aeternus“ (Rom 1961); *G. Thils,* Primauté pontificale et prérogatives épiscopales. „Potestas ordinaria“ au concile du Vatican (Löwen 1961); *ders.,* L'infaillibilité pontificale (Gembloux 1969); *ders.,* De doctrina Concilii Vaticani I (Vatikanstadt 1969) 285—575.

[44] *Aubert,* Pie IX, 359—367 546 f.

[45] Siehe Kap. 44,

44. Kapitel

Die Entstehung der altkatholischen Kirchengemeinschaft

LITERATUR: *J. F. v. Schulte,* Der Altkatholizismus (Gießen 1887, Neudruck Hildesheim 1965); *ders.,* Lebenserinnerungen I (Gießen 1908); *J. Troxler,* Die neuere Entwicklung des Altkatholizismus (Köln 1908); *Gschwind,* Christkatholische Kirche der Schweiz (s. vor Kap. 40); *M. Kopp,* Der Altkatholizismus in Deutschland 1871—1912 (Bern-Kempten 1913); *K. Algermissen,* Konfessionskunde (Celle [7]1957) 745—763; *C. B. Moss,* The Old Catholic movement, its origins and history (London [2]1964); *U. Küry,* Die altkatholische Kirche (Die Kirchen der Welt 3, Stuttgart 1966); *Conzemius,* Katholizismus ohne Rom (s. vor Kap. 29).

Lauscher, Kath.-theol. Fakultät in Bonn (vgl. S. 457); *Wenzel,* Freundeskreis um Anton Günther (vgl. S. 453); *E. Kleineidam,* Die Kath.-Theol. Fakultät der Universität Breslau (Köln 1961).

Einzelne Persönlichkeiten: Baltzer: *A. Franz* (Breslau 1873); Döllinger: *Friedrich,* Döllinger III (München 1901), weitere Lit. vor Kap. 13 und 40; Friedrich: *F. H. Hacker* (Kempten 1918); Reinkens: *F. Nippold* (Leipzig 1896); *J. M. Reinkens* (Gotha 1906); *B. Poll:* AHVNrh 155/156 (1954) 392—410; *V. Conzemius:* Rheinische Lebensbilder 4 (Düsseldorf 1970) 209—233; Reusch: *L. K. Goetz* (Gotha 1901); Schulte *R. v. Scherer* (Wien 1915); *N. Hilling:* AkathKR 95 (1915) 519—527.

Die innerkatholische Protestbewegung gegen das Dogma vom Universalepiskopat und der Unfehlbarkeit des Papstes verbreitete sich seit dem Sommer 1870 vor allem in Deutschland und in der Schweiz. Die Entwicklung zur eigenen Kirche hat sie in mehreren Etappen und entgegen der ursprünglichen Absicht ihrer Führer vollzogen. Den Kern bildeten die geistlichen Universitätsprofessoren Döllinger, J. Friedrich und J. A. Meßmer in München, B. J. Hilgers, F. P. Knoodt, J. Langen und F. H. Reusch in Bonn, J. Baltzer, J. H. Reinkens und Th. Weber in Breslau, A. Menzel und F. Michelis in Braunsberg, E. Herzog in Luzern sowie ein Laie, der Prager Kanonist und Rechtshistoriker J. F. v. Schulte. Sektiererischer Radikalismus, wie er den Deutschkatholizismus gekennzeichnet hatte, war diesen Professoren zunächst fremd. Sie empfanden sich als Konservative, die gegen eine von ihnen für falsch erachtete Neuerung am alten katholischen Glauben festhielten[1]; manche von ihnen hatten der Theologie Günthers nahegestanden.

Gegen die Unfehlbarkeitsdoktrin und ihre Behandlung auf dem Konzil waren vorwiegend historische Einwände vorgetragen worden. Nun schlossen sich den protestierenden Theologen sogleich auch namhafte Historiker

[1] Vgl. die Äußerung des Bonner Professors Reusch: „Das katholische Gewissen verbietet uns die Annahme der beiden Lehren, weil sie der Schrift und der Tradition der alten Kirche widersprechen, an die wir als katholische Priester gebunden sind." *Conzemius,* Katholizismus ohne Rom 63.

an, die sich als Katholiken gegenüber dem Liberalismus ihre wissenschaftliche Gleichberechtigung mühsam erkämpft hatten, so F. W. Kampschulte und C. A. v. Cornelius mit seinen Schülern A. v. Druffel, M. Ritter und F. Stieve.

Um die Professoren sammelten sich fast nur Angehörige der akademischen und bürgerlichen Schichten. Manche von ihnen ließen sich vom gleichen religiösen oder wissenschaftlichen Impuls leiten, andere mehr von einem mit der Kirche schon vor 1870 zerfallenen religiösen Liberalismus[1a], der die Bewegung ebenso belastet hat wie der das Klima der Reichsgründungszeit widerspiegelnde Nationalismus mancher ihrer Mitglieder. Der Altkatholizismus war und blieb eine Honoratiorenbewegung, in den siebziger Jahren erreichte er mit ca. 60000 Mitgliedern in Deutschland seinen numerischen Höchststand. Die katholischen Massen und ihre Organisationen hatten ja die im Vatikanischen Konzil gipfelnde Entwicklung aktiv mitgetragen; nach der Annexion des Kirchenstaates standen sie erst recht zum bedrängten Papst. Auch die politischen Führer, die 1869 vor dem Dogma gewarnt hatten, fanden sich mit den Dekreten des Konzils ab.

Im August 1870 protestierten über 1300 rheinische Katholiken gegen das Konzil; in Nürnberg appellierten 32 Professoren an ein „wahres, freies und daher nicht in Italien, sondern diesseits der Alpen abzuhaltendes ökumenisches Konzil“[2]. Die Hoffnung auf Unterstützung aus dem Episkopat wurde geringer, als dessen Mehrheit sich noch Ende August in Fulda auf einen Konzil und Dogma maßvoll verteidigenden Hirtenbrief einigte[3]; ganz schwand sie erst, als im April 1871 als letzter deutscher Bischof Hefele die Konzilsdekrete publizierte[4].

Die Agitation um Konzil und Dogma, bei der die gesamte liberale Presse die Partei der Opponenten ergriff, erfuhr nach vorübergehender Ablenkung durch den Deutsch-Französischen Krieg eine weitere, anhaltende Verschärfung. Mehrere Bischöfe schritten nämlich seit dem Herbst 1870 mit Entziehung der missio canonica, Suspension, Exkommunikation oder Verweigerung der Sakramente gegen die Konzilsgegner ein, die daraufhin an den Staat appellierten. Die Regierungen gewährten ihnen Schutz und garantierten ihnen die Beibehaltung staatlicher und kirchlicher Ämter, die darüber entstehenden Streitigkeiten mit den Bischöfen leiteten den Kulturkampf ein.

[1a] Vgl. Kap. 40, S. 736.

[2] Die Texte der Protesterklärungen: ColLac VII 1731 f.

[3] Text: ColLac VII 1733 ff; *Butler-Lang* 455—458. Vgl. *Lill*, Bischofskonferenzen 95 bis 112.

[4] Einige Gegner des Dogmas, die aber nur in Gemeinschaft mit den Bischöfen handeln wollten, zogen sich daraufhin von der Bewegung zurück, so die Dogmatiker Kuhn (Tübingen) und Dieringer (Bonn), welcher sein Lehramt aufgab.

Im September 1871 tagte in München der erste Altkatholikenkongreß mit 300 Delegierten aus Deutschland, der Schweiz und Österreich. Die Teilnahme von Gästen aus der orthodoxen, der anglikanischen und der kleinen Utrechter Kirche[5] bekundete nicht nur die durch das Vatikanum gesteigerte gemeinsame Gegnerschaft gegen Rom, sondern auch ein neuartiges ökumenisches Anliegen, welches Döllinger und seine Freunde durch den Rückgriff auf die gemeinsame altchristliche Tradition bewußt gefördert haben. Das von Döllinger formulierte Programm unterstrich den konservativen Grundzug der Protestbewegung und beanspruchte für sie die weitere vollberechtigte Mitgliedschaft in der katholischen Kirche. Eindringlich warnte der Stiftspropst vor einer Absonderung, er ist denn auch der altkatholischen Kirche formell nie beigetreten. Schulte, Friedrich, Michelis und Reinkens forderten hingegen den Aufbau einer Notkirchengemeinschaft, die Mehrheit der Kongreßteilnehmer stimmte ihnen zu.

Die folgenschwere Entscheidung, die wie die ganze Bewegung in Rom allzu kurzschlüssig als Bestätigung der alten Vorurteile gegen die deutschen Professoren hingestellt wurde, hat die weitere Entwicklung bestimmt. Zunächst entstanden örtliche „Katholikenvereine". Der zweite Kongreß (Köln, 1872), der offiziell den Namen „altkatholisch" annahm, beschloß die Organisation einer geregelten Seelsorge und setzte eine Kommission zur Vorbereitung der Wahl eines Bischofs ein. Die Wahl fiel am 14. Juni 1873 auf den Breslauer Professor Joseph Hubert Reinkens, der von einem Bischof der Utrechter Kirche die Konsekration erhielt[5a] und damit in die apostolische Sukzession eintrat[6]

Reinkens, über den Pius IX. den großen Kirchenbann verhängte, errichtete in Bonn, unterstützt von Reusch als Generalvikar, eine Bistumsverwaltung. Von Preußen, Baden und Hessen-Darmstadt wurde er als katholischer Bischof anerkannt; im Kulturkampf erlassene Gesetze dieser Staaten sicherten den Altkatholiken Anteil am katholischen Kirchenvermögen und Mitbenutzung katholischer Kirchen zu[7]. Erst in dem Maße, in dem der Kulturkampf sich als Fehlschlag erwies und seit 1878 abgebaut wurde, erlahmte das fördernde Interesse der Regierungen; früher als andere Kulturkämpfer hatte Bismarck eingesehen, daß der Altkatholizismus zum Verbündeten gegen Rom zu schwach war.

Die von Schulte nach altchristlichen Vorbildern erarbeitete Verfassung, die der aus Vertretern des Klerus und der Laien gebildeten Synode Legis-

[5] Vgl. Bd V 444 f.

[5a] Die Konsekration erfolgte nach dem im Pontificale Romanum vorgeschriebenen Ritus.

[6] Reinkens hat die Sukzession weitergegeben. 1876 erteilte er die Bischofsweihe E. Herzog (s. u.), 1895 seinem Generalvikar Th. Weber, der ein Jahr später sein Nachfolger geworden ist.

[7] Vgl. Kap. 40, S. 733. Die katholischen Bischöfe verweigerten die Mitbenutzung und stellten den Gottesdienst in den den Altkatholiken mitüberlassenen Kirchen unter Protest ein.

lative und Bischofswahl zuerkannte, wurde nach Billigung durch den dritten Kongreß (Konstanz, 1873) von der ersten Synode (Bonn, 1874) verabschiedet. Die Synoden der folgenden Jahre stellten sich in der Lehre auf den Boden der ungeteilten Kirche des ersten Jahrtausends; im Kult wurden maßvolle und zeitgerechte Reformen beschlossen, seit 1880 fand die Landessprache Eingang in die Meßliturgie. Gegen den Willen Reinkens', Reuschs und anderer Mitstreiter der ersten Stunde erzwangen liberale Kräfte 1879 die Abschaffung der Zölibatspflicht.

In der Schweiz, wo die Voraussetzungen besonders günstig waren[8], beteiligten sich Reinkens und Michelis aktiv an der Kirchenbildung. 1875 trat in Olten die erste Synode zusammen, welche die „Christkatholische Kirche der Schweiz“ begründete. In der Lehre folgte sie dem deutschen Vorbild, ihre Verfassung war demokratischer. Trotzdem gelang es dem 1876 zum Bischof gewählten Eduard Herzog, in fast fünfzigjähriger Tätigkeit seine an Bibel und Eucharistie ausgerichtete Kirchlichkeit durchzusetzen. Die 1874 vom Staat mit kulturkämpferischer Zielsetzung in Bern gegründete Fakultät wurde, ebenfalls unter maßgeblicher Mitwirkung Herzogs, ein gewichtiges geistiges Zentrum, welches seit der Jahrhundertwende mehr und mehr über die Grenzen der Schweiz hinaus gewirkt hat[9]. Die Führerstellung der Deutschen ging nämlich mit dem Aussterben der wissenschaftlich imponierenden Gründergeneration zu Ende. Alle Versuche, die bis auf ein Mitglied altkatholisch gewordene Bonner theologische Fakultät der neuen Gemeinschaft zu erhalten, waren gescheitert; nach dem Tode von Reusch (1900) und Langen (1901) wurden auch die letzten Lehrstühle wieder mit Katholiken besetzt[10].

In Österreich, wo die Regierung passiv blieb und die Bischöfe, besonders Rauscher, durch äußerst nachsichtige Behandlung der Konzilsgegner die Konfrontation vermieden, entwickelte die Protestbewegung sich sehr langsam. Seit 1872 bestanden vier altkatholische Gemeinden, die 1877 staatlich anerkannt wurden. Größeren Zulauf brachte erst die mehr national als religiös motivierte Los-von-Rom-Bewegung der neunziger Jahre. 1879 tagte die erste Synode, die die deutschen Beschlüsse übernahm. An der Spitze der kleinen Kirche, deren Verfassung ebenfalls Schulte entwarf, stand seit 1881 ein Bistumsverweser.

Die altkatholischen Bistümer und die vor 1870 ganz isoliert gewesene Utrechter Kirche schlossen sich 1889 zur „Utrechter Union“ autonomer, romfreier, nationaler Kirchen zusammen, deren Ehren-Primas der jeweilige Erzbischof von Utrecht ist. Die gemeinsame Erklärung bekannte sich wie-

[8] Vgl. Kap. 40, S. 736 f.

[9] Die Fakultät gibt seit 1893 als wissenschaftliche Quartalschrift die „Internationale kirchliche Zeitschrift“ (bis 1910 „Revue Internationale de Théologie“) heraus.

[10] 1902 wurde an der Unversität Bonn ein unmittelbar deren Rektor unterstellter Lehrstuhl für altkatholische Theologie errichtet.

der zum Glauben des ersten Jahrtausends und in dem darin verwirklichten Ausmaße auch zum römischen Primat. Sie wiederholte den Protest gegen die Dogmen von 1854 und 1870 wie die Bereitschaft zur „Verständigung über die seit den Kirchenspaltungen entstandenen Differenzen“[11].

Döllingers internationale wissenschaftliche Autorität und seine ökumenische Aktivität[12] hatten schon 1874/75 die Bonner Unionskonferenzen altkatholischer, russisch-orthodoxer und anglikanischer Theologen zustande gebracht. Sie waren im 19. Jahrhundert ein kühner Versuch interkonfessioneller Theologengespräche und damit eine Vorstufe des Ökumenismus, in dessen Dienst sich auch die späteren internationalen Altkatholikenkongresse stellten. Der konkrete Erfolg der Konferenzen war jedoch gering; sie litten unter ihrer schmalen Ausgangsbasis wie unter der ressentimentgeladenen und antiökumenischen Polemik gegen Rom, die überhaupt dem Altkatholizismus lange angehaftet hat.

[11] Über die weitere Entwicklung des Altkatholizismus, der in seinen Stammländern zurückgegangen ist, aber durch den Anschluß neuer Nationalkirchen (Polen, USA) insgesamt zugenommen hat, vgl. *Algermissen* a. a. O.; *Conzemius,* Katholizismus ohne Rom 55 68ff 79ff 81–102; *K. Algermissen:* LThK² I 398–402; *W. Küppers:* RGG³ I 295–299.

[12] Seit Döllinger die kämpferische Haltung seiner frühen Jahre hinter sich gelassen hatte, gehörten theologische Wissenschaft und ökumenisches Interesse für ihn wesentlich zusammen. Schon auf der Münchener Gelehrtenversammlung (vgl. Kap. 29, S. 548) hatte er die unvoreingenommene Erforschung der konfessionellen Lehrunterschiede als vordringliche Aufgabe der Theologie bezeichnet.

REGISTER

HANDBUCH DER KIRCHENGESCHICHTE

VII

HANDBUCH DER KIRCHENGESCHICHTE

Band VII

Die Weltkirche im 20. Jahrhundert

Herausgegeben von

HUBERT JEDIN UND KONRAD REPGEN

Die Weltkirche im 20. Jahrhundert

von

GABRIEL ADRIÁNYI – QUINTÍN ALDEA VAQUERO
PIERRE BLET – JOHANNES BOTS – VIKTOR DAMMERTZ
ERWIN GATZ – ERWIN ISERLOH – HUBERT JEDIN
GEORG MAY – JOSEPH METZLER – LUIGI MEZZADRI
FRANCO MOLINARI – KONRAD REPGEN – LEO SCHEFFCZYK
MICHAEL SCHMOLKE – ANTONIO DA SILVA
BERNHARD STASIEWSKI – ANDRÉ TIHON – NORBERT TRIPPEN
ROBERT TRISCO – LUDWIG VOLK – WILHELM WEBER
PAUL-LUDWIG WEINACHT – FÉLIX ZUBILLAGA

HERDER
FREIBURG · BASEL · WIEN

Umschlaggestaltung:
Finken & Bumiller, Stuttgart

Unveränderter Nachdruck
der Sonderausgabe von 1985

Herstellung: Freiburger Graphische Betriebe 1999
ISBN 3-451-27100-1

VORWORT

Der anspruchsvolle Titel dieses Buches rechtfertigt sich durch eine kirchen- wie weltgeschichtlich überwältigende Tatsache: Die katholische Kirche, die stets den Anspruch erhob, universal zu sein, ist in unserem Jahrhundert tatsächlich Weltkirche geworden. Im Altertum im wesentlichen auf die Länder um das Mittelmeer beschränkt, im Mittelalter durch den islamischen Gürtel, der sie umgab, und die morgenländische Kirchenspaltung auf das Abendland zurückgeworfen, aber auch in der neueren Zeit trotz der jetzt einsetzenden Weltmission noch immer europäisch zentriert, hat sie sich im 20. Jahrhundert zur Weltkirche entwickelt. Das Zweite Vatikanische Konzil, auf dem diese Entwicklung in das allgemeine Bewußtsein trat, steht im Mittelpunkt dieses Bandes. Er verschweigt nicht, daß die räumliche Expansion, noch mehr freilich innere Vorgänge eine Krisensituation geschaffen haben, die sich in allen drei Kreisen bemerkbar macht, in die wir den Stoff gegliedert haben: beim Prinzip der Einheit, beim Papsttum, dem Konzil und dem Kirchenrecht, in nahezu allen inneren Lebensäußerungen der Kirche, wie in ihrer Theologie und ihrer Spiritualität, schließlich in ihren Gliedern, den Ortskirchen der europäischen und außereuropäischen Länder.

Wir legen einen Querschnitt durch die Vielfalt des kirchlichen Lebens, unser tieferes Motiv ist jedoch die Fortsetzung des Längsschnittes, den das Handbuch der Kirchengeschichte in seinen früheren Bänden zu liefern bemüht war. Dadurch rechtfertigt sich die Verbindung dieses Bandes mit dem Handbuch, als dessen abschließender Band VII er erscheint, aber auch dessen Selbständigkeit, insofern er die immer schwieriger werdende geschichtliche Information bietet, die man für das Verständnis der Gegenwart braucht.

Als zeitlicher Ausgangspunkt bot sich von selbst das Jahr 1914 an, der Ausbruch des Ersten Weltkrieges, verbunden mit einem Pontifikatswechsel. Schwieriger war die Begrenzung nach oben. „Gegenwart“ ist ein dehnbarer Begriff. Es war von Anfang an nicht intendiert, darunter das Erscheinungsjahr des Bandes zu verstehen. Einige Mitarbeiter haben, meist mit Rücksicht auf noch offene Entwicklungen, die letzten Jahre ausgeklammert, andere auch die jüngsten Ereignisse in ihre Darstellungen einbezogen.

Kirchliche Zeitgeschichte zu schreiben ist gewagter als politische. Die Entwicklung der Kirche verläuft in längeren Wellen als die der Staaten: die Ära des Nationalsozialismus liegt als historische Tatsache hinter uns, die Wirkung des Zweiten Vatikanischen Konzils ist noch nicht abzuschätzen. Für die politische Geschichte fließen die dem Historiker zugänglichen Quellen reichlicher, für die Kirchengeschichte wichtige Quellenkomplexe sind noch nicht zugänglich. Andererseits ist das sonstige Material, das zu verarbeiten war, so umfangreich und so vielschichtig, daß nur Spezialisten imstande sind, sich Überblick und Durchblick zu verschaffen, vorhandene Tendenzen wahrzunehmen und mit Früherem zu verknüpfen. Dadurch hat sich notwendigerweise die Zahl der Mitarbeiter erhöht und die Koordination erschwert, nicht nur auf den Sachgebieten des kirchlichen Lebens, sondern auch bei den Länder-Artikeln und ganz besonders bei der Dritten Welt. Bei keinem der früheren Bände des Handbuchs war die Auswahl und die Gewinnung sachverständiger Mitarbeiter so schwierig wie bei diesem Bande. Es wurde von ihnen ja nicht nur genaue Kenntnis der Vorgänge gefordert, sondern die Fähigkeit, aus der Fülle der Erscheinungen das Wesentliche herauszuheben und in der durch den Charakter des Handbuchs geforderten Kürze darzustellen. Manche Manuskripte mußten gekürzt werden, manche Umfangsüberschreitungen waren trotzdem nicht zu vermeiden; die fremdsprachlich verfaßten Beiträge bedurften der Übersetzung. Trotz aller Bemühungen der Herausgeber waren gewisse Überschneidungen nicht zu vermeiden, etwa wenn die vom Heiligen Stuhl abgeschlossenen Konkordate sowohl als Thema der päpstlichen Außenpolitik zu behandeln waren, nach ihrem juristischen Gehalt aber und in ihren gesellschaftlichen Auswirkungen auch in anderen Zusammenhängen besprochen werden mußten. Es wäre daher nicht angebracht, derartige Überschneidungen als „Wiederholungen" anzusehen. Wir haben uns bemüht, durch Querverweise im Text die Orientierung zu erleichtern, außerdem ermöglichen die in das Register aufgenommenen Sach-Stichworte das Auffinden der einschlägigen Stellen.

Wie in den früheren Bänden des Handbuchs waren auch in diesem die Herausgeber bemüht, die einzelnen Beiträge technisch zu vereinheitlichen, wofür eine vom Verlag Herder ermöglichte Mitarbeiterkonferenz im Juli 1975 hilfreich war, freilich durch ständige Korrespondenz ergänzt werden mußte. Wenn es dennoch nicht ganz gelungen ist, alle Ungleichmäßigkeiten in der Anordnung und in der Zitationsweise zu beseitigen, so tut dies der Benützbarkeit des Ganzen keinen Eintrag.

Was schließlich die innere Ausrichtung des Bandes angeht, so war – wie bei den früheren Bänden dieses Handbuchs – der Grundsatz maßgebend, daß die Autoren für sich selbst sprechen und insbesondere für die abgegebenen Urteile selbst die Verantwortung tragen. Wir hielten uns nicht für berechtigt, in deren Urteilsbildung einzugreifen, und können uns infolgedessen auch nicht mit jedem hier ausgesprochenen Urteil identifizieren. Alle Mitarbeiter jedoch waren sich einig im Glauben an die eine, heilige, katholische und apostolische Kirche, einig auch in der Überzeugung, daß Kirchengeschichte, auch kirchliche Zeitgeschichte, der historischen Methode zu folgen hat. Bei der Auswahl und Beurteilung haben wir uns an den Grundsatz gehalten, den Joseph Ratzinger jüngst so formuliert hat: „Die Kirche ist einerseits nie von ihrer konkreten Erscheinung abzutrennen, aber andererseits auch nie mit ihr voll gleichzusetzen."

Bis hierhin war der vorstehende Text am 28. August 1977 formuliert. Es fehlte nur noch das fest zugesagte Kapitel über die Jungen Kirchen; der übrige Band war gesetzt und umbrochen; Verlag und Herausgeber rechneten mit der Auslieferung Herbst 1977. Dies wurde jedoch verhindert, weil der Bearbeiter dieses Kapitels schwer erkrankte und schließlich absagte. Einen neuen Bearbeiter zu finden erwies sich als nicht leicht. Wir sind P. Metzler dankbar, daß er in die Bresche getreten und das Kapitel 25 kurzfristig verfaßt hat. Als dann weitere, ebenfalls nicht voraussehbare Hindernisse Anfang 1979 glücklich überwunden waren, konnte die Auslieferung zügig in Gang gebracht werden.

Die Verzögerung der Auslieferung um anderthalb Jahre erklärt, warum der Pontifikat Pauls VI. ausgeklammert geblieben ist: als das Buch in diesen Teilen schon fertig war, lebte dieser Papst noch und war daher noch nicht Gegenstand der Geschichte. Sein Tod am 6. August 1978 hat ein wichtiges Kapitel der neuesten Kirchengeschichte beendet. Ob der kurze Pontifikat seines Nachfolgers Johannes Paul I., gewählt am 26. August, gestorben am 28. September 1978, noch in dieses Kapitel gehört oder schon den Anfang eines neuen bedeutet, läßt sich geschichtswissenschaftlich im Augenblick noch nicht mit ausreichender Sicherheit sagen – dafür sind die Konturen des Neuen noch nicht scharf genug, wenngleich vieles dafür spricht, daß das Jahr 1978 für die Geschichte der katholischen Kirche eine sehr bedeutsame Zäsur sein wird.

Wir danken *allen* Beteiligten für die große Geduld, mit der die Terminverzögerung ertragen worden ist. Das Register hat Herr Joseph Overath vom Kirchenhistorischen Institut der Universität Bonn angefertigt, und der Verlag hat dieses für das Kapitel 25 ergänzt.

Bonn, den 8. Februar 1979 *Hubert Jedin* *Konrad Repgen*

VORWORT ZUR SONDERAUSGABE

Der Band VII des Handbuchs der Kirchengeschichte, den der 1980 verstorbene Hubert Jedin und ich konzipiert und betreut hatten, hat sich schnell durchgesetzt und ist seit einiger Zeit nahezu vergriffen. Offenkundig bestand und besteht an einem derartigen Querschnitt durch die kirchliche Zeitgeschichte großes Interesse. Daß dieses Werk durch die preiswerte Neuausgabe auch für breitere Käuferschichten zugänglich gemacht wird, ist daher zu begrüßen. Es hat sich jedoch – mehr noch als für die vorhergehenden Bände – die Frage gestellt, ob ein unveränderter Nachdruck wissenschaftlich vertretbar wäre: auf welchem anderen Gebiet der Kirchengeschichte ist die Detailforschung so sehr im Fluß, sind deren Ergebnisse so leicht veraltet wie im Bereich der Zeitgeschichte?

Verlag und Herausgeber haben sich aber schnell darauf einigen können, daß Band VII unverändert nachgedruckt werden solle. Sie verkennen nicht, daß es, besonders für die Forschung, wünschenswert wäre, die hier gebotene Darstellung und Analyse weiter an die sich ändernde Gegenwart heranzuführen, die Bewertungsmaßstäbe und Urteile im Lichte des seitherigen Geschehens und der Kritik zu überdenken und – vor allem – die Literatur des letzten Jahrzehnts nachzutragen; denn mit Ausnahme des Kapitels 25 ist dieses Buch, woran zu erinnern ist, schon vor neun Jahren fertig gewesen. Wer mit den Dingen einigermaßen vertraut ist, wird jedoch bestätigen, daß eine Fortschreibung dieser Gegenwartsgeschichte der Weltkirche, auch nur in Bezug auf die Literaturangaben, den Rahmen eines Nachdrucks völlig sprengen würde. Da Band VII aber auch in der vorliegenden Form noch genügend Aktualität hat, erscheint er unverändert. Im übrigen möchte ich noch einmal an die grundsätzlichen Ausführungen des Vorworts von 1979 erinnern, die weiterhin gelten.

Bonn, den 10. Mai 1985 *Konrad Repgen*

INHALT

ZWEITER ABSCHNITT: DIE VIELFALT DES INNEREN LEBENS DER UNIVERSALKIRCHE

DRITTER ABSCHNITT: DIE KIRCHE IN DEN EINZELNEN LÄNDERN

VERZEICHNIS DER ABKÜRZUNGEN

AAS = Acta Apostolicae Sedis, Vatikanstadt 1909ff
ACJF = Action Catholique de la Jeunesse Française
ADAP = Akten zur Deutschen auswärtigen Politik 1919–1945, Göttingen 1966ff
ADSS = P. Blet – R. A. Graham (ab Bd. 3) – A. Martini – B. Schneider (Hrsg.): Actes et documents du Saint Siège relatifs à la seconde guerre mondiale, Vatikanstadt 1965
AfkKR = Archiv für Katholisches Kirchenrecht (Innsbruck), Mainz 1857ff
AHC = Annuarium Historiae Conciliorum, Paderborn 1969ff
AHP = Archivum historiae pontificiae, Rom 1963ff
D. Albrecht I, II = D. Albrecht (Hrsg.), Der Notenwechsel zwischen dem Hl. Stuhl und der Deutschen Regierung. I: Von der Ratifizierung des Reichskonkordats bis zur Enzyklika „Mit brennender Sorge", Mainz 1965; II: 1937–1945, Mainz 1969
D. Albrecht (Hrsg.) Kirche = D. Albrecht (Hrsg.), Katholische Kirche im Dritten Reich. Eine Aufsatzsammlung, Mainz 1976 (mit Bibliographie)
ALW = Archiv für Liturgiewissenschaft, Regensburg 1950ff
ANEC = Asociación Nacional de Estudiantes Católicos
AnGr = Analecta Gregoriana, Rom 1930ff
Atlas hierarchicus = Atlas hierarchicus. Descriptio geographica et statistica ecclesiae catholicae tum occidentis tum orientis, hrsg. v. H. Emmerich SVD, Mödling 1968
Bihlmeyer-Tüchle III = K. Bihlmeyer u. H. Tüchle, Kirchengeschichte III: Die Neuzeit und die neueste Zeit, Paderborn 1968
Bilanz der Theologie = H. Vorgrimler – R. Vander Gucht (Hrsg.), Bilanz der Theologie im 20. Jh., Bd. I–IV, Freiburg, Basel, Wien 1969–1970
CADC = Centro Académico de Democracia Cristã
CALA = Conferencia anglicana latinoamericana
Catholica = Catholica. Jahrbuch (Vierteljahreszeitschrift Kontroverstheologie (Paderborn) Münster 1932ff
CEHILA = Comisión de Estudios de Historia de la Iglesia en America Latina
CELAM = Consejo Episcopal Latino-Americano, Bogotá 1968ff
CHR = The Catholic Historical Review, Washington 1915ff
CIAS = Centro de Investigación y Acción Social
CIC = Centrum Informationis Catholicum
CIDSE = Coopération Internationale pour le Développement Socio-Économique
CIMI = Consejo Indigenista Misionero
CISOR = Centro de investigaciones en ciencias sociales, Caracas
CivCatt = La Civiltà Cattolica, Rom 1850ff (1871–1887 Florenz)
CLAR = Confoederatio Latino-Americana Religiosorum
CNT = Confederación Nacional de Trabajo

ComRel = Commentarium pro religiosis et missionariis, Rom 1920ff
Concilium = Concilium, Internationale Zeitschrift für Theologie, Einsiedeln, Mainz, Zürich 1965ff
CPA = Catholic Press Association
CS = Communicatio Socialis. Zeitschrift für Publizistik in Kirche und Welt, Paderborn 1967ff
CVJM = Christlicher Verein Junger Männer
CVWJ = Christlicher Verein Weiblicher Jugend
DBFP = Documents on British Foreign Policy, 1947ff
DCV = Deutscher Caritasverband
DDF = Documents Diplomatiques Français
DDI = Documenti Diplomatici Italiani
DIP = G. Pelliccia u. G. Rocca, Dizionario degli Istituti di Perfezione, Rom 1974ff
ECQ = Eastern Churches Quarterly, Ramsgate 1936–1964
EKD = Evangelische Kirche Deutschlands
EphLiturg = Ephemerides Liturgicae, Rom 1887ff
EThL = Ephemerides Theologicae Lovanienses, Brügge 1924ff
FRUS = Foreign Relations of the United States. Diplomatic Papers
Giacometti, Quellen = Z. Giacometti, Quellen zur Geschichte der Trennung von Staat und Kirche, Tübingen 1926
GS = Gaudium et spes
GuL = Geist und Leben. Zeitschrift für Askese und Mystik, Würzburg 1947ff
Hampe = J. Ch. Hampe, Die Autorität der Freiheit. Gegenwart des Konzils und Zukunft der Kirche im Ökumenischen Disput, 3 Bde, München 1967
Herder TK = Das Zweite Vatikanische Konzil. Konstitutionen, Dekrete u. Erklärungen, lat. u. deutsch. Kommentare, hrsg. v. H. Vorgrimler u. a., 3 Bde, Freiburg 1966–1968
HJ = Historisches Jahrbuch der Görres-Gesellschaft, Köln 1880ff, München 1950ff
HK = Herder-Korrespondenz, Freiburg 1946ff
HKG = Handbuch der Kirchengeschichte, hrsg. v. H. Jedin, 7 Bde, Freiburg, Basel, Wien 1965ff
HOAC = Hermandad Obrera de Acción Católica
Hochland = Hochland, München 1903ff
HPTh = Handbuch der Pastoraltheologie, hrsg. v. Franz Xaver Arnold u. a., Freiburg 1964ff
IKZ = Internationale Kirchliche Zeitschrift, Bern 1911ff
IRA = Irish Republican Army
ISAL = Iglesia y sociedad para América Latina
JbCarWiss = Jahrbuch für Caritaswissenschaft und Caritasarbeit, Freiburg 1957 bis 1968
JAC = Jeunesse Agricole Catholique
JEC = Jeunesse Étudiante Catholique
JMC = Jeunesse Maritime Catholique
JOC = Juventud Obrera Católica
JOC = Jeunesse Ouvrière Chrétienne
KH = Kirchliches Handbuch für das katholische Deutschland 1907–1941/43
KNA = Katholische Nachrichtenagentur, Bonn, München
KNP = Katholiek Nederlands Persbureau
Kolping = A. Kolping, Katholische Theologie gestern und heute. Thematik und Entfaltung deutscher katholischer Theologie vom I. Vaticanum bis zur Gegenwart, Bremen 1964

A. Kupper, Staatliche Akten = A. Kupper (Hrsg.), Staatliche Akten über die Reichskonkordatsverhandlungen 1933, Mainz 1969
LJ = Liturgisches Jahrbuch, Münster 1951 ff
LThK² = Lexikon für Theologie und Kirche, Freiburg ²1957–1968
LWB = Lutherischer Weltbund
M = E. Marmy (Hrsg.), Mensch und Gemeinschaft in christlicher Schau. Dokumente (von Gregor XVI., 1832, bis Pius XII. 1944), Fribourg 1945
MM = Mater et Magistra
MThZ = Münchener Theologische Zeitschrift, München 1950 ff
Müller = Vaticanum secundum, hrsg. von O. Müller – W. Becker – J. Gülden, 4 Bde, Leipzig 1963–1966
NCE = New Catholic Encyclopedia, New York 1, 1967
NCWC = National Catholic Welfare Council
NRTh = Nouvelle Revue Théologique, Tournai – Löwen – Paris 1879 ff
NZMW = Neue Zeitschrift für Missionswissenschaft, Beckenried 1945 ff
ÖAfKR = Österreichisches Archiv für Kirchenrecht, Wien 1950 ff
OCIC = Office Catholique International du Cinéma
OrChr = Oriens Christianus, Rom 1901 ff
OstkSt = Ostkirchliche Studien, Würzburg 1951 ff
ÖRK = Ökumenischer Rat der Kirchen
PIME = Pontificio Istituto Missioni Estere
PP = Populorum progressio
PrOrChr = Le Proche-Orient Chrétien, Jerusalem 1951 ff
PT = Pacem in terris
QA = Quadragesimo anno
REB = Revista eclesiástica brasileira, Petropolis, 1941 ff
RHE = Revue d'histoire ecclésiastique, Löwen 1900 ff
RHMC = Revue d'histoire moderne et contemporaine
Rohrbasser = Heilslehre der Kirche. Dokumente von Pius IX. bis Pius XII., hrsg. v. P. Cattin u. H. Th. Conus, dt. v. A. Rohrbasser, Fribourg 1953
RPB I = Die kirchliche Lage in Bayern nach den Regierungspräsidentenberichten 1933–1943, I: Regierungsbezirk Oberbayern, hrsg. von H. Witetschek, Mainz 1966
RPB II = II: Regierungsbezirk Ober- und Mittelfranken, hrsg. von H. Witetschek, Mainz 1967
RPB III = III: Regierungsbezirk Schwaben, hrsg. von H. Witetschek, Mainz 1971
RPB IV = IV: Regierungsbezirk Niederbayern und Oberpfalz, 1933–1945, hrsg. von W. Ziegler, Mainz 1973
RSR = Recherches de science religieuse, Paris 1910 ff
RSCI = Rivista di storia della Chiesa in Italia, Rom 1947 ff
RThom = Revue thomiste, Bruges 1893ff
SEDOC = Serviço de Documentacão, Petropolis 1969 ff
Sic = Sic (Zeitschrift, hrsg. vom Centro Gumilla), Caracas 1938 ff
SOG = Solidaritätsgruppen der Priester
SOG-Papiere = SOG-Papiere. Mitteilungsblatt der Arbeitsgemeinschaft von Priestergruppen in der Bundesrepublik Deutschland und der SOG-Österreich, hrsg. von A. Schilling, Bochum 1968–1973
SPEV = Segretariato permanente del episcopo venezolano
SSCC = Congregatio Sacrorum Cordium Jesu et Mariae
Schmidlin = J. Schmidlin, Papstgeschichte der neuesten Zeit I–IV, München 1933 bis 1939

B. Stasiewski I, II, III = B. Stasiewski (Hrsg.), Akten deutscher Bischöfe über die Lage der Kirche. I: 1933–1934, Mainz 1968; II: 1934–1935, Mainz 1976; III: 1935 bis 1936, Mainz 1978
StdZ = Stimmen der Zeit (vor 1914: Stimmen aus Maria Laach), Freiburg 1871 ff
StL = Staatslexikon, hrsg. von H. Sacher, Freiburg [6]1957 ff
STO = Service du Travail Obligatoire
ThGl = Theologie und Glaube, Paderborn 1909 ff
TheoluPhil = Theologie und Philosophie. Vierteljahreszeitschrift für Theologie und Philosophie, Freiburg 1966 ff
ThprQS = Theologisch-praktische Quartalschrift, Linz a.d.D. 1848 ff
ThRev = Theologische Revue, Münster 1902 ff
ThQ = Theologische Quartalschrift, Tübingen 1819 ff, Stuttgart 1946 ff
TThZ = Trierer Theologische Zeitschrift (bis 1944: Pastor Bonus), Trier 1888 ff
UCIP = L'Union Catholique Internationale de la Presse
UG = A.F. Utz – J.F. Groner, Aufbau und Entfaltung des gesellschaftlichen Lebens. Soziale Summe Pius' XII. I, II, Fribourg 1954
UGT = Unión General de Trabajadores
UISG = Unio Internationalis Superiorissarum Generalium
UMAE = Unión de Mutua Ayuda Episcopal
USG = Unio Superiorum Generalium
VZG = Vierteljahreshefte für Zeitgeschichte, Stuttgart 1953 ff
L. Volk, Kirchliche Akten = L. Volk (Hrsg.), Kirchliche Akten über die Reichskonkordatsverhandlungen 1933, Mainz 1969
L. Volk, Faulhaber-Akten = L. Volk (Hrsg.), Akten Kardinal Michael von Faulhabers 1917–1945. I: 1917–1934, Mainz 1975; II: 1935–1945, Mainz 1978
WACC = World Association for Christian Communication
WiWei = Wissenschaft und Weisheit, Düsseldorf 1934 ff
ZAM = Zeitschrift für Askese und Mystik, Würzburg 1926
ZevKR = Zeitschrift für evangelisches Kirchenrecht, Tübingen 1951 ff
ZKG = Zeitschrift für Kirchengeschichte, Stuttgart 1876 ff
ZKTh = Zeitschrift für Katholische Theologie (Innsbruck), Wien 1877 ff
ZMR = Zeitschrift für Missionskunde und Religionswissenschaft, Berlin 1886 ff
ZRGG = Zeitschrift für Religions- und Geistesgeschichte, Marburg 1948 ff
ZSavRG, KanAbt = Zeitschrift der Savigny-Stiftung für Rechtsgeschichte, Kanonistische Abteilung, Weimar 1911 ff

ERSTER ABSCHNITT

Die institutionelle Einheit der Universalkirche

1. Kapitel

Statistik

Univ.-Professor DDr. Wilhelm Weber, Münster

Weltbevölkerungsstatistik – Weltreligionsstatistik – Anteil der Katholiken

QUELLEN: Einschlägige Zeitschriften zur Weltbevölkerungsstatistik sind z. Z. der Population Index (Office of Population Research, University of Princeton, N. Y., 08540), die Population Studies (London School of Economics, Houghton Street, Aldwych, London, W. C. 2) und Population (27, rue du Commandeur, Paris 14e). Für Informationen über bestimmte Länder gibt es Monographien, genannt Country Profiles (Population Council, 245 Park Avenue, New York 10017). – Umfassende Quelle ist das Demographic Yearbook of the United Nations (Statistical Office of the United Nations, New York), 1948 ff und der Überblick A Concise Summary of the World Population Situation in 1970 (Vereinte Nationen, N. Y. 1971), ferner das UN Statistical Yearbook (New York), 1948 ff.

Zur Weltreligionsstatistik: Demographic Yearbook of the United Nations (w. o.); World Christian Handbook, ed by *E. J. Bingle* u. a., London, ab 1949 in mehrjährigem Abstand; Kirchliches Handbuch für das katholische Deutschland (Freiburg i. Br. 1907 ff); Atlas Hierarchicus. Descriptio geographica et statistica ecclesiae catholicae tum occidentis tum orientis, hrsg. v. *H. Emmerich SVD* (Mödling/Austria 1968) (Textbeilage: Eine geschichtliche Einführung und Erläuterungen zu den Karten), 1. Aufl. (1913) und 2. Aufl. (1929) von *Karl Streit SVD*, Mödling/Austria; Atlas zur Kirchengeschichte. Die christlichen Kirchen in Geschichte und Gegenwart, hrsg. von *H. Jedin – K. S. Latourette – J. Martin* (Freiburg 1970). – Für Missionsländer: Internationaler Fides-Dienst (kath.) (Rom 1962); Oriente Cattolico (orient. Christen) (Rom 1962); *K. B. Westman – H. v. Sicard*, Geschichte der christlichen Mission (evang.) (München 1962); Angaben des „Jewish Statistical Bureau" (israel.) (Jerusalem 1959). – Weltkonfessionskarte, s. LThK, Bd. 6 ([2]1961) nach Sp. 1280.

Um das Gewicht der katholischen Bevölkerung in der Welt absolut und relativ, im Längsschnitt der historischen Entwicklung und im geographischen Querschnitt der Gegenwart, einigermaßen zutreffend einschätzen zu können, muß ihre größenmäßige Beziehung zur gesamten Weltbevölkerung, ihr relatives Gewicht im Konzert der Weltreligionen und schließlich der Trend der Häufigkeitsverteilung im geographischen Raum (Nord-Süd-Drift der christlichen bzw. der katholischen Welt im Zeitablauf) untersucht werden. Für alle drei Beziehungen gibt es keine absolut zuverlässigen Zahlen, sondern – je nach Erdteilen und Ländern mit unterschiedlich entwickelten Erhebungsfazilitäten – mehr oder weniger exakte Schätz- und Annäherungswerte.

Weltbevölkerungsstatistik 1914 bis 1965

Zum Bevölkerungsproblem und zur Bevölkerungsstatistik auf nationaler wie internationaler Ebene gibt es eine fast unübersehbare Fülle an Veröffentlichungen, die selbst von Experten kaum noch zu bewältigen ist [1]. Es kann daher im folgenden nur eine stark konsolidierte und notwendigerweise vereinfachende Zusammenfassung geboten werden, die so zuverlässig ist wie das primäre Quellenmaterial und um so problematischer wird, je mehr man in die Vergangenheit zurückgeht.

Tabelle 1: Weltbevölkerung von 1920 bis 1965 in Millionen

Land	Jahr 1920	1930	1940	1950	1960	1965
Afrika	140	164	191	222	278	311
Nordafrika	46	39	44	53	66	75
Mittel- und Südafrika	94	125	147	169	212	236
Amerika	208	242	274	329	413	460
Nordamerika	117	134	144	166	199	214
Mittelamerika	30	34	41	52	68	80
Südamerika	61	74	89	111	146	166
Asien	966	1120	1244	1381	1659	1830
Ostasien	487	591	634	684	794	852
Südasien	479	529	610	697	865	978
Europa	329	355	380	392	425	445
Nordeuropa	} 115 (Nord- und Westeuropa)	65	68	73	76	79
Westeuropa		108	113	123	135	143
Mitteleuropa	112					
Osteuropa		89	96	88	97	100
Südeuropa	102	93	103	108	117	123
Ozeanien	8,8	10,0	11,1	12,7	15,7	17,5
UdSSR	158	179	195	180	214	231
Welt insgesamt	1810	2070	2295	2517	3005	3295

Quellen: UN Demographic Yearbook, Bd. 11 (New York 1959); UN Statistical Yearbook, Bd. 18 (New York 1967).

Der wichtigste Faktor der Bevölkerungsentwicklung ist die zur Zeit noch außerordentlich unterschiedliche Wachstumsrate in den einzelnen Kontinenten und Ländern. Ganz allgemein kann gesagt werden, daß die Wachstumsraten in

[1] Eine sehr gute und knappe Zusammenfassung bietet das Internationale Forschungs- und Informationszentrum „Pro Mundi Vita" in seiner Veröffentlichung: Die demographische Explosion und die Zukunft der Kirche, Nr. 40 (1972), 6, rue de la Limite, Brüssel.

der Ersten und Zweiten Welt (westliche Industriestaaten einschließlich Japan und kommunistische Länder) zwar noch positiv sind (von Ausnahmen abgesehen), aber entscheidend niedriger als in der Dritten Welt (Entwicklungsländer). In den westlichen Ländern lag die Wachstumsrate Ende der 1960er Jahre im Durchschnitt unter 1 Prozent, so daß sich die Bevölkerung ceteris paribus hier etwa in 70 Jahren verdoppeln würde, während sie in Asien im Durchschnitt bei 2 Prozent lag, was zu einer Verdoppelung in etwa 35 Jahren führen würde[2].

In allen Entwicklungsländern steigt die Bevölkerung sprunghaft an. „Doch es sollte sofort klargestellt werden, daß die Probleme, denen sich die Mehrheit der unterentwickelten Länder gegenübersieht, sich nicht in erster Linie aus ihrer hohen Geburtenrate ergeben, sondern vielmehr aus ihrer Sterblichkeitsrate, die von Jahr zu Jahr zurückgeht. [...] Das ist eine ganz allgemeine Problematik heute, die ungefähr zwei Drittel der Menschheit betrifft: 2056 Millionen Asiaten, 283 Millionen Lateinamerikaner und 344 Millionen Afrikaner."[3]

Besonders gilt dies für die volkreichen Länder China und Indien. Die letzte chinesische Volkszählung war im Jahre 1953. Seitdem stehen nur noch bruchstückhafte Kenntnisse zur Verfügung. Da die Wachstumsrate aus Geburtenrate abzüglich Sterblichkeitsrate resultiert, wird eine gleichläufige Entwicklung der beiden Raten (Senkung der Geburtenrate durch bevölkerungs- und familienplanerische Maßnahmen; Senkung der Sterblichkeitsrate durch hygienische und gesundheitspolitische Maßnahmen) noch auf längere Zeit zu einem erheblichen Wachstum führen. Danach können die Ergebnisse der Bemühungen in China um eine Verminderung des Bevölkerungswachstums etwa wie folgt abgeschätzt werden:

Tabelle 2: Die Entwicklung der Bevölkerung in China 1953 bis 1970

Jahr	Anzahl Einwohner in Mio.	Geburtenrate ‰	Sterblichkeitsrate ‰	Wachstumsrate ‰
1953	589,7	43	29	14
1956	618,5	41	24	17
1959	649,9	38	23	15
1962	676,2	38	24	14
1965	705	35	21	14
1968	735,1	33	19	14
1970	757,3	32	17	15

Quelle: „Pro Mundi Vita", Die demographische Explosion ..., S. 9.

Nach wie vor ist Indien als zweitvolkreichstes Land der Erde weit davon entfernt, eine Lösung für seine Bevölkerungsprobleme gefunden zu haben. „Die

[2] Vgl. ebd., S. 7.
[3] Ebd., S. 8f.

Bevölkerung entwickelte sich (also) von 356,9 Millionen im Jahr 1951 auf 498,7 Millionen im Jahr 1966. Heute wird Indien wenigstens 547 Millionen Einwohner haben. Die Bevölkerung stieg also in jedem Jahrzehnt ungefähr um 100 Millionen. Nach Angaben der Bevölkerungsexperten der Vereinten Nationen betrug die Bevölkerung 1970 554 Millionen, die Geburtenrate 42,8‰, die Sterblichkeitsrate 16,7‰, die Wachstumsrate 26,1‰, und zwar für den Zeitraum 1966–1970."[4]

Tabelle 3: Wachstumsraten in Indien 1951 bis 1970

Jahr	Geburtenrate ‰	Sterblichkeitsrate ‰	Wachstumsrate ‰
1951–60	42	23	19
1966–70	43	17	26

Quelle: „Pro Mundi Vita", Die demographische Explosion ..., S. 9.

Im Gegensatz zu China, wo die Wachstumsrate sich bei etwa 15‰ stabilisiert hat, ist sie in Indien zwischen 1951 und 1970 von 19 auf 26‰ angestiegen.

Hohe Wachstumsraten weist auch Afrika auf, von 20 bis über 30‰. Unterschiedliche, aber ebenfalls hohe Wachstumsraten sind für die meisten Länder Mittel- und Südamerikas zu registrieren.

Die hohen Geburtenraten in den Ländern der Dritten Welt haben in Verbindung mit einer drastischen Senkung der Sterblichkeitsraten zu einem sehr günstigen Altersaufbau in diesen Ländern geführt. Dies ist aber zugleich entscheidend für die Entwicklung der jetzt lebenden Bevölkerung. „Selbst wenn es gelingen würde, die Zahl der Geburten je Ehe in Indien und China kurzfristig und drastisch zu senken, würde die Bevölkerung dieser Gebiete wie auch derjenigen der meisten lateinamerikanischen und afrikanischen Staaten dank ihres günstigen Altersaufbaus, d.h. des hohen Anteils an jungen Menschen im zeugungs- und gebärfähigen Alter, noch über viele Jahrzehnte weiter wachsen."[5]

Tabelle 4: Geschätzter Altersaufbau der Bevölkerung nach Ländern und Kontinenten im Jahre 1985 (in %)

Alter	Nordamerika	Europa	UdSSR	Ostasien	Lateinamerika	Afrika	Südasien	Ozeanien
0–14	28,7	24,8	26,2	31,7	41,4	45,0	42,0	30,4
15–64	61,6	63,3	64,3	63,1	54,5	52,0	54,6	60,1
65 u. älter	9,8	11,8	9,4	5,3	4,1	3,0	3,4	7,4

Quelle: „Pro Mundi Vita", Die demographische Explosion ..., S. 14.

[4] Ebd., S. 9.

[5] Daten der Bevölkerungsentwicklung. Überblick und Vergleich der Entwicklung in den Industriestaaten und in den Ländern der Dritten Welt. Soziographische Beilage Nr. 24, in: HK 27 (1973) 345ff. Mit einem Begleitkommentar von Dr. Hermann Schubnell, Direktor im Statistischen Bundesamt, Wiesbaden; hier S. 346.

Für die christlichen Kirchen ist diese Entwicklung von einer nicht zu unterschätzenden Bedeutung. Sie führt dazu, daß die christliche Welt sich in den nächsten Jahrzehnten immer mehr südwärts und in die Länder der Dritten Welt verlagern wird[6].

Weltreligionsstatistik 1914 bis 1965

Eine exakte, allseits befriedigende Religionsstatistik der Welt gibt es ebensowenig wie eine exakte Weltbevölkerungsstatistik. Die besten Angaben liefern die staatlichen Zählungen, soweit solche überhaupt durchgeführt werden. Einen guten Überblick bietet das „UN Demographic Yearbook" und das „UN Statistical Yearbook". Für viele Länder der Dritten Welt sind wir auf kirchliche Angaben angewiesen. Sie sind besonders da problematisch, wo ein Großteil der Getauften kein lebendiges Verhältnis zum kirchlichen Leben hat. Problematisch sind auch Angaben über Länder der kommunistischen Welt. Auch für die Weltreligionsstatistik gilt, daß die Angaben nur so zuverlässig sein können wie das Primärmaterial, das aus den verfügbaren Quellen gewonnen werden kann.

Im folgenden wird eine religionsstatistische Übersicht nach Erdteilen geboten.

Tabelle 5: Religionsstatistik Europas mit Untertiteln 1920 bis 1965 (Alle Zahlen in Tsd. und %)

Region	Gesamtpopulation	Katholiken	Protest. und Anglik.	Orthodoxe	Andere Christen	Juden	Mohammedaner	Sonstige
Mitteleuropa								
1920	114899	59991	44902	2939	515	4008	—	2465
%	100	52,2	39,0	2,55	0,45	2,7	—	2,1
1935	127247	67789	46916	4335	1047	4335	—	104
%	100	53,3	36,9	3,47	0,8	3,47	—	0,62
1965	130865	74380	48541	584	?	128	—	7519
%	100	56,8	37,0	0,44	?	0,09	—	5,7
Nordeuropa								
1920	15520	30	15320	60	20	15	—	75
%	100	0,2	98,7	0,4	0,13	0,1	—	0,48
1935	16833	35	16607	70	1	17	—	104
%	100	0,2	98,6	0,41	—	0,1	—	0,62
1965	20844	80	20495	73	?	21	1	264
%	100	0,38	98,3	0,35	?	0,1	—	1,26
Westeuropa								
1920	104666	55611	46895	—	—	552	—	1608
%	100	53,1	44,8	—	—	0,53	—	1,53
1935	109558	56502	48165	140	20	843	100	3808
%	100	51,6	43,9	0,13	0,02	0,77	0,09	3,5
1965	126234	64085	39140	260	?	1030	250	21372
%	100	50,7	31,0	0,21	?	0,81	0,28	16,9

[6] Vgl. Tabelle 10, Seite 9.

Region	Gesamt-popu-lation	Katho-liken	Protest. und Anglik.	Ortho-doxe	Andere Chri-sten	Juden	Mo-hamme-daner	Sonstige
Osteuropa								
1920	43075	12925	3606	22076	6	1437	2850	175
%	100	30,0	8,3	51,2	0,01	3,3	6,6	0,4
1935	50915	15029	3855	26749	—	1625	3568	89
%	100	29,5	7,6	52,5	—	3,2	7,0	0,17
1965	54838	13352	4262	29521	?	277	3922	3350
%	100	24,3	7,8	53,8	?	0,51	7,1	6,1
Südeuropa								
1920	75410	66276	168	6419	—	55	1015	1477
%	100	87,9	0,3	8,5	—	0,07	1,3	2,0
1935	82333	73920	184	6689	10	213	1255	72
%	100	89,7	0,22	8,1	0,01	0,26	1,5	0,09
1965	102476	93887	301	8143	?	47	108	304
%	100	91,6	0,29	7,9	?	0,05	0,1	0,29
Gesamteuropa								
1920	353570	194833	110891	31494	541	6067	3901	5800
%	100	51,0	31,4	8,9	0,15	1,7	1,1	1,6
1935	388615	213283	115755	38521	1078	7032	4932	8014
%	100	60,3	32,7	10,9	0,3	2,0	1,4	2,2
1965	435257	245784	112739	38581	?	1503	4281	32809
%	100	56,4	25,9	8,8	?	0,35	0,98	7,5

Quellen: Für 1920: *H. A. Krose* (Hrsg.), Kirchliches Handbuch für das katholische Deutschland, Bd. 7, 1930–31 (Köln 1931), S. 263; für 1935: Zentralstelle für kirchliche Statistik des katholischen Deutschlands, Köln (Hrsg.), Kirchliches Handbuch für das katholische Deutschland, Bd. 21, 1939–40 (Köln 1939) S. 150; für 1965: Atlas Hierarchicus, 1968, S. 56 (ohne UdSSR).
Es umfassen
Mitteleuropa: Danzig, Deutsches Reich mit Saargebiet, Österreich, Polen, Schweiz, Tschechoslowakei;
Nordeuropa: Norwegen, Schweden, Dänemark, Finnland;
Westeuropa: Belgien, Frankreich, Großbritannien und Irland, Luxemburg, Monaco, Niederlande;
Osteuropa: Albanien, Bulgarien, Jugoslawien, Rumänien, Ungarn, Baltikum;
Südeuropa: Andorra, Griechenland, Italien, Portugal, Spanien, europ. Teil der Türkei.

Tabelle 6: Religionsstatistik Amerikas mit Untertiteln 1910 bis 1966
(Alle Zahlen in Tsd. und %)

	Gesamt-population	Kathol.	Protest. u. Anglik.	Ortho-doxe	Juden	Andere Religionen	Sonstige*
*Nordamerika***							
1910	94583	17364	69332	?	1837	550	5500
%	100	18,3	73,0	?	1,9	0,58	5,8
1950	166000[1]	34717[2]	72535[3]	2030[2]	5433[4]	76	51209(?)
%	100	20,9	43,6	1,2	3,3	0,04	
1966	210357	54171	76743	3406	5944	70089	
%	100	25,7	36,4	1,6	2,8	33,3	
Mittelamerika							
1910	25458	23101	1072	?	16	732	565
%	100	90,6	4,2	?	0,06	2,8	2,2
1950	52000[1]	42978[2]	3242[3]	–	47[4]	158	557(?)
%	100	82,6	6,2	–	0,09	0,3	
1966	66830	60408	3892	–	112	3715	
%	100	90,3	5,8	–	0,16	5,5	
Südamerika							
1910	48980	47147	463	?	6	1340	24
%	100	96,2	0,9	?	0,01	2,7	0,05
1950	111000[1]	94155[2]	5876[3]	38[2]	582[4]	431	9918(?)
%	100	84,8	5,2	0,03	0,52	0,38	
1966	152008	137923	6054	480	685	5366	
%	100	90,7	3,9	0,3	0,5	3,5	
Gesamtamerika							
1910	169048	87612	70867	?	1858	2622	6089
%	100	51,8	41,9	?	1,1	1,5	3,6
1950	329000[1]	171850[2]	81653[3]	2068[2]	6062[4]	665	66702(?)
%	100	52,2	24,2	0,62	1,8	0,2	20,2(?)
1966	429195	252502	86689	3886	6741	79170	
%	100	58,8	20,1	0,9	1,6	18,4	

* „Sonstige“: Ohne Angabe und/oder konfessionslos.

** „In Süd- und Mittelamerika hat man noch einigermaßen zuverlässige Grundlagen für die Religionsstatistik. ... Aber sehr schwer ist die Abschätzung der Konfessionen in den Vereinigten Staaten von Nordamerika“: *H. A. Krose* (Hrsg.), Kirchliches Handbuch für das katholische Deutschland, Bd. 3, 1910–11 (Freiburg i.Br. 1911) S. 202.

Quellen: Für 1910: *H. A. Krose* (Hrsg.), Kirchliches Handbuch für das katholische Deutschland, Bd. 3, 1910–11 (Freiburg i. Br. 1911) S. 201; für 1950: [1] UN Statistical Yearbook, 18. Bd. (1966) (New York 1967) S. 26; [2] World Christian Handbook, ed. by *E. J. Bingle et al.* (London 1952) S. 266; [3] World Christian Handbook, ed. by *H. Wakelin Coxill* (London 1962) S. 243; [4] World Christian Handbook, ed. by *E. J. Bingle et àl.* (London 1957) S. 173; für 1966: Atlas Hierarchicus, 1968.

Tabelle 7: Religionsstatistik Afrikas 1910 bis 1960/65
(Alle Zahlen in Tsd. und %)

Jahr	Gesamtpopulation	Kath.	Andere Christen	Juden/ Moham.	Hind./ Buddhisten	Andere/ Religionslose
1910	126351	6689	8457	43872	–	71000
%	100	5,3	6,7	34,75	–	56,3
1950	223000	18193	17495(?)	52832	543	?
%	100	8,1	7,7	23,75	0,24	?
1960/65	317545	31782	33890(?)	61668	523	?
%	100	10,0	10,6	19,4	0,16	?

Quellen: Für 1910: *H. A. Krose* (Hrsg.), Kirchliches Handbuch für das katholische Deutschland, Bd. 3, 1910–11 (Freiburg i. Br. 1911) S. 200f; für 1950: World Christian Handbook, ed. by *E. J. Bingle et al.* (London 1957) S. 162ff; für 1960/65: World Christian Handbook, ed. by *H. Wakelin Coxill* (London 1962) S. 234ff und Atlas Hierarchicus, 1968.

Tabelle 8: Religionsstatistik Asiens 1910 bis 1960/65
(Alle Zahlen in Tsd. und %)

Jahr	Gesamtpopulation	Kath.	Andere Christen	Juden/ Moham.	Hind./ Buddhisten	Andere/ Religionslose
1910	828455	12661	19079	155845	624000	16870
%	100	1,5	2,3	18,78	75,0	2,0
1950	1581000	27771	17018	275967	839399	?
%	100	1,7	1,07	17,45	53,1	?
1960/65	1831640	43947	22907	355175	501479(?)	?
%	100	2,4	1,25	19,44	27,38(?)	?

Quellen: Wie zu Tabelle 7. – Für 1960/65 ist besonders China ein großer Unsicherheitsfaktor.

Tabelle 9: Religionsstatistik Australiens und Ozeaniens 1910 bis 1960/65
(Alle Zahlen in Tsd. und %)

Jahr	Gesamtpopulation	Kath.	Andere Christen	Juden/ Moham.	Hind./ Buddhisten	Andere/ Religionslose
1910	6633	1244	3997	36	70	1286
%	100	18,7	60,2	0,54	1,0	19,3
1950	14600	2108	10562	58?	?	?
%	100	14,4	72,3	0,30	?	?
1960/65	17722	3782	10342	89	?	?
%	100	21,3	58,43	0,5	?	?

Quellen: Wie zu Tabellen 7 und 8.

Die Südwärtsverlagerung der christlichen Welt

Es wurde bereits in anderem Zusammenhang erwähnt, daß die unterschiedlichen Wachstumsraten der Bevölkerung in verschiedenen Teilen der Welt für die Kirche der nächsten Jahre und Jahrzehnte große Probleme mit sich bringen werden. Auf sie kann in diesem Zusammenhang nicht näher eingegangen werden[7].

Auf eine wichtige Konsequenz der unterschiedlichen Wachstumsraten soll jedoch noch hingewiesen werden, und zwar auf die unausweichliche Verlagerung des quantitativen Schwergewichts der christlichen Welt in südlichere Regionen und in die Länder der sogenannten Dritten Welt. Das Problem kann an Hand der folgenden Tabelle 10 am besten illustriert werden, die wir der mehrfach erwähnten Studie von „Pro Mundi Vita" entnehmen.

Tabelle 10: Südwärtsverlagerung der christlichen Welt, 1900–2000
(Alle Zahlen in Millionen und %; Fettdruck = Christen)

Kontinent	1900 Bevölkerung	1900 Christen	1900 %	1965 Bevölkerung	1965 Christen	1965 %	2000 Bevölkerung	2000 Christen	2000 %
Europa	298	**260**	87	440	**385**	87	526	**404**	77
Nordamerika	82	**41**	50	213	**192**	90	354	**300**	85
UdSSR	130	**91**	70	231	**60**	26	353	**92**	26
Gesamt:									
Entwickelte Welt	510			884			1233		
Ältere Kirchen		**392**	77		**637**	72		**796**	65
Asien	902	**9**	1	1827	**62**	3	3457	**165**	5
Afrika	118	**4**	3	306	**75**	24	768	**351**	46
Ozeanien	6	**3**	50	17	**13**	77	32	**27**	85
Lateinamerika	64	**51**	80	245	**220**	90	638	**575**	90
Gesamt:									
Dritte Welt	1090			2395			4895		
Kirchen der Dritten Welt		**67**	6		**370**	*15*		**1118**	23
Gesamt-Weltbevölkerung	1600	**459**	28,7	3279	**1007**	30,7	6128	**1914**	31,2
Gesamt-Nichtchristen		1141			2272			4214	

Quelle: „Pro Mundi Vita", Die demographische Explosion ..., S. 16.

[7] Wer sich dafür des näheren interessiert, sei auf die Studie von „Pro Mundi Vita", Die demographische Explosion ... hingewiesen; vgl. dort vor allem S. 21ff.

Die Organisation der Gesamtkirche von 1914 bis 1970

QUELLEN: Acta Apostolicae Sedis (AAS) (Vatikanstadt 1909ff); Annuario Pontificio (Vatikanstadt 1912ff); Kirchliches Handbuch für das katholische Deutschland (Freiburg i. Br. 1907ff); L'attività della Santa Sede (Rom 1938/39ff); Annuario Statistico della Chiesa (Rom 1971ff).

LITERATUR: Zur römischen Kurie: *J. Ferrante,* Summa Juris Constitutionalis Ecclesiae (Rom 1964); *N. Del Re,* La Curia Romana. Lineamenti storico-giuridici (Rom ³1970); LThK, Bd. 6 (Freiburg ²1961) Sp. 692–694; *L. Pasztor,* La Curia Romana. Problemi e ricerche per la sua storia nell'età moderna e contemporanea (Rom ²1971). – Zum Kardinalskollegium: *H. W. Klewitz,* Die Entstehung des Kardinalskollegiums. Reformpapsttum und Kardinalskollegium (Darmstadt 1957); LThK, Bd. 5 (Freiburg ²1960) Sp. 1342–1344; *P. C. van Lierde – A. Giraud,* Das Kardinalskollegium (Der Christ in der Welt 12) (Aschaffenburg 1965). – Zu den Kardinalskongregationen: *F. M. Cappello,* De Curia Romana, 2 Bde (Rom 1911–13); *V. Martin,* Les Congrégations romaines (Paris 1930); daneben zahlreiche Monographien (meist Doktordissertationen) zu einzelnen Kongregationen; LThK Bd. 5 (Freiburg ²1960) Sp. 1344–1349. – Zum päpstlichen Gesandtschaftsrecht: *U. Stutz,* Die päpstliche Diplomatie unter Leo XIII. nach den Denkwürdigkeiten des Kardinals Domenico Ferrara, Abh. der Preuß. Akademie der Wissenschaften, Phil.-Hist. Kl. 1925, Nr. 3/4, Sdr. Berlin 1926; *G. de Marchi,* Le nunziature Apostoliche dal 1800 al 1957 (Rom 1959) (mit einem Verzeichnis der Staatssekretäre und Nuntien von 1800–1956). – *G. Ferroglio,* Circoscrizioni ed enti territoriali della Chiesa (Turin 1946); *P. Negwer,* Die kuriale Zirkumskriptionspraxis in ihrer Bedeutung für den gegenwärtigen Rechtsstatus der ostdeutschen Diözesen. Diss. jur. Basel (Maschinenschrift) (Basel 1963). – Ferner: Handbücher und Kommentare zum Kirchenrecht sowie Darstellungen zur Geschichte der Kirche und des Papsttums.

Die Gesamtkirche als geistliche Glaubensgemeinschaft und notwendigerweise „sichtbare" und als solche verfaßte Gesellschaft gläubiger Menschen inmitten der Welt bedarf einer funktionsfähigen Organisation, um die ihr eigentümlichen Aufgaben möglichst wirksam erfüllen zu können. Die jeweilige Organisation der Gesamtkirche hat sich im Laufe der Geschichte vielfach gewandelt. Sie ist einmal das Ergebnis langer Erfahrungen, zum anderen aber auch Resultat von mehr oder weniger spontanen Entwicklungen und Entscheidungen einzelner Päpste und/oder gesamtkirchlicher Gremien (insbesondere Konzilien).

Die zentrale Einrichtung zur Verwaltung der Gesamtkirche unter dem Papst ist die Römische Kurie (Curia Romana), womit seit dem Ende des 11. Jahrhunderts die Gesamtheit der im Namen des Papstes für die Leitung der katholischen Kirche tätigen obersten Verwaltungsbehörden und Gerichte in Rom bezeichnet wird. Im weiteren Sinne werden auch der päpstliche Hofstaat (Familia Pontificia) und die zur Teilnahme am päpstlichen Gottesdienst verpflichteten Personen (Cappella Pontificia) zur Kurie gerechnet. Papst Sixtus V. gestaltete die Kurie 1588 zielbewußt zu neuzeitlicheren Formen um und errichtete als neuen ständigen Behördentyp die sogenannten Kardinalskongregationen. Durch die Konstitution „Sapienti Consilio" vom 29. Juni 1908 (AAS 1 [1909] 7–19) hatte Pius X. die Kurie grundlegend neu organisiert. Mit Ausnahme einzelner einschneidender Änderungen unter Papst Paul VI. im Jahre

1967[8] bildet die Neuorganisation unter Pius X. bis heute das Grundmuster der kurialen Verfassung. Zur römischen Kurie gehören (c. 242 CIC) a) die Kardinalskongregationen, b) die Pönitentiarie, c) die Tribunale und kurialen Ämter, d) verschiedene Kommissionen ständiger Natur und in jüngerer Zeit verschiedene Sekretariate. – Zum Beamtenstab gehören die Kardinäle, die hohen Beamten (officiales maiores: Prälaten) sowie die niederen Beamten (officiales minores), die als „Kurialen" im engeren Sinne bezeichnet werden[9].

Nach dem Papst sind heute die Kardinäle die ranghöchsten Würdenträger der katholischen Kirche. Sie sind seine Ratgeber und ersten Mitarbeiter in der Leitung der Gesamtkirche, sei es innerhalb der Kurie, sei es außerhalb Roms auf meist großen und bedeutenden Metropolitansitzen[10]. Letztere spielen daher innerhalb des Organisationsgefüges der Gesamtkirche ebenfalls eine bedeutende Rolle.

Zum Organisations- und Funktionsgefüge der Gesamtkirche zählt schließlich die gesamte kirchliche Hierarchie, insbesondere die juro divino als ordentliche Hirten in Gemeinschaft mit dem Papst und dem Kollegium ihrer bischöflichen Mitbrüder ihre Teilkirchen leitenden Bischöfe.

Die genannten institutionellen und personalen Funktionsträger bilden das organisatorische Gerüst der Gesamtkirche ad intra[11]. Nach außen, d.h. zu vielen Staaten der Welt und zu internationalen Organisationen (UNO, UNESCO usw.), unterhält nicht die Kirche, aber der Heilige Stuhl diplomatische oder quasi-diplomatische Beziehungen im Sinne des aktiven (Nuntien, Internuntien usw.) und des passiven (Botschafter, Gesandte usw.) Gesandtschaftsrechts. Wenngleich dieser Komplex nicht direkt zur formalen Organisation der Gesamtkirche gehört, so sind doch zumindest die aktiven Träger der diplomatischen Beziehungen seitens des Heiligen Stuhles dennoch auf Grund ihrer Zugehörigkeit zur Hierarchie bzw. zum Bischofskollegium und auf Grund ihrer faktischen Einflußnahme auf formale Träger der kirchlichen Organisation (z.B. Mitwirkung bei der Ernennung neuer Bischöfe) auch für die Leitung der Gesamtkirche nicht unbedeutend.

[8] Durch die Const. Apost. „Regimini Ecclesiae universae" vom 15.8.1967: AAS 59 (1967) 885–928; vgl. HK 21 (1967) 460ff.

[9] Zu Einzelheiten vgl. *N. del Re*, La Curia Romana. Lineamenti storico-giuridici (Rom ²1952); *Ch. A. Berutti*, De Curia Romana (Rom 1952); LThK Bd. 6 (Freiburg ²1961) Sp. 692–694.

[10] Vgl. *H. W. Klewitz*, Die Entstehung des Kardinalskollegiums. Reformpapsttum und Kardinalskollegium (Darmstadt 1957); LThK Bd. 5 (Freiburg ²1960) Sp. 1342–1344.

[11] Vom organisationssoziologischen Gesichtspunkt aus könnte man das traditionelle Organisationsgerüst der katholischen Kirche schwerpunktmäßig als ein „Linien-System" bezeichnen, bei dem, im allgemeinen mit schwacher Rückkoppelung an die jeweils nachgeordneten Instanzen, im wesentlichen Anordnungen „von oben nach unten" gegeben wurden, während erst seit dem Konzil dieses traditionelle Organisationsmuster allmählich durch Elemente eines „Stabs-Systems" auf verschiedenen Ebenen des Linien-Systems ergänzt wird („Räte" vom Pfarrgemeinderat herauf bis zum „Rat der Laien" in Rom).

Kongregationen, Tribunale und Ämter, Kommissionen und Sekretariate der Kurie (1916–1968)

Kongregationen

Kongregationen sind ständige, aus einer gewissen Anzahl von Kardinälen bestehende kollegial verfaßte Behörden der römischen Kurie mit einem gesetzlich festgelegten Inhalt von Aufgaben und Vollmachten zur Regierung der Gesamtkirche[12]. Nachdem Sixtus V. durch die Konstitution „Immensa aeterni" vom 21. 1. 1588 ein umfassendes System von 15 Kongregationen mit abgegrenztem Geschäftsbereich geschaffen hatte, unterlag ihre Anzahl im Laufe der Zeit starken Schwankungen. Um die Mitte des 19. Jahrhunderts waren es fast 30, beim Amtsantritt Pius' X. noch 21. Dieser beschränkte sie in seiner Kurialreform auf 11. Zu Beginn des hier betrachteten Zeitraums, unter Benedikt XV., finden wir 13 Kongregationen vor (einschließlich der Sonderkongregation für die Dombauhütte von St. Peter, die aber nicht zu den allgemeinen Kardinalskongregationen zählt). Benedikt XV. hob 1917 die Index-Kongregation auf. Eine Schöpfung Benedikts als selbständige Kongregation ist die „Congregatio de propaganda Fide pro negotiis Rituum orientalium"[13].

Tabelle 11: Die Kongregationen von 1916 bis 1968

Name	1916 Benedikt XV.	1923 Pius XI.	1939 Pius XII.	1961 Johannes XXIII.	1968 Paul VI.
Sacra Congregatio – Sancti Officii	exist.	exist.	exist.	exist.	Seit 7. 12. 1965 Congregatio pro Doctrina Fidei
– Consistorialis	exist.	exist.	exist.	exist.	Seit 15. 8. 1967 Congregatio pro Episcopis
– de Propaganda Fide pro negotiis Rituum Orientalium	exist.	exist.	Seit 1938 S. C. pro Ecclesia Orientali	exist.	exist.
– de Disciplina Sacramentorum	exist.	exist.	exist.	exist.	exist.
– Concilii	exist.	exist.	exist.	exist.	Seit 15. 8. 1967 Congregatio pro Clericis

[12] Gesamtdarstellungen s. bei *F. M. Cappello,* De Curia Romana; *V. Martin,* Les Congrégations romaines; daneben zahlreiche Monographien zu einzelnen Kongregationen. Vgl. ferner *E. Eichmann – K. Mörsdorf,* Lehrbuch des Kirchenrechts, Bd. I ([7]1953) S. 360ff.

[13] Durch Motuproprio „Dei providentis" vom 15. 1. 1917: AAS 9 (1917) 529. Nach der durch Motuproprio Pius' XI. „Sancta Dei Ecclesia" vom 25. 3. 1938 erfolgten Neuordnung ist sie unter dem Namen „S. C. pro Ecclesia Orientali" für alle Angelegenheiten der Ostkirche zuständig: AAS 30 (1938) 154ff.

Name	1916 Benedikt XV.	1923 Pius XI.	1939 Pius XII.	1961 Johannes XXIII.	1968 Paul VI.
– Negotiis religiosorum sodalium praeposita	exist.	exist.	exist.	exist.	Seit 15. 8. 1967 Congregatio pro Religiosis et Institutis saecularibus
– de Propaganda Fide	exist.	exist.	exist.	exist.	Seit 15. 8. 1967 Congregatio pro gentium Evangelisatione seu de Propaganda Fide
– Rituum	exist.	exist.	exist.	exist.	exist.; seit 1969 Aufteilung in die beiden folgenden Kongregationen
– pro Cultu Divino	–	–	–	–	Seit 31. 5. 1969 aus der vorhergehenden Kongregation
– pro Causis Sanctorum	–	–	–	–	Seit 31. 5. 1969 wie vorhergehende Kongregation
– pro Sacramentis divinoque Cultu	–	–	–	–	Seit 31. 7. 1975 aus Zusammenlegung der beiden vorhergehenden
– Caeremonialis	exist.	exist.	exist.	exist.	1967 aufgehoben
– pro Negotiis Ecclesiasticis extraordinariis	exist.	exist.	exist.	exist.	1967 aufgehoben; Zuständigkeit beim Staatssekretariat
– de Seminariis et Universitatibus studiorum	exist.	exist.	exist.	exist.	Seit 1967 Congregatio pro Institutione catholica
– Indicis	Am 25. 3. 1917 aufgehoben	–	–	–	–

Quellen: H. A. Krose (Hrsg.), Kirchliches Handbuch für das katholische Deutschland, 5. Bd., 1914–16 (Freiburg i. Br. 1916) S. 13ff; *ders.*, ebd., 11. Bd., 1922–23 (Freiburg i. Br. 1923) S. 8ff; Zentralstelle für kirchliche Statistik des katholischen Deutschlands (Hrsg.), Kirchliches Handbuch für das katholische Deutschland, 21. Bd., 1939–40 (Köln 1940) S. 14ff; *F. Groner* (Hrsg.), Kirchliches Handbuch. Amtliches statistisches Jahrbuch der katholischen Kirche Deutschlands, 25. Bd., 1957–61 (Köln 1962) S. 8ff; *ders.*, ebd., 26. Bd., 1962–68 (Köln 1969) S. 9ff. (Alle genannten Quellen beziehen sich auf die jeweiligen Jahrgänge des Annuario Pontificio.)

Tribunale und Ämter

Eigentliche Gerichtshöfe (Tribunale) der römischen Kurie sind nur die Rota (Sacra Romana Rota) als oberstes Berufungsgericht (c. 259 CIC; Näheres s. cc. 1598ff) und die Apostolische Signatur (Supremum Signaturae Apost. tribunal) als oberster Verwaltungs- und Kassationshof (c. 259 CIC; Näheres s. cc. 1602ff). Die Pönitentiarie (Sacra Paenitentiaria) ist dagegen der kuriale Gnadenhof für den inneren Bereich (forum internum). Da sie überwiegend Gnadenerweise gewährt, ist sie eher als Verwaltungsbehörde denn als Gericht anzusprechen (c. 258 CIC)[14].

Die kurialen Ämter sind, da nur mit Aufgaben der Verwaltung betraut, reine Verwaltungsbehörden und haben im Unterschied zu den Kongregationen nicht eine kollegiale, sondern eine monokratische Verfassung. Es handelte sich bis zur sogenannten kleinen Kurienreform durch Paul VI. im Jahre 1967 um die Kanzlei (Cancellaria Apostolica), der die Ausfertigung und Versendung der Bullen obliegt (c. 260 CIC), die Datarie (Dataria Apostolica), die für die Verleihung der niederen Kirchenämter zuständig war (c. 261 CIC), die Kammer (Camera Apostolica), der die Verwaltung der zeitlichen Güter und Rechte des Heiligen Stuhles anvertraut ist (c. 262 CIC), endlich um das Staatssekretariat (Secretaria Status), dem die verantwortliche Leitung der Politik des Heiligen Stuhles obliegt. – Neben der Kanzlei (deren Zuständigkeit durch Paul VI. geändert wurde) und der Kammer wurden unter dem Datum vom 15. August 1967 drei neue Ämter errichtet: die Präfektur der wirtschaftlichen Angelegenheiten des Heiligen Stuhles (Praefectura rerum oeconomicarum S. Sedis), die Administration der Pfründe des Heiligen Stuhles (Administratio Patrimonii Apostolicae Sedis) und die Präfektur des Apostolischen Palasts (Apostolici Palatii Praefectura). Die Zuständigkeit des Staatssekretariats wurde neu bestimmt. Es ist zur unmittelbaren Unterstützung des Papstes bei seinen Bemühungen um die Gesamtkirche wie um die einzelnen Abteilungen der römischen Kurie eingesetzt. Dem Staatssekretariat wurde gleichzeitig das neugeschaffene Amt für kirchliche Statistik (Generale Ecclesiae Rationarium) angegliedert. – Die Datarie fiel weg.

[14] Näheres siehe bei *Eichmann-Mörsdorf,* a.a.O., S. 369ff. Zu historischen Details vgl. *A. Perathoner,* Das kirchliche Gesetzbuch (Brixen [5]1931) S. 147ff und 549ff.

Tabelle 12: Tribunale und Ämter der Kurie von 1916 bis 1968

Tribunale/ Ämter	1916 Benedikt XV.	1923 Pius XI.	1939 Pius XII.	1961 Johannes XXIII.	1968 Paul VI.
Tribunale: S. Romana Rota	exist.	exist.	exist.	exist.	exist.
Supr. Signaturae Apost. tribunal	exist.	exist.	exist.	exist.	exist.
S. Paenitentiaria	exist.	exist.	Neu- ordnung am 25.3.35	exist.	exist.
Ämter: Cancellaria Apostolica	exist.	exist.	exist.	exist.	exist.
Dataria Apost.	exist.	exist.	exist.	exist.	–
Camera Apost.	exist.	exist.	exist.	exist.	exist.
Praefectura rerum oeconomicarum S. Sedis	–	–	–	–	Am 15. 8. 1967 errichtet
Administratio Patrimonii Apost. Sedis	–	–	–	–	Am 15. 8. 1967 errichtet
Apost. Palatii Praefectura	–	–	–	–	Am 15. 8. 1967 errichtet
Generale Ecclesiae Rationarium	–	–	–	–	Am 15. 8. 1967 errichtet

Quellen: Wie zu Tabelle 11; resp. SS. 18f; 10f; 17f; 10f; 11f.

Tabelle 13: Päpstliche Kommissionen von 1916 bis 1968
(nach dem Jahr ihrer Einsetzung; keine vollständige Aufzählung)

Name u. Jahr der Einsetzung	1916 Benedikt XV.	1923 Pius XI.	1939 Pius XII.	1961 Johannes XXIII.	1968 Paul VI.
f. Christl. Archäologie (1852)	exist.	exist.	exist.	exist.	exist.
f. das Bibelstudium (1902)	exist.	exist.	exist.	exist.	exist.
f. Durchsicht und Verbesserung d. Vulgata (1914)	exist.	exist.	1933 reorganisiert	exist.	exist.
f. authent. Auslegung d. CIC (1917)	–	exist.	exist.	exist.	exist.
f. Sicherung künstler. Monumente des Hl. Stuhles (1923)	–	exist.	exist.	exist.	exist.
f. relig. Kunst in Italien (1924)	–	–	exist.	exist.	exist.
f. Kodifizierung d. oriental. Kirchenrechts (1935)	–	–	exist.	exist.	exist.
f. Film, Funk u. Fernsehen (1948)	–	–	–	exist.	exist.
als Päpstl. Hilfswerk (1953)	–	–	–	exist.	exist.
f. Geschichtswissenschaften (1954)	–	–	–	exist.	exist.
f. Latein-Amerika (1958)	–	–	–	exist.	exist.
f. d. Revision des CIC (1963)	–	–	–	–	exist.
f. d. gesellschaftl. Kommunikationsmittel (1964)	–	–	–	–	exist.
f. d. Neo-Vulgata (1965)	–	–	–	–	exist.
f. d. Interpretation d. Dekrete des II. Vatikan. Konzils (1968)	–	–	–	–	exist.

Quellen: Wie zu Tabelle 11; resp. SS. 19f; 11; 19; 11f; 12f.

Kommissionen

Besondere Aufgaben (meist längerfristiger Natur) werden von ständigen Kommissionen, teils in Verbindung mit einer Kongregation, teils selbständig bearbeitet. Ihre Zahl hat im Laufe der Zeit erheblichen Schwankungen unterlegen und ist in jüngster Zeit stark erhöht worden.

Sekretariate

Unter Papst Johannes XXIII. sowie im Anschluß an das Konzil wurden verschiedene Sekretariate errichtet, die das Grundanliegen des Konzils, den Dialog der Kirche mit der Welt, in der nachkonziliaren Zeit realisieren helfen sollen. Es sind dies:
– das Sekretariat zur Förderung der Einheit der Christen (Motuproprio „Superno Dei nutu" vom 5.6.1960; AAS 52 [1960] 433ff);
– das Sekretariat für die Nichtchristen (in der Pfingsthomilie Pauls VI. am Pfingstfest 1964 bekanntgegeben; AAS 56 [1964] 560);
– das Sekretariat für die Nichtgläubigen (unter dem 7.4.1965 errichtet; Annuario Pontificio 1966, S. 1111);
– der Rat der Laien (Motuproprio „Catholicam Christi Ecclesiam" vom 6.1.1967; AAS 59 [1967] 25ff);
– die Päpstliche Studienkommission „Justitia et Pax" (ebd.).

Das Kardinalskollegium (1916–1968)

Die Kardinäle bilden den Senat des Papstes und sind dessen hauptsächliche Ratgeber und Gehilfen in der Regierung der Kirche (c. 230 CIC). Sie bilden ein Kollegium, dessen Mitgliederzahl im Mittelalter schwankte, von Sixtus V. 1588 auf 70 festgelegt wurde (unter Hinweis auf die 70 Ältesten des Volkes Israel; Num 11,26). Man unterscheidet die Ordines der Kardinalbischöfe, der Kardinalpriester und der Kardinaldiakone (früher 6 + 50 + 14). Papst Johannes XXIII. überschritt in der Neuzeit erstmals die Zahl 70 im Konsistorium vom 15. Dezember 1958. Erst seit Pius XII. und verstärkt seit Johannes XXIII. (im Zusammenhang mit der zahlenmäßigen Erweiterung des Heiligen Kollegiums) wird der vom Konzil von Trient[15] befürworteten stärkeren Internationalisierung des Kardinalskollegiums Rechnung getragen (Tab. S. 18).

Die im gesamten Gebiet der Hierarchie der katholischen Kirche bestehenden Titel und Jurisdiktionsbezirke (1916–1968)

Während der Regierungszeit Pius' XI. (1922–1939) erfolgte eine starke Ausweitung der Zahl der Titel im gesamten Gebiet der katholischen Hierarchie. Im einzelnen errichtete der Papst: 31 Missionsstationen, 139 Apostolische Präfekturen, 113 Apostolische Vikariate, 23 Prälaturen nullius, 110 Bischofssitze, 27 Erzbistümer[16].

[15] Sess. XXIV de ref. c. 1.
[16] Vgl. Kirchliches Handbuch für das katholische Deutschland, 21. Bd., 1939–40, Köln 1939, S. 2ff.

Tabelle 14: Das Kardinalskollegium nach der Nationalität seiner Mitglieder (1916–1968)
Zahl der jeweils lebenden Mitglieder

Land (Nationalität)	Anzahl im Jahre				
	1916	1923	1939	1961	1968
Italien	29	31	32	34	35
Frankreich	6	7	6	8	8
Spanien	5	5	3	5	6
Nordamerika (USA)	4	2	3	6	7
Deutschland	2	4	4	3	5
Österreich	3	2	–	1	1
England	2	2	1	2	2
Portugal	2	1	1	1	2
Ungarn	2	1	1	1	1
Holland	1	1	–	–	2
Belgien	1	1	1	–	1
Irland	1	1	1	1	2
Brasilien	1	1	1	3	4
Polen		2	1	1	3
Kanada		1	1	2	3
Tschechoslowakei		1	1	–	1
Argentinien			1	2	2
Syrien			1	1	1
Kolumbien				1	1
Kuba				1	–
Armenien				1	1
Mexiko				1	1
Ekuador				1	1
Uruguay				1	1
Venezuela				1	1
Indien				1	1
China				1	–
Japan				1	1
Philippinen				1	1
Australien				1	1
Portug.-Ostafrika				1	–
Tanganyika				1	–
Schweiz					2
Bolivien					1
Chile					1
Peru					1
Algerien					1
Obervolta					1
Südafrika					1
Tansania					1
Ceylon					1
Indonesien					1
Ägypten					1
Jugoslawien					1
Gesamtzahl:	59	63	59	85	109

Quellen: Wie zu Tabelle 11; resp. SS. 12; 2; 14; 2ff; 2ff.

Tabelle 15: Die im gesamten Gebiet der Hierarchie der katholischen Kirche bestehenden Titel von 1916 bis 1939

Titel	1916	1923	1939
Kardinalstitel	75	70	70
Patriarchaltitel	14	14	14
Metropolitansitze mit Residenz	214	216	219
Erzbischofssitze mit Residenz (ohne Metropolitanrecht)	–	–	36
Bischofstitel mit Residenz	849	874	935
Bischofstitel (in Personalunion verbunden)	65	–	–
Ständige Administrationen	9	–	–
Titularerzbistümer und -bistümer (ohne Residenz)	558	599	772
Erzabteien, Abteien, Priorate und sonstige Prälaturen nullius	23	28	50
Apostolische Delegaturen	13	18	–
Apostolische Vikariate	172	206	292
Apostolische Präfekturen	69	67	135
Missionen und Gebiete eig. Rechts	–	–	19
Gesamtzahl:	2061	2092	2542
(Ohne Titulare: = annähernd Zahl der Jurisdiktionsbezirke)	(1503)	(1493)	(1770)

Quellen: Wie zu Tabelle 11; resp. SS. 25; 13; 20.

Tabelle 16: Entwicklung der Jurisdiktionsbezirke nach Erdteilen von 1961 bis 1968

Jurisdiktionsbezirke	Europa		Afrika		Amerika		Asien		Australien (Ozeanien)	
	1961	1968	1961	1968	1961	1968	1961	1968	1961	1968
Patriarchate	–	2	2	2	–	–	10	11	–	–
Exarchate	9	10	2	–	1	3	1	1	–	1
Metropolen (mit Suffraganen)	112	111	40	44	122	146	65	81	6	11
Suffraganbistümer	432	436	151	231	423	510	210	287	22	45
Erzbistümer (ohne Suffragane)	23	27	3	2	3	1	15	22	2	2
exemte Bistümer	97	89	11	13	8	10	32	26	–	2
exemte Prälaturen	7	8	–	1	52	76	7	11	–	–
exemte Abteien	13	10	3	3	3	3	1	1	1	1
Administrationen	9	5	–	1	1	1	2	2	–	–
Apostol. Vikariate	6	6	20	19	48	41	50	18	28	1
Apostol. Präfekturen	–	–	46	20	21	16	57	38	3	–
Selbständige Missionsgebiete	–	–	–	–	–	–	5	5	1	1
Ordinariate	3	3	–	–	2	2	–	1	–	–
Priorate	–	1	–	–	–	–	–	–	–	–
Gesamtzahl:	711	728	278	336	684	809	455	504	63	64

Quellen: Annuario Pontificio 1961 und 1968; ferner wie zu Tabelle 11; resp. SS. 12ff; 13ff.

Tabelle 17: Entwicklung der Titel und Jurisdiktionsbezirke von 1916 bis 1968 (konsolidiert aus Tabellen 15 und 16)

Jahr	1916	1923	1939	1961	1968
Titel insgesamt	2061	2092	2542	3044*	4205*
Jurisdiktionsbezirke	c. 1503	c. 1493	c. 1770	2191	2441

* Ohne Kardinalstitel, deren Zahl seit 1968 zwischen etwa 100 und 130 schwankt.

Diplomatische Vertretungen des Apostolischen Stuhles bei den Staaten und der Staaten beim Apostolischen Stuhl (1916–1968)

Der Apostolische Stuhl übt das aktive und passive Gesandtschaftsrecht aus (cc. 265 ff CIC). Er ernennt außerordentliche Gesandte zu bestimmten Anlässen und unterhält ständige Vertreter bei Staaten oder in größeren Gebieten (Nuntien, Internuntien, Apostolische Delegaten). Der Apostolische Nuntius ist traditionsgemäß Doyen des bei dem betreffenden Staate akkreditierten Diplomatischen Corps. Der Internuntius steht im Range eines bevollmächtigten Ministers. Auch die außerordentlichen Gesandten haben diplomatischen Status, nicht dagegen die Delegaten.

Tabelle 18: Aktive (d. h. jeweils besetzte) Vertretungen des Apostolischen Stuhles (a) bei den Staaten und der Staaten (b) beim Apostolischen Stuhl (1916–1968)

Rang der Vertretung (nur Apostol. Stuhl)	1916 (a)	1916 (b)	1923 (a)	1923 (b)	1961 (a)	1961 (b)	1968 (a)	1968 (b)
Nuntiatur	4		19		31		61	
Pro- bzw. Internuntiatur	5		5		11		1	
Delegatur	6		–		17		16	
Gesamtzahl:	15	16	24	25	59	47	78	65

Quellen: Wie zu Tabelle 11; resp. SS. 26ff; 13ff; 15ff; 15ff.

Der Apostolische Stuhl empfängt auch diplomatische Vertreter der Staaten, teils außerordentliche, zeitweilige, teils ordentliche, ständige. Sie genießen alle Privilegien und Freiheiten, die nach internationalem Recht diplomatischen Vertretern zustehen, auch von seiten des italienischen Staates, in dessen Territorium sie wohnen. Alle akkreditierten Vertreter der Staaten bilden zusammen das Diplomatische Corps beim Apostolischen Stuhl. – Die Vertreter tragen teils den Titel „Außerordentlicher Botschafter und Bevollmächtigter" (Ambasciatore Straordinario e Plenipotenziario), teils den Titel „Außerordentlicher Gesandter und Bevollmächtigter Minister“ (Inviato Straordinario e Ministro Plenipotenziario)[17].

Ferner unterhält der Apostolische Stuhl Vertretungen (meist durch sogenannte „Ständige Beobachter“) bei folgenden Internationalen Organisationen: 1. Vereinte Nationen (UN; N. Y.); 2. Amt der Vereinten Nationen und Sonderinstitute (Genf); 3. Internationales Atom-Energie-Amt (Wien); 4. Organisation der UNO für Ernährung und Landwirtschaft (FAO; Rom); 5. Organisation der UNO für Erziehung, Wissenschaft und Kultur (UNESCO; Paris); 6. Europarat (Brüssel); 7. Internationales Institut für die Vereinheitlichung des Privatrechts (Vatikan); 8. Internationales Komitee für Militär-Medizin und -Heilkunde (Tirlemont); 9. Internationale Vereinigung der amtlichen Tourismus-Organisationen (UIOOT); 10. Internationale Geographische Vereinigung[18].

Schlußbemerkung: Die Entwicklung der im Kern seit 1914 unveränderten organisatorischen Struktur der Gesamtkirche trägt in fast allen ihren institutionellen und personellen Funktionsträgern der längerfristigen globalen Nord-Süd-Drift der katholischen Weltbevölkerung[19] zunehmend Rechnung. Dies betrifft sowohl die starke Internationalisierung des Kardinalskollegiums als auch die Ausweitung der kirchlichen Hierarchie gerade in den Ländern der Dritten Welt. Am wenigsten scheint dieser Umschichtungsprozeß bisher noch die römische Kurie selbst erfaßt zu haben.

[17] Vgl. *U. Stutz*, Die päpstliche Diplomatie unter Leo XIII. nach den Denkwürdigkeiten des Kardinals Domenico Ferrara, a. a. O.; *A. Verdross*, Die Stellung des Apostolischen Stuhles in der internationalen Gemeinschaft, in: Österr. Archiv für Kirchenrecht 3 (1952) S. 54–68; *G. de Marchi*, Le nunziature Apostoliche dal 1800 al 1957 (Rom 1959); Annuario Pontificio.
[18] *F. Groner* (Hrsg.), Kirchliches Handbuch. Amtliches Statistisches Jahrbuch der katholischen Kirche Deutschlands, 26. Bd., 1962–1968 (Köln 1969) S. 16.
[19] Siehe Tabelle 10, S. 9.

2. Kapitel

Die Päpste Benedikt XV., Pius XI. und Pius XII. Biographie und innerkirchliches Wirken

Univ.-Professor Dr. Hubert Jedin, Bonn

Allgemeines: Amtliche Aktenstücke in den AAS; fortlaufende Berichterstattung darüber von *N. Hilling* im AKR; *J. Schmidlin*, Papstgeschichte der neuesten Zeit III (München 1936) 179–339 (Benedikt XV.), IV (München 1939) (Pius XI.); *H. Hermelink*, Die katholische Kirche unter den Piuspäpsten des 20. Jahrhunderts (Zollikon-Zürich 1949); *G. Schwaiger*, Geschichte der Päpste im 20. Jahrhundert (München 1968); *C. Falconi*, I papi del ventesimo secolo (Mailand 1967); *F. Sugrue*, Popes in the modern world (New York 1961); *A. Oddone*, Azione pacificatrice e caritatevole del Papato contemporaneo, in: CivCatt 101 (1950) 68–82.

Benedikt XV.

Die zu Lebzeiten des Papstes veröffentlichten Biographien bieten meist biographische Angaben, aber noch keine Würdigung: *A. De Waal*, Der neue Papst (Hamm 1915); *A. Pöllmann*, Benedikt XV. aus der Familie Della Chiesa (Dießen vor München 1915); *A. Baudrillart*, Benoît XV (Paris 1920); für letztere sind ergiebiger die Nachrufe von *H. Sierp*, in: StdZ 102 (1922) 401–408; *Ph. Funk*, in: Hochland 19 (1921/22) 651–659. – Spätere Biographien: *F. Vistalli* (Hildesheim 1932); *F. Pichon* (Paris 1940); *F. Hayward*, Un pape méconnu: Benoît XV (Tournai, Paris 1955); *W. H. Peters*, The life of Benedict XV (Milwaukee 1959). – Historische Perspektiven bei *F. Ehrle*, Von Pius X. zu Benedikt XV, in: StdZ 88 (1915) 201–219; *S. Merkle*, Benedikt XIV – Benedikt XV, in: Hochland 12 (1914/15) 340–347. – Neue Briefe: *F. Molinari*, Il carteggio di Benedetto XV con Mons. Ersilio Monzani, in: RSTI 20 (1966) 410–450.

Innerkirchliches Wirken: *N. Hilling*, Die gesetzgeberische Tätigkeit Benedikts XV. bis zur Promulgation des Codex iuris canonici, in: AKR 98 (1918) 223–239, 378–406, 561–574; für die Jahre nach 1917 ebd. 103 (1923) 5–36; *J. Kleijntjens*, Activité charitable de Benoît XV, in: RHE 43 (1948) 536–545; *R. Leiter*, Die päpstliche Kriegsfürsorge, in: StdZ 100 (1921) 197–208.

Giacomo Paolo Battista Della Chiesa war am 21. 11. 1854 in Genua als Sohn des Marchese Giuseppe geboren und hatte zwei Brüder und eine Schwester. Ein Großonkel war Kapuziner. Nach Gymnasialstudien studierte er (seit 1869) als Externer Philosophie im Erzbischöflichen Seminar, anschließend an der Universität Genua die Rechte, in denen er 1875 doktorierte. Als Mitglied des Capranicakollegs in Rom studierte er Theologie und hörte den Jesuiten Franzelin; am 21. 12. 1878 empfing er die Priesterweihe und setzte (bis 1882) seine Studien in der Accademia dei Nobili fort, nach deren Abschluß er auf Empfehlung Rampollas in die Kongregation für die außerordentlichen kirchlichen Angelegenheiten aufgenommen wurde. Rampolla nahm ihn (1882) als Sekretär an die spanische Nuntiatur mit. In Madrid galt er bei den Armen als „Kurat der zwei Peseten“ wegen seiner reichlichen Almosen.

Als Rampolla zum Kardinalstaatssekretär ernannt wurde (1887), wurde Della Chiesa sein enger Mitarbeiter, zuerst als Minutant, seit 1901 als Unterstaatssekretär (Sostituto). Es war eine rein diplomatische Laufbahn, doch gingen parallel mit ihr eine rege Betätigung in der Seelsorge an der Kirche S. Eustachio, katechetischer Unterricht im Mädchenasyl der Vinzentinerinnen, außerdem Konferenzen im Pensionat bei S. Trinità. Den Sturz Rampollas überlebte der Unterstaatssekretär, weil dessen Nachfolger Merry del Val den eingearbeiteten Sostituto nicht entbehren konnte; erst 1907 wurde er, zwar nicht zum Nuntius in Madrid, wie er gehofft hatte, sondern zum Erzbischof von Bologna ernannt. Die Konsekration durch Pius X. in der Sixtinischen Kapelle am 21. 12. 1907 brachte zum Ausdruck, daß er zwar dem neuen Kurs im Staatssekretariat weichen mußte, jedoch das persönliche Wohlwollen des Papstes besaß.

Giacomo Della Chiesa war von Gestalt klein, schmächtig und etwas verwachsen, aber regen Geistes, klardenkend und klug, ein vollendeter Diplomat, von Seeleneifer erfüllt. Er nahm die Entfernung aus dem Vatikan positiv auf, visitierte die 390 Pfarreien seiner Diözese, hielt Dechantenkonferenzen ab und versammelte zweimal (1910 und 1913) seine Suffraganbischöfe um sich. Erst sieben Jahre nach der Ernennung zum Erzbischof von Bologna, am 25. 5. 1914, erhielt er den Kardinalshut; als sich seine Mutter bei Pius X. über die lange Verzögerung beklagte, erhielt sie die Antwort: „Ihr Sohn macht wenige, aber lange Schritte.“ Die Voraussage bewahrheitete sich. Beim Antritt der Romreise zum Konklave rief ihm ein Landsmann in Erinnerung an seinen Vorgänger in Bologna, Prospero Lambertini, der als Benedikt XIV. den Stuhl Petri bestiegen hatte, zu: Prospere, procede, et regna (Ps. 44,4). Der Kardinal antwortete trocken: Ich heiße nicht Prospero, sondern Giacomo.

Im Konklave (31. 8.–3. 9. 1914)[1] wurden die von Pius X. erlassenen Normen streng beobachtet, der italienische Staat garantierte die Wahlfreiheit, die deutsche Reichsregierung ließ Kardinal Mercier aus dem besetzten Belgien ausreisen. Von den 65 Wahlberechtigten nahmen 60 am Wahlakt teil. Es standen sich gegenüber der „Piuskreis“, als dessen Haupt der einflußreiche De Lai galt und als dessen Kandidat erst während des Konklaves der ehemalige Generalabt der Sublacenser Kongregation Domenico Serafini heraustrat; anderseits der Kreis der „fortschrittlichen“ Kardinäle, der für Ferrata oder Gasparri eintrat. Anfangs erschien am aussichtsreichsten die Kandidatur des Kardinals Maffi von Pisa, „italianissimo“ und Diözesanbischof wie die letzten drei Päpste; er erhielt im zweiten Scrutinium 16 Stimmen, ebenso viele Della Chiesa, dem die deutschen und österreichischen Kardinäle den Vorzug gaben. Dieser überflügelte seit dem fünften Scrutinium Serafini, der es im achten Scrutinium noch auf 24 Stimmen brachte, aber das zehnte Scrutinium brachte die Entscheidung: 38 Stimmen (von 57) für Della Chiesa. Die Anhänger Rampollas hatten sich durchgesetzt.

[1] Zusammenfassend auf Grund der Nachlässe von Lafontaine und (für 1922) Piffl *J. Lenzenweger,* in: Linzer Theol.-Prakt. Quartalsschrift 1964, 51–58.

Keines der vorbereiteten päpstlichen Gewänder war klein genug für den Neugewählten. Er gab sich in Erinnerung an seinen großen Vorgänger Lambertini, der ebenfalls aus Bologna gekommen war, den Namen Benedikt XV. Durch seine lange Tätigkeit im Staatssekretariat mit Personen und Geist des Vatikans vertraut, bewegte er sich vom ersten Augenblick an sicher und zielbewußt: Die Krönungsfeier (am 6. 9.) verlegte er in die Sixtinische Kapelle, zu seinem Staatssekretär ernannte er den ehemaligen Pariser Nuntius Ferrata und nach dessen Tod (am 10. 10.) Gasparri. Das erste Hirtenwort des Papstes (8. September) und die Antrittsenzyklika (1. November) waren Rufe zum Frieden.

In den folgenden vier Jahren setzte der Weltkrieg dem innerkirchlichen Wirken des Papstes enge Grenzen. Erst nach dem Waffenstillstand folgten die Lehrschreiben über den hl. Hieronymus (15. Sept. 1920)[2] und die Erhebung Ephräms des Syrers zum Kirchenlehrer[3] (5. Okt. 1920); er feierte Dante zum 600. Jahrestag seines Todes[4] und den Stifter des Predigerordens Dominikus, der in Bologna beigesetzt ist, zum 700.[5]. Die Heiligsprechungen der Margareta Maria Alacoque und Jeanne d'Arc galten den Franzosen als Triumph des siegreichen katholischen Frankreich.

Dem leoninischen Programm entsprach es, daß er katholische Universitäten (Lublin und Mailand) gründete. Das am weitesten tragende kirchliche Ereignis des Pontifikates war die seit dem Ende des 16. Jahrhunderts geplante, aber immer wieder verschobene Neukodifikation des kanonischen Rechts (s. Kapitel 5); die unierten orientalischen Kirchen wurden aus der Zuständigkeit der Propagandakongregation herausgelöst (1917), eine eigene Kongregation für die Seminare gegründet (1915); über die Neuordnung der Missionen s. Bd. VI/2, S. 581f. Das größte Verdienst des klugen, diplomatisch erfahrenen Papstes war, daß er das Schiff der Kirche durch die Klippen des Ersten Weltkrieges steuerte und die Neutralität des Heiligen Stuhles zu wahren vermochte (s. Kapitel 3). Er starb am 22. Januar 1922.

Pius XI.

Von den während des Pontifikates erschienenen Biographien gilt dasselbe wie von denen Benedikts XV.: *M. Bierbaum* (Köln 1922); *A. Novelli* (Mailand 1923); *U. Togani*, Pio XI. La vita e le opere (Mailand 1937), deutsch 1939; *G. Galbiati* (Köln 1937); *L. Townsend* (London 1930); *B. Williamson* (London 1931); *P. Hughes* (London 1937). – Nachrufe: StdZ 136 (1939) 1–9; *A. Novelli*, in: La Scuola cattolica 67 (1939) 624ff; *G. Galbiati*, Papa Pio XI (Mailand 1939). – Für die Erfassung der Persönlichkeit wichtig die Erinnerungen zweier Mitarbeiter: *C. Confalonieri*, Pio XI visto da vicino (Turin 1937), deutsch Aschaffenburg 1958; *E. Pellegrinetti*, Pio XI. L'uomo nel Papa e il Papa nell'uomo (Rom 1940). – Umfassende Dar-

[2] AAS 12 (1920) 385–422.
[3] Ebd., 457–471.
[4] AAS 13 (1921) 209–217.
[5] Ebd., 329–335.

stellung der Persönlichkeit und des Wirkens in dem vom Erzbistum Mailand veranstalteten Sammelwerk: Pio XI nel trentesimo della morte 1939/69 (Mailand 1969); dort 5–58 eine reiche Bibliographie von *A. Rimoldi*.

Spezielles: *G. Galbiati*, La produzione scientifica di Achille Ratti, in: Aevum 13 (1940), Bibliogr. Beiblatt 301–312; *N. Malvezzi*, Pio XI. nei suoi scritti (Mailand 1923); *A. Ratti*, Scritti storici (Florenz 1932); *G. Bobba – F. Mauro*, Achille Ratti. Alpine Schriften (Regensburg 1936); *F. Kraft*, Papst Pius XI. als Bibliothekar: Festschrift Eugen Stollreither (Erlangen 1950) 105–116; über die Privatkorrespondenz *N. Vian*, in: Mélanges E. Tisserant VIII (Rom 1954) 373–439; Discorsi di Pio XI ed. *D. Bertetto*, 3 Bde. (Turin 1959/60/61).

Achille Ratti entstammte dem gewerblichen Mittelstand der Lombardei. Sein Vater war als Fabrikleiter in der Seidenindustrie tätig. Als fünftes Kind seiner Eltern (Mutter Teresa Galli) am 31. Mai 1857 in Desio geboren, besuchte er die private Elementarschule des Priesters Volontieri, die Ferien brachte er bei seinem Oheim Damiano Ratti, Propst von Asso, zu. Die Gymnasialstudien machte er (seit 1867) an den Seminaren von Seveso, Monza und S. Carlo, jedoch mit Abschluß am mailändischen Staatslyzeum. Nach einem dreijährigen Kurs im mailändischen Priesterseminar ging er (1879) in das lombardische Kolleg in Rom, hörte Vorlesungen über Kirchenrecht an der Gregoriana, wo der spätere Jesuitengeneral Wernz einer seiner Lehrer war, außerdem an der römischen Sapienza Theologie und an der Thomasakademie Philosophie; die Priesterweihe erhielt er am 20. Dezember 1879 im Lateran.

Nach Mailand zurückgekehrt (1882), wirkte er fünf Jahre als Professor der geistlichen Beredsamkeit und der Dogmatik am Priesterseminar, bis er (1888) in das Doktorenkollegium der Biblioteca Ambrosiana aufgenommen wurde. Als Bibliothekar entfaltete er eine vielseitige Tätigkeit und knüpfte Beziehungen zu Gelehrten aus vielen Nationen an, u.a. zu Grabmann, Ehrhard und Kehr, mit dem er sich in der deutschen Sprache übte; 1907 wurde er Nachfolger Cerianis als Präfekt. Frucht seiner wissenschaftlichen Arbeiten waren die „Acta ecclesiae Mediolanensis“ mit Karl Borromäus als Mittelpunkt und das Missale Ambrosianum. Als Oblate von S. Sepolcro betätigte er sich in der Seelsorge, schloß Freundschaft mit katholischen Intellektuellen (u.a. Contardo Ferrini). Seine Erholung waren Hochtouren in den Alpen (Besteigung des Mont Blanc und des Matterhorns) und Reisen nach Deutschland und Frankreich.

Auf Vorschlag Ehrles wurde er zuerst Vizepräfekt, 1914 Präfekt der Vatikanischen Bibliothek. Aber schon Anfang 1918 wurde er aus dieser Tätigkeit herausgerissen und zum Apostolischen Visitator in Polen ernannt, das damals noch von deutschen und österreichischen Truppen besetzt war. Über München, Wien und Berlin, wo er bei dem Reichskanzler Hertling vorsprach. erreichte er am 30. Mai 1918 Warschau. Politisch war vieles in Fluß geraten: Der Visitator sicherte den Bischöfen, die er besuchte, und dem polnischen Volk das Wohlwollen des Papstes zu. Nachdem die Republik Polen konstituiert war, wurde er zum Nuntius und Titularerzbischof von Lepanto ernannt; am 19. Juli 1919 überreichte er sein Beglaubigungsschreiben dem Präsidenten Piłsudski.

Es gelang dem Nunitus Ratti, fünf unter russischer Herrschaft unterdrückte

Bistümer wiederherzustellen, für die Ernennung neuer Bischöfe zu sorgen und die ersten Bischofskonferenzen zustande zu bringen. Als im August 1919 die bolschewistischen Armeen vor Warschau standen, blieb der Nuntius auf seinem Posten. Es gelang ihm, die Unterdrückung der ukrainischen Uniierten wenigstens zu mildern, jedoch nicht, in die Sowjetunion und nach Finnland einzureisen. Zum Apostolischen Visitator des Abstimmungsgebiets in Oberschlesien ernannt, begab er sich im April 1920 nach Oppeln, im Juli auch in das ostpreußische Abstimmungsgebiet. Sein Verhalten im Abstimmungskampf befriedigte keine der beiden Seiten. Als Fürstbischof Bertram von Breslau mit Zustimmung des Papstes am 29. November 1920 dem oberschlesischen Klerus beider Nationen unter Androhung der Suspension die politische Propagandatätigkeit verbot, setzte Polen die Abberufung des Nuntius durch.

Nun folgte ein jäher Aufstieg. Am 13. Juni 1921 zum Erzbischof von Mailand und gleichzeitig zum Kardinal ernannt, traf er nach einem Monat stiller Einkehr in Montecassino am 5. September 1921 in seiner Diözese ein und entwickelte sogleich eine fast fieberhaft anmutende Aktivität: Beim Besuch der kirchlichen Klöster und Anstalten predigte er zuweilen täglich fünf- bis zehnmal. Am 8. Dezember eröffnete er die katholische Universität S. Cuore. Als Vorbilder seines bischöflichen Wirkens schwebten ihm die beiden großen Mailänder Bischöfe Ambrosius und Karl Borromäus vor, mit denen er sich als Gelehrter beschäftigt hatte. Nur fünf Monate bischöflichen Wirkens in seiner Heimatdiözese waren Ratti gegönnt; der Tod Benedikts XV. rief ihn nach Rom zum Konklave (2.–6. Februar 1922)[6]. An ihm nahmen 53 Kardinäle teil, davon 31 Italiener. Anfangs standen sich wieder die gleichen Richtungen gegenüber wie im Konklave von 1914. Die deutschen und österreichischen Kardinäle (Bertram, Faulhaber, Schulte und Piffl) traten zunächst für den bisherigen Staatssekretär Gasparri ein. Die Kandidatur Merry del Vals, die in den ersten fünf Scrutinien einigen Anklang gefunden hatte, erwies sich als aussichtslos, so daß der gemäßigte Lafontaine, Patriarch von Venedig, in den Vordergrund trat und im elften Scrutinium 23 Stimmen erhielt; der Exponent der anderen Richtung, Gasparri, brachte es im achten Scrutinium auf 24 Stimmen. Keine der beiden Parteien vermochte die Zweidrittelmehrheit zu erreichen. Diese Einsicht verschaffte dem Kompromißkandidaten Ratti vom elften Scrutinium an eine wachsende Stimmenzahl: Im vierzehnten Scrutinium wurde er am 5. Februar 1922 mit 42 von 53 Stimmen gewählt; auch Maffi und Mercier waren für ihn eingetreten. Er wählte als Wahlspruch: „Pax Christi in regno Christi“, der in der Antrittsenzyklika „Ubi arcano“ erläutert und später in der Enzyklika über das Königtum Christi (1925) näher ausgeführt wurde: Christentum und Kirche dürfen nicht, wie der liberale Laizismus wollte, aus dem Leben der Gesellschaft ausgeschlossen werden, sondern müssen in ihr wirksam werden.

Seit Benedikt XIV. war er der erste gelehrte Papst, der sich durch sein ausge-

[6] S. o. Anm. 1; die Akten AAS 16 (1924) 109ff.

breitetes Wissen, beträchtliche Sprachkenntnisse und internationale Beziehungen, nicht zuletzt auch durch die Kenntnis moderner wissenschaftlicher Forschung empfahl. Aber nicht nur durch sie. Als frommer Priester hatte er sich stets in der Seelsorge betätigt, als Nuntius kirchenpolitische Erfahrungen gesammelt. Die ihm eigene Energie versprach Initiativen auf vielen Gebieten des kirchlichen Lebens. Seine Gesundheit war ausgezeichnet, der elastische Gang auch noch des Siebzigjährigen verriet, daß es ihm gelungen war, sie durch regelmäßige Spaziergänge im vatikanischen Garten zu erhalten.

„Das Leben ist Tätigkeit" („La vita è azione", so Confalonieri) war eine seiner Maximen, eine andere: „Nichts auf morgen verschieben, was du heute tun kannst". Von einem Charakter aus Granit, „zum Befehlen geboren" („nato per il comando", Confalonieri), strahlte der eher schweigsame Papst innere Sicherheit und starkes Autoritätsbewußtsein aus. Mit strenger Sachlichkeit und peinlicher Ordnung erledigte er in gelassener Ruhe sein Arbeitsprogramm, in dem die manchmal mehrere Stunden dauernden Empfänge der Pilgerzüge, die er wenn irgend möglich in deren Muttersprache anredete, einen breiten, vielleicht zu breiten Raum einnahmen. Er hielt nicht viel davon, die Vorbereitung päpstlicher Entscheidungen auf Kommissionen zu übertragen; nicht ganz ohne Grund warf man ihm eine autoritäre, ja autokratische Amtsführung vor. Das Kardinalskollegium trat stark zurück. Eine weitere Maxime: „Gesetze sind da, um beobachtet zu werden, nicht um von ihnen zu dispensieren" (Confalonieri). War er ein Kämpfer? Sicher ist, daß er, wo christliche Grundsätze und kirchliche Grundrechte auf dem Spiel standen, unerschütterlich blieb wie sein Vorbild Ambrosius. Seine Frömmigkeit war „una pietà all'antica"; noch mit 80 Jahren hielt er an den Frömmigkeitsübungen fest, mit denen er seit seiner Seminarzeit vertraut war: Breviergebet, Rosenkranz, Besuch des Allerheiligsten, Exerzitien. Um nicht einmal den Verdacht des Nepotismus aufkommen zu lassen, empfing er seine Verwandten nicht in der Privatwohnung, sondern in den offiziellen Empfangsräumen.

Der Pontifikat begann mit einer Überraschung. Pius XI., wie er sich nannte, weil er unter einem Piuspapst geboren und unter einem Piuspapst nach Rom gekommen war, erteilte den bei der Bekanntgabe der Wahl üblichen Segen „Urbi et Orbi" vom äußeren Balkon der Peterskirche aus, dadurch andeutend, daß er gewillt war, einer Lösung der Römischen Frage näherzutreten. Noch vor der Krönung (am 12. Februar) bestätigte er den bisherigen Staatssekretär Gasparri in seinem Amt und gab damit zu erkennen, daß er die bisherige Richtung der Kirchenleitung beizubehalten gedenke; als er ihn zum päpstlichen Legaten nach Loreto entsandte, nannte er ihn „den treuesten Interpreten und Verwirklicher seines Willens". Noch entschiedener als Benedikt XV. distanzierte er sich von gewissen Maßnahmen während des Modernismusstreites, in dem er Francesco Lanzoni rehabilitierte und Albert Ehrhard die damals entzogene Prälatenwürde ohne Vorleistung zurückgab. Der gelehrte Papst betrachtete die Förderung der Wissenschaft und ernster wissenschaftlicher Studien als seine ureigenste Aufgabe. Er ließ die Konsultationsräume der Vatikanischen Bibliothek modernisieren und ausbauen; seinem Vorgänger auf dem dortigen Präfektenstuhl Franz Ehrle und seinen Nachfolgern Giovanni Mercati und Eugène Tisserant verlieh er den Purpur. Das von Benedikt XV. gegründete Orientalische Institut und das von ihm selbst errichtete Päpstliche Archäologische Institut erhielten prächtige Sitze bei S. Maria Maggiore. Für die vatikanische Gemäldesammlung errichtete er die neue Pinakothek. Die Mittel dafür lieferten die in den Lateranverträgen vereinbarten Entschädigungsleistungen des italienischen Staats.

Die italienischen Bischöfe wurden angewiesen, für eine bessere Aufbewahrung und Ordnung der vorhandenen Archivalien Sorge zu tragen. Für die Weiterführung der von Paul Kehr begonnenen Sammlung der Papsturkunden bis 1198 errichtete er in der Schweiz die „Piusstiftung“. Von großer Tragweite war die Reform der Priesterbildung, in die moderne wissenschaftliche Methoden (z.B. Seminarübungen und die Anfertigung wissenschaftlicher Dissertationen) eingebaut wurden[7]. Der Ritenkongregation wurde eine historische Sektion für die Durchführung der Selig- und Heiligsprechungsprozesse angegliedert. Der Bedeutung der Naturwissenschaften, von deren Ergebnissen er geradezu fasziniert war, trug der Papst dadurch Rechnung, daß er (1936) eine Accademia delle Scienze gründete, in die bedeutende Naturforscher aus aller Welt aufgenommen wurden.

Das apostolische Lehramt übte der Papst in zahlreichen Enzykliken aus, die zum Teil an historische Gedenktage anknüpften. In seiner ersten Enzyklika vom 23. Dezember 1922[8] ermahnte er die Siegermächte des Weltkrieges zur Völkerversöhnung. Aus Anlaß der ökumenischen Konferenzen von Stockholm und Lausanne warnte er vor verschwommenen Einigungsformeln und forderte Einheit im Glauben[9]. Als „Papst der Jubiläen“ benutzte er gern historische Gedenktage, um Gegenwartsprobleme anzugehen: Am 300. Todestag des hl. Franz von Sales die Verbindung von Weltnähe und Grundsatztreue[10]; 600 Jahre nach der Heiligsprechung bezeichnet er Thomas von Aquin als „Führer in den Studien“[11]; 700 Jahre nach der Kanonisation des hl. Franz von Assisi will er den franziskanischen Geist in der Kirche stärken[12]; 1500 Jahre nach dem Tode des hl. Augustinus feiert er diesen als Licht für seine Zeitgenossen und für unsere Zeit[13], das Jubiläum des Konzils von Ephesus (431/1931) gibt ihm Gelegenheit, die Marienverehrung zu stärken.

Andere Enzykliken empfehlen die Teilnahme an Exerzitien, die Herz-Jesu-

[7] Konstitution „Deus scientiarum“, in: AAS 23 (1931) 241–284, ergänzt durch die Enzyklika über das Priestertum vom 22. Dezember 1935, in: AAS 27 (1935) 5–51.

[8] AAS 14 (1922) 673–700.

[9] AAS 20 (1928) 5–16.

[10] AAS 15 (1923) 49–63.

[11] AAS 15 (1923) 309–326.

[12] AAS 18 (1926) 153–175.

[13] AAS 22 (1930) 201–234.

Verehrung und den Rosenkranz oder schärfen die Grundsätze der christlichen Erziehung[14] und des christlichen Ehelebens ein[15]. Noch weiter in den gesellschaftlichen Bereich stoßen vor die Rundschreiben über die Katholische Aktion und gegen den atheistischen Kommunismus[16]. Aus der Überzeugung heraus, daß im faschistischen Italien keine politische, sondern nur noch eine religiöse Sammlung der Katholiken möglich sei, versuchte er, diese Einsicht in der ganzen katholischen Welt zum Durchbruch zu bringen. Für Italien war schon im November 1922 ein Zentralrat der Katholischen Aktion ernannt worden, der die Tätigkeit der Gliederungen, der Diözesanausschüsse, der Jugendorganisationen und der Universitätsföderationen überwachte. Während der folgenden Jahre wurde die Katholische Aktion in vielen Ländern eingeführt (Spanien, Portugal, Polen, Jugoslawien, Österreich). In der Schweiz und in den angelsächsischen Ländern zögerte man damit, weil die ihr zugrunde liegende Absicht bereits erfüllt war. Aus dem gleichen Grunde bestanden Bedenken auch in dem ohnehin überorganisierten Deutschland; der Papst drang jedoch in seinem Brief an Kardinal Bertram vom 13. November 1928 auf die Einführung. Daß sie nicht als Rückzug der Kirche in ein Ghetto zu verstehen sei, ergab sich aus der Enzyklika „Quadragesimo anno", die unmittelbar an das Sozialprogramm Leos XIII. anknüpfte (s. Kapitel 7).

Der „Papst der Jubiläen" hat drei Jubiläumsjahre gefeiert: Das im Turnus fällige Jubiläum von 1925, zu dem über eine halbe Million Pilger nach Rom kamen; die gleichzeitig veranstaltete Missionsausstellung zog 750 000 Besucher an; das Heilige Jahr schloß mit der Einsetzung des Christkönigsfestes. Außerordentliche Jubiläen wurden gefeiert aus Anlaß des Goldenen Priesterjubiläums des Papstes (1929) und zur Erinnerung an die Menschwerdung und Erlösung Jesu Christi (1933/34 Ostern bis Ostern); es wurde im folgenden Jahr auf den ganzen Erdkreis ausgedehnt. Die eucharistischen Weltkongresse in Rom (1922), Amsterdam (1924), Chicago (1926), Sydney (1928), Karthago (1930), Dublin (1932), Buenos Aires (1934), Rio de Janeiro (1936), Manila (1937), Budapest (1938) brachten die Universalität der Kirche zum Bewußtsein.

In den vor Weihnachten üblichen Allokutionen pflegte der Papst vor dem Kardinalskollegium Überblicke über die wichtigsten kirchlichen Ereignisse des Jahres zu geben. So sprach er (1923) über die Hilfe für die Bevölkerung der Zentralmächte und Rußlands, über die Kirchenverfolgung in Mexiko (1926 u.ö.), die bedrohliche Entwicklung in China, aber auch über wichtige Ereignisse in Europa. Er verstärkte das Kardinalskollegium in seiner ersten Kreation um acht Mitglieder, in den folgenden Jahren füllte er nur knapp die durch Tod gerissenen Lücken aus und erhöhte, wenn auch nur langsam, die Vertretung der anderen Kontinente im Kollegium: 1924 durch Erhebung der Erzbischöfe von New York

[14] AAS 21 (1929) 723–762.

[15] Casti conubii vom 31. Dezember 1930, in: AAS 22 (1930) 539–592.

[16] Divini Redemptoris, in: AAS 29 (1937) 65–106.

und Chicago, 1930 des Erzbischofs von Rio de Janeiro. Erst 1935 folgte eine große Promotion von 20 Kardinälen, darunter aber nur zwei Nichteuropäer: Buenos Aires und der syrische Patriarch von Antiochien. Den von ihm erwogenen Schritt zur zahlenmäßigen Internationalisierung des Kardinalskollegiums hat er seinen Nachfolgern überlassen.

Von den zahlreichen Selig- und Heiligsprechungen sind bemerkenswert: Bellarmin (1923 selig-, 1930 heiliggesprochen, zugleich Kirchenlehrer); Petrus Canisius (1925, gleichzeitig Kirchenlehrer); Albertus Magnus (1931, zugleich Kirchenlehrer); der Pfarrer von Ars (1925); Don Bosco (1929 selig-, 1935 heiliggesprochen); Konrad von Parzham (1934); Bernadette Soubirous (1925 selig-, 1933 heiliggesprochen). Außer vielen Ordensstiftern und -stifterinnen wurden Martyrer in den Missionen bevorzugt: Jean de Brébeuf und seine Gefährten (1935), die im 17. Jahrhundert in Kanada ihr Blut vergossen hatten, die koreanischen Martyrer von 1839 (1926), die syrischen von 1860 (1926). Die großartigste Heiligsprechung dieser Art war die der englischen Glaubenszeugen John Fisher und Thomas Morus (1935).

Durch die ganze innerkirchliche Tätigkeit Pius' XI. zieht sich wie ein roter Faden das Bewußtsein, daß die Kirche in einem Maße wie nie zuvor in ihrer Geschichte Weltkirche geworden war. Diese Tatsache schlug sich in der Vermehrung der internationalen Beziehungen des Heiligen Stuhles nieder: Am Ende des Pontifikates unterhielt er 37 Nuntiaturen und 23 Apostolische Delegaturen; 36 Botschafter bzw. Gesandte waren beim Papst akkreditiert.

Schon von der Todeskrankheit gezeichnet, konzipierte der Papst eine Ansprache, die am Jahrestag der „Versöhnung" hätte gehalten werden sollen, mit einem flammenden Protest gegen die Kirchenpolitik der faschistischen Regime; am Vorabend (10. Februar 1939) verschied er. Sein Nachfolger war der bisherige Staatssekretär Pacelli.

Pius XII.

Bibliographien: *A. Rimoldi*, in: La Scuola Catt. 77 (1949) 88–108; *B. Schneider*, in: AHP. – Bis 1939: Zuverlässige Angaben über Familie und Werdegang bei *H. Hoberg*, Papst Pius XII. (Luzern 1949); über den Bruder *B. Schneider*, Das Tagebuch des Francesco Pacelli, in: StdZ 164 (1958/59) 81–97; *Y. de la Brière*, Pie XII avant son Pontificat, in: Études 239 (1939) 87–101; Eugenio Pacelli, Erster Apostolischer Nuntius beim Deutschen Reich. Gesammelte Reden, hrsg. von *L. Kaas* (Berlin 1930); E. P., Discorsi e Panegirici 1931–1938 (Città del Vaticano 1939); Pius XII. Der Papst an die Deutschen, hrsg. von *B. Wüstenberg* u. *I. Zabkar* (Frankfurt 1965), deutschsprachige Reden und Sendschreiben 1917–1956. – Während des Pontifikats: Außer der Dokumentation bei *Hoberg* bis 1948 (s. o.) *M. Bierbaum* (Köln 1939); *O. Walter* (Olten 1939); *F. Loidl* (Wien 1947); *P. Dahm* (Mönchen-Gladbach 1952); *Konstantin Prinz v. Bayern* (Bad Wörishofen 1952); *W. Sandfuchs* (Karlsruhe 1956); *A. M. Rathgeber* (Kempten 1958); *I. O. Smit*, Pastor angelicus (Roermond 1949); *G. Goyau* (Paris 1939); *P. Lesourd* (Paris 1940); *E. Buonaiuti* (Rom 1946); *W. Padellaro* (Rom 1949), deutsch Bonn 1952; *L. Veneziani* (Pisa 1942); *Ch. H. Doyle* (New York 1945);

O. *Halecki* (London 1954); *R. C. Pollock*, The mind of Pius XII (London 1955). – Nachrufe und Biographien seit 1958: *R. Leiber* in: StdZ 163 (1958/59) 81–100; *A. Martini* in: CivCatt 109,4 (1958) 233–246; *G. Crosignani*, Aspetti della personalità e dell'opera di Pio XII, in: Divus Thomas 62 (1959) 3–33; *I. Coppens*, Pie XII. In memoriam, in: EThL 34 (1958) 873–883; *D. Tardini*, Pio XII (Città del Vaticano 1960), deutsch Freiburg 1961, die aufschlußreichste Biographie vom engsten Mitarbeiter; *I. Giordani*, Pio XII, Un grande papa (Turin 1961); *G. Andreotti*, Pio XII (Rom 1965); *F. Engel-Janosi*, Der Stellvertreter Christi Pius XII. Aspekte seiner Gestalt, in: Wort u. Wahrheit 23 (1968) 546–559; *B. Schneider*, Pius XII. (Göttingen 1968); *K. N. Burton*, Witness of the light. The life of Pope Pius XII (New York 1958); *L. Chaigne*, Portrait et vie de Pie XII (Paris 1966).

Das Wirken des Papstes: Zusammenstellung der wichtigsten Erlasse und Entscheidungen im AKR 122 (1947) u. 128 (1958). Discorsi e radiomessaggi di S. S^{tà} Pio XII, 20 Bde (Città del Vaticano 1941–1959); Discorsi agli intellettuali 1939–1954 (ebd. 1955); L'attività della S. Sede, in Jahrgängen seit 1945, nicht offiziell. Die Aktenpublikationen aus dem Vat. Archiv s. Kapitel 3. – Papst Pius XII. 1939–1958. Eine Dokumentation seines Pontifikats, in: HK 13 (1958/59) 57–71; Pius XII. im Urteil der nichtkatholischen Welt, in: HK 13 (1958/59) 233–246; La vie de l'Église sous Pie XII (Paris 1959); *G. B. Montini*, Pio XII e l'ordine internazionale, in: La Scuola Catt. 85 (1957) 3–24; *R. Losada-Cosmes*, Magisterio de Pio XII. Esquema doctrinal y boletín bibliográfico, in: Salmanticensis 3 (1956) 509–687; *S. Mayer*, Die Bedeutung Papst Pius' XII. für das Recht, bes. das Kirchenrecht, in: AKR 130 (1961) 436–471; *S. Álvarez Menéndez*, Pio XII Canonista, in: Revista española de derecho can. 13 (1958) 721–735; *G. Falconi*, Il Pentagono Vaticano (Bari 1958); *I. Giordani*, Vita contro morte. La S. Sede per le vittime della seconda guerra mondiale (Mailand [Verona?] 1956); verschiedene Beiträge mit Illustrationen im Osservatore della Domenica v. 28. Juni 1964; *A. J. Muench*, Bilanz einer Nuntiatur 1946–1959. Schlußbericht des ersten Nuntius in der Nachkriegszeit, hrsg. von *L. Volk*, in: StdZ 195 (1977) 147–158.

Pius XII. entstammte einer eng mit dem Papsttum verbundenen römischen Juristenfamilie. Sein Großvater Marcantonio (1804–1890) war 1851–1870 Stellvertreter des päpstlichen Innenministers; dessen Sohn Filippo (1837–1916), zweitältestes von zehn Kindern, war Advokat an der Rota, seit 1896 Konsistorialadvokat und als Rechtsberater an der Kodifizierung des kanonischen Rechts beteiligt. Er hatte von seiner Gattin Virginia Graziosi (1844–1920) zwei Söhne: Francesco, der an den Vorverhandlungen der Lateranverträge teilnahm und von dem die Papstneffen Carlo, Marcantonio und Giulio abstammten, und Eugenio, der spätere Papst; außerdem hatte der Papst zwei Schwestern: Giuseppa Mengarini und Elisabetta Rosignani.

Eugenio, geboren am 2. März 1876, besuchte das staatliche Gymnasium Visconti und studierte nach dessen Abschluß 1894 bis 1899 an der Gregoriana Philosophie, zugleich Mitglied des Collegio Capranica; Theologie studierte er als Externer an San Apollinare, hörte aber auch gleichzeitig ein Jahr hindurch Vorlesungen an der Staatsuniversität Sapienza, u. a. bei dem Althistoriker Beloch. Am 2. April 1899 empfing er vom Kardinalvikar von Rom in dessen Hauskapelle die Priesterweihe, die Primiz feierte er in der Borghese-Kapelle von S. Maria Maggiore, tags darauf eine Messe am Grabe des hl. Philipp Neri in der Chiesa Nuova. Dieser Werdegang ist aufschlußreich für die spätere Laufbahn.

Gefördert von Kardinal Vincenzo Vannutelli, einem Freund seines Vaters, trat er nach Abschluß des Rechtsstudiums an San Apollinare (1899–1902) als

Minutant in die Kongregation für die außerordentlichen kirchlichen Angelegenheiten ein (1904), deren Sekretär Pietro Gasparri ihn zur Mitarbeit an der Kodifikation des kanonischen Rechtes heranzog. Pacelli wurde 1911 Untersekretär, 1914 Sekretär der Kongregation. Parallel ging (1909–1914) eine Lehrtätigkeit an der Accademia dei Nobili und Seelsorgsarbeit als Beichtvater, Prediger und Vortragsredner.

Die Laufbahn des jungen Pacelli verlief ausschließlich im römisch-vatikanischen Bereich, bis er am 20. April 1917 zum Nuntius in München ernannt wurde. Benedikt XV. konsekrierte ihn am 13. Mai 1917 selbst in der Sixtinischen Kapelle zum Erzbischof von Sardes und brachte damit zum Ausdruck, daß er das volle Vertrauen des Papstes bei der ihm aufgetragenen Erörterung der Kriegsziele mit der Reichsregierung genoß. Der Nuntius konferierte am 26. Juni mit dem Reichskanzler Graf v. Hertling und wurde am 29. Juni im kaiserlichen Hauptquartier empfangen (s. Kapitel 3).

Nach dem Sturz der Monarchie wurde Pacelli am 22. Juni 1920 zum ersten Nuntius beim Deutschen Reich unter vorläufiger Beibehaltung der Münchener Nuntiatur ernannt, als deren Inhaber er am 29. März 1924 das bayerische Konkordat unterzeichnete; erst 1925 übersiedelte er endgültig nach Berlin. Ansehen und Einfluß des „vielleicht geschicktesten Diplomaten der Kurie“ (so die deutsch-evangelische Korrespondenz) stiegen von Jahr zu Jahr. Regelmäßig nahm er an den deutschen Katholikentagen teil, auf denen er das Wort ergriff. Gern erinnerte er sich später an diese Berliner Jahre.

Ende 1929 abberufen und am 16. Dezember zum Kardinal kreiert, trat er am 7. Februar 1930 die Nachfolge Gasparris als Staatssekretär an, als welcher er Konkordate mit Baden und Österreich sowie das Reichskonkordat unterzeichnete. Am 25. März 1930 war er, als Nachfolger Merry del Vals, zum Erzpriester von St. Peter ernannt worden. In der Weltkirche bekannt wurde er durch Legationen nach Buenos Aires (1934), Lourdes und Lisieux (1935 bzw. 1937) und Budapest (1938); im Jahre 1936 besuchte er privat die Vereinigten Staaten. So war er am Ende der Regierung Pius' XI. der bekannteste Kardinal, und im Kardinalskollegium war man sich darüber im klaren, daß er hervorragend geeignet war, die Weltkirche durch das Gewitter des drohenden Krieges zu steuern, wie Benedikt XV., der eine ähnliche Laufbahn hinter sich hatte, während des Ersten Weltkrieges. Das Konklave dauerte nur einen Tag (2. März 1939): Schon im dritten Wahlgang wurde Pacelli mit 48 von 63 Stimmen gewählt und nahm den Namen Pius XII. an. Seit 1667 hatte kein Staatssekretär die Tiara erlangt. Die Krönung am 12. März fand mit Rücksicht auf die Menschenmassen, die St. Peter nicht fassen konnte, auf dem Balkon über dem Hauptportal statt; sie wurde erstmals durch Rundfunk übertragen. Zum Staatssekretär ernannte der neue Papst den Neapolitaner Luigi Maglione, der bis 1935 Nuntius in Paris gewesen war.

Als sich im Sommer 1939 die Kriegsgefahr verdichtete, mahnte der Papst in einer Rundfunkbotschaft an die Welt am 24. August zum Frieden: „Nichts ist verloren durch den Frieden, alles kann verlorengehen durch den Krieg." Der Appell war umsonst. Als die Antrittsenzyklika des neuen Papstes am 20. Oktober erschien, hatte der Zweite Weltkrieg begonnen. Während er tobte, konnte der Papst, gestützt auf seine moralische Autorität, nur noch weiter zum Frieden mahnen und zur gerechten und humanen Behandlung der Zivilbevölkerung in den militärisch besetzten Gebieten auffordern. Das im Vatikan eingerichtete Informationsbüro sammelte die Namen von Kriegsgefangenen und Vermißten und erteilte Auskünfte an die Angehörigen über sie (von Juli 1941 bis Dezember 1946 1162627 Auskünfte). Nach dem Bombardement vom 19. Juli 1943 besuchte der Papst persönlich das schwer getroffene Stadtviertel von San Lorenzo und erreichte, daß die italienische Regierung Rom zur „offenen Stadt" erklärte. Um die Lebensmittelversorgung der von Flüchtlingen überfüllten Stadt zu verbessern, wurden auf vatikanischen Autokolonnen Lebensmittel aus Mittel- und Oberitalien herangeschafft.

Wie Benedikt XV. nach dem Ersten Weltkrieg, so hielt auch Pius XII. erst nach Abschluß des Waffenstillstandes die Zeit für gekommen, die Lücken im Kardinalskollegium auszufüllen. Um aus diesem ein „lebendiges Abbild der Universalität der Kirche" zu machen, ernannte er am 18. Februar 1946 32 Kardinäle aus allen Teilen der Welt, unter ihnen den armenischen Patriarchen Agagianian, die Erzbischöfe von New York, St. Louis, Toronto, São Paulo, Rio de Janeiro, Santiago de Chile, Lima, Havanna, Sydney, Lourenço Marques und den Chinesen Tien; der Papst bewies Mut, indem er auch drei Deutschen den Purpur verlieh: dem Kölner Erzbischof Frings, dem Bischof von Münster Graf Galen und Graf Preysing (Berlin). Ein weiterer Schritt zur Internationalisierung des Kollegiums war die Promotion von 24 Kardinälen am 19. Januar 1953. Unter ihnen waren die Erzbischöfe von Los Angeles, Montreal, Quito, Bahia und Bombay. Der Anteil der Italiener sank auf ein Drittel.

Bei den 33 Heiligsprechungen, die Pius XII. vollzog, dominieren Franzosen und Italiener, unter den letzteren Pius X. (1954).

Nicht beeinträchtigt durch den Krieg war die Ausübung des päpstlichen Lehramtes, die in mehrfacher Hinsicht den Boden für das Zweite Vatikanische Konzil vorbereitete: Die Enzyklika „Mystici Corporis" vom 29. Juni 1943 über die Kirche[17], der noch im gleichen Jahre (am 30. September) die Enzyklika „Divino Afflante Spiritu" über die Heilige Schrift folgte, die zur Erforschung des Literalsinns und zur Berücksichtigung der literarischen Darstellungsformen anhielt und der Bibelwissenschaft mehr Freiheit gestattete, als ihr während der Abwehr des Modernismus zugestanden worden war[18]. Die Konstitution „Sacramentum ordinis" vom 30. November 1947 bestimmte als Wesen des Weihesakramentes die Herabrufung des Heiligen Geistes durch Handauflegung; die symbolische Übergabe von Kelch und Patene gehört nicht dazu[19]. Die

[17] AAS 35 (1943) 143–248.
[18] AAS 35 (1943) 297–325. [19] AAS 40 (1948) 5–7.

Bulle „Munificentissimus Deus" vom 1. November 1950 definierte, obwohl nicht alle wissenschaftlichen Schwierigkeiten ausgeräumt waren, das Dogma von der leiblichen Aufnahme der Muttergottes in den Himmel. Die Konstitution „Sempiternus Rex" vom 8. September 1951 schuf die Grundlage für die Enzyklika „Haurietis aquas" vom 15. Mai 1956 über die Herz-Jesu-Verehrung[20]. Die Enzyklika „Humani generis" vom 12. August 1950 bejahte grundsätzlich den theologischen Fortschritt, warnte jedoch vor der Relativierung des Dogmas und allzu enger Anpassung an Zeitströmungen[21]. Die Konstitution „Sedes sapientiae" vom 31. Mai 1956 erweiterte den Kreis der theologischen Studienfächer gemäß den Erfordernissen der modernen Pastoral[22].

Kein Papst vor Pius XII. hat so oft und so eindringlich wie er in seinen zahlreichen, stets sorgfältig vorbereiteten Ansprachen an Pilger, Kongreßteilnehmer und Angehörige der verschiedensten Berufe sowohl die allgemeinen Themen des christlichen Lebens (Menschenwürde, Gewissensbildung, Ehe und Familie) wie Fragen des Berufsethos (vor Juristen, Ärzten, Naturforschern u.a.) behandelt und auf die Bedeutung der Massenmedien (Presse, Film, Rundfunk und Fernsehen) hingewiesen. Vor den römischen Fastenpredigern pflegte er über die Sakramente als Quellen der Heiligung zu sprechen. Eher zurückhaltend blieb er gegenüber der nach dem Kriege mächtig anschwellenden ökumenischen Bewegung.

Bahnbrechend waren jedoch die liturgischen Reformen. Den Grundgedanken der liturgischen Bewegung aufnehmend, forderte die Enzyklika „Mediator Dei" vom 20. November 1947 tätige Teilnahme der Gläubigen am Meßopfer, erklärte den Empfang der Kommunion als wünschenswert, jedoch nicht notwendig, und wies die Ablehnung nicht altchristlicher Kultformen zurück[23]. Die während des Krieges mit Rücksicht auf die nächtlichen Bombardements gestattete Abendmesse wurde durch die Konstitution „Christus Dominus" vom 6. Januar 1953 endgültig gestattet, gleichzeitig wurde das eucharistische Nüchternheitsgebot gemildert[24]. Vielleicht die größte Tat des Papstes auf diesem Gebiet war jedoch das Dekret der Ritenkongregation vom 1. Februar 1951, das die Osternachtliturgie wiederherstellte. Die 1945 eingeführte neue Psalmenübersetzung merzte Übersetzungsfehler der Vulgata aus, mußte aber in der Folgezeit wieder dem durch die Tradition geheiligten Text angeglichen werden. Im September 1956 tagte der erste liturgische Weltkongreß in Assisi.

Aus der umfassenden gesetzgeberischen Tätigkeit des Juristenpapstes (s. Kapitel 5) sind wegen ihrer allgemeinen Bedeutung hervorzuheben die neuen Bestimmungen über das Konklave und die Papstwahl: Photoapparate und Rundfunkgerät dürfen nicht eingeführt, Fernsprecher und Fernschreiber nicht

[20] AAS 48 (1956) 303–353.
[21] AAS 42 (1950) 561–578.
[22] AAS 48 (1956) 354–364.
[23] AAS 39 (1947) 521–595.
[24] AAS 45 (1953) 15–24.

benutzt werden; zum Papst gewählt ist, wer eine Stimme über die Zweidrittelmehrheit erhält[25]. Ein Schritt in Neuland war die Konstitution „Provida Mater Ecclesia" vom 2. Februar 1947: Sie stellte Regeln für die Säkularinstitute auf, deren Mitglieder sich zur Befolgung der evangelischen Räte verpflichten, ohne in Gemeinschaft zu leben[26].

Der schlanke, asketisch wirkende Papst mit dem Römerkopf, der seine äußere Erscheinung stets sorgfältig pflegte, ist in der Reihe der Päpste des 20. Jahrhunderts ohne Zweifel die glänzendste Erscheinung, von Nichtkatholiken noch mehr bewundert als von Katholiken. Er erschien ihnen als der vollendete Pontifex, in Gestalt und Auftreten die Verkörperung der römisch-katholischen Weltkirche. Die Römer vergaßen ihm nie, daß er in den schwersten Tagen des Krieges bei ihnen ausgehalten hatte und ihr einziger Beschützer gewesen war. Obwohl er in seiner nächsten Umgebung drei Deutsche hatte: die Jesuiten Robert Leiber und Augustin Bea, den ehemaligen Zentrumsführer Ludwig Kaas und – für seinen Haushalt – die Schwester Pasqualina von der Kongregation der Schweizer Kreuzschwestern, obwohl er die deutschen Jesuiten Gundlach und Hürth als Berater heranzog, war er weit davon entfernt, Deutschland zu bevorzugen oder gar eine „deutschfreundliche" Politik zu betreiben. Früher als viele Deutsche hat er die Bedrohung des Christentums durch den Nationalsozialismus erkannt, die durch den Bolschewismus erschien ihm jedoch größer. Er und nur er steuerte die Weltkirche, in seiner Hand liefen alle Fäden der Kirchenleitung zusammen. In einer geradezu übermenschlichen Arbeitsleistung verschaffte er sich aus Akten die Einblicke, aus denen seine Entschlüsse hervorgingen. Nach dem Tode des Staatssekretärs Maglione am 22. August 1944 ernannte er keinen Nachfolger und regierte in direktem Kontakt mit den Leitern der beiden Abteilungen des Staatssekretariates, Montini und Tardini. Das Kardinalskollegium war je später, desto mehr von den Geschäften zurückgedrängt. Im Umgang mit den Menschen frappierte er durch sein untrügliches Personengedächtnis und bestrickte durch Liebenswürdigkeit. Seine unzweifelhaft tiefe persönliche Frömmigkeit war unter dem Einfluß der Erscheinungen von Fatima stark marianisch geprägt und verleitete konjunkturbeflissene Theologen zu einer ausufernden Mariologie. Obwohl von außen gesehen die katholische Kirche unter dem Pontifikat Pius' XII. als Monolith im Wirbel der weltgeschichtlichen Umwälzungen wirkte, vermochte der Papst unter dem Bann seines juristisch geprägten Kirchenbildes nur zögernd sich anbietende, ja notwendige Folgerungen für die Anpassung an die neue weltgeschichtliche Stunde zu ziehen. Erst sein Nachfolger hat es gewagt, das Zweite Vatikanische Konzil hat die neue Epoche eingeleitet. Es muß dahingestellt bleiben, ob er die ihm zugeschriebenen Pläne, die Kurie umzugestalten und ein Konzil zu berufen[27], auch dann noch

[25] AAS 38 (1946) 65–99.

[26] AAS 39 (1947) 114–124.

[27] *G. Caprile,* Pio XII e un nuovo progetto di concilio ecumenico, in: CivCatt 117/2 (1966) 209–227.

ausgeführt hätte, wenn der Kräfteverfall, unter dem er in seinen letzten Jahren litt und den sein Leibarzt vergeblich aufzuhalten versuchte, seine Aktivität nicht beeinträchtigt hätte[28]. Peinlich wirkende Indiskretionen des Leibarztes überschatteten seine letzten Lebenstage und sein Hinscheiden am 9. Oktober 1958 in Castel Gandolfo.

3. Kapitel

Die Außenpolitik der Päpste im Zeitalter der Weltkriege

Univ.-Professor Dr. Konrad Repgen, Bonn

QUELLEN: Allgemeines: AAS 6 (1914) – 38 (1946); L'Osservatore Romano; L'attività della Santa Sede nel 1939. Pubblicazione non ufficiale [Jahreschronik, ab 1939]; *E. Marmy* (Hrsg.), Mensch und Gemeinschaft in christlicher Schau. Dokumente [von 1832–1944] (Freiburg/Schweiz 1945), zit.: M.
Hilfsmittel: *G. de Marchi*, Le Nunziature Apostoliche dal 1800 al 1956 (Rom 1957) [Nachschlagewerk]; *L. Schöppe* (Hrsg.), Konkordate seit 1800. Originaltext und deutsche Übersetzung der geltenden Konkordate (Berlin 1964).
Memoiren: *G. Spadolini* (Hrsg.), Il cardinale Gasparri e la Questione Romana, con brani delle memorie inedite (Florenz 1972); *L. v. Pastor*, Tagebücher, Briefe, Erinnerungen, hrsg. von *W. Wühr* (Heidelberg 1950); *Beyens*, Baron, Quatre ans à Rome 1921–1926. Fin du pontificat de Benoît XV, Pie XI, les débuts du fascisme (Paris 1934); *F. Charles-Roux*, Huit ans au Vatican 1932–1940 (Paris 1947); *E. v. Weizsäcker*, Erinnerungen (München usw. 1950) [dazu: *L. E. Hill* (Hrsg.), Die Weizsäcker-Papiere (Frankfurt usw. 1974)].
Akten: *Th. E. Hachey* (Hrsg.), Anglo-Vatican Relations, 1914–1939: Confidential Annual Reports of the British Ministers to the Holy See (Boston 1972); *F. Engel-Janosi*, Vom Chaos zur Katastrophe. Vatikanische Gespräche 1918 bis 1938, vornehmlich auf Grund der Berichte der österreichischen Gesandten beim Hl. Stuhl (Wien usw. 1971).
W. Steglich (Hrsg.), Der Friedensappell Papst Benedikts XV. vom 1. August 1917 und die Mittelmächte. Diplomatische Aktenstücke [...] aus den Jahren 1915–1922 (Wiesbaden 1970), zit.: *W. Steglich*, Friedensappell; *W. Steglich* (Hrsg.), Die Verhandlungen des 2. Unterausschusses des parlamentarischen Untersuchungsausschusses über die päpstliche Friedensaktion von 1917. Aufzeichnungen und Vernehmungsprotokolle (Wiesbaden 1974), zit.: *W. Steglich*, Verhandlungen; *A. Struker* (Hrsg.), Die Kundgebungen Benedikts XV. zum Weltfrieden. Urtext und Übertragung (Freiburg 1917).
P. Scoppola, La Chiesa e il fascismo. Documenti e interpretazioni (Bari 1971) [beste Einführung]; *C. A. Biggini*, Storia inedita della Conciliazione (Mailand 1942); *F. Pacelli*, Diario della Conciliazione, hrsg. von *M. Maccarone* (Vatikanstadt 1959); *F. Margiotta Broglio*, Italia e Santa Sede dalla grande guerra alla conciliazione. Aspetti politici e giuridici (Bari 1966); *F. Fonzi*, Documenti per la storia dei Patti Lateranensi. Due relazioni di Domenico Barone, in: RSCI 19 (1965) 403–435; *A. de Gasperi*, Lettere sul Concordato, con saggi di M. R. de Gasperi e di G. Martina (Brescia 1970).
L. Volk (Hrsg.), Kirchliche Akten über die Reichskonkordatsverhandlungen 1933 (Mainz 1969), zit.: *L. Volk*, Kirchliche Akten; *A. Kupper* (Hrsg.), Staatliche Akten über die Reichs-

[28] Die Darstellung des Leibarztes *R. Galeazzi Lisi*, Dans l'hombre et dans la lumière de Pie XII (Paris 1960).

konkordatsverhandlungen 1933 (Mainz 1969), zit.: *A. Kupper*, Staatliche Akten; *D. Albrecht* (Hrsg.), Der Notenwechsel zwischen dem Hl. Stuhl und der Deutschen Reichsregierung. I: Von der Ratifizierung des Reichskonkordats bis zur Enzyklika „Mit brennender Sorge" (Mainz 1965), II: 1937–1945 (Mainz 1969), zit.: D. Albrecht I, II; *H. Hürten* (Hrsg.), Deutsche Briefe 1934–1938. Ein Blatt der katholischen Emigration. I: 1934–1935, II: 1936–1938 (Mainz 1969).
Pio XII, Discorsi et Radiomessaggi di Sua Santità, I (1940) – VII (1946) [nach Pontifikatsjahren, beginnend 2. März]; *A.-F. Utz – J.-F. Groner*, Aufbau und Entfaltung des gesellschaftlichen Lebens. Soziale Summe Pius' XII. I, II (Freiburg/Schweiz 1954), zit.: UG [= nach Sachgebieten geordnete Texte (deutsche Übersetzung) der wichtigeren Kundgebungen des Papstes, mit nützlicher Übersicht über alle öffentlichen Kundgebungen, UG II, 2193–2302].
P. Blet – R. A. Graham [ab Bd. 3] – *A. Martini – B. Schneider* (Hrsg.): Actes et documents du Saint Siège relatifs à la seconde guerre mondiale (Vatikanstadt 1965 ff.), zit.: ADSS. [Es werden drei Bereiche erfaßt: Frieden und Krieg; kirchliche Lage in Deutschland, Polen und den baltischen Ländern; Hilfsaktionen].
Le Saint Siège et la guerre en Europe: Mars 1939 – août 1940 (= ADSS 1 [1965]); Juin 1940 – juin 1941 (= ADSS 4 [1967]); Juillet 1941 – octobre 1942 (= ADSS 5 [1969]); Novembre 1942 – décembre 1943 (= ADSS 7 [1973]); [die Akten für 1944/45 erscheinen 1978].
Lettres de Pie XII aux Évêques allemands 1939–1944 (= ADSS 2 [1966]), erneut (mit kleinen Verbesserungen) in *B. Schneider* mit *P. Blet – A. Martini* (Hrsg.), Die Briefe Pius' XII. an die deutschen Bischöfe 1939–1944 (Mainz 1966), zit.: *B. Schneider*, Piusbriefe; Le Saint Siège et la situation religieuse en Pologne et dans les Pays Baltes 1939–1945, I: 1939–1941, II: 1942–1945 (= ADSS 3, I.II).
Le Saint Siège et les victimes de la guerre: Mars 1939 – décembre 1940 (= ADSS 6 [1972]); Janvier 1941 – décembre 1942 (= ADSS 8 [1974]); Janvier – décembre 1943 (= ADSS 9 [1975]); [die Akten für 1944/45 erscheinen 1978].
L. Volk (Hrsg.), Akten Kardinal Michael von Faulhabers 1917–1945, I: 1917–1934 (Mainz 1975), [II: 1935–1945 erscheint Mainz 1978]; zit. *L. Volk*, Faulhaber-Akten; *B. Stasiewski* (Hrsg.), Akten deutscher Bischöfe über die Lage der Kirche, I: 1933–1934 (Mainz 1968), II: 1934–1935 (Mainz 1976), [III: 1935–1936 erscheint Mainz 1978], zit.: *B. Stasiewski*, I, II, III; *H. Boberach* (Hrsg.), Berichte des SD und der Gestapo über Kirchen und Kirchenvolk in Deutschland 1934–1944 (Mainz 1971); Die kirchliche Lage in Bayern nach den Regierungspräsidentenberichten 1933–1943, I: Regierungsbezirk Oberbayern, hrsg. von *H. Witetschek* (Mainz 1966), II: Regierungsbezirk Ober- und Mittelfranken, hrsg. von *H. Witetschek* (Mainz 1967), III: Regierungsbezirk Schwaben, hrsg. von *H. Witetschek* (Mainz 1971), IV: Regierungsbezirk Niederbayern und Oberpfalz 1933–1945, hrsg. von *W. Ziegler* (1973), zit.: RPB I, II, III, IV.
Wichtige Aktenpublikationen zur Außenpolitik der Staaten: Für die Zeit bis 1918 genaue, übersichtliche Nachweise in: *W. Baumgart* (Hrsg.), Quellenkunde zur deutschen Geschichte der Neuzeit von 1500 bis zur Gegenwart, Bd. 5, *W. Baumgart*, Das Zeitalter des Imperialismus und des Ersten Weltkrieges (1871–1918), 1: Akten und Urkunden (Darmstadt 1977).
Für die Zwischenkriegszeit und den Zweiten Weltkrieg: USA: seit 1861 erscheinend, ohne durchnumerierte Bandzählung, mit Jahrgangszählung; ein Jahrgang umfaßt meist mehrere Teile: Foreign Relations of the United States. Diplomatic Papers, zit.: FRUS [(Titel bis 1931: Papers relating to the Foreign Relations of the United States. Diplomatic Papers)]. Wichtige Ergänzungsbände: Supplement. The World War [= Band 1–9] (1928–1933); 1919. The Paris Peace Conference, 1–13 (1942–47); The Lansing Papers 1914–1920, [I, II] (1939, 1940). Unabhängig davon erschien: *M. C. Taylor* (Hrsg.), Wartime Correspondance between President Roosevelt and Pope Pius XII (New York 1947).
Deutschland: Akten zur deutschen auswärtigen Politik 1918–1945, zit.: ADAP. Serie A [= 1918–1925]: noch nicht erschienen; Serie B [für 1925–1933]: 1 (Göttingen 1966) – 9

(ebd. 1976) [= 1925–28]; Serie C [für 1933–1937]: 1 (ebd. 1971) – 5 (ebd. 1975) [= 1933–1936]; Serie D [für 1937–1941]; 1 (Baden-Baden 1950; ab Band 8: Frankfurt/M.; Band 11: Bonn; ab Band 12: Göttingen) – 13, II (Göttingen 1970) [= abgeschlossen]; Serie E [für 1941–1945]: 1 (Göttingen 1969) – 4 (ebd. 1975) [= 1941–1942].
Großbritannien: Documents on British Foreign Policy, zit.: DBFP. Serie I [für 1919–1925]: 1 (1947) – 20 (1976) [= 1919–1922]; Serie IA [für 1925–1929]: 1 (1966) – 7 (1975) [= 1925–1930]; Serie II [für 1929–1938]: 1 (1947) – 15 (1975) [= 1929–1936]; Serie III [für 1938–1939]: 1 (1949) – 10 (1961) [= abgeschlossen].
Italien: Documenti Diplomatici Italiani, zit. DDI. Serie 5 [für 1914–1918]: 1 (1954), 4 (1973) [= 1914, 1915]; Serie 6 [für 1918–1922]: 1 (1956) [= 1918/19]; Serie 7 [für 1922–1935]: 1 (1953) – 9 (1975) [= 1922–1930]; Serie 8 [für 1935–1939]: 12 (1952) – 13 (1953) [= 1939]; Serie 9 [für 1939–1943]: 1 (1954) – 5 (1965).
Frankreich: Documents Diplomatiques Français 1932–1939, zit.: DDF. Serie 1 [1932–1935]: 1 (1964)–6 (1972) [= 1932–1934]; Serie 2 [für 1936–1939]: 1 (1963)–11 (1977) [= 1936–1938].
LITERATUR: Allgemeine Darstellungen des Zeitalters der Weltkriege: *W. J. Mommsen,* Das Zeitalter des Imperialismus [1885–1918] (Frankfurt 1969); *R. A. C. Parker,* Das Zwanzigste Jahrhundert I: 1918–1945 (Frankfurt 1967); *Th. Schieder* (Hrsg.), Handbuch der europäischen Geschichte, 6: Europa im Zeitalter der Nationalstaaten und der europäischen Weltpolitik bis zum Ersten Weltkrieg (Stuttgart 1968); [7 erscheint in Bälde]; *R. Elze – K. Repgen* (Hrsg.), Studienbuch Geschichte (Stuttgart 1974); *K. D. Bracher,* Die Krise Europas 1917–1975 (Frankfurt 1976); *P. Renouvin,* La crise européenne et la première guerre mondiale 1904–1918 (Paris 1934, [5]1969); *M. Baumont,* La faillite de la paix 1918–1939, I: 1918–1935 (Paris 1945, [5]1967), II: 1936–1939 (Paris 1945, [5]1968); *H. Michel,* La seconde guerre mondiale, I: [1939–1943] (Paris 1968), II: [1943–1945] (Paris 1969); *P. Renouvin,* Les crises du XXe siècle, I: De 1914 à 1929 (Paris 1957, [6]1972), II: De 1929 à 1945 (1958, [6]1972); *P. Gerbod,* L'Europe culturelle et religieuse de 1815 à nos jours (Paris 1977); *J.-B. Duroselle,* Histoire diplomatique de 1919 à nos jours (Paris 1953, [3]1962); *G. M. Gathorne-Hardy,* A Short History of International Affairs 1920–1939 (London 1934, [5]1968); *W. Knapp,* A History of War and Peace 1939–1965 (London 1967); *C. L. Mowat* (Hrsg.), The Shifting Balance of World Forces 1898–1945 (London 1968); *W. P. Potjomkin* (Hrsg.), Geschichte der Diplomatie ([2]Berlin 1948), II: Die Diplomatie der Neuzeit [1872–1919], III, 1.2: Die Diplomatie in der Periode der Vorbereitung des Zweiten Weltkriegs [1919–1939] [kommunistischer Standpunkt].
Papstgeschichte: *J. Schmidlin,* Papstgeschichte der Neuesten Zeit, III: Pius X. und Benedikt XV., 1903–1922 (München 1936), IV: Pius XI., 1922–1939 (München 1939 [von bleibendem Wert durch Erfassung des zeitgenössisch publizierten Materials]; *H. Hermelink,* Die katholische Kirche unter den Pius-Päpsten des 20. Jahrhunderts (Zollikon, Zürich 1949); *G. Schwaiger,* Geschichte der Päpste im 20. Jahrhundert (München 1968 = dtv-Taschenbuch); *G. Maron,* Die römisch-katholische Kirche von 1870 bis 1970, in: Die Kirche in ihrer Geschichte, Band 4 Lieferung N 2 (Göttingen 1972); *R. Aubert,* Vom Kirchenstaat zur Weltkirche. 1818 bis zum Zweiten Vaticanum (= Geschichte der Kirche, V/1) (Zürich usw. 1976), zit.: R. Aubert, Geschichte V/1.
Systematische Probleme der päpstlichen Außenpolitik: *W. Gurian – M. A. Fitzsimons,* The Catholic Church in World Affairs (Notre Dame [Ind.] 1954); *R. A. Graham,* Vatican Diplomacy. A Study of Church and State on the International Plane (Princeton 1959) [grundlegend]; *R. Bosc,* La Société Internationale et l'Église. Sociologie et Morale des Relations Internationales (Paris 1961); *Chr. Alix,* Le Saint-Siège et les nationalismes en Europe 1870–1960 (Paris 1962); *J. Chevalier,* La politique du Vatican [1939–1969] (Paris 1969); *I. Martín,* Die Präsenz des Hl. Stuhls bei den Staaten, in: Concilium 6 (1970) 571–575; *P. Ciprotti,* Funktion, Stellung und Bedeutung des Hl. Stuhls im internationalen Recht, in: Concilium 6 (1970) 556/560; *H. de Riedmatten,* Die Präsenz des Hl. Stuhles in den interna-

tionalen Organisationen, in: Concilium 6 (1970) 561–570; *K. Gotto*, Die katholische Kirche, in: *H.-P. Schwarz*, Handbuch der deutschen Außenpolitik (München 1975) 229–233.
Pontifikate der einzelnen Päpste: *G. Rossini* (Hrsg.), Benedetto XV, i Cattolici e la prima guerra mondiale. Atti del Convegno di Studi tenuto a Spoleto nei giorni 7–8–9 settembre 1962 (Rom 1963) [Sammelband, mit wichtigen Beiträgen, auch zur italienischen Regional- und Lokalgeschichte], zit.: *G. Rossini* (Hrsg.), Benedetto XV; *R. Leiber*, Die päpstliche Kriegsfürsorge, in: StdZ 100 (1921) 197–208; *G. Quirico*, Il Vaticano et la guerra (Rom 1921); *J. Kleijntjens*, Activité charitable de Benoît XV, in: RHE 43 (1948) 536–545: *H. Johnson*, Vatican Diplomacy in World War [wichtiges Vorwort des Count de Salis] (Oxford 1933); *W. W. Gottlieb*, Studies in the Secret Diplomacy during the First World War (London 1957); *F. Engel-Janosi*, Österreich und der Vatikan 1846–1918, II: Die Pontifikate Pius' X. und Benedikts XV., 1903–1918 (Graz usw. 1960); *A. Martini*, La preparazione dell'appello di Benedetto XV ai governi belligerenti (1° agosto 1917), in: CC 113, 4 (1962) 118–132, zit.: A. Martini, La preparazione; *ders.*, La nota di Benedetto XV ai capi delle nazioni belligerenti (1° agosto 1917), in: CC 113, 4 (1962) 417–429, zit.: A. Martini, La nota [Benutzung der vatikanischen Akten, daher grundlegend; erneut in *G. Rossini* (Hrsg.), Benedetto XV, 363–387]; *W. Steglich*, Die Friedenspolitik der Mittelmächte 1917/18, I: [bis Frühjahr 1918] (Wiesbaden 1964); *V. Conzemius*, L'offre du mediation de Benoît XV du 1ier août 1917. Essai d'un bilan provisoire, in: [Festschrift] Religion et Politiques. Les deux guerres mondiales. Histoire de Lyon et du Sud-Est. Mélanges offerts à [...] André Latreille (Lyon 1972), 303–326.
C. M. Cianfarra, The Vatican and the Kremlin (New York 1950); *M. Mourin*, Le Vatican et l'U.R.S.S. (Paris 1965); *J. Kraus*, Im Auftrag des Papstes in Rußland. Der Steyler Anteil an der katholischen Hilfsmission 1922–1924 (Steyl 1970); *D. J. Dunn*, Stalinism and The Catholic Church during the Era of World War II, in: CHR 59 (1973) 404–428; *O. Simmel*, Die Ostpolitik des Vatikans, in: Internationale katholische Zeitschrift ‚Communio' 3 (1974) 555–567; *H. Stehle*, Die Ostpolitik des Vatikans 1917–1975 (München 1975); *U. A. Floridi*, Mosca e il Vaticano. I dissidenti sovietici di fronte al ‚dialogo'. Introduzione di M. Agurskij (Ponte Sesto di Rozzano 1976).
D. Albrecht (Hrsg.), Katholische Kirche im Dritten Reich. Eine Aufsatzsammlung (Mainz 1976) [mit Bibliographie], zit.: *D. Albrecht* (Hrsg.), Kirche; *R. A. Graham*, Il Vaticano e il nazismo (Rom 1975) [gesammelte Aufsätze, meist in CC erschienen]; *L. Volk*, Das Reichskonkordat vom 20. Juli 1933. Von den Ansätzen in der Weimarer Republik bis zur Ratifizierung am 10. September 1933 (Mainz 1972), zit.: *L. Volk*, Geschichte [grundlegend]; *M. Maccarone*, Il nazionalsocialismo e la Santa Sede (Rom 1947); *G. O. Kent*, Pope XII and Germany. Some Aspects of German-Vatican Relations 1933–1945, in: AHR 70 (1964/65) 59–78; *W. Harrigan*, Nazi Germany and the Holy See, 1933–1936: the Historical Background of „Mit brennender Sorge", in: CHR 47 (1961) 164–198; *ders.*, Pius XI and Nazi Germany, 1937–1939, in: CHR 51 (1965/66) 457–486; *L. Volk*, Die Enzyklika „Mit brennender Sorge", in: StdZ 183 (1969) 174–194; *H.-A. Raem*, Entstehung, Inhalt und Auswirkungen der Enzyklika „Mit brennender Sorge" vom 14. März 1937 in ihrem historischen Kontext, Kath.-theol. Diss. (Bonn 1977); *P. Duclos*, Le Vatican et la seconde guerre mondiale (Paris 1955); *B. Martin*, Friedensinitiativen und Machtpolitik im Zweiten Weltkrieg 1939–1942 (Düsseldorf 1974); *J. Becker*, Der Vatikan und der II. Weltkrieg, in: *D. Albrecht* (Hrsg.), Kirche, 171–193 [grundlegend].
Forschungsübersichten: *R. Lill*, Die Kirchen und das Dritte Reich. Ein Forschungsbericht, in: *W. P. Eckert* (Hrsg.), Judenhaß – Schuld der Christen?! Ergänzungsheft (Essen 1966) 47–94; *V. Conzemius*, Églises chrétiennes et totalitarisme national-socialiste, in: RHE 63 (1968) 437–503, 868–948; *D. Veneruso*, Pio XII e la seconda guerra mondiale, in: RSCI 22 (1968) 506–553; *U. von Hehl*, Kirche, Katholizismus und das nationalsozialistische Deutschland. Ein Forschungsüberblick, in.: *D. Albrecht* (Hrsg.), Kirche, 219–251.

Der Erste Weltkrieg und die Nachkriegsjahre: Benedikt XV.

Benedikt XV. wird häufig als „politischer" Papst, im Gegensatz zu seinem Vorgänger, der ein „religiöser" Papst gewesen sei, bezeichnet. Daran ist richtig, daß Benedikt XV., der ebenfalls ein „religiöser" Papst war, außenpolitisch vor Probleme von größerer Tragweite gestellt worden ist als irgendeiner seiner Vorgänger seit 1815. Schon Anfang September 1914 hatte der Krieg über die Grenzen Europas hinausgegriffen und war ein „Weltkrieg" geworden. Bald nahm er Ausmaße an, für welche die geschichtliche Erinnerung keine vergleichbaren Beispiele finden konnte. Zwei Drittel der damaligen Katholiken waren in diesen Krieg direkt verwickelt, 124 Millionen auf seiten der Entente, 64 auf seiten der Zentralmächte. Das Drittel der nicht in kriegführenden Ländern lebenden Katholiken stand, mit Ausnahme der deutschsprachigen Schweiz und Spaniens, unter dem vorwiegenden Propagandaeinfluß der Entente-Mächte.

Selbstverständlich bildete im Konklave von 1914, welches ohne Behinderungen stattfinden konnte, der Krieg mit seinen vermutlichen Konsequenzen ein wichtiges Kriterium für die Wahlentscheidung der Kardinäle, doch kaum das ausschlaggebende. So sind die Papstwähler der Mittelmächte zwar von Anfang an für Della Chiesa eingetreten; aber das kirchliche Moment (Integralismus-Problematik) war ihnen wichtiger als politische Rücksichten[1]. Ähnliches dürfte für die meisten anderen Kardinäle gelten.

Für den neuen Papst ist die Frage nach dem richtigen außenpolitischen Kurs offenkundig nie ein Problem geworden, für dessen Lösung es grundsätzlich Alternativen gegeben hätte. Seit der ersten Stunde bestimmten drei Orientierungspunkte seine Antwort auf die Herausforderung des Krieges: strikte Neutralität – caritative Hilfsmaßnahmen – Ruf nach Frieden und Versöhnung.

Neutralität

Die Begründung der politischen Neutralität ist prägnant zu fassen in der päpstlichen Allokution vom 22. Januar 1915[2]. Darin nimmt der Papst uneingeschränkt für sich das Recht in Anspruch, „summus interpres et vindex legis aeternae" zu sein. Er erklärt auch, abstrakt, daß er Rechtsverletzungen in keiner Weise billige, sondern verurteile, vermeidet aber peinlich eine Konkretisierung und Aktualisierung in bezug auf die Probleme, die der Krieg aufgeworfen hatte. Er nimmt also nicht Stellung zur Frage der Kriegsschuld, zu Übergriffen deutscher Truppen in Belgien oder der russischen Besatzung in Galizien. Der Krieg wird keineswegs verharmlost: er sei eher eine „Schlächterei" (trucidatio) als ein

[1] Vgl. Tagebuch Piffl zum 2. und 5. September 1914 (*M. Liebmann,* Les Conclaves du Benoît XV et Pie XI, in: La Revue Nouvelle 38 [1963] 45. Dazu *J. Lenzenweger,* Neues Licht auf die Papstwahlen von 1914 und 1922, in: [Linzer] Theologisch-praktische Quartalschrift 112 [1964] 51–58).

[2] AAS 7 (1915) 33–36.

Kampf (dimicatio). Sich mit der päpstlichen Autorität in die Auseinandersetzungen der Kriegsparteien einzumischen, sei jedoch weder sinnvoll (conveniens) noch nützlich (utile), im Gegenteil: der Heilige Stuhl müsse, so schwierig das auch sei, neutral (nullius partis) bleiben. Christus sei für alle Menschen gestorben; der Papst als Vertreter Christi sei für alle Menschen da und habe auf allen Seiten des Krieges Kinder, für die er Verantwortung trage. Daher dürfe er nicht auf deren trennende „rationes proprias" sehen, sondern müsse auf das gemeinsame Band des Glaubens achten, das sie vereine. Handle der Papst anders, würde er der Sache des Friedens nichts nützen, aber den innerkirchlichen Zusammenhalt weiter gefährden. Wohl rufe er nachdrücklich und eindringlich zum Frieden und zur Versöhnung auf. Schon die Antrittsenzyklika (1. November 1914) hatte die Herrscher und die Regierungen zum Verhandlungsfrieden aufgefordert: Es gebe bessere Mittel und Wege, um verletzte Rechte wiederherzustellen, als Krieg[3].

Dieses Programm, an dem der Papst während der folgenden Jahre ohne wesentliche neue Argumente und Gedanken festgehalten hat, war das Gegenteil einer Kreuzzugspredigt – unüberbietbar bescheiden und nüchtern in den Zielen, und daher ohne emotionale Begeisterungskraft. Noch war der Krieg jung. Die Propagandamaschinen liefen auf Hochtouren. Zu diesem Zeitpunkt waren wenige bereit, auf den Papst zu hören, im Gegenteil, man warf ihm vor, seine Friedenspredigt lähme die moralische Widerstandskraft gegen den (ungerechten) Angriff des Feindes bei den (eigenen) Katholiken. Der Papst hat sich vermutlich keine Illusionen über die direkten Auswirkungen seiner Appelle gemacht. Aber die im Kern pastorale Grundhaltung befähigte ihn, über das Tagesgeschrei hinauszublicken.

An diese Grundorientierung hat Pius XII. im Zweiten Weltkrieg angeknüpft. Sie mag dem heutigen Rückblick als bare Selbstverständlichkeit erscheinen, war es zunächst aber keineswegs. Eine solche Tradition zu begründen und durchzuhalten bedurfte erheblicher, kontinuierlicher Anstrengungen. Allerdings gab es, vom kirchlichen Interesse und Verständnis her, keine akzeptablen Alternativen.

Abkehr von der prinzipiellen Neutralität hätte notwendig Parteinahme für eine der beiden Seiten bedeutet. Wie hätte der Papst dies moralisch, rechtlich und politisch begründen sollen, lagen doch Recht und Unrecht, Schuld und Unschuld keineswegs einseitig, eindeutig und unbezweifelbar bei dieser oder jener kriegführenden Mächtegruppe. Mit keiner von diesen konnte der Papst sich identifizieren. Aber selbst wenn das möglich gewesen wäre, so wäre der Vatikan bei der Umsetzung einer solchen Konzeption in praktisches politisches Handeln bald an kaum überwindliche Grenzen gestoßen. Schon das hochmittelalterliche Papsttum hat den theoretischen Anspruch, Weltenrichter zu sein, in praxi nicht durchsetzen können. Zwischen 1914 und 1918 bedeutete das Wort des Bischofs von Rom unvergleichlich viel weniger. Bei den Nicht-Katholiken war die politische Autorität des Heiligen Stuhles unter Pius X. auf einen

[3] AAS 6 (1914) 565–581, hier 567.

Nullpunkt herabgesunken[4]. Dort hörte man um so weniger auf den Papst, als ingesamt selbst die kirchentreuen Katholiken sich politisch nicht vorwiegend oder ausschließlich an Rom orientierten. Dies traf besonders für die damals in irgendeiner Form „modernen“ Schichten und Gruppen zu. Weil ein bis ins Chauvinistische reichender Nationalismus die vorherrschende Zeitströmung war, ließ sich, wer „Anschluß“ an seine „heutige Zeit“ gewinnen wollte, leicht und weit von den nationalistischen Bewegungen mitreißen. Dem Heiligen Stuhl vorzuwerfen, er sei vor 1914 dagegen nicht energisch genug vorgegangen[5], überschätzt wohl die Einwirkungsmöglichkeit der kirchlichen Führung auf das politische Verhalten der Gläubigen in rein politischen Dingen und führt letztlich zu Fragestellungen, auf welche die Geschichte von Gregor VII. bis Bonifaz VIII. bereits eine eindeutig negative Antwort erteilt hat. Auch mit Rücksicht auf die reale Durchsetzbarkeit war daher Neutralität die einzige gebotene vatikanische Außenpolitik. Behutsame Beurteilung der moralisch-rechtlichen Lage der Kriegführenden und skeptische Einschätzung der Resonanzbereitschaft der Katholiken auf konkrete politische Postulate des Papstes korrespondierten mit dem Amtsverständnis Benedikts XV. Dieser Petrusnachfolger konnte und wollte nur „als barmherziger Samariter wirken, nicht als Weltenrichter“[6]. Daß man sowohl im Lager der Mittelmächte wie bei den Alliierten der päpstlichen Politik immer wieder Voreingenommenheit oder Parteilichkeit für die jeweils andere Seite unterstellt hat[7], ist kein Widerspruch zu unserer These, sondern indirekt eine Bestätigung.

Infolge der vatikanischen Neutralität und der Zurückhaltung des Papstes mit konkreten inhaltlichen Aussagen blieb den Katholiken und ihren Gruppierungen in den verschiedenen Ländern viel politischer Spielraum. Für die meisten bedeutete das Identifizierung mit der für gut und gerecht betrachteten Sache des eigenen Staates. Der Papst steuerte also kaum die politische Haltung des Katholizismus der vom Krieg betroffenen oder am Krieg beteiligten Länder und Nationalitäten in den spezifischen Problemen, die der Krieg stellte. Ob man dies als ein Scheitern der päpstlichen Politik ansehen darf, ist fraglich; denn wahrscheinlich hatte Benedikt XV. in dieser Hinsicht keinen Führungswillen. Umgekehrt war seine Neutralität die unerläßliche Voraussetzung für ausgedehnte humanitäre Hilfsmaßnahmen und für diplomatische Aktivitäten gegen Ausweitung des Krieges und für die Wiederherstellung des Friedens.

[4] Bericht Salis für 1916–1922, in: *Th. E. Hachey*, Anglo-Vatican Relations 1914–1939, 1–72, hier 4.

[5] *R. Aubert*, in diesem Werk VI/2, 541.

[6] *L. Volk*, Kardinal Mercier, der deutsche Episkopat und die Neutralitätspolitik Benedikts XV. 1914–1916, in: StdZ 192 (1974) 611–630, hier 628.

[7] Für Anklagen aus französischen und italienischen Kreisen vgl. *G. Jarlot*, Doctrine pontifical et l'histoire. L'enseignement social de Léon XIII, Pie X et Benoît XV vu dans son ambiance historique (1878–1922) (Rom 1964); für die deutsche Seite die vom Evangelischen Bund herausgegebene Schrift „Papst, Kurie und Weltkrieg. Historisch-kritische Studie von einem Deutschen“ (Berlin 1918).

Päpstliche Hilfsmaßnahmen

Humanitäre Hilfsmaßnahmen verblassen in der geschichtlichen Erinnerung leicht und schnell. Sie erfordern jedoch, besonders in Kriegszeiten, viel Geduld, Zeit, Kraft und Flexibilität. Die päpstlichen Hilfsmaßnahmen wurden ohne Rücksicht auf religiöse, nationale oder ethnische Zugehörigkeit der Betroffenen geleistet, wie der Kardinalstaatssekretär am 22. Dezember 1914 ausdrücklich verfügt hatte[8]. Weit beachtete Anerkennung fand diese Haltung durch Errichtung eines großen Denkmals für Benedikt XV. in Konstantinopel im Dezember 1921, also noch zu seinen Lebzeiten. Die Widmung spricht vom Dank des Orients für den Wohltäter der Völker, der ohne Unterschied der Rassen und Religion Hilfe geleistet habe.

Im Ersten Weltkrieg haben sich in Nahost Grausamkeiten ereignet, die an den Zweiten Weltkrieg gemahnen, aber von der geschichtlichen Erinnerung der westlichen Welt wenig beachtet worden sind und werden. So wurden nach dem Rückzug der Russen aus Ost-Anatolien 125 000 Assyro-Chaldäer zunächst ins westliche Aserbeidschan und von dort zurück in die Gegend von Mosul (heute Iraq) vertrieben, wo die meisten verhungerten. Die Deportationen und Massaker unter den Armeniern[9] haben etwa 1 Million Menschenleben gekostet. Ein derartiges Schicksal blieb den Christen im Libanon erspart, doch wurden auch sie durch Hunger dezimiert. Der Papst hat diese Dinge nicht verhindern können. Indem er jedoch vermied, sie öffentlich zu brandmarken, blieb er in seiner neutralen Stellung und konnte von da aus, auch durch persönliche Briefe an den Sultan, Mehmed V. Reşad, erreichen, daß die Massaker teilweise angehalten wurden, daß zum Tode Verurteilte vor der Hinrichtung bewahrt blieben und daß für hinterbliebene Kinder der Opfer gesorgt wurde. Ein dafür eingerichtetes Waisenhaus in Konstantinopel erhielt den Namen Benedikts XV.

Der Krieg in Europa dagegen hat sich im ganzen einigermaßen an den damaligen völkerrechtlichen Normen orientiert. Infolgedessen trugen die vatikanischen Hilfsmaßnahmen in diesem Bereich den karitativen Charakter der „normalen" Kriegsfürsorge. Zuerst, ab Frühjahr 1915, gelang ein Austausch kriegsdienstunfähiger Gefangener über die Schweiz, danach die Freilassung und der Austausch Zivilinternierter, sodann die Unterbringung kranker und verwundeter Kriegsgefangener in neutralen Ländern (insgesamt über 100 000), schließlich der Austausch kriegsgefangener kinderreicher Familienväter und die Rückkehrerlaubnis lungenkranker Italiener aus österreich-ungarischer Gefangenschaft. Daneben wurden Geldsammlungen in die Wege geleitet und auch

[8] AAS 6 (1914) 7f.

[9] *J. Deny*, Art. „Arminiya", in: Encyclopaedia of Islam² I (Leiden, London 1960) 634–650, hier 640f; *G. Jaeschke*, Das Osmanische Reich vom Berliner Kongreß bis zu seinem Ende (1878–1920/21) 43 (in: *Th. Schieder* [Hrsg.], Handbuch der europäischen Geschichte VI [Stuttgart 1968]), bemerkt, daß die Behandlung der Armenier „von diesen nicht unverschuldet war". Die armenischen Revolten ab 1890 hätten gleichzeitig Grund, Vorwand und Entschuldigung geliefert.

eigene vatikanische Mittel im Gesamtumfang von schätzungsweise 82 Millionen Goldlira[10] weggegeben. Es wurden außerdem Bemühungen unternommen oder unterstützt, den Postverkehr zwischen besetzten und unbesetzten Gebieten eines Staates wieder in Gang zu bringen, und vor allem wurden für die seelsorgliche und karitative Betreuung der Kriegsgefangenen entsprechende Institutionen eingerichtet. Nicht zuletzt hat der Vatikan mit Hilfe dieser Einrichtungen sich am Suchdienst für Vermißte beteiligt. Allein die vom deutschen Episkopat getragene Stelle hat 800000 Anträge bearbeitet, über welche die staatlichen Stellen nichts ermitteln konnten; ein Achtel dieser Vermißten konnte identifiziert werden, von diesen waren 66000 noch am Leben. Gemessen an dem Elend des jahrelangen Zermürbungskrieges für Soldaten und Zivilbevölkerung waren solche Hilfsmaßnahmen gewiß nur ein Palliativ. Im Rahmen des Möglichen aber ist viel versucht und weit mehr erreicht worden als auf dem Felde der „reinen" Außenpolitik.

Friedensbemühungen

Die Friedensbemühungen des Heiligen Stuhles konzentrierten sich zunächst auf Italien, dessen Geschichte in der Zeit vom September 1914 bis zur Kriegserklärung an Österreich-Ungarn (23. Mai 1915) nichts anderes ist „als die Geschichte der Überwältigung einer vernünftigen, aber unbeweglichen Mehrheit durch eine enthusiastische oder skrupellose, doch in jedem Falle unermüdliche tätige Minderheit", wobei unklar blieb, „wer wen benutzt oder gezwungen hatte: die aktive Minorität die Regierung oder umgekehrt"[11]. Am Ergebnis dieser inneritalienischen Kämpfe war Benedikt XV. elementar interessiert. Es war nämlich unklar, ob und wie der Gefangene im Vatikan die zentrale Leitung der Weltkirche überhaupt fortsetzen könne, wenn in Italien der Kriegszustand einträte. Außerdem hatte der Bischof von Rom für die kirchentreuen italienischen Katholiken eine besondere moralische und politische Führungs-Verantwortlichkeit. Schließlich drohten bei einer italienischen Niederlage auf der Apenninenhalbinsel eine Revolution von links, bei einer österreichisch-ungarischen Niederlage der Zusammenbruch des Habsburgerreiches und damit das Ende der letzten großen katholischen Monarchie. Ziel des Papstes war also, daß Italien neutral blieb.

Für dieses Ziel sind innerhalb des italienischen politischen Katholizismus die papsttreuen konservativen Intransigenten konsequent eingetreten[12]. Die andere große Gruppe, die Clerico-Moderati genannten Gemäßigten, welche Ausgleich mit dem und Einbindung in den rechtsliberalen Staat suchten, machten alle

[10] *R. Aubert,* Geschichte V/1, 337 Anm. 3.

[11] *E. Nolte,* Italien von der Begründung des Nationalstaats bis zum Ende des I. Weltkriegs (1870–1918) 427 (in: *Th. Schieder* [Hrsg.], Handbuch usw. wie Anm. 9).

[12] *P. Scoppola,* Cattolici neutralisti e interventisti alla vigilia del conflitto, in: *G. Rossini* (Hrsg.), Benedetto XV, 95–152; *A. Prandi,* La guerra e le sue conseguenze nel mondo cattolico italiano, in: ebd., 153–205.

Schwenkungen der Regierung mit; sie begannen mit Neutralismus und endeten beim Interventionismus. Die anderen, kleineren Gruppierungen, waren teils für, teils gegen den Eintritt in den Krieg. Diese Vielfalt und diese Gegensätze hat der Papst offensichtlich hingenommen, ohne auf einheitliche Willensbildung im Sinne des vatikanischen Programms zu dringen und dieses durchzusetzen. Er hat nicht verhindert, daß wesentliche Teile des italienischen Katholizismus ab März 1915 für die Intervention eintraten.

Dagegen hat Benedikt XV. die herkömmlichen Mittel der Diplomatie intensiv genutzt, um die Doppelmonarchie zu rechtzeitigen und ausreichenden Konzessionen an den italienischen Nationalismus zu bewegen und die italienische Regierung vom Anschluß an den Dreiverband zurückzuhalten[13]. Mit diesen Absichten hat er sich weder in Wien noch in Rom durchgesetzt. Österreich-Ungarn eröffnete für Italien diskutierbare Angebote erst, als das Königreich längst für die Entente festgelegt war (Londoner Vertrag vom 26. April 1915). Der Artikel 15 des Vertrages, von dem der Vatikan schon Ende 1915 wußte[14] und den die Bolschewiki am 28. November 1917 in der Izvestija publiziert haben, war zunächst unbekannt. Durch diesen Artikel wurde der Heilige Stuhl von allen Friedensverhandlungen ausgeschlossen. Dahinter standen der traditionelle Antiklerikalismus des freimaurerischen Risorgimento und die Furcht, daß sonst die „Römische Frage“ auf einer internationalen Konferenz aufgeworfen werden könnte. Bemühungen im Jahre 1918, diesen Artikel zu ändern, sind fehlgeschlagen[15].

Die rechtlichen und praktischen Konsequenzen für den Heiligen Stuhl bei einem Eintreten des Kriegszustandes in Italien waren nach 1870 weder völkerrechtlich noch italienisch-rechtlich geregelt[16]. Die Regierung des Königreiches hatte daher theoretisch freie Hand. Die beim Heiligen Stuhl akkreditierten diplomatischen Vertretungen aus Österreich-Ungarn und Deutschland wichen sofort am 24. Mai 1915 in die Schweiz aus, nachdem das Staatssekretariat ihre Unterbringung im Vatikan abgelehnt hatte. Im übrigen hat die italienische Regierung aber ihre (einseitigen) Verpflichtungen aus dem Garantiegesetz von 1871 den Krieg hindurch beobachtet und sich in einigen dort nicht geregelten Dingen generös gezeigt. Die Bewegungsfreiheit des Heiligen Stuhles war durch den italienischen Kriegszustand zwar eingeschränkt; so wurde der Osservatore Romano an die italienischen Zensurbestimmungen gebunden. Alles in allem

[13] Vgl. *F. Engel-Janosi*, Österreich und der Vatikan 1846–1918, II: Die Pontifikate Pius' X. und Benedikts XV. (1903–1918) (Graz usw. 1960) 190–247.

[14] Nachweis: die Akten bei *W. Steglich*, Friedensappell, 27–30. Die anderslautende Behauptung der Gasparri-Memoiren, 169, ist falsch.

[15] Vgl. *R. Mosca*, La mancata revisione dell'art. 15 del Patto di Londra, in: *G. Rossini* (Hrsg.), Benedetto XV, 401–413. Eine neue Untersuchung ist von *W. Steglich* zu erwarten; vgl. *ders.*, Verhandlungen, 407 Anm. 151.

[16] Vgl. *R. A. Graham*, Diplomacy, 305–317. Über die Pläne zur Bildung eines vatikanischen Staatswesens vgl. *St. A. Stehlin*, Germany and a proposed Vatican State, in: CHR 60 (1974) 402–426.

aber hatte der Vatikan mit weniger Schwierigkeiten zu kämpfen, als vordem befürchtet worden war. Die Kurie konnte auch während des Krieges als Zentrale der Weltkirche fungieren; der Papst konnte seine Außenpolitik fortsetzen. Auf diesem Feld stieg sogar sein Prestige: 1915 nahmen die Niederlande und Großbritannien diplomatische Beziehungen zum Heiligen Stuhl auf und schickten ihre Vertreter zum Vatikan. Formelle Beziehungen zu Frankreich kamen zwar noch nicht zustande, und in den vatikanisch-italienischen Beziehungen blieb es bei dem seit 1870 traditionellen Nebeneinander von rechtlicher Nicht-Anerkennung und faktisch vielfältiger Kontakt-Möglichkeit. Am Anfang des Ersten Weltkrieges waren 14, am Ende 17 Staaten beim Heiligen Stuhl diplomatisch vertreten.

Nach dem Eintritt Italiens in den Krieg hat die päpstliche Außenpolitik sich ständig darum bemüht, alles zu unterstützen, was eine gewisse Aussicht bieten könnte, die kriegführenden Mächte an einen Verhandlungstisch zu bringen. Dabei ging der Vatikan auch unkonventionelle Wege. So hat er vom Mai 1915 bis Mai 1916 Kontaktangebote jüdischer Persönlichkeiten aus Frankreich akzeptiert, von denen er sich offenbar Einwirkung auf (die) jüdische(n) Organisationen in den westlichen Ländern und dadurch wiederum auf die Außenpolitik der Entente-Mächte erhoffte[17]. Wie schwierig es in der haßerfüllten Kriegsatmosphäre war, mit Friedenssondierungen voranzukommen, zeigte sich beispielsweise darin, daß der Papst den späteren Kardinal Baudrillart im Herbst 1915 nicht dafür gewinnen konnte, einen vatikanischen Schriftsatz über eventuell akzeptable Friedensbedingungen zur offiziellen Kenntnis der französischen Regierung zu bringen[18].

Während, mit Ausnahme von Ostmitteleuropa, die Katholiken aller kriegführenden Länder sehr opferbereit ihre Staatsbürger-Pflichten erfüllten, blieb der Papst in seinen häufigen öffentlichen Äußerungen zum Frieden und Krieg[19] abstrakt, wenngleich einzelne konkretisierbare Sätze sich dem Gedächtnis der Zeitgenossen durchaus eingeprägt haben, so aus der Ansprache vom 28. Juli 1915[20] die Formulierung, „daß die Nationen nicht sterben". Konkrete, inhaltliche Aussagen über Friedensbedingungen enthält dagegen der „Friedensappell" vom 1. August 1917 an die Oberhäupter der kriegführenden Völker[21].

[17] Vgl. *P. Korzec,* Les relations entre le Vatican et les organisations juives pendant la première guerre mondiale: la mission Deloncle-Perquel (1915–1916), in: RHMC 20 (1973) 301–333. In diesem Zusammenhang ist es zu einer bemerkenswerten amtlichen Stellungnahme des Hl. Stuhls gegen antisemitische Aktionen in Polen gekommen: Gasparri an das American Jewish Committee, 9. Februar 1916 (ebd. 320ff).

[18] *J. Leflon,* L'action diplomatico-religieuse de Benoît XV en faveur de la paix durant la première guerre mondiale, in: *G. Rossini* (Hrsg.), Benedetto XV, 62–64.

[19] Texte: *A. Struker.*

[20] AAS 7 (1915) 364–377.

[21] Amtlich publiziert am 1. September 1917 in: AAS 9 (1917) 417–420; oft, seit 15. August 1917, gedruckt. Kritischer Text: *W. Steglich,* Friedensappell, 160–162.

Die Anfänge dieser diplomatischen Aktion reichten bis zur Jahreswende 1916/17 zurück. Sie nahm konkrete Formen an, als der neue Münchener Nuntius, Eugenio Pacelli, am 13. Juni 1917 für persönliche Sondierungen in Berlin Instruktionen erhielt[22]. Darüber hat er am 26. Juni mit Reichskanzler Bethmann Hollweg und Staatssekretär Zimmermann verhandelt. Der Angelpunkt war Belgien. Bethmann hatte früher die Wiederherstellung des Staates nur unter „realen Garantien" für Deutschland angeboten; jetzt sagte er „vollkommene Unabhängigkeit" von allen drei Großmächten zu – eine fundamentale Konzession, die innenpolitisch (noch) nicht abgesichert war. Eine Begegnung Pacellis mit dem österreichischen Kaiser Karl I. am 30. Juni ergab, daß die Habsburger Monarchie an der Konzessionsbereitschaft vom Mai 1915 gegenüber Italien offenbar festhielt. Diese mündlichen Zusagen Berlins und Wiens waren materiell so bedeutend, daß der Vatikan damit weiterkommen konnte. Auslösendes Moment sollte Belgien sein.

Gerade an diesem Punkt hat die päpstliche Aktion sich festgelaufen. Dazu trug der Sturz Bethmann Hollwegs (13. Juli 1917) bei. Sein Nachfolger Michaelis war zu innenpolitisch nicht abgesicherten Zusagen nicht bereit. Das konnte die Kurie nicht wissen, überschätzte die tatsächlichen Erfolgschancen, setzte sich aber anscheinend auch selbst unter einen verhängnisvollen Zeitdruck, weil sie offenbar unbedingt zu Beginn des vierten Kriegsjahres am 1. August an die Öffentlichkeit treten wollte. Immerhin hatte die neue Mitte-Links-Mehrheit des Deutschen Reichstags am 19. Juli die berühmte Friedensresolution[23] verabschiedet, die dem vatikanischen Programm nahekam und vom neuen Reichskanzler akzeptiert worden war.

Ehe der Papst sich an alle Mächte wendete, sollten die konkreten Formulierungen mit Berlin unzweideutig abgestimmt werden. Zu diesem Zweck unterbreitete Pacelli am 24. Juli in Berlin die Anfang Juli in Rom ausgearbeitete sogenannte „Pacelli-Punktation"[24]. Dies ist ein Promemoria in sieben Punkten, deren erste vier konkrete materielle Regelungen beschreiben (Freiheit der Meere; Rüstungsbeschränkung; internationale Schiedsgerichtsbarkeit; deutscher Rückzug aus Frankreich, Wiederherstellung der vollständigen politischen, militärischen und wirtschaftlichen Unabhängigkeit Belgiens gegenüber Deutschland, England und Frankreich, dagegen Rückgabe der deutschen Kolonien durch England), während die letzten drei die weiteren Traktanden der Friedenskonferenz aufzählen (Wirtschaftsfragen; österreichisch-italienische und deutsch-französische Grenze; Polen, Serbien, Rumänien, Montenegro).

Dieses Promemoria entsprach dem am 26. Juni erreichten Stand. Jetzt aber machte Berlin sofort mündlich Einwendungen, vor allem bezüglich Belgiens, wo wieder von „Garantien" gesprochen wurde. Die schriftliche Antwort, die

[22] Inhalt: *A. Martini*, Preparazione, 128 f.

[23] Oft gedruckt. Kritischer Text: *E. Matthias – R. Morsey* (Hrsg.), Der Interfraktionelle Ausschuß 1917/18, I (Düsseldorf 1959) 114 f.

[24] Oft gedruckt. Kritischer Text: *W. Steglich*, Friedensappell, 133.

deutsche Gegendenkschrift[25], ist erst am 12. August überreicht worden. Für die Redaktion[26] und Auslieferung des päpstlichen Friedensappells hat der Vatikan darauf nicht gewartet.

Der „Friedensappell" ist ein auf den 1. August zurückdatiertes Schreiben Benedikts XV. an die Staatsoberhäupter der kriegführenden Länder, das der Kardinalstaatssekretär den Mächten am 9. August offiziell[27] zugestellt hat. Die Note besteht aus drei Teilen: einer Rückschau auf und Erinnerung an die bisherigen (vergeblichen) päpstlichen Friedensmahnungen; einer Aufforderung an die Regierungen, sich über die im folgenden skizzierten Punkte als Basis eines gerechten und dauerhaften Friedens zu verständigen; einem bewegenden Schlußappell, dem mehr und mehr „unnützen Gemetzel" (inutile strage) durch Verhandlungen ein Ende zu setzen. Der entscheidende zweite Teil entspricht inhaltlich der Pacelli-Punktation unter Berücksichtigung der mündlichen deutschen Einwendungen vom 24. Juli mit Ausnahme des Punktes Belgien.

Es läßt sich zur Zeit nicht beweisen, welche Aussichten der Papst seinem Schritt zugemessen hat. Geht man von der (wohl zwingenden) Annahme aus, daß er sich Erfolgschancen ausgerechnet hat, so muß man auch vermuten, daß er, trotz der Einwendungen vom 24. Juli, Bethmanns Zusage vom 26. Juni als reaktivierbar eingeschätzt hat. Dies hätte – so etwa darf man sich das vatikanische Kalkül vorstellen – so viel politische Hebelkraft freigesetzt, daß die Entente sich den daraus, Schritt für Schritt, ergebenden ernsthaften Verhandlungen kaum hätte entziehen können. Weil also der Stein, der die Lawine ins Rollen bringen sollte, die deutsche Belgien-Zusage vom 26. Juni gewesen ist, erlangte gerade die Antwort Deutschlands auf den päpstlichen Friedensappell besondere Bedeutung. Sie bestand formell in einer Note des Reichskanzlers an den Kardinalstaatssekretär vom 19. September[28], der ein vertrauliches Schreiben Michaelis' an Pacelli vom 24. September[29] folgte.

Die Note vom 19. September enthielt mancherlei Höflichkeiten, aber keine klare Annahme der materiellen Ausführungen des Friedensappells. Ein derartiges Ausweichen, vor allem im Punkt Belgien, befürchtete die Kurie spätestens seit dem 12. August. Danach hat die vatikanische Diplomatie beharrlich und erfindungsreich versucht, irgendeine der Entente gegenüber benutzbare deutsche Verzichterklärung auf Belgien zu erhalten. Diese Festlegungspolitik gipfelte in

[25] Text: W. *Steglich*, Friedensappell, 151–155.

[26] Vgl. A. *Martini*, La nota, 418f.

[27] Da der Hl. Stuhl mit den USA, Frankreich und Italien keine diplomatischen Beziehungen unterhielt, wurden die Noten für diese Mächte über den englischen Gesandten beim Vatikan geleitet. Rußland und Belgien erhielten die Noten durch ihre Vertreter in Rom, Deutschland, Bayern und Österreich-Ungarn durch die Nuntien in München und Wien.

[28] Oft gedruckt. Kritischer Text: W. *Steglich*, Friedensappell, 197–202 (mit der gesamten, komplizierten Entstehungsgeschichte). Die Note wurde Pacelli am 20. September übergeben, am 22. September publiziert.

[29] Oft gedruckt. Kritischer Text: W. *Steglich*, Friedensappell, 361–363.

einem Brief Pacellis an Michaelis vom 30. August[30], der unter Beifügung der englischen Zwischenantwort (21. August) auf die päpstliche Note präzise Äußerungen über Belgien als Voraussetzung „zu weiterer Entwicklung der Verhandlungen" forderte. Eine derartige Belgien-Erklärung hat Michaelis am 24. September abgelehnt, da „gewisse Vorbedingungen" noch „nicht genügend geklärt" seien. Sein Brief war ein Zwischenbescheid; die Tür sollte nicht zugeschlagen werden. Aber der päpstliche Vermittlungsversuch war zum Stillstand gekommen; die präzise deutsche Erklärung ist auch später nicht erfolgt, so daß die Kurie den Faden nie wieder aufgreifen konnte.

Die erwähnten Schriftstücke vom 21. und 30. August und vom 24. September sind deutscherseits Ende Juli 1919 publiziert worden und waren lange Gegenstand leidenschaftlicher Kontroversen, die inzwischen ruhigeren, minutiösen Untersuchungen Platz gemacht haben[31]. Fest steht heute, im Gegensatz zu Erzbergers Behauptung 1919, daß Berlin mit den deutschen September-Antworten von 1917 keine unbedingt sicheren Friedenschancen vertan hat. Fest steht ebenfalls, daß Michaelis sich bei der Behandlung der Friedensnote nicht durch protestantisch-konfessionelle Vorurteile gegen Papst und Kirche hat leiten lassen. Volle Einigkeit besteht aber auch heute noch nicht über die Gründe und die Folgen der deutschen Entscheidungen im September. Man weiß zwar, daß Michaelis sich außenpolitisch nach Staatssekretär Kühlmann richtete und dieser, ebenso wie Bethmann Hollweg, Belgien volle Unabhängigkeit geben wollte. Aus verhandlungstaktischen Gründen der Außenpolitik und vielleicht auch aus innenpolitischen Rücksichten wollte Kühlmann sich der vatikanischen Vermittlung jedoch erst am Schluß eines Drei-Phasen-Planes bedienen. Er sah zunächst private Sondierungen durch den spanischen Diplomaten Villalobar in England mit Ankündigung deutscher Belgien-Konzessionen vor, denen deutsch-britische Friedens-Vorverhandlungen mit einer formelleren und dann vatikanisch vermittelte Friedensverhandlungen mit einer definitiven Verzichterklärung auf Belgien folgen sollten. Dieses feingesponnene Konzept ist in Madrid und in London gescheitert. Ob ein Verzicht auf den Drei-Phasen-Plan und ein direktes Eingehen auf den päpstlichen Vorschlag in Deutschland innenpolitisch realisierbar gewesen wäre und Deutschland außenpolitisch (mehr) Erfolg gebracht hätte, läßt sich nicht eindeutig sagen, weil hier viele Hypothesen eingebaut werden müssen. Wichtig in diesem Zusammenhang ist jedoch die Haltung der übrigen Mächte zum Friedensappell.

Die drei anderen Zentralmächte haben dem Papst ebenfalls formell geant-

[30] Oft gedruckt. Kritischer Text: *W. Steglich*, Friedensappell, 342f.

[31] Grundlegend *W. Steglich*, Friedenspolitik, I; *V. Conzemius*, L'offre. Hinzu kommen für die französische Politik *P. Renouvin*, Le gouvernement français devant le message de paix du Saint-Siège (août 1917), in: (Festschrift A. Latreille) Religion et Politique. Les deux guerres mondiales. Histoire de Lyon et du Sud-Est (Lyon 1972) 287–302; für die englische Politik *W. Steglich*, Die Haltung der britischen Regierung zur päpstlichen Friedensaktion von 1917, in: *ders.*, Verhandlungen, 365–409.

wortet und sich dabei sachlich von der deutschen Linie nicht wesentlich entfernt[32]; Rußland, Frankreich und Italien dagegen haben durch Nicht-Beantwortung eine der brüskesten Formen der Ablehnung gewählt. Die Antwort der USA (27. August)[33] war hauptsächlich innenpolitisch bedingt. Wilson erklärte ein kaiserliches Deutschland für nicht friedensverhandlungsfähig. Diesem Nein hat die britische Politik sich nicht angeschlossen. Der englische Vatikangesandte wurde am 21. August zu einer Zwischenantwort instruiert[34], die „bis zu einem gewissen Grade auf die päpstliche Aktion einging" (W. Steglich). Aus nicht eindeutig bestimmbaren Gründen hat Paris sich diesem Schritt zunächst angeschlossen, was London am 23. August nach Rom weitergegeben hat[35]. Die Londoner Instruktionen vom 21. und 23. August führten dazu, daß der Vatikan die Verhandlungsbereitschaft Frankreichs völlig und Englands erheblich überschätzte. Frankreich vollzog am 26. August gegenüber England eine Kehrtwendung und drängte auf Distanzierung. Inwieweit London dem entsprochen hat, ist umstritten[36]. Die tatsächliche Verhandlungsbereitschaft Englands vom 30. August ist wohl am präzisesten von Steglich beschrieben worden, der meint, London habe „die endgültige Stellungnahme so lange aufschieben wollen, bis über die Konzessionsbereitschaft der Zentralmächte Klarheit gewonnen war"[37].

Aus diesen Zusammenhängen wird klar, wie sehr Pacelli Ende August glauben mußte, mit einem deutschen Belgien-Verzicht sei das offene Meer der Friedensverhandlungen erreicht, aber auch, daß Ende August eine solche Erklärung keineswegs sicheren Erfolg verbürgt hätte. Wie sich London entschieden hätte, wenn sie erfolgt wäre, läßt sich nicht sagen. Historisch ist festzuhalten, daß das deutsche Schweigen über Belgien am 19. und 24. September es der englischen Regierung erspart hat, eine politische Antwort an Deutschland zu finden, die sie nach innen hätte durchhalten und nach außen hätte vertreten können.

Das Scheitern der Aktion vom 1. August 1917 hat den Papst nicht zu einer grundsätzlichen Korrektur seiner Vermittlungsbereitschaft veranlaßt. So bot Gasparri im Februar 1918 der italienischen Regierung die Vermittlung zu Sonderverhandlungen mit Österreich-Ungarn an, was auch zur Ausarbeitung entsprechender Pläne führte, jedoch wegen interner italienischer Differenzen nicht weiterverfolgt worden ist[38]. Öffentlich aber hat Benedikt XV. sich im weiteren Verlauf des Krieges zu den konkreten Friedensproblemen nicht mehr geäußert.

[32] Oft gedruckt. Kritischer Text: *W. Steglich*, Friedensappell, 210f (Österreich-Ungarn: 20. September 1917), 227f (Bulgarien: 20. September 1917), 231–233 (Bayern: 21. September 1917), 223–225 (Türkei: 30. September 1917).

[33] Oft gedruckt. Text: *W. Steglich*, Friedensappell, 422–424.

[34] Kritischer Text: *W. Steglich* Friedensappell, 335.

[35] Kritischer Text: *W. Steglich*, Friedensappell, 337.

[36] Die Quellen sagen dazu nichts. Vgl. die Erklärungen bei *P. Renouvin*, Le gouvernement français, 298 und *W. Steglich*, Die Haltung, 380.

[37] *W. Steglich*, Die Haltung, 390.

[38] Vgl. *F. Margiotta Broglio*, 45–49.

Diese Zurückhaltung brauchte der Papst während der Pariser Friedensverhandlungen nicht zu beobachten. Auf den Inhalt der Verträge konnte er freilich keinen Einfluß nehmen [39], da er vom Kongreß ebenso wie aus dem Völkerbund ausgeschlossen blieb. Immerhin hielt sich der Sekretär der vatikanischen Kongregation für außerordentliche kirchliche Angelegenheiten, Bonaventura Cerretti, 1919 als geheimer Vertreter des Papstes einige Zeit am Kongreß auf. Dabei knüpfte er mancherlei Kontakte an, die zur Aufnahme diplomatischer Beziehungen mit den neuen ostmitteleuropäischen Staaten führten und den Ausgangspunkt für den Abschluß vieler Konkordate bildeten. Insgesamt bemühte sich die vatikanische Außenpolitik um möglichst weitgehende internationale Präsenz und um vertragliche Regelung mit allen Staaten, wobei viel Konzessionsbereitschaft gezeigt wurde. So war es ein unübersehbares Versöhnungszeichen, als die Enzyklika Pacem Dei munus (23. Mai 1920) [40] seit 1870 geltende einschränkende Bestimmungen für den Besuch katholischer Staatsoberhäupter, die im Quirinal empfangen worden waren, aufhob. Diese Enzyklika trug im übrigen dem Episkopat auf, sich um die Pflege wirklicher Friedensgesinnung unter den Gläubigen zu bemühen, und distanzierte sich dabei eindeutig von dem Pariser Friedenswerk, das nicht vom Geist der Versöhnung geprägt gewesen ist. Ein großer Erfolg des vatikanischen Versöhnungswillens war die Wiederaufnahme der diplomatischen Beziehungen zu Frankreich im Jahre 1921. Als Benedikt XV. am 22. Januar 1922 überraschend starb, war das außenpolitische Prestige des Heiligen Stuhls, gemessen an 1914, merklich gestiegen. Daß sich die Zahl der diplomatischen Vertreter beim Vatikan mehr als verdoppelt hatte, war dafür ein klares Zeichen.

Zwischen den beiden Weltkriegen: Pius XI.

Die Lateranverträge von 1929

Die „Römische Frage" bis 1926

Auch für die Wahl Pius' XI. am 6. Februar 1922 sind nicht primär politische, sondern innerkirchliche Gründe maßgebend gewesen. Niemand konnte zu diesem Zeitpunkt wissen, daß dieser politische Neuling, der sein Leben bis 1918 zwischen Büchern und Handschriften zugebracht hatte, den Lateranvertrag abschließen und damit die bedeutsamste außenpolitische Entscheidung des Papsttums seit 1870 fällen werde. Die Abmachungen vom 11. Februar 1929 besiegelten das Ende der mehr als tausendjährigen Geschichte des Kirchenstaates: sie schafften zugleich die „Römische Frage", die der Heilige Stuhl seit 1870 offengehalten hatte, aus der Welt.

[39] Immerhin wurde erreicht, daß Art. 238 des Versailler Vertrags die Missionsstationen dem Vatikan übergab; vgl. *G. Jarlot,* 440f. [40] AAS 12 (1920) 209–218.

An Überlegungen, Vorschlägen und Versuchen zur Beilegung der „Römischen Frage" durch Aussöhnung (conciliazione) hatte es in den Jahrzehnten nach 1870 nicht gefehlt[41]. Erreicht worden war aber im Prinzip nichts. Auch Pius XI. wiederholte daher in seiner Antrittsenzyklika (Ubi Arcano Dei) vom 23. Dezember 1922[42], wenn auch in versöhnlicher Form, den Rechtsvorbehalt seiner Vorgänger gegen die Besetzung des Kirchenstaates, die den Papst zum „Gefangenen des Vatikans" gemacht hatte, und gegen das italienische „Garantiegesetz" vom 13. Mai 1871.

Inzwischen hatte die „Römische Frage" ihre erstrangige Bedeutung für die italienische Innenpolitik verloren. Das erleichterte dem Königreich ein Entgegenkommen. Außerdem waren die liberalen Regierungen in steigendem Maße von den katholischen Wählerstimmen abhängig geworden. Aus prinzipiellen und taktischen Gründen hatte der führende Politiker der Zeit vor 1914, Giolitti, bereits an die Stelle der alten Cavourschen Formel von der „freien Kirche in einem freien Staat" (27. März 1861) das neue Bild von „zwei Parallelen" gesetzt (30. Mai 1904), die sich nie (in einer vertraglichen Regelung) treffen, aber auch nie (im Konflikt) zusammenstoßen können. Unter Pius X. wurde eine Conciliazione-Politik auch aus diesem Grunde nicht aktuell.

Anders unter Benedikt XV. In einem berühmt gewordenen Interview vom 28. Juni 1915[43] rückte Staatssekretär Gasparri von der Tradition der starren Revindikationspolitik ab und ließ die Mächte wenig später auf diplomatischem Wege wissen, daß der Vatikan einen Ausgleich mit Italien nicht durch politischen Druck, sondern durch Verhandlung und Kompromiß suche. Solange der Krieg dauerte, bestand dafür keine Aussicht, und auch nachher machte der Ausschluß des Heiligen Stuhls von den Friedensverhandlungen die Anknüpfung von italienisch-vatikanischen Verhandlungen unter Einbeziehung der übrigen Staaten unmöglich. Am Rande der Pariser Konferenz kam es jedoch am 1. Juni 1919 zu Verhandlungen Cerrettis mit dem italienischen Ministerpräsidenten Orlando über einen Text[44], den Gasparri verfaßt hatte. Er muß enthalten haben: erstens die Forderung nach einer materiellen Revision des italienischen Garantiegesetzes von 1871; zweitens den Verzicht auf formelle Internationalisierung der Römischen Frage, aber Garantie für das Verhandlungsergebnis seitens der anderen Staaten durch Eintritt des Vatikanstaates in den Völkerbund; drittens Verständigung des Königreichs mit dem Papsttum durch italienische Anerkennung eines souveränen Vatikanstaates mit einem erweiterten Gebiet. Im Unterschied zu den Regelungen von 1929 enthielt der Appunto Gasparris sicherlich nicht die Forderung nach einem gleichzeitigen Finanzabkommen und wahrscheinlich nicht nach einem gleichzeitig abzuschließenden Konkordat[45].

[41] Übersicht bei *P. Scoppola,* La Chiesa. [42] AAS 14 (1922) 673–700.

[43] An die führende katholische Tageszeitung Corriere d'Italia. Text: CC 66, 3 (1915) [236–239.

[44] Für die Inhaltsrekonstruktion vgl. *P. Scoppola,* La Chiesa, 4–6.

[45] So *P. Scoppola,* 5 f; dort auch die abweichenden Ansichten, zu denen *G. Martina,* 119, hinzugefügt werden könnte.

Orlando hat Gasparris Plan akzeptiert, ist aber damit beim italienischen König nicht durchgedrungen[46]. Nach Orlandos Sturz (19. Juni 1919) sind die Kontakte in dieser Sache nicht abgebrochen, doch der neue Ministerpräsident Nitti ist wahrscheinlich wiederum an König Vittorio Emanuele III. gescheitert[47].

In diesen ersten Nachkriegsjahren gab es in der Öffentlichkeit vielerlei Hinweise auf die Verhandlungsbereitschaft des Vatikans. Dieser wartete, wie Gasparri in einem Interview vom 29. September 1921[48] deutlich machte, auf einen Staatsmann, mit dem man darüber verhandeln könne. Das Programm der am 18. Januar 1919 gegründeten (katholischen) Volkspartei (Partito popolare italiano)[49] enthielt keinen direkten Hinweis auf eine abschließende vertragliche Regelung der „Römischen Frage" als Nahziel, während der atheistische Faschistenführer Benito Mussolini sich in einer berühmten Parlamentsrede vom 21. Juni 1921[50] von seinen bisherigen antikirchlichen Äußerungen abgesetzt und Versöhnungsbereitschaft mit dem Papsttum signalisiert hatte. So stand es, als Benedikt XV. starb.

Der Pontifikatswechsel bedeutete keine Richtungsänderung der vatikanischen Außenpolitik. Dies zeigte sich schon darin, daß Pius XI., entgegen der Tradition, den Kardinalstaatssekretär im Amte ließ. Die Bedeutung dieser personellen Kontinuität zu betonen, bedeutet nicht zu meinen, daß Pius XI. von seiner Bürokratie gewissermaßen beherrscht worden sei, im Gegenteil: Achille Ratti war zwar ein kurialer Außenseiter, aber eine starke Persönlichkeit mit ausgeprägter Fähigkeit zu unabhängigem Urteil, schneller Auffassung und energischem Handeln. Die Lateranverträge sind daher geschichtlich sein Werk, zumal er am Entstehen des Vertrags bis in kleinste Formulierungen hinein persönlich Anteil genommen hat. Gleichwohl stand seine Vertragspolitik ganz in der Kontinuität Benedikts XV. Eine Richtungsänderung bedeutete auch die Ablösung Gasparris durch Pacelli am 9. Februar 1930 nicht. Die tatsächlichen Motive des Papstes für diesen Wechsel, über die viel gerätselt worden ist[51], sind nicht festzustellen.

Mussolinis Herrschaft (30. Oktober 1922 Ministerpräsident) bot von Anfang an ein sehr zwiespältiges Bild. Kirchenfreundliche Maßnahmen standen neben Stoßtruppgewalt. Der Vatikan hat darauf zunächst mit einer Politik äußerster Vorsicht reagiert. Man suchte keine Verständigung über die Prinzi-

[46] *F. Margiotta Broglio,* 366f 537f.

[47] So *F. Margiotta Broglio,* 71; *P. Scoppola,* La Chiesa, 32.

[48] Text erneut bei *P. Scoppola,* 46–51.

[49] Dazu *G. de Rosa,* Storia del movimento cattolico in Italia, II: Il partito popolare italiano (Bari 1966).

[50] Text-Auszug: *P. Scoppola,* La Chiesa, 52f. Zur Sache vgl. *R. de Felice,* Mussolini il fascista, I: La conquista del potere 1921–1925, Turin 1966 (zitiert als R. de Felice, II) 126f.

[51] Eine Übersicht über die zeitgenössischen Kommentare in: Ecclesiastica 10 (1930) 135 bis 139. *A. Ottaviani,* Pio XI e i suoi Segretari di Stato, in: Pio XI nel trentesimo della morte (1939–1969) (Mailand 1969) bietet dazu nichts, ist aber eine sehr wichtige Quelle für die Geschichte der beiden Staatssekretäre.

pien, sondern über aktuelle Einzelfragen[52]. Dies war offenbar das Ergebnis eines geheimen Treffens Mussolinis mit Gasparri am 19. oder 20. Januar 1923 in der Privatwohnung des Präsidenten des Banco di Roma, Carlo Santucci. Vermutlich ging es bei diesem Treffen vor allem um diese vom Vatikan kontrollierte Bank, die in Schwierigkeiten geraten war. Ihr Konkurs, der für den italienischen Katholizismus katastrophale Folgen bedeuten mußte[53], konnte ohne Staatshilfe nicht abgewendet werden. Im übrigen tastete man sich ab und hat vermutlich hier vereinbart, sich in Zukunft des Jesuitenpaters Pietro Tacchi Venturi als Mittelsmanns zu bedienen, dessen erste Intervention bei Mussolini am 9. Februar 1923 nachweisbar ist.

Die vorsichtige Zurückhaltung des Vatikans entsprang wohl zunächst dem Wunsch, einen frontalen Zusammenstoß mit dem Faschismus zu vermeiden, offenbar vor allem wegen der befürchteten Rückwirkungen auf das katholische Organisationswesen. Nur eine gewisse Zeit lang, bis Ende Mai 1923[54], und nicht über eine gewisse Grenze hinaus ist die Volkspartei vom Vatikan verteidigt worden. Ihren Gründer, Don Luigi Sturzo (1871–1959), hat der Heilige Stuhl zwischen Ende Juni 1923 und Ende Oktober 1924 etappenweise aus dem politischen Leben hinausgeschickt[55]. Solange die vatikanischen Akten über diese problematischen Vorgänge nicht zugänglich sind, ist ein gerechtes Urteil[56] schwer zu finden. Im Wahlkampf 1924 hielt sich der Vatikan vorsichtig zurück, bei deutlichem Anprangern der faschistischen Gewalttaten[57]. Am 9. September 1924 verurteilte der Papst persönlich in der Öffentlichkeit eine volksparteiliche Koalition mit den verfassungstreuen Sozialisten[58]. Als Mussolini am 3. Januar 1925 die Matteotti-Krise erfolgreich überwunden hatte, begann der eigentliche Aufbau des faschistischen Regimes, das bis 1943 gedauert hat. Es war wesentlich geprägt durch Zurückdrängung der revolutionär-radikalen, eigentlich[59]

[52] *R. de Felice,* II, 497.

[53] Der Banco di Roma war Hausbank vieler katholischer Organisationen, finanzierte katholische Presse, half gelegentlich auch der Volkspartei und hatte vor allem enge wirtschaftliche Beziehungen zum Credito Nazionale und dem im 19. Jahrhundert aufgebauten Netz katholischer Raiffeisenbanken. – Zum Treffen Gasparri-Mussolini vgl. *R. de Felice,* II, 494ff.

[54] Am 24. Mai 1923 stellte der Osservatore Romano sich noch hinter die Politik de Gasperis (*R. de Felice,* II, 527f).

[55] Die entscheidenden Etappen waren: 7. Juli 1923 Rücktritt als politischer Sekretär des PPI; 19. Mai 1924 Rücktritt aus dem Vorstand des PPI; 25. Oktober 1924 Emigration nach London. Zum Druck, den der Vatikan bei jeder dieser Stationen ausübte, vgl. Sturzo an Kardinal Bourne, 15. November 1926, in: *F. Piva – F. Malgeri,* Vita di Luigi Sturzo (Rom 1972) 291 Anm. 8.

[56] Zum Problem Sturzo vgl. die in diesem Zusammenhang wichtigen Bemerkungen bei *L. Volk,* Geschichte, 125f.

[57] Vgl. *R. de Felice,* II, 578–589 (Wahlen am 6. April 1924).

[58] Vgl. *R. de Felice,* II, 659ff.

[59] „Eigentlich" im Sinne der Zeit vor 30. Oktober 1922 und nach 25. Juli 1943. Zum folgenden *R. de Felice,* II, 729, sowie *ders.,* Mussolini il fascista, II: L'organizzazione dello Stato fascista 1925–29 (Turin 1968) (zitiert als R. de Felice, III) 3ff.

faschistischen Elemente und durch Konzessionen Mussolinis an die ihn stützenden konservativeren Kräfte und Gruppen, also – in einem gewissen Sinne – gemäßigt. Mit den November-Dekreten von 1926 war es fest etabliert.

In dieser Zeit begann, von Italien her, die Politik, die zu den Lateranverträgen geführt hat. Anfang 1925 berief die Regierung für eine Revision des Staatskirchenrechtes eine Kommission ein; die von Februar bis Dezember die Novellierung beriet[60]. Den Vorsitz erhielt ein ehemaliger Abgeordneter der Volkspartei (Mitte-Rechts-Flügel), und es gehörten ihr, mit päpstlicher Billigung, drei Kanoniker der römischen Papstbasiliken an. Der Schlußbericht dieser Kommission wurde einstimmig verabschiedet. Er kam den kirchlichen Wünschen weit entgegen. Der italienische Episkopat reagierte darauf überaus positiv. Materiell war das Ergebnis dieser Beratungen schon ein Stück des Laterankonkordats von 1929. Der Papst aber lehnte es zunächst (26. Dezember 1925) mündlich und durch ein Schreiben an Kardinalstaatssekretär Gasparri vom 18. Februar 1926 definitiv ab[61] und stellte so ein Junktim zwischen dieser Novellierung und einer vertraglichen Regelung der Römischen Frage her.

Diese Haltung scheint um so erstaunlicher, als damals auch in der Römischen Frage auf beiden Seiten des Tiber, wie der Vatikan durchaus wußte, übereinstimmende Ansichten vorhanden waren. Im Frühjahr 1925 hatte Carlo Santucci – der Form nach als Privatmann – ein „Projekt" über die Regelung der Römischen Frage ausgearbeitet[62]. Es behandelte die Einzelprobleme im allgemeinen auf der Linie des Gasparri-Programms von 1919, wich aber in zwei bedeutsamen Punkten davon ab: Santucci ging nämlich auf die 1919 ausgesparten Finanzprobleme ein[63] und entwickelte Bedenken gegen die Internationalisierung der Römischen Frage. Als Verfahrensmodus sah Santucci zwar Verständigung Italiens mit dem Heiligen Stuhl über den (materiellen) Inhalt, aber (formelle) Regelung durch einseitige, staatliche Novellierung des Gesetzes von 1871 vor. In diesem Punkt war der italienische Justizminister anderer Ansicht. Er meinte, man solle einen regulären Vertrag aushandeln und diesen in italienische Gesetzgebung überführen sowie den ausländischen Regierungen anzeigen. Das war eine überdeutliche Verhandlungsofferte. Der Papst soll, wie Santucci später erfahren hat, sich geäußert haben, daß die Regelung derart schwieriger Dinge wohl besser seinem Nachfolger überlassen bleibe[64].

Der Heilige Stuhl hat also im Sommer 1925 das Projekt Santuccis fallen

[60] Die Protokolle: *P. Ciprotti* (Hrsg.), Atti della Commissione per la riforma delle leggi ecclesiastiche del Regno (12 febbraio – 31 dicembre 1925) (Milano 1968).

[61] Text: *P. Scoppola*, La Chiesa, 117f.

[62] Text: *G. de Rosa*, I conservatori nazionali. Biografia di Carlo Santucci (Brescia 1962) 195ff; dazu *F. Margiotta Broglio*, 226–248.

[63] Im Garantiegesetz vom 13. Mai 1871 hatte der italienische Staat als Ersatz für die päpstlichen Einkünfte aus dem Kirchenstaat dem Papst eine jährliche Zahlung von 3,25 Millionen Lira angeboten, die dieser nie angenommen hatte. Durch den seitherigen Währungsverfall war diese Summe ihrem nunmehrigen Wert nach gänzlich unzureichend.

[64] *P. Scoppola*, La Chiesa, 111.

lassen und im Winter 1925/26 die Annahme der „einseitigen" staatlichen Reformgesetze abgelehnt. Die Gründe dafür lassen sich nur hypothetisch darlegen[65]. Sicher ist, daß die Kurie, weil für die kirchliche Zukunft so viel auf dem Spiele stand, sich Zeit ließ. Die Verhandlungen, die zu den Lateranverträgen geführt haben, haben am 5. August 1926 begonnen.

Der Weg zu den Lateranverträgen (1926–1929)

Über die Lateranverträge ist zweieinhalb Jahre lang, wenn auch nicht kontinuierlich, geheim verhandelt worden (5. August 1926 bis 10. Februar 1929). Die Diskretion wurde erleichtert durch den wenig hohen Rang der Unterhändler. Auf vatikanischer Seite war dies Francesco Pacelli, Laie, Jurist in vatikanischen Diensten, ein Bruder Eugenio Pacellis. Für die Behandlung der Konkordatsmaterien ist ihm zeitweise Prälat Borgongini Duca aus dem Staatssekretariat beigegeben worden. Italienischer Unterhändler war bis zu seinem Tode am 4. Januar 1929 der Staatsrat Domenico Barone. Von da an hat Mussolini selbst, zum Schluß unterstützt durch hohe Regierungsbeamte, die Verhandlungen geführt. Die Unterzeichnung der Verträge und der Ratifikationsurkunden (7. Juni 1929) erfolgte italienischerseits durch Mussolini, vatikanischerseits durch Gasparri. Die Verhandlungsmaterie war in drei Verträge aufgeteilt: den die „Römische Frage" politisch regelnden [Lateran-]Vertrag, dem ein „Finanzabkommen" (als Anhang IV) beigefügt war, sowie das Konkordat.

Der rechtsgeschichtliche Aspekt der Verträge von 1929 ist an anderer Stelle behandelt worden (vgl. Kap. 5). Hier ist allein auf die politische Seite einzugehen, wobei die Details der Vertragsgeschichte[66] natürlich nicht erörtert werden können. Der Verlauf war von Anfang an dadurch bestimmt, daß beide Seiten schon vor Eintritt in die offiziösen Vorverhandlungen ihre Mindestforderungen erörtert und über die wesentlichen Punkte des [Lateran-]Vertrages eine Einigung erzielt hatten: Mussolinis einzige Bedingung, daß der Heilige Stuhl die Regelung der Römischen Frage als endgültig anerkenne und damit zu 1870 ja sage, war vom Papst akzeptiert. Umgekehrt hatte Italien dem Vatikan absolute Souveränität zugestanden, wenngleich der wichtige Ausdruck „Stato" für die Vatikanstadt italienischerseits erst am 22. Januar 1929 konzediert wurde[67]. Seine Schulden an den Heiligen Stuhl (aus Art. 3 des Garantiegesetzes vom 13. Mai 1871) hatte das Königreich dem Grunde nach anerkannt.

Die letzten großen Sachschwierigkeiten und unendliche viele kleine Detailfragen der Textgestaltung sind im Januar und Februar 1929 bereinigt worden. In den Schulfragen hatte Italien einem vatikanischen Maximalprogramm (Konkordatsentwurf vom 5. Dezember 1926)[68] ein eigenes Minimalprogramm ent-

[65] Dazu R. *de Felice,* III, 29f, 106–115, wo auch die anderen Hypothesen behandelt sind.
[66] Eine nützliche Einführung bietet *G. Martina,* Sintesi storica, in: *A. de Gasperi,* Lettere sul Concordato (Brescia 1970) 113–173.
[67] *F. Pacelli,* Diario, 170.
[68] Text (Art. 31–41): *F. Pacelli,* Diario, 260ff.

gegengesetzt (22. Februar 1927)[69]. Der Schlußkompromiß (Art. 36) bedeutete zwar eine sehr feierliche Bekräftigung der kirchlichen Prinzipien, zog daraus aber nur sehr begrenzt konkrete Konsequenzen. Man hatte sich also nicht durch einen Kompromiß in der Substanz geeinigt. Ähnlich, wenn auch viel günstiger für die vatikanische Seite, wurde im Eherechtskomplex eine Einigung erzielt: als der italienische Justizminister am 19. Januar 1929 darlegte, daß mit der Übernahme des kanonischen Eherechts durch den Staat das italienische Zivilrecht auf den Kopf gestellt würde (sovvertimento delle norme), erklärte der Papst am 20. Januar jede Konzession in der Substanz dieses Punktes für unannehmbar; eher solle die Conciliazione scheitern. Damit setzte er sich durch[70]. Er konnte zu diesem Zeitpunkt auch deshalb so hart sein, weil er unmittelbar zuvor die von Mussolini am 14. Januar bereits akzeptierten Geldforderungen nachträglich von 2 auf 1,75 Milliarden Lire gesenkt hatte, wobei für Italien erträgliche Zahlungsmodalitäten ausgehandelt worden waren[71].

Fragt man nach der historisch-politischen Bedeutung der Verträge, so ist unbestritten, daß ihr Abschluß für Mussolini einen „großen, unbezweifelbaren Erfolg" dargestellt hat, nach dem Urteil seines kompetenten Biographen „einen der größten, die er je errang"[72], wobei es keinem Zweifel unterliegt, daß die „Versöhnung" von 1929 für ihn nur instrumentalen Charakter hatte und rein taktisch bedingt war. Die Bedeutung der Verträge für den Heiligen Stuhl ist hingegen sehr umstritten, so daß sicherlich nicht uneingeschränkt von einem „Erfolg" gesprochen werden kann, auch wenn man kritisierbare Details außer acht läßt. Auszugehen ist vom Selbstverständnis der modernen Kirche, die eine Seelsorgskirche sein will, und von den großen Zielsetzungen des Papstes, dessen ganzes Handeln hier, wie auch sonst, offenbar nicht primär von politischen Zielen bestimmt war, sondern von dem Willen, der Seelsorge bessere, wirkungsvollere Möglichkeiten zu schaffen[73]. Unter diesem Aspekt muß man Kurzfristiges und Langfristiges trennen.

Kurzfristig boten die Lateranverträge der Kirche unbestreitbare Vorteile. Das Hineinregieren des Staates in die italienische Kirche und Kirchenverwaltung wurde beendigt. Der Vatikan konnte historisch überfälligen Ballast abstoßen und endlich die Zentrale der Weltkirche wirtschaftlich wieder auf eigene Füße stellen – ein für die unerläßliche Unabhängigkeit des Papsttums sehr hoch einzuschätzender Vorteil. Weiterhin erhielt die Kirche durch den Verbandsschutz-Artikel des Konkordats (Art. 43 Abs. 1) eine starke Rechtsposition zur Verteidigung des katholischen Organisationswesens. Dies sicherte ihr Präsenz in der italienischen Welt, weit über Klerus und Episkopat hinaus, über welche

[69] Text (Art. 36, 37): *F. Pacelli*, Diario, 282.

[70] *F. Pacelli*, Diario, 116.

[71] 750 Millionen Lire in bar zu zahlen, 1 Milliarde in 5prozentigen italienischen Staatsanleihen (16. Januar 1929: *F. Pacelli*, Diario, 162).

[72] *R. de Felice*, III, 415.

[73] *G. Martina*, 134, läßt die „politische" Interpretation offen.

der Staat nunmehr seinen personalpolitischen Einfluß weitestgehend verlor. Der allgemeine Jubel im Lande bei der plötzlichen Nachricht vom Vertragsabschluß spricht im übrigen für sich. Ein so lauterer Katholik und Demokrat wie Alcide de Gasperi (1881–1954), der letzte Sekretär der inzwischen verbotenen Popolari-Partei, hat unter dem unmittelbaren Eindruck der Unterzeichnung gemeint, selbst Don Sturzo, wenn er Papst wäre, hätte diesen Vertrag, der die Kirchenspitze von der Last der Temporalia endgültig befreie, unterzeichnen müssen [74]. Natürlich, die Lateranverträge stärkten das Regime und damit die Diktatur: aber auch diese werde vorübergehen. In Zukunft sei die Kirche jedenfalls nicht mehr, wie bisher, ständig in der Versuchung, für eine Lösung der Römischen Frage unangemessene Konzessionen zu machen; und die Lösung sei ohne die Komplikation einer internationalen Garantie gelungen. Das wiege alles andere auf. Problematisch sei für die Zukunft eher die Konkordatspolitik.

Damit ist der zweite Aspekt berührt, die langfristigen Konsequenzen. Gerade in diesem Punkt gehen die Meinungen bis heute sehr auseinander. Entscheidend ist die Frage, ob die Kirche, indem sie sich von Mussolinis Regime umarmen ließ, ihr eigenes Selbst gefährdet oder preisgegeben habe. Dies ist nicht geschehen. Wenn Pius XI. in den ersten Wochen nach dem Vertragsabschluß, wofür einiges spricht, gehofft hat, daß Italien nun wieder ein „katholischer Staat“ – im Sinne der vorliberalen Epoche – würde, so belehrten ihn Mussolinis Argumentationen im Mai bei den Parlamentsdebatten über die Ratifizierung unmißverständlich eines anderen. Zweieinhalb Monate nach der Unterzeichnung waren die Differenzen so groß, daß am 6. Juni noch völlig unklar war, ob die Verträge am 7. in Kraft treten würden. Die Ratifikation wurde nur möglich, indem beide Teile sich auf einen dilatorischen Formelkompromiß einigten, der den Prinzipien-Dissens überdeckte [75].

Mussolini hat in den folgenden Jahren erkennen müssen, daß die Kirche ihn nie bedingungslos unterstützte – in der Innenpolitik nicht, und schon gar nicht in der Außenpolitik. Dagegen erhielt die Katholische Aktion Auftrieb, besonders die Jugend- und die Studentengruppen. Dies bedeutete, je länger je mehr, ein schweres Hindernis für die Durchdringung der gesamten italienischen Gesellschaft mit faschistischen Tendenzen, wie Mussolini sich allmählich bewußt wurde. So ist es zu der großen Krise des Jahres 1931 gekommen, in deren Verlauf die päpstliche Außenpolitik an die Grenzen ihrer Möglichkeiten geriet und schließlich eine schwere Niederlage hinnehmen mußte.

[74] Brief 12. Februar 1929 an S. Weber *(A. de Gasperi,* Lettere, 63).

[75] Die vier Textentwürfe des Kommuniqués in *F. Pacelli,* Diario, 151–153. Es ging um die vertragsrechtliche Frage, ob das Laterankonkordat integrierter Bestandteil des Lateranvertrags (und also wie dieser unveränderbar) sei oder nicht. Pius XI. an Gasparri, 30. Mai 1929 (Text: Osservatore Romano, 6. Juni 1929; danach AAS 21 [1929] 297–306; erneut [Auszug] P. Scoppola, 217–225) hatte geschrieben: „Ne viene che ‚simul stabunt‘ oppure ‚simul cadent‘; anche se dovesse per conseguenza cadere la ‚Città del Vaticano‘ col relativo Stato. Per parte Nostra, col divino aiuto impavidum ferient ruinae.“

Nach den Lateranverträgen: die Krisen von 1931 und 1938

Die Krise von 1931 hat Mussolini ausgelöst, hauptsächlich aus innenpolitischen Erwägungen[76]. Ihm hatte die Katholische Aktion zu viel Boden gewonnen. Die große Auseinandersetzung begann im März mit Vorwürfen der faschistischen Gewerkschaftspresse, daß die Katholische Aktion ihre Kompetenzen überschreite und auf das politisch-soziale Gebiet übergreife. Auf dem Hintergrund der nun anhebenden faschistisch-katholischen Pressepolemik stellte die Regierung im April auf diplomatischem Wege Forderungen, die der Heilige Stuhl ablehnte. Es ging um zwei Probleme: um die sachliche Frage, wo die Grenze zwischen „kirchlich" und „außerkirchlich" verlaufe, und die politische Frage, wer über den Verlauf dieser Grenze zu bestimmen habe. Die Kirche nahm in der zweiten Frage eine uneingeschränkte, autonome Zuständigkeit in Anspruch. In der ersten Frage verlangte sie das Recht, nicht nur rein religiös (Gottesdienst und Sakramentenspendung) bestimmte Organisationen zu haben, sondern auch den Bereich des sozialen Katholizismus miterfassen zu können. Im Konkordat hatte Italien die der kirchlichen Leitung unterstehende Katholische Aktion und deren Organisationen anerkannt, soweit sie „ihre Tätigkeit außerhalb jeder politischen Partei zur Verbreitung und Verwirklichung der katholischen Grundsätze entfalten" (Art. 43 Abs. 1).

In diese Auseinandersetzungen schaltete sich ab 19. April Pius XI. öffentlich ein[77]. Er stellte sich vor die „sozialen" katholischen Organisationen, die „legitim", „notwendig" und „unersetzlich" seien, und griff in einem offenen Brief an den Mailänder Kardinal Schuster vom 26. April[78] die auf Haß und Ehrfurchtslosigkeit ausgerichtete faschistische Jugenderziehung schneidend an. Unter diesen Umständen gewannen groß aufgezogene kirchliche Veranstaltungen Mitte Mai besonderen politischen Akzent[79]. Am 29. Mai löste Mussolini auf dem Verwaltungswege alle katholischen Jugend- und Studentengruppen auf[80].

Nach vergeblichen Einsprüchen und Notenwechseln hat der Papst sich mit der Enzyklika „Non abbiamo bisogno" vom 29. Juni 1931[81] gegen diese Polizeiaktion gewendet. Schon die Wahl dieses Kampfmittels war eine politische Herausforderung ersten Ranges. Die Enzyklika geißelte in langen und scharfen

[76] *R. de Felice*, IV, 250–253.
[77] Ansprache vor dem Diözesanausschuß der Katholischen Aktion Roms (Osservatore Romano, 20.–21. April 1931).
[78] AAS 23 (1931) 145–150.
[79] Feiern zum 40. Jahrestag der Enzyklika „Rerum Novarum" und Erste Generalversammlung der Katholischen Aktion Italiens. Vgl. Ecclesiastica 11 (1931) 267–280, 290–294.
[80] *R. de Felice*, IV, 258f.
[81] AAS 23 (1931) 285–312, ausgeliefert am 6. Juli; der Osservatore Romano hatte den Text am 5. Juli gebracht. Deutsche Übersetzung: M, 175–209; *F. Engel-Janosi*, Vom Chaos zur Katastrophe. Vatikanische Gespräche 1918 bis 1938, vornehmlich auf Grund der Berichte des österreichischen Gesandten beim Hl. Stuhl (Wien, München 1971) 229–255.

Passagen den faschistischen Angriff als eindeutig kirchenfeindliches Unrecht. Mussolinis Erziehungsmonopol für Kinder und Jugendliche fuße auf einer „Ideenwelt, die sich erklärtermaßen in eine wahre und eigentliche Staatsvergottung heidnischen Charakters auflöst, die nicht minder mit den natürlichen Rechten der Familie als mit den übernatürlichen Rechten der Kirche in vollendetem Widerspruch steht". Die faschistische „Auffassung vom Staat, die für ihn das junge Geschlecht ganz und ausnahmslos" in Anspruch nehme, sei „für einen Katholiken nicht vereinbar mit der katholischen Lehre". Der den Mitgliedern faschistischer Organisationen abverlangte Eid sei „so, wie er vorliegt, unerlaubt", dürfe also höchstens mit einer reservatio mentalis geleistet werden. Aber die Enzyklika lief nicht auf endgültigen Bruch mit dem Regime hinaus. Sie betonte, daß der Papst sich bisher einer „formellen und ausdrücklichen Verurteilung" enthalten habe und auch hier „keineswegs die faschistische Partei als solche" verurteile. Abgelehnt und verurteilt würde nur der Teil ihres Programms und ihrer Praxis, der „mit dem Namen und Bekenntnis eines Katholiken unvereinbar" sei.

Die Enzyklika trug also gegensätzlichen Charakter: sie konnte Abgrenzung bedeuten und Verhandlungsbereitschaft signalisieren. Diese Ambivalenz ist vielleicht Ergebnis eines innervatikanischen Kompromisses zwischen zwei Gruppen mit unterschiedlichen Auffassungen zum aktuellen Konflikt[82]. Jedenfalls hat der Papst schon am 23. Juli Ausgleichsverhandlungen mit Mussolini angeknüpft, die im September zu einem schriftlichen Abkommen[83] führten, das den Streit beilegte und – in Anlehnung an die „Conciliazione" von 1929 – häufig als „Reconciliazione" bezeichnet wird.

Der September-Vergleich war freilich kein Kompromiß ohne Sieger und Besiegte, sondern ein eindeutiger Erfolg Mussolinis[84]. Das Abkommen beschrieb die Organisation und Aufgaben der konkordatär geschützten Verbände, bedeutete also einen Verzicht auf autonome kirchliche Regelung und damit eine Prinzipienentscheidung zuungunsten der Kirche. Inhaltlich hatte sich in den meisten Punkten der Staat durchgesetzt. Die italienische Katholische Aktion wurde in 250 juristisch voneinander unabhängige Diözesanverbände parzelliert und mußte für ihre Führung quasi ein Verbot ehemaliger Mitglieder der Volkspartei akzeptieren. Gewerkschaftliche und gewerkschaftsähnliche Aufgaben

[82] Nach *R. de Felice*, IV, 264 f gehörten Gasparri und Pacelli zur gemäßigteren Gruppe, Marchetti-Selvaggiani und Borgongini Duca zur intransigenteren.

[83] Text oft gedruckt, zuletzt *A. Martini*, Gli accordi per l'Azione Cattolica nel 1931, in: CC 111,1 (1960) 574–591, erneut in: *ders.*, Studi, 147–173, hier 171; *R. de Felice*, IV, 268 f. Grundlegend für die Krise von 1931 *A. Martini*, a. a. O., sowie *ders.*, Il conflitto per l'Azione Cattolica nel 1931, in: CC 111,1 (1960) 449–458, erneut in *ders.*, Studi, 131–146.

[84] So *P. Scoppola*, 225 f, *R. de Felice*, IV, 269. Anders *A. C. Jemolo*, Chiesa e Stato in Italia negli ultimi cento anni (Turin 1952) 666: „Pace di compromesso, senza vincitori né vinti". *R. Aubert*, Geschichte V/1, 190: das Abkommen habe der Enzyklika „prinzipiell entsprochen"; umgekehrt urteilt *J. Schmidlin*, IV, 113. Ein interessanter Bericht über Sturzos Meinung vom 5. September 1931: *R. de Felice*, IV, 270 f.

wurden ihr generell untersagt, und in ihrer sozialen Bildungsarbeit wurde sie, wenige Monate nach Quadragesimo anno (vgl. Kap. 7), zu ideeller Unterstützung des faschistischen Korporationssystems nahezu verpflichtet. Von Aufhebung des beanstandeten faschistischen Eides war nicht die Rede. Der Gegenpreis war, daß die Jugendgruppen unter einem neuen Namen wiederaufleben durften, jetzt auf rein religiöse Ziele zugeschnitten und mit dem expliziten Verbot, Sport zu betreiben, was Verzicht auf einen wesentlichen Teil moderner Jugenderziehung bedeutete.

Der Grund für diese päpstlichen Zugeständnisse war vermutlich, daß keine bessere Alternative zu sehen war. Ab 9. Juli berichteten die Provinz-Präfekten Mussolini, daß die Enzyklika bei der Bevölkerung nicht gut ankomme, nicht einmal beim Klerus: man wolle Verständigung und Frieden[85]. Die Belastbarkeit des Kirchenvolks für einen langen Kampf mit dem Staat um das katholische Verbandswesen war offenbar gering. Das konnte die Kirchenführung nicht ignorieren. Sie begnügte sich am 2. September mit dem Teil der Jugenderziehung, den man ihr konzedierte. Es war viel weniger, als sie wollte. Aber dieses Wenige mußte sie annehmen, wenn die Alternative nur „noch weniger" lautete.

Die langfristigen politischen Erwartungen, die man 1929 an die Katholische Aktion hatte knüpfen können, wurden durch die Ereignisse von 1931 weitgehend illusionär. Als politisch gefährliche Opposition für Mussolini war sie ausgeschaltet. Ob die 1931 gelungene Bewahrung des Organisationsgerüsts der Katholischen Aktion besonders der Jugend- und Studentengruppen, denen 1933 noch eine Akademikerorganisation zur Seite gestellt wurde[86], allein ausgereicht hätte, den fortschreitenden Verlust der politischen Bedeutung und Identität des Katholizismus gegenüber dem Faschismus zu verhindern, ist fraglich.

Die Krise von 1938 hat unter sich verändernden politischen Bedingungen stattgefunden; sie war Teil und Folge des allmählich offeneren Auseinanderrückens von Kirche und Regime, nachdem der radikale Faschistenflügel seit der außenpolitischen Annäherung Italiens an Deutschland (ab 1936) merklich Boden zurückgewonnen hatte[87]. Die partielle Nachahmung der judenfeindlichen deutschen Politik durch Mussolini traf auf spontanen Widerwillen im Kirchenvolk, dem der Papst unmißverständlich klarmachte, daß der nationalsozialistische Rassegedanke in einem unaufhebbaren Widerspruch zum katholischen

[85] *R. de Felice,* IV, 263. Im Jahresbericht 1931 meinte der englische Vatikangesandte Forbes, die Enzyklika habe das Problem überzogen, da dem Vatikan als weitere Steigerung nur noch die Möglichkeit geblieben wäre, Mussolini zu exkommunizieren oder ganz Italien zu interdizieren; der Papst sei in der Krise „in many cases been badly advised" *(Th. E. Hachey,* Anglo-Vatican Relations 1914–1939, hier: 213).

[86] Zu deren nicht-faschistischer Funktion vgl. *P. Scoppola,* 283 ff.

[87] Zum folgenden grundlegend *A. Martini,* L'ultima battaglia di Pio XI, in: CC 110,2 (1959) 574–591; 110,3 (1959) 572–590, erneut in *ders.,* Studi, 175–230; *R. de Felice,* Storia degli ebrei italiani sotto il fascismo (Turin 1972) 285–291.

Glauben stehe. Zu einem offenen Konflikt kam es im Herbst, als die Regierung das italienische Eherecht unter „rassischen“ Gesichtspunkten novellierte. Das hatte zur Folge, daß eine kirchlich geschlossene Ehe zwischen einem (getauften oder ungetauften) Juden und einem Katholiken ihre zivilrechtliche Wirkung, die in Art. 34 Abs. 1 des Laterankonkordats vereinbart worden war, verlor (Gesetz vom 17. November 1938). Sobald der Heilige Stuhl von diesen Absichten erfuhr, hat er seine diplomatischen Mittel eingesetzt, um die Einführung dieser neuen Formen zu verhindern oder ihre Ausführung zu mildern[88]. Scheinbar ging es dabei „nur“ um ein Randproblem; denn in Italien kamen damals im Jahr auf ungefähr 300000 kirchlich geschlossene Ehen lediglich einige Dutzend Eheschließungen, die von der Novellierung betroffen würden[89]. Für die Kirche aber stand hier die Gültigkeit und Verbindlichkeit ihres Sakramentenrechts und ihres allgemein-menschlichen Auftrages auf dem Spiel. Daher zeigte man keine Konzessionsbereitschaft in principiis. Die vatikanischen Protestnoten verhinderten zwar nicht, daß die italienische Novellierung in Kraft trat. Insofern erlitt der Heilige Stuhl erneut eine außenpolitische Niederlage. Aber bei seiner Unnachgiebigkeit hatte er das Kirchenvolk auf seiner Seite. Das war auf die Dauer ein vielleicht bedeutsameres Politikum.

Der Heilige Stuhl hat die Konkordatsverletzung 1938 nicht zum Anlaß genommen, das Vertragswerk von 1929 überhaupt in Frage zu stellen[90]. Zwanzig Jahre hindurch hat sich zwar das Gerücht gehalten, Pius XI. hätte zum 10. Jahrestag des Lateranvertrags, wenn der Tod nicht dazwischen getreten wäre, in einer öffentlichen Abrechnung mit Mussolini den Bruch gewagt. Der 1959 publizierte Textentwurf der päpstlichen Ansprache[91] hat dieser Vermutung den Boden entzogen. Pius XI. wollte vor dem gemeinsam versammelten italienischen Episkopat auch klagen und das Regime anklagen, aber nicht mit ihm brechen. Der Pontifikatswechsel 1939 hat also keine prinzipielle Kursänderung der vatikanischen Außenpolitik bedeutet, wenngleich eine neue Handschrift, ein anderer politischer Stil unverkennbar sind. In der Sache aber änderte sich wenig – es konnte sich auch wenig ändern: Wie die Krise von 1938 zeigt, konnte die Führung der Kirche, sobald der Bereich der Glaubens- und Sittenlehre berührt wurde, keine eigentlichen Konzessionen machen, auch nicht einer mit den Machttechniken des 20. Jahrhunderts ausgestatteten Diktatur. Die Kirche mochte unfähig sein, den Staat (oder das herrschende Regime) zur Beachtung der von ihr vertretenen Normen zu bringen (was nicht nur für unser Jahrhundert gilt). Sie mußte aber auf der Gültigkeit dieser Normen beharren.

[88] Vgl. die Zusammenstellung des Staatssekretariats ADSS 6, 532–536 (vom 14. November 1938) sowie *R. de Felice,* Storia degli ebrei, 550–552.

[89] Osservatore Romano 14.–15. November 1938, erneut bei *P. Scoppola,* 323–326.

[90] Vatikanischerseits sprach man nicht von einer „violazione“ des Konkordats, sondern von einem (diesem zugefügten) „vulnus“.

[91] Osservatore Romano, 9. Februar 1959, erneut bei *P. Scoppola,* 334–341. Vgl. *A. Martini,* Studi, 231–251.

Pius XI. und die totalitären Systeme

Widerspruch zwischen den normativen Grundlagen eines Staates und der Lehre der Kirche bedeutete nicht Zwang zum Verzicht auf vatikanische Außenpolitik mit diesem Staat. Solange katholische Normen dadurch nicht preisgegeben wurden, war die Frage nach Beginn, Fortführung oder Abbruch der außenpolitischen Tätigkeit der Kirche mit jedem Staat oder Regime eine Frage der Zweckmäßigkeit, wobei die Förderung der Seelsorgsmöglichkeiten den obersten Zweck darstellte. Dabei bildete das Fehlen machtmäßiger Mittel und die oft schwierige Kalkulierbarkeit der Folgen und Nebenfolgen für die gesamte Weltkirche das kennzeichnende Dilemma der päpstlichen Außenpolitik gegenüber normativ und/oder in praxi feindlichen Staaten. Dieses Dilemma zeigte sich besonders gegenüber den wirklich[92] totalitären Systemen unserer Epoche: dem bolschewistisch beherrschten Rußland und dem nationalsozialistisch beherrschten Deutschland. „Totalitär" meint in diesem Zusammenhang den Anspruch, über die gesamte menschliche Existenz, bis in den Gewissensbereich hinein, uneingeschränkt und ausschließlich zu verfügen[93].

Pius XI. und die Sowjetunion

Im Vatikan war nie fraglich, daß die alten kirchlichen Abgrenzungen gegenüber dem Sozialismus in noch stärkerem Maße auf den – noch nicht dem Begriff, aber der Sache nach – als totalitär erkannten Kommunismus zutrafen. Wenn der Heilige Stuhl dennoch zwischen 1921 und 1927 dreimal ernsthaft erkundet hat, ob und unter welchen Bedingungen auch mit der Sowjetunion formelle, vielleicht sogar diplomatische Beziehungen herzustellen seien, so ließ er sich von den gleichen Grundsätzen leiten, die Pius XI. in ganz anderem Zusammenhang, am 14. Mai 1929, in den pointierten Satz faßte: „Wenn es sich darum handeln würde, eine einzige Seele zu retten, einen größeren Schaden von den Seelen abzuwenden, so würden Wir den Mut haben, auch mit dem Teufel in Person zu verhandeln."[94] – Die Details dieser vatikanisch-sowjetrussischen Gespräche und Verhandlungen sind beim heutigen Forschungsstand nur in den Umrissen erkennbar[95]; die vom Heiligen Stuhl dabei verfolgten Ziele und die Gründe des Scheiterns lassen sich aber hinreichend klar beschreiben.

[92] Im Unterschied zum italienischen „Stato totalitario" der späten dreißiger Jahre.

[93] Die Literatur zum Totalitarismus-Problem ist zu Kap. 7 verzeichnet. Besonders brauchbar in unserem Zusammenhang *H. Buchheim*, Totalitäre Herrschaft, Wesen und Merkmale (München 1962).

[94] „Quando si trattasse di salvare qualche anima, di impedire un maggiore danno alle anime. Ci sentiremmo il corraggio di trattare col diavolo in persona" (Osservatore Romano, 16. Mai 1929). Die zeitgenössische Übersetzung der KIPA (Ecclesiastica 9 [1929] 255) schwächte das ab in „selbst mit dem leibhaftigen Teufel streiten".

[95] Vgl. zum folgenden *R. A. Graham*, Diplomacy, 349ff. Wegen der Auskünfte, die der Verfasser vom Archiv des päpstlichen Staatssekretariats bekommen hat, ist *H. Stehle* wichtig, obgleich seiner Darstellung die nötige wissenschaftliche Akribie mangelt.

Ausgangspunkt des ersten Versuches waren die schrecklichen Hungersnöte im Gefolge des russischen Bürgerkrieges, die 1921 zu umfangreichen, international organisierten Hilfsaktionen führten[96]. Wegen eines italienischen Einspruchs konnte der Heilige Stuhl sich daran nicht direkt beteiligen und mußte seine eigene Aktion selbst organisieren, was Kontakt mit russischen Stellen erforderte. In diesem Zusammenhang kam es am 18. Dezember 1921 in Rom zu einem von Pizzardo unterzeichneten Entwurf eines vatikanisch-russischen Abkommens[97], der über die technischen Probleme der Abwicklung karitativer Maßnahmen weit hinausging. Darin waren die vom Heiligen Stuhl zu Entsendenden als „missionnaires" bezeichnet, denen zwar jegliche politische Aktion und Propaganda verboten sein sollte, aber vertraglich eingeräumt wurde, Schulen einzurichten und Religionsunterricht (éducation morale et religieuse) zu erteilen. Solche Ansätze der Seelsorge und Mission einzuräumen war der damaligen bolschewistischen Kirchenpolitik (vgl. 17. Kap.) ein Ding der Unmöglichkeit. Das endgültige Abkommen[98], am 12. März 1922 im Vatikan unterzeichnet, hat die päpstliche Hilfsmission daher strikt auf Lebensmittelverteilung an die hungernde Bevölkerung beschränkt und von einfachen „Abgesandten" (envoyés) gesprochen. Auf der Grundlage dieses Abkommens ist von Juli 1922 bis September 1924 eine aus 13 Patres verschiedener Orden zusammengesetzte vatikanische Mission in mehreren russischen Städten tätig gewesen[99]. Obgleich das Regime soeben am 26. Februar 1922 durch die Enteignung der Kultgeräte der Kirchen eine neue Stufe der Kirchenverfolgung beschritten hatte, suchte die Kurie offensichtlich, auch geringe Chancen auszunützen, um der Bedrückung und Unterdrückung der Seelsorge in Rußland entgegenwirken zu können.

Noch deutlicher wird diese Zielrichtung bei der zweiten Aktion, die sich am Rande der Weltwirtschaftskonferenz von Genua (10. April bis 19. Mai 1922) abgespielt hat. Zum ersten Male war das neue Rußland wieder in den Kreis der Staaten geladen worden. Das hat der Heilige Stuhl zum Anlaß genommen, in einem an die Konferenz gerichteten Memorandum[100] allgemeine Bedingungen zu formulieren, an die Rußland beim „Wiedereintritt in den Kreis der zivilisierten Mächte" gebunden werden solle: volle Gewissensfreiheit, Freiheit der privaten und öffentlichen Ausübung der Religion und des Kultus sowie Rückgabe des enteigneten Grundbesitzes an die „religiösen Körperschaften". Das bedeutsame an dieser Demarche, der das Scheitern der Konferenz von vornherein den Boden entzog, ist nicht zuletzt ihr universeller Betreff: die vatikanischen Forderungen betrafen alle religiösen Gemeinschaften, nicht allein die christlichen. Der Papst sprach nicht nur pro domo.

[96] Vgl. *H. H. Fisher*, The Famine in Soviet Russia 1919–1923. The Operations of the American Relief Administration (New York ²1935).

[97] Text: *J. Kraus*, 190, 192. [98] Text: *J. Kraus*, 191, 193.

[99] Die Moskauer Leitung der Mission bediente sich zur Verbindung mit dem Staatssekretariat der Nachrichtenverbindungen der deutschen Botschaft in Moskau.

[100] Text: Osservatore Romano 15.–16. Mai 1922.

Bei dem dritten Versuch, der sich vom Winter 1923/24 bis zum Dezember 1927 hingezogen hat, ging es um die konkrete Frage, welche Gegenleistungen die Sowjetunion biete, wenn der Vatikan die de-facto- in eine de-jure-Anerkennung umwandle. Da der Sowjetunion damals sehr an rechtlicher Anerkennung durch die übrige Welt gelegen war, wäre die Anwesenheit eines päpstlichen Nuntius in Moskau ein großer russischer Erfolg gewesen. Der Vatikan hat, offenbar auch aus verhandlungstaktischen Gründen, statt einer Nuntiatur lediglich eine Apostolische Delegatur, also eine Vertretung ohne diplomatischen Charakter[101], ins Gespräch gebracht. Die Verhandlung lief sich an der Frage fest, ob die vatikanischen Bedingungen vom 21. Februar 1924[102] Voraussetzung für Errichtung der Delegatur oder Verhandlungsgegenstand des künftigen Delegaten in Moskau sein sollten. Aus unbekannten Gründen sind die Verhandlungen nunmehr nach Berlin verlegt und dort durch Pacelli weitergeführt worden. Er hat mit dem russischen Botschafter Nikolai Krestinski im Februar 1925 über zwei russische Entwürfe („Thesen")[103] verhandelt, die beide für den Papst unannehmbar waren, weil sie einseitige vatikanische Vorleistungen implizierten. Statt dessen hat Pacelli in einer Note vom 7. September 1925 anscheinend zwei Punkte als conditio sine qua non bezeichnet: Einsetzung von Bischöfen und Freiheit des Religionsunterrichts für Jugendliche innerhalb der Kirchenräume. Erst am 11. September 1926 hat die russische Regierung darauf geantwortet, indem sie nicht ein zweiseitiges Abkommen, sondern ein einseitig gedachtes, also jederzeit widerrufbares innerstaatliches Religionsrecht anbot[104]. Darüber hat Pacelli am 14. Juni 1927 mit dem russischen Außenminister Čičerin in Berlin verhandelt, wiederum ergebnislos, da die Sowjetunion keinen Religionsunterricht konzedierte[105]. Nun wollte der Papst anscheinend die Verhandlungen einstellen, wurde aber durch den Berliner Nuntius und Gasparri zu einem letzten, geradezu verzweifelten Versuch bewogen. Er ist in einer Mitteilung Pacellis vom 5. Oktober 1927 enthalten[106]. Danach wäre der Heilige Stuhl bereit gewesen, falls Priesterseminare eröffnet und vom Vatikan Geistliche nach Rußland entsendet werden dürften, nur solche Bischöfe zu ernennen und Geistliche zu entsenden, die der bolschewikischen Regierung politisch genehm wären. Man sieht, wie es hier um ein äußerstes Minimum an Seelsorge-Möglichkeiten ging. Auch dies hat Moskau offenbar abgelehnt. Pius XI. hat daraufhin am 16. Dezember 1927 angeordnet, die weiteren Verhandlungen,

[101] Eine bequeme Übersicht über die Ränge und Bezeichnungen päpstlicher Vertreter bei I. Martín.

[102] Text: *F. Margiotta Broglio*, 464f (Brief Silj an Acerbo, 22. Februar 1924).

[103] Vgl. *H. Stehle*, 92 (Mitteilungen des Staatssekretariats).

[104] Vgl. *H. Stehle*, 127f (Mitteilungen des Staatssekretariats).

[105] Vgl. *H. Stehle*, 132f (nach Mitteilungen Henckes).

[106] Tel. 101 Bergen, Rom, 24. Oktober 1927 (Pol. Archiv des Auswärtigen Amtes in Bonn: Geheimakten, Vatikan Pol. 3 [= K 012074]). Bei *H. Stehle*, 141 falsches Datum; ebd. 445 Anm. 19 falsches (anderes) Datum, falscher Fundort; die auf dem falschen Fundort aufbauende Polemik gegen E. Winter daher irrelevant.

solange die Kirchenverfolgung andauerte, einzustellen[107]. Dabei ist es geblieben. Der Abbruch der Verhandlungen mit der Sowjetunion im Dezember 1927 durch die Kurie bezeichnet deutlich die Ausweglosigkeit einer Situation. Im Grunde war das die gleiche Problematik, wie sie in Hitlers langfristigen Zielen beschlossen war.

Pius XI. und das nationalsozialistische Deutschland

Der Weg zum Reichskonkordat (April–Juli 1933)

Die Außenpolitik Pius' XI. gegenüber Hitler ist in ihrer ersten Phase durch den Abschluß des Reichskonkordats gekennzeichnet. Nächst den Lateranverträgen hat es wie kein anderes Konkordat der Zwischenkriegszeit die zeitgenössische Aufmerksamkeit erregt. Seine Tragweite ist seit der historisch-politischen Diskussion über die Haltung des deutschen Katholizismus zur Machtergreifung Hitlers in den frühen sechziger Jahren[108] erneut viel erörtert worden. Nach den grundlegenden Aktenveröffentlichungen von 1969[109] ist mit einer umfassenden Monographie über die Geschichte des Reichskonkordats von Ludwig Volk (1972) ein ungewöhnlich hoher Forschungsstand erreicht.

Er bestätigt durchaus frühere Mitteilungen Robert Leibers[110], wonach der Heilige Stuhl auf die Machteroberung Hitlers im Frühjahr 1933 keinen Einfluß ausgeübt habe. Für Hitlers Ernennung zum Reichskanzler (30. Januar), für die Notverordnung vom 28. Februar[111] und die Reichstagswahlen (5. März) war das nie strittig. Anders argumentierte ein Teil der Forschung in bezug auf das Ja des Zentrums zum Ermächtigungsgesetz und auf die wenig spätere Kundgebung der Fuldaer Bischofskonferenz. Beide Gremien, die Zentrumsfraktion des Reichstags und die Bischöfe, haben dieser Ansicht zufolge mit Blick auf das sich abzeichnende Reichskonkordat dem Nationalsozialismus gegenüber eingelenkt, grob gesprochen: die Diktatur gegen kulturpolitische Konzessionen eingetauscht. Die Quellen bestätigen diese Auffassung nicht. Für das Ja des Zentrums am 23. März hat ein künftiges Reichskonkordat keine Rolle gespielt[112]. Ebenso hat die genaue Analyse der Entstehung der bischöflichen Kundgebung vom 28. März[113], mit der – konditionaliter – die jahrelangen Verbote des

[107] Vgl. *H. Stehle*, 143 (Mitteilungen des Staatssekretariats).

[108] Dazu *U. von Hehl*, Kirche, Katholizismus und das nationalsozialistische Deutschland, in: *D. Albrecht* (Hrsg.), Kirche, 219–251.

[109] *A. Kupper*, Staatliche Akten; *L. Volk*, Kirchliche Akten. [293–298.

[110] Zuletzt in *R. Leiber*, Der Vatikan und das Dritte Reich, in: Politische Studien 14 (1963)

[111] Die Bedeutung dieser Notverordnung kann kaum überschätzt werden; für Hitlers Machteroberung war sie mindestens so wichtig wie das Ermächtigungsgesetz. Vgl. *K. Repgen*, Hitlers Machtergreifung und der deutsche Katholizismus. Versuch einer Bilanz, in: *D. Albrecht* (Hrsg.), Kirche, 6 Anm. 10 (mit Hinweis auf Bracher).

[112] Genauer Nachweis bei *L. Volk*, Geschichte, 80–83 (auch in kritischer Würdigung der abweichenden, irrigen Behauptungen der Brüning-Memoiren).

[113] Text: *B. Stasiewski*, I, 30–32. Dazu *L. Volk*, Geschichte, 76ff.

Nationalsozialismus zurückgenommen wurden, ergeben, daß weder der Vatikan noch die Berliner Nuntiatur darauf Einfluß ausgeübt haben. Wohl aber gilt umgekehrt, daß Hitlers christentum- und kirchenfreundliche Regierungserklärung am 23. März, das anschließende Ja des Zentrums zum Ermächtigungsgesetz und die Zurücknahme der früheren bischöflichen Verbote des Nationalsozialismus am 28. März den Vatikan in Zugzwang setzten, als der katholische Vizekanzler Franz von Papen am 10. April beim Kardinalstaatssekretär mit dem Angebot, ein Reichskonkordat abzuschließen, erschien und von vornherein, u. a. im Schulrecht, das anbot, was die Kurie in Verhandlungen seit 1920 von keiner Weimarer Regierung hatte erlangen können.

Es ist für den Heiligen Stuhl offenbar keine Frage gewesen, daß er sich diesem Verhandlungsangebot nicht entziehen könne. Die in der Welt verbreitete Ansicht, daß Hitlers Herrschaft nur von kurzer Dauer sein werde, wurde im Vatikan als Prämisse einer eventuellen Alternative nicht in Betracht gezogen. Für Kardinal Pacelli ist gut bezeugt, daß er sich von Anfang an auf eine lange Dauer des „Dritten Reiches" eingestellt hat[114]. Etwas anderes ist auch vom Papst nicht bekannt. Pius XI. hat zwar, im Unterschied zu seinem Staatssekretär, im Frühjahr 1933 eine kurze Periode hindurch gemeint, in Hitler vielleicht einen antikommunistischen Abwehrfaktor finden zu können[115]. Diese Überlegung war am 19. Mai, als der Osnabrücker Bischof ihn aufsuchte, offenkundig nicht mehr vorhanden; er schwankte nun in der Beurteilung der innerdeutschen Situation, wobei der Pessimismus anscheinend überwog[116]. Ende August geißelte er die Verfolgung der Juden in Deutschland in vehementen Worten als eine Beleidigung „nicht nur der Moral, sondern auch der Kultur"[117].

Für die vatikanische Verhandlungsbereitschaft entscheidend war die neue Gefahrendimension in Deutschland. Hitler hatte mit der Notverordnung vom 28. Februar und dem Ermächtigungsgesetz vom 24. März sich die beiden „Grundgesetze des werdenden NS-Staates" (L. Volk) geschaffen. Die Regierung konnte jetzt im Bedarfsfalle selbst feststellen, ob sie von der Verfassung abweichen wolle; das entzog der katholischen Kirche in Deutschland allen bisherigen Rechtsschutz. Sie wurde daher in einem bisher ungekannten Ausmaß „konkordatsbedürftig"; denn wenn die früheren rechtlichen Sicherungen versagten, mußte sie sich, wenn möglich, nach anderen umsehen. So ist das Reichskonkordat vom Heiligen Stuhl seit den Verhandlungen 1933 als eine Defensiv-Waffe verstanden worden – im Unterschied zu den Lateranverträgen.

Der äußere Ablauf der Reichskonkordatsverhandlungen ist nicht sehr verwickelt. Papen führte in Rom vom 10. bis 18. April Gespräche. Dabei kam es zu einem Vorentwurf von kirchlicher Seite, der am 20. April, unter Berücksichtigung von Änderungswünschen des Papstes, zu einem in der Forschung „Kaas I"

[114] Für Pacellis Pessimismus vgl. *L. Volk*, Geschichte, 63 Anm. 21.
[115] Dazu *L. Volk*, Geschichte, 64f, sowie *ders.*, Faulhaber-Akten I, 745.
[116] *L. Volk*, Kirchliche Akten, 33.
[117] Bericht Kirkpatricks, 28. August 1933 (Text: *L. Volk*, Geschichte, 217 Anm. 20).

genannten Entwurf führte. Dieser ist am 11. Mai, nicht wesentlich verändert, durch den Entwurf „Kaas II“[118] ersetzt worden, welcher sowohl nach Berlin wie auch an die Fuldaer Bischofskonferenz (31. Mai) ging. Die Änderungswünsche des Episkopats sind der Regierung Mitte Juni übermittelt worden. Am 28. Juni traf Papen zu eigentlichen Verhandlungen am Tiber wieder ein, während er die Konkordatsangelegenheiten seit dem 18. April über den in Rom weilenden Prälaten Ludwig Kaas[119] hatte laufen lassen. Papen brachte einen neuen Textentwurf mit. Vom 30. Juni bis 2. Juli ist, ab 1. Juli unter Hinzuziehung des Freiburger Erzbischofs Gröber, im Vatikan verhandelt worden. Man einigte sich am 2. Juli auf einen paraphierungsfähigen Text[120], den der Papst am gleichen Abend gebilligt hat, Hitler aber nicht. Dieser suchte Zeitgewinn, schaltete dann das (eigentlich zuständige) Reichsinnenministerium ein und schickte am 5. Juli Ministerialdirektor Buttmann als neuen, zusätzlichen Unterhändler nach Rom. Am 8. Juli war nach weiteren Verhandlungen der paraphierte Text[121] erreicht, den das Reichskabinett am 14. billigte, so daß Pacelli und Papen am 20. Juli 1933 im Vatikan unterzeichnen konnten.

Die politisch brisanten Punkte während der drei Verhandlungsmonate waren bis zum 1. Juli die Entpolitisierung des Klerus (Art. 32), danach der Schutz des Verbandskatholizismus (Art. 31). Die deutsche Anfangsforderung nach einem generellen Verbot aller partei-politischen Betätigung des Klerus hatte Kaas im April durch einen außerordentlich klugen Gegenvorschlag aufgefangen. Er lief darauf hinaus, bei entsprechendem staatlichem Wohlverhalten eine gewisse zahlenmäßige Reduzierung des politisch tätigen Seelsorgsklerus durch kirchenrechtliche Maßnahmen vertraglich zuzusagen und bedeutete faktisch „wenig mehr als nichts“[122]. Ende Juni aber hatte die politische Landschaft in Deutschland sich völlig verändert. Wie die anderen Parteien war auch das Zentrum am Ende. Seine Auflösung stand unmittelbar bevor[123]. War diese aber

[118] Text: *A. Kupper*, Staatliche Akten, 41–55.

[119] Kaas, der beste deutsche Konkordatsfachmann, war bis 6. Mai 1933 noch Vorsitzender der Zentrumspartei. Seine Funktion bei den Reichskonkordatsverhandlungen läßt sich formal nicht eindeutig einordnen. Die gegen ihn im Zusammenhang mit den Konkordatsverhandlungen erhobenen Vorwürfe (zuletzt, 1970, in den Brüning-Memoiren, deren Abfassung in diesen Passagen auf die Zeit nach 1945 zurückgeht) sind nicht haltbar. Die Einzelheiten bei *L. Volk*, Geschichte, 201–211; allgemein: *R. Morsey*, Ludwig Kaas (1881–1952), in: *ders.* (Hrsg.), Zeitgeschichte in Lebensbildern. Aus dem deutschen Katholizismus des 20. Jahrhunderts (Mainz 1973) 263–272.

[120] Text: *A. Kupper*, Staatliche Akten, 149–163; *L. Volk*, Kirchliche Akten, 95–106

[121] Text: *A. Kupper*, Staatliche Akten, 199–213.

[122] *K. Repgen*, Das Ende der Zentrumspartei und die Entstehung des Reichskonkordats, in: *ders.*, Historische Klopfsignale für die Gegenwart (Münster 1974) 109.

[123] Die sozialistischen Gewerkschaften waren am 2. Mai 1933 gleichgeschaltet worden, die christlichen am 23. Juni. Die SPD war, obgleich sie Hitlers Regierungserklärung vom 17. Mai zugestimmt hatte, am 22. Juni verboten worden. In Bayern wurden am 25. Juni 2000 Mandatsträger der BVP, darunter 200 Priester, verhaftet, um durch diesen Druck die Auflösung zu beschleunigen. Die DNVP löste sich am 27. Juni auf, die Staatspartei (DDP) am 28. Juni. Brüning sagte am 29. Juni die Auflösung der Zentrumspartei für den 30. Juni voraus; sie ist

einmal vollzogen, so war der Art. 32 keine eigentliche Konzession der Kirche mehr, sondern umgekehrt ein „Schutz der Kirche gegen eine nationalsozialistische Invasion im Klerus", wie Leibers Votum am 29. Juni explizit ausführte [124]. Als der Vatikan am 1./2. Juli Artikel 32 konzedierte, wurde also real kaum etwas „geopfert", wohl aber die Chance, den Verbandskatholizismus zu retten, gesehen. Die konkrete Verhandlungsalternative hatte sich verengt auf Reichskonkordat – oder Verzicht auf Verbände.

Schon im April 1933 galt der deutsche Verbandskatholizismus, dieses seit dem 19. Jahrhundert entstandene, vielbewunderte Netz mitgliederstarker Organisationen, als gefährdet. Er hat die folgenden Monate zwar intakter überstanden als etwa die Gewerkschaften oder die Parteien, da er nicht in dem gleichen Maße den direkten nationalsozialistischen Angriffen ausgesetzt wurde und stärkeren Willen, sich zu behaupten und selbständig zu bleiben, zeigte. Aber es drohte auch ihm Gefahr von außen. Schon der Entwurf „Kaas I" sah daher einen (allgemeinen) Schutzartikel für die katholischen Verbände vor, den dann die Fuldaer Bischofskonferenz sowohl ausgedehnt wie konkretisiert hatte. Nach dem Regierungsentwurf von Ende Juni dagegen sollte ein bedeutender Teil der fraglichen Organisationen konkordatär ungeschützt bleiben. Das bedeutete das Schlimmste, weil sich durch Gleichschaltungswellen und Polizeiaktionen inzwischen abzeichnete, daß in Deutschland nunmehr auch in diesem Bereich endgültige Fakten mit Gewalt gesetzt werden sollten. Der größte Teil des politisch relevanten Verbandskatholizismus war bereits aufgelöst oder ganz unmittelbar durch Eingliederung in nationalsozialistische Formationen bedroht, als man sich in Rom an den Verhandlungstisch setzte.

In dieser Situation stellte sich für den Heiligen Stuhl daher die Grundfrage, ob man überhaupt verhandeln solle. Den Ausschlag gab offenbar Gröber, der Vertreter der deutschen Bischöfe. Er sah am 1. Juli nur die Alternative, alles zerschlagen zu lassen, oder – „wenigstens vorübergehend" – wieder den Status quo ante zurückzugewinnen [125]. Am 2. Juli stellte er, nachdenklicher, die Bedingung, daß die Regierung öffentlich ihre neueste Polizeiaktion (vom 1. Juli) widerrufe und für die Zukunft Garantien biete [126]. Dieser Weg ist beschritten worden. Im Augenblick der Paraphierung hat Hitler die meisten Maßnahmen vom 1. Juli gegen die Organisationen und ihre Führer öffentlich zurückgenommen und eine Wiederholung verboten [127]. Im Unterschied zu den Gewerkschaften und den Parteien blieb also der Verbandskatholizismus im Som-

tatsächlich am 5. Juli erfolgt (Selbstauflösung). Am 4. Juli hatten sich die BVP und die DVP aufgelöst.

Zum Ende der Zentrumspartei nunmehr *R. Morsey,* Der Untergang des politischen Katholizismus, Stuttgart 1977 (völlige Neufassung seiner grundlegenden Studie von 1960; dazu: *U. von Hehl,* 228f).

[124] Text: *L. Volk,* Kirchliche Akten, 86–89, hier 89.

[125] Gröber an Pacelli, 1. Juli 1933 (*L. Volk,* Kirchliche Akten, 92f).

[126] Gröber an Pacelli, 2. Juli 1933 (*L. Volk,* Kirchliche Akten, 107).

[127] Text: *A. Kupper,* Staatliche Akten, 219f.

mer 1933 – mit einigen Ausnahmen – erhalten, freilich nicht unangefochten und auch nur einstweilen. Das Reichskonkordat bedeutete für ihn keinen Friedensschluß, sondern eine Kampfpause (L. Volk).

Dies hängt mit der verwickelten Entstehungsgeschichte des Artikels 31 zusammen. Die endgültige Formulierung enthielt eine unbedingte Garantie nur für die katholischen Organisationen, die ausschließlich religiösen, rein kulturellen und karitativen Zwecken dienten (Abs. 1); die anderen genossen diese Garantie nach Abs. 2 nur unter bestimmten Vorbedingungen. Absatz 3 bestimmte, daß die Klärung, welche Verbände Konkordatsschutz genießen sollten, zwischen der Reichsregierung und dem deutschen Episkopat zu regeln sei. Das Konkordat enthielt keine explizite Bestimmung der Kriterien und Kompetenzen für diese Regelung. Daß der Heilige Stuhl am 20. Juli dennoch unterzeichnete, hat der zuständige Referent im Reichsinnenministerium als den vielleicht „schwersten taktischen Fehler" der Kurie beim Reichskonkordat bezeichnet[128]. Dem ist nicht zu widersprechen. Sofort nach In-Kraft-Treten des Vertrages nützte der Staat die Lücke und beanspruchte die entscheidende Zuständigkeit für die Fixierung der Prinzipien und die Aufstellung der Schutzliste. Das hat der Vatikan nicht akzeptiert. Der für die Kirche erfolglose Kampf um die „Auslegungsgrundsätze" und um die Verbände-Schutzliste macht einen wesentlichen Teil der vatikanisch-deutschen Beziehungen nach dem Abschluß des Reichskonkordats aus.

Vielleicht hätte die Kirche die ungelösten Probleme des Artikels 31 noch beseitigen können, wenn sie die Ratifizierung davon abhängig gemacht hätte. Dies unterblieb, weil die deutschen Bischöfe in Fulda (29./31. August) zu der Meinung gelangten „je bälder, desto besser"[129]. Dazu trieb einerseits die Sorge, daß Hitler das Interesse am Konkordat verlieren könnte, andrerseits erwartete man, mit einem rechtskräftig gewordenen Vertrag besser gegen die fortdauernden antikatholischen Aktionen vorgehen zu können. Dem Wunsch des deutschen Episkopats hat der Heilige Stuhl eigene Bedenken hintangestellt und am 10. September die Ratifizierung vollzogen (Geheimanhang am 2. November).

Wie beim Lateranvertrag ist die geschichtliche Bedeutung des Reichskonkordats nur zu erkennen, wenn man die kurzfristigen von den langfristigen Folgen trennt. Unbestreitbar gewann Hitler Prestige; seine Propaganda interpretierte die Unterschrift des Kardinalstaatssekretärs als päpstliche Legitimation des Nationalsozialismus. Dies war sachlich falsch, aber politisch unvermeidlich. Diese Propaganda hat allerdings unterschiedlich gewirkt. Die konkrete Außenpolitik der übrigen Staaten wurde dadurch kaum berührt. „Der Konkordatsbeschluß impliziert sehr wenig Sympathie des Vatikans für das Naziregime in Deutschland", meinte der britische Vatikangesandte im Rückblick am Jahresende[130]. Ebenfalls gering war die Wirkung auf die europäischen Katholiken

[128] *W. Conrad*, Der Kampf um die Kanzeln. Erinnerungen und Dokumente aus der Hitlerzeit (Berlin 1957) 44.

[129] Gröber an Leiber, 2. September 1933 (*L. Volk*, Kirchliche Akten, 242).

[130] *Th. E. Hachey*, Anglo-Vatican Relations 1914–1939, 252.

außerhalb Deutschlands, etwas stärker vielleicht in Lateinamerika, wo aber andere Faktoren wichtiger waren. Stärker war die Wirkung auf die deutschen Katholiken, wenngleich man sich auch hier von übertriebenen Vorstellungen hüten muß. Sicher ist durch dieses Abkommen nicht „die Widerstandskraft der deutschen Katholiken gegen ein verbrecherisches Regime gebrochen worden", wie von politischer Seite in den fünfziger Jahren behauptet [131] und im Jahrzehnt danach von zu engagierter Geschichtsschreibung wiederholt worden ist [132]. Wohl bot das Reichskonkordat einer Reihe katholischer Publizisten einen Ausgangspunkt, die damals für Entspannung durch Brückenbau zum Nationalsozialismus eintraten. Indessen gab auch dieser (eher kleine als große) Teil der deutschen Katholiken – im Gegensatz zu einem nicht unbeachtlichen Teil des deutschen Protestantismus – vom Glaubensgut nichts preis, beharrte auf einem kirchlichen Mitverfügungsrecht in den res mixtae und beanspruchte für die katholischen Verbände weiterhin Autonomie. Man baute also auf der illusionären Prämisse auf, daß die andere Seite zu substantiellen Einschränkungen ihres totalitären Anspruchs bereit sei. Diese Prämisse erwies sich sehr schnell als falsch. Die katholischen Brückenbau-Versuche gingen mit wenigen Ausnahmen im Winter 1933/34, spätestens im Sommer 1934, zu Ende.

Umgekehrt hat das Konkordat kurzfristig auch der Kirche einen großen Erfolg gebracht. Die Katastrophe des Verbandskatholizismus wurde buchstäblich in letzter Minute verhindert. Wer die Verhandlungsfehler beim Artikel 31 herausstreicht, muß auch diese Leistung betonen. Gerade in der ersten Zeit nach der Ratifizierung war das Reichskonkordat für die am meisten gefährdeten Verbände eine unersetzliche Hilfe im Kampf um die Selbstbehauptung. Im Unter-

[131] So Thomas Dehler, Vorsitzender der FDP-Fraktion des Deutschen Bundestages, am 11. März 1956; vgl. *J.-M. Görgen*, Pius XII. Katholische Kirche und Hochhuths „Stellvertreter" (Buxheim 1964) 42. – Die Auflage der bedeutendsten katholischen (Oppositions)-Zeitung, „Junge Front", stieg von (Anfang 1933) 85000 auf (Ende 1933) 120000; beim Verbot, Anfang 1936: 330000. Vgl. *K. Gotto*, Die Wochenzeitung Junge Front/Michael (Mainz 1970) 225 f. Die männliche katholische Jugend verlor zwischen Mitte 1933 und Mitte 1934 etwa ein Drittel ihres Mitgliederbestandes, doch stieg die Auflage ihrer Verbands-Zeitschriften rapide an; vgl. *B. Schellenberger*, Katholische Jugend und Drittes Reich. Eine Geschichte des Katholischen Jungmännerverbandes 1933–1939 unter besonderer Berücksichtigung der Rheinprovinz (Mainz 1975) 178 198. *J. Aretz*, Katholische Arbeiterbewegung und Nationalsozialismus. Der Verband katholischer Arbeiter- und Knappenvereine Westdeutschlands 1923–1945 (demnächst: Mainz 1978) hat berechnet, daß dagegen der Mitgliederverlust der westdeutschen Arbeitervereine zwischen Mitte 1933 und Ende 1934 nur ca. 8 Prozent ausgemacht hat. – Für die (andere) Situation bei den katholischen Akademikern fehlt eine Untersuchung. Für die katholischen Volksschullehrer (nicht die Lehrerinnen!) vgl. *H. Küppers*, Der katholische Lehrerverband in der Übergangszeit von der Weimarer Republik zur Hitler-Diktatur. Zugleich ein Beitrag zur Geschichte des Volksschullehrerstandes (Mainz 1975).

[132] So *G. Lewy*, Die katholische Kirche und das Dritte Reich (München 1965) 109; dazu *U. von Hehl*, 238 ff, sowie *L. Volk*, Zwischen Geschichtsschreibung und Hochhuthprosa. Kritisches und Grundsätzliches zu einer Neuerscheinung über Kirche und Nationalsozialismus, in: *D. Albrecht* (Hrsg.), Kirche, 194–210.

schied zum deutschen Protestantismus konnte die katholische Kirche in Deutschland zunächst einmal bleiben, was sie auch vorher gewesen war. Dies ist von ökumenischer Seite aufmerksam registriert worden. „Die Position der römisch-katholischen Kirche in Deutschland war nie so stark wie jetzt", schrieb ihr wohl bester Deutschland-Kenner am 30. September 1933 [133]. „Sie besteht auf ihren Prinzipien, die im Konkordat garantiert wurden. Den Priestern steht es frei, in ihren Kirchen alt und jung zu lehren, was sie [Sperrung vom Verfasser] wollen, ohne daß die Möglichkeit irgendwelcher weltlichen Einmischung bestünde" [134].

Langfristig dagegen hat das Konkordat Hitler wenig, eigentlich gar keinen Nutzen gebracht. Es legte nicht, wie man später gemeint hat, die deutschen Bischöfe an die Leine [135], sondern wurde umgekehrt von Hitler als lästige Fessel empfunden. Gerade deshalb hat er es mehr und mehr mißachten lassen, wenn und soweit es ihm zweckmäßig erschien, was für den Vatikan nicht unerwartet kam [136]. Aber nicht alle Bestimmungen wurden auf einmal gebrochen, und mit der Existenz des Konkordates war der Kirche eine Möglichkeit eingeräumt, jede Mißachtung anzuklagen und anzuprangern. Das Konkordat war eine hervorragende Verteidigungslinie – dies prophezeite der Kardinalstaatssekretär im August 1933 [137] und konnte es als ein historisches Faktum am 2. Juni 1945, nunmehr Papst, wiederholen [138]. Denn das Reichskonkordat hat der Kirche in Deutschland wesentlich geholfen, die nicht selbstverständliche Leistung zu vollbringen, ihre Eigenständigkeit trotz Hitlers Herrschaft so weit zu wahren, daß die Bischöfe und der Klerus das Glaubensgut und die Sittenlehre unverkürzt verkündigen und die Sakramente spenden konnten. Daß der deutsche Katholizismus das Dritte Reich wesentlich intakter als fast alle anderen vergleichbaren Großgruppen überstanden hat, ist daher auch eine langfristige Folge des Abkommens vom 20. Juli 1933. Es „schuf mit seinen Garantien die Rechtsbasis, von der aus dem Totalitarismus Widerstand geleistet werden konnte und wurde" [139].

[133] A. Koechlin an G. Bell, 30. September 1933 (*A. Lindt* [Hrsg.], George Bell-Alphons Koechlin. Briefwechsel 1933–1954 [Zürich 1969] 47).

[134] Elly Heuß-Knapp, die Frau des ersten Präsidenten der Bundesrepublik Deutschland, schrieb in einem Brief vom 18. Mai 1933: „Unsere Freunde … haben wenigstens laut und deutlich verkündigt, daß der Arier-Paragraph in der Kirche unmöglich sei. Ich gehe ja noch weiter und erkläre jedem Menschen deutlich, daß ich an dem Tage, wo er durchgeführt wird, aus der Kirche austrete. Daß ich dann in die katholische eintreten werde, sage ich nicht jedem ebenso deutlich, aber ich denke es" (*M. Vater* [Hrsg.], E. Heuß-Knapp, Bürgerin zweier Welten. Ein Leben in Briefen und Aufzeichnungen [Tübingen 1961] 228).

[135] So *G. Ritter*, Carl Goerdeler und die deutsche Widerstandsbewegung (Stuttgart 1954) 114.

[136] Bericht Kirkpatricks, 19. August 1933 (erneut in *L. Volk*, Geschichte, 250f).

[137] Vgl. Anm. 136.

[138] AAS 37 (1945) 163; deutsch: UG II, 1803.

[139] *K. Gotto*, Art. „Katholische Kirche und Nationalsozialismus", in: StL 10 (Freiburg ^{6}1970) 489.

Zwischen Reichskonkordat und Enzyklika „Mit brennender Sorge" (1933–1937)

Die Sicherung der Sakramentenspendung und der Glaubensverkündung in Deutschland zu unterstützen, blieb nach Abschluß des Reichskonkordats das Hauptziel der päpstlichen Außenpolitik. Dies wird deutlich erkennbar in dem langen Streit um die „Auslegungsgrundsätze" und die Verbände-Schutzliste nach Art. 31 [140]. Der Heilige Stuhl hat sich viel Mühe gegeben, hierbei die Versäumnisse vom Juli 1933 wettzumachen. Positiv ist ihm dies nicht gelungen; negativ jedoch hat er bedeutend dazu beigetragen, daß der Abschluß von Vereinbarungen verhindert wurde, die für die Kirche noch ungünstiger gewesen wären als der vereinbarungslose Zustand. Anfang 1935 waren die Verhandlungen wegen der nationalsozialistischen Intransigenz praktisch gescheitert, wenngleich der Form nach von keiner Seite für beendet erklärt. Das im Juli 1935 gegründete Reichskirchenministerium hat im September 1935 noch einmal bischöfliche Vorschläge angefordert und anschließende mündliche und schriftliche Verhandlungen geführt. Diese wurden staatlicherseits im Frühjahr 1936 stillschweigend unterbrochen. Die Weiterführung wurde am 10. Dezember 1936 explizit als „überflüssig" bezeichnet, weil eine neue Lage eingetreten sei [141]. Die Bischöfe wären wie auch der Vatikan zu weiteren Ausführungsverhandlungen prinzipiell bereit gewesen – allein schon, um der Gegenseite keinen Vorwand zu liefern, von den Konkordatsverpflichtungen bequem loszukommen.

In diesen zermürbenden Verhandlungen ging es darum, ob die Kirche über die Sakristeimauern hinauswirken dürfe oder nicht. Jede kirchliche Konzession erweiterte die totalitäre Herrschaft, jedes Beharren setzte ihr Hindernisse entgegen. Dabei war die Frage, wo die Grenzlinie zu ziehen sei, bis zu einem gewissen Grade ein Ermessensproblem. Die Kurie hat es im allgemeinen vermieden, den deutschen Bischöfen in diesem Punkt hineinzureden. Ihr apodiktisches Nein [142] zu einem im Juni 1934 von der Bischofsdelegation vereinbarten Entwurf [143] war eine (in seiner Bedeutung kaum zu überschätzende) Ausnahme, wobei der Vatikan allerdings die betroffenen Verbände in Deutschland ganz hinter sich wußte und mit seinem Einspruch auch deren Position gegenüber den Bischöfen stärkte. Aufs Ganze gesehen ist die Verteidigungslinie des Verbandskatholizismus relativ weit vorn gesucht worden, obgleich dieses Prinzip im konkreten Detail ständig Abstriche erfuhr. So hat der Heilige Stuhl beispielsweise stets beansprucht, daß lediglich, wie der Vertragstext sagte, „parteipolitische" Betätigung der Verbände verboten sei; auf einem allgemeinpolitischen Betätigungsrecht für die Organisationen, also auf Befassung mit

[140] Die kirchlichen Dokumente und die Entwurfstexte jetzt bei *B. Stasiewski*, I–III und *D. Albrecht*, I.

[141] Vgl. *D. Albrecht*, I, 195 Anm. 7.

[142] Zuerst durch Pacelli an Bertram, 23. Juli 1934 (*B. Stasiewski*, I, 762–769).

[143] Text: *B. Stasiewski*, I, 744–746.

Grundsatzproblemen des Staats- und Gesellschaftslebens, hat die Kurie hingegen beharrt. In der Konsequenz schuf die Behauptung der Rechte, welche die Kirche sich im Reichskonkordat ausgehandelt hatte, einen Damm gegen das totalitäre Überfluten. Indem die Kirche ihre eigenen Positionen mit den ihr gemäßen Mitteln verteidigte, war sie zugleich ein allgemein-antitotalitärer Faktor von Gewicht.

Die gleiche Funktion hatte auf einer anderen Ebene der dichte Notenwechsel des Heiligen Stuhls mit der deutschen Reichsregierung, der unmittelbar nach der Ratifizierung des Konkordats auf vatikanische Initiative in Gang kam. „Seele und Motor" (D. Albrecht) dieses Notenwechsels war, in engem Konsens mit dem Papst, der Kardinalstaatssekretär. In fast ermüdender Wiederholung wurde der Reichsregierung „immer wieder die brutale Diskrepanz von konkordatsgemäßem Recht und konkordatswidriger Wirklichkeit" vor Augen gestellt[144]. Dabei ging Pacelli von der leoninischen Neutralität der Kirche gegenüber allen Staatsformen aus. Er benutzte diesen Ansatz, um die sittlichen Mindestbedingungen zu präzisieren, die jede Staatsform erfüllen müsse, wobei naturrechtliche Prinzipien als Richtschnur dienten. In prinzipiellen Sätzen von eindringlicher Kraft führten die Noten Anklage gegen die Gewaltherrschaft an sich. „Es gibt keine Konkordatsbestimmung, die die Kirche verpflichten könnte, Staatsgesetze für ihre Angehörigen als verpflichtend anzuerkennen, die des ersten Erfordernisses sittlich verpflichtender Staatsgesetze, nämlich der Übereinstimmung mit dem göttlichen Gesetz entbehren"[145]. Scharf wurde ein Grundprinzip des Nationalsozialismus zurückgewiesen: „Menschliche Norm ist undenkbar ohne Verankerung im Göttlichen. Diese letzte Verankerung kann nicht liegen in einem gewillkürten ‚Göttlichen', der Rasse. Nicht in der Verabsolutierung der Nation. Ein solcher ‚Gott' des Blutes und der Rasse wäre nichts weiter als das selbstgeschaffene Widerbild eigener Beschränktheit und Enge"[146]. Mit Recht hat der Herausgeber dieser Dokumente zusammenfassend festgestellt, daß hier, auf der Grundlage des Reichskonkordats, der Reichsregierung die „peinliche Wahrheit jahrelang direkt ins Gesicht gesagt wurde, wie es diejenigen nicht konnten, die es auch gewollt hätten, und diejenigen nicht taten, die es sonst gekonnt hätten"[147].

Dagegen ist eingewendet worden, wirkliches Zeugnis-Geben hätte Öffentlichkeit „mit letztem persönlichem Einsatz" verlangt, und dies sei bei zwar prinzipiellen Sätzen, die aber in diplomatisch-internen Aktenstücken gestanden hätten, nicht der Fall[148]. In dieser Sicht ist der Zweck, den die Noten verfolgten, nicht voll erkannt. Sie waren nicht nur diplomatische Aktenstücke vertraulicher Natur. Die wichtigsten Stücke des Notenwechsels hat der Heilige Stuhl in drei

[144] *D. Albrecht,* I, p. XXI.
[145] *D. Albrecht,* I, 255 (10. Juli 1935).
[146] *D. Albrecht,* I, 146f. (14. Mai 1934).
[147] *D. Albrecht,* I p. XXIV.
[148] *E.-W. Böckenförde,* in: Der Staat 8 (1969) 266f.

Folgen (1934 und 1936) als Weißbuch gedruckt. Die Reichsregierung ahnte das. Sie mußte die ständig drohende Veröffentlichung dieser Aktenstücke in ihr politisches Kalkül einbeziehen. Noch bedeutsamer war, daß die Weißbücher den deutschen Bischöfen jedesmal zugestellt worden sind und dem deutschen Episkopat die Linie der vatikanischen Meinungs- und Willensbildung bezeichneten; sie wurden dadurch ein wesentliches innerkirchliches Führungsinstrument. Darüber hinaus ist 1935 der Inhalt zweier sehr deutlicher Noten im Osservatore Romano veröffentlicht und von dort in die kirchlichen Amtsblätter der deutschen Bistümer übernommen worden [149]. Das war schon „Öffentlichkeit“, wenn auch nur offiziöse. Ganz öffentlich und amtlich war dann schließlich das Rundschreiben „Mit brennender Sorge“. Reichskonkordat – Notenwechsel – Enzyklika waren folgerichtige Stufen eines einheitlichen Abwehrkampfes der Kirche.

Von der Enzyklika „Mit brennender Sorge“ bis zum Pontifikatsende (1937–1939)

Die Enzyklika „Mit brennender Sorge“, datiert vom 14. März 1937 [150], ist am 21. März (Palmsonntag) in den katholischen Kirchen Deutschlands verlesen und zugleich in hoher Auflage gedruckt verteilt worden. Sie ist das bekannteste päpstliche Dokument des katholischen Kirchenkampfes mit Hitler. Den offiziellen Anstoß dazu haben die deutschen Bischöfe im traditionellen Huldigungsschreiben der Fuldaer Bischofskonferenz vom 18. August 1936 gegeben [151]. Fünf von ihnen wurden für Januar 1936 zur Berichterstattung nach Rom geladen: die drei Kardinäle sowie zwei der Jüngsten [152]: Clemens August von Galen (Münster) und Konrad von Preysing (Berlin), die in der Bischofskonferenz zum „harten“ Flügel zählten. Mehrere Besprechungen ergaben Einhelligkeit, am Reichskonkordat nach Möglichkeit festzuhalten; obwohl strittig war, ob ein päpstliches Rundschreiben das Konkordat gefährden werde, bestand Übereinstimmung darüber, daß ein solcher Hirtenbrief wünschenswert sei. Außerdem fertigte Faulhaber im strengen Geheimnis einen ersten Entwurf für Pacelli an (21. Januar 1937) [153]. Der Kardinalstaatssekretär hat dann bis zum 10. März, vermutlich unter Mithilfe von Kaas, nachweislich unter persönlicher Oberaufsicht durch den Papst, den endgültigen Text verfaßt.

[149] *L. Volk,* Enzyklika, 175 f.

[150] AAS 29 (1937) 145–167; M 211–238. Eine lateinische Version dieser Enzyklika gibt es nicht, wohl aber eine italienische Übersetzung (ebd., 145–167). Oft gedruckt, jetzt am besten bei *D. Albrecht,* I, 404–443.

[151] Text: *B. Stasiewski,* III Nr. 315/IIa.

[152] Das Lebensalter der deutschen Bischöfe betrug 1937 im arithmetischen Durchschnitt 64 Jahre (7 über 70, 9 zwischen 60 und 70, 8 zwischen 50 und 59, 1 unter 50). Galen war 59 Jahre alt und seit gut 3 Jahren Bischof, Preysing 57 und seit gut 4 Jahren Bischof.

[153] Text jetzt bei *D. Albrecht,* I, 404–443. Ebd., 402 f sind die grundlegenden Forschungen A. Martinis behandelt.

Faulhaber war ein bedeutender Prediger. Sein Entwurf wollte eine Homilie sein. Er beschrieb die wichtigsten Gegenwartsgefahren für den katholischen Glauben, zunächst vom Positiven ausgehend („reiner" Gottesglaube, „reiner" Christusglaube, „reiner" Kirchenglaube, „reiner" Glaube an den päpstlichen Primat); danach warnte er in polemischer Abwehr nationalsozialistischer Prämissen und Methoden vor dem, was man heute „Umfunktionieren" nennen würde („keine Umdeutung heiliger Werte"). Es folgte Zuspruch an die Jugend sowie an die Priester und „Getreuen", besonders die Mitglieder der Verbände und die katholischen Eltern (Kampf um die Bekenntnisschule).

Der Faulhaber-Entwurf war ein „Lehr- und Ermutigungsschreiben" (L. Volk). Pacelli hat ein drittes Leitmotiv hinzugefügt. Die Verfolgung der katholischen Kirche im Dritten Reich wird von ihm nicht nur als Faktum beschrieben, sondern auch auf ihre politischen Gründe und Ziele zurückgeführt. Dies gab der Enzyklika ihre aktuelle Schärfe. Die andere Seite, sagte der Papst, hat „die Vertragsumdeutung, die Vertragsaushöhlung, schließlich die mehr oder minder öffentliche Vertragsverletzung zum ungeschriebenen Gesetz des Handelns gemacht". Der „Anschauungsunterricht der vergangenen Jahre" enthülle „Machenschaften, die von Anfang an kein anderes Ziel kannten als den Vernichtungskampf". Daß dieser Vernichtungskampf seine Ursache in der Unvereinbarkeit katholischer Glaubens- und nationalsozialistischer Herrschaftsprinzipien habe, wird in zahlreichen Details herausgearbeitet. „Wer die Rasse, oder das Volk, oder den Staat, oder die Staatsform, die Träger der Staatsgewalt oder andere Grundwerte menschlicher Gemeinschaftsgestaltung – die innerhalb der irdischen Ordnung einen wesentlichen und ehrengebietenden Platz behaupten – aus dieser ihrer irdischen Wertskala herauslöst, sie zur höchsten Norm aller, auch der religiösen Werte macht und sie mit Götzenkult vergöttert, der verkehrt und fälscht die gottgeschaffene und gottbefohlene Ordnung der Dinge". Rassegedanke, Führerprinzip und Totalitarismus waren damit vom Glauben her verworfen. Der Mensch habe „als Persönlichkeit gottgegebene Rechte", die jedem „Eingriff von seiten der Gemeinschaft entzogen bleiben müssen"; vom „Zustand notorischer Unfreiheit" war im Zusammenhang mit den Schuleinschreibungen die Rede. Im Vergleich mit „Non abbiamo bisogno" spricht die Enzyklika von 1937 ungleich härter. Ebenso wie 1931 will aber der Papst auch hier nicht alle Brücken abbrechen.

Die Wirkung der Enzyklika kann man nur im Zusammenhang mit ihrer Zielsetzung beschreiben. Der päpstliche Hirtenbrief verstand sich als „ein Wort der Wahrheit und der seelischen Stärkung". Bei den kirchentreuen Schichten, die für das intellektuelle Niveau der Enzyklika ansprechbar waren, hat sie diesen Abgrenzungseffekt vermutlich optimal erreicht. Bei anderen Schichten, welche die kunstvollen Satzbauten dieses Textes kaum ohne Vermittlung aufnehmen konnten, mag das theoretische Verständnis [154], muß aber nicht der Solidarisie-

[154] Die RPB aus Bayern sind in diesem Punkt mehrdeutig; vgl. RPB I, 211 f; II, 167; III, 128; IV, 121.

rungseffekt geringer gewesen sein. Die einzelnen Distinktionen und Konklusionen waren ja weit weniger wichtig als das unerhörte Faktum, daß der Papst vor der Weltöffentlichkeit ausrief: Die Kirche in Deutschland kämpft um Leben und Tod; Ihr deutschen Katholiken, die Ihr verfolgt werdet, seid im Recht; laßt Euch nicht irre machen; ich stehe hinter Euch.

Der unmittelbaren Wirkung der Enzyklika entsprach die Reaktion der Gegenseite, die erst in letzter Minute von der bevorstehenden Verlesung erfahren hatte [155]. Die nationalsozialistische Führung hat nicht den risikoreichen Versuch gemacht, die Verlesung am 21. März in den 11500 Pfarrkirchen zu unterdrücken; statt dessen hat sie sich um drastische Eindämmung der weiteren Verbreitung bemüht und zu massiven Vergeltungsschlägen gegriffen. Deren spektakulärster war ein propagandistisches Trommelfeuer. Am 6. April ordnete Hitler die unverzügliche Wiederaufnahme der im Jahr zuvor sistierten Sittlichkeitsprozesse gegen katholische Ordensleute und Priester an. Damit wurde eine Propagandaaktion von ungewöhnlicher Perfektion und Radikalität eröffnet, deren Ziel es war, die Bindungen des Kirchenvolks an seine klerikale Führung zu zerstören [156]. Nicht ohne sehr aktive Gegenwehr der Bischöfe und des Klerus bestand die Loyalität der deutschen Katholiken diese Probe.

Inzwischen bereitete die Regierung, Überlegungen aus der Zeit vor der Enzyklika aufgreifend, die Kündigung des Reichskonkordates vor [157]. In diese Planungen platzte am 19. Mai eine Nachricht, welche die deutsch-vatikanischen Beziehungen noch weiter belastete. Durch eine Indiskretion der Presse wurde bekannt, daß der Kardinal von Chicago, George William Mundelein, vor 500 Priestern seiner Diözese das NS-Regime verurteilt und Adolf Hitler als „an Austrian paperhanger, and a poor one at that" abqualifiziert hatte. Dies spielte die deutsche Politik hoch. Sie ließ ihren Botschafter beim Heiligen Stuhl ostentativ in Urlaub gehen und reichte am 29. Mai eine geharnischte Note ein, die „Remedur" verlangte [158]. Der Nervenkrieg gegen die Kirche wurde jetzt in Deutschland auf den Höhepunkt getrieben [159], was den Vatikan offenbar wenig beeindruckt hat. Seine Antwortnote vom 24. Juni [160] enthielt keine Entschuldigungen oder Abschwächung, sondern drehte den Spieß um und wies ihrerseits die deutsche Politik weiter zurück. Im übrigen führte die Kurie den Notenkrieg in der bisherigen Form fort, bis er im Sommer 1938, aus bisher unbekannten Gründen [161], praktisch eingestellt worden ist.

Die Berliner Konkordatskündigungs-Pläne sind im Herbst 1937 unausgeführt beiseite gelegt worden, ohne daß die Motive dafür klar erkennbar wären. Vermutlich wünschte Hitler, der zur unmittelbaren Vorbereitung seiner Expan-

[155] Vgl. *L. Volk*, Enzyklika, 182–185.

[156] *H. G. Hockerts*, Die Sittlichkeitsprozesse gegen katholische Ordensangehörige und Priester 1936/37. Eine Studie zur nationalsozialistischen Herrschaftstechnik und zum Kirchenkampf (Mainz 1971) 74.

[157] Vgl. *D. Albrecht*, I, 373f Anm. 3.

[158] Text: *D. Albrecht*, II, 23f.

[159] Vgl. *H. G. Hockerts*, 132–146.

[160] Text: *D. Albrecht*, II, 24–30.

[161] Die Ansicht des deutschen Botschafters beim Hl. Stuhl: *D. Albrecht*, II, 81f Anm. 2.

sionspolitik ansetzte, auf der innenpolitischen Szene relative Ruhe, jedenfalls nicht eine zusätzliche Belastung durch diese Aktion.

Bis zum Tode des Papstes hat sich die Lage der Kirche in Deutschland nicht verbessert, im Gegenteil: das Verbot der Jugendverbände und die Abschaffung der Bekenntnisschule wurden jetzt staatlicherseits durchgeführt. Gleichzeitig entstanden in Österreich (Anschluß: 13. März 1938) und im Sudetenland (1. Oktober 1938) konkordatsfreie Räume. Die deutsche Regierung weigerte sich mit rechtlichen Argumenten, die Geltung des Reichskonkordats auf diese Gebiete auszudehnen [162], lehnte aber auch neue Vereinbarungen ab. Die positiven Folgen des Reichskonkordates im „Altreich", trotz der schweren Einbrüche gerade 1938 und 1939, wurden hier offenkundig. Gegen die deutschen Judenpogrome im November 1938 hat der Heilige Stuhl nicht, wie viele andere Mächte [163], die meist wirtschaftlich tangiert waren, diplomatischen Protest eingelegt, während er in den gleichen Tagen seinen Streit um Mussolinis „Rassengesetzgebung" auf den Höhepunkt trieb. Langfristig hat die Enzyklika insofern nichts bewirkt, als die tatsächlichen Verhältnisse danach nicht besser, sondern schlechter geworden sind.

Ebenso hat sie keine Wende der Kirchenkampftaktik der Fuldaer Bischofskonferenz bedeutet. Preysing und Galen wollten dies offenbar. Sie meinten, ständige Mobilisierung der Öffentlichkeit wegen Rechtsverletzungen sei eine wirkungsvollere Methode als die bisherige „Eingaben-Politik" Bertrams [164]. Die Mehrheit der Bischofskonferenz hat dem nicht zugestimmt. Die Probe aufs Exempel ist daher unterblieben. Die Chancen eines solchen Versuchs lassen sich schwer abschätzen, weil sich nicht sagen läßt, wie lange der Episkopat (bei entsprechenden Gegenmaßnahmen Hitlers) das Kirchenvolk auf einem permanenten Kollisionskurs hätte halten können. Der Heilige Stuhl hat sich in diese Auseinandersetzungen über die bessere Verteidigungstaktik nicht eingemischt, obgleich Pacelli wohl lieber gesehen hätte, wenn man Galen und Preysing gefolgt wäre. Die Enzyklika war also insofern „keine Zäsur" (L. Volk).

Andrerseits hat sie unbestreitbar eine Klärung gebracht, deren langfristige Folgen nicht gering eingeschätzt werden dürfen. Nicht nur für das Ausland wurde erklärt, daß die katholische Kirche in Deutschland tatsächlich verfolgt würde und daß es zwischen Hitler und dem Papst unüberbrückbare Gegensätze gebe: vor allem für den Klerus und das Kirchenvolk in Deutschland war diese Klärung von höchster Bedeutung. Sie fanden hier authentisch Weg und Richtung bezeichnet, und zwar auf dem genuin kirchlichen Gebiet von Glaube und Sitte, also in einem Bereich, in dem der Anspruch auf gehorsames Hören damals

[162] Dazu *D. Albrecht*, II, 80f.

[163] Vgl. die Aufstellung des Deutschland-Referates des Berliner Auswärtigen Amtes vom 20. Dezember 1938: ADAP D V, 769–773.

[164] Dazu grundlegend: *L. Volk*, Die Fuldaer Bischofskonferenz von Hitlers Machtergreifung bis zur Enzyklika „Mit brennender Sorge", sowie *ders.*, Die Fuldaer Bischofskonferenz von der Enzyklika „Mit brennender Sorge" bis zum Ende der NS-Herrschaft, in: *D. Albrecht*, (Hrsg.), Kirche, 35–102; *W. Adolph*, Hirtenamt und Hitlerdiktatur (Berlin 1965).

unbestritten war. Gerade weil die Enzyklika nicht unmittelbar politisch argumentierte, war sie so fordernd. Die Kirche verteidigte nicht ihren „Einfluß“ in der „Welt“, sondern ihr Proprium. Die Legitimität dieser Position konnte im Ernst niemand bestreiten. Indem sie aber ihr Eigenes verteidigte und auf ihrem Eigenen beharrte, erwies sich, daß sie nicht in das totalitäre System Hitlers paßte. Ob bei einer Verteidigung auf einer mehr politischen Linie die katholische Kirche in Deutschland ebenso viele Menschen in dem gleichen Maße vor der geistigen Anpassung an den Nationalsozialismus hätte bewahren können, wie es ihr nach dem Urteil ihrer nationalsozialistischen Feinde und nach der Erfahrung der Zeitgenossen möglich gewesen ist, darf bezweifelt werden.

Überschaut man die Außenpolitik des Ratti-Papstes gegenüber Hitler vom Anfang bis zu seinem Tode, so fällt der Mangel an echten Alternativen ins Auge. Was geworden wäre, wenn Hitler den Zweiten Weltkrieg nicht entfesselt und verloren hätte, kann positiv niemand beschreiben. Daß die katholische Kirche in seinem Herrschaftsbereich dann in eine ähnlich ausweglose Situation wie im Rußland Stalins hätte kommen können, dafür spricht alles.

Der Zweite Weltkrieg: Pius XII.

Für die Wahl Pius' XII. am 2. März 1939 mögen – mehr als 1914 und 1922 – politische Gründe neben den kirchlichen maßgebend gewesen sein. Genaueres ist unbekannt[165]. Der Zweite Weltkrieg, der seine Schatten schon vorausgeworfen hatte, an denen sich abmessen ließ, daß er viel größere geistige und materielle Schäden als 1914/18 verursachen würde, hat dem Papsttum noch weit schwerere Aufgaben gestellt als der erste. Dies ist dem Papst, der schon den Ersten Weltkrieg an wichtigen politischen Stellen miterlebt hatte, sehr bewußt gewesen. Beklemmend war für diesen nüchternen Beobachter, daß er, bei aller richtigen Einsicht, am Lauf der Dinge so wenig ändern konnte.

Die meisten Zeitgenossen Pacellis sind der Meinung gewesen, daß er diese Probe hervorragend bestanden habe. Abgesehen von grobschlächtiger kommunistischer Polemik[166] wurde nach 1945 von protestantischer[167] wie auch von liberaler Seite ein enormer Prestigezuwachs des Heiligen Stuhles konstatiert und wesentlich auf den Beweis der hohen staatsmännischen Qualitäten[168] des Pap-

[165] Die Bemerkung bei *D. Tardini*, Pius XII. als Oberhirte, Priester und Mensch (Freiburg usw. 1961) 34 ist sehr zurückhaltend formuliert.

[166] Vgl. *M. M. Scheinmann*, Der Vatikan im Zweiten Weltkrieg. Berlin (Ost) 1954. – Kritik von anderer Seite wurde wenig beachtet. Sie gipfelte einerseits in dem von russisch-orthodoxer, amerikanisch-protestantischer und freimaurerischer Seite erhobenen Vorwurf, daß Pius XII. (wie die anderen Päpste des 19. und 20. Jahrhunderts) Politik betreibe und damit seine kirchliche Aufgabe verfehle, andererseits in dem Vorwurf von jüdischer Seite (L. Poliakow), er habe zuwenig (oder eine falsche) Politik betrieben und sich für die Juden in Rom zu wenig eingesetzt, um seine Beziehungen zu Deutschland nicht zu gefährden. Vgl. *P. Duclos*, 11f.

[167] *H. Hermelink*, 2.

[168] So *Sumner Welles*, The Time of Decision (New York, London 1944) 142.

stes im Zweiten Weltkrieg zurückgeführt: „Niemals seit 1848 hat das Papsttum eine international so ‚gute Presse' gehabt wie heute"[169]. In Übereinstimmung damit konnte beim Tode des Papstes 1958 geschrieben werden, daß Pius XII. die schwere Aufgabe, die Kirche durch den Zweiten Weltkrieg hindurchzuführen, „glänzend" gelöst habe. „Die Kirche hat in dieser Zeit der rohen Gewalt, des Hasses und des Mordens an Ansehen, Vertrauen und Wirkungsmöglichkeiten nur gewonnen."[170] Fünf Jahre danach löste ein Drama des bis dahin unbekannten deutschen Dichters Hochhuth mit schweren Anklagen gegen Pius XII. in der westlichen Welt eine einzigartige leidenschaftliche Debatte mit zahllosen Diskussionen, 7500 Leserbriefen usw. aus[171]. Die bis dahin ziemlich allgemeine Hochachtung schlug jetzt bei vielen in das Gegenteil um, bis hin zu Verachtung und Haß. Von Emotionen, problematischen Fragestellungen und sogar eindeutigen Methodenfehlern hielt sich damals auch ein Teil der mit wissenschaftlichem Anspruch auftretenden Literatur nicht fern[172]. Der Geschichtswissenschaft brachte diese „Hochhuth-Debatte" insofern einen wesentlichen Ertrag ein, als der Heilige Stuhl um die Jahreswende 1964/65 einer Gruppe von international anerkannten Historikern der Gesellschaft Jesu[173] den Auftrag gab, seine Akten und Dokumente zur Geschichte des Zweiten Weltkrieges zu veröffentlichen. Diese große Publikation erscheint seit 1965 und soll 1978 abgeschlossen sein. Die Forschung hat dann festen[174] Boden unter den Füßen.

Ebenso wie bei Benedikt XV. läßt sich die Außenpolitik Pius' XII. unter drei Gesichtspunkten zusammenfassen: Neutralität – Friedensbemühungen – humanitäre Hilfsmaßnahmen. Hinzu kommt als viertes das Problem seines „Schweigens".

[169] *L. Salvatorelli,* Chiesa e Stato dalla rivoluzione francese ad oggi (Florenz 1955) 139.

[170] *R. Leiber,* Pius XII., in: StdZ 163 (1958/59) 88.

[171] Nicht unter wissenschaftlichen Gesichtspunkten vorgenommene Auswahl damaliger Diskussionsbeiträge in *F. J. Raddatz* (Hrsg.), Summa injuria oder Durfte der Papst schweigen? Hochhuths „Stellvertreter" in der öffentlichen Kritik (Reinbek 1963); Der Streit um Hochhuths „Stellvertreter". Theater unserer Zeit, 5 (Basel, Stuttgart 1963). Dazu vgl. *U. von Hehl,* 236f sowie, insgesamt, *V. Conzemius,* Églises, 487ff.

[172] Zu *G. Lewy* (zuerst u. d. T. The Catholic Church and Nazi Germany, New York, Toronto 1964) vgl. oben Anm. 132. Eklatante Methodenfehler bei *S. Friedlaender,* Pie XII et le IIIe Reich. Documents (Paris 1964), dt.: Reinbek 1965. Dazu vgl. *A. Martini,* Un concerto non mai eseguito alla presenza di Pio XII, in: CC 116,1 (1965) 538–546; *P. Blet,* Pio XII e il Terzo Reich, in: CC 116,2 (1965) 251–258; *R. Lill,* Die Kirche und das Dritte Reich. Ein Forschungsbericht, in: *W. P. Eckert* (Hrsg.), Judenhaß – Schuld der Christen?!, Ergänzungsheft (Essen 1966) 62–64; *V. Conzemius,* Églises, 491–493; *R. Graham,* Come non fare il processo „storico", in: *ders.,* Il Vaticano, 283–292.

[173] Pierre Blet, R. A. Graham, A. Martini und B. Schneider (†). Sie haben versichert, daß für ihre Edition die gleichen Regeln gelten wie für andere historische Quellenpublikationen (ADSS 1 p. IX).

[174] Die Zweifel an der Objektivität der Herausgeber bei *B. Martin,* Friedensinitiativen und Machtpolitik im Zweiten Weltkrieg 1939–1942 (Düsseldorf 1974) 371ff sind nicht substanziiert und daher irrelevant.

Neutralität

Die Gründe, die Benedikt XV. zu seiner Option für Neutralität bestimmt hatten, dauerten im Zweiten Weltkrieg fort. Zwei weitere traten hinzu. Der eine war in Pacellis Persönlichkeit begründet. Pius XII., den ein kluges Wort als vollendeten „diplomate de l'ancien régime" bezeichnet hat[175], war nach Herkunft, Wesen, Selbstverständnis und Erfahrung ein ausgesprochener Mensch des Friedens – freilich nicht um den Preis fauler Kompromisse. Den anderen Grund lieferte das Völkerrecht. Im Lateranvertrag hatte der Heilige Stuhl die Verpflichtung übernommen, sich aus den eigentlich politischen Problemen der internationalen Politik herauszuhalten (Art. 24). Dieses Prinzip war jedoch durch zwei Klauseln eingeschränkt: Einmal behielt der Papst sich das Recht auf Friedensvermittlung vor, falls beide Seiten darum ersuchten; zum anderen hatte er sich das Recht reserviert, in jedem Falle Moralisches und Ideelles geltend machen zu können. Tradition, Umstände und Rechtslage konvergierten in der Neutralität des Heiligen Stuhls.

Für diese Neutralität hat Pius XII., der überaus differenziert zu denken und zu sprechen gewohnt war, die Bezeichnung „Unparteilichkeit" vorgezogen[176]. Dadurch sollte der politische Tatbestand von dem moralischen Sachverhalt abgehoben werden. „Neutralität", erklärte Pius XII. dem Münchener Kardinal, „könnte im Sinne einer passiven Gleichgültigkeit verstanden werden", die dem Oberhaupt der Kirche in einer Kriegszeit wie dieser „nicht anstünde. Unparteilichkeit besagt für Uns Beurteilung der Dinge nach Wahrheit und Gerechtigkeit", wobei er jedoch in den öffentlichen Kundgebungen „der Lage der Kirche in den einzelnen Ländern alle nur mögliche Rücksicht" angedeihen lasse, „um den Katholiken dortselbst vermeidbare Schwierigkeiten zu ersparen"[177]. Im übrigen erklärte er wie sein Vorgänger Benedikt XV.: Die Kirche „hat nicht die Aufgabe, einzugreifen und Partei zu nehmen in rein irdischen Angelegenheiten. Sie ist Mutter. Verlangt nicht von einer Mutter, die Partei des einen oder anderen ihrer Kinder zu begünstigen oder zu bekämpfen"[178].

Die Konsequenzen einer solchen Neutralität sind von Pius XII. „nahezu rigoristisch" beobachtet worden (J. Becker). Daß ein Angriffskrieg kein sittlich und rechtlich legitimes Mittel der Politik sei, war seine Auffassung sicherlich auch vor 1944[179]. Mit Rücksicht auf seine völkerrechtlichen Verpflichtungen hat er selbst sich vor dem Kriegsausbruch und während des Krieges jeder expliziten Verurteilung der vielen Aggressionsakte von seiten Deutschlands[180],

[175] *W. d'Ormesson*, Pie XII tel que je l'ai connu, in: RHD 82 (1968) 21.
[176] Zum Beispiel in der Weihnachtsansprache 1942 (vgl. unten Anm. 201).
[177] *B. Schneider*, Piusbriefe, 215 (31. Januar 1943).
[178] So in der Weihnachtsansprache 1946: AAS 39 (1947) 7–17; UG II 1919–1932. Ähnlich in seiner Ansprache vom 2. Juni 1939: ADSS 1, 163.
[179] P. Duclos, 47 ff stützt sich auf die Weihnachtsansprache von 1944 (vgl. unten Anm. 203).
[180] 15. März 1939: Besetzung der Tschechoslowakei; 23. März 1939: Besetzung des Memellandes; 1. September 1939: Angriff auf Polen; 9. April 1940: Besetzung Dänemarks, Angriff

Italiens[181], der Sowjetunion[182], der Alliierten[183] und Japans[184] peinlich enthalten und nur mit den Beneluxländern am 10. Mai 1940 eine vielbeachtete Ausnahme gemacht[185]. Ebenso sorgfältig hat er darüber gewacht, daß der Vatikan in keine Kreuzzugspropaganda einer der kriegsführenden Seiten verwickelt wurde – weder 1939 bis 1941 gegen Hitler und Stalin, noch, ab 1941, als sowohl der antikommunistische wie der antinationalsozialistische Kreuzzug sich gern auf eine päpstliche Unterstützung berufen hätten. Selbst die Vokabel „Kommunismus" verschwand aus dem Wortschatz des Heiligen Stuhls, und der Begriff „Abendland" wurde von diesem Zeitpunkt an ziemlich vermieden[186]. Die Bewahrung einer solchen Unparteilichkeit war im Vergleich zum Ersten Weltkrieg sehr viel schwerer. Es bedürfe „fast übermenschlicher Anstrengungen", um den Heiligen Stuhl „über dem Streite der Parteien zu halten", hat der Papst dem Kölner Erzbischof anvertraut[187]. Dabei stellte die intakte Erhaltung des Vatikanstaats das geringere, wenn auch kein leichtes Problem dar.

Der Lateranvertrag hatte dem Heiligen Stuhl die Garantie vollkommener Unabhängigkeit und Kommunikationsmöglichkeit mit der übrigen Welt auch für den Fall eines erneuten Kriegszustandes Italiens verbrieft. Diese Vertragsbestimmungen sind nicht voll eingehalten worden, doch hat man im Großen und Ganzen gewisse Grenzen der flagranten Rechtsverletzungen nicht überschritten. Die tatsächliche Lage hing mit der allgemeinen Situation zusammen. Da Italien erst am 10. Juni 1940 in den Krieg eintrat, hatte der Vatikan bis zum Beginn des deutschen Frankreichfeldzuges (10. Mai 1940) verhältnismäßig wenig Einschränkungen zu erleiden. Das wurde nun anders. Nicht nur mußten Maßnahmen wie Verdunkelung und vielerlei kriegswirtschaftliche Einschränkungen übernommen werden; Italien übte starke Pressionen zur Einschränkung der vatikanischen Propagandamöglichkeiten aus. Die Mitteilungsmöglichkeiten durch Presse (Osservatore Romano) und Rundfunk (Radio Vaticana) wurden daraufhin beschnitten; ab Ende April 1941 stellte Radio Vatikan seine Sendungen über die Lage der Kirche in Deutschland ein[188]. Andererseits blieb der unmittelbare diplomatische Kontakt mit Italiens Feindmächten auch nach Juni

auf Norwegen; 10. Mai 1940: Angriff auf Luxemburg, Belgien und die Niederlande; 6. April 1941: Angriff auf Jugoslawien und Griechenland; 22. Juni 1941: Angriff auf die Sowjetunion.

[181] 7. April 1939: Angriff auf Albanien; 28. Oktober 1940: Angriff auf Griechenland.

[182] Besetzung Ostpolens: 17. September 1939; 30. November 1939: Angriff auf Finnland; 4. bis 17. Juni 1940: Besetzung Estlands, Lettlands und Litauens; 21. Juni 1940: Besetzung Bessarabiens; 25. August 1941: Besetzung des Iran.

[183] USA, Juli 1941: Besetzung Islands; England, 10. Mai 1940: Besetzung Islands; 25. August [1941: Besetzung des Iran.

[184] 7. Dezember 1941: Angriff auf die USA.

[185] Vgl. *J. Becker,* 174f.

[186] Belege: *P. Duclos,* 127–135.

[187] *B. Schneider,* Piusbriefe, 280 (3. März 1944).

[188] Vgl. *P. Duclos,* 32–36; ADSS 4, 18–33; *R. A. Graham,* La Radio Vaticana tra Londra e Berlino. Un dossier della guerra delle onde: 1940–1941, in: CC 127, 1 (1976) 132–150. – Man versuchte eine Kompensation durch neue Mittel. So wurde als neue Publikation das Organ „Parola di Papa" herausgebracht, das an alle italienischen Pfarrer verschickt wurde. Die Weihnachtsansprache 1941 ist nach *P. Duclos,* 34 Anm. 1, in Italien mit einer Auflage von 370000 publik gemacht worden.

1940 erhalten. Als Mussolini deren Exterritorialität (vertragswidrig) aufkündigte, ließ der Papst sie nicht wie 1915 in die Schweiz ausweichen, sondern räumte ihnen im Vatikanstaat (beengten) Platz ein, wo schließlich ein Dutzend Vertretungen untergebracht waren. Ihr Kontakt zur Kurie wurde dadurch erleichtert, und von ihren Zentralen waren sie nicht ganz abgeschnitten; es blieb der Funkverkehr und es blieben Reisemöglichkeiten. Roosevelts Beauftragter Myron C. Taylor [188a] ist bis 1944 sieben Mal zu kurzen und langen Aufenthalten nach Rom gekommen; der englische Vertreter Osborne konnte im Frühjahr 1943 für einige Zeit nach London fahren und zurückkehren, der New Yorker Erzbischof Spellman sich einige Tage in Rom aufhalten. Umgekehrt hat der Heilige Stuhl 1944, als Rom alliierte Besatzung bekam, die diplomatischen Vertretungen Deutschlands, Japans, Ungarns usw. beherbergt. Ihre Arbeitsmöglichkeiten waren zwar eingeschränkt, blieben aber in der Substanz erhalten.

Die Zentrale der Weltkirche konnte daher während des ganzen Zweiten Weltkriegs im Wesentlichen intakt weiterarbeiten und mit ihren Nuntien und dem Episkopat Kontakt halten, soweit dies nicht, vor allem im Herrschaftsbereich Deutschlands und Rußlands, regional und lokal eingeschränkt und unterbunden worden ist [189]. Das war nicht selbstverständlich. Seit Frühjahr 1941 rechnete die Kurie mit der Möglichkeit einer deutschen Besetzung des Vatikanstaats und der zwangsweisen Entfernung des Papstes [190]; sie traf Vorbereitungen für den Fall, daß die Zentrale nicht mehr funktionsfähig wäre. Diese Maßnahmen erreichten ihren Höhepunkt vor und nach dem Sturz Mussolinis (25. Juli 1943), dem am 8. September die Besetzung Roms durch deutsche Truppen und Polizei folgte. Damals haben die ausländischen Diplomaten im Vatikan Akten verbrannt; der Papst hat einen Teil seiner Dokumente im eigenen Palast versteckt und Mikrofilmaufnahmen von anderen nach Washington geschickt, um sie zu retten. Die Exterritorialität des Heiligen Stuhls ist im Dezember 1943 und Februar 1944 durch Polizeirazzien auf politische und rassische Flüchtlinge in päpstlichen Gebäuden außerhalb der Vatikanstadt verletzt worden [191]. Aber der Vatikanstaat blieb vom direkten Zugriff Hitlers frei. Die Gründe dafür sind nicht nachweisbar. Unbestreitbar ist aber, daß der Papst und seine Mitarbeiter diese Möglichkeit auf Grund ihrer Informationen seit 1941 einkalkulieren mußten und aus dieser Sorge erst durch die alliierte Besetzung Roms (5. Juni 1944) befreit worden sind, wobei sich viele Einschränkungen und Beschränkungen noch lange, über den Krieg hinaus, hingezogen haben.

[188a] Vgl. *G. Q. Flynn*, Roosevelt and Romanism. Catholics and American Diplomacy, 1937–1945 (Westport usw. 1976) 106ff; vgl. *ders.*, in: CHR 58 (1972) 171–194.

[189] Die Warschauer Nuntiatur konnte, nachdem der Nuntius mit der polnischen Regierung nach Rumänien ausgewichen war, nicht mehr eröffnet werden; die Nuntien in Brüssel und Den Haag mußten im Juli 1940 auf deutsche Weisung, die Nuntien in Kowno und Riga im August 1940 auf russische Weisung ausreisen. Umgekehrt gab es (ab 1943) auch Schwierigkeiten für den Vatikan in den alliiert besetzten Gebieten.

[190] Dazu *R. A. Graham*, Voleva Hitler allontanare da Roma Pio XII?, in: CC 123,1 (1972) 319–327, 454–461, erneut in: *ders.*, Il Vaticano, 89–110.

[191] *P. Duclos*, 30f.

Auch die erheblichen, insgesamt einigermaßen erfolgreichen Bemühungen der päpstlichen Politik, Rom als Stadt aus dem Kriegsgeschehen herauszuhalten[192], sind nicht allein humanitär bedingt gewesen; sie zielten zugleich auf Erhaltung der neutralen Unabhängigkeit des Papsttums nicht nur aus völkerrechtlichen, sondern mehr noch aus kirchlichen Gründen. Dem Papst kam nach kirchlichem Selbstverständnis als Hauptaufgabe seines Amtes die Wahrung der Einheit der Kirche zu. Dies setzte unbedingte Loyalität aller Katholiken, hinter welcher Kriegsfront auch immer sie standen, zum gemeinsamen Oberhaupt der Kirche voraus, die nur zu erhalten war, wenn die Menschen wußten, daß die Unabhängigkeit des Papstes seine Unparteilichkeit garantierte. Würde Rom in das direkte Kriegsgeschehen einbezogen, war nicht zu erwarten, daß die Mauern des Vatikans weiterhin seine Unabhängigkeit schützten. Daher würde, wie er selbst dem Berliner Bischof schrieb[193], die „weitere[194] Einbeziehung Roms in den Kampf" die ohnehin übergroßen Gefahren für die kirchliche Einheit „ins Unerträgliche steigern". Diese Prüfung blieb der Kirche erspart. Ebenso wie Benedikt XV. konnte Pius XII. daher humanitär-karitative Aktionen durchführen und Friedensinitiativen fördern. Auf diesen beiden Gebieten ist viel versucht, aber unterschiedlich viel (oder wenig) erreicht worden.

Friedensbemühungen

Die päpstlichen Friedensbemühungen setzten unmittelbar nach seiner Wahl ein und sind bis zum Kriegsende mit unverminderter Bereitschaft fortgeführt worden. Sie spielten sich auf zwei verschiedenen Ebenen ab, im Bereich der Lehre und im Bereich der praktischen Politik. Auf beiden Feldern wurde der Unterschied zwischen den Pontifikaten Benedikts XV. und Pius' XII. deutlich.

Benedikt XV. hat keine eigentliche Friedenslehre, ein kohärentes System ausführlicher Äußerungen über theoretische Grundlagen und Ziele, über praktische Voraussetzungen und Möglichkeiten einer inner- und zwischenstaatlichen Friedensordnung, entwickelt. Er hatte sich damit begnügt, in seinen öffentlichen Kundgebungen abstrakt zum Frieden zu mahnen und das Weitere auf Verhandlungen abgestellt, die zu einem Kompromiß führen sollten. Anders sein Nachfolger im Zweiten Weltkrieg. Bereits seine erste öffentliche Kundgebung als Papst (3. März 1939)[195] enthielt die Stichworte eines universalen Programms für Frieden. Diese Punkte hat er in seiner Osterpredigt 1939 aufgegriffen[196], in seiner Antrittsenzyklika Summi Pontificatus (20. Oktober 1939) breiter ausgeführt[197] und in den Mittelpunkt seiner Weihnachtsansprache

[192] Dazu *A. Giovannetti*, Roma, aperta città (Mailand 1962).
[193] *B. Schneider*, Piusbriefe, 291 (21. März 1944).
[194] Der Text spielt auf Luftangriffe auf Rom an.
[195] Text: ADSS 1, 97f; AAS 31 (1939) 86–87.
[196] Text: ADSS 1, 104–110; AAS 31 (1939) 145–151; UG II, 1862–1868.
[197] Entwurf der den Frieden betr. Teile: ADSS 1, 315–323. Text: AAS 31 (1939) 413–435; UG I, 5–40.

1939[198] gestellt, in der die fünf Grundbedingungen eines dauerhaften Völkerfriedens behandelt wurden. Alle folgenden Weihnachtsansprachen, die ebenfalls auf größtmögliche Publizität hin angelegt waren, haben sich ziemlich ausführlich, teilweise ausschließlich mit Problemen der Friedensethik befaßt (1940: Sittliche Voraussetzungen einer friedlichen zwischenstaatlichen Ordnung[199]. 1941: Grundlagen einer internationalen Neuordnung[200]; 1942: Grundelemente des nationalen und internationalen Gemeinschaftslebens[201]; 1943: Sittliche Voraussetzungen für einen Weltfrieden bei Siegern und Besiegten[202]; 1944: Grundlagen einer wahren Demokratie[203]; 1945: Weltkirche und Weltfriede[204]. Bei anderen öffentlichen Gelegenheiten, besonders regelmäßig am 2. Juni, ist er stets darauf zurückgekommen[205].

Es ging dem Papst darum, die Bedingungen nicht für irgendeinen, sondern für einen gerechten und daher dauerhaften Frieden zu entwickeln[206]. Auf naturrechtlicher Grundlage entfaltete er das Ideal einer zwischenstaatlichen Ordnung, die allen Nationen und nationalen Minderheiten ebenso Sicherheit und Existenz verbürgen sollte, wie es die Personwürde für den Einzelmenschen verlangte. Der Blick beschränkte sich nicht auf das Rechtliche, sondern richtete sich auch auf die Ordnung der Wirtschaft (Verteilung der Reichtümer) und der Gesellschaft. Ein besonderes Augenmerk galt den Abrüstungsproblemen. Entschieden, aber auch behutsam wurden die Grundlagen des Vertragsrechts behandelt, wonach Verträge zu halten, aber – gegebenenfalls – auch zu revidieren sind (Erinnerung an den Versailler Vertrag). Nicht zuletzt sei unentbehrlich die Schaffung supranationaler Institutionen mit wirklichen Kompetenzen.

Diese lehrhaften Erörterungen des Papstes, in denen aktueller Tagesbezug und Prinzipielles miteinander vermischt waren, hatten offenkundig einen dreifachen Zweck. Längerfristig sollte hier Material ausgebreitet sein, das von der kirchlichen Soziallehre, von der praktischen Philosophie und von den juristischen Disziplinen weiter zu erörtern wäre[207]. Unmittelbar wollte Pius XII. damit dem politischen Denken der Gläubigen Richtschnur geben und zugleich auf die konkreten politischen Entscheidungen einwirken, soweit das möglich wäre. Daß zwischen seinen Konzeptionen und den Friedenszielen Hitlers oder

198 Entwurf der den Frieden betr. Teile: ADSS 1, 353–361. Text: AAS 32 (1940) 5–13; UG II, 1869–1882.

199 Entwurf der den Frieden betr. Teile: ADSS 4, 307–313. Text: AAS 33 (1941) 5–14; UG II, 1824–1838.

200 Entwurf: ADSS 5, 337–350. Text: AAS 34 (1942) 10–21; UG II, 1944–1959.

201 Auszug: ADSS 7, 161–167. Text: AAS 35 (1943) 9–24; UG I, 98–119.

202 Entwurf der den Frieden betr. Teile: ADSS 7, 732–734. Text: AAS 36 (1944) 11–24; UG II, 1962–1979.

203 Text: AAS 37 (1945) 10–23; UG II, 1771–1788.

204 Text: AAS 38 (1946) 15–25; UG II, 2091–2105.

205 Die Texte finden sich am bequemsten in den AAS resp. bei UG.

206 Eine knappe, aber eindringende systematische Behandlung bei *P. Duclos*, 70–103.

207 Ein erster ausführlicher Versuch von einem der Kurie nahestehenden Autor: *G. Gonella*, Presupposti di un ordine internazionale. Vatikanstadt 1942.

Stalins unübersteigbare Gräben lagen, stand außer Frage. Es gab aber auch wichtige Unterschiede und Gegensätze zu den Leitvorstellungen der westlichen Demokratien. So hat der Papst sich am 1. September 1943 sowohl aus prinzipiellen Erwägungen wie auch mit taktischen Gründen gegen die Formel des „unconditional surrender" der Casablanca-Konferenz (Januar 1943) ausgesprochen[208], und er hat die Atlantikcharta (14. August 1941), die in wichtigen, aber nicht in allen Punkten mit seinen Vorstellungen übereinstimmte, nicht unterstützt[209]. Die Maximen der Friedenslehre Pius' XII. zogen insgesamt „die Konsequenz aus dem gescheiterten Frieden von 1919" (J. Becker), dessen potenzierte Wiederholung vermieden werden sollte. Auf die Nachkriegsplanung der Siegermächte hat sie wenig Einfluß gehabt, wohl aber auf die politische Entwicklung nach 1945. Insofern ist sie nicht vergeblich gewesen.

Dagegen hatte Pius XII. mit seinen Bemühungen, den Kriegsausbruch und dann den Eintritt Italiens in den Krieg zu verhindern und danach die Beendigung des Krieges herbeizuführen, ebensowenig Erfolg wie Benedikt XV., obgleich dem Papst die Erfahrungen von 1914/18 ständig präsent gewesen sein dürften und er sich bemüht hat, die Fehler von damals zu vermeiden.

Drei Aktionen vor Kriegsausbruch sind zu nennen: Zuerst, Anfang Mai 1939, Sondierungen für eine Fünfer-Konferenz[210] zur Erörterung und Regelung der schwebenden deutsch-polnischen und französisch-italienischen Gegensätze. Sie stießen bei allen Adressaten auf Widerstand und wurden am 10. Mai eingestellt[211]. Danach, in engem Einvernehmen mit der englischen Regierung, ein überaus eindringlich formulierter öffentlicher Appell zu Vernunft und Verhandlung am Abend des 24. August[212]. Der Kernsatz stammt aus einem Vorentwurf des heutigen Papstes und lautete: „Nichts ist verloren mit dem Frieden. Alles kann verloren sein mit dem Krieg"[213]. Schließlich, am 30. August, der verzweifelte Versuch, Polen in letzter Minute für Konzessionen an Deutschland zu gewinnen[214], was auf Mussolini zurückging und von England unterstützt wurde, sowie (31. August) eine Mahnung an die Mächte[215] zu einer gerechten und friedlichen Lösung des Konflikts[216]. In einer auf den Papst persönlich zurückgehenden Erklärung hat der Osservatore Romano am 13. September 1939 ausgeführt, der Heilige Stuhl habe „alle Möglichkeiten ausgeschöpft, die irgendwie noch etwas Hoffnung auf Bewahrung des Friedens oder wenigstens Ausschluß unmittelbarer Kriegsgefahr" geboten hätten[217]. Diese Ansicht wurde von der britischen Regierung geteilt[218]. Das Scheitern auch der päpstlichen Bemühungen um Erhaltung des Friedens war am meisten durch Hitlers Politik

208 AAS 35 (1943) 277–279, hier 278; UG II, 2020–2024, hier 2022. Entwurf dazu: ADSS 7, 600.

209 Vgl. ADSS 5, 17f.

210 Polen, Deutschland, England, Frankreich, Italien.

211 ADSS 1, 139f.

212 ADSS 1, 230–238 (mit den verschiedenen Entwürfen).

213 *B. Schneider*, Der Friedensappell Papst Pius' XII. vom 24. August 1939, in: AHP 6 (1968) 415–424.

214 ADSS 1, 263f.

215 An Deutschland, England, Frankreich, Spanien, Italien, Polen.

216 ADSS 1, 271f.

217 ADSS 1, 303.

218 ADSS 1, 299.

verursacht, dem mit Vernunftgründen im Rahmen einer diskutierbaren Revision des Versailler Vertrages nicht beizukommen war. Die polnische Intransigenz im August 1939 erleichterte dem deutschen Diktator sein Spiel.

Immerhin erklärte Italien sich am 1. September 1939 als „nichtkriegführend". Die Kurie hat sich sehr viel Mühe gegeben, Mussolini darauf festzunageln und sich dafür auch der Unterstützung Roosevelts, welcher Weihnachten 1939 offizielle diplomatische Beziehungen zum Papst aufnahm[219], versichert. Die internen vatikanischen Demarchen, unterstützt durch spektakuläre öffentliche Äußerungen (21. Dezember: Visite des italienischen Königs beim Papst[220]; 28. Dezember: Gegenbesuch des Papstes beim König[221]; 5. Mai 1940: Predigt des Papstes in S. Maria sopra Minerva[222]) und einen persönlichen Brief des Papstes an Mussolini (24. April 1940)[223], vermochten nicht, den italienischen Diktator von der Suggestion freizuhalten, die der Siegeszug der deutschen Armeen in Frankreich erwartungsgemäß ausübte. Die Kriegserklärung Italiens am 10. Juni 1940 bestätigte monatelange Befürchtungen des Vatikans.

Unmittelbar nach dem französischen Waffenstillstand (25. Juni 1940) hat der Papst in England, Deutschland und Italien formell wegen eventueller Verhandlungen über einen „gerechten und ehrenvollen Frieden" vorsondiert[224]. Dahinter stand der Wunsch, wenigstens England, ehe es von einer deutschen Invasion überrollt werden könnte, als europäisches Gegengewicht gegen die deutsche Hegemonie intakt zu bewahren[225]. Als diese Vorsondierung bei keinem der Beteiligten auf Zustimmung stieß[226], waren die diplomatischen Möglichkeiten des Vatikans zunächst einmal erschöpft. Ob der Westen im Mai und Juni 1940 (nur) eine Schlacht verloren hatte, wie Churchill und de Gaulle sagten, oder den Krieg, wie Mussolini meinte, oder ob diese Frage noch nicht zu beantworten sei, wie vermutlich Pétain und Franco dachten, war unklar[227]. Wie der Papst die Aussichten beurteilt hat, ist nicht im Detail zu erkennen, weil darüber kaum Quellen entstanden sind. Die Herausgeber der päpstlichen Akten warnen nicht von ungefähr davor, mit Urteilen über die geheimen Erwägungen des Papstes vorsichtig zu sein[228]. In der Zeit zwischen dem Ende des Frankreich- und dem Beginn des Rußlandkrieges hat er seine Hoffnungen vermutlich eher auf eine innenpolitische Veränderung in Deutschland als auf einen militärischen Sieg Englands über Hitler gestellt[229].

Mit dem deutschen Angriff auf Rußland (22. Juni 1941) und dem japanischen Angriff auf die USA (7. Dezember 1941) weiteten die Kampfhandlungen sich zum globalen Weltkrieg aus. Diplomatische Friedensmöglichkeiten ergaben sich zunächst nicht. Politisch bedeutsam war eine päpstliche Entschei-

[219] ADSS 1, 348f (Roosevelt an Pius XII, 23. Dezember 1939). [220] ADSS 1, 345f.
[221] ADSS 1, 362f. [222] ADSS 1, 437f. [223] ADSS 1, 425f. [224] ADSS 1, 497f.
[225] Vgl. *R. A. Graham*, La missione di W. d'Ormesson in Vaticano nel 1940. Intervista inedita, in: CC 124,4 (1973) 145–148, hier 146f.
[226] ADSS 1, 500f (England), 501f (Italien).
[227] Vgl. ADSS 4, 3. [228] ADSS 1, 98. [229] Vgl. ADSS 4, 58.

dung im September 1941, die der Kommunismus-Enzyklika Divini Redemptoris (19. März 1937) Pius' XI. eine theologisch nicht unproblematische Interpretation gab, welche es möglich machte, Gewissensbedenken der nordamerikanischen Katholiken gegen die militärische Unterstützung der Sowjetunion zu überwinden[230]. Die der späteren amerikanischen Friedensplanung zugrunde liegenden Illusionen über die russische Politik[231] hat die Kurie nicht geteilt. „Ich wundere mich", notierte der Sekretär der Kongregation für außerordentliche kirchliche Angelegenheiten, Domenico Tardini, am 22. September 1942, „daß so evidente Dinge von Regierungen und so hohen Politikern [einfach] nicht gesehen werden"[232]. Als ob das kommunistische Rußland nach dem Siege wie ein braves Lämmchen in die Familie der europäischen Staaten zurückkehren werde! „Wenn Stalin den Krieg gewinnt", hatte er Taylor erklärt, „wird er der Löwe sein, der ganz Europa auffrißt". Weder Hitler noch Stalin könnten ruhige, saturierte Mitglieder der europäischen Völkerfamilie werden. In den kleineren Staaten teilte man – quer über die Kriegsfronten hinweg – seit der deutschen Niederlage bei Stalingrad im Winter 1942/43 die kurialen Befürchtungen und hätte gern auf einen Kompromißfrieden unter päpstlicher Vermittlung hingesteuert, ehe Rußland übermächtig geworden wäre[233]. Das Staatssekretariat sah dafür im Frühjahr 1943 keine konkreten Chancen[234] und mußte sich damit begnügen, alliierten Beschwichtigungen über Rußland[235] mit den ihm bekannten Fakten und den daraus abgeleiteten Sorgen, die sich später als zutreffend erwiesen haben, entgegenzutreten[236]. Dies bedeutete nicht, statt dessen auf Hitlers Deutschland zu setzen, das seit 22. Juni 1942 den Heiligen Stuhl als Gesprächs- und Verhandlungspartner für Gebiete außerhalb des „Altreiches" ablehnte[237], nachdem dieser die deutschen Annexionen nicht als definitiv anerkannt hatte[238]. Von wichtigen anderen Gründen abgesehen verbot sich wegen der Verfolgung der katholischen Kirche in Hitlers gesamtem Herrschaftsbereich, am schlimmsten in Polen[239], eine solche Haltung von selbst.

[230] Vgl. die Aufzeichnungen Tardinis vom 12./13., vom 14. und vom 15. September mit der Weisung an Cicognani, 20. September 1941 (ADSS 5, 202–206; 208f; 215–218; 240f).

[231] Vgl. Taylors Memorandum vom 22. September 1942 (ADSS 5, 694f).

[232] ADSS 5, 694 Anm. 2.

[233] Einem Vorstoß der Schweiz stimmten spontan zu: die Diplomaten der litauischen und polnischen Exilregierung, des (neutralen) Spanien, der (gegen die Achsenmächte kriegführenden) Länder Griechenland und Brasilien sowie des (auf seiten der Achsenmächte kriegführenden) Ungarn; vgl. ADSS 7, 225–228, 234.

[234] ADSS 7, 258 (Weisung an den Berner Nuntius, 3. März 1943).

[235] Vgl. das englische Aide-Mémoire vom 4. März 1943 (ADSS 7, 259–261) und die Note vom 20. April 1943 (ebd. 7, 306–309).

[236] Vgl. ADSS 7, 277f (Maglione, 27. März 1943), 281f (Tardini, 31. März 1943), 378–380 (ders., 30. Mai 1943). [237] Text: ADAP E III, 40–42.

[238] Note vom 18. Januar 1942: *D. Albrecht*, II, 116–130. Zum gesamten Problem vgl. *D. Albrecht*, Die Politische Klausel des Reichskonkordats in den deutsch-vatikanischen Beziehungen 1936–1943, in: *ders.* (Hrsg.), Kirche, 128–170.

[239] Die mehrfach gedruckte, umfangreiche vatikanische Note über diese Vorgänge, vom

„Zwei Gefahren drohen der europäischen und christlichen Kultur, der Nazismus und der Kommunismus. Beide sind materialistisch, antireligiös, totalitär, tyrannisch, grausam und militaristisch" erklärte Tardini am 30. Mai 1943 dem englischen Geschäftsträger[240]. Nur wenn der Zweite Weltkrieg beide Gefahren beseitige, könne das künftige Europa Frieden finden. Überdauere einer der beiden den Krieg, würde „ein friedliches und geordnetes Zusammenleben der europäischen Nationen unmöglich" und man gehe in nicht ferner Zukunft einem neuen, noch schlimmeren Krieg entgegen.

Diese Einsicht konnte der Vatikan nicht in unmittelbare Außenpolitik umsetzen, weil es ihm dafür an Einwirkungsmöglichkeiten mangelte und die Wahrung des Prinzips der Unparteilichkeit und der Nicht-Einmischung in die innenpolitischen Probleme immer schwieriger wurde. Dies bestimmte auch die Haltung des Heiligen Stuhls gegenüber Italien. Er hat es vermeiden können, in die Vorbereitungen des Sturzes Mussolinis hineingezogen zu werden, der seine Augen vor einem sehr deutlichen päpstlichen Wink am 12. Mai 1943[241] völlig verschloß[242]. Ein im Juni bereits vorbereiteter direkter Schritt beim italienischen König blieb der Kurie durch eine günstige Wendung der Umstände erspart[243]. An den alliierten Waffenstillstandsverhandlungen mit Italien ist der Heilige Stuhl nur sehr am Rande beteiligt gewesen[244].

Umso erstaunlicher ist die „außerordentliche Risikobereitschaft des Papstes" (J. Becker) einzuschätzen, der im Winter 1939/40 in engem Kontakt mit der deutschen Militäropposition deren Vorstellungen nach England weitergeleitet hat und als Bindeglied fungierte[245]. Auch 1944 hat er noch Kontakte mit diesem Teil des deutschen Widerstands gehabt[246]. Vielleicht gründete sich darauf um die Jahreswende 1943/44 die Erwartung des Papstes, daß vielleicht „nach nicht zu langer Zeit" auch die verantwortlichen Staatsmänner auf den Friedensvorschlag seiner Weihnachtsansprache 1943 hören würden, „der sich dann, so Gott will, zu einer Friedensvermittlung ausbauen läßt"[247]. Dazu ist es nicht gekommen, da die Opposition Hitler nicht zu stürzen vermochte. Ein „anderes Deutschland" aber war unverzichtbare Voraussetzung[247a] für eine Realisierung der päpstlichen Friedensvorstellung durch konkrete Politik in den letzten Jahren des Krieges, wenngleich die Einzelheiten für 1944/45 bis zur Publikation der Akten dieses Zeitraums noch verborgen sind.

2. März 1943, jetzt (mit Kommentar) bei *D. Albrecht*, II, 135–149; ebd., 150–162 deutsche Übersetzung.

[240] ADSS 7, 378. [241] ADSS 7, 330f. [242] ADSS 7, 334.

[243] Vgl. ADSS 7, 37–39 und besonders 431–435 (Bericht Borgongini Ducas, 17. Juni 1943).

[244] Vgl. ADSS 7, 56f.

[245] *H. C. Deutsch*, Verschwörung gegen den Krieg. Der Widerstand in den Jahren 1939–1940 (München 1969); (englisch: 1968, Minneapolis).

[246] *P. Hoffmann*, Widerstand, Staatsstreich, Attentat. Der Kampf der Opposition gegen Hitler (München 1969) 347.

[247] Vgl. den gestrichenen Passus im Brief an Bertram, 6. Januar 1944, bei *B. Schneider*, Piusbriefe, 266 Anm. q. [247a] Dazu neuestens *A. Martini*, in: CC 128,2 (1977) 232ff.

Päpstliche Hilfsmaßnahmen

Die nicht auf die militärische Kriegführung beschränkten Grausamkeiten des Zweiten Weltkriegs sprengten den 1914/18 entstandenen Vorstellungshorizont bei weitem. Der Papst hat dies als eine Herausforderung verstanden, der man nicht ausweichen dürfe. Die Frage lautete nicht, ob man helfen solle, sondern wie man helfen könne. Dabei spielte, wie unter Benedikt XV., die religiöse, ethnische oder nationale Zugehörigkeit der Betroffenen keine Rolle, und der Vatikan knüpfte selbstverständlich an seine Erfahrungen mit der Organisation der Hilfsmaßnahmen des Ersten Weltkriegs an. Es traten jedoch ganz neue Formen und Arten von Hilfsbedürftigkeit riesigsten Ausmaßes auf, bei denen mit den bisher üblichen Mitteln nichts auszurichten war. Das zwang immer wieder zum Versuch, auf neuen und anderen Wegen etwas zu erreichen. An Bereitschaft zum Helfen hat es nicht gemangelt. Ein beklemmender Unterschied aber zwischen Wollen und Können blieb als geschichtliche Erfahrung aus dieser Epoche zurück, in der als neues Problem für die westliche Welt Hilfe für politisch und rassisch Verfolgte nötig wurde, wofür es keine völkerrechtlichen Regelungen gab und kein Vorbild, an dem man sich hätte orientieren können.

Die im Genfer Abkommen vom 29. Juli 1929 ergänzte Haager Landkriegsordnung (18. Oktober 1907) hatte klare Normen für die Behandlung der Kriegsgefangenen fixiert und die Ausführung dem Internationalen Roten Kreuz übertragen, was ergänzende Aktionen anderer Institutionen nicht ausschloß. Der Vatikan hätte sich von Anfang an gern, wie im Ersten Weltkrieg, am Suchdienst für Vermißte und an der Nachrichtenübermittlung der Kriegsgefangenen und Zivilinternierten mit ihren Familien beteiligt. Unter der Verantwortung des späteren Papstes Paul VI., der damals Substitut war, ist in der Zweiten Sektion des Staatssekretariats 1939 ein „Informationsbüro" eingerichtet worden, das von Prälat Alexander Evreinoff geführt wurde und für derartige Maßnahmen zuständig war[248]. Seine Aktionsmöglichkeiten waren jedoch begrenzt; denn Deutschland und Rußland versagten und unterbanden jede Zusammenarbeit. Das „Informationsbüro" mußte seine Tätigkeit daher auf die Gefangenen der mit Deutschland verbündeten Staaten, welche die traditionellen Kriegsregeln beachteten (Italien, Slowakei, Ungarn, Rumänien) sowie, auch hier nicht durchgehend akzeptiert[249], der westlichen Alliierten und Japans beschränken. Dem Kriegsverlauf entsprechend entwickelte es seine Haupttätigkeit, deren segensreiche Wirkung auf die Betroffenen kaum zu überschätzen ist, nach 1943[250].

[248] Tätigkeitsbericht: La Chiesa e la guerra. Documentazione dell'Opera dell'Ufficio Informazioni del Vaticano (Vatikanstadt 1944).

[249] Vgl. für die Schwierigkeiten mit England ADSS 8, 12–14.

[250] Das „Informationsbüro" publizierte ein monatliches Bulletin, „Ecclesia". Statistische Zahlen für Juni 1941 – Ende April 1943 in ADSS 9, 603 f. – Die Akten des „Informationsbüros" sind in den ADSS im allgemeinen nicht erfaßt; vgl. ADSS 6, 9.

Daneben wurde, ebenfalls unter Montinis Verantwortung, im November 1941 eine „Hilfskommission" (Commissione per i Soccorsi) innerhalb der Zweiten Sektion des Staatssekretariates eingerichtet, deren Sekretär Prälat Mario Brini war[251]. Sie war für die eigentlich karitativen Maßnahmen zuständig, was zu immer neuen Improvisationen und Arbeitstechniken zwang. Im übrigen wurde der gesamte eingespielte Apparat, den die Kurie und vor allem das Staatssekretariat darstellten, für diese Hilfsmaßnahmen, soweit im einzelnen Falle zweckmäßig, herangezogen. Eine Gesamtgeschichte dieser Unternehmungen ist noch nicht geschrieben. Die in den letzten Jahren publizierten Dokumente (für die Zeit bis Ende 1943) machen jedoch eindrucksvoll klar, daß ein sehr erheblicher Teil der diplomatischen Aktivitäten des Vatikans im Zweiten Weltkrieg, allen täglichen Mißerfolgen zum Trotz, unbeirrt in den selbstlosen Dienst dieser karitativen Bemühungen gestellt worden ist. Davon ließ der Papst absichtlich so wenig wie möglich nach außen dringen, weil in den meisten Fällen – im Unterschied etwa zu heutigen Wirkungsmöglichkeiten von Amnesty International – Publizität die Erfolgschancen beeinträchtigte oder gar vernichtete. Dies betraf vor allem die am meisten Hilfsbedürftigen, die Juden. War im offiziösen Tätigkeitsbericht des Heiligen Stuhls für das Jahr 1939 noch von vatikanischer Hilfe für „Personen" die Rede, die „als rassisch nicht-arisch betrachtet werden und deshalb durch Gesetze gewisser Staaten mit Strafen belegt sind", so unterblieb das für die folgenden Jahre, nachdem die deutsche Botschaft beim Vatikan im Januar 1940 Berlin darauf aufmerksam gemacht hatte[252]. Je mehr sich Hitlers Würgegriff um die Juden schloß, um so lakonischer wurden die Auskünfte des Staatssekretariates. „Der Heilige Stuhl tat, tut und wird alles tun, was in seinen Kräften steht", lautete die stereotype Auskunft des Staatssekretariats[253]. Dies war kein Alibi für Teilnahmslosigkeit oder Inaktivität, sondern unabdingbare Voraussetzung für die jeden Tag erneut und unverdrossen unternommene Bemühung, Hilfe zu leisten, wo immer auch nur geringste Chancen sich böten. Die Zahl der Fälle ist Legion. Hier können nur einige Umrisse angedeutet werden.

Die Versuche, politisch und rassisch Verfolgten in Deutschland und Italien zu helfen, gingen schon in die Zeit Pius' XI. zurück[254]. Unter dem neuen Papst wurden sie fortgesetzt. Es ging einmal um nicht ganz 1000 Einzelfälle[255]. Daneben machte viel Mühe die Hilfe für Emigrationswillige, wobei der deutsche „St. Raphaelsverein" in Hamburg bis zu seiner erzwungenen Auflösung (26. Juni 1941) eine wesentliche Rolle spielte[256]. Nicht zuletzt ging es um den Versuch, die „Rassen"-Gesetzgebung der Staaten des deutschen Einflußbereichs

[251] ADSS 6, 9. [252] Vgl. ADSS 6, 10. [253] Vgl. ADSS 9, 39.

[254] Vgl. Pacellis Zirkular vom 30. November 1938 und sein Telegramm an Kardinal Hinsley (London) und das Schreiben Pius' XI. an fünf amerikanische Erzbischöfe vom 10. Januar 1939 (ADSS 6, 49f, 539 Anm. 3, 50f). [255] ADSS 6, 23.

[256] Dazu vgl. *L.-F. Reutter*, Die Kirche als Fluchthelfer im Dritten Reich (Recklinghausen 1971).

zu verhindern oder, wenn das nicht möglich wäre, Milderungen in der praktischen Durchführung zu erreichen. Auf Deutschland war eine Einwirkung zwar aussichtslos[256a], auf Italien aber nicht. Die Präsenz des Heiligen Stuhls hat mit dazu beigetragen, daß die italienische Judenpolitik sich den Krieg über von der deutschen sehr vorteilhaft abzeichnete: Mussolini hat bis zu seinem Sturz keine Juden zur Deportation in die Vernichtungslager der SS freigegeben, und diese prinzipielle Richtung hat die Soziale Republik von Salò, soweit sie selbst handlungsfähig war, beibehalten[257]. In Rumänien ist, unterstützt durch die Klauseln des Konkordats, relativ noch viel erreicht worden[258], Ungarn hat, trotz Rassengesetzgebung, die Juden am wenigsten inhuman behandelt[259], in der Slowakei mußte der vatikanische Geschäftsträger sich zunächst aufs Beobachten beschränken[260]. Ein Hauptaugenmerk richtete die kuriale Politik auf die Lage der getauften oder katholisch verheirateten Juden, da sie von der Hilfe der Organisationen der Glaubensjuden weitestgehend ausgeschlossen waren.

Nach Kriegsausbruch traf das schlimmste Schicksal zunächst die Polen, nicht nur in dem deutsch besetzten Teil; im russisch besetzten Teil war die Lage kaum weniger schrecklich. Dieses Gebiet war jedoch von der übrigen Welt nahezu hermetisch abgeriegelt. Nachrichten drangen kaum durch, und vatikanische Hilfe war gänzlich unmöglich. Es gelang der Kurie nicht, über das Schicksal der von dort Deportierten, man rechnete mit ungefähr zwei Millionen, etwas Wesentliches in Erfahrung zu bringen, auch nicht mit Hilfe der diplomatischen Vertretungen anderer Mächte in Moskau[261].

Trotz unendlicher Schwierigkeiten war die Nachrichtenverbindung mit dem deutsch besetzten Teil Polens besser. Im Winter 1939/40 hoffte die Kurie, mit Lebensmitteln und Kleidern helfen zu können; Ende 1940 mußte das Staatssekretariat sich aber eingestehen, daß die deutschen Behörden die päpstlichen Initiativen gezielt und erfolgreich boykottiert hatten[262]. Anders war die Lage in bezug auf die polnischen Flüchtlinge in übrigen Ländern. In Ungarn, Rumänien, Frankreich und Italien konnte der Vatikan, auch mit finanzieller Hilfe amerikanischer Katholiken, zunächst etwas tun, in Deutschland dagegen wenig[263]. Selbst in Spanien, grundsätzlich vatikanischen Bitten offen, kostete es sehr viel Mühe und Geduld, den polnischen Flüchtlingen zu helfen[264].

256a Über den Besuch des deutschen Außenministers 1940 zuletzt *M. Clauss*, Der Besuch Ribbentrops im Vatikan, in: ZKG 87 (1976) 54–64.

257 Vgl. ADSS 6, 22; 9, 36, sowie *R. de Felice*, Storia degli ebrei, 447–450, 463–467.

258 Vgl. ADSS 9, 27–32; *A. Martini*, La S. Sede e gli ebrei della Romania durante la seconda guerra mondiale, in: CC 112,3 (1961) 449–463.

259 Vgl. ADSS 6, 24; *R. A. Graham*, Pio XII e gli ebrei di Ungheria nel 1944, in: *ders.*, Il Vaticano, 241–248 (zuerst englisch in: Historical records and studies 50 [1965] 5–26).

260 Vgl. ADSS 6, 24; 8, 45–47; 9, 22–27; *F. Cavalli*, La S. Sede contro le deportazioni degli ebrei dalla Slovacchia durante la seconda guerra mondiale, in: CC 112,3 (1961) 1–18.

261 ADSS 6, 28f; 8, 53–55; 9, 48–50.

262 ADSS 6, 492–496 sowie die Übersicht, ebd. 25–28. – Für die weitere vatikanische Polenpolitik grundlegend ADSS 3, I. II, mit ausführlicher Einleitung. Vgl. auch *R. A. Graham*, Il Vaticano, 207–220. 263 ADSS 6, 29–31. 264 Vgl. ADSS 8, 64–67.

Das Jahr 1941, in dem der Krieg sein Gesicht wesentlich verändert hat, bedeutete auch für die Hilfsmaßnahmen des Heiligen Stuhls eine Zäsur. Die beschränkten Emigrationsmöglichkeiten in Europa hörten fast gänzlich auf.[265] Vatikanische Bemühungen um Hilfe von Übersee für hungernde Zivilbevölkerung (Belgien, Griechenland) waren an der englischen Blockade gescheitert[266]. Ein neues Stichwort der päpstlichen Sorgen wurde nun „Deportation" der Juden. Sie zu verhindern oder wenigstens ihren Umfang zu begrenzen und einzuschränken wurde ein Hauptinhalt der päpstlichen Hilfsversuche, auch als man noch keine Nachrichten über die fabrikmäßig organisierte Ermordung in den „Vernichtungslagern" hatte.

Beim heutigen Kenntnisstand läßt sich das dabei Erreichte nicht präzis quantifizieren, was angesichts der Quellenlage vielleicht nie möglich sein wird. Von einer Gesamtzahl der Opfer in Höhe von ungefähr 5 Millionen wird man ausgehen dürfen[267]. Außerdem sollen etwa 950000 überlebt haben[268]. Die Einzelzahlen, aus denen diese Gesamtsumme sich zusammensetzt, mögen angreifbar sein, die Größenordnung aber kaum. Wenn man schätzt, daß von den geretteten 950000 etwa 70–90% ihr Leben Maßnahmen von katholischer Seite verdanken[269], so sind die Teilmengen auch in diesem Fall diskutierbar, als Ganzes dürfte dieses Resultat aber zutreffend sein. Angesichts der Zahl der Ermordeten ist die Zahl der Geretteten bedrückend klein. Dahinter steht aber ein Wille der katholischen Kirche unter Pius XII., sich für jedes einzelne Menschenleben einzusetzen, der nicht bagatellisiert werden kann.

Im einzelnen waren die Maßnahmen von Land zu Land verschieden und veränderten sich auch im zeitlichen Ablauf. Insgesamt läßt sich sagen, daß der Erfolg der päpstlichen Rettungsbemühungen um so größer war, je mehr politischer Einfluß dem Heiligen Stuhl auf die Regierung des betreffenden Gebietes verblieben war, anders ausgedrückt: je geringer unmittelbar Hitlers Zugriffsmöglichkeiten waren, um so mehr vermochte der Papst auszurichten. In der Slowakei, in Ungarn, in Rumänien, auch in Kroatien[270] und vor allem in Italien ist, relativ, viel gelungen. In Rom, das als Paradigma für die angebliche Indolenz Pacellis gegenüber der Judenvernichtung bezeichnet worden ist[271], geht die

[265] ADSS 8, 16ff.

[266] ADSS 8, 58–64; *A. Martini,* La fama in Grecia nel 1941 nella testimonianza dei documenti inediti vaticani, in: CC 118, 1 (1967) 213–227.

[267] *G. Reitlinger,* Die Endlösung. Hitlers Versuch der Ausrottung der Juden Europas 1939–1945 (Berlin 1956) 573 (engl. Ausgabe 1953). Vgl. *I. Arndt – W. Scheffler,* Organisierter Massenmord in nationalsozialistischen Vernichtungslagern, in: VZG 24 (1976) 112–135. Sie gehen von einer Zahl über 3 Millionen aus, die durch Vergasung getötet worden sind.

[268] *P. E. Lapide,* Rom und die Juden (Freiburg usw. 1967) 185 rechnet mit „mindestens einer Million".

[269] So *P. E. Lapide,* 188; vgl. 359 Anm. 189. *J. Chevalier,* 133f übernimmt diese Zahlen.

[270] ADSS 9, 32–34.

[271] So Hochhuth (wegen Geldgier des Papstes) und S. Friedlaender (wegen Antikommunismus des Papstes).

schnelle Einstellung der berühmten Razzia vom 16. Oktober 1943 nachweislich auf eine persönliche Initiative des Papstes zurück[272].

Zusammenfassend wird man heute schon festhalten dürfen, daß die unter ganz anderen Schwierigkeiten geleisteten päpstlichen Hilfsmaßnahmen des Zweiten Weltkriegs den Vergleich mit der Zeit Benedikts XV. durchaus nicht zu scheuen brauchen.

Das „Schweigen" des Papstes

In der Debatte der sechziger Jahre über die Haltung des Papstes im Zweiten Weltkrieg ging es um sein angebliches Schweigen zur Vernichtung von Millionen Juden. Dabei suggerierte der Ausdruck „Schweigen" eine verwerfliche Unterlassung von (möglichen und/oder nötigen) Handlungen, während das Gegenteil – „Sprechen", „Reden", „Protestieren" – auf (sittlich gebotene) Anteilnahme verweisen, Helfen-Wollen bedeuten oder sogar stellvertretend für „Helfen" stehen sollte. Diese Terminologie ist nicht geeignet, das eigentliche Problem zu bezeichnen, auf das die Hochhuthdebatte[273], in der das Bild Pius' XII. bis zur Karikatur entstellt worden ist, hinweisen kann: Es ist die Frage, in welcher Weise ein Papst kraft seines Amtes verpflichtet ist, gegen die Verletzung elementarer Menschenrechte, wie den Völkermord im Zweiten Weltkrieg, Zeugnis abzulegen. Diese Frage hat er sich damals selbst gestellt[274]; sie ist auch an ihn herangetragen worden[275]; und noch im Krieg hat er bekannt, sie sei „schmerzvoll schwer" zu entscheiden[276]. Die Entscheidungen des Papstes sind weder blind noch leicht gefällt worden, sondern waren auf Verantwortung hin durchdacht. Die Alternative lautete für ihn nicht einfach „Reden oder Schweigen". Die Frage hieß vielmehr, wie deutlich muß das Wort sein, das vom Amte her geboten ist, und wie konkret darf es sein, wenn man die Folgen einkalkuliert.

Kuriale Tradition war es, nicht über die Irrenden, sondern über die Irrtümer, nicht über die Menschen, sondern über die Fehler der Menschen zu sprechen[277]. Dieser Tradition entsprach Pacellis theologische Konzeption. Sie lief darauf hinaus, daß der Papst das Allgemeine und Grundsätzliche zu formulieren habe, während es den Bischöfen zukomme, am Ort, unter Berücksichtigung aller

[272] ADSS 9, 509f und 510 Anm. 2: Hudals Brief vom Mittag des 16. Oktober 1943 an General Stahel, der die Sistierung der Razzia bewirkte, war angeregt durch Carlo Pacelli im Auftrag des Papstes. Zur Sache zuletzt: *O. Chadwick,* Weizsäcker, the Vatican and the Jews of Rome, in: Journal of ecclesiastical history 28 (1977) 179–199. Vgl. auch *R. A. Graham,* La strana condotta di E. von Weizsäcker, ambasciatore del Reich in Vaticano, in: CC 121, 2 (1970) 455–474; erneut in *ders.,* Il Vaticano, 49–73.

[273] Vgl. Anm. 171. [274] ADSS 1, 454f.

[275] ADSS 3, II, 633–636 (Radonski an Maglione, London 1942 IX 14). Die Anfrage Preysings vom 6. März 1943 *(B. Schneider,* Piusbriefe, 239 Anm. 1) ging in die gleiche Richtung.

[276] Pius XII. an Erzbischof Frings, 3. März 1944 *(B. Schneider,* Piusbriefe, 280).

[277] *P. Duclos,* 21 Anm. 5.

Umstände, das Prinzipielle ins Konkrete zu übersetzen. Dies legte dem Papst nahe, die falschen weltanschaulichen Richtungen und die Rechtsverletzungen zu verurteilen, ohne „ihre Träger bzw. Täter direkt zu nennen" (J. Becker). Es war die Linie, der Pius XII. in seinen vielen öffentlichen Kundgebungen – jede Äußerung über den Frieden war ja mit diesen Themen verbunden – gefolgt ist.

Wie stark seine Sorge gewesen ist, ob er angesichts des entfesselten Terrors mit dieser Haltung seinen Amtspflichten genüge, läßt sich daraus erkennen, daß er nachweislich mehrfach erwogen hat, über die allgemeinen Verurteilungen hinauszugehen. Ich müßte eigentlich „Worte des Feuers" über „die schrecklichen Dinge, die sich in Polen ereignen", aussprechen, schleuderte er dem italienischen Botschafter am 13. Mai 1940 entgegen. Nur das Wissen, daß das Los der unglücklichen Polen dann noch schlimmer würde, halte ihn davon zurück[278]. Die Absicht, Schlimmeres zu verhüten, sei „einer der Gründe, warum Wir Uns in unseren Kundgebungen Beschränkungen auferlegen", schrieb er am 30. April 1943 dem Bischof von Berlin[279]. Der Papst und seine Mitarbeiter waren aufgrund ihrer Erfahrungen mit dem Nationalsozialismus fest überzeugt, daß ein flammender päpstlicher Protest den Mordaktionen nicht Einhalt gebiete, sondern deren Tempo und Umfang vergrößere und zugleich die verbliebenen diplomatischen Einwirkungsmöglichkeiten zugunsten der Juden auf Staaten wie Ungarn und Rumänien zerstöre.

Dabei war das Staatssekretariat verhältnismäßig früh über die Art, wie die Judenermordung organisiert war, informiert und hat, im Unterschied zu vielen anderen[280], diesen Nachrichten getraut. Mitteilungen aus jüdischen Quellen, daß die Deportation für viele Betroffene ein sicheres Todesurteil bedeute, erhielt man im Frühjahr 1942 aus Preßburg und Budapest[281]. Im Dezember zog die exilpolnische Botschaft beim Vatikan aus der Tatsache, daß Alte, Kranke, Frauen und Kinder deportiert würden, den (zutreffenden) Schluß, daß das Deportationsziel nicht „Arbeitslager" – was auch immer man sich darunter vorstellen mochte – seien, sondern Orte, die speziell zur „Tötung der Menschen in verschiedener Weise" eingerichtet seien[282]. Am 7. März 1943 schickte der vatikanische Geschäftsträger in Preßburg schließlich den Bericht eines Pfarrers, der glaubwürdig erfahren hatte, daß deportierte Juden durch Vergasung getötet würden; die Leichen benutze man zur Seifenfabrikation[283]. Vielleicht lag dieser Bericht schon vor, als das Staatssekretariat dem Delegierten in Washington am 3. April 1943 lakonisch telegraphierte: „Der Heilige Stuhl setzt seine Bemühungen um die Juden fort", nachdem dieser von drei Rabbinern gebeten wor-

278 ADSS 1, 455. 279 *B. Schneider,* Piusbriefe, 240.

280 Vgl. *L. de Jong,* Die Niederlande und Auschwitz, in: VZG 17 (1969) 1–16 mit frappanten Beispielen dafür, daß die Vernichtungslager psychisch erst eine Realität geworden sind, als sie nicht mehr existierten.

281 ADSS 8, 453 (Bericht Burzio, Preßburg, 9. März 1942); 470 (Bericht Rotta, Budapest, 20. März 1942).

282 ADSS 8, 755 (19. Dezember 1942). 283 ADSS 9, 177f Anm. 6.

den war, den Papst zu einem „öffentlichen Appell" zu bewegen, der der systematischen Ausrottung der Juden Einhalt gebieten solle[284]. Dazu meinte das Staatssekretariat intern: „Ein öffentlicher Appell wäre unzweckmäßig"; es müsse verhindert werden, daß Deutschland ihn zum Anlaß nahme, „die antijüdischen Maßnahmen in den vom ihm besetzten Gebieten noch viel härter durchzuführen und neue, stärkere Pressionen" auf die Judenpolitik der Satellitenstaaten auszuüben[285]. Am 5. Mai 1943 sprach ein Aktenvermerk des Staatssekretariats über die „erschreckende Situation" der Juden in Polen und erwähnte „Gaskammern"[286].

Vor diesem Hintergrund muß man die scharf und eindrucksvoll formulierte Weihnachtsansprache von 1942 verstehen, die einen Katalog der unveräußerlichen Grundrechte eines jeden Menschen proklamierte und explizit der „Hunderttausende von Menschen" gedachte, die „ohne eigene Schuld, zum Teil nur wegen ihrer Nationalität oder Rasse (stirpe) dem schnellen oder langsamen Tod" ausgeliefert seien (destinate alla morte o ad un progressivo deperimento)[287]. Zweck und Resonanz dieses Wortes über die Judenvernichtung hat der Papst intern so gekennzeichnet: „Es war kurz, wurde aber gut verstanden"[288]. In der Ansprache vom 2. Juni 1943 hat er seine Verurteilung mit einer ganz ähnlichen Formulierung wiederholt[289].

Der Papst hat also auch „gesprochen", doch war das „Sprechen" nicht sein hauptsächliches oder ausschließliches Mittel im Kampf gegen Hitlers Judenpolitik. Der gesinnungsethischen Forderung nach klarer Verurteilung ist er nachgekommen, beherrschend aber war für ihn der verantwortungsethische Aspekt, es mußte vermieden werden, eine Form der Provokation zu wählen, die d e m Übel nicht steuerte, aber d i e Übel vermehrte: Die Judenvernichtung war durch einen öffentlichen Appell nicht ungeschehen zu machen, wohl aber lag drastische Vergeltung an Juden, an Katholiken und Kirche in der Logik des nationalsozialistischen Herrschaftssystems. Umgekehrt bewahrte die päpstliche Politik dem Heiligen Stuhl die Chance, weiterhin Juden retten zu können. Daß diese Chance wirkungsvoll genutzt wurde, dafür ist dem Papste damals „von jüdischen Zentralen wärmste Anerkennung für sein Rettungswerk ausgesprochen worden"[290].

[284] ADSS 9, 206f, 207 Anm. 3.
[285] ADSS 9, 217.
[286] ADSS 9, 274.
[287] AAS 35 (1943) 23; UG I, 118.
[288] *B. Schneider*, Piusbriefe, 242 (an Preysing, 30. April 1943).
[289] AAS 35 (1943) 165–171, hier 167; UG II, 1909–1917, hier 1912f; ADSS 7 enthält nicht den Entwurf für diesen Teil der Ansprache.
[290] Pius XII. an Preysing, 30. April 1943 (*B. Schneider*, Piusbriefe, 242). ADSS 9, 59–61 bringen eine Zusammenstellung damals im Vatikan vorliegender resp. bekannter Dankesbezeigungen von jüdischer Seite.

4. Kapitel

Das Zweite Vatikanische Konzil

Univ.-Professor Dr. Hubert Jedin, Bonn

QUELLEN UND LITERATUR: Eine vollständige Bibliographie des Zweiten Vatikanischen Konzils würde mehr Raum beanspruchen, als für die gesamte Darstellung zur Verfügung steht; man muß sich mit einer Auswahl begnügen.

Papst Johannes XXIII: Schriften: Il Giornale dell'Anima (Rom 1964); In Memoria di Mons. Giacomo Maria Radini Tedeschi, vescovo di Bergamo (Bergamo 1916, Rom [3]1963); Gli inizi del Seminario di Bergamo. Note storiche, con una introduzione sul Concilio di Trento e la fondazione dei primi seminari (Bergamo 1939); Gli Atti della Visita Apostolica di S. Carlo Borromeo a Bergamo, 2 Bde. in 5 Teilen (Florenz 1936–1957); Il Cardinale Cesare Baronio (Rom 1961); Souvenirs d'un Nonce, in: Cahiers de France 1944/53 (Rom 1963); Scritti e discorsi 1953–1958, 4 Bde. (Rom 1959–1962); Discorsi, messaggi, colloqui del Santo Padre Giovanni XXIII., 6 Bde. (Città del Vaticano 1958–1965); Lettere ai familiari (Rom 1968) (727 Briefe 1901–1962). – Amtliche Akten: AAS 50 (1958) – 55 (1963); eine Dokumentation Herder-Korrespondenz 17 (1963) 449–476; *L. Capovilla,* Giovanni XXIII in alcuni scritti di Don Giuseppe De Luca (Brescia 1963), mit Briefwechsel 1945–1962 u. Anregungen des mit dem Papste befreundeten Schriftstellers 133–141. – Biographien: Noch während des Pontifikates verfaßt und daher mit Vorsicht zu benutzen die von *A. Lazzarini – G. Santoro – A. Giovanetti – R. Garret – H. Picker* u. a.; *E. Radius,* Giovanni XXIII (Mailand 1966); *N. Fabretti,* Papa Giovanni (Rom 1966); *L. Elliott,* Johannes XXIII. (Freiburg, Basel, Wien [5]1975); *E. Balducci,* Papa Giovanni (Florenz 1964); *E. E. Hales,* Die große Wende (Graz, Köln 1966); *G. Bara – D. Donadoni,* Giorno per giorno con Papa Giovanni (Turin 1966); *A. L'Arco,* Il segreto di Papa Giovanni (Turin 1967); *D. Agasso,* Il Papa delle grandi speranze (Mailand 1967). Für die Anfänge: *D. Cogini,* Papa Giovanni nei suoi primi passi a Sotto il Monte (Bergamo 1965); *S. Álvarez Menéndez,* Juan XXIII desde el punto de vista jurídico-canónico, in: Rev. española de derecho canonico 18 (1963) 843–877. Aus Nachrufen: *B. Schneider,* in: StdZ 88 (1962/63) 241–254; *G. Schwaiger,* in: AKR 132 (1963) 3–30, mit Bibliographie; *R. Aubert,* Jean XXIII., Un „pape de transition" qui marquera dans l'histoire, in: Revue nouvelle 38 (1963) 3–33; *G. Caprile,* Ricchezza di un breve pontificato, in: CivCatt 1963 II, 523–539; *Ch. Dahm,* Johannes XXIII. (Offenburg o. J.), Bildband; viele sonst nicht bekannte Bilder im Sonderheft der „Bunten Illustrierten" 1963.

Bibliographie des Konzils: Eine bis 1967 reichende Zusammenstellung von *G. Caprile* in dem unten zu nennenden Herder TK III 727–731; *Ch. Dollen,* Vatican II. A Bibliography (Metuchen, N. J. 1969), erfaßt die englischsprachige Literatur 1959–1968; *R. Laurentin,* Bilan du Concile. Histoire, textes, commentaires (Paris 1969) 313–360; *G. Garofalo – J. Federici,* Dizionario del Concilio Vat. II (Rom 1969) enthält 582–1990 ein Schlagwortverzeichnis mit Literaturangaben. – Vorbereitung: Consultazione per la preparazione del Concilio Vat. II. Dati statistici, [A cura della] Pontificia Commissione Centrale preparatoria (Città del Vaticano 1961); Acta et documenta Concilio Oecumenico Vaticano II apparando, *Series I:* Antepraeparatoria, enthält Vol. I (1960) Acta Johannis XXIII; Vol. II in 8 Teilen (1960/61) Consilia et vota episcoporum et praelatorum, u. zwar Teil 1–3 Europa, Teil 4 Asien, Teil 5 Afrika, Teil 6 Nord- u. Mittelamerika, Teil 7 Südamerika und Ozeanien, Teil 8 Ordensobere, dazu 2 Bde. Appendices; Vol. III (1961) Proposita et monita SS. Congregationum Curiae Romanae; Vol. IV (1961) Studia et vota universitatum et facultatum ecclesiasticarum et catholicarum, Teil 1: Rom, Teil 2: Extra Urbem. – *Series II:* Praeparatoria: Vol. I (1964) Acta S. P. Johannis XXIII; Vol. II in 4 Teilen (1965/68) Sitzungen der Zentralkommission. Überblick über die von den Vorbereitenden Kommissionen erarbeiteten Schemata Herder TK III 665–726.

Teilnehmer: Für jede der vier Tagungsperioden der vom Generalsekretariat herausgegebenen „Elenco dei Padri conciliari", gegliedert nach Nationen und mit einem alphabetischen Gesamtverzeichnis; ferner ebenfalls für jede Tagungsperiode Commissioni conciliari [die Mitglieder der Konzilskommissionen], alles Città del Vaticano 1962/65). Ebenfalls vom Generalsekretariat hrsg. der statistische Band I: Padri presenti al Concilio Ecumenico Vat. II (Città del Vaticano 1967). Für die Zusammensetzung: HK 17 (1962/63) 59ff; L'Osservatore Romano, Sonderheft v. 6. 3. 1966; *R. Caporale,* Les hommes du Concile. Étude sociologique sur Vat. II (Paris 1965); *M. Galli – B. Moosbrugger,* Das Konzil. Ein Text- und Bildbericht (Olten 1965); *F. Vallainc,* Immagini del Concilio (Rom 1966). – Statistisches über einzelne Gruppen: *P. A. Ysermans,* American participation in the Second Vatican Council (New York 1967); *G. Conus,* L'Église d'Afrique au Concile Vat. II, in: NZMW 30 (1974) 241–255, 31 (1975) 1–18, 124–142; *J. Wnuk,* Vatican II. Episkopat Polski na Soborze Vatykanskym (Czytelnik 1964); L'Église Grecque Melkite au Concile. Discours et notes du Patriarche Maximos IV et des Prélats de son Église au Concile Oecumenique Vat. II (Dar Al Kalima, Beirut 1967); *W. Dushnyck,* The Ukrainian-Rite Catholic Church at the Ecumenical Council 1962/65. A Collection of Articles, Bookreviews, Editorials (New York, Paris 1967), mit Bibliographie; *W. Seibel,* Zwischenbilanz zum Konzil. Berichte und Dokumente der deutschen Bischöfe (Recklinghausen 1963).

Dekrete: Amtliche Ausgabe: Sacrosanctum Oecumenicum Concilium Vaticanum II. Constitutiones, Decreta, Declarationes, cura et studio Secretariae generalis (Città del Vaticano 1966), zitiert Decreta; wiederabgedruckt in: Conciliorum oecumenicorum decreta ed. *J. Alberigo* (Bologna [3]1973) 817–1135; Übersetzungen in die Weltsprachen, eine deutsche: *K. Rahner – H. Vorgrimler,* Kleines Konzilskompendium (Freiburg 1966) (= Herderbücherei 270–273); eine italienische: *L. Castiglione,* Tutto il Concilio (Mailand 1966); *J. Deretz – A. Nocent,* Konkordanz der Konzilstexte (Graz 1968). – Übersetzungen mit Beiträgen zur Entstehungsgeschichte und Interpretation: Das Zweite Vatikanische Konzil. Konstitutionen, Dekrete u. Erklärungen, lat. u. deutsch. Kommentare, hrsg. von *H. Vorgrimler* u. a., 3 Bde. (Freiburg 1966/68), zitiert: Herder TK; Vaticanum secundum, hrsg. von *O. Müller – W. Becker – J. Gülden,* 4 Bde. (Leipzig 1963/66), zitiert: Müller (bringt u. a. Auszüge aus Konzilsreden u. Vorträgen v. Beobachtern u. Periti); *A. Beckel – H. Reiring – O. B. Roegele,* Zweites Vat. Konzil. Dokumente, Texte, Kommentare, 4 Bde. (Osnabrück 1963/66); *H. Reuter,* Das II. Vat. Konzil. Vorgeschichte, Verlauf, Ergebnisse, dargestellt nach Dokumenten und Berichten (Köln [2]1966); *J. Ch. Hampe,* Die Autorität der Freiheit. Gegenwart des Konzils u. Zukunft der Kirche im ökumenischen Disput, 3 Bde. (München 1967), zitiert: Hampe; französische Übersetzung mit ausführlichem Kommentar in der Kollektion Unam Sanctam, Bd. 60–76 (1966–1970), darin *R. Rouquette,* La fin d'une chrétienté, eine Konzilschronik.

Einzelne Dekrete:

Zur Liturgiekonstitution „Sacrosanctum Concilium": Zusammenstellung der Übersetzungen u. ersten Kommentare Eph. Liturg. 78 (1964) 561–572; weitere Literatur 79 (1965) 465f. In den folgenden Bänden der Eph. Liturg. alle Instruktionen und Dekrete zur Sache; *E. J. Lengeling,* Die Konstitution des Zweiten Vat. Konzils über die hl. Liturgie (Münster 1964); *M. Nicolaw,* Constitución Litúrgica del Vat. II (Madrid 1964); Sonderheft der Zeitschrift La Maison Dieu 77 (1964); *H. Volk,* Theologische Grundlagen der Liturgie (Mainz 1964); Miscellanea liturgica in onore di S. Em. il Card. Giacomo Lercaro, Arcivescovo di Bologna, Presidente del Consilium per l'applicazione della Costituzione sulla S. Liturgia, 2 Bde. (Rom, Paris, Tournai, New York 1966/67), dort I 11–21 ein Bericht von *A. Bugnini* über L.s Wirken als Präses des „Consilium", 211–229: *J. Pascher,* Das Wesen der tätigen Teilnahme, II 11–26: *G. Garrone,* Le rôle de la Constitutio de S. Liturgia sur l'évolution du Concile et d'orientation de la pastorale. La Liturgie: Concile et Après Concile, hrsg. von der Abtei Solesmes (Tournai 1968), bringt außer den Konzilstexten einschlägige Ansprachen der Päpste Johannes XXIII. u. Paul VI. und einige Responsiones des „Consilium" bis 1968. – Zur Konstitution Lumen gentium: *Allgemeines:* Constitutionis Dogmaticae „Lumen gentium" Synopsis historica, ed. *G. Alberigo* e *F. Magistretti* (Bologna 1975); *J. Ratzinger,* Konstitution über die Kirche (Münster 1965); *G. Philips,* L'Église et son mystère au IIe Concile du Vatican. Histoire, texte et commentaire de la Constitution Lumen gentium, 2 Bde. (Tournai, Paris 1967/68), Hauptwerk; De Ecclesia. Beiträge zur Konstitution über die Kirche des II. Vat. Konzils, hrsg. von *G. Barauna,* 2 Bde. (Freiburg 1966); *Ch. Butler,* The Theology of Vat. II (London 1967); *P. Parente,* Saggio di una Ecclesiologia alla luce del Vat. II (Rom 1968); *H. Holstein,* Hiérarchie et Peuple de Dieu d'après Lumen gentium (Paris 1970); *W. Aymans,* Die Communio ecclesiarum als Gestaltgesetz der einen Kirche, in: AKR 139 (1970) 69–90; *A. Acerbi,* Due ecclesiologie. Ecclesiologia giuridica ed ecclesiologia di communione nella „Lumen gentium" (Bologna 1975), mit reicher Bibliographie S. 555–569. – *Zur Vorgeschichte und Interpretation des c. 3: H. Schauf,* Zur Textgeschichte grundlegender Aussagen aus „Lumen gentium" über das Bischofskollegium, in: AKR 64 (1972) 5–147; *K. Rahner – J. Ratzinger,* Episkopat und Primat (Freiburg 1961); *U. Betti,* La dottrina sull'Episcopato nel cap. III della Costituzione dommatica Lumen gentium (Rom 1968); *W. Bertrams,* Papst und Bischofskollegium als Träger der kirchlichen Hirtengewalt (München 1965), dazu *W. Aymans,* in: AKR 135 (1966) 136–147. – *Sonstiges: J. Neumann,* Weihe und Amt in der Lehre von der Kirchenverfassung des Zweiten Vat. Konzils, in: AKR 135 (1966) 3–18; *G. Rambaldi,* Note sul sacerdozio e sul sacramento dell'Ordine nella Costituzione Lumen gentium, in: Gregorianum 47 (1966) 517–541; *P. J. Cordes,* Sendung zum Dienst. Exegetisch-historische u. systematische Studien zum Konzildekret „Vom Dienst und Leben der Priester" (Frankfurt 1972); *J. Ratzinger,* Die kirchliche Lehre vom Sacramentum ordinis: Pluralisme et Oecumenisme en Recherches théologiques (Paris 1976) 155–166. Heft 5 (1976) von „La Scuola Catholica" ist dem kirchl. Amt gewidmet; *P. Bläser,* Die Kirche u. die Kirchen, in: Catholica 18 (1964) 89–107; *W. Kasper,* Der ekklesiologische Charakter der nichtkatholischen Kirchen, in: ThQ 145 (1965) 42–62; *E. Lamirande,* La signification ecclésiologique des communités dissidentes et la doctrine des „Vestigia ecclesiae", in: Istina 10 (1964) 25–58; *R. Laurentin,* La Vierge au Concile (Paris 1965). – Zur Konstitution Dei Verbum: *J. R. Geiselmann,* Die Hl. Schrift u. die Tradition (Freiburg 1962), dagegen *H. Lennertz,* in: Gregorianum 40 (1959) 38–53; *Y. Congar,* La Tradition et les traditions, 2 Bde. (Paris 1960/63); *K. Rahner – J. Ratzinger,* Offenbarung und Überlieferung (Freiburg 1965); *E. Stakemeier,* Die Konzilskonstitution über die göttliche Offenbarung. Werden, Inhalt und theologische Bedeutung (Paderborn 1966); *O. Semmelroth – M. Zerwick,* Vaticanum II über das Wort Gottes (Stuttgart 1966). *J. Beumer,* Die kath. Inspirationslehre zwischen Vaticanum I u. II (Stuttgart 1966); *N. Lohfink,* Katholische Bibelwissenschaft u. historisch-kritische Methode (Kevelaer 1966); *A. Vögtle,* Die Kirche u. das Wort Gottes (Würzburg 1967); *H. de Lubac,* L'Écriture dans la tradition (Paris 1966); *A. Bea,* Das Wort Gottes u. die Menschheit. Die Lehre des Konzils über die Offenbarung (Stuttgart 1968); *H. Waldenfels,* Offenbarung. Das II. Vat. Konzil auf dem Hintergrund der neueren Theologie (München 1969). – Zur Pastoralkonstitution Gaudium et spes: Kommentare zu den einzelnen Kapiteln Herder TK III 280–592; *R. Tucci,* Introduzione storico-dottrinale alla Costituzione pastorale „Gaudium et spes", in: La Chiesa e il mondo contemporaneo nel Vaticano II (Turin 1966) 17–134; L'Église dans le monde de ce temps (Paris 1967) (= Unam sanctam 65) mit Beiträgen von *K. Rahner, H. de Riedmatten, M.-D. Chenu, E. Schillebeeckx* u. a.; *J. Oelinger,* Christliche Weltverantwortung. Die Kirche in der Welt von heute (Köln 1968); Kommentare zur Pastoralkonstitution des Zweiten Vatikanischen Konzils, in dieser Reihe als Bd. 8: *A. Langner,* Die politische Gemeinschaft (Köln 1968), als Bd. 10: *H. de Riedmatten,* Die Völkergemeinschaft (Köln 1969).

Berichte: Presse und Rundfunk: *W. Kampe,* Das Konzil im Spiegel der Presse (Würzburg 1963), behandelt nur die erste Tagungsperiode; *E. L. Hestow,* The Press and Vatican II (Notre Dame, London 1967). Viele laufende Presse- und Rundfunkberichte wurden gesammelt herausgegeben: die für die Frankfurter Allgemeine Zeitung verfaßten von *J. Schmitz van*

Vorst in vier Heften (für jede Tagungsperiode); *L. Waltermann,* Konzil als Prozeß. Berichte im Westdeutschen Rundfunk über das II. Vatikanum (Köln 1966); die vorzüglichen Berichte von H. Helbling in der Neuen Zürcher Zeitung sind verwertet in: *H. Helbling,* Das Zweite Vatikanische Konzil. Ein Bericht (Basel 1966); *A. Wenger* (La Croix), Vatican II, 4 Bändchen (Paris 1963/68); *R. Laurentin* (Le Figaro), L'enjeu du Concile, 3 Bde. (Paris 1963/65), in: Bilan du Concile (Paris 1966); *H. Fesquet* (Le Monde), Le Journal du Concile (Le Jas 1966); *G. Caprile* (Civiltà Cattolica), Il concilio Vat. II. Cronache edite da „Civiltà Cattolica", 5 Bde. in 6 Teilen (Rom 1965/69), wohl die zuverlässigsten und ausführlichsten Berichte; *R. La Valle,* Coraggio del Concilio, 3 Bändchen (Brescia 1964/66); *B. Kloppenburg,* Concilio Vat. II, 5 Bde. (Petropolis 1962/66); *J. L. Martin Descalzo,* Un periodista en el Concilio, 4 Bde. (Madrid 1963/66); *X. Rynne* (Pseudonym), From Vatican City. Vat. Council II, Background and debats, 4 Bde. (London 1963/65), mit nicht immer zuverlässigen Informationen über innere Vorgänge; *ders.,* La révolution des Jean XXIII (Paris 1963). – Von gut unterrichteten Periti die Zusammenfassungen: *J. Ratzinger,* Vaticanum II. Ergebnisse und Probleme, 4 Bändchen (Köln 1963/66); *Y. Congar,* Vatican II. Le Concile au jour le jour, 4 Bändchen (Paris 1963/66). – Evangelische Beobachter: *O. Cullmann – L. Vischer,* Zwischen zwei Konzilssessionen. Rückblick und Ausschau zweier protestantischer Beobachter (Zürich 1963); *J. Ch. Hampe,* Ende der Gegenreformation (Stuttgart, Mainz 1964); *M. Lackmann,* Mit evangelischen Augen. Beobachtungen eines Lutheraners auf dem II. Vat. Konzil, 5 Bändchen (Graz 1963/66); Dialog unterwegs. Eine evangelische Bestandsaufnahme zum Konzil, hrsg. von *G. A. Lindseck* (Göttingen 1965); Was bedeutet das Zweite Vatikanische Konzil für uns, hrsg. von *W. Schaetz* (Basel o. J. [1966]); *G. Richard Molard,* Un pasteur au Concile (Paris 1964); *D. Horton,* Vatican Diary 1963. A Protestant observes the second session of Vat. Council II (Philadelphia, Boston 1964), fortgesetzt für die 3. u. 4. Tagungsperiode; *R. M. Brown,* Observer in Rom. A Protestant report on the Vatican Council (Garden City, New York 1964). – S. auch unter folgendem Abschnitt „Rückblicke und Würdigungen".

Rückblicke und Würdigungen: *J. Höffner,* Selbstverständnis und Perspektiven des Zweiten Vaticanischen Konzils (Köln, Opladen 1965); *E. H. Schillebeeckx,* Die Signatur des II. Vaticanums. Rückblick nach drei Sitzungsperioden (Wien, Freiburg, Basel 1965); *M. Plate,* Weltereignis Konzil. Darstellung – Sinn – Ergebnis (Freiburg 1966); *O. Karrer,* Das Zweite Vatikanische Konzil. Reflexionen zu seiner geschichtlichen und geistlichen Wirklichkeit (München 1966); *D. A. Seeber,* Das Zweite Vaticanum. Konzil des Übergangs (Freiburg 1966); *K. Rahner – O. Cullmann – H. Fries,* Sind die Erwartungen erfüllt? Überlegungen nach dem Konzil (München 1966); *M. v. Galli,* Das Konzil und seine Folgen (Luzern, Frankfurt 1967). *M. Serafian* (Pseudonym), La difficile scelta. Il Concilio e la Chiesa fra Giovanni XXIII e Paolo VI (Mailand 1964); *P. Felici,* Il lungo camino del Concilio (Mailand 1967); *G. Palazzini,* Il Concilio Ecumenico Vat. II. Tra cronaca e storia (Rom 1966); *L. M. Carli,* La Chiesa a Concilio (Mailand 1964); *Ch. Reymondin – L. Richard,* Vatican II au Travail. Méthodes conciliaires et documents (Tours 1965); *G. Garrone,* Le Concile. Orientations (Paris 1966); *J. Leclercq,* Vatican II – un Concile pastorale (Brüssel 1966); *R. Prévost,* Pierre ou le Chaos (Paris 1965); *M. Nicolau,* Laicado y Santidad ecclesial, Colegialidad y Libertad religiosa. Nuevos problemos del Concilio Vat. (Madrid 1964); *J. Elizalde,* Concilio, categoría y anecdota, 2 Bde. (Zaragoza 1965/66); El Concilio visto por los perítos españoles (Madrid 1965); *G. Bull,* Vatican politics at the Second Vatican Council 1962/65 (London 1966); *L. Mc. Redmond,* The Council reconsidered (Dublin 1966); *G. McCoin,* That happened at Rome? The Council and its implications for the modern world (New York 1966); *R. Wiltgen,* The Rhine flows into the Tiber. The unkown Council (New York 1967); *J. Moorman,* Vatican observed. An Anglican impression of Vat. II (London 1967); The Second Vat. Council, Studies by eight Anglican observers, ed *G. C. Pauley* (London 1967); *L. Vischer,* Überlegungen nach dem Vat. Konzil (Zürich 1966); *H. Schlink,* Nach dem Konzil (München, Hamburg 1966); *H. Helbling,* Die evangelischen Christen u. das Konzil (Würzburg 1967); Wir sind gefragt. Antworten evangelischer Konzilsbeobachter, hrsg. von *J. W. Kantzenbach* u. *V. Vajta* (Göttingen 1966).

Johannes' XXIII. Berufung und Vorbereitung des Konzils

Die Berufung des Zweiten Vatikanischen Konzils war die Tat Papst Johannes' XXIII. Seine Wahl, nach einem kurzen Konklave (25.–28. Oktober 1958) erschien anfangs als Übergangs- oder gar Verlegenheitslösung. Bald erwies sich jedoch, daß sie ein tiefer Einschnitt in der Geschichte der Kirche war.

Angelo Giuseppe Roncalli war am 25. November 1881 als viertes von 14 Kindern des kleinen Landwirts Battista († 1935) und dessen Ehefrau Marianna, geb. Mazzola († 1939), in Sotto il Monte (Provinz Bergamo) geboren und noch am gleichen Tage vom Ortspfarrer Rebuzzini getauft worden; Pate war der fromme Großonkel Zaverio[1]. Nach dem Besuch des kleinen und des großen Seminars in Bergamo (1892–1900) setzte er seine theologischen Studien am römischen Seminar von San Apollinare fort (1901–1905), unterbrochen durch einjährigen Militärdienst in Bergamo, „un vero purgatorio", wie er an den Rektor des Seminars V. Bugarini schrieb. Von seinem Professor in der Kirchengeschichte Benigni erhielt er den Rat: „Lest wenig, aber gut"; am nächsten von seinen Oberen stand ihm der Vizerektor Spolverini. Die römischen Studien wurden gekrönt durch das theologische Doktorat (13. Juli 1904) und den Empfang der Priesterweihe am 10. August 1904. Nach Abschluß der Studien nahm er im Herbst 1905 an einer Pilgerfahrt in das Heilige Land teil, dann nahm ihn der zum Bischof von Bergamo ernannte Giacomo Maria Radini Tedeschi als Sekretär mit in seine Heimatdiözese Bergamo, wo er (seit Oktober 1906) außerdem im Seminar Kirchengeschichte, später auch Patrologie und Apologetik las und das Kirchenblatt „La vita diocesana" redigierte. Schon damals begann er die Bearbeitung der Visitationsakten des hl. Karl Borromäus in der Diözese Bergamo, deren letzter Band freilich erst 1957 erscheinen konnte. In einer Gedächtnisvorlesung aus Anlaß des 300. Todestages des Kardinals Cesare Baronio feierte er den Verfasser der kirchengeschichtlichen Annalen als den Erneuerer der historischen Studien.

Nach dem Tode Radini Tedeschis (1914), der wie kein anderer seine ersten Priesterjahre geformt hatte, schrieb er dessen Biographie. Während des Krieges (1915–18) diente er als Militärpfarrer; es waren wohl die damals gesammelten Erfahrungen, die den Bischof bestimmten, ihm die geistliche Leitung der aus dem Felde zurückkehrenden Theologen als Spiritual des Seminars anzuver-

[1] Für den Lebensgang und die Charakteristik Papst Johannes' XXIII. wurden vor allem benutzt: die von seinem Sekretär Loris Capovilla herausgegebenen Aufzeichnungen während der Exerzitien und Einkehrtage im Giornale dell'Anima, das Fragment einer 1959 begonnenen Autobiographie (419–428) und die beigegebene Chronologie (S. XXXI–XLIV). Ein Curriculum vitae AAS 50 (1958) 902. Zur Wahl des Papstnamens Schwaiger in: AKR 132 (1963) 7; die Ordnungszahl XXIII setzt voraus, daß die Päpste der Pisaner Obedienz Alexander V. und Johannes XXIII. als illegitim betrachtet werden, obwohl die späteren Alexanderpäpste (Alexander VI. bis Alexander VIII.) den erstgenannten in ihren Ordnungszahlen berücksichtigten.

trauen (1918–20). Dann kehrte er für vier Jahre als Präsident des italienischen Werks der Glaubensverbreitung nach Rom zurück. Am 3. März 1925 wurde er zum Apostolischen Visitator in Bulgarien ernannt und (am 19. März) in S. Carlo al Corso zum Titularerzbischof von Areopoli konsekriert; als Wahlspruch wählte er „Obedientia et pax", den Wahlspruch Baronios.

Die Stellung des Visitators in Sofia war in mehrfacher Hinsicht nicht leicht: die Königin war eine Tochter des Königs von Italien, also katholisch, der König griechisch-orthodox; die Kompetenzen des Visitators über die ca. 50000 Katholiken waren nicht scharf definiert. Erst am 26. September 1931 wurde er zum Apostolischen Delegaten ernannt. Er sah sich zu einem Eremitenleben gezwungen, das seinen Tätigkeitsdrang nicht befriedigte, und klagte über „acute, intime sofferenze". Nach zehn schweren Jahren wurde er am 24. November 1934 zum Apostolischen Delegaten für die Türkei und Griechenland und zugleich zum Administrator des Apostolischen Vikariates in Stambul ernannt und erhielt dadurch größere seelsorgliche Aufgaben. Diese Tätigkeit befriedigte ihn: „Ich fühle mich körperlich und geistig jung", schrieb er 1939 in sein geistliches Tagebuch. Der Delegat stattete dem ökumenischen Patriarchen einen Besuch ab (27. Mai 1939), hielt sich längere Zeit in Athen auf, zumal nachdem Griechenland vom Krieg heimgesucht war, und besuchte Syrien und Palästina.

Als nach dem Rückzug der deutschen Truppen aus Frankreich und dem Sieg der Alliierten General De Gaulle die Abberufung von 33 Bischöfen forderte, die Anhänger des Vichy-Regimes gewesen waren, wurde Roncalli am 22. Dezember 1944 zum Nuntius in Frankreich ernannt. Er erreichte eine Kompromißlösung. Nach dem Abschluß des Waffenstillstandes richtete er in Chartres theologische Kurse für kriegsgefangene deutsche Theologiestudenten ein. Am 12. Januar 1953 zum Kardinal erhoben und drei Tage später zum Patriarchen von Venedig ernannt, fühlte er sich glücklich, ganz seiner bischöflich-pastoralen Aufgabe leben zu können. Die Kleinheit der Diözese erlaubte ihm häufige Reisen, u.a. zu den Marien-Wallfahrtsorten Lourdes, Einsiedeln, Mariazell, Fátima und Tschenstochau.

Die Persönlichkeit des neuen Papstes war durch sein Elternhaus und seine geistlichen Erzieher Rebuzzini, Spolverini und Radini Tedeschi geprägt, seine Spiritualität durch und durch traditionell katholisch. Sein geistliches Tagebuch berichtet, daß er die Nachfolge Christi häufig las und die ignatianischen Exerzitien regelmäßig machte. Der Rosenkranz war ein fester Bestandteil seiner streng geregelten Tagesordnung: Breviergebet, Messe, eine halbstündige Betrachtung, wöchentliche Beichte. Seine geistlichen Vorbilder sind Franz von Sales und Philipp Neri, als Seelsorger Karl Borromäus; an dem sonst von ihm hochverehrten Baronio stieß ihn, daß er nie lachte. Bauernschlauheit war bei ihm mit Bauernhumor verbunden; von keinem Papst seit Benedikt XIV. sind so viele Anekdoten überliefert. Der junge Professor der Kirchengeschichte hat sich unmißverständlich vom Modernismus distanziert, ohne dadurch dem im Benignikreis gegen ihn geäußerten Verdacht zu entgehen, und blieb davon überzeugt, daß die positive

Theologie intensiver betrieben werden müsse, als es damals in Italien üblich war. Anders als bei Pius X., den er zeitlebens als vorbildlichen Seelsorger verehrte, war sein Blick durch die Tätigkeit im Werk der Glaubensverbreitung und die zwei Jahrzehnte im Nahen Osten für die Missions- und die Unionsaufgabe der Kirche erweitert. Die andere Aufgabe der Kirche, für eine „bessere Welt" zu wirken, war für ihn kein Programmpunkt, sondern eine aus seiner schlichten Herkunft resultierende Selbstverständlichkeit; es hätte der Mahnung des P. Lombardi an die Bischöfe der Region Venedig in den Exerzitien von 1955, sich um die soziale Frage zu kümmern, für ihn persönlich kaum bedurft. „Ich bin einer von euch", rief er den Gläubigen einer römischen Vorstadtgemeinde zu; seinen Brüdern und Schwestern gab er den Rat: Ihr tut gut daran, weiter bescheiden zu leben, er selbst wolle „arm geboren sein und arm sterben". Zeitlebens mit seiner Bergamasker Heimat verbunden, erwarb er als Nuntius das Stammhaus der Familie aus dem 15. Jahrhundert zum Ferien- und Ruhesitz; jede Standeserhöhung seiner in bescheidenen Verhältnissen lebenden Geschwister und Neffen lehnte er strikt ab.

Obwohl Papst Johannes in jungen Jahren längere Zeit in Rom gelebt hatte und dann fast drei Jahrzehnte im Dienst der Kurie tätig gewesen war, war er kein „Kurialist". Nie hat er sich als Kurialbeamter gefühlt, stets wollte er nur ein „guter Hirt" sein; es war kein Zufall, daß er dem Pfarrer von Ars, für ihn „imago sacerdotis", noch in seinem ersten Pontifikatsjahr (1. August 1959) eine Enzyklika widmete. Vor seiner Abreise zum Konklave hatte er den Seminaristen seiner Diözese zugerufen: „Die Kirche ist jung, sie bleibt, wie stets in ihrer Geschichte, wandlungsfähig." Der Ausspruch ist programmatisch. Als Kirchenhistoriker mit dem geschichtlichen Wandel der Kirche in einer sich ständig verändernden Welt vertraut, war Papst Johannes davon überzeugt, daß die Kirche ihre Verkündigung, ihre Organisation und ihre Seelsorgsmethoden auf die zutiefst gewandelte Welt einstellen müsse, und prägte dafür den vielumstrittenen Begriff aggiornamento[2]. Um es zu verwirklichen, berief er das Konzil.

Vor den zum Stationsgottesdienst in St. Paul versammelten Kardinälen kündigte er am 25. Januar 1959 eine römische Diözesansynode und ein ökumenisches Konzil an. Diese Ankündigung war gewiß durch seinen Werdegang vorbereitet, jedoch keineswegs dessen Resultat. Sowohl in Privatgesprächen wie in der Eröffnungsansprache der römischen Diözesansynode am 24. Januar 1960 hat er sie als Anruf Gottes (divinum incitamentum) aufgefaßt, keinesfalls war sie die Ausführung eines lang vorbereiteten Planes. Es liegt kein Beweis vor, daß er an das von Pius XII. erwogene Projekt eines allgemeinen Konzils angeknüpft

[2] Bei der Bestimmung des Begriffsinhaltes von aggiornamento ist auszugehen von der Wortbedeutung von aggiornare, die das weitverbreitete Dizionario della lingua italiana von Zingarelli (S. 33) mit mettere al corrente libri, registri angibt. Doch kann kein Zweifel daran bestehen, daß im Munde Johannes' XXIII. nicht nur Anpassung an die Zeit, sondern auch innere Erneuerung gemeint war, wie Urs von Balthasar, Ratzinger u. a. mit Recht bemerkt haben.

hat[3]. Der Papst, der nichts anderes im Sinne hatte, als den Willen Gottes zu erfüllen, erkannte den Kairos und folgte der Eingebung des Heiligen Geistes.

Die Ankündigung eines ökumenischen Konzils wirkte wie ein Fanfarenstoß, innerhalb und fast noch stärker außerhalb der Kirche. Man vergaß, daß im katholischen Sprachgebrauch, auch im kirchlichen Gesetzbuch, „Concilium oecumenicum" die Bezeichnung der allgemeinen, die ganze Kirche umfassenden Konzilien war; der Papst wollte ein allgemeines Konzil der katholischen Kirche berufen, aber von Anfang an, und am Anfang entschiedener als in späteren Stadien, schwebte ihm eine irgendwie geartete Beteiligung der von Rom getrennten Christen als erster Schritt zur Kircheneinheit vor; an ein großes Unionskonzil der Vertreter aller christlichen Kirchen und Kirchengemeinschaften dürfte er schwerlich gedacht haben. Der „Osservatore Romano" sprach in seinem Bericht über die Rede in St. Paul von der Absicht des Papstes, „die getrennten Gemeinschaften zur Suche nach der Einheit einzuladen". Daß an keine formelle Einladung der getrennten Kirchen zur vollberechtigten Teilnahme gedacht war, ergab sich endgültig erst aus einer Pressekonferenz, die Kardinalstaatssekretär Tardini am 30. Oktober 1959 abhielt; in ihr tauchte zum ersten Male der Plan auf, die getrennten Kirchen zur Entsendung amtlicher Beobachter einzuladen.

In der Zwischenzeit hatte der Papst dem künftigen Konzil seine innerkirchliche Erneuerungsaufgabe gestellt. In der ersten Sitzung der am 17. Mai 1959 gebildeten Kommission zur Ingangsetzung der Vorbereitung (Commissio antepraeparatoria) erklärte er am 30. Juni 1959, die Kirche trachte danach, „getreu den heiligen Grundsätzen, auf die sie sich stützt, und der unwandelbaren Lehre, die der göttliche Gründer ihr anvertraut hat, [...] mit herzhaftem Schwunge ihr Leben und ihren Zusammenhalt wieder zu stärken, auch im Hinblick auf alle Gegebenheiten und Anforderungen des Tages", also sowohl innere Erneuerung wie Eingehen auf die Probleme der Zeit. Gleichzeitig kündigte er in der Enzyklika „Ad Petri Cathedram" die Revision der kirchlichen Gesetzbücher an; Ziel seines Pontifikates sei die Verkündigung der Wahrheit, der Frieden unter den Völkern und die Einheit der Kirche in Lehre, Leitung und Gottesdienst.

Die Vorbereitung des Konzils begann damit, daß die Bischöfe (insgesamt 2594) und Ordensoberen (156), ferner die katholischen Universitäten und Fakultäten am 18. Juni 1959 von Staatssekretär Tardini aufgefordert wurden, Vorschläge für das Beratungsprogramm einzureichen. Die daraufhin eingegangenen 2812 „Postulate" wurden von der „Antepraeparatoria" gesichtet und den zuständigen kurialen Behörden übergeben, die ihrerseits Vorschläge und Anregungen (Proposita und Monita) ausarbeiteten. Nachdem die Sichtung des Materials abgeschlossen war, leitete das Motuproprio „Superno Dei nutu" vom 5. Juni 1960 die nähere Vorbereitung ein.

Das Motuproprio legt zunächst den Namen des künftigen Konzils fest: Es heißt „Zweites Vatikanisches Konzil". Dann werden zehn „Vorbereitende

[3] *G. Caprile,* Pio XII e un nuovo progetto di concilio ecumenico, in: CivCatt 1966 II, 209–227.

Kommissionen" (Commissiones praeparatoriae) zur Ausarbeitung der dem Konzil vorzulegenden Dekretentwürfe gebildet. Neun von ihnen lehnen sich ihrer Zweckbestimmung nach, aber auch organisatorisch an bestehende Zentralbehörden der römischen Kurie an: die Theologische Kommission ist zuständig für alle Fragen des Lehramtes, die zur Kompetenz des Heiligen Offiziums gehören; die Kommission für die Bischöfe und die Verwaltung der Diözesen entspricht der Konsistorial-, die für die Disziplin von Klerus und Volk der Konzilskongregation. Die Kommissionen für die Sakramentenpraxis, die kirchlichen Studien und Schulen, die Orden, die Liturgie, die orientalischen Kirchen und die Missionen erhalten im wesentlichen die gleichen Aufgaben wie die gleichnamigen Zentralbehörden, deren Leiter zugleich die Vorsitzenden der entsprechenden Kommissionen sind. Nur die Kommission für das Laienapostolat war an keine Kongregation angelehnt, weil es eine solche noch nicht gab.

Vergleicht man diese Vorbereitenden Kommissionen mit den fünf des Ersten Vatikanischen Konzils, so ergeben sich wichtige Unterschiede: sie sind durch ihre Vorsitzenden und ihre Zusammensetzung enger als jene mit den Zentralbehörden verbunden, in denen sich die Tradition der Kurie verkörpert; sie setzen sich nicht wie jene nahezu ausschließlich aus Theologen und Kanonisten zusammen, d. h. Sachverständigen, die auf dem Konzil kein Stimmrecht besitzen, sondern umfassen etwa zur Hälfte auch Bischöfe und Ordensobere, mithin künftige Konzilsväter mit Stimmrecht. Die erste Maßnahme unterwarf die Vorbereitenden Kommissionen dem starken Einfluß des kurialen Beamtenapparates, die zweite erhöhte ihr Gewicht insofern, als die Teilnahme künftiger Konzilsväter diese mit den auf dem Konzil voraussichtlich zu behandelnden Themen vertraut machte und sie von Anfang an zu Sachverständigen für die später zu bildenden Konzilskommissionen zu empfehlen schien. Den genannten zehn Kommissionen in Hinsicht auf die Vorbereitung der Schemata gleichgestellt, als Kontaktinstanz mit den nicht mit Rom verbundenen Kirchen jedoch über deren Kompetenz hinausgehend war das Sekretariat für die Einheit der Christen unter der Leitung des am 14. Dezember 1959 zum Kardinal ernannten Rektors des päpstlichen Bibelinstituts Augustin Bea SJ.

Die Prüfung und Koordinierung der auf diese Weise erarbeiteten Entwürfe oblag der am 16. Juni 1960 gebildeten Zentralkommission, der außer den Kommissionspräsidenten Vorsitzende nationaler und regionaler Bischofskonferenzen angehörten; ihre Zahl stieg schließlich auf 102 Mitglieder und 29 Berater an; als Sekretär fungierte der künftige Generalsekretär des Konzils Pericle Felici. Da auch die Kommissionen ständig durch Ernennung neuer Mitglieder erweitert wurden, stieg deren Gesamtzahl Ende 1961 auf 827, zwei Drittel davon Europäer.

Die Arbeit der Vorbereitenden Kommissionen in den fast zwei Jahren vom Herbst 1960 bis zum Sommer 1962 litt darunter, daß ihnen keine Direktiven für die Bildung von Schwerpunkten gegeben worden waren. Es war unstreitig ein Vorteil, daß sie in der Auswahl und bei der Ausarbeitung der Themen frei waren, andererseits wirkte sich jedoch der starke Einfluß der Kurie, der römischen Universitäten und der Ordenszentralen in der Richtung aus, daß die 69 von ihnen der Zentralkommission unterbreiteten Schemata eher eine Zusammenfassung päpstlicher Kundgebungen während der letzten Jahrzehnte bzw. eine Bestandsaufnahme der in Rom herrschenden Theologie und Praxis als der erhoffte Vorstoß in neue Bereiche waren. Die Zentralkommission trat erstmals am 12. Juni 1961 zusammen; dieser Sitzung folgten noch sechs weitere. Außer den ihr vorgelegten Schemata bereitete sie auch eine Geschäftsordnung vor.

Hatte man während der Vorbereitungszeit hören können, das Zweite Vatikanische Konzil werde das am besten vorbereitete Konzil der Kirchengeschichte werden, so stellte sich bald heraus, daß das in erdrückender Masse aufgehäufte Material einseitig ausgewählt war und das Konzil nicht befriedigte. Von den 17 Schemata, die von der Kommission für die Disziplin von Klerus und Volk unter Kardinal Ciriaci erarbeitet worden waren, ist kein einziges in dieser Form vom Konzil verabschiedet worden, von den sechs Texten der Theologischen Kommission unter Kardinal Ottaviani haben nach vollständiger Umarbeitung nur zwei, von den neun der Kommission für die Sakramente gar keiner die Billigung des Konzils erlangt. Lediglich die Kommissionen für die Liturgie, das Ordenswesen und das Laienapostolat legten nur je ein Dokument vor, das den Ausgangspunkt der entsprechenden Konzilsdekrete bildete. Aus den fünf durch die Kommission für Studien und Erziehung vorbereiteten Texten entstanden durch Zusammenziehung und Umarbeitung zwei Konzilsdekrete (über Priesterbildung und christliche Erziehung), die vier vom Sekretariat Bea erarbeiteten Schemata gingen, nach Verschmelzung mit verwandten der Theologischen Kommission und der Kommission für die Ostkirchen, in die Dekrete über den Ökumenismus, die Religionsfreiheit und die nichtchristlichen Religionen ein. Dennoch war die Arbeit der Vorbereitenden Kommissionen nicht umsonst: sie lieferte eine umfassende Materialsammlung, weniger neue Gesichtspunkte. Erst auf dem Konzil brachen diese durch.

Die Vorbereitungsarbeiten wurden streng geheim gehalten, so daß nur wenig von ihnen in die Öffentlichkeit durchsickerte. So konnte es kaum ausbleiben, daß sich während der langen Wartezeit eine gewisse Enttäuschung breitzumachen begann, zumal da die römische Diözesansynode, die der Papst am 24. Januar 1960 selbst eröffnet hatte, sich in den Bahnen des Traditionellen bewegte und wenig vom Willen zu kühnen Reformen und großzügiger Ökumenik verspüren ließ, der in zahlreichen Büchern und Aufsätzen von Theologen und Laien durchbrach. Die Erwartungen waren allzu hoch gespannt gewesen, man hatte sich nicht genügend klargemacht, daß Konzilien niemals revolutionär gewesen waren, vielmehr das notwendige Neue mit dem bewährten Alten zu verbinden gewußt hatten. Unüberhörbar aber waren schon während der Vorbereitungsjahre die Stimmen aus dem Episkopat, daß „alle von der Weltentwicklung gestellten Probleme“ vom Konzil anzugehen seien (Botschaft der französischen Kardinäle und Erzbischöfe vom 26. Oktober 1961), daß die Kirche im wahren

Sinne des Wortes universal werden müsse (so Kardinal Frings in Genua am 19. November 1961), daß eine Dezentralisation (Kardinal Alfrink von Utrecht) und ein tieferes und weiteres ökumenisches Verständnis (Erzbischof Jaeger von Paderborn) nötig seien. Im Februar 1962 forderte Kardinal Montini von Mailand eine Erörterung über Wesen und Funktion des Episkopates im Einklang mit dem römischen Papsttum; ein vertieftes Selbstverständnis werde die Kirche auch befähigen, sich den Erfordernissen der Zeit anzugleichen. Er warnte jedoch davor, im Konzil ein Heilmittel von wunderbarer und unmittelbarer Wirkung zu sehen.

Früher als erwartet, am 25. Dezember 1961, wurde das Konzil durch die Konstitution „Humanae salutis" auf das folgende Jahr, aber noch ohne Angabe des Eröffnungstermins, nach Rom berufen; als Tag der Eröffnung setzte das Motuproprio „Concilium diu" vom 2. Februar 1962 den 11. Oktober des gleichen Jahres fest. Auch in diesen Dokumenten waren die Aufgaben des Konzils wieder nur in sehr allgemeinen Umrissen vorgezeichnet. Die mit ungewöhnlicher Feierlichkeit umgebene Promulgation der Konstitution „Veterum sapientia" am 22. Februar 1962, durch die das Latein als Kirchen- und theologische Unterrichtssprache eingeschärft wurde, stand im Gegensatz zu den in der Vorbereitenden Kommission für die Studien vorwaltenden Wünschen und verstärkte den Eindruck, es solle alles beim alten bleiben. Die Anbahnung der Kircheneinheit war nicht ausdrücklich erwähnt, jedoch wurde ein Schritt in dieser Richtung getan, indem die nicht mit Rom verbundenen Kirchen und kirchlichen Gemeinschaften durch das Einheitssekretariat eingeladen wurden, amtliche Beobachter zum Konzil zu entsenden. Die Einladung fand im protestantischen Bereich besseres Gehör als bei den Ostkirchen. Die Anglikanische Kirche, deren Haupt, Erzbischof Fisher von Canterbury, dem Papste am 2. Dezember 1960 einen Besuch abgestattet hatte, entsandte drei Vertreter, die Evangelische Kirche Deutschlands den Heidelberger Professor Schlink, der Lutherische Reformierte Weltbund sowie der Ökumenische Rat in Genf folgten der Einladung, die orthodoxen Patriarchate des Ostens hingegen reagierten nur zögernd. Das Moskauer Patriarchat agitierte heftig gegen die „Sirenen" aus dem Vatikan. Um so größer war die Überraschung, als am Vorabend der Eröffnung des Konzils bekannt wurde, daß zwei Vertreter des Patriarchen Alexios nach Rom unterwegs seien. Diese Kehrtwendung war auf einen Besuch des engsten Mitarbeiters des Kardinals Bea im Einheitssekretariat, dessen späteren Nachfolgers Willebrands, in Moskau zurückzuführen. Die anderen, nicht unierten Patriarchate folgten später dem russischen Beispiel.

Durch das Motuproprio „Appropinquante Concilio" vom 6. August 1962 gab der Papst dem Konzil eine Geschäftsordnung (Ordo Concilii Oecumenici Vaticani II celebrandi)[4]. Sie war von einer Unterkommission der Vorberei-

[4] Text AAS 54 (1962) 609–631; vgl. *H. Jedin,* Die Geschäftsordnung des Konzils, in: Herder TK III 610–623, kritische Bemerkungen von *Mörsdorf,* ebd. II, 144f.

tenden Zentralkommission unter dem Vorsitze des Kardinals Roberti und deren Sekretär Vincenzo Carbone ausgearbeitet worden und umschrieb in 70 Artikeln erstens die Rechte und Pflichten der am Konzil beteiligten Personen und gab zweitens die allgemeinen und drittens spezielle Normen für den Geschäftsgang.

Wie auf dem Tridentinum und Vaticanum I und in Übereinstimmung mit CIC can. 223 § 1 steht das Entscheidungsrecht über die Vorlagen allein der Vollversammlung der stimmberechtigten Konzilsväter in den Generalkongregationen und Sessionen zu. Die Leitung der Verhandlungen wird dem vom Papst ernannten Präsidium (consilium praesidentiae) aus zehn Kardinälen übertragen. Den zehn ständigen Konzilskommissionen obliegt es, die dem Konzil vorzulegenden Dekretentwürfe (Schemata) zu redigieren und unter Berücksichtigung der von den Konzilsvätern gestellten Anträge zu modifizieren; von ihren 24 Mitgliedern sind zwei Drittel durch das Konzil zu wählen, ein Drittel und der Vorsitzende werden vom Papst ernannt. Den stimmberechtigten Vollmitgliedern werden vom Papst berufene Sachverständige (Periti) ohne Stimmrecht zugeordnet, unter ihnen auch Laien; zu Beginn der vierten Tagungsperiode waren es 106. Eine ganz neue Kategorie bilden die von Kirchen und Kirchengemeinschaften, die nicht mit dem Heiligen Stuhl verbunden sind, entsandten Beobachter (Observatores), denen alle Texte ausgehändigt werden und die wie die Periti berechtigt sind, an den Generalkongregationen teilzunehmen. Noch nicht in der Geschäftsordnung vorgesehen sind die Hörer (Auditores), die von der zweiten Tagungsperiode an zur Gegenwart in der Konzilsaula zugelassen wurden, darunter von der dritten Tagungsperiode an auch Frauen. An der Spitze des Beamtenapparates des Konzils steht der vom Papst ernannte Generalsekretär, dem mehrere Untersekretäre beigegeben sind.

Der Geschäftsgang ist folgender: Die vom Präsidium vorgelegten Entwürfe werden durch einen oder mehrere Berichterstatter erläutert; der Generaldebatte über das Schema als Ganzes folgt die Spezialdebatte über dessen einzelne Teile. Für die Annahme eines Textes ist Zweidrittelmajorität erforderlich. Mit Rücksicht auf die Zahl der Konzilsväter wird die mündliche Intervention in der Generalkongregation von einer vorherigen schriftlichen Wortmeldung abhängig gemacht und ihre Dauer auf zehn (zuletzt acht) Minuten beschränkt; den Konzilsvätern steht das Recht zu, schriftliche Änderungsvorschläge einzureichen, die den Kommissionen vorzulegen sind. Die Prozedur ist so lange fortzusetzen, bis eine Zweidrittelmajorität erreicht ist und die Promulgation des Textes in der feierlichen Session erfolgen kann.

Schon im Laufe der ersten Tagungsperiode des Konzils stellte sich heraus, daß der Ordo in der vorliegenden Form nicht genügte, um in absehbarer Zeit konkrete Ergebnisse zu erzielen. Er wurde daher unter Berücksichtigung verschiedener Änderungsanträge (u. a. der Kardinäle Döpfner und Spellman) am 13. September 1963 revidiert: Die Leitung der Generalkongregationen geht auf vier wiederum vom Papst ernannte Moderatoren über, die zusammen mit dem auf zwölf Mitglieder erweiterten Präsidium den Präsidialrat bilden. Zu Verwerfung eines vorgelegten Schemas genügt nunmehr die einfache Mehrheit der Anwesenden; 50 Väter können einen neuen Entwurf dem Moderator unterbreiten, der den Schluß der Debatte durch einfachen Mehrheitsbeschluß herbeiführen kann; die jeweilige Minorität wird dadurch geschützt, daß sie ihren Standpunkt durch drei Redner darlegen lassen darf. Dem gleichen Ziel dienen Änderungen in der Zusammensetzung und im Geschäftsgang der Konzilskommissionen. An die Seite des Vorsitzenden treten zwei Vizepräsidenten, die mit Zustimmung der Kommission zu ernennen sind; sie bestimmen gemeinsam den oder die Berichterstatter (Relator).

Eine zweite Modifikation des Ordo (vom 2. Juli 1964) trat während der dritten Tagungsperiode in Kraft. Redner, die für wenigstens 70 Konzilsväter sprechen, erhalten gewisse Privilegien; die Verbreitung von Propagandamaterial in der Konzilsaula und in deren Nähe bedarf der Genehmigung des Präsidialrates.

Auch in dieser veränderten Form hat der Ordo nicht alle Mängel und Unklarheiten des Geschäftsganges zu beseitigen vermocht. Das geschichtlich schwer belastete Verhältnis des Papstes zum Konzil hat auch auf dem Zweiten Vatikanischen Konzil zu Spannungen geführt. Als Haupt des Konzils besitzt der Papst das Recht, in den Geschäftsgang einzugreifen, und beide Konzilspäpste haben von diesem Recht Gebrauch gemacht, wenn unvorhergesehene Schwierigkeiten auftraten. Er kann den Beschlüssen zustimmen und sie promulgieren, aber auch seine Zustimmung verweigern. Nicht im Ordo vorgesehen war, in welcher Form er als Glied des Konzils, das er ist, im Laufe der Verhandlungen seine Ansicht an das Konzil gelangen lassen konnte. Nicht geklärt war auch die Frage, ob am Ende der Generaldebatte eine Abstimmung notwendig sei. Mit Recht wurde die Frage aufgeworfen, ob es sinnvoll sei, bei den Abstimmungen über die einzelnen Teile eines Textes nur Placet und Non placet, bei der Abstimmung über die Kapitel als Ganze jedoch die Zustimmung mit Vorbehalt (Placet iuxta modum) zuzulassen; das umgekehrte Verfahren wäre vorzuziehen gewesen.

Was die Form der Konzilsbeschlüsse anlangt, so hat das Konzil anders als alle früheren Konzilien gemäß dem Wunsche des Papstes Johannes darauf verzichtet, Irrtümer durch Canones mit beigefügtem Anathem zu verurteilen. Die von ihm verabschiedeten Texte tragen drei verschiedene Bezeichnungen, in denen ihre Autorität abgestuft wird: an der Spitze stehen vier Konstitutionen (Liturgie, Kirche, göttliche Offenbarung, die Kirche in der Welt von heute), es folgen neun Dekrete und drei Erklärungen (Declarationes). Zwei weitere, zeitweise in Aussicht genommene Formen, Propositiones und Vota, sind schließlich nicht angewandt worden, auch hat das Konzil auf die zeitweise ins Auge gefaßten Pastoralinstruktionen verzichtet.

Eine faktische Veränderung des Geschäftsganges bahnte sich gegen Ende des Konzils dadurch an, daß sich die eigentliche Konzilsarbeit immer mehr in die Kommissionen verlagerte, die Generalkongregationen mehr und mehr durch Abstimmungen ausgefüllt wurden, die mit Hilfe eines Lochkartensystems weit schneller erledigt werden konnten als auf dem Ersten Vatikanischen Konzil. Auch noch andere technische Einrichtungen trugen dazu bei, das Problem der Masse zu bewältigen. Eine vorzüglich funktionierende Lautsprecheranlage sorgte für die Verständlichkeit des gesprochenen Wortes in der riesigen Aula. Die sonst kaum vermeidlichen Zeitverluste, die auf dem letzten Konzil durch den Zu- und Abgang der einzelnen Redner entstanden waren, wurden dadurch vermieden, daß in jedem Block der Aula Mikrophone angebracht waren, vor denen sie sprachen. Die vorgeschriebene Konzilssprache, das Lateinische, bewährte sich im großen ganzen; eine schon installierte Simultananlage für Übersetzungen in die Weltsprachen wurde nicht in Betrieb genommen, weil es sich als unmöglich erwies, dann die notwendige Präzision des Ausdrucks zu sichern.

Die erste Tagungsperiode und der Pontifikatswechsel

Die Eröffnungssession am 11. Oktober 1962 übertraf an Großartigkeit bei weitem die des Ersten Vatikanischen Konzils. 2540 stimmberechtigte Konzilsväter nahmen an ihr teil, eine bisher auf keinem Konzil auch nur entfernt erreichte Zahl. Der Papst wurde durch das Bronzetor bis zum Eingang von St. Peter auf dem Tragsessel getragen, verließ ihn aber dann und schritt zu Fuß durch die Reihen der Konzilsväter; daß er dabei nicht die Tiara, sondern die Mitra trug, besaß Symbolwert. Der Ritus blieb in den Grundzügen der seit dem Konzil von Vienne übliche: Veni Creator und Heiliggeistmesse, zelebriert vom Kardinaldekan Tisserant; Inthronisierung des Evangeliums auf dem vor dem Präsidententisch errichteten Konzilsaltar; Ablegung des Glaubensbekenntnisses; das Konzilsgebet „Adsumus"; Gesang des Evangeliums (Matth. 28, 18–20 und 16, 13–18) in lateinischer, griechischer, altslawischer und arabischer Sprache.

In seiner Eröffnungsrede wiederholte der Papst das Bekenntnis, daß die Konzilsberufung auf Eingebung von oben erfolgt sei, und wies dem Konzil seine Richtung: das heilige Überlieferungsgut in möglichst wirksamer Weise, unter Berücksichtigung der veränderten Lebensverhältnisse und Gesellschaftsstrukturen an die Menschen heranzubringen; nicht Irrtümer zu verurteilen, sondern „die Kraft der kirchlichen Lehre ausgiebig zu erklären" (doctrinae vim uberius explicando). Dem Konzil ist aufgegeben, der von Christus gewollten Einheit in der Wahrheit näherzukommen (conferre operam ad magnum complendum mysterium illius unitatis). Von der Größe des Augenblicks überwältigt, schloß der Papst mit einem Gebet um göttlichen Beistand.

Das im Längsschiff von St. Peter versammelte Konzil war das universalste der Kirchengeschichte. Nicht nur ihrem Auftrag und Anspruch nach, sondern in der Tat war die Kirche des 20. Jahrhunderts Weltkirche. Alle fünf Kontinente waren durch ihre Episkopate anwesend. Europa, das auf den mittelalterlichen Konzilien nahezu der einzig vertretene Kontinent war, stellte nur noch die knappe Hälfte der Stimmberechtigten (1041), Amerika, das in Trient noch gar nicht, auf dem Ersten Vatikanischen Konzil nur schwach vertreten gewesen war, entsandte 956 Bischöfe, Asien über 300, Afrika 279. Das zahlenmäßige Übergewicht der Italiener, das in Konstanz zur Abstimmung nach Nationen und auch noch in Trient zu schweren Spannungen geführt hatte, war beseitigt: die 379 italienischen Bischöfe machten weniger als ein Fünftel der Konzilsväter aus, dennoch übten italienische Kurienkardinäle und hohe Kurialbeamte zusätzlich starken Einfluß aus[5].

Die Sitzordnung war mehr als eine Formalität. Die Präsidenten (und später auch die Moderatoren) hatten Plätze vor der Confessio, auf der Tribüne zu ihrer Rechten saßen die Kardinäle, links die Patriarchen der unierten Ostkirchen; dann folgten auf beiden Seiten zuerst die Erzbischöfe, dann die Bischöfe nach dem Datum ihrer Ernennung. Die Ordensoberen hatten Plätze auf den vordersten Tribünen, die Sachverständigen auf den übrigen. Für die Beobachter war eine Tribüne zur Linken des Präsidiums bestimmt, für die später zugelassenen Hörer Tribünen an den übrigen Seiten des Hochaltars. Jede Generalkongregation (= GK) wurde mit einer Meßfeier eröffnet, häufig nach orientalischem und slawischem Ritus.

Daß das Konzil als Weltereignis bewertet wurde, erwies die Anwesenheit von fast tausend von der Presse und den Massenmedien entsandten Berichterstattern. Sie waren während der ersten Tagungsperiode fast ganz auf Indiskretionen angewiesen, über die nur wenige (z. B. La Croix, Paris; Il Tempo, Rom) verfügten. Die Berichte des aus sieben Mitgliedern (je eines für Deutsch, Englisch, Französisch, Italienisch, Polnisch, Portugiesisch, Spanisch) bestehenden Presseamtes unter dem Franzosen Vallainc waren dürftig, erst von der zweiten Tagungsperiode an wurden seine Mitglieder in die Aula zugelassen und das Presseamt nicht mehr dem Generalsekretär, sondern einer Konzilskommission unterstellt. Seitdem wurden die amtlichen Berichte inhaltsreicher, das immer noch geltende Schweigeverbot praktisch gelockert. Die zum Teil gesammelt herausgegebenen Berichte bilden eine nicht zu unterschätzende, freilich mit Vorsicht zu benutzende historische Quelle.

Obwohl die vordergründigen Tatsachen besser bekannt sind als je bei einem früheren Konzil, bleiben viele hintergründige Vorgänge auch bei diesem Konzil entweder unbekannt oder schwer beweisbar. Vor allem ist ein Jahrzehnt nach dem Abschluß eine eindeutige Beurteilung der Wirkungen, die vom Konzil ausgegangen sind, noch nicht möglich. Das Folgende ist keine Geschichte des Konzils, sondern nur ein Bericht, bei dem zu beachten war, was Oscar Cullmann gesagt hat: Daß dieses Konzil nicht nur nach den von ihm verabschiedeten Texten zu beurteilen, sondern das gesamte Konzilsgeschehen zu berücksich-

[5] Für die Statistik sei auf die in der Bibliographie (s. o.) genannten Publikationen verwiesen. – Obwohl die vier Tagungsperioden des Konzils im Anschluß an den parlamentarischen Sprachgebrauch oft „Sessionen" genannt werden, reserviere ich diese Bezeichnung für die feierlichen Sitzungen.

tigen sei, dessen Impulse ebenso weiterwirken wie die Texte[6]. Diese sind nicht von „Parteien", wie sie moderne Parlamente besitzen, ausgehandelt worden, sondern aus einem spannungsreichen Ringen zwischen „beharrenden" und „fortschrittlichen" Kräften hervorgegangen. Die erste, zahlenmäßig schwächere Gruppe besaß ihren festen Rückhalt in der römischen Kurie, die zweite setzte sich außer aus Bischöfen aus Mittel- und Westeuropa und Nordamerika überraschenderweise auch aus Konzilsvätern der sogenannten Missionsländer zusammen. Von großer Bedeutung wurden die zum Teil erst bei Beginn des Konzils konstituierten nationalen und regionalen Bischofskonferenzen.

In der ersten GK vom 13. Oktober stand die Wahl der Konzilskommissionen auf der Tagesordnung. Außer den zehn Wahlzetteln, auf denen je 16 Namen einzutragen waren, waren den Konzilsvätern die Listen der Stimmberechtigten ausgehändigt worden, die den Vorbereitenden Kommissionen angehört hatten – und das waren mehrheitlich Kandidaten der Kurie. Gegen dieses Vorgehen erhoben zuerst Kardinal Liénart (Lille), dann ausführlicher Kardinal Frings (Köln) Bedenken: Man kenne sich noch zu wenig, angesichts der Bedeutung dieser Wahlen sei es notwendig, sie sorgfältig vorzubereiten; man möge sie um einige Tage verschieben. Der Antrag wurde mit überwältigendem Beifall aufgenommen und zum Beschluß erhoben.

In den folgenden Tagen traten die Bischofskonferenzen zusammen und stellten ihrerseits Wahllisten auf. Als die erfolgreichste unter ihnen erwies sich die von den Kardinälen aus Mitteleuropa und Frankreich vorbereitete, weil sie ausgezeichnete Sachkenner aus allen Teilen der Welt berücksichtigte. Unter den 160 dann am 16. Oktober gewählten Kommissionsmitgliedern waren 26 aus Latein-, 25 aus Nordamerika, 19 aus Asien und Ozeanien, 7 aus Afrika; Europa stellte 20 Italiener, 16 Franzosen, 11 Deutsche, 10 Spanier, 5 Polen, 21 aus den übrigen Ländern. Das Gewicht der Italiener wurde durch päpstliche Ernennung von 9 (statt ursprünglich 8) weiteren Mitgliedern jeder Kommission verstärkt.

Die GK vom 13. und 16. Oktober waren das „erregende Moment" des Konzils. In ihnen bekundete es seinen Willen, seine Entscheidungen nach eigenem Ermessen und Gewissen zu treffen, nicht kurzerhand zu approbieren, was ihm vorgeschlagen oder vorgelegt wurde. Dieser eigene Wille des Episkopates wurde noch deutlicher sichtbar in der Debatte über das Liturgie-Schema, die am 22. Oktober begann und bis zum 14. November dauerte. Zuvor, am 20. Oktober, erließ das Konzil eine von vier französischen Bischöfen entworfene, im Namen des Papstes dem Konzil unterbreitete Kundgebung an die Welt, in der „die Botschaft des Heils, der Liebe und des Friedens, die Jesus Christus der Welt gebracht und der Kirche anvertraut hat", allen Menschen verkündet wurde.

Das von der Vorbereitenden Kommission entworfene Liturgieschema hatte

[6] O. *Cullmann*, in: Was bedeutet das Zweite Vatikanische Konzil für uns? Hrsg. von W. *Schatz* (Basel o. J.) 20.

den Grundgedanken der liturgischen Bewegung aufgenommen, daß das christliche Volk nicht passiv dem Gottesdienst beiwohnen, sondern sich aktiv an ihm beteiligen, nicht nur hören, sondern mitbeten und mitvollziehen müsse; infolgedessen befürwortete es eine weitgehende, von den zuständigen Bischofskonferenzen näher zu bestimmende Einführung der Volkssprache beim Wortgottesdienst der Messe und bei der Spendung der Sakramente und faßte eine Reform der liturgischen Bücher sowie bei bestimmten Gelegenheiten die Wiedereinführung der Kommunion unter beiden Gestalten ins Auge. An diesen Fragen entzündete sich der Gegensatz zwischen Traditionalisten und Progressisten, der in wechselnden Gruppierungen dem Konzil während seiner ganzen Dauer den Stempel aufdrücken sollte. *Für* das Schema setzten sich insbesondere Kardinäle und Bischöfe der Länder ein, in denen sich die liturgische Bewegung ausgebreitet hatte, an ihrer Spitze die Kardinäle Frings, Döpfner, Feltin, Lercaro, Montini, Ritter; die *Gegner* des Entwurfs bekämpften den Ersatz des Lateinischen durch Volkssprachen und die Einschaltung der Bischofskonferenzen bei deren Einführung. Kardinal Ottaviani beschwor die Versammlung zu bedenken, daß sie sich „auf heiligem Boden“ bewege, und schlug vor, das Schema zur Umarbeitung an die von ihm selbst geleitete Theologische Kommission zu überweisen. Ihm pflichteten italienische Bischöfe (Kardinal Ruffini, Palermo) und Prälaten der Kurie (Parente, Staffa, Dante), aber auch Amerikaner (die Kardinäle Spellman und McIntyre) bei, jedoch nicht führende Prälaten aus den Missionsländern (die Kardinäle Gracias, Bombay, und Rugambwa, Tansania, und der Chinese Lokuang, Taipeh). Bischof Duschak von Calapan, Mindoro (Philippinen), schlug sogar (am 5. November) die Einführung einer ökumenischen Messe vor, die möglichst frei von allen geschichtlichen Bindungen vom Geschehen des Letzten Abendmahles ausgehen sollte; sie würde auch den Gläubigen in den Missionen ohne geschichtliche Erklärungen verständlich sein und könnte als „Missa orbis“ neben der geschichtlich gewordenen Liturgie stehen.

Es wiederholte sich also die Überraschung der ersten GK: Die Bischöfe Lateinamerikas, Asiens und Afrikas, obwohl zum großen Teil in Rom erzogen, entpuppten sich in ihrer Mehrheit als durchaus nicht kurialistisch und traditionalistisch; ihre seelsorglichen Erfahrungen trieben sie auf die Seite der „Progressisten“. Was schwerlich vorauszusehen war: Das „pastorale“ Ziel, das Papst Johannes dem Konzil gesetzt hatte, wurde von der Mehrheit der Konzilsväter bejaht.

Im Laufe der Liturgiedebatte wurden viele Anliegen vorgebracht, die im Schoße der liturgischen Bewegung seit langem erörtert worden waren: die Anpassung des Breviergebetes an die Spiritualität des Weltklerus, die bessere Auswahl und Verteilung der Schriftlesungen; im Kirchenkalender das Zurücktreten der Heiligenfeste zugunsten des christozentrischen Kirchenjahres; eine Kalenderreform mit festem Ostertermin; Kirchenmusik und christliche Kunst. Die Abstimmung am 14. November ergab eine große Mehrheit (2162:46, bei 7 Enthaltungen) für die Weiterbearbeitung des Schemas unter Berücksichtigung der in der Debatte vorgebrachten Änderungsvorschläge durch die unter Leitung des Kardinals Larraóna stehende Konzilskommission, von deren 16 gewählten Mitgliedern 12 auf der mitteleuropäischen Liste gestanden hatten. Noch ehe das Konzil auseinanderging, am 7. Dezember, wurde der von der Kommission neugefaßte erste Teil (allerdings mit 180 Vorbehalten) genehmigt.

Nicht so eindeutig war das Ergebnis der am 14. November begonnenen Debatte über das von der Theologischen Kommission unter Federführung ihres Sekretärs Tromp SJ ausgearbeitete Schema über die Quellen der göttlichen Offenbarung (De fontibus revelationis)[7]. Sie erhielt ihre Schärfe erstens dadurch, daß der vorgelegte Text die von dem Tübinger Theologen Geiselmann vertretene Interpretation des tridentinischen Dekretes („Tradition" besage, daß die Bibel von der Kirche zu erklären sei, jedoch neben ihr keine zweite, unabhängige Offenbarungsquelle darstelle) auszuschließen trachtete und durch diese verschärfte Verurteilung des protestantischen Schriftprinzips die ökumenische Annäherung traf. Außerdem war der Entwurf darauf angelegt, das Eindringen der modernen Bibelkritik in die katholische Exegese einzudämmen, über das eine heftige Kontroverse zwischen Professoren der päpstlichen Lateranuniversität und Mitgliedern des Bibelinstitutes ausgebrochen war. Anders als bei dem „fortschrittlichen" Liturgieschema, das den Widerspruch der „Traditionalisten" herausgefordert hatte, waren jetzt die „Progressisten" Angreifer. Manche Väter – unter ihnen die Kardinäle Frings, Döpfner, König und Alfrink – lehnten das Schema vollständig ab und hatten bereits ein neues vorbereitet; andere (so die Kardinäle Suenens und Bea sowie Bischof De Smedt, Brügge) forderten eine vollständige Umarbeitung und legten die dabei zu berücksichtigenden Grundsätze dar. Eine am 20. November veranstaltete Abstimmung über das Schema als Ganzes, die erste ihrer Art, führte (wohl infolge der Fragestellung, die *für* den Abbruch der Debatte ein Ja verlangte) zu dem Ergebnis, daß 1368 Konzilsväter mit Placet, 822 mit Non placet stimmten; die Gegner des Entwurfs hatten also nicht die Zweidrittelmehrheit erreicht. Andererseits war deutlich geworden, daß er in der vorliegenden Form niemals auf Annahme rechnen konnte.

Die so entstandene, in der Geschäftsordnung nicht vorgesehene Situation entwirrte der Papst, indem er für die weitere Bearbeitung des Schemas eine gemischte Kommission unter dem Vorsitz der Kardinäle Ottaviani und Bea einsetzte, in der beide Richtungen paritätisch vertreten waren. Diese Maßregel, zunächst mit großer Skepsis aufgenommen, erwies sich als richtig: In langwierigen Verhandlungen wurde eine mittlere Linie gefunden.

In den Debatten über das Liturgie- und das Offenbarungsschema waren die

[7] Zur Vorgeschichte des am 14.11. vorgelegten Textes, dessen ursprüngliche Form am 4.10.1961 der Zentralkommission übergeben und im Sommer 1962 den Konzilsvätern in veränderter Form übersandt worden war, vgl. *J. Ratzinger*, in: Herder TK II 498ff, und für das am meisten umstrittene dritte Kapitel *A. Grillmeier*, ebd., 528ff. Weitere Literatur in der Bibliographie.

Gegensätze hart aufeinandergeprallt. Jetzt trat eine gewisse Beruhigung dadurch ein, daß dem Konzil eine vom Sekretariat für die sozialen Kommunikationsmittel bearbeitete Vorlage[8] über die Massenmedien (Presse, Film, Rundfunk und Fernsehen) vorgelegt wurde (23. November). Sie beschränkte sich im wesentlichen auf eine grundsätzlich positive Stellungnahme der Kirche zu ihnen, die Möglichkeiten, sie für das Apostolat einzusetzen, und die Gefahren, denen zu begegnen sei. Das Schema hatte unter den im August 1962 an die Konzilsväter verschickten Entwürfen erst an vorletzter Stelle gestanden. Obwohl der Vorsitzende der Konzilskommission, Kardinal Cento, und der Berichterstatter, Erzbischof Stourm (Sens), die Annahme des Textes empfohlen hatten, stieß er in der Debatte (23.–26. November) auf Widerspruch, weil er einseitig das Recht der Kirche auf die modernen Kommunikationsmittel, zuwenig das Menschenrecht auf sach- und wahrheitsgemäße Information herausstellte und den Mißbrauch der Massenmedien nicht scharf genug verurteilte. Einige Redner (z.B. Kardinal Wyszyński und Bischof Charrière, Fribourg) forderten eine theologische und soziologische Vertiefung, andere eine stärkere Berücksichtigung der Mitarbeit der Laien auf diesem Gebiet. Kardinal Bea regte den Zusammenschluß der bestehenden katholischen Nachrichtenagenturen zu einer Weltagentur an. Am 27. November billigte das Konzil mit großer Mehrheit (2138:15) die Substanz des Schemas, verlangte aber dessen Kürzung und Beschränkung auf lehrhafte Grundsätze und pastorale Richtlinien. Man behandelte offensichtlich das Thema als marginal. Ein großer Teil der Konzilsväter war sich noch nicht darüber klar, daß es sich um ein Seelsorgsproblem erster Ordnung handelte; so hatte es ja auch im 16. Jahrhundert lange gedauert, bis die Bedeutung des Buchdrucks für Kirche und Verkündigung erfaßt wurde.

Bei der Behandlung des am 26. November vorgelegten Schemas über die orientalischen Kirchen wurde sichtbar, wie ungenügend die Vorbereitungsarbeiten koordiniert waren. Die Vorbereitende Kommission unter Kardinal Amleto Cicognani, dem späteren Staatssekretär, mit P. Welykyi als Sekretär, hatte außer einem Schema De ecclesiae unitate 14 kurze Texte entworfen, die auf die entsprechende Konzilskommission übergingen, der nur fünf Mitglieder der Vorbereitenden angehörten, aber alle sechs unierten Patriarchen. Der erste Teil des Schemas, der von der Einheit der Kirche unter dem einen Oberhirten handelte, enthielt Stellen, die, wie in der Debatte von Patriarch Maximos IV. und anderen bemerkt wurde, geeignet waren, die Orthodoxen eher zu verstimmen als zu gewinnen. Kardinal Bea setzte sich dafür ein, den Entwurf mit dem von seinem Einheitssekretariat ausgearbeiteten und einem dritten, der auf die Theologische Kommission zurückging, zu verschmelzen. Am 1. Dezember beschloß das Konzil, ihn mit dieser Auflage an die Kommission zurückzuverweisen (2068:36).

[8] Deutsche Mitglieder des Sekretariates waren Bischof Kempf von Limburg und (als Konsultoren) K. Becker, K. A. Siegel und E. Klausener. Sekretär war nach Herder TK I 112f A. M. Deskur, der Untersekretär der Päpstlichen Kommission für Film, Funk und Fernsehen.

Schon in dieser Debatte war gesagt worden (Erzbischof Heenan, Liverpool), daß der Unterschied zwischen der römisch-katholischen Kirche und den getrennten Ostkirchen weniger auf der Verschiedenheit der Heilslehre als auf der Vorstellung von der Struktur der Kirche liege.

Wesen und Struktur der Kirche waren das zentrale Thema des Schemas De ecclesia, das der Vorsitzende der Theologischen Kommission, Kardinal Ottaviani, und Bischof Franič von Split als Relator am 1. Dezember erläuterten. Zu keinem anderen Thema waren so viele Postulate eingelaufen, keines sollte so heftig umstritten werden wie dieses. Der 123 Druckseiten füllende Entwurf verband die seit Bellarmin vorherrschende Sicht der Kirche als Institution mit Gedanken der Kirchenenzyklika Pius' XII. Seine 12 Kapitel waren, wie Kardinal Montini im Laufe der Debatte (1.–7. Dezember) bemerkte, nebeneinander gestellt, nicht auseinander entwickelt, die Lehre vom Bischofskollegium war erst im Ansatz vorhanden. Einer der führenden Köpfe der Traditionalisten, Bischof Carli (Segni), verteidigte das Schema und benutzte die Gelegenheit zu einer temperamentvollen Abrechnung mit den „Ökumenikern" und „Pastoralisten", die angeblich aus Furcht anzustoßen Dogmen und Grundelemente der katholischen Frömmigkeit als Tabu umgingen. Andere Kritiker fanden den Text zu juristisch und triumphalistisch (De Smedt, Brügge) oder vermißten darin eine tiefere Behandlung der Beziehung Christi zur Kirche (Kardinal Montini) und der Lehre von der Kirche als Volk Gottes und vom Bischofskollegium (Kardinal Döpfner). Sie befürworteten eine vollständige Umgestaltung des Schemas und eine Neuordnung des Stoffes, so daß die innere Struktur der Kirche vor ihre Sendung gestellt werde (Kardinal Suenens). Damit waren die Wegweiser für die weitere Bearbeitung aufgestellt, die – ohne formellen Beschluß – der Konzilskommission aufgetragen wurde. Der Weg, den dieser Entwurf zurückzulegen hatte, war noch weit und voller Schlaglöcher.

Als der Papst am 8. Dezember das Konzil vorläufig entließ, war keine der fünf behandelten Vorlagen publikationsreif. Er tröstete die Väter: „Es ist leicht einzusehen, daß in einer so breit angelegten Versammlung ein großes Stück Zeit darauf verwendet werden mußte, zu einem Einvernehmen zu gelangen." Die Öffentlichkeit zeigte sich über das Ausbleiben konkreter Ergebnisse enttäuscht, viele Katholiken nahmen Anstoß an der „Uneinigkeit" der Konzilsväter, die in Wirklichkeit doch nur der in allen Konzilien notwendige Kampf um das Wahre und das Richtige waren. *Ein* wichtiges Ergebnis war erreicht: Der Episkopat hatte sich als Einheit fühlen gelernt, hatte das Konzil als seine eigene Sache erkannt und seinen Willen bekundet, dessen Entscheidungen selbst aktiv zu formen. Auch wenn das Konzil nicht weitergeführt worden wäre, hätte es auch so seine Spur in der Geschichte der Kirche hinterlassen. Wenn es aber konkrete Ergebnisse erzielen wollte, mußten Prioritäten aufgestellt werden, die Masse der vorliegenden Schemata mußte verringert, sie mußten zusammengezogen und verkürzt werden. Das in der Geschäftsordnung (Art. 7, § 2) eingesetzte Sekretariat für die außerordentlichen Angelegenheiten besaß dafür keine ausreichenden Vollmachten. Sie wurden einer am 6. Dezember vom Papst eingesetzten Koordinierungskommission übertragen. Ihr gehörten an: als Vorsitzender Kardinal Cicognani, seit dem 12. August 1961 Nachfolger des verstorbenen Kardinals Tardini als Staatssekretär, sowie die Kardinäle Confalonieri, Döpfner, Liénart, Spellman, Suenens und Urbani. Die Koordinierungskommission war außerdem angewiesen, alle auf die Neufassung der kirchlichen Gesetzbücher bezüglichen Einzelheiten und die Ausführungsbestimmungen der zu formulierenden Konzilsdekrete den postkonziliaren Kommissionen zu überlassen. Sie entledigte sich ihres Auftrages in enger Zusammenarbeit mit dem Konzilssekretariat und den Konzilskommissionen[9], aber auch in ständigem Kontakt mit der Gesamtheit der Konzilsväter, die der Papst in einem Briefe vom 2. Januar 1963, der aber erst am 8. Februar publiziert wurde, zur Mitarbeit aufgerufen hatte. Die auf diese Weise neu formulierten Entwürfe, die Anfang Mai an die Konzilsväter versandt wurden, zeigten fast durchweg ein anderes Gesicht als die Entwürfe der Vorbereitenden Kommissionen. Der Erneuerungswille der Konzilsmehrheit setzte sich durch, aus den bisherigen Opponenten wurden Proponenten. Erst jetzt entschied sich endgültig die Ausrichtung des Konzils. Die Wiederaufnahme der Verhandlungen war für den 8. September 1963 in Aussicht genommen. Papst Johannes sollte sie nicht mehr erleben. Nur mit großer Anstrengung hatte er, schon vom Tode gezeichnet, die üblichen Empfänge der Bischofskonferenzen fortgeführt; am 3. Juni 1963 starb er, betrauert von der ganzen Welt, fast noch mehr außerhalb als innerhalb der Kirche[10].

In seinem kurzen Pontifikat hat Johannes XXIII. parallel mit dem Konzil und dieses ergänzend in mehreren Enzykliken der Kirche neue Wege gewiesen und früher beschrittene weiter verfolgt. Die Missionsenzyklika „Princeps pastorum" vom 28. November 1959 setzte sich für den einheimischen Klerus und das Laienapostolat in den Missionen ein und bejahte die Akkommodation an die nichteuropäischen Kulturen[11]. „Mater et magistra" vom 15. Mai 1961 wollte die Tradition der großen Sozialenzykliken seit Leo XIII. fortsetzen, jedoch mit einigen neuen Akzenten[12]. Als sein Vermächtnis betrachtete der Papst die Friedensenzyklika „Pacem in terris" vom 11. April 1963[13]. Tief einschnei-

[9] Die Koordinierungskommission hielt von Januar bis März 1963 fünf Sitzungen ab; über deren Bedeutung vgl. *G. Alberigo,* in: Cultura e Scuola 1968, 117ff.

[10] Einige Nachrufe auf Papst Johannes s. in der Bibliographie. Carl Burckhardt hat in einem Brief an Max Rychner vom 4. 6. 1963, also unter dem unmittelbaren Eindruck des Todes, geschrieben: „Er wird viel verändern, nach ihm wird die Kirche nicht mehr dieselbe sein. Vielleicht wird er am Ende seiner Tage die Furcht kennenlernen. Liebenswert, auch bewundernswert bleibt er": *C. J. Burckhardt – Max Rychner,* Briefe 1926–1965 (Frankfurt 1970) 246.

[11] AAS 51 (1959) 833–864.

[12] AAS 53 (1961) 401–464; s. u. Kap. 7.

[13] AAS 55 (1963) 257–304; vgl. *E. Fogliazzo,* Papa Giovanni spiega come giunse alla Pacem in terris (Rom 1964). Der Empfang Adschubejs, des Schwiegersohns Chrustschows, nach der Freilassung des ukrainischen Großerzbischofs Slipyj wurde als Annäherung an die Sowjetunion aufgefaßt; vgl. auch *P. Camellini,* Giovanni XXIII e i comunisti (Reggio 1965).

dend in die Tradition der römischen Kurie waren die Anordnungen des Papstes über das Kardinalskollegium: Die suburbikarischen Bistümer erhalten residierende Bischöfe mit allen Kompetenzen, ihre bisherigen Inhaber, die Kardinalbischöfe, behalten nur den Titel. Auch die Kardinaldiakone erhalten die Bischofsweihe; am Gründonnerstag 1962 konsekrierte sie der Papst persönlich [14]. In fünf Konsistorien ernannte der Papst 52 neue Kardinäle und überschritt damit endgültig und grundsätzlich die von Sixtus V. festgesetzte Leitzahl 70. Schon warf man die Frage auf, ob das Kardinalskollegium das ausschließliche Recht der Papstwahl behalten solle.

Nach dem geltenden Kirchenrecht war das Konzil durch den Tod des Papstes suspendiert. Aber der am 21. Juni 1963 nach einem nur zwei Tage dauernden Konklave zum Papst gewählte Erzbischof von Mailand, Giovanni Battista Montini, ließ von Anfang an keinen Zweifel daran aufkommen, daß er entschlossen war, das Konzil weiterzuführen [15].

Paul VI. war nach Herkunft, geistiger Struktur, Bildungs- und Lebensgang von seinem Vorgänger so verschieden wie nur möglich. Sein Vater Giorgio († 1943) war ein wohlhabender Verlagsdirektor in Brescia und als Parlamentsabgeordneter Mitglied der Popolari-Partei gewesen. Der Sohn (geb. 26. September 1897) hatte 1916 seine Schulbildung auf dem Liceo Arnaldo da Brescia, einer öffentlichen Schule, abgeschlossen, anschließend die Vorlesungen im Priesterseminar in Brescia besucht, nach Empfang der Priesterweihe am 29. Mai 1920 an der Gregorianischen Universität in Rom Kirchenrecht studiert, dann (seit 1922) sich in der Accademia dei Nobili für die kirchliche Diplomatie vorbereitet, für die ein kurzer Aufenthalt an der Nuntiatur in Warschau (1923) als erste praktische Einführung gelten konnte. Von 1924 an war er fast drei Jahrzehnte im päpstlichen Staatssekretariat tätig gewesen, seit dem 13. Dezember 1937 als Unterstaatssekretär (Sostituto). Nach dem Tode des Staatssekretärs Maglione (1944) blieb er zusammen mit Tardini, dem Sekretär für die außerordentlichen Angelegenheiten, engster Mitarbeiter Pius' XII. Parallel mit der Tätigkeit im Staatssekretariat ging eifrige Arbeit in der Studenten- und Akademikerseelsorge (FUCI bzw. Laureati cattolici). In die normale Volksseelsorge

[14] AAS 54 (1962) 253–258.

[15] Persönlichkeit und Wirken eines noch Lebenden sind nicht Gegenstand der Geschichtswissenschaft; daher nur einige Hinweise auf vorliegende Quellen und Literatur. *M. Serafian,* La difficile scelta. Il Concilio e la Chiesa fra Giovanni XXIII e Paolo VI (Mailand 1964); *F. García Salve,* Vida de Pablo VI (Bilbao 1964); *C. Pallenberg,* Paul VI., Schlüsselgestalt eines neuen Papsttums (München 1965); *A. Hatch,* Pope Paul VI, apostle on the move (London 1967). Über den Oratorianer Bevilacqua, Freund der Familie Montini, in: *A. Fappani,* Giulio Bevilacqua, prete e cardinale sugli avamposti (Verona 1975). Papstansprachen: Discorsi al popolo di Dio, Rom, seit 1964. Dialogo con Dio. Riflessi liturgici nei discorsi di Paolo VI (Città del Vaticano 1966), mit Vorrede von Kardinal Lercaro; Cristo vita dell'uomo d'oggi nella parola di Paolo VI, ed. *V. Levi* II (Mailand 1969); *V. Levi,* Di fronte alla contestazione. Testi di Paolo VI II (Mailand 1970). – Die unten zitierte Eröffnungsrede vom 29. 9.: Decreta 895–927.

trat er erst nach seiner überraschenden Ernennung zum Erzbischof von Mailand (1. November 1954) ein, wo er Kardinal Schuster nachfolgte. Von Anfang an gab er soziale Impulse. Auf dem Konzil hatte er sich sehr zurückgehalten und nur zweimal interveniert; neben dem ausgesprochen progressistischen Bologneser Kardinal Lercaro galt er als gemäßigter Progressist, als solcher wurde er auch gewählt. Er bejahte die Linie seines Vorgängers, anders als dieser beherrschte er die Klaviatur der römischen Kurie und kannte die Widerstände, die während der ersten Tagungsperiode gegen den neuen Kurs hervorgetreten waren.

Schon am Tage nach seiner Wahl kündete Paul VI. in einer Rundfunkbotschaft an, daß er das Konzil weiterzuführen gedenke, und setzte den Verhandlungsbeginn auf den 29. September fest. Am Feste Peter und Paul empfing er etwa tausend Journalisten und versprach, ihre Informationsmöglichkeiten auf dem Konzil zu verbessern, am 1. Juli schlug er in einer Rede an die zur Krönungsfeier (am 30. Juni auf dem Petersplatz) erschienenen diplomatischen Missionen bereits das Thema der „Kirche in der Welt von heute" an. Seine ökumenische Einstellung bekundete er durch die Entsendung eines Vertreters zur Feier des Goldenen Bischofsjubiläums des Moskauer Patriarchen Alexios. In einem Brief an Kardinal Tisserant vom 12. September äußerte er den Wunsch, daß in Zukunft mehr Laien als Sachverständige zum Konzil herangezogen würden, und führte eine neue Kategorie der Teilnehmer, die „Hörer", ein. Am 14. September ernannte er für die Leitung der GK vier Moderatoren (nicht Legaten, wie ursprünglich vorgesehen war): die Kardinäle Agagianian, Döpfner, Lercaro und Suenens. In einer Ansprache an die Mitglieder der römischen Kurie am 21. September bekannte er sich zu dem schon von den Trienter Konzilspäpsten vertretenen Grundsatz, daß die Reform der Kurie Sache des Papstes, nicht des Konzils sei, forderte aber zugleich von den Mitgliedern der Kurie strikten Gehorsam. Die Warnung war unüberhörbar.

Zweite Tagungsperiode (1963) und erste Ergebnisse

In seiner Eröffnungsrede am 29. September stellte der Papst, präziser, als es sein Vorgänger je getan hatte, dem Konzil vier Aufgaben: eine lehramtliche Darlegung des Wesens der Kirche – womit er das Schema „De ecclesia" an die Spitze rückte –, ihre innere Erneuerung, die Förderung der Einheit der Christen und – in dieser Form wiederum neu – das Gespräch der Kirche mit der Welt von heute. Für die erste und nunmehrige Hauptaufgabe war eine Richtlinie in dem Satz gegeben: „Unbeschadet der dogmatischen Erläuterungen des Ersten Vatikanischen Konzils über den römischen Papst wird die Lehre vom Episkopat, dessen Aufgaben und dessen notwendige Verbindung mit Petrus zu untersuchen sein. Daraus werden sich auch für Uns Richtlinien ergeben, aus denen Wir in der Ausübung Unserer apostolischen Sendung lehrhaften und praktischen

Nutzen ziehen werden." Die Mitarbeit der Bischöfe (adiutrix opera) bei der Ausübung der Primatialgewalt, die er als wünschenswert bezeichnete, wies schon auf die künftige Gründung des Bischofsrates hin. Die innere Erneuerung der Kirche, führte der Papst weiter aus, muß sich an Christus orientieren, jedoch nicht als ob sie von ihm abgefallen wäre, so daß man ihre Traditionen aufbrechen und ihr Leben gänzlich umgestalten müsse (ecclesiae vitam subvertere). Im ökumenischen Bereich erregte ein anderer Satz der Rede großes Aufsehen: „Wenn irgendeine Schuld an der Trennung auf Uns fällt, so bitten Wir Gott demütig um Vergebung und suchen auch bei den Brüdern Verzeihung, die sich von Uns getrennt fühlen sollten; Wir sind Unsererseits bereit, die Kränkungen zu verzeihen, die der Katholischen Kirche zugefügt worden sind." Das war kein bedingungsloses Schuldbekenntnis, wie das Papst Hadrians VI. vom 3. Januar 1523, aber das Eingeständnis, daß die Ursachen der Kirchenspaltung nicht nur auf *einer* Seite liegen. Die noch vorhandenen großen Hindernisse der Einigung dürfen nicht die Hoffnung auf sie ertöten. Der Papst begrüßte die anwesenden Beobachter und wandte sich dann an die abseits Stehenden (Anhänger der nichtchristlichen Religionen und Atheisten) und gedachte der um ihres Glaubens willen Verfolgten.

Das umgearbeitete Schema über die Kirche, das am 30. September durch die Kardinäle Ottaviani und Browne, den ehemaligen General der Dominikaner, erläutert wurde, war in vier Kapitel gegliedert: Die Kirche als Mysterium, ihre hierarchische Struktur, Volk Gottes und Laien, Heiligkeit der Kirche. Schon am ersten Tag der Debatte beantragte Kardinal Frings, den Begriff „Volk Gottes" an den Anfang zu setzen, weil ja Hierarchie und Laien zusammen die Kirche bilden; außerdem empfahl er die Hinzufügung eines Kapitels über den eschatologischen Charakter der Kirche und die Eingliederung des Textes über die Muttergottes in das Schema.

Eine am 1. Oktober veranstaltete Abstimmung über das Schema als Ganzes ergab eine erdrückende Mehrheit für die Weiterbehandlung (2231:43). In der Spezialdebatte, die sich über den ganzen Monat Oktober hinzog, wies Kardinal Lercaro darauf hin, daß Corpus Christi mysticum und sichtbare Kirche sich nicht decken, weil alle Getauften in gewisser Weise zum mystischen Leibe Christi gehören, ohne notwendig Glieder der sichtbaren katholischen Kirche zu sein. Aber diese in ökumenischer Sicht hochwichtige Frage wurde bald überschattet durch die Gegensätze, die in der Debatte über das zweite Kapitel, die hierarchische Struktur der Kirche, aufbrachen. Sie dauerte vom 4.–16. Oktober, 127 Redner kamen zu Worte. Stein des Anstoßes für eine sich vor allem, jedoch nicht ausschließlich aus Mitgliedern der Kurie zusammensetzende Minderheit war die Lehre, daß das Kollegium der Bischöfe, in das der einzelne durch die Bischofskonsekration aufgenommen wird, im Zusammenhang mit seinem Haupt, dem Papst, Gewalt und Verantwortung für die ganze Kirche trägt. Redner wie Kardinal Siri von Genua, der Vorsitzende der italienischen Bischofskonferenz, Erzbischof Staffa, Sekretär der Studienkongregation, Erzbischof Parente, Assessor des Heiligen Offiziums, Bischof Carli von Segni sahen in dieser Lehre eine Beeinträchtigung der päpstlichen Primatialgewalt und bestritten, daß sie in Schrift und Tradition begründet sei. Ihnen gegenüber wiesen die Anhänger der „Kollegialität" (z.B. die Kardinäle Liénart und Léger, Weihbischof Betassi von Bologna) darauf hin, daß der päpstliche Primat gemäß der Definition des Ersten Vatikanischen Konzils an mehreren Stellen des Schemas klar herausgestellt war und die Lehre vom Bischofskollegium in der Sendung der Zwölf eine solide biblische, in Texten der Bischofskonsekration und anderen Zeugnissen eine Grundlage in der Tradition besitzt.

Eine zweite, wenn auch nicht so hart umstrittene Frage war die Wiederherstellung des ständigen Diakonates. Seit dem Trienter Konzil war der Diakonat als Durchgangsstufe zum Priestertum betrachtet worden. Nun legte der in vielen Ländern herrschende Priestermangel den Gedanken nahe, in den Diakonen Helfer für die ständig anwachsenden seelsorglichen und karitativen Dienste zu gewinnen. Da aber auch an die Befreiung vom Zölibatsgesetz gedacht war, stieß der Vorschlag auf heftigen Widerspruch nicht nur bei entschiedenen Traditionalisten, so daß sich in dieser Frage die Fronten nicht mit denen hinsichtlich der Kollegialität deckten.

Die Debatte über das dritte Kapitel: Volk Gottes und Laien, bot Gelegenheit, auf die im allgemeinen Priestertum wurzelnde und von kirchlicher Seite oft in Anspruch genommene Mitverantwortlichkeit der Laien und die notwendige Überwindung des Klerikalismus hinzuweisen. Es fehlte nicht an Stimmen, die vor einer Verwischung des Unterschiedes zwischen dem allgemeinen und dem Amts- und Weihepriestertum warnten und in der „Aufwertung" der Laien eine Gefährdung der kirchlichen Autorität sahen.

Im vierten Kapitel (Heiligkeit der Kirche) war, wenn auch noch nicht in befriedigender Weise, die Berufung aller Getauften zur Heiligkeit behandelt, dann im besonderen auf den Ordensstand und die evangelischen Räte eingegangen. Es fehlte ein Abschnitt über die Weltpriester und deren nicht im Ziel, wohl aber in den Mitteln von dem der Ordensleute und Laien verschiedenen Weg der Heiligung. Auch das im Schema entworfene Gesamtbild der Kirche erschien Kardinal Bea unrealistisch; es entspreche nicht der Wirklichkeit der pilgernden Kirche.

Die Debatte über das Kirchenschema dauerte einen vollen Monat. Die Frage war: An welche Änderungsvorschläge soll die Kommission sich bei der Umarbeitung halten? Welche entsprechen dem Mehrheitswillen des Konzils? Um Klarheit zu schaffen, hatte Kardinal Suenens als Moderator in der GK vom 15. Oktober eine Vorabstimmung über vier Kontroverspunkte angekündigt. Sie fand nicht statt. Am 23. Oktober beschloß der Präsidialrat auf Anfrage der Moderatoren mit knapper Mehrheit die Vorlage von fünf (nicht vier) Fragen: 1. Ob die Bischofskonsekration sakramentalen Charakter besitze; 2. ob der in Communio mit dem Papst und den Bischöfen konsekrierte Bischof dadurch Glied des Corpus episcoporum werde; 3. ob das Bischofskollegium (Corpus seu collegium episcoporum) Nachfolger des Apostelkollegiums sei und mit seinem Haupte, dem Papste, und niemals ohne es die höchste Gewalt über die gesamte Kirche besitze; 4. ob diese Gewalt auf göttlichem Recht beruhe; 5. ob es angebracht sei, je nach dem Bedürfnis der Kirche in gewissen Gegenden den Diakonat als besonderen und ständigen Weihegrad wiederherzustellen. Die fünf Fragen hatten nicht den Charakter von Endabstimmungen, sondern bezogen sich nur auf die künftige Formulierung des Schemas durch die Kommission.

Wiederum verging eine Woche, bis die fünf Fragen vorgelegt wurden. Die Mißstimmung wurde noch dadurch gesteigert, daß gegen die am 29. Oktober mit einfacher Mehrheit beschlossene Einfügung des Textes über die Muttergottes in das Kirchenschema durch Flugblätter, die vor der Konzilsaula verteilt oder durch die Post verschickt wurden, eine heftige Propaganda entfaltet worden war, ohne daß gegen deren Urheber eingeschritten wurde. Erst am 30. Oktober wurde über die fünf Fragen abgestimmt. Frage 1 und 2 wurden mit großer Mehrheit bejaht, jedoch bei den folgenden drei Fragen steigerte sich die Zahl der Nein-Stimmen: 1808:336; 1717:408; 1588:525. Obwohl die Gegner der Kollegialität und des ständigen Diakonats geltend machten, daß die Abstimmung nicht bindend sei, schien deren künftige Annahme durch eine Zweidrittelmehrheit nunmehr so gut wie gesichert. Die „Oktoberkrise" war damit überwunden, die GK vom 30. Oktober 1963 ein zweiter Höhepunkt des Konzils nach dem vom 13. Oktober des Vorjahres.

Die Auseinandersetzung über die Struktur der Kirche wirkte naturgemäß auf die Behandlung des Schemas über das Hirtenamt der Bischöfe und die Diözesanregierung ein, die vom 5. bis zum 15. November neun GK in Anspruch nahm. Das Schema war durch Zusammenziehung von fünf Texten der Vorbereitenden Kommission entstanden und Ende April den Konzilsvätern zugestellt worden. Es beschränkte sich noch auf die Leitungsaufgaben der Bischöfe: ihr Verhältnis zu den römischen Zentralbehörden, die Stellung der Hilfsbischöfe, die Bischofskonferenzen, die Umschreibung der Bistümer und die Verwaltung der Pfarreien, ging also von oben nach unten vor, nicht von der Ortskirche aus. Nach Vorstellung durch Kardinal Marella, den Präsidenten der zuständigen Konzilskommission, wurde es nach kurzer Generaldebatte (gegen 477 Nein-Stimmen) als Grundlage der Spezialdebatte angenommen. Während die einen forderten, daß im ersten Kapitel das Ergebnis der Abstimmungen über die Kollegialität zu berücksichtigen sei, bestritten deren Gegner (Ottaviani, Carli) die Verbindlichkeit der Abstimmung vom 30. Oktober. Als Hauptprobleme schälten sich heraus: die Umorganisation der Kurie, die Zusammensetzung und Rechte der Bischofskonferenzen, die Stellung der Weihbischöfe und die Frage einer Altersgrenze für regierende Bischöfe.

Obwohl sich die große Mehrheit darüber im klaren war, daß das Anliegen der Kurienreform nur durch den Papst, nicht durch das Konzil erfüllt werden könne, wurden weitgehende Wünsche geäußert: es möge für die Ausübung der kollegialen Kirchenleitung ein Bischofsrat ins Leben gerufen werden (Alfrink), dem, so meinten manche, anstelle des Kardinalskollegiums das Recht der Papstwahl übertragen werden könnte. Viele Redner ergingen sich in Klagen über die kuriale Bürokratie, ohne ihrer großen Bedeutung als Träger vielhundertjähriger Traditionen und Erfahrungen gerecht zu werden. Das spektakuläre Ereignis der Debatte war die von Kardinal Frings am 8. November vorgetragene Forderung, daß das Heilige Offizium vor der Verurteilung einer Lehre bzw. eines Buches den zuständigen Ordinarius und den Angeklagten hören müsse. Kardinal Ottaviani verteidigte erregt seine Behörde, dennoch gab der Vorstoß des Kölner Kardinals das Signal zu einer Neuordnung der „Suprema". Regelmäßig zusammentretende Bischofskonferenzen hatte es in Deutschland schon seit 1848 gegeben, in manchen anderen Ländern waren sie später in Übung gekommen, Plenarkonferenzen der Bischöfe Frankreichs und Italiens erst in jüngster Zeit. Die neun afrikanischen Bischofskonferenzen konstituierten sich mit einem Zentralsekretariat unter Führung des Kardinals Rugambwa erst auf dem Konzil. Ihre Struktur und ihre Befugnisse waren genauer zu fixieren, weil ihnen (z.B. auf dem Gebiet der Liturgie) wichtige Kompetenzen übertragen werden sollten, vor allem das Recht, für die Mitglieder bindende Beschlüsse zu fassen. In Deutschland und in den USA war man bisher ohne ein solches Recht ausgekommen; doch stand zu erwarten, daß eben dieses Recht notwendig sei, um auf gewissen Gebieten (z.B. im Schul- und Vereinswesen) und in gefährlichen kirchenpolitischen Situationen Spaltungen, ja Zersplitterungen zu verhindern.

Gestützt auf die in der Kirchendebatte von der Mehrheit gebilligte Lehre, daß man durch die Konsekration Mitglied des Bischofskollegiums werde, forderten die Weihbischöfe eine Verbesserung ihrer Rechtsstellung. Afrikanische Bischöfe erklärten sich gegen die Ernennung von Weihbischöfen, weil diese die Einheitlichkeit der Leitung gefährdeten; kritisiert wurde auch die Ernennung von Titularbischöfen zum Zweck persönlicher Auszeichnung. Wenn der regierende Bischof Hirt und Lehrer seiner Diözese ist, wäre es dann nicht erwünscht, daß durch Festsetzung einer Altersgrenze (in einer Anmerkung war das 75. Lebensjahr genannt) der Überalterung des Bischofs vorgebeugt wird? Beispiele dafür, daß ein überalterter oder kranker Bischof hartnäckig den Rücktritt verweigert, waren leicht beizubringen; aber war nicht der Konzilspapst Johannes im Alter von fast 77 Jahren gewählt worden, befanden sich nicht unter den aktivsten und ideenreichsten Konzilsvätern Männer von über 80 Jahren? Der Katalog der angerührten Probleme reichte bis zur Klage über die vielen, aus sich selbst nicht lebensfähigen Zwergbistümer und die zu großen, unübersichtlich gewordenen Diözesen um Großstädte und in Ballungsgebieten, über Reibungen mit den Personaldiözesen orientalischer Riten und mit der Militärseelsorge, schließlich über den Priestermangel in Lateinamerika. Wie kaum in einer anderen Debatte redeten sich die Bischöfe ihre Kümmernisse und Beschwerden von der Seele. 158 Redner hatten gesprochen, als die Debatte am 15. November ohne Abstimmung geschlossen und das Schema zur weiteren Bearbeitung an die Kommission zurückverwiesen wurde. Noch ehe die Tagung zu Ende ging, erteilte das Apostolische Schreiben „Pastorale munus“ vom 30. November 1963 den Diözesanbischöfen vierzig Amtsvollmachten und allen Bischöfen, einschließlich der Titularbischöfe, eine Reihe von Privilegien, durch die das Bischofsamt gegenüber der päpstlichen Zentralgewalt aufgewertet und wenigstens teilweise in seinem ursprünglichen Umfang wiederhergestellt wurde [16].

Das Schema „De oecumenismo“, über das vom 18. November bis zum 2. Dezember debattiert wurde, war auf Grund des Konzilsbeschlusses vom 1. Dezember 1962 durch eine gemischte Kommission aus Mitgliedern des Einheitssekretariates und der Orientalischen Kommission umgearbeitet und zusammengezogen worden. Es behandelte die Grundsätze des katholischen Ökumenismus (c. 1), dessen faktische Gestaltung (c. 2), das Verhältnis zu den orientalischen und, allerdings nur kurz, zu den protestantischen Kirchen (c. 3), die heilsgeschichtliche Stellung der jüdischen Religion (c. 4) und das Prinzip der Religionsfreiheit (c. 5). Während der erste Berichterstatter, Kardinal Cicognani, die ökumenischen Bestrebungen des Konzils lediglich als Fortsetzung der Tendenz „fast aller Konzilien“, Frieden und Einheit wiederherzustellen, aufgefaßt wissen wollte, bezeichnete der zweite Berichterstatter, Erzbischof Martin von Rouen, sie als völlig neu; der dritte, Erzbischof-Koadjutor Bukatko von Belgrad, der für die Ostkirchen sprach, setzte sich für Verbesserungen ein [17]. Im Laufe der Debatte wurde die Frage aufgeworfen: Was ist überhaupt „katholischer Ökumenismus“? Muß die Kirche nicht Anschluß an die mächtig erstarkte ökumenische Bewegung suchen? Gibt die römisch-katholische Kirche ihren Anspruch, die wahre Kirche zu sein, auf, wenn sie die von ihr getrennten Kirchengemeinschaften schlechthin als ‚Kirchen‘ bezeichnet?

Die Darstellung der Gemeinsamkeiten wie die der Unterschiede in Kapitel 3 befriedigte weder die Vertreter der Ostkirchen noch die protestantischen Beobachter. Einigkeit bestand lediglich darüber, daß es sinnlos sei, sie, wie vor dem Ersten Vatikanischen Konzil, zur Rückkehr in die katholische Kirche aufzufordern und die bestehenden Differenzen zu akzentuieren, daß es aber auch nicht angehe, die bestehenden Lehrunterschiede zu verschleiern. Das Schema wandte sich an die Katholiken mit der Aufforderung, durch Streben nach christlicher Vollkommenheit ihre Kirche zum Vorbild zu machen; es empfahl gegenseitiges Kennenlernen und Dialog, gemeinsames Gebet um die Einheit, jedoch nicht die gemeinsame Mysterienfeier; es warnte vor jeder Verletzung der Liebe in der Auseinandersetzung. Es waren vor allem Kardinal Bea und der um die ökumenische Arbeit in Deutschland verdiente Erzbischof Jaeger von Paderborn, die

[16] Wie *K. Mörsdorf*, in: Herder TK II 139 bemerkt hat, ist der Text in AAS 56 (1964) 5–12 im Vergleich mit dem ursprünglichen, den Konzilsvätern eingehändigten Text an mehreren Stellen verändert. Zur Interpretation *K. Mörsdorf*, Neue Vollmachten und Privilegien der Bischöfe, in: AKR 133 (1964) 82–101; *L. Buijs*, Facultates et privilegia episcoporum concessa Motu proprio Pastorale munus cum commentario (Rom 1964).

[17] Ausführliche Würdigung der Relationen durch *W. Becker*, in: Herder TK II 25 ff; über die Debatte mit Nennung der Redner E. Stakemeier bei *Müller* II 540–563.

als Leitidee für das dritte Kapitel angaben, die verbindenden Elemente in Lehre, Frömmigkeit und christlicher Verwirklichung herauszustellen. Sie fanden Unterstützung durch Bischöfe aus allen Teilen der Welt (z.B. auch aus Spanien), freilich auch Widerspruch bei denen, die schon im Wort „Ökumenismus" eine Gefahr erblickten. Kontrovers blieb, wie weit die Zusammenarbeit der Konfessionen auf karitativem und sozialem Gebiet gehen dürfe und solle. Die Mischehenfrage tauchte erst am Rande auf.

Trotz vieler noch ungelöster Probleme, deren Existenz Kardinal Bea nicht bestritt, hinterließ die Debatte den Eindruck, daß ein echter Aufbruch zum ökumenischen Denken stattgefunden hatte. Heftig umstritten hingegen blieben die beiden letzten Kapitel des Entwurfs über die Juden und über die Religionsfreiheit. Das erste schien gefordert durch die einzigartige Stellung des Judentums in der Heilsgeschichte, doch wirkte auch mit das Motiv, dem modernen Antisemitismus eine grundsätzliche, frühere Fehler im kirchlichen Verhalten korrigierende Erklärung entgegenzusetzen. Widerspruch dagegen erhoben vor allem Bischöfe aus den arabischen Staaten, die von einer solchen Erklärung, die politisch als Stellungnahme für den Staat Israel gedeutet werden würde, eine Verschlechterung ihrer ohnehin schwierigen Lage befürchteten und zum Ausgleich ein Wort über den Islam hinzugesetzt wünschten.

Das Kapitel über die Religionsfreiheit mußte von seinem Berichterstatter, De Smedt (Brügge), gegen Einwände vornehmlich theologischer Art verteidigt werden: daß es die Wahrheit dem Irrtum gleichstelle. Bei vielen Vätern tauchten Zweifel auf, ob die beiden letzten Kapitel überhaupt an ihrem richtigen Platz stünden. Diese Zweifel und die Widerstände aus der arabischen Welt erklären, daß, obwohl das Schema als Ganzes in der Generalabstimmung vom 21. November mit großer Mehrheit (1966:86) als Arbeitsgrundlage angenommen worden war, über diese beiden Kapitel nicht mehr abgestimmt wurde. Sie blieben in der Schwebe; um beide, sowohl um ihren Inhalt wie um ihre Position, standen noch heftige Auseinandersetzungen bevor.

In den Entwürfen über die Kirche und den Ökumenismus hatte das Konzil entscheidende Probleme des kirchlichen Selbstverständnisses angepackt, ohne sie befriedigend lösen zu können. Dennoch konnten am Schluß dieser zweiten Tagungsperiode in Sessio III vom 4. Dezember 1963 zwei Texte verabschiedet werden: die Konstitution über die Liturgie und das Dekret über die Massenmedien.

Über das Liturgieschema, das von der Konzilskommission im Frühjahr (23. April–10. Mai) nochmals gründlich überarbeitet worden war, war noch während der Debatte über das Kirchenschema kapitelweise abgestimmt worden. Bei den Kapiteln 2 und 3 (über Messe und Sakramente) waren jedoch am 13. bzw. 18. Oktober so viele Vorbehalte (781 bzw. 1054) gemacht worden, daß sie neu bearbeitet werden mußten. Erst in der Schlußabstimmung über die Konstitution als Ganze am 22. November kam eine überwältigende Mehrheit zustande (2158:19). So konnte sie in Sessio III am 4. Dezember vom Papste bestätigt und verkündigt werden. Ihr Grundgedanke ist die „volle und tätige Teilnahme des ganzen Volkes" (totius populi plena et actuosa participatio) am Ostergeheimnis, der Grundgedanke der liturgischen Bewegung. Ihm untergeordnet ist die den Bischofskonferenzen erteilte Vollmacht, große Teile des Wortgottesdienstes der Messe, insbesondere die Schriftlesungen und das Allgemeine Gebet nach der Gabenbereitung, in der Landessprache, und *nur* in der Landessprache, also nicht *auch* in Latein, vollziehen zu lassen. Das Latein als liturgische Sprache der abendländischen Kirche wird keineswegs abgeschafft, im Gegenteil: „Der Gebrauch der lateinischen Sprache", heißt es in Art. 36 § 1, „soll in den lateinischen Riten erhalten bleiben, soweit nicht Sonderrecht entgegensteht." Den Texten aus der Heiligen Schrift und der sie erklärenden Homilie wird erhöhte Bedeutung zuerkannt, die Pflege des Volksgesangs empfohlen. Für besondere Gelegenheiten wird die gemeinsame Feier des Meßopfers durch mehrere Priester gestattet [18].

Am Schluß der Liturgiekonstitution wurde erstmals die aus langen Beratungen mit Sachverständigen hervorgegangene Approbations- und Promulgationsformel angewendet. Sie fußte auf dem Kirchenverständnis, das auf dem Konzil gewonnen worden war: „Was in dieser Konstitution im gesamten und im einzelnen ausgesprochen ist, hat die Zustimmung der Väter gefunden. Und Wir, kraft der von Christus Uns übertragenen Apostolischen Vollmacht, billigen, beschließen und verordnen es zusammen mit den ehrwürdigen Vätern im Heiligen Geiste und gebieten zur Ehre Gottes die Veröffentlichung dessen, was so durch das Konzil verordnet ist."

Die Ausführungsbestimmungen werden den Bischofskonferenzen überlassen, vorbehaltlich der Bestätigung durch den Heiligen Stuhl, die Reform der liturgischen Bücher, insbesondere des Meßbuchs und des Breviers, einer postkonziliaren Kommission anvertraut, die bald nach Schluß dieser Tagungsperiode (am 25. Januar 1964) vom Papste eingesetzt wurde und zahlreiche Sonderkommissionen bildete. Die auf diese Weise eingeleitete Liturgiereform brach mit der rubrizistischen Erstarrung der letzten Jahrhunderte; ob sie eine organische Weiterentfaltung des liturgischen Erbgutes ohne Substanzverlust bringen werde, war in diesem Augenblick noch nicht abzusehen.

Nicht so einhellig wie bei der Liturgiekonstitution war die Zustimmung der Konzilsväter zu dem durch die Konzilskommission unter Kardinal Cento stark verkürzten Dekret über die Massenmedien. Erzbischof Stourm von Sens hatte es am 14. November als Berichterstatter erläutert. Der neue Text präzisierte die Stellung der Kirche zu Presse, Theater, Film, Hörfunk und Fernsehen, jedoch ohne eine theologische und soziologische Vertiefung anzustreben, insbesondere vermißte man die Herausarbeitung des Menschen*rechtes* auf Information und der Informations*pflicht* des Staates und der Kirche. In einer Eingabe

[18] Zur Approbationsformel *V. Fagiolo,* in: Diritto ecclesiastico 75 (1964) 370–386; *G. Alberigo,* Una cum patribus, in: Mélanges théologiques. Hommage à Mgr. Gérard Philips (Gembloux 1970) 291–319. Weitere Literatur zur Liturgiekonstitution in der Bibliographie.

vom 16. November sprachen amerikanische Journalisten (unter ihnen J. Cogley, R. Kaiser, M. Novak) von einem Rückschritt; sie sahen die Freiheit der Journalisten gefährdet. Am 17. November stellten 90 Konzilsväter (unter ihnen die Kardinäle Frings, Gerlier und Alfrink) an die Kommission den Antrag, das Schema nochmals zu überprüfen, jedoch ohne Erfolg. Dieser Widerspruch erklärt, daß in der Schlußabstimmung vom 25. November eine verhältnismäßig hohe Zahl von Nein-Stimmen (503) gegen 1598 Ja-Stimmen abgegeben wurde, so daß es einen Moment zweifelhaft war, ob es geraten sei, das Dekret zu verabschieden. Da aber eine ergänzende Instruktion in Aussicht genommen wurde, zu deren Ausarbeitung mehr Laienexperten als bisher herangezogen werden sollten, gingen in der Session die Nein-Stimmen auf 164 zurück. Es ist bemerkt worden, daß diesem Dekret ein vorkonziliares Kirchenbild zugrunde liege[19]; bedenkt man aber, wie negativ lange Zeit die Massenmedien in kirchlichen Kreisen beurteilt worden waren, ist es ganz gewiß ein Fortschritt, wenn auch wahr bleibt, daß es der heutigen Bedeutung der Massenmedien noch nicht Rechnung trägt.

In seiner Schlußansprache räumte der Papst ein, daß das Ergebnis dieser Tagungsperiode zwar nicht allen Erwartungen entspreche und noch viele Aufgaben zu bewältigen seien. Er deutete, auf die Gründung des Bischofsrates und die Neuorganisation der Kurie anspielend, an, daß der „Einsatz der Bischöfe im Dienst der Universalkirche noch wirksamer" gestaltet werden sollte. Mit Genugtuung konstatierte er: „Wir haben uns gegenseitig besser kennengelernt und unsere Gedanken auszutauschen gelernt"; zwei wichtige Dekrete sind verabschiedet. Der Papst warnte aber auch davor, die Liturgiekonstitution willkürlich auszulegen, ehe die notwendigen Normen gesetzt seien. Am Schluß seiner Ansprache kündigte der Papst – für die meisten überraschend – eine Wallfahrt nach Jerusalem an, bei der ein Zusammentreffen mit dem Ökumenischen Patriarchen Athenagoras vorgesehen war. Sie fand, von der Weltöffentlichkeit mit großer Spannung verfolgt, vom 4. bis 6. Januar 1964 statt. Mehr als Worte es vermochten, stärkte diese Tat die ökumenische Ausrichtung des Konzils.

Die dritte Tagungsperiode
Novemberkrise und Kirchenkonstitution

Die dritte Tagungsperiode, die am 14. September 1964 mit einer von 24 Konzilsvätern gefeierten Messe, der ersten Konzelebration auf dem Konzil, eröffnet wurde, brachte den Höhepunkt des Konzils, aber auch dessen ernsteste Krise. Die von der Koordinierungskommission gesteuerte Kommissionsarbeit hatte in

[19] *O. B. Roegele* bei *Hampe* III, 349–355, dazu die Einleitung von *K. Schmidthüs*, in: Herder TK I 112–115. Die Schlußansprache des Papstes AAS 56 (1964) 31–40, auch Decreta 928–945.

der Zwischenzeit sechs Schemata so weit gefördert, daß am 7. Juli den Bischöfen als Programmpunkte der kommenden Verhandlungen bezeichnet werden konnten: Kirche, Bischofsamt, Ökumenismus (also die drei Hauptgegenstände der zweiten Tagungsperiode), Offenbarung (in der ersten Periode behandelt, aber zurückgestellt), Laienapostolat, die Kirche in der Welt von heute. Das letztgenannte Anliegen, das „Gespräch mit der Welt", war in der Enzyklika „Ecclesiam suam" vom 6. August 1964 vom Papste berührt und damit das von seinem Vorgänger gegebene Stichwort „aggiornamento" konkretisiert worden; andererseits hatte der Papst vor Neuerern gewarnt, nach deren Ansicht die Kirche mit ihren Traditionen radikal brechen und völlig neue Formen ihres Lebens finden müsse. Die Stellungnahme gegen den atheistischen Kommunismus und die Erwähnung der jüdischen Religion und des Islam als Gesprächspartner schienen das Konzilsprogramm zu erweitern.

Die Eröffnungsrede des Papstes am 15. September[20] machte jedoch offenbar, daß er nach wie vor das Kirchenschema als den wichtigsten Beratungsgegenstand betrachtete, und wenn er darauf hinwies, daß die Natur und Funktion des Episkopates als Ergänzung der Primatlehre zu klären seien, so war das ein unmißverständlicher Wink an die Gegner der Kollegialität, ihren Widerstand aufzugeben, zugleich aber an deren Anhänger, daß am päpstlichen Primat in dem vom Ersten Vatikanischen Konzil definierten Umfang nicht gerüttelt werden dürfe. Auf Grund der Vorabstimmungen am 30. Oktober 1963 hatte die Kommission dem Kirchenschema eine neue Einteilung und Form gegeben, um die sich der Löwener Dogmatikprofessor Philips großes Verdienst erwarb. Dem in sechs Kapitel eingeteilten Schema waren hinzugefügt ein Kapitel 7 über den eschatologischen Charakter der Kirche und das mariologische Kapitel 8. Über sie mußte noch debattiert werden (15.–18. September), gleichzeitig begannen die Abstimmungen über die ersten sechs Kapitel (ohne Debatte). Die beiden ersten (Kap. 1: Die Kirche als Mysterium, Kap. 2: Die Kirche als Volk Gottes) passierten ohne großen Widerspruch. Heftig umstritten blieb jedoch Kapitel 3 über die hierarchische Struktur der Kirche. Es war für die Abstimmungen (21.–30. September) in 39 Abschnitte aufgeteilt worden, über deren jeden mit Placet oder Non placet zu stimmen war. Bei den Abschnitten über das Bischofskollegium, das in seiner jetzigen Form von Erzbischof Parente verteidigt, von Bischof Franič abgelehnt wurde, stiegen die Nein-Stimmen auf über 300 an: Es war die einflußreiche Gruppe, die in diesen Aussagen den päpstlichen Primat gefährdet sah. Weit zahlreicher, aber anders zusammengesetzt waren die 629 Nein-Stimmen gegen die Erteilung der Diakonatsweihe an ältere verheiratete Männer; die Zulassung junger Männer ohne Verpflichtung zum Zölibat wurde mit 1364 Nein-Stimmen verworfen. Obwohl die Gegner der Kollegialität bei weitem nicht das zur Verwerfung notwendige Drittel aufgebracht hatten, versuchten sie bei der Schlußabstimmung über Kapitel 3, in der Placet iuxta

[20] AAS 55 (1963) 841–859; Decreta 895–927.

modum erlaubt war, ihre Ansichten doch noch in den Text zu bringen; sie dürften die große Mehrheit der am 30. September zum ersten Teil des dritten Kapitels abgegebenen 572 Vorbehalts-Stimmen (außer 42 Nein-Stimmen) ausgemacht haben. Die kuriale Opposition begann abzubröckeln, sie gab sich aber noch nicht geschlagen. Gut aufgenommen wurden Kapitel 4 über die Laien, Kapitel 5 über die Berufung zur Heiligkeit und Kapitel 6 über die Ordensleute, deren Auffassung der Berichterstatter Abtprimas Gut mit Erfolg verteidigte. Das von Kardinal Larraona entworfene Kapitel 7: „Der endzeitliche Charakter der pilgernden Kirche und ihre Einheit mit der himmlischen Kirche" konnte aufgrund der Debatte (15.–16. September) wesentlich verbessert werden, die Zeit zwischen der Himmelfahrt des Herrn bis zur Parusie wurde als die Zeit des Heiligen Geistes herausgestellt, die christozentrische Heiligenverehrung bejaht. Größeren Widerspruch erregte in der Debatte (16.–18. September) Kapitel 8: Maria im Geheimnis Christi und der Kirche, dessen Eingliederung in das Kirchenschema auf heftigen Widerspruch gestoßen war und manchen eifrigen Marienverehrern minimalistisch erschien. Der Primas von Polen und einige spanische und italienische Bischöfe wünschten eine feierliche Weihe der Welt an die Muttergottes, manche empfahlen die Aufnahme von Titeln wie „Mutter der Kirche" und „Mittlerin" in den Text, wogegen die Kardinäle Bea und Frings Bedenken erhoben: Man möge auf streng dogmatischem Boden bleiben.

Ehe über diese letzten Kapitel abgestimmt wurde, stießen bei dem zweiten Schema, das auf dem Programm stand: „Über das Hirtenamt der Bischöfe in der Kirche" die Gegensätze wieder härter aufeinander. Der vorgelegte Text war durch die Kürzung des in der zweiten Tagungsperiode debattierten Entwurfs über das Bischofsamt und dessen Verschmelzung mit einem Entwurf über die Gestaltung der Seelsorge im März 1964 entstanden und mußte daher, weil stark verändert, von neuem behandelt werden (18.–22. September). Bischof Carli bestritt die universalkirchliche Kompetenz und Verantwortlichkeit der Bischöfe, die dem Text zugrunde lag; andere Kritiker (z.B. Kardinal Léger und mehrere französische Bischöfe) fanden den Text zu juristisch, zu klerikal und den heutigen Aufgaben nicht angepaßt. Von neuem wurden manche Einzelanliegen vorgebracht: die kaum gemilderte Machtlosigkeit des Diözesanbischofs gegenüber den exemten Orden; der notwendige Ausgleich zwischen priesterarmen und priesterreichen Diözesen; die Fluktuation der Bevölkerung in der „wandernden Kirche". Das von der Kommission daraufhin umgearbeitete Schema wurde zwar nochmals zur Debatte gestellt (4.–6. November), es wurden jedoch zu den beiden ersten Kapiteln so viele Modi eingereicht (zu Kap. 1 852, zu Kap. 2 889), daß bis zum Schluß dieser Tagungsperiode der revidierte Text nicht mehr vorgelegt werden konnte.

Die Spannungen verschärften sich noch, als am 23. September die Religionsfreiheit und am 25. September die Judenerklärung auf die Tagesordnung kamen, die ursprünglich (als Kap. 4 und 5) mit dem Ökumenismus-Schema verbunden gewesen waren. Bischof De Smedt von Brügge, der Berichterstatter über den ersten Text, konnte darauf hinweisen, daß 380 Änderungsvorschläge verarbeitet worden waren. Ausgehend von der natürlichen Würde des Menschen, schützt das Dekret die Gewissensfreiheit im zivilen Bereich, auch dann, wenn das Gewissen irrt. Die Gegner empfanden ganz richtig, daß diese Auffassung mit der mittelalterlichen Rechtsordnung, die die Ausmerzung der Ketzer durch gemeinsames Vorgehen von Kirche und Staat verlangte, endgültig brach. In der Debatte (25.–29. September) stellte Kardinal Ruffini die Frage: Wie kann die katholische Kirche, die doch die wahre Kirche und Trägerin der Wahrheit ist, darauf verzichten, diese ihre Wahrheit, wo immer möglich, auch mit Hilfe des Staates zu fördern? Toleranz – ja, Freiheit – nein! Kardinal Ottaviani warf die Frage auf: Werden durch diese Erklärung nicht die vom Heiligen Stuhl geschlossenen Konkordate (z.B. mit Italien und Spanien), die der katholischen Kirche eine privilegierte Stellung einräumen, hinfällig?

Entschiedene Verteidiger fand der Entwurf vor allem im amerikanischen Episkopat (durch die Kardinäle Meyer und Ritter), aber auch im polnischen durch Erzbischof Wojtyla von Krakau, der seinen Wert gegenüber dem kommunistischen Totalitarismus erkannte. Man sah ein, daß die Begründung und der Geltungsbereich der religiösen Freiheit schärfer gefaßt werden müßte, um dem Einwurf zu begegnen, daß Wahrheit und Irrtum als solche (nicht die Menschen, die sie verteidigen) gleichgestellt werden. Die Debatte schloß ohne Abstimmung, der Text wurde fünf Mitgliedern der Theologischen Kommission zur Begutachtung übergeben, die weitere Bearbeitung übernahm das Einheitssekretariat.

Im Vergleich mit der in der zweiten Tagungsperiode als Kapitel 4 des Ökumenismus-Schemas vorgelegten, aber nicht diskutierten „Judenerklärung" war der am 25. September durch Kardinal Bea eingeführte Text darauf angelegt, die arabischen Gegner zu versöhnen[21]. Mit Rücksicht auf sie war der Islam ausdrücklich genannt, nach Ansicht der Befürworter war der Text verwässert, weil nur die gegenwärtig lebenden Juden, nicht das Volk als historische Größe von der Anklage des „Gottesmordes" freigesprochen war, die in der Vergangenheit von christlichen Polemikern erhoben worden war; 21 Väter forderten die Rückkehr zum früheren Wortlaut. Andere Kritiker wünschten die Vertiefung der heilsgeschichtlichen Ausführung (Frings, Lercaro, Heenan, Hengsbach) und die Berücksichtigung auch anderer monotheistischer Religionen (König). Die Hauptschwierigkeit war und blieb das politische Mißverständnis. Die arabischen Staaten deuteten die „Judenerklärung" als Stellungnahme für den Staat Israel und übten auf die Bischöfe ihrer Länder und auf diplomatischem Wege starken Druck aus; Patriarch Maximos IV. verstieg sich zu der Anklage, die Verfasser des Textes seien „gekauft". So erklärt sich, daß der Generalsekretär des Konzils in einem Brief vom 8. Oktober Kardinal Bea aufforderte, den Text

[21] Sehr ausführliche Darstellung der Vorgeschichte, einschließlich der politischen Faktoren, durch J. Oesterreicher, der am gesamten Werdegang stark beteiligt war, in: Herder TK II 404–487. Der 1964 vorgelegte Text (a.a.O., 437f) war bereits der dritte.

nochmals durch eine aus je drei Mitgliedern des Einheitssekretariates und der Theologischen Kommission zusammengesetzte Gruppe überprüfen zu lassen; der Versuch, ihn in die Kirchenkonstitution einzufügen und dadurch dem Einheitssekretariat ganz zu entziehen, mißlang.

Überraschend ruhig verlief die Debatte (30. September–6. Oktober) über das vor zwei Jahren zurückgestellte Offenbarungsschema, das durch eine Subkommission, an der Philips, Ratzinger, Congar, K. Rahner und andere führende Theologen mitgearbeitet hatten, eine neue Fassung erhalten hatte. Es entsprach, wie Bischof Franič als zweiter Berichterstatter ausführte, nicht der Auffassung einer Minderheit der Kommission, die darin eine Abkehr vom tridentinischen Dekret über Schrift und Tradition sah. In Wirklichkeit war es dessen Ergänzung, gewonnen aus der Vertiefung der Begriffe „Schrift", „Tradition" und „Lehramt", die eng miteinander verbunden sind und nur zusammen bestehen können; die theologische Diskussion um die Interpretation des Trienter Dekretes ließ es bewußt in der Schwebe. Andere Streitpunkte waren die Irrtumslosigkeit der Schrift und die Historizität der Evangelien. Wie in den Abstimmungen über das Kirchenschema und in der Debatte über die Religionsfreiheit, so zeigte sich auch in dieser über das Offenbarungsschema, daß die große Mehrheit des Konzils den von den Päpsten Johannes und Paul gesteckten Zielen zustimmte und daß die Gruppe, die zäh an den bisher in Rom vertretenen Auffassungen festhielt, einflußreich, zahlenmäßig aber schwach war.

Aus dieser Einstellung der Konzilsmehrheit ergab sich das Schicksal der neun Texte, die zwischen dem 7. Oktober und dem 20. November dem Konzil vorgelegt wurden. Zwei von ihnen wurden an die zuständigen Kommissionen zurückverwiesen: am 14. Oktober das nur noch aus 12 Leitsätzen bestehende Schema über „Leben und Dienst der Priester", am 9. November das Missionsschema, obwohl der Papst persönlich am 6. November in der Aula erschienen war und die Annahme empfohlen hatte. Das Schema über das Laienapostolat, über das Bischof Hengsbach (Essen) Bericht erstattete, entging in der Debatte (7.–13. Oktober) zwar diesem Schicksal, es wurde an ihm jedoch ausgesetzt, daß es nicht die notwendigen Folgerungen aus der Lehre vom Volk Gottes ziehe, das Eigenrecht des Laien, aber auch seine Eigenverantwortlichkeit und spezifische Spiritualität nicht genügend herausarbeite; zum ersten Male sprach ein Laie, P. Keegan, zur Sache.

Die Leitsätze über die Erneuerung des Ordenslebens (debattiert 10.–12. November) und über die christliche Erziehung (17.–19. November) erschienen vielen Vätern zu wenig konkret, doch als entwicklungsfähig. Besser aufgenommen wurden die 22 Leitsätze über die Priesterbildung, die den Bischofskonferenzen die Aufstellung der Studienpläne und damit die Anpassung an die regionalen Verhältnisse anvertrauten; nur an der Frage, welche Autorität Thomas von Aquin im philosophischen und im theologischen Lehrsystem einzunehmen habe, schieden sich die Geister.

Der vom 20. Oktober–9. November debattierte Text über „Die Kirche in der

Welt von heute", nach der ursprünglichen Reihenfolge im Verzeichnis der Entwürfe anfangs Schema 17, später Schema 13 genannt, war von einer Arbeitsgruppe erstellt worden, die im Februar 1964 in Zürich getagt hatte (daher „Züricher Text"). Vorausgegangen waren ihm ein „römischer" Entwurf, der im Frühjahr 1963, und ein französisch abgefaßter „Mechelner" Entwurf, der im September 1963 auf Veranlassung des Kardinals Suenens von belgischen und französischen Theologen konzipiert worden war[22]. Der Züricher Entwurf, an dem der Redemptorist Bernhard Häring starken Anteil hatte, behandelte nach einer theologischen Grundlegung den Dienst der Kirche an der Welt (Kap. 2), Armut, Übervölkerung und Krieg (Kap. 3 und 4). Im Laufe der durch die Relation des Bischofs Guano von Livorno eröffneten Generaldebatte forderte Kardinal Meyer die Vertiefung der theologischen Grundlagen, der Text wurde jedoch mit großer Mehrheit (1576:296) als Basis für die Spezialdebatte angenommen. In ihr beantragte Kardinal Lercaro eine Stellungnahme zum Problem „Kirche und Kulturen", der Laie James J. Norris legte am 9. November reiches Material zu den angeschnittenen Fragen vor. Man gab sich darüber Rechenschaft, daß dieses in der Geschichte der Konzilien erstmalige Dokument langsam heranreifen müsse, damit es der Erwartung der Menschen entsprechen könne. Die Enzyklika „Ecclesiam suam" vom 8. Dezember 1964, die in ihrem dritten Teil den Dialog der Kirche mit der Welt behandelte, ermutigte zur Weiterarbeit.

Ein von der Sakramentenkommission unter Beiziehung von Mitgliedern der Theologischen Kommission und des Einheitssekretariates ausgearbeitetes Schema über das Ehesakrament, das in fünf Kapiteln über Ehehindernisse, Mischehe, Ehekonsens, Eheschließungsform und Eheprozeß handelte, war auf Anordnung der Koordinierungskommission zu einem Votum verkürzt worden, das sich darauf beschränkte, die Grundlinien einer Reform des Eherechtes auszuziehen[23]. Es wurde, eingeführt durch Erzbischof Schneider von Bamberg, am 19. und 20. November in der Aula diskutiert, aber am Ende der GK vom 20. schlug Kardinal Döpfner als Moderator vor, mit Rücksicht auf das Mischehenrecht, das in den konfessionell gemischten Ländern als großes Hindernis der Annäherung der Konfessionen empfunden werde, das Votum dem Papste zu übergeben, um eine möglichst rasche Regelung zu gewährleisten. Das Konzil sah ein, daß ein so schwieriges juristisches und seelsorgliches Problem im Plenum kaum gefördert, erst recht nicht gelöst werden konnte, weil die Verhältnisse in den einzelnen Ländern allzu verschieden liegen. 1592 Väter erklärten sich für, 427 gegen diesen Ausweg.

[22] Zur Textgeschichte *Ch. Moeller,* in: Herder TK III 242–278, wo 251 der Brief des Generalsekretärs des Weltkirchenrates Lukas Visher vom 18. 4. 1963 über „Faith and Order" erwähnt ist. Etwas vereinfachend *Hampe* III, 15ff.

[23] Zur Entstehung des Votums über das Ehesakrament *B. Häring,* in: Herder TK III 595; dort 596–606 der Text, *J. G. Gerhartz,* Die Mischehe, das Konzil und die Mischeheninstruktion, in: Theol. u. Phil. 41 (1966) 376–400.

Von den neun Texten, über die im Oktober/November debattiert wurde, gelangte nur einer nach kurzer Debatte (16.–20. Oktober) ans Ziel: das Schema über die orientalischen Kirchen; es wurde in Sessio V promulgiert. Während das Konzil, von außen gesehen, zügig voranschritt, hatten sich in seinem Innern die Spannungen verschärft. Am 11. Oktober hatten 17 Kardinäle (aus Mittel- und Westeuropa sowie den USA) durch einen Brief an den Papst den Versuch vereitelt, die beiden umstrittenen Erklärungen über die Religionsfreiheit und die Juden unter Umgehung des Konzils mit Berufung auf einen angeblichen Wunsch des Papstes neuen gemischten Kommissionen zu übergeben, aus deren geplanter Zusammensetzung die Absicht der Minderheit erkennbar war, die Texte in ihrem Sinn zu verändern. Der Appell an den Papst war erfolgreich, dennoch gab sich die opponierende Gruppe nicht geschlagen.

Weiter auf den hartnäckigen Widerstand der äußerst aktiven und im Vatikan einflußreichen Minderheit stieß Kapitel 3 der Kirchenkonstitution. Als den Konzilsvätern am 14. November ein dickes Heft mit Veränderungsvorschlägen zu den Kapiteln 3 bis 8 samt den Antworten der Theologischen Kommission ausgehändigt wurde, war ihm eine Nota explicativa praevia vorausgeschickt, die jede Beeinträchtigung der Lehre vom päpstlichen Primat durch die in Kapitel 3 entwickelte Lehre vom Bischofskollegium ausschließen sollte. Sie hatte zwar der Theologischen Kommission vorgelegen, kam aber, wie der Generalsekretär mitteilte, von einer „höheren Autorität", also vom Papste persönlich. Sie sollte die Minderheit, deren sinnändernde „Modi" von der Kommission nicht angenommen worden waren, mit dem Text versöhnen und dessen Annahme mit moralischer Einstimmigkeit sichern. Zweimal, am 16. und am 19. November (dem Tag vor der Schlußabstimmung), erklärte der Generalsekretär, daß die „Nota" zwar nicht ein Bestandteil des Textes, dieser aber in deren Sinn zu interpretieren sei.

Die der Nota zugrunde liegende Absicht wurde erreicht: Die Nein-Stimmen zu Kapitel 3 gingen am 17. November auf 46 zurück, unter ihnen ohne Zweifel auch solche von Verteidigern der Kollegialität, die eine Beeinträchtigung bzw. Abschwächung dieser Lehre argwöhnten; in der Session stimmten nur noch fünf Väter mit Non placet. Der Papst hatte also sein Ziel erreicht. Die Frage ist: Verändert die „Nota" den Aussagewert des Textes?

Wer beide unvoreingenommen nebeneinanderlegt, wird die Frage verneinen. Die „Nota" verstärkt das Festhalten an der Primatlehre des Ersten Vatikanischen Konzils, sie streicht jedoch nichts vom unmittelbar göttlichen Ursprung des Bischofsamtes und vom Auftrag und von der Verantwortung des Bischofskollegiums für die Universalkirche nachträglich weg. Die Minorität ließ jedenfalls ihre Bedenken fallen und gab ihren Widerstand auf. Bedenklich war weniger der Inhalt als die Form, in der die „Nota" dem Konzilstext vorausgeschickt wurde. Aber hatte nicht der Papst als Haupt des Konzils das Recht, seine Zustimmung von einer im voraus festgelegten Interpretation abhängig zu machen?

Die Erregung über die „Nota" hatte sich noch nicht gelegt, als am „schwarzen Donnerstag", dem 19. November, durch das rangälteste Mitglied des Präsidiums, Kardinal Tisserant, die am Vortage angekündigte Abstimmung über die „Erklärung zur Religionsfreiheit" abgesagt wurde. Vorausgegangen war eine Eingabe von 200 spanischen und italienischen Bischöfen an das Präsidium, die unter Berufung auf Art. 30 § 2 und Art. 35 der Geschäftsordnung mehr Zeit zum Studium des in der Tat bedeutend veränderten Entwurfs und den Aufschub der Abstimmung verlangte. Fand die Abstimmung statt, konnte über ihren Ausgang kaum ein Zweifel bestehen: Die große Mehrheit würde dem Entwurf grünes Licht geben, auch wenn er die Verteidiger der Religionsfreiheit nicht voll befriedigte. Als kurz nach 11 Uhr die Abstimmung stattfinden sollte, verkündigte Tisserant nach Rücksprache mit anderen Mitgliedern des Präsidiums, sie sei vertagt – und das bedeutete, daß die Erklärung in dieser Tagungsperiode nicht mehr verabschiedet werden konnte. Niemals hatte die Aula von St. Peter eine solche Erregung gesehen wie in dieser Stunde: Viele Konzilsväter hatten ihre Plätze verlassen und standen, erregt diskutierend, in Gruppen beieinander. War die Freiheit des Konzils gefährdet? Amerikanische Bischöfe setzten in Eile eine Petition an den Papst in Umlauf, die sofort 441 Unterschriften erhielt (später wurden es gegen tausend); „mit aller Ehrfurcht, aber mit größter Dringlichkeit (instanter, instantius, instantissime) bitten wir, daß vor dem Ende dieser Sitzungsperiode des Konzils über die Erklärung zur Religionsfreiheit abgestimmt wird, sonst verlieren wir das Vertrauen der christlichen und der nichtchristlichen Welt". Bischof De Smedt, der seinen Bericht über den Text erstattete, erhielt demonstrativen Beifall. Nach Schluß der GK begaben sich die Kardinäle Meyer, Ritter und Léger zum Papste, erhielten aber nur die Zusicherung, die Deklaration werde als erster Punkt auf das Programm der vierten Sitzungsperiode kommen; diese Zusicherung wurde am folgenden Tage durch Kardinal Tisserant wiederholt.

Die stürmische GK vom 19. November brachte noch eine weitere Überraschung. Die von der Kommission formulierte und am 5. Oktober durch die Berichterstatter Martin, Helmsing, Hermaniuk und Heenan erläuterte Fassung des Ökumenismusdekrets war zwar von nur wenigen Vätern abgelehnt, es waren aber fast 2000 Modi eingebracht worden, die zu sichten und zu bearbeiten waren. Vergebens warteten die Väter auf den gedruckten endgültigen Text, über den am 20. November abgestimmt werden sollte. Da verkündete der Generalsekretär, er sei noch nicht fertig, weil einige Änderungen vorgenommen worden seien; diese Änderungen, insgesamt 19, verlas er, mit dem Hinzufügen, sie gingen auf eine „höhere Autorität" zurück. Der Papst hatte dem Vorsitzenden des Einheitssekretariates 40 Änderungsvorschläge übersandt, die Kardinal Bea aus Zeitmangel nur noch einigen Mitgliedern aus seiner nächsten Umgebung vorzulegen vermochte, mit dem Ergebnis, daß die genannten 19 in den Text eingearbeitet wurden. Einige waren nur stilistisch, andere zwar sinnändernd (z. B. daß die nicht mit Rom verbundenen Kirchen Gott in der Bibel

„suchen" statt „finden"), doch konnte keine als eine substantielle Änderung gelten. Befremdend war wiederum nur die Form: Daß ein vom Konzil und dessen Organ, dem hier zuständigen Einheitssekretariat, mit großer Sorgfalt hergestellter Text in letzter Stunde zwar nicht ganz über dessen Kopf, aber eben doch nicht in geschäftsordnungsgemäßer Form geändert worden war. Unter den 64 Vätern, die am folgenden Tage mit Non placet stimmten, bekundeten nicht wenige auf diese Weise ihre Enttäuschung; in der Session vom 21. November gingen die Nein-Stimmen auf elf zurück.

In Sessio V vom 21. November 1964, mit der die dritte Tagungsperiode abschloß, konnten drei Texte angenommen und promulgiert werden. Die Konstitution „Lumen gentium"[24] ist in zweierlei Hinsicht der Höhepunkt und das Zentrum der Konzilsentscheidungen. Historisch betrachtet, ist sie der Höhepunkt, denn sie beendet das Suchen der Kirche nach ihrem Selbstverständnis, das am Ende des 13. Jahrhunderts begonnen hatte, auf den Reformkonzilien des 15. Jahrhunderts und in Trient zu schweren Auseinandersetzungen geführt hatte und auf dem Ersten Vatikanischen Konzil nicht zu Ende geführt worden war. Sie ist das Zentrum der Konzilsdekrete, denn aus ihr sind fast alle anderen Dekrete des Konzils zu interpretieren. Wie kein anderes Dekret ist sie „das Werk des Konzils selbst und seiner aktivsten Mitglieder" (Philips). Wie die Theologische Kommission am 6. März 1964 hinsichtlich aller lehramtlichen Aussagen des Konzils erklärt hat, beansprucht sie nicht Unfehlbarkeit, fordert aber die gläubige Annahme nach Maßgabe des Gegenstandes und der Aussageform. Die Definition der Kirche als „Volk Gottes" bricht mit dem einseitig juristischen Anstaltsbegriff und der Auffassung, die sie praktisch mit dem Klerus identifizierte und den Laien eine passive Rolle zuschob. Sie beendet die Auseinandersetzung um das Verhältnis des päpstlichen Primates zum Episkopat im Sinne einer organischen Verbindung beider: Das Bischofskollegium, in das der einzelne Bischof durch die sakramentale Weihe aufgenommen wird und die Charismen und Vollmachten zur Ausübung des apostolischen Amtes empfängt, besitzt kraft göttlichen Rechtes als Nachfolger der „Zwölf" Gewalt über und Verantwortung für die Universalkirche, aber nur in Gemeinschaft mit dem Papste, der sein Glied und sein Haupt ist. Der Nachfolger Petri regelt die Ausübung der von Gott verliehenen Vollmachten durch die Übertragung eines bestimmten Sprengels an den Bischof, die verweigert oder entzogen werden kann. Der so ernannte Bischof leitet die Ortskirche in eigener Vollmacht und Verantwortung (kraft potestas propria, ordinaria et immediata). Das Bischofskollegium ist eine geistliche Gemeinschaft (communio), kein römisch-rechtliches Kollegium. Es kann seine Autorität stets nur in Verbindung mit seinem Haupte ausüben, wobei offenbleibt, in welchen Formen es, ohne das Recht der Mitregierung zu besitzen

[24] Die umfangreiche Literatur zur Kirchenkonstitution s. o. in der Bibliographie. *H. Schauf*, Zur Textgeschichte grundlegender Aussagen aus Lumen gentium über das Bischofskollegium, in: AKR 141 (1972) 5–147.

(das ius congubernii), an der Leitung der Universalkirche durch den Papst beteiligt werden kann, ebenso aber auch, ob der Papst die Quelle aller und jeder faktischen Regierungsgewalt in der Kirche ist oder nur subsidiär im Interesse der Kircheneinheit eingreifen darf.

Der Diakonat wird als Stand wiederhergestellt. Alle Christen sind zur Heiligkeit berufen, doch ist der Weg zu ihr im Ordensstand, der die evangelischen Räte befolgt, verschieden vom Weg der in der Welt Lebenden. Die Kirche fühlt sich weniger als „streitende" und noch weniger als „triumphierende", sondern als pilgernde, die ihrer eschatologischen Vollendung entgegenharrt. Die Mutter des Herrn steht kraft ihrer einzigartigen Stellung in der Heilsgeschichte auch in einem einzigartigen Verhältnis zur Kirche; sie ist „unsere Mutter", wird aber nicht als „Mittlerin des Heils" bezeichnet: Das mariologische Kapitel schloß sich weder den Maximalisten noch den Minimalisten an.

Wenn die Konstitution „Lumen gentium" das bei weitem wichtigste Ergebnis des Konzils ist, weil sie das Selbstverständnis der Kirche artikuliert, so folgt ihr im geringen Abstand das Dekret über den Ökumenismus[25], das die Beziehungen zu den anderen christlichen Kirchen und Kirchengemeinschaften neu regelt. Es geht davon aus, daß es nur *eine* Kirche Christi geben kann und gibt, daß aber in den von der römisch-katholischen Kirche nicht ohne Schuld von beiden Seiten (non sine hominum utriusque partis culpa) getrennten Kirchen „das geschriebene Wort Gottes, das Leben der Gnade, Glaube, Hoffnung und Liebe und andere innere Gaben des Heiligen Geistes" wirksam sind. Das Ökumenismusdekret beendet die seinerzeit auf dem Tridentinum notwendige Akzentuierung der konfessionellen Gegensätze, indem es das Gemeinsame heraushebt, die Tür zum gegenseitigen Kennenlernen und Verstehen öffnet und durch die Aufforderung zum gemeinsamen Gebet die Macht herbeiruft, die das scheinbar Unmögliche, die Wiedervereinigung der christlichen Kirchen, möglich machen kann. Die trennenden Unterschiede in Lehre und Frömmigkeit, bei den Reformationskirchen zahlreicher als bei den Ostkirchen, werden nicht aus falschem Irenismus geleugnet, müssen aber im Geiste der Liebe behandelt werden, wie es im ständigen Gespräch der Beobachter mit dem Einheitssekretariat während des Konzils geschah. Man war sich durchaus bewußt, daß auf diesem Gebiet noch ein weiter Weg zurückzulegen sei.

Das dritte in Sessio V promulgierte Dekret über die katholischen Ostkirchen[26] erklärt feierlich (Art. 5): „Die Kirchen des Ostens wie auch des Westens haben das volle Recht und die Pflicht, sich jeweils nach ihren eigenen Grundsätzen zu richten, die sich durch ihr ehrwürdiges Alter empfehlen, den Gewohnheiten ihrer Gläubigen besser entsprechen und der Sorge um das Seelenheil an-

[25] Literatur s.o. in der Bibliographie.

[26] Kurze Einleitung von Abt Johannes Hoeck, in: Herder TK I 362f, auch *Hampe* II, 637–697. Die Allokution des Papstes, in: AAS 56 (1964) 1107–1118; Decreta 971–991. – Rückblick auf die gesamte dritte Tagungsperiode von Hirschmann u. a. bei *Müller* III/2, 897–925.

gemessener erscheinen." „Orientalium ecclesiarum instituta" regelt hauptsächlich praktische Fragen des kirchlichen Zusammenlebens (Gottesdienst, Sakramentenspendung, hier z.B. Aufhebung der Formpflicht bei Mischehen), enttäuschte jedoch die Orientalen in Art. 7–9 über die Patriarchate, den „Angelpunkt der ganzen orientalischen Frage" (Abt Hoeck).

Vierte Tagungsperiode und Abschluß

Am 4. Januar 1965 setzte der Papst, der Anfang Dezember am Eucharistischen Kongreß in Bombay teilgenommen hatte, den 14. September als Beginn der vierten Tagungsperiode fest. In der Zwischenzeit arbeiteten die Kommissionen intensiver als je zuvor an den schon diskutierten elf Texten, von denen fünf Ende Mai an die Konzilsväter verschickt wurden. Wenn die Novemberkrise den Eindruck hinterlassen hatte, der Papst fürchte eine Schmälerung des Petrusamtes, so ergaben die folgenden Äußerungen und Maßnahmen, daß er die von ihm bei Beginn seines Pontifikates vorgezeichnete Linie unbeirrt weiterverfolgte. In einer Ansprache an das Kardinalskollegium vom 24. Juni 1965 stellte er die Reform der Kurie und die Revision des kirchlichen Gesetzbuches in Aussicht, aber auch die vom Konzil ihm übertragene Neuregelung des Mischehenrechtes und das Studium der Geburtenkontrolle. In der Enzyklika „Mysterium fidei" vom 11. September 1965 wandte er sich gegen den Versuch, das Dogma von der eucharistischen Transsubstantiation aufzuweichen, und betonte bei verschiedenen Anlässen, die Kirche habe keinen Anlaß, gute und bewährte Traditionen aufzugeben. „Wir haben einen Papst", so faßte ein Rundfunkkommentator seinen Eindruck zusammen.

Am Tage der Eröffnung der vierten Tagungsperiode (14. September 1965)[27] überraschte Paul VI. das Konzil durch die Ankündigung, er werde einen Bischofsrat (Synodus episcoporum) berufen, durch den der Episkopat am Wohle der Universalkirche mitzuarbeiten vermöge. Aus dem Motuproprio „Apostolica sollicitudo" vom 15. September ging hervor, daß die Mehrzahl der Mitglieder des Bischofsrates durch die Bischofskonferenzen zu wählen sind, wodurch eine echte Vertretung der Bischöfe (nicht des Bischofskollegiums als solchen) gewährleistet wird. Berufen, vorbereitet und geleitet wird der Bischofsrat durch den Papst. Er ist „ein ständiger Rat von Bischöfen für die gesamte Kirche, der direkt und unmittelbar Unserer Gewalt unterstellt ist", mithin kein „kleines Konzil" mit eigener beschließender Gewalt.

Die vierte Tagungsperiode unterschied sich von allen früheren dadurch, daß die Arbeit der Kommissionen an der Ausfeilung der Texte im Vordergrund

[27] Die Allokution vom 14. 9. 1965, in: AAS 57 (1965) 794–805, auch Decreta 992–1011. Das Motuproprio mit deutscher Übersetzung in dem von mir herausgegebenen Heft: Ordnung der Bischofssynode (Trier 1968) 50–61; dort 18–49 die am 8. 12. 1966 erlassene Geschäftsordnung.

stand, die GK großenteils durch Abstimmungen ausgefüllt und mehrmals durch längere Pausen unterbrochen wurden. Das Konzil stand unter Zeitdruck, denn diese Tagung sollte die letzte sein. Zug um Zug wurden die noch ausstehenden Dekrete zum Abschluß gebracht.

Zu Beginn der erneuten Debatte über die Religionsfreiheit (15. September) machte der Berichterstatter De Smedt noch einmal klar, daß der Text nicht Wahrheit und Irrtum gleichstelle, auch nicht das Individuum von der moralischen Pflicht entbinde, die Wahrheit zu suchen und zu ergreifen, sondern lediglich die Freiheit von religiösem Zwang im bürgerlichen Bereich beinhalte. Ein neu eingefügter Passus ließ die Möglichkeit offen, in Staaten mit vorwiegend katholischer Bevölkerung der Kirche eine privilegierte Stellung einzuräumen, und versöhnte dadurch einen Teil der Italiener (z. B. Kardinal Urbani von Venedig), jedoch nicht alle Gegner: In der Schlußabstimmung (21. September) stimmten 224 Väter mit Non placet. Nach nochmaliger Bereinigung des Textes aufgrund der eingereichten Modi stieg die Zahl der Nein-Stimmen am 19. November sogar noch auf 249 an. In der vorausgehenden Debatte hatten der polnische Kardinal Wyszyński und der erst im Frühjahr freigelassene tschechische Kardinal Beran auf die Bedeutung der Erklärung für die Kirche hinter dem Eisernen Vorhang hingewiesen: Gewissensakte können von einer rein menschlichen Gewalt weder befohlen noch verhindert werden. Die Kirche beansprucht als „geistliche, von Christus dem Herrn gestiftete Autorität" für sich die Freiheit, das Evangelium allen Geschöpfen zu verkünden. Sie sagt sich von der Auffassung los, daß die weltliche Gewalt berechtigt und verpflichtet sei, das kirchliche Heilswerk durch Zwangsmittel zu unterstützen; sie nimmt zur Kenntnis, daß der moderne Staat nicht mehr christlich, sondern neutral, die moderne Gesellschaft nicht mehr monistisch, sondern pluralistisch ist; sie begrenzt aber deren Rechte durch das natürliche Recht des Individuums, in der Befolgung des Gewissens nicht durch eine zivile Gewalt gehindert zu werden. Die Verbrennung eines Hus, der Grundsatz „Cuius regio, eius et religio" sind fortan nach der Lehre der Kirche nicht nur historisch überholt, sondern werden grundsätzlich abgelehnt. Die Tragweite dieser Entscheidung erklärt, daß die Erklärung über die Religionsfreiheit erst in der letzten Session publikationsreif wurde.

Dagegen gingen schnell und ohne großen Widerspruch von Ende September bis Ende Oktober die fünf Dekrete über die Bühne des Konzils, die in Sessio VII vom 28. Oktober 1965 approbiert und verkündet wurden. Das Dekret über das Hirtenamt der Bischöfe setzte die in der Kirchenkonstitution vorgetragene Lehre vom Bischofsamt voraus und wandte sie auf die Praxis an. Die kurialen Behörden und Tribunale sind „den Erfordernissen der Zeit, der Regionen und Riten stärker anzupassen", mehr auswärtige Bischöfe (ex diversis ecclesiae regionibus) zur ständigen Mitarbeit an ihnen heranzuziehen. Den Bischofskonferenzen wird das Recht verliehen, sich selbst Statuten zu geben und rechtlich bindende Beschlüsse mit Zweidrittelmehrheit zu fassen. Eine Neuumgrenzung der Bistümer und Kirchenprovinzen wird in Aussicht genommen. Die Bischöfe sind ermächtigt, Bischofsvikare mit sachlicher oder räumlicher Kompetenz zu bestellen. Fruchtbar, wenn auch in großen Diözesen schwer zu verwirklichen, ist die Idee des mit dem Bischof als Vater verbundenen Presbyteriums (unum constituunt presbyterium atque unam familiam cuius pater est episcopus, Art. 28). Die Schlußabstimmung am 6. Oktober ergab nahezu Einstimmigkeit (2161:14, in der Session nur zwei Nein-Stimmen). Das Dekret „greift stärker als irgendein anderes Konzilsdokument in die rechtliche Ordnung der Kirche ein" (Mörsdorf); zur vollen Auswirkung wird es erst im Zuge der Reform des kanonischen Rechtes kommen[28].

Das Schema über die zeitgemäße Erneuerung des Ordenslebens war in der Debatte der dritten Tagungsperiode (10.–12. November 1964) auf den Widerspruch mancher Bischöfe (z. B. der Kardinäle Döpfner und Suenens), vor allem aber der Orden gestoßen (882 Non placet am Schluß der Generaldebatte) und daher im Frühjahr 1965 durch drei Unterkommissionen mit solchem Erfolg neu bearbeitet worden, daß bei der Schlußabstimmung am 11. Oktober nur noch 13 Gegenstimmen abgegeben wurden, in der Session sogar nur vier[29]. Es geht aus von dem in Kapitel 6 der Kirchenkonstitution entwickelten Vollkommenheitsideal; in seinem praktischen Teil ist es, wie das tridentinische Reformdekret, ein Rahmengesetz, das die Verschiedenheit und das Eigenleben der Orden und sonstigen religiösen Gemeinschaften nicht antastet, sie jedoch verpflichtet, aus der Ordensüberlieferung das Ursprüngliche und Wesentliche herauszuschälen, die Ausbildung der jungen Mitglieder zu verbessern, ihnen das zuträgliche Maß von Freiheit zu gewähren, den nach wie vor notwendigen Gehorsam nicht als Verzicht auf eigene Verantwortung zu verstehen, für Gott, aber ebenso für die Menschen zu leben. Freilich ist eingetreten, was Kardinal Ruffini in der Debatte (am 11. November 1964) vorausgesagt hatte, daß dieses Dekret „maßlose" Reformwünsche wecken werde.

Der aus Leitsätzen wieder zu einem Dekret zurückentwickelte Text über die Ausbildung der Priester hatte, erläutert durch Bischof Carraro von Verona, in der dritten Tagungsperiode eine so gute Aufnahme gefunden, daß nur wenige Streitpunkte übrigblieben. Die am 11. Oktober vorgelegte Neufassung wurde nahezu einstimmig (2196:15) angenommen[30]. Das Dekret „Optatam totius

[28] Einleitung und Kommentar von *K. Mörsdorf,* in: Herder TK II 128–247. Kein Zweifel kann daran bestehen, daß die zu gründenden Priesterräte keine Analogie zum Bischofskollegium darstellen. Vorschläge in dieser Richtung machte *J. Neumann* bei *Hampe* II, 496ff.

[29] Die lange und komplizierte Vorgeschichte des Dekretes Perfectae caritatis von *F. Wulf,* in: Herder TK II 250ff; *L. Kaufmann* bei *Hampe* II, 291–334. Zum Grundsätzlichen *F. Wulf,* Gebot und Rat, in: GuL 39 (1966) 321ff; *S. Légasse,* L'appel du riche. Contribution à l'étude des fondements scripturaires de l'état réligieux (Paris 1966). Der Passus über die Säkularinstitute (Art. 11) ist erst in der fünften Fassung in den Text eingefügt worden, jedoch mit dem Bemerken quamvis non sint instituta religiosa.

[30] In der sehr knappen Einleitung von *J. Neuner,* in: Herder TK II 310ff wird behauptet, das tridentinische Seminardekret gehöre „in die Zeit der Gegenreformation"; vgl. dagegen meine Geschichte des Konzils von Trient IV/2, 73ff und die a. a. O., 273 angegebene Literatur. Män-

Ecclesiae renovationem" bezeichnet die Familie als „gleichsam ein erstes Seminar" für die Berufung zum Priestertum und beläßt dem tridentinischen Seminar die Vorbereitung, legt jedoch Wert auf die Verbesserung der biblischen und liturgischen Studien und der in manchen Ländern vernachlässigten praktisch-pastoralen Schulung. Die natürlichen Tugenden (sinceritas, urbanitas, modestia) sind zu pflegen. Die Bischofskonferenzen werden angewiesen, Studienpläne aufzustellen, die dem geistigen und religiösen Niveau des Landes angemessen sind. Eine von lateinamerikanischen Bischöfen angeregte Debatte über das Zölibatsgesetz lehnte der Papst in einem Brief an Kardinal Tisserant vom 11. Oktober 1965 als „nicht opportun" ab, forderte aber die Konzilsväter zur schriftlichen Stellungnahme auf. Kurz zuvor war die Intervention eines brasilianischen Bischofs holländischer Abkunft, zur Behebung des Priestermangels Laien, die seit fünf Jahren verheiratet seien, für die Seelsorge in kleineren Gemeinden zu Priestern zu weihen, von den Moderatoren zurückgewiesen worden[31].

Die Deklaration über die christliche Erziehung (Gravissimum educationis momentum) war die achte Fassung eines von der Studienkommission bearbeiteten Textes, der nach einer vorübergehenden Reduktion auf 17 Leitsätze (im März 1964) wieder erweitert und durch Bischof Daem (Antwerpen) erläutert, in der Debatte der dritten Tagungsperiode (17.–19. November) auf erhebliche Kritik gestoßen war (419 Nein-Stimmen). Erzbischof-Koadjutor Elchinger (Straßburg) hatte damals auf die Bedeutung der Lehrerausbildung aufmerksam gemacht und auf die Gefahr hingewiesen, daß der Staat in seinen Schulen den Kindern seine eigene Ideologie aufzwinge. Über die neue Fassung wurde am 13. und 14. Oktober 1965 nur noch abgestimmt, die Schlußabstimmung ergab 1912:183. In zwölf Leitsätzen entwickelt die Erklärung das Recht des Individuums auf Erziehung, das Elternrecht, die Erwünschtheit der Konfessionsschulen und katholischen Universitäten, deutet aber auch an, daß beide, vor allem die letzteren, dringend der Koordination und des Ausbaus bedürfen. Von der Tatsache, daß die große Mehrheit der katholischen Studenten neutrale Hochschulen besucht und daß an diesen auch zahlreiche katholische Professoren lehren, nimmt die Erklärung nur am Rande (Art. 7) Notiz[32].

gel der bisherigen Seminarerziehung hatte in der früheren Debatte (12. 11. 1964) Kardinal Colombo (Mailand), selbst ehemaliger Seminarregens, beklagt: *Hampe* II, 172f. Vgl. *H. Jedin,* Das Leitbild des Priesters nach dem Tridentinum und dem Vaticanum II, in: ThGl 59 (1969) 102–124; *A. De Bovis,* Nature et mission du presbyterat, in: Sacerdoce et célibat. Études historiques et théologiques, ed. *J. Coppens* (Löwen 1971) 187–224.

[31] Die nicht gehaltene Konzilsrede des Bischofs Pieter Koop von Lins bei *Hampe* II, 239ff. Einblick in die nachkonziliare Diskussion bietet das in der vorigen Anmerkung erwähnte Sammelwerk von J. Coppens.

[32] Literatur zur Erklärung über die christliche Erziehung bei Herder TK II 358f. *B. Dezza,* L'educazione cristiana nella Dichiarazione Conciliare, in: CivCatt 117 (1966) I, 110–125; *M. J. Hurley,* Declaration on Christian Education of Vat. Council II (Glen Rock 1966). Beide Autoren waren an der Entstehung der Erklärung beteiligt.

Die „Erklärung über das Verhältnis der Kirche zu den nichtchristlichen Religionen", nach ihrem Kernstück häufig „Judenerklärung" genannt, vermochte auch in ihrer neuen, im Vergleich mit dem früheren Text abgeschwächten Form noch nicht alle ihre Gegner zu befriedigen. Die Reaktion war damals so stark gewesen, daß man auf die Publikation verzichtet hatte. Die Bischöfe der arabischen Länder (z. B. der jakobitische Patriarch Jakub III.), eingeschüchtert durch die Drohungen der arabischen Staaten, unterstützt aber auch durch Mitglieder des Coetus internationalis, setzten ihren Widerstand fort, es wurden antisemitische Flugschriften gegen die angebliche „jüdisch-freimaurerische Verschwörung" verteilt; andererseits hatten sich deutsche Katholiken in einer Bittschrift an den Papst für die Promulgation eingesetzt[33]. Die jetzt zur Abstimmung gestellte Form war bestrebt, Mißverständnisse auszuräumen und auch die Gegner zu gewinnen. Ihre Zahl blieb in den Spezialabstimmungen am 14. und 15. Oktober meist unter 200, stieg aber bei der Gesamtabstimmung auf 250; in der Session ging sie auf 88 zurück. Das umstrittene Wort „Gottesmord" war weggefallen, doch war eindeutig gesagt, daß die Schuld an Jesu Leiden und Tod weder den heutigen noch „allen damals lebenden Juden ohne Unterschied" zur Last gelegt werden dürfe. Angetrieben nicht durch politische Motive, sondern durch die Liebe Christi, „beklagt" die Kirche den Antisemitismus und „verwirft jede Diskriminierung eines Menschen, jeden Gewaltakt gegen ihn um seiner Rasse oder Farbe, seines Standes oder seiner Religion willen". Durch diesen Schlußsatz ist die Verurteilung des Antisemitismus auf eine breitere Basis gestellt und auf jede Rassendiskriminierung anwendbar; er sollte die Maxime der Katholiken in dem heraufziehenden Zeitalter der Rassenkämpfe werden.

Der viel weniger umstrittene mittlere Teil der Erklärung wendet die Grundhaltung des Ökumenismusdekretes, mit dem sie ja ursprünglich verbunden war, auf den Islam, den Hinduismus und den Buddhismus an. Am Islam wird der Monotheismus als verbindend anerkannt und in Erinnerung an die Kreuzzüge, in denen man die Mohammedaner als „Heiden" mit dem Schwerte bekämpfte, der Wunsch ausgesprochen, Vergangenes zu vergessen. Im Hinduismus wird die befreiende „Betrachtung des Gottgeheimnisses" positiv gewertet, im Buddhismus das Streben, sich durch Askese von dieser vergänglichen Welt zu befreien. Für alle Weltreligionen gilt der Grundsatz: „Die katholische Kirche verwirft nichts, was wahr und heilig in diesen Religionen ist"; es ist oft „der Reflex des Strahles jener Wahrheit, die alle Menschen erleuchtet", wo die Fülle des Lebens zu finden ist: in Christus. Für die Auseinandersetzung mit den nichtchristlichen Religionen hat die Deklaration keine geringere Bedeutung als das Ökumenismusdekret für die Beziehung zu den getrennten Kirchen.

In seiner Homilie rief der Papst, auf die promulgierten fünf Texte anspielend,

[33] Vgl. Herder TK II 465–470; dort 478 ff. Exkurse zu den Äußerungen über den Islam, den Hinduismus und den Buddhismus mit Literaturangaben. Zum Verständnis der Judenerklärung *A. Bea,* Die Kirche und das jüdische Volk (Freiburg 1966).

aus: „Die Kirche lebt." Sie ist nicht vergreist, sondern jung; sie läßt sich nicht in den Strudel des geschichtlichen Wechsels hineinreißen, sondern bleibt sich gleich (semper eadem est sibique constat); sie spricht, sie betet, sie wächst, sie baut sich auf. Das von Papst Johannes einberufene Konzil „repräsentiert die ganze Kirche" (totam repraesentat). Am Schluß gedachte der Papst der verfolgten Kirche, deren Vertreter mit ihm konzelebrierten[34].

Nach der Oktobersitzung wurden auch die letzten Klippen schnell überwunden. Die dogmatische Konstitution über die göttliche Offenbarung hatte noch mit der Opposition einer Minderheit zu kämpfen, die sich auf das Tridentinum berief. Sie bröckelte erst ab, als auf persönlichen Wunsch des Papstes (Brief an Kardinal Ottaviani vom 18. Oktober 1965) die Irrtumslosigkeit der Heiligen Schrift genauer umschrieben[35] und das Verhältnis von Schrift und Tradition neu gefaßt wurde: „Die Kirche schöpft die Gewißheit über alle Offenbarungswahrheiten nicht aus der Schrift allein"; „Tradition" ist das lebendige Lehramt der Kirche, das die Schrift autoritativ auslegt und ergänzt. Diese Formulierung läßt den theologischen Schulen die Freiheit, das Verhältnis beider zueinander näher zu bestimmen. Ausdrücklich werden die Lehre von der Inspiration („Gott spricht durch Menschen in menschlicher Weise") und der historische Charakter der Evangelien bekräftigt. Das Studium der biblischen Bücher in den Ursprachen und den alten Übersetzungen sowie der alten Kommentare und Liturgien, die Lektüre der Bibelübersetzungen in die Landessprache wird empfohlen. Bei den Abstimmungen über die einzelnen Teile der Konstitution am 29. Oktober stieß nur noch die Stelle über das Verhältnis von Schrift und Tradition auf 55 Non placet; die Gesamtabstimmung ergab 2081:27, in der Session gingen die Nein-Stimmen auf 6 zurück. „Der Text verbindet die Treue zur kirchlichen Überlieferung mit dem Ja zur kritischen Wissenschaft und eröffnet damit neu dem Glauben den Weg ins Heute" (Ratzinger).

Nach dem 29. Oktober wurden die GK für zehn Tage unterbrochen, um den Kommissionen Zeit zur Bearbeitung der Modi zu lassen. Das am 9. November von Bischof Hengsbach (Essen) erläuterte Dekret über das Laienapostolat hatte die in den Septemberabstimmungen (23.–27. September) eingereichten Änderungsvorschläge wie auch die vom Papste persönlich unterbreiteten verarbeitet. Es wurde am 10. November nahezu einstimmig angenommen[36]. Hatte das Tri-

[34] Die Homilie des Papstes, in: AAS 57 (1965) 899–903; Decreta 1037–1043.

[35] Über die dem Papstbrief vorausgehende Eingabe konservativer Väter gegen den nach ihrer Ansicht zu stark einschränkenden Ausdruck veritas salutaris vgl. *A. Grillmeier,* in: Herder TK II 536f; gemeint ist die Wahrheit, welche Gott uns mitteilen möchte; vgl. *A. Grillmeier,* Die Wahrheit der Heiligen Schrift und ihre Erschließung. Zum dritten Kapitel der Dogmatischen Konstitution Dei Verbum des Vat. II, in: Theol. u. Phil. 41 (1966) 161–187; *G. Caprile,* Tre emendamenti allo Schema sulla Rivelazione, in: CivCatt 117 (1966) 214–231.

[36] Zur Entstehungsgeschichte *F. Klostermann,* in: Herder TK II 587–601, ergänzt durch den Artikel desselben Autors bei *Hampe* II, 72–87; *Müller* III/2, 608–674 bringt die Relationen und mehrere Interventionen während der Debatte im September 1964, z.B. 628f die des Weihbischofs Betazzi (Bologna) über die Spiritualität der Laien.

dentinum das Weihepriestertum verteidigt, so kam in der Begründung des Laienapostolates das allgemeine Priestertum der Gläubigen zu seinem Recht. „In der Kirche gibt es verschiedene Dienste, aber nur eine Sendung"; kein Glied der Kirche ist nur passiv, alle sind berufen, am Aufbau des Leibes der Kirche aktiv mitzuwirken als Zeugen des Glaubens und der Liebe, in der Familie, in der Caritas, in den Missionen, alles unter der Leitung der kirchlichen Hierarchie als der von Gott gesetzten, ordnenden, aber nicht bevormundenden Autorität. Das Konzil selbst gab dadurch ein Beispiel, daß es in verstärktem Maße Laien als Sachverständige zu den Kommissionen heranzog.

Als ein Fehlschlag wurde nahezu allgemein ein nicht durch eine Konzilskommission, sondern durch die Ritenkongregation ausgearbeitetes Schema „De indulgentiis recognoscendis" empfunden, das durch den Großpönitentiar Cento und den Regens der Pönitentiarie am 9. November erläutert wurde. Der Text sah gewisse Vereinfachungen der Ablaßpraxis vor, z.B. daß jährlich nur *ein* vollkommener Ablaß zu gewinnen sei, bei unvollkommenen Ablässen die Zeitmaße wegfielen, griff aber nicht das theologische Problem des Ablasses in seiner Tiefe an und wurde wegen der scharfen Kritik, auf die er bei den darüber befragten Bischofskonferenzen stieß, am 13. November zurückgezogen[37].

Die Konstitution über die göttliche Offenbarung und das Dekret über das Laienapostolat wurden in Sessio VIII vom 18. November 1965 verkündet. In seiner Allokution versuchte der Papst die Bedenken gegen den nunmehr nahen Abschluß der Konzilsarbeiten durch den Hinweis auf die Gründung postkonziliarer Organe zu zerstreuen: der „Räte" (consilia) für Liturgie, für die Revision des kirchlichen Gesetzbuches und für die Massenmedien; das schon bestehende Einheitssekretariat werde durch je ein Sekretariat für die nichtchristlichen Religionen und für die Ungläubigen ergänzt; die erste Sitzung der Bischofssynode sei für 1967 in Aussicht genommen. Der Papst bat um Geduld, wenn die notwendigen organisatorischen (nicht strukturellen) Veränderungen an der römischen Kurie nur langsam verwirklicht würden; zu Unrecht halte man sie für ein „instrumentum veterascens, ineptum, corruptum". Bei weitem am wichtigsten sei die Erneuerung des christlichen Lebens[38].

Bis zum Abschluß des Konzils hatten aber noch drei Sorgenkinder ihre Prüfung zu bestehen: das Missionsdekret, das Dekret über Dienst und Leben der Priester und das Schema 13.

Dem vom Präsidenten Kardinal Agagianian zum Vizepräsidenten der Kommission für die Missionen ernannten General der Steyler Missionare Johannes Schütte war es mit Hilfe neu hinzugezogener Sachverständiger (Congar, Ratzinger, Seumois) in einer Klausurtagung in Nemi (in den Albanerbergen) gelungen, ein ganz neues Schema zu entwerfen, das auf einer der modernen Mis-

[37] *Hampe* I, 436–449; dort 445–449 die Stellungnahme der deutschen und der österreichischen Bischofskonferenz.

[38] AAS 57 (1965) 978–984; Decreta 1044–1057. Kaum zu leugnen ist, daß der jetzt gegenüber der Kurie angeschlagene Ton ein anderer ist als im September 1963.

sionswissenschaft entsprechenden theologischen Grundlage aufbaute und dadurch aus einem rückwärts gerichteten ein vorwärts blickendes Dokument geworden war. In der Debatte (7.–12. Oktober) hatte sich Kardinal Frings für die Beibehaltung des alten, „klassischen" Begriffs der Mission eingesetzt, an deren Praxis der Jesuitengeneral Arrupe harte Kritik übte. An ungelösten Problemen war kein Mangel: das Verhältnis der Orden, die bis dahin Hauptträger der missionarischen Arbeit waren, zum einheimischen Klerus, beider zur Propagandakongregation; die Finanzierung, die Konkurrenz mit den nichtkatholischen Missionen. Als über den bereinigten Text abgestimmt wurde, sprachen sich 712 Väter – also ziemlich alle aus Missionsländern – in ihren Modi zu Kapitel 5 dafür aus, daß die an Ort und Stelle tätigen Missionare an den Entscheidungen der Zentralbehörde mitzuwirken hätten. Daraufhin erhielt die beanstandete Stelle die Fassung, daß „ausgewählte Vertreter" des Missionsepiskopates und der Missionsorden mit beschließender Stimme (mithin nicht nur als Berater) in die Propagandakongregation zu berufen seien[39].

Ebenfalls an die zuständige Kommission hatte das Konzil in der dritten Tagungsperiode das „Priesterschema" zurückgereicht. Man stand damals unter dem Eindruck, daß die Priester (verglichen etwa mit den Bischöfen und den Ordensleuten) durch die Zusammenziehung des Schemas in Leitsätze ungebührlich vernachlässigt würden. Die Kommission arbeitete ein neues Schema aus, das am Ende der dritten Tagungsperiode vorlag und zu Anfang des Jahres 1965 aufgrund von 157 schriftlich eingereichten Änderungsvorschlägen nochmals überarbeitet, besser eingeteilt und stilistisch gestrafft wurde. Erzbischof Marty (Reims) führte es am 13. Oktober ein, am 16. Oktober beschloß das Konzil, die von den Kardinälen Döpfner und Léger und anderen Rednern vorgebrachten Änderungsvorschläge durch die Kommission bearbeiten zu lassen. Die Teilabstimmungen (12.–13. November) ergaben aber eine so große Zahl von Modi (zum Zölibatsartikel allein 1331), daß eine nochmalige Überarbeitung notwendig wurde, die am 2. Dezember mit großer Mehrheit (2243:11) approbiert wurde[40].

Das Dekret „Presbyterorum ordinis" hat dennoch bei weitem nicht alle Erwartungen erfüllt. Anknüpfend an die einschlägigen Teile der Liturgie- und der Kirchenkonstitution behandelt es die Sendung des Priesters, seinen dreifachen Dienst, das Verhältnis der Priester zum Bischof, zueinander und zu den Laien. „Jeder priesterliche Dienst hat teil an der weltweiten Sendung, die Chri-

[39] Zur Entstehung Herder TK III 10–21; *J. Glazik* überschreibt seinen Kommentar (bei *Hampe* III, 543–553): „Eine Korrektur, keine Magna charta"; hingegen meint *O. Stoffel*, Missionsstrukturen im Wandel, in: NZMW 31 (1975) 259–270: „Die Mission ist vom Rande der Kirche in ihre Mitte gerückt." Sich gegen den herkömmlichen Missionsbegriff wendend, sagte ein Laie aus Togo: „Mission ist überall"; *Hampe* III, 530.

[40] Zur Entstehungsgeschichte *J. Lécuyer*, in: Herder TK III 128–141; der stark kritische Kommentar zu Art. 1–6 von *F. Wulf*, ebd. 141–169; zu Art. 12–22 ebd. 198–237. Zahlreiche Interventionen bringt Documentation catholique 62 (1965) 2183–2202; 63 (1966) 329–348; *J. Colson*, Ministre de Jésus Christ ou le sacerdoce de l'Évangile (Paris 1966).

stus den Aposteln aufgetragen hat"; der Priester soll bereit sein, in anderen Diözesen mit Priestermangel zu arbeiten. Der Zölibat ist „nicht vom Wesen des Priestertums selbst gefordert", wie die Praxis der Ostkirchen erweist, aber „in vielfacher Hinsicht dem Priestertum angemessen". Das Zölibatsgesetz wird gebilligt und bekräftigt. „Das Konzil mahnt daher alle Priester, die im Vertrauen auf Gottes Gnade in freier Entscheidung nach Christi Vorbild den Zölibat auf sich genommen haben, ihm großmütig und mit ganzem Herzen anzuhangen und treu in diesem Stand auszuhalten" (Art. 16).

Weitaus die meiste Sorge bereitete Schema 13. Denn auch der neue, zwischen der dritten und vierten Tagungsperiode in Ariccia, Paris und Löwen entstandene Entwurf[41], über den Erzbischof Garrone (Toulouse) Bericht erstattete, stieß in der Debatte vom 21. September bis 8. Oktober (14. GK) auf vielfache Kritik wegen der Überfülle von allgemeinen Behauptungen (Elchinger), die er enthielt, wegen der an manchen Stellen unklaren Sprache (Frings), seiner allzu optimistischen Beurteilung der „Welt" und seiner Fortschrittsgläubigkeit (Höffner), vor allem aber deshalb, weil er nur wenig davon sagte, *was* die Kirche der Welt von heute zu geben habe (Bischof Volk, Mainz). Man vermißte eine Auseinandersetzung mit dem Atheismus (König), insbesondere mit dem atheistischen Kommunismus, dessen ausdrückliche Verurteilung 450 Väter in einer Eingabe an das Konzilspräsidium verlangten. Erst recht stießen die Ansichten aufeinander bei den konkreten Problemen: Totaler Krieg, Atomwaffen, Abrüstung, Kriegsdienstverweigerung, Friedenssicherung. Das Konzil war begreiflicherweise außerstande, auf diese bedrängenden Fragen eine klare Antwort zu geben. Das Auftreten des Papstes vor den Vereinten Nationen in New York am 4. Oktober war zwar geeignet, das Engagement der Kirche an der Welt von heute sichtbar zu machen, an der auch strukturell bedingten Problematik dieser Organisation änderte es nichts.

In fieberhafter Arbeit bemühte sich die Kommission, die sich in zehn Unterkommissionen aufgegliedert hatte, die über 3000 Änderungsvorschläge für die Abstimmungen (15.–17. November) in den Text einzuarbeiten. Schon die Bezeichnung „Pastoralkonstitution" war umstritten (541 Non placet). Die meisten Nein-Stimmen (140) wurden bei Artikel 54 bis 56 (Ehe, Geburtenregelung) und zum Abschnitt über Krieg und Frieden (144) abgegeben. Die Schlußabstimmung am 6. Dezember ergab immerhin eine respektable Mehrheit (2111:251).

Die Pastoralkonstitution „Gaudium et spes", der umfangreichste Text des

[41] Die letzte Phase der Entstehungsgeschichte bei Herder TK III 266–279; dort 266 Anm. 47 und 268 Anm. 74 die Listen der an der Revision des Textes beteiligten Priester und Laien; 273 f die Zusammensetzung der zehn Unterkommissionen. Kommentare von *A. Grillmeier* bei *Hampe* III, 138–156; das Sammelwerk L'Église dans le monde de ces temps (Paris 1967); *P. Mikat*, Kirche und Staat in nachkonziliarer Sicht (1967), in: Religionsrechtliche Schriften I (Berlin 1974) 217–235; *J. Ratzinger*, Der Weltdienst der Kirche, in: Internat. Kath. Zeitschrift 1975, 439–454. Die Katholische Sozialwissenschaftliche Zentralstelle Mönchengladbach gibt heraus: Kommentare zur Pastoralkonstitution des Zweiten Vatikanischen Konzils, z. B. *A. Langner*, Die politische Gemeinschaft (Köln 1968).

Konzils, wurde als das „Herz des Konzils" an die Seite der drei anderen Konstitutionen gestellt. Sie will „eine grundsätzliche Neubestimmung des Verhältnisses der Kirche zur Welt" sein und dadurch die Kirche der Welt zuwenden, und das heißt: zum Geist der Neuzeit, von der sie sich ein Jahrhundert zuvor im Syllabus distanziert hatte. Diese Konstitution wurde mit Enthusiasmus begrüßt, aber ihre Nachgeschichte hat bereits erwiesen, daß man damals ihre Bedeutung weit überschätzt und kaum geahnt hat, wie tief jene „Welt", die man für Christus gewinnen wollte, in die Kirche eindringt. Allzu fortschrittsgläubig, bleibt sie in einer statischen Betrachtungsweise befangen, ohne auf so drängende Probleme wie Geburtenregelung und Kriegsverhütung klare Antworten geben zu können; ganz unzureichend ist Artikel 58 über das Verhältnis der Kirche zu den Kulturen. Vielleicht hätte eine kurze „Erklärung", in der sich die Kirche ‚ad extra' wendet, tieferen Eindruck hinterlassen als dieser weitläufige Traktat.

Als der Generalsekretär in der GK vom 6. Dezember ankündigte, daß diese, die 168., die letzte dieses Konzils sei, rauschte durch die Hallen von St. Peter stürmischer Beifall. Das Konzil hatte seine Arbeit getan. In Sessio IX vom 7. Dezember wurden angenommen und verkündigt außer „Gaudium et spes" das Missions- und das Priesterdekret und die Erklärung über die Religionsfreiheit. Noch einmal wurde die ökumenische Ausrichtung des Konzils bestätigt: In einer gemeinsamen Erklärung hoben der Papst und der Ökumenische Patriarch die gegenseitige Exkommunikation von 1054 auf. In seiner Homilie[42] während der von 24 Vätern gefeierten Messe räumte der Papst ein, daß „nicht wenige Fragen, die während des Konzils aufgenommen worden sind, noch einer befriedigenden Lösung harren"; dennoch dürfe man sagen, das Konzil habe dem von Papst Johannes gesteckten Ziel entsprochen. Nicht um sich selbst zu bespiegeln, habe sich die Kirche mit sich befaßt, sondern um des Menschen willen (ut homini serviat).

Am folgenden Tage (8. Dezember) wurde in einer auf dem Petersplatz veranstalteten Schlußfeier das Konzil als geschlossen erklärt. Es wurden Botschaften in französischer Sprache an die politischen Führer, die Gelehrten und Künstler, die Frauen, die Armen und die Leidenden, die Arbeiter und die Jugend verkündet und Vertretern dieser Gruppen überreicht[43]. Die Beobachter hatte der Papst in einer alle Teilnehmer tief beeindruckenden Andachtsstunde in der Paulsbasilika am 4. Dezember verabschiedet.

Das Zweite Vatikanische Konzil war ein Weltereignis. War es ein weltgeschichtliches Ereignis? Eine Antwort auf diese Frage würde voraussetzen, daß man seine Wirkungen einigermaßen überblicken könnte.

[42] AAS 58 (1966) 51–59; Decreta 1061–1077. In seiner Rundfunkansprache zu Weihnachten nahm der Papst diesen Gedanken wieder auf: Das Konzil war eine Begegnung der Kirche mit sich selbst und der Welt.

[43] Die Botschaften vom 8. 12. Decreta 1084–1100, ebd., 1101f die Erklärung des Papstes, daß das Konzil geschlossen sei (concludere decernimus atque statuimus ad omnes iuris effectus).

Wirkungen

In einem Abstand von nur einem Jahrzehnt läßt sich die Wirkung des Zweiten Vatikanischen Konzils noch nicht endgültig bestimmen, doch kann man Wirkungen konstatieren. Schon jetzt steht fest, daß es tiefer in die Geschichte der Kirche eingegriffen hat als das Erste Vatikanische Konzil, allenfalls vergleichbar sind seine Wirkungen mit denen des Tridentinums[44]. Dessen erste Geschichtsschreiber, Sarpi und Pallavicino, haben, obwohl sie mehr als ein halbes Jahrhundert nach dem Ereignis schrieben, keine historische Ortsbestimmung zu geben vermocht: Das Konzil war für sie noch Streitobjekt, nicht Geschichte. Man ist versucht, vom Zweiten Vatikanischen Konzil Ähnliches auszusagen. Zwar ist kaum zu bestreiten, daß es einen Wendepunkt in der Geschichte der Kirche darstellt. Vieles ist in ihr in Bewegung geraten, ihr inneres Gefüge ist aufgelockert, sie hat sich ökumenisch und zur Welt hin geöffnet. Ist diese Bewegung für die Sache Jesu Christi auf Erden Gewinn oder Verlust?

Die Urteile gehen weit auseinander. Der anfängliche Enthusiasmus, mit dem man das Konzil begrüßt hat, ist harter Kritik gewichen. Die Kritiker weisen auf die Verwirrung im Glauben hin, welche der „Pluralismus" in Theologie und Verkündigung angerichtet hat; auf die ständig sinkende Teilnahme der Gläubigen am Gottesdienst; die steil angestiegene Zahl der Priester und Ordensleute, die ihren Beruf aufgeben; die verwirrende Zahl der „Räte", die der „Demokratisierung" der Kirche dienen sollen; die sinkende Autorität des Papstes und der Bischöfe; die Zunahme der Mischehen; den „irdischen Messianismus" (Ratzinger), der den Menschen auf das Machbare zurückwirft; auf die neue Sexualmoral: der Einfluß der Kirche auf die Welt ist nicht gestiegen, sondern gesunken. Die Tatsache ist unbestreitbar.

Die „Progressisten" hingegen geben zu bedenken, daß ein innerer Gärungsprozeß notwendig war, um das Aggiornamento des Papstes Johannes zu verwirklichen. Sie bestreiten nicht, daß die neue Liturgie „Kinderkrankheiten" durchmacht, behaupten aber, daß sie, dank der Einführung der Volkssprache, die Gläubigen aktiver am Gottesdienst beteiligt als früher. „Entklerikalisierung" und „Demokratisierung" seien die Konsequenz der Lehre vom Volk Gottes, weitgehende Mitarbeit ja Mitbestimmung der Laien sei notwendig, wenn die Kirche in der Welt von heute ihre Sendung erfüllen wolle. Die ökume-

[44] Die Zurückhaltung, zu der ich mich unmittelbar nach dem Konzil bekannt habe, kann ich auch jetzt noch nicht aufgeben. Die früheren Äußerungen: Tradition und Fortschritt. Einige Erwägungen zum geschichtlichen Ort des Vatikanum II, in: Wort und Wahrheit 21 (1966) 731–741; Vaticanum II und Tridentinum. Tradition und Fortschritt in der Kirchengeschichte (Köln/Opladen 1968), mit Diskussionsbeiträgen von J. Ratzinger, K. Rahner u.a. Zum 10. Jahrestag des Konzilsabschlusses hat der Bayerische Rundfunk eine Sendereihe veranstaltet, die von *J. Ratzinger*, Erfolge und Enttäuschungen, eröffnet wurde; aus meinem eigenen Beitrag: Das Vaticanum II und die Konziliengeschichte, gedr. in: Klerusblatt 56 (1976) 53–56, ist manches in die folgende Darstellung eingegangen. Eine Bilanz zieht *H. Helbling*, Dauerhaftes Provisorium. Kirche aus der Sicht eines Weltchristen (Zürich 1976).

nische Einstellung habe endlich den konfessionellen Streit abgebaut und das „Ende der Gegenreformation" herbeigeführt. Die positive Einschätzung des religiösen und ethischen Gehaltes der anderen Weltreligionen biete der Mission positive Ansatzpunkte, der Europäismus sei längst überholt. Die unbestreitbar vorhandenen Auflösungserscheinungen, machen sie mit Recht geltend, sind wenigstens teilweise nicht auf das Konzil zurückzuführen, sondern auf die Umwälzungen innerhalb der industriellen Gesellschaft und in der „Dritten Welt", wurzeln letzten Endes also in der weltgeschichtlichen Wende, in der wir stehen. In einem Zwischenraum, der voller Unsicherheit, aber auch voll ehrlichen Ringens und voller Hoffnung ist, gebe es Bewegungen und Ansätze, die neue Möglichkeiten verheißen; es komme ein Suchen nach der Mitte zum Vorschein, das die Diagnose vom Ende des Religiösen Lügen strafe und Wege neuen Lebens aus dem Glauben anbahne, in denen sich die unerschöpfte Fruchtbarkeit des Glaubens der Kirche erneut bewähre (Ratzinger).

Ein Ausgleich der gegensätzlichen Auffassungen ist noch nicht in Sicht. Er kann nur gefunden werden, wenn man daran festhält, daß das Konzil, höchste Autorität in Glaube und Sitte, verbindliche Normen gesetzt hat, hinter die man nicht zurückgehen, über die man auch nicht hinaus- oder gar hinweggehen darf. Es gibt kein Zurück hinter das Konzil, aber ebensowenig ist dieses nur eine Initialzündung für eine totale Umgestaltung der Kirche im Glauben, in der Sitte und in ihrer Struktur. Nur wenn man sich an das Konzil selbst hält, kann der Ausgleich zwischen Tradition und Fortschritt gefunden, die Identität der Kirche in einer sich ändernden Welt gewahrt werden.

Nach dem Abschluß des Trienter Konzils war eine Kardinalsdeputation für die Interpretation der Dekrete eingesetzt worden, die später zusätzlich die Aufgabe übernahm, deren Durchführung zu fördern und zu überwachen. Das Zweite Vatikanische Konzil hat, anders als das Tridentinum, keine unmittelbar in das Kanonische Recht aufnehmbaren Dekrete erlassen; diese Aufgabe wurde der schon während des Konzils eingesetzten Kommission für die Revision der kirchlichen Gesetzbücher übertragen[45]. Für die Interpretation der Dekrete war für die Zeit vom 3. Januar 1966 bis zum 11. Juli 1967 noch die Koordinierungskommission des Konzils zuständig, am 11. Juli 1967 wurde eine eigene Interpretationskommission eingesetzt, die Pontificia Commissio decretis Concilii Vaticani II interpretandis[46]. Sie besitzt nicht die gleichen Befugnisse wie seinerzeit die zur Behörde ausgebaute Konzilskongregation.

Das Konzil selbst hatte an mehreren Stellen auf noch zu erlassende Ausführungsbestimmungen (Direktorien) verwiesen, andere Aufgaben (Zölibat, Ablaß, Mischehe), vor allem die Reform der Römischen Kurie, dem Papst über-

[45] S. u. den Beitrag von *G. May* (Kap. 5); wichtiger Beitrag *K. Mörsdorf*, Zur Neuordnung der Systematik des CIC, in: AKR 137 (1968) 3–38.

[46] AAS 58 (1966) 37–40; *V. Carbone*, De commissione decretis Concilii Vaticani II interpretandis (Neapel 1969).

lassen. Für die Durchführung des Konzils wurden am 3. Januar 1966 zu den drei schon während des Konzils eingesetzten postkonziliaren Kommissionen fünf weitere errichtet, deren Vorsitzende und Mitglieder mit denen der entsprechenden Konzilskommission identisch waren[47]: 1. Für die Bischöfe und die Leitung der Diözesen, 2. für die Religiosen, 3. für die Missionen, 4. für die christliche Erziehung und 5. für das Laienapostolat. Das Einheitssekretariat und die Sekretariate für die nichtchristlichen Religionen und die Ungläubigen wurden bestätigt.

Die Reform der kurialen Behörden war nach dem Trienter Konzil von Pius IV. und Pius V. begonnen, aber erst durch Sixtus V. abgeschlossen worden. Nach dem Zweiten Vatikanischen Konzil ließ der während der Debatte über das Bischofsdekret geforderte und vom Papst versprochene Umbau der Römischen Kurie nur anderthalb Jahre auf sich warten. In der Konstitution „Regimini Ecclesiae universalis" vom 15. August 1967[48] wird der bisher von der Kurie geleisteten Arbeit hohe Anerkennung gezollt (egregia laude digna). Das Staatssekretariat erhält die Kompetenz, die Arbeit der Kongregationen zu koordinieren. Auch die bisherige „Suprema", das Heilige Offizium, wird ihm unterstellt, erhält den Namen Congregatio de doctrina fidei und ist angewiesen, Bücherverbote nur nach Anhörung des Verfassers (audito auctore) und Verständigung des zuständigen Ordinarius (praemonito ordinario) auszusprechen. Die bisherige Konzilskongregation erhält den Namen Congregatio pro clericis, die Propagandakongregation den Namen Pro gentium evangelizatione seu de Propaganda fide. Die zunächst noch als Sektionen der Ritenkongregation tätigen Abteilungen für die Liturgie (de cultu) und die Kanonisationen (de causis servorum Dei) wurden bald darauf verselbständigt. Ganz neu ist der Laienrat (consilium de laicis). Die Zusammensetzung der Kongregationen wurde dadurch verändert, daß je sieben Diözesanbischöfe ihnen als ordentliche Mitglieder zugewiesen werden.

Die drei Tribunale (Signatur, Rota und Poenitentiarie), die Apostolische Kanzlei und die Apostolische Kammer bleiben bestehen, neugeordnet wird der gesamte wirtschaftliche Bereich: durch Gründung eines ‚Finanzministeriums' (Praefectura rerum oeconomicarum S. Sedis), einer zentralen Güterverwaltung (Administratio patrimonii S. Sedis), zu denen die Präfektur des Apostolischen Palastes tritt; neu ist ferner das Statistische Amt.

Drei Jahre nach dieser Umorganisation der Kurie folgte das Motuproprio „Ingravescentem aetatem", das den Kardinälen nach der Vollendung des

[47] Eine „Nachkonziliare Dokumentation" (bis 1977: 58 Hefte) hat der Paulinusverlag in Trier seit 1967 herausgebracht; dort als H. 2 Die Apostolische Konstitution „Poenitemini" vom 17. 12. 1966 über die kirchliche Fasten- u. Buß-Disziplin, hrsg. von *O. Semmelroth* (Trier 1967).

[48] AAS 59 (1967) 885–929; ebd., 881–884 die neue Zusammensetzung der Kongregationen. Die Neuordnung der Glaubenskongregation durch das Motuproprio Integrae servandae vom 7. 12. 1965 vgl. AKR 134 (1965) 479 ff.

80. Lebensjahres das Recht der Papstwahl entzog[49], das Papstwahlrecht als solches verblieb beim Kardinalskollegium.

Es übersteigt bei weitem die in einem Handbuch der Kirchengeschichte gegebenen Möglichkeiten, über die Tätigkeit der einzelnen kurialen Behörden auch nur einen flüchtigen Überblick zu bieten[50]. Neu ist, daß an ihre Seite – ihnen nicht unterstellt – die Bischofssynode getreten ist[51]. Sie hat bisher drei ordentliche Sessionen und eine außerordentliche gehalten. Thema der ersten ordentlichen Session vom 29. September bis 28. Oktober 1967, an der 199 Synodalen teilnahmen, waren: Prinzipien der Codexrevision; gefährliche Lehrmeinungen; Priesterseminare; Mischehen; Liturgie. Das neuentworfene Glaubensbekenntnis wurde bekanntgegeben. Die außerordentliche Session vom 11. Oktober bis 27. Oktober 1969 befaßte sich mit der Zusammenarbeit zwischen dem Heiligen Stuhl und den Bischofskonferenzen und dieser Konferenzen untereinander. Bedeutsam war, daß der Papst bei der Eröffnung die Bischofssynode, die Bischofskonferenzen und die Berufung von Diözesanbischöfen in die Kongregationen auf das Prinzip der Kollegialität zurückführte.

Die zweite ordentliche Session vom 30. September bis 6. November 1971 befaßte sich in 37 Sitzungen mit den Problemen des Priesteramtes und der Gerechtigkeit in der Welt, die dritte Session vom 27. September bis 26. Oktober 1974, an der 207 Synodalen teilnahmen, mit der „Evangelisierung der Welt von heute". Sie entsprach insofern wohl am besten dem Sinn der Institution, als in ihrem Verlauf ein Überblick über den Stand der Kirche in Afrika, Latein- und Nordamerika, Asien sowie in der „Zweiten Welt" hinter dem Eisernen Vorhang gegeben wurde. Für die Kontinuität sorgt das Ständige Sekretariat unter dem Polen Rubin, dessen Kompetenzen im Laufe der Zeit bedeutend erweitert wurden. Außer Zweifel steht, daß diese typische Frucht des Zweiten Vatikanischen Konzils, ein Novum in der Geschichte der Kirche, noch der weiteren Entwicklung bedarf.

Papst Paul VI. hat die von seinen Vorgängern gepflegte Form der apostolischen Verkündigung durch Lehrschreiben fortgesetzt. In der Enzyklika „Populorum progressio" vom 26. März 1967 setzte er sich für die „Dritte Welt" ein[52],

[49] AAS 62 (1970) 810–813.

[50] Für das Folgende wurde benutzt die seit 1965 jährlich erscheinende Publikation L'Attività della S. Sede, Pubblicazione non ufficiale. Als Beispiel sei erwähnt die von der Studienkongregation einberufene Expertentagung in Rom vom 20.–28. 11. 1967, die den Auftrag hatte, Vorschläge für die Revision der Konstitution Deus scientiarum vom 24. 5. 1931 aufgrund des Konzilsdekretes Optatam zu unterbreiten. Unter Benutzung der damals erarbeiteten Vorschläge gab die Studienkongregation am 20. 5. 1968 Normen für die Neugestaltung der Studienpläne heraus. *A. Mayer – G. Baldanza,* Il Rinnovamento degli Studi philosofici e teologici nei seminari, in: La Scuola Cattolica 1966, Supplemento 2.

[51] Gründung und Statut der Bischofssynode nebst kurzer Einleitung in Heft 12 der in Anmerkung 47 erwähnten „Nachkonziliaren Dokumentation" (Trier 1968).

[52] AAS 59, 1 (1967) 257–299; mit Kommentar von *O. v. Nell-Breuning* in H. 4 der „Nachkonziliaren Dokumentation" (Trier 1967); ebd. als H. 14 eine Ausgabe von Humanae vitae mit einem „Wort der deutschen Bischöfe zur seelsorglichen Lage" (Trier 1968).

in der Enzyklika „Humanae vitae" vom 25. Juli 1968 schärfte er die christlichen Grundsätze für die Fortpflanzung des menschlichen Lebens neu ein. Er benutzte das von ihm ausgeschriebene Heilige Jahr 1975 dazu, die Verbindung der Ortskirchen mit Rom fester zu knüpfen und die in unerwartet hoher Zahl eingetroffenen Pilger zu ermutigen. Denn je mehr sich die Auffassung durchgesetzt hat, daß die Universalkirche in den Teil- und Ortskirchen lebt, desto drückender wurden deren innere und äußere Probleme für die Kirche als Ganze; die Communio ecclesiarum ist anspruchsvoller als jede rechtliche Ordnung. Diese Kirchenstruktur, die sich auf „Lumen gentium" berufen kann, stellt auch die Kirchengeschichte vor neue Aufgaben. Die nationalen und regionalen Bischofskonferenzen haben eine früher ungeahnte Bedeutung erlangt[53]. Die von ihnen veranstalteten postkonziliaren Synoden begründen eine Vielfalt im kirchlichen Leben, die zuweilen dessen Einheit bedroht. Garant dieser Einheit ist das Petrusamt. Es wäre verhängnisvoll, es auf seine Funktionen in der alten Kirche zurückschneiden zu wollen, ebenso verhängnisvoll, gewisse Ansprüche aufrechtzuerhalten, die im hohen und späten Mittelalter erhoben wurden. Die Weltkirche des 20. Jahrhunderts, in der alle Kontinente und Rassen gleichberechtigt sind, kann nicht zentralistisch geleitet werden wie die Kirche des 19. Jahrhunderts. Ebenso gewiß ist jedoch, daß den unausbleiblich stärker werdenden zentrifugalen Tendenzen nur durch eine starke Zentralgewalt begegnet werden kann; ein Ehrenvorrang genügt dafür nicht, ganz abgesehen davon, daß er hinter dem Primatdogma zurückbleibt. Die modernen Nachrichten- und Verkehrsmittel verschaffen dem Apostolischen Stuhl die Möglichkeit, über alle Vorgänge in der Weltkirche auf dem laufenden zu sein und – wo nötig – in sie einzugreifen, die Einheit der Kirche zu wahren, ohne Uniformität herzustellen. Die Auflockerung des Zentralismus ist durch die Sendung der Kirche in unserer Zeit gefordert, das Petrusamt der Einheit besteht weiter.

Das Trienter Konzil hätte niemals seine Wirkung ausüben können, wenn es nicht von einer Welle der Heiligkeit getragen worden wäre. Auch die Wirkung des Zweiten Vatikanischen Konzils wird davon abhängen, ob die Kirche des 20. Jahrhunderts sich im Geiste Jesu Christi erneuert. „Der endgültige Entscheid über den geschichtlichen Wert des Zweiten Vatikanischen Konzils hängt davon ab, ob Menschen in sich selbst das Drama der Sonderung von Spreu und Weizen bestehen"; „ob es am Ende zu den Lichtpunkten der Kirchengeschichte zählen wird, hängt von den Menschen ab, die es in Leben umsetzen" (Ratzinger).

[53] Für die Bundesrepublik Deutschland: *G. May*, Die deutsche Bischofskonferenz nach ihrer Neuordnung, in: AKR 133 (1969) 405–461; ebd., 3–13.

5. Kapitel

Der CIC und die Entwicklung des Kirchenrechts bis 1974

Univ.-Professor Dr. Georg May, Mainz

QUELLEN UND LITERATUR: Zum CIC: Acta Apostolicae Sedis 1917–1974; *N. Hilling*, Die gesetzgeberische Tätigkeit Benedikts XV. bis zur Promulgation des Codex iuris canonici: AfkKR 98 (1918) 223–239, 398–406, 561–574; *J. Noval*, Codificationis juris canonici recensio historico-apologetica (Rom 1918); *N. Hilling*, Zur Promulgation des Codex iuris canonici: AfkKR 98 (1918) 71–86; *A. Scharnagl*, Das neue kirchliche Gesetzbuch (München, Regensburg 1918); *U. Stutz*, Der Geist des CIC (Stuttgart 1918); *A. Ortscheid*, Essai concernant la nature de la codification et son influence sur la science juridique, d'après le concept du Code de Droit Canonique (Paris 1922); *P. Gasparri – I. Serédi*, Codicis Iuris Canonici Fontes, 9 Bde. (Rom 1923–39); *M. Falco*, Introduzione allo studio del „Codex iuris canonici" (Turin 1925); *Y. de la Brière*, La carrière du Cardinal Gasparri. Codification canonique et pactes concordataires: Études CCII (1930) 595–606; *Kl. Mörsdorf*, Die Rechtssprache des CIC (Paderborn 1937); *P. Gasparri*, Storia della Codificazione del diritto canonico per la Chiesa latina, in: Acta Congressus Iuridici Internationalis, IV (Rom 1937) 1–10; *F. Cimetier*, Pour étudier le Code de Droit Canonique. Introduction générale. Bibliographie. Réponses et décisions. Documents complémentairs. 1917–1938 (Paris 1938); *D. Staffa*, Imperfezioni e lacune del primo libro del Codice di diritto canonico, in: Miscellanea in memoriam Card. Gasparri (Rom 1960) 45–73; *Kl. Mörsdorf*, Der CIC und die nichtkatholischen Christen: AfkKR 130 (1961) 31–58; *H. Schmitz*, Die Gesetzessystematik des CIC Liber I–III (= Münchener Theologische Studien, III. Kan. Abt., 18. Bd.) (München 1963); *St. Kuttner*, The Code of Canon Law in Historical Perspective: The Jurist 28 (1968) 129–148.

Zu der Rechtsentwicklung von 1918 bis 1962: *N. Hilling* (Hrsg.), CIC Supplementum, 2 Bde. (Freiburg i. Br. 1925/31); *I. Bruno*, CIC Interpretationes Authenticae seu Responsa a PCI a. 1917–1935 data (Vatikanstadt 1935); Anhang für d. J. 1936–1950 (Vatikanstadt 1950); *E. F. Regatillo*, Interpretatio et iurisprudentia CIC (Santander 1949); *S. Mayer* (Hrsg.), Neueste Kirchenrechts-Sammlung, 4 Bde. (Freiburg i. Br. 1953–62); *X. Ochoa* (Hrsg.), Leges Ecclesiae post Codicem iuris canonici editae, 4 Bde. (Rom 1966–74); *N. Hilling*, Die gesetzgeberische Tätigkeit Benedikts XV. seit der Promulgation des Codex iuris canonici: AfkKR 103 (1923) 5–36; *ders.*, Zum zehnjährigen Jubiläum des Codex Juris Canonici: AfkKR 108 (1928) 385–408; *ders.*, Die Gesetzgebung des Hl. Stuhles seit der Kodifikation im Jahre 1917: AfkKR 112 (1932) 3–36; *ders.*, Die Gesetzgebung des Papstes Pius XI.: AfkKR 119 (1939) 309–351; 120 (1940) 4–32, 169–200; *S. Mayer*, Bedeutung Papst Pius' XII. für das Recht, besonders das Kirchenrecht: AfkKR 130 (1961) 436–471.

Zu der Entwicklung seit dem Zweiten Vatikanischen Konzil: *F. Romita* (Hrsg.), Normae exsequutivae Concilii Oecumenici Vaticani II (1963–1969) (Neapel 1971); *H. Barion*, Das Zweite Vatikanische Konzil. Kanonistischer Bericht (I), (II), (III): Der Staat 3 (1964) 221–226; 4 (1965) 341–359; 5 (1966) 341–352; Lois et institutions nouvelles de l'Église catholique (Paris 1966); *L. M. Örsy*, Quantity and quality of laws after Vatican II: The Jurist 27 (1967) 385–412; *F. Romita*, Il Diritto Canonico dopo il Concilio Vaticano II (= Bibliotheca „Monitor Ecclesiasticus" 20) (Neapel 1970); *W. Bertrams*, Die Bedeutung des Vatikanischen Konzils für das Kirchenrecht: ÖAfKR 23 (1972) 125–162; *U. Mosiek*, Die neueste Rechtsprechung der S. R. Rota: ÖAfKR 24 (1973) 160–199.

Zu der Reform des kanonischen Rechts: *Kl. Mörsdorf*, Grundfragen einer Reform des kanonischen Rechtes: MThZ 15 (1964) 1–16; *ders.*, Streiflichter zur Reform des kanonischen Rechts: AfkKR 135 (1966) 38–52; *E. Leis*, Zur Reform des kanonischen Rechts. Das

Gespräch vor dem Zweiten Vatikanischen Konzil. Jur. Diss. Freiburg i. Br. (Freiburg i. Br. 1966); *R. Bidagor,* La revisión del Código de Derecho Canónico – sus problemas: Gregorianum 49 (1968) 253–264; *P. Felici,* Il Concilio Vaticano II e la nuova codificazione: Apollinaris 42 (1969) 7–19; *O. Giacchi,* Innovazione e tradizione nella Chiesa dopo il Concilio: Ephemerides Iuris Canonici 26 (1970) 9–24; *F. Romita,* „Quo iure vivimus post Vaticanum II": dal Codice Piano-Benedettino al futuro Codice Conciliare: Monitor Ecclesiasticus 95 (1970) 229–241; *G. Baldanza,* L'incidenza della teologia conciliare nella riforma del diritto canonico (= Bibliotheca „Monitor Ecclesiasticus" 26) (Neapel 1970); *R. G. Cunningham,* The Principles Guiding the Revision of the Code of Canon Law: The Jurist 30 (1970) 447–455; *P. Lombardia,* Principios y técnicas del nuevo Derecho Canónico: Ius Canonicum 11 (1971) 22–36; *R. Bidagor,* La Commission pontificale pour la révision du Code de Droit canonique: L'Année Canonique 15 (1971) 97–107; *J. Maldonado,* Los juristas ante el momento actual del Derecho Canónico: Ius Canonicum 11 (1971) 37–67; *F. Finocchiaro,* La codificazione del diritto canonico e l'ora presente: Ephemerides Iuris Canonici 27 (1971) 251–272; *W. M. Plöchl,* Um ein neues katholisches Kirchenrecht: ÖAfKR 23 (1972) 273–289; *R. Baccari,* La Carità, sorgente della nuova legislazione canonica: Monitor Ecclesiasticus 97 (1972) 427–438; *P. Fedele,* A proposito delle innovazioni proposte dalla Commissione per la revisione del C.I.C. in tema di consenso matrimoniale: L'Année Canonique 17 (1973) 365–412; *P. Felici,* De Opere Codicis Iuris Canonici Recognoscendi: ÖAfKR 25 (1974) 117–128; *A. Scheuermann,* Das Schema 1973 für das kommende kirchliche Strafrecht: AfkKR 143 (1974) 3–63; *Kl. Mörsdorf,* Zum Problem der Exkommunikation. Bemerkungen zum Schema Documenti quo disciplina sanctionum seu poenarum in Ecclesia Latina denuo ordinatur: ebd. 64–68; *H. Schmitz,* Revision des kirchlichen Hochschulrechts: ebd. 69–100.

Zu der Lex Ecclesiae Fundamentalis: Schema Legis Ecclesiae Fundamentalis. Textus emendatus cum relatione de ipso schemate deque emendationibus receptis (Vatikanstadt 1971); Relatio universas contrahens generales animadversiones ad Schema Legis Ecclesiae fundamentalis ab Episcopis propositas: Communicationes 4 (1972) 122–168; El Proyecto de Ley Fundamental de la Iglesia. Texto y análisis crítico. Redacción Ius Canonicum (= Cuadernos de la Colección Canónica 13) (Pamplona 1971); *V. Marcolino,* A propósito da Lei Fundamental da Igreja (Braga 1971); Lex Ecclesiae Fundamentalis. Bericht über die Arbeitsergebnisse eines Kanonistischen Symposions in München 1971: AfkKR 140 (1971) 407–506; L'Année Canonique 15 (1971) 593–595; 16 (1972) 13f; *W. Bertrams,* De praemissis et principiis Legis Fundamentalis Ecclesiae: Periodica 60 (1971) 511–547; *G. Thils,* Une „Loi Fondamentale de l'Église"? (Löwen 1971); *W. Bertrams,* Communio, communitas et societas in Lege Fundamentali Ecclesiae: Periodica 61 (1972) 553–604; *R. Sobański,* La „Loi fondamentale" de l'Église. Quelques réflexions: NRTh 94 (1972) 251–268; *J. Beyer,* De Legis Ecclesiae Fundamentalis redactione, natura et crisi: Periodica 61 (1972) 525–551; *J. Manzanares,* De Schemate Legis Ecclesiae Fundamentalis in Colloquio Hispano-Germanico adnotationes: Periodica 61 (1972) 647–662; *L. Michelini di San Martino,* Lo Schema Legis Ecclesiae Fundamentalis e gli Ordinamenti Laici (= Bibliotheca „Monitor Ecclesiasticus" 37) (Neapel 1972); *B. Gangoiti,* Possibilità, convenienza e contenuto di una legge fondamentale nella Chiesa: Angelicum 49 (1972) 315–347; *L. Vela Sánchez,* Christifidelium officia et iura fundamentalia descripta in Legis Fundamentalis Schematis textu emendato: Periodica 61 (1972) 605–623.

Vom Inkrafttreten des CIC bis zum Zweiten Vatikanischen Konzil

Die Kodifikation des Kirchenrechts

Die Kodifikation des Kirchenrechts der lateinischen Kirche ist der Kraft und Initiative Pius' X. zu verdanken. Der Papst hatte in dem Motuproprio „Arduum sane munus" vom 19. März 1904 die Absicht kundgetan, das geltende Kirchenrecht der lateinischen Kirche, das in vielen Rechtsquellen verstreut lag, in einer einheitlichen Kodifikation zusammenzufassen. Unter der Leitung von *Pietro Gasparri* wurde die Aufgabe mutig angegangen und tatkräftig vorangetrieben. Die Bischöfe des Erdkreises und Konsultoren aus den wichtigsten Ländern waren an der Arbeit beteiligt. In dem geheimen Konsistorium vom 4. Dezember 1916 gab *Benedikt XV.* die Fertigstellung des Werkes bekannt. Am 27. Mai 1917 vollzog der Papst das Gesetz, in dem der CIC die Sanktion erhielt, die Apostolische Konstitution „Providentissima Mater Ecclesia". Am 28. Juni 1917 wurde der CIC promulgiert, am 19. Mai 1918 trat er in Kraft. Das gesetzte Ziel, das zersplitterte Recht in den großen und wichtigen Fragen des kirchlichen Lebens zu vereinheitlichen, ist gelungen. Der CIC ist eine an sich vollständige Kodifikation des gemeinen Kirchenrechts der Kirche des lateinischen Ritus. Er verweist aber selbst auf ältere Gesetze, die in Geltung bleiben, weil und insoweit er auf sie Bezug nimmt (c. 6 CIC). Der CIC ist das Gesetzbuch der Kirche des lateinischen Ritus, besitzt aber in gewissem Umfang auch Geltung für die orientalischen Ritusgemeinschaften (c. 1 CIC). Die Kodifikation war von den Grundsätzen möglichster Erhaltung des Überkommenen und behutsamer Anpassung geprägt. Der CIC enthält daher keine grundstürzenden Neuerungen, sondern nur zeitgemäße Änderungen. Manche archaischen Elemente wurden mitgeschleppt und gewisse neuere Entwicklungen, z. B. auf dem Gebiet des Vermögens- und Benefizialrechts, nicht berücksichtigt. Der CIC ist in weitestem Umfang auf die Vorschläge eingegangen, die von den Vätern des Ersten Vatikanischen Konzils und den zur Beratung herangezogenen Bischöfen gemacht wurden. Er baut auch vielfach auf den Gedanken und Richtlinien auf, die Leo XIII. gegeben hatte. Manches ist schließlich aus dem Konkordatsrecht in den CIC eingegangen, z. B. was die Privilegien des Klerus angeht. Die Durchforstung, Umarbeitung und Modernisierung des gewaltigen überlieferten Normenmaterials stellen eine bedeutende gesetzgeberische Leistung dar. Der CIC ist Höhepunkt und Abschluß der im 19. Jahrhundert anhebenden Entwicklung, die die Kirche (auch) durch straffe, einheitliche Disziplin und engen Anschluß an den Apostolischen Stuhl zu einem tauglichen Werkzeug der christlichen Durchdringung der Erde machen wollte. Er ist ein Werk, das vorzugsweise der Arbeit der katholischen Kirche in Europa zu verdanken ist. Er steht in der Tradition der mittelalterlichen Kanonistik und zieht die von dem Tridentinum begonnenen Linien aus.

Der CIC ist in fünf Bücher gegliedert, ihm wurden acht ältere Dokumente beigegeben, die inhaltlich nicht in ihn aufgenommen worden waren. Er wird eingeleitet mit der Professio catholicae fidei. Seine Systematik befriedigt nicht in jeder Hinsicht. Beispielsweise ist das kirchliche Ämterrecht zerrissen und auf zwei verschiedene Bücher verteilt. Der CIC will grundsätzlich nur innerkirchliches Gesetzbuch sein und läßt daher die Regelung der Verhältnisse von Kirche und Staat aus der Kodifikation heraus. Damit hat er seine Durchsetzung erheblich erleichtert. Die Sprache des CIC ist knapp und klar, leidet jedoch an Unsicherheit der Terminologie. Von den inhaltlichen Neuerungen sei beispielsweise auf folgende verwiesen. Die Stellung der Bischöfe wurde gestärkt. Die seit dem Mittelalter bestehende Neigung, die Gewalt der hierarchischen Instanzen zwischen Papst und Bischöfen zu beschneiden, ist in der Bedeutungslosigkeit der Metropoliten (c. 274) ausgedrückt. Die Bischöfe werden vom Papst frei ernannt (c. 329 § 2), wobei er sich in wachsendem Umfang der von den Bischöfen eingereichten Listen bedient. Das Amt des bischöflichen Generalvikars wurde zum erstenmal gemeinrechtlich geregelt (cc. 366–371). Das tridentinische Eheschließungsrecht wurde für die ganze Kirche verbindlich gemacht, die Ausnahmen für Deutschland und Ungarn entfielen (c. 1094).

Der CIC wurde von den Katholiken im allgemeinen mit Freude und Dankbarkeit aufgenommen; sie zeigten sich überwiegend vom Nutzen der Reform überzeugt. Der Erlaß des CIC festigte in der Tat die innere Ordnung der Kirche. Die Staaten nahmen die Kodifizierung wenigstens ohne Anstände hin. Die Umwälzungen nach 1918 kamen der Einführung des CIC in starkem Maße zugute. Ein erheblicher Teil des die Kirche fesselnden und beschränkenden Staatskirchenrechtes brach zusammen. Zahlreiche auf Konkordat, Privileg oder Indult beruhende Bindungen fielen infolge des Aufhörens von Staaten oder begünstigten Subjekten hinweg. Bei dem Neu- und Wiederaufbau wurden vielfach offenere Regelungen gefunden. Die übrigen Religionsgemeinschaften erhoben, abgesehen von einigen deutschen Protestanten, gegen den CIC kaum Einwände.

Um die durch die Kodifikation erreichte Rechtseinheit zu sichern, setzte Benedikt XV. am 15. September 1917 durch das MP „Cum iuris“ eine Kommission von Kardinälen ein und übertrug ihr die Aufgabe, den CIC authentisch zu interpretieren und notwendig werdende Änderungen ihm einzuarbeiten. Den ersten Teil ihres Auftrags hat sie erfüllt, zu dem zweiten ist sie, von zwei Ausnahmen abgesehen, nicht gekommen. Zugleich bestimmte der Papst, daß die Kongregationen der Römischen Kurie ohne dringende Veranlassung keine neuen Decreta generalia erlassen, sondern sich auf Instructiones beschränken sollten.

Die Rechtsentwicklung von 1918 bis 1958

Schon nach kurzer Zeit wurde klar, daß nicht daran zu denken war, Wissenschaft und Praxis könnten mit dem CIC im wesentlichen auskommen. Das im CIC formulierte Recht bedurfte der *Ausführung* und der *Ergänzung* durch weitere Normen. Die Kodifikation hat die Rechtsentwicklung nicht gehemmt, sondern gefördert. Das Recht des CIC entwickelte sich kräftig weiter, vor allem durch die zahlreichen authentischen Erklärungen der Interpretationskommission, aber auch durch die Gesetzgebung der Päpste, namentlich Pius' XI. und Pius' XII., und der Kardinalskongregationen. Letztere erließen ihre Normen unter dem Titel von Instructiones, Decreta, Normae, Indices und Formulae. Zu der Auslegung und Fortbildung des Rechtes, besonders des Eherechtes, trugen ebenfalls die seit 1912 alljährlich veröffentlichten Urteile der Sacra Romana Rota [1] sowie Entscheidungen der Kardinalskongregationen in Einzelfällen bei. Auch die Mahn- und Lehrschreiben des Heiligen Stuhles wurden für die Durchführung und Fortbildung des Rechtes von großer Bedeutung.

Das Recht des CIC hat sich, soweit das zu überblicken ist, im ganzen gesehen verhältnismäßig erfolgreich *durchgesetzt.* Es war jedoch nicht möglich, alle Vorschriften des CIC in die Rechtswirklichkeit zu überführen. Der CIC ließ die von dem Apostolischen Stuhl abgeschlossenen Verträge mit den Staaten unberührt, verzichtete also insoweit auf seine Durchsetzung (c. 3 CIC). Ebenso blieben wohlerworbene Rechte sowie von dem Apostolischen Stuhl verliehene Privilegien und Indulte grundsätzlich in Geltung (c. 4 CIC). Vereinbartes und vom Heiligen Stuhl anerkanntes Recht bildete also eine Schranke für die Ausbreitung des neuen Rechtes. Angesichts des ausgedehnten Geltungsbereiches des CIC ist mit einem noch stärkeren Auseinandertreten zwischen formeller und tatsächlicher Geltung als bei anderen Kodifikationen zu rechnen. Neues Partikularrecht, das den CIC ergänzte oder abänderte, wurde namentlich durch die Konkordate geschaffen. Auch die Bischöfe entfalteten in der Durchführung des CIC eine reiche Tätigkeit auf Diözesansynoden durch Anpassung und Sammlung des Diözesanrechts.

Benedikt XV.

Die restlichen Jahre der Regierung Benedikts XV. standen im Zeichen der Durchsetzung, des Ausbaus und der Erhaltung des erreichten Zustandes der Rechtseinheit. Der durch das Dekret der Konsistorialkongregation „Ratio iuris" vom 25. Juli 1916 geschaffene Modus für die Besetzung der Bischofsstühle in den USA wurde mit geringfügigen Änderungen auf eine Anzahl anderer Länder ausgedehnt [2]. An der Verfassung der Missionen nahm der Papst wichtige

[1] Sacrae Romanae Rotae Decisiones seu Sententiae I (Rom 1912).

[2] Kanada (AAS 11, 1919, 124–128), Schottland (AAS 13, 1921, 13–16), Brasilien (AAS 13,

Änderungen vor[3]. Angesichts gewisser radikaler Bewegungen in der Tschechoslowakei und in Ungarn sprach er mehrmals, am deutlichsten in dem Schreiben vom 3. Januar 1920 an den Erzbischof von Prag, aus, daß der Heilige Stuhl niemals die Abschaffung oder Milderung des Zölibatsgesetzes gestatten werde[4].

Pius XI.

Die Hauptarbeit bei der Ausführungsgesetzgebung zum CIC hat Pius XI. geleistet. Der Papst erlaubte sich indes keine tiefgreifenden Änderungen des CIC. Die von ihm erlassenen Normen sind gründlich durchgearbeitet und auf die Praxis ausgerichtet. Ein besonderer Zug der Gesetzgebung Pius' XI. ist die umfangreiche konkordatäre Normsetzung, die weiter unten zu behandeln ist.

1929 leitete der Papst die *Kodifikation des orientalischen Kirchenrechts* ein, indem er eine Kardinalskommission unter dem Vorsitz von *Pietro Gasparri* einsetzte[5]. Zwei weiteren Kommissionen, die 1930 gebildet wurden, übertrug er die Aufgabe, die Quellen des orientalischen Kirchenrechts zu sammeln und Entwürfe für die Kodifikation auszuarbeiten. Die zweite Kommission wurde am 17. Juli 1935 in die Pontificia Commissio ad redigendum „Codicem Iuris Canonici orientalis" umgewandelt[6]. Von der Kodifikation des orientalischen Kirchenrechts erhoffte man, daß sie die Bande zwischen den orientalischen Ritusgemeinschaften einerseits und dieser mit der lateinischen Kirche andererseits befestigen und zeitgemäße Anpassungen des Rechts bringen werde[7]. In zwei Dekreten wurden einige Canones des CIC auch auf die orientalischen Ritusgemeinschaften ausgedehnt[8]. Das MP „Sancta Dei Ecclesia" vom 25. März 1938 unterstellte im Nahen Osten auch die dort lebenden lateinischen Katholiken der Kongregation für die orientalische Kirche.

Das verspätete Eintreffen dreier amerikanischer Kardinäle bei der Papstwahl des Jahres 1922 nahm Pius XI. zum Anlaß, um in dem MP „Cum proxime" vom 1. März 1922 die Konklaveordnung Pius' X. vom 25. Dezember 1904 abzuändern. Danach wurde die gesetzliche Frist für den Beginn des Konklaves von 10 auf 15 Tage verlängert, denen durch Beschluß des Kardinalskollegiums noch

1921, 222–225), Mexiko (AAS 13, 1921, 379–382), Polen (AAS 13, 1921, 430–432). Vgl. *Kl. Mörsdorf,* Das neue Besetzungsrecht der bischöflichen Stühle unter besonderer Berücksichtigung des Listenverfahrens (= Kölner Rechtswissenschaftliche Abhandlungen Heft 6) (Bonn, Köln, Berlin 1933).

[3] Z.B. AAS 12 (1920) 120, 331–333.

[4] AAS 11 (1919) 122f; 12 (1920) 33–35, 585–588.

[5] AAS 21 (1929) 669.

[6] AAS 27 (1935) 306–308.

[7] Vgl. *A. Coussa,* De Codificatione canonica orientali, in: Acta Congressus Iuridici Internationalis, IV (Rom 1937) 491–532.

[8] AAS 20 (1928) 195; 26 (1934) 550.

höchstens 3 Tage hinzugefügt werden durften. Das Motu proprio wurde in den Dokumentenanhang des CIC aufgenommen. Zahlreiche Erlasse des Papstes galten der Organisation und der Ordnung der Zuständigkeit und des Verfahrens der Behörden der Römischen Kurie. Die Kongregationen wurden personell stärker verzahnt. Die Sacra Poenitentiaria erhielt durch die Konstitution „Quae divinitus" vom 27. März 1935 eine neue Verfassung, die Sacra Romana Rota erfuhr am 29. Juli 1934 eine Neuordnung ihrer Verfassung und ihres Verfahrens. In Ausführung des c. 328 CIC erging am 15. August 1934 die Konstitution „Ad incrementum" über die Prälaten an der Römischen Kurie. Für die am 17. März 1922[9] wiedereingeführten Quinquennalfakultäten der Diözesanoberhirten schuf das MP „Post datam" vom 20. April 1923 ein einheitliches Formular, das von der Konsistorialkongregation ausgestellt wurde. Zur Ausführung des c. 296 CIC erließ die Propagandakongregation am 8. Dezember 1929 die wichtige Instruktion „Quum huic Sacrae" über das Verhältnis zwischen Missionsoberhirten und Ordensoberen. Um die Statuten der Dom- und Stiftskapitel mit dem Recht des CIC in Übereinstimmung zu bringen, forderte die Konzilskongregation am 25. Juli 1923 die Bischöfe auf, den Kapiteln eine Frist von sechs Monaten für die Anpassung ihrer Statuten zu setzen; nach fruchtlosem Verstreichen derselben sollten sie selbst die Revision durchführen. Unnachsichtig wurde durch eine beträchtliche Zahl von Normenkomplexen die Disziplin des Klerus eingeschärft bzw. geregelt, dem der Papst in der Enzyklika „Ad catholici sacerdotii" vom 20. Dezember 1935 Würde und Bedeutung seiner Sendung vor Augen gestellt hatte. Die Konstitution „Deus scientiarum Dominus" vom 24. Mai 1931 (mit den Ordinationes der Studienkongregation vom 12. Juni 1931) über die kirchlichen Universitäten und Fakultäten[10] stellte eine Art Grundgesetz des katholischen Hochschulwesens dar. Sie verlangte eine Vermehrung der kirchlichen Fakultäten, die Erhöhung der wissenschaftlichen Anforderungen bei Promotionen sowie die Verbesserung des Lehrbetriebs und der Lehrmittel. Der Studienkongregation wurde das in c. 256 § 1 CIC gewährte Promotionsrecht entzogen. Unter dem Namen „Katholische Aktion" rief Pius XI. eine dem Apostolat der Hierarchie verbundene Laienbewegung ins Leben. Am 7. Mai 1923 erschien das Dekret der Sakramentenkongregation „Catholica doctrina", das in dem angeschlossenen Reglement das Verfahren bei der Dispens der geschlossenen, aber nicht vollzogenen Ehe eingehend regelte. Die Instruktion der Sakramentenkongregation über die Weiheskrutinien vom 27. Dezember 1930 ordnete ein einläßliches Prüfungsverfahren für die Weihekandidaten an, um untaugliche oder unwürdige Personen vom Priestertum fernzuhalten. Die Instruktion der Sakramentenkongregation vom 15. August 1936 brachte in 240 Artikeln einläßliche Normen über die Führung der Ehenichtigkeitsprozesse an den Diözesangerichten, die das Recht des CIC fortbildeten.

[9] *Ochoa*, Leges Ecclesiae I, 431–438.

[10] *A. Bea*, Die päpstliche Studienreform, in: StdZ 121 (1931) 401–405.

Pius XII.

Eine umfassende Gesetzgebung auf allen Gebieten entfaltete Papst Pius XII. Er griff erheblich tiefer in den Bestand des CIC ein als sein Vorgänger. Pius XII. war selbst ein gelehrter Kanonist, der Geschichte, System und Geist des Kirchenrechts kannte. Zusammen mit seiner Verantwortungsfreudigkeit und Entschiedenheit sowie mit seiner Gabe, die rechten Mitarbeiter auszuwählen, war er zum Gesetzgeber wie geschaffen. Die Gesetzgebung Pius' XII. war durchweg bestimmt von der Absicht, seelsorglichen Notwendigkeiten zu Hilfe zu kommen. Darum war sie bemüht, allen zeitbedingten und ortsgebundenen Gegebenheiten gerecht zu werden. Mutig stellte sich der Papst veränderten Verhältnissen und trug neuen Einsichten Rechnung. Umsichtig bahnte er seinen Gesetzen den Weg in die Rechtswirklichkeit. Veränderte Normen für die Gesamtkirche wurden vielfach durch Indulte für bestimmte Gebiete vorbereitet und erprobt. In schrittweisem Vorgehen wurden sie dann eingeführt. Die Grundzüge dieser Gesetzgebung sind behutsame Anpassung an neue Gegebenheiten, Offenheit für Entwicklungen, Vorsicht bei Änderungen, Festigkeit im Grundsätzlichen und Geschmeidigkeit in Verfahrensfragen. Obwohl die Gesetzgebung Pius' XII. teilweise tiefeinschneidende Änderungen der kirchlichen Disziplin mit sich brachte, bestand zu keinem Zeitpunkt im Klerus oder bei den Gläubigen ein Gefühl der Unsicherheit oder der Ratlosigkeit. Niemals hatte es auch nur den Anschein, der Papst werde getrieben oder unter Druck gesetzt. In allen Stadien blieb er in souveräner Weise Herr der Situation.

In der Enzyklika „Mystici Corporis" vom 29. Juni 1943 behandelte Pius XII. das grundsätzliche Verhältnis von Kirche und Kirchenrecht. In glücklicher Synthese schilderte er die Zusammengehörigkeit und Unterschiedenheit von Rechtsstruktur und übernatürlichem Leben in der Kirche. Für die Lehre von der Kirchengliedschaft ist die Enzyklika ein Markstein. Am 8. Dezember 1945 erließ er die Konstitution „Vacantis Apostolicae Sedis". Sie hielt sich inhaltlich im wesentlichen an die Konstitution „Vacante Sede Apostolica" Pius' X. vom 25. Dezember 1904, brachte aber die Änderung an, daß künftig zur Papstwahl über die Zweidrittelmehrheit hinaus eine weitere Stimme erforderlich war. Vor allem ist Pius XII. zum großen Gesetzgeber auf dem Gebiet des Sakramentenrechts geworden. In der Konstitution „Episcopalis consecrationis" vom 30. November 1944 klärte er die Rolle der beiden Mitkonsekratoren bei der Bischofsweihe, in der Konstitution „Sacramentum Ordinis" vom 30. November 1947 Materie und Form der Diakonats-, Priester- und Bischofsweihe. Durch das Dekret „Spiritus Sancti munera" vom 14. September 1946 erhielten die Pfarrer die Vollmacht, im Gebiet ihrer Pfarrei den Gläubigen, die infolge schwerer Krankheit in Todesgefahr sind, das Sakrament der Firmung zu spenden [11]. Die

[11] Das Dekret war vorbereitet durch das Indult für Südamerika vom 30. April 1929 (AAS 21, 1929, 554–557).

große Enzyklika „Mediator Dei" vom 20. November 1947 ist von Wichtigkeit für das Recht des eucharistischen Opfersakramentes und der Liturgie überhaupt. Die Konstitution „Christus Dominus" und die zugehörige Instruktion vom 6. Januar 1953 regelten das Gebot der eucharistischen Nüchternheit neu und verliehen den Ortsoberhirten die Vollmacht, die Zelebration der Abendmesse erlauben zu können. Das MP „Sacram Communionem" vom 19. März 1957 brachte weitere Milderungen der eucharistischen Nüchternheit und die Ausdehnung der Vollmacht zur Erlaubnis der Abendmesse. Zahlreiche gesetzgeberische Akte des Papstes und seiner Hilfsorgane galten dem Ehesakrament. Das Brautexamen wurde einläßlich geregelt (1941), die Rangordnung der Ehezwecke klargestellt (1944), die künstliche Befruchtung, abgesehen von der zulässigen adiuvatio naturae, verworfen (1949, 1956). Das liturgische Recht wurde von Pius XII. nachhaltig entwickelt. Die feierliche Ostervigil wurde wiederhergestellt (1951), die Liturgie der Karwoche neu geordnet (1955), die Reform von Meßbuch und Brevier in Angriff genommen (1955). Die Kirchenmusik erhielt Wegweisung in der Enzyklika „Musicae sacrae disciplina" vom 25. Dezember 1955 und in der Instruktion „De Musica sacra" vom 3. September 1958. Die Konstitution „Provida Mater Ecclesia" vom 2. Februar 1947 ist gewissermaßen die Gründungsurkunde der Säkularinstitute. Zu den bereits bestehenden drei Formen des Standes der Vollkommenheit wurde eine vierte hinzugefügt[12]. Die Konstitution „Sponsa Christi" vom 21. November 1950 und die zugehörige Instruktion „Inter praeclara" vom 23. November 1950 führten eine zeitgemäße Anpassung der Nonnenklöster herbei, ohne etwas vom Wesen des jungfräulichen und beschaulichen Lebens preiszugeben. Die Konstitution „Exsul Familia" vom 2. August 1952 brachte eine umfassende Ordnung der Seelsorge an Flüchtlingen, Vertriebenen und Auswanderern. Unter Pius XII. gedieh auch die *Kodifikation des orientalischen Kirchenrechts* zur Reife. Folgende Teile wurden promulgiert: am 22. Januar 1949 das Eherecht, am 6. Januar 1950 das Prozeßrecht, am 9. Februar 1952 das Ordens- und Vermögensrecht sowie die Festlegung bestimmter Begriffe, am 2. Juni 1957 das Verfassungsrecht. Daß dieses Recht der Vielfalt der orientalischen Ritusgemeinschaften in jeder Hinsicht gerecht wird, läßt sich nicht behaupten. Aber eine gewisse Vereinheitlichung tat not. Indes ist fraglich, wieweit das kodifizierte Recht sich in der Praxis durchgesetzt hat.

[12] Weitere Normen für die Säkularinstitute: MP „Primo feliciter" vom 12. März 1948, Dekret vom 25. März 1947, Instruktion „Cum Sanctissimus" vom 19. März 1948.

Seit der Einberufung des Zweiten Vatikanischen Konzils

Das Zweite Vatikanische Konzil ist ein Ereignis von größter Tragweite für das Recht der Kirche. Seine Darstellung fällt nicht in den Bereich dieses Beitrages. Nur soviel sei bemerkt: Der größte Teil der Aussagen und Weisungen des Konzils ist nicht unmittelbar für den einzelnen geltendes Recht, sondern, soweit es sich überhaupt um rechtlich relevante Texte handelt, eine Art Programm- oder Grundsatzgesetzgebung, die sich an die kirchlichen Gesetzgeber richtet. Diese sind aufgerufen, entsprechend dem Geist und dem Buchstaben der konziliaren Texte eine Änderung des Kirchenrechts vorzunehmen.

Johannes XXIII.

Papst Johannes XXIII. kündigte am 25. Januar 1959 eine *Revision des CIC* an. Am 28. März 1963 setzte er eine Kommission zur Reform des CIC ein. Den Vorsitz hatte zunächst Kardinal *Pietro Ciriaci.* Angesichts der kurzen Dauer des Pontifikats konnten von der Arbeit der Kommission keine Früchte erwartet werden, zumal alle Kräfte von der Vorbereitung und Durchführung des Konzils absorbiert wurden. Unter Johannes XXIII. trug die Gesetzgebung des Heiligen Stuhles durchaus traditionelle Züge. Kein einziger Erlaß des Papstes oder des Heiligen Stuhles verläßt die Linie der Kontinuität und der behutsamen Änderungen. Daß die genialen, aber unbestimmten Impulse des Papstes tiefgreifende Änderungen angezielt hätten, ist angesichts seiner konservativen Einstellung zumindest zweifelhaft. Indes trägt diese Gesetzgebung keinen einheitlichen Zug; sie entbehrt der Planmäßigkeit und läßt die überlegene Führung vermissen. Die von Johannes XXIII. vom 24. bis 31. Januar 1960 abgehaltene Synode der Diözese Rom verlief in ausgesprochen traditionellen Bahnen. Sie schien die überkommene kirchliche Disziplin noch einmal mit Festigkeit und Schärfe durchsetzen zu wollen. Das schon 1910–15 umstrittene Recht der suburbikarischen Bistümer erfuhr neuerliche Änderungen durch das MP „Ad Suburbicarias" vom 10. März 1961, das das Optionsrecht der Kardinäle auf die suburbikarischen Bischofssitze abschaffte, und namentlich durch das MP „Suburbicariis sedibus" vom 11. April 1962. Danach haben die Kardinalbischöfe keine Jurisdiktion mehr in dem Bistum, dessen Titel sie tragen. Dieses wird vielmehr von einem ordentlichen Bischof geleitet. Die Kardinaldiakone, für die schon der CIC die Priesterweihe verlangte (c. 232 § 1), müssen nach dem MP „Cum gravissima" vom 15. April 1962 künftig Bischöfe sein. Dieser Aufwertung des Kardinalskollegiums entspricht kaum die von Johannes XXIII. vorgenommene Vermehrung der Zahl der Kardinäle. Bei der Kreation vom 15. Dezember 1958 überschritt der Papst zum erstenmal die von Sixtus V. festgelegte Höchstzahl.

Das MP „Summi Pontificis Electio“ vom 5. September 1962 ergänzte die Konstitution „Vacantis Apostolicae Sedis“ und änderte das Recht der Papstwahl dahin, daß gewählt ist, wer zwei Drittel der gültigen Stimmen auf sich vereinigt. Nur in dem Fall, daß die Zahl der anwesenden Kardinäle nicht durch drei teilbar ist, ist eine weitere Stimme erforderlich. Die Zuwendung des Papstes zu den getrennten Christen begann sich im Recht niederzuschlagen. Am 17. Juli 1961 wurde die Graduierung von Nichtkatholiken an kirchlichen Fakultäten zugelassen[13].

Paul VI.

Organe

Die Hauptrolle bei der Durchführung des Zweiten Vatikanischen Konzils fällt begreiflicherweise dem *Heiligen Stuhl* zu. In zahlreichen Apostolischen Konstitutionen, Motuproprien, Dekreten, Instruktionen, Direktorien, Rundschreiben, Normen und Bekanntmachungen wird ein umfangreiches Normenmaterial unterschiedlicher Bindungskraft über die Kirche gebreitet, das beansprucht, der Durchführung des Zweiten Vatikanischen Konzils zu dienen[14]. Die Federführung liegt regelmäßig bei den *Kardinalskongregationen*. Gewichtigen Anteil nehmen auch das Sekretariat für die Förderung der Einheit der Christen und anfangs der Rat für die Durchführung der Konstitution über die heilige Liturgie. Auf die Gestaltung des päpstlichen Rechts üben die Bischofskonferenzen und die Bischofssynode kräftig Einfluß. Durch das MP „Finis Concilio“ vom 3. Januar 1966 rief Paul VI. die postkonziliaren Kommissionen ins Leben. Der Zentralkommission wurde die authentische Interpretation der Konzilsdekrete übertragen. Ihre Nachfolge trat 1967 die Pontificia Commissio Decretis Concilii Vaticani II interpretandis an[15]. Diese Kommission interpretiert jedoch nicht nur Dokumente des Konzils[16], sondern auch die dazu ergangenen Durchführungsbestimmungen. Aber andere Kongregationen üben ebenfalls für ihren Bereich Auslegung der Konzilsdekrete und der dazu gehörigen Normen.

Die gesetzgeberischen Akte des Heiligen Stuhles rufen wiederum zahlreiche Durchführungsverordnungen der *Bischofskonferenzen* und der *Bischöfe* hervor. In mehreren Ländern wurden Diözesansynoden oder Synoden neuen Typs zur Durchführung des Konzils abgehalten. Als erste veranstaltete die katholische Kirche in den *Niederlanden* von 1966 bis 1970 in Noordwijkerhout

[13] AfkKR 130 (1961) 485 f.

[14] Die Durchführungsbestimmungen zu den Dekreten „Christus Dominus“, „Presbyterorum ordinis“, „Perfectae caritatis“ und „Ad gentes“ ergingen nach Art eines Mantelgesetzes in dem MP „Ecclesiae Sanctae“ vom 6. August 1966.

[15] AAS 59 (1967) 1003.

[16] Z.B. AAS 60 (1968) 360–363.

ein sogenanntes *Pastoralkonzil*[17]. An ihm nahmen die Bischöfe des Landes, Priester und Laien teil. Eine gewichtige Rolle spielten die nichtkatholischen Beobachter. Die rechtliche Natur der Versammlung blieb unbestimmt. Die Verbindlichkeit der von ihr getroffenen Entscheidungen dürfte über den Charakter von Empfehlungen nicht hinausgehen. Diese Synode neuen Typs wollte als erste nach dem Abschluß des Zweiten Vatikanischen Konzils zeigen, wie die Beschlüsse und Anstöße des Konzils in einer Teilkirche zu verwirklichen und zu konkretisieren seien. Ihr Hauptziel war indes wohl die Schaffung eines veränderten Bewußtseins unter den holländischen Katholiken. In sechs Sessionen wurden umfangreiche Texte verabschiedet, deren Spannweite von der Autoritätsauffassung bis zu der Judenfrage reicht. Sie sind jedoch sehr häufig begrifflich unscharf und theologisch unzulänglich sowie weithin von der Ideologie des Demokratismus und der Feindschaft gegen das Kirchenrecht bestimmt. Einzelnen positiven Anregungen steht eine Fülle von abwegigen und irrigen Aufstellungen gegenüber. Auf der Synode war der Geist eines radikalen Reformismus herrschend, für den weder das gesamtkirchliche Recht noch die verbindliche Lehre der Kirche eine Schranke war. Bedenkenlos wurde Experimenten das Wort geredet, unbekümmert um die Folgen. Viele Neuerungen wurden ohne Rücksichtnahme auf die Gesamtkirche eingeführt. Entscheidende Glaubenssätze wurden verunklart oder übergangen. Ein verbindliches Glaubensbekenntnis schien für die Synodenmehrheit nicht zu existieren. Der Gottesbegriff und die Offenbarung wurden umgedeutet. Die Hl. Schrift wurde an vielen Stellen unsachgemäß ausgelegt. Der Kirchenbegriff ist völlig deformiert. In der von dem Pastoralkonzil gezeichneten „Kirche" haben auch Häretiker und Ungläubige Platz. Die sakramentale und hierarchische Struktur der Kirche wurde geleugnet. Der Primat wurde nivelliert, das kirchliche Lehramt beseitigt, das Amt aufgelöst. Die Kirche wurde soziologisiert und humanisiert. Unzweideutige sittliche Normen entfielen. Papst *Paul VI.* zeigte sich in seinem Schreiben an Kardinal *Alfrink* vom 24. Dezember 1969[18] über die von dem Pastoralkonzil eingeschlagene Richtung beunruhigt. Die Bischöfe, die an ihm teilnahmen, schwiegen jedoch im allgemeinen zu den absurden und glaubenswidrigen Aufstellungen. Indes wollte der Episkopat den Bruch mit dem Papst vermieden wissen. Das holländische Pastoralkonzil ist zugleich Ausdruck und Ursache der

[17] B. *Kardinal Alfrink*, Kirche im Umbruch (München 1968); *J. Chr. Hampe*, Das niederländische Pastoralkonzil: StdZ 181 (1968) 177–195; *E. Kleine*, Autorität im Kreuzfeuer (Essen 1968); *ders.*, Welt zwischen Hunger und Heil (München 1968); *ders.*, Primat des Gewissens (München 1969); *ders.*, Glaube im Umbruch (München 1970); *ders.*, Es geht um mehr als Zölibat (München 1970); *ders.*, Ökumene auf dem Prüfstand (München 1971); *J. Strauss* (Hrsg.), Ökumenisches Modell Holland (= Forum-Reihe Bd. 13) (Göttingen, Zürich 1969); *J. Lortz*, Holland in Not (Luxemburg 1970); *J. Kerkhofs*, Das niederländische Pastoralkonzil als Modell einer demokratischen Kirchenversammlung: Concilium 7 (1971) 212–215; *M. Schmaus – L. Scheffczyk – J. Giers* (Hrsg.), Exempel Holland. Theologische Analyse und Kritik des Niederländischen Pastoralkonzils (Berlin 1972).
[18] AAS 62 (1970) 66–69.

Krise, in der sich die katholische Kirche in den Niederlanden befindet. Für die Umsetzung des Zweiten Vatikanischen Konzils in die Praxis hat es kaum etwas geleistet. In *Deutschland* wurden nach vereinzelten *Diözesansynoden* (Hildesheim, Meißen)[19] die sogenannte *Gemeinsame Synode der Bistümer in der Bundesrepublik Deutschland*[20] und daraufhin die sogenannte *Pastoralsynode der DDR*[21] einberufen. Sie tagten in mehreren Sitzungsperioden von 1971 bzw. 1973 bis 1975. Die erste Versammlung der Gemeinsamen Synode litt an schwerwiegenden Strukturfehlern[22]. Ihr Statut übersah einmal, daß die Bischofskonferenz keine allgemeine Zuständigkeit zur Gesetzgebung für alle kirchlichen Gegenstände besitzt, sondern nur für jene, über die sie ihr vom Apostolischen Stuhl übertragen ist. In dem Bereich teilkirchlicher Gesetzgebung, in dem die Bischofskonferenz keine Kompetenz hat, ist die Synode darauf angewiesen, daß die einzelnen Diözesanbischöfe sich die synodalen Vorlagen zu eigen machen. Keine noch so große Mehrheit der Mitglieder der Bischofskonferenz kann sie dazu nötigen. Die Synode war schon irreführend konzipiert. Die Rollen innerhalb des Gremiums waren nicht richtig verteilt. Die Synode beteiligte Priester und Laien an der Gesetzgebung und verdeckte damit die Tatsache, daß die Gesetzgebung in der Kirche allein bei den Oberhirten eigenen Rechtes liegt und daß Priester und Laien auf deren Beratung beschränkt sind. Befriedigender war die Pastoralsynode der Jurisdiktionsbezirke in der DDR strukturiert. In ihr nahmen die Mitglieder der Ordinarienkonferenz gemäß Statut an den Abstimmungen nicht teil. Damit blieben die wesentlichen Unterschiede zwischen Oberhirten und Untergebenen sowie zwischen Rechtsetzung und Beratung gewahrt.

[19] *F. J. Wothe,* Kirche in der Synode. Zwischenbilanz der Hildesheimer Diözesansynode (Hildesheim 1968); *G. May,* Bemerkungen zu dem Rätesystem in der Diözese Meißen nach den Dekreten I und II der Diözesansynode des Jahres 1969, in: TThZ 80 (1971) 308–315.

[20] Statut vom 11. November 1969: AfkKR 138 (1969) 544–556; Dekret der Kongregation für die Bischöfe vom 14. Februar 1970 zur Bestätigung des Statuts der Gemeinsamen Synode der Bistümer in der Bundesrepublik Deutschland: ebd. 139 (1970) 150f; Hirtenbrief vom 16. Februar 1970: ebd. 139 (1970) 177–182; Bekanntmachung der Deutschen Bischofskonferenz vom 22. September 1970 betr. Geschäftsordnung der Gemeinsamen Synode der Bistümer in der Bundesrepublik Deutschland: ebd. 139 (1970) 526–538. Seit 1970 erscheint die Zeitschrift „Synode. Amtliche Mitteilungen der Gemeinsamen Synode der Bistümer in der Bundesrepublik Deutschland". Vgl. *M. Plate,* Das deutsche Konzil. Die Würzburger Synode. Bericht und Deutung (Freiburg, Basel, Wien 1975); Gemeinsame Synode der Bistümer in der Bundesrepublik Deutschland. Beschlüsse der Vollversammlung. Offizielle Gesamtausgabe I (Freiburg, Basel, Wien 1976).

[21] Statut vom Frühjahr 1972: AfkKR 141 (1972) 538–543; Wahlordnung vom 1. September 1972: Kirchliches Amtsblatt für die Bistümer und die erzbischöflichen bzw. bischöflichen Kommissariate im Gebiet der DDR. Ausgabe des Bistums Meißen 21 (1972) 33–35.

[22] *W. Aymans,* Synode 1972. Strukturprobleme eines Regionalkonzils, in: AfkKR 138 (1969) 363–388; *ders.,* Ab Apostolica Sede recognitum. Erwägungen zu der päpstlichen Bestätigung des Statutes für die „Gemeinsame Synode der Bistümer in der Bundesrepublik Deutschland": ebd. 139 (1970) 405–427; *ders.,* Synodalstatut – Kritik einer Verteidigung: ebd. 140 (1971) 136–146.

Die Gemeinsame Synode verabschiedete umfangreiche Papiere zur Teilnahme der Laien an der Verkündigung, zu den Aufgaben und Zielen des Religionsunterrichtes, zur Spendung und zum Empfang der Sakramente, zur Bedeutung und Gestaltung des Gottesdienstes, zu den Zielen der Jugendarbeit, zur Verpflichtung der Kirche gegenüber ausländischen Arbeitnehmern, zu den kirchlichen Aufgaben im Bildungsbereich, zur Stellung der Ordensgemeinschaften in der Kirche, zu Strukturen und Diensten der Seelsorge, zum Schutz der Persönlichkeitsrechte des einzelnen innerhalb der Kirche und zur Mitverantwortung aller Gläubigen für die Sendung der Kirche. Sie besitzen in der Hauptsache deklamatorischen Wert, greifen aber teilweise tief in die Struktur der Gemeinden ein.

In *Österreich* hielten die meisten Bistümer *Diözesansynoden* ab. Der Heilige Stuhl gestattete die Zulassung von Laien unter der Voraussetzung, daß die Priester mindestens die absolute Mehrheit in den Kommissionen und in der Vollversammlung besäßen[23]. Alle Diözesen des Landes fanden sich in dem „*Österreichischen Synodalen Vorgang*" zusammen, der, trotz weitgehender Übernahme von Statut und Geschäftsordnung der deutschen Synode, keine Synode bildet[24]. Die Beschlüsse der Versammlung stellen nur Empfehlungen an die Bischofskonferenz dar. In der *Schweiz* wechselten Sitzungen der *Diözesansynoden* mit Zusammenkünften der *Schweizer Plenarversammlung* ab[25].

Allgemeine Charakteristik

Paul VI., den Bischofskonferenzen und den Einzelbischöfen ist die Aufgabe gestellt, das Zweite Vatikanische Konzil durchzuführen. Der Umsetzung der Weisungen und Bestrebungen des Konzils in anwendbare Normen stehen indes mehrere Hindernisse entgegen. Einmal sind viele Aussagen des Konzils infolge der „pastoralen" Sprechweise nicht eindeutig und darum umstritten. Zum anderen hat die Entwicklung in der Kirche das Konzil in vieler Hinsicht bereits faktisch überholt. Schließlich fehlt regelmäßig ein einheitlicher Wille, wie er für eine Gesetzgebung aus einem Guß unerläßlich ist. Die Kirche steht in einer Füh-

[23] Leben und Wirken der Kirche von Wien. Handbuch der Synode 1969–1971 (Wien 1972); Im Dienst an den Menschen. St. Pöltner Diözesansynode 1972 (St. Pölten o. J.); AfkKR 138 (1969) 172f.

[24] Statut des Österreichischen Synodalen Vorgangs, in: ÖAfKR 24 (1973) 249–252.

[25] Rahmenstatut für Diözesansynoden: ÖAfKR 23 (1972) 112–115; *J. Amstutz*, Zu den ecclesiologischen Grundlagen der Synode 72: Schweizerische Kirchenzeitung 12 (1971) 181f; *W. Künzle – J. Meili – J. Gähwiler*, Was kann die Synode? Ein theologischer Bericht (Olten, Freiburg i. Br. 1972); *J. G. Fuchs*, Neuere Entwicklungen des Katholischen Kirchenrechts auf Schweizer Boden: ÖAfKR 23 (1972) 163–194; *I. Fürer*, De synodis dioecesanis in Helvetia: Periodica 62 (1973) 143–148; Liebe – Sexualität – Ehe. Die Synode zum Thema. Zusammengestellt und kommentiert von *H. Camenzind-Weber* (Zürich, Einsiedeln, Köln 1975).

rungskrise, die die Gesetzgebung in schwerwiegender Weise beeinträchtigt[26]. Die Rechtsentwicklung seit dem Zweiten Vatikanischen Konzil ist daher von der früheren grundlegend verschieden. Die traditionelle Zurückhaltung und Behutsamkeit der Änderungen ist aufgegeben worden. Einschneidende, ja grundstürzende Wandlungen vollziehen sich rasch und ohne Vorbereitung, oft in unscheinbarem Gewand. Die Eile, mit der in der nachkonziliaren Zeit Normen produziert werden, ist weder ihrer Qualität noch ihrem Bestand günstig. Widersprüche in ein und demselben Gesetz, zu dem Gesetz eines übergeordneten Gesetzgebers oder in kurz aufeinander folgenden Gesetzen sind nicht selten. Fehler und Auslassungen machen Verbesserungen notwendig. Die Rechtsänderungen häufen sich, so daß sich der Kirchenglieder eine wachsende Unsicherheit bemächtigt. Der Rechtsstoff ist ungeheuer gewachsen und selbst für den Fachmann nicht immer leicht zu überschauen. Die umfangreiche Normenproduktion ist freilich nicht nur eine Auswirkung des Zweiten Vatikanischen Konzils, sondern auch ein Anzeichen der auf fast allen Gebieten und in den meisten Ländern auftretenden krisenhaften Erscheinungen in der Kirche. Die Tendenz der Gesetzgebung geht regelmäßig auf Anpassung und Erleichterung, Anpassung nicht so sehr an veränderte Verhältnisse, deren Gestaltung nicht in der Macht der Kirche liegt, vielmehr an eine gewandelte Mentalität, z. B. an die Gleichheitsideologie und die Demokratisierungswelle, und Erleichterung nicht von Lasten, die nicht (mehr) zu tragen sind, sondern von Pflichten, deren Erfüllung sittliche Anstrengung und Kraft der Überwindung fordert, z. B. hinsichtlich der eucharistischen Nüchternheit oder der Erfüllung der Feiertagspflicht des Meßbesuchs. Das Vertrauen des Gesetzgebers in die Kraft zur Selbstbestimmung der Menschen ist gewachsen. Dem einzelnen wird größere Verantwortung auferlegt. Die kirchliche Normierung hat sich von manchen Gegenständen zurückgezogen; sie ist großzügiger geworden. Niedere Instanzen werden in starkem Umfang zu Handlungen ermächtigt, die bisher höheren vorbehalten waren. Vollmachten werden immer großzügiger an Bischöfe und Pfarrer, ja Kapläne erteilt. In vermehrtem Maß wird Jurisdiktionsgewalt an Laien übertragen[27]. Die Gesetzgebung ist nicht selten von äußeren, nicht in der Sache liegenden Motiven bestimmt, vor allem von der Absicht, mächtigen Gruppen ihren Willen zu tun. Um den Druck der auf dem Konzil ihrer Bedeutung bewußt gewordenen Bischöfe

[26] *H. Heimerl*, Einige formale Probleme des postkonziliaren allgemeinen Rechtes, in: ÖAfKR 24 (1973) 139–159; *G. May*, Bemerkungen zu der kirchlichen Gesetzgebung nach dem Zweiten Vatikanischen Konzil unter besonderer Berücksichtigung von Liturgie und Kirchenmusik, in: *H. Lonnendonker* (Hrsg.), In Caritate et Veritate. Festschrift für Johannes Overath (Saarbrücken 1973) 67–99; *C. G. Fürst*, Die kirchliche Gesetzgebung seit 1958 oder Zur Kunst der Gesetzgebung, in: *H. Heinemann – H. Herrmann – P. Mikat* (Hrsg.), Diaconia et Ius. Festgabe für Heinrich Flatten zum 65. Geburtstag, dargebracht von seinen Freunden und Schülern (München, Paderborn, Wien 1973) 287–301.

[27] Z. B. MP „Causas matrimoniales" vom 28. März 1971 V § 1, in: AAS 63 (1971) 441–446, hier 443.

aufzufangen, gewährte Paul VI. lange vor der Verabschiedung des Dekrets über die Bischöfe diesen neue Vollmachten in dem MP „Pastorale munus“ vom 30. November 1963[28]. Die Vereinheitlichung der geltenden Dispensen von dem Gebot der eucharistischen Nüchternheit gab der Generalsekretär des Zweiten Vatikanischen Konzils am 21. November 1964 mündlich bekannt[29]. In nicht wenigen Fällen sind Rechtsänderungen regelrecht erzwungen worden. Ausgehend von den Aufstellungen bestimmter Theologen, haben gewisse Kreise von Geistlichen und Laien ihnen erwünschte Praktiken und Texte eingeführt und die Oberhirten vor vollendete Tatsachen gestellt. Dieses Vorgehen hat sich vor allem auf dem Gebiet der Liturgie eingespielt. Die Oberhirten haben in vielen Fällen, teilweise nach geringfügigem Widerstand, nachgegeben und die eigenmächtig eingeführten Verhaltensweisen und Texte zum Gesetz erhoben bzw. durch den Heiligen Stuhl erheben lassen. Ein weiteres Kennzeichen dieser Gesetzgebung ist die Absicht, den Wünschen oder dem Druck der Nichtkatholiken entgegenzukommen. Der von dem Konzil proklamierte katholische Ökumenismus hat sich als ergiebiges Motiv zahlreicher Rechtsänderungen erwiesen, z. B. hinsichtlich der Mischehen, der communicatio in sacris und des Empfangs der Sakramente. Bedenklich wird die Konnivenz gegenüber dem Protestantismus im Bereich der Liturgie und des Sakramentenrechts, womit der innerste Bereich des kirchlichen Lebens berührt wird. Der Anspruch vieler nachkonziliarer Dokumente, Weisungen des Konzils nachkommen zu wollen, ist bei genauer Prüfung nicht zu verifizieren, weil entweder die programmatischen Erklärungen des Konzils zu unbestimmt gehalten sind oder die nachkonziliaren Normen nicht bei dem klar erkennbaren Willen des Konzils bleiben[30]. So wurde z.B. für das *Rätesystem,* das in den deutschen Diözesen aufgerichtet worden ist, von mehreren Seiten nachgewiesen, daß es in Widerspruch zu den konziliaren Weisungen steht[31].

Die *partikulären Synoden* versuchen, alle die Dinge, die auf dem Zweiten Vatikanischen Konzil keine Aussicht hatten, angenommen zu werden, auf dem

[28] *Kl. Mörsdorf,* Neue Vollmachten und Privilegien der Bischöfe, in: AfkKR 133 (1964) 82–101.

[29] AfkKR 133 (1964) 428.

[30] Z.B. *M. Pesendorfer,* Zur Ausführungsgesetzgebung der Österreichischen Bischofskonferenz zum MP „Matrimonia mixta“, in: ÖAfKR 23 (1972) 16–33; *R. Potz,* Pastoralrat und Domkapitel. Überlegungen zur Stellung bischöflicher Beratungsorgane: ebd. 69–96; *G. Luf,* Allgemeiner Gesetzeszweck und Iusta Causa Dispensationis (Anmerkungen zu einem aktuellen Problem): ebd. 97–106.

[31] *Kl. Mörsdorf,* Die andere Hierarchie. Eine kritische Untersuchung zur Einsetzung von Laienräten in den Diözesen der Bundesrepublik Deutschland, in: AfkKR 138 (1969) 461–509; *G. May,* Das Verhältnis von Pfarrgemeinderat und Pfarrer nach gemeinem Recht und nach Mainzer Diözesanrecht, in: *H. Heinemann – H. Herrmann – P. Mikat* (Hrsg.), Diaconia et Ius. Festgabe für Heinrich Flatten zum 65. Geburtstag (München, Paderborn, Wien 1973) 205–225; *H. Socha,* Mitverantwortung gleich Mitentscheidung?, in: AfkKR 142 (1973) 16–70.

Weg über die teilkirchliche Gesetzgebung in das Leben der Kirche einzuführen. Dafür seien folgende Beispiele angeführt. Die Firmung soll in vermehrtem Umfang durch Nichtbischöfe gespendet werden. Die Bußandacht soll sakramentalen Charakter erhalten. Wiederverheiratete Geschiedene sollen zum Empfang der hl. Kommunion zugelassen werden. Das Ehehindernis der Bekenntnisverschiedenheit und die kanonische Formpflicht bei der Eheschließung sollen aufgehoben werden. Die Teilnahme von Katholiken am protestantischen Abendmahl soll ermöglicht werden. Weiter forderte man die Zulassung verheirateter Männer zum Priesteramt, die Wiedereinsetzung verheirateter Priester in den priesterlichen Dienst und die Prüfung der Möglichkeit, Frauen die Priesterweihe zu erteilen. In der Frage der Empfängnisverhütung zeigte sich in den synodalen Aussagen sogar ein Abgehen von der verbindlichen Sittenlehre der Kirche. Angesichts dieser Verirrungen und zahlreicher anderer schwerwiegender Mängel kann das Urteil über die Synoden im deutschsprachigen Raum nur lauten, daß sie die Verwirrung in der Kirche vermehrt haben. Die entscheidende und dringlichste Aufgabe, den Glauben zu befestigen und die Frömmigkeit zu intensivieren, wurde von ihnen nicht angegangen, geschweige denn gelöst. Zahlreiche Beschlüsse der Synoden dienen nicht der Durchführung des Konzils, sondern verstoßen gegen dasselbe oder gehen an ihm vorbei. Soweit sie das Konzil durchführen wollen, überspringen sie teilweise das Mittelglied der noch ausstehenden gesamtkirchlichen Durchführungsbestimmungen. In jedem Fall greifen die synodalen Setzungen dem Recht des revidierten CIC vor. In der Frage der *Laienpredigt* wurde der Verstoß gegen das gesamtkirchliche Recht nachträglich vom Heiligen Stuhl gerügt[32]. Gerade diese Vorlage aber ist, nachdem der Heilige Stuhl nachgegeben hatte, zur ersten geworden, die in Kraft gesetzt wurde[33]. Vermutlich wollte man mit Absicht Fakten setzen, an denen der gesamtkirchliche Gesetzgeber nicht vorübergehen kann. Die Hauptbedeutung der Synoden liegt darin, daß sie als meinungbildende Faktoren wirken, und zwar in Ausrichtung auf den Abbau dogmatischer, sittlicher und rechtlicher Bindungen. Die Praxis folgt schon weithin den Perspektiven, die auf den Synoden aufgezeigt wurden, unbekümmert um entgegenstehendes Recht. Der sogenannte pastorale Charakter vieler Dokumente, die beanspruchen, anwendbare Rechtsnormen zu sein, läßt ihren normativen Wert häufig nicht erkennen und bereitet damit einer gefährlichen Rechtsunsicherheit den Weg. Viele der auf den erwähnten Synoden verabschiedeten Voten sind für die Fortbildung des Kirchenrechts unbrauchbar, weil sie entweder zu unbestimmt gehalten sind oder an der Wirklichkeit vorbeigehen.

Von größter Tragweite für die Entwicklung des Kirchenrechts ist sodann die

[32] Deutsche Tagespost Nr. 3 vom 5./6. Januar 1973 S. 1f; Klerusblatt 53 (1973) 5–7, 288. Voraus ging der Erlaß der Deutschen Bischofskonferenz vom 18. November 1970 über die Erlaubnis zur Laienpredigt, in: AfkKR 139 (1970) 578f.

[33] Beschluß über die Beteiligung der Laien an der Verkündigung vom 4. Januar 1973 (Amtsblatt für das Erzbistum München und Freising 1974 Nr. 162 S. 282–292).

Erhebung der *Bischofskonferenzen* zu eigenen hierarchischen Instanzen zwischen dem Einzelbischof und dem Apostolischen Stuhl durch das Zweite Vatikanische Konzil. Ihre Gesetzgebungskompetenz ist fortwährend im Wachsen. Damit hat der im 19. Jahrhundert und in der ersten Hälfte des 20. Jahrhunderts zu beobachtende Prozeß der Zentralisierung und Vereinheitlichung des Rechts durch den Heiligen Stuhl aufgehört und einer gegenläufigen Bewegung Platz gemacht. Die Partikularisierung des Rechtes nimmt zu. Nationalkirchliche Besonderheiten gewinnen stärkeres Gewicht, ja werden teilweise bewußt kultiviert. Die Einschaltung immer weiterer Personenkreise in das Gesetzgebungsverfahren verzögert den Erlaß der Normen und nivelliert beinahe jedes gesetzgeberische Projekt. Die sachliche Unzuständigkeit der meisten Mitglieder der Synoden neuen Typs zur Behandlung der aufgeworfenen Fragen ist notorisch. Zuständigkeitsverteilung und Rangordnung der Normen werden zumal von den partikularen Gesetzgebern vielfach nicht beachtet. Die erwähnten Synoden betrachten sich für fast alle Gebiete des kirchlichen Lebens als kompetent und greifen unzulässig in den Bereich der Gesamtkirche ein.

Einzelgesetzgebung

Das Zweite Vatikanische Konzil stand im Zeichen einer *Aufwertung des Bischofsamtes*. Der Hebel für dieses Unternehmen war das *Kollegialitätsprinzip*. Danach sind Träger der höchsten Gewalt über die Gesamtkirche sowohl der Papst als auch das in Übereinstimmung mit dem Papst handelnde Kollegium der Bischöfe. Der Episkopat erhob folgerichtig den Anspruch, auch außerhalb der Allgemeinen Konzilien an der Regierung der Gesamtkirche beteiligt zu werden. Der Papst trug diesem Begehren in zweifacher Hinsicht Rechnung. Einmal kündigte er bei der Eröffnung der vierten Sitzungsperiode des Zweiten Vatikanischen Konzils am 14. September 1965 den überraschten Vätern die Errichtung einer *Bischofssynode* an. Am folgenden Tage wurde in der Konzilsaula das MP „Apostolica sollicitudo“ verkündet[34]. Die Bischofssynode ist eine zentrale kirchliche Einrichtung, die repräsentativ für den Weltepiskopat ist. Sie ist ihrem Wesen nach eine ständige Einrichtung, tritt jedoch nur auf besondere Einladung zusammen. Die Bischofssynode hat grundsätzlich nur beratende Funktion, kann aber, wenn es der Papst ihr überträgt, auch beschließen; ihre Beschlüsse unterliegen der päpstlichen Bestätigung. Sie soll die Verbindung und Zusammenarbeit zwischen Papst und Bischöfen fördern,

[34] AAS 57 (1966) 775–780. Dazu: Regolamento Pauls VI. für die Bischofssynode vom 8. Dezember 1966, in: AAS 59 (1967) 91–103; Bekanntmachung des Rates für die öffentlichen Kirchenangelegenheiten vom 8. August 1969 über die Revision der Ordnung für die Bischofssynode, in: AAS 61 (1969) 525–539; Bekanntmachung des Rates für die öffentlichen Kirchenangelegenheiten vom 20. August 1971 über Änderungen der Ordnung für die Bischofssynode, in: AAS 63 (1971) 702–704. Vgl. *Kl. Mörsdorf*, Synodus Episcoporum, in: AfkKR 135 (1966) 131–136.

Informationen zur Verfügung stellen, Einheitlichkeit in Fragen der Lehre und im Vorgehen innerhalb der Kirche bewirken sowie Ratschläge erteilen hinsichtlich der Gegenstände, die jeweils auf die Tagesordnung gesetzt werden. Einberufung, Bestätigung der gewählten Mitglieder, Aufstellung der Traktandenliste und Erlaß der Geschäftsordnung sowie der Vorsitz stehen dem Papst zu. Den größten Teil der Mitglieder stellen die Vertreter der Bischofskonferenzen. Dazu treten die orientalischen Oberbischöfe, Ordensleute, die Vorsteher der Behörden der Römischen Kurie und vom Papst für diesen Fall ernannte Bischöfe, Geistliche oder Ordensleute. Sodann ordnete das MP „Pro comperto sane“ vom 6. August 1967 die Aufnahme von je sieben Diözesanbischöfen als *Vollmitglieder in die Kongregationen der Römischen Kurie* an. Sie nehmen an deren Plenarsitzungen teil. Zusammen mit dem in Ausführung des Dekrets „Christus Dominus“ über die Hirtenaufgabe der Bischöfe am 15. Juni 1966 ergangenen MP „De Episcoporum muneribus“[35], das den Bischöfen die Vollmacht übertrug, grundsätzlich von allen allgemeinen Kirchengesetzen in Einzelfällen zu dispensieren, sowie mit der Abschaffung der (grundsätzlichen) Inamovibilität der Pfarrer (MP „Ecclesiae Sanctae“ Nr. 20), schien mit den erwähnten Änderungen dem Anliegen der Bischöfe Genüge geschehen.

Im Zusammenhang mit der Betonung der Kollegialität der Bischöfe steht die Herabstufung des *Kardinalskollegiums.* Die Würde des Kardinalprotektors klösterlicher Verbände wurde schon am 28. April 1964 abgeschafft[36]. Um der besonderen Stellung und der Empfindlichkeit der orientalischen Patriarchen Rechnung zu tragen, bestimmte Paul VI. in dem MP „Ad Purpuratorum Patrum“ vom 11. Februar 1965, daß diese bei Aufnahme in das Kardinalskollegium dem ordo Episcopalis zugerechnet werden. Das MP „Sacro Cardinalium consilio“ vom 26. Februar 1965 läßt die Wahl von Dekan und Subdekan des Kardinalskollegiums nur noch aus der Zahl der suburbikarischen Bischöfe zu. Einen schweren Schlag versetzte dem Heiligen Kollegium das MP „Ingravescentem aetatem“ vom 21. November 1970. In ihm wurde bestimmt, daß die Kardinäle mit vollendetem 80. Lebensjahr ohne weiteres ihre kurialen Ämter sowie das Recht, den Papst zu wählen, verlieren[37].

Die vom Konzil gewünschte Reform der Römischen Kurie begann der Papst mit dem *Heiligen Offizium.* Er suchte den Angriffen gegen diese Kongregation, die teilweise sogar in der Konzilsaula vorgetragen wurden, zunächst mit der in dem MP „Integrae servandae“ vom 7. Dezember 1965 verfügten Änderung der

[35] Dazu: MP „Episcopalis potestatis“ vom 2. Mai 1967 über die Erweiterung der gemeinrechtlichen Dispensvollmachten der Bischöfe der orientalischen Kirchen: AAS 59 (1967) 385–390. Vgl. *J. Lederer,* Die Neuordnung des Dispensrechtes, in: AfkKR 135 (1966) 415–443.

[36] AfkKR 134 (1965) 499.

[37] *W. M. Plöchl,* Der alte Kardinal und das Recht, in: *U. Mosiek – H. Zapp* (Hrsg.), ius et salus animarum. Festschrift für Bernhard Panzram (Sammlung Rombach NF Bd. 15) (Freiburg 1972) 159–170.

Bezeichnung und des Geschäftsbereichs sowie der darin in Aussicht gestellten Neuordnung des Verfahrens der Behörde zu begegnen. Weitere Schritte folgten. Am 14. Juni 1966 wurde der Index librorum prohibitorum, am 15. November 1966 das gesetzliche Bücherverbot des c. 1399 für aufgehoben erklärt[38]. Wenig später wurde der Kongregation für die Glaubenslehre eine Kommission von Theologen aus den verschiedenen Ländern zur Seite gestellt[39]. Am 15. August 1967 brachte die Konstitution „Regimini Ecclesiae Universae" die vom Konzil geforderte Neuordnung der Römischen Kurie. Die Kurie bleibt danach das Stellvertretungs- und Hilfsorgan des Papstes und tritt in kein Unterordnungsverhältnis zum Episkopat, wie es von manchen Bischöfen gewünscht wurde. Im Aufbau und in der Tätigkeit der Kurie wird jedoch eine Reihe von Änderungen getroffen. Der Papst ist fortan nicht mehr der Leiter einiger Kongregationen; er steht nicht mehr (auch) in ihnen, sondern (nur noch) über ihnen. Die Stellung des Kardinalstaatssekretärs wurde gestärkt, eine bessere Kommunikation und Koordination der einzelnen Kongregationen vorgesehen. Das Staatssekretariat hat die enge Verbindung der Ämter der Römischen Kurie mit dem Papst und untereinander zu gewährleisten. Die Kardinäle, die den Behörden der Kurie vorstehen, können von dem Kardinalstaatssekretär zu einer gemeinsamen Sitzung zusammengerufen werden. Eine Anzahl von Ämtern wurde neu eingerichtet bzw. bestätigt, vor allem die Sekretariate für die nichtkatholischen Christen, die nichtchristlichen Religionen und die Nichtglaubenden sowie ein Statistisches Amt. Die Datarie ist verschwunden. Der „Rat für die öffentlichen Angelegenheiten der Kirche" ist für die Beziehungen zwischen der Kirche und den staatlichen Regierungen zuständig. Alle Mitglieder der Kongregationen werden künftig nur auf fünf Jahre bestellt und müssen nach Ablauf dieses Zeitraums erneut berufen werden, was freilich der Verantwortungsfreudigkeit und Selbständigkeit des Urteils schwerlich zugute kommen wird. Die Mitglieder der Kurie werden aus den verschiedenen Völkern, je nach Kenntnis und Seelsorgserfahrung, ausgewählt. Der Kontakt mit den Bischöfen soll gepflegt, ihre Ansichten sollen berücksichtigt werden. Ein ausführliches Regolamento regelt den Geschäftsgang an der Kurie. Die mit der Konstitution „Regimini Ecclesiae" geschaffene Organisation der Römischen Kurie erfuhr jedoch bald neuerliche Änderungen. Durch die Konstitution „Sacra Rituum Congregatio" vom 8. Mai 1969 wurde die Ritenkongregation geteilt und eine neue Kongregation für den Gottesdienst ins Leben gerufen. Die Konstitution „Constans nobis Studium" vom 11. Juli 1975 hob sie wieder auf und faßte sie mit der Sakramentenkongregation zu der neuen „Kongregation für die Sakramente und den Gottesdienst" zusammen. Das MP „Quo aptius" vom 27. Februar 1973 löste die Apostolische

[38] *G. May*, Die Aufhebung der kirchlichen Bücherverbote, in: *K. Siepen – J. Weitzel – P. Wirth* (Hrsg.), Ecclesia et Ius. Festgabe für Audomar Scheuermann zum 60. Geburtstag (München, Paderborn, Wien 1968) 547–571.

[39] Vorläufige Statuten der Kongregation für die Glaubenslehre vom 12. Juli 1969 für die Theologische Kommission, in: AAS 61 (1969) 540f.

Kanzlei auf und übertrug ihre Aufgaben auf das Staatssekretariat. Die Instruktion des Kardinalstaatssekretärs vom 4. Februar 1974 über die Pflicht zur *Geheimhaltung* von Vorgängen des Heiligen Stuhles, die aus aktuellem Anlaß erging, läßt erkennen, daß die krisenhaften Vorgänge in der Kirche vor der Römischen Kurie nicht haltgemacht haben.

Das MP „Sollicitudo omnium Ecclesiarum" vom 24. Juni 1969 umschrieb die Aufgaben der päpstlichen *Gesandten* neu[40]. Das Gesetz brachte eine stärkere Differenzierung der diplomatischen Vertreter des Heiligen Stuhles und traf Vorsorge für außergewöhnliche Umstände in den Ländern. Die Aufgabe der Legaten, die Verbindung der Bischöfe mit dem Papst zu fördern, wurde an die Spitze ihrer Pflichten gestellt. Am 25. März 1972 erließ der Rat für die öffentlichen kirchlichen Angelegenheiten eine Ordnung für die Ermittlung und Benennung von Kandidaten für das Bischofsamt in der Lateinischen Kirche[41].

In Aufnahme relativ vager Aussagen des Zweiten Vatikanums wurde vor allem in den deutschsprachigen Ländern ein umfangreicher Apparat von *Räten* auf allen Ebenen kirchlicher Tätigkeit, von der Pfarrei bis zur Bischofskonferenz, aufgebaut. Diese Gremien treten neben, im pfarrlichen Bereich teilweise über die geweihten Hirten. Nicht mehr das Domkapitel, sondern der Priesterrat ist nach einer Erklärung der Kongregation für den Klerus künftig der Senat des Bischofs[42]. Zahlreiche Erlasse wollten der Erneuerung der klösterlichen Verbände dienen oder versuchten der krisenhaften Zustände in ihnen Herr zu werden[43]. Umfangreiche Normenkomplexe ergingen zur Durchführung der Konstitution des Zweiten Vatikanischen Konzils über die Liturgie, angefangen von dem MP „Sacram Liturgiam" vom 25. Januar 1964 über die Instruktionen vom 26. September 1964, 23. November 1965, 4. Mai 1967, 25. Mai 1967, 29. Mai 1969, 5. September 1970, zahlreiche Dekrete und Normae bis zu dem Rundschreiben über die Hochgebete vom 27. April 1973, ohne daß ein Ende dieser Normenproduktion abzusehen wäre. Für den Gottesdienst wurden neue Texte, für die Spendung der Sakramente neue Ordines vorgelegt. Die Konstitution „Missale Romanum" vom 3. April 1969 promulgierte das veränderte römische Meßbuch. Seit 1965 wurde die Erfüllung der Sonntagspflicht des Besuches der heiligen Messe bereits am Vorabend gestattet. Die Konzelebration und die Kommunion unter beiden Gestalten wurden nach und nach immer mehr erweitert[44]. Die Instruktion der Sakramentenkongregation „Immensae caritatis" vom 29. Januar 1973 gestattete, Laien die Vollmacht zur Kommunionspendung zu übertragen, vermehrte die Zahl der Fälle, in denen eine zweimalige Kommu-

[40] *W. M. Plöchl*, Das neue päpstliche Gesandtschaftsrecht, in: ÖAfKR 21 (1970) 115–129.
[41] *T. G. Barberena*, Nuevas normas sobre nombramientos de obispos [texto y comentario], in: Revista Española de Derecho Canónico 28 (1972) 657–682.
[42] *H. Müller*, Der Priesterrat als Senat des Bischofs, in: ÖAfKR 24 (1973) 4–17.
[43] Z.B. Apostolisches Mahnschreiben „Evangelica testificatio" vom 29. Juni 1971; Dekrete vom 4. Juni und 8. Dezember 1970, 2. Februar 1972; Declaratio vom 4. Juni 1970.
[44] AAS 57 (1965) 410–412; 64 (1972) 561–563.

nion am Tage zulässig ist, und milderte erneut die eucharistische Nüchternheit. Unter bestimmten Umständen können nach der Instruktion des Sekretariats für die Förderung der Einheit der Christen vom 1. Juni 1972 nichtkatholische Christen zum Empfang der hl. Kommunion in der katholischen Kirche zugelassen werden. Das MP „Firma in traditione" vom 13. Juni 1974 brachte die Neuregelung des Meßstipendienwesens. Das MP „Sacrum Diaconatus Ordinem" vom 18. Juni 1967 schuf die gesetzliche Grundlage für die Wiedereinführung des ständigen Diakonats in der Lateinischen Kirche. Indem vorgesehen wurde, auch verheiratete Männer reiferen Alters zu Diakonen zu weihen, erfolgte der erste Einbruch in die Zölibatsgesetzgebung. Die niederen Weihen und der Subdiakonat wurden durch das MP „Ministeria quaedam" vom 15. August 1972 abgeschafft. An ihre Stelle traten die Dienste des Lektoren und des Akolythen, die auch Laien übertragen werden können, die nicht beabsichtigen, in den geistlichen Stand einzutreten. Das MP „Ad pascendum" vom 15. August 1972 verband den Eintritt in den geistlichen Stand mit dem Empfang der Diakonatsweihe. Am 17. Februar 1966 erging die Konstitution „Paenitemini". Durch sie wurde die Bußdisziplin, vor allem das Fasten, erheblich gemildert. Ein Dekret der Kongregation für den Gottesdienst vom 2. Dezember 1973 schrieb einen neuen Bußordo vor. Die Konstitution „Sacram Unctionem Infirmorum" vom 30. November 1973 ordnete das Sakrament der Krankensalbung neu. Das Mischehenrecht wurde bereits in der Instruktion „Matrimonii sacramentum" vom 18. März 1966 abgeschwächt. Das Dekret „Crescens matrimoniorum" vom 22. Februar 1967 beseitigte die Nichtigkeitssanktion für die Nichteinhaltung der Formpflicht bei Eheschließungen zwischen Katholiken und orientalischen Nichtkatholiken. Das MP „Matrimonia mixta" vom 31. März 1970 war ein erneutes Zurückweichen vor protestantischen Pressionen und verzichtete zum erstenmal in der Geschichte der päpstlichen Mischehenregelung auf die Sicherstellung der katholischen Erziehung der Kinder in Mischehen. Der Papst stand, wie richtig bemerkt wurde, bei dem Erlaß dieses Gesetzes unter „Zugzwang"[45]. Die Instruktion des Heiligen Offiziums vom 5. Juli 1963 gab die *Feuerbestattung* grundsätzlich für Katholiken frei. Das MP „Pastoralis migratorum cura" vom 15. August 1969 regelte die Seelsorge der Auswanderer neu.

Zahlreiche Verfahrensordnungen wurden überarbeitet oder neu erstellt. Das MP „Sanctitas clarior" vom 19. März 1969 ordnete den Selig- und Heiligsprechungsprozeß neu. Angesichts der immer offener ausbrechenden Zölibatskrise bekräftigte Paul VI. den Zölibat der Priester in der Enzyklika „Sacerdotalis Caelibatus" vom 24. Juni 1967[46]. Die steigende Zahl der Laisierungen von Priestern veranlaßte die Kongregation für die Glaubenslehre am 13. Januar

[45] *Kl. Mörsdorf,* Matrimonia mixta, in: AfkKR 139 (1970) 349–404.

[46] AAS 59 (1967) 657–697. Vgl. auch den Brief Pauls VI. an Kardinalstaatssekretär Villot vom 2. Februar 1970 über den Zölibat angesichts der Diskussion in Holland, in: AAS 62 (1970) 98–103.

1971 zum Erlaß neuer Normen für die Durchführung des Verfahrens zur Rückversetzung von Majoristen in den Laienstand[47]. In Ausführung des MP „Integrae servandae" erließ die Kongregation für die Glaubenslehre am 15. Januar 1971 eine Ordnung für das Verfahren bei der Überprüfung von Lehrmeinungen. Das MP „Causas matrimoniales" vom 28. März 1971 brachte Normen zur Beschleunigung der Eheprozesse in der Lateinischen, das MP „Cum matrimonialium" vom 8. September 1973 in den Ostkirchen. Die Instruktion der Sakramentenkongregation vom 7. März 1972 verbesserte die Vorschriften des Prozesses zur Feststellung des *Nichtvollzugs der Ehe*. Das Dekret der Kongregation für die Glaubenslehre vom 19. März 1975 ordnete die *Bücherzensur* neu. Ihr unterstehen hinfort pflichtmäßig allein Ausgaben und Übersetzungen der Heiligen Schrift, liturgische Bücher und deren Übersetzungen, Katechismen und theologische Lehrbücher. Indes wird den Diözesangeistlichen und den Angehörigen des Standes der Vollkommenheit angelegentlich empfohlen, für Bücher, die auf die Religion und die Sittenlehre Bezug haben, die Erlaubnis ihres Ortsoberhirten bzw. ihres höheren Oberen einzuholen.

Immer öfter wird der Aufbau einer kirchlichen *Gerichtsbarkeit über Verwaltungsakte* gefordert. Der Heilige Stuhl hat diesem Anliegen in doppelter Weise Rechnung zu tragen versucht. Im Zuge der Kurienreform wurden dem höchsten Gericht der Kirche, der Apostolischen Signatur, die Aufgaben eines kirchlichen Verwaltungsgerichtshofes zugewiesen. Sie werden von der neugebildeten Zweiten Sektion wahrgenommen. An diese kann Rekurs eingelegt werden, wenn der angefochtene Verwaltungsakt von einer Behörde der Römischen Kurie erlassen und mit ihm gegen ein Gesetz verstoßen wurde. Gegen Maßnahmen niederer kirchlicher Organe gewährt die Apostolische Signatur keinen Rechtsschutz. Für die Einrichtung einer Verwaltungsgerichtsbarkeit auf den anderen kirchlichen Ebenen wurden zwei Entwürfe (1970 und 1972) ausgearbeitet. Während der erste Entwurf drei Arten von Rechtsbehelfen gegen beschwerende Verwaltungsakte vorsah (Rekurs an den hierarchischen Oberen, Rekurs an das Verwaltungsgericht, Klage vor dem ordentlichen Gericht), ging der zweite Entwurf von der Klagemöglichkeit vor dem ordentlichen Gericht ab. Die Promulgation eines entsprechenden Motu proprio steht zu erwarten[48].

[47] AAS 63 (1971) 303–308. Dazu: Erklärung der Kongregation für die Glaubenslehre vom 26. Juni 1972 zur Auslegung des Erlasses über die Durchführung des Verfahrens zur Rückversetzung in den Laienstand, in: AAS 64 (1972) 641–643. Vgl. *F. Romita,* La perdita dello stato clericale, in: Monitor Ecclesiasticus 97 (1972) 128–136.

[48] Normae Speciales in Supremo Tribunali Signaturae Apostolicae ad experimentum servandae post Constitutionem Apostolicam Pauli PP. VI Regimini Ecclesiae Universae (Vatikanstadt 1968); *R. A. Strigl,* Kritische Analyse der im Jahre 1968 zur Erprobung ergangenen Verfahrensordnung für die Apostolische Signatur, in: Ius Populi Dei. Festschrift R. Bidagor (Roma 1972) III, 79–111; *G. Lobina,* Rassegna di giurisprudenza della Sectio Altera del Supremo Tribunale della Segnatura Apostolica (1968–1973), in: Monitor Ecclesiasticus 98 (1973) 293–323; Communicationes 2 (1970) 191–194; 4 (1972) 35–38; 5 (1973) 235–243; 6 (1974) 32–33; *P. Wirth,* Gerichtlicher Schutz gegenüber der kirchlichen Verwaltung: Mo-

Am 1. Oktober 1975 erließ Paul VI. die Apostolische Konstitution „Romano Pontifici Eligendo“, die Neuregelung der Papstwahl. Am 5. Dezember 1973 hatte der Papst die Frage aufgeworfen, ob es nicht angebracht sei, den Kreis der Wähler für die Wahl des Papstes zu erweitern und zu dem Kardinalskollegium die Patriarchen der orientalischen Kirchen und die Mitglieder des Rates des Generalsekretariates der Bischofssynode hinzuzuziehen. Die erwähnte Konstitution bleibt indes um der Freiheit und Unabhängigkeit des Vorgangs willen bei der Wahl des Papstes durch die (höchstens 120) Kardinäle (Nr. 33). Auch das Konklave und die drei Formen des Wahlverfahrens werden beibehalten. Schwierigkeiten, die vorgeschriebene Mehrheit von zwei Drittel plus einer Stimme zu erreichen, die angesichts des wachsenden Pluralismus in der Kirche vorauszusehen sind, gestatten den Kardinälen, sich unter bestimmten Voraussetzungen mit der absoluten Mehrheit plus einer Stimme oder mit einer Stichwahl zwischen den beiden am meisten favorisierten Kandidaten zu begnügen (Nr. 76). Mit der Annahme der Wahl ist der Gewählte, falls er die Bischofsweihe bereits empfangen hat, unmittelbar Bischof der Kirche von Rom und gleichzeitig Papst und Haupt des Bischofskollegiums mit voller und höchster Gewalt über die ganze Kirche (Nr. 88).

Die Revision des CIC und des orientalischen Kirchenrechts

Die Revision des CIC konnte ernstlich erst nach Abschluß des Konzils in Angriff genommen werden. Am 20. November 1965 begann die *Kommission* (Pontificia Commissio Codici Iuris Canonici recognoscendo) ihre Arbeit[49]. Sie arbeitet in steter Fühlungnahme mit der Bischofssynode, den Bischofskonferenzen und den einzelnen Bischöfen. Ihr Präsident ist seit 1967 der Generalsekretär des Zweiten Vatikanischen Konzils, *Pericle Felici*. Die Kommission war 1974 auf 50 Kardinäle aus 25 Nationen angewachsen. Zehn, später dreizehn Unterkommissionen von Konsultoren bereiten die Entwürfe des revidierten CIC vor, die dann der Kommission vorgelegt werden, die sie wiederum den Bischöfen unterbreitet. Nach der Revision der Entwürfe gemäß den Bemerkungen der Bischöfe werden die einzelnen Teilkodifikationen vermutlich vom Papst ad experimentum promulgiert werden. Über die Absichten und den Fortgang des Werkes

dell eines kirchlichen Verwaltungsgerichts, in: AfkKR 140 (1971) 29–73; *I. Gordon*, De iustitia administrativa ecclesiastica tum transacto tempore tum hodierno, in: Periodica 61 (1972) 251–378; *M. Kaiser*, Einführung einer Verwaltungsgerichtsbarkeit in der katholischen Kirche?, in: Essener Gespräche zum Thema Staat und Kirche 7 (München 1972) 92–111; *P. Moneta*, Il controllo giurisdizionale sugli atti dell'autorità amministrativa nell'ordinamento canonico (Milano 1973); *G. Lobina*, Elementi di procedura amministrativa canonica (Rom 1973); *J. A. Souto*, Algunas cuestiones básicas en torno a una posible ley de procedimiento administrativo, in: Ius Canonicum 14 (1974) 14–23; *H. Schmitz*, Kirchliche Verwaltungsgerichtsbarkeit. Bericht zum Stand der gesetzgeberischen Arbeiten, in: TThZ 84 (1975) 174–180.

[49] Communicationes 1 (1969) 35–54.

unterrichtet die seit 1969 erscheinende Zeitschrift „Communicationes". Die Arbeit kommt nur schleppend voran; es fehlt ein energischer, einheitlicher Wille. Das neue Gesetzbuch soll der Geisteshaltung des Zweiten Vatikanischen Konzils angepaßt und stärker als der CIC auf die pastoralen Erfordernisse ausgerichtet werden, aber seinen rechtlichen Charakter behalten, nicht nur eine Art Glaubens- oder Sittenregel sein. In Rechtsprechung und Verwaltung sollen die subjektiven Rechte physischer und juristischer Personen einen wirksamen Schutz erhalten. Die Sanktionen werden auf ein Minimum eingeschränkt. Das Prinzip der Subsidiarität soll in erweitertem Umfang zur Anwendung kommen. Der neue Codex soll sich auf die Kodifikation des für alle Teile der Kirche unentbehrlichen und anwendbaren Kirchenrechts beschränken. Aufgabe der regionalen Gesetzgebungsinstanzen ist es, die Normen für die jeweiligen Gebiete zu schaffen. Die Stellung der Bischöfe soll weiter gestärkt werden. Allen Christgläubigen soll ein gemeinsamer Rechtsstatus zuerkannt werden, auf dem dann die Rechte und Pflichten aufbauen, die mit bestimmten kirchlichen Ämtern und Funktionen verbunden sind. Das strenge Territorialprinzip der Kirchenorganisation soll gemildert werden. Im Sakramenten- und Strafrecht soll eine bessere Koordination von forum externum und forum internum vorgenommen werden. Die Bischofssynode, die vom 30. September bis 29. Oktober 1967 tagte, sprach sich für die zehn Grundsätze der Erneuerung des kirchlichen Gesetzbuches aus, die Kardinal Felici vortrug[50].

Die vorliegenden Entwürfe für einzelne Bücher des revidierten CIC lassen erkennen, daß die Revision keine Neuauflage des CIC, sondern ein neues Gesetzbuch sein wird. Das veränderte Kirchenrecht wird vermutlich zum erheblichen Teil die Kennzeichen tragen, die oben in der allgemeinen Charakteristik dargestellt wurden. Denn die Rechtsänderungen der Nachkonzilszeit werden in den revidierten CIC regelmäßig wenig oder gar nicht modifiziert aufgenommen. Hochgespannte Erwartungen, die an das neue Recht gestellt werden, dürften enttäuscht werden. Der *Entwurf des Strafrechts* beispielsweise, der 1973 vorgelegt wurde, krankt an vielen, teilweise schwerwiegenden Mängeln. Das Schema will das Strafrecht kürzen, vereinfachen und die Vermengung des äußeren und des inneren Bereichs vermeiden. Getaufte Nichtkatholiken sind grundsätzlich von kirchlichen Strafsanktionen ausgenommen. Die Praktikabilität des Strafrechtes, das das Schema vorsieht, ist jedoch zu bezweifeln, u. a. wegen der übertriebenen Ausdehnung der Kompetenz des Partikularrechtes und wegen der übergroßen Zahl bloßer Strafermächtigungen. Das Kriminalstrafrecht ist – wie

[50] Principia quae Codicis Iuris Canonici recognitionem dirigant, in: Communicationes 1 (1969) 77–85 (= *X. Ochoa*, Leges Ecclesiae post Codicem iuris canonici editae III, Roma 1972, n. 3601 col. 5253–5257); ebd. 86–100 (von 187 Anwesenden 57 Placet, 130 Placet iuxta modum, im einzelnen aber stets Zweidrittelmehrheit); AfkKR 136 (1967) 595f; *R. Laurentin*, Le premier Synode. Histoire et bilan (Paris 1968) 74–86; *R. Rouquette*, Une nouvelle chrétienté. Le premier synode épiscopal (Paris 1968) 89–107; *Fr. X. Murphy – G. MacEoin*, Synode '67. Aufbruch nach dem Konzil. Eine Chronik (Paderborn 1969) 64–91.

im CIC – wieder mit dem Dienststrafrecht vermengt. Außer den technischen zeigt der Entwurf auch schwerwiegende theologische Mängel. Der Vorschlag in can. 16 § 1, b beispielsweise, daß die Exkommunikation den Empfang des Bußsakramentes nicht hindere, zerstört den ekklesiologischen Zusammenhang von Exkommunikation und Bußsakrament und krankt an dem inneren Widerspruch, daß Exkommunikation und Rekonziliation mit der Kirche nicht zusammenbestehen können.

Der im Jahre 1975 den Bischöfen übersandte *Entwurf des neuen kirchlichen Eherechts* dürfte dagegen trotz gewisser Schwächen eher den Ansprüchen genügen, die an eine theologisch und kanonistisch einwandfreie Kodifikation dieser Materie zu stellen sind. Er läßt die Struktur des Eherechtes des CIC unangetastet und geht bei der Integration der Rechtsentwicklung seit 1918 im allgemeinen behutsam vor. Die Gesetzgebungskompetenz der Bischofskonferenzen und die Vollmachten der Bischöfe sind erweitert, allerdings in erträglichem Maß. Begriff und Abstufung der „Ehezwecke" sind dagegen zum Schaden der Sache aufgegeben. Die Behinderung der Eheschließung ist stark eingeschränkt. Der Ehewille wird neu bestimmt, die Mängel im Erkennen werden eingehend behandelt, der Begriff der arglistigen Täuschung wird neu eingeführt. Die Trauvollmacht wird großzügig gehandhabt. Der Kreis der zur kanonischen Formpflicht gehaltenen Personen wird erheblich enger gezogen als bisher. Katholiken, die sich formell oder offenkundig von der Kirche losgesagt haben, sollen nicht mehr an die kanonische Eheschließungsform gebunden sein (can. 319 § 1).

Seit dem Tod Pius' XII. und infolge der danach einsetzenden Entwicklung geriet die *Kodifikation des orientalischen Kirchenrechts* ins Stocken. Der Widerstand gewisser Hierarchen gegen manche Tendenzen der Kodifikation, der Disziplinverfall in der Kirche, die weitverbreitete Rechtsfeindlichkeit und die Auswirkungen des Zweiten Vatikanischen Konzils waren dem Fortgang der Kodifikation nicht günstig. Den neu ans Licht getretenen Tendenzen mußte Rechnung getragen werden. Paul VI. setzte daher am 10. Juni 1972 eine neue *Kommission* für die Revision des orientalischen Kirchenrechts (Pontificia Commissio Codici Iuris Canonici Orientalis recognoscendo) mit dem Kardinal *J. Parecattil*, dem Erzbischof von Ernakulam (Indien) für die syromalabarischen Christen, an der Spitze ein[51]. Sie hat die bereits in Geltung stehenden wie die noch nicht publizierten Teile des Rechtes der Ostkirchen zu überarbeiten. Am 18. März 1974 stellte der Papst der Kommission zwei Ziele: das orientalische Kirchenrecht in Einklang mit den Beschlüssen des Zweiten Vatikanischen Konzils zu bringen und die Treue zu der Überlieferung der orientalischen Kirchen zu wahren[52]. Als Mitteilungsblatt gibt die Kommission die „Nuntia" heraus.

Seit dem Zweiten Vatikanischen Konzil wird von Bischöfen und Theologen

[51] AfkKR 141 (1972) 238.
[52] Communicationes 6 (1974) 14–19.

das Projekt eines Verfassungsgesetzes der Kirche, einer *Lex Ecclesiae Fundamentalis*, verfochten. Paul VI. berührte es am 20. November 1965 in fragender Form[53]. Nun besitzt die Kirche von Anbeginn eine Verfassung im materiellen Sinne, deren Normen über die verschiedenen Rechtsquellen, vor allem über den CIC, verstreut sind. Eine Verfassung im formellen Sinne, d.h. ein Verfassungsgesetz, hätte die für die rechtliche Grundordnung der Kirche wesentlichen und charakteristischen Normen zusammenzufassen und jeder teilkirchlichen Gesetzgebung als Maß und Schranke vorzuordnen. Ein solches Verfassungsgesetz ist angesichts der wachsenden Partikularisierung des kirchlichen Rechts eine gebieterische Notwendigkeit, um die Integration der Teile in das Ganze zu gewährleisten, vor allem um die Nachprüfung der teilkirchlichen Gesetzgebung auf ihre Vereinbarkeit mit dem gesamtkirchlichen Recht zu erleichtern. Im Jahre 1971 wurde der mehrfach verbesserte Entwurf einer Lex Ecclesiae Fundamentalis von der Kommission für die Revision des CIC den Bischöfen amtlich unterbreitet. Von 1306 Bischöfen, die zu ihm Stellung nahmen, antworteten 593 mit Placet, 462 mit Placet iuxta modum und 251 mit Non placet[54]. Der Entwurf erfüllte die Forderungen, bei Geist und Buchstabe des Zweiten Vatikanischen Konzils zu bleiben, Theologie und Recht zu verbinden und pastoral zu sprechen. In den 95 Canones wurden an über 300 Stellen Formulierungen aus den Texten des Zweiten Vatikanischen Konzils übernommen. Der Entwurf kodifizierte auch erstmalig Grundrechte der Katholiken. Dennoch fand er Kritik vornehmlich von drei Seiten. Die einen bejahten ihn grundsätzlich, wollten ihn aber inhaltlich und rechtstechnisch verbessert sehen. Die Schwierigkeit, theologische Aussagen auf ihre rechtliche Verbindlichkeit zu befragen bzw. in Normen umzusetzen, erklärt die Vielfalt der Korrekturvorschläge, die von Mitgliedern dieser Gruppe gemacht wurden. Die anderen stimmten an sich der Idee einer Lex Ecclesiae Fundamentalis zu, lehnten aber den vorgelegten Entwurf als unbrauchbar ab. Sie sahen in ihm ein Hemmnis für die Entwicklungen, die in der Kirche im Gange seien, vor allem für die ökumenischen Bestrebungen. Eine dritte Gruppe sprach sich gegen jede Kodifizierung des Verfassungsrechts der Kirche aus. Ihre Kritik richtete sich zum erheblichen Teil nicht nur gegen den Entwurf, sondern gegen die hierarchische, ja die rechtliche Struktur der Kirche überhaupt. In der Tat steht der Entwurf der Lex Ecclesiae Fundamentalis eindeutig in der kirchlichen Tradition, wehrt jeder Promiskuität und Willkür. Wenn die eine Kirche Christi die römisch-katholische Kirche ist (can. 2 § 1), dann besteht keine Möglichkeit, nichtkatholische Religionsgemeinschaften univok als Kirchen zu bezeichnen. Wenn der Papst die höchste und unmittelbare Gewalt über die Gesamtkirche besitzt (can. 34 § 1), dann ist es unzulässig, seine Stellung auf die eines Generalsekretärs zurückzuschrauben. Wenn der Bischof der einzige Gesetzgeber in seiner Diözese ist (can. 81 § 2), dann können nicht

[53] AAS 57 (1965) 985.
[54] AfkKR 142 (1973) 217.

synodale Gremien von Priestern und Laien Normen erlassen. Wenn jeder Christgläubige ein Recht darauf hat, daß der Gottesdienst gemäß den Vorschriften seines Ritus gefeiert wird (can. 15), dann ist liturgischen Experimenten und Manipulationen die Grundlage entzogen. Obwohl sich die Argumente der Gegner der Lex Ecclesiae Fundamentalis vielfach widersprachen, zeigte sich Paul VI. von dem Widerstand beeindruckt. Er ließ den Entwurf zurückziehen und der Kommission zur Überarbeitung überweisen.

Die revidierte Fassung der Lex Ecclesiae Fundamentalis wird vermutlich entsprechend den Wünschen vieler Bischöfe kaum noch theologische Grundaussagen enthalten. Der juristische Charakter des Gesetzes soll stärker hervortreten, vor allem seine Bindungswirkung gegenüber der gesamten nachgeordneten Rechtsetzung. Die Aufzählung der Grundrechte der Gläubigen soll vollständiger werden. Die kirchlichen Organe der Gesamtkirche und der Teilkirchen, also auch die Räte, sollen erwähnt werden.

Das Manuskript dieses Beitrags war Ende 1974 fertiggestellt. Die seitherige Entwicklung konnte nur in geringem Maß nachgetragen werden.

6. Kapitel

Die Konkordatspolitik des Heiligen Stuhls von 1918 bis 1974

Univ.-Professor Dr. Georg May, Mainz

QUELLEN: Acta Apostolicae Sedis 1908–1974; *A. Mercati,* Raccolta di Concordati su materie ecclesiastiche tra la Santa Sede e le autorità civili, 2 Bde. (Rom 1919/54); *Z. Giacometti,* Quellen zur Geschichte der Trennung von Staat und Kirche (Tübingen 1926); *A. Giannini,* I concordati postbellici, 2 Bde. (Mailand 1929/36); *J. M. Restrepo Restrepo,* Concordats conclus durant le Pontificat de Sa Sainteté le Pape Pie XI traduits en Latin et en Français (Rom 1934); *M. Nasalli-Rocca de Corneliano,* Concordatorum Pii XI P. M. Concordantiae (Rom 1940); Patti Lateranensi, Convenzioni e Accordi successivi fra il Vaticano e l'Italia fino al 31 dicembre 1945 (Vatikanstadt 1972); Convenzioni ed accordi fra il Vaticano e l'Italia. Vol. II. Dal 1° Gennaio 1946 al 31 Dicembre 1954 (Vatikanstadt 1955); *A. J. Peaslee,* Constitutions of Nations, 3. Aufl., 4 Bde., hrsg. von *D. Peaslee Xydis* (Den Haag 1965–70); *A. Perugini,* Concordata vigentia (Rom 1950); *H. Liermann* (Hrsg.), Kirchen und Staat, 2 Bde. (Veröffentlichungen des Instituts für Staatslehre und Politik e. V. Mainz Bd. 5) (München 1954/55); *W. Weber,* Die deutschen Konkordate und Kirchenverträge der Gegenwart. Textausgabe mit den amtlichen Begründungen sowie mit Ergänzungsbestimmungen, vergleichenden Übersichten, Schrifttumshinweisen und einem Sachverzeichnis, 2 Bde. (Göttingen 1962/71); *J. Wenner,* Reichskonkordat und Länderkonkordate (Paderborn [7]1964); *L. Schöppe,* Konkordate seit 1800. Originaltext und deutsche Übersetzung der geltenden Konkordate (Frankfurt a. M., Berlin 1964); *ders.*, Neue Konkordate und konkordatäre Vereinbarungen. Abschlüsse in den Jahren 1964–1969. Nachtrag zu „Konkordate seit 1800", Frankfurt a. M., Berlin 1964 (= Veröffentlichungen des Instituts für Internationales Recht an der Universität Kiel 65) (Hamburg 1970); *E. R. Huber – W. Huber* (Hrsg.), Staat und Kirche im 19. und 20. Jahrhundert. Dokumente zur Geschichte des deutschen Staatskirchenrechts. Bd. I: Staat und Kirche vom Ausgang des alten Reichs bis zum Vorabend der bürgerlichen Revolution (Berlin 1973); *A. Läpple*, Der Religionsunterricht 1945–1975. Dokumentation eines Weges (Aschaffenburg 1975).

LITERATUR: *F. von Lama*, Papst und Kurie in ihrer Politik nach dem Weltkrieg (Illertissen/Bayern 1925); *E. R. Huber*, Verträge zwischen Staat und Kirche im Deutschen Reich (= Abhandlungen aus dem Staats- und Verwaltungsrecht sowie aus dem Völkerrecht Heft 44) (Breslau 1930); *G. J. Ebers*, Staat und Kirche im neuen Deutschland (München 1930); *N. Hilling*, Die Konkordatsfrage, in: AfkKR 110 (1930) 121–135; *E. Schneider*, Die Umschreibung der Bistümer in den Nachkriegskonkordaten (Paderborn 1930); *U. Stutz*, Konkordat und Codex, in: Sitzungsberichte der Preußischen Akademie der Wissenschaften, Phil.-hist. Klasse, XXXII (Berlin 1930) 688–706; *A. M. Koeniger*, Die neuen deutschen Konkordate und Kirchenverträge mit der preußischen Zirkumskriptionsbulle (= Kanonistische Studien und Texte Bd. 7) (Bonn, Köln 1932); *A. Bertola*, Attività concordataria e codificazione del diritto della chiesa, in: Archivio Giuridico „Filippo Serafini" 111 (1934) 137–177; *G. Goetz*, Die schulrechtlichen Bestimmungen der neueren und neuesten europäischen Konkordate in ihrer Beziehung zur jeweiligen staatlichen Schulgesetzgebung. Kath.-Theol. Diss. Freiburg i. Br. (Lam/Bayern 1936); *L. Salvatorelli*, La politica della Santa Sede dopo la guerra (Mailand 1937); *Y. de la Brière*, Le droit concordataire dans la Nouvelle Europe, in: Recueil des Cours 63 (1938) 367–468; *H. Barion*, Die kirchliche Betreuung völkischer Minderheiten, in: Jahrbuch der Akademie für Deutsches Recht 5 (1938) 25–36; *ders.*, Konkordat und Codex, in: Festschrift Ulrich Stutz zum siebzigsten Geburtstag dargebracht von Schülern, Freunden und Verehrern (= Kirchenrechtliche Abhandlungen 117. und 118. Heft) (Stuttgart 1938) 371–388; *M. Bendiscioli*, La politica della Santa Sede. Direttive–organi–realizzazione. 1918–1938 (Florenz 1939); *W. Weber*, Die politische Klausel in den Konkordaten (Hamburg 1939); *H. Barion*, Über doppelsprachige Konkordate. Eine konkordatstechnische Studie, in: Deutsche Rechtswissenschaft 5 (1940) 226–249; *L. Link*, Die Besetzung der kirchlichen Ämter in den Konkordaten Papst Pius' XI. (= Kanonistische Studien und Texte Bd. 18/19). Kath.-Theol. Diss. Münster (Bonn 1942); *J. H. Kaiser*, Die Politische Klausel der Konkordate (Berlin, München 1949); *J. Salomon*, La politique concordataire des Etats depuis la fin de la deuxième guerre mondiale, in: Revue générale de droit international public 59 (1955) 578–623; *H. H. Schrey*, Die Generation der Entscheidung. Staat und Kirche in Europa und im europäischen Rußland bis 1953 (München 1955); *R. Metz*, Le choix des évêques dans les récents concordats (1918–1954), in: L'Année Canonique 3 (1956) 75–98; *H. Schmieden*, Recht und Staat in den Verlautbarungen der katholischen Kirche (Bonn ²1961); *H. Maier*, Kirche und Staat seit 1945. Ihr Verhältnis in den wichtigsten europäischen Ländern, in: Geschichte in Wissenschaft und Unterricht 14 (1963) 558–590, 694–716, 741–773; *G. Catalano*, Problematica giuridica dei concordati (Milano 1963); *A. Albrecht*, Koordination von Staat und Kirche in der Demokratie (Freiburg i. Br. 1965); Das Verhältnis von Kirche und Staat. Erwägungen zur Vielfalt der geschichtlichen Entwicklung und gegenwärtigen Situation (= Studien und Berichte der Katholischen Akademie in Bayern Heft 30) (Würzburg 1965); *A. Hollerbach*, Verträge zwischen Staat und Kirche in der Bundesrepublik Deutschland (= Juristische Abhandlungen 3) (Frankfurt/M. 1965); *J. Lucien-Brun*, Une nouvelle étape dans le droit concordataire, in: Annuaire français de droit international 11 (1965/66) 113–121; *R. Metz*, L'intervention du pouvoir civil dans la nomination des évêques, des vicaires apostoliques et des vicaires aux armées, d'après les conventions signées au cours des années 1955 à 1965, in: Revue de droit canonique 16 (1966) 219–250; *C. M. Corral Salvador*,

Libertad de la Iglesia y intervención de los Estados en los nombramientos episcopales, in: Revista Española de Derecho Canónico 21 (1966) 63–92; *K. Rahner – H. Maier – U. Mann – M. Schmaus,* Religionsfreiheit. Ein Problem für Staat und Kirche (München 1966); *Kl. Obermayer,* Die Konkordate und Kirchenverträge im 19. und 20. Jahrhundert, in: *W. P. Fuchs* (Hrsg.), Staat und Kirche im Wandel der Jahrhunderte (Stuttgart, Berlin, Köln, Mainz 1966) 166–183; *P. Zepp,* Die Religionsfreiheit in den Konkordaten, in: *H. Lentze – I. Gampl* (Hrsg.), Speculum iuris et ecclesiarum. Festschrift für Willibald M. Plöchl zum 60. Geburtstag (Wien 1967) 417–425; *O. Dibelius,* Überstaatliche Verbindungen der Kirchen und Religionsfreiheit. Jur. Diss. Bonn (Bonn 1967); *H. Reis,* Konkordat und Kirchenvertrag in der Staatsverfassung, in: Jahrbuch des öffentlichen Rechts der Gegenwart N. F. 17 (1968) 165–394; *G. Lajolo,* I concordati moderni. La natura giuridica internazionale dei concordati alla luce di recente prassi diplomatica. Successione di Stati – Clausola „rebus sic stantibus" (= Pubblicazioni del Pontificio Seminario Lombardo in Roma. Ricerche di Scienze Teologiche 1) (Brescia 1968); *A. Hollerbach,* Die neuere Entwicklung des Konkordatsrechts, in: Jahrbuch des öffentlichen Rechts der Gegenwart N.F. 17 (1968) 117–163; *A. W. Ziegler,* Religion, Kirche und Staat in Geschichte und Gegenwart, 3 Bde. (München 1969–74); *A. De La Hera,* Confesionalidad del Estado y libertad religiosa, in: Ius Canonicum 12 (1972) 86–104; *R. Moya,* El concordato en las actuales relaciones entre la Iglesia y el Estado, in: Angelicum 49 (1972) 348–366; *C. Corral,* De relatione inter Ecclesiam et Statum in Schemate Legis Ecclesiae Fundamentalis, in: Periodica 61 (1972) 625–645; *P. Leisching,* Kirche und Staat in den Rechtsordnungen Europas. Ein Überblick (= rombach hochschul paperback band 59) (Freiburg i.Br. 1973); *J. Sartorius,* Staat und Kirchen im francophonen Schwarzafrika und auf Madagaskar. Die religionsgeschichtliche Entwicklung vom Beginn der Kolonialzeit bis heute (= Ius Ecclesiasticum. Beiträge zum evangelischen Kirchenrecht und Staatskirchenrecht Bd. 19) (München 1973). – Das Manuskript dieses Kapitels war Ende 1974 fertiggestellt. Die seitherige Entwicklung konnte nur nachtragsweise berücksichtigt werden.

Die Ära der Konkordate unter Pius XI. und Pius XII.

Bis zum Beginn des Zweiten Weltkrieges

Ausgangslage, Motive und allgemeine Charakteristik

Der Erste Weltkrieg endete mit einer tiefgehenden Erschütterung des Gefüges der Staaten und Völker. Die Friedensschlüsse in den Jahren ab 1918 brachten keinen gesicherten Frieden unter den Nationen, weil ihnen zu wenig Gerechtigkeit und Weisheit innewohnte. Die Grenzziehungen stimmten vielfach nicht mit den ethnographischen Gegebenheiten überein. Minderheiten wurden weiter unterdrückt. Im Innern zahlreicher Länder wurden Gärung und Unruhe zum Dauerzustand. In den meisten Staaten Europas, die nach dem Ersten Weltkrieg als parlamentarische Demokratien begannen, kamen bald autoritäre Regimes zur Macht. Die Haltung gegenüber der Kirche war im allgemeinen in ersteren durch Labilität, in letzteren durch Willkür gefährdet. Die Kirche befand sich regelmäßig in einer schwachen Position und war auf den guten Willen des staatlichen Partners angewiesen. Die Verfassungsurkunden fast aller Länder enthielten zwar eine Garantie der Freiheit des Bekenntnisses und der Religionsausübung. Aber der Text der Verfassung läßt regelmäßig nicht ohne weiteres erkennen, wie das Verhältnis von Kirche und Staat in der Praxis aussieht. Zuviel hängt von ihrer Auslegung und Anwendung, von den geistigen Kräften, vor allem von der Religiosität des Volkes und der Geistesmacht der Kirche in dem betreffenden Land ab. Die rechtliche Ordnung der Beziehungen von Kirche und Staat ist nur ein Ausschnitt aus der Wirklichkeit dieses Verhältnisses. Sie macht Modelle und Maßstäbe verbindlich, nach denen das Gegenüber von Kirche und Staat gestaltet werden soll, und nur insofern dies geschieht, ist das Verhältnis von Kirche und Staat ein Rechtsverhältnis. Die staatskirchenpolitische Lage darf nicht als die staatskirchenrechtliche Lage angesehen werden. Die Verfassung läßt regelmäßig innerhalb eines bestimmten Rahmens verschiedene Formen des Verhältnisses von Staat und Kirche zu. So stand die verfassungsrechtliche Gewährleistung der Religionsfreiheit in vielen Ländern in scharfem Gegensatz zu der Rechtswirklichkeit. Nicht einmal als privates Freiheitsrecht war sie in manchen Staaten selbstverständlich. Soweit es sich um Rechtsstaaten handelte, konnte der Kirche an der Preisgabe einer maßvollen Verflechtung in den Staat deswegen nicht gelegen sein, weil diese ihr günstige Wirkmöglichkeiten in der Gesellschaft sicherte. Die Qualität einer Körperschaft des öffentlichen Rechts erschien der Kirche als verhältnismäßig am besten angemessene Weise, wie sie in der Sphäre des (staatlichen) Rechts ihre Mission erfüllen kann. Eine Anzahl von Ländern entschied sich für die verfassungsrechtliche Trennung von Kirche und Staat. Die Durchführung derselben unterlag jedoch stärksten Unterschieden. Der Begriff „Trennung von Kirche und Staat" ist überhaupt vieldeutig und deswegen ohne erläuternden Zusatz zur Beschreibung der Verhältnisse im Bereich des Religionsrechts in einem Land unbrauchbar. Die Trennung kann befürwortet werden, um die Kirche von dem Druck des Staates zu befreien, aber auch um sie als Trägerin der Religion zu schwächen. Die Trennung, die ein Rechtsstaat vornimmt, sucht zwar die Beziehungen zu den Religionsgesellschaften nach Möglichkeit zu beenden, verbietet aber nicht die Wirksamkeit derselben; sie schließt nicht einmal die formelle rechtliche Anerkennung einer oder mehrerer Kirchen sowie den Abschluß von Verträgen mit diesen aus. Die Trennungsgesetzgebung vieler Länder nahm sich freilich bewußt oder unbewußt das französische Gesetz vom 9. Dezember 1905[1] zum Vorbild, das gewiß nicht von Wohlwollen gegenüber der katholischen Kirche eingegeben war. Auf der anderen Seite kann ein staatskirchliches Einheitssystem eine schwere Belastung für eine Kirche werden, sie kompromittieren, ja lähmen. Auch ein Konkordat, das an sich dem Ausgleich zwischen kirchlichen und staatlichen Interessen sowie der Herstellung oder Förderung eines einträchtigen Zusammenwirkens von Kirche und Staat dient, muß sich nicht unbedingt günstig für das kirchliche Leben auswirken. Es hängt zuviel von den mannigfachen

[1] *Giacometti,* Quellen 272–286.

Gestaltungskräften und Machtfaktoren innerhalb eines Landes ab, ob ein Rechtsverhältnis zwischen Kirche und Staat der Religion Nutzen oder Schaden bringt. Der CIC hatte die Beziehungen von Kirche und Staat grundsätzlich nicht behandelt und sie nur infolge des Sachzusammenhanges gelegentlich berührt. Das mit den Staaten vereinbarte Recht, auch jenes, das dem CIC widersprach, war aufrechterhalten worden (c. 3 CIC). Die Verhältnisse in den religiös neutralen Staaten wurden, z.B. hinsichtlich der Ehe, in gewissem Umfang berücksichtigt.

Die *Neuordnung der kirchlichen Verhältnisse* in vielen Ländern war nach dem Ersten Weltkrieg eine gebieterische Notwendigkeit. Die Landkarte Europas war, namentlich im Osten und Südosten, tiefgreifend verändert worden. Aus der Konkursmasse des zaristischen Rußlands und der Doppelmonarchie Österreich-Ungarn war eine große Zahl neuer Staaten entstanden. In anderen Ländern waren territoriale Wandlungen und Wechsel der Staatsformen vor sich gegangen. Die Inflation hatte schwerwiegende finanzielle Umschichtungen zur Folge. Der Apostolische Stuhl suchte die Verhältnisse vor allem durch die Aufnahme diplomatischer Beziehungen mit den Staaten und durch den Abschluß von Vereinbarungen mit ihnen in den Griff zu bekommen. In der Ansprache im Konsistorium vom 21. November 1921[2] erklärte Papst *Benedikt XV.* (1914–1922), daß viele ältere Konkordate wegen der staatlichen Veränderungen der letzten Jahre ihre Kraft und Anwendbarkeit verloren hätten. Ein Konkordat habe dann als erloschen zu gelten, wenn die Rechtspersönlichkeit eines Staates nicht mehr identisch sei mit dem Partner, der es seinerzeit mit dem Heiligen Stuhl geschlossen hatte. Die Kirche sei aber bereit, mit den Regierungen in Verhandlungen einzutreten, allerdings ohne Beeinträchtigung ihrer Würde und Freiheit. Damit gab der Papst seine Bereitschaft zu erkennen, neue Konkordate abzuschließen, die den veränderten Verhältnissen Rechnung trügen. Tatsächlich löste die Allokution Benedikts XV. eine Welle von Konkordaten und anderen Verträgen aus, so daß es berechtigt ist, von einer *Konkordatsära* zwischen den beiden Weltkriegen und darüber hinaus zu sprechen. Der Apostolische Stuhl verfolgte mit dem Abschluß von Konkordaten in erster Linie die Absicht, die Freiheit des religiösen Lebens und die Kirche überhaupt zu sichern, indem er den Staat rechtlich band. Ihm war weiter daran gelegen, daß der Staat die Stellung der Kirche und ihre Ordnung anerkannte. Das Recht des CIC mußte verbreitet und durchgeführt werden. Dies war nicht ohne eine tolerante Haltung der Staaten möglich. Ebenso war eine zufriedenstellende Regelung der res mixtae wie Schule, Religionsunterricht, Ehe, Vereins- und Ordenswesen sowie Vermögen nur in Abstimmung mit dem Staat zu verwirklichen. Erstrangig war dem Heiligen Stuhl dabei die Gewährleistung der religiösen Erziehung der Kinder, vor allem durch die Garantie der Errichtung katholischer Schulen. Sodann mußte die kirchliche Zirkumskription und Organisation den

[2] AAS 13 (1921) 521f.

veränderten politischen und staatsrechtlichen Verhältnissen angepaßt werden. Die Grenzziehungen der Friedensverträge hatten zudem zahlreiche neue Minderheitenprobleme geschaffen, die für die Kirche in diesen Ländern die Gefahr schwerer Konflikte mit den nationalistisch gesinnten völkischen Mehrheiten, die den Staat beherrschten, in sich schlossen. Nicht wenige der Konkordate der Nachkriegszeit dienten daher dem religiösen Schutz dieser Minderheiten. Der Heilige Stuhl suchte regelmäßig Vorstöße und Wünsche von Regierungen bezüglich Abmachungen in Einzelpunkten in Verhandlungen über ein möglichst umfassendes Konkordat umzumünzen. Wenn auch die ausgehandelte Regelung häufig nicht befriedigend oder der Inhalt eines Vertrages schmal war, so schien dem Heiligen Stuhl allein die Tatsache, daß er mit einem Staat zum Abschluß einer Vereinbarung gekommen war, ein Gewinn. Denn tatsächlich bestand in nicht wenigen Ländern eine grundsätzliche Abneigung gegen jeden Vertragsabschluß mit der Kirche. Auf dem erreichten Stand konnte bei günstiger Gelegenheit weitergebaut werden.

Auf der anderen Seite suchten neue Staaten ihre eben erst gewonnene Existenz durch Verträge mit dem ältesten Souverän Europas zu festigen und zu heben. Das Ansehen des Heiligen Stuhles war seit dem Verlust des Kirchenstaates nicht nur unerschüttert, sondern durch die Wirksamkeit bedeutender Päpste sogar gestiegen. Auch der Heilige Stuhl wollte die neuen Staaten mit seinen Mitteln konsolidieren helfen und hoffte, damit dem Frieden zu dienen. Das liturgische Gebet für das Land z.B. bekräftigte die Verbundenheit von Kirche und Staat und bekundete das Interesse der Kirche an dessen Wohl. Die Staaten waren weiter an einer überschaubaren und dauerhaften Organisation der katholischen Kirche in ihrem Land, an der Deckung der kirchlichen Sprengel mit den Staatsgrenzen, an der Einsetzung loyaler Bischöfe und an der Ausbildung eines in nationaler Hinsicht zuverlässigen Klerus interessiert. Vor allem die neuen Staaten legten großen Wert darauf, daß nicht Gebiete oder Klöster in ihrem Land auswärtigen Oberhirten oder Oberen unterstellt wurden bzw. blieben. Der CIC als eine übersichtliche, präzise Quelle des Rechtes der Kirche erleichterte es den Staaten, sich auf den Abschluß von Verträgen mit der Kirche einzulassen. Sie wußten, wozu sie sich verpflichteten, und die Interpretation und die Ausführung konkordatärer Normen wurden erheblich erleichtert.

Konkordate sind Systeme gegenseitiger Konzessionen von Kirche und Staat. In der Mehrzahl der Fälle ist die Kirche in höherem Maß der empfangende Teil als der Staat. Daher mieden nach dem Ersten Weltkrieg im allgemeinen die Länder, deren Trennungsprinzip aus einer kirchenfeindlichen Ideologie hervorging, den Abschluß von Konkordaten. Solche wurden regelmäßig von Staaten abgeschlossen, die der Kirche eine öffentlich-rechtliche Stellung zuerkannten.

Die in den Konkordaten enthaltenen Normen sind, je für sich betrachtet, Partikularkirchenrecht, bilden aber, im Zusammenhang gesehen, dank ihrer Wiederholung das Substrat eines gemeinen Rechtes, des *ius concordatarium* über bestimmte Gegenstände. Das Konkordatsrecht der Zeit zwischen den beiden

Weltkriegen war verhältnismäßig homogen; die von ihm verwendeten Rechtsformen und Rechtsinstitute zeigten eine weitgehende Übereinstimmung. Diese Ähnlichkeit leitete sich aus zwei Wurzeln her. Einmal ging die Kirche bei Verhandlungen von dem kanonischen Recht aus, das soeben glücklich kodifiziert worden war, hatte also grundsätzlich stets die gleiche Ausgangsbasis. Zum anderen war die Präzedenzwirkung bei dem Abschluß von Konkordaten stark ausgebildet. Gewöhnlich dienten vorhergehende Konkordate in größerem oder geringerem Umfang als Vorlage für nachfolgende.

Im einzelnen suchte sich die Kirche mit den Konkordaten ein Minimum jener *Garantien und Prärogativen,* die ihr nach dem kanonischen Recht zukommen, zu sichern. Verträge wiederholten daher vielfach Grundsätze und Gewährleistungen, die schon in der Verfassung des betreffenden Landes ausgesprochen waren. Entscheidendes Gewicht legte die Kirche auf die Unabhängigkeit bei der Besetzung ihrer Ämter vom Staat. Zahlreiche Konkordate stipulierten folgerichtig die freie Ernennung der Bischöfe durch den Papst (c. 329 § 2 CIC). Der jeweiligen Staatsregierung wurde (teilweise an Stelle eines früheren Nominationsrechtes) regelmäßig das Recht eingeräumt, vor der Bestellung der Residenzialbischöfe und der Koadjutoren mit dem Recht der Nachfolge Bedenken allgemeinpolitischer Natur geltend zu machen (sog. politische Klausel). Die Konkordate Pius' XI. enthielten sodann in der Regel Bestimmungen über die Besetzung der Kanonikate und Pfarreien, Schulen und theologische Fakultäten, die Aufsicht der Bischöfe über die religiös-sittliche Erziehung der Jugend, Freiheiten und Rechtsfähigkeit der Orden. Das Lehren im Namen der Kirche wurde von dem Besitz der missio canonica[3] abhängig gemacht. Den Geistlichen wurde bei Ausübung ihres Amtes ein besonderer Rechtsschutz zugesichert. Pastorale Gesichtspunkte veranlaßten den Heiligen Stuhl, in manchen Fällen das Verbot parteipolitischen Engagements von Geistlichen zuzugestehen. Das Recht von Minderheiten auf religiöse Unterweisung in ihrer Muttersprache wurde gewährleistet[4]. In vielen Konkordaten wurde die rechtliche Fähigkeit der kirchlichen juristischen Personen, Vermögen zu erwerben, zu besitzen und zu verwalten, anerkannt. In manchen Fällen verwiesen Konkordate auf einzelne Kanones des CIC oder namentlich genannte andere kirchliche Normen. In der Hauptsache wurde jedoch auf die Vorschriften des CIC oder des kirchlichen Rechts (bzw. die kirchlichen Grundsätze) im allgemeinen verwiesen, etwa in der Weise, daß die auf kirchliche Personen oder Sachen bezüglichen und in dem Konkordat nicht eigens behandelten Fragen nach kirchlichem Recht geregelt werden sollten. In die Verträge wurde schließlich vielfach die Bestimmung aufgenommen, daß die beiden Beteiligten bei Meinungsverschiedenheiten in gemeinsamem Einvernehmen eine freundschaftliche Lösung herbeiführen werden.

[3] *H. Flatten*, Missio canonica, in: *Th. Filthaut – J. A. Jungmann* (Hrsg.), Verkündigung und Glaube. Festgabe für Franz X. Arnold (Freiburg i. Br. 1958) 123–141.

[4] *Th. Grentrup*, Religion und Muttersprache (Münster/Westf. 1932) 458–524; *W. Hasselblatt*, Reichskonkordat und Minderheitenschutz, in: Nation und Staat 6 (1932/33) 690–695.

Dadurch wurden Rücktritt und Bruch erschwert und gleichzeitig die Tür für Neuverhandlungen offengehalten.

Man kann sagen, daß seit dem Ersten Weltkrieg das Konkordat in steigendem Maße als die angemessene Form, das Verhältnis von Kirche und Staat zu ordnen, empfunden wurde. Der Landesepiskopat wurde bei den Verhandlungen vom Heiligen Stuhl regelmäßig konsultiert, und seine Vorstellungen und Wünsche wurden nach Möglichkeit berücksichtigt. Ausgewählte Vertreter des Episkopats waren unmittelbar an den Verhandlungen beteiligt. Der Heilige Stuhl trachtete in der Regel danach, die Ratifikation abgeschlossener Konkordate im Vatikan vorzunehmen.

Rückschauend ist festzustellen, daß die Konkordate ihren Zweck nur unzureichend erfüllten. Die Verhältnisse und die Entwicklung sind ihrem Bestand und ihrer Durchführung zum erheblichen Teil nicht günstig gewesen. Die meisten wurden durch den Zweiten Weltkrieg und seine Folgen zunichte gemacht. Der Heilige Stuhl hat sich bei ihrem Abschluß im allgemeinen wohlunterrichtet über die Verhältnisse in den einzelnen Ländern gezeigt. Gelegentlich scheint er allerdings die Macht der kooperationswilligen Kräfte überschätzt zu haben. Dennoch war die Konkordatspolitik richtig und notwendig. Der Heilige Stuhl dokumentierte mit ihr, daß er in den Beziehungen zu den Staaten nicht den Standpunkt des Alles oder Nichts verfocht, sondern in Anerkennung der Realitäten zu Kompromißlösungen bereit war. Der Vertragsabschluß als solcher bezeugte vor aller Welt den Anspruch und die Befugnis des Heiligen Stuhles, die katholische Kirche zuoberst und entscheidend zu repräsentieren. Die Konkordate stärkten auch das Selbstbewußtsein der Katholiken, die sich von dem Oberhaupt der Kirche umsorgt und geschützt, von der Regierung des Landes ernst genommen sahen. Sie haben Marken gesetzt, die nicht ausgelöscht werden können; sie haben der Kirche eine unbestreitbare Rechtsbasis verschafft und in vielen Fällen Schlimmeres verhütet. Die Trennungsgesetzgebung der Staaten und die Konkordatspolitik des Heiligen Stuhles haben, von unterschiedlichen Ausgangspunkten her, die Systeme des Staatskirchentums und der Staatskirchenhoheit überwunden und der Kirche die Autonomie gebracht, für deren Ordnung der CIC als ein, im ganzen gesehen, treffliches Instrument zur Verfügung stand.

Die einzelnen Konkordate

Mit den neuen Staaten

Die neuen Staaten im Osten und Südosten Europas waren aus außen- und innenpolitischen Gründen mehrheitlich zu Vereinbarungen mit dem Apostolischen Stuhl bereit. Indes standen dem Abschluß von Verträgen regelmäßig auch Hindernisse entgegen, nämlich der Laizismus, der überspannte Nationalismus und die ablehnende Haltung nichtkatholischer Religionsgemeinschaften, vor allem der Orthodoxen. Am 30. Mai 1922 schloß Pius XI. ein Konkordat mit dem überwiegend nichtkatholischen Lettland[5], und zwar zunächst für drei Jahre, jedoch mit stillschweigender Verlängerung von Jahr zu Jahr bei sechsmonatiger Kündigungsfrist. In Riga wurde ein exemtes Erzbistum errichtet. Dem Erzbischof wurde ein beim Amtsantritt abzuleistender Treueid vorgeschrieben, eine Vorschrift, die in den folgenden Konkordaten wiederkehren sollte.

In Polen, wo die Landesgrenzen bis Ende 1924 umstritten waren, konnte der Verfassungsauftrag, in einem Konkordat mit dem Heiligen Stuhl das künftige Verhältnis von Kirche und Staat zu regeln, erst am 10. Februar 1925 erfüllt werden[6]. Das polnische Konkordat organisierte die Kirche in diesem Land neu (fünf Kirchenprovinzen des lateinischen Ritus mit 21 Bistümern, eine Kirchenprovinz des byzantinischen Ritus und eine Erzdiözese des armenischen Ritus) und ordnete namentlich Fragen der Ämterbesetzung, des Religionsunterrichts und des Kirchenvermögens. Gegenüber Polen bewies der Heilige Stuhl besonders weites Entgegenkommen. Art. 19 Abs. 2 S. 2 des Konkordats schloß alle Geistlichen von dem Pfarramt aus, deren Tätigkeit die Sicherheit des Staates gefährdete. Damit war der polnischen Regierung ein damals einzig dastehendes Recht bei der Ernennung der Pfarrer zugestanden[7].

Am 10. Mai 1927 kam es zum Abschluß eines Konkordats mit Rumänien[8], das aber wegen des Widerstands orthodoxer Kreise erst 1929 ratifiziert wurde. Die katholische Kirche in dem Land sollte in je einer Kirchenprovinz für den griechischen und den lateinischen Ritus mit je vier Suffraganbistümern sowie einem geistlichen Oberhaupt für die Armenier organisiert werden. Wie in Polen legte auch hier der Staat besonderes Gewicht auf die nationale Zuverlässigkeit der Pfarrer (Art. XII § 2). Die beiden vertragschließenden Parteien behielten sich – eine Ausnahme – das Recht vor, das Konkordat nach einer sechs Monate vorhergehenden Anzeige zu kündigen (Art. XXIII Abs. 2). Am 27. September

[5] *A. Van Hove*, Le Concordat entre le Saint-Siège et le gouvernement de Lettonie (3. novembre 1922), in: NRTh 50 (1923) 132–143; *A. Giannini*, Il Concordato con la Lettonia, in: L'Europa Orientale 5 (1925) 653–658.

[6] *A. Süsterhenn*, Das polnische Konkordat vom 10. Februar 1925. Jur. Diss. Köln (Köln 1928); *Fr. Grübel*, Die Rechtslage der römisch-katholischen Kirche in Polen nach dem Konkordat vom 10. Februar 1925 (Leipzig 1930); *H. Bednorz*, Le Concordat de Pologne de 1925. Nomination aux Sièges Épiscopaux et aux Paroisses. Commentaire avec comparaison aux autres Concordats d'après-guerre (Paris 1938); *R. Sobański*, Das erste polnische Plenarkonzil – seine Bedeutung für den Integrationsprozeß der Bevölkerung Polens zwischen den beiden Weltkriegen, in: ÖAfKR 26 (1975) 143–158.

[7] Vgl. *R. Jacuzio*, Il diritto di opposizione riservato al governo nella nomina dei parrocci, in: Il Diritto concordatario 2 (1937) 56–58.

[8] *I. Mateiu*, Valoarea Concordatului incheiat cu Vaticanul (Sibiu 1929); *L. Honoré*, Une Église servante de l'État. L'Église orthodoxe roumaine, in: NRTh 56 (1929) 56–66; *N. N.*, De concordato inter Sanctam Sedem et Rumaniam, in: Apollinaris 3 (1930) 581–600.

1927 fand Litauen zu einem Vertrag mit dem Heiligen Stuhl[9]. Er gab der Kirche ausgedehnte Rechte im Schulwesen, übertrug den Geistlichen die Führung der Standesregister und stattete die kanonische Eheschließung mit bürgerlicher Wirksamkeit aus. Den Gläubigen wurde die seelsorgliche Betreuung in der Muttersprache zugesichert. Über die Auslegung des Konkordats kam es jedoch zu anhaltenden Reibereien.

Die Regierung der Tschechoslowakei zeigte sich gegen die katholische Kirche regelmäßig unfreundlich und verfolgte gegen sie eine Politik der Nadelstiche. Die Hus-Feier 1925 hätte beinahe zum Abbruch der diplomatischen Beziehungen geführt. Am 2. Februar 1928 wurde ein magerer Modus vivendi abgeschlossen[10]. Er befaßte sich mit der Diözesanzirkumskription und der Ernennung der Bischöfe. Das Abkommen beseitigte eine Reihe von Differenzpunkten und sah Verhandlungen für die Zukunft vor. Die Durchführung der Bestimmungen des Modus vivendi begegnete beträchtlichen Schwierigkeiten. Erst sieben Jahre nach seinem Abschluß erfüllte die Regierung die Hauptbedingung, von der der Heilige Stuhl die Abgrenzung der Diözesen (Art. 1) abhängig gemacht hatte, die Rückgabe der in der Slowakei liegenden Kirchengüter. Mehr konnte bis zum Zerbrechen des Staates 1938/39 nicht erreicht werden.

Eine umfassende Regelung brachte dagegen das Konkordat mit Österreich vom 5. Juni 1933[11]. Art. 30 Abs. 3 der Bundesverfassung erhob bestimmte Artikel des Konkordates zu Bestandteilen der Verfassung und verlieh ihnen damit Verfassungscharakter. Teilweise entspricht es dem kurz darauf abgeschlossenen Konkordat mit dem Deutschen Reich. Das Konkordat verhieß die Errichtung des Bistums Innsbruck-Feldkirch und der Gefreiten Prälatur Burgenland (Art. III § 2) und suchte durch vorsichtige Förderung und das Versprechen finanzieller Unterstützung freier katholischer Schulen die Voraussetzung für die Entwicklung der öffentlichen katholischen Bekenntnisschule zu schaffen (Art. III §§ 3 und 4). Für die Durchsetzung der vereinbarten Bestimmungen

[9] *L. Maser,* Das Konkordat zwischen dem Apostolischen Stuhle und der Republik Litauen vom 27. September 1927 in rechtsvergleichender Betrachtung. Jur. Diss. Köln (Lippstadt 1931); *A. Ottaviani,* Concordatum Lithuanicum, in: Apollinaris 1 (1928) 53–64, 140–149.

[10] *I. Pasquazi,* Modus vivendi inter Sanctam Sedem et Rempublicam Cechoslovachiae, in: Apollinaris 1 (1928) 149–155; *N. N.,* Der „Modus vivendi" in der Tschechoslowakei, in: Ecclesiastica 13 (1933) 353–356; *Fr. Kop,* Modus vivendi. Nýnějši stav jeho provedeni (Prag 1937); *E. Hoyer,* Das Schicksal des tschechoslowakischen Modus vivendi, in: *M. Grabmann – K. Hofmann* (Hrsg.), Festschrift Eduard Eichmann zum 70. Geburtstag (Paderborn 1940) 373–400; *D. Faltin,* La crisi della Chiesa in Ceco-Slovacchia e il Modus vivendi del 1927. L'opera del Card. Pietro Ciriaci, in: Divinitas 9 (1965) 600–605.

[11] *A. Van Hove,* Le concordat entre le Saint-Siège et l'Autriche, in: NRTh 61 (1934) 785–803, 897–913; *R. Köstler,* Das neue österreichische Konkordat, in: Zeitschrift für öffentliches Recht 15 (1935) 1–33; *ders.,* Das österreichische Konkordats-Eherecht (Wien 1937); *G. Stutzinger,* Das österreichische Konkordat vom 5. Juni 1933. Jur. Diss. Köln (Köln 1936); *J. Hollnsteiner,* Das österreichische Konkordat in seiner kirchen- und staatsrechtlichen Bedeutung, unter besonderer Berücksichtigung der eherechtlichen Bestimmungen (Leipzig, Wien ²1937); *E. K. Winter,* Christentum und Zivilisation (Wien 1956) 370–402.

fehlten jedoch der Regierung die Mehrheit und die Macht. Vor allem die Unterstellung der kirchlich geschlossenen Ehen unter das kanonische Recht (Art. VII) rief den vereinten erbitterten Widerstand des Liberalismus, des Marxismus und des Nationalsozialismus hervor.

Langwierige Verhandlungen führten 1935 zum Abschluß eines umfangreichen Konkordats mit Jugoslawien[12]. Aber der Widerstand der orthodoxen Serben[13] war so heftig, daß es die Regierung, nachdem es die Kammer angenommen hatte, fallenließ, indem sie darauf verzichtete, es vor den Senat zu bringen. In ihm fanden sich die wichtigen Generalklauseln, daß mit dem Inkrafttreten des Konkordats entgegenstehende Normen des Königreichs Jugoslawien außer Kraft treten (Art. XXXV) und daß im Konkordat nicht behandelte Gegenstände nach dem geltenden kanonischen Recht zu behandeln seien (Art. XXXVII Abs. 1).

Mit europäischen Trennungsländern

Die Trennungsideologie war gewöhnlich ein Reservat der politischen Linken. Infolgedessen kam es in den europäischen Trennungsländern zu einer Vereinbarung mit dem Heiligen Stuhl regelmäßig erst dann, wenn in ihnen politisch anders orientierte Regierungen an die Macht kamen. Gegenüber Frankreich verfolgte der Heilige Stuhl seit Beginn des Pontifikats Benedikts XV. eine Politik des Nachgebens und der Zugeständnisse, die in gewisser Hinsicht das Trennungsregime überwand. Auch hatte sich das Trennungsgesetz als undurchführbar erwiesen. Seit dem Ende des Ersten Weltkriegs schwächte sich der Elan des Laizismus ab. Seit der Wiederaufnahme der diplomatischen Beziehungen (1920) fragte der Heilige Stuhl bei der französischen Regierung vor der Ernennung eines Bischofs an, ob gegen den Kandidaten politische Einwendungen bestünden[14]. In den kongruenten Erklärungen des französischen Staatsrats vom 13. Dezember 1923 und der Enzyklika Pius' XI. „Maximam gravissimamque" vom 18. Januar 1924 über die Diözesanvereine[15] konnte man eine stillschweigende Vereinbarung über das dornige Problem der kirchlichen Vermögensverwaltung sehen. Der Staatsrat erklärte am 3. Februar 1925, die französische Regierung und der Heilige Stuhl seien sich einig über die Aufrechterhaltung des

[12] *J. Massarette,* Um das Konkordat in Jugoslawien, in: ThprQS 90 (1937) 733–735; *A. Giannini,* Un concordato mancato (Il Concordato Jugoslavo del 1935), in: L'Europa Orientale 22 (1942) 245–269.

[13] Serbien hatte am 24. Juni 1914 ein Konkordat mit dem Heiligen Stuhl geschlossen, das aber wegen des Krieges nicht ausgeführt worden war.

[14] Vgl. das Aide-Mémoire des Kardinalstaatssekretärs Gasparri vom Mai 1921, in: Revue des Sciences religieuses 4 (1924) 248f.

[15] *Giacometti,* Quellen 383–386.

Konkordats von 1801 im Elsaß und in Lothringen[16]. Im Jahre 1926 kam es zum Abschluß zweier inhaltlich unerheblicher, aber atmosphärisch bedeutsamer Akkords mit Frankreich[17]. In ihnen wurden die liturgischen Vorrechte festgelegt, die den Vertretern Frankreichs in den Ländern zukamen, in denen Frankreich das religiöse Protektorat noch innehatte oder in denen dieses in jüngster Zeit abgeschafft worden war.

In Portugal, das 1918 wieder diplomatische Beziehungen mit dem Apostolischen Stuhl aufgenommen hatte, begann unter der Diktatur Carmonas eine Annäherung zwischen Kirche und Staat. Das Dekret vom 18. Juli 1926 hob einige der gehässigsten Bestimmungen des Trennungsgesetzes von 1911 auf. Die Verfassung vom 19. März 1933 war stark von katholischem Gedankengut beeinflußt. Sie proklamierte in ein und demselben Artikel die katholische Religion als Staatsreligion, das Prinzip der Religionsfreiheit, den Grundsatz der Trennung und die Aufrechterhaltung diplomatischer Beziehungen mit dem Heiligen Stuhl (Art. 46). So stand dem Abschluß von Verträgen mit dem Heiligen Stuhl kein ernsthaftes Hindernis mehr entgegen. Der Akkord vom 15. April 1928[18] ordnete die Hierarchie in Portugiesisch-Indien neu und löste die Frage des Patronats, jener vom 11. April 1929 regelte die Verhältnisse in der Diözese *Meliapôr*.

Italien war seit seiner Einigung immer mehr zu einem Land mit feindlicher Trennung von Kirche und Staat geworden (staatliche Schulen ohne Religionsunterricht, Aufhebung der theologischen Fakultäten an den staatlichen Universitäten, Zwangszivilehe). Seit dem Ende des Ersten Weltkrieges ging indes eine langsame Annäherung zwischen dem Land und dem Heiligen Stuhl vonstatten. Im Januar 1919 bildete sich mit Duldung des Heiligen Stuhles eine katholische Partei; damit war der Grundsatz des „Non expedit" aufgegeben. In der Enzyklika „Pacem Dei munus" vom 23. Mai 1920 ließ Benedikt XV. das für die katholischen Staatsoberhäupter geltende Verbot, dem Quirinal einen amtlichen Besuch zu machen, fallen. Das faschistische Regime empfahl sich der Kirche durch zahlreiche kirchenfreundliche Gesetze und Maßnahmen in bezug auf Schule und Ehe, Klerus und Kirchenvermögen. So war der Weg geöffnet für eine umfassende Ausräumung des Konfliktsstoffes zwischen Kirche und Staat. Im

[16] *A. Erler*, Das Napoleonische Konkordat im Elsaß und in Lothringen, in: AfkKR 122 (1947) 236–278; *R. Metz*, Un cas intéressant d'application du droit concordataire: La nomination d'un coadjuteur avec droit de succession à l'évêché de Strasbourg, in: L'Année Canonique 6 (1959) 179–186; *ders.*, Les incidences concordataires de la démission de l'Evêque de Strasbourg, in: Revue de droit canonique 17 (1967) 273–297; *ders.*, Les nominations épiscopales en France et plus spécialement dans les diocèses concordataires de Strasbourg et de Metz, in: ebd. 18 (1968) 97–121.

[17] *C. Crispolti*, Gli accordi franco-vaticani sugli onori liturgici in Oriente, in: Rassegna Italiana 19 (1927) 226–230.

[18] *A. Correja de Silva*, Concordatum Lusitanicum, in: Apollinaris 1 (1928) 280–295; *E. Hocedez*, Convention entre le S. Siège et la République du Portugal, in: NRTh 55 (1928) 519–525.

Jahre 1929 kam es zu der Lösung der Römischen Frage in den *Lateranverträgen*. Am 11. Februar 1929 wurden drei Vereinbarungen unterzeichnet: der Staatsvertrag, das Finanzabkommen (als Anlage IV zu dem Staatsvertrag) und das Konkordat[19]. Am 27. Mai 1929 wurden sie in innerstaatliches Recht transformiert. In dem Staatsvertrag erkennt der italienische Staat die katholische Religion als „einzige Staatsreligion" an (Art. 1). Ebenso wird die Souveränität des Heiligen Stuhles bestätigt (Art. 2) und ihm ein eigenes Gebiet, die *Città del Vaticano*, garantiert (Art. 3). Die Neutralität der Vatikanstadt wird festgestellt (Art. 24). Die Person des Papstes ist heilig und unverletzlich (Art. 8). Das aktive und passive Gesandtschaftsrecht des Heiligen Stuhles wird anerkannt (Art. 12). Der Heilige Stuhl erklärt endgültig und unwiderruflich die Römische Frage für erledigt und erkennt das Königreich Italien mit Rom als Hauptstadt an (Art. 26). In dem Finanzabkommen wird die Zahlung einer Entschädigung für die Verluste, die dem Papst durch die Ereignisse von 1870 entstanden waren, vereinbart. Das Konkordat ergänzt den Vertrag und bringt eine einläßliche Regelung der Kirche und Staat berührenden Angelegenheiten (45 Artikel). Der Staat gewährleistet der katholischen Kirche ihre besondere Stellung in Italien und die damit in Verbindung stehenden Rechte. Der Kirche wird die freie Ausübung der geistlichen Gewalt, des öffentlichen Gottesdienstes und der Jurisdiktion in kirchlichen Angelegenheiten zugesichert. Der heilige Charakter Roms wird anerkannt und geschützt (Art. 1 Abs. 1). Die Freiheit der Besetzung von Bischofsstühlen und anderen Ämtern wird hergestellt (Art. 19, 24, 25). Kein Geistlicher kann eine Anstellung oder ein Amt bei dem italienischen Staat oder einer von ihm abhängigen öffentlichen Anstalt bzw. Körperschaft erlangen oder

[19] *L. Laghi – G. Andreucci*, Il trattato lateranense. Commentato (Florenz 1929); *N. N.*, De Concordato inter S. Sedem et Italiam, in: Apollinaris 2 (1929) 458–494; *H. Ferrand*, La question Romaine et les Accords de Latran, in: Revue Apologétique 48 (1929) 569–591; *A. Hagen*, Die Rechtsstellung des Heiligen Stuhles nach den Lateranverträgen (Stuttgart 1930); *K. Strupp*, Die Regelung der römischen Frage durch die Lateranverträge vom 1. Februar 1929, in: Zeitschrift für Völkerrecht 15 (1930) 531–622; *Z. Giacometti*, Zur Lösung der römischen Frage, in: Zeitschrift für die gesamte Staatswissenschaft 90 (1931) 8–50; *A. Giannini*, Il cammino della Conciliazione (Mailand 1946); *W. von Bergen*, Der Einfluß der Lateranverträge auf die staatliche Gesetzgebung Italiens mit besonderer Berücksichtigung des Eherechts (Düsseldorf 1954); *A. C. Jemolo*, Chiesa e Stato in Italia dal Risorgimento ad oggi (Turin 1955); *G. Migliori*, Codice concordatario (Mailand ³1959); *F. Pacelli*, Diario della Conciliazione con verbali e appendice documenti (Città del Vaticano 1959); *U. Del Giudice*, I Patti Lateranensi (Rom 1960); *F. M. Marchesi*, Il concordato italiano dell' 11 febbraio 1929 (Neapel 1960); *A. Martini*, Studi sulla Questione Romana e la Conciliazione (Rom 1963); *R. Motsch*, Die Konkordatsehe in Italien (Frankfurt a. M., Berlin 1965); *W. Gamber*, Die Konkordatsehe in Italien, in: *K. Siepen – J. Weitzel – P. Wirth* (Hrsg.), Ecclesia et Ius. Festgabe für Audomar Scheuermann zum 60. Geburtstag dargebracht von seinen Freunden und Schülern (München, Paderborn, Wien 1968) 393–404; *P. Ciprotti*, Atti della Commissione mista dei delegati della Santa Sede e del Governo Italiano per predisporre l'esecuzione del Concordato (11 aprile–25 novembre 1929) e altri documenti connessi (Mailand 1968); *G. Salvemini*, Stato e Chiesa in Italia (Mailand 1969).

behalten ohne die Unbedenklichkeitserklärung des Diözesanoberhirten. Abgefallene oder mit einer Zensur belegte Priester dürfen auf keinen Fall im Unterricht oder in einem Amt oder einer Anstellung Verwendung finden, wo sie unmittelbar mit dem Publikum in Berührung kommen (Art. 5). Dem von dem kanonischen Recht geregelten Sakrament der Ehe werden die bürgerlichen Wirkungen zuerkannt. Die Fälle der Ungültigkeit der Ehe und der Dispens von der nichtvollzogenen Ehe bleiben der Zuständigkeit kirchlicher Gerichte und Behörden vorbehalten. Allein die Verfahren bei der Trennung von Tisch und Bett werden von den Zivilgerichten geführt (Art. 34). Der katholische Religionsunterricht wird als „Grundlage und Krönung" des öffentlichen Unterrichts bezeichnet und nunmehr auch für die höheren Schulen vorgesehen (Art. 36). Der Staat verheißt eine Änderung seiner Gesetzgebung, um sie mit den Lateranverträgen in Übereinstimmung zu bringen (Art. 29). Die Kirche hat ihrerseits beträchtliche Zugeständnisse gemacht. Eine Revision der Umschreibung der Bistümer und ihre Verringerung werden vorgesehen (Art. 16 und 17). Bei der Bestellung von Bischöfen besitzt die Regierung das Recht, politische Erinnerungen vorzubringen (Art. 19). Bei der Ernennung von Pfarrern wird ihr das Recht, Bedenken zu äußern, eingeräumt. Besonders weitgehend erscheint die ihr ebenfalls zugestandene Befugnis, beim Auftauchen von Gründen, die das Verbleiben eines Pfarrers auf seiner Stelle als schädlich erscheinen lassen, dem Ortsoberhirten Mitteilung machen zu dürfen, der innerhalb dreier Monate im Einvernehmen mit der Regierung zweckentsprechende Maßnahmen zu ergreifen hat (Art. 21). Allen Geistlichen wird die parteipolitische Betätigung untersagt (Art. 43 Abs. 2). Der Heilige Stuhl verpflichtet sich zur Kondonation gegenüber allen Besitzern von Kirchengut (Art. 28). Bemerkenswert ist das Zugeständnis, daß der Staat im Falle schlechter Vermögensverwaltung im Einvernehmen mit der kirchlichen Behörde zur Sequestration der Temporalien der Pfründe schreiten darf (Art. 26 Abs. 2).

Die Lateranverträge beendeten den jahrzehntelangen Gegensatz der Kirche zu dem geeinten Italien und waren für beide Seiten ein ehrenvoller Friedensschluß. Sie befriedigten das nationale Wollen des Volkes und sicherten der Kirche ihre Wirkungsmöglichkeit. Die Verträge brachten eine Lösung, die, wie es in der Präambel des Trattato heißt, der Gerechtigkeit und Würde beider Parteien entspricht. Sie waren im allgemeinen ausgewogen, trugen der katholischen Tradition des Volkes Rechnung, ohne die Rechte des Staates oder anderer Religionsgemeinschaften zu verletzen, und erfüllten die staatlichen Ansprüche, ohne der Freiheit der Kirche zu nahe zu treten. Der Heilige Stuhl erstrebte keine Restauration, sondern einen Neubeginn. Darin sah er die Garantie der Dauerhaftigkeit. Er schickte sich in den Verzicht auf den Kirchenstaat, der überfällig war, und machte sich entschlossen daran, seine universale Mission von dem Gebiet eines Zwergstaates aus durchzuführen. Dies war die einzige verbliebene Möglichkeit, die für die Erfüllung seiner Aufgabe erforderliche Unabhängigkeit jedenfalls in normalen Verhältnissen sicherzustellen. In der Folge kam es zwar zu manchen Reibereien zwischen Kirche und Staat, die regelmäßig in Ein- und Übergriffen des faschistischen Regimes ihre Ursache hatten. Indes ließ es Mussolini nicht zu einem langanhaltenden Konflikt kommen, sondern strebte stets nach einem für beide Seiten annehmbaren Ausgleich.

Mit lateinamerikanischen Staaten

Die wirtschaftlichen und sozialen Mißstände sowie die labilen politischen Verhältnisse in den meisten Ländern machten Lateinamerika seit geraumer Zeit zum Gegenstand besonderer Sorge des Heiligen Stuhles. Das regelmäßig traditionell katholische Volk konnte sich vielfach gegen freimaurerische und kirchenfeindliche Oligarchien nicht durchsetzen. So erklärt sich die überraschende Tatsache, daß verhältnismäßig selten der Abschluß befriedigender Abkommen des Heiligen Stuhles mit lateinamerikanischen Staaten gelang, die entweder ein Konkordatssystem begründet oder die im vergangenen Jahrhundert abgeschlossenen Konkordate fortgebildet hätten[20]. Eine Ausnahme bildet allein Kolumbien, mit dem zwischen 1918 und 1928 mehrere Verträge, am bedeutendsten das Missionsabkommen vom 5. Mai 1928, geschlossen wurden. Dem ununterbrochenen Kulturkampf in Guatemala setzte erst das Übereinkommen von 1928 ein Ende. Mit Peru kam es ebenfalls 1928 zu einer Vereinbarung über die Ernennung der Bischöfe[21]. Mit Ecuador wurde nach den kirchenfeindlichen Dekreten der zwanziger Jahre am 24. Juli 1937 ein Modus vivendi abgeschlossen[22]. Die Regierung garantierte die Unterrichtsfreiheit. Staat und Kirche verbündeten sich, um die Indios zu missionieren und sie in jeder Hinsicht zu fördern. Dem Klerus wurde jede politische Tätigkeit untersagt. (S. auch Kap. 24.)

Deutschland

Das Deutsche Reich mußte den Ersten Weltkrieg mit schweren territorialen Einbußen bezahlen. Die katholische Kirche in Deutschland verlor durch den *Frieden von Versailles* die Bistümer *Straßburg* und *Metz*, den größten Teil von *Gnesen-Posen* und *Kulm* sowie einen beträchtlichen Teil von *Breslau*. In dem von Deutschland abgetrennten Freistaat *Danzig* wurde 1922 eine Apostolische Administratur, 1925 ein exemtes Bistum geschaffen. Das Deutsche Reich ging von der konstitutionellen Monarchie zu der parlamentarischen Demokratie

[20] *F. B. Pike*, The Conflict between Church and State in Latin America (New York 1964); *J. L. Mecham*, Church and State in Latin America. A History of Politico-Ecclesiastical Relations. Revised Edition (Chapel Hill 1966); *C. H. Hillekamps*, Staat und Kirche in Südamerika, in: Hochland 58 (1966) 409–419.

[21] *F. B. Pike*, Church and State in Peru and Chile since 1840: A study in contrasts, in: American Historical Review 73 (1967) 30–50.

[22] *J. I. Larrea*, La Iglesia y el Estado en el Ecuador (Sevilla 1954).

über. Am 11. August 1919 trat die in *Weimar* von der Nationalversammlung beschlossene Verfassung in Kraft (WRV). Sie begründete im Unterschied zu den Verhältnissen in dem Deutschen Reich von 1871 eine Zuständigkeit des Gesamtstaates für die Regelung des Verhältnisses von Kirche und Staat und von Kirche und Schule (Art. 10 Ziff. 1 und 2). Die Grundsatzgesetzgebung des Reiches über Kirche und Schule sicherte der Kirche für ganz Deutschland ein bestimmtes Maß an Freiheit und Wirkmöglichkeit. Das kirchenpolitische System der WRV ist das einer organisatorischen Trennung mit gleichzeitiger Kooperation von Kirche und Staat. Die Grundlage der Stellung der Religionsgesellschaften in der Weimarer Verfassung ist die Religionsfreiheit (Art. 135, 136, 137, 140, 141). Den Trennungsgedanken enthält Art. 137 Abs. 1 und 7; ihm entspricht Art. 138 Abs. 1. Der Art. 137 Abs. 1 erklärt, daß keine „Staatskirche" bestehe. Damit war das (protestantische) Landeskirchentum ein für allemal aufgehoben, zugleich aber die grundsätzliche Säkularität, Neutralität und Parität des Staates ausgesprochen. Die WRV hat das Trennungsprinzip als institutionelle Garantie für den Schutz des Staates vor der Kirchengewalt und der Kirche vor dem Staatseingriff konzipiert und sieht in ihm das Mittel zur Herstellung einer freiheitlichen Ordnung des Ausgleichs. Die Kirchen blieben indes Körperschaften des öffentlichen Rechts, anderen Religionsgemeinschaften konnte dieser Status verliehen werden (Art. 137 Abs. 5). Damit wurde die Bedeutung der Kirchen und Religionsgemeinschaften für das Leben des Volkes anerkannt und ihnen die Fähigkeit zuerkannt, Träger öffentlicher Kompetenzen und Rechte zu sein. Die Gewährung des Selbstbestimmungsrechtes an die Religionsgesellschaften (Art. 137 Abs. 3) schützte die Freiheit des gesamten kirchlichen Wirkens in der Welt, soweit es von der Kirche als zu „ihren Angelegenheiten" gehörig angesehen wird. Art. 137 Abs. 3 garantierte den Religionsgemeinschaften einen Freiheitsraum, innerhalb dessen sie eine eigenständige Rechtsmacht (z. B. Kirchengewalt) und mittels ihrer eine eigenständige Rechtsordnung begründen konnten. Mit dem von der Reichsverfassung geschaffenen System des Verhältnisses von Staat und Kirche waren Kirchenhoheitsrechte des Staates nicht mehr verträglich, wurden freilich von der Regierung und Verwaltung mancher Länder weiter praktiziert. Die öffentliche Bekenntnisschule, die den deutschen Katholiken als eine Lebensfrage galt, wurde grundsätzlich gewährleistet (Art. 146). Der Religionsunterricht blieb an allen Volksschulen, die bekenntnisfreien ausgenommen, ordentliches Lehrfach (Art. 149).

Die Kirchenartikel der WRV waren das Beste, was angesichts der politischen Machtverhältnisse zu erreichen war. Dennoch konnte in der ganzen Zeit der Weimarer Republik die gegenseitige Fremdheit von Kirche und Staat nicht überwunden werden. Immerhin wurde 1920 an Stelle der bisherigen preußischen Gesandtschaft eine *Botschaft des Deutschen Reiches beim Heiligen Stuhl* eingerichtet. Die deutschen Katholiken verbanden mit ihr große Hoffnungen. Die Rechtsverbindlichkeit der aus dem 19. Jahrhundert stammenden Konkordate und Konventionen mit dem Heiligen Stuhl war unsicher geworden. Die

Gebietsveränderungen infolge des Friedensschlusses erforderten eine Anpassung der Diözesangrenzen. Aus diesen Gründen sowie um die von der Reichsverfassung gebotenen Möglichkeiten auszuschöpfen und in konkrete Zusicherungen umzusetzen, wobei vor allem die Sorge um die *katholische Bekenntnisschule* beherrschend war, trachtete die Kirche danach, ein Konkordat mit dem Reich abzuschließen. Auch die Weimarer Republik war grundsätzlich daran interessiert. Das Reich suchte gegen die Front der Siegermächte moralischen und politischen Rückhalt bei dem Heiligen Stuhl. Die Reichsregierung versprach sich zeitweise (1921) von einem *Reichskonkordat* eine stabilisierende Wirkung auf die Reichsgrenzen, die durch Annexionsgelüste im Osten und Separationswünsche im Westen bedroht waren. Aber die Parteienkonstellation im Reichstag ließ es über Entwürfe zu einem Reichskonkordat nicht hinauskommen. Die liberalen und die protestantischen Kräfte ebenso wie die kirchenfeindlichen Elemente in der SPD versagten sich einem Vertragsabschluß. Namentlich die Hürde des zuvor zu erlassenden Reichsschulgesetzes konnte nicht genommen werden.

Der Heilige Stuhl resignierte jedoch angesichts dieser Lage nicht. Er nutzte vielmehr das mit dem föderalistischen Staatsaufbau gegebene Spannungsfeld zwischen Reich und Ländern, um eine *mehrgleisige Konkordatspolitik* zu betreiben. Die weitreichende Eigenständigkeit der Länder in der Kulturpolitik gab Länderkonkordaten sogar einen Vorrang vor einem Reichskonkordat. Sowohl von kirchlicher wie von staatlicher Warte aus war das Land *Bayern* als Schrittmacher für solche Vereinbarungen besonders geeignet. Der Heilige Stuhl wollte zuerst mit Bayern zu einem Abschluß kommen, weil er hier am ehesten auf ein verhältnismäßig günstiges Konkordat hoffen konnte, das dann als Vorbild für die anderen deutschen Länder dienen sollte. Der Freistaat Bayern sah in dem Abschluß eines Konkordates ein Mittel, auf betonte Weise seine (bedrohte) Eigenstaatlichkeit herauszustellen. Am 24. März 1924 konnte das für die Kirche vorteilhafte Konkordat mit *Bayern* abgeschlossen werden[23]. Es wirkte jedoch namentlich wegen der staatlichen Konzessionen in der Schulfrage auf die Öffentlichkeit mehrheitlich eher abschreckend als anziehend.

[23] *C. Mirbt,* Das bayerische Konkordat vom 29. März 1924, in: Neue Kirchliche Zeitschrift 36 (1925) 371–411; *Fr. X. Kiefl,* Kritische Randglossen zum Bayerischen Konkordat unter dem Gesichtspunkt der modernen Kulturideale und der Trennung von Staat und Kirche (Regensburg 1926); *I. A. Brein,* Der publizistische Kampf um das bayerische Konkordat vom 29. März 1924 und die Verträge mit den evangelischen Kirchen, in: HJ 47 (1927) 547–554; *A. Geiger,* Bekenntnisschule und Religionsunterricht nach dem Bayerischen Konkordat. Jur. Diss. Würzburg (Coburg 1928); *H. Zenglein,* Religionsunterricht und Religionslehrer nach dem Bayerischen Konkordat 1924. Jur. Diss. Würzburg (Haßfurt a. M. 1928); *Chr. Schwarzmeier,* Das Bayerische Konkordat vom 29. 3. 1924 und der CIC. Jur. Diss. Masch. Würzburg (Würzburg 1929); *H. Rust,* Die Rechtsnatur von Konkordaten und Kirchenverträgen unter besonderer Berücksichtigung der bayerischen Verträge von 1924. Jur. Diss. München (München 1964).

Das Konkordat mit *Preußen* vom 14. Juni 1929[24] fiel inhaltlich mager aus, insofern in ihm Abreden über Schule, Ehe und Orden fehlten. Für die von protestantischer Seite angeheizte Atmosphäre bezeichnend ist die Tatsache, daß bei den Verhandlungen und bei der Fassung des Textes die Bezeichnung Concordatum mit Absicht vermieden wurde. Dennoch war das Preußische Konkordat als Politikum von Bedeutung.

1932 kam es zu zwei Verträgen mit dem Freistaat *Anhalt*[25] und zum Abschluß des *Badischen Konkordats* vom 12. Oktober 1932[26]. Obwohl in Baden alles andere als ein kirchliches Maximalprogramm zur Verhandlung stand, fand das Konkordat nur eine denkbar schwache parlamentarische Mehrheit.

Die übrigen deutschen Staaten schlossen keine Konkordate mit dem Heiligen Stuhl. In ihnen regelte sich das Verhältnis von Staat und Kirche nach den gesetzlichen Bestimmungen, z. B. in *Württemberg* durch das umfassende Gesetz vom 3. März 1924.

Die drei Länderkonkordate suchten vor allem auf jenen Gebieten eine Neuordnung zu schaffen, die durch die Änderung der Grenzen, der Staatsform und der Verfassung sowie durch die Kodifikation des Kirchenrechts berührt waren. Sie gewährleisteten die auf ältere Rechtstitel zurückgehenden Ansprüche der Kirche (Dotation der Bistümer, Neuerrichtung von Bistümern und Pfarreien) und das Interesse des Staates an bestimmten Voraussetzungen für die kirchlichen Amtsträger (Staatsbürgerschaft, Triennium) sowie an der Besetzung der Bischofsstühle und Domkapitel. Mit Ausnahme von Bayern blieb das

[24] *O. Zschucke*, Der Vertrag zwischen dem Freistaate Preußen und dem Heiligen Stuhle, in: Deutsche Juristen-Zeitung 34 (1929) 1097–1100; *J. V. Bredt*, Das preußische Konkordat, in: Preußische Jahrbücher 217 (1929) 137–150; *J. Danziger*, Beiträge zum preußischen Konkordat vom Jahre 1929. Jur. Diss. Breslau (Breslau 1930); *R. Leiber*, Das Preußische Konkordat, in: StdZ 118 (1930) 17–31; *A. Perugini*, Inter Sanctam Sedem et Borussiae Rempublicam sollemnis Conventio seu Concordatum, in: Apollinaris 5 (1932) 38–53; *E. Wende*, C. H. Becker. Mensch und Politiker (Stuttgart 1959) 268–292; *R. Morsey*, Zur Geschichte des Preußischen Konkordats und der Errichtung des Bistums Berlin, in: Wichmann-Jahrbuch für Kirchengeschichte im Bistum Berlin 19/20 (1965/66) 64–89; *D. Golombek*, Die politische Vorgeschichte des Preußenkonkordats (1929) (= Veröffentlichungen der Kommission für Zeitgeschichte bei der Katholischen Akademie in Bayern. Reihe B: Forschungen 4), Mainz 1970.

[25] *N. Hilling*, Die beiden Vereinbarungen zwischen dem Heiligen Stuhl und dem Freistaat Anhalt vom 4. Januar 1932, in: AfkKR 115 (1935) 457–463.

[26] *A. Van Hove*, Le Concordat entre le Saint-Siège et l'État libre de Baden, in: NRTh 60 (1933) 769–782; *E. Föhr*, Das Konkordat zwischen dem Heiligen Stuhle und dem Freistaate Baden vom 12. Oktober 1932 (Freiburg i. Br. 1933); *E. Will*, Das Konkordat zwischen dem Heiligen Stuhl und dem Freistaat Baden vom 12. Oktober 1932. Jur. Diss. Freiburg i. Br. (Freiburg i. Br. 1953); *E. Föhr*, Geschichte des Badischen Konkordats (Freiburg i. Br. 1958); *G. May*, Mit Katholiken zu besetzende Professuren für Philosophie und Geschichte an der Universität Freiburg nach dem Badischen Konkordat vom 12. Oktober 1932, in: *U. Mosiek – H. Zapp* (Hrsg.), ius et salus animarum. Festschrift für Bernhard Panzram (Freiburg 1972) 341–370.

Bischofswahlrecht der Domkapitel in den deutschen Ländern erhalten, allerdings beschränkt auf einen Dreiervorschlag des Heiligen Stuhles. Die Mitwirkung der Kirche bei der Besetzung der Professuren an den katholisch-theologischen Fakultäten der staatlichen Universitäten und der Religionslehrerstellen wurde eingehend geregelt. Größere Zugeständnisse an die Kirche enthielt nur das Bayerische Konkordat in der Garantie der konfessionellen Volksschule und Lehrerbildung (Art. 5 und 6) sowie in der Zuerkennung des Rechtes an die Orden, (evtl. als öffentlich anerkannte) Privatschulen zu unterhalten (Art. 9). In das Badische und Preußische Konkordat wurde eine Regelung der Schulfrage entgegen den Wünschen der Kirche nicht aufgenommen, immerhin aber in einem Zusatz bzw. einem dem Vertragswerk zugehörenden Briefwechsel die Beobachtung und Durchführung der Schule und Religionsunterricht betreffenden Bestimmungen der Reichsverfassung zugesagt. In Preußen wurden neben Köln die Kirchenprovinzen *Paderborn* und *Breslau* geschaffen, die Bistümer *Aachen* und *Berlin* sowie die Freie Prälatur *Schneidemühl* neu errichtet. Die Konkordate Bayerns, Preußens und Badens zogen den Abschluß inhaltlich ähnlich gestalteter evangelischer Kirchenverträge nach sich. Konkordate und Kirchenverträge sicherten den öffentlichen Status der Kirchen vertraglich, hoben sie damit aus dem Kreis der übrigen Religionsgesellschaften des öffentlichen Rechts heraus und legten den Grund zu einem Verhältnis der *Koordination* von Kirche und Staat. So entstand in Deutschland ein neuer Typ des Verhältnisses von Kirche und Staat, jener der „vertrags- oder konkordatsgesicherten autonomen Trennungskirche“ (Ulrich Stutz).

Eine neue Phase der Kirchenpolitik setzte ein, als am 30. Januar 1933 *Adolf Hitler* deutscher Reichskanzler wurde. In seiner Regierungserklärung vom 23. März 1933 bezeichnete er die beiden Konfessionen als „wichtigste Faktoren zur Erhaltung unseres Volkstums“ und verpflichtete sich, die mit ihnen abgeschlossenen Verträge zu respektieren und ihre Rechte nicht anzutasten. Insbesondere verhieß er, den christlichen Konfessionen in Schule und Erziehung „den ihnen zukommenden Einfluß einzuräumen und sicherstellen“ zu wollen. Hitler ließ alsbald die Absicht erkennen, mit der katholischen Kirche zu einer Vereinbarung zu kommen. Unter Rückgriff auf Vorarbeiten seit den Jahren 1920/21 wurde am 20. Juli 1933 das *Reichskonkordat* in der Vatikanstadt unterzeichnet[27]. Am 10. September 1933 wurden die Ratifikationsurkunden ausge-

[27] *A. Roth*, Das Reichskonkordat vom 20. 7. 1933 (München 1933); *A. Van Hove*, Le Concordat entre le Saint-Siège et le Reich allemand, in: NRTh 61 (1934) 158–185; *R. Oeschey*, Das Reichskonkordat vom 20. Juli 1933, in: Bayerische Gemeinde- und Verwaltungszeitung 44 (1934) 526–532; *R. Buttmann*, Das Konkordat des Deutschen Reichs mit der römisch-katholischen Kirche vom 20. Juli 1933, in: *H. Frank* (Hrsg.), Nationalsozialistisches Handbuch für Recht und Gesetzgebung (München ²1935) 407–424; *J. Schmitt*, Ablösung der Staatsleistungen an die Kirchen unter Berücksichtigung der Weimarer Verfassung, des Reichskonkordats und der drei Länderkonkordate, in: AfkKR 115 (1935) 3–52, 341–388; *G. Ohlemüller*, Reichskonkordat zwischen Deutschland und dem Vatikan vom 20. Juli 1933. Urkunden und

tauscht. Durch Gesetz vom 12. September 1933 wurde der Reichsinnenminister ermächtigt, die zur Durchführung des Konkordats erforderlichen Rechts- und Verwaltungsvorschriften zu erlassen. Sie sind niemals ergangen.

Das Reichskonkordat ließ die Konkordate mit Bayern, Preußen und Baden bestehen und ergänzte sie, erfaßte aber darüber hinaus auch jene deutschen Länder, in denen es bisher an einer Vereinbarung fehlte (Art. 2). Damit wurden jenen Katholiken, die in einer hoffnungslosen Minderheitssituation waren, von Reiches wegen gewisse Sicherungen geschaffen. Die Garantien der WRV für Bekenntnis- und Kultusfreiheit wie für die Autonomie der Kirche wurden nunmehr vertraglich befestigt (Art. 1). Die Ausübung der geistlichen Tätigkeit der Priester wurde unter besonderen Schutz gestellt (Art. 5 und 6). Die Seelsorge in den öffentlichen Anstalten wurde gewährleistet (Art. 28). Die katholischen Verbände wurden in bestimmtem Rahmen geschützt (Art. 31). Der deutsche Episkopat wurde als Partner einer abzuschließenden Vereinbarung mit der Reichsregierung in Art. 31 Abs. 3 genannt. Damit wurde ein zukunftsträchtiger Weg beschritten. Indes versäumte man, die zwischen den deutschen Bischöfen und der Reichsregierung vereinbarten Auslegungsgrundsätze betreffs dieses Artikels in unanfechtbarer Weise zu einem integrierenden Bestandteil des Vertragswerkes zu machen. Die entscheidenden Zugeständnisse des Staates liegen in den Art. 21–25, wo die kirchlichen Forderungen hinsichtlich des Religionsunterrichtes sowie der Bekenntnis- und Privatschulen im wesentlichen erfüllt

geschichtliche Bemerkungen (Berlin ^{2}1937); *K. Krüger*, Kommentar zum Reichskonkordat (Berlin 1938); *H. G. Germann*, Fünf Jahre Reichskonkordat mit der römischen Kirche (Berlin o. J.); *W. Weber*, Das Nihil obstat, in: Zeitschrift für die gesamte Staatswissenschaft 99 (1939) 193–244; *W. Hausmann*, Reichskonkordat und Weimarer Verfassung, in: Nationalsozialistische Monatshefte 10 (1939) 145–149; *M. Maccarrone*, Il nazionalsocialismo e la Santa Sede (Rom 1947); *G. Schreiber*, Deutsche Kirchenpolitik nach dem ersten Weltkrieg, in: HJ 70 (1951) 296–333; *F. von Papen*, Der Wahrheit eine Gasse (München 1952) 313–318; *E. H. Fischer*, Die politische Klausel des Reichskonkordates und ihre rechtliche Tragweite, in: ThQ 134 (1954) 352–376; *W. Groppe*, Das Reichskonkordat vom 20. Juli 1933. Eine Studie zur staats- und völkerrechtlichen Bedeutung dieses Vertrages für die Bundesrepublik Deutschland (Köln 1956); *H. J. Becker*, Zur Rechtsproblematik des Reichskonkordats, (München ^{2}1956); *E. Deuerlein*, Das Reichskonkordat (Düsseldorf 1956); *F. Schuller*, Das grundsätzliche Verhältnis von Staat und Kirche nach dem Reichskonkordat vom 20. 7. 1933, in: AfkKR 128 (1957/58) 13–79, 346–404; *R. Morsey*, Zur Vorgeschichte des Reichskonkordats aus den Jahren 1920 und 1921, in: ZSavRG, Kan. Abt. 44 (1958) 237–267; *ders.* (Hrsg.), L. Kaas, F. von Papen, Briefe zum Reichskonkordat, in: StdZ 167 (1960/61) 11–30; *A. Kupper* (Hrsg.), Staatliche Akten über die Reichskonkordatsverhandlungen (= Veröffentlichungen der Kommission für Zeitgeschichte bei der Katholischen Akademie in Bayern Reihe A: Quellen Bd. 2) (Mainz 1969); *L. Volk* (Hrsg.), Kirchliche Akten über die Reichskonkordatsverhandlungen 1933 (= Veröffentlichungen der Kommission für Zeitgeschichte bei der Katholischen Akademie in Bayern Reihe A: Quellen Bd. 11) (Mainz 1969); *ders.*, Das Reichskonkordat vom 20. Juli 1933. Von den Ansätzen in der Weimarer Republik bis zur Ratifizierung am 10. September 1933 (= Veröffentlichungen der Kommission für Zeitgeschichte bei der Katholischen Akademie in Bayern Reihe B: Forschungen Bd. 5) (Mainz 1972).

wurden[28]. Der Religionsunterricht sollte ordentliches Lehrfach in den öffentlichen Schulen einschließlich der Berufsschulen sein (Art. 21). Die Beibehaltung und Neueinrichtung katholischer Bekenntnisschulen wurde unter gewissen Bedingungen gewährleistet (Art. 23). Den Privatschulen der Orden wurde Gleichberechtigung zugesagt (Art. 25). Der Heilige Stuhl stellte seinerseits in Aussicht, „auf Grund der in Deutschland bestehenden besonderen Verhältnisse" und angesichts der in dem Reichskonkordat enthaltenen Garantien Bestimmungen zu erlassen, die Geistlichen und Ordensleuten parteipolitische Betätigung untersagen (Art. 32). Dieser *„Entpolitisierungsartikel"* war die conditio sine qua non der Reichsregierung für den Abschluß des Reichskonkordates. Hitlers Ziel war die Entpolitisierung des Klerus, um auf diese Weise den politischen Katholizismus zu Fall zu bringen. Er traf sich mit der Absicht des Heiligen Stuhles, die Seelsorger aus pastoralen Gründen von parteipolitischem Engagement fernzuhalten. Gegenstände kirchlicher Zuständigkeit, die in dem Vertrag nicht behandelt wurden, regelten sich „für den kirchlichen Bereich" nach dem geltenden kanonischen Recht (Art. 33 Abs. 1). Hinsichtlich des Eherechts war die deutsche Regierung zu keiner Konzession bereit (Art. 26).

Im ganzen war mit dem Reichskonkordat ein maßvolles und dauerhaftes *System des Ausgleichs und der Zusammenarbeit* zwischen Kirche und Staat geschaffen. Es ist in seinen wesentlichen Bestimmungen auf den demokratischen Verfassungsstaat der Weimarer Republik zugeschnitten. Nur wenige Vorschriften ergeben sich aus der Entwicklung zum totalitären Einparteiensystem, in der sich das Deutsche Reich befand (Art. 16, 31, 32). Der Heilige Stuhl trachtete danach, das Reichskonkordat den jüngsten Kirchenverträgen – mit Italien und Österreich – möglichst weit anzunähern und auf diese Weise zu einem in den Grundlinien einheitlichen Konkordatstyp zu gelangen. Der Nachteil des Reichskonkordats war darin gelegen, daß es von dem leitenden Staatsmann vielleicht nicht ehrlich gemeint war und jedenfalls nicht ernst genommen wurde. Der Vertrag wurde – ähnlich wie die Länderkonkordate – von Anfang an und in steigendem Maß durch die staatliche Seite umgangen, umgedeutet, verletzt und gebrochen[29]. Die Rechte, die der Kirche durch Verfassung und Konkordate gewährt worden waren, wurden weitgehend ausgehöhlt, wobei man mehr auf

[28] *E. Dackweiler*, Reichskonkordat und katholische Schule, in: Juristische Wochenschrift 62 (1933) 2487–2490; *Meyer-Lülmann*, Reichskonkordat und Schule, in: Der Gemeindetag 27 (1933) 446–448; *Schulte*, Die Schulartikel des Reichskonkordats, in: Reichsverwaltungsblatt und Preußisches Verwaltungsblatt 54 (1933) 821–824; *J. Schröteler*, Das katholische Schulideal und die Bestimmungen des Reichskonkordats, in: StdZ 126 (1934) 145–154; *Fr. Pitzer*, Die Bekenntnisschule des Reichskonkordats. Eine rechtsgeschichtliche Studie und zugleich ein Beitrag zum Schulrecht (Köln, Berlin 1967).

[29] *E. Rosa*, „Condizione concordataria" o persecuzione in Germania?, in: La Civiltà Cattolica 89 (1938) IV, 305–318; *W. Weber*, Das Reichskonkordat in der deutschen Rechtsentwicklung, in: Zeitschrift der Akademie für Deutsches Recht 5 (1938) 532–536; *R. Jestaedt*, Das Reichskonkordat vom 20. Juli 1933 in der nationalsozialistischen Staats- und Verwaltungspraxis unter besonderer Berücksichtigung des Artikels 1, in: AfkKR 124 (1949/50)

den Wegen der Verordnung und der Verwaltungspraxis, weniger dem der Gesetzgebung vorging. Die Freiheit der kirchlichen Betätigung wurde in schwerer Weise beeinträchtigt. Das Ziel war der totalitäre nationalsozialistische Weltanschauungsstaat. Wenn es in dieser Zeit nicht zu einer (zeitweise von dem Reichskirchenminister Hanns Kerrl betriebenen) Aufhebung der Konkordate und zu einer völligen Trennung von Kirche und Staat kam, dann sind die Gründe darin gelegen, daß das Regime die Aufsicht über die Kirche unter dem bestehenden System wirksamer durchführen zu können und immer noch gewisse innen- und außenpolitische Rücksichten nehmen zu sollen meinte.

Mit ähnlichen, teilweise weit schlimmeren Verfolgungsmaßnahmen ging es in den okkupierten und annektierten Ländern vor. In dem von Deutschland besetzten Teil Polens, dem sog. *Generalgouvernement,* setzte eine wütende Kirchenverfolgung ein, die den Klerus dezimierte. Das polnische Konkordat, das österreichische Konkordat, der Modus vivendi mit der Tschechoslowakei und das napoleonische Konkordat in Elsaß-Lothringen wurden als erloschen betrachtet. Bezüglich Österreichs stellte sich die Reichsregierung auf den Standpunkt, das österreichische Konkordat sei durch den Anschluß der „Ostmark" an das Deutsche Reich entfallen, weil das Land als selbständiger Staat untergegangen sei und seine Stellung als Völkerrechtssubjekt verloren habe. In Österreich herrsche nunmehr „ein konkordatsloser Zustand"[30]. In dem Reichsgau *Wartheland* wurde die Kirche als privater Verein behandelt. Eine Ausdehnung des Reichskonkordats auf die neuerworbenen Gebiete wurde abgelehnt.

Der Heilige Stuhl versuchte auf diplomatischem Wege auf die nationalsozialistische Regierung einzuwirken, wandte sich aber, als der Notenwechsel ohne Wirkung blieb, an die Öffentlichkeit. In der Enzyklika „Mit brennender Sorge" vom 4. März 1937 brandmarkte Papst Pius XI. die staatlichen Ein- und Übergriffe[31]. Trotz der geschilderten feindseligen Maßnahmen waren die Konkor-

335–430; *W. Corsten* (Hrsg.), Kölner Aktenstücke zur Lage der katholischen Kirche in Deutschland 1933–1945 (Köln 1949); *W. Conrad,* Der Kampf um die Kanzeln (Berlin 1957); *A. Kupper,* Zur Geschichte des Reichskonkordats, in: StdZ 163 (1958/59) 278–302, 354–375; *D. Albrecht* (Hrsg.), Der Notenwechsel zwischen dem Heiligen Stuhl und der Deutschen Reichsregierung, 2 Bde. (= Veröffentlichungen der Kommission für Zeitgeschichte bei der Katholischen Akademie in Bayern Reihe A: Quellen Bd. 1 und 10) (Mainz 1965/69); *B. Schneider* mit *P. Blet* und *A. Martini* (Hrsg.), Die Briefe Pius' XII. an die deutschen Bischöfe 1939–1944 (= Veröffentlichungen der Kommission für Zeitgeschichte bei der Katholischen Akademie in Bayern Reihe A: Quellen Bd. 4) (Mainz 1966); *B. Stasiewski* (Hrsg.), Akten deutscher Bischöfe über die Lage der Kirche 1933–1945, I: 1933–1934 (= Veröffentlichungen der Kommission für Zeitgeschichte bei der Katholischen Akademie in Bayern Reihe A: Quellen Bd. 5) (Mainz 1968); *F. Pauly,* Zur Kirchenpolitik des Gauleiters J. Bürckel im Saargebiet (März–August 1935), in: Rheinische Vierteljahrsblätter 35 (1971) 414–453.

30 *Kl. Scholder,* Österreichisches Konkordat und nationalsozialistische Kirchenpolitik 1938/39, in: ZevKR 20 (1975) 230–243.

31 *S. Hirt* (Hrsg.), Mit brennender Sorge. Das päpstliche Rundschreiben gegen den Nationalsozialismus und seine Folgen in Deutschland (Freiburg i. Br. 1946); *R. Leiber,* „Mit brennender Sorge". März 1937 bis März 1962, in: StdZ 169 (1961/62) 417–426.

date nicht völlig nutzlos. Ihre Existenz hat in mancher Hinsicht hemmend auf die Unterdrücker gewirkt, der Kirche die eine oder andere Position zur Verkündigung des Evangeliums, wenn auch geschmälert, erhalten und selbst noch in den Konzentrationslagern einen gewissen Einfluß ausgeübt. Die Bindung des Staates an die Konkordate machte einerseits seine Unterdrückungsmaßnahmen auch auf der Ebene des Völkerrechts sichtbar und veranlaßte ihn zu gewissen Rücksichtnahmen, bot andererseits dem Heiligen Stuhl die Grundlage für Interventionen. Die Tatsache, daß der Heilige Stuhl durch den Abschluß des Konkordats die nationalsozialistische Regierung als Vertragspartner anerkannt hatte, konnte nicht mehr rückgängig gemacht werden. Durch den Abschluß des Konkordats hatte die Reichsregierung die Kompetenz des Heiligen Stuhles über die katholische Kirche in Deutschland in einer völkerrechtlichen Vereinbarung als legitim anerkannt. Jede Verletzung des Konkordats beeinträchtigte die Glaubwürdigkeit des nationalsozialistischen Regimes.

Während des Zweiten Weltkrieges

Der heraufziehende Zweite Weltkrieg unterbrach begreiflicherweise den Abschluß von Konkordaten mit den kriegführenden Staaten. Nur mit Ländern, die im Windschatten der Weltpolitik lagen oder sich aus dem gewaltigen Ringen heraushalten konnten, wurden einige Verträge abgeschlossen.

In dem Portugal Salazars wurde die Kirche vorsichtig gefördert. Am 7. Mai 1940 schloß das Land ein inhaltreiches Konkordat und einen Missionsvertrag mit dem Heiligen Stuhl ab[32], das als „Konkordat der Trennung von Staat und Kirche" (Salazar) bezeichnet wurde. Das Konkordat baute das bestehende System der Abgrenzung und Zusammenarbeit von Kirche und Staat in freier Vereinbarung und gegenseitiger Achtung aus. Die Rechtspersönlichkeit der katholischen Kirche wird anerkannt, die Aufrechterhaltung diplomatischer Beziehungen vereinbart (Art. I). Eine Reihe von Gewährleistungen sichert das Wirken und das Vermögen der Kirche (Art. II–VIII). Die Geistlichen genießen besonderen Schutz und gewisse Immunitäten (Art. XI–XV). Der Religionsunterricht ist in den öffentlichen Schulen des Landes Pflichtfach, und deren gesamter Unterricht muß an den Prinzipien des christlichen Glaubens orientiert sein (Art. XXI). Privatschulen dürfen von der Kirche errichtet werden (Art. XX).

[32] *A. Perugini,* De novis Conventionibus Lusitanis, in: Apollinaris 13 (1940) 205–217; *Ph. Aguirre,* Ecclesia et Status in Lusitania secundum recens concordatum, in: Periodica 29 (1940) 289–302; *A. Giannini,* Il concordato Portoghese, in: Rivista di Studi Politici Internazionali 10 (1943) 3–28; *L. Scheucher,* Die Glaubens- und Gewissensfreiheit in Portugal, in: ÖAfKR 7 (1956) 211–231; *B. J. Wenzel,* Portugal und der Heilige Stuhl (Lissabon 1958); *Th. Kreppel,* Die Trennung von Staat und Kirche in Portugal. Das Konkordat zwischen Portugal und dem Heiligen Stuhl als Beispiel einer neuen Ordnung von Kirche und Staat. Jur. Diss. Frankfurt/M. (Frankfurt a. M. 1962); *L. Renard,* Salazar. Kirche und Staat in Portugal (Essen 1968).

Das Eheschließungsrecht ist von dem Prinzip der fakultativen Zivilehe beherrscht (Art. XXII–XXV). Der Staat unterstützt die Mission in den überseeischen Gebieten (Art. XXVII–XXVIII). Das Missionsabkommen sieht die Zulassung ausländischer Missionare in den portugiesischen Kolonien vor (Art. 2). Die Missionsgesellschaften werden von der Regierung unterstützt (Art. 9–14). Das freie Wirken der Missionen wird gewährleistet (Art. 15). Mit diesen beiden Vereinbarungen schienen Friede und Zusammenarbeit zwischen Kirche und Staat in Portugal und dessen überseeischen Besitzungen auf lange Zeit gesichert. Die Auswirkungen des Zweiten Weltkrieges waren bei ihrem Abschluß nicht zu übersehen. Der Abschluß des Konkordats von 1940 führte zu der Neufassung des (nunmehrigen) Art. 45 der Verfassung am 11. Juni 1951.

Schlimme Zeiten durchlebte in den dreißiger Jahren die Kirche in Spanien. Die republikanische Verfassung vom 9. Dezember 1931 nahm eine feindselige Haltung gegen Religion und Kirche ein. In den folgenden Jahren brach ein regelrechter Kirchenkampf aus. Die spanische Regierung erklärte 1933, sie betrachte das Konkordat von 1851 als hinfällig. Gegen Mißwirtschaft und Terror erhoben sich Teile der Armee. Mehrere Jahre tobte ein erbitterter Bürgerkrieg. Der Staatschef Franco suchte den katholischen Charakter des Landes wiederherzustellen[33]. Die kirchenfeindlichen Gesetze und Maßnahmen wurden beseitigt. Am 7. Juni 1941 schloß die spanische Regierung mit dem Heiligen Stuhl ein Abkommen über die Ausübung des Privilegs der Präsentation bei der Besetzung von Bischofsstühlen[34]. Danach stellt der Apostolische Nuntius im Einvernehmen mit der Regierung eine Liste von sechs geeigneten Persönlichkeiten auf und übermittelt sie dem Heiligen Stuhl. Dieser unterbreitet der Regierung unter Würdigung der Liste, aber ohne Bindung an sie einen Dreiervorschlag. Aus ihm nominiert der Staatschef einen Kandidaten, sofern er nicht Einwendungen allgemeinpolitischer Natur erhebt. Ein Konkordat wurde vorgesehen.

Ein sehr ins einzelne gehender Vertrag über Fragen des Kirchenvermögens kam am 25. Januar 1940 mit Haiti zustande. Mit Kolumbien schloß der Heilige Stuhl am 22. April 1942 ein Abkommen[35]. Den größten Teil nimmt die Regelung von Fragen des Eherechts ein (Art. 4–10), die weitgehend mit dem kanonischen Recht übereinstimmt. Der zivile Standesbeamte wohnt der kirchlichen Eheschließung bei, ohne daß seine Anwesenheit eine unerläßliche Bedingung für die Zuerkennung der bürgerlichen Wirkungen an die Ehe ist. Das Vorschlagsrecht der Regierung bei der Ernennung von Bischöfen ist durch das Recht, Bedenken „politischer Natur" zu äußern, ersetzt (Art. 1). Damit war das herkömmliche Patronatsrecht beseitigt.

[33] *J. Soto de Gangoiti,* Relaciones de la Iglesia Católica y el Estado Español (Madrid 1940); *ders.,* La Santa Sede y la Iglesia Católica en España (Madrid 1942).

[34] *R. S. de Lamadrid,* El convenio entre el Gobierno español y la Santa Sede, in: Boletín de la Universidad de Granada 13 (1941) 371–385; *A. Giannini,* La convenzione tra la S. Sede e la Spagna per la provvista delle diocesi, in: Il Diritto Ecclesiastico 53 (1942) 137–145.

[35] *J. A. Eguren,* Derecho concordatario colombiano (Bogotá 1960).

In der Nachkriegszeit

Die Auswirkungen des Zweiten Weltkriegs waren viel umfassender und tiefergreifend als jene des Ersten Weltkriegs. Die Landkarte Europas wurde erneut erheblich verändert. In Asien und Afrika hörte das Kolonialzeitalter auf. Im Inneren vieler Staaten gingen beträchtliche Änderungen vor sich, die auch das Religionsrecht betrafen. Die enge Verbindung zwischen Kirche und Staat wurde in zahlreichen Ländern aufgelöst oder zumindest gelockert. Die Zahl der Länder mit staatskirchlichen Einheitssystemen nahm fortwährend ab. Das gilt vor allem für die Länder mit überwiegend christlicher Bevölkerung. Die konkordatäre Ordnung in Osteuropa brach völlig zusammen. Die Konkordatspolitik der Kirche trat in eine neue Phase ein[36].

Das Schicksal der Konkordate in den sozialistischen Ländern

Die für Religion und Kirche verhängnisvollste Auswirkung des Zweiten Weltkriegs waren das Vordringen der von der bolschewistischen Partei beherrschten Sowjetunion, der stärksten Militärmacht Eurasiens, bis an die Elbe und die Aufrichtung eines kommunistischen Regimes in China, dem volkreichsten Staat der Erde. Die Religion ist für den Kommunismus ein wissenschaftlich unhaltbares Vorurteil. Dieser Auffassung entspricht die Kirchenpolitik der sozialistischen Staaten. Sie hat den Hauptzweck, das als unabwendbar angesehene Absterben der Religion zu beschleunigen, indem die Wirkmöglichkeiten der Kirche eingeschränkt oder unterbunden werden. In letzter Linie zielen die sozialistischen Regimes darauf hin, die Kirche als Hüterin des religiösen Glaubens, aber auch als Garantin bürgerlicher Freiheit Stück um Stück auszuschalten. Der Staatsapparat tritt offen oder verdeckt in den Dienst der antireligiösen und antikirchlichen Bestrebungen der kommunistischen Partei. Er bedient sich zweier Mittel: verlockender Angebote auf der einen Seite, Behinderungen, Verbote, der Gewalt und des Terrors auf der anderen Seite. Ein Nachlassen der Unterdrükkung bzw. Verfolgung entspringt immer nur taktischen Gesichtspunkten und wird veranlaßt durch Druck von außen oder Unruhe im Innern. Der Unterschied zwischen Verfassungsrecht und Verfassungswirklichkeit ist nirgends größer als in den sozialistischen Ländern. Unverbrüchlich ist nicht die Verfassung, sondern der geschichtliche Entwicklungsprozeß. Die Verfassung bezeichnet nur den bei ihrer Annahme erreichten Entwicklungsstand der Umwälzung. Grundrechte in unserem Sinne sind in der Sowjetideologie systemunmöglich.

Zwischen den einzelnen sozialistischen Ländern bestehen Unterschiede in der Weise und in der Schnelligkeit des Vorgehens. Im allgemeinen ist festzustellen, daß der der Kirche verbliebene Freiheitsraum um so größer ist, je näher die be-

[36] *J. Salomon,* La politique concordataire des États depuis la fin de la deuxième guerre mondiale, in: Revue Générale de Droit International Public 59 (1955) 570–623.

treffenden Staaten dem freien Westen liegen. Verhältnismäßig am meisten Bewegungsfreiheit besitzt – oder nimmt sich – die katholische Kirche in Polen[37] und wird der orthodoxen Kirche in Rumänien[38] und Bulgarien[39] zugebilligt. Trostlos ist dagegen die Lage in der Tschechoslowakei[40]. Der „marxistische Josephinismus" dieses Landes läßt der Kirche nur noch einen schmalen Lebensraum und winzige Gestaltungsfreiheit. Nicht viel günstiger ist die Situation in Ungarn[41]. Das Vorbild der sozialistischen Länder auch in der Kirchenpolitik ist grundsätzlich die Sowjetunion. Dort besteht seit 1918 die feindselige Trennung der Kirche vom Staat und der Schule von der Kirche[42]. Der Wirkungsbereich der Kirche ist auf den Kult eingeschränkt. Dementsprechend führten die Verfassungen der sog. Volksdemokratien Rumänien, Bulgarien, Ungarn, Tschechoslowakei, Albanien und Jugoslawien die Trennung von Kirche und Staat durch. Sie geschah regelmäßig in bewußtem Gegensatz zu der weithin noch volkskirchlichen Grundlage der Religion in diesen Ländern. Das mit der Trennung von Kirche und Staat proklamierte Prinzip der Religions- und Gewissensfreiheit kam nirgends der katholischen Kirche zugute. Sie wurde vielmehr schärfer verfolgt als alle anderen Religionsgemeinschaften. Die Kirche verlor ihren öffentlich-rechtlichen Status und wurde nach Möglichkeit völlig

[37] *Kl. Weber*, Der moderne Staat und die katholische Kirche. Laizistische Tendenzen im staatlichen Leben der Dritten Französischen Republik, des Dritten Reiches und der Volksrepublik Polen (Essen 1967).

[38] *G. Rosu – M. Vasiliu – G. Crisan*, Church and State in Romania, in: *Vl. Gsovski* (Hrsg.), Church and State behind the Iron Curtain (New York 1955) 253–299; *F. Popan – Č. Draskovic*, Orthodoxie in Rumänien und Jugoslawien (Wien 1960); *G. Podskalsky*, Kirche und Staat in Rumänien, in: StdZ 185 (1970) 198–207.

[39] *G. Podskalsky*, Kirche und Staat in Bulgarien, in: StdZ 189 (1972) 112–124.

[40] *F. Cavalli*, Governo Comunista e chiesa cattolica in Cecoslovacchia (Rom 1950); *L. Němec*, Episcopal and Vatican Reactions to the Persecution of the Catholic Church in Czechoslovakia (Washington 1953); *ders.*, Church and State in Czechoslovakia (New York 1955); *V. Chalupa*, Situation of the Catholic Church in Czechoslovakia (Chicago 1960); *E. Schmied*, Die rechtliche Stellung der Kirche in der Tschechoslowakei, in: Jahrbuch für Ostrecht 1 (1960) 129–136; *K. Rabl*, Die tschechoslowakische Verfassungsurkunde vom 11. Juli 1960 in Theorie und Praxis, in: Jahrbuch des öffentlichen Rechts N.F. 12 (1963) 353–416.

[41] *A. Bedö – H. Kálnoky – L. Le Nard – G. Torzsay-Biber*, Church and State in Hungary, in: *V. Gsovski* (Hrsg.), Church and State behind the Iron Curtain (New York 1955) 69–157; *L. Mezöfy*, Staat und Kirche in Ungarn, in: Jahrbuch für Ostrecht 3 (1962) 249–271; *A. Emmerich – J. Morel*, Bilanz des ungarischen Katholizismus (München 1969).

[42] *E. Jacobi*, Staat und Kirche in der Sowjetunion, in: Wissenschaftliche Zeitschrift der Karl-Marx-Universität Leipzig. Gesellschafts- und sprachwissenschaftliche Reihe 4 (1954–55) 325–344; *W. de Vries*, Kirche und Staat in der Sowjetunion (München 1959); *J. Chrysostomus*, Kirche und Staat in Sowjetrußland. Das Schicksal des Moskauer Patriarchates von 1917–1960, in: Jahrbücher für Geschichte Osteuropas N.F. Bd. 11 (1963) 13–36; *G. Schweigl*, Il nuovo Statuto della Chiesa russa et l'art. 124 della Costituzione sovietica (Roma 1965); *G. Zananiri*, Le Saint Siège et Moscou (Paris 1967); *D. Konstantinow*, Die Kirche in der Sowjetunion nach dem Krieg. Entfaltung und Rückschläge (München, Salzburg 1973).

aus dem öffentlichen Leben verdrängt. Überall besteht das Bestreben, sie auf die Vornahme von Kultfunktionen zu beschränken und an jeder anderen Einwirkung auf die Menschen, vor allem die Jugend, zu hindern. Gleichzeitig wurde die Kirche in umfassendem Maß der Kontrolle unterworfen. In allen sozialistischen Staaten bestehen Behörden für kirchliche Angelegenheiten, die sich in massiver Weise in die Besetzung der kirchlichen Ämter einmischen, die Ausbildung des Klerus beaufsichtigen und die Zahl und Kapazität der Ausbildungsstätten bestimmen. Wo sich mehrere Religionsgemeinschaften gegenüberstehen, sucht die Regierung sie gegeneinander auszuspielen, wobei jedoch in jedem Falle der Hauptgegner in der katholischen Kirche gesehen wird. In der einzelnen Kirche trachtet sie danach, verschiedene Gruppen gegeneinander aufzubringen, dadurch Spaltung in die Kirche hineinzutragen und auf diese Weise um so wirksamer ihren Einfluß auf sie geltend zu machen.

Die Verbindung der Bischöfe mit dem Heiligen Stuhl wurde entweder unterbunden oder unter Kontrolle gestellt, die diplomatischen Beziehungen wurden abgebrochen und die Konkordate gekündigt, jenes mit Litauen am 1. Juli 1940, mit Polen am 12. September 1945, mit Rumänien am 17. Juli 1948. Ohne amtliche Lossagung setzte sich die Tschechoslowakei über den Modus vivendi hinweg und brach 1950 die diplomatischen Beziehungen mit dem Heiligen Stuhl ab, Jugoslawien 1952. Solange die Religion noch nicht ausgerottet ist, sucht sich der Kommunismus ihrer Anhänger, vor allem ihrer Geistlichen, und ihrer Einrichtungen für seine Zwecke zu bedienen. Um dieses Nutzens willen ist er sogar bereit, die Kirchen in gewissem Umfang zu unterstützen. Obwohl die sozialistischen Staaten fast überall die Machtmittel besitzen, um beinahe jede gewünschte Maßnahme gegen die Kirche durchzusetzen, ist ihnen doch an der (wenn auch erpreßten) Zustimmung der Kirche zu ihren Anordnungen gelegen. Die Kommunisten wissen, daß der sicherste Weg zu einer Gewinnung der Katholiken eines Landes über Rom führt. Außerdem erwarten sie von dem Abschluß eines Konkordats, daß sie die Sympathie mancher katholischer Kreise außerhalb des Landes gewinnen können. Falls es ihnen nicht gelingt, mit dem Heiligen Stuhl zu einer Abmachung zu gelangen, wenden sie sich an die Bischöfe. Versagen sich auch diese, gehen sie die Priester an. So erklären sich sowohl die wiederholten Versuche, zu Vereinbarungen mit dem Heiligen Stuhl zu kommen, als auch die Serie von Abkommen mit dem Episkopat in den fünfziger Jahren. Die Regierungen der Tschechoslowakei und Jugoslawiens streckten 1949 bzw. 1952 Fühler in Richtung auf ein Konkordat aus. Der Heilige Stuhl lehnte gegenüber der Tschechoslowakei ab, weil er jede Vereinbarung angesichts der Lage für aussichtslos ansah, zeigte sich aber gegenüber Jugoslawien entgegenkommend. Die Kontakte führten jedoch nicht zum Abschluß eines Vertrages, weil Jugoslawien nicht bereit war, auf kirchliche Minimalforderungen einzugehen. Die polnische Regierung wollte sich nicht an den Heiligen Stuhl wenden. Sie erhoffte sich die Erreichung ihrer Ziele von Verhandlungen mit dem Episkopat des Landes. Am 14. April 1950 und

8. Dezember 1956 schloß sie ein Abkommen mit den polnischen Bischöfen[43]. Diese Verträge sind keine Konkordate, sondern Verwaltungsabkommen auf der Ebene des innerstaatlichen öffentlichen Rechts. Ihr Inhalt weicht stark von dem der Konkordate ab, die vor dem Auftreten des Sozialismus abgeschlossen wurden. Der Staat versuchte in ihnen die Kirche in den Dienst seiner politischen und ökonomischen Zielsetzungen zu stellen. Die Bischöfe bewiesen um der angestrebten Entspannung willen weites Entgegenkommen. Die Regierung aber hielt ihre ohnehin geringfügigen Zusagen nicht ein. Zumal im Schulwesen wurden alle verheißenen oder gemachten Konzessionen wieder zurückgenommen. Die in Ungarn, Rumänien und der Tschechoslowakei geschlossenen Abkommen sind erheblich ungünstiger für die Kirche als das polnische. In Ungarn machte der Episkopat in der Vereinbarung vom 30. August 1950 große Zugeständnisse. Er verpflichtete sich zur Unterstützung der Politik der Regierung. Diese versprach, für eine Dauer von 18 Jahren Zuschüsse an die Kirche zu leisten. Der Abschluß des Übereinkommens vermochte die weitere Zerstörung des kirchlichen Lebens nicht zu verhindern. In Rumänien unterzeichnete eine Versammlung progressiver Geistlicher das von der Regierung vorgelegte Abkommen vom 15. März 1951. In der Tschechoslowakei legte ein Teil des Klerus ein Bekenntnis zu dem Gesetz vom 14. Oktober 1949 ab, das einseitig die Lage der Kirche regelte.

Konkordate mit den freien Ländern

Das Verhältnis des Heiligen Stuhles zu den freien Ländern war nach dem Krieg im allgemeinen nicht ungünstig. Mit einer beträchtlichen Zahl von Staaten, vor allem in Afrika und Asien, nahm der Heilige Stuhl in der Nachkriegszeit diplomatische Beziehungen auf. Dagegen gelang es nicht, mit ihnen eine ähnliche Konkordatsära wie nach dem Ersten Weltkrieg zu eröffnen. In vielen Ländern stand der materielle Neuaufbau nach den Verwüstungen des Krieges im Vordergrund. In den neuen Staaten Afrikas und Asiens waren die Katholiken regelmäßig zu schwach, um den Abschluß einer Vereinbarung mit dem Heiligen Stuhl durchsetzen zu können, abgesehen von den inneren Wirren und Existenznöten vieler dieser Gebiete. Der frische Nationalismus und das empfindliche Selbstgefühl der jungen afrikanischen Staaten sträuben sich gegen die Lösung anstehender Fragen zwischen Kirche und Staat durch Vereinbarungen und bestehen auf ihrer einseitigen Regelung durch Gesetz. Die meisten Staaten üben scharfe Kontrolle über die äußeren Angelegenheiten der Kirche aus. Der Staat behält sich die letzte Zuständigkeit zur Entscheidung in den gemischten Angele-

[43] *L. Pérez Mier*, El acuerdo entre el episcopado polaco y el gobierno de Varsovia, in: Revista Española de Derecho Canónico 6 (1951) 185–255; Ost-Probleme 9 (1957) 237; *K. Hartmann*, Über die Verständigung zwischen Kirche und Staat in Polen, in: Außenpolitik 8 (1957) 571–582.

genheiten vor. Die Mehrheit dieser Länder hat bisher kein eigentliches staatskirchenrechtliches System entwickelt. Die Beziehungen der Religionsgemeinschaften zum Staat beruhen noch weitgehend auf Improvisation. Die Labilität und Unsicherheit der politischen Verhältnisse empfehlen sowohl dem staatlichen als dem kirchlichen Partner, den Abschluß von Verträgen zu meiden, deren Bindungskraft den oft abrupten Veränderungen entgegenträte und dadurch Spannungen und Konflikte hervorrufen könnte. Man begnügt sich mit der Aufnahme diplomatischer Beziehungen, wodurch anstehende Fragen rasch und unkompliziert gelöst werden sollen. In anderen Ländern bestanden die traditionellen Gründe fort, die ein Konkordat mit dem Heiligen Stuhl nicht zustande kommen ließen. So enthalten z. B. die *brasilianischen Verfassungsurkunden* vom 18. September 1946 (Art. 31 Nr. 3) und vom 24. Januar 1967 (Art. 9 Nr. 2) wie jene vom 16. Juli 1934 (Art. 17 Nr. 3) die Bestimmung, daß keine Vereinbarung mit einer Kirche oder Kultgemeinschaft abgeschlossen werden dürfe. Gewisse Strömungen in Frankreich, wieder in einen konkordatären Zustand mit dem Heiligen Stuhl zu kommen, vermochten sich nicht zu konkreten politischen Handlungen zu verdichten. Wo dennoch Konkordate geschlossen wurden, zeigen sie eine stärkere Individualität als die früher eingegangenen.

Die katholischen Länder Südeuropas – Italien, Spanien und Portugal – hatten nach erbitterten Kämpfen die traditionelle enge Verbindung zwischen Kirche und Staat wiederhergestellt. In Italien bewährten sich nach Kriegsende die Lateranverträge. Sie überdauerten den Sturz des Faschismus und des Königtums und wurden von Art. 7 der republikanischen Verfassung vom 27. Dezember 1947 bestätigt[44]. Sie haben dadurch eine unmittelbare Verfassungsgarantie erhalten. Mit Portugal schloß der Heilige Stuhl am 18. Juli 1950 einen Akkord über die Besetzung der Bischofsstühle in Portugiesisch-Indien[45]. In ihm verzichtete die Regierung auf das dem Präsidenten zustehende Privileg der Präsentation und stellte den Hl. Stuhl von der Verpflichtung frei, für bestimmte Bischofsstühle Bischöfe portugiesischer Nationalität zu ernennen. Hier wurde eine Entwicklung eingeleitet, die von dem Zweiten Vatikanischen Konzil fortgeführt wurde.

Einem Höhepunkt konkordatärer Vereinbarungen strebte die Entwicklung in Spanien zu. Das Verfassungsgesetz vom 17. Juli 1945 stellte Bekenntnis und

[44] *S. Lener,* I patti lateranensi e la nuova Italia, in: La Civiltà Cattolica 101 (1950) II, 609–621; *ders.,* I precedenti legislativi e storici dell'articolo 7 della costituzione, in: ebd. III, 248–260; *G. B. Arista,* La Costituzione Italiana (Rom ³1963) 61 ff, 348 ff.

[45] *J. Damizia,* Annotationes ad conventionem inter S. Sedem et Rempublicam Lusitaniam, in: Apollinaris 23 (1950) 261–263; *J. M. Lourenço,* Portugal e a Santa Sé, in: Revista Española de Derecho Canónico 6 (1951) 171–183; *A. da Silva Rego,* Le patronage portugais de l'Orient (Lissabon 1957); *B. J. Wenzel,* Portugal und der Heilige Stuhl. Das portugiesische Konkordats- und Missionsrecht. Ein Beitrag zur Geschichte der Missions- und Völkerrechtswissenschaft (Lissabon 1958).

Ausübung der katholischen Religion als der Religion des Staates unter amtlichen Schutz (Art. 6 Abs. 1). Den nichtkatholischen Religionsgemeinschaften wurde private Ausübung des Kultes zugestanden (Art. 6 Abs. 2). Mit dieser Ordnung kehrte Spanien zur Einheit von Nation und Religion zurück, die seiner Tradition entspricht. In Spanien ist die katholische Religion ein Teil der Kultur. Das Wirken der protestantischen Religionsgemeinschaften wandte sich folgerichtig regelmäßig gegen beides. So hielt sich die Regierung für berechtigt, ihnen jede Agitation zu verwehren. Damit war die Bahn für das vorgesehene Konkordat abgesteckt. Der Akkord vom 16. Juli 1946 regelte die Besetzung der nichtkonsistorialen Ämter[46]. Danach wird die Hälfte der Dignitäten der Kapitel nach Nomination des Staatsoberhauptes aus einem Dreiervorschlag des zuständigen Bischofs besetzt. Vor der Ernennung der Pfarrer hat die Regierung das Recht, Bedenken allgemeinpolitischer Natur zu erheben. Am 5. August 1950 wurde eine Konvention über die Militärseelsorge unterzeichnet[47]. Diese und weitere kleinere Verträge waren aber nur die Einleitung zu dem großen Konkordat vom 27. August 1953[48]. Es ist die Krönung der Konkordatspolitik Pius' XII. Die katholische Religion bleibt nach dem Konkordat „die einzige Religion der spanischen Nation" mit allen Rechten, die ihr nach göttlichem und kanonischem Recht zustehen (Art. I). Für die Ernennung der Residenzialbischöfe und bischöflichen Koadjutoren gelten die Vorschriften des Abkommens vom 7. Juni 1941 weiter (Art. VII). Der befreite Gerichtsstand des Klerus wird mit gewissen Modifikationen anerkannt (Art. XVI). Der Staat verpflichtet sich zu bedeutenden finanziellen Zuwendungen an die Kirche (Art. XIX). Die nach den Bestimmungen des kanonischen Rechtes geschlossene Ehe hat volle Gültigkeit im staatlichen Bereich (Art. XXIII). Nichtigkeits- und Trennungssachen obliegen den kirchlichen Gerichten (Art. XXIV). In allen Schulen ist der Unterricht in Übereinstimmung mit der katholischen Lehre zu erteilen (Art. XXVI).

[46] *L. Pérez Mier,* El Convenio español para la provisión de beneficios no consistoriales, in: Revista Española de Derecho Canónico 1 (1946) 729–775.

[47] *M. García Castro,* El Convenio entre la Santa Sede y el Estado español sobre la jurisdicción castrense y asistencia religiosa a las fuerzas armadas, in: Revista Española de Derecho Canónico 5 (1950) 1107–1171; 6 (1951) 265–301, 701–771.

[48] *A. Giannini,* Il Concordato con la Spagna, in: Il Diritto Ecclesiastico 64 (1953) 417–449; *P. Mikat,* Das spanische Konkordat, in: Kirche in der Welt 6 (1953) 323–328; *S. Pappalardo,* Inter Sanctam Sedem et Hispaniam sollemnes conventiones. Adnotationes, in: Monitor Ecclesiasticus 79 (1954) 247–288; *M. Useros Carretero,* A propósito de la neutralidad confessional del Estado y el Concordato español, in: Revista Española de Derecho Canónico 9 (1954) 225–239; *E. F. Regatillo,* Il valore del nuovo Concordato spagnuolo per la vita religiosa della Spagna, in: La Civiltà Cattolica 106 (1955) II, 378–392; III, 265–276, 499–507; *R. Bidagor,* Das Konkordat zwischen dem Heiligen Stuhl und Spanien, in: ÖAfKR 6 (1955) 3–13, 173–188; 7 (1956) 5–17; *I. Martín Martínez,* Concordato de 1953 entre España y la Santa Sede (Madrid 1961); *E. F. Regatillo,* El Concordato español de 1953 (Santander 1961); *S. Alvárez-Menendez,* El Concordato Español de 1953, in: Angelicum 41 (1964) 63–86; *L. Gutiérrez Martín,* El privilegio de nombramiento de obispos en España (Rom 1967); *J. Pérez Alhama,* La Iglesia y el Estado español (Madrid 1967).

Der katholische Religionsunterricht ist Pflichtfach in den Schulen jeder Ordnung (Art. XXVII). In den Organen der öffentlichen Meinungsbildung wird der Kirche Raum zur Darlegung und Verteidigung der religiösen Wahrheit gewährt (Art. XXIX). Die Freiheit der kirchlichen Universitäten und Hochschulen sowie die Möglichkeit zur Errichtung von Schulen jeglicher Art werden gewährleistet (Art. XXX und XXXI).

Durch das Konkordat hatte die Kirche in Spanien eine Position von imponierender Geschlossenheit erlangt. Das spanische Konkordat trug noch einmal der katholischen Tradition des spanischen Volkes Rechnung und schuf ein System des Verhältnisses von Kirche und Staat in einem katholischen Land, das theoretisch fast ideal genannt werden muß. Eine weitergehende Begünstigung der katholischen Kirche und eine intensivere Zusammenarbeit des Staates mit ihr ist schwer denkbar. Dennoch kann man in Spanien von einem System des Staatskirchentums nur mit Einschränkungen sprechen. Denn das Konkordat proklamierte zwar die katholische Religion als Staatsreligion, nicht aber eine Staatskirche. Der katholischen Kirche wird vielmehr die freie Ausübung ihrer Hoheitsgewalt eigens garantiert (Art. II). Ihre Selbständigkeit ist in Spanien unvergleichlich größer als die des Protestantismus in den skandinavischen Ländern. Außerdem tastet das Konkordat die individuelle Bekenntnisfreiheit in ihrem Wesenskern nicht an. Das Konkordat stellt nicht eine Kapitulation des Staates vor der Kirche dar, sondern den im Interesse beider Teile unternommenen Versuch, die möglichst enge Einheit zwischen Kirche und Staat zu verwirklichen. Das spanische System des Verhältnisses von Kirche und Staat, wie es durch das Konkordat ausgebaut wurde, beruht auf dem Grundsatz, daß die katholische Religion als die einzig wahre allein objektives Recht auf Existenz und gesellschaftliche Freiheit besitzt und daß folglich die Anhänger der anderen Religionen nur Anspruch auf Schutz ihres (irrenden) Gewissens haben. Die Propagierung des Irrtums dagegen bedeutet eine Gefahr für den Glauben der Katholiken und für die öffentliche Sittlichkeit und ist daher zu unterbinden. Der Staat hat die Pflicht, die katholische Kirche als die Hüterin und Verkündigerin der Wahrheit zu schützen und zu unterstützen. Das Konkordat bemüht sich, der Kirche die rechtlichen und wirtschaftlichen Voraussetzungen zu schaffen, die für die Ausübung ihrer Sendung notwendig oder nützlich sind. Das Beispiel der islamischen Staaten mit ihren Einheitssystemen war bei dem Abschluß des Konkordats ebenso wirksam wie die Erinnerung an den Bürgerkrieg, der angesichts der Schreckensherrschaft in dem republikanischen Teil Spaniens und der Greueltaten der Republikaner gegen die Kirche streckenweise den Charakter eines Kreuzzugs angenommen hatte. Die Entkatholisierung des Landes, die die republikanische Regierung versucht hatte, galt als Verrat an der nationalen Tradition.

Für den Abschluß des Konkordats waren auch einige Erwägungen bestimmend, die sich später als Fehleinschätzungen erwiesen. Beide vertragschließenden Parteien täuschten sich zwar nicht über die religiöse Lage im spanischen

Volk. Sie wußten um die Verbreitung sozialistischen, kommunistischen und anarchistischen Gedankenguts, sie kannten die religiöse Lethargie und Antipathie weiter Kreise. Sie übersahen nicht, daß es in Spanien eine beträchtliche Zahl von Menschen gibt, die zugleich katholisch und antiklerikal sind bzw. sein wollen, und daß sich der vor allem an den Universitäten verbreitete Liberalismus nicht mit einer mächtigen Stellung der Kirche abfindet. Wenn sie sich trotzdem nicht abhalten ließen, der katholischen Religion und Kirche eine so hervorragende Stellung einzuräumen, dann geschah dies deswegen, weil sie auf die Kraft der Kirche vertrauten, ihre Sendung überzeugend und werbend zur Entfaltung zu bringen, wenn ihr nur die äußeren Voraussetzungen dafür geschaffen werden. Sie sahen aber nicht voraus, daß ein Jahrzehnt genügen würde, um die Kirche entscheidend zu schwächen, und zwar von innen her, nicht von außen. Sie bauten auf die Stabilität der Kirche und ihre stabilisierende Funktion für Gesellschaft und Staat. Sie ahnten nicht, daß diese Festigkeit zum erheblichen Teil auf Faktoren beruhte, die mit einem Pontifikatswechsel hinweggefegt werden konnten. Die vertragschließenden Parteien unterschätzten wohl auch die publizistische Kraft des Protestantismus, die auch bei noch so geringen zahlenmäßigen Verhältnissen in vollem Umfang eingesetzt wird, die Stimmung der sog. Weltöffentlichkeit, die maßgebend vom Protestantismus bestimmt ist, und die Geneigtheit vieler mehrheitlich protestantischer Staaten, vor allem der USA, für ihre Glaubensbrüder in katholischen Ländern zu intervenieren. Das Konkordat wurde zum Anlaß, Spanien wirtschaftlich, kulturell und politisch zu isolieren. Die unermüdlich vorgetragenen Angriffe des Weltprotestantismus gegen das Konkordat konnten auf die Dauer nicht ohne Wirkung bleiben; sie mußten allmählich auch die Widerstandskraft mancher Politiker und Bischöfe untergraben, denen die Verteidigung des Konkordats pflichtmäßig oblag. Schließlich zeigte es sich, daß die mit dem Abschluß des spanischen Konkordats verbundene Hoffnung, es könne als Modell für die übrigen katholischen Länder dienen, sich nicht erfüllte. Mit einer sogleich zu erwähnenden Ausnahme blieb es ein Einzelfall.

Mit lateinamerikanischen Staaten, denen Pius XII. stets seine gesteigerte Sorge entgegenbrachte, kam es in drei Fällen zu Vertragsschlüssen. Am 29. Januar 1953 wurde ein Missionsabkommen mit Kolumbien unterzeichnet. Die Regierung sagte der Mission Schutz und Unterstützung zu, u.a. bei der Bildung eines einheimischen Klerus (Art. 7). Am 16. Juni 1954 schloß die Dominikanische Republik mit dem Heiligen Stuhl ein umfangreiches Konkordat, das sich weitgehend an jenes mit Spanien anlehnt[49]. Die katholische Religion bleibt Staatsreligion (Art. I). Das Patronatsrecht ist fallengelassen

[49] *J. Damizia,* Annotationes ad sollemnes Conventiones inter S. Sedem et Rempublicam Dominicanam, in: Apollinaris 27 (1954) 243–276; *A. Giannini,* Il concordato Dominicano, in: Il Diritto Ecclesiastico 65 (1954) 288–298; *P. Mikat,* Zur neuesten Konkordatspraxis des Heiligen Stuhles. Das Konkordat zwischen dem Heiligen Stuhl und der Dominikanischen Republik, in: Die Kirche in der Welt 8 (1955) 177–182.

(Art. V). Die Tätigkeit ausländischer Geistlicher und Ordensleute im Land wird sichergestellt (Art. X). Es sollte das bis heute (1974) letzte, grundsätzlich alle Fragen gemeinsamen Interesses regelnde Vertragswerk werden. Am 21. Januar 1958 folgte gemäß Art. XVII des Konkordats ein Abkommen über die Militärseelsorge. Mit Bolivien kam am 4. Dezember 1957 ein Missionsabkommen[50], am 29. November 1958 ein Vertrag über die Militärseelsorge[51] zustande. Den Missionaren wurde neben dem Werk der Evangelisierung auch die Sorge um die Förderung der zeitlichen Wohlfahrt der Eingeborenen aufgetragen (Art. VII). In den Vereinbarungen mit der Dominikanischen Republik (Art. XIX) und mit Bolivien vom 4. Dezember 1957 (Art. XIV) wurde anders als bisher die kirchliche Liebestätigkeit betont berücksichtigt. Peru kam dem Auftrag der Verfassung vom 9. April 1933 bzw. 5. September 1940, ein Konkordat mit dem Heiligen Stuhl abzuschließen (Art. 234), nicht nach. Schließlich erfüllte sich noch in Deutschland ein langgehegter Wunsch Pius' XII. Die Nachfolgestaaten Preußens in der Bundesrepublik gingen nach dem Krieg, wenn auch teilweise nach langem Zögern, von dem Fortbestand des Preußischen Konkordats aus. Ebenso hielten Bayern und Baden-Württemberg an der Weitergeltung der einschlägigen Konkordate fest[52]. In Ergänzung des Preußischen Konkordats schlossen nun das Land *Nordrhein-Westfalen* und der Heilige Stuhl am 19. Dezember 1956 einen Vertrag zur Errichtung des Bistums *Essen*[53]. Dadurch sollte die Seelsorge im Ruhrgebiet zusammengefaßt und einheitlich geleitet werden.

[50] *J. Damizia*, Annotationes ad conventionem inter Apostolicam Sedem et Bolivianam Rempublicam, in: Apollinaris 31 (1958) 220–227; *F. Cavalli*, La recente convenzione missionaria tra la Santa Sede e la Bolivia, in: La Civiltà Cattolica 109 (1958) I, 502–516.

[51] *A. Pugliese*, Adnotationes, in: Apollinaris 34 (1961) 309–312.

[52] Art. 182 der Bayerischen Verfassung vom 2. Dezember 1946 erklärt, die Verträge mit den christlichen Kirchen vom 24. Januar 1925 blieben in Kraft. Art. 35 Abs. 2 der Verfassung des Saarlandes vom 15. Dezember 1947 erkennt die zu Recht bestehenden Verträge und Vereinbarungen mit den Kirchen an. Art. 23 der Verfassung von Nordrhein-Westfalen vom 28. Juni 1950 erkennt die Verträge mit den Kirchen, die im früheren Freistaat Preußen geschlossen wurden, als geltendes Recht an. Art. 8 der Verfassung von Baden-Württemberg vom 11. November 1953 erklärt, Rechte und Pflichten aus Verträgen mit den Kirchen blieben unberührt. Vgl. *A. Erler*, Die Konkordatslage in Deutschland, in: Süddeutsche Juristen-Zeitung 1 (1946) 197–200; *M. Gebhart*, Die Rechtslage des Reichskonkordates und der Länderkonkordate nach 1945. Jur. Diss. München (München 1951 Masch.); *O. Born*, Das Problem der Weitergeltung des Reichskonkordats und der Länderkonkordate nach dem Zusammenbruch des Reiches im Jahre 1945. Jur. Diss. Münster (Münster 1953 Masch.); *G. Ostermann*, Die Fortgeltung des Badischen Konkordates von 1932. Jur. Diss. Köln (Köln 1962); *A. Herzig*, Die Systematik und Problematik des konkordatären Rechts in Nordrhein-Westfalen. Jur. Diss. Köln (Köln 1965); *K. Orywall*, Die Geltung der neueren Konkordate und Kirchenverträge im Saarland. Jur. Diss. Köln (Köln 1969).

[53] *E. Hegel*, Kirchliche Vergangenheit im Bistum Essen (Essen 1960) 275–295; *W. Haugg*, Staat und Kirche in Nordrhein-Westfalen (Berlin, Neuwied, Darmstadt 1960); *P. Mikat*, Das Verhältnis von Kirche und Staat im Lande Nordrhein-Westfalen in Geschichte und Gegenwart (= Veröffentlichungen der Arbeitsgemeinschaft für Forschung des Landes Nordrhein-Westfalen 129) (Köln, Opladen 1966); *J. Bauer*, Das Verhältnis von Staat und Kirche im Land Nordrhein-Westfalen. Jur. Diss. Münster (Münster 1968).

Die Vereinbarungen unter Johannes XXIII. und Paul VI.

Die Bedeutung des Zweiten Vatikanischen Konzils für das rechtliche Verhältnis von Kirche und Staat

Der Tod Pius' XII. bedeutete das Ende einer Epoche in der Regierung und Politik der Kirche. Das folgenschwerste Ereignis in dem Pontifikat Johannes' XXIII. war zweifellos die Einberufung eines Allgemeinen Konzils. Das Zweite Vatikanische Konzil hatte für das Verhältnis von Kirche und Staat im allgemeinen sowie für die Politik des Heiligen Stuhles im besonderen gewichtige Auswirkungen[54]. Es sei hier nur auf drei entscheidende Aussagen des Konzils verwiesen. Die Erklärung „Dignitatis humanae" über die Religionsfreiheit forderte die religiöse Freiheit des einzelnen und der Gemeinschaften im Staat ohne Rücksicht auf die Wahrheitsfrage. Die Religionsfreiheit ist danach ein Grundrecht des Menschen, das sich aus der Menschenwürde, dem der Menschennatur eigenen Streben nach Erkenntnis der Wahrheit, der verschiedenen Aufgabe von Kirche und Staat sowie dem Zweck des Staates, dem Gemeinwohl zu dienen, herleitet. Die Rechtsordnung muß dieses Menschenrecht zum bürgerlichen Recht machen (Art. 2 und 3). Der Staat hat daher grundsätzlich allen Religionen freie Möglichkeit des Wirkens zu gewährleisten. Die einzige Schranke dieser Freiheit ist die Gefährdung der öffentlichen Ordnung (iustae exigentiae ordinis publici: Art. 4; iustus ordo publicus: Art. 2; auch Art. 7). Von dem System der Staatsreligion nahm die Erklärung nur als einer auf besonderen Umständen beruhenden Tatsache Kenntnis, ohne es zu empfehlen. Falls es eingeführt sei, müsse allen Bürgern und Gemeinschaften das Recht auf religiöse Freiheit zuerkannt und gewahrt werden (Art. 6). Damit schien das Ideal des katholischen Staates aufgegeben worden zu sein. Zwar findet sich in Art. 1 der angezogenen Erklärung die clausula salvatoria, die traditionelle Lehre über die sittliche Pflicht der Menschen und der Gemeinschaften gegenüber der wahren

[54] *A. Schwan,* Katholische Kirche und pluralistische Politik. Politische Implikationen des II. Vatikanischen Konzils (= Recht und Staat in Geschichte und Gegenwart 330) (Tübingen 1966); *P. Mikat,* Kirche und Staat in nachkonziliarer Sicht, in: *K. Aland – W. Schneemelcher* (Hrsg.), Kirche und Staat. Festschrift für Bischof D. Hermann Kunst D. D. zum 60. Geburtstag am 21. Januar 1967 (Berlin 1967) 105–125; *H. Barion,* „Weltgeschichtliche Machtform"? Eine Studie zur Politischen Theologie des II. Vatikanischen Konzils, in: *H. Barion – E.-W. Böckenförde – E. Forsthoff – W. Weber* (Hrsg.), Epirrhosis. Festgabe für Carl Schmitt, I (Berlin 1968) 13–59; *D. Grimm,* Die Staatslehre der katholischen Kirche nach dem Zweiten Vatikanischen Konzil, in: Civitas. Jahrbuch für Sozialwissenschaften 8 (1969) 11–30; *P. Mikat,* Nachkonziliare Überlegungen zum gewandelten Verhältnis von Staat und Kirche, in: Militärseelsorge 14 (1972) 206–227; *J. Wössner* (Hrsg.), Religion im Umbruch. Soziologische Beiträge zur Situation von Religion und Kirche in der gegenwärtigen Gesellschaft (Stuttgart 1972).

Religion und der einzigen Kirche Christi bleibe unberührt. Aber dieser abstrakte Verweis auf eine Lehre, die selbst nicht dargelegt wird, vermag gegen die konkreten Aussagen der erwähnten Artikel nicht aufzukommen. Sie sind von großer Tragweite für das in einigen Ländern bestehende Verhältnis rechtlicher Nähe von Kirche und Staat geworden.

Die Pastoralkonstitution „Gaudium et spes" über die Kirche in der Welt von heute hob hervor, daß die Kirche an kein politisches System gebunden, aber grundsätzlich zum Zusammenwirken mit einem jeden bereit sei. Sie bediene sich zwar des Zeitlichen, soweit es ihre Sendung erfordere, setze aber ihre Hoffnung nicht auf Privilegien, die ihr von der staatlichen Autorität angeboten werden. Sie werde sogar auf die Ausübung gewisser legitim erworbener Rechte verzichten, wenn es feststehe, daß ihr Gebrauch die Glaubwürdigkeit ihres Zeugnisses in Frage stelle oder veränderte Lebensbedingungen eine andere Regelung erforderten (Art. 76). Diese Aussagen, die an sich selbstverständlich sind, stießen auf eine weitverbreitete Mentalität, die in der Entblößung der Kirche von irdischen Sicherungen und zeitlichen Mitteln eine Chance für die bessere Verbreitung des Glaubens sah. Sie gaben das Signal für eine in vielen Ländern sich bildende Bewegung, die sich von der Preisgabe rechtlicher Positionen eine Vertiefung und größere Effizienz des Dienstes der Kirche erwartet.

Das Dekret „Christus Dominus" über die Hirtenaufgabe der Bischöfe schließlich äußerte den Wunsch, daß in Zukunft staatlichen Obrigkeiten keine Rechte oder Privilegien mehr eingeräumt würden, Bischöfe zu wählen, zu benennen, vorzuschlagen oder zu bezeichnen. Die staatlichen Obrigkeiten wurden gebeten, auf die erwähnten Rechte, die sie gegenwärtig kraft Vertrages oder durch Gewohnheit besitzen, im Benehmen mit dem Apostolischen Stuhl zu verzichten (Art. 20). Mit dieser Einladung wurde eine Entwicklung fortgesetzt, die lange vor dem Konzil begonnen hatte[55], die aber in Spanien wegen der besonderen Verhältnisse in aufsehenerregender Weise durchbrochen worden war.

So gewichtig die erwähnten und andere einschlägige Äußerungen und Weisungen des Zweiten Vatikanischen Konzils für das Verhältnis von Kirche und Staat sind, so wenig darf für das Verständnis der Änderungen, die sich auf diesem Gebiet seit dem Konzil vollziehen, die Entwicklung übersehen werden, die etwa seit dem Beginn der sechziger Jahre in der katholischen Kirche selbst vor sich geht. Denn die Einheit, die Lebendigkeit und der missionarische Elan der Kirche bestimmen ihre Ausstrahlung auf die Gesellschaft und entscheiden damit regelmäßig über ihren Einfluß auf den Staat und sein Wirken. Namentlich im demokratischen Staat ist die Kirche darauf angewiesen, über ihre Glieder auf den Staat einzuwirken, um ihr den Freiheitsraum und die Unterstützung zu gewähren, deren sie für ein gedeihliches Wirken bedarf. Die Bedeutung der Kirche

[55] Art. 1 des Konkordats mit Kolumbien vom 22. April 1942; Art. I des Akkords mit Portugal vom 18. Juli 1950; Art. V des Konkordats mit der Dominikanischen Republik vom 16. Juni 1954.

in dem pluralistischen demokratischen Staat hängt zum entscheidenden Teil von der geistlichen Substanz, der inneren Kraft und der Glaubwürdigkeit ab, die sie zu entfalten und auszustrahlen vermag. Die erwähnten Eigenschaften der katholischen Kirche sind aber in fortwährendem, raschem Rückgang begriffen. Der Glaube, die Grundlage der Kirche und all ihrer Aktivität, wird seit Jahren aus den eigenen Reihen angefochten und in Frage gestellt. Zahllose Katholiken sind infolgedessen verunsichert, lebendiger Glaubensüberzeugung bar und zu einem wirksamen Glaubenszeugnis unfähig. Die Autorität von Papst und Bischöfen ist stark geschwächt. Der Klerus ist weithin orientierungslos und gespalten. Die Disziplin in der Kirche ist erheblich zurückgegangen. Kirchliche Gesetze werden ungescheut übertreten und durch summierten Ungehorsam aus dem Weg geräumt. In weiten katholischen Kreisen breiten sich Diesseitsgläubigkeit und antihierarchische Gesinnung aus. Im Namen des Pluralismus etablieren sich die gegensätzlichsten Ansichten zu beinahe allen Gegenständen in der Kirche. Die Träger des Lehramtes widersprechen sich in wichtigen Punkten. Viele Theologen ignorieren die authentische Lehre der Kirche. Die Freigabe der Meinungsvielfalt unter den Katholiken durch das Zweite Vatikanische Konzil (Pastoralkonstitution „Gaudium et spes“ Art. 43) läßt eine Einheitlichkeit des öffentlichen Handelns der Katholiken kaum mehr zu und stellt auch die Funktionsfähigkeit der kirchlichen Autorität in dem Bereich des Politischen in Frage. Die Gegenstände, in denen die Kirche einmütig auftritt, vermindern sich stetig. Eine Zusammenfassung der Kräfte der Kirche wird immer schwieriger. Infolge der Erschlaffung und Uneinigkeit innerhalb der Kirche geht der Einfluß der Katholiken auf die Gesellschaft fortwährend spürbar zurück. Die Zersetzungserscheinungen im Innern machen die Kirche zu einem immer schwächeren Pol in dem Partnerschaftsverhältnis mit dem Staat. Sie erleichtern es den Kräften, die der Kirche ablehnend gegenüberstehen, sie zu ignorieren oder Hierarchen und Theologen gegeneinander auszuspielen. Dagegen zeigen sich die wohlwollenden Regierungen besorgt, ob die Kirche ihrer Aufgabe in der Bildung der Sitten und in der Erziehung der Menschen weiterhin gerecht zu werden vermag. Nach dem Beispiel anderer christlicher Religionsgemeinschaften, vor allem des deutschen Protestantismus und der russischen Orthodoxie, engagieren sich in jüngster Zeit auch gewisse Teile der Hierarchie politisch, nicht selten mit erheblicher Einseitigkeit. Unter den Gliedern der Kirche entstehen schwärmerische Zusammenschlüsse, die gegen die Verklammerung mit dem „autoritären“ oder „kapitalistischen“ Staat angehen, gleichzeitig aber die Auslieferung der Kirche an den sozialistischen Staat befürworten, sich mit sozialistischen und kommunistischen Kadern verbünden und wirkliche oder angebliche Freiheitsbewegungen in europäischen und außereuropäischen Ländern unterstützen. Manche Gruppen stellen in einem sektiererischen Spiritualismus alle Bindungen zwischen Kirche und Staat in Frage und fordern die Aufhebung geltender Konkordate. Die politische Uneinigkeit der Katholiken nimmt zu, was die Katholiken in Ländern, in denen sie eine Minderheit darstellen, regelmäßig zur Einflußlosigkeit verurteilt. Die christlichen Politiker verfügen weithin nicht mehr über klare Weisungen der Kirche. Alles in allem ist festzustellen, daß die Kraft der katholischen Kirche in den letzten Jahren stark zurückgegangen ist. Die gekennzeichneten Erscheinungen sind geeignet, die bestehenden Rechtspositionen der Kirche von innen her zu gefährden. Eine Kirche, die den Ansprüchen, die an sie gestellt werden müssen, und den Verheißungen, die von ihr ausgehen, nicht mehr entspricht, verliert in den Augen von Bürgern, die mit den demokratischen Regeln messen, die Berechtigung, eine hervorgehobene Stellung im Gefüge der Gesellschaft einzunehmen.

Es ist richtig festgestellt worden, „daß in der Demokratie jedes Recht verjährt, wenn es nicht durch lebendige politische Kräfte erhalten und erneuert wird“ (Hans Maier). Wo die geistliche Kraft der Christen nachläßt, brechen erfahrungsgemäß über kurz oder lang sogar Verfassungsgarantien für die Kirche zusammen. Die Kirche ist eine wesentlich öffentliche Potenz mit unverzichtbaren Forderungen an den Staat. Je mehr sich aber die Stärke des Glaubens und das sittliche Niveau in der Kirche vermindern, je mehr die Zahl praktizierender Katholiken sinkt, um so weniger Verständnis finden ihre „Privilegien“ im Bereich des öffentlichen Rechts. Der Staat wird ebenso zu Verträgen auf die Dauer nur mit einem Verband bereit sein, der im Leben des Volkes eine bedeutende Funktion innehat. Für den Abschluß von Konkordaten bestehen daher zur Zeit und für eine unabsehbare Zukunft keine günstigen Voraussetzungen. In dieser Hinsicht ist die Lage in den freien Ländern und den sozialistischen Staaten nicht sehr verschieden. Konkordate sind grundsätzlich auf Dauer angelegte Vereinbarungen zwischen Kirche und Staat. Die Gegenwart ist dieser Dauer nicht günstig. Die meisten freien Länder zeigen in steigendem Maße krisenhafte Erscheinungen, erleben einen fortwährenden raschen Wechsel des Rechts und teilweise sogar der Institutionen, schauen unsicher in die Zukunft. Angesichts dieser Labilität besteht für den staatlichen Partner eine verständliche Scheu, sich für längere Zeit festzulegen bzw. baldige neue Verhandlungen ins Auge zu fassen. Bei wirklicher Notwendigkeit, zu einem Übereinkommen zu gelangen, begnügt man sich regelmäßig mit Einzelvereinbarungen, die ein Minimum an inhaltlicher Regelung enthalten. An die Stelle der Konkordate treten neue Möglichkeiten des Zusammenwirkens von Kirche und Staat, z.B. durch ständige oder jeweils vereinbarte Kontakte. Das Bestreben nach institutioneller Gestaltung des Verhältnisses von Staat und Kirche weicht in gewissem Umfang dem Sichbegnügen mit funktioneller Zuordnung. An die Stelle der Zuweisung und Abgrenzung von Rechten und Kompetenzen tritt weithin die kurz- bis mittelfristig vereinbarte Zusammenarbeit. Die sozialistischen Staaten meinen, eine umfassende Vereinbarung mit einem zum Aussterben verurteilten Gebilde, wie es die Kirche nach ihrer Ansicht ist, nicht nötig zu haben. Wozu sie sich allenfalls bereit finden, das sind vertragliche Regelungen von Teilfragen, von denen sie sich einen taktischen Vorteil versprechen. Die Hoffnungen auf einen allmählichen Abbau der Religionsfeindschaft in den sozialistischen Ländern haben sich bisher nicht erfüllt. „Die grimmige Feindschaft gegen die Religion ist das Beständigste am Marxismus" (Alexander Solschenizyn). Der Heilige Stuhl legt freilich nach wie vor regelmäßig größten Wert auf das Zustandebringen von Vereinbarungen mit den Staaten und zeigt dabei seine bewährte Flexibilität. Er schließt Abkommen auch mit Staaten, die atheistisch oder nichtchristlich sind, und findet sich zum Abschluß von Vereinbarungen geringer inhaltlicher Reichweite bereit. Die pluralistische Struktur der rechtsstaatlichen Demokratien wird ohne Vorbehalte anerkannt. Dennoch besteht zumindest in Teilen der Kirche eine weitverbreitete Konkordatsmüdigkeit. Das gesteigerte Selbstbewußtsein der Bischöfe findet seinen Ausdruck in der von manchen Kreisen erhobenen Forderung, daß künftig an die Stelle von Konkordaten leicht kündbare Einzelvereinbarungen treten sollen, die von den Bischöfen ausgehandelt und dem Heiligen Stuhl allenfalls zur Bestätigung vorgelegt werden.

Die einzelnen Vereinbarungen

Die „Protokolle" mit sozialistischen Staaten

Mit den sozialistischen Staaten vor allem Osteuropas sucht die vatikanische Diplomatie seit Johannes XXIII. unter schweren Opfern und mit erheblichen Vorleistungen einen Ausgleich anzubahnen[56]. Über erste Kontakte bei internationalen Versammlungen werden Gespräche vereinbart, von denen man hofft, daß sie sich in der vertraglichen Lösung wenigstens dieser oder jener Lebensfrage der Kirche niederschlagen. Auf der anderen Seite suchen seit dem Zweiten Vatikanischen Konzil und der Wahl Montinis zum Papst die sozialistischen Regierungen Kontakt mit dem Heiligen Stuhl, um auf diesem Weg Einfluß auf die Kirche zu gewinnen und die Katholiken in ihrem Machtbereich leichter an ihren Kurs binden zu können. Zum erstenmal kam am 15. September 1964 zwischen einem sozialistischen Staat, Ungarn, und dem Heiligen Stuhl ein „Protokoll" zustande[57]. In ihm wurden der Regierung die politische Klausel und der Treueid der Bischöfe zugestanden. Es wurde 1968 durch eine zweite Vereinba-

[56] *N. N.*, Konkordatsexperimente im Ostblock, in: Ost-Probleme 17 (1965) 194–200; *G. Simon*, Die katholische Kirche und der kommunistische Staat in Osteuropa (= Berichte des Bundesinstituts für ostwissenschaftliche und internationale Studien 31/1971) (Köln 1971); *H. Stehle*, Die Ostpolitik des Vatikans 1917–1975 (München 1975).

[57] *M. Csizmás*, Staat und Kirche in Ungarn seit 1945, in: Ungarn zehn Jahre danach. 1956–1966. Ein wissenschaftliches Sammelwerk, hrsg. von *W. Frauendienst* im Auftrage des Deutsch-Ungarischen Kulturkreises (Mainz 1966) 285–322; *S. Orbán*, Das Abkommen zwischen Staat und Kirche in der Volksrepublik Ungarn, in: Jahrbuch für Geschichte der UdSSR und der volksdemokratischen Länder Europas 9 (1966) 27–54.

rung ergänzt. Am 25. Juni 1966 folgte ein „Protokoll" mit Jugoslawien[58]. Die Regierung erkannte darin die Zuständigkeit des Heiligen Stuhles bei der Ausübung seiner Jurisdiktion über die katholische Kirche in Jugoslawien in geistlichen, kirchlichen und religiösen Fragen – unbeschadet der inneren Ordnung des Staates – an. Der Heilige Stuhl sicherte die Beschränkung der Tätigkeit der Geistlichen auf das religiös-kirchliche Gebiet zu und mißbilligte jede Form politischer Gewalttätigkeit. Die staatliche Seite beabsichtigte mit diesen Bestimmungen, den kroatischen Klerus von den nationalen Bestrebungen des Volkes fernzuhalten und den Heiligen Stuhl als Bundesgenossen gegen die aufbegehrenden Kroaten zu gewinnen. In dem Protokoll wurde auch der Austausch eines Gesandten beim Heiligen Stuhl und eines Apostolischen Delegaten (nicht eines Nuntius) in Jugoslawien vereinbart, wobei letzterem über c. 267 § 2 CIC hinaus die Aufgabe zukommt, Kontakt mit der Regierung zu pflegen. Jugoslawien nahm indes die diplomatischen Beziehungen mit dem Heiligen Stuhl 1970 wieder auf. Diese „Protokolle" stellen Vereinbarungen auf der niedrigsten Stufe diplomatischer Aktivität und geringsten inhaltlichen Umfangs dar. Sie sind erste tastende Schritte auf einem unsicheren Weg. Die Lage der Kirche innerhalb des Landes hat sich durch ihre Unterzeichnung in Ungarn kaum, in Jugoslawien nur geringfügig verbessert, und auch die erzielten Erleichterungen sind ständig von einem Kurswechsel bedroht.

Kontakte des Heiligen Stuhls mit anderen sozialistischen Ländern sind noch nicht bis zur Unterzeichnung von „Protokollen" gediehen. In Polen ist die Regierung stark an einem Übereinkommen mit dem Heiligen Stuhl interessiert, mit dem sie hofft, den unbequemen Primas, Kardinal *Wyszyński,* überspielen und zum Stillehalten bringen zu können[59]. Die polnischen Bischöfe wünschen indes kein Arrangement mit der Regierung, das durch voreilige Konzessionen erkauft ist. Ohne den Abschluß eines Vertrages, aber in Übereinstimmung mit dem Staat ordnete Paul VI. in der Apostolischen Konstitution „Episcoporum Poloniae" vom 28. Juni 1972 die Organisation der katholischen Kirche in dem Gebiet jenseits der Oder-Neiße-Linie. Es wurden vier neue Diözesen (Oppeln, Landsberg, Stettin-Kammin, Köslin-Kolberg) errichtet, das Bistum Ermland der Kirchenprovinz Warschau, das Bistum Danzig der Kirchenprovinz Gnesen eingegliedert. Aufgrund jahrelanger, mehrmals unterbrochener Verhandlungen wurden Ende Februar 1973 vier neue Bischöfe in Prag geweiht. Eine schriftliche

[58] *Illyricus,* Erstmals Zeit zum Atemholen. Die Entspannung zwischen Kirche und Staat in Jugoslawien, in: Wort und Wahrheit 20 (1965) 132–137; L'Attività della Santa Sede nel 1966 (Città del Vaticano 1967) 1272–1274; Kirche und Staat in Bulgarien und Jugoslawien. Gesetze und Verordnungen in deutscher Übersetzung. Unter Mitwirkung mehrerer Fachgenossen hrsg. von *R. Stupperich* (= Schriftenreihe des Studienausschusses der EKU für Fragen der Orthodoxen Kirche 3) (Witten 1971).

[59] *K. Hartmann,* Staat und Kirche nach dem Machtwechsel in Polen, in: Osteuropa 22 (1972) 119–129; *S. Lammich,* Die Rechtsstellung der römisch-katholischen Kirche in der Volksrepublik Polen, in: ÖAfKR 23 (1972) 3–15.

Vereinbarung wurde nicht veröffentlicht. Im Mai 1973 winkte der Heilige Stuhl ab, als die Regierung der Tschechoslowakei neue Gespräche anbot, weil sie ihm aussichtslos erschienen. Die beherrschende Macht der sozialistischen Länder, die Sowjetunion, lehnt nach wie vor institutionelle Beziehungen zum Heiligen Stuhl ab, weil sie die Religionspolitik allein nach eigenem Gutdünken führen will.

Der Modus vivendi mit Tunesien

Zum ersten Mal kam am 27. Juni 1964 mit einem Land, in dem der Islam Staatsreligion ist (Art. 1 der Verfassung vom 25. Juli 1957), ein Vertrag mit dem Heiligen Stuhl zustande, der Modus vivendi mit Tunesien[60]. Der Vertrag will den Katholiken die Betätigung ihres Glaubens sichern. Öffentliche Ausübung des Gottesdienstes und Verkündigung in der Öffentlichkeit werden jedoch nicht gewährleistet. Die Kirche wird einem strengen Polizeiregime unterworfen. Ob der Vertrag mit seinen demütigenden Bedingungen (Aufhebung des Erzbistums Karthago) und den großen Opfern, die die katholische Kirche in ihm gebracht hat, zukunftsträchtig für ähnliche Vereinbarungen mit anderen afroasiatischen Staaten werden kann, ist unsicher.

Die Konkordatsänderungen in den Staaten mit Vorzugsstellung der katholischen Kirche

Die Einheit des staatskirchlichen Systems ist heute überall in Europa mehr oder weniger erschüttert oder gefährdet. Säkularismus und Pluralität untergraben die Fundamente, auf denen Staatsreligionen und Staatskirchen ruhen. Die Zahl der Länder mit Koordinations- und Trennungssystemen nimmt zu. Die Existenz einer Staatskirche setzt ja regelmäßig eine religiös homogene Bevölkerung mit einer durchgehend positiven Einstellung zu Religion und Kirche voraus. Diese Voraussetzung ist heute bei keiner Kirche der sog. westlichen Welt mehr gegeben. Ihre Mitglieder sind zum erheblichen Teil nicht mehr gesinnungsmäßig in ihr verwurzelt. Ihre Theologen und Geistlichen bilden infolge schwerwiegender Gegensätze in Theologie und Glaube keine Einheit mehr. Das religiöse Fundament der staatskirchlichen Ordnung ist zwar in den katholischen Ländern Südeuropas breiter und stabiler als in den protestantischen Ländern Skandinaviens[61], zeigt jedoch gefährliche Risse und wird durch die Entwicklung der

[60] *S. Sanz Villalba,* El „modus vivendi" entre la Santa Sede y la República de Túnez, in: Revista Española de Derecho Canónico 20 (1965) 49–56; *F. Romita,* Adnotazioni, in: Monitor Ecclesiasticus 90 (1965) 15–32.

[61] *E. Berggrav,* Norwegen: Krise zwischen Kirche und Staat, in: Frankfurter Hefte 9 (1954) 695–698; *P.-O. Ahrén,* Staat und Kirche in Schweden, in: ZevKR 10 (1963) 22–45; *L. St. Hunter* (Hrsg.), Scandinavian Churches (London 1965); *G. Garonson,* Reform des Staatskirchenrechts in Schweden, in: ZevKR 15 (1970) 60–76; *G. Weitling,* Kirche und Volk in Dänemark. Kirchliche Gesetzgebung und kirchliches Leben in Dänemark im 19. und 20. Jahrhundert, in: ÖAfKR 22 (1971) 85–109.

Kirche seit dem Konzil fortwährend weiter untergraben. Daß diese Ordnung mit verfassungsrechtlichen Mitteln noch auf lange Dauer gestützt werden kann, ist nicht wahrscheinlich. Eruptive Veränderungen durch jäh ausbrechende Leidenschaften sind in manchen Ländern nicht auszuschließen.

Die Politik Pauls VI. zielt auf eine Lockerung der Bande, die zumal auf der *Iberischen Halbinsel* zwischen Kirche und Staat bestehen, und auf Preisgabe jener Vergünstigungen der Kirche, die wachsender Kritik begegnen. Sie trifft sich mit dem seit Jahren währenden Drängen der Mehrheit der spanischen Bischöfe auf Revision des Konkordats. Der Staat hat dem Wunsch widerstrebend nachgegeben und ist in Verhandlungen mit dem Heiligen Stuhl eingetreten. Die Revision des Konkordats soll „Unabhängigkeit voneinander, gegenseitige Respektierung und die notwendige Zusammenarbeit" gewährleisten. Im einzelnen soll die Kirche auf gewisse Privilegien, wie die Vertretung im Ständeparlament, im Staatsrat und im Rat des Königreichs sowie die strafrechtliche Vorzugsstellung des Klerus, die Regierung auf ihr Nominationsrecht bei der Ernennung der Bischöfe verzichten. Die spanische Regierung hatte sich dem, was sie als Willensäußerung des Zweiten Vatikanischen Konzils ansah, schon frühzeitig gebeugt. Am 10. Januar 1967 wurde Art. 6 Abs. 2 der Charta der Spanier geändert und das Prinzip der Religionsfreiheit in wörtlicher Anlehnung an die Erklärung „Dignitatis humanae" proklamiert. Am 26. Juni 1967 wurde das Gesetz über die Religionsfreiheit angenommen. Nach dem Tode General Francos wurde am 28. Juli 1976 ein Vertrag unterzeichnet, in dem Spanien auf das Vorschlagsrecht des Staatschefs (Königs) bei der Besetzung der Bischofsstühle, der Heilige Stuhl auf das strafrechtliche Privileg des Klerus (Art. XVI des Konkordats von 1953) verzichtete. Die Verhandlungen für die Revision des Konkordats werden beschleunigt fortgeführt.

Eine ähnliche Entwicklung wie in Spanien ging in Portugal vor sich. Das Gesetz über die Religionsfreiheit vom 21. August 1971 und Art. 45 der am 23. August 1971 revidierten Verfassung sichern allen Religionsgemeinschaften Rechtsgleichheit zu. Das Konkordat und das Missionsabkommen sind in die Diskussion geraten. Der Sturz des autoritären Staates im Jahre 1974 hat eine Entwicklung eingeleitet, die mit Sicherheit darauf hinzielt, die Stellung der katholischen Kirche zu schwächen. In der Konvention vom 15. Februar 1975 gab der Heilige Stuhl in Abänderung des Art. XXIV des Konkordates vom 7. Mai 1940 den Grundsatz der zivilen Unscheidbarkeit kirchlich geschlossener Ehen preis.

In Italien sind seit geraumer Zeit Verhandlungen über die Revision einiger Artikel des Konkordats im Gange[62]. Ohne Abstimmung mit dem Heiligen Stuhl wurde entgegen Art. 34 des Konkordats 1970 die bürgerliche Ehescheidung

[62] *P. Ciprotti*, Divorzio e art. 34 del Concordato italiano, in: Apollinaris 40 (1967) 483–488; *Ch. Rousseau*, Italie et Saint-Siège. Problème de la révision du concordat du 11 février 1929, in: Revue Générale de Droit International Public 39 (1968) 451–453; *S. Lener*, Sulla revisione del Concordato, in: La Civiltà Cattolica 120 (1969) II, 432–446; III, 9–21; IV, 214–217.

eingeführt. Der dagegen angesetzte Volksentscheid ergab eine schwere Niederlage der Katholiken. Ende 1976 einigten sich die italienische Regierung und der Heilige Stuhl auf ein Dokument, welches das Konkordat der italienischen Verfassungswirklichkeit und dem Geist des Zweiten Vatikanischen Konzils anpassen will. Die katholische Religion soll danach nicht mehr Staatsreligion sein. Die einschränkenden Bestimmungen gegen abtrünnige Priester sollen fallengelassen werden. Die Verpflichtungen, die sich für den Staat aus dem heiligen Charakter Roms ergeben, sollen aufgehoben werden.

Im Freistaat Irland (Eire), dessen Verhältnis zur Kirche unproblematisch war und einer konkordatären Sicherung nicht bedurfte, wurde 1972 durch Volksabstimmung die Streichung der sogenannten Kirchenklausel der irischen Verfassung (Art. 44) beschlossen, die der katholischen Kirche eine Sonderstellung als „Hüterin des Glaubens, zu dem sich die Mehrheit der Bevölkerung bekennt", einräumte.

Jüngste Konkordate und Vereinbarungen mit freien Ländern

Der Heilige Stuhl hat auch in jüngster Zeit mit zahlreichen Staaten Verträge abgeschlossen. Die meisten behandeln indes nur Einzelfragen, kein einziger bietet eine umfassende Regelung des Gesamtkomplexes der Kirche und Staat berührenden Gegenstände. In vielen Vereinbarungen werden bestehende Verträge abgeändert oder ausgebaut, wobei die Anpassung in den meisten Fällen ein Zurückstecken der kirchlichen Rechtsposition bedeutet, die durch frühere Konkordate erlangt worden waren. In einigen Abkommen tauchen Bezugnahmen auf das Zweite Vatikanische Konzil auf. An die Stelle von institutionellen Garantien treten in steigendem Maß Verbürgungen der Religionsfreiheit für einzelne und Gemeinschaften. Eine der schwierigsten Fragen, denen sich die Staaten Mittel- und Westeuropas bei der Gestaltung des Verhältnisses von Kirche und Staat nach wie vor gegenübersehen, ist gewöhnlich die Regelung des Schulwesens, namentlich die Gewährleistung der Einrichtung von freien (nichtstaatlichen, privaten) Schulen. Das Konzil erblickt in der freien, mit Öffentlichkeitsrecht ausgestatteten und mit öffentlichen Mitteln unterstützten katholischen Bekenntnisschule die optimale Form der Schule (Erklärung „Gravissimum educationis" über die christliche Erziehung Art. 9). Dementsprechend ist der Heilige Stuhl bestrebt, sich die Berechtigung der Kirche zur Unterhaltung eigener Schulen und die Finanzierung derselben durch den Staat vertraglich verbürgen zu lassen.

Das österreichische Konkordat vom 5. Juni 1933, dessen Weitergeltung anfangs namentlich von den Sozialisten bestritten worden war[63], wurde durch eine Reihe von Verträgen fortgebildet, von denen besonders jene erwähnens-

[63] *Fr. Jachym,* Kirche und Staat in Österreich (Wien ^{3}1955); *D. Mayer-Maly,* Zur Frage der Gültigkeit des Konkordates vom 5. Juni 1933, in: ÖAfKR 7 (1956) 198–211; *L. Leitmaier,*

wert sind, die zur Errichtung der beiden neuen Diözesen Burgenland (1960) und Feldkirch (1964) führten und das kirchliche Schulwesen finanziell sicherten (1962 und 1972)[64]. Spanien sprach in dem Vertrag vom 5. April 1962 eine großzügige Anerkennung der nichttheologischen Studien an kirchlichen Hochschulen aus[65]. Am 26. November 1960[66] schloß der Heilige Stuhl mit Paraguay eine Konvention über die Errichtung eines Militärvikariates. Die Konvention mit Venezuela vom 6. März 1964[67] bewegt sich im allgemeinen in traditionellen Bahnen. Wie schon in den Konkordaten mit Lettland (Art. XII) und der Dominikanischen Republik (Art. X) wird aber auch in dieser Vereinbarung der Betätigung ausländischer Priester und Laien in der Seelsorge und in den sozialen Diensten Aufmerksamkeit geschenkt (Art. XIII). Das Patronatsrecht wird für die Ernennung von Bischöfen (Art. VI) wie für die Besetzung von Kapitels- und Pfarrstellen (Art. VIII–X) abgeschafft, wobei jedoch bei ersteren in dem Verfahren nach der politischen Klausel im Unterschied zu anderen Ländern ein staatliches Vetorecht begründet wird. Das Protokoll mit Haiti vom 15. August 1966 bestätigte – nach vorausgegangenen Konflikten – den Willen der Regierung, die katholische Kirche gemäß Art. 1 des Konkordats von 1860 besonders zu schützen und ihr freie Ausübung ihrer Seelsorge zu gewährleisten entsprechend dem Konkordat, dem kanonischen Recht und dem Zweiten Vatikanischen Konzil. Ähnlich nimmt der Vertrag mit Argentinien vom 10. Oktober 1966[68] in der Präambel auf die Grundsätze des Zweiten Vatikani-

Das verweigerte Konkordat. Staat und Kirche im neuen Österreich, in: Wort und Wahrheit 11 (1956) 169–171; *J. Schmidt*, Entwicklung der katholischen Schule in Österreich (Wien 1958); *Br. Primetshofer*, Ehe und Konkordat. Die Grundlinien des österreichischen Konkordats-Eherechtes 1934 und das geltende österreichische Eherecht (Wien 1960); *I. Gampl*, Oberster Gerichtshof – Konkordat 1933 – Katholikengesetz, in: ÖAfKR 15 (1964) 126–130; *A. Kostelecky*, Die Anerkennung des österreichischen Konkordates vom 5. Juni 1933 und die Verträge der Republik Österreich mit dem Heiligen Stuhl von 1960 und 1962, in: *A. Burghardt – K. Lugmayer – E. Machek – G. Müller – H. Schmitz* (Hrsg.), Im Dienste der Sozialreform. Festschrift für Karl Kummer (Wien 1965) 431–441; *I. Gampl*, Österreichisches Staatskirchenrecht (= Rechts- und Staatswissenschaften 23) (Wien, New York 1971).

64 *S. Sanz Villalba*, Las convenciones entre Austria y la Santa Sede del año 1960, in: Revista Española de Derecho Canónico 16 (1961) 531–539; *J. Damizia*, Convenzione fra la Santa Sede e la Repubblica Austriaca al fine di regolare questioni attinenti l'ordinamento scolastico, in: Apollinaris 35 (1962) 76–115.

65 *J. Maldonado y Fernández del Torco*, El convenio de 5 de abril de 1962 sobre el reconocimiento, a efectos civiles, de los estudios de ciencias no eclesiásticas realizados en España en Universidades de la Iglesia, in: Revista Española de Derecho Canónico 18 (1963) 137–198; *A. de Fuenmayor*, El Convenio entre la Santa Sede y España sobre Universidades de Estudios civiles (Pamplona 1966).

66 *A. Pugliese*, Adnotationes, in: Monitor Ecclesiasticus 87 (1962) 385–401.

67 *S. Sanz Villalba*, Adnotationes, in: Monitor Ecclesiasticus 90 (1965) 361–376; *M. Torres Ellul*, El Convenio entre la Santa Sede y la República Venezolana, in: Revista Española de Derecho Canónico 21 (1966) 485–555.

68 *R. De Lafuente*, El acuerdo entre la Santa Sede y la República Argentina, in: Revista Española de Derecho Canónico 23 (1967) 111–125.

schen Konzils Bezug. Er gab der Kirche Freiheit zur Änderung der Diözesanorganisation im Lande (Art. II) und beseitigte das staatliche Nominationsrecht für die Besetzung der Bischofsstühle (Art. III). Die Vereinbarung mit der Schweiz vom 24. Juli 1968 führte zu der seit langem angestrebten Errichtung des Bistums Lugano für den Kanton Tessin[69].

Am 12. Juli 1973 wurde ein neues Konkordat mit Kolumbien abgeschlossen, am 2. Juli 1975 wurde es ratifiziert. Es ist dies ein typisch postkonziliares Konkordat mit einem katholischen Land. Der humane und soziale Aspekt kirchlicher Tätigkeit tritt in ihm stark hervor. Der Dienst der Kirche an der menschlichen Person wird eigens erwähnt (Art. V). Die katholische Religion wird nur noch als „Grundelement des Gemeinwohls und der unversehrten Entwicklung der Nation" anerkannt und die kirchliche Freiheit im Rahmen der Religionsfreiheit der übrigen Konfessionen gewährleistet (Art. I). Die Unabhängigkeit von Kirche und Staat ist stark herausgestellt (Art. II und III). Der Dienst der Kirche und ihre Zusammenarbeit mit dem Staat im Bereich des Erziehungs- und Sozialwesens ist besonders betont (Art. V und VI). Die kanonisch geschlossene Ehe bleibt grundsätzlich allein der Kirche unterstellt, ausgenommen die Trennung von Tisch und Bett (Art. VII–IX). Ausführlich ist die Tätigkeit der Kirche in Unterricht und Erziehung geregelt (Art. X–XIII). Die Ernennung der Bischöfe erfolgt frei durch den Papst, wobei jedoch dem Präsidenten der Republik ein Recht, Bedenken „zivilen oder politischen Charakters" zu äußern, eingeräumt wird (Art. XIV). Die Immunität der Geistlichen und Religiosen ist in moderner Form beibehalten (Art. XVIII–XX). Das kirchliche Vermögen ist mit bemerkenswerten Anpassungen an heutige Verhältnisse geschützt (Art. XXIII–XXVI).

In rechtsvergleichender Hinsicht nimmt das Staatskirchenrecht der Bundesrepublik Deutschland eine Sonderstellung ein[70]. Der Zweite Weltkrieg endete mit der Besetzung des Landes durch die siegreichen Alliierten. Die westli-

[69] *H. Kehrli,* Interkantonales Konkordatsrecht (Bern 1968); *A. W. Ziegler,* Kirche und Staat in der Schweiz, in: MThZ 19 (1969) 269–287; *E. Kussbach,* Die Errichtung eines selbständigen Bistums Lugano. Übereinkommen zwischen dem schweizerischen Bundesrat und dem Heiligen Stuhl vom 24. Juli 1968, in: ÖAfKR 21 (1970) 96–114.

[70] *H. Quaritsch – H. Weber* (Hrsg.), Staat und Kirchen in der Bundesrepublik. Staatskirchenrechtliche Aufsätze 1950–1967 (Bad Homburg v. d. H., Berlin, Zürich 1967); *J. Listl,* Das Grundrecht der Religionsfreiheit in der Rechtsprechung der Gerichte der Bundesrepublik Deutschland (= Staatskirchenrechtliche Abhandlungen Bd. 1) (Berlin 1971); *E.-L. Solte,* Theologie an der Universität. Staats- und kirchenrechtliche Probleme der theologischen Fakultät (= Jus Ecclesiasticum 13) (München 1971); *J. Jurina,* Der Rechtsstatus der Kirchen und Religionsgemeinschaften im Bereich ihrer eigenen Angelegenheiten (= Schriften zum öffentlichen Recht 180) (Berlin 1972); *U. Scheuner,* Schriften zum Staatskirchenrecht, hrsg. von *J. Listl* (Berlin 1973); *P. Mikat,* Religionsrechtliche Schriften. Abhandlungen zum Staatskirchenrecht und Eherecht, hrsg. von *J. Listl,* 2 Bde. (Berlin 1974); *E. Friesenhahn – U. Scheuner – J. Listl* (Hrsg.), Handbuch des Staatskirchenrechts der Bundesrepublik Deutschland, 2 Bde. (Berlin 1974/75); *E. G. Mahrenholz,* Kirchen als Korporationen, in: ZevKR 20 (1975) 43–76.

chen Besatzungsmächte gewährten den Kirchen im allgemeinen Handlungsfreiheit. Unmittelbar nach Beendigung des Krieges, den die Kirchen als intakte Organisationen überstanden hatten, waren diese als Bürgen einer rechtsstaatlichen Ordnung gesucht und anerkannt. Ihre Stellung in der Öffentlichkeit schien sich zu festigen, eine neue Zuwendung von Kirche und Staat sich anzubahnen. Die Kirchen wurden zunächst in ihre früheren Rechte restituiert, freilich in einigen Ländern mit fühlbaren Einschränkungen namentlich im Schulwesen. In dem positiven Staatskirchenrecht schlugen sich die Erfahrungen der Zeit der nationalsozialistischen Herrschaft nur in relativ bescheidenem Maße nieder. Eine grundsätzliche kirchenpolitische Neuorientierung wurde sowohl in der Bundesrepublik als auch in vielen Bundesländern durch den Widerstand der Sozialisten und Liberalen entweder verhindert oder erschwert. Im Bund wie in den Ländern ging man grundsätzlich von dem Staatskirchenrecht der Weimarer Verfassung aus und modifizierte es nur in Einzelheiten. Gerade die Kompromißhaftigkeit der Weimarer Lösung des Verhältnisses von Staat und Kirche hat sich als wirklichkeitsnah und dauerhaft erwiesen. Das *Grundgesetz für die Bundesrepublik Deutschland* vom 23. Mai 1949 rezipierte wörtlich die Art. 136–139 und 141 WRV und gewährleistete in Art. 4 Bekenntnis- und Kultusfreiheit und in Art. 7 den Religionsunterricht. Ähnlich verfuhren die Verfassungen der Länder. Dabei wurden je nach der parteipolitischen Zusammensetzung der verfassunggebenden Landesversammlungen gewisse Änderungen und Ergänzungen angebracht. Im ganzen räumen die Länder mit überwiegend katholischer Bevölkerung der Kirche eine günstigere Stellung ein als jene mit mehrheitlich protestantischer Bevölkerung. So sind beispielsweise nach der Verfassung des Landes *Rheinland-Pfalz* vom 18. Mai 1947 die Kirchen anerkannte Einrichtungen für die Wahrung und Festigung der religiösen und sittlichen Grundlagen des menschlichen Lebens (Art. 41 Abs. 1). Eine ähnliche Aussage macht die Verfassung des Landes *Baden-Württemberg* vom 11. November 1953 (Art. 4 Abs. 2). Die Verfassung des Landes *Hessen* vom 1. Dezember 1946 sieht dagegen eine deutliche Abgrenzung von Kirche und Staat (Art. 50) sowie die Ablösung der Staatsleistungen im Weg der Gesetzgebung (Art. 52) vor. Der Bund besitzt im Unterschied von der Weimarer Verfassung keine Grundsatz-Gesetzgebungskompetenz mehr in kirchenpolitischen Fragen. Dennoch behält er eine Reihe von Gesetzgebungszuständigkeiten, weil die verfassungsrechtlichen Grundlagen des Verhältnisses von Kirche und Staat nach wie vor Bundesrecht sind (Art. 140 GG). Angesichts dieser Rechtslage war es vornehmlich Sache der Länder, im Ausbau und in der Weiterbildung der Ordnung zwischen Kirche und Staat die Initiative zu ergreifen.

Wenn von einer grundlegenden Neuordnung des Verhältnisses von Staat und Kirche keine Rede sein kann, so doch von einer neuen Weise der *Interpretation* der überlieferten Formeln. Infolge des von der WRV verschiedenen verfassungsrechtlichen Rahmens haben die Bestimmungen über die Religionsgemeinschaften einen Bedeutungswandel erfahren. Dieser läßt sich kurz zusammenfassen in den zwei Polen: Ende der Staatskirchenhoheit und Anerkennung eines öffentlichen Gesamtstatus der Kirchen. Die neue Deutung des Verhältnisses zwischen Kirche und Staat in der Rechtslehre haben die *Kirchenverträge* mit den evangelischen Landeskirchen in Niedersachsen (1955), Schleswig-Holstein (1957) und Hessen (1960) aufgenommen, anerkannt und rechtlich konkretisiert. Anspruch und Aufgabe der Kirchen werden von staatlicher Seite positiv beurteilt und als grundsätzlich förderungswürdig angesehen. Die Mitverantwortung der Kirchen für die Gestaltung der öffentlichen Ordnung, ja für das Schicksal von Staat und Gesellschaft wird bejaht. Die Leistungen der Kirchen für die Erhaltung der sittlichen Grundlagen des menschlichen Lebens, ihr Kampf für Freiheit und Menschenwürde sowie ihre stabilisierende Funktion haben zur Anerkennung ihrer Berechtigung geführt, grundsätzlich zu allen Fragen des Volkslebens von ihrer Warte her Stellung zu nehmen. Die Bejahung überpositiver, vorstaatlicher Rechte und Wirklichkeiten im Grundgesetz verbietet eine staatliche Ingerenz in kirchliche Angelegenheiten, wie sie noch nach der WRV möglich schien, und gibt der Kirche eine Eigenständigkeit und Unabhängigkeit, wie es in dieser Deutlichkeit die WRV nicht tat. Die überkommenen Aufsichts- und Mitwirkungsbefugnisse des Staates werden nahezu gänzlich aufgehoben oder auf vertragliche Grundlage gestellt. Aber der Staat will regelmäßig nicht mehr bloß Bindungen abwerfen, sondern die Kirche zur Erfüllung ihrer Aufgaben freisetzen. Ihre öffentlich-rechtliche Stellung wird vertraglich bestätigt.

Das seit 1945 bestehende Verhältnis zwischen Kirche und Staat ist nach herrschender Meinung jenes der *Koordination*. Kirche und Staat stehen sich als unabhängige Partner eigenen Rechts gegenüber, die aufgrund ihrer gemeinsamen Verantwortung einander berührende Fragen grundsätzlich einvernehmlich regeln. Der Staat ist zwar nicht verpflichtet, gemeinsame Angelegenheiten durch Vertrag mit der Kirche zu ordnen. Aber der Vertrag ist in einem Verfassungssystem, das Eigenständigkeit der Kirche und Säkularität des Staates ausspricht, das adäquate Mittel. Der moderne Leistungs- und Sozialstaat hat zudem viele Beziehungen mit der Kirche neu geschaffen oder neu betont. Die Zahl der in den Jahren seit Kriegsende mit den Kirchen abgeschlossenen Verträge ist daher sehr hoch. Die meisten Vereinbarungen wurden zwischen den Bundesländern einerseits und den protestantischen Landeskirchen bzw. dem Heiligen Stuhl oder den Bischöfen eines Landes anderseits, verhältnismäßig wenige vom Bund mit den Zusammenschlüssen von Kirchen getroffen. Bei den Verträgen sind die beiden Gruppen der grundsätzlichen, statusbestimmenden und der Einzelfragen regelnden Vereinbarungen zu unterscheiden. Beträchtlich ist die Zahl der Verwaltungsabkommen mit Bischöfen, z.B. zur Regelung der Gestellung von Religionslehrern oder von vermögensrechtlichen Fragen. Zum erstenmal in der Geschichte des deutschen Staatskirchenrechts ging nach dem Zweiten Weltkrieg die Initiative zu Verträgen zwischen Kirche und Staat in verschiedenen Bundesländern von dem deutschen Protestantismus aus. Im doppelten Unterschied zu der Praxis in der Zeit der Weimarer Republik waren einmal die evangelischen

Kirchenverträge nicht bloße paritätische Ergänzungen katholischer Konkordate, sondern aus protestantischen Begriffen und Bedürfnissen entwickelte, eigenständige Vereinbarungen und folgten ihnen zum anderen keine oder keine adäquaten, den Paritätsgrundsätzen Rechnung tragenden Abschlüsse mit der katholischen Kirche. Um so bemerkenswerter ist die Tatsache, daß in einigen dieser Verträge, ebenfalls zum erstenmal in der Geschichte des deutschen Staatskirchenrechts, ausdrückliche Paritätsklauseln erscheinen, die dem Protestantismus die Gleichbehandlung mit der katholischen Kirche verbürgen[71].

Die katholische Kirche war durch ihr Festhalten an dem Reichskonkordat, dessen rechtswirksames Zustandekommen und dessen Fortgeltung von Linkskreisen bestritten wurden, vor allem durch ihr Bestehen auf den Schulartikeln, die einigen staatlichen Partnern lästig waren[72], zunächst am Abschluß neuer Vereinbarungen behindert. Um die Schulbestimmungen gab es in mehreren Bundesländern langanhaltende Konflikte. Das Land *Niedersachsen* legte ein Schulgesetz vor, das nach Ansicht der Kirche und der Bundesregierung im Widerspruch zu Art. 23 RK stand. Der Streit wurde von der Bundesregierung vor das *Bundesverfassungsgericht* gebracht. Dieses sollte die Frage entscheiden, ob das Land Niedersachsen dem Bund gegenüber verpflichtet sei, sich bei der Gestaltung seines Schulrechts an die Bestimmungen des Reichskonkordats zu halten. Das Bundesverfassungsgericht bejahte in seinem Urteil vom 26. März 1957[73] sowohl das rechtswirksame Zustandekommen als auch die Weitergeltung des Reichskonkordats, verneinte aber die Befugnis des Bundes, die Länder zur Einhaltung jener Verpflichtungen desselben anzuhalten, deren Gegenstand nach dem Grundgesetz unter die ausschließliche Kompetenz der Länder fällt. Diese unglückliche und widersprüchliche Entscheidung sprach den Ländern mit Rücksicht auf ihre ausschließliche Gesetzgebungszuständigkeit in Fragen des Schulwesens die verfassungsrechtliche Freiheit zu, sich völkerrechtlicher Verbindlichkeiten eigenmächtig zu entledigen. Mit ihr wurde das Reichskonkordat in wesentlichen Teilen entwertet. Immerhin wurde der niedersächsi-

[71] Schlußprotokoll zu Art. 23 Hess. Kirchenvertrag, Schlußprotokoll zu Art. 28 Rheinland-pfälzischer Kirchenvertrag, Art. VI Hess. Vertrag mit den katholischen Bistümern, Art. 14 Ergänzungsvertrag zum Niedersächsischen Kirchenvertrag.

[72] K.-O. *Hütter*, Bindung der Länder an die Schulbestimmungen des Reichskonkordats von 1933. Rechtsnachfolge oder Funktionsnachfolge. Jur. Diss. Münster (Münster 1964); *F. Müller*, Landesverfassung und Reichskonkordat. Fragen der Schulform in Baden-Württemberg, in: Baden-Württembergisches Verwaltungsblatt 10 (1965) 177–181; *P. Feuchte – P. Dallinger*, Christliche Schule im neutralen Staat, in: Die Öffentliche Verwaltung 20 (1967) 361–374; *F. Müller*, Schulgesetzgebung und Reichskonkordat (Freiburg, Basel, Wien 1966); *F. Pitzer*, Die Bekenntnisschule des Reichskonkordats (Köln, Berlin 1967); W. *Weber*, Die Reichweite der Bekenntnisschulgarantie in Artikel 23 des Reichskonkordats, in: *H. Brunotte – K. Müller – R. Smend* (Hrsg.), Festschrift für Erich Ruppel zum 65. Geburtstag am 25. Januar 1968 (Hannover, Berlin, Hamburg 1968) 354–374.

[73] Der Konkordatsprozeß, hrsg. von *F. Giese* und *F. A. Frhr. v. der Heydte*, 4 Bde. (München 1957–59); *C. J. Hering – H. Lentz* (Hrsg.), Entscheidungen in Kirchensachen seit 1946, IV (Berlin 1966) 46–94.

sche Schulstreit zum Anlaß, eine vertragliche Lösung der offenen Fragen zu suchen und die Parität in Niedersachsen, die durch den für die protestantischen Landeskirchen sehr günstigen Loccumer Vertrag vom 19. März 1955 nicht mehr gewahrt war, in gewissem Umfang wiederherzustellen. Nach langwierigen Verhandlungen, die von einer leidenschaftlichen antikatholischen Kampagne im Lande begleitet waren, kam es am 1. Juli 1965 zu dem Abschluß des ersten und einzigen Konkordates mit einem Land der Bundesrepublik Deutschland, Niedersachsen[74]. Es bildete das Preußische Konkordat von 1929 fort, überschritt es aber beträchtlich in Thematik und Aussage. Der Vertrag beseitigte die Zersplitterung des Staatskirchenrechts im Lande und beendete den Konflikt zwischen Kirche und Staat über die Ausgestaltung des Schulwesens. Das Land gewährleistete unter gewissen Bedingungen die Beibehaltung und Neuerrichtung (öffentlicher) katholischer Bekenntnisschulen. Die Kirche erkannte die Gemeinschaftsschule als Regelschule, die Bekenntnisschule als Antragsschule an (Art. 6). Bei wesentlicher Änderung der Struktur des öffentlichen Schulwesens wurde die Eröffnung von Verhandlungen im Geist des Vertrages ins Auge gefaßt (Art. 19 Abs. 2)[75]. Die Förderung der katholischen Erwachsenenbildung durch den Staat wurde zugesagt (Art. 9). Die Interessen der Kirche an dem Rundfunk wurden berücksichtigt (Art. 10). Mit diesen beiden Bestimmungen ist der Versuch gemacht, neuere Entwicklungen in die übliche Konkordatsmaterie einzubringen. Über die traditionelle Freundschaftsklausel hinaus ging die Vereinbarung, über alle Fragen des gegenseitigen Verhältnisses „ständigen Kontakt" herzustellen (Art. 19 Abs. 1).

Das Niedersächsische Konkordat zog keine ähnlichen Verträge nach sich. Andere Länder, wie *Hessen* und *Rheinland-Pfalz,* fanden sich nur zum Abschluß von Vereinbarungen mit den Bischöfen des Landes bereit. Für den Abschluß von Konkordaten besteht in der Bundesrepublik heute keine günstige Konstellation. Die Errichtung neuer *theologischer Fakultäten* (Bochum, Regensburg, Augsburg, Passau) bzw. *Fachbereiche* (Osnabrück) und *Lehrstühle* (Saarbrücken) an den staatlichen Universitäten sowie die weitgehende Beseitigung des *konfessionellen Charakters* der öffentlichen Volksschulen und der Lehrerbildung machten eine Anzahl von Verträgen einzelner Bundesländer (Bayern, Rheinland-Pfalz, Nordrhein-Westfalen, Saarland, Niedersachsen) mit

[74] *J. Niemeyer,* Kirche und Staat nach dem Konkordat in Niedersachsen, in: Ordo Socialis 13 (1965) 205–218; *E.-G. Mahrenholz,* Das Niedersächsische Konkordat und der Ergänzungsvertrag zum Loccumer Kirchenvertrag, in: ZevKR 12 (1966/67) 217–282; *E. Ruppel,* Konkordat und Ergänzungsvertrag zum Evangelischen Kirchenvertrag in Niedersachsen, in: Deutsches Verwaltungsblatt 81 (1966) 207–212; *D. Scheven,* Das Niedersächsische Konkordat, in: Juristenzeitung 20 (1966) 341–347; *H.-J. Toews,* Die Schulbestimmungen des Niedersächsischen Konkordats (Göttingen 1967).

[75] Bereits am 21. Mai 1973 wurde eine Anpassung verschiedener Bestimmungen an veränderte Verhältnisse erforderlich (AAS 65 [1973] 643–646). Der Notenwechsel zwischen dem Heiligen Stuhl und dem Land Niedersachsen vom 22. Dezember 1972 sieht die gänzliche Ablösung des staatlichen Konfessionsschulwesens vor.

dem Heiligen Stuhl notwendig. Die Tendenz, die Bekenntnisschulen und die bekenntnismäßige Lehrerbildung auf die private Ebene zu drängen, ist unverkennbar. Die Art. 23 und 24 des Reichskonkordats sind durch diese Entwicklung fast gänzlich obsolet geworden. Immerhin haben sich einige Länder zu weitgehender Unterstützung der katholischen Privatschulen bereit gefunden. Der Vertrag mit *Bayern* vom 4. September 1974 bestätigte die bereits am 7. Oktober 1968 vereinbarte Möglichkeit, in den öffentlichen Volksschulen unter bestimmten Voraussetzungen Klassen und Unterrichtsgruppen für Schüler des katholischen Bekenntnisses zu bilden, in denen sich Unterricht und Erziehung nach den besonderen Grundsätzen des katholischen Bekenntnisses richten (Art. 6 §§ 2 und 3). Der Freistaat Bayern verpflichtete sich, „im Rahmen der allgemeinen Förderung der Privatschulen" den Schulen katholischer Träger finanzielle und personelle Hilfe angedeihen zu lassen (Art. 8 § 1). Den privaten katholischen Volksschulen und Sonderschulen wurde mit gewissen Einschränkungen der Ersatz des notwendigen Aufwands und der Baukosten zugesagt (Art. 8 §§ 2 und 3). Der Sicherung der Einrichtung und Finanzierung der katholischen Privatschulen diente auch der Akkord mit *Rheinland-Pfalz* vom 15. Mai 1973. Der Vertrag enthält großzügige Zusagen für staatliche Beiträge zu den Aufwendungen für Baumaßnahmen katholischer Schulträger (Art. 7) und für die Zuweisung staatlicher Lehrer an katholische Privatschulen (Art. 10). Im wesentlichen ähnlich ist die am 21. Februar 1975 zwischen dem Heiligen Stuhl und dem *Saarland* über dieselben Gegenstände getroffene Vereinbarung.

In jüngster Zeit scheint sich eine *neue Phase* des Verhältnisses von Kirche und Staat in der Bundesrepublik anzubahnen. Die Kirche geriet in starke Abhängigkeit von den Bewegungen der Gesellschaft. Die gewandelte öffentliche Stimmung wirkt auf die Auslegung der Normen zurück, jetzt aber in einem den Kirchen wachsend ungünstigeren Sinne. Die Interpretation der staatskirchenrechtlichen Bestimmungen ist ja in hohem Maß von den jeweils vorherrschenden und mitunter rasch wechselnden politischen und weltanschaulichen Tendenzen in der Öffentlichkeit abhängig. Etwa seit Beendigung des Zweiten Vatikanischen Konzils werden die öffentliche Stellung sowie der politische, soziale und kulturelle Einfluß der Kirchen in der Bundesrepublik von der Lehre, Parteipolitikern und gewissen Organisationen in steigendem Umfang in Frage gestellt. Der Prozeß der Säkularisierung schreitet nach der „Schrecksekunde" des verlorenen Krieges und dem „Schock der ersten Nachkriegszeit" (Siegfried Grundmann) mit neuer Intensität fort[76]. Eine einflußreiche Strömung sieht die Kirchen in

[76] *S. Grundmann*, Laizistische Tendenzen im deutschen Staatskirchenrecht?, in: Festschrift Kunst 126–133; *J. Listl*, Staat und Kirche in der Bundesrepublik Deutschland. Wandlungen und neuere Entwicklungstendenzen im Staatskirchenrecht, in: StdZ 191 (1973) 291–308; *I. Gampl – Chr. Link*, Deutsches und österreichisches Staatskirchenrecht in der Diskussion (= Rechts- und Staatswissenschaftliche Veröffentlichungen der Görres-Gesellschaft N.F. 10) (Paderborn 1973); *H. Maier*, Die Kirchen in der Bundesrepublik Deutschland, in: Internationale katholische Zeitschrift „Communio" 2 (1973) 547–558; 3 (1974) 63–74; *P. Rath* (Hrsg.),

zunehmendem Maße in Relation mit anderen sozialen Kräften und reiht sie in die Verbände und Interessengruppen ein. Diese Sicht läßt das Wesen der Kirchen nicht mehr hinreichend zur Geltung kommen. Die institutionellen Beziehungen zwischen Kirche und Staat werden schwächer, sie werden zugunsten einer stärkeren gesellschaftlichen Ausrichtung der beiden Größen abgebaut. Die Kirche muß sich in den Prozeß der Bildung des staatlichen Willens weniger als Institution denn durch die Präsenz ihrer Gläubigen in der Gesellschaft einschalten. In der Rechtsprechung besteht teilweise die Tendenz, in der Religionsfreiheit den negativen Aspekt überzubetonen, d. h. weniger die Freiheit der Religionsübung zu schützen als vielmehr das Recht der Dissidenten auf Nichtübung religiöser Handlungen zu sichern. Im Zuge dieser Entwicklung droht die Religionsübung auf den Kirchenraum und den Bereich der Familie eingeschränkt zu werden. In diese Richtung weisen die Urteile des Bremer Staatsgerichtshofs vom 23. Oktober 1965 [77] und des hessischen Staatsgerichtshofs vom 27. Oktober 1965 [78] über Fragen des Religionsunterrichts und des Gebets in der Schule.

Erheblich anders als in den westlichen Besatzungszonen bzw. in der Bundesrepublik Deutschland verlief die Entwicklung des Verhältnisses von Kirche und Staat in der sowjetischen Besatzungszone bzw. in der Deutschen Demokratischen Republik [79]. Die sowjetische Besatzungsmacht hielt sich zunächst mit Eingriffen in den inneren kirchlichen Bereich zurück. Die Verfassung der DDR vom 7. Oktober 1949 übernahm in den Art. 41–49 zum großen Teil Formulierungen der Art. 135–141 WRV. Diese Bestimmungen wurden aber durch das verschärfte Prinzip der Trennung von Kirche und Staat wesentlich verändert. Die Verfassung gewährleistete die Religionsfreiheit (Art. 41) und erhielt den Religionsgemeinschaften die Eigenschaft von Körperschaften des öffentlichen

Trennung von Staat und Kirche? Dokumente und Argumente (= rororo aktuell) (Reinbek b. Hamburg 1974). Einen „Fremdkörper" im Verfassungsgefüge des Grundgesetzes nennt den Religionsunterricht *E. G. Mahrenholz,* Die Kirchen in der Gesellschaft der Bundesrepublik (Hannover ²1972) 132.

[77] *C. J. Hering – H. Lentz* (Hrsg.), Entscheidungen in Kirchensachen seit 1946, VII (Berlin [1970) 260–275.

[78] Ebd. 275–299.

[79] *E. Jacobi,* Staat und Kirche nach der Verfassung der Deutschen Demokratischen Republik, in: ZevKR 1 (1951) 113–135; *W. Meinecke,* Die Kirche in der volksdemokratischen Ordnung der Deutschen Demokratischen Republik (Berlin 1952); *U. Krüger,* Das Prinzip der Trennung von Staat und Kirche in Deutschland, in: Festschrift für Erwin Jacobi (Berlin 1957) 260–286; *W. Meinecke,* Die Kirche in der volksdemokratischen Ordnung der Deutschen Demokratischen Republik (Berlin 1962); *Chr. Meyer,* Das Verhältnis zwischen Staatsgewalt und Kirche im Lichte der Glaubens- und Gewissensfreiheit in der sowjetischen Besatzungszone Deutschlands. Rechtswiss. Diss. Mainz (Mainz 1964); *H. Bahl,* Zum Verhältnis von Staat und Kirche in der Deutschen Demokratischen Republik, in: Wissenschaftliche Zeitschrift der Universität Rostock. Gesellschafts- und sprachwissenschaftliche Reihe 15 (1966) 315–323; *H. Johnsen,* Staat und Kirche in der DDR, in: Im Lichte der Reformation. Jahrbuch des Evangelischen Bundes 10 (1967) 51–70; *K. Richter,* Katholische Kirche in der DDR. Wandel kirchlicher Strukturen unter den Bedingungen einer sozialistischen Gesellschaft, in: Jahrbuch für christliche Sozialwissenschaften 13 (1972) 215–245; *S. Mampel,* Die sozialistische Verfassung der Deutschen Demokratischen Republik. Text und Kommentar (Frankfurt 1972).

Rechts mit dem traditionellen Recht, Steuern zu erheben (Art. 43 Abs. 3 und 4). Religionsunterricht durfte von ihnen in den Räumen der Schule erteilt werden (Art. 40, 44). Das Schulwesen aber wurde ausschließlich der Herrschaft des Staates unterstellt (Art. 34–40). Ungünstiger als das Verfassungsrecht war die Verfassungswirklichkeit. Durch Gesetze und Verordnungen sowie durch administrative Maßnahmen wurden die Wirksphäre der Kirche immer stärker eingeschränkt und die planmäßige Entchristlichung des Volkes vorangetrieben. Relativ getreuer Ausdruck des heute erreichten Standes der Beziehungen von Kirche und Staat ist die Verfassung der DDR vom 6. April 1968. Sie gewährleistet Gewissens- und Glaubensfreiheit und Gleichberechtigung aller Bürger ohne Rücksicht auf das religiöse Bekenntnis (Art. 20 Abs. 1) sowie Freiheit des Bekenntnisses und der Religionsübung (Art. 39 Abs. 1). Die Ordnung der Angelegenheiten der Kirchen und Religionsgemeinschaften und die Ausübung ihrer Tätigkeit unterstehen dem Vorbehalt der Verfassung und des Gesetzes (Art. 39 Abs. 2). Die Selbständigkeit der Kirchen in der Ordnung und Verwaltung ihrer Angelegenheiten wird nicht mehr verbürgt. Gegen Eingriffe in ihre innere Sphäre besteht kein verfassungsmäßiger Schutz mehr. Von irgendwelchen Rechten der Kirchen ist keine Rede mehr. Das kirchliche Wirken ist den (willkürlich manipulierbaren) „gesetzlichen Bestimmungen" der DDR ausgeliefert. Kirchen und Religionsgemeinschaften sind nach der Verfassung von 1968 nicht mehr Körperschaften des öffentlichen Rechts. Sie bewegen sich mithin von nun an allein in dem Bereich des Privatrechts und haben Dienstherrenfähigkeit und Disziplinargewalt verloren. Auch auf den anderen Rechtsgebieten, z. B. dem Strafrecht, werden die der Kirche aus ihrer öffentlichen Stellung erwachsenden Vorrechte beseitigt. Eine Gewährleistung des Religionsunterrichtes fehlt ebenso wie die Sicherstellung der Seelsorge in öffentlichen Anstalten. Eine Verfassungsgarantie des kirchlichen Eigentums besteht nicht mehr. Das Recht der Kirche, Steuern zu erheben, ist hinfällig geworden. Die öffentlichen Leistungen werden nicht mehr erwähnt. Die Verfassung der DDR von 1968 erwähnt indes als einzige Verfassung eines sozialistischen Landes die Vereinbarungen als Mittel zur Regelung des Verhältnisses von Staat und Kirche (Art. 39 Abs. 2). Damit gibt sie zu erkennen, daß sie um die Eigenständigkeit der Kirchen weiß. Anscheinend hat die Führung der DDR begriffen, daß Verträge nützliche Mittel sozialistischer Kirchenpolitik sein können. Zumal an die katholische Kirche hat die DDR noch einige Wünsche, deren Erfüllung nur vom Heiligen Stuhl erlangt werden kann, z. B. eine neue Diözesanzirkumskription. Erste Kontakte mit dem Heiligen Stuhl sind aufgenommen worden. Ein Konkordat mit inhaltlichen Gewährleistungen des Wirkens der Kirche wird jedoch von der DDR vermutlich nicht angestrebt. Die Konkordate mit Preußen und dem Deutschen Reich betrachtet sie als nicht existent. Die Ernennung von Apostolischen Administratoren in der DDR am 23. Juli 1973 erfolgte ohne Vertrag.

ZWEITER ABSCHNITT

Die Vielfalt des inneren Lebens der Universalkirche

7. *Kapitel*

Gesellschaft und Staat als Problem für die Kirche

Univ.-Professor DDr. Wilhelm Weber, Münster

QUELLEN: *E. Marmy* (Hrsg.), Mensch und Gemeinschaft in christlicher Schau. Dokumente (von Gregor XVI., 1832, bis Pius XII., 1944) (Freiburg/Schweiz 1945) (zit. M); *A. F. Utz OP – J. F. Groner OP* (Hrsg.), Aufbau und Entfaltung des gesellschaftlichen Lebens. Soziale Summe Pius' XII., 3 Bde. (Freiburg/Schweiz 1954–61), Bde. 1/2 ²1963 (zit. U–G); Discorsi e Radiomessaggi di Sua Santità Pio XII., 20 Bde. (Città del Vaticano 1941–59); *Johannes XXIII.*, Scritti e discorsi (Siena 1959ff); *A. F. Utz OP* (Hrsg.), La Doctrine Sociale de l'Église à travers les Siècles, 4 Bde. (Paris 1970); *H. Schnatz* (Hrsg. u. Einl.), Päpstliche Verlautbarungen zu Staat und Gesellschaft. Originaldokumente mit deutscher Übersetzung (Darmstadt 1973); *I. Giordani* (Hrsg.), Pensiero sociale della Chiesa oggi. Documenti di Giovanni XXIII, di Paolo VI e del Concilio Vaticano II (Rom 1974).

LITERATUR: Übersetzungen und Kommentare zu kirchlichen Dokumenten: *G. Gundlach SJ*, Die sozialen Rundschreiben Leos XIII. und Pius' XI. Text und deutsche Übersetzung samt systematischen Inhaltsübersichten und einheitlichem Sachregister (Paderborn 1931); *O. v. Nell-Breuning SJ*, Die soziale Enzyklika. Erläuterungen zum Weltrundschreiben Papst Pius' XI. über die gesellschaftliche Ordnung (Köln 1932, Nachdrucke 1958 u. 1963); *G. Gundlach SJ*, Die Kirche zur heutigen Wirtschafts- und Gesellschaftsnot. Erläuterungen des Rundschreibens Papst Pius' XI. „Quadragesimo anno" (Berlin ²1949); *P. Jostock*, Die sozialen Rundschreiben: Leo XIII., Über die Arbeiterfrage. Pius XI., Über die gesellschaftliche Ordnung (Freiburg, Basel, Wien 1963); Die Sozialenzyklika Papst Johannes' XXIII. „Mater et Magistra". Mit ausführlichem Kommentar sowie einer Einführung in die Soziallehre der Päpste v. *E. Welty OP* (Herder-Bücherei 110, Freiburg i. Br. ⁶1965); *J. Hünermann*, Die soziale Gerechtigkeit. Erläuterungen zum Sozialrundschreiben Johannes' XXIII. „Mater et Magistra" (Essen 1962); *O. v. Nell-Breuning SJ*, Mater et Magistra, in: StdZ 169 (1961/62) 116–128; *J. Bless*, Mater et Magistra und praktische Wirtschafts- und Sozialpolitik. Erläuterungen und Erwägungen zur Sozialbotschaft Johannes' XXIII. (Luzern, Stuttgart 1965); Die Friedensenzyklika Papst Johannes' XXIII. „Pacem in terris". Mit einer Einführung in die Lehre der Päpste über die Grundlagen der Politik und einem Kommentar v. *A. F. Utz OP* (Herder-Bücherei 157, Freiburg i. Br. ²1965); *J. Hünermann*, Kommentar zur Friedensenzyklika „Pacem in terris" (Essen 1963); *A. F. Utz OP*, Der politische Realismus Johannes' XXIII. in der Enzyklika „Pacem in terris", in: Die neue Ordnung 19 (1965) 241–249.

Allgemeine und einführende Darstellungen zur kirchlichen Staats- und Gesellschaftslehre: *W. Schwer*, Katholische Gesellschaftslehre (Paderborn 1928);

J. B. Schuster, Die Soziallehre der Kirche nach Leo XIII. und Pius XII. (Freiburg 1935); *O. v. Nell-Breuning SJ,* Zur christlichen Gesellschaftslehre. Beiträge zu einem Wörterbuch der Politik, 1 (Freiburg i. Br. 1947); *ders.,* Wirtschaft und Gesellschaft heute, 3 Bde. (Freiburg i. Br. 1955 ff); *E. Muhler,* Die Soziallehre der Päpste (München 1958); *N. Monzel,* Solidarität und Selbstverantwortung. Beiträge zur christlichen Soziallehre (München 1959); *F. Klüber,* Grundlagen der katholischen Gesellschaftslehre (Osnabrück 1960); *E. Welty OP,* Herders Sozialkatechismus. Ein Werkbuch der katholischen Sozialethik in Frage und Antwort, Bd. 1 (Freiburg i. Br. ⁴1963), Bd. 2 (⁴1965), Bd. 3 (²1962); *G. Gundlach SJ,* Die Ordnung der menschlichen Gesellschaft, 2 Bde. (Köln 1964); *W. Weber,* Kirchliche Soziallehre, in: *E. Neuhäusler – E. Gössmann* (Hrsg.), Was ist Theologie? (München 1966) 244–265; *J. Höffner,* Christliche Gesellschaftslehre (Kevelaer ⁶1975); *N. Monzel,* Katholische Soziallehre, 2 Bde. (Köln 1965–67); *J. Messner,* Das Naturrecht (Innsbruck, Wien, München ⁵1966); *J. Höffner,* Gesellschaftspolitik aus christlicher Verantwortung, hrsg. von *W. Schreiber* u. *W. Dreier* (Münster 1966); Jahrbuch des Instituts für Christliche Sozialwissenschaften der Westf. Wilhelms-Universität Münster, hrsg. von *J. Höffner* (Münster 1960 ff) (seit 1968: Jahrbuch für Christliche Sozialwissenschaften, hrsg. von *W. Weber* [Münster 1968 ff]); Civitas. Jahrbuch für christliche Gesellschaftsordnung, hrsg. v. Heinrich-Pesch-Haus (Mannheim 1962 ff).

Naturrecht und Offenbarung: *M. Manser OP,* Das Naturrecht in thomistischer Beleuchtung (Freiburg/Schweiz 1944); *H. Rommen,* Die ewige Wiederkehr des Naturrechts (München ²1947); *J. Fuchs,* Lex Naturae. Zur Theologie des Naturrechts (Düsseldorf 1955); *R. Henning,* Der Maßstab des Rechts im Rechtsdenken der Gegenwart (Münster 1961); *E. Haag,* Die Entwicklung der neueren katholischen Naturrechtslehre (Zürich 1962); *F. Böckle* (Hrsg.), Das Naturrecht im Disput (Düsseldorf 1966); *K. Peschke,* Naturrecht in der Kontroverse. Kritik evangelischer Theologie an der katholischen Lehre von Naturrecht und natürlicher Sittlichkeit (Salzburg 1967); *H. D. Schelauske,* Naturrechtsdiskussion in Deutschland. Ein Überblick über zwei Jahrzehnte: 1945–1965 (Köln 1968); *J. David,* Das Naturrecht in Krise und Läuterung. Eine kritische Neubesinnung (Köln ²1969); *J. Gründel,* Naturrecht, in: Sacramentum Mundi III (1969) 707–719; *Th. Herr,* Zur Frage nach dem Naturrecht im deutschen Protestantismus der Gegenwart (Abhandlungen zur Sozialethik, 4), hrsg. von *W. Weber* u. *A. Rauscher* (Paderborn 1972); *F. Böckle – E.-W. Böckenförde* (Hrsg.), Naturrecht in der Kritik (Mainz 1973).

Die Sozialprinzipien: *G. Gundlach SJ,* Solidarismus, Einzelmensch, Gemeinschaft, in: Gregorianum 17 (1936) 265 ff; *O. v. Nell-Breuning SJ,* Einzelmensch und Gesellschaft (Heidelberg 1950); *ders.,* Art. „Solidarismus“, in: Wörterbuch der Politik, Bd. 5/2 (Freiburg i. Br. 1951) 357–376; *A. P. Verpaalen,* Der Begriff des Gemeinwohls bei Thomas von Aquin. Ein Beitrag zum Problem des Personalismus, Sammlung Politeia IV (Heidelberg 1954); *A. F. Utz OP,* Der Personalismus, in: Die neue Ordnung 8 (1954) 270 ff; *ders.,* Formen und Grenzen des Subsidiaritätsprinzips (Heidelberg 1956); *A. Rauscher SJ,* Subsidiaritätsprinzip und Berufsständische Ordnung in „Quadragesimo anno“ (Münster 1958); *G. Wildmann,* Personalismus, Solidarismus und Gesellschaft. Der ethische und ontologische Grundcharakter der Gesellschaftslehre der Kirche (Wien 1961); *J. Höffner – A. Verdross – F. Vito* (Hrsg.), Naturordnung in Gesellschaft, Staat, Wirtschaft. Festschrift für J. Messner (Wien 1961); *J. Messner,* Das Gemeinwohl. Idee, Wirklichkeit, Aufgaben (Fromms Taschenbücher, 21) (Osnabrück 1962); *G. Gundlach SJ,* Art. „Solidaritätsprinzip“, in: Staatslexikon, Bd. 7 (⁶1962) 119–122; *ders.,* Die Ordnung der menschlichen Gesellschaft, 2 Bde. (Köln 1964); *J. Schwarte,* Gustav Gundlach SJ (1892–1963). Maßgeblicher Repräsentant der katholischen Soziallehre während der Pontifikate Pius' XI. und Pius' XII. (Abhandlungen zur Sozialethik, 9) (Paderborn 1975).

Staat und Staatsgewalt – Demokratie: *H. Rommen,* Der Staat in der katholischen Gedankenwelt (Paderborn 1935); *O. v. Nell-Breuning SJ,* Zur christlichen Staatslehre, Beiträge zu einem Wörterbuch der Politik, Bd. 2 (Freiburg i. Br. 1947); *H. Schmieden,* Recht und

Staat in den Verlautbarungen der katholischen Kirche (Bonn ²1961); *F. M. Schmölz*, Kirche und Demokratie, in: Die neue Ordnung 6 (1963), 401–415; *W. A. Purdy*, Die Politik der katholischen Kirche (Gütersloh 1967); *A. Langner*, Die politische Gemeinschaft (Köln 1968); *H. Maier*, Der Christ in der Demokratie (Augsburg 1968); *A. Gnägi*, Katholische Kirche und Demokratie (Zürich, Einsiedeln, Köln 1970); Demokratie – Kirche – Politische Ethik (Jahrbuch für Christliche Sozialwissenschaften, 10) (Münster 1971); *H. Maier*, Kirche und Gesellschaft (München 1973); *M. Krämer*, Kirche contra Demokratie? Gesellschaftliche Probleme im gegenwärtigen Katholizismus. Mit einem Geleitwort v. W. Dirks (München 1973); Aufgaben der Kirche in Staat und Gesellschaft. Arbeitspapier der Sachkommission V der Gemeinsamen Synode der Bistümer in der Bundesrepublik Deutschland, in: Synode. Amtliche Mitteilungen der Gemeinsamen Synode der Bistümer in der Bundesrepublik Deutschland, Bd. 1 (1973) 45–64.

Die Kirche und die sozialen Zeitirrtümer. a) Sozialismus – Kommunismus: *G. Gundlach SJ*, Art. „Sozialismus", in: Staatslexikon, Bd. 4 (⁵1931) 1688–1695; *E. Welty OP*, Christlicher Sozialismus, in: Die neue Ordnung 1 (1946/47) 39ff; *G. Gundlach SJ*, Das Heilige Offizium und der Kommunismus, in: StdZ 144 (1948/49) 451ff; *J. Höffner*, Sozialismus und Christentum, in: TThZ 57 (1948) 358ff (Literaturübersicht); *O. v. Nell-Breuning SJ*, Art. „Sozialismus", in: Wörterbuch der Politik, Bd. 5/2 (1951) 377–430; *H. Falk*, Kirche und Kommunismus. Der dialektische Materialismus und seine Verurteilung. Anmerkungen von H. Falk (Düsseldorf 1956); *K. Forster* (Hrsg.), Christentum und demokratischer Sozialismus (Studien und Berichte der Katholischen Akademie in Bayern, Bd. 3) (München 1958); Der Katholik und die SPD, hrsg. v. Vorstand der SPD (Bonn 1959); *G. E. Kafka*, Der freiheitliche Sozialismus in Deutschland. Das Godesberger Programm der SPD in katholischer Sicht (Paderborn 1960); Katholik und Godesberger Programm. Zur Situation nach Mater et Magistra, hrsg. v. Vorstand der SPD (Bonn 1962); *G. Stavenhagen – J. Höffner*, Art. „Sozialismus", in: Staatslexikon, Bd. 7 (⁶1962) 303–324; *M. Stöhr* (Hrsg.), Disputation zwischen Christen und Marxisten (München 1966); *O. v. Nell-Breuning SJ*, Art. „Sozialismus", in: Sacramentum Mundi IV (1969) 613–619; *M. Spieker*, Neomarxismus und Christentum. Zur Problematik des Dialogs (Abhandlungen zur Sozialethik, 7) (Paderborn 1974); *F. Klüber*, Katholische Soziallehre und demokratischer Sozialismus (Bonn - Bad Godesberg 1974). – b) Faschismus – Nationalsozialismus: *E. v. Beckerath*, Wesen und Werden des faschistischen Staates (Berlin 1927); *A. Mirgeler*, Der Faschismus in der Geschichte des modernen Staates. Die Selbstdeutung Mussolinis und seiner Mitarbeiter, in: Saeculum 6 (1955) 84ff; *ders.*, Art. „Faschismus", in: Staatslexikon, Bd. 3 (⁶1959) 223–231; *H. Buchheim*, Totalitäre Herrschaft (München 1962); *W. Schieder*, Art. „Faschismus", in: SDG 2 (Freiburg 1968) 438–477; *E. Nolte*, Die faschistischen Bewegungen, dtv-Weltgeschichte des 20. Jahrhunderts, hrsg. v. *M. Broszat* u. *H. Heiler*, Bd. 3 (⁴1973) (mit vielen Literaturhinweisen); *G. Schulz*, Faschismus – Nationalsozialismus. Versionen und theoretische Kontroversen 1922–1972 (Frankfurt 1974); *W. Wippermann*, Faschismustheorien. Zum Stand der gegenwärtigen Diskussion (Darmstadt 1975); *D. Albrecht*, Zum Begriff des Totalitarismus, in: GWU 26 (1975) 135–141; Sammelband *H. A. Turner jr.* (Hrsg.), Reappraisals of Fascism (New York 1975); *R. de Felice*, Intervista sul fascismo (Bari 1975); *K. D. Bracher*, Zeitgeschichtliche Kontroversen. Um Faschismus, Totalitarismus, Demokratie (München 1976); *H.-U. Thamer* u. *W. Wippermann*, Faschistische und neofaschistische Bewegungen. Probleme empirischer Faschismusforschung (Darmstadt 1977); *K. Buchheim u.a.*, Art. „Nationalsozialismus", in: Staatslexikon, Bd. 5 (⁶1960) 905–923; *B. Stasiewski*, Akten deutscher Bischöfe über die Lage der Kirche 1933–1945, Bd. 1: 1933 bis 1934 (Mainz 1968), Bd. 2: 1934–35 (Mainz 1976), Bd. 3: 1935–36 (Mainz 1978); *K. Gotto*, Art. „Katholische Kirche und Nationalsozialismus", in: Staatslexikon, Bd. 10 (⁶1970); *H. Mommsen*, Art. „Nationalsozialismus", in: SDG 4 (1971); *H. Boberach*, Berichte des SD und der Gestapo über Kirchen und Kirchenvolk in Deutschland 1934–1944 (Mainz 1971); *K. D. Erdmann*, Nationalsozialismus – Faschismus – Totalitarismus, in: GWU 27

(1976) 457–469; Sammelband *D. Albrecht* (Hrsg.), Katholische Kirche im Dritten Reich (Mainz 1976) (mit Bibliographie und Forschungsübersicht).

Die Menschheitsfamilie: „Weltstaat": *J. Sonder,* Die Idee der Völkergemeinschaft und die philosophischen Grundlagen des Völkerrechts (Frankfurt/Berlin 1955) (weitere Literatur); *P. Heintz* (Hrsg.), Soziologie der Entwicklungsländer (Köln 1962); *H. Krauss SJ,* Die Entwicklungsenzyklika Papst Pauls VI. „Populorum progressio" (Herder-Bücherei 286, Freiburg i. Br. 1967); *J. Schmauch,* Herrschen oder Helfen? Kritische Überlegungen zur Entwicklungshilfe (Freiburg i. Br. 1967); *E. O. Czempiel,* Die Christen und die Auswärtige Politik. Lehre vom gerechten Krieg oder Praxeologie des Friedens?, in: Civitas 6 (1967) 20ff; *J. Bopp,* Populorum progressio – Aufbruch der Kirche? (Stuttgart 1968); Römische Bischofssynode 1971: Gerechtigkeit in der Welt, hrsg. v. d. Deutschen Bischofskonferenz; Der priesterliche Dienst – Gerechtigkeit in der Welt. Mit einer Einleitung von *K. Hemmerle* und *W. Weber* (Trier 1972) 71ff; *A. Weidert,* Elemente einer theologischen Konflikt- und Friedenstheorie. Traditionskritische, biblische und hermeneutische Überlegungen zum Problem des Friedens, Diss. theol. (Münster/Westf. 1973) (Fotoprint-Manuskript).

Abkürzungen im Text: MM = Mater et Magistra; PP = Populorum progressio; PT = Pacem in terris; QA = Quadragesimo anno; U–G = Utz-Groner (s. Quellen).

Die Zeit seit dem Ausbruch des Ersten Weltkrieges (1914–18), dessen Beginn innerkirchlich durch den Wechsel auf dem Stuhl Petri von Pius X. (1903–14)[1] zu Benedikt XV. (1914–22)[2] markiert wird, stellt sich als eine Epoche gesellschaftlich-politischer Krisen und globaler Friedlosigkeit dar. Noch während des Krieges blieb die bolschewistische Revolution („Oktoberrevolution" von 1917) unter Lenin in Rußland siegreich. Fünf Jahre später eröffnete Mussolini mit seinem „Marsch auf Rom" (28. Oktober 1922) die faschistische Ära in Italien. Am 30. Januar 1933 erfolgte durch die sogenannte „Machtergreifung" Hitlers die Unterwerfung Deutschlands unter die Diktatur des Nationalsozialismus.

Die drei revolutionären Bewegungen mit mehr oder weniger monistischen Ideologien[3] endeten politisch in totalitären Diktaturen nationalistischen Zuschnitts, aber mit Ansprüchen jenseits der eigenen nationalen Grenzen (Bolschewismus: „Sozialistische Weltrevolution"; Faschismus: „Mare nostro" mit Hegemonieansprüchen rund ums Mittelmeer; Nationalsozialismus: „Lebensraum für das deutsche Volk" im Osten). Hierdurch wie auch durch den weiterwirkenden Nationalismus der nichttotalitären Staaten waren alle guten Ansätze zu einer globalen Völkerverständigung (Völkerbund) oder wenigstens zu einer europäischen Verständigung zwischen den ehemaligen Kriegsgegnern (Briand/Stresemann) letztlich zum Scheitern verurteilt. Die Weltwirtschaftskrise um 1930 führte mit ihren Millionenheeren von Arbeitslosen zu einer völligen Desorganisation des Welthandels und zu schweren gesellschaftlichen Erschütterungen in den Industrienationen, die in Deutschland schließlich Hitler den Weg zur Macht ebnen halfen. Die Weltwirtschaftskrise markiert das Ende

[1] ASS 36–41 (1903/08); AAS (Rom 1909ff); Acta Pii X., 5 vol. (Rom 1905/14).

[2] AAS 6–14 (1914/22); Actes de Benoît (lat. u. franz.), 3 vol. (Paris 1924/26).

[3] Bolschewismus: Klassenideologie auf ökonomischer Basis; Faschismus: „La Nazione" als ideologische Basis; Nationalsozialismus: „Blut-und-Boden"-Ideologie, emotionaler Rassismus.

der liberalen Wirtschaftsära und den Beginn einer nationalstaatlichen Konjunktur- und Währungspolitik. Die Hektik, mit der die einzelnen Staaten durch immer neue restriktive Maßnahmen auf die schwere Depression reagierten, verstärkte die Krise. „Die konjunkturelle Krise hat eine strukturelle Krise der Weltwirtschaft ausgelöst. Die Krise im System wird zu einer Krise des Systems.“[4] Die Krise führte zu einer Schädigung vor allem der kleineren und mittleren selbständigen Existenzen, zu einer weiteren Vermachtung in der Wirtschaft (Finanzkapitalismus) und damit zu einer schweren Störung des weltpolitischen und innergesellschaftlichen Gleichgewichts.

Nach dem Zweiten Weltkrieg (1939–45) traten immer stärker das weltpolitische Blockdenken (NATO, Warschauer Pakt), Probleme der konventionellen und nuklearen Aufrüstung, des Kalten Krieges und lokal begrenzter kriegerischer Auseinandersetzungen hervor, teils in Zusammenhang mit dem West-Ost-Konflikt (Korea, Vietnam), teils in Verbindung mit der Ablösung ehemaliger europäischer Kolonialherrschaft (Algerien, Angola), teils aus sehr verschiedenartigen Gründen (Ungarnaufstand, Unterdrückung des Prager Reformsozialismus, Nahost-Konflikt). An die Seite des West-Ost-Konflikts trat immer deutlicher das Nord-Süd-Problem, d.h. die Spannungen aus dem Ungleichgewicht zwischen den entwickelten Industrienationen der nördlichen Hemisphäre – „Erste“ und „Zweite Welt“ – und den volkreichen, aber wirtschaftlich wenig entwickelten und daher armen und z.T. hungernden Ländern der sogenannten „Dritten Welt“.

Das Bild wäre jedoch verzeichnet, nähme man nicht auch positive Ansätze und Entwicklungen zur Kenntnis, auch wenn nicht alle oder nur wenige zur Entfaltung kamen. Hier wären zu nennen der bereits erwähnte Europa-Gedanke[5], die Tätigkeit der Internationalen Arbeitsorganisation (IAO) in Genf, die 1919 gegründet wurde und seitdem eine umfassende und segensreiche Aktivität entfaltet hat[6], die Entwicklung des Arbeits- und Sozialrechts, vor allem in Deutschland während der Zwischenkriegszeit, die Ansätze zu einer neuen internationalen Rechts- und Friedensordnung, wie die Errichtung der „Organisation der Vereinten Nationen“ (UNO) mit ihren Unter- und/oder Nachfolgeorganisationen (UNESCO, FAO, UNICEF usw.) gegen und nach Ende des Zweiten Weltkrieges, die „Erklärung der Menschenrechte“ durch die UNO vom

[4] Vgl. hierzu *A. Predöhl,* Das Ende der Weltwirtschaftskrise. Eine Einführung in die Probleme der Weltwirtschaft, rde Bd. 161 (Hamburg 1962) hier 9.

[5] Am 4. September 1929 legte A. Briand den (damals von England abgelehnten) Plan der „Vereinigten Staaten von Europa“ vor (Zoll- und Wirtschaftsunion). Propagandistisch hatte Graf Coudenhove-Kalergi mit seiner Pan-Europa-Bewegung vorgearbeitet.

[6] Pius XII. hat die Tätigkeit der IAO in einer Ansprache an die Mitglieder des Verwaltungsrates des Internationalen Arbeitsamtes am 19. November 1954 lobend hervorgehoben; AAS 46 (1954) 714–718; U–G 6040–6048. – Johannes XXIII. drückt in seiner Enzyklika „Mater et Magistra“ seine Hochachtung aus (103), und Paul VI. stattete der Organisation anläßlich seines Besuches beim Weltrat der Kirchen in Genf im Jahre 1969 einen Besuch ab und hielt eine vielbeachtete Ansprache. Vgl. HK 23 (1969) 7, 301f.

10. Dezember 1948, die Gründung der Europäischen Gemeinschaft (EG), um nur einige der wichtigsten Ereignisse zu nennen.

Die seit Leo XIII. (1878–1903)[7] ins Leben gerufene neuere katholische Soziallehre erfuhr in der Zeit nach den beiden Weltkriegen, besonders seit der Enzyklika „Quadragesimo anno" (QA, 1931), eine enorme Weiterentwicklung und gewann die Umrisse eines „Systems", wenn man unter einem sozialen Lehrsystem logisch-geordnete und kohärente Aussagen über die tragenden Strukturprinzipien der Gesellschaft versteht. Gleichzeitig damit wuchs auch reflexiv das Selbstverständnis der Kirche, eine eigene Soziallehre zu besitzen und verbindlich vorlegen zu müssen. Johannes XXIII. hat dieses Selbstverständnis in seiner Enzyklika „Mater et Magistra" (MM, 1961) in die Worte gefaßt: „Wir weisen vor allem darauf hin, daß die Soziallehre der katholischen Kirche ein integrierender Bestandteil der christlichen Lehre vom Menschen ist."[8] „Darum ist es ganz besonders wichtig, daß Unsere Söhne die Grundsätze der Soziallehre nicht nur kennen, sondern auch nach ihnen erzogen werden."[9]

Die wichtigsten Fragen und Probleme, mit denen es die Sozialverkündigung der Kirche zu tun hatte, wurden ihr durch die Entwicklung aufgegeben, wie sie weiter oben stichwortartig darzustellen versucht worden ist. Sie bilden den „Sitz im Leben" der jüngsten Entwicklungsepoche der katholischen Soziallehre.

So hatte es Pius XI. (1922–39)[10] mit den totalitären Ideologien und diktatorischen Bewegungen des Sozialismus/Kommunismus, des Faschismus und des Nationalsozialismus zu tun. Allen dreien widmete er eine eigene Enzyklika[11]. In die Weltwirtschaftskrise, die das Versagen und Ende der wirtschaftsliberalen Ära mit den in ihrem Gefolge aufgetretenen gesellschaftlichen Schäden anzeigte, fällt das Erscheinen der zweiten großen Sozialenzyklika i. e. S., „Quadragesimo anno", die, in Weiterführung der Enzyklika „Rerum novarum" (RN, 1891), die sich noch fast ausschließlich mit der klassischen „Sozialen Frage" des 19. Jahrhunderts, nämlich mit der „Arbeiterfrage", befaßt hatte, die Desorganisation der Gesamtgesellschaft zum Gegenstand hat[12]. Die Erfahrungen mit den totalitären Diktaturen, besonders mit dem Nationalsozialismus, ließen Pius XII. (1939–58)[13] zum Herold der Rechte der menschlichen Person werden.

[7] ASS 11–35 (1878–1903); Leonis XIII. Pont. Max. Acta, 23 Bde. mit Register (Rom 1881–1905; Nachdruck Graz 1971). – Zur sozialen Lehrtätigkeit Leos XIII. vgl. Bd. VI/2 dieses Handbuchs, 204–216.

[8] *Johannes XXIII.*, Enzyklika „Mater et Magistra" (MM) v. 15. 5. 1961, 222.

[9] Ebd., 227.

[10] AAS 14–31 (1922/39).

[11] Enzyklika „Non abbiamo bisogno" (Gegen den ital. Faschismus) v. 29. Juni 1931: AAS 23 (1931) 285–312; Enzyklika „Divini Redemptoris" (Gegen den atheistischen Kommunismus) v. 19. März 1937: AAS 29 (1937) 65–106; Enzyklika „Mit brennender Sorge" (Gegen den Nationalsozialismus) v. 14. März 1937: AAS 29 (1937) 145–167.

[12] Die Überschrift der Enzyklika (v. 15. Mai 1931) lautet: „Über die gesellschaftliche Ordnung, ihre Wiederherstellung und ihre Vollendung nach dem Heilsplan der Frohbotschaft".

[13] AAS 31–50 (1939/58).

Unter ihm gewinnt in einer stupenden Fülle von Verlautbarungen verschiedenster Art – er hat jedoch keine eigene Sozialenzyklika i. e. S. verfaßt – das immer deutlichere Konturen, was man als christlichen „Personalismus“ und „Solidarismus“ bezeichnen kann. Sein fast hartnäckiges Insistieren auf dem Subsidiaritätsprinzip erklärt sich daher. Beachtliche und weiterführende Gedanken verdanken wir Pius XII. zum Problem der Demokratie, der Toleranz und der öffentlichen Meinung. In seinen Gesichtskreis treten bereits frühzeitig die Entwicklungsländer. Das universale oder Weltgemeinwohl läßt ihn den Gedanken der einen Menschheitsfamilie immer wieder zum Gegenstand von Lehräußerungen werden und die Vision eines „Weltstaates“ auf föderativer Basis verkünden. Die Ära Johannes' XXIII. (1958–63)[14] ist durch zwei bedeutende Sozialenzykliken gekennzeichnet, die in ihren Aussagen einerseits die Tradition der kirchlichen Soziallehre fortführen, andererseits dem folgenden Konzil wichtige Impulse gegeben haben. „Mater et Magistra“ wurde bereits erwähnt. Die Enzyklika „Pacem in terris“ (PT, 1963)[15] wurde in West und Ost als Sensation empfunden. Sie bildet, wie man mit Recht gesagt hat, das Testament des Papstes. In beiden Enzykliken hat er einerseits das soziale Denken der Kirche mit den Erfordernissen oder – wie Johannes XXIII. sich besonders gern ausdrückte – mit den „Zeichen der Zeit“ weitgehend synchronisiert, oder, wie derselbe Papst es in seiner Eröffnungsansprache zum Zweiten Vatikanischen Konzil am 11. Oktober 1962 gefordert hatte, die Kirche dem „aggiornamento“ einen wesentlichen Schritt nähergebracht; andererseits hat er dem Streben der Menschheit nach Gerechtigkeit und Frieden unter Benutzung ihnen eigener Sprechweisen tiefste und letzte Impulse aus der christlichen Sicht vom Menschen und der Gesellschaft zu vermitteln versucht.

Der soziale Lehranspruch und seine Grundlagen: Naturrecht und Offenbarung („Zuständigkeitsfrage“)

Bereits Leo XIII. hatte in RN den sozialen Lehranspruch für sich reklamiert. „Mit voller Zuversicht treten Wir an diese Aufgabe heran und im Bewußtsein, daß Uns das Wort gebührt“ (RN 13). Diesen Anspruch hat Pius XI. in QA energisch wiederholt und zugleich gegen mögliche Mißdeutungen präzisiert. „Die von Gott Uns anvertraute Hinterlage der Wahrheit und das von Gott Uns aufgetragene heilige Amt, das Sittengesetz in seinem ganzen Umfang zu verkünden, zu erklären und – ob erwünscht, ob unerwünscht – auf seine Befolgung zu dringen, unterwerfen nach dieser Seite hin wie den gesellschaftlichen, so den

[14] AAS 50–55 (1958/63).

[15] Die Enzyklika erschien unter dem Datum vom 11. April 1963 (Gründonnerstag) und trägt die Überschrift: „Über den Frieden unter allen Völkern in Wahrheit, Gerechtigkeit, Liebe und Freiheit“.

wirtschaftlichen Bereich vorbehaltlos Unserm höchstrichterlichen Urteil" (QA 41).

Drei Überlegungen begründen und begrenzen den Anspruch der Kirche zugleich: 1. Gesellschaft und Wirtschaft können nicht losgelöst vom Sittengesetz betrachtet werden; 2. unter dieser ausschließlichen Rücksicht („nicht in Fragen technischer Art, wofür [die Kirche] weder über die geeigneten Mittel verfügt noch eine Sendung erhalten hat, wohl aber in allem, was auf das Sittengesetz Bezug hat" [QA 41]) gebührt der Kirche bzw. dem kirchlichen Lehramt eine höchste Autorität; 3. dies hat nichts mit unbilligen Machtansprüchen zu tun, wie sie der Kirche oft unterstellt werden[16].

Pius XII. hat nicht nur diesen Anspruch seiner Vorgänger mehrmals bestätigt[17], sondern als Legitimation des kirchlichen Anspruchs die ontologische Tatsache des „inneren Mitseins" (G. Gundlach) der Kirche mit der Gesellschaft betrachtet und diesen Sachverhalt in die umstrittene Formel von der Kirche als dem „Lebensprinzip der menschlichen Gesellschaft" gekleidet[18]. Johannes XXIII. reklamiert den gleichen Anspruch unüberhörbar, wenn er seine erste Sozialenzyklika gleichsam wie mit einem Paukenschlag mit den Worten beginnen läßt: „Mutter und Lehrmeisterin der Völker ist die katholische Kirche" (MM 1).

Als „unanfechtbaren Geltungsbereich der Kirche" bezeichnet Pius XII. – unter Berufung auf Leo XIII. – das Urteil über jene Grundlagen „der ewig gültigen Ordnung ..., die Gott, der Schöpfer und Erlöser, durch Naturrecht und Offenbarung kundgetan hat". Sein Kernsatz in dieser Frage lautet: „Mit Recht: Denn die Grundsätze des Naturrechts und die Offenbarungswahrheiten haben, wie zwei keineswegs entgegengesetzte, sondern gleichgerichtete Wasserläufe, beide ihre gemeinsame Quelle in Gott" (U–G 498).

Das Naturrechtsdenken, seit Leo XIII. in der neueren katholischen Soziallehre unangefochten dominierend, erfährt unter Pius XII. eine bedeutende Weiterentwicklung. Die „Geschichtlichkeit des Naturrechts", in einer entwickelten

[16] Bereits in seiner Antrittsenzyklika „Ubi arcano" v. 23. Dezember 1922 (AAS 14 [1922] 673–700) hatte der Papst feierlich bekräftigt: „Die Kirche würde es sich als einen Übergriff anrechnen, grundlos in die irdischen Angelegenheiten sich einzumischen." Diesen Kernsatz nimmt der Papst, sich selbst zitierend, in 41 von „Quadragesimo anno" (QA) wieder auf. – Lit. zum sozialen Lehranspruch der Kirche: *O. v. Nell-Breuning SJ,* Die soziale Enzyklika (Köln 1932, unveränd. Neudruck 1950) 59f; *G. Gundlach SJ,* Die Kirche zur heutigen Wirtschafts- und Gesellschaftsnot. Erläuterung des Rundschreibens Papst Pius' XI. „Quadragesimo anno" (Berlin ²1949) 17f.

[17] Besonders deutlich in seiner Radiobotschaft an Pfingsten, 1. Juni 1941: AAS 33 (1941) 195–205; U–G 493–522. Die Ansprache erfolgte zur 50-Jahr-Feier von „Rerum novarum" (RN).

[18] Pius XII. hat sich dieses von G. Gundlach SJ geprägte Wort zu eigen gemacht, erstmalig in seiner Ansprache v. 20. Februar 1946 an das Kardinalskollegium (U–G 4106), später noch zweimal, beide Male in Rundfunkbotschaften an deutsche Katholikentage (Bochum 4. September 1949: U–G 611; Berlin 17. August 1958: U–G 4520).

dynamischen Gesellschaft schon immer ein Problem, war bei Pius XI. im Zusammenhang mit dem Eigentumsrecht angesprochen worden, das, so „erweist die Geschichte", „nicht unwandelbar ist" (QA 49). Während aber in der Tradition, bereits von der Scholastik her, eine Geschichtlichkeit oder „Wandelbarkeit" des Naturrechts eher *ab extra,* das heißt von den Veränderungen äußerer Verhältnisse oder Umstände (circumstantiae) abgeleitet wurde, ergibt sich für Pius XII. aus dem Studium der Geschichte der Rechtsentwicklung die Tatsache, daß unter besonderen Verhältnissen bestimmte Rechte sich *ab intra,* von ihrem Gehalt her, wandeln können. Allerdings gibt es einen unwandelbaren Kern im Naturrecht.

Pius XII. hat diese Gedanken in einer seiner meistbeachteten Ansprachen, die er am 13. Oktober 1955 an das „Centro Italiano per la Riconciliazione Internazionale" hielt, ausführlicher entwickelt[19]. Weil die Sache wichtig genug ist, werden hier die entscheidenden Sätze im Wortlaut wiederholt: „Das Studium der Geschichte und Rechtsentwicklung seit fernen Zeiten lehrt, daß einerseits eine Umwandlung der wirtschaftlichen und sozialen (manchmal auch der politischen) Verhältnisse neue Formen jener naturrechtlichen Postulate verlangt, denen die bis dahin herrschenden Systeme nicht mehr gerecht werden; andererseits aber, daß bei diesen Umwandlungen die Grundforderungen der Natur immer wiederkehren und sich mit größerer oder geringerer Dringlichkeit von einer Generation auf die andere übertragen."[20]

In seiner Ansprache vom 7. September 1955 an die Teilnehmer des 10. Internationalen Historikerkongresses[21] hatte Pius XII. für die Kirche bereits den Anspruch formuliert, als „Geschichtsmacht", als „lebendiger Organismus" regelmäßig in den Bereich des öffentlichen Lebens einzugreifen, „um das rechte Gleichgewicht zwischen Pflichten und Schuldigkeiten einerseits und Rechten und Freiheiten andererseits zu gewährleisten"[22].

Auch bei Pius XII. finden wir noch immer die aus der Tradition, besonders von Leo XIII. her mitgeschleppte Problematik der Verhältnisbestimmung von Naturrecht, Wahrheit und Wahrheitsfindung. Zwar wird von ihm im Zusammenhang mit der Demokratiediskussion die wesentliche Funktion der öffentlichen Meinung für ein demokratisches Gemeinwesen herausgestellt. Im völligen Fehlen der öffentlichen Meinung muß man „einen Mangel, eine Schwäche, eine Krankheit des gesellschaftlichen Lebens sehen"[23]. Aber die Wahrheit, auch die

[19] AAS 47 (1955) 764–775; U-G 6275–6299. Die Ansprache befaßt sich mit dem Problem von „Koexistenz und Zusammenleben der Völker in der Wahrheit und in der Liebe".

[20] U-G 6286.

[21] AAS 47 (1955) 672–682; U-G 5893–5914. Die zeitlich knappe Aufeinanderfolge dieser und der in Anm. 19 erwähnten Ansprache zeigt, wie Pius XII. gerade zum damaligen Zeitpunkt das Problem der Geschichtlichkeit des Rechts bewegte.

[22] U-G 5901.

[23] Ansprache an die Teilnehmer des Internationalen katholischen Pressekongresses v. 17. Februar 1950: AAS 42 (1950) 251–257; U-G 2132–2153; hier 2134.

wahre Erkenntnis naturrechtlicher Normen als besessene „objektive" Wahrheit wird für die Kirche und das Lehramt in einer Weise beansprucht, daß alle anderen Instanzen, auch die öffentliche Meinung, fast nur mehr als Hörende, als Empfangende im zweiten Glied zu stehen haben.

In diesem Zusammenhang kann man nun – im Gegensatz zu fast allen anderen Aussagen, in denen man bei ihm fälschlicherweise von einer „Wende" im Denken gesprochen hat – bei Johannes XXIII. einen echten Durchbruch zu neuen Ufern feststellen. Wenn er von der Wahrheit oder von den von Gott dem Menschen in seine Natur hineingelegten Rechten spricht, dann setzt er die ganze traditionelle Theologie dieser Rechte voraus, bei der aber Leo XIII., Pius XI. und weitgehend auch noch Pius XII. im Grunde stehengeblieben waren. Dies genügt Johannes XXIII. jedoch nicht. Ihm geht es nicht und in einer Enzyklika zudem, die sich an die ganze pluralistische Welt wendet, allein um die absolute, ewige, unveränderliche Wahrheit, die in einer weltanschaulich zerrissenen Welt ohnehin nicht lehramtlich erzwingbar ist. Für ihn konkretisiert sich Wahrheit, wächst Erkenntnis von Wahrheit in der „Wahrhaftigkeit" der menschlichen Beziehungen untereinander. Gestützt auf die Hoffnung vernünftiger Einsicht und Liebe unter den Menschen[24], glaubt der optimistische Papst an die Verwirklichung der Wahrhaftigkeit in den menschlichen Beziehungen als Ermöglichungsgrund jeder Wahrheitserkenntnis. Wahrheit ist nicht mehr bloß besessenes, behütetes und autoritativ interpretiertes objektives „Depositum", Wahrheit vollzieht sich vielmehr in der Freiheit des Menschen als gesellschaftlicher Wahrheitsfindungsprozeß. Hier liegt ein geniales Verständnis der so stark strapazierten Formel der Identität von „Theorie und Praxis" vor.

Wegen der Wichtigkeit der Sache sollen hier die Kernaussagen des Papstes noch einmal im Wortlaut vorgestellt werden: Das „Geschehen von Wahrheit" lebt davon, „daß die Menschen im hellen Licht der Wahrheit ihre Erkenntnisse untereinander austauschen, daß sie ihre Rechte wahrzunehmen und ihre Pflichten zu erfüllen in den Stand gesetzt werden, daß sie angespornt werden, die geistigen Güter zu erstreben, daß sie aus jeder ehrenhaften Sache ... einen Anlaß zu gemeinsamer rechtschaffener Freude gewinnen, daß sie in unermüdlichem Wollen das Beste, was sie haben, einander mitzuteilen und voneinander zu empfangen suchen. Diese Werte berühren und lenken alles, was sich auf Wissenschaft, Wirtschaft, soziale Einrichtungen, Entwicklung und Ordnung des Staates, Gesetzgebung und schließlich auf alle übrigen Dinge bezieht, die äußerlich das menschliche Zusammenleben ausmachen und in ständigem Fortschritt entwickeln."[25] Damit Wahrheit in dieser Weise „funktioniere", muß das Recht auf freie Meinungsäußerung und wahrheitsgemäße Information respektiert werden: „Von Natur aus hat der Mensch ... das Recht, ... daß er frei nach der

[24] Entsprechend dem schon von *Thomas von Aquin* häufiger angezogenen Axiom: Homo homini naturaliter amicus; cf. Contra Gentiles 3,117; 4,54 und öfters.
[25] Enzyklika „Pacem in terris" (PT), 38.

Wahrheit suchen und unter Wahrung der moralischen Ordnung und des Gemeinwohls seine Meinung äußern, verbreiten und jedweden Beruf ausüben darf; daß er schließlich der Wahrheit entsprechend über die öffentlichen Ereignisse in Kenntnis gesetzt wird."[26] „Ferner gebietet die Wahrheit, daß man sich bei dem Gebrauch der vielfältigen Möglichkeiten, die durch den Fortschritt der modernen Publikationsmittel geschaffen wurden und durch welche die gegenseitige Kenntnis der Völker gefördert wird, von vornehmer Sachlichkeit leiten lasse."[27]

In diesen Sätzen kann man mit Recht die fundamentale ethische Begründung der Demokratie und zugleich auch einer zeitgemäßen Ethik der öffentlichen Kommunikation sehen. Im Klima der Enzyklika PT konnte Paul VI. dann noch während des Konzils in seiner ersten eigenen Enzyklika „Ecclesiam suam" vom 6. August 1964 den Dialog zur neuen Stilfigur kirchlicher Kommunikation mit der Welt proklamieren[28] und konnte das Zweite Vatikanische Konzil anerkennen, was an Wahrheitserkenntnis die Kirche der Welt und ihrem Streben nach Wahrheit verdankt. „Die Erfahrung der geschichtlichen Vergangenheit, der Fortschritt der Wissenschaften, die Reichtümer, die in den verschiedenen Formen der menschlichen Kultur liegen, durch die die Menschennatur immer klarer zur Erscheinung kommt und neue Wege zur Wahrheit aufgetan werden, gereichen auch der Kirche zum Vorteil."[29]

Die Sozialprinzipien: Personalität – Subsidiarität – Solidarität – Gemeinwohl – Weltgemeinwohl

Johannes XXIII. stellt an den Anfang seiner Friedensenzyklika das zentrale Prinzip aller humanen Gesellschaftsgestaltung: „Jedem menschlichen Zusammenleben, das gut geordnet und fruchtbar sein soll, muß das Prinzip zugrunde liegen, daß jeder Mensch seinem Wesen nach Person ist" (PT 9). „Wenn wir die Würde der menschlichen Person nach den Offenbarungswahrheiten betrachten, müssen wir sie noch viel höher einschätzen" (PT 10).

1. Schon Pius XI., besonders aber Pius XII. hatte die Soziallehre der Kirche definitiv und unverwechselbar als „Personalismus" etabliert. Alles Gesellschaftliche ist auf die Person bezogen und muß deren Vervollkommnung dienen. Mit anderen Worten, die Gesellschaft hat keinen Selbstzweck, ist kein dominierendes Super-Ego, sondern hat Dienstcharakter. Der Sicherung der Person hat

[26] Ebd., 12.

[27] Ebd., 90. – Vgl. hierzu besonders *G. Deussen*, Ethik der Massenkommunikation bei Papst Paul VI. (Abhandlungen zur Sozialethik, 5), hrsg. v. *W. Weber* u. *A. Rauscher* (Paderborn 1973) 66ff und passim. Vgl. zum Ganzen auch *E.-W. Böckenförde*, Kirchlicher Auftrag und politische Entscheidung (rombach hochschul paperback, 55) (Freiburg i. Br. 1973) bes. 81ff.

[28] Enzyklika „Ecclesiam suam": AAS 56 (1964) 609–659.

[29] Pastoralkonstitution „Gaudium et Spes" (GS), 44,2.

der Staat zu dienen, indem er die Rechte der Person als ihr von Gott in die Natur hineingelegte Rechte garantiert. Jeweils andere gesellschaftliche Verhältnisse erfordern jedoch andere Akzentsetzungen. So hatte Leo XIII. noch primär die bestehende gesellschaftliche Ordnung in ihren Grundstrukturen (Staat, staatliche Autorität, Privateigentum) gegen anarchistische und marxistische Bestrebungen zu verteidigen, während die Erfahrungen mit totalitären Staaten oder Bewegungen – Katholikenverfolgungen in Rußland, Mexiko, Spanien, Faschismus, Nationalsozialismus – Pius XI. zur Wahrung menschlicher Freiheit und Würde und zur Verteidigung der Rechte der Kirche immer wieder das Wort ergreifen ließen. Zum Herold der menschlichen Freiheit und der Würde der menschlichen Person wurde dann aber besonders Pius XII.

Um jeden Vorwurf des Individualismus von vornherein abzuwehren, betont Pius XII., daß die Menschenrechte als unverletzlich und unveräußerbar nicht etwa gegen den Staat proklamiert werden, sondern daß sie gerade zum „Kostbarsten im Gemeinwohl" (U–G 359)[30] gehören, für das der Staat einzustehen hat. Deshalb „können sie nie dem Gemeinwohl geopfert werden, weil sie gerade wesentlicher Bestandteil desselben sind" (U–G 213)[31]. Diese Wahrheit ist für Pius XII. so zentral, daß er emphatisch ausruft: „Das ist katholische Weltanschauung!" (U–G 213.)

Um politisch wirksam werden zu können, bedürfen die Rechte der Person einer positiv-rechtlichen Fixierung, eine Forderung, die Pius XII. aufgestellt hatte und die durch Johannes XXIII. von seinem Vorgänger wörtlich übernommen wird[32]. „Zur menschlichen Person gehört auch der gesetzliche Schutz ihrer Rechte, der wirksam und unparteiisch sein muß in Übereinstimmung mit den wahren Normen der Gerechtigkeit, wie Unser Vorgänger seligen Andenkens Pius XII. mahnt: ‚Aus der gottgesetzten Rechtsordnung ergibt sich das unveräußerliche Recht des Menschen auf Rechtssicherheit und damit auf einen greifbaren Rechtsbereich, der gegen jeden Angriff der Willkür geschützt ist'" (PT 27)[33].

2. Alle weiteren Prinzipien der katholischen Soziallehre, insbesondere das in den allgemeinen Sprachgebrauch eingegangene („katholische") Subsidiaritätsprinzip, ergeben sich aus dem Personalprinzip mit logischer Stringenz. Seinem wesentlichen Gehalt nach in Ansätzen bereits lange nachweisbar[34], bei

[30] Ansprache an die Teilnehmer des Internationalen Kongresses für humanistische Studien v. 25. September 1949: AAS 41 (1949) 555–556; U–G 356–361. Der Papst äußert sich hier über das Naturgesetz als Fundament der Soziallehre der Kirche.

[31] Botschaft an den Katholikentag in Berlin v. 10. August 1952: AAS 44 (1952) 723–727; U–G 203–218.

[32] Zum Katalog der Grund- oder Menschenrechte, den Johannes XXIII. gegenüber seinem Vorgänger stark erweitert hat, vgl. PT 11–27.

[33] Das Pius-Zitat ist entnommen der Weihnachtsbotschaft v. 24. Dezember 1942: AAS 35 (1943) 9–24; U–G 219–271, hier 261.

[34] Vgl. *J. Höffner*, Christliche Gesellschaftslehre (Kevelaer ^{5}1968) 50.

Leo XIII. vor allem im Zusammenhang mit dem Vorrang der Familie vor dem Staat begründet (vgl. RN 10: „Da das häusliche Zusammenleben sowohl der Idee als der Sache nach früher ist als die bürgerliche Gemeinschaft, so haben auch seine Rechte und Pflichten den Vortritt, weil sie der Natur näherstehen"; vgl. auch RN 38 in bezug auf die freien gesellschaftlichen Vereinigungen und ihr Verhältnis zum Staat), findet es seine klassische Definition in QA: „Wie dasjenige, was der Einzelmensch aus eigener Initiative und mit seinen eigenen Kräften leisten kann, ihm nicht entzogen und der Gesellschaftstätigkeit zugewiesen werden darf, so verstößt es gegen die Gerechtigkeit, das, was die kleineren und untergeordneten Gemeinwesen leisten und zum guten Ende führen können, für die weitere und übergeordnete Gemeinschaft in Anspruch zu nehmen; zugleich ist es überaus nachteilig und verwirrt die ganze Gesellschaftsordnung. *Jedwede Gesellschaftstätigkeit ist ja ihrem Wesen und Begriff nach subsidiär;* sie soll die Glieder des Sozialkörpers unterstützen, darf sie aber niemals zerschlagen oder aufsaugen ... Je besser durch strenge Beobachtung des Prinzips der Subsidiarität die Stufenordnung der verschiedenen Vergesellschaftungen innegehalten wird, um so stärker stehen gesellschaftliche Autorität und gesellschaftliche Wirkkraft da, um so besser und glücklicher ist es auch um den Staat bestellt" (QA 79–80).

Das Subsidiaritätsprinzip findet seine Begründung sowohl in der Freiheit der Person als auch in der Struktur der kleineren Lebenskreise, deren Lebensrechte nicht durch Übergriffe umfassenderer Sozialgebilde geschmälert werden dürfen („Etatismus"). Es schützt einerseits das Eigen- und Für-sich-Sein der Person und der intermediären Gruppen und Institutionen zwischen dem einzelnen und dem Staat („abwehrende" Funktion), andererseits erfordert es – seiner ursprünglichen Wortbedeutung nach – „Hilfe (subsidium) von oben nach unten", wenn der einzelne oder kleinere Lebenskreise, z. B. die Familie mit ihrem Erziehungsauftrag, mit oder ohne Schuld versagen („solidarische" Funktion). – Es versteht sich, daß Pius XII. als engagierter Verteidiger der Rechte des Menschen vor allem die „abwehrende" Funktion des Subsidiaritätsprinzips herausstellte. Andere Verhältnisse erfordern andere Akzentuierungen des Prinzips.

Pius XI. bezeichnete das Prinzip als „gravissimum illud principium" (QA 79), was man im Hinblick auf die Bedeutung des Solidaritäts- und Gemeinwohlprinzips wohl nicht mit „oberster Grundsatz", sondern eher mit „überaus bedeutsamer Grundsatz" zu übersetzen hat. Pius XII. nannte das Prinzip einen „von der Soziallehre der Kirche stets verteidigten Grundsatz"[35] und betonte seine Geltung „auch für das Leben der Kirche, ohne Nachteil für deren hierarchische Struktur"[36].

[35] Brief an den Leiter der 24. Sozialen Woche Frankreichs v. 18. Juli 1947 über Grundfragen der wirtschaftlichen Ordnung: U–G 3250–3257, hier 3255.

[36] Ansprache an das Kardinalskollegium v. 20. Februar 1946: AAS 38 (1946) 141–151; U–G 4086–4111, hier 4094.

Bei Johannes XXIII. finden wir das Subsidiaritätsprinzip in MM direkt (53) und indirekt (z.B. 165) häufiger angesprochen, weniger in seiner abwehrenden Funktion als vielmehr in seiner positiven Funktion der Hilfestellung der Gesellschaft gegenüber Schwächeren. Auch in PT geht der Papst direkt auf das Prinzip ein (140). Er betont hier besonders das Recht der kleineren Lebenskreise, der corps intermédiaires innerhalb der staatlichen Gemeinschaft (vgl. PT 24).

3. In der menschlichen Person sind Selbstand (Singularität, Individualität) und Eingebundensein in Gesellschaft (Sozialität, gegenseitige Abhängigkeit und Verwiesenheit) miteinander vermittelt. Person ist „Selbstand im geistigen Gegenüberstand". Aus diesem Seinsverhalt ergibt sich das Prinzip der Solidarität, von dem aus jeder Individualismus und jeder Kollektivismus abgewiesen wird. Aufgrund dieser Überlegungen stellt sich der Personalismus der katholischen Soziallehre unter dem Aspekt des „Solidarismus" dar[37]. Dieser Name will nicht nur eine (ethische) Gesinnung der Solidarität zum Ausdruck bringen, sondern einen Seinsverhalt ausdrücken, nämlich die Tatsache, daß alle Menschen in ihren jeweiligen sozialen Bezügen (einzelne untereinander, im Verband der Familie, in den intermediären Gruppen, im Staat, in der Völkergemeinschaft) in einer seinsmäßigen (ontischen) Verbundenheit und gegenseitigen Verpflichtung zueinander stehen. Diese Verbundenheit erfordert gesellschaftliche und rechtliche Organisierung im Sinne des Subsidiaritätsprinzips, womit die Verbindung beider Prinzipien gegeben ist. Die Päpste haben den Begriff des Solidarismus nicht verwendet, aber ganz wesentlich, besonders Pius XII., im Sinne des Solidarismus argumentiert. Häufiger dagegen wird das „Prinzip (brüderlicher) Solidarität" beschworen, sowohl als Seins- (ontisch) als auch als Handlungsprinzip (ethisch)[38].

4. Die Dienstfunktion der Gesellschaft und des Staates liegt darin, das Gemeinwohl zu fördern. Dieses besteht nicht, wie es individualistischer Auffassung entspricht, in der Summe der Einzelwohle, sondern hat eine eigene Qualität. Es steht auch nicht gegen die gerechten Ansprüche und Erwartungen der einzelnen, gehören doch, wie Pius XII. sagte, die Rechte der Person zum „Kostbarsten im Gemeinwohl" (U–G 359)[39]. Aufgabe des Staates ist es aber, die oft egoistischen Ansprüche auf ein für alle zumutbares und erträgliches Maß zurückzuführen. Insofern stehen Idee und Verwirklichung des Gemeinwohls gegen den reinen Interessen- und Machtstandpunkt.

[37] Wissenschaftlich begründet und dargestellt wurde das Solidaritätsprinzip vor allem von H. Pesch († 1926), G. Gundlach († 1963) und O. v. Nell-Breuning, die auch ihrem sozialwissenschaftlichen System den Namen „Solidarismus" gegeben haben, der sich jedoch nicht durchzusetzen vermochte.

[38] Der Sache nach nimmt das Solidaritätsprinzip einen breiten Raum in der Antrittsenzyklika Pius' XII. „Summi Pontificatus" v. 20. Oktober 1939 ein: AAS 31 (1939) 413–453; U–G 1–92, hier bes. 25–37. Vgl. auch U–G 3293–3294 aus der Weihnachtsbotschaft v. 24. Dezember 1952: AAS 45 (1953) 33–46. Siehe auch PT 114, 117ff.

[39] Siehe Anm. 30.

Es hat Kontroversen darüber gegeben, ob das Gemeinwohl im Sinne von bona communia, also primär *inhaltlich* zu bestimmen sei, oder ob es eher auf die Ermöglichung des bene vivere in communitate, das heißt auf die *organisatorische* Seite der Gesellschaft abstelle. Die Frage ist nicht nur von akademischem Interesse, da in einer pluralistischen Gesellschaft ein Konsens über Inhalte des Gemeinwohls (abgesehen vielleicht von den minima moralia) schwerlich zu erreichen sein dürfte und zudem in einer ideologisch gefärbten Diktatur der Inhalt des Gemeinwohls totalitär verordnet werden kann (Gemeinwohl = Wohl des deutschen Volkes = Wohl der arischen Rasse). Sowohl Pius XII. als auch Johannes XXIII. haben die primär organisatorische Funktion des Gemeinwohls herausgestellt. Das geht deutlich aus der deskriptiven Definition hervor, die Johannes XXIII. in MM gibt. Nach der „richtigen Auffassung vom Gemeinwohl" umfaßt dieses „den Inbegriff jener gesellschaftlichen Voraussetzungen, die den Menschen die volle Entfaltung ihrer Werte ermöglichen oder erleichtern" (MM 65). Aus dieser Bestimmung ergibt sich, daß die Inhalte oder „Werte" nicht primär zum Gemeinwohl gehören, daß dieses jene vielmehr voraussetzt und ihre Entfaltung ermöglichen und fördern soll. Genau in diesem Sinne hatte G. Gundlach, der langjährige Berater Pius' XII., das Gemeinwohl bereits in seinem Kommentar zur Weihnachtsansprache Pius' XII. vom 24. Dezember 1942[40] interpretiert, indem er, das Gemeinwohl als „organisierendes Element" bezeichnend, es für unmöglich erklärt, „daß das organisierende Element als solches das zu Organisierende bestimmt, was doch schon begrifflich vorausgeht, nämlich die innere Struktur des gesellschaftlichen Lebens mit den objektiven ‚gemeinsamen Gütern' (die Person mit den kulturellen und religiösen Werten)"[41].

Damit schließt sich der Kreis wieder bei der Person, deren Entfaltung der Organisationswert Gemeinwohl letztlich zu dienen hat. Das Gemeinwohl erscheint somit als die richtige Organisierung (G. im *Vollzug*) bzw. als die richtige Organisiertheit (G. als *Zustand*) der Gesellschaft, was nur unter Berücksichtigung ihres subsidiären und solidarischen Charakters möglich ist. Im Gemeinwohl kumulieren somit alle Prinzipien der katholischen Soziallehre.

5. Es gibt keine Enzyklika, in der das Gemeinwohl so oft und in so vielfältigen Zusammenhängen gewürdigt und für ein gedeihliches Zusammenleben ausbedungen wird wie in MM[42]. Nachdem es jedoch in der Vergangenheit vorwiegend unter nationalstaatlichem Aspekt betrachtet worden war (der Staat als primärer Garant des Gemeinwohls), bricht sich, nach den frühen Friedensbe-

[40] In: Periodica 32 (1943) 79–96 und 216–224. Hier nach *G. Gundlach SJ*, Die Ordnung der menschlichen Gesellschaft, Bd. 1 (Köln 1964) 108–127.

[41] Ebd., 114.

[42] Vgl.: Die Sozialenzyklika Papst Johannes' XXIII. „Mater et Magistra", mit einem ausführlichen Kommentar sowie einer Einführung in die Soziallehre der Päpste von *E. Welty* (Herderbücherei 110) (Freiburg i. Br. 1961) 74f, vor allem auch das Register dazu: Stichworte „Gemeinwohl", „Gemeinwohlgerechtigkeit", 215.

mühungen Benedikts XV. und Pius' XI., unter dem sich verstärkenden Eindruck der „Einswerdung der Welt", der Bedrohung durch eine nukleare Katastrophe, der Problematik der Entwicklungsländer immer mehr die Idee des Weltgemeinwohls Bahn. Pius XII. sieht in den Beziehungen zu anderen Staaten einen integrierenden Teil des innerstaatlichen Gemeinwohls. „Dienen Sie", so wendet er sich an Journalisten, „ihm (Ihrem Volk und Staat) jedoch in der Überzeugung, daß seine guten Beziehungen zu andern Staaten, das Verständnis für deren Eigenart und die Achtung ihrer Rechte ebenso zum bonum commune des eigenen Volkes gehören und den Frieden wirksamer vorbereiten und festigen als manches andere Mittel"[43]. Johannes XXIII. spricht schließlich eindeutig vom „universalen Gemeinwohl" (PT 132ff), aus dem er die Notwendigkeit eines Weltstaates mit „universaler politischer Gewalt" (PT 137) ableitet. Aber selbst auf dieser hohen Ebene muß die menschliche Person letztes Ziel aller Gesellschaftlichkeit bleiben. „Wie das Gemeinwohl der einzelnen Staaten nicht bestimmt werden kann ohne Rücksicht auf die menschliche Person, so auch nicht das universale Gemeinwohl aller Staaten zusammen" (PT 139). – Damit wird noch einmal der personalistische Charakter der katholischen Soziallehre in unüberhörbarer Deutlichkeit proklamiert.

Staat und Staatsgewalt – Demokratie

Die wichtigsten theologischen Prinzipien, Staat, Staatsgewalt und Gemeinwohl als Ziel des Staates betreffend, waren in langer Tradition bis zum Ende des Pontifikats Leos XIII. in ihren Grundzügen erarbeitet worden. Dazu gehören vor allem die Rückführung von Staat und Staatsgewalt auf Gott als den Schöpfer des gesellschaftlich veranlagten Menschen und die Bindung der Staatsgewalt bei der Besorgung des Gemeinwohls an das Naturgesetz als Ausdruck der Lex aeterna. Fragen nach der besten Staats- und Regierungsform konnten in einem so einfachen, sich mehr aufs Prinzipielle beschränkenden theoretischen Strukturgitter eine untergeordnete Rolle spielen.

Dies alles konnten die Päpste seit Benedikt XV. als im wesentlichen bekannt und als gesicherte Lehre der Kirche voraussetzen. Eine kurze Wiederholung im entsprechenden Kontext genügte. Die inzwischen aber neuen und drängenden Fragen betrafen einmal eine detailliertere Auffächerung der Aufgaben des Staates angesichts der totalitären Entwicklungen seit dem Ersten Weltkrieg, eine nuanciertere Begründung der Staatsgewalt unter den Voraussetzungen einer modernen Demokratie, die Frage nach den Funktionsbedingungen von Demokratie überhaupt und schließlich das Problem sittlicher Normen in der pluralistischen demokratischen Gesellschaft. Damit sind die wesentlichen Themen der kirchlichen Staatslehre in der ersten Hälfte des 20. Jahrhunderts benannt.

[43] Ansprache an die Mitglieder der Vereinigung der Ausländischen Presse in Rom v. 12. Mai 1953: AAS 45 (1953) 399–402; U–G 2119–2131, hier 2129.

1. Was den Zweck des Staates betrifft, so wird er von allen Päpsten seit Pius XI. in eindeutiger Weise im Lichte der weiter oben entwickelten Sozialprinzipien bestimmt. Vor allem gegenüber den totalitären Bewegungen unterstreicht Pius XI. den auf die menschliche Person bezogenen instrumentalen Charakter des Staates wie der Gesellschaft überhaupt. Diese ist nichts anderes als „ein natürliches Mittel, dessen sich der Mensch zur Erreichung seines Zieles bedienen kann und soll; denn die menschliche Gesellschaft ist für den Menschen da und nicht umgekehrt"[44]. Pius XII. präzisiert die Aufgabe des Staates näher, indem er ihm den Schutz der Rechte der menschlichen Person anbefiehlt (U–G 3455)[45]. In diesem Sinne ist der Staat primär Rechtsstaat zur Garantierung der persönlichen Freiheitsräume der Bürger. Er ist zugleich Wohlfahrtsstaat, ohne jedoch totaler Versorgungsstaat sein zu dürfen; denn die Rechtsstaatlichkeit verpflichtet ihn, alle politischen und sozialpolitischen Maßnahmen nur unter Schonung der privaten Initiative, das heißt gemäß dem Subsidiaritätsprinzip, zu unternehmen. Pius XII. warnt vor dem Versorgungsstaat („Etat-Providence"), „der jedem seiner Bürger für alle Wechselfälle des Lebens Ansprüche auf letzten Endes unerfüllbare Leistungen gewähren soll" (U–G 3270)[46]. Auch Pius XII. betrachtet den Staat nur als Mittelwert (er ist „dem Menschen nachgeordnet und hat den Sinn eines Mittels"; U–G 3763) und lehnt jeden Staatsdirigismus ab (U–G 6120)[47]. Diese Überlegungen schließen aber keineswegs das Bekenntnis zur Notwendigkeit einer funktionsfähigen, mit Macht ausgestatteten staatlichen Autorität aus. In einer Ansprache an eine Gruppe der „Jungen Union" der CDU von West-Berlin am 28. März 1957 hat Pius XII. dieses Bekenntnis gerade als Ausdruck einer „christlichen" Auffassung von Politik bezeichnet. „Der Staat ist kein Letztes, und es gibt keine Staatsallmacht, wohl aber eine Staatsmacht, und die ‚christliche Politik' hat einen starken Sinn für sie. Denn ohne Macht kann der Staat sein Ziel, durch eine von allen eingehaltene Rechts- und Sozialordnung das Gemeinwohl zu sichern und zu fördern, nicht erreichen" (U–G 6250)[48].

Johannes XXIII., der, wie bereits weiter oben vermerkt, das Subsidiaritätsprinzip stärker von seiner „positiven" Seite her akzentuiert („Hilfe von oben nach unten"), sagt ausdrücklich, daß der Staat „heute in umfassenderem Maß als früher" (MM 103) in der Wirtschaft mitwirken muß, daß er „mehr und mehr in Bereiche eindringt, die zum Persönlichsten des Menschen gehören und darum von höchster Bedeutung" sind (MM 60). Zugleich aber werden dem

[44] So Pius XI. in seiner Enzyklika „Divini Redemptoris" v. 19. März 1937 gegen den atheistischen Kommunismus.

[45] Ansprache an Verwaltungswissenschaftler über den Sinn und die Grenzen staatlicher Eingriffe v. 5. August 1950: U–G 3450–3457.

[46] Ansprache an die Teilnehmer des Internationalen Kongresses für Sozialwissenschaft v. 2. Juni 1950: AAS 42 (1950) 485–488; U–G 3258–3272.

[47] Ansprache an die Italienische Gesellschaft für Wasserversorgung über Vorrang und Aufgaben der Privatinitiative im Leben der Gesellschaft v. 13. April 1956: U–G 6118–6124.

[48] AAS 49 (1957) 287–288; U–G 6249–6252.

Staat die Grenzen seiner Befugnisse eingeschärft. Sie liegen, um einige Beispiele zu nennen, im Gemeinwohl (MM 65, 147, 151), in den Grundrechten der Person und der Autonomie der freigesellschaftlichen Gruppen (MM 52, 65), im Prinzip der Subsidiarität – bzw. in seiner „abwehrenden“ Funktion (MM 53, 117, 152) –, in der gottgesetzten Ordnung und Verbindlichkeit der Werte (MM 205 ff). Damit der Staat unter heutigen Verhältnissen, das ist eigens zu betonen, Rechtsstaat bleibe, betrachtet Johannes XXIII. die Gewaltenteilung („jene Dreigliederung von Behörden“) als „der Menschennatur angepaßt“ (PT 68). Es ist das erste Mal, daß in der päpstlichen Soziallehre ausdrücklich auf die Gewaltenteilung eingegangen wird.

2. Was, über die theologische und naturrechtliche Ableitung der Staatsautorität ganz allgemein hinaus, die Legitimation der jeweils konkreten Träger der Staatsgewalt betrifft, so hatte Leo XIII. in seiner Enzyklika „Diuturnum illud“[49] die liberale These, daß „alle Gewalt vom Volke“ ausgehe, heftig zurückgewiesen. Was Leo treffen wollte, ist klar, nämlich die „Vertrags-These“, wonach – ohne Rückbindung an Gott als den Schöpfer des Menschen und seiner Gesellschaftlichkeit – die autonomen Individuen den Staat gleichsam in einem Quasi-Vertrag („Contrat social“, Rousseau) selbstschöpferisch hervorbringen und damit natürlich auch das absolute Recht in bezug auf die Bestallung des Inhabers der staatlichen Gewalt besitzen.

Leo XIII. hat sich, da die republikanische Problematik ja auch von seiner Ralliément-Politik her ins Haus stand, mit der Konstruktion zu helfen gesucht, daß das Staatsvolk zwar die Möglichkeit habe, den konkreten Träger der Staatsgewalt zu „bezeichnen“ („Designationstheorie“), nicht aber zu bestellen und zu beauftragen („Delegationstheorie“), daß die eigentliche Investitur sozusagen vielmehr durch Gott als den Schöpfer des Staates erfolge. Damit schien die Möglichkeit eines Kompromisses zwischen republikanischer Staatsform einerseits und Bindung der Staatsgewalt an ihren göttlichen Ursprung andererseits gewahrt. Trotz dieses Kompromisses, dessen diffizile theologische Hintergrundüberlegungen von der theologisch weniger geschulten breitesten Öffentlichkeit selbstverständlich nicht mitvollzogen werden konnten, blieb bis auf den heutigen Tag ein starkes Mißtrauen gegenüber der Einstellung Leos XIII. zur Republik und zur Demokratie. Dabei hätte sich gerade in diesem Zusammenhang die alte scholastische Lehre (von Thomas von Aquin in Ansätzen, von Franz Suárez voll entwickelt) von der Souveränität des im Staate geeinten Volkes wie von selbst angeboten. Pius XII. erwähnt die Lehre, allerdings auch nur en passant, wenn er von der „These“ spricht, „die hervorragende christliche Denker zu allen Zeiten verfochten haben“, der „Hauptthese der Demokratie“, daß „der ursprüngliche Träger der von Gott stammenden staatlichen Gewalt das Volk (nicht etwa die ‚Masse‘)“ ist (U–G 2715)[50].

[49] Vom 29. Juni 1881: ASS 14 (1881/82) 3–14.

[50] Ansprache an die Sacra Romana Rota v. 2. Oktober 1945 über den Unterschied zwischen der kirchlichen und staatlichen Gerichtsbarkeit: AAS 37 (1945) 256–262; U–G 2702–2724.

3. Damit steht die Frage nach der Demokratie in der kirchlichen Soziallehre an. Noch bis in die Zeit Johannes' XXIII. wird der Grundsatz wiederholt, daß „nicht ein für allemal entschieden werden (kann), welche Staatsform die geeignetere ist oder welches die angemessenste Art und Weise ist, in der die Staatsgewalt ihre Aufgabe erfüllt" (PT 67); denn die „Lebensnotwendigkeit einer jeden gesunden Gemeinschaft" „erfüllt sich, oder kann sich wenigstens unter gleichen Bedingungen auch in anderen (als demokratischen; W. W.) rechtsmäßigen Regierungsformen erfüllen" (U–G 2713)[51]. Von diesem traditionellen Grundsatz abgesehen[52], bekundet Pius XII. eine deutliche Sympathie für die Völker, die „ein Regierungssystem (fordern), das mehr im Einklang steht mit der Würde und der Freiheit der Bürger" (U–G 3469)[53].

Pius XII. kommt es in erster Linie darauf an zu fragen, welche Voraussetzungen für das Funktionieren von Demokratie verwirklicht sein müssen. Er sieht vor sich den leeren Schein einer rein formalen Demokratie, die „nur als Maske für etwas ganz Undemokratisches dient" (U–G 3482). Man muß beachten, daß Pius XII. dies in der Radiobotschaft zur letzten Kriegsweihnacht 1944 betont, also am Vorabend des voraussehbaren Endes zweier Diktaturen (Faschismus, Nationalsozialismus) und der damit sich abzeichnenden Möglichkeit einer demokratischen Staatsverfassung für die betroffenen Länder nach Kriegsende. Der Staat, auch der demokratische, „enthält und vereinigt in sich

[51] Ebd.

[52] Daß Tradition ganz allgemein auch zu einer Fessel werden kann, hat der Anglikaner *D. L. Munby* in einem Aufsatz zu GS ausgedrückt, wo er eine „Beschränkung" der Soziallehre der Kirche darin sieht, „daß die Kontinuität gewahrt werden muß, weshalb neue Einsichten in Begriffen alter Ideen ausgedrückt werden müssen. Manche von ihnen machen sich im Text (von GS; W. W.) nur allzu schmerzlich bemerkbar": Das Wirtschaftsleben im Urteil des Konzils und des Weltkirchenrates, in: Oeconomia humana. Wirtschaft und Gesellschaft auf dem II. Vatikanischen Konzil (Köln 1968) 461.

[53] Weihnachtsbotschaft v. 24. Dezember 1944: AAS 37 (1945) 10–23; U–G 3467–3510. Es handelt sich hier um die wichtigste Ansprache Pius' XII. und wohl überhaupt der Päpste der neueren Zeit zum Problem der „wahren Demokratie". – Der Begriff der „Demokratie" war in der Terminologie der Kirche nicht immer eindeutig. Im 19. Jahrhundert wurde mit „christlicher Demokratie" vor allem die unter Katholiken west- und mitteleuropäischer Länder aufkommende soziale Reformbewegung bezeichnet, die demnach primär als „soziale" Bewegung verstanden wurde und nicht notwendig mit dem Streben nach „politischer Demokratie" zusammenfiel. Nach Leo XIII. kam dieser Sprachgebrauch außer Übung, und spätestens seit Pius XII. hat man, wenn von Demokratie die Rede ist, darunter einen i. e. S. politischen und nicht allgemein gesellschaftlichen Begriff zu verstehen. Die Forderung nach „Demokratisierung aller Lebensbereiche", der Slogan „Demokratie als Lebensform", oft als politische Kampfparole gebraucht, hat in den Sprachgebrauch der Kirche und der katholischen Soziallehre keinen Eingang gefunden. Die katholische Soziallehre sieht das berechtigte Anliegen, das sich hinter diesen Formeln verbirgt, ohne deren Übertreibungen mitzumachen, in der besseren Anwendung ihrer Sozialprinzipien (Subsidiaritätsprinzip) und – terminologisch jünger – in der Realisierung von mehr „Teilnahme", „Teilhabe" (Partizipation) aller Menschen an den Vorgängen des politischen, gesellschaftlichen, wirtschaftlichen und auch kirchlichen Lebens hinreichend, besser und sachgerechter berücksichtigt.

nicht mechanisch eine formlose Anhäufung von Einzelpersonen auf einem bestimmten Gebiet, er ist eine gegliederte und gliedernde Einheit eines wirklichen Volkes und muß es sein" (U–G 3475). Dies ist gegen die individualistische Auffassung von Demokratie gesagt, wonach gesichtslose abstrakte Individuen sich staatlich zusammentun. Pius nennt das öfters „Masse" im Gegensatz zum Volk. Für ihn ist der Staatsbürger als Person immer *personne située,* das heißt eine in je verschiedenen gesellschaftlichen Zusammenhängen stehende Person.

Pius XII. erinnert damit an die besonders heute unpopuläre ärgerliche Tatsache, daß die Menschen aus den verschiedensten Gründen ungleich sind. Das aber verletzt in keiner Weise „die bürgerliche Gleichberechtigung", gibt jedoch jedem „dem Staate gegenüber das Recht..., in Ehren sein persönliches Eigenleben zu führen" (U–G 3478). Mit anderen Worten, die Freiheit des Menschen gibt ihm das Recht, unter Wahrung der ungeschmälerten staatsbürgerlichen Gleichberechtigung ein „Ungleicher" zu sein. Daß das Durchstehen einer solchen Spannung zwischen den Polen Freiheit und Gleichheit allerdings des „echten Geistes der Gemeinschaft und der Brüderlichkeit" bedarf (ebd.), weiß Pius und gibt damit zu erkennen, daß er von den drei Idealen der Demokratie auch das inzwischen in Vergessenheit geratene, nämlich das „Prinzip Brüderlichkeit", nicht übersieht. Die Weihnachtsansprache von 1944 ist so eine wahrhaft umfassende hermeneutische Auslegung der Ideale von „Freiheit, Gleichheit, Brüderlichkeit" (vgl. vor allem U–G 3478).

4. Schon Leo XIII. und Pius XI. hatten, von der Tatsache aus argumentierend, daß die Menschen von Natur aus ungleich sind, gefolgert, daß der Staat ein organisches Funktionsgefüge sein müsse, in dem eine große Pluralität von verschiedenen Gruppen und Institutionen eigenen Rechts unter der Klammerfunktion des Staates das Gemeinwohl zu verwirklichen sucht. Weder eine antagonistische Klassen- noch eine gesichtslose klassenfreie Gesellschaft entspricht dieser „organischen" Auffassung. In diesem Zusammenhang ist das Insistieren der Päpste auf Familie und Privateigentum als Freiheitsräumen der Person innerhalb des Staates als auch auf der vielgeschmähten „berufsständischen Ordnung" zu sehen, die man besser als „leistungsgemeinschaftliche Ordnung" bezeichnet. Die Idee der leistungsgemeinschaftlichen Ordnung hatte Pius XI. dem wirtschaftlich-gesellschaftlichen Chaos entgegengesetzt, in das der Liberalismus die Gesellschaft gestürzt hatte[54]. Da nachweislich G. Gundlach die Idee bereits maßgeblich für „Quadragesimo anno" mit vorbereitet hatte[55] und sie bis zu seinem Tode (1963) stark favorisierte, wird es verständlich, warum auch

[54] Pius XI. hat die Idee in QA 81–87, unmittelbar nach der klassischen Definition des Subsidiaritätsprinzips (79–80), die übrigens in dieser Formulierung auf G. Gundlach SJ zurückgeht, entfaltet, da er in ihr einen besonders wichtigen Anwendungsfall des Prinzips sah. Später kam er in „Divini Redemptoris" noch einmal darauf zurück.

[55] Vgl. dazu *O. v. Nell-Breuning SJ,* Der Königswinterer Kreis und sein Anteil an „Quadragesimo anno", in: *J. Broermann– Ph. Herder-Dorneich* (Hrsg.), Soziale Verantwortung. Festschrift für Goetz Briefs zum 80. Geburtstag (Berlin 1968) 571–585, bes. 579ff.

Pius XII. so häufig auf sie zurück kam, während Johannes XXIII. in MM nicht mehr direkt davon spricht. Doch erachtet auch er die plurale Vielfalt des gesellschaftlichen Lebens und den staatlichen Ausgleich zwischen den Gruppen für sehr notwendig. Aber sein Hinweis auf die „heutige Zeit" (MM 66) soll wohl besagen, daß es keine ein für allemal verbindliche ideale Lösung geben kann. Johannes gibt damit wohl das konkrete Modell, nicht aber die Grundidee der „berufsständischen Ordnung" auf, wenn er verlangt, daß die sozialen Gebilde ihr Eigenleben führen, „sich wirklich kraft eigenen Rechts entwickeln" können (MM 65).

5. Nur stichwortartig können hier noch weitere wichtige Voraussetzungen für das Gelingen von Demokratie aus der Sicht der päpstlichen Soziallehre genannt werden: Die Demokratie kann sich nicht ausschließlich auf rechtliche Sicherungen verlassen, sonst ist sie zum Untergang verurteilt. Sie hängt „vom moralischen Charakter der Bürger ab" (U–G 4393)[56]. Daraus folgt ferner – Pius XII. spricht damit das Elite-Problem für die Demokratie an –, daß auch an die Inhaber der staatlichen Gewalt gerade in der Demokratie hohe sittliche Anforderungen zu stellen sind. Allerdings werden jene Völker, „deren geistige und sittliche Anlage genügend gesund und fruchtbar ist, in sich selbst Wortführer und Werkmeister der Demokratie (finden) ... Männer, die persönlich aus jenen Anlagen leben und es verstehen, sie in die Tat umzusetzen" (U–G 3486)[57]. Wichtig ist auch die politische Erziehung der Bürger, nicht nur die Unterweisung über die Funktionsweise der demokratischen Einrichtungen, sondern vor allem die Anleitung „zum Schutz ihrer wahren Interessen und vor allem ihres Gewissens" (U–G 1779)[58]. Sehr eindringlich ermahnt Pius XII. die Christen zur Ausübung des Stimm- und Wahlrechts, dessen Vernachlässigung eine Gefährdung der Demokratie bedeutet (U–G 4305)[59]. Nicht zuletzt ist es erforderlich, daß sich der Christ in der Demokratie zum Aufbau einer dauerhaften Rechts- und Friedensordnung nach innen und außen zur Verfügung stellt (U–G 180)[60].

6. Was das Verhältnis von Kirche und Staat betrifft, so hatte Benedikt XV. in seiner Ansprache anläßlich des Geheimen Konsistoriums vom 21. November 1921[61] das unverlierbare Recht der Kirche auf Freiheit von allen staatlichen Eingriffen proklamiert. Pius XI. forderte gegenüber den totalitären Staaten das

[56] Weihnachtsbotschaft v. 23. Dezember 1956 über das christliche Menschenbild: AAS 49 (1957) 5–22; U–G 4377–4420.

[57] Siehe Anm. 53.

[58] Ansprache an Lehrer und Schüler italienischer Volksbildungsschulen v. 19. März 1953: AAS 45 (1953) 230–238; U–G 1771–1791.

[59] Brief an den Vorsitzenden der 41. Sozialen Woche Frankreichs v. 14. Juli 1954: Osservatore Romano v. 21. Juli 1954; U–G 4296–4312.

[60] Schreiben an die katholische Jugend Deutschlands v. 23. Mai 1952: AAS 44 (1952) 527–531; U–G 168–182.

[61] Alloc. „In hac quidem" v. 21. November 1921: AAS 13 (1921) 421–524.

Recht der Bürger auf freie Ausübung ihres Glaubensbekenntnisses[62] und das Recht der Kirche auf Verkündigung ihrer Botschaft und Gewissensbildung[63]. Pius XII. spricht von einer „berechtigten Laizität des Staates" (U–G 4555)[64], die immer ein Grundsatz der Kirche gewesen sei. Dennoch dürfe zwischen Kirche und Staat keine kühle und trennende Atmosphäre herrschen. Eine „völlige" Trennung beider kann nicht gutgeheißen werden (U–G 3985)[65]. Im übrigen wird Pius XII. nicht müde, die segensreichen Wirkungen der Kirche für den Staat darzustellen (z.B. U–G 4103f, 3450f)[66].

Die Kirche und die sozialen Zeitirrtümer

Sozialismus – Kommunismus

Seit dem 19. Jahrhundert war der Sozialismus auf gesellschaftlichem Gebiet der schärfste Widersacher der Kirche und des sozialen Katholizismus. Während Leo XIII. es noch im wesentlichen mit einer geschlossenen marxistischen Ideologie zu tun gehabt hatte[67], die zudem noch keine ins Gewicht fallende politische Relevanz erlangt hatte, kann Pius XI. dem Sozialismus eine Entwicklung bescheinigen, die er kurz wie folgt umreißt: „War der Sozialismus zu Leos Zeiten in der Hauptsache wenigstens ein einheitliches Gebilde mit einem bestimmten geschlossenen Lehrsystem, so hat er sich heute in zwei scharf entgegengesetzte und einander leidenschaftlich bekämpfende Hauptrichtungen auseinander entwickelt, ohne allerdings die dem ganzen Sozialismus gemeinsame widerchristliche Grundlage verlassen zu haben."[68] Pius XI. spricht von dem „zum Kommunismus gewordenen Sozialismus" und von der „gemäßigteren Richtung, die auch heute noch die Bezeichnung ‚Sozialismus' weiter führt"[69].

[62] Enzyklika „Mit brennender Sorge"; M 311.
[63] Enzyklika „Ubi arcano"; M 1130.
[64] Ansprache an die picenische (märkische = ital. Marken) Volksgruppe v. 23. März 1958: AAS 50 (1958) 216–220; U–G 4545–4555.
[65] Ansprache an die Sacra Romana Rota v. 29. Oktober 1947: AAS 39 (1947) 493–498; U–G 2744–2758.
[66] Ansprache an das Kardinalskollegium v. 20. Februar 1946: AAS 38 (1946) 141–151; U–G 4086–4111. – Ansprache an Verwaltungswissenschaftler v. 5. August 1950: U–G 3450 bis 3457.
[67] Vgl. Enzyklika „Quod Apostolici muneris" v. 28. Dezember 1878: ASS 11 (1878) 369–376; M 139–167; ferner Enzyklika „Rerum novarum" (RN) v. 15. Mai 1891: ASS 23 (1890/91) 641–670; M 510–571; bes. 514–517.
[68] QA 111.
[69] QA 112, 113. – Der „Sozialismus" (Kommunismus) tritt seit dem 19. Jahrhundert sowohl als Idee als auch in der Gestalt politischer Bewegungen auf. Die Entwicklungen und zunehmenden Differenzierungen im ideologischen Bereich machen es für das Lehramt der Kirche außerordentlich und in wachsendem Maße schwierig, zu dem Syndrom „Sozialismus" Stellung zu nehmen. Während noch unter Pius XI. das ziemlich grobe Raster: Kommunismus –

Auf die Beurteilung des Kommunismus verwendet der Papst in QA nicht viele Worte, wohl weil unter Christen und Katholiken in bezug auf ihn kaum Zweifel möglich sind. Was den Kommunismus nach der Ansicht des Papstes besonders kennzeichnet, ist einmal die offene und rücksichtslose Gewalt, mit der er auf sein Ziel losgeht, sodann seine Gottes- und Kirchenfeindlichkeit. Woran dem Papst jedoch liegt, ist die Warnung vor der Sorglosigkeit jener, „die, der von dieser Seite drohenden Gefahr nicht achtend, ruhig zusehen, wie die Bestrebungen eines gewaltsamen und blutigen Umsturzes in alle Welt getragen werden“ (QA 112). Wie den beiden anderen totalitären Ideologien seiner Zeit, dem Faschismus und dem Nationalsozialismus, so widmete Pius XI. dem „atheistischen Kommunismus“ eine eigene Enzyklika, die am 19. März 1937 erschien und mit den Worten „Divini Redemptoris“ begann[70]. In ihr führte der Papst den Nachweis, daß die dem Kommunismus zugrunde liegende Marxsche Lehre im dialektischen Materialismus eine ausgesprochen atheistische Auslegung erfahren habe. Der Mensch werde damit seiner Freiheit, der geistigen Grundlage seiner menschlichen Lebensführung und seiner Würde beraubt.

An der von seinem Vorgänger ausgesprochenen Verurteilung des sozialen Systems und der Weltanschauung des Kommunismus hielt auch Pius XII. klar und eindeutig fest. Durch Dekrete des Heiligen Offiziums vom 1. Juli 1949 und 28. Juli 1950 wurde nicht nur die Mitgliedschaft in der kommunistischen Partei, sondern auch schon ihre Förderung mit der Exkommunikation bedroht[71]. Die Hoffnung auf eine „friedliche Koexistenz“ konnte sich der Papst nicht als Kompromiß mit den kommunistischen Systemen vorstellen, sondern nur als „Koexi-

„gemäßigter“ Sozialismus (= Revisionismus, freiheitlich-demokratischer Sozialismus) einigermaßen die ideologische und politische Wirklichkeit abdecken konnte, kann dies für die Zeit nach dem 2. Weltkrieg und insbesondere seit den sechziger Jahren nicht mehr ausreichen, nachdem Sowjetkommunismus und Maoismus die großen weltpolitischen Gegenspieler geworden sind und neomarxistische Strömungen in die öffentliche Diskussion und vor allem in den akademischen Bereich vorgedrungen sind. Gerade die letzteren erhielten durch die Aufarbeitung der erst 1932 wiederentdeckten „Pariser Manuskripte“ des jungen Marx (aus dem Jahre 1844) in Verbindung mit dem Widerstand gegen die damals sich etablierenden faschistisch-nationalsozialistischen Diktaturen auf dem Umweg über die Vereinigten Staaten seit den sechziger Jahren auch in Europa größte Bedeutung. Hierzu liegen bis heute keine präziseren Stellungnahmen des kirchlichen Lehramtes vor, allenfalls die durch das Eindringen des Neomarxismus in verschiedene moderne Theologien: „Theologie der Befreiung“, „Theologie der Revolution“, „Christen für den Sozialismus“ usw., ausgelösten Warnungen Papst Pauls VI. in seinem Apostolischen Schreiben „Octogesima adveniens“ vom 14. Mai 1971 an Kardinal Maurice Roy vor einer allzu leichtfertigen Übernahme „sozialistischer Strömungen und ihrer verschiedenen Entwicklungen“ durch Christen (OA 31; vgl. auch die folgenden Ziffern des Schreibens).

[70] AAS 29 (1937) 65–105; M 168–247.

[71] Decr. S. Officii über die Zugehörigkeit zum Kommunismus v. 1. Juli 1949: AAS 41 (1949) 334; Decr. S. Officii über die Zugehörigkeit zu kommunistischen Jugendorganisationen v. 28. Juli 1950: AAS 42 (1950) 533. – Vgl. weitere einschlägige Dokumente nach HK 13 (1958/59) 2, 69.

stenz in der Wahrheit"[72]. Schläge gegen die Rechte der Kirche, meist verbunden mit Verfolgung und Einkerkerung führender Bischöfe, beantwortete der Papst mit der Exkommunikation der Verantwortlichen, so in den Fällen des jugoslawischen Erzbischofs Stepinac am 14. Oktober 1946, des ungarischen Kardinals Mindszenty am 28. Dezember 1948 und am 12. Februar 1949, des tschechischen Kardinals Beran am 17. März 1951, des polnischen Kardinals Wyszyński am 30. September 1953.

Johannes XXIII. setzte die Akzente anders. Nicht nur, daß er im Frühjahr 1963 den Schwiegersohn des damaligen Generalsekretärs der KPdSU, N. Chruschtschow, in Audienz empfing, daß er Kardinal König aus Wien und einen Beamten des Staatssekretariats nach Budapest entsandte und damit erste Schritte in Richtung auf eine neue vatikanische „Ostpolitik" einleitete; auch in der doktrinären Beurteilung suchte er vorsichtig zu nuancieren. In seiner Enzyklika PT glaubte er, zwischen der Ideologie des Marxismus-Sozialismus einerseits und gewissen humanen Anliegen andererseits unterscheiden zu können. Er schrieb: Es ist „durchaus angemessen, bestimmte Bewegungen, die sich mit wirtschaftlichen, sozialen, kulturellen Fragen oder der Politik befassen, zu unterscheiden von falschen philosophischen Lehrmeinungen über das Wesen, den Ursprung und das Ziel der Welt und des Menschen, auch wenn diese Bewegungen aus solchen Lehrmeinungen entstanden und von ihnen angeregt sind"[73].

Die nach Johannes XXIII. anbrechenden Jahre des „Dialogs zwischen Christentum und Marxismus", die Dammbrüche, die sich in verschiedenen Teilen der Welt in der Gestalt einer „Theologie der Revolution", „Theologie der Befreiung" auf marxistischer Grundlage ereigneten, führten, um das Bild abzurunden, Paul VI. dazu, vor einer Vermengung von Christentum und Marxismus zu warnen. So schrieb er in seinem Apostolischen Schreiben „Octogesima adveniens" vom 17. Mai 1971 (80-Jahr-Feier von RN): „Wenn man im Marxismus, so wie er konkret gelebt wird, diese verschiedenen Aspekte und die Fragen unterscheiden kann, die sich daraus für die Reflexion und das Handeln der Christen stellen, so wäre es töricht und gefährlich, dahin zu gelangen, daß man das innere Band vergißt, das sie grundsätzlich miteinander verbindet, daß man die Elemente der marxistischen Analyse übernimmt, ohne ihre Beziehungen mit der Ideologie zu erkennen, und sich am Klassenkampf beteiligt und sich dessen marxistische Interpretation aneignet, indem man es unterläßt, den Typ der totalitären und gewalttätigen Gesellschaft wahrzunehmen, zu dem diese Verfahrensweise führt."[74]

[72] Weihnachtsbotschaft v. 24. Dezember 1954: AAS 47 (1955) 15–28; U–G 6307–6339.
[73] PT 159; gerade diesem Passus wurde damals von seiten kommunistischer Staaten applaudiert. Die polnischen Kommunisten ließen dem „Papst der Friedensenzyklika" an der Oder in Breslau in der Nähe der Kirche „Maria zum Sand" ein überlebensgroßes Standbild errichten, das dort bis auf diesen Tag zu sehen ist.
[74] Apostolisches Schreiben „Octogesima adveniens" v. 14. Mai 1971: AAS 63 (1971) 401 bis 441.

Differenzierter und für die innerkirchliche Diskussion schwieriger war die jahrzehntelange Auseinandersetzung mit dem, was Pius XI. in QA die „gemäßigte Richtung" im Sozialismus genannt hatte. An zwei Kernsätzen des Papstes entzündet sich immer wieder von neuem die Diskussion. „Der Sozialismus, gleichviel ob als Lehre, als geschichtliche Erscheinung oder als Bewegung, ... bleibt mit der Lehre der katholischen Kirche immer unvereinbar – er müßte denn aufhören, Sozialismus zu sein: der Gegensatz zwischen sozialistischer und christlicher Gesellschaftsauffassung ist unüberbrückbar."[75] „Enthält der Sozialismus – wie übrigens jeder Irrtum – auch einiges Richtige (was die Päpste nie bestritten haben), so liegt ihm doch eine Gesellschaftsauffassung zugrunde, die ihm eigentümlich ist, mit der echten christlichen Auffassung aber in Widerspruch steht. Religiöser Sozialismus, christlicher Sozialismus sind Widersprüche in sich; es ist unmöglich, gleichzeitig guter Katholik und wirklicher Sozialist zu sein."[76]

Daß die Diskussion, vor allem in Deutschland, erst nach 1945 und dann besonders seit dem „Godesberger Programm" der Sozialdemokratischen Partei Deutschlands (SPD) stärker in Gang kam, erklärt sich einmal aus der Tatsache, daß während der Zeit des Nationalsozialismus die öffentliche Diskussion nicht möglich war, zum anderen daraus, daß die SPD in dem Bestreben, mit ihrem Programm von 1959 von der Klassen- zu einer Volkspartei zu werden, vor allem dem katholischen Bevölkerungsteil klarmachen mußte, daß „der" Sozialismus, den Pius XI. in QA gemeint hatte, mit der SPD nach dem Zweiten Weltkrieg nichts mehr gemein hatte.

Das oben zitierte Verdikt Pius' XI. gegen „den" Sozialismus tritt mit dem Anspruch auf, mit Gewißheit sagen zu können, was denn Sozialismus überhaupt sei. Der besondere weltanschauliche Kern des Sozialismus, der ihn zu diesem macht, ist nach Pius XI. nicht der Marxismus, auch nicht der Klassenkampf, sondern, wie es in dem obigen Zitat aus QA lapidar heißt, „eine Gesellschaftsauffassung ..., die ihm eigentümlich ist, mit der echten christlichen Auffassung aber in Widerspruch steht". Die unverwechselbar eigentümlichen Grundaxiome, was die christliche Gesellschaftsauffassung betrifft, lauten (im Anschluß an QA 118, 119): – der Mensch ist als Person mit seiner Gesellschaftlichkeit von Gott als sein Ebenbild erschaffen worden; – auch die notwendige gesellschaftliche Autorität gründet letztlich in Gott, dem Schöpfer des Menschen und letzten Ziel aller Dinge. Dazu der Kommentar der Enzyklika: „Von all dem weiß der Sozialismus nichts; vollkommen unbekannt und gleichgültig ist ihm diese erhabene Bestimmung sowohl des Menschen als der Gesellschaft; er sieht in der Gesellschaft lediglich eine Nutzveranstaltung."[77]

Der Anspruch, zu wissen, was Sozialismus sei, und ihn als solchen abzulehnen, stützt sich bei Pius XI. demnach auf die unbestreitbare Tatsache, daß sich der

[75] QA 117.
[76] QA 120.
[77] QA 118.

Sozialismus einem weltanschaulichen Liberalismus verdankt, der den Menschen und seine Gesellschaftlichkeit aus seiner Herkunft und Verwiesenheit an Gott herausgerissen und damit auf einen Weg gedrängt hat, den der Christ nicht mehr mitgehen kann. O. v. Nell-Breuning hat das in die Worte gefaßt: „Mit gutem Grund bezeichnet man den Sozialismus als ‚des Liberalismus natürliches Kind'" bzw. als „proletarischer Liberalismus"[78].

Pius XII. hat zum Thema „gemäßigter" oder „freiheitlicher" Sozialismus nichts gesagt, was über Pius XI. hinausginge. Man kann bei ihm unterstellen, daß er dem Urteil von QA aus seiner Sicht nichts Wesentliches hinzuzufügen hatte.

In die Jahre um den Tod Pius' XII. (1958/59) fällt eine Zeit gesteigerter Diskussionen um das Verhältnis von Christentum und Sozialismus, insbesondere von katholischer Kirche und freiheitlichem Sozialismus. Zu einem vielbeachteten Ereignis im politischen Leben der Bundesrepublik Deutschland wurde die Tagung der Katholischen Akademie in Bayern über „Christentum und demokratischer Sozialismus" im Januar 1958, auf der sich erstmals Vertreter der SPD und des deutschen sozialen Katholizismus trafen, um den Versuch zu unternehmen, die traditionellen Gegensätze, die nicht zuletzt noch immer von dem Urteil von QA mitbestimmt waren, abzubauen. Der führende Kopf auf katholischer Seite war auf dieser Tagung der Berater des damals noch lebenden Pius XII., der an der Gregoriana in Rom dozierende deutsche Jesuit Gustav Gundlach. Er fand deshalb so große Aufmerksamkeit, weil er sich zum allgemeinen Erstaunen viel ausführlicher mit dem Rationalismus im Sozialismus, auch und gerade im freiheitlichen Sozialismus, auseinandersetzte als mit dem Marxismus, so daß er, wie die „Süddeutsche Zeitung" damals verblüfft registrierte, „den Namen Marx kaum erwähnte, dafür aber um so mehr an dem liberalen Element in der Sozialdemokratie Anstoß nahm"[79].

Damit war der Hauptpunkt der Kritik abermals identisch mit dem, was auch QA kritisiert hatte, und die Last des Beweises, daß diese Kritik ins Leere zielte, lag bei den Sozialdemokraten und bei jenen Katholiken, die sich um den Brückenschlag bemühten.

In zwei an die deutschen Katholiken gerichteten Schriften[80] wurde versucht, für den Sozialismus des Godesberger Programms eine katholische Unbedenklichkeitsbescheinigung und eine Revision des harten Nein der Enzyklika QA zu erwirken. Allerdings wurde die Argumentationsmethode kritisiert. Man ließ

[78] Vgl. *K. Forster* (Hrsg.), Christentum und demokratischer Sozialismus (München 1958).

[79] Süddeutsche Zeitung v. 13. Januar 1958. – Über die Tagung der Katholischen Akademie in Bayern und ihre Hintergründe vgl. im einzelnen *J. Schwarte*, Gustav Gundlach SJ (1892–1963). Maßgeblicher Repräsentant der katholischen Soziallehre während der Pontifikate Pius' XI. und Pius' XII. Diss. theol. (Münster/Westf. 1974); gekürzter Druck: Münster 1975.

[80] Der Katholik und die SPD (Bonn 1959); Katholik und Godesberger Programm. Zur Situation nach Mater et Magistra (Bonn 1962).

alle nicht passenden Stellen als offenbar störend aus, insbesondere den Kerntext in 118 über das Menschenbild, über das Humanum als normierende Kraft aller Politik.

Die damals führenden katholischen Sozialtheologen G. Gundlach und O. v. Nell-Breuning waren sich in ihrer Einschätzung des Godesberger Programms einig. Der letztere hob das fundamental Unterscheidende zum christlichen Ansatz hervor, indem er 1960 zur ersten der beiden obenerwähnten SPD-Broschüren unmißverständlich erklärte[81]: „Vieles, man wird sagen dürfen: sehr vieles, ist gemeinsam, aber eben doch nicht alles ... Vor allem ist zu fragen – und hier setzt unser ‚aber' ein: ... Darf man beim Lesen der Enzyklika mit der Ziffer 120 Schluß machen und die folgenden Absätze als nicht vorhanden übergehen?" (Auch die Ziffern 118 und 119 zum christlichen Menschenbild waren überschlagen worden). „Immerhin" – so v. Nell-Breuning weiter – „sollte die Überschrift zu Ziffer 121/22 ‚Kultursozialismus' ins Auge fallen ... und die Schlußworte von 122: ‚Am Anfang dieses Kultursozialismus steht der Kulturliberalismus; an seinem Ende steht der Kulturbolschewismus.'" Danach kann die Antwort auf die Suche nach einer katholischen Unbedenklichkeitsbescheinigung folgerichtig nur so ausfallen: „Auf kulturellem Gebiet aber – und letzten Endes sind doch Gesellschaft und Wirtschaft kulturelle Angelegenheiten – hat der freiheitlich-demokratische Sozialismus sich erst noch des liberalen (liberalistischen) Erbgutes zu entledigen" ... Eine „neue Auflage wird dann jenes entscheidend Wichtige bringen können, das in der jetzigen offenbar nicht zufällig fehlt, sondern nach Lage der Dinge leider fehlen muß". – Die Schrift von 1962 brachte jedoch in dieser Hinsicht nicht das „entscheidend Wichtige", nämlich die Abkehr vom „liberalistischen Erbgut", und so ist bis zur Stunde für viele nicht einsichtig, daß das Nein von QA zum weltanschaulichen Sozialismus als Kultursozialismus überwunden werden konnte.

Auch die Enzyklika MM vom Jahre 1961 brachte für die weitere Diskussion keine wesentlich neuen Aspekte und insofern keine Erleichterung für die Diskussion. Zunächst übernahm Johannes XXIII. die ablehnende Haltung von QA zum „gemäßigteren" (revisionistischen) Sozialismus (MM 34). Später spricht er von „Ideologien", die mit unzulänglichen Mitteln und auf falschen Wegen innergesellschaftliche und internationale Spannungen beheben wollen, weil sie kein richtiges Menschenbild besitzen[82]. – So bleibt die Diskussion um Kirche und freiheitlichen Sozialismus auch über Johannes XXIII. und das Konzil hinaus weiterhin auf der Tagesordnung.

[81] *O. v. Nell-Breuning SJ*, Der Katholik und die SPD, in: Echo der Zeit, Nr. 7 v. 14. Februar 1960, 1–2.

[82] Vgl. hierzu: Die Sozialenzyklika Papst Johannes' XXIII. Mater et Magistra. Bearbeitung von E. Welty, 144 (Komm. zu MM 110) und 190f (Komm. zu MM 213).

Faschismus – Nationalsozialismus

Während der Kommunismus und der Sozialismus nicht nur weiter existieren, sondern eine starke Ausweitung in aller Welt erfahren haben und mit ihrer Ideologie bis in die Theologie und teilweise bis in die Kirche vorgedrungen sind, haben der italienische Faschismus und der Nationalsozialismus, mit denen es Pius XI. zu tun hatte, das Ende des Zweiten Weltkrieges nicht überlebt.

Der italienische Faschismus[83] unter Führung des „Duce" Mussolini hat nie eine so harte und ideologisch-monistische Position bezogen wie sein Pendant in Deutschland und sein Widersacher in Rußland. Dennoch kann man als ideologischen Kern, unter dem Einfluß Hegels und seines faschistischen Interpreten Giovanni Gentile († 1944), der von 1922–25 Unterrichtsminister war und 1923 die faschistische Unterrichtsreform zu verantworten hatte, die Hegelsche Lehre vom totalen Staat bezeichnen. „La nazione" wurde zum Schlüsselbegriff. Dies zog im Innern eine stark antiliberale, kollektivistische Politik nach sich, nach außen imperiale Ansprüche um das Mittelmeer („Mare nostro"; Annektierung Libyens, Abessiniens, Besetzung Albaniens und Griechenlands während des Zweiten Weltkrieges). Die „Dottrina del Fascismo" gipfelte im Bekenntnis zum nationalen Imperialismus[84].

Zur Stärkung des nationalen Gedankens im Innern dienten die vorindividualistischen, vorliberalen (und vorfaschistischen) Werte der Familie, des Volkes und der Kirche bzw. der Religion. So war die Einstellung des Faschismus gegenüber der Kirche anfangs durchaus freundlich, Mussolini schätzte sie als in erster Linie nationalen Kulturfaktor. So kam es nach 2 1/2jährigen Verhandlungen zur

[83] Vgl. *E. Nolte,* Die faschistischen Bewegungen (dtv-Weltgeschichte des 20. Jahrhunderts) (München 1973). – Der „Faschismus" ist – im Gegensatz zum Nationalsozialismus – in der Zeit nach dem 2. Weltkrieg, vor allem im sozialistischen Lager, über seine konkrete historische Erscheinungsform des italienischen Fascismo hinaus zum Gattungs- und Systembegriff mit schillerndem Inhalt geworden. Er entspricht, nach *Karl D. Bracher,* dem Bedürfnis, einen Gegenbegriff zum Kommunismus, zum Sozialismus und zur Demokratie zu finden. Eine noch wichtigere Rolle spielt jedoch „die wachsende Ablehnung der westlich-liberalen Totalitarismustheorie, insofern diese auf die Vergleichbarkeit rechter und linker Diktatursysteme, zumal des Faschismus, des Nationalsozialismus, des Stalinismus und neuerdings auch des Maoismus gegründet ist; ihr Schema der Konfrontation von Demokratie und Diktatur wird – recht vereinfachend – als Erfindung des Kalten Krieges verdächtigt und soll durch die freilich nicht minder lapidare Frontstellung Sozialismus–Faschismus ersetzt werden": *Karl D. Bracher,* Der Faschismus, in: Meyers Enzyklopädisches Lexikon, Bd. 8 (Bibliographisches Institut Mannheim, Wien, Zürich 1973) 547–551 (vgl. auch *Dieter Albrecht,* Zum Begriff des Totalitarismus, in: Geschichte in Wissenschaft und Unterricht, 26 [Stuttgart 1975] 135–141). Zu diesem vor allem vom Osten propagandistisch aufgebauten Faschismus-Begriff gibt es keine direkte Stellungnahme des Lehramtes. Indirekte Kritik ist in den kritischen Stellungnahmen zu Menschenrechtsverletzungen oder totalitaristischen Gesellschaftsformen enthalten.

[84] Vgl. Art. „Faschismus", in: Staatslexikon, Bd. 3 (⁶1959) 223–231. Ferner Art. „Faschismus", in: LThK, Bd. 4 (²1960) 29–31.

Lösung der sogenannten „Römischen Frage" und zu einem Konkordat (Lateranverträge vom 11. Februar 1929). Die katholische Religion wurde als Staatsreligion Italiens bestätigt. Dennoch kam es zu starken Spannungen, weil der totale „ethische Staat" alle Rechte im Bereich der Erziehung und der Jugendarbeit ausschließlich für sich reklamierte und damit den kirchlichen Einfluß zurückdrängte. Bereits wenige Monate nach dem Abschluß der Lateranverträge hatte sich Pius XI. in einem Brief an den Kardinalstaatssekretär Gasparri vom 30. Mai 1929 gegen die totalitäre Auslegung der Verträge durch den faschistischen Staat gewandt. Im Winter 1930 begann der Kampf des Faschismus gegen die „Katholische Aktion", und im Frühjahr 1931 (März) entbrannte ein offener Kampf um die Selbständigkeit der katholischen Jugendorganisationen. Dies löste die Enzyklika „Non abbiamo bisogno" vom 29. Juni 1931 aus[85], in der der Papst seinen flammenden Protest gegen die Einschränkung der kirchlichen Aktivitäten im öffentlichen Leben und gegen die einseitige Auslegung der Lateranverträge formulierte. Die Reaktion auf seiten des Faschismus war von tiefen Emotionen gegen die Kirche gekennzeichnet[86]. Nachdem sich der Staub gelegt hatte, der durch die Enzyklika aufgewirbelt worden war, kam es am 2. September 1931 zu einem Übereinkommen, wodurch die katholischen Jugendverbände auf die religiös-erzieherische Aufgabe beschränkt wurden.

Gegen den faschistischen Korporativismus, die staatsmonopolistischen Zwangsorganisationen von Arbeitgebern und Arbeitnehmern, wandte sich Pius XI. in QA[87].

Ein noch gefährlicherer Gegner erwuchs der Kirche in Deutschland mit der „Machtergreifung" des Nationalsozialismus im Jahre 1933[88]. Im Gegensatz zum italienischen Faschismus, der im wesentlichen auf eine eigene „politische

[85] AAS 23 (1931) 285–312; M 248–298.

[86] In der „Gazzetta", dem offiziellen Organ der faschistischen Partei Kalabriens und Siziliens, konnte man am 12. Juli 1931 den Satz lesen: „Se il Duce ci ordinasse di fucilare tutti i vescovi non esiteremmo un istante". – Vgl. zum Ganzen auch die Einführung zu „Non abbiamo bisogno" bei *I. Giordani* (Hrsg.), Le encicliche sociali dei Papi da Pio XI a Pio XII (^{3}1948) 421–424.

[87] Den wesentlichen Unterschied zu der von ihm selbst favorisierten „berufsständischen Ordnung" sieht der Papst im Etatismus der faschistischen Lösung. Vgl. QA 91–95; der Papst teilt die „Befürchtung" jener, die meinen, „der Staat setze sich an die Stelle der freien Selbstbetätigung", die neue berufsständische Verfassung habe „einen übermäßig bürokratischen und politischen Einschlag"; ebd. 95.

[88] *B. Stasiewski*, Akten deutscher Bischöfe über die Lage der Kirche 1933–1945, Bd. 1: 1933–1934 (Mainz 1968), Bd. 2: 1934–1935 (Mainz 1976), Bd. 3: 1935–1936 (Mainz 1978); *H. Boberach*, Berichte des SD und der Gestapo über Kirchen und Kirchenvolk in Deutschland 1934–1944 (Mainz 1971); Art. „Nationalsozialismus" in: Staatslexikon, Bd. 5 (^{6}1960) 905–923; Art. „Nationalsozialismus", in: LThK, Bd. 7 (^{2}1962) 802–805; Art. „Katholische Kirche und Nationalsozialismus", in: Staatslexikon, Bd. 10 (^{6}1970). Vgl. insbesondere den Sammelband *D. Albrecht* (Hrsg.), Katholische Kirche im Dritten Reich (Mainz 1976) (mit Bibliographie und einem umfassenden Forschungsbericht).

Theologie" verzichtete, verstand sich der Nationalsozialismus als eine Heilslehre rassistischen und nationalistischen Zuschnitts, die einen Totalanspruch auf die Seele des deutschen Menschen erhob.

Obwohl es Hitler in dem Bestreben, schon bald einen ersten sehr wichtigen außenpolitischen Erfolg zu erzielen, gelang, mit dem Heiligen Stuhl zu einem Konkordat (20. Juli 1933) zu kommen, ließen die Auseinandersetzungen nicht auf sich warten. Neben dem heimtückischen Kampf gegen den christlichen Glauben mit allen Mitteln der Propaganda und der Verwaltung war es vor allem die „neuheidnische" Lehre, waren es die wissenschaftlich völlig unqualifizierten Darstellungen der Offenbarungsreligion und ihrer Ursprünge im Alten Testament (Kardinal Faulhaber von München-Freising: „Judentum-Christentum-Germanentum"), die die Kirche zum Widerstand herausforderten. Am 14. März 1937, 5 Tage vor der Enzyklika „Divini Redemptoris" gegen den atheistischen Kommunismus – eine zeitliche Koinzidenz, in der man einen klugen taktischen Schachzug sehen kann –, veröffentlichte der Papst in deutscher Sprache die Enzyklika „Mit brennender Sorge"[89], in deren erstem, kirchenpolitischem Teil er gegen die „Vertragsumdeutung, Vertragsumgehung, Vertragsaushöhlung und Vertragsverletzung" in bezug auf das Konkordat protestierte, während er im zweiten, religiösen Teil ausführlich mit den Lehren des Nationalsozialismus ins Gericht ging: dem Rassenwahn, dem Mythos von „Blut und Boden", dem Grundsatz „Recht ist, was dem (deutschen) Volke nützt", dem Bestreben, eine romfreie deutsche Nationalkirche zu schaffen. Ein recht milder Protest des deutschen Botschafters beim Heiligen Stuhl, Diego von Bergen, wurde vom Kardinalstaatssekretär zurückgewiesen.

Pius XI. glaubte, mit der Enzyklika „Mit brennender Sorge" in der Auseinandersetzung mit dem Rassismus nur einen ersten Schritt getan zu haben. Der Rassismus erschien ihm als eine besonders bösartige Ideologie gegen die auch religiös fundierte Einheit des Menschengeschlechtes. So ist durch eine aufsehenerregende Veröffentlichung aus der Feder von Thomas Breslin im „National Catholic Reporter" vom 15. Dezember 1972 und vom 19. Januar 1973 einer breiten Öffentlichkeit bekanntgeworden, daß Pius XI. am 22. Juni 1938 eine Enzyklika in Auftrag gegeben hatte, deren Entwurf von dem amerikanischen Jesuiten John LaFarge und von G. Gundlach unter dem Titel „Societatis Unio" erstellt wurde[90]. Durch den Wechsel auf dem Stuhl Petri im Frühjahr 1939 ist es dann nicht mehr zur Veröffentlichung dieser Enzyklika gekommen.

Pius XII. hat sich in der Ansprache an das Kardinalskollegium vom 2. Juni 1945[91] ausführlich mit dem Nationalsozialismus und seinen Folgen für die

[89] AAS 29 (1937) 145–167; M 299–315.

[90] Über die Hintergründe, die Pius XI. bewogen, eine eigene Enzyklika gegen den Rassismus zu veröffentlichen, und über die Vorarbeiten zu einem Entwurf vgl. die ausführliche Darstellung bei *J. Schwarte*, a. a. O., 72–100; vgl. dort auch eine ausführliche Inhaltsangabe des Enzyklika-Entwurfs aus der Feder von G. Gundlach SJ, 88–94.

[91] AAS 37 (1945) 159–168; U-G 3531–3548.

Zukunft befaßt. Beachtung haben seine gegen Ende des Krieges wiederholt vorgebrachten Appelle gefunden, den vom Faschismus und Nationalsozialismus ausgelösten Krieg und die von ihnen begangenen Verbrechen nicht ganzen Völkern („Kollektivschuld-These") zur sittlichen Last zu legen[92]. Damit leitete er bereits zum Thema der Völkerverständigung nach dem Kriege über.

Völkerverständigung: „Weltstaat"

Benedikt XV. hatte in seinen Friedensbemühungen seit dem Ausbruch des Ersten Weltkrieges immer wieder auf die moralische Kraft des Rechts gegenüber der Gewalt der Waffen hingewiesen. Ihm lag besonders daran, das Völkerrecht auf der Grundlage sittlicher Normen weiterzuentwickeln und auch internationale institutionelle Vorkehrungen für eine dauerhafte Friedensordnung einzuschärfen[93].

Obwohl die Regierungszeit Pius' XI. nicht durch einen Weltkrieg getrübt wurde, trug der Papst doch schwer an den Folgen des Ersten Weltkrieges und der keineswegs aus der Welt geschafften, im Gegenteil sich erneuernden Kriegsbereitschaft mit der Aussicht auf einen noch entsetzlicheren Krieg. Aus diesem Grunde stellte er, wie seinen Wahlspruch „Pax Christi in Regno Christi", so auch seine Antrittsenzyklika „Ubi arcano" vom 23. Dezember 1922[94] ganz unter den Gedanken des Friedens und der Völkerverständigung. Der Papst beklagt, daß es „keine menschliche Instanz (gibt), die alle Völker auf ein internationales zeitgemäßes Gesetzbuch verpflichten könnte"[95]. Diskret bietet der Papst die Hilfe der Kirche an, was durchaus im Sinne einer schiedsrichterlichen Funktion verstanden werden konnte[96].

Nachdem alle Versuche, über Völkerbund und Pan-Europa-Bewegung zu einer Verständigung zu kommen, gescheitert waren, nachdem ein verheerender Zweiter Weltkrieg die Menschheit in weiten Teilen der Welt heimgesucht hatte, sahen die Päpste der Kriegs- und Nachkriegszeit eine ihrer Hauptaufgaben darin, mit ihren Mitteln und Möglichkeiten für die Völkerverständigung einzutreten. Pius XII. betrachtet es als „besondere Sendung" seines Pontifikats, „in geduldiger und schier aufreibender Tätigkeit zur Rückführung der Menschheit auf die Pfade des Friedens beizutragen"[97]. Der Papst fordert eine Organisation

[92] So in der Ansprache an das Kardinalskollegium zum Namenstag des Papstes am 2. Juni 1944: AAS 36 (1944) 166–175; U-G 4236–4265, hier 4258; ferner in der Weihnachtsbotschaft v. 24. Dezember 1944: AAS 37 (1945) 10–23; U-G 3467–3510, hier 3500.

[93] Vgl. seine Friedensmahnung „Dès le début" v. 1. August 1917: AAS 9 (1917) 417–420; M 1083–1093.

[94] AAS 14 (1922) 673–700; M 1094–1160.

[95] M 1132.

[96] M 1133. – Es fällt auf, daß Pius XI. nicht auf den Völkerbund Bezug nimmt, der auf Anregung Präsident Wilsons seit 1920 in Genf zusammengetreten war.

[97] Weihnachtsbotschaft v. 24. Dezember 1955: AAS 48 (1956) 26–41; U-G 6340–6374.

der Völkergemeinschaft mit föderativem Charakter. In diese Gemeinschaf müssen sich die Souveränitätsrechte der Einzelstaaten im „Rahmen des internationalen Rechts“[98] einfügen. Zu verwerfen ist daher ein nationalstaatliches Prinzip, das in „der Verwechslung nationalen Lebens mit nationalistischer Politik besteht“; denn „das nationale Leben (ist) etwas Unpolitisches..., das zum Prinzip der Auflösung der Völkergemeinschaft erst dann (wurde), als man anfing, es als Mittel zu politischen Zwecken auszunützen“[99].

Die Völkergemeinschaft setzt einen anderen Souveränitätsbegriff als den des Nationalismus voraus. Der einzelne Staat ist nicht mehr „souverän“ im Sinne absoluter Schrankenlosigkeit[100]. Er ist dem Völkerrecht unterstellt, nicht jedoch so, daß er dadurch seine Unabhängigkeit ganz verlöre. Pius XII. betont, daß auch das Völkerrecht dem Naturrecht unterworfen ist. Entsprechend seinem ontologisch-naturrechtlichen Ansatz, sind Fragen der Nationalstaatlichkeit, der Souveränität und ihrer Grenzen, des internationalen Zusammenschlusses nicht in das Belieben der Völker gestellt, sondern werden von der „Natur der Sache“ im jeweiligen geschichtlichen Kontext bestimmt. Daher verpflichten auch zwischenstaatliche Vereinbarungen, wenngleich formal dem positiven Recht angehörig, kraft Naturrechts, wenn „sie nichts enthalten, was der gesunden Sittlichkeit zuwider wäre“[101]. Die gegenwärtige Organisation der Völker, die UNO, betrachtete Pius XII. in ihrem frühen Stadium als noch nicht ideal, da sie statt auf einer wahren Solidarität auf einer „Kriegssolidarität“ zustande gekommen sei[102]. Sie sei jedoch ein Ausdruck für den Wunsch der Völker nach solidarischer Zusammenarbeit, sie sei eine Möglichkeit, „das Weltgewissen von einem erhobenen Ort aus anzusprechen“[103].

Mit besonderer Sympathie verfolgte Pius XII. die Einigungsbestrebungen in Europa, ja er sah in der Einigung Europas „eine der konkreten Forderungen der Stunde, eines der Mittel, der ganzen Welt den Frieden zu sichern“[104]. Er spricht vom „Wagnis“ Europa und betont, daß es sich „um ein notwendiges Wagnis handle, um ein Wagnis jedoch, das den gegenwärtigen Möglichkeiten entspreche, um ein vernünftiges Wagnis“[105]. Schon 1940 hatte der Papst in einem

[98] Ansprache an den Verband der katholischen Juristen Italiens v. 6. Dezember 1953: AAS 45 (1953) 794–802; U–G 3963–3986, hier 3967.

[99] Weihnachtsbotschaft v. 24. Dezember 1954: AAS 47 (1955) 15–28; U–G 6307–6339, hier 6326.

[100] Wie zu Fußnote 98: U–G 3967.

[101] Ansprache an das „Centro Italiano di Studi per la Riconciliazione Internazionale“ v. 13. Oktober 1955: AAS 47 (1955) 764–775; U–G 6275–6299, hier 6287.

[102] Weihnachtsansprache an das Kardinalskollegium v. 24. Dezember 1948: AAS 41 (1949) 5–15; U–G 4133–4157, hier 4150.

[103] Ansprache v. 28. Oktober 1947 an den Gesandten von San Salvador: AAS 39 (1947) 491–493.

[104] Weihnachtsbotschaft v. 23. Dezember 1956: AAS 49 (1957) 5–22; U–G 4377–4420, hier 4411.

[105] Weihnachtsbotschaft v. 23. Dezember 1953: AAS 46 (1954) 5–16; U–G 654–678, hier 674.

neuen geeinten Europa ein Modell für die Einheit der Völkerfamilie gesehen, den möglichen „Anfang einer neuen Weltzeit“[106].

Hatte schon Pius XII. immer wieder die Solidarität für eine gedeihliche internationale Friedensordnung beschworen, so führte Johannes XXIII. diesen Gedanken vor allem in seiner Enzyklika PT energisch weiter. „Da die gegenseitigen Beziehungen der Staaten gemäß der Wahrheit und Gerechtigkeit geregelt werden sollen, müssen sie besonders durch tatkräftige Solidarität gefördert werden... Diesbezüglich müssen wir uns vor Augen halten, daß die Staatsgewalt ihrer Natur nach nicht dazu eingesetzt ist, die Menschen in die Grenzen der jeweiligen politischen Gemeinschaft einzuzwängen, sondern vor allem für das Gemeinwohl des Staates zu sorgen, das von dem der ganzen Menschheitsfamilie gewiß nicht getrennt werden kann“ (PT 98).

Der Papst ist der Überzeugung, daß „bei dem heutigen Zustand der menschlichen Gesellschaft sowohl die staatliche Organisation als auch der Einfluß, über welchen die einzelne Staatsgewalt bei allen übrigen Nationen des Erdkreises verfügt, als ungenügend anzusehen (sind), um das gemeinsame Wohl aller Völker zu fördern“ (PT 135). Daraus „folgt um der sittlichen Ordnung willen zwingend, daß eine universale politische Gewalt eingesetzt werden muß“ (PT 137), mit anderen Worten, daß die Menschheit zu einer Art von Weltstaat kommen muß. Der Papst weiß jedoch, daß eine solche allgemeine politische Gewalt, die zu einem „universalen Gemeinwohl“ führen soll, „durch Übereinkunft aller Völker begründet und nicht mit Gewalt auferlegt werden“ darf (PT 138). Auch für einen solchen „Weltstaat“ muß das Subsidiaritätsprinzip gelten, wodurch „jene Beziehungen geregelt werden, welche zwischen der Autorität der universalen politischen Gewalt und den Staatsgewalten der einzelnen Nationen bestehen“ (PT 140).

Als wichtige Schritte, wenn auch nicht ohne Kritik, betrachtet der Papst die Gründung der UNO und die „Allgemeine Erklärung der Menschenrechte“ vom 10. Dezember 1948 (PT 142, 143). Um das aktive Interesse des Heiligen Stuhles an einer internationalen Friedensordnung auch nach der institutionellen Seite hin zu bekunden, unterhält er Vertretungen (meist durch sogenannte „Ständige Beobachter“) bei vielen internationalen Organisationen, u.a. bei der UNO und bei der UNESCO, der Johannes XXIII. während seiner Nuntiaturzeit in Paris als erster Ständiger Beobachter zugeteilt war.

Das Problem der Entwicklungsländer, das unter Pius XII. stärker in den Blick kam, erfuhr unter Johannes XXIII. eine besondere Aufmerksamkeit in seinen beiden Sozialenzykliken MM und PT. Paul VI. faßte schließlich das dornenvolle Problem in die lapidare Formel: „Entwicklung, der neue Name für Friede“[107].

[106] Weihnachtsansprache an das Kardinalskollegium v. 24. Dezember 1940: AAS 33 (1941) 5–14; U–G 3567–3593, hier 3582.

[107] Enzyklika „Populorum progressio“ (PP) v. 26. März 1967. Überschrift zu 76ff. Deutsche Ausgabe mit einem Kommentar sowie einer Einführung von *H. Krauss SJ* (Herderbücherei 286) (Freiburg i. Br. 1967).

8. Kapitel

Grundzüge der Entwicklung der Theologie zwischen dem Ersten Weltkrieg und dem Zweiten Vatikanischen Konzil

Univ.-Professor Dr. Leo Scheffczyk, München

BIBLIOGRAPHIE: Diesem im Rahmen des Gesamtwerkes notwendigerweise in engen Grenzen gehaltenen Überblick geht es nicht um eine vollständige Aufführung von theologischen Fakten, Werken und Autoren (die immer nur beispielhaft und zum Zweck der Darbietung von Haft- und Anhaltspunkten genannt werden), sondern nur um den Aufweis der Entwicklungslinien. Für die Daten und Fakten selbst sei auf die ausführlicheren neueren Darstellungen hingewiesen: *A. Kolping*, Katholische Theologie gestern und heute. Thematik und Entfaltung deutscher katholischer Theologie vom I. Vaticanum bis zur Gegenwart (Bremen 1964) und *H. Vorgrimler – R. Vander Gucht* (Hrsg.), Bilanz der Theologie im 20. Jh., Bd. I–IV (Freiburg, Basel, Wien 1969–70). Für die Zeit unmittelbar vor und nach dem II. Vaticanum sind u. a. die Arbeiten informativ: *G. Thils*, Orientations de la théologie (Louvain 1958); *A. H. Maltha*, Die neue Theologie (München 1960); *E. O. Brien*, Theology in Transition (New York 1965); *E. Menard*, Kirche gestern und morgen (Frankfurt 1968); *M. Schoof*, Der Durchbruch der neuen katholischen Theologie. Ursprünge – Wege – Strukturen (Wien, Freiburg, Basel 1969); *Y. Congar*, Situation und Aufgabe der Theologie heute (Paderborn 1971).

Die Lösung von der Neuscholastik in der systematischen Theologie

Zeit- und geistesgeschichtliche Voraussetzungen

Das Ende des Ersten Weltkriegs erbrachte für die katholische Theologie nicht jenen epochalen Umbruch, wie er sich auf protestantischer Seite (zumal in Deutschland) ereignete und als radikale Wende von der liberalen zur dialektischen Theologie[1], vom Kulturprotestantismus zur Neuorthodoxie sichtbar wurde[2]. Entsprechend den stärkeren Beharrungskräften des Katholizismus, die durch die Abwehr des „Modernismus" noch gewachsen waren, vollzog sich hier die Weiterentwicklung nicht in dialektischen Sprüngen, sondern in kontinuierlicher Entfaltung und in gemessenem Fortschreiten. Deshalb machten sich am Beginn dieser Epoche die Auswirkungen des Ersten Vatikanischen Konzils und die nicht immer positiven Folgen des Modernismus-Streites noch deutlich bemerkbar. Was die negativen Folgen der Unterdrückung des Modernismus für

[1] Sachlich und biographisch wird dieser Wandel besonders deutlich greifbar an dem Briefwechsel zwischen K. Barth und A. v. Harnack: Karl Barth. Ein Briefwechsel mit Adolf von Harnack, in: Theologische Fragen und Antworten, 3. Bd. (Zollikon 1957).

[2] Hierzu vgl. die instruktive Darlegung von *W. Trillhaas*, Die evangelische Theologie im 20. Jh., in: Bilanz der Theologie II, 88–123, bes. 101ff.

die katholische Theologie angeht, so ist jedoch das Urteil R. Auberts zu beachten, daß „die Gesamtbilanz... weniger negativ war, als manchmal behauptet wird“[3]. Das gilt vor allem für die deutsche Theologie, die sich um die Jahrhundertwende zwar mit den vom sogenannten „Reformkatholizismus“[4] aufgeworfenen Problemen auseinandersetzte, aber von den höchsten Wogen dieser Krise nicht erfaßt wurde. Den Stand und die allgemeine Einschätzung dieser vor allem durch die Universitätsfakultäten repräsentierten Theologie im Zeitbewußtsein kann das (gewiß episodenhafte, aber doch nicht ganz untypische) Faktum charakterisieren, daß sich bei einer an einigen Universitäten intern veranstalteten Umfrage über die Abschaffung bzw. Beibehaltung der theologischen Fakultäten die weitaus überwiegende Mehrzahl der Gelehrten der profanen Wissenschaften für eine Beibehaltung aussprach[5].

Allerdings war und ist dieses Votum nicht geradezu als Urteil über den glänzenden Stand der katholischen Theologie zu werten, zumal nicht in Rücksicht auf *alle* ihre Disziplinen. Für Deutschland hatte sich die hochgemute Verheißung J. I. Döllingers († 1890) auf der Münchener Gelehrtenversammlung vom Jahre 1863, nach der hier künftig das Heimatland der katholischen Theologie liegen würde[6], nicht erfüllt, vor allem nicht für die systematische Theologie (Dogmatik), die in den Bahnen einer zwar nicht exzessiven, aber doch gemäßigten Neuscholastik weiterschritt. Auf diesem Wege nahm sie zunächst weder die von M. J. Scheeben, der „kostbaren Blüte der Neuscholastik“ (K. Eschweiler), stammenden Anregungen zur denkerischen Vertiefung und organischeren Erfassung des rationalen neuscholastischen Systems auf noch auch die vor allem aus Frankreich kommenden fruchtbaren Erkenntnisse des „Neuthomismus“, der eine Synthese zwischen dem genuinen Thomismus und der modernen Philosophie herzustellen suchte (P. Rousselot [gef. 1915], J. Maréchal [† 1944]). Sie wurde hierin von der systematischen Theologie in den romanischen Ländern gefolgt, die sich, ihrem Selbstverständnis einer lehrhaft-nüchternen „Schultheologie“ entsprechend, nur in Einzelfällen über die traditionelle neuscholastische Problemstellung und ihre Antworten erhob[7].

Das Aufschmelzen dieser Verhärtungen und eine Neubelebung erfolgte durch Kräfte und Impulse, die außerhalb der engen Grenzen der fachtheologischen

[3] So in diesem Handbuch VI/2 (1973) 485.

[4] Zur Beurteilung dieser Bewegung, deren Benennung nicht ganz präzise ist, vgl. u. a. *Y. Congar,* Vraie et fausse réforme dans l'église (Paris 1950); *A. Hagen,* Der Reformkatholizismus in der Diözese Rottenburg (Stuttgart 1962); *A. Kolping,* Katholische Theologie, 46f.

[5] Mitgeteilt bei *K. Eschweiler,* Die zwei Wege der neueren Theologie (Augsburg 1926) 9.

[6] Vgl. dazu *L. Scheffczyk,* Theologie im Aufbruch und Widerstreit. Die deutsche katholische Theologie im 19. Jh. (Bremen 1965) 276; *G. Denzler,* Ignaz von Döllingers Vermächtnis an seine Hörer, in: MThZ 21 (1970) 93–101.

[7] Als solche herausragenden Einzelleistungen, die die neuscholastische Systematik in Einzelproblemen mit Rückgang auf die Patristik und in denkerischer Eigenständigkeit vertieften, dürfen u. a. genannt werden: *M. de la Taille SJ,* Mysterium fidei (1921); *E. Masure,* Le sacrifice du chef (1932); *A. Vonier,* A Key to the Doctrine of the Eucharist (1925).

Systematik lagen und im Bereich des allgemeinen Zeitbewußtseins wie eines neuen philosophischen Denkens wurzelten. Das katholische Lebensgefühl und das Glaubensbewußtsein in der Zeit nach dem Ersten Weltkrieg vermochten es, diese Strömungen aufzunehmen und in einer Weise zu integrieren, die dem Katholizismus nicht nur inneren Auftrieb, sondern auch eine gewisse Ausstrahlung auf die Umwelt verlieh. Während eine nicht unbedeutende Grundströmung aus der politisch-kulturellen Krisensituation auf Grund eines biologisch-deterministischen Denkens den Schluß auf den „Untergang des Abendlandes“[8] zog, wurde im katholischen Raume, zumal Deutschlands, die Überzeugung von der Regenerationsfähigkeit der Kirche und der Kultur aus den Kräften des Geistes wach, der freilich der Geist der überlieferten christlich-humanistischen Kultur und des katholischen Glaubens war. Damals entstanden simultan die programmatischen Formulierungen vom „Erwachen der Kirche in den Seelen“ (R. Guardini, 1921) und von der Aufrichtung eines „Neuen Abendlandes“ (so der Titel einer zwischen 1926 und 1930 erscheinenden Zeitschrift katholischer Intellektueller). Die darin zum Ausdruck kommenden Anliegen akzentuierten sich weiter in den die Atmosphäre bestimmenden Begriffen des „Lebendigen“, des „Organischen“ und „Echten“, des „Gemüthaften“ und der „Geschichte“, der „Persönlichkeit“ und des „Werterlebens“. Als Katalysator wirkte der von dem konvertierten Maler und Schriftsteller B. Momme Nissen OP († 1943) wiederentdeckte „Rembrandtdeutsche“ (Julius Langbehn [† 1907]), der den Katholizismus als „Geist des Ganzen“ erfaßte und verstehen lehrte, anderseits freilich auch nationalistischem Denken Vorschub leistete.

Diese aus einem neuen Lebensgefühl hervorkommenden Gedanken wurden von entsprechenden „Lebensbewegungen“ aufgenommen und auf vielfältige Weise reflektiert, so von der schon in die Zeit vor dem Ersten Weltkrieg zurückreichenden Jugendbewegung, von der entstehenden Liturgischen Bewegung wie auch von der Bibelbewegung (die allerdings wegen ihrer Begrenzung auf kleinere Kreise den erstgenannten Bewegungen nicht gleichgeordnet werden kann). Der idealistische Schwung, der diesen vornehmlich von Laien getragenen Bewegungen eignete und der allerdings nur teilweise in der „Katholischen Aktion“ von Pius XI. dem „hierarchischen Apostolat der Kirche“ nutzbar gemacht wurde, war gewiß nicht frei von restaurativen Tendenzen, weshalb ihnen heute gelegentlich die absprechende Kennzeichnung als „Neuromantik“ zuteil wird. Aber die Etikettierung trifft weder in ihrer historischen Parallelisierung noch bezüglich des sachlichen Gehaltes zu, weil trotz gewisser „stilistischer“ und inhaltlicher Gemeinsamkeiten (etwa in der Wiederentdeckung des Mittelalters[9]) das Unterscheidende dominierte, vor allem in der Ablehnung des Subjektivismus und des Irrationalismus.

[8] O. Spengler, Der Untergang des Abendlandes, 2 Bde. (München [30]1922).

[9] Ein für diese „Wiederentdeckung“ charakteristisches Werk aus dem nichtkatholischen Raum, das aber in der ebenfalls sehr lebendigen katholischen Akademikerbewegung große Resonanz fand, war das von *P. L. Landsberg*, Die Welt des Mittelalters und wir (Bonn [3]1925).

Dies kann ein Blick auf die philosophischen Unterströmungen deutlich machen, die diesen Bewegungen zugrunde lagen und die auf Umwegen über eine vorwissenschaftliche Erörterung[10] auch die Neuansätze in der katholischen Theologie beeinflußten. Es war eine z.T. überraschende, z.T. aber wegen der Aporien des Kantianismus wie des Neukantianismus erklärliche Wende, die sich nach dem Ersten Weltkrieg ereignete und mit dem Stichwort (oder Schlagwort) von der „Auferstehung der Metaphysik"[11] getroffen wurde. Dem sachlichen Gehalt nach handelte es sich hier aber nicht um eine mechanische Repristinierung des Aristotelismus oder des Wolffianismus noch des in Deutschland weniger lebendigen Neuthomismus (im Gegensatz zu Frankreich [A. G. Sertillanges, É. Gilson, J. Maritain] und trotz der Enzyklika Pius' XI. „Studiorum ducem" [1923] zur Sechshundertjahrfeier der Heiligsprechung des Thomas v. Aquin), sondern um eine kritischer gewordene Wesensforschung, die sich sowohl von der neuartigen, unspekulativen Ontologie N. Hartmanns († 1950) wie von der Wirklichkeitslehre H. Drieschs († 1943) beeindrucken ließ, vor allem aber aus der „Wesensschau" der Phänomenologie (E. Husserl, M. Scheler) und ihrer Wertphilosophie Anregungen empfing (J. Hessen, D. v. Hildebrand). Damit wurde auch die Aufmerksamkeit verstärkt auf den anderen Grundstrom abendländisch-christlicher Geistigkeit gelenkt, nämlich auf das augustinisch-franziskanische Denken in Philosophie und Theologie. Diese neue Erkenntnis- und Seinslehre, die Metaphysik nicht mehr als Suche nach einer abstrakten Hinterwelt verstand und die sich an den Neuentwurf einer „christlichen Philosophie"[12] als Inbegriff einer „philosophia perennis" wagte, blieb selbst der Lebensphilosophie W. Diltheys († 1911) geöffnet[13], wenn sie auch die darin angelegten Elemente des historizistischen Relativismus ablehnte.

Den nachhaltigsten Eindruck übten jedoch in den zwanziger und dreißiger Jahren auf das sich neu artikulierende Glaubensbewußtsein die Lebensphilosophie und die Phänomenologie aus, letztere nicht ohne die Vermittlerrolle des genialen M. Scheler († 1928), dessen Lebensschicksal allerdings auch die Unausgeglichenheiten, Spannungen und die Situation der tastenden Versuche im damaligen katholischen Geistesleben widerspiegelt. Allein gegenüber dem aufkommenden Existentialismus (M. Heidegger) und der Existenzphilosophie (K. Jaspers) blieb die Reaktion im allgemeinen negativ[14] (ungeachtet der von

[10] Für diese aus dem „vorwissenschaftlichen" Bereich kommenden Impulse, die sich schließlich auch der Theologie mitteilten, waren die Arbeiten des universal gerichteten R. Guardini († 1968) repräsentativ.

[11] Vgl. dazu P. Wust (Leipzig 1920). Einflußreich auch *H. Heimsoeth,* Die sechs großen Themen der abendländischen Metaphysik (Berlin 1922).

[12] Als für dieses Anliegen charakteristisches Werk darf genannt werden: *A. Dempf,* Christliche Philosophie. Der Mensch zwischen Gott und der Welt (Bonn 1938).

[13] Vgl. zur Aufnahme W. Diltheys: *J. Höfer,* Vom Leben zur Wahrheit. Katholische Besinnung am Lebenswerk W. Diltheys (Freiburg 1936).

[14] Vgl. etwa die für die damalige Zeit charakteristischen Stellungnahmen von *M. Pfliegler,* Vor der Entscheidung. Überlegungen zur seelischen Bedrohtheit der heutigen Menschen (Salzburg,

Frankreich kommenden Vermittlungsversuche G. Marcels), was aber z. T. in der Dunkelheit und Eigenwilligkeit dieses Denkens und seiner Sprache begründet lag, mit der selbst die Fachphilosophen ihre Schwierigkeiten hatten (vgl. P. Wust [15]).

Die Wendung der Dogmatik von der „Ratio" zum „Leben"

Die Wendung der dogmatischen Betrachtungsweise zum „Lebendigen" und zum „religiösen Wert", z. T. auch von den Anregungen der Religionsphilosophie inspiriert (R. Otto, Das Heilige [1917]), tritt zunächst zwar nur spurenhaft in Erscheinung. Aber die in verschiedenen Abwandlungen auftretenden Formulierungen des Themas „Dogma und Leben" [16], die Versuche zur Erschließung des Lebenswertes des Dogmas (und sei es auch vorerst nur in Korollarien am Ende der positiven Darlegung [17]), die Verbindung zwischen Theologie und Spiritualität in den Werken C. Marmions († 1923) [18] und A. Gardeils OP [19] schufen eine Atmosphäre, der sich auch die Schuldogmatik auf die Dauer nicht gänzlich verschließen konnte, obgleich die inzwischen standardisierten Lehr- und Handbücher noch in der neuscholastischen Strenge gehalten waren. Diese erfuhr allerdings durch die Aufnahme neuerer Probleme bei Pohle-Gierens (^{9}1936, 10. Auflage von J. Gummersbach SJ) und durch die Berücksichtigung der Dogmengeschichte bei F. Diekamp (^{7}1934, 11. Auflage von K. Jüssen) eine ansprechende Auflockerung.

Es war nur konsequent und ein Beweis für die Exaktheit der systematischen Arbeit, wenn von ihr daraufhin auch die Methodenfrage und das Problem des Weges der (systematischen) Theologie neu aufgegriffen wurde. Der im deutschen Bereich unter dieser Rücksicht gründlichste und anregendste Versuch von K. Eschweiler († 1936) bestimmte den Ausgang des theologischen Denkens (im Anschluß an M. J. Scheeben und gegen G. Hermes) nicht von einer neutralen

Leipzig 1937); Heilige Bildung. Gedanken über Wesen und Weg christlicher Vollendung (Salzburg 1933); Die prädagogische Situation. Gedanken zur gegenwärtigen Lage religiöser Erziehung (Innsbruck 1932).

[15] Vgl. dazu den Auszug eines Briefes vom Jahre 1929 bei *Fr. Heinemann,* Existenzphilosophie lebendig oder tot? (Stuttgart 1954) 88.

[16] So das repräsentative Buch von *E. Krebs,* Dogma und Leben, 2 Bde. (Paderborn 1921–1925 u.ö.); *A. Rademacher,* Religion und Leben. Ein Beitrag zur Lösung des christlichen Kulturproblems (Freiburg ^{2}1929); nach dem Zweiten Weltkrieg: u.a. *J. Ranft,* Vom Dogma und vom lebendigen Geist (Würzburg 1949); *B. Poschmann,* Die katholische Frömmigkeit (Würzburg 1949).

[17] So in der schon vom biblischen und geschichtlichen Denken bestimmten Dogmatik von *B. Bartmann,* Grundriß der Dogmatik, 2 Bde. (Freiburg ^{2}1931).

[18] Vgl. u.a. Le Christ dans ses Mystères (Maredsous 1919, dt. Paderborn 1931, ^{6}1936).

[19] Hier ist besonders das auch für die theologische Methodenfrage bedeutsame Werk zu nennen: La structure de l'âme et l'expérience mystique, 2 Bde. (Paris 1927).

Vernunft, sondern vom Glauben und der ihm immanenten Vernünftigkeit her[20], die von der Theologie nach der Methode geisteswissenschaftlicher Erkenntnis entfaltet werden sollte. Damit wurde die Theologie einerseits in dem ihr wesentlichen übernatürlichen Glaubensgrund verankert, andererseits aber als theoretische Wissenschaft gefestigt. Dem letztgenannten Moment kam deshalb eine besondere Bedeutung zu, weil etwa zur gleichen Zeit andere theologische Grundkonzeptionen in die Diskussion kamen: das auf der franziskanischen Tradition begründete affektiv-charismatische Konzept (Th. Soiron OFM)[21], der von der Patristik abgeleitete mystisch-erbauliche Typus (A. Stolz OSB [† 1942])[22], der durch die vor allem in Frankreich gepflegten Studien zum geistlichen Leben (H. Bremond, R. Garrigou-Lagrange und die Zeitschrift „La vie spirituelle") angeregt war, und ein „kerygmatischer" Tpyus, der unter dem Namen der „Verkündigungstheologie" auftrat.

Die vor allem von Innsbrucker Theologen (J. A. Jungmann[23], F. Dander, F. Lakner, H. Rahner u. a.) intendierte Theologie einer lebendigen Verkündigung sollte einen eigenen Weg und Arbeitsbereich neben der theoretisch-essentiellen Dogmatik darstellen und die Offenbarungswahrheit unmittelbar auf den Hörer in der Sprache des Kerygmas ausrichten. Obgleich dieser Versuch wegen des Weiterwirkens seiner Intention nicht einfach als „Totgeburt"[24] bezeichnet werden kann, ließ er sich doch methodisch nicht realisieren und wäre auch für die immer wieder angestrebte Einheit der Theologie von Nachteil gewesen.

Schon zuvor wurde die Absicht, die dogmatische Theologie dem modernen Lebensgefühl anzunähern und sie für den lebendigen Glauben fruchtbar zu machen, in überzeugenderer Weise von K. Adam († 1966) in seinem Werk „Das Wesen des Katholizismus" (1924, ¹²1949) realisiert, das unter Zugrundelegung der phänomenologischen Wesensschau, der Religionspsychologie und der biblischen Leib-Christi-Vorstellung ein mystisches Wesensverständnis des katholischen Christentums und der Kirche erschloß. Hier wurde das in jenen Jahren besonders gefragte Kirchenthema, das zuvor seinen Platz nur in der Apologetik hatte, zu einem dogmatischen Gegenstand erhoben, der fortan auch unter dogmatischem Gesichtspunkt reicher entfaltet wurde.

Dies geschah betont in der „Dogmatik" von M. Schmaus (1938, ⁶1964), in der die religiös-existentiellen wie die wissenschaftlichen Antriebe der Zeit vor Beginn des Zweiten Weltkrieges eine gültige Zusammenfassung erfuhren. Das

[20] *K. Eschweiler,* a. a. O., 24 u. o. In ähnliche Richtung wies *K. Adam,* Glaube und Glaubenswissenschaft im Katholizismus (Rottenburg 1920, ³1923). Zur kritischen Beurteilung vgl. *A. Kolping,* a. a. O., 102 f.

[21] Vgl. *Th. Soiron,* Heilige Theologie (Regensburg 1935).

[22] *A. Stolz,* Manuale theologiae dogmaticae, 6 Fasz. (Freiburg 1939–1943).

[23] Initiierend wirkte vor allem *J. A. Jungmann,* Frohbotschaft und unsere Glaubensverkündigung (Regensburg 1936). Zur Kritik vgl. u. a. *E. Kappler,* Die Verkündigungstheologie (Fribourg 1949) und *A. Kolping,* a. a. O., 163 ff.

[24] So *R. Aubert,* Katholische Theologie im 20. Jahrhundert, in: Bilanz der Theologie II, 37.

Positive des kerygmatischen Anliegens einer Aufhebung der Spannung zwischen Glaubenswissenschaft und Glaubensleben aufnehmend, doch ohne Preisgabe des wissenschaftlichen Erkenntnisweges, wurde hier der Versuch unternommen, das Dogma aus den Quellen der Schrift und der genuinen patristischen Tradition, die beide ausführlich zur Sprache kamen und nicht mehr nur in „dicta probantia" dargeboten wurden, zu erheben und es dem Verständnis einer Zeit aufzuschließen, die von der Lebensphilosophie Nietzsches und der an Einfluß gewinnenden Existenzphilosophie Heideggers und Jaspers' beeinflußt war[25].

Freilich sind Eigenart und Bedeutung dieses Werkes, das sich erstmals auch für die Schriftargumentation des sonst in der katholischen Theologie noch mit Vorurteilen bedachten Kittelschen Wörterbuches zum Neuen Testament bediente, vollauf nur zu verstehen, wenn man die in der Zwischenzeit eingetretenen Entwicklungen der historischen wie der biblischen Theologie mit veranschlagt und die Tatsache der Öffnung der Dogmatik gegenüber den Einflüssen aus den beiden Bereichen. Für die historische Theologie versteht sich diese Einflußnahme wie von selbst, da die Vertreter der Systematik fast ausnahmslos durch die Schule theologiegeschichtlicher Forschung hindurchgegangen waren, die sich damals vor allem auf das Mittelalter konzentrierte (Cl. Bäumker, M. Grabmann, A. Landgraf, É. Gilson, M. de Wulf, J. de Ghellinck, J. Koch, B. Geyer [† 1974] u.a.). Man darf rückblickend auch feststellen, daß diese durchaus soliden Forschungen eigentlich die Hauptkräfte der in der systematischen Theologie tätigen Theologen beanspruchten, so daß (bis auf die genannten Ausnahmen) eine im Bereich des Möglichen liegende stärkere Aktualisierung der katholischen Glaubenswelt und des Dogmas unterblieb. Dabei lag es an der Bevorzugung der Einzeluntersuchungen und an dem Zurücktreten von theologie- und dogmengeschichtlichen Gesamtdarstellungen, daß die Erkenntnis aus der Historie nicht in vollem Umfang für das geschichtliche Verständnis des Dogmas nutzbar gemacht wurden. Ein eigentlich geschichtliches Verständnis des Dogmas, wie es (freilich in einseitiger Abzweckung) protestantischerseits durch das Dreigestirn Harnack–Loofs–Seeberg entwickelt wurde, war in der katholischen Theologie der dreißiger Jahre noch nicht aufgebrochen. Trotzdem sind die Ansätze in dieser Richtung, die bereits im Ersten Weltkrieg bei J. Tixeron[26] gesetzt und in kontinuierlicher Folge weitergeführt wurden, nicht zu übersehen. Für das schärfer werdende geschichtliche Bewußtsein und das

[25] Von ähnlichen Absichten getragen war das Werk des Niederländers *A. Janssens*, Leerboeken der dogmatica en der apologetica (Antwerpen 1925 ff); aber auch *D. Feuling*, Katholische Glaubenslehre (Salzburg 1937) und die zu dieser Zeit neu aufkommenden „Laiendogmatiken" (J. P. Junglas [1936], L. v. Rudloff OSB [1934, [5]1949]).

[26] Histoire des Dogmes (Paris 1912–1914, [11]1930). Zum Aufkommen und zur Entwicklung der katholischen Dogmengeschichtsschreibung vgl. *J. Beumer*, Theologie und Dogmengeschichte, in: Bilanz der Theologie III, 471–503; ebenso das Vorwort von *M. Schmaus* zu dem nach dem Zweiten Weltkrieg unternommenen neuen Gesamtentwurf: Handbuch der Dogmengeschichte, hrsg. von *M. Schmaus – J. R. Geiselmann – H. Rahner*, Bd. IV, 3: *B. Poschmann*, Buße und Letzte Ölung (Freiburg 1950) V–XI.

Interesse an der Dogmenentwicklung zeugte besonders der damals beachtliche Versuch des Spaniers F. Marín-Sola OP († 1932) über die homogene Entwicklung des Dogmas[27], in dem allerdings nicht die Geschichte des Dogmas als solche verfolgt, als vielmehr eine (durchaus bedenkenswerte) Theorie über die Dogmenentwicklung mit Hilfe von (nicht immer zweifelsfrei interpretierten) geschichtlichen Fakten belegt wurde[28]. Einen weiteren Auftrieb sollten die dogmengeschichtlichen Fragen erst am Vorabend der Definition der „Assumptio Corporalis" Mariens (1950) erfahren, wo sich zeigte, daß die Problematik des Verhältnisses von Offenbarung und Geschichte innerhalb der katholischen Theologie noch mancher Denkbemühungen bedurfte[29].

An einem Punkte trat die Fruchtbarkeit des Zusammentreffens von historischer Forschung und theologisch-systematischem Interesse in der Zeit vor dem Ersten Weltkrieg (aber auch noch danach) besonders deutlich in Erscheinung, nämlich in der von O. Casel OSB († 1948) konzipierten Mysterientheorie, die das neben dem Kirchenthema damals ebenso stark beachtete Thema der Sakramententheologie auf originelle Weise in den Vordergrund rückte und zu einer Diskussion von beachtlicher Höhe Anlaß gab. Der von der Religions- und Liturgiegeschichte herkommende Laacher Benediktiner, der sich aber auch der Liturgischen Bewegung und ihrem Zug zur Ursprünglichkeit und Echtheit des liturgischen Lebens verpflichtet fühlte, deutete die sakramentalen Handlungen der Kirche, zumal die Eucharistie, nicht mehr im Sinne der scholastischen effectus-Theorie, nach der der Gläubige nur Wirkungen aus dem Heilsgeschehen empfing[30]. Vielmehr sollte sich nach der neuen, aber an der griechischen Patristik Anhalt suchenden Interpretation die Heilstat als solche und in ihrem Sein – allerdings „in mysterio", d.h. unter dem Schleier der Symbole – vergegenwärtigen. Obgleich sich diese Theorie wegen der ihr anhaftenden historischen wie sachlichen Problematik als ganze nicht durchsetzte, hat sie doch unstreitig zur Vertiefung des katholischen Sakramentsverständnisses beigetragen[31]. Dieser Beitrag, von Pius XII. noch kritisch beurteilt[32], vom Zweiten Vatikanischen Konzil dagegen in seinen Grundzügen mit Wohlwollen bedacht[33], bot

[27] L'évolution homogène du Dogme catholique, 2 Bde. (Fribourg ²1924).

[28] Die kritische Beurteilung bei *H. Hammans,* Die neueren Erklärungen der Dogmenentwicklung (Essen 1965) 147ff.

[29] Zur Entwicklung der Mariologie vgl. *H. M. Köster,* Die Mariologie im 20. Jh., in: Bilanz der Theologie III, 126–147.

[30] Vgl. die einschlägigen Veröffentlichungen zum Thema: Die Messe als heilige Mysterienhandlung, in: Bened. Monatsschrift 5 (1923) 20–28, 97–104, 155–161; Zur Idee der liturgischen Mysterienfeier (Freiburg 1923).

[31] Über die Kontroverse bis zum Jahre 1947 informiert *Th. Filthaut,* Die Kontroverse über die Mysterienlehre (Warendorf 1947). Vgl. auch *B. Neunheuser,* Eucharistie in Mittelalter und Neuzeit, Handbuch der Dogmengeschichte IV/4b (Freiburg 1963) 64 (Lit.) und *A. Kolping,* a.a.O., 138f.

[32] Enzyklika „Mediator Dei" vom Jahre 1947 (DS 3855).

[33] „Sacrosanctum Concilium", nr. 104.

auch gewisse Ansatzpunkte für das ökumenische Gespräch, das damals von der systematischen katholischen Theologie nur zögernd aufgenommen wurde[34].

Trotz dieses nicht unlebendigen oder gar stagnierenden Zustandes der dogmatischen Theologie vor und unmittelbar nach dem Ersten Weltkrieg bot sie im Gegensatz zum heutigen Pluralismus doch das Bild innerer Geschlossenheit, die nicht zuletzt aus ihrer fraglosen Verankerung im Glauben und aus ihrer positiv zu verstehenden Kirchlichkeit resultierte. Man mag im vergleichenden Rückblick die Neuansätze als wenig radikal und relativ geringfügig erachten und die Traditionsgebundenheit bemängeln. Trotzdem ist zu bedenken, daß besonders die deutsche Theologie und Kirche in dieser Grundhaltung den Fährnissen des Nazismus widerstehen konnte, was auch für die besonders bedrohten katholischen Universitätsfakultäten gilt. Das Bild, das die evangelischen Fakultäten boten, war (bis auf wenige Ausnahmen) hierin viel ungünstiger.

Viele dieser positiven Entwicklungen auf eine lebendigere Erfassung des Dogmas und auf seine heilshafte Interpretation hin sind (zumal in Deutschland) durch die Katastrophe des Zweiten Weltkriegs unterbrochen oder beendet worden. Der Neuanfang setzte vor allem von Frankreich aus ein, wo die arteigene Spiritualität und die spekulative Kraft sich schon zuvor um die Grundlagenfragen der systematischen Theologie bemüht hatte und dabei zu einer Kritik der szientifizistischen Konklusionstheologie der Vergangenheit gekommen war[35]. Diese Tendenzen verdichteten sich in den Arbeiten einer Theologengruppe (zu der u.a. H. Bouillard, H. de Lubac, J. Daniélou, Y. Congar u.a. gehörten), die unter der ziemlich farblosen Bezeichnung der „Nouvelle théologie" zusammengefaßt wurde. Unter dieser Etikettierung trat das Charakteristische dieser Bemühungen gerade nicht hervor, die nämlich darauf zielten, die Theologie wieder entschiedener auf die biblisch-patristische Tradition auszurichten, allerdings auch im Horizont eines modernen Denkens und seiner Desiderate. So war das Entstehen dieser theologischen Interessensrichtung nicht zufällig mit dem Erscheinen einer neuen Kirchenväterausgabe verknüpft (Sources chrétiennes), die das alte Gut der Glaubenstradition für das moderne Denken fruchtbar machen wollte und damit (gegen die einseitig scholastisch orientierte Theologie) augustinische Spiritualität und den griechischen Heilsuniversalismus (Origenes) wieder zur Geltung bringen wollte, und zwar unter dem paradigmatischen Leitsatz: „Eine Theologie, die nicht aktuell wäre, wäre eine falsche Theologie" (H. Bouillard). Die dabei benutzten Mittel einer spirituellen Exegese, einer personalistischen Auffassung der Glaubenswahrheit und ihrer „geschichtlichen" Interpretation und

[34] Auch die ökumenische Theologie entwickelte sich in dieser Zeit vorerst nur in Einzelinitiativen (A. Rademacher, P. Simon, R. Grosche, O. Karrer, H. Urs von Balthasar) und außerhalb der theologischen Systematik (M. Laros, M. J. Metzger).

[35] So schon bei *M. D. Chenu,* Une école de théologie (Le Saulchoir 1937) und *L. Charlier,* Essai sur le problème théologique (Thuilles 1938). Beide Arbeiten wurden am 6. Februar 1942 indiziert.

einer Option für eine gewisse Vielfalt in der Theologie mußten den Vertretern einer streng ausgerichteten (thomistischen) Essenztheologie gefährlich erscheinen[36]. Sie trafen in ihrer nicht immer ganz sachgemäßen Kritik mehr die immer vorhandenen Möglichkeiten zu falschen Konsequenzen (etwa einer Immanentisierung der Gnade, einer Aufhebung des Dogmas in die Evolution, eines Relativismus der Wahrheitserkenntnis) als wirklich vorhandene Fehler und Entstellungen. Deshalb war der Verdacht eines Neuauftretens des Modernismus unbegründet. Trotzdem sah sich Pius XII. veranlaßt, in der Enzyklika „Humani generis" vom Jahre 1950 (ohne Nennung dieser theologischen Richtung)[37] auf die fehlerhaften Tendenzen hinzuweisen, die sich weniger bei den originellen Initiatoren dieser Richtung fanden als vielmehr bei einigen ihrer zu einseitigen Interpreten. Eine Einengung der theologischen Forschung oder eine Stagnation der theologischen Entwicklung hat die Enzyklika weder intendiert noch erbracht. Sie deckte aber einen theologischen Gärungsprozeß auf, der durch die Konzentration der dogmatischen Theologie auf das mariologische Thema in den Jahren vor und nach der Definition der „Assumptio Corporalis" Mariens (1950)[38] noch nicht ins allgemeine Bewußtsein trat. Dieser Prozeß war gekennzeichnet durch eine tiefere Reflexion der systematischen Theologie auf die Geschichtlichkeit des Menschen, der Kirche und der Theologie[39], auf die damit zusammenhängenden Probleme der Hermeneutik[40], auf die durch Teilhard de Chardin († 1955) und seine (vorerst nur bruchstückhaft bekannt werdenden) Schriften neu ins Licht gerückte Evolutionslehre[41] wie auf die Dringlichkeit ökumenischer Bemühungen[42] und die Probleme der Zuwendung zu einer säkularisierten Welt am „Ende der Neuzeit"[43]. Die Ergebnisse dieser kritischeren Fragestellungen waren im Materialen wie im Formalen durchaus po-

[36] So kamen dann auch scharfe Einwände von seiten thomistischer Denker wie *R. Garrigou-Lagrange,* La nouvelle théologie ou va-t-elle? in: Angelicum 23 (1946) 126–145, 24 (1947) 5–19, und *M. Labourdelle,* La théologie et ses sources, in: RThom 46 (1946) 353–371, 47 (1947) 5–19.

[37] Den Ausdruck selbst gebrauchte der Papst in einer Ansprache an die Generalkongregation der Jesuiten vom September 1946.

[38] Zu dieser Entwicklung vgl. die Ausführungen von *H. M. Köster,* Die Mariologie im 20. Jahrhundert, in: Bilanz der Theologie III, 132.

[39] An dieser Diskussion beteiligten sich nun auch im stärkeren Maße holländische Theologen, u. a. *E. Schillebeeckx,* in: Theologisch Woordenbock I (1952); vgl. auch Ges. Schr. I (Mainz 1965); *P. Schoonenberg,* Theologie in Selbstbesinnung, in: Annalen van het Thiymgenootschap 44 (1956) 225 ff.

[40] Vgl. dazu den Sammelband: Fragen der Theologie heute, hrsg. von *J. Feiner – J. Trütsch – Fr. Böckle* (Zürich, Köln 1957).

[41] Eine der ersten Stellungnahmen im deutschen Bereich findet sich bei *Th. Deman,* Französische Bemühungen um eine Erneuerung der Theologie, in: ThRev 46 (1950) 61 ff.

[42] *H. Urs v. Balthasar,* K. Barth (Köln 1950); *H. Fries,* Bultmann, Barth und die kath. Theologie (Stuttgart 1950); *O. Karrer,* Um die Einheit der Christen. Die Petrusfrage (Frankfurt 1953).

[43] So das anregende Buch von *R. Guardini* (Basel 1950).

sitiv: das geschichtliche Denken wagte sich an heilsgeschichtliche und geschichtstheologische Entwürfe heran[44]; das seit langem behandelte Kirchenthema, das im Umkreis der Enzyklika „Mystici Corporis" vornehmlich unter dem mystisch-organologischen und hierarchischen Aspekt erörtert worden war, wurde in die Dimension des Gemeinschaftlichen erweitert, in der auch das Laienelement stärker zum Zuge kam[45]; in der Christologie, die durch die Auseinandersetzung mit der am Skotismus ausgerichteten Lehre des Déodat de Basly († 1937) angeregt und bereichert wurde, trat das Interesse an der Menschheit und Menschlichkeit (der „Psychologia") Christi kraftvoll hervor[46]. Eine besondere Bedeutung, die bis heute keine Minderung erfahren hat, gewann das von H. de Lubac neu in die Diskussion gebrachte Thema des Verhältnisses von „Natur und Gnade"[47], an dessen Lösung sich die Einheitsauffassung von Schöpfung und Erlösung, von Weltlichem und Christlichem, von Immanenz und Transzendenz des Göttlichen entscheiden mußte.

Alle diese tiefreichenden Probleme der systematischen Theologie wurden mit einem geschärften Bewußtsein erörtert und durchaus im Sinne weniger „supranaturalistischer" und „extrinsezistischer" Vorstellungen und Modelle beantwortet. Es traf deshalb wohl nicht ganz die Situation, wenn um die Mitte der fünfziger Jahre gesagt wurde, daß „die Dogmatik von heute... sehr rechtgläubig, aber nicht sehr lebendig"[48] sei. Aber vielleicht lag diesem Urteil das richtige Gespür dafür zugrunde, daß den vertieften Fragestellungen und gedanklichen Versuchen ein durchgreifendes Grundkonzept und eine umfassende systematische Zusammenschau fehlte. Deshalb entwarf K. Rahner zu dieser Zeit das neue Programm einer heilsgeschichtlichen Dogmatik[49], dessen Ausführung freilich erst später in Angriff genommen wurde[50]. Was aber die Behaup-

[44] Dazu erbrachten gewichtige Beiträge u.a. *J. Pieper,* Über das Ende der Zeit (München 1950); *H. Urs v. Balthasar,* Theologie der Geschichte (Einsiedeln ³1959); *H. Rahner,* Grundzüge katholischer Geschichtstheologie, in: StdZ 140 (1947) 408–427; *H. de Lubac,* Histoire et Esprit. L'Intelligence de l'écriture d'après Origène (Paris 1950); *J. Daniélou,* Das Geheimnis vom Kommen des Herrn (Frankfurt 1951).

[45] So u.a. von *H. de Lubac,* Katholizismus als Gemeinschaft (Einsiedeln, Köln 1943); Betrachtung über die Kirche (Graz 1954). Zuvor schon hatte in Deutschland *M. D. Koster,* Ekklesiologie im Werden (Paderborn 1940) auf die notwendig erscheinende Vorordnung des „Volkes Gottes", des Heilskollektivs, vor den individualistischen Heilspersonalismus hingewiesen.

[46] Das zeigte sich deutlich in dem Sammelwerk von *A. Grillmeier – H. Bacht* (Hrsg.), Das Konzil von Chalkedon, 3 Bde. (Würzburg 1951–1954); vgl. hier besonders *J. Ternus,* Das Seelen- und Bewußtseinsleben Jesu. Problemgeschichtlich-systematische Untersuchung, III, 81–237.

[47] *H. de Lubac,* Surnaturel. Études historiques (Paris 1946) und Le mystère du surnaturel, in: RSR 37 (1949) 80–121.

[48] *K. Rahner,* Über den Versuch eines Aufrisses der Dogmatik: Schriften zur Theologie I (Einsiedeln 1954) 22.

[49] Ebd., 29–47.

[50] Mysterium Salutis. Die Grundlagen heilsgeschichtlicher Dogmatik, hrsg. von *J. Feiner* und *M. Löhrer,* I (Einsiedeln, Zürich, Köln 1965).

tung der Rechtgläubigkeit dieser Theologie angeht, so trifft sie insofern einen positiven Sachverhalt, als die Theologie nach dem Zweiten Weltkrieg trotz der durchaus verschiedenartigen Ansätze und Interessensrichtungen doch noch aus einem stark entwickelten Bewußtsein der Verpflichtung auf die gemeinsame Tradition und ihrem unveräußerlichen Sinnbestand arbeitete. Das zeigte sich besonders deutlich bei der Auseinandersetzung und Adaptation des von R. Bultmann entwickelten Entmythologisierungsprogramms, das vor allem die Christologie betraf. Die Antwort, die etwa J. R. Geiselmann in seinem Christusbuch[51] auf dieses Programm gab, war sowohl durch ein tiefgehendes biblisches wie auch ein hermeneutisch geschärftes geschichtliches Denken fundiert, das sich aber dennoch nicht einer philosophischen Option von „Geschichtlichkeit" unterwarf, in der die objektive Heilsgeschichte mit ihrem vorgegebenen Sinn auf das punctum mathematicum der existentiellen Glaubensentscheidung und des subjektivistischen „pro me" zusammengedrängt wurde. „Geschichtlichkeit" wurde hier nicht ohne die Wirklichkeit der realen Geschichte und ihrer Vermittlung in der Tradition der Kirche verstanden. Bezeichnenderweise wurde in der Theologie am Vorabend des Zweiten Vatikanischen Konzils das Thema „Schrift und Tradition"[52] neu aufgegriffen und unter Absetzung von der unorganischen „Zwei-Quellen-Theorie" einer Einheitsauffassung entgegengeführt, die so auch vom Konzil übernommen wurde[53]. Allein an diesem Tatbestand ist zu ermessen, daß das Konzil vom Geist und Gehalt der ihm vorausgehenden Theologie bestimmt war. Darum kann auch bezüglich des dogmatischen Momentes auf die Frage „Wer hat die Theologie des Konzils bestimmt?" mit einem kompetenten Vertreter der Theologie nach dem Ersten Weltkrieg geantwortet werden: „Eine intensive Arbeit... seit gut dreißig Jahren"[54]. Es darf aber auch hinzugefügt werden, daß das Konzil im Dogmatischen weder über die Ergebnisse dieser Arbeit hinausgehen wollte, noch konnte.

Die „theologische" Vertiefung der Moral

Die nach dem Ersten Weltkrieg aufkommenden geistigen Bewegungen veränderten auch die Gestalt der Moraltheologie, wenn die Entwicklung hier auch nur langsam vor sich ging, was seinen Grund in der Tatsache hatte, daß sich die dem modernen philosophischen Ethizismus wie dem kämpferischen Kulturprotestantismus besonders exponiert erscheinende katholische Sittlichkeitslehre starker Angriffe erwehren mußte, die sie zur Geschlossenheit zwangen und zu

[51] Jesus der Christus (Stuttgart 1951).

[52] Vgl. das Sammelwerk mit den Referaten der ersten Tagung der Arbeitsgemeinschaft katholischer Dogmatiker und Fundamentaltheologen i. J. 1956 in Königstein: Die mündliche Überlieferung, hrsg. von *M. Schmaus* (München 1957).

[53] „Dei Verbum", nr. 9.

[54] *Y. Congar*, Situation und Aufgabe der Theologie heute (Paderborn 1971) 31.

einer gewissen integralistischen Haltung bestimmten[55]. Bezeichnend für die Situation am Anfang des Jahrhunderts waren die Attacken des Marburger evangelischen Systematikers W. Herrmann († 1922), des Lehrers R. Bultmanns, gegen die starre katholische Gebotsmoral, die angeblich die sittliche Gesinnung ertötete, und die katholische Antwort aus der Feder des Luzerner Moraltheologen A. Meyenberg († 1934) mit dem Titel „Die katholische Moral als Angeklagte“[56]. So wird in etwa verständlich, daß die Darstellungen der Moraltheologie z. T. einen apologetischen Zug annahmen und trotz ihrer Gediegenheit und denkerischen Klarheit – wie etwa an J. Mausbachs († 1931) wiederholt aufgelegtem Werk „Die katholische Moraltheologie und ihre Gegner“[57] zu ersehen – eine positive Vermittlung zum Zeitgeist hin nicht zu leisten vermochten. Trotzdem meldeten sich schon zu dieser Zeit einzelne Vertreter dieser Disziplin zu Wort, die eine Neuausrichtung ihrer Wissenschaft unter Hintanstellung ihrer rechtlichen und kasuistischen Züge förderten. Für das noch vorhandene Einheitsbewußtsein von ethischer und dogmatischer Theologie spricht besonders der Vorschlag von A. Müller, der im Anschluß an die Gnadenauffassung M. J. Scheebens für eine „theologische Moral“ plädierte, die auf den Geheimnissen des Glaubens und auf der Wirklichkeit der Gnade begründet sein sollte[58]. Die um die Jahrhundertwende bezüglich der Reform der Moraltheologie aufgetretenen Spannungen versuchte J. Mausbach in einer für die Zeitgeschichte bedeutsamen Stellungnahme abzubauen[59], in der sogar die Forderung anklang, daß sich „die sittliche Norm naturgemäß den sachlichen Änderungen anpassen müsse, die die Entwicklung der Menschheit und der Natur mit sich bringt“. Freilich sollte das methodisch nicht anders geschehen als mit den Mitteln der thomistischen Philosophie und der philosophia perennis. Immerhin war die von ihm konzipierte „Katholische Moraltheologie“[60] insofern ein Fortschritt, als sie keine reine Gebotslehre entwickelte, sondern eine Tugendlehre, die an dem höchsten Prinzip der Ehre Gottes und dem Grundsatz der Seinsvollkommenheit orientiert war. Die spekulative Ausrichtung und Durchdringung suchte zwar auch stärkeren Anhalt an der biblischen Lehre, ohne diese jedoch (dem damaligen Stand des Bibelgebrauches in der systematischen Theologie entsprechend) tiefer auszuschöpfen.

Auch bei dem in Tübingen dozierenden O. Schilling und dessen „Moraltheo-

[55] Vgl. *J. Ziegler*, Moraltheologie im 20. Jahrhundert, in: Bilanz der Theologie III, 316–360, bes. 319ff; *E. Hirschbach*, Die Entwicklung der Moraltheologie im deutschen Sprachgebiet seit der Jahrhundertwende (Klosterneuburg 1959); *P. Hadrossek*, Die Bedeutung des Systemgedankens für die Moraltheologie in Deutschland seit der Thomasrenaissance (München 1950).
[56] Luzern 1901.
[57] Köln 1901, [5]1921.
[58] *A. Müller*, Ist die katholische Moral reformbedürftig?, in: Katholik (1901) II 346ff, 402ff.
[59] Die neuesten Vorschläge zur Reform der Moraltheologie und ihre Kritik, in: ThRev 1 (1902) 1–8, 41–46.
[60] Münster 1915–1918, 3 Bde., u. ö.

logie"[61] trat, nicht ohne Einfluß der Tübinger Tradition, das Bemühen zutage, die Moraltheologie von einem übernatürlichen Ansatz her zu entwickeln, den er im Prinzip der caritas fand. Gleichwohl blieb er inhaltlich weitgehend Thomas v. Aquin und Alfons v. Liguori verpflichtet. Die starke Berücksichtigung des sozial-ethischen Aspektes dagegen stellte etwas relativ Neues dar.

Daß diese Neuansätze aus dem deutschen Bereich, in dem schon im 19. Jahrhundert von J. M. Sailer und J. B. Hirscher ein relativ eigenständiger „deutscher Typ" der moraltheologischen Darstellung ausgeprägt worden war, zunächst nicht weiter ausgebaut und beherrschend wurden, lag an dem noch immer vorhandenen Übergewicht des „romanischen Typs" der Moraltheologie, der in den Hand- und Lehrbüchern von H. Noldin[62], B. Merkelbach[63], D. M. Prümmer[64] u. a. seinen Einfluß in Richtung einer (oft am Dekalog ausgerichteten) Pflichtenlehre mit stark juridischem und kasuistischem Einschlag geltend machte. Da diese Werke auch im französischen Bereich (trotz der andersgearteten, mehr auf die praktische Anwendung in der Seelsorge ausgerichteten Methodik von St-Sulpice)[65] und im angelsächsischen Sprachraum verbreitet waren, konnten sich Erneuerungstendenzen nur schwer durchsetzen. Die in diesem Bereich hinzukommende pragmatische Einstellung trat besonders extrem hervor in dem Moralhandbuch Th. Slaters († 1928), der im Vorwort erklärte: „Manualien der Moraltheologie sind technische Werke ... wie die Texte des Antwaltes und des Arztes ... Sie handeln davon, was unter Strafe der Sünde Pflicht ist. Sie sind Bücher der Moralpathologie."[66]

Angesichts solcher (allerdings nicht zu verallgemeinernder) Verkennungen des tieferen moraltheologischen Anliegens ist es verständlich, daß in den dreißiger Jahren der Ruf nach einer Neubegründung des „theologischen Charakters" der Moraltheologie immer stärker wurde. Die positive Antwort, die ihm nun bald zuteil wurde, war inspiriert vom Geist des neu aufkommenden biblischen Denkens, das sich damals in der Moraltheologie sogar noch einen kraftvolleren Ausdruck schuf als in der zeitgenössischen Dogmatik. Diese gewandelte Einstellung erfuhr eine repräsentative Ausformung in dem fünfbändigen „Handbuch der Katholischen Sittenlehre" von F. Tillmann, das sein Zentrum in der „Idee der Nachfolge Christi" (Bd. III)[67] und ihrer „Verwirklichung" (Bd. IV)[68] hatte. Unter weitgehendem Verzicht auf kasuistische und praktische Anwendungen (die Tillmann den Lehrbüchern der kasuistischen Moral als legitime

[61] Münster 1922, ²1949.

[62] Summa theologiae moralis, 3 Bde. (Innsbruck 1901–1902, ³⁰1952).

[63] Summa theologiae moralis ad mentem D. Thomae et ad normam iuris novi, 3 Bde. (Paris 1930–33, ¹⁰1959).

[64] Manuale Theologiae moralis secundum principia S. Thomae, 3 Bde. (Freiburg 1915, ¹⁵1961).

[65] Vgl. J. Ziegler, a. a. O., 325.

[66] Ebd., 325.

[67] Düsseldorf 1934, ⁴1953.

[68] Düsseldorf 1935–36; ⁴1950–1953.

Aufgaben zuwies) gelang hier eine neuartige übernatürliche Begründung der christlichen Sittlichkeit auf dem Ethos der Liebe und seiner Konkretion in der Bergpredigt. Nicht eine überhöhte natürlich-sachhafte Sittlichkeit, sondern eine übernatürliche Motivierung des christlichen Lebens an der Person und am Werke Jesu stand hier im Mittelpunkt der Ethik, die so auch aus der Stellung einer Gebots- und Verbotsmoral in die Position einer das Leben inspirierenden und gestaltenden Weisung rückte. Auch wenn es Tillmann in einer mehr flächenhaften Sicht und Wertung des Schriftbefundes nicht gelang, die ganze Tiefe (und Problematik) des Schriftzeugnisses auszuloten, so war doch die theologische Fruchtbarkeit dieses Versuches nicht anzuzweifeln. Trotz gelegentlicher Kritik (O. Schilling) wurde dieser Entwurf weithin als ein richtungweisendes Werk anerkannt, das „wie kein anderes ... dazu beigetragen hat, die katholische Moraltheologie als Wissenschaft aus jahrhundertealter Erstarrung herauszureißen"[69]. Die Fundierung der Moral auf einer biblisch-theologischen Grundidee war auch für andere Versuche im Umkreis dieser Zeit maßgebend, so für F. Jürgensmeier[70] und E. Mersch[71], die das christliche Ethos am Gedanken des „mystischen Leibes" ausrichteten. Die theologische Vertiefung und Intensivierung des christlichen Ethos, die hier durch die Verbindung der Moral mit der Exegese, der aszetischen[72] und der dogmatischen Theologie[73] erreicht wurde und die noch lange danach in dem Bemühen um eine (recht verstandene) „dogmatische Moraltheologie" (R. Egenter) weiterlebte, war bezeichnenderweise einer Extensivierung der Moraltheologie und ihrer Erstreckung in die Bereiche der Humanwissenschaften nicht hinderlich. Auch für diese dem Lebensbezug der Moraltheologie entsprechende Ausweitung hatte das Tillmannsche Werk den Grund gelegt und weitere Anregungen vermittelt; denn hier wurden sowohl „die philosophische Grundlegung der katholischen Sittenlehre"[74] geboten als auch die „psychologischen Grundlagen"[75] reflektiert und die „soziologischen Grundlagen"[76] bedacht. In Th. Münckers moralpsychologischem Beitrag wurden auch die zuvor im katholischen Raum noch beargwöhnten Ergebnisse der Psychoanalyse einbezogen. Der damit erreichte stärkere Bezug zu den „Grenzfragen" (W. Schöllgen) und zu den Humanwissenschaften wurde nach

[69] So das Urteil im Hochland (1934); vgl. auch *A. Kolping*, a.a.O., 175.

[70] Der mystische Leib Christi als Grundprinzip der Aszetik (Paderborn ²1933).

[71] Morale et corps mystique (Paris 1937).

[72] Vgl. zu dieser Thematik *R. Egenter*, Über das Verhältnis von Moraltheologie und Aszetik, in: Theologie in Geschichte und Gegenwart, Festschr. f. M. Schmaus, hrsg. von *J. Auer* und *H. Volk* (München 1957) 21–42.

[73] Darüber reflektierte u. a. *Ph. Delhaye*, Dogme et morale. Autonomie et assistance mutuelle, in: AnGr 68 (1954) 27–40.

[74] *Th. Steinbüchel*, Bd. I (1938, ⁴1951).

[75] *Th. Müncker*, Bd. II (1934, ⁴1953). Zuvor hatte schon *L. Ruland*, Handbuch der praktischen Seelsorge, 5 Bde. (Münster 1930–1940), die praktischen Belange der Psychologie und Medizin in neuartiger Intensität berücksichtigt.

[76] *W. Schöllgen*, Bd. V (1953).

dem Zweiten Weltkrieg von französischen, holländischen und deutschen Theologen weiterentwickelt (M. Oraison, A. Snoeck, W. Heinen, R. Egenter) und in neu erscheinenden Periodica (Arzt und Christ, 1954) gepflegt[77]. Darüber aber wurde die immer neu zu vertiefende Ausrichtung an der Offenbarung nicht vergessen und u.a. gefördert durch den originellen Versuch von J. Stelzenberger († 1972), die Moraltheologie (unter Anknüpfung an J. B. Hirscher) als „die Sittlichkeitslehre der Königsherrschaft Gottes" zu entwickeln[78]. Beachtlich aber war auch das Weiterwirken des mehr spekulativ interessierten Mausbachschen Entwurfes, den G. Ermecke in der Neuausgabe zu einer „christologischen Synthese" ausbaute[79]. Eine gewisse abschließende Zusammenführung der verschiedenen Grundkonzepte leistete B. Häring in dem Werk „Das Gesetz Christi"[80], das die drei normativen Prinzipien (Nachfolge Christi, caritas, Gottesherrschaft) in gelungener Weise zu verbinden wußte. Inzwischen war auch das Interesse an der Aufarbeitung der Geschichte der Moraltheologie und ihrer Probleme neu erwacht und in gehaltvollen Veröffentlichungen dokumentiert[81].

Angesichts des durchaus positiven Standes, den die Moraltheologie, unter Überwindung eines nicht geringen Widerstandes und einer in den dreißiger Jahren noch durchaus zwiespältigen Situation, erreichte, mag es verwunderlich erscheinen, daß in den fünfziger Jahren zugleich auch das Wort von der „Krise der Moral" aufkam, das die errungene feste Position wieder zu verunsichern drohte. Vor allem J. Leclercq warf der bestehenden Morallehre und -unterweisung mangelnde Dynamik und Begeisterungskraft, zu geringe Berücksichtigung der Philosophie, Nichtbeachtung der Weltsituation des Christentums und Verständnislosigkeit für den Fortschritt vor[82]. Hier wurde etwas von jenem künstlich genährten Unbehagen deutlich, das mit der Forderung nach einer „völligen Umgestaltung" der Moral und nach einem Neubeginn an einem Nullpunkt einem organischen Fortschritt weniger diente. So kam es, daß die Moraltheologie in den Jahren vor dem Zweiten Vatikanischen Konzil mit der Wiederaufnahme der Frage nach dem Moralprinzip, mit den ungeschützten Experimenten einer Existential- und Situationsethik[83] (gegen die das Lehramt 1952 und 1956 Stellung nahm) zwar diskussionsfreudiger und erregter wurde, aber nicht unbedingt fruchtbarer. Das Konzil selbst hat solche experimentierenden Erwägungen nicht aufgenommen, wohl aber die begründeten Ergebnisse der mo-

[77] Vgl. auch *A. Niedermeyer,* Pastoralmedizinische Propädeutik. Einführung in die geistigen Grundlagen der Pastoral-Medizin und Pastoral-Hygiene (Salzburg, Leipzig 1935).

[78] Paderborn 1953, ²1965.

[79] Münster ⁹1953.

[80] Freiburg 1954.

[81] Als Beispiel seien genannt: *O. Lottin,* Problèmes de Psychologie et de Moral au XIIe et XIIIe siècles, Tomes I–V (Louvain, Gembloux 1942–1959) und die von *M. Müller* herausgegebene Reihe: Studien zur Geschichte der kath. Moraltheologie (Regensburg 1954–1961).

[82] *J. Leclercq,* Christliche Moral in der Krise der Zeit (Einsiedeln 1954).

[83] Die kritische Auseinandersetzung leistete u. a. *D. v. Hildebrand,* Wahre Sittlichkeit und Situationsethik (Düsseldorf 1957).

dernen Moraltheologie berücksichtigt, so etwa bezüglich der Religionsfreiheit, der relativen Autonomie der Weltdinge, der Gewichtigkeit des Weltdienstes, der organischen Zusammenfügung der Ehezwecke und einer personalen Eheauffassung, die jedoch z.B. in der Frage nach den Methoden der Geburtenregelung die Tradition nicht desavouierte und keinem Subjektivismus Raum gab[84].

Im Gesamtblick auf den Entwicklungsgang der Moraltheologie in der Zeit nach dem Ersten Weltkrieg darf unter wissenschaftstheoretischem Aspekt die Tatsache der Herauslösung und Verselbständigung zweier neuer Teildisziplinen aus dem Gesamtverband nicht unberücksichtigt bleiben: der Caritaswissenschaft (die freilich auch aus der Praktischen Theologie erwuchs) und der Christlichen Soziallehre und Soziologie. Vor allem die christliche Soziallehre hat, im Gefolge der richtungweisenden Sozialenzykliken seit Leo XIII., eine wachsende Bedeutung gewonnen, die von einer nun schon über ein Menschenalter währenden Forschungsarbeit getragen ist[85]. Freilich kann es angesichts des jungen Standes dieser Wissenschaft wie auch angesichts der Verflechtung von natürlichen und übernatürlichen Bestimmungen in ihr nicht verwundern, daß die Fragen nach dem eigentümlichen Gegenstand und der Aufgabe der Christlichen Soziallehre noch in der Diskussion sind. Noch stehen sich die Auffassungen von einer vorzugsweise philosophischen Disziplin, die den Glauben nur in klärender Hilfsfunktion verwendet, und einer eigentlich theologischen Disziplin, die vom Glauben ausgeht, gegenüber. So „ist das Gespräch darüber, wie Menschenwürde, soziale Gerechtigkeit und kirchliche Diakonie sub luce Evangelii ihren Anspruch behalten und bekommen, ganz sicher nicht zu Ende“[86].

Von der „Apologetik“ zur „Fundamentaltheologie“

Das moderne Streben nach der tieferen Erschließung des Lebendigen, Organischen und Personalen im Glauben wie im Verständnis der Kirche führte auch in der traditionellen Apologetik zu neuen Akzentuierungen, die sich vor allem aus der Diskussion um die verschiedenen Wege und Methoden dieser verhältnismäßig jungen theologischen Disziplin ergaben. Von ihr hatte zu Beginn des Jahrhunderts A. Gardeil († 1931) erklärt, daß sie eine „schlecht definierte Lehre“ sei, deren „Gegenstand und Methode ein Problem für die Theologen“ darstelle[87].

Man vermag die Entwicklung dieses theologischen Zweiges im 20. Jahrhundert relativ am besten zu verstehen, wenn man sie unter dem Aspekt des reli-

[84] Vgl. die Pastoralkonstitution „Gaudium et spes“, bes. nr. 50.

[85] Über den Stand der Forschung informiert *R. Henning*, Christliche Gesellschaftslehre, in: Bilanz der Theologie III, 361–370.

[86] Ebd., 369.

[87] Vgl. zum folgenden *J. Schmitz*, Die Fundamentaltheologie im 20. Jahrhundert, in: Bilanz der Theologie II, 197–245, bes. 200.

giös-existentiellen wie des wissenschaftstheoretischen Bemühens um die genauere Bestimmung des spezifischen Gegenstandes dieser Disziplin und seiner ganzheitlichen Darstellung erfaßt.

Während die Impulse zur Begründung der Fundamentaltheologie im 19. Jahrhundert vor allem aus Deutschland kamen (J. S. v. Drey [1853]), wurde die Neuorientierung im 20. Jahrhundert zuerst von französischen Theologen angeregt, die den dieser Disziplin eigentümlichen „Glaubwürdigkeitsbeweis des Christentums“ auf eine neue Grundlage zu stellen versuchten, im Hinblick auf die umfassender gewordene moderne Lebenserfahrung. Einer auf das Gesamt des modernen sozialen, moralischen und philosophischen Fragens Rücksicht nehmenden Glaubensbegründung konnte die traditionelle, rein objektiv, rational und „von außen“ argumentierende „demonstratio christiana“ und „catholica“ nicht mehr genügen.

So wurden schon am Ende des 19. Jahrhunderts Versuche zur Begründung der sogenannten „Immanenzapologetik“ (F. Brunetière, L. Olbé-Laprune, G. P. Fonsegrive) unternommen, denen aber erst M. Blondel [† 1949) zum eigentlichen Durchbruch verhalf. Ohne Verdienste und Bedeutung der klassischen Apologetik bestreiten zu wollen, suchte Blondel das Ungenügen einer rein rationalen und positivistischen Beweisführung durch die Bindung an die Subjektivität und Transzendentalität des menschlichen Lebensvollzuges (L'action, 1893) zu vertiefen[88]. Dieser Anstoß zu einer „inneren“, die subjektiven Faktoren einbeziehenden Apologetik führte trotz zunächst weithin ablehnender Stellungnahmen zu einer Ausweitung des Aufgabenbereiches der Apologetik, dem A. Gardeil neben dem streng wissenschaftlichen Glaubwürdigkeitsbeweis eine subjektiv-praktische Glaubensbegründung zuordnete. Daneben forderte Gardeil eine „apologetische Theologie“, die als Selbstreflexion der übernatürlichen Theologie auf ihre erkenntnismäßigen Grundlagen entwickelt werden sollte. Wenn sich die Konzeption, die in etwas veränderter Form in den fünfziger Jahren auch in Deutschland wieder diskutiert wurde, letztlich nicht durchsetzte, so hat sie doch die aufgekommenen Tendenzen zur Integrierung von „äußerer“ und „innerer“ Apologetik verstärkt und die Einheit von vernunftgemäßer Glaubwürdigkeit und der Erweckung der inneren Glaubenswilligkeit gefördert. Diesem Anliegen schloß sich später in Deutschland besonders A. Lang an[89]. Mit dem letztgenannten Element rückte auch das Moment der übernatürlich-gnadenhaften Motivation des Glaubens in den Vordergrund, wie sich überhaupt (in Parallele zu der in Deutschland von K. Eschweiler empfohlenen theologischen Gesamtauffassung) das Bestreben bemerkbar machte, auch die Fundamentaltheologie (oder Apologetik) von einem Standpunkt innerhalb des Glaubens zu entwickeln, was sie natürlich der Dogmatik nahebrachte und in etwa ihre Eigenständigkeit zu gefährden drohte. Dieser Tendenz fühlten sich

88 Eine eingehende Würdigung des Blondelschen Anliegens und seiner fundamentaltheologischen Relevanz bietet *A. Kolping*, Fundamentaltheologie I (Münster 1967) 60ff.
89 Fundamentaltheologie, 2 Bde. (München 1954).

sogar Autoren verpflichtet, die an sich aus der älteren rational-objektivierenden Schulauffassung kamen, so etwa R. Garrigou-Lagrange[90] und J. Brinktrine[91]. Nur wurde bei ihnen die Trennung zwischen dem übernatürlichen Glaubensmotiv und der natürlichen Credibilität so scharf markiert, daß die strenge Beweisbarkeit der natürlichen Glaubwürdigkeit (und damit der rationale Wissenschaftscharakter der Apologetik) erhalten blieb, aber doch ein untergründiger Dualismus fortwirkte.

Dieser in etwa doch wieder objektivistischen und einer Desintegrierung zuneigenden Option stellte M. Masure, auf Gedanken R. Rousselots († 1915) aufbauend, ein „induktives Verfahren" entgegen, in welchem die äußeren Zeichen der Glaubwürdigkeit auf ihre unsichtbare Bedeutung und ihren übernatürlichen Wert hin aufgeschlossen werden sollten[92]. Dabei konnten die moralische Disposition des Subjekts und das Einwirken der Gnade mit vollem Gewicht für das Entstehen der Glaubenszustimmung veranschlagt werden, die in dieser „Apologetik des Zeichens" auch stark von der Gemeinschaft des Glaubens (wie der Glaubenden), d. h. von einem sozialen Charakter, abhängig gemacht wurde.

Diese „Anstöße" zur Entwicklung einer „integralen Apologetik" und ihrer Ausrichtung auf die personale Wirklichkeit des Menschen (B. Welte) erfreuten sich auch in Deutschland allgemeiner Zustimmung und stießen nur gelegentlich auf Kritik[93]. Trotzdem behielten in der Lehrbuch-Literatur die alten Entwürfe (Th. Specht, H. Dieckmann, J. Brunsmann, H. Straubinger) die Oberhand, die mehr der „romanischen Form" der Apologetik verpflichtet waren (entgegen der „deutschen Form", die auch die Religionsphilosophie berücksichtigte). So wirkten sich die neuen Impulse zunächst mehr in Einzeldarstellungen aus, die sich u. a. auf den Glaubensakt und das Wunder bezogen, welche beide strenger in den Wirkbereich der Glaubensgnade einbezogen wurden[94]. Auch diese Tendenz mußte einerseits die Apologetik (wie schon angedeutet) der Dogmatik und ihrer Verfahrensart annähern, löste aber andererseits auch neue Versuche zur Standortbestimmung und Eigenbegründung dieser Disziplin aus.

Diese Bemühungen traten vor allem nach dem Zweiten Weltkrieg auch in Deutschland stärker hervor. Sie waren einmal bedingt durch die schärfer ins Bewußtsein tretende Krise des Glaubens und das „neue Profil des Unglaubens"[95], wozu vor allem die Fundamentaltheologie Stellung zu nehmen hatte; sie wurden aber auch durch ein tieferes wissenschaftstheoretisches Problembe-

[90] De revelatione ab Ecclesia proposita (Rom 1918, ^{5}1950).

[91] Fundamentaltheologie. Offenbarung und Kirche, 2 Bde. (Paderborn 1938, ^{2}1947–1949).

[92] La grande route apologétique (Paris 1939).

[93] So bei *E. Seiterich*, Wege der Glaubensbegründung nach der sogenannten Immanenzapologetik (Freiburg 1938).

[94] Vgl. dazu u. a. *H. Lang*. Die Lehre des hl. Thomas v. Aquin von der Gewißheit des übernatürlichen Glaubens (Augsburg 1929); *K. Adam*, Vom angeblichen Zirkel im katholischen Lehrsystem und von dem einen Weg der Theologie, in: WiWei 6 (1939) 1–25.

[95] Vgl. dazu *A. Kolping*, Katholische Theologie gestern und heute, 221 ff.

wußtsein ausgelöst, das ebenfalls von der Zeitsituation geschärft war[96]. Sie führten hier zunächst zu einer schärferen theoretischen Differenzierung innerhalb dieser Disziplin, die sich in der Unterscheidung zwischen „Apologetik" und „Fundamentaltheologie" ausdrückte. Die sich immer mehr durchsetzende Bezeichnung „Fundamentaltheologie" (anstelle der zu defensiv erscheinenden Bestimmung „Apologetik") sollte als glaubensimmanente Selbstreflexion zur Begründung des eigenen Glaubens (H. Lais) verstanden und von der auf den Nichtglaubenden ausgerichteten, die „Glaubwürdigkeit" erweisenden „Apologetik" getrennt werden. Zugleich aber erfuhr der Begriff des „Fundamentalen" im Zuge der modernen Verwissenschaftlichung eine neue Ausrichtung, indem er auf den Sinn einer Grundlagenforschung, einer theologischen Methodologie oder Epistemologie gebracht wurde. So wurde „Fundamentaltheologie" als „theologische Grundwissenschaft" konzipiert nach Art einer theologischen Prinzipienlehre, die sowohl die materialen wie die formalen Prinzipien der Theologie erarbeiten und reflektieren sollte[97]. Eine noch größere Ausweitung erfuhr der Begriff des „Fundamentalen" (und damit die Aufgabenstellung der Fundamentaltheologie) bei K. Rahner, der die „fundamentale Theologie" mit einer vorausgehenden „formalen" Theologie verknüpfte und erstere als Phänomenologie der Religionen und des Christentums mit der Spitze in einer Theorie über den „Zugang des einzelnen zur wahren Religion" entwickeln wollte[98]. Aber in einer solchen Ausweitung drohte die Einheit des Gegenstandes wieder verlorenzugehen; denn das theologisch-wissenschaftstheoretische Anliegen hatte eine solche Fundamentaltheologie mit allen theologischen Disziplinen gemein, während sie sich inhaltlich als „Philosophie des Glaubens" mit der Religionsphilosophie überschneiden mußte. Darum erfuhren diese Versuche eine nicht unberechtigte Kritik mit dem Hinweis auf den Unterschied, der zwischen der Grundlegung des Glaubens und der der Theologie als Wissenschaft bestünde und der nur zum Schaden der Klarheit und Stringenz dieser Disziplin übersehen werden könnte[99]. So konnte im Grunde die Auffassung nicht widerlegt werden, daß die Aufgabe der Fundamentaltheologie zuerst in der Grundlegung des Glaubensaktes liege und in der Begründung der Glaubwürdigkeit.

Diese Grundlagendiskussion, die sich auch auf das neu zu bestimmende Verhältnis von Fundamentaltheologie und Apologetik bezog[100], hätte damals wie heute (wo die Diskussion immer noch nicht beendet ist) den Eindruck erwecken können, daß diese Disziplin in einer Krise liege, die an ihrer Existenz rühre. Tatsächlich wird diese Behauptung bis heute vorgebracht. Sie darf jedoch nicht

[96] Darüber eingehender *Cl. Geffré,* Die neuere Geschichte der Fundamentaltheologie, in: Concilium 5 (1969) 418–429.

[97] So besonders *G. Söhngen,* Fundamentaltheologie, in: LThK IV, 452.

[98] Aufriß einer Dogmatik, in: Schriften zur Theologie I, 29–34.

[99] So u. a. *A. Lang* I, 30. Über die Problematik und ihre Weiterungen informiert instruktiv *A. Kolping,* Fundamentaltheologie I, 75 ff.

[100] Vgl. dazu *H. Lais,* Apologetik, in: LThK I, 723–728.

übersehen lassen, daß sich die Fundamentaltheologie trotz dieser Unsicherheit faktisch der Aufgabe der Glaubensbegründung nicht entzog und dabei auch eine Fülle von neuen Fragestellungen einbezog, die ihr von der modernen Geistesentwicklung angetragen wurden. Zu ihnen gehörten u. a. die Probleme der Hermeneutik, der Geschichtlichkeit der Offenbarung, der existentialen und transzendentalen Philosophie, aber auch Fragen der Ökumenik. Das Zweite Vatikanische Konzil hat das Bleibende dieser Bemühungen vor allem übernommen und sanktioniert in seiner geschichtlichen Auffassung von der Offenbarung und von ihrem Bezug auf den Menschen [101], ohne damit die ausufernden Tendenzen der „Anthropozentrik" zu legitimieren.

Die Entfaltung der historischen Theologie vermittels der historisch-kritischen Methode

Der Aufschwung der Kirchengeschichte

Die katholische Kirchengeschichte hatte als Forschung und Lehre schon im Verlaufe des 19. Jahrhunderts einen hohen Stand erreicht, hinter dem sie im 20. Jahrhundert nicht zurückblieb. Schon am Anfang dieses Jahrhunderts wurde deutlich, daß die historisch-kritische Methode noch freier und entschiedener gehandhabt werden sollte als zuvor. Dabei war es unausbleiblich, daß die Urteile über die kirchliche Vergangenheit den natürlich-historischen Voraussetzungen strenger angepaßt und daß sie damit auch nüchterner und härter wurden. Als symptomatisch für diesen Neuanfang im 20. Jahrhundert kann das Werk L. Duchesnes († 1922) „Histoire ancienne de l'Église" [102] gelten, das ihm wegen seiner stark religionsgeschichtlichen Sicht- und Darstellungsweise der Entstehungsgeschichte des Christentums 1912 die Indizierung eintrug. Das äußerst positive Urteil A. v. Harnacks über dieses Werk beweist [103], daß die katholische Kirchengeschichtsforschung der evangelischen im Formalen nicht mehr unterlegen war, läßt aber wohl auch den Schluß zu, daß sie (in diesem Fall) die „theologische" Richtung noch nicht sicher getroffen hatte. Als gemäßer ist hier schon die Einstellung des durchaus kritischen S. Merkle († 1945) zu bezeichnen, die sich z. B. in seiner differenzierten Beurteilung der Aufklärungstheologie zeigte [104], obgleich diese damals im katholischen Raum noch keine all-

[101] Hierfür bieten den Beweis vor allem die dogmatische Konstitution „Dei Verbum" und die Pastoralkonstitution „Gaudium et spes".

[102] 3 Bde. (Paris 1906–1910 u. ö.). Vgl. Mons. Duchesne et son temps (Rom 1975).

[103] Vgl. dazu *G. Denzler*, Kirchengeschichte als theologische Wissenschaft, in: Bilanz der Theologie III, 458.

[104] Die katholische Beurteilung des Aufklärungszeitalters (Berlin 1909); dagegen *A. Rösch*, Ein neuer Historiker der Aufklärung (Essen-Ruhr 1909).

gemeine Anerkennung fand. Dem Modernismus waren solche Äußerungen eines kritischeren Bewußtseins genausowenig zuzurechnen wie die Initiativen des in allen Bereichen der Kirchengeschichte arbeitenden A. Ehrhard († 1940), der dieser Disziplin manche Anregungen in Richtung auf ihre aktuelle und kulturbestimmende Auswertung gab. So kam es nicht von ungefähr, daß aus diesem geschichtlichen Denken auch Anregungen für die Neugestaltung der Kirche in der Neuzeit erflossen, die sich u. a. in dem vieldiskutierten Werk „Der Katholizismus und das zwanzigste Jahrhundert im Lichte der kirchlichen Entwicklung der Neuzeit" (1901) zeigte. Die hier dargebotenen Perspektiven für eine Begegnung von Kirche und säkularer Welt können heute noch als modern bezeichnet werden, zeigen allerdings auch die allen aus der Historie entnommenen Konzeptionen und Prognosen gesetzten Grenzen; denn von den dort genannten zwei Bedingungen für eine Begegnung zwischen Kirche und Welt (Abwendung des *modernen Denkens* von antichristlichen Vorurteilen und Abwendung *der Kirche* von einer Verabsolutierung des Mittelalters) hat sich zwar die zweite in einer nicht immer mühelosen Entwicklung in etwa erfüllt, nicht aber die erste, wie gerade das Aufkommen der großen Abfallsbewegungen im ersten Drittel des 20. Jahrhunderts zeigt.

Der Elan und das geistes- wie kulturgeschichtliche Interesse, das eine so ausgerichtete Kirchengeschichte am Anfang des Säkulums in einigen ihrer Repräsentanten zeigte, wurde zwar durch den Modernistenstreit und durch die Katastrophe des Ersten Weltkriegs, die dem kulturoptimistischen Denken eine Ernüchterung brachte, gedrosselt, aber nicht völlig erstickt. Es war nur natürlich, daß nach dem Ende des Krieges die ideellen Perspektiven zurücktraten und die nüchterne Forschung beherrschend hervortrat, an der die Historiker aller Nationen teilhatten. Sie erfaßte und erweiterte alle Bereiche der Kirchenhistoriographie[105]: die Archäologie (J. Wilpert [† 1944]; J. P. Kirsch [† 1941]), die Alte Kirchengeschichte und Patrologie (F. J. Dölger [† 1940]; B. Altaner [† 1958]), das Mittelalter und die Neuzeit, die Hagiographie (H. Delehaye [† 1941]; P. Peeters [† 1950]), die neuaufkommende Missionsgeschichte (J. Schmidlin [† 1944]) und die besonders emsig bestellte Papstgeschichte, vermöge deren auch in dieser Domäne der evangelischen Forschung ein gleichwertiges Gegengewicht geboten wurde (L. v. Pastor [† 1928]; J. Schmidlin, Fr. X. Seppelt [† 1956]). Eine besondere Bedeutung wegen ihrer Affinität zu einem tiefempfundenen Zeitanliegen gewannen die Forschungen zur Liturgiegeschichte (A. Baumstark [† 1948]; C. Mohlberg [† 1963]), deren Ergebnisse der Liturgischen Bewegung den Weg wiesen.

Die Intensivierung der Forschungsarbeit konnte nicht ohne Auswirkungen auf die äußere Organisation des Forschungsbetriebes bleiben. So kam es im Zuge dieser weiträumigen Tätigkeit zur neuerlichen Spezifizierung und Aussonderung von Einzeldisziplinen wie der Ikonographie und der religiösen

[105] Vgl. die Zusammenstellungen in Bd. I dieses Handbuches (H. Jedin), 48 ff.

Volkskunde. An den Universitätsfakultäten ergab sich aus denselben Gründen eine Zweiteilung der Arbeitsgebiete und Lehrstühle (Alte Kirchengeschichte/Patrologie und Geschichte des Mittelalters und der Neuzeit), der nach dem Zweiten Weltkrieg stellenweise noch weitere Ausfaltungen folgten (Landeskirchengeschichte).

Die genannten Arbeiten erstreckten sich nicht nur auf die grundlegende Erforschung der Quellen und auf ihre Edition, bei der sich die katholischen Forscher die Präzisierungen der historischen Methodik in souveräner Weise zu eigen machten (H. Denifle [† 1905]; F. Ehrle [† 1934]; Fr. Stegmüller), sie ergingen sich genauso in einer umfangreichen Erschließung neuer Hilfsmittel durch Enzyklopädien, Lexika und Publikationsorgane (Reallexikon für Antike und Christentum, Th. Klauser; Dictionnaire d'archéologie chrétienne et de liturgie [1924/53]), erbrachten aber auch neue Gesamtdarstellungen der Kirchengeschichte und ebenso auch einläßlichere, mit einem neuartigen hermeneutischen Verständnis gearbeitete Einzeldarstellungen. Das gilt insbesondere von der im deutschen Bereich tätigen Forschung, die mit den Wurzeln des historischen Denkens im 19. Jahrhundert noch in Verbindung war. Ihre Anliegen gingen deshalb nun auch schon auf die Herausarbeitung der geschichtlichen Besonderheit, des Spezifischen und Organischen, während die Arbeit im romanischen Bereich noch vorzugsweise an der Hervorhebung des Generellen und Universalen interessiert war. Von daher erklärt sich u.a. das Entstehen von Arbeiten, die das tiefere Verständnis des ursprünglichen Christentums in seiner spezifischen Eigenart aufschlossen (Fr. J. Dölger [† 1940]), eine neue Sicht der Reformationsgeschichte (J. Lortz), ein tieferes Eindringen in die Konziliengeschichte (G. Dumeige – H. Bacht; H. Jedin) und der Versuch einer ideengeschichtlichen Darstellung der Kirchengeschichte[106]. Diese und ähnliche Leistungen, die sich auch auf den Lehrbetrieb auswirken mußten, verschafften der Kirchengeschichte an den deutschen Universitätsfakultäten eine führende Stellung, die sogar der Dogmatik, zumal wenn diese nach den neuscholastischen Lehrbüchern doziert wurde, zeitweise überlegen erschien. So läßt sich im Rückblick feststellen, daß die katholische Kirchengeschichte nicht nur die Gunst des Zeitgeistes, der für das historische Denken aufgeschlossen war, nutzte, sondern auch umgekehrt diese Geneigtheit förderte und positiv bestimmte. Dabei erwies sich diese Disziplin, die am Anfang des Jahrhunderts noch das Mißtrauen des kirchlichen Lehramts erweckt hatte, in ihrer Solidität und Objektivität immer mehr als Stütze des katholischen Denkens. Es war gewiß kein Zufall, daß die treffendsten und wirksamsten Antworten auf die nationalsozialistische Weltanschauung in Deutschland von Historikern gegeben wurden (W. Neuss, „Antimythos" [1934]).

Im ganzen hat die Kirchengeschichte auch nach dem Zweiten Weltkrieg diese

[106] *J. Lortz,* Geschichte der Kirche in ideengeschichtlicher Betrachtung (Münster 1932, [20]1959).

positive Aufwärtsentwicklung beibehalten. Die Spannung, die im Verlaufe der Vorbereitung auf das Dogma der Assumptio Mariens zwischen der positiv gerichteten Historik und dem andersgearteten Verfahren der Glaubensbegründung auftraten, resultierten aus der Natur der Sache und wurden auch ohne falsche Dramatisierung durchgestanden. Im Zuge der methodischen Selbstbesinnung der Theologie wurde auch die Diskussion um den theologischen Charakter der Kirchengeschichte wiederaufgenommen und von einer betont theologischen Auffassung in einem heilsgeschichtlichen Sinn verstanden, als „Mittleres zwischen Weltgeschichte und Heilsgeschichte“ (O. Köhler). Trotzdem war seit den fünfziger Jahren in der Phase, da sich „Geschichte“ in „Geschichtlichkeit“ auflöste und die geistige Orientierung auf die Gegenwart und Zukunft vorherrschend wurde, zu ersehen, daß das historische Denken in die Defensive gedrängt wurde[107], was mit ein Grund sein mag für die heutigen Desintegrierungserscheinungen in Christentum und Kirche.

Die Überwindung des Widerstandes gegen die historische Methode in der Bibelwissenschaft

Während sich die historisch-kritische Methode seit Beginn des Jahrhunderts in der Kirchengeschichte immer mehr durchsetzte und auf diesem Felde ungehindert gehandhabt werden konnte, ergaben sich für die Exegese deutliche Einschränkungen. Dabei waren die Ausgangspositionen für einen Aufschwung dieser Disziplin am Ende des 19. Jahrhunderts nicht die schlechtesten, wozu besonders die Gründung der „École biblique“ in Jerusalem durch M. J. Lagrange (1890) und die in der „Revue biblique“ (seit 1892) wie in den „Études bibliques“ (seit 1900) veröffentlichten Arbeiten Entscheidendes beitrugen. Die von Lagrange unternommene Grundlegung einer katholischen Bibelkritik[108] fand auch in Deutschland Beachtung, wo sie u. a. von Fr. v. Hummelauer SJ († 1914) zur Konzeption eines organischeren, „heilsökonomischen“ Inspirationsbegriffs und zur gattungsgeschichtlichen Einordnung der biblischen Urgeschichte („Visionshypothese“) führte[109]. In Richtung dieser durchaus gemäßigten Kritik arbeitete auch die von J. Goettsberger und J. Sickenberger herausgegebene „Biblische Zeitschrift“ (1903 ff). Dieser „école large“ stand aber eine streng konservative Richtung gegenüber (L. Méchineau, L. Fonck), die in der Bibelarbeit vor allem das Prinzip der Traditionstreue zur Geltung bringen wollte. Eine Vermittlung zwischen den opponierenden Kräften wurde durch die Verurteilung des Modernismus wie der liberalisierenden Tendenzen in den ge-

[107] So stellt *G. Denzler* fest: „Das Interesse an der Kirchengeschichte, ja an der Geschichte allgemein ist heutzutage gering“, in: Bilanz der Theologie III, 464.
[108] Epochemachend wirkte hier vor allem das Buch La méthode historique (Paris 1903).
[109] *Fr. v. Hummelauer*, Exegetisches zur Inspirationsfrage (Freiburg 1904).

gen diese ergehenden Erlassen der Bibelkommission (1903) verhindert. Obwohl dieses kirchliche Organ wie auch das von Pius X. 1909 gegründete Bibelinstitut an sich zur positiven Förderung der bibelwissenschaftlichen Studien gedacht waren, entwickelten sie doch zunächst einen retardierenden Einfluß auf die exegetische Forschung innerhalb der Kirche, die daraufhin teilweise in ungefährdete Randgebiete (z. B. Textkritik) auswich.

So war es der katholischen Exegese nicht möglich, die Ergebnisse der evangelischen Bibelwissenschaft und die ihnen zugrunde liegenden Methoden der Literarkritik, der vergleichenden Religionswissenschaft, der Traditions- und Formgeschichte uneingeschränkt zu übernehmen. Allerdings blieben ihr auf diese Weise auch die heute immer deutlicher hervortretenden Fehlleistungen erspart, die der Handhabung dieser Methode (zumal am Anfang) und ihrer extremen Anwendung eigneten[110]. So sehr man es gelegentlich auch bedauern mochte, daß die Anregungen A. Loisys († 1940) zur Anwendung der historisch-kritischen Methoden auf die Heilige Schrift zu wenig aufgenommen wurden, so hatte doch schon (der auch hierin erstaunlich weitsichtige) M. Blondel in Auseinandersetzung mit Loisy erkannt, daß die historizistische Verabsolutierung dieser Methode dem Christentum, zumal in Gestalt des katholischen Dogmas, nicht gerecht werden könne, weil sie am Ende zu einer Reduktion der ganzen natürlich-übernatürlichen Wirklichkeit auf die Fläche des Naturalismus und Positivismus zu führen drohte[111].

Die sich hierin andeutende Spannung zwischen Historie und dogmatischem Glauben und die darin liegende Aufgabe der Vermittlung zwischen Exegese und Dogmatik, die sich danach als wesentliches Antriebsmoment der katholischen Theologie in der ersten Hälfte des 20. Jahrhunderts herausstellen sollte, konnte nach dem Ersten Weltkrieg von der katholischen Exegese aus den genannten Gründen noch nicht aufgenommen werden. Trotzdem verschloß sie sich den von der evangelischen Bibelwissenschaft kommenden Erkenntnissen keineswegs, obgleich auch die Bibelenzyklika „Spiritus Paraclitus" Benedikts XV. vom Jahre 1920 noch vor „den neumodischen Methoden der Profanwissenschaften" warnte. Diese Öffnung der Exegese geschah zwar in zurückhaltender Weise, die vor allem auf den bevorzugten Arbeitsgebieten der textgeschichtlichen und literarkritischen Forschung Früchte trug. Die Ergebnisse schlugen sich aber auch in den respektablen Werken der „Einleitung" (in das AT wie in das NT) nieder, was sich u. a. an der vorsichtigen Übernahme der Ergebnisse der Pentateuchkritik, der Quellenscheidung J. Wellhausens († 1918) wie auch an der Gattungsforschung H. Gunkels († 1932), aber auch an der Zwei-Quellen-Theorie bezüglich der synoptischen Frage zeigte[112]. Auch die von K. L. Schmidt,

[110] Vgl. dazu, allerdings aus der heutigen Rückschau entworfen, die Untersuchung von *G. Maier*, Das Ende der historisch-kritischen Methode (München 1974).

[111] *M. Blondel*, Histoire et dogme (Paris 1904).

[112] Als paradigmatisch für diesen neuen Typ von Einleitungen können gelten: *J. Nikel*, Grundriß der Einleitung in das Alte Testament (Münster 1924); *J. Goettsberger*, Einleitung

M. Dibelius und R. Bultmann um die Wende vom zweiten zum dritten Dezennium zutage geförderten Erkenntnisse der Formgeschichte der Evangelien wurden von der katholischen Exegese (H. J. Vogels, M. Meinertz, J. Sickenberger, P. Benoit) in ihren positiven Intentionen anerkannt und in kritischer Weise übernommen.

Wenn der katholischen Exegese zwischen den beiden Weltkriegen (im Vergleich zur protestantischen) auch keine eigentliche Originalität eignete und ihre Stärke mehr in der historisch-philologischen Akribie als in theologischen Gesamtentwürfen lag, so blieb sie doch keineswegs in der literarkritischen und philologischen Erklärung befangen. Das Bestreben zu einer vertieften und gesamthaften Schau der Heiligen Schriften führte auch schon zu ersten Entwürfen des im Protestantismus seit langem gepflegten Genus der „Biblischen Theologie" (F. Ceuppens, P. Heinisch, A. Lemonnyer, F. Maier, O. Kuß, F. Prat), wenn diese Entwürfe auch zunächst noch infolge der Bindung an die dogmatische Tradition die systematische Zusammenschau über die geschichtliche Analyse und ihre Problematik stellten. Von diesem tieferen theologischen Eindringen in Geist und Gehalt der Heiligen Schriften profitierte die Lehre an den Universitätsfakultäten, aber auch die Arbeit an den neu entstehenden Bibelkommentaren. Neben den streng wissenschaftlich und ausführlich gehaltenen Kommentaren, deren Prototyp in Frankreich der von M. J. Lagrange begründete Kommentar in den „Études bibliques" (1903 ff), in Deutschland das (unvollendet gebliebene) „Handbuch zum AT" (hrsg. von J. Nikel und A. Schulz, 1911–1933) war, entstand ein relativ neues Genus exegetischer Arbeit in Form der über die Fachwelt hinausreichenden Bibelerklärungen, die sich auch an einen weiteren Leserkreis und an die religiös gebildeten Laien wenden wollten [113]. Diese Bemühungen wurden noch weitergetrieben und auch für die praktische Verkündigung nutzbar gemacht durch biblisch-homiletische Arbeiten („Kepplerschule", Fr. Tillmann), denen allerdings im Seelsorgsklerus nicht das entsprechende Verständnis entgegengebracht wurde.

Trotzdem bleiben diese Bemühungen genauso ein Beweis für das durch die Exegese neu erweckte Interesse an der Bibel wie die Bibelbewegung, die, seit Pius X. auch von den Päpsten empfohlen, in wechselnden Formen in allen europäischen Ländern Einfluß gewann (in Deutschland u. a. durch Gründung des „Katholischen Bibelwerkes", 1933; in Österreich in enger Verbindung mit dem „Volksliturgischen Apostolat" von Pius Parsch).

Es ist wohl eine Frucht dieser positiven Entwicklung des Schriftverständnisses im Katholizismus und der im Päpstlichen Bibelinstitut gepflegten Methode

in das Alte Testament (Freiburg 1928); *F. Vigouroux* (u. a.), Manuel biblique (Paris [14]1917, indiziert); *A. Wikenhauser*, Einleitung in das Neue Testament (Freiburg 1953, [5]1962); *A. Robert – A. Tricot*, Initiation Biblique (Paris [3]1954). *A. Robert – A. Feuillet*, Einleitung in die Heilige Schrift, 2 Bde. (Freiburg [2]1966).

[113] Dazu gehörten in Deutschland u. a. die „Bonner Bibel" (1912 ff, [4]1931 ff); in Holland der Kommentar zum Neuen Testament von J. Keulers (1935 ff).

(A. Bea, † 1968), wenn auch das Lehramt durch Pius XII. in der Bibelenzyklika „Divino afflante Spiritu“ vom Jahre 1943 daraufhin die Zurückhaltung gegenüber den modernen bibelwissenschaftlichen Methoden aufgab und den Exegeten empfahl, die von den modernen Wissenschaften angebotenen Hilfsmittel „in kluger Weise“ zu benutzen und die literarischen Gattungen genau zu bestimmen. Dieser oftmals als „Durchbruch“ angesehenen lehramtlichen Verlautbarung der „Befreiungsenzyklika“ folgten ähnlich ausgerichtete offizielle Verlautbarungen im Schreiben der Bibelkommission an Kardinal Suhard vom Jahre 1948[114] bis hin zur Unterweisung der Päpstlichen Bibelkommission über „die historische Wahrheit der Evangelien“ vom Jahre 1964[115], die einerseits auf der „historischen Wahrheit“ der Evangelien bestand, andererseits aber auch vor dem Einfließen philosophischer und weltanschaulicher Vorurteile bei der Handhabung der historischen Methode warnte. Zugleich gab sie zu bedenken, daß der Exeget seine Arbeit nicht nur als sich selbst verantwortlicher Forscher, sondern auch als gläubiger Theologe der Kirche betreiben müsse.

Die Exegese nützte diese ihr neu gewährte Freiheit mit einem großen Elan, der sich in neukonzipierten Kommentaren (Herder-Kommentar), in gründlichen Untersuchungen zur biblischen Theologie, wie auch in den für das tiefere, komprehensive Erfassen der Tiefenschicht unentbehrlichen „Biblischen Wörterbüchern“ niederschlug (Bibellexikon 1951, Bibeltheologisches Wörterbuch 1950). Wenn auch hier und im ganzen die Breite und Originalität der traditionsreicheren protestantischen Bibelwissenschaft naturgemäß nicht erreicht werden konnte, so wurde doch ein „Aufschließen“ zu dieser Spitze und eine Angleichung an ihr Format deutlich. Damit rückte die Bibelwissenschaft auch innerhalb der katholischen Theologie in eine ähnliche Stellung auf, wie sie ihr im Bereich der evangelischen Theologie eignete. Hier kam es dann auch erklärlicherweise zu einer stärkeren Einwirkung auf die systematischen Disziplinen, denen gegenüber die Exegese nach dem Zweiten Weltkrieg ein gewisses Übergewicht gewann.

Für das Verhältnis dieser Disziplin zur Dogmatik wie überhaupt für ihren kirchlich-gläubigen Status mußten sich daraus manche Probleme ergeben, die indessen in den fünfziger Jahren noch nicht in Erscheinung traten. So ist bemerkenswert, daß die katholische Bibelwissenschaft zu dieser Zeit etwa bezüglich der Begründung des neuen Mariendogmas zwar Zurückhaltung übte, aber die kirchliche Position auch nicht negierte (vgl. etwa die Problematik um das „ultimum fundamentum“ dieser Lehre in der Heiligen Schrift)[116]. Noch immer wurde zu dieser Zeit der Brückenschlag zur Dogmatik und zum aus der Schrift

[114] Vgl. *A. Kolping*, a. a. O., 260.

[115] *R. Marlé*, Historische Methoden und theologische Probleme, in: Bilanz der Theologie II, 260.

[116] Diese Thematik griff u. a. auf *A. Bea*, La sacra scrittura „ultimo fundamento“ del domma dell'Assunzione, in: CivCatt 101 (1950) 547–561.

hervorgehenden Dogma versucht, so wenn etwa der Weg vom Neuen Testament zur Lehre von Chalkedon als legitim ausgewiesen[117], in Röm 5, 12–19 ein Ansatzpunkt für das spätere Erbsündendogma anerkannt[118] und im Neuen Testament in den Präsymbola Vorformen des kirchlichen Dogmas gefunden wurden[119].

Aus dieser Grundeinstellung heraus ist es wohl auch zu erklären, daß die katholische Exegese in der nach dem Zweiten Weltkrieg lawinenartig aufkommenden Entmythologisierungsdebatte um R. Bultmanns Thesen sich dem modischen Trend nicht überließ, sondern eine besonnene und grundsatzfeste Kritik übte, die das Positive an Bultmanns Anliegen trotzdem nicht verkannte[120]. Das Zweite Vatikanische Konzil hat die Ergebnisse der epochalen Aufwärtsentwicklung der katholischen Exegese seit dem Zweiten Weltkrieg ungeschmälert anerkannt und dieser Disziplin ihre führende Rolle innerhalb der theologischen Wissenschaft in einer Reihe von bedeutsamen Aussagen bestätigt, so wenn es die Anwendung der Literarkritik wie der Regeln der modernen Hermeneutik guthieß[121], wenn es das kirchliche Lehramt als Dienstamt unter das Wort Gottes in der Schrift stellte[122] und insgesamt die Schrift (und ihr Studium) als „Seele der ganzen Theologie" wertete[123]. Allerdings sprach das Konzil auch die Verpflichtung zum Festhalten an den glaubensmäßig-theologischen Grundlagen der Exegese als kirchlicher Wissenschaft aus, so in der Inspirationslehre[124], in der Identifizierung von Schrift und Gotteswort[125] wie in der Hervorkehrung von Tradition und Kirche als letztverbindlichen Interpretationsinstanzen[126]. Freilich vermochten diese thetischen Aussagen des Konzils die in ihnen eingeschlossene Problematik für das Selbstverständnis der Exegese nicht vollends zu entfalten und zu klären. Das bei Nichtbeachtung der genannten Grundsätze in der Folgezeit immer deutlicher hervortretende Streben der Exegese, sich als die eigentliche theologische Grundwissenschaft zu verstehen, konnte ihr auf die Dauer nicht von Nutzen sein, zumal auch die Widersprüchlichkeit, die in ihren stark divergierenden Ergebnissen zutrage trat, sich hinderlich bemerkbar machte.

117 So *R. Schnackenburg*, Der Abstand der christologischen Aussagen des Neuen Testamentes vom chalkedonischen Bekenntnis nach der Deutung R. Bultmanns, in: Chalkedon III (1954) 675–693, bes. 687.

118 *O. Kuss*, Der Römerbrief I (Regensburg 1957) 273.

119 *H. Schlier*, Kerygma und Sophia. Zur neutestamentlichen Grundlegung des Dogmas, in: Die Zeit der Kirche (Freiburg 1956). Der Aufsatz erschien erstmals bereits 1950/51, in: Evangelische Theologie.

120 Die Beurteilung der Stellung der Exegese in diesem Streitfall bei *K. Hollmann*, Existenz und Glaube. Entwicklung und Ergebnisse der Bultmann-Diskussion in der Katholischen Theologie (Paderborn 1972) 40–79.

121 Dei Verbum, 12.

122 Ebd., 9.

123 Optatam totius, 16.

124 Dei Verbum, 11.

125 Ebd., 9. 126 Ebd., 9, 10.

Der Aufstieg der Pastoral zur theologisch-wissenschaftlichen Disziplin

Die Bedeutungssteigerung der allgemeinen (fundamentalen) Pastoral

Die Anstöße, die von der auf die Verkündigung ausgerichteten Theologie, von der Bibel- und Liturgiebewegung ausgingen, konnten in der „Seelsorgswissenschaft" nicht ohne Wirkung bleiben, zumal sich diese schon am Ende des 19. Jahrhunderts durch eine gewisse Beweglichkeit und Anpassungsfähigkeit hervorgetan hatte. Als sichtbares Zeichen dafür darf die um die Jahrhundertwende eintretende Differenzierung der Pastoral in die Homiletik, die Katechetik und die Liturgik angesehen werden, die an der Drei-Ämter-Lehre orientiert war [127]. Allerdings war diese Spezialisierung mit dem Nachteil erkauft, daß nun für die allgemeine Pastoral nur ein verhältnismäßig schmaler Raum übrigblieb, der, mit der farblosen Kennzeichnung „Hodegetik" versehen, inhaltlich mit einer Standeslehre für den Seelsorger ausgefüllt wurde, die sich vornehmlich in praktischen Anweisungen für seine Amtsausübung erging. Ein solches „klerikales" Formalobjekt schloß nicht nur den Bezug zur ganzen Gemeinde aus, sondern verhinderte auch im Formalen eine eigentlich wissenschaftliche Ausarbeitung dieses Sachgebietes. So wurde es faktisch mehr in der Weise einer Technik gelehrt, die vom einzelnen Seelsorger am einzelnen Gläubigen geübt werden sollte, als in der Weise einer theologischen Besinnung. Es bedurfte eines langen Weges, bis sich dieser „Rest" einer Pastoral wieder zu einer vollständigen Gestalt entwickelte, wissenschaftliche Konturen gewann und auch wieder seine integrierende Funktion bezüglich der ausgegliederten Teildisziplinen entfaltete.

Tatsächlich ist der Aufstieg der Pastoral von einer praktischen Anweisung für den Seelsorger zur individuellen Betreuung seiner Schutzbefohlenen zu einer theologisch-wissenschaftlichen Disziplin einer der positivsten und uneingeschränkt zu bejahenden Fortschritte der Theologiegeschichte in der ersten Hälfte des 20. Jahrhunderts. Dieser Fortschritt vollzog sich selbstverständlich nicht unbeeinflußt von äußeren Gegebenheiten (negativ: seelsorgliche und soziale Not der Proletarisierung, Abkehr der Massen von der Kirche; positiv: Jugend-, Bibel-, Liturgiebewegung), hatte doch aber seinen eigentlichen Quellort in einem innertheologischen Bereich, nämlich in der Erkenntnis der Bedeutung von Kirche und Gemeinde für die Selbstverwirklichung des Christlichen in einer Welt, die sich dem christlichen Glauben immer mehr entfremdete.

Die im außerwissenschaftlichen Bereich initiierten Aktionen (Katholische Aktion Pius' XI. [1925], Arbeiterbewegung: J. Cardijn 1912; H. Godin 1943;

[127] Vgl. dazu *V. Schurr*, Pastoraltheologie im 20. Jahrhundert, in: Bilanz der Theologie III, 371.

CAJ u. a.) schlugen sich in der wissenschaftlichen Arbeit zunächst nur spurenhaft nieder, so etwa in V. Lithards „Précis de Théologie Pastorale“ [128] mit seiner Hervorhebung der Katholischen Aktion, in G. Stocchieros „Pratica Pastorale“ [129] mit seiner Aufforderung zur Weltzuwendung der Kirche und in C. Noppels „Aedificatio Corporis Christi“ [130] mit der Tendenz zur Einbeziehung der Laien in das hierarchische Apostolat der Kirche und zur Konzeption einer von der Gemeinschaft getragenen Heilssorge.

Diese Antriebe wurden verstärkt aufgenommen und wissenschaftlich reflektiert von L. Bopp in seinem Werk „Zwischen Pastoraltheologie und Seelsorgewissenschaft“ [131], der auch die damals noch beargwöhnten Ergebnisse der Psychoanalyse in den Kreis seiner pastoraltheologischen Erwägungen einbezog. In größerem Umfang wurden in dieser Entwicklungsphase (ähnlich wie in der Moraltheologie) auch schon die Erkenntnisse der Humanwissenschaften in die pastoraltheologischen Untersuchungen einbezogen, vor allem Psychologie und Medizin [132].

Aber eine eigentlich theologische Grundidee setzte sich erst seit den vierziger Jahren durch, da (nicht zuletzt aufgrund der Verwertung der geschichtlichen Erkenntnisse über den bisherigen Weg der Pastoralwissenschaft seit der Aufklärung) das eigentliche Ziel dieser Wissenschaft als „das theologische Verständnis der seelsorglich handelnden Kirche und ihrer Wirkformen erkannt“ wurde (F. X. Arnold). Die theologische Grundidee, die C. Noppel in der (damals recht anziehenden) Leib-Christi-Vorstellung gefunden hatte, wurde hier zum „gottmenschlichen Prinzip“ konkretisiert. Die tiefer liegende Intention ging einerseits auf eine Abkehr von der anthropozentrischen Enge der Aufklärungspastoral, andererseits auf die Zurückdrängung der als illegitim empfundenen Leitidee von der heilsmittlerischen Kirche, der gegenüber mit dem „gottmenschlichen Prinzip“ die „Gottunmittelbarkeit“ und direkte Bezogenheit alles Heilstuns in den Vordergrund rückte, während der Kirche selbst nur ein werkzeuglicher Charakter (freilich personaler Art) zuerkannt wurde. In dieser Zielbestimmung war eigentlich eine sehr glückliche Synthese der zeitnahen Anliegen und Strömungen in Dogmatik, Bibeltheologie, Liturgik und Geschichte gefunden. Die „Einheit der Theologie“ fand hier noch einmal einen später kaum mehr erreichten eindeutigen Ausdruck.

Für den religiös-theologischen Gehalt dieses pastoralen Grundansatzes spricht u. a. auch die damals aufgekommene Forderung nach einer „Seelsorge vom Altare“ (J. Pascher), die zwar ein hohes Ideal aufstellte, aber dennoch nicht

[128] Paris 1929, ^{3}1941.

[129] Vicenza 1912, ^{5}1936.

[130] Freiburg 1937, ^{2}1949.

[131] München 1937.

[132] Als Beispiel dürfen die Zeitschrift „Arzt und Seelsorger“ (seit 1925) und die Arbeiten A. Niedermeyers zur Pastoralmedizin gelten.

als Schlagwort empfunden wurde und im Verein mit den liturgischen Antrieben der Epoche durchaus wirksam wurde.

Unmittelbar vor Beginn des Zweiten Vatikanischen Konzils erzielte die wissenschaftliche Ausformung der fundamentalen Pastoral einen neuen Fortschritt mit der Herausgabe des „Handbuchs der Pastoraltheologie“[133]. In ihm wurde diese Disziplin betont vom Wesen der Kirche her entwickelt und als ihre Grundlage die „theologische Analytik der Situation der Kirche“ (K. Rahner) bestimmt. Diese ekklesiologische Konzeption erscheint umfassender als die davor geltende „gott-menschliche“ oder personologische Grundlegung. Sie hat in vielem die Ergebnisse des „Pastoralen Konzils“, als das sich das Zweite Vatikanum verstand, vorweggenommen[134], wie das Konzil andererseits diese Ergebnisse auch sanktionierte. Von daher ist es begreiflich, wenn sich die Pastoraltheologie danach (in Anlehnung an eine Idee Schleiermachers) als „Krone“[135] der theologischen Wissenschaft verstand. Die nachkonziliare Entwicklung scheint jedoch auch die Gefahren dieses Exklusivitätsanspruches aufzuzeigen, die darin gelegen sind, daß die Theologie als ganze allein den praktischen Zwecken unterworfen wird.

Die katechetische Erneuerung

Die *theologische* Neuorientierung unter Auswertung der allgemeinwissenschaftlichen Erkenntnisse machte sich besonders auch in der Teildisziplin der Katechetik positiv bemerkbar, die naturgemäß im Zeitalter eines allgemeinen Aufbruchs der Jugend und ihrer psychologischen Eigenbewertung[136] besondere Beachtung finden mußte. Zwar blieben in der Katechese im Materialen die textanalytische, deduktive Methode des verbesserten Deharbeschen Katechismus und seine Vorliebe für die begrifflich rationale Darstellung wie seine apologetische Grundhaltung noch vorherrschend. Als Beispiel kann der von Kardinal Gasparri herausgegebene „Weltkatechismus“ (Catechismus catholicus) von 1930 (deutsch 1939) gelten, der in seiner einseitig lehrhaft-theoretisch konzipierten Art den neuen pädagogischen, didaktischen und religionspsychologischen Forderungen nicht entsprach. Erst in den dreißiger Jahren setzte besonders in Deutschland und Frankreich eine Wendung zur kerygmatischen Ausrichtung der Darstellung ein, die, an Vorbilder einer Periode vor der Neu-

[133] Hrsg. von F. X. Arnold – K. Rahner – V. Schurr – L. M. Weber – F. Klostermann, 4 Bde. (Freiburg 1964–1969).

[134] Hierfür ist vor allem die Pastoralkonstitution „Gaudium et spes“ als Fundstelle anzusehen.

[135] So *V. Schurr*, Pastoraltheologie im 20. Jahrhundert, in: Bilanz der Theologie III, 375.

[136] Diese Tendenzen fanden Ausdruck in dem auch im katholischen Bereich geschätzten und viel gelesenen Werk von *E. Spranger*, Psychologie des Jugendalters (Leipzig 1924, Heidelberg ^{27}1963).

scholastik (J. B. Hirscher und seine „heilsgeschichtliche" Orientierung) anschließend, nach einem nicht unfruchtbaren „Methodenstreit" eine Erneuerung auf den Grundlagen der neueren Theologie, der Bibel, der Verkündigung und der pädagogischen Erkenntnisse intendierte.

Das inspirierende Prinzip bestand auch hier in der Synthese von „Religion und Leben" [137], das der früheren Trennung von Lehre und Leben und der intellektualistischen Ausrichtung des Unterrichtes entgegenwirken konnte. Die von H. Stieglitz († 1920) im Anschluß an O. Willmann ausgeprägte „Münchener Katechetische Methode" der Textentwicklung in den drei Formalstufen (Darbietung, Erklärung, Anregung) fand nach anfänglichem Widerstand Eingang in Deutschland wie in den meisten europäischen Ländern. Sie wurde aber auch durch Anregungen aus anderen Bereichen gefördert, so durch das Arbeitsschulprinzip (nach G. Kerschensteiner [† 1932]), das auf neue Weise die Eigenbetätigung der Schüler und den Gruppenunterricht aktivierte. Von der Psychologie und Wertphilosophie her fand auch das „Erlebnisprinzip" stärker in den katechetischen Unterricht Eingang, worauf die Formalstufen zur Dreiheit des Werterlebens, der Werterhellung und der Wertverwirklichung modifiziert wurden.

Bedeutsam waren vor allem auch die Anregungen, die von dem seit der Josephinischen Reform an der praktischen Theologie besonders interessierten Österreich ausgingen. Schon das von J. Pichler 1913 herausgegebene „Religionsbüchlein" mit seiner weiten Verbreitung in über fünfzig Sprachen intendierte die Abwendung von der im Fahrwasser der Neuscholastik treibenden theoretischen Lehre zur personalen Heilsverkündigung und Anrede. Einen förmlichen Durchbruch erreichten diese Bemühungen allerdings erst in den dreißiger Jahren, wo im Anschluß an die allgemeine Pastoral die Begründung einer eigentlichen Material-Kerygmatik und einer materialkerygmatischen Methode erfolgte (M. Pfliegler, J. A. Jungmann). Hier wurden die Christozentrik und die biblische Grundlegung in neuer Weise zu Strukturelementen des Religionsunterrichtes und einer „thematischen Lehrstückmethode" ausgestaltet, die auch eine engere Verbindung zwischen Katechese und Bibelunterricht ermöglichte. Im ganzen gelangte im Verlauf dieser Entwicklung die Katechese in den Stand einer besonderen Form der Verkündigung, was nicht nur den theologischen Tiefgang dieser Bewegung bewies, sondern auch von der ungebrochenen Kraft des Glaubensbewußtseins zeugte, unter schulisch-pädagogischen Bedingungen das Anliegen der Kerygmatik einzubringen.

Diese Entwicklung wäre freilich nicht denkbar gewesen ohne die aus dem französischen Bereich kommenden Impulse, wo seit der Trennung von Kirche und Staat die Notwendigkeit der äußeren wie inneren Reform des Religionsunterrichtes besonders dringlich empfunden wurde. Aber die Realisierung dieser

[137] So der Titel der von G. Götzel veranstalteten Sammlung des Münchener Katechetenvereins (München 1922).

Absichten gelang doch erst nach dem Ersten Weltkrieg (Hirtenbrief des Bischofs A. Landrieux v. Dijon, 1922), als die „Münchener Methode" auch hier angenommen, aber die historisch-biblische und heilsgeschichtliche Ausrichtung sofort entschiedener ins Werk gesetzt wurde. Der auf diesen Grundlagen aufgebaute „Catéchisme à l'usage des Diocèses de France" (1940, ²1947) entwickelte erstmals den Typ eines spezifischen Lehr-Stück-Katechismus mit eindeutiger Fundierung in der Heiligen Schrift, mit Einbeziehung des Kirchenjahres, mit Berücksichtigung von Elementen eines Werkunterrichtes und mit der zielhaften Ausrichtung auf den inneren Mitvollzug im Gebet und in der religiösen Praxis. Das vorbildliche Werk vermittelte entscheidende Anregungen an den „Katholischen Katechismus der Bistümer Deutschlands", der nach siebzehnjährigen Vorarbeiten 1955 veröffentlicht wurde und durch seine Übersetzung in etwa dreißig Sprachen eine weltweite Wirkung entfaltete. Allerdings wurde er bald nach dem Zweiten Vatikanischen Konzil als nicht mehr zeitgemäß angesehen, was weniger ein Urteil über seine mangelnde Güte sein konnte als vielmehr ein Kennzeichen für die sich rasch wandelnde Zeitsituation war, denen die Katechetik mit ihren Entwürfen kaum noch folgen konnte.

So brach nach dem Zweiten Vatikanischen Konzil im Gefolge der mannigfachen Anpassungsbestrebungen, aber auch mit der Erhebung des Pluralismusprinzips der am Anfang des Jahrhunderts entflammte Methodenstreit von neuem auf, der die Einheit der Katechetik als Wissenschaft auf die Probe stellte. Der danach wirksam werdende Zug zur Existentialanthropologie bewirkte nicht nur eine gewisse Abkehr von der als fundamentalistisch und biblizistisch erachteten Kerygmatik und Bibelausrichtung, sondern führte auch die Gefahr herauf, die Katechese als kerygmatische Vermittlung von Glaubenswahrheit zugunsten einer rein schulisch-religionsgeschichtlichen Information und eines religiös-moralischen Angebotes zu nivellieren. Das Zweite Vatikanische Konzil hat zwar die katechetische Unterweisung als erstes Hilfsmittel der Erziehungsaufgabe der Kirche anerkannt[138], es hat sie aber doch sichtlich in den „Dienst des Wortes" gestellt[139] und ihre einseitig existentiale oder informative Ausrichtung nicht inauguriert.

Die Wendung der Homiletik zur Kerygmatik

Im Gefolge des Auftriebs der Katechetik und in gewisser Parallelität dazu vollzog sich auch in der Homiletik eine Aufwärtsbewegung, der die Impulse der geschichtlichen, der biblischen und liturgischen Theologie zugute kamen. Die Schwierigkeiten und die Problematik des kirchlichen Dienstes an den Menschen des Massenzeitalters und der modernen Industriegesellschaft mußten im Pre-

[138] Gravissimum educationis, 4.
[139] Dei Verbum, 25.

digtdienst der Kirche besonders drastisch hervortreten. Das Mißverhältnis zwischen dem hier erbrachten Arbeitsaufwand und dem sichtbaren Erfolg ließ den Eindruck von einem „Niedergang" der Predigt um sich greifen, den auch die während des Ersten Weltkriegs erschienene Predigtenzyklika Benedikts XV. „Humani generis" (1917) beklagte, ohne ihm Wesentliches entgegensetzen zu können. Das lag nicht nur an der Ungunst der Zeiten, die einen stärkeren Widerhall des päpstlichen Lehrschreibens verhinderten, sondern mehr noch an der mangelnden theologischen Grundlegung der Homiletik, die immer noch stark von der Idee einer „Theorie der geistlichen Beredsamkeit"[140] abhängig waren. Dabei waren das Interesse an der Predigt und das Bemühen um ihre größere Wirksamkeit nicht gering, wie das Anwachsen der Fachzeitschriften[141], der systematischen Anweisungen[142], der praktischen Hilfsmittel[143], aber auch tieferreichender theologisch-spiritueller Wegweisungen[144] beweist. Die Überführung dieser Bemühungen in die Praxis erfolgte durch eine Reihe von eindrucksvollen Predigergestalten (Bischof P. W. Keppler [† 1926], A. Donders [† 1944], Kardinal Faulhaber [† 1952], R. Guardini [† 1968][145] u. a.), deren Wirken, zumal im Deutschland der nationalsozialistischen Ära, nicht ohne Widerhall blieb. Auch wenn es etwas hochgegriffen erscheint, von dieser nach dem Ersten Weltkrieg beginnenden Epoche als von einem „homiletischen Zeitalter"[146] zu sprechen, so ist doch damit im ganzen eine zutreffende Wertung des Bemühens dieser Zeit gegeben.

Das Neuartige und Zentrale dieses Bemühens scheint indessen erst getroffen, wenn man auf die bibel-theologische Grundlegung hinweist. Gegenüber den vorausliegenden Bemühungen der Homiletik um die Predigt, die doch vorwiegend formal-rhetorischer Art waren (freilich nicht ohne Außerachtlassen des religiösen Gegenstandes), erfolgte am Ende des ersten Drittels dieses Jahrhunderts im Rahmen der Entwicklung der Fundamentalpastoral auch eine Anwendung des Kerygmatischen auf die Predigt als deren Material- und Formalprinzip. Von diesem Prinzip leitete sich sowohl die inhaltliche Bindung der Predigt an die Schrift her, die in der Praxis zur Neuentdeckung der Homilie als der eng an die Schriftlesung und Schriftauslegung angelehnten Form führte; von ihm wurden aber auch im Formalen der personale Anredecharakter, die im Wort liegende Autorität Christi und die Überzeugung von der quasi-sakramentalen Wirksam-

[140] So der Titel eines zu seiner Zeit nicht unbedeutenden Werkes von *J. Jungmann*, 2 Bde. (Freiburg 1877, ⁴1908).

[141] Vgl. u. a. Kirche und Kanzel (Paderborn 1918–1943); Chrysologus (Paderborn 1860–1939).

[142] So u. a. *F. Schubert*, Grundzüge der Homiletik (Graz ³1934).

[143] Dazu gehörte vor allem *A. Koch*, Homiletisches Handbuch, 12 Bde. (Freiburg 1937 ff).

[144] Vgl. u. a. *A.-D. Sertillanges*, Verkünder des Wortes (Salzburg 1936).

[145] Die Bedeutung Guardinis auf diesem Felde würdigt neuerdings *Fr. Wechsler*, Romano Guardini als Kerygmatiker (Paderborn 1973).

[146] So *V. Schurr*, a. a. O., 385.

keit dieses Wortes beim gläubigen Hörer abgeleitet. In der theoretischen Ausarbeitung dieser theologischen Grundlagen wirkten die Arbeiten J. A. Jungmanns [147] u. a. richtungweisend. In der praktischen Anwendung dieser Grundsätze leisteten die auf hohem Niveau stehenden Predigterklärungen Fr. Tillmanns [148] Bedeutsames.

Nach dem Zweiten Weltkrieg erfuhr die theologische Grundlegung der Kerygmatik auch von seiten der Dogmatik her eine weitere Unterstützung und Vertiefung in der Entwicklung einer „Theologie des Wortes", die nicht ohne Anregungen von der protestantischen Worttheologie her konzipiert wurde [149]. Auch diese Begegnung zwischen Homiletik und Dogmatik darf als Beispiel gelten für das Einheitsbewußtsein der theologischen Disziplinen, das für den Stand der damaligen Gesamttheologie signifikant war.

Allerdings wurden nach dem Zweiten Weltkrieg mit dem Einbruch des Gedankens von der „radikalen Geschichtlichkeit" in das theologische Denken (Entmythologisierung), mit der Wendung zum philosophisch-theologischen Existentialismus und mit dem Auftreten der Reflexion über das Phänomen der Säkularisierung auch die Unzulänglichkeiten dieser Kerygmatik empfunden. Sie betrafen nicht nur die vorkritische, in etwa ungeschichtlich vorgehende exegetische Begründung (so etwa besonders greifbar an R. Guardinis Leben-Jesu-Deutung in seinem ansprechenden Buch „Der Herr" [150]), sondern auch den autoritativen Anspruch dieser „Kerygmatik" und ihr mangelndes Eingehen auf den „Adressaten" der Botschaft, der nicht mehr nur als „Objekt" der Anrede gesehen werden sollte und auch mehr in seiner säkularisierten Umwelt „abgeholt" werden sollte. Aber gegenüber diesen kritischen Einwänden, die nach dem Zweiten Vatikanischen Konzil noch stärker wurden, obgleich das Konzil in seiner maßvollen Grundhaltung alle diese Impulse aufnahm und zusammenfaßte, ist zu bedenken, daß die in ihnen angesprochenen Probleme wohl artikuliert, aber noch nicht gelöst wurden. Es scheint sogar, daß die radikalen Lösungen (Verkündigung als „Information"; Predigt als Form einer „politischen" Theologie) im ganzen eher einem Rückschritt und einer Abkehr vom Zentrum nahekommen. Insgesamt wird ein Rückblick auf die homiletischen wie pastoraltheologischen Bemühungen der Zeit vor dem Konzil feststellen können, was in etwa für die Theologieentwicklung überhaupt gilt: der Brückenschlag zum damaligen gläubigen Menschen, die Vermittlung an den Zeitgeist gelang ihr im allgemeinen nicht schlecht und vielleicht besser als der modernen Theologie in ihrem zu prononcierten und absichtsvollen Streben nach Moder-

[147] Die Frohbotschaft und unsre Glaubensverkündigung (Regensburg 1936).

[148] Erklärung der sonntäglichen Evangelien (Düsseldorf 1918, [8]1950); Erklärungen zu den sonntäglichen Episteln folgten 1921, [5]1950 und zu den festtäglichen Episteln und Evangelien 1940, [2]1950.

[149] Vgl. u.a. O. *Semmelroth*, Wirkendes Wort. Zur Theologie der Verkündigung (Frankfurt a.M. 1962).

[150] Betrachtungen über die Person und das Leben Jesu Christi (Würzburg 1937, [13]1964).

nität und Anpassung an den Zeitgeist, dem die theologische Wissenschaft (wie die geschichtliche Erfahrung lehren kann) eben nicht nur „nachlaufen" darf, sondern den sie auch „stellen" muß.

Die Neubegründung der Liturgik als „Theologie des Kultes"

Den auffallendsten und für den äußeren Betrachter sichtbarsten Aufstieg nahm in der ersten Hälfte dieses Jahrhunderts unstreitig die Liturgik. Sie entwickelte sich in diesem Zeitraum von einer theologischen Randwissenschaft, die noch von der Konstitution „Deus scientiarum Dominus" (1931) unter die Hilfsdisziplinen der Theologie eingeordnet wurde[151], bis hin zu der ihr vom Zweiten Vatikanischen Konzil eingeräumten Position eines notwendigen und wichtigen „Hauptfaches"[152]. Dabei lagen die ursprünglichen Antriebe und Impulse für diese den modernen Katholizismus insgesamt prägende Entwicklung zunächst nicht im rein wissenschaftlichen Bereich, wenn sich auch die Wissenschaft nach einer gewissen Anlaufzeit den neu erwachten Kräften öffnete, diese regulierte und sie ihrerseits beeinflußte. (S. Kap. 9.)

Von der liturgischen Bewegung angeregt, entfaltete auch die Liturgiewissenschaft eine neuartige Aktivität, die nun nicht mehr nur die historische Arbeit an den Quellen zum Gegenstand hatte, welche im Zuge des wachsenden geschichtlichen Interesses seit der Jahrhundertwende intensiv im Gange war[153]. Nun erfolgte die Ausweitung und Vertiefung der Arbeit zu einer Art „Theologie des Kultes", die unter Aufnahme des in dieser Zeit ebenfalls kraftvollen ekklesiologischen und sakramentalen Denkens die theologische Grundlegung der pastoral-praktischen Bewegung leistete. Ihre Absicht war auf eine Erhebung des theologischen Gedankengutes aus den liturgischen Quellen gerichtet zum Zweck ihrer tieferen Erschließung, aber auch zur Befruchtung des ganzen Glaubenslebens. Dieser Intention lieh Pius XII. später das aus der Tradition erhobene Kennwort von der „lex supplicandi", welche die „lex credendi" bestimmen sollte[154]. Im Verfolg dieser Richtung erfolgten die zum Wesentlichen drängenden Erwägungen über den „Geist der Liturgie"[155], über die Verbindung

[151] Das entsprach in etwa auch ihrer Einordnung durch den CIC can. 1365 § 2.
[152] Sacrosanctum Concilium, nr. 16.
[153] Hierfür sind beispielhaft die z. T. in dem kirchengeschichtlichen Überblick angeführten Arbeiten und Editionen von *A. Franz* († 1916), Die Messe im deutschen Mittelalter (Freiburg 1962); *M. Férotin,* Liber mozarabicus Sacramentorum (Paris 1912); *C. Mohlberg* († 1963), Liber sacramentorum Romanae Ecclesiae ordinis anni circuli (Rom 1960); Missale Gallicanum Vetus (Rom 1958).
[154] Enzyklika „Mediator Dei" (1947).
[155] *R. Guardini,* Vom Geist der Liturgie (Freiburg 1918, [19]1957); Liturgische Bildung (Rothenfels 1923).

zwischen „Liturgie und Gottesreich“ [156], über den Sinn der Eucharistie [157] wie der Sakramente [158], die alle auch zur Bereicherung der dogmatischen Theologie beitrugen. Die größte Bedeutung für diese geistige Fundamentierung gewann wiederum die Mysterientheorie O. Casels [† 1948) [159], bei deren Diskussion insgesamt die Arbeit an der theologischen Erhellung des Meßopfers und der sakramentalen Wirklichkeit angeregt wurde [160]. Es war nicht zuletzt dieser theologische Tiefgang, der eine im Bereich des Möglichen liegende Veräußerlichung des Anliegens verhinderte und der schließlich auch die sich gelegentlich massiv steigernden Befürchtungen und Widerstände gegenüber dieser Bewegung paralysierte [161]. Eine im positiven Sinne zu verstehende Abklärung brachte schließlich die Liturgieenzyklika Pius' XII. „Mediator Dei“ (1947), die andeutungsweise auch schon den Willen zu Reformen der Liturgie erkennen ließ, während sich die bisherigen praktischen Bemühungen etwa um den Gregorianischen Choral [162] und die Kirchenmusik [163] mehr im Sinne des Restaurativen betätigt hatten. Der Papst leitete nicht unbedeutende Reformen ein, u.a. durch die Approbation von zahlreichen Ritualien mit muttersprachlichen Texten und Gesängen, durch die Einführung einer neuen Psalmen-Übersetzung (Psalterium Pianum), vor allem aber durch die Erneuerung der Kar- und der Osternachtliturgie. Die Tatsache, daß diese Reformen durch die nach dem Zweiten Weltkrieg noch intensivierte Forschungsarbeit [164] wie durch das Wirken neugegrün-

[156] Vgl. dazu *J. Kramp,* Meßliturgie und Gottesreich. Darlegung und Erklärung der kirchlichen Meßformulare, 3 Bde. (Freiburg 1921, [5]1922).

[157] Als beispielhaft für diese liturgisch-theologische Ausrichtung dürfen gelten: *J. A. Jungmann,* Die liturgische Feier. Grundsätzliches und Geschichtliches über Formgesetze der Liturgie (Regensburg 1939); *J. Pascher,* Eucharistia. Gestalt und Vollzug (Münster 1947).

[158] *J. Pinsk,* Die sakramentale Welt (Freiburg 1938).

[159] Neben den in Anm. 31 aufgeführten Arbeiten verdienen vor allem Beachtung die aus dem Nachlaß herausgegebenen Teile seines geplanten „eigentlichen Lebenswerkes“: Das christliche Opfermysterium. Zur Morphologie und Theologie des eucharistischen Hochgebetes, hrsg. von *V. Warnach* (Graz, Wien, Köln 1968).

[160] Über die Ergebnisse bis zum Ende des Zweiten Weltkriegs informiert *Th. Filthaut,* Die Kontroverse über die Mysterienlehre (Warendorf 1947).

[161] Einen Ausdruck dieser Befürchtungen und Spannungen stellte die Broschüre von *J. Kassiepe* dar, Irrwege und Umwege im Frömmigkeitsleben der Gegenwart (Würzburg 1940).

[162] Die Choralreform empfing seit Pius X. neuen Auftrieb durch das Motuproprio vom Jahre 1904 und durch das Dekret vom 29. April 1911.

[163] Vgl. dazu Motuproprio über die Kirchenmusik „Tra le sollecitudini“ vom 22. November 1903.

[164] Als Beispiele dürfen herangezogen werden: *J. A. Jungmann,* Missarum Sollemnia (Wien 1948, [5]1962); Liturgisches Jahrbuch (1950ff); die französische liturgische Zeitschrift „La Maison-Dieu“ (1945ff); *M. A. P. Schmidt,* Introductio in Liturgiam occidentalem (Rom, Freiburg, Barcelona 1960); *C. Vagaggini,* Il senso teologico della Liturgia (Rom 1957); *C. Floristan,* El año litúrgico (Barcelona [2]1966).

deter Liturgischer Institute[165] und die Liturgischen Kongresse[166] vorbereitet bzw. begleitet wurden, verschaffte der Liturgiewissenschaft eine theologische Bedeutung, die vom Zweiten Vatikanischen Konzil vollauf gewürdigt wurde. Das Konzil selbst hat mit seinen durchgeführten und angekündigten Reformen die Aufgaben dieser Disziplin noch vervielfacht. Es konnte aber nicht voraussehen, daß es für die Liturgik notwendig werden würde, in der nach dem Konzil anhebenden Ära, da die Liturgische „Bewegung" auslief und eine zuweilen ausufernde Experimentier- und Anpassungswelle einsetze, den Blick wieder mehr auf den „Geist der Liturgie" (R. Guardini) und auf die theologischen Grundlagen ihres Wesens als Opus Dei zurückzulenken.

Das Werden und Wachsen der Liturgiewissenschaft, das hier nicht absichtslos an das Ende des Durchblicks durch die Theologiegeschichte der ersten Hälfte des 20. Jahrhunderts gestellt wurde, kann zwar als Höchstwert nicht zur Grundlage eines Urteils über die Gesamtentwicklung der Theologie dieser Zeit genommen werden, weil naturgemäß eine Entwicklung nicht auf allen Sachgebieten in gleicher Weise voranschreitet. Deshalb muß das Gesamturteil über diese theologische Epoche auch zurückhaltender ausfallen. Trotzdem kann es nicht negativ lauten: Am Maßstab der Wissenschaftlichkeit gemessen, standen die Leistungen der historisch-kritischen Arbeit der Theologie auf keiner geringen Stufe; im systematischen Bereich war das Bestreben nach einer lebendigeren Erfassung und Aussage der Glaubenswahrheit nicht zu verkennen, wenn auch die großen Synthesen selten blieben. Was den Anspruch dieser Theologie an die Kirche angeht, so fühlte sie sich im ganzen mehr als dienendes Organ des Lehr- und Glaubenskörpers denn als kritische Instanz. Darum waren ihre Reformrufe gemäßigt und verhalten, obgleich sie gerade in dieser Temperierung zur Wirkung in der Kirche kamen und die Gläubigen nicht unbeeinflußt ließen. Was den ökumenischen und den Weltbezug dieser Theologie angeht, so mag dem heutigen Betrachter die Gesamthaltung stark introvertiert, zu selbstbezogen und zu wenig offen anmuten. Zwar war die „Heimholung der Welt"[167] auch ihr Anliegen, das sie allerdings nicht auf dem Wege über äußere Aktivitäten und Kundgebungen verwirklichen wollte als vielmehr auf dem inneren Wege der Vertiefung in das Heilsmysterium, welches der eigentliche Gegenstand ihrer Arbeit blieb. Gewiß ergab sich daraus die Gefahr eines Übergewichtes des „sapientialen", „kontemplativen" Momentes zuungunsten der direkten und weltbezogenen Aktion, deren Grenzen sie in einer gewissen Nüchternheit erkannte. Sie war hier realistischer, als es der geistvolle Optimismus eines A. Ehrhard am Anfang des Jahrhunderts wollte, und konnte sich unter dem Eindruck der in

[165] In Deutschland: das Liturgische Institut in Trier (seit 1947); in Frankreich: das Centre de Pastorale Liturgique in Paris (seit 1947); in Italien: das Centro di Azione Liturgica in Genua (1947).

[166] Hier sind auswahlweise zu nennen: Frankfurt 1950; München 1955; Assisi 1956; Nijmwegen 1959.

[167] So der Titel eines zu seiner Zeit vielbeachteten Buches von O. Bauhofer (Freiburg 1937).

zwei Weltkriegen aufgebrochenen Unheilsmächte nicht recht davon überzeugen, daß die moderne Welt ihre Aversion gegen das Christentum je aufgeben könnte. Trotzdem hat diese Theologie mit allen ihren Beschränktheiten und Grenzen das Konzil der „Weltöffnung der Kirche" vorbereitet und ihm den Weg gebahnt.

9. *Kapitel*

Innerkirchliche Bewegungen und ihre Spiritualität

Univ.-Professor Dr. Erwin Iserloh, Münster

LITERATUR: Liturgische Bewegung: *O. Rousseau,* Histoire du mouvement liturgique (Paris 1945); *A. Mayer-Pfannholz,* Das Kirchenbild des 19. Jahrhunderts und seine Ablösung, in: Die Besinnung 3 (1948) 124–144; *A. L. Mayer,* Die Stellung der Liturgie von der Zeit der Romantik bis zur Jahrhundertwende, in: ALW III/1 (1953) 1–77; *ders.,* Die geistesgeschichtliche Situation der liturgischen Erneuerung in der Gegenwart, in: ALW IV/1 (1955) 1–51; *E. Iserloh,* Die Geschichte der Liturgischen Bewegung, in: Hirschberg 12 (1959) 113–122; *B. Fischer,* Das „Mechelner Ereignis" vom 23. 9. 1909, in: LJ 9 (1959) 203–219; *J. Wagner* in: LThK VI ([2]1961) 1097–1100; *F. Kolbe,* Die Liturgische Bewegung (Aschaffenburg 1964); *L. Bouyer,* Don Lambert Beauduin. Un homme d'Église (Tournai 1964); *F. Henrich,* Die Bünde katholischer Jugendbewegung. Ihre Bedeutung für die liturgische und eucharistische Erneuerung (München 1968) (Lit.). *Th. Maas-Ewerd,* Die Krise der liturgischen Bewegung in Deutschland (Regensburg 1977).

Katholische Aktion: *E. Schlund,* Die Katholische Aktion, Materialien und Akten (München 1928); *F. Magri,* L'Azione Cattolica in Italia, 2 Bde. (Mailand 1953); *K. Rahner,* Über das Laienapostolat, in: Schriften zur Theologie II (Einsiedeln 1955) 339–373; *Y. Congar,* Der Laie (Stuttgart 1957); *L. Tromp,* De laicorum apostolatus fundamento, indole, formis (Rom 1957); *F. Klostermann,* Das christliche Apostolat (Innsbruck 1962); *ders.,* Katholische Aktion, in: Sacramentum Mundi II, 1070–1078.

Eucharistiefrömmigkeit: *J. A. Jungmann,* Eucharistiefeier und Frömmigkeit, in: LJ 5 (1955) 96–104; *ders.,* Corpus mysticum. Gedanken zum kommenden Eucharistischen Weltkongreß, in: StdZ 164 (1958/59) 401–409; *F. Hofmann,* Eucharistie und Frömmigkeit, in: LJ 5 (1955) 105–119; *H. Fischer,* Eucharistiekatechese und Liturgische Erneuerung. Rückblick und Wegweisung (Düsseldorf 1959); Statio Orbis. Eucharistischer Weltkongreß 1960 in München, 2 Bde. (München 1960) (Lit.); *J. Ratzinger,* Der Eucharistische Weltkongreß im Spiegel der Kritik, in: Statio Orbis I, 227–242; *R. Aubert,* Die Eucharistischen Kongresse von Leo XIII. bis Johannes XXIII., in: Concilium 1 (1965) 61–66.

Herz-Jesu-Verehrung: *A. Hamon,* Histoire de la dévotion au Sacré Cœur, 5 Bde. (Paris 1923–1939); *H. Rahner,* Grundzüge einer Geschichte der Herz-Jesu-Verehrung, in: ZAM 15 (1943) 61–83; *R. Graber,* Das Herz des Erlösers (Innsbruck 1949); *J. Stierli* u. a. (Hrsg.), Cor Salvatoris. Wege zur Herz-Jesu-Verehrung (Freiburg 1954); *A. Bea – H. Rahner* u. a. (Hrsg.), Cor Jesu, 2 Bde. (Rom 1959) (Lit.); *R. Graber,* Die Herz-Jesu-Verehrung in der Krise der Gegenwart (Eichstätt 1962).

Marienverehrung: *H. M. Köster*, Die Magd des Herrn. Theologische Versuche und Überlegungen (Limburg 1947); *P. Sträter* (Hrsg.), Katholische Marienkunde I–III (Paderborn 1947–1951); *K. Rahner*, Probleme heutiger Mariologie, in: Aus der Theologie der Zeit (Regensburg 1948); *O. Semmelroth*, Urbild der Kirche. Organischer Aufbau des Mariengeheimnisses (Würzburg [2]1950); *R. Graber* (Hrsg.), Die marianischen Weltrundschreiben der Päpste in den letzten hundert Jahren (Würzburg 1951); *O. Semmelroth*, Maria oder Christus? (Frankfurt 1954); *C. Feckes* (Hrsg.), Die heilsgeschichtliche Stellvertretung der Menschheit durch Maria (Paderborn 1954); *M. de S. Pierre*, Bernadette. Die wahre Geschichte von Lourdes (Freiburg 1954); *H. Peichl* (Hrsg.), Maria im Lichte der Glaubenswissenschaft (München 1955); *J. Goubert–L. Cristiani*, Marienerscheinungen (Recklinghausen 1955); *K. Rahner*, Maria. Mutter des Herrn (Freiburg 1956); *P. Sträter*, Maria im Reiche Christi (Paderborn 1958); *A. Müller*, Fragen und Aussichten der heutigen Mariologie, in: Fragen der Theologie heute (Einsiedeln [2]1958) 301–317; Mariologische Studien, hrsg. von der Deutschen Arbeitsgemeinschaft für Mariologie, I–III, 1962–1964; *R. Rusch*, Mariologische Wertungen, in: ZKTh 85 (1963) 129–161; *H. Graef*, Maria. Eine Geschichte der Lehre und Verehrung (Freiburg, Basel, Wien 1964); *R. Laurentin*, Die marianische Frage (Freiburg 1965); *W. Beinert*, Heute von Maria reden? (Freiburg 1973); *ders.* (Hrsg.), Maria heute ehren. Eine theologisch-pastorale Handreichung (Freiburg 1977). Reiche Lit. bei *M. Schmaus*, Kath. Dogmatik V (München [2]1961).

Weltliche Institute: *H. U. v. Balthasar*, Der Laie und der Ordensstand (Freiburg 1949); *J. Zürcher*, Päpstliche Dokumente zur Ordensreform (Einsiedeln 1954); *R. Voillaume*, Mitten in der Welt. Das Leben der Kleinen Brüder von Pater de Foucauld (Freiburg 1956); *J. Beyer* (Hrsg.), De institutis saecularibus. Documenta (Rom 1962); *J. Kerkhofs*, Aspects sociologiques du sacerdoce, in: NRTh 82 (1960) 289–299; *H. A. Timmermann*, Die Weltgemeinschaften im deutschen Sprachraum (Einsiedeln 1963); *J. Beyer*, Als Laie Gott geweiht (Einsiedeln 1964); *A. Wienand* (Hrsg.), Das Wirken der Orden und Klöster in Deutschland, 2 Bde. (Köln 1964); „Opus Dei" – Für und Wider (Osnabrück 1967); *W. Menges*, Die Ordensmänner in der Bundesrepublik Deutschland (Köln 1969); *R. Hostie*, Vie et mort des ordres religieux (Paris 1972); *A. Menningen*, Christ in welthafter Existenz. Die theol. Grundlagen der Säkularinstitute Schönstatts (Vallendar [2]1968).

Arbeiterpriester: *H. Perrin*, Tagebuch eines Arbeiterpriesters, Journal d'un prêtre ouvrier en Allemagne (Paris 1945); *A. Dansette*, Destin du catholicisme français, 1926–1956 (Paris 1957), Kapitel 3–6 ins Deutsche übersetzt: Tragödie und Experiment der Arbeiterpriester (Graz 1959); *A. Collonge*, Le scandale du XXe siècle et le drâme des prêtres ouvriers (Paris 1957); *M. R. (Jacques) Loew*, Journal d'une mission ouvrière 1941–1959 (Paris 1959), deutsch: Tagebuch einer Arbeitermission 1941–1959 (Mainz 1960); *G. Siefer*, Die Mission der Arbeiterpriester (1960) (Lit.); Les prêtres ouvriers (Paris 1954); deutsch: Dokumentation seitens der Arbeiterpriester, die sich nicht unterwarfen (Freiburg [2]1956).

In den Jahren nach dem Ersten Weltkrieg kam es zu einer Reihe von Neuansätzen, ja zu einer weit- und tiefgreifenden Erneuerung des religiös-kirchlichen Lebens in Mitteleuropa. Die Gründe dafür sind vielschichtig: zunächst brachte die Sammlung und Konsolidierung des kirchlichen Lebens im 19. Jahrhundert unter der Leitung von Päpsten wie Pius IX., Leo XIII. und Pius X. ihre Frucht. Sehr verschieden in Charakter, Führungsstil und Zielsetzung, leisteten diese Päpste jeweils ihren besonderen Beitrag. Längst für tot Erachtetes erwies sich als lebensmächtig. Das Erlebnis des Krieges und des Zusammenbruchs einer liberalen, fortschrittsgläubigen und individualistischen Kultur schuf eine neue Offenheit für Transzendenz und für die vorgegebenen Wahrheiten der Offenbarung wie für die Gestalt religiösen Lebens in der Gemeinschaft der Kirche. Der Philosoph Peter Wust (1884–1940) gab das auch für andere Gebiete gültige Stichwort an mit Titeln wie „Auferstehung der Metaphysik" (1920) und „Die Rückkehr des deutschen Katholizismus aus dem Exil" (1924). Der Ruf der Zeit nach dem „Geist des Ganzen" (Julius Langbehn), das Verlangen nach dem organisch Gewachsenen, nach dem Leben als dem wahrhaft Wirklichen und Schöpferischen gegen Intellektualismus und Materialismus, gegen Vereinzelung und Entwurzelung, die Wende zum Ursprünglichen, zu den Quellen, weg von dem Gemachten, Abgeleiteten und bloß Vorgestellten, verbanden sich mit den zu neuem Selbstbewußtsein erwachten religiösen Kräften. Diese äußerten sich vor allem in der „Liturgischen Bewegung", der „Bibelbewegung" und der von einem neuen Kirchenbewußtsein getragenen Laienbewegung. Das waren aber keine nebeneinander her gehenden, voneinander zu trennenden Strömungen; vielmehr wirkten sie aufeinander ein und trugen sich gegenseitig. Von ihnen erfaßt waren zunächst kleinere Kreise von Akademikern und von Jugendlichen in den Bünden der katholischen Jugendbewegung, wohingegen die breiten Schichten der Gemeinden in ihrem religiösen Leben weiterhin getragen wurden von den das 19. Jahrhundert kennzeichnenden Frömmigkeitsformen: Verehrung des Altarssakraments, des Herzens Jesu und der Jungfrau und Gottesmutter Maria. Es kennzeichnet aber die Entwicklung der Jahrzehnte von 1920 bis 1950, daß auch diese mehr traditionellen Andachtsformen von der Besinnung auf die Heilige Schrift, die Theologie der Väter und die Liturgie der Kirche und der darin gegebenen Christozentrik erfaßt wurden.

Die Liturgische Bewegung

Die Anfänge der Liturgischen Bewegung reichen in das 19. Jahrhundert; sie hängen zusammen mit der Erneuerung des benediktinischen Mönchtums. Die von Beuron (1863) aus gegründete belgische Abtei Maredsous (1872) gab 1882 ein Volksmeßbuch (Missel des Fidèles) heraus. Anselm Schott (1845–1896), der während der zeitweiligen Aufhebung Beurons im Kulturkampf in Maredsous gelebt hatte, folgte 1884 diesem Beispiel. Durch sein „Meßbuch" wollte er, wie es im Vorwort heißt, „ein Weniges beitragen, daß der reiche Gebetschatz der Kirche, welcher in ihrer heiligen Liturgie niedergelegt ist, immer mehr den Gläubigen zugänglich und vertraut wird".

Der Anstoß zur „Liturgischen Bewegung" als Durchstoß der Laien zur tätigen Teilnahme an der Liturgie der Kirche erfolgte von Belgien aus. Vorausgegangen waren die Dekrete Pius' X. von 1903 und 1904 über den Choralgesang und von 1905 über die häufige und frühe Kommunion. Gemäß seinem Wappenspruch „Alles in Christus erneuern" erstrebte der Papst die Erneuerung und Festigung des christlichen Geistes der Gläubigen. „Die erste und unerläßliche Quelle aber, aus der dieser Geist geschöpft wird", so betonte Pius X. im

Motuproprio von 1903, „ist die aktive Teilnahme der Gläubigen an den heiligen Mysterien und an dem öffentlichen und feierlichen Gebete der Kirche.“ [1] Von diesen Ideen des Papstes war der Benediktiner von Mont César, Lambert Beauduin († 1960), zutiefst ergriffen. Vor seinem Eintritt in das Kloster (1907 Gelübde) war er Weltpriester in Lüttich gewesen und hatte den „Aumôniers du Travail“, einer Gemeinschaft von Arbeiterseelsorgern, angehört. Dementsprechend war er auch als Mönch bestrebt, volksliturgisch zu arbeiten, d. h. aus dem engen Rahmen akademischer Zirkel in die Gemeinden vorzustoßen. Auf dem von Kardinal Mercier inaugurierten Kongreß der katholischen Vereine 1909 in Mecheln forderte er, man solle das Meßbuch selbst als Gebetbuch verbreiten, zumindest aber den vollen Text der Messe und der Sonntagsvesper in einer muttersprachlichen Übersetzung dem Volke zugänglich machen. Zum „Mechelner Ereignis“ [2] wurde dieser Kongreß durch die begeisterte Rede eines Laien, des Geschichtsprofessors Gottfried Kurth († 1916). Darin führte dieser die religiöse Unwissenheit auf die noch viel größere Unkenntnis der Liturgie zurück. „Vermittelt“, so führte er aus, „den Gläubigen Verständnis und als Folge davon Liebe zu den Mysterien, die sie feiern, gebt ihnen das Missale in die Hand und ersetzt damit die vielen mittelmäßigen Gebetbücher.“ Es blieb nicht bei einer begeisterten Zustimmung des Kongresses. Schon einige Wochen später erschien zum Advent in hoher Auflage das erste Heft von „La Vie liturgique“, ein kleines Heft, das die liturgischen Texte mit den entsprechenden Erklärungen darbot.

In Deutschland blieb die Liturgische Bewegung zunächst noch auf Akademikerkreise beschränkt. Die geistliche Führung hatte die Abtei Maria Laach unter Abt Ildefons Herwegen (1874–1946). Er feierte 1913 die Kartage mit einem Kreis von Akademikern – darunter Männer wie der spätere Reichskanzler Heinrich Brüning und der französische Außenminister Robert Schuman [3] – und erschloß ihnen die Liturgie als Quelle der Frömmigkeit. In Maria Laach soll 1918 die erste „Gemeinschaftsmesse“ als „Missa recitata“, besser „dialogata“, gefeiert worden sein.

Die von der allgemeinen deutschen Jugendbewegung erfaßte katholische Jugend, zuerst der „Quickborn“ unter Romano Guardini, dann die Schülerbewegung „Neudeutschland“ und schließlich der Jungmännerverband und die „Sturmschar“ unter Ludwig Wolker (1871–1955) griff die neue Weise, Gottesdienst zu feiern, begeistert auf. In der Liturgie fand diese Jugend eine Erfüllung ihrer Sehnsucht nach Gemeinschaft, nach wesentlicher und echter Form und nach Verleiblichung der Religion in „heiligen Zeichen“. Ihrerseits verhalf sie der Liturgischen Bewegung mit ihrem unbekümmerten vitalen Schwung zum Sieg gegen Widerstände und Mißbrauch wie gegen theologische Bedenken. Die

[1] ASS 36 (1903/04) 388.

[2] *B. Fischer*, Das „Mechelner Ereignis“ vom 23. 9. 1909, in: LJ 9 (1959) 203–219; *E. Iserloh*, Die Geschichte der Liturgischen Bewegung, in: Hirschberg 12 (1959) 113–122, 115.

[3] *R. Schuman*, Ein Blatt dankbarer Erinnerung, in: LJ 9 (1959) 194.

spontan gewachsene neue liturgische Praxis wurde von Anfang an begleitet und geklärt durch eine Theologie, die streng wissenschaftliche, ja historisch-archäologische Forschung mit Verkündigung und Frömmigkeit verband. Besonders nachhaltig im Bereich der liturgischen Bildung („Vom Geist der Liturgie" [1918], „Liturgische Bildung" [1923], „Von heiligen Zeichen" [1927]) und der bibeltheologischen Einführung („Der Herr" [1937]) wirkte Romano Guardini (1885–1968). Er führte zur Lektüre und Betrachtung der Heiligen Schrift, leitete aber nicht weniger dazu an, die Welt ernst zu nehmen und sie mit den Augen des Glaubens zu deuten. Seit 1923 Professor in Berlin für „Religionsphilosophie und katholische Weltanschauung", verstand er diese als „die Einheit jenes Blickes, der vom Glauben her die lebendige Wirklichkeit der Welt erfaßt".

Die von den drei genannten Gemeinschaften herausgegebenen Texte des Ordinariums der Messe zum Mitbeten bei der „Gemeinschaftsmesse" geben ein Bild von der wachsenden liturgischen und religionspädagogischen Erfahrung: Die von Guardini 1920 herausgegebene „Gemeinschaftliche Andacht zur Feier der heiligen Messe" bringt zum Text der Messe noch paraphrasierende, deutende Zusätze. Die 1924 von Pater Joseph Kramp (1886–1940) für den Bund Neudeutschland verfaßte „Missa" leitet zum lauten Beten der ganzen Messe vom Staffelgebet bis zum letzten Evangelium mit Ausnahme des Kanons an, ohne einen Unterschied zu machen zwischen den öffentlichen Gebeten des Priesters und der Gemeinde und den Privatgebeten des Priesters. Dieses Büchlein ist Ausdruck des ersten Übereifers, in dem man meinte, der Gemeinschaftscharakter der Messe käme darin zum Ausdruck, daß alle alles beteten, was zu einem leeren, lauten Betrieb zu führen drohte und den Kritikern willkommenes Material bot. Das 1928 von Ludwig Wolker herausgegebene „Kirchengebet" macht sich besonders in den späteren Ausgaben die neueren Erkenntnisse zu eigen und fragt entsprechend der „Hochamtsregel", welche Gebete dem Priester, dem Lektor bzw. der Gemeinde zukommen und welche still zu beten sind. Die Übersetzungen des „Kirchengebet", das eine Auflage von mehreren Millionen erlebte, gingen in die Neubearbeitungen der Diözesangebetbücher über.

Diesen Weg der Liturgischen Bewegung in die Gemeinden hat im deutschen Sprachraum zuerst das „Volksliturgische Apostolat" von Klosterneuburg bei Wien unter Pius Parsch (1884–1954) beschritten. In einem eigenen Verlag gab er die Texte der Sonntagsliturgie (25 Millionen bis 1930) heraus, um „dem einfachen Volk den Kult der Kirche nahezubringen". Den Sinn der Liturgie erschloß er für eine neue bibelnahe Frömmigkeit in Büchern wie „Das Jahr des Heiles" (1923, ^{14}1952/58 [3 Bde.]), „Lernt die Messe verstehen" (1931) und in den Zeitschriften „Bibel und Liturgie" (1926ff) und „Lebe mit der Kirche" (1928ff).

„Volksliturgie und Seelsorge" waren auch die tragenden Elemente der Gemeindearbeit von Großstadtpfarrern wie Georg Heinrich Hörle (1889 bis 1942) in Frankfurt, Konrad Jacobs (1874–1931) in Mülheim/Ruhr, Joseph Könn in Köln (1876–1960) und des 1930 in Leipzig gegründeten Oratoriums des hl. Philipp Neri. Ausgehend von dem Axiom, daß alle Teilhabe entsprechend den Möglichkeiten des Teilnehmenden zu geschehen hat, suchte man nach einer Feier der Messe und des Stundengebets, die sowohl der Liturgie wie der Gemeinde gerecht wurde. So kam es zur „Betsingmesse" und zum „Deutschen Hochamt", in dem die Texte in der deutschen Sprache angemessenen Melodien gesungen werden und Priester, Altardiener, Chor und Gemeinde die ihnen zukommenden Teile der Liturgie wahrnehmen.

Mit einer solchen Verteilung der Rollen war auch die Gefahr aktivistischer Betriebsamkeit gebannt, waren im liturgischen Geschehen Zeiten gegeben, wo der einzelne, Priester und Gemeindemitglied, still zuhört oder schweigend Anschluß sucht an das gemeinsame Tun oder dem vollziehenden Wort des Priesters zustimmt. Bedeutete liturgische Frömmigkeit Ausweitung des oft engen und egoistischen Betens in die Anliegen der Kirche, Einschwingen in die Bewegung durch Christus im Heiligen Geist zum Vater, dann ist sie aber kein Ersatz für das Gebet im „Kämmerlein", d.h. für die intime Begegnung des einzelnen mit Gott. Das Gemeindegebet fordert, soll es nicht seelenloser Leerlauf werden, das betrachtende „persönliche" Gebet. Diese Integration von öffentlichem Gemeindegebet und dem Gebet des einzelnen ist bis heute nicht voll gelungen. Das zeigt schon die Schwierigkeit der Terminologie. Denn dieses darf nicht „privat" und jenes nicht unpersönlich sein. Es genügt ja nicht, wenn der liturgische Beter der Kirche zum Gotteslob nur seine Lippen leiht. In den dreißiger Jahren kam es darüber zu heftigen Auseinandersetzungen.

Übertreibungen, Einseitigkeiten und Eigenwilligkeit übereifriger Kreise aus der Liturgischen Bewegung führten zu besorgter und leidenschaftlicher Kritik, u.a. in dem temperamentvollen Buch des Volksmissionars M. Kassiepe „Irrwege und Umwege im Frömmigkeitsleben der Gegenwart" (1939) und in „Sentire cum Ecclesia" von A. Doerner (1941). Es kam aber nicht zu einem „behördlichen Kurzschluß", vor dem R. Guardini 1940 in seinem „Wort zur Liturgischen Frage", einem Brief an Bischof Stohr, gewarnt hatte. Vielmehr führten die Auseinandersetzungen dazu, daß die deutschen Bischöfe die liturgischen Bemühungen aufgriffen und es so zum Übergang von der Liturgischen Bewegung zu der vom kirchlichen Amt geleiteten Liturgischen Erneuerung kam. Die Bischofskonferenz bildete 1940 das „Liturgische Referat" unter den Bischöfen Albert Stohr und Simon Konrad Landersdorfer und eine Liturgische Kommission von Fachleuten aus Wissenschaft und Praxis. Ihre Arbeit führte zu den „Richtlinien zur liturgischen Gestaltung des pfarrlichen Gottesdienstes" von 1942.

Zu einer neuen Krise drohte ein Promemoria des Freiburger Erzbischofs Conrad Gröber zu führen, das er am 18. Januar 1943 der Kurie und seinen Mitbischöfen vorlegte[4]. Die „zu Beunruhigung Anlaß gebenden" 17 Punkte waren

[4] *Th. Maas-Ewerd*, Die Krise der Liturgischen Bewegung in Deutschland. Studien zu den Auseinandersetzungen um die „Liturgische Frage" während des Zweiten Weltkriegs auf

u. a.: die drohende Spaltung in der Geistlichkeit, eine „erschreckend aufblühende Christusmystik" infolge einer übertriebenen Auslegung der Lehre vom Corpus Christi Mysticum, die Überbetonung der Lehre vom allgemeinen Priestertum, die „These vom Mahlopfer und Opfermahl", die „Überbetonung des Liturgischen", das Bestreben, die Gemeinschaftsmesse pflichtmäßig zu machen, und der Gebrauch der deutschen Sprache in der Messe. „Können wir großdeutschen Bischöfe", so schloß Conrad Gröber, „und kann Rom da noch schweigen?" Diese Denkschrift kreuzte sich mit einem Schreiben des Kardinalstaatssekretärs Maglione, das der Vorsitzende der Bischofskonferenz, Kardinal Bertram, am 11. Januar 1943 erhielt. Darin wird Klage geführt gegen Übergriffe von radikalen Vertretern der Liturgischen Bewegung, ein Bericht über sie angefordert und eine Reihe von Vorschlägen gemacht, wie das Gute in ihr gefördert werden könne.

In der Stellungnahme der westdeutschen Bischöfe vom 8. April 1943 zu der römischen Anfrage kommt zum Ausdruck, wie sehr die Feier der Liturgie in der Zeit des Nationalsozialismus und des Krieges zur Quelle der Kraft geworden war. „Der deutsche Katholizismus befindet sich seit zehn Jahren in anormalen Verhältnissen. Ein aktiver junger Klerus und eine ebenso aktive glaubensbegeisterte katholische Jugend sehen sich unvermittelt mehr und mehr von allen Gebieten verdrängt. [...] Dazu kommt, daß gerade den eifrigen jungen Priestern alles daran gelegen ist, der Jugend wenigstens in der Kirche noch ein Gemeinschaftsbewußtsein und -erlebnis zu geben, sie an die Kirche zu fesseln und dadurch im Glauben zu vertiefen und zu stärken."[5]

Am 10. April 1943 gab Kardinal Bertram einen zusammenfassenden Bericht nach Rom über die Entstehung der Liturgischen Bewegung, über die Formen der Teilnahme der Gemeinde an der Messe, darunter über das Deutsche Hochamt als „gesungene Messe, verbunden mit Volksgesang in deutscher Sprache", und über die „Mängel und Fehler der Liturgischen Bewegung". Eine indirekte Stellungnahme zu den strittigen Fragen bedeutete schon die Enzyklika Pius' XII. „Mystici corporis", weil darin der Papst sich zum Kirchenverständnis der Liturgischen Bewegung bekannte und das neue Verständnis für die heilige Liturgie als Ursache für eine tiefere Betrachtung der Reichtümer Christi in der Kirche bezeichnete.

Die römische Entscheidung teilte Maglione am 24. Dezember 1943 Kardinal Bertram mit. Darin werden die religiösen und pastoralen Früchte der Liturgischen Bewegung gelobt, vor eigenmächtigen Neuerungen aber wird gewarnt, den von Bertram vorgetragenen Wünschen bezüglich der Meßformen stattgegeben und die Arbeit an einem deutschen Rituale ermutigt. Den Bischöfen wird schließlich nahegelegt, die Führung in die Hand zu nehmen. Den Schlußpunkt

Grund bisher unveröffentlichter Dokumente (Regensburg 1977); *F. Kolbe*, Die Liturgische Bewegung (Aschaffenburg 1964) 72–75.

[5] *Th. Maas-Ewerd*, ebd.

der römischen Prüfung und den Ausgangspunkt für die von der Kurie betriebene Liturgiereform bildete die Enzyklika „Über die heilige Liturgie“ („Mediator Dei“) vom 20. November 1947. Darin greift Pius XII. das Stichwort von der „tätigen und persönlichen Teilnahme“ auf. Die Liturgie ist „der öffentliche Kult, den unser Erlöser, das Haupt der Kirche, dem himmlischen Vater erweist und den die Gemeinschaft der Christgläubigen ihrem Stifter und durch ihn dem ewigen Vater darbringt. [...] Sie stellt den gesamten öffentlichen Kult des mystischen Leibes Jesu Christi dar, des Hauptes nämlich und seiner Glieder.“[6]

Zur Reform der liturgischen Bücher wurde 1946/47 eine römische Kommission eingesetzt. Die deutschen Bischöfe schufen im „Liturgischen Institut“ in Trier eine Arbeitsstelle. Entsprechende Einrichtungen entstanden in anderen Ländern, z.B. das „Centre de Pastorale liturgique“ in Paris. Neben liturgischen Kongressen in Frankfurt (1950), München (1955) und Assisi (1965) fanden internationale Studientagungen statt. Die Ritenkongregation approbierte 1950 das deutsche Rituale, 1951 erfolgte die Neuordnung der Feier der Osternacht, 1955 der ganzen Karwoche. Das Gebot der eucharistischen Nüchternheit wurde großzügig gelockert (1953/1957) und damit der Weg für die allgemeine Erlaubnis der Abendmesse frei. Noch nach Ankündigung des Konzils und obwohl diesem die allgemeine Reform der Liturgie vorbehalten bleiben sollte, erließ man 1960 eine Rubrikenreform für Brevier und Messe. Sie brachte eine Vereinfachung und diente dem wahrhaftigen und sinngerechten Vollzug der Riten und Gebete. Alle diese Vorarbeiten machen verständlich, daß auf dem Konzil die „Konstitution über die heilige Liturgie“ (1963) als erste entscheidungsreif war und auch die postkonziliare Neuordnung der Liturgie schnell vonstatten gehen konnte. Das Konzil machte die von den Päpsten Pius X., Pius XI. und Pius XII. geforderte tätige Teilnahme der Gemeinde in einer Weise möglich, wie niemand es hatte erwarten können, und griff damit die Anliegen der Liturgischen Bewegung für die Weltkirche auf (s. Kap. 4). Sie hatte inzwischen in andere europäische Länder (Spanien, Abtei Silo) und nach Amerika übergegriffen (Abtei St. John's, Minnesota), wo sie eine sozial-ethische Note erhielt.

Neues Kirchenbewußtsein und Bibelbewegung

Die Liturgische Bewegung war Ausdruck eines neuen Kirchenbewußtseins, wie umgekehrt die Feier der Liturgie die Kirche ganz neu als Gemeinschaft erleben ließ. Schon 1921 hatte Romano Guardini in Vorträgen „Vom Sinn der Kirche“ angekündigt: „Ein religiöser Vorgang von unabsehbarer Tragweite hat eingesetzt: Die Kirche erwacht in den Seelen.“[7] Gegen den religiösen Individualismus und Subjektivismus zeigte Guardini auf: „Das religiöse Leben kommt nicht

[6] AAS 39 (1947) 521–595, 528f.

[7] *R. Guardini*, Vom Sinn der Kirche (Mainz 1922) 1.

mehr nur vom Ich her, sondern erwacht zugleich im Gegenpol, in der objektiven, geformten Gemeinschaft" (S. 13).

An sich konnte man erwarten, daß eine Jugend, die im Namen von Wahrhaftigkeit und Eigenverantwortung gegen Konvention und Autoritätsanspruch der bürgerlichen Gesellschaft auftrat, gerade die Kirche mit ihrer fremden Gesetzlichkeit und ihren starren Institutionen abgelehnt hätte. Im Gegenteil: In der Liturgie der Kirche fanden weite Kreise der Jugend einen lebendigen Ausdruck und eine Bestätigung ihrer Sehnsucht nach Gemeinschaft und zugleich in ihrer vorgegebenen und festgelegten Gestalt Korrektur und Halt. Kirche wurde erlebt nicht so sehr als Anstalt, als Heilsinstrument, sondern als Heilsfrucht, als Lebens- und Liebesgemeinschaft, deren Mitte und Grund Christus selber ist. „Christus, der Herr, ist das eigentliche Ich der Kirche."[8] Er ist das Haupt, und als Glieder an seinem Leib haben die Christen Leben und Heil. Kirche wurde vornehmlich als „Corpus Christi mysticum" gesehen. Hatte bisher, vor allem im 19. Jahrhundert, der Katholik die Kirche als etwas wie eine Kollektivperson verstanden, zu der er sich bekennt, deren Anhänger bzw. Kind er ist, die er verteidigt und liebt, an die er glaubt, so geht sie ihm jetzt auf als eine Gemeinschaft, die er glaubt und deren Glied er ist. Der Christ steht der Kirche nicht gegenüber, sondern in ihr: „Wir sind die Kirche", hieß es in vielen Ansprachen und Bekenntnissen. Hingabe an die Kirche oder besser in die Kirche hinein bedeutet nicht Selbstentfremdung, sondern Selbstfindung: „In dem Maße bin ich christliche Persönlichkeit, als ich Glied der Kirche bin und die Kirche in mir lebendig ist. Spreche ich zu ihr, dann sage ich in einem ganz tiefen Verstande nicht ‚Du', sondern ‚Ich'"[8a].

Die Kirche konnte so als Lebensprinzip verstanden, ja erfahren werden, nicht so sehr als Gesetzgeberin, sondern als Quelle der Kraft und im Einsatz für den Nächsten als Motiv sittlich-asketischen Bemühens. Bücher wie „Der mystische Leib Christi als Grundprinzip der Askese" (1936) von F. Jürgensmeier oder „Morale et Corps mystique" (1937) von E. Mersch sind dafür bezeichnend. Überhaupt wollte man von einer kasuistischen und individualistischen Sündenlehre weg zu einer Tugendlehre als Botschaft von der Nachfolge Christi vorstoßen. In diese Richtung ging das „Handbuch der katholischen Sittenlehre" (1931–37) des vormaligen Exegeten Fritz Tillmann (1874–1935) mit den Bänden „Idee der Nachfolge Christi" und „Die Verwirklichung der Nachfolge Christi".

Diesen Christus kennenzulernen, ihm zu begegnen nicht in der Verdünnung neuscholastischer Theologie oder von Katechismen, sondern unmittelbar in der Heiligen Schrift, hatte die Bibelbewegung möglich gemacht. Die christozentrische Frömmigkeit wurde geweckt und vertieft durch den Text des Neuen Testa-

[8] *Karl Adam* in dem Buch „Das Wesen des Katholizismus", das 1924 in erster Auflage, 1957 in 13. Auflage erschien.
[8a] Ebd. 33.

ments selbst (Übersetzungen ins Deutsche: J. Ecker [1915], „Keppler-Bibel" [1915, bearbeitet von P. Ketter], K. Rösch [1921], R. Storr [1926], F. Tillmann [1925–27]) und durch eine Reihe wissenschaftlich fundierter Leben-Jesu-Bücher wie *M.-J. Lagrange,* L'Évangile de Jésus-Christ (1928); *L. de Grandmaison,* Jésus-Christ, sa personne, son message (1928); *J. Lebreton,* La vie et l'enseignement de Jésus-Christ, notre Seigneur (1931); *F. M. Willam,* Das Leben Jesu im Lande und Volke Israel (1933); *K. Adam,* Christus unser Bruder (1926) und Jesus Christus (1933); *R. Guardini,* Der Herr (1937) u. a. „Lebensgestaltung in Christus" lautete das Programm katholischer Jugend. Jesus, in seinem Gottsein unverkürzt Mensch, wurde zum Vorbild, und der „Christus totus", der als Kirche fortlebende Christus, wurde als Grund des eigenen Lebens und der Liebe zum Nächsten gesehen. Unangefochten von einem Gegensatz zwischen dem historischen Jesus und dem Christus des Glaubens nahm man in privater Schriftlesung oder in „Bibelkreisen" den Text der Evangelien unmittelbar entgegen, suchte im Stil der Exerzitien des Ignatius v. Loyola die dort geschilderten Szenen, Situationen und Gestalten sich zu vergegenwärtigen und die „Anwendung" für das persönliche Leben zu finden. Charakteristisch für diese Art von Bibelarbeit ist das Buch von Martin Manuwald SJ: „Christuskreise. Der Jugend und ihren Führern"[9].

Die Katholische Aktion

Dem neuen Kirchenbewußtsein in breiten Kreisen der Laien und ihrer Erkenntnis, daß man lebendiges Glied am Leibe Christi nur sein könne, wenn man den Lebensstrom weitergibt, entsprach auf seiten der Päpste der Aufruf zum Laienapostolat, zur Katholischen Aktion. Zu Beginn seines Pontifikats, das unter dem Wappenspruch „Der Friede Christi im Reiche Christi" stand, rief Pius XI. mit Hinweis auf das allgemeine Priestertum aller Gläubigen zur „emsigen Arbeit für die Ausbreitung und Erneuerung des Reiches Christi" auf[10]. In einem Schreiben an Kardinal Bertram vom 13. November 1928 und sonst mehrfach definiert der Papst „Actio catholica" als „Teilnahme der Laien am hierarchischen Apostolat"[11]. Sie ist eine „soziale, gesellschaftliche Bewegung" mit dem Ziel, „das Reich unseres Herrn Jesus Christus zu fördern und somit der menschlichen Gesellschaft das höchste aller Güter zu vermitteln". Die Katholiken sollen in ihrer Teilnahme am hierarchischen Apostolat in den Stand gesetzt werden, „die Grundsätze des christlichen Glaubens und der christlichen Lehre allenthalben zu verbreiten, tatkräftig zu verteidigen und im privaten wie im öffentlichen Leben zur Geltung zu bringen"[12]. Der Papst sah die Kirche vor-

[9] Nürnberg 1930.
[10] AAS 14 (1922) 695.
[11] AAS 20 (1928) 385.
[12] Ebd.

nehmlich als das Reich Gottes auf Erden. Dem entsprach die Einsetzung des Christkönigsfestes im Jubeljahr 1925. Die Königsherrschaft Christi gründet sich auf das angeborene Recht seiner gottmenschlichen Natur wie auf das erworbene seines Erlösungswerkes. Nur in der Anerkennung seines Königtums im privaten und öffentlichen Leben kann die fried- und hilflose Welt Frieden finden. „Die Pest unserer Zeit", betont der Papst in dem Rundschreiben „Quas primas" über die Einsetzung des Christkönigsfestes, „ist der sogenannte Laizismus mit seinen Irrtümern und gottlosen Absichten." Die Katholiken haben „nicht jene gesellschaftliche Stellung noch jenen Einfluß [...], die eigentlich jene haben sollten, welche die Fackel der Wahrheit hochhalten". Diesen Mißstand schreibt der Papst „der Gleichgültigkeit und Furchtsamkeit der Guten zu, die des Kampfes sich enthalten oder nur schwachen Widerstand leisten. [...] Wenn aber einmal alle Gläubigen einsehen, daß sie unter dem Feldzeichen des Christkönigs mit Mut und Ausdauer kämpfen müssen, dann werden sie doch mit apostolischem Eifer danach trachten, die entfremdeten und unwissenden Seelen zum Herrn zurückzuführen, und sie werden sich bemühen, seine Rechte unverletzt zu bewahren."[13]

Die Organisation der Katholischen Aktion unter strenger Leitung der Hierarchie war stark bestimmt von der Situation der Kirche Italiens unter dem faschistischen Regime, das der Kirche nur wenig Bewegungsfreiheit für ihr Wirken in der Welt gewähren wollte, das vor allem die Jugenderziehung für sich beanspruchte. Zu einer Krise kam es noch nach den Lateranverträgen infolge der Totalitätsansprüche des Faschismus. In dem scharfen Rundschreiben „Non abbiamo bisogno" vom 29. Juni 1931[14] wehrte Pius XI. die Angriffe gegen die Katholische Aktion, deren unpolitischer Charakter schon in Artikel 43 des Konkordats festgelegt war, ab und wandte sich gegen eine Verabsolutierung des Staates. Am 2. September 1931 kam es doch zu einem Abkommen, nach dem die katholischen Jugendverbände der staatlichen Organisation (Balilla) angegliedert wurden, in der eigene Kapläne die religiöse Erziehung wahrnehmen sollten. Die „Katholische Aktion" dagegen sollte frei und unabhängig arbeiten dürfen. Ihr rein religiöser Charakter und ihre unmittelbare Abhängigkeit von der Hierarchie sollten sichergestellt werden durch die Gliederung nach Pfarreien und Diözesen und einen Aufbau nach den „Naturständen" und nicht nach Berufen.

Dieses Modell ließ sich nicht verwirklichen bzw. stieß auf Widerstand in Ländern wie Deutschland, wo sich seit Jahrzehnten im freien Raum der Kirche eine Reihe vielfach berufsbezogener Verbände gebildet hatte, die zwar im Apostolat ein wesentliches Element ihrer Arbeit erblickten, aber in relativer Eigenständigkeit gegenüber den Bischöfen auch Aufgaben übernehmen und Entscheidungen treffen konnten, die nicht zum unmittelbaren Mandat der

[13] AAS 17 (1925) 606.
[14] AAS 23 (1931) 285–312.

Kirche gehören. Sie nahmen die Idee der „Actio catholica" und des Apostolats als Arbeit für das Reich Christi des Königs in ihr Programm und in ihre Arbeit auf, ohne daß sich an der Struktur dieser Verbände Wesentliches änderte.

Eine eigene Gestalt gewann die Katholische Aktion als „spezialisierte", d.h. auf bestimmte Berufsgruppen – Arbeiterjugend, Landjugend und studierende Jugend – ausgerichtete Organisation, in Belgien und Frankreich. In Belgien wurde als Fortsetzung der bestehenden „Jeunesse syndicaliste" von dem Priester Joseph Cardijn (1882–1967; seit 1965 Kardinal)[15], 1924/25 die „Jeunesse ouvrière chrétienne" (JOC) gegründet, 1925 von Pius XI. gutgeheißen, 1926 nach belgischem Vorbild in Frankreich übernommen und dann, besonders nach 1945, über die ganze Welt verbreitet. In Westdeutschland war man nach dem Zweiten Weltkrieg zunächst nicht einig, ob man die Vereinsarbeit – wie in der NS-Zeit erzwungenermaßen – weiter auf dem Boden der Pfarreien nach den Lebens- oder Naturständen (Mannes- und Frauenjugend, Männer und Frauen) aufbauen sollte oder wieder differenziert nach Berufen (Arbeitervereine, Gesellenvereine, Landvolk, Neudeutschland, Akademikerverband usw.). Man entschied sich vorwiegend wieder im letzteren Sinn. Die Christliche Arbeiterjugend (CAJ) war nach Organisation und Arbeitsmethode im Grunde die einzige Neugründung. Sie wurde 1947 ins Leben gerufen[16] und arbeitet wie die JOC nach Mannes- und Frauenjugend getrennt. Die Schulung erfolgt nach dem Prinzip „sehen, urteilen, handeln". Der Jungarbeiter soll angeleitet werden, die konkrete Wirklichkeit seines Lebens zu sehen, im Licht des katholischen Glaubens zu beurteilen und zu gestalten. Es kommt der CAJ vor allem darauf an, durch Exerzitien und sozial-politische Studientagungen einen festen Kern von „Vorkämpfern" mit missionarischem Geist zu erfüllen. Entsprechend entstand für die studierende Jugend die „Jeunesse étudiante chrétienne" (JEC) und für die Landjugend die „Jeunesse agricole chrétienne" (JAC).

Angesichts der zahlreichen nach Unmittelbarkeit, Intensität und der von der Situation her geforderten Gestalt verschiedenen Weisen des Laienapostolats sah sich Pius XII. veranlaßt, den Begriff der Katholischen Aktion zu erweitern und verschiedene Formen der Organisation und Abstufungen der Abhängigkeit von der Hierarchie zu unterscheiden. Von den Marianischen Kongregationen erklärte er in der Apostolischen Konstitution „Bis saeculari" (27. 9. 1948), sie könnten „mit vollem Recht Katholische Aktion unter der Führung und dem Beistand der allerseligsten Jungfrau Maria" genannt werden[17]. Sprach Pius XI. von der Teilnahme (participatio) der Laien am hierarchischen Apostolat, dann zog Pius XII. es vor, von Mitarbeit (collaborazione, cooperatio) oder Hilfe zu

[15] *J. Cardijn,* Was ist die CAJ? (Essen ³1955); *ders.,* Die Schicksalsstunde der Arbeiterschaft (Essen 1955).

[16] *J. Angerhausen,* Die Christliche Arbeiter-Jugend, die deutsche CAJ, in: TThZ 63 (1954) 280–288; *J. Angerhausen – M. Meert,* CAJ, Weg der Umkehr (Essen 1957).

[17] AAS 40 (1948) 393–402.

sprechen[18]. Nach der Enzyklika „Mystici corporis" (29.6.1943) verlangt Christus nach der Hilfe seiner Glieder. „Ein wahrhaft schauererregendes Mysterium [...], daß nämlich das Heil vieler abhängig ist [...] von der Mitwirkung, die die Hirten und die Gläubigen [...] zu leisten haben."[19]

In seiner Ansprache an den Ersten Weltkongreß des katholischen Laienapostolats am 14. Oktober 1951 betonte der Papst, daß die Abhängigkeit des Laienapostolats von der Hierarchie Abstufungen zulasse; am engsten sei sie für die Katholische Aktion: „Sie ist ein Werkzeug in der Hand der Hierarchie und soll gleichsam die Verlängerung ihres Armes sein. Darum ist sie ihrem Wesen nach der Leitung der kirchlichen Oberhirten unterstellt. Andere organisierte oder auch nicht organisierte Werke des Laienapostolats können in größerem Maß ihrer freien Initiative überlassen werden, je nachdem es ihre Ziele verlangen."[20] Wie der Papst auf dem Zweiten Kongreß für das Laienapostolat 1957 betonte, kann die Katholische Aktion – als Organisation verstanden – kein Monopol für sich in Anspruch nehmen. Wohl trägt sie den Charakter eines offiziellen Laienapostolats. Das Apostolat des Gebetes, des Berufs und des Lebenszeugnisses könne man als Laienapostolat im weiteren Sinn bezeichnen. Weiter gebe es das „freie Apostolat" von einzelnen und Gruppen, die sich der Hierarchie zur Verfügung stellen und sich von ihr auf begrenzte oder unbestimmte Zeit Aufgaben übertragen lassen. Es blieb die Gefahr, daß das Laienapostolat eingeengt wurde auf die Aufgaben, die sich in der Kirche selbst stellen bzw. die vom Laien als „verlängertem Arm der Hierarchie" ausgeführt werden, und die eigentümlichen laikalen Aufgaben der Weltdeutung, Weltführung und Weltheiligung aus dem Blickfeld kamen. Das Konzilsdekret „Über das Apostolat der Laien" sucht dieser Gefahr zu begegnen, indem es u.a. betont, daß die Laien „ihr Apostolat in der Kirche wie in der Welt, in der geistlichen wie in der weltlichen Ordnung ausüben" (Art. 5). Nach der „Pastoralkonstitution über die Kirche in der Welt von heute" ist „klar zu unterscheiden zwischen dem, was die Christen als einzelne oder als Gruppe im eigenen Namen als Staatsbürger, die von ihrem christlichen Gewissen geleitet werden, und dem, was sie im Namen der Kirche zusammen mit ihren Hirten tun"[21].

Exerzitienbewegung

Ist es nach dem Verständnis Pius' XI. das erste Ziel der Katholischen Aktion, die Gewissen der Christen so stark christlich zu formen, daß sie jederzeit und in jeder Situation des privaten und öffentlichen Lebens imstande sind, die christliche Lösung der vielen sich darbietenden Probleme zu finden[22], dann

[18] Ansprache Pius' XII. an die Katholische Aktion Italiens, 4.9.1940, in: AAS 32 (1940) 362.
[19] AAS 35 (1943) 213. [20] AAS 43 (1951) 789.
[21] Art. 76; vgl. Lumen gentium Art. 36.
[22] So auch „Dekret über das Apostolat der Laien" des Vat. II, Art. 20.

waren die Ignatianischen Exerzitien dafür eine wertvolle Hilfe. Ihr Ziel war es ja, zu der als Grundlage apostolischen Geistes und Lebens geforderten persönlichen Heiligung in Richtung auf die Heiligung anderer zu führen. Die Zahl der Teilnehmer an den heiligen Übungen nahm in den zwanziger Jahren sprunghaft zu. Wurden sie bis ins 19. Jahrhundert fast ausschließlich von Jesuiten gehalten, dann beteiligten sich jetzt auch andere Orden, z.T. in einer ihrer besonderen Spiritualität entsprechenden Form. Seit Exerzitientagungen in Innsbruck (1922) und seit der Konstitution Pius' XI. „Summorum Pontificum"[23] vom 25. Juli 1922 und seinem Rundschreiben über die Förderung der geistlichen Exerzitien[24] vom 20. Dezember 1929 kann man von einer Exerzitienbewegung sprechen. Pius XI. nennt als schwerste Zeitkrankheit das „ständige leidenschaftliche Ausgegossensein an die Außenwelt" und die „unersättliche Gier nach Reichtum und Vergnügen", die den Menschen nicht mehr denken lassen an die ewigen Wahrheiten und an Gott, den Urgrund und das letzte Ziel. Dafür sollen die Exerzitien Raum, Zeit und Stille schaffen. Besonders freut den Papst die Teilnahme der Gruppen der Katholischen Aktion an Exerzitien. „Zahlreich nehmen sie teil, um sich besser zu rüsten und schlagfertig zu halten für die Schlachten des Herrn. So finden sie nicht nur Rückhalt und Stütze, um das Ideal christlichen Lebens in sich vollkommen auszugestalten; nicht selten vernehmen sie auch im Herzen einen geheimnisvollen Ruf Gottes, der sie zum heiligen Dienst und zur Förderung seelischen Gewinnes beim Nächsten einlädt und so zur Übung eines vollen Apostolats antreibt."[25] In dem einen Jahr 1936 hielten allein die Jesuiten 16043 Kurse mit 680788 Exerzitanten. Hinzu kamen noch in den Missionsgebieten 631 Kurse mit 24225 Exerzitanten[26]. In Deutschland machten 1955 109000 Männer, Frauen und Jugendliche die Exerzitien[27]. Nach dem Zweiten Weltkrieg wurden sie zu einem systematisch von den Seelsorgsämtern geförderten und betreuten Teil der außerordentlichen Seelsorge.

Zielten die Exerzitien ihrem Ursprung nach mehr auf die Lebensumkehr, den „großen Entschluß" (H. Rahner) des Erwachsenen, dann entwickelte die Jugendpastoral in religiösen Besinnungstagen („Einkehrtagen", „Freizeiten") der Mentalität und Situation von Jugendlichen und Schülern angepaßte Formen der Einübung ins geistliche Leben und der Glaubensvertiefung. Nach Ludwig Esch SJ (1883–1956), der selbst in den Jahren 1919–1951 für 54884 Schüler, Studenten und Priester Exerzitien gegeben hat, vermitteln diese „ein neues *Festwerden* auf dem rechten Weg, ein *Großwerden* in der Zielsetzung, ein *Klarwerden* über sich selber und über die ganze Welt des Glaubens, damit aber auch ein tiefstes *Frohwerden*"[28].

[23] AAS 14 (1922) 420–422. [24] „Mens nostra", in: AAS 21 (1929) 689–706.
[25] AAS 21 (1929) 689–706, 691 701.
[26] *H. Becher,* Die Jesuiten. Gestalt und Geschichte des Ordens (München 1951) 400.
[27] HK 11 (1956/57) 73f.
[28] *L. Esch,* Neue Lebensgestaltung in Christus (Würzburg 1952, [7]1959) 296; *E. Holzapfel – L. Esch,* Ein Leben für die Jugend (Würzburg 1963).

Eucharistiefrömmigkeit im Wandel

Die Liturgische Bewegung wie die Besinnung auf die Bibel waren zunächst eine Sache von Kreisen der Jugend und der Akademiker. Die Pfarrgemeinden wurden erst nach 1930 davon erfaßt. Die breite Masse des katholischen Volkes war weiter getragen von den großen Strömen der aus dem 19. Jahrhundert überkommenen Frömmigkeit, die aus dem eucharistischen Kult, der Herz-Jesu-Verehrung und der Verehrung Mariens und der Heiligen lebte und ihren Ausdruck fand. Es kennzeichnet aber die Situation, daß das Alte allmählich von dem Neuen durchdrungen wurde und dadurch eine Vertiefung und Rückführung auf Wesen und Mitte erfuhr. Das wird besonders deutlich an der Eucharistiefrömmigkeit, die bis zum Ende des 19. Jahrhunderts fast ausschließlich Anbetungskult war, dann als Eucharistische Bewegung zur häufigen Kommunion führte und erst nach Vereinigung mit der Liturgischen Bewegung die Eucharistie wieder als danksagendes Opfer verstand, das der Herr mit seiner Kirche feiert und in das der Christ durch die Teilnahme am Opfermahl voll eingeht.

Die Dogmatik war gewohnt, das Altarsakrament in drei Abschnitten zu behandeln, die isoliert nebeneinander standen: 1. die reale Gegenwart Christi in der Eucharistie, die die Anbetungswürdigkeit zur Folge hat; 2. die Eucharistie als Sakrament, d.h. als Kommunion; 3. die Eucharistie als Opfer[29]. Für die Frömmigkeit war die Gegenwart Christi im Tabernakel bzw. in der Monstranz das Bestimmende. Die Messe wurde vorwiegend als Mittel zur Beschaffung der sakramentalen Gegenwart gesehen, weshalb die Aufmerksamkeit auf den Punkt der Wandlung fixiert war. Ja selbst dieses Geschehen war überdeckt, weil die Messe vielfach um der besonderen Feierlichkeit willen vor ausgesetztem Allerheiligsten gefeiert wurde und von Anfang an dieser Gegenwart durch Kniebeugen u.a. verehrend gedacht werden mußte, bevor der sich opfernde Herr unter den Gestalten von Brot und Wein gegenwärtig wurde und die Gemeinde durch ihn und mit ihm und in ihm vor den Vater treten konnte.

Obwohl Pius X. schon 1903 gefordert hatte, die Gläubigen möchten den christlichen Geist „aus der ersten und eigentlichen Quelle“ schöpfen, „nämlich aus der tätigen Teilnahme an den heiligen Mysterien und dem öffentlichen und amtlichen Gebet der Kirche“[30] (womit er das Stichwort für die spätere Liturgische Bewegung gab), ist er selbst im Dekret „Sacra Tridentina synodus“ über die tägliche Kommunion (1905)[31] und im Erstkommuniondekret „Quam singulari“ (1910) auf den Zusammenhang von Messe und Kommunion nicht eingegangen und hat den Wert und die Bedeutung der häufigen und der frühen Kommunion isoliert für sich behandelt. Die von ihm initiierte „Eucharistische

[29] So noch *L. Ott*, Grundriß der Dogmatik (Freiburg [3]1957) XVf.

[30] Motuproprio „Tra le sollecitudini“ v. 22. 11. 1903, in: ASS 36 (1903/04) 331.

[31] ASS 38 (1905/06) 400–409; „Quam singulari“, in: AAS 2 (1910) 577–583.

Bewegung" wurde so zur „Kommunionbewegung"[32] in Eigenentwicklung, unabhängig von der Liturgischen Bewegung, ja in mancher Hinsicht hemmend für sie. Den Durchbruch zu einer Zusammenschau von Meßfeier und Kommunion hat sie nicht gebracht. Die Förderung der häufigen, ja täglichen Kommunion führte wohl auf die Dauer dazu, daß – gemäß dem Wunsch des Papstes[33] – der Anbetungskult nicht mehr die erste Stelle innerhalb der eucharistischen Frömmigkeit einnahm, und lockerte auch die allzu enge Verbindung von Beichte und Kommunion. Die Kommunion wurde jedoch weiterhin isoliert gesehen: isoliert vom Meßgeschehen, isoliert aber auch insofern, als das Kommunionverständnis nur die Verbindung der Einzelseele mit Christus in den Blick bekam, nicht aber die Gemeinschaft der Kommunizierenden; bezeichnenderweise fehlte im Dekret „Sacra Tridentina synodus" jeder Hinweis auf die Communio als die Gemeinschaft im Leibe Christi.

Diesem isolierten Kommunionverständnis entsprach es, daß das eigentliche Meßgeschehen von der Vorbereitung auf den Kommunionempfang und von der Danksagung oft völlig überlagert und verdeckt war und daß man eigene Kommunionandachten betete. Um Zeit für die Danksagung zu gewinnen, teilte man die Kommunion vielfach vor der Messe aus oder nach der Messe, um die Nichtkommunizierenden nicht länger festzuhalten. Die Eucharistie stand vor allem im Dienst der religiös-sittlichen Charakterbildung des einzelnen, galt als „Gegenmittel zur Befreiung von den täglichen Vergehen und zur Bewahrung von Todsünden"[34].

Auch nach dem Ersten Weltkrieg erschien die Situation nicht wesentlich verändert, und noch 1928 konnte es in einem Referat auf dem Zweiten Katechetischen Kongreß in München heißen: „Die heilige Kommunion [...] hat trotz der Kommuniondekrete Pius' X. noch immer nicht im Bewußtsein des Volkes die ihr in der Liturgie zukommende Bedeutung."[35] Erst die Begegnung und Verbindung mit der Liturgischen Bewegung Anfang der dreißiger Jahre verhalf der Eucharistischen Bewegung zu dem rechten theologischen Selbstverständnis und zu einem wirklichen Durchbruch in der Folgezeit. Mit ihrem Bemühen um eine möglichst aktive Anteilnahme aller am Meßgeschehen führte die Liturgische Bewegung dazu, daß die Kommunion als Opfermahl der bewußten und tätigen Teilnahme an der Opferhandlung organisch eingefügt wurde und mit dieser ein Ganzes bildete. Im Verlauf dieser Entwicklung zu einem „organischen" Meßverständnis wurde die Vorbereitung auf die Kommunion zunehmend in der Mitfeier des heiligen Meßopfers selbst gesehen und nicht mehr der das Meßgeschehen vernachlässigenden Kommunionandacht zugewiesen. Angestrengtes

[32] Vgl. *H. Fischer,* Eucharistiekatechese und Liturgische Erneuerung (Düsseldorf 1959) 11–24.

[33] Nach „Sacra Tridentina synodus" ist der Sinn der Kommunion nicht „in erster Linie, [...] Gott Ehre und Anbetung zu zollen", ASS 38 (1905/06) 401; *Rohrbasser* Nr. 193.

[34] „Sacra Tridentina synodus", in: ASS ebd.; *Rohrbasser* Nr. 193.

[35] Zitat nach *H. Fischer,* Eucharistiekatechese, S. 45.

aszetisches Bemühen, von der Sorge um eine möglichst würdige Kommunion geprägt, wich nach und nach einer unkomplizierteren und freudigeren Kommunion- und Meßfrömmigkeit, wodurch zunehmend günstigere Voraussetzungen für den frühen und häufigen Kommunionempfang geschaffen wurden.

Nicht mehr das vollzogene Sakrament, d.h. die sakramentale Gegenwart des Herrn unter der Brotgestalt und die Anbetung seiner Gottheit, steht im Vordergrund, sondern der Vollzug, die Feier, in der unter Danksagung die Hingabe des Herrn an den Vater, sein Opfer, gegenwärtig wird und er als Mittler uns zum Vater führt. Die allzu statische Eucharistieauffassung wurde überwunden und Eucharistie als Geschehen stärker betont, z.B. durch die Abschaffung der ohnehin den kirchlichen Bestimmungen widersprechenden Aussetzung während der Messe und durch den von Pius XII. in „Mediator Dei" (1947) zweimal empfohlenen Brauch, die heilige Kommunion mit den während derselben heiligen Messe konsekrierten Gestalten zu spenden[36].

Auf die Gestaltung der *Eucharistischen Kongresse* gewann das neue Kommunion- und Meßverständnis nur sehr langsam Einfluß. Nach wie vor stand hier der Anbetungskult im Vordergrund, verbunden mit der machtvollen Demonstration des Glaubens, so daß die mit großem Aufwand gestaltete Prozession als Höhepunkt eines jeden Kongresses erschien. Die zunehmende Internationalisierung der Kongresse, an deren Spitze seit 1906 ein päpstlicher Legat stand, gab diesen Veranstaltungen den Charakter eines „Weltfronleichnam".

Nach dem Ersten Weltkrieg nahm die Reihe der Kongresse erneut ihren Anfang in Rom im Jahre 1922. Die im Krieg erfahrene Zerrissenheit der Welt brachte für diesen und die folgenden Kongresse eine neue Akzentsetzung hervor: die Hostie wurde als Symbol der Einheit unter den Menschen verehrt und als das einzige Mittel geltend gemacht, die Menschen zu dauerhafter Verbindung zusammenzuführen. Auf Wunsch Roms folgten fortan die Kongresse in zweijährigem Abstand: 1928 in Sydney, 1930 in Karthago, 1932 in Dublin. 1933 in Buenos Aires kam erstmalig auch Lateinamerika hinzu. Es folgten Madrid 1936 und Budapest 1938. Und wiederum unterbrach der Krieg die Reihe der Kongresse, die erst 1952 in Barcelona fortgesetzt wurde. In der Gestaltung dieses Kongresses fand das Zusammenwachsen von Liturgischer und Eucharistischer Bewegung einen deutlichen Niederschlag: nicht mehr die Schlußprozession bildete den Höhepunkt, neben welcher – mehr oder weniger ohne sichtbaren Zusammenhang – Messen und Kommunionausteilung stattfanden, sondern die gemeinsame Eucharistiefeier war ganz in den Mittelpunkt gerückt.

Die volle Ausgestaltung dieser neuen Akzentsetzung fand auf dem Münchener Kongreß im Jahre 1960 statt, für den Josef Andreas Jungmann die Idee der „Statio" zu neuem Leben erweckt hatte. Schon 1930 anläßlich des Eucharistischen Kongresses in Karthago hatte Jungmann die Aufmerksamkeit auf den

[36] AAS 39 (1947) 564f; *Rohrbasser* Nr. 305 und Nr. 307.

in der alten Kirche vielfach bezeugten, in der stadtrömischen Kirche des Mittelalters aber zu besonderer Ausprägung gelangten Brauch gelenkt, nach dem der Bischof an bestimmten Sonn- und Festtagen des Jahres, vor allem aber in der Fastenzeit, einen wandernden Gottesdienst in den wichtigsten Kirchen abhielt, um so den Gedanken der Einheit von Bischof, Klerus und Volk sichtbar zur Darstellung kommen zu lassen.

Diese Statio Urbis – so Jungmann – könne als Modell gelten für eine Statio Orbis, das Erleben der Gemeinschaft der Kirche bei der gemeinsamen Eucharistiefeier als dem Höhepunkt des Eucharistischen Kongresses. Die 1930 noch kaum beachtete Anregung Jungmanns wurde in dem bischöflichen Hirtenschreiben zum Münchener Kongreß 1960 aufgegriffen. So gab die gemeinschaftliche Eucharistiefeier, in der die Weltkirche als mystischer Leib Christi erfahrbar und sichtbar wurde, diesem Kongreß das besondere Gepräge und betonte mit unüberbietbarer Deutlichkeit den Vorrang des Opfergeschehens in der Einheit mit dem Opfermahl gegenüber der schauenden Anbetung. Der Gedanke der Statio Orbis nahm diesem Kongreß den Charakter eines triumphalistisch getönten Sich-zur-Schau-Stellens; nicht auf der Demonstration, sondern auf dem tätigen Vollzug des Opfers lag der Akzent.

Die Gestaltung des Münchener Weltkongresses nach der Idee der „Statio Orbis" ließ den Geist der liturgischen Erneuerung weithin sichtbar Gestalt gewinnen und diente so der Vorbereitung der liturgischen Neugestaltungen durch das Konzil.

Herz-Jesu-Verehrung

Die durch päpstliche Förderung im 19. Jahrhundert zu hohem Rang gelangte Herz-Jesu-Verehrung nahm auch im 20. Jahrhundert einen breiten Raum in der Volksfrömmigkeit ein; weit verbreitet war die Feier des ersten Freitags im Monat als Herz-Jesu-Freitag, verbunden mit der Kommunion und dem Gebet für ein monatlich neu festgesetztes Anliegen des Papstes. Das Bemühen um eine solide theologische Fundierung dieses Kultes durch den Rückgriff vor allem auf biblische Aussagen, aber auch auf die Vätertheologie kennzeichnete sowohl die Arbeit der Theologen als auch die lehramtlichen Äußerungen; diese Arbeit war um so dringlicher, als kitschig-sentimentale Verzerrungen gerade in diesem die affektiv-gemüthaften Schichten ansprechenden Kult eine große Gefahr waren.

Mit der Enzyklika „Miserentissimus Redemptor" (1928) gab Pius XI. dem Herz-Jesu-Fest höchsten liturgischen Rang mit einem neuen Meßformular und Offizium. Angesichts der Zeitnöte rief die Enzyklika zu Buße und Sühne auf, die „immer die erste und vorzüglichste Stelle ein(nahmen) in der Verehrung des heiligsten Herzens Jesu" (Nr. 135). Durch die päpstlichen Anordnungen gelangten die Herz-Jesu-Frömmigkeit und deren Einordnung in die Liturgie zu einem ersten Abschluß; auch die theologische Begründung erreichte schon hier eine wichtige Stufe, indem der Versuch gemacht wurde, Herz-Jesu-Mystik mit der Theologie der Kirchenväter zu verbinden und die Herz-Jesu-Verehrung in den zentralen Heilsmysterien zu verankern.

Die Weltkrise der dreißiger Jahre bot dem Papst erneut Anlaß, in der Enzyklika vom 3. Mai 1932 „Caritate Christi compulsi" die Verehrung des Herzens Jesu als Heilmittel zu empfehlen. Angesichts der Not der Zeit, der Gottlosigkeit und dem – im Sozialismus mit dem Kampf um das tägliche Brot verbundenen – Haß gegen jede Religion verfügte der Papst die Abhaltung von öffentlichen Sühnegottesdiensten am Herz-Jesu-Fest.

Unter Pius XII., der schon in seiner Antrittsenzyklika Bezug nahm auf die Weltweihe der Menschheit an das Herz Jesu, erreichten die Bemühungen um die Herz-Jesu-Verehrung vor allem in theologischer Hinsicht einen Höhepunkt. Zwar wurden in dieser Zeit auch Zweifel und Einwände laut, z.B. die Herz-Jesu-Verehrung fördere eine rein individualistisch ausgerichtete Frömmigkeit, was angesichts des erwachenden Gemeinschaftsbewußtseins im Raum der Kirche große Bedenken hervorrufen müsse. Auf andere wirkten manche bildhaften Darstellungen und Andachtsformen eher abstoßend; wieder andere gestanden der Herz-Jesu-Verehrung zwar ein historisches Recht zu – als Reaktion auf den gefühlstötend-rigoristischen Jansenismus und als Verchristlichung des Subjektivismus im 19. Jahrhundert –, waren aber geneigt, die Bedeutung dieses Kultes für das 20. Jahrhundert und die ihm gestellten Aufgaben zu bestreiten. Auch erhoben manche den Vorwurf des Partikularismus: es werde ein Element – nämlich das Herz – aus der Person des Erlösers herausgelöst und so eine ganzheitliche Sicht erschwert.

Den laut werdenden Zweifeln und Schwierigkeiten versuchte eine intensive theologische Arbeit vor allem in den fünfziger Jahren Rechnung zu tragen, indem sie etwa das Herz in seinem ganzheitlichen – das Physische sowohl wie das Geistig-Seelische einschließenden – Charakter von den biblischen Aussagen des Alten und Neuen Testaments her zu erhellen unternahm.

„Herz ist", wie Guardini im Anschluß an Blaise Pascal schreibt, „der Geist, sofern er in Blutnähe gelangt. [...] Herz ist der vom Blut her heiß und fühlend gewordene, aber zugleich in die Klarheit der Anschauung, in die Deutlichkeit der Gestalt, in die Präzision des Urteils aufsteigende Geist. Herz ist das Organ der Liebe. [...] Sie ist es, die im Herzen erfahren wird."[37] Herz Jesu ist so Symbol der Liebe des Erlösers als Liebe zum Vater und zu den Menschen. Weihe an das Herz Jesu bedeutet sich hineinnehmen lassen in diese Liebe Jesu. Sie muß sich äußern in einem dienenden, apostolischen Leben.

Als Frucht wie auch als Ausgangspunkt solcher Bemühungen um eine zeitgemäße theologische Begründung des Herz-Jesu-Kultes erschienen die Aussagen Pius' XII. in seiner Enzyklika „Haurietis aquas" vom 15. Mai 1956. Dieses Schreiben setzt sich mit den verschiedensten Mißverständnissen und Irrtümern

[37] *R. Guardini,* Christliches Bewußtsein. Versuche über Pascal (Leipzig 1935) 177.

auseinander und versucht – gegenüber der Bagatellisierung dieses Kultes als auf einer Privatoffenbarung beruhend – deutlich zu machen, daß der Herz-Jesu-Kult „in der Kirche auf ein hohes Alter zurückblicken kann und in den Evangelien selbst ein solides Fundament hat, daß ihn Tradition und Liturgie offen begünstigen". Die Ursache für diesen Kult, der als „wirksamste Schule der Gottesliebe" ausgezeichnet wird, ist eine doppelte: die erste liegt darin, daß Christi Herz, „der edelste Teil der menschlichen Natur, mit der Person des göttlichen Wortes hypostatisch vereinigt ist; darum ist ihm derselbe Kult der Anbetung zu leisten, durch den die Kirche die Person des fleischgewordenen Sohnes Gottes selber ehrt. [...] Die zweite Ursache ergibt sich daraus, daß dieses Herz mehr als alle anderen Glieder seines Leibes ein natürlicher Hinweis oder ein Symbol seiner unendlichen Liebe zum Menschengeschlecht ist."[38]

Die Ausführungen des Papstes, die sich ausführlich vor allem den biblischen Aussagen zuwenden, münden in den mahnenden Appell, daß es sich bei dem Herz-Jesu-Kult „nicht um irgendeine gewöhnliche Frömmigkeitsform handelt, die jeder nach Belieben hinter anderen Formen hintansetzen oder geringschätzen darf, sondern um eine Übung der Gottesverehrung, die wie keine zur christlichen Vollkommenheit zu führen vermag. [...] Jeder, der deshalb dieses hohe Geschenk Jesu Christi an die Kirche gering anschlägt, betreibt eine gefährliche und unheilvolle Sache und beleidigt Gott selbst."[39]

Trotz der Förderung und Propagierung des Herz-Jesu-Kultes durch das kirchliche Lehramt scheint er mehr und mehr aus dem Bewußtsein und dem Frömmigkeitsleben des Kirchenvolkes zu schwinden. Das hat wohl weniger theologische als geistesgeschichtliche Gründe. Eine Zeit wie die unsere, die so stark in Jesus den „Menschen für uns" sieht, müßte an sich Verständnis haben für die sich hingebende und sich für den Nächsten verzehrende Liebe; diese jedoch im blutenden Herzen Jesu dargestellt zu sehen und zu verehren, dazu fehlt heute der Sinn für das Symbol.

Marienverehrung und Mariologie

Die Entfaltung der marianischen Bewegung seit dem zweiten Drittel des 19. Jahrhunderts fand im 20. Jahrhundert ihre Fortsetzung. Pius XI. und Pius XII. setzten die Linie ihrer Vorgänger in der Förderung der Marienverehrung fort. Im gläubigen Volk erhielt sie Auftrieb durch Marienerscheinungen, besonders durch die in Fátima (Portugal), die drei portugiesischen Kindern im Jahre 1917 zuteil wurde. Sie wie auch die Erscheinungen in den belgischen Orten Beauraing

[38] AAS 48 (1956) 316.
[39] AAS 48 (1956) 346.

(1932/33) und Banneux (1933) erhielten die kirchliche Approbation [40]. Sie führten zu einer regen Wallfahrt. In Fátima forderte Maria vor allem das Rosenkranzgebet für den Frieden der Welt, die Weihe Rußlands an ihr Unbeflecktes Herz und die Sühnekommunion an den ersten Samstagen des Monats. Papst Pius XII., dessen Bischofsweihe in Rom an dem Tag der ersten Marienerscheinung in Fátima stattfand (13. Mai 1917), wußte sich den Anliegen Fátimas zeit seines Lebens in besonderer Weise verpflichtet. Am 8. Dezember 1942 vollzog er die Weihe der ganzen Menschheit an das Unbefleckte Herz Mariä [41]. Am 7. Juli 1952 schließlich richtete er an alle Völker Rußlands ein Rundschreiben, in dem diese dem Unbefleckten Herzen Mariä geweiht wurden. Zur Verbreitung der Anliegen von Fátima bildete sich auf Anregung des kanadischen Bischofs Dignan ein „Rosenkranzkreuzzug", der weltweite Verbreitung fand. 1947 entstand in Wien unter franziskanischer Führung der „Rosenkranz-Sühnekreuzzug".

Marianische Frömmigkeit und Laienapostolat standen auch jetzt in engem Zusammenhang. So in der Laienorganisation „Legio Mariae", die 1921 von Frank Duff in Dublin gegründet wurde und sich rasch in allen Kontinenten, vor allem in den Missionsländern, ausbreitete. Mit kämpferischem Akzent wie die Legio Mariae trat auch die 1917 von dem später im KZ umgekommenen Pater Maximilian Kolbe (1894–1941) gegründete „Miliz der Unbefleckten Empfängnis" auf, ebenso die 1947 durch Harold von Colgan ins Leben gerufene „Blaue Armee Mariens". Diese sieht ihre Aufgabe in erster Linie in der Verbreitung der Botschaft von Fátima.

Das Laienapostolat der Marianischen Kongregationen, die „marianisch" nicht nur heißen, „weil sie ihren Titel von der Gottesmutter nehmen, sondern vor allem deshalb, weil die einzelnen Sodalen eine besonders innige Verehrung der Gottesmutter versprechen und sich ihr durch eine volle Weihehingabe übereignen" [42], erhielt Förderung und Aufschwung durch die Apostolische Konstitution Pius' XII. „Bis saeculari" im Jahre 1948. 1953 wurde der Weltverband Marianischer Kongregationen gegründet, der seit 1956 Mitglied der Konferenz der Internationalen Katholischen Organisationen ist. Aus dem Geist der Marianischen Kongregationen ging – zu Anfang in Anlehnung an die Pallottiner – die Schönstatt-Bewegung hervor, fußend auf der Erziehungsarbeit Pater Josef Ken-

[40] Vgl. LThK² VII, 64: „Die kirchliche Approbation bedeutet keine unfehlbare Garantie für den übernatürlichen Ursprung der Erscheinungen. Sie besagt: 1. Das angebliche Ereignis enthält nichts gegen Glaube und Sitte; 2. es kann veröffentlicht und Gegenstand des Kultes werden; 3. es bietet wie andere historische Ereignisse hinreichend Argumente dafür, daß die Tatsache seiner übernatürlichen Verursachung vernünftigerweise mit menschlichem Glauben angenommen werden kann." Die kirchlichen Stellen sind bezüglich der Anerkennung sehr vorsichtig. Den 3 seit 1930 approbierten Marienerscheinungen stehen 30 ausdrücklich abgelehnte gegenüber.

[41] Vgl. das Weihegebet „Regina del Santissimo Rosario", in: AAS 34 (1942) 345f; *Rohrbasser* Nr. 546–549.

[42] „Bis saeculari" Nr. 189, in: AAS 40 (1948) 401; *Rohrbasser* Nr. 1631.

tenichs (1885–1968); Marienschwestern, Marienbrüder und Schönstatt-Priester sind die Träger des Werkes.

Pius XI. und Pius XII. nahmen mehrfach in Rundschreiben zu Problemen der Mariologie und Marienverehrung Stellung, gaben neue Impulse bzw. griffen solche auf. So empfahl Pius XI. 1937 in der Enzyklika „Ingravescentibus malis“[43] unter deutlicher Anspielung auf Faschismus und Kommunismus das Rosenkranzgebet angesichts der bedrohlichen Weltlage. Eine Reihe neuer Marienfeste wurde eingeführt: 1931 anläßlich der 1500-Jahr-Feier des Konzils von Ephesus das Fest der Mutterschaft der allerseligsten Jungfrau Maria (11. Oktober), 1944 das Fest des Unbefleckten Herzens der allerseligsten Jungfrau Maria (22. August) und 1954 schließlich das Fest Maria Königin (31. Mai). Den Höhepunkt der päpstlichen Initiativen bildete die Verkündigung des Dogmas von der leiblichen Aufnahme Mariens in den Himmel am 1. November 1950. Der Dogmatisierung vorausgegangen war eine Rundfrage beim Weltepiskopat. Dieser bestätigte, daß die leibliche Aufnahme Mariens feste Glaubensüberzeugung des Kirchenvolks sei, und bejahte fast einstimmig die Opportunität der Definition. Nach der Dogmatischen Bulle „Munificentissimus Deus“ ist Maria – der vollen Erlösung bereits teilhaftig – Zeichen für den in einer säkularistischen Welt vom Materialismus bedrohten Menschen; dieser soll an Maria erkennen, daß menschliche Erfüllung nur in Gott zu finden ist: es sei zu hoffen – so der Papst –, „daß durch die Betrachtung des herrlichen Beispiels Mariä mehr und mehr die Einsicht wächst, welch hohen Wert das menschliche Leben hat, wenn es dafür eingesetzt wird, den Willen des himmlischen Vaters zu erfüllen und für das Wohl der Mitmenschen zu wirken. Und ferner läßt sich [...] erwarten, daß die Wahrheit von der Himmelfahrt Mariens allen in klarem Lichte zeige, für welch erhabenes Ziel wir nach Leib und Seele bestimmt sind. Endlich wird der Glaube an die leibliche Aufnahme Mariens in den Himmel den Glauben auch an unsere Auferstehung stärken und zu tatkräftigem Handeln führen.“[44]

Das marianische Schrifttum – ohnehin im 20. Jahrhundert stark angestiegen – erreichte in den fünfziger Jahren schon der bloßen Anzahl der Publikationen nach einen Gipfel: so erschienen zwischen 1948 und 1957 rund 1000 Titel pro Jahr. Nicht selten enthielten diese Schriften Übertreibungen, die weit über das in Dogma und Liturgie der Kirche gesetzte Maß hinausgingen. Um so mehr suchten Theologen wie Otto Semmelroth, Hugo und Karl Rahner, Michael Schmaus und andere die biblischen und patristischen Quellen der Mariologie zu erschließen und die ökumenische Problematik zu berücksichtigen. Inspiriert durch die Schriften der frühchristlichen Tradition, die Maria nicht für sich, sondern im Rahmen der göttlichen Heilsökonomie behandelt hatten, beschäftigte sich die Theologie der vierziger und fünfziger Jahre mit Maria und ihren Privile-

[43] AAS 29 (1937) 373–380.

[44] „Munificentissimus Deus“ Nr. 201, in: AAS 42 (1950) 553–771.

gien nicht mehr isoliert, sondern im Blick auf die gesamte Heilslehre: so erschien die Mariologie in ihren Beziehungen zu Christologie, Ekklesiologie und Eschatologie. Maria blieb nicht länger Gegenstand bloß individuellen Kultes – wie ja auch das individualistische Verständnis von Kirche in diesen Jahren einer mehr gemeinschaftsbezogenen Sicht wich –, sondern sie wurde im Rahmen der Heilstheologie, im Zusammenhang also mit Erlösung, Menschheit, Kirche und Vollendung gesehen: Maria, Urbild oder Typus der Kirche.

Um eine neue Grundlegung der Marienverehrung waren auch die marianischen Kongresse bemüht, die auf regionaler, nationaler und internationaler Ebene stattfanden. Des weiteren bildeten sich Gesellschaften für marianische Studien, und im Jahre 1950 wurde eine internationale marianische Akademie gegründet. In Deutschland ist die Mariologische Arbeitsgemeinschaft deutscher Theologen zu nennen; in Frankreich erhielt das Institut catholique von Paris einen eigenen mariologischen Lehrstuhl, und in Rom wurde durch ein Motuproprio Johannes' XXIII. vom 8. Dezember 1959 die Mariologische Akademie zu einer päpstlichen Akademie erhoben. Institute, Akademien, Gesellschaften und Arbeitsgemeinschaften publizierten die Ergebnisse ihrer Einzelforschungen und Tagungen in zahlreichen Zeitschriften und Sammelwerken. Mit dem Ende des Pontifikats Pius' XII., als dessen marianische Höhepunkte die Jahre 1950, 1954 (Marianisches Jahr) und 1958 (Hundertjahrfeier der Marienerscheinungen von Lourdes) zu nennen sind, setzte ein Abflauen der Begeisterung in Marienverehrung und Mariologie ein, eine Tendenz, die auch die Anregungen des Zweiten Vatikanischen Konzils nicht aufhalten konnten und die bis heute andauert. Das Konzil hat kein eigenes Marienschema verfaßt, sondern handelt über Maria innerhalb des Kirchenschemas. Maria erscheint hier ausdrücklich als „Typus der Kirche unter der Rücksicht des Glaubens, der Liebe und der vollkommenen Einheit mit Christus“[45]. Im übrigen legte sich das Zweite Vatikanische Konzil hinsichtlich der Mariologie bewußte Zurückhaltung auf; es hatte „nicht im Sinn, eine vollständige Lehre über Maria vorzulegen oder Fragen zu entscheiden, die durch die Arbeit der Theologen noch nicht völlig geklärt sind“[46]. Die Konstitution legt die Stellung Marias im Heilswerk Christi dar, vermeidet aber den Begriff der „Miterlöserin“, der seit Beginn des 20. Jahrhunderts öfter im Mittelpunkt der Diskussion stand und auch von den Päpsten gebraucht wurde, aber zu Mißverständnissen Anlaß gegeben hatte.

Gegenüber der Befürchtung, durch die Marienverehrung und die Herausstellung der Mitwirkung der Gottesmutter beim Erlösungswerk werde das Bild Christi verdunkelt, macht das Konzil deutlich, daß „in der Ehrung der Mutter der Sohn, um dessentwillen alles ist [...], richtig erkannt, geliebt, verherrlicht wird und seine Gebote beobachtet werden“[47]. In der Marienverehrung müsse aber das richtige Maß gewahrt werden. So mahnt das Konzil, „die Verehrung,

[45] Dogmatische Konstitution über die Kirche Lumen gentium Art. 63.
[46] Lumen gentium Art. 54.
[47] Lumen gentium Art. 66.

vor allem die liturgische, der seligen Jungfrau großmütig zu fördern“ und sich dabei „ebenso jeder falschen Übertreibung wie zu großer Geistesenge bei der Betrachtung der einzigartigen Würde der Gottesmutter sorgfältig zu enthalten“[48].

Die spirituelle Entwicklung der Orden

Das seit der zweiten Hälfte des 19. Jahrhunderts kontinuierlich andauernde Wachstum der Mitgliederzahl der Orden und Kongregationen sowie der Anzahl ihrer Niederlassungen fand im 20. Jahrhundert zunächst seine Fortsetzung. Mehr oder weniger deutliche Schwankungen innerhalb der Entwicklung lassen sich durch eine parallele Betrachtung der Zeitgeschichte erklären und weitgehend auf äußere Faktoren zurückführen[49]:

Während nach der Erholung von den Verlusten des Ersten Weltkriegs deutlich in Deutschland ein „monastischer Frühling“ zu verzeichnen war, trat gegen Ende der zwanziger Jahre eine merkliche Verlangsamung des Wachstums auf, die sich 1936 bei den Ordensschwestern sogar erstmalig in einem leichten Rückgang der Nachwuchszahlen niederschlug; dieses Faktum ist z.T. die Auswirkung der geburtenschwachen Jahrgänge zwischen 1914 und 1920, muß aber besonders für die Folgezeit auch betrachtet werden unter dem Aspekt der Propaganda des nationalsozialistischen Regimes. Dessen ordensfeindliche Maßnahmen erreichten ihren Höhepunkt in dem Erlaß von Rudolf Heß vom 19. November 1940, durch den der Eintritt in die Klöster unterbunden wurde. Nach dem Ende des Zweiten Weltkrieges stabilisierten sich zwar die Mitgliederzahlen der Orden bei weiterhin leichtem Zuwachs, die Zahl der Novizen erreichte jedoch nur wenig mehr als die Hälfte des Vorkriegsnachwuchses. Dazu waren die schweren Schädigungen zu verkraften, die dem Ordensleben entstanden waren durch im Krieg umgekommene Mitglieder, eine beträchtliche Auswanderungsbewegung und durch Verluste von Ordenshäusern und ordenseigenen Schulen. Konnten die Orden nach dem Krieg ihre Aufgaben in den Schulen wieder wahrnehmen, dann bedeutete das zusätzliche Lücken in der karitativen Arbeit, in der die Schwestern inzwischen ein Betätigungsfeld gefunden hatten. Zum Teil wurden die Verluste ausgeglichen durch aus den Ostgebieten vertriebene Ordensleute.

Vergleicht man die Entwicklung des Ordensklerus mit der des Weltklerus, so ist – zumindest für Deutschland und seine westlichen Nachbarstaaten – festzustellen, daß während der Nachkriegsjahre der Ordensklerus einen verhältnismäßig stärkeren Zuwachs zu verzeichnen hatte als der Weltklerus; während z.B. zwischen 1948 und 1958 in Frankreich die Zahl der Diözesanpriester um

[48] Lumen gentium Art. 67.

[49] Vgl. *Becker*, Der Schwesternnachwuchs seit dem Ende des Ersten Weltkrieges bis zur Gegenwart, zusammengefaßt wiedergegeben in: HK 4 (1949/50) 233f.

60 abnahm, stieg die Anzahl der Ordenspriester in demselben Zeitraum um 1417, d.h. 28,7 Prozent[50]. Gründe dafür waren die Bereitschaft zu radikalem Einsatz nach den Erfahrungen des Krieges und des Zusammenbruchs und das Verlangen nach Halt und Geborgenheit, die man sich von der „vita communis" der Klostergemeinschaft versprach. In den Missionsländern ist der stärkere Zuwachs an einheimischen Ordenspriestern außerdem darauf zurückzuführen, daß die Missionierung fast ausschließlich in den Händen der Orden lag und das Vorbild des Weltpriesters fehlte.

Was die Verteilung des Nachwuchses auf die verschiedenen Orden angeht, ist eine „Tendenzwende" festzustellen: Während seit Beginn des Jahrhunderts der Nachwuchs sich in erster Linie den „aktiven" Gemeinschaften zuwandte und unter ihnen die jüngeren und den Bedürfnissen der Zeit mehr angepaßten Kongregationen im Durchschnitt einen stärkeren Zuwachs hatten als die alten Ordensformen[51], nahmen seit den fünfziger Jahren vornehmlich Zahl und Verbreitung der kontemplativen Ordensgemeinschaften zu. Friedrich Wulf versuchte auf dem Mainzer Katholikentag 1948 die sich abzeichnende Wende folgendermaßen zu erklären: „Bei vielen neueren Gemeinschaften war es der Zweck, waren es bestimmte Aufgaben, die eine Gemeinschaft schufen. [...] Man suchte sich zwar auch bei der Abfassung der neuzeitlichen Ordensregeln an große Vorbilder anzulehnen, hat beispielsweise die Franziskaner- oder Augustinerregel zugrunde gelegt, aber den lebendigen Geist dieser Vorbilder hat man doch nicht einzufangen gewußt. Sie gleichen darum fast alle einander bis auf geringfügige Kleinigkeiten, es fehlt ihnen für gewöhnlich die tieferliegende einheitliche Grundstruktur, die allen Äußerungen der Frömmigkeit eine bestimmte Form und ein bestimmtes Gepräge gibt. Das muß sich in einer Krisenzeit, wie wir sie erleben, besonders deutlich auswirken, zumal in nicht wenigen Genossenschaften die geistliche Ausbildung der jüngeren Ordensmitglieder zu wünschen übrig läßt. [...]"[52]

Von ähnlichen Beobachtungen geht auch Raymond Hostie[53] aus, wenn er neben dem zahlenmäßigen Wachstum als Kennzeichen aller Ordensgemeinschaften im 20. Jahrhundert „Stabilität der organisatorischen Struktur" und einen gewissen „Immobilismus"[54] feststellt. Dieser zeige sich in einer Unbeweglichkeit der Regelauslegung und einer Überdeckung der grundsätzlichen Gleichförmigkeit der Gemeinschaften durch Betonung der Originalität in unwesentlichen Äußerlichkeiten und in einer Isolierung der Klöster gegenüber der

[50] Vgl. *J. Kerkhofs*, Aspects sociologiques du sacerdoce, in: NRTh 82 (1960) 289–299, 291. S. auch Kap. 11.

[51] Vgl. HK 8 (1953/54) 311; Statistik über den Ordensnachwuchs (1940–1952): Zuwachs der Orden im Durchschnitt 19,13 Prozent, der Kongregationen im Durchschnitt 33,54 Prozent.

[52] *A. Scheuermann*, Um die Zeitnähe des Ordensstandes, in: GuL 24 (1951) 274–284, 280.

[53] *R. Hostie*, Vie et mort des ordres religieux (Paris 1972), vgl. v. a. 253–273.

[54] A.a.O., 253.

allgemeinen kulturellen Entwicklung. Nicht zufällig waren an der innerkirchlichen Erneuerungsbewegung unseres Jahrhunderts namentlich Klöster wie Solesmes, Subiaco, Beuron, Maria Laach u. ä. beteiligt, die im Rückgriff auf die monastischen Ursprünge ein klares Leitbild gewannen und so imstande waren, neue Impulse zu geben. – Auf diesem Hintergrund müssen die Bemühungen der Päpste verstanden werden, die Orden bei Besinnung auf den Geist des Ordensgründers und das Gesetz, nach dem sie angetreten, zum Wesentlichen zurückzuführen und so für die Aufgaben der Zeit frei zu machen.

Nachdem Pius XI. (1922–1939) sich mit Erfolg um einen Ausgleich zwischen der liturgischen Reformbewegung der Benediktiner und der Tradition der Exerzitien und Herz-Jesu-Verehrung der Jesuiten bemüht hatte, erreichten die Bestrebungen nach einer Ordensreform einen Höhepunkt in zahlreichen Verlautbarungen Pius' XII. (1939–1958). Den Auftakt zu der vom Papst gewünschten Anpassung der Orden an die Zeit und ihre Bedürfnisse bildete ein von seinen Vorstellungen inspirierter Artikel des Jesuiten Riccardo Lombardi in der Civiltà Cattolica[55]. Obwohl darin die Ordensleute ermahnt werden, „keine Abenteurer" zu sein, damit „der konservative Gesichtspunkt neben dem Mut zu Neuerungen immer seine Geltung behalte"[56], sollen sie doch als „die hochgemute Avantgarde in einer bangen Stunde der Reform das Beispiel der größten Bereitschaft im Beziehen der neuen, vom Wohle der Menschheit geforderten Stellungen geben"[57]. „Vermeidet", so fordert Lombardi die Ordensleute auf, „eine stagnierende Unbeweglichkeit, die euch dem Gang des Lebens entziehen würde; seid hingegen unwandelbar, wie ein Fluß unwandelbar ist, der sich wohl aus einer immerwährenden Quelle nährt, sich aber im Strömen beständig erneuert!"[58]

Dieser Impuls fand seine Fortsetzung auf dem Ersten Internationalen Kongreß der Ordensleute in Rom 1950, der unter dem von der Religiosenkongregation bestimmten Leitwort stand: „Die der heutigen Zeit und ihren Verhältnissen angepaßte Erneuerung der Vollkommenheitsstände". In seiner Ansprache[59] an die ca. 500 Vertreter der Orden und Weltlichen Institute rief der Papst die Ordensleute auf: Durchdrungen von der Überzeugung, daß der katholische Glaube jede Zeit zu gestalten vermag, „achtet auf Meinung, Urteil und Sitten eurer Umwelt und übernehmt, was ihr daran an Gutem und Gerechtem findet, als wertvolle Hinweise; sonst vermögt ihr euren Mitmenschen nicht Berater, Hilfe, Stütze und Licht zu sein. [...] Es gibt Gebiete, und zwar sehr viele, auf denen ihr euch der Eigenart und den Bedürfnissen der Zeit und der Menschen anpassen dürft, ja müßt. [...]"[60]

Besonders für die weiblichen beschaulichen Orden leitet der Papst daraus die

[55] Civiltà Cattolica, 19. März 1949, Nr. 6; dt. Übers. in: GuL 24 (1951) 81–92.
[56] A. a. O., 84. [57] A. a. O., 82. [58] A. a. O., 89.
[59] L'Osservatore Romano, Nr. 289 v. 9./10. Dezember 1950; dt. Übers. in: GuL 24 (1951) 48–55.
[60] AAS 43 (1951) 34.

Aufgabe zu „vernünftigen Modernisierungen“[61] ab, die nicht zuletzt in einer „maßvollen Teilnahme am Apostolat“[62] ihren Ausdruck finden sollen. Die in diesem Zusammenhang entscheidende Apostolische Konstitution „Sponsa Christi“[63] vom 21. November 1950 ergänzt dementsprechend u. a. die strengen Klausurvorschriften für Nonnenklöster um die erleichterte Form der sogenannten „kleinen päpstlichen Klausur“. In Artikel 8 der Konstitution wird den Nonnen mit Hinweis auf die wirtschaftliche Sicherung der Orden die Verpflichtung zu einer angemessenen Arbeit eingeschärft, die „nicht nur durch das Naturgesetz, sondern ebenso durch eine Pflicht der Buße und Sühne“[64] besteht. Im Hinblick auf den Nachwuchsmangel wiederholte der Papst vor Ordensoberinnen 1952 seine Bitte: „Achtet gerade in dieser Zeit der Berufs-Krise darauf, daß Verhalten, Lebensweise und Aszese in euren Ordensfamilien nicht Hindernis oder Grund des Versagens werden. [...] Paßt euch in allen Dingen, die nicht wesentlich sind, soweit es Vernunft und geordnete Liebe zulassen, an.“[65] Die besondere Sorge Pius' XII. galt der Ausbildung des Ordensnachwuchses. Er forderte eine ganzheitliche Formung der jungen Ordensleute durch „geprüfte und ausgesuchte Persönlichkeiten“[66].

Eine weitere Bemühung zur Herausführung der Klöster aus ihrer Isolation ging in Richtung einer größeren Zusammenarbeit, sowohl durch „Koordinierung von Weltgeistlichkeit und Ordensgeistlichkeit“[67] als auch durch stärkeren Kontakt der einzelnen Ordensgemeinschaften mit den zuständigen Bischöfen wie mit Rom und schließlich durch Zusammenarbeit bzw. sogar Zusammenschluß der Klöster untereinander. Erfolge zeigten sich in Form von Verbänden hauptsächlich von Frauenklöstern und in einer verbesserten Organisation und Koordination des Einsatzes der Orden von Rom als Zentrum aus. Trotz mancher vielversprechender neuer Ansätze führten jedoch die Reformversuche im Ganzen – wie auch Andeutungen des Papstes in seiner Rede auf dem Zweiten Internationalen Kongreß der Ordensleute 1957 in Rom[68] bestätigten – eher zu weiteren Schwierigkeiten, u. a. in der Auslegung des Gehorsamsgelübdes, als zu fruchtbaren Erneuerungen. Hauptprobleme dürften sein die Gestalt und Ausübung der Autorität, das Gemeinschaftsleben mit Experimenten von Kleinkommunitäten, Unsicherheit bezüglich der Aufgabe, die Altersstruktur u. a.

Belastend für die Ordensleute wirkt sich aus, daß sie kaum von dem gläubigen Bewußtsein der Gemeinden, geschweige denn der weiteren Öffent-

[61] AAS 43 (1951) 10.
[62] A.a.O., 11.
[63] A.a.O., 5–24.
[64] A.a.O., 13.
[65] *J. Zürcher*, Päpstliche Dokumente zur Ordensreform (Einsiedeln 1954) 122ff.
[66] Apostolische Konstitution „Sedes Sapientiae“ vom 31. Mai 1956, in: AAS 48 (1956) 354–365, 358.
[67] GuL 24 (1951) 92; vgl. 7.
[68] Vgl. AAS 25 (1958) 34ff; dt. Übers. in: GuL 31 (1958) 132–136.

lichkeit mitgetragen werden. Man erwartet ihre Dienste, protestiert, wenn Genossenschaften aus Mangel an Nachwuchs Niederlassungen schließen, ist aber nicht bemüht, in Beten, Nachdenken und Sorge die Probleme des Lebens und Nachwuchses der Orden einer Lösung entgegenzuführen. Neuartige Versuche einer Verbindung des monastischen Ideals mit den Erfordernissen des Apostolats brachten eine weitgehende Ablösung vom Rahmen der alten Orden und Kongregationen mit sich.

In dieser Situation kam es zu neuartigen Versuchen einer Verbindung des monastischen Ideals mit den Erfordernissen des Apostolates durch eine weitgehende Ablösung vom Rahmen der alten Orden und Kongregationen. Als Beispiel sind die „Petits frères de Jésus“ zu nennen, die in Fortsetzung des Werkes von Charles de Foucauld (1858–1916) eine neue Form des Apostolats „mitten in der Welt“ verwirklichen. Unter völliger Aufgabe der Klausur leben sie in Gemeinschaften von ca. vier Mitgliedern zusammen und gehen getrennt einem weltlichen Beruf nach. Wie ihr Gründer den Stämmen in der Wüste Sahara das Evangelium durch ein beispielhaftes Leben nahezubringen versuchte, so verfolgen seine Bruderschaften dasselbe Ziel in den nicht-christlichen und für eine Missionierung schwer zugänglichen „Wüsten“ unserer modernen säkularisierten Zivilisation. Aus der Kraft der Christusliebe und -nachfolge versuchen sie durch Einfachheit der Lebenshaltung und Gastfreundschaft offen zu sein für die Begegnung mit dem Herrn im Mitmenschen. Die tragende Mitte ihrer Gemeinschaft bilden dabei die Eucharistie und die Heilige Schrift. „Arbeitet an der Heiligung der Welt“, läßt Charles de Foucauld den Herrn sagen und drückt damit die Wesenselemente seiner Berufung aus, „arbeitet daran wie meine Mutter, wortlos, schweigend, baut eure Stätten der Einkehr mitten unter denen, die mich nicht kennen, tragt mich in ihre Mitte, indem ihr dort einen Altar, ein Tabernakel errichtet, und bringt das Evangelium hin, nicht mit dem Munde, sondern mit dem Beispiel, nicht indem ihr es verkündet, sondern indem ihr es lebt.“[69] Bis 1960 wuchs die Zahl der Bruderschaften auf 45 in 20 Ländern mit insgesamt 216 Brüdern. Seit 1939 besteht der weibliche Zweig der „Kleinen Schwestern Jesu“ mit ähnlicher Zielsetzung.

Die „Weltlichen Institute“

Während die neuen Impulse für eine Reform und Anpassung der Orden und Kongregationen an die Erfordernisse der Zeit im wesentlichen vom Heiligen Stuhl ausgingen, wurde um die Mitte des 20. Jahrhunderts in den „Weltlichen Instituten“ eine Form christlichen Vollkommenheitsstrebens betätigt, die sich ohne Zutun und unter z.T. skeptischer Beobachtung und ablehnenden Reak-

[69] Zit. nach: *H. U. v. Balthasar*, Kirchenerfahrung dieser Zeit, in: Sentire ecclesiam, hrsg. v. *J. Daniélou – H. Vorgrimler* (Freiburg 1961) 743–768, 754.

tionen der offiziell-kirchlichen Stellen entwickelt hatte. Die Mitglieder dieser neuen Gemeinschaften, deren Anfänge in das frühe 19. Jahrhundert zurückreichen, sind bemüht, das Leben der evangelischen Räte als einzelne oder in kleinen Gruppen mitten in der Welt zu verwirklichen; ohne öffentliche Gelübde und ohne Bindung an ein streng geordnetes Gemeinschaftsleben fühlen sie sich ganz dem Apostolat im jeweiligen Milieu, besonders eines weltlichen Berufes, verpflichtet.

Bald erwiesen sich diese Gemeinschaften als ebenso notwendig wie geeignet für die apostolische Durchdringung der säkularisierten Welt. Die Zahl der „Instituta saecularia“ wuchs. Der anfängliche Widerstand von seiten der Theologen und der Kurie beruhte weitgehend auf der herkömmlichen Lehre der Untrennbarkeit von Stand der Vollkommenheit und feierlicher Profeß. Die dann doch – zunächst vereinzelt – erfolgende päpstliche Gutheißung war um so eher möglich, als Leo XIII. in der Konstitution „Conditae a Christo“ vom 8. Dezember 1900[70] die bereits zu einer Blüte gelangten Kongregationen als Gemeinschaften von Religiosen und als Vollkommenheitsstand anerkannt hatte.

Langjährige Vorarbeiten kirchenrechtlicher Kommissionen und Beratungen der Konzilskongregation in Verbindung mit dem Heiligen Offizium und der Religiosenkongregation bahnten den Weg für die Anerkennung der Säkularinstitute als „dritten Stand der Vollkommenheit“ durch die Apostolische Konstitution „Provida Mater Ecclesia“ Pius' XII. vom 2. Februar 1947[71]. Die Normen dieser Konstitution gelten für „Genossenschaften, sowohl von Klerikern wie von Laien, deren Mitglieder zur Erreichung der christlichen Vollkommenheit zur vollen Erfüllung ihres Apostolats die evangelischen Räte in der Welt befolgen“[72]. Die Kirche erkennt die Lebensweihe der Säkularinstitutsmitglieder und ihre Gelübde bzw. Versprechen an, gestattet jedoch weder die Öffentlichkeit dieser Gelübde in Form einer feierlichen Profeß noch macht sie „das gemeinsame Leben oder das Wohnen unter dem gleichen Dach“[73] zur Verpflichtung; „ein oder mehrere gemeinsame Häuser“[74] sind jedoch erwünscht als Zentren der Ausbildung und Begegnung, als Wohnstätte der Leiter der Vereinigung und zur Aufnahme einzelner Sodalen aus Gesundheitsgründen oder anderen Erwägungen. Die Bindung zwischen dem Institut und seinen Mitgliedern ist eine „ewige oder zeitliche“[75] sowie eine „gegenseitige und vollkommene“[76]. Das Recht der Gründung „Weltlicher Institute“ kommt dem Bischof zu mit der Verpflichtung, die Religiosenkongregation zu Rate zu ziehen und ihr Bericht zu erstatten.

Ein Jahr nach „Provida mater“ erließ Pius XII. am 13. Februar 1948 das

[70] ASS 23 (1900/01) 341–347.
[71] AAS 39 (1947) 114–124; dt. Übers. in: HK 1 (1947) 423–428.
[72] AAS 39 (1947) 120.
[73] A.a.O., Art. II, § 1, S. 120.
[74] A.a.O., Art. III, § 4, S. 122.
[75] A.a.O., Art. III, § 3,1°, S. 121.
[76] A.a.O., Art. III, § 3,2°, S. 121.

Motuproprio „Primo feliciter anno“[77], durch das die „Weltlichen Institute“ ausdrücklich belobigt und bestätigt wurden. Der Papst dankt darin für die „Hilfe, die dem katholischen Apostolat in überaus großer Vorsehungsweisheit Verstärkung brachte in unserer aus den Fugen geratenen, unheilvollen Zeit“[78]. Die Betonung des Vollkommenheitsstrebens, das „an das Leben in der Welt in allen Dingen angepaßt und mit ihnen in Einklang gebracht werden“[79] soll, sowie die Hervorhebung des apostolischen Wirkens der „Weltlichen Institute“, das sich „nicht nur inmitten der Welt, sondern gleichsam aus der Welt heraus“[80] vollziehen soll, verdeutlichen den Wandel, den der Begriff der „Weltlichen Institute“ seit seiner Entstehung durchgemacht hat: Während er ursprünglich im Sinne einer rein negativen Abgrenzung gegenüber dem Ordensstand gemeint war und man bei den Vorbereitungen zu „Provida mater“ noch erwogen hatte, die neuen Vereinigungen in den Begriff des „Ordensstandes“ einzubeziehen, trat nun mit der Betonung des „weltlichen“ Charakters der Säkularinstitute der qualitative Unterschied zu den Orden in einer Weise hervor, die dem Begriff „Weltliche Institute“ zu einer unabhängigen Entfaltung und positiv gefüllten Eigenständigkeit verhalf. Der Neuaufbruch, der durch Tendenzen zur „Verklösterlichung“ eher gehemmt als gefördert wurde, setzte durch die Bewußtmachung der allgemeinen Berufung zur Heiligkeit Kräfte frei, die der zunehmenden Klerikalisierung der Orden wie überhaupt der Spannung zwischen Klerus und Laienschaft entgegenwirkten. Bisher nicht erreichte bzw. erreichbare Gebiete – besonders in der Mission – konnten für die apostolische Durchdringung erschlossen werden.

Die Zahl der Säkularinstitute wuchs bis 1962 auf 15 Gemeinschaften päpstlichen Rechts, ca. 60 diözesanen Rechtes und eine noch höhere Zahl von Vereinigungen, welche die kirchliche Anerkennung erst anstreben. Zum überwiegenden Teil handelt es sich dabei um Frauengemeinschaften; auffallend ist der starke romanische Anteil an den neuentstehenden Gemeinschaften.

Wegen der beträchtlichen Zahl der bestehenden „Weltlichen Institute“ und der großen Vielfalt ihrer Aufgabensetzung können hier nur stellvertretend einige der wichtigsten erwähnt werden: Als „das echte Vorbild des Säkularinstitutes“[81] wird in der päpstlichen Approbationsurkunde das „Opus Dei“ bezeichnet. Es ist eines der verbreitetsten, mitgliederstärksten und aufgrund der beruflichen Tüchtigkeit seiner Mitglieder einflußreichsten „Weltlichen Institute“. Unter dem Namen „Sociedad Sacerdotal de la Santa Cruz y Opus Dei“ wurde die Gemeinschaft durch den jungen Priester Josémaría Escrivá de Balaguer (1902–1975) in Madrid 1928 für Laien und Priester gegründet und erhielt als erstes unter den „Weltlichen Instituten“ am 24. Februar 1947 die päpstliche

[77] AAS 40 (1948) 283–286; dt. Übers. in: HK 2 (1948) 557–559.

[78] AAS 40 (1948) 283. [79] A.a.O., 284f.

[80] A.a.O., 285: „non tantum in saeculo, sed veluti ex saeculo“.

[81] Zit. nach: *O. B. Roegele,* „Opus Dei“. Legende und Wirklichkeit einer umstrittenen Gemeinschaft, in: Opus Dei – Für und Wider (Osnabrück 1967) 148–180, 152.

Approbation. Zu Beginn der sechziger Jahre umfaßte es bereits ca. 50000 Mitglieder aus 65 Nationen und so gut wie allen Ständen und Berufen (darunter etwa 2 Prozent Priester).

Ein wesentlicher Schwerpunkt der Aktivitäten des Institutes liegt auf dem Gebiet der religiös-weltanschaulichen und wissenschaftlichen Bildung und Ausbildung des akademischen Nachwuchses. Das zeigt die 1952 erfolgte Gründung einer eigenen – 1960 vom Heiligen Stuhl anerkannten – Universität in der baskischen Provinzhauptstadt Pamplona als Auftakt zu weiteren Schulgründungen in zahlreichen Ländern. Die Betonung des Berufes als Hauptmittel der persönlichen Heiligung und des Apostolates wurde aber auch zum Anlaß für die Bildung von Zentren des „Opus Dei" in den Arbeitervierteln großer Städte, wobei das Hauptgewicht auf der Errichtung von Ausbildungsstätten und der Seelsorge im Berufsmilieu der Arbeiter liegt. Auch für die Mission stellen sich Mitglieder des „Opus Dei" zur Verfügung; dabei verbinden sie apostolisches Wirken mit fachlich qualifizierter Entwicklungshilfe. In Peru übernahm das „Opus Dei" eines der schwierigsten Missionsgebiete Lateinamerikas. Schließlich ist noch eine Reihe von literarischen und publizistischen Aktivitäten im Zeitschriften- und Verlagswesen zu erwähnen.

Ebenfalls päpstlichen Rechts ist das auf französische Mitglieder beschränkte, aber für viele Gemeinschaften ähnlicher Ausrichtung repräsentative Institut der „Prêtres du Prado", das im 19. Jahrhundert als reine Priestergemeinschaft gegründet wurde durch Père Chevrier (1826–1879), der in enger Beziehung zum Pfarrer von Ars, Jean-Maria Vianney, stand. Gemäß der damaligen Zielsetzung wollen die Mitglieder bis heute durch persönliche Armut den Armen glaubhaft die Frohe Botschaft verkünden. Während das Werk zu Lebzeiten Chevriers zu scheitern drohte, wuchs die Mitgliederzahl in unserem Jahrhundert von 32 (1922) auf 610 (1960) Priester sowie 202 Schwestern, deren Wirkungskreis weit über Frankreich hinaus bis nach Afrika, Japan, Chile usw. reicht. Die Mitglieder sehen den Bereich ihres Apostolates vor allem in der Pfarrseelsorge, arbeiten aber auch als Katecheten und Seelsorger unter den Arbeitern und der Arbeiterjugend.

Der wichtigste deutsche Beitrag zur Entwicklung der Säkularinstitute ist das vielverzweigte Schönstatt-Werk mit inzwischen internationaler Verbreitung. Es wurde 1914 von Pater Josef Kentenich (1885–1968) ins Leben gerufen. Zu diesem Werk gehören eine Reihe marianisch-apostolischer Laiengemeinschaften sowie mehrere Säkularinstitute, von denen zunächst die „Schönstätter Marienschwestern" 1948 das päpstliche „Prodecretum laudis", eine Vorstufe zur endgültigen Anerkennung, erhielten. Diese erfolgte am 8. Dezember 1976. Die übergreifende Zielsetzung besteht in der „marianischen Christusgestaltung der Welt". Gemäß der Spiritualität der „Werktagsheiligkeit" soll ein „dynamischer Weltbezug" es dem Institut ermöglichen, in der jeweils geeignetsten Form, sei es als einzelne oder in der Gruppe, die Aufgaben in Kirche und Welt zu erfüllen. Der männliche Zweig umfaßt neben dem Institut der „Schönstatt-Patres", die hauptberuflich für das Schönstattwerk tätig sind, die „Schönstattpriester" als Gemeinschaft von Diözesanpriestern und die weniger starken „Schönstätter Marienbrüder". Die Mitglieder der Gemeinschaft der „Frauen von Schönstatt" bleiben in ihrem Laienberuf und widmen sich häufig nebenamtlich verschiedenen apostolischen Aufgaben in der kirchlichen Seelsorge und Caritas. Ein zweijähriges Noviziat und zwei Terziate sollen durch religiöse Weiterbildung und Anleitung zum Studium das religiöse Leben der Mitglieder festigen und vertiefen. Dank der Unauffälligkeit ihrer Kleidung und Lebensform konnten viele der Frauen trotz erheblicher Behinderungen auch während der Zeit des Nationalsozialismus ihr apostolisches Wirken in erstaunlichem Umfang fortsetzen. Die „Schönstätter Marienschwestern" waren um 1976 mit über 2800 Mitgliedern aus fast 30 Nationen die größte weibliche Weltgemeinschaft in Deutschland. Seit 1933 fanden sie Verbreitung im Ausland, u.a. in Südafrika, Brasilien, Argentinien, Uruguay, Chile, den USA, Australien, der Schweiz. Während der Kriegs- und Verfolgungszeit übernahm das Institut Aufgaben in einigen slawischen Ländern. Schwerpunkte des Einsatzes liegen auf den Gebieten der Erziehung und der Caritas. Der Gemeinschaftscharakter erfährt in diesem Zweig des Schönstatt-Werkes eine sehr intensive Betonung: Wer eintreten will, verläßt seinen bisherigen Lebenskreis und stellt sich völlig dem Institut zur Verfügung. Die Mitglieder werden durch eine 8$^1/_2$jährige intensive Schulung für die Aufgaben des Berufes vorbereitet. Nach Abschluß der Ausbildung erfolgt eine Aufgliederung in interne Mitglieder, die mit einheitlicher Kleidung in Hausgemeinschaft wohnen, externe Mitglieder auf Einzelposten in Schwestern- oder Zivilkleidung sowie die Anbetungsschwestern.

Durch ihr vielfältiges apostolisches Engagement wirkte sich die neue Lebensform der „Weltlichen Institute" fördernd auch auf den seelsorglichen Einsatz der alten Orden und auf die Bewußtmachung der engen Verknüpfung des kontemplativen Ideals mit dem Apostolat aus. Hans Urs von Balthasar weist außerdem auf die Bedeutung der „Weltlichen Institute" für die Standeswahl der unverheirateten Frau hin [82]. Sieht sie sich nicht zum Ordensstand berufen, dann kann sie, da ihr der Zugang zum Priestertum verwehrt ist, leicht in die Spannung einer unklaren Zwischenstellung zwischen dem einfachen „Unverheiratetsein" und der aus religiösen Motiven angestrebten Jungfräulichkeit geraten. Hier kann die Mitgliedschaft in einem „Weltlichen Institut" Lebensaufgabe und Rückhalt bieten.

Während die „Weltlichen Institute" in ihrer Anpassung an die Bedürfnisse der Zeit, dazu vielfach noch mit dem Elan des Neuaufbruchs, die alten Orden und Kongregationen ergänzen, sind sie ihrerseits getragen von der in diesen Orden lebendigen Spiritualität, so daß sich in der Kontinuität des christlichen Vollkommenheitsstrebens kein Bruch, wohl aber eine zukunftsweisende Bereicherung ereignet hat.

[82] Vgl. *H. U. v. Balthasar,* Der Laie und der Ordensstand (Freiburg 1949) 93–97.

Arbeiterpriester

Auf den Weg der Säkularinstitute wies die kirchliche Autorität auch die Gruppen engagierter Seelsorger, die auf der Suche nach neuen Methoden, die der Kirche entfremdeten Arbeiter für den Glauben zurückzugewinnen, deren Tagewerk, Lebensweise und Milieu teilen wollten: Ein hochgemutes Experiment wurde im ersten Anlauf zum „Skandal des 20. Jahrhunderts" und zum „Drama der Arbeiterpriester"[83]. Im Jahre 1943 hatten die Abbés Henri Godin (1906–1944) und Yvan Daniel einen Bericht über die christliche Eroberung der proletarischen Schichten herausgegeben unter dem Titel „Ist Frankreich Missionsland?"[84] Die Schrift, die lange Gewußtes, aber nicht Eingestandenes mutig aussprach, geht von der Beobachtung aus, daß für den der Kirche entfremdeten Proletarier die traditionelle Pfarrei ganz und gar unzugänglich ist, weil sie von ihm die Änderung seiner Mentalität und seiner Lebensweise fordert und umgekehrt die pfarrliche Seelsorge kaum in die moderne Heidenwelt eindringt. Getreu dem Vorbild Gregors d. Gr. bezüglich der Angelsachsen und dem Bemühen der Mission in den fernen Ländern um einheimische Priester und um eine Verkündigung, die sich der Denkart und Intelligenz der Eingeborenen anpaßt, soll man der Arbeiterwelt eine reine, von menschlichen Zusätzen, die eine Zivilisation mitumfassen, gesäuberte Religion bringen. War nicht der hl. Paulus auch mit den Heiden ein Heide und mit den Juden ein Jude? Ein Jahr vorher, am 5. Oktober 1942, war auf Initiative der „Assemblée des Cardinaux et Archevêques de France" in Lisieux das Priesterseminar der „Mission de France" eröffnet worden. Es sollte für die entchristlichten und unter Priestermangel leidenden Gebiete Priester heranziehen, die fähig waren, auf die Mentalität der Fernstehenden einzugehen. Kardinal Suhard (1874–1949) von Paris, der die Schrift Godins vor ihrem Erscheinen in Händen gehabt und gebilligt hatte, bildete 1944 unter dem Namen „Mission de Paris" eine Gruppe von Priestern, die, vom ordentlichen Pfarrdienst befreit, neue Wege des Apostolats suchen und gehen sollten. Sie nahmen sich vor, „das katholische Priestertum in missionarischer Weise vorzuleben, angefangen vom abhängigen, entäußerten, kollektiven Leben der Armen dieser Zeit, durch die gleichen Wohnverhältnisse [...] durch den klaren Willen, zu einer gegebenen Gesellschaftsklasse zu gehören und auf der Stufe der Besten ihrer Mitglieder zu leben".

Die Bezeichnung „Arbeiterpriester" (prêtre-ouvrier) für einen Priester, der von ganztägiger Arbeit im Betrieb lebte, äußerlich von einem Arbeiter nicht zu unterscheiden und seiner näheren Umgebung zunächst nicht als Priester bekannt war, ist gebräuchlich geworden durch das „Tagebuch eines Arbeiterpriesters" von Henri Perrin SJ[85]. Das Buch berichtet von dem Wirken französischer

[83] *A. Collonge,* Le scandale du XXe siècle et le drâme des Prêtres-ouvriers (Paris 1957).
[84] La France, pays de Mission? (Paris 1943); gekürzte dt. Übers. in: *H. Godin – R. Michel,* Zwischen Abfall und Bekehrung (Offenburg 1950).
[85] Journal d'un prêtre-ouvrier (Paris 1945); dt. Übers. München 1955.

Priester unter ihren kriegsgefangenen oder dienstverpflichteten Landsleuten in Deutschland. Das hier von der Situation gebotene Eingehen in die Lebensweise der Arbeitswelt wurde als wirksame apostolische Möglichkeit erfahren und nach dem Krieg von Priestern, u.a. von Mitgliedern der Mission de Paris, in Paris, Lyon und anderen Industrieorten fortgesetzt. Es ging weniger darum, nach dem Beispiel des hl. Paulus (1 Kor 9, 15–18) sich durch eigene Arbeit den Lebensunterhalt zu verdienen; vielmehr war nach Kardinal Suhard die Arbeit dieser Priester „der Akt der Einbürgerung des Priesters unter Menschen, für die er bisher nur ein Fremder war; leidend und bußfertig nimmt er teil am menschlichen Dasein“[86]. In seinem weltweit beachteten Hirtenbrief von 1947 „Aufstieg oder Niedergang der Kirche“[87] hatte der Kardinal in der Überwindung von Modernismus und Integralismus ein Apostolat der Fleischwerdung gefordert. „Anpassung heißt nicht Zugeständnisse, nicht systematische Ersetzung des Alten durch das Neue, erst recht nicht Verstümmelung der Botschaft, sondern allein integrale und kluge Einverleibung dieser Botschaft in das zu Bekehrende. [...] Apostel sein heißt, alles – soweit es billigerweise übernommen werden kann – vom Menschen und von der Welt, die er sich gestaltet, aufnehmen, alles durchdringen. Alles, das heißt – außer der Sünde – alle Werte, selbst die dem Christen bisher fremden, sofern es sich nicht einfach um des Menschen eigene, toll gewordene Ideen handelt.“[88]

Die von dem Kardinal angedeutete Grenze zwischen geforderter Anpassung an die Welt und dem Gleichförmigwerden mit der Welt (Röm 12,2), dem Verfallen an die Welt ist im Alltag nicht leicht durchzuhalten und verlangt eine große religiöse Kraft und eine erhebliche Gabe der Unterscheidung. Daran und an einer gründlichen philosophisch-theologischen Ausbildung zur Auseinandersetzung mit der Ideologie des Marxismus hat es nicht selten gefehlt. Die Solidarisierung mit den Arbeitern und die damit gegebene Beteiligung an Lohnkämpfen und Streiks in einer Front mit Kommunisten brachten die Arbeiterpriester ins Zwielicht. Dazu machte man sich an der Kurie Sorge um ihr geistliches Leben und den Vorrang des eigentlichen Priesterlichen und der Seelsorge. Am 23. September 1953 erging über Nuntius Marella an 26 Bischöfe und Ordensobere die Aufforderung, das Experiment abzubrechen.

Inzwischen war die öffentliche Meinung durch die Presse und durch den 1952 erschienenen Roman von Gilbert Cesbron „Die Heiligen gehen in die Hölle“, der eine Auflage von über 200000 Exemplaren und zahlreiche Übersetzungen erreichte, in sensationeller Weise auf die Arbeiterpriester aufmerksam geworden. Eine Geheimhaltung der Maßnahmen der Kurie, wie diese es verlangt hatte, war unmöglich. Millionen Franzosen hatten eine große Zuneigung zu den Arbeiterpriestern gewonnen und waren empört. In schwierigen Ver-

[86] Kard. *Suhard,* Le prêtre dans la Cité (Paris 1949); dt. Übers. Luzern, München 1961, 49.
[87] Essor ou déclin de l'Église (Paris 1947); dt. Übers. Offenburg ²1947.
[88] Ebd., 63–67.

handlungen zwischen Rom, den Bischöfen und den Arbeiterpriestern suchte man nach Möglichkeiten, unter anderen Bedingungen – nur drei Stunden Arbeit am Tage, Leben in einer Priestergemeinschaft – das Apostolat fortzusetzen. Nicht alle der rund 100 Priester kamen den Anordnungen der Bischöfe nach. Andere machten mit dem Einverständnis der Bischöfe im stillen neue Versuche. Im März 1957 gründete die Versammlung der Kardinäle und Erzbischöfe Frankreichs die Mission Ouvrière, um in modifizierter Form die Anwesenheit des Priesters im Arbeitermilieu zu ermöglichen. Anläßlich seines ersten Besuchs im Juni 1959 bei Johannes XXIII., von dem als dem ehemaligen Nuntius in Paris man besonderes Verständnis erwartete, berichtete Kardinal Feltin, Erzbischof von Paris, darüber. Auf seine Bitte, in besonderen Fällen wieder Arbeiterpriester mit voller Arbeitszeit einsetzen zu dürfen, wurde ihm dagegen am 3. Juli der Beschluß des Heiligen Offiziums mitgeteilt, daß künftig Priestern jegliche Fabrikarbeit verboten sein sollte. „Der Heilige Stuhl", heißt es in der Entscheidung des Heiligen Offiziums, „ist der Meinung, daß es zum Apostolat im Arbeitermilieu nicht unerläßlich ist, Priester ins Arbeitermilieu zu schicken, und daß es nicht möglich ist, die überlieferte Auffassung vom Priestertum zu diesem Zweck zu opfern, wenn auch die Kirche in diesem Apostolat eine ihrer teuersten Aufgaben sieht. [...] Wohl trifft es zu, daß der Priester wie die Apostel Zeuge ist (vgl. Apg 1,8), aber um von der Auferstehung Christi zu zeugen (vgl. Apg 1,22) als von seiner göttlichen und erlösenden Sendung. Dieses Zeugnis legt er vor allem durch das Wort ab und nicht durch die manuelle Arbeit unter Fabrikarbeitern, als ob er einer der ihren wäre." Fabrikarbeit macht es unmöglich, den priesterlichen Gebetspflichten nachzukommen. Selbst wenn einige das fertigbringen, sollten sie ihre Zeit besser ihrem Priesteramt als manueller Arbeit widmen: „Haben die Apostel nicht eben darum das Diakonat eingerichtet, um sich von den zeitlichen Aufgaben zu befreien [...]? (Vgl. Apg 6, 2.4)."[89] Die Bischöfe sollen überlegen, ob es nicht an der Zeit sei, für das Apostolat im Arbeitermilieu Säkularinstitute zu gründen, deren Mitglieder sich aus Priestern und Laien zusammensetzen können, von denen letztere ohne zeitliche Begrenzung dem Apostolat der Arbeit nachgehen können. Die Priester geben ihren Laienbrüdern eine gründliche, der Arbeiterexistenz angepaßte religiöse Unterweisung und spirituelle Formung, beraten sie bei ihren Problemen und stützen sie in ihren Schwierigkeiten. Diesen Weg war in etwa schon Pater Loew OP in Marseille gegangen mit dem Säkularinstitut „St. Peter und St. Paul", in dem sich Laien und Priester zusammen auf Pfarrbasis der Arbeitermission widmeten. Auch die „Kleinen Brüder Jesu", eine Bruderschaft im Geiste des Charles de Foucauld, gehen einen ähnlichen Weg.

Die Gemeinschaft des „Prado", benannt nach einem von dem Gründer aufgekauften ehemaligen Vergnügungslokal in einem Slumviertel von Lyon, arbeitet mit drei- bis fünfköpfigen Missionsequipen aus Priestern und Laienbrü-

[89] HK 14 (1959/60) 77.

dern, die sich mitten in den Arbeiterbezirken niederlassen und ihren Lebensunterhalt selbst erarbeiten. Weihbischof Alfred Arcel betrieb in Lyon-Gerland als Vorsteher einer Equipe in Heimarbeit bis 1959 eine Schusterwerkstatt. Diese Tätigkeit mußte er aufgeben, er blieb aber Oberer des „Prado" und als Weihbischof Mitarbeiter von Kardinal Gerlier.

Der gemeinsame Grundzug der hier behandelten religiösen Strömungen, die Spiritualität, aus der sie entstanden oder durch die sie in ihrem Verlauf geprägt sind, ist schwierig zu bestimmen. Am ausdrücklichsten erscheint die Spiritualität dieser Jahrzehnte charakterisiert durch eine apostolisch ausgerichtete Christozentrik. Der historische Jesus, „Christus unser Bruder", wurde neu lebendig: Jesus hat unser konkretes Leben auf sich genommen und es in seinem Tod und in seiner Auferstehung erfüllt. In seinem Durchgang (Pascha) durch den Tod in die Herrlichkeit hat er seine – während des Erdenlebens individuell begrenzte – Existenz ausgeweitet zum „mystischen Christus", der uns in der Taufe teilnehmen läßt an seinem Schicksal und seinem göttlichen Leben. Das vollzieht sich in der Kirche, die der geheimnisvoll zu einer lebendigen Einheit zusammengefaßte Leib Christi ist. Das neue Leben der Gotteskindschaft, Christus in uns und wir in Christus, ist Aufgabe für den Christen. Er soll sein Leben und die Welt in Christus gestalten zur Ehre Gottes, des Vaters. Die Christozentrik bedeutet aber nicht spiritualistischen Rückzug auf individualistische Innerlichkeit oder Weltflucht, sondern im Gegenteil Betonung des Vollmenschlichen und der Welt, die in das spirituelle Leben einbezogen wird.

Sind in Jesus Christus Gottheit und Menschheit personal zu einer Einheit geworden – unvermischt und ungetrennt –, dann bedeutet das Ja zu Christus auch ein Ja zum Menschen und zu seinem irdischen Schaffen. Das Menschliche ist in ihm nicht vernichtet, sondern bestätigt und aufgegeben. „Soll das Menschliche und Irdische, Natur und Kultur, bejaht werden, dann geschieht es am höchsten und reinsten in Christi menschlicher Natur." „Nicht in der Gottwerdung eines Menschen, sondern in der Menschwerdung Gottes liegt das Wunder, das Ungeheuerliche. Das macht den Christen jubeln."[90]

Wie die Theologie so steht auch die Spiritualität im Zeichen einer Hinwendung zur Welt: des Ernstnehmens ihres Eigenwertes und ihrer Eigengesetzlichkeit im Licht des Geheimnisses der Menschwerdung Gottes. Schöpfung und Inkarnation werden in engerer Verbindung gesehen. Der Logos, in dem alles erschaffen ist, wurde Mensch, um alles zu Gott heimzuführen. Die Menschwerdung ist nicht erst im Hinblick auf die Erlösung von der Sünde beabsichtigt; sie ist Ziel und Krönung der Schöpfung und wäre auch ohne Sündenfall geschehen. „Durch ihn und auf ihn hin ist alles geschaffen" (Kol 1,16). Das Ja Gottes zur Welt in der Schöpfung findet in der Inkarnation seine Bestätigung und Erfüllung. Von hier aus war man bemüht, den Vorwurf Nietzsches wie der

[90] *K. Adam*, Christus unser Bruder (Regensburg 1926, [3]1935).

Marxisten, der Christ veruntreue die Welt an ein Jenseits, das Christentum stehe dem Menschen und seinen Problemen fern, durch Wort und Tat zu entkräften.

Dem dienten Werke wie „Gegen die Widersacher des Leibes" (1937, deutsch 1955) von V. Poucel; „Theologie der irdischen Wirklichkeiten" (1947) von G. Thils; „Theologie der Arbeit" (1955) von M.-D. Chenu; „Der Laie. Entwurf einer Theologie des Laientums" (1953, deutsch 1956) von Y. Congar; „Der Laie in der Kirche. Eine Theologie des Laienstandes" (1952, deutsch 1955) von G. Philips; „Weltoffener Christ. Grundsätzliches und Geschichtliches zur Laienfrömmigkeit" (1960) von Alfons Auer. Die heilsgeschichtliche Linie Schöpfung–Menschwerdung–Parusie ließ nachdenken über das „Geheimnis der Geschichte" (1953, deutsch 1955) von Jean Daniélou, regte an zur „Theologie der Geschichte" (1950) von Hans Urs von Balthasar, machte aber gegenüber einer manchmal zu optimistischen Inkarnationstheologie auch den eschatologischen Zug des Christentums neu bewußt.

In der Askese wurden die aktiven Tugenden stärker betont. Man stellte heraus, daß der Christ sein eigenes Heil nur sichern kann, wenn er sich um das Heil der anderen sorgt. Die Vielfalt christlicher Verwirklichung in einer schnell sich wandelnden politischen, wirtschaftlichen und gesellschaftlichen Umwelt wurde deutlich und damit die Notwendigkeit, sich immer neu auf sie einzustellen. Das verlangte ein größeres Maß an Eigenverantwortung und gab dem geistlich-sittlichen Leben eine ungleich größere Dynamik. Es drang auch stärker in das Bewußtsein, daß nicht nur das direkt auf Gott bezogene Tun des Menschen (Gebet, Meditation und Liturgie) religiös ist, sondern alles, was zur Ehre Gottes geschieht gemäß dem Wort des Paulus: „Möget ihr essen oder trinken oder sonst etwas tun, alles tut zur Verherrlichung Gottes" (1 Kor 10,31). So ist es bezeichnend, daß zum 400. Todestag des hl. Ignatius († 1556) das „in actione contemplativus" bzw. das „Gott finden in allen Dingen" als die Botschaft des Heiligen an unsere Zeit herausgestellt wurde[91]. Dem entspricht es, daß „Werktagsheiligkeit" zum kennzeichnenden Stichwort für die Spiritualität religiöser Bewegungen wurde und der „Kleine Weg" der Therese von Lisieux neuen Glanz bekam[92]. Im Unterschied zu einer enttäuschten und auf sich selbst bedachten Christozentrik der „Devotio moderna" hieß für die „kleine" Therese, Jesus über alles lieben, ihm Seelen zu retten, auf daß er mehr geliebt werde.

[91] *E. Coreth*, „In actione contemplativus", in: ZKTh 76 (1954) 55–82; *E. Iserloh*, „Gott finden in allen Dingen". Die Botschaft des heiligen Ignatius von Loyola an unsere Zeit, in: TThZ 66 (1957) 65–79; nachgedruckt in: *E. Iserloh*, Verwirklichung des Christlichen im Wandel der Geschichte (Würzburg 1975) 99–113; *J. Stierli*, Das Ignatianische Gebet: „Gott suchen in allen Dingen", in: Ignatius v. Loyola, hrsg. v. *F. Wulf* (Würzburg 1956) 151–182.

[92] *I. F. Görres*, Das verborgene Antlitz. Eine Studie über Therese von Lisieux (Freiburg 1944); Neuausgabe: Das Senfkorn von Lisieux (Freiburg [9]1964); *H. U. v. Balthasar*, Therese von Lisieux. Geschichte einer Sendung (Köln 1950); Therese vom Kinde Jesu. Selbstbiographische Schriften. Authentischer Text (Einsiedeln 1958); *A. Combes*, Die Heilandsliebe der heiligen Teresia von Lisieux (Freiburg 1951).

10. Kapitel

Entwicklungen im Klerus seit 1914

Univ.-Professor Dr. Norbert Trippen, Regens des Kölner Priesterseminars

Für umfangreiche Literaturhinweise dankt der Verfasser Prof. Dr. Norbert Glatzel (Bamberg), Prof. Dr. Franz Kamphaus (Münster) und Dr. Anton Arens (Trier).

QUELLEN: Sacerdotis imago. Päpstliche Dokumente über das Priestertum von Pius X. bis Johannes XXIII., hrsg. von *A. Rohrbasser* (Freiburg/Schweiz 1962); Decretum de Institutione Sacerdotali „Optatam totius" = Dekret über die Ausbildung der Priester, in: Das Zweite Vatikanische Konzil. Konstitutionen, Dekrete und Erklärungen, Bd. 2 (Freiburg, Basel, Wien 1967) 309–355; Decretum de Presbyterorum Ministerio „Presbyterorum Ordinis" = Dekret über Dienst und Leben der Priester, in: ebd., Bd. 3 (1968) 127–239; Litterae Encyclicae „Sacerdotalis Caelibatus" d. d. 24. 6. 1967, in: AAS 59 (1967) 657–697; deutsche Übersetzung: Sacerdotalis Caelibatus. Über den priesterlichen Zölibat. Rundschreiben Papst Pauls VI. vom 24. Juni 1967 (Recklinghausen 1967); Documenta Synodi Episcoporum: De Sacerdotio Ministeriali, in: AAS 63 (1971) 898–922; kommentierte deutsche Übersetzung: *J. Kard. Höffner – H. U. v. Balthasar* (Hrsg.), Bischofssynode 1971. Das Priesteramt (Einsiedeln 1972); Sacra Congregatio pro Institutione Catholica: Ratio Fundamentalis Institutionis Sacerdotalis, in: AAS 62 (1970) 321–384; deutsche Übersetzung, eingeleitet und kommentiert: *A. Arens – H. Schmitz* (Hrsg.), Priesterausbildung und Theologiestudium (= Nachkonziliare Dokumentation Band 25) (Trier 1973); Schreiben der deutschen Bischöfe über das priesterliche Amt. Eine biblisch-dogmatische Handreichung (Trier 1969); Die pastoralen Dienste in der Gemeinde, in: Gemeinsame Synode der Bistümer in der Bundesrepublik Deutschland. Beschlüsse der Vollversammlung, Bd. 1 (Freiburg [2]1976) 581–636; Die Verhandlungen darüber: Protokoll der 5. Vollversammlung, 22.–26. Mai 1974, S. 136–185; Protokoll der 7. Vollversammlung, 7.–11. Mai 1975, S. 131–151.

LITERATUR: Über die Stellung der Priester innerhalb der Jugendbewegung vgl. die Literatur zur Jugendbewegung: *A. Klönne,* Eine Literatur-Übersicht zur Geschichte der Jugendbewegung, in: Recht der Jugend 2 (Berlin 1954) 254f; *O. Köhler,* in: LThK 5 ([2]1960) 1181f. – Über die Arbeiterpriester in Frankreich: *H. Perrin,* Journal d'un prêtre ouvrier en Allemagne (Paris 1945); deutsch: Tagebuch eines Arbeiterpriesters (München 1955); *G. Siefer,* Die Mission der Arbeiterpriester (Essen 1960); *R. Ludmann,* in LThK 1 ([2]1957) 811ff (Literaturübersicht). – Zur Diskussion über Amt und Stellung des Priesters seit dem Zweiten Vatikanischen Konzil: *F. Klostermann,* Priester für morgen (Innsbruck 1970); *N. Glatzel,* Die Rolle des Priesters in der Leistungsgesellschaft, in: Jahrbuch für christliche Sozialwissenschaften 12 (1971) 163–183; *ders.,* Soziologische Aspekte der Seelsorgerrolle, in: StdZ 187 (1971) 31–42; *H. Küng,* Wozu Priester? Eine Hilfe (Zürich, Einsiedeln, Köln 1971); *J. Höffner,* Der Priester in der permissiven Gesellschaft (= Kölner Beiträge 6) (Köln 1971); *H. Volk,* Priestertum heute: Internat. Kath. Zeitschrift 1 (1972) 498–517, 2 (1973) 45–58; *H. Schlier,* Grundelemente des priesterlichen Amtes im Neuen Testament, in: Theologie und Philosophie 44 (1969) 161–180; *O. Semmelroth SJ,* Die Präsenz der drei Ämter Christi im gemeinsamen und besonderen Priestertum der Kirche, in: ebd. 181–195; *J. Pieper,* Was unterscheidet den Priester?, in: Hochland 63 (1971) 1–16; Reform und Anerkennung kirchlicher Ämter. Ein Memorandum der Arbeitsgemeinschaft ökumenischer Universitätsinstitute (München, Mainz 1973); *K. H. Schuh* (Hrsg.), Amt im Widerstreit (Berlin 1973); *G. Siefer,* Sterben die Priester aus? Soziologische Überlegungen zum Funktionswandel eines Berufsstandes (Essen 1973); *F. Luthe,* Berufswechsel der Priester. Eine empirische Studie (Düsseldorf 1970). – Zur Diskussion über den priesterlichen Zölibat: *E. Schillebeeckx OP,* Der Amtszölibat. Eine kritische Besinnung (Düsseldorf 1967); *K. Rahner SJ,* Der Zölibat des Weltpriesters im heutigen Gespräch, in: Geist und Leben 40 (1967) 122–138; *F. Böckle* (Hrsg.), Der Zölibat. Erfahrungen, Meinungen, Vorschläge (Mainz 1968); *K. Kraemer – K. H. Schuh* (Hrsg.), Zölibat in der Diskussion. Katholische und evangelische Aspekte (Essen 1969); Sacerdoce et Célibat. Études historiques et théologiques, hrsg. von *J. Coppens* (Löwen 1971). – Zu den Priestergruppen und Priesterkongressen: SOG-Papiere. Mitteilungsblatt der Arbeitsgemeinschaft von Priestergruppen in der Bundesrepublik Deutschland und der SOG-Österreich, hrsg. von *A. Schilling* (Bochum 1968–1973); Imprimatur. Nachrichten und kritische Meinungen aus der (Trierer) katholischen Kirche (Trier 1968–1975); *C. Holenstein* (Hrsg.), Churer Dokumente. Bischofs-Symposion 7. bis 10. Juli 1969. Texte der Bischöfe und Priester im Wortlaut (Zürich 1969); *M. Raske – K. Schäfer – N. Wetzel* (Hrsg.), Eine freie Kirche für eine freie Welt. Delegiertenkonferenz europäischer Priestergruppen Rom 10. bis 16. Oktober 1969. Eine Dokumentation (Düsseldorf 1969); *C. Holenstein,* Der Protest der Priester (Zürich, Einsiedeln, Köln 1970); *K. Schäfer,* Zum Thema Priestergruppen, in: StdZ 185 (1970) 34–46; *ders.,* Nochmals: Zum Thema Priestergruppen, in: ebd. 185 (1970) 361–378; *K. Rahner SJ,* Chancen der Priestergruppen, in: ebd. 185 (1970) 172–180; *H. Werners,* Priestergruppen – Konzeption und Erfahrung, in: Jahrbuch für christliche Sozialwissenschaften 12 (1971) 185–204. – Zu den Priesterbefragungen: *O. Schreuder* (Hrsg.), Der alarmierende Trend. Ergebnisse einer Umfrage beim gesamten holländischen Klerus (München, Mainz 1970); *G. Schmidtchen,* Priester in Deutschland. Forschungsbericht über die im Auftrag der Deutschen Bischofskonferenz durchgeführte Umfrage unter allen Welt- und Ordenspriestern in der Bundesrepublik Deutschland. In Verbindung mit dem Institut für Demoskopie Allensbach (Freiburg, Basel, Wien 1973); *K. Forster* (Hrsg.), Priester zwischen Anpassung und Unterscheidung. Auswertung und Kommentare zu der im Auftrag der Deutschen Bischofskonferenz durchgeführten Umfrage unter allen Welt- und Ordenspriestern in der Bundesrepublik Deutschland (Freiburg, Basel, Wien 1974), darin besonders: *O. Simmel SJ,* Vergleich der deutschen Umfrageergebnisse mit den Ergebnissen der Priesterbefragungen in Österreich, in der Schweiz, in Spanien, in den USA und in Italien, S. 127–148; *P. M. Zulehner – S. R. Graupe,* Wie Priester heute leben ..., Ergebnisse der Wiener Priesterbefragung (Wien, Freiburg, Basel 1970); *P. M. Zulehner* (Hrsg.), Kirche und Priester zwischen dem Auftrag Jesu und den Erwartungen der Menschen. Ergebnisse der Umfragen des Instituts für kirchliche Sozialforschung Wien über „Religion und Kirche in Österreich" und „Priester in Österreich" (Wien, Freiburg, Basel 1974); *A. Müller,* Priester – Randfigur der Gesellschaft? Befund und Deutung der Schweizer Priesterumfrage (Zürich, Einsiedeln, Köln 1974). – Zur Reform von Priesterausbildung und Theologiestudium: *L. Waltermann* (Hrsg.), Klerus zwischen Wissenschaft und Seelsorge. Zur Reform der Priesterausbildung. Beiträge im Westdeutschen Rundfunk (Essen 1966); SKT = Studium Katholische Theologie. Berichte – Analysen – Vorschläge, hrsg. von der Kommission „Curricula in Theologie" des Westdeutschen Fakultätentages durch *E. Feifel,* Hefte 1–5, (Zürich, Einsiedeln, Köln 1973–1975); *A. Arens,* Einleitung und Kommentar zur Ratio Fundamentalis, in: *A. Arens – H. Schmitz* (Hrsg.), Priesterausbildung und Theologiestudium (= Nachkonz. Dokumentation Bd. 25) (Trier 1974) 5–67; *G. Schmidtchen,* Umfrage unter Priesteramtskandidaten. Studien- und Lebenssituation, Amtsverständnis, Berufsmotive, Einstellung zu Kirche und Gesellschaft. Forschungsbericht des Instituts für Demoskopie Allensbach über eine im Auftrag der Deutschen Bischofskonferenz durchgeführte Erhebung (Freiburg, Basel, Wien 1975).

Der Schweizer Theologe Hans Urs von Balthasar äußerte anläßlich der III. Bischofssynode in Rom 1971 die Überzeugung, daß der Klerus heute „der offenkundige Krisenherd der Kirche" sei[1]. Dabei hatte er die Rolle der Priester innerhalb der nachkonziliaren Entwicklung, insbesondere innerhalb der Litur-

[1] Bischofssynode 1971, das Priesteramt, 6.

giereform, sicher ebenso im Blick wie die alarmierenden Tendenzen im Klerus selbst und seine Beziehungen zum Episkopat.

Man wird die jüngste „Priesterkrise" auf dem Hintergrund der unmittelbar voraufgehenden Jahrzehnte nicht begreifen und zutreffend deuten können. Ihre Wurzeln reichen tiefer. Zu Anfang unseres Jahrhunderts hatten einzelne Priester und Priestergruppen sich für eine Überwindung der Kluft zwischen Kirche und Theologie einerseits und der modernen Welt und ihrem Lebensgefühl andererseits engagiert und deshalb nach innerkirchlichen Reformen verlangt[2]. Es ging bereits damals um die Sprache der Liturgie, um Fragen der kirchlichen Disziplin und um die Haltung der Kirche in der sozialen Frage wie um Standesprobleme des Klerus, z. B. die Zölibatsverpflichtung, die Beziehungen zwischen Priestern und Bischöfen und die Form der Kleruserziehung. So breit gefächert wie die Ziele solcher Priesterkreise waren ihre Motivationen und ihre Charaktere. Sie reichten von Romolo Murris Democrazia cristiana in Italien und Marc Sangiers „Sillon" in Frankreich bis zu schwäbischen Sonderlingen, die zur Wahrung geistlicher Standesinteressen gegenüber Bischof Keppler von Rottenburg einen Pfarrverein gründen wollten[3]. In Wien hatte 1901 ein überaus gut besuchter österreichischer Klerustag stattgefunden, der das Solidaritätsgefühl unter den Priestern heben sowie ihre gesellschaftliche Stellung und materielle Lage bessern wollte. Doch der österreichische Episkopat verbot die Wiederholung dieser Tagung[4].

Alle diese unabhängig vom Episkopat ausgelösten und auf innerkirchliche Reformziele gerichteten Initiativen im Klerus gerieten unter den Modernismusverdacht Pius' X. und wurden im Kampf dieses Papstes gegen die von ihm überall vermutete Häresie unterdrückt. Die Modernismusenzyklika „Pascendi" vom 8. September 1907 verbot den Priestern erneut die Schriftleitung von Zeitungen und Zeitschriften ohne die vorherige Erlaubnis der Bischöfe, die zudem verpflichtet wurden, die Tätigkeit der Priester als Berichterstatter oder Mitarbeiter bei solchen Publikationsorganen zu überwachen. Priesterkongresse sollten die Bischöfe nur noch in ganz seltenen Fällen erlauben[5]. Gleichzeitig

[2] Aus der Fülle damaliger Reformschriften seien als besonders qualitätsvolle Beispiele genannt: *H. Schell,* Der Katholizismus als Prinzip des Fortschritts (Würzburg 1898) (indiziert!); *A. Ehrhard,* Der Katholizismus und das zwanzigste Jahrhundert (Stuttgart, Wien 1901). Weniger ausgewogene Reformbestrebungen schildert: *A. Hagen,* Der Reformkatholizismus in der Diözese Rottenburg (1902–1920) (Stuttgart 1962). Vgl. auch *N. Trippen,* Theologie und Lehramt im Konflikt. Die kirchlichen Maßnahmen gegen den Modernismus im Jahre 1907 und ihre Auswirkungen in Deutschland (Freiburg, Basel, Wien 1977) (passim).

[3] *Hagen,* a. a. O., 51–61.

[4] *F. Funder,* Vom Gestern ins Heute. Aus dem Kaiserreich in die Republik (Wien 1952) 342 ff. – Ein ähnlicher Kongreß hatte bereits 1900 in Bourges stattgefunden (*Hagen,* a. a. O., 51).

[5] Es handelt sich um die §§ 34 und 35 der Enzyklika „Pascendi": *A. Michelitsch,* Der biblisch-dogmatische „Syllabus" Pius' X. samt der Enzyklika gegen den Modernismus und dem Motu proprio vom 18. November 1907 (Graz, Wien [2]1908) 346 ff. – Vgl. *Trippen,* a. a. O., 29.

wurden die scholastische Ausrichtung der theologischen Studien und strenge Regeln für die Priestererziehung in den Seminarien verfügt, so daß die Unterdrückung dieser Reformgruppen im Klerus gelang, zumal der Erste Weltkrieg und die nachfolgenden Umwälzungen für eine von Benedikt XV. nicht gewünschte weitere Auseinandersetzung mit dem Modernismus keinen Raum ließen.

Zwischen den beiden Weltkriegen entstanden oder entfalteten sich einige Standesvereine von Priestern, die aber lediglich religiös-aszetische oder rechtlich-wirtschaftliche Zielsetzungen verfolgten[6]. Zwischen Episkopat und Klerus gab es keine nennenswerten Spannungen. Das System der streng abgeschiedenen Seminarerziehung der Priester funktionierte, wenn es auch von weitsichtigeren akademischen Lehrern und zahlreichen Studenten bereits für überholt gehalten und bisweilen belächelt wurde. Man dachte jedoch nicht an eine grundsätzliche Reform, sondern half sich mit einer milden Praktizierung der bestehenden Ordnung. Exegeten, Dogmatiker und Kirchenhistoriker, zumal auf staatlichen Lehrstühlen in Deutschland, wußten zu unterscheiden zwischen Forschungshypothesen und -ergebnissen und dem, was davon öffentlich vertreten und publiziert werden durfte.

Ein begrenztes Betätigungsfeld für eigenständige und vom Episkopat nicht immer gekannte und gebilligte Reformtendenzen des jüngeren Klerus boten speziell in Deutschland die Jugendbewegung und im Zusammenhang mit ihr die liturgische Bewegung in den zwanziger und dreißiger Jahren[7]. Auf Wanderfahrten der Jugend dürfte zuerst die priesterliche Kleidung abgelegt worden sein. Entsprechende Bestimmungen in Diözesansynoden, wie z.B. in den Kölner Diözesansynoden von 1922 und 1937[8], sprechen da eine deutliche Sprache. Die Einführung der „Gemeinschaftsmesse“ mit parallelem Vortrag der landessprachlichen Übersetzung zu den lateinischen Meßtexten geschah nicht ohne Spannungen zwischen den liturgisch aktiven Kreisen bzw. den Jugendseelsorgern und den älteren Pfarrern bzw. dem Episkopat. Auch die von einzelnen Priestern und Laiengruppen getragenen Anfänge der ökumenischen Bewegung standen keinesfalls unter dem fördernden Wohlwollen aller Bischöfe. Dennoch herrschte zwischen den Weltkriegen ein Verhältnis ungetrübter Loyalität zwischen Priestern und Bischöfen. Es gab im Klerus keine grundsätzliche Kritik an der Kirche, ihrem Dogma und ihrer Disziplin. Die „Hymnen an die Kirche“ von

[6] Eine Übersicht über diese Standesvereine vermittelt Konrad Algermissen, in: LThK 8 (1936) 471ff.

[7] Zur Jugendbewegung s. oben unter den allgemeinen Literaturhinweisen zu Beginn des Kapitels.

[8] Die Diözesan-Synode des Erzbistums Köln 1922 am 10., 11. und 12. Oktober (Köln 1922) 31: „Besonders wird eingeschärft, daß die geistliche Kleidung auch für die Reise und gerade für die Reise verpflichtend ist. Ist ein Geistlicher gezwungen, Reisen zu machen, auf denen er geistliche Kleidung nicht wohl tragen kann, so möge er sich vorher mit dem Generalvikariat verständigen.“ Entsprechende Bestimmung der Synode 1937: Ebd. 1937, Nr. 28, 51.

Gertrud von le Fort spiegeln eine auch im Klerus jener Jahrzehnte verbreitete Grundhaltung.

Als eine erste Bewegung im Klerus, in der nachkonziliare Diskussionspunkte um Priesterstand und priesterliches Leben vorweggenommen scheinen, kann man die „Arbeiterpriester" in Frankreich betrachten[9]. Für ihre Ausgangssituation in den frühen vierziger Jahren ist bezeichnend, daß diese Bewegung vom französischen Episkopat angestoßen wurde: Als während des Krieges mehrere tausend französischer Seminaristen und Mitglieder der Katholischen Aktion in deutsche Fabriken dienstverpflichtet wurden, gründeten die Bischöfe Frankreichs ein geheimes Seelsorgewerk zu ihrer Betreuung. 25 Priester stellten sich zur Verfügung. Die Erfahrungen dieses Unternehmens mit einer ganz anderen priesterlichen Wirksamkeit und Lebensweise bildeten die Grundlage für die „Mission de Paris" nach 1946. Unter Verzicht auf bürgerlichen Lebensstil versuchten Priester, als Arbeiter unter Arbeitern zu leben. Jedoch zeigte sich bald, daß bei der Solidarisierung mit der Arbeiterschaft und ihren sozialpolitischen Zielen Konflikte mit kirchlichen Autoritäten nicht zu vermeiden waren. Die Beziehungen der Arbeiterpriester zu den Pfarreien waren zunehmend gespannt, weil diese aus bürgerlicher Mentalität lebten und für die Forderungen der Arbeiter und ihrer Priester kein Verständnis aufbrachten. Die Bischöfe Frankreichs sorgten sich teilweise um die gesellschaftliche Stellung der Arbeiterpriester, die römische Kurie mehr um ihr geistliches Leben. In den Jahren 1953 und 1954 wurde das Experiment auf römische Anordnung hin abgebrochen. Die Mehrzahl der Arbeiterpriester unterwarf sich schließlich den entsprechenden Dekreten und kehrte in ihre Diözesen bzw. Orden zurück. Der Versuch und sein Scheitern beschäftigte die französische und europäische Öffentlichkeit bis zum Vorabend des Konzils.

Das Zweite Vatikanische Konzil hat sich zwar in zwei Dekreten zur Ausbildung und zum Dienst und Leben der Priester geäußert, aber die Priesterfrage hat keinen der zentralen Konzilsgegenstände dargeboten. Für die nachfolgende Unruhe unter den Priestern waren ganz andere Konzilsaussagen von indirekter, aber um so nachhaltigerer Wirkung, allen voran die dogmatische Konstitution „Lumen gentium" mit ihrem neuen Selbstverständnis der Kirche als pilgerndem „Volk Gottes", aber auch die Aufwertung des allgemeinen Priestertums der Gläubigen und die Öffnung zur Welt in der Pastoralkonstitution „Gaudium et spes". Die Neubesinnung und der Umbruch, den das Konzil – am deutlichsten sichtbar in der Liturgie – auslöste, führten zu einer inneren Verunsicherung zahlreicher Priester, zu öffentlichen Diskussionen über das priesterliche Amt und die priesterliche Lebensform, zu sprunghaftem Anstieg der Amtsniederlegungen von Priestern, schließlich zur Bildung von Priestergruppen mit teils sozialpolitischen, teils antihierarchischen, teils standessolidarischen Zielsetzungen. Innerhalb kürzester Zeit kam es zu einer starken Mobilisierung des öffentlichen

[9] Vgl. oben: Allgemeine Literaturhinweise am Anfang des Kapitels.

Interesses für die Priesterfrage innerhalb und außerhalb der Kirche, das allerdings ebenso rasch wieder verflog.

Bei dem Versuch, diese von 1968 bis 1971 aufbrechende und kulminierende Entwicklung nachzuzeichnen, muß man sich vor Augen halten, daß die Länder und Erdteile unterschiedlich davon betroffen waren. Weder in Polen und anderen Ostblockstaaten noch in Vietnam oder in den Missionskirchen Afrikas hat es eine Beunruhigung gegeben, die der in Westeuropa, in Nord- und Südamerika vergleichbar gewesen wäre. Die innere Verunsicherung und äußere Solidarisierung zahlreicher Priester entwickelte sich einerseits aus den theologischen und reformerischen Impulsen des Zweiten Vatikanischen Konzils, aber zum Teil auch aus dem weltanschaulichen Pluralismus und der geistigen Orientierungslosigkeit westlicher Demokratien. Kaum zufällig dürfte der zeitliche Zusammenhang dieser Priesterkrise mit den Unruhen an den westlichen Universitäten und in der jungen Generation überhaupt sein. Hatte das Konzil die Pastoral nicht eindeutiger als frühere kirchliche Verlautbarungen auf den Dienst an der Welt und die Anerkennung ihrer Eigenwerte verwiesen? So konnte die Rückwirkung außerkirchlicher Entwicklungen auf den Klerus der westlichen Welt nicht ausbleiben.

Mit dem Ende des Konzils begann in Europa und Amerika eine theologische Diskussion über die Daseinsberechtigung eines durch sakramentale Weihe begründeten, auf Lebenszeit übertragenen Priestertums. Bieten die Ansätze dazu im Neuen Testament eine dogmatisch ausreichende Begründung?, so fragte man. Der Priestermangel, das vom Konzil erneuerte ständige Diakonat und die Aufwertung des allgemeinen Priestertums der Gläubigen sowie deren Beauftragung mit vorher den Priestern vorbehaltenen pastoralen Diensten machten die Frage unausweichlich, worin die differentia specifica des geweihten Priesters gegenüber den anderen im pastoralen Dienst tätigen Gläubigen bestehe [10]. War das Priestertum als eigener, von den übrigen Gläubigen abgehobener Stand so von der Theologie und der innerkirchlichen Situation her in die Diskussion geraten, so tat der Autoritätsverfall jener Jahre in den westlichen Demokratien ein übriges, um die Frage nach dem Selbstverständnis und der Rolle des Priesters in Kirche und Gesellschaft zu verschärfen. Wie man im weltlichen Bereich nur noch die durch sachliche Kompetenz begründete, zeitlich befristet übertragene Autorität ertragen wollte, so forderten Priester und ihre sich bildenden „Solidaritätsgruppen", das priesterliche Dienstamt nicht mehr sakramental (vertikal), sondern funktional, d.h. vom Dienst an der Gemeinde her (horizontal), zu begründen, man müsse es auf Zeit übertragen und unter Umständen im Nebenberuf ausüben lassen. Der Priester müsse sich in der Welt und ihren Problemen

[10] Zur „Rollenunsicherheit" zahlreicher Priester vgl. die Beiträge von Glatzel im Jahrbuch für christliche Sozialwissenschaften und in den Stimmen der Zeit (s. o. Allgemeine Literaturhinweise). Zur Diskussion über das Amt: *Küng*, Wozu Priester? Reform und Anerkennung kirchlicher Ämter; *Schuh*, Amt im Widerstreit.

engagieren und durch einen bürgerlichen Beruf vor seinen Mitbürgern legitimieren.

Von diesen Überlegungen waren in erster Linie jüngere Priester erfaßt. Sie führten zunächst einmal dazu, daß diese den Verzicht auf priesterliche Kleidung und Standesprivilegien forderten. Es ging dabei wohl um mehr als eine äußere Angleichung der Lebensformen und -gewohnheiten an die Umwelt. Für viele lag darin das Bekenntnis, daß die sakramentale Ordination den Priester eben nicht wesenhaft von den übrigen Gliedern des Gottesvolkes unterscheidet.

Parallel mit der Diskussion über Amt und Funktion des Priesters und in innerer Abhängigkeit von ihr kam es zu einer Auseinandersetzung über die Verpflichtung der Priester zur Ehelosigkeit. Beim Konzil hatte es über die Ausdehnung dieser Verpflichtung und ihre theologische Begründung innerhalb des Priesterdekretes weit auseinandergehende Standpunkte und Anträge gegeben[11]. Papst Paul VI. hatte die Diskussion schließlich entschärft, indem er am 10. Oktober 1965 einen Brief an den Vorsitzenden des Konzilspräsidiums, Kardinal Tisserant, richtete, in dem er darum ersuchte, die Zölibatsfrage nicht im Konzilsplenum diskutieren zu lassen, und eine Verlautbarung zur priesterlichen Ehelosigkeit an den Klerus ankündigte. Dieser Brief an Kardinal Tisserant wurde am folgenden Tage in der Aula verlesen und bestimmte die weiteren Entscheidungen der Konzilsväter. In Nr. 16 des Dekretes über Dienst und Leben der Priester ist anerkannt, daß die Ehelosigkeit „nicht vom Wesen des Priestertums selbst gefordert" ist, „wie die Praxis der frühesten Kirche und die Tradition der Ostkirchen zeigen.... Der Zölibat ist jedoch in vielfacher Hinsicht dem Priestertum angemessen." Als Begründung werden die Gleichgestaltung des Priesters mit Christus und die größere Verfügbarkeit für den priesterlichen Dienst angeführt. „Diese Heilige Synode billigt und bekräftigt von neuem das Gesetz für jene, die zum Priestertum ausersehen sind, wobei ihr der Geist das Vertrauen gibt, daß der Vater die Berufung zum ehelosen Leben [...] großzügig geben wird, wenn nur diejenigen, die durch das Sakrament der Weihe am Priestertum Christi teilhaben, zusammen mit der ganzen Kirche demütig und inständig darum bitten."

Gerade diese letzte Erwartung schien sich in den folgenden Jahren nicht zu erfüllen. Wenn es auch kaum möglich ist, über die Zahl der Amtsniederlegungen von Priestern exakte Zahlenangaben zu erhalten, so dürften doch Ermittlungen des Schweizerischen Pastoralsoziologischen Instituts der Wirklichkeit nahekommen, die zwischen 1963 und 1970 mit 22000 bis 25000 Amtsniederlegungen in der Weltkirche rechnen, was 5 Prozent des Klerus entspricht[12]. In dieser Zahl ist bezeichnenderweise Europa mit 40 Prozent vertreten. Alarmierend ist vor allem das Überwiegen der jüngeren Priester bei den

[11] Vgl. dazu *F. Wulf SJ*, Kommentar zu Art. 16 des Dekrets „Presbyterorum Ordinis", in: Das Zweite Vatik. Konzil, Bd. 3, 214–221, bes. 217.
[12] Wiedergegeben bei: *Siefer*, Sterben die Priester aus?, 76f.

Amtsniederlegungen. Dieser Trend konvergiert mit der erschreckend zurückgehenden Zahl der Priesteramtskandidaten und vor allem der Priesterweihen[13]. Letztere gingen z. B. in der Bundesrepublik Deutschland von 506 im Jahre 1965 auf 213 im Jahre 1972 zurück, wobei gerade in diesem Punkt der Unterschied zu Polen und manchen Missionsländern überdeutlich ist, wo es zur Zeit noch keinen Nachwuchsmangel gibt.

Diese bedrückende Entwicklung mag Paul VI. veranlaßt haben, schon sehr bald das den Konzilsvätern gegebene Versprechen einer Verlautbarung zur Ehelosigkeit der Priester einzulösen. Die Enzyklika „Sacerdotalis caelibatus" vom 24. Juni 1967 trug aber nicht zur Entspannung der Zölibatsdiskussion bei, sondern brachte eher noch eine Verschärfung. Wie sich bei den späteren Priesterumfragen herausstellte, hat ein Großteil der Priester, vor allem die in der Zölibatsfrage positiv entschiedenen, die Enzyklika nicht einmal gelesen[14], während die angefochtenen jüngeren Geistlichen ihren Ertrag als enttäuschend empfanden. Der Papst übernahm die wesentlichen Aussagen des Konzilsdekrets über die Ehelosigkeit der Priester, verblieb aber in der Begründung des Zölibats, in der Beibehaltung der Koppelung von Priesterberuf und Zölibatsverpflichtung sowie in der Bewertung von Amtsniederlegungen als „beklagenswerter Untreue" in den überlieferten Vorstellungen und Argumenten.

Die zeitweise heftige Diskussion um den Zölibat spielte sich in den Massenmedien, in der Publizistik und in einer rasch anwachsenden Broschüren-Literatur, aber auch in Vorträgen und Diskussionsveranstaltungen ab[15]. Dabei wurde sichtbar, daß die Zölibatsverpflichtung der Priester nicht nur von einem großen Teil des jüngeren Klerus, sondern auch in breiten Schichten des katholischen Volkes nicht mehr verstanden und nicht ohne weiteres bejaht wurde.

Die Unzufriedenheit mit der Zölibatsenzyklika dürfte eines der auslösenden Momente für die noch darzustellende Gründung von Solidaritätsgruppen der Priester in verschiedenen europäischen Ländern gewesen sein. So waren dann die Zusammenkünfte und Publikationsorgane dieser Gruppen auch das Forum, wo sich die Forderungen und Erwartungen hinsichtlich der Zölibatsfrage zwar nicht repräsentativ für den ganzen Klerus – die Gruppen umfaßten nur einen sehr geringen Prozentsatz der Priester –, aber doch für eine aktive Schicht der jüngeren Priester in der westlichen Hemisphäre artikulierten. Dabei wurde immer wieder betont, daß es nicht darum gehe, den Zölibat als freiwillig angenommenes Charisma zu unterdrücken, sondern die gesetzliche Zölibatsverpflichtung für alle Priester der lateinischen Kirche aufzuheben. Noch stärker wurde die Forderung betont, bewährte Männer im Ehestand („viri probati") zur

[13] Ebd., 77–89.

[14] Das ergibt z. B. die Auswertung der italienischen Priesterbefragung (Il Sacerdozio ministeriale, Problemi del Clero in Italia, Editrice Studium 1970): *Simmel,* in: Priester zwischen Anpassung und Unterscheidung, 147: „Die Enzyklika ‚Sacerdotalis Caelibatus' wurde praktisch nicht gelesen: wo es geschah, wurde sie eher kritisiert als studiert."

[15] Vgl. dazu die allgemeine Literaturübersicht am Anfang des Kapitels.

Priesterweihe zuzulassen (ein Verlangen, das bereits vom Konzil verworfen worden war!) und verheiratete Priester ihr Amt weiter ausüben zu lassen.

In engem Zusammenhang mit der Zölibatsverpflichtung diskutierte man in den Priestergruppen die Frage, ob das „beamtete Priestertum" und der „klerikale Stand" noch vertretbar seien, inwieweit die Priester sich mit den gesellschaftsstützenden Mächten verquickt und den Kontakt zur Alltagswelt verloren hätten[16]. Es wurde die Forderung nach einer Berufstätigkeit der Priester, nach stärkerer Solidarisierung mit der Arbeiterschaft und den gesellschaftlichen Randgruppen gestellt. Die Priesterversammlung in Chur 1969 forderte schließlich ein auch politisches Engagement der Priester gegen kapitalistische und totalitäre Systeme zugunsten einer gerechteren und menschlicheren Gesellschaft. Waren solche Forderungen stark von der politischen Situation mancher europäischer Staaten und vor allem des lateinamerikanischen Subkontinents inspiriert, so stützte sich das Verlangen nach innerer Demokratisierung der Kirche, nach Mitwirkung von Priestern und Laien bei der kirchlichen Entscheidungsbildung auf Konzilsaussagen, die in diese Richtung zu weisen schienen, die aber oft genug überinterpretiert wurden. Man drängte auf Durchsichtigkeit von Entscheidungsprozessen und Autoritätsausübung in der Kirche, vor allem auf die Beteiligung von Klerus und Volk bei der Bischofswahl und der Besetzung sonstiger kirchlicher Leitungsstellen.

Das Bestreben, solche Forderungen (zumal berufsspezifische) wirksamer zu vertreten, Solidarität für bischöflich mißbilligte Experimente in Liturgie und Seelsorge zu finden oder auch Bewußtseinsveränderungen zugunsten innerkirchlicher oder politischer Reformen zu erreichen, war die Grundlage, auf der seit Beginn des Jahres 1968 in verschiedenen europäischen Ländern Priestergruppen entstanden. Zwar hatte das Konzil in Art. 7 des Priesterdekretes die Bischöfe verpflichtet, einen das Presbyterium der Diözese repräsentierenden Priesterrat zu schaffen[17], auch war man in vielen Ländern dieser Anordnung des Konzils bereits nachgekommen. Doch die Priesterräte fanden inmitten der bestehenden und rechtlich fest verankerten Ratsgremien der Diözesen nur langsam ihren Ort und ihr Betätigungsfeld. Sie erwiesen sich jedenfalls als ungeeignet, die Unruhe im Klerus aufzufangen und zu bewältigen. Die gleichzeitig auftretenden Priestergruppen gingen zum Teil aus informellen älteren Gesprächskreisen und Priestergemeinschaften hervor oder bildeten sich auf Grund kon-

[16] Zu einer breiten Diskussion über diese Gegenstände kam es auf der Delegiertenkonferenz europäischer Priestergruppen vom 5. bis 10. 7. 1969 in Chur: *Holenstein*, Churer Dokumente und weiter unten.

[17] „Sie [die Bischöfe] sollen sie [die Priester] gern anhören, ja sie um Rat fragen und mit ihnen besprechen, was die Seelsorge erfordert und dem Wohl des Bistums dient. Um das aber in die Tat umzusetzen, soll in einer den heutigen Verhältnissen und Erfordernissen angepaßten Weise ein Kreis oder Rat von Priestern geschaffen werden, die das Presbyterium repräsentieren, wobei dessen Form und Normen noch rechtlich zu bestimmen sind. Dieser Rat kann den Bischof bei der Leitung der Diözese mit seinen Ratschlägen wirksam unterstützen" (Das Zweite Vatik. Konzil, Bd. 3, 175 ff).

kreter Anlässe wie der Enzyklika „Humanae vitae" im Sommer 1968. Überraschend schnell kam es zu organisatorischen Zusammenschlüssen und Grundsatzpapieren auf diözesaner Ebene, aber auch zu übernationalen Kontakten[18]. Verschiedene „Solidaritätsgruppen" aus westdeutschen Diözesen schlossen sich am 26./27. Mai 1969 in Königstein zur „Arbeitsgemeinschaft der Priestergruppen in der Bundesrepublik Deutschland" auf föderativer Basis zusammen.

Die Priestergruppen hatten in den verschiedenen europäischen Ländern eine durch die politische und innerkirchliche Situation bedingte unterschiedliche Ausrichtung[19]. Die deutschen „SOG-Gruppen" entwickelten eine überwiegend berufsspezifische und der Hierarchie gegenüber kritische Zielsetzung. Die niederländische Gruppe „Septuagint" nahm in dem damaligen Entwicklungsprozeß der niederländischen Kirche eine einflußreiche Stellung ein. Sie war von breiten Schichten des Klerus und der Gläubigen getragen und hatte ständigen Kontakt zu den niederländischen Bischöfen. Die französischen Gruppen „Concertation" und vor allem „Échanges et Dialogue" standen in einem außerordentlich gespannten Verhältnis zur Hierarchie. Noch aussichtsloser war die Stellung der spanischen und portugiesischen Gruppen angesichts der damaligen politischen und innerkirchlichen Verhältnisse in beiden Ländern.

Den Höhepunkt ihrer Beachtung erreichten die sehr unterschiedlich strukturierten und ausgerichteten europäischen Priestergruppen im Jahre 1969, als sie sich gleichsam als Kontrastprogramm zum gleichzeitigen Bischofssymposion vom 5. bis 10. Juli in Chur[20] und parallel zur II. Bischofssynode vom 10. bis 16. Oktober in Rom[21] zu „Delegiertenkonferenzen europäischer Priestergruppen" versammelten. Bei diesen Gelegenheiten wurden die Gruppen, ihre Zielsetzungen und ihr alle Konventionen sprengender Umgangsstil gegenüber den Bischöfen der Öffentlichkeit bekannt. In Chur forderten die Delegierten die Zulassung zum Bischofssymposion, das sich „Das Amt des Priesters in dieser Zeit" zum Thema gewählt hatte. Die Bischöfe lehnten jedoch die Zulassung von Priestervertretern ab; wohl kam es zu Kontakten am Rande, zu einigen informellen Gesprächen zwischen einzelnen Bischöfen und Delegierten der Priester. Auch wird man sagen dürfen, daß die Beratungen der Bischöfe unter dem Eindruck des Auftretens und der Forderungen der Priestergruppen standen.

Die Delegiertenkonferenz der Priestergruppen in Chur verabschiedete mehrere Resolutionen, die von der scharf antihierarchischen französischen Gruppe

[18] Entwicklung und Aktivität der Priestergruppen spiegeln sich in deren Publikationsorganen, in Deutschland vor allem in „Imprimatur" (Trier) und „SOG-Papiere" (Bochum). Vgl. auch die Literaturübersicht am Anfang des Kapitels.

[19] Zur unterschiedlichen Ausrichtung der europäischen Priestergruppen: *Werners*, in: Jahrbuch für christliche Sozialwissenschaften 12 (1971) 187f.

[20] Zur Churer Delegiertenkonferenz und ihren Verlautbarungen: *Holenstein* (Hrsg.), Churer Dokumente; *ders.*, Der Protest der Priester; *Raske-Schäfer-Wetzel*, Eine freie Kirche für eine freie Welt, 55–72.

[21] Über die Delegiertenkonferenz in Rom: *Raske-Schäfer-Wetzel*, a. a. O., 83–177.

„Échanges et Dialogue" erarbeitet waren: die „Resolution über die Arbeit", die „Resolution über den Zölibat", die „Resolution über das Engagement der Priester". Hinzu kamen ein Text über „Das Bleibende und sich Wandelnde im Bischofsamt der Kirche", der eine Antwort auf ein Referat Kardinal Döpfners zum gleichen Thema vor dem Bischofssymposion darstellte, sowie ein Brief „An unseren Bruder Paul VI. im Petrusamt".

Drei Monate später in Rom begehrte die nächste Delegiertenkonferenz aus Anlaß der Bischofssynode, von Papst Paul VI. empfangen zu werden, was der Papst jedoch ablehnte. Die Konferenz in den Räumen der Waldenser-Fakultät bemühte sich zwar um eine theologische Aufarbeitung der priesterlichen Rollenunsicherheit, stand aber unter stärkeren inneren Spannungen als die Versammlung in Chur. Es kam nur zu „Studiendokumenten", von denen es hieß[22]: „Die Texte werden nicht in allen einzelnen Formulierungen bejaht, sie werden nicht als abschließende Feststellungen, sondern als Ausgangspunkt neuer Überlegungen betrachtet." Die Themen lauteten: „Über die Ortskirche", „Über den Bischof", „Über den Petrusdienst", „Eine Kirche für die Welt", „Dienst des Priesters"[23].

Es scheint, daß mit diesen beiden Großkonferenzen des Jahres 1969 die Priestergruppen-Bewegung ihren Höhepunkt bereits überschritten hatte. Die europäischen Gruppen spürten selbst, daß sie sich zu sehr in einer – teilweise nur zeitbedingten – Standesproblematik verfangen hatten. Die radikalen Versuche einer öffentlichen Bewältigung dieser Probleme weckten nur vorübergehend das Interesse der kirchlichen und außerkirchlichen Öffentlichkeit, halfen den unmittelbar Betroffenen nicht weiter und machten bisweilen den Eindruck eines neuen („linken") Klerikalismus. So suchten die Organisatoren des „Kongresses der Solidaritätspriester" vom 28. September bis 3. Oktober 1970 in Amsterdam nach Wegen zu einem neuen Kontakt zum Volk und zur Welt[24]. Man stellte die Tagung unter das Thema „Kirche in der Gesellschaft" und lud auch außereuropäische, vor allem südamerikanische Priestergruppen ein. Aber der Verlauf des Kongresses offenbarte eine innere Zerrissenheit und ein erhebliches Meinungsgefälle zwischen den bisher vorwiegend mit Standesfragen beschäftigten europäischen Gruppen und den politisch-revolutionär argumentierenden Lateinamerikanern. Auch war man wohl über das geringe Interesse der Öffentlichkeit enttäuscht. Wo bei den Kongressen in Chur und Rom erwartungsvolles Gedränge geherrscht hatte, klafften jetzt erhebliche Lücken: auf den Pressebänken. Nicht nur für die Presse, auch für die Veranstalter selbst fehlte in Amsterdam das Kontrastprogramm einer Bischofsversammlung.

[22] SOG-Papiere 1969, Heft 5 (25. 11. 1969) 29.

[23] Der Bericht in den SOG-Papieren 1969, Heft 5, S. 24–43 und *Raske-Schäfer-Wetzel,* Eine freie Kirche für eine freie Welt, ab S. 83, geben keine letzte Klarheit darüber, wie die Titel der Texte exakt lauten und von wievielen Delegierten die einzelnen Texte akzeptiert wurden.

[24] Über den Kongreß in Amsterdam berichteten ausführlich mit Faksimile-Abdruck von Presseartikeln die SOG-Papiere 1970, 342–357.

Wenn 1971 noch über die Priestergruppen geschrieben wurde, sie seien „eine im Augenblick nicht mehr wegzudenkende Realität", die 10–15 Prozent des Diözesanklerus ausmache[25], so war das zu diesem Zeitpunkt bereits überholt. Die Priestergruppen und ihre Publikationsorgane lösten sich entweder ausdrücklich selbst wieder auf, oder sie stellten lautlos ihre Arbeit ein. Manche vegetierten noch einige Zeit dahin, ohne weiteres Aufsehen zu erregen. Dauerhafter als diese progressiven Gruppen zeigten sich die als Gegenreaktion entstandenen oder neubelebten traditionalistischen Priesterkreise, wie z.B. die „Bewegung für Papst und Kirche", die ihre Anhänger vorwiegend in der mittleren und älteren Generation des Klerus fand.

Wenn man nach den Gründen für dieses rasche Ende eines so energisch betriebenen Aufbruchs fragt, so wird man neben dem zu großen Spektrum an Meinungen und Zielen, die bei den großen Zusammenkünften sichtbar wurden, eine unzureichende theologische Basis und Argumentation, ein aus innerer Unsicherheit unausgeglichenes und vom soziologischen Zungenschlag jener Jahre geprägtes Auftreten nennen müssen. Für die zu hoch gesteckten Reformziele und die wachsende Flut von Vorschlägen und Diskussionsbeiträgen erwiesen sich die Organisation und die materielle Basis der Gruppen als unzureichend[26]. Die führenden Kräfte in diesen Gruppen waren nicht selten Priester, die selbst in ihrer Rolle verunsichert waren oder gar in einer akuten Berufskrise steckten. Durch Amtsniederlegungen verloren zahlreiche Gruppen ihre Initiatoren und leitenden Köpfe.

Innere Verunsicherung und äußere Solidarisierung im Klerus – bisweilen unter antihierarchischen Vorzeichen – trafen die Bischöfe ganz und gar unerwartet und unvorbereitet. Wie haben Papsttum und Länderepiskopate darauf reagiert? Die Skala reichte zunächst von überraschter Nervosität über hilflos zuschauende Geduld bis zum Versuch des offenen Gesprächs mit den Priestern am Rande der Konferenzen von Chur und Rom. Eine vorsichtige Zurückhaltung gegenüber den Priestergruppen war den Bischöfen schon dadurch aufgenötigt, daß z.B. die „SOG-Papiere" der deutschen und österreichischen Priestergruppen zahlreiche Konfliktfälle einzelner Priester mit ihren Bischöfen dramatisch aufgemacht als „Dokumentation" publizierten und dabei auch persönliche Briefe der Bischöfe an einzelne Priester in die Öffentlichkeit brachten.

Einen sehr frühen und qualitätvollen theologischen Beitrag zur Überwindung der Priesterkrise leisteten die deutschen Bischöfe durch das auf ihrer Vollversammlung am 11. November 1969 verabschiedete Lehrschreiben über das priesterliche Amt[27]. In einer biblischen und dogmatischen Besinnung suchten die Bischöfe abzuklären, was verunsichert worden war: das im Neuen Testament

[25] So *Werners*, Priestergruppen, 202.

[26] Fast in jedem Heft der SOG-Papiere findet sich die Klage, der organisatorischen Probleme, vor allem der Papierflut, nicht mehr Herr zu werden.

[27] Schreiben der deutschen Bischöfe über das priesterliche Amt. Eine biblisch-dogmatische Handreichung (Trier 1969).

grundgelegte und in der Geschichte der Kirche entfaltete Amtsverständnis des Priesters. Dieses Dokument der deutschen Bischöfe war von Bedeutung für Themenstellung und Verlauf der III. Bischofssynode 1971 in Rom. „Der priesterliche Dienst" war eines ihrer Hauptthemen. Das von dieser Synode verabschiedete Dokument „Das Priesteramt" wurde von Kardinal Höffner und Hans Urs von Balthasar entscheidend geprägt. Es führte über die biblisch-dogmatische Besinnung hinaus zu einer Aussage über die Grundfragen priesterlichen Dienstes und priesterlichen Lebens[28].

Parallel zu diesen Bemühungen um eine theologische und spirituelle Bewältigung der Priesterkrise ging der Versuch einer mit soziologischen Methoden durchgeführten Bestandsaufnahme. Wenn auch die Priestergruppen mit ihren radikalen Programmen nur eine Minderheit repräsentierten, so wurde in den Jahren nach Abschluß des Zweiten Vatikanischen Konzils doch allgemein immer deutlicher, daß der Klerus unter sich und mit den Bischöfen keine geschlossene Einheit mehr bildete. Die Unsicherheit diesem Phänomen gegenüber bot einigen Länderepiskopaten die Veranlassung, eine Befragung ihrer Priester durch wissenschaftliche Institute mit den Methoden der Demoskopie zuzulassen oder gar in Auftrag zu geben[29]. Von 1969 bis 1972 fanden mehr oder weniger gleichzeitig, jedoch unabhängig voneinander solche Befragungen in den Niederlanden, der Bundesrepublik Deutschland, Italien, Österreich, der Schweiz, Spanien und den USA statt. Ohne die Niederlande waren ungefähr 43 Prozent der katholischen Priester der Welt von dieser Befragungswelle erfaßt[30]. Da diese Befragungen unterschiedlich akzentuiert und methodisch durchgeführt wurden, nicht exakt zum gleichen Zeitpunkt stattfanden und vom kirchlichen und politischen Kontext in den verschiedenen Ländern gefärbt sind, ist ein zusammenschauender Vergleich nicht unproblematisch. Dennoch sind bestimmte gemeinsame Tendenzen wie auch regionale Unterschiede deutlich erkennbar.

Die Fragen, die den Priestern vorgelegt wurden, zielten einmal auf Herkunft, Werdegang und Lebensverhältnisse der Priester. Gerade in diesem Bereich zeigten sich erhebliche Unterschiede zwischen den einzelnen Ländern. Ein zweiter Fragenkreis beschäftigte sich mit den Aufgaben des Priesters und damit verbundenen Schwierigkeiten. Amts- und Berufsverständnis, geistliches Leben und Zölibat bildeten einen dritten Komplex, mit dem schließlich das Verhältnis der Priester zur Kirche und den Autoritäten eng zusammenhängt. Das Ergebnis der Befragungen wirkte einerseits nach dem schockierenden Auftreten der Priestergruppen ernüchternd und zugleich beruhigend. 79 Prozent der deutschen Priester erklärten sich z. B. mit ihrer augenblicklichen Tätigkeit zufrieden oder

[28] *J. Höffner – H. U. v. Balthasar* (Hrsg.), Bischofssynode 1971. Das Priesteramt (Einsiedeln 1972).

[29] Forschungsberichte und Literatur vgl. Literaturübersicht am Beginn des Kapitels.

[30] Zu dieser Schätzung kommt *Simmel,* in: *Forster* (Hrsg.), Priester zwischen Anpassung und Unterscheidung, 127.

gar sehr zufrieden; 12 Prozent antworteten mit „es geht“, nur 5 Prozent waren nicht besonders oder gar nicht zufrieden[31]. Zwar erklärten es 51 Prozent der deutschen Priester für notwendig oder erwägenswert, daß die Zölibatsverpflichtung in Zukunft aufgehoben wird, doch hatten 59 Prozent keine Bedenken, trotz der Zölibatsverpflichtung jungen Menschen zum Priesterberuf zu raten[32]. Andererseits war nicht mehr zu übersehen, was man lange nicht wahrhaben wollte: „Die Priesterschaft ist nicht monolithisch, ein weites Spektrum von pastoralen und theologischen Positionen ist erkennbar und damit eine innerkirchliche Spannung, die den einen als fatal, den anderen als Zeichen der Hoffnung erscheint. Es gibt kaum eine Frage von grundsätzlicher Bedeutung mehr, über die die Priester einer Meinung wären und über die sie sich nicht sehr deutlich äußerten in dem einen oder anderen Sinn.“[33] Trotz eines gewissen Gefälles, das sich in Europa etwa zwischen der aufgewühlten Situation in den Niederlanden über Deutschland und Österreich zu den noch stabileren kirchlichen Verhältnissen in der Schweiz abzeichnet, machten die Umfragen einheitliche Trends deutlich: Eine wachsende Schicht der jüngeren Priester in Europa und in den USA steht kritisch zum „vertikalen“ Amtsverständnis des Priesters, begründet den priesterlichen Dienst nicht so sehr von der sakramentalen Priesterweihe her auf Verkündigung und Sakramentenspendung hin als vielmehr „horizontal-funktional“ im Sinne eines Dienstes an den Menschen und an der Einheit der Gemeinde. Mit diesem Amtsverständnis ist verbunden die Ablehnung eines eigenen Priesterstandes, priesterlicher Kleidung und der Koppelung von Priesteramt und verpflichtender Ehelosigkeit, die als theologisch nicht ausreichend begründbar und belastend empfunden wird. Noch entscheidender als die Forderung nach der „Entkoppelung“ von Priestertum und Zölibatsverpflichtung wird die Zulassung von bewährten verheirateten Männern zur Priesterweihe verlangt – nicht nur von den jüngeren Priestern, sondern z. B. in Deutschland von 79 Prozent aller Priester[34]. Mit dieser Auffassung vom Amt und vom angemessenen Lebensstil des Priesters verbindet sich im jüngeren Klerus eine kritische Einstellung zur kirchlichen Autorität und ihrer Amtsführung, die Forderung, an der Berufung der Amtsträger Priester und Laien zu beteiligen, wie überhaupt den Laien eine weitgehende Mitwirkung in der Pastoral und Gemeindeleitung zugedacht wird.

Andere Befragungsergebnisse sind durch regionale Sonderheiten bedingt: In Österreich und in der Schweiz haben 60–70 Prozent der Priester in kirchlichen Internaten ihre Schulbildung erhalten, in Italien und Spanien dürfte der Prozentsatz noch weit höher liegen. In Deutschland dagegen haben 65 Prozent der Priester ihre Schulzeit im Elternhaus verbracht und öffentliche Schulen besucht. Es fällt auf, daß aber gerade in den zuerst genannten Ländern von den Priestern die Ausbildung als unzulänglich erlebt und die Forderung nach qualifizierter

[31] *Schmidtchen,* Priester in Deutschland, 76–81.

[32] Ebd., 66–76. [33] Ebd., XII.

[34] Ebd., 69. Ähnliche oder noch stärkere Voten ergaben die Befragungen in anderen Ländern.

Weiterbildung besonders deutlich erhoben wird. Allgemein verbreitet ist das Verlangen nach Spezialisierung in der priesterlichen Tätigkeit und ergänzenden Zweitstudien. Die besondere politische Situation Spaniens in der späten Franco-Zeit spiegelt sich in Aussagen zum Staat-Kirche-Verhältnis der spanischen Priester wider[35].

Den vorläufigen Schlußstein in der großen Befragungskette bildete die Umfrage unter den deutschen Priesteramtskandidaten 1974[36]. Die Ergebnisse lassen erkennen, wie es schon in kurzem zeitlichem Abstand zu nicht unwesentlichen Nuancierungen kommen kann: „Man kann weder von einer Rückkehr zum Konservativismus sprechen noch von einer Fortsetzung eines allgemein kritischen Trends. Vielmehr geschieht etwas Neues, vielleicht Unerwartetes. In ihrer offenen, teils kritischen Haltung gleichen die Priesteramtskandidaten weitgehend den jungen Priestern – ganz allgemein gleichen sie ihnen mehr als den älteren. Dann aber ist Neues zu beobachten: ein veränderter, vielleicht verstärkter Zug zur Spiritualität. Unter den Legitimationsideen der Priesteramtskandidaten treten deutlich hervor die Vorstellungen, vom Auftrag Christi getragen zu sein und von der persönlichen Beziehung zu Gott. Das kommt nicht nur bei dieser Frage nach der Amtslegitimation zum Ausdruck, sondern auch in zahlreichen anderen Beziehungen."[37]

Damit ist eine letzte und entscheidende Auswirkung der Priesterkrise berührt, die Verunsicherung und Dezimierung des Priesternachwuchses. Parallel zur Bildung der Solidaritätsgruppen jüngerer Priester kam es in europäischen und amerikanischen Ländern zu einer Erschütterung des bisherigen Systems der Seminarerziehung und der theologischen Studien[38]. Überall ging die Zahl der Priesteramtskandidaten stark zurück, so daß nicht wenige Diözesanseminare und Ordensstudienhäuser schließen mußten. Insbesondere ließ sich die nach außen hin streng abgesonderte Lebensordnung der Seminare nicht aufrechterhalten. Seminaristen forderten die Möglichkeit, einzeln oder in Gruppen inmitten der übrigen Studenten an ihrem Studienort wohnen zu dürfen. Die bisherige Ordnung der theologischen Studien, die einseitig neuscholastische Dogmatik, die beziehungslose Nebeneinanderstellung theologischer Disziplinen

[35] Gemeinsame Trends und Unterschiede in den Befragungsergebnissen versucht vor allem Simmel nachzuzeichnen: *Forster* (Hrsg.), Priester zwischen Anpassung und Unterscheidung, 127–148.

[36] *G. Schmidtchen,* Umfrage unter Priesteramtskandidaten (Freiburg, Basel, Wien 1974).

[37] Ebd., 1.

[38] Eine erste Bestandsaufnahme zur Frage der Priesterausbildung erfolgte Anfang 1966 anläßlich einer Sendereihe des Westdeutschen Rundfunks: *L. Waltermann,* Klerus zwischen Wissenschaft und Seelsorge (Essen 1966). Die Diskussion über Reformvorschläge zur Priesterausbildung und zum Theologiestudium, die sich seitdem abgespielt hat, ist kaum überschaubar. Die Bemühungen um die Reform des Theologiestudiums in Deutschland fanden ihren Niederschlag in den bisher 5 Heften SKT = Studium Katholische Theologie, Berichte – Analysen – Vorschläge, hrsg. von der Kommission „Curricula in Theologie" des Westdeutschen Fakultätentages durch *E. Feifel* (Zürich, Einsiedeln, Köln 1973–1975).

im Studiengang, die ungenügende Einbeziehung didaktisch-pädagogischer und pastoral-praktischer Disziplinen wurde für die Vorbereitung auf den priesterlichen und andere pastorale Dienste als unzulänglich empfunden, zumal schon bald die Zahl der Studenten (und Studentinnen!) zunahm, die ein Theologiestudium begannen ohne die Absicht, Priester zu werden. Die Ausbildung solcher Studenten z. B. in Deutschland für einen hauptberuflichen Einsatz als Religionslehrer erforderte die Entwicklung entsprechender Studiengänge und Examensordnungen, die sich in den Rahmen der übrigen Lehrerausbildung einfügten.

Das Anliegen einer Neuordnung der Seminarerziehung der Priester und der theologischen Studien hatte bereits das Zweite Vatikanische Konzil beschäftigt. Das Dekret „Optatam totius" über die Ausbildung der Priester vom 28. Oktober 1965 wurde von manchen, zumal den evangelischen Konzilsbeobachtern, als einer der fruchtbarsten und wichtigsten Konzilstexte überhaupt bezeichnet[39]. In ausgewogenen Anweisungen wurde der Weg zu einer Reform der Priesterausbildung gewiesen und erstmals in dieser Deutlichkeit der Wert menschlicher Ausreifung und von den Menschen geschätzter Charaktereigenschaften bei den angehenden Priestern betont. Bei den Beratungen war bewußt geworden, daß die Erfordernisse an eine Reform der Priesterausbildung in den Erdteilen und Ländern sehr verschieden waren. Deshalb entschloß sich das Konzil zu einer einschneidenden Verschiebung der Kompetenzen im Bereich der Priesterausbildung: Nicht mehr die kuriale Studien- und Seminarkongregation, sondern die Bischofskonferenzen sollen künftig die Gesetzgebungskompetenz für diesen Bereich haben. „Darum soll für die einzelnen Völker und Riten eine eigene ‚Ordnung der Priesterausbildung' eingeführt werden. Sie ist von den Bischofskonferenzen aufzustellen, von Zeit zu Zeit zu revidieren und vom Apostolischen Stuhl zu approbieren. In ihr sollen die allgemeinen Gesetze den besonderen örtlichen und zeitlichen Verhältnissen so angepaßt werden, daß die Priesterausbildung immer den pastoralen Erfordernissen der Länder entspricht, in denen die Priester ihren Dienst auszuüben haben."[40]

In den Jahren 1966/67 mahnte Kardinal Garrone als Präfekt der Studien- und Seminarkongregation in vier Rundschreiben die Vorsitzenden der Bischofskonferenzen an die baldige Erfüllung dieses Auftrages[41]. Doch waren zahlreiche Bischofskonferenzen vom Umbruch in der Priestererziehung überrascht und zu einer erforderlichen Neuordnung in der kurzen Zeit nicht in der Lage, so daß es nur zu Versuchen nationaler Ausbildungsordnungen kam[42]. Anläßlich der

[39] So von O. Cullmann und J. Chr. Hampe: *A. Arens*, in: Priesterausbildung und Theologiestudium (= Nachkonz. Dokumentation Bd. 25) 5.

[40] Optatam totius Nr. 1: Das Zweite Vatikanische Konzil, Bd. 2, 315 ff.

[41] Die Bemühungen um eine Reform der Priesterausbildung bis zur Ratio Fundamentalis vom 6. 1. 1970 schildert *A. Arens*, in: Priesterausbildung und Theologiestudium, 5–66.

[42] Sehr beachtliche Versuche dieser Art seitens der Deutschen Bischofskonferenz stellen die „Neuordnung der theologischen Studien für Priesteramtskandidaten" (1968) und die „Leitlinien für die Priesterausbildung" (1970) dar: Priesterausbildung und Theologiestudium, 541–563 bzw. 265–277.

I. Bischofssynode 1967 ließ sich deshalb Kardinal Garrone den Auftrag zu einer Ratio Fundamentalis, einer Rahmenordnung für die Priesterausbildung in der ganzen Welt, geben. Darin lag die Gefahr, daß die Studien- und Seminarkongregation eine Kompetenz wieder an sich zog, die das Konzil soeben erst den Bischofskonferenzen zugesprochen hatte. Doch die im wesentlichen von dem italienischen Jesuiten Paolo Dezza, dem spanischen Weltpriester Germano Martíl und dem deutschen Benediktinerabt Augustinus Meyer erarbeitete Ratio Fundamentalis Institutionis Sacerdotalis vom 6. Januar 1970[43] vermied diese Gefahr. Sie stellt einen Orientierungsrahmen für die Gesetzgebung der Bischofskonferenzen mit einem Angebot an Beispielen und Vorformulierungen dar, der den Bischöfen nichts von ihrer Kompetenz nimmt. Als wie dringlich die Reform der Priesterausbildung unter dem Druck der damaligen Verhältnisse empfunden wurde, zeigt die Bestimmung, daß die Bischofskonferenzen innerhalb eines Jahres eine Ratio Nationalis erstellen und der Kongregation zur Approbation vorlegen sollten.

Bei allen Unvollkommenheiten und den Kennzeichen der Eile, die der Ratio Fundamentalis anhaften, muß sie insgesamt als ein auf dem Hintergrund der in vielen Ländern gegebenen Verhältnisse sich positiv abhebender Rahmen für die Priestererziehung gelten. Inhaltlich schließt sie sich an das Schema des Dekretes „Optatam totius" an und befaßt sich mit der Pastoral der geistlichen Berufe, den Priesterseminaren und ihrer Leitung, den Priesteramtskandidaten, ihrer menschlichen, spirituellen, wissenschaftlichen und pastoralen Ausbildung sowie mit der Weiterbildung der Priester nach der Seminarzeit. Die Notwendigkeit dieser berufsbegleitenden Weiterbildung wurde zu diesem Zeitpunkt von den einseitig neuscholastisch gebildeten und ausschließlich in abgeschlossenen Seminaren erzogenen Priestern der romanischen Länder bei Priesterbefragungen entschieden verlangt und bildete einen der zentralen Programmpunkte der Priestergruppen in Europa und Südamerika. Die in der Ratio Fundamentalis festgesetzte Jahresfrist zur Erstellung von Regional- bzw. Länderordnungen der Priesterausbildung war schon deshalb nicht einzuhalten, weil dabei nicht nur die Länderepiskopate, sondern auch andere zu Beteiligende (Regenten, Konviktsdirektoren, Professoren) sich zu einer Zusammenarbeit und schließlich zu einer Übereinkunft finden mußten. Die Arbeit an den Rationes Nationales ist im Augenblick noch nicht abgeschlossen. Die bei der Befragung der Priesteramtskandidaten in der Bundesrepublik Deutschland 1974 sichtbar gewordene Konsolidierung läßt gleiche Tendenzen im jüngeren Klerus vermuten. Der akuten Krise scheint eine Phase ernüchterten Suchens zu folgen. Es wäre wohl ein Trugschluß, anzunehmen, die Entwicklung würde kurzfristig zu der inneren und äußeren Geschlossenheit zurückführen, die für den Klerus in der ersten Hälfte unseres Jahrhunderts kennzeichnend war.

Diese Einsicht dürfte für die Traditionalistengruppen im Klerus, insbeson-

[43] AAS 62 (1970) 321–384; Priesterausbildung und Theologiestudium, 68–263.

dere für die Bewegung um den ehemaligen Missionserzbischof Marcel Lefebvre, der Anlaß sein, diese Einheitlichkeit in Ausbildung, Theologie, Spiritualität und Disziplin der Priester durch eine Rückkehr zu alten Formen und mit radikalen Mitteln gewaltsam herbeizuführen. Lefebvre beruft sich dabei nicht ohne Grund auf Pius X. und den Kampf dieses Papstes gegen die Gefahren des Modernismus und seiner Reformbestrebungen. Wie die in den letzten Jahren intensiv betriebene Erforschung dieses antimodernistischen Kampfes zeigt, hat dieser den Modernismus zwar unterdrückt, aber die in ihm liegende Problematik nicht bewältigt. In noch viel stärkerem Maße kann sich der Antimodernismus heutiger Traditionalistengruppen als Irrweg erweisen.

11. Kapitel

Ordensgemeinschaften und Säkularinstitute

Erzabt Dr. Viktor Dammertz OSB, St. Ottilien

LITERATUR: HKG VI/2, 278. – Über sämtliche Ordensverbände päpstlichen und bischöflichen Rechts informiert jetzt das breit angelegte, von *G. Pelliccia* und *G. Rocca* herausgegebene Dizionario degli Istituti di Perfezione (DIP), von dem bisher drei Bände (Buchstaben A–Conv) erschienen sind (I 1974, II 1975, III 1976), sowie *K. S. Frank*, Grundzüge der Geschichte des christlichen Mönchtums (Darmstadt 1975) 175–195.

Die Orden zwischen Beharren und Wandel

Die Ordensgeschichte des 19. Jahrhunderts war gekennzeichnet durch das unerwartete Wiedererstehen der alten Orden und die Gründung zahlreicher neuer Kongregationen. Als der Erste Weltkrieg ausbrach, neigte sich diese Epoche dem Ende zu. Die meisten Ordensverbände hatten sich konsolidiert, hatten ihre Lebensform und ihren Aufgabenbereich gefunden, und es begann für sie eine Periode ungeahnten Wachstums. Etwa in den Jahren 1920 bis 1960 erlebten nahezu alle Ordensgemeinschaften einen bisher nie dagewesenen Zustrom von Novizen und Novizinnen. Dieser außergewöhnlich starke Andrang war gewiß auch durch äußere Faktoren mitbedingt (Weltwirtschaftskrise mit Massenarbeitslosigkeit; unzureichende Ausbildungsmöglichkeiten und Berufsziele außerhalb des Klosters, besonders für Mädchen); das erklärt auch die relativ hohe Zahl von Austritten während der Probezeit. Dennoch war bei den meisten jungen Menschen, die sich für das Ordensleben entschieden, diese Wahl religiös fundiert. Die Bereitschaft zum Engagement für die Kirche und zum Dienst an den Menschen sowie die Sorge um das eigene Seelenheil waren wirksame Motive bei der Entscheidung für den Ordensberuf.

Der Ausgang des Ersten Weltkrieges stellte die Ordensgemeinschaften vor neue Situationen. Die Friedensverträge veränderten die Landkarte Europas. Dadurch waren die Ordensverbände genötigt, ihre eigenen Strukturen den neuen Grenzen anzupassen, zumal die eben gegründeten Nationalstaaten es nicht gerne sahen, wenn ihre Ordensleute direkt ausländischen Instanzen unterstellt waren. Auf der anderen Seite trugen die Ereignisse des Krieges zu einem Abbau des Staatskirchentums und mancher kirchenfeindlicher Gesetze bei, so daß nun auch für die Orden vorher bestehende rechtliche Beschränkungen und staatliche Reglementierungen wegfielen. Die große Not, die der Erste Weltkrieg hinterlassen hatte und die durch die heraufkommende Wirtschaftskrise noch verschärft wurde, bedeutete eine Herausforderung für die Ordensverbände, besonders im sozial-karitativen Bereich. Nicht zuletzt dank des Andranges zu den Noviziaten konnten die Ordensgemeinschaften wirksame Hilfe leisten.

Innerkirchlich brachte das neue Rechtsbuch der Kirche einige bedeutsame Änderungen für die Ordensverbände [1]. Sie zielten nicht nur auf eine allgemein begrüßte Vereinfachung, auf klarere Übersichtlichkeit und größere Rechtssicherheit, sondern trugen vor allem einen betont pastoralen, geistlichen Akzent. Der Gesetzgeber war sichtlich bemüht, eine Rechtsordnung zu schaffen, die ein authentisches Ordensleben ermöglichen sollte. Allerdings hat diese umfassende Kodifizierung des Ordensrechts auch negative Folgen nach sich gezogen. Die teilweise sehr ins einzelne gehenden Vorschriften des Ordensrechts versuchten zwar, durch wiederholte Verweise auf das Sonderrecht der einzelnen Verbände der Vielfalt klösterlichen Lebens Rechnung zu tragen, leisteten aber dennoch einer Uniformierung und Nivellierung des Ordenslebens erheblichen Vorschub [2]. Da can. 489 alle Bestimmungen der Regeln und Satzungen, die den Normen des Codex entgegenstanden, außer Kraft setzte, wurden die Ordensverbände aufgefordert, ihre Konstitutionen dem neuen Gesetzbuch anzupassen und bei den notwendigen Änderungen womöglich die Worte des Codex selbst zu verwenden [3]. Die Religiosenkongregation veröffentlichte am 6. März 1921 Normen für die Abfassung der Satzungen neuer Kongregationen, die im Zuge der Überarbeitung der Konstitutionen auch für die schon bestehenden Ordensgemeinschaften große Bedeutung erlangten [4].

[1] *A. Scharnagl,* Das neue kirchliche Gesetzbuch (München – Regensburg ²1918) 61–70.

[2] Diese Nivellierung war schon bei der Restauration im 19. Jahrhundert grundgelegt worden; die einzelnen Verbände unterschieden sich oft mehr durch die Form ihres Habits und andere Äußerlichkeiten als durch ihre Spiritualität: *R. Hostie,* Vie et mort des ordres religieux (Paris 1972) 249–251 264–273.

[3] AAS 10 (1918) 290, 13 (1921) 538f.

[4] AAS 13 (1921) 312–319; diese Normen greifen auf ein ähnliches Dokument von 1901 zurück, dem sogar ausführliche Mustersatzungen beigefügt waren. Die Propagandakongregation erließ 1937 ähnliche Normen für die ihr unterstellten Ordensverbände: *L. R. Ravasi,* De regulis et constitutionibus Religiosorum (Rom – Tournai – Paris 1958) 187–257.

Alle diese Anordnungen verstärkten die schon unter Leo XIII. feststellbare Tendenz, die Gestaltung des Ordenslebens zentral zu steuern; besonders die Verbände päpstlichen Rechts sollten enger an Rom gebunden werden [5]. Als besonders nachteilig sollte sich auf lange Sicht die Anordnung erweisen, daß die Konstitutionen weder historische Hinweise noch Zitate aus der Heiligen Schrift, den Konzilien, den Kirchenvätern oder den Schriften anderer Autoren, ebensowenig längere aszetische Anweisungen, ausführliche geistliche Ermahnungen oder mystische Betrachtungen enthalten durften. Sie sollten sich vielmehr auf die rechtlichen Bestimmungen über die Eigenart des jeweiligen Verbandes, seine Ziele und Aufgaben, über den Wesensgehalt der Gelübde, über Erwerb und Verlust der Mitgliedschaft, über die Lebensweise der Ordensleute sowie über die Leitung des Verbandes beschränken [6]. Wenn auch kurze geistliche Texte geduldet waren und ferner zugegeben werden muß, daß diese Anweisungen zu Recht überschwengliche und oft sehr subjektive und zeitgebundene aszetische und erbauliche Darlegungen aus den Konstitutionen verbannten, so begünstigte diese Verengung des grundlegenden Dokuments jeder Ordensgemeinschaft doch eine nachhaltige Verrechtlichung des Ordenslebens, zumal nicht mehr deutlich sichtbar wurde, daß sich die rechtlichen Bestimmungen über die Gestaltung des Ordenslebens aus den geistlichen Fundamenten ableiteten. Auch konnte nicht ausbleiben, daß sich die neuen Satzungen zahlreicher Verbände in ihrem Aufbau und Gehalt stark ähnelten und so das Profil der einzelnen Verbände mehr und mehr zu verblassen drohte. Das gilt besonders für die vielen im 19. und 20. Jahrhundert gegründeten Kongregationen, die nicht auf eine der alten Ordensregeln zurückgreifen konnten. Ihre Satzungen waren oft genug nicht viel mehr als eine nur dürftig den jeweiligen Verhältnissen angepaßte Wiedergabe der vom Heiligen Stuhl als Hilfe angebotenen Mustersatzungen.

Dennoch haben viele der jungen Menschen, die ins Kloster eintraten, in der vorgegebenen festen Ordnung geistige Sicherheit und religiöse Geborgenheit gefunden. Die Einordnung wurde ihnen erleichtert durch die Leitbilder klösterlichen Lebens, die ihnen vermittelt wurden. In den Unterweisungen des Noviziates war mehr von Stetigkeit und Unterordnung, von Opfer und Verzicht, von Gehorsam und Vertrauen auf die Obrigkeit die Rede als von Neuerung, Selbstentfaltung und Eigeninitiative, wie ja auch die Kirche selbst sich weithin als unerschütterliche Institution und als Garantin von Ordnung und Sicherheit in den Zusammenbrüchen der Zwischenkriegszeit erwies.

Aber die Entwicklungen in Kirche und Gesellschaft blieben nicht ohne Auswirkungen auf die Klöster. Die Liturgische Bewegung und das Bemühen um eine aus der Heiligen Schrift genährte Frömmigkeit weckten unter den Ordensleuten das Unbehagen an Gebetstexten und Frömmigkeitsübungen mancher Ordensgemeinschaften sowie an den oft sehr kleinlichen Anweisungen moralisch-asze-

[5] HKG VI/2, 292; *U. Stutz*, Der Geist des Codex iuris canonici (Stuttgart 1918) 246–250.
[6] Normae, cap. IV und V: AAS 13 (1921) 317f.

tischer Natur, die den Alltag, zumal der Ordensfrauen, bis ins einzelne regelten und wenig Raum für eigene Verantwortung ließen. Man vermißte mehr und mehr ein unmittelbar an der Bibel orientiertes Konzept des klösterlichen Lebens. Zudem sahen sich die Ordensleute in vielen Ländern durch eine zunehmende Säkularisierung des öffentlichen Lebens und durch die Entfremdung vieler Menschen von der Kirche herausgefordert. Kirchenfeindliche Maßnahmen, Klosteraufhebungen und offene Verfolgungen stellten die davon betroffenen Ordensleute existentiell vor die Frage nach ihrer Berufung. Für eine geistige Auseinandersetzung mit einer Umwelt, die dem klösterlichen Leben, ja dem christlichen Glauben überhaupt gleichgültig, ablehnend oder gar feindlich gegenüberstand, sahen sich die Ordensleute vielfach nicht hinreichend gerüstet.

Der Zweite Weltkrieg und seine Folgen rissen zahlreiche Ordensmänner und -frauen aus ihren gewohnten Ordnungen und versetzten sie in Situationen, in denen sie selbständige Entscheidungen treffen und sich in ihrem geistlichen Beruf bewähren mußten, ohne auf Führung und Weisung „von oben“ rechnen zu können.

Das Entstehen neuartiger Gemeinschaften

Auf diesem Hintergrund muß das Entstehen neuartiger Gemeinschaften gesehen werden. Schon um die Jahrhundertwende hatte Charles de Foucauld (1858–1916) den Plan, eine von den überkommenen Strukturen abweichende Gemeinschaft von „Kleinen Brüdern Jesu“ zu gründen. Er entwarf in den folgenden Jahren mehrere Regeln, hinterließ aber bei seinem gewaltsamen Tod keine Jünger[7]. Erst später ging die Saat auf, die er ausgestreut hatte. Im Jahre 1933 gründete René Voillaume in El-Abiodh-Sidi-Cheikh am Rande der Sahara mit einigen Gefolgsleuten die Gemeinschaft der „Kleinen Brüder Jesu“, die 1936 als Kongregation bischöflichen Rechts anerkannt wurde und 1968 das päpstliche Approbationsdekret erhielt. Die Kleinen Brüder Jesu leben in Fraternitäten von gewöhnlich drei bis fünf Mitgliedern, vorzugsweise in Milieus, die der christlichen Botschaft nicht zugänglich oder ihr völlig entfremdet sind. Sie wollen weniger durch Verkündigung als durch Solidarität mit den Menschen, unter denen sie leben, Gottes Liebe bezeugen. Vorbild ist ihnen Jesus, der Arbeiter von Nazareth. Ihr Bestreben ist es, jede Absonderung zu meiden. Daher gliedern sie sich mit ihrer Arbeit in die Berufswelt ihrer Umgebung ein, leben in kleinen Wohnungen, die dem Milieu entsprechen, und passen sich in der äußeren Lebensführung weitgehend ihrer Umwelt an. Ihre Spiritualität ist gekennzeichnet durch eine Frömmigkeit, die besonders von der Verehrung der Eucharistie und von der Betrachtung der Heiligen Schrift genährt wird. Jede Fraternität wird von einem „Verantwortlichen“ geleitet, die Gesamtkongrega-

[7] Vgl. HKG VI/2, 276.

tion untersteht dem Generalsuperior. Nach den letzten Angaben zählt der Verband 68 Fraternitäten, in denen 232 Mitglieder leben, darunter 64 Priester[8]. Im gleichen Geist entstand 1939 bei Touggourt in der Sahara die Gemeinschaft der „Kleinen Schwestern Jesu", die 1947 als Kongregation bischöflichen Rechts errichtet wurde und 1964 das päpstliche Belobigungsdekret erhielt. Ihr gehören 990 Schwestern in 212 Fraternitäten an[9]. Diese vom Geiste Foucaulds inspirierten Ordensgemeinschaften unterscheiden sich von den herkömmlichen Ordensverbänden vor allem durch eine starke Betonung der Brüderlichkeit, die in der kleinen Gemeinschaft, der Equipe, dem Team, erfahrbar werden soll, durch eine neue Deutung und Realisierung der Armut, die als rückhaltlose Schicksalsgemeinschaft mit den von Armut bedrängten Bevölkerungsschichten mit all ihrer Unsicherheit und Ungeschütztheit verstanden wird, und durch ihre unaufdringliche Präsenz „im Herzen der Massen", „mitten in der Welt", wo sie durch nichts anderes wirken wollen als durch ihr exemplarisch christliches Leben. Später entstanden andere Gemeinschaften, die sich ebenfalls an P. de Foucauld orientieren, so 1956 die Fraternität der „Brüder der Jungfrau der Armen", denen der betende und büßende Jesus in der Wüste Vorbild für ihr kontemplatives Leben ist, und die 1968 als Kongregation bischöflichen Rechts errichtete Gemeinschaft der „Kleinen Brüder vom Evangelium", die auch mitten unter den Ärmsten leben wollen, aber nicht nur, um ihre Armut solidarisch zu teilen, sondern um diesen Armen die Frohbotschaft zu verkünden[10].

Mitten in der Welt zu leben ist auch die Devise der Säkularinstitute, die z. T. schon länger als „fromme Vereinigungen" oder ohne jede kirchliche Approbation bestanden, aber erst durch die Apostolische Konstitution „Provida Mater" Pius' XII. vom 2. Februar 1947 ihre Anerkennung als kanonischer Stand der Vollkommenheit fanden und im Motuproprio „Primo feliciter" vom 12. März 1948 sowie in der Instruktion der Religiosenkongregation vom 19. März 1948 ihre Grundordnung erhielten[11]. Den Säkularinstituten ist es eigentümlich, daß ihre Mitglieder grundsätzlich mitten in der Welt leben. Durch den „character saecularis" unterscheiden sie sich wesentlich vom Ordensstand, dem „status religiosus", mit dem sie aber das Streben nach Vollkommenheit in einer von der Kirche gutgeheißenen Form verbindet. Das Tragen einer Ordenstracht, das Zusammenleben in Gemeinschaft nach Art der Orden und überhaupt jede Angleichung an die Lebensform der Ordensgemeinschaften entspricht nicht

[8] *R. Voillaume,* Mitten in der Welt (Freiburg 1960); LThK² VI, 329f; Annuario Pontificio 1975, 1199.

[9] LThK² VI, 330; Annuario Pontificio 1975, 1252.

[10] Une nouvelle forme de vie monastique. La Fraternité de la Vierge des Pauvres: Rythmes du monde 10 (1962) 207–215. – Vortrag von R. Voillaume vor der Unio Superiorum generalium November 1975 (nicht veröffentlicht).

[11] AAS 39 (1947) 114–124, 40 (1948) 283–286 293–297. Vgl. *J. Beyer,* De Institutis saecularibus documenta (Rom 1962); (deutsch in Auswahl): Die kirchlichen Urkunden für die Weltgemeinschaften (Einsiedeln 1963).

dem Wesen eines Säkularinstitutes. Die Mitglieder verpflichten sich zwar zu einem Leben nach den Evangelischen Räten, jedoch nicht durch amtliche Gelübde, sondern durch privates Gelöbnis, Eid, Versprechen o. ä. Wenn auch bei vielen von ihnen immer wieder die Neigung besteht, sich den herkömmlichen Ordensgemeinschaften in dieser oder jener Form anzupassen und manche Institute noch um ihr Profil ringen [12], heben sie sich in ihrer Lebensform deutlich und bewußt von den „Religiosen" ab [13].

Inzwischen gibt es zahlreiche Säkularinstitute, die mit dem Nihil obstat Roms von den Bischöfen errichtet wurden; sechs männliche und 21 weibliche Verbände sind bisher päpstlichen Rechts geworden [14]. Das bekannteste und einflußreichste von ihnen ist das „Opus Dei". Sein männlicher Zweig wurde 1928 von dem Priester J. M. Escrivá de Balaguer (1902–1975) in Spanien gegründet, erhielt am 24. Februar 1947, wenige Wochen nach Erscheinen von „Provida Mater", als erstes Säkularinstitut das päpstliche Belobigungsdekret und 1950 die endgültige Bestätigung. Dieser Zweig umfaßt Priester, die innerhalb des Instituts in der „Societas Sacerdotalis Sanctae Crucis" zusammengefaßt sind, und Laien, die satzungsgemäß die Mehrzahl ausmachen müssen. Die ordentlichen Mitglieder, die über ein abgeschlossenes theologisches Studium (möglichst mit Doktorgrad) und über eine weitere, ebenfalls abgeschlossene Ausbildung in einem anderen akademischen Beruf verfügen müssen, sowie die „Oblaten", an die hinsichtlich der Ausbildung nicht so hohe Ansprüche gestellt werden, verpflichten sich durch Gelübde zu einem Leben nach den Evangelischen Räten. Als außerordentliche Mitglieder können auch Verheiratete aufgenommen werden, die den Geist der Evangelischen Räte in einer ihren Lebensbedingungen entsprechenden Form zu verwirklichen suchen. Im übrigen gehen die Mitglieder ihren Berufen nach und bemühen sich um die christliche Durchdringung der Familien, der Arbeitswelt und des öffentlichen Lebens. Im allgemeinen sind sie nicht als Mitglieder des „Opus Dei" zu erkennen; sie treten gewöhnlich nicht als Gruppe auf, sondern jeder wirkt an seinem Platz im Sinne des Instituts, wobei sie ein ausgeprägtes Elitebewußtsein verbindet. Doch tritt das Institut auch als Träger gemeinsamer Aufgaben auf. So ist es für die 1952 gegründete und 1960 vom Heiligen Stuhl errichtete Katholische Universität Navarra in Pamplona

[12] *Fr. Wulf,* Die Säkularinstitute nach dem Zweiten Vatikanischen Konzil (Meitingen – Freising 1968) 28f.

[13] Da sie aber derselben römischen Kongregation unterstehen wie die Ordensleute, wurde diese anläßlich der Kurienreform 1967 umbenannt und heißt jetzt „Sacra Congregatio pro Religiosis et Institutis saecularibus" (SCRIS): Apost. Konst. Regimini Ecclesiae universae, Art. 71: AAS 59 (1967) 912.

[14] *H. A. Timmermann,* Die Weltgemeinschaften im deutschen Sprachraum (Einsiedeln 1963); *A. Wienand* (Hrsg.), Das Wirken der Orden und Klöster in Deutschland II (Köln 1964) 636–668; Annuario Pontificio 1975, 1200 1325f. Am 20. 9. 1970 gab es 21 Säkularinstitute päpstlichen und 79 bischöflichen Rechts, denen rund 30000 Frauen, 3000 Priester und 400 männliche Laien als Mitglieder angehörten. Das „Opus Dei" wird von dieser Statistik nicht erfaßt: Vita consacrata 7 (1971) 151, Anm. 1.

verantwortlich, die mit ihren 13 Fakultäten und wissenschaftlichen Instituten als eine der besten Hochschulen Spaniens gilt; die Mehrzahl der Professoren gehört dem „Opus Dei" an. Ferner unterhält das Institut in vielen Universitätsstädten Studienzentren und Studentenheime. Außer in Spanien ist das „Opus Dei" in rund 50 anderen Ländern, vor allem in Italien, Frankreich und in Lateinamerika, verbreitet. Der Priestergemeinschaft vom Heiligen Kreuz ist die Gefreite Prälatur Yauyos in Peru anvertraut. Das Institut macht bei der Aufnahme keine Standesunterschiede, doch spricht es vor allem die Intellektuellen an, und es ist bekannt, daß an vielen wichtigen Stellen des politischen, wirtschaftlichen und kulturellen Lebens Spaniens Mitglieder des „Opus Dei" stehen. Die daraus sich ergebende Verwicklung in die Angelegenheiten der Tagespolitik, verbunden mit einer gewissen Geheimnistuerei, hat zu schweren Angriffen gegen das Institut geführt. – Neben dem männlichen wurde 1930 ein vom gleichen Geist geprägter weiblicher Zweig gegründet, der inzwischen auch die päpstliche Bestätigung erhalten hat. Er bildet ein eigenes Säkularinstitut mit selbständigen Leitungsorganen, untersteht jedoch auch dem Generalpräsidenten. Nach dem Tod des Gründers wurde 1975 der Kirchenrechtler Professor Alvaro del Portillo zum zweiten Generalpräsidenten des „Opus Dei" gewählt [15].

Die Einwurzelung der Orden in den Missionsländern

Neue Wege wurden auch in den Missionsländern beschritten. In seiner Enzyklika „Rerum Ecclesiae" vom 28. Februar 1926 rief Papst Pius XI. die Missionare auf, sich verstärkt für die Verwurzelung der Kirche in diesen Ländern einzusetzen. Er drang nicht nur auf die Heranbildung einheimischer Priester und Katechisten, sondern auch auf die Gründung von männlichen und weiblichen Ordensgemeinschaften. Er hielt es zwar für legitim, wenn Missionare Kandidaten aus den Missionsländern in ihre eigenen Gemeinschaften aufnähmen, mahnte die Missionsoberen aber: „Überlegt unparteiisch und gewissenhaft, ob es nicht besser wäre, eher neue Ordensgemeinschaften zu gründen, die den Anliegen und Interessen der Einheimischen sowie den örtlichen Verhältnissen und besonderen Umständen mehr entsprechen." Insbesondere regte er auch die Gründung kontemplativer Klöster an, von denen er einen segensreichen Einfluß auf die Missionierung erhoffte [16]. Das Missionsdekret des Zweiten Vatikanischen Konzils hat diese Weisung erneut unterstrichen und auf die Notwendig-

[15] *O. B. Roegele,* Das „Opus Dei". Legende und Wirklichkeit einer umstrittenen Gemeinschaft: Hochland 54 (1961/62) 430–439; HK 22 (1968) 353 f., 29 (1975) 536. Im Annuario Pontificio 1975, 1200, wird das „Opus Dei" weiterhin als Säkularinstitut geführt, obwohl es sich angeblich nicht mehr als solches betrachtet, jedenfalls offensichtlich mit den anderen Säkularinstituten nicht mehr zusammenarbeitet: Vita consacrata 7 (1971) 32 Anm. 5.
[16] AAS 18 (1926) 77–79.

keit hingewiesen, das Ordensleben in einer der jeweiligen Kultur und den Verhältnissen angepaßten Form in den einzelnen Völkern heimisch zu machen (Art. 18).

Wenn es auch schon vorher, vor allem in Asien, mehrere Kongregationen einheimischer Schwestern gab, wuchs ihre Zahl nach Erscheinen der Missionsenzyklika rasch an. Sie stieg in Afrika zwischen 1920 und 1960 von 9 auf 79, obwohl hier anfangs große, im Stammesdenken wurzelnde Hindernisse überwunden werden mußten. Denn das Ideal des ehelosen Lebens war der afrikanischen Mentalität zunächst völlig fremd; galt doch die Frau im Hinblick auf das zu erwartende Heiratsgut als Reichtum ihrer Sippe, und die Sippe, der sie bei der Heirat übergeben wurde, schätzte sie in erster Linie als Mutter der Kinder, die sie für die Sippe gebar. Erst langsam wuchs das Verständnis für die Ideale des Ordenslebens der Frau. Der durch mangelnden Ausbau des Schulwesens bedingte niedere Bildungsstand vieler Mädchen bedeutete ein weiteres Hindernis, insbesondere im Hinblick auf die Selbständigkeit dieser afrikanischen Gemeinschaften. In Asien waren die Voraussetzungen allerdings vielfach günstiger. Bei den landeseigenen Bewerbern für das Priestertum gaben die Missionare in Asien im allgemeinen einer Integration in die eigene Gemeinschaft den Vorzug. Das kulturelle Niveau dieser Länder erleichterte ein solches Zusammenleben. Auch in Afrika wählten einige der missionierenden Ordensverbände diesen Weg (z. B. die Väter vom Heiligen Geist, die Oblaten von der Makellosen Jungfrau, die Franziskaner); hingegen konzentrierte sich das Bemühen der ausschließlich für die Mission gegründeten Verbände (Weiße Väter, Mill Hill) vornehmlich auf die Heranbildung eines afrikanischen Diözesanklerus, eine Haltung, die lange Zeit von der Propagandakongregation bewußt gefördert wurde [17].

Der Aufruf Pius' XI. zur Gründung kontemplativer Klöster fand zunächst kein allzu großes Echo. Den Missionsoberen war vor allem daran gelegen, einheimische Mitarbeiter im pastoralen, sozial-karitativen und schulisch-erzieherischen Bereich zu gewinnen. Erst nach dem Zweiten Weltkrieg und vor allem nach dem Zweiten Vatikanischen Konzil nahm die Zahl der kontemplativen Gründungen stark zu. Bis 1968 stieg ihre Zahl allein in Afrika auf 27 Männerklöster und 62 Frauenkonvente an. Während diese Männerklöster alle der Benediktinerregel folgen (Benediktiner, Zisterzienser, Trappisten), werden bei den weiblichen Niederlassungen neben 20 benediktinisch geprägten Häusern zehn Klarissenklöster und 17 Konvente des Karmel angeführt. Hinzu kommen verschiedene andere Frauenklöster, ferner sieben Fraternitäten der Kleinen Brüder und 44 der Kleinen Schwestern Jesu sowie je eine Fraternität der „Kleinen Brüder der Jungfrau der Armen" und der „Kleinen Schwestern vom Heiligsten Herzen" [18]. Zur Unterstützung und Förderung der benediktinischen

[17] Vgl. *W. Henkel,* Congregazioni autoctone: DIP II, 1588–1593; *J. Casier,* Africa: DIP I, 130–140; *P. Tchao Yun-Koen,* Cina: DIP II, 1026–1028.

[18] DIP I, 137; über den Karmel in der Mission vgl. DIP II, 451 f.

Gründungen in der Dritten Welt entstand in Vanves bei Paris das „Secrétariat de l'aide à l'implantation monastique" (A.I.M.), das 1973 insgesamt 60 afrikanische, 53 asiatische, 91 lateinamerikanische und zehn ozeanische Mönchs- und Nonnenklöster betreute[19]. Zu einem umfassenden Meinungs- und Erfahrungsaustausch über die Probleme des monastischen Lebens in der Dritten Welt trafen sich die Oberen und Oberinnen Afrikas 1964 in Bouaké (Goldküste) und 1966 in Rom, jene Asiens 1968 in Bangkok und diejenigen Lateinamerikas 1972 in Rio de Janeiro und 1975 in Bogotá[20].

Die Bemühungen, das Ordensleben in diesen Ländern heimisch zu machen und den dortigen Verhältnissen anzupassen, gestalten sich schwierig. Die ersten Experimente auf diesem Gebiet wurden von Europäern geplant und durchgeführt. Nur den landeseigenen Ordensleuten wird es in geduldiger Arbeit gelingen, in Treue sowohl zu den wesentlichen Elementen des christlichen Ordenslebens wie zum kulturellen Erbe des eigenen Volkes eine organische und dauerhafte Anpassung zu finden[21].

Die Ordensreform unter Pius XII.

In den neuartigen Kongregationen und in den Säkularinstituten glaubte man, das erstrebte Ziel nicht in den überkommenen Strukturen des Ordenslebens erreichen zu können. Man suchte nach neuen Wegen, das Leben nach den Evangelischen Räten in zeitgemäßer Form zu gestalten. Unterdessen fehlte es aber auch in den bestehenden Orden nicht an Reformplänen und -wünschen. Es entsprach jedoch den Gegebenheiten, daß diese zwar in kleinen Kreisen besprochen und ordensintern beraten, nicht aber in die breite Öffentlichkeit getragen wurden. Es war Papst Pius XII., der schon in den ersten Monaten seines Pontifikats, vor allem aber seit dem Ende des Zweiten Weltkrieges die accommodata renovatio, die zeitgemäße Erneuerung des Ordenslebens zu einem wesentlichen Punkt seines Regierungsprogramms machte. Diese Erneuerung sollte gleichermaßen von der Treue zum überkommenen Erbe wie vom Mut zur klugen Anpassung getragen sein. In seinen Ansprachen und Schreiben an einzelne Ordensgemeinschaften kam er immer wieder auf dieses große Anliegen zu-

[19] Secrétariat de l'aide à l'implantation monastique, Monastic growth, 1973 Supplement to 1970 handbook.

[20] Ausführliche Berichte in Rythmes du monde 13 (1965) Heft 1/2, 14 (1966) Heft 4, 16 (1968) Heft 4, 17 (1969) Heft 1/2; Bulletin de l'A.I.M. Nr. 9 (1969) 7–27, Nr. 15 (1973) 7–22, Nr. 19 (1975) 7–21.

[21] Einheimische Schwestern und Brüder in Afrika: Pro mundi vita, Centrum informationis, Heft 15 (Brüssel 1966); *D. Plum*, Sind Mönche in Afrika ein Fremdkörper?, in: HK 28 (1974) 494–497.

rück[22]. Die päpstlichen Weisungen lassen deutlich erkennen, daß sie einem Gärungsprozeß steuern wollten, der inzwischen in vielen Ordensgemeinschaften in Gang gekommen war und sich insbesondere auf manchen Generalkapiteln artikulierte. Mit Nachdruck betonte der Papst die Pflicht, das Wesentliche des Ordenslebens und des einzelnen Verbandes nicht anzutasten[23] und sich nicht von den gängigen Anschauungen und Meinungen ungebührlich beeinflussen zu lassen[24].

Das Anliegen der zeitgemäßen Erneuerung des Ordenslebens griff die römische Kongregation für die Ordensleute auf, als sie erstmals in der Geschichte im Heiligen Jahr 1950 einen Internationalen Kongreß für die (männlichen) Ordensleute nach Rom einberief, der sich in zahlreichen Vorträgen und Referaten mit der „accommodata renovatio statuum perfectionis" befaßte. Dieses Generalthema wurde in drei Unterabteilungen im Hinblick auf Leben und klösterliche Disziplin der Ordensleute, auf ihre Formung und Unterweisung und auf ihr apostolisches Wirken behandelt[25]. Zwei Jahre später fand ein Kongreß der Generaloberinnen in Rom statt[26], der sich ebenso mit der Frage der Ordensreform befaßte wie der „Zweite allgemeine Kongreß über die zeitgemäße Erneuerung der Vollkommenheitsstände", den die Religiosenkongregation 1957 nach Rom einberief und unter der tatkräftigen Leitung ihres damaligen Sekretärs A. Larraona (1887–1973) gestaltete[27].

Von diesen großen Kongressen ging auch die Anregung einer engeren Zusammenarbeit der Orden aus, sei es auf nationaler oder auf internationaler Ebene. In vielen Ländern entstanden Superiorenkonferenzen der männlichen und der weiblichen Ordensverbände, die vom Heiligen Stuhl offiziell anerkannt und als Institutionen päpstlichen Rechts errichtet wurden[28]. Auf internationaler

[22] Die früheren Dokumente sind auszugsweise gesammelt in: Acta et documenta Congressus generalis de statibus perfectionis I (Rom 1952) 3–49; *J. Zürcher*, Päpstliche Dokumente zur Ordensreform (Einsiedeln 1954). Vgl. *D. M. Huot*, Summus Pontifex Pius XII et accommodata renovatio in statibus perfectionis: Appolinaris 32 (1959) 360–368; *A. Scheuermann*, Die Ordensleute in den Dokumenten des Zweiten Vatikanischen Konzils, in: AkathKR 134 (1965) 337–340.

[23] So z.B. in seiner Ansprache an die Jesuiten vom 17. 9. 1946: „Ante omnia oportet Constitutionibus vestris et universis earundem praescriptis firme fideles sitis. Instituta Ordinis vestri possunt, si id congruens esse videatur, ad nova temporis adiuncta hic illic immutando accommodari; attamen quod praecipuum in iis est, nequaquam tangatur perpetuumque consistat": AAS 38 (1946) 383.

[24] Vgl. Ansprache an die Generaloberen vom 11. 2. 1958: AAS 50 (1958) 153–161.

[25] Acta et documenta Congressus generalis de statibus perfectionis I–IV (Rom 1952/53). Das Thema des Kongresses lautete: Statuum perfectionis praesentibus temporibus atque adiunctis accommodata renovatio: ebd. I, 59.

[26] Acta et documenta Congressus Internationalis Superiorissarum generalium (Rom 1953).

[27] Vgl. *G. Ruiz*, Congressus generalis alter de accommodata statuum perfectionis renovatione a S. C. de Religiosis indictus: ComRel 36 (1957) 378–384.

[28] Vgl. Annuario Pontificio 1975, 1477 1327–1349; *R. Soullard*, Les unions des supérieurs majeurs: L'année canonique 18 (1974) 221–230; DIP II, 1423–1431. Diese Zusammenschlüsse können allerdings in manchen Ländern schon auf eine lange Geschichte zurück-

Ebene wurde 1957 die Unio Superiorum generalium (USG) für die männlichen, und 1965 die Unio internationalis Superiorissarum generalium (UISG) für die weiblichen Orden errichtet, die beide ihren Sitz in Rom haben. Außerdem entstand 1959 die Confoederatio Latino-Americana Religiosorum (CLAR) mit Sitz in Bogotá, die als Dachverband aller Orden in diesem Subkontinent in der Folgezeit vor allem als Partner der Lateinamerikanischen Bischofskonferenz (CELAM) große Bedeutung gewann [29].

Noch bevor der erste Internationale Kongreß zusammentrat, nahm der Papst eine Teilreform in Angriff. Am 21. November 1950 veröffentlichte er die Apostolische Konstitution „Sponsa Christi" über die Nonnen, der zwei Tage später Ausführungsbestimmungen der Religiosenkongregation folgten [30]. Ganz im Geist des päpstlichen Reformprogramms unterstreichen diese Dokumente zunächst die Unabdingbarkeit des beschaulichen Lebens, die Angemessenheit der feierlichen Gelübde und die Unverzichtbarkeit der päpstlichen Klausur für alle Nonnen. In Anpassung an die neuen Erfordernisse werden jedoch die Bestimmungen über die Klausur gelockert, nämlich durch die Schaffung der sog. „kleinen päpstlichen Klausur", die eine Begegnung von Nonnen und Außenstehenden in einem Bereich des Klosters erlaubt, der für das nach außen gerichtete Wirken bestimmt ist. Mit Nachdruck wird die Verpflichtung zu einer angemessenen, einträglichen Arbeit hervorgehoben. Zwar wird dem Leben der Nonnen selbst schon ein hoher apostolischer Wert zuerkannt; dennoch werden, sofern die Konstitutionen es vorsehen, auch bestimmte Werke des Apostolats gebilligt. Schließlich empfehlen diese Dokumente nachdrücklich den Zusammenschluß der selbständigen Nonnenklöster zu Föderationen, um einander in diesem Werk der Erneuerung wirksame Hilfe zu leisten. Dieser Empfehlung kamen die Nonnenklöster allerdings vielfach nur zögernd nach [31]. Ein weiterer Bereich, der zur Reform anstand, betraf die Formung und Unterweisung der Priesterkandidaten in den Ordensgemeinschaften. Schon Papst Pius XI. hatte 1924 in einem Apostolischen Schreiben an die Ordensoberen auf die Notwendigkeit einer gediegenen, am Erbe des hl. Thomas orientierten Ausbildung der Ordenskleriker hingewiesen. Demselben Anliegen diente die Instruktion der Religiosenkongre-

blicken. So geht die heutige „Vereinigung Deutscher Ordensobern" (VDO) auf die Superiorenkonferenz zurück, die sich bildete, als sich anläßlich des Katholikentags in Krefeld 1898 die Oberen der damals in Deutschland bestehenden sieben Missionshäuser trafen und für die Zukunft regelmäßige Zusammenkünfte beschlossen: *K. Siepen,* Die Vereinigung Deutscher Ordensobern nach Akten und Berichten des Generalsekretariats der VDO: Ordenskorrespondenz 5 (1964) 104–125.

[29] Annuario Pontificio 1975, 1327; über die CLAR siehe auch DIP II, 1418f.

[30] AAS 43 (1951) 5–24; 37–44. Am 25. 3. 1956 erging eine weitere Instruktion der Religiosenkongregation, die aufgrund der bisherigen Erfahrungen mit der neuen Gesetzgebung die Materie der Klausur in den Nonnenklöstern neu ordnete: AAS 48 (1956) 512–526.

[31] Zum ganzen vgl. *A. Larraona,* La nuova disciplina canonica sulle monache (Rom 1952). Die „kleine Klausur" wurde nach dem Konzil wieder abgeschafft: Motuproprio Ecclesiae Sanctae II, 32: AAS 58 (1966) 780f.

gation vom 1. Dezember 1931, die zugleich – in der Zeit des großen Zustroms von Novizen – auf eine sorgfältige Auswahl der Kandidaten drängte[32]. Auch Papst Pius XII. war während seines ganzen Pontifikates um eine gute Ausbildung der Ordensleute, besonders der Priester, besorgt, durch die sie gerüstet werden sollten für die mannigfaltigen Aufgaben, die ihnen in der Zeit des immer deutlicher sich abzeichnenden Umbruchs gestellt waren[33]. Schließlich erschien am 31. Mai 1956 die Apostolische Konstitution „Sedes Sapientiae", der in Form von Ausführungsbestimmungen am 7. Juli Generalstatuten der Religiosenkongregation folgten[34]. Diese Dokumente behandelten nicht nur die Formung der Kandidaten zu Ordensmännern und zu Priestern, sondern maßen ihrer pastoraltheologischen Ausbildung zu guten Seelsorgern große Bedeutung bei. Als Neuheit schrieben sie gemeinrechtlich nach Abschluß des zwar auf die Seelsorge ausgerichteten, aber mehr theoretisch gestalteten Studiums der Philosophie und Theologie und nach Empfang der Priesterweihe ein der pastoralen Einführung und Einübung gewidmetes zusätzliches Ausbildungsjahr vor. Auch wurde allen Ordensverbänden empfohlen, die jungen Patres nach einigen Jahren des Einsatzes zu einem Probationsjahr, einer Art von zweitem Noviziat, zu verpflichten. Nach den päpstlichen Verlautbarungen von 1931 und 1956 waren alle priesterlichen Ordensverbände mit der Überarbeitung ihrer „Ratio studiorum" befaßt.

Die Sorge Roms galt jedoch nicht nur der Schulung der Ordenspriester. Um auch die Ordensfrauen für ihre schwieriger gewordenen Aufgaben zu rüsten, errichtete die Religiosenkongregation am 31. Mai 1955 das päpstliche Institut „Regina mundi" in Rom, das der Theologischen Fakultät an der Päpstlichen Universität Gregoriana aggregiert wurde. In ihm sollen Ordensfrauen in einem dreijährigen theologischen Kurs sowohl auf ordensinterne Führungsaufgaben wie auf den pastoralen Einsatz, vor allem im Bereich von Schule und Erziehung, vorbereitet werden[35]. Rom griff damit ein brennendes Anliegen des Kongresses der Generaloberinnen von 1952 auf.

Das Zweite Vatikanische Konzil und seine Auswirkungen

In dieses Stadium des Prozesses einer behutsamen, ja zaghaften „zeitgemäßen Erneuerung" fiel die Ankündigung des Zweiten Vatikanischen Konzils, das mit seinem Programm des aggiornamento in weiten Kreisen der Kirche, auch unter den Ordensleuten, große, z. T. auch utopische Hoffnungen auf eine umfassende

[32] AAS 16 (1924) 133–148, 24 (1932) 74–81.

[33] Im Jahre 1944 errichtete der Papst in der Religiosenkongregation eine eigene Kommission, die diese Ausbildung steuern und überwachen sollte: AAS 36 (1944) 213f.

[34] AAS 48 (1956) 354–365; *X. Ochoa*, Leges Ecclesiae II (Rom 1969) 3516–3538.

[35] X. *Ochoa* a. a. O. II, 3394f; vgl. die am 11. 2. 1956 erlassenen Statuten des Instituts: ebd. 3457–3460.

Reform und eine tiefgreifende Erneuerung weckte. Das erste Schema über die Ordensleute, das von der vorbereitenden Kommission ausgearbeitet worden war, ging freilich kaum über das hinaus, was unter Pius XII. an Reformen geplant und zum Teil schon eingeleitet oder durchgeführt war. Es versteht sich als geradlinige, kontinuierliche Fortführung der pianischen Ordensreform[36]. Damit entsprach es allerdings nicht den Erwartungen, die von vielen Seiten in dieses Konzilsdokument gesetzt worden waren. Nach zähem Arbeiten in den Konzilskommissionen und nach lebhaften Debatten über Ort und Auftrag der Orden in der Kirche lagen beim Abschluß des Konzils zwei bedeutsame Texte vor, die sich ausdrücklich mit dem Ordensstand befassen. Das 6. Kapitel der Dogmatischen Konstitution über die Kirche (Art. 43–47) will den theologischen Ort der Orden in der Kirche umschreiben. Mit Bedacht ist ihm das Kapitel über die allgemeine Berufung zur Heiligkeit in der Kirche vorangestellt. Das Dekret über die zeitgemäße Erneuerung des Ordenslebens setzt diese Darlegungen voraus und befaßt sich näher mit den Grundsätzen und mit einzelnen Punkten der Ordensreform. Als einziges der vom Konzil verabschiedeten Dokumente hat es das Programm des „aggiornamento" schon in die Überschrift aufgenommen, wobei es freilich auf die unter Pius XII. geprägte Formel der accommodata renovatio zurückgreifen konnte[37]. Im Kernsatz dieses Dekrets wird die angestrebte zeitgemäße Erneuerung umschrieben; sie besagt „ständige Rückkehr zu den Quellen jedes christlichen Lebens und zum Geist des Ursprungs der einzelnen Institute, zugleich aber deren Anpassung an die veränderten Zeitverhältnisse" (Art. 2)[38].

Das Reformprogramm, das im Ordensdekret und in den dazu erlassenen Durchführungsbestimmungen[39] vorgelegt wird, unterscheidet sich in seinen Voraussetzungen wesentlich von allen vorausgehenden Bemühungen in dieser Richtung. Die Ordensreform unter Pius XII. war vom Heiligen Stuhl ins Werk gesetzt und zentral gesteuert worden. Den einzelnen Ordensverbänden war nur wenig Spielraum zu eigenmächtigen Entscheidungen gegeben worden. Die Durchführungsbestimmungen zum Ordensdekret erklären nun: „Die Ordensgemeinschaften haben in erster Linie selbst eine angemessene Erneuerung des Ordenslebens durchzuführen, und zwar hauptsächlich durch die Generalkapitel" (Nr. 1). Einem innerhalb von zwei bis drei Jahren einzuberufenden be-

[36] Vgl. *Fr. Wulf*, Einführung zum Ordensdekret: LThK², Zweites Vatikanisches Konzil II (Freiburg – Basel – Wien 1967) 250f.

[37] Darüber hinaus ist den Ordensleuten im Dekret über die Hirtenaufgabe der Bischöfe ein eigener Abschnitt gewidmet, der von ihrer Einordnung in die Gesamtpastoral der einzelnen Bistümer handelt (Art. 33–35). Im Vorwort des Dekrets über die Ausbildung der Priester wird gesagt, daß die Vorschriften dieses Dokuments zwar in erster Linie die Weltpriester betreffen, aber mit entsprechender Anpassung auch auf den Ordensklerus anzuwenden sind.

[38] Unter den Kommentaren zum Ordensdekret seien hervorgehoben *Fr. Wulf*, LThK², Das Zweite Vatikanische Konzil II (Freiburg – Basel – Wien 1967) 249–307; *J. M. R. Tillard* – *Y. Congar* (Hrsg.), L'adaptation e la rénovation de la vie religieuse (Paris 1967).

[39] Motuproprio Ecclesiae Sanctae vom 6. 8. 1966, Teil II: AAS 58 (1966) 775–782.

sonderen Generalkapitel wurde die Vollmacht erteilt, einzelne Bestimmungen der Konstitutionen versuchsweise abzuändern, soweit davon nicht Wesen und Eigenart des Verbandes betroffen wurden; es wurde ihnen zugesagt, daß Experimente, denen das geltende allgemeine Kirchenrecht entgegensteht, vom Heiligen Stuhl gerne erlaubt würden, wobei freilich verlangt wird, sie müßten mit Klugheit durchgeführt werden. Das hierdurch eingeleitete Stadium des Experimentierens kann sich nach diesen Richtlinien auf einen Zeitraum bis zu 15 Jahren erstrecken (Nr. 6). In die Vorbereitung dieses Reformkapitels sollen alle Mitglieder auf geeignete Weise durch eine umfassende und offene Befragung eingeschaltet werden (Nr. 4). Zusammen mit dieser Dezentralisierung der Reform erfolgte eine weitere Korrektur: jeder Verband soll sich bemühen, sein eigenes Profil zu bewahren oder wiederzugewinnen, weil in dieser Vielfalt des Ordenslebens ein echter Nutzen für die Kirche liege. Die Orden sollen den Geist und die ursprünglichen Absichten der Gründer und die eigenen gesunden Überlieferungen erforschen und dieses jedem Verband eigene Erbe treu bewahren [40]. Schließlich wurde – wiederum im Gegensatz zu den nach Erscheinen des CIC erlassenen Vorschriften – verfügt, die Konstitutionen dürften nicht nur aus rechtlichen Vorschriften über Eigenart, Ziele und Organe des Verbandes bestehen, sondern müßten auch die biblischen und theologischen Grundlagen des Ordenslebens und Aussagen über dessen ekklesialen Bezug sowie das den einzelnen Verbänden eigene Erbe enthalten. Das spirituelle und das juristische Element müßten in den Konstitutionen eine Einheit bilden [41]. Diese Bestimmungen wollen offenkundig die Mängel beseitigen, die sich fünf Jahrzehnte vorher, nach Erscheinen des CIC, durch eine übermäßige Zentralisierung, Nivellierung und Verrechtlichung eingestellt hatten.

Den Reformkapiteln waren als Richtschnur für ihre Beschlüsse drei Leitsätze mitgegeben worden: die Erneuerung hatte zu geschehen in Treue zum Geist des Gründers und zu den gesunden Traditionen des Verbandes, in Gehorsam zu den Weisungen des Konzils und in Aufgeschlossenheit für die Zeichen der Zeit. Nun ist die aufgegebene Erneuerung des Ordenslebens primär ein geistliches Ereignis; sie ist daher schwer zu fassen und zu messen. Doch kann im allgemeinen gesagt werden, daß die Ordensgemeinschaften sich in der Vorbereitung auf ihr Reformkapitel und bei den Beratungen und Beschlüssen dieses Kapitels im Lichte der Dokumente des Zweiten Vatikanischen Konzils um eine vertiefte Sicht des Ordenslebens und um seine zeitgemäße Ausgestaltung bemühten und Stellung und Sendung ihres Verbandes in Kirche und Welt von heute neu bedachten [42]. Allerdings hat das Fehlen klarer, von allen bejahter Zielvorstellungen auch innerhalb einzelner Ordensgemeinschaften [43] vielfach zu Spannungen ge-

[40] Ordensdekret Perfectae Caritatis, Art. 2b.

[41] Ecclesiae Sanctae II, 12–14.

[42] Vgl. *J. Beyer*, Premier bilan des chapitres de renouveau: NRTh 95 (1973) 60–86.

[43] Vgl. Pluralismus und Multiformität im Ordensleben heute. Eine Situationsstudie: Pro mundi vita, Centrum informationis, Heft 47 (Brüssel 1973).

führt und das Finden gemeinsam getragener Lösungen erschwert. In teilweise mühsamen Lernprozessen haben die meisten Reformkapitel einen mittleren Weg eingeschlagen. Heißspornige Verfechter einer radikalen Neugestaltung des Ordenslebens wurden, aufs ganze gesehen, ebenso enttäuscht wie Ordensleute, die gehofft hatten, es bliebe alles beim gewohnten Alten. Im Zusammenhang mit diesen Reformbemühungen der Ordenskapitel entfaltete sich eine sehr rege Diskussion über Sinn und Spiritualität der Orden in der Welt von heute, die manche Hilfe bietet, gelegentlich aber so weit geht, daß die Grundwerte des Ordenslebens in Frage gestellt werden. Hauptgegenstände dieser Diskussion sind zunächst die Ordensgelübde und ihre konkrete Verwirklichung, wobei vor allem die Erkenntnisse der Humanwissenschaften einbezogen werden. Sodann finden die Fragen des Lebens in Gemeinschaft großes Interesse. Auch hier wird psychologischen und soziologischen Gesichtspunkten starke Beachtung geschenkt, so etwa den Regeln der Gruppendynamik. Daraus ergibt sich eine oft einseitige Bevorzugung kleiner Gemeinschaften zu Lasten der großen Kommunitäten. Schließlich steht der Weltbezug im Brennpunkt der Diskussion. Es geht um die Antwort der Orden auf die Säkularisierung, um ihre Offenheit zur Welt hin, um ihre Verantwortung für die Welt[43a]. Die Diskussion wird begleitet vom Experiment. Die Generalkapitel machten von der ihnen gegebenen Möglichkeit im allgemeinen regen Gebrauch. Gewöhnlich sprengten die für notwendig erachteten Anpassungswünsche nicht den Rahmen des herkömmlichen Ordenslebens. Manches Experiment allerdings überschritt den gesetzten Rahmen[44] oder glitt den Ordensleitungen aus der Hand. Vor allem die kleinen Kommunitäten, die mancherorts, besonders in Holland und in den USA, aus dem Boden schossen, waren und sind ein günstiges Experimentierfeld für mehr oder weniger radikale Neuerungen[45]. Diese „Kommunen" sind offensichtlich inspiriert von der Lebensform der Kleinen Brüder und Schwestern. Wenn viele von ihnen sich als nicht lebensfähig erwiesen und bald wieder auseinanderfielen, so lag das nicht zuletzt daran, daß ihnen die spirituelle Tiefe der Gemeinschaften des P. de Foucauld fehlte. Die Diskussionen und Experimente brachten brauchbare Ansätze und Anstöße. Daneben gibt es unbestreitbar auch Wildwuchs und Zeichen des Verfalls[46]. Diesen Irrungen und Entartungen zu wehren war das

[43a] Vgl. *P. Lippert,* Zwischen Umbruch und Selbstbesinnung. Die Orden im gegenwärtigen Wandel von Kirche und Gesellschaft, in: HK 29 (1975) 346–353. Einen Einblick in den gegenwärtigen Diskussionsstand bietet: Concilium 10 (1974) 461–540.

[44] So das gewagte – und gescheiterte – Unterfangen, ein ganzes Kloster einer psychoanalytischen Behandlung zu unterziehen: HK 20 (1966) 127–129; 21 (1967) 356–358, oder der Versuch, ein Mönchskloster mit seinem Freundeskreis in eine Basisgemeinde umzufunktionieren: ebd. 23 (1969) 551–553.

[45] In Holland gab es 1969 nicht weniger als 215 solcher „Lebensgruppen": *J. Kerkhofs,* Das Schicksal der Orden. Ende oder Neubeginn (Freiburg – Basel – Wien 1971) 15. Vgl. *Fr. Wulf,* Die Zukunft des Ordenslebens: GuL 43 (1970) 227.

[46] Vgl. die unterschiedliche Beurteilung im Interview des Kardinals Daniélou: GuL 45 (1972) 458–463 und in dem Artikel des Abtprimas der Benediktinischen Konföderation,

Anliegen des Papstes, als er am 29. Juni 1971 an die Ordensleute das Apostolische Lehrschreiben „Evangelica testificatio" über die Erneuerung des Ordenslebens nach dem Zweiten Vatikanischen Konzil richtete[47].

Im übrigen nahm der Heilige Stuhl in dieser Phase des Suchens nach neuen Wegen eine eher abwartende, wenn auch sorgfältig beobachtende Haltung ein. Um so mehr überraschte die direkte Einflußnahme des Papstes auf die Beratungen der Generalkongregation der Jesuiten. Schon die 31. Generalkongregation dieses Ordens (1965/66)[48] hatte einige Reformdekrete verabschiedet, aber die Entscheidung über ein zeitgemäßes Armutsrecht im Orden und über die Beseitigung der Rechtsunterschiede zwischen den allein vollberechtigten „Professen" (mit dem 4. Gelübde des besonderen Gehorsams gegenüber dem Papst) und den „Koadjutoren", die wiederum entweder coadjutores spirituales (Priester) oder coadjutores temporales (Laienbrüder) sind, zurückgestellt. Die 32. Generalkongregation (Dezember 1974 bis März 1975) befaßte sich erneut mit diesen Problemen. Eine große Mehrheit der 236 Delegierten sprach sich in einer Testabstimmung für die Abschaffung der „Grade" aus und wollte alle Jesuiten zu den vier Gelübden zulassen. Während die Generalkongregation in dieser Entscheidung den priesterlichen und apostolischen Charakter des Ordens keineswegs gefährdet sah, erblickte der Papst darin eine schwerwiegende Abweichung von der ursprünglichen Intention des Gründers. Deshalb lehnte er in mehreren Stellungnahmen vor und nach der Testabstimmung eine solche Änderung ab[49].

Das bedenklichste und bedauerlichste Phänomen der letzten Zeit sind die zahlreichen Austritte aus den Ordensgemeinschaften, die zusammen mit dem Mangel an Nachwuchs zu einer starken Überalterung der Klöster geführt haben und die Ordensverbände zu einer drastischen Einschränkung ihres Wirkens in Kirche und Gesellschaft zwingen. Leider läßt sich wegen mangelnder zuverlässiger Unterlagen[50] kein exaktes Bild für die Gesamtkirche gewinnen. Doch können Stichproben den Trend deutlich machen. So verdoppelte sich die Zahl der Ordenspriester in Deutschland zwischen 1915 und 1932 von 2015 auf 4024 und stieg bis 1941 nochmals auf 5282 an. Diese Aufwärtsentwicklung hielt in den Nachkriegsjahren noch an und erreichte 1971 mit 6825 Ordenspriestern

R. Weakland, Krise und Erneuerung des Mönchtums heute. Eine Bilanz nach zehn Jahren: GuL 47 (1974) 299–313.

[47] AAS 63 (1971) 497–526; vgl. dazu den Kommentar von *A. Schneider*, Erneuerung des Ordenslebens (Trier 1973).

[48] Die Einberufung dieser Generalkongregation im Frühjahr 1965 war notwendig geworden, weil nach dem Tod des Generaloberen J. B. Janssens (1889–1964, seit 1946 General) ein Nachfolger gewählt werden mußte. Die Wahl fiel auf den Basken P. Arrupe (* 1907). Diese Generalkongregation wurde unterbrochen, um den Abschluß des Konzils abzuwarten, und im Herbst 1966 zu Ende geführt: HK 19 (1964/65) 563–567, 21 (1967) 33–37.

[49] *Fr. Wulf*, Wohin steuern die Jesuiten? Ein Bericht: GuL 48 (1975) 137–147; *E. Coreth*, Die Jesuiten, der Papst und die Gesamtkirche: HK 29 (1975) 472–477.

[50] Vgl. *A. Faller*, De statistica Religiosorum: ComRel 35 (1956) 72–84.

ihren Höhepunkt. Seither ist ein zunächst noch langsames Absinken eingetreten, das sich aber wegen der Altersstruktur bald beschleunigen wird. Mit 6589 liegt die Zahl der Ordenspriester 1974 freilich immer noch erheblich über den Werten der Zeit vor dem Zweiten Weltkrieg. Hingegen konnte bei den Ordensbrüdern in Deutschland nie wieder der Höchststand der Vorkriegszeit (7990 im Jahre 1937) erreicht werden, ja ihre Zahl ist heute mit 3513 kleiner als im Jahre 1915, wo es 3799 Brüder gab. Nach dem Zweiten Weltkrieg lag der Höhepunkt – nach den schweren Kriegsverlusten gerade unter den Ordensbrüdern – im Jahre 1955 mit 4789 Brüdern. Die Zahl der Novizen in den deutschen Noviziaten der Männerorden, die sich in den fünfziger Jahren um 900 bewegte, sank seit 1961 rapid und erreichte 1973 mit 129 einen Tiefstand. 1974 hat sie sich wieder leicht auf 152 erholt[51]. Auch bei den weiblichen Ordensverbänden in Deutschland wurde der Höchststand an Mitgliedern schon in der Vorkriegszeit überschritten. Ihre Zahl wuchs von 64249 im Jahre 1915 um etwa die Hälfte auf 97516 im Jahre 1941. Die erste Zählung nach dem Zweiten Weltkrieg ergab 88934 Ordensfrauen, von da an stieg ihre Zahl bis 1957 auf 93260. Seither ist die Tendenz wieder rückläufig, in den letzten Jahren sehr rasch: allein in den fünf Jahren zwischen 1969 und 1974 sank ihre Zahl um fast 10000 von 86340 auf 76924. Die Zahl der Novizinnen in den deutschen Ordenshäusern schwankte in der Zeit vor der Machtergreifung des Nationalsozialismus relativ konstant zwischen 5500 und 7000. Das Jahr 1935 brachte einen Höchststand von 7488 Bewerberinnen, dann sank die Zahl rasch ab bis auf 1865 im Jahre 1941. Das Jahrzehnt 1950–1960 zeigt eine schwache Abwärtskurve von 3996 auf 3264 Novizinnen, zwei Jahre später waren es nur noch 2793, im Jahre 1966 weniger als 2000 und 1970 keine 1000 mehr. Mit 405 Novizinnen brachte das Jahr 1974 den bisherigen Tiefstand[52]. Abgesehen von den Rückschlägen durch die Zeit des Nationalsozialismus und des Weltkrieges, dürften diese Zahlen typisch sein für viele Länder des westeuropäischen und nordamerikanischen Raumes, während die Ordensverbände in manchen Gegenden der Dritten Welt zur Zeit einen starken Zuwachs verzeichnen[53].

Ein ähnliches Bild zeichnet sich in den von den einzelnen Ordensgemeinschaften veröffentlichten Statistiken ab. Die Gesellschaft Jesu zählte 1914 insgesamt 16894 Mitglieder. Diese Zahl stieg beständig bis 1965, wo der Höchst-

[51] *Fr. Groner*, Kirchliches Handbuch. Amtliches statistisches Jahrbuch der katholischen Kirche Deutschlands 25 (1957–1961) 524 536, 26 (1962–1968) 533, 27 (1969–1974) 41.
[52] Ebd. 25 (1957–1961) 538, 26 (1962–1968) 533, 27 (1969–1974) 41.
[53] Vgl. *G. Moorhouse*, Bastionen Gottes. Orden und Klöster in dieser Zeit (Hamburg 1969) 90–94. In dem von der Religiosenkongregation herausgegebenen Heft Informationes 1 (1975) 95–98 wird eine Statistik geboten, die für Ende 1974 den prozentuellen Anteil der Novizen und zeitlichen Professen an der Gesamtzahl der Ordensleute aufschlüsselt, und zwar gegliedert nach Erdregionen. Allerdings werden in dieser Zusammenstellung nur die Verbände päpstlichen Rechts erfaßt, soweit sie der Religiosenkongregation unterstehen. Zudem ist zu beachten, daß in den Missionsländern gewöhnlich die Probezeit des Noviziates und der zeitlichen Profeß länger dauert, vielfach doppelt so lang wie in Europa.

stand mit 36038 Mitgliedern erreicht wurde; 1974 waren es nur noch 29436. In der veröffentlichten Statistik bedeutet die Zahl von 4032 Scholastikern für 1974 einen Tiefstand für dieses Jahrhundert; 1965 waren es noch 9865. Auch die Zahl der Novizen sank in diesem Jahrzehnt fast auf die Hälfte herab (von 1555 auf 804). Im gleichen Zeitraum haben 1530 Patres mit Dispens den Jesuitenorden verlassen [54]. Allein in den Ordensverbänden päpstlichen Rechts sind im Jahre 1972 1615 Ordenspriester aus dem priesterlichen Dienst ausgeschieden. 1355 Brüder und 3507 Schwestern mit ewiger Profeß wurden von ihren Gelübden dispensiert [55].

Die Gründe für diesen Rückgang der Ordensberufe in den letzten fünfzehn Jahren sind vielschichtig. Wie besonders der Blick auf die Noviziate zeigt, hat das Konzil die Nachwuchskrise nicht verursacht – sie war schon vorhanden –, sie allerdings auch nicht beheben können, sondern sie beschleunigt. Als Gründe sind vor allem zu nennen die allgemeine Verunsicherung, besonders der jungen Menschen, infolge des Umbruchs in Gesellschaft und Kirche, die dadurch mitbedingte Rollenunsicherheit vieler Ordensleute, die auch in den Ordenskommunitäten zutage tretende Polarisierung der Meinungen, ferner eine einseitige Darstellung der Ehe und des Sexuellen und ihrer Bedeutung für die Selbstentfaltung des Menschen, eine bisweilen maßlose Kritik an jeder Form von Autorität, der Einfluß der Wohlstands- und Konsumgesellschaft auf das Denken und Verhalten der Jugend in den Industrieländern. Daneben darf aber auch ein anderer Umstand nicht übersehen werden. Eine Umfrage unter den Ordensmännern in der Bundesrepublik Deutschland hat ergeben, daß nach dem Stand vom 1. Januar 1965 78 Prozent der Ordenspriester und sogar 86,5 Prozent der Ordensbrüder aus Familien mit vier und mehr Kindern stammen. Über 42 Prozent der Patres und fast 58 Prozent der Brüder sind in Landgemeinden unter 5000 Einwohnern geboren [56]. Die kinderreiche Familie ist aber heute, zumal auf dem Land, eine Seltenheit geworden; diese Quelle für geistliche Berufe ist daher weitgehend versiegt. Zudem stehen heute in den Industrienationen allen Mädchen Ausbildungswege und Berufsziele offen, die früher fast nur Ordensfrauen zugänglich waren.

Eine auf gesamtkirchlicher Ebene festzustellende leichte Aufwärtsentwicklung in den letzten zwei Jahren gibt der Religiosenkongregation Anlaß zu vorsichtigem Optimismus [57].

Von großer Bedeutung wurde seit dem Konzil die verstärkte Zusammenarbeit der Ordensoberen und -oberinnen auf nationaler und internationaler Ebene. Die schon auf dem Ordenskongreß 1950 angeregten Superiorenkonfe-

[54] DIP II, 1280 1284; vgl. auch HK 19 (1964/65) 563 und: Jesuiten. Wohin steuert der Orden? (Freiburg – Basel – Wien ²1976) 13–18.

[55] Annuarium statisticum Ecclesiae 1972, 213 217 219; vgl. ebd. 70–84.

[56] W. *Menges*, Die Ordensmänner in der Bundesrepublik Deutschland (Köln 1969) 63, 130; 51, 129.

[57] SCRIS, Informationes 1 (1975) 96.

renzen wurden nun, soweit sie nicht schon vor dem Konzil bestanden, in nahezu allen Ländern errichtet[58]. Die römischen Unionen der Generaloberen und der Generaloberinnen erhielten ein neues Gewicht, weil sie in verstärktem Maß von den Kurienkongregationen zu Beratungen und Erfahrungsaustausch eingeladen wurden. Mehrmals im Jahr treffen sich 16 gewählte Vertreter dieser Unionen (acht männliche und acht weibliche Generalobere) mit dem Kardinalpräfekten, dem Sekretär, den Untersekretären und anderen führenden Beamten der Kongregation für Ordensleute und Säkularinstitute[59]. In den letzten Jahren hat die Religiosenkongregation kein wichtiges, alle Ordensverbände betreffendes Dokument erlassen, das nicht von den Unionen angeregt wurde oder zu dem sie nicht vorher gehört wurden[60]. Ähnlich gestaltet sich der Kontakt der Generaloberen und -oberinnen der missionierenden Ordensverbände mit der Propagandakongregation. Der „Rat der 18" trifft sich mehrmals im Jahr mit den maßgeblichen Offizialen der Kongregation für die Evangelisation der Völker. Auch außerhalb dieses organisatorischen Rahmens ist das Bemühen der Kurienkongregationen um verstärkte Kontakte zu den Ordensgemeinschaften unübersehbar. Besuche des Kardinalpräfekten, des Sekretärs oder eines der Subsekretäre bei Generalkapiteln, Versammlungen der nationalen Superiorenkonferenzen und anderen formellen oder informellen Treffen nicht nur in Rom, sondern auch in anderen Städten und Ländern Europas und in Übersee gehören seit einigen Jahren zum normalen Programm dieser Kurienbehörden[61]. Der Erfahrungsaustausch, der dadurch ermöglicht wird, wirkt sich sehr positiv aus.

Die Orden im Spannungsfeld von Kirche und Staat

Die Orden stehen besonders exponiert im Spannungsfeld zwischen Kirche und Staat. Von kirchenfeindlichen Maßnahmen einer Regierung werden sie meist außerordentlich hart betroffen. Die Kulturkampfgesetze wirkten für die Orden z.T. noch weit in dieses Jahrhundert hinein nach. In Deutschland wurde das „Jesuitengesetz" von 1872 in Gänze erst 1917 aufgehoben. Norwegen strich das in der Verfassung verankerte Jesuitenverbot 1956, und in der Schweiz fielen die konfessionellen Ausnahmeartikel der Bundesverfassung, die den Jesuitenorden und die ihm „affiliierten Gesellschaften" verboten und allen Orden Neugründungen untersagten, erst, nachdem sich 1973 bei einem Referendum

[58] Annuario Pontificio 1975, 1327–1349; DIP II, 1423–1431.

[59] Vgl. Attività del Consiglio dei 16, in: SCRIS, Informationes 1 (1975) 89–94. Dieses Gremium heißt „Rat der 16" wegen der 16 Ordensleute, die ihm angehören.

[60] Vgl. z.B. *A. Schneider,* Instruktion über die zeitgemäße Erneuerung der Ausbildung zum Ordensleben (Trier 1970) 16–18.

[61] Les rencontres des Responsables de la SCRIS avec les Religieux chez eux, in: SCRIS, Informationes 1 (1975) 83–89.

eine Mehrheit von nur rund 55 Prozent der Bürger für die Aufhebung ausgesprochen hatte[62].

Es ist daher verständlich, daß die Kirche, wo immer es zu Konkordatsverhandlungen mit einer Regierung kam, bestrebt war, die Rechtsstellung der Orden, ihr Recht auf Errichtung von Niederlassungen und freie Ausübung der ordenseigenen Tätigkeiten vertraglich sicherzustellen. In Ländern mit genügend einheimischen Ordensleuten war die Kirche gewöhnlich zu dem Zugeständnis bereit, daß die Höheren Ordensoberen die entsprechende Staatsangehörigkeit besitzen mußten[63]. Freilich sollte sich dieser Schutz durch Konkordate in den folgenden Jahrzehnten in vielen Ländern als wenig wirksam erweisen.

In Mexiko trieb der weit ins 19. Jahrhundert zurückreichende Konflikt zwischen Kirche und Staat in den ersten Jahrzehnten dieses Säkulums einem Höhepunkt zu. Das Land erhielt 1917 eine neue Verfassung, die u.a. den Zölibat, die Ordensgelübde und den Ordensstand verbot. Die Ordensleute wurden aus ihren Häusern verjagt, ihre Schulen und anderen Einrichtungen geschlossen. Nach zwei Jahren wurden diese Bestimmungen etwas gelockert, aber 1926 in voller Schärfe wieder in Kraft gesetzt. Ihre Übertretung wurde rigoros bestraft. Zu den bekanntesten Opfern dieser Verfolgung, die erst Ende der dreißiger Jahre langsam abebbte, gehört P. Augustinus Pro SJ (1891–1927), der mit viel Geschick und Geistesgegenwart in Mexico City als Seelsorger im Untergrund wirkte und nach seiner Verhaftung fälschlich der Beteiligung an einem Attentatsversuch auf den früheren Präsidenten Obregón bezichtigt und deswegen ohne gerichtliches Verfahren erschossen wurde. Sein Seligsprechungsprozeß wurde 1952 eingeleitet[64].

In Spanien wurde 1931 die Republik ausgerufen und eine Verfassung in Kraft gesetzt, die eine radikale Trennung von Kirche und Staat zum Ziele hatte und auch die Orden schwer traf, da sie diese nicht nur der staatlichen Aufsicht unterstellte, sondern darüber hinaus die Rechtsgrundlage für die Enteignung des gesamten Ordensvermögens bot. Die Gesellschaft Jesu wurde aufgelöst und ihr Vermögen vom Staat eingezogen. Blieben die kirchenfeindlichen Ausschreitungen 1931 noch regional begrenzt, so brach der Klostersturm während des dreijährigen Bürgerkriegs, der dem Staatsstreich General Francos 1936 folgte, mit voller Wucht los. Die grausame Bilanz dieser Zeit des Terrors: neben 4184

[62] *H. Liermann*, Kirchen und Staat I (München 1954) 14f; HK 11 (1956/57) 167, 27 (1973) 322–324.

[63] Konkordate mit Bayern 1924, Art. 2 und 13 § 2; Polen 1925, Art. X; Rumänien 1927, Art. XVII; Litauen 1927, Art. X; Italien 1929, Art. 29b; Baden 1932, Art. V mit Schlußprotokoll; Österreich 1933, Art. X; mit dem Deutschen Reich 1933, Art. 15; mit Portugal 1940, Art. III und IX; Spanien 1953, Art. IV und mit der Dominikanischen Republik 1954, Art. IV und X.

[64] LThK VII (^{2}1962) 151–155; LThK VIII (^{2}1963) 776; *J. Echeverria*, Der Kampf gegen die katholische Kirche in Mexiko (München-Gladbach 1926).

Weltpriestern und Seminaristen wurden 2365 Ordensmänner und 283 Ordensfrauen ermordet, dazu viele Laien[65].

In Deutschland fand der Nationalsozialismus anfangs wie bei einem Teil der übrigen Katholiken, so auch unter einem Teil der Ordensleute Sympathisanten. Eine besonders unglückselige Rolle spielte ein Außenseiter, der 1918 aus seiner Abtei St. Emaus in Prag vertriebene und seit 1921 in Bayern lebende Abt Alban Schachleiter (1861–1937), der sich von Hitler die Verwirklichung seiner eigenen deutschnationalen Ideen erhoffte, deshalb seit 1922 in Reden und Aufrufen für ihn und seine Bewegung warb und sich als Aushängeschild mißbrauchen ließ. Auch energische Vorhaltungen und selbst Strafmaßnahmen des Erzbischöflichen Ordinariates München und der Ordensoberen konnten den alternden Abt nicht umstimmen[66]. Nach der Machtergreifung garantierte die NS-Regierung in Art. 15 des Reichskonkordates die Freiheit der Ordensgemeinschaften und die ungehinderte Ausübung ihrer Tätigkeiten sowohl im seelsorglichen als auch im schulisch-erzieherischen und sozial-karitativen Bereich; die privaten Ordensschulen waren sogar in einem eigenen Artikel abgesichert (Art. 25). Aber die Orden bekamen bald die wahren Absichten der neuen Machthaber zu spüren[67]. Es begann mit schikanösen Hausdurchsuchungen und Verhören. In den Jahren 1935/36 wurde eine Serie von Schauprozessen vornehmlich gegen Ordensleute wegen Verstoßes gegen die Devisenvorschriften durchgeführt; gegen die Angeklagten wurden hohe Freiheitsstrafen ausgesprochen[68]. Noch während die Devisenprozesse liefen, wurden Vorbereitungen für eine zweite Serie von Prozessen gegen Ordensleute und Priester getroffen. Seit Ende 1935, vor allem aber in den Jahren 1936 und 1937 suchte die Gestapo in den Klöstern und in den von Klöstern geführten Schülerheimen und Pflegeanstalten nach Spuren sittlicher Verfehlungen, um die Klöster als Brutstätten der Unmoral anprangern zu können. Die Intensität der Nachforschungen, die in den Verhören angewandten Methoden, die von der Exekutive befohlene zeitliche

[65] *A. Montero Moreno,* Historia de la persecución religiosa en España 1936–1939 (Madrid 1961) 762 765–767.

[66] *G. Engelhard,* Abt Schachleiter, der deutsche Kämpfer (München 1941); *H. Witetschek,* Die kirchliche Lage in Bayern nach den Regierungspräsidentenberichten 1933–1943, Bd. I: Regierungsbezirk Oberbayern (Mainz 1966) 1 Anm. 1. Vgl. jetzt auch *L. Volk,* Akten Kardinal Michael von Faulhabers 1917–1945, I: 1917–1934 (Mainz 1975) passim.

[67] Zum Folgenden vgl. *J. Neuhäusler,* Kreuz und Hakenkreuz (München 1946) I, 122–164; II, 250–292.

[68] Nach dem Krieg haben mehrere der damals Verurteilten – viele waren inzwischen gestorben – die gerichtliche Aufhebung dieser Urteile beantragt und ihre Rehabilitierung erreicht. Die Gerichte kamen zu der Erkenntnis, daß diese „in den Jahren 1935/36 gefällten Urteile in erster Linie aus politischen Gründen gefällt wurden und den Zweck verfolgten, die katholischen Orden und mit diesen die katholische Kirche bei dem deutschen Volke in Mißkredit zu bringen“: *E. Hoffmann – H. Janssen,* Die Wahrheit über die Ordensdevisenprozesse 1935/36 (Bielefeld 1967) 265. Vgl. die Urteilsbegründung des LG Berlin-Moabit vom 27. Februar 1951: ebd. 270. Eine Bonner philosophische Dissertation über die Devisenprozesse wird von Petra Rapp vorbereitet.

Terminanberaumung der Verfahren sowie die sorgfältig vorbereitete und zentral gesteuerte propagandistische Auswertung dieser Prozesse lassen deutlich erkennen, daß es den Machthabern nicht in erster Linie um die Ahndung und Ausmerzung von Übelständen ging. Vielmehr sollten auch hier die Orden in ihrer Gesamtheit getroffen werden. Nicht zufällig erreichten die Hauptverfahren in den Monaten nach der Veröffentlichung der Enzyklika „Mit brennender Sorge" (14. 3. 1937) ihren Höhepunkt[69]. Vor allem aber waren diese Prozesse Schritte zu einem noch umfassenderen Ziel, das in einer Geheimanweisung des Reichssicherheitsdienstes vom 15. Februar 1938 so formuliert wurde: „Die Orden sind der militante Arm der katholischen Kirche. Sie müssen daher von ihren Einflußgebieten zurückgedrängt, eingeengt und schließlich vernichtet werden."[70] Auf dem Weg zu diesem Ziel holte die Regierung – nach den erfolgreichen Feldzügen im Westen auf dem Höhepunkt der Macht – zu einem neuen Schlag aus. Unter den verschiedensten Vorwänden, vielfach aber auch ohne jede Begründung, wurden zwischen Herbst 1940 und Mai 1941 zahlreiche Ordenshäuser beschlagnahmt und die Ordensleute aus den Klöstern oder auch aus den Gaubezirken ihres bisherigen Wohnortes ausgewiesen, sofern sie nicht zur Fortführung von Wirtschaftsbetrieben benötigt und dienstverpflichtet wurden[71]. Diese Maßnahmen wurden bei Beginn des Rußlandfeldzuges gestoppt und die völlige Vernichtung der Orden auf die Nachkriegszeit vertagt, um keine weiteren Beunruhigungen unter der katholischen Bevölkerung hervorzurufen. Natürlich erstreckten sich diese Maßnahmen auch auf die den Reich einverleibten Länder und Territorien und auf die besetzten Gebiete. Sie wurden dort noch rigoroser und rücksichtsloser durchgeführt, weil keine Konkordatsbindungen bestanden. So sah ein 13-Punkte-Programm vom Jahre 1940 für den besetzten Teil Polens, den „Warthegau", unter Nr. 12 vor: „Alle Stifte und Klöster werden aufgehoben, da diese der deutschen Sittlichkeits- und Bevölkerungspolitik nicht entsprechen."[72] Zahlreiche Ordensleute wurden in Gefängnisse und Konzentrationslager geschleppt, mehrere hingerichtet. Zu ihnen gehört der polnische Franziskaner P. Maximilian Kolbe (1894–1941), der stellvertretend für einen anderen Häftling im Hungerbunker des KZ Auschwitz starb und 1971 seliggesprochen wurde, die jüdische Philosophin und Karmelitin Edith Stein (1891–1942), die aus dem Karmel Echt in Holland, in den sie geflüchtet war, abgeschleppt wurde, um das Schicksal der anderen Juden zu teilen, und der Jesuit Alfred Delp (1907–1945), der wegen angeblichen Hoch- und Landesverrats in Berlin-Plötzensee hingerichtet wurde[73].

[69] *J. Neuhäusler* a. a. O. I, 133–144; *H. G. Hockerts,* Die Sittlichkeitsprozesse gegen katholische Ordensangehörige und Priester 1936/37 (Mainz 1971).

[70] Zitiert bei *J. Neuhäusler* a. a. O. I, 123.

[71] *J. Neuhäusler* a. a. O. I, 148–164.

[72] Zitiert bei *B. Stasiewski,* Die Kirchenpolitik der Nationalsozialisten im Warthegau 1939–1945, in: Vierteljahrshefte für Zeitgeschichte 7 (1959) 55.

[73] *B. M. Kempner,* Priester vor Hitlers Tribunalen (München 1966) hat die Urteile gegen viele weitere Ordensleute dokumentiert.

Die Kirchenverfolgung, die nach der bolschewistischen Oktoberrevolution in Rußland ausbrach, traf vorwiegend die orthodoxen Klöster; natürlich blieben die wenigen katholischen Ordenshäuser nicht verschont [74]. Erst als nach dem Sieg über Polen und endgültig nach dem Zweiten Weltkrieg die Baltenländer und der Osten Polens an die Sowjetunion fielen, gerieten katholische Ordenshäuser in größerer Zahl in den kommunistischen Machtbereich. In Lettland und im bisher polnischen Teil der Ukraine wurden die Ordensmänner und -frauen aus ihren Häusern vertrieben und gezwungen, in das zivile Leben zurückzukehren; ihre Häuser fielen an den Staat [75]. In Litauen, wo sich etwa 80 Prozent der Bevölkerung zur römisch-katholischen Kirche bekannten, waren so rigorose Maßnahmen zunächst nicht tunlich. Die Regierung begnügte sich anfangs mit einer strengen Überwachung und Bespitzelung der Klöster, nach 1944 aber wurden auch hier sämtliche Ordensniederlassungen aufgehoben [76].

In den Ländern, in denen nach dem Zweiten Weltkrieg die Kommunisten die Macht übernahmen, spielt die Rücksicht auf die konfessionellen Verhältnisse beim Vorgehen gegen die Orden offensichtlich ebenfalls eine wichtige Rolle. Die härtesten Maßnahmen fielen überall in die Jahre vor 1956. In Albanien sind die Orden total ausgerottet. Die ausländischen Ordensleute wurden ausgewiesen, die albanesischen gezwungen, das Ordensgewand abzulegen und sich in den Wirtschaftsprozeß einzugliedern [77]. Ähnliches gilt für Bulgarien [78]. In der Tschechoslowakei wurden im April 1950 alle Ordenshäuser von der Miliz besetzt, nachdem zuvor in Prag ein großer Schauprozeß gegen zehn Ordensmänner wegen angeblichen Hochverrats über die Bühne gegangen war [79]. Die Ordensleute verschiedener Gemeinschaften wurden in „Konzentrationsklöstern" zusammengepfercht, die noch arbeitsfähigen Ordensmänner und Schwestern zum Einsatz in der Landwirtschaft und in den Fabriken herangezogen. Einige Schwestern durften wegen Mangels an anderem Personal weiterhin in der Pflege Alter, Kranker und Siecher tätig bleiben. „Ende 1951 existierte in der gesamten Tschechoslowakei kein einziges Ordenshaus mehr außer den ‚Konzentrations-Konventen', die aber in Wahrheit Zwangsarbeiterlager waren." [80] Die Erleichterungen und Lockerungen der Dubček-Ära [81] wurden wieder Schritt für Schritt rückgängig gemacht [82]. Von den 160 Ordenshäusern, die es 1945 in Rumänien gab, bestanden 1953 nur noch 25 [83]. Der ungarische Minister für Volksbildung, József Révai, erklärte in einer Anfang

[74] Vgl. *J. S. Curtiss,* Die Kirche in der Sowjetunion (München 1957) 80–83.
[75] *A. Galter,* Rotbuch der verfolgten Kirche (Recklinghausen 1957) 66 91.
[76] *A. Galter* a.a.O. 81; HK 19 (1964/65) 261.
[77] *A. Galter* a.a.O. 239f; HK 22 (1968) 195.
[78] *A. Galter* a.a.O. 252f.
[79] HK 4 (1949/50) 411.
[80] *A. Galter* a.a.O. 202–206, Zitat 205; HK 15 (1960/61) 561.
[81] HK 22 (1968) 211 412.
[82] HK 24 (1970) 304f 571f, 25 (1971) 186, 27 (1973) 609.
[83] *A. Galter* a.a.O. 301.

Juni 1950 gehaltenen Rede: „In der Volksdemokratie benötigt man keine Ordensleute mehr, da sie ihrem Berufe nicht mehr entsprechen, ja sie sabotieren die Aufgaben der Demokratie. Es ist daher notwendig, daß man es ihnen möglichst schnell unmöglich macht, den Interessen der Demokratie weiterhin zu schaden."[84] Kurz darauf begann eine Welle von Deportationen von Ordensleuten. Der ungarische Episkopat suchte das Schlimmste abzuwenden und unterzeichnete am 30. August 1950 einen Vertrag, der u.a. vorsah, daß acht katholische Schulen (sechs für Jungen, zwei für Mädchen) wieder geöffnet und die für die Führung dieser Klosterschulen benötigten Ordensleute im Dienst bleiben durften. Für die Aufnahme neuer Mitglieder wurde diesen Kommunitäten ein numerus clausus auferlegt[85]. Alle übrigen Ordensgemeinschaften wurden gegen den Einspruch des Episkopats im September 1950 aufgehoben und die rund zehntausend männlichen und weiblichen Ordensleute angewiesen, binnen drei Monaten ihre Häuser zu verlassen, das Ordenskleid abzulegen und eine weltliche Beschäftigung anzunehmen[86]. Im Jahre 1968 zählten die acht genehmigten Klöster nach Angaben von Regierungsstellen 232 Patres, 27 Novizen und Studenten sowie 59 Schwestern[87].

In Jugoslawien war die Lage der Orden in den ersten zehn Jahren der kommunistischen Herrschaft nicht minder drangvoll. In Bosnien-Herzegowina und Slowenien wurden alle Ordenshäuser aufgehoben, viele Ordensleute verhaftet und getötet. Allein 139 Franziskaner fielen der Verfolgung zum Opfer. Mitte der fünfziger Jahre trat eine Entspannung ein, die ein erstaunliches Aufleben der Orden zur Folge hatte, vor allem in den Republiken Slowenien und Kroatien, wo die Zahl der Ordensmitglieder seit 1958 erheblich gestiegen ist[88].

Ein ähnliches Bild ergibt sich für Polen. Auch hier kamen zunächst Jahre der Not und Bedrängnis. Die Ordensleute wurden aus den Schulen, Krankenhäusern und anderen Einrichtungen entfernt. Bis 1953 wurden 54 Ordensleute getötet, 200 deportiert, 170 ins Gefängnis geworfen[89]. Am 14. April 1950 wurde zwischen der Regierung und dem polnischen Episkopat eine Vereinbarung getroffen, die in Art. 19 die Zusicherung enthielt: „Orden und Ordenskongregationen werden im Rahmen ihrer Berufung und der geltenden Gesetze völlige Handlungsfreiheit haben."[90] Trotzdem erfolgten zunächst weitere Verhaftungen. Erst Mitte der fünfziger Jahre beruhigte sich die Lage, und die Zahl der Ordensleute hat seither wieder bedeutend zugenommen, sowohl bei den

[84] Zitiert bei *A. Galter* a.a.O. 346, Anm. 79.

[85] Es handelt sich um je zwei Schulen der Benediktiner, Franziskaner, Piaristen und der Schulschwestern von Szeged: *A. Galter* a.a.O. 352 Anm. 90.

[86] *A. Galter* a.a.O. 345–353; HK 5 (1950/51) 33f.

[87] Pro mundi vita, Centrum informationis, Heft 19 (1967) 10–12.

[88] *A. Galter* a.a.O. 403f; LThK V (²1960) 1193; Pro mundi vita, Centrum informationis, Heft 19 (1967) 10 13.

[89] *A. Galter* a.a.O. 157.

[90] HK 4 (1949/50) 413.

männlichen wie bei den weiblichen Verbänden[91]. Polen dürfte das einzige sozialistische Land sein, das heute Ordensleute in beträchtlicher Zahl für den Einsatz in Missionsländern zur Verfügung stellen kann.

In China und Nordkorea gibt es keine Ordenshäuser mehr. Die ausländischen Missionare wurden ausgewiesen, die nicht wenigen einheimischen Ordensmitglieder heimgeschickt, soweit sie nicht umkamen. Das Schicksal der Orden in Indochina, vor allem in Vietnam, bleibt vorerst ungewiß.

Der Rückblick auf die letzten sechs Jahrzehnte der Kirchengeschichte zeigt, wie sehr die Orden in der Kirche und mit der Kirche leben. Perioden, in denen das kirchliche Leben blüht, sind auch für die Orden Epochen inneren und äußeren Wachstums und Gedeihens; in Krisenzeiten hingegen erweisen sie sich als besonders anfällig. Diese Abhängigkeit vom gesamtkirchlichen Klima darf die Orden indes nicht vergessen lassen, daß von ihnen in allen Generationen heilende Einflüsse und Impulse erwartet werden. Gerade darin bestehen Erbe und Auftrag, den die Ordensgemeinschaften in ihrer Gesamtheit von den großen Ordensstiftern erhalten haben, die in notvollen Zeiten der Kirche Zellen innerer Erneuerung geschaffen haben, um durch sie die Kirche mit frischer Kraft zu durchdringen.

12. Kapitel

Bildungswesen, Erziehung und Unterricht

Professor Dr. Paul-Ludwig Weinacht, Freiburg

BIBLIOGRAPHIE: Zur kirchlichen Erziehungs- und Schuldoktrin: Die in Anm. 1 der „Erklärung über die christliche Erziehung" genannten Verlautbarungen: AAS 58 (1966) 728, dt. in: LThK, Ergänzungsband 2 (Freiburg 1967) 367; *K. Erlinghagen*, Grundlagen katholischer Erziehung. Die prinzipiellen Erziehungslehren der Enzyklika Pius' XI. „Divini Illius Magistri" (Freiburg 1963); *O. Betz*, Erziehung, in: *H. Fries* (Hrsg.), Handbuch theologischer Grundbegriffe, Bd. I (München 1962) 319ff; *A. v. Campenhausen*, Erziehungsauftrag und staatliche Schulträgerschaft (Göttingen 1967) 115ff; Kulturbeirat beim Zentralkomitee der deutschen Katholiken (Hrsg.), Christliche Erziehung nach dem Konzil (= Berichte und Dokumentationen Bd. 4) (Köln 1967); *N. A. Luyten OP*, Forschung und Bildung. Aufgaben einer katholischen Universität (Freiburg/Schweiz 1965).

Geschichtliche Darstellungen zu den nationalen Rahmenbedingungen für das katholische Bildungswesen:

Deutschland: *F. Paulsen*, Geschichte des gelehrten Unterrichts, Bd. 2 (Berlin, Leipzig 1921) Anhang; *E. Weniger*, Art. Bildungswesen, in: Die Religion in Geschichte und Gegen-

[91] Pro mundi vita, Centrum informationis, Heft 19 (1967) 10–12; HK 26 (1972) 205.

wart, Bd. I (Tübingen ³1957) 1281ff; *F. Pöggeler* (Hrsg.), Handbuch der Erwachsenenbildung, Bd. 4 (= Geschichte der Erwachsenenbildung) (Stuttgart u.a. 1975); *L. Froese* (Hrsg.), Deutsche Schulgesetzgebung (1796–1952) (Weinheim o.J.).

Andere europäische Staaten: *W. Schultze* (Hrsg.), Schulen in Europa, 3 Bde. (Weinheim, Berlin 1968); *O. Anweiler,* Geschichte der Schule und Pädagogik in Rußland vom Ende des Zarenreiches bis zum Beginn der Stalin-Ära (Heidelberg 1964).

USA: New Catholic Encyclopedia, 14 Bde., Stichworte: Education I, Higher Education, Catholic University, einzelne Institutionen z.B. University of Salamanca u.a.; *F. Laack,* Die amerikanische Bildungswirklichkeit, Idee, Stand und Probleme der Adult Education in den USA (Köln 1976).

Missionsländer: *A. Mulders,* Missionsgeschichte, Die Ausbreitung des Glaubens (Regensburg 1960); *S. Delacroix,* Histoire Universelle des Missions Catholiques, Bd. 4 (Paris 1959).

Statistische Hilfsmittel: UNESCO, World survey of education, 5 Bde. (Paris 1955–1971); UNESCO, Statistical Yearbook (Paris 1963ff) (1952–1962 unter dem Titel: Basic Facts and Figures, International Statistics Relating to Education, Culture and Mass Communication); Bilan du Monde; CIEO, The Situation of catholic education in the various continents (= Études et Documents Nr. 5) engl. Version (Brüssel 1969).

Kirche und Gesellschaft in ihrer Beziehung zum Bildungswesen

Der Einfluß, den die Kirche auf das Bildungswesen unserer Zeit ausüben kann, ist abhängig von ihrer Stellung im jeweiligen gesellschaftlichen und politischen System[1], den in ihm geltenden rechtlichen, moralischen, materiellen Bedingungen, dem Verhältnis der kirchlichen Bildungsmission zu den Erwartungen der Bevölkerung bzw. den Zielen der Regierung – und dies alles ist oftmals abhängig von der Geschichte, in der und aus der heraus kirchliche Bildungsbemühungen ihr nationales Gepräge erhalten haben[2]. Der Einfluß hängt damit auch von der Kirche selbst ab: von ihrem Amtsverständnis und von den Ideen und Energien, die sie zugunsten ihrer Bildungsmission aufbietet und die sowohl der apostolischen Sendung im engeren wie dem Weltdienst im weiteren Sinn gelten können.

In Europa hat das vormals kirchlich begründete und lange Zeit hindurch kirchlich bestimmte Bildungswesen nach Einführung der allgemeinen Schulpflicht, der Verstaatlichung der Schulen und Hochschulen, der Verwissenschaftlichung und Verweltlichung des Unterrichts und der sprunghaften Ver-

[1] Vgl. UNESCO (Hrsg.), World survey of education, Bd. 5 (Paris 1971) 27f.

[2] Zu der auf § 13 II 12 des Allgemeinen Landrechtes zurückreichenden extensiven wie intensiven Deutung des Begriffs Schulaufsicht in Deutschland vgl. *Th. Oppermann,* Kulturverwaltungsrecht (Tübingen 1969) 252f. Zur geschichtlichen Situation der Schulen in freier Trägerschaft, insbesondere der katholischen Schulen in Europa, vgl. *W. Schultze* (Hrsg.), Schulen in Europa, 3 Bde. (Weinheim, Berlin 1968) (jeweilige Kapitel). Zur kolonialen Prägung afrikanischer Bildungssysteme vgl. *Th. Hanf,* Erziehung und politischer Wandel in Schwarzafrika, in: *D. Oberndörfer* (Hrsg.), Systemtheorie, Systemanalyse und Entwicklungsländerforschung (= Ordo Politicus, Bd. 14) (Berlin 1971) 536.

mehrung des freiwilligen Schulbesuchs („explosion scholaire") viel an Boden verloren. Bildungssysteme mit überwiegend katholischen (wie z.B. in Belgien) oder jedenfalls nichtstaatlichen Bildungseinrichtungen (wie z.B. in den Niederlanden) sind die Ausnahme. In den Vereinigten Staaten von Nordamerika hat das katholische Bildungswesen im Lauf dieses Jahrhunderts kräftig an Substanz gewonnen und ist an einem Punkt angelangt, wo weitere Zuwächse kaum mehr möglich scheinen, freilich auch die Unterscheidung gegenüber der an nichtkatholischen Einrichtungen vermittelten Erziehung und Bildung nachzulassen beginnt. In den lateinamerikanischen Ländern gibt es zwar einen festen Bestand an katholischen Bildungseinrichtungen, doch schmälert die große Aufgabe der Massen-Alphabetisierung, die durch sie nicht zu leisten ist, ihre bisherige Bedeutung. In den Missionen der Länder der Dritten Welt ist die Lage durch die Form der Dekolonisation, „nation-building" und sozialökonomischen Entwicklung bestimmt; sozialistische Regime, die sich an Schutzmächte der kommunistischen Lager, sei es das von Moskau oder das von Peking dominierte, anlehnen, stehen der Bildungsmission der Kirche feindselig gegenüber; dasselbe gilt, wo eine nichtchristliche Religion, z.B. der Islam, Staatsreligion ist. Günstiger liegen die Verhältnisse in Ländern mit westlichen Anlehnmächten. In den kommunistischen Staaten Europas und Asiens wurde die Kirche aus dem Bildungssystem radikal ausgeschlossen.

Im ganzen läßt sich über die gegenwärtige Lage des kirchlich begründeten, bestimmten oder orientierten Bildungswesens wenig Verallgemeinerbares sagen. Die Trendformel, wonach die Wirkung des Religionsfaktors[3] in Unterricht und Erziehung nachlasse und die Kirche aus dem Bildungssystem entweder ausgeschaltet werde oder sich aus ihm zurückziehe, ist sicher zu pauschal. Sie verkennt nämlich neuartige Austauschbeziehungen zwischen Kirche und Gesellschaft, wie sie von der Pastoralkonstitution Gaudium et spes ausgesprochen und ermuntert worden sind und eine Wende katholischer Schulpolitik eingeleitet haben.

Während die katholische Kirche vor dem Zweiten Vatikanischen Konzil Bildung als integrierenden Bestandteil eines religiös zu fundierenden und in kirchlicher Verantwortung liegenden Erziehungs- und Bildungsprozesses der Gläubigen verstand, folglich größten Wert auf die Institutionalisierung der „katholischen Schule" legte, hat sich die evangelische Kirche – zumindest in Deutschland – von solchen Vorstellungen seit den fünfziger Jahren losgesagt. In ihrer Erklärung zur Schulfrage (1958) ließ die Evangelische Kirche in Deutschland wissen, sie verstehe sich nicht zuerst als eine um Einfluß ringende Bildungsmacht, sondern als Hüterin der Freiheit. Darin kam die im Protestantismus aufbewahrte lutherische Überzeugung von der Notwendigkeit eines „streng weltlichen Regiments" zum Ausdruck. Schule gilt hier – wenige Jahre vor der Pastoralkonstitution „Gaudium et spes" – nicht mehr als geborene

[3] Vgl. dazu *F. Schneider*, Vergleichende Erziehungswissenschaft (Heidelberg 1961) 154ff.

kirchliche Aufgabe, sondern als Sachaufgabe, die weltlich und nüchtern, auch in Zusammenarbeit mit Nichtchristen, wahrgenommen werden könne[4].

Das Bildungswesen ist nicht nur Medium und Adressat kirchlichen Einflusses, es wirkt auch selbst auf die Kirche zurück. Solche Rückwirkungen erfolgen über die Ausbildungsbedingungen des geistlichen Nachwuchses (staatliche Bildungsreformen, in Deutschland: veränderte Stellung humanistischer Bildungsgänge usw.), über Wandlungen des Curriculum[5] sowie der Wissenschaftsbedingungen, in denen sich Theologie formuliert, über die Lehrform der Glaubensunterweisung (Didaktik des Religionsunterrichts), nicht zuletzt über die Erweiterung ehemals karitativ begrenzter Dienste im Sonderschul- und Pflegebereich durch Professionalisierung des Lehrpersonals. Auch diese Wandlungen sind auf breiter Front in Gang gekommen, ohne daß bereits erkennbar wäre, welche Formel (Rationalisierung des Mysteriums, Anpassung an die Welt, Verlust der philosophia perennis, Auflösung der Einheit oder lebendige Vielfalt, Dialog, neue Katholizität usw.) geeignet wäre, die Richtung des Prozesses abschließend zu bezeichnen.

Die katholische Erziehungs- und Schuldoktrin

Die Lehräußerungen der Päpste zum Erziehungs- und Bildungswesen sind zu verstehen als anlaß- und zeitgebundene Konkretisierungen des apostolischen Auftrags der Kirche, die Botschaft Jesu Christi zu verkündigen und zu bezeugen, die Bedingungen für die Verwirklichung dieses Apostolates gegen Beeinträchtigung und Verfall zu sichern und ständig zu verbessern und dabei immer stärker die personale Bedeutung der Erziehung und die Solidarität mit denjenigen auszudrücken, die – wie seit 1946 die UNESCO – sich die Bildung und Ausbildung aller Menschen zum Ziel gesetzt haben[6].

In der ersten Hälfte des 20. Jahrhunderts war die Kirche daran interessiert, die christliche Erziehung als integralen Bestandteil der Glaubensbildung und -ausbreitung intakt zu halten. Der Heilige Stuhl bemühte sich, bei der Neuordnung des Bildungswesens in Europa nach dem Ersten Weltkrieg die kirchlichen

[4] Zur sogenannten evangelischen Schuldoktrin vgl. *A. v. Campenhausen*, Erziehungsauftrag und staatliche Schulträgerschaft, Die rechtliche Verantwortung für die Schule (Göttingen 1967) 129ff. Zur Gemeinsamkeitsproblematik zwischen evangelischer und katholischer Schuldoktrin vgl. *E. M. Heufelder OSB*, Gibt es ein gemeinsames Leitbild für katholische und evangelische Erziehung?, in: Una sancta, Sonderdruck 1966, 229ff.

[5] Die zentralen Themen, die unter dem Begriff „Curriculum" diskutiert werden, sind Bildungsziele, Lehrinhalte und Lernorganisation. Vgl. dazu *K. Frey*, in: *L. Roth* (Hrsg.), Handlexikon zur Erziehungswissenschaft (München 1976) mit weiteren Literaturangaben (S. 85). Zur Diskussion über die Reform des Theologiestudiums vgl. Kommission „Curricula in Theologie" des Westdeutschen Fakultätentages durch *E. Feifel* (Hrsg.), Studium Katholischer Theologie, Berichte, Analysen, Vorschläge, Bd. 1–5 (Zürich u.a. 1973–1975).

[6] Handbuch theologischer Grundbegriffe, hrsg. v. *H. Fries*, Bd. I (München 1962) 319ff.

Belange auf diplomatischen Wegen zu sichern (Konkordatspolitik), durch Förderung kirchlicher Bildungseinrichtungen (z. B. Anerkennung von Universitäten als „päpstliche Universitäten“) ein staatsunabhängiges christliches Bildungswesen zu festigen und durch Unterstützung der Missionen (Pius XI.) der Ausbreitung des Glaubens durch Erziehungs- und Bildungseinrichtungen nachzuhelfen. Gleichzeitig, d. h. seit dem Ende des Ersten Weltkrieges, formulierten die Päpste, beginnend mit dem Brief Benedikts XV. vom 19. April 1919 („Communes litteras“) eine relativ geschlossene „katholische Erziehungs- und Schuldoktrin“, die auf der Grundlage bibeltheologischer Aussagen, tradierter kirchlicher Vorstellungen über Erziehung („paedagogia perennis“) sowie der einschlägigen Artikel des kirchlichen Gesetzbuches (CIC cc. 1372–1383) Lehraussagen über Erziehung und Schule unter Pflichtenaspekten enthielt und die Epoche bis zum Zweiten Vatikanischen Konzil bestimmte. Ihr maßgebliches Dokument ist neben dem bereits genannten Brief „Communes litteras“ die Enzyklika „Divini Illius Magistri“ Pius' XI. vom 31. Dezember 1929[7]; zu erwähnen sind ferner Botschaften Pius' XII. (Ansprache an die Jugendlichen der A.C.I., an die Familienväter Frankreichs vom September 1951), die Botschaft Johannes' XXIII. zum 30. Jahrestag des Erscheinens der Erziehungsenzyklika Pius' XI. (Botschaft vom 30. Dezember 1959) sowie Passagen der Enzyklika „Mater et Magistra“ vom 15. Mai 1961.

Sämtliche Äußerungen stützen sich auf das doppelte Recht der Kirche, die einmal kraft Lehramtes ihre Glieder zu Vollbürgern im Reiche Gottes zu erziehen hat und zum andern kraft übernatürlicher Mutterschaft die Seelen zum göttlichen Gnadenleben gebiert, ernährt und erzieht (Enzyklika „Divini Illius Magistri“ Nr. 16, 17[8]). Vor dem Hintergrund eines wahrhaft säkularen Verlustes kirchlicher Schulgestaltungsmacht und angesichts der Bedrohung christlicher Kulturwerte durch Liberalismus und Modernismus in Europa und Nordamerika erhoben die Päpste die Forderung nach materialer Katholizität der Bildungswelt ihrer Glieder, d. h.: entweder mußten Bildungsinstitutionen in katholischer Trägerschaft und Verantwortung stehen oder staatliche und sonstige Bildungseinrichtungen mußten vom katholischen Geist durchformt sein. Diese Forderungen wurden nach zwei Seiten hin präzisiert: Katholische Christen wurden in ihrem Gewissen verpflichtet, ihre Kinder auf katholische Schulen zu schicken; nicht-kirchliche, gemischte oder neutrale Schulen waren ihnen ver-

[7] Die christliche Erziehung der Jugend, Enzyklika „Divini illius magistri“ von Pius XI., Lateinisch-deutsche Ausgabe, eingeleitet und mit textkritischen Anmerkungen versehen von *R. Pfeil* (Freiburg, Basel, Wien 1959).

[8] Die Erziehungsenzyklika Pius' XI. erschien 3 Jahrzehnte nach Beginn der radikalen Schulreform. Sie setzt sich weithin kritisch mit dem pädagogischen Naturalismus auseinander, der, indem er „vom Kinde aus“ zu erziehen versuchte, den Anspruch objektiver Ordnungen geringachtete und Erziehung mit Entwicklung verwechselte. Vgl. dazu: *F. Pöggeler*, in: Dokumente des II. Vatikanischen Konzils, Bd. V.: Declaratio de educatione christiana / Über christliche Erziehung, eingeleitet v. *F. Pöggeler* (Trier 1966) 10.

boten (CIC c. 1374, Enzyklika „Divini Illius Magistri" Nr. 79); die Kirche selbst beanspruchte ein – konkordatär nur bruchstückhaft gesichertes – umfassendes Aufsichtsrecht über die Schule.

Die Rolle des Staates war innerhalb der päpstlichen Lehre dahingehend bestimmt, daß er ein Erziehungsrecht habe und ausüben müsse, jedoch nicht maßlos (Schulmonopol), sondern nach dem Prinzip der Subsidiarität (Elternrecht). Seine Aufgaben lägen vor allem in den Bereichen der Staatsdienerschulung und staatsbürgerlicher Bildung. Als geborene und berufene Erzieher ihrer Kinder galten in der päpstlichen Lehre immer die Eltern. Jedoch war auch ihr Erziehungsrecht kein „autonomes", sondern ein im Heilsauftrag und unter dem kirchlichen Lehr- und Hirtenamt stehendes. Die kraftvolle Verteidigung dieses (konfessionellen) Elternrechts durch die Kirche war darum charakteristisch geprägt durch die Verpflichtung der Eltern, ihr Recht entsprechend ihren katholischen Elternpflichten (Taufe, katholische Kindererziehung) auszuüben. Im konkreten Falle konnte dies bedeuten, daß sie für katholische Bekenntnisschulen zu stimmen hatten, wenn Abstimmungsmöglichkeiten vorhanden waren und entsprechende kirchliche Weisungen vorlagen.

Die katholische Erziehungs- und Schuldoktrin setzte als Bedingung ihrer Wirksamkeit voraus, daß tradierte kirchliche Autorität, das soziale Institutionengefüge und ein gewisses „katholisches Milieu" intakt waren. Auf solcher Grundlage war es möglich, daß wenige und einfache sogenannte „katholische Erziehungsgrundsätze" respektiert wurden: Elternrecht, Bekenntnismäßigkeit familialer und schulischer Erziehung, Ablehnung der Koedukation und Sorge für eine geschlechtsspezifische Unterweisung. Sie konnten mühelos in die Systematik kirchlicher Lehre und kirchlichen Rechts integriert werden und besaßen den Charakter von Geboten. Den zumindest in Deutschland großen schulpolitischen Erfolg der kirchlichen Linie schrieb man im evangelischen Lager denn auch der „Bindung der Gewissen der Katholiken" durch kirchliche Direktiven zu[9].

Zweites Vatikanisches Konzil und nachkonziliare Zeit

Nach dem Zweiten Weltkrieg kam es weltweit zu neuen Konstellationen im Bildungsbereich, die die katholische Erziehungs- und Bildungsdoktrin erschüttern mußten. Bildung erhielt gesamt- und teilgesellschaftliche Funktionen zugesprochen und wurde – vor allem in den Ländern der Dritten Welt, aber auch in den Industriestaaten – zu einem strategischen Punkt der Gesellschaftsentwicklung. Selbst im Feld der Persönlichkeitsbildung machte sich ein sozialer Anpassungs- und Aufstiegswille geltend, der die ehemals um katholische Schulen gezogenen Respektschwellen über Nacht niederriß. Der Weg von der in jeweiligen

[9] *A. v. Campenhausen*, Erziehungsauftrag (vgl. Anm. 4) 119f.

Sonder-Kulturen lebenden und sie tradierenden zur „modernen“, auf Wirtschaftswachstum und Informationsverdichtung angelegten, westlich-säkularen, dynamischen „Bildungsgesellschaft“ schien die Richtung des allgemeinen Fortschritts zu bedeuten.

Aus der Sicht des katholischen Bildungswesens gab es mannigfache Probleme: das Problem der Qualität und der vergleichbaren Standards zu den entwickelten nicht-katholischen Erziehungseinrichtungen; das Problem der Quantität angesichts neu entstehender Bedürfnisse nach Breitenbildung (basic education, Alphabetisierung); das Problem der Subsistenz angesichts sich verteuernder Bau- und Unterhaltungskosten; das Problem der Spiritualität angesichts verminderter geistlicher Lehrerschaft oder politischer Auflagen seitens der jeweiligen Regierungen (so muß in Pakistan und in Ägypten Religionsunterricht in Islam erteilt werden); schließlich das Problem des Selbstverständnisses: als Instrument der Glaubensverbreitung oder als Regelschule für Kinder aus katholischen Familien oder als Angebot von Katholiken an alle, d. h. als ein Instrument christlichen Weltdienstes.

Das Konzil bestätigt in seiner „Erklärung über die christliche Erziehung“ die Grundzüge der tradierten katholischen Schuldoktrin in der Frage der Erziehungsaufgabe, der Erziehungsberechtigten („zuerst und bevorzugt“ die Eltern, subsidiär der Staat, in spezifischer Weise die Kirche), des naturrechtlichen Charakters des Elternrechts und seiner Bewährung in der Frage der „Schulwahl“ für das Kind; es bekräftigt ferner die Inpflichtnahme der Erziehungsrechte durch das „Kindesrecht“, das nicht undifferenziert gilt, sondern von den natürlichen Anlagen des Kindes und seinem in der Mitverantwortung der Kirche liegenden übernatürlichen Ziel her zu sehen ist.

Traditionell wurden die für dieses Ziel geeigneten und darum verpflichtenden Mittel in Institutionen von materialer Katholizität gesehen. Das Konzil zeigt sich in diesem Punkte realistischer und aufgeschlossener: Da es zutrifft, daß ein immer größerer Bereich der Bildung Sachgesetzlichkeiten unterworfen ist, die den Sinn des christlichen Daseins weder positiv noch negativ tangieren, kommt alles darauf an, daß die formatio christiana mit der formatio profana Schritt hält. Und da es ebenso zutrifft, daß katholische Christen immer häufiger in gemischten oder neutralen Schulen unterrichtet werden, kommt es darauf an, daß dort, wo die christliche Durchformung der Schule institutionell nicht möglich ist, die religiöse Unterweisung möglich bleibt und – falls auch sie nicht in der Schule stattfindet – zumindest die sittlich-charakterliche Erziehung aus christlichem Geiste gewährleistet wird. Große Hoffnung setzt das Konzil hier auf das persönliche Vorbild christlicher Lehrer und Mitschüler, und es verweist auf die Notwendigkeit spiritueller Hilfe auch dann, wenn diese innerhalb des schulischen Bezirks nicht erfolgen kann.

Mit diesen Anpassungen an heutige Bedingungen christlicher Existenz in der Welt ist nicht notwendig ein Abrücken von Institution und Programm der schola catholica verbunden, wenngleich gerade hier in der nachkonziliaren Zeit

Meinungsverschiedenheiten aufbrachen. In der Erklärung selbst wird die „katholische Schule" aus dem Erziehungsauftrag der Kirche heraus gegen alle Monopolisierungstendenzen des Staates in Anspruch genommen. Katholische Schule – das ist vornehmlich die nichtstaatliche Schule in kirchlicher oder freier Trägerschaft aus katholischem Geist. In den Missionsgebieten ist sie erste Pflanzstätte göttlichen Lebens und Träger menschlicher Kultur mit starkem apostolischem Einsatz. Als Programm bedeutet sie die Darstellung der „Gegenwart der Kirche in der modernen Welt", wie sie in der Pastoralkonstitution „Gaudium et spes" verlangt ist; ihre Aufgabe ist Apostolat, d. h., Erziehung und Bildung haben der Ausbreitung des Reiches Gottes und – ineins damit – dem Wohl der irdischen Gemeinschaft und ihrem ewigen Heil zu dienen. Der Charakter des Bildungs-Apostolats bestimmt auch Auftrag und Gestalt des Lehrers an katholischen Schulen: Von ihm hängt es ab, wieweit Absichten und Initiativen katholischer Schulen realisiert werden. Darum bedarf er gründlicher und ständig erneuerter Ausbildung im profanen und religiösen Bereich und in den Erziehungsmethoden. Er soll in einem von christlichem Geist beseelten und über die Schulzeit hinausreichenden Dialog mit seinen Schülern stehen und mit den Eltern eng zusammenarbeiten. An dieser Stelle, also im Lehrer-bezogenen Programmteil der Erklärungen zur katholischen Schule, findet sich die traditionelle Erinnerung, daß katholische Eltern die Pflicht haben, „ihre Kinder, wann und wo sie die Möglichkeit haben, katholischen Schulen anzuvertrauen, diese nach Kräften zu unterstützen und mit ihnen zum Wohle ihrer Kinder zusammenzuarbeiten" (Art. 9).

Das Programm der schola catholica erstreckt sich über die gesamte Stufengliederung des Bildungswesens, angefangen von Schulen der Grund- und Mittelstufe, die das „Fundament der Bildung legen", bis zu den beruflichen Schulen, den Instituten für Erwachsenenbildung und für soziale Berufe, Sonderschulen, Lehrer- und Katechetenausbildungsstätten.

Zu den Universitäten äußert sich die Erklärung in dreifacher Absicht: sie erwartet von dort die Ausbildung der nationalen Führungskräfte, wissenschaftliche Beiträge zur Wahrheitsfindung und zu den modernen Weltproblemen (Unterernährung, Krankheit, Verteilungsungerechtigkeiten u. a.), und sie erwartet schließlich Institutionalisierung religiös-wissenschaftlicher Fakultäten oder zumindest Institute und von diesen Beiträge zum Dialog zwischen Glauben und Vernunft, die, wenn sie ihre je eigene Gesetzmäßigkeit und Zuständigkeit gewissenhaft beachten, in der einen Wahrheit zusammentreffen können. Diese Erwartungen setzen auch den Rahmen für die „katholischen Universitäten": Sie verdienen Förderung, jedoch so, daß sie nicht durch ihre Zahl, sondern durch ihre wissenschaftliche Leistung hervortreten (Art. 10). Die Äußerungen des Konzils zum Hochschulwesen halten sich durchweg im Rahmen päpstlicher Verlautbarungen von Pius XII., Johannes XXIII. und Paul VI.

Die nachkonziliare Zeit ist durch teilweise heftige Meinungsunterschiede über Bestand und Reichweite einer katholischen Bildungstheorie bestimmt.

Zwischen konservativen und progressiven Theoretikern werden für den Erweis der Kirchlichkeit ihrer jeweiligen Auffassungen unterschiedliche Textstellen aus den Konzilsdokumenten aufgeboten. Je nach dem ausgewählten theologischen oder ideenpolitischen Bezug treten an der katholischen Schuldoktrin nämlich die altvertrauten[10] oder gänzlich neue Züge hervor. Die Neuerer berufen sich auf die Pastoralkonstitution als „Magna Charta des christlichen Weltverständnisses und Weltauftrags" und versuchen, die katholische Bildungs- und Schuldoktrin in deren Licht „weiterzudenken". Das Katholische wird dabei nicht als kulturbestimmender, religiöser Inhalt, sondern als Form der Solidarität, Weltverantwortung und Bedingung der Kooperation mit allen Menschen guten Willens begriffen: Was konkret zu tun sei, unterscheide sich für den Katholiken nicht von dem, was jedermann erstreben und einsehen könne. Der christliche Glaube verleihe für die Gestaltung der Welt und des menschlichen Zusammenlebens keine inhaltlich neuen Einsichten; ja, Katholiken hätten nicht einmal das Recht auf eine eigene Kultur. Da die Kirche sich allgemein-menschliche Forderungen zu eigen mache und sich für sie einsetze, dürfe man „katholische Schulen" nicht als abgesonderte Veranstaltungen von Katholiken für Katholiken begreifen, sondern als integrierende Momente in der „Front aller Gutgesinnten" unter der Idee, „gemeinsam mit ihnen eine Welt in Menschlichkeit, Gerechtigkeit und Freiheit zu schaffen"[11].

Zu ähnlichen Ergebnissen kommt, wer die neue nicht-metaphysische Anthropologie der Pastoralkonstitution zur Richtschnur nimmt, nach der der Mensch „durch seine Verantwortlichkeit gegenüber seinen Brüdern und gegenüber der Geschichte definiert" sei. Verantwortlichkeit gegenüber der Geschichte wird dann verstanden als Teilnahmepflicht am wissenschaftlichen Fortschritt in allen seinen Spielarten und als Abkehr von jener älteren augustinischen Haltung, wonach Bildung für den Christen dort erst Sinn gewinne, wo sie aufhöre, leere Neugier (curiositas) zu sein, und auf das ewige Heil Bezug nimmt. Das Konzil mache Fortschritt und Wissen schlechthin zur Pflicht, weil in der anthropologischen Schau, die der heutigen Weltlage entspreche, die Arbeit daran als Form von Brüderlichkeit, Menschlichkeit, Verantwortung letzthin also als Ausfluß des christlichen Liebesgebotes aufzufassen sei. In solchem Zusammenhang wird die Gewissenspflicht christlicher Eltern, bei der Wahl der Schule für ihre Kinder der „katholischen Schule" den Vorzug zu geben, als Prüfstein gesellschaftlicher Freiheit gesehen und gerechtfertigt. Der Pluralismus der Gesell-

[10] Vgl. etwa das von *Dr. F. Heckenbach* verfaßte Memorandum Heilstheologische Begründung der katholischen Schule (= Études et Documents Nr. 4, OIEC) (Brüssel 1967). Der in offenkundiger Spannung zur Idee autonomer Sachbereiche formulierte Kernsatz des Memorandums lautet: „Mit der Offenbarung und der Menschwerdung ist jede pädagogische Autonomie gesprengt und nur noch sinnvoll als Heilspädagogik" (S. 4).

[11] *W. Seibel,* Bildung und Kultur in den Konzilsdokumenten, in: Christliche Erziehung nach dem Konzil (= Berichte und Dokumente, hrsg. v. Kulturbeirat beim Zentralkomitee der deutschen Katholiken) (Köln 1967) 29f.

schaft, also nicht ein metaphysisches, sondern ein politisches Prinzip, begründet die Institution „katholische Schule". Darf sie als solche dann aber Katholiken zur Gewissenspflicht gemacht werden? Drei einschränkende Überlegungen werden genannt:

- die Erklärung über die Religionsfreiheit stellt darauf ab, daß nur der im Gewissen verpflichtet werden kann, der aus eigenem Antrieb glaubt;
- die Pastoralkonstitution bindet die weltlichen Sachbereiche an ihren jeweiligen Sachanspruch zurück, also auch die katholische Schule an die modernen Anforderungen an „Schule";
- die Erklärung über die christliche Erziehung verlangt, daß eine katholische Schule nicht nur formell, sondern materiell katholisch sein müsse.

Erst wenn alle drei Momente vorliegen, könne eine Gewissensverpflichtung für die Eltern entstehen, ihr Recht auf freie Schulwahl zugunsten der katholischen Schule auszuüben [12].

In der nachkonziliaren Zeit wurden sowohl vom Heiligen Stuhl wie von regionalen Bischofskonferenzen und anderen Gremien (Synoden usw.) weitere Bestimmungen zur katholischen Erziehungs- und Schuldoktrin hinzugefügt. Sie beginnen mit dem Kommentar von Bischof Dr. Pohlschneider zur deutschen Übersetzung der Erklärung über die christliche Erziehung, der vor allem das Prinzip des „Apostolates" betont und es mit zahlreichen Konzilstexten verknüpft [13]. Die Vorstellung vom Heilsauftrag der Kirche im Erziehungswesen – nicht nur ihre Solidarität mit „allen Menschen guten Willens" – sei die „beherrschende Leitidee der Deklaration".

Überblickt man die seither publizierten Botschaften des Heiligen Stuhls, so kann der Eindruck entstehen, als diene die Bezugnahme auf die „Erklärung" mehr dem innerkirchlichen Gespräch, da in ihr die Belange der in katholischer bzw. kirchlicher Trägerschaft liegenden Einrichtungen besonders gut ausgesprochen und begründet worden sind [14]; andererseits werden gerne die Pastoralkonstitution oder die Enzyklika „Populorum progressio" zitiert, wenn Solidarität mit außerkirchlichen Organisationen zum Ausdruck gebracht werden soll – sei es aus Anlaß des Jahrestages der Alphabetisierungskampagne der UNESCO [15], sei es aus Anlaß des 25. Jahrestages der Gründung der UNESCO [16].

Die lateinamerikanische Kirche stellte ihre Entschließungen zur Erziehung

[12] Vgl. *J. Ratzinger,* Das Menschenbild des Konzils in seiner Bedeutung für die Bildung, in: Christliche Erziehung (vgl. Anm. 11) 62f.

[13] Z. B. Dogmatische Konstitution „Lumen gentium" Nr. 17, Missions-Dekret „Ad gentes" Nr. 35–41, Dekret über das Laienapostolat Nr. 28–32.

[14] Vgl. Botschaft zur 100-Jahr-Feier der Gründung der katholischen Universitäten in Frankreich, in: AAS 67 (1975) 695, zuletzt das Dokument der Kongregation für das kath. Bildungswesen über die kath. Schule vom 5. Juli 1977.

[15] AAS 61 (1969) 665.

[16] AAS 63 (1971) 837f. Daneben ist für das „droit à l'éducation" auch die Erklärung über die christliche Erziehung zitierbar (Art. 1).

ganz unter die von „Gaudium et spes" beflügelte Idee der Mitverantwortung für den Umwandlungsprozeß der lateinamerikanischen Völker und deren Befreiung. Deutliche Akzentverschiebungen gegenüber westeuropäischer und nordamerikanischer Philosophie und Theologie werden spürbar[17]. Von der katholischen Universität Santiago de Chile ausgehend gibt man Kapitalismus und Liberalismus die Schuld an der nachkolonialen Knechtung Lateinamerikas und glaubt, in diesem Geist die eigene Identität niemals finden zu können. Die Verheißung für die Probleme Lateinamerikas liegt nicht in den Industriestaaten der Ersten Welt, sondern in Lateinamerika selbst. Die Aufgabe der Erziehung besteht darin, die lateinamerikanischen Analphabeten zu befähigen, „sich selbst als Schöpfer ihres eigenen Fortschrittes auf kreative und originäre Art eine kulturelle Welt zu entwickeln."[18]

Die Linie, die der Heilige Stuhl in der Sicherung und Förderung kirchlicher Belange im Bildungswesen der europäischen Staaten verfolgt, ist von der vorkonziliaren Linie nicht verschieden: durch Verträge zwischen den jeweiligen Staaten und dem Heiligen Stuhl werden Bestimmungen geltender Konkordate fortgeschrieben oder ergänzt[19]. Stärker als in der vorkonziliaren Phase werden Verlautbarungen des Konzils und der Päpste in engen Zusammenhang mit Erklärungen anderer höchster politischer Gremien gerückt und die Verbundenheit aller Menschen guten Willens in dem einen Ziel betont, das Paul VI. aus Anlaß des 25. Jahrestags der Gründung der UNESCO so formuliert: „construire un monde fraternel", „promouvoir une civilisation de l'universel"[20]. In diese Richtung hatte bereits die Erklärung über die christliche Erziehung in Art. 12 gewiesen, daß mit allen Mitteln danach gestrebt werden müsse, „daß zwischen den katholischen Schulen eine angemessene Koordinierung zustande kommt und zwischen ihnen und den übrigen Schulen jene Zusammenarbeit gefördert wird, die das Wohl der gesamten menschlichen Gesellschaft erfordert". Koordination und Kooperation werden im innerkatholischen Bereich durch eine Verbindungsstelle für die nationalen Schulbüros und Verbände in Brüssel, das Office International de l'Enseignement Catholique (OIEC) realisiert, gegenüber der UNESCO in Paris ist das Centre Catholique International de Coordination

[17] Vgl. *J. Ratzinger,* Der Weltdienst der Kirche. Auswirkungen von „Gaudium et spes" im letzten Jahrzehnt, in: Internationale Katholische Zeitschrift, 4. Jg. (1975) Heft 5, 439ff (444f).

[18] Die Kirche in der gegenwärtigen Umwandlung Lateinamerikas im Lichte des Konzils. Beschlüsse der II. Generalversammlung des Lateinamerikanischen Episkopates, Medellín v. 24.8. bis 6.9.1968, Essen (ADVENIAT) 1970, 49f.

[19] Zusatzvertrag zum Vertrag mit Österreich v. 9.7.1962 am 25.4.1972 betr. Zuschüsse zum Personalaufwand an kath. Schulen mit Öffentlichkeitsrecht, in: AAS 64 (1972) 478ff; ferner die Modifizierung des Niedersachsenkonkordats v. 26.2.1965 am 21.5.1973, in: AAS 65 (1973) 643ff; sowie die Verträge mit Rheinland/Pfalz am 15. 5. 1973, in: AAS 65 (1973) 631ff, und dem Saarland am 21. 2. 1975, in: AAS 67 (1975) 248ff.

[20] Vgl. Anm. 16.

auprès de l'UNESCO (CCIC) tätig[21]. Der erste ständige Beobachter des Heiligen Stuhls beim Generalsekretariat der UNESCO war übrigens Monsignore Roncalli, der spätere Papst Johannes XXIII.[22].

Katholische Bildung im europäischen und nordamerikanischen Bildungssystem

Katholische Erziehungs- und Bildungsbemühungen realisieren sich innerhalb jeweiliger historischer und regionaler Gegebenheiten, die einerseits den Charakter der Kirche, andererseits den Charakter ihrer Beziehungen zur gesellschaftlich-politischen Umwelt bestimmen. Folgende Typen sind für eine vergleichende Darstellung des katholischen Bildungs- und Erziehungswesens von Nutzen: Es gibt im 20. Jahrhundert einheimische und Missionskirchen, staatsnahe und staatsferne, reiche und arme, beharrende und reformistische Kirchen, nationale und fremdländische Bildungstraditionen, vollständige und – im Blick auf Funktionen und den Stufenbau vom Elementar- zum Tertiärbereich – unvollständige Bildungsangebote.

Die europäischen Länder sind, ähnlich den USA, dadurch auffällig, daß sie ihre Nationalkulturen aus einer gemeinchristlichen europäischen Geschichte empfangen, in ihr ausdifferenziert und mehr oder weniger stark aus ihr emanzipiert haben. Wo das Trennsystem zwischen Staat und Kirche nach dem Muster der Weimarer Reichsverfassung realisiert ist, besteht kein Anlaß, ein vollständiges Bildungsangebot in kirchlicher Trägerschaft zu unterhalten; es reicht aus, wenn katholische Belange innerhalb des staatlichen Bildungssystems gesichert werden können[23]. In diesem Fall hat auch die Rede vom staatlichen Schulmonopol keinen rechten Sinn. Ist die Verfassungslage – wie in Frankreich – der Kirche feindlich („laïcité"), kann ihrer Erziehungsmacht doch auf indirektem Weg Rechnung getragen werden[24].

In den USA lagen die Dinge von Anfang an anders. Hier mußte, um den katholischen Einwanderern in einer für Katholiken zunächst unfreundlichen Gesellschaft eine kirchliche Erziehung zuteil werden zu lassen, ein staatsfreies katholisches Bildungssystem aufgebaut werden. Vom Sockel ortskirchlicher Primarschulen aus entstand seit der 2. Hälfte des 19. Jahrhunderts ein Bildungswesen, das von einer einheimischen Kirche getragen, die nationale amerikanische Bildungstradition in sich ausprägte und ein funktional und stufenmäßig vollständiges Bildungsangebot bereitstellte. Bis in die sechziger Jahre unseres Jahrhunderts zeigte es sich den finanziellen Anforderungen gewachsen.

[21] LThK, 2. Ergänzungsband (Freiburg i. Br. 1967) 401f.

[22] Dieser Umstand wird von Papst Paul VI. gegenüber dem Generaldirektor der UNESCO in Erinnerung gebracht, vgl. AAS 63 (1971) 837f.

[23] Vgl. *A. v. Campenhausen* (Anm. 4) sowie *Th. Oppermann* (Anm. 2) 35ff.

[24] Vgl. *W. Schultze* (Hrsg.), Schulen in Europa (Anm. 2), Bd. II A, 574, 583f.

Die große Mehrheit der nordamerikanischen Katholiken erhielt in diesem Jahrhundert teilweise oder ganz ihre Erziehung und Bildung in katholischen Einrichtungen[25].

Im folgenden sollen diese Einrichtungen in den europäischen Ländern und Nordamerika auf den jeweiligen Stufen der nationalen Bildungssysteme beschrieben werden. Einem definitorischen ersten Abschnitt, der aus Gründen der einheitlichen Begrifflichkeit am Bildungsgesamtplan für die Bundesrepublik Deutschland[26] orientiert ist, folgt jeweils ein historisch gehaltener zweiter Abschnitt.

Vorschulbereich

Im Elementarbereich liegen die außerhalb der Familie eingerichteten Bildungswege der Frühkindheit, d.h. die Einrichtungen familienergänzender Bildung und Erziehung nach Vollendung des dritten Lebensjahres bis zum Beginn der Schule. Hier sollen die Kinder die zu ihrem inneren und äußeren Wachstum notwendige Erziehung erhalten. Zwei Gesichtspunkte stehen dabei im Vordergrund: Zum einen versucht man, über die jeweiligen Möglichkeiten des Elternhauses hinaus den kindlichen Entwicklungsprozeß zu fördern („kompensatorische Erziehung“), zum anderen, einen gleitenden Übergang zum schulischen Lernen zu erreichen („Vorschule“).

Die gesetzlichen Regelungen, denen die Institutionen des Elementarbereichs der verschiedenen Staaten unterliegen, sind sehr unterschiedlich: Während Länder wie Belgien, Frankreich, England die Vorschule in das Bildungssystem eingegliedert haben – Frankreich betrachtet sie als integrierenden Bestandteil des Primarschulwesens –, haben die Niederlande und Italien das Vorschulwesen gesetzlich selbständig geregelt. Teilweise liegt die Verantwortung für den Elementarbereich bei den Behörden des Erziehungswesens, teilweise – wie insbesondere in den skandinavischen Staaten – bei den Sozialbehörden.

In den Industriestaaten ist die Erziehung im Elementarbereich zwar systematisch organisiert, jedoch – von Vorschulklassen abgesehen – nicht obligatorisch und liegt auch nicht durchweg in staatlich-kommunaler Trägerschaft. Insbesondere in Belgien, Dänemark, den Niederlanden, Italien, der Schweiz, der Bundesrepublik und in den USA werden Institutionen des Elementarbereichs überwiegend in freier Trägerschaft geführt.

Der Anteil der Kinder, der eine vorschulische Einrichtung besucht, variiert von Land zu Land. Die höchsten Besuchszahlen für 3- bis 5jährige Kinder verzeichnen Belgien (über 90 Prozent), die Niederlande und Frankreich (über

[25] New Catholic Encyclopedia, Bd. 5, 141ff (United States: 20th Century).

[26] Bund-Länder-Kommission für Bildungsplanung, Bildungsgesamtplan Bd. I (Stuttgart ²1974) 18ff.

70 Prozent). Bei den 5jährigen liegen die Quoten Belgiens und der Niederlande über 90 Prozent[27].

Das kirchliche Armen- und Schulwesen hat im Bereich der familienergänzenden Erziehung und Bewahrung von Kleinkindern traditionell für pflegebedürftige und elternlose Kinder gesorgt; die von Fröbel begründete Kindergartenbewegung in der Mitte des 19. Jahrhunderts hat dann auch im kirchlichen Bereich pädagogische Initiativen begünstigt. Religiöse Orden, Pfarreien, Wohlfahrtsvereine wurden zu Trägern von Kindergärten und – wo entgegenstehende gesetzliche Regelungen wie vor allem in Frankreich (1886) fehlten – zu den wichtigsten Trägern vorschulischer Einrichtungen. Seit dem Zweiten Weltkrieg gerieten diese Einrichtungen dann zunehmend unter staatliche Aufsicht (Bestimmungen über Mindestanforderungen im Raumprogramm und in der Qualifikation des Personals) und wurden auch aus öffentlichen Mitteln subventioniert; indes konnten sie sich bei der pädagogischen Gestaltung einen beachtlichen Freiheitsraum bewahren.

Achtete die ältere Kindergartenpädagogik vor allem auf die Betreuung der Kinder durch Spiel und gemeinschaftliches Tun zur Entlastung der Mütter und beschrieb sie ihre Theorie auf der Basis naturhafter Reifungsvorgänge in der Folge der Lebensjahre, so beachtet sie neuerdings stärker die Lernmöglichkeiten gerade der ersten Lebenszeit und versucht, sie für die Entfaltung der kindlichen Kräfte gezielt und systematisch zu nutzen. Im katholischen Bereich war Maria Montessori dieser Richtung vorausgegangen, hatte aber weniger in Deutschland als vor allem in Italien, der Schweiz und in den USA Wirkung erlangt; die moderne Frühpädagogik setzt die Montessorischen Ansätze fort und erweitert sie von der kognitiven und emotionalen auf die gesamte soziale Entwicklung der Kinder. Die Erziehungspraxis kirchlicher Kindergärten steht heute im Spannungsfeld vielfältiger Ansprüche und weitreichender, aber oft unzulänglich begründeter Kritik: einerseits soll sie die Ergebnisse der Frühpädagogik, insbesondere der Lernpsychologie ohne schulischen Leistungsdruck rezipieren, zum andern den Zielen antiautoritärer Erziehung Rechnung tragen, schließlich einen Weg finden, wie religiöse Erziehung praktizierbar sei, wenn – wie in der Bundesrepublik Deutschland – Kinder aus Elternhäusern verschiedenster Konfession aufgenommen werden[28].

Primarbereich und Sekundarbereich

Der Primarbereich umfaßt den ersten schulmäßig organisierten und obligatorischen Unterricht. Er kann zwischen drei Jahren (Unterstufe der zehnklassigen

[27] *B. Trouillet*, Die Vorschulerziehung in neun europäischen Ländern (= Dokumentationen zum in- und ausländischen Schulwesen, Bd. 8, hrsg. v. DIPF (Weinheim, Berlin [2]1968) 208 ff.
[28] Vgl. *G. Hundertmarck*, in: *L. Roth* (Hrsg.), Handlexikon zur Erziehungswissenschaft (München 1976) 111 ff.

allgemeinbildenden polytechnischen Oberschule der DDR) und sechs Jahren dauern (England und Schweden). Von Spezialschulen kommunistischer Staaten abgesehen, gilt die Regel, daß im Primarbereich alle Kinder einer Jahrgangsstufe gemeinsam unterrichtet werden; in Deutschland wird die in der Regel 4jährige Einheitsschule („Grundschule") seit 1920 aus Verfassungsgründen unterhalten. Die Schüler sollen auf ein gemeinsames Ausgangsniveau für weiterführende Wege gebracht werden. Die auf Individualisierung bedachte Frühpädagogik verlangt im Primarbereich eine angemessene Fortsetzung; doch ist noch kein Weg gefunden, wie das Prinzip der Gruppierung und Individualisierung mit dem Prinzip der Jahrgangsklasse über mehrere Jahre hin befriedigend verbunden werden könnte.

Der Sekundarbereich I umfaßt Bildungswege, die der Vollzeitschulpflicht unterliegen und in der Regel das fünfte bis zehnte Schuljahr umfassen. Am Ende des Sekundarbereichs I liegt ein schulisch qualifizierender Abschluß mit teils selektiver, teils verteilender Funktion.

Als gemeinsame pädagogische Aufgabe der hier zusammengeschlossenen Bildungswege gelten so spannungsreiche Zielbegriffe wie Orientierung, Individualisierung des Bildungsangebots und Vermeidung vorzeitiger Festlegung auf einen bestimmten Bildungsgang im Sekundarbereich II.

Von erheblicher bildungspolitischer Brisanz erwies sich seit den Jahren des Zweiten Weltkriegs in den westeuropäischen Ländern die Frage, ob der Sekundarbereich I in einer Stufe („integriert") oder in Säulen (eines „gegliederten" Schulsystems) organisiert werden solle. Dahinter verbergen sich kontroverse gesellschaftspolitische, pädagogische, bildungsökonomische und strukturpolitische Ansätze, die in verschiedenen Ländern in jeweils anderer Kombination entscheidungswirksam wurden.

Der Sekundarbereich II umfaßt in gesteigerter Unterschiedlichkeit und Vielfalt Bildungsgänge, die auf dem Sekundarbereich I aufbauen und in der Regel unmittelbar an ihn anschließen. Sie sind entweder berufsqualifizierend und dann teils vollzeitschulisch, teils teilzeitschulisch mit betrieblicher Praxis, oder sie sind studienbezogen („Gymnasien"), oder sie sind doppelt profiliert, d. h., sie eröffnen durch einen berufsqualifizierten Abschluß den Zugang zum Tertiären Bereich, oder sie sind berufsbefähigend, d. h., sie eröffnen Jugendlichen ohne Abschluß im Sekundarbereich I den Weg ins Erwerbsleben.

Stellte sich im Sekundarbereich I die Frage organisatorischer Integration bzw. Mehrgliedrigkeit als Alternative, so verlangen die vielschichtigen Probleme im Sekundarbereich II eine differenziertere Behandlung. Bei der Einbeziehung beruflicher Praxis in die Ausbildung geht es um Fragen der Dauer, vor allem aber der Abstimmung und Koordinierung; die Frage des Verhältnisses von Grund- und Spezialbildung (oft verwechselt mit der Frage nach dem Anteil von „Allgemeinbildung" an beruflicher Bildung) führt sowohl in institutionelle (Berufsgrundbildungsjahr, Grundberufe) wie in curriculare Probleme (Stufenausbildung); die Frage der Gleichwertigkeit von beruflicher und allgemeiner

Bildung wird heute teilweise durch Abbau der Trennung zwischen beiden Systemen und durch Erleichterung der Übergänge angestrebt, teilweise durch besondere Förderung der Eigenart des beruflichen Bildungsbereichs als eines selbständigen und eigenberechtigten Systems im Sekundarbereich II. Die Gleichwertigkeitsfrage spielt auch eine Rolle bei der Ausgestaltung des Hochschulzugangs, der eine strategische Funktion nicht nur für das gesamte Bildungs- und Beschäftigungssystem eines Landes, sondern auch für die Lebenschancen eines Absolventen des Sekundarbereichs II besitzt. Soweit der Abschluß des Sekundarbereichs II nicht nur eine verlängerte Grundbildung beendet und nicht nur für den Eintritt ins Erwerbsleben qualifiziert, sondern auch den Zugang zu einem Studium im Tertiärbereich eröffnet, ist seine Funktion doch keineswegs eindeutig bestimmt. Einerseits stellt er nur eine von mehreren Bedingungen dar, die vorliegen müssen, wenn man ein Studium beginnen will. In der UdSSR z.B. ist mit dem Abschluß der 10-Jahres-Schule, deren Abschlußklassen 9 und 10 als „vollständige Mittelschule", d. h. Sekundarstufe II, gelten, nur die Berechtigung zur Bewerbung um einen Studienplatz verbunden, die Zuteilung des Studienplatzes hängt von weiteren Bedingungen ab, darunter: den jährlichen Zahlen der staatlichen Bildungs- und Arbeitskräfteplanung, den Ergebnissen der Hochschuleingangsprüfung usw. Die ältere deutsche Regelung, wonach mit dem Abitur zugleich die allgemeine Hochschulreife verliehen wird, d.h. die Berechtigung zu einem Studium eigener Wahl, bildete das andere Extrem. Diese ältere Abiturregelung mußte seit der Mitte der sechziger Jahre für die Studiengänge bzw. Hochschulstandorte modifiziert werden, für die mehr Bewerbungen vorlagen als Studienplätze angeboten werden konnten (zentrale Zulassungsstelle)[29].

Kirchliche Bildungsbestrebungen und -interessen hatten in den meisten europäischen Staaten nach dem Kahlschlag durch Aufklärung und Säkularisierung ihr institutionelles Fundament verloren. Wo neuerliche Einflußnahmen anderweitig nicht gelangen, mußte die Kirche das, was an volkstümlicher Breite (geistliche Inspektion über das Trivialschulwesen) und pädagogischen Konzepten (Jesuitenschule) verlorengegangen war, durch spezifische Erziehung und Caritas ersetzen. So entstanden in der Trägerschaft geistlicher Orden Bildungseinrichtungen auf dem traditionell häuslicher Obsorge vorbehaltenen Gebiet der Mädchenbildung sowie der Pflege und Unterweisung Behinderter. Die Sorge für den geistlichen Nachwuchs drückt sich in der Förderung von Internatsschulen humanistischen Zuschnitts und in der Gründung regional bedeutsamer Internate bei staatlichen humanistischen Gymnasien aus.

[29] Vgl. *H. Scheuerl*, Gliederung des deutschen Schulwesens (= Deutscher Bildungsrat, Gutachten und Studien der Bildungskommission 2) (Stuttgart 1968); *S. B. Robinsohn* (Hrsg.), Schulreform im gesellschaftlichen Prozeß. Ein interkultureller Vergleich, Bd. I (Bundesrepublik Deutschland v. C. Kuhlmann, DDR v. K.-D. Mende, Sowjetunion v. D. Glowka) (Stuttgart 1970).

In den Niederlanden entwickelte sich ein ungewöhnlich starkes konfessionelles Bildungssystem: Es war sowohl von kalvinistischer wie von katholischer Seite begehrt worden und war seit 1917 nicht nur formal verbürgt („Die Erteilung von Unterricht ist frei"), sondern auch hinsichtlich des Anspruchs auf staatlichen Unterhalt. Ein Gesetz aus dem Jahr 1920 stellte Grundschulen öffentlichen und privaten Charakters finanziell gleich. 1960 folgte darin ein Sekundarschulgesetz nach. Ähnlich günstig liegen die Verhältnisse in Belgien, wo mehr als die Hälfte aller Schüler in katholischen Schulen Unterricht erhalten. Auch Spanien bietet – seit der Franco-Ära – der katholischen Kirche breiten Einfluß: Sie ist als Erziehungsmacht gesellschaftlich anerkannt, berät sich mit staatlichen Instanzen über Erziehungsprobleme, erteilt an allen Schulen Religionsunterricht, besitzt eine Anzahl eigener Lehranstalten und hat nicht wenige andere unterstellt bekommen. In Frankreich ist die Kirche zwar infolge der Laizismus-Doktrin des Staates aus dem öffentlichen Bildungssystem verbannt, privat jedoch nicht nur gelitten, sondern seit der V. Republik auch kräftig unterstützt. Grundlage des wohlwollenden Verhältnisses zwischen Staat und Privatschulsystem war der „Rapport Lappie", der 1959 ein Gesetz auf die Bahn brachte, das es dem Staat erlaubt, mit Privatschulen Unterstützungsverträge zu schließen. 1965 besuchte immerhin jeder vierte Sekundarschüler eine private Einrichtung, die meisten davon eine kirchliche[30].

Die deutsche Sonderform der Bekenntnisschule im Volksschulbereich, d.h. in staatlicher Trägerschaft geführten, aber personell und programmatisch konfessionell bestimmten Primar- und Sekundarschule, ist seit der zweiten Hälfte der sechziger Jahre in christlichen Gemeinschaftsschulen aufgegangen, die pädagogischen und bildungsökonomischen Erfordernissen besser gerecht werden können. Die Vereinbarkeit dieser Gemeinschaftsschulen mit der Verfassung wurde vom obersten Gericht im Frühjahr 1976 erklärt. Die Vereinbarkeit mit den Grundsätzen katholischer Schulpolitik wird von bischöflicher Seite nicht mehr bestritten[31].

In den USA stellten sich der katholischen Minderheit – anders als in Deutschland – im Rahmen der öffentlichen Schulen gesetzliche und soziale Hindernisse für eine katholische Erziehung und Bildung entgegen. Die dagegen einsetzende Catholic-parochial-school-Bewegung führte seit der zweiten Hälfte des 19. Jahrhunderts zur Ausbildung eines institutionellen pädagogischen Unter-

[30] W. *Schultze*, Schulen in Europa (vgl. Anm. 2), Bd. I (Deutschland), Bd. II (Frankreich, Niederlande, Belgien), Bd. III (Spanien, Italien).

[31] Zur Entwicklung des Verhältnisses von Erziehungswissenschaft und Schule zur katholischen Kirche vgl. neuerdings *K. Erlinghagen*, Katholische Kirche und Erziehung und Bildung, in: *G. Gorschenek* (Hrsg.), Katholiken und ihre Kirche (= GS 200–202) (München, Wien 1976) 240ff (246). Zahlen zur katholischen Schulstatistik, in: Kirchliches Handbuch. Amtliches statistisches Jahrbuch der katholischen Kirche Deutschlands, hrsg. v. *F. Groner*, Bd. 23 (1944–1951) 5. Abtlg. Zwischen 1944 und 1951 lag der Anteil an konfessionellen Volksschulen in Deutschland bei 86 Prozent, 58 Prozent waren katholisch.

baues für ein katholisches Erziehungs- und Bildungswesen, das im Jahr 1920 mehr als 6500 Primarschulen mit über 40000 Lehrern und 1,7 Millionen Schülern umfaßte.

1960 gab es auf diesen Schulen bereits 4,5 Millionen Schüler. Neben den Pfarrschulen, die die Hauptmasse der katholischen Primarschulen bilden, bestehen – zumeist im Zusammenhang mit Sekundarschulen – auch Primarschulen in der Trägerschaft von religiösen Orden und, in geringerer Zahl, auch in der Trägerschaft katholischer Laien (Montessori-Schulen).

Noch stärker als im Primarbereich war das Wachstum katholischer Schulen im Sekundarbereich. Gab es 1920 noch wenig mehr als 1500 Schulen mit knapp 130000 Schülern, so stieg ihre Zahl im Jahr 1960 auf beinahe 2400 Schulen mit mehr als 800000 Schülern. Die Schulgröße, gemessen an der Schülerzahl pro Schule, verdreifachte bis vervierfachte sich in dieser Zeit, so daß immer mehr Sekundarschulen der finanziellen und administrativen Kompetenz der Pfarreien entwuchsen und – oft unter Verantwortung religiöser Orden – zu Diözesanschulen wurden. (Die erste zentrale High School entstand in Philadelphia, Pa., in den neunziger Jahren des 19. Jahrhunderts.) Heute besuchen etwa 40 Prozent aller katholischen Jugendlichen im Schulalter eine katholische High School und dies, obgleich ihr Besuch schulgeldpflichtig ist. Angesichts der steigenden Schulbau- und -unterhaltungskosten, u. a. bedingt durch die Zunahme von Laienlehrern, steht freilich zu erwarten, daß das katholische Schulwesen in den USA vorläufig keine weitere Ausweitung erreichen kann.

Die Erziehungsziele und -stile in den katholischen Schulen entwickelten sich in engem Zusammenhang mit denen der öffentlichen und nicht-katholischen Schulen. Sie blieben wie diese in die Wechselfälle der nationalen Geschichte eingespannt (Weltkrieg I, New Deal, Weltkrieg II, Sputnik-Schock usw.) und von den geistigen Impulsen (Pragmatismus eines J. Dewey) und sozialen Bewegungen (Koedukation, Bürgerrechtsbewegung u. a.) abhängig[32]. Gleichwohl gewannen sie aus der päpstlichen Erziehungslehre, insbesondere der Enzyklika „Divini illius Magistri“ Pius' XI., wichtige Hilfen. Die sieben Ziele, zu denen katholische Schulen in den USA führen wollen, erscheinen als pragmatische Kombination allgemeiner und spezifisch katholischer Leitvorstellungen im Erziehungsbereich. Schüler sollen werden: 1. intelligent Catholics, 2. spiritually vigorous Catholics, 3. cultured Catholics, 4. healthy Catholics, 5. vocationally Catholics, 6. social minded Catholics, 7. American Catholics[33].

Tertiärbereich

Im Tertiärbereich ist zwischen Hochschulen und Ausbildungsstätten mit sonstigen berufsqualifizierenden Bildungsgängen zu unterscheiden (Fachschulen

[32] New Catholic Encyclopedia, Bd. 5, 142–146.
[33] New Catholic Encyclopedia, Bd. 13, 21.

oder höhere Fachschulen, die als Eingangsvoraussetzungen einen Abschluß des Sekundarbereichs II verlangen).

Die Hochschulen haben die Aufgabe, auf berufliche Tätigkeiten vorzubereiten, die die Anwendung wissenschaftlicher Erkenntnisse und Methoden oder die Fähigkeit zu künstlerischer Gestaltung erfordern. Sie können, müssen aber nicht Stätten der „Forschung" sein; wo sie Lehre mit Forschung verbinden, wie beispielsweise die deutschen Universitäten, ist ihr Rang höher, als wenn sie auf Ausbildung spezialisiert sind (Typus „Fachhochschule"). Die moderne sozial- und naturwissenschaftliche Forschung wird jedoch immer stärker außerhalb des Tertiärbereichs organisiert.

In Ländern mit vorwiegender oder ausschließlicher Trägerschaft des Staates sind die Leistungsunterschiede von Universitäten zwar weniger stark als in Ländern mit vorwiegend freier Trägerschaft (z.B. USA), doch bringt die Erweiterung des Hochschulbereichs um Institutionen, die ehemals dem Sekundarbereich II zuzurechnen waren, einen vorher unbekannten Prozeß der Niveaudifferenzierung in Gang. Dieser Vorgang kann von staatlicher Planung und Lenkung zur Binnengliederung von „Gesamthochschulen" genutzt werden: an die Stelle der Universitätsstruktur treten dann neue strukturelle Gliederungsmerkmale eines einheitlichen Hochschulsystems: Differenzierung und Gliederung der Studiengänge nach Inhalt, Dauer, Abschluß in mehr anwendungsorientierte und mehr forschungsorientierte Studiengänge bei gleichzeitiger Koordination verwandter Studiengänge und gegenseitiger Anerkennung von Studienleistungen und Abschlüssen. Die Niveaudifferenzierung kann aber auch institutionell sichtbar gemacht werden und zu einer Stufenunterscheidung innerhalb des tertiären Bereichs führen[34].

Mit der Erweiterung des tertiären Bereichs wird nicht nur dem Wandel der Berufsbilder und ihrer stets möglichen Verwissenschaftlichung und Verfachlichung Rechnung getragen, sondern auch auf ein quantitatives Problem geantwortet. Man hofft, das Problem der steigenden Nachfrage nach Studienplätzen auf der Grundlage sich vermehrender Studienchancen (Unterrichtsfreiheit, Zuschüsse zu den Lebenshaltungskosten aus öffentlichen Mitteln) dadurch zu lösen, daß eine große Zahl berufsqualifizierender Kurzstudien angeboten wird, die teilweise als „Grundstudien" für weiterführende Studiengänge gelten können und daß der Zugang zu Langstudien an erschwerte Voraussetzungen gebunden wird (besondere Abschlußqualifikation im Sekundarbereich II oder im Kurzstudium, Studieneingangsprüfung usw.).

Bildung im Tertiärbereich ist jedoch nicht auf die hergebrachten oder neuerdings in diesen Bereich aufgestuften Institutionen beschränkt; sie wird auch über Fernstudien vermittelt, die es dem Teilnehmer prinzipiell ermöglichen sollen, von seinem jeweiligen Arbeitsplatz aus sich zu qualifizieren. Am stärksten ausgebaut ist diese Form des Studiums in den kommunistischen Staaten;

[34] Council of Europe, Diversification of Tertiary Education (Strasbourg 1974).

während der Chruschtschow-Ära gab es in der UdSSR mehr Studenten in Abend- und Fernstudium (54,8%) als im Tages- und Direktstudium (45,2%)[35].

Im sogenannten tertiären Bereich lagen seit jeher wichtige kirchliche Aufgaben und Interessen. Durch die stürmische Entfaltung der nachaufklärerischen Wissenschaften an den Universitäten und Hochschulen wurde die ältere Fakultätenordnung, in der die Theologie den ersten Platz einnahm, gründlich gestört: teilweise gerieten sie in eine Randlage, teilweise mußten sie die Universitäten überhaupt verlassen (Université de France). Aber auch andere Ziele älterer Universitäten in katholischen Ländern wandelten sich: zunächst und am stärksten die Pflege der kirchlichen und weltlichen Wissenschaften auf der Grundlage der katholischen Weltanschauung, sodann die an ihr orientierte Integrierung der Fachwissenschaften durch die wissenschaftliche Anstrengung der Akademiker und zuletzt auch die Vertretung der Wissenschaften bei offengehaltener Frage nach einem ethisch und religiös annehmbaren Lebenssinn. Die Lage an den Hochschulen verschlechterte sich streckenweise so stark, daß gewisse Universitäten für „antireligiöse Festungen“ gelten mußten (N. A. Luyten).

So hatte denn seit der 2. Hälfte des 19. Jahrhunderts als Reaktion auf Aufklärung, Säkularisation und liberale bzw. laizistische Staatskirchenpolitik eine Bewegung zur „katholischen Universität“ eingesetzt, die überall dort besonders lebhaft war, wo eine befriedigende konkordatäre oder entsprechende andere Regelung des Neben- und Ineinander von staatlicher und kirchlicher Forschungs- und Ausbildungsdomäne fehlte. Da in Deutschland die im ganzen positive Entwicklung des 19. Jahrhunderts auch über den Einschnitt der Weimarer Republik hinweg fortgesetzt wurde und sich – von retardierenden Tendenzen während der NS-Zeit abgesehen – auch nach dem Zweiten Weltkrieg fortsetzte, ist es zur Gründung „katholischer Universitäten“ hierzulande nicht gekommen. Seit den sechziger Jahren ist auch die Rechtsstellung der staatlichen und kirchlichen Philosophisch-Theologischen Hochschulen (z.B. in Bayern) nach dem Muster der katholischen Fakultäten an Universitäten geregelt.

Im übrigen Europa ist die Lage der katholischen Universitäten sehr unterschiedlich: In Frankreich, wo es solche Hochschulen in Paris, Lille, Angers, Lyon und Toulouse gibt (die Université catholique de L'Ouest in Angers wurde bereits 1875 gegründet, ursprünglich zur Deckung des Lehrerbedarfs für die zahlreichen katholischen Privatschulen des französischen Westens), bestehen statutarische Beschränkungen durch den Umstand, daß akademische Grade – abgesehen von solchen theologischer Art – allein von der staatlichen Université de France vergeben werden dürfen, so daß sich die nicht-theologischen Fakultäten der katholischen Hochschulen als Vorbereitungsanstalten für die Staatsexamina etabliert haben.

[35] *O. Anweiler* u. a., Europäische Bildungssysteme zwischen Tradition und Fortschritt (Mülheim/Ruhr 1971) 137.

Den Rang einer nationalen Universität für Belgien hat die alte und zugleich katholische Universität von Löwen, die durch ihr Philosophisches Institut (D. Mercier) seit dem Ende des 19. Jahrhunderts in der neuthomistischen Forschung und Lehre führend ist und die über die Breite ihrer Fakultäten etwa 50 Prozent aller Studenten in Belgien ausbildet (1970: ca. 27000). Freilich blieb sie von dem Sprachenstreit zwischen der flämischen und wallonischen Bevölkerungsgruppe nicht verschont und mußte im Jahr 1966 zweigeteilt werden (Löwen/Ottignies).

Die für Spanien wichtigste katholische Universität, Navarra in Pamplona, wurde erst im Jahr 1960 durch das Opus Dei gegründet. Unterhaltung und Führung dieser Universität richten sich wie auch die der älteren katholischen Universitäten (z.B. Salamanca, 1940) nach dem Konkordat von 1953.

Von besonderer Bedeutung für die im 19. Jahrhundert entstandene Bewegung zu „katholischen Universitäten" sind die Vereinigten Staaten, wo heute neben einer Vielzahl sogenannter Colleges über 32 katholische Universitäten existieren, die erste von ihnen wurde 1887 als Catholic University of America in Washington D.C. unter den Gesetzen des Districts of Columbia gegründet und zwei Jahre später von Leo XIII. mit päpstlichem Status versehen („Magni Nobis Gaudii", Brief v. 7. März 1889).

Die erste Aufgabe lag bei theologischen Erweiterungsstudien (graduate studies) für Priester, die an einem der 125 sogenannten „colleges" bzw. der 10 Seminare ihre Grundausbildung erhielten. Zehn Jahre später folgte eine philosophische und sozialwissenschaftliche Fakultät nach, in der auch farbige Studenten eingeschrieben wurden; Frauen erhielten seit 1928 die Zulassung. Die Katholische Universität wurde durch die amerikanische Bischofskonferenz und alle Pfarreien unterstützt (Finanzierung durch jährliche Kollekte), sie behielt ihren Schwerpunkt im Bereich der Erweiterungsstudien und hatte in den sechziger Jahren ca. 5000 Studierende (darunter 1300 Priester und 400 Ordensfrauen); ihre Kapazitäten liegen jedoch wesentlich darüber.

Im Jahre 1924 versuchte man von den neugegründeten katholischen Universitäten Mailand (1920), Nijmwegen (1923) und der altehrwürdigen Universität von Löwen aus die Gründung einer weltweiten Föderation katholischer Universitäten (International Federation of Catholic Universities, IFCU), in der der Erfahrungsaustausch über die nationalen Grenzen hinweg institutionalisiert und die Aufbauphasen der Neugründungen erleichtert werden sollten. Nach kriegsbedingter Pause wurde die Kooperation im Jahr 1949 von Rom aus wiederaufgenommen und die Vereinigung selbst auf kanonischen Rechtsstatus gestellt[36]. Heute sind Universitäten aus 40 Ländern in Europa, Amerika, Asien und Afrika vereinigt, von denen jede, um Mitglied werden zu können, mindestens drei Fakultäten haben muß, darunter eine für nicht-theologische Studien. In den lateinamerikanischen Ländern existieren über 30 katholische Universi-

[36] Apostolischer Brief „Apostolicas Studiorum Universitates", in: AAS 42 (1949) 385.

täten von höchst ungleichartigem Rang (vier wurden allein zwischen 1960 und 1964 gegründet), die bedeutendste ist wohl die Universidad Católica von Chile mit mehr als 5000 Studenten. In Kanada bestehen 6 katholische Universitäten, die bedeutendste unter ihnen ist die von Montreal mit über 20000 Studenten. Für Afrika könnte die von Löwen aus gegründete katholische Universität Lovanium Bedeutung gewinnen[37].

Asien erhielt im Verlauf des 20. Jahrhunderts durch Missionsorden von Europa, insbesondere aber von Nordamerika aus mehrere katholische Universitäten. Die Universität Aurora wurde 1903 von französischen Jesuiten in Zikawei/China gegründet, 1909 nach Shanghai verlegt. Sie umfaßte Fakultäten für Recht, Naturwissenschaften, Geisteswissenschaften und Medizin. 1937 eröffneten bei ihr die Dames du Sacré Cœur eine Abteilung für höhere Mädchenbildung. In Tientsin gründeten französische Jesuiten 1922 ein Institut des Hautes Études, das 1948 unter dem Namen Tsinku offiziell als Universität anerkannt wurde. Die größte nationale und internationale Ausstrahlung aber besaß die Katholische Universität von Peking, die, 1924 auf Wunsch Pius' XI. von amerikanischen Benediktinern gegründet, bereits 1927 unter dem Namen der Fu Jen als Staatsuniversität Anerkennung fand und von 1933 an der Gesellschaft vom göttlichen Wort (SVD) anvertraut war. Die drei chinesischen Universitäten, die durch Ausbildung und Wissenschaft (Monumenta Serica der Fu Jen und Bulletin de l'université Aurore) großes Ansehen genossen, wurden nach der Machtergreifung der Kommunisten geschlossen, die Mitglieder der Orden, soweit sie keine Chinesen waren, ausgewiesen. Damit wurde eine Entwicklung abgebrochen, zu der Teilhard de Chardin durch seine Arbeiten in den zwanziger Jahren (Sinanthropus, 1924) wichtige Anstöße gegeben hatte. In Japan entstanden 1913 (Sophia-Universität in Tokio) und 1949 (Nagoya) zwei katholische Universitäten[38]. Zu Beginn der siebziger Jahre existierten in asiatischen Ländern 15 katholische Universitäten, deren Bestand und Wirken freilich stark von den jeweiligen politischen Verhältnissen mitbedingt ist.

Wichtiger als die Zahl dürften indes auf weitere Sicht die Funktion im jeweiligen nationalen und regionalen Zusammenhang („Bildungsplanung") und die Qualität der Forschung sowie ihre internationale Ausstrahlung sein. In diesem Sinn erklärte das Zweite Vatikanische Konzil über die christliche Erziehung an Hochschulen: Katholische Hochschulen seien in angemessener Weise auf die verschiedenen Teile der Welt zu verteilen und zu fördern, „jedoch so, daß sie nicht durch ihre Zahl, sondern durch ihre wissenschaftliche Leistung hervortreten. Sie sollen besonders den begabten Studenten offenstehen, auch wenn diese zu den Armen zählen, vor allem aber auch denen, die aus den jungen Völkern stammen" (Erklärung über die christliche Erziehung Art. 10).

[37] LThK, 2. Ergänzungsband (vgl. Anm. 21) 395f.

[38] *A. Mulders*, Missionsgeschichte. Die Ausbreitung des katholischen Glaubens (Regensburg 1960) 472 und *Msgr. S. Delacroix* (Hrsg.), Histoire Universelle des Missions Catholiques, Bd. 3 (Paris 1958) 273.

Ständige Weiterbildung (Erwachsenenbildung)

Neben und nach den drei bzw. vier Bildungsbereichen öffnet sich ein weites Feld für wiederaufnehmendes Lernen, das eine Fülle von Zielsetzungen, Formen, Institutionen und organisatorischen Verhältnissen kennt. Seit wenigen Jahren wird dieses Feld des Lernens als eigenständiger und gleichwertiger Bildungsbereich betrachtet (éducation permanente, life long learning, recurrent education). Hier sollen nicht nur neben- und außerberufliche Interessen gepflegt, sondern auch soziale Aufstiegswünsche befriedigt und – mehr und mehr – Möglichkeiten zur Auffrischung der beruflichen Kenntnisse und Fertigkeiten geboten werden. Seitdem der rasche soziale Wandel, der Wissenschaftsfortschritt und der technische Fortschritt berufliche Kenntnisse veralten lassen und nachhaltige Veränderungen im Berufsbereich mit sich bringen, ist es notwendig geworden, die Phase der „Lehrjahre" über das ganze Berufsleben hinweg weiterzuführen. Man sieht heute in der ständigen Weiterbildung die Fortsetzung, Ergänzung und Erneuerung der Bildungsprozesse im Elementar-, Primar-, Sekundar- und Tertiärbereich, teilweise auch eine Alternative dazu[39].

Der Bereich der ständigen Weiterbildung ist – entsprechend seiner Multifunktionalität – nur schwer unter einheitliche institutionelle Regeln zu bringen. In Ländern, wo verschiedene gesellschaftliche Gruppen, Gruppen der Wirtschaft, Kirchen, Gemeinden u.a. an dem Bildungsauftrag dieses Bereiches teilnehmen, ist es notwendig, ein Mindestmaß an Gemeinsamkeit zu bewirken durch örtliche und überörtliche Zusammenarbeit der Träger von Weiterbildungseinrichtungen oder durch Zusammenführung ehemals getrennt betriebener Ausbildungszwecke (insbesondere des beruflichen und des allgemeinen politischen, kulturellen usw. Bereichs). Neuerdings versucht man, im Rahmen einheitlicher Lernprogramme (Curricula) und auf der Grundlage eines gesetzlichen „Bildungsurlaubs" der berufsbezogenen Bildung einen gewissen Vorrang einzuräumen und die Struktur des Weiterbildungsbereichs nach beruflichen Erfordernissen auszurichten (Baukastensystem, Zertifikate, Anforderungen an das Bildungspersonal u.a.).

Die katholische Erwachsenenbildung in Europa war eine Antwort auf die Herausforderung der Ersten Aufklärung, die je nach historischen Bedingungen anders ausfiel. Ihre Geschichte ist noch kaum erforscht, am ehesten noch für die deutsche und österreichische Entwicklung (I. Zangerle). In Deutschland konstituierte sich katholische Erwachsenenbildung als Volksaufklärung in apologetischer Absicht und trat seit der Mitte des 19. Jahrhunderts in den Kreis der Volksbildungsbewegungen ein, wo sie in „Schulen für Erwachsene" einen „allgemein christlichen Unterricht" zu vermitteln suchte (Kathol. Verein Dtl.s,

[39] *E. King* u.a., Post-Compulsory Education, A new Analysis in Western Europe (London, Beverly Hills [Cal.] 1974) 44.

1848). Nachdem das erste Ziel: die Sammlung der katholischen Bevölkerungsteile in Vereinigungen und Verbänden, erreicht und ihre weltanschauliche und politische Konsolidierung gegen den Liberalismus gelungen war, trat angesichts des Kulturkampfs das zweite Ziel hervor, nämlich zur Bewußtseinsbildung beizutragen und den erreichten Stand zu verteidigen. Mit dem Nachlassen der Gefährdung verfiel diese Zielsetzung und machte einer volkstümlichen Bildungspflege Platz, bis unter Führung von A. Heinen und dem Einfluß des Hohenrodter Bundes dem Volksverein für das katholische Deutschland neue Impulse zuströmten („intensive" bzw. „gestaltende" Volksbildung). Die Zeit zwischen dem Ersten und dem Zweiten Weltkrieg ist durch Bemühungen um neue organisatorische Formen der Kooperation zwischen den katholischen Vereinen und Verbänden (Zentral-Bildungsausschuß der katholischen Gesamtverbände Deutschlands [ZBA]) und neue Bildungskonzepte gekennzeichnet (1925: erster katholischer Volksbildungskongreß in Paderborn); freilich bleibt die katholische Bildungsarbeit in den Grenzen ihrer Tradition und ihrer sozialphilosophischen (historisch kaum spezifizierten) Grundsätze und öffnete sich nicht oder nur schwach für die geschichtliche Wirklichkeit der politischen Gesellschaft ihrer Zeit. So blieb sie gegenüber der NS-Herrschaft politisch isoliert und wurde mitsamt dem übrigen Verbandskatholizismus aufgehoben (1933 Auflösung des Volksvereins, 1938 Auflösung des ZBA). Nach 1945 setzte die katholische Erwachsenenbildung zunächst an den verbliebenen institutionellen Resten der Vorkriegszeit an (Heimvolkshochschulen usw.), nach 1950 – angeregt durch das Beispiel der Evangelischen Akademien – in Katholischen Akademien, die sich als Orte für „das Gespräch der Kirche mit der Welt" (B. Hanssler) verstehen. Die ältere Ausrichtung auf die Arbeiter-, Bauern- und Handwerkerbildung wurde damit nicht aufgegeben, wohl aber zugunsten einer verstärkten Einbeziehung intellektueller Bezugsgruppen relativiert[40]. Schließlich kam es zur Ausbildung örtlicher Bildungswerke, die mit Volkshochschulen und anderen Einrichtungen konkurrieren und innerhalb der örtlichen oder regionalen Bildungsangebote oft eine wichtige Rolle spielen. Aus dem Nebeneinander verschiedener katholischer Bildungseinrichtungen ergab sich nicht nur ein Bedürfnis nach organisatorischer Abstimmung im innerkirchlichen Feld (1957: Bundesarbeitsgemeinschaft für katholische Erwachsenenbildung [BAG]), es ergab sich auch die Notwendigkeit, mit den Weiterbildungsinstitutionen konkurrierender Träger Abstimmungen herbeizuführen. Ein wichtiger Anstoß hierzu kam von staatlicher Seite über Neuregelungen der öffentlichen Zuschüsse, ein zweiter über die unter dem Stichwort der „Emanzipation" geführte pädagogische und andragogische Diskussion seit der Mitte der sechziger Jahre und ein dritter, in seinen Konsequenzen noch kaum abschätzbarer Anstoß vom Zweiten Vatikanischen Konzil. Die Pastoralkonstitution „Kirche und

[40] *F. Messerschmid*, Geschichte der Katholischen Akademien, in: *F. Pöggeler* (Hrsg.), Handbuch der Erwachsenenbildung, Bd. 4 (Stuttgart u.a. 1975) 208ff.

Welt" hat das Ende der älteren, integralistisch gedachten katholischen Erwachsenenbildung in Deutschland beschleunigt und eine grundstürzende Besinnung auf neue Wege der Erwachsenenbildung in katholischer Trägerschaft veranlaßt.

In Österreich war diese Entwicklung aufgrund anderer geschichtlicher Voraussetzungen und insbesondere der im Katholizismus selbst verlaufenden Konfliktlinie zwischen sozialständischem und klassenorientiertem Denken schon seit dem „radikalen Neubeginn" von 1945 vorgezeichnet[41]. Die 1963 gegründete Bundesarbeitsgemeinschaft für katholische Erwachsenenbildung in Österreich (BAKEB) gehört – wie ihre deutsche Schwestervereinigung (BAG) – der 1963 gegründeten Europäischen Föderation für Erwachsenenbildung (FEECA) an, in der die Kooperation zwischen den deutschsprachigen Mitgliedern besonders eng ist.

In den USA war die kirchliche Erwachsenenbildung bis zum Zweiten Weltkrieg wenig mehr als ein Teil der traditionellen Vereins- und Missionsarbeit gewesen. Die neue Ära der Adult-Education-Bewegung begann in den fünfziger Jahren und fand in den sechzigern gewisse Höhepunkte. Sie hingen zusammen mit der Verstärkung kirchlicher Außen- und Hilfsdienste, der Ausbreitung der Ideen der Erwachsenenbildung und mit den Impulsen des Zweiten Vatikanischen Konzils. Drei Strömungen bestimmten nunmehr die kirchliche Erwachsenenbildung: die ökumenische Bewegung, die Verflechtung der Kirchen mit nationalen Problemen der USA (Armut, Rassismus) und Säkularisierungserscheinungen in der vormals puritanisch orientierten Öffentlichkeit. Das Muster kirchlicher Erwachsenenbildung, das auch von der katholischen Erwachsenenbildung übernommen wurde, war der 1954 von P. Bergevin und McKinley entwickelte und 1970 publizierte Indiana-Plan, der neue andragogische Prinzipien in wissenschaftlich begleiteten Seminarfolgen erprobte. Mit der Adaptierung des Plans ging eine Verdichtung der Organisation einher; 1958 wurde The National Catholic Education Association gegründet, die 1959 das Handbook of catholic adult education herausgab. Die soziale Reichweite der kirchlichen Erwachsenenbildung ist in den USA beträchtlich: 12 Prozent der Teilnehmer an Erwachsenenbildungskursen beteiligten sich 1962 an Veranstaltungen der Kirchen und Synagogen (3,2 Millionen)[42].

Die katholische Erwachsenenbildung in Europa und den USA dürfte künftig verstärkt von den Trends erfaßt werden, die sich auf der III. Internationalen UNESCO-Konferenz andeuteten; man registrierte dort eine weltweite Entwicklung zur integrierten, öffentlich verantworteten, international-solidarischen, funktionalen, wissenschaftlich fundierten und professionalisierten Erwachsenenbildung. Ob und in welcher Form das Eigentümliche einer Erwachsenenbildung in katholischer Trägerschaft sich in solchen Trends bewahren und neu

[41] Vgl. *I. Zangerle*, Geschichte der katholischen Erwachsenenbildung, in: *F. Pöggeler* (Hrsg.), Handbuch (vgl. Anm. 40) 208ff.

[42] *F. Laack*, Die amerikanische Bildungswirklichkeit. Idee, Stand und Probleme der Adult Education in den USA (Köln 1976) 88 150 154ff.

ausprägen kann, wird von vielen Umständen abhängen: u. a. davon, ob die umstürzende Wirkung des Zweiten Vatikanischen Konzils von einer Phase kritischer und gläubiger Rekonstruktion gefolgt wird, ob die Nachwuchsgeneration der Erwachsenenbildner diese Aufgabe als die ihrige erkennt und die notwendigen Voraussetzungen dafür besitzt und schließlich: ob die politischen und gesellschaftlichen Umstände für ein zumindest teilweise eigenbestimmtes Wirken freier Träger erhalten bleiben oder neu gesichert werden können.

Bedingungen für katholische Bildung in anderen Weltgegenden

Anders als in Europa und Nordamerika, wo das kirchliche Bildungswesen innerhalb nationaler Bildungstraditionen wirksam wurde und von einheimischen Kirchen getragen bzw. kontrolliert wurde, liegen in den anderen Weltgegenden andere und oft sehr komplizierte Verhältnisse vor. Aufgrund der statistischen Lage wird dabei nur ein Überblick über die Schulen und Hochschulen des Primar- bis zum Tertiärbereich gegeben; unter ihnen wiederum steht der in kirchlicher Trägerschaft befindliche Teil im Mittelpunkt des Interesses. Er gilt als Repräsentant des „katholischen Bildungswesens“[43].

Lateinamerika unterscheidet sich von den erst jüngst entkolonisierten Staaten Afrikas und Asiens in spezifischer Weise. Einerseits bleibt zwar der Unterricht für die führenden Familien an den Schulen der Herkunftsländer orientiert[44], andererseits sind kulturelle Fusionen und Rassenmischungen eingetreten, die eine eigene lateinamerikanische Gesellschaft und eigene Nationalkulturen haben entstehen lassen, deren Entwicklungsperspektive keineswegs mit der der westlichen (oder kommunistischen) Industrienationen übereinzukommen scheint[45]. Aufs ganze gesehen, war die Wirksamkeit des institutionalisierten Bildungswesens gering: Jeder zweite Bewohner des lateinamerikanischen Kontinents ist Analphabet, die für das Bildungswesen abgezweigten Anteile des Bruttosozialprodukts liegen unter denen der Industriestaaten. Freilich steigen die Anteile seit den fünfziger Jahren allmählich an. Mexiko investierte beispiels-

[43] Die statistischen Angaben in diesem Teil beziehen sich, wenn nichts anderes vermerkt wird, stets auf das katholische Bildungswesen in privater bzw. „freier“ Trägerschaft; vgl. dazu: CIEO, Études et Documents Nr. 5, The Situation of Catholic Education in the Various Continents (Brüssel 1969) (frz. Original: 1968).

[44] Zu den katholischen Universitäten vgl. Abschnitt „Tertiärbereich“.

[45] Vgl. *E. L. Stehle*, Indio-Latein Amerika (Düsseldorf, Oberhausen 1971); *A. García*, Die lateinamerikanische Theologie der Befreiung I, in: Internationale Katholische Zeitschrift, 2. Jg. (1973) Heft 2, 400ff; *R. Vekemans*, Die lateinamerikanische Theologie der Befreiung II. Ein Literaturbericht, ebd. D., 434ff.

weise 1958 1,5 Prozent des Sozialprodukts im Bildungsbereich, 1963 waren es 2,7 Prozent und 1966 3,1 Prozent[46].

Die historische Rolle der Kirche zeigt sich im Bildungswesen an der starken Beteiligung kirchlicher Einrichtungen im Schul- und Hochschulbereich. Freilich waren sie die längste Zeit hindurch nicht auf die Entwicklungsbedürfnisse des Landes abgestimmt und nach Funktion und Ausbau ebenso unvollständig wie ungleichgewichtig. Die Mängel des öffentlichen Bildungswesens schlugen sich im kirchlichen Bildungswesen ungebrochen nieder: Es fehlte an Einrichtungen für die Massenbildung („Alphabetisierung"), für berufliche Ausbildung, für die Ausbildung mittlerer Führungskräfte usw. 13 Prozent der Schüler besuchen katholische Einrichtungen. Der höchste Prozentsatz (über 25 Prozent) ist in Bolivien und Chile erreicht, es folgen Brasilien, Kolumbien, Ekuador, Guatemala (20–15 Prozent), dann Argentinien, Mexiko, Nicaragua, Panama, Peru, Venezuela (15–10 Prozent), am Schluß liegen (mit weniger als 10 Prozent) Costa Rica, Honduras, Paraguay. Die religiöse Unterweisung der Masse der Schulpflichtigen ist nicht gesichert und kann nur teilweise über außerschulische Veranstaltungen geleistet werden. Die Verknüpfung des Schulsystems mit dem Staat bedeutet nur in wenigen Fällen geregelte Zuschüsse zu den Bau- und Unterhaltungskosten (so besonders in Argentinien, Chile, Surinam); in anderen Ländern gibt es keine festen Finanzhilfen (z. B. Kolumbien – mit Ausnahme der kath. Universitäten – Ekuador, Paraguay, Peru). Seit den vermehrten sozialen Spannungen der fünfziger und den revolutionären Unruhen der sechziger Jahre hat sich die lateinamerikanische Kirche verstärkt um die Erweiterung und Erneuerung ihres Bildungsengagements bemüht[47]. 1963 wurde das Ständige Sekretariat der lateinamerikanischen Bischofskonferenz in Bogotá (CELAM) neu gestaltet. Es hat die Umsetzung der Konzilsdokumente „Gaudium et spes" und der „Erklärung über die christliche Erziehung" auf den lateinamerikanischen Kontinent vorbereitet. Ergebnis seiner Arbeiten ist die 1968 von der 2. Generalversammlung der lateinamerikanischen Bischöfe in Medellín verabschiedete Entschließung „Menschliche Entwicklung", in der es heißt: „Lateinamerika scheint noch unter dem tragischen Zeichen der Unterentwicklung zu leben, was unsere Brüder nicht nur vom Genuß der materiellen Güter, sondern auch von ihrer eigenen menschlichen Verwirklichung trennt." Erziehung, also die Leistung der katholischen Schule, wird in dieser Situation definiert als „entscheidender Faktor in der Entwicklung des Kontinents". Die Richtung, in der die Entwicklung gehen soll (die „ganzheitliche Entwicklung des Menschen und

[46] *P. Latapí*, Diagnostico Educativo Nacional, Centro de Estudios Educativos (México City 1964). Der relativ hohe Analphabetenstand muß im Verhältnis zur Bevölkerungszunahme und der gleichzeitigen Verringerung des Anteils gesehen werden. Vgl. dazu UNESCO, World survey (vgl. Anm. 1) Bd. 5, 66f. Zwischen 1960 und 1966 ist der Anteil der Schulpopulation an der Gesamtbevölkerung von 14 Prozent auf 18 Prozent gestiegen.

[47] Vgl. *J. R. Vaccaro*, Latin America, in: CIEO, Études et Documents Nr. 5 (vgl. Anm. 43) Doc. 3.3.

aller Menschen"), müsse durch Erziehung ermöglicht und gefördert werden; angesichts der Größe der Aufgabe reiche die systematische Erziehung durch Schulen oder Kollegien nicht hin; soweit katholische Schulen an der Erziehung beteiligt seien, müßten sie allen sozialen Schichten ohne Diskriminierung Zutritt geben („Demokratisierung"). Die katholische Schule solle ihrer lokalen und lateinamerikanischen Umwelt gegenüber offen sein, ihre Um- und Neugestaltung betreiben, dem ökumenischen Dialog gegenüber offen sein, kulturelles, soziales und geistiges Zentrum innerhalb der Gesellschaft werden. Um das Ziel einer aufgeschlossenen und demokratischen katholischen Schule zu erreichen, unterstützt die Bischofskonferenz von Medellín das Recht auf freie Schulwahl und auf angemessene Mittelzuweisung[48]. Die christlichen Erziehungsimpulse werden nicht mehr nur durch Kirchenrecht oder Theologie, sondern durch Soziologie und Bildungsplanung vermittelt.

Die Bedeutung dieses Dokuments ist groß: Es stellt die nationalen Organisationen der lateinamerikanischen Kirche unter ein gemeinsames reformistisches bis – je nach Umgebung – revolutionäres Programm, bringt sie u. U. in Konflikte mit staatlichen Stellen und setzt für weite Kreise der Bevölkerung nicht nur ein Zeichen der Hoffnung, sondern auch einen Maßstab, an dem das Handeln der kirchlichen Bildungsträger gemessen werden kann.

Das von Kirchen getragene Bildungssystem Afrikas verdankt sich – wie in Asien – der Christianisierung, die zu weiten Teilen eine Begleiterin des europäischen Kolonialismus und Imperialismus war. Die europäischen Missionsorden vertraten ein europäisches Erziehungs- und Bildungsprogramm, das Eigenart und Interesse der jeweiligen Kolonialmacht entsprach („displaced education")[49]. Das europäische Gesicht der Bildungspolitik läßt sich in Afrika besonders gut nachzeichnen[50].

Die „mission civilisatrice" Frankreichs verlangte ein zentralistisches und laizistisches Schulwesen auch in den Kolonien. Die britische Kolonialmacht zielte vermittels des Prinzips der „indirect rule" auf eine afrikanische Gesellschaft ab, nutzte Vernikularsprachen, begünstigte in ihren Gebieten private Erziehungsträger, insbesondere Missionsgesellschaften. Die Belgier förderten im Kongogebiet für die Zwecke eines kontrollierten sozialen Wandels und einer die heimische Wirtschaft ergänzenden Ökonomie katholische Missionsschulen. Die Heranbildung von Führungskräften, die der gesamten belgischen Kolonialpolitik wenig galt, fand nicht statt; eine Ausnahme war die Klerikerbildung. Im übrigen war es für die meisten afrikanischen Gebiete typisch, daß Farbigen nur

[48] Die Kirche in der gegenwärtigen Umwandlung Lateinamerikas (vgl. Anm. 18).

[49] Vgl. neben den in Anm. 38 genannten Titeln insbes. *H. Jedin*, Weltmission und Kolonialismus, in: Saeculum 1958, 393ff; *M. Merle*, Les Eglises Chrétiennes et la Décolonisation (Paris 1967); *S. Neill*, Colonialism and Christian Missions (London 1966).

[50] Dazu aus soziologischer Sicht: *Th. Hanf*, Erziehung und politischer Wandel in Schwarzafrika (vgl. Anm. 2).

eine schulische Grundbildung zuteil wurde. In den Staaten Süd- und Südwestafrikas sowie in Rhodesien kamen die besonderen Umstände eines weißen Afrikanertums hinzu, das sich gegenüber einheimischen und teilweise zugezogenen farbigen Mehrheiten ethnisch, sozial und politisch zu behaupten versucht und die Bildungspolitik auch diesem Ziel unterordnete.

Die Lage des katholischen Schul- und Erziehungswesens veränderte sich[51], als nach dem Zweiten Weltkrieg die Epoche der Dekolonisierung Asiens und Afrikas einsetzte, neue Führungsmächte mit neuen Methoden und Zielen auftraten – neben den USA vor allem die Sowjetunion und seit den sechziger Jahren die VR China (außerdem einige kleinere kommunistische Staaten wie z. B. Kuba oder die VR Vietnam); der arabische Nationalismus im Nahen und Mittleren Osten die Position des Islam verstärkte und die politische und kulturelle Ausstrahlung Europas zurückging. In dieser Umbruchsphase entstanden in den ehemals kolonisierten Gebieten zwei Strömungen, beide gleichermaßen ungünstig für das katholische Bildungswesen: die erste, mehr kulturell-politischer Art, war der erwachende Nationalismus; die zweite, mehr ökonomisch-sozialpolitischer Art, war die Politik der Entwicklung. „Nation-building" und sozialökonomische Entwicklung wurden zu Zielen amtlicher Politik; zu ihrer Realisierung sollte auch das Bildungswesen beitragen. Verschiedentlich wurde Nation-building aus vorkolonialen (und d. h. zumeist: nichtchristlichen) Traditionen versucht; dem Christlichen gegenüber feindselig erweisen sich auch Ideologien, mit denen die Entwicklungspolitik, insbesondere bei marxistischer Orientierung, unterstützt werden sollte. Der Unterricht in europäischen Sprachen wurde – vor allem im Primarbereich – eingeschränkt, den Lehrkräften spezielle Ausbildungsnachweise zur Pflicht gemacht, die rechtliche Stellung des katholischen Schulwesens wurde unsicher. Versteht man „nation building" und Entwicklung als gesamtpolitische Aufgabe in der Hand bzw. unter Kontrolle des Staates, dann scheint es unabwendbar, daß die Schulgründungs- und -unterhaltungsfreiheit, auf deren Grundlage das Missionswesen sich entfaltet hatte, eingeschränkt werden mußte.

Die zur Souveränität aufgestiegenen afrikanischen Staaten waren nicht geneigt, den Status quo des kolonialen Bildungssystems bestehen zu lassen. Sobald sie Mittel und Wege sahen, ihn zu liquidieren, taten sie es auch. Indes gelang es noch nicht überall. Einige Staaten nahmen die Schule in staatliche Regie und gaben den katholischen (privaten) Schulen neben den Staatsschulen einen eigenen Rechtsstatus (Zaire, Tansania, Burundi, Ruanda), andere verfügten im Zeichen des staatlichen Schulmonopols die Aufhebung bzw. Umwidmung privater (katholischer) Schulen (Kongo-Brazzaville, Guinea, Zentralafrika, Sudan, Malawi, Ghana [vor 1967] und jüngst die revolutionären sozialistischen Staaten Äthiopien, Moçambique, Somalia).

[51] Vgl. *M. Ekwa*, Africa, in: CIEO, Études et Documents Nr. 5 (vgl. Anm. 43) Doc. 3.2 sowie der Bericht, auf den Ekwa sich stützt: Catholic education in the service of Africa, Report of the Panafrican Catholic Education Conference (August 1965).

Die Lage des katholischen Schulwesens zu Anfang der sechziger Jahre, für die es statistisches Material gibt, stellte sich in Afrika so dar: Der Katholikenanteil an der gesamten afrikanischen Bevölkerung betrug damals ca. 10 Prozent (25 von 270 Millionen). Von den afrikanischen Schülern ging jeder dritte in eine katholische Schule. In den einzelnen Staaten variieren diese Durchschnittszahlen stark: Von 56 Staaten hatten 9 einen Katholikenanteil an ihrer Bevölkerung von mehr als 40 Prozent, 30 von weniger als 10 Prozent. Es gab daher nur in wenigen Staaten ein entwickeltes und leistungsfähiges katholisches Schulwesen (so vor allem in den ehemals belgischen Kolonien), doch katholische Schulen leisteten, wo immer sie bestanden, ihre Dienste zu zwei Drittel für Nicht-Katholiken und waren ein wichtiger Ort der Begegnung von Nicht-Christen mit Christen verschiedener Konfession, insbesondere mit Katholiken. Als besondere Probleme stellten zuletzt sich dar: Zahl und Qualität der Lehrer, ihre missionarische Motivation, ihre besoldungsmäßige Stellung (nur wenige Staaten haben die Mittel und die Absicht, Gehaltszuschüsse zu den Lehrergehältern in katholischen Schulen zu geben, so z. B. Zaire), die bewußte Beteiligung katholischer Schulen an Nation-building und Entwicklung.

Solche Fragen wurden auf Regionalkonferenzen seit Frühjahr 1967 behandelt und unter das ausdrückliche Gebot gestellt, sie auf die in den Konzilstexten niedergelegten Grundsätze katholischer Bildung zu beziehen wie auch diese Grundsätze im Licht der besonderen afrikanischen Probleme zu konkretisieren.

Die Verstärkung der Rassenunruhen und der Nationalistenbewegung in den weiß dominierten Apartheid-Staaten des Südens und Südwestens hat seit 1976 dazu geführt, daß die katholischen Schulen – allen Repressionen zum Trotz – vom Staatsgrundsatz der Rassentrennung abgingen und ihre Tore für Schüler aller Rassen öffneten.

Im Vorderen und Mittleren Orient besteht, was die Religionsverhältnisse anbetrifft, für Katholiken eine ausgesprochene Minderheitenlage, im übrigen eine ungemein komplizierte Situation[52]. Die Staaten dieser Weltgegend gehören mehrheitlich dem Islam an (Staaten der Arabischen Liga), teilweise der Orthodoxie (Griechenland, Zypern) oder dem Judentum (Israel), nur ein Staat hat einen beachtlichen Katholikenanteil an der Gesamtbevölkerung: der Libanon. Eine halbe Million Schüler besuchte in diesem Raum Mitte der sechziger Jahre katholische Schulen, eine Zahl, die inzwischen – insbesondere nach der Zerstörung von Beirut und vieler christlicher Ortschaften – erheblich zurückgegangen sein dürfte. Das Christentum in dieser Weltgegend enthält zwei Elemente: ein missionarisches und ein einheimisches (Maroniten, Kopten, Chaldäer, Orthodoxe). Beide waren bzw. sind im Bildungsbereich auf je eigene Weise aktiv. Die einheimischen und zumeist ländlichen Kultgemeinden betrieben seit

[52] Vgl. dazu: *I. Maroun*, Near and Middle East, in: CIEO, Études et Documents Nr. 5 (vgl. Anm. 43) Doc. 3.1.

Jahrhunderten Sprach- und Literaturunterricht, um ihre kultisch-religiöse Integrität inmitten einer fremdsprachigen und fremdgläubigen Umwelt zu bewahren (Unterricht unter dem Maulbeerbaum auf einem Stein). Die Missionsgemeinden zielten auf europäische Bildungsstandards und wurden bald auch zum städtischen Anziehungspunkt für nicht-katholische Schüler. Im Libanon waren die ausgebauten und gutbesuchten katholischen Schulen von Staats wegen anerkannt und mitfinanziert.

Die heutigen Probleme des katholischen Schulwesens stimmen in vielem mit denjenigen überein, die auch in Afrika begegnen und mit der historischen Belastung ehemals kolonial-nützlicher Anstalten, mit der Orientierung an europäischen Bildungsstandards, nicht zuletzt mit dem Anspruch auf Teilselbständigkeit gegenüber dem Staatsschulwesen zu tun haben. Die Belastungen der Kolonialzeit zeigen sich in Algerien, Marokko, Tunesien, Libyen und werden sich, wenn überhaupt, nur dann beseitigen lassen, wenn die einheimische Bevölkerung die guten Dienste der Missionsschulen weiter nachfragt und nachfragen darf. Damit ist der politische Aspekt angedeutet: In sozialistischen arabischen Staaten wurden katholische Schulen vielerorts aufgehoben. In den anderen Staaten der islamischen Welt finden sie sich zumindest unter Druck gesetzt, nicht zuletzt durch die Koordinationspraxis der Arab-UNESCO, dem von der Arabischen Liga gebildeten regionalen Zweig der UNESCO, der die regionale Uniformität des Lehrens und Lernens zu Lasten gerade auch des katholischen Schulwesens anstrebt. Es versteht sich, daß unter solchen Bedingungen die Grundsätze des Konzils im katholischen Bildungsbereich nur schwer angewandt und entfaltet werden können und alles davon abhängt, daß die Erklärung der Menschenrechte, Regeln der UNO, die Charta der UNESCO über die Nicht-Diskriminierung in Erziehungs- und Lehrfragen von den Staaten eingehalten werden, die ihnen einmal zugestimmt haben.

Am schwierigsten ist die Lage des katholischen Bildungswesens unter den Bedingungen Asiens. Von den 17 im Bericht der CIEO von 1968 ausgewerteten Ländern[53] dürfen nur die Philippinen für ein katholisches Land gelten (Katholikenanteil über 80 Prozent), Macao und Vietnam erreichen knapp 10 Prozent, die anderen liegen alle darunter. Indien zum Beispiel gab im Jahr 1966 60 Millionen Schüler und Studenten an, davon besuchten 1,8 Millionen katholische Bildungseinrichtungen – 860000 waren selbst katholisch, also weniger als die Hälfte derer, die auf diesen Schulen waren. Die für Kambodscha gegebene Zahl von 50000 Schülern und Studenten in katholischen Einrichtungen (bei 650000 insgesamt) ist seit der Machtergreifung durch die Kommunisten mit Sicherheit überholt.

Die politischen Veränderungen der asiatischen Landkarte seit den späten vierziger Jahren haben die Situation für die Katholiken immer mehr verschlech-

[53] Vgl. W. *Perfecto*, Asia, in: CIEO, Études et Documents Nr. 5 (vgl. Anm. 43) Doc. 3.4.

tert[54]. Auch dort, wo die Kommunisten nicht ans Ruder gelangt sind, kann das katholische Bildungswesen nur einen kleinen Teil der Wirkung entfalten, zu der es bestimmt ist. Oft verlangt die nicht-katholische Umwelt, daß der missionarische und pastorale Charakter katholischer Schulen unterdrückt wird; in islamischen (Ägypten, Pakistan) oder buddhistischen Staaten müssen „Ethik" oder sogar eine nicht-katholische Religion gelehrt werden. Wenn – wie auf den Philippinen – 30 von 100 Schülern im Primar- und Sekundarbereich am katholischen Religionsunterricht teilnehmen, so handelt es sich für den asiatischen Bereich um extrem günstige Werte. Die Unterhaltungskosten für katholische Schulen werden in einigen Ländern von der Regierung bezuschußt, da eigene Einrichtungen noch nicht zur Verfügung stehen; damit sind regelmäßig starke Kontrollen verbunden. In Malaysia und Singapore stellt die Regierung im Benehmen mit kirchlichen Stellen sogar die Lehrkräfte an.

Die Reichweite der katholischen Schulen ist eher regional als sozial von Belang; zwar dringen sie teilweise tief in die von der Regierung nicht erreichten Gebiete ein, erfassen jedoch nur die Oberschichten. Seit dem Zweiten Weltkrieg haben nicht wenige der heute führenden Persönlichkeiten katholische Schulen besucht. Die Zukunft dieser Schulen wird weniger in quantitativer Erweiterung als in einer Qualitätssteigerung gesehen.

Zu den Zielen gehört die Ersetzung europäischer durch qualifizierte einheimische Lehrkräfte und die Adaptierung einheimischer Kulturtraditionen, sodann die erkennbare Einbindung der Bildungsarbeit katholischer Schulen in die Entwicklungsprogramme der jweiligen Regierungen. Das bedeutet zugleich die Anerkennung differenzierter Dienste für die Kirche: von der religiösen Bildung katholischer Kinder bis hin zur Mitwirkung an einer menschenwürdigen Gestaltung der gesellschaftlichen Verhältnisse im jeweiligen Land[55].

[54] Vgl. zur China-Mission *A. Mulders,* Missionsgeschichte (vgl. Anm. 38) 472f.

[55] Die Diskussion über die Dienste der Kirche, von der auch die Frage der Bildungsangebote berührt ist, findet heute im Rahmen der Missiologie breiten Widerhall. Vgl. dazu *J. M. van Engelen,* Tendenzen in der Missiologie der Gegenwart, in: Internationale katholische Zeitschrift, Jg. 3 (1974) H. 3, 230ff.

13. Kapitel

Information und Massenmedien

Univ.-Professor Dr. Michael Schmolke, Salzburg

QUELLEN: Inter mirifica, Dekret des Zweiten Vatikanischen Konzils über die Instrumente der sozialen Kommunikation (vom 4. 12. 1963), in: LThK – Das Zweite Vatikanische Konzil, Teil I (Freiburg i. Br.) 116–135; Communio et Progressio. Pastoralinstruktion über die Instrumente der sozialen Kommunikation vom 23. 5. 1971, Nachkonziliare Dokumentation Bd. 11 (Trier 1971); Radio Vaticana (Hrsg.), Documenti Pontifici sulla Radio e sulla Televisione 1929–1962 (Rom, Vatikan 1962), Documenti Pontifici sulla Stampa (1878–1963) (ebd. 1963); Documenti Pontifici sul Teatro (341–1966) (ebd. 1966). – Bibliographische Hinweise auf päpstliche Stellungnahmen zur Publizistik aus der jüngsten Geschichte: 1. Pius XII.: *W. Hamerski*, Reden Papst Pius' XII. zu Fragen der Publizistik, in: Publizistik 8 (1963) 611–631. 2. Johannes XXIII.: *G. Deussen*, Publizistisch relevante Äußerungen Papst Johannes' XXIII. im chronologischen Überblick, in: Communicatio Socialis, CS 6 (1973) 294–296. 3. Paul VI.: Die publizistisch relevanten Äußerungen Papst Pauls VI. im chronologischen Überblick, in: *G. Deussen*, Ethik der Massenkommunikation bei Papst Paul VI. (Paderborn 1973) 328–337.

LITERATUR: International: *R. Aguiló* (Hrsg.), Catholic Media World Directory (Rom 1971); Istituto Cattolico per la Stampa (Hrsg.), La Stampa Cattolica nel Mondo (Mailand 1939); *K. Richter* (Hrsg.), Katholische Presse in Europa (Osnabrück 1969); L'opinion publique dans l'Église (9e Congrès mondial de l'Union Catholique Internationale de la Presse), Actes du congrès, 1ère–3e partie, in: „Journalistes Catholiques", Nlle. Série No. 58–61, Juli–Dezember 1971 (Paris); *G. Ernst – B. Marschall* (Hrsg.), Film und Rundfunk. Zweiter internationaler Katholischer Filmkongreß, Erster Internationaler Katholischer Rundfunkkongreß, Gesamtbericht (München 1929); *C. Ford*, Le Cinéma au service de la foi (Paris 1953). – Dritte Welt bzw. Mission (Bibliographie): *W. Herzog*, Church and Communication in Developing Countries (Paderborn 1973); *F. J. Eilers*, Christliche Publizistik in Afrika (St. Augustin 1964); *F. J. Eilers – W. Herzog*, Catholic Press Directory Africa/Asia (Paderborn 1975); *J. Schmidt*, Massenmedien als Instrumente der Mission (Diss. Heidelberg 1974). – Deutschland: *K. Löffler*, Geschichte der katholischen Presse Deutschlands (Mönchengladbach 1924); *W. Kisky*, Der Augustinus-Verein zur Pflege der katholischen Presse von 1878 bis 1928 (Düsseldorf 1928); *J. W. Naumann* (Hrsg.), Die Presse und der Katholik (Augsburg 1932); *M. Hüsgen*, Die Bistumsblätter in Niedersachsen während der nationalsozialistischen Zeit (Hildesheim 1975), gibt einen Überblick über die bisherige Forschung zum Problemkreis Katholische Publizistik in der NS-Zeit; *M. Schmolke*, Die schlechte Presse. Katholiken und Publizistik zwischen „Katholik" und „Publik" 1821–1968 (Münster i. W. 1971); *G. Bauer*, Kirchliche Rundfunkarbeit 1924–1939 (Frankfurt a. M. 1966). – Frankreich: *G. Hourdin*, La Presse Catholique (Paris 1957); *J.* u. *Ph. Godfrin*, Une Centrale de la Presse Catholique: La Maison de la Bonne Presse et ses Publications (Paris 1965). – Niederlande: *G. W. Marsman*, De Katholieke Dagbladpers in sociologisch perspectief (Assen 1967); *J. Hemels – M. Schmolke*, Katholische Publizistik in den Niederlanden (Paderborn 1977). – Österreich: *K. M. Stepan*, Stückwerk im Spiegel (Graz und Wien o. J. [1949]); *F. Funder*, Vom Gestern ins Heute (Wien 1952). – Schweiz: *F. P. Schaller*, Notstand im christlichen Pressewesen (Einsiedeln und Zürich 1974).

Internationale Fachzeitschrift, die auch publizistikhistorische Themen behandelt: Communicatio Socialis. Zeitschrift für Publizistik in Kirche und Welt, 1977 im 10. Jahrgang (Paderborn, F. Schöningh); die Zeitschrift wendet der Dritten Welt besondere Aufmerksamkeit zu. Daneben jedoch eine Reihe von Beiträgen über die USA und osteuropäische Staaten.

Zu jenen gesellschaftlichen Veränderungen, die im 20. Jahrhundert das Wirken der Kirche in wesentlichen Punkten berührt haben, gehören die Entwicklungen auf dem Gebiet der Massenkommunikation. Zwar standen Kirche und Publizistik immer in gewissen Beziehungen zueinander, und die kritische Auseinandersetzung mit der sich emanzipierenden Presse hat bereits in den ersten Jahrzehnten des 19. Jahrhunderts (z.B. unter Gregor XVI.) eingesetzt[1]. Jedoch brachte erst das 20. Jahrhundert die volle Entfaltung jener „Instrumente der sozialen Kommunikation" – so seit 1963 der vatikanische Sprachgebrauch –, die unter dem Begriff der Massenmedien, auch Massenkommunikationsmittel, zusammengefaßt werden: zur modernen Presse (in ihren Erscheinungsformen als informierende und meinungsbildende Tages- und Wochenpresse mit hoher Verbreitung, Unterhaltungspresse und Fachpresse) traten Film, Hörfunk und Fernsehen. Deren technische Entfaltung – wie überhaupt die Industrialisierung der publizistischen Produktion – provozierten auch die Entwicklung neuer Träger öffentlich-kommunikativer Angebote, die neue Märkte entstehen ließen: Schallplatte, Tonband, Schmalfilm, neuerdings Bildplatte und, nicht zu vergessen, das den Buchmarkt verändernde Taschenbuch.

Im wesentlichen sah bzw. sieht sich die Kirche seit der Jahrhundertwende fünf massenkommunikativ wichtigen Erscheinungen und Entwicklungen gegenüber, mit denen sie sich auseinandersetzen muß; denn Veränderungen in den Massenkommunikationssystemen einzelner Völker, ganzer Kulturkreise und in einzelnen Fällen sogar der „Weltgesellschaft" betreffen das Wirken der Kirche, insbesondere in ihrem Verkündigungs- und in ihrem pastoralen Auftrag. Diese fünf Punkte sind: 1. der Rückgang, in manchen Ländern das Verschwinden der „Gesinnungspresse", 2. die neuen, sogenannten audiovisuellen Medien Film, Hörfunk und Fernsehen, 3. der Griff totalitärer politischer Systeme nach den publizistischen Einrichtungen in verschiedenen Staaten, 4. die völlig neuen Aufgaben und Chancen, die sich für den Einsatz von Kommunikationsmitteln in Entwicklungsländern ergeben, und 5. die Desintegration des „katholischen Publikums" in Ländern bzw. Kulturkreisen, wo dieser Begriff von der praktischen Publizistik[2], aber auch der Pastoral, jahrzehntelang mit einiger Berechtigung hatte gebraucht werden können. Als sechster Punkt, der aber nicht als Gegenüber der Kirche, sondern aus ihr heraus, als Reaktion auf

[1] Vgl. etwa (wenngleich veraltet) *L. Bethleem,* La Presse (Paris 1928); ferner (um der zeitgenössischen Quellen willen) *R. Pesch,* Die kirchlich-politische Presse der Katholiken in der Rheinprovinz vor 1848 (Mainz 1966); *M. Schmolke,* Die schlechte Presse. Katholiken und Publizistik zwischen „Katholik" und „Publik" 1821–1968 (Münster 1971), sowie für die protestantische Seite (trotz des irreführenden Titels) *K. W. Bühler,* Presse und Protestantismus in der Weimarer Republik (Witten 1970).

[2] Publizistik wird als Oberbegriff für jegliche öffentliche und aktuelle gesellschaftliche Kommunikation verwendet, also auch für deren vor-technische Erscheinungsformen; von Massenkommunikation ist tunlich nur dann die Rede, wenn gesellschaftliche Kommunikation mit Hilfe der modernen, technisch bedingten Medien (Presse, Film, Hörfunk und Fernsehen) bewirkt wird.

dieses publizistische Gegenüber, entstanden ist, verdient die organisatorische wie (neuerdings) theoretische Auseinandersetzung der Kirche mit der Massenkommunikation besondere Beachtung.

So nützlich diese Kategorien zur Analyse unseres Themas sind, so sind sie doch, schon aufgrund ihrer unterschiedlichen zeitlichen Dimensionen, nicht alle zur historischen Gliederung des Gegenstandes geeignet; als Aspekte der neuen Problemstellungen werden sie in verschiedenen Abschnitten auftauchen.

Der katholische Anspruch und die „farblose Presse"

War die katholische Publizistik-Diskussion des 19. Jahrhunderts vorwiegend vom Kampf gegen die „schlechte Presse" („mauvaise presse", „stampa perversa", „stampa negativa") bestimmt, so brachte das beginnende 20. Jahrhundert einen neuen Feind – richtiger: die Erkenntnis, daß da, neben der „schlechten", d. h. liberalen, sozialistischen, gelegentlich auch protestantischen Presse eine neue Erscheinungsform der Zeitung entstanden war: die „farblose Presse". Die katholische Presse – als die einzige „gute Presse" – wurde zwar von vielen katholischen Kritikern nur als das kleinere Übel respektiert[3], aber sie hatte doch gerade im letzten Drittel des ausgehenden Jahrhunderts einige bemerkenswerte Anfangserfolge erzielt. Stolz auf Gründungen wie „De Tijd" (1845), „Kölnische Blätter" (1860; ab 1869 „Kölnische Volkszeitung"), „Germania" (1871) oder „La Croix" (ab 1883 als Tageszeitung), übersah man eine Zeitlang, daß inzwischen ein neuer Zeitungstyp entstanden war: die Nachrichtenzeitung (presse d'information), die im Unterschied zum klassischen Typ des 19. Jahrhunderts, der „Gesinnungszeitung", auf Parteibindung oder eindeutige weltanschauliche Festlegungen verzichtete. Katholische Presse hingegen war nur als Gesinnungspresse vorstellbar; auch die zahlreichen kleinen Blättchen, die während des Kulturkampfes die katholische Zeitungsgründungskurve hochschnellen ließen[4] oder wenig später als Gründungen lokaler oder regionaler „Preßvereine" besonders in Bayern und Österreich[5] für weiteres Wachstum sorgten, waren trotz ihres Lokalblattcharakters Gesinnungszeitungen. In den Vereinigten Staaten (1833 „The Sun", 1835 „The New York Herald"), Frankreich (1836 „La Presse" und „Le Siècle") und England (1855 „Daily Telegraph and Courier") waren längst Zeitungen „für alle" entstanden,

[3] *J. Lukas,* Die Presse, ein Stück moderner Versimpelung (Regensburg 1867) 116: „Die Presse, wie sie sich heute ausgewachsen hat, ist ein großes Übel; unsere katholische Presse ist etwas Gutes, weil sie das kleinere Übel ist."

[4] Vgl. *M. Schmolke,* Zur Gliederung der katholischen Pressegeschichte Deutschlands, in: „Communicatio Socialis" (= CS) 3 (1970) 311–327.

[5] Vgl. *K. Nüßler,* Geschichte des Katholischen Preßvereins für Bayern (Diss. München 1954); *R. Kohlbach,* Kreuz und Feder (Graz 1933); *K. M. Stepan,* Stückwerk im Spiegel (Graz und Wien 1949).

die, um ein möglichst breites Publikum zu erreichen, nicht nur die Verkaufspreise senkten, sondern auch auf Parteilichkeit verzichteten[6]. In Deutschland erschienen (ab 1871) die ersten Zeitungen dieses Typs gelegentlich unter Verwendung des Titels oder Titelbestandteils „Generalanzeiger". Dieser Begriff wurde bald mit einem abwertenden Beiklang versehen. Der Generalanzeigerpresse fehlte es an Gesinnungstüchtigkeit – eben dies machte ihre „Farblosigkeit" aus. Die Tatsache, daß die „farblose Presse" verlegerisch erfolgreich war, daß – im Hinblick auf die Auflagen – erst mit ihr das Zeitalter der Massenpresse begann, machte sie nur noch verdächtiger.

Die Generalanzeiger waren die „schlechte Presse" neuen Typs, die in Deutschland seit 1889 auf den katholischen Generalversammlungen regelmäßig verdammt werden: „Hinweg mit diesen Wölfen in Schafskleidern aus allen katholischen Häusern, aus allen katholischen Familien, aus allen katholischen Gemeinden!" (Ernst Lieber, 1895.) Autoren wie Joseph Eberle, Viktor Kolb, später Felix Hardt und eine Legion von Kleinschriften kämpften gegen Aufweichungstendenzen. Besonders typisch für diese Phase der „Presseapostel" sind die Bücher Joseph Eberles (Großmacht Presse[7]) und Giuseppe Chiaudanos (Il Giornalismo Cattolico[8]). Während Eberle in erster Linie die allgemeine (nichtkatholische) Presse denunziert, verdeutlicht Chiaudano, was alles die katholische Presse nicht darf, was sie sich aber, z. B. in der Diskussion von dubia oder in der Kritik kirchlicher Entscheidungen, nördlich der Alpen längst herausgenommen hatte – im Widerspruch zu des Jesuitenpaters Erläuterungen über „necessità dello spirito di disciplina e di obbedienza". Auch der Codex Iuris Canonici faßt im Titel XXIII Zensur- und Verbotsregeln zusammen, die bei strikter Befolgung den Katholiken eine normale Beteiligung an der Publizistik ihrer Zeit (aktiv und passiv) fast unmöglich gemacht hätten. Wo sie, als Verleger, Journalisten und Leser an der gesellschaftlichen Kommunikation teilnahmen, konnten sie dies, wenn sie gewissenhaft waren, nie ganz ohne schlechtes Gewissen tun. Das gebrochene Verhältnis der Kirche zur Publizistik war noch keineswegs überwunden, als das Zeitalter der „neuen Medien" begann.

Film und Hörfunk in der Frühphase

Kurz vor der Jahrhundertwende wurden Filmvorführungen (zunächst als Varieté-Attraktionen), ab 1920 wurde der Hörfunk öffentlichkeitsreif. Die Frühgeschichte der kirchlichen Auseinandersetzung mit diesen neuen Medien

6 *W. B. Lerg*, Die Anfänge der Zeitung für alle, in: *W. B. Lerg – M. Schmolke* (Hrsg.), Massenpresse und Volkszeitung (Assen 1968) 1–46.

7 *J. Eberle*, Großmacht Presse. Enthüllungen für Zeitungsgläubige, Forderungen für Männer (Mergentheim 1910, Regensburg u. Wien ³1920).

8 *G. Chiaudano*, Il giornalismo cattolico (Turin 1910), dt.: Die katholische Schriftstellerei (Freiburg/Schweiz 1911).

ist noch kaum erforscht. Als sicher kann gelten, daß man sie als publizistisches Medium von allgemeiner gesellschaftspolitischer Relevanz zunächst nicht erkannt hat. Volksbildung und Kunst waren die Bereiche, denen man „den Kino" (so der erste Sprachgebrauch) und das Radio zuwies. Unter dem Stichwort „Bildungsaufgaben" wandte man ihnen, jedenfalls in Mitteleuropa, recht früh besondere Aufmerksamkeit zu. Während in den Vereinigten Staaten, die sich schnell zum Mutterland der Film-Großindustrie entwickelten, die kirchliche Aufmerksamkeit sich stärker auf die Auswüchse von Spielfilminhalten richtete, kritisierte man z.B. auf den Generalversammlungen der Katholiken Deutschlands zwar auch die „vergiftenden Auswüchse des Kinos", bekannte sich jedoch in „Kino-Reform-Anträgen" zum Ziel der „positiven Reformarbeit" (Aachen 1912). Es ist heute fast vergessen, daß schon 1910 im Rahmen des Volksvereins für das katholische Deutschland in Mönchengladbach die „Lichtbilderei GmbH" gegründet wurde, die Diapositiv-Serien und bald auch Lehrfilme beschaffte, verlieh bzw. samt den dazu notwendigen Geräten vertrieb. Eine Schriftenreihe („Lichtbühnen-Bibliothek") und die Fachzeitschrift „Bild und Film" (ab 1912) ergänzten das Angebot, bis der Erste Weltkrieg diesen konstruktiven Bemühungen zunächst ein Ende setzte[9]. Nach dem Krieg wurden sowohl die Filmarbeit als auch die anfänglich in freien Initiativen betriebene katholische Rundfunkarbeit in besonderen Arbeitskreisen im 1919 gegründeten Zentralbildungsausschuß der katholischen Verbände Deutschlands (ZBA) angesiedelt.

Freilich hatten sowohl ZBA als auch die Fuldaer Bischofskonferenz zunächst gezögert, als sich nach dem offiziellen Beginn öffentlicher Rundfunksendungen in Deutschland (Oktober 1923) Möglichkeiten für kirchliche Mitwirkung bei der Gestaltung von Sendungen ergaben. Sorge machte die Übertragung gottesdienstlicher Handlungen – ein bis heute nicht ausdiskutiertes Problem –, während der Zugang unter den Titeln Kunst und Volksbildung weniger problematisch war[10]. Risikofreudiger gab man sich beim Film: Mit eigenen Produktionsfirmen („Leo-Film", München 1927, und „Eidophon", Berlin) sollte ein katholischer Anteil zum Spielfilmangebot beigesteuert werden. Der Erfolg blieb aus, und die Leo-Film-A.G. zog 1933 das Münchener Leohaus (Hauptstelle katholisch-sozialer Vereine) in den Konkurs. Filmarbeit als Bildungsaufgabe und zunehmend auch als Aufgabe einer bewahrenden Pastoral konnte sich jedoch konsolidieren. Das amerikanische Beispiel der 1933 gegründeten Legion of Decency und ihr wachsender Einfluß auf die amerikanische Filmproduktion machten starken Eindruck. Auch die Mitwirkung beim Hörfunk etablierte sich auf Dauer. Zwar gelang es nicht, wie in den Niederlanden,

[9] Vgl. dazu *E. Ritter*, Die katholisch-soziale Bewegung Deutschlands im neunzehnten Jahrhundert und der Volksverein (Köln 1954) 277. – Einen Überblick über katholische Bemühungen um den Film nach dem Ersten Weltkrieg gibt eine „Kino-Nummer" des „Augustinus-Blatts" 26 (1922) Nr. 5/6. In Vorbereitung: *H. Schmitt*, Die kirchliche Filmarbeit in Deutschland von ihren Anfängen bis 1945 (Diss. Bonn). [a.M. 1966).

[10] Zu diesem Themenbereich *G. Bauer*, Kirchliche Rundfunkarbeit 1924–1939 (Frankfurt

in Spanien oder Portugal eigene Rundfunksysteme oder Programmbetriebsgesellschaften einzurichten. Die intensive Mitarbeit jedoch, die besonders vom Rundfunk-Prälaten Bernhard Marschall („Die Katholiken haben beim Rundfunk von Anfang an mitgearbeitet"[11]) vorangetrieben wurde, sicherte trotz der bald darauf einsetzenden nationalsozialistischen Rundfunkgleichschaltung den Mitwirkungsplatz der Kirche.

Einen gewissen Abschluß fand diese erste Phase der kirchlichen Befassung mit Film und Rundfunk in der Gründung internationaler Organisationen: Im April 1928 wurde in Den Haag das Office Catholique International du Cinéma (OCIC) gegründet, und ebenfalls 1928 entstand, im Anschluß an die Kölner internationale Presseausstellung „Pressa", das Bureau International de la Radiophonie Catholique (nach dem Zweiten Weltkrieg: „Unda"). Erster Leiter des Büros wurde Bernhard Marschall, so wie zuvor schon Leo-Film-Direktor Georg Ernst die Präsidentschaft des OCIC übernommen hatte[12]. Auf dem Gebiet des Films wirkte jedoch in den Folgejahren das amerikanische Vorbild der Legion of Decency maßstabsetzend, d.h., die auf „moral codes" aufbauende, eher auf zensurähnliche Bewahrungspastoral hinauslaufende Praxis setzte sich durch. Sie fand den Respekt der amerikanischen Filmproduzenten[13] und den Beifall des Papstes: Pius XI. sah sich durch die Arbeit der Legion zur Film-Enzyklika „Vigilanti cura" (1936) veranlaßt[14]: Künftig sollten in allen Ländern moralisch wertende Film-Listen geführt und den Gläubigen nahegebracht werden.

Die Entwicklung der katholischen Presse im internationalen Überblick

Wenn von „katholischer Presse" die Rede ist, ergeben sich regelmäßig Definitionsschwierigkeiten. Sie entstehen einerseits aus der Tatsache, daß katholische Presse nicht unbedingt kirchliche Presse sein muß, und andererseits aus der Frage nach den Kriterien, nach denen sich nicht-kirchliche, aber dennoch katholische Presse als katholisch bestimmen lassen soll. In unserem Zusammenhang wird „katholische Presse" dann für gegeben angenommen, wenn mindestens eines der folgenden vier Merkmale anzutreffen ist: 1. Nennung (z.B. im Titel oder Untertitel: „Katholische Zeitung für...", „Bistumsblatt...."), 2. Bin-

[11] Bericht vom Essener Katholikentag 1932, 241.

[12] Zeitgenössische Quelle: *G. Ernst* und *B. Marschall* (Hrsg.), Film und Rundfunk. Zweiter Internationaler Katholischer Filmkongreß, Erster Internationaler Katholischer Rundfunkkongreß. Gesamtbericht (München 1929).

[13] Zur Ausarbeitung eines normierenden „Production Codes" (auch „Hays Moral Code" 1929/1931, erneuert 1939) wurde ein Jesuitenpater, Daniel Lord, herangezogen. *V. Engelhardt,* Kirche und Film (Düsseldorf 1958) 42ff; *U. Gregor – E. Patalas,* Geschichte des Films (München 1973) 205f.

[14] Vgl. *C. Ford,* Le Cinéma au service de la foi (Paris 1953); dt. (bearbeitet): Der Film und der Glaube (Nürnberg 1955).

dung (an kirchliche Amtsträger und/oder Einrichtungen, auch an katholische Vereine, Bewegungen, Parteien), 3. aktive konfessionelle Bindung der Person oder des Gremiums der Herausgeberschaft/Chefredaktion und 4. eindeutig erkennbare inhaltliche Schwerpunktsetzung.[15]

Die Entstehung einer profiliert katholischen Presse scheint durch bestimmte Sozialstrukturen gefördert, durch andere behindert zu werden: Extreme Diasporasituationen lassen, wie die Beispiele Englands oder der skandinavischen Länder zeigen, katholische Periodika nur marginal aufkommen; aber auch traditionell rein katholische Gesellschaften, womöglich noch mit Staatskirchencharakter der katholischen Konfession, sind der Profilierung nicht unbedingt förderlich (z.B. Spanien, Italien). Dies ändert sich in dem Moment, wo starke laizistische oder kirchenfeindliche Bewegungen aufkommen (z.B. Frankreich, neuerdings Polen). Förderlich wirken sich aus die Existenz annähernd gleich starker, großer Konfessionsgruppen, die Polarisierung in tonangebende christliche bzw. sozialistische/liberale politische Parteien oder auch die konfessionelle „Versäulung" einer pluralistischen Gesellschaft; insofern sind etwa Deutschland, Österreich, die Schweiz und die Niederlande klassische katholische Presseländer, und auch die USA haben ein vielfältiges katholisches Pressewesen hervorgebracht. Wachsender Wohlstand und umfangreiche, vielfältige sowie politisch unbehinderte Versorgung mit Kommunikationsangeboten scheinen die konfessionelle Presse (wie übrigens auch die Parteipresse) zu schwächen, während kommunikationspolitischer Druck (Presselenkung, Gleichschaltung), sofern er konfessionelle Publizistik nicht gänzlich beseitigt, die übriggelassenen Organe konsolidiert. Die hier erwähnten Bedingungen haben die Geschichte der katholischen Presse im 20. Jahrhundert bestimmt – naturgemäß verschieden in den verschiedenen gesellschaftlichen und politischen Ordnungen. Für die deutschsprachigen Länder Europas und die Niederlande hat sich dabei insofern eine ähnliche Entwicklung ergeben, als die katholische Presse mehrheitlich an katholische bzw. christliche Parteien heranrückte bzw. diese Parteien unterstützte, ohne daß es dabei, von Ausnahmen abgesehen, zur strikt geregelten Parteiorganschaft (wie etwa bei kommunistischen und sozialdemokratischen Parteien sowie bei der NSDAP) kam. Die Parteinähe hat sich vor dem Ersten Weltkrieg entwickelt, während seit dem Ende des Zweiten Weltkriegs eine zunehmende Distanzierung erkennbar wird.

In Deutschland wurden katholische Presse und Zentrumspresse bis 1933 – trotz mannigfacher Differenzierungsdiskussionen – de facto gleichgesetzt. Aus dem Kulturkampf hervorgegangen, erreichte diese Presse den quantitativen Höhepunkt ihrer Entfaltung kurz vor dem Ersten Weltkrieg. Die Statistik des 1878 gegründeten „St. Augustinusvereins zur Pflege der katholischen Presse" nennt für 1912 446 „katholische Zeitungen" und eine Gesamt-Abonnentenzahl

[15] *M. Schmolke,* Die schlechte Presse, a.a.O., 28f.

von 2,625 Millionen[16]. Die Titelzahl sank zwar nach dem Krieg nicht nennenswert (1931: 434), allerdings hatten schon Konzentrationsvorgänge stattgefunden, so daß längst nicht mehr von 434 selbständigen Zeitungen die Rede sein konnte; die Auflage wurde damals auf 2,5 Millionen geschätzt[17]. (Eine zuverlässige und in den Kategorien einheitliche Statistik der katholischen Presse in Deutschland – und auch sonst in der Welt – gibt es nicht[18].)

Die allgemein übliche Zuordnung zur Zentrumspartei ließ die katholische Tagespresse nach der nationalsozialistischen Machtergreifung 1933, spätestens nach der Selbstauflösung des Zentrums, in die nationalsozialistische Presselenkungskategorie der „bürgerlichen" Presse fallen. Das bedeutete lediglich, daß sie nicht sofort – wie die Presse der KPD und SPD (mittels der Verordnung zum „Schutz von Volk und Staat" vom 28. Februar 1933) – beseitigt wurde. Das Goebbelswort vom 4. Oktober 1933 („Der Vielgestaltigkeit der öffentlichen Meinungsbildung ist durchaus kein Hindernis entgegengesetzt"[19]) sicherte den „bürgerlichen" Zeitungen keinerlei Freiraum. Die (ex-)katholischen unter ihnen waren, wenn auch direkte Verbote zunächst selten waren, allen Gleichschaltungsmaßnahmen der nationalsozialistischen Pressepolitik ausgesetzt. Spektakulär abgewürgt wurde 1934/35 die „Rhein-Mainische Volkszeitung", die sich in den letzten Jahren der Weimarer Republik neben „Germania" und „Kölnischer Volkszeitung" ein überregionales Profil fortschrittlich-katholischer Prägung erworben hatte. Manche Blätter, wie die 1848er-Gründung „Deutsches Volksblatt" oder der „Badische Beobachter" (Karlsruhe), fanden keinen Weg, sich den Einschnürungen immer neuer pressepolitischer Verordnungen zu entziehen, und gaben (1935) auf[20]. Andere, wie die ausgerechnet 1932 in eine wirtschaftliche Existenzkrise geratene „Kölnische Volkszeitung" oder die „Germania", konnten überleben, wobei die rechtskatholische Linie der „Germania" (Nähe zu Hitlers erstem Vizekanzler Franz von Papen) nicht immer den Beifall ihres Publikums fand: nicht im wörtlichen Sinne unterdrückt, sondern von den eigenen Lesern verlassen, stellte sie am 31. Dezember 1938 ihr

[16] *W. Kisky* (Hrsg.), Der Augustinus-Verein zur Pflege der katholischen Presse von 1878 bis 1928 (Düsseldorf 1928) 227 und 229.

[17] *H. Kapfinger*, Die Struktur der katholischen Presse, in: *J. W. Naumann* (Hrsg.), Die Presse und der Katholik (Augsburg 1932) 211–228.

[18] Einen Überblick versucht *O. Groth*, Die Zeitung, Bd. II (Mannheim, Berlin, Leipzig 1929) 436–438. Zu den statistischen Quellen führen in *M. Schmolke*, Die schlechte Presse, a. a. O., Literaturverzeichnis S. 395–416, u. a. folgende Literaturhinweise: *K. Bringmann*, J. Frizenschaf 1888, M. Grünbeck, F. Hülskamp 1875, H. Keiter 1895 und 1913, *W. Kisky*, K. Löffler 1924; ferner die Pressestatistiken von *L. Woerl*, die bei *M. Schmolke*, a. a. O., 372, Anm. 147, bibliographiert sind.

[19] „Rede des Reichsministers Dr. Goebbels vor der deutschen Presse bei Verkündung des Schriftleitergesetzes am 4. Oktober 1933", zit. nach dem Abdruck bei *H. Schmidt-Leonhardt* und *P. Gast*, Das Schriftleitergesetz vom 4. Oktober 1933 (Berlin ³1944) 9–22, hier 14.

[20] *S. Kessemeier*, Katholische Publizistik im NS-Staat 1933–1938 (Münster 1973) 18f.

Erscheinen ein[21]. Die übrige, meist kleinere Tagespresse war vielfältigen Konzentrationsprozessen ausgesetzt, die meist durch nationalsozialistische Maßnahmen befördert wurden. Deren Ziel war das Einbringen möglichst vieler ehemals katholischer Blätter in eine der nationalsozialistischen Auffang-Verlagsgesellschaften; auf katholische Objekte spezialisierten sich die Vera-Verlagsanstalt GmbH und die Phönix-GmbH. An sie mußte unter Zwang verkauft werden, wenn z. B. ein Verleger wegen Ausschluß aus der Zwangs-Standesorganisation der Reichspressekammer nicht mehr Verleger sein durfte[22].

In der gleichen Reichspressekammer konnte sich hingegen die katholische Zeitschriftenpresse als „Fachschaft katholisch-kirchliche Presse“ beinahe etwas wie ein Reservat schaffen; bis 1936 gewährte es, u. a. unter Ausnutzung des unklaren Konkordatsbegriffs der „amtlichen Diözesanblätter“ (als der einzigen in den Schutz des Reichskonkordats von 1933 einbezogenen Pressegattung), relativ weitreichenden, nach 1936 noch einigen Schutz. Unter dem politischen Druck stiegen bis 1936 Titelzahl und Gesamtauflage (von 9,6 auf 11,4 Millionen zwischen 1933 und 1936). Erst 1936 setzten jene Maßnahmen ein, die – vor der allgemeinen Papiersperre von 1941 – fast drei Viertel der 416 Titel von 1936 verschwinden ließen, die aber auch den seither die Struktur der katholischen Presse in Deutschland und Österreich bestimmenden Typ des „Bistumsblatts“ erzwangen: Je Diözese sollte es nur mehr ein, vom Bischof zu bestimmendes und zu autorisierendes Bistumsblatt geben[23].

Auch für die katholische Presse in vielen anderen Ländern Europas bedeutete der Zweite Weltkrieg einen deutlich markierenden Einschnitt. Für Deutschland und wenig später für Österreich setzte er früher ein als für die Niederlande, Belgien, Polen oder Frankreich. In all diesen Ländern zeigten die beiden Jahrzehnte zwischen 1920 und 1940 die katholische Presse in einer gewissen Stabilität, allerdings eher zur Konzentration als zur Expansion tendierend. Einen Überblick, schon im Schatten der sich anbahnenden Katastrophe, bot die „Weltausstellung der katholischen Presse“, die vom 12. Mai 1936 bis zum 31. Mai 1937 unter starker internationaler Beteiligung (63 Aussteller, meistens Länder oder Ländergruppen aus allen Kontinenten) in der Vatikanstadt stattfand. Der Berichtband[24] ist nicht nur eine der wenigen umfassenden Quellen für den Stand der katholischen Presse in den dreißiger Jahren, er läßt auch die europäische Situa-

[21] Zur „Kölnischen Volkszeitung“ und „Germania“ vgl. die einschlägigen Aufsätze von *R. Kramer* bzw. *K. M. Stiegler*, in: *H. D. Fischer* (Hrsg.), Deutsche Zeitungen des 17. bis 20. Jahrhunderts (Pullach 1972). – Die Geschichtsschreibung der katholischen Presse im Dritten Reich wird neuerdings durch die (im Titel untertreibende) Dissertation von *M. Hüsgen*, Die Bistumsblätter in Niedersachsen während der nationalsozialistischen Zeit (Hildesheim 1975) ergänzt und im ganzen auf eine solidere Basis gestellt.

[22] Vgl. *Kessemeier*, a. a. O., 20 ff.

[23] Zur Statistik vgl. *K. A. Altmeyer*, Katholische Presse unter NS-Diktatur (Berlin 1962) 79 und 94–98. – Zur tatsächlichen Lage bei den „Bistumsblättern“ (eines oder mehrere pro Diözese?) vgl. *M. Hüsgen*, a. a. O., 120–123.

[24] Istituto Cattolico per la Stampa (Hrsg.), La Stampa Cattolica nel Mondo (Mailand 1939).

tion erkennen: Deutschland ist mit ganzen zweieinhalb Druckseiten vertreten (Frankreich: 34), aus denen man einige historische Titel, die Auflage der „Germania" (7500), aber auch Daten über den „Völkischen Beobachter", den „SA-Mann" und den „Schulungsbrief" erfährt, während sich Italien und Österreich zwar knapp, aber doch mit Auflistungen ihrer noch umfangreichen Bestände vorstellen dürfen, obwohl der Berichtband erst 1939 erschien.

In Österreich hatte schon 1912 die 1894 gegründete christlich-soziale „Reichspost" das konservativ-katholische „Vaterland" (1860–1911) aus dem Felde geschlagen. Sie blieb auch nach dem Ersten Weltkrieg die führende katholische Stimme, den Ständestaat gutheißend, antimarxistisch, aber auch kritisch gegen „Anschluß"-Pläne, deren gewaltsame Verwirklichung 1938 das Ende der seit 1902 von Friedrich Funder geleiteten Zeitung bedeutete[25]. Die katholische Presse der österreichischen Länder konnte sich auf die gegen Ende des 19. Jahrhunderts allenthalben gegründeten „Katholischen Preßvereine" stützen. Deren Tradition erwies sich auch nach dem Ende des Zweiten Weltkriegs als so stark, daß die aus ihnen hervorgegangenen, meist mittelgroßen Verlagsunternehmen das Fundament sowohl der neuen Bistumsblätter als auch jener Zeitungen abgeben konnten, die christlich orientiert sind und die Österreichische Volkspartei unterstützen.

In Wien hat es ein Anknüpfen an die katholische Tageszeitungstradition der „Reichspost" nach 1945 nicht gegeben; die Wochenzeitung „Die Furche" verstand sich als Traditionsträger. Neben dem Innsbrucker „Volksboten" (seit 1973: „präsent") vertritt sie den Typ der Wochenzeitung für die intellektuelle katholische Leserschaft. Die führende Kulturzeitschrift „Wort und Wahrheit" (gegr. 1946) wurde 1973 eingestellt.

Die katholische Presse in der Schweiz geht mit einigen wichtigen Organen auf die gleiche Zeitspanne zurück, da in Deutschland der Kulturkampf die Entstehung katholischer Blätter provozierte: „La Liberté" (Freiburg) und das „Vaterland" (Luzern) wurden 1871 gegründet, das „Basler Volksblatt" 1872 und „Die Ostschweiz" (St. Gallen) 1874. „Die katholische Bevölkerung scheint ein Bedürfnis nach eigenen Standortblättern verspürt zu haben, mit denen sie sich wie mit den Verbänden politisch-religiös identifizieren konnte, ja, die wesentlich zur Definition ihrer Identität in der schweizerischen Gesellschaft beitrugen."[26] Die jüngste Gründung, die „Neuen Zürcher Nachrichten" (1896 als

[25] *F. Funder,* Vom Gestern ins Heute (Wien 1952). Vgl. ferner *R. Barta,* Katholische Pressearbeit in Österreich, in: *K. Richter* (Hrsg.), Katholische Presse in Europa (Osnabrück 1969) 43–62.

[26] *F. P. Schaller,* Notstand im christlichen Pressewesen (Einsiedeln und Zürich 1974) 154f. Zur Situation in der Schweiz vgl. auch *C. Holenstein,* Katholische Presse in der Schweiz, in: *K. Richter,* a. a. O., 63–70; ferner *E. Fehr,* Schweiz: Katholische Presse in der Krise, in: CS 8 (1975) 150–152.

Vereinsblatt, 1904 Tageszeitung) entwickelte sich zwar nicht zur Konkurrenz der „Neuen Zürcher Zeitung", aber doch zur bekanntesten katholischen Großstadtzeitung der Schweiz, während das „Vaterland" als „Konservatives Zentralorgan für die deutsche Schweiz" bis in die Gegenwart hinein nicht nur meinungsbildend, sondern auch wirtschaftlich stabilisierend wirkt. Denn auch die Schweizer Presse versucht ihre Existenz durch Konzentrationsmaßnahmen zu sichern, die neuerdings zu intensiver Kooperation mit den ruhenden Polen „Vaterland" und „Ostschweiz" geführt und auch in der Zeitschriftenpresse manche Veränderungen bewirkt haben.

Lediglich in einigen wichtigen Zeitschriftengründungen hat die Aktivität der englischen Katholiken ihren publizistischen Ausdruck gefunden: „The Tablet" (gegr. 1840), „The Universe" (1860), der „Catholic Herald" (1884) und die 1864 von Jesuiten gegründete Zeitschrift „The Month" blicken auf beachtliche Traditionen zurück. Frankreich hingegen zählt nach wie vor zu den wichtigen katholischen Presseländern. Die zahl- und konfliktreichen publizistischen Aktivitäten des 19. Jahrhunderts[27] fanden einen abschließenden Höhepunkt in der Etablierung der Maison de la Bonne Presse durch die Assumptionisten, insbesondere durch Vincent de Paul Bailly. Jenes katholische Publizistik-Zentrum in der Pariser Rue Bayard, das die „gute Presse" programmatisch in die Firmenbezeichnung aufnahm, ging aus der Gründung zweier Periodika hervor, die dann über Jahrzehnte hin wesentliche Stimmen der katholischen Publizistik Frankreichs waren: 1872/73 begann Bailly mit „Le Pèlerin", gegründet ursprünglich als monatliches Organ des Conseil Général des Pèlerinages, 1877 jedoch umgewandelt zu einer volkstümlichen bebilderten Zeitschrift, die wenig später die Auflagenschwelle der 100000 überschritt. 1880 trat unter dem Titel „La Croix" eine Monatszeitschrift hinzu; 1883 in eine Tageszeitung umgewandelt, entwickelte sich „La Croix" zum „Quotidien catholique par excellence"[28]. Der Gründungsphase nach vergleichbar mit der „Germania" oder dem Luzerner „Vaterland", erwies sich jedoch „La Croix" als eine auch quantitativ erfolgreiche Zeitung; in ihren ersten Jahrzehnten volkstümlich, überschritt sie noch im Gründungsjahrzehnt die 100000-Auflage, erreichte noch vor dem Ersten Weltkrieg 185000 (1912) und soll 1937 ihr Rekordjahr mit einer Auflage von 300000 (unkontrolliert) gehabt haben. Das sind Zahlen, die der katholischen Tagespresse in Deutschland unerreichbar blieben. Im Zweiten Weltkrieg wich „La Croix" zunächst nach Bordeaux, dann nach Limoges aus. Da sie erst am 21. Juni 1944 ihr Erscheinen unterbrach, mußte sie nach der Befreiung Frankreichs ein Wiederzulassungsverfahren durchlaufen, das die Startbedingungen verschlechterte. Die Nachkriegsauflage bewegte sich um 100000, stieg erst wieder durch den Anschluß der 1889 gegründeten „La

[27] Vgl. Handbuch der Kirchengeschichte, Bd. VI/1, 473ff.

[28] *J.* u. *Ph. Godfrin,* Une Centrale de la Presse Catholique, La Maison de la Bonne Presse et ses Publications (Paris 1965) 134.

Croix du Nord" (Lille) im Jahre 1959. Das Zweite Vatikanische Konzil ließ das Interesse noch einmal wachsen (Auflage ca. 140000), aber der Gewinn des Blattes, das nach seinem Selbstverständnis den Maßstäben eines „journal d'opinion" wie eines „journal d'information" entsprechen will, ließ sich nicht halten. Die Ausgabe „La Croix du Nord" wurde 1968 auf wöchentliches Erscheinen reduziert. Die katholische Tagespresse Frankreichs schrumpfte zwischen 1958 und 1964 von neun auf vier selbständige Blätter (darunter nur „La Croix" von Bedeutung), die Zeitschriftenpresse jedoch lebt von der reichen Vielfalt, zu der sie sich im 19. Jahrhundert und im ersten Drittel des 20. Jahrhunderts entfaltet hatte. Mitte der 60er Jahre glaubte man, nach Abzug der Pfarrblätter, noch von rund 1000 Titeln sprechen zu dürfen[29]. Die neben der Bonne Presse wichtigsten Verlage sind die Union des Œuvres Catholiques de France (gegründet 1871) und (seit 1945) der Verlag der Illustrierten „La Vie [Catholique Illustrée]", die neben „Le Pèlerin [du 20e Siècle]" Mitte der sechziger Jahre eine Halb-Millionen-Auflage erreichte. Die Sonntagspresse ist in der Kette der verschiedenen „Croix-Dimanche"-Ausgaben (1964 in 15 Departements), begonnen 1889 unter dem Titel „La Croix du Dimanche" (Politische Beilage zum „Pèlerin"), stark vertreten. Besondere Aufmerksamkeit widmeten die katholischen Verlage Frankreichs schon früh der Kinder- und Jugendpresse. Einige Titel, wie „Nade" (1914) oder „Reccord" (Vorläufer „L'Echo du Noël", 1906) gehen auf die Zeit vor dem 1. Weltkrieg zurück. Lange hielt sich eine ziemlich hohe Zahl von Titeln bei kleineren Auflagen. Die überregionale Wochenpresse mit intellektuellem Anspruch ließ über lange Zeit, ähnlich wie vergleichbare Medien in Deutschland, eine Flügelbildung erkennen: „La France Catholique" (gegründet 1925) wurde als konservativ, „Témoignage Chrétien" (1941) als progressiv eingestuft, beider Auflagen schwanken um 50000 (1968).

Die Entwicklung der katholischen Presse Frankreichs vollzog sich im großen ganzen in Unabhängigkeit von der Amtskirche. Die „in struktureller Hinsicht... unabhängige katholische Presse" (Ehlinger) ist seit 1951 bzw. 1952 in zwei Verbänden zusammengefaßt, der Association Nationale des Périodiques Catholiques de Province (ANPCP) und dem Centre National Catholique de Presse (CNPC). „Die Eintragung einer Zeitschrift oder Zeitung in einen dieser Verbände gilt als klares Kennzeichen der Zugehörigkeit dieser Veröffentlichungen zur katholischen Presse."[30]

In Spanien „wäre es nicht falsch, die Behauptung aufzustellen, daß alle Tageszeitungen, die heute... erscheinen, in gewisser Weise sich als katholisch betrachten. Doch nicht alle verdienen diese Bezeichnung zu Recht."[31] Das Pro-

[29] *Ch. Ehlinger*, Katholische Presse in Frankreich, in: *K. Richter*, a.a.O., 95–115; vgl. auch *G. Hourdin*, La Presse Catholique (Paris 1957).

[30] *Ehlinger*, a.a.O., 111.

[31] *A. Montero*, Kirche, Katholiken und Presse in Spanien, in: *K. Richter*, a.a.O., 116–142, hier 122.

blem der katholischen Presse nach dem Ende des Bürgerkriegs war es, sich unter einer offiziell kirchenfreundlichen Regierung in einem nicht freiheitlich-demokratischen System so einzurichten, daß ein spezifisch katholisches Profil wieder erkennbar werden konnte. Das Pressegesetz vom 22. April 1938 ließ wenig Spielraum dafür, und das neue, großzügigere Pressegesetz vom 18. März 1966 wurde 1968 einschränkend verändert. Katholische Profilierung wurde auf drei Wegen versucht: 1. bei der Tagespresse durch Zusammenarbeit in Gruppen, von denen die Editorial Católica und die Zeitungsgruppe des Opus Dei je für sich an zweiter bzw. dritter Stelle hinter der Cadena del Movimiento sich placieren konnten. In der Editorial Católica erscheint mit „Ya" (Madrid, gegründet 1935, Auflage 1968: 140000) eine der drei großen Tageszeitungen des Landes; 2. bei den Zeitschriften durch mehr oder minder deutlich oppositionelle Haltung, die (z.B. im Falle von „Signo", 1967) bis zum Existenzrisiko gehen kann; 3. in der Journalistenausbildung, der von katholischer Seite besondere Aufmerksamkeit geschenkt wird. International beachtenswert und in Spanien nicht nur staatlich anerkannt, sondern inzwischen maßstabsetzend, ist der Studiengang Journalistik an der 1958 als Institut für Journalismus gegründeten Facultad de Ciencias de la Información der (Opus-Dei-)Universität von Navarra in Pamplona[32].

Die Entwicklung der katholischen Presse Italiens war bis ins 20. Jahrhundert hinein von den Auseinandersetzungen zwischen dem italienischen Staat und dem Kirchenstaat bestimmt. Über Jahrzehnte hin konnte die national gesinnte liberale Presse sicher sein, mit der öffentlichen Meinung konform zu gehen. Die katholische Presse des rein katholischen Landes befand sich hingegen politisch von Anfang an in der Verteidigungsstellung. „L'Osservatore Romano" begann am 1. Juli 1861 als „giornale politico-morale" zu erscheinen; für ihn, der zwar unter Kontrolle und mit Förderung des kirchenstaatlichen Innenministeriums, aber anfangs doch nach außen hin als (neben dem offiziellen „Giornale di Roma", 1849–1870) quasi private politische Zeitung auftrat, galt noch nicht das Montini-Wort: „Non per nulla, come si dice, è ‚il giornale del Papa'." Zweck des neuen Blattes war Abwehr: „‚die Verleumdungen zu entlarven' und, wie man später hinzufügte, ‚zu widerlegen, die man gegen Rom und den römischen Pontifikat schleudert'"[33]. In der Zeit zwischen 1870 und 1929 erschien der O. R. als politische Tageszeitung, neben anderen römischen Zeitungen, aber doch in einer besonderen Entwicklung, wie es in einem Beitrag der ersten als Erscheinungsort die Città del Vaticano ausweisenden Nummer vom 4./5. November 1929 heißt: „Unter dem Pontifikat Leos XIII. nahm der

[32] Vgl. *J. Liminski*, Journalistenausbildung an der katholischen Universität von Navarra in Pamplona, in: CS 8 (1975) 153–164.

[33] *D. Hansche*, Zur Geschichte des „L'Osservatore Romano", in: CS 3 (1970) 13–23 und 99–109, hier 13f (bei Hansche auch die einschlägige Literatur zur Geschichte des O.R.).

‚Osservatore Romano' immer mehr den Charakter eines Organs des Heiligen Stuhls an..."[34]

Auch die nächstfolgenden 15 Jahre sahen den O.R. wie die übrige katholische Presse Italiens in schwieriger Position. Unmittelbare Eingriffe gab es jedoch erst nach dem Eintritt Italiens in den Zweiten Weltkrieg. Zu gelegentlichen Vertriebsverboten für Italien („Zu viele Leser hat jetzt [Anfang 1940] die katholische Zeitung der Vatikanstadt, die aufmerksam überwacht werden müssen!"[35]) trat ab 13. Juni 1940 die Unterdrückung der O.-R.-Gepflogenheit, die Wehrmachtberichte der kriegführenden Mächte abzudrucken. Dennoch soll die Auflage in den Kriegsjahren auf mehr als 300000 Exemplare gestiegen sein.

Nach dem Zweiten Weltkrieg hat sich der O. R., „offiziell, soweit es die vom Vatikan stammenden Meldungen betrifft, und offiziös für den Rest"[36], so entwickelt, daß er zwiespältige Beurteilung provoziert: einerseits z.B. von „The Times" als zur „Weltpresse" gehörig apostrophiert[37], wird er andererseits gerade von katholischen Journalisten wegen der vielfältigen Abhängigkeiten seiner Redakteure und wegen seiner wenig journalistik-gerechten Arbeit kritisiert. Angesichts der kargen Arbeitsbedingungen ist jedoch die trotz bescheidener Auflage (ca. 70000) der Stamm-Ausgabe zielstrebige internationale Expansion beachtlich. Außer dem illustrierten Schwesterblatt „L'Osservatore della Domenica" (seit 1934, wöchentlich) wurde 1951 eine lateinamerikanische Wochenausgabe in Buenos Aires ins Leben gerufen. Seit 1948 gibt es eine italienische Edizione settimanale, seit 1949 eine französische, seit 1968 eine englische, seit 1969 eine spanische, seit 1970 eine portugiesische und seit 1971 die „Wochenausgabe in deutscher Sprache"[38].

Im übrigen ist die katholische Presse Italiens, vergleichbar der in anderen Ländern Westeuropas, nach dem Zweiten Weltkrieg zunehmendem Konzentrationsdruck unterworfen[39]. Von ihren nicht sehr zahlreichen Tageszeitungen[40] mußte sich im Dezember 1968 der traditionsreiche Bologneser „L'Avvenire d'Italia" (gegründet 1896) aus wirtschaftlichen Gründen, aber auch wegen zu progressiver Haltung, mit der Mailänder „L'Italia" (gegründet 1912) unter neuem Titel („Avvenire") zusammenschließen. – Vom Ausland zunächst kaum beachtet, entwickelte sich in Italien seit 1931 eine katholische Unterhal-

[34] Vgl. *Hansche*, a.a.O., 100. [35] Zit. bei *Hansche*, a.a.O., 101.

[36] *I. Weiß*, Il potere di carta. Il giornalismo ieri ed oggi (Turin 1965) 107, zit. nach *Hansche*, a.a.O., 103.

[37] Vgl. *H. D. Fischer*, Die großen Zeitungen (München 1966) 294.

[38] *E. Bordfeld*, Der „Osservatore Romano" – Wochenausgabe in deutscher Sprache, in: CS 7 (1974) 155–159; sowie *G. Deussen*, Der deutschsprachige „Osservatore Romano" – überflüssig?, in: CS 5 (1972) 343–345.

[39] Vgl. *D. Hansche*, Krise und Ende des „L'Avvenire d'Italia", in: CS 3 (1970) 348–351.

[40] Vgl. das Annuario 1970 der Unione Cattolica Stampa Italiana (UCSI) (Rom 1970), P. VI: La stampa cattolica in Italia, 491–556. – Jüngste Auskunft über die katholische Presse Italiens gibt die Meldung Nr. 2094 im KNA-Informationsdienst Nr. 40/1976 vom 30. 9. 1976, S. 4: Italiens Kirchenpresse: eine aufschlußreiche Statistik.

tungszeitschrift zum vermutlich auflagenstärksten katholischen Periodikum der Welt: die „Famiglia Cristiana“. Gründer, Eigentümer und Verleger ist die auf dem Gebiet der katholischen Publizistik international tätige Religiosengemeinschaft „Pia Società San Paolo“. Durch ein geschickt organisiertes Vertriebssystem in den Pfarreien ließ sie das einstige Sonntagsblättchen zu einer modernen Familien-Illustrierten wachsen, die ihre Jubiläums-Ausgabe zum 40jährigen Bestehen in einer Zwei-Millionen-Auflage druckte[41]. Im Verhältnis dazu ist die diözesane Wochenpresse trotz hoher Titelzahl (mehr als 100) unterentwickelt. Innerhalb der Unione Cattolica Stampa Italiana (UCSI) hat sie sich in einer eigenen Gruppe, der Federazione Italiana Settimanali Cattolici (FISC), zusammengeschlossen.

Auflösung katholischer publizistischer Vereinigungen scheint hingegen in jenem Land eine entscheidende Wende zu markieren, das man als das soziologisch und sozialgeschichtlich ergiebigste Feld katholischer Pressegeschichtsforschung beschreiben könnte: in den Niederlanden. Die Vereinigung Katholieke Nederlandse Dagbladpers und der Katholieke Nederlandse Journalisten-Kring, beide auf Wunsch des Episkopats 1945 bzw. 1946 (wieder-)errichtet, stellten ihre Tätigkeit 1968/69 ein. Katholische Journalisten und auch ihr Publikum wurden spätestens seit dem Zweiten Vatikanischen Konzil der „Versäulung“ als der besonderen Ausdrucksform des Pluralismus in den Niederlanden überdrüssig[42]. Von der seit dem apologetisch-kämpferischen 19. Jahrhundert stets relativ starken katholischen Tagespresse (1937: 32 katholische Tageszeitungen unter insgesamt 79) erwies sich jenes Blatt als das lebenskräftigste, das sich nach dem Zweiten Weltkrieg als journal d'information mit politisch-katholischem Kurs von sozial orientierter Progressivität profilierte, ohne die Katholizität besonders herauszukehren: „De Volkskrant“ (Amsterdam) konnte seine Auflage von 150000 (1947) auf 206000 (1974) steigern, und auch eine katholisch orientierte Lokalpresse hielt beachtliche Auflagenanteile. Andere Organe hingegen, die den „versäulten“ niederländischen Katholizismus der 1920er und 1930er Jahre mitgeprägt hatten, so „De Maasbode“ (1868–1959) oder „Het Centrum“ (1884–1960), fusionierten oder verschwanden ganz, und die Traditionsträgerin der katholischen Presse, „De Tijd“ (1845–1974), siechte nach dem Zweiten Weltkrieg dem Ende entgegen, auch als sie sich bewußt für die Forumsfunktion zwischen den katholischen Fronten entschieden hatte[43]. Insgesamt blieb der Anteil der mindestens an katholische Traditionen anknüpfenden Presse in den Niederlanden recht hoch. Ähnliches

[41] *E. Bordfeld,* 40 Jahre „Famiglia Cristiana“, in: CS 4 (1971) 126–128.

[42] *G. W. Marsman,* De Katholieke Dagbladpers in sociologisch perspectief (Assen 1967); *ders.,* Katholische Presse in den Niederlanden, in: *K. Richter,* a.a.O., 71–81.

[43] *J. Hemels,* Katholische Presse in den Niederlanden, in: CS 8 (1975), Teil I: S. 1–22. Teil II: S. 123–146. – Für *Skandinavien* vgl. *J. Berg,* Skandinavien: Die katholische Presse, in: „UCIP Informations“, Nr. 4 (Genf 1976) 8f.

gilt für das benachbarte Belgien, dessen Katholiken noch früher eine stabile politische und publizistische Position errichteten. Die Spaltung in eine konservative und eine christlich-demokratische Richtung kurz vor der Jahrhundertwende ähnelt österreichischen Vorgängen. Unter den großen Blättern Belgiens konnten sich katholische Titel in französischer („La Libre Belgique", seit 1883) wie in flämischer Sprache („De Standaard", seit 1914) gute Positionen bewahren (Auflagen 1968: 170000 bzw. 290000)[44]. Einmalig, allenfalls dem „Osservatore Romano" vergleichbar, ist die Rolle, die das „Luxemburger Wort" im kleinsten Benelux-Staat spielt: größte Zeitung des Landes mit ungebrochener Tradition seit 1848 und stabiler Auflage (73000)[45].

Während sich also in den meisten im Zusammenhang mit katholischer Presse nennenswerten Ländern Europas auch katholische Tageszeitungen in gewissem Umfang über den Zweiten Weltkrieg hinaus erhalten konnten, bedeutete dieser Einschnitt für Deutschland (und für jene Länder, die fortan als sozialistische zählten, darunter das katholische Polen) cum grano salis das Ende der katholischen Tagespresse. Die Lizenzpolitik der alliierten Besatzungsmächte und die Gründung der bewußt überkonfessionell agierenden Christlich-Demokratischen Union verhinderten Wieder- oder Neugründungen[46]. Nur eine Zeitung wurde noch einem katholischen Traditionsträger der Weimarer Zeit, Johann Wilhelm Naumann, lizenziert: die „Augsburger Tagespost" (28. August 1948), aus welcher die überregionale, aber auflagenschwache (unter 30000) „Deutsche Tagespost" streng konservativ-katholischer Observanz hervorging. Als nach Aufhebung des Lizenzzwangs (September 1949) die „Alt-Verleger" Traditionstitel oder deren Fortsetzungen wiederzugründen bemüht waren, engagierten sich auch einige katholische Verlage. Die meisten dieser Gründungen verschwanden jedoch wieder vom Markt, unter ihnen das „Deutsche Volksblatt" (Stuttgart 1848, mit Unterbrechung in der NS-Zeit, bis 1965), die „Badische Volkszeitung" (Karlsruhe, Einstellung 1969), das „Bamberger Volksblatt" (Einstellung 1969), die „Trierer Landeszeitung"/„Saarbrücker Landeszeitung" (Einstellung 1972).

Schnell und stabil wieder-, zum Teil neu gegründet wurden 22 Bistumsblätter in den Westzonen und zwei („St. Hedwigsblatt", Ost-Berlin, „Tag des Herrn", Leipzig) in der Sowjetischen Besatzungszone. Neben ihnen entstand (im Westen) eine reich entfaltete Verbands-, Jugend- und Ordenspresse. (Verlage und Redaktionen schlossen sich 1949 in der Arbeitsgemeinschaft Katholische Presse e.V. [früher Arbeitsgemeinschaft Kirchliche Presse; AKP], katholische Publizisten aller Medien 1948 in der Gesellschaft katholischer Publizisten

[44] *L. Boone,* Situation und Zukunftstendenzen der katholischen Presse in Belgien, in: *K. Richter,* a. a. O., 95–115.

[45] *J. Gelamur,* Luxemburger Wort, in: „Journalistes Catholiques", 21 (Genf 1973), Spezial-Doppelnummer, 33–35.

[46] Vgl. dazu *M. Schmolke,* Die schlechte Presse, a. a. O., 268.

Deutschlands e.V. zusammen.) Unterhaltungszeitschriften konnten sich nur bescheiden entwickeln, Kulturzeitschriften unterlagen, mit Ausnahme der „Stimmen der Zeit", einem Entkonfessionalisierungssog („Werkhefte", „Frankfurter Hefte", „[Neues] Hochland"); politische Wochenzeitungen schließlich sahen sich einer quantitativ nicht ausreichenden Zielgruppe gegenüber und konnten existenzsichernde Auflagenschwellen nicht überschreiten. Selbst die über Jahre stabile Auflage (zwischen 50000 und 60000 pendelnd) des als katholisch und CDU-nahe geltenden, tatsächlich aber politisch wie verlegerisch unabhängigen „Rheinischen Merkur" (Köln/Koblenz, gegründet 1946) reichte bei steigenden Produktionskosten nicht aus, die wirtschaftliche Unabhängigkeit zu erhalten; 1974 ging das Blatt mehrheitlich in kirchliches Eigentum über. Das politisch ehrgeizige, aber weniger erfolgreiche „Echo der Zeit" (Recklinghausen, 1952 hervorgegangen aus dem Kölner „Katholischen Beobachter") wurde 1968 zugunsten des anspruchsvollsten Experiments eingestellt, das die katholische Kirche in der Bundesrepublik Deutschland nach dem Zweiten Weltkrieg unternommen hat: 1968 wurde nach fast dreijährigen Vorbereitungsarbeiten die Wochenzeitung „Publik" (Frankfurt/Main) gegründet. Nach ihrer differenziert ausgearbeiteten Programmatik sollte sie die führende Stimme des deutschen Katholizismus und zugleich das Forum der gerade in der Zeit nach dem Konzil weit auseinanderstrebenden Meinungspositionen sein. Weil sich mit diesem Konzept kein hinreichend großer und stabiler Abonnentenstamm gewinnen ließ, wurde „Publik" im Herbst 1971 eingestellt, nachdem es Gesamtkosten von (mindestens) 30 Millionen DM verursacht hatte[47]. Damals hatte die katholische Presse den Höhepunkt ihrer Nachkriegsentwicklung – 1963 sprach man (ohne zuverlässige Basis) von 400 Titeln und einer Gesamtauflage von 16 Millionen – längst hinter sich gelassen. Die 22 Bistumsblätter (1963: Gesamtauflage 2,45 Millionen) verloren, von einigen Ausnahmen abgesehen, Jahr für Jahr bestimmte Anteile ihrer Leserschaft (1974: knapp unter der 2-Millionen-Grenze)[48]. Die katholische Jugendpresse verkümmerte[49]. Während die erste nachkonziliare Phase in Deutschland allgemein den Eindruck einer geistig erstarkenden Kirche entstehen ließ, begann der Rückgang des publizistischen Potentials Sorge zu bereiten[50].

[47] *M. Schmolke* (Hrsg.), „Publik" – Episode oder Lehrstück? (Paderborn 1974). – Zum verlagswirtschaftlichen Aspekt: *U. Nussberger*, „Publik" als Testfall verlagswirtschaftlicher Planung, in: CS 9 (1976) 126–142.

[48] *F. Oertel*, Dialogforum Kirchenpresse (Limburg/L. 1972).

[49] *J. Hoeren*, Die katholische Jugendpresse 1945–1970 (Münster 1974, nicht im Buchhandel), Deutsches Institut für wissenschaftliche Pädagogik, D.I.P.-Information Nr. 8. Zur Entwicklung der katholischen Jugendpresse in Österreich: *H. Pürer*, Kirchliche Jugendpublizistik in Österreich, in: CS 7 (1974) 137–152.

[50] Ein ähnlicher negativer Trend zeichnet sich in der katholischen Presse der USA und Kanada ab, deren Geschichte noch nicht so untersucht ist, daß sie einen zusammenfassenden Vergleich vom europäischen Standpunkt aus erlaubte. Das überaus vielfältige, zum großen Teil diözesan orientierte Zeitschriftenwesen stellt insgesamt innerhalb der katholischen Presse der Welt den

Die Informationen über die katholische Presse in der DDR und in den östlichen Nachbarländern flossen in der gesamten Nachkriegszeit spärlich. In der DDR blieb man auf die beiden erwähnten Kirchenblätter und die nicht-periodischen Publikationen des Leipziger St.-Benno-Verlags beschränkt. Das tschechische Blatt „Katolicke Noviny", in einer tschechischen und einer slowakischen Ausgabe erscheinend, galt stets als der regierungsfreundlichen Priesterbewegung „Pacem in terris" nahestehend, während in Polen das Wochenblatt „Tygodnik Powszechny" (Krakau, gegründet 1945) im Rahmen der Znak-Gruppe (und mit ihm einige Bistumsblätter sowie die Warschauer Monatsschrift „Więź") relative Unabhängigkeit bewahren konnten – konkurrierend mit der Pax-Gruppe und deren Organ „Slowo Powszechne". Im sozialistischen Jugoslawien setzte sich die 1962 im Zusammenhang mit dem Zweiten Vatikanischen Konzil gegründete Zeitschrift „Glas Concila" unerwartet schnell durch: Die auf 180000 steigende Auflage verursachte jedoch eine besonders aufmerksame politische Überwachung, die zahlreiche Verbote und Beschlagnahmungen im Gefolge hatte.

Katholische Nachrichten-Agenturen

Ein Bedürfnis, die katholische Presse mit Hilfe besonderer Zuliefer-Institutionen, der Presse- oder Nachrichten-Agenturen, mit speziellem Informationsmaterial zu versorgen, wurde schon vor der Jahrhundertwende erkannt. Aus ihm ging in Deutschland die katholisch-politischen Zwecken dienende Gründung (1879) der Centrums-Parlaments-Correspondenz (CPC) hervor, eine Initiative nicht der Zentrumspartei, sondern des Augustinusvereins zur Pflege der katholischen Presse. Sie und ihre Nachfolge-Einrichtungen (CPC-GmbH, ZPK-GmbH) versorgten katholische Zeitungen mehr schlecht als recht mit Informationen aus den parlamentarischen Aktivitäten des Zentrums – bis zur Auflösung der ZPK im Jahre 1922 [51]. Katholische Presseagenturen im eigentlichen Sinne entstanden jedoch erst im Ersten Weltkrieg: 1917 in Freiburg/Schweiz die KIPA (Katholische Internationale Presse-Agentur); ebenfalls auf 1917 geht der amerikanische NC-News-Service (Washington) zurück. Er erwuchs aus der Presseabteilung des 1917 ins Leben gerufenen National Catholic War Council (NCWC, später = National Catholic Welfare Confer-

größten Auflagenblock dar. Allerdings schrumpfte er von 27,7 Millionen im Jahre 1968 auf 22,7 Millionen im Jahre 1973. Unter den mehr als 400 Titeln sind ca. 120 Bistumsblätter. Die Jesuiten-Zeitschrift „America" (New York, gegründet 1909) dürfte das national und international bekannteste Blatt sein. Der Verband der katholischen Publizistik in den USA, die Catholic Press Association (CPA), arbeitet international mit der deutschen AKP zusammen. – Hinweise auf die Krise bei *P. Jordan*, „NC News Service" in der Krise der katholischen USA-Presse, in: CS 3 (1970) 257–262.

[51] *M. Bornefeld-Ettmann*, Die Centrums-Parlaments-Correspondenz (CPC), in: CS 1 (1968) 318–325.

ence, heute United States Catholic Conference)[52]. Die dritte (für katholische Verhältnisse) „große" Agentur ist die 1952 aus den Vorläufern KND und CND hervorgegangene KNA (Katholische Nachrichtenagentur, Bonn, München)[53]. Sie hat neben ihrem aktuellen Dienst einen ganzen Fächer von Spezialdiensten entwickelt, verfügt über ein europäisches und überseeisches Korrespondentennetz und war eine der treibenden Kräfte bei der mit dem Zweiten Vatikanischen Konzil in Rom beginnenden Zusammenarbeit katholischer Nachrichtenagenturen: 1971 hat diese in einer Internationalen Union katholischer Nachrichtenagenturen eine feste Form gefunden, in welcher KNA, KIPA, Kathpress (Österreich), CIP (Belgien) und KNP (Niederlande)[54] eine gemeinsame Redaktion unter der Bezeichnung CIC (Centrum Informationis Catholicum) betreiben. Als eigentliche offiziös römische Agentur galt lange Zeit der 1927 im Zusammenhang mit der Propaganda Fide gegründete „International Fides Service"[55], der jedoch zunehmend an Bedeutung verlor, als seit dem Zweiten Vatikanischen Konzil die Pressearbeit des Vatikans in der „Sala Stampa" konzentriert und intensiviert wurde.

1936 gab es in 16 Ländern der Erde katholische Agenturen oder ähnliche Einrichtungen, 1971 in 21 Ländern[56]. Allerdings bleibt – vgl. den Fall KNP – ihre Effizienz im Verhältnis zu den Kosten nicht unbefragt, und besonders in den Ländern der Dritten Welt (z. B. DIA, Zaïre; CNI, Indien) ist ihre Existenz gefährdet.

Hörfunk und Fernsehen unter den Bedingungen von Kommerz bzw. öffentlicher Kontrolle

Seitdem der Rundfunk ab 1922 zum öffentlichen Medium wurde, haben sich drei Organisationsformen herausgebildet: Rundfunk als Staatsbetrieb, Rundfunk als öffentlich-rechtliche Anstalt und Rundfunk als privatwirtschaftliches Unternehmen, das seine Sendezeit teilweise an Dritte verkauft und aus dem Erlös nicht nur Subsistenz, sondern auch Gewinn zieht. Die beiden ersten Organisationsformen beruhen (vorwiegend) auf der Finanzierung durch Teilnehmergebühren und sind durch das Merkmal der öffentlichen Kontrolle (teils direkt durch den Staat, teils durch besondere gesellschaftliche Kontrollgremien, z. B. in Deutschland die „Rundfunkräte", in Österreich das „Kuratorium" des ORF) gekennzeichnet.

[52] *P. Jordan*, „NC-News-Service" in der Krise der katholischen USA-Presse, in: CS 3 (1970) 257–262.
[53] *Katholische Nachrichten-Agentur* (Hrsg.), De instrumentis informationis (Bonn ²1972).
[54] Das KNP mußte seine Tätigkeit 1973 einstellen. Vgl. *F. Oudejans*, Geschichte und Ende des „Katholiek Nederlands Persbureau" (KNP), in: CS 6 (1973) 144–151.
[55] *J. J. Considine*, Die Gründung des internationalen Fides-Dienstes, in: CS 5 (1972) 53–56.
[56] Für 1936: La Stampa Cattolica nel Mondo, a. a. O., 36. Für 1971: „Journalistes Catholiques" 19 (Paris 1971), Nr. 56/57, S. 9.

Je nach der „Rundfunkverfassung" eines Landes hat die Kirche verschieden günstige Chancen, sich am Rundfunk (Hörfunk und Fernsehen) zu beteiligen bzw. wenigstens auf ihn einzuwirken. Lediglich Staatsrundfunksysteme in grundsätzlich kirchenfeindlichen Ländern schließen die Mitwirkung der Kirche gänzlich aus.

Die Gesamtentwicklung international vergleichend zu schildern, ist angesichts der gebotenen Kürze unmöglich. Generell kann man sagen, daß die Kirche alle Arten der sich bietenden Möglichkeiten genutzt, oft jedoch keineswegs ausgeschöpft hat. Das privatwirtschaftliche Modell bietet in jenen Ländern, wo es praktiziert wird, vornehmlich also in den USA und in den von den USA beeinflußten Ländern Lateinamerikas und Asiens, zwei Chancen: a) den Kauf von Sendezeit für kirchliche Sendungen (praktiziert z.B. in den USA und in Japan), b) die Errichtung eigener Sendeanstalten, denn die hier gemeinten Länder verfahren in der Erteilung von Rundfunkkonzessionen eher liberal. Der Weg ‚b' wurde allerdings mit Erfolg vornehmlich von internationalen protestantischen Trägern beschritten: So entstanden u.a. die „Stimme der Anden" in Quito (bereits 1931), die „Stimme des Evangeliums" (Radio Voice of the Gospel, 1963, Addis Abeba), die „Far East Broadcasting Company" (gegründet 1945, Sitz in Whittier, Cal., Asien-Hauptsitz seit 1948 in Manila) und „Trans World Radio" (Monte Carlo, 1954 gegründet als Voice of Tanger), das seit 1959 als „Evangeliumsrundfunk" eine deutsche Niederlassung in Wetzlar unterhält[57]. Auf katholischer Seite vergleichbar wären das mit deutscher Hilfe in Manila/Quezon City gegründete Unternehmen „Radio Veritas", das 1968 seinen Betrieb aufnahm und mit mannigfachen Startschwierigkeiten zu kämpfen hatte, sowie die ebenfalls auf den Philippinen (Sitz Manila) tätige Federation of Catholic Broadcasters. In Ländern mit öffentlich-rechtlichen (oder ähnlichen) Rundfunksystemen nimmt die Kirche im Rahmen der gesetzlichen Möglichkeiten einerseits an der gesellschaftlichen Kontrolle der Rundfunkanstalten (z.B. durch Rundfunkräte) teil, andererseits nutzt sie die Möglichkeiten, eigene Verkündigungssendungen (z.B. Gottesdienstübertragungen) zu gestalten und an den Sendungen der für Kirche und Religion zuständigen Abteilungen gestaltend oder beratend mitzuwirken. Klar ausgeprägt haben sich diese Kompetenzzuteilungen besonders in der Bundesrepublik Deutschland, wo in den ersten Jahren nach dem Zweiten Weltkrieg das Projekt eines eigenen christlichen „Bamberger Senders" scheiterte[58], und in Österreich. Durchaus eine Sonderform hat, im Zuge

[57] *K.H. Hochwald,* Trans World Radio und Evangeliums-Rundfunk, in: CS 2 (1969) 56–58. – *Ch. Jahn,* Frequenzen der guten Nachricht. Rundfunksender „Stimme des Evangeliums" Addis Abeba (Erlangen 1973); *G.H. Ledyard,* Sky Waves. The Incredible Far East Broadcasting Company (Chicago 1963). Zusammenfassend: *J. Schmidt,* Massenmedien als Instrumente der Mission. Missionsrundfunk als Beispiel (Diss. Heidelberg 1974). – Neu ist der Versuch eines katholischen Diözesan-Fernsehens in Chicago; vgl. *F. J. Eilers,* ctn-Diözesan-Fernsehen in Chicago, in: CS 9 (1976) 39–41.

[58] Vgl. *M. Schmolke,* Die schlechte Presse, a.a.O., 272f.

der weltanschaulichen „Versäulung", das Rundfunkwesen der Niederlande entwickelt: Während die Nederlandse Omroep Stichting Träger des Gesamtrundfunks ist, wird das Programm durch mehrere, meist weltanschaulich orientierte Betriebsunternehmen besorgt, deren Position von der Zahl der sich zu ihnen bekennenden Teilnehmer abhängt. Seit 1925 beschickt der Katholieke Radio Omroep (KRO, Hilversum) den katholischen Part[59]. Während ausländische Beobachter das niederländische System nicht selten als die ideale Verwirklichung pluralistischer Rundfunkarbeit ansehen, gibt es in den Niederlanden auch zahlreiche kritische Stimmen.

1931 errichtete der Vatikan unter dem Namen Radio Vatikan eine eigene Rundfunkstation; sie arbeitete sendetechnisch zunächst mit sehr bescheidenen Mitteln. Nach dem Ausbau (1952–1957) auf einem Gelände außerhalb des Vatikanstaates 25 km nördlich von Rom (Sta. Maria in Galeria) strahlt Radio Vatikan Hörfunksendungen auf Mittel-, Kurz- und Ultrakurzwelle in etwa 30 Sprachen in alle Welt aus[60].

Kirchliche Publizistik in der Dritten Welt

In vielen Ländern der Dritten Welt ruht die kirchliche Publizistik der Gegenwart auf Fundamenten, die in der Kolonialzeit durch missionarische Arbeit gelegt wurden. Dabei sind zwei verschiedene Schwerpunkte erkennbar: In manchen Ländern Asiens, besonders aber in Afrika, wurde früh mit christlicher Pressearbeit begonnen; in Lateinamerika hingegen entwickelte sich aus bescheidenen Anfängen ein fruchtbares Feld katholischer Rundfunkarbeit insbesondere im Bereich des Erziehungs- und Bildungsrundfunks. Katholische „Radioschulen" und vergleichbare Einrichtungen bzw. Programmangebote entstanden nach dem Zweiten Weltkrieg u.a. in Bolivien, Brasilien, Chile, der Dominikanischen Republik, in Ekuador, Kolumbien und Peru. Katholische Sender waren dabei nicht allein auf den Lehrzweck ausgerichtet, sondern entfalteten vornehmlich der Landbevölkerung dienende Systeme gesellschaftlicher Kommunikation, in denen zu Hörfunkprogrammen und Schulungskursen gelegentlich auch zeitungsähnliche Informationsblätter hinzutraten, so im international bekanntesten Radioschulprojekt, Radio Sutatenza in Kolumbien, die Wochenzeitung „El Campesino" mit einer Auflage von 70000. Das seit 1949 von der Acción Cultural Popular (ACPO) getragene Unternehmen, gegründet 1947 von dem

[59] *J. Hemels*, Der katholische Rundfunk im niederländischen Rundfunksystem, in: CS 8 (1975) 213–229.

[60] *E. Schmitz*, Sender des Friedens, in: *K. Becker* und *K.-A. Siegel* (Hrsg.), Rundfunk und Fernsehen im Blick der Kirche (Frankfurt a.M. 1957) 32–40; *A. Kochs*, Radio Vatikan, in: „Funk-Korrespondenz" 23 (1975), Nr. 4, S. 1–4 und Nr. 5, S. 5–8.

Kaplan José Joaquin Salcedo, konnte die Analphabetenzahl Kolumbiens erheblich senken und wichtige Beiträge zur Dorfentwicklung leisten[61].

Überhaupt ist die kirchliche Publizistik in der Dritten Welt im Jahrzehnt nach 1960 immer stärker unter den Gedanken der Entwicklungsförderung gestellt worden[62]. Dies ist ein neuer Akzent gegenüber der missionarischen und pastoralen Motivation, welche Jahrzehnte lang die katholische Pressearbeit in vielen afrikanischen und in einigen asiatischen Ländern (z.B. Indien) bestimmte. Je mehr afrikanische Staaten unabhängig wurden, desto häufiger gerieten katholische Zeitungen und Zeitschriften in schwierige Situationen: Einerseits waren sie politisch weniger belastete Träger eines publizistischen Expertenwissens, das in vielen der jungen Staaten fehlt, andererseits gerieten sie in Konflikte mit politisch einseitigen Systemen, aber auch in wirtschaftliche Schwierigkeiten, welche die Union Catholique Internationale de la Presse besorgt fragen ließen: „La presse catholique d'Afrique est-elle condamnée?"[63] Zahlreiche traditionsreiche katholische Blätter, darunter die katholische Tageszeitung „Munno" (gegründet 1911, Kampala, Uganda, 1976 verboten), die Wochenblätter „Afrique Chrétienne" (1961, Kinshasa, Zaire), „Afrique Nouvelle" (1947, Dakar, Senegal, 1972 eingestellt, 1974 wiederbelebt, 1976 verboten), „L'Effort Camerounais" (1955, Yaounde, Kamerun), „La Croix du Dahomey" (1946, Cotonou, Dahomey) oder „The Standard" (1939, Cape Coast, Ghana, anhaltende Schwierigkeiten), mußten ihr Erscheinen zeitweilig oder ganz einstellen; andere wie „Kiongozi" (1950, Daressalam, Tansania) blieben lebenskräftig. Politische Verbote oder Behinderungen kamen aus ganz verschiedenen Richtungen: in Zaire wurde 1973 die ganze katholische Presse suspendiert, im „weißen" Rhodesien konzentrierte sich die kritische Aufmerksamkeit der Regierung auf die Produkte des katholischen Verlages Mambo Press (Gwelo).

Trotz mannigfacher Gefährdungen und wirtschaftlicher Engpässe besteht in Afrika und Asien eine katholische Presse in bescheidenen Dimensionen, aber doch erstaunlicher Vielfalt[64]. Dabei haben die Gründer und Redakteure, meist Angehörige von Missionsorden oder -genossenschaften, früh versucht, Veröffentlichungen in den Landessprachen zu publizieren. Dies gilt auch für die pu-

[61] *St. A. Musto,* Massenmedien als Instrumente der ländlichen Entwicklungsförderung (Berlin 1969).

[62] Vgl. die Bibliographie „Church and Communication in Developing Countries", bearbeitet von *W. Herzog* (Paderborn 1973) und den Sodepax-Konferenz-Bericht „Church, Communication, Development" (Genf o. J. [1971]).

[63] Afrika-Hefte Nr. 62/63 und Nr. 64/65 der Zeitschrift „Journalistes Catholiques" (Paris 1972).

[64] Vgl. *F. J. Eilers* und *W. Herzog,* Catholic Press Directory Africa/Asia (Paderborn 1975); *F. J. Eilers,* Christliche Publizistik in Afrika (St. Augustin 1964); *C. H. M. Verhaak,* Aspecten van de pers in Oost-Afrika (Grave 1974); *J. Hosse,* Die katholische Presse im französischsprachigen West- und Zentralafrika, in: CS 5 (1972) 156–162; *T. Luiz,* Indian Catholic Press (Bombay 1971); *J. Barret,* Katholische Presse in Indien, in: CS 1 (1968) 43–45.

blizistische Erschließung sehr entlegener Gebiete, z. B. Ozeaniens, und selbstverständlich generell für die Rundfunkarbeit in allen Missionsgebieten[65].

Verständnis für die Probleme der Mission (und heute der Entwicklungsländer) zu fördern, hat sich die in den USA und vielen Ländern Europas recht stark entwickelte Missionspresse zum Ziel gesetzt[66]. Ihre Anfänge, in Deutschland markiert durch die Gründung der Zeitschrift „Die katholischen Missionen" (1873), reichen in das 19. Jahrhundert zurück. Lange Zeit waren die populären Zeitschriften willkommener Lesestoff als Gegenwert für das Opfer zugunsten der Mission. Das veränderte Verhältnis zur Dritten Welt (Entwicklungshilfe, Strukturförderung, die neuen Hilfswerke „Misereor", „Adveniat" usw.) ließ das Interesse an der klassischen Missionspublizistik zurückgehen; die Auflagen vieler Blätter schrumpften, und es entstand, hervorgegangen aus den ersten freiwillig initiierten Konzentrationsvorgängen auf dem katholischen Pressemarkt, ein neuer Typ von Missionsmagazinen, die jeweils von mehreren in der Mission tätigen Religiosengemeinschaften gemeinsam herausgegeben werden: in Deutschland „Kontinente" (seit 1966, anfangs 12, später 25 Träger), in den Niederlanden „Bijeen" (1968, 17 Träger), in Spanien „Tercer Mundo" (1970, 6 Träger), in Frankreich – wenig erfolgreich – „Peuples du Monde" (1965)[67]. Daneben konnten sich weiterhin einige, zum Teil auflagenstarke, Einzeltitel halten, deren Standfestigkeit auf der Kombination zwischen unterhaltsamem Familienblatt und Missionszweck beruht.

Kirche und Massenkommunikation in Theorie und Organisation

Das seit der Reformation eher negative Verhältnis der Kirche zur Medienpublizistik hat schon im 19., besonders aber im 20. Jahrhundert eine große Zahl päpstlicher und bischöflicher Stellungnahmen provoziert, deren Grundtenor verdammend bis ablehnend, nur gelegentlich die „gute" (katholische) Presse ermunternd, war. Sie füllen inzwischen eigene, fachlich spezialisierte Quellensammlungen[68]. Eine Wende bahnte sich mit der ersten eigentlichen

[65] *F. J. Eilers*, Zur Rolle der Publizistik in der Missionsarbeit des Fernen Ostens und Ozeaniens (Münster 1965); *ders.*, Presse und Funk im Territorium von Papua und Neuguinea, in: CS 1 (1968) 197–208, 295–307.

[66] *L. Janek*, Katholische Missionszeitschriften in den USA, in: CS 4 (1971) 226–232; *J. Simmers*, Missionspublizistik in den Niederlanden, in: CS 1 (1968) 40–43; *M. Eigenmann* und *F. H. Fleck*, Schweizer Missionsjournalistik, in: CS 3 (1970) 339–343; *F. J. Eilers*, Arnold Janssen als Publizist. Ein Beitrag zur Geschichte der deutschsprachigen Missionspublizistik, in: CS 8 (1975) 301–323.

[67] *J. Hosse*, Missionspresse im Wandel der Zeit, in: CS 5 (1972) 348–351.

[68] *E. Baragli* (Hrsg.), Cinema Cattolico (Rom ²1965); Radio Vaticana (Hrsg.), (1) Documenti Pontifici sulla Radio e sulla Televisione 1929–1962 (Rom, Vatikan 1962), (2) Documenti Pontifici sulla Stampa 1878–1963 (ebd. 1963), (3) Documenti Pontifici sul Teatro

Massenmedien-Enzyklika, der Film-Enzyklika „Vigilanti cura" Pius' XI., an (1936)[69]. Inhaltlich führte dieses Rundschreiben verbindliche Kontrollinstitutionen ein: Nach dem Muster der amerikanischen Legion of Decency entstanden in vielen Ländern katholische Filmbeurteilungsstellen, so nach dem Zweiten Weltkrieg in Deutschland, Österreich und der Schweiz Katholische Filmkommissionen, deren Tätigkeit in ihrer informativen Komponente sehr segensreich war, in ihrer moralisch-steuernden Absicht jedoch inzwischen überholt ist[70]. Die Schrittmacher-Funktion von „Vigilanti cura" bestand darin, daß es nunmehr überhaupt eine Medien-Enzyklika gab. Ihr folgten 1957 „Miranda prorsus", eine weitere Enzyklika, die sich mit den audiovisuellen Medien befaßte[71], und 1963 das dürftige Dekret „Inter mirifica" des Zweiten Vatikanischen Konzils[72]. Wirkliche Fortschritte in der – im eigentlichen Sinne – theoretischen Auseinandersetzung der Kirche mit den Massenmedien brachte eine Ansprache Pius' XII., 1950 gerichtet an den III. Internationalen Kongreß der katholischen Presse in Rom[73], und die durch das erwähnte Konzilsdekret veranlaßte, erst 1971 fertiggestellte Pastoralinstruktion „Communio et Progressio"[74]. Pius XII. erkannte und beschrieb die Massenkommunikation als gesellschaftliche Funktion, indem er die öffentliche Meinung („natürliches Echo", „gemeinsamer Widerhall") als naturrechtlich unabdingbar für das Funktionieren der Gesellschaft darstellte. Leider blieb dann das vornehmlich das Recht der Kirche auf Besitz und Nutzung von Massenmedien sowie die (moralisch) „rechte Benutzung dieser Werkzeuge" betonende „Inter mirifica"-Dekret „hinter der von Pius XII. entwickelten Lehre erheblich zurück"[75]. „Communio et Progressio" hingegen verarbeitete nicht nur wichtige Ergebnisse der modernen Publizistik- und Kommunikationswissenschaft, sondern stellte auch allgemein gesellschaftlich relevante Leitgedanken vor: die Funktion der Medien als Vermittlungseinrichtungen, welche „die Zeitgenossen sozusagen um einen runden Tisch" versammeln, das Recht auf Information und freie Informationsauswahl, die Kommunikationsfreiheit, die Notwendigkeit der Medienpädagogik (statt Zensuren und Verbotskatalogen), die Anerkennung der Eigengesetzlichkeit journalistischer Arbeit, den Anspruch katholischer Journalisten, Kommunikationseinrichtungen und des katholischen Publikums auf helfende Partnerschaft der Kirche. Ohne daß auf Maßstäbe (Gemeinwohl, Menschen-

341–1966 (ebd. 1966); dazu: *G. Deussen,* Ethik der Massenkommunikation bei Papst Paul VI. (Paderborn 1973).

[69] AAS 28 (1936) 249–263.

[70] *A. Paffenholz,* Katholische Filmbewertung in der Diskussion, in: CS 2 (1969) 5–12.

[71] AAS 49 (1957) 765 805.

[72] LThK, 1. Ergänzungsband (Freiburg 1966) 116–135.

[73] AAS 42 (1950) 251–257.

[74] Communio et Progressio. Pastoralinstruktion über die Instrumente der sozialen Kommunikation, Nachkonziliare Dokumentation Bd. 11 (Trier 1971).

[75] *O. B. Roegele,* Das Konzilsdekret „Über die Werkzeuge der sozialen Kommunikation", in: „Publizistik" 9 (1964) 305–347, hier 319.

würde, Sachgerechtigkeit) verzichtet würde, wird doch die Abkehr vom „Prinzip Abwehr"[76] und von der moralisierenden Unterscheidung zwischen „guter" und „schlechter" Presse wohltuend deutlich.

Die Instruktion weist ferner indirekt, durch Vorschläge, auf die Mangelhaftigkeit publizistischer Organisation hin, wie sie in den Kirchen vieler Länder festzustellen ist. Umfassende Aufgaben werden den bereits bestehenden internationalen Publizistik-Vereinigungen zugewiesen, während in Wirklichkeit diese Organisationen trotz historischer und völkerverbindender Verdienste heute selbst ihren engsten Aufgabenstellungen oft nur mit Mühe gerecht werden können. Es handelt sich dabei um die 1927 (Vorläufer 1923) gegründete Union Catholique Internationale de la Presse (UCIP), die aus dem 1928 gegründeten Bureau International de la Radiophonie Catholique hervorgegangene „Unda" (Association Catholique Internationale pour la Radiodiffusion et la Télévision) und das Office Catholique International du Cinéma (OCIC)[77]. Die UCIP, fachlich in fünf Föderationen (Zeitungs- und Zeitschriftenverleger, Nachrichtenagenturen, Journalisten, Publizistikwissenschaft und Kirchenpresse), regional in einige kontinentale Unterverbände gegliedert, international repräsentativ in Erscheinung tretend mit Weltkongressen der katholischen Presse, sieht ihr generelles Ziel in der Förderung, Ordnung und Vertretung der Arbeit der katholischen Journalisten und Presseverbände auf internationaler Ebene, speziell in den Tätigkeitsbereichen Berufsethik und Theologie der Massenkommunikation, Förderung der katholischen Publizistik in Entwicklungsländern und Vertretung bei internationalen Organisationen (UNO, UNESCO). Die Unda, die wesentliche Impulse dem ersten und zweiten Internationalen Katholischen Rundfunkkongreß (München 1929, Prag 1936) verdankt, hat ebenfalls kontinentale Untergruppen in Südamerika, Asien und Afrika aufgebaut und pflegt die internationale Zusammenarbeit ebenso wie die interkonfessionelle mit der World Association for Christian Communication (WACC). Unda wie OCIC vergeben internationale Funk- bzw. Filmpreise. Die Hauptaufgaben des OCIC liegen in der Zusammenarbeit der etwa 50 nationalen katholischen Filmbüros, im Studium von Filmkunst und -wirtschaft nach christlichen Wertkategorien, in der Initiierung neuer katholischer Filmbewegungen und im Einsatz für den künstlerisch und erzieherisch wertvollen Film.

Für neue internationale Aufgaben, nämlich die beratende Förderung der ka-

[76] *M. Schmolke,* Zehn ideengeschichtliche Beobachtungen zur Pastoralinstruktion „Communio et Progressio", in: *F. J. Eilers* u. a. (Hrsg.): Kirche und Publizistik. Dreizehn Kommentare zur Pastoralinstruktion... (Paderborn 1972).

[77] *J. Iribarren,* L'Union Catholique Internationale de la Presse (UCIP), in: CS 3 (1970) 49–55; ferner zur Unklarheit über das eigentliche Gründungsjahr der UCIP Hinweise in „UCIP Informations" Nr. 4/1976, S. 2, und Nr. 1/1977, S. 1f. (Wenn die UCIP 1977 ihr 50-Jahr-Jubiläum begeht, so bezieht sie sich auf die 1927 in Brüssel erfolgte Gründung des Bureau International des Journalistes Catholiques.) *J. Schneuwly,* UNDA – Katholische Internationale Vereinigung für Hörfunk und Fernsehen, in: CS 3 (1970) 144–151; *E. Flippo,* Office Catholique International du Cinéma (OCIC), ebd. 4 (1971) 28–34.

tholischen Publizistik in Entwicklungsländern, wurde auf der Basis der Zusammenarbeit von UCIP, Unda und OCIC 1969 in Aachen das Catholic Media Council (Publizistische Medienplanung für Entwicklungsländer e.V.) gegründet. Seine Aufgaben sind der internationale Erfahrungsaustausch, die Planungskoordinierung und -beratung, die Auswertung wissenschaftlicher Ergebnisse und nicht zuletzt die fachliche Vorprüfung konkreter Förderungsprojekte. Die auch publizistische Projekte unterstützenden katholischen Hilfs- und Missionswerke sind im Kuratorium vertreten[78]. Das CMC bearbeitet und berät Projekte, die von den Hilfswerken Belgiens, der Niederlande, Österreichs, der Schweiz, Englands, Irlands, der USA und Deutschlands gefördert werden.

Schlußbemerkung: Der beträchtliche theologische, organisatorische, ökonomische und journalistische Aufwand, mit dem katholische Publizistik nach wie vor betrieben wird, und auch die (relativ spät einsetzende) positive lehr- und hirtenamtliche Aufmerksamkeit für Probleme der Massenkommunikation können nicht darüber hinwegtäuschen, daß spätestens seit dem Zweiten Vaticanum auf seiten des „katholischen Publikums" ein auffälliger Integrationsschwund[79] zu beobachten ist, und zwar besonders in den „starken" katholischen Publizistik-Ländern, in denen katholische Medien nicht traditionell-konventionell bleiben können, sondern sich gegenüber nichtkatholischen Bevölkerungsgruppen ständig profilieren müssen, besonders deutlich also in den USA, den Niederlanden, der Schweiz, der Bundesrepublik Deutschland, aber auch in Österreich. Die Tatsache, daß sich ein wachsender Teil des potentiellen katholischen Publikums der spezifisch katholischen Publizistik entzieht, und die gesicherte Beobachtung, daß dieser Vorgang quantitativ ähnlich verläuft wie der Rückgang der Kirchenbesucherzahlen[80], werden möglicherweise einmal der charakteristische Grundzug katholischer Publizistikgeschichte der zweiten Hälfte des 20. Jahrhunderts sein. Dokumente einiger nachkonziliarer Synoden haben dieser Entwicklung wenigstens ansatzweise Rechnung zu tragen versucht[81].

[78] *K. R. Höller,* Publizistische Medienplanung für Entwicklungsländer „Catholic Media Council", in: CS 5 (1972) 57–63.

[79] Zum Begriff vgl. *F. Groner,* Integrationsschwund in der katholischen Kirche Deutschlands, in: Jahrbuch für christliche Sozialwissenschaften 12 (1971) 215–239. Vgl. ferner die Beiträge von *H. Fleckenstein* und *R. Bleistein* in: *K. Forster* (Hrsg.), Befragte Katholiken – Zur Zukunft von Glaube und Kirche (Freiburg i. Br. 1973).

[80] Vgl. dazu besonders die o. a. Arbeiten von *Hemels* und *Marsman,* Daten zum Rückgang im (nichtveröffentlichten) „Gutachten Katholische Publizistik 72/73" (Stellungnahme Nr. 7) des Verfassers sowie in den verschiedenen Berichtbänden der (ebenfalls nichtveröffentlichten) „Feldbefragung" (Kommunikations- und Informationserwartungen der katholischen Bevölkerung gegenüber kirchlichen Massenmedien, insbesondere der Kirchenpresse), Institut für Kommunikationsforschung (Wuppertal 1975/76).

[81] Literaturhinweise bei *M. Schmolke,* Kirche und gesellschaftliche Kommunikation, in: *D. Emeis* und *B. Sauermost* (Hrsg.), Synode – Ende oder Anfang (Düsseldorf 1976) 303–315, sowie *P. Pawlowsky,* Kirche und Massenmedien nach den österreichischen Synoden, in: CS 9 (1976) 233–254.

14. Kapitel

Karitas und kirchliche Hilfswerke

Univ.-Professor Dr. Erwin Gatz, Düren

QUELLEN: Zentrale Quellensammlungen fehlen. Neben den zahlreichen oft unveröffentlichten Kleinschriften sind namentlich heranzuziehen: Zeitschrift Caritas (Freiburg 1896 ff); The Catholic Charities Review (Washington 1916 ff); Caritas Internationalis. Annuarium (Rom 1965 ff).

LITERATUR: Jahrbuch des Caritasverbandes 1–11 (Freiburg 1907/17); Jahrbuch der Caritaswissenschaft (Freiburg 1925/38); Jahrbuch für Caritaswissenschaft und Caritasarbeit (Freiburg 1957/68); Caritas '68 ff. Jahrbuch des DCV (Freiburg 1968 ff) (z.T. mit Auswahlbibliographie); *W. Liese,* Wohlfahrtspflege und Caritas im Deutschen Reich, in Deutsch-Österreich, der Schweiz und Luxemburg (M.-Gladbach 1914); *ders.,* Lorenz Werthmann und der Deutsche Caritasverband (Freiburg 1929); *A. Foucault,* Histoire de la Société de S. Vincent de Paul (Paris 1933); An der Aufgabe gewachsen. Vom Werden und Wirken des Deutschen Caritasverbandes, hrsg. vom Zentralvorstand (Freiburg 1957); Handbuch der Entwicklungshilfe. Fortsetzungswerk in Loseblattform, hrsg. von *H. H. Havemann – W. Kraus* (Baden-Baden 1959 ff); Entwicklungspolitik. Handbuch und Lexikon, hrsg. von *H. Besters – E. E. Boesch* (Stuttgart, Berlin, Mainz 1966); *R. Völkl,* Dienende Kirche – Kirche der Liebe (Freiburg 1969); *E. Gatz,* Kirche und Krankenpflege im 19. Jahrhundert (Paderborn 1971); *A. Rinken,* Das Öffentliche als verfassungstheoretisches Problem – dargestellt am Rechtsstatus der Wohlfahrtsverbände (Berlin 1971); 1897–1972. 75 Jahre Deutscher Caritasverband, hrsg. vom Deutschen Caritasverband Freiburg (Freiburg 1972); Essener Gespräche zum Thema Staat und Kirche, hrsg. von *J. Krautscheidt – H. Marré,* Bd. 8 (Münster 1974).

Grundlegung im 19. Jahrhundert

Die Karitas als Hinwendung zum notleidenden Glaubensgenossen und Mitmenschen gilt neben der Verkündigung der Frohen Botschaft als Grundfunktion der Kirche[1]. Daher ist die Intensität karitativen Handelns stets ein Gradmesser für deren geistliche Vitalität. Ihre heutige sozial-karitative Wirksamkeit unterscheidet sich jedoch in vielfacher Hinsicht von der früherer Jahrhunderte. Sie ist ganz aus der Karitasbewegung des 19. Jahrhunderts hervorgegangen; denn damals wurden jene Ideen und Arbeitsmethoden entwickelt, die in zeitgemäßer Fortbildung von Europa her fast alle Länder geprägt haben. Daher ist eine Reflexion auf das 19. Jahrhundert für das Verständnis der Gegenwart unerläßlich.

Zu einer wichtigen und meist übersehenen Voraussetzung des karitativen Neuaufschwungs im 19. Jahrhundert wurden jene zahlreichen Säkularisationen, die nicht nur im Frankreich der Revolution (1790: Nationalisierung des

[1] Grundlegend: *R. Völkl,* Dienende Kirche – Kirche der Liebe (Freiburg 1969); *ders.,* in: HPTh ²I, 415–448.

Kirchenvermögens, 1792: Aufhebung der Orden, 1793: Nationalisierung der Hospitäler) und im Deutschen Reich (1803: Reichsdeputationshauptschluß), sondern in den meisten Ländern der nordatlantischen und iberischen Welt die alten sozialen Stiftungen der kirchlichen Verfügung entzogen. Dadurch verlor die Kirche zwar die traditionellen Subsistenzmittel ihrer Armenpflege, sie wurde aber zugleich von den oft antiquierten Stiftungsauflagen entlastet. Die Säkularisationen erzwangen somit neue Initiativen und haben dadurch das Aufkommen jener Mobilität und jenes großräumigen Denkens erleichtert, die angesichts der Bevölkerungsvermehrung und all jener Nöte, die die Industrialisierung begleiteten, dringend notwendig waren. Auch die Kirche mußte den neuen sozialen Problemen ihre Aufmerksamkeit widmen, wenn sie glaubwürdig bleiben wollte. Der europäische Katholizismus hat daher namentlich in Frankreich und Deutschland, aber auch in Italien im Verlaufe des Jahrhunderts enorme sozialkaritative Anstrengungen unternommen. Sie erklären sich z. T. aus der bis weit über die Mitte des Jahrhunderts allgemein vertretenen Überzeugung, daß die soziale Frage nur durch die freie Wohlfahrtspflege gelöst werden könne. Erst langsam setzte sich die Auffassung durch, daß hier nur eine staatliche Intervention unter Mitwirkung der freien Kräfte helfen konnte. Diese wurde im Deutschen Reich durch die Bismarcksche Sozialgesetzgebung (1883–1889) eingeleitet, während andere Staaten z. T. viel später nachfolgten. Aus diesen zunächst bescheidenen Anfängen entwickelten sich allmählich umfassende soziale Sicherheitssysteme und Großorganisationen, die einen „fundamentalen Wandel der Daseinsvorsorge“ einleiteten[2]. Sie gipfeln im Konzept des „Sozialstaates“, der in den gesellschaftlichen Bereich ordnend eingreift, ohne zum totalen Wohlfahrtsstaat zu degenerieren[3]. Er stellt die Antwort auf die industrielle Revolution sowie die Umschichtungen im Gefolge der großen Kriege und Wirtschaftskrisen dar. Die Staatsziele sind im Sozialstaat um die soziale Gerechtigkeit und die Schaffung und Erhaltung von Einrichtungen zum Schutz des einzelnen in den verschiedenen Lebenslagen erweitert. Daß staatliche Haushaltspläne in industrialisierten Ländern heute bis zu einem Drittel ihres Volumens für Sozialleistungen ausweisen, spricht eine beredte Sprache.

Diese Entwicklung hat die kirchliche Karitas zutiefst berührt[4]; denn dadurch hat sich ihr Schwergewicht in den Industriestaaten zunehmend von der wirtschaftlichen zur geistig-personellen Hilfe verlagert, ohne jene auszuschließen[5]. Im übrigen kooperieren in fast allen Ländern und selbst in jenen, wo Kirche und Staat formell getrennt sind, die sozial-karitativen Kräfte der Kirche und die staatlichen Sozialbehörden in erheblichem Maße. Die Kirche bringt in dieses

[2] HPTh II/2, 396–402.
[3] *H. Peters,* in: StL^6 7 (1962) 394f.
[4] Über die sozialpolitische Entwicklung in Deutschland, Frankreich, England, USA: *Br. Seidel,* in: Handwörterbuch der Sozialwissenschaften 9 (Göttingen 1956) 532–572.
[5] Zum Spezifikum der Karitas: *R. Völkl,* in: HPTh II/2, 403–423.

Zusammenspiel namentlich ihre religiös motivierten Mitarbeiter ein, während die staatlichen Instanzen z.T. erhebliche Finanzmittel für Sozialeinrichtungen in kirchlicher Trägerschaft bereitstellen. Der kirchliche Finanzbeitrag für diese Arbeit basiert nach dem Verlust der alten Stiftungen z.T. auf Kirchensteuermitteln, vornehmlich aber auf Spenden.

Die Sorge um den ganzen Menschen ist für die Karitas schon auf Grund ihrer Verzahnung mit der Seelsorge charakteristisch. Die seit der Aufklärung unaufhaltsam vordringende Säkularisierung und Entkirchlichung haben jedoch ihren konfessionellen Zuschnitt zunehmend in Frage gestellt. Die kirchlichen Kräfte, die sich lange nahezu konkurrenzlos den karitativen Aufgaben einer homogenen Gesellschaft gewidmet hatten, konnten den wachsenden Aufgaben nicht mehr voll entsprechen. Seit dem 19. Jahrhundert schoben sich daher neben die kirchliche Karitas weitere Träger der freien Wohlfahrtspflege, in denen auch dezidierte Christen mitarbeiteten und die z.T. aus christlichen Motiven gespeist werden[6]. Der Säkularisierung der Gesellschaft entsprach mit einer gewissen Verzögerung die Säkularisierung bzw. Laisierung der Sozialarbeit. Heute ist die Kirche nur noch eine – wenngleich höchst wichtige – unter jenen gesellschaftlichen Kräften, die sich diesen Aufgaben widmen. Im übrigen hat es gegenüber einer umfassenden staatlichen Sozialpolitik und -hilfe seit dem 19. Jahrhundert nicht an Stimmen gefehlt, die die Karitas auch unter den veränderten Verhältnissen als unaufgebbare, wenngleich zeitgemäß zu verändernde Grundfunktion der Kirche in Anspruch nahmen. Aus der Religionsfreiheit wurde die Forderung nach unbehinderter Entfaltung der Kirche auch auf dem Sozialsektor abgeleitet. Diese wurde ihr denn auch nur in totalitären Staaten entzogen, während z.B. in der Bundesrepublik Deutschland 1961 den freien Trägern der Sozial- und Jugendhilfe gemäß dem Subsidiaritätsprinzip der Vorrang eingeräumt wurde[7]; neuerdings kommen dagegen wieder staatsdirigistische Tendenzen auf.

Synoden und einzelne Bischöfe haben während des 19. Jahrhunderts die tra-

[6] In den hauptberuflich geübten Bereichen der Sozialarbeit dominierten bis ins 20. Jahrhundert die praktisch ohne Entgelt arbeitenden Ordensleute. Das Laienpersonal setzte sich daneben erst seit der finanziellen Sicherung der Sozialarbeit in größerem Maße durch. Deutsches Reich 1883: Gesetz über die Krankenversicherung der Arbeiter; Preußen 1885: Reglement für die (Kranken-)Wärterschulen. Auch in anderen Staaten läßt sich seitdem die verstärkte Gründung von Krankenpflegeschulen beobachten. *Fr. Bauer,* Geschichte der Krankenpflege (Kulmbach 1965) 257ff.

[7] 1961: Bundessozialhilfegesetz und Jugendwohlfahrtsgesetz. Danach wird nicht nur Hilfe zum Lebensunterhalt, sondern „in besonderen Lebenslagen" gewährt. Ein entsprechendes Urteil vom Bundesverfassungsgericht Karlsruhe 16. Oktober 1968: „Zum Selbstverständnis der christlichen Kirchen und der Religionsausübung gehört nicht nur der Bereich des Glaubens und des Gottesdienstes, sondern auch die Freiheit zur Entfaltung und Wirksamkeit in der Welt, wie es ihrer religiösen und diakonischen Aufgabe entspricht. Die tätige Nächstenliebe ist nach dem Neuen Testament eine wesentliche Aufgabe für den Christen und wird von der katholischen wie evangelischen Kirche als kirchliche Grundfunktion verstanden" (Zit. Caritas-Korrespondenz Freiburg 1969 – 1/2, R. 4).

ditionelle Armenpflege wiederholt empfohlen[8], aber eigentlich kirchenamtliche Initiativen auf diesem Gebiet waren vereinzelt und lokal begrenzt. Die Karitasbewegung entstand vielmehr an der Basis, in den Gemeinden, dort, wo sie seit jeher beheimatet war. Erst in unserem Jahrhundert setzten sich eine großräumige und schließlich globale Sicht und entsprechende Organisationen durch.

Die Karitas wird seit dem 19. Jahrhundert im wesentlichen von zwei Gruppen getragen. Es sind einerseits die vielfältigen lokalen Karitaskreise, die z. T. ohne Mitwirkung von Geistlichen arbeiten und oft auf jede Publizität verzichten. Ihre klassische Ausprägung haben sie in der von Fréderic Ozanam 1833 in Paris gegründeten Vinzenzkonferenz gefunden, die zum Modell für ähnliche Gründungen in vielen Ländern wurde[9]. Namentlich in Deutschland, wo das kirchliche Vereinswesen stärker ausgeprägt war als anderwärts, hat sich neben den Vinzenzkonferenzen und ihrem weiblichen Parallelstück, den Elisabethkonferenzen, eine ganze Anzahl von Gruppierungen mit sozial-karitativer und oft sehr spezialisierter Aufgabenstellung gebildet[10]. In neuerer Zeit ist dagegen die Pfarrei als zunächst zur Karitas berufene Einrichtung hervorgetreten[11], wodurch freilich die Tätigkeit der traditionellen Verbände nicht beeinträchtigt werden sollte.

Neben diesen oft zu Arbeitsgemeinschaften zusammengefaßten und vornehmlich auf lokaler Ebene angesiedelten Kleingruppen übernahmen seit dem 19. Jahrhundert die zahlreich neugegründeten Kongregationen die Hauptlast der Karitasarbeit. Die Filles de la Charité waren zwar schon vor der Revolution in einigen europäischen Ländern vertreten, aber erst im 19. Jahrhundert begann ihre globale Verbreitung. Im übrigen entstand damals jene mitunter wild wachsende Vielzahl ähnlicher Frauen- und Männerkongregationen, die für die Sozialarbeit ein hauptberufliches und berufsethisch durchweg qualifiziertes Personal bereitstellten[12]. Im Gebiet des Deutschen Reiches arbeiteten z.B. zu Beginn des 19. Jahrhunderts kaum einige hundert, vor dem Ersten Weltkrieg dagegen 47545 Ordensfrauen und 1963 männliche Ordensmitglieder in 5036 bzw. 101 Niederlassungen auf diesem Sektor[13]. In den übrigen katholischen

[8] Die verschiedenen Provinzialsynoden des 19. Jahrhunderts gingen ebensowenig wie zwei geplante Dekrete des I. Vatikanischen Konzils (*E. Gatz,* in: AHC 3 [1971] 156–173) darüber hinaus.

[9] *A. Foucault,* Histoire de la Société de S. Vincent de Paul (Paris 1933). Über frühe Karitaskreise in Deutschland: *Gatz* 351–371. Zur Entwicklung in den USA: *D. T. McColgan,* A Century of Charity. The first one hundred years of the society of St. Vincent de Paul in the United States, 2 Bde. (Milwaukee 1951).

[10] Ausführlich: KH 1907ff.

[11] *J. Kessels,* in: JbCarWiss 1962, 9–42; Werkbuch der Caritas (Freiburg 1968); Pastorale. Caritas und Diakonie (Mainz 1974).

[12] *O. Braunsberger,* Rückblick auf das katholische Ordenswesen im 19. Jahrhundert (Freiburg 1901); umfassender: *Heimbucher.*

[13] *Liese,* Wohlfahrtspflege und Caritas 280.

Ländern verlief die Entwicklung ähnlich[14]. Die Gründung und Ausbreitung dieser Gemeinschaften vollzog sich weithin ohne ordnendes Eingreifen der Kirchenleitung. Zu ihrer Koordination ist es damals nur vereinzelt gekommen.

Die kirchliche Karitas ist seit dem 19. Jahrhundert wie ihr bürgerliches Seitenstück in einen „offenen" und „geschlossenen" Bereich eingeteilt, eine Unterscheidung, die schon die Gesetzgebung der Französischen Revolution getroffen hat. Zum offenen Bereich gehören jene statistisch kaum zu erfassenden Hilfeleistungen, wie sie namentlich in den Gemeinden geleistet werden. Daneben gewannen die seit der Mitte des Jahrhunderts rasch entstehenden Anstalten und mit ihnen die „geschlossene" Arbeit wachsende Bedeutung. Der fundamentalste Wandel kirchlicher Sozialarbeit seit dem 19. Jahrhundert liegt jedoch in der Ablösung der traditionellen Armenpflege, die auf den elementaren Lebensunterhalt ihrer Schützlinge konzentriert war, durch eine differenziertere und spezialisiertere Sorge um den Menschen in seinen verschiedenen Nöten[15]. Die Fachausbildung der Mitarbeiter und die Aufgliederung der Anstalten in Fachbereiche waren eine selbstverständliche Konsequenz dieser Entwicklung. Im übrigen wurden die Erziehungs- und Gesundheitshilfe jetzt endgültig getrennt[16]. Die Ordenskräfte und die kirchlichen Anstalten haben diese Entwicklung nicht nur rezipiert, sondern in den Industrienationen in entscheidendem Maße mitgetragen[17]. Sie stellten dafür aber nicht nur ihr Personal bereit, sondern ermöglichten durch die Erschließung privater Finanzquellen vielfach erst

[14] Statistische Erhebungen für die Gesamtkirche gibt es erst seit wenigen Jahren. *A. Battandier*, Annuaire Pontifical Catholique, 41 Bde. (Paris 1898–1948) bringt einiges Material über den Stand der Orden. Materialreich auch für die sozial-karitative Wirksamkeit: *Bilan du Monde*, Encyclopédie Catholique du Monde Chrétien, 2 Bde. ([1]1958–60, [2]1964). Über die Zahl der Ordensleute: Annuario Statistico della Chiesa (Rom 1968 ff). Zuverlässiges Zahlenmaterial für die karitativen Leistungen aus der Zeit vor dem Ersten Weltkrieg ist nur für einzelne Länder zu beschaffen. Einen Anhaltspunkt bilden die Mitgliederzahlen der weiblichen Kongregationen, weil diese sich, freilich von Land zu Land in unterschiedlicher Intensität, karitativen Aufgaben widmeten. *Baumgarten* III (1902) bringt u. a. folgende Zahlen: Europa (180 Mill. Katholiken): 329 811 Ordensfrauen in 25 043 Niederlassungen; Frankreich (39,1): 183 901; Italien (32,9): 31 342; Spanien (18,7): 25 545; Deutsches Reich (19,2): 32 831; Österreich-Ungarn (37,6): 23 146; Niederlande (1,7): 8110; England (1,38): 10 118; Lateinamerika (56): 6909; USA (10,7): 53 987, 885 Wohltätigkeitsanstalten, 249 Waisenhäuser.

[15] Dieser Bedeutungswandel hat seinen Niederschlag auch in der Nomenklatur der theologischen Lexika gefunden. Wetzer & Welte ([2]1883) enthält das Stichwort Caritas noch nicht, bringt aber ([1]1882) 1354–75 einen ausführlichen Beitrag zur Armenpflege. Ähnlich: RE 2 ([3]1897) 92–103: Armenpflege, für die, soweit sie kirchlich geschieht, das Freiwilligkeitsprinzip urgiert wird (Ablehnung des Einsatzes von Steuermitteln). *M. Buchberger*, Kirchliches Handlexikon 1 (1907) bringt dann 885 f einen knappen Beitrag „Charitas", die im engeren Sinn als „die Gesamtheit der aus religiös-christlichem Grunde entsprossene planmäßig organisierte freiwillige Hilfstätigkeit" beschrieben wird. Der Armenpflege (I, 340–344) ist noch erheblich mehr Raum zugebilligt. Das ändert sich erst mit LThK, 2. Aufl.

[16] In den älteren Hospitälern des 19. Jahrhunderts lebten dagegen Alterspfleglinge, Kranke und Waisen nebeneinander.

[17] Zur deutschen Entwicklung: *Gatz* 464–573.

die Schaffung solcher Einrichtungen. Während die Anstaltsfinanzierung in den Staaten mit fortschrittlicher Sozialgesetzgebung heute weithin von den Sozialversicherungsanstalten bzw. von der öffentlichen Hand wahrgenommen wird, finanzieren kirchliche Kräfte neben anderen Trägern der Freien Wohlfahrt in den Ländern der Dritten Welt diese Arbeit noch immer weithin aus eigener Kraft. Die hier skizzierten neuen Formen sozial-karitativer Arbeit sind in den traditionellen christlichen Ländern Europas gewachsen. Daneben vermochte sich auch in den USA und in Kanada eine eigenständige Karitas zu entwickeln[18]. Darüber hinaus sind die europäischen Arbeitsmethoden durch die missionierenden Orden in alle Weltteile übertragen worden, da die Liebestätigkeit seit jeher als integrierender Teil der Missionsmethode galt[19].

Nationale Organisationen

Die erwähnte, fast unübersehbare Vielfalt karitativer Bemühungen illustriert, daß es sich dabei nicht um einen planvollen Vorgang, sondern um eine spontane Bewegung handelte. Es fehlte zwar nicht an karitativ und später auch sozialpolitisch interessierten Bischöfen, aber die Kirchenleitung stand trotz ihres Wohlwollens doch abseits und hat kaum Ansätze dazu gemacht, den Neuaufbruch zu kanalisieren. In einer Zeit wachsender Verflechtungen und eines großräumigeren Denkens bildete diese Zersplitterung jedoch eine ernste Gefahr. Einzelne Verbände, wie z.B. die Vinzenzkonferenzen, schlossen sich zwar schon früh zusammen, aber eine alle karitativen Bereiche umgreifende Koordination wurde erst seit der Jahrhundertwende versucht. Auf diesem Gebiet wurde Deutschland bahnbrechend, obwohl die Katholiken selbst hier hinter entsprechenden Bemühungen anderer Wohlfahrtsverbände zurückblieben[20]. Vorbereiter für die Gründung eines deutschen Karitasverbandes waren der Kapuziner Cyprian Fröhlich (1853–1931) und der Mitbegründer des „Volksvereins für das katholische Deutschland" (1890), Landrat Max Brandts (1854–1905). Realisiert wurde das Projekt jedoch erst von dem glänzenden Organisator Lorenz Werthmann (1858–1921)[21]. Der Limburger Geistliche war 1886 als Hofkaplan des Erzbischofs Christian Roos (1886–1898) nach Freiburg i.Br. gekommen und hier mit kirchlicher Sozialarbeit bekannt geworden. Wichtige Vorstufen der späteren Organisation bildeten die Gründung der Zeitschrift „Charitas" (1895)

[18] Dazu haben z.B. zahlreiche im Verlauf des 19. und 20. Jahrhunderts aus europäischen Staaten ausgewiesene Ordensgemeinschaften beigetragen.

[19] Vgl. *L. Berg,* Die katholische Mission als Kulturträger III (Aachen ²1927) 3–200.

[20] Schon 1848 hatte der geniale Organisator Heinrich Wichern den Zusammenschluß der evangelischen Wohltätigkeitswerke zu einem „Central-Ausschuß für die Innere Mission der Deutschen Evangelischen Kirche" angeregt.

[21] *Liese,* Werthmann; *K. Borgmann* (Hrsg.), Lorenz Werthmann, Reden und Schriften (Freiburg 1958).

als ersten deutschsprachigen Fachorgans dieser Art[22] sowie eines „Charitas-Comitees" als Förderkreis des Periodikums. Werthmann hat die Zeitschrift bis zu seinem Tode persönlich redigiert. Seit 1896 lud das „Comitee", in dem Werthmann den Ton angab, zu jährlichen Studienveranstaltungen („Caritastagen") ein, die ebenfalls der Propagation des Karitasgedankens dienten. Im Februar 1897 rief es dann zur Gründung eines „Charitas-Verbandes für das katholische Deutschland" auf. Nach anfänglichen Bedenken der Kölner und Freiburger Bistumsleitungen gegen das selbständige Vorgehen Werthmanns erfolgte dann am 9. November 1897 anläßlich des zweiten Karitastages in Köln die geplante Gründung mit dem Sitz in Freiburg[23]. Deren Ziel sollten das Studium und die Publikationstätigkeit, ferner die Schulung der Mitarbeiter, die karitative Facharbeit sowie die Koordination sein. Während die Organisation trotz des intensiven Einsatzes des ersten Präsidenten Werthmann zwei Jahrzehnte lang nur mühsam voranschritt, erzielte der Verband in anderen Bereichen große Erfolge[24]. Das galt auch für die in Freiburg entwickelte Karitaswissenschaft, die 1925 an der Universität ein wissenschaftliches Institut und einen Lehrstuhl erhielt (seit 1964: „Institut für Caritaswissenschaft und Christliche Sozialarbeit"). Außerdem rief Werthmann schon vor der Gründung des Karitasverbandes eine Spezial-Bibliothek ins Leben, die sich allmählich zu einem in ihrer Art einmaligen Studienzentrum entwickelte[25]. Mitten im Ersten Weltkrieg erkannten die Freisinger (1915) und die Fuldaer (1916) Bischofskonferenz die Freiburger Zentrale als „legitime Zusammenfassung der Diözesanverbände zu einer einheitlichen Organisation" an. Damit waren die Frühgeschichte des Verbandes beendet und der organisatorische Aufstieg eingeleitet.

Das deutsche Beispiel hat über die Landesgrenzen hinaus anregend gewirkt. So vereinigten sich 1903 auch die österreichischen Wohltätigkeitsvereine zu einem nationalen Zusammenschluß[26]. Wichtiger wurde jedoch schon durch ihre Größenordnung die Karitasorganisation in den USA[27]. Die Initiative dazu ging von dem New Yorker Ordensmann Barnabas der Brüder von den Christlichen Schulen aus. In langjähriger Jugendarbeit hatte er die Isolierung der einzelnen Karitasgruppen als schweren Mangel empfunden und 1908 dem Rektor der katholischen Universität Bischof Thomas J. Shahan die Einberufung einer Karitaskonferenz vorgeschlagen. Ein Organisationsausschuß beschloß dann die

[22] 1896 erschienen im deutschen Sprachraum bereits 34 einschlägige Periodika. „Caritas" konsolidierte sich schnell; 1897: 2000; 1917/18: 10000, 1974: 25000.

[23] Seit 1909: „Caritasverband ..."; 1919: „Deutscher Caritasverband" (DCV). Erste Satzung: *Liese,* Werthmann 142–146.

[24] Überblick: *H. Wollasch,* in: 75 Jahre DCV 33–87.

[25] *H. J. Wollasch,* in: Caritas '71, 191f. 1971: 110000 Bände.

[26] *L. Krebs,* Das caritative Wirken der katholischen Kirche im zwanzigsten Jahrhundert (1927) 2; ein guter Überblick über die Vielfalt karitativer Bemühungen: *F. Anhell,* Caritas und Sozialhilfen im Wiener Erzbistum (1802–1918) 1971.

[27] *D. P. Gavin,* in: NCE 10 (1967) 229f (Lit.).

Gründung einer nationalen Konferenz, zu der sich am 25.–28. September 1910 in der katholischen Universität 400 Delegierte trafen. Shahan wurde erster Präsident (bis 1925) und William J. Kerby Sekretär der neugegründeten National Catholic Charities Conference (NCCC). Deren Aufgaben sollten wie beim DCV die Schulung und Information der Mitglieder sein. Dem dienten Arbeitstagungen, die Einrichtung von Ausbildungsstätten sowie die Publikation der Catholic Charities Review (1916)[28]. Während der ersten Jahre war die Querverbindung zu den karitativen Ordensgenossenschaften unzureichend, obwohl diese damals 75 Prozent der gesamten Arbeit leisteten. Daher inaugurierte John O'Grady als Sekretär (1920–1961) 1920 die Gründung der National Conference of Religions on Catholic Charities als Vertretungsorgan der Kongregationen innerhalb der NCCC[29].

Zur Gründung weiterer nationaler Karitasverbände kam es zwischen den beiden Weltkriegen vornehmlich in Europa, und zwar in der Schweiz (1920), in Ungarn (1931), Luxemburg (1932), Belgien (1938), Irland (1941) und Spanien (1942), ferner in Polen und Jugoslawien, aber auch in Syrien, während Frankreich noch abseitsstand[30].

Internationale Kooperation

Eine internationale oder wenigstens länderübergreifende Karitashilfe war bereits mit der Heidenmission, ferner mit der Auswandererbetreuung des späten 19. Jahrhunderts gegeben[31]. Zu einer dringenden Notwendigkeit wurde sie dann durch die mit dem Ersten Weltkrieg einhergehende Notlage weiter Bevölkerungskreise in den kriegsbetroffenen Ländern. Neben den nationalen Karitaseinrichtungen entfaltete auch der Heilige Stuhl vom Beginn des Krieges an eine rege Kriegsfürsorge[32]. Diese konzentrierte sich auf die Kriegsgefangenen und die Zivilbevölkerung in den besetzten Gebieten. Außerdem half der Heilige Stuhl vielen Einzelpersonen durch Beratung und Zuwendungen. Daneben richtete er Hilfsersuchen an die Katholiken der vom Krieg weniger betroffenen Länder. Namentlich in den USA wurden daraufhin erhebliche Spenden aufge-

[28] Erste Übersicht der karitativen Wirksamkeit: Directory of Catholic Charities (Washington 1922).

[29] *B. M. Faivre,* in: NCE 10 (1967) 230f.

[30] Gründungsdaten in: Caritas Internationalis 1970–72.

[31] Auf dem Mainzer Katholikentag 1871 wurde auf Anregung des Limburger Großkaufmanns Peter Cahensly (1838–1923) der „St. Raphaelsverein zum Schutz deutscher katholischer Auswanderer" gegründet, der später in die Auseinandersetzungen um den „Amerikanismus" verwickelt wurde (vgl. Handbuch der Kirchengeschichte VI/2, 156f). Er gehörte zu den Initiatoren der 1951 gegründeten „Commission Internationale Catholique pour les Migrations" (Genf).

[32] *Schmidlin* III, 218–226; *J. Kreyenpoth,* Die Auslandshilfe für das Deutsche Reich (Stuttgart 1932) 56–59, 87f. S. auch Kap. 2.

bracht, zumal das Solidaritätsbewußtsein der Deutsch-Amerikaner mit ihrer Heimat noch groß und als Spendenmotiv wirksam war.

Die Auslandshilfe während und nach dem Ersten Weltkrieg hatte die internationale Kooperation der karitativen Hilfswerke zur dringenden Notwendigkeit gemacht. Es ist bezeichnend, daß der Anstoß zu einem dauernden Zusammenschluß von Deutschland ausging, wo die Karitas so straff und wirksam organisiert war wie in keinem anderen Lande. Schon 1918 hatte Werthmann darauf hingewiesen, daß ein internationaler Zusammenschluß notwendig sei[33], und im Februar 1920 berieten die katholischen Delegierten beim Kongreß der „Union Internationale des Secours aux Enfants" in Genf dieses Anliegen[34]. Dabei setzte sich die Einsicht durch, daß man einen „Weltkaritasbund" gründen solle[35]. Der Heilige Stuhl billigte das Projekt. Daher trafen sich auf Einladung des „Vorbereitenden internationalen Karitasausschusses" anläßlich des Eucharistischen Weltkongresses im Juli 1924 60 Delegierte aus 22 Nationen in Amsterdam zu einer viertägigen Konferenz[36]. Hier wurde die Gründung einer ständigen „Karitas-Konferenz" mit Sitz in Luzern bei der Schweizer Karitaszentrale beschlossen[37]. Vorrangige Aufgaben sollten der Zusammenschluß aller karitativen Organisationen sowie die gegenseitige Information sein, während ein internationaler Hilfsfonds noch nicht realisiert werden konnte. Die zweite Konferenz in Luzern (1926) formulierte dann als Ziel die Förderung aller karitativen Bemühungen, den Informationsaustausch, die Anfänge einer Kooperation und schließlich die Vertretung der Karitas bei internationalen Wohlfahrtsverbänden[38]. Außerdem beschloß sie die Gründung der Sektionen Juventus, Migratio, Infirmitas, Paupertas, Sobrietas und Literae. 1928 konstituierte die Konferenz sich als dauernde Organisation mit dem Namen „Caritas Catholica", den Pius XI. gewünscht hatte, um die religiöse Motivierung der hier geleisteten Arbeit zu betonen. Erster Präsident wurde der Leiter der Straßburger Karitas Paul Müller-Simonis. Ihm folgte 1938 der Wiener Karitasdirektor Josef Tongelen.

Daß die Zusammenarbeit über die nationalen Grenzen hinweg auch im innerkatholischen Bereich nicht problemlos war, zeigte sich, als ein 1927 in Straßburg vorgesehener Karitaskongreß in letzter Stunde wegen des belasteten deutsch-französischen Verhältnisses abgesagt werden mußte[39]. In der Folge trafen sich die Delegierten wiederholt in der Schweiz, doch wurde die interna-

[33] *L. Werthmann,* in: Caritas 24 (1918/19) 1–6. Über die Anfänge der internationalen Kooperation: *J. Hafenbradl,* Caritas Catholica. Internationale Caritasorganisation 1924 bis 1950 (Dipl.-Arbeit Freiburg 1968), hier 17.

[34] Protokoll: *Hafenbradl,* Anhang 1–4.

[35] So: Caritas 26 (1920/21) 90.

[36] *K. Joerger,* in: Caritas 29 (1924) 183–188.

[37] Diese war 1920 eingerichtet worden.

[38] *K. Joerger,* in: Caritas 5 (1926) 317.

[39] *Hafenbradl* 32–36.

tionale Kooperation nach 1933 unter nationalsozialistischem Druck erheblich behindert und seit 1937 eingestellt[40]. Der erste Zusammenschluß der nationalen Karitasverbände hat trotz dieser Rückschläge die Solidarität gewaltig gestärkt. Vor allem die Auswirkungen des Erfahrungsaustausches sind nicht leicht abzuschätzen. Darüber hinaus veranlaßte „Caritas Catholica" die Gründung neuer nationaler Karitasverbände.

Ausbau der Karitas zwischen den Weltkriegen

Nach dem Ersten Weltkrieg wurden die karitativen Einrichtungen in vielen Ländern intensiv ausgebaut. Dabei fallen nicht nur die verbesserte Organisation, sondern auch die Multiplizierung und die Differenzierung ins Auge. 1930 umfaßte die Karitas aller Länder zusammen[41]:

Geschlossene Fürsorge

	Zahl der Anstalten	Anzahl der Betten	Zahl der Pflegekräfte
Gesundheitsfürsorge	15700	752000	135000
Erziehungsfürsorge	13400	668600	70600
Gesamtzahl	29100	1420600	205600

Halboffene Fürsorge

Zahl der Einrichtungen	96300
Durchschnittszahl der täglichen Besucher	2390000

Offene Fürsorge

Zahl der Einrichtungen	140000

In der Karitasarbeit tätige Kräfte

Karitativ tätige Mutterhausschwestern	350000
Karitativ tätige Ordensbrüder	32000
andere hauptamtlich karitativ tätige Kräfte	120000
Gesamtzahl der hauptamtlich tätigen Kräfte	502000
ehrenamtlich karitativ tätige Katholiken	6650000

[40] A. a. O. 45–48. Die Quellen über diesen Zeitraum fließen außerordentlich spärlich.
[41] *H. Auer*, in: KH 17 (1930/31) 108–201, hier 118.

Diese Aktivitäten waren nach Ländern höchst unterschiedlich und reichten von den differenzierten Einrichtungen in klassischen Industriestaaten bis hin zu den vergleichsweise schwach entwickelten Strukturen der iberisch geprägten Kirchen[42]. Auch in den Missionen waren während dieser Epoche die europäischen Muster noch prägend, wobei wie in den altchristlichen Ländern eine Vervielfachung der Bemühungen feststellbar ist. Diese verstand man im Vorfeld der eigentlichen Aufgabenstellung als „indirekte Mission"[43]. L. Berg verdanken wir dazu aufschlußreiche Zusammenstellungen[44]. Danach gab es in den der Propaganda unterstehenden Gebieten 1930 folgende Einrichtungen und Personenkreise im Dienste der Karitas:

Asien (7 Mill. Katholiken):
165 Ärzte und 787 Krankenpfleger, 293 Krankenhäuser mit 18109 Betten, 1325 Apotheken mit 11773021 Beratungen, 33 Aussätzigenheime mit 5722 Kranken, 1073 Waisenhäuser mit 66995 Waisenkindern, 253 Altersheime mit 10645 Pfleglingen.

Afrika (4,9 Mill. Katholiken):
30 Ärzte und 281 Krankenpfleger, 267 Krankenhäuser mit 9470 Betten, 1074 Apotheken mit 11662898 Beratungen, 59 Aussätzigenheime mit 5548 Kranken, 617 Waisenhäuser mit 30675 Waisenkindern, 132 Altersheime mit 4664 Pfleglingen.

Amerika (2,9 Mill. Katholiken):
4 Ärzte und 36 Krankenpfleger, 53 Krankenhäuser mit 1759 Betten, 130 Apotheken mit 147104 Beratungen, 4 Aussätzigenheime mit 331 Kranken, 92 Waisenhäuser mit 3920 Waisenkindern, 14 Altersheime mit 520 Pfleglingen.

Australien, Ozeanien, Neuseeland (2,15 Mill. Katholiken):
7 Ärzte und 51 Krankenpfleger, 107 Krankenhäuser mit 3668 Betten, 278 Apotheken mit 958570 Beratungen, 12 Aussätzigenheime mit 1178 Kranken, 126 Waisenhäuser mit 9545 Waisenkindern, 18 Altersheime mit 1601 Pfleglingen.

Europäische Missionsländer (0,9 Mill. Katholiken):
5 Ärzte und 8 Krankenpfleger, 51 Krankenhäuser mit 3295 Betten, 7 Apotheken mit 43285 Beratungen, 67 Waisenhäuser mit 1855 Waisenkindern, 11 Altersheime mit 238 Pfleglingen.

[42] KH informiert über die karitativen Leistungen Deutschlands. Für andere Länder geben die nationalen Direktorien Anhaltspunkte.

[43] Reiches Material für die karitative Wirksamkeit in den Missionsgebieten in: Annales de la Propagation de la Foi (Paris, Lyon 1822ff); Missions Catholiques (Lyon, Paris 1868–1964); Die katholischen Missionen (Freiburg 1873ff); ZMR (Münster 1911ff).

[44] *L. Berg*, Christliche Liebestätigkeit in den Missionsländern (Freiburg 1935), hier 19ff. Er stützt sich auf Guida delle Missioni cattoliche (Rom 1934). Detaillierte Aufschlüsse über die Karitas in den Missionsländern (1929), die auch über die der Propaganda unterstehenden Gebiete hinausreicht: *B. Arens*, Etat actuel des Missions Catholiques (Löwen 1932) 151–192.

Karitas im totalitären Staat

Nach 1933 geriet die Karitas im Deutschen Reich erstmals in Konflikt mit einem totalitären Staat. Dadurch erlitt der DCV schwere Einbußen, doch gelang es ihm, unter seinem geschickt taktierenden Präsidenten Benedikt Kreutz (1921–1949), den größten Teil seiner Substanz und vor allem seine Funktionsfähigkeit zu erhalten[45]. Andere freie Wohlfahrtsverbände wurden dagegen aufgelöst (1933: Arbeiterwohlfahrt, Christliche Arbeiterhilfe) bzw. der 1933 gegründeten Nationalsozialistischen Volkswohlfahrt (NSV) eingegliedert oder gleichgeschaltet (1933: Paritätischer Wohlfahrtsverband, später faktisch auch das Deutsche Rote Kreuz). Das Reichskonkordat sicherte zwar den Fortbestand der kirchlichen Sozialeinrichtungen (Art. 31), und die Bischöfe verwandten sich nachdrücklich dafür. Dennoch mußten seit 1934 1200 Kindergärten aufgegeben bzw. an die NSV abgetreten werden. Das gleiche Geschick traf 300 Stationen der ambulanten Krankenpflege, 156 Bahnhofsmissionen, 136 Arbeitsvermittlungsstellen des Mädchenschutzes, 35 Kindergärtnerinnen- und Jugendleiterinnenseminare sowie zwei Soziale Frauenschulen. Auch das Institut für Caritaswissenschaft an der Universität Freiburg wurde 1938 aufgehoben. Der nationalsozialistische Staat versuchte die Karitas möglichst auf die Betreuung körperlich und geistig Behinderter zurückzudrängen. Sehr hemmend wirkte sich auch die Beschränkung der Karitassammlungen aus, die von ausschlaggebender Bedeutung für die Finanzierung der Arbeit waren[46]. Schwere Einbußen erfuhren ferner die karitativen Orden und Kongregationen, die vor dem Zweiten Weltkrieg in Deutschland über 70000 Pflegekräfte verfügten[47]. Trotz des enormen Bedarfs für die Verwundetenbetreuung wurde seit 1940 der Eintritt in die karitativen Genossenschaften nicht mehr gestattet, ohne daß ein förmliches Verbot erfolgte. Seitdem ist die Zahl der Ordensmitglieder in Deutschland stark zurückgegangen[48]. Nach dem Kriegsende wurde diese Entwicklung lediglich für einige Jahre aufgehalten. Die Ordensleute mußten während der nationalsozialistischen Zeit außerdem zahlreiche öffentliche Anstalten verlassen, wo sie durch die Gegengründung der NS-Schwestern ersetzt wurden. Karitas-Präsident Kreutz rief seinerseits 1937 für klösterlich nicht gebundene

[45] *R. A. Ihorst,* Zur Situation der katholischen Kirche und ihrer caritativen Tätigkeit in den ersten Jahren des Dritten Reiches (Dipl.-Arbeit Freiburg 1971); *K. Borgmann,* Der Deutsche Caritasverband im „Dritten Reich“, in: 75 Jahre DCV (1972) 92–99.

[46] Während der DCV für das Winterhilfswerk (WHW) 1932/33 noch Bargeld und Sachspenden im Werte von 27–30 Mill. RM sammelte und verteilte, erhielt er aus den riesigen Sammelerträgen des nationalsozialistischen WHW, an denen er sich selbst beteiligen mußte, 1939 eine Zuwendung von nur 131000 RM; *F. Klein,* Christ und Kirche in der sozialen Welt (Freiburg 1956) 241.

[47] Zur nationalsozialistischen Taktik: *H. G. Hockerts,* Die Sittlichkeitsprozesse gegen katholische Ordensangehörige und Priester 1936/37 (Mainz 1971).

[48] 1935: 7500 Novizinnen; nach 1940 konnten noch ca. 4000 Personen das Aufnahmeverbot umgehen; 1950: 3600 Novizinnen, seitdem starker Rückgang.

Schwestern die Caritas-Schwesternschaft ins Leben (1939: 5000 Mitglieder). Der Krieg bot schließlich Anlaß zur Beschlagnahme von 1871 Anstalten (Gesamtzahl: 3971). 1358 wurden durch Kriegshandlungen zerstört oder schwer beschädigt[49]. Dennoch konnte der DCV wesentliche Bereiche vor dem nationalsozialistischen Zugriff retten und sogar neue Hilfseinrichtungen schaffen. Von 4000 Kindergärten blieben 70 Prozent in kirchlicher Trägerschaft, und auch die Krankenanstalten konnten ihre Tätigkeit fortsetzen. Der DCV leistete ferner zahlreichen durch das NS-Regime Verfolgten wirksame Hilfe[50]. Höchst schwierig und oft erfolglos war dagegen der Einsatz für die von der Ermordung bedrohten Behinderten.

Während die Karitas so auf vielfache Weise zurückgedrängt wurde, erzwang die schwierige Lage auch positive Neuansätze. Dazu gehörten die Aktivierung der Pfarrkaritas und die statistisch nicht zu ermittelnde persönliche Hilfeleistung[51]. Auch die Reflexion über die Begründung und Aufgabenstellung kirchlicher Sozialarbeit wurde in diesen Jahren intensiviert[52].

Not- und Katastrophenhilfe seit dem Zweiten Weltkrieg

Die Notlage von Millionen Menschen beim Abschluß des Krieges und die enormen Bevölkerungsverschiebungen (in Europa: 30 Mill. Flüchtlinge) riefen wie schon 1919 eine weltweite Hilfsbereitschaft hervor. Die Diskriminierung des deutschen Volkes und die lange Zeit streng geschlossenen Staatsgrenzen schufen allerdings andere Bedingungen als nach dem Ersten Weltkrieg. Andererseits waren die großen Hilfsorganisationen inzwischen straffer organisiert und dadurch leistungsfähiger[53]. Die große Notlage zwang auch die Karitas zu außergewöhnlichen Anstrengungen. So erhielt Italien 1944 in der Pontificia Opera di Assistenza eine nationale Karitasorganisation. Frankreich folgte 1946 mit der Gründung des „Secours Catholique" durch die Konferenz der Kardinäle und Erzbischöfe[54]. An seine Spitze trat als Generalsekretär Jean Rodhain, der während des Krieges die Seelsorge für die französischen Kriegsgefangenen und Zwangsarbeiter in Deutschland organisiert hatte. Der französische Zusammen-

[49] *K. Borgmann,* in: 75 Jahre DCV 97.

[50] 1934 gründete Kreutz das „Caritas-Notwerk" für die zu Tausenden entlassenen Beamten und Angestellten. Der 1941 enteignete St. Raphaelsverein war vielen Verfolgten bei der Emigration behilflich; *L. E. Reutter,* Katholische Kirche als Fluchthelfer im Dritten Reich. Die Betreuung von Auswanderern durch den St. Raphaels-Verein (Recklinghausen 1971). 1939 entstand in Berlin die „Caritas-Reichsstelle für nichtarische Katholiken".

[51] Vgl. *J. Kessels,* in: JbCarWiss 1962, 18f, 23.

[52] *K. Borgmann,* in: JbCarWiss 1957, 108.

[53] Vgl. *M. Vorgrimler,* in: JbCarWiss 1958, 86–101.

[54] Der Episkopat hatte schon 1936 einen Zusammenschluß der französischen Karitaseinrichtungen versucht; *N. Bayon,* Le grand Q[uartier] G[énéral] de la Charité; le Secours Catholique (Paris 1955).

schluß orientierte sich am amerikanischen und deutschen Vorbild. In vielen Staaten entstanden ähnliche Organisationen, die ursprünglich die aktuelle Not lindern sollten, aber bald zu bleibenden Zentralen heranwuchsen[55]. Alle anderen Hilfseinrichtungen übertrafen die der amerikanischen Katholiken[56]. Die 1943 durch die Bischöfe gegründeten War Relief Services (WRS) waren der National Catholic Welfare Conference (NCWC) angegliedert und faßten die bis dahin zersplitterten Einzelinitiativen zusammen. Sie konzentrierten sich auf Direkthilfen für Flüchtlinge, Kriegsgefangene und alle anderen Kriegsopfer. Die zunächst in Europa ansetzenden Hilfsmaßnahmen wurden schon bald auf fast alle vom Krieg verwüsteten Länder ausgedehnt. WRS arbeitete 1945 in 62 Staaten und unterhielt durchweg eigene Missionen, nahm jedoch auch die Mitarbeit lokaler Einrichtungen in Anspruch. Als sich dann abzeichnete, daß die durch den Krieg veranlaßte Organisation auch weiterhin nötig blieb, nannte der Episkopat 1955 WRS in Catholic Relief Services (CRS) um. Bis 1963 verteilte das Hilfswerk Sachspenden (Nahrungsmittel, Medikamente, Kleidung) in einem Gesamtwert von 1,25 Milliarden Dollar in überseeischen Ländern. Die gesamte katholische Notstandshilfe der Nachkriegszeit wäre ohne die immensen Leistungen der (30 Mill.) amerikanischen Katholiken nicht denkbar gewesen. Diese finanzierten ihre Aktivitäten ausschließlich durch Spenden. Daneben stellte seit 1950 die amerikanische Regierung überschüssige Nahrungsmittel zur Verfügung.

Noch vor der amerikanischen setzte in Deutschland die Hilfe des Vatikans und der Schweiz ein. Als später die Kriegsnot in den europäischen Ländern abklang, konzentrierte sich die Tätigkeit der einmal bestehenden Hilfswerke auf die Katastrophenhilfe, die es bis dahin in solchem Ausmaße nie gegeben hatte, sowie auf Maßnahmen für andere vom Krieg heimgesuchte Länder, ferner auf das stets schwelende Flüchtlingsproblem.

In den kommunistisch regierten Ländern mußte die kirchliche Sozialarbeit dagegen erhebliche Einbußen hinnehmen. In allen „Volksdemokratien" außer der DDR[57] wurden die kirchlichen Sozialwerke und -einrichtungen nationalisiert bzw. dem Einfluß der Kirchenleitung entzogen (Polen, CSSR: 1949[58], China: 1950[59]). Die Ordenskräfte wurden teilweise in den Staatsdienst übernommen, mußten aber auf jede seelsorgliche Tätigkeit verzichten. Außerdem machten verschiedene Flüchtlingswellen aus Ländern des kommunistischen

[55] Überblick: 75 Jahre DCV 61ff.

[56] *E. E. Swanstrom*, in: NCE 3 (1967) 328f.

[57] Caritasarbeit. Jahresbericht '70 (Berlin 1971) nennt folgende katholische Sozialeinrichtungen: 234 Anstalten mit 12567 Betten; 165 halboffene Einrichtungen mit 8190 Plätzen; 191 Pflegestationen; 550 andere soziale Hilfseinrichtungen; 39 Aus- und Fortbildungsstätten.

[58] Die ganz unter staatlicher Kontrolle stehende und staatlich finanzierte „Caritas" der ČSSR betrieb 1955 noch 115 Anstalten mit 9300 Betten. Mit den kirchlichen Organisationen ist ihr nur der Name gemeinsam: HK 10 (1955/56) 109.

[59] In China gab es 1948 u.a. 254 katholische Waisenhäuser und 196 Krankenhäuser mit 81628 Betten: HK 5 (1950) 201.

Herrschaftsbereiches wiederholt Hilfsmaßnahmen nötig (1956: 200000 Ungarn-Flüchtlinge). Als besonders markantes Beispiel sei auf Hongkong hingewiesen. Die Bevölkerung der Kronkolonie stieg durch den Zustrom chinesischer Flüchtlinge von 1,5 Mill. (1946) auf 4,0 Mill. (1966). Ungleich stärker wuchs die katholische Kirche von 30000 (1946) auf 233000 (1967) Mitglieder. Diese erbrachten auf sozialem Gebiet bewundernswerte Leistungen[60].

Caritas Internationalis

Nach dem Kriege wurde die Wiederbelebung von „Caritas Catholica“ verschiedentlich angeregt[61], doch zeigte sich zugleich die Tendenz zu einer Lösung von der Schweizer Karitaszentrale und zur Schaffung eines unabhängigen, vielleicht auch in der Schweiz anzusiedelnden Büros, das Kontakte zu den nichtkatholischen Wohlfahrtsverbänden pflegen sollte. 1947 erfolgte dann auf französische Initiative hin die Gründung eines „Auxilium Catholicum Internationale“ mit Sitz in Paris für außerordentliche Hilfsmaßnahmen, das man in Luzern als unerwünschte Konkurrenz ansah. Der Direktor der Schweizer Karitas, G. Crivelli, der die Fortführung der 1924 gegründeten und nie aufgelösten „Caritas Catholica“ anstrebte, betonte dagegen, daß vor einem internationalen Zusammenschluß weitere nationale Verbände gegründet werden müßten[62]. Auf Anregung des Heiligen Stuhls erfolgte dann 1950 die Gründung einer „Internationalen Karitas-Konferenz“[63]. Anläßlich des Anno Santo hatte der Präsident der Pontificia Commissione di Assistenza Ferdinando Baldelli nach Abstimmung mit dem Päpstlichen Staatssekretariat die nationalen Verbände vom 12.–15. September 1950 zu einer Studientagung nach Rom eingeladen. Dazu erschienen 60 Delegierte aus 22 Nationen, unter ihnen die Leiter von zwölf nationalen Karitasverbänden[64]. Wunsch des Staatssekretariates war eine festere und systematischere Organisation auf internationaler Ebene. Eine Zentrale sollte der Koordination, Information und Repräsentation dienen, doch äußerten die Delegierten Sorgen hinsichtlich der künftigen Selbständigkeit der nationalen Verbände. Am letzten

[60] Ausführlich: Caritas Hong Kong. Annual Report 1971–1972. Danach unterhielten kirchliche Träger hier u.a. vier Hospitäler, vier Mädchenwohnheime, zwei Berufsbildungszentren, sieben Kinderhorte und sieben Sozialzentren.

[61] Vgl. *W. Wiesen*, in: StdZ 72 (1946) 42f; ferner: *Hafenbradl* 53ff, und Anhang 33–44.

[62] So auf der zentraleuropäischen Karitaskonferenz 1948 in Luzern. Protokoll: *Hafenbradl* Anhang, 57–69.

[63] Dazu die unveröffentlichte Arbeit von *G. Wopperer*, Caritas Internationalis, Entwicklung, Organisation und Tätigkeit, Ms. 1957; *C. Bayer – K. Joerger*, in: An der Aufgabe gewachsen 194f.

[64] *Hafenbradl* 70f. Die außereuropäischen Länder waren nur durch den Vorsitzenden von NCCC/USA vertreten.

Konferenztag einigten sie sich dennoch auf die Gründung einer „Internationalen Karitas-Konferenz" mit dem Sitz in Rom. Diese sollte die erwähnten Aufgaben wahrnehmen, die Eigenart und Selbständigkeit ihrer Mitgliedorganisationen jedoch nicht antasten. Die Statuten, die der Heilige Stuhl 1951 ad experimentum genehmigte, sahen als Organe die Generalversammlung, ein Exekutiv-Komitee, ein Generalsekretariat sowie Delegationen bei internationalen Organisationen vor[65]. Die vom Staatssekretariat informierten Länderepiskopate stimmten bis auf die USA, wo zunächst Vorbehalte bestanden, der Neugründung zu. Bei der Gründungsversammlung am 12./13. September 1951 waren unter den zwölf Delegationen nur zwei außereuropäische, und zwar aus den USA und aus Kanada, vertreten. Die Versammlung besetzte die nach den Statuten vorgesehenen Positionen, wobei sie um größtmögliche internationale Streuung bemüht war. Im Exekutiv-Komitee waren die katholischen Hauptländer USA, Frankreich und Deutschland, ferner Italien und als Vertreter der kleineren Staaten die Niederlande, Kanada und Spanien vertreten. Die Delegation bei den Vereinten Nationen wurde der Schweiz übertragen. Präsident wurde Baldelli (Italien), Vizepräsident O'Grady (USA). Zum Generalsekretär wählte man den bis dahin bei der „Pontificia Commissione di Assistenza" tätigen Deutschen Carlo Bayer. Die Versammlung bestätigte Rom als Sitz der Konferenz, wünschte jedoch ausdrücklich, daß das Sekretariat außerhalb des Vatikanstaates untergebracht werde. Vorrangige Aufgaben sollten die Gewinnung weiterer nationaler Verbände, die Kontaktaufnahme mit den Vereinten Nationen und die Schaffung einer Agentur in New York sein. Das Budget für das erste Rechnungsjahr, das anteilmäßig auf die beteiligten Verbände verteilt wurde (USA 28 Prozent, Luxemburg 2 Prozent), war mit 12000 US-Dollar recht bescheiden.

Trotz dieses knappen Rahmens entfaltete das Generalsekretariat eine rege Tätigkeit. Es stellte die Verbindung mit den nationalen Mitgliedsorganisationen her und gliederte sich wie die frühere „Caritas Internationalis" in einzelne Fachgruppen. Auf die Information[66] und den Aufbau eines Archivs legte es besonderen Wert. Die in New York und Genf bestehenden Delegationen dienten der Zusammenarbeit mit internationalen Delegationen sowie mit Organen der Vereinten Nationen. Beim Wirtschafts- und Sozialrat (ECOSOC), beim Internationalen Kinderhilfswerk (UNICEF) sowie bei der Landwirtschafts- und Ernährungsorganisation (FAO) der Vereinten Nationen erwarb die 1954 in „Caritas Internationalis" zurückbenannte Organisation schon früh Konsultativ-Status. Beachtliche Erfolge hatte „Caritas Internationalis" auch bei der Förderung der Karitas in jenen Ländern, denen entsprechende Organisationen bis dahin fehlten. Nach einer Informations- und Werbereise Bayers durch Lateinamerika

[65] Die Statuten sind seitdem mehrfach (zuletzt 1972) modifiziert und als Sonderdruck veröffentlicht worden.

[66] Seit 1955 erscheint regelmäßig der Nachrichten- und Informationsdienst „Intercaritas" in deutscher, daneben in etwas größeren Abständen auch in englischer, französischer und spanischer Sprache.

entstanden dort 1955/56 zahlreiche nationale Zusammenschlüsse[67]. Auch in Afrika und Asien kam es zu entsprechenden Gründungen, und während bei der ersten Versammlung im Jahre 1950 erst zwölf Länder vertreten waren, stieg die Mitgliederzahl bis 1972 auf 80 an. Dementsprechend wurden auch die zentralen Dienststellen ausgebaut[68]. Darüber hinaus erfolgte 1954 die Koordination mit der Societé de Saint-Vincent-de-Paul, Paris, und der Association Internationale des Charités de Saint-Vincent-de-Paul, Paris, 1958 die mit der Confédération Internationale Catholique des Institutions Hospitalières, Nijmwegen, die als ständige Beobachter an den Generalversammlungen und am Exekutiv-Komitee teilnahmen. Zu den schon früher bestehenden Delegationen trat 1968 eine solche bei der UNESCO in Paris. Darüber hinaus entfaltete „Caritas Internationalis" eine rege Katastrophenhilfe, z.B. bei Überschwemmungen (1953 in den Niederlanden und Belgien), Erdbeben und politischen Verwicklungen (z.B. 1954 die Betreuung der Vietnam-, 1956 der Ungarn-Flüchtlinge, 1970 Biafra-Hilfe).

Katholische Hilfswerke

Zu einem völlig neuen und durch die Lösung von der Verkündigung geradezu revolutionären Karitasverständnis kam es seit der Mitte unseres Jahrhunderts durch die immer mehr ins Bewußtsein eindringende Einsicht, daß auch die Kirche einen Beitrag zur Entwicklung der Dritten Welt leisten müsse[69]. Kirchliche Sozialarbeit in ihrer vielfachen Auffächerung war zwar seit jeher mit der Mission verbunden, und Th. Ohm forderte noch 1962 sehr nachdrücklich die Einbindung der Karitas in die Evangelisation: „Eine Mission, welche über dem ‚sozialen Evangelium' das eigentlich Religiöse vernachlässigt, ist keine Mission."[70] Die Bevölkerungsexplosion und die Ausbreitung der industriellen Gesellschaftsform führten jedoch in der Dritten Welt zu einem Pauperismus, dessen Dimensionen die Probleme der werdenden Industriegesellschaft des 19. Jahrhunderts weit übertrafen. Die Missionsträger hatten nun zwar sehr beeindruckende Leistungen auf dem Sozialsektor aufzuweisen; die auf wirtschaftlichen und technischen Fortschritt, also auf Selbstentfaltung, gerichtete Bildung war dagegen von ihnen vernachlässigt worden[71]. Im Grunde stellten sie die koloniale Grundstruktur nicht in Frage. Noch bevor die meisten ehemaligen Kolonien die politische Unabhängigkeit erhielten, setzten sich ein neues Verantwortungsbewußtsein und eine Neuorientierung der Sozialarbeit für die Länder der

[67] Bester Überblick: Caritas Internationalis 1970–1972.
[68] Ebd.
[69] Zu den Grundsätzen: *J. Schmauch,* in: HPTh IV, 618–623.
[70] *Th. Ohm,* Machet zu Jüngern alle Völker (Freiburg 1962) 639–658, hier 657.
[71] Vgl. *G. Erb,* in: HPTh IV, 624–645.

Dritten Welt durch. Dadurch sollte die klassische Karitas nicht eingestellt, wohl aber durch die „Hilfe zur Selbsthilfe", also die Förderung der Selbstentfaltung, ergänzt werden. Der Motivation nach ist diese mit ihrer älteren Schwester identisch, doch ist sie klar von der Verkündigung zu trennen und versteht sich nicht mehr wie jene als indirekte Mission. Daneben gibt es auch Hilfswerke, die eine dezidiert pastorale Entwicklungshilfe leisten.

Diese neue Form karitativen Handelns hat sich nicht in allen Ländern gleichmäßig durchsetzen können[72]. Die größte unter den katholischen Hilfsorganisationen, CRS, hat z.B. 1960 mit eigentlichen Entwicklungshilfeprojekten begonnen, legt ihr Hauptgewicht aber nach wie vor auf die Direkthilfe. Am klarsten hat sich die neue Konzeption in der Bundesrepublik Deutschland ausgeprägt. Auf Anregung von Generalvikar Josef Teusch (Köln), der damit Initiativen verschiedener katholischer Gruppen und Verbände aufgriff, schlug Kardinal Josef Frings der Deutschen Bischofskonferenz 1958 die Gründung der Aktion „Misereor" gegen Hunger und Krankheit in der Welt vor[73]. Die Geschäftsstelle wurde in Aachen eingerichtet, wodurch die enge Verwandtschaft zu dem dort angesiedelten deutschen Zweig des Päpstlichen Werkes der Glaubensverbreitung („Missio") zum Ausdruck kam. Dennoch sollte Misereor nicht als missionarisches, sondern als Entwicklungshilfeunternehmen geführt werden. Die erste Kollekte am Palmsonntag 1959 übertraf mit einem Ertrag von 33,4 Mill. DM alle Erwartungen und hat zur raschen Konsolidierung der Neugründung beigetragen. Die Spenden der Gottesdienstbesucher (bis 1973: 786,7 Mill. DM) bilden die entscheidende Einnahmequelle des Bischöflichen Hilfswerkes. Die Projektauswahl, über die ein sachkundiger Beirat befindet, konzentriert sich nicht auf Direkthilfen für die Elendssymptome, sondern sucht den Ursachen abzuhelfen und die Eigeninitiative zu fördern. Die Katastrophenhilfe der deutschen Katholiken wird dagegen vom DCV durchgeführt. Die 1959 von Misereor und anderen katholischen Verbänden gegründete „Arbeitsgemeinschaft für Entwicklungshilfe" dient daneben der Anwerbung, Vorbereitung und Vermittlung von Entwicklungshelfern (bis 1974: ca. 1700).

Außerdem haben die deutschen Bischöfe 1961 die Aktion „Adveniat" zur Unterstützung der pastoralen Aufgaben der Kirche in Lateinamerika gegründet[74]. Die zunächst als einmalige Kollekte für die Ausbildung von Priestern gedachte Aktion wurde schließlich als umfassende Hilfe für den Ausbau der lateinamerikanischen Seelsorge fortgeführt. Bis 1972 spendeten die deutschen Katholiken 621,1 Mill. DM für diesen Zweck (Weihnachtskollekte). Jene klare Unterscheidung und organisatorische Trennung von Entwicklungs- und Pastoralhilfe, die in der Bundesrepublik Deutschland praktiziert wird, hat nicht überall Nachahmung gefunden, denn die Hilfswerke anderer Nationen, die z.T.

[72] *Erb*, a. a. O. 629–639.
[73] *U. Koch – Fr. Merz*, in: KH 26 (1969) 435–442.
[74] *H. Lüning*, in: KH 26 (1969) 422–452.

gleichzeitig oder wenig später entstanden, verbinden mit der Entwicklungshilfe oft andere Aufgaben[75]. Das gilt z.B. für das „Fastenopfer der Schweizer Katholiken". Dessen Mittel fließen seit der Gründung (1962) zu je einem Drittel der Entwicklungshilfe, den auswärtigen Missionen und innerschweizerischen Projekten zu. Begreiflicherweise ist der Wunsch, Entwicklungshilfe direkt oder indirekt den auswärtigen Missionen zuzuwenden, besonders in Ländern mit alter Missionstradition lebendig. Die Durchführung zahlreicher Projekte ist übrigens auf die missionarische Substruktur angewiesen und wird in einer gewissen personellen Bindung an die Missionsarbeit durchgeführt. Vorläufer der späteren Hilfswerke hat es in verschiedenen Ländern früh gegeben (England: Miss a Meal-Bewegung, Österreich 1958: Familienfasttag), aber die eigentliche Gründungswelle setzte erst mit dem Zweiten Vatikanischen Konzil ein, das Bischöfe und Katholizismus mit den weltweiten Problemen konfrontierte. Während des Konzils kam es zur Gründung bischöflicher Hilfswerke in Belgien (1961: Carême de Partage, später: Entraide et Fraternité / Broederlijk Delen), den Niederlanden (1961: Bisschoppelijke Vastenaktie), Frankreich (1961: Comité Catholique contre la Faim et pour le Développement), England und Wales (1963: Catholic Fund for Overseas Development), in Österreich (1964: Koordinierungsstelle für internationale Entwicklungsförderung) und Australien (1964: Committee for Overseas Relief). Einzelne Neugründungen konzentrierten sich zunächst auf eng umschriebene Projekte, wobei die alten kolonialen Bindungen eine Rolle spielten (Belgien: Zaire, Frankreich: ehemaliger Kolonialbesitz in Afrika). Seitdem hat sich die Konzeption zunehmend ins Globale geweitet.

Erste Anregungen zur Kooperation der nationalen Hilfswerke wurden bereits vor dem Konzil geäußert. 1960 beriet eine kleine Expertengruppe dieses Anliegen anläßlich des Eucharistischen Kongresses in München. Die förmliche Gründungsinitiative erfolgte jedoch erst vier Jahr später, als Kardinal Frings am 5. November 1964 während der 3. Sitzungsperiode des Konzils die Bischofskonferenzen aller Länder zur Gründung von Hilfswerken gegen Hunger, Armut, Krankheit und Analphabetentum aufrief. Darüber hinaus regte er den internationalen Zusammenschluß der bereits bestehenden Organisationen an. Diese Anregung fand bei den Konzilsvätern ein sehr positives Echo. Auf die Anregung von Frings gingen auch weitere Besprechungen dieser Frage sowie die vorläufige Gründung einer Arbeitsgemeinschaft im Hinblick auf die Einrichtung eines Informations- und Koordinationszentrums zurück (8. Mai 1965). Die darin vertretenen Bischofskonferenzen (Belgien, Bundesrepublik Deutschland, Frankreich, Niederlande, Österreich, Schweiz, USA) beschlossen am 18. November 1965 unter Zustimmung des Heiligen Stuhles die Gründung einer ständigen Arbeitsgemeinschaft und eines Sekretariates, das 1966 in Brüssel seine Tätigkeit aufnahm. Die nationale Eigenart und Autonomie der

[75] Übersicht: CIDSE, Brüssel 1974.

Mitglieder dieser „Coopération Internationale pour le Développement Socio-Economique“ (CIDSE) wurde dadurch nicht tangiert. Deren maßgebendes Organ ist die etwa alle drei Jahre zusammentretende Generalversammlung. Sie entscheidet über Prinzipien und Aufgaben von CIDSE. Daneben bestehen ein Verwaltungsausschuß (Commission), der die Tätigkeit des Sekretariates festlegt, ferner ein Geschäftsführender Vorstand. Der Generalsekretär ist gleichzeitig Sekretär der Generalversammlung, der Commission und des Geschäftsführenden Ausschusses und leitet das Sekretariat. Der erste Vorsitzende von CIDSE war Kardinal Frings. Seine Nachfolger waren Kardinal Bernhard Alfrink (Utrecht), Kardinal Leo Jozef Suenens (Brüssel), Hans Peter Merz (Misereor-Aachen) und Meinrad Hengartner (Schweiz); Generalsekretär ist seit 1967 August Vanistendael.

Die Zielsetzung von CIDSE bestand von Anfang an weder in der Vergabe von Mitteln seiner Mitglieder noch in der Erteilung von Anweisungen, sondern in der Koordination, Information und Beratung. Daher wurden in Brüssel u. a. alle Projekte registriert und eine umfassende Expertenkartei aufgebaut. CIDSE regte außerdem die Einrichtung weiterer Hilfswerke an, die mittlerweile nicht mehr auf die Industrienationen beschränkt sind, sondern auch in der Dritten Welt Eingang gefunden haben. Solche Hilfswerke entstanden in Malawi (1968: Christian Service Committee of the Churches in Malawi), wo man konfessionsübergreifend arbeitet, ferner in Kanada (1969: Canadian Catholic Organization for Development and Peace), Thailand (1968: Catholic Council of Thailand for Development), Indonesien (1971: Lembaga Penelitian Dan Pembangunam Sosial), Rhodesien (1972: Commission on Social Service and Development), und schließlich Irland (1973: Trocaire), den karibischen (1973: Christian Action for Development in the Caribbean, ökumenisch) und nordischen Ländern (1969: Nordisk Katolsk Utvecklingshjaelp) sowie Spanien (1974: Secretariado de Cooperación al Desarrollo). Das australische Hilfswerk schied dagegen aus, weil es stärker mit Caritas Internationalis zusammenarbeitet.

Die Arbeitsmethoden der Hilfswerke sind unterschiedlich und werden in ihrer jeweiligen Eigenart nicht angetastet. Dabei verbinden sich Hilfen für die Dritte Welt vielfach mit Maßnahmen innerhalb des Geberlandes. Das gilt naturgemäß besonders für die Hilfswerke der unterentwickelten Länder. Während größere Hilfswerke wie z. B. „Misereor“ weitreichende Programme und größere Projekte berücksichtigen können, beschränken sich die kleineren Hilfswerke auf Teilprogramme oder Kleinprojekte.

Die Finanzierung der Hilfsaktionen beruht primär auf Spenden (Kollekten) der Gläubigen. In deren unterschiedlicher Höhe äußert sich zweifellos etwas von der Vitalität des Katholizismus in den verschiedenen Ländern. Andererseits erfassen die Statistiken von CIDSE schätzungsweise nur ein Viertel der von Katholiken aufgebrachten Entwicklungshilfemittel; denn die durch Ordensgemeinschaften und Einzelgruppen bzw. Einzelpersonen vermittelten Leistungen erscheinen in keiner Aufstellung. Das Spendenaufkommen der CIDSE angeschlossenen Hilfswerke belief sich 1973 ohne Spanien, Irland und die USA auf

50,1 Mill. US-$[76]. In den Niederlanden, der Bundesrepublik Deutschland, der Schweiz und Kanada werden daneben kirchliche Entwicklungshilfeprojekte auch aus staatlichen Mitteln mitfinanziert[77]. Trotz anfänglicher Bedenken hat diese Kooperation sich nicht nachteilig auf die kirchliche Unabhängigkeit ausgewirkt, da die Vergabe ausschließlich nach Sachaspekten erfolgt. Berücksichtigt man ferner die sehr großen Hilfssummen von CRS, die freilich großenteils in der Bereitstellung überschüssiger Lebensmittel durch die Regierung besteht, die nicht als eigentliche Entwicklungshilfe gelten darf[78], sowie des Spendenaufkommens von Adveniat, das ebenso wie Caritas Internationalis konsultatives Mitglied von CIDSE ist, so belief sich der Gesamtwert der von diesen Organisationen 1973 geleisteten Hilfen auf 248342155 US-$.

Auf dem Gebiet des Studiums und der Förderung, nicht dagegen der sozialen Aktion liegen die Aufgaben der 1966 gegründeten päpstlichen Kommission „Justitia et Pax". Der intensiveren Kooperation von Karitas und Entwicklungshilfe sowie aller irgendwie damit befaßten Träger soll auch der 1971 durch Paul VI. gegründete Rat „Cor unum" dienen[79].

An kirchenamtlichen Empfehlungen der traditionellen Armenpflege hat es nie gefehlt. Aber erst das Zweite Vatikanische Konzil hat auf Grund der seit einem Jahrhundert gemachten Erfahrungen zu einer neuen Sicht gefunden und die inzwischen entwickelte sozial-karitative Wirksamkeit ebenso wie die kirchliche Entwicklungshilfe ausdrücklich bejaht und empfohlen. Es gibt zwar kein spezielles Konzilsdokument, das der Karitas oder der Entwicklungshilfe gewidmet ist, aber Äußerungen dazu finden sich in verschiedenen Zusammenhängen[80]. Die Karitas ist danach als Grundfunktion der Kirche und ihres Handelns erkannt. Das gilt nicht nur für das Ethos der Hinwendung zum Notleidenden, sondern auch für die organisierte Liebestätigkeit, die ausdrücklich – auch in ihren konfessionsübergreifenden Zweigen – bejaht und empfohlen wird. Eindeutig ist auch das Bekenntnis zur Entwicklungshilfe, für die

[76] CIDSE News Bulletin 4/74 nennt folgende Einzelsummen: Bundesrepublik Deutschland 35924181 US-$, Kanada: 2928888, Österreich: 2479334, Belgien: 3134292, Nordische Länder: 49431, Frankreich: 1339358, England und Wales: 664437, Niederlande: 2347499, Schweiz: 2049941. Sehr aufschlußreich ist auch das Pro-Kopf-Spendenaufkommen in den einzelnen Ländern. Dieses belief sich in der Bundesrepublik Deutschland auf: 1,32 US-$, Kanada: 0,34, Österreich: 0,37, Großbritannien: 0,15, Belgien: 0,35, Frankreich: 0,03, Niederlande: 0,46, Schweiz: 0,82 je Katholik. Diese Spenden wurden u.a. für folgende Bereiche eingesetzt: Erziehung 22,55%, Gesundheitswesen 18,48%, Landwirtschaft 16,05%.

[77] CEBEMO (Niederlande): 7531797 US-$, Zentralstelle für Entwicklungshilfe e.V. (Bundesrepublik Deutschland): 22183599, CIDA (Kanada): 1761882.

[78] 1973: 138947516 US-$. Die hierin enthaltenen Überschußmittel stammen aus staatlichen Spenden.

[79] Diese Aufgabenstellung umriß Paul VI. am 15. Juli 1971 in einem Schreiben an Kardinalstaatssekretär Villot.

[80] Ausführlich: *Völkl,* Dienende Kirche 260–338; vgl. namentlich: Dekret über das Apostolat der Laien, Art. 8, und Pastoralkonstitution, Art. 86; *R. Völkl,* Diakonie und Caritas in den Dokumenten der deutschsprachigen Synoden (Freiburg 1977).

in der Pastoralkonstitution Art. 86 klare Normen genannt werden. Deren Ziel ist die volle menschliche Entfaltung (plena perfectio humana), die zwar auf die Hilfe der Industrienationen angewiesen bleibt, primär jedoch die Fähigkeiten und Traditionen der Dritten Welt herausfordert (non solis opibus alienis, sed propriis plene explicandis necnon ingenio et traditione propria colendis). Damit sind die ursprünglich in der nordatlantischen Welt formulierten und praktizierten Grundsätze für die Gesamtkirche rezipiert.

15. Kapitel

Die Geschichte der ökumenischen Bewegung

Univ.-Professor Dr. Erwin Iserloh, Münster

LITERATUR: *H. L. Althaus* (Hrsg.), Ökumenische Dokumente. Quellenstücke über die Einheit der Kirche (Göttingen 1962); *R. Rouse – St. Ch. Neill*, Geschichte der ökumenischen Bewegung 1517–1948, 1–2 (Göttingen 1957/58); *E. Fey – G. Gaßmann* (Hrsg.), Geschichte der ökumenischen Bewegung 1948–1968 (Göttingen 1974); *F. Biot*, Von der Polemik zum Dialog (Wien, München 1966); *G. H. Tavard*, Geschichte der ökumenischen Bewegung (Mainz 1964); *R. Frieling*, Die Bewegung für Glauben und Kirchenverfassung 1910–1937 (Göttingen 1970); *A. Deißmann* (Hrsg.), Die Stockholmer Weltkirchenkonferenz. Amtlicher deutscher Bericht (Berlin 1926); *F. Lüpsen* (Hrsg.), Amsterdamer Dokumente (Bethel 1948); *ders.* (Hrsg.), Evanston – Dokumente (Witten 1954); *ders.* (Hrsg.), Neu Delhi – Dokumente (Witten [2]1962); *N. Goodall* (Hrsg.), Bericht aus Uppsala 1968 (offizieller Bericht) (Genf 1968); *R. Groscurth* (Hrsg.), Von Uppsala nach Nairobi – Ökumenische Bilanz 1968–1975, epd dokumentation 15 (Bielefeld, Frankfurt 1975); *H. Krüger – W. Müller-Römheld* (Hrsg.), Bericht aus Nairobi. Offizieller Bericht der 5. Vollversammlung des ÖRK 1975 (Frankfurt 1976); *A. Boyens*, Kirchenkampf und Ökumene 1933–1939 (München 1969); *ders.*, Kirchenkampf und Ökumene 1939–1945 (München 1973); *G. Gloede* (Hrsg.), Ökumenische Profile, Brückenbauer der Einheit der Kirche, 2 Bde. (Stuttgart 1961–1963); *M. Pribilla*, Von der kirchlichen Einheit (Freiburg 1929); *R. Aubert*, Le Saint-Siège et l'Union des Églises (Brüssel 1947); *L. Jaeger*, Das Konzilsdekret „Über den Ökumenismus" (Paderborn [2]1968); *P. Bratsiotis* (Hrsg.), Die orthodoxe Kirche in griechischer Sicht, 1–2 (1959–1960); *St. Harkianakis*, Über die gegenwärtige Situation der orthodoxen Kirche, in: Kyrios 6 (1966) 227–239; *J. Meyendorf*, Die orthodoxe Kirche gestern und heute (Salzburg 1963); *S. V. Stavridis*, Geschichte des Ökumenischen Patriarchats (1967) (griech.); *N. Ehrenström – G. Gaßmann*, Confessions in Dialogue. A Survey of Bilateral Conversations among World Confessional Families 1959–1974 (Genf [3]1975); *V. Pfnür*, Kirche und Amt. Neuere Literatur zur ökumenischen Diskussion um die Amtsfrage (Münster 1975) 22–32; *G. Gaßmann – M. Lienhard – H. Meyer – H.-V. Herntrich* (Hrsg.), Um Amt und Herrenmahl. Dokumentation zum evangelisch/römisch-katholischen Gespräch (Frankfurt [2]1974).

Die Entwicklung zum Ökumenischen Rat der Kirchen und dessen Weg von Amsterdam (1948) nach Nairobi (1976)

Die Anfänge der ökumenischen Bewegung reichen zurück ins 19. Jahrhundert. Nicht die Theologie und nicht die Kirchenleitungen gaben den Anstoß dazu, sondern freie Gruppen religiöser Erneuerung, die teilweise in bewußter Opposition sowohl zur aufklärerischen Theologie wie auch zum verfaßten Kirchentum standen. Neben der Oxfordbewegung im Bereich des Anglikanismus waren es vor allem Verbände der Jugend und der christlichen Studentenbewegung. Der Christliche Verein Junger Männer (CVJM) und der Christliche Verein Weiblicher Jugend (CVWJ), 1844 bzw. 1854 in England gegründet, griffen bald über auf Europa und Nordamerika. Übernational und überkonfessionell, dazu betont evangelisch und missionarisch eingestellt, waren sie von der eigenen Mitte her auf die Ökumene verwiesen. Im Gegensatz zur liberalen Theologie der Zeit war man überzeugt, die Einheit der Kirche nur auf dem Boden eines klaren Bekenntnisses finden zu können. Das kam zum Ausdruck in der Pariser Basisformel des CVJM von 1855, die mit dem Satz beginnt: „Die Christlichen Vereine Junger Männer haben den Zweck, solche jungen Männer miteinander zu verbinden, welche Jesum Christum nach der Heiligen Schrift als ihren Gott und Heiland anerkennen." Unverkennbar ist hier die spätere Basisformel des Weltkirchenrats vorbereitet. Zunächst bekam der CVJM Bedeutung für die Gründung des Christlichen Studentenweltbundes, zu dem sich 1895 in Vadstena (Schweden) die Studentenbewegungen vieler Länder im protestantischen Bereich zusammenschlossen. Aus ihm bzw. dem CVJM gingen die führenden Männer der ökumenischen Bewegung des 20. Jahrhunderts, wie John R. Mott (1865–1955), Nathan Söderblom (1866–1931) und Willem A. Visser 't Hooft (* 1900) hervor.

Mott war maßgeblich beteiligt bei der Vorbereitung und Durchführung der Weltmissionskonferenz von Edinburgh (1910), die die verschiedenen Missionsgesellschaften zur Zusammenarbeit führen sollte. Diese wurde zunächst in einem Fortsetzungsausschuß (1910–1920) und dann im „Internationalen Missionsrat" – 1921–1942 unter dem Vorsitz von John R. Mott – institutionell gesichert. Von der Weltmissionskonferenz in Edinburgh ging der entscheidende Anstoß zur ökumenischen Bewegung aus. Wenn nach Joh 17,23 die Glaubwürdigkeit der christlichen Botschaft von der Einheit der Christen abhängt, dann mußte die Spaltung in der Mission mit ihren zahlreichen neben- und gegeneinander arbeitenden Missionsgesellschaften am schmerzlichsten erfahren werden.

In Edinburgh waren Fragen des Glaubens und der Kirchenordnung ausgeklammert, weil darin keine Einigkeit zu erwarten war. Auf Grund dieses Verfahrens hatte man auch den hochkirchlichen Flügel der anglikanischen Kirche zur Mitarbeit gewinnen können. Katholiken und Orthodoxe waren nicht eingeladen.

Die von dem amerikanischen Missionsbischof aus den Philippinen, Charles Brent (1862–1929), ausgesprochene Erfahrung, daß es bei der praktischen Zusammenarbeit nicht bleiben könne, sondern daß man gerade um der Einheit willen nach den Lehrunterschieden fragen müsse, gab den Anstoß zur Bewegung „Faith and Order" (Glaube und Kirchenverfassung). Auf einer vorbereitenden Konferenz 1920 in Genf waren die protestantischen Kirchen von Deutschland und Frankreich nicht vertreten. Die der Schweiz lehnten eine offizielle Beteiligung ab, weil bei ihnen die Voraussetzung nicht gegeben sei, den Glauben an die Gottheit Christi als unerläßliche dogmatische Grundlage anzuerkennen. Ein Fortsetzungsausschuß übernahm die weitere Vorbereitung, bis schließlich am 3. August 1927 die erste „Weltkonferenz für Glauben und Kirchenverfassung" in Lausanne zusammentreten konnte. Es waren 385 Männer und 9 Frauen aus 108 kirchlichen Gemeinschaften vertreten. Die Berichte der Arbeitsgruppen über die Themen: die Einheit der Kirche, ihre Botschaft, ihr Wesen, ihr Glaubensbekenntnis, ihr Amt, ihre Sakramente und über die Einheit der Christenheit und die getrennten Kirchen wurden nicht angenommen (adopted), sondern nur zur Weitergabe an die Kirchen entgegengenommen (received). Die Erfahrung der großen Schwierigkeiten, die der Einigung entgegenstanden, brachten eine heilsame Ernüchterung. Man war willens, die Gegensätze nicht zu verschleiern, sondern redlich offenzulegen. Vor allem die Orthodoxen legten Wert darauf, ihren Standpunkt klar festzulegen. In ihnen und den Anglikanern kamen die Protestanten mit einer stärker ekklesiologisch-sakramentalen Mentalität in Berührung; andererseits wurde die Angst der Lutheraner vor allem Institutionellen und damit vor konkreter Kirche deutlich.

Aus der Erfahrung „Die Lehre trennt – der Dienst eint" suchte die „Bewegung für Praktisches Christentum" („Life and Work") auf einem anderen Weg, nämlich durch praktische Friedens- und Sozialarbeit, auf internationaler Ebene der Ökumene vorzuarbeiten. Auf der Tagung des „Weltbundes für Freundschaftsarbeit der Kirchen" 1919 in Oud Wassenaer bei Den Haag und im Anschluß an dessen Tätigkeit und die Bemühungen des „Internationalen Versöhnungsbundes" regte Bischof Nathan Söderblom (1866–1931) von Uppsala eine Weltkonferenz über Fragen der Sozialethik an. Die dogmatischen Fragen wollte man ausklammern. So kam man schneller zum Zug als „Faith and Order". Schon im August 1925 konnte in Stockholm die „Weltkonferenz für Praktisches Christentum" zusammentreten. Es war die erste ausgesprochen ökumenische Konferenz. Vertreter aller großen kirchlichen Gemeinschaften, mit Ausnahme der römisch-katholischen Kirche, waren zugegen. Die Bedeutung der Konferenz lag allerdings mehr in der Tatsache, daß sie überhaupt stattfand, als in ihrem Inhalt und Ergebnis. Glanzvolle Festversammlungen und Gottesdienste konnten über den tiefen Dissens nicht hinwegtäuschen. Meinten die einen, voran die Angelsachsen, durch eine Gottes Weltplan entsprechende Gestaltung der sozialen Verhältnisse das Reich Gottes herbeiführen zu können, dann glaubten andere, vornehmlich die deutschen Lutheraner, die Transzendenz des Reiches Gottes und seinen eschatologischen Charakter betonen zu müssen. Die Konferenz wurde weitergeführt in einem Fortsetzungsausschuß mit verschiedenen Arbeitsgruppen, der seit 1930 als „Ökumenischer Rat für Praktisches Christentum" von Genf aus tätig wurde.

Das Verhältnis des deutschen Protestantismus zur ökumenischen Bewegung war zwischen den beiden Weltkriegen erheblich gestört. Sah man nach 1918 die „ökumenische Zusammenarbeit unsäglich erschwert" [1] durch die These von der Alleinschuld Deutschlands am Ausbruch des Weltkriegs im Vertrag von Versailles, so stellte sich mit dem Jahr 1933 für die ökumenischen Gremien die Frage des Verhaltens gegenüber dem NS-Staat. Dieses Problem wurde besonders heikel, als zwei deutsche Gruppen, die „Deutsche Evangelische Kirche" und die „Bekennende Kirche", sich um Anerkennung und Zusammenarbeit bemühten. Der „Ökumenische Rat für Praktisches Christentum" sprach sich für eine Unterstützung der Bekennenden Kirche aus und beschloß 1934, auf der nächsten Weltkonferenz das Thema „Kirche, Staat und Volk" zu behandeln. Denn durch die Entstehung totalitärer Staaten sei dieses alte Thema in neuer, ja zugespitzter Form brennend geworden. Der Fortsetzungsausschuß von „Glaube und Kirchenverfassung" erklärte sich dagegen für die Aufnahme von Vertretern der offiziellen Deutschen Evangelischen Kirche. Die Schwierigkeit erledigte sich dadurch, daß der NS-Staat beiden Gruppen – wie deutschen Delegationen überhaupt – die Teilnahme an den Weltkonferenzen unmöglich machte.

Der Vorschlag der „Weltkonferenz für Praktisches Christentum" Juli 1937 in Oxford, beide Bewegungen zu einer Körperschaft zusammenzuschließen und einen „Ökumenischen Rat" zu bilden, fand auch die Billigung der Konferenz von „Glaube und Kirchenverfassung" August 1937 in Edinburgh. Ein Ausschuß beriet 1938 in Utrecht über die Verfassung des Ökumenischen Rates. Doch wegen des Kriegsausbruchs konnte eine Vollversammlung nicht mehr einberufen werden. Erst 1948 kam es in Amsterdam zur Konstituierung des Ökumenischen Rates der Kirchen (ÖRK); „Glaube und Kirchenverfassung" sollte als Ausschuß des Rates weiterbestehen und sich mit Fragen der Lehre befassen.

Die erste Vollversammlung des ÖRK vom 22. August bis 4. September 1948 in Amsterdam stand unter dem Thema „Die Unordnung der Welt und Gottes Heilsplan". Die zu Beginn angenommene Basisformel lautet: „Der Ökumenische Rat der Kirchen ist eine Gemeinschaft von Kirchen, die unsern Herrn Jesus Christus als Gott und Heiland anerkennen." Nach der Verfassung können nicht Einzelpersonen oder Verbände Mitglieder werden, sondern nur Kirchen. Denn es sollte um eine Gemeinschaft von selbständigen Kirchen, nicht um eine „Superkirche" gehen. Der ÖRK möchte eine Hilfe für die Mitgliedskirchen sein bei ihrem Bemühen um die Einheit und in den Angelegenheiten, die gemeinsam

[1] *A. Deißmann,* Die Stockholmer Weltkirchenkonferenz (Berlin 1926) 749. *M. Pribilla,* Um kirchliche Einheit (Freiburg 1929) 97–100.

getan werden können. „Es liegt aber dem Rat fern, irgendwelche Funktionen an sich reißen zu wollen, die den Mitgliedskirchen zukommen, oder sie kontrollieren oder Gesetze für sie erlassen zu wollen.“[2]

In Amsterdam waren 147 Kirchen durch 351 Delegierte aus 47 Ländern vertreten. Fundamentalistische protestantische Kreise, z. B. die Lutheraner der Missouri-Synode Nordamerikas, hatten den Beitritt abgelehnt, weil sie eine klare und solide dogmatische Linie vermißten, und hatten wenige Tage vor dem Zusammentreten der Vollversammlung den „Internationalen Rat christlicher Kirchen“ gebildet.

Die Orthodoxen waren hauptsächlich durch Abgesandte des Ökumenischen Patriarchen von Konstantinopel und der griechischen Kirche vertreten. Eine Versammlung der Häupter der Autokephalen Kirchen des Ostens unter der Leitung des Moskauer Patriarchen hatte die Teilnahme an der Weltkirchenkonferenz abgelehnt. Auch die römisch-katholische Kirche war nicht vertreten; nur einzelne Theologen hatten von der Kurie die Erlaubnis zu privater Teilnahme erhalten.

Die Vollversammlung in Amsterdam hatte die Aufgabe, dem ÖRK eine Verfassung zu geben und angesichts der vom Krieg zerrissenen und ausgebluteten Welt Klarheit zu gewinnen über den Auftrag der Christenheit in und für die Welt. In der 1. Sektion unter Leitung von Landesbischof Hanns Lilje und Mitarbeit von Karl Barth wurde unter dem Thema „Die Kirche in Gottes Heilsplan“ die Einheit der Kirche und der Zusammenhang von Einheit und innerer Erneuerung der Kirche betont. Dabei war man sich darüber klar, daß die Auffassungen von der Einheit der Kirche zutiefst divergierten.

Hart waren die Auseinandersetzungen in den „politischen“ Sektionen 3 („Die Kirche und die Auflösung der gesellschaftlichen Ordnung“) und 4 („Die Kirche und die internationale Unordnung“). Hier spielte der weltpolitische und ideologische Kampf zwischen Ost und West hinein. Er wurde unverblümt zur Sprache gebracht in den Reden des Amerikaners John Foster Dulles (1888–1959) und des Prager Theologieprofessors Joseph L. Hromadka (1889–1969). Gegenüber der harten Ablehnung des atheistischen und materialistischen Kommunismus durch Dulles bot Hromadka eine leidenschaftliche Kritik des kapitalistischen Westens. Die Konferenz sah sich vor die schwierige Aufgabe gestellt, die christliche Gemeinschaft über alle „Eisernen Vorhänge“ hinweg aufrechtzuerhalten und gleichzeitig für menschliche Freiheit wie für soziale Gerechtigkeit einzutreten. Man betonte: „Das Christentum darf nicht mit irgendeinem bestimmten System gleichgesetzt werden“ und warnte vor einer Gleichschaltung der Kirche mit einem totalitären System. In der 3. Sektion wurde ergänzend betont, daß die Wahrung ihrer Unabhängigkeit gegenüber den Gesetzmäßigkeiten und Konflikten der Welt keinen weltabgewandten Neutralismus der Kirche bedeuten dürfe.

[2] Verfassung des ÖRK vom 30. 8. 1948, in: Die Unordnung der Welt und Gottes Heilsplan, V (Tübingen 1948) 168.

Amsterdam war erst ein Anfang. Es galt, die theologische Tragweite der sehr allgemein gehaltenen Basisformel zu klären, zu vertiefen und zu erweitern und die rechte Arbeitsweise des ÖRK zu finden. War man im programmatischen Anspruch sehr zurückhaltend, so hoffte man um so mehr, dank des Gewichtes der Institution und des Miteinanders im Gespräch und in der Arbeit ökumenische Tatsachen zu schaffen, die es mit der Zeit erlaubten, energischer an die Wahrheitsfrage heranzugehen. In der Erklärung des Zentralausschusses in Toronto 1950 „Die Kirche, die Kirchen und der Ökumenische Rat" wurde erneut betont: „Der Weltrat der Kirchen ist nicht und darf niemals werden eine Über-Kirche... Er ist nicht die ‚Weltkirche'. Er ist auch nicht die ‚Una Sancta', von der in den Glaubensbekenntnissen die Rede ist... Jede Kirche behält sich verfassungsmäßig das Recht vor, die Äußerungen oder Handlungen des Rates zu ratifizieren oder zu verwerfen. [...] Innerhalb des Ökumenischen Rates ist Raum für die Ekklesiologie jeder Kirche, die bereit ist, am ökumenischen Gespräch teilzunehmen. [...] Aus der Mitgliedschaft folgt nicht, daß jede Kirche die anderen Mitgliedskirchen als Kirchen im wahren und vollen Sinn des Wortes ansehen muß."[3]

Diese Erklärung sollte den orthodoxen Kirchen den Beitritt zum ÖRK erleichtern. In Amsterdam 1948 waren neben einzelnen kleinen Nationalkirchen und der russischen Exilkirche nur das Ökumenische Patriarchat von Konstantinopel und die Kirche von Griechenland Mitglieder des ÖRK geworden. Die Patriarchate von Alexandrien, Antiochien und Jerusalem waren bald gefolgt. Begünstigt durch die Wende der Außenpolitik Moskaus nach dem Tod Stalins (1879–1953), bemühte man sich besonders von der Evangelischen Kirche Deutschlands aus um Kontakte mit Rußland. Der Zentralausschuß des ÖRK tagte August 1956 in Ungarn. Gleichzeitig bemühte sich der Patriarch Athenagoras I. (1886–1972) von Konstantinopel um eine Zusammenarbeit aller orthodoxen Kirchen einschließlich Rußlands. Das führte zu den panorthodoxen Konferenzen auf Rhodos seit 1961 und zum Beitritt der Kirchen Rußlands, Bulgariens, Rumäniens und Polens zum ÖRK in Neu-Delhi. Hier trat am 19. November 1961 die dritte Vollversammlung des ÖRK unter dem Leitwort „Jesus Christus – das Licht der Welt" zusammen. Die 2. Vollversammlung hatte 1954 in Evanston am Michigansee stattgefunden. In Neu-Delhi wurde der Internationale Missionsrat als eine selbständige Abteilung („Kommission für Weltmission und Evangelisation") in den ÖRK integriert.

Die Orthodoxen setzten sich dafür ein, „Faith and Order" – bisher nur ein Referat der Studienabteilung – den Status einer selbständigen Abteilung zu geben und damit der Wahrheitsfrage stärkeres Gewicht zu verleihen. Ihre Forderungen und Fragen erleichterten auch die Annahme der trinitarischen Erweiterung der christologischen Basisformel. Sie lautet nunmehr: „Der Ökumenische Rat der Kirchen ist eine Gemeinschaft von Kirchen, die den Herrn Jesus

[3] Zitat nach: Kirchliches Jahrbuch der EKD 1951, 78 (Gütersloh 1952) 225–229.

Christus gemäß der Heiligen Schrift als Gott und Heiland bekennen und darum gemeinsam zu erfüllen trachten, wozu sie berufen sind, zur Ehre Gottes, des Vaters, des Sohnes und des Heiligen Geistes." Besonders die „Jungen Kirchen", deren Bedeutung die Wahl des Tagungsortes inmitten der asiatischen Welt betonen wollte, drängten auf alsbaldige Verwirklichung der sichtbaren Einheit der Kirche und auf Interkommunion. Dem trug der ausführliche Bericht der 3. Sektion „Einheit" Rechnung, der von der Vollversammlung „im großen und ganzen" gebilligt und den Kirchen zum Studium empfohlen wurde. In der Betonung der Notwendigkeit der *sichtbaren* Einheit bedeutet er „einen wirklichen Fortschritt auf dem Weg zur Überwindung eines ekklesiologischen Doketismus" (Edmund Schlink).

Inzwischen gehörten zum ÖRK 198 Gliedkirchen. In Neu-Delhi war zum ersten Mal mit fünf Vertretern des Sekretariats für die Einheit der Christen in Rom und mit zwei Vertretern des Kardinals Gracias von Bombay eine offizielle römisch-katholische Delegation auf einer Vollversammlung des ÖRK anwesend. Die „Weltverantwortung der Kirchen", seit Amsterdam (1948) durchgängiges Thema der Konferenzen des ÖRK, trat seit 1966 – dem Jahr des Wechsels im Generalsekretariat von W. A. Vissert 't Hooft zu Eugene Carson Blake – stark in den Vordergrund. Die „Weltkonferenz für Kirche und Gesellschaft" (1966) in Genf, die dritte nach Stockholm (1925) und Oxford (1937), die sich vorwiegend mit sozialethischen Fragen beschäftigte, sollte „die christliche Antwort auf die technische und soziale Revolution unserer Zeit" geben. Sie war gekennzeichnet durch ein Übergewicht der Laien und durch eine fast gleichstarke Vertretung der Kirchen von Afrika, Asien und Lateinamerika wie der aus Westeuropa und Nordamerika. Fachleute und Betroffene sollten zu den Kirchen sprechen und sie bei ihrer Antwort auf die Herausforderungen der revolutionären Wandlungen der Zeit beraten.

Aus der Überzeugung, daß die soziale Verantwortung der Christen nicht auf die persönlichen Beziehungen des einzelnen Christen zu seinem Nächsten beschränkt sein darf, wurde „Liebe durch Strukturen" zu einem Hauptschlagwort der Konferenz und die Theologie der Revolution zu einem heißen Diskussionsthema. In der Botschaft der Konferenz heißt es: „Als Christen müssen wir uns für die Umwandlung einsetzen. [...] Heute beziehen viele von denen, die sich dem Dienst Christi und ihres Nächsten widmen, eine radikalere und revolutionärere Stellung. Sie leugnen keineswegs den Wert von Tradition und sozialer Ordnung, sind aber auf der Suche nach einer neuen Strategie, mit deren Hilfe grundlegende Änderungen in der Gesellschaft ohne zu großen Zeitverlust durchgeführt werden können. [...] Zum gegenwärtigen Zeitpunkt ist es wichtig, daß wir die tiefere Verankerung dieser radikalen Position in der christlichen Tradition erkennen und ihr einen berechtigten Platz im Leben der Kirche [...] einräumen."[4]

[4] *H. Krüger* (Hrsg.), Ökumenische Bewegung 1965–1968, Beiheft z. Ök. Rundschau Nr. 12/13 (Stuttgart 1970) 334.

Die Konferenz forderte aktive Teilnahme der christlichen Kirche am Kampf um die rassische Gleichheit. Der ÖRK sollte u.a. ein Sekretariat für die Eliminierung des Rassismus errichten. Diese Wandlung zum sozialen und politischen Engagement bestimmte die Thematik der 4. Vollversammlung, die unter dem Schriftwort „Siehe, ich mache alles neu" (Offb 21, 5) sich vom 4. bis 20. Juli 1968 in Uppsala zusammenfand und als Zeichen der Zeit „aufsehenerregende Schritte in wissenschaftliches Neuland, den Protest revoltierender Studenten, das Erschrecken über politische Morde und kriegerische Zusammenstöße" ansah. Angesichts der mit Leidenschaft vor 704 Delegierten, vielen Gästen und Journalisten vorgetragenen Referate „Reiche und arme Nationen", „Rassismus oder Weltgemeinschaft", „Christentum und Menschenrechte", „Arbeit der Kirche in einer revolutionären Welt" wurde es schwer, das „Evangelium der Bekehrung" mit dem „Evangelium der sozialen Verantwortung" zum Ausgleich zu bringen[5]. Diese Spannung, seit 1969 noch verschärft durch die Entwicklung eines ökumenischen Programms zur Bekämpfung des Rassismus und einen Spendenaufruf an die Mitgliedskirchen zur Unterstützung von Befreiungsorganisationen, trieb den ÖRK in die Zerreißprobe einer Polarisation. Nach der Entschließung des Zentralausschusses in Addis Abeba 1971 durfte jedoch das Geld nicht für militärische Zwecke verwendet werden. Ferner sollte eine Studie über gewaltsame und gewaltlose Methoden zur Herbeiführung des sozialen Wandels unternommen werden.

Im Jahre 1972 wurde mit der Wahl von Philip Potter, einem Methodisten aus Jamaika, ein Christ aus der „Dritten Welt" Generalsekretär des ÖRK. Auf der Konferenz der Kommission für „Weltmission und Evangelisation" des ÖRK in Bangkok vom 29. Dezember 1972 bis 8. Januar 1973 mit dem Thema „Heil der Welt – heute" waren die Delegierten aus Afrika, Asien und Schwarze aus den USA in der Mehrzahl. „Heil" wurde mit starkem Akzent auf „Befreiung" verstanden, Heilsarbeit als Kampf gegen Ausbeutung, politische Unterdrückung und Entfremdung gesehen. Die Distanzierung von den westlichen Kirchen wegen ihrer „Zugehörigkeit zu den kolonialen Machtstrukturen" ging bis zur Forderung eines „Moratoriums": wenigstens vorübergehend sollten die Kirchen der westlichen Welt von der Entsendung von Personen und Geld absehen.

Die geographische Nähe zu den großen asiatischen Religionen legte den Dialog mit ihnen als eigenes Sektionsthema nahe. Damit stellte sich die Frage nach dem Recht der Mission und wurde im Zusammenhang mit der Forderung nach „Kontextualisierung" der christlichen Botschaft bzw. Heimischwerden des Christentums in den Kulturen der Dritten Welt die Gefahr eines Synkretismus akut.

An den Vorbereitungen gemessen, hätte auch auf der 5. Vollversammlung, die vom 23. November bis zum 10. Dezember 1975 in Nairobi (Kenia) mit dem

[5] Botschaft der 4. Vollversammlung, aus: Ökumenische Bewegung 1965–1968 (vgl. Anm. 4) 446f.

Thema „Christus befreit und eint" stattfand, der Akzent auf innerweltlichen Problemen wie Rassismus, Sexismus und Bildung liegen müssen. Die große Mehrheit der 757 Delegierten aus 271 Mitgliedskirchen – mit Beobachtern, Beratern und Journalisten waren es ca. 2300 Teilnehmer – entschied sich aber für die theologischen Themen der Sektion 1 („Bekenntnis zu Jesus Christus") und 2 („Die Einheit der Kirche"), und laufender Widerspruch, vor allem der Delegierten der Orthodoxie, vereitelte ein Abgleiten in die Horizontale. Die eine Kirche verstand man als konziliare Gemeinschaft von Gemeinden, die denselben Glauben bekennen, die gleiche Taufe und das gleiche Heilige Abendmahl feiern und die geistlichen Ämter der anderen anerkennen. Man war sich klar darüber, daß der ÖRK diese konziliare Gemeinschaft nicht ist, sondern sie vorzubereiten hat. Gottesdienst, Bibelarbeit und Spiritualität nahmen einen breiten Raum ein. So wurde Nairobi zu einem „spirituellen Ereignis". In einer „Spiritualität für den Kampf" („spirituality for combat"), besser einer „Spiritualität des Engagements", war man bemüht, die positive Verbindung von Christusverkündigung und sozialer Verantwortung wiederzugewinnen. Den Antirassismus suchte man einzubetten in ein größeres Programm für die Realisierung der Menschenrechte. Damit war man gezwungen, sich auch mit der Situation in der Sowjetunion zu befassen. Die Verweigerung der Religionsfreiheit dort führte zu den härtesten Debatten; wie überhaupt in Nairobi stand jedoch auch in dieser Frage der Kurs auf Integration und Kompromiß. Mit einem Übergang von einer „Konfliktökumene" zu einer „Gemeinschaftsökumene", wenn diese eine „Ökumene ohne Wahrheit" (Lortz) ist, wird aber der ÖRK seine Aufgabe nicht erfüllen können.

Der Anteil der römisch-katholischen Kirche an der ökumenischen Bewegung

Mit der Teilnahme der katholischen Delegation an der Vollversammlung in Neu-Delhi war eine tief eingewurzelte Zurückhaltung der Römischen Kurie gegenüber ökumenischen Versammlungen überwunden. Überzeugt, daß sie und in vollem Sinn nur sie die von Jesus Christus gestiftete eine, heilige, katholische und apostolische Kirche sichtbar darstellt, hatte die römisch-katholische Kirche Sorge, dieser ihr Anspruch könnte relativiert werden, wenn sie sich mit anderen kirchlichen Gemeinschaften an den Konferenztisch setzte.

Auf die Einladung der skandinavischen lutherischen Erzbischöfe an Papst Benedikt XV., nach Uppsala zu einer ökumenischen Konferenz (Concilium) am 8. September 1918 Vertreter zu entsenden, versicherte Kardinalstaatssekretär Gasparri, dem Papst sei alles willkommen, was für den Frieden und die christliche Brüderlichkeit getan werde, weil es „den Weg dafür ebnet, was das Evangelium mit den Worten ausdrückt: ‚daß da eine Herde und ein Hirt sei'"[6]. Von

[6] Brief v. 19. 6. 1918; Text bei: *M. Pribilla*, Um kirchliche Einheit, 319.

einer Vertretung des Papstes auf der vorgeschlagenen Konferenz war aber nicht die Rede. Vielmehr untersagte am 4. Juli 1919 ein Dekret des Heiligen Offiziums jede Teilnahme an Kongressen zur Förderung der Einheit ohne Erlaubnis des Heiligen Stuhls. Schon am 16. Mai 1919 hatte Benedikt XV. einer Delegation, die ihm die Einladung zu der Konferenz von „Glaube und Kirchenverfassung" überbrachte, den Bescheid gegeben: „Lehre und Praxis der römisch-katholischen Kirche in bezug auf die Einheit der sichtbaren Kirche Christi seien jedermann wohlbekannt, und es sei daher der katholischen Kirche nicht möglich, an einem Kongreß wie dem vorgeschlagenen teilzunehmen. Seine Heiligkeit wünscht jedoch unter keinen Umständen den in Frage stehenden Kongreß für diejenigen zu mißbilligen, die nicht mit dem Stuhl Petri verbunden sind."[7]

Das lebhafte Interesse Pius' XI. an den Einigungsbewegungen galt vor allem der Orthodoxie. Als Wissenschaftler stand ihm in erster Linie ein Apostolat des Geistes vor Augen. Dafür richtete er 1922 das Orientalische Institut in Rom ein und forderte auch sonst ein intensives Studium der Theologie und Liturgie der Ostkirche. Hier sah er eine spezielle Aufgabe der Benediktiner. Neben der Abtei Niederaltaich an der Donau kommt diesem Ruf das 1925 eigens dafür in Amay-sur-Meuse gegründete und 1939 nach Chevetogne (Belgien) verlegte Priorat nach. Es feiert die Liturgie nach orientalischem Ritus, pflegt Theologie und Spiritualität des Ostens und gibt die Zeitschrift „Irénikon" heraus. In der Sicht des Papstes ist „für die Wiedervereinigung vor allem notwendig, daß man einander kennt und liebt ... Die gespaltenen Teile eines goldhaltigen Steines sind ebenfalls goldhaltig ..."[8]

Das hätte auch auf das Verhältnis zu den Protestanten Anwendung finden können. Entsprechend forderte Pius XI. in einer Rede im Konsistorium vom 24. März 1924 ökumenische Bemühungen hinsichtlich aller getrennten Christen. „Wir werden allen Katholiken zu Dank verpflichtet sein, die sich auf Anregung der göttlichen Gnade bemühen, ihren getrennten Brüdern, wer immer diese seien, den Zugang zum wahren Glauben zu erleichtern, indem sie Vorurteile zerstreuen, ihnen die unverfälschte katholische Lehre vor Augen halten und vor allem an sich selbst das Merkmal der Jünger Christi erkennen lassen, das da die Liebe ist."[9] Praktisch jedoch nahm der Papst dem protestantischen Ökumenismus gegenüber eine ziemlich reservierte Haltung ein: Ihm, dem Historiker und Wissenschaftler, blieb alles zu sehr an der Oberfläche, d.h., er vermißte das gründliche Studium der Quellen, vor allem der Kirchenväter; als Kirchenmann sah er die Gefahr des Relativismus und Indifferentismus. Es war für manche Katholiken und viele Protestanten, insbesondere für die Teilnehmer an den Konferenzen von Stockholm und Lausanne, eine herbe Enttäuschung, daß die katholische Kirche abseits stand. Erzbischof Söderblom und mit ihm

[7] *R. Rouse – St. Ch. Neill,* Geschichte der Ökumenischen Bewegung 1517–1948, II (Göttingen 1958) 16.

[8] *G. H. Tavard,* Geschichte der Ökumenischen Bewegung (Mainz 1948) 120.

[9] AAS 16 (1924) 123f.

andere gingen soweit, aus diesem Verhalten die Folgerung zu ziehen, Rom habe dadurch vor aller Welt seinen sektiererischen Geist gezeigt und sich außerhalb des Gesamtchristentums gestellt.

Nach Lausanne unterzog Pius XI. in der Enzyklika „Mortalium animos" vom 6. Januar 1928 die ökumenische Bewegung, wie sie sich bis dahin entwikkelt hatte, einer scharfen Kritik: „Können wir dulden ..., daß die Wahrheit, und zwar die von Gott geoffenbarte Wahrheit, zum Gegenstand von Verhandlungen gemacht wird?"[10] In der Sicht des Papstes nahm die katholische Kirche an der Ökumenischen Bewegung nur so weit Anteil, als diese eine Rückkehr zu den Glaubensquellen, zum Evangelium und zur Tradition bedeutete.

Trotz der offiziellen Ablehnung waren aber mit päpstlicher und bischöflicher Billigung private Beobachter bei der „Weltkonferenz für Praktisches Christentum" in Stockholm 1925 und der für „Glauben und Kirchenverfassung" in Lausanne 1927 anwesend: aus Deutschland Max Joseph Metzger (1887–1944) und Hermann Hoffmann (1878–1973). Man kann sagen, daß in Deutschland die Situation für die Begegnung der Konfessionen in mancher Beziehung günstig war: Hier war die Zahl der „Denominationen" nicht so groß wie etwa in den USA, und man hatte es in den großen Landeskirchen mit bekenntnismäßig einigermaßen klar festgelegten Gesprächspartnern zu tun. An den Universitäten bestanden katholische und evangelische theologische Fakultäten, die mit Hilfe der historisch-kritischen Methode manche Vorurteile abbauten und gemeinsame Grundlagen freilegten. Die Geschichte der Reformation und das Leben und Werk Martin Luthers wurden, besonders seit dem Erscheinen der „Reformation in Deutschland" (1939) von Joseph Lortz (1887–1975), sachgerechter und mit mehr Verständnis für ihre religiösen Motive dargestellt und die katholische Mitschuld an der Kirchenspaltung freimütig bekannt. Zur Annäherung der Konfessionen trug wesentlich bei die Bedrohung der Kirchen und des Christentums durch den Nationalsozialismus. Nun galt es, jenseits aller Unterschiede die christliche Substanz zu retten. Fördernd für das Miteinander der Konfessionen wirkte sich aus, daß der Protestantismus sich als „Bekennende Kirche" auf sein Kirche-Sein besann.

Zu den Wegbereitern des katholischen Ökumenismus gehörten in Deutschland Arnold Rademacher (1873–1939), Max Pribilla (1874–1956), Robert Grosche (1888–1967), der Gründer der Zeitschrift „Catholica" (1932), Matthias Laros (1882–1962), Joseph Lortz, Karl Adam (1876–1966) und Max Joseph Metzger. Dieser gründete 1938 die Bruderschaft „Una Sancta" mit dem Ziel, durch Gebet und brüderliche Begegnung der Einheit vorzuarbeiten. In den Jahren 1939/40 kam es auf seine Initiative hin in Meitingen bei Augsburg zu größeren Tagungen. Von NS-Behörden als Friedensapostel verdächtigt, bespitzelt und mehrfach inhaftiert, wurde Metzger am 17. April 1944 hingerichtet.

[10] Ökumenische Dokumente, hrsg. von *H. L. Althaus* (Göttingen 1962) 168 f.

In Frankreich weckten den ökumenischen Gedanken Paul Couturier (1881–1953), der die von Anglikanern angeregte Weltgebetsoktav für die Einheit der Christen vom 18. bis 25. Januar verbreitete und spirituell vertiefte, und M. Yves Congar OP (geb. 1904). Es sollte gebetet werden um „die Einheit aller Christen, so wie sie Christus will".

Nach dem Zweiten Weltkrieg entstanden an vielen Orten „Una-Sancta-Kreise" von Laien und Theologen als Stätten fruchtbarer Begegnung von Katholiken und Protestanten in Gebet und Gespräch. Ihre Spontaneität ließ naturgemäß nach, je deutlicher wurde, wie lang und schwer der Weg zur Einheit ist. Einen Rückschlag schien das vor der ersten Vollversammlung des Ökumenischen Rates in Amsterdam am 5. Juni 1948 erlassene Monitum „Cum compertum" des Heiligen Offiziums in Rom zu bringen. Darin wird unter Hinweis auf die Bestimmungen des Kirchenrechts (c. 1325 § 3 CIC) eingeschärft, daß die Teilnahme an Glaubensgesprächen mit Nichtkatholiken nur nach vorheriger Erlaubnis des Heiligen Stuhls gestattet sei. Positiver gehalten waren die Ausführungsbestimmungen dazu, die Instruktion „De motione oecumenica" vom 20. Dezember 1949. Darin werden die Bischöfe aufgefordert, den Einigungsbestrebungen nicht nur ihre Aufmerksamkeit zuzuwenden, sondern sie zu fördern und zu leiten. Zusammenkünfte und Gespräche mit Nichtkatholiken werden als erwünschte Gelegenheit angesehen, den Nichtkatholiken die Kenntnis der katholischen Lehre zu vermitteln. Den Bischöfen wird auf 3 Jahre die Vollmacht gegeben, die für die Teilnahme an ökumenischen Gesprächen erforderliche Erlaubnis des Heiligen Stuhls zu erteilen. „Das hochbedeutsame Werk der Wiedervereinigung aller Christen in dem einen wahren Glauben und in der einen wahren Kirche", so betont die Instruktion zum Schluß, „muß mehr und mehr eine der vorzüglichsten Aufgaben der gesamten Seelsorge werden und ein Hauptanliegen des inständigen Gebets aller Gläubigen zu Gott."[11]

Starken Auftrieb bekam nach dem Zweiten Weltkrieg das Gespräch der Theologen. Auf Initiative des Erzbischofs von Paderborn, Lorenz Jaeger (1892–1975), und des lutherischen Bischofs von Oldenburg, Wilhelm Stählin (1883–1975), tagen seit 1946 in Deutschland jährlich Theologen beider Konfessionen zur Erörterung gemeinsamer und trennender Glaubenslehren. Unter maßgeblicher Beteiligung des holländischen Theologieprofessors Jan Willebrands (geb. 1909) bildete sich 1952 die „Internationale Konferenz für ökumenische Fragen", deren Arbeit in das 1960 von Papst Johannes XXIII. eingerichtete und von Kardinal Augustin Bea (1881–1968) geleitete „Sekretariat zur Förderung der christlichen Einheit" einmündete. Es erhielt 1962 den offiziellen Status einer Konzilskommission und konnte als solche maßgeblich das „Dekret über den Ökumenismus" des Zweiten Vatikanischen Konzils vorbereiten (s. Kap. 4).

Das Konzil sollte eine neue Epoche der ökumenischen Bewegung innerhalb

[11] AAS 42 (1950) 146f.

der katholischen Kirche einleiten. Es bekennt sich zum Ökumenismus als einer geistgewirkten Bewegung, die Aufgabe „der ganzen Kirche, sowohl der Gläubigen wie auch der Hirten, ist“ (Art. 5). Sie muß getragen sein vom Geist der Buße und inneren Erneuerung. Die katholische Kirche weiß sich mitschuldig an der Spaltung und ist sich bewußt, das ihr anvertraute Glaubensgut nicht immer recht verkündet zu haben, wodurch es den Menschen schwer wurde, die Wahrheit zu finden. So sieht sie sich zu einer „dauernden Reformation“ gerufen (Art. 6). Wenn man auch „nur durch die katholische Kirche Christi, die das allgemeine Hilfsmittel des Heiles ist, Zutritt zu der ganzen Fülle der Heilsmittel haben kann“ (Art. 3), so existieren doch „viele und bedeutende Elemente oder Güter, aus denen insgesamt die Kirche erbaut wird und ihr Leben gewinnt, auch außerhalb der sichtbaren Grenzen der katholischen Kirche“ (Art. 3). Der Heilige Geist gebraucht die getrennten Kirchen und Gemeinschaften als „Mittel des Heiles“. Die Katholiken sind aufgefordert, „die wahrhaft christlichen Güter aus dem gemeinsamen Erbe, die sich bei den getrennten Brüdern finden, mit Freude anzuerkennen und hochzuschätzen“ (Art. 4).

Allerdings dürfen die bei aller Gemeinsamkeit noch bestehenden Unterschiede nicht verschwiegen werden. „Nichts ist dem ökumenischen Geist so fern wie falscher Irenismus.“ Trennende Lehrunterschiede bestehen vor allem über das Wesen der Kirche und über ihre Vollmacht, ihr Amt. Wegen des Fehlens des Weihesakraments haben die Protestanten „die ursprüngliche und vollständige Wirklichkeit des eucharistischen Mysteriums nicht bewahrt“ (Art. 22). Deshalb sind besonders „die Lehre vom Abendmahl des Herrn [...] und von den Dienstämtern der Kirche notwendig Gegenstand des Dialogs“ (Art. 22). Dieses Gespräch wird im Spannungsfeld des Gemeinsamen und Trennenden geführt. Es darf aber nicht beim Dialog bleiben. Das Konzil fordert auf zum gemeinsamen Gebet. Darin soll die Gnade der Einheit erfleht, aber auch die trotz der Spaltung bestehende Gemeinsamkeit bezeugt werden. Weiter sollen die getrennten Brüder zusammenarbeiten im Dienst an der Welt. Diese praktische Arbeit ist möglich, auch wenn man in den Prinzipienfragen der Moral und des Verhältnisses von Kirche und Gesellschaft verschiedener Meinung ist. Unbeschadet mancher Kritik – vor allem wurde eingewandt, im Dekret sehe sich die katholische Kirche doch als Mittelpunkt, dem die anderen Kirchen wie konzentrische Kreise mehr oder weniger nahe ständen – wurde das Dekret allgemein begrüßt; es „öffnete neue Türen für ökumenische Kontakte“[12].

Zur Konkretisierung des Konzilsdekrets gab das Einheitssekretariat in Rom 1967 und 1970 in „Ökumenischen Direktorien“ Richtlinien für die praktische Zusammenarbeit und den Dialog mit den nichtkatholischen Kirchen heraus. Ist der Ökumenismus eine Angelegenheit nicht nur der Kirchenleitungen, sondern aller Christen, dann galt es, die „Ökumene am Ort“ zu aktivieren, d.h. auf der

[12] *W. A. Visser 't Hooft*, Die allgemeine ökumenische Entwicklung seit 1948, in: Geschichte der ökumenischen Bewegung 1948–1968, hrsg. von H. E. Frey (Göttingen 1974) 32.

Ebene der Gemeinden die Christen zum Gespräch, zum Gebet und zum gemeinsamen Dienst an der Welt zusammenzuführen. Dem will auch das römische Dokument über „Die ökumenische Zusammenarbeit auf regionaler, nationaler und örtlicher Ebene" vom 7. Juli 1975 dienen. Der analog zu den Christenräten in anderen Ländern 1948 gegründeten „Arbeitsgemeinschaft christlicher Kirchen in Deutschland" trat 1973 auch der Verband der Diözesen der Bundesrepublik Deutschland bei. Ebenso wurden die katholischen Diözesen Mitglieder der auf der Ebene der deutschen Bundesländer sich bildenden Arbeitsgemeinschaften.

Der Mitgliedschaft der katholischen Kirche im ÖRK stehen allerdings noch mancherlei Schwierigkeiten entgegen. Auf Grund der bestehenden Satzung wäre das Gewicht der mitgliederstarken katholischen Kirche auch zu groß. Wohl wurde eine aus 8 Vertretern des ÖRK und 6 der katholischen Kirche bestehende „Gemeinsame Arbeitsgruppe" gebildet, die im Juni 1965 in Bossey bei Genf ihre Arbeit aufnahm. Diese bezieht sich auf alle Fragen, für die der ÖRK selber zuständig ist; in erster Linie soll sie Möglichkeiten für den Dialog und die Zusammenarbeit erkunden und Spannungsquellen beseitigen. Die von der päpstlichen Kommission für Entwicklungshilfe „Iustitia et pax" und dem ÖRK 1968 zunächst probeweise errichtete „Ökumenische Arbeitsgemeinschaft für Gerechtigkeit, Frieden und Entwicklung" (Sodepax) will allen Rassen, Völkern und Religionen im Kampf gegen Not und Krieg beistehen. Seit der vierten Vollversammlung des ÖRK in Uppsala (1968) gehören neun römisch-katholische Theologen als Vollmitglieder der 150 Personen umfassenden Kommission „Faith and Order" an.

Das Lehrgespräch wurde und wird in verschiedenen Gremien auf nationaler und internationaler Ebene geführt. Mit Ausnahme des 1971 aufgenommenen Dialogs zwischen der römisch-katholischen Kirche, dem Lutherischen und dem Reformierten Weltbund über „die Theologie der Ehe und das Problem der Mischehe" sind diese Gespräche bilateral, d. h. sie werden von der Katholischen Kirche mit jeweils e i n e r Konfessionskirche auf internationaler, regionaler und nationaler Ebene geführt. Kontaktgespräche mit dem Lutherischen Weltbund (LWB) führten zur Bildung der Studienkommission „Das Evangelium und die Kirche", die 1967–1971 fünf Sitzungen abhielt und ihre „Arbeitsergebnisse" 1971 im sogenannten „Malta-Papier" zusammenfaßte [13]. Über Amt und Interkommunion konnte kein voller Konsens erreicht werden. Der Dialog wird von der 1975 neu konstituierten Gemeinsamen lutherisch-katholischen Kommission fortgeführt. Ein Dokument über „Das Herrenmahl" ist in Vorbereitung.

[13] Evangelium – Welt – Kirche. Schlußbericht und Referate der römisch-katholisch/evangelisch-lutherischen Studienkommission ‚Das Evangelium und die Kirche' 1967–1971. Auf Veranlassung des lutherischen Weltbundes und des Sekretariats für die Einheit der Christen hrsg. von *Harding Meyer* (Frankfurt 1975). Vgl. *H. Meyer*, Luthertum und Katholizismus im Gespräch (Frankfurt 1973).

„Die Eucharistie" (1967) und „Eucharistie und Amt" (1970) waren auch die Hauptthemen des katholisch-lutherischen Dialogs in den USA seit 1965 [14]. Man wurde sich klar darüber, daß der Weg zur Interkommunion nur über eine Übereinstimmung im Verständnis der Eucharistie und über eine gegenseitige Anerkennung der kirchlichen Ämter führen könne. Auf Grund der Gespräche meinten die Teilnehmer, ihre jeweiligen Kirchen auffordern zu können, die Gültigkeit der Ämter der anderen Kirche und die wahre Gegenwart Jesu Christi in ihren Eucharistiefeiern anzuerkennen [15]. Danach wandte sich die Kommission in den USA der Frage des päpstlichen Primats zu [16]. Man spürte die innere Konsequenz dieses weiteren Schritts: „Unsere früheren Diskussionen hatten sich auf den Dienst des Amtes an den örtlichen Gemeinschaften konzentriert. Jetzt konzentrieren wir uns auf die einigende und ordnende Funktion dieses Amtes zur universalen Kirche – auf die Frage, wie eine bestimmte Form dieses Amtes, d. h. das Papsttum, der Einheit der universalen Kirche in der Vergangenheit gedient hat und wie es ihr in der Zukunft dienen könnte." [17] Über die Notwendigkeit eines besonderen, gesamtkirchlichen Amtes erzielte man ein gewisses Einvernehmen. Struktur und Ausübung des Amtes müßten allerdings noch näher erörtert werden. Die Gespräche, die noch im Gange sind, erbrachten 1974 den Bericht „Amt und universale Kirche", der sich mit dem Primat und noch nicht mit der Unfehlbarkeitsproblematik befaßt.

Die 1970 vom Papst und vom Erzbischof von Canterbury berufene Internationale Anglikanisch-Römisch-Katholische Kommission kam in der sog. Windsorerklärung („Windsor-Statement") von 1971 zu einer „wesentlichen Übereinstimmung in der Eucharistielehre" und 1973 zu einem grundlegenden Konsens über „Amt und Ordination" („Canterbury-Statement"). Dabei blieb allerdings die Frage nach dem Petrusamt und der Anerkennung der anglikanischen Weihen ausgeklammert und für ein späteres Gespräch aufgespart [18]. Dieses wurde 1974 aufgenommen. Es führte 1976 in Venedig zur Annahme einer Erklärung über „Autorität in der Kirche" [19]. Im Zusammenhang mit der Autorität in Glaubensfragen für die Koinonia von Ortskirchen wird auch auf den Primat des Bischofs von Rom bzw. auf seine besondere Verantwortung für Glaube und Lehre der gesamten Kirche eingegangen. Man fordert ein ange-

[14] *G. Gaßmann – M. Lienhard – H. Meyer – H.-V. Herntrich* (Hrsg.), Um Amt und Herrenmahl. Dokumente zum evangelisch/römisch-katholischen Gespräch. Ök. Dokumentation I (Frankfurt 1974) 55–102.

[15] Ebd. 88 und 99f.

[16] Der Bericht und die Arbeitspapiere vgl. in: *H. Stirnimann – L. Vischer* u. a., Papsttum und Petrusdienst (Ök. Perspektiven 7) (Frankfurt 1975).

[17] Ebd. 93f.

[18] *G. Gaßmann – M. Lienhard – H. Meyer* (Hrsg.), Vom Dialog zur Gemeinschaft. Dokumente zum anglikanisch-lutherischen und anglikanisch-katholischen Gespräch. Ök. Dokumentation II (Frankfurt 1975) 129–148; HK 28 (1974) 93–97.

[19] Text: HK 31 (1977) 191–195.

messenes Gleichgewicht zwischen der primatialen, kollegialen und synodalen Ausübung von Autorität, aber unterstreicht auch die Anerkennung einer besonderen Position des Bischofs von Rom in einer wiedervereinigten Kirche als Dienst an deren Einheit und Katholizität. „Der einzige Bischofssitz, der auf einen universalen Primat Anspruch erhebt, der eine solche episcopê auch ausgeübt hat und noch ausübt, ist der Bischofssitz von Rom, der Stadt, in der Petrus und Paulus gestorben sind. Es scheint angemessen, daß in jeder kommenden Einheit ein universaler Primat, wie wir ihn beschrieben haben, von diesem Bischofssitz ausgeübt wird." [20]

Gespräche mit dem Methodistischen Weltbund haben bemerkenswerte Übereinstimmungen im Bereich von Spiritualität und Frömmigkeit gezeigt. Als Ergebnis veröffentlichte die Dialogkommission der Vereinigten Methodistenkirche und der römisch-katholischen Kirche in den USA Januar 1976 eine Denkschrift „Heiligkeit und Spiritualität des kirchlichen Amtes".

Die positive Entwicklung der Beziehungen von römisch-katholischer Kirche und ÖRK fand ihren Ausdruck im Besuch Pauls VI. in der Zentrale des ÖRK in Genf am 10. Juni 1969. Zugleich wurde aber deutlich, daß die 1968 in Uppsala geäußerten Erwartungen einer baldigen Mitgliedschaft Roms im ÖRK der Entwicklung vorgriffen. „Mit allem brüderlichen Freimut gesagt: Wir sind nicht der Meinung, daß die Frage der Zugehörigkeit der katholischen Kirche zum Ökumenischen Rat schon in dem Maße reif sei, daß man darauf eine positive Antwort geben könne oder müsse" [21] (Paul VI.).

[20] Ebd. 194.

[21] *H. Krüger* (Hrsg.), Ökumenische Bewegung 1969–1972, Beiheft z. Ök. Rundschau Nr. 28 (Stuttgart 1975) 140.

16. Kapitel

Die nichtunierten Ostkirchen

Univ.-Professor DDr. Bernhard Stasiewski, Bonn

LITERATUR: *J. Tyciak – G. Wunderle – P. Werhun* (Hrsg.), Der christliche Osten. Geist und Gestalt (Regensburg 1939); *J. Casper*, Die orientalische Christenheit, in: Christus und die Religionen der Erde. Hdb. der Religionsgeschichte III, hrsg. von *F. König* (Freiburg 1951) 643–729; *W. de Vries*, Der christliche Osten in Geschichte und Gegenwart (Würzburg 1951); *R. Janin*, Les Églises orientales, in: *Ch. Poulet*, Histoire du christianisme. Époque contemporaine (Paris 1957) 489–545; *J. Gründler*, Lexikon der christlichen Kirchen und Sekten unter Berücksichtigung der Missionsgesellschaften und zwischenkirchlichen Organisationen, 2 Bde. (Wien, Freiburg, Basel 1961); *D. Attwater*, The Christian Churches of the East, 2 Bde. (Milwaukee 1961/62); *J. Chrysostomus*, Ostkirche, in: Hdb. theologischer Grundbegriffe II, hrsg. von *H. Fries* (München 1963) 256–266; *B. Stasiewski*, Geschichtliche Überlegungen zur kirchlichen Trennung zwischen Orient und Okzident, in: Das Christentum des Ostens und die christliche Einheit (Würzburg 1965) 13–40; *R. Goosmann*, Die Ostkirchen (Männedorf/Schweiz 1966); *B. Spuler*, Gegenwartslage der Ostkirchen in ihrer nationalen und staatlichen Umwelt (Frankfurt a. M. ²1968); *M. Lehmann*, Leitfaden der Ostkirchen (Wien 1969); *F. Heiler*, Die Ostkirchen. Neubearbeitung von „Urkirche und Ostkirche", in Zusammenarbeit mit *H. Hartog* aus dem Nachlaß hrsg. von *A. M. Heiler* (München, Basel 1971); *E. v. Ivánka – J. Tyciak – P. Wiertz* (Hrsg.), Hdb. der Ostkirchenkunde (Düsseldorf 1971); *J. Madey*, Die Kirchen des Ostens. Eine kleine Einführung (Freiburg i. Ue. 1972); *A. W. Ziegler*, Das Verhältnis von Kirche und Staat in Europa II (München 1972); *B. Spuler*, Die morgenländischen Kirchen seit 1965, in: Kirche im Osten 16 (1973) 158–174; Oriente Cattolico. Cenni storici e statistiche (Città del Vaticano ⁴1974).

Die orthodoxen Kirchen: *A. M. Ammann*, Abriß der ostslawischen Kirchengeschichte (Wien 1950); *G. Zananiri*, Histoire de l'Église byzantine (Paris 1954); *P. Bratsiotis* (Hrsg.), Die orthodoxe Kirche in griechischer Sicht, 2 Bde. (Stuttgart 1959/60); *D. Attwater*, a. a. O. II, 6–160; *K. Onasch*, Einführung in die Konfessionskunde der orthodoxen Kirchen (Berlin 1962); *B. Spuler*, Die Orthodoxie, in: Weltgeschichte der Gegenwart II (Bern, München 1963) 552–567; *ders.*, Gegenwartslage der Ostkirchen 17–258; *M. Lacko – P. Chrysostomus*, Geschichte und jetziger Stand der orthodoxen Kirchen, in: *K. Algermissen*, Konfessionskunde (Paderborn ⁸1969) 171–202; *F. Heiler*, a. a. O., 39–301; *St. Runciman*, The Orthodox Churches and the Secular State (Oxford 1971); *P. Leisching*, Kirche und Staat in den Rechtsordnungen Europas. Ein Überblick (Freiburg 1973); *P. Meinhold*, Das Orthodoxe Christentum, in: Saeculum Weltgeschichte VII (Freiburg, Basel, Wien 1975) 296–306; *N. Thon* (Hrsg.), Die orthodoxen Kirchen in Geschichte und Gegenwart, in: Königsteiner Studien (Königstein/Ts. 1975) 129–160; Jahrbuch der Orthodoxie. Schematismus 1976/77, hrsg. von *A. Proc* (München 1977).

Die vier alten Patriarchate: Ekklesia X: Die Orthodoxe Kirche auf dem Balkan und in Vorderasien. Lfg. 46: Die orthodoxen Patriarchate von Konstantinopel, Alexandrien, Antiochien, Jerusalem und das Erzbistum von Cypern (Leipzig 1941); *J. Hajjar*, Le Congrès général du Patriarcat orthodoxe d'Antioche, in: PrOrChr 6 (1956) 128–143; *H. Engberding*, Das neue Grundgesetz des griechischen orthodoxen Patriarchats von Jerusalem, in: OrChr 43 (1959) 120–135; *Th. Mosconas*, Das griechisch-orthodoxe Patriarchat von Alexandrien, in: Kyrios NF 1 (1960/61) 129–139; *Ch. Dahm*, Die Kirche im Osten. Macht und Pracht der Patriarchen I (Offenburg 1964); *F. W. Fernau*, Patriarchen am Goldenen Horn. Gegenwart und Tradition des orthodoxen Orients (Opladen 1967); *I. Doens*, L'Église orthodoxe en

Afrique Orientale dans et hors le cadre du patriarcat grec orthodoxe d'Alexandrie, in: Revue du Clergé africain 24 (1969) 543–576; *R. Potz*, Patriarch und Synode in Konstantinopel. Das Verfassungsrecht des ökumenischen Patriarchates (Wien 1971).

Die orthodoxe Kirche in Georgien: *M. Tarchnišvili*, Die Entstehung und Entwicklung der kirchlichen Autokephalie Georgiens, in: Kyrios 5 (1940/41) 177–193; *R. Janin*, a.a.O., 524–525; *D. Attwater*, a.a.O. II, 116–118; *D. M. Lang*, A Modern History of Georgia (London 1962); *B. Spuler*, Gegenwartslage der Ostkirchen 224–228; *R. Hotz*, Christen in Stalins Heimat. Die georgisch-orthodoxe Kirche, in: Digest des Ostens 15 Nr. 12 (Königstein/Ts. 1972) 35–39.

Die im Mittelalter und in der Neuzeit entstandenen Patriarchate. – Das orthodoxe Patriarchat von Bulgarien: *M. Bulgarus*, Die heutige Lage der Bulgarischen Orthodoxen Kirche, in: Die christlichen Kirchen der Gegenwart (München, Basel 1950) 46–52; *D. Slijepčević*, Die bulgarische orthodoxe Kirche 1944–1956 (München 1957); *S. Zankow*, Die Bulgarische Orthodoxe Kirche in Geschichte und Gegenwart, in: IKZ 48 (1958) 189–208; *M. Zambonardi*, La Chiesa autocefala bulgara (Rom 1960); *P. L. Huillier*, La religion en Bulgarie (Paris 1968); *R. Stupperich* (Hrsg.), Kirche und Staat in Bulgarien und Jugoslawien. Gesetze und Verordnungen in deutscher Übersetzung (Witten 1971) 5–15; *T. P. Koev*, Patriarch Kiril zum Gedächtnis, in: Kirche im Osten 15 (1972) 11–16; *W. Oschlies*, Kirche und Staat in Bulgarien, in: Informationsdienst des kath. Arbeitskreises für zeitgeschichtliche Fragen Nr. 72 (Bonn 1975) 63–69; *ders.*, Kirche und Religion in Bulgarien, in: Kirche in Not 24 (Königstein/Ts. 1976) 110–116. – Das orthodoxe Patriarchat von Serbien: *D. Geißler*, Die Stellung der serbischen orthodoxen Kirche im Staatskirchenrecht Jugoslawiens, in: Jahrbuch des Osteuropainstituts zu Breslau 1940 (Breslau 1941) 203–210; *Th. Spaskij*, Die Lage der serbischen Kirche, in: Die christlichen Kirchen der Gegenwart (München, Basel 1950) 42–45; *D. Slijepčević*, Die serbische Orthodoxie, in: IKZ 61 (1953) 151–176; *B. Spuler*, Die serbisch-orthodoxe Kirche, in: Osteuropa-Hdb. Jugoslawien, hrsg. von *W. Markert* (Köln, Graz 1954) 185–187; *F. Popan* – *C. Drašković*, Orthodoxie heute in Rumänien und Jugoslawien. Religiöses Leben und theologische Bewegung (Wien 1960); *V. Pospischil*, Der Patriarch in der serbisch-orthodoxen Kirche (Wien 1966); *R. Stupperich*, Kirche und Staat in Bulgarien und Jugoslawien 16–54; *A. Rauch*, Kirchen- und Religionsgemeinschaften, in: Südosteuropa-Hdb. I, hrsg. von *K.-D. Grothusen* (Göttingen 1975) 345–359. – Das Moskauer Patriarchat: Die Russische Orthodoxe Kirche, ihre Einrichtungen, ihre Stellung, ihre Tätigkeit (Moskau 1958); *W. de Vries*, Kirche und Staat in der Sowjetunion (München 1959); *A. Kischkowsky*, Die sowjetische Religionspolitik und die Russische Orthodoxe Kirche (München ²1960); *B. Stasiewski*, Sowjetische Religionspolitik, in: Hochland 52 (1960) 315–324; *W. Kolarz*, Religion in the Soviet Union (London 1961) – Die Religionen in der Sowjetunion. Überleben in Anpassung und Widerstand, aus dem Englischen übersetzt von *H. Schmidthüs* (Freiburg, Basel, Wien 1963); *R. Stupperich* (Hrsg.), Kirche und Staat in der Sowjetunion. Gesetze und Verordnungen (Witten 1962); *B. Stasiewski*, Die Lage der christlichen Kirchen in der Sowjetunion, in: *H. Ludat* (Hrsg.), Sowjetunion, Werden und Gestalt einer Weltmacht (Gießen ²1963) 259–280; *J. Chrysostomus*, Kirchengeschichte Rußlands der neuesten Zeit, 3 Bde. (München, Salzburg 1965–68); *N. Struve*, Die Christen in der UdSSR, aus dem Französischen übersetzt von *K. Bergner* (Mainz 1965); *J. Chrysostomus*, Kleine Kirchengeschichte Rußlands nach 1917 (Freiburg i.Br. 1968); *M. Bourdeaux*, Patriarch and prophets, persecution of the Russian Orthodox Church today (London 1970); *W. C. Fletscher*, The Russian Orthodox Church Underground 1917–1970 (London 1971); *G. Codevilla*, Stato e Chiesa nell'Unione Sovietica (Mailand 1972); *Ch. Dahm*, Millionen in Rußland glauben an Gott II (Jestetten ²1973); *D. Konstantinow*, Die Kirche in der Sowjetunion nach dem Kriege. Entfaltung und Rückschläge (München, Salzburg 1973); *J. Chrysostomus*, Die Problematik der heutigen russischen Kirche des Moskauer Patriarchates, in: Festschrift für Bernhard Stasiewski. Beiträge zur ostdeutschen und osteuropäischen Kirchengeschichte, hrsg. von *G. Adriányi* und *J. Gottschalk* (Köln, Wien

1975) 203–212; O. *Luchterhandt,* Der Sowjetstaat und die Russisch-Orthodoxe Kirche. Eine rechtshistorische und rechtssystematische Untersuchung (Köln 1976). – Das rumänische Patriarchat: *F. Popan,* Le caractère occidental de la théologie roumaine d'aujourd'hui, in: OstkSt 8 (1959) 169–183; *F. Popan – C. Drašković,* a.a.O.; *F. Popan,* Die rumänische Orthodoxe Kirche in ihrer jüngsten Entwicklung 1944–64, in: Kirche im Osten 9 (1965) 67–82; *E. Ch. Suttner,* Ökumenismus in der Rumänischen Orthodoxen Kirche unter Patriarch Justinian, in: OrChrP 41 (1975) 399–448; *ders.,* 50 Jahre rumänisches Patriarchat. Seine Geschichte und die Entwicklung seines Kirchenrechts, in: OstkSt 24 (1975) 136–175 und 25 (1976) 105–137.

Weitere orthodoxe Kirchen. – Die orthodoxe Kirche in Griechenland: *Th. Haramlambides,* Die Kirchenpolitik Griechenlands. Beitrag zur Kulturgeschichte Neugriechenlands von 1821–1935, in: ZKG 55 (1936) 158–192; *D. Savramis,* Die griechisch-orthodoxe Kirche und die soziale Frage, in: OstkSt 7 (1958) 66–84; *P. Bratsiotis,* Die Theologen-Bruderschaft „ZOË", in: ZRGG 12 (1960) 371–384; *P. Poulitsas,* Die Beziehungen zwischen Staat und Kirche in Griechenland, in: *P. Bratsiotis,* Die orthodoxe Kirche II 38–48; *K. Papapetrou,* Die Säkularisation und die Orthodox-Katholische Kirche Griechenlands, in: Kyrios NF 3 (1963) 193–205; *H. J. Härtel,* Zur kirchenpolitischen Krise in Griechenland, in: OstkSt 15 (1966) 39–49; *G. Podskalsky,* Kirche und Staat in Griechenland, in: TThZ 76 (1967) 298–322; *H. M. Biedermann,* Orthodoxe Kirche und Migration im heutigen Griechenland, in: OstkSt 24 (1975) 51–68. – Die orthodoxe Kirche in Albanien: Götzen gegen Gott. „Die Religion des Albaners ist der Albanismus", in: Osteuropa 24 (1974) A 599–A 620; *B. Tönnes,* Religionen in Albanien. Enver Hoxha und die „nationale Eigenart", ebd., 661–675; *ders.,* Religion und Kirche in Albanien, in: Kirche in Not 24 (Königstein/Ts. 1976) 101–109. – Die orthodoxe Kirche in Mazedonien: *D. Slijepčević,* Pitanje Makedonske pravoslavne crkve u Jugoslaviji (München 1959); *St. K. Pavlowitsch,* The orthodox church in Yugoslavia. The problem of the Macedonian church, in: Eastern Church Review 1 (1967/68) 374–386; *N. Thon,* a.a.O., 141–142. – Die orthodoxe Kirche in Polen: *I. Grüning,* Die autokephale östlich-orthodoxe Kirche in Polen in den Jahren 1922–1939: Jahrbuch des Osteuropainstituts zu Breslau 1940 (Breslau 1941) 111–126; *B. Spuler,* Die Orthodoxe Kirche in Polen, in: Osteuropa-Hdb. Polen, hrsg. von *W. Markert* (Köln, Graz 1959) 114–118; *Th. Lissek,* Die Heilige Autokephale Orthodoxe Kirche Polens, in: Kyrios NF 6 (1966) 43–54; *N. Thon,* a.a.O., 142–146; *B. Stasiewski,* Kirchen- und Religionsgemeinschaften, in: Länderberichte Osteuropa II Polen, hrsg. vom Johann-Gottfried-Herder-Institut (München, Wien 1976) 256–257. – Die orthodoxe Kirche in der Tschechoslowakei: *V. Grigorič,* Pravoslavná církev ve státé Československém (Prag [2]1928); *R. Urban,* Die orthodoxe Kirche des Ostens in der Čechoslovakei, in: Kyrios 3 (1938) 89–97; *R. Jakowlewitsch,* Die Orthodoxe Kirche in der Tschechoslowakei, in: Stimme der Orthodoxie (Berlin 1966) 56–62; *N. Thon,* a.a.O., 146–150. – Selbständige orthodoxe Auslandskirchen: *W. Haugg,* Die orthodoxe Kirche des Ostens in Deutschland. Grundzüge ihres Rechts- und Glaubenslebens, in: Kyrios 4 (1939/40) 57–67; *D. Doroschenko,* Die Ukrainische Östlich-Orthodoxe Kirche in Kanada und in den Vereinigten Staaten von Amerika, in: Kyrios 5 (1940/41) 153–157; *W. Haugg,* Materialien zur Geschichte der östlich-orthodoxen Kirche in Deutschland, in: ebd. 288–334; *H. M. Biedermann,* Die ostkirchlichen Gemeinschaften in USA und in Kanada, in: OstkSt 3 (1954) 164–178; *P. Yuzyk,* Ukrainian Greek-Orthodox Church of Canada 1918 to 1951 (Minnesota/Minneapolis 1958); *F. Heyer,* Geschichte der Orthodoxen Kirche in Amerika, in: Kirche im Osten 5 (1962) 9–50; *A. A. Bogolepov,* Toward an American Orthodox Church. The establishment of an Autocephalous Orthodox Church (New York 1963); Die Orthodoxen Exilkirchen in der Bundesrepublik Deutschland, hrsg. von der Ökumenischen Kommission für die Unterstützung Orthodoxer Priester in der Bundesrepublik Deutschland (München 1965); *J. Madey,* Die Präsenz der Ostkirchen in Westeuropa, in: Kyrios NF 10 (1970) 171–173; *G. Seide,* Die Russisch-Orthodoxe Kirche in der Bundesrepublik Deutschland, in: OstkSt 20

(1971) 159–184; *J. Chrysostomus,* Die dritte Gesamtsynode der russischen Auslandskirche, in: OstkSt 24 (1975) 38-50; *N. Thon,* a.a.O., 130–141; *P. Wiertz,* Orthodoxe Kirchen in Deutschland, Anfänge und Entwicklung, in: Una Sancta 30 (1975) 86–87.

Die morgenländischen (vorchalcedonensischen) Nationalkirchen: *C. Fink,* Die getrennten Kirchen des Morgenlandes, in: *P. Krüger – J. Tyciak* (Hrsg.), Morgenländisches Christentum. Wege zu einer ökumenischen Theologie (Paderborn 1940) 23–48; *R. Janin,* a.a.O., 528–537; *D. Attwater,* a.a.O. II, 170–231; *B. Spuler,* Die Morgenländischen Kirchen (Leiden 1964); *A. S. Atiya,* A History of Eastern Christianity (London 1968); *B. Spuler,* Gegenwartslage der Ostkirchen, 259–320; *W. de Vries,* Die getrennten Kirchen des Ostens, in: *K. Algermissen,* a.a.O., 86–147; *F. Heiler,* a.a.O., 303–405; *B. Spuler,* Die morgenländischen Kirchen seit 1965 (1973) 163–174; *J. Aßfalg – P. Krüger* (Hrsg.), Kleines Wörterbuch des Christlichen Orients (Wiesbaden 1975).

Die nestorianischen Kirchen: *R. S. Stafford,* The Tragedy of the Assyrians (London 1935); *J. John,* The Nestorians and their Muslim Neighbors. A study of Western influence on their relations (New Jersey 1961); *H. Anschütz,* Die Gegenwartslage der „Apostolischen Kirche des Ostens" und ihre Beziehungen zur „assyrischen" Nationalbewegung, in: OstkSt 18 (1969) 122–145.

Die monophysitischen Kirchen. – Die westsyrisch-jakobitische Kirche: *W. de Vries,* Der Kirchenbegriff der von Rom getrennten Syrer (Rom 1955); *H. Anschütz,* Die heutige Situation der westsyrischen Christen (Jakobiten) im Tur 'Abdin im Südosten der Türkei, in: OstkSt 16 (1967) 150–199. – Die syrisch-orthodoxe Malabar (Malankara)-Kirche: *E. R. Hambye,* The Syrian Jacobites in India, a survey of their past and present position, in: ECQ 11 (1955) 115–129; *P. J. Podipara,* Die Thomas-Christen (Würzburg 1966); *N. J. Thomas,* Die Syrisch-Orthodoxe Kirche der Südindischen Thomas-Christen. Geschichte, Kirchenverfassung, Lehre (Würzburg 1967); *P. Verghese* (Hrsg.), Die Syrischen Kirchen in Indien (Stuttgart 1974). – Die koptische Kirche: *R. Strothmann,* Die koptische Kirche in der Neuzeit (Tübingen 1932, Neudr. Nendeln/Liechtenstein 1966); *M. Cramer,* Das Christlich-Koptische Ägypten, einst und heute. Eine Orientierung (Wiesbaden 1959); *S. Chauleur,* Histoire des Coptes d'Égypte (Paris 1960); *E. Wakim,* A lonely minority. The modern story of Egypt Copts (New York 1963); *P. Verghese* (Hrsg.), Koptisches Christentum. Die orthodoxen Kirchen Ägyptens und Äthiopiens (Stuttgart 1973) 9–129. – Die äthiopische Kirche: *J. B. Coulbeaux,* Histoire politique et religieuse d'Abyssinie depuis les temps les plus reculés jusqu'à l'avènement de Menelik, 3 Bde. (Paris 1929); *E. Hammerschmidt,* Kaisertum, Volkstum und Kirche in Äthiopien, in: OstkSt 6 (1957) 35–45; *ders.,* Äthiopien. Christliches Reich zwischen Gestern und Morgen (Wiesbaden 1967); The Church of Ethiopia. A Panorama of History and Spiritual Life, a publication of the Ethiopian Orthodox Church (Addis Abeba 1970); *F. Heyer,* Die Kirche Äthiopiens. Eine Bestandsaufnahme (Berlin, New York 1971), weitergeführt: Ökum. Rundschau 26 (1977) 196–204; *P. Verghese,* Koptisches Christentum, 133–207. – Die armenischen Kirchen: *M. Ormanian,* The Church of Armenia. Her history, doctrine, rule, discipline, liturgy, literature and existing condition (London ²1955); *J. Mécérian,* Histoire et institutions de l'Église arménienne. Évolution nationale, spiritualité, monachisme (Beirut 1965); *A. K. Sanjian,* The Armenian Communities in Syria under Ottoman Dominion (Cambridge/Mass. 1965); *M. Krikorian – J. Madey,* The Armenian Church. Extension, hierarchy, statistics, in: OstkSt 21 (1972) 323–325; *B. Brentjes,* Drei Jahrtausende Armenien (Wien, München 1974); *N. Thon,* a.a.O., 151–160.

Mit Ostkirchen[1] werden jene christlichen Gemeinschaften bezeichnet, die sich inner- und außerhalb der östlichen Hälfte des Römischen Reiches gebildet haben bzw. als Tochterkirchen von diesen abstammen. Geistesgeschichtliche

[1] *J. Chrysostomus,* Ostkirche 256–257.

und politische Einflüsse haben zu einer vielgestaltigen Entwicklung beigetragen, die im 20. Jahrhundert zahlreiche Auslandskirchen hervorbrachte. Die Auswanderung namhafter Theologen und Religionsphilosophen aus Rußland 1917, die Errichtung orthodoxer theologischer Ausbildungsstätten im Westen[2], die Aufnahme fast aller Ostkirchen in den Weltrat der Kirchen, ihre Beteiligung an dessen Tagungen und Ausschußsitzungen haben zum gegenseitigen Verständnis des östlichen und westlichen Christentums wesentlich beigetragen. Die Anteilnahme der freien Welt an den Christenverfolgungen im kommunistischen Machtbereich, der Sowjetisierung Ostmitteleuropas, der atheistischen Religionspolitik der sozialistischen Staaten des Ostblocks, die durch Staatskirchenämter alle religiösen Äußerungen kontrolliert und sie auf den liturgischen Raum einengt, sowie die Diskussionen um die Menschenrechte haben das Interesse am Schicksal der Ostkirchen wachgehalten. Ebenso tragen Spannungen zwischen Islam und Christentum, machtpolitische Auseinandersetzungen im Vorderen Orient, Beschränkungen kirchlichen Lebens in arabischsprachigen Staaten dazu bei, daß die kirchliche Zeitgeschichte ihre Aufmerksamkeit auf die Ostkirchen richtet.

An dieser Stelle kann die Vielfalt östlichen Christentums nicht in Form von Länderberichten, die sich auf alle fünf Erdteile[3] erstrecken müßten, sondern nur im Überblick geboten werden: er umfaßt in der Reihenfolge ihres Ursprunges die orthodoxen Kirchen mit den vier alten Patriarchaten, der Kirche Georgiens, den im Mittelalter und in der Neuzeit entstandenen Patriarchaten und den übrigen autokephalen oder autonomen orthodoxen Kirchen[4] sowie die morgenländischen (vorchalcedonensischen) Nationalkirchen der Nestorianer und Monophysiten.

Die orthodoxen Kirchen

Von der Byzantinischen Reichskirche ging die Slawenmission aus, die Bulgaren, Serben, Rumänen und Russen für das orthodoxe Christentum gewann. Neben dem Patriarchen von Konstantinopel verfestigten die Patriarchen von Alexandrien, Antiochien, Jerusalem und Georgien die Orthodoxie in Ägypten und im Vorderen Orient und breiteten sie bis nach Innerasien aus. Die Tochterkirchen

[2] Z.B. in Paris (St.-Sergius-Institut für orthodoxe Theologie), Jordanville (Dreifaltigkeits-Kloster und Seminar der russisch-orthodoxen Auslandskirche) und Chambésy, vgl. *D. Papandreou*, Das Orthodoxe Zentrum des Ökumenischen Patriarchates in Chambésy bei Genf. Entstehung, Aktivitäten, Perspektiven, in: Internationale Katholische Zeitschrift 4 (1975) 323–330.

[3] Vgl. die Übersicht in Oriente Cattolico, a.a.O., 466–488.

[4] Über die autokephalen (selbständigen) und autonomen (halbselbständigen) Kirchen, die innerhalb der Orthodoxie allgemein anerkannt sind, und die orthodoxen Gemeinschaften, deren Kanonizität teilweise umstritten ist, vgl. *J. Madey*, Die Kirchen des Ostens 18–19.

des ökumenischen Patriarchates bewahrten das Erbe im Bereich der Ostslawen, der Balkanslawen, Rumänen und Griechen. Nach dem Zusammenbruch der türkischen Herrschaft im südöstlichen Europa erlangten mehrere orthodoxe Völker politische Selbständigkeit und kirchliche Verselbständigung, so daß sich neue autokephale Landeskirchen entwickelten.

Die vier alten Patriarchate

Das ökumenische Patriarchat von Konstantinopel verlor zwar durch den Ausgang des türkisch-griechischen Krieges 1922/23 seine Eparchien in Kleinasien und mußte mit der Türkei um seine Existenz ringen, gewann aber durch die freiwillige Unterstellung von zwischen den beiden Weltkriegen und danach erwachsenen Kirchen[5] an Autorität. Es wurde innerhalb der Gesamtorthodoxie und darüber hinaus in steigendem Maße als geistiger Mittelpunkt anerkannt.

Diese Stärkung verdankte es vor allem der Persönlichkeit des Patriarchen Athenagoras (1948–72)[6]. Seit seiner Wahl legte er besonderes Gewicht auf das Zusammenführen aller Orthodoxen, er hatte als Fernziel die Einheit aller christlichen Kirchen im Auge. Seine Initiativen für die Durchführung der ersten drei panorthodoxen Konferenzen auf Rhodos[7], denen ein panorthodoxes Konzil folgen sollte, seine Begegnung mit Papst Paul VI. in Jerusalem 1964, sein Anteil an der am 7. Dezember 1965 gleichzeitig im Petersdom in Rom bei der neunten öffentlichen Sitzung des Zweiten Vatikanischen Konzils und in der St.-Georgs-Kirche im Phanar, in der Residenz des Patriarchen, verkündeten gemeinsamen Erklärung[8], durch die das gegenseitige Exkommunikationsurteil abendländischer und byzantinischer Kirchenfürsten von 1054 aus dem Gedächtnis der Kirchen ausgelöscht werden sollte, seine Besuche bei Papst Paul VI. in Rom Ende Oktober 1967, beim Ökumenischen Rat in Genf Anfang November 1967, bei abendländischen und morgenländischen Kirchenfürsten lassen die Reichweite seiner ökumenischen Bemühungen erkennen. Beständig setzte er sich für den Ausbau der Seelsorge und die Ausbildung des Klerus ein.

[5] Z.B. die orthodoxen Kirchen in Finnland und Estland, Teile der tschechoslowakischen Orthodoxie und der Pariser Metropolie der auslandsrussischen Kirche.

[6] *B. Ohse,* Der Patriarch Athenagoras I., ein ökumenischer Visionär (Göttingen, Regensburg 1968); *V. Gheorghiu,* La vie du patriarche Athénagoras (Paris 1969); *R. Stupperich,* Athenagoras I. Ökumenischer Patriarch von Konstantinopel. Ein Nachruf, in: Kirche im Osten 6 (1973) 11–19.

[7] 24. September–1. Oktober 1961, 26.–28. September 1963, 1.–5. November 1964.

[8] *C. Patock – H. Tretter,* Zur Aufhebung des Bannes vom Jahre 1054, in: OstkSt 15 (1966) 196–209; Tomos agapis. Vatican–Phanar 1958–1970 (Rom, Istanbul 1971) 278–297; *J. Ratzinger,* Das Ende der Bannflüche von 1054. Folgen für Rom und die Ostkirchen, in: Internationale Kath. Zeitschrift 3 (1974) 289–303.

Als die griechisch-orthodoxe Theologische Hochschule in Chalki auf der Prinzeninsel Heybeli bei Istanbul, an der auch Studenten aus den Patriarchaten Antiochien, Alexandrien und der monophysitischen äthiopischen Kirche studierten, von den türkischen Unterrichtsbehörden im Zuge der Verstaatlichung der Privathochschulen 1971 geschlossen wurde – nur das „Kleine Priesterseminar" für Alumnen aus dem türkischen Staatsgebiet durfte seine Lehrtätigkeit weiterführen –, war er um eine gediegene asketische, spirituelle und wissenschaftliche Ausbildung an anderen Stellen, z. B. auf der Insel Kreta, bemüht. Er verstand es, dem ökumenischen Patriarchat wieder ein weltweites Ansehen zu verschaffen.

Sein von den zwölf Metropoliten der ständigen Synode gewählter Nachfolger Demetrios I. setzte seit 1972 den Dialog der Nächstenliebe mit den christlichen Kirchen fort, um der panorthodoxen Einheit und durch sie der Einheit der gesamten Christenheit näherzukommen. Wenn auch der unmittelbare Jurisdiktionsumfang des Patriarchates von Konstantinopel im 20. Jahrhundert durch Abspaltungen weiter geschmälert wurde und die Spannungen mit dem Erzbischof von Griechenland um eine Reihe von Eparchien nicht beseitigt sind, so umfaßt er doch etwa 1,5 bis 2 Millionen Gläubige[9] in der Türkei, auf griechischen Inseln, dem Berge Athos und in zahlreichen Auslandseparchien. 1903 lebten 7432 Mönche in den Athos-Klöstern[10]. Trotz der Unterstützungsmaßnahmen der Patriarchen von Konstantinopel und anderer orthodoxer Kirchen ging ihre Zahl inzwischen auf etwa 1100 zurück[11]. Das Ringen um die Aufnahme neuer Mönche aus den Kirchen im kommunistischen Machtbereich, die Schließung der Hohen Schule Athonias, die 1749–1940 und 1953–1971 bestanden hatte, beeinträchtigten die Gemeinschaft der 20 Klöster der Mönchsrepublik, die als ein hervorragendes Zentrum der Orthodoxie 1963 auf ein Jahrtausend geistlicher Ausstrahlungen zurückblicken konnte.

Dem Rang nach steht das Patriarchat von Alexandrien an zweiter Stelle

[9] Bei diesen und den folgenden Zahlenangaben über einzelne Ostkirchen handelt es sich um Schätzungen, da die Angaben in Handbüchern und Spezialuntersuchungen stark voneinander abweichen. Vgl. u. a. *M. Lehmann,* a. a. O., 24–26; *M. Lacko,* Die nicht-chalkedonischen orientalischen Kirchen, in: Atlas zur Kirchengeschichte (Freiburg, Basel, Wien 1970) 78*; *M. Lacko – J. Martin,* Die orthodoxen Kirchen, ebd., 80*; *P. Wiertz – I. Doens,* Übersicht über die Kirchen des Ostens, in: *E. v. Ivánka – J. Tyciak – P. Wiertz,* a. a. O., 723–750; Oriente Cattolico, a. a. O., 842–843; *W. Krahl,* Verzeichnis der Autonomen Katholischen Kirchen in der Welt, in: Kirchliches Jahrbuch für die Alt-Katholiken in Deutschland 75 (Bonn 1976) 62–68; Jahrbuch der Orthodoxie, a. a. O.

[10] Le millénaire du Mont Athos 963–1963, études et mélanges, 2 Bde. (Chevetogne 1964); *P. Huber,* Athos. Leben, Glaube, Kunst (Zürich, Freiburg i. Br. 1969); *E. A. de Mendieta,* Mount Athos. The Garden of the Panaghia, übersetzt aus dem Französischen von *M. R. Bruce* (Berlin 1972); *P. M. Mylonas,* Der heilige Berg Athos, in: Alte Kirchen und Klöster Griechenlands. Ein Begleiter zu den byzantinischen Stätten, hrsg. und übersetzt von *E. Melas* (Köln 1972) 91–119.

[11] 1928: 4848; 1959: 1641; 1972: 1146.

innerhalb der Orthodoxie. Gegenüber der monophysitischen koptischen Kirche mit etwa 3 Millionen Gläubigen haben ihre 100000 Mitglieder in Ägypten keinen leichten Stand. Die Zahl der Griechen ist durch Auswanderung im Laufe des 20. Jahrhunderts gesunken. Patriarch Nikolaus V. (1936–39) suchte durch ein neues Patriarchatswahlgesetz 1938 das Übergewicht der griechischen Kleriker zu festigen. Sein Nachfolger Christof II. (1939–66) räumte der Synode seiner Kirche nur beschränkte Funktionen ein, trotz ihres Widerstandes weihte er mehrere Bischöfe zur Betreuung der Orthodoxen in Afrika und verstärkte die Heidenmission in Kenia, Tanganjika und Uganda. Diese macht seit 1968 unter dem Patriarchen Nikolaus VI. wesentliche Fortschritte. Sein Entgegenkommen den arabisch sprechenden Gläubigen gegenüber, seine ökumenischen Kontakte, die 1970 zur Bildung eines gemeinsamen Kirchenrates der Kopten, Äthiopier, Syrer, Malabar-Christen und der griechisch-orthodoxen Patriarchate von Alexandrien, Antiochien und Jerusalem führten, seine Förderung eigener Drukkereien für die Kirchenpresse, theologischer Zeitschriften und Publikationen sowie die Gedächtnisfeierlichkeiten des 1600. Todestages des hl. Athanasius in Alexandrien und Kairo bezeugen die Lebenskraft dieses Patriarchates.

Die Leitung des Patriarchates von Antiochien ging 1931 mit Alexander III. (bis 1958) aus griechischen in arabische Hände über, nachdem die Verfassung von 1929 dem Patriarchen einen aus vier Metropoliten und acht delegierten Laien konstituierten Nationalrat an die Seite gestellt hatte. Die beiden um die Vorherrschaft ringenden Richtungen, von denen die eine die griechische Tradition bewahren wollte und die andere syrisch-national orientiert war, hielten sich die Waage. Alexander III. intensivierte den inneren und äußeren Aufbau und fügte die amerikanischen Gemeinden fest in seinen Patriarchatsverband, wobei ihm Exarch Anton Baschir behilflich war. Unter Theodosios VI. (1958–70) drohte 1969 ein Schisma einiger syrischer Eparchen die Einheit des etwa 350000 Gläubige betreuenden Patriarchates zu sprengen, es konnte durch den ausgleichenden Einfluß des von den griechischen Eparchen gewählten Elias IV. (seit 1970) beseitigt werden. Er erneuerte die seit dem Ersten Weltkrieg verwaisten Diözesen im Osten der Türkei, ernannte für Saudi-Arabien und Australien-Neuseeland Bischöfe, vollendete die Wiederherstellung des orthodoxen Priesterseminares Belement und reformierte das geltende Kirchenrecht, in dem u.a. bestimmte Voraussetzungen für die Bischofskandidaten und eine weitreichende Mitsprache der Laien auf Diözesan- und Pfarrebene festgelegt wurden.

Das Patriarchat von Jerusalem mit etwa 70000 Gläubigen ist „heute nicht mehr als eine erhabene Reliquie"[12]. Patriarch Damian (1897–1931) schlichtete die Streitigkeiten zwischen der griechischen Minorität und der arabischen Majorität seiner Kirche. Unter Patriarch Timotheos (1935–55) ging die Zahl der Griechen durch Auswanderung weiter zurück. Infolge politischer

[12] *K. Onasch,* a.a.O., 76.

Spannungen im Heiligen Land, des Endes des britischen Mandats (1948), der Teilung Palästinas und der Proklamation des Staates Israel wurde die Patriarchatskirche zwischen Israel und Jordanien aufgespalten. Während der 1500-Jahr-Feier des Konzils von Chalcedon (451) konnte 1951 der Zwiespalt zwischen den Arabern, die fast 99 Prozent der Gläubigen ausmachten, und den Griechen etwas überbrückt werden. Patriarch Benediktos I. (seit 1957) meisterte die Schwierigkeiten durch geschickte Verhandlungen mit Jordanien und Saudi-Arabien, durch eine neue Verfassung für die Angehörigen der Bruderschaft vom Heiligen Grabe und die Gründung einer Schule für ihren Nachwuchs mit einer griechischen und arabischen Abteilung. Er unternahm Auslandsreisen zu orthodoxen Kirchenfürsten und erbat Hilfe für seine in Jordanien und Israel eingeengte Kirche, die unter den Folgen der beiden Blitzkriege Israels 1956 und 1967 litt. Er knüpfte ökumenische Kontakte, z.B. mit Papst Paul VI. (1964), und eröffnete ein ökumenisches Institut für höhere theologische Studien auf dem Tantur-Hügel zwischen Jerusalem und Bethlehem.

Das autonome Katharinenkloster auf dem Sinai[13] beging 1966 das Jubiläum seines 1400jährigen Bestehens. Da es durch den Junikrieg Israels 1967 von der Verbindung mit seinem in Kairo residierenden Erzbischof abgeschnitten wurde, unterstellte es sich 1968 der Jurisdiktion des Jerusalemer Patriarchates, mit dem es seit Jahrhunderten verbunden war.

Die orthodoxe Kirche in Georgien

Die aus der Patriarchatskirche von Antiochien hervorgegangene georgische orthodoxe Kirchengemeinschaft in Kaukasien, die 1817 einem russischen Exarchen untergeordnet wurde, erklärte 1917 ihre Selbständigkeit und erneuerte ihr Katholikat[14]. Nach der Eingliederung Georgiens als Transkaukasische Sozialistische Sowjetrepublik (1922–37, seit 1937 Sozialistische Sowjetrepublik Georgien) in die Union der Sozialistischen Sowjetrepubliken (UdSSR) litten die Gläubigen unter dem Druck der antireligiösen Propaganda. Ihr Katholikos Ambrosios (1921/22) beschwerte sich in einem Schreiben an die Weltwirtschaftskonferenz in Genua 1922 über die Greueltaten der Bolschewisten, er wurde mit allen höheren Würdenträgern der Kirche verhaftet und starb 1927 im Gefängnis. Unter Katholikos Kallistratos (1932–52) wurden 1943 die kirchliche Gemeinschaft mit dem Patriarchat von Moskau wiedergestellt und der georgischen Kirche eine gewisse Bewegungsfreiheit ermöglicht. Sie blieb wegen der Zusammenarbeit des Katholikos Melchisedek III. (1952–60) und besonders seines Nachfolgers Ephraem II. (1960–72) mit der Moskauer Patriarchatskirche

[13] *H. L. Rabino,* Le monastère de Saint-Catherine du Mont Sinai (Kairo 1938); *H. Skrobucha,* Sinai (Olten, Lausanne 1959); *G. Gerster,* Sinai. Land der Offenbarung (Berlin 1961); *M. B. Schlink,* Sinai heute. Stätten der Gottesoffenbarung zwischen Nil und Moseberg (Darmstadt, Eberstadt ³1975).

[14] Vgl. *B. Stasiewski,* in: HKG VI/2 (1973) 365–366.

und ihren Loyalitätserklärungen dem Regime gegenüber erhalten. Katholikos David V. versucht, seine 15 Eparchien, von denen bei seinem Amtsantritt mehrere vakant waren, mit geeigneten Persönlichkeiten zu besetzen und die georgische Kirche (750000–1 Million Gläubige, 4 Klöster) zu festigen. Zerwürfnisse zwischen der Patriarchatsleitung und der Priesterschaft, innere Unterdrückung der Kirche durch kommunistische Funktionäre und polizeiliche Aktionen gegen Jugendliche schmälern das kirchliche Leben.

Die im Mittelalter und in der Neuzeit entstandenen Patriarchate

Die bulgarische orthodoxe Kirche[15] besaß bereits im Mittelalter ein eigenes Patriarchat, verlor es aber zur Zeit der türkischen Herrschaft. Als sie 1870 ein autonomes Exarchat bildete, entstand ein Schisma zwischen Sofia und Konstantinopel. Nach dem Tod des Exarchen Joseph (1877–1915) gestattete der Staat keine Neuwahl, die Kirche wurde bis 1945 vom Heiligen Synod verwaltet. Eine 1921 von der Regierung einberufene Synode entwarf ein Reformprogramm, das aber nicht verwirklicht werden konnte. Eine Versammlung der Bischöfe, die sich 1927 u.a. mit den Problemen des religiösen Unterrichtes und der Erziehung beschäftigte, sorgte für den Ausbau der 1923 in Sofia gegründeten Akademie, die Ausbildung des Klerus und das kirchliche Vereinswesen. Nachdem 1946 Bulgarien zur Volksrepublik erklärt worden war, wurden der Religionsunterricht in den öffentlichen Schulen abgeschafft, der größte Teil des kirchlichen Grundbesitzes beschlagnahmt, die kirchliche Sozialarbeit und das kirchliche Vereinsleben behindert. Die Einsprüche des Exarchen Stefan (Stojan, 1945–48) bei der Regierung, sein Einsatz für die Erteilung des Religionsunterrichtes in Sonntagsschulen und seine Verteidigung des christlichen Glaubens in Zeitschriften und Flugblättern führten zu seiner Absetzung durch den Heiligen Synod, der zur Zusammenarbeit mit dem Regime bereit war. Die neue Verfassung (1947, mit Zusätzen 1961 und 1965) und das Gesetz über die Glaubensbekenntnisse (1949) vollzogen die Trennung von Kirche und Staat und stellten die Kirchen unter strenge Staatsaufsicht. Der Heilige Synod und die Verweser des Exarchates, besonders Kyrill (1951–53), drängten auf die Wiederherstellung des orthodoxen Patriarchates von Bulgarien. 1953 wurde er, ein anerkannter Kirchenhistoriker, Homilet und Organisator, der durch seine Teilnahme an staatlichen Veranstaltungen, nationalen Partei- und Gedenktagen dem Regime seine Loyalität bezeugt hatte, zum Patriarchen (bis 1970) gewählt. Der Rangerhöhung stimmten die meisten Ostkirchen zu, das ökumenische Patriarchat erst 1961. Kyrill suchte den Totalitätsanspruch des

[15] Das erste bulgarische Patriarchat mit dem Sitz in Achrida existierte 927–1018, das zweite in Trnovo 1235–1393. 1870 gestattete der Sultan die Bildung eines unabhängigen Exarchates, das vom Patriarchat von Konstantinopel jedoch erst 1945 anerkannt wurde. Vgl. *B. Stasiewski,* in: HKG V (1970) 239 und VI/2 (1973) 365–367.

Staates aufzufangen durch eigene wissenschaftliche Publikationen, Mitwirkung an der „Friedensbewegung", Teilnahme an den staatlichen Cyrill-Method-Feiern (1963), Aufbau der theologischen Akademie in Sofia und der beiden der Kirche noch verbliebenen Priesterseminare, Weiterführung eines Amtsblattes und kirchlicher Zeitschriften sowie durch seine Auslandsreisen, auf denen er sich als Förderer des Ökumenismus erwies. 1967 gelang es ihm zu erreichen, daß in das Rila-Kloster, seit einem Jahrtausend bulgarisches Nationalheiligtum und Marienwallfahrtsort, das 1961 auf Anordnung der Regierung geschlossen, zur nationalen Gedenkstätte erklärt und zu einer Touristenattraktion umfunktioniert worden war, wieder einige Mönche zurückkehren durften. Seinem Nachfolger Maximos (seit 1971) unterstehen 6 Millionen Gläubige, etwa zwei Drittel der Gesamtbevölkerung, mit 1500 Priestern, die vom Staat besoldet werden, in 11 Metropolien in Bulgarien und in 2 Auslandsdiözesen. Der Kirche sind 120 Klöster mit ca. 400 Mönchen und Nonnen, landwirtschaftliche Nutzflächen mit 20 eigenen Betrieben verblieben, ihr wurde ein Monopol auf die Produktion und den Vertrieb von Kerzen, Kreuzen und Devotionalien eingeräumt. Die äußere Sicherung wird aber durch die kontinuierliche atheistische Propaganda gefährdet, die die Religion als Hemmnis der gesellschaftlichen Entwicklung betrachtet und den Prozeß der Religionsüberwindung steuert.

Die serbischen Orthodoxen[16] erstrebten nach der Errichtung des Königreiches der Serben, Kroaten und Slowenen (1918, in Königreich Jugoslawien 1929 umbenannt) die Erneuerung ihres Patriarchates. 1920 vereinigten sich die Metropolie Belgrad, das Exilpatriarchat Karlowitz, die bosnische, dalmatinische, mazedonische und montenegrinische Hierarchie zu einer einheitlichen serbischen Kirche, an deren Spitze der Belgrader Metropolit Demetrios als Patriarch trat (1920–30). Es dauerte fast zehn Jahre, bis die Organisation und Gesetzgebung des orthodoxen Patriachates von Serbien abgeschlossen wurden. Die Spannungen zwischen den Orthodoxen (1931: 48,7 Prozent) und Katholiken (1931: 37,4 Prozent) führten 1935 zu einem Konflikt: Die Regierung wollte ein Konkordat mit dem Heiligen Stuhl, Patriarch Barnabas (1930–37) lehnte es ab. Die Besetzung Jugoslawiens durch Deutsche, Italiener und Bulgaren (1941), die Schaffung eines unabhängigen kroatischen Staates mit katholischer Bevölkerungsmehrheit, in dem 1942 eine kroatisch-orthodoxe Kirche (1,8 Millionen Gläubige) gebildet wurde, nationalistische Auseinandersetzungen und Partisanenkämpfe erschwerten die oberhirtliche Wirksamkeit des Patriarchen Gabriel V. (1938–50), der 1941 verhaftet wurde, und seines Verwesers Josef (1941–46).

Die Machtergreifung Titos (1944), die Gründung der föderativen Volksrepublik Jugoslawien (1945), die in der Verfassung vom 31. Januar 1946 die

[16] Die Serben hatten 1351–1459 und 1557–1766 ein eigenes Patriarchat besessen und 1789 die Autokephalie ihrer Kirche erhalten. Vgl. *B. Stasiewski*, in: HKG V (1970) 239–240 und VI/2 (1973) 367–368.

Trennung von Kirche und Staat aussprach, und die nach der Entkirchlichung des öffentlichen Lebens zielende Politik der Regierung lösten einen Kirchenkampf aus. Patriarch Gabriel V. konnte die vom Moskauer Patriarchat 1947 erstrebte Vereinigung der serbischen mit der Moskauer Kirche verhindern und den im gleichen Jahr ins Leben gerufenen orthodoxen Priesterverband, der nach der Erweiterung der Rechte des niederen Klerus verlangte, in Schranken halten. Unter seinem Nachfolger Vikentij (1950–58) besserte sich zwar das gespannte Verhältnis zur Regierung nach der Freilassung der in den ersten Nachkriegsjahren verurteilten Kirchenführer, der Besetzung vakanter Bischofsstühle und Pfarreien durch das Gesetz über die Rechtsstellung der Religionsgemeinschaften vom 27. Mai 1953, aber die Beschlagnahme des kirchlichen Vermögens und Grundbesitzes, die Besoldung der Geistlichkeit und Auszahlung der Ruhegehälter durch den Staat, die Beschränkung der Lehrtätigkeit und Studentenzahl der Theologischen Fakultät der Universität Belgrad, die 1952 in eine Akademie umgewandelt wurde, die Unterstützung der Selbständigkeitsbestrebungen der Mazedonischen Kirche[17] durch Tito ließen erkennen: die Patriarchatskirche war nur geduldet. Der seit 1958 amtierende Patriarch German versucht, gestützt auf die Treue breiter Bevölkerungsschichten, die ihm verbliebenen Möglichkeiten auszunutzen. Er errichtete theologische Schulen, z.B. 1965 im Kloster Krka in Dalmatien, um dem drohenden Priestermangel abzuhelfen, sorgte für den Ausbau theologischer Fachzeitschriften, protestierte gegen die Behinderung des Religionsunterrichtes und die Beeinträchtigung der Seelsorge, wobei er sich auf die Bestimmungen der Verfassung vom 7. April 1963 berief. Nach der Aufhebung des Religionsgesetzes aus dem Jahre 1953 erließen die einzelnen Teilrepubliken für ihren Bereich Gesetze, die den örtlichen Verwaltungsbehörden mehr Befugnisse als bisher einräumten. Die seit 1972 verstärkten Angriffe der Kommunisten gegen die Kirchenpresse, Verschärfung der Zensur, Verhaftungen von Priestern und Verbote für Jugendliche, am Fest des hl. Sava (Sabas), des Schutzpatrons der Serben († 1235), teilzunehmen, deuten eine Klimaverschlechterung an. Die etwa 8 Millionen zählenden Gläubigen werden zur Zeit von 26 Hierarchen (1 Patriarchen, 2 Metropoliten, 22 Bischöfen, 1 Vikarbischof) betreut. Neben den 21 Jurisdiktionsbezirken im Inland bestehen 5 im Ausland. Die gut ausgebaute Kirchenorganisation mit über 4000 Kirchen, die 75 Männer- und 75 Frauenklöster mit 350 Mönchen und 800 Nonnen und das Erscheinen periodischer Zeitschriften können aber nicht darüber hinwegtäuschen, daß die Patriarchatskirche unter dem Druck des Regimes leidet.

Nach der Abdankung des letzten Zaren Nikolaj II. gelang es der orthodoxen Kirche in Rußland, die nach der Auflösung des ersten Moskauer Patriarchates (1589–1721) eine Periode des Staatskirchentums unter dem Heiligen Synod[18] mit Aufsicht eines Oberprokurors erlebte, auf ihrem Konzil im Herbst 1917 das

[17] Siehe unten S. 494f.

[18] Vgl. *B. Stasiewski,* in: HKG V (1970) 209–226 und VI/2 (1973) 358–364.

Moskauer Patriarchat zu erneuern. Am 5. November 1917 wurde der Moskauer Metropolit Tychon[19] zum Patriarchen gewählt. Die Oktoberrevolution 1917 und die Errichtung der Russischen Sozialistischen Föderativen Sowjetrepublik 1918 (seit 1922 UdSSR) unter der Diktatur der Bolschewisten veränderten die Verhältnisse in Rußland vollkommen.

Das Dekret vom 19. Januar 1918 vollzog die Trennung von Kirche und Staat, es erklärte den Besitz der kirchlichen und religiösen Gemeinschaften zum Volkseigentum. Artikel 13 der Verfassung vom 10. Juli 1918 verankerte dieses Trennungsprinzip und erkannte allen Bürgern neben der Gewissensfreiheit auch das Recht der antireligiösen Propaganda zu. Die grundsätzliche Ablehnung der Religion und ihre bewußte Bekämpfung schalteten die Patriarchatskirche aus dem öffentlichen Leben aus, beschränkten sie auf den Kirchenraum, setzten Hierarchen und Kirchenvolk administrativen Schikanen und Verunglimpfungen aus. Patriarch Tychon verbot während des Bürgerkrieges zwischen den Weißen und Roten im September 1919 den Geistlichen, sich an den politischen Auseinandersetzungen zu beteiligen. Aber sein Protest gegen die im Februar 1922 von der Regierung beschlossene Konfiskation der in den Kirchen befindlichen Wert- und Kultgegenstände, aus deren Erlös angeblich die grassierende Hungersnot beseitigt werden sollte, war Anlaß zu seiner Verhaftung (Mai 1922 bis Juni 1923). Das Regime forderte die Auflösung der Hierarchie, es erhoffte von der von ihm unterstützten „Lebendigen Kirche“[20], die Patriarchatskirche zu spalten und zu vernichten. Aufgrund der Nachrichten von der Erschießung und Verhaftung zahlreicher Bischöfe und Priester entschloß sich Tychon, eine ihm vorgelegte Erklärung zu unterschreiben, „daß ich von nun an kein Feind der Sowjetunion mehr bin“[21]. Viele Gläubige lösten sich wieder von der „Lebendigen Kirche“, die bis 1946 bestand. Die Loyalitätserklärung des Patriarchen und sein Aufruf an die Gläubigen, ihm in dieser Haltung zu folgen, retteten zwar die Existenz der Patriarchatskirche, änderten aber nichts an den Absichten des Regimes. Die drei von Tychon († 1925) in seinem Testament bezeichneten Kandidaten, die nach seinem Ableben die Verwaltung als Verweser übernehmen sollten, wurden verhaftet bzw. verbannt. Die Kirchenleitung blieb 18 Jahre lang ohne Patriarchen.

Auch Metropolit Sergij (1925–37 stellvertretender Patriarchatsverweser,

[19] Vgl. *J. Chrysostomus*, Kirchengeschichte Rußlands der neuesten Zeit I; *R. Rössler*, Kirche und Revolution in Rußland. Patriarch Tichon und der Sowjetstaat (Köln 1969); *J. Chrysostomus*, Gedanken zum 50. Todestag des Patriarchen Tichon von Moskau und Ganz Rußland † 25. März/7. April 1925, in: OstkSt 24 (1975) 318–332.

[20] *M. B. B.*, Der mißlungene Versuch zur Vernichtung der Russisch-Orthodoxen Kirche in den Jahren 1922–1923 und die Niederlage des linken Kommunismus, in: OstkSt 22 (1973) 105–149; *J. Chrysostomus*, Eine lehrreiche Episode aus der neueren Kirchengeschichte Rußlands. Gedanken über den Artikel von A. Krasnov-Levitin über den „Untergang der Erneuerungsbewegung“, in: ebd., 302–315.

[21] *J. Chrysostomus*, Kirchengeschichte Rußlands der neuesten Zeit I 373.

1937–43 Patriarchatsverweser, 1943–44 Patriarch) wurde verhaftet. Wegen der verschärften Kirchenverfolgung, des Einsatzes des Bundes der Kämpferischen Gottlosen, der 1932 über 5 Millionen Mitglieder hatte, und der Androhung weiterer antikirchlicher Maßnahmen kam Sergij der Regierung nach seiner Haftentlassung (März 1927) durch eine Loyalitätserklärung entgegen, zu der er auch alle Gläubigen verpflichtete. Mehrere Bischöfe billigten sie nicht, es entwickelte sich die Katakombenkirche, die sich bis in die Gegenwart erhalten hat. Trotz der Nachgiebigkeit Sergijs blieb die Kirche rechtlos. Das Religionsgesetz vom 8. April 1929 engte die Wirkungsmöglichkeit der Kirchen außerordentlich ein. Ein Gesetz vom 18. Mai 1929 änderte Artikel 13 der Verfassung dahin, daß nur noch die Freiheit der Ausübung der religiösen Kulthandlungen und die antireligiöse Propaganda garantiert wurden. Die Schließung von Kirchen und Klöstern, die Verhaftungen und Deportationen von Geistlichen, die Auflösung von Gemeinden in den Jahren 1928–1930 und 1935–1937 zeigten die bedrohte Lage der Patriarchatskirche an[22], wenn sich auch zu ihr 1937 bei der Volkszählung 50 Millionen (27 Prozent der Gesamtbevölkerung) bekannten. Die Okkupation baltischer, bessarabischer und polnischer Ostgebiete durch die Sowjetunion (1939/40) verbesserte ihre Lage, weil die Zahl ihrer Priester, Klöster und Institutionen vergrößert wurde, die allerdings bald in den Sog der Verfolgung gerieten. Der Ausbruch des deutsch-sowjetischen Krieges am 22. Juni 1941 brachte eine unerwartete Wende: Sergij rief zu Bittgottesdiensten auf, Kirchensammlungen ergaben über 300 Millionen Rubel für Rüstungszwecke. Die Patriarchatsleitung veröffentlichte einen Sammelband[23], in dem die Christenverfolgungen bestritten und Strafzuteilungen auf politische Verbrechen zurückgeführt wurden. Stalin honorierte das Verhalten Sergijs, empfing ihn am 4. September 1943 und ließ zu, daß er am 8. September von 19 Hierarchen zum Patriarchen gewählt wurde. Am 23. September kam eine Art von Konkordat zustande, nach dem die Kirche zwei Geistliche Akademien und acht Priesterseminare errichten durfte. Das staatliche Kirchenamt für Angelegenheiten der orthodoxen Kirche[24], das am 10. Oktober 1943 seine Tätigkeit aufnahm, sollte die weitere Normalisierung fördern und auf genaue Beobachtung der einschlägigen Regierungsverordnungen achten.

Sergijs Nachfolger wurde der Leningrader Metropolit Alexej[25]. Als dreifacher Träger des Ordens der Roten Arbeiterfahne und Empfänger der Medaille für

[22] Während die orthodoxe Kirche in Rußland am Vorabend des Ersten Weltkrieges über 54174 Kirchen, 51105 Priester, 350 Männer- und 473 Frauenklöster zählte, gab es in der Moskauer Patriarchatskirche 1939 nur 5225 Kirchen, 5665 Priester und 37 Klöster.

[23] Die Wahrheit in Rußland (Moskau 1942).

[24] Es unterstand 1943–60 C. G. Karpov, sein Nachfolger ist W. A. Kurojedev. Sie setzten das Aufsichtsamt des Oberprokurors des Heiligen Synods im zaristischen Rußland fort.

[25] *J. Müller*, Patriarch Alexius (Berlin 1967); *G. Seide*, In Memoriam. Zum Tod des Hochheiligen Patriarchen von Moskau und ganz Rußland am 17. April 1970, in: Kyrios NF 10 (1970) 130–148.

die Verteidigung Leningrads arbeitete er eng mit der Regierung zusammen. Er wurde im Februar 1945 auf einem Moskauer Konzil, an dem 46 Bischöfe teilnahmen, zum Patriarchen (1945–1970) gewählt. Das noch vor seiner Wahl von dieser Versammlung angenommene Kirchenstatut stärkte die Zentralisation der kirchlichen Verwaltung. Das Entgegenkommen des Regimes ist auf die Unterstützung zurückzuführen, die ihm Alexej in der Außen- und Innenpolitik gewährte, z. B. bei der Auflösung der Union in der Ukraine und in Podkarpatien (1946–50), der Aufnahme von Beziehungen zu anderen orthodoxen Kirchen und seinem Eintreten für die sowjetische Friedensideologie. Bis zum Tode Stalins (1953), dem der Patriarch ein devotes Beileidsschreiben widmete, und in den Jahren der Entstalinisierung konnte sich die orthodoxe Kirche in den ihr vom Staat gesteckten Grenzen entwickeln. Durch Entlassung von Geistlichen aus Konzentrationslagern, Rückgabe beschlagnahmter Kirchen, Aufbau der Hierarchie, Erziehung von Geistlichen in Seminarien und Fernkursen, mehrere Propagandareisen des Patriarchen im Ausland, Verstärkung der Aktivität des kirchlichen Außenamtes, das sich um Einfluß auf orthodoxe Emigrantenkirchen bemühte, stabilisierte sich die Lage der Patriarchatskirche inner- und außerhalb der Sowjetunion. Das seit Ende des Zweiten Weltkrieges erscheinende Journal des Moskauer Patriarchates (Žurnal Moskovskoj Patriarchii)[26] vermittelt durch seine kirchenhistorischen, dogmatischen und pastoraltheologischen Beiträge sowie seine umfangreichen Mitteilungen aus dem Leben der Orthodoxie und der Ökumenischen Bewegung dem Klerus wertvolle Informationen und Anregungen. Auf den Geistlichen Akademien im Dreifaltigkeitskloster Sagorsk bei Moskau und in Leningrad erfolgt eine qualifizierte theologische Weiterbildung. Diese innere Konsolidierung wurde aber durch die 1947 gegründete Allunionsgesellschaft zur Verbreitung politischer und wissenschaftlicher Kenntnisse, die den kämpferischen Atheismus durch Publikationen und Veranstaltungen erneuerte, und den Erlaß des Zentralkomitees der Kommunistischen Partei der Sowjetunion (KPdSU) über die Fehler bei der Durchführung der wissenschaftlich-atheistischen Propaganda unter der Bevölkerung vom 10. November 1954 gefährdet. Unter Chruschtschow (Chruščev, seit 1953 Generalsekretär der KPdSU, 1958–64 Ministerpräsident, † 1971) begann eine neue Kirchenverfolgung. 1959–64 kam es neben systematischen Verleumdungskampagnen zu Prozessen gegen hohe und niedere Geistliche, denen Steuervergehen zur Last gelegt wurden, zur Schließung von etwa 10000 Gotteshäusern (von 20000), 50 Klöstern (von 68) und 5 Priesterseminaren (von 8). Die Proteste des Patriarchen und das Aufbegehren kirchlicher Opposition gegen administrative Maßnahmen lokaler Behörden, das sich in der Samizdat-Literatur[27] im Unter-

[26] *R. Rössler,* Das Journal des Moskauer Patriarchats als Spiegel kirchlicher Entwicklung in der Sowjetunion (seit dem Zweiten Weltkrieg), in: Jahrbücher für Geschichte Osteuropas NF 4 (1956) 26–63.

[27] Die hektographierten „Selbstveröffentlichungen“: Samizdat, Cronaca di una vita nuova nell'URSS (Mailand 1974). *R. Medwedjew* (Hrsg.), Aufzeichnungen aus dem sowjetischen

grund niederschlug, hatten zur Folge, daß das staatliche Kirchenamt unter Kurojedev die Restriktionen gegen die Kirche verschärfte, Metropolit Nikolaj, der seit 1944 das kirchliche Außenamt geleitet und zu den engsten Mitarbeitern Alexejs gehört hatte, durch Bischof Nikodim abgelöst wurde und der Ministerrat der UdSSR 1961 die Änderung des Artikels 4 des 1945 genehmigten Kirchenstatuts erzwang, wodurch die Verwaltung der Gemeinden den Pfarrern entzogen wurde. Nikodim, seit 1963 Metropolit von Leningrad und Novgorod, gewann rasch Einfluß im Heiligen Synod und versuchte, durch elastische Verhandlungen mit dem Staatskirchenamt sowie durch sein positives Verhältnis zum Weltkirchenrat [28] und zur römisch-katholischen Kirche die Interessen der russischen Orthodoxie zu wahren [29]. Als Patriarch Alexej 1970 im Alter von 93 Jahren starb, galt er als einer seiner aussichtsreichsten Nachfolger.

Auf dem Moskauer Konzil wurde 1971 der Patriarchatsverweser Pimen durch Zuruf zum Patriarchen gewählt. Er setzte die Linie seines Vorgängers fort, um das der Kirche vom Staat gewährte Existenzminimum nicht zu gefährden. Seine Unterstützung der kommunistischen Weltfriedensbewegung, seine zahlreichen Auslandsreisen, in denen er die orthodoxen Kirchen in den Volksrepubliken, im Vorderen Orient und in der freien Welt enger an sich zu binden suchte, seine betonte Pflege der orthodoxen Tradition und Liturgie, seine Versicherung, daß zwischen Staat und Kirche in der Sowjetunion normale Beziehungen bestünden, können über die Gefährdung des orthodoxen Glaubens nicht hinwegtäuschen. Die Diffamierung religiöser Feste, denen erdachte Ereignisse und Mythen zugrunde lägen und die durch sozialistische Feiern ersetzt werden, die Intensivierung der antireligiösen Propaganda, die sich in der Straffung des ideologischen Unterrichts in Volkshochschulen, auf Universitäten, in der Armee und im Einsatz von 10000 Atheismusfunktionären zeigt, die Unterdrückungsmethoden des Regimes, das u. a. religiöse Kindererziehung als Vergewaltigung hinstellt, die Einweisung von Gläubigen in psychiatrische Kliniken, Proteste der Bürgerrechtler, die für Menschenrechte und Religionsfreiheit eintreten, kennzeichnen, daß sich die Patriarchatskirche nicht frei entfalten kann.

Untergrund. Texte aus der Moskauer Samisdat-Zeitschrift „Das XX. Jahrhundert" (Hamburg 1977).

[28] 1961 wurde das Moskauer Patriarchat in den Weltrat der Kirchen aufgenommen, dem es früher polemisch gegenübergestanden hatte.

[29] Nikodim erreichte bei seinen Bemühungen um die Beilegung der Auseinandersetzung zwischen der Patriarchatskirche und den von ihr getrennten Altgläubigen (Raskolniki, vgl. *B. Stasiewski*, in: HKG V [1970] 214–215 und VI/2 [1973] 176), daß auf dem Moskauer Landeskonzil 1971 der über sie 1666 ausgesprochene Bann aufgehoben wurde. Die Leitung des Amtes für auswärtige Angelegenheiten legte er 1971 nieder, das Metropolit Juvenalij übernahm. Nikodim wurde Vorsitzender des Amtes für Beziehungen zwischen den orthodoxen Schwesterkirchen und anderen christlichen Kirchen und Gemeinschaften. Im gleichen Jahr wurde er Generalsekretär der christlichen Friedensbewegung. 1974 erhielt er das Exarchat für Westeuropa. Im Juli 1975 empfing ihn mit der von ihm angeführten Delegation des Moskauer Patriarchates Papst Paul VI. Im Dezember 1975 wählte ihn die 5. Vollversammlung des Ökumenischen Rates zu einem ihrer Präsidenten.

Das im Juni 1975 erlassene Religionsgesetz[30] kodifiziert die seit langem in geheimen Instruktionen niedergelegten Richtlinien des sowjetischen Staatskirchentums, riegelt den Lebensraum der Kirchen weiter ab, manipuliert das Gemeindeleben und verschärft die Kompetenzen der staatlichen Aufsichtsbehörden. Etwa 30 Millionen Gläubige (12 Prozent der Gesamtbevölkerung) sind sich ihrer schwierigen Lage bewußt und erdulden die ihnen auferlegten Einschränkungen. Die Wirkungsmöglichkeit der Bischöfe und Priester ist eingeengt, aber die überwiegende Mehrheit des Klerus[31] bemüht sich nach Kräften, das Evangelium zu verkünden und die Liturgie zu feiern, sie beweist den nicht gebrochenen Lebenswillen der Patriarchatskirche. Neben 45 Diözesen (10 Metropoliten, 12 Erzbischöfen, 25 Bischöfen) in der Sowjetunion gehören zu ihr das ukrainische Exarchat mit 14 Diözesen (2 Metropoliten, 8 Erzbischöfen, 4 Bischöfen), die Exarchate in Westeuropa (neben dem Exarchen Nikodim 1 Metropolit, 1 Erzbischof, 2 Bischöfe), Mitteleuropa (1 Metropolit, 2 Erzbischöfe), Mittel- und Südamerika (5 Bischöfe).

Das rumänische Patriarchat entstand nach dem Ersten Weltkrieg durch den Zusammenschluß der rumänischen Landeskirche mit den Kirchen von Karlowitz, Hermannstadt und Czernowitz[32]. Die Schwierigkeiten, die sich in dem fast auf das Doppelte erweiterten Königreich durch Vereinigung verschiedener Territorien ergaben, machten sich auch im kirchlichen Raum bemerkbar. Die Verfassung von 1923 erklärte die Orthodoxie zur herrschenden Kirche und verfügte eine einheitliche Organisation mit 5 Metropolien. Sie wurde durch ein Gesetz und das Statut der rumänisch-orthodoxen Kirche 1925 verwirklicht. Ihre Synode beantragte die Erhöhung des Metropolitansitzes von Bukarest in den Rang eines Patriarchates, dessen Errichtung am 27. Februar 1925 erfolgte. Der Bukarester Metropolit Miron wurde am 27. September als erster Patriarch (1925–39) mit Einverständnis des ökumenischen Patriarchen von Konstantinopel feierlich inthronisiert. 1927–30 gehörte er einem dreiköpfigen Regierungsrat an, in den letzten beiden Jahren seines Lebens übernahm er das Amt eines Ministerpräsidenten. Durch seine Beteiligung an der Gestaltung eines ein-

[30] *G. Simon*, Verhärtung durch Festschreibung. Zum neuen Religionsgesetz in der Sowjetunion, in: HK 30 (1976) 296–301; *ders.*, Das sowjetische Religionsgesetz vom Juni 1975 (Köln 1976).

[31] Vgl. aber *J. Chrysostomus*, Die Problematik der heutigen russischen Kirche 212: „Dazu kommt noch eine andere Schwierigkeit: es ist durchaus möglich, ja wahrscheinlich, daß die Regierung ihre Leute, d.h. solche, die mehr dem Staate als der Kirche dienen, in die Reihen der Geistlichkeit einschleust. Die Gläubigen werden durch diese Tatsachen irritiert und verunsichert, sie verurteilen deshalb gelegentlich die ganze Hierarchie, die dies duldet. Aber was kann schon die Hierarchie einer gefangenen Kirche dagegen unternehmen, wenn sie nicht die letzten Stützpunkte des kirchlichen Lebens in Rußland verlieren will? Darin liegt eigentlich heute das Zentralgewicht in der Frage nach der Problematik des Moskauer Patriarchates und seine ganze Tragik."

[32] Vgl. *B. Stasiewski*, in: HKG VI/2 (1973) 364–366; *E. Ch. Suttner*, 50 Jahre rumänisches Patriarchat (1975) 136–160.

heitlichen Kirchenrechtes, der Angleichung der verschiedenen Strukturen der ihm unterstellten Metropolien, sein Eintreten für ein gründliches Theologiestudium und seine Offenheit für die ökumenische Bewegung machte er sich verdient. Ihm folgte der Metropolit der Moldau Nikodim (1939–48), der sich als Abt und Bischof um die Neubelebung des rumänischen Mönchtums bemüht hatte. Der Zweite Weltkrieg, in dem Rumänien Randgebiete abtreten mußte, Teile zurückeroberte, 1944 von sowjetischen Truppen besetzt wurde, die kommunistische Regierung seit 1945 und die Proklamation der Volksrepublik Rumänien 1947 verhinderten die Durchführung geplanter Reformen. Er forderte die Gläubigen zur Mitarbeit am Neuaufbau des Staates auf.

Zu seinem Nachfolger wurde der Metropolit der Moldau Justinian (1948–77) gewählt. Als wendiger Diplomat, zielstrebiger Kirchenpolitiker und Vertrauensmann des Regimes[33] bejahte er die Koexistenz zwischen orthodoxer Kirche und kommunistischer Staatsführung. Im Kirchenstatut von 1948 konnte er seine Machtbefugnisse erweitern, wenn auch die Synode unter staatliche Aufsicht geriet. Bei dem erzwungenen Anschluß von eineinhalb Millionen unierter Rumänen an die orthodoxe Kirche (1948) spielte er eine maßgebende Rolle. Er stärkte das Patriarchat durch Anweisungen an den Klerus über ein den veränderten Umständen angepaßtes soziales Apostolat, Reform des Mönchtums, Anordnungen zur Predigttätigkeit, Ausbau der kirchlichen Presse und Vertiefung der theologischen Ausbildung. Allerdings mußte er auch rigorose Eingriffe in das kirchliche Leben hinnehmen. Die Auflösung des Kultusministeriums (1957) und die Unterstellung der Kirche unter das Kultusdepartement leiteten unter kontinuierlichem Trommelfeuer atheistischer Propaganda und Verleumdungsaktionen eine Kirchenverfolgung ein, in der zahlreiche Klöster geschlossen, viele Mönche und Nonnen festgenommen wurden[34]. Vorübergehend stand der Patriarch unter Hausarrest. Trotzdem hielt er an seinem Reformprogramm fest. 1966 billigte das Kultusdepartement ein neues Reglement für die theologischen Studien und 1967 eine Änderung des Kirchenstatutes, die den Ausbau der Hierarchie ermöglichte. Wenn auch seit 1970 die staatliche Einflußnahme auf die Synode erweitert wurde, 1974 ein Gesetz die Verstaatlichung aller noch in den Händen von Kirchen und im Privateigentum befindlichen Kunstschätze verfügte, blieb das Selbstbewußtsein des Patriarchen ungebrochen. Die Mitarbeit Justinians in der kommunistischen Friedensbewegung, bei panorthodoxen Konferenzen und im Weltrat der Kirchen, seine Besuche ausländischer orthodoxer und katholischer Kirchenfürsten verfestigten sein allgemeines Ansehen. Zur Patriarchatskirche bekannten sich bei ihrem 50jährigen

[33] Justinian hatte zum kommunistischen Parteiführer Gheorgiu Dej (1952–55 Ministerpräsident, seit 1955 Erster Sekretär der Partei, seit 1961 Vorsitzender des Staatsrates, † 1965) persönliche Beziehungen.

[34] Zwischen 1959 und 1971 gingen die Zahl der Klöster und Skiten (Mönchssiedlungen) von 1657 auf 575, die Zahl der Nonnen von 4000 auf 1493, die Zahl der Priester von 10153 auf 8564 zurück.

Jubiläum 1975 über 14 Millionen Gläubige. Ihre Hierarchie setzt sich aus 4 Metropolien in Rumänien mit 2 Erzbischöfen, 6 Bischöfen und 8 Vikarbischöfen sowie aus drei ausländischen Jurisdiktionsbezirken[35] (1 Erzbischof, 1 Bischof, 1 Vikarbischof) zusammen. 2 theologische Institute und 7 Seminare sorgen für den Nachwuchs der etwa 9000 zählenden Geistlichen. Mehrere Zeitschriften werden von der Patriarchatsleitung und einzelnen Diözesen herausgegeben. Das loyale Verhalten Justinians hat mit dazu beigetragen, daß die orthodoxe Kirche in Rumänien gegenüber den anderen unter kommunistischer Herrschaft stehenden Ländern bisher ihren Bestand einigermaßen gewahrt hat. Sein Erbe trat im Juni 1977 der bisherige Metropolit der Moldau Justin als vierter rumänischer Patriarch an.

Weitere orthoxe Kirchen

Im Laufe der Jahrhunderte, besonders in den letzten Jahrzehnten, hat sich eine Reihe von Kirchen aus den historisch gewachsenen, bereits geschilderten Gebilden der Orthodoxie gelöst und verselbständigt.

Im Mittelmeerraum

Die orthodoxe Kirche von Zypern war seit dem Konzil von Ephesus (431) autokephal[36]. Erzbischof Kyrill III. (1916–33) wurde von der britischen Besatzungsbehörde, die 1925 die Insel zur Kronkolonie erklärte, als Ethnarch anerkannt, stieß aber mit ihr zusammen, weil er die nationalgriechische Einheitsbewegung (Enosis) unterstützte, die nach einem Anschluß an Griechenland strebte. Ein 1931 ausgebrochener Aufstand wurde unterdrückt, zwei Bischöfe und verschiedene Geistliche mußten das Land verlassen. Das Erzbistum wurde 1933–47 vom Vorsitzenden der Heiligen Synode, Bischof Leontios von Paphos, als Verweser verwaltet, der erst 1947 zum Erzbischof gewählt werden durfte. Unter seinen Nachfolgern Makarios II. (1947–50) und Makarios III.[37] (1950 bis 1977) kämpften die Griechen (80 Prozent der Gesamtbevölkerung) um ihre Selbständigkeit. In den Unruhen 1955/56 wurden Makarios III. und andere Geistliche verbannt. Nach der Wahl des aus dem Exil 1959 zurückgekehrten Erzbischofs zum Präsidenten der Republik und der Proklamation Zyperns zu einem selbständigen Staat im August 1960 trat eine gewisse Beruhigung ein.

[35] Es handelt sich um die rumänisch-orthodoxe Missionserzdiözese in den USA, die rumänisch-orthodoxe Erzdiözese von Westeuropa und die orthodox-katholische Diözese von Frankreich, die sich 1937 konstituiert und 1972 den Antrag auf Aufnahme in das rumänische Patriarchat gestellt hatte.

[36] Vgl. *Hippolytos,* Die Autokephale Apostolische Orthodoxe Kirche Cyperns, in: Ekklesia X (1941) 177–129; *B. Stasiewski,* in: HKG V (1970) 237 und VI/2 (1973) 372.

[37] *K. Kerber,* Makarios Kirchenfürst oder? (Dießen/Ammersee 1964); *P.-N. Vanezis,* Makarios. Faith and Power (London, New York, Toronto ²1972).

Makarios III. versuchte, in den nächsten Jahren die Verfassung Zyperns vom 16. August 1960, die der türkischen Minderheit (20 Prozent der Gesamtbevölkerung) gewisse Rechte eingeräumt hatte, zugunsten der griechischen Zyprioten zu revidieren. Die Gegenmaßnahmen der türkischen Bewohner lösten 1963 Kämpfe aus, die 1965 nur durch den Einsatz von UNO-Truppen beigelegt werden konnten. Makarios III. erkannte, daß die Vereinigung Zyperns mit Griechenland nicht zu erreichen war. Attentate und Putschversuche, hinter denen die griechische Militärregierung stand, verursachten eine Krise, die zu einem Krieg zwischen Griechenland und der Türkei führte. In seinem Verlauf eroberten die Türken den nordöstlichen Teil (40 Prozent) der Insel. Drei Bischöfe hatten Makarios im März 1973 auf einer Synode wegen Aufgabe der Enosis abgesetzt, im Juli wurde er aber auf einer großen Synode als Erzbischof und Staatspräsident bestätigt. Die von ihm 1973 durchgeführte Kirchenorganisation für 450000 Gläubige mit 1 Erzbistum, 6 Metropolien und 650 Geistlichen, sein Einsatz für Neubauten von Kirchen, seine Sorge für bessere Besoldung und Pensionierung der Geistlichen, die Umbildung des kleinen Priesterseminars in Nikosia zu einer theologischen Fakultät, seine Betreuung von 11 Klöstern mit 89 Mönchen und 75 Nonnen sowie seine Aufgeschlossenheit für die ökumenische Bewegung kennzeichneten die Wahrnehmung seines Hirtenamtes.

Der Zahl der Gläubigen nach (etwa 7 Millionen) gehört die orthodoxe Kirche in Griechenland[38] nach dem Moskauer, rumänischen und serbischen Patriarchat zu den vier größten orthodoxen Gemeinschaften der Gegenwart. Nur schrittweise konnten die Heilige Synode und die jeweiligen Erzbischöfe[39] ihre Abhängigkeit von der staatlichen Kirchenherrschaft lockern, angefangen von der Kirchenverfassung 1923, die die kirchliche Selbstverwaltung unter Erzbischof Chrysostomos I. (1923–38) erweiterte, über langwierige Auseinandersetzungen wegen des Wahlmodus des Erzbischofs, der Bischöfe und der Kompetenzen der Heiligen Synode bis zu dem 1969 durch die Militärregierung dekretierten Kirchenstatut, das 1974 wieder aufgehoben wurde. Die Erzbischöfe Chrysanthos (1938–41) und Damaskinos (1941–49) beseitigten die innerkirchlichen Schäden, die der Zweite Weltkrieg und der von kommunistischen Partisanen angezettelte Bürgerkrieg verursacht hatten. Bei den Verhandlungen zwischen Staat und Kirche um Reduzierung der Zahl der Bischofssitze kam es 1965 zu einem Konflikt, in dem Erzbischof Chrysostomos II. (1962–67) durch den Archimandriten Hieronymos verdrängt wurde. Als Universitätsprofessor für Kirchenrecht und praktische Theologie war er für eine Trennung von Kirche und Staat eingetreten, als Erzbischof griff er autoritativ Reformmaßnahmen auf, über die schon seine Vorgänger beraten hatten, aber die Opposition gegen sein Vorgehen und seine Anlehnung an das Militärregime

[38] *B. Stasiewski*, in: HKG VI/2 (1973) 368–369.

[39] Anders als bei den slawischen orthodoxen Kirchen steht der Erzbischof von Griechenland über den Metropoliten.

veranlaßten 1973 seinen Rücktritt. Sein Nachfolger Erzbischof Seraphim (seit 1974) bemüht sich, die Kluft zwischen seinen Wählern und den Anhängern des Hieronymos zu überbrücken, die schon früher begonnene Hebung des Bildungsniveaus und Lebensstandards des Klerus, Erneuerung des Klosterwesens[40] zu verwirklichen. Er stellt sich den Problemen, die die Industrialisierung Griechenlands, die Entchristlichung und die Migrationen der Bewohner der Kirche auferlegen. Noch ist die Orthodoxie tief im Volk verwurzelt. Das Erzbistum ist in 76 Metropolien aufgeteilt. 2 Fakultäten in Athen und Saloniki sowie 12 theologische Schulen dienen der Ausbildung des geistlichen Nachwuchses, für den sich aber nicht genügend Kandidaten melden. Die Bruderschaft ZOË, soziale und caritative Gemeinschaften, zahlreiche Zeitschriften fördern das kirchliche Leben.

Im Gegensatz zur griechischen Kirche, die freie Entfaltungsmöglichkeiten hat, ist die orthodoxe Kirche in Albanien vollkommen unterdrückt. Sie hatte 1922 ihre Autokephalie ausgerufen, die 1937 vom ökumenischen Patriarchat anerkannt worden war[41]; sie zählte 1938 ca. 200000 Gläubige (10% der Bevölkerung) mit 1 Metropoliten, 4 Bischöfen, 200 Priestern, 29 Klöstern und 2 Priesterseminaren. Nach der kommunistischen Machtergreifung 1946 geriet sie aber wie alle Religionen in der Volksrepublik Albanien in völlige Abhängigkeit vom Regime. Erzbischof Christof (1937–49) wurde abgesetzt, seine beiden Nachfolger Paisios (1949–66) und Damian (1966–73), der nach sechs Haftjahren im Gefängnis starb, konnten nichts gegen die Einschnürung der Kirche unternehmen. Hodscha, Generalsekretär der albanischen kommunistischen Partei, erklärte 1967 Albanien zum ersten atheistischen Staat der Welt, ließ alle Gesetze abschaffen, die das Verhältnis von Staat und Kirche regelten, und intensivierte den Kampf gegen religiöse Traditionen. Sämtliche Gotteshäuser wurden geschlossen, in Klubhäuser, Markthallen und Fabriken umgewandelt, die Bischöfe[42] verhaftet und die kirchliche Organisation zerschlagen. Im Untergrund wirken einige Priester weiter.

Die orthodoxen Mazedonier standen nach den Balkankriegen 1913/14 unter serbischer, bulgarischer und griechischer Kirchenhoheit, der größte Teil von ihnen lebte in Jugoslawien. Seit 1944 strebten sie nach der Verselbständigung des 1767 dem Patriarchat von Konstantinopel eingegliederten Erzbistums Achrida[43]. Der serbische Patriarch German mußte 1958/59 der Autonomie-

[40] 1973: 174 Männerklöster mit 798 Mönchen, 209 Frauenklöster mit 2552 Nonnen. Ihre Zahl ist rückläufig.

[41] *B. Stasiewski*, in: HKG VI/2 (1973) 369.

[42] Lediglich in der Emigration wirken noch zwei albanische Bischöfe in Nordamerika: Bischof Stephan hat die von ihm geleitete albanisch-orthodoxe Diözese in Amerika (Sitz South-Boston) 1971 der orthodoxen Kirche in Amerika unterstellt. Bischof Mark (Sitz Jamaica Plain, Mass.) steht in Verbindung mit der griechisch-orthodoxen Erzdiözese von Nordamerika, die zum ökumenischen Patriarchat gehört.

[43] *B. Stasiewski*, in: HKG V (1970) 239.

erklärung einer mazedonischen Kirchenversammlung und der Wahl seines Weihbischofes Dositej zum Erzbischof von Achrida und Mazedonien zustimmen. Als die orthodoxe Kirche in Mazedonien im Einverständnis mit staatlichen Stellen ihre Autokephalie proklamierte, kam es zu Spannungen mit der serbischen Mutterkirche. Erzbischof Dositej baute die Kirchenorganisation mit 6 Metropolien und 1 im Ausland, 600000 Gläubigen, 300 Geistlichen und 1 Priesterseminar aus, führte die mazedonische Sprache im Gottesdienst ein, knüpfte ökumenische Kontakte. 1975 gab sich die Kirche eine Verfassung, der Entfaltung ihres Lebens werden Schranken gelegt durch die jugoslawische Gesetzgebung, die in der Teilrepublik Mazedonien 1976 antireligiöse Bestimmungen verschärfte.

Im Zusammenhang mit der Selbstverwaltung Kretas am Ende des 19. Jahrhunderts wurde das Bistum Gostyna 1900 mit dem Sitz in Herakleion eine autonome orthodoxe Metropolie. Seit dem politischen Anschluß Kretas an Griechenland (1913) mußten die Orthodoxen neben den Richtlinien des Patriarchates von Konstantinopel auch die der griechischen Landeskirche beobachten. 1967 wurde die orthodoxe Kirche in Kreta[44] durch einen Patriarchalakt zum Erzbistum mit 7 Metropolien erhoben und ihr Halbautonomie gewährt, die sie zur Autokephalie ausbauen möchte. Erzbischof Eugenios ist verantwortlich für 450000 Gläubige, 335 Priester, 34 Klöster mit 187 Mönchen und 74 Nonnen. Die orthodoxe Akademie in Kreta entwickelte sich zu einem Zentrum der Erwachsenenbildung. Nach der Schließung der Patriarchatsschule in Chalki[45] übernahm 1973 die vom griechischen Staat und der Kirche gemeinsam geleitete Hochschule in Herakleion deren Aufgabe.

In Ostmitteleuropa und im Fernen Osten

Die orthodoxe Kirche in Finnland[46] war bis 1917/18 Bestandteil der russischen Kirche, in der nach dem Ersten Weltkrieg entstandenen finnischen Republik wurden ihr neben der lutherischen Staatskirche Rechte zugebilligt. Nachdem der Moskauer Patriarch Tychon ihr schon 1918 die Autonomie zuerkannt hatte, unterstellte sich die Kirchenleitung dem ökumenischen Patriarchat, das die Autonomie 1923 bestätigte. 1939–1944 wurde die Diözese Karelien, in der sich die Mehrheit der orthodoxen Gemeinden befand, der Sowjetunion einverleibt. Nach 1945 scheiterten die Bemühungen des Moskauer Patriarchates, seine Oberhoheit auf die finnische Kirche auszudehnen. Der seit 1960 amtierende Erzbischof Paul (Paavali), dem 2 Diözesen und 2 Klöster unterstehen,

[44] *A. Alevisopoulos,* Die orthodoxe Kirche von Kreta, in: Wegzeichen. Festgabe zum 60. Geburtstag von Hermenegild M. Biedermann OSA, hrsg. von *E. Ch. Suttner* und *C. Patock* (Würzburg 1971) 233–244.

[45] Siehe oben S. 480.

[46] *Th. Rohner,* Die orthodoxe Kirche Finnlands, in: OstkSt 12 (1963) 314–325.

sucht das kirchliche Leben der 60000 Gläubigen (1,3 Prozent der Bevölkerung) aufrechtzuerhalten und die steigende Zahl der Mischehen zwischen Orthodoxen und Lutheranern zu mindern.

Zwischen den beiden Weltkriegen lebten in der Republik Polen fast 4 Millionen Orthodoxe (12 Prozent der Bevölkerung), sie schlossen sich 1923 in der orthodoxen Kirche in Polen zusammen, deren Autokephalieerklärung 1924/25 der ökumenische Patriarch zustimmte. Die Kirchenpolitik der polnischen Regierung wandte sich gegen die nationalen ukrainischen und weißrussischen Verselbständigungstendenzen der orthodoxen Bevölkerung. 1938/39 wurden 130 Gotteshäuser und 2 Klöster zerstört. Die Aufteilung Polens (1939) und die deutsche Okkupation der Ukraine (1941–44) spalteten die polnische Orthodoxie in die Kirche im Generalgouvernement und zwei Kirchen in der Ukraine[47]. In den von der UdSSR besetzten Gebieten wurden die Orthodoxen dem Moskauer Patriarchat eingegliedert. Unter Metropolit Dionisij (1923–48, † 1961), der von der Regierung der Volksrepublik Polen wegen seiner Zusammenarbeit mit den Deutschen amtsenthoben wurde, verringerte sich die Zahl der Orthodoxen nach der Abtretung Ostpolens an die Sowjetunion auf 350000, sie stieg aber 1948 durch den Übertritt von 100000 unierten Ukrainern nach der Zwangsauflösung der Union von Brest (1595/96). Patriarch Alexej von Moskau hatte seit 1948 die oberste Jurisdiktion über die polnische Orthodoxie inne und erteilte 1951 sein Einverständnis zu ihrer Autokephalie. Metropolit Makarij (1951–61) schuf für die über ganz Polen durch Umsiedlung verstreuten Orthodoxen eine neue Kirchenorganisation mit dem Erzbistum Warschau-Bielsk und den 3 Bistümern Białystok-Danzig, Łódz-Pommern, Breslau-Stettin, die von seinen Nachfolgern Timoteusz (1961–62), Jerzy (1962–64) und Stefan (1964–69) mit Hilfe des Heiligen Synod ausgebaut wurde. Seit 1970 steht Metropolit Vassilij an ihrer Spitze (etwa 400000 Gläubige, 225 Gemeinden, je 1 Mönchs- und Nonnenkloster). Der Integrationsprozeß der russischen, ukrainischen und weißrussischen Gemeinden wird durch 2 theologische Bildungsstätten in Warschau und Chylice sowie durch Veröffentlichungen in polnischer, russischer und ukrainischer Sprache beschleunigt.

Die Zusammenfassung der nach dem Ersten Weltkrieg Ungarn verbliebenen ungarischen, russischen und serbischen Orthodoxen bereitete große Schwierigkeiten, da die Patriarchate von Konstantinopel, Serbien und Rumänien Jurisdiktionsrechte beanspruchten. 1947 wurde die orthodoxe Kirche in Ungarn (40000 Gläubige, 50 Gemeinden, 37 Geistliche) vom Moskauer Patriarchat übernommen, das die Kirchenleitung einem Archimandriten übertrug und ihr 1949 Autonomie verlieh. 1959 erhielt sie ein ungarisches Rituale.

Die Orthodoxen in der Tschechoslowakei vereinten nach dem Ersten Weltkrieg zwei kleinere Gruppen in Böhmisch-Mähren (etwa 20000 Gläubige) und in der Slowakei (9000) und eine größere in der Karpato-Ukraine (112000). Die

[47] *F. Heyer*, Die orthodoxe Kirche in der Ukraine 1917 bis 1945 (Köln-Braunsfeld 1953).

meisten Gemeinden gehörten zum serbischen, einige zum ökumenischen Patriarchat. Im deutschen Protektorat Böhmen-Mähren und in der Slowakei wurden sie während des Zweiten Weltkrieges verboten. In der Tschechoslowakischen Volksrepublik lebten sie wieder auf, sie erfuhren 1947 durch die Repatriierung von 30000 Wolhynientschechen und 1949/50 durch die Eingliederung von fast 350000 unierten Katholiken aus den gewaltsam aufgelösten Diözesen Mukačevo und Prešov einen erheblichen Zuwachs. Die orthodoxe Kirche in der Tschechoslowakei wurde 1946 dem Moskauer Patriarchat einverleibt, das als seinen Exarchen Jelevferij (Eleutherios, seit 1948 Erzbischof) nach Prag gesandt hatte. 1951 entließ Patriarch Alexej sie aus seiner Obedienz und erklärte ihre Autokephalie. Die Metropoliten Jelevferij (1951–55), Joann (1956–64) und Dorotej (seit 1964) vereinheitlichten die Kirchenorganisation (4 Diözesen), erweiterten die orthodoxe Theologische Fakultät in Prešov und das kirchliche Pressewesen. Als die kommunistische Parteiführung unter Dubček 1968 die Wiederherstellung der unierten katholischen Kirche gestattete, lösten sich über 200 Gemeinden von der Orthodoxie, deren Gläubigenzahl (Tschechen, Slowaken, Ukrainer, Russen) auf 100000 zurückging. Außerdem gerieten sie seit 1969 unter scharfe Kontrollen der Behörden des Staatskirchenamtes und unterliegen wie alle anderen Kirchen den Auswirkungen der erstarkenden antireligiösen Propaganda.

Aus der russisch-orthodoxen Missionsarbeit im Fernen Osten sind zwei selbständige Kirchen in China und Japan herangewachsen. Nach dem Ausbruch der Revolution 1917 blieben viele orthodoxe Russen in China[48] und in der Mandschurei, ihre Zentren in Charbin, Peking und Schanghai übten auch auf die einheimische Bevölkerung eine gewisse Anziehungskraft aus. Der Moskauer Patriarch Tychon übertrug 1920 die Kirchenleitung dem Erzbischof Innokentij (1902–31). Durch Zustrom orthodoxer Flüchtlinge aus Litauen, Weißrußland und anderen Gebieten der Sowjetunion, die sich der russischen Auslandskirche unterordneten, wurde die kirchliche Organisation für 200000 Gläubige erweitert. Das Nebeneinander verschiedener Jurisdiktionen, politische Wirren, Bürgerkriege und die Ausrufung der Volksrepublik China (1949) bewogen einen großen Teil der russischen Gläubigen zur Auswanderung nach Nord-, Südamerika und Australien. Die russische Auslandskirche verlor ihren gesamten Besitz in China und in der Mandschurei. Das Moskauer Patriarchat bestimmte Erzbischof Viktor von Peking zum Exarchen (1950–56), übertrug dem vom Patriarchen Alexej in Moskau geweihten chinesischen Bischof Simeon das Bistum Schanghai und verlieh 1957 der orthodoxen Kirche in China die Autonomie (5 Bischöfe, 20000 Gläubige). Ihr Oberhaupt, der chinesische Bischof Basileios, residierte in Peking (1957–62). Zu seiner Zeit begann nach der Ausweisung aller russischen Geistlichen die Schließung von Kirchen. Während der

[48] *G. Seide,* Die Russisch-Orthodoxe Kirche in China und in der Mandschurei seit dem Jahre 1918, in: OstkSt 25 (1976) 166–192.

Kulturrevolution (1966/69) wurden sämtliche Kirchen zerstört oder zweckentfremdet, die kirchliche Organisation zerschlagen. Es läßt sich nicht ermitteln, ob der chinesische Klerus die Christenverfolgung überlebt hat und wie er im Untergrund weiterwirkt.

Die Anfänge der orthodoxen Kirche in Japan gehen auf die seit 1861 in Tokio wirkenden russischen Gesandtschaftsgeistlichen zurück. In der Zwischenkriegszeit gliederte sie sich der russischen Auslandskirche ein und gab sich 1939 eine eigene Verfassung. Seit 1945 bemühte sich das Moskauer Patriarchat, wieder Gemeinden an sich zu ziehen. Anläßlich der Hundertjahrfeier schickte es 1961 eine Abordnung nach Tokio und bestimmte 1967 Bischof Nikolaj zum Metropoliten. 1970 billigte es der Kirche in Japan mit 1 Erzbischof, 2 Bischöfen, 38 Geistlichen und etwa 40000 Gläubigen die Autonomie zu.

Auslandskirchen

Die Zahl der orthodoxen Christen außerhalb der ostkirchlichen Ursprungsländer wird auf 4 Millionen geschätzt. Ungefähr die Hälfte gehört zu den bereits beschriebenen Jurisdiktionsbezirken, vor allem in Nord- und Südamerika, Australien und verschiedenen westeuropäischen Staaten. Daneben haben emigrierte Russen, Ukrainer und Weißrussen selbständige Kirchen, besonders in Amerika, konstituiert.

Die russisch-orthodoxe Kirche außerhalb Rußlands, die 1920, in Konstantinopel gegründet, sich als autokephal bezeichnete, verlegte 1921 ihren Sitz nach Karlowitz[49], 1944 nach München und 1955 nach Jordanville/USA. Sie faßte viele Gemeinden zusammen, die das atheistische Regierungssystem ihrer Heimat ablehnten, und erhielt sich trotz mehrerer Absplitterungen bis zur Gegenwart. 1963 bzw. 1972 verbanden sich mit ihr die bulgarisch-orthodoxe Auslandskirche in Amerika und die rumänisch-orthodoxe Missionserzdiözese in der westlichen Hemisphäre. Seit 1964 steht Metropolit Filaret in New York an der Spitze der russisch-orthodoxen Auslandskirche mit 7 Diözesen in Nordamerika, 3 in Südamerika, 3 in Europa und 1 in Australien/Neuseeland, 22 Klöstern und 1 theologischen Ausbildungsstätte in Jordanville, ihrem geistigen Zentrum, das auch zwei Zeitschriften herausgibt. Außerdem haben sich ihr einzelne Gemeinden in Afrika, Asien, Europa und den USA unterstellt. Ihre Hierarchie (2 Metropoliten, 11 Erzbischöfe, 5 Bischöfe, 1 Vikarbischof) und 150000 Gläubige sind sich einig in ihrer Ablehnung des religionsfeindlichen Kommunismus, aber ihr Kirchenbegriff, ihr Anspruch, in ihren Synoden alle russischen Emigranten zu repräsentieren, und ihre isolierte Stellung in der Gesamtorthodoxie gefährden ihre Zukunft.

Die orthodoxe Kirche in Amerika, deren Anfänge in der russischen Alaskamission am Ende des 18. Jahrhunderts liegen, unternahm 1919 die ersten

[49] Sie nannte sich Karlowitzer Synodalkirche.

Schritte zu ihrer Verselbständigung, gab 1924 ihre Autonomie und 1970 ihre Autokephalie bekannt. Das Moskauer Patriarchat, das 1931 und später vergeblich die Verbindung mit ihr wiederherstellen wollte, erteilte sein Einverständnis, während das ökumenische Patriarchat es verweigerte. Metropolit Irenej (seit 1965 Erzbischof von New York, seit 1970 Ersthierarch der autokephalen Kirche) und die Heilige Synode leiten 11 Diözesen[50] (6 Metropoliten, 7 Bischöfe, 800000 Gläubige), 3 theologische Seminare, 4 Klöster und ein umfangreiches kirchliches Pressewesen. In der Liturgie werden neben Kirchenslawisch und Englisch Albanisch, Griechisch, Rumänisch, Spanisch und einheimische Sprachen Alaskas verwandt.

Emigrierte Weißrussen errichteten unter Berufung auf die vom Metropoliten Melchisedek 1922 in Minsk ausgerufene Autokephalie 1948 die weißrussisch-orthodoxe Kirche im Exil. Auf ihrem Konzil im Mai 1972 wählten 39 Delegierte aus Gemeinden in den USA, in Kanada, Belgien und England den Erzbischof Andrej von Cleveland zum Metropoliten, dem für die Seelsorge von 5000 Gläubigen ein Vikarbischof zugehört, und beschlossen eine Verfassung.

Die ukrainisch-orthodoxe Auslandskirche vereinigte 1973 drei ukrainische Kirchengruppen zu einer unabhängigen Einheit: Die ukrainisch-griechisch-orthodoxe Kirche in Kanada, die 1918 entstanden war und sich 1951 mit ihrem ersten Metropoliten Hilarion für autokephal erklärt hatte, wird seit 1975 vom Metropoliten Andrej (3 Diözesen in Kanada, 1 in Australien, 100000 Gläubige) verwaltet. Der seit 1969 amtierende Metropolit Mstyslav der autokephalen ukrainisch-orthodoxen Kirche im Exil (3 Diözesen in Australien, England und Westeuropa, 20000 Gläubige) ist seit 1971 auch Metropolit der ukrainisch-orthodoxen Kirche in USA und Südamerika (1 Erzbischof, 2 Bischöfe, 130000 Gläubige).

In den letzten Jahren tendieren alle orthodoxen Emigrantenkirchen nach einer zusammenfassenden Kirchenorganisation mit dem Ziel, ein Patriarchat für Amerika zu schaffen. Die Zugehörigkeit vieler Gemeinschaften zu ihren Mutterkirchen, das Beharren auf nationalen Eigenarten und die Verfestigung der im 20. Jahrhundert gewachsenen selbständigen Kirchen in Amerika lassen zur Zeit keine Aussicht auf Verwirklichung dieses Planes zu.

Die Orthodoxen sind sich der Tatsache ihrer Zersplitterung bewußt. Von einem gesamtorthodoxen Konzil[51], das schon Patriarch Athenagoras 1961 angeregt hatte, erwarten sie eine Klärung theologischer Grundfragen und Probleme der Seelsorge, der kirchenrechtlichen Organisation der Diaspora, ihrer

[50] Unter diesen befindet sich auch die albanische Erzdiözese von Amerika.

[51] *F.-W. Fernau*, Die Ostkirche im Vorfeld ihres Konzils. Konstitutionelle Gegenwartsprobleme der Orthodoxie, in: Ökumenische Rundschau 20 (1971) 140–157; *D. Papandreou*, Zur Vorbereitung der Panorthodoxen Synode, in: Una Sancta 29 (1974) 161–165; *R. Stupperich*, Die Heilige oder Große Orthodoxe Synode, in: Kirche im Osten 17 (1974) 180–181; *H.-J. Härtel*, Die erste vorkonziliare panorthodoxe Konferenz in Chambésy, in: Der christliche Osten 32 (1977) 83–89 und 92.

Beziehungen zueinander und zum ökumenischen Patriarchat, ihrer Ehrenrangordnung und Einstellung zur Ökumene. Die prosynodale Konferenz in Chambésy stellte 1971 einen Katalog von über hundert Themen auf, der 1974 in der orthodoxen Akademie in Kreta und auf der ersten präkonziliaren Konferenz in Chambésy 1976 eingeschränkt und präzisiert wurde.

Die morgenländischen (vorchalcedonensischen) Nationalkirchen

Zu dieser Gruppe gehören zwei nestorianische Kirchen und mehrere monophysitische Kirchen: die westsyrisch-jakobitische, die syrisch-orthodoxe in Indien mit ihren Abzweigungen, die koptische, äthiopische und die armenischen.

Die nestorianischen Kirchen

Die Apostolisch-katholische Kirche des Ostens, wie offiziell die Selbstbezeichnung der nestorianischen bzw. assyrisch-orthodoxen Kirche lautet, hat sich von der Krise, in die sie der Erste Weltkrieg gestürzt hatte, nicht mehr erholt. Nach dem Tode des Patriarchen Simon XX. Paul (1918–20) folgte ihm sein zwölfjähriger Bruder, Simon XXI. Jesse (1920–73), er wurde zunächst zur theologischen Ausbildung nach England geschickt. Die Assyrer, die sich im nördlichen Irak und im syrischen Grenzgebiet niedergelassen hatten, waren 1933–1936 im Irak neuen Verfolgungen ausgesetzt, viele wanderten in die USA aus. Seit 1940 residierte der Patriarch in Chicago, seit 1954 in San Francisco. 1961/62 besuchte er seine Gemeinden in Südindien, wo sich unierte Thomaschristen als Nachkommen der Anhänger des Bischofs Mellos 1907 der nestorianischen Kirche als Mellusianer angeschlossen hatten, im Libanon und Iran, während ihm die Einreise in den Irak und nach Syrien verweigert wurde. Es gelang ihm nicht, seine durch jahrzehntelange Abwesenheit erschütterte Autorität wiederzugewinnen. Als er 1964 ohne Synodalbeschluß von San Francisco aus durch die Verkürzung der Fastenzeit und Einführung des Gregorianischen Kalenders liturgische Neuerungen verfügte, entstand ein Schisma. Der mellusianische Bischof Thomas Darmo von Trichur wurde 1968 von seinen Gegnern zum Patriarchen gewählt, starb aber ein Jahr später. 1970 kam es zur Verständigung der irakischen Regierung mit den Nestorianern, die sich 1933 und 1961 am kurdischen Freiheitskampf beteiligt hatten. Alle in den letzten fünf Jahrzehnten enteigneten oder zerstörten Kirchen sollten ihnen wiedergegeben oder wiederhergestellt werden. Das Ansehen Simons XXI. Jesse schien sich nach seinem Besuch im Irak zu festigen. Die Kritik an seinem Auslandsaufenthalt verstummte aber nicht. Der Wunsch nach seinem Rücktritt verstärkte sich, als sich die Unzufriedenheit vieler Nestorianer im Übertritt zu der jakobitischen Kirche und den unierten Chaldäern bemerkbar machte. Der Patriarch legte 1973 sein

Amt nieder und heiratete im gleichen Jahr. Eine Synode im Libanon setzte ihn ab, laisierte ihn und entzog ihm die Verfügungsgewalt über alle Kirchengüter.

Damit gewann die nestorianische alte Kirche des Ostens Aussicht auf Zusammenfassung aller nestorianischen Gruppen im Irak, Iran, Libanon, in Indien, Syrien, der Türkei, UdSSR, den USA und auf der Insel Zypern (etwa 100000 Gläubige). Dieses Ziel erstrebt seit 1969 von Bagdad aus Katholikos-Patriarch Addai II.

Die monophysitischen Kirchen

Die westsyrisch-jakobitische Kirche untersteht dem Patriarchen von Antiochien und dem ganzen Orient. Der Titel erinnert an die Blütezeit der syrisch-orthodoxen Kirche im frühen Mittelalter. Die Patriarchen, die nach dem Ersten Weltkrieg die kirchlichen Verhältnisse im Vorderen Orient stabilisierten und sich mit der Autonomiebewegung der indischen Tochterkirche auseinandersetzen mußten, verlegten ihre Residenz von Diabekr 1932 nach Homs und 1959 nach Damaskus. Ignaz XXXVIII. Ephraem (1933–57) erwarb sich als Kirchenhistoriker, Gründer eines Priesterseminars, durch Schulbauten und den Druck liturgischer Bücher Verdienste. 1953 schuf er für die in die USA ausgewanderten Jakobiten eine eigene Eparchie. Sein Nachfolger Ignaz XXXIX. Jakob III. Severus (seit 1957) fügte durch wiederholte Visitationsreisen seine im Irak, in Jordanien, im Libanon, in Nord- und Südamerika, Südindien und im Bergland Tur 'Abdin im Südosten der Türkei liegenden Gemeinden mit etwa 120000 Gläubigen enger zusammen, nahm sich der in der Diaspora verstreuten türkischen Gastarbeiter in der Bundesrepublik Deutschland, den Niederlanden und der Schweiz an. Seit 1964 steht ihm ein Laienrat mit zwölf Mitgliedern zur Seite, der sich mit finanziellen, verwaltungstechnischen und schulischen Fragen befaßt. Außerdem trat er für eine Union aller monophysitischen Kirchen ein, knüpfte Kontakte mit Vertretern orthodoxer und anderer christlichen Kirchen. Die Errichtung von Gotteshäusern, Klöstern und Schulen sind Anzeichen einer gewissen Wiederbelebung dieser Patriarchatskirche.

Die syrischen Christen in Südindien, für die oft der Sammelname Thomaschristen benutzt wird, sind heute in fünfzehn verschiedene Gemeinschaften aufgespalten[52]. Auseinandersetzungen zwischen den jakobitischen Thomaschristen und dem westsyrischen Patriarchat von Antiochien führten 1911 zur Verselbständigung der syrisch-orthodoxen Malabar(Malankara)-Kirche[53]. Der indische Metropolit Dionysios VI. (1908–34), seit 1912 Katholikos des Ostens, billigte dem antiochenischen Patriarchen nur einen Ehrenprimat zu. Versöhnungsversuche zwischen beiden Kirchen scheiterten.

[52] *P. Verghese,* Die Syrischen Kirchen 11–14. Vgl. auch *P. J. Podipara,* a. a. O., 178–189.

[53] Malankara ist in der Majalajamsprache Bezeichnung für Malabar, die südwestindische Küstenebene, in der die meisten syrisch-orthodoxen Gläubigen leben. Malankara ist die Kurzform für „Malankara-orthodox-syrische Kirche".

Die unter Katholikos Mar Basileios III. Georg II. (1929–62, † 1964) erlassene Kirchenverfassung entzog dem Patriarchen jede Verwaltungsfunktion in Indien. Durch Jahrzehnte sich hinziehende Streitigkeiten und Prozesse um die Kirchengüter zwischen der Mehrheit der Gläubigen in der Malabarkirche und der Minderheit, die an der Verbindung mit dem Patriarchen festhielt, verursachten eine gespannte Atmosphäre. 1950 kam es zu einer gewissen Verständigung, die durch die Vorbereitungen auf die 1952 von allen christlichen Konfessionen gefeierte 1900-Thomas-Jahrfeier[54] verstärkt wurde. Die beiden miteinander ringenden Gruppen anerkannten 1955 den Patriarchen von Antiochien als höchste geistliche Autorität und einigten sich über die Unterstellung der Gläubigen in Südindien unter den in Kottayam residierenden Katholikos. Patriarch Ignaz XXXIX. Jakob III. Severus bejahte 1958 ihre Autonomie unter Katholikos Basileios III. Georg II. Der auf seinen Wunsch 1962 zum Verweser bestellte Basileios IV. Eugen I. (1964–75) wurde von ihm inthronisiert. Er widmete sich dem Ausbau kirchlicher Institutionen. Bei der Revidierung der Kirchenverfassung[55] wurde 1967 die Malabarkirche als Teil der syrisch-orthodoxen Kirche bezeichnet. Die auf dem Verhandlungswege erreichte Verständigung löste aber keineswegs die internen Schwierigkeiten zwischen den Anhängern des amtierenden Katholikos und dem antiochenischen Patriarchen; in mehreren Städten standen sich zwei rivalisierende Bischöfe gegenüber. Von den etwa 1,25 Millionen zählenden Gläubigen halten Dreiviertel seit 1975 zu Mar Basileios V. Matthäus I. und ein Viertel zu Mar Basileios Paul II., die beide den Titel Katholikos des Ostens und Metropolit von Malankara führen.

Außer der kleinen monophysitischen Kirche von Thozhijur (Andschur) in Nordkerala (4000 Gläubige), die sich um 1772 als unabhängige jakobitische Kirche von der syrisch-orthodoxen Mutterkirche trennte, ist noch die syrische Mar-Thomas-Kirche zu erwähnen. Bei ihrer Entstehung im 19. Jahrhundert spielten neben der Frage der Autonomie der angebliche Rückgriff auf die altchristliche Kirche des hl. Thomas, die Aufnahme reformatorischer Ideen, anglikanische Einflüsse und Veränderungen der Liturgie eine Rolle. Von diesen reformierten Jakobiten – auch Anglosyrer genannt –, deren 250000 Gläubige vom Metropoliten Yuhana Mar Thoma in Tiruvalla geleitet werden, spaltete sich 1961 die Evangelische St.-Thomas-Kirche in Indien ab, zu der etwa 2500 Anhänger in zehn Gemeinden gehören.

Die koptische Kirche unter dem „Papst und koptischen Patriarchen von Alexandrien und ganz Afrika" gewann trotz der politischen Veränderungen in Ägypten, des arabischen Nationalismus und der Erstarkung des Islams in den letzten Jahrzehnten an innerer Festigkeit. Unter dem Patriarchen Kyrill V. (1874–1927) erhielten die Kopten 1923 in der Verfassung die bürgerliche

[54] Der Apostel Thomas soll im Jahre 52 zu Mailapur bei Madras gelandet sein und mit der Mission begonnen haben.

[55] *P. Verghese*, Die Syrischen Kirchen 169–180.

Gleichstellung mit den Moslems; auch die 1956 proklamierte Verfassung garantierte die Gleichheit aller Bürger ohne Rücksicht auf die Religion, faktisch blieb aber der Islam die Staatsreligion Ägyptens. Seine Nachfolger mußten sich mit der Laienvertretung im Nationalrat (Maglis Milli) auseinandersetzen, der sein Mitspracherecht in der Kirchenverwaltung zu erweitern bestrebt war. Patriarch Johannes XIX. (1928–42) vermehrte die kirchlichen Schulen und die Drucklegung kirchenhistorischer und dogmatischer Veröffentlichungen. Mit Makarios III. (1944–45) wurde ein bewährter praktischer Seelsorger gewählt, der sich kirchlichen Reformbestrebungen gegenüber aufgeschlossen zeigte. Joasaph II. (1946–56) protestierte gegen den wachsenden moslemischen Fanatismus, der alle Nichtmohammedaner aus öffentlichen Stellungen verdrängen wollte, und regelte 1948 das Verhältnis zur äthiopischen Kirche. Als nach dreijähriger Sedisvakanz eine Einigung zwischen dem Nationalrat und der Heiligen Synode über die Wahl des neuen Patriarchen erzielt worden war, bestieg Kyrill VI. (1959–71) den koptischen Patriarchensitz. Er reorganisierte die kirchliche Verwaltung durch eine Reihe von Ausschüssen für Unterricht, Presse und Klöster. 1960 eröffnete er die neue koptische theologische Akademie in Kairo. Es gelang ihm, trotz der Beschlagnahme des größten Teiles der Kirchengüter durch die Regierung gute Beziehungen zum Staatspräsidenten Nasser (1956–70) aufrechtzuerhalten, der die Errichtung eines Patriarchatszentrums, den Neubau der St.-Markus-Kathedrale in Kairo finanziell unterstützte und an der Grundsteinlegung teilnahm. Seine Mitwirkung an der liturgischen Erneuerungsbewegung, in der sich die arabische Sprache durchgesetzt hatte, der Priester- und Mönchsausbildung, der Entspannung mit der äthiopischen Kirche, am Zustandekommen von Konferenzen mit monophysitischen und orthodoxen Kirchen, besonders an der monophysitischen Synode in Addis Abeba vom 7. bis 21. Januar 1965[56], den Einweihungsfeierlichkeiten der Markus-Kathedrale (24.–26. Juni 1968) und an der Seelsorge für ausgewanderte Kopten bezeugt die Vielfalt seines erfolgreichen Wirkens. Ihm folgte der seit 1962 für religiösen Unterricht und Erziehung verantwortliche Bischof Amba Schenucha als Patriarch Schenucha III. (seit 1971), er ordnete die Schulung der Priester und Mönche neu und baute die theologische Akademie aus. Er tritt wie sein Vorgänger für eine Annäherung der monophysitischen Kirchen und eine Wiederbegegnung des östlichen und westlichen Christentums[57] ein. Die koptische Kirche mit etwa 4 Millionen Gläubigen leidet zwar unter islamischer Unduldsamkeit, ihre Konsolidierung, die geistige Potenz ihrer Klöster, die Aufgeschlossenheit für moderne Probleme und ihre Missionierung unter den Mohammedanern verdienen Beachtung.

[56] Die Synode tagte unter dem Vorsitz Kyrills VI. Vgl. The Oriental Orthodox Churches Addis Ababa Conference, January 1965 (Addis Abeba 1965); *E. Hammerschmidt,* Die Kirchenkonferenz von Addis Abeba, in: Kirche im Osten 9 (1966) 13–21.

[57] Nach dem Besuch Schenuchas III. bei Papst Paul VI. im Mai 1973 wurde eine gemischte Kommission von Katholiken und Kopten gebildet, die im März 1974 ihre erste Generalversammlung abhielt.

Die äthiopische Kirche, eine der ältesten christlichen Landeskirchen, Tochterkirche des koptischen Patriarchates, erlangte durch die zielbewußten Bestrebungen Haile Selassies (1928–30 Negus, 1930–74 Kaiser, † 1975) 1959 ihre Autokephalie. Jahrzehntelang bemühte er sich, die Kräfte der religiösen Tradition seines Landes durch Straffung der äußeren Organisation und Reformen der Kirche für die Gegenwart fruchtbar zu machen. Er sorgte für den Druck liturgischer Bücher mit Texten in der Kirchensprache Geʿez und ihrer Übersetzung in die amharische Umgangssprache, die Gründung eines theologischen Seminars in Addis Abeba (1944), das 1961 als Theologische Fakultät in die Universität integriert wurde, und theologische Ausbildungsstätten in den einzelnen Eparchien, hob das Niveau der Chorsänger, Diakone, Mönche und drängte auf Predigttätigkeit.

Während die koptischen Patriarchen einen ägyptischen Mönch zum Metropoliten und Abuna (unser Vater) der gesamten äthiopischen Kirche bestimmten, wurden dem Abuna Kyrill (1926–50) fünf abessinische Mönche als Bischöfe zur Seite gestellt. Die Lösung der äthiopischen Kirche von der koptischen wurde durch die italienische Okkupation des Landes (1935/36), die eingeborene Würdenträger mit der kirchlichen Verwaltung betraute, und die zentralistische Reichsverwaltung des 1941 aus dem Exil zurückgekehrten Kaisers beschleunigt. Kyrill zog sich 1946 nach Ägypten zurück, er überließ 1948 dem einheimischen Etschegen Basileios, dem Oberhaupt aller Klöster, Mönche und Nonnen, die Kirchenverwaltung. Unter Abuna Basileios (1951–59) wurden die Zahl der äthiopischen Bischöfe erhöht, das Schul- und Caritaswesen ausgebaut. Auf Drängen des Kaisers Haile Selassie erhob ihn der koptische Patriarch Kyrill VI. zum Patriarchen und Katholikos von Äthiopien (1959–70). Ihm verblieben nur die oberste Leitung des Jurisdiktionsbezirkes des hl. Markus, das auch Äthiopien umfaßt, und das Recht der Weihe des äthiopischen Patriarchen. Neben der Intensivierung der Ausbildung von Priestern, Religionslehrern und Missionaren pflegte Patriarch Basileios die Beziehungen zu allen monophysitischen Kirchen[58]. Es gelang ihm, in der 1963 vom Lutherischen Weltbund in der Hauptstadt errichteten Rundfunkstation „Stimme des Evangeliums" und im Staatsrundfunk Sendezeiten für die Patriarchatskirche zu erhalten. In der Rundfunkarbeit stießen konservative und fortschrittliche Auffassungen aufeinander. Sein Nachfolger wurde Theophilos I. (Tewoflos, 1971–76). Sein Bestreben, die Kirchenreform weiterzuführen, wurde durch die Revolution 1974/75 erschwert, die Kaiser Haile Selassie absetzte und internierte (1974), die Privilegien der Staatskirche aufhob und ihren Großgrundbesitz enteignete. Der Patriarch protestierte gegen den neuen Verfassungsentwurf, der religiöse Gleichberechtigung für alle Äthiopier vorsah (40 Prozent Monophysiten, 35 Prozent Mohammedaner, 20 Prozent Heiden), sicherte aber dem Regime

[58] Auf der Synode in Addis Abeba 1965 (siehe oben Anm. 56) wurde über Mittel und Wege beraten, mehr junge Intellektuelle für den Dienst in der Kirche, missionarische Gruppen für die Verkündigung der frohen Botschaft und Unterweisung der Neugetauften zu gewinnen.

Unterstützung zu. Eine dem Episkopat auferlegte hohe Abgabe wurde vom niederen Klerus begrüßt; er versprach sich von den politischen und sozialen Umwälzungen eine Verbesserung der Lebensbedingungen der Kirche, die von der Bindung an das gestürzte Kaiserhaus belastet gewesen wäre. Diese „Volksgeistlichen" machten sich zum Teil Anregungen zu eigen, die die beiden ersten Patriarchen bereits weitergegeben hatten, u. a. Ausbau des Unterrichts, der Predigt, Aufnahme von Verbindungen zu Schwesterkirchen, aber auf den latenten Widerstand vieler Kleriker und Mönche gestoßen waren, zum Teil solidarisierten sie sich mit radikalen Reformforderungen. Theophilos I. konnte zwar die ausgebrochenen Gegensätze innerhalb der etwa 12 Millionen zählenden Gläubigen durch seine Persönlichkeit überbrücken, wurde aber durch Patriarch Malaku Walda Michael abgelöst.

Die armenisch-apostolische Kirche (gregorianische Kirche)[59] ist zur Zeit in die Katholikate von Etschmiadzin und Kilikien, die Patriarchate von Konstantinopel und Jerusalem sowie in eine weitverbreitete Diaspora aufgespalten. Als sich die Armenier im Ottomanischen Reich gegen ihre wachsende Unterdrükkung wehrten, wurden sie in sechs Pogromwellen (1894–1922, vor allem 1915/16)[60] von den Türken drakonisch unterjocht. Durch blutige Massaker, Deportationen nach Syrien und Mesopotamien, erzwungene Übertritte zum Islam und Auswanderungen verlor das Patriarchat von Konstantinopel zwei Drittel seiner Gläubigen; etwa 2050 Kirchen, 203 Klöster wurden niedergebrannt. Durch den Friedensvertrag von Sèvres (1920) wurde Armenien zwar wieder ein eigener Staat, der aber nur einen Monat lang seine Selbständigkeit behaupten konnte, er wurde zwischen der Türkei und der Räterepublik aufgeteilt.

Das Katholikat von Etschmiadzin, das seit 1836 der Kontrolle der russischen Staatskirche unterstand, gewann nach dem Umschwung in Rußland seine Unabhängigkeit für kurze Zeit wieder (1917–20). In der transkaukasischen Republik der UdSSR (1922) geriet die Kirche in den Sog der kommunistischen Herrschaft. Katholikos Kevork V. (Georg, 1912–30) wandte sich mit Erfolg gegen die vom Regime seit 1924/25 propagierte armenisch-reformierte Kirche, eine Parallele zur „Lebendigen Kirche"[61], der sich nur wenige Bischöfe anschlossen. Im Kirchenvolk fand sie fast kein Echo. Deshalb versuchte die Regierung, den Katholikos, „den höchsten Patriarchen aller Armenier", für die Gewinnung der Auslandsarmenier einzuspannen. Katholikos Choreń (1932–38), der schon als Verweser weitgehende Loyalitätserklärungen abgegeben hatte, er-

[59] Die Kirche nennt sich nach Gregorios dem Erleuchter († um 325), dem ersten Bischof von ganz Armenien. Vgl. *A. S. Atiya,* a. a. O., 317–322.

[60] *J. Bryce,* The treatment of Armenians in the Ottoman Empire 1915–16 (London 1916); *F. Nansen,* Betrogenes Volk. Eine Studienreise durch Georgien und Armenien als Oberkommissar des Völkerbundes (Leipzig 1928); *J. Lepsius,* Der Todesgang des armenischen Volkes (Potsdam [4]1930); *B. Brentjes,* a. a. O., 9–15.

[61] Siehe oben S. 486.

reichte die Wiedereröffnung einiger Gotteshäuser und die Zurückgabe des Kirchenvermögens zur Erhaltung der Kathedrale und der Klosteranlagen Etschmiadzins. Obwohl er in seinen Hirtenbriefen die Leistungen zur wirtschaftlichen und kulturellen Hebung Sowjetarmeniens begrüßte, wurde er ein Opfer der sich verschärfenden Kirchenverfolgung. Der seit 1938 amtierende Katholikos-Stellvertreter Kevork war machtlos gegen weitere Schließungen von Kirchen und Verhaftungen von Priestern. Im Zweiten Weltkrieg rief er die Armenier zur Sammlung für eine Panzereinheit auf. Stalin erlaubte seine Wahl zum Katholikos Kevork VI. (Georg, 1945–54), die Wiederaufnahme des Seminars in Eriwan – alle geistlichen Ausbildungsanstalten waren 1928 geschlossen worden – und das Erscheinen einer Zeitschrift. Die Appelle des Katholikos an die Auslandsarmenier, nach Sowjetarmenien zurückzukehren, seine Selbstbezeichnung als „Patriarch aller Armenien" statt des bisherigen Titels „aller Armenier", sein Führungsanspruch über sämtliche armenischen Jurisdiktionsbezirke und seine Zusammenarbeit mit der Moskauer Patriarchatskirche ermöglichten ihm die Weihe von zehn Bischöfen und eine gewisse Stabilisierung des kirchlichen Lebens, aber er konnte die schweren Einbußen[62], die die Kirche zwischen den beiden Weltkriegen erlitten hatte, nicht ausgleichen. Auf der Kirchenversammlung 1955/56, an der 97 Delegierte aus der Sowjetunion und 40 aus dem Ausland teilnahmen, wurde Vasgen, der armenische Oberhirte der bulgarisch-rumänischen Diözese, zum Katholikos gewählt. Als führendes Mitglied der Friedensbewegung in Rumänien und wegen seiner positiven Äußerungen über die Unterstützung des Armeniertums durch die Sowjetunion war er der Regierung genehm. Durch seine Auslandsreisen (1956–61), durch die von ihm 1962 nach Etschmiadzin einberufene Nationalsynode – von 137 Abgeordneten waren 87 aus dem Ausland angereist – und die dort 1969 tagende „Allarmenische Synode", die ein armenisch-orthodoxes Konzil vorbereiten sollte, band er die Patriarchate von Konstantinopel und Jerusalem enger an sein Katholikat, wenn es ihm auch nicht gelang, die erstrebte Annäherung an das Katholikat von Kilikien durchzusetzen. Der wendige Katholikos unternahm weitere Auslandsreisen, auf denen er die Beziehungen zu den ihm unterstehenden Diasporaeparchien verdichtete, Kontakte mit morgenländischen und abendländischen Kirchenfürsten anknüpfte und seiner Kirche zu internationalem Ansehen verhalf. Seine Berichte über den Aufschwung der Religiosität in Sowjetarmenien können nicht darüber hinwegtäuschen, daß seine Kirche (etwa 2–3 Millionen Gläubige) nur geringe Entfaltungsmöglichkeiten hat. Zum Katholikat gehören weitere 500000 Armenier im Irak, in Westeuropa, Nord-, Mittel- und Südamerika[63].

[62] Die Zahl der Kirchen ging 1915–1954 im europäischen Rußland von 1446 auf 89, in der Armenischen SSR von 491 auf 38, in Georgien von 287 auf 14, in Aserbeidschan von 473 auf 30 zurück. In der georgischen Hauptstadt Tiflis waren von den 28 armenischen Kirchen vor dem Ersten Weltkrieg nur noch 2 übriggeblieben. *W. Kolarz*, a. a. O., 166–167.

[63] Die Armenier in den USA unter einem Erzbischof in New York stehen nur in lockerer Abhängigkeit vom Katholikat von Etschmiadzin.

Die armenisch-apostolische Kirche des Katholikates von Kilikien, das für die Armenier im Libanon, in Nordamerika, in Syrien, im Iran und auf der Insel Zypern zuständig ist (600000 Gläubige), hat seine Selbständigkeit behauptet. Ihre Katholikoi residierten 1293–1921 in Sis, der Hauptstadt des mittelalterlichen kleinarmenischen Reiches Kilikien. Von den Türken verfolgt, flüchteten die Armenier nach Syrien und Libanon, wo sie sich in Antelias, nördlich von Beirut, ein neues Zentrum schufen. Ihre Nachfolger Garegin (1945–52) und Sarech I. (1956–63) rangen mit dem Katholikat von Etschmiadzin um die Sicherung und Ausdehnung ihrer Jurisdiktion, bis es dem seit 1963 amtierenden Katholikos Choreń gelang, seine Kirche innerlich und äußerlich zu festigen, Verbindungen mit den anderen monophysitischen Gemeinschaften, mit orthodoxen und abendländischen Kirchen aufzunehmen.

Das armenisch-gregorianische Patriarchat von Konstantinopel betreut zur Zeit 50000 Armenier in der Türkei[64]. Zum armenischen Patriarchat von Jerusalem gehören 6000 Gläubige in Israel und Jordanien. Beide Patriarchate sind ziemlich eng an das von Etschmiadzin angeschlossen.

Die morgenländischen Nationalkirchen haben in ihren ehrwürdigen Liturgien urchristliches Ideengut bis in die Gegenwart bewahrt. Durch die politischen Verhältnisse bedingt, lebten sie jahrhundertelang weithin isoliert. Erst im 20. Jahrhundert begegneten sie einander, lockerten die erstarrten Fronten zwischen ihnen und der Orthodoxie und begannen Dialoge mit der römisch-katholischen Kirche. 1971, 1973 und 1976 trafen sich monophysitische und katholische Theologen in Wien[65], um einer Wiedervereinigung der getrennten Kirchen den Weg zu bereiten. Im Mittelpunkt ihrer Diskussion standen die christologische Definition des Konzils von Chalcedon, über deren Formulierung eine übereinstimmende Interpretation erzielt wurde, Wert und Bewertung der ökumenischen Konzile und der „Petrusdienst“. Es zeichnen sich Anfänge des gegenseitigen Verständnisses der morgenländischen und orthodoxen Kirchen, des östlichen und westlichen Christentums ab. Wann und wie die Vielfalt der Ostkirchen in die von Christus im Hohepriesterlichen Gebet (Jo 17, 20–21) erflehte Einheit mündet, liegt auf einer anderen Ebene.

[64] Vor 1914 gab es in der Türkei 1700 Pfarreien und 1600 Kirchen, in der Mitte des 20. Jahrhunderts 42 Pfarreien und 38 Kirchen. W. *Kolarz*, a. a. O., 150.

[65] Die Beratungen fanden im Rahmen der Stiftung „Pro Oriente“ statt, die von Franz Kardinal König 1964 ins Leben gerufen worden war.

DRITTER ABSCHNITT

Die Kirche in den einzelnen Ländern

17. Kapitel

Die Kirche in Nord-, Ost- und Südosteuropa

Univ.-Professor Dr. Gabriel Adriányi, Bonn

LITERATUR: Verzichtet wurde auf die Aufstellung der zahlreichen Zeitschriften und auf ihre Beiträge im einzelnen. Allgemein: *F. Lama*, Papst und Kurie in ihrer Politik nach dem Weltkrieg (Illertissen 1925); *J. Schmidlin*, Papstgeschichte der neuesten Zeit, Bd. 3/4 (München 1936/1939); *A. Brunello*, La Chiesa del Silenzio (Rom 1953); *Vl. Gsovski* (Hrsg.), Church and State behind the Iron Courtain. Czechoslovakia, Hungary, Poland, Romania with an Introduction in the Soviet Union (New York 1955); *A. Galter*, Libro rosso della Chiesa perseguitata (Mailand 1956), dt.: Rotbuch der verfolgten Kirche (Recklinghausen 1957); *W. de Vries*, Kirche und Staat in der Sowjetunion (München 1959); *K. Hutten*, Christen hinter dem eisernen Vorhang. Die christliche Gemeinde in der kommunistischen Welt, 2 Bde. (Stuttgart 1962–1963); *W. Daim*, Der Vatikan und der Osten (Frankfurt a.M. 1967); *M. Lehmann* (Hrsg.), Die katholischen Donauschwaben in den Nachfolgestaaten 1918–1945 im Zeichen des Nationalismus (Donauschwäbische Beiträge, 59) (Freilassing 1972); *T. Beeson* (Hrsg.), Discretion and Valour. Religious conditions in Russia and Eastern Europe (Glasgow 1974); *L. Schöppe*, Konkordate seit 1800. Originaltext und deutsche Übersetzung der geltenden Konkordate (Dokumente, 35) (Frankfurt 1964); Die Religionsfreiheit in Osteuropa nach Helsinki. Recht und Wirklichkeit. Erfahrungen von Katholiken. Eine Dokumentation, hrsg. vom Institut Glaube in der 2. Welt (Küsnacht-Zürich 1977); Christen unter dem Kreuz. Beiträge zur Information über die gegenwärtige Bedrohung der Kirche in zahlreichen Ländern der Welt, hrsg. von der Pressestelle im Sekretariat der Deutschen Bischofskonferenz (Bonn 1976).

Die skandinavischen Länder: *J. O. Anderssen*, Survey of the History of the Church in Denmark (Kopenhagen 1930); *Fr. Siegmund-Schultze* (Hrsg.), Die skandinavischen Länder (Ekklesia. Eine Sammlung von Selbstdarstellungen der christlichen Kirchen) Bd. 2 und 2/8 (Leipzig 1936–1938); *P. G. Linhardt*, Den nordiske kirken historie (Kopenhagen 1945); *K. Harmer*, Bishop Josef Brems (Kopenhagen 1945); *H. Holzapfel*, Unter nordischen Fahnen (Paderborn 1955); *H. Holmquist*, Handbok i Svensk kyrkohistoria, 3 Bde. (Stockholm 1948–1952); *A. V. Palmquist*, Die römisch-katholische Kirche in Schweden nach 1781, 2 Bde. (Uppsala 1954–1958); *B. Gustafsson*, Svensk kyrkohistoria (Stockholm [2]1963); *I. Welle*, Norges Kirkehistorie (Oslo 1948); *E. Molland*, Church Life in Norway 1800–1950 (Minneapolis 1957); *H. Rieber-Mohn*, Catholicism in Norway (London 1959); *E. D. Vogt*, The Catholic Church in the North (Bergen 1962); *K. R. Brotherus*, Staat und Kirche in Finnland (Königsberg 1931); *G. Sentzke*, Die Kirche Finnlands (Göttingen 1935); *A. Inkinen*, L'Église catholique en Finland (Bourges 1936); *L. Pinomaa* (Hrsg.), Finnish Theology, Past and Present (Helsinki 1963); *G. Sentzke*, Finland. Its Church and Its People (Helsinki 1963).

Die baltischen Länder: *J. Mauclère,* La situation de l'Église en Lithuanie (Le Raincy 1950); *R. Wittram* (Hrsg.), Baltische Kirchengeschichte (Göttingen 1956); *A. Namsons,* Die Lage der katholischen Kirche in Sowjetlitauen, in: Acta Baltica 1 (1962) 120–130; *J. Aunver,* Estlands christliche Kirche der Gegenwart, in: ebd. 75–92; *K. Rukis,* Die Verfolgung der katholischen Kirche in Sowjetlettland, ebd. 93–109; *J. Klesment,* Sowjetische Kirchenpolitik in den besetzten baltischen Staaten, in: Acta Baltica 5 (1966) 112–126; *E. Dubnaitis,* Der totale Kampf gegen Religion und Geistlichkeit in den besetzten baltischen Ländern, in: ebd. 127–199; Chronik der kath. Kirche Litauens, in: ebd. 14 (1974) 9–123; Chronik d. Litauischen Kirche, ebd. 15 (1975) 9–101; Die neuesten Berichte und Dokumente über die Lage der Kirche in den baltischen Ländern, ebd. 16 (1976).

Die Sowjetunion: *A. M. Amman,* Abriß der ostslawischen Kirchengeschichte (Wien 1950); *C. N. Cianfarra,* The Vatican and the Kremlin (New York 1950); *J. S. Curtiss,* The Russian Church and the Soviet State 1917–1950 (Boston 1953), dt.: Die Kirchen in der Sowjetunion 1917–1956 (München 1957); *G. Prokoptschuk,* Der Metropolit. Leben und Wirken des großen Förderers der Kirchenunion Andreas Scheptytzkyj (München 1955); *M. Spinka,* The Church in Soviet Russia (New York 1956); *I. Wlasovsky,* Outline of the History of the Ukrainian Church (New York 1956); *A. Bogolepov,* Zerkov pod vlastin kommunisma (Kirche unter Herrschaft des Kommunismus) (München 1958); *W. de Vries,* Kirche und Staat in der Sowjetunion (München 1959); *B. Stasiewski,* Sowjetische Religionspolitik, in: Hochland 52 (1960) 315–324; *B. Ivanov* (Hrsg.), Religion in the USSR (München 1960); *A. Kischkowsky,* Die sowjetische Religionspolitik und die russische orthodoxe Kirche (München ²1960); *W. Kolarz,* Religion in the Soviet Union (New York 1961); dt.: Religionen in der Sowjetunion (Freiburg 1963); *C. Grunwald,* The Churches and the Soviet Union (New York 1962); *N. Struve,* Les Chrétiens en URSS (Paris 1963); dt.: Die Christen in der Sowjetunion (Mainz 1965); *B. Feron,* Gott in Sowjetrußland (Essen 1963); *B. Stasiewski,* Die Lage der christlichen Kirchen in der Sowjetunion, in: Sowjetunion. Werden und Gestalt einer Weltmacht, hrsg. von *H. Ludat* (Gießen ²1963) 259–280; *C. Korolevskij,* Métropolite André Szeptyckyj 1865–1944 (Rom 1964); *K. G. Kindermann,* Rom ruft Moskau (Baden-Baden 1965); *W. Leonhardt,* Kreml und der Vatikan (Hannover 1965); *M. Mourin, Der* Vatikan und die Sowjetunion (München 1967); *W. Daim,* Der Vatikan und der Osten (Wien 1967); *J. Madey,* Kirche zwischen Ost und West. Beiträge zur Geschichte der Ukrainischen und Weißruthenischen Kirche (Monographien, 15) (München 1969); *N. Theodorowitsch,* Religion und Atheismus in der UdSSR. Dokumente und Berichte (München 1970); *A. Martin,* Die Gläubigen in Rußland. Die offizielle Kirche in Frage gestellt. Dokumentation der Christenverfolgung in der Sowjetunion (Luzern, München 1971); *E. Winter,* Rom und Moskau. Ein halbes Jahrtausend in ökumenischer Sicht (Wien 1972); *ders.,* Die Sowjetunion und der Vatikan, 3. Teil: Rußland und das Papsttum (Quellen und Studien zur Geschichte Osteuropas, Bd. 6, Teil 3) (Berlin 1972); *D. Konstantinow,* Die Kirche in der Sowjetunion nach dem Kriege (München, Salzburg 1973); *G. Simon,* Kirchen und Religionsgemeinschaften, in: Länderberichte Osteuropa I, Sowjetunion, hrsg. vom Koordinationsausschuß deutscher Osteuropa-Institute (München 1974) 320–330; Sowjetunion 1974/75, hrsg. vom Bundesinstitut f. ostwissenschaftl. u. internationale Studien (Wien, München 1975) bes. 76–81.

Polen: *W. Meysztowicz,* L'Église catholique en Pologne entre deux guerres 1919–1939 (Vatikanstadt 1944); *W. Bieńkowski,* Polityka Watykanu wobec Polski [Die Politik des Vatikans gegenüber Polen] (Warschau 1949); *E. Ligocki,* Między Watikanem a Polska (Zwischen dem Vatikan und Polen) (Warschau 1949); *J. Szułdrzyński,* Polozenie Kosciola w Polsce (Die Lage der Kirche in Polen), in: Kultura 5 (1953) 5–49; *St. Wielkowski – W. Czarnecki,* Kościół katolicki w Polsce Ludowej (Die katholische Kirche in Volkspolen) (Warschau 1953); *K. Papée,* Pius XII. a Polska 1939–1949 (Pius XII. und Polen 1939–1949) (Rom 1954); *W. Zylinski – B. Wierzbianski* (Hrsg.), White Paper on the Persecution of the Church in Poland (London 1954); *C. Naurois,* Dieu contre Dieu? Drames des catholiques progressistes dans une église du silence (Fribourg, Paris 1956); *J. Umiński,* Historia Kościóla (Kirchengeschichte), hrsg. von W. Urban, 2 Bde. (Oppeln [4]1959–1960); *B. Stasiewski,* Die Kirchenpolitik der Nationalsozialisten im Warthegau 1939–1945, in: Vierteljahrhefte für Zeitgeschichte 7 (1959) 46–74; *B. Stasiewski,* Die römisch-katholische Kirche, in: Osteuropa-Handbuch, Polen, hrsg. von *W. Markert* (Köln, Graz 1959) 103–108; *B. Stasiewski,* Die Kirchenpolitik der polnischen Regierung, ebd. 356–366; *ders.,* Die Jahrtausendfeier Polens in kirchengeschichtlicher Sicht, in: Jahrbücher für Geschichte Osteuropas, NS. 8 (1960) 313–329; *P. Lenert,* L'Église catholique en Pologne (Paris 1962); dt.: Die Wahrheit über die katholische Kirche in Polen (Berlin 1965); *F. Manthey,* Polnische Kirchengeschichte (Hildesheim 1965); *H. Holzapfel,* Das katholische Polen heute (München 1967); *J. J. Zatko* (Hrsg.), The Valley of Silence. Catholic Throught in Contemporary Poland (Notre Dame-London 1967); *B. Stasiewski,* Kirchen und Religionsgemeinschaften, in: Länderberichte Osteuropa, II. Polen, hrsg. vom Koordinationsausschuß deutscher Osteuropa-Institute (München/Wien 1976) 241–261.

Die Tschechoslowakei: *F. Dvornik,* Évolution de l'église catholique en Tchécoslovaquie depuis la guerre, in: Le Monde slave 7 (1930) 260–275; *F. Siegfried-Schultze* (Hrsg.), Die Kirchen der Tschechoslowakei (Ekklesia. Eine Sammlung von Selbstdarstellungen der christlichen Kirchen, 5) (Leipzig 1937); *R. Urban,* Die slavisch-nationalkirchlichen Bestrebungen in der Tschechoslowakei (Leipzig 1938); *L. Němec,* Church and State in Czechoslovakia. Historically, Juridically and Theologically Documented (New York 1955); *A. Michel,* Problèmes religieux dans un pays sous régime communiste (Paris 1955); dt.: Religiöse Probleme in einem Lande unter kommunistischer Herrschaft (Königstein o. J.); *T. J. Zubek,* The Church of Silence in Slovakia (Whinting/Ind. 1956); *V. Chalupka,* Situation of the catholic Church in Czechoslovakia (Chicago 1960); *J. Inovecky,* Golgotha ist ganz nahe. Passion der Ordensschwestern in der Tschechoslowakei (Fribourg 1967); Kirche, Recht und Land. Festschrift Weihbischof Prof. Dr. Adolf Kindermann dargeboten zum 70. Lebensjahre, hrsg. von *K. Reiß* und *H. Schütz* (Königstein, München 1969); *J. Hopfner,* Kirche in der ČSSR (München [2]1970); *R. Urban,* Die tschechoslowakische hussitische Kirche (Marburger Ostforschungen, 34) (Marburg 1973); *J. Mareckova,* Duchovné prudy v našej Republike, Bd. 2: Prudy cirkevné (Sammel- und Fotoband über alle Kirchen und Religionsgemeinschaften in der ČSSR) (Preßburg 1926); Tisic let pražského biskupstvi 973–1973 (Tausend Jahre Prager bistum), hrsg. von Ceska Kath. Caritas (Prag 1973); *F. Seibt* (Hrsg.), Bohemia Sacra. Das Christentum in Böhmen 973–1973 (Düsseldorf 1974). Darin besonders folgende Beiträge: *H. Slapnicka,* Die Kirchen in der Ersten Republik, 333–344; *B. Černy,* Die Kirchen im Protektorat 1939–1945, 345–354; *H. Lemberg,* Die Kirche in unserem Jahrhundert 1918–1973, 26–32; *V. Svoboda,* Die innere Entwicklung des tschechischen Katholizismus in den letzten hundert Jahren, 162–174; Situation der katholischen Kirche in der Tschechoslowakei. Dokumente, Berichte. Hrsg. von der Schweizerischen National-Kommission Justitia et Pax (Freiburg i. Ue. 1976).

Ungarn: Weißbuch. Vier Jahre Kirchenkampf in Ungarn, hrsg. im Auftrage von Kardinal Josef Mindszenty (Zürich 1949), auch franz. und engl.; *Ambord,* Der Vatikan und die Kirche hinter dem Eisernen Vorhang. Dokumente und Kommentare zum Budapester Geschehen (Vatikanstadt 1949); Mindszenty-Dokumentation, hrsg. von *J. Vecsey* und *J. Schwendemann,* 3 Bde. (St. Pölten 1956–1959); *Z. Nyisztor,* Ötven esztentdö. Századunk katolikus megujhõdása (Fünfzig Jahre. Die ungarische katholische Erneuerung in unserem Jahrhundert) (Wien 1962); *J. Vecsey* (Hrsg.), Kardinal Mindszenty. Beiträge zu seinem siebzigsten Geburtstag (München 1962); *J. Lévai,* Geheime Reichssache. Papst Pius XII. hat nicht geschwiegen. Berichte, Dokumente, Akten zusammengestellt aufgrund kirchlichen und staatlichen Archivmaterials (Köln-Müngersdorf 1966); *E. András – J. Morel,* Bilanz des ungarischen Katholizismus. Kirche und Gesellschaft in Dokumenten, Zahlen und Analysen (München 1969); *M. Beresztóczy,* A katolikus békemozgalom husz éve (Zwanzig Jahre katholische Friedensbewegung) (Budapest 1970); *A. Meszlényi,* A magyar hercegprimások arcképsorozata 1707–1945 (Biographien der ungarischen Fürstprimasse 1707–1945) (Budapest 1970); *A. Csizmadia,* Rechtliche Beziehungen von Staat und Kirche in Ungarn vor 1944

(Budapest 1971), siehe dazu die Rezension von *G. Adriányi,* in: Ungarn-Jahrbuch 4 (1972) 208–210; *J. Staber,* Die katholische Kirche in Ungarn seit 1918, in: Der Donauraum 18 (1973) 200–219; *G. Salacz,* A magyar katolikus egyház a szomszédos államok uralma alatt (Die ungarischen Katholiken in den Nachfolgestaaten 1918–1970), Dissertationes Hungaricae ex historia Ecclesiae, 3 (München 1975); *J. Mindszenty,* Erinnerungen (Frankfurt, Berlin, Wien 1974); *G. Adriányi,* Fünfzig Jahre ungarischer Kirchengeschichte 1895–1945 (Studia Hungarica, 6) (Mainz 1974); Handbuch des ungarischen Katholizismus, hrsg. vom Ungarischen Kirchensoziologischen Institut (Wien 1975); *J. Közi-Horváth,* Kardinal Mindszenty (Königstein 1976).

Rumänien: *N. Pop,* Kirche unter Hammer und Sichel. Die Kirchenverfolgung in Rumänien 1945–1951 (Berlin 1953); *A. Mircea,* Persecución comunista de la Religión en Romania (Madrid 1954); *P. Gherman,* L'âme roumaine écartelée. Faits et documents (Paris 1955); *E. Janin,* Istoria Bisericii Romine (Geschichte der Kirche in Rumänien), 2 Bde. (Bukarest 1957–1958); *P. Tocanel,* Storia della Chiesa cattolica in Romania (Padua 1960); *Fl. Popan,* Die heutige Lage der rumänischen Katholiken, in: Ostkirchliche Studien 11 (1962) 183–192; *R. Grulich,* Zur Lage der Kirche in Rumänien, in: Informationsdienst des Katholischen Arbeitskreises für zeitgenössische Fragen e.V. Nr. 76 (1976) 68–77.

Jugoslawien: *A. Hudal,* Die serbische-orthodoxe Nationalkirche (Graz 1922); *K. S. Graganovic,* Le système général de l'église en Jougoslavie (Sarajevo 1939); *H. Schwalm – J. Matl – B. Spuler – L. Müller,* Kirchen und Glaubensgemeinschaften in Jugoslawien, in: Osteuropa-Handbuch, Jugoslawien, hrsg. von *W. Markert* (Köln, Graz 1954) 173–191; *W. de Vries,* Une église du silence. Catholiques de Jougoslavie (Paris, Brügge 1954); *D. M. Slijepčević,* Istoria Srbske Pravoslavne Crkve (Geschichte der serbischen orthodoxen Kirche) (München 1962); *G. Stadtmüller,* Die Kirchen und Konfessionen Jugoslawiens, in: Jugoslawien zwischen West und Ost, hrsg. von *H. Ludat* (Gießen 1963) 37–55; *R. Stupperich* (Hrsg.), Kirche und Staat in Bulgarien und Jugoslawien (Witten 1971); *J. Buturac – A. Ivandija,* Povijest katolicke crkve medu Hrvatima (Geschichte der katholischen Kirche unter den Kroaten) (Zagreb 1973); *A. Rauch,* Kirchen und Religionsgemeinschaften, in: Südosteuropa-Handbuch, Bd. 1: Jugoslawien, hrsg. von *K. D. Grothusen* (Göttingen 1975) 345–359.

Bulgarien: *D. M. Slijepčević,* Die bulgarische orthodoxe Kirche (München 1957); *A. Galter,* Rotbuch der verfolgten Kirche (Recklinghausen 1957) 241–253; *M. Zambonardi,* La chiesa autocefala bulgara (Görz 1960); *I. Sofranov,* Histoire du mouvement bulgare vers l'église catholique au XIXe siècle (Rom 1960); *R. Stupperich* (Hrsg.), Kirche und Staat in Bulgarien und Jugoslawien (Witten 1971); *Ch. Ognjanoff,* Bulgarien (= Kultur der Nationen, 22) (Nürnberg 1975) bes. 130–143, 480–482; Cerkvi i izpovedania v Narodna Republika Bulgaria (Kirchen und Religionsgemeinschaften in der Volksrepublik Bulgarien), hrsg. vom Sinodalno izdatelstvo (Sofia 1975).

Albanien: *G. Petrotta,* Il cattolicesimo nei Balcani. L'Albania, in: La Tradizione 1 (1928) 165–203; *N. Borgia,* I monaci basiliani d'Italia in Albania, 2 Bde. (Rom 1935–1942); *W. de Vries,* Die Kirche in Albanien, in: StdZ 149 (1951/52) 467; *A. Galter,* Rotbuch der verfolgten Kirche (Recklinghausen 1957) 221–253; *B. Tönnes,* Religionskampf in Albanien, in: Informationsdienst des katholischen Arbeitskreises für zeitgeschichtliche Fragen e. V., Nr. 74 (1975) 73–81.

Das Ende des Ersten Weltkrieges brachte für Nord-, Ost- und Südeuropa fundamentale Umwälzungen. Auf dem Trümmerfeld des zerschlagenen Habsburgerreiches und des Zarenreiches entstanden neue oder stark veränderte Nationalstaaten, die sich bei ihrer Reorganisation und beim Aufbau ihrer neuen Struktur der Hilfe der Religionsgemeinschaften bedienten. In den überwiegend katholischen Ländern, wie Litauen, Polen, Ungarn, blühte folglich der Katholizismus auf, während in den Ländern mit der Mehrheit orthodoxer Bevölkerung, wie Rumänien, Jugoslawien, Bulgarien, die selbständigen Ostkirchen[1] eine führende Stellung erlangten. Doch sowohl in diesen Staaten als auch in der Tschechoslowakei, die einen gewissen Sonderfall darstellte, ferner in den skandinavischen und baltischen Ländern mit protestantischer Mehrheit konnte sich die katholische Kirche dank den bürgerlichen Demokratien frei entfalten. Nur die Sowjetunion bildete eine Ausnahme. Denn ihre kommunistische, streng antireligiöse Ideologie führte zu einem beispiellosen Kirchenkampf, der nach dem Zweiten Weltkrieg infolge der sowjetischen Machtübernahme in elf Ländern auf ganz Ost- und Südosteuropa, nahezu auf 70 Millionen Katholiken, ausgedehnt wurde. Erst seit Anfang der 1960er Jahre entspannte sich die Lage im Zuge der internationalen Politik allmählich. Den offenen Kirchenkampf löste die langfristige Methode der inneren Ausdörrung der Kirche ab. Die geänderte internationale Lage ermöglichte aber auch dem Heiligen Stuhl, durch eine neuorientierte Politik der bedrängten Kirche im Osten zu Hilfe zu eilen.

Die skandinavischen Länder

Der Katholizismus in Dänemark konnte seinen an der Jahrhundertwende begonnenen Aufstieg nach dem Ersten Weltkrieg ungehindert fortsetzen. Infolge zahlreicher und bedeutender Konversionen wuchs die Zahl der Gläubigen innerhalb von 18 Jahren von 3000 auf 15000 und im Jahre 1938 auf 22000 bei 4,2 Millionen protestantischer Bevölkerung. Dank der innenpolitischen Verhältnisse entfaltete die Kirche eine rege Aktivität in der Pfarrseelsorge, Caritas, Presse und Jugendseelsorge. Neue Kirchen (30), Kapellen, Schulen (7), Krankenhäuser (9) wurden errichtet. Die Zahl der Katholiken stieg auch auf den dänischen Inseln. Der Heilige Stuhl gründete 1923 eine *Apostolische Präfektur in Island*, die 1929 zum Apostolischen Vikariat erhoben wurde, seit 1968 Diözese Reykjavik. Von der erlangten Stärke und Bedeutung des dänischen Katholizismus gaben große kirchliche Feiern und Veranstaltungen[2] kund. Die deutsche Besetzung Dänemarks (1940–1945) brachte die Kirche in Bedrängnis, besonders in wirtschaftlicher Hinsicht. Doch konnte sich die katholische Erneuerung nicht nur behaupten, sondern sich noch weiterentwickeln. Während und nach dem Zweiten Weltkrieg nahm Dänemark vorübergehend etwa 250000 Flüchtlinge, darunter 24000 Katholiken, auf, was besonders der Caritas einen Aufschwung gab. Der günstigen Entwicklung der Nachkriegsjahre entsprechend erhob Pius XII. 1953 Kopenhagen zur Diözese und unterstellte sie unmittelbar dem Heiligen Stuhl. Seitdem

[1] Vgl. die Ausführungen in Kap. 16 (Seite 474ff).

[2] 1923: Besuch des Kardinals Willem van Rossum, 1926: St.-Ansgar-Jahr, 1932: Eucharistischer Kongreß in Kopenhagen, 1935: St.-Knut-Jahr; vgl. dazu: *W. van Rossum*, Die religiöse Lage der Katholiken in den nordischen Ländern (München 1924).

zeigt der dänische Katholizismus weiterhin eine rege Aktivität, vor allem in der Seelsorge, Erziehung und im Sozialdienst.

Weniger günstig konnte sich die katholische Mission wegen des starken lutherischen Staatskirchentums, der Fremdheit des Katholizismus sowie wegen der großen Diaspora in Schweden entwickeln. Durch unermüdliche Missionsarbeit, vor allem jedoch durch Einwanderung katholischer Flüchtlinge (ca. 20000) während und nach dem Zweiten Weltkrieg besonders aus Osteuropa, konnte sich die Lage der Kirche allmählich verbessern. Im Zuge der Errichtung der selbständigen skandinavischen Hierarchie erhob Pius XII. 1953 auch das Apostolische Vikariat Stockholm zum Bistum. Zwar erlangte die Kirche in der jüngsten Zeit eine größere Bedeutung, indem sie 1974 bereits 63063 Gläubige, 26 Pfarreien, 115 Diözesanpriester, 77 Ordensmänner und 230 Ordensschwestern zählte, doch stehen nach wie vor einer umfangreicheren Missionierung die alten Schwierigkeiten[3] entgegen.

Ähnlich wie in Schweden konnte die katholische Mission in Norwegen erst in der jüngsten Zeit infolge Einwanderungen und Konversionen größere Bedeutung erlangen. Hier wuchs die Zahl der Katholiken 1974 bei 3,6 Millionen Bevölkerung auf 9127, die in 17 Pfarreien von 20 Priestern, 34 Ordensmännern und 382 Ordensschwestern betreut wurden. Pius XII. gründete 1953 auch hier eigene Kirchenorganisation: aus dem 1931 ins Leben gerufenen Apostolischen Vikariat das Bistum Oslo sowie zwei weitere Apostolische Vikariate. Die Katholiken stellen in Norwegen zwar eine sehr kleine Minderheit inmitten der Diaspora dar, doch ihr religiöses Leben ist beispielhaft eifrig.

Gleich Schweden und Norwegen hat die katholische Kirche in Finnland nur eine kleine Zahl von Gläubigen (1974: 2959), die unter 4,6 Millionen Protestanten zerstreut leben. Auch hier errichtete Pius XII. 1955 eine eigene Hierarchie, das Bistum Helsinki, nachdem die finnischen Katholiken bereits 1920 vom Erzbistum Mohilew getrennt wurden und ein eigenes Vikariat erhalten hatten. Die Kirche erfreut sich in Finnland trotz einiger Einschränkungen[4] freier Aktivität[5].

Die baltischen Länder

Die am 2. April 1918 proklamierte, aber erst am 26. Januar 1921 völkerrechtlich anerkannte Republik Estland umfaßte bei ihrer Verselbständigung 47549 qkm mit rund 1,1 Millionen Bevölkerung, von der jedoch 77,6 Prozent dem Luthertum und nur 2327 (0,2 Prozent) der katholischen Kirche angehörten. Die letzteren wurden 1940 in sechs Pfarreien von elf Priestern und etwa 20 Ordensmännern und -schwestern betreut. Da die Gläubigen früher dem rus-

[3] Z.B. fehlende finanzielle Mittel, große Entfernungen, protestantisches Milieu.

[4] Z.B. ist die Gründung von Klöstern verboten.

[5] Zu den skandinavischen Missionen vgl. die Jahrbücher des St.-Ansgarius-Werkes, St. Ansgar, hrsg. vom Vorstand des St.-Ansgarius-Werkes Köln und des St.-Ansgar-Werkes München.

sischen Erzbistum Mohilew unterstanden, wurde für sie 1925 eine eigene Apostolische Administratur unter Leitung eines Titularbischofs errichtet. Die erste sowjetische Besetzung (1940), dann die Eingliederung Estlands nach dem Rückzug der deutschen Besatzung in die UdSSR (1945) sowie die Durchführung der sowjetischen Religionspolitik zerstörte die Organisation und das Leben der Kirche in Estland vollständig.

Ähnlich wie Estland entstand die Republik Lettland am 18. November 1918 infolge des Zusammenbruchs des russischen Reiches, erlangte aber wie jenes erst am 26. Januar 1921 die völkerrechtliche Anerkennung. Der neue Staat hatte 65 791 qkm Gesamtfläche mit 1,8 Millionen Bevölkerung. Die Mehrheit der Bevölkerung war lutherisch (58 Prozent), die Zahl der Katholiken betrug aber hier im Jahre 1930 450210 Seelen (23,69 Prozent). Für sie stellte der Heilige Stuhl bereits 1918 das alte Bistum Riga wieder her und entließ sie aus den früheren Diözesanverbänden Mohilew und Kaunas. Auf Grund der Religionsfreiheit und des staatlichen Entgegenkommens konnte sich die Kirche schnell entfalten. Es entstanden religiöse Einrichtungen, Vereine, Seminare, eine Katholisch-Theologische Fakultät und eine beachtliche katholische Presse. Um die Kirchenorganisation weiter auszubauen und das Verhältnis von Staat und Kirche zu klären, führte Lettland seit 1920 Verhandlungen mit dem Heiligen Stuhl. Diese endeten am 30. Mai 1922 mit dem Abschluß eines Konkordates[6]. Das Konkordat gewährte der Kirche volle Entfaltungsmöglichkeit und rief das Erzbistum Riga sowie das Suffraganbistum Kurland-Semgallen mit Sitz in Liepaja (Libau) ins Leben. Der Ausbruch des Zweiten Weltkrieges, die Kriegsereignisse, der Zwangsanschluß des Landes an die UdSSR (21. Juni 1940) und die Sowjetherrschaft machten auch hier dem blühenden Leben der Kirche ein baldiges Ende. Alle kirchlichen Organisationen wurden verboten, Bischöfe inhaftiert. Die Zahl der Priester sank von 207 (1944) auf 143 (1967). Nach 1963 entspannte sich die Lage ein wenig. So konnte der einzige Generalvikar für die beiden Diözesen Riga und Libau am Zweiten Vatikanischen Konzil teilnehmen und 1964 in Rom die Bischofsweihe erhalten.

Litauen erklärte seine staatliche Souveränität am 16. Februar 1918, wurde aber, nachdem Polen das litauische Wilna und Litauen das unter polnischer Hoheit stehende Memelgebiet besetzt hatten, erst am 8. Mai 1924 völkerrechtlich anerkannt. Die Republik umfaßte 58810 qkm mit 2,3 Millionen Bevölkerung, von der 1,7 Millionen Katholiken waren. Sie lebten in zwei Diözesen und hatten im Jahre 1929 in 388 Pfarreien 1072 Priester[7]. Obwohl die überwiegende Mehrheit der Bevölkerung katholisch war und die Kirche die litauische Eigenstaatlichkeit in der jüngsten Vergangenheit nach Kräften förderte, kam es zwischen Litauen und dem Heiligen Stuhl wegen der Wilna-Frage zu wiederholten Auseinandersetzungen. Als das polnische Konkordat 1925 das Bistum

[6] AAS 14 (1922) 577–581.
[7] Davon waren 38 Ordenspriester.

Wilna bei Polen beließ, wurden die 1920 aufgenommenen diplomatischen Beziehungen zwischen Litauen und dem Vatikan abgebrochen. Pius XI. schuf am 4. April 1926 mit der Bulle „Lituanorum gente“[8] eine litauische Kirchenprovinz. Er erhob Kaunas zum Erzbistum und unterstellte ihm vier neue Diözesen sowie eine Prälatur nullius. Da dies jedoch ohne vorherige Verhandlung mit der litauischen Regierung erfolgte, erkannte die Regierung die päpstliche Bulle nicht an. Die langen und schwierigen Verhandlungen zwischen dem Heiligen Stuhl und Litauen führten am 10. Dezember 1927 zum Abschluß eines Konkordates[9]. Es stellte die diplomatischen Beziehungen zwischen dem Vatikan und der Republik wieder her, garantierte die volle Freiheit der Kirche und bestätigte die neue litauische Kirchenorganisation. Das kirchliche Leben blühte auf. 1939 gab es bereits 800 Pfarreien, über 1500 Priester und in vier Seminarien und an einer Katholisch-Theologischen Fakultät 600 Priesterkandidaten. Auch die katholische Presse und das Ordenswesen erneuerten sich kräftig. Dieser Entwicklung bereiteten die politischen Konflikte ab 1938, der Zweite Weltkrieg, der Einmarsch der sowjetischen Armee nach dreijähriger deutscher Besetzung (1941–1944) sowie die Eingliederung Litauens in die UdSSR (3. August 1940) ein jähes Ende. Die neuen Machthaber kündigten 1940 das Konkordat und leiteten dieselben Maßnahmen ein wie in den beiden anderen baltischen Staaten. Dazu kam noch eine Massendeportation, die nicht nur die ganze Hierarchie, einen großen Teil des Klerus, sondern auch ein Drittel der katholischen Bevölkerung Litauens vernichtete. 1955 gab es nur noch einen amtsbehinderten Bischof und 75 Seminaristen. Die Zahl der Priester sank 1969 auf 834, von denen 300 das Alter von 60 Jahren überschritten hatten.

Nach 1963 entspannte sich die Lage ein wenig. 1965 konnten ein litauischer Kapitelsvikar in Rom, 1968 ein litauischer Priester in seiner Heimat und 1969 zwei weitere Geistliche zu Bischöfen geweiht werden. 1967 durften zwei Bischöfe nach Rom reisen. Wie unfrei jedoch die Kirche in der Sozialistischen Sowjetrepublik Litauen ist, beweisen die neuerlichen Protest- und Beschwerdebriefe litauischer Katholiken und Priester, die teilweise auch im Westen bekanntgeworden sind[10].

Die Sowjetunion

Als 1918 beim Zusammenbruch des Zarenreiches die bolschewistische „Russische Sozialistische Föderative Räterepublik“, dann 1922 die „Union der Sozialistischen Sowjetrepubliken“ (UdSSR) entstand, gab es im neuen Staat nur noch eine schwindende katholische Minderheit. Denn die Zahl der römischen

[8] AAS 18 (1926) 121–123.
[9] AAS 19 (1927) 425–431.
[10] Vgl. HK 26 (1972) 339–345.

und unierten Katholiken verringerte sich infolge der Verselbständigung Polens und der baltischen Länder von 15 auf 1,6 Millionen, die nunmehr unter 78 Millionen Andersgläubigen (davon 71 Prozent Orthodoxe) lebten. Die Katholiken des römischen Ritus, meist Ausländer oder Nichtrussen, waren in Rußland selbst dem Erzbistum Mohilew und seinen vier Suffragandiözesen unterstellt und wurden insgesamt etwa von 4600 Priestern in 4234 Kirchen und 1978 Kapellen seelsorgerisch betreut. Die neuen Staatsgrenzen ließen aber nur noch das Erzbistum [11] und zwei weitere Diözesen sowie das Apostolische Vikariat für Krim, Kaukasus und Sibirien, die Apostolische Administratur des armenischen Ritus und das Exarchat des slawisch-byzantinischen Ritus in ihrem alten Umfang bestehen.

Die neuen Machthaber proklamierten am 23. Januar 1918 die Trennung von Kirche und Staat und begannen unverzüglich mit der Auflösung der Organisation der katholischen Kirche. Bis 1923 wurden alle Bischöfe verhaftet, ausgewiesen oder erschossen. Mit der Hierarchie hörte auch die normale Kirchenverwaltung auf. Auch die Zahl der Priester ging durch natürliche und gewaltsame Todesfälle, Deportationen und Verhaftungen sowie durch Verhinderung des Priesternachwuchses rapide zurück. Alle Priesterseminarien, so auch die bedeutende Petersburger geistliche Akademie [12], wurden aufgelöst. Die meisten Gotteshäuser und Kapellen wurden geschlossen oder profanisiert. In wenigen Jahren war das äußere religiöse Leben der Kirche vollständig zerschlagen.

Der Heilige Stuhl ließ angesichts dieser Situation nichts unversucht, die Zerstörung der Kirche aufzuhalten. Wiederholte diplomatische Interventionen erreichten aber nur die Freilassung und Ausweisung der Erzbischöfe Eduard von Ropp (1920) und Johannes Cieplak (1923). Die päpstliche Hilfsmission in der von Hungersnot betroffenen UdSSR, die unter Mitwirkung der Steyler Missionare und mit einer Spende von etwa zwei Millionen Dollar 1922–1924 durchgeführt wurde [13], erfüllte nicht die an die Hilfeleistungen geknüpften missionarischen Hoffnungen. Die Behörden verwehrten nach wie vor auch der Caritas jegliche kirchliche Aktivität.

Wegen der schweren kirchenpolitischen Lage und der großen Umwälzungen in Osteuropa errichtete Benedikt XV. bereits 1917 die Kongregation für die Ostkirchen und im selben Jahre noch das Päpstliche Orientalische Institut. In der ersteren wurde eine eigene Kommission „Pro Russia" gebildet, die von 1925 bis 1934 als selbständige Behörde arbeitete. Da dem neuen Sowjetstaat daran gelegen war, sich völkerrechtliche und internationale Anerkennung zu ver-

[11] Dem Erzbistum wurden 1918 zwei alte Diözesen, Minsk und Kamenec, wieder angegliedert.

[12] Vgl. *A. Petrani*, Kolegium Duhowne w Petersburgu (Die geistliche Akademie in Petersburg (Towarzystwo Naukowe, 12) (Lublin 1950).

[13] Vgl. *M. d'Herbigny*, L'aide pontificale aux enfants affamé de Russie, in: Orientalia Christiana 4 (1925) 1–80; *J. Kraus*, Im Auftrage des Papstes in Rußland (Veröffentlichungen des Missionspriesterseminars St. Augustin, Siegburg, Nr. 21) (Steyl 1970).

schaffen, war er bereit gewesen, trotz Beibehaltung seiner Kirchenpolitik, einen Nuntius nach Moskau entsenden zu lassen. Die Verhandlungen scheiterten daran, daß Pius XI. die Aufnahme voller diplomatischer Beziehungen von der Haltung der Sowjetregierung gegenüber der Kirche abhängig machte.

Die diplomatischen Fühlungnahmen brachen indessen nicht ab. So konnte Pius XI. ein Mitglied der päpstlichen Kommission „Pro Russia", den zum Bischof geweihten Jesuitenpater Michel d'Herbigny, 1925 und 1926 mit einer Neuordnung der Kirchenverwaltung in der UdSSR beauftragen und nach Moskau entsenden. Dieser errichtete dort 1926 neun Apostolische Administraturen[14] und konsekrierte im geheimen vier Bischöfe. Dies wurde jedoch vom Staat bald aufgedeckt. Monsignore d'Herbigny mußte das Land verlassen, die neuen Bischöfe wurden verhaftet. Die Neuordnung der Kirche schlug somit fehl. Nun wurde das gesamte kirchliche Leben lahmgelegt. Den Terrormaßnahmen entgingen nur etwa 50–60 Priester, deren Aktivität streng überwacht wurde. Seit 1933 durfte ein Geistlicher in der Amerikanischen Botschaft in Moskau für das Personal fungieren und die heilige Messe in der St.-Ludwigs-Kirche feiern.

Pius XI., nachdem sein Vorgänger bereits 1920 im Motuproprio „Bonum sana"[15] die Anschauungen des Kommunismus verworfen hatte, verurteilte den Bolschewismus und seine Gewalttaten in zahlreichen Erklärungen[16], besonders in den Enzykliken „Miserantissimus Redemptor"[17], „Caritate Christi compulsi"[18] und „Divini Redemptoris"[19]. Auch rief er am 2. Februar 1930 die ganze Christenheit zu einer Gebetsaktion gegen den Kommunismus auf[20].

Die Ereignisse am Beginn und während des Zweiten Weltkrieges, besonders die Annexion Ostpolens, der baltischen Staaten, Bessarabiens und der Karpato-Ukraine seitens der UdSSR, ferner die sowjetische militärische Besetzung Osteuropas sowie der Beschluß der Dreimächtekonferenz in Jalta (4.–11. Februar 1945), ganz Osteuropa sowjetischem Einfluß zu überlassen, hatte für etwa 70 Millionen Katholiken in elf Ländern einen grausamen Leidensweg zur Folge. Der härteste Schlag traf freilich die Katholiken in den von der UdSSR einverleibten Gebieten.

Gegen die unierten Armenier und Ukrainer (Ruthenen), die in der Erzdiözese Lemberg und in ihren Suffragandiözesen lebten, ging der Staat schon 1939 mit allen Mitteln vor. Die Kirchengüter wurden beschlagnahmt, die Priesterseminare geschlossen, Klöster und Gotteshäuser geplündert. Nach Abzug der deutschen Besatzung und nach dem zweiten sowjetischen Einmarsch wurde die Kir-

[14] Moskau, Mohilew-Minsk, Leningrad, Kharkow, Kazan-Samara-Simbirsk, Odessa, Saratow, Kaukasus und Georgia.
[15] AAS 12 (1920) 313–317.
[16] Aufgezählt: AAS 29 (1937) 67.
[17] AAS 20 (1928) 165–178.
[18] AAS 24 (1932) 177–194.
[19] AAS 29 (1937) 65–106.
[20] AAS 22 (1930) 89–93.

chenverfolgung fortgesetzt und die Zwangsrückgliederung der Unierten durchgeführt. Den Anschluß an die Moskauer Patriarchatskirche erzwang man nach Verhaftung von zehn Bischöfen und Apostolischen Administratoren am 8. März 1946 durch eine illegale Synode. Damit wurde die katholische Kirche auch in der Ukraine liquidiert[21]. Ähnlich erfolgte die Rückführung der Unierten in der Karpato-Ukraine. Nachdem dort der Bischof von Užhorod durch einen tödlichen Autounfall ausgeschaltet worden war (1949), gipfelten die staatlichen Willkürmaßnahmen am 15. August 1949 in der Proklamierung der Reunion mit der Moskauer Orthodoxie. Inzwischen wurden aber bereits 67 Kirchen enteignet und 18 Priester verhaftet[22].

Die vatikanische Ostpolitik konnte 1963 die Entlassung des ukrainischen Metropoliten von Lemberg, Josef Slipyj, aus der Haft erreichen. Doch blieb die traurige Lage der Kirche in der ganzen UdSSR unverändert.

Polen

Am 5. November 1916 von den Zentralmächten proklamiert, wurde der polnische souveräne Staat im Versailler Friedensvertrag (28. Juni 1919) nach mehr als hundertjähriger vollständiger Teilung wiedererrichtet. Damit entstanden etwa die Staatsgrenzen nach der zweiten polnischen Teilung (1793). Die Republik Polen umfaßte 1927 nach einigen Grenzkorrekturen 385 030 qkm und hatte im Jahre 1921 27,1 Millionen Einwohner, davon 20,3 Millionen (75 Prozent) Katholiken (unter ihnen 3,5 Millionen Unierte), 2,8 Millionen (10,5 Prozent) Orthodoxe, 2,8 Millionen (10,5 Prozent) Juden und eine Million (3,8 Prozent) Protestanten. Der neue Staat umschloß außerdem eine Vielzahl von nationalen Minderheiten, denn die Polen machten nur etwa 78 Prozent der Bevölkerung aus.

War der polnische Katholizismus in der Neuzeit, besonders aber während der schweren Zeit der staatlichen Teilung, selbstloser Träger nationaler Interessen und der stärkste Förderer der Wiedererrichtung staatlicher Souveränität, so ist es nicht verwunderlich, daß er, auch dank seiner uneingeschränkten Popularität, beim Wiederaufbau des Staates und im öffentlichen Leben eine Schlüsselrolle spielte. Da die Grenzen der Kirchenprovinzen sich vielfach mit denen des Staates überschnitten, galt für den Episkopat beim Wiederaufbau und bei der Vereinheitlichung des kirchlichen Lebens die Neuordnung der Kirchenorganisation als vorrangig. Es begannen Verhandlungen zwischen dem päpstlichen

[21] Vgl. die Ansprache Pius' XII. vom 14. 11. 1952, in: AAS 44 (1952) 876–878; außerdem *W. de Vries*, Soppressione della Chiesa greco-cattolica nella Subcarpazia, in: CivCatt 102,2 (1950) 391–399, sowie *M. Lacko*, The forced Liquidation of the Union of Užhorod, in: Slovak Studies 1 (1961) 145–185.

[22] Vgl. außerdem *R. Urban*, Die tschechoslowakische hussitische Kirche (Marburger Ostforschungen, 34) (Marburg 1973) 111–117.

Nuntius Achille Ratti (1919–1921, später Pius XI.), dem Episkopat und der Regierung. Sie erwiesen sich als schwierig, waren jedoch erfolgreich. Nachdem bereits 1919 neun Bischofsstühle neu besetzt, 1920 die Diözese Łodz und 1922 zwei Apostolische Administraturen[23] ins Leben gerufen worden waren, kam es am 10. Februar 1925 zur Unterzeichnung eines Konkordates[24] zwischen Polen und dem Heiligen Stuhl. Das Konkordat garantierte einerseits die volle Freiheit der Kirche und gewährte der Kurie Einfluß auf die Gestaltung der Kirche in Polen, berücksichtigte aber andererseits die nationalpolitischen Wünsche der Regierung[25]. Die neue Diözesaneinteilung Polens wurde im Artikel 9 vereinbart, sie erfolgte am 28. Oktober 1925 in der Bulle „Vixdum Poloniae"[26], die neben den drei vorhandenen Erzbistümern (Gnesen, Lemberg, Warschau) zwei neue Metropolien (Krakau, Wilna) und fünf weitere Bistümer gründete. Diese Neuordnung der Kirchenorganisation war eine Kompromißlösung. Denn der Heilige Stuhl strebte danach, die geschichtlichen Diözesen weiterbestehen zu lassen, die Regierung aber hatte vor, durch die kirchliche Reorganisation die Grenzen der Teilungszeit aufzuheben.

Obwohl wegen der straffen Staatsführung und einiger staatlicher Übergriffe[27] manchmal größere Spannungen zwischen Kirche und Regierung entstanden, konnte sich das kirchliche Leben voll entfalten. Die größte Wirkungskraft der Kirche zeigte sich vor allem im öffentlichen Leben. Polen präsentierte sich als ein ausgesprochen katholisches Land. Aber auch das innerkirchliche Leben kam zur Blüte. Von 1918 bis 1939 wuchs die Zahl der Bischöfe von 23 auf 51, die Zahl der Priester auf 12940 (43 Prozent), die der Ordenspriester auf 16663 (62 Prozent), die der Laienbrüder auf 4567, die der Ordensschwestern auf 16820, die der Klöster auf 2027. Kirchliche Kongresse[28], große Wallfahrten, katholische Vereine und Organisationen[29], intensive Pfarrseelsorge[30], neue Synodalgesetze, eine kräftig ausgebaute katholische Presse, gründlicher theologischer Unterricht in den Priesterseminarien und an den Katholisch-Theologischen Fakultäten[31], die allgemeine katholische Erziehung sowie die

[23] Danzig, Kattowitz.

[24] AAS 17 (1925) 273–287.

[25] Vgl. *K. Błaszczyński,* Concordatum cum Republica Polonia (Warschau 1925); *A. Systerhenn,* Das polnische Konkordat vom 10. Februar 1925 (Köln 1925); *F. Grübel,* Die Rechtslage der römisch-katholischen Kirche in Polen nach dem Konkordat vom 10. Februar 1925 (Leipzig 1930).

[26] AAS 17 (1925) 521–528.

[27] 1935: sogenannter Wawel-Konflikt, 1938: Enteignungs- und Zerstörungsaktionen gegen Orthodoxe in Lublin, vgl. *B. Spuler,* Die orthodoxe Kirche in Polen, in: Osteuropa-Handbuch, Polen, hrsg. v. *W. Markert* (Köln, Graz 1959) 114–118.

[28] 1927: Eucharistischer Kongreß in Posen, 1937: Christkönigskongreß in Posen.

[29] Darunter die Katholische Aktion mit 621820 Mitgliedern.

[30] Es gab 1172 neue Pfarreien.

[31] Warschau, Krakau, Lemberg, Wilna.

1918 gegründete Katholische Universität Lublin[32] vertieften den Glauben im entscheidenden Maße. Dies hinderte jedoch den polnischen Episkopat nicht daran, die mächtige unierte ukrainische Kirche[33] energisch zu latinisieren[34].

Am 1. September 1939 wurde Polen vom Deutschen Reich, 17 Tage später von der Sowjetunion angegriffen. Polen erlag bald der Übermacht und wurde wieder aufgeteilt. Seine Westgebiete fielen größtenteils mit 16,9 Millionen Katholiken (80,8 Prozent aller Katholiken) dem Deutschen Reich zu. Der südliche Teil und das Restgebiet Polens wurde als „Generalgouvernement“ zu einer Art deutscher Kolonie gemacht, während sich die Sowjetunion die polnischen Ostgebiete einverleibte, die im Laufe des Zweiten Weltkrieges auch unter deutsche Besetzung (1941–1944/45) kamen. Die Eingliederung der polnischen Ostgebiete in die UdSSR (1939–1941) eröffnete eine brutale Kirchenverfolgung. Aber auch in den von Deutschland besetzten Gebieten wurde das Schicksal der polnischen Katholiken unerträglich. Nationalsozialistische Verordnungen beraubten die Kirche ihrer Freiheit, setzten sie fast außer aller Legalität, der Klerus wurde dezimiert, ein großer Teil der Bischöfe und der Priester verhaftet und in Konzentrationslager gebracht, alle Vereine und Organisationen wurden verboten, und der Kult wurde auf ein Minimum beschränkt. Die Kirche mußte in Polen am Ende des Krieges den Tod von vier Bischöfen, 1996 Priestern (unter ihnen der selige Maximilian Kolbe), 113 Klerikern und 238 Ordensschwestern beklagen. In den Konzentrationslagern wurden insgesamt 3647 Priester, 389 Kleriker, 341 Ordensbrüder und 1117 Ordensschwestern festgehalten. Der Heilige Stuhl, der die Aufteilung Polens und die Unterdrückung der polnischen Katholiken aufs schärfste verurteilte, konnte der bedrängten Kirche nicht helfen.

Die Wiederherstellung des polnischen Staates am 5. Juli 1945, bei der Polen für seine von der UdSSR annektierten Ostgebiete mit den deutschen Ostgebieten bis zur Oder-Neiße-Linie entschädigt worden war, brachte der Kirche nur eine vorübergehende Erleichterung. Denn bald begann auch in Polen mit Hilfe sowjetrussischer Besatzung die Einrichtung eines kommunistischen Staatssystems. Die neue polnische Regierung kündigte bereits am 16. September 1945 das Konkordat. Zuerst mußte aber die Kirche infolge der hohen Kriegsverluste und der großen Gebietsänderungen den schnellen Wiederaufbau der Kirchenverwaltung und des religiösen Lebens in Angriff nehmen. Dies wurde dadurch erleichtert, daß Polen zwar 1945 um ein Fünftel verkleinert wurde, aber der Anteil der katholischen Bevölkerung – vor allem durch die Ersetzung der vertriebenen z. T. protestantischen Deutschen durch katholische Polen aus den Ostgebieten –

[32] Vgl. Kniega jubileuszowa 50-lecia Katolickiego Uniwersytetu Lubelskiego, praca zbiorowa (Lublin 1969); *A. Petrani*, Kolegium Dohowne w Petersburgu (Towarzystwo Naukowe, 12) (Lublin 1950).

[33] Sie hatte 1932 2371 Pfarreien, 2654 Priester und 192 Ordensmänner.

[34] Vgl. *H. Koch*, Die unierte Kirche in Polen, in: Osteuropa-Handbuch, Polen, hrsg. v. *W. Markert* (Köln, Graz 1959) 109–113.

auf 97,8 Prozent stieg. Kardinalprimas August Hlond errichtete am 15. August 1945 in den ehemaligen deutschen Ostgebieten fünf Apostolische Administraturen. Das religiöse Leben konnte sich wieder entfalten. Doch die anfängliche religiöse Toleranz des Staates wurde durch eine latent kirchenfeindliche Haltung abgelöst. Zwischen 1946 und 1948 versuchte die Regierung, die Aktivität der Kirche aus der Öffentlichkeit in den sakralen Raum zurückzudrängen. Harte Einschränkungsmaßnahmen trafen vor allem die katholische Erziehung, die Jugendseelsorge sowie das katholische Kultur- und Bildungswesen. Auch wurde der Versuch der Spaltung des Klerus[35] zur Schaffung einer Nationalkirche unternommen. 1951 brach der Kirchenkampf offen aus. Eine Fülle administrativer Maßnahmen traf die Kirche, wie die Auflösung aller kirchlicher Organisationen (mit Ausnahme der Caritas), die Verstaatlichung kirchlicher Schulen, Krankenhäuser und Kinderheime sowie die Enteignung des Kirchenbesitzes. Der Episkopat war gezwungen, am 14. April 1950 ein Abkommen[36] mit der Regierung zu schließen. Während die Kirche auf ihren Grundbesitz verzichtete und ihre Hilfe bei Integrierung der neuen Westgebiete versprach, garantierte der Staat ein Minimum kirchlicher Aktivität.

Der Staat hielt das Abkommen nicht ein. Die Regierung setzte ihre Vertrauensmänner als Kapitelsvikare in die Apostolischen Administraturen ein, entfaltete einen Propagandafeldzug und verfolgte die Kirche weiter. Viele Bischöfe (auch Primas Stefan Wyszyński) und Hunderte Geistliche kamen ins Gefängnis, während die kollaborierenden patriotistischen Priester Schlüsselstellungen erhielten. Die Zahl der Männerklöster ging um 40 Prozent, jene der Frauenklöster um 45 Prozent zurück. Auch die Zahl der Diözesanpriester sank von 8624 (1945) auf 2247 (1953). Ein entscheidender kirchenpolitischer Umschwung erfolgte erst im Oktober 1956, als die polnische kommunistische Partei den bisherigen stalinistischen Kurs aufgab und dem gemäßigten Władyslaw Gomułka die Staatsführung übertrug. Dieser hob die Inhaftierung Wyszyńskis und der Geistlichen auf und schloß am 7. Dezember 1956 mit der Kirche eine neue Vereinbarung[37], die im wesentlichen, wenn auch noch mehr eingeschränkt, die im vorangegangenen Abkommen vereinbarte kirchliche Aktivität garantierte. Diesmal hielt die Regierung ihr Wort. Es konnten in die Administraturen neue Generalvikare eingesetzt werden, und das kirchliche Leben durfte sich wieder, wenn auch bescheiden, entfalten. Erneute Spannungen zwischen Staat und Kirche traten nur noch einzeln auf, wie anläßlich der Versöhnungsbotschaft des polnischen Episkopates an die deutschen Katholiken (18. November 1965)[38] und des Millenniums, der Tausendjahrfeier des katholischen Polens (1966).

[35] „Pax" oder „Patriotische Priestergruppe".
[36] Text in: Ostprobleme 2 (1950) 469ff.
[37] Text in: Ostprobleme 9 (1957) 237.
[38] Vgl. Versöhnung oder Haß? Der Briefwechsel der Bischöfe Polens und Deutschlands und seine Folgen. Eine Dokumentation mit einer Einführung von *O. B. Roegele* (Osnabrück 1966).

Paul VI., der Polen gerne besuchen wollte, kam im Zuge seiner Ostpolitik den polnischen Wünschen entgegen. 1971 sprach er Maximilian Kolbe selig und nahm am 28. Juni 1972, nachdem die deutsche Bundesregierung am 7. Dezember 1970 den Warschauer Vertrag unterzeichnet hatte, die Neuorganisation der polnischen Westgebiete vor. Die bisherigen Apostolischen Administratoren wurden Diözesanbischöfe, drei neue Bistümer wurden errichtet und die deutschen kirchlichen Jurisdiktionen, d.h. Diözesen, von den polnischen Westgebieten getrennt[39]. Damit verselbständigten sich die polnischen Westgebiete auch kirchenrechtlich.

Die Kontakte und Verhandlungen zwischen dem Vatikan und der polnischen Regierung brachen seitdem nicht ab. Dies um so mehr, weil der polnische Katholizismus mit seiner ungebrochenen Lebenskraft ein unübersehbarer Bestandteil des polnischen Volkes geblieben ist. Verfügte doch die Kirche in Polen im Jahre 1965 über 27,1 Millionen meist sehr eifrige und praktizierende Gläubige, über 6699 Pfarreien, 14420 Diözesan- und 3408 Ordenspriester, 4994 Ordensmänner, 25472 Ordensschwestern und 3027 Klöster. 1974 betrug die Zahl der Bischöfe 77 und die Zahl der Priesterkandidaten 4200. Nichtsdestoweniger ist die Entfaltungsmöglichkeit der Kirche in Polen, wie Kardinalprimas Wyszyński 1974 auf der Römischen Bischofssynode versicherte, nach wie vor sehr eingeengt[40].

Die Tschechoslowakei

Als sich am 28. Oktober 1918 aus Gebieten der zusammengebrochenen Österreichisch-Ungarischen Monarchie mit 140546 qkm und 13,6 Millionen Einwohnern, darunter 95 Prozent Katholiken, die Tschechoslowakische Republik (ČSR) konstituierte, begannen sich die kirchlichen Verhältnisse im neuen Staat recht verwickelt und schwierig zu gestalten. Eine nationalistische und kirchenfeindliche tschechische Führungsschicht erlangte die Macht. Die antirömischen, nationalistischen Tendenzen, die seit Jahrzehnten im tschechischen Klerus unter Leitung des Jednotaverbandes anschwollen und nun in der mächtigen und besonders unter den tschechischen Intellektuellen sehr populären „Los-von-Rom-Bewegung" gipfelten[41], führten zuerst zu harten Auseinandersetzungen innerhalb der Kirche, dann aber am 8. Januar 1920 zur Proklamierung der tschechischen Nationalkirche[42]. Diese und andere protestantische Religions-

[39] Vgl. *H. Stehle*, Der Vatikan und die Oder-Neiße-Linie, in: Europa-Archiv 27 (1972) 559–566.

[40] Vgl. *S. Lammich*, Die Rechtsstellung der römisch-katholischen Kirche in der Volksrepublik Polen, in: Österreichisches Archiv für Kirchenrecht 23 (1972) 3–15.

[41] Vgl. *P. Mai*, Die Tschechische Nation und die Los-von-Rom-Bewegung, in: Beiträge zur ostdeutschen und osteuropäischen Kirchengeschichte. Festschrift Bernhard Stasiewski (Köln, Wien 1975) 171–185.

[42] Cirkev Československá, seit 1971 Cirkev Československá husitska.

gemeinschaften sowie die Orthodoxie in der zur Republik gehörénden Karpato-Ukraine fanden bald durch massive staatliche Unterstützung weiteste Verbreitung[43].

Die Regierung schickte sich außerdem an, die Kirchenorganisation, die nunmehr aus zwei Erzdiözesen und zehn Bistümern bestand, nach nationalen Belangen einzurichten und die Diözesangrenzen den Staatsgrenzen anzugleichen. Noch im November 1918 mußte Erzbischof Graf Paul Huyn Prag verlassen, 1919 mußten auch in der Slowakei vier Bischöfe resignieren bzw. wurden nach Ungarn abgeschoben. Um die Kirche unter Druck zu setzen, sequestrierte der Staat am 11. August 1919 in der Slowakei 251925 Katasterjoch (ca. 126000 ha) Kirchenvermögen. Verschiedene kirchliche Schulen wurden verstaatlicht, besonders durch die Sokol-Vereine wurde eine massive nationalistisch-kirchenfeindliche Propaganda getrieben.

Der Heilige Stuhl, der bereits im Oktober 1919 die diplomatische Beziehung zur ČSR aufgenommen hatte, versuchte mit allen Mitteln, die Kirchenaustritte einzudämmen und die Verhältnisse zu normalisieren. Über die beiderseitigen Wünsche begannen bald diplomatische Verhandlungen, die sich als schwierig erwiesen. Als ein Zeichen seines Entgegenkommens ernannte Benedikt XV. am 16. Dezember 1920 drei Slowaken zu dortigen Diözesanbischöfen unter der Voraussetzung, daß zwei ihrer Vorgänger, die nach Ungarn übersiedeln mußten, von der ČSR versorgt wurden. Obwohl der tschechoslowakische Gesandte beim Heiligen Stuhl, Kamill Krofta, dies im Namen seiner Regierung schriftlich versicherte, wurde diese Zusage nicht eingehalten. Dies war der Grund, warum der Vatikan später bei der Durchführung des sogenannten Modus vivendi seine Konzessionen von der vorherigen Erledigung der materiellen Fragen abhängig machte.

Nach langen Verhandlungen wurde am 29. Mai 1922 die Apostolische Administratur Tyrnau (Trnava) in der Slowakei errichtet und an ihre Spitze ein Titularbischof gestellt. Das Bistum Rosenau (Rožnava) blieb jedoch seit 1920 unbesetzt, da die tschechoslowakische Regierung wegen der ungarischen Majorität es auflösen und in eine noch zu gründende slowakische Metropolie integrieren wollte. Das Verhältnis von Staat und Kirche verschlechterte sich zusehends. Als die slowakischen Bischöfe vor den bevorstehenden Parlamentswahlen am 26. November 1924 in einem gemeinsamen Hirtenbrief, mit dem sich auch die tschechischen Bischöfe solidarisierten, die Gläubigen aufforderten, sich von allen kirchen- und religionsfeindlichen Parteien fernzuhalten, und den Mitgliedern radikaler Parteien die Kommunion verwehrten, verstärkte sich der staatliche Druck. Prozesse wurden gegen Priester geführt, kirchliche Feste abgeschafft, neue kirchenfeindliche Gesetze verabschiedet und anläßlich der Hus-

[43] Die Volkszählung von 1930 wies bei 14,7 Millionen Einwohnern neben 10,8 Millionen Katholiken, 585041 Unierten und 356838 Juden bereits 1,1 Millionen Protestanten, 145598 Orthodoxe, 854638 Konfessionslose und 739385 Angehörige der Tschechoslowakischen Nationalkirche aus.

Feier 1925 der Nuntius zur Abreise gezwungen. Aufgrund der innen- und außenpolitischen Verhältnisse mußte jedoch die Regierung bald einlenken. Im Sommer 1927 versprach die Regierung die Zulassung der katholischen Volkspartei, die Restaurierung katholischer Schulen und die Regelung der sequestrierten Kirchengüter. Die Verhandlungen führten am 17. Dezember 1927 zu einem Modus vivendi[44]. In diesem wurde vereinbart: die baldige Angleichung der Diözesangrenzen an die politischen Grenzen des Landes, die Rückgabe und die Verwaltung der sequestrierten Kirchengüter durch eine bischöfliche Kommission, die Verselbständigung der religiösen Orden und die freie Ernennung der Bischöfe seitens des Heiligen Stuhles bei staatlichem politischem Vetorecht. Auch wurde die unterbrochene diplomatische Beziehung zwischen dem Vatikan und der ČSR wiederhergestellt.

Die Durchführung des Modus vivendi scheiterte jedoch am Widerstand der ČSR, die Rückgabe der Kirchengüter noch vor der Neuregelung der Diözesangrenzen vorzunehmen. Daraufhin sequestrierte die ungarische Regierung die in Ungarn liegenden Güter der slowakischen Diözesen, Kardinalprimas Jusztinián Serédi leitete einen Prozeß beim internationalen Gerichtshof in Den Haag ein. Dies führte wiederum zu weiteren Spannungen im Verhältnis zwischen dem Vatikan und Prag, das noch mit dem erzwungenen Rücktritt des Erzbischofs František Kordač belastet wurde[45]. Nuntius Pietro Ciriaci wurde angegriffen, aus den Verhandlungen ausgeschaltet und deswegen im November 1933 abberufen. Vor den Parlamentswahlen 1935 lenkte aber die Regierung wieder ein. Die Verhandlungen führten diesmal zur Rückgabe der sequestrierten Kirchengüter, woraufhin Pius XI. am 2. September 1937 die Bulle „Ad ecclesiastici regiminis"[46] erließ. Die Grenzen der slowakischen Bistümer wurden an die Staatsgrenzen angeglichen, die Diözesen sowie die zwei Administraturen (1922: Tyrnau, 1930: Satu Mare) aus den ungarischen Diözesanverbänden gelöst und direkt dem Heiligen Stuhl unterstellt. Der Papst versprach außerdem die Errichtung zweier neuer Metropolien, eine in der Slowakei und eine in der Karpato-Ukraine[47].

Die Expansion des Dritten Reiches verursachte indessen nicht nur den Zerfall

[44] AAS 20 (1928) 65–66.

[45] *A. K. Huber*, Franz Kordačs Briefe ins Germanikum (1879–1916), in: Archiv für Kirchengeschichte von Böhmen, Mähren, Schlesien 1 (1967) 62–184; *F. Lorenz*, Ein Presse-Fall in der katholischen Kirche im Jahre 1931. Erkenntnisse aus der Affaire Kordač-Ciriaci, in: Kirche, Recht und Land. Festschrift zum 70. Lebensjahr von Weihbischof Prof. Dr. A. Kindermann (Königstein, München 1969) 194–210.

[46] AAS 29 (1937) 366–369.

[47] Als nach dem 1. Wiener Schiedsspruch (2. November 1938) bedeutende Teile der Slowakei wieder ungarisch wurden und Ungarn auch die Karpato-Ukraine besetzte, ordnete die Bulle „Dioecesium fines" vom 19. Juli 1939 (in den AAS nicht veröffentlicht) die in diesen Gebieten liegenden Diözesen wieder den früheren ungarischen Metropolien unter, bis 1945 erneut der frühere Zustand entstand.

der ČSR[48], sondern führte in den von Deutschland besetzten Gebieten zu einem regelrechten Kirchenkampf. Die kirchliche Verwaltung, die Presse und Organisationen wurden eingeschränkt, Hunderte Priester verhaftet. Die meisten Bistümer blieben unbesetzt. Die kirchlichen Verhältnisse waren nur in der Slowakischen Republik, an deren Spitze der katholische Geistliche Josef Tiso stand, normal. Hier gab es Schwierigkeiten nur mit den Unierten der Diözesen Prešov und Munkačevo, da ihre Zahl wegen des massiven staatlichen Druckes zugunsten der Orthodoxen stark (um 60000) zurückging.

Trotz der politischen und wirtschaftlichen Schwierigkeiten, trotz des Priestermangels und einer kirchenfeindlichen Propaganda konnte sich die Kirche in der ČSR in den Nachkriegsjahren regenerieren, in vielen Bereichen sich sogar neu entfalten. Eine kraftvolle Erneuerung fand besonders im Schul- und Pressewesen, bei den religiösen Orden und Vereinen statt. Große Veranstaltungen, Kongresse[49] und Feierlichkeiten stärkten das katholische Selbstbewußtsein.

Am 9. Mai 1945 entstand nach dem Zweiten Weltkrieg mit Unterstützung der sowjetischen Besatzung die Tschechoslowakische Volksdemokratische Republik. Die alten Staatsgrenzen mit Ausnahme des Transkarpatengebietes, das an die UdSSR abgetreten wurde, konnten wiederhergestellt werden. Das Land umfaßte nun 127869 qkm mit rund 13 Millionen Einwohnern. Am 25. Februar 1948 erlangte durch einen Staatsstreich die kommunistische Partei die Macht, die unverzüglich mit der Verwirklichung eines kommunistischen Staatssystems begann. Die soeben eingerichtete Hierarchie[50] und das wiederaufblühende religiöse Leben, das jedoch durch die Vertreibung Hunderttausender Katholiken deutscher und ungarischer Nationalität zuerst einen harten Rückschlag erlitten hatte, wurden lahmgelegt. Der Apostolische Internuntius, Xaver Ritter, wurde des Landes verwiesen. Eine Reihe administrativer Maßnahmen beraubte die Kirche ihrer Rechte und ihrer Apostolatsmöglichkeiten. Die katholischen Schulen, alle Priesterseminare und religiösen Orden, Organisationen und Vereine, die katholische Presse wurden unterdrückt, der Religionsunterricht in den Schulen immer mehr eingeschränkt, der Klerus durch eine prokommunistische Friedenspriesterbewegung (an der Spitze Josef Plojhar) aufgespalten und die führenden kirchlichen Persönlichkeiten, Bischöfe, unter ihnen Josef Beran, in Schauprozessen zu langen Kerkerstrafen verurteilt. Am 14. Oktober 1949 übernahm das staatliche Kirchenamt die vollständige Kontrolle über die Kirche. Das unierte Bistum Prešov wurde am 28. April 1950 der Orthodoxie Moskauer Obedienz überführt[51]. Doch weder der Klerus noch die

[48] Die Republik wurde zuerst am 6. Oktober 1938 eine Föderation, dann die Slowakei am 4. März 1939 eine unabhängige Republik, Böhmen und Mähren aber am 16. März 1939 ein „Reichsprotektorat".

[49] 1929: Orientalischer Kongreß in Prag, 1936: Katholikenkongreß in Prag.

[50] Josef Beran wurde 1946 Erzbischof von Prag, Josef Matocha Erzbischof von Olmütz.

[51] Vgl. *R. Urban*, Die tschechoslowakische hussitische Kirche (Marburger Ostforschungen 34) (Marburg 1973) 111–117.

Gläubigen leisteten dieser Rückführung Folge, sondern sobald die Verhältnisse es erlaubten, konstituierte sich die unierte Diözese erneut. Seit dem 13. Juni 1968 ist sie wieder zugelassen, sie zählt etwa 120000 Gläubige[52].

Die Verhandlungen zwischen dem Vatikan und der ČSSR, die im Zuge der neuen Ostpolitik der Kirche auf Grund der veränderten politischen Verhältnisse in der ČSSR entstanden, führten Anfang der sechziger Jahre zu einer kleinen Entspannung. 1962–1963 durften vier Bischöfe am Zweiten Vatikanischen Konzil teilnehmen, 1965 wurde Kardinal Beran exiliert, zwei Priesterseminare konnten eröffnet und, durch den politischen Klimawechsel[53] begünstigt, mehrere Bischöfe und Priester rehabilitiert werden. Nach der militärischen Besetzung der ČSSR durch die UdSSR und die Ostblockstaaten (21. August 1968) verschlechterte sich jedoch die Lage der Kirche bedeutend. Dies konnten weder neue Verhandlungen noch neue Bischofsernennungen (1973) aufhalten. Die Kirche leidet unter anderem auch an Priestermangel. Denn die Zahl der Priester ging von 7330 vom Jahre 1948 auf 3100 im Jahre 1967 zurück.

Ungarn

Die militärische Niederlage der Zentralmächte und der Zusammenbruch der Österreichisch-Ungarischen Monarchie löste in Ungarn Ende Oktober 1918 ein innenpolitisches Chaos aus, das am 16. November 1918 in der Ausrufung der Republik und am 21. März 1919 in der Konstituierung einer kommunistischen Räterepublik gipfelte. Sie eröffnete ein neues Kapitel in der Geschichte Ungarns und seiner Kirchen. Auf Grund einer neuen nach sowjetrussischem Vorbild erstellten Verfassung wurde der Staat von der Kirche getrennt. Dies bedeutete die Verstaatlichung des gesamten Kirchenvermögens (114700000 Kronen Bargeld und 639003 Katasterjoch, d. h. ca. 320000 ha) und des katholischen Schulwesens (fast 3000 Schulen aller Art). Eine rücksichtslose Diktatur verfolgte das offen verkündete Ziel: die vollständige Vernichtung der Kirchen. Der Religionsunterricht wurde überall verboten, die meisten kirchlichen Institute, Klöster und bischöfliche Residenzen wurden beschlagnahmt, ausgeplündert und 17 Gläubige, unter ihnen neun Priester und eine Ordensschwester, wegen ihrer Treue zur Kirche hingerichtet. Als am 1. August 1919 nach 133tägiger Schrekkensherrschaft die Räterepublik wegen Vordringens rumänischer Truppen zusammenbrach, konnte das ausgeblutete, von Serben, Rumänen und Tschechen bis auf einen kleinen Rest besetzte Ungarn beim Wiederaufbau nur noch an einen „christlichen Kurs" denken[54].

Das Königtum wurde wiederhergestellt, sämtliche Gesetze der Räterepublik

[52] Ebd. 115–116.

[53] Sogenannte Dubček-Ära oder „Prager Frühling", 1968.

[54] Vgl. *S. Jankovics,* Az egyház a tanácsköztársaság idején (Die Kirche zur Zeit der Räterepublik), in: Katolikus Szemle 21, 1–4 (Rom 1969) 15–24, 121–131, 234–242, 346–356.

wurden annulliert. Die neue ungarische Regierung stellte sich unter Führung des Reichsverwesers Miklós Horthy (1920–1944) auf den Standpunkt einer konstruktiven Zusammenarbeit mit den christlichen Religionsgemeinschaften, besonders der katholischen Kirche. Ein Beschluß des Ministerrates verzichtete auf die Ausübung der königlichen Patronatsrechte, jedoch sicherte sich später die Regierung das übliche politische Vetorecht. Es entstand zwischen Kirche und Staat ein sehr gutes Verhältnis, das der Kirche zur vollen Entfaltung ihrer Erneuerungsbestrebungen verhalf. Die Regierungen sahen in der Kirche einen zuverlässigen Verbündeten, sie sorgten für den kirchlichen Wiederaufbau und sogar für ihr Gedeihen. Auch entstanden zwischen dem Heiligen Stuhl und Ungarn 1920 diplomatische Beziehungen.

Durch den Friedensvertrag (Trianon 4. Juni 1920) verlor Ungarn zwei Drittel seines früheren Staatsgebietes und ein Drittel seines eigenen Volkstums. Dem neuen Staat verblieben 92963 qkm mit 7,6 Millionen Einwohnern, von denen 5,2 Millionen (66,1 Prozent) Katholiken, 1,6 Millionen (21 Prozent) Kalvinisten, 497000 (6,2 Prozent) Lutheraner und 473000 (5,9 Prozent) Juden waren. Die neuentstandenen Landesgrenzen entsprachen weder den ethnographischen noch den früheren kirchenorganisatorischen Grenzen. Von den 26 Diözesen (ohne Kroatien-Slawonien) blieben nur vier ganz unangetastet. Sechs Bistümer behielten zwar ihre Sitze in Ungarn, verloren jedoch einen großen Teil ihrer Gebiete. Die Bischofssitze von sieben Diözesen gehörten nunmehr zu den Nachfolgestaaten, hatten aber noch weiterhin Gebiete in Ungarn. Neun Bistümer wurden von Ungarn vollständig abgetrennt. Durch die neuen Landesgrenzen verlor die ungarische Kirche fast die Hälfte des gesamten Kirchenvermögens (ca. 336100 ha).

Wegen des Verlustes des Kirchenvermögens, der besonders die Erzdiözese Gran hart betroffen hatte, wegen der Behinderung der Jurisdiktion ungarischer Oberhirten in den abgetrennten Teilen ihrer Diözesen, wegen Entfernung ungarischer Bischöfe aus ihren dortigen Ämtern, wegen der kirchenorganisatorischen Verselbständigung der abgetrennten Gebiete sowie wegen der Nationalitätenpolitik der Nachfolgestaaten entstanden mehrere Kontroversen zwischen dem ungarischen Episkopat und den Nachbarstaaten, die auf dem diplomatischen Weg über den Vatikan und die Regierungen ausgetragen wurden. Die verworrene kirchenpolitische Situation wurde durch den ersten und zweiten Wiener Schiedsspruch (2. November 1938; 30. August 1940) sowie durch die Besetzung der Karpato-Ukraine und Nordjugoslawiens seitens Ungarns noch komplizierter, da früher abgetrennte Gebiete mit etwa 4,5 Millionen Katholiken zu Ungarn zurückkehrten. Diese gingen 1944/45 Ungarn wieder verloren.

Trotz ihrer mißlichen wirtschaftlichen Lage konnte sich die Kirche kraftvoll erneuern. Politisch war dies freilich von den vorangegangenen tragischen Kriegs- und Revolutionsjahren sowie von den Auswirkungen des Trianonvertrages bedingt, der die Stärkung der konservativen Kräfte, so auch ein Bündnis mit der Kirche bewirkte. Außerdem blieb in Ungarn eine katholische Antwort auf die Aufklärung, den Josephinismus und den Liberalismus aus. So trat die katholische Erneuerung reichlich verspätet erst seit der Jahrhundertwende, dann aber durch die äußeren Ereignisse beschleunigt, um so stürmischer in Erscheinung. Unter Leitung der Kardinalprimasse János Csernoch (1912–1927) und Jusztinián Serédi (1927–1945) traten apostolische Bischöfe (Gusztáv Majláth, Gyula Glattfelder, Tihamér Tóth usw.) auf, unter ihnen die überragendste Persönlichkeit des ungarischen Katholizismus seit Kardinalprimas Péter Pázmány (gest. 1637), Ottokár Prohászka (1858–1927)[55]. Die imposante katholische Renaissance war auch mit dem Aufstieg religiöser Orden, der Entstehung einer beachtlichen katholischen Presse, der vollständigen Erneuerung der katholischen Intelligenz und des katholischen Schulwesens sowie der Konstituierung zahlreicher bedeutender Vereine und Organisationen[56] verbunden. Die ungarischen Katholikentage, das Gedächtnisjahr des hl. Emmerich, 1930, ferner der 34. Internationale Eucharistische Kongreß in Budapest, 1938, legten ein beredtes Zeugnis von der inneren Erneuerung des ungarischen Katholizismus ab.

Die enge Verflochtenheit der Kirche mit dem Staat erwies sich jedoch als nachteilig, als Ungarn infolge seiner Revisionspolitik in den Sog des deutschen Nationalsozialismus geriet. Der Kirche fiel es schwer, sich vom Staat abzugrenzen. Sie konnte deswegen den Kampf gegen den Nationalsozialismus nur langsam entfalten. Mit Nuntius Angelo Rotta und Primas Serédi voran tat sie es jedoch nachher mit aller Entschiedenheit. Es ist dem ungarischen Episkopat und der Kirche zu verdanken, daß Zehntausende ungarischer Juden während der deutschen Besetzung (1944/45) dem Tod entrinnen konnten[57].

Die militärische Besetzung Ungarns durch die Rote Armee am 4. April 1945 brachte auch in den Beziehungen von Staat und Kirche wesentliche Änderungen mit sich. Ungarn wurde etappenweise eine Sozialistische Volksrepublik (1949), in der die kommunistische Partei die absolute Macht erlangte. Die Anwendung der kirchenpolitischen Prinzipien der kommunistischen Partei kam auch in Ungarn zu voller Entfaltung. Bereits im April 1945 mußte Nuntius Rotta das Land verlassen. Durch eine Fülle von administrativen Maßnahmen wurde die Kirche von 1945 bis 1950 ihres Gesamtvermögens, ihrer Vereine, ihrer Schulen (3344 aller Art), ihrer Institutionen, der Presse (allein 20 Druckereien), aller Orden (2582 Ordensmänner und 8956 Ordensschwestern mit 705 Klöstern) und ihrer Bewegungsfreiheit beraubt. Um den Klerus zu spalten, entstand 1950 die sogenannte Friedenspriesterbewegung, eine klerikale Kollaboration mit den Machthabern. Kardinalprimas József Mindszenty (1945–1974) und der Episkopat führten vergebens mit Hilfe religiöser Veranstaltungen und innerer

[55] Vgl. *A. Schütz,* Ottokár Prohászka. Ein großer Bischof der Gegenwart, in: Hochland 28, 1 (1930–1931) 322–339.

[56] 1937 gab es 157 Vereine mit über einer Million Mitgliedern.

[57] Vgl. dazu auch *A. Meszlényi,* A magyar katolikus egyház az emberi jogok védelmében (Leistungen der ungarischen katholischen Kirche für die Menschenrechte) (Budapest 1947).

Erneuerung einen Abwehrkampf. Die Kraft der Kirche wurde gebrochen, ihre führenden Persönlichkeiten (1949: Mindszenty[58], 1951: Erzbischof József Grösz) wurden in Schauprozessen zu langen Kerkerstrafen verurteilt. Man schaltete die Kirche aus dem öffentlichen Leben gänzlich aus.

1950 wurde dem Episkopat eine Vereinbarung[59] zwischen Staat und Kirche aufgezwungen, die die Kirche gegen geringfügige staatliche Zugeständnisse dem System ganz auslieferte. Auch der Volksaufstand von 1956 konnte diesen Prozeß nicht aufhalten. Die im Zeichen der internationalen Entspannungspolitik eingeleitete vatikanische Ostpolitik machte indessen 1964 den Abschluß eines Teilabkommens zwischen Ungarn und dem Heiligen Stuhl möglich. Seitdem konnten viermal (1969, 1972, 1974, 1975) Umbesetzungen im ungarischen Episkopat vorgenommen werden. Jedoch weder die Exilierung Mindszentys (1971) noch seine Amtsenthebung (1974), noch die Bischofsernennungen und andere Bemühungen des Heiligen Stuhles konnten die weitere konsequente Durchführung kommunistischer Religionspolitik in Ungarn verhindern oder gar aufheben.

Rumänien

Das Königreich Rumänien verdoppelte am Ende des Ersten Weltkrieges sein Staatsgebiet durch die Einverleibung Bessarabiens, Siebenbürgens, großer Teile des Banats, Ostungarns und der Bukowina. So wuchs es im Jahre 1919 auf 295 049 qkm und hatte 14,6 Millionen Einwohner, deren Mehrheit (über 70 Prozent) zu der Orthodoxie gehörte. Der bisher religiös (orthodox) und völkisch (rumänisch) homogene Donaustaat wurde ein heterogenes Königtum mit einer Vielzahl von nationalen Minderheiten und Religionsgemeinschaften. Denn unter anderem wurden im Friedensvertrag von Trianon (4. Juni 1920) 1,6 Millionen Ungarn und 2,5 Millionen Katholiken (davon etwa 1,4 Millionen Unierte) Rumänien zugesprochen. Mit den neuen Staatsgrenzen kamen fünf Diözesen ganz, drei teilweise unter rumänische Herrschaft. Angesichts der Tatsache, daß die Vereinigung aller Rumänen zu einem großen Nationalstaat seit Jahrzehnten von der Orthodoxie vorangetrieben wurde, ferner, daß die rumänische Orthodoxie die römisch-katholische Kirche, da ihre Gläubigen überwiegend Deutsche oder Ungarn waren, als landfremd, die unierten

[58] Vgl. *G. Péterffy*, Il cardinale Mindszenty. La vita e l'anima d'un martire (Rom 1949); *N. Boer*, Cardinal Mindszenty and the implacable war of Communism against religion and spirit (London 1949); *S. Mihalovics*, Mindszenty, Ungarn, Europa. Ein Zeugenbericht (Karlsruhe 1949); *N. Shuster*, In silence I speak. The story of Cardinal Mindszenty today and of Hungary's „New Order". Farrar, Straus and Cudahy (New York 1956); *J. Vecsey* (Hrsg.), Kardinal Mindszenty. Beiträge zu seinem siebzigsten Geburtstag (Würzburg 1972).

[59] Text in: *E. András – J. Morel*, Bilanz des ungarischen Katholizismus (München 1969) 83–85.

Rumänen hingegen als verräterisch betrachtete, kam es in der Staatsführung, ähnlich wie in Jugoslawien, zu einer dominierenden Rolle und intransigenten Haltung der Orthodoxie. Die nach nationaler und religiöser Einheit strebende rumänische Kirchenpolitik war also gegen die nationalen Minderheiten und gegen die Katholiken ausgerichtet. Dies kam auch in der Verfassung vom 28. März 1923 klar zum Ausdruck, da der § 22 im Gegensatz zum unterzeichneten Pariser Vertrag über Schutz der nationalen Minderheiten (9. Dezember 1919) die rumänische Orthodoxie zur „herrschenden Religion" erklärte, den (rumänischen) Unierten gegenüber anderen Religionsgemeinschaften Vorrang gewährte und beide als „rumänische Kirchen" bezeichnete[60].

Die katholische Kirche verlor in Siebenbürgen, wo der Souveränitätswechsel oft in Gewalttätigkeiten gegen die Kirche ausartete, durch die einseitige Bodenreform bald ihr Vermögen (277645 Katasterjoch, ca. 140000 ha) und durch neue Schulgesetze einen großen Teil ihrer Schulen und Internate. Die Übertritte zur Orthodoxie wurden mit staatlichen Mitteln gefördert. Ihre Zahl wuchs in den früher ungarischen Gebieten von 1803257 im Jahre 1910 auf 2086097 im Jahre 1927. Als 1923 Bischof Gyula Glattfelder von Timişoara (Csanád) gegen die kirchenpolitischen Maßnahmen protestierte, mußte er Rumänien verlassen und seinen Bischofssitz nach Ungarn (Szeged) verlegen. Umsonst erhob auch Bischof Gusztáv Majláth von Siebenbürgen Proteste 1923 im Senat von Bukarest und 1925 vor dem Genfer Völkerbund.

Der Heilige Stuhl, der bereits 1920 diplomatische Beziehungen zu Rumänien aufnahm, erkannte bald, daß das Fortbestehen der Union und die Sicherung der Minimalrechte der römischen Katholiken nur mit der Unterstützung der rumänischen Unierten möglich sei, und war bereit, um dieses Ziel zu erreichen, die Belange der römischen Katholiken ungarischer und deutscher Nationalität zurückzustellen. Die Verhandlungen zwischen Bukarest, dem Vatikan und Budapest dauerten sieben Jahre lang und waren sehr schwierig, da es sich um die Neuordnung der Kirchenorganisation und des Kirchenvermögens ging. Auch mußte im Rahmen der Neuordnung Bischof Raimund Netzhammer auf das Bistum Bukarest verzichten. Die Verhandlungen wurden am 10. Mai 1927 mit der Unterzeichnung eines Konkordates[61] abgeschlossen. Es wurde am 7. Juli 1929 ratifiziert und mit der Apostolischen Konstitution „Solemni Conventione"[62] am 5. Juni 1930 ausgeführt. Es errichtete eine neue lateinische Metropolie mit vier Bistümern, sicherte die freie Amtsführung der Oberhirten, erkannte die kirchlichen Institutionen und die religiösen Orden als juristische Personen an, kirchliche Schulen durften gegründet werden, aus dem namentlich aufgezählten Kirchenvermögen sollte ein sogenanntes „patrimonium sacrum" entstehen. Die Kirche gewährte das übliche Vetorecht bei Ernennung der Bischöfe und kam den nationalen Wünschen der Regierung entgegen.

[60] Vgl. N. *Brinzeu,* Cultele in Romania (Kirchenpolitik in Rumänien) (Lugoj 1925).
[61] AAS 21 (1929) 441–456. [62] AAS 22 (1930) 381–386.

Kaum war der Vertrag unterzeichnet, forderten die rumänisch-orthodoxen Nationalisten die sofortige Auflösung und Enteignung des siebenbürgischen sogenannten „Katholischen Status“ (status catholicus), des Selbstverwaltungsorgans der siebenbürgischen Katholiken, da dieser noch reiche Status in der Vermögensliste nicht aufgezählt wurde. Die wiederbegonnenen Verhandlungen zwischen dem Vatikan und der rumänischen Regierung endeten am 30. Mai 1932 mit einer Vereinbarung (accordo). Der Status und seine Satzungen wurden unter Vorbehalt staatlicher Kontrolle anerkannt. Die Extremisten setzten indessen ihre Angriffe fort und stellten die Vereinbarung wegen nicht verfassungskonformen Zustandekommens in Frage. Erst am 2. März 1940 ratifizierte ein königliches Reskript den Accordo, nachdem zuvor das Vermögen des Status im Wert von 610 Millionen Lei dem Staat zur Verwaltung übertragen worden war[63].

Zwischen den beiden Weltkriegen konnte sich der Katholizismus trotz aller Schwierigkeiten nicht nur behaupten, sondern auch erneuern. Besonders das innere religiöse Leben wurde vertieft, aber auch die katholische Presse und das Vereinsleben konnten kräftig ausgebaut werden. Die römisch-katholische Kirche zählte im Jahre 1932 1,2 Millionen Gläubige, 513 Pfarreien, 898 Priester, 200 Ordensmänner in 56 Klöstern und 1432 Ordensschwestern in 66 Klöstern, während die Unierten in 1593 Pfarreien 1579 Geistliche, in 8 Klöstern 24 Ordensmänner und in elf Klöstern 185 Ordensschwestern hatten.

Nach dem zweiten Wiener Schiedsspruch (30. August 1940) kamen bedeutende Teile Siebenbürgens an Ungarn zurück, das dort den früheren Zustand der Kirche wiederherstellte. Es kam zwischen beiden Völkern zu Ausschreitungen, auch im kirchlichen Bereich. Das Ende des Zweiten Weltkrieges ließ Rumänien in seinen alten Grenzen, mit Ausnahme Bessarabiens, das der UdSSR einverleibt wurde, neu entstehen. Dem Staat wurde am 6. März 1945 eine kommunistische Regierung aufgezwungen, die am 12. März 1948 die Monarchie abschaffte und die Volksrepublik ausrief. Sie verabschiedete am 24. September 1952 eine kommunistische Verfassung. Das Konkordat wurde am 17. Juli 1948 aufgekündigt, am 4. August 1948 trat ein sogenanntes Kultgesetz in Kraft. In diesem erkannte die Regierung nur zwei Bistümer (Alba Julia und Jassy) an und betrachtete die anderen als nichtexistierend. Am 2. Dezember 1948 wurde die Auflösung der unierten Kirche dekretiert, nachdem am 1. Oktober 1948 eine Gruppe unierter Priester die Rückkehr zu den Orthodoxen beschlossen hatte. Die sechs unierten Bischöfe, ferner alle anderen Bischöfe, auch jene, die vom Nuntius vor seiner Ausweisung im geheimen zu Bischöfen geweiht worden waren, wurden verhaftet und zu langen Haftstrafen verurteilt. Die Kirchenverwaltung wurde lahmgelegt, die religiösen Orden bis auf fünf Klöster wurden aufgelöst, alle

[63] Vgl. *J. Scheffler*, A katolikus egyház jogi helyzete Romániában (Die Rechtslage der katholischen Kirche in Rumänien), in: Notter-Emlékkönyv (Budapest 1941) 965–984; sowie *ders.*, Az erdélyi Katolikus Státus küzdelmes husz éve (Zwanzig schwere Jahre des Katholischen Status in Siebenbürgen), in: Magyar Szemle 40 (1941) 299–310.

katholischen Schulen und Einrichtungen aufgehoben, die katholische Presse verboten. Auch wurde der Versuch zur Gründung einer rumänischen Nationalkirche unternommen.

Eine Entspannung bahnte sich nur allmählich an. 1955 wurde der Bischof von Alba Julia aus der Haft entlassen, blieb aber bis 1967 unter Hausarrest gestellt. 1970 und 1971 durfte er nach Rom reisen und erhielt 1971 einen Weihbischof mit Nachfolgerecht. Aber weder die Bemühungen des Heiligen Stuhles im Zuge seiner Ostpolitik noch die Besuche des rumänischen Ministerpräsidenten Gheorge Maurer (1968) und des Staatsratsvorsitzenden Nicolae Ceausescu (1973) bei Paul VI. konnten das schwere Schicksal der Katholiken in Rumänien erleichtern.

Jugoslawien

Das Königreich der Serben, Kroaten und Slowenen, seit 3. Oktober 1929 Jugoslawien genannt, entstand am 1. Dezember 1918 durch die Vereinigung der südslawischen Gebiete der Österreichisch-Ungarischen Monarchie mit Serbien und Montenegro. Die Staatsbildung ging bei der militärischen Besetzung Südungarns nicht ohne Gewalttätigkeiten gegen die katholische Kirche ab, wogegen Kardinalstaatssekretär Pietro Gasparri in Belgrad protestierte. Der neue Staat umfaßte 248 987 qkm mit 12 Millionen Bevölkerung, eine Vielzahl von Nationen und Religionsgemeinschaften, darunter 5,5 Millionen Orthodoxe, 4,7 Millionen Katholiken und 1,3 Millionen Muslims. Das Übergewicht der eigentlich staatbildenden orthodoxen Serben gegenüber den katholischen Kroaten sowie der ungeklärte Rechtszustand der Kirchenorganisation[64] erforderten eine kirchliche Neuordnung und die baldige Klärung des Verhältnisses von Staat und Kirche, dies um so mehr, da die früheren Konkordate mit den einzelnen Ländern[65] durch die Entstehung des neuen Königreiches hinfällig wurden.

Die Bevorzugung der orthodoxen Serben in Staatsführung und Militär, bei der Bodenreform und Kolonisation sowie bei der Aufteilung der staatlichen Subvention für die Religionsgemeinschaften, obwohl nach der Verfassung vom 28. Juni 1921 alle anerkannten Religionsgemeinschaften gleichberechtigt waren, führten zu großen Spannungen zwischen Kirche und Staat. Am 23. Juli 1919 wurde das serbische Schulgesetz von 1904, das keine kirchlichen Schulen anerkannte, auf alle Staatsgebiete ausgedehnt. Dadurch verlor die Kirche alle ihre Volks- und Mittelschulen. Auch wurden 20 Klöster und 920 Katasterjoch (ca. 460 ha) Kirchenvermögen dem Staat übereignet. Verschiedene religiöse Vereine, wie die Marienkongregationen, wurden aufgelöst, und die Schuljugend

[64] Nur zwei der Kirchenprovinzen blieben in den alten Grenzen bestehen.
[65] Zuletzt am 24. Juli 1914 mit Serbien.

wurde gezwungen, sich der religionsfeindlichen Jugendorganisation, „Jugoslovenski Sokol", anzuschließen. Gegen diese Maßnahmen protestierten die Oberhirten 1923 und 1933 in einem gemeinsamen Hirtenbrief vergebens. Sie erreichten nur das Gegenteil, die Verschärfung der Unterdrückung. Die Bischofskonferenzen schlugen deswegen 1924 und 1925 die Abschließung eines Konkordates vor.

Der Heilige Stuhl entsandte bereits 1920 einen Nuntius nach Belgrad und war bereit, Verhandlungen auf diplomatischer Ebene zu führen. Als Zeichen seines Entgegenkommens errichtete er die Apostolischen Administraturen Banat (1922) und Bačka (1923), gri ndete das Erzbistum Belgrad (1924) und machte Skopje zum exemten Bistum (1924). Die Kirche hatte damit in Jugoslawien vier Erzdiözesen, 14 Bistümer, zwei Apostolische Administraturen, 1839 Pfarreien, 3109 Priester, 1409 Ordensmänner (davon 941 Priester) und 3754 Ordensschwestern. Die Konkordatsverhandlungen waren schwierig. Es kam erst am 25. Juli 1935 zur Unterzeichnung eines Abkommens, nachdem der Staat sein Verhältnis zu den Orthodoxen (1929), den Muslims (1931) und den Protestanten und Juden (1933) bereits geregelt hatte.

Das Konkordat[66] sicherte die Neueinrichtung der Kirchenorganisation, die freie Bischofsernennung seitens des Heiligen Stuhles, die freie Aktivität der Kirche, das Kirchenvermögen, die staatlichen Subventionen, die kirchlichen Eheschließungen ohne vorherige Ziviltrauung, die kirchlichen Vereine und Organisationen, Schulen und religiöse Orden, kurz: die volle Religionsfreiheit der Katholiken. Der Heilige Stuhl versprach seinerseits, die Apostolischen Administraturen zu Bistümern zu erheben. Das Konkordat sah also die Gleichstellung der Katholiken mit den Orthodoxen vor[67]. Eben deswegen führte aber die Orthodoxie unter Leitung des Patriarchen Varnava (Barnabas) einen unerbittlichen Kampf gegen die Vereinbarung. Als die Skupština (Abgeordnetenhaus) am 23. Juli 1937 das Konkordat annahm, exkommunizierte der Heilige Synod Jugoslawiens alle orthodoxen Regierungs- und Parlamentsmitglieder, die für die Annahme stimmten. Ministerpräsident Milan Stojadinović legte deswegen das Konkordat dem Senat gar nicht vor, sondern setzte es von der Tagesordnung ab und teilte dem Synod mit, daß bei neuen Verhandlungen mit dem Vatikan das Patriarchat vorher konsultiert würde. Dadurch wurde ein Konkordat in Jugoslawien von der Orthodoxie abhängig gemacht, d.h. ein für allemal ausgeschlossen. Doch infolge der innen- und außenpolitischen Lage konnte der Geist des Konkordates verwirklicht werden. Das kirchliche Leben blühte auf. Besonders in der Presse, im Schul- und Vereinswesen, in der Seelsorge und bei den religiösen Orden war ein Aufstieg bemerkbar.

Der Zweite Weltkrieg suchte die Kirche besonders hart heim. Vom 27. März

[66] In den AAS wegen Nichtratifizierung nicht veröffentlicht; Text: *Mercati*, Bd. 2,202–216; Literatur: *Schöppe* 558.

[67] Vgl. M. *Lanović*, Konkordat Jugoslavije s Vatikanom (Jugoslawiens Konkordat mit dem Vatikan) (Belgrad 1935).

1941 an wurde Jugoslawien von deutschen und italienischen Truppen besetzt. Kroatien erklärte sich als Königreich unabhängig (1941–1945), war jedoch in der Wirklichkeit ein von den Achsenmächten abhängiger Satellitenstaat. Die dortige Regierung kam der katholischen Kirche sehr entgegen, zwang sie jedoch oft zur Kollaboration und zog sie in die blutigen Auseinandersetzungen der kroatischen Ustaschen mit den serbischen Partisanenverbänden hinein. Diese Umstände führten beim Kriegsende sowie bei der Vertreibung der deutschen Bevölkerung zu grausamen Gewalttätigkeiten auch gegen die katholische Kirche. Ein Hirtenbrief der Bischöfe mußte 1945 die Ermordung von 243 Geistlichen, die Plünderung und Zerstörung zahlreicher Kirchen beklagen[68].

Nach dem Zweiten Weltkrieg wurde Jugoslawien am 29. November 1945 mit den alten Staats- und Diözesangrenzen[69] eine föderative Volksrepublik. Obwohl die Verfassung vom 31. Januar 1946 bei Trennung von Staat und Kirche die Gewissens- und Religionsfreiheit garantierte, kam es bald, wie in den anderen sozialistischen Nachbarstaaten, zur massiven Kirchenverfolgung. Bis 1946 wurden etwa 13 Prozent des Klerus hingerichtet, etwa 50 Prozent inhaftiert, darunter Erzbischof Alois Stepinać[70] von Agram. Allein der Franziskanerorden hatte 139 Todesopfer. Die katholischen Schulen und Organisationen wurden liquidiert, die Klöster größtenteils aufgelöst, die religiöse Unterweisung und die kirchliche Aktivität fast vollständig unterbunden und zur Spaltung des Klerus eine kollaborierende Priestervereinigung aufgestellt. Nacl einer vorübergehenden Entspannung infolge des Bruches des Staatspräsidenten Josip Broz Tito mit dem Kominform (1950) und nach einer Wiederverschärfung der Situation wegen der Kardinalserhebung Stepinać' (1953) wurde der päpstliche Nuntius ausgewiesen. Doch die Kirche gab nicht nach. Die Bischöfe richteten am 23. September 1952 ein energisches Protestschreiben an J. B. Tito und teilten ihm wiederholt mit, daß sie nicht ermächtigt seien, ein Abkommen mit der Regierung abzuschließen[71].

Nach dem Tode des Kardinals Stepinać (1960) entspannte sich die Lage allmählich. Der Heilige Stuhl nahm am 26. Juni 1964 mit Jugoslawien direkte Kontakte auf. Die Verhandlungen führten am 26. Juni 1966 zu einem Abkommen[72], das die Freiheit der Kirche garantierte, aber auch die Loyalität

[68] Vgl. *V. Novak*, Magnum Crimen. Pola vijeka klerikalizma u Hrvatskoj (Magnum Crimen. Ein halbes Jahrhundert Klerikalismus in Kroatien) (Zagreb 1948).

[69] Das Staatsgebiet wurde noch mit 8851 qkm in Istrien und Dalmatien erweitert.

[70] Vgl. *H. O.'Brien*, Archbishop Stepinać, the Man and His Case (Westminster 1947); *R. Pattee*, The Case of Cardinal Aloysius Stepinać (Milwaukee 1953); vgl. auch die offizielle Darstellung Jugoslawiens: The Case of Archbishop Stepinać (Washington 1947), ferner: *S. Simić*, Vatikan protiv Jugoslavije (Der Vatikan gegen Jugoslawien) (Titograd 1958).

[71] Vgl. *W. de Vries*, Kirchenverfolgung in Jugoslawien, in: StdZ 146 (1949/50) 362–368; *ders.*, Die neue Welle der Religionsverfolgung in Jugoslawien, ebd. 151 (1952/53) 442–451; *K. S. Draganović*, La Chiesa nella Repubblica Jugoslava, in: CivCatt 97/III (1946) 3–13, 318–324; 105/I (1954) 716–730; 105/II (1954) 105–120.

[72] Vgl. HK 20 (1966) 410–411.

der Kirche gegenüber Jugoslawien bekundete. Auch wurden die diplomatischen Beziehungen zwischen dem Heiligen Stuhl und Jugoslawien hergestellt. Am 14. August 1970 wurde ein Internuntius nach Belgrad entsandt. Zeichen weiterer Entspannung waren die Erhebung der Apostolischen Administratur Bačka zum Bistum (1968), die weitere Verselbständigung der Apostolischen Administratur Banat durch Ernennung eines Titularbischofs (1971) und der Besuch J. B. Titos im Vatikan (1971). Trotz mancher Schwierigkeiten erfreut sich die Kirche in Jugoslawien gegenwärtig einer relativen Religionsfreiheit. Dies zeigt sich besonders im inneren Leben der Kirche. 1961 konnte die Kirche trotz schwerer Verluste wieder 2514 Pfarreien, 2462 Diözesan- und 1145 Ordenspriester, 1491 Ordensmänner, 5380 Ordensschwestern und 5725000 Gläubige zählen. Diese günstige Entwicklung hielt in den folgenden Jahren an. 1974 gab es in Jugoslawien schon 764 Priesterkandidaten, 2817 Ordensmänner (davon 1728 Priester), 8622 Ordensschwestern und 3001 Diözesanpriester[73].

Bulgarien

Das Königtum Bulgarien ging aus dem Zweiten Balkankrieg (1913) und aus dem Ersten Weltkrieg (1914–1918) verkleinert hervor. Es hatte nunmehr nur noch 103146 qkm Gesamtfläche; 8900 qkm wertvolle Gebiete, wie der Zugang zum Ägäischen Meer, gingen ihm verloren. Das Land zählte 1926 5,4 Millionen Einwohner, davon waren jedoch nur 45491 (0,83 Prozent) Katholiken (unter ihnen 5598 Unierte), die in einem Bistum und einem Apostolischen Vikariat lebten. 84 Prozent der Bevölkerung gehörten der Orthodoxie, 13 Prozent dem Islam an. Das wirtschaftlich ruinierte Land trachtete nach der Revision des ungünstigen Friedensvertrages (27. November 1919 in Neuilly), wurde aber von innen- und außenpolitischen Schwierigkeiten heimgesucht. Trotz dieser ungünstigen Lage konnte die Kirche doch eine rege Aktivität entfalten. Bis 1944 wuchs die Zahl der Gläubigen auf 57000. 1926 konnte ein Apostolisches Exarchat für die Unierten errichtet werden, und die Kirche verfügte über 18 Institute, darunter zehn Schulen, zwei Krankenhäuser und sechs Waisenhäuser. In Sofia residierte ein Vertreter des Heiligen Stuhles als Apostolischer Delegat ohne diplomatischen Charakter. Dieser war von 1925 bis 1934 Giuseppe Angelo Roncalli (nachmals Johannes XXIII.).

Die sowjetrussische Besetzung Bulgariens (9. September 1944) führte am 15. September 1945 zur Ausrufung der Republik und am 15. Oktober 1946 zur Konstituierung einer Volksrepublik. Eine neue Verfassung (4. Dezember 1947) und ein Kultgesetz (17. Februar 1949) leiteten die Einschränkung der religiösen Freiheit ein. Bald brach eine rücksichtslose Kirchenverfolgung aus. Die Kirche

[73] Vgl. die neuesten Statistiken und eine Zusammenfassung, in: HK 31 (1977) 318–324.

verlor alle ihre Organisationen, Institute, Bischöfe, die meisten ihrer Priester und Ordensleute.

Im Zuge der allmählichen Entspannung konnte Johannes XXIII. 1962 zwei Oberhirten Bulgariens beim Zweiten Vatikanischen Konzil begrüßen, und Paul VI. konnte 1968 eine bulgarische Pilgergruppe und 1969 eine bulgarische Regierungsdelegation im Vatikan empfangen. Gegenseitige Kontakte brachen seitdem nicht ab, doch ist die Lage der Kirche in Bulgarien unverändert.

Albanien

Albanien konnte nach dem Ersten Weltkrieg seine staatliche Souveränität wiederherstellen und umfaßte 27538 qkm mit 833000 Einwohnern. Davon waren im Jahre 1929 563000 des muslemischen, 181051 des orthodoxen und 88739 (10,6 Prozent) des katholischen Glaubens. Die Kirchenorganisation war in zwei Erzdiözesen, drei Diözesen und eine Abtei nullius aufgeteilt. Es gab 120 Pfarreien, 143 Diözesan- und Ordenspriester, 84 Ordensmänner und 66 Ordensschwestern. Das Land, das mit Rückstand und Elend zu kämpfen hatte, erhielt in der katholischen Kirche eine besondere Stütze, vor allem in der Caritas und in der Erziehung. Die seit Jahrzehnten von Italien aus unterstützte katholische Mission erhielt einen ungewöhnlichen Auftrieb. Bis 1944 wuchs die Zahl der Ordensleute auf 321, von denen 116 Einheimische waren. Die italienische Missionierung wurde besonders nach 1939 verstärkt, nachdem italienische Truppen Albanien am 7. April 1939 besetzt und es dem Königreich Italien unterstellt hatten. In Südalbanien entstand eine Apostolische Administratur, die von dem seit 1920 in Albanien residierenden Abgesandten des Heiligen Stuhles, einem Apostolischen Delegaten, verwaltet wurde.

Die albanesischen Widerstandskämpfe (1941–1944) und der Rückzug der deutschen und italienischen Besatzung gaben den albanesischen Kommunisten Anlaß zur Errichtung eines kommunistischen Staatssystems [74] und zur vollständigen Unterdrückung der angeblich „kolonisierenden" katholischen Kirche. Alle ausländischen Missionare, Ordensschwestern sowie der Apostolische Delegat wurden ausgewiesen, sämtliche kirchliche Verwaltungen, Organisationen aufgelöst, alle Bischöfe, Priester und Ordensleute erschossen, eingesperrt oder zerstreut. Auch der Versuch der Gründung einer Nationalkirche wurde unternommen (1951). Da sich Albanien auch von den übrigen, von Moskau geführten Ostblockstaaten trennte und sich unter Chinas Anleitung in eine vollständige Isolierung begab, konnte der Vatikan zu Albanien überhaupt keine Kontakte aufnehmen. Albanien erklärte 1973 stolz, auch die letzte Kirche geschlossen und die Religion als erstes sozialistisches Land ausgerottet zu haben.

[74] Albanien wurde am 11. Februar 1946 Volksrepublik.

18. Kapitel

Die Kirche in den deutschsprachigen Ländern (Deutschland, Österreich, Schweiz)

P. Ludwig Volk SJ, München

LITERATUR: Deutschland: *Bihlmeyer-Tüchle* III[18] 498–503, 514–528; *Schmidlin PG* III 217–228, IV 156–167; *Maron* 262–270. – Bis 1945: *W. Spael*, Das katholische Deutschland im 20. Jahrhundert (Würzburg 1964) 176–351. Nach 1945: *F. Spotts*, Kirchen und Politik in Deutschland (Stuttgart 1976). – Kurzbiographien (mit Literaturangaben): *R. Morsey* (Hrsg.), Zeitgeschichte in Lebensbildern, Bd. I (Mainz 1973) u.a. zu W. Marx, L. Kaas u. Kard. Bertram; Bd. II (Mainz 1975) u.a. zu F. v. Papen, K. Adenauer u. den Kard. Faulhaber, Preysing u. Galen.

Österreich: *Bihlmeyer-Tüchle* III[18] 503–505, 522f, 528; *Schmidlin PG* III 284–286, IV 125–129; *Maron* 271–273; *J. Wodka*, Kirche in Österreich (Wien 1959) 365–389; *E. Weinzierl* (Hrsg.), Kirche in Österreich 1918–1965, Bd. I u. II (Wien 1966). – Nach 1945: *E. Weinzierl – K. Skalnik* (Hrsg.), Österreich – Die Zweite Republik, Bd. I u. II (Wien 1972).

Schweiz: *Schmidlin PG* III 276f, IV 168f; *Maron* 270f.

Deutschland

In den Rausch der nationalen Solidarität, dem sich die gegeneinander antretenden Völker Europas am Beginn des Ersten Weltkriegs hingaben, wurden die deutschen Katholiken ebenso hineingerissen wie andere Weltanschauungsgruppen. Übermächtig empfanden gerade Kräfte, die zur Innenpolitik des Kaiserreichs zumindest zeitweilig in scharfer Opposition gestanden hatten, den Drang, durch den Erweis patriotischer Opferwilligkeit ein unbezweifelbares Bekenntnis zum deutschen Nationalstaat abzulegen. Das galt für die sozialdemokratische Wählerschaft nicht weniger als für den katholischen Volksteil. Groß war darum die Versuchung, im Kriegseinsatz nach der Chance zu greifen, den Kulturkampfvorwurf mangelnder Reichstreue ein für allemal zu widerlegen. Die Konsequenzen des Kriegseintritts zu bejahen fiel dem einzelnen um so leichter, als der Entscheid über Krieg und Frieden nach katholischer Staatslehre so gänzlich in die Verantwortung der Regierenden gestellt war, daß dessen Notwendigkeit oder Vertretbarkeit für den einfachen Staatsbürger mit seinem beschränkten Gesichtskreis nicht zur Diskussion standen. Und während innenpolitisch Leitvorstellungen katholischer Soziallehre Distanz und Alternativen zur Staatswirklichkeit hervorbrachten, reichten auf dem Felde der Außenpolitik die wenigen allgemeinen Prinzipien kirchlicher Kriegsethik nicht hin, über die ultima ratio des Waffengebrauchs im konkreten Fall kritisch zu urteilen. So entsprang auch die Selbstgewißheit, mit der Bischof Faulhaber von Speyer 1915 den europäischen Konflikt für die deutsche Seite als das „Schulbeispiel eines gerechten Krieges" reklamierte[1], mehr der Neigung zu vorgeprägter Identifikation als einer auch nur halbwegs erschöpfenden Faktenkenntnis.

Verglichen mit den Kommunikationssträngen, die von allen Bischofssitzen des orbis catholicus zur vatikanischen Zentrale führten, waren die Querverbindungen zwischen den nationalen Katholizismen Europas nur dürftig entwickelt. Das erklärt, warum ein von prominenten französischen Laien und Prälaten gebildetes Komitee so wenig Hemmungen verspürte, den Antagonismus der Kriegsparteien auch in den Kirchenraum zu tragen. Vergiftend wirkte vor allem der in einer Agitationsschrift[2] unternommene Versuch, die deutschen Katholiken diffus und global mangelnder Glaubenstreue zu verdächtigen. Es konnte nicht ausbleiben, daß sich die Angegriffenen mit einer Gegenpublikation[3] zur Wehr setzten.

Durch einen fragwürdigen Vorstoß drohte wenig später der belgische Kardinal Mercier die Hierarchie in den Kriegshader hineinzuziehen. Ganz auf die Nöte Belgiens fixiert, das ohne eigenes Zutun durch den deutschen Einfall zum ersten Opfer der Feindseligkeiten geworden war, appellierte der Erzbischof von Mecheln an seine deutschen Amtsbrüder, bei der Konstituierung eines bischöflichen Gerichtshofs mitzuwirken[4]. Ihm war die Aufgabe zugedacht, die belgische Zivilbevölkerung vom Vorwurf des Heckenschützenkrieges freizusprechen, jener Anklage also, mit der die deutsche Armeeführung blutige Repressalien in den ersten Kriegswochen zu rechtfertigen gesucht hatte. Da Mercier ohne jede interne Fühlungnahme mit seinem Projekt sogleich an die Öffentlichkeit trat, brachte er die Adressaten in schwerste Verlegenheit. Nur mit Mühe war Kardinal Hartmann (1851–1919), seit 1914 Vorsitzender des preußischen Episkopats, von einer ebenso öffentlichen Replik abzuhalten. Absolut kaisertreu, wenn auch ohne den politischen Ehrgeiz seines Vorgängers Kopp, schwankte Hartmann zwischen Übervorsicht und Unnachgiebigkeit. Wenig Weitblick und Wirklichkeitssinn verriet er 1917/18 bei seinem Widerstand gegen die Beseitigung des undemokratischen Dreiklassenwahlrechts in Preußen[5]. Daß sich der Wortführer der preußischen Bischöfe im Gegensatz zu anderen Oberhirten gegen eine überfällige Verfassungsreform stemmte, schwächte die Überzeugungskraft eines gemeinsamen Hirtenworts vom Allerheiligentag 1917, das die revolutionäre Unruhe im Untergrund zu beschwören trachtete.

Im November 1918 durch die militärische Niederlage und die Ausrufung der

[1] *M. Faulhaber,* Waffen des Lichts (Freiburg 1918) 132.

[2] Vgl. *A. Baudrillart* (Hrsg.), La Guerre Allemande et le Catholicisme (Paris 1915).

[3] Vgl. *G. Pfeilschifter* (Hrsg.), Deutsche Kultur, Katholizismus und Weltkrieg (Freiburg 1915).

[4] Vgl. *L. Volk,* Kardinal Mercier, der deutsche Episkopat und die Neutralitätspolitik Benedikts XV. 1914–1916, in: StdZ 192 (1974) 611–630.

[5] Vgl. *R. Patemann,* Der deutsche Episkopat und das preußische Wahlrechtsproblem 1917/18, in: Vierteljahrshefte für Zeitgeschichte 13 (1965) 345–371.

Republik vor vollendete Tatsachen gestellt, konzentrierte sich die Zentrumspartei darauf, ihr politisches Gewicht in der verfassunggebenden Nationalversammlung voll zur Geltung zu bringen[6]. Was die Fraktion in den Verfassungsberatungen sowohl konstruktiv wie vorbeugend erreichte, übertraf erheblich, was man von ihrer numerischen Stärke erhoffen durfte[7]. Wenn die Fuldaer Bischofskonferenz im November 1919 dennoch gegen Einzelpunkte des Verfassungswerks vom kirchlichen Selbstverständnis her Bedenken anmeldete, so war diese Rechtsverwahrung[8] eine Vorsichtsmaßregel für etwaige künftige Streitfälle, nicht aber eine Kritik an dem von den Zentrumsabgeordneten in Weimar Geleisteten.

Den Posten der Münchener Nuntiatur hatte Benedikt XV. im Mai 1917 Eugenio Pacelli, einem der fähigsten Kuriendiplomaten, anvertraut. Er kam als Vorbote der an alle Kriegführenden gerichteten Friedensaktion des Papstes, doch vermochte auch ein persönlicher Besuch des Nuntius im Kaiserlichen Hauptquartier nicht die Konzessionen deutscherseits zu erwirken, die eine aussichtsreiche Weiterbehandlung des Projekts erfordert hätte[9]. Nachdem die Verfassungen des Reiches und der Länder das Staatsleben auf einen republikanischen Grundriß gebaut hatten, sah sich der Nuntius einem Wirkungsfeld von unübersehbarer Weite gegenüber. In der Errichtung einer Reichsnuntiatur in Berlin, die Pacelli von 1920–1925 in Personalunion von München aus mitversah, sowie der Beglaubigung des bisherigen preußischen Gesandten von Bergen als Reichsbotschafters beim Heiligen Stuhl spiegelte sich die Bedeutung, die man in Berlin diplomatischen Beziehungen zum Vatikan beimaß.

Diese in einem Reichskonkordat völkerrechtlich auszugestalten war in den krisenhaften Erschütterungen der ersten Nachkriegsjahre vor allem das Auswärtige Amt bestrebt, weil es sich von einem Vertrag mit der moralischen Macht der Kirche eine Konsolidierung der in Ost (Oberschlesien) und West (Saargebiet) umkämpften Reichsgrenzen versprach[10]. Der Wille zu einem Gesamtkonkordat für alle deutschen Diözesen erlahmte jedoch, als Ende 1923 die politische Schwächeperiode überwunden war. Pacelli seinerseits verlor das Fernziel eines Reichskonkordats auch weiterhin nicht aus den Augen, hatte zunächst aber das schon 1919 geplante Landeskonkordat mit Bayern unter Dach zu bringen[11]. Den vatikanischen Staat-Kirche-Vorstellungen wohlwollend, aber keineswegs unkritisch gegenüberstehend, boten die von der Bayerischen Volkspartei getragenen Kabinette aus Pacellis Sicht günstigere Voraussetzungen zur Schaffung eines „Modellkonkordats" als andere Landesregierungen, in denen die katholi-

[6] Vgl. *R. Morsey*, Die Deutsche Zentrumspartei 1917–1923 (Düsseldorf 1966) 163–245.
[7] Zum Inhalt der Kirchenartikel der Weimarer Reichsverfassung vgl. *Bihlmeyer-Tüchle* 500.
[8] Druck der Verlautbarung: *L. Volk* (Hrsg.), Akten Kardinal Michael von Faulhabers 1917–1945, Bd. I: 1917–1934 (Mainz 1975) 111 f.
[9] Zur Friedenspolitik des Heiligen Stuhls während des Ersten Weltkriegs vgl. oben Kap. 3.
[10] Vgl. *L. Volk*, Das Reichskonkordat vom 20. Juli 1933 (Mainz 1972) 1–24.
[11] Zum Gang der Verhandlungen vgl. *G. Franz-Willing*, Die bayerische Vatikangesandtschaft 1803–1934 (München 1965) 181–227.

schen Parteien eine weniger starke Position besaßen. Wenn der Nuntius am bayerischen Präzedenzfall eine Art Norm zu gewinnen hoffte, an der die Konzessionsbereitschaft künftiger Vertragskontrahenten gemessen würde, so wirkte das von Bayern gezeigte Entgegenkommen keineswegs nur als Ansporn, bestärkte vielmehr die Konkordatsabneigung sozialistischer, liberaler und evangelischer Kreise. Erst nach langwierigen Vorverhandlungen wurde das Vertragswerk am 29. März 1924 in München unterzeichnet und Anfang 1925 vom Landtag gebilligt.

Den Zentralisierungstendenzen der neuen Staatsordnung konnte sich auch das Zusammenwirken der Bischöfe auf die Dauer nicht entziehen. Gegen eine Verschmelzung der Konferenzen von Fulda und Freising, die nach einem gesamtdeutschen Auftakt von 1867 bis 1872 seit dem Beginn des Kulturkampfs nebeneinander operierten, stemmte sich das ausgeprägte Stammesbewußtsein der bayerischen Oberhirten. Auch war das autokratische Regiment, das Kardinal Kopp über den preußischen Episkopat ausgeübt hatte, noch in frischer Erinnerung. So kam es 1920 zunächst nur zu einem personellen Brückenschlag über die episkopale Mainlinie, indem jeder der beiden Konferenzvorsitzenden jeweils auch zu den Tagungen der Schwesterkonferenz eingeladen wurde. Ohne Rücksicht auf regionalistische Präferenzen schweißte schließlich von 1933 an der reichseinheitlich angreifende Totalitarismus des NS-Staates die Bischöfe im Norden und Süden zu einer einzigen Beratungsgemeinschaft zusammen, in deren Rahmen die Freisinger Konferenz allerdings bestehenblieb und sich die westdeutsche Bischofskonferenz von 1934 ab in eigenen Zusammenkünften, meist in Kevelaer, neu formierte.

Dem Vorsitzenden des bayerischen Episkopats, Michael von Faulhaber (1869–1952), seit 1917 Erzbischof von München und Freising, war schon von Speyer her, wo er seit 1911 als Bischof gewirkt hatte, der Ruf eines Glaubenskünders und Zeitkritikers von Format vorausgegangen. Eine fürstliche Erscheinung und 1921 ins Kardinalskollegium berufen, schien Faulhaber providentiell in die Lücke zu treten, die in Bayern der erzwungene Abgang der Wittelsbacher in der Empfindungswelt breiter Bevölkerungsschichten hinterlassen hatte.

Vom barocken Einschlag im Auftreten des Münchener Erzbischofs führte keine Verbindungslinie zur Gestalt Kardinal Adolf Bertrams (1859–1945) von Breslau, einem nüchternen Niedersachsen. 1906 Bischof von Hildesheim, 1914 von Breslau, 1916 Kardinal, übernahm er 1920 den Vorsitz in der Fuldaer Bischofskonferenz. Juristisch beschlagen, lebensklug, seeleneifrig und immens fleißig, bewährte er sich als Meister schriftlicher Eingaben an die Regierungsbehörden aller Ebenen.

Ihr Ja zum Staat von Weimar hatten die Katholiken im Süden und Westen des Reiches weder einstimmig noch mit gleicher Entschiedenheit gesprochen[12].

[12] Zum Weg der deutschen Katholiken vom Kaiserreich in die Republik vgl. *H. Lutz*, Demokratie im Zwielicht (München 1963).

Wie stark die Auffassungen divergierten, brachte 1922 auf dem Münchener Katholikentag die aufsehenerregende Kontroverse zwischen Kardinal Faulhaber und dem Tagungspräsidenten Adenauer ans Licht[13]. Keiner von beiden sprach nur für sich selbst, sondern für eine ansehnliche Gefolgschaft, der eine als Wortführer eines königlich-bayerischen, der andere als Exponent eines rheinisch-demokratischen Katholizismus. Zwar zielte Faulhabers schroffes Verdikt zunächst auf die Revolution als solche, doch konnten alle nachträglichen Interpretationen die Stoßrichtung auf die Gegenwartsrealität der Republik nicht verwischen.

Eine der bedeutendsten Errungenschaften, welche die katholische Kirche mit allen Religionsgemeinschaften der republikanischen Verfassung zu verdanken hatte, war die Ausschaltung staatlicher Einflüsse bei der Vergabe kirchlicher Ämter. Dies als Fortschritt zu würdigen war den Bischöfen so lange verwehrt, als das Verfassungsgebot toter Buchstabe blieb, weil die Ministerialbehörden einzelner deutscher Länderregierungen der Transformierung dieser Verfassungsnormen in die Verwaltungspraxis eine hartnäckige Obstruktion entgegensetzten. Auf die immer deutlicher werdende Verschleppungstaktik Preußens, des mit 60 Prozent der Reichsbevölkerung weitaus gewichtigsten Einzelstaates, reagierten Kardinal Bertram und Nuntius Pacelli bemerkenswert unterschiedlich. Während der Vorsitzende der Fuldaer Bischofskonferenz zunächst einmal die verfassungsmäßige Ausgangssituation hergestellt sehen wollte, bevor über vertraglich einzuräumende Anhörungsmöglichkeiten staatlicher Organe bei der Besetzung von Kirchenämtern verhandelt werden könne, fesselte den Nuntius die Aussicht, noch vor der fälligen Liquidierung der Kulturkampfgesetze zu Konkordatsgesprächen überleiten zu können.

Preußens Vertragswille regte sich jedoch erst, nachdem das bayerische Vorbild in Berlin den Wunsch geweckt hatte, ebenfalls zum „Konkordatsland" aufzurücken. Inhaltlich allerdings mußte das Preußenkonkordat vom 14. Juni 1929 hinter dem bayerischen Modell schon auf Grund der anders gelagerten parlamentarischen Verhältnisse zurückbleiben[14], und mit dem Verzicht auf Schulbestimmungen wurde es fast ein Torso, weil ihm eben das fehlte, was aus vatikanischer Sicht einen Kirchenvertrag erst eigentlich zum Konkordat machte. Der positive Ertrag war dennoch bedeutsam: die Errichtung des Bistums Berlin, die Erhebung von Breslau und Paderborn zu Erzbistümern samt einer Neuverteilung der Suffraganbistümer, die Beteiligung der preußischen Domkapitel an der Bischofswahl. Es folgte das Land Baden mit dem Konkordat vom 12. Oktober 1932.

Kulturpolitisch standen die zwanziger Jahre im Zeichen der Auseinandersetzungen um das von der Weimarer Verfassung geforderte Reichsschulgesetz[15].

[13] Vgl. Akten Kardinal Michael von Faulhabers (oben Anm. 8) Nr. 127–133.

[14] Vgl. *D. Golombek,* Die politische Vorgeschichte des Preußenkonkordats (Mainz 1970).

[15] Vgl. *G. Grünthal,* Reichsschulgesetz und Zentrumspartei in der Weimarer Republik (Düsseldorf 1968).

Um die Schulartikel war schon in den Verfassungsberatungen mit Erbitterung gerungen worden. Sie trugen Kompromißcharakter, und der Zentrumsfraktion war es trotz mehrerer Anläufe nicht gelungen, für die vom Kirchenrecht vorgeschriebene Bekenntnisschule die Gleichrangigkeit mit der von der kulturpolitischen Linken favorisierten Gemeinschaftsschule durchzusetzen.

Über drei im Laufe der Jahre vorgelegten Gesetzentwürfen brachen die weltanschaulichen Gegensätze wieder auf. Obwohl die Katholische Schulorganisation die Befürworter der Bekenntnisschule über die Parteigrenzen hinweg zu sammeln suchte und in einer Unterschriftenaktion 1922/23 etwa 75 Prozent aller wahlberechtigten Katholiken für diesen Schultyp optierten, änderte das nichts an den Mehrheitsverhältnissen im Reichstag. Da die Aussichten für ein Reichsschulgesetz, das katholischen Vorstellungen halbwegs entsprochen hätte, dahinschwanden, verlegten sich die Verteidiger der Bekenntnisschule unter der Parole „Lieber kein Reichsschulgesetz als ein schlechtes" schließlich ganz auf die Defensive.

In ihren Anfängen ein Ableger des Volksvereins für das katholische Deutschland hatte die Katholische Schulorganisation seit 1913 einen steilen Aufstieg genommen, während das Mönchengladbacher Stammunternehmen in eine Existenzkrise geriet[16]. Nach einem Mitgliederhöchststand von über 800000 im Jahr 1914 hatten dem Volksverein die sozialen, wirtschaftlichen und politischen Umwälzungen der Kriegs- und Nachkriegszeit so zugesetzt, daß er 1928 nur noch 400000 Mitglieder zählte. Nachdem sich das katholische Verbandswesen in Deutschland bis Kriegsbeginn in einer stupenden Breite, Dynamik und Vielgestaltigkeit entfaltet hatte, wurden jetzt die Schattenseiten der Differenzierung fühlbar. Zumeist in mehreren Vereinen beitragspflichtig, sparten die Mitglieder in Notzeiten zuerst am Entbehrlichen. Zudem förderte die Überorganisation eine gewisse Vereinsmüdigkeit. Im Fall Mönchengladbach taten wirtschaftliche Fehlentscheidungen und der Kampf gegen einen erdrückenden Schuldenberg ein übriges, den ruhmreichen „Verein der Vereine" Mitte 1933 zu einem der ersten Opfer von Hitlers Liquidierungspolitik werden zu lassen. Einmal in den Abwind geraten, scheiterte der Volksverein am Unvermögen seiner Führer, ihn über die sozial-ethischen Zielvorstellungen der Gründerzeit hinaus zum allgemeinen Katholikenverein auszugestalten, ein Vorhaben, das angesichts der inzwischen erfolgten Aufgabenteilung auf dem Verbandssektor offensichtlich von vornherein geringe Chancen hatte.

Ein ganz ähnliches Leitbild lag der Idee der „Katholischen Aktion" zugrunde, wie sie von Pius XI. unenttäuschbar und mit imperativem Nachdruck gepredigt wurde. In Deutschland sollte 1928 Nuntius Pacellis Katholikentagsrede in Magdeburg die Initialzündung bewirken. Wenn die Resonanz trotz guten Willens der zur Teilnahme am hierarchischen Apostolat der Kirche aufge-

[16] Vgl. *E. Ritter,* Die katholisch-soziale Bewegung Deutschlands im 19. Jahrhundert und der Volksverein (Köln 1954) 355–495.

rufenen Laien, wie die offizielle Definition lautete, nicht recht befriedigte, so lag das hauptsächlich daran, daß der päpstliche Appell ein Programm entwarf, das im katholischen Vereinsleben Deutschlands nicht nur auf vielfältige Weise praktiziert wurde, sondern auf eine lange Tradition zurückschaute und nicht wie in den meisten lateinischen Ländern auf ein verbandsorganisatorisches Vakuum stieß. Eine straffere Rückbindung der eigenständigen Laienverbände an die Hierarchie wäre von diesen mit Recht als Kränkung und Rückschritt empfunden worden. Umgekehrt war eben manchen Bischöfen die Aussicht nicht unwillkommen, unter Berufung auf die „Katholische Aktion" die Machtballung überdiözesaner Verbandszentralen aufzusprengen. Tatsächlich hat die „Katholische Aktion" in Deutschland nie richtig Fuß zu fassen vermocht, und was trotz aller Fehlschläge so genannt wurde, kam über eine dem päpstlichen Initiator geschuldete Mindestanstrengung nicht hinaus.

Ohne die Vertretung legitimer kirchlicher Ansprüche und Interessen bei den Reichsbehörden zu vernachlässigen und für sein bischöfliches Amtsverständnis den Primat des Pastoralen betonend, respektierte Kardinal Bertram die institutionell vorgegebene Zuständigkeitsverteilung zwischen dem Gesamtepiskopat und den katholischen Parteien von Zentrum und Bayerischer Volkspartei. Einem konkurrierenden Nebeneinander auf dem Felde der Kirchenpolitik, vor dem sein Vorgänger Kopp keinerlei Scheu hatte, war er durchaus abgeneigt. Allenfalls nahm Bertram im Auftrag der Mitbischöfe intern zu einzelnen Gesetzesvorhaben Stellung, insoweit innerkirchliche Belange betroffen waren, im übrigen aber blieb die Entscheidungsfreiheit der katholischen Abgeordneten unangetastet, wie sehr auch landläufige Vorstellungen in ihnen bloße Vollzugsorgane der Kirchenleitung sehen wollten[17].

Nach außen manifestierte sich die Kirchennähe der katholischen Parteien vorab in einer Anzahl geistlicher Mandatsträger, den nicht ganz unkritisch so genannten „Zentrumsprälaten", die meist zu den profilierten, wenn nicht führenden Köpfen ihrer Fraktionen zählten, ihre Positionen aber nicht dem Klerikerstatus, sondern fachlichen Leistungen zu verdanken hatten. Gegen das konfliktträchtige Doppelengagement von Seelsorge und Parteipolitik hegte Papst Pius XI. grundsätzlich Vorbehalte, ohne historisch gewachsene Bindungen abrupt abzuschneiden. In Deutschland wurde die Problematik interferierender Berufsfelder am Lebensgang des Nuntiusberaters und Zentrumsführers Ludwig Kaas ebenso evident wie in Österreich am Wirken des zum Bundeskanzler emporgestiegenen Prälaten Ignaz Seipel.

Daß die Weimarer Verfassung von 1919 mit der Gleichheitsforderung für unterschiedslos alle Staatsbürger Ernst machte und damit Programmpunkte erfüllte, zu deren Durchsetzung sich die Zentrumsgründer ehedem zusammengeschlossen hatten, konnte auf den inneren Zusammenhalt der Wählergefolg-

[17] Vgl. dazu *R. Morsey*, Kirche und politische Parteien 1848–1948/49: *A. Rauscher* (Hrsg.), Kirche, Politik, Parteien (Köln 1974) 19–56.

schaft nicht ohne Rückwirkung bleiben[18]. Denn mit dem Abbau der letzten Kulturkampfrelikte waren bis dahin zugkräftige Fernziele gegenstandslos geworden. Wie die unter kirchentreuen Katholiken einst selbstverständliche Überzeugung von der Unentbehrlichkeit des Zentrums kontinuierlich abnahm, war an der Wahlstatistik abzulesen, derzufolge die auf Zentrum und BVP entfallenden Anteile an den abgegebenen Stimmen zwischen 1919 und 1933 von 18 Prozent auf 14 Prozent zurückgingen[19]. Zwischen dem Verlust an äußerer Werbekraft und dem Schwund an innerer Kohärenz bestand ein deutlicher Zusammenhang. Symptomatisch für das Erstarken der zentrifugalen Kräfte war Ende 1928 das Unvermögen der Zentrumsvertreter, sich für den abtretenden Wilhelm Marx über die Person seines Nachfolgers im Parteivorsitz zu einigen. Erstmals in der Zentrumsgeschichte mußte ein Geistlicher, der Trierer Prälat Ludwig Kaas (1881–1952), als Vorsitzender einspringen, um die Kluft zwischen den Flügeln zu überbrücken.

Nach wie vor konnten die katholischen Parteien vor entscheidenden Urnengängen auf die indirekte Unterstützung des Episkopats in Form von Wahlhirtenbriefen rechnen. Nicht sparsam genug eingesetzt, bargen solche bischöflichen Aufrufe zu katholischer Geschlossenheit allerdings die Gefahr in sich, das Gewicht der Hirtenautorität für den Fall zu schwächen, wo sie in unmittelbarer Zuständigkeit zu letzten Weltanschauungsfragen Stellung bezog. Eben dazu fühlten sich die Bischöfe nach dem sprunghaften Anschwellen von Hitlers NSDAP zur millionenstarken Massenbewegung während des Jahres 1930 verpflichtet. Nacheinander unterstrichen sie im Frühjahr 1931 die Unvereinbarkeit von Christentum und Nationalsozialismus[20]. Das Verbot, der Hitlerbewegung beizutreten, stützten sie auf den Rassismus und Nationalismus der NSDAP, auf die Maßlosigkeit und Gehässigkeit ihrer Agitation, auf ihre Gewalttätigkeit gegen Andersdenkende. In der Tagespublizistik riefen die Warnungen des deutschen Episkopats vor dem Nationalsozialismus eine ungleich heftigere Reaktion hervor als die 1921 erlassenen und auf den gleichen Prinzipien basierenden Weisungen[21] gegenüber dem atheistischen Sozialismus.

Mit ihrer autoritativen Absage konnten die Bischöfe zwar potentielle katholische Wechselwähler nachdenklich stimmen, und die Tatsache, daß Hitler noch am 5. März 1933 „mit Abstand die wenigsten Stimmen in den mehrheitlich ka-

[18] Vgl. *J. Becker*, Das Ende der Zentrumspartei und die Problematik des politischen Katholizismus in Deutschland: *G. Jasper*, Von Weimar zu Hitler 1930–1933 (Köln 1968) 344–376.

[19] Vgl. *J. Schauff*, Das Wahlverhalten der deutschen Katholiken im Kaiserreich und in der Weimarer Republik (Mainz 1975).

[20] Druck der bischöflichen Stellungnahmen: *B. Stasiewski* (Hrsg.), Akten deutscher Bischöfe über die Lage der Kirche 1933–1945, Bd. I: 1933–1934 (Mainz 1968) Anhang Nr. 5–7 u. 11–13.

[21] Druck der Winke betr. Aufgaben der Seelsorger gegenüber glaubensfeindlichen Vereinigungen: *W. Corsten*, Sammlung kirchlicher Erlasse, Verordnungen und Bekanntmachungen für die Erzdiözese Köln (Köln 1929) 619–624.

tholisch besiedelten Teilen des Reiches erhalten hat"[22], ist ein Beweis dafür, vermochte aber die Hinwendung anderer Bevölkerungsschichten zur NS-Bewegung nicht zu verhindern. Nicht von ungefähr fiel mit der Agonie des Staates von Weimar innerhalb des deutschen Katholizismus das Aufbrechen einer geistigen Strömung zusammen, die unter dem Sammelbegriff „Reichsideologie" zwischen 1929 und 1934 eine Unzahl von Publikationen hervorgebracht hat, in ihrer Resonanz aber fast ausschließlich auf Intellektuellenkreise beschränkt blieb[23]. Auf der Suche nach einem Gegenbild zu der deprimierenden Staatswirklichkeit trafen sich Autoren unterschiedlichster Provenienz bei dem Versuch einer Wiederbelebung des mittelalterlichen Reichsgedankens. In der Sache ein historisch verbrämter Illusionismus, war das Konzept nichtsdestoweniger imstande, auf manche Zeitgenossen eine beträchtliche Faszination auszuüben. Religiöse Impulse empfing es von der gleichzeitig in der liturgischen Bewegung geforderten Consecratio mundi. Mit der gegenseitigen institutionellen Durchdringung der originären Gewalten von Staat und Kirche propagierten die Vertreter der Reichsideologie ein Leitbild, dessen Realisierung in der Geschichte Europas mehr als einmal gescheitert war. Das allein zerstörte noch nicht den Talmiglanz der Utopie, doch war die Strömung zu akademisch und elitär, um im Wählerverhalten Spuren zu hinterlassen. Daran ist die tatsächliche politische Relevanz dieser Bewegung zu messen und nicht an der Hochflut reichsideologischer Schriften. Das gilt für die Zeitabschnitte vor wie nach Hitlers Machtantritt am 30. Januar 1933.

Den Ausschlag für die Haltung der kirchengebundenen Katholiken zu diesem Ereignis gaben zwei Entscheidungen, die Zustimmung des Zentrums zum Ermächtigungsgesetz am 23. März und die davon indirekt abhängige Kundgebung des deutschen Episkopats fünf Tage später[24]. Unter Berufung auf die Garantien in Hitlers Regierungserklärung zogen darin die Bischöfe ihre allgemeinen Verbote und Warnungen vor der NSDAP bedingt zurück. Sie taten diesen Schritt nicht in opportunistischer Anpassung, sondern in der Absicht, dem Kirchenvolk eine sich täglich schärfer abzeichnende Zerreißprobe zu ersparen. Diese war grundgelegt in dem Konflikt zwischen Kirchentreue und Bürgergehorsam, der in dem Augenblick akut wurde, als in Adolf Hitler ein Politiker die Regierungsautorität zu verkörpern begann, der zugleich Führer einer weltanschaulich beanstandeten Partei war. In diesem Dilemma gab die vorsichtig formulierte Stellungnahme des Episkopats dem kooperationswilligen

[22] *R. Morsey* (oben Anm. 17) 31.

[23] Vgl. *K. Breuning*, Die Vision des Reiches (München 1969), jedoch mit Überbetonung der politischen Relevanz.

[24] Zu den durch die Reichstagswahl vom 5. März 1933 ausgelösten Umorientierungen vgl. *L. Volk* (oben Anm. 10) 59–89. – Zu einigen Aspekten des vielbehandelten Verhältnisses von Kirche und Nationalsozialismus vgl. *D. Albrecht* (Hrsg.), Katholische Kirche im Dritten Reich (Mainz 1976) (mit Literaturangaben).

Teil der deutschen Katholiken den Weg zur Mitarbeit frei, ohne jedoch damit Hitlers Partei etwa empfehlen zu wollen.

Im Bunde mit Vizekanzler von Papen (1879–1969) überraschte Hitler den Vatikan Anfang April 1933 mit dem Angebot eines Reichskonkordats. Der Kirche versprach er die vertragliche Sicherung der Bekenntnisschule, seinerseits fordert er nach dem Muster des italienischen Konkordats ein parteipolitisches Betätigungsverbot für den Klerus. Kurzfristig fesselte ihn an dem Projekt die revolutionsstrategische Überlegung, durch den kirchlich gebotenen Rückzug aller geistlichen Mandatsträger den katholischen Parteien einen tödlichen Schlag zu versetzen; langfristig schienen die Vorteile einer umfassenden Regelung der Staat-Kirche-Beziehungen auf der Hand zu liegen. Franz von Papens Motive waren vielschichtiger. Als Katholik wollte er für die Kirche, was er für das Beste hielt. Als Politiker spekulierte er auf den Ruf eines erfolgreichen Wahrers kirchlicher Interessen, um damit den Anspruch zu untermauern, im Kabinett Hitler den katholischen Volksteil zu vertreten.

Um den Vizekanzler scharte sich der Bund „Kreuz und Adler", eine reichsideologisch inspirierte Gruppierung, die sich den Brückenschlag zwischen katholischer Kirche und NS-Staat zum Ziel gesetzt hatte. Auf NS-Seite ebensowenig ernst genommen wie im Kirchenvolk, stand die Papen-Gründung binnen kurzem ebenso isoliert da wie ihr Protektor im Reichskabinett. Nach der Umbenennung in „Arbeitsgemeinschaft katholischer Deutscher" geriet sie im Herbst 1933 auch organisatorisch ins Schlepptau der NSDAP. Zahlenmäßig ein winziges Grüppchen, verschwand sie, nachdem sie als Aushängeschild ausgedient hatte, ein Jahr später von der Bildfläche. Im Unterschied zur evangelischen Kirche, wo über dem Gegeneinander von nationalsozialistischen „Deutschen Christen" und der Bekenntnisbewegung die Kirchenorganisation in Stücke brach, entgingen so die deutschen Katholiken einer selbstzerstörerischen Polarisierung, was sie befähigte, ihre innere Geschlossenheit über die Jahre totalitärer Bedrückung zwischen 1933 und 1945 hinwegzuretten.

Im Sommer 1933 lief der revolutionäre Gleichschaltungsprozeß in Deutschland den römischen Konkordatsverhandlungen davon. Als am 20. Juli der Vertrag[25] im Vatikan unterzeichnet wurde, gab es keine katholischen Parteien mehr, denen der von Hitler geforderte Entpolitisierungsartikel hätte schaden können. Sie waren dabei keiner Konkordatsbestimmung zum Opfer gefallen, sondern als Teil des parlamentarischen Systems mit diesem insgesamt liquidiert worden.

Um so größere Anstrengungen machten die vatikanischen Unterhändler, dem nicht minder bedrohten Verbandskatholizismus konkordatären Schutz zu verschaffen. Infolgedessen gewann neben der Bestandsgarantie für die Bekenntnisschule die Sicherung des kirchlichen Vereinswesens vordringliche Gegen-

[25] Zum Inhalt des Reichskonkordats vgl. *Bihlmeyer-Tüchle* III 517–519; *Schmidlin PG* IV 164–166.

wartsbedeutung. Wie an den Schichten des Vereinsschutzartikels (Art. 31 RK) abzulesen ist, wurde die Gleichschaltungsoffensive der NS-Organisationen erst durch diese Bestimmungen des Reichskonkordats und zu einem für die bedrängten katholischen Verbände höchst kritischen Zeitpunkt zum Stehen gebracht. Was als Friedensvertrag gedacht war, wandelte sich so unversehens in ein Verteidigungsinstrument. Nach dem Fehlschlag des Frontalangriffs wurde der Kampf gegen die konfessionellen Vereine mit subtileren Methoden fortgesetzt – trotz Reichskonkordat. Nicht den einschlägigen NS-Organisationen anzugehören bedeutete künftig ein schweres Handikap für berufliches Vorwärtskommen, mancherorts auch für gesellschaftliches Ansehen. Durch das Verbot der Doppelmitgliedschaft schlossen NS-Gliederungen Angehörige katholischer Verbände vom Beitritt und damit von ihren Sonderrechten aus, um sie dadurch zum Verlassen der kirchlichen Verbände zu bewegen. Nicht alle Vereine bewiesen den gleichen Widerstandsgeist. Während der katholische Lehrerverband schon im August 1933 kapitulierte[26], behauptete sich der Verein katholischer deutscher Lehrerinnen allen Pressionen zum Trotz, bis er im Herbst 1937 von der Gestapo gewaltsam aufgelöst wurde. Vom Sommer des gleichen Jahres an wurde auch der dem NS-Regime besonders hinderliche Katholische Jungmännerverband in einer Diözese nach der andern durch die Staatspolizei unterdrückt[27].

Nach der Zerschlagung der innenpolitischen (parlamentarische Opposition) und innerparteilichen Gegenkräfte („Röhmputsch") sowie dem Ableben des Reichspräsidenten von Hindenburg (2. August 1934) erblickte Hitler in den christlichen Kirchen das Haupthemmnis für eine nationalsozialistische Durchdringung des Volksganzen. Mit Hilfe eines Netzwerks scheinbar unzusammenhängender Anordnungen suchte darum das NS-Regime jeden kirchlichen Einfluß aus der Öffentlichkeit zu verbannen. Das wurde besonders an der schrittweisen Zurückdrängung der katholischen Publizistik deutlich[28]. Das erste Opfer war die kirchlich eingestellte Tagespresse. Nachdem sich katholische Blätter schon seit 1933 in der Kopfspalte nicht mehr als solche bezeichnen durften, wurden sie 1935 durch einen gesetzlich verbrämten Machtspruch des Propagandaministeriums in reine Akklamationsorgane umgewandelt. Zur Knebelung des kirchlichen Zeitschriftenwesens bediente sich Propagandaminister Goebbels differenzierterer Methoden. Sie reichten von Verwarnungen über zeitweilige Verbote bis zur völligen Einstellung einer Zeitschrift[29]. Dazu traten kleinliche Vorschriften über die inhaltliche Gestaltung, um den kirchlichen Publikationen jeden Leseanreiz zu nehmen und sie in den Geruch einer muffigen

[26] Vgl. *H. Küppers*, Der Katholische Lehrerverband in der Übergangszeit von der Weimarer Republik zur Hitler-Diktatur (Mainz 1975).

[27] Vgl. *B. Schellenberger*, Katholische Jugend und Drittes Reich (Mainz 1975).

[28] Vgl. *K. A. Altmeyer*, Katholische Presse unter NS-Diktatur (Berlin 1962).

[29] Einen exemplarischen Einzelfall schildert *K. Gotto*, Die Wochenzeitung Junge Front/Michael (Mainz 1970).

Religiosität zu bringen. Selbst in den konkordatsgeschützten bischöflichen Amtsblättern durften seit 1936 Hirtenbriefe nicht mehr abgedruckt werden.

Besonders heimtückisch, weil auf bewußte Irreführung angelegt, war die Erfindung der „Auflagenachricht". Vom Propagandaministerium verpflichtend vorgeschrieben, mußte sie auch von katholischen Blättern aufgenommen werden, und zwar ohne Rücksicht auf ihren Inhalt und ohne daß ihr Zwangscharakter gekennzeichnet oder kritisch zu ihr Stellung genommen werden durfte. Während kirchenfeindlicher Agitation alle Freiheiten offenstanden, wurden Ansätze zu einer Gegenwehr mit sofortigen Sanktionen beantwortet. Übermacht bedeutete jedoch nicht notwendig Überzeugungskraft. Als Goebbels im Sommer 1937 Sittlichkeitsvergehen einzelner Ordensleute dazu benutzte, sein gesamtes Medienpotential zu einer wochenlangen Hetzkampagne gegen die Kirche zu mobilisieren, wurde am Ende nicht so sehr die Glaubwürdigkeit der katholischen Orden wie die der NS-Presse angezweifelt[30]. Kriegswirtschaftliche Engpässe lieferten schließlich Mitte 1941 den Vorwand, die immer noch auflagenstarke Kirchenpresse bis auf eine Handvoll theologischer Fachblätter gänzlich zum Schweigen zu bringen.

Größeren Wert auf Tarnung legten die NS-Behörden bei ihrer den Konkordatszusagen von 1933 stracks zuwiderlaufenden Schulpolitik[31]. Einschneidende Ministerialerlasse waren „nicht zur Veröffentlichung bestimmt". Sicher zu erwartender Widerstand der katholischen Elternschaft gegen die zwangsweise Einführung der Gemeinschaftsschule wurde durch zeitlich gestaffeltes, regionales Vorgehen neutralisiert, Scheinabstimmungen auf das angestrebte Ergebnis hin interpretiert. Schon vorher wurde der Religionsunterricht Reformobjekt, seine Erteilung den Geistlichen oft entzogen und von der Kirche nicht autorisierten Lehrkräften übertragen, die dafür vorgesehene Stundenzahl laufend reduziert. Ordensschulen wurden zum Aufgeben gezwungen und in staatliche oder kommunale Regie übergeführt.

Auf Regierungsseite vermochte auch das 1935 geschaffene Reichskirchenministerium in das für den Hitlerstaat charakteristische Kompetenzenchaos keine Ordnung zu bringen. Schon deswegen nicht, weil Kirchenminister Hanns Kerrl (1887–1941) parteiintern nicht stark genug war, um sich gegen mächtigere Rivalen mit kirchenpolitischem Ehrgeiz durchzusetzen. Dazu fehlte seinem Ressort ein direkt unterstelltes Exekutivorgan, während der rangniedrigere Polizeichef Himmler in der Gestapo ein Instrument besaß, das er in eigener Machtvollkommenheit gebrauchte, ohne sich viel um den Kirchenminister zu kümmern. Infolgedessen bestimmte nicht Kerrl den Ablauf des Unterdrükkungskampfes gegen die Kirche, sondern seine Rivalen Himmler, Heydrich, Bormann und Schirach, die ihrerseits an Radikalität miteinander wetteiferten.

[30] Vgl. *H. G. Hockerts*, Die Sittlichkeitsprozesse gegen katholische Ordensangehörige und Priester 1936/37 (Mainz 1971).

[31] Vgl. *R. Eilers*, Die nationalsozialistische Schulpolitik (Köln 1963), insbes. 22–28 u. 85–98.

Für die Bischöfe waren Ideologie, Machtanspruch und Herrschaftsanspruch eines totalitären Weltanschauungsstaates ein ebenso fremdartiges Phänomen wie für die meisten Zeitgenossen, so daß sie sich in der neuen Wirklichkeit erst zurechtfinden mußten. Gegen jeden Übergriff dieses Staatswesens in den Kirchenraum erhob Kardinal Bertram als Vorsitzender des Gesamtepiskopats und unter Berufung auf die Rechtslage schriftlich Protest, wie er das gewohnt war und ohne sich durch die Fruchtlosigkeit seiner Vorstellungen beirren zu lassen. Eine Kette diplomatischer Noten[32] des Heiligen Stuhles zielte in die gleiche Richtung. Der Einspruch des Vatikans gegen die Ignorierung des Reichskonkordats ließ an Klarheit und Schärfe nichts zu wünschen übrig. Da er vergeblich war, ja meist sogar ohne Antwort blieb, brach schließlich Pius XI. sein Schweigen, indem er im März 1937 in der Enzyklika „Mit brennender Sorge" die Christentumsfeindlichkeit des NS-Regimes vor der Weltöffentlichkeit anprangerte[33].

Anders als der Papst konnte sich Kardinal Bertram zum Abgehen von seiner Eingabenpolitik auch dann nicht entschließen, als an deren Ineffizienz beim besten Willen nicht mehr zu zweifeln war. Eine Revision dieser Defensivtaktik forderte der Berliner Bischof Preysing schon im Herbst 1937, drang aber damit in Breslau nicht durch[34]. Nach dem Übergang Hitlers zu einer expansiven Außenpolitik, mit dem „Anschluß" Österreichs im März 1938 eingeleitet, lockerte sich zwar vorübergehend der agitatorische Überdruck im Innern, das Ziel jedoch, die Kirche schrittweise einzuengen und schließlich zu vernichten, blieb unverändert. Es wurde nach dem Kriegsausbruch im Herbst 1939 unter dem Deckmantel angeblicher Kriegserfordernisse mit noch brutalerer Härte weiterverfolgt.

Mit der Wegnahme der katholischen Kindergärten, einseitig durch staatliches Machtwort verfügt, fiel das letzte Hindernis vor der Totalerfassung der heranwachsenden Generation. Mißliebige Geistliche erhielten Gauverweise oder wanderten ohne Gerichtsurteil ins Konzentrationslager Dachau, wo nicht wenige den Strapazen oder Mißhandlungen erlagen[35]. Weil er bei der Reichstagswahl im April 1938 nicht zur Stimmabgabe erschienen war, wurde Bischof Sproll von Rottenburg durch organisierte Tumulte von seinem Amtssitz ver-

[32] Vgl. *D. Albrecht* (Hrsg.), Der Notenwechsel zwischen dem Heiligen Stuhl und der Deutschen Reichsregierung, Bd. I: 1933–1937 (Mainz 1965), Bd. II: 1937–1945 (Mainz 1969).

[33] Vgl. den endgültigen Text in Gegenüberstellung zu dem Vorentwurf Kard. Faulhabers bei *D. Albrecht,* Bd. I 404–443.

[34] Vgl. *W. Adolph,* Hirtenamt und Hitlerdiktatur (Berlin 1965).

[35] Vgl. dazu *R. Schnabel,* Die Frommen in der Hölle (Frankfurt 1966); *E. Weiler,* Die Geistlichen in Dachau sowie in anderen Konzentrationslagern und Gefängnissen (Mödling 1972). Die Zahlenangaben der verschiedenen Autoren sind nicht einheitlich. Nach der bislang umfassendsten und gründlichsten Aufstellung bei *E. Weiler* (S. 75 und 82) starben von 304 reichsdeutschen Priesterhäftlingen in Dachau 67, von 83 österreichischen 18.

trieben, von der Gestapo aus seiner Diözese verschleppt und erst durch den Zusammenbruch des NS-Staates aus dem Exil befreit[36].

Einen Raubzug großen Stils unternahm die Gestapo 1940/41, als sie in Willküraktionen reihenweise Abteien, Ordenshäuser und Priesterseminare beschlagnahmte und die Bewohner auf die Straße setzte. Gleichzeitig trieb die NS-Diktatur in der Ausmerzung der Geisteskranken, verharmlosend Euthanasie genannt, sowie der Deportation und Hinmordung der europäischen Juden die Pervertierung des Rechtsstaats in Dimensionen jenseits menschlicher Vorstellungskraft. Dennoch war Kardinal Bertram von der Linie des internen Protests, die er unbeirrt fortsetzte, nicht abzubringen. In seinem vom Kulturkampferleben geprägten Amtsverständnis hatte die Aufrechterhaltung der Sakramentenspendung und der Pfarrseelsorge absoluten Vorrang vor anderen Bischofspflichten, im konkreten Fall dem öffentlichen Eintreten für die personalen Grundrechte. Den vom Breslauer Kardinal befürchteten totalen Bruch mit seinen verheerenden Folgen wollten auch die Befürworter einer energischen Vorwärtsverteidigung nicht. Doch war das nicht die Alternative zu der durch völlige Ineffizienz desavouierten Eingabenpolitik. Denn gegen den Meinungsdruck eines Großteils der Bevölkerung, den die Aufdeckung der Untaten des Regimes allerdings erst hätte hervorbringen müssen, waren die Machthaber keineswegs unempfindlich. Was sie fürchteten und das Kirchenvolk von seinen Bischöfen erhoffte, brachte im Sommer 1941 die einzigartige Resonanz zum Vorschein, welche die drei großen Predigten Bischof Galens (1878–1946) von Münster gegen die Gewaltherrschaft der Gestapo und die Hinmordung der Geisteskranken zu einem Ereignis von europäischem Rang erhoben.

Anders als bei der Euthanasie-Aktion, die sich allen Tarnungsversuchen zum Trotz nicht verheimlichen ließ, trat von der „Endlösung der Judenfrage" für den innerdeutschen Beobachter nur der vorletzte Akt, die Zwangsdeportierung, ins Blickfeld, und auch dieser nur in einem lokalen Ausschnitt. Schon 1935 hatte die Fuldaer Bischofskonferenz die Hilfsanstrengungen des St. Raphaelsvereins und des Deutschen Caritasverbands im „Hilfsausschuß für katholische Nichtarier" zusammengefaßt, doch waren dem Erfolg durch die Einlaßbeschränkungen der Überseeländer enge Grenzen gezogen[37]. Einen örtlichen Schwerpunkt bildete das „Hilfswerk beim Bischöflichen Ordinariat Berlin", das Bischof Preysing ins Leben gerufen hatte. In der letzten gemeinsamen Kundgebung des Episkopats während der NS-Zeit, dem Dekalog-Hirtenbrief[38] vom August 1943, der die Unteilbarkeit des Rechts auf Leben in aller Klarheit herausstellte, war auch der „Menschen fremder Rassen und Abstammung" un-

[36] Vgl. *P. Kopf – M. Miller* (Hrsg.), Die Vertreibung von Bischof Joannes Baptista Sproll von Rottenburg 1938–1945 (Mainz 1971).

[37] Vgl. *L.-E. Reutter*, Katholische Kirche als Fluchthelfer im Dritten Reich (Recklinghausen 1971).

[38] Druck: *K. Hofmann* (Hrsg.), Zeugnis und Kampf des deutschen Episkopats (Freiburg 1946) 75–84.

überhörbar gedacht. Zu einem öffentlichen Einspruch der Bischöfe gegen die Judenvernichtung ist es allerdings nicht gekommen.

Welches Schicksal der Kirche bei siegreichem Kriegsausgang zugedacht war, demonstrierten Hitlers Statthalter im Freiraum der zum Reich geschlagenen Gebiete im Westen und Osten. Schon zuvor war Österreich nach dem „Anschluß" im März 1938 zum konkordatsfreien Territorium erklärt und in seinen kirchlichen Institutionen dem Gewaltregiment der Parteifunktionäre preisgegeben worden. Österreich, Lothringen und extrem radikal der Warthegau[39] lieferten die Negativfolie für die Schutzwirkung, die das Reichskonkordat, höchst lückenhafter Respektierung zum Trotz, in den Diözesen des Altreichs bis zuletzt noch hervorbrachte.

Nach der bedingungslosen Kapitulation am 8. Mai 1945 liquidierten die Siegermächte mit den Resten von Hitlers Herrschaft auch das innere Gefüge des deutschen Staatswesens. Vielerorts war die Kirche die einzige Institution, die ihre personale Identität über die „Stunde Null" hinweg wahren konnte. Ihre allbekannte geistige Frontstellung gegen den Nationalsozialismus verlieh ihr zumindest bei den westlichen Alliierten und in der Anfangsphase der kommunalen Reorganisation eine gewisse Autorität, doch gewannen in den Militärregierungen der vier Besatzungszonen bald andere Einflüsse die Oberhand.

Angesichts der unübersehbaren materiellen Not waren die kirchlichen Anstrengungen der ersten Nachkriegszeit vor allem auf karitative Hilfe gerichtet[40]. Ihrem Höhepunkt strebte die Misere mit dem Einströmen von Millionen Ostvertriebener zu, die, aller Habe beraubt, aus ihrer angestammten Heimat abgeschoben wurden. Willkürlich gezogene Zonengrenzen rissen Diözesangebiet auseinander und trugen die deutsche Teilung auch in den kirchlichen Bereich. Nach Kardinal Bertrams Tod am 6. Juli 1945 amtierte in Breslau noch ein deutscher Kapitularvikar, Ferdinand Piontek, doch wurde er schon einen Monat später von dem resolut auftretenden Kardinal Hlond zur Resignation veranlaßt. Als Primas von Polen nahm dieser selbst die Diözesanverwaltung in die Hand, um, vom Heiligen Stuhl mit dem Titel eines Apostolischen Administrators versehen, anschließend Weihbischöfe in die unter polnische Verwaltung gestellten deutschen Ostgebiete zu entsenden.

Unter dem Vorsitz des Kölner Erzbischofs Josef Frings (geb. 1887, 1942 Erzbischof, 1946 Kardinal) trafen sich die deutschen Oberhirten im August 1945 in Fulda zu ihrer ersten Nachkriegstagung. Wie zuvor gegen die Rechtsverstöße des NS-Regimes, erhoben sie jetzt für eine Nation ohne Stimme Vorstellungen beim Alliierten Kontrollrat gegen Anarchie und Willkür, gegen die automatische Internierung lediglich nomineller Parteimitglieder, gegen die Vertreibung Millionen Ostdeutscher von Haus und Hof. Mit vielen deutschen Bischöfen

[39] Vgl. *B. Stasiewski*, Die Kirchenpolitik der Nationalsozialisten im Warthegau, in: Vierteljahrshefte für Zeitgeschichte 7 (1959) 46–74.

[40] Vgl. *H.-J. Wollasch* (Hrsg.), Humanitäre Auslandshilfe für Deutschland nach dem Zweiten Weltkrieg (Freiburg 1976).

hatte Pius XII. während der Kriegsjahre einen intensiven Briefkontakt unterhalten[41]. Die Stimme des Papstes war auch die erste, die auf Weltebene gegenüber den Geschlagenen zu Besonnenheit und Gerechtigkeit aufrief[42], während noch die Welle des von Hitler freigesetzten Hasses in voller Wucht auf die Deutschen in ihrer Gesamtheit zurückschlug.

Nach der Schließung aller diplomatischen Vertretungen in Berlin durch die Siegermächte, die Apostolische Nuntiatur nicht ausgenommen, ließ Pius XII. nichts unversucht, durch eine informelle Vertretung wenigstens ratend und helfend präsent zu bleiben. So entstand noch im Spätherbst 1945 in Kronberg bei Frankfurt die Vatikanmission. Sie war seit 1946 mit Aloysius Muench (1889–1962), einem amerikanischen Bischof deutscher Abstammung[43], trefflich besetzt und wurde zur Keimzelle einer wiederauflebenden Vertretung des Heiligen Stuhls in Deutschland, die nach der Konstituierung der Bundesrepublik 1951 nach Bad Godesberg verlegt und zur Nuntiatur erhoben wurde.

Bevölkerungsverschiebungen ungeahnten Ausmaßes, durch nationalsozialistische Umsiedlungsaktionen und die Flucht vor dem Bombenkrieg eingeleitet, gipfelten im Einströmen von über 11 Millionen Heimatvertriebenen, die, abgesehen von den humanitären Nöten, auch die Seelsorge vor völlig neue Probleme stellte. In manchen Regionen wurden Konfessionsgrenzen, die seit der Reformation mehr oder minder festlagen, ohne Plan und Ordnung verschoben oder durch eine gründliche Durchmischung von Katholiken und Protestanten ganz hinfällig. Daß damit praktisch überall Diasporasituation entstand, wurde auf dem Mainzer Katholikentag 1948 in der Kurzformel „Deutschland – Missionsland" vielen Teilnehmern erstmals schmerzhaft bewußt.

Wie in allen Bereichen begann auch im Religiösen der Neuaufbau von unten her. Es schlug die große Stunde des Pfarrprinzips. Die Bischöfe machten also keineswegs aus der Not eine Tugend, wenn sie die Seelsorge nach sogenannten Naturständen zu organisieren suchten und sich der Bildung überdiözesaner Verbandszentralen im alten Stil energisch widersetzten. Obwohl diese dennoch aus den Ruinen neu erstanden und das überstrapazierte Pfarrprinzip bald an Glanz verlor, war auch dem Verbandskatholizismus keine Renaissance von Dauer vergönnt. Die große Zeit der konfessionellen Massenorganisationen mit ihren nach Hunderttausenden zählenden Mitgliedern war offensichtlich vorbei. Zu dem Klimawechsel einer Scheu vor jeder organisationsmäßigen Bindung trug in der frühen Nachkriegszeit nicht wenig der Rigorismus bei, mit dem vor allem die amerikanische Besatzungsmacht auch das letzte Mitglied der NSDAP dem Prozeß der Entnazifizierung unterwarf. Den endgültigen Umschlag aber brachte erst der Einzug des Fernsehens in den fünfziger Jahren, womit ein Kon-

[41] Vgl. *B. Schneider* (Hrsg.), Die Briefe Pius' XII. an die deutschen Bischöfe 1939–1945 (Mainz 1966).

[42] So in der Ansprache vor dem Kardinalskollegium am 2. Juni 1945. Druck: *B. Wuestenberg – J. Zabkar* (Hrsg.), Der Papst an die Deutschen (Frankfurt 1956) 103–110.

[43] Vgl. *C. J. Barry*, American Nuncio, Cardinal Aloisius Muench (Collegeville 1969).

kurrent die Szene betrat, der jeder Form außerhäuslicher Geselligkeit Abbruch tat.

Der Vernichtungskampf des Nationalsozialismus gegen das Christentum schlechthin hatte Kirchenmänner und Politiker beider Konfessionen ungefragt in eine Abwehrfront gezwungen. Das räumte von Anfang an Vorbehalte beiseite, die den katholischen Bischöfen nach Gründung der Christlich-Sozialen Union (CSU) in Bayern und der Christlich-Demokratischen Union (CDU) im übrigen Deutschland das Ja zu einer Integrationspartei von christlicher Grundausrichtung hätten erschweren können. Nicht ohne Skepsis sahen sie daher, wie unentwegte Anhänger des Zentrums dieses auf rein konfessioneller Basis wieder ins Leben zurückriefen (wie in Nordrhein-Westfalen) und dadurch die katholische Wählerschaft spalteten. Das hatte zur Folge, daß der Unionsgedanke in manchen Regionen erst mit einer gewissen Verzögerung voll fruchtbar wurde. Die Wahlhirtenbriefe der Nachkriegszeit wurden nach der Wiederaufnahme dieser Tradition in den sechziger Jahren unschärfer, betonten vor allem die Wahlpflicht und die Notwendigkeit für Kandidaten von bewährt christlicher Gesinnung zu stimmen. Den geistlichen Mandatsträger gab es nur noch in ganz wenigen Einzelfällen. Der nachkonziliaren Neigung jüngerer Theologieprofessoren, für sogenannte Wählerinitiativen tätig zu werden, begegnete die Deutsche Bischofskonferenz im Herbst 1973 mit dem Verbot, „daß sich ein Priester öffentlich innerhalb einer Partei, für eine Partei sowie für die Wahl einer Partei einsetzt"[44].

Während der Vorarbeiten für eine Verfassung der Bundesrepublik, die sich 1949 auf dem Territorium der drei westlichen Besatzungszonen konstituierte[45], bemühte sich der Episkopat nachdrücklich um eine Verankerung des Elternrechts im Bonner Grundgesetz, doch konnten sich im Parlamentarischen Rat die Antragsteller nicht durchsetzen. Hart umkämpft war auch die Fortgeltung des Reichskonkordats. Was dazu mehr generell in Art. 123 der Bundesverfassung festgelegt war, wurde je nach Parteistandpunkt anders interpretiert. Zu verbindlicher Klärung appellierte das zweite Kabinett Adenauer an das Bundesverfassungsgericht in Karlsruhe, indem es 1955 gegen das Land Niedersachsen wegen Nichteinhaltung der Schulbestimmungen des Reichskonkordats klagte. Das Urteil vom 26. März 1957 bejahte einerseits die Frage nach der Fortgeltung des Vertrags, verwehrte jedoch dem Bund die Kompetenz, Vertragsbestimmungen dort durchzusetzen, wo diese die Kulturhoheit der Länder tangierten[46]. So unbefriedigend der Karlsruher Spruch aufs Ganze gesehen für den kirchlichen Vertragspartner ausfiel, wurde er doch immerhin zum Anstoß einer zwei-

[44] HK 27 (1973) 549.

[45] Für den Zeitabschnitt nach der Gründung der Bundesrepublik und zur Korrektur der Darstellung von F. Spotts (oben Lit.-Verz.) vgl. *K. Forster*, Deutscher Katholizismus in der Adenauer-Ära, in: Konrad Adenauer und seine Zeit, Bd. II (Stuttgart 1976) 488–520.

[46] Vgl. *F. Giese – F. A. v. d. Heydte*, Der Konkordatsprozeß (München 1957–1959).

seitigen Vereinbarung zwischen dem Land Niedersachsen und dem Heiligen Stuhl, dem Konkordat vom 26. Februar 1965. Der Regelung von Schulfragen diente das am 15. Mai 1973 abgeschlossene Konkordat mit Rheinland-Pfalz.

Nach den vom Zweiten Vatikanischen Konzil festgelegten Normen gab sich die schon seit Jahrzehnten faktisch existierende Deutsche Bischofskonferenz 1967 ein eigenes Statut und im Verband der Diözesen Deutschlands einen vereinsrechtlichen Unterbau. Schon Ende 1965 war ihre Leitung von Kardinal Frings, der noch bis 1969 Erzbischof von Köln blieb, auf den Münchener Kardinal Julius Döpfner (1913–1976, 1948 Bischof von Würzburg, 1957 Bischof von Berlin, 1958 Kardinal, 1961 Erzbischof von München) übergegangen. Ob die durch das Konzil zu Konferenzteilnehmern aufgerückten und mancherorts sprunghaft vermehrten Weihbischöfe der Funktion der Bischofsversammlungen förderlich sein werden, bleibt abzuwarten. Neben der Gesamtkonferenz existieren weiterhin auf regionaler Ebene die bayerische und die westdeutsche Bischofskonferenz sowie die ostdeutsche Ordinarienkonferenz, wobei den Mitgliedern der letzteren die Teilnahme an den Plenarversammlungen in Fulda seit dem Bau der Berliner Sperrmauer (1961) durch die Abgrenzungspolitik der DDR verwehrt ist.

Auf den Spuren der von der SPD-FDP-Regierungskoalition seit 1969 verfolgten Ostpolitik und dem hartnäckigen Drängen von Polens Episkopat und Regierung nachgebend, hat der Heilige Stuhl Ende Juni 1972 seinerseits die Oder-Neiße-Linie als polnische Staatsgrenze anerkannt und in den zu Polen geschlagenen Gebieten eine neue Diözesaneinteilung geschaffen. Ein analoges Zugeständnis erstrebt vom Vatikan die DDR, um durch die Verschmelzung westdeutscher Enklaven und eigener Jurisdiktionsbezirke eine Diözesaneinteilung zu erhalten, deren Zirkumskription sich mit den Staatsgrenzen deckt.

Österreich

In *Österreich,* wo 1918 die Ausrufung der Republik die katholische Kirche des kaiserlichen Schirmherrn beraubte, brachen nach dem Ersten Weltkrieg kulturpolitisch spannungserfüllte Zeiten an. Stand in Deutschland die Sozialdemokratie der Kirche mißtrauisch ablehnend gegenüber, so bekämpfte sie der weltanschaulich ungleich virulentere Austromarxismus in aggressiver Feindseligkeit[47]. In dem zu 90 Prozent katholischen Österreich polarisierten sich die Gegensätze parteipolitisch in den zwei großen Blöcken der Christlichsozialen und der Sozialisten.

Über die atheistische oder areligiöse Grundeinstellung der sozialistischen Internationale gingen diese noch dadurch hinaus, daß sie der weltanschaulichen Komponente des Parteiprogramms den Stempel der Ausschließlichkeit auf-

[47] Vgl. *P. M. Zulehner,* Kirche und Austromarxismus (Wien 1967).

drückten. Sozialismus hieß Gegenreligion, und wer sich zu ihm bekennen wollte, hatte mit der Kirche zu brechen. Nur auf diesem Hintergrund ist die zeitweilig fanatische Agitation zu verstehen, mit welcher die der Linken nahestehenden Freidenkerverbände Wähler und Mitglieder der sozialistischen Partei von der Kirche zu trennen suchten. In zwei Wellen erfolgend, beliefen sich die Kirchenaustritte zwischen 1918 und 1928 bei einer Gesamtzahl von 6,1 Millionen Katholiken auf 135 000, ein für die Kirche beunruhigender Prozeß. Daß die Führung der Christlichsozialen wie der Bundesregierung lange Jahre in den Händen eines Geistlichen ruhte, brachte in die Innenpolitik ein zusätzliches Spannungsmoment. Prälat Ignaz Seipel (1876–1932), 1921–1930 Obmann der Christlichsozialen Partei, gewann als Bundeskanzler (1922–24 und 1926–29) über Österreich hinaus Einfluß und Ansehen[48]. Staatsmännisches Format wurde ihm sogar von seinen politischen Gegenspielern bescheinigt, doch hatte auch er mit der Berufsproblematik des Priester-Politikers zu ringen. Dessen spezifische Verwundbarkeit bekam er zu spüren, als er nach dem Polizeieinsatz vor dem in Brand gesteckten Justizpalast in Wien 1927 als „Prälat ohne Milde" angeprangert wurde. Aus der Sicht des Episkopats jedenfalls überwogen die Nachteile eines parteipolitischen Engagements von Klerikern so eindeutig, daß die österreichische Bischofskonferenz Ende 1933, also schon ein Jahr nach Seipels Tod und der Ausschaltung des Parlaments durch Dollfuß, alle Geistlichen zur Niederlegung der von ihnen ausgeübten Mandate aufforderte.

Insofern der Wiener Erzbischof in der Hauptstadt Österreichs residierte, wurde er als Episkopatsvorsitzender vom Regierungsgeschehen ungleich stärker berührt als Kardinal Bertram in Breslau. 1918 hatte sich in der Übergangsphase von der Monarchie zur Republik Gustav Piffls (1864–1932, 1913 Erzbischof, 1914 Kardinal) nüchtern kluge Haltung bewährt. Sein Nachfolger, Theodor Innitzer (1875–1955, 1932 Erzbischof, 1933 Kardinal), war ein Mann der Caritas, der den Juden in der Verfolgungszeit beispielhaft zur Seite stand[49].

Auf das von dem christlichsozialen Bundeskanzler Dollfuß (1932–1934) eingeleitete und von Schuschnigg (1934–1938) fortgeführte Experiment eines christlichen Ständestaats blickten die Bischöfe nicht ohne Vorbehalt, wollten aber den von Hitler und seinen österreichischen Gefolgsleuten hart bedrängten katholischen Regierungsmännern nicht noch ihrerseits Schwierigkeiten bereiten. Vom Regierungskurs abzurücken war auch deswegen nicht unproblematisch, weil sich die Planer des Ständestaats auf eine Papstenzyklika beriefen. Nun war die Ableitung dieses Projekts aus „Quadragesimo anno" freilich anfechtbar, was Kritiker aber nicht hinderte, der Kirche Mitverantwortung für den österreichischen Realisierungsversuch anzulasten. Seit 1930 liefen Konkordatsverhandlungen mit der Kurie, um vor allem den Ehewirrwarr zu beseitigen, den sozialistische Landesbehörden heraufbeschworen hatten, als sie die Härten der

[48] Vgl. *K. v. Klemperer,* Ignaz Seipel, Staatsmann einer Krisenzeit (Graz, Wien, Köln 1976).
[49] Vgl. *V. Reimann,* Innitzer, Kardinal zwischen Hitler und Rom (Wien 1967).

staatskirchlichen Ehegesetzgebung aus der Monarchie durch dubiose Selbsthilfeaktionen zu überwinden suchten. Erst die Regierung Dollfuß brachte den Vertrag[50] am 5. Juni 1933 zum Abschluß, nicht ohne die Erwartung, damit ihre Position nach innen und außen wesentlich zu festigen[51].

In den Tagen der Anschlußeuphorie im März 1938 erlag Kardinal Innitzer vorübergehend den Täuschungsmanövern nationalsozialistischer Unterhändler, wurde aber schon im Oktober das Ziel gewalttätiger Mißfallensdemonstrationen von NS-Seite[52]. In der Zwischenzeit hatte die brutal einsetzende Kirchenbedrückung alle Illusionen erstickt. Zur Schaffung eines freien Operationsfeldes wurde das österreichische Konkordat für unverbindlich erklärt, die Geltung des Reichskonkordats dagegen auf das Altreich beschränkt. Das erlaubte es den Staats- und Parteistellen, die Einflußsphäre der Kirche in Österreich innerhalb von fünf Monaten noch drastischer zu beschneiden, als ihnen das in fünf Jahren in Deutschland gelungen war. Durch einseitige Verfügung wurden Vereine aufgelöst, katholische Schulen und theologische Fakultäten (Innsbruck, Salzburg, Graz) geschlossen, Klosterbesitz enteignet, der schulplanmäßige Religionsunterricht abgeschafft.

In einer neuen Kirchenaustrittswelle machte sich 1938/39 mancher Unmut über die Haltung der Bischöfe in der Dollfuß-Ära Luft. Während die staatlichen Zuschüsse zur Besoldung des Klerus bis dahin aus dem von Joseph II. aus Kirchengut errichteten Religionsfonds bestritten wurden, Fehlbeträge dagegen aus der jährlich vom Parlament zu genehmigenden Kongrua, strichen die neuen Machthaber die Staatsleistungen und ersetzten diese durch das System der Kirchenbeiträge. Aus durchsichtigen Motiven zur wirtschaftlichen Schwächung der Kirche ersonnen, hatte die Neuregelung einen durchaus gegenteiligen Effekt, da die Abgabe im Kirchenvolk nicht als lästige Pflicht, sondern als Bekenntnis zu Glauben und Kirche begriffen wurde.

Im Unterschied zu Deutschland, das nicht wie Österreich „befreit", sondern „erobert" wurde, konnte sich im April 1945 noch vor Kriegsende in Wien eine österreichische Staatsregierung konstituieren, obschon sie ihre Autorität und Kompetenz noch ein Jahrzehnt lang mit den vier Besatzungsmächten teilen mußte. Während der Jahre der Gewaltherrschaft unter dem Nationalsozialismus hatte die Zerschlagung äußerer Stützpunkte zu einer vertieften Besinnung auf aktuelle Seelsorgsaufgaben geführt und Impulse geweckt, die sich in der Nachkriegszeit fruchtbar entfalteten.

Nach 1945 arbeiteten die Österreichische Volkspartei in der Nachfolge der Christlichsozialen und die Sozialistische Partei Österreichs, beide die Frontstel-

[50] Zum Inhalt vgl. *Schmidlin PG* IV 126–128.

[51] Vgl. *E. Weinzierl,* Die österreichischen Konkordate von 1855 und 1933 (München 1960).

[52] Vgl. *J. Fried,* Nationalsozialismus und Katholische Kirche in Österreich (Wien 1947); *E. Weinzierl,* Österreichs Katholiken und der Nationalsozialismus, in: Wort und Wahrheit 18 (1963) 417–439 u. 493–526, 20 (1965) 774–804.

lung während der Ersten Republik überwindend, über zwei Jahrzehnte hinweg in Koalitionskabinetten zusammen.

Zwischen den Regierungsparteien blieb die Rechtsverbindlichkeit des Konkordats von 1933 lange umstritten. Schließlich rang man sich Rom gegenüber zu dem Kompromiß durch, die Fortgeltung zwar prinzipiell zu bejahen, daran aber gleichzeitig den Wunsch nach einem neuen Vertragswerk zu knüpfen. Von einer wie immer motivierten Preisgabe des Konkordatsinhalts wollte jedoch Pius XII. nichts wissen. Erst unter seinem Nachfolger wurden Verhandlungen aufgenommen, die in eine Reihe von Einzelvereinbarungen mündeten.

Diese stellten vor allem die Diözesanorganisation auf eine definitive Grundlage, indem sie die Provisorien beseitigten, die nach 1919 als Übergangslösungen gegolten hatten. So wurde in dem nach dem Ersten Weltkrieg zu Österreich geschlagenen Burgenland die Diözese Eisenstadt errichtet (23. Juni 1960) und aus den Nordtiroler und Vorarlberger Teilen des Bistums Brixen die Diözesen Innsbruck (7. Juli 1964) und Feldkirch (7. Oktober 1968). Zur Entspannung des Staat-Kirche-Verhältnisses trug außerdem die Regelung vermögensrechtlicher Probleme in dem Vertrag vom 23. Juni 1960 bei. Gegen eine jährliche Ausgleichszahlung ging danach der Religionsfonds zu 90 Prozent in den Besitz des Staates über. Schon 1945 hatten sich die Bischöfe für die Beibehaltung des Systems der Kirchenbeiträge ausgesprochen. Ebenso wurde in dem Vertrag vom 9. Juli 1962 für die Subventionierung katholischer Privatschulen ein befriedigender Kompromiß ausgehandelt.

Einer Verständigung der Koalitionspartner über teilweise höchst konfliktträchtige Materien mußte erst in einem allmählichen Abbau der kulturpolitischen Gegensätze der Boden bereitet werden. Dazu hat nicht unwesentlich beigetragen, daß die letzten Exponenten des kirchenfeindlichen Austromarxismus der Zwischenkriegszeit im Zuge des Generationenwechsels seit Mitte der fünfziger Jahre zunehmend in den Hintergrund traten.

Schweiz

Vier Sprachgemeinschaften, zum Teil ihrerseits durch querlaufende Konfessionsgrenzen nochmals untergegliedert, machen die Schweiz nicht nur landespolitisch zu einem Gemeinwesen von komplexer Vielgestaltigkeit. Mit fünf Immediatbistümern, die unverbunden nebeneinanderstehen, ohne eine Kirchenprovinz zu konstituieren, bildet sie auch kirchenorganisatorisch einen Sonderfall. Daraus wiederum erwächst der Schweizer Bischofskonferenz für den überdiözesanen Zusammenhalt eine Klammerfunktion, wie sie den Bischofsgemeinschaften anderer Länder nicht im gleichen Maße zukommt.

Ansätze zu einer Wiederaufnahme der im 19. Jahrhundert abgebrochenen Beziehungen zum Heiligen Stuhl entwickelten sich während des Ersten Weltkriegs, als ein päpstlicher Beauftragter zur Förderung der humanitären Hilfsaktionen Benedikts XV. mit Billigung des Bundesrats in der Schweiz festen Aufenthalt nahm. Zur Akkreditierung eines Nuntius in Bern im Jahre 1920 war es dann nur noch ein Schritt. In Voraussicht des ablehnenden Echos aus manchen protestantischen Kreisen wurde dagegen von der Entsendung eines Schweizer Diplomaten an den Vatikan abgesehen.

Obgleich im konkreten Zusammenleben die überkommenen konfessionellen Gegensätze allmählich an Schärfe verloren, war doch an eine Beseitigung der antikatholischen Ausnahmeartikel des Kloster- und Jesuitenverbots aus der Schweizerischen Verfassung jahrzehntelang noch nicht zu denken. Die tatsächlich geübte liberale Handhabung der umstrittenen Bestimmung konnte ihr Gewicht in der Praxis mindern, doch war das letztlich weder verfassungskonform, noch geeignet, den Stachel der Rechtsungleichheit zu entfernen. Eine Wende brachte erst die Verfassungsrevision auf Grund der Volksabstimmung vom 20. Mai 1973. Es stimmt allerdings nachdenklich, daß nur 55 Prozent der Abstimmenden für die Aufhebung, nicht weniger als 44 Prozent jedoch für die Beibehaltung der undemokratischen Hypothek votierten. Insofern war das Ergebnis aufschlußreich für die Härte, mit der ein Teil der evangelischen Schweizer selbst gegen den Rat ihrer politischen und kirchlichen Führung an eingewurzelten konfessionellen Vorurteilen festhalten.

Politisch fühlt sich das Gros der Schweizer Katholiken der Christlichdemokratischen Volkspartei verbunden, die 1912 als Schweizerische Konservative Volkspartei begründet wurde. Auf sie entfielen bei den Parlamentswahlen 1975 21 Prozent der abgegebenen Stimmen, womit sie neben den Sozialdemokraten (rund 25 Prozent) und den Freisinnigen (über 22 Prozent) als eine fast gleich starke politische Kraft rangiert[53].

Die Situation im deutschsprachigen Raum nach dem Zweiten Vatikanischen Konzil

Nach dem Ende des Zweiten Vatikanischen Konzils sah sich die katholische Kirche im deutschsprachigen Raum mit weithin gleichgearteten Entwicklungen und Problemen konfrontiert. Da die programmatischen Konzilsdekrete in den Wellenschlag einer weltweiten „Kulturrevolution“ gerieten, ist ihre nach 1965 einsetzende Realisierung mit den Intentionen der Konzilsväter nur noch partiell identisch. Infolgedessen ist zu unterscheiden zwischen dem, was in den Konzilsbeschlüssen niedergelegt ist, und dem, was unter dem ablenkenden Einfluß außerkirchlicher Katalysatoren daraus wurde. Im Sog teilweise radikaler Emanzipationsbewegungen, die Veränderung blindlings mit Fortschritt gleichsetzten und Sachbegründungen verschmähten, wurde der Inhalt der verabschie-

[53] Zur Gegenwartssituation vgl. *R. Weibel-Spirig*, Katholizismus in der Schweiz, in: HK 30 (1976) 211–217.

deten Dekrete sekundär und mußte der Berufung auf einen imaginären „Geist des Konzils“ weichen. Wo immer er beschworen wurde, verstanden ihn die davon Inspirierten meist als Freibrief für jegliche Art von Veränderung. An die Stelle einer ruhigen, organischen und planvollen Umsetzung der Konzilsvorstellungen in die Kirchenwirklichkeit trat der launenhafte Impetus des revolutionären Zeitgeists, an die Stelle einer verläßlichen Ordnung das willkürliche Experiment. Mehr als andere Bereiche kirchlichen Lebens wurde davon die Liturgie betroffen. Daß irritierende Eigenmächtigkeiten von Geistlichen ohne Korrektur blieben, unautorisierte Sonderentwicklungen zuerst hingenommen und dann gar zur Norm erhoben wurden, war kein Weg, die schwankende Leitungsgewalt zu stärken. Mehr Kontinuität und Entschiedenheit bewiesen die Länderepiskopate bei der Verteidigung ethischer Grundwerte, wie etwa in den Auseinandersetzungen um die Straffreiheit des Schwangerschaftsabbruchs, wobei ihre Aufrufe zu Protestdemonstrationen in der Bundesrepublik und die Initiative zu einer Unterschriftenaktion in Österreich ein bemerkenswertes Echo auslösten.

Dagegen wurde durch die Entbindung der theologischen Forschung von überstrapazierten und diskreditierten Kontrollmechanismen eine Situation geschaffen, die den Durchschnittsgläubigen ungewohnten Belastungen aussetzte. Daß ein vehement betriebenes Hinterfragen auch den Kernbestand katholischer Glaubensüberzeugung nicht aussparte, sondern ebenso pluralistisch auffächerte wie an der Peripherie gelegene Zonen, machte die Frage nach dem unterscheidend Katholischen immer unbeantwortbarer. Angesichts des Durcheinanderredens der Theologen und der außerordentlichen Zurückhaltung des Lehramts haben sich im Kirchenvolk Unsicherheit und Verwirrung ausgebreitet. Solange dem einfachen Gläubigen der untere Interventionspunkt verborgen bleibt, bedrängen ihn Zweifel, ob er die Reserve der Verantwortlichen als vertretbare Toleranz oder opportunistische Permissiveness deuten soll. Den Austrag theologischer Meinungsgegensätze in Ruhe abzuwarten ist für die Träger des Lehramts nicht zuletzt dadurch problematisch geworden, daß die Massenmedien, an innerkirchlichen Kontroversen ob ihres Sensationswerts interessiert und in der Sache unberechenbar, als selbsternannte Anwälte des von ihnen bestimmten „Schwächeren“ Partei ergreifend, das ins letzte Dorf tragen, was in fachinternen Diskussionen erst ausreifen sollte.

Nach den überreich verteilten Vorschußlorbeeren für die nachkonziliare Epoche war Enttäuschung über den tatsächlichen Gang der Entwicklung unvermeidlich. Doch erklärt sie nur zum kleineren Teil, warum sich die Bindungen zwischen dem Gros der Gläubigen und der Institution Kirche auffallend gelokkert haben. Selbst wo die Abwendung nicht bis zum förmlichen Bruch treibt, obschon auch die Kirchenaustritte in alarmierendem Ausmaß zugenommen haben, deuten dort, wo Glaubensbetätigung statistisch faßbar wird, unbestreitbare Daten auf Autoritätsverlust und Vertrauensschwund. An der fallenden Kurve regelmäßigen Gottesdienstbesuchs und Sakramentenempfangs, vor allem bei Taufen und Eheschließungen, ist abzulesen, wie die zutiefst unkatholische Auffassung von der Entbehrlichkeit der kirchlichen Heilsdienste immer weitere Kreise zieht. Auftrieb gab solchen Relativierungstendenzen einmal die ökumenisch begriffene Aufwertung der übrigen christlichen Bekenntnisse, mehr noch freilich die vergröbernde Propagierung eines kirchenlosen „anonymen Christentums", womit dem Durchschnittsgläubigen der Sinn des Katholischseins überhaupt fraglich wird.

Auch die mit hohen Erwartungen eingeleitete Liturgiereform hat die Kirchen nicht voller, sondern leerer gemacht. Dem allseits bejahten Auftakt, der Zulassung der Volkssprache, folgte eine Phase ungebändigten Experimentierens, die im Zeichen eines katholischer Gottesdienstauffassung völlig fremden Subjektivismus stand. Ihn haben die inzwischen definitiv vorgeschriebenen neuen Meßformulare zwar einzudämmen, aber keineswegs auszuschalten versucht. So ist an die Stelle einer Meßgestalt von monolithischer Geschlossenheit ein variables Schema getreten, dessen subjektivistisch ausfüllbare Hohlräume durchaus kirchenverbundene Gläubige vom sonntäglichen Gottesdienstbesuch fernhalten. Zu allem fehlte es nicht an Stimmen, die dem angeblich überholten Konzept der Volkskirche das neue ekklesiologische Leitbild einer „Gemeindekirche" entgegensetzten, die nicht mehr für alle, sondern nur noch für die „Entschiedenen" dasein will. Aus solcher Sicht erscheint dann die Distanzierungsbewegung nicht mehr als eine Schwächung des Kirchenganzen, sondern als ein Ausleseprozeß, den es zu fördern gilt.

Von der allgemeinen Kirchenkrise wurden Amtsauffassung und Selbstverständnis des Priesters mit am stärksten betroffen. Das schlug sich äußerlich in einem abrupten zahlenmäßigen Rückgang nieder, so daß immer weniger Pfarrstellen mit einem Geistlichen besetzt werden konnten, ein Notstand, der sich gleichwohl erst künftig voll auswirken wird. Verursacht wurde diese Umkehrung der Alterspyramide durch ein Absinken der Nachwuchszahlen wie auch durch das Überwechseln nicht weniger aktiver Priester in andere Berufe.

Ausläufer antiautoritärer und antiinstitutioneller Strömungen brachten in manchen Diözesen lose Zusammenschlüsse von Geistlichen der mittleren und jüngeren Generation hervor, die sich als kritisches Pendant zur Bischofsautorität verstanden. Obwohl es den verschiedenen Priestersolidaritätsgruppen (SOG) während der Gründerphase 1969/70 nicht an publizistischem Beistand und Widerhall fehlte, verschwanden sie doch wenig später wieder aus der öffentlichen Diskussion. Daß sie sich überhaupt formierten, war immerhin ein Indiz für die Einengung der bischöflichen Entscheidungsfreiheit.

Angriffe von drinnen und draußen kann kirchliche Amtsautorität bestehen, solange sie auf festen Grundsätzen ruht und nicht durch inneren Widerspruch sich selbst aufhebt. Der Glaube an die Prinzipienkonformität bischöflichen Handelns ist nun gerade in Kreisen des Kirchenvolkes erschüttert worden, die bislang nicht gegen, sondern für die Wahrung der Hirtenautorität eingetreten sind. Ausgelöst wurde ihre Kritik am unterschiedlichen Gebrauch der Leitungsgewalt durch das Verbot der Meßfeier in der tridentinischen Form. Steht dieses doch in auffallendem Kontrast zu der Nachsicht, mit der die Bischöfe jahrelang über liturgische Aberrationen und Eigenmächtigkeiten hinweggesehen haben. Das passive Treibenlassen im einen und die resolute Befristung im anderen Fall, haben unvermeidlich den Verdacht geweckt, daß nicht primär Sacherfordernisse, sondern das Ausmaß der vermuteten Gehorsamsbereitschaft die Entschlüsse des Hirtenamtes bestimmen könnten. Sollte sich der Gebrauch der Bischofsautorität allzusehr von pragmatischen Erwägungen leiten lassen, die in der Versuchung lägen, die Progressiven liberal, Konservative dagegen autoritär zu behandeln, oder, um es pointiert zu sagen, den einen als machtlose Liebeskirche, den andern als lieblose Machtkirche zu begegnen, so könnte das Ergebnis nur wachsende Entfremdung sein.

Nach mancherlei Vorüberlegungen und den tastenden Versuchen, auf Diözesansynoden (Hildesheim, Wien) die Impulse des Konzils in realisierbare Programme auf Pfarrebene einzubringen, setzte sich Ende der sechziger Jahre der Trend nach Synoden auf nationaler Ebene durch. Als erste konstituierte sich Anfang Januar 1971 in Würzburg die „Gemeinsame Synode der Bistümer der Bundesrepublik Deutschland". Ihr folgten, wenngleich mit teilweise anders konstruierten Verfahrensordnungen, der „Österreichische Synodale Vorgang" und die „Schweizer Synode '72". Über den ursprünglichen Ansatz einer „Eindeutschung" des Konzils griff die Würzburger Versammlung mit ihrem zunächst über 50 Punkte umfassenden Themenkatalog über den Rahmen des Konzils erheblich hinaus. Verabschiedet wurden jedoch dann tatsächlich nur 18 Vorlagen, viele mit eindrucksvollen Mehrheiten, andere, wie der Entwurf „Kirche und Arbeiterschaft", erst nach scharfen Kontroversen. Den Katholiken aus Mitteldeutschland war der Weg nach Würzburg durch die Abschnürungspolitik des DDR-Regimes versperrt. Wie im gesamten kommunistischen Herrschaftsbereich steht die Kirche der DDR unter strikter Staatsaufsicht und erfreut sich nur jener Bewegungsfreiheit, die ihr behördlich zugemessen wird, in der DDR seit 1957 vom Amt für Kirchenfragen. Auf sich selbst verwiesen, veranstalteten die mitteldeutschen Katholiken eine eigene Kirchenversammlung, die „Pastoralsynode der Jurisdiktionsbezirke in der DDR", die ihre Beratungen in der Dresdener Hofkirche abhielt.

Zehn Jahre nach dem Zweiten Vatikanischen Konzil hat die Kirche insgesamt das nachkonziliare Reformtal offensichtlich noch nicht in voller Breite durchschritten. In welcher Gestalt und mit welcher Autorität sie aus diesem Verwandlungsprozeß hervorgehen wird, kann erst die Zukunft erweisen. So sind auch im deutschsprachigen Raum die Vorboten einer neuen Kohärenz und Stabilität, ohne die eine Wiedergewinnung verlorenen Terrains nicht denkbar ist, noch nicht in Sicht.

19. Kapitel

Die Kirche in den Beneluxländern

Belgien und Luxemburg: André Tihon, Brüssel
Die Niederlande: P. Johannes Bots SJ, Amsterdam

QUELLEN: Belgien: Lettres pastorales des évêques de Belgique, 1800–1961, VI 1906–1926, VII 1926–1961; Actes du VIe Congrès catholique de Malines, 8 vol. (Bruxelles 1937); Verhandelingen van het VIe Katholiek Kongres van Mechelen, 8 vol. (Bruxelles 1937); *R. Houben – F. Ingham,* Le pacte scolaire et son application (Bruxelles [2]1962); *M. A. Walckiers,* Sources inédites relatives aux débuts de la J. O. C., 1919–1925 (Louvain 1970). – Niederlande: Analecta (der verschiedenen Bistümer, in denen die offiziellen Verlautbarungen der niederländischen Bischöfe und Briefe und Ansprachen der einzelnen Bischöfe veröffentlicht werden); Katholiek Archief (seit 1970 Archief van de kerken); Rapporte und Memoranden des Katholiek Sociaal-Kerkelijk Instituut (KASKI); Pastoraal Concilie van de Nederlandse Kerkprovincie, 7 Teile (Amersfoort 1968–1970).

LITERATUR: Belgien: *J. Bartier* u.a., Histoire de la Belgique contemporaine, 1914–1970 (Bruxelles 1974); *T. Luykx,* Politieke geschiedenis van België van 1789 tot heden (Bruxelles [3]1973); *E. de Moreau,* Le catholicisme en Belgique (Liège 1928); *J. Kerkhofs – J. Van Houtte* (Hrsg.), De Kerk in Vlaanderen. Pastoraal-sociologische studie van het leven en de structuur der Kerk (Tielt 1962); Structures et évolution du monde catholique en Belgique, in: Courrier hebdomadaire du C.R.I.S.P. 252–254 (10 février 1967); *K. Dobbelaere – J. Billiet,* Godsdienst in België. Een sociologische verkenning, in: De gids op maatschappelijk gebied 64 (1973) 879–894, 983–998 et 65 (1974) 39–56; *R. Aubert,* L'Église catholique et la vie politique en Belgique depuis la seconde guerre mondiale, in: Res publica 15 (1973) 183–203; *R. Boudens,* Kardinaal Mercier en de Vlaamse Beweging (Louvain 1975); *J. Kempeneers,* Le cardinal Van Roey en son temps, 1874–1961 (Bruxelles 1971); *W. Plavsic,* Le cardinal Van Roey (Bruxelles 1974); *H. Haag,* Rien ne vaut l'honneur. L'Église belge de 1940 à 1945 (Bruxelles 1946); *R. Aubert,* Organisation et caractère des mouvements de jeunesse en Belgique, in: Politica e Storia 28 (1972) 271–323; *P. Joye – R. Lewin,* L'Église et le mouvement ouvrier en Belgique (Bruxelles 1967); *S. H. Scholl* (Hrsg.), 150 jaar katholieke arbeidersbeweging in België (1789–1939), t. I: De katholieke arbeidersbeweging (1914–1939) (Bruxelles 1966); *J. Verhoeven,* Joseph Cardijn, prophète de notre temps (Bruxelles 1971); *A. Dendooven,* Ontstaan, structuur en werking van de Vlaamse K. A. J. (Anvers 1967); *L. Voyé,* Sociologie du geste religieux. De l'analyse de la pratique dominicale en Belgique à une interprétation théorique (Bruxelles 1973); *J. Pirotte,* Périodiques missionnaires belges d'expression française. Reflet de cinquante années d'évolution d'une mentalité 1889–1940 (Louvain 1973); *P. Debouxhtai,* Antoine le guérisseur et l'Antoinisme (Liège 1934); *ders.,* L'Antoinisme (Liège 1945). – Luxemburg: *G. Trausch,* Un demi siècle d'histoire contemporaine luxembourgeoise, 1914/18–1973: Cinquantenaire de la Chambre du Travail (Luxembourg 1973); *A. Heiderscheid,* Aspect de sociologie religieuse du diocèse de Luxembourg (Luxembourg 1961–1962). – Niederlande: *L. J. Rogier,* In vrijheid herboren (Den Haag 1953); *L. J. Rogier – P. Brachin,* Histoire du catholicisme hollandaise depuis le XVIe siècle (Paris 1974); *S. Stokman,* Het verzet van de Nederlandse bisschoppen tegen nationaal-socialisme en Duitse tyrannie (Utrecht 1945); *H. W. F. Aukes,* Kardinaal de Jong (Utrecht, Antwerpen 1956); *J. G. M. Thurlings,* De wankele zuil. Nederlandse katholieken tussen assimilatie en pluralisme (Nijmegen, Amersfoort 1971); *M. Schmaus – L. Scheffczyk – J. Giers,* Exempel Holland (Berlin 1972) (Kritik des Pastoralkonzils); *W. Goddijn,* De beheerste kerk. Uitgestelde revolutie in R. K. Nederland (Amsterdam, Brüssel 1973); *J. Roes,* Het groote missieuur, 1915–1940. De missiemotivatie van de Nederlandse katholiek (Bilthoven 1974); *J. Lescrauwaet* u.a., Bilanz der niederländischen Kirche (Düsseldorf 1976); Alfrink en de kerk 1951–1976 (Baarin 1976); Jaarboeken van het katholiek documentatiecentrum (KDC) (Nijmegen 1971–1975) (mit reichen Literaturangaben).

Belgien

Die Kirche Belgiens sah sich nach dem Krieg von 1914–1918, in dem die patriotische Haltung des Kardinals Mercier ihr Ansehen gemehrt hatte, mit einer neuen Realität konfrontiert. Die Einführung des allgemeinen Stimmrechts beendete die Vorherrschaft der seit 1884 an der Macht befindlichen katholischen Partei. Um den religiösen Einfluß auf die noch christlichen Bevölkerungsteile zu bewahren und um ihn in den Bereichen, in denen er verlorengegangen war, wiederzugewinnen, bemühten sich die Bischöfe unter der sicheren Führung des Kardinals Van Roey (1926–1961) darum, jene Institutionen und Organisationen zu vermehren, deren rechtlichen Status das Gesetz von 1921 über die „Verbände ohne wirtschaftliche Gewinnabsichten“ endlich geregelt hatte. Ferner bemühten sich die Bischöfe um den politischen Zusammenhalt der Katholiken, der sehr notwendig zu sein schien, um diese Organisationen zu verteidigen und eine bestimmte Auffassung von der Gesellschaft zu fördern.

Das katholische Bildungswesen dehnte sich weiter aus und organisierte sich zunehmend, bis es 1957 zur Gründung des Nationalen Sekretariats für das Katholische Bildungswesen kam. Dank der Aussöhnung der Parteien untereinander wurde das Gesetz von 1914 über die Zuschüsse für die Grundschulen nach dem Krieg angewendet. Von 1921 bis 1969 vermehrte sich der Anteil der Schüler, die katholische Schulen besuchten, von etwa 46 auf 51 Prozent. Die lange vernachlässigte Berufsausbildung wurde nun zum Vorzugsobjekt des Klerus. Die schon seit langer Zeit vorhandenen finanziellen Probleme des katholischen Schulwesens führten 1950 bis 1958 zu einem neuen Schulkonflikt. Dieser wurde durch einen „Schulvertrag“ geschlichtet, den die drei großen Parteien unterzeichneten und den das Parlament 1959 ratifizierte. In gleicher Weise übernahm der Staat nach und nach auch fast sämtliche Kosten der Hochschulbildung. Mit Ausnahme des Hochschulbereichs wurde Religionsunterricht in zunehmendem Maße in fast allen von der öffentlichen Hand geleiteten Bildungseinrichtungen erteilt.

Die sozialen Organisationen schlugen kräftige Wurzeln. Die christlichen Gewerkschaften, die 1925 nur ein Viertel der Anhängerzahl sozialistischer Gewerkschaften erreichten, überflügelten diese in den fünfziger Jahren und bewiesen eine wachsende Streitlust. Die Berufsverbände waren reich und zahlreich und vielfach gegliedert. Die Versicherungen auf Gegenseitigkeit sowie die Institutionen des Gesundheitswesens und des Sozialbereichs bildeten ein dichtes und immer wirksamer werdendes Netz.

Unter den apostolischen Werken erlebte die Katholische Aktion besonders bei der Jugend einen Aufschwung. Die „Action catholique de la jeunesse belge" war im Prinzip für alle Kreise gedacht, aber die von Abbé Cardijn gleich nach dem Krieg geschaffene „Jeunesse ouvrière chrétienne" (JOC) erreichte es schließlich, daß man sie als eine spezialisierte Bewegung der Katholischen Aktion zuließ. Ihre Dynamik hatte die Umwandlung der allgemeinen Katholischen Aktion in spezialisierte Bewegungen zur Folge, die jeweils auf die Studenten, den Mittelstand und die Landwirte abgestellt waren. Von 1926 an drang die Ausstrahlung der JOC über Belgien hinaus und gelangte am Ende zu den anderen Erdteilen. Neben den traditionellen Jugendverbänden wurde auch ein katholischer Zweig der Pfadfinderschaft gebildet.

Um fernerhin dem Bevölkerungswachstum von 7423784 Einwohnern im Jahre 1910 auf 9650944 bis 1970 (30 Prozent) Rechnung zu tragen, dessen Rhythmus sich allerdings verlangsamt, schufen die Bischöfe besonders in den sich entwickelnden Ballungsgebieten sowie in den dicht bewohnten Regionen neue Pfarreien. Dies erlaubte, die durchschnittliche Zahl von 2126 bis 2374 Einwohnern je Pfarrei von 1919 bis 1972 beizubehalten, die von 1850 bis 1910 von 1444 auf 2126 zugenommen hatte. Die Zahl der Diözesen stieg durch die Gründung der Bistümer Antwerpen 1961 und Hasselt 1967 von 6 auf 8.

Diese außerordentliche Vermehrung des kirchlichen Verwaltungsapparats wurde dadurch kompensiert, daß der Weltklerus bis 1960 im Verhältnis schneller zunahm als die Bevölkerung. Die Priesterzahl stieg zwischen 1910 und 1960 von 7857 auf 10386 an, ging dann allerdings bis 1981 auf 7785 zurück. Bei den Ordensfrauen war das Wachstum viel geringer: 1910 waren es 47975, 1947 erreichte ihre Zahl mit 49624 einen Höhepunkt, wobei die Ordensfrauen belgischer Herkunft von 32393 auf 42275 zunahmen. Nach einer Periode langsamer Abnahme auf 46675 bis 1960 ist ein deutlicher Rückgang festzustellen: 1981 gab es nur noch 21333 Nonnen. Die Männerorden erlebten einen größeren Zuwachs, und zwar von 5747 im Jahre 1910 auf 10056 im Jahre 1947. Sie hielten sich auf diesem Niveau bis 1960 (10414), erfuhren dann aber bis 1981 eine sehr starke Verringerung auf 7081.

Um für die Katholiken ein Maximum an Organisationskraft zu sichern, traten die Bischöfe für die Beibehaltung einer starken und einigen katholischen Partei ein. Um dieses Zieles willen mußten allerdings die Spannungen gemildert werden, die die Katholiken zu entzweien drohten: auf der einen Seite der Konflikt zwischen den verschiedenen sozialen Klassen, auf der anderen Seite der zwischen den flämischen und den frankophonen Gruppen. Um das erste Problem einzugrenzen, wandelte man 1921 die katholische Partei in eine „Union catholique belge" um. Diese umfaßte die ehemalige konservative und frankophone „Féderation de Cercles" und die „Ligue nationale des travailleurs chrétiens", die 1919 an die Stelle der „Ligue démocratique" getreten war, sodann den „Boerenbond", der die Landwirtschaftsinteressen vertrat, und schließlich die 1919 geschaffene „Féderation des classes moyennes". Um die Einheit zu wahren, verurteilte der Episkopat ab 1935, besonders aber 1937, den Rexismus, eine von L. Degrelle gegründete Bewegung mit faschistischer Tendenz. Gegenüber den flämischen Bewegungen suchten die Bischöfe deren Bestrebungen zu mäßigen und die nationalistischen Parteien zu bekämpfen. Man bemühte sich, die katholischen Kräfte mit Hilfe des Kongresses von Mecheln 1936 wieder zusammenzuführen und die Partei 1937 durch Schaffung eines katholischen Blocks, der einen flämischen und einen wallonischen Flügel umfaßte, zu reformieren.

Nach dem Zweiten Weltkrieg, in dem der Episkopat eine sehr viel zurückhaltendere Rolle spielte als 1914–1918, scheiterte der Versuch, mit einer „Union démocratique belge" die Spaltung zwischen Katholiken und Antiklerikalen zu überwinden, bald. Während der folgenden Jahrzehnte scharte die „Parti social chrétien", die ein wenig weiter nach links tendiert als die ehemalige katholische Partei und leicht entkonfessionalisiert ist, vor allem in Flandern auch weiterhin den größten Teil der Gläubigen um sich. Diese Partei behielt ihre Rolle als Stütze für die katholischen Organisationen und besonders für das katholische Unterrichtswesen. Sobald aber der Schulvertrag abgeschlossen war, spalteten die sprachlichen Spannungen die Katholiken immer mehr und führten schließlich zur Ausgliederung Louvains aus der frankophonen Universität (1966–1968). Die Partei erfuhr seitdem einen erheblichen Rückgang zugunsten der regionalen Parteien.

Der Besuch des Sonntagsgottesdiensts hielt sich während des ganzen Zeitraums auf einem niedrigen Stand: 1950 wohnten etwa 50 Prozent der Bevölkerung, für die das Gebot gilt, der Sonntagsmesse bei. 1964 war der Anteil auf 45 Prozent abgesunken, und von da an ging es rasch weiter abwärts: 1979 waren es nur noch 23 Prozent. Ein Unterschied zwischen den einzelnen Regionen ist deutlich erkennbar: Flandern mit 28 Prozent, wallonische Gebiete mit 19 Prozent – wobei allerdings zwischen den Industriegebieten und den Ardennen enorme Unterschiede bestehen – und Brüssel mit 10 Prozent im Jahre 1979. Im Gegensatz dazu behielt man die wesentlichen Praktiken wie Taufe, Heirat und kirchliches Begräbnis bei. Es gab im Jahr 1979 noch 84 Prozent Taufen, 76 Prozent Eheschließungen und 83 Prozent kirchliche Beerdigungen. Sogar in Regionen wie Seraing und vielleicht auch Charleroi, die um 1900 herum stark vom Antiklerikalismus beeinflußt waren, nahmen diese religiösen Praktiken im Zeitraum 1914 bis 1920 wieder zu. In der Zeit zwischen den beiden Weltkriegen gewann der „Antoinismus", eine religiöse Bewegung von Anhängern einer Wunderheilsekte, deren Gründer 1912 gestorben war, in bestimmten Landstrichen mit wallonischer Bevölkerung eine gewisse Verbreitung. Einige wandten sich auch dem Protestantismus zu.

Diese internen Schwierigkeiten konnten aber sehr wichtige missionarische Bemühungen nicht beeinträchtigen. Dazu zählten die Aktion des Paters Lebbe, die Initiativen des Paters Charles zur Glaubenslehre und die Gründung von Verbänden zur Förderung neuer Formen missionarischer Präsenz, für die etwa die AUCAM (1925) oder die AFI (1937) von besonderer Bedeutung waren. Die Zahl der Missionare, Mönche und Nonnen stieg von 4759 im Jahre 1940 bis auf 10070 im Jahre 1960 an. In gleicher Weise manifestierte sich die Sorge für die Weltkirche durch die Gründung des Kollegs für Lateinamerika im Jahre 1954. In einem Land, in dem die nichtkatholischen Minderheiten wenig Bedeutung haben, entwickelte sich die ökumenische Bewegung auf höherer Ebene. Das bezeugen die „Gespräche von Mecheln" mit Anglikanern 1921–1925 sowie die 1926 erfolgte Gründung der Priorei von Amay durch Dom Lambert Beauduin, die der Arbeit für die Wiedervereinigung gewidmet ist und 1939 nach Chevetogne verlegt wurde.

Im Inneren führten mehrere Bewegungen bei einer Minderheit zu einer Vertiefung des Glaubens. Es waren dies schon in der Zeit zwischen den beiden Weltkriegen, vor allem aber nach 1945, die Liturgische Bewegung und die von dem Kreis des Löwener Magisters L. Cerfaux angeregte Biblische Erneuerungsbewegung, ferner die „Wohnviertelgruppen" und schließlich Apostolatswerke wie die Legion Mariens. Außerdem wurde ein Ausländeramt für die Seelsorge bei den eingewanderten Arbeitern organisiert.

Seite an Seite mit der pastoralen Aktion bildet die katholische Universität Löwen (Louvain) ein wichtiges Zentrum christlicher Selbstverwirklichung: Etliche ihrer Professoren spielten eine wichtige Rolle beim Zweiten Vatikanischen Konzil. Schon bald verursachten die in der konziliaren Atmosphäre geweckten neuen Strömungen Verwirrungen, die sich aber weniger spektakulär und weniger erneuernd als in den Niederlanden auswirkten.

Luxemburg

Das von 1914 bis 1918 von Deutschland besetzte Großherzogtum Luxemburg mußte sich nach dem Krieg Belgien zuwenden. Nach dem Rücktritt von Marie Adélaïde, an deren Stelle die Großherzogin Charlotte trat, und nach der Einführung des allgemeinen Wahlrechts im Jahre 1919 kam die 1914 gegründete katholische Partei an die Macht; sie vermochte den ersten Platz bis heute zu halten. Der Klerus spielte in dieser Partei eine wichtige Rolle. Mit der Besetzung des Bischofsstuhles durch Monsignore Nommesch im Jahr 1920 ermöglichte diese politische Wandlung die Wiedereinführung des Religionsunterrichts in den staatlichen Grundschulen.

Im Gegensatz zu den anderen Benelux-Ländern besitzt die Kirche fast keine eigenen Schulen. Die Kirche beherrscht dagegen die wichtigste Tageszeitung des Landes, und die Seelsorge kann sich fest auf die Traditionen einer Region verlassen, die bis etwa 1950 eine ländliche Mentalität bewahrt hat, obwohl im Lande schon vor 1914 Schwerindustrie angesiedelt wurde. Die religiöse Praxis blieb auf hohem Stand: 1957 gingen in Clervaux 99 Prozent zur Osterkommunion; diese Zahl verringerte sich allerdings in Luxemburg auf 55 Prozent oder in einem Industriedekanat wie Esch-sur-Alzette auf 51 Prozent.

Die Niederlande

Blütezeit (1919–1960)

Die Entwicklung der katholischen Kirche in den Niederlanden nach dem Ersten Weltkrieg verläuft in groben Umrissen parallel zu der in anderen europäischen Ländern: so wie auch anderswo, waren die niederländischen Katholiken (rund 30 Prozent im Jahre 1850, dann anwachsend bis auf rund 40 Prozent im Jahre 1950) zu der Überzeugung gekommen, daß ihr Glaube im Zusammenleben mit Andersdenkenden gefährdet würde. Die Ideologie, mit der die anderen ihre kulturellen, sozialen und politischen Interessen wahrnahmen, war in einem solchen Maße antichristlich (bei den Liberalen und den Sozialisten) und antikatholisch (bei den Protestanten), daß sich die Katholiken gezwungen sahen, eine Reihe von Lebensgebieten, auch solche nicht streng religiöser Natur, ihrer eigenen Verwaltung zu unterstellen[1]. Was den Aufbau ganz bestimmter eigener konfessioneller Verbände für ein Gemeinschaftsleben und für die Zusammenarbeit betrifft, sind die niederländischen Katholiken viel weiter gegangen als die Katholiken in irgendeinem anderen Land. Sie gingen in dieser Hinsicht auch viel weiter als die anderen weltanschaulich geprägten Gruppierungen in ihrem eigenen Land, nämlich die Protestanten (etwa 40 Prozent), die Sozialisten und die Liberalen, die sogenannten „Säulen“, die ebenfalls jede ihre eigenen „Säulen“-Organisationen hatten. Dadurch entstand die absolut einmalige Situation, daß es die niederländischen Katholiken, obwohl sie in einer modernen pluralistischen Gesellschaft mit Protestanten, Humanisten, Sozialisten usw. zusammenlebten, dennoch beinahe ausschließlich mit katholischen Glaubensgenossen zu tun hatten[2]. Der Reihe nach wurden auf katholischer Grundlage organisiert: die karitativen Einrichtungen, die Kranken- und Geisteskrankenfürsorge, die Presse (die überregionalen Tageszeitungen „De Tijd“ und „De Maasbode“, beide um 1850 gegründet), das Schulwesen (von den Kindergärten bis zur Römisch-Katholischen Universität Nymwegen im Jahre 1923 und der Römisch-Katholischen Wirtschaftshochschule in Tilburg, 1927 gegründet), die Politik (Römisch-Katholische Staatspartei 1898, seit 1946 Katholische Volkspartei, Abk. KVP), das soziale Leben in Standesorganisationen für die religiös-sittlichen Belange der Arbeitnehmer und das Wirtschaftsleben durch Gewerkschaften, die mehr den wirtschaftlichen Interessen dienten (1903, später unter dem Namen „Niederländischer Katholischer Gewerkschaftsbund, Abk. NKV). Und schließlich das gesamte Gebiet der Unterhaltung (Sportvereine usw.). Im Jahre 1926 wurde ein eigener Katholischer Rundfunk (KRO) gegründet.

Dieses autarke System, mit dem die Katholiken die weltlichen Aktivitäten in

[1] *J. Bots,* Aggiornamento, in: Grote Spectrum Encyclopedie (1975) 210–212.

[2] *A. Lijphart,* The politics of accommodation: pluralism and democracy in the Netherlands (Berkeley 1968).

die eigene Hand nahmen, hat sich ungefähr bis zum Jahre 1960 weiterentwikkelt. Der Zweite Weltkrieg war dabei nicht viel mehr als ein Zwischenspiel. Die Katholiken der Niederlande blieben in dieser Zeit in gelassener und nicht provozierender, konsequent uneigennütziger Weise unerschütterlich unter der mutigen Führung des Erzbischofs von Utrecht, Msgr. Johannes de Jong (seit 1946 Kardinal). Viele – auch Nichtkatholiken – sahen in ihm so etwas wie eine Personifikation des geistigen Widerstands gegen den Nationalsozialismus. Gegenüber der deutschen Besatzung wendeten die Bischöfe das System der verbrannten Erde an: sobald die Deutschen die Hand nach einer der katholischen Organisationen ausstreckten, gaben sie den Funktionären und Mitgliedern die Weisung, sich aus allen Ämtern zurückzuziehen und ihre Mitgliedschaft zu kündigen[3]. Die Tatsache, daß die Bischöfe bereit waren, die Denkmäler der Emanzipation mit eigener Hand zu vernichten, ist ein Beweis für die zutiefst religiöse Begründung des katholischen Engagements in diesen profanen Bereichen. In dem Moment, in dem der katholische Glaube keine Möglichkeit mehr sah, darin weiterzuarbeiten, hatten diese Einrichtungen nach ihrer Meinung keinen Sinn mehr. Nach dem Krieg faßten die Bischöfe den Beschluß, die früheren sozialen und kulturellen Organisationen auf katholischer Grundlage wieder neu zu gründen. Ausschlaggebend dafür war das seelsorgliche Argument: zusammen mit der großen Mehrheit der Katholiken glaubten sie, es nicht länger verantworten zu können, den Gläubigen die formende Kraft ihrer Einrichtungen vorzuenthalten, jedenfalls nicht zu diesem Zeitpunkt in der auch moralischen Zerrüttung am Ende des Krieges.

Um das Jahr 1953 hatten die Niederlande die Folgen des Krieges und den Verlust der Kolonien überwunden. Die katholischen Niederlande feierten 1953 in ungebrochener Einheit das Jahrhundertfest der Erneuerung der Hierarchie. Von außen betrachtet, schien sich am Zustand der Kirche in den Niederlanden bis 1960 nur wenig zu verändern. Die Aktivität nach außen hin war auf allen Gebieten erstaunlich. Die Organisation der Kirchenprovinz wurde weiter ausgebaut. 1955 wurden in Rotterdam und in Groningen Bistümer errichtet. Damit erhöhte sich die Anzahl der Diözesen von 5 auf 7. Katholische Oberschulen waren über das ganze Land verbreitet: 8 von 10 katholischen höheren Schülern besuchten eine katholische Oberschule. Die katholischen Eltern brauchten dafür im Gegensatz zu fast allen anderen Ländern keine finanziellen Opfer zu bringen, denn das gesamte konfessionelle Schulwesen wurde zu hundert Prozent vom Staat subventioniert. Die Katholiken hatten führende Positionen auf allen Gebieten katholischen Lebens. In der Regierung waren sie als größte Partei (um die 30 Prozent) feste Partner in der Koalition mit Sozialisten oder mit Protestanten und Liberalen. 90 Prozent der katholischen Arbeitnehmer waren Mitglied einer katholischen Gewerkschaft, 1959 stimmten 84 Prozent der katholi-

[3] *L. J. Rogier,* In vrijheid herboren (Den Haag 1953) 741.

schen Wähler für die KVP, waren 79 Prozent Abonnenten einer katholischen Tageszeitung und 90 Prozent Abonnenten der KRO[4].

Auch in sozialer und sozial-kirchlicher Hinsicht erreichte der niederländische Katholizismus besondere Ergebnisse: die Arbeiter sind nicht „in Massen" aus der Kirche ausgetreten. Im Gegenteil: zusammen mit dem Mittelstand bildeten sie gerade die tragende Kraft der niederländischen Glaubensgemeinschaft. Vom sozialen Idealismus der Katholiken (H. Poels 1868–1948, A. Ariens 1860–1928) ging eine umformende und ausgleichende Kraft auf die gesamte niederländische Gesellschaft aus; sie veranlaßte Papst Pius XI. im Jahre 1931 bei einer Audienz für eine Delegation niederländischer katholischer Arbeiter in Rom zu der Erklärung, „es gebe kein Land auf der Welt, in welchem die Lehre von ‚Rerum Novarum' so gut verstanden und in die Tat umgesetzt worden sei"[5]. In dieser Hinsicht standen die Niederlande einsam an der Spitze[6].

Das geistliche und kirchliche Leben im engeren Sinn blühte hier mit „tropischer" Vitalität. Während sich in den hundert Jahren zwischen 1855 und 1952 die Anzahl der Katholiken verdreifachte, war die Anzahl der Priester sechsmal so groß geworden: von 624 auf 3695 pro Jahrzehnt[7]. 1967 gab es in den Niederlanden noch rund 13500 Priester (4100 Weltpriester in 7 Bistümern und 9400 Ordenspriester in 34 Orden und Kongregationen), rund 7000 Ordensbrüder und beinahe 32000 Ordensschwestern in 111 Orden und Kongregationen (89 aktive und 22 beschauliche)[8]. Das heißt, daß auf jeweils hundert katholische Niederländer ein Priester, Ordensbruder oder eine Ordensschwester kam (in Frankreich 0,45; Belgien 0,79; Spanien 0,42; England 0,69; Deutschland – Ost und West – 0,47; Schweiz 0,77; Österreich 0,39)[9].

Als sprechendstes Zeichen für die Vitalität des niederländischen Katholizismus galt immer die Ausweitung ihrer Missionstätigkeit. Die Niederlande wurden diesbezüglich begünstigt durch die Folgen der antikirchlichen Entwicklungen in Deutschland und in Frankreich. Viele Missionskongregationen flohen in die Niederlande. Während die niederländischen Katholiken nicht einmal zwei Prozent der gesamten Katholikenzahl auf der Welt ausmachten, stellten sie im Jahre 1939 elf Prozent aller Priestermissionare. 1954 waren 7000 Missionare

[4] *J. M. G. Thurlings,* De wankele zuil. Nederlandse katholieken tussen assimilatie en pluralisme (Nijmegen 1971) 127.

[5] *P. H. Winkelman,* Nederland, in: 150 jaar katholieke arbeidersbeweging in West-Europa 1789–1939 (Hilversum 1961) 350.

[6] *J. B. Sloot,* Van kerkelijk spreken naar sprekende kerk. Een sociologische analyse van de officiële verklaringen van het Nederlands episcopaat 1945–1974 (ms. Nijmegen 1974) 79.

[7] *J. J. Dellepoort,* De priesterroepingen in Nederland (Den Haag 1955) 51.

[8] Katholiek sociaal kerkelijk instituut, Broeders- en zusters-religieuzen in Nederland per 1. 1. 1967 (Den Haag 1967) 19.

[9] *W. Kusters,* Situatieschets van het Nederlands katholicisme 1968. Crisis en riskerend vertrouwen, in: Riskante kerk, vijf jaar Pastoraal Instituut van de Nederlandse Kerkprovincie (Den Haag 1968) 148, deutsch: Holland, die riskante Kirche (Freiburg 1969).

(Priester, Brüder und Schwestern) in überseeischen Missionen tätig, das ist ein Missionar auf 600 niederländische Katholiken (Belgien 1:1500, Frankreich 1:2600, Italien und Spanien 1:1200)[10].

Desintegration (1960–1970)

Die sechziger Jahre waren gekennzeichnet durch ein sprunghaftes Anwachsen des Wohlstands. Die Niederlande rückten in den Kreis der zehn reichsten Länder der Welt. Diesen Reichtum ließen die Koalitionskabinette der Nachkriegszeit von Katholiken mit linken sowie mit rechten Partnern den schwächeren Gliedern der Gesellschaft mit Hilfe eines weit ausgebauten Systems der Sozialgesetzgebung zugute kommen. Im Jahre 1976 beliefen sich die Ausgaben für soziale Fürsorge auf 26,3 Prozent des Brutto-Nationalprodukts gegenüber 22,1 Prozent in Westdeutschland und 19,4 Prozent in Belgien.

Mehr als die anderen weltanschaulichen Gruppierungen haben die Katholiken von diesem Anwachsen des Wohlstands profitiert. Ihr anhaltendes, aber von Grund auf geführtes Streben nach Emanzipation begann in dieser Zeit seine reichsten Früchte zu tragen. Innerhalb der Gruppe der Katholiken gerieten vor allem die akademisch Gebildeten in den „Aufwind". Und gerade diese Gruppe der Akademiker begann in den sechziger Jahren sehr zahlreich zu werden[11]. Junge katholische Akademiker aus dem Mittelstand gerieten in großer Zahl mit ihren leitenden Funktionen in den sogenannten „höheren Mittelstand". Wie es bei „Neureichen" oft geschieht, ging ihr Aufstieg parallel mit einer Angleichung an die Hierarchie der Werte dieser „upper middle class" einerseits und dem Verlust des Gefühls der Verbundenheit mit der Klasse und den Traditionen, in denen sie aufgewachsen waren, andererseits. Dieser soziale Durchbruch erhielt bei ihnen ein ideologisches Gepräge und eine entsprechende Rechtfertigung im sogenannten „Durchbruchsgedanken", der bereits seit dem Krieg an Boden gewann, besonders in dem Bestreben, aus den eigenen geschlossenen katholischen Organisationen zur Zusammenarbeit mit anderen in neutralen, überkonfessionellen Organisationen „durchzubrechen". Dieser Durchbruchgedanke beschränkte sich zunächst auf einen ziemlich kleinen Kreis, übte aber im Verlauf der Nachkriegsjahre gerade auf die sich emanzipierenden Katholiken eine wachsende Anziehungskraft aus, besonders auf die Intellektuellen, für die diese Zeit in sozialer und wirtschaftlicher Hinsicht besonders günstig war. Als die Bischöfe feststellten, daß der Prozeß der Entkirchlichung (zwischen 1930 und 1947 verließen durchschnittlich 10000 Katholiken jährlich die Kirche) immer auf diejenigen Katholiken Einfluß gewann, die nicht von den „Säulen"-Organisationen aufgefangen wurden, die als Ausgleich für die lockerer werdenden traditionellen Integrationsfaktoren (Dorf, Nachbarschaft, Familie) fungierten,

[10] *F. van Heek*, Het geboorteniveau der Nederlandse Rooms-katholieken (Leiden 1954) 170.
[11] *J. M. G. Thurlings*, a.a.O., 31.

stellten sie sich am 1. Mai 1954 in einem Hirtenbrief gegen den „Durchbruchsgedanken". Sie plädierten darin für die „Einheit im eigenen Verband und von dorther für Zusammenarbeit mit anderen unter Beibehaltung der eigenen Selbständigkeit" (Nr. 15). Zwar haben die niederländischen Katholiken diesen Hirtenbrief (mit kirchlicher Strafandrohung für das Abhören des sozialistischen Rundfunks – VARA – und für das Lesen sozialistischer Lektüre) im allgemeinen ohne besondere Kommentare akzeptiert[12], der Widerstand blieb auf einen kleinen Kreis von Intellektuellen beschränkt. In den sechziger Jahren erhielten letztere jedoch Unterstützung von großen Gruppen junger Akademiker, Priestern und Laien, die zusammen die Vorhut der niederländischen Erneuerungsbewegung bildeten.

Soziologische Untersuchungen bestätigen, daß in der Hierarchie der Werte dieser „Neureichen" die freie Entfaltung der eigenen Persönlichkeit und das Sich-selbst-sein-Können in hohem Ansehen standen. Authentizität, Freiheit, Mündigkeit, Pluralismus, Offenheit, Rationalität waren die von ihnen favorisierten Ideale. Diese für sich selbst genommenen positiven Werte wurden von ihnen ideologisch befrachtet, so daß sie ihnen mit einer gewissen Exklusivität zugetan waren und diese kultivierten. Man reagierte allergisch gegenüber Komplementärwerten wie Sinn für Opfer und Verzicht, Rechte der Gemeinschaft und das Geltendmachen von Autorität, Transzendenz Gottes, die sich u.a. in Glaubensvorstellungen, die über der Vernunft stehen, ausdrücken, in mystischen Symbolen und Riten[13].

Freilich wird diese Hierarchie der Werte, in allen Wohlfahrtsstaaten bejaht, von der sogenannten gesellschaftlichen Mitte und mit Hilfe des Unterrichts, der Massenmedien und der Unterhaltungsindustrie, die von der neuen intellektuellen Elite beherrscht werden, den anderen Klassen aufgezwungen[14]. Das Besondere an der niederländischen Situation war jedoch, daß diese neue Klasse ihre Macht in viel stärkerem Maße als anderswo auch dem gewöhnlichen Kirchenvolk aufzuzwingen verstand. Sie vermochte ihr Bild vom Menschen allen „gewöhnlichen" Gläubigen und den kirchlichen Entwicklungen aufzudrängen. Bei ihrer Machtausübung erhielt die neue Elite Unterstützung von denselben Faktoren, die ursprünglich die Kraft der niederländischen Glaubensgemeinschaft ausmachten: die starken und differenzierten Organisationen und die hohe Dichte der Kommunikation, jetzt noch ganz besonders verstärkt durch das Fernsehen mit seiner suggestiven Kraft und seiner nivellierenden Darstellung[15]. Wie bei einem Deichbruch stürzte durch diese Kanäle ein ständiger Strom von Kritik und Zweifeln über die niederländischen Katholiken hinweg, die darauf

[12] Ebd. 121.

[13] *O. Schreuder*, Die deprivierte Mitte, in: *W. Weymann-Weyhe*, Die offene Kirche (Düsseldorf 1974) 234–264.

[14] *H. Schelsky*, Die Arbeit tun die anderen. Klassenkampf und Priesterherrschaft der Intellektuellen (Opladen ²1975).

[15] *W. Kusters*, a.a.O., 164.

viel weniger als die Gläubigen anderswo vorbereitet waren. Diese intensive, nie nachlassende Publizität hat einen Gärungsprozeß in Gang gesetzt, der die Größe und Breite der niederländischen Erneuerungsbewegung verständlich macht. Massierte Äußerungen dafür waren u.a. die Teilhard-Mode, die Robinson-Manie (40 000 Exemplare von „Honest to God“ wurden in vier Monaten verkauft), die Unruhe um den neuen Katechismus (eine halbe Million Exemplare), die 15 000 Gesprächsgruppen nach dem Konzil, das plötzliche, fast wie abgesprochen erscheinende, beinahe völlige Ende der Ohrenbeichte, die massive Abnahme der Zahl an Priestern, Ordensbrüdern und -schwestern. Auf der einen Seite begann seit 1965 ein massiver Auszug von Priestern und Ordensleuten: 1732 Priester (549 Welt- und 1183 Ordenspriester zwischen 1965 und 1975; das ist fast dreimal soviel wie im Weltdurchschnitt)[16] und zwischen 1961 und 1970 4300 Laien-Religiosen: 1600 Brüder und 2700 Schwestern mit ewigen Gelübden[17]. Auf der anderen Seite ging die Zahl der Priesterweihen von 318 im Jahre 1960 (91 Welt- und 227 Ordenspriester) auf 20 im Jahre 1976 (4 Welt- und 16 Ordenspriester) zurück. In benachbarten Ländern wie Deutschland und Belgien sank die Zahl der Weihen auf 50 bzw. 40 Prozent, in den Niederlanden bis auf unter 10 Prozent. Auch die Gläubigen blieben in großer Zahl der Kirche fern: der Meßbesuch am Sonntag ging von 70,75 Prozent im Jahr 1961 auf 34 Prozent im Jahre 1976 zurück. Die Zahl der Mischehen verdoppelte sich zwischen 1955 und 1972 beinahe[18].

Beim Übergang von der einen Phase zur anderen schien es, als ob die niederländischen Katholiken in Msgr. W. Bekkers, dem Bischof des größten niederländischen Bistums, Den Bosch (1960–1966), einem berühmten Fernsehsprecher, eine Stütze gefunden hatten. Wenige Monate nach Bekkers plötzlichem Tod im Mai 1966 erschien „Der neue Katechismus. Glaubensverkündigung für Erwachsene“, ein Buch mit vielen Verdiensten, aber auch mit Schwächen des niederländischen Wohlfahrtskatholizismus. Diese Schwächen stehen im Zusammenhang mit der einseitigen inkarnatorischen Theologie, die zwar ihr Augenmerk auf die sich herablassende Liebe Gottes zum Menschen in Jesus Christus richtet, weniger aber auf die aufsteigende Bewegung des Menschen zu Gott im Opfertod Jesu und in der Selbsthingabe des Menschen, ja letztere beinahe als einen Gegensatz zum ersteren betrachtet[19]. Eine korrigierende Stellungnahme Roms im Jahre 1968 bezüglich der Erbsünde, der Jungfrauengeburt, des Opfercharakters der Eucharistie u.a. wurde von den Autoren nicht akzeptiert. Die Bischöfe ließen diese Stellungnahme dann nur in einer Sonderbroschüre veröffentlichen.

[16] *L. J. Rogier – P. Brachin*, Histoire du catholicisme hollandais depuis le XVIe siècle (Paris 1974) 227.

[17] *Jan Roes*, R. K. Nederland 1958–1973 (Nijmegen 1974) 26.

[18] Kaski over gemengde huwelijken in Nederland, maart 1974.

[19] *J. Ratzinger*, Theologie und Verkündigung im holländischen Katechismus, in: Dogma und Verkündigung (München, Freiburg i.Br. 1973) 77.

Am weitreichendsten waren die Veränderungen bezüglich der Priesterausbildung. Innerhalb weniger Jahre waren alle fünfzig Kleinen Seminare von der Bildfläche verschwunden. Zwischen 1963 und 1969 wurden alle 32 philosophischen und 30 theologischen Einrichtungen in fünf größeren Städten zusammengezogen. Typisch für die niederländische Erneuerungsbewegung ist das Massive und Geschlossene an dieser Konzentrationsbewegung. Das neue Vorhaben enthielt einige Pluspunkte (Offenheit, das entsprechende Arbeitsinstrumentarium, Auswahl von Dozenten, bessere Besoldung seit der vollständigen Subventionierung auf dem Niveau der Universitäten). Demgegenüber stehen als Minuspunkte: die Halbierung der Studentenzahl (1000 anstelle von 2000), von denen nur noch eine kleine Zahl das zölibatäre Priestertum anstrebt[20]. Der Episkopat hatte keinen großen Einfluß auf den Lauf der Dinge bezüglich dieser Einrichtungen.

Das Niederländische Pastoralkonzil, das sechs Sitzungsperioden in Noordwijkerhout abhielt (1966–1970), schien für das Werk der niederländischen Erneuerungsbewegung so etwas wie eine Krönung zu sein. Als „Konzil" verstand es sich im Sinne eines „Gesamtrates aller Gläubigen der Kirchenprovinz". Aber die Dokumente atmeten so sehr den Geist der neu etablierten höheren Mittelklasse, daß man das Konzil als ein typisches „Unternehmen der Mittelklasse" qualifiziert hat, dessen Träger den Versuch unternahmen, eine erneuerte Kirche nach „ihrem Bild und Gleichnis" zu schaffen. Die Hinweise auf das Zweite Vatikanische Konzil müssen als eine ideologisch geprägte Auswahl der erneuerungsbedürftigen Mittelstandkatholiken betrachtet werden[21]. Die Versammlung interpretierte die enorme Verschiebung der letzten Jahre insgesamt positiv und unumkehrbar[22]. Dramatischer Höhepunkt waren die Beratungen über die Abschaffung des Pflichtzölibats. Trotz des Drängens des Papstes, diesen Punkt nicht zu behandeln, wollte die Versammlung gerade an diesem Punkt ihre Mündigkeit und Freiheit demonstrieren. Der Papst ließ seinen Protest deutlich werden mit dem Auftrag an Pronuntius A. Felici, der Versammlung fernzubleiben. Mit überwältigender Mehrheit sprach sich das Konzil für die sogenannte Entkoppelung und für die Wiedereinführung verheirateter Priester in den priesterlichen Dienst aus.

Seitdem gibt die niederländische Kirchenprovinz ein anschauliches Beispiel für das Los, das einer Kirche beschieden ist, wenn sie die Leitung der legitimen Amtsträger mit der Macht der die Meinung beherrschenden Persönlichkeiten vertauscht. Katholische Gläubige, die den Wunsch nach der gewohnten katholischen Liturgie innerhalb der Möglichkeiten des erneuerten offiziellen Meßbuchs äußerten, Eltern, die ihren Kindern katholischen Religionsunterricht

[20] Katholiek Archief 30 (1975) 158.

[21] *O. Schreuder*, a. a. O., 254.

[22] *M. Schmaus – L. Scheffczyk – J. Giers*, Exempel Holland. Theologische Analyse und Kritik des niederländischen Pastoralkonzils (Berlin ²1973) 49.

geben lassen wollten, wurden von der Gruppe, welche die Macht über die Kommunikationsmittel hatte, als „konservativ", „weltfremd", „intolerant" usw. abgestempelt. Nirgends wurde die innere Zerrissenheit der niederländischen Glaubensgemeinschaft mehr sichtbar als in der Liturgie. Im Jahre 1976 bestand immer noch keine Aussicht dafür, daß in absehbarer Zeit eine offizielle niederländische Ausgabe des erneuerten Meßbuches erscheinen würde. Man fürchtete sich vor der normativen Wirkung einer solchen Ausgabe.

Die Lust zur Betätigung auf dem Gebiet der Liturgie (734 liturgische Arbeitsgruppen im Jahre 1975) und der Kampf gegen den Zölibat haben den niederländischen Wohlfahrtskatholizismus mit dem Odium beladen, eine vor allem innerkirchliche Bewegung zu sein. „Kritische Gemeinden" (etwa einhundert im Jahre 1976) hatten den Willen, die von ihnen selbst geförderte Einseitigkeit zu korrigieren. Dadurch aber, daß sie der Kirche genauso kritisch gegenüberstanden wie der Gesellschaft, isolierten sie sich von der Kirche und förderten den Prozeß der Desintegration, wie Kardinal Alfrink sagte[23].

Zusammenfassend kann man sagen, daß im Vergleich zu den anderen Kirchenprovinzen die Krise in den Niederlanden früher begann und daß der Geist des aufgeklärten Bürgertums sich in neuen kirchlichen Strukturen institutionalisierte, so daß auf den ersten Blick nicht zu erwarten ist, daß eine mehr auf die Gesamtkirche ausgerichtete Bewegung schnell ihren Einfluß auf die Geister geltend machen könnte. Es sei denn, Rom würde den unterdrückten Stimmen der „gewöhnlichen" Katholiken mehr Unterstützung zukommen lassen, wie es mit der Ernennung von Msgr. Dr. A. Simonis zum Bischof von Rotterdam (30. Dezember 1970) geschehen ist.

Die Kader der Diözese (Dechanten, Verwaltungskollegien, Räte, Theologiedozenten usw.) entfesselten in Zeitungen, Rundfunk und Fernsehen eine wochenlange Kampagne gegen diese päpstliche Ernennung[24]. Daraus wurde ersichtlich, wie der niederländische Katholizismus von einer kleinen Gruppe Mächtiger, die durch die Massenmedien ihre Herrschaft ausübten, beherrscht wurde; die Mehrheit der Diözesanen sprach sich für den Bischof aus[25].

Bei der Ernennung des Bischofs von Roermond, Dr. J. M. Gijsen (Februar 1972), wiederholte sich dieselbe Szene: Proteste in der Presse, in Rundfunk und Fernsehen seitens der Kader, Einverständnis mit diesem neuen Bischof seitens der großen Mehrheit der Diözesanen, die sich aber im allgemeinen Kommunikationsgeschehen nicht geltend machen konnten[26]. Es entstand eine über das ganze Land anwachsende Oppositionsbewegung ‚Open Kerk' (‚Offene Kirche').

[23] Kardinaal Alfrink in Kruispunt KRO-radio op 13. 1. 1974, in: Analecta aartsbisdom Utrecht, febr. 1974, 136.

[24] Archief der kerken 26 (1971), no. 6–7.

[25] *Th. Steltenpool,* Orthodoxie verboden?, ohne Jahr, 26.

[26] *Opinie-onderzoek in verband met de benoeming van de bisschop van Roermond* t. b. v. Redaktie ‚*Kenmerk*' door *Intomart,* Noordse Bosje 15, Hilversum.

Eine soziologische Analyse[27] dieser Bewegung beweist, daß die Führer und Mitglieder zu jenen Kategorien gehören, welche in unseren westlichen Gesellschaften ‚eine neue Priesterherrschaft' ausüben: die intellektuelle und halbintellektuelle aus dem ‚dritten Sektor' des Versorgungsstaates[28]. Ihr erheblicher Einfluß ist der wichtigste Faktor zur Erklärung der Krise in der nachkonziliaren Kirche in vielen westlichen Staaten. Das Besondere der holländischen Kirchenprovinz scheint nur zu sein, daß diese Schicht innerhalb der Kirche alle Schlüsselpositionen fest in Händen hat.

20. Kapitel

Der Katholizismus in Italien

Professor Dr. Franco Molinari, Mailand
Professor Dr. Luigi Mezzadri, Piacenza

LITERATUR: Die Publikationen über den italienischen Katholizismus waren bis zum Ende der fünfziger Jahre dürftig an Gehalt und Originalität. In der letzten Zeit ist jedoch die Produktion aus zwei Gründen reicher geworden: infolge des Aufstiegs einer katholischen Partei zur Macht und infolge des neuen Interesses an der Entwicklung des italienischen Katholizismus nach dem Zweiten Vatikanischen Konzil. Die Ergebnisse sind nicht immer positiv gewesen, teils wegen fehlender Dokumentationen, teils wegen Verharrens dieser Literatur im politischen Bereich.

Allgemeine Werke: *F. Chabod,* L'Italia contemporanea (1918–1948) (Turin 1961); *F. Catalano,* Dalla crisi del primo dopoguerra alla fondazione della repubblica: Storia d'Italia, a cura di N. Valeri, V (Turin 1965); *G. Mammarella,* L'Italia dopo il fascismo (1943–1968) (Bologna 1970); Storia d'Italia, diretta da *R. Romano* e *C. Vivanti,* 6 tomi in 10 vol. (Turin 1972–76); vgl. auch die Beobachtungen von *G. Penco* und *G. Martina* in: RSCI 30 (1976) 119–155; *L. Cavalli,* Sociologia della storia italiana (1861–1974) (Bologna 1974). Für die statistischen Daten: Istituto centrale di statistica, Annuario statistico italiano, Annuario statistico dell'istruzione, Sommario di statistiche storiche dell'Italia, 1865–1965; *S. Burgalassi,* Il comportamento religioso degli italiani (Florenz 1968). Zu den religiösen Problemen: Segreteria di stato. Ufficio centrale di statistica, Raccolta di tavole statistiche (Città del Vaticano 1971ff). Unerläßlich ist die Konsultation solcher Zeitschriften wie La Civiltà Cattolica, RSCI, AHPont, Storia contemporanea, Rivista di storia contemporanea, Quaderni storici, Bollettino dell'Archivio per la storia del movimento sociale cattolico in Italia, Studi storici.

[27] *O. Schreuder,* a.a.O., 250–251.
[28] *H. Schelsky,* a.a.O., passim.

Werke zur Kirchengeschichte: G. *Martina*, La chiesa nell'età dell'assolutismo, del liberalismo e del totalitarismo. Da Lutero ai nostri giorni (Brescia 1974); *ders.*, La chiesa in Italia negli ultimi trent'anni (Rom 1977); *R. Aubert*, Le demi-siècle qui a préparé Vatican II, in: Nouvelle histoire de l'Église V (Paris 1975) 581–926; *A. C. Jemolo*, Chiesa e stato negli ultimi cento anni (Turin 1963), neue Ausg. unter dem Titel: Chiesa e stato in Italia dall'unificazione a Giovanni XXIII (Turin 1965); *M. Bendiscioli*, Chiesa e società nei secoli XIX e XX, in: Nuove questioni di storia contemporanea I (Mailand 1968) 325–447.

Erster Weltkrieg: *AA. VV.*, Il trauma dell'intervento (1914–1919) (Florenz 1968); *AA. VV.*, Benedetto XV, i cattolici e la prima guerra mondiale (Rom 1963); *A. Monticone*, La Germania e la neutralità italiana (1914–1915) (Bologna 1971); *E. Forcella – A. Monticone*, Plotone d'esecuzione. I processi della prima guerra mondiale (Bari 1972); *M. Isnenghi*, Il mito della grande guerra da Marinetti a Malaparte (Bari 1973).

Faschismus: *B. Mussolini*, Opera omnia, a cura di *E. e D. Susmel*, 35 vol. (Florenz 1951–63); *G. Ciano*, Diario, 2 vol. (Mailand 1946); *G. Pini – D. Susmel*, Mussolini l'uomo e l'opera, 4 vol. (Florenz 1953–55); *R. De Felice*, Mussolini, bisher 4 vol. (Turin 1965–74); *ders.*, Le interpretazioni del fascismo (Bari 1969); *G. Salvemini*, Scritti sul fascismo (Mailand 1963); *F. Deakin*, Storia della repubblica di Salò (Turin 1963); *N. Valeri*, Da Giolitti a Mussolini. Momenti della crisi del liberalismo (Mailand 1967); *D. Veneruso*, La vigilia del fascismo (Bologna 1968); *L. Salvatorelli – G. Mira*, Storia d'Italia nel periodo fascista (Mailand ^{2}1969); *V. Castronuovo*, La stampa italiana dall'unità al fascismo (Bari 1973); *AA. VV.*, Fascismo e società italiana, a cura di G. Quazza (Turin 1973). Zu den Beziehungen Kirche–Faschismus: *R. Webster*, La croce e i fasci (Mailand 1964); *P. Mazzolari*, La chiesa, il fascismo e la guerra (Florenz 1966); *A. De Gasperi*, Lettere sul concordato (Brescia 1970); *P. Scoppola*, La chiesa e il fascismo (Bari 1973); *F. Molinari – V. Neri*, Olio santo e olio di ricino (Turin 1976). Enormen Umfang hat die Produktion, die einzelnen Kreisen oder Personen gewidmet ist, so z. B. die Tagung über „Cattolici e fascismo in Umbria" (Foligno 1975), jene über „Chiesa, Azione Cattolica e fascismo nell'Italia settentrionale durante il pontificato di Pio XI (1922–1939)" (Padua 1977); jedes Jahr organisiert die CEDOC von Brescia Begegnungen. 1975 war es eine Tagung über „Il contributo del clero bresciano all'antifascismo e alla resistenza" (Brescia 1976); für 1976 wurde als Thema gewählt „La cultura cattolica a Brescia sotto il fascismo"; außerdem: *S. Tramontin*, Cattolici, popolari e fascisti nel Veneto (Rom 1975); *A. Fappani*, Giorgio Montini (Rom 1974): Montini, der Vater Pauls VI., kämpfte in der Volkspartei und gegen den Faschismus. Zu den Kontroversen über die Katholische Aktion und die Rassengesetze siehe: *A. Martini*, Studi sulla questione romana e la Conciliazione (Rom 1963). Interessant sind die Biographien einiger Bischöfe: *G. Villani*, Il vescovo Elia Dalla Costa. Per una storia da fare (Florenz 1974); *AA. VV.*, Il cardinale Giovanni Battista Nasalli Rocca di Corneliano, arcivescovo di Bologna (1872–1952), a cura di F. Molinari (Rom 1974).

Antifaschismus und Widerstandsbewegung: *F. Antonicelli*, Dall'antifascismo alla resistenza (Turin 1961); *P. Alatri*, L'antifascismo italiano, 2 vol. (Rom 1961); *AA. VV.*, Fascismo e antifascismo (Mailand 1963); *M. Bendiscioli*, Antifascismo e resistenza (Rom 1964); *R. Battaglia*, Storia della resistenza italiana (Turin 1970); *L. Valiani – G. Bianchi – E. Ragionieri*, Azionisti e cattolici e comunisti nella resistenza italiana (Mailand 1971); *A. Fappani*, La resistenza bresciana (Brescia 1965); *G. Bonfanti*, La resistenza. Documenti e testimonianze di storia contemporanea (Brescia 1976) (mit Bibl.).

Kultur: *L. Allevi*, Mezzo secolo di teologia dogmatica e apologetica in Italia, in: SC 80 (1952) 365–385; *L. Tondelli*, Cinquant'anni di studi biblici in Italia, in: ebd. 386–398; *M. Pellegrino*, Un cinquantennio di studi patristici in Italia, in: ebd. 424–452; *P. Barbaini*, Per la scuola di storia ecclesiastica, in: ebd. 92 (1964) 211–232 317–333, 93 (1965) 335–370; *B. Ferrari*, La soppressione delle facoltà di teologia nelle università di stato (Bari 1968); *F. Lazzari*, Le facoltà teologiche tra il Sillabo e l'abolizione, in: *AA. VV.*, Un secolo da Porta Pia (Neapel 1970) 249–287; *M. Guasco*, L'organizzazione delle scuole e dei seminari, in: Modernismo, fascismo, comunismo, a cura di G. Rossini (Bologna 1972) 192–204; *G. Rumi,* Padre Gemelli e l'Università Cattolica, in: ebd. 205–233; *V. L. Mangoni,* Aspetti della cultura cattolica sotto il fascismo: la rivista „Il Frontespizio", in: ebd. 363–417; *V. L. Marranzini,* La teologia italiana dal Vaticano I al Vaticano II, in: Bilancio della teologia del XX secolo II (Rom 1972) 95–112; *M. L. Crespi,* La storiografia contemporanea italiana di fronte a Martin Lutero, in: SC 100 (1972) 134–160 (nützlich zur Bemessung des historiographischen Fortschritts); *E. Bellini,* Gli studi patristici in Italia negli ultimi vent'anni (1951–1970), in: ebd. 101 (1973) 107–139; *G. Giavini,* Gli studi biblici in Italia negli anni dal 1950 al 1970, in: ebd. 9–42; *G. Colombo,* La teologia italiana. Dommatica 1950–1970, in: ebd. 99–191; *G. Tassani,* La cultura politica della destra cattolica (Rom 1976).

Spiritualität: Mangels Synthesen finden sich nützliche Hinweise in: *M. Petrocchi,* Schema per una storia della spiritualità italiana negli ultimi cento anni, in: Spiritualità e azione del laicato cattolico italiano I (Padua 1969) 17–58; siehe natürlich auch: Bibliotheca sanctorum, 13 vol. (Rom 1961–70); Stichwort „Italie", in: Dictionnaire de spiritualité 7/2 (1971) 2294–2311 (die Autoren dieses Teiles sind: P. Scoppola und A. Gambasin); zu den Ordensleuten: Dizionario degli istituti di perfezione, 6 vol. (Rom 1973 ff); für eine ausführliche Beschäftigung mit der Spiritualität: *C. Bellò,* Società ed evangelizzazione nell'Italia contemporanea. Linee di una storia e di una pastorale (Brescia 1974). Zu einzelnen Personen: A. Barelli: *M. Sticco,* Una donna fra due mondi (Mailand 1967); G. Calabria: *Graziano della Madre di Dio,* Profilo biografico di don Giovanni Calabria (Venedig 1966); G. De Luca: *H. Bernard-Maître – R. Guarnieri,* Don Giuseppe De Luca et l'abbé Henri Bremond (1929–1933) (Rom 1965); *R. Guarnieri,* Don Giuseppe De Luca tra cronaca e storia (1898–1962) (Bologna 1974). C. Ferrini: *AA. VV.,* Miscellanea Contardo Ferrini (Rom 1947); *AA. VV.,* Scritti in onore di Contardo Ferrini, 4 vol. (Mailand 1947). P. G. Frassati: Lettere, a cura di L. Frassati (Rom 1950); C. Gnocchi: *A. Riccardi,* Don Carlo Gnocchi (Bologna 1966). Wichtig ist die Rolle Pater Lombardis in der Nachkriegszeit: *R. Lombardi,* Per una mobilitazione generale dei cattolici (Rom ^{3}1948); *ders.,* Squilli di mobilitazione (Rom 1948); *ders.,* Crociata della bontà (Rom 1949); *ders.,* Esercitazioni per un mondo migliore (Rom ^{4}1961). B. Longo: *M. E. Spreafico,* Il servo di Dio Bartolo Longo (Pompei 1944). P. Mazzolari: *A. Bergamaschi,* Un contestatore per tutte le stagioni (Bologna 1968); *C. Bellò,* Primo Mazzolari prete, in: Studi cattolici 13 (1969) 163–168; *N. Fabretti,* Don Mazzolari, don Milani. I „disubbidienti" (Mailand 1972); *L. Bedeschi,* Obbedientissimo in Cristo. Lettere di don Mazzolari (Mailand 1974); *P. Mazzolari,* Diario (1905–1926) e Lettere, a cura di A. Bergamaschi (Bologna 1974). L. Milani: *Scuola di Barbiana,* Lettera a una professoressa (Florenz 1967); Lettere di Don Lorenzo Milani (Mailand 1970), Lettere alla mamma (1943–1967) (Mailand 1973); *N. Fallaci,* Dalla parte dell'ultimo, Vita del prete Lorenzo Milani (Mailand 1974). G. Moscati: *G. Papasogli,* Vita di Giuseppe Moscati (Rom 1958). V. Necchi: *P. Bondiolo,* Vico Necchi fedele servo di Dio (Mailand ^{2}1944); *V. Necchi,* Pensieri religiosi, a cura di P. Bondioli (Mailand 1956). G. Salvadori: *G. Salvadori,* Lettere, a cura di P. P. Trompeo e N. Vian (Florenz 1945); *N. Vian,* La giovinezza di G. Salvadori (Rom 1960); *ders.,* Amicizie e incontri di Giulio Salvadori (Rom 1962). G. Papini: *G. Cattaneo,* Giovanni Papini prima della conversione e dopo: Modernismo, fascismo, comunismo (Bologna 1972) 235–247. *F. Tognazzi,* Don Milani nell'evoluzione dell'opinione pubblica, in: Testimonianze 18 (1975) 97–128.

Zur Auslandsmission: *C. Bona,* La rinascita missionaria in Italia. Dalle „Amicizie" all'Opera per la Propagazione della fede (Turin 1964); *S. Beltrami,* L'opera della Propagazione della fede in Italia (Florenz 1961); zu G. Allamano und den Missionen der Consolata: *B. Bernardi,* Il servo di Dio G. Allamano (Turin 1960); *C. Bona,* Il servo di Dio G. Allamano e un secolo di movimento missionario in Piemonte (Turin 1960); *R. Grazia,* La fisionomia spirituale del servo di Dio Giuseppe Allamano nei suoi scritti (Turin 1961); *C. Pera,* La spiritualità missionaria nel pensiero del servo di Dio Giuseppe Allamano (Turin 1973). Zu D. Comboni und zu den Combonianern: *C. Fusero,* Daniele Comboni (Bologna 1961);

P. Catrice, Un audacieux pionnier de l'Église. Mgr. Comboni et l'evangelisation de l'Afrique centrale (Lyon 1964); *P. Chiocchetta,* La Preghiera missionaria di D. Comboni, in: La preghiera, a cura di R. Boccassino II (Mailand – Rom 1967) 734–745; G. M. Conforti und die Saveriani: *V. Vanzin,* Guido Maria Conforti (Parma 1949); *L. Ballarin,* L'anima missionaria di Guido Maria Conforti (Parma 1962); *A. Dagnino,* Dottrina spirituale di Mons. Guido Maria Conforti (Mailand 1966). Über das Pontificio Istituto Missioni Estere (PIME): *A. Morelli,* La spiritualità missionaria dal Patriarca Ramazzotti... (Mailand 1961); *G. B. Tragella,* Le Missioni Estere di Milano, 2 vol. (Mailand 1950–59); *P. Manna,* Virtù apostoliche (Milano 1964); Paolo Manna ieri e oggi (Neapel 1966).

Katholische Bewegung: *G. De Rosa,* Storia del movimento cattolico in Italia, 2 vol. (Bari 1966); *P. Scoppola,* Chiesa e stato nella storia d'Italia. Storia documentaria dall'Unità alla repubblica (Bari 1967); *AA. VV.,* Spiritualità e azione del laicato cattolico italiano, 2 vol. (Padua 1969); *P. Borzomati,* I giovani cattolici nel mezzogiorno d'Italia dall'Unità al 1948 (Rom 1970); La „Gioventù Cattolica" dopo l'Unità 1868–1968, a cura di L. Osbat – F. Piva (Rom 1972); *G. Miccoli,* Chiesa e società in Italia dal Concilio Vaticano I (1870) al pontificato di Giovanni XXIII, in: Storia d'Italia V (Turin 1973) 1493–1548; *AA. VV.,* Modernismo, fascismo, comunismo. Aspetti della politica e della cultura dei cattolici nel '900, a cura di G. Rossini (Bologna 1972); *AA. VV.,* I cattolici tra fascismo e democrazia, a cura di P. Scoppola e F. Traniello (Bologna 1975); *P. G. Zunino,* La questione cattolica nella sinistra italiana (1919–1939) (Bologna 1975); *G. Candeloro,* Il movimento cattolico in Italia (Rom [3]1974); *S. Tramontin,* Sinistra cattolica di ieri e di oggi (Turin 1974); *M. Reineri,* Il movimento cattolico in Italia dall'unità al 1948 (Turin 1975); *N. Antonetti,* L'ideologia della sinistra cristiana. I cattolici tra chiesa e comunismo (1937–1945) (Mailand 1976). Zur Erneuerung der Katholischen Aktion: *V. Bachelet,* Il nuovo cammino dell'Azione Cattolica (Rom 1973). Über den Fall Rossi: *M. V. Rossi,* I giorni dell'onnipotenza. Memorie di una esperienza cattolica (Rom 1975).

Zur Italienischen Volkspartei: Atti dei congressi del Partito Popolare Italiano, a cura di F. Malgeri (Brescia 1969); *L. Sturzo,* I discorsi politici (Rom 1951); *ders.,* La croce di Costantino, a cura di G. De Rosa (Rom 1958); *ders.,* Il Partito Popolare Italiano (Bologna 1956). Über Sturzo: *M. Vaussard,* Il pensiero politico e sociale di Luigi Sturzo (Brescia 1966); *P. Stella,* Don Luigi Sturzo, il prete di Caltagirone (Catania 1971); *G. De Rosa,* L'utopia di Luigi Sturzo (Brescia 1972); *F. Malgeri-F. Piva,* Vita di Luigi Sturzo (Rom 1972). Grundlegend: *G. De Rosa,* Storia del movimento cattolico in Italia, 2 vol. (Bari 1966); *ders.,* Il Partito popolare Italiano (Bari 1969); *ders.,* Rufo Ruffo della Scaletta e Luigi Sturzo (Rom 1961); *F. L. Ferrari,* „Il Domani d'Italia", a cura di G. P. Dore (Rom 1958); *G. M. Rossi,* Francesco Luigi Ferrari. Dalle Leghe bianche al Partito Popolare (Rom 1965); *L. Bedeschi,* I cattolici disobbedienti (Neapel – Rom 1959); *ders.,* Dal movimento di Murri all'appello di Sturzo (Mailand 1969); I cattolici e l'attuazione dello stato democratico (Mailand 1966); Il Partito Popolare. Validità di una esperienza (Mailand 1969); Il Partito Popolare Italiano. Scritti e saggi nel 50° anniversario della sua fondazione (Rom 1970); *S. Tramontin,* Cattolici, popolari, fascisti nel Veneto (Rom 1975); *C. F. Casula,* Cattolici comunisti e sinistra cristiana (Bologna 1976); *S. Accame,* Gaetano de Sanctis fra cultura e politica. Esperienza di cattolici militanti a Torino 1919–1922 (Florenz 1975).

Zur Christlich-Demokratischen Partei: Atti e documenti della Democrazia Cristiana, 1943–1967, a cura di A. Damilano, 2 vol. (Rom 1968); De Gasperi scrive, a cura di M. R. Catti De Gasperi, 2 vol. (Brescia 1974). Die Biographien De Gasperis: *M. R. Catti De Gasperi,* De Gasperi uomo solo (Mailand 1964); *G. Andreotti,* De Gasperi e il suo tempo (Mailand 1964); *ders.,* De Gasperi e la ricostruzione (Rom 1974); *P. Ottone,* De Gasperi (Mailand 1968). Über die Partei: *T. Godechot,* Le parti démocrate-chrétien italien (Paris 1964); *G. Baget-Bozzo,* Il partito cristiano al potere. La DC di De Gasperi e di Dossetti, 2 vol. (Florenz 1974).

Krise und nachkonziliare Erneuerung: *G. De Rosa,* Cattolici e comunisti oggi in Italia.

La via italiana al socialismo e il dialogo coi cattolici (Rom 1966); *ders.*, Chiesa e comunismo in Italia (Rom 1970); *ders.*, Il dissenso cattolico (Rom 1974); *C. Falconi*, La contestazione nella chiesa (Mailand 1969); L'altra chiesa in Italia, a cura di A. Nesti (Mailand 1970); *R. La Valle*, Dalla parte di Abele (Mailand 1971); *R. Sciubba – R. Sciubba Pace*, Le comunità di base in Italia, 2 vol. (Rom 1976). Zu pastoralen Problemen und zu den Bischofskonferenzen allgemein: *G. Feliciani*, Le conferenze episcopali (Bologna 1974). Zu den Konfessionsproblemen: La crisi della confessione a cura di L. Rossi (Bologna 1974). Zur liturgischen Bewegung: Rivista liturgica 61 (1974) 9–179. Zur Katechese: La pastorale catechetica in Italia, in: Presenza pastorale 45 (1975) 1105–1189. Zur Konkordats-Revision: *AA. VV.*, Studi per la revisione del Concordato (Padua 1970); *AA. VV.*, Individuo, gruppi, confessioni religiose nello stato democratico (Mailand 1973); *C. Pelosi*, La revisione del concordato, in: Humanitas 29 (1974) 894–918, 30 (1975) 24–42. Siehe auch das ganze Heft der Humanitas 29 (1974) 1–166 und etliche andere Zeitschriften.

Im Jahre 1914 konnte man schwerlich von einer italienischen Kirche als von einem homogenen Gebilde sprechen. Die Unterschiede zwischen den verschiedenen Regionen waren sehr groß, und weil es keine Bischofskonferenz gab, fehlte die Koordination. Die 279 Diözesen waren, auch durch das Gewicht der Tradition, nicht vernunftgemäß gegliedert. Neben sehr großen Diözesen wie Mailand oder Novara gab es vor allem im Süden viele sehr kleine Diözesen. Im Jahre 1885 standen 76381 Weltpriester im Dienst der 20707 Pfarreien, während die Zahl der Seminaristen 11569 betrug. 1911 zählte man 67147 Weltpriester; die Zahl der Ordenspriester betrug in diesem Jahr 6644, die der Nonnen 38609[1].

Die Ausbildung des Klerus war im allgemeinen lückenhaft, und dafür gab es hauptsächlich zwei Gründe: die Folgen der Modernismus-Krise und die Rückständigkeit des größten Teils der Seminare, denen ein fruchtbarer Dialog mit der weltlichen Kultur fremd war. Nach der Aufhebung der theologischen Fakultäten an den staatlichen Universitäten (1872) erwarb man die akademischen Grade entweder in den Fakultäten am Ort oder an den römischen Universitäten bei großenteils ausländischen Lehrkräften und daher in großer Distanz zu den Problemen der italienischen Wirklichkeit. Die antimodernistische Repression hatte ihrerseits aus den Seminaren qualifizierte Professoren entfernt und die Alumnen damals hervorragender Lehrbücher beraubt, so etwa der kirchenge-

[1] *G. Bertolotti*, Statistica ecclesiastica d'Italia (Savona 1885); weiterhin: Sommario di statistiche storiche d'Italia, 1865–1965; Annuario statistico italiano; *L. Cavalli*, Sociologia della storia italiana (Bologna 1974); *S. S. Acquaviva*, L'eclissi del sacro nella civiltà industriale (Mailand 1967); *S. S. Acquaviva – G. Guizzardi*, Religione e irreligione nell'età postindustriale (Rom 1971); für die Protestanten: *F. Manzotti*, I Valdesi a Guastalla e nella bassa padana, in: Nuova rivista storica 41 (1957) 418–455; *A. Moscato – M. N. Pierini*, Rivolta religiosa nelle campagne (Rom 1965); *G. Spini*, Movimenti evangelici nell'Italia contemporanea, in: Rivista Storica italiana 80 (1968) 463–498; *F. Barra*, Millenarismo predicazione evangelica ed agitazioni contadine in Irpinia dall'età giolittiana al fascismo, in: Ricerche di storia sociale e religiosa 3 (1974) 161–188.

schichtlichen Lehrbücher von F. X. Funk und F. X. Kraus sowie der Patrologie von G. Rauschen[2].

Der Umstand, daß der Klerus vorwiegend vom Lande stammte, hatte es den Priestern jedoch erlaubt, mit der sozialen Wirklichkeit in Kontakt zu bleiben. Während die Studenten gewissermaßen abseits standen, erwies sich die Tradition der volksnahen Pastoren als sehr fruchtbar. Dafür bildete vor allem im Norden die Pfarrei den Ort, an dem man der christlichen Erfahrung begegnen konnte: sie war die Stätte der religiösen Unterweisung, der sozialen und karitativen Erziehung und auch der politischen Orientierung. Im Süden dagegen sah sich der Klerus mit einer Situation konfrontiert, in der die emotionalen Elemente und das Gewicht der Folklore viel größer waren[3].

Das Ordensleben nahm einen sichtbaren Aufschwung und wirkte sich besonders im Bereich der Caritas (Don Orione), der Auswandererhilfe (Scalabrini, Cabrini) und der Presse (Don Alberione) aus. Nach 1900 wurden 11 Männerorden gegründet, darunter die Missionare der Consolata (Missionari della Consolata, 1901), die Söhne der Göttlichen Vorsehung (Figli della Divina Providenza, 1903) und die Pauliner (Paolini, 1914). Die Zahl der nach 1900 gegründeten Frauenorden beträgt 120 (davon 54 im Norden, 26 im Zentrum und 40 im Süden sowie auf den Inseln). Typisch sind die Mehrfach-Gründungen: Don Giuseppe Alberione († 1971) gründete die 9 Gemeinschaften der Paulinerfamilie, und Don Luigi Orione († 1940) 4 Gemeinschaften. Innerhalb dieses Aufschwungs im Ordensleben ist besonders die Blüte des Missionswesens interessant. Im Kielwasser von Daniele Comboni († 1881) und Angelo Ramazzotti († 1861), den Gründern der Combonianer (Comboniani) und des PIME (Pontificio Istituto Missioni Estere), gründeten Giuseppe Allamano († 1926) und Guido Maria Conforti († 1931) nicht nur die Institute der Consolata und der Xaverianer (Saveriani), sondern sie trugen auch zur Weckung eines Missionsbewußtseins beim Volk und im Klerus bei, besonders auch durch das Werk des Paters Paolo Manna († 1952).

1911 hatte Italien 35 845 000 Einwohner (1871 waren es 27 303 000). 37,6% dieser Bevölkerung waren noch Analphabeten (1871 hatten die Analphabeten noch 70% der Gesamtzahl ausgemacht). Die Katholiken machten 95,1% der Bevölkerung aus, die Protestanten 0,36%. Es gab damals 874 523 Personen (2,5%), die erklärten, keiner Religion anzugehören, während 653 404 Personen

[2] *M. Guasco*, Fermenti nei seminari del primo '900 (Bologna 1971); *ders.*, L'organizzazione delle scuole e dei seminari tra Leone XIII e Pio X, in dem Sammelband: Modernismo, fascismo e comunismo, a cura di G. Rossini (Bologna 1972) 192–204. Bezeichnend ist der Fall Lanzoni: *L. Bedeschi*, Lineamenti dell'antimodernismo. Il caso Lanzoni (Parma 1970).

[3] Nützlich: *AA. VV.*, Chiesa e religiosità dopo l'unità, 4 vol. (Mailand 1973); *AA. VV.*, Chiesa e spiritualità nell'ottocento italiano (Padua 1970); *M. Mariotti*, Forme di collaborazione tra vescovi e laici in Calabria negli ultimi cento anni (Padua 1969); *A. Gambasin*, Gerarchia e laicato in Italia nel secondo ottocento (Padua 1969); *C. Bellò*, Società ed evangelizzazione nell'Italia contemporanea. Linee di una storia e di una pastorale (Brescia 1974).

diese Frage nicht beantworteten. Die Gebiete mit dem stärksten religiösen Desinteresse befanden sich in Livorno (18,4%) und in Reggio Emilia (14,1%). Die Emilia-Romagna war die Region mit der höchsten Prozentzahl an Kirchenaustritten (9,63%). Dieses Phänomen der Entchristlichung war aber nicht auf die sozialen Oberklassen beschränkt, sondern es trat auch in den einfachen Volksschichten auf, so z.B. in der Emilia und in der Toskana. Auf dem Lande begünstigte die soziale Not die äußerliche Beibehaltung der Religion. Antiklerikalismus[4] und religiöse Unwissenheit waren weit verbreitet. Unzureichend war auch die theologische Unterweisung der Laien wegen der starken Überbetonung der Römischen Frage, die die besten Kräfte vorwiegend auf den politischen und sozialen Bereich hin orientierte. Wichtige Figuren dieser Periode waren: Bartolo Longo († 1926), Promotor der Wallfahrten nach Pompeji, der selige Giuseppe Moscati († 1927), der Soziologe Giuseppe Toniolo († 1918), Pier Giorgio Frassati († 1925), Giulio Salvadori († 1928) und Vico Necchi († 1930). Die typisch französische Erscheinung einer Rückkehr der Intellektuellen zum Glauben hat es jedoch nicht gegeben.

Der Erste Weltkrieg traf den italienischen Katholizismus in einer Übergangsphase nach der Auflösung der „Opera dei Congressi“ (1904), der mit der Enzyklika „Pascendi“ (1907) die antimodernistische Repression folgte. Im sozialen Bereich hatte Pius X. im Juli 1904 die „Opera dei Congressi“ aufgelöst, jene Organisation der Unversöhnlichkeit, die dreißig Jahre lang in ihren fünf Sektionen fast alle katholischen Verbände der Halbinsel koordiniert und als polemisches Sprachrohr gedient hatte für den Protest des Papstes gegen die italienische Regierung wegen deren „Schuld“ an der Besetzung des Kirchenstaates und an einer antikirchlichen Gesetzgebung, die wenig Gefühl für soziale Erfordernisse zeigte[5]. Sobald es klar geworden war, daß der Gegensatz zwischen der von Ettore Paganuzzi repräsentierten alten Garde und der durch Romolo Murri verkörperten neuen Generation unüberbrückbar war und daß die demokratisch gesinnten jungen Leute das Steuer führten, hatte der Pontifex mit dem Brief des Kardinals Merry del Val die große Zentralorganisation (deren Präsident vom

[4] Zum Antiklerikalismus im Risorgimento: *S. Jacini,* La tradizione anticlericale del Risorgimento italiano: Studium 32 (1936) 348–356 406–416; *G. Pepe – M. Themelly,* L'anticlericalismo nel Risorgimento (Manduria 1966); *G. Verucci,* Anticlericalismo, libero pensiero e ateismo nel movimento operaio e socialista italiano (1861–1878), in dem Band *AA. VV.,* Chiesa e religiosità dopo l'unità II (Mailand 1973) 176–224; *P. Scoppola,* Laicismo e anticlericalismo: ebd. 225–274. Außerdem: *G. Spadolini,* Per una storia dell'anticlericalismo: I repubblicani dopo l'unità (Florenz 1963); *M. Sylvers,* L'anticlericalismo nel socialismo italiano (dalle origini al 1914), in: Movimento operaio e socialista 16 (1970) 175–189; *A. Azzaroni,* Socialisti anticlericali (Florenz 1961); *G. Verucci,* Valori religiosi e valori laici, in: Quaderni storici 6 (1972) 543–564; *A. M. Mojetta,* Cento anni di satira anticlericale nei giornali dal 1860 al 1955 (Mailand 1975).

[5] Über die „opera dei Congressi“: *A. Gambasin,* L'attività sociale nell'opera dei Congressi (1874–1904) (Rom 1958); *G. De Rosa,* Storia del Movimento cattolico in Italia, 2 vol. (Bari 1968); *F. Candeloro,* Il movimento cattolico in Italia (Rom ³1974) (marxistisch).

Papst ernannt worden war) für aufgelöst erklärt und sie durch die drei Vereinigungen (eine für das Volk, eine für den wirtschaftlich-sozialen Bereich und eine für die Wahlfeldzüge) ersetzt, die nun unmittelbar den Bischöfen unterstanden. Mit dieser drastischen Maßnahme, die Monsignore Radini Tedeschi für eine Katastrophe hielt, verfolgte der Heilige Stuhl mehrere Absichten. Vor allem mißbilligte er Murri und dessen Demokratie christlicher Prägung, die auf der Autonomie der Katholiken im politischen Bereich aufgebaut war. Ferner kam er den Bestrebungen einzelner kirchlicher Würdenträger entgegen, die in der katholischen Bewegung einen entscheidenden Einfluß ausüben wollten. Schließlich paßte die Unterdrückung der „Opera dei Congressi" in die Pläne Pius' X. zur Wiederherstellung der disziplinarischen Einheit und des strikten Gehorsams, die nicht nur der theologische Modernismus eines Buonaiuti gefährdet hatte, sondern auch der politische Modernismus eines Murri mit seiner Forderung nach Unabhängigkeit von der Hierarchie[6].

Auf dem Gebiet der Wahlfeldzüge wurde das „non expedit" abgeschwächt. Die Furcht vor einem kräftigen Vormarsch der Sozialisten veranlaßte Pius X. zur Aufnahme eines Dialogs mit Giolitti und den gemäßigten Liberalen, der zum „Gentiloni-Pakt" (1913) führte. Gentiloni, der Präsident der Wählerunion, versprach die Stimmen der Katholiken denjenigen liberalen Kandidaten, die sich durch Unterschrift verpflichteten, einige Bedingungen zu respektieren (Ablehnung der Ehescheidung, Verteidigung des Religionsunterrichts in den Schulen usw.). Auf diese Weise verstärkte man den gemäßigten Kleriker-Einfluß (clerico-moderatismo). Der italienische Katholizismus lebte mit dieser zwiespältigen Haltung (disziplinäre Erstarrung auf der einen Seite, politische Öffnung zu den gemäßigten Liberalen auf der anderen), bis er in den Ersten Weltkrieg mit hineingezogen wurde, der auch für die Kirche auf der Halbinsel einen Wendepunkt markierte.

Die Bischöfe setzten sich anfangs für die Neutralität ein, mit Ausnahme einiger Prälaten, die einer nationalistischen Tendenz huldigten[7]. Als jedoch die italienische Regierung am 24. Mai 1915 die Feindseligkeiten gegen die Mittelmächte eröffnete, trieb der Gehorsam gegenüber der weltlichen Obrigkeit Bischöfe und Volk zum Eintreten für den Krieg. Nur wenige isoliert dastehende Persönlichkeiten, wie der Barnabit Alessandro Ghignoni, blieben der pazifistischen Einstellung treu[8]. Es waren aber auch nur wenige unter den Bischöfen,

[6] Das grundlegende Werk über den italienischen Modernismus ist: *P. Scoppola,* Crisi modernista e rinnovamente cattolico in Italia (Bologna 1975); die Dokumente der Modernisten sind publiziert in dem Jahrbuch „Fonti e documenti" der Universität Urbino, herausgegeben vom Centro Studi per la storia del modernismo (erster Jahrgang 1972).

[7] *P. Scoppola,* Cattolici neutralisti e interventisti alle vigilia del conflitto; *A. Prandi,* La guerra e le sue conseguenze nel mondo cattolico italiano; *A. Monticone,* I vescovi italiani e la guerra 1915–1918 (diese drei Aufsätze stehen in: Benedetto XV, I cattolici e la prima guerra mondiale, 95–152 153–205 627–659).

[8] *A. Ghignoni,* Il cristianesimo e la guerra: Coenobium Giugno-Luglio 1915, ottobre-dicembre 1915; Mons. Volpi, der Bischof von Arezzo, ist anscheinend nicht so sehr wegen pazi-

die der Versuchung zu heftiger Reaktion und zu chauvinistischer Rhetorik erlagen[9].

Der Krieg rief keine wesentliche Glaubenserneuerung hervor. Der Psychologe Pater Agostino Gemelli wies nach, daß nach einem momentanen Wiederaufleben einer äußerlichen Frömmigkeit infolge der Angst vor dem Tode sich die Rückkehr zur Gleichgültigkeit feststellen ließ[10]. Viel radikaler war „Coenobium", die Zeitschrift der christlichen Opposition, die es als Skandal bezeichnete, daß die „Theologen des Schwertes" allzuleicht den Krieg rechtfertigten[11].

Das zuverlässige Einstehen der italienischen Kirche für die Regierung und die aktive Teilnahme am vaterländischen Krieg war für die Katholiken das Signal für die Beendigung der Opposition gegen den Staat und ihren Einzug in die Politik. Um diese neue Linie zu sanktionieren, schuf Don Luigi Sturzo († 1959) im Jahre 1919 die Italienische Volkspartei (Partito Popolare Italiano), und der Heilige Stuhl hob sein „non expedit" auf. Diese neue politische Formation, der die Gründung der Confederazione Italiana dei Lavoratori (mit christlicher Ausrichtung) vorangegangen war, polemisierte gegen den liberalen Staat; sie prangerte seine exzessive Zentralisierung sowie seinen geringen Respekt vor der Freiheit der Lehre und vor der lokalen Autonomie scharf an.

Weil sich ihre eingeschriebenen Mitglieder vor allem aus den ländlichen Bevölkerungsschichten rekrutierten, griff Sturzos Vereinigung die Agrarfrage auf, für die sie ein kühnes Reformprogramm vertrat (Zerstückelung der Latifundien mit extensiver Bebauung, Förderung des Kleineigentums). Sie pflegte gutnachbarliche Beziehungen zu den gemäßigten Gewerkschaften, die gegen undifferenzierte Streiks (besonders politische) und Fabrikbesetzungen waren. In Abstimmung mit den Sozialisten und gleichzeitig mit ihnen führte sie einen entschiedenen Kampf für den Achtstundentag und brachte etliche soziale Forderungen ein (Aktienbesitz und Gewinnbeteiligung der Arbeiter, rechtliche Anerkennung und Gleichberechtigung für alle gewerkschaftlichen Organisationen). Obwohl die Volkspartei aus einer offen erklärten sozialen Orientierung heraus entstanden war, bekämpfte sie die anarchischen Gewalttaten der sozialistischen

fistischer Überzeugung Kriegsgegner geblieben als wegen seiner Sympathie für das katholische Österreich; vgl. *Monticone,* I vescovi italiani, a. a. O. 641.

9 Die nationalistische Terminologie spricht von den „säkularen Schicksalsbestimmungen Italiens", ruft mit rhetorischen Phrasen den Unabhängigkeitskrieg in Erinnerung und bezeichnet die Mutter Gottes als „Schirmherrin Italiens"; wenn auch die nationalistischen Bischöfe nur eine unbedeutende Minderheit bildeten, so hatten sie doch ein viel größeres Echo, weil die Presse und die offizielle Propaganda sie herausstrichen; vgl. *Monticone,* I vescovi italiani, a. a. O. 635–637.

10 *A. Gemelli,* Il nostro soldato (Mailand 1917) 132–133; diese Einstellung Gemellis verdient vor allem in der Hinsicht viel mehr Beachtung, daß sie vorwiegend deshalb vertreten wurde, weil der Krieg sich in eine spirituelle Erneuerung umwandeln sollte; vgl. auch seinen Artikel „Il nostro programma e la nostra vita", in: Vita e Pensiero 1 (1916) n. 1.

11 *A. Prandi,* La guerra e le sue conseguenze, a. a. O. 174; vgl. auch den Artikel von *A. M.,* I cleri di tutte le nazioni di fronte alle guerra mondiale, in: Coenobium, 1 luglio 1918.

Extremisten, konnte aber auch die Zusammenarbeit mit Sozialisten in der Regierung nicht verwirklichen (Versuche dazu scheiterten 1921 nicht an sozialen Fragen, sondern am Schulproblem und 1924 am Veto des Heiligen Stuhles). Bei Sturzos Initiative bildete die politische Autonomie der Katholiken gegenüber der Hierarchie die wichtigste Neuerung. Obwohl die Volkspartei die Stimme für die demokratische Berufung der Katholiken sein wollte, entwikkelte sie sich unkonfessionell. Kardinal Gasparri erklärte wiederholt, daß die neue Vereinigung „ohne Intervention des Heiligen Stuhles" aus der folgerichtigen Bestrebung der katholischen Bewegung zur Anpassung an die demokratische Gesellschaft entstanden sei, in der jedes Interesse durch das Wirken der jeweiligen Interessengruppen gefördert werde. Einen solchen Prozeß hatte Benedikt XV. ermöglicht, der die politisch-religiöse Übersteigerung der „Opera dei Congressi" und ihrer Nachfolgeverbände überwand, indem er den Bereich der Politik von jenem der Religion trennte. Während sich der neue Parteiorganismus nicht als das absolute Endstadium für die Verwirklichung der politischen Einheit unter den Katholiken darstellte, erfaßte er in Wirklichkeit doch auf Grund der besonderen Umstände fast die gesamte Mehrheit des Katholizismus; den einhelligen Zusammenschluß der Katholiken auf politischer Ebene hatte die Notwendigkeit, auf den antipäpstlichen und antiklerikalen Geist der anderen Parteien zu reagieren, herbeigeführt. Entschieden und unablässig trat Don Sturzo für die autonome Rolle des katholischen Laien ein, der im weltlichen Bereich frei und mutig mit persönlicher Verantwortung und nicht als stehendes Heer der Hierarchie handeln solle.

Die Volkspartei erwarb, obwohl Sozialisten und Liberale sie bekämpften, bei den Wahlen von 1919 Sympathie und errang 100 Abgeordnetensitze, deren Zahl zwei Jahre später auf 107 anwuchs, als im Lande schon das drohende Gespenst des Faschismus aufgetaucht war. Don Sturzo war bei den ersten, die die Unvereinbarkeit des Evangeliums mit dem faschistischen Regime erfaßten, jenem Regime, das die heidnische Staatsvergötzung, das antievangelische Prinzip der Gewalt und den machiavellistischen Geist verkörperte[12]. Im November 1922 versuchte die Volkspartei die Zusammenarbeit mit den Faschisten in der Regierung, um ihn in ein normales freiheitliches Fahrwasser zu lenken. Sie wurde jedoch von Mussolini sofort verdrängt, als dieser im April 1923 die schiefe Bahn des Despotismus betreten hatte, und wurde ebenso wie alle demokratischen Formationen unterdrückt. Don Sturzo mußte zusammen mit anderen Gesinnungsgenossen wie Ferrari, Donati usw. außer Landes gehen. De Gasperi wurde eingekerkert. Nur sehr wenige ehemalige Anhänger der Volkspartei, sogenannte Klerikofaschisten, schlossen sich der Diktatur an. Die Masse der Katholiken teilte sich in zwei Gruppen. Einige beteiligten sich, ob-

[12] *L. Sturzo,* Pensiero antifascista (Turin 1925); Sturzos Feindschaft gegen Mussolini scheint auch bei der einzigen Begegnung durch, die er 1921 mit ihm hatte; vgl. *S. Tramontin,* Mussolini la questione romana e i rapporti con i popolari in un documento inedito, in: Humanitas 24 (1970) 469–475.

wohl sie in Italien blieben, aktiv an dem geheimen Kampf des Antifaschismus, vor allem in der Gruppe der von Malvestiti in Mailand und in mehreren anderen Städten geführten Welfen, unter Alcide De Gasperi und Igino Giordani in Rom, unter Guido Gonella und anderen Führern des Widerstandes. Die Mehrzahl gehörte der Katholischen Aktion an, die unter beträchtlichen Schwierigkeiten als Ort für die ausschließlich religiöse Unterweisung und als Pflanzstätte für die Zukunft überleben konnte. Es wäre fast unmöglich gewesen, daß sich die katholische Welt Italiens dem Faschismus angepaßt hätte, der auf einem kirchenfeindlichen Parteiprogramm aufgebaut war und eine große Zahl rabiater Antiklerikaler in seinen Reihen hatte.

Der Gründer des Faschismus stammte aus der Romagna und war 1919 auf einer Wahlliste zusammen mit Podrecca, dem Leiter der am stärksten antiklerikal eingestellten Zeitung „Asino", aufgetreten. Vielleicht begünstigte ihn die Tatsache, daß er sich ursprünglich von keiner präzise definierten Doktrin leiten ließ. Der Faschismus entstand 1919 unter dem Vorzeichen des Wandels und des Drängens nach Aktion. Nachdem Mussolini 1914 den die Neutralität vertretenden Sozialismus verlassen und sich zum Interventionismus bekehrt hatte, orientierte er sich immer mehr nach rechts, wo er den Beistand der Nationalisten, des Mittelstandes und schließlich auch der gehobenen bürgerlichen Schichten und der Landbesitzer fand. Es fehlte ihm die Sympathie der Katholiken, die ihn mit Hilfe der Volkspartei sogar energisch bekämpften. Mussolinis taktisches Geschick war ebenso wie sein politischer Spürsinn und seine Fähigkeit, die Massen zu begeistern, dem raffiniertesten Machiavellismus ebenbürtig. Er erkannte, daß er die am 28. Oktober 1922 auf außerparlamentarischem Wege eroberte Macht nicht konsolidieren konnte, ohne mit der Kirche zu einem Ausgleich zu kommen. Sogleich gewann er 1923, obwohl er gleichzeitig die Volkspartei aus seinem Kabinett hinauswarf, die Hierarchie durch einige Konzessionen zugunsten der konfessionellen Schulen und durch andere Gefälligkeiten für sich. Viele Katholiken bauten allmählich ihr Mißtrauen ab und näherten sich dem neuen Regime, dem sie das Verdienst für die Wiederherstellung der Ordnung und die kraftvolle Unterdrückung der sozialistischen Gewalttaten zuschrieben. Auch der Kampf gegen die Freimaurerei und gegen den Liberalismus war in den Augen der katholischen Öffentlichkeit eine gute Tat. Gewiß ließen sich die faschistischen Stoßtrupps Vergehen zuschulden kommen, indem sie sozialistische Parteibüros und Klubs der Katholischen Aktion überfielen, den sozialistischen Abgeordneten Giacomo Matteotti im Juni 1924 ermordeten und Don Minzoni, den Pfarrer von Argenta in der Romagna, zu Tode prügelten [13]. Aber für solche verbrecherische Aktionen machten die bürgerlichen Kreise kleine Gaunerbanden verantwortlich, die sich nicht mit Mussolinis Bewegung

[13] *L. Bedeschi*, Don Minzoni il prete ucciso dai fascisti (Mailand 1973); *AA. VV.*, Antifascisti cattolici (Vicenza 1968) (enthält Schriften des Bischofs Rodolfi sowie von Don Mazzolari und Ferrari).

identifizierten. So ist es zu erklären, weshalb der Heilige Stuhl von sich aus die Volkspartei fallenließ und mit Mussolini direkte Verhandlungen zur Lösung der Römischen Frage aufnahm. Der „Duce" nahm die Gelegenheit wahr und zeigte sich gerne sehr freigebig mit Privilegien, um den Streit zwischen Kirche und Staat zu beenden, den weder Cavour 1860 noch Crispi 1887 oder Orlando 1919 hatten schlichten können[14].

Den Abschluß der Lateranverträge (11. Februar 1929) begrüßten fast alle Bischöfe als ein bedeutendes Ereignis; Kardinal Ascalesi von Neapel bezeichnete Mussolini als den Erneuerer Italiens. Es waren aber nicht alle Katholiken damit einverstanden. Pater Giulio Bevilacqua, der in Rom im Hause des Monsignore G. B. Montini lebte, verhehlte nicht seine Bestürzung über die unerwartete und beklagenswerte Nachricht, daß die Kirche implizite für einen Despotismus Bürgschaft leistete. Der Pater beklagte vor allem die faschistische Gewalttätigkeit, der er in Brescia selbst zum Opfer gefallen war und die im Widerspruch zur christlichen Sanftmut stand. Sicherlich konnte er auch weder die Behandlung der menschlichen Person als bloßes Instrument noch das Staatsmonopol für die Jugenderziehung billigen[15]. De Gasperi dagegen, der erst vor kurzem aus dem faschistischen Gefängnis gekommen war, unterschied ausdrücklich zwischen dem Vertrag, den er positiv beurteilte (weil er jeglichen Ansprüchen der weltlichen Macht ein Ende setzte), und dem Konkordat, das er wegen der Möglichkeit eines geheimen Einverständnisses zwischen Kirche und Diktatur für gefährlich hielt[16].

Die Bedenken dieser Elite hinderten jedoch das italienische Volk nicht daran, bei dem Plebiszit vom März 1929 den Faschismus mit 9 Millionen Stimmen bei nur 135 000 Nein-Stimmen zu sanktionieren. Eine weitere Gelegenheit zum Enthusiasmus bot sich 1936, als Italien Äthiopien besetzte. Schon ein Jahr zuvor, am 28. Oktober, hatte Kardinal Schuster im Mailänder Dom in einer Predigt ein Loblied auf das gesungen, was ihm als ein Evangelisationsfeldzug und als ein Werk der christlichen Zivilisation zum Wohle der äthiopischen Barbaren erschien, derselbe Kardinal, der sich drei Jahre später auf die Ebene offener Polemik gegen das Regime begab wegen der Rassengesetze, die den christlichen Universalismus zertrümmerten. Es war für Mussolini nicht schwer, das Unternehmen in Spanien als einen heiligen Kreuzzug gegen den atheistischen Bolschewismus darzustellen.

Es kann nicht die Rede davon sein, daß der Katholizismus und der Faschismus im besten Einvernehmen nebeneinander existiert hätten; vielmehr ist festzustellen, daß der katholische Konsens eher passiver als aktiver Natur war und durch zahlreiche Gegensätze immer wieder unterbrochen wurde. Als

[14] *F. Margiotta-Broglio,* Italia e S. Sede dalla grande guerra alla Conciliazione (Bari 1966).

[15] *G. Bevilacqua,* Scritti tra le due guerre, a cura di E. Gianmancheri (Brescia 1968); *A. Fappani,* P. Giulio Bevilacqua prete e cardinale sugli avamposti (Verona 1975).

[16] *A. De Gasperi,* Lettere sul Concordato (Brescia 1970).

einen der strittigen Punkte kann man die Katholische Aktion und besonders die Aktion der Jugend ansehen. Das Konkordat erkannte im Artikel 43 die zur Katholischen Aktion gehörenden Organisationen an, sofern ihre Aktivitäten sich außerhalb der politischen Parteien und unter der unmittelbaren Abhängigkeit von der kirchlichen Hierarchie und für die Verwirklichung katholischer Prinzipien hielten. Was war nun die wirkliche Haltung der katholischen Bewegung gegenüber der Diktatur? Die Bewertung der Zeitgenossen ist unterschiedlich. Giuseppe della Torre, der Chefredakteur des Osservatore Romano, hat geschrieben, die Begegnung zwischen dem Faschismus und der Katholischen Aktion sei ein Zusammenstoß gewesen. De Gasperi andererseits sprach von dem „erbärmlichen Schauspiel", das einige oberste Führer ihrer Verbände durch ihre zu weit gehenden Kompromisse boten. In Wirklichkeit stellte die Bewegung mit ihrer Organisation in vier Abteilungen (männliche Jugend, weibliche Jugend, Männer, Frauen) mit ihren eingeschriebenen Mitgliedern einen zahlenmäßigen Machtfaktor dar, der den Verdacht des Regimes erwecken mußte. Die offene Feldschlacht brach im Frühjahr 1931 aus. Mussolini hatte den Verdacht, daß die Katholische Aktion an die Stelle der Volkspartei treten wolle, und löste deshalb 5000 Gruppen der männlichen und 10000 Gruppen der weiblichen Jugend mit einer Gesamtzahl von 800000 Mitgliedern auf[17].

Damit hatte er jene schwer getroffen, die Pius XI. als seine treuesten Anhänger bezeichnet hatte. Die Haltung des italienischen Episkopats versteifte sich einige Monate lang. Pius XI. ließ Mussolini durch den Pater Tacchi-Venturi wissen, daß er nach langem Nachdenken und Zögern nun überzeugt sei, den Faschismus tadeln zu müssen, den er dann auch in der Enzyklika „Non abbiamo bisogno" (29. Juni 1931) als eine heidnische Staatsvergötzung brandmarkte. Nach einer ersten Phase des offenen Gegensatzes gewann der Wille die Oberhand, das friedliche Zusammenleben nicht zu zerstören. Am 2. September wurde ein Abkommen unterzeichnet, das der Katholischen Aktion ihr Lebensrecht gemäß Artikel 43 des Konkordats bestätigte, aber gleichzeitig einige einschränkende Maßnahmen festlegte: Die Organisation mußte ihren Tätigkeitsbereich auf den rein religiösen Raum beschränken; alle Verbände wurden auf diözesaner Ebene unter die Verantwortlichkeit der Bischöfe gestellt, womit sie von der zentralen Leitung abgeschnitten waren.

Nach der Krise von 1931 erfuhr der italienische Katholizismus keine Erschütterungen mehr. Die Mehrheit des Episkopats nahm eine dem Regime wohlwollende Haltung ein, mit Ausnahme einiger grundsätzlich antifaschistisch eingestellter Bischöfe (Gaggia in Brescia, Elia della Costa in Padua und dann in Florenz, Endrici in Trient). Aber die Sympathie ging nie in eine völlige Aussöhnung über. Kein italienischer Bischof machte sich die faschistische Ideo-

[17] *A. Martini*, Studi sulla questione romana e la Conciliazione (Rom 1963) (illustriert auch die Entstehungsgeschichte der Lateran-Verträge, ebenso den Zusammenstoß von 1931 und die letzte Schlacht Pius' XI. im Jahre 1938 anläßlich der Rassengesetze).

logie zu eigen. Wenn die Bischöfe auch Mussolini mit Worten entgegenkamen, konnte sie man jedoch nie als „Faschisten" in dem Sinne bezeichnen, daß sie je Kompromisse mit den ideologischen Hauptthesen des Faschismus geschlossen hätten; eher könnte man von einem a-faschistischen Episkopat sprechen[18].

Der Episkopat orientierte sich weitgehend am Geist des Konkordats, das die zivilrechtliche Gültigkeit der religiösen Eheschließung anerkannte, den katholischen Religionsunterricht in allen Schulen (mit Ausnahme der Universitäten) einführte und einige typische Aspekte des christlichen Staates übernahm[19]. Auf diesem Fundament entwickelte sich eine Pastoral, die die Harmonie zwischen staatlichem und kanonischem Recht zu ihrem Angelpunkt machte (Staatsreligion, Verteidigung der Moral und der Sitte, kinderreiche Familien). Das Zusammenleben der Kirche mit dem Faschismus hatte jedoch nur äußerlich den Schein eines Einvernehmens; in Wirklichkeit blieb der grundsätzliche Dissens bestehen, und jeder versuchte, der anderen Seite gegenüber den größten Vorteil zu erringen[20]. In der Tat bekleidete kein überzeugter Katholik einen leitenden Posten im Regime, so wie auch kein Faschist der ersten Stunde je zu größerer Verantwortung in der Katholischen Aktion zugelassen wurde.

Nach Jahren eines zweifelhaften Modus vivendi erfolgte der endgültige Bruch 1938, als Mussolini, wenn auch in gemäßigter Form, Hitler bei der Verfolgung der Juden nachahmte. Auch Bischöfe wie Schuster oder Nasalli-Rocca, die mit dem Wirken der diktatorischen italienischen Regierung sympathisiert hatten, stimmten Pius XI. von Herzen zu, als dieser am Weihnachtsabend dem „edelsten Herrscher" und dessen „unvergleichlichem" Premierminister für den religiösen Frieden in Italien dankte, aber gleich darauf in seiner Ansprache die Klage folgen ließ über die schlechte Behandlung der Katholischen Aktion und über die Verletzung der Ehebestimmungen des Konkordats durch die Rassengesetze.

Die Kriegsbeteiligung Italiens an Hitlers Seite trug ebenfalls zur Abkühlung der Beziehungen zwischen der Kirche und dem Faschismus bei. Noch feindseliger und mißtrauischer wurde der Klerus gegen die Soziale Republik Italien, die Mussolini unter dem Schutz der hitlerschen Waffen am 8. September 1943 errichtete und die der Heilige Stuhl nie anerkannte[21]. Als in der letzten Phase des Zweiten Weltkrieges die Masse der Katholiken sich vom Faschismus distanzierte, stand die aktive Minderheit der antifaschistischen Katholiken, die bisher

[18] *S. Tramontin,* Cattolici popolari fascisti nel Veneto (Rom 1975); *R. Moro,* Afascismo e antifascismo nei movimenti intellettuali di Azione Cattolica dopo il '31, in: Storia Contemporanea 6 (1975) 733–801.

[19] *G. Martina,* I cattolici di fronte al fascismo, in: Rassegna di Teologia 17 (1976) 170–194.

[20] Don Primo Mazzolari, der ein unversöhnlicher Gegner des Faschismus war; vgl. *P. Mazzolari,* Diario e lettere (1905–1922), a cura di A. Bergamaschi (Bologna 1974).

[21] Riservato a Mussolini, Notiziari giornalieri della Guardia Nazionale repubblicana novembre 1943 – giugno 1944, introduzione di Natale Verdina (Mailand 1974).

im Verborgenen gekämpft hatte, zum bewaffneten Widerstand auf[22] und gründete anschließend die Democrazia Cristiana.

Am Ende des Zweiten Weltkrieges gab es in Italien eine erste Phase religiöser Wiederbelebung, die sich auf den drei Ebenen der Politik, der Organisation und der Frömmigkeit vollzog. Diese Ebenen hängen eng zusammen und ergeben sich aus verschiedenen Faktoren: aus einer von Sorge getragenen Abwehrhaltung gegenüber der kommunistischen Partei und der laizistischen Kultur; aus der Vorstellung, Italien müsse als ein offiziell katholisches Land verteidigt werden; schließlich aus einem Verständnis von der Kirche mit einer pyramidenförmigen hierarchischen Struktur statt einer communio[23].

Beim Zusammenbruch des Faschismus (25. April 1945) stellte sich das Problem der Nachfolge des Regimes. De Gasperi vereinigte auf sich die Hoffnung der liberalen wie auch der sozialen Katholiken und wollte eine Rückkehr zum „historischen Lattenzaun" („storico steccato", also zum frontalen Gegensatz zwischen Katholiken und Laizisten) vermeiden. Er hatte deshalb versucht, die politische Erfahrung Italiens im demokratischen Sinne auf eine Partei hin zu orientieren, die Garant für die Werte der Freiheit und des politischen Pluralismus sein könnte. Die Parteilinke (Giuseppe Dossetti, Giorgio La Pira) beanstandete jedoch die Linie De Gasperis und beklagte, daß die Democrazia Cristiana faktisch eine Partei der Ordnung geworden sei und sich im sozialen Bereich nicht genügend engagiert habe.

Die „christlich-demokratische Hegemonie" diente dazu, die bürgerlichen und religiösen Freiheiten zu verteidigen. Die politische Einigkeit der Katholiken wurde teilweise gestört durch die „kommunistischen Katholiken", nämlich Felice Balbo, Franco Rodano und Gabriele de Rosa[24], eine winzige Minderheit, die sich der Tatsache widersetzte, daß viele katholische Arbeiter für die äußerste Linke optierten. Vom organisatorischen und zahlenmäßigen Gesichtspunkt aus stellte die Katholische Aktion in den ersten Nachkriegsjahren eine imponierende Macht dar. Die Zahl der eingeschriebenen Mitglieder stieg bei der Männerunion von 150866 im Jahre 1946 (mit 6140 Gruppen) auf 285455 im Jahre 1954 (mit 12224 Gruppen). Die Frauenunion, 1946 in 10389 und 1954 in 16389 Gruppen gegliedert, nahm von 369015 Mitgliedern in der Zeit nach dem Kriege bis 1954 auf 597394 zu. Die männliche Jugend umfaßte 9951 Gruppen (davon 5504 städtische und 4447 ländliche), während deren Gesamtzahl 1954 auf 15709 hinaufgeschnellt war (6472 städtische Gruppen und 9237 ländliche); die

22 *M. Bendiscioli*, Antifascismo e Resistenza (Rom ²1974); *R. A. Webster*, La croce e i fasci (Mailand 1964) (auf historischem Gebiet informiert, aber nur lückenhafte Kenntnisse der katholischen Lehre).

23 Die wirkungsvollste Synthese stammt von *G. Martina*, La chiesa in Italia negli ultimi trent'anni (Rom 1977).

24 *S. Tramontin*, Sinistra cattolica di ieri e di oggi (Turin 1974); *N. Antonetti*, L'ideologia della sinistra cristiana. I cattolici tra chiesa e comunismo (1937–45) (Mailand 1976); *G. Campanini*, Fede e politica 1943–1951. La vicenda ideologica della sinistra D. C. (Brescia 1976).

Mitgliederzahl von 367392 nahm bis 1954 auf 556752 zu. Den imponierendsten Zweig bildete die Frauenjugend: 1946 gab es bei ihr 13898 Gruppen, 1954 waren es 19026; die Mitgliederzahl in den jeweiligen Jahren stieg von 884992 auf 1215977[25].

Der religiöse Aufschwung wurde durch den politischen Kampf bedingt. Die Katholische Aktion schien ein Reservoir der Führungskader für die Democrazia Cristiana zu werden. Neben Initiativen sozialer Art, wobei man vor allem an Carlo Gnocchi († 1952) denkt, traten solche mit mehr politischem Charakter wie etwa die Bürgerausschüsse (comitati civici)[26]. Kernpunkte der Spiritualität in den Pfarreien waren die Verehrung der Eucharistie und der Mutter Gottes (besonders typisch in der Nachkriegszeit die marianischen Wallfahrten) sowie die Ehrenbezeugungen für den Papst. Die traditionellen Wallfahrten, deren Mittelpunkte sich in Loreto und Pompeji befunden hatten, wurden durch neue Zentren vermehrt, so etwa um San Giovanni Rotondo, durch Pater Pio von Pietralcina († 1968) und um Syrakus. Viele Mitarbeiter fand auch das Apostolat des Paters Riccardo Lombardi, das sich zum Ziel gesetzt hatte, das Christentum im „Kreuzzug des guten Willens“ und „Zentrum der besseren Welt“ als einzige Alternative zur modernen Welt zu verkündigen[27].

Der kulturelle Aufschwung blieb jedoch fast gänzlich aus. Es fehlte an Zentren für die Forschung und an gemeinsamen kulturellen Initiativen. Der Buchmarkt selbst bevorzugte die Produktion von erbaulicher Literatur und die Übersetzung ausländischer Werke[28]. Italien tat sich schwer mit der theologischen Erneuerung. Die von Salvatore Garofalo geleitete biblische Schriftenreihe wurde 1947 mit rückständigen Programmen begonnen. Typisch war auch die Abneigung gegen Jacques Maritains integralen Humanismus. Dennoch erfolgte, wenn auch nur unter großen Mühen, in den Jahren nach 1960 dank ausländischem Einfluß eine Befreiung der italienischen theologischen Kultur vom Provinzialismus. Als besonders lebendige Zentren sind zu nennen: Turin mit Michele Pellegrino, Mailand mit Carlo Colombo, Brescia mit dem Verlagshaus Morcelliana, Pater Giulio Bevilacqua († 1965), Mario Bendiscioli in Mailand, Bologna mit dem durch Giuseppe Dossetti gegründeten Centro di Documentazione di Scienze Religiose und Rom mit Giuseppe De Luca. Besonders zwei „gehorsame Propheten“ spielten die wichtigsten Rollen bei dem Gärungsprozeß im italienischen Katholizismus: Primo Mazzolari und Lorenzo Milani[29].

[25] Annuario dell'Azione Cattolica Italiana (Rom 1954).

[26] *G. Baget-Bozzo,* Il partito cristiano al potere. La DC di De Gasperi e di Dossetti, 2 vol. (Florenz 1974).

[27] *R. Lombardi,* Per un mondo nuovo (Rom 1951); *ders.,* Esercitazioni per un mondo migliore (Rom 1958).

[28] Noch im Jahre 1974 waren von 593 Werken mit theologischem Charakter 231 Übersetzungen. Vgl. Annuario delle statistiche culturali 15 (1974) 31.

[29] *P. Mazzolari,* La chiesa, il fascismo, la guerra (Florenz 1966); *A. Bergamaschi,* Un contestatore di tutte le stagioni (Bologna 1968); *ders.,* P. Mazzolari nello scandalo di „Adesso“ (Turin 1968); *L. Bedeschi,* Obbedientissimo in Cristo. Lettere di don Primo Mazzolari al suo

In den ersten Jahren nach 1900 war man der Ansicht, daß man einer Universität für italienische Katholiken eine besonders wichtige Rolle zuweisen müsse. Diese langersehnte Institution wurde 1921 Wirklichkeit und war das Werk des konvertierten Franziskaners Agostino Gemelli († 1959), dem dabei Armida Barelli († 1952) und Vico Necchi zur Seite standen. Die Katholische Universität vom Heiligsten Herzen Jesu will im Bereich der hohen Kultur das Ideal einer freien Schule und einer christlichen Kultur zur Geltung bringen. Zweck dieses Instituts war die Gründung eines Zentrums zur Schaffung einer organischen Kultur, gewissermaßen einer neuen „Summa" des Wissens, die Ausbildung der führenden Schichten des Landes und die neue Generation dem Einfluß der laizistischen und glaubenslosen staatlichen Schule zu entziehen. Gemelli sah sich vor die Wahl gestellt zwischen dem französischen Muster einer von der staatlichen Einflußsphäre völlig freien Universität und dem Modell von Löwen. Dank der Unterstützung durch Benedetto Croce und Giovanni Gentile erhielt er im Jahre 1924 die staatliche Approbation, die zwar eine teilweise Minderung der Autonomie, aber auch eine wertvolle offizielle Anerkennung bedeutete. Später mußte man andere Entscheidungen treffen, wie sie etwa durch die chronischen wirtschaftlichen Schwierigkeiten bestimmt wurden, und man mußte zwischen einer Universität für die Massen oder für eine Elite wählen. Um 1931 wurde der ideologische Pluralismus eingeschränkt. Insgesamt jedoch war die Bilanz für das erste halbe Lebensjahrhundert hinsichtlich des Niveaus der wissenschaftlichen Produktion positiv, während das Ideal einer allumfassenden und nicht nur auf den Beruf eingeschränkten Bildung nur zum Teil erreicht wurde. Gründe dafür waren: das Fehlen einer Fakultät der theologischen Wissenschaften (eine Abteilung für Religionswissenschaften wurde erst 1969 errichtet), das Übergewicht der Studentenzahl, die Auswirkungen der Modernistenbekämpfung und die fehlende Präsenz qualifizierter Katholiken in entscheidenden Bereichen der Wissenschaft[30].

Um 1960 erfuhr die italienische Gesellschaft radikale Veränderungen: eine rapide Industrialisierung, eine Verdoppelung des Pro-Kopf-Einkommens von 1950 bis 1970, Rückgang der in der Landwirtschaft Tätigen (von 42,2% 1951 auf 17,3% 1971), eine gewaltige und ungeordnete Verschiebung großer Menschenmassen aus dem Süden in den Norden und vom Land in die Stadt. Jetzt entstand die Massenuniversität. Die Studentenzahl schwoll von 210228 im Jahre 1955 bis 1974/1975 auf 886894 an. Der erhebliche Stimmenzuwachs für linke Parteien ging mit einem sehr fühlbaren Verlust der Democrazia Cristiana

vescovo 1917–1959 (Mailand 1974). Für Milani bezeichnend ist das wechselvolle Schicksal seines Buches: Esperienze pastorali (Florenz 1957). Über ihn: *N. Fallaci*, Dalla parte dell'ultimo, vita del prete Lorenzo Milani (Mailand [3]1974); *F. Tognaccini*, Don Milano nell'evoluzione dell'opinione pubblica, in: Testimonianze 18 (1975) 97–108.

[30] *G. Rumi*, Padre Gemelli e l'Università Cattolica, in: *AA. VV.*, Modernismo, fascismo, comunismo ... a cura di G. Rossini (Bologna 1972) 204–233; *M. Sticco*, Appunti per una biografia di un uomo difficile (Mailand 1974).

einher (von der Mehrheit im Jahre 1948 auf 38,3% für 1963), weshalb die „Öffnung nach links" vollzogen werden mußte, das heißt ein Bündnis der katholischen Partei mit den Sozialisten. Zur Zeit wächst auch das politische Gewicht der Gewerkschaften.

Die religiöse Situation, von der man für die Zeit vor 1962 auf der von Johannes XXIII. abgehaltenen traditionalistischen römischen Synode eine Momentaufnahme hätte machen können, änderte sich grundlegend. Dies galt allerdings nicht für den institutionellen Bereich, der großenteils unverändert blieb. 1974 gab es 284 Diözesen, 41700 Diözesanpriester, 21069 Ordenspriester, 5843 Laienbrüder und 150179 Nonnen. Die Krise bei den Berufungen ließ die Zahl der Priesterweihen absinken (von 955 im Jahre 1964 auf 759 im Jahre 1969). Die Zahl der Einwohner je Pfarrei stieg zwischen 1964 und 1969 von 1965 auf 2179. Im Ansteigen begriffen war die Präsenz der Kirche in den verschiedenen Sektionen der Wohlfahrt (1964 waren es 4181 Institute und 1969 deren 4565) und des Unterrichtswesens (3825 Institute 1964 und 7001 im Jahre 1969)[31]. Unterdessen gelang es jedoch auch dem italienischen Episkopat, mit der Gründung der Italienischen Bischofskonferenz (1969) einheitliche pastorale Leitlinien auszuarbeiten.

Die Krise der Nachkonzilszeit hatte auch in Italien bedeutsame Auswirkungen. Das katholische Verbandswesen erlitt Ende der sechziger Jahre einen augenfälligen Rückschlag. Die Krise hatte sich schon angekündigt, als 1952 Carlo Caretto und dann 1954 Mario Rossi († 1976) zurücktraten, weil sie mit der konservativen politischen Linie, die der Generalpräses Luigi Gedda verfolgte, nicht einverstanden waren[32]. Nach 1968 reduzierte der Drang zu spontanen Aktionen die Manövrierfähigkeit der Bewegung aufs äußerste.

Die kritische Lage der katholischen Welt offenbarte sich auch im politischen Bereich durch das Anwachsen der Wählerstimmen für die Kommunistische Partei und durch die Hinwendung von erklärtermaßen katholischen Vertretern wie Paolo Brezzi und Raniero La Valle zu dieser Partei, was die Existenz einer katholischen Partei selbst in Frage gestellt hat. Die augenblickliche Lage ist auch durch das Aufbrodeln kirchlicher Streitfälle (Isolotto-Gemeinde, Abt Franzoni) schwieriger geworden. Das Referendum für die Abschaffung der Ehescheidung endete mit einem Sieg von 59,26 Prozent für die Verfechter der Scheidung gegen 40,74 Prozent ihrer Gegner und stellte die katholische Welt vor das viel größere Problem, wie man in einer pluralistischen Gesellschaft die christlichen Ideale sicherstellen kann[33].

[31] Segretaria di Stato, Raccolta di tavole statistiche (Città del Vaticano 1971ff).

[32] *M. Rossi*, I giorni dell'onnipotenza. Memoria di un'esperienza cattolica (Rom 1975).

[33] Als Positiva kann man feststellen: die Entwicklung der Säkularinstitute, neue Bewegungen wie die Focolari und Comunione e Liberazione, die neue Katholische Aktion und die Kerngruppen neuer Pfingstler- und Katechumenen-Bewegungen. Unter den wichtigsten Gestalten der jüngsten Geschichte verdient Kardinal Giacomo Lercaro († 1976), einer der Förderer der Liturgiereform, einen besonderen Platz.

21. Kapitel

Die katholische Kirche Frankreichs

Univ.-Professor Pierre Blet SJ, Rom

BIBLIOGRAPHIE: *A. Latreille – J. R. Palanque – E. Delaruelle – R. Rémond*, Histoire du Catholicisme en France. La période contemporaine (Paris 1962); *A. Dansette*, Histoire religieuse de la France contemporaine sous la IIIe république (Paris 1951); *ders.*, Destin du catholicisme français 1926–1936 (Paris 1957); *P. Lesourd* et *C. Paillat*, Dossier secret de l'Église de France, II. De la révolution à nos jours (Paris 1968); *F. Boulard*, Essor ou déclin du Clergé français?, in: Rencontres 34 (Paris 1950); *J. Gadille*, France, VI. La période contemporaine, in: Dictionnaire d'Histoire et de Géographie ecclésiastique, fasc. 102–103, p. 143–157, mit Bibliographie; Panorama de la France. La documentation française (Paris 1966); *P. Gerbod*, Les catholiques et l'enseignement secondaire (1919–1939), in: Revue d'Histoire moderne et contemporaine 18 (1971) 375–414; Histoire du catholicisme moderne et contemporain, in: Revue Historique CCXLI (1970) 125–148, 387–440; Forces religieuses et attitudes politiques dans la France contemporaine sous la direction de René Rémond. Cahiers de la fondation nationale des sciences politiques 130 (Paris 1965); *Ch. Molette*, L'A.C.J.F. 1886–1907 (Paris 1968); *P. Huot-Pleuroux*, Le recrutement sacerdotal dans le diocèse de Besançon de 1801 à 1960 (Paris 1966); *J. M. Mayeur*, La séparation de l'Église et de l'État (Paris 1966); *M. Villain*, L'abbé Paul Couturier, apôtre de l'unité chrétienne (Paris 1957). Neueste Bibliographie: *P. Vigneron*, Histoire des crises du Clergé français contemporain (Paris 1976) 427–471.

Die 1905 erfolgte Aufkündigung des Konkordats stellte zwischen Rom und der Kirche von Frankreich eine engere Beziehung her als jemals zuvor. Außerdem fielen die Amtsantritte Benedikts XV. und Pius' XII. ungefähr zusammen mit dem Ausbruch der beiden Weltkriege, die sich auf das innere Leben der französischen Kirche auswirkten. Deshalb ist es statthaft, diesen letzten Abschnitt im Leben des französischen Katholizismus nach den drei Pontifikaten Benedikts XV., Pius' XI. und Pius' XII. einzuteilen.

Unter Benedikt XV.

Der Kriegszustand, in den Frankreich durch die Kriegserklärung vom 3. August 1914 versetzt wurde, beschleunigte eine in der kirchlichen Situation Frankreichs bereits angebahnte Entwicklung beträchtlich. Schon die Dreyfus-Affäre hatte gezeigt, daß die Katholiken, denen patriotische Republikaner lange Zeit hindurch vorgeworfen hatten, sie stellten die Interessen der Kirche höher als die der Nation, in vorderster Linie der Patrioten, d.h. der Nationalisten, standen [1]. Die radikale Linke vertrat damals pazifistische Tendenzen, und das Verhältnis der Katholiken zur Regierung war damit nicht besser. Die Abstimmung über das

[1] *R. Rémond*, La droite et les droites en France.

Gesetz zur Einführung der dreijährigen Militärdienstzeit (August 1913) hatte es deutlich gemacht: Eben diese republikanische Regierung hatte begriffen, daß sie etwas Besseres zu tun hatte, als sich der Ausschaltung des klerikalen Einflusses zu widmen. Die Kriegserklärung verstärkte diese Tendenz: Angesichts der Bedrohung der Landesgrenzen hörte der Klerikalismus auf, der Hauptfeind zu sein. Diese Wandlung drückte sich auf beiden Seiten in konkreten Handlungen aus: Die Priester und die Seminaristen unterwarfen sich mit Begeisterung der allgemeinen Pflicht zum Militärdienst, und die ausgewiesenen Ordensangehörigen kehrten zurück, um dem Mobilmachungsbefehl Folge zu leisten, die durch Alter behinderten Pfarrer predigten von den Kanzeln herab die Pflicht, sich den Gestellungsbefehlen und den durch den Krieg verursachten finanziellen Opfern zu unterwerfen. Innenminister Malvy seinerseits suspendierte die Durchführung der Gesetze von 1905 gegen das Vermögen von Ordensgesellschaften, das noch nicht liquidiert war.

Einflußreiche Katholiken, darunter Prälaten wie Monsignore Baudrillart, gründeten ein katholisches Komitee zur Unterstützung der französischen Auslandspropaganda mit Hilfe von Broschüren und Vorträgen. Diese waren besonders katholischen Ländern wie Spanien oder Lateinamerika zugedacht, wo die antiklerikale Politik der Regierung den französischen Einfluß sehr beeinträchtigt hatte. Allerdings war der Antiklerikalismus nicht ganz verschwunden. Er lebte wieder auf während des Krieges im Zusammenhang mit den diplomatischen Bemühungen Benedikts XV. zur Beendigung des „unnützen Blutvergießens"; der Vatikan wurde als eine Macht dargestellt, die ganz und gar die Mittelmächte begünstige. Die französischen Katholiken wollten nun demonstrieren, daß sie sich von der päpstlichen Politik distanzierten. So verkündigte der Dominikanerpater Sertillanges in einer Predigt, deren Text der Kardinalerzbischof von Paris zensiert hatte, von der Kanzel der Kirche La Madeleine in Paris: „Allerheiligster Vater, wir können zum gegenwärtigen Zeitpunkt Ihre Friedensparolen nicht befolgen. Wir sind Söhne, die nein sagen, nein ..."[2] Noch mehr aber als durch solche aufsehenerregenden Rednerworte wurden die Katholiken und ihr Klerus von jedem Zweifel an ihrer patriotischen Hingabe befreit durch das Schauspiel, das 25 000 zum Kriegsdienst einberufene Priester, Ordensleute und Seminaristen boten, von denen die Hälfte das Elend in den Schützengräben auf sich nahm und von denen 4608 nicht mehr zurückkehrten[3].

Die Kameradschaft, die im Schlamm der Schützengräben und unter dem Feuerhagel der Kanonen den Pfarrer und den Lehrer geeint hatte, hinterließ bleibende Eindrücke. Am Tag der Demobilisierung kehrten viele Kriegsteilnehmer mit dem Entschluß zurück, „die geheiligte Einigkeit" aufrechtzuerhalten. Clemenceau konnte die Verhandlungen von Versailles noch in einem Geist führen,

[2] *A. Dansette,* Histoire religieuse de la France, contemporaine sous la IIIe république, 490–491.

[3] *R. Rémond,* Histoire du Catholicisme en France. La période contemporaine, 558–559.

der dem Heiligen Stuhl ebenso feindlich gesinnt war wie dem Habsburgerreich. Aber die Wahlen von 1919 brachten eine Mehrheit von Gemäßigten in die Abgeordnetenkammer, die Gegner der Sektierer-Gesetze vom Anfang des Jahrhunderts waren. Allerdings konnte man diese Gesetze nicht revidieren; denn der Senat blieb unter dem Einfluß der radikalen Partei; aber als Clemenceau bei den Wahlen zum Präsidenten der Republik kandidierte, ließen die Nationalisten ihn für seinen verstockten Antiklerikalismus büßen: Sie gaben Deschanel den Vorzug, und Clemenceau zog sich aus der Politik zurück.

Man wußte von Clemenceau, daß er gegen die Wiederherstellung der diplomatischen Beziehungen zum Heiligen Stuhl war; die Kriegserfahrung hatte aber gelehrt, daß es für Frankreich ein Nachteil war, keine solche Verbindung zu haben, wie ihn eine Gesandtschaft beim Vatikan darstellt. Außerdem warfen die Provinzen Elsaß und Lothringen, denen Bismarck 1871 den Status des napoleonischen Konkordates belassen hatte, bei ihrer Rückkehr zu Frankreich Fragen auf, die Gespräche mit dem Heiligen Stuhl erforderten; denn die Generäle und die ersten Hohen Kommissare hatten den Elsässern und Lothringern die Beibehaltung des religiösen Status versprochen. Um Wort zu halten, mußte man den Prinzipien des zentralisierenden Jakobinismus und des Laizismus entsagen und zugestehen, daß die beiden Provinzen das konkordatsgemäße Regime beibehielten, daß die Geistlichen dort vom Staat bezahlt wurden und daß die Schule eine Konfessionsschule blieb. Die Regierung der Republik mußte Gespräche mit Rom aufnehmen und beim Bruch von 1905 wieder anknüpfen. Der Vertreter des Trennungsgesetzes, Aristide Briand, war einer der ersten, die sich für die Wiedererrichtung einer französischen Gesandtschaft beim Heiligen Stuhl aussprachen, und zahlreiche Mitglieder der ehemaligen Regierung teilten seine Ansicht. Die Katholiken arbeiteten auf die Verwirklichung dieses Vorhabens hin, und der Heilige Stuhl erwies sich als sehr entgegenkommend. Diese Idee stieß jedoch auf den Widerstand antiklerikaler Opponenten und fand auch nicht das Wohlwollen der extremen Rechten, die darin eine Art von Anerkennung des ihnen verhaßten Regimes durch den Heiligen Stuhl sahen. Trotzdem wurde das Projekt, das die Wiedererrichtung einer Botschaft beim Heiligen Stuhl und die Einsetzung eines Nuntius in Paris umfaßte, durch die Abgeordnetenkammer genehmigt, vom Senat allerdings abgewiesen. Als Aristide Briand Ratspräsident geworden war, ernannte er dennoch am 17. Mai 1921 Jonnart zum französischen Botschafter beim Heiligen Stuhl, und der neue Präsident der Republik, Deschanel, nahm im Juli das Beglaubigungsschreiben des Nuntius Ceretti entgegen[4].

Die Wiederaufnahme der diplomatischen Beziehungen mit dem Vatikan ließ weder die Wiederherstellung des Konkordats zu, noch verbesserte sie die materielle Situation, welche die Enteignungen von 1905 geschaffen hatten. Trotzdem gewährte Benedikt XV. der französischen Regierung ein Recht im Hinblick auf

[4] *A. Dansette,* Histoire religieuse, 502–505.

Bischofsernennungen: Der Heilige Stuhl würde dem Quai d'Orsay jeweils den Namen des Neuerwählten vor der Veröffentlichung mitteilen, um gegebenenfalls Einwände politischer Art, die sich ergeben könnten, entgegenzunehmen[5]. Nur in den Diözesen Straßburg und Metz blieb das Konkordat in Kraft, wonach die französische Regierung das Recht zur Nominierung besaß.

Nach diesen ersten Übereinkünften wurden Verhandlungen aufgenommen, um für die kirchlichen Vermögenswerte in Frankreich eine juristische Grundlage zu schaffen. Die von Pius X. abgelehnten kirchlichen Verbände konnten in Erwägung gezogen werden, insofern sie aufgrund von Vereinbarungen gegründet wurden, die zwischen der Kirche und dem Staat ausgehandelt worden waren, und unter der Voraussetzung, daß die Autorität der Hierarchie sichergestellt sei. Die französischen Bischöfe leisteten bei allem Respekt trotzdem Widerstand gegen eine Vereinbarung, die im Widerspruch zu stehen schien gegen die Ablehnung, die ihnen Pius X. vor wenig mehr als 10 Jahren auferlegt hatte. Die Akzeptierung neuer Vereine, Diözesanverbände genannt, war die Tat Pius' XI., des neuen Papstes. Im Januar 1924 erklärte er sich damit einverstanden, daß in jeder Diözese ein Verband unter dem Vorsitz des Bischofs gegründet wurde, um die kirchlichen Vermögenswerte zu verwalten sowie um Stiftungen und Erbschaften entgegenzunehmen[6].

Unter Pius XI.

Diese Regelung enthielt keine Kompensation für die Enteignungen von 1905, sie beließ sogar die Kultgebäude im Eigentum der politischen Gemeinden, und sie enthielt auch weder für die christliche Schule noch für die religiösen Orden eine Garantie. Sie konnte deshalb auch bei den Gläubigen keine Begeisterung erwecken, die „den Krieg gegen den Laizismus und dessen Prinzipien bis zur Abschaffung der ungerechten Gesetze, die daraus hervorgingen", erklärten.

Man befand sich bereits am Vorabend einer Wahl, bei der sich eine antiklerikale Linke und eine mit der Kirche verbündete Rechte gegenüberstanden. Die Abstimmung vom Mai 1924 verlief zugunsten der zwischen den Radikalen und den Sozialisten geschlossenen Allianz und hob Édouard Herriot auf den Stuhl des Ratspräsidenten. Einen Augenblick glaubte man, die Zeit von Combes sei zurückgekehrt: Der Regierungschef kündigte an, daß er die Botschaft beim Heiligen Stuhl aufheben wolle und gegen die Ordensangehörigen, die infolge der Mobilmachung nach Frankreich zurückgekehrt waren, die Verbannungsgesetze anwenden werde; Herriot versprach außerdem, daß er die Laisierungsgesetze in den Provinzen Elsaß und Lothringen durchführen wolle. Er stieß aber auf einen Widerstand, den er nicht vorausgesehen hatte. Die Fédération Nationale

[5] *R. Rémond,* Histoire du Catholicisme, 565.
[6] *A. Dansette,* Histoire religieuse, 505–510.

Catholique, deren Präsident General de Castelnau war, organisierte Protestversammlungen, und man warf den Freimaurern vor, sie hätten sich gegen die Kirche und gegen die französische Einheit zugleich verschworen. Die Elsässer und Lothringer äußerten öffentlich den Wunsch, daß die Versprechungen hinsichtlich des Kultes und der Schule eingehalten würden. Die von der Ausweisung bedrohten Ordensangehörigen wiesen lautstark auf ihre Eigenschaft als ehemalige Frontkämpfer hin und lancierten durch die Feder von Pater Doncœur die berühmt gewordene Parole: „Wir werden nicht gehen!" Die nachfolgende Finanzkrise machte dem Linkskartell ein Ende und gab ihm zu erkennen, daß im Jahre 1925 der Antiklerikalismus seine Stoßkraft bei Wahlkämpfen verloren hatte.

Allerdings bewies dies ganz und gar nicht, daß Frankreich wieder christlich geworden wäre: In weiten Teilen der Bevölkerung trat Gleichgültigkeit an die Stelle der Religionsfeindlichkeit. Zwar führten religiöse Veranstaltungen wie die Pilgerfahrt nach Lourdes, die Feiern zur Heiligsprechung der Jeanne d'Arc[7] und ein wenig später auch die Pilgerfahrten nach Lisieux große Scharen leidenschaftlich engagierter Gläubiger zusammen, so wie dies auch bei den Kundgebungen der Fédération Nationale Catholique der Fall war. Beim Bürgertum und besonders bei den Studenten und an den großen Schulen machte die religiöse Praxis Fortschritte. Als Vorläufer der Jeunesse Étudiante Catholique (JEC) 1929 gründete die Fédération Française des Étudiants Catholiques von 1922 an lokale Gruppen. Aber außerhalb dieser Eliten gab es doch bekanntermaßen in der Bevölkerung große Teile, die durch die laizistische Schule außerhalb der Kirche erzogen worden waren. Die Association Catholique de la Jeunesse Française setzte ihre Arbeit fort, um ihre Mitglieder auf die staatsbürgerliche Betätigung in der Zukunft vorzubereiten. Die Semaines Sociales führten ihre Schulungsarbeit weiter, um die Katholiken über die Soziallehren der Kirche und deren Auswirkungen ins Bild zu setzen. Zu demselben Zweck baute die 1919 von Reims nach Paris verlegte Action populaire ihre Publikationen aus. Die Confédération Française des Travailleurs Chrétiens bemühte sich, alle Gewerkschaften, denen Lohnempfänger des Handels und der Industrie angehörten, zu vereinigen, und sie hatte 1920 bereits 140000 Mitglieder[8].

Indes sahen viele Katholiken in der Beseitigung der freimaurerischen und antiklerikalen Republik die Grundvoraussetzung für die Rückkehr Frankreichs zum Glauben der Väter. Die durch den Krieg verstärkte Allianz zwischen dem Nationalismus und dem Katholizismus fand in der Bewegung der Action française eine Verkörperung, deren wechselhaftes Schicksal schwerwiegende Folgen hatte. Es war dies eine eigenartige Allianz zwischen dem Anführer der Action française, Charles Maurras, der ein Schüler von Auguste Comte war, und den konservativen Katholiken, die sich seiner Bewegung anschlossen. Aber Maurras

[7] Ebd., 503.

[8] *R. Rémond,* Histoire du Catholicisme, 583.

erklärte alle Agenten der Entchristlichung, die Rationalisten, die Freimaurer und Protestanten, zu Feinden der französischen Nation und pries den römischen Katholizismus als die für die Wiederherstellung der monarchischen Staatsform notwendige Grundlage. Die Action française fand im katholischen Raum, in der Jugend, in den Hochschulen und Seminaren, in den religiösen Orden und selbst beim Bischofskollegium eine Zustimmung, die teilweise zum Enthusiasmus neigte.

Dieser Einfluß einer Bewegung, die den Nationalismus verherrlichte, die keinen Hehl aus ihrer Absicht machte, die Katholiken gegen die Republik zusammenzuschließen, stieß auf den Widerstand demokratischer Katholiken. Sie konnte auch nicht die Zustimmung Pius' XI. finden, der eine Wiederversöhnung mit der Republik anstrebte. Die persönliche Einstellung von Maurras und sein Leitspruch „Politik an erster Stelle" mahnten überdies zur Vorsicht. Die erste Warnung, die auf Roms Forderung hin von Frankreich ausging, war ein Brief des Erzbischofs von Bordeaux, Kardinals Andrieux, vom 25. August 1926. Der Brief enthielt zwar grobe Entstellungen, aber Pius XI. gab trotzdem dem Brief aus Bordeaux seine generelle Zustimmung[9]. Gleichzeitig wurde bekanntgegeben, daß mehrere Bücher von Maurras auf den Index gesetzt worden waren, eine Entscheidung, die sich schon seit 1911 anbahnte, die aber von Pius X. und Benedikt XV. immer wieder aufgeschoben worden war. Sofortige heftige Gegenangriffe der Action française beantwortete Rom mit Sanktionen: Am 29. Dezember 1926 wurde die Lektüre der Zeitung der Action française und die Zugehörigkeit zu dieser Vereinigung überhaupt verboten. Ungehorsam hatte die Verweigerung der Sakramente zur Folge, und Priester, die den Unbußfertigen die Absolution erteilten, wurden zu Reservationsfällen „ratione sui". Die Anführer der Action française bezeichnete diese Maßnahmen als Ergebnis eines Komplotts, das zum Nutzen der Demokratie und Deutschlands angezettelt worden sei, und sie machten mit ihrem Antiklerikalismus den sonst von ihnen angegriffenen Radikalen Konkurrenz. Etliche Katholiken beriefen sich auf die Freiheit der politischen Meinung, um sich über römische Verbote hinwegzusetzen. Die Anweisung zur Verweigerung der Sakramente wurde zwar manchmal ignoriert, oft aber mit einer Rigorosität angewendet, die über die Absichten der anweisenden Stelle hinausgingen. Im Klerus und in den religiösen Orden zog die Verurteilung der Action française nicht nur den Rücktritt von Kardinal Billot nach sich, sondern auch das Abtreten einer ganzen Führungsschicht und die Wahl neuer Männer[10], die für die Funktionen, die sie übernehmen mußten, nicht vorbereitet worden waren.

Genau im Jahre 1927 publizierte Pater Lhande sein Buch „Le Christ dans la banlieu". Darin enthüllte er den Gläubigen und selbst dem Klerus der Hauptstadt, daß in unmittelbarer geographischer Nähe, nämlich mitten in ihren

[9] *A. Dansette,* Histoire religieuse, 583 584.
[10] Ebd., 603.

eigenen Pfarreien, Menschenmassen existierten, für die die Kirche nicht nur fremd, sondern überhaupt unbekannt war. Der von dem neuen Erzbischof, dem Kardinal Verdier, gegründete Bauverein zur Errichtung von Kirchen in den Vororten reichte nicht aus, um die Lage zu ändern. Zu gleicher Zeit erhielt Abbé Guérin, Vikar in einer Arbeiterpfarrei, Kenntnis von dem „Manuel du Jociste belge" des Abbé Cardijn. Er glaubte, daß er dort die Lösung für das Problem der Erziehung junger Arbeiter finden könnte, für jenes Problem, auf das die ACJF (Action Catholique de la Jeunesse Française) seiner Meinung nach nur eine ungenügende Antwort gab. Die ACJF, die 1936 den 50. Jahrestag ihrer Gründung feierte, lud junge Arbeiter und junge Bürger zu gemeinsamen Veranstaltungen ein; weil sie aber vornehmlich auf die Bildung einer Führungselite abzielte, erreichte sie die jungen Arbeiter nur schwer. Ganz im Sinne von Abbé Cardijn, der eine auf die Arbeiterschaft beschränkte Bewegung im Auge hatte, hielten junge französische Arbeiter im Oktober 1926 in Clichy ihre erste Versammlung ab. Die von ihnen redigierte Zeitung „Jeunesse ouvrière" erschien im Januar 1927 mit ihrer ersten Nummer. Die Bewegung (JOC) weckte rasch Begeisterung und übertrug sich auf Lille, Lyon und Marseille. Die Hierarchie mit Kardinal Dubois in Paris, assistiert von Kanonikus Gerlier als Leiter der Verbände, sowie Kardinal Liénart in Lille unterstützten die Bewegung. Als 1936 die „Volksfront" an die Macht kam und Streikbewegungen sowie Fabrikbesetzungen auslöste, knüpften sich große Hoffnungen an die Kerntruppen militanter Anhänger der christlichen Jungarbeiterbewegung („Jocistes"), die ihre Rechte und die ihrer Arbeitskollegen verteidigten, dabei aber stets die Treue zum Glauben und zu dessen sittlichen Forderungen bewahrten. Von diesem Augenblick an erhielt die Vereinigung christlicher Arbeiter neuen Aufschwung; er führte dazu, daß 1938 bereits 2400 Gewerkschaften mit 500000 Mitgliedern bestanden[11]. Die Feier des zehnten Jahrestages der JOC vom 16. bis 21. Juli 1937 führte in Paris etwa 80000 „Jocistes" zusammen und nahm Züge eines Triumphes an.

Bereits lange, bevor sich dieser Erfolg abzeichnete, begann man, die Regeln der Arbeiterbewegung auch auf andere Bereiche anzuwenden. 1929 schloß sich die JAC (Jeunesse Agricole Catholique) an die ACJF an, und jetzt entstand auch die JEC (Jeunesse Étudiante Catholique). 1932 wurde die JMC (Jeunesse Maritime Catholique) gegründet und 1936 die JIC (Jeunesse Indépendante Catholique). Diese Bewegungen hatten auch weibliche Zweigorganisationen und waren alle der ACJF angeschlossen, die von da an als ein Zusammenschluß autonomer Bewegungen unter der Kontrolle der Hierarchie auftrat.

Ebenso, wie die JOC sich eng an die CFTC angeschlossen hatte, dehnte sich die JAC zur Ligue Agricole Chrétienne und bald darauf zur ländlichen Familienbewegung aus, während andererseits die Action Catholique Indépendante und die Action Catholique Indépendante Feminine sowie das Mouvement des

[11] Annuaire général catholique 1938, LX.

Ingénieurs et Chefs d'Industrie Catholique ihre Parallele im bürgerlichen Bereich bildeten.

Der besondere Charakter all dieser Bewegungen bestand in ihrer apostolischen Orientierung. Die Pfadfinderbewegung (Mouvement Scout) dagegen hatte grundsätzlich die Heranbildung der Jugend im Auge, wobei ihre pädagogische Methode auf der körperlichen Betätigung und einem Leben in der Gruppengemeinschaft beruhte. 1938 hatte sie in Frankreich und Übersee zusammen 78000 junge Anhänger, und sie wurde zur Pflanzschule von Berufungen für das Priestertum und das Ordensleben[12]. Viele Pfadfindergruppen rekrutierten sich aus den Schülern katholischer Gymnasien, in denen die Berufungen ein günstiges Milieu fanden.

Zwar war in dieser Periode der Elan von Bewegungen der Katholischen Aktion offenkundig, trotzdem aber blieb das Ziel aller eifrigen Bemühungen der Hierarchie und aller finanziellen Opfer der Gläubigen die mehr traditionelle Form der Erziehung junger Menschen in der christlichen Schule. Die Gesetze von 1905 hatten zwar die an Schulen tätigen Kongregationen schwer getroffen, nicht aber die gesetzlichen Grundlagen geändert, die das Prinzip der freien Unterweisung verkündeten, nämlich das Gesetz Falloux vom 15. März 1850 für den Gymnasialunterricht, das Gesetz vom 12. Juli 1875 für den Hochschulunterricht und das Gesetz vom 30. Oktober 1886 für den Grundschulunterricht, ferner das Gesetz vom 25. Juli 1919 für die technische Fachausbildung. Abgesehen aber von diesem letztgenannten Gesetz, das die Bewilligung von Subventionen ausdrücklich vorsah, verweigerte diese Gesetzgebung dem privaten Unterricht jegliche Beihilfe. Die Gläubigen schlossen sich daher zu mehreren Verbänden zusammen, um die Existenz der christlichen Schulen zu verteidigen und für sie die Bewilligung öffentlicher Beihilfen zu fordern. So befaßte sich die 1872 gegründete Alliance des maisons d'éducation chrétienne, aus der 1925 das Syndikat des directeurs et directrices des maisons d'éducation chrétienne hervorging, mit der Veröffentlichung von Texten für den Unterricht und gab ihre eigene Zeitschrift „L'Enseignement chrétien" heraus; 1938 gehörten der Alliance 1061 Häuser an[13]. Die Association de chefs de familles de France wollte die Rechte der christlichen Familien zur Geltung bringen, kündigte laut den Kampf gegen die Einheitsschule an und forderte von den Kandidaten bei Wahlen zu den gesetzgebenden Körperschaften Garantien für die unversehrte Freiheit des Unterrichts[14]. Zusammen mit anderen Vereinigungen vertrat sie den Standpunkt, daß die Freiheit auch den Schulproporz voraussetzte, d.h. die proportionale Aufteilung der für den Unterricht aufgewendeten Geldsummen zwischen den staatlichen und den privaten Schulen entsprechend der Schülerzahl.

[12] Ebd., LXXIII.
[13] Ebd., LXVI.
[14] Ebd., LIX.

Eine erste Forderung in diesem Sinne, ein Gesetzesprojekt mit der Bestimmung, daß die im Besitz eines Stipendiums befindlichen Schüler zwischen den beiden Schularten wählen könnten, wurde 1920 vom Senat zurückgewiesen. Die Katholiken, durch die FNC dazu animiert, bestanden auf ihrer Forderung und waren in Erwartung dieser Regelung bereit, für ihre Schulen selber beträchtliche finanzielle Opfer zu bringen. Das Wachstum des Gymnasialbereichs zwischen den beiden Weltkriegen erreichte ein Ausmaß, das die radikale Linke beunruhigte: 1931 umfaßte dieser Bereich 1011 Gymnasien mit 150000 Schülern gegenüber 560 staatlichen Gymnasien oder Lyzeen mit 225000 Schülern. In der Zeit von 1930 bis 1938 lagen diese Zahlen noch höher: 1271 Gymnasien mit 209460 Schülern in den Jahren 1934/35 und 1400 Gymnasien mit 230607 Schülern in den Jahren 1937/38[15].

Trotz der Beibehaltung laizistischer Gesetze und offizieller Neutralität bewirkte das Gefühl der Bedrohung von außen, hervorgerufen durch die Remilitarisierung des Rheinlandes, den Anschluß Österreichs an das Deutsche Reich und die Erwartung der Annexion der Tschechoslowakei durch Hitler, die Wiederannäherung zwischen den Regierungen der Dritten Republik und der Kirche. Für die Konsekration der Basilika der heiligen Theresia von Lisieux war eine Reise Pius' XI. nach Frankreich geplant; 1937 wurde Kardinal-Staatssekretär Pacelli als Vertreter des Papstes[16] in Paris und in Lisieux mit den gleichen Ehrungen, wie sie für ein Staatsoberhaupt üblich sind, empfangen. Ohne ihren offiziellen Laizismus zu widerrufen, kam die Dritte Republik an der Schwelle ihres Untergangs der Kirche wieder näher.

Unter Pius XII.

Zwei Jahre später, als noch beim staatlichen und beim katholischen Frankreich die diplomatischen Missionen des Kardinals Pacelli in guter Erinnerung waren, wurde Pacelli am 2. März 1939 zum Nachfolger Pius' XI. gewählt. Diese Wahl wurde in Frankreich mit nachhaltiger Genugtuung begrüßt; denn man wußte, daß er alle Anstrengungen unternehmen würde, um den Frieden zu retten, der jeden Tag brüchiger wurde. Zwar waren seine Vermittlungsangebote im Mai 1939 angesichts einer Friedenskonferenz (siehe oben 3. Kap.) aussichtslos, aber er konnte durch die Versöhnung mit der Action française einen anderen Frieden stiften. Im Verlauf der Jahre hatten die Leiter der Action française eingesehen, daß sie mit dem überstürzten Abbruch der Beziehungen einen Fehler begangen hatten. Auf der anderen Seite standen die Strafen, mit denen man die Anhänger der Action française belegt hatte, in klarem Widerspruch zu den Konkordatsabschlüssen mit den faschistischen und nationalsozialistischen Regie-

[15] *P. Gerbod*, Les catholiques et l'enseignement secondaire, in: RHMC XVIII, 391, Anm. 2.
[16] *F. Charles-Roux*, Huit ans au Vatican (Paris 1947) 212–237.

rungen, denen man mehr als bloß verbale Gewalttaten vorwerfen konnte. Pius XI. hatte Annäherungsversuche von Maurras, die der Karmel von Lisieux angeregt hatte, mit Wohlwollen aufgenommen, und am 20. Oktober 1938 schrieb der Komitee-Direktor der Action française einen Brief, der dem Heiligen Offizium vorgelegt wurde. Die Thronbesteigung Pius' XII. brachte keine Verzögerung mit sich. George Bonnet, der Minister für auswärtige Angelegenheiten, antwortete dem Nuntius auf seine Anfrage hin, daß diese Frage ausschließlich auf religiösem Gebiet behandelt werden solle. Obwohl einige Bischöfe Bedenken äußerten, veröffentlichte der „Osservatore Romano" am 10. Juli 1939 das Dekret des Heiligen Offiziums, das den auf der Action française ruhenden Bann in demselben Augenblick aufhob, in dem ein Brief der Zeitschrift alle im Widerspruch zu den Lehren der Kirche stehenden Theorien widerriefe. Man war an der Schwelle zum Zweiten Weltkrieg angelangt, der für die Kirche von Frankreich neue Probleme aufwarf[17].

Die Kriegserklärung vom 3. September 1939 war diesmal von Frankreich und England ausgegangen und erfolgte aufgrund des deutschen Einfalls in Polen, der seinerseits eine Folge des deutsch-sowjetischen Paktes war. Die Katholiken waren sich mit der Regierung einig, und die Kriegserklärung ließ sie in dem Kampf einen neuen Kreuzzug gegen die Mächte des Bösen erblicken, die Pius XI. in seinen beiden Enzykliken gegen den Nationalsozialismus und den Kommunismus bloßgestellt hatte. Die große Masse der Bevölkerung aber hatte sich lange Zeit hindurch in der Hoffnung gewiegt, der Krieg von 1914 sei der letzte aller Kriege gewesen. Sie fand deshalb den patriotischen Elan des Monats August 1914 nicht wieder. Die Priester, Ordensleute und Seminaristen kamen bei der Mobilmachung mit den Angehörigen aller sozialen Schichten zusammen und trafen dort mehr auf religiöse Gleichgültigkeit und Unwissenheit als auf Feindseligkeit. Den Zusammenbruch vom Juni 1940 konnte man der Kirche, die allen Einfluß auf das politische und sogar auf das öffentliche Leben verloren hatte, nicht anlasten. Vielmehr waren es die Katholiken und die militärischen Führer, die dazu neigten, dafür die laizistische Schule verantwortlich zu machen, die die neuen Generationen herangezogen hatte. Der Zusammenbruch erweckte die Empfindungen wieder zum Leben, die durch die Harmonie zwischen den beiden Mächten vorübergehend in Vergessenheit geraten waren. So wiesen die Prediger darauf hin, daß die Niederlage die Strafe Gottes für den offiziellen Atheismus der Nation sei. Sie bemühten sich andererseits aber, die Hoffnung wiederzubeleben, indem sie darauf hinwiesen, daß die Vorsehung mit Frankreich immer Erbarmen gehabt habe. Dereinst hatte sie dem Land Jeanne d'Arc, das 18jährige Mädchen, geschickt, und heute sandte sie Pétain, den 80jährigen Greis. Die im allgemeinen mit ihren Äußerungen sehr zurückhaltende Hierarchie bekundete dem neuen Regime gegenüber mit einem gewissen

[17] *A. Dansette,* Histoire religieuse, 607–611; *P. Lesourd,* Dossier secret de l'Église de France, II, 444–446.

Nachdruck die schuldige Loyalität für die im Amt befindliche Regierung. Sie sah sich dazu durch die neue personelle Besetzung der Regierung veranlaßt, in der sich viele Katholiken befanden, ferner durch den Appell, den das Regime an die geistigen Werte richtete, und schließlich durch Maßnahmen wie die Auflösung der Freimaurerei sowie vor allem durch eine neue Gesetzgebung, welche die Gesetze der Dritten Republik in zwei wesentlichen Punkten, nämlich des Unterrichts und der Orden, korrigierte. Ein Gesetz vom April 1942 hob das Verbot der Orden auf und sah eine gesetzliche Anerkennung religiöser Gemeinschaften vor. Die neuen Schulgesetze führten den Religionsunterricht in staatlichen Lyzeen und Gymnasien wieder ein und wendeten der christlichen Schule gewisse Geldmittel zu[18].

Allerdings war die Anhänglichkeit des Klerus an das Regime von Vichy nicht bedingungslos. Es traten bald Spannungen auf, und zwar an erster Stelle bei der Jugenderziehung. In einem Brief an den Staatschef erhoben die Bischöfe Einspruch dagegen, daß der Staat seine Hand auf die Jugend legte: „Eine Einheitsjugend – nein!" Die von der Besatzungsmacht praktizierte antisemitische Politik traf ebenfalls auf Widerstand, der seinen formellen Ausdruck in Erklärungen oder Briefen der Erzbischöfe von Lyon und Toulouse, Gerlier und Saliège, und des Bischofs Théas von Montauban fand. Derart ermutigt, konnten viele Priester, Religiosen und religiöse Institutionen Juden, besonders deren Kinder, vor der Deportation bewahren. Der STO (Service du Travail Obligatoire = Zwangsarbeitsdienst), d.h. die Einziehung junger französischer Arbeiter für die deutsche Kriegsindustire, schuf neue Gewissensprobleme, für die die kirchliche Obrigkeit verschiedene Lösungen fand[19]. Unterdessen lösten die von der Niederlage und den Übelständen des Krieges geweckten religiösen Gefühle Massenbewegungen aus wie jene des Grand Retour: Unzählige Gläubige trugen von 1943 bis 1946 eine Marienstatue von Boulogne aus durch ganz Frankreich. Man verteilte Millionen von Bildern und Rosenkränzen und sammelte Millionen von Unterschriften unter dem Text der Weihe an das Unbefleckte Herz Mariens[20].

[18] *P. Lesourd,* Dossier secret II, 491–492. Ein Gesetz von 1940 hob jenes Gesetz auf, das den Religiosen die Erteilung von Unterricht verbot und das, nebenbei bemerkt, seit dem Ersten Weltkrieg nicht mehr angewendet worden war. Am 10. 3. 1941 führte ein Gesetz den Religionsunterricht auf freiwilliger Basis in den staatlichen Schuleinrichtungen ein. Ein Gesetz vom 6. 1. 1941 gestattete den Gemeinden einen Beitrag zu den Kosten für Beleuchtung, Heizung, Möblierung und Kantinen in Privatschulen. 1942 und 1943 erhielten die katholischen und protestantischen Fakultäten außerordentliche Zuwendungen.

[19] *R. Rémond,* Histoire du Catholicisme, 611–623. Einige Ordensobere machten ihren Seminaristen die Abreise nach Deutschland zu einer Gewissenspflicht. Auch die JOC sprach sich aus Solidarität zu denjenigen, die keine Ausweichmöglichkeit hatten, für die Abreise aus. Kardinal Liénart erklärte, es sei einem jeden Einzelnen freigestellt, ob er der Einberufung Folge leiste, und die ACJF befürwortete den Widerstand, womit sie sich an den zahlreichen „maquis"-Katholiken orientierte. Ein ehemaliges ACJF-Mitglied wurde später Präsident des Nationalrates der Widerstandsbewegung.

[20] *R. Rémond,* Histoire du Catholicisme, 621.

Als 1944 die provisorische Regierung des Generals de Gaulle die Regierung des Marschalls Pétain ablöste, wollte die neue Macht im Staat eine Säuberung des Episkopats vornehmen, dem sie Willfährigkeit gegenüber dem Vichy-Regime vorwarf. Zugleich mit der Forderung nach Abberufung des Nuntius Valerio Valeri verlangte sie den Rücktritt etlicher Bischöfe. Pius XII. akzeptierte die Ersetzung seines Nuntius, weil es sich um eine Maßnahme handelte, die alle beim Regime von Vichy akkreditierten Botschafter betraf, aber eine Säuberung des Episkopates lehnte er grundsätzlich ab. Der neue Nuntius Angelo Roncalli erreichte es, daß diese Entscheidung akzeptiert wurde und die Rücktritte auf drei beschränkt blieben[21]. Von diesem Zeitpunkt an schaffte sich der französische Episkopat eine Gemeinschaftsorganisation. Seit 1919 hatten sich die Kardinäle und Erzbischöfe bereits gewohnheitsmäßig versammelt und gelegentlich gemeinsame Erklärungen veröffentlicht. Sogleich nach dem Zweiten Weltkrieg wurde das permanente Sekretariat des Episkopats gegründet, und 1951 schließlich fand die erste Vollversammlung aller französischen Bischöfe statt.

Im öffentlichen Leben war es eine neue Erscheinung, daß sich erklärte Katholiken an der provisorischen Regierung des Generals de Gaulle beteiligten und dann auch an der Regierung der Vierten Republik, die 1946 folgte. Immer wieder begegneten sich Leute, die aus der ACJF kamen, in den Ministerämtern, die in immer schnellerer Folge wechselten. Nur das Ministerium für nationale Erziehung blieb ihnen verschlossen. Die mit nur knapper Stimmenmehrheit angenommene Verfassung vom 13. Oktober 1946 bestimmte aufs neue, daß die Republik ein laizistischer Staat sei und die Lehrfreiheit aus den verfassungsmäßigen Freiheitsrechten ausgeschlossen blieb. Trotzdem führte die Hierarchie den Kampf um die freie Schule unbeirrt weiter. Bereits am 13. März 1946 versicherte eine Erklärung der französischen Kardinäle und Erzbischöfe: „Der gesamte französische Episkopat ist entschlossen, die Freiheit des Unterrichts mit allen ihm verfügbaren Mitteln zu wahren."[22] Im Herbst 1947 lieferte eine öffentliche Ausstellung des französischen katholischen Unterrichtswesens die Gelegenheit zur Erinnerung an „die ergänzenden Dienste, die der freie Unterricht dem Land leistet", und es wurde wieder betont, daß „Gerechtigkeit, Freiheit und Gleichheit" erfordern, daß das christliche Schulwesen seinen Anteil an den finanziellen Aufwendungen erhält, die der Staat für die Erziehung der französischen Jugend leistet. Im selben Jahr strengte der Fiskus Prozesse an gegen die Organisatoren von Wohltätigkeitsbazaren, die man zur Deckung der Schulkosten veranstaltet hatte. Dies brachte in einigen Fällen auch Bischöfe vor Gericht und gab ihnen damit Gelegenheit, die Prinzipien der Gerechtigkeit ins Gedächtnis zu rufen. Die Politiker konnten sich gegen solche Appelle nicht völlig taub stellen. 1948 beauftragten zwei Dekrete staatliche und lokale Kommissionen damit, über eine Form der Unterstützung freier Schulen

[21] Ebd. 620.

[22] *A. Deroo,* L'épiscopat français dans la mêlée de son temps 1930–1954 (Paris 1955) 126f.

zu beraten. Dies wiederum rief den Widerstand der gesamten Linken hervor, und in einigen Teilen der Presse hörte man wieder die Töne des alten Antiklerikalismus. Dessen ungeachtet beharrten die Bischöfe 1949 weiterhin darauf, daß „die christliche Schule das Anliegen eines jeden ist, der sich Christ nennt", und sie mahnten die Eltern an ihre Pflicht, für eine christliche Erziehung ihrer Kinder zu sorgen[23]. Schließlich bewilligte ein Gesetz vom 28. September 1951 („Loi Bérangé" genannt) den freien Elementarschulen eine Beihilfe von 39 Francs je Jahr und Schüler als Zuschuß zum Lehrergehalt. Dieses Gesetz beanspruchte für sich ganz offensichtlich nicht, eine Lösung der Schulfrage gebracht zu haben, sondern es wollte nur den Anfang damit machen.

Die von diesem Gesetz eingeleitete neue Entwicklung war das Werk der neuen Regierung, die General de Gaulle bei seiner Rückkehr an die Macht gebildet hatte. Ein Gesetz vom 31. Dezember 1959 gab den freien Schulen die Wahl zwischen vier Lösungen: die völlige Integration in die staatliche Schule, die gänzliche Freiheit des Status quo, einen Gesellschaftsvertrag, wonach der Staat die Lehrer ernennen und die allgemeinen Unterrichtspläne bei Übernahme aller Unterrichtskosten festsetzen würde, und schließlich Einzelverträge, nach denen die von der Schule gewählten Lehrer den staatlichen Prüfungsbedingungen und Kontrollen unterworfen und vom Staat bezahlt würden. 1966 gab es 11700 Institutionen mit Einzelverträgen und 54000 vom Staat bezahlte Gymnasiallehrer[24].

Diese Regelungen haben nicht jede Diskussion um die freie Schule verstummen lassen. Diese Schulform begegnete selbst unter den Katholiken Einwänden, nicht nur bei denen, die das staatliche Schulwesen befürworteten, von dem sie wußten, daß sie dort ein Zeugnis von großer apostolischer Bedeutung ablegen konnten, sondern auch im Klerus selbst, wo sich manche fragten, was mit den traditionellen Institutionen geschehen solle. Diese Einstellungen lassen sich um so besser verstehen, als es Katholiken nicht nur verstanden haben, sich im kulturellen Bereich durchzusetzen, sondern sogar auch in der Führungsschicht der staatlichen Universitäten, die man lange Zeit hindurch mit gutem Grund als Instrument zur Entchristlichung angesehen hatte. Die intellektuelle und wissenschaftliche Erneuerung des französischen Katholizismus hat seither die kirchlichen Grenzen überschritten. Solche großangelegten Werke wie die „Histoire littéraire du sentiment religieux en France" von dem Abbé und Akademiemitglied Bremond errangen einen großen Erfolg. Das „Dictionnaire de Théologie catholique" setzte die Bemühungen aus den ersten Jahren dieses Jahrhunderts fort. 1937 wurde die Schriftenreihe „Unam Sanctam" begonnen, in der bald das epochemachende Buch „Catholicisme" von Pater de Lubac erschien und die nicht lange danach die Werke von Pater Congar herausbrachte. Die „Histoire de l'Église" von Fliche und Martin war bereits begonnen worden,

[23] Ebd.
[24] Panorama de la France, 896–897.

und Gilson publizierte seine Arbeiten über die Geschichte der Scholastik, von denen sich auch Jacques Maritain inspirieren ließ und auf die er sich bei der Untersuchung des Verhältnisses zwischen den Christen und der modernen Gesellschaft stützte, in einer Perspektive übrigens, die der von E. Mounier in seiner 1932 gegründeten Zeitschrift „Esprit" recht nahe stand. Während des Krieges gründeten die Patres de Lubac und Daniélou die Sammlung „Sources chrétiennes" für die Textausgaben und Übersetzungen patristischer Texte, an denen bald Forscher aus den Reihen der Weltpriester und der Orden mit Angehörigen der staatlichen Universitäten zusammenarbeiteten. Nur wenig später begann auch die Sammlung „Théologie".

Offensichtlich erreichten diese Arbeiten aber nur eine begrenzte Elite. Nur einige Publikationen mit weiterer Verbreitung wie „Les Études" und „La Vie Intellectuelle" konnten ihren Forschungen ein größeres Publikum verschaffen, verursachten aber auch Schwierigkeiten und Vorsichtsmaßregeln, die sich auf die Enzyklika „Humani generis" von 1950 auswirkten. Andere Arbeiten dagegen dienten der unmittelbaren Praxis. So hatte Gabriel Le Bras 1930 in Frankreich die Religionssoziologie begründet, indem er die praktizierenden Katholiken entsprechend ihrer Zugehörigkeit zum Milieu ihrer Heimatlandschaft, ihrer sozialen Klasse und ihres Berufsstandes verschiedenen Kategorien zuordnete. Auf dieser Linie lag auch das 1945 von Abbé Boulart verfaßte Buch „Problèmes missionnaires de la France rurale". Ein in seinen Methoden weniger wissenschaftliches Werk „France pays de mission?" hatte Abbé Godin verfaßt, das es 1950 auf 100000 Exemplare brachte. Die Darstellung einer Welt, die sich außerhalb der Kirche formierte, und die Probleme, die diese Welt der Kirche stellte, machten auf Kardinal Suhard, 1940–1959 Erzbischof von Paris, einen tiefen Eindruck. Er beschloß die Gründung einer Mission de France zusammen mit seinem interdiözesanen Seminar in Lisieux. Diese Mission umfaßte ein Programm und eine spezielle Regelung der Ausbildungsabschnitte für die Arbeit in der Arbeiterwelt. Im Mai 1949 wurde der Mission de France von Rom ein vorläufiges Statut bewilligt. Schließlich verlieh ihr eine Apostolische Konstitution mit Datum vom 15. August 1954 einen klar definierten Status: als Prälatur nullius, deren Territorium die alte Zisterzienserabtei von Pontigny war. 1955 zählte die Mission 181 Priester[25].

Kardinal Suhard hatte es auf sich genommen, versuchsweise auch „Arbeiterpriester" zuzulassen. Dieser Initiative lagen verschiedene Erfahrungen zugrunde, vor allem aber die Rückschläge beim Apostolat im Proletariermilieu, die positiven Erfahrungen des Dominikanerpaters Loew, der in Marseille Dockarbeiter geworden war, sowie der Priester und Seminaristen, die zum „Zwangsarbeiterdienst" während des Krieges eingezogen worden waren. Arbeiter zu werden, um den Arbeiter zu verstehen, sich seinerseits dem Arbeiter verständlich zu machen und ihm die Botschaft Christi zu bringen: das war die

[25] *A. Dansette,* Destin du catholicisme Français, 145–149 247–261 300–305.

Grundidee, die Kardinal Suhard veranlaßte, etlichen Priestern zu erlauben, daß sie Arbeit in den Fabriken aufnahmen. 1946 gab es bereits 6 Arbeiterpriester in Paris und einige andere in der Provinz; 1947 konstituierte sich auch eine Mannschaft in Limoges, und andere folgten ihnen. Es gab etwa 90 Arbeiterpriester, als 1951 der Heilige Stuhl den Abbruch der Rekrutierung anordnete. Man hatte dieses Unternehmen mit offensichtlich sehr edelmütig gesinnten Priestern begonnen, ohne ihnen aber vorher die entsprechende Vorbereitung zukommen zu lassen, und so geriet es in allergrößte Schwierigkeiten. Die Arbeiterpriester sahen sich einer Härte des Lebens gegenüber, das sie sich so nicht vorgestellt hatten; sie engagierten sich häufig in gewerkschaftlichen Aktionen und ließen sich in vielen Fällen für die Theorie des Klassenkampfes gewinnen, während andere von ihnen ihr Priesterleben und ihren Zölibat nicht unversehrt zu wahren wußten. Im September 1953 benachrichtigte der Nuntius Marella die Bischöfe, daß sie die ihnen unterstellten Priester zurückrufen müßten, und auch die Ordensoberen hatten von der Religiosenkongregation eine entsprechende Instruktion erhalten. Ende 1956 hatten alle Religiosen den Rückzugsbefehl befolgt, und etwa 40 Weltpriester hatten sich ebenfalls unterworfen, während eine etwas größere Anzahl durch ihren Widerstand bestätigte, wie dringend die Intervention Roms nötig gewesen war[26].

Dies war nicht das Ende aller Bemühungen der Hierarchie um das Apostolat in der Arbeiterwelt. Schon 1943 hatte Kardinal Suhard die Mission de Paris eingerichtet, und im darauffolgenden Oktober gründete Pater Epagneul die Genossenschaft der Frères missionnaires des campagnes für das ländliche Proletariat[27]. Die 1913 von Pater Anizan gestifteten Fils de la Charité setzten ebenfalls ihre Arbeit in diesem Milieu fort. Einer von ihnen, Abbé Michoneau, veröffentlichte 1946 die in den fünf Jahren seiner Pastoraltätigkeit in der Pfarrei von Colombes gemachten Erfahrungen in einem Buch mit dem programmatischen Titel „Paroisse communauté missionnaire“[28]. In Lyon vereinigten die Prêtres du Prado unter der Leitung von Monsignore Ancel die körperliche Arbeit mit dem priesterlichen und apostolischen Leben in einem Pfarrverband und einer Priestergemeinschaft (1955 waren es 514 Priester). „Mitten im Herzen der Masse“ versuchten nach der Regel von Pater Voillaume auch die Petits Frères de Jésus das Dasein in der Welt durch Handarbeit und Kontemplation in der klösterlichen Gemeinschaft miteinander zu verbinden[29].

Diese verschiedenartigen Bemühungen zeigten, daß die Hoffnungen, die man

[26] Ebd., 292. P. Montlucard und seine Bewegung Jeunesse de l'Église bildeten eine Weile das intellektuelle Zentrum der Arbeiterpriester und erklärten, daß die Gesellschaftsreform die unerläßliche Voraussetzung für die Evangelisation des Proletariats sei. Ob sie in dieser Entwicklung der Erfahrungen bei den Arbeiterpriestern eine entscheidende Rolle gespielt haben, bleibt eine offene Frage.

[27] Ebd., 342–347.

[28] Ebd., 311–313.

[29] Ebd., 214–217.

in die speziell ausgerichteten Bewegungen setzte, sich nicht erfüllt hatten. Diese Bewegungen, so z. B. die JOC, hatten es vermocht, Elitepersonen heranzubilden, die zwar ihrer Aufgabe bis zum Heroismus treu ergeben waren, denen es aber nicht immer gelang, mit den Schwierigkeiten des jeweiligen Milieus und der Klassenkampf-Mentalität fertig zu werden. 1956 wurde eine Krise sichtbar zwischen der ACJF, die für sich die gesamte religiöse Schulung aller fünf Bewegungen (JOC, JEC, JAC, JIC, JMC) beanspruchte, und der JOC, die selbst in diesem Bereich die Autonomie anstrebte[30]. Der Rücktritt ihres Präsidenten führte praktisch zur Auflösung der alten ACJF. Die JAC dagegen war weniger von ihrem sozialen Milieu abhängig. Sie litt deshalb nicht so sehr wie die JOC unter der Krise von 1956 und vermochte es, in der Landwirtschaft ihren Mitgliederstand und ihre Ausstrahlungskraft zu wahren (Rémond 655–656).

Man kann diese Bewegungen, die in der französischen Kirche Erschütterungen bewirkt haben, als Zeichen für deren Vitalität ansehen. Für die Vitalität in der Nachkriegszeit zeugten auch die Zahlen der Berufungen zum Priestertum und zum Ordensleben. Einige andere Zahlen könnten allerdings auf den ersten Blick den Eindruck einer Katastrophe erwecken: Von 35000 Pfarreien, in denen 1880 ein Pfarrer den Kirchendienst versah, hatten 10000 im Jahre 1930 keinen dort residierenden Priester mehr. Diese nackten Zahlenangaben täuschen aber, denn sie enthalten Pfarreien mit 300 und weniger Einwohnern, die den Pfarrer verloren haben, der ihnen im 19. Jahrhundert zugewiesen worden war. In Wirklichkeit ist die Zahl der Weltpriester, die 1913 noch 54800 betrug, bis 1929 auf 46980 und bis 1948 auf 42486 gefallen[31]. Vergleicht man diese Zahlen mit denen der französischen Bevölkerung, so kommt man auf das Verhältnis von einem aktiv tätigen Weltpriester auf 832 Einwohner für 1913, auf 960 für 1929 und 1029 für 1950[32]. Bezeichnender für den religiösen Zustand des Landes ist vielleicht noch das, was Boulart als Ordinationsquote bezeichnet, d.h. die Anzahl der ordinierten jungen Priester auf je 10000 junge Männer im Alter von 25 bis 29 Jahren. Diese Quote, die für 1902 noch 52 betragen hatte, fiel von 1909 bis 1913 auf 30. Sie stieg am Vorabend des Krieges von 1914 nur sehr langsam an und erfuhr erst zwischen 1934 und 1938 eine spürbare Verminderung, als sie auf etwas über 40 herunterging. Die Unterbrechung durch Krieg und Gefangenschaft ließ diese Zahl für 1946/1947 auf 50 ansteigen, aber von 1947–1949 fiel sie wieder auf 40 zurück. Vergleicht man die Ordinationen im Durchschnitt von jeweils 10 Jahren, so erhält man 1535 für das Jahrzehnt von 1899–1908, 800 für das Jahrzehnt von 1919–1928 und 1088 für das Jahrzehnt von 1929–1938[33].

[30] Ebd., 399–400; *F. Boulard*, Essor ou déclin du clergé français?, 132 und 164.

[31] *R. Rémond*, Histoire du Catholicisme, 655f.

[32] *A. Dansette*, Histoire religieuse, 632.

[33] *F. Boulard*, Les vocations sacerdotales en France. Le bilan d'un demi-siècle, in: NRTh 72 (1950) 486.

Die apostolische Tätigkeit ist abhängig von der Beschäftigung der jungen Priester zusammen mit den älteren Priestern, von denen viele das 60. Lebensjahr überschritten haben. 1946 ergab eine Umfrage 41 573 Welt- und Ordenspriester im aktiven Seelsorgedienst, von denen 28 777 in den Pfarreien und 7166 im Unterrichtswesen tätig waren[34].

Weder in diesen uns noch naheliegenden Epochen noch in früheren Zeiträumen kann man die Tiefe und Qualität des Christentums der Menschen ermessen, indem man versucht, in ihr Innerstes einzudringen. Man kann höchstens mit Hilfe der Untersuchungsmethoden, die ein Gabriel Le Bras so sehr angepriesen hat, eine kartenmäßige Übersicht der Religionsausübung aufstellen. Eine solche Karte teilt die französische Bevölkerung zu fast gleichen Teilen in Regionen mit christlichen Pfarreien auf, in denen 45 Prozent am Sonntagsgottesdienst teilnehmen und die Ostersakramente empfangen, und in solche Regionen, in denen die Zahl der Praktizierenden unter 45% abfällt und die als „gegenüber den christlichen Traditionen gleichgültige Gebiete“ gekennzeichnet werden können. Außer diesen beiden größeren Gruppen gibt es aber noch in ihrer Größe nicht zu übersehende Zonen, die zu mehreren Abteilungen gehören, und solche, die den großstädtischen Bevölkerungsmassen zuzurechnen sind, bei denen sie Zonen für die Missionsarbeit bilden[35].

[34] *F. Boulard*, Essor ou déclin, 109.
Für das letzte Jahrzehnt ergeben sich folgende Zahlen:

1965	646	1969	345	1973	219
1966	566	1970	285	1974	170
1967	489	1971	237	1975	161
1968	461	1972	193		

[35] *G. Le Bras*, Description de la France catholique, in: NRTh 70 (1948) 835 845; carte p. 840–841. Der Autor unterscheidet drei Zonen christlicher Pfarreien: Im Westen bilden die Provinz Bretagne, die Départements Manche, Mayenne sowie Teile von Maine-et-Loire, ferner Deux-Sèvres und die Waldgebiete der Vendée einen breiten Streifen; einen weiteren breiten Streifen bilden Elsaß, Lothringen und Franche-Comté; ein dritter Block im Zentrum umfaßt drei Départements und Teile von drei anderen. Hinzu kommen drei Regionen von geringerer räumlicher Ausdehnung, die aber eine hohe Bevölkerungsdichte aufweisen: in den Départements Nord und Pas-de-Calais, in einigen Alpenkantonen und ein dritter Knotenpunkt am Fuß der Pyrenäen. Eine andere Gruppe bilden die sogenannten „gegenüber der christlichen Tradition gleichgültigen“ Regionen. Der Autor unterscheidet hier einen breiten Streifen, der ganz Frankreich vom Norden bis zum Südosten hin durchzieht und zu dem zwanzig Départements ganz, neun weitere fast ganz und zu großen Teilen weitere zehn gehören; neben diese Gruppe muß man einen Block stellen, der im Süden des Massif Central zwei Départements ganz, sieben weitere fast ganz und zu großen Teilen drei weitere umfaßt. In diesen beiden letztgenannten Blocks findet man etwa zwanzig Kantone mit regelmäßig praktizierenden Katholiken; aber auch sie sind mit Missionsgebieten durchsetzt, und zwar in Yonne zu zwei Dritteln, in Aube zur Hälfte, am Ostrand von Loiret sowie in Creuse, Haute-Vienne und Corrèze. Diese dritten Zonen der Missionsgebiete decken sich mit den Bezirken der großstädtischen Massenbevölkerung, in denen der Anteil nichtgetaufter Kinder zwanzig Prozent erreicht.

Wenn Frankreich am Vorabend des Zweiten Weltkrieges auch nicht in seiner Gesamtheit ein christliches Land war, so bot es doch das Bild eines Landes dar, in dem die katholische Kirche solide Positionen besaß: ein sehr dichtes Netz ländlicher Pfarreien, ein zumindest den Forderungen der Stunde entsprechendes Netz von städtischen Pfarreien und religiösen Institutionen, eine besonders im Bereich der Grundschulerziehung tätige Lehrerschaft und schließlich eine umsichtige intellektuelle Elite. Die Gegensätze wie die Errungenschaften vom Anfang des Jahrhunderts gleichen sich in etwa aus, so daß die Kirche von Frankreich in einer günstigen Ausgangsposition dazustehen schien, um das in einem Jahrhundert verlorene Terrain wieder zurückzugewinnen. Es wird die Aufgabe der Historiker in den kommenden Jahrhunderten sein, die Gründe zu untersuchen, die zu der Entwicklung in jüngster Zeit und zu der nachkonziliaren Krise geführt haben.

22. Kapitel

Die Kirche in Spanien und Portugal

Spanien: Univ.-Professor Dr. Quintín Aldea Vaquero, Madrid
Portugal: Univ.-Professor Dr. Antonio da Silva, Coimbra

BIBLIOGRAPHIE: Spanien: Die Liste der Werke über diese Zeit ist sehr umfangreich. Allein die Cuadernos Bibliográficos de la Guerra de España (1936–1939), hrsg. von *Vicente Palacio Atard*, erfassen über 2000 Titel. Deswegen wird hier die Auswahl auf das Notwendigste beschränkt; Werke, die in einer Fußnote zitiert werden, werden hier nicht aufgenommen. Als Quellen, über die Boletines Eclesiásticos hinaus, können viele Artikel der Zeitschriften Razón y Fe, La ciudad de Dios, La Ciencia Tomista, El Mensajero del Corazón de Jesús, Sal Terrae, Ecclesia, Vida Nueva usw. betrachtet werden, da sie auch Dokumente von großer Bedeutung veröffentlichen. Es müssen auch die Guías de la Iglesia de España, Jahrbücher und Berichterstattungen von Kongressen und Tagungen zitiert werden. Folgende Werke aber sollen genannt werden: *S. Aznar*, Estudios religiosos-sociales (Madrid 1949); *ders.*, La revolución española y las vocaciones eclesiásticas (Madrid 1949); Archivo Vidal y Barraquer. Iglesia y Estado durante la Segunda República Española 1931–1936, hrsg. von *M. Batllori* und *V. M. Arbeloa* (Montserrat 1971); *R. Muntanyola*, Vidal i Barraquer, cardenal de la pau (Barcelona 1969); *J. López – M. B. Isusi*, Las religiosas en España. Situación sociológica y renovación litúrgica (Bilbao 1969); *J. M. Vázquez – F. Medín – L. Méndez*, La Iglesia española contemporánea (Madrid 1973); *R. Duocastella – J. Marcos – J. M. Díaz Mozaz*, Análisis sociológico del Catolicismo español (Barcelona 1967); *J. Rupérez*, Estado confesional y libertad religiosa (Madrid 1970); *A. Alvarez Bolado*, El experimento de Nacional-Catolicismo 1939–1975 (Madrid 1976).

Portugal: Anuário Católico de Portugal (Lissabon 1931, 1932, 1933, 1943, 1947, 1953, 1957, 1968); Portugal e a Santa Sé. Concordata e Acordo Missionário (Lissabon 1943); *M. de Oliveira,* História Eclesiástica de Portugal (Lissabon 1958); Portugal Missionário (Cucujães 1928); *F. de Almeida,* História da Igreja em Portugal III (Barcelos 1970); *D. Peres,* História de Portugal, Ergänzungsband (Porto 1954–58); *A. H. de Oliveira Marques,* A I[a] República Portuguesa (Lissabon o. J.); Boletim de Informação Pastoral (Lissabon 1959–1970); *F. Jasmins Pereira,* A Primeira República (Braga 1972); Anuário Católico do Ultrmar Português (Lissabon 1960, 1964).

Spanien

1914 gab es 61 Diözesen einschließlich der zwei, heute unabhängigen Vikariate von Fernando Póo und Marokko, neun erzbischöfliche Sitze, die sich bis heute auf elf erhöht haben. Gegenüber damals 34000 Priestern zählte man 1972 24000. Die Männerorden zählten 1925 ca. 11000, 1972 ca. 31000 Mitglieder. 1925 gab es 35000, 1965 91000 Ordensschwestern.

Die Geschichte der spanischen Kirche in den letzten Jahrzehnten gliedert sich in drei Abschnitte: die Monarchie Alfons' XIII. (1914–31), die Zweite spanische Republik und der Bürgerkrieg (1931–1939), die Nachkriegszeit nach 1939.

Die Monarchie Alfons' XIII. (1914–1931)

Das Jahr 1914 spielt in der Geschichte Spaniens keine so entscheidende Rolle wie bei den anderen europäischen Ländern. Es brachte aber eine große Erschütterung, die wie eine Lawine im Laufe der besorgniserregenden Jahre des 20. Jahrhunderts weiterwirkte. Die Sorge der damaligen Katholiken konzentrierte sich auf eine Reihe von neuralgischen Punkten: das heiß diskutierte Problem der zwei Spanien (das traditionale und katholische Spanien bzw. das liberale und reformerische Spanien), die Spannungen zwischen Religion und Politik als Begleiterscheinungen des Liberalismus des 19. Jahrhunderts, die Frage der Schulerziehung, das soziale Problem usw. Sie alle kreuzten den Weg der spanischen Kirche. Es ist nicht beabsichtigt, sich hier über Gebühr damit aufzuhalten und die Probleme eingehend zu behandeln, aber es muß über einige Punkte etwas gesagt werden, um die Merkmale des spanischen Katholizismus zu skizzieren.

Das Problem der zwei Spanien

Dieses Thema stellt den Hintergrund aller anderen Probleme dar und beinhaltet ein Konzept des nationalen Lebens anhand bestimmter Richtlinien und Prinzipien. Welches ist der historische Hintergrund Spaniens? Welches ist sein

Schicksal als Nation? Von der Beantwortung dieser Fragen hängt das Konzept der heutigen Geschichte Spaniens und damit auch die Funktion, die die Kirche in ihr auszuüben hat, ab. Die grundsätzlichen Antworten, die zur Lösung des historischen Rätsels Spaniens gegeben wurden und die den Ursprung des Problems der sogenannten zwei Spanien bildeten [1], lauten: „Der Progressismus und der Traditionalismus sind die wahren und entscheidenden Kampfgefährten unseres 20. Jahrhunderts seit den Cortes de Cádiz bis zur Restauración de Sagunto", so sagt mit vollem Recht Laín Entralgo [2]. Nach der Restauration (1874) blieben die zwei gegensätzlichen Tendenzen mit dem natürlichen Wechsel der Reformen und Erneuerungen im Grunde die zwei Hauptdarsteller des spanischen Dramas. Dieser Zustand herrschte mit mehr oder weniger schlimmen Zwischenfällen bis 1936. Auf beiden Seiten gab es logischerweise herausragende Vertreter. Im ersten Drittel des 20. Jahrhunderts herrschte der Prototyp des katholischen Flügels Marcelino Menéndez Pelayo (1856–1912) vor, selbst noch nach seinem Tode (wie der Cid in der Sage) ein unvergleichlicher Meister, der in seiner Person und in seinem gigantischen Werk alle Werke der spanischen Kultur vereinigte. Er wie kein anderer erhob einen Lobgesang auf die katholische Einheit Spaniens in dem Nachwort seiner „Historia de los Heterodoxos Españoles": „Spanien, Prediger des Evangeliums in der halben Welt; Spanien, Schreck der Ketzer, Licht von Trient, Roms Schwert, Wiege des hl. Ignatius ...; das ist unsere Größe und Einheit: wir haben keine andere." [3]

Auf dieser Linie lagen die Erklärungen der Päpste und des spanischen Episkopats in ihren Enzykliken, Breven, Ansprachen oder Pastoralbriefen unter Bezugnahme auf die glorreichen Traditionen der Nation. Diese Tradition war ständig der Hintergrund und bestimmte die Sprechweise der kirchlichen Amtsträger; nationale Größe und katholische Tradition waren miteinander verbunden.

Gegenüber dieser traditionalistischen Position des katholischen Spaniens erhob sich das andere Spanien, das wir in einem der größten Vertreter des heutigen spanischen Denkens verkörpert finden: José Ortega y Gasset (1883–1955). Am 23. März 1914 sagte er anläßlich eines von ihm im Teatro de la Comedia in Madrid gehaltenen Vortrages: „Wir sind sicher, daß eine große Anzahl von Spaniern mit uns darin übereinstimmt, daß das Schicksal Spaniens mit dem Fortschritt des Liberalismus aufs engste verbunden ist." [4] Dabei erläuterte er, was er unter Liberalismus verstand: „jene radikale Erregung, immer in der Geschichte lebendig, die versucht, jeden Einfluß außermenschlicher Natur vom Staat auszuschließen und die immer von den neuen sozialen Maßnahmen ein besseres Ergebnis als von den alten und vererbten erwartet" [5]. Also Schluß

[1] *C. Sánchez Albornoz,* España, un enigma histórico II (Buenos Aires 1971) 670.

[2] *P. Laín Entralgo,* España como problema (Madrid 1949) 14–15.

[3] *M. Menéndez Pelayo,* Historia de los heterodoxos españoles VI (Santander 1948) 508.

[4] *J. Ortega y Gasset,* Obras completas I (Madrid 1957) 303.

[5] Ebd.

mit dem Einfluß der Kirche, weil sie menschlichem Einfluß unterliegt, und Schluß mit den alten Traditionen. Mit noch entschiedeneren Worten setzt er sich mit der Tradition auseinander und festigt seine Ideen in seinem 1914 erschienenen Werk „Meditaciones del Quijote" über die Tradition. „Die traditionale Wirklichkeit in Spanien hat gerade darin bestanden, die Möglichkeiten Spaniens fortdauernd zu zerstören. Nein, wir können der Tradition nicht folgen [...]; gerade das Gegenteil ist geboten: Wir müssen gegen die Tradition vorgehen, jenseits der Tradition."[6] Für Ortega y Gasset war die Kirche ein alles durchdringendes Gärmittel. „Die Kirche ist ohne Zweifel antisozial, die Religion eigentümlich."[7] Genauso dachte er über die religiöse Erziehung: „Die konfessionelle Schule ist im Vergleich mit den nicht konfessionellen der Beginn der Anarchie, weil sie eine absonderliche Pädagogik vertritt."[8] Für ihn war Regenerierung, d. h. die Erneuerung, die Spanien die wahre politische Gesundung bringen würde, gleichbedeutend für Europäisierung. „Spanien war das Problem und Europa die Lösung."[9] Auf diese Weise sollte sich vor dem traditionellen das europäische Spanien erheben, d. h. das unheilige, unkirchliche Spanien. Um diese zwei Spanien gruppierten und organisierten sich die Spanier, Intellektuelle wie Arbeiter und Bauern. Das Leben der Kirche entfaltete sich gezwungenermaßen innerhalb dieses soziologischen Umfeldes, das alle ihre nationalen und internationalen Aktivitäten beeinflußte.

Der christliche Syndikalismus

In seinem Vortrag im Teatro de la Comedia von 1914 erklärte Ortega y Gasset, die zwei im öffentlichen spanischen Leben gegenwärtigen modernen Tendenzen seien die Sozialistische Partei und die Gewerkschaftsbewegungen[10]. Ohne sich mit dieser These auseinandersetzen zu wollen, fest steht, daß die Gewerkschaftsbewegung und damit die sogenannte „Soziale Frage" eine gewaltige Bedeutung im nationalen Geschehen gewonnen hatte. Welche Maßnahmen ergriff nun die spanische Kirche, nachdem sie vor dieses wichtige Problem gestellt war?

Einige Historiker und Soziologen haben aus der Sicht der zweiten Hälfte des 20. Jahrhunderts versucht, die unzähligen Initiativen zu verniedlichen, die von der Kirche ausgingen, um dieses Problem zu entschärfen. Man konnte der Kirche weder Passivität noch Unkenntnis vorwerfen. Trotz großer Schwierigkeiten, die gemeistert werden mußten, bahnte sie sich einen Weg durch die erschütterte soziale Welt. Nach dem Tode des Jesuiten Antonio Vicent (1837 bis 1912), „des Patriarchen des spanischen sozialen Katholizismus", wie ihn sein

[6] Ebd., 362–363.
[7] Ebd., 519.
[8] Ebd.
[9] Ebd., 521.
[10] Ebd., 277.

bekannter Schüler Severino Aznar nannte, begann die christliche Gewerkschaftsbewegung an Kraft und Umfang zu gewinnen. Die ideale Lösung wäre in diesem Augenblick die Bildung von Arbeiter- oder Landwirtschaftsgewerkschaften ohne Gruppenideologien gewesen. In Anbetracht der Tatsache aber, daß die Gewerkschaften sich antireligiös gebärdeten und die Kirche unentwegt angriffen, blieb dieser nichts anderes übrig, als die christliche Gewerkschaft zu organisieren; dabei griff innerhalb der katholischen Reihen eine starke Polemik Raum, die zum Teil die Kräfte der katholischen Gewerkschaft aufbrauchte. Trotzdem konnten Erfolge bei den landwirtschaftlichen Gewerkschaften erzielt werden, da die ländliche Bevölkerung mehr zur Kirche hielt als die Industriearbeiterschaft. Man kann also nicht von einem Mißerfolg der christlichen Gewerkschaften sprechen[11].

Die kirchlichen Gewerkschaften, gleichgültig ob sie konfessionell ausgerichtet waren oder nicht, mußten den Richtlinien der Kirche folgen; sie konnten also dem Arbeiter den revolutionären Anreiz der UGT (Unión General de Trabajadores) oder der CNT (Confederación Nacional del Trabajo) nicht bieten, sonst wären sie außerhalb der kirchlichen Soziallehre gestanden und wären keine kirchlichen Gewerkschaften gewesen. Gil Robles, einer der besten Politiker jener Zeit, bescheinigt der Confederación Nacional Católica Agraria eine große Antriebskraft. Sie war eine der Organisationen, mit der man rechnen mußte.

Zweite spanische Republik und Bürgerkrieg (1931–1939)

Um der sozial-politischen Verwirrung, die im ersten Drittel des 20. Jahrhunderts das spanische Leben äußerst beeinträchtigte, ein Ende zu bereiten, wurden nacheinander drei politische Lösungen versucht: eine konkrete Anwendung des Parlamentarismus durch Antonio Maura; die Diktatur von General Primo de Rivera, begründet am 13. September 1923; die Zweite Republik von 1931[12].

Die zwei ersten Versuche blieben erfolglos. Das Ergebnis der kommunalen Wahlen vom 12. April 1931, die zahlenmäßig zugunsten der Monarchie ausgefallen waren, brachten den Verzicht Alfons' XIII. und die Ausrufung der Republik am 14. April. Vom religiösen Standpunkt her gesehen, bedeutete dies die offizielle Instaurierung des Antiklerikalismus in Spanien, der innerhalb von sechs Jahren die spanische Kirche in eine furchtbare Katastrophe ohne Vergleich in der Geschichte der Kirche trieb. Das Abbrennen von Klöstern und Kirchen am 11. Mai 1931 und die Verweisung des Bischofs von Vitoria und des Primas von

[11] *J. N. García Nieto,* El sindicalismo cristiano en España (Bilbao 1960); *D. Benavides,* El fracaso social del catolicismo español o Arboleya Martínez, 1870–1951 (Barcelona 1973).
[12] *J. Vicens Vives,* Aproximación a la historia de España (Barcelona 1960) 215–218.

Toledo aus Spanien waren deutliche Hinweise auf die religiöse Haltung der wichtigsten Träger der neuen spanischen Politik. Der Geist der Verfassung der Republik war in einem so hohen Maße von „sectarismo" geprägt, daß selbst der Präsident der Republik, Niceto Alcalá Zamora zugab, jene Maßnahmen seien eine Einladung zum Bürgerkrieg[13]. José María Gil Robles, Minister jener Republik, sagt in seinen „Memorias" über Artikel 26 der Verfassung betreffend die religiösen Orden: „Die Verabschiedung des Artikels 26 des Grundgesetzes war nicht nur eine bemerkenswerte Ungerechtigkeit, sondern stellte einen Irrtum mit unberechenbaren Folgen dar. Das religiöse Problem wandelte sich in einen Kriegszustand mit der Gefahr eines Zusammenstoßes beider Spanien."[14] Trotzdem empfahlen die kirchlichen Würdenträger den spanischen Katholiken „Respekt und Gehorsam den rechtmäßigen Behörden gegenüber und die Zusammenarbeit in all jenen Angelegenheiten, deren Ziel das allgemeine Wohl und der soziale Friede sind"[15].

Selbst die Kabinettsmitglieder waren über den von der Kirche ausgeübten Respekt gegenüber der Republik überrascht. Sie sahen sich aber nicht dazu veranlaßt, ihre verletzende Haltung zu ändern, im Gegenteil, die antireligiöse Gesetzgebung ging weiter. Am 24. Januar 1932 wurde ein Gesetz verabschiedet, dessen Inhalt die Auflösung der Gesellschaft Jesu war; sie mußte ihre Rettung im Exil suchen. Die Begründung des Gesetzes war die, daß die Jesuiten einer ausländischen Macht, nämlich dem Papst, Gehorsam leisteten. Einige Tage später wurde das Ehescheidungsgesetz verabschiedet; unmittelbar danach erschien in der „Gaceta" (Staatsanzeiger) ein Dekret über die Säkularisierung der Friedhöfe. Eine andere Anordnung schrieb vor, das Kreuz in den Schulen zu entfernen. Alle diese Maßnahmen verletzten auf das empfindlichste die Gefühle der überwiegend christlichen Familien. Vor dieser mehr oder weniger offenen Verfolgung blieb der Kirche nichts anderes übrig, als einen scharfen Protest zu erheben. Zuerst, am 25. Mai 1933, veröffentlichte der spanische Episkopat eine „Declaración sobre la ley de Confesiones religiosas"[16]. Wenige Tage später, am 3. Juni, erschien die Enzyklika „Dilectissima nobis" von Papst Pius XI., in der er die Lage in Spanien bedauerte[17].

Ein deutliches Beispiel für den antiklerikalen Extremismus der Linken war der Aufstand in Asturien im Oktober 1934, mit dem versucht wurde, eine Diktatur des Proletariats einzusetzen. Glücklicherweise dauerte der Aufstand nur wenige Tage. Aber dies genügte, um auf grausame Weise 34 Kleriker, darunter minderjährige Seminaristen, umzubringen, 58 Kirchen in Brand zu stecken oder

[13] *A. Montero,* Historia de la persecución religiosa en España 1936–1939 (Madrid 1961) 29.

[14] *V. Palacio Atard,* Iglesia y Estado. La Segunda República Española (1931–1939), in: Diccionario de Historia Eclesiástica de España II (Madrid 1972) 1181.

[15] Exposición del Cardenal Primado al Presidente del Gobierno provisional, el 3 de junio 1931, in: *A. Montero,* a.a.O., 29.

[16] *A. Montero,* a.a.O., Apéndice Documental 655.

[17] Ebd., 675.

zu schänden. So sah das von der marxistischen Revolution vorgesehene Aktionsprogramm für ganz Spanien aus. Hätte diese Seite den Sieg errungen, so hätte sich dieses schreckliche Martyrium auf die Kirche im gesamten Spanien ausgedehnt. In dieser Situation war die Frage von Antonio Montero berechtigt: „Ist es notwendig, darauf hinzuweisen, daß am Rande des eigentlichen Bürgerkrieges und bevor dieser ausbrach, das Programm der Verfolgung der Kirche bis ins letzte Detail vorgesehen war?“ [18]

Der Bürgerkrieg (1936–1939)

Aus den Wahlen vom 16. Februar 1936 ging mit Hilfe des geltenden Wahlsystems, das für die Mehrheit einen Bonus vorsah, die Volksfront, d. h. eine Vereinigung aller linken Parteien, als Sieger hervor. Zu ihrem Sieg verhalfen die Stimmen der CNT-Mitglieder und der Zwiespalt der Rechten. Die neue Regierung versuchte erfolglos, ihre Wähler zufriedenzustellen. Die politische Zersetzung griff auf die breite Öffentlichkeit über. Der Führer des Nationalen Blocks, José Calvo Sotelo, zog im Parlament eine traurige Bilanz über die Ereignisse innerhalb von sechs Wochen Volksfront-Regierung vom 16. Februar bis 2. April 1936: Es ereigneten sich 199 Überfälle und Raubdelikte, davon 36 in Kirchen; 178 Brände wurden gezählt, darunter 106 ausgebrannte und 56 zerstörte Kirchen; 74 Tote und 345 Verletzte waren zu beklagen. Wenige Monate später wurde Calvo Sotelo selbst von Volksfrontpolizisten in der Nacht vom 13. Juli 1936 ermordet. Als ausgesprochenes Staatsverbrechen wurde diese Tat von der gesunden Bevölkerung des Landes bezeichnet und scharf verurteilt. Sie entwickelte sich zum Auslöser des Movimiento, der einzige Ausweg war der Bürgerkrieg. Die Armee und die Rechten vereinigten sich zum Kampf gegen die marxistische Revolution. Am 18. Juli erhob sich das Movimiento Nacional; die zwei Spanien wurden in zwei Schlachtfelder geteilt: die rote und die nationale Zone.

Die rote Zone

Die Kirche beteiligte sich nicht am Alzamiento. Sie verkündete aber durch den Bischof von Gerona, Dr. Castañá, „die Dankbarkeit, die ein unschuldiges Opfer fühlt für seinen großmütigen Verteidiger“ [19]. Ein Jahr nach Kriegsausbruch wandten sich die spanischen Bischöfe am 1. Juli 1937 an alle katholischen Bischöfe der Welt. In ihrem Schreiben erläuterten sie in ihrer Sorge um Religion,

[18] Ebd., 52.

[19] *A. Pérez Balaguer*, Enciclopedia Universal Ilustrada. Suplemento anual 1936–1939 (Madrid 1944) 1551. Monsignore José Cartañá war Katalane, seine Ernennung zum Bischof erfolgte während der Republik (29. Dezember 1933) und deswegen nicht in Anlehnung an das Präsentationsrecht.

Heimat und Humanität nicht eine leere These, sondern „die Vorkommnisse, die unseren Krieg kennzeichnen und ihm seine eigenen Merkmale verleihen". Spanien war zweigeteilt: auf der einen Seite die kommunistische Revolution mit ihrer barbarischen, antireligiösen und antispanischen Zügellosigkeit, auf der anderen Seite die Nationale Bewegung mit ihrem Respekt vor der religiösen und nationalen Ordnung. Die Kirche hatte in dieser Lage, immer innerhalb ihres pastoralen Bereiches bleibend und ohne ihre geistige Freiheit zu verpfänden, keinen anderen Ausweg, als sich auf jene Seite zu stellen, die „zur Verteidigung der Ordnung, des sozialen Friedens, der traditionellen Zivilisation und der Heimat, und nicht zuletzt zur Verteidigung der Religion auszog"[20]. Der Ton des bischöflichen Schreibens war gemäßigt, von emotionaler Ausgewogenheit und realistischer Einstellung. Nur zwei Bischöfe unterschrieben ihn nicht: der Erzbischof von Tarragona, Francisco Kardinal Vidal y Barraquer, und der Bischof von Vitoria, Mateo Múgica. Der erste, weil er glaubte, eine briefliche geheime Information an die Bischöfe der verschiedenen Nationen wäre wirksamer und mit weniger Gefahr für Repressalien verbunden für diejenigen, die noch in der roten Zone weilten, als ein offener gemeinsamer Brief; der zweite, weil er sich außerhalb seiner Diözese befand. Der Rest des Episkopats, 43 Bischöfe und 5 Generalvikare, unterschrieben ihn. Das Echo des gemeinsamen Briefes war enorm. „Alle Mitglieder des Episkopats [ca. 900 Bischöfe] antworteten, unter Anerkennung der Legitimität des Krieges seitens des nationalen Spaniens und seines Charakters als Kreuzzug für die christliche Religion und die Zivilisation", sagte der spätere Kardinal Pla y Deniel[21].

Währenddessen wurde die wirkliche Auseinandersetzung auf dem Schlachtfeld und jenseits der Fronten ausgetragen. Sie forderte von der spanischen Kirche einen hohen Bluttribut und glorreiches Märtyrertum. Zwölf Bischöfe aus den Diözesen Sigüenza, Lérida, Cuenca, Barbastro, Segorbe, Jaén, Ciudad Real, Almería, Guadix, Barcelona, Teruel und der Weihbischof von Tarragona starben als Märtyrer. Getreu ihrer evangelischen Aufgabe und in voller Kenntnis der Gefahr, der sie bei Kriegsausbruch ausgesetzt waren, blieben sie dennoch auf ihrem Posten. „Ich kann aus Angst nicht weggehen; hier ist meine Aufgabe, koste es, was es wolle", sagte der Bischof von Cuenca jenen, die ihm die Flucht empfahlen. Und aus diesem Grunde blieben die anderen Hirten bei ihren Herden. Alle fielen, früher oder später, mit von Kugeln durchsiebtem Körper.

Wegen ihres Amtes mußten 4184 Priester sterben; sie wurden wie Wild aufgespürt. Einige Diözesen erlitten sehr schwere Verluste, so z. B. die Diözese Barbastro; dort starben 123 der 140 Pfarrer, in Lérida 270 von 410 und in Toledo 286 von 600. Von den Ordensbrüdern starben 2365, einige von ihnen zwischen

[20] *A. Granados,* El Cardenal Gomá, Primado de España (Madrid 1969) 348; *L. Aguirre,* La Iglesia y la Guerra española (Madrid 1964) (alles über den gemeinsamen Brief); *C. Bayle,* El mundo católico y la „Carta colectiva del episcopado español" (Burgos 1938).
[21] *A. Granados,* El Cardenal Gomá 178.

17 und 18 Jahren. Am schwersten betroffen waren folgende Orden: Klaretiner mit 259 Toten, Franziskaner mit 226 Toten, Piaristen mit 204 Toten, Maristen mit 176 Toten, Brüder der christlichen Freischulen mit 165 Toten, Augustiner mit 155 Toten, Dominikaner mit 132 und Jesuiten mit 114 Toten. Die Anzahl der ermordeten Ordensschwestern betrug 283; auch sie als Frauen blieben nicht von Verfolgung und Folter verschont. Insgesamt opferten 6832 Priester, Ordensschwestern und -brüder ihr Leben für den Glauben: ein unmißverständlicher Beweis für die Vitalität der spanischen Kirche. Was die Form des Märtyrertums betrifft, so wurde keine durch die Geschichte bekannte Methode ausgelassen: Verstümmelung, Tod durch Verbrennung oder sogar die Kreuzigung.

Die nationale Zone

Beim Ausbruch des „Movimiento“ war eine religiöse Bewegung im spanischen Volk und bei den Kämpfern zu verzeichnen. Es war eine echte Wiedergeburt des religiösen Lebens im ganzen Lande. Die Siege an der Front wurden mit Gottesdiensten, mit Tedeum und Salve-Regina gefeiert. Die neue Regierung begann neue Gesetze mit christlichem Sinn zu verfassen. Das Kreuz wurde wieder in den Schulen aufgehängt, und der Religionsunterricht wurde neu eingeführt. Wichtige Gesetze, wie die „Carta Magna del Fuero del Trabajo“ (1938) zur Unterstützung der Familien, orientierten sich an der kirchlichen Soziallehre. Große Geldbeträge wurden für die Wiederherstellung der über 20000 zerstörten Kirchen zur Verfügung gestellt. Das Korps der Feldgeistlichen wurde wieder eingeführt. Alle Kirchen und Gotteshäuser sowie die Wohnungen von Bischöfen und Priestern mit ihren Anlagen, die Seminare und Klöster wurden von der Grundsteuer befreit. Im Mai 1938 wurde die Gesellschaft Jesu wieder zugelassen unter Rückgabe aller Rechte und Güter, die sie vor ihrer Auflösung genoß. Am 2. Februar 1939 wurde der juristische Status aller religiösen Orden wiederhergestellt. Die republikanische Gesetzgebung über Ehescheidung und standesamtliche Eheschließung, die Säkularisierung der Friedhöfe und die Beschränkungen für katholische Beerdigungen wurden außer Kraft gesetzt. Kurzum, es wurden der Kirche wieder alle jene Rechte zuerkannt, die in der kirchlichen Gesetzgebung enthalten sind. Der Respekt vor der Kirche und ihren Institutionen war wieder heilig und entzog sich jeder Diskussion.

Ein glorreiches Kapitel für die Geschichte der spanischen Kirche schrieben die Feldgeistlichen an der Front. Unter den Gefallenen muß besonders der Jesuit Fernando Huidobro, Lieblingsschüler von Martin Heidegger, erwähnt werden; das Verfahren zu seiner Seligsprechung ist im Gange.

Spanien in der Nachkriegszeit (seit 1939)

Die 30 Jahre zwischen 1939 und 1970 können in zwei Abschnitte von je 15 Jahren aufgeteilt werden, die von zwei verschiedenen Generationstypen geprägt wurden: eine traditionelle Generation (1939–1955) und eine kritische Generation (nach 1955). Die beiden Gruppen sind nach der äußeren Struktur dieselben, aber verschieden in der Dynamik.

Die Doppeltendenz

Traditionelle Generationen

Die religiöse Ordnung im Spanien der Nachkriegszeit hat ihren Ursprung in der glorreichen katholischen Tradition, die das Ideal des Spaniens war, das einmal auf den Schlachtfeldern den Sieg errungen hatte. Man kann also von einer erstaunlichen Wiederbelebung der Inhalte dieser Tradition sprechen. Dafür gibt es folgende Zeichen: Stärkung der kirchlichen Autorität und Respekt vor den kirchlichen Stellen; der Anstieg der kirchlichen Berufungen; der Ausbau der kirchlichen Institutionen und die Neugründung von Institutionen; die weite Verbreitung der karitativen Aktivitäten wie beispielsweise die Missionen; geistliche Übungen und religiöse Kurse; Jubiläumsjahre mit Pilgerfahrten nach Santiago de Compostela und Karwochenprozessionen; der sonntägliche Kirchgang und der Empfang der Ostersakramente; die starke Bewegung des Laienapostolats mit der Katholischen Aktion, der Marianischen Kongregationen und anderen Einrichtungen. Das religiöse Buch erlangt eine dominierende Stellung auf dem nationalen Buchmarkt. Die religiösen Verlage wie El Mensajero, Sal Terrae, El Apostolado de la Prensa, la Biblioteca de Autores Cristianos verbreiten über die ganze Welt die Werke der großen Autoren. Höhepunkt dieses Zeitraums war das Konkordat von 1953 als Verkörperung der klassischen Prinzipien des damals gültigen Kirchenrechts und des traditionellen Geistes des katholischen Spaniens[22]. Es würde zu weit führen, alle Erscheinungen zu würdigen. Der Einfluß der spanischen Kirche auf die spanische Gesellschaft war enorm. Wahrscheinlich hatte die spanische Kirche bis dahin nie so viele Möglichkeiten, eine Gesellschaft durch die christlichen Ideale zu formen. 1940 betreute die Kirche 60 Prozent aller Gymnasien, konnte also ihren Einfluß auf die Jugend in einer so entscheidenden Lebensphase ausüben; 1955 waren es immer noch 42 Prozent[23]. Darüber hinaus erteilte die Kirche in Volksschulen und Universitäten den Religionsunterricht und konnte auch auf diese Weise Einflüsse ausüben. Was die Frömmigkeit der Bevölkerung betrifft,

[22] A. *Martín Artajo*, El Concordato de 1953, in: Diccionario de Historia Eclesiástica de España I (Madrid 1972) 595–599. Der Verfasser dieses Artikels war Außenminister zur Zeit der Ratifizierung des Konkordats.

[23] La educación en España, Survey S.I. (Privatarchiv).

so sei als ein Beispiel nur die Tatsache bemerkt, daß allein die Missionarsgruppe der Jesuitenprovinz León in Spanien zwischen 1940 und 1965 2118 Missionen veranstalten konnte, darunter einige in großen Städten mit bis zu 60 000 Teilnehmern an einer Mission[24].

Kritische Generation

Im Verlauf der Jahre wuchs die Mitgliederzahl einer kleinen Gruppe von Katholiken mit einer auf Europa und die Welt ausgerichteten Haltung. Diese Bewegung ließ sich durch die politische Philosophie von Jacques Maritain in Fragen der Beziehungen zwischen Kirche und Staat leiten. Sie versuchte auch liturgische Formen von jenseits der Pyrenäen einzuführen und eine fremde Lebenshaltung und fremde Sitten in Spanien zu verbreiten. Je mehr diese Tendenzen an Gewicht gewannen, verstärkte sich die Gewißheit, daß der Block des klassischen spanischen Denkens abzubröckeln begann und daß das traditionelle Konzept des spanischen Lebens Gefahr lief, seine Kraft zu verlieren. Die auf nationaler und internationaler Ebene über dieses Thema ausgetragene Polemik hatte ihre höchste Intensität erreicht, als das Zweite Vatikanische Konzil eröffnet wurde. Von ihm wurden einige der wichtigsten, bis dahin umstrittenen Punkte über die christliche Lebensauffassung zum Postulat erhoben. Diese Tatsache bewirkte eine tiefe Krise auf mehreren Ebenen des spanischen Katholizismus, die bis heute nicht ausgeräumt werden konnte.

Die Institutionen

Als hervorragende Vertreter der Institutionen innerhalb des spanischen Katholizismus müssen erwähnt werden: die Bischofskonferenz, einige Institute, die Katholische Aktion und die Nationale Katholische Propagandisten-Vereinigung.

Bischofskonferenz

Seit ihrer Gründung nach dem Zweiten Vatikanischen Konzil hat die Bischofskonferenz die Kontrolle und Moderation übernommen, die zuvor von den Metropolitenkonferenzen wahrgenommen wurden. Die Entschließungen der Konferenz haben theoretisch keine bindende Gewalt für jede Diözese, aber sie werden befolgt so als seien sie bindend. Im allgemeinen regiert sich heute die spanische Kirche auf kollegialer Ebene in allen gemeinsamen Fragen. Was dort ausdiskutiert und beschlossen wird, ist also von großer allgemeiner Bedeutung. Die von der Bischofskonferenz erlassenen Richtlinien werden praktisch im ganzen Land eingehalten. Eine der wichtigsten Stellungnahmen der Bischofs-

[24] Archivo de la Prefectura de Misiones Populares de la Provincia de León, S.I.

konferenz war die Erklärung vom Januar 1973 über „Die Kirche und die politische Gemeinde", die mit 59 Ja- und 20 Neinstimmen verabschiedet wurde, ein Verhältnis, in dem sich die soziologische Struktur der Bischofskonferenz widerspiegelt. In dieser Erklärung werden die wichtigsten Themen behandelt, die das Verhältnis von Kirche und Gesellschaft, von Kirche und öffentlicher Ordnung, die Beziehung zwischen Kirche und Staat unter Berücksichtigung der katholischen Religion als Staatsreligion, die Revision des Konkordats von 1953 und den Verzicht auf Privilegien und auf die Entlohnung der Geistlichen betreffen.

Die Ordensgemeinschaften

Der Ausbau der traditionellen, bereits bestehenden Institute und die Neugründung von Instituten sind die Folgen des religiösen Auflebens der Nachkriegszeit. Insgesamt gibt es nach der Statistik von 1973 rund 80 Institute für Männer mit 24281 Mitgliedern, ohne die 6700 Mitglieder, die außerhalb Spaniens, insbesondere in Iberoamerika, tätig sind. Sie verteilen sich mitgliedermäßig folgendermaßen: Jesuiten 3431, Salesianer 2535, Franziskaner 2174, Brüder der christlichen Schulen 2012, Dominikaner 1636, Piaristen 1303. Diese Institute entwickelten eine große Aktivität in den Schulen und im Pressewesen. Unter den Laieninstituten ist die Sociedad Sacerdotal de la Santa Cruz, oder kurz Opus Dei, hervorzuheben, gegründet 1928 in Madrid durch Monsignore José Maria Escrivá und als Institut 1947 anerkannt. Laut Statistik gab es 1966 in Spanien 242 tätige Frauen-Institute mit 72301 Schwestern und 29 kontemplative Institute mit 19211 Schwestern. Die apostolische Betätigung dieser Schwestern richtet sich hauptsächlich auf die Schulen; 1967 waren 56,12 Prozent in Schulen tätig, während 20,28 Prozent im Gesundheitswesen ihren Dienst leisteten.

Die Katholische Aktion

Die spanische Katholische Aktion wurde 1926 einer tiefgehenden Umstrukturierung unterzogen. Zuvor war sie eher eine lose Vereinigung der vorhandenen Kräfte als eine zentrale Organisation gewesen; alle katholischen Kräfte behielten ihre eigenständige Autonomie. Nach 1939 wurde eine strenge Zentralisierung aller laienapostolischen Aktivitäten eingeführt; sie hatte Auseinandersetzungen unter den vorhandenen Kräften im Gefolge und beeinträchtigte ihre Arbeit teilweise. Ab 1945 entstanden mit der Gründung der Juventud Obrera Católica (JOC) und Hermandad Obrera de Acción Católica (HOAC) spezielle Einrichtungen. Am 5. Dezember 1959 verabschiedete die Konferenz der spanischen Metropoliten das neue „Statut der Katholischen Aktion", das die bereits bestehende zentrale Einheit verstärkte. Dieses Statut wurde durch ein neues, von der Bischofskonferenz am 1. Februar 1968 verabschiedetes Statut abgelöst.

Asociación Católica Nacional de Propagandistas (Nationale Katholische Propagandisten-Vereinigung)

Unter den katholischen Laiengruppen, die großen Einfluß auf die spanische öffentliche Meinung ausüben, muß die Asociación Católica Nacional de Propagandistas genannt werden. Gegründet in Madrid 1908 durch den Jesuiten Ángel Ayala, mit dem Ziel, eine Gruppe des katholischen Männervereins vom hl. Ludwig auf die katholische Propaganda vorzubereiten, hatte sie zum Vorsitzenden den zukünftigen Kardinal Ángel Herrera Oria, der eine außergewöhnliche Organisationsgabe besaß. 1911 kaufte sie die Madrider Zeitung „El Debate", und ein Jahr später gründete Herrera „La Editorial Católica" als wirtschaftlichen und ideologischen Unterbau der Zeitung. Die Vereinigung befaßte sich mit allen Problemen, die die spanische Kirche in diesem Jahrhundert beschäftigt haben. Nach dem Krieg wurde „El Debate" eingestellt, und an deren Stelle erschien „Ya", die zusammen mit „ABC" die zwei wichtigsten Tageszeitungen des Landes sind. Nach dem Krieg begann „La Editorial Católica" mit der Veröffentlichung der Reihe „Biblioteca de Autores Cristianos", die heute über 300 Bände zählt. Diese große Aktivität katholischer Propaganda, ohne Beispiel in der Geschichte der spanischen Kirche, erreichte 1947 ihren Höhepunkt mit der Gründung des „Centro de Estudios Universitarios" (CEU); eine Abteilung des Centro ist heute das „Colegio Universitario de San Pablo" in Madrid mit 5000 Studenten und acht Fakultäten[25].

Portugal

Die Entwicklung der portugiesischen Geschichte dieses Jahrhunderts durchlief drei Phasen: die antiklerikale Revolution der Bourgeoisie von 1910 (1919–1926), das neue Regime (1926–1960) und die Ära des Zweiten Vatikanischen Konzils ab 1960.

Die antiklerikale Revolution (1910–1926)

Nach dem Sturz der Monarchie durch die republikanischen Kräfte gingen diese gegen die Kirche vor. Die Bischöfe wurden aufgrund ihrer Ablehnung des Scheidungsgesetzes vom 20. April 1911 scharf angegriffen und im Laufe des Jahres 1912 aus ihren Diözesen vertrieben, mit einer Ausnahme, nämlich der des Erzbischofs von Evora. Die diplomatischen Beziehungen mit dem Heiligen Stuhl wurden bis 1918 abgebrochen und die Geistlichen von ihrem Besitz enteignet.

[25] *J. L. Gutiérrez,* Asociación Católica Nacional de Propagandistas, in: Diccionario de Historia Eclesiástica de España I 144–147.

Man verbot ihnen das Tragen des Talars und die Ausübung ihrer Tätigkeit als Leiter der staatlich ernannten Ausschüsse im Bereich der Verwaltung der Kirche. Durch Gesetz wurden die Knabenseminare geschlossen, und von den Priesterseminaren blieben nur fünf von dieser Maßnahme verschont, nämlich Braga, Porto, Coimbra, Lissabon und Evora. Ein Gesetz vom 22. Februar 1918 erlaubte die Existenz von zwei Seminaren, ohne daß aber die konfiszierten Gebäude zurückgegeben wurden. Trotzdem nahmen die Seminare in Angra/Azoren (1914), Visen und Braga in der alten Jesuitenresidenz (1915), Porto und Portalegre (1919), Guarda (1920), Lamego (1921) und Lissabon (1931) ihre Tätigkeit wieder auf.

Unter Rückgriff auf die Gesetze von Pombal und die des liberalen Regimes von 1834 wurden die Mitglieder aus 164 Häusern von 31 Orden ausgewiesen. Aber schon ab 1917 reorganisierten sich einige Kongregationen. Die Revolution verbot gleichfalls den Religionsunterricht in Volks- und Mittelschulen und ließ die theologische und kirchliche Fakultät von Coimbra schließen. Trotzdem gab es im Ersten Weltkrieg wieder Feldgeistliche.

Als Reaktion auf die Maßnahmen erwachte das Laienapostolat. So erfolgte 1913 die Reaktivierung des 1903 in Coimbra gegründeten „Centro Académico de Democracia Cristã (CADC). Gleichzeitig bildete sich das „Centro Católico", das ab 1915 seine Vertreter in die Abgeordnetenkammer und den Senat entsandte, wenn auch nur in einer kleinen Anzahl.

Das neue Regime (1926–1960)

Mit der Bewegung des Generals Gomes da Costa und der Präsidentenschaft des Generals Carmona beginnt eine neue Ordnung autoritäten Charakters, deren wichtigster Träger Oliveira Salazar wurde. Diese Bewegung führte auf dem Gebiet der Beziehungen zwischen Kirche und Staat zum Konkordat von 1940. Die Position der Kirche verbesserte sich; sie umfaßte 17 Diözesen und 3 Erzdiözesen.

Die Statistiken von 1947 geben eine Gesamtzahl von 4500 Priestern an, ein Priester auf je 2000 Einwohner. Seminare wurden restauriert oder mit gelegentlicher staatlicher Hilfe neu erbaut.

Die Zahl der Ordensschwestern und Ordensbrüder stieg beachtlich. Die Genossenschaften erhielten eine kleine finanzielle Hilfe vom Staat im Verhältnis zu der Zahl der aktiven Missionare und Studierenden. Um 1947 gab es im Lande rund 400 Klostergeistliche und 1952 etwa 4400 Ordensschwestern.

Der Religionsunterricht wurde in den Volks- und Mittelschulen wieder eingeführt. Die Anzahl der Schulen mit religiöser Leitung (insbesondere Mädchenschulen) wuchs, obwohl sie meistens von der reichen Schicht der Bevölkerung besucht wurden und obwohl die staatliche Hilfe ausblieb. Die Ausbildung in diesen Schulen war primär humanistisch und kaum naturwissenschaftlich ausgerichtet. Um 1930 wurde in Lissabon ein Hochschulinstitut für Soziale Beihilfe eingerichtet. Die Jesuiten lehrten an dem ausschließlich von ihnen betriebenen philosophischen Hochschulinstitut, das 1947 als kirchliche Fakultät anerkannt wurde.

Auf dem Gebiet der Zeitschriften verdienen Erwähnung: „Estudos" des CADC von Coimbra (seit 1922), „Brotéria" (seit 1925), „Lumen" (für den Klerus seit 1930), „Portugal em África" (seit 1944), „Revista Portuguesa de Filosofia" und „Itinerarium" (beide seit 1945). Unter die wichtigsten Einrichtungen für soziale Kommunikation zählen die Zeitung „Novidades" und der katholische Rundfunksender „Radio Renascença", der 1975 von den revolutionären Kräften stillgelegt wurde und später wieder von der Regierung zurückgegeben.

Die Zahl der kultischen Traditionen wurde vermehrt durch den großen Andrang zu den Pilgerfahrten zum nationalen Heiligtum von Fatima seit 1931. Außerdem gewannen die Katechese und die Liturgie wieder an Bedeutung, insbesondere dank den Bemühungen des Lissaboner Seminars und der Benediktiner. – Das Laienapostolat begann neue Wege zu gehen. Nach dem Verbot der politischen Parteien zog es sich aus dem politischen Leben zurück, dem sich bislang das Centro Católico gewidmet hatte, und verstärkte seine Zusammenarbeit mit den kirchlichen Behörden. 1932 gründeten die Bischöfe die offizielle „Acção Católica", die im November 1933 ein von Papst Pius XI. bestätigtes juristisches Statut erhielt. – Die Missionsarbeit von Portugal brachte es in Angola bis 1940 auf 500000 Katholiken mit 174 Missionaren, in Mozambique auf 60000 Katholiken mit 126 Priestern; bis 1970 aber auf 2500000 in Angola und 1250000 in Mozambique.

Unter dem Einfluß des Zweiten Vatikanischen Konzils (ab 1960)

Die portugiesische Kirche trat beim Konzil allein mit ihren Bischöfen, also ohne Konzilsberater, in Erscheinung. Es handelte sich also um eine vorwiegend traditionelle und autoritäre Kirche. 1968 zählte sie 4500 Weltgeistliche und 900 Ordensgeistliche; es war also ein leichter Anstieg im Vergleich zu 1947 zu verzeichnen, allerdings auch bedingt durch den Bevölkerungszuwachs bei gleichbleibenden Verhältnissen. Diese Relationen blieben auch konstant in bezug auf die ländliche oder städtische Herkunft der Berufungen.

In dieser Zeit gab es 18 Priesterseminare und 22 Knabenseminare; letztere hatten 1952 2800 Schüler (1968: 900). Die Priesterseminare hatten 1952 4049 Schüler; sie verringerten sich bis 1968 auf 3977. Die allgemeine Krise in den Seminaren erstreckte sich auch auf die Orden.

Die Acção Católica erreichte um 1960 ihren Höhepunkt. Dabei stellten die nationalen Tagungen der Juventude Católica Universitária von 1953 und 1963 einen Gipfelpunkt dar. Unter den Reihen des Laienapostolats waren Bemühungen zu beobachten, die dahin tendierten, eine größere Unabhängigkeit gegenüber dem Episkopat zu erreichen. Die Statistiken verzeichnen um 1960 die Zahl von 95 000 Mitgliedern der Acção Católica, d. h. 1,2 Prozent der Bevölkerung. Im Bereich des Hochschulapostolats ist die Gründung der Katholischen Universität in Lissabon und zweier anderer Hochschulen nicht zu vergessen. Trotzdem stimmen die Realitäten nicht mit den Strukturen überein. Bei der Gegenüberstellung der Kirche mit der Revolution von 1974 stellt man fest, daß erstere arm, apolitisch, ohne organisierte Jugend, mit von Krisen befallenen Seminaren und ohne genügende Kräfte war. Die gegenwärtigen Schwierigkeiten im Lande haben eine Konzentration der katholischen Kräfte bewirkt, die auf neue Initiativen hoffen lassen.

23. Kapitel

Die Länder des englischen Sprachbereichs

Univ.-Professor Dr. Robert Trisco, Washington

BIBLIOGRAPHIE: Großbritannien: *D. Barker*, G. K. Chesterton. A Biography (New York 1973); *G. A. Beck* (Hrsg.), The English Catholics, 1850–1950 (London 1950); *M. V. Brand*, The Social Catholic Movement in England, 1920–1955 (New York 1963); *W. F. Brown*, Through Windows of Memory (London 1946); *J. M. Cleary*, Catholic Social Action in Britain, 1909–1959. A History of the Catholic Social Guild (Oxford 1961); *J. Crehan SJ*, Father Thurston. A Memoir with a Bibliography of his Writings (London 1952); *M. Cruickshank*, Church and State in English Education, 1870 to the Present Day (London and New York 1964); *J. Dingle*, Le Catholicisme contemporain en Grande-Bretagne (Paris 1967); *G. P. McEntee*, The Social Catholic Movement in Great Britain (New York 1927); *J. Murphy*, Church, State and Schools in Britain, 1800–1970 (London 1971); *E. Oldmeadow*, Francis Cardinal Bourne, 2 vols. (London 1940–1944); *G. Scott*, The R. Cs. A Report on Roman Catholics in Britain Today (London 1967); *F. Sheed*, The Church and I (Garden City, New York, 1974); *R. Speaight*, The Life of Eric Gill (New York 1966); *ders.*, The Life of Hilaire Belloc (New York 1966); *F. Valentine OP*, Father Vincent McNabb O. P. The Portrait of a Great Dominican (Westminster, Maryland 1955); *M. Ward*, Gilbert Keith Chesterton (New York 1943); *dies.*, Return to Chesterton (New York 1952); *dies.*, Unfinished Business (New York 1964); *E. Waugh*, Monsignor Ronald Knox (Boston 1959).

Irland: *D. H. Akenson*, Education and Enmity, in: The Control of Schooling in Northern Ireland, 1920–50 (New York 1973); *J. Blanchard*, Le droit ecclésiastique contemporain d'Irlande (Paris 1958), English translation: The Church in Contemporary Ireland (Dublin 1963); *D. Fennell*, The Changing Face of Catholic Ireland (London 1968); *J. Mescal*, Religion in the Irish System of Education (Dublin 1957); *D. W. Miller*, Church, State and Nation in Ireland, 1898–1921 (Pittsburgh 1973); *J. H. Whyte*, Church and State in Modern Ireland, 1923–1970 (Dublin 1971).

Vereinigte Staaten: *A. I. Abell,* American Catholicism and Social Action, in: A Search for Social Justice, 1865–1950 (Garden City, New York 1960); *C. J. Barry OSB,* American Nuncio. Cardinal Aloisius Muench (Collegeville, Minnesota 1969); *F. L. Broderick,* Right Reverend New Dealer, John A. Ryan (New York 1963); *H. A. Buetow,* Of Singular Benefit. The Story of Catholic Education in the United States (New York und London 1970); *L. Curry,* Protestant-Catholic Relations in America, in: World War I through Vatican II (Lexington, Kentucky, 1972); *J. T. Ellis,* American Catholicism (Chicago [2]1969); *ders.,* Documents of American Catholic History, 2 vols. (Chicago [3]1967); *ders.,* A Guide to American Catholic History (Milwaukee 1959); *ders.,* The Life of James Cardinal Gibbons, Archbishop of Baltimore, 1834–1921, 2 vols. (Milwaukee 1952); *G. Q. Flynn,* American Catholics and the Roosevelt Presidency, 1932–1936 (Lexington, Kentucky, 1968); *L. H. Fuchs,* John F. Kennedy and American Catholicism (New York 1967); *R. I. Gannon SJ,* The Cardinal Spellman Story (Garden City, New York, 1962); *P. Gleason,* The Conservative Reformers. German-American Catholics and the Social Order (Notre Dame, Indiana 1968); *A. Greely – W. C. McCready – K. McCourt,* Catholic Schools in a Declining Church (New York 1976), dazu HK 31 (1977) 143–147; *F. J. Lally,* The Catholic Church in a Changing America (Boston 1962); *Th. T. McAvoy CSC,* Father O'Hara of Notre Dame. The Cardinal-Archbishop of Philadelphia (Notre Dame, Indiana, 1967); *ders.,* A History of the Catholic Church in the United States (Notre Dame, Indiana, 1969); *S. Marcus,* Father Coughlin. The Tumultuous Life of the Priest of the Little Flower (Boston 1973); *M. A. Marty,* Lutherans and Roman Catholicism, in: The Changing Conflict, 1917–1963 (Notre Dame, Indiana, 1968); *P. Marx OSB,* Virgil Michel and the Liturgical Movement (Collegeville, Minnesota, 1957); *W. D. Miller,* A Harsh and Dreadful Love. Dorothy Day and the Catholic Worker Movement (New York 1973); *H. J. Nolan* (Hrsg.), Pastoral Letters of the American Hierarchy, 1792–1970 (Huntington, Indiana, 1971); *D. J. O'Brien,* American Catholics and Social Reform. The New Deal Years (New York 1968); *E. J. Power,* Catholic Higher Education in America (New York 1972); *ders.,* A History of Catholic Higher Education in the United States (Milwaukee 1958); *G. Shaughnessy,* Has the Immigrant Kept the Faith? A Study of Immigration and Catholic Growth in the United States, 1790–1920 (New York 1925, reprinted 1969); *J. G. Shaw,* Edwin Vincent O'Hara, American Prelate (New York 1957); *J. B. Sheerin CSP,* Never Look Back. The Career and Concerns of John J. Burke (New York 1975); *C. J. Tull,* Father Coughlin and the New Deal (Syracuse, New York, 1965); *R. Van Allen,* The Commonweal and American Catholicism. The Magazine, the Movement, the Meaning (Philadelphia 1974); *E. R. Vollmar SJ,* The Catholic Church in America, in: An Historical Bibliography (New York [2]1963); *V. A. Yzermans* (Hrsg.), American Participation in the Second Vatican Council (New York 1967).

Kanada: *D. de Saint-Denis OFMCap,* L'Église Catholique au Canada. Précis historique et statistique. The Catholic Church in Canada. Historical and Statistical Summary (Montreal [6]1956); *S. M. A. of Rome Gaudreau,* The Social Thought of French Canada as Reflected in the Semaine Sociale. The Catholic University of America Studies in Sociology, vol. XVIII (Washington, D. C. 1946); *J. Hulliger,* L'enseignement social des évêques canadiens de 1891 a 1950 (Montreal 1958); *L. K. Shook,* Catholic Post-Secondary Education in English-Speaking Canada. A History. Studies in the History of Higher Education in Canada, vol. VI (Toronto 1971); Vingt-cinq ans de l'École Social Populaire, 1911–1936 (Les) (Montreal 1936).

Europa

Großbritannien

Bevölkerung

Die katholische Bevölkerung von England und Wales wurde 1914 mit 2100446 (einschließlich 3872 Priestern) angegeben; ihr stand eine Gesamtbevölkerung von 36204679 (1911) gegenüber. Es gab 1837 katholische Kirchen, Kapellen und Stationen, von denen 1307 zivilrechtlich für Eheschließungen zugelassen waren. Zur gleichen Zeit zählte man in Schottland 518969 Katholiken (einschließlich 577 Priestern); sie besaßen 427 Kirchen und Kapellen. Als im Jahre 1966 die Gesamtbevölkerung von England und Wales 48075000 betrug, war die katholische Bevölkerung auf 4000695 (einschließlich 5096 Weltpriestern und 2791 Ordenspriestern) mit 3446 öffentlichen Kirchen und Kapellen sowie 1196 privaten Andachtsstätten angewachsen. In der dazwischenliegenden Zeit hatten sich die Katholiken in den Großstädten und Vorstädten gleichmäßiger verteilt, nicht aber in den ländlichen Gebieten; der Katholizismus blieb ein städtisches Phänomen. In der gleichen Zeit war die Zahl der Katholiken in Schottland auf 809680 innerhalb einer Gesamtbevölkerung von 5191000 angewachsen.

Dieser Zuwachs beruhte teilweise auf der natürlichen Zunahme der Bevölkerung, auf Konversionen und auf der Zuwanderung von Flüchtlingen vom Kontinent (besonders Polen und Ukrainer), in der Hauptsache aber auf der Einwanderung von Irland. In der Tat waren ungefähr drei Viertel der Katholiken in Großbritannien irischer Abstammung, sofern sie nicht selbst in Irland geboren waren. Die daraus herrührende Heterogenität wurde durch die Integration der Einwanderer in den britischen Katholizismus schrittweise abgebaut. Die jährliche Anzahl der erwachsenen Konvertiten – zwischen 12000 und 10000 – blieb von 1925 bis zum Zweiten Weltkrieg trotz des Anwachsens der Gesamtbevölkerung nahezu unverändert. Viele Konvertiten waren die künftigen oder gegenwärtigen Ehemänner oder Ehefrauen von Katholiken. Von den übrigen stammten mehr Konvertiten aus der Mittelschicht, die den intellektuellen Ansprüchen der Kirche eher gewachsen waren als die Unterschicht, und im Verhältnis gab es mehr Konvertiten bei den Nonkonformisten, deren organisiertes religiöses Leben sich rasch auflöste, als bei den Anglikanern. Unterdes litt die Kirche aber auch an einem ständigen „Schwund"; selbst ein großer Teil der Kinder, die von katholischen Schulen abgingen, gaben ihre religiöse Praxis bald auf. Diese Faktoren haben verhindert, daß der Prozentsatz der Katholiken in England nennenswert anstieg. Teils infolge der Vorurteile ihrer Mitbürger und teils infolge ihrer eigenen kulturellen Unterlegenheit war der Einfluß der englischen Katholiken im öffentlichen Leben ihrer zahlenmäßigen Stärke nicht angemessen.

Organisation

Seit 1911 gab es in England und Wales drei Erzdiözesen oder Metropolitansitze (Westminster, Liverpool und Birmingham) und 13 Diözesen. 1916 wurde aus der Diözese Newport (in Wales) die Erzdiözese Cardiff mit Menevia als einzigem Suffragan-Bistum. Neue Bischofssitze wurden 1917 in Brentwood und 1924 in Lancaster errichtet. Die Diözese Southwark wurde 1965 zum Status eines Metropolitansitzes erhoben, und gleichzeitig wurde ihr Suffragan-Bistum Arundel and Brighton errichtet. Damit gab es dann in England und Wales fünf Kirchenprovinzen mit fünf Erzdiözesen und 14 Diözesen. 1957 wurde außerdem der Erzbischof von Westminster zum apostolischen Exarchen für die Ukrainer des byzantinischen Ritus, der mehr als 20000 Anhänger zählte, ernannt; 1961 wurde Augustin Eugene Hornyak OSBM, ein ukrainischer Priester, zu seinem Weihbischof ernannt, und 6 Jahre später wurde er selbst apostolischer Exarch für Großbritannien.

In Schottland hatte seit 1878 die Erzdiözese St. Andrews and Edinburgh als Metropolitansitz mit 4 Suffragan-Bistümern bestanden, und die Erzdiözese Glasgow hatte keiner Kirchenprovinz zugehört; letztere wurde 1947 Metropolitansitz mit 2 Suffragan-Bistümern, die in Motherwell und Paisley neu errichtet wurden.

Der Erzbischof von Westminster vertrat den Episkopat weiterhin bei Verhandlungen mit der Regierung. Dieses Amt hatten inne: von 1903–1935 Francis Bourne (seit 1910 Kardinal), von 1935–1943 Arthur Hinsley (seit 1937 Kardinal), von 1943–1956 Bernard Griffin (seit 1946 Kardinal), von 1956–1963 William Godfrey (Kardinal seit 1958), von 1963–1975 John Heenan (Kardinal seit 1965) und seit 1976 Basil Hume (Kardinal seit 1976).

Seit der Regierungszeit von Elizabeth I. besaß Großbritannien keine diplomatischen Beziehungen mit dem Heiligen Stuhl, aber nach dem Ausbruch des Ersten Weltkrieges entsandte die Regierung Sir Henry Howard, um dem neugewählten Papst, Benedikt XV., die Glückwünsche des Königs zu überbringen und ihm die Motive für den Kriegseintritt zu erklären. Der britische Repräsentant ließ sich in Rom als außerordentlicher Gesandter und bevollmächtigter Beauftragter „in besonderer Mission" nieder. 1920 wurde die Gesandtschaft zur regulären und permanenten Einrichtung gemacht. Die Beziehungen wurden jedoch nie auf Gegenseitigkeit gebracht; in London wurde keine Nuntiatur errichtet; tatsächlich wurde erst 1938 in der britischen Hauptstadt eine apostolische Delegatur eröffnet. Der erste apostolische Delegat war ein Engländer, nämlich William Godfrey, der dieses Amt versah, bis er 1953 Erzbischof in Liverpool wurde.

Bildungswesen

1914 wurden 343 472 Schüler in 1169 katholischen Grundschulen und 24 129 in 387 katholischen Sekundarschulen ausgebildet. Gemäß dem Education Act von 1902 mußten Konfessionsschulen aus freiwilligen Spenden errichtet und repariert werden (obwohl die Unterhaltskosten und die Lehrergehälter aus öffentlichen Mitteln bezahlt wurden); sie waren gefährdet durch das Unvermögen der Gläubigen, in einer Zeit wachsender Kosten für angemessene Räumlichkeiten und Ausstattung zu sorgen. In freundlicher Atmosphäre zwischen Vertretern des Staates und der Kirche geführte Gespräche brachten die „schottische Lösung". Entsprechend dem Education (Scotland) Act von 1918 wurden die Leiter der bereits bestehenden oder künftig noch zu errichtenden kirchlichen Schulen dazu ermächtigt, ihre Schulen den Erziehungsbehörden zu verkaufen, zu vermieten oder auf andere Weise zu übertragen. Die Erziehungsbehörde konnte aber auch selbst neue Konfessionsschulen einrichten. Die Behörden sollten von da an vollständige Kontrolle über die Schulen ausüben einschließlich der Ernennung und Entlassung von Lehrern, wobei aber die bereits vorhandenen Lehrer ihre Posten behalten sollten. In der Folgezeit durfte keine Lehrkraft ernannt werden, bevor sie durch die betreffende konfessionelle Körperschaft „hinsichtlich des religiösen Glaubens und des Charakters" zugelassen worden war. Ein unbezahlter Aufseher (der ebenso von der Konfession zugelassen werden mußte) sollte für jede Schule ernannt werden. Der Aufseher hatte das Zutrittsrecht zu allen Stunden, die für den Religionsunterricht und für den Gottesdienst angesetzt waren, und er mußte den Kirchenbehörden über die Wirksamkeit des erteilten Religionsunterrichtes berichten. (In katholischen Schulen war dieser Aufseher normalerweise der Pfarrpriester, und Diözesaninspektoren hatten die Erlaubnis, Religionsprüfungen abzuhalten.) So wurde der verwaltungsmäßige Dualismus beendet, wie es die Ortsbehörden wünschten, aber der religiöse Dualismus wurde beibehalten, weil die Bischöfe darauf bestanden, um den katholischen Charakter ihrer Schulen zu wahren. Trotz ihrer Sicherheitsvorkehrungen und der Tatsache, daß dieses Abkommen großenteils das Werk von William Francis Brown war, den der Papst im Jahr zuvor zum apostolischen Visitator für Schottland ernannt hatte, scheuten die schottischen Bischöfe und die Katholiken ganz allgemein davor zurück. Schließlich wies sie der Heilige Stuhl mit seiner einzigen Intervention in Erziehungsfragen an, das Abkommen anzunehmen. Diese Regelung funktionierte von Anfang an reibungslos und wurde im Lauf der Zeit vom katholischen Standpunkt aus als eines der besten Arrangements in der ganzen Welt angesehen. Die schottischen Katholiken eröffneten viele freie Schulen für die Primar- und Sekundarstufe sowie mehrere von religiösen Orden geleitete Colleges, und alle wurden durch örtliche und nationale öffentliche Geldmittel unterstützt (einige private katholische Schulen, die Unterrichtsgebühren erhoben, bestanden ebenso weiter fort).

Die Situation der Katholiken in England und Wales unterschied sich von derjenigen der Schotten in vielfacher Hinsicht, und die Bischöfe konnten sich 1918 nicht darauf einigen, die Eigentümerrechte an ihren Schulen aufzugeben. Zwischen 1914 und 1930 bauten die Katholiken 96 Schulen mit 60 000 Plätzen mit einem Kapitalaufwand von 1 700 000 Pfund. Unterdessen stiegen die Baukosten ständig an, und viele der älteren Schulen mußten ersetzt oder erweitert, neue, zumal in den Städten, gegründet werden. Die Belastung wurde unerträglich. Um die Öffentlichkeit auf die Ungerechtigkeit ihrer Situation hinzuweisen, organisierten die Katholiken große Protestversammlungen und forderten die Parlamentsabgeordneten auf, ihnen Beistand zu leisten. Nach der Gründung des irischen Freistaates 1921 hatten die englischen Katholiken nicht mehr viele Freunde im Parlament, und die Labour Party hatte viele Mitglieder, die dem Katholizismus aus Tradition feindlich gesinnt waren, obwohl sie, besonders in bestimmten Gebieten, auch auf die Stimmen der katholischen englischen Arbeiter angewiesen war. 1931 beschloß der Katholische Bildungsrat, einen Feldzug für die Übernahme des schottischen Systems in England und Wales durchzuführen, aber die Aussicht, dieses Ziel zu erreichen, wurde mit jedem Jahr, das verstrich, geringer, zum Teil deshalb, weil der Nationale Lehrerverband kein System übernehmen wollte, das die Einführung des konfessionellen Unterrichts in einer sehr viel größeren Zahl von Schulen in staatlichem Besitz sowie religiöse Examina für bestimmte Lehrer bedeutet hätte.

1936 waren die Katholiken gezwungen, Hilfe unter Bedingungen anzunehmen, die alles andere als günstig waren. Das Erziehungsgesetz dieses Jahres ermächtigte die Ortsbehörden dazu, 50 bis 75 Prozent der Kosten für die Errichtung von freiwilligen Schulen beizusteuern. Diese Schulen waren notwendig geworden durch die erklärte Absicht des Staates, das Alter des Schulabgangs zum 1. September 1939 auf 15 Jahre zu erhöhen und das Bildungswesen zu „reorganisieren". Um den Forderungen der Freikirchler und des Nationalen Lehrerverbandes zu entsprechen, sollte diese Regelung streng zeitlich begrenzt sein: Anträge mußten innerhalb von drei Jahren eingereicht sein; es war nur die Ausstattung für Hauptschulen vorgesehen (obwohl größerer Bedarf für die Reorganisation der Grundschulen bestand); die Lehrer an denjenigen Schulen, die Baukostenzuschüsse erhielten, mußten von der örtlichen Schulbehörde ernannt werden, wenn auch ein kleiner Teil davon (über den sich die Schulleiter und die Behörde einigen mußten) „reservierte" Lehrer sein sollten, d. h. solche, die in Absprache mit den Schulleitungen ausgewählt wurden und dafür qualifiziert waren, den entsprechenden konfessionellen Unterricht zu erteilen. In allen freiwilligen Schulen mußte, falls die Eltern dies wünschten, ein nicht konfessionsgebundener Religionsunterricht erteilt werden gemäß dem Lehrplan, der für die örtlichen öffentlichen Schulen vorgeschrieben war. Schließlich war die Beihilfe nur gestattet, nicht aber verpflichtend vorgeschrieben. Weil die Katholiken unter der Leitung des neuen Erzbischofs von Westminster, Arthur Hinsley, befürchteten, daß die katholischen Hauptschulen ihre Schüler an die besser ausgestatteten Staatsschulen verlieren würden, wenn man sie nicht reorganisierte, beschlossen sie, von dem Angebot Gebrauch zu machen und sich gleichzeitig darum zu bemühen, sich ihre Grundschulen zu erhalten.

Die Auswirkungen dieser gesetzlichen Maßnahmen waren nicht ganz befriedigend, obwohl dabei ein gutes Nebenprodukt abfiel: die Einrichtung von Diözesan-Schulkommissionen an Orten, an denen vorher keine bestanden hatten. Die Reorganisation in ländlichen Gebieten, die die Errichtung von Zentralschulen mit sich brachte, verzögerte sich durch die Schwierigkeiten, die aus den großen Entfernungen sowie dem Bedarf an Transportmitteln erwuchsen, und sie drohte das Leben der Pfarrgemeinden zu spalten. In den Städten ging die Entwicklung rascher vor sich. Viele Behörden (einschließlich London) waren dazu bereit, den vom Gesetz gestatteten vollen Zuschußbetrag (75 Prozent) zu gewähren; einige andere gaben 50 Prozent. Der einzige als Gegenbeispiel berüchtigte Fall war Liverpool. Dort hatte die ständige Einwanderung von Iren eine akute Überfüllung der katholischen Schulen im Bereich der Werften verursacht. Unter dem Einfluß der mit den militanten Protestanten verbündeten örtlichen Konservativen hatte der Stadtrat sich geweigert, die Beihilfe für die Errichtung von Konfessionsschulen zu gewähren. Als es den Katholiken bei den örtlichen Wahlen nicht gelang, sich für diese Herausforderung zu revanchieren, griff die (staatliche) Erziehungsbehörde ein und hielt einen Teil der Summe zurück, die die Staatskasse der Behörde von Liverpool jährlich zukommen ließ. 1939 kam schließlich ein Kompromiß zustande, als das Parlament ein spezielles Gesetz für Liverpool annahm, wonach der Stadtrat ermächtigt war, Hauptschulen zu bauen und sie dann den konfessionellen Körperschaften zu Pachtbeträgen zwischen 25 und 50 Prozent der Darlehenskosten zu vermieten.

Zu dem Zeitpunkt, in dem der Zweite Weltkrieg ausbrach, waren erst 44,8 Prozent der katholischen Schulbezirke reorganisiert. Selbst im Jahre 1942 standen noch nicht weniger als 399 baufällige katholische Schulgebäude auf der „Schwarzen Liste“ der Erziehungsbehörde (diese Liste umfaßte Schulen mit mangelhaften Ausstattungen). Die Weiterführung der Reorganisation war durch den Krieg behindert, und das Schulabgangsalter konnte zum festgesetzten Termin nicht erhöht werden. Von den 289 katholischen Anträgen, die gemäß dem Gesetz von 1936 vorgelegt worden waren, waren nur die neun genehmigten ausgeführt. Obwohl es nur eine englische Gemeinde ohne katholische Schule gab (Morley bei Leeds), waren fast 20 Prozent der katholischen Kinder auf dem Lande nicht in katholischen Schulen. Dennoch machten die 1200 katholischen Schulen 12 Prozent von den freiwilligen Schulen aus und unterrichteten 8 Prozent der Gesamtbevölkerung im schulpflichtigen Alter.

Als die Regierung mit der Planung eines zusammenhängenden Systems im Bereich der Primarstufe, der Sekundarstufe und des höheren Schulwesens begann, zogen die Katholiken einen aktiven Feldzug organisierter Opposition gegen diese Vorhaben auf (das „Grüne Buch“ von 1941) und forderten nachdrücklich, daß in ihren Schulen der konfessionelle Charakter voll erhalten blieb. Die Katholischen Elternverbände, deren erster 1940 zu Ilford in der Diözese

Brentwood gegründet worden war, wurden auf der Ebene der Pfarrgemeinden vermehrt und durch Diözesanräte koordiniert, die ihrerseits in einem interdiözesanen Rat der Catholic Parents' and Electors' Association vertreten waren. Ihr Hauptanliegen bestand mehrere Jahre lang darin, die katholischen Interessen im Bildungswesen zu sichern und zu fördern.

Bevor man im Parlament ein Gesetz einbrachte, gab es lange Verhandlungen mit dem Präsidenten des Board of Education, R. A. Butler, und Vertretern der Anglikaner, der Katholiken, der Freikirchen und der Lehrer. Die katholischen Sprecher waren jedoch isoliert; denn die Anglikaner hatten sich gefügt, und die Freikirchen sowie die Berufsverbände hatten die Übermacht. Weil es den Katholiken mißlang, auch nur geringfügige Konzessionen zu erreichen, opponierten sie gegen das Gesetz, bis es das Parlament durchlaufen hatte. Das Ergebnis zeigte, daß man in England und Wales, die anders als Schottland bereits stark entchristlicht waren, nicht an eine einflußreiche öffentliche Meinung appellieren konnte, die davon überzeugt war, daß die Religion das Herz der Erziehung bilde; man konnte nur „Chancengleichheit" beanspruchen, das Recht der Eltern, ihre Kinder in ihrem eigenen Glauben erziehen zu lassen und zu keinem höheren Kostenaufwand, als ihn ihr nichtkatholischer Nachbar auch zu zahlen hatte.

Das Erziehungsgesetz von 1944 („Butler Act") sah für drei Kategorien von konfessionellen Primar- und Sekundarschulen finanzielle Beihilfen vor. Bei all diesen Schulen sollten alle Kosten für die weltliche und religiöse Erziehung aus öffentlichen Quellen bestritten werden, aber der Staat behielt sich das Recht zur Sicherstellung vor, daß die Schulen benötigt wurden und daß neue Schulen nur insoweit errichtet wurden, wie es die nationalen Geldmittel erlaubten. a) Die „freiwilligen unterstützten Schulen" („voluntary aided schools") sollten ganz und gar konfessionell bleiben. Der Staat war nun aber bereit, den Schulleitern 50 Prozent für genehmigte, erforderliche Reparaturen und Verbesserungen sowie bis zu 50 Prozent der Kosten für bestimmte Umbauten zu zahlen. Normalerweise verhalf man den Schulleitern zu Darlehen mit günstigen Bedingungen, und Hilfsdienste (ärztliche Untersuchung, Schulspeisungen usw.) wurden vom Staat bezahlt. b) Die „Schulen gemäß besonderer Vereinbarung" („special arrangement schools") wurden entsprechend den Bestimmungen des Gesetzes von 1936 unterstützt; die innerhalb der festgesetzten Zeit eingereichten Anträge, die nicht genehmigt oder ausgeführt worden waren, konnten nun wieder aufleben mit den notwendigen Änderungen bei den früher festgelegten Bedingungen hinsichtlich einer Einschränkung der Anzahl jener Lehrer, die wegen ihrer Qualifikation zur Erteilung konfessionellen Unterrichts anerkannt wurden. Andere Bestimmungen sollten dieselben sein wie für die erste Kategorie.

c) „Kontrollierte" Schulen sollten genauso finanziert und unterhalten werden, als wenn sie öffentliche Schulen seien, mit Ausnahme einiger Konzessionen, die zum Ausgleich für die Überlassung der Gebäude gemacht wurden, zum Beispiel das Recht der konfessionellen Behörden, ein Drittel (statt zwei Drittel) der Schulleiter zu ernennen.

Den „kontrollierten" Status lehnten die Katholiken ganz und gar ab. Infolgedessen standen sie vor der äußerst schwierigen Aufgabe, die für ihre freiwilligen unterstützten Schulen benötigten Geldmittel aufzubringen (die Hälfte der Kosten für Modernisierung, Wiederaufbau an neuen Plätzen und Unterbringung „verlegter" Schüler), ferner die Mittel für ihre Schulen gemäß besonderer Vereinbarung (von einem Viertel bis zu einer Hälfte) und für neue Schulen (die Gesamtkosten der Bauplätze und der Gebäude). Die schwerste Last war für die Katholiken (besonders für die religiösen Männer- und Frauenorden) das sekundare Schulsystem wegen des höheren Alters für den Pflichtunterricht und wegen der Abschaffung aller Gebühren in den staatlichen Schulen. Die vorhandenen katholischen Sekundarschulen nahmen meist den Status von Elementarschulen an, und (mit Ausnahme derjenigen, die besonders für die höheren Klassen eingerichtet waren) strebten sie danach, von der Erziehungsbehörde als „leistungsfähig" in ihren verschiedenen Kategorien anerkannt zu werden. Um 1948 war die Zahl der „anerkannten" Schulen auf 109 gestiegen, und die Zahl derjenigen, die staatliche Gelder erhielten, auf 73.

Zwei Ergänzungsgesetze von 1946 und 1948 erleichterten die den Katholiken auferlegte Bürde etwas, aber die Kosten stiegen weiter an. Ein Schülerplatz, der 1939 etwa 60 Pfund gekostet hatte, benötigte 1949 zwischen 191 und 400 Pfund, mit Schwankungen von Diözese zu Diözese. Unterdessen war die Zahl der katholischen Kinder, die nicht in katholische Schulen gingen, auf eins zu vier angewachsen. 1950 schlug die Hierarchie einige Abhilfen vor und errichtete ein „Aktionskomitee", um die aus den Pfarreien und Laienorganisationen herausgezogenen örtlichen Deputationen anzuleiten, die diese Vorschläge während der allgemeinen Wahlen in diesem Jahr den Parlamentskandidaten einschärfen sollten. Obwohl die katholischen Wähler über die Positionen der Kandidaten informiert waren, gelang es dieser Kampagne nicht, nennenswerte Unterstützung von ihnen zu bekommen, vor allem deshalb, weil keine politische Partei Neigung zeigte, diese kontroverse Angelegenheit aufzugreifen.

Weil die Katholiken nicht dazu in der Lage waren, genügend Sekundarschulen einzurichten, stellten sie ab 1956 wieder Forderungen nach staatlichen Beihilfen, nahmen ihre Zuflucht dieses Mal aber nicht zu öffentlicher Agitation. Etwa 30 Prozent der katholischen Kinder im Schulalter waren zu dieser Zeit nicht in katholischen Schulen, obwohl die Kirche zwischen 1945 und 1959 die Zahl ihrer Schulen um fast 25 Prozent (nämlich um mehr als 300 Schulen) erhöht hatte, 100000 neue Schulplätze geschaffen und weitere 150000 projektiert hatte. Das Erziehungsgesetz von 1959 wurde teilweise als Antwort auf die Forderungen der Katholiken und Anglikaner angenommen. Dieses Gesetz erhöhte die zuvor bereits fälligen Beihilfen von 50 auf 75 Prozent und gewährte Zuschüsse von 75 Prozent zur Errichtung neuer freiwilliger Sekundarschulen, die ganz oder größtenteils nötig waren, um diejenigen Kinder aus den Primarschulen derselben Denomination aufzunehmen, die am 15. Juni 1959 bestanden hatten, oder die von solchen Primarschulen kamen, die als Ersatz für die zu diesem Zeitpunkt bestehenden Schulen errichtet worden waren. Für die Katholiken bildete die durch das Datum auferlegte Einschränkung und der Ausschluß von Beihilfen zum Bau von Primarschulen natürlich eine Enttäuschung.

1966 gab es unter den katholischen freiwilligen Schulen in England und Wales 1801 Primarschulen und Schulen für alle Altersklassen mit 441358 Schülern, 388 moderne Sekundarschulen mit 142670 Schülern, 62 altsprachliche Sekundarschulen mit 29520 Schülern sowie 39 Sekundarschulen anderer Typen mit 24347 Schülern; außerdem gab es 56 Schulen mit direkten Beihilfen und 36146 Schülern, 557 unabhängige Schulen mit 114964 Schülern sowie 42 spezielle und genehmigte Schulen mit 3404 Schülern, insgesamt also 2945 katholische Schulen mit 792389 Schülern.

Angesichts dieser Zahlen trugen die Katholiken weiterhin ihre Forderungen vor und verlangten 85 Prozent aller Baukosten. Schließlich gaben sie sich mit den Bestimmungen des Erziehungsgesetzes von 1967 zufrieden, das von der Labourregierung eingebracht und vom Parlament fast ohne Gegenstimmen angenommen worden war. Der Staat erhöhte nicht nur die bereits bestehenden Zuschüsse für alle freiwilligen oder aufgrund besonderer Abmachung unterstützten Schulen, soweit sie für genehmigte Reparaturen und Verbesserungen bezahlt waren, auf 80 Prozent, sondern er zahlte jetzt auch, was noch wichtiger war, 80 Prozent der Kosten für die Errichtung gänzlich neuer Schulen oder für Erweiterungen von bestehenden Schulen, auch wenn diesen bisher eine solche Beihilfe nicht zugestanden hatte. Die Regierung konnte diese erhöhten Beihilfen zum Teil deshalb gewähren, weil die Kirchen mehr Harmonie untereinander hergestellt hatten.

Um diese Schulen personell besetzen zu können, baute man die vorhandenen Lehrerbildungsstätten aus und errichtete neue. Die Errichtung von 5 neuen Lehrerbildungsanstalten in den Jahren nach 1960 war das Ergebnis langer Verhandlungen mit dem Erziehungsministerium und dem Katholischen Erziehungsrat. 1968 gab es 14 katholische Lehrerbildungsstätten in England und Wales.

Der Versuch zur Gründung einer katholischen Universität wurde in diesen Jahren nicht unternommen. 1922 jedoch hatte man die „University Catholic Federation of Great Britain" gegründet, um die katholischen Verbände an den englischen Universitäten zusammenzuschließen; sie war der Pax Romana angeschlossen, von der sie die Anregung zu ihrer Gründung erhalten hatte. 1942 wurde sie reorganisiert, als die Nichtgraduierten die „Union of Catholic Students" und die Graduierten die „Newman Association" gründeten; die beiden Organisationen arbeiteten eng zusammen. Die Union begann mit der Herausgabe einer Zeitschrift und eines Jahrbuches, worin im einzelnen die verschiedenen Methoden dargelegt wurden, mit denen sie den katholischen Einfluß im Leben und Arbeiten der Universität zur Geltung bringen wollte. Die „Newman

Association" zog Graduierte aus verschiedenen Berufen und Lebensstellungen an; sie richtete ein Zentrum in London und etliche aktive örtliche Zweigstellen ein. Sie begann auch mit der Herausgabe des monatlichen Bulletins „Unitas" und entfaltete nützliche Aktivitäten wie Ferienkurse, Vorlesungsreihen und Volkshochschulkurse (von denen einige die Anerkennung durch das „University of London Extension Board" erhielten).

Soziale Bewegung

Die Haupttriebfeder für die soziale Bewegung war die „Catholic Social Guild". Eine Gruppe von Priestern und von Laien aus der mittelständischen Intelligenz hatte sie 1909 zu folgenden Zwecken gegründet: 1. um das Gespräch zwischen katholischen Studenten und Arbeitern zu erleichtern; 2. zur Mithilfe bei der Erarbeitung von Anwendungen katholischer Prinzipien auf die aktuellen sozialen Bedingungen; 3. um in katholischen Kreisen ein größeres Interesse an sozialen Fragen zu wecken und um ihre Mitarbeit bei der Förderung sozialer Reformen nach katholischen Richtlinien zu sichern. Mit der Ermutigung durch die Hierarchie verfolgte die Gilde diese Ziele vorwiegend durch Studienclubs oder Gruppen; 1914 gab es 95 solcher Gruppen (mit ungefähr 1000 Mitgliedern), die auf den Norden Englands konzentriert waren und, im Gegensatz zu den Erwartungen der Gründer, fast ganz aus Arbeitern bestanden. Obwohl angemessen ausgebildete Leiter fehlten, stieg die Zahl der Studienclubs bis zum Jahr 1938 auf 379 an; während des Krieges nahm diese Zahl ab, stieg 1950 wieder auf 337 an und fiel danach nochmals ab. Innerhalb des Bildungsprogramms für Erwachsene führte die Gilde auch Briefunterrichts-Kurse ein, für die sie Zertifikate und Diplome verlieh. Außerdem produzierte und verteilte sie Literatur, die soziale Fragen behandelte; sie plante und förderte Unterrichtsprogramme, einige Lehrbücher sowie Examina für die verschiedenen Gruppen. Die Gilde gab von Mitte 1911 bis 1920 ein „Quarterly Bulletin" heraus, von 1921 an die Monatsschrift „The Christian Democrat" sowie das „Catholic Social Year Book"; sie publizierte zahlreiche aktuelle Groschen-Broschüren und die Buchreihe „Catholic Studies in Social Reform", die von den Studienclubs als Handbücher übernommen wurden. Besonders einflußreich waren ihre Veröffentlichungen über das Völkerrecht nach dem Ersten Weltkrieg und über das Gewerkschaftswesen sowie über die Arbeitnehmer-Arbeitgeber-Beziehungen. Unter der Leitung der Gilde wurden Einkehrtage für Arbeiter abgehalten; in den ersten 15 Jahren nach dem Ersten Weltkrieg nahmen mehr als 9000 Personen in Birmingham und anderswo an diesen Einkehrtagen teil. Schließlich bildete die Gilde Vortragsredner aus und veranstaltete Vorträge. 1919 wurde der Sitz der Leitung von London nach Oxford verlegt. Die Mitgliederzahl wuchs bis 1939 auf 3910 an und stieg nach einem Rückgang während des Krieges bis 1948 auf 4166 an.

1920 veranstaltete die Gilde den ersten eine Woche dauernden Sommer-

Ferienkurs. Seine Absicht war, verschiedene Klassen zusammenzubringen, Verständnis zwischen Arbeitgebern und Arbeitnehmern zu wecken und die katholische Soziallehre in weiteren Kreisen bekanntzumachen. Die Teilnehmerzahl stieg von Jahr zu Jahr an und erreichte 1948 einen Gipfel mit 230; danach nahm sie ab, und Ende der fünfziger Jahre wurden die Ferienkurse eingestellt.

1921 gründete die Gilde in Oxford das Katholische Arbeiter-College, um Männer und von 1923 an auch Frauen als Führer für ihre Arbeitskollegen auszubilden. Es war ein „Denkmal" für Charles Plater (1875–1921), einen der Gründer der Gilde. Der erste Prinzipal des Kollegs war Pater Leo O'Hea SJ, der 1924 auch Schriftleiter der Zeitschrift „The Christian Democrat" und geschäftsführender Sekretär der Gilde wurde. Das College veranstaltete Kurse über politische und wirtschaftliche Theorie und Geschichte, ebenso über Sozialethik und Moralphilosophie, aber auch über spezielle Themen wie Gewerkschaften, Gemeindeverwaltung und internationale Beziehungen. 1925 wurde es von der Erziehungsbehörde aufgrund deren Vorschriften für die Erwachsenenbildung anerkannt und von der Universität ermächtigt, Diplome auszustellen. Alle Studenten erhielten Stipendien aus Geldmitteln, die aus den verschiedensten Quellen stammten, und ab 1926 konnten sie auch ein Stipendium der Erziehungsbehörde erhalten. Die meisten Studenten kamen aus England, Schottland und Wales, in den späteren Jahren gab es aber auch einige aus dem Ausland. In den ersten 26 Jahren seines Bestehens bildete das College nur 146 Studenten aus. Die zahlenmäßige Beschränkung setzte seiner Wirksamkeit Grenzen. Trotzdem wurden einige seiner Graduierten in der Gemeindepolitik und in der Gewerkschaftsbewegung aktiv.

Als das Interesse an den Studiengruppen nachließ (offensichtlich deshalb, weil das Studium als Selbstzweck statt als Mittel zu einem Zweck angesehen wurde), gründete man Aktionsgruppen. Ebenso rief die Gilde 1954 den Aktionsgruppendienst ins Leben, der von Woche zu Woche ein System und einen Plan für das Studium lieferte. Diese Änderung konnte den Trend zur Unbeweglichkeit nicht gänzlich umkehren. Ein hauptsächlich von Michael P. Fogarty entworfenes neues „Programm für soziales Verhalten" wurde 1957 im „Catholic Social Year Book" veröffentlicht, aber infolge von Meinungsverschiedenheiten, die die Gilde in den späten 50er Jahren in eine Krise führten, wurde es nicht realisiert. Am Ende erlangten Laien die führende Stellung, nachdem die Ämter des geschäftsführenden Sekretärs 1958 und des Prinzipals des Arbeitercolleges 1962 mit solchen besetzt worden waren; sie wurden lediglich durch einen Priester beraten, den die Bischöfe als Moderator ernannt hatten.

Im Verlauf der Jahre setzte sich die Gilde für bestimmte Anliegen ein. Nach dem Ersten Weltkrieg befürwortete sie einen garantierten Mindestlohn und den Familiengeld-Plan. 1926 unterstützte sie den Generalstreik, bis Kardinal Bourne ihn verurteilte. In den bewegten Jahren nach 1920 und 1930 trat die Gilde für die Gewerkschaften und deren Rechte ein. In ihren Publikationen erläuterte sie die „berufsständische Ordnung", die Pius XI. in „Quadragesimo Anno" empfohlen hatte. In den Jahren nach 1940 tadelte die Gilde zwar den Wohlfahrtsstaat, aber die meisten Katholiken kamen allmählich dahin, ihn mit begrenztem Beifall zu betrachten.

Zwar wich die Katholische Sozialgilde detaillierten Plänen oder Programmen aus und gab sich damit zufrieden, die Kenntnis allgemeiner Prinzipien zu fördern, die der einzelne Katholik dann auf spezielle Situationen anwenden konnte; einige ihrer Mitglieder aber förderten von den ersten Tagen an ein deutlich artikuliertes, konkretes Programm, das auf einer Politik der sozialen Reform beruhte. Einige von ihnen, besonders unter den Jüngeren, wandten sich der Lehre von der Güterverteilung (distributism) zu, die von Hilaire Belloc, Gilbert Keith Chesterton, Eric Gill und Father Vincent McNabb OP vertreten wurde. Die „Distributisten" verabscheuten sowohl den industriellen Kapitalismus als auch den Sozialismus und befürworteten statt dessen eine breite Streuung des Besitzes an Privateigentum. Sie legten ihre Theorie in zahlreichen Artikeln dar, die sie in „The New Witness" (1912–1923), „G. K.'s Weekly" (1925–1936), „The Weekly Review" (1936–1947), „The Defendant" (1947–1956) und schließlich in „The Distributist" veröffentlichten. Die literarische Basis der Bewegung wurde durch eine soziale Struktur verstärkt, als 1926 in London die „Distributist League" gegründet wurde. Innerhalb von drei Monaten entstanden Filialen in den großen Städten von England und Wales. In regelmäßigen Abständen veranstaltete die Liga öffentliche Vorlesungen und Diskussionen über aktuelle Angelegenheiten; diese Veranstaltungen wurden von einer verhältnismäßig großen Anzahl von Zuhörern besucht. Alle ihre Anstrengungen führten aber nur zu unbedeutenden Erfolgen, teilweise aufgrund von Meinungsverschiedenheiten unter den Distributisten selbst. Während einige Aktionen forderten, begnügten sich Chesterton und seine Anhänger mit Propaganda (allerdings legten Chesterton und Belloc einige Vorschläge vor und empfahlen sie der Regierung zur Durchführung). Die Mitglieder der Liga waren sich auch uneinig über das Recht zum Besitz und zur Verwendung von Maschinen; Pater McNabb, ein Extremist, verurteilte sie zusammen mit dem gesamten Industrialismus als ein Übel. Derartige Kontroversen hinterließen in der breiten Öffentlichkeit den Eindruck, sie seien utopische Theoretiker und unkritische Bewunderer der mittelalterlichen Zivilisation. Der Birmingham-Plan, 1928 von der Filiale in jener Stadt aufgestellt und später von Zeit zu Zeit überarbeitet, war der praktikabelste, und „The Distributist Programme", das 1934 von der Liga veröffentlicht wurde, skizzierte die praktischen Maßnahmen, durch die man den idealen Zustand herbeiführen könne. Es waren aber nur wenige Menschen willens, den erforderlichen Verzicht auf alle jene Bequemlichkeiten und Annehmlichkeiten zu leisten, die die Industrialisierung herbeigeführt hatte, und wieder ein einfaches Handwerkerleben zu führen. Außerdem beschimpften auch andere Katholiken, besonders Mitglieder der Catholic Social Guild, den Distributismus als unrealistisch. Etwa ab 1939 endete jede wirksame Tätigkeit der Liga, aber einzelne Distributisten setzten noch in den Jahren nach 1950 ihre Publikationen und Vorträge über ihre Theorie fort.

Die Empfehlung der Distributisten zum Erwerb des notwendigen Lebensunterhalts durch die Landwirtschaft als einer Form praktischen Handelns wurde in der „Zurück-aufs-Land-Bewegung" (Back-to-the-Land movement) realisiert. 1929 wurde The Scottish Catholic Land Association gegründet, 1931 und 1932 wurden fünf regionale katholische Landesverbände in England errichtet. Die sechs Verbände wurden durch ein ständiges vereinigtes Komitee repräsentiert, und „Land for the People", 1930 durch die Schotten begonnen, war bis 1934 das gemeinsame Organ; in diesem Jahr kehrte es unter die Kontrolle der Schotten zurück. Zu demselben Zeitpunkt wurden die Verbände in England und Wales zur „Catholic Land Federation" reorganisiert, die ein neues offizielles Organ, „The Cross and the Plough", gründete. Jeder Ortsverband hatte den Ortsbischof oder Bischöfe zum Schirmherrn, einen Geistlichen zum Vorsitzenden und einen Laien als Sekretär. Laut Monsignore James Dey, dem Vorsitzenden der Föderation, bestand die Hauptaufgabe der Verbände darin, Gemeinden von kleinen Landwirten mit ihren damit verbundenen Nebenberufen zu gründen. Auf diese Weise würde auch das natürliche Recht des Menschen auf Privateigentum erneut bestätigt; die Arbeitslosigkeit würde gemildert und das katholische Leben auf dem Lande würde erneuert. Weil das verstädterte Proletariat in landwirtschaftlichen Methoden erst ausgebildet werden mußte, richteten die Verbände Lehrfarmen ein, in denen unverheiratete Männer sowohl einen dreijährigen Lehrgang in Theorie und praktischer Unterweisung wie auch geistliche Anleitung erhalten sollten. Aus Mangel an Geldmitteln hatten diese Farmen jedoch nur ein kurzes Leben. Aus demselben Grund konnten die Verbände kein Siedlungsland für unabhängige Farmer stellen. Die Hierarchie lehnte es in ihrer Gesamtheit ab, eine Geldsammelaktion zu genehmigen und zu unterstützen und damit dieser Bewegung die offizielle Anerkennung zu geben, weil sie befürchtete, daß dieses Geld von den Etats für den Bau von Schulen und Kirchen in neuen Wohngebieten abgezweigt würde, und weil sie an der finanziellen Durchführbarkeit des ganzen Planes zweifelte. Auch die allgemeine Gleichgültigkeit der Katholiken, Zweifel daran, daß die Nebenerwerbslandwirtschaft ein Mittel gegen Arbeitslosigkeit sei, und ihr Mißtrauen gegen die in der Bewegung führenden Theoretiker, ferner das Ausbleiben jeglicher Unterstützung durch die Regierung – all das trug zur Auflösung der Verbände und der Föderation bei. Die The North of England Catholic Land Association jedoch bildete mit entsprechenden Zuschüssen von der Regierung bis 1942 Jungen als Farmarbeiter aus (erst drei Monate lang in einer Jugendherberge oder einem Heim, dann bei einem Farmer), und „The Cross and the Plough" setzte sein Erscheinen bis Mitte 1949 fort.

Während der großen Wirtschaftskrise erblickten andere Katholiken, wie Pater Paul Crane SJ, John Fitzsimons und andere Mitglieder der Catholic Social Guild, in dem Werk von Peter Maurin und Dorothy Day in den Vereinigten Staaten ein Vorbild für Aktionen. Im Juni 1935 gründeten sie eine neue Zeitschrift, „The Catholic Worker", deren erster Schriftleiter John Ford war. Diese Zeitung wurde in allen großen Städten auf den Straßen verkauft, und die Verkäufer bildeten Diskussions- und Aktionsgruppen. In Nachahmung des amerikanischen Vorbildes richteten sie an etlichen Orten Freundschaftshäuser ein. Im Klerus und in der Laienschaft bejahten nicht alle die Ziele dieser Bewegung, aber „The Catholic Worker" blieb bis 1959 bestehen. In diesem Jahr wurde sein letzter Schriftleiter, Robert P. Walsh, Organisationssekretär der Catholic Social Guild und Schriftleiter ihrer Monatszeitschrift „The Christian Democrat".

Um 1935 hatte „The Christian Democrat" die Aufmerksamkeit auf die „Jeunesse Ouvrière Chrétienne" in Belgien und Frankreich gelenkt, und als die Young Christian Workers 1937 in England offiziell gegründet wurden, wählte man deren Leiter aus einer Studiengruppe der „Catholic Social Guild" aus, die aus Verkäufern der Zeitung „The Catholic Worker" bestand. Die erste Gruppe gründete Pater Gerard Rimmer, und einer von deren Mitgliedern war Patrick Keegan, der spätere Präsident der World Union of Christian Worker Movements. Die Bewegung der Young Christian Workers breitete sich rasch aus und erreichte einen Teil der Bevölkerung, den die katholische Sozialbewegung bis dahin nicht erfaßt hatte, aber vor dem Ausbruch des Zweiten Weltkrieges hatte ihre Organisation noch keine solide Basis gewonnen. Die YCW begannen auch mit der Vorbereitung von Jungen und Mädchen, bevor sie die Schule verließen, und aus dieser Arbeit heraus entstanden die Pre-YCW, die Keegan 1949 gründete. Auch in den Nachkriegsjahren entwickelten ehemalige Mitglieder der YCW das Familien-Sozialapostolat, um ihre religiösen Prinzipien im Eheleben in die Praxis umzusetzen.

Die Catholic Social Guild, die Catholic Women's League, der Catholic Education Council und andere Organisationen ernannten Delegierte für den Catholic Council for International Relations, der 1924 als eine Art Verbindungskomitee gegründet worden war. Seine Aufgabe bestand darin, unter den Katholiken aus allen Nationen eine Aktionseinheit herzustellen in allen Angelegenheiten, die ihren Glauben betrafen, und die Sache des internationalen Friedens zu fördern. Seine Arbeit war hauptsächlich erzieherischer Art und wurde durch öffentliche Verlautbarungen und internationale Konferenzen weitergeführt.

Zwischen den beiden Weltkriegen entstanden auch noch andere Organisationen. Eine Laiengruppe, die regelmäßig die Schiffe im Hafen von Glasgow besucht hatte, gründete 1920 das Apostleship of the Sea. Der Administrator der Erzdiözese genehmigte im darauffolgenden Jahr die vorläufigen Richtlinien und Satzungen. 1922 vermittelte Erzbischof Donald A. Mackintosh den Segen und ein Anerkennungsschreiben Pius' XI. und wurde der erste Präsident der Gesellschaft. Ihre Aufgabe war die geistliche Betreuung der Seeleute. Das Werk breitete sich bald in Großbritannien und in anderen Ländern aus; 1927 waren 200 Kirchen in zahlreichen Häfen der Welt als Seemannszentren gekennzeichnet. Der Verwaltungssitz wurde zunächst von Glasgow nach London verlegt, und 1952 gründete Pius XII. in Rom das Generalsekretariat.

Während die Ansätze zu einer Organisation katholischer Unternehmer nur geringen Erfolg hatten, gehörten die britischen katholischen Arbeiter den allgemeinen Gewerkschaften an und versuchten nie, eigene Gewerkschaften zu gründen. Sie hielten aber eine jährliche National Conference of Catholic Trade Unionists ab und gründeten später Diözesanverbände katholischer Gewerkschaftler. Den ersten dieser Verbände gründeten mit Zustimmung des Bischofs von Hexham und Newcastle 1942 zwei ehemalige Studenten des Catholic Workers' College, nachdem der Gewerkschaftskongreß in Blackpool seinen Widerstand gegen staatliche Hilfen für Konfessionsschulen erklärt hatte. Nach dem Kriege wurden die Ortsverbände in einer nationalen Korporation zusammengefaßt. Sie bezweckte die Organisation des Widerstands gegen kommunistische Intrigen in den Gewerkschaften und bemühte sich, ihre Mitglieder zu besseren Katholiken und besseren Gewerkschaftlern zu machen. In beiden Hinsichten erzielte sie bemerkenswerte Erfolge, aber in den Jahren nach 1950 ließen Energie und Einfluß der katholischen Gewerkschaftler nach.

Die wahrscheinlich eindrucksvollste Bewegung, die von Katholiken während dieser Jahre in Gang gesetzt wurde, war das Sword of the Spirit, gegründet 1940 von Kardinal Hinsley, einem glühenden Patrioten, der besonders durch seine bewegenden Rundfunkansprachen in den ersten Jahren des Zweiten Weltkrieges einen tiefen Eindruck auf die englische Bevölkerung machte. Es war das Ziel dieser Bewegung, die Prinzipien des Christentums und des Naturgesetzes gegen den Nationalsozialismus und andere totalitäre Lehren zu behaupten, zu diesem Zweck die nationale Sache im Krieg zu unterstützen, für die Nachkriegszeit eine Regelung und Neuordnung Europas auf der Grundlage solcher Prinzipien zu suchen und alle Staatsbürger für diese Ziele zu einigen. Die Aktivitäten dieser Bewegung standen unter den Leitworten Gebet (einschließlich Predigten, Exerzitien, Einkehrtagen und geistlichen Lesungen), Studium (einschließlich Vorlesungen und Diskussionsgruppen, für deren Führung Pläne geliefert wurden) und Aktion (die nicht im Namen der Bewegung selbst unternommen werden sollte, sondern durch Einzelpersonen und Gruppen, die nach deren Prinzipien handelten). Der ursprüngliche Anstoß zu dieser Bewegung stammte von Christopher Dawson, der anfangs zum Laienführer ernannt wurde und später Vizepräsident war. Auch viele andere prominente Laien, Männer und Frauen, betätigten sich darin, und man bildete auch Gruppen unter den Franzosen, Belgiern, Polen und Tschechen, die nach Großbritannien geflohen waren und dort im Exil lebten. Die Gesamtheit der Katholiken im Land aber war für diese Bewegung nicht vorbereitet. Weil außerdem die anderen Bischöfe zuvor nicht konsultiert worden waren, gewährten ihr viele von ihnen keine nachhaltige Unterstützung. Dennoch wurde sie zu Anfang von den Protestanten enthusiastisch begrüßt. Eine ihrer ersten Früchte war im Dezember 1940 eine Erklärung, unterzeichnet von Kardinal Hinsley, von den Erzbischöfen von

Canterbury und York sowie von dem Moderator des Free Church Federal Council. Darin übernahmen alle die fünf Punkte Pius' XII. für den Frieden und fügten ihnen fünf eigene Maßstäbe hinzu, nach denen wirtschaftliche Situationen und Vorschläge geprüft werden könnten. Eine solche Zusammenarbeit mit Protestanten veranlaßte einige Katholiken dazu, die Gefahr eines dogmatischen Kompromisses oder eines Indifferentismus heraufzubeschwören. Deshalb beschloß die Bewegung des Sword of the Spirit, obwohl sie alle Menschen guten Willens, die die katholische Leitung anerkennen wollten, zur Mitgliedschaft eingeladen hatte, bald darauf, daß Nichtkatholiken nur assoziierte Mitglieder ohne Stimmrecht sein könnten. Trotz der daraufhin in einigen protestantischen Publikationen geäußerten Enttäuschung konnten dank der guten Dienste des (anglikanischen) Bischofs von Chichester, G. K. Bell, und anderer die christliche Liebe aufrechterhalten werden. Der Höhepunkt dieser Bewegung wurde im Juni 1942 erreicht, als Vertreter des Sword of the Spirit und solche von Religion and Life (einer ähnlichen Bewegung bei den Protestanten) eine Erklärung über ihre Zusammenarbeit verfaßten, in der sie die gesamte christliche Bevölkerung des Landes dazu aufriefen, gemeinsam zu handeln, um einen spürbaren Einfluß der christlichen Lehre und des christlichen Zeugnisses bei der Lösung von sozialen, wirtschaftlichen und bürgerrechtlichen Problemen zu dieser Zeit und in der Nachkriegsperiode zu sichern. Dementsprechend wurden in ganz England Gemeinschaftswochen und Versammlungen abgehalten, und man richtete lokale Christenräte ein, um diese Veranstaltungen nicht nur zu planen und durchzuführen, sondern um auch Druck auf alle Parteien ausüben zu können, die mit den allen Konfessionen gemeinsamen religiösen Problemen zu tun hatten. Diese Form der interkonfessionellen Zusammenarbeit hörte auf, als mit dem Ende des Krieges ihre Hauptantriebskraft beseitigt war. Der Tod von Kardinal Hinsley im März 1943 hatte die Bewegung Sword of the Spirit seiner dynamischen Führung beraubt, und in den ersten Nachkriegsjahren ließ ihre Aktivität allgemein nach. Wegen Doppelarbeit und Überschneidungen war eine Koordination ihrer Ziele und Aktionen mit denen anderer katholischer Gesellschaften nicht vollständig zu erreichen. Unter dem neuen Erzbischof von Westminster, Kardinal Griffin, verschob sich der Schwerpunkt auf den internationalen Bereich, zu den sozialen und politischen Aktionen der Katholiken auf dem Kontinent, zur Arbeit der Vereinten Nationen und der ihr angeschlossenen speziellen Organisationen und auf die Hilfe für Flüchtlinge in Großbritannien. Auf diese Weise entsprach die „Schwert"-Bewegung einem Bedürfnis, das keine andere katholische Organisation erfüllte. Um 1954 hatte sie ihren Charakter als Massenbewegung verloren und war zu einem Zentrum für die Verbreitung von Informationen über Anliegen geworden, die die Kirche in der ganzen Welt betrafen; weiterhin sollte sie die katholische öffentliche Meinung zum Handeln aufrufen, wenn das nötig war.

Den Katholiken hatte es immer freigestanden, jede der größeren politischen Parteien zu unterstützen. Die Kardinäle Bourne, Hinsley und Griffin sowie andere Bischöfe gaben häufig diese Antwort, wenn sich Fragen bezüglich der Labour Party und deren angeblichem Eintreten für den Sozialismus auftauchten. Die meist dem Arbeiterstand angehörenden Katholiken bevorzugten tatsächlich in ihrer überwiegenden Mehrheit die Labour Party; eine solche Anhängerschaft trug ihrerseits mit dazu bei, die Partei an der Entwicklung zum Sozialismus zu hindern.

Katechetische und apologetische Arbeit

Die organisierte katechetische und apologetische Arbeit der katholischen Kirche in Großbritannien wurde auf verschiedene Weise vorangetrieben. Die 1884 gegründete Catholic Truth Society vertrieb weiterhin kleine und billige Schriften, darunter solche mit devotionalem und pädagogischem Inhalt für Katholiken sowie andere für die Information von Protestanten. Der Gründer der Gesellschaft, James Britten, arbeitete eifrig bis zu seinem Tode im Jahre 1924. Als 1921/1922 der Sitz der Gesellschaft verlegt und vergrößert wurde, um eine Leihbücherei unterzubringen, war eine Programmausweitung dem Führungstalent und dem Berufswissen eines Amerikaners, William Reed-Lewis, zu verdanken. Die Publikationen der Gesellschaft und ihre Vorträge befaßten sich oft mit einzelnen Themen von aktuellem Interesse wie sozialen und politischen Ideologien in den Jahren nach 1920 und 1930, später auch mit der Geburtenkontrolle; aber solche Kontroversschriften waren der Gesellschaft nie so wichtig wie jene, die zur Unterweisung von Katholiken bestimmt waren. Zweigstellen wurden überall in England eingerichtet, ebenso in Schottland, Australien, Indien, Hongkong und in den Vereinigten Staaten.

Eine andere Methode zur Unterweisung von Nichtkatholiken war die Straßenpredigt, die sich an alle richtete, die stehenbleiben und zuhören wollten. Dies war die Aufgabe der Catholic Evidence Guild, die Vernon Redwood, ein Neuseeländer, mit der Billigung von Kardinal Bourne 1918 in London kurz nach dem Ende des Krieges gegründet hatte. Die erste Gilde arbeitete nur in der Erzdiözese Westminster, aber in der Folgezeit wurden unabhängige Gilden ebenso in anderen englischen Diözesen wie auch in den Vereinigten Staaten und Australien gegründet. In der Frühzeit der ersten Gilde erarbeitete man ein Ausbildungsprogramm, das für Lehrgänge in Theologie, Philosophie und Schriftkenntnis sorgte; den Kandidaten wurde auch beigebracht, wie man Versammlungen unter freiem Himmel abhält; sie wurden vom Studienleiter und anderen Kaplänen, die der Diözesanbischof ernannt hatte, geprüft, und es war auch ein Laie dabei, der als „advocatus diaboli" die Zuhörermenge repräsentierte. Der Marble Arch im Hyde Park wurde der populärste Platz für Redner-„Tribünen" in London. Diese Art der Darstellung nach außen beschränkte sich auf die katholische Lehre; kontroverse Fragen sozialer und wirtschaftlicher Natur sowie alle politischen Fragen wurden rigoros ausgeschlossen. Das Lehrbuch der Gilde, „Catholic Evidence Training Outline" (zuerst 1925 erschienen und danach überarbeitet), hatten Frank Sheed und Maisie Ward zusammengestellt, zwei ihrer bekanntesten Laienmitglieder. Zwar wurde die Arbeit der Gilde durch den Krieg beeinträchtigt, danach aber wieder intensiviert. 1949 gab es 18 Gilden mit insgesamt 638 Mitgliedern und 302 einsatzbereiten Rednern in England.

Liturgische Bewegung

Die liturgische Bewegung hatte in Großbritannien einen langsamen Start und erlangte vor dem Zweiten Vatikanischen Konzil keinen größeren Einfluß. 1929 wurde die Society of St. Gregory gegründet. Sie gab die Zeitschrift „Music and Liturgy" heraus und hielt Sommerferienkurse ab. Nach dem Zweiten Weltkrieg verbreiterte sie ihren Arbeitsbereich dadurch, daß sie ihre frühere Vorliebe für die Musik aufgab und den Namen ihrer Zeitschrift zu „Liturgy" kürzte. Ihr wirkliches Ansehen erhielt die Bewegung aber erst, nachdem die Enzyklika „Mediator Dei" und etliche Dekrete von Rom erlassen worden waren.

Samuel Gosling, ein englischer Priester, war zu der Überzeugung gelangt, daß die Beibehaltung des Lateins als der einzigen liturgischen Sprache des römischen Ritus ein ernsthaftes Hindernis für die pastorale Arbeit sei. 1943 gründete er die English Liturgy Society für Kleriker und Laien, welche „die Verwendung der Muttersprache im öffentlichen Gottesdienst zu fördern wünschen, insoweit dies mit den Lehren und Traditionen der Kirche in Einklang steht". Im darauffolgenden Jahr startete er eine kleine Zeitschrift, den „English Liturgist", den er bis zu seinem Tod im Jahre 1950 herausgab. Die Gesellschaft errang nur bescheidene Unterstützung und traf auf erbitterte Gegnerschaft, aber sie übte sogar in den Vereinigten Staaten einen direkten Einfluß aus, wo 1946 die American Vernacular Society gegründet wurde.

Pressewesen

Nach 1914 wurden nur wenige neue Zeitungen und Zeitschriften von Bedeutung begonnen, aber viele der alten weitergeführt. Wilfrid Ward trat 1915 als Schriftleiter der „Dublin Review" zurück, aber seine Nachfolger setzten die Tradition auf demselben hohen Niveau und mit der gleichen Weitsicht fort, besonders Shane Leslie, Denis Gwynn und Christopher Dawson, die auch zahlreiche Bücher verfaßten (besonders historische und biographische Arbeiten). Die Zeitschrift verblieb im Besitz des Erzbischofs von Westminster. 1961 wurde ihr Name in „Wiseman Review" umgeändert (kurz bevor Norman St. John-Stevas Schriftleiter wurde), und vier Jahre später wieder in „Dublin Review" zurückverwandelt. Im Winter 1968/69 stellte sie ihr Erscheinen ein. Bei den von religiösen Orden herausgegebenen Zeitschriften wurde „The Month", das Organ der Jesuiten, im ursprünglichen intellektuellen Stil bis 1949 fortgesetzt. Von da an begann ihr Schriftleiter, Philip Caraman SJ, eine neue Reihe, die der Literatur und den Künsten ebenso viel Aufmerksamkeit widmete wie der Theologie und der Philosophie; diese Politik wurde ihrerseits 1964 wieder geändert. Die „Downside Review" spiegelte weiterhin die Gelehrsamkeit der Benediktiner in dieser Abtei wider. 1920 gründete Bede Jarrett OP die „Blackfriars" als das Organ der Dominikaner in Oxford.

Das Wochenblatt „Tablet" wurde von John George Snead-Cox bis 1920 nach konservativen Richtlinien weitergeführt (mit wenig Sympathie für politische Ambitionen der Iren); es war im wesentlichen das Sprachrohr der alten katholischen Familien. Seine defensive und feindliche Haltung gegenüber den Anglikanern behielt auch Ernest Oldmeadow bei, ein konvertierter methodistischer Geistlicher, den Kardinal Bourne hauptsächlich wegen seines polemischen Geschicks 1923 als Schriftleiter ausgewählt hatte. Als religiöse Kontroversen immer mehr an Anziehungskraft verloren, fiel die Auflage der Zeitung auf unter 3000 ab, und 1936 verkaufte Kardinal Bournes Nachfolger „Tablet" an eine Gruppe von Laien, zu denen auch Douglas Woodruff gehörte, der dann Oldmeadow als Schriftleiter ersetzte; durch Ausweitung der Interessengebiete für die Zeitung gelang es ihm, ihre Existenz wieder zu stabilisieren. Woodruff machte sie zu einer hervorragenden Nachrichtenquelle, besonders über auswärtige Angelegenheiten, und er beschäftigte eine Anzahl von kompetenten Publizisten.

Unter den anderen alten Wochenblättern gedieh die Londoner „Universe" gut, weil sie die Techniken neuzeitlicher Publizistik anwendete. Nachdem sie sich 1962 die „Catholic Times" einverleibt hatte, erhöhte sie ihre Auflage auf mehr als 300000 und wurde auf diese Weise die am weitesten verbreitete religiöse Zeitung im ganzen Land. Obwohl die „Catholic Times" ebenfalls modernisiert worden war, hatte sie mehr von ihrem ursprünglichen Charakter bewahrt und blieb auch weiterhin das Vorzugsblatt vieler Katholiken von irischer Geburt oder Herkunft. Der „Catholic Herald" sprach eine wachsende Anzahl von katholischen Studenten an Provinzuniversitäten an. Als ihn 1934 eine Gruppe von Laien erworben hatte, wandelte sie ihn völlig um. Von da an redigierte ihn bis 1962 in sehr geschickter Weise Count Michael de la Bédoyère, der einen Mittelweg zwischen „Tablet" und „Universe" einhielt. Nach seiner Pensionierung wurde Desmond Fisher Schriftleiter und führte die Zeitung als ein Meinungsblatt, das Weltnachrichten aller Art vom katholischen Standpunkt aus behandelte. Der „Glasgow Observer" blieb die einzige in Schottland veröffentlichte katholische Wochenzeitung, die in den östlichen und nördlichen Bezirken des Landes unter dem Titel „Scottish Catholic Herald" erschien; sie war in Wirklichkeit zu einem Filialunternehmen des Londoner „Catholic Herald" geworden. Etliche andere englische und irische katholische Wochenschriften brachten ebenfalls schottische Ausgaben heraus. Die „Catholic Times" lief 40 Jahre lang als Beilage der „Welsh Catholic Times", die in Cardiff erschien und 1962 eingestellt wurde.

Irland

Bevölkerung

In den 26 Grafschaften der Republik Irland betrug die Anzahl der Katholiken 1926 insgesamt 2751269 bei einer Gesamtbevölkerung von 2971992, und 1961 waren es 2673473 bei einer Gesamtbevölkerung von 2818341. Nach der Erlangung der Unabhängigkeit wuchs der Prozentsatz der Katholiken bei jeder Volkszählung, während die Gesamtbevölkerung abnahm, weil die Auswanderung stärker war als das natürliche Wachstum. Somit wurde die Republik hinsichtlich der Religion ständig homogener. Außerdem praktizierte die große Mehrzahl dieser Katholiken ihren Glauben, weshalb der Katholizismus in Irland sichtbarer hervortrat als in jedem anderen englischsprachigen Land. In den 6 Grafschaften Nordirlands dagegen nahm die Gesamtbevölkerung von 1256561 im Jahre 1926 auf 1425462 im Jahre 1961 zu, während die Anzahl der Katholiken von 420428 auf 498031 anwuchs.

1916 gab es in den insgesamt 32 Grafschaften 3022 Weltpriester und 715 Ordenspriester. Die religiösen Orden besaßen 97 Priesterhäuser, 131 Nonnenklöster und 43 Mönchsklöster. 50 Jahre später gab es 3964 Weltpriester und 2022 Ordenspriester. Die religiösen Orden hatten 160 Häuser für Ordenspriester, 201 für Ordensbrüder und 648 für Nonnen. Inzwischen hatten zahlreiche Priester und Ordensleute Irland verlassen, um ihren Dienst in anderen englischsprachigen Ländern oder in den Missionen zu verrichten.

Politische Entwicklung

Beim Ausbruch des Ersten Weltkrieges debattierte man noch heftig über die schon lange lebhaft diskutierte Frage der Selbstverwaltung (Home Rule) für Irland. Die Hauptschwierigkeit ergab sich aus der Weigerung der Protestanten in Ulster, eine Regelung zu akzeptieren, wonach die Katholiken die Mehrzahl bilden würden und somit in der Lage seien, den Klerikalismus an die Macht zu bringen oder einen theokratischen Staat einzuführen. Die Katholiken andererseits fürchteten, daß bei einer Teilung der Insel die Katholiken in Ulster von einer protestantischen Mehrheit unterdrückt würden und daß bei der Gewährung der Autonomie für diese nördlichen Landesteile das Prinzip der konfessionellen Erziehung durch das der gemischten Erziehung ersetzt würde.

In den ersten Kriegsjahren unterstützten Episkopat und Klerus im allgemeinen die Beteiligung der Iren an der Mobilmachung und Rekrutierung. Ende 1915 verwandelte sich diese anfängliche Begeisterung für die Kriegsanstrengungen in Apathie. Edward Thomas O'Dwyer, der Bischof von Limerick, erklärte, dies sei Englands und nicht Irlands Krieg. Obwohl die Hierarchie mehrmals die Irish Republican Brotherhood, die 1916 den Aufstand organisierte, verurteilt hatte, lehnte sie in ihrer Gesamtheit den Aufstand selbst nicht ab. Die

Rebellenführer, die an dem Osteraufstand teilnahmen, waren zumindest nominell Katholiken, und von denen, die gefangengenommen und zum Tode verurteilt wurden, empfingen alle bis auf einen die Sakramente vor der Hinrichtung durch die Briten. Die öffentliche Meinung insgesamt verurteilte jedoch die unmoralischen Mittel, die sie angewendet hatten, um den Anspruch des irischen Volkes auf Unabhängigkeit zu behaupten. Allerdings brachte dann den Rebellen die grausame Behandlung durch die britische Regierung die Sympathie des Volkes. Bischof O'Dwyer gab der allgemeinen Empörung über die Härte der britischen Unterdrückung Ausdruck.

Als die Irische Parlamentspartei das Vertrauen der Öffentlichkeit verloren hatte, gaben die Bischöfe und besonders die jüngeren Priester nach und nach der „Sinn Fein"-Bewegung den Vorzug und halfen gleichzeitig mit, sie vom Rückgriff auf physische Gewalt abzuhalten. Tatsächlich ereignete sich in Irland zwischen Mai 1916 und Anfang 1919 keine bemerkenswerte Gewalttat. In diesem Zeitraum verlieh die Beteiligung derer, die den Titel „Sinn Fein" beanspruchten, an den üblichen Operationen einer politischen Partei der neuen Bewegung die Aura der Vertrauenswürdigkeit, die sie benötigte, um auf breiter Basis den Beifall des Klerus zu finden. Der Primas von Allirland und Erzbischof von Armagh, Kardinal Michael Logue, brachte jedoch in einem Hirtenbrief vom November 1917 seine Gegnerschaft zur „Sinn Fein" zum Ausdruck, weil er ihren Traum von der Errichtung einer irischen Republik für eine Utopie hielt, die wahrscheinlich im Desaster enden würde.

Als dem Parlament das Militärdienstgesetz vorgelegt wurde, um der Regierung die Vollmacht zu geben, die Truppenaushebung auch auf Irland anzuwenden, das vorher davon ausgenommen worden war, warnten sowohl der ständige Ausschuß der Bischöfe wie auch einzelne Bischöfe im Frühjahr 1918 die britische Regierung vor dem Versuch, ein solches Gesetz zu erzwingen. Später verurteilte die gesamte Hierarchie die zwangsweise Aushebung als ein unmenschliches Unterdrückungsgesetz. Das irische Volk habe das Recht, diesem Gesetz mit jedem Mittel Widerstand zu leisten, das mit dem Gesetz Gottes in Einklang stehe. Die Bischöfe wiesen auch den Klerus an, gewisse praktische Maßnahmen zu ergreifen, um dieses Unrecht abzuwenden. Dadurch, daß sie sich selbst an die Spitze des Feldzuges gegen die Truppenaushebung stellten, wahrten die Bischöfe ihren Einfluß auf das Volk und förderten in der Tat, besonders im Westen, eine bessere Zusammenarbeit zwischen dem Klerus und der „Sinn Fein".

Nachdem die Dáil éireann (Versammlung von Irland) 1919 die irische Republik proklamiert hatte, brach der englisch-irische Krieg aus. Die britische Regierung suchte die Bischöfe zur Verurteilung der Aufständischen zu bewegen, aber sie weigerten sich. Einige Bischöfe unterstützten offen die Anleihe der Dáil. Als die Dáil 1919 Schiedsgerichte einsetzte, sorgte sie dafür, daß die Priester ex officio Richter an diesen Gerichtshöfen für kleinere Rechtsfälle wurden. So erlangte die Kirche durch den niederen Klerus eine Stimme in der nationalen

Bewegung ohne die Risiken eines direkten bischöflichen Engagements. Die Beteiligung des Klerus an den Gerichtshöfen verlieh außerdem der Republik zumindest auch ein gewisses Maß an Legitimität. Als die Irische Republikanische Armee (IRA) ihre unbarmherzigen Angriffe auf die britischen Truppen führte und letztere brutale Vergeltung übten, erklärten viele Bischöfe, daß die Angriffe der IRA beklagenswert, aber angesichts der Unterdrückung durch die Behörden verständlich seien. Im Oktober 1920 rügte die Hierarchie die wütenden Repressalien der Regierung als Greueltaten und Exzesse. Weil viele Freiwillige mit der Zustimmung einiger Kleriker behaupteten, die Tötung eines Polizisten oder eines britischen Soldaten sei kein Mord, sondern eine Kriegshandlung, stellte der Bischof von Galway, Thomas O'Dea, die Auffassung der Kirche klar, daß keine rechtmäßige Autorität in Irland den Krieg gegen die Polizei erklärt oder autorisiert habe. Dennoch billigten viele Priester die Mitgliedschaft in der IRA. Mit der Genehmigung der Dáil verkündete deren Präsident, Eamon de Valera, im März 1921 die förmliche Anerkennung eines Kriegszustandes mit England und die Verantwortlichkeit für die Aktionen der IRA. Als aber de Valera im Juni die Hierarchie persönlich um formelle Anerkennung der Republik bat, betonten die Bischöfe lediglich das Recht Irlands, sich seine eigene Regierungsform zu wählen. Die Vereinbarung vom Dezember 1921 zwischen der britischen Regierung und den irischen Bevollmächtigten über die Errichtung des Irischen Freistaates wurde von der Kirche mit einem Gefühl der Erleichterung und der Freude begrüßt. Die Hierarchie als solche hieß diese Vereinbarung nicht gut, aber mehrere Bischöfe taten dies als Einzelpersonen.

Nachdem der Vertrag 1922 von der Dáil éireann ratifiziert worden war, lehnten de Valera und die IRA ihn sowie die von ihm geschaffene Regierung ab. Zunächst hofften die Bischöfe auf eine verfassungsmäßige Lösung der Krise; erst als die von de Valera angeführten verstockten Republikaner den Bürgerkrieg gegen die von William T. Cosgrave als Präsident geführte neue Regierung eröffneten, verkündete die Hierarchie eine allgemeine Exkommunikation für die vertragsfeindlichen Kräfte. In einem gemeinsamen Hirtenbrief vom 10. Oktober 1922 erklärte die Hierarchie, die Regierung des Freistaates besitze die rechtmäßige Autorität, es sei ein schweres Unrecht, ihr mit Waffengewalt Widerstand zu leisten, und der von den Republikanern fortgesetzte Guerillakrieg sei zu verurteilen. Die Republikaner hingegen mißachteten diese Verurteilung und setzten den Kampf fort, bis de Valera im folgenden Frühjahr seine Anhänger aufforderte, die Feindseligkeiten einzustellen. Obwohl bei den Republikanern einige wenige noch jahrzehntelang der Kirche grollten, wurde de Valera nicht zum Sammelpunkt für eine antiklerikale Partei.

Kirchliche Organisation

Als Irland politisch geteilt wurde, berührte dies die territoriale Unversehrtheit der Kirche nicht. Von da an deckten sich die kirchlichen und die staatlichen

Jurisdiktionsbezirke nicht mehr. Die vier Provinzen mit 28 Diözesen behielten ihre bisherigen Grenzen bei, und die Hierarchie handelte weiter als eine einzige Körperschaft. Im allgemeinen trafen sich die Bischöfe zweimal im Jahr, und ein ständiger Ausschuß, der aus den vier Erzbischöfen, zwei Bischofssekretären und je einem aus jeder Provinz ausgewählten Mitglied bestand, tagte vierteljährlich. Nationalkonzile, an denen Vertreter des niederen Klerus und der religiösen Orden teilnahmen, wurden 1927 und 1956 in Maynooth abgehalten.

Verhältnis zum Staat

Der irische Freistaat stellte 1929 volle diplomatische Beziehungen zum Heiligen Stuhl her. Von da an residierte ein Apostolischer Nuntius in Dublin und ein irischer Botschafter in Rom. Erster Nuntius war Paschal Robinson, der dieses Amt bis zu seinem Tode 1948 innehatte; er war in Irland geboten und in den Vereinigten Staaten aufgewachsen. Ein Konkordat wurde nie diskutiert.

In Abwesenheit der republikanischen Delegierten, die sich weigerten, die 1922 gewählte Dáil anzuerkennen, wurde in demselben Jahr eine Verfassung für den Freistaat durch diese Körperschaft beschlossen. Darin wurde die katholische Kirche nicht einmal erwähnt; es wurde lediglich jedem Staatsbürger die Freiheit der Religion garantiert, und es wurden alle Gesetze für null und nichtig erklärt, die irgendeine Religion subventionieren oder irgend jemand aufgrund seines religiösen Glaubens oder seiner Stellung bevorzugen würden. Dennoch aber zeigten von Anfang an Cosgraves Regierungen, die jeweils überwiegend aus katholischen Ministern bestanden, und die von ihm beherrschte Dáil ihre Bereitschaft, die Macht des Staates für den Schutz katholischer sittlicher Werte einzusetzen. So stimmten sie 1923 dem Gesetz für die Filmzensur zu, 1924 und 1927 den Gesetzen gegen stark alkoholische Getränke und 1929 dem Gesetz für die Zensur von Publikationen (vorgesehen war ein Zensurausschuß, der aus einem katholischen Priester als Vorsitzendem, 3 katholischen Laien und einem Protestanten bestand).

1927 beschlossen de Valera und eine Mehrheit der Republikaner, der Dáil als die Fianna Fail Party beizutreten. Eine Minderheit von unversöhnlichen Republikanern lehnte unter dem Namen Irish Republican Army (IRA) auch weiterhin den Status quo ab und erstrebte die Vereinigung Nordirlands mit den 26 Grafschaften durch Gewalt. Formal verurteilte die Hierarchie die IRA durch einen gemeinsamen Hirtenbrief im Jahre 1931. Gleichzeitig verurteilte sie auch die mit ihr verbündete Organisation Saor Eire als kommunistisch. Die Saor Eire verschwand allmählich, aber die IRA blieb aktiv und der kommunistische Einfluß in ihr war weiterhin stark. Um 1935 warnten die Bischöfe in ihren Fastenhirtenbriefen die Gläubigen häufig vor dem Kommunismus. Im Januar 1956 verurteilte die Hierarchie die IRA von neuem und erklärte es zur „Todsünde für einen Katholiken, Mitglied einer Organisation oder Gesellschaft zu werden oder zu bleiben, die sich das Recht anmaßt, Waffen zu tragen oder diese gegen ihren eigenen oder einen anderen Staat zu verwenden", und „ebenso sündhaft für einen Katholiken, mit einer solchen Organisation oder Gesellschaft zusammenzuarbeiten, ihr Beifall zu spenden oder sie auf andere Weise zu unterstützen". Trotzdem unterstützten viele fromme Katholiken auch weiterhin die IRA. Diese Iren akzeptierten die Autorität der Kirche für den Bereich der Religion, aber sie lehnten diese Autorität für den Bereich der Politik ab.

Als de Valera 1932 Premierminister wurde, setzte er die Politik seiner Vorgänger mit der Aufrechterhaltung katholischer Werte fort und setzte sogar „irisch" mit „katholisch" gleich. So verbot die Zusatzverfügung von 1935 zum Strafgesetz den Verkauf und die Einfuhr von empfängnisverhütenden Mitteln (Sektion 17), und das Gesetz gegen öffentliche Tanzveranstaltungen aus demselben Jahr suchte ein Übel auszurotten, gegen das die Bischöfe und Priester seit langem zu Felde gezogen waren.

Die Verfassung von 1937 respektierte die katholische Lehre hinsichtlich Familie, Ehe, Erziehung und Privateigentum. Mit besonderem Bezug auf die Religion erklärte sie: „Der Staat erkennt die besondere Stellung der heiligen römisch-katholisch-apostolischen Kirche an als der Hüterin des Glaubens, zu dem sich die große Mehrheit der Staatsbürger bekennt" (Artikel 44). Sie erkannte auch die protestantische, die jüdische und andere im Land vorhandene Religionen an. Dieser Artikel war auf de Valeras persönliche Initiative eingeführt worden; die Bischöfe hatten eine solche Anerkennung nicht verlangt. Nachher waren sich die Autoritäten nie einig, ob die „besondere Stellung" irgendeine juristische Auswirkung haben könne. Obwohl diese Verfassung für die katholischen Werte in einem größeren Ausmaß als diejenige von 1922 eintrat, gewährte der Staat der Kirche noch immer nicht den Status einer Persönlichkeit öffentlichen Rechtes und auch keinerlei Geldmittel oder Beihilfen. Die Kirche selbst war nicht ermächtigt, Eigentum zu besitzen oder öffentlich-rechtliche Handlungen vorzunehmen; sie mußte immer noch das Treuhändersystem anwenden und ihr gesamtes Einkommen aus den freiwilligen Gaben des Volkes bestreiten. Auf der anderen Seite beanspruchte der Staat keinen Einfluß auf die Ernennung von Bischöfen oder auf andere innere Angelegenheiten der Kirche. Der Oberste Gerichtshof des irischen Freistaates hatte 1926 erklärt, das kanonische Recht der katholischen Kirche sei im bürgerlichen Recht und vor zivilen Gerichten Auslandsrecht, dessen Gültigkeit durch sachverständige Zeugen bewiesen werden müsse. Die Verfassung von 1937 änderte den Status des kanonischen Rechts nicht und schloß somit auch nicht die Schwierigkeiten aus, die sich bei Eherechtsfällen aus den Divergenzen zwischen dem kanonischen Recht und dem Zivilrecht ergaben, obwohl auch die Verfassung die Ehescheidung verbot.

Im Süden war keine größere politische Partei jemals antiklerikal eingestellt. Selbst die Labour Party unterstützte die Aufrechterhaltung katholischer Wertvorstellungen.

Schulwesen

Trotz alledem war der irische Freistaat der Kirche im Bereich des Erziehungswesens hilfreich und erlaubte ihr, über die Schulen in den 26 Grafschaften mehr Kontrolle auszuüben als in irgendeinem anderen Land der Welt. In der Verfassung von 1937 erkannte der Staat die Familie als den eigentlichen und natürlichen Erzieher des Kindes an; er garantierte Rücksicht auf das unveränderliche Recht und die Pflicht der Eltern, gemäß ihren Mitteln für die religiöse und moralische, intellektuelle, physische und soziale Erziehung ihrer Kinder zu sorgen. Für die Primarerziehung (bis zum Alter von 14 Jahren) gewährte der Staat auch weiterhin Zuschüsse an alle Schulträger, die seinen Anforderungen entsprachen; diese Zuschüsse sollten die Lehrergehälter, bestimmte Wartungskosten und zwei Drittel der Baukosten für neue Schulen (mehr als zwei Drittel in Notstandsgebieten) decken. Der Staat richtete kein eigenes konkurrierendes System ein. Die Primarschulen waren in Privatbesitz, und fast alle waren mit der einen oder anderen Konfession verbunden. Jede Schule wurde von einem Schulleiter kontrolliert, der die Lehrer ernannte; im Fall der katholischen Schulen war gewöhnlich der Pfarrer auch Schulleiter. Auf der anderen Seite schrieb der Staat den Lehrplan vor, inspizierte die Schulen und setzte die Examina an. Einige der katholischen Sekundarschulen waren Eigentum von Laien, die meisten aber waren im Besitz von Diözesen oder religiösen Orden. Auf dieser Basis führte der irische Freistaat durch das Gesetz von 1924 ein System von Zuschüssen nach der Kopfzahl ein unter der Bedingung, daß bestimmte Vorschriften beachtet würden. Diese Zuschüsse erwiesen sich als immer weniger angemessen, dennoch wurden sie erst 1954 erhöht. Im Juni 1964 betrieb die katholische Kirche 4848 Primarschulen mit 489448 Schülern (aus einer Gesamtzahl von 502201 Schülern in der Republik). An katholischen Sekundarschulen gab es im akademischen Jahr 1964/65 insgesamt 573, sie bildeten 92989 Schüler aus.

Die irischen Politiker waren mit dem Schulleitersystem, das die Kontrolle in den Händen von Klerikern beließ, zufrieden. Die Bischöfe reagierten prompt auf jeden Vorschlag zur Reduzierung ihres Einflusses. Von 1963 an wurden jedoch mehrere wichtige Reformen im Erziehungswesen mit der Einwilligung oder gar mit dem Beifall der Hierarchie gesetzlich verordnet.

Auf dem Gebiet des höheren Bildungswesens hatte die Hierarchie schon lange vor dem Erreichen der Unabhängigkeit die Einrichtung einer Universität gefordert, die für Katholiken akzeptabel war. 1908 ging die britische Regierung auf diese Forderung mit der Gründung der National University of Ireland ein, mit Kollegien in Dublin, Cork und Galway. Obgleich formell nicht konfessionell, war sie dazu bestimmt, der katholischen Hierarchie in ihren Leitungsgremien einen beträchtlichen Einfluß zu sichern. Dennoch hielt es der Erzbischof von Dublin, John Charles McQuaid, 1944 für nötig, den Katholiken zu verbieten, daß sie „ohne die vorherige Erlaubnis des Diözesanordinarius in die protestantische Universität des Trinity College eintreten“, und er erklärte, Ungehorsam gegen diese Vorschrift sei eine Todsünde und das Verharren im Ungehorsam mache unwürdig zum Sakramentenempfang. Das Nationalkonzil von 1956 verbot ebenfalls katholischen Jugendlichen unter Androhung der Todsünde den Besuch des Trinity Colleges und katholischen Eltern oder Vormündern die Entsendung von jungen Menschen dahin. Nur der Erzbischof von Dublin sollte kompetent dafür sein, zu entscheiden, unter welchen Umständen und mit welchen Garantien gegen die Gefahr des Abfalls der Aufenthalt in dieser Institution geduldet werden könne. In der Praxis wurden jedoch häufig Dispensen erteilt.

Soziale Bewegung

In den ersten drei Dekaden des 20. Jahrhunderts war die soziale Bewegung bei den irischen Katholiken verhältnismäßig schwach, weil diese ihre Energien hauptsächlich dem politischen Kampf sowie der Arbeit des Kirchenbaues und der religiösen Organisation widmen mußten. Die soziale Bewegung wurde auch durch die intellektuelle Rückständigkeit der katholischen Bevölkerung verzögert. Der Fortschritt beschleunigte sich nach der Veröffentlichung der Enzyklika „Quadragesimo Anno“ durch Pius XI. im Jahre 1931. In demselben Jahr gründete Reverend John Hayes „Muintir na Tire“ (Volk des Landes), eine Produktionsgenossenschaft, die später ländliche Wochenenden und Wochen sowie Studienkongresse abhielt. Sie entwickelte sich zu einer Bewegung für die Besserung des Soziallebens in den Landbezirken Irlands, das durch den unaufhaltsamen Vormarsch der Industrialisierung von der Vernichtung bedroht war. Man bildete örtliche Vereine, die jeden Sektor der Gemeinde repräsentierten, und subsumierte so einzelne Interessen unter eine höhere Gruppe auf der Ebene der Pfarrei, die die Organisationseinheit darstellte. Diese Bewegung war formell nicht katholisch, aber katholische Priester und Laien unterstützten sie aktiv. Auch prominente Protestanten wurden Mitglieder dieser örtlichen Vereine und nahmen an den Versammlungen teil. Die ihr zugrunde liegende Ideologie kann man als „berufsständisch“ bezeichnen. „Muintir na Tire“ wurde zu einem der wichtigsten Vermittler für die Verbreitung der katholischen Soziallehre in Irland.

Bei den Zeitungen war das 1928 gegründete Wochenblatt „The Standard“ von 1938 an das wirksamste Organ zur Propagierung der katholischen Soziallehre; ihre Vorliebe war das Verbandswesen. Ihr Hauptschriftleiter, Dr. Alfred O'Rahilly, Professor und später Präsident des Universitäts-Colleges in Cork, schrieb sowohl über wirtschaftliche wie über religiöse Themen.

Die Bischöfe verkündeten in den späten dreißiger Jahren die Soziallehre in ihren Hirtenbriefen immer lauter. Drei Bischöfe waren für ihr Interesse an der sozialen Frage besonders bekannt: John Dignan von Clonfert, der von der Regierung 1936 den Vorsitz bei der neuen nationalen Krankenversicherungsgesellschaft übernahm; Michael Brown von Galway, der hartnäckig jeder unangebrachten Ausweitung der staatlichen Macht entgegentrat; Erzbischof McQuaid, der seine besondere Aufmerksamkeit der sozialen Wohlfahrt widmete. 1941 schuf McQuaid die katholische Sozialdienst-Konferenz zur Koordination und Ausweitung der karitativen Arbeit angesichts der kriegsbedingten Mangellagen bei Ernährung, Kleidung und besonders Heizmaterial sowie in den Bereichen Wohnung, Beschäftigung und Mütterfürsorge. Die Konferenz bediente sich freiwilliger Mitarbeit und erhielt Beihilfen von staatlicher Seite sowie von den örtlichen Behörden. In Dublin veränderte sie die Art und Weise der Sozialarbeit.

Einen neuen Fortschritt der sozialen Bewegung kündigte die Gründung der Christus Rex Society an, die 1945 von der irischen Hierarchie genehmigt wurde und ihren ersten Kongreß im darauffolgenden Jahr abhielt. Ihre Mitgliedschaft war auf Weltpriester beschränkt, aber Angehörige religiöser Orden und Laien hielten oft auf den Jahreskongressen Ansprachen. Ihre Ziele waren: „die öffentliche Meinung in sozialen Fragen aufzuklären und mitzuhelfen bei der Heranbildung eines öffentlichen Bewußtseins, das gegen soziale Mißstände empfindlich ist [...]; das Studium der katholischen Soziallehre beim Klerus und durch diesen auch bei den Laien zu fördern; die irischen Priester zu gemeinsamen Anstrengungen zu ermuntern zwecks Abstellung sozialer Mißstände und zur Verwirklichung der Prinzipien der Sozialenzykliken im öffentlichen Leben". 1947 begann die Gesellschaft mit der Publikation der Vierteljahresschrift „Christus Rex", die zur führenden Zeitschrift für die Diskussion der sozialen Fragen in Irland wurde.

Einer der bekanntesten Publizisten und Redner über soziale Fragen in der Nachkriegszeit war Cornelius Lucey, Professor für Ethik in Maynooth (1921–1951), Bischofskoadjutor von Cork (1951–1952) und dann Bischof von Cork (von 1952 an). Auch Bischof Brown verlieh seinen Ansichten über öffentliche Angelegenheiten häufig Ausdruck. Beide Bischöfe vertraten konservative Auffassungen.

Als die Regierung ein Gesetz zur „Sorge für Mutter und Kind" vorschlug, entschied die Hierarchie im April 1951 einstimmig, daß dieser Plan der katholischen Soziallehre widerspreche. Als dann der Gesundheitsminister, Dr. Noel Browne, aus verschiedenen Gründen zurückgetreten war, erhob sich in der Presse eine Kontroverse über die Rolle der Hierarchie. Die Bischöfe waren über die Gefahren besorgt, die sich aus dem Anwachsen der Staatsmacht und der Möglichkeit einer unchristlichen Sexualerziehung ergaben. Als die Regierung 1952 ein neues Gesundheitsgesetz vorlegte, griff die Hierarchie ebenfalls ein, um einige Zusätze durchzusetzen, so z.B. einen, der die freie Wahl eines Krankenhauses für jeden einzelnen sicherstellte. Der Hauptgrund für die Bemühungen der irischen Hierarchie um Einflußnahme auf die präzisen Vorschriften für die sozialen Dienste des Landes bestand darin, daß sie gegen die zentralistischen Tendenzen der Regierung und gegen deren bürokratische Formen war. Dennoch waren aber, im ganzen gesehen, die Beziehungen zwischen der Hierarchie und der Regierung von 1923 bis 1970 freundschaftlich; es gab nur wenige Fälle eines offenen Konflikts.

Im Unterschied zu anderen europäischen Ländern mit einem großen katholischen Bevölkerungsanteil wurde in Irland keine Arbeitergewerkschaft geschaffen, die von der Kirche gefördert wurde oder mit ihr verbunden war. Die politischen Bestrebungen und Aktionen der Arbeiterbewegung waren darauf abgestellt, kirchliche Beanstandungen zu vermeiden, und die Gefahr marxistischer Infiltration ging nach 1921 zurück. Das Beispiel und der Einfluß der britischen Gewerkschaften sowie der Wunsch, die Einheit mit den zahlreichen protestantischen Arbeitern im Norden zu wahren, bildeten weitere Faktoren, die dafür sorgten, daß die Arbeiterbewegung in Irland ganz und gar weltlich blieb.

Laienapostolat

1921 wurde in Dublin jene Organisation gegründet, die zu einer der größten organisierten Bewegungen des Laienapostolates in der ganzen Welt werden sollte: die Legion Mariens (Legion of Mary). Eine Gruppe von Laien, angeregt durch das Bewußtsein ihrer christlichen Berufung, Zeugen zu sein, und inspiriert von den Lehren der Päpste, traf sich in der Kirche des heiligen Nikolaus von Myra in der Francis Street mit dem Kuraten Pater Michael Toher, um nach geeigneten Methoden zu suchen, mit denen sie ihre Diskussionen über den mystischen Leib Christi und die Schriften des heiligen Louis Marie Grignion de Montfort in konkretes Handeln zum Dienst an ihren Mitmenschen umsetzen konnten. Die Form ihrer Organisation wurde auch durch die Vinzenz-von-Paul-Gesellschaft beeinflußt, mit der sie alle verbunden waren. Ihr Laienführer war Frank Duff, ein junger Staatsbeamter. Ursprünglich hieß der neue Verband Association of Our Lady of Mercy; 1925 änderte man den Namen in Legion Mariens, und die Bezeichnungen, die allen Teilen ihrer Organisation verliehen wurden, waren dem Brauch des altrömischen Heeres entnommen. Die Arbeit begann mit dem Besuch der Krankensäle im South Dublin Union Hospital. Schon bald wandte die Legion ihre Aufmerksamkeit der organisierten Prostitution zu und eröffnete in Dublin ihr erstes Heim für Straßenmädchen. 1927 gründete sie das Morgenstern-Heim für mittellose Männer und das Heim Regina Coeli für Frauen.

Die Legion entschied, daß ihre Mitgliedschaft Männer und Frauen aus allen Bildungsschichten offenstehen sollte, sofern sie praktizierende Katholiken und mindestens 18 Jahre alt waren. Man erwartete von den Mitgliedern, daß sie ein vorbildliches Leben führten und den „Geist der Legion" besaßen oder zu besitzen wünschten. Sie mußten an der wöchentlichen Versammlung ihrer Gruppe teilnehmen, in der sie durch die Legionsgebete, geistliche Lesungen und die Anleitung durch den geistlichen Leiter geformt und geistig angeregt wurden; außerdem mußten sie jede Woche einen beträchtlichen Teil ihrer Freizeit, mindestens zwei Stunden, eine ihnen zugeteilte apostolische Arbeit leisten. Es war jedem

Mitglied als persönliche Verantwortung auferlegt, neue Mitglieder zu werben, sowohl aktive wie helfende. Helfende Mitglieder leisteten nur einen Gebetsdienst. Die Leitung der Legion liegt beim „concilium", dessen Hauptquartier stets in Dublin verblieb. Es sollte aus Vertretern aller Legionärsverbände bestehen, die mit ihm in unmittelbarer Beziehung standen, sowie aus den Mitgliedern der Dubliner „curia" und aus dem von den irischen Bischöfen ernannten geistlichen Direktor. Diese straffe Überwachung der niederen Einheiten durch die höheren Räte sicherte zusammen mit dem Richtlinien-Handbuch, das später in 25 Sprachen und 125 Dialekte übersetzt wurde, die Gleichförmigkeit der Legion in der ganzen Welt. Die Legion erklärte sich dazu bereit, jegliche Form sozialen Dienstes und katholischer Aktion auszuführen, welche der örtliche Ordinarius oder der Pfarrpriester forderte bzw. genehmigte. Bei den wöchentlichen Treffen der „praesidia" (der kleinsten Einheiten) mußte über die geleistete Arbeit mündlich Bericht erstattet werden, und dann war die Arbeit für die kommende Woche zu verteilen. Allmählich wurden die Hausbesuche von Legionären, die paarweise zusammengingen, ihre charakteristischste Tätigkeit. Ferner betreuten die Legionen Heime, Clubs und Studiengruppen, verteilten Flugschriften und Fastenbücher und erteilten katechetischen Unterricht. Alle diese Aktivitäten mußten sich an Einzelpersonen richten; das Spenden von materieller Hilfe war jedoch verboten. In den 40 Jahren seit der Gründung wurden mehr als 60000 aktive Gruppen gegründet, die in mehr als 1500 Diözesen, Vikariaten und Präfekturen auf 5 Kontinenten wirkten. Im Jahre 1964 gab es mehr als eine Million aktive und mehr als 9 Millionen helfende Mitglieder. In den Vereinigten Staaten wurde erstmals 1931 eine Legion gegründet.

Nordamerika

Die Vereinigten Staaten

Bevölkerung

1914 wurde angenommen, daß die katholische Bevölkerung der Vereinigten Staaten 16067985 mit 18568 Priestern betrug bei einer Gesamtbevölkerung von 99117567. Im Jahre 1964 war die katholische Bevölkerung auf 44874371 bei einer Gesamtbevölkerung von 183783493 angewachsen. Obwohl sie danach weiter wuchs, war die Wachstumsrate bereits zurückgegangen; sie betrug in diesem Jahr 1,7 Prozent im Vergleich zu 2,4 Prozent im Jahre 1963. Der Abwärtstrend bei der Zahl der Taufen begann 1962 und war zweifellos ein Anzeichen dafür, daß sich die Praxis der künstlichen Empfängnisverhütung weiter ausgebreitet hatte und daß sich darin die nationale Geburtenrate widerspiegelte. In derselben Dekade wurden auch andere Höhepunkte erreicht, auf die dann allerdings ein Absinken erfolgte: 59892 Priester im Jahre 1967, 181421 Ordensschwestern im Jahre 1966 und 12539 Ordensbrüder im Jahre 1967. Das Ausmaß des „Schwundes" bei der katholischen Bevölkerung ist nicht genau festgestellt worden, muß aber beträchtlich gewesen sein.

Die Einwanderung aus Europa, durch die die katholische Bevölkerung bis 1914 rasch angewachsen war, hatte zunächst durch den Ersten Weltkrieg und danach durch einschränkende Gesetze wieder abgenommen. Diese Gesetze waren zum Teil durch die Befürchtung der Protestanten motiviert, das Land könnte durch Katholiken und Juden überschwemmt werden. Das Notfall-Quoten-Gesetz (Emergency Quota Law) von 1921 beschränkte die Anzahl der Einwanderer aus jedem Land pro Jahr auf 3 Prozent der jeweiligen 1910 in den Vereinigten Staaten ansässigen Nationalitätengruppe. Das Einwanderungsgesetz von 1924 reduzierte diese Zahl auf 2 Prozent und setzte die Volkszählung von 1890 an die Stelle derjenigen von 1910, bis das neu vorgeschriebene System 1929 in Kraft trat; von da an wurde für jedes europäische Land eine Einwanderungsquote gestattet, die auf dem Anteil beruhte, den die Angehörigen einer bestimmten Nationalität, die 1920 in den Vereinigten Staaten gewohnt hatte, in diesem Jahr zu der Gesamtzahl der Bevölkerung besessen hatte; die Schlüsselzahl war 150000. Diese Maßnahmen verminderten das Hereinströmen von Katholiken aus Ost-, Mittel- und Südeuropa sehr, und Präsident Hoover senkte 1931 wegen der Arbeitslosigkeit die Quoten so stark, daß die Einwanderung von europäischen Katholiken für den Rest dieses Jahrzehnts fast ganz aufhörte. Hunderttausende von Mexikanern und Franko-Kanadiern jedoch, die von den Quotenbeschränkungen ausgenommen waren, wechselten über die südlichen und nördlichen Grenzen. Es kamen auch Katholiken von amerikanischen Besitzungen, besonders Puertorikaner, die sich in New York und einigen anderen Städten ansiedelten, sowie Philippiner, die nach Kalifornien zogen. Die spanisch-sprechenden Katholiken strömten nach dem Zweiten Weltkrieg weiterhin in die nördlichen Städte, und viele europäische Katholiken kamen gemäß den Bestimmungen des Vertriebenengesetzes (Displaced Persons Act) von 1948 ins Land. Das Prinzip der nationalen Herkunft, das die nordischen Rassen begünstigte, wurde im McCarran-Walter-Gesetz von 1952 trotz der Proteste von Katholiken und anderen erneut bestätigt.

Die Kirche verlor allmählich ihren Einwandererstatus und ihre oppositionelle Haltung und gewann dadurch immer mehr an Ansehen bei den Nichtkatholiken. Außerdem bekannten nach dem Zweiten Weltkrieg mehr Amerikaner als zuvor ihre Zugehörigkeit zu einer Konfession. Viele von ihnen fühlten sich zur katholischen Kirche hingezogen, die die größte religiöse Einzelkörperschaft im Land bildete und angesehene Institutionen auf örtlicher und nationaler Ebene betrieb. Dadurch, daß sich die Kirche mehr dem Licht der Öffentlichkeit aussetzte, brachte sie die blinden Eiferer zum Verstummen und gewann offenere Ohren für ihre Forderungen. Das Konvertitenapostolat gewann an Ansehen durch die Abhaltung von Sprechstunden in den Pfarreien, durch die kostenlose Verteilung von Literatur, für die man durch Inserate in weltlichen Zeitungen warb, sowie durch individuelle Ansprachen mit ganz individueller Unterweisung. 1960 wurden auf diese Weise 146212 Konvertiten in die Kirche aufgenommen; es war dies die höchste Zahl, die jemals für ein einziges Jahr festgestellt worden war. In der Folgezeit gingen die jährlichen Zahlen wieder zurück.

Ein ständig wachsender Prozentsatz der Katholiken lebte in Städten. Selbst im Jahre 1967 gab es von den insgesamt 3080 Landbezirken in den Vereinigten Staaten noch 671 ohne einen festangestellten Priester. Die Tatsache, daß nahezu 40 Millionen Amerikaner nicht in erreichbarer Nähe zu einem Priester lebten, war bezeichnend für den überwiegend städtischen Charakter des amerikanischen Katholizismus.

Von den annähernd 20300000 Schwarzen in den Vereinigten Staaten waren 1964 nur 747598 katholisch.

Organisation

1914 zählte man in den Vereinigten Staaten 14 Erzdiözesen bzw. Kirchenprovinzen und 84 Diözesen; außerdem gab es noch ein apostolisches Vikariat und eine Ruthenisch-Griechische Diözese. Zu diesem Zeitpunkt gab es 9740 Kirchen mit residierenden Priestern und 4911 Missionen mit Kirchen. 50 Jahre später gab es 27 Erzdiözesen, 114 Diözesen, eine Ukrainisch-Katholische Erzeparchie, zwei Ukrainisch-Katholische Eparchien und zwei Eparchien des Byzantinischen Ritus. In diesen Jurisdiktionsbereichen befanden sich 17455 Pfarreien, 515 Missionen und 4594 Stationen. Die Erzdiözese mit der größten Katholikenzahl war Chikago.

Obwohl die Erzbischöfe jährliche Versammlungen abzuhalten pflegten, wurde die gesamte Hierarchie erst im September 1919 organisiert, als 92 von den vorhandenen 101 Ordinarien an der ersten Generalversammlung in der Catholic University of America in Washington (D.C.) teilnahmen. Sie beschlossen mit überwiegender Mehrheit, den National Catholic Welfare Council (wie die Organisation ursprünglich hieß) zu gründen. Es war dies eine logische Weiterentwicklung des National Catholic War Council, der im August 1917 durch die Delegierten von 68 Diözesen und 27 nationalen katholischen Gesellschaften gegründet worden war, um die Bemühungen der völkischen katholischen Gruppen in dem damaligen Notstand durch 6 Ausschüsse von Priestern und Laien zu koordinieren, die ihrerseits unter einem Lenkungsausschuß der Bischöfe tätig waren. Die Wirksamkeit des War Council bei seinen verschiedenen Bemühungen ließ es wünschenswert erscheinen, eine permanente Organisation auf nationaler Ebene zur Koordination und Anregung von Aktionen in Friedenszeiten zu besitzen. Papst Benedikt XV. hatte generell genehmigt, daß Kommissionen zur Behandlung schulischer und sozialer Probleme aufgestellt wurden und daß sie jährlich Generalversammlungen abhielten. Weil aber einige

Bischöfe befürchteten, daß die Organisation sich in die Jurisdiktion des Ordinarius in seiner eigenen Diözese einmischen würde, übermittelten sie dem Heiligen Stuhl ihre Einwände. Kardinal Gaetano De Lai, Sekretär der Konsistorial-Kongregation, und einige andere Beamte der Römischen Kurie ihrerseits befürchteten, der NCWC werde die Entstehung einer „nationalen" Kirche in den Vereinigten Staaten begünstigen. Sie überredeten Benedikt XV. dazu, die von ihm erteilte vorläufige und versuchsweise Genehmigung zurückzuziehen. Er hatte auch bereits ein Dekret zur Auflösung der Organisation entworfen, wurde aber durch den Tod daran gehindert, es zu unterschreiben. Sein Nachfolger, Pius XI., unterzeichnete daraufhin dieses Dekret und ließ es veröffentlichen. Das Verwaltungskomitee des NCWC protestierte gegen diese Entscheidung und delegierte aus seinen Reihen den Bischof von Cleveland, Joseph Schrembs, um die Argumente des NCWC in Rom vorzutragen. In langwierigen Diskussionen überzeugte er De Lai und andere Kardinäle. Am 2. Juli 1922 wurde ein neues Dekret erlassen, das die Organisation entsprechend dem ursprünglichen Plan genehmigte; nur der Name wurde leicht geändert, indem man an die Stelle des Wortes „Council" das Wort „Conference" setzte, damit die Organisation, die auf freiwilliger Basis beruhte und nur beratende Funktion hatte, nicht als eine gesetzgebende Körperschaft mißverstanden werden konnte. Sie wurde jedoch zur obersten Autorität bei der Stellungnahme der Katholischen Kirche zu öffentlichen Angelegenheiten und zur Durchsetzung gemeinsam vereinbarter Richtlinien. Zusätzlich zu dem Verwaltungsrat schuf man gleich zu Beginn weitere fünf Abteilungen: für Bildungswesen, Laienbetätigung, Presse, Sozialaktion und Mission; drei weitere für Einwanderung, Rechtsfragen und Jugend kamen später hinzu. Der erste Geschäftsführer oder Generalsekretär war John Burke CSP, der ehemalige Schriftleiter der „Catholic World", und Vorsitzender der Versammlung, auf der der War Council gegründet worden war, und ebenso Vorsitzender des Ausschusses für Sonderaktionen in der Kriegszeit. Er versah seinen Dienst in dieser Position bis zu seinem Tod 1936. Die NCWC setzte ihre Funktion fort, bis sie im Jahre 1967 reorganisiert wurde und fortan als United States Catholic Conference eine zivilrechtliche Körperschaft bildete. Gleichzeitig kam die National Conference of Catholic Bishops als Körperschaft kanonischen Rechts zustande.

In diesen Jahren ging die Gründung von Pfarreien auf territorialer und nationaler Ebene weiter. Beim Ausbruch der Weltwirtschaftskrise hatten allein die Polen annähernd 1000 Pfarreien in den Vereinigten Staaten. Als nach dem Zweiten Weltkrieg viele Katholiken begannen, aus den Großstädten in die Vorstädte zu ziehen, nahm die Zahl der nationalen Pfarreien ab.

Bildungswesen

1914 gab es 230 katholische Colleges oder High Schools für Jungen und 680 Academies oder High Schools für Mädchen; außerdem bestanden 5403 Pfarrschulen, die von 1429859 Kindern besucht wurden. 1964 gab es 1557 High Schools der Diözesen und Pfarreien mit 677169 Studenten und 901 private High Schools (meistens von religiösen Männer- und Frauenorden geleitet) mit 391255 Studenten. Gleichzeitig waren 4471415 Schüler in 10452 Elementary Schools der Pfarreien und Institutionen angemeldet sowie 85201 in 450 privaten Elementary Schools. Nach 1964 begann ein Abwärtstrend im Verhältnis zu den früheren Anmeldungszahlen nicht nur bei den katholischen, sondern auch bei den öffentlichen Schulen.

Während dieser Periode wurden katholische Schulen von mehreren Staatsgesetzen betroffen, über die nacheinander vom Obersten Gerichtshof der Vereinigten Staaten entschieden wurde. 1922 stimmten die Wähler von Oregon einer Petition zu, in der gefordert wurde, daß mit wenigen, ausdrücklich genannten Ausnahmen alle Kinder im Alter von 8 bis 16 Jahren vom September 1926 an öffentliche Schulen besuchen müßten, wobei Eltern oder Vormünder, die dieser Vorschrift zuwiderhandelten, zu Geld- oder Gefängnisstrafen oder auch – je nach Schwere des Falles – zu beiden verurteilt werden sollten. Zwei Freimaurerverbände beanspruchten für sich die Urheberschaft für dieses Gesetz, und der Ku Klux Klan nebst anderen Geheimgesellschaften unterstützte es mit der Behauptung, nur in öffentlichen Schulen könne man den Kindern beibringen, die freien Institutionen des Landes zu würdigen und zu bewahren. Religiöses Vorurteil, patriotischer Eifer und nationalistisches Mißtrauen waren die Hauptmotive für die Befürworter dieses Gesetzes. Sowohl die bereits bestehenden wie neu gegründete katholische Organisationen widersetzten sich, und auch mehrere protestantische Gruppen gaben Erklärungen heraus, in denen das Gesetz verurteilt wurde. Die Sisters of the Holy Names of Jesus and Mary, die in Oregon mehrere Schulen betrieben, sowie die Mill Hill Academy reichten Anträge zum Erlaß einer einstweiligen Verfügung ein, mit der dem Staat verboten werden sollte, das Gesetz in Kraft zu setzen. Nachdem der Distriktsgerichtshof der Vereinigten Staaten die einstweilige Verfügung im Jahre 1924 erlassen hatte, appellierte der Generalstaatsanwalt von Oregon an das oberste Bundesgericht. Inzwischen aber hatte die gesetzgebende Körperschaft von Michigan genehmigt, daß den Wählern Verfassungszusätze zur Abstimmung vorgelegt wurden, mit denen die Pfarrschulen in diesem Staat beseitigt werden sollten. Diese Vorschläge aber wurden 1924 von beachtlichen Mehrheiten zurückgewiesen, nachdem ähnliche Vorschläge dort bereits vier Jahre zuvor abgewiesen worden waren. 1925 erklärte der Oberste Bundesgerichtshof der Vereinigten Staaten das Gesetz von Oregon für verfassungswidrig, bestätigte die Elternrechte und setzte der Staatsmacht Grenzen. Diese Entscheidung machte alle weiteren Versuche zunichte, katholische Schulen auf dem Wege der Gesetzgebung zu beseitigen.

In der Folgezeit versuchten andere Bundesstaaten den Kindern, die nichtöffentliche Schulen besuchten, mit verschiedenen Mitteln zu helfen, die vor den Gerichten angefochten wurden. 1930 bestätigte das Oberste Bundesgericht ein

Gesetz von Louisiana als verfassungsgemäß, das es dem Staat erlaubte, Lehrbücher für Kinder in allen Schulen zu liefern. Diese Entscheidung ging von der Theorie aus, nicht die Schulen selbst oder deren Träger, die Kirchen, seien die Nutznießer solcher staatlicher Zuwendungen, sondern die Kinder. Diese Theorie der „Kinder-Beihilfe" (child-benefit) wurde zur Begründung für die Forderung nach staatlicher Beihilfe für die Kinder an Privatschulen. In dem berühmten Fall „Everson vs. Board of Education" erkannte der Oberste Gerichtshof 1947 ein Gesetz von New Jersey für verfassungsgemäß, das die Verwendung öffentlicher Gelder gestattete, um den Eltern Ausgaben zu erstatten, die durch den Transport ihrer Kinder zu allen Schulen, öffentlichen oder privaten, entstanden. Dennoch stellten nur weniger als die Hälfte aller Staaten für Kinder, die Privatschulen besuchten, Omnibusse zur Verfügung. 1968 entschied der Oberste Gerichtshof der Vereinigten Staaten, daß weder die einzelstaatliche noch die bundesstaatliche Verfassung durch ein Gesetz des Staates New York verletzt sei, das von den öffentlichen Schulen verlangte, nichtreligiöse Schulbücher an Schüler in privaten Schulen, einschließlich der Pfarrschulen, in den Klassen 7 bis 12 auszuleihen. In demselben Jahr gestattete der Staat Pennsylvania die direkte Zahlung öffentlicher Gelder an Privatschulen für Dienstleistungen in nichtreligiösen Schulfächern. Aber der Oberste Gerichtshof der Vereinigten Staaten erklärte dieses Gesetz später für ungültig, weil das Konzept des „Kaufs von Dienstleistungen" mit dem ersten Verfassungszusatz nicht vereinbar sei. Die Verfassungen von 33 Staaten verboten jegliche Verwendung öffentlicher Gelder zur Unterstützung von Konfessionsschulen.

Einige Bischöfe und auch andere Katholiken hatten sich ohnehin für ihre Schulen keine staatlichen Beihilfen gewünscht, weil sie ein damit verbundenes Eindringen des Staates in die Kontrolle der Kirche über die Schulen befürchteten. 1961 stellte der Verwaltungsausschuß des NCWC jedoch fest, daß die Bundesregierung, wenn sie das Schulwesen generell unterstützte, auch den katholischen Kindern das Recht zur Inanspruchnahme der Unterstützung geben müsse, weil sie sonst Opfer einer diskriminierenden Gesetzgebung seien. Der Kongreß schloß dennoch nichtöffentliche Schulen von den Beihilfen aus, die er an Schulen in bestimmten Bezirken gewährte, in denen den Steuerzahlern am Ort durch eine bundesstaatliche Einrichtung besondere Lasten auferlegt waren. Das Gesetz von 1965 für Elementar- und Sekundarunterricht (Elementary and Secondary Education Act, manchmal auch Johnson Education Act genannt) bezog auch die Kinder von Privatschulen mit ein, indem es ihnen die Teilnahme an bestimmten Sonderprogrammen gestattete, die von einer örtlichen Erziehungsbehörde unternommen und von einer öffentlichen Schule durchgeführt wurden; so z. B. Kurse für körperlich behinderte oder sozial unangepaßte Kinder, Nachhilfeklassen in Lesen und Rechnen, Bibliotheksdienste, Gesundheits- und Ernährungsdienste, Bücher und sogar Kleidung – allerdings nur für Kinder aus Familien mit geringem Einkommen. Die Verfassungsmäßigkeit dieses Gesetzes wurde von verschiedenen Gruppen angezweifelt, so von den

Protestants and Other Americans United for the Separation of Church and State, von dem American Jewish Congress und von der American Civil Liberties Union, die alle ständig bestrebt waren, jegliche öffentliche Beihilfe – selbst indirekte – für katholische Schulen zu verhindern.

Die Regelungen zur Erteilung von Religionsunterricht an katholische Kinder, die öffentliche Schulen besuchten, variierten entsprechend den Gesetzen der einzelnen Staaten. Es entstanden Kontroversen über andere Bestimmungen, wonach Schüler für einen bestimmten Zeitraum von den öffentlichen Schulen beurlaubt waren, um ihnen die Teilnahme am Religionsunterricht zu ermöglichen. Als gegen den Obersten Bundesgerichtshof der Vereinigten Staaten 1948 ein Einspruch erhoben wurde, der sich gegen einen von der Gesetzgebung des Staates Illinois genehmigten Plan wendete, verbot er die Erteilung von Religionsunterricht auf dem Gelände öffentlicher Schulen während der Schulzeit und erklärte eine solche Praxis als Verstoß gegen den ersten Verfassungszusatz. Vier Jahre später erklärte jedoch derselbe Gerichtshof, Programme zur Beurlaubung für bestimmte Zeit seien verfassungskonform, wenn die Schüler während der regulären Schulstunden die öffentliche Schule verließen, um konfessionellen Religionsunterricht zu erhalten. 1964 gab es 1119800 auf Zeit beurlaubte Schüler in öffentlichen High Schools und 3067794 auf Zeit beurlaubte Schüler in öffentlichen Elementarschulen, die katholischen Religionsunterricht erhielten.

Die Verantwortung für die Sicherstellung religiöser Unterweisung bei diesen Kindern an öffentlichen Schulen wurde der Confraternity of Christian Doctrine übertragen. Obwohl die Confraternity bereits 1902 in den Vereinigten Staaten eingeführt worden war, war sie nur langsam gewachsen, bis Pius XI. 1923 sein Motuproprio „Orbem Catholicum" erließ. Der bekannteste Förderer der Confraternity in den Vereinigten Staaten war Edwin V. O'Hara, zunächst (1930–1939) Bischof von Great Falls (Montana), dann (1939–1956) von Kansas City (Missouri); er war auch Vorsitzender der Bischofskommission von deren Gründung 1934 bis zu seinem Tod im Jahre 1956. Unter seiner Führung wurde 1933 in Washington (D.C.) ein katholisches Zentrum eingerichtet, um den Organisationen der Diözesen Informationen und Rat geben zu können. Außer dem Unterricht für Kinder, die öffentliche Schulen besuchten, organisierte die Confraternity an zahlreichen Orten Programme für religiöse Ferienkurse, Diskussionsklubs für Eltern, Erzieher und Erwachsene, spezielle religiöse Kurse für behinderte Kinder, Briefkurse in Religion, Ausbildungszentren für Laien-Religionslehrer, Hochschul-Exerzitien, religiöse Rundfunkprogramme und ein Apostolat des guten Willens, das sich an die außerhalb der Kirche Stehenden wendete. 1935 hielt man in Rochester (New York) den ersten nationalen Katechetischen Kongreß ab, und diesem folgten dann jährliche Kongresse, bis 1941 ein fünfjährlicher Turnus eingeführt wurde. Die Publikationsabteilung des Nationalzentrums gab einen Informationsdienst heraus, der speziell für die Diözesanleiter bestimmt war, ferner Lehrbücher und andere praktische Literatur. In den frühen vierziger Jahren unterstützte die Confraternity Überarbeitungen der verschiedenen Baltimore-Katechismus-Ausgaben sowie eine neue Bibelübersetzung. Sie führte die in Europa entwickelten neuen katechetischen Methoden und Techniken ein und paßte sie den amerikanischen Erfordernissen an.

Im Bereich des Hochschulwesens gab es 1964 295 katholische Colleges und Universitäten, bei denen 366 172 Studenten immatrikuliert waren. Die katholischen Colleges waren in dieser Periode vermehrt worden; zwischen 1914 und 1956 wurden 30 Colleges für Männer eröffnet, aber im letztgenannten Jahr waren 9 davon schon wieder geschlossen. 37 Colleges für Frauen wurden zwischen 1915 und 1925 gegründet und 19 zwischen 1925 und 1930; 1950 gab es 116 Frauencolleges und 1970 deren 137. Einige der katholischen Colleges waren zu klein, um ein akademisches Niveau einhalten zu können; einige befanden sich in so großer geographischer Nähe zueinander, daß sie um die potentiellen Studenten miteinander konkurrierten, und keines davon war ausreichend ausgestattet. Die katholischen Institutionen des höheren Schulwesens jedoch erhielten im Gegensatz zu den katholischen Elementar- und Sekundarschulen einige staatliche Hilfen auf direktem Wege. So erhielten z. B. die Veteranen des Zweiten Weltkrieges und des Koreakrieges bundesstaatliche Beihilfen für Unterricht und Lebenshaltung, gleichgültig für welche Bildungseinrichtung sie sich entschieden, und auch der National Defense Education Act von 1958, der den Unterricht in Mathematik, Naturwissenschaften, Ingenieurwesen und modernen Sprachen verbessern sollte und 1964 auch auf Englisch, Geographie und andere Fächer ausgeweitet wurde, machte gegenüber katholischen Colleges und Universitäten keinen Unterschied; er gestattete sogar Anleihen für Schulen der mittleren Ebene, die zur Kirche gehörten. Bundesbehörden schlossen mit solchen Schulen Verträge für Forschungsprojekte ab oder gewährten ihnen dafür Zuschüsse, und es wurden auch Bundesmittel für die Errichtung von Gebäuden zur Verfügung gestellt.

In den späten fünfziger Jahren hatten neun katholische Universitäten Graduiertenschulen, die den Doktortitel (Ph.-D.-Grad) verleihen konnten, aber die Hälfte von ihnen beschränkten ihre Programme für das Doktorat auf einige wenige Gebiete. Die katholischen Universitäten und Colleges eröffneten auch zahlreiche Berufsfachschulen. 1955 hatten 23 von ihnen Fachhochschulen für Betriebslehre oder Handel und Finanzwesen, 6 Fachhochschulen für Medizin, 21 Fachhochschulen für das Rechtswesen, 12 Fachhochschulen für Ingenieurwesen und Architektur, 14 Fachhochschulen für Krankenpflege, 10 Fachhochschulen für Pädagogik, 8 für Zahnheilkunde, 5 für Pharmazie, 4 für Musik, 6 für soziale Dienste, 2 für industrielle Beziehungen, 1 für Diplomatie, 1 für Leibeserziehung, 1 für Journalismus und 1 für Rednerschulung. Viele andere katholische Colleges und Universitäten hatten Programme für einige dieser Berufsfachgebiete, hatten sie aber nicht als separate Fachhochschulen ausgebaut. 1936 wurden außerdem 42 katholische Lehrerseminare geführt; aber als

Colleges und Universitäten Programme in Pädagogik anzubieten begannen, nahm die Zahl der Lehrerseminare ab. 1955 gab es drei diözesane Lehrercolleges und 21 normale Lehrerseminare, die unter katholischer Leitung standen; von den letzteren waren einige nur für Ordensangehörige, während andere auch Laien als Studenten zuließen.

Zur religiösen Unterweisung und pastoralen Betreuung der immer größer werdenden Zahl von katholischen Studenten, die weltliche Universitäten und Colleges besuchten, wurde die Newman-Bewegung ausgebaut. Um 1925 attakkierten einige der Bischöfe und Priester (besonders die Jesuiten) das Konzept solcher katholischer Stiftungen wie jener, die 1920 an der Universität von Illinois damit begonnen hatte, auf der Universität anerkannte religiöse Kurse anzubieten; die Opponenten befürchteten, daß ein positives Programm religiöser Unterweisung Studenten zu weltlichen Universitäten hinziehen würde, die sonst auf katholische Colleges gingen. Die erzieherische Bedeutung des Newman-Apostolats wurde offiziell erst 1962 anerkannt, als die Colleges- und Universitätsabteilung der National Catholic Educational Association ihre Bestimmungen dahingehend ergänzte, daß sie den Newman-Erziehungszentren die Mitgliedschaft, wenn auch nicht als vollberechtigte Mitglieder, gestattete.

Die Federation of Catholic College Clubs wurde 1915 in der Stadt New York gegründet; obwohl sie offiziell nur aus studentischen Klubs bestand, wurde sie in Wirklichkeit von den Fakultäten, den Alumnen und den Kaplänen geführt. Aus ihr wurde 1938 die Newman Club Federation. Dank der Bemühungen ihres Generalkaplans John W. Keough, der ihr Wachstum von 1917 bis 1935 behütete, widerstand sie erfolgreich der lange anhaltenden Opposition. Sie wurde in der Tat viele Jahre lang von den kirchlichen Oberen bloß geduldet. 1941 aber erhielt sie die Vollmitgliedschaft in der College- und Universitätsabteilung des National Council of Catholic Youth, der von der amerikanischen Hierarchie eingesetzt worden war. Damals erlangte sie ein ständiges Hauptquartier mit einem geschäftsführenden Sekretär in der Jugendabteilung des NCWC. Nach dem Zweiten Weltkrieg nahm die Anzahl der hauptamtlichen Kapläne rasch zu, und 1950 wurde die National Newman Chaplains Association als Organisation eingerichtet. Außer den Versammlungen und Instituten, die sie anbot, eröffnete sie 1962 auch eine Ausbildungsstätte für neue Kapläne. Um auch katholische Lehrer und Verwalter von weltlichen Einrichtungen für diese Verbände zu gewinnen, wurde 1959 die National Newman Association of Faculty and Staff ins Leben gerufen. 1962 führte man die verschiedenen nationalen Organisationen zusammen und approbierte sie formell als konstituierende Teile des National Newman Apostolate, das seinerseits eine vollberechtigte Sektion in der Jugendabteilung des NCWC wurde. In der Zwischenzeit waren auch Ordensschwestern und Ordensbrüder sowie ausgebildete Laien in immer größerer Zahl den Stäben der sich vervielfältigenden katholischen Zentren und Pfarreien an weltlichen Universitäten zugeordnet worden, um die Kapläne bei ihren erzieherischen und pastoralen Aufgaben zu unterstützen. 1965 gab es 250 hauptamtliche Kapläne und 1022 Teilzeitkapläne, die in 203 Newman-Zentren und in anderen, mehr vom Zufall bestimmten Quartieren an mehr als 900 weltlichen Instituten Dienst taten und dort mehr als 800000 katholische Studenten betreuten.

Die amerikanischen Katholiken bemühten sich auch darum, spezielle Ausbildungsmöglichkeiten für die Schwarzen zu schaffen. Die von Mutter Katharine Drexel gegründeten Sisters of the Blessed Sacrament for Indians and Colored People errichteten im Süden viele Elementarschulen und High Schools für die Schwarzen. Mit der finanziellen Unterstützung der Gründerin eröffneten die Schwestern die Xavier University of Louisiana, für die 1918 die Verträge abgeschlossen wurden; Colleges für Geisteswissenschaften und Naturwissenschaften, für Lehrer und für Pharmazie wurden Anfang der 20er Jahre eröffnet, und 1937 eine Graduiertenschule, die Magistergrade anbot. Es war dies die erste und einzige katholische Universität für Schwarze in den Vereinigten Staaten. Nach dem Zweiten Weltkrieg wanderten die Schwarzen einschließlich der Katholiken in immer größerer Zahl von den ländlichen Gebieten im Süden aus nach den Großstädten im Norden und im fernen Westen, wo sie den kirchlichen Diensten näher waren. Die meisten der schwarzen Nutznießer von katholischen Ausbildungsleistungen waren Nichtkatholiken. Dasselbe galt auch für die von Katholiken geleisteten sozialen Dienste, so z.B. für die Freundschaftshäuser von Catherine De Hueck, deren erstes in Harlem (im Negerviertel von New York) 1938 gegründet worden war, ebenso für das Fides House, das man 1940 in Washington (D.C.) eingerichtet hatte.

Soziale Bewegung

Vom Ende des Ersten Weltkrieges an trat die Katholische Kirche in den Vereinigten Staaten aktiv für die soziale Gerechtigkeit ein. 1919 gab das Verwaltungskomitee des National Catholic War Council eine Verlautbarung heraus, die in der Folgezeit das „Bischofsprogramm zur sozialen Rekonstruktion" genannt wurde. Sein Verfasser war Pater John A. Ryan, Professor für Moraltheologie an der Catholic University of America, der besonders durch seine Schriften über die ethischen und wirtschaftlichen Aspekte des Lohnsystems zum bekanntesten und produktivsten amerikanischen Vertreter für die Soziallehre Leos XIII. geworden war. Das Bischofsprogramm war zu einem Teil dafür gedacht, dem sozialistischen Einfluß auf das Programm zur sozialen Rekonstruktion der britischen Labour Party entgegenzuwirken; es suchte die Verhältnisse der Arbeiter teils durch freiwillige Zusammenarbeit in der Industrie und teils durch gesetzliche Maßnahmen auf der Ebene der Einzelstaaten zu verbessern. Es war ein fortschrittliches und Widerspruch herausforderndes Dokument; es schlug konkrete Reformen vor wie Mindestlohnsätze, Versicherungen gegen Arbeitslosigkeit, Krankheit und Alter. Derartige Reformen hielten einige Katholiken und auch andere für zu radikal, und sie wurden erst in den dreißiger Jahren gesetzlich verankert. Im November 1919 gab die Vollversammlung der

Bischöfe einen umfangreichen Hirtenbrief heraus, der einen Abschnitt über die industriellen Verhältnisse enthielt. In Anlehnung an Leo XIII. betonten sie den moralischen und religiösen Aspekt der sozialen Frage und ihrer Lösung; sie beklagten unnötige Streiks, bei denen nur die Ansprüche der einander bekämpfenden Parteien berücksichtigt und die Rechte der Öffentlichkeit vernachlässigt würden, und sie empfahlen, daß ein Streit, der durch direkte Verhandlungen zwischen den betreffenden Parteien nicht beigelegt werden könne, einem Schlichtungsverfahren unterworfen werden solle. Sie stellten fest, daß Arbeiter- oder Berufsgewerkschaften zwar nötig seien, aber „durch Verbände oder Versammlungen ergänzt werden müßten, die aus Arbeitgebern und Arbeitnehmern zusammengesetzt sind", weil sie die gemeinsamen Interessen eher wahren würden als die voneinander abweichenden Bestrebungen der beiden Parteien.

Von 1920 an war die Abteilung des NCWC für die soziale Aktion das Hauptorgan zur Propagierung der kirchlichen Soziallehre. Sie veröffentlichte etliche Bücher sowie zahlreiche preiswerte Broschüren, sie finanzierte Vorlesungen in katholischen Colleges und Universitäten. 1922 gründete sie die Catholic Conference on Industrial Problems, die bis 1940 fast 100 nationale und regionale Versammlungen an verschiedenen Orten abhielt; es hatte sich nämlich herausgestellt, daß dies die wirksamste Methode war, sowohl Nichtkatholiken wie Katholiken mit der Position der Kirche bekanntzumachen. Der Abteilungsleiter, Pater Ryan, entwickelte mit seinem Assistenten, Pater Raymond A. McGowan, ein Generalprogramm für industrielle Demokratie, durch das der Arbeiter zu einem integrierenden Bestandteil dieses Systems gemacht würde. Die Enzyklika Pius' XI. zur Rekonstruktion der Sozialordnung, „Quadragesimo Anno", bestätigte viele von Ryans Vorschlägen, besonders die Ausweitung des Prinzips vom auskömmlichen Lohn, der auch den Unterhalt der Familie des Arbeiters mit einschließen solle.

Mit unterschiedlichem Nachdruck versuchten die amerikanischen Katholiken, die päpstlichen Soziallehren auf die Leiden ihres Landes während der großen Wirtschaftskrise anzuwenden. Weil Ryan seine Wirtschaftsanalyse hauptsächlich auf die Unterkonsumtheorie von John A. Hobson stützte, war er gegen Präsident Hoovers Zurückhaltung äußerst kritisch eingestellt und begrüßte die Politik seines Nachfolgers sehr herzlich. Präsident Franklin D. Roosevelt lud Ryan ein, als Ratgeber bei der Politik für den New Deal zu dienen, und 1934 wurde er zum Mitglied des industriellen Berufungsausschusses bei der National Recovery Administration ernannt. Als den Gipfel seines Lebenswerkes betrachtete er den Fair Labor Standards Act von 1938, das erste Bundesgesetz, das einen Mindestlohn und eine wöchentliche Höchstarbeitszeit für die Angestellten von Firmen vorschrieb, die im zwischenstaatlichen Handel tätig waren. Weil Ryan aber auf den Staat vertraute als die einzige Institution, die soziale Gerechtigkeit herbeiführen könne, kam er in Widerspruch zu anderen Katholiken, die befürchteten, daß die Zentralisierung der Macht bei der Bundesregierung für eine religiöse Minderheit gefährlich sei, und die auch mehr, als das bei ihm der Fall zu sein schien, von den Bedrohungen durch Säkularismus, Kommunismus, Krieg und Wohlfahrtsstaat beunruhigt waren.

Schließlich geriet Ryan in offenen Konflikt mit dem sogenannten „Radiopriester", Charles E. Coughlin, Pfarrer des „Shrine of the Little Flower" in Royal Oak (Michigan). Dieser war zu nationaler Berühmtheit gelangt, weil er zu Beginn der Wirtschaftskrise kühn die Mißstände im amerikanischen Wirtschaftssystem angeprangert hatte und Heilmittel anbot, die durch „Rerum novarum" und später durch „Quadragesimo anno" inspiriert waren. Sein Ordinarius, Bischof Michael James Gallagher von Detroit, ermutigte ihn dazu, die Soziallehren der päpstlichen Enzykliken zu verbreiten, und blieb dessen Vertrauter, Ratgeber, Unterstützer und Verteidiger bis zu seinem Tod im Jahr 1937. Obwohl Coughlin stets das Recht auf Privateigentum betonte, rügte er den alten Industriekapitalismus oder die Plutokratie; er tadelte die „internationalen Bankiers", stellte die Möglichkeit der Demokratie wegen der korrupten und selbstsüchtigen Natur der Politiker in Frage, befürwortete ausgedehnte Maßnahmen der Regierung für die Wirtschaft, Schutz der kleinen Geschäftsleute und Farmer sowie eine gerechte Bezahlung der Arbeiter. 1936 gründete er die Wochenzeitung „Social Justice", die innerhalb eines Jahres auf eine Auflage von einer Million Exemplaren kam. Kardinal William O'Connell, der Erzbischof von Boston, übte damals öffentlich, wenn auch nie mit Nennung des Namens, Kritik an Coughlin als hysterischem Demagogen, und schließlich tadelten ihn auch andere katholische Bischöfe und Priester, Zeitungen und Zeitschriften (sogar der „Osservatore Romano") wegen Intoleranz bei Meinungsverschiedenheiten und wegen Einmischung in die Politik. Seine Gegner beschuldigten ihn, er erstrebe die Schaffung einer faschistischen Diktatur, und sie verhöhnten seine monetären Vorschläge. In seinen äußerst populären Rundfunkvorträgen am Sonntagnachmittag zeigte er wachsende Desillusionierung über die amerikanischen politischen Institutionen am Ende der dreißiger Jahre und trat für die Errichtung eines Ständestaats zur Herbeiführung der sozialen Gerechtigkeit ein. 1938 verkündete und forderte seine Zeitung die Organisation der christlichen Front als einer allgemeinen Allianz von Katholiken und Protestanten gegen den Kommunismus. Er sprach auch offen seine Antipathie gegen die Juden aus und verdächtigte sie als Kommunisten, die sich zur Vernichtung der christlichen Kultur verschworen hätten, aber die unausweichlich gegen ihn erhobenen Vorwürfe des Antisemitismus wies er zurück. Viele Katholiken waren ebenso wie Protestanten bereit, die jüdischen „Geldwechsler" für die Schuldigen an der Wirtschaftsmisere des Landes und der Welt zu halten. Kardinal Georg Mundelein, der Erzbischof von Chicago, und andere prominente Katholiken aus dem Klerus und aus dem Laienstand suchten die Kirche von jeglicher Aufstachelung zu rassischen Vorurteilen und Rassenhaß fernzuhalten. Coughlins Zeitung trat als Fürsprecher für die faschistischen Regime in Deutschland und Italien ein, weil sie dem Kommunismus Widerstand leisteten, aber er selbst bekannte sich dazu, ein Anti-Nazi zu sein. Er predigte Nationalismus, Isolationalismus und Engländerhaß, als die internationalen Spannungen zum bewaffneten Kampf ausarteten. Ende 1940 wurde er vom Rundfunk ausgeschaltet, weil sich sowohl die nationalen Sendegesellschaften wie auch die örtlichen Stationen weigerten, seine Verträge für Rundfunksendungen zu erneuern. Die Regierung erwirkte 1942 die Einstellung der Zeitung „Social Justice" durch die Androhung eines Gerichtsverfahrens wegen des mit seinem Widerstand gegen den Krieg angeblich begonnenen Verbrechens des Aufruhrs. Der neue Erzbischof von Detroit, Edward Mooney, befahl Coughlin, alle öffentlichen Verlautbarungen zu unterlassen. Unparteiische Urteile räumten ein, daß dieser Priester aufrichtig über das Elend der Armen und über die kommunistische Gefahr beunruhigt sei, und sie verneinten, daß er ein Faschist sei, aber sie gestanden auch ein, daß er von der Wirtschaft nichts verstehe und daß die eklektischen Lösungen, die er vorschlug, wegen seiner allzusehr vereinfachten, unsystematischen und wirren Analyse der Situation unwirksam seien.

Viele der besser ausgebildeten und begüterten Katholiken, die an Coughlins Vorschlägen keinen Gefallen fanden, gründeten 1932 auf nationaler Ebene die League of Social Justice, um die wirtschaftlichen Lehren Pius' XI. zu studieren und anzuwenden. Der Leiter dieser Bewegung war Michael O'Shaughnessy, ein Ölmanager und Industriepublizist, der auch das „Social Justice Bulletin" als Monatsschrift für aktuelle Ereignisse auf diesem Gebiet herausgab. Obwohl die Liga nie mehr als 10000 Mitglieder zählte, scheint sie durch die Presse und verschiedene katholische Organisationen einen weitgestreuten Einfluß ausgeübt zu haben. Sie förderte eine Reform der kapitalistischen Sozialordnung durch Beherrschung der Profitsucht und dadurch, daß man die Industrie zwang, auch die Interessen der Arbeiter und der gesamten Öffentlichkeit zu berücksichtigen.

Einen anderen Lösungsversuch für die zeitgenössischen Probleme unternahm eine Gruppe, die das Elend einzelner Personen durch direkte Kontakte lindern wollte und nicht dazu bereit war, auf klerikale Führung zu warten oder auf Anleitung durch die Hierarchie zu vertrauen. Wohlbekannt war in dieser Gruppe Dorothy Day, eine soeben konvertierte Journalistin, die zuvor eine radikale Aktivistin und Kommunistin gewesen war. Sie startete 1932 das Catholic Worker Movement. Sie übernahm die Vorstellung von einer christlichen Synthese, wie sie der aus Frankreich stammende, herumreisende Sozialdenker Peter Maurin verkündete, der sich danach sehnte, mit Hilfe eines integralen Katholizismus die durch den Säkularismus zersplitterte Einheit der modernen Gesellschaft wiederherzustellen. Das von ihm befürwortete Programm enthielt drei Punkte: 1. Diskussion von Arbeitern und Intellektuellen am runden Tisch; 2. Häuser der Freundschaft, in denen Katholiken ihrer persönlichen Verantwortung gegenüber den Armen durch die Verrichtung von Werken der Barmherzigkeit gerecht werden könnten; 3. Farmerkommunen, in denen katholische Arbeiter und Studenten lernen könnten, für sich selbst zu sorgen und die Zellen für eine künftige christliche Sozialordnung aufzubauen. Miss Day eröffnete in Manhattan ein Haus der Gastfreundschaft, das die Funktionen einer

Suppenküche, eines Diskussionsklubs und eines Reformzentrums in sich vereinigte. Bis 1940 waren 30 solche Häuser in verschiedenen Städten eingerichtet. Am 1. Mai 1933 begann sie mit der Publikation der Monatsschrift „Catholic Worker“, die die Soziallehre in konkreten Leitsätzen darstellte und die in kurzer Zeit eine Auflage von über 100 000 erreichte. Um ein Beispiel für eine wahrhaft katholische Gemeinde und ein Muster für die Lösung des Arbeitslosenproblems zu geben, gründeten die Catholic Workers 1936 in der Nähe von Easton, Pennsylvania, eine Farmerkommune. Sie erhielt große Publizität, aber auch harte Kritik als Beispiel für romantisches und utopisches Agrariertum. Neben ihrem Beistand für die Armen durch ihre eigene freiwillige Armut, durch manuelle wie intellektuelle Arbeit und durch Zuwendung persönlicher Aufmerksamkeit beteiligten sich die Catholic Workers an Streiks und forderten die Bildung von Gewerkschaften, obwohl sie ihrer Theorie nach wenig Vertrauen in Gewerkschaften oder andere zentralistische Institutionen setzten. Sie strebten danach, mit diesen praktischen Methoden den kommunistischen Einflüssen Widerstand zu bieten, christliche Liebe zu demonstrieren, als Gegenpol zum Materialismus geistige Werte einzuprägen und die persönliche Heiligung zu fördern. Außerdem bekämpften sie den Antisemitismus und die Diskriminierung der Schwarzen. Während des spanischen Bürgerkrieges traten sie für Neutralität ein, und als die Gefahr der Verwicklung in den Zweiten Weltkrieg für Amerika wuchs, wurden viele von ihnen Pazifisten und Kriegsdienstverweigerer aus Gewissensgründen. Diese kontroversen Haltungen verursachten nach innen den Niedergang und nach außen Ablehnung. Die starke Betonung des Personalismus hinderte die Catholic Workers auch an einer intelligenten Auffassung vom Verhältnis des einzelnen Menschen zum Staat und von seinem Vertrauen auf die Fähigkeit der Regierung, die Probleme der Gesellschaft zu lösen.

Eine Gruppe von Catholic Workers gründete 1937 unter der Leitung von John Cort die Association of Catholic Trade Unionists in New York zu dem Zweck, ihren Mitgliedern die Kenntnis der katholischen Soziallehre zu vermitteln, damit diese dann deren Prinzipien in ihren eigenen Gewerkschaften anwenden konnten. Sie befürwortete deshalb auch die Ausbreitung des Gewerkschaftswesens und unterstützte berechtigte Streiks. Sie eröffnete eine Abendschule für Arbeiter, hielt Schulungstreffen ab und gab eine Zeitung heraus, den „Labor Leader“. Andere Arbeiterschulen, in denen die Studenten auch in praktischen Fähigkeiten wie Reden in der Öffentlichkeit, parlamentarischen Verfahren und kommunistischen Taktiken unterwiesen wurden, standen unter der Leitung der Diözesanbehörden, der Jesuiten, der Bruderschaften und Colleges. Auf diese Weise wurden mehr als 7000 Personen jährlich darauf vorbereitet, ihre Gewerkschaften zu reformieren und zu demokratisieren. Die Katholiken, die in den Gewerkschaften zahlreich vertreten waren und in einigen sogar die überwältigende Mehrheit besaßen, trugen mit dazu bei, daß dem kommunistischen Einfluß ein Ende gemacht wurde, der die Unabhängigkeit der gesamten Arbeiterbewegung bedrohte. Als dieses Ziel in den Nachkriegsjahren erreicht war, richteten die Arbeiterschulen und die ACTU ihre Bemühungen darauf, andere Mißstände in den Gewerkschaften abzustellen, so z.B. die Gangstermethoden und die Ausbeutung von Mitgliedern durch gewissenlose Bosse.

Nicht nur die städtischen Industriearbeiter und Handwerker, sondern auch die Farmer bildeten in der Zeit zwischen den beiden Weltkriegen für die Kirche Objekte besonderer Fürsorge. Edwin V. O'Hara hatte in der Zeit, in der er noch Priester der Erzdiözese Portland (Oregon) gewesen war, die Probleme der Landbevölkerung studiert; 1920 lud man ihn dazu ein, in der Abteilung des NCWC für soziale Aktion ein Büro für die Landwirtschaft einzurichten. Mit erfolgreichen Versuchen bewies er den Wert von Ferienschulen für Kinder, von religiösen Briefkursen sowohl für Kinder wie für Erwachsene und von Genossenschaften. 1923 berief er eine Versammlung katholischer Landwirtschaftsleiter ein, auf der die National Catholic Rural Life Conference gegründet wurde und zu deren geschäftsführendem Sekretär man ihn machte. Diese Vereinigung zählte später Tausende von Laien in ihren Reihen, die unter Diözesandirektoren und Landwirtschaftsvorsitzenden in etlichen katholischen Gesellschaften organisiert waren. In Zusammenarbeit mit den am Ort befindlichen religiösen und weltlichen Organisationen förderten sie Ausschüsse für die Entwicklung der Gemeinde, genossenschaftliche Verkaufsverbände, Kreditvereine und Ausbildungseinrichtungen.

Ein weiterer Aspekt der sozialen Gerechtigkeit, der den amerikanischen Katholiken in diesen Jahren deutlicher bewußt wurde, war die gerechte Behandlung der Angehörigen der schwarzen Rasse. Dr. Thomas W. Turner, ein schwarzer katholischer Lehrer am Hampton Institute in Virginia, organisierte 1917 den Ausschuß gegen die Verbreitung von Rassenvorurteilen in der Kirche, der persönliche Appelle an die Bischöfe zur Abstellung von Benachteiligungen in Kirchen, Verbänden, Schulen und Seminaren richtete. Um die Reichweite dieser Arbeit zu vergrößern, gründete man 1925 eine militante Organisation mit dem Namen Federated Colored Catholics of the United States. In den ersten 5 Jahren waren ihre Führer ausschließlich Schwarze. Die von ihnen behauptete Mitgliederzahl von über 100000 kam wahrscheinlich durch die Angliederung von katholischen Pfarreien und Pfarrorganisationen zustande. Bei weißen Klerikern und Laien wuchs das Interesse dafür, und dieser Wandel spiegelte sich 1932 in der damals angenommenen neuen Bezeichnung National Catholic Federation for the Promotion of Better Race Relations.

Das Gewissen der weißen Katholiken wurde jedoch nur allmählich für die mißliche Lage der Schwarzen geschärft, und lange Zeit kümmerte man sich nur um örtliche Verhältnisse. Pater John La Farge SJ gründete 1927 die Catholic Laymen's Union, eine Gruppe von Schwarzen, die im Berufs- und Geschäftsleben tätig waren. Sieben Jahre später berief die Union in New York eine Massenversammlung ein, auf der mit der Genehmigung des Erzbischofs Kardinal Patrick Hayes der erste Catholic Interracial Council in den Vereinigten Staaten zustande kam. In den folgenden 30 Jahren wurden mehr als 60 solcher Verbände an verschiedenen Stellen des Landes ins Leben gerufen. Pater La Farge war bis 1962 der Kaplan des New Yorker Verbandes, und sein Hauptquartier wurde bis 1960 zu einem Mittelpunkt der Bewegung für Gerechtigkeit im Verhältnis der Rassen zueinander; er veröffentlichte die Monatsschrift „Interracial Review", bildete eine Austauschstelle für Informationen, verteilte Schulungsmaterialien und leistete anderen Verbänden beratende Dienste. Jeder Verband war jedoch autonom, nur dem Ortsordinarius gegenüber verantwortlich, und jeder bestimmte selbständig, wie man den Einfluß der katholischen Lehre in seiner besonderen Situation zum Tragen bringen könne. Die Haupttätigkeit der Verbände war erzieherischer Art. An zweiter Stelle war es ihr Ziel, die Rassendiskriminierung in katholischen Kirchen, Schulen, Krankenhäusern sowie in anderen Institutionen und Vereinen auszumerzen. Schließlich sollten sich ihre Bemühungen mit denen anderer Organisationen für Rassenausgleich und soziale Aktionen verbinden und mit diesen für das Wohlergehen der Gemeinde als ganzer zusammenarbeiten. 1960 gründeten die Catholic Interracial Councils und ähnliche Organisationen die National Catholic Conference for Interracial Justice zu dem Zweck, den Ortsverbänden und anderen katholischen Institutionen bei der Entwicklung vollberuflich tätiger Stäbe und der Programme Hilfe zu leisten; außerdem sollten sie die Verbände auf nationaler Ebene repräsentieren. Ihr Zentralbüro in Chicago wurde zur Austauschstelle von Informationen und zu einer Quelle für Publikationen und technische Fähigkeiten. Sie hielt Nationalversammlungen ab, die von ihren Mitgliedern in großer Zahl besucht wurden.

Nach dem Zweiten Weltkrieg erregten einige Bischöfe im ganzen Lande Aufsehen durch ihre Entscheidungen hinsichtlich der Rassenfrage in ihren jeweiligen Diözesen. 1947 wies Erzbischof Joseph E. Ritter seine Pfarrer an, die Rassentrennung in den Schulen der Erzdiözese von St. Louis mit Beginn des Schuljahres zu beenden, und als erzürnte Eltern androhten, daß sie eine einstweilige gerichtliche Verfügung gegen seine Anweisung erwirken wollten, warnte er sie davor, weil sie gemäß dem katholischen Recht automatisch der Exkommunikation wegen Behinderung eines Bischofs bei der Ausübung seiner seelsorgerlichen Pflichten verfallen würden. 1948 begann der Erzbischof von Washington, Patrick A. O'Boyle, mit der Integration weißer und schwarzer Schüler in den katholischen Schulen dieser Erzdiözese. Im Juni 1953 öffnete Bischof Vincent J. Waters von Raleigh alle katholischen Kirchen, Schulen, Krankenhäuser und andere Institutionen im Staat North Carolina für alle ohne Rücksicht auf die Hautfarbe, und er wich auch nicht vor dem heftigen Widerstand einiger Katholiken und Nichtkatholiken zurück. Alle diese mutigen Schritte hatte man getan, ehe der Oberste Gerichtshof der Vereinigten Staaten mit seinen berühmten Entscheidungen vom 17. Mai 1954 die Rassentrennung in den öffentlichen Schulen aufhob. Ebenfalls im Jahre 1953 verbannte Erzbischof Joseph F. Rummel die Rassentrennung auch aus den Kirchen der Erzdiözese

New Orleans, nachdem er dies zuvor schon in den katholischen Gesellschaften und Verbänden erreicht hatte. Er getraute sich allerdings erst 1962, die Aufhebung der Rassentrennung auch in den katholischen Schulen seiner Erzdiözese anzuordnen, und selbst dann traf er noch bei einigen Laien auf wütenden Widerstand.

Liturgische Bewegung

Die liturgische Bewegung wurde in den Vereinigten Staaten hauptsächlich von Personen eingeführt, die sich auch für soziales Handeln interessierten. Die Liturgie-Reformer bemühten sich um die Überwindung des Individualismus, der sowohl in der Kirche wie in der weltlichen Gesellschaft die Menschen voneinander isolierte, und sie wollten deshalb den Katholiken ihre Zugehörigkeit und Solidarität zum mystischen Leib Christi stärker bewußt machen. Der führende Vertreter dieser Bewegung, Virgil Michel, ein Benediktinermönch der St. John's Abbey in Collegeville (Minnesota), war auch ein prominenter Interpret der sozialen Enzykliken. Er hatte ausgedehnte Studienreisen nach Europa unternommen und dort die Anführer und Wissenschaftler konsultiert, besonders Lambert Beauduin. Michel brachte die Ideen der liturgischen Erneuerung mit in die Vereinigten Staaten zurück und propagierte sie in der Monatsschrift „Orate Fratres", die erstmals im Advent 1926 erschien (1951 änderte man den Titel in „Worship"). Er gründete auch die „Liturgical Press", die Texte, Bücher und Broschüren herausgab. Die erste liturgische „Tagung" hielt man 1929 in der St. John's Abbey ab, und seit 1940 hielt man mit Unterstützung durch die Benediktineräbte der Vereinigten Staaten jährlich eine nationale liturgische Woche ab. Die benediktinische Liturgiekonferenz, die das Organ zur Durchführung der jährlichen „Wochen" bildete, beschloß, sich auf einer breiteren Grundlage neu zu formieren, und wurde 1944 als Liturgical Conference in einen Verband umgewandelt. In den fünfziger Jahren wuchs ihre Mitgliederzahl an, weil die von Rom ausgehenden liturgischen Reformen die Aufmerksamkeit auf ihre Tätigkeit lenkte; diese Tätigkeit wurde daraufhin ausgeweitet, um den Anforderungen der Diözesen und Pfarreien zu genügen. Neben Michel, der 1938 starb, war Gerald Ellard SJ, Professor am St. Mary's College in Kansas, ebenfalls ein Pionier, der mit seinen Büchern und Zeitschriftenartikeln in Verbindung mit seiner Lehr- und Vortragstätigkeit die Bewegung in den Vereinigten Staaten förderte. Eine Zeitlang stieß sie auf den Widerstand einiger konservativer Kirchenführer, aber allmählich setzte sie sich durch. Die Laien legten sich Handmeßbücher in englischer Sprache in immer größerer Anzahl zu, und die Dialog-Messe fand immer mehr Verbreitung. Auch der Gregorianische Gesang wurde besser bekannt, nachdem ihn zuerst die Pius X School of Liturgical Music (gegründet 1916 im Manhattanville College) gefördert hatte. Nichtliturgische Andachtsformen wie Novenen verloren dementsprechend etwas von ihrer Popularität. Dennoch waren die amerikanischen Katholiken kaum auf die grundlegenden Reformen vorbereitet, die sich aus dem Zweiten Vatikanischen Konzil ergaben.

Die Situation in der amerikanischen Gesellschaft

Zumindest bis in die sechziger Jahre hinein betrachteten viele Mitbürger die Katholiken auch weiterhin mit heimlichem Mißtrauen und offener Feindschaft. Den Antikatholizismus entfachten, besonders im Süden, Zeitschriften wie „Tom Watson's Magazine", herausgegeben von dem fanatischen Senator der Vereinigten Staaten aus Georgia, und „The Menace", dessen Auflage 1915 mit 1 500 000 ihren Höhepunkt erreichte. Selbst nachdem die Katholiken im Ersten Weltkrieg ihre unbestreitbare Loyalität bewiesen hatten, die ihnen von ihren Feinden böswillig abgesprochen wurde, erfuhren sie in den frühen zwanziger Jahren eine neue Welle von Angriffen durch den wieder aufgelebten Ku Klux Klan, der auch Juden und Schwarze denunzierte und bedrohte. Der Klan breitete sich vom Süden bis zum Mittleren und zum Fernen Westen aus und zählte auf seinem Höhepunkt 5 Millionen Mitglieder; er verlor aber nach 1925 sein Ansehen, als die Verbrechen und Skandale seiner Anführer aufgedeckt wurden. Als die Demokratische Partei 1928 zum erstenmal in der amerikanischen Geschichte einen Katholiken, Alfred E. Smith, den Gouverneur von New York, als Präsidentschaftskandidaten nominierte, fachten die antikatholischen Kräfte den religiösen Haß wieder an, indem sie die Kirche des Kandidaten angriffen und zu seiner Niederlage bei der Wahl beitrugen. Katholiken waren nicht nur effektiv vom höchsten Amt des Landes ausgeschlossen, sondern zwischen 1789 und 1933 erhielten auch nur vier Katholiken Posten in den Kabinetten der Präsidenten.

Für die Katholiken signalisierte die Wahl von Franklin D. Roosevelt den Beginn einer neuen Ära in der amerikanischen Gesellschaft. Al Smith hatte seine Religionsgenossen, besonders in den Großstädten, dazu aufgerüttelt, die Demokratische Partei zu unterstützen; Roosevelt erhielt sich ihre Anhänglichkeit durch die Anerkennung, die er ihnen erwies, und durch die geschickte Behandlung, die er ihnen zuteil werden ließ. Viele der amerikanischen Bischöfe, unter ihnen an erster Stelle Kardinal Mundelein, taten ihren Beifall für Roosevelts Politik öffentlich kund, besonders in den ersten Abschnitten der Regierungszeit. Auch die katholische Presse war zum New Deal allgemein positiv eingestellt. Viele katholische Anführer und Zeitungen bedauerten jedoch die Entscheidung des Präsidenten, die Sowjetunion anzuerkennen und mit ihr diplomatische Beziehungen aufzunehmen, obwohl sie die Anstrengungen würdigten, die er machte, um bei den Verhandlungen Garantien für die Religionsfreiheit sicherzustellen. Die Knights of Columbus und andere übten auch heftige Kritik an seinem Schweigen und seiner Untätigkeit hinsichtlich der Katholikenverfolgung durch die mexikanische Regierung. Als Pater Coughlin, der Roosevelt zu Beginn seiner Präsidentschaft unterstützt hatte, ihn später sowohl wegen seiner Wirtschaftspolitik (besonders hinsichtlich Währung, Kreditwesen und Banken) wie auch wegen seiner angeblichen Begünstigung des Kommunismus angriff, verteidigte Monsignore John A. Ryan den Präsidenten 1936 in einer nationalen Rundfunkansprache. Im Vorjahr hatte Coughlin die National Union for Social Justice gegründet, die dazu gedacht war, zunächst als eine Lobby des Volkes oder als eine staatsbürgerlich gesinnte, parteimäßig nicht gebundene Kraft aufzutreten, um der Forderung nach gesetzmäßiger Verankerung jener Reform-Prinzipien Nachdruck zu verleihen, die er den päpstlichen Enzykliken entnahm, und danach für die Nominierung und Wahl gleichgesinnter Kandidaten für den Kongreß in jeder Partei zu arbeiten; sie brachte es auf eine Mitgliederzahl von vielleicht 5 Millionen, besonders unter der irischen und deutschstämmigen Arbeiterschaft im Osten und Mittelwesten, und sie erreichte auch einige ihrer Ziele. Später schuf der Radiopriester die Union Party und erkor zu deren Präsidentschaftskandidaten William Lemke, für den er dann 1936 auch einen energischen, aber, wie es sich am Ende herausstellte, vergeblichen Wahlfeldzug führte.

Wegen der wohlbekannten Gegnerschaft der Kirche gegen den Kommunismus ging die antikatholische Propaganda während des Kalten Krieges zurück. Dennoch aber fanden einige lautstarke Gegner immer noch öffentliche Beachtung. Der berüchtigste unter ihnen war Paul Blanshard, der seine Schmähreden gegen die autoritären und antiliberalen Grundzüge der Kirche richtete und ihrer Hierarchie vorwarf, sie untergrabe die amerikanischen Werte und Ideale der Freiheit und der Demokratie. Er war der Hauptsprecher für eine Organisation, die 1947 gegründet worden war und sich den Namen Protestants and Other Americans United for the Separation of Church and State – später Americans United for the Separation of Church and State – gab. Sie bemühte sich mit großem Stimmenaufwand darum, jegliche öffentliche Beihilfen an Pfarrschulen zu verhindern, die sie als spalterisch und unamerikanisch bezeichnete; sie bestritt auch jedem Katholiken die Fähigkeit, ein öffentliches Amt zu bekleiden. Die Nominierung eines anderen Katholiken für die Demokratische Partei im Jahre 1960, nämlich John F. Kennedy, provozierte einen erneuten Ausbruch antireligiöser Gefühle, und der Kandidat hielt es für erforderlich, schon im voraus zu dementieren, daß die Kirche irgendwelchen Einfluß auf seine amtlichen Entscheidungen ausüben könne. Politikwissenschaftler haben festgestellt, daß viele Leute, die normalerweise zur Demokratischen Partei hielten, gegen Kennedy wegen dessen Religion gestimmt haben. Nachdem er mit einer sehr schwachen Mehrheit gewählt worden war, widerstand er konsequent allen Vorschlägen, wenigstens diejenigen Eltern zu unterstützen, die zusätzliche Kosten dafür zu tragen hatten, daß sie ihre Kinder auf katholische Schulen schickten. Sein Wahlsieg, seine unparteiische Amtsführung und seine ungewöhnliche Beliebtheit bei allen Bevölkerungsschichten minderten den Antikatholizismus als eine Macht in der amerikanischen Gesellschaft, und zwei Jahre nach seinem tragischen Tod verstärkte die Erklärung des Zweiten Vatikanischen Konzils über die Religionsfreiheit diesen Effekt noch mehr; vor allen die amerikanischen Bischöfe hatten auf ihr bestanden.

Als Präsident Roosevelt Myron C. Taylor, einen Episkopalen, am 23. Dezember 1939 zu seinem persönlichen Vertreter bei Papst Pius XII. mit dem Rang eines Botschafters ernannte, hatte sich ein antikatholischer Aufschrei erhoben. Taylors Aufgabe war es, zwischen den beiden führenden Persönlichkeiten für die Förderung des Friedens die Verbindung herzustellen und die Hilfsaktionen des Vatikans und der Vereinigten Staaten in und nach dem Kriege zu koordinieren. Als die Protestanten heftig gegen die Entsendung eines Botschafters als eine Verletzung des Prinzips der Trennung von Staat und Kirche protestierten und die Abberufung des Botschafters forderten, bestand Roosevelt darauf, daß diese zeitlich gebundene Mission nicht die Herstellung diplomatischer Beziehungen mit sich bringe. Obwohl die Gegner ihre Opposition bei Kriegsende von neuem verkündeten, übte Taylor sein Amt bis zu seinem Rücktritt im Jahre 1950 aus. Im Oktober 1951 ernannte Präsident Harry Truman den General Mark Clark zum Botschafter beim Vatikan, aber die Protestanten lösten einen solchen Sturm der Entrüstung aus, daß der Präsident die Nominierung auf Bitten des Generals später zurückzog, ehe darüber im Senat verhandelt wurde.

Die Position der Kirche in internationalen Angelegenheiten

Die unfreundliche Haltung vieler ihrer Mitbürger schreckte die amerikanischen Katholiken nicht davon ab, zu internationalen Angelegenheiten ihre Meinung zu sagen. Beim Ausbruch des Ersten Weltkrieges befürworteten die meisten Autoren in katholischen Zeitungen und Zeitschriften die Neutralität, und viele, besonders im Mittelwesten, nahmen sogar Partei für die Mittelmächte. Katholiken irischer Geburt oder Herkunft waren natürlich gegen die Briten, und der German Catholic Centralverein gelobte Deutschland 1914 seine volle Sympathie. Obwohl einige Bischöfe, wie z. B. Kardinal James Gibbons von Baltimore, den Präsidenten Woodrow Wilson dafür lobten, daß er nicht in den Konflikt in Europa eingriff, stand die Mehrheit der amerikanischen Katholiken in Opposition zur Außenpolitik der Regierung, die die Alliierten bevorzugte, und wie es scheint, stimmte die Mehrheit bei den Präsidentenwahlen von 1916 für den republikanischen Kandidaten. Einige der führenden katholischen Männer aber ermahnten ihre Religionsgenossen, sich nicht dem Empfinden anderer Amerikaner dadurch zu entfremden, daß sie an deutsch-amerikanischen Einigungsbemühungen teilnahmen oder in der Parteipolitik Stellung bezogen. Sobald die Vereinigten Staaten aber in den Krieg eingetreten waren, überschwemmte eine Woge des Patriotismus alle prodeutschen Neigungen.

Nach dem Krieg waren die amerikanischen Katholiken allgemein gegen Wilsons Friedenspolitik, zum Teil deshalb, weil er sich weigerte, die Unabhängigkeit Irlands zu befürworten. Gegen den vorgesehenen Eintritt der Vereinigten Staaten in den Völkerbund brachten sie viele Gründe vor und nahmen zusammen mit der Mehrheit ihrer Mitbürger ihre Zuflucht zum Isolationismus. Einige führende Männer jedoch wie Pater John A. Ryan, Richter Martin T. Manton und Professor Carlton J. H. Hayes gründeten 1927 die Catholic Association for International Peace zur Unterrichtung „aller Menschen guten Willens über ihre Verpflichtung", den Weltfrieden durch Gerechtigkeit und Liebe herbeizuführen. Die Vereinigung trat für viele Maßnahmen ein, die später verwirklicht wurden, so z. B. für technischen Beistand und Auslandshilfe. Von Wilsons erster Regierung bis zu Roosevelts zweiter drängten die amerikanischen Katholiken die Regierung unablässig, aber vergeblich, in Mexiko zugunsten der verfolgten Katholiken zu intervenieren.

Schon vor dem Zweiten Weltkrieg hatten die amerikanischen Bischöfe auf Ersuchen der deutschen Hierarchie alle, die vor der Verfolgung durch die Nationalsozialisten fliehen mußten, durch das von ihnen gegründete Catholic Committee for Refugees and Refugee Children unterstützt. Im Jahre 1940 gründeten sie das Bishops' War Emergency and Relief Committee und erhoben zu dessen Unterstützung eine Sonderkollekte in allen Kirchen. Im folgenden Jahr begannen sie die jährliche Kollekte am Sonntag Laetare zur Unterstützung für Kriegsopfer unter den Landsleuten aus 15 Ländern und unter denjenigen, die an verschiedenen Orten in Europa und im Mittleren Osten Zuflucht gesucht hatten. 1942 bildeten die Bischöfe die War Relief Services, und im nächsten Jahr erhielt diese die Bescheinigung für die Zulassung zum National War Fund, von dem sie bis 1947 finanzielle Unterstützung erhielten. Inzwischen setzten die Bischöfe die Kollekte am Sonntag Laetare fort, um Geldmittel für rein religiöse Aufgaben zu erhalten, wozu auch besondere Hilfsgesuche des Heiligen Stuhles sowie zahlreicher Bischöfe und katholischer Organisationen im Ausland gehörten. 1947 weiteten sie ihren jährlichen Spendenaufruf noch weiter aus, um das umfangreiche Programm zur Hilfe in Übersee, zur Rehabilitation und zur Wiederansiedlung zu unterstützen, das die War Relief Services durchgeführt hatten. Noch vor Beendigung der Kampfhandlungen begannen die War Relief Services in den von den Achsenmächten befreiten Ländern in Europa, Afrika und Asien ihre Operationen. Kurz nach Kriegsende begannen auch umfassende Hilfsprogramme in den bis dahin feindlichen Ländern: Deutschland, Österreich, Ungarn und Japan. Die Hilfsaktionen aber, die in Polen, Ungarn, der Tschechoslowakei, Rumänien und Jugoslawien im Gange waren, wurden von den kommunistischen Regierungen dieser Länder verboten. Obwohl die War Relief Services ursprünglich nur eine Einrichtung für eine begrenzte Zeit sein sollten, sah man später ein, daß sie ständig benötigt würden; 1955 wurde daher ihre Bezeichnung geändert und lautete seitdem Catholic Relief Services of the NCWC. Wegen ihrer Verbindungen zu örtlichen Vermittlungsstellen und ihrem sich ausweitenden Netz von Hilfsprogrammen waren die Catholic Relief Services in der Lage, vollen Nutzen aus den überschüssigen Nahrungsmitteln zu ziehen, die die amerikanische Regierung in den fünfziger Jahren für überseeische Hilfsaktionen zur Verfügung stellte. Außerdem verteilten sie Kleidung, die Katholiken bei der jährlichen Sammlung am Erntedankfest gespendet hatten. Ende 1963 hatten die Catholic Relief Services Nahrungsmittel, Kleidung, Arzneimittel und andere Hilfsgüter mit einem Gesamtgewicht von 5600000 Tonnen und einem Gesamtwert von 1250000000 Dollar nach Übersee verschifft und an bedürftige Personen sowie Institutionen verteilt. Sie halfen mehr als 400000 Flüchtlingen, sich in den Vereinigten Staaten oder in anderen Zufluchtsländern niederzulassen. Sie dehnten ihren Tätigkeitsbereich auf mehr als 70 Länder aus, besonders auf die neu entstehenden Nationen Afrikas und die unterentwickelten Länder Lateinamerikas, wobei sie mit größerem Nachdruck als zuvor technische Hilfen förderten sowie Projekte zur Selbsthilfe, die dazu bestimmt waren, soziale Ungerechtigkeiten, wirtschaftliche Mangellagen, Krankheit und Unwissenheit zu beseitigen. Auf diese Weise wurde aus den Catholic Relief Services die größte freiwillige private Hilfsleistungsorganisation der Vereinigten Staaten in Übersee.

Die amerikanischen Katholiken zeigten ihr Verantwortungsgefühl für andere Länder auch durch die Förderung der Auslandsmissionen mit Personal und Geldmitteln. Vor dem Ersten Weltkrieg waren nur wenige Amerikaner ins Ausland gegangen, um die Glaubensbotschaft zu verkünden. Obwohl die erste religiöse Kongregation, die in den Vereinigten Staaten zu diesem Zweck gegründet wurde, nämlich die Catholic Foreign Mission Society of America, gewöhnlich Maryknoll Missioners genannt, gegründet von James A. Walsh und Thomas F. Price, von den amerikanischen Bischöfen approbiert und versuchsweise durch Pius X. bereits im Jahre 1911 zugelassen worden war, reiste die erste Gruppe von Missionaren unter der Führung von Price und mit dem Reiseziel Südchina erst 1918 ab. In den Nachkriegsjahren entsandten viele andere religiöse Orden, besonders die Gesellschaft Jesu, ebenfalls Männer und Frauen in die ausländischen Missionen. 1958 gründete Kardinal Richard Cushing, der Erzbischof von Boston, die Missionary Society of St. James the Apostle zur Wiederherstellung und Bewahrung des Glaubens in Lateinamerika; sie sollte aus Diözesanpriestern bestehen, die sich für fünf Jahre freiwillig verpflichteten, und sie sollten unter den Armen ein Leben in der Pfarrgemeinschaft entwickeln. Innerhalb von fünf Jahren gab es 93 Mitglieder aus 19 verschiedenen Diözesen in den englischsprechenden Ländern. Zuvor hatte bereits 1950 der Gral, eine internationale Laienbewegung katholischer Frauen, einen regelrechten Ausbildungskursus für das Missionsapostolat der Laien begonnen. Eine Laienorganisation für Männer und Frauen wurde 1960 unter dem Namen Papal Volunteers for Latin America approbiert. Innerhalb von drei Jahren dienten 245 päpstliche Freiwillige ohne Gehalt, gewöhnlich für einen Zeitraum von drei Jahren, in 12 Ländern; sie wurden durch die Ortsbischöfe eingeladen und betätigten sich vorwiegend im Bereich der Erziehung, der Medizin und der Sozialarbeit.

Im Jahre 1966 arbeiteten 9303 amerikanische Priester, Brüder, Schwestern sowie Männer und Frauen aus dem Laienstand in zahlreichen Ländern Amerikas, Asiens und Lateinamerikas. Die amerikanischen Katholiken ließen auch den Missionsorden sowie dem Päpstlichen Werk für die Glaubensverbreitung Spenden zukommen; 1919 betrug die Gesamtsumme hierfür bereits mehr als eine Million Dollar im Jahr, und 1966 betrug allein die Summe für das Päpstliche Werk annähernd 16 Millionen Dollar.

Laienbewegungen

In den auf den Ersten Weltkrieg folgenden Jahrzehnten begannen die Laien in der Kirche eine größere Aktivität zu entfalten. Der National Council of Catholic Men und der National Council of Catholic Women wurden unter dem Dach der National Catholic Welfare Conference im Jahre 1920 als Zusammenschlüsse von pfarrlichen, überpfarrlichen, diözesanen, einzelstaatlichen und nationalen Organisationen gegründet. Um 1965 waren dem National Council of Catholic Men annähernd 10000 Organisationen mit einer Gesamtmitgliederzahl von etwa 9 Millionen angeschlossen, und dem National Council of Women 14000 Organisationen mit nahezu 10 Millionen Mitgliedern. Die beiden Dachorganisationen schufen ein breitgefaßtes Programm für Spiritualität, Informationen, staatsbürgerliche und soziale Betätigung, Familienleben, Jugend und internationale Angelegenheiten. Sie leisteten den angeschlossenen Organisationen auch Hilfe bei der Planung und Durchführung örtlicher Programme. An den meisten Orten freilich funktionierten sie vermittels der Diözesanverbände katholischer Männer und Frauen. Die Nationalverbände repräsentierten katholische Laien in anderen nationalen und internationalen Organisationen und bei Versammlungen, sowohl solchen religiöser wie weltlicher Art, und ebenso bei Kongreßausschüssen. Dem Männerrat übertrug man die Verantwortung für alle katholischen Rundfunk- und Fernsehprogramme, die im nationalen Sendenetz regelmäßig auf dem Plan standen. Das bekannteste Programm war die „Katholische Stunde", die seit 1930 von der National Broadcasting Company ausgestrahlt wurde. 1971 vereinigten sich die beiden Verbände zum National Council of Catholic Laity.

Zwei spezialisierte Laienbewegungen erlangten nationale Bedeutung. Die Cana Conference begann als Exerzitienreihe, die Pater John P. Delaney SJ 1944 in St. Louis durchführte. Solche Treffen, die formloser und entspannter waren als geistliche Exerzitien im eigentlichen Sinn, waren dazu gedacht, religiöse Prinzipien auf die weltlichen Aspekte des Ehelebens in einer Weise anzuwenden, die Amerikanern des 20. Jahrhunderts einsichtig war. Diese Treffen flößten auch Gemeinschaftssinn ein und führten zur Bildung von Cana Clubs zum regelmäßigen Studium und Gebet in den Wohnungen der Teilnehmer zusammen mit einem Kaplan. Ein weiteres Ergebnis war die Teilnahme am sozialen Apostolat in einem größeren Umfang. In den meisten Diözesen wurden Leiter für das Familienleben ernannt, und Tausende von Priestern und Laien wurden für die Durchführung und Ausweitung dieser Bewegung gewonnen. Außerdem breiteten sich zahlreiche Pre-Cana Conferences für verlobte Paare aus, und für verwitwete Personen bildete man Naim Conferences (auch Post-Cana Clubs genannt). Einen weiteren Ausbau bildete die Bethany Conference für ledige Personen.

Eine ähnliche Aufgabe hatte das Christian Family Movement, das als eine katholische Aktionsgruppe für Männer in Chicago begonnen hatte und 1947 unter der Leitung des Ehepaares Patrick Crowley in eine Organisation für verheiratete Paare umgewandelt worden war. Die Basiseinheiten bestanden aus fünf bis sechs Paaren, gewöhnlich aus derselben Pfarrei, die sich in ihren Wohnungen trafen und ein Programm für Diskussionen und Aktionen im Bereich des Laienapostolats durchführten. Diese Einheiten vermehrten sich rasch; um 1963 nahmen mehr als 40000 Paare aktiv an den in den USA und Kanada alle zwei Wochen stattfindenden Gruppentreffen teil; in anderen Ländern war es vermutlich eine ebenso große Anzahl. 1949 bildete man mit dem Sitz in Chicago einen nationalen Koordinierungsausschuß, um Ideen und Erfahrungsberichte mit Hilfe etlicher Veröffentlichungen und jährlicher Programme auszutauschen. Die Mitglieder einer jeden Gruppe sollten jeweils einen besonderen Aspekt des familiären, kulturellen, politischen, wirtschaftlichen oder internationalen Lebens beobachten, sich ein Urteil darüber bilden, ob es ganz und gar menschlich und christlich war, und dann über etwaige Aktionen entscheiden, die von den Paaren entweder individuell oder kollektiv zu unternehmen waren. Die meisten Teilnehmer interessierten sich jedoch in erster Linie für Familienprobleme wie z.B. die nach oben schnellende nationale Ehescheidungsrate.

Weitere Organisationen der Katholischen Aktion, die nach dem Zweiten Weltkrieg in den Vereinigten Staaten begonnen hatten, waren die Young Christian Workers und die Young Christian Students, die man nach europäischem Vorbild gegründet hatte. Im gleichen Zeitraum führte die Exerzitien-Bewegung zu einer Vertiefung des spirituellen Lebens der Laien inmitten weltlicher Berufstätigkeit. Katholische Berufsverbände aller Art gediehen ebenso gut.

Journalismus

Die katholische Presse erfuhr nach dem Ersten Weltkrieg eine bemerkenswerte Entwicklung. Das Eigentum an den meisten Zeitungen war von Laien an die Diözesen übertragen worden. Aber selbst dann, wenn eine Diözesan-Wochenzeitung sich als „offizielles Organ“ oder „die Stimme“ der örtlichen Behörde bezeichnete, machte man einen Unterschied zwischen autoritativen Stellungnahmen der Kirche und den Meinungen der Herausgeber. Es tauchten nun auch katholische Zeitungsketten auf. 1929 publizierte in Denver die Zeitung „Catholic Register“, die fünf Jahre zuvor mit der Herausgabe einer nationalen Ausgabe begonnen hatte, unter der Leitung von Monsignore Matthew J. W. Smith ihre erste Ausgabe für eine andere Diözese, und innerhalb von neun

Jahren wuchs dieses System auf 19 Ausgaben mit einer Auflage von 400000 an; 1964 hatte es 33 Ausgaben mit einer Gesamtauflage von 778196. Das Blatt „Our Sunday Visitor", das 1912 von dem Pater (und späteren Bischof) John Francis Noll aus Fort Wayne (Indiana) hauptsächlich für apologetische Zwecke als Reaktion gegen die antikatholischen und prosozialistischen Zeitungen gegründet worden war, begann 1937 mit der Publikation einer Ausgabe für eine andere Diözese; 1964 produzierte es 11 Diözesanausgaben, eine kanadische Nationalausgabe und eine nationale Nachrichtenausgabe mit einer Gesamtauflage von 892148. Andere Ketten mit geringerem Umfang bildeten sich in Ohio und Wisconsin. 1969 gab es 89 örtlich publizierte Diözesanzeitungen mit einer Gesamtauflage von 4229065.

Die erste größere katholische Tageszeitung in englischer Sprache war in den Vereinigten Staaten die „Tribune", die Nicholas E. Gonner 1920 in Dubuque (Iowa) gegründet hatte und zwei Jahre später nach Milwaukee verlegte. Diese Zeitung war stark apologetisch eingestellt. Nach Gonners Tod kaufte sie der Buchverleger William George Bruce zusammen mit anderen und führte sie bis 1942 weiter. Eine weitere katholische Tageszeitung, „Sun Herald", startete 1950 in Kansas City (Missouri) eine Gruppe katholischer Laien unter der Führung von Robert Hoyt, aber im folgenden Jahr wurde sie wegen ungenügender Abonnentenzahl wieder aufgegeben. Einige aus dieser Laiengruppe begannen 1964 mit dem „National Catholic Reporter". Diese Wochenzeitung wurde bei liberalen Katholiken bald bekannt, weil sie religiöse Nachrichten ohne Hemmungen brachte und kritisch interpretierte; sie zog sich sogar eine Rüge des Bischofs von Kansas City zu, die aber ohne Wirkung blieb.

Um katholische Zeitungen mit Nachrichten über nationale und internationale Angelegenheiten zu versorgen, gründete man 1920 den NCWC News Service, wobei dieser die Arbeit einer kleineren Agentur übernahm, die zuvor durch die Catholic Press Association of the United States and Canada betrieben worden war. Er baute einen Überseedienst auf, engagierte Korrespondenten in fast jedem Teil der Welt, erwarb sich Abonnenten in 65 Ländern und lieferte schließlich Dienste für Leitartikel, Bilder, Rundfunk und zu guter Letzt auch für das Fernsehen und für etliche andere Dienste. Die 1911 gegründete Catholic Press Association hielt auch weiterhin ihre Jahresversammlungen ab, veröffentlichte eine Monatsschrift und ein historisches „Jahrbuch" und förderte die Auflagensteigerung sowie das Anzeigengeschäft; ebenso unterstützte sie die katholische Presse in Lateinamerika ganz speziell und die Missionspresse ganz allgemein.

Katholische Zeitungen in fremden Sprachen tauchten während dieser Periode auf und verschwanden wieder. Unter den deutschen Publikationen blieben einige auch nach dem Ersten Weltkrieg bestehen, so die wichtige Tageszeitung „Amerika" in St. Louis, die 1924 einging. 1936 existierten noch 23 deutschsprachige katholische Zeitungen, aber im Zweiten Weltkrieg gingen sie alle ein, oder sie wechselten zur englischen Sprache über, wie dies der „Wanderer" von

St. Paul tat. Von den zehn Zeitungen in polnischer Sprache, die 1940 bestanden, stellten in der Folgezeit alle ihr Erscheinen ein mit Ausnahme der „Dziennik Chicagoski" („Polish Daily News"), die die Resurrektionistenpatres 1890 gegründet hatten und die auch weiterhin örtliche, nationale und internationale Nachrichten brachten. Auch zwei italienische Wochenzeitungen, „La Voce del Popolo", 1910 durch die Paulaner in Detroit gegründet, und „Il Crociato", 1933 durch die Diözese Brooklyn gegründet, setzten nach dem Zweiten Weltkrieg ihr Erscheinen fort. Ebenso wurden unter katholischer Schirmherrschaft Zeitungen in spanischer Sprache sowie in einigen slawischen Sprachen neben dem Polnischen veröffentlicht. 1964 gab es insgesamt 13 fremdsprachige Zeitungen mit einer Gesamtauflage von 195 434.

Bei den katholischen Magazinen florierten diejenigen, die sich mit den einheimischen und ausländischen Missionen befaßten. „Extension", das Organ der Catholic Church Extension Society (gegründet 1906), brachte 1963 jeden Monat 400 000 Lesern nicht nur Nachrichten über das von der Gesellschaft geförderte Missionswerk in den Vereinigten Staaten, sondern auch Artikel von allgemeinem Interesse. Das erste Magazin, das ausschließlich die Auslandsmissionen förderte, wurde von den Maryknoll-Missionaren zunächst unter dem Titel „Field Afar" und später unter dem Namen „Maryknoll" veröffentlicht. In den sechziger Jahren erhöhte es seine Auflage auf über 300 000.

Magazine, die schon vor dem Ersten Weltkrieg gegründet worden waren, und neue existierten nebeneinander her. Das Organ des Dritten Ordens vom heiligen Franziskus, „St. Anthony Messenger", hatte 1893 begonnen und wurde zu einem beliebten Familienmagazin, das 1960 eine Auflage von 330 000 hatte. Die ältesten katholischen Zeitungen, die zu dieser Zeit noch erschienen, waren die „Catholic World" der Paulisten, in der versucht wurde, den Glauben in Beziehung zur amerikanischen Gesellschaft zu setzen, und „Ave Maria" der Kongregation vom Heiligen Kreuz, die das Familienleben christlich gestalten wollte. Andere von religiösen Orden herausgegebene Magazine mit weiter Verbreitung waren: der „Messenger of the Sacred Heart" (1866, von Jesuiten), der „Liguorian" (1913, von den Redemptoristen), das „Sign" (1921, von den Passionisten) und die „Voice of St. Jude" (1934), später „U. S. Catholic" genannt (von den Claretinern). Die beiden wichtigsten meinungsbildenden Wochenschriften waren „America" (1909 begonnen und von Jesuiten herausgegeben) und „Commonweal" (1924 begonnen und von Laien herausgegeben), die beide versuchten, zeitgenössische Probleme und kulturelle Themen von katholischer Warte aus zu behandeln. Der „Catholic Digest" hatte 1964 eine Auflage von 650 000. In demselben Jahr wurden 59 Verbrauchermagazine mit einer Gesamtauflage von 7 042 996, 50 Geschäfts- und Berufsmagazine mit einer Auflage von 455 931, 241 Magazine, die keine Anzeigen annahmen, mit einer Gesamtauflage von 12 934 017 sowie 24 fremdsprachige Magazine mit einer Gesamtauflage von 228 988 unter katholischer Schirmherrschaft publiziert. In den folgenden fünf Jahren fielen diese Zahlen sehr rasch ab. Dennoch aber betrug die Totalauflage der katholischen Presse in den Vereinigten Staaten im Jahre 1969 noch 25 599 766.

Um 1964 wurde der Journalismus als akademisches Lehrfach in der einen oder anderen Form in etwa der Hälfte der katholischen Universitäten und Colleges in den Vereinigten Staaten angeboten. Das einzige College für Journalismus wurde 1915 in der Marquette-Universität in Milwaukee gegründet, aber das Graduiertenstudium der Massenmedien wurde später in anderen katholischen Institutionen ebenfalls durchgeführt. In den späteren Jahren wurden immer mehr Kurse für Rundfunk und Fernsehen angeboten. In den akademischen Programmen waren sowohl technische Kurse in Theorie und Praxis der verschiedenen Kommunikationsmedien enthalten wie auch theoretische Kurse über ihre Rolle in der Gesellschaft und ihre Berufsethik.

Die Statistik erweist, daß die Verbundenheit der Katholiken mit ihrer Kirche schon beträchtlich abnahm vor 1968, als Papst Paul VI. die Enzyklika „Humanae Vitae" herausgab. Ein bekannter Religionssoziologe hat den Rückgang traditioneller Formen der kirchlichen Praxis, z. B. des Besuchs der Sonntagsmesse, auf die scharfe Ablehnung seitens vieler Gläubiger der in diesem päpstlichen Dokument enthaltenen Lehre von der Geburtenkontrolle zurückgeführt. Andere Analytiker sind der Meinung, daß eher ein ganzer Komplex verschiedener Faktoren beteiligt war: der zunehmende Säkularismus, ein übertriebener Personalismus, durchgängige Permissivität, Libertinismus und Antinomismus, Einstellung gegen das „Establishment" und religiöser Indifferentismus, wie er charakteristisch ist für die Denkweise in den USA und in vielen anderen Ländern der freien Welt, vom Anfang der 1960er Jahre an. Der Verlust an Achtung vor Papst und Bischöfen geht darauf zurück, daß gewisse Theologen sich öffentlich und zuweilen lautstark von Verlautbarungen des Lehramts distanziert haben. Die wichtigsten protestantischen Kirchengemeinschaften in den USA haben einen ähnlichen Abwärtstrend erfahren, nur die kleineren fundamentalistischen und Pfingstsekten, die sich auf spezielle Offenbarungen berufen oder hohe Anforderungen an ihre Anhänger stellen, sind unverhältnismäßig gewachsen. Obwohl Lehren und Reformen des Zweiten Vatikanischen Konzils von den amerikanischen Katholiken im allgemeinen begrüßt wurden, hat sich die Hoffnung und Erwartung einer neuen Blüte der Kirche in den USA in der Nachkonzilszeit nicht erfüllt.

Kanada

Bevölkerung

Zwischen 1911 und 1961 wuchs die Gesamtbevölkerung Kanadas von 7206643 auf 18238247 Einwohner an. In diesem Zeitraum vermehrte sich die Katholikenzahl von 2841881 (oder 39,4 Prozent) auf 8342826 (oder 45,7 Prozent). Die Katholiken waren jedoch nicht gleichmäßig verteilt; 56 Prozent wohnten in der Provinz Quebec. Als im Jahre 1951 die Katholiken 44,7 Prozent der kanadischen Gesamtbevölkerung ausmachten, verteilten sie sich zu folgenden Prozentzahlen auf die einzelnen Provinzen: 88,0 in Quebec, 50,6 in New Brunswick, 45,5 in Prince Edward Island, 40,6 im Northwest Territory, 34,0 in Nova Scotia, 33,6 in Newfoundland, 28,5 in Saskatchewan, 28,3 in Manitoba, 25,7 in Ontario, 23,8 in Alberta, 20,9 in Yukon und 15,0 in British Columbia. In demselben Jahr verteilte sich die katholische Bevölkerung, nach Nationalitäten aufgeteilt, folgendermaßen: 66,7 Prozent Franzosen, 7,9 Iren, 5,9 Engländer, 3,5 Ukrainer, 2,9 Schotten, 2,6 Polen, 2,5 Deutsche, 2,2 Italiener, 1,4 eingeborene Indianer und 4,4 andere. Der Prozentsatz an Katholiken innerhalb einer jeden einzelnen Nationalität betrug 96,7 der Franzosen, 34,5 der Iren, 10,2 der Engländer, 56,0 der Ukrainer, 11,8 der Schotten, 74,8 der Polen, 24,7 der Deutschen, 89,6 der Italiener und 53,5 der eingeborenen Indianer.

Organisation

1914 gab es 10 Erzdiözesen, 25 Diözesen, 5 Apostolische Vikariate, einen Ruthenischen Bischof und eine Apostolische Präfektur. 50 Jahre später zählte man 15 Erzdiözesen des lateinischen Ritus (14 Provinzen plus Winnipeg), eine Provinz des Ukrainisch-Byzantinischen Ritus, 40 Diözesen, 3 Eparchien und 8 Apostolische Vikariate.

Bildungswesen

Die katholischen Elementar- und Sekundarschulen standen in jeder Provinz in je einem anderen Verhältnis zur staatlichen Behörde. In der Provinz Quebec galten die Schulen als öffentliche Einrichtungen und wurden durch allgemeine Steuern unterhalten, jedoch von katholischen und protestantischen Ausschüssen des Council of Public Instruction überwacht. Daher entwickelten sich die beiden Systeme ziemlich unabhängig voneinander: Das katholische System folgte der französischen Tradition im Schulwesen und das protestantische der englischen. Private oder unabhängige Schulen spielten in Quebec eine bedeutendere Rolle als in anderen Provinzen. Die wichtigsten waren die klassischen Colleges; sie boten einen achtjährigen Kurs an, in den man nach der Vollendung der Elementarschule eintrat und der in zwei Stufen zu je vier Jahren zum Bachelor-Grad führte. 1965 gab es 32 klassische Colleges für Männer und neun für Frauen, die der Laval-Universität angeschlossen waren, sowie 27 Colleges für Männer und sechs für Frauen, die der Universität von Montreal zugeordnet waren.

Neufundland besaß ebenfalls ein System staatlicher Konfessionsschulen. Hier betrieben die fünf großen Konfessionen jeweils ihre eigenen Schulen unter Überwachung durch einen Schul-Superintendenten, der dem abgeordneten Erziehungsminister der Provinz gegenüber verantwortlich war. Alle Schulen folgten dem gleichen Lehrplan.

In Ontario, Saskatchewan und Alberta mußte die erste Schule, die mit Unterstützung durch Steuergelder in einer Gemeinde eingerichtet wurde, stets eine staatliche Schule sein, die allen Kindern offenstand. Das Schulgesetz erlaubte es aber katholischen oder protestantischen Minderheiten, aus dem staatlichen Schulsystem auszutreten und ihre eigenen Schulträgerschaften und Schulen zu gründen, die man als „separate" Schulen bezeichnete. Die Ortsansässigen konnten wählen, welches Schulsystem sie mit Steuern zu unterstützen wünschten, und gewöhnlich trafen sie ihre Wahl entsprechend ihrer Religion. Sowohl die staatlichen wie die separaten Schulen unterstanden der Jurisdiktion des provinzialen Erziehungsdepartements, und beide erhielten provinziale Beihilfen. In Saskatchewan und Alberta konnten separate katholische Schulen nur in den großen Städten eingerichtet werden, wo die Katholiken in genügender Zahl vertreten waren. In Ontario konnten separate Schulen nur die acht elementaren und zwei niedere sekundare Grade anbieten; deshalb mußten Katholiken Privatschulen für die drei höheren sekundaren Grade einrichten.

Die am Meer gelegenen Provinzen (New Brunswick, Nova Scotia und Prince Edward Island) sowie Manitoba erhielten nach dem Gesetz nur staatliche Schulen, aber aufgrund von „gentlemen's agreements" gab es innerhalb des staatlichen Schulsystems in Gebieten, in denen es zahlreiche englische und französische Katholiken gab, auch englischsprachige und französischsprachige katholische Schulen. Außerhalb der französischsprechenden Gebiete von Manitoba (wie z. B. St. Boniface) mußten die Katholiken zusätzlich zu den Steuern, die sie für den Unterhalt der staatlichen Schulen zu zahlen hatten, auch noch auf eigene Kosten für Privatschulen oder Pfarreischulen sorgen.

British Columbia sah ebenfalls nur staatliche Systeme vor, und solche Schulen konnten unter keinen Umständen konfessionell sein; die Katholiken waren daher gezwungen, ihre eigenen Schulen noch zusätzlich zu den staatlichen Schulen zu unterhalten. In den Territorien am Yukon und im Nordwesten hatten sich dank der Zusammenarbeit von bundesstaatlichen und örtlichen Behörden mit den konfessionellen Gremien Systeme herausgebildet, in denen die katholischen Elementarschulen für die dünngesäte Bevölkerung der Indianer, Eskimos und Weißen volle steuerliche Unterstützung durch die Regierung und die Ortsbehörde erhielten.

1962 besaßen 19 katholische Colleges und Universitäten die Ermächtigung zur Verleihung akademischer Grade. Sie hatten fast 25 000 Studenten, und 10 000 weitere besuchten die ihnen angeschlossenen Colleges, vorwiegend in Quebec. Die Gesamtzahl von 35 000 machte ungefähr 30 Prozent all der Studenten aus, die an kanadischen Colleges und Universitäten immatrikuliert waren.

Alle diese Institutionen lagen im Osten, aber sie unterschieden sich nach Größe und Leistungsvermögen erheblich. In den am Meer gelegenen Provinzen gab es neun, die größte davon war die St. Francis Xavier University in Antigonish (Nova Scotia), die unter der Schirmherrschaft der Diözese stand und sich internationales Ansehen für ihre Untersuchungen über Kooperativen und Erwachsenenbildung erwarb. In der Provinz Quebec wurde die Université de Montréal, die 40 Jahre lang der Université Laval in der Stadt Quebec angeschlossen war, durch ein Dokument der Provinzregierung 1920 zur unabhängigen Institution erhoben. 1954 erhielt die Université de Sherbrooke eine ähnliche Urkunde. In Ontario wurde die University of Ottawa, Kanadas erste zweisprachige Universität, von den Oblaten von der Unbefleckten Empfängnis Mariens weiter betrieben. Das von den Basilianer-Patres geleitete St. Michael's College wurde mit der University of Toronto verbunden; es war das erste katholische geisteswissenschaftliche Kolleg, das eine solche Regelung einging, wodurch es ein gewisses Maß von Unabhängigkeit bewahrte, seine Grade aber durch die Universität verlieh. Die ebenfalls von den Basilianer-Patres geleitete Assumption University in Windsor wurde 1953 ebenfalls unabhängig, entschied sich aber zehn Jahre später dafür, die Verleihung von akademischen Graden (die Theologie ausgenommen) aufzugeben, damit sie sich mit der neuen nichtkonfessionellen Universität von Windsor zusammenschließen konnte. Die Laurentian University von Sudbury, die als solche 1960 gegründet worden war, war zuvor seit 1913 ein von den Jesuiten geleitetes College gewesen und wurde formell mit der Huntington University, einer Institution der United Church of Christ, zusammengeschlossen.

In Westkanada gab es keine unabhängigen katholischen Colleges oder Universitäten, weil die Gesetzgeber sich weigerten, je Provinz mehr als einer akademische Grade verleihenden Institution die Genehmigung zu erteilen. Die Basilianer und Jesuiten gründeten aber Colleges, die mit den Provinzuniversitäten auf mehrfache Weise verbunden oder ihnen als Filialen angeschlossen waren. Im Bereich des höheren Schulwesens experimentierten diese beiden Orden also mit neuen Formen des Zusammenschlusses mit nichtkatholischen Universitäten, und zwar wegen der akademischen und wirtschaftlichen Vorteile, die sie dadurch erzielten.

Soziale Bewegung

Den theoretischen Antrieb für die kanadische katholische Sozialbewegung lieferten verschiedene Quellen. Zusätzlich zu den Papstenzykliken behandelten auch die Hirtenbriefe der Bischöfe soziale Fragen, wobei sie von den vorwiegend mit Ackerbau und Landleben zusammenhängenden Problemen zu Anfang des 20. Jahrhunderts in den späteren Jahrzehnten auf Probleme der Industrialisierung und der Arbeiterschaft übergingen. 1950 erließen die Erzbischöfe und Bischöfe der staatlichen Provinz Quebec einen gemeinsamen Hirtenbrief mit dem Titel „Das Arbeiterproblem im Licht der kirchlichen Soziallehre", worin sie in einigen Punkten kühne Stellungen bezogen, so z. B. hinsichtlich der Mitbestimmung des Arbeiters in der Leitung eines Betriebs. Weiteren theoretischen Treibstoff lieferten zwei private Institutionen: die 1911 gegründete École Sociale Populaire förderte soziale Studien, gab Publikationen heraus und unterstützte seit 1920 die jährlichen Semaines Sociales du Canada, die führende Persönlichkeiten der Soziallehre und der sozialen Aktion zusammenbrachte, um wichtige Anliegen gemeinsam zu beraten. Auch die 1932 gegründete École des Sciences Sociales der Laval-Universität lieferte bemerkenswerte Beiträge.

Die auf einer formal katholischen Basis von Priestern und Laien in verschiedenen Teilen der Provinz Quebec organisierten Arbeitergewerkschaften (Ortssyndikate) schlossen sich 1921 zur Confédération des Travailleurs Catholiques du Canada zusammen. Anfangs konnten Nichtkatholiken zwar Mitglied sein, aber keine Ämter bekleiden. Diese Einschränkung wurde allmählich aufgehoben. Ebenso hatte jede Gewerkschaft einen Kaplan (katholischen Priester), der anfangs dazu ermächtigt war, den Bischöfen jede Entscheidung zu melden, die seiner Meinung nach gegen die katholische Soziallehre verstieß; in der Praxis übten die Kapläne dieses Recht selten aus und wurden schließlich zu bloß moralischen Beratern, die allen Versammlungen beiwohnen und ihre Ansichten vorbringen konnten, aber kein Stimmrecht hatten. In ihrer ursprünglichen Konstitution erklärte die Confédération ausdrücklich ihre Treue zur Soziallehre der katholischen Kirche, aber 1960 wurden die konfessionellen Bindungen gelöst; der Ausdruck „christliche Prinzipien" wurde an deren Stelle gesetzt, und den Namen änderte man um in Confédération des Syndicats Nationaux. Von den späten dreißiger Jahren an hatten die katholischen Syndikate etwa ein Drittel aller Gewerkschaftsmitglieder aus der Provinz Quebec in ihren Reihen; der Rest gehörte hauptsächlich zu den internationalen (amerikanischen) Gewerkschaften. Die Confédération übte jedoch auf die Arbeiterbewegung insgesamt und auf die Arbeitergesetzgebung einen Einfluß aus, der in keinem Verhältnis zu ihrer Größe stand und vermutlich auf ihren sozialen und ideologischen Anliegen beruhte.

Eine erklärtermaßen katholische Bewegung wurde auch für die Arbeiter in der Landwirtschaft gestartet. 1924 gründeten 2400 in der Stadt Quebec versammelte Farmer die Union Catholique des Cultivateurs. Diese Organisation verteidigte und förderte die allgemeinen Interessen der Landbevölkerung, besonders hinsichtlich des Bildungswesens. In den fünfziger Jahren baute sie auch ländliche Syndikate auf, um mit den Käufern von Farmerzeugnissen kollektiv verhandeln zu können. 1965 gab es fast 700 örtliche Syndikate mit über 50000 Mitgliedern gegenüber einer möglichen Mitgliederzahl von 65000 bis 70000. Ebenso wie bei den Arbeitersyndikaten entwickelte sich die Rolle des Kaplans von derjenigen eines mit Macht ausgestatteten Teilnehmers zu derjenigen eines moralischen Beraters oder Anwaltes, aber das Wort „katholisch" wurde nicht aus dem Namen der Organisation entfernt.

Für katholische Industrielle und Arbeitgeber existierte keine dauerhafte Organisation, bis 1943 die Association Professionnelle des Industriels gegründet wurde. Sie war dazu gedacht, die Interessen des Managements zu wahren und eine christliche Sozialordnung zu fördern. 1965 zählte sie etwa 500 Mitglieder, die meist kleinen oder mittleren Firmen angehörten. Trotz ihrer Begrenztheit spielte sie aber eine führende Rolle, und zwar durch Zusammenarbeit mit anderen Gruppen, bei der sie die Aufmerksamkeit des Managements auf die Arbeiterschaft und auf die menschlichen Probleme im Geschäftsleben hinlenkte. Sie war auch ein aktives Mitglied in der Union Internationale Chrétienne des Dirigeants d'Entreprise.

24. Kapitel

Die Kirche in Lateinamerika

P. Félix Zubillaga SJ, Rom

LITERATUR: In den großen Nationalgeschichten der einzelnen Republiken, die auch auf kirchliche Verhältnisse ausführlich eingehen, wird allenfalls noch die Zeit um die Jahrhundertwende behandelt. Über das 20. Jahrhundert liegen vielfach nur noch kürzere Abrisse vor; dabei überwiegen zusehends die englischsprachigen Darstellungen; die Kirche wird in der Regel aus dem staatlichen oder politischen Blickwinkel betrachtet. Eine eigentliche Kirchengeschichtsschreibung ist noch inexistent; monographische Studien zu dieser sind nur sehr vereinzelt vorhanden.

Einen Überblick über die Ereignisse in den einzelnen Republiken können Werke wie *H. Herring*, A history of Latin America from the beginnings to the present (New York 1956) oder *F. Morales Padrón*, Historia de América, in: Manual de Historia Universal 5–6 (Madrid 1962) bieten; allgemein zurückgegriffen wird noch immer auf beide Fassungen der Studie von *J. L. Mecham*, Church and state in Latin America (Chapel Hill 1934, 1966); hinzugekommen sind *F. B. Pike*, The conflict between church and state in Latin America (New York 1964) und *F. C. Turner*, Catholicism and political development in Latin America (Chapel Hill 1971); essayistisch gehalten ist *C. H. Hillekamps*, Religion, Kirche und Staat in Lateinamerika (München 1966); das Aufkommen des Protestantismus behandelt eingehend *P. Damboriena*, El protestantismo en América Latina, 2 t. (Fribourg, Bogotá 1962–63); dazu auch *E. Willems*,

Followers of the new faith, in: Culture change and the rise of protestantism in Brazil and Chile (Nashville 1967). *J. Lembke,* Christentum unter den Bedingungen Lateinamerikas. Die katholische Kirche vor den Problemen der Abhängigkeit und Unterentwicklung (Bern, Frankfurt/M. 1975); *J. Thesing,* Die christlichen demokratischen Parteien in Lateinamerika, in: HK 31 (1977) 313–318; *H. J. Prien,* Die Geschichte des Christentums in Lateinamerika (Göttingen 1978); mit starker Berücksichtigung der soziologischen Gesichtspunkte, bes. bei der Behandlung des Priestermangels 1063 ff, mit gegliederter Statistik 1069 ff; die Rolle der ausländischen Mitarbeiter 1076 ff.

Brasilien: *M. Barbosa,* A Igreja no Brasil. Notas para a sua história (Rio de Janeiro 1945); *J. M. Bello,* A history of modern Brazil 1889–1964 (Stanford ^{4}1966); *E. B. Burns,* A history of Brazil (New York 1970); *P. F. da Silveira Camargo,* História eclesiástica do Brasil (Petrópolis, Rio de Janeiro, São Paulo 1955); *J. Alfredo de Sousa Montenegro,* Evolução do Catolicismo no Brasil (Petrópolis 1972); *T. C. Bruneau,* The political transformation of the Brazilian catholic church (Cambridge 1974) mit Angaben über zeitgenössische Literatur; *M. Todaro Williams,* Jackson de Figueiredo, catholic thinker, in: TAM (The Americas) 31 (1974) 139–163; *P. A. Ribeiro de Oliveira,* Catholicismo popular no Brasil (Rio 1970); *A. U. Floridi,* Radicalismo cattolico brasiliano (Rom 1968); *H. Fesquet,* Une Église en état de péché mortel (Paris 1968); *E. de Kadt,* Catholic radicals in Brazil (London 1970); *A. Ghurbrant,* L'Église rebelle en Amérique latine (Paris 1969); das Problem des Synkretismus behandelt grundlegend *R. Bastide,* Les religions africaines au Brésil (Paris 1960); hierzu bringt ausführliche Literaturangaben *M. Koch-Weser,* Die Yoruba-Religion in Brasilien (Diss. Bonn 1976).

Argentinien: *R. Levillier* (Hrsg.), Historia argentina V (Buenos Aires 1968); *G. Bleiberg* (Hrsg.), Diccionario de Historia de España. Argentina (Época independiente) I (Madrid ^{2}1968) 344–350; *J. Vicens Vives,* Historia social y económica de España y América. Burguesía, industrialización, obrerismo IV/2 (Barcelona 1959); *J. Alameda,* Argentina Católica (Buenos Aires 1935); *G. Furlong – L. M. Baliña – G. Ferrer – J. A. Allende – L. M. Ardanaz – C. M. Gelly y Obes – L. Ayarragaray,* Etapas del catolicismo argentino (Buenos Aires O. D.); Historia argentina contemporánea 1862–1930, 4 t. (Buenos Aires 1963–67); *J. A. Paita* u. a., Argentina 1930–1960 (Buenos Aires 1961); *P. Waldmann,* Der Peronismus 1943–1955 (Hamburg 1974); *P. Marsal S.,* Perón y la iglesia (Buenos Aires 1955); die Stellung der Kirche in den letzten Jahren behandelt *T. T. Evers,* Militärregierung in Argentinien (Hamburg 1972); *J. J. Kennedy,* Catholicism, nationalism and democracy in Argentina (University of Notre Dame Press 1958).

Paraguay–Uruguay: *E. Cardozo,* Paraguay independiente und *J. E. Pivel D.,* Uruguay independiente = Historia de América 21 (Barcelona 1949); Anuario eclesiástico de Paraguay, hrsg. vom Centro de estudios socio-religiosos (CESR) in Zusammenarbeit mit dem Centro de documentación, estudios y proyectos, pastoral social und der Bischofskonferenz Paraguays (1972); Diccionario de historia de España. Paraguay (época independiente), hrsg. von *G. Bleiberg* III (Madrid ^{2}1969) 172–175; Guía de la Iglesia católica en el Uruguay 1973; Diccionario de historia de España. Uruguay (Epoca independiente) III (Madrid ^{2}1969), hrsg. von *G. Bleiberg; J. Vicens Vives,* Historia social y económica de España y América. Burguesía, industrialización, obrerismo II (Barcelona 1959).

Chile: *L. Galdames,* A history of Chile (Chapel Hill 1941); *F. Araneda B.,* El arzobispo Errázuriz y la evolución política y social de Chile (Santiago de Chile 1956); *J. Basadre,* Chile, Perú y Bolivia independientes (Barcelona, Buenos Aires 1948), in: Historia de América y de los pueblos americanos, hrsg. von *A. Ballesteros y Beretta;* Estado de la Iglesia en Chile, hrsg. von Oficina Nacional de Estadística de la Acción Católica Chilena (Santiago de Chile 1946); Guía parroquial y guía eclesiástica de Chile (Santiago de Chile 1969); Diccionario de Historia de España. Chile (Epoca independiente) I (Madrid 1968), hrsg. von *G. Bleiberg,* 1082–1089; *J. Vicens Vives,* Historia social y económica de España y América. Burguesía, industrialización, obrerismo IV/2 (Barcelona 1959).

Bolivien: *P. Díaz Machicao,* Historia de Bolivia 1920–1943, 5 t. (La Paz 1954–58); *H. S. Klein,* Parties and political change in Bolivia 1880–1952 (Cambridge 1969); *R. J. Alexander,* The Bolivian national revolution (New Brunswick 1958); Anuario eclesiástico de Bolivia para el año del Señor 1960 (La Paz 1960); *J. Basadre,* Chile, Perú y Bolivia independiente (Barcelona, Buenos Aires ^{1}1948), in: Historia de América y de los pueblos americanos, hrsg. von *A. Ballesteros y Beretta; G. Bleiber* (Hrsg.), Diccionario de historia de España. Bolivia (Epoca independiente) I (Madrid ^{2}1968) 557–566.

Peru: *J. Basadre,* Historia de la República del Perú, 16 t. (Lima ^{6}1968–69); Historia general de los Peruanos hasta 1973, t. 3 (Lima 1973); *J. L. Klaiber,* Religion and revolution in Peru 1920–1945, in: TAM 31 (1975) 289–312; aus dem umfangreichen Schrifttum zum Problem der Katholizität der Indianer *J. C. Mariátegui,* Siete ensayos de interpretación de la realidad peruana (Lima ^{29}1974). Anuario eclesiástico del Perú 1974. Secretariado del episcopado peruano. Departamento de estadística. Arzobispado de Lima, Perú; *J. Basadre,* Chile, Perú y Bolivia independientes, in: Historia de América y de los pueblos americanos, hrsg. von *A. Ballesteros y Beretta* (Barcelona, Buenos Aires 1948); Una universidad que crece. La Pontificia Universidad Católica del Perú recibe un donativo de la Fundación Ford (Lima 1965).

Ecuador: *A. Pareja Diezcanseco,* Historia del Ecuador, t. 2 (Quito 1958); Estudio de la viceprovincia del Ecuador III/1, Estudio del personal; Estudio de las residencias y parroquias, 2; Estudio de los colegios de la Compañía de Jesús en el Ecuador (Quito 1969), hrsg. von CIAS (= Centro de Investigación y Acción Social); *J. L. Izurieta S. I.,* La Iglesia en el Ecuador. Estudio del personal de 1968, II/1, Análisis; 2, Estadísticas (Quito 1969), hrsg. von CIAS; La Iglesia en el Ecuador 1949. Sinopsis de la jerarquía eclesiástica ecuatoriana y de las Órdenes y congregaciones religiosas (Quito 1949); La Iglesia en el Ecuador 1963. Directorio de la Iglesia católica en el Ecuador, hrsg. vom Episkopatssekretariat im Auftrag der Bischofskonferenz; *J. I. Larrea,* La Iglesia y el Estado en el Ecuador. La personalidad de la Iglesia en el modus vivendi entre la Santa Sede y el Ecuador (Sevilla 1954), Veröffentlichung der Escuela de estudios hispano-americanos von Sevilla, LXXXIII; *F. Nuscheler – H. Zwiefelhofer SJ,* Kirche und Entwicklung in Ekuador und Kolumbien, hrsg. vom Institut für Gesellschaftspolitik an der Hochschule für Philosophie München (Mannheim-Ludwigshafen 1972); *J. Tobar Donoso,* La Iglesia modeladora de la nacionalidad (Quito 1953).

Kolumbien: Historia extensa de Colombia (Bogotá 1965 ff); *G. Guzmán* u.a., La violencia en Colombia, 2 t. (Bogotá 1962–64); *L. Schoultz,* Reform and reaction in the Colombian catholic church: TAM 30 (1973) 229–250; Conferencias episcopales de Colombia 1908–1953 (Bogotá 1956); Anuario de la Iglesia católica en Colombia (Bogotá 1951); *M. Colón OSA,* Por la Iglesia. Artículos político-religiosos sobre asuntos de actualidad (Bogotá ^{2}1910); Conferencia episcopal de 1948 (20. Juni–3. Juli) (Bogotá 1948); *J. M. Fernández SJ – R. Granados SJ,* Obra civilizadora de la Iglesia en Colombia (Bogotá 1936); *R. Gómez Hoyos,* La Iglesia en Colombia. Postura religiosa de López de Mesa en el escrutinio sociológico de la historia colombiana (Bogotá 1955) (Ediciones del Instituto colombiano de cultura hispánica); *G. de Ibarra OMCap,* La religión católica en el concordato de Colombia (Assisi 1939) (Pontificia Universitá Gregoriana; Auszug aus einer der Päpstlichen Gregorianischen Universität eingereichten Dissertation); *G. Jiménez Cadena SJ,* Sacerdote y cambio social. Estudio sociológico en los Andes colombianos (Bogotá 1967), in der Reihe Centro de Investigación Acción Social, CIAS 2; *F. Nuscheler – H. Zwiefelhofer SJ,* Kirche und Entwicklung in Ekuador und Kolumbien (Mannheim-Ludwigshafen 1972); *J. Vicens Vives,* Historia social y económica de España y América. Burguesía, industrialización, obrerismo IV/2 (Barcelona 1959).

Venezuela: *M. Picón Salas* u.a.: Venezuela independiente 1910–1960 (Caracas 1962); *N. E. Navarro,* Anales eclesiásticos venezolanos (Caracas ^{2}1951); Directorio de la Iglesia católica en Venezuela 1975, hrsg. vom Centro de investigaciones en ciencias sociales (CISOR), Departamento de estadísticas y documentación, Secretariado permanente del episcopado venezolano (SPEV), Caracas; *V. Iriarte SJ,* La arquidiócesis de Venezuela 1962, hrsg. vom

Secretariado permanente del episcopado venezolano, Caracas; R. E., Venezuela (época independiente). Diccionario de historia de España, hrsg. von *G. Bleiberg,* III (Madrid ²1969) 954–963; *J. Vicens Vives,* Historia social y económica de España y América. Burguesía, indústrialización, obrerismo II (Barcelona 1959).

Antillen: *E. Williams,* From Columbus to Castro, in: The history of the Caribbean 1492–1969 (London 1970); *R. Guerra Sanchez* u.a., Historia de la nación Cubana, t. 8–10 (La Habana 1952); *R. W. Logan,* Haiti and the Dominican Republic (London 1968); unter demselben Titel „La era de Trujillo" *P. L. González Blanco* (Ciudad Trujillo 1955) und *J. de Galíndez* (Santiago de Chile 1956); über den Voudou-Kult *A. Métraux,* Voodoo in Haiti (New York 1959) und Religion and politics in Haiti (Washington 1966).

Zentralamerika: Kapitel zur Kirchengeschichte jeder Republik bringt *F. D. Parker,* The Central American republics (London 1964); *M. P. Holleran,* Church and state in Guatemala (New York 1949).

Mexiko: *J. Bravo Ugarte,* Historia de México III. México II. Relaciones internacionales, territorio, sociedad y cultura (Mexiko 1959); *D. Olmedo SJ,* Mexico, Modern. New Catholic Encyclopedia IX (1966) 775–783; México. Diccionario de Historia de España, hrsg. von *G. Bleiberg,* II (1968) 1033–1054. Über die Zeit der Revolution und ihre Cristero-Phase jetzt *J. Meyer,* La révolution mexicaine 1910–1940 (Paris 1973); *H. F. Cline,* Mexico. Revolution to evolution 1940–1960 (London 1962); *J. Meyer,* The Cristero rebellion 1926–1929 (Cambridge 1976); *D. C. Bailey,* Viva Cristo Rey. The Cristero rebellion and the church state conflict in Mexico (Austin 1974); die Ansichten beider Parteien spiegeln wider die Streitschriften von *E. Portes Gil,* The conflict between the civil power and the clergy (México 1935) und *J. García Gutiérrez,* Acción anticatólica en Méjico (México 1959).

In die heutigen Verhältnisse Lateinamerikas kann einführen *Ed. C. Veliz,* Latin America and the Caribbean. A handbook (London 1968); über die Situation der Kirche in den einzelnen Republiken informiert umfassend eine in der Serie „Estudios socio-religiosos Latinoamericanos" erschienene 8bändige Reihe „La iglesia en ..." (Argentina, Brasil usw.) (Fribourg, Bogotá 1961–64); hierzu auch *W. J. Gibbons,* Basic ecclesiastical statistics for Latin America (Maryknoll, N.Y., 1960); über kirchliche Richtungen der letzten Jahre bringt Material das methodisch umstrittene Buch von *E. D. Dussel,* Historia de la iglesia en América Latina (Barcelona ²1972); dort und bei *H. W. Krumwiede:* Grabendorff, Lateinamerika (Hamburg 1973) 127–130 findet sich eine größere Auswahl vorwiegend polemischer zeitgenössischer Literatur; Dokumente der 2. Gesamtlateinamerikanischen Bischofskonferenz von Medellín 1968 sind zugänglich in Iglesia y liberación humana (Barcelona 1969) und Revista Javeriana 70 (Bogotá 1968).

Im September 1974 wurde in El Salvador auf Initiative von Padre Dr. Enrique Dussel/Argentinien die „Comisión de Estudios de Historia de la Iglesia en America Latina" (CEHILA) gegründet. Präsident ist der o.g. Dr. Enrique Dussel, Apda 44, Mendoza/Argentinien; das Sekretariat befindet sich in Quito/Ecuador, Apdo 2026. Die von der Kommission geplante Kirchengeschichte Lateinamerikas soll etwa 10 Bände umfassen, unterteilt nach Regionen, und den Zeitraum von 1492 bis heute umspannen.

In Lateinamerika wohnt rund ein Drittel der katholischen Weltbevölkerung, ihrer statistischen Stärke entspricht jedoch nicht ihre innere Kraft. Die Ursachen reichen teilweise in die Kolonialzeit zurück, andere sind seit der Emanzipation am Beginn des 19. Jahrhunderts hinzugekommen, ja haben sich noch verstärkt. Die Bevölkerungsstruktur ist durch die politisch-wirtschaftliche Vorherrschaft der einstigen Kolonialherren, der Spanier und Portugiesen, bestimmt, die zwar nicht, wie die weißen Einwanderer in Nordamerika, die Ureinwohner

(Indianer) dezimiert bzw. in Reservate gedrängt haben; doch ist es der christlichen Mission nicht gelungen, bei ihnen heidnische Magie und entsprechende Sitten zu überwinden. Die Einwanderung aus Europa, vor allem nach Argentinien und Brasilien, hat das weiße Element verstärkt, dessen Vermischung mit Indianern (Mestizen) und den aus Afrika eingeführten Negersklaven (Mulatten) ein drittes, unstabiles Element hervorgebracht hat.

Das größte Problem, mit dem sich die Kirche auseinanderzusetzen hat, ist die ungleichmäßige Verteilung des Landbesitzes: Die weiße Oberschicht bewirtschaftet in Großbetrieben den größten Teil der vorhandenen nutzbaren Bodenfläche und hält die Landarbeiter in teilweise drückender Armut nieder. Ähnliche soziale Spannungen bestehen in den Bergwerken (z.B. in Bolivien) und in den Industriezonen schnellwachsender Riesenstädte (São Paulo, Buenos Aires) mit hoher Arbeitslosigkeit und Slums. Die Absatzschwierigkeiten der Rohstoffländer infolge der Weltwirtschaftskrise förderten die Verelendung der Massen.

Die kirchliche Verkündigung in Predigt und Katechese ist vielenorts unzureichend, der einheimische Klerus zum Teil inaktiv und stark autoritativ. So erklärt sich, daß in fast allen Ländern Lateinamerikas sich Priestergruppen gebildet haben, die durch Vergesellschaftung der Produktionsmittel und Durchführung des Marxismus, notfalls mit Gewalt, die gesellschaftlichen Strukturen verändern wollen; auf diese Weise erfülle die Kirche ihren wahren Auftrag. Der Episkopat, dem die progressiven Priestergruppen mit mehr oder weniger Recht die Unterstützung der „Ausbeuter" zur Last legen, warnte mit wechselndem Erfolg vor Revolution, stand jedoch dem sozialistischen Experiment Allendes in Chile nicht von vornherein ablehnend gegenüber, distanzierte sich anderseits von autokratischen Regimen (Paraguay).

Ein Indiz der inneren Schwäche der lateinamerikanischen Kirche, zugleich Mitursache der Krise, in der sie steht, ist der Mangel an einheimischen Priestern und Ordensleuten, der durch Zuzug von auswärts, insbesondere aus Europa, gemildert, aber nicht beseitigt werden konnte (z.B. in Bolivien, wo auf 17000 Gläubige ein Priester kommt). Ebenso wichtig, wenn nicht noch wichtiger wäre die Anhebung der theologischen und spirituellen Ausbildung der künftigen Priester, für die die Aktion „Adveniat" der deutschen Katholiken Hilfe zu bieten hofft.

Die Zustände der Kirche Lateinamerikas waren ständige Sorge der Päpste. Benedikt XV. stärkte die Position der Nuntien, die bis dahin zum Teil „Delegati Apostolici ed Inviati straordinari" gewesen waren, durch das Dekret vom 8. Mai 1916, daß auch diese als ständige Vertreter des Heiligen Stuhles (Internuntii Apostolici) zu gelten hätten. Pius XI. baute in fast allen Ländern Lateinamerikas die Diözesaneinteilung weiter aus; in Venezuela 1922/23, in Bolivien 1924, in Paraguay 1929, in Kolumbien und Argentinien 1934, vor allem aber in Brasilien, so daß „kein Land der Welt, China ausgenommen, in der Zeit Pius' XI. eine auch nur annähernd so starke Vermehrung seiner kirchlichen Sprengel erfuhr" (Schmidlin).

Der lateinamerikanische Episkopat tagte im Anschluß an den 36. Eucharistischen Weltkongreß in Rio de Janeiro vom 25. Juli bis 4. August 1955 und gründete die Lateinamerikanische Bischofskonferenz (CELAM = Consejo Episcopal Latino-Americano), die am 2. November 1955 von Pius XII. bestätigt wurde. Die erste Jahresversammlung (1956) in Bogotá gab sich ein Statut. CELAM unterhält ein Ständiges Sekretariat und gibt ein monatlich erscheinendes Boletín informativo heraus.

Einen Wandel in der seelsorglichen und sozialen Arbeit der Kirche und deren Vereinheitlichung strebte die im Anschluß an den Eucharistischen Kongreß von Bogotá veranstaltete und von Papst Paul VI. eröffnete Konferenz von Medellín (26. August bis 7. September 1968) an, an der 155 Bischöfe und 137 Vertreter der Priester, Ordensfrauen und Laien teilnahmen; den Vorsitz führten als Vertreter des Papstes Kardinal Samorè und die Erzbischöfe von Lima (Peru) und Teresina (Brasilien). Den Beratungen lag ein von der lateinamerikanischen Bischofskonferenz (CELAM) verfaßtes „Basisdokument" zugrunde. Die Konferenz konstatierte, daß in Lateinamerika eine „Situation institutionalisierter Gewalt" bestehe, die eine legitime Abwehr rechtfertige, jedoch keine revolutionäre Erhebung. Die Kirche will „Ferment" in den rasch anzustrebenden Strukturwandlungen sein. Wirtschafts-, Sozial- und Agrarreform, eine educación liberadora, sind unumgänglich notwendig. Die Seelsorge muß sich der intellektuellen Führungsschichten annehmen, eine christliche Familienpolitik fördern (bis zu 40 Prozent der Menschen über 15 Jahren leben in „uniones libres"), die Katechese ist auf den sozialen Wandel auszurichten, wofür die Gründung einer katechetischen Zeitschrift (Catequesis Latinoamericana, mit Sitz in Asunción) beschlossen wurde. Dem Welt- und Ordensklerus wird ans Herz gelegt, daß er angesichts der tiefen Armut breiter Schichten selbst „die Armut leben" muß. Im Anschluß an die Konferenz von Medellín haben die Länderepiskopate in zahlreichen Hirtenbriefen Richtlinien für die Seelsorgsarbeit aufgestellt und organisatorische Maßnahmen getroffen.

Die kirchliche Situation in den einzelnen Staaten Lateinamerikas hat sich so verschieden entwickelt, nicht zuletzt infolge des häufigen Wechsels der Regierungsformen und der Regierungen, daß unsere Darstellung nach Ländern gegliedert werden muß.

Brasilien

Brasilien hat eine Gesamtfläche von 8 511 965 km² und (1976) 104 Millionen Einwohner; 1971 waren 89,3% Katholiken. Etwa 60% sind Weiße, der Rest Neger, Mulatten und andere Mischlinge, nur ca. 2% Indianer.

Kirchliche Einteilung

Zahlen aus dem Jahre 1957: 20 Erzbistümer, 77 Bistümer, 31 Prälaturen, eine Abtei nullius; 3722 Pfarreien, von denen zwei Drittel mit Welt-, ein Drittel mit Ordenspriestern besetzt waren, und in denen rund 30000 Ordensschwestern wirkten.

Die Bischöfe hielten 1939 ein Plenarkonzil ab, seit dem 16. Oktober 1945 besteht eine Bischofskonferenz (CNBB), die von Pius XII. approbiert wurde. Zu ihr gehören die regierenden Bischöfe aller Riten, die Koadjutoren, Weihbischöfe und die mit einer Sonderaufgabe beauftragten Bischöfe, ferner sämtliche Bischöfe, die ihre kirchliche Residenz in Brasilien haben. Zu den Aufgaben der Bischofskonferenz gehört die Pflege der Zusammenarbeit mit anderen Bischofskonferenzen und des Kontaktes mit dem Staat, im Einverständnis mit der Nuntiatur. Seit 1891 besteht Trennung von Kirche und Staat, sie wurde 1934 aufgehoben, 1946 wieder eingeführt.

Priestermangel

In seinem Brief vom 18. Dezember 1910 schrieb Papst Pius X.: „Wir sind davon überzeugt, daß ihr unter Beachtung der Wünsche des Heiligen Stuhles einen Klerus aufbauen werdet, der Erlösung und Licht der Welt sein wird; an seiner Aufgabe werden sich die dafür ausgebildeten Laien beteiligen.“[1] Schon damals war der Priestermangel das drückendste Problem der Kirche Brasiliens. Pius X. schrieb am 6. Juni 1911 an die brasilianischen Bischöfe: „Ihr müßt alle Anstrengungen unternehmen, daß den Gläubigen genug Priester zur Verfügung stehen.“[2] Dennoch mußte Pius XI. nach dem Besuch von drei apostolischen Delegierten in seinem Brief vom 20. Januar 1927 konstatieren: „Überall zu wenig Priester, in manchen Gebieten gar keiner, infolgedessen in ihren Diensten an den Gläubigen beschränkt, obwohl Ordensbrüder und Ordensschwestern aus Europa eine große Hilfestellung bieten. Zu bedauern ist, daß aus der Jugend so wenige Berufungen hervorgehen, und selbst dann können diese ihre Wünsche nicht verwirklichen, weil keine Mittel vorhanden und die Seminare unzureichend sind.“[3]

Katholische Aktion

Eine große Hilfe für die Förderung der Katholischen Aktion in Brasilien war der Brief von Papst Pius XI. vom 12. Oktober 1935 an Kardinal Sebastião Leme und die Bischöfe, in dem er die Katholische Aktion als Werk der göttlichen Vorse-

[1] BIB, 106.
[2] Ebd., 106f.
[3] Ebd., 108.

hung für die Gläubigen darstellt, welche bereit sind, noch enger mit ihren Hirten zu arbeiten; die Bischöfe und Priester ihrerseits können mit dieser Hilfe ihre Aufgabe auf noch breiterer Basis ausüben, was bei der kleinen Anzahl von Priestern in Brasilien von großer Bedeutung ist[4]. Pius XII. drückte in einem Brief vom 21. Januar 1942 an Kardinal Leme seinen Dank und seine Freude darüber aus, daß die brasilianischen Marianisten „leistungsfähige Mitwirkende bei der Vorbereitung vom Reiche Jesu Christi sind und daß sie eine umfangreiche Apostolatsarbeit durch viele Werke verrichten"; er wünscht darüber hinaus, „daß diese Gruppen von Tag zu Tag wachsen und sich verstärken und weiterhin mit ihrem gewohnten Gehorsam für die Verbreitung von Gottes Reich arbeiten, in den Familien und in der Gesellschaft verkünden, immer im Einklang mit den traditionellen Wahrheiten und den katholischen Prinzipien, die sich nicht ändern, sondern konstant durch alle Zeiten bleiben"[5]. Den Wünschen Pius' XI. entsprechend veröffentlichte der brasilianische Episkopat am 9. Juni 1935 ein Dokument, begleitet von den Bekanntmachungen für jede Diözese, über die Statuten der brasilianischen Katholischen Aktion, überprüft und mit dem Segen des Papstes versehen[6].

Frömmigkeit

Das brasilianische Frömmigkeitsniveau liegt – abgesehen von punktuellen Schwankungen – verhältnismäßig hoch (1965). Umfragen, die in der Erzdiözese Ribeirão Prêto, einem traditionellen Gebiet mit langsamem Anwachsen der Stadtbevölkerung, durchgeführt wurden, z. B. in Patrocinio Paulista, einem Ort von rd. 3000 Einwohnern, der in den letzten Jahren einen Zuwachs von 1200 Einwohnern verzeichnete, haben ein Ergebnis von 52 Prozent Sonntagskirchgängern ergeben. Andere Gebiete mit einem schnelleren Zuwachs der Stadtbevölkerung wie Sertãozinho, Jardinópolis und Ribeirão Prêto ergaben nur 22 Prozent, 24 und 18 Prozent. Diese Frömmigkeit, die im Inneren Brasiliens und insbesondere in den unterentwickelten Gebieten im Norden und Nordwesten – und selbst in den Städten wie Salvador, Rio de Janeiro, São Paulo, Belo Horizonte und Recife, vorhanden ist, gibt ein Zeugnis christlicher Vitalität, obwohl sie in einigen Punkten überprüfungsbedürftig ist; sie muß noch in die Erneuerung des II. Vaticanums hineinwachsen[7].

Zu wenig Priesterberufungen

Die brasilianische Kirche hat für ihre pastoralen Aufgaben zu wenig Priesterberufungen. Ohne auf die tieferen Gründe dieser Tatsache eingehen zu wollen,

[4] Ebd., 108f.
[5] Ebd., 109f.
[6] Ebd., 90.
[7] Vgl. *A. Rolim OP,* Em tôrno da Religiosidade no Brasil, in: REB 25 (1965) 11–27.

vermitteln dies die folgenden Angaben: 1962 gab es 922 Priesterseminaristen und 1772 Ordensseminaristen; 1968 waren es nur noch 870 und 1665. Dieser Schwund an Berufungen hat eine noch größere Bedeutung, wenn man berücksichtigt, daß Brasilien 1962 79096000 Einwohner und 1968 89370000 Einwohner hatte. Wenn man diese Zahlen vergleicht, stellt man fest, daß 1962 ein Seminarist auf je 27504 Einwohner, 1968 auf je 35257 entfiel. Die Hilfe des ausländischen Klerus hat sich in den letzten Jahren verringert. 1967 reisten 98 Weltpriester und 265 Ordenspriester in das Land ein, ein Jahr später waren es nur noch 64 bzw. 184[8].

Dieser Priestermangel hat ohne Zweifel Auswirkungen auf die Frömmigkeit. So ergibt eine Erhebung der Jahre 1962 und 1963, daß 50 Millionen Katholiken, d.h. 70 Prozent, am Sonntag keinen Gottesdienst besuchen. In São Paulo sind es 3,5 Millionen. In anderen Städten sind die Verhältnisse ähnlich. Auf der anderen Seite ist einer Studie des brasilianischen Instituts für öffentliche Meinung und Statistik (IBOPE) in São Paulo zufolge der Hang zur Verweltlichung gewaltig: Allein in São Paulo waren 1962/63 eine halbe Million Fernsehgeräte aufgestellt; die ausgestrahlten Sendungen erreichten 3 Millionen Zuschauer. In der paulistischen Hauptstadt gibt es heute 17 Rundfunksender, 5 Fernsehprogramme, zwei weitere Programme werden bald ihren Betrieb aufnehmen; ferner 18 Tageszeitungen, einige unter ihnen mit einer Auflage von rund 200000 Exemplaren; fast 250 Kinos; Dutzende von Zeitschriften. Andere Städte und Staaten Brasiliens bieten das gleiche Bild; dadurch wird die öffentliche Meinung von finanzstarken Pressekonzernen geformt, kanalisiert und beherrscht. Die brasilianische Kirche versucht eine Front gegenüber dieser gewaltigen Propaganda aufzubauen, obwohl auch zahlreiche Staatssender Programme religiösen Charakters ausstrahlen. 1972 besaß die Kirche 199 Rundfunksender, darunter „A Aparecida", einen Sender mit sehr großer Leistung; 152 periodische Schriften mit großer Verbreitung; 3 Fernsehsender (in Rio de Janeiro, Brasilia und Pôrto Alegre), die seit März 1972 Programme in Farbe ausstrahlen.

Brasilien hat einen Bedarf von 60000 Priestern – diese Zahl wurde vom nationalen Sekretariat der Priesterberufungen ermittelt; es werden im Jahr aber nur etwa 350 Priester ausgebildet. Bei dieser Quote würde man in 200 Jahren die erwünschte Zahl erreichen, bis dahin hätte aber Brasilien rund 400 Millionen Einwohner[9].

Seelsorge

Die fünfte Vollversammlung der Bischofskonferenz veröffentlichte nach ihren Beratungen vom 2. bis 5. April 1962 folgende Erklärung: Die 135 Teilnehmer

[8] Vgl. *A. Gregory*, Anteprojeto de pesquisa sôbre as causas do Escasseamento de Vocações Sacerdotais, in: REB 31 (1971) 389–393.

[9] Vgl. *Fr. P. A. de Assis OFM*, in: REB 23 (1963) 433–435.

sind sich der Wünsche und Hoffnungen der 166 kirchlichen Jurisdiktionsbezirke, der 12000 Priester des Landes und aller Ordensangehörigen, Seminaristen, Mitwirkenden des Laienapostolats und der Gläubigen in den 4500 brasilianischen Pfarreien bewußt. Sie stellen fest, daß die Bischofskonferenz ihre Ziele erreicht und daß die pastorale Tätigkeit der Bischöfe im Lande bessere Früchte erzielt. Die regelmäßigen Treffen, der Erfahrungsaustausch, die gemeinsame Planung und Mitarbeit bewirken, daß immer weitere Gebiete des Landes von den angewandten Methoden profitieren. So gibt es z.B. heute größere Möglichkeiten, das Problem der Priesterberufung zu lösen, Katechisten auszubilden und Vorbereitungen von Programmen und Vorhaben zu treffen. Die Wirkung der Caritas nimmt an Bedeutung zu, so wie die Lösung der sozialen Aufgaben der Kirche, insbesondere auf dem Gebiet der Erziehung und der landwirtschaftlichen Genossenschaften. Ebenso die Aufklärung der öffentlichen Meinung über wichtige Fragen der Familie, der Erziehung und der Soziallehre der Kirche; Sonderveranstaltungen mit dem Ziel, die Präsenz der Kirche zu verstärken; Meinungsaustausch und Zusammenarbeit mit anderen Episkopaten; Hilfe durch Priester aus anderen Ländern oder Geldspenden von ausländischen Katholiken für brasilianische Werke; die Organisierung des Laienapostolats [10].

Frucht der gemeinsamen Seelsorge war z. B. die Mobilisierung der Diözese Bajé für die Katechese im Jahre 1962. Ähnliche Initiativen wurden in vielen anderen Diözesen ergriffen unter dem Motto „Ohne Katechismus keine Religion". Diese Aktion erstreckte sich auf alle öffentlichen Schulen, die bislang ohne religiöse Erziehung auskommen mußten. Ein zentrales Team von Ordensbrüdern, Ordensschwestern und Professoren übernahm es, einen Ausbildungsplan für Religionslehrer auszuarbeiten und die religiöse Erziehung zu organisieren. Bei einer Zusammenkunft des Klerus wurde das Programm vorgelegt; ferner wurde die Methode, nach der die religiöse Erziehung erfolgen sollte, dargelegt, und zahlreiche Änderungsvorschläge wurden eingearbeitet. Das Programm wurde an alle Lehrer verschickt. Die Ausschußsitzungen ergaben folgende Richtlinien: Ausarbeitung eines Generalplans für die Erziehung in den Volksschulen; Ausbildung von Katechisten in jeder Diözese; Bildung eines Ressorts für religiöse Erziehung; eine Liste von Beratern für die staatlichen und kommunalen Schulen; Katechetenzentren in den Pfarreien; Intensivkurse; Hilfeleistung für die Mittelschulen; Rundschreiben an die Pfarreien [11].

Ein umfangreiches und systematisches, für die Seelsorge ausgearbeitetes Programm trat innerhalb der brasilianischen Kirche für die Jahre 1966–70 in Kraft [12]. Die 32 Kirchenprovinzen Brasiliens sind 1970 vier Kardinälen und 272 Erzbischöfen und Bischöfen unterstellt. Ihre Arbeit verteilt sich auf folgende Regionen: *Nordregion I:* Staaten von Amazonas, Acre, Mato Grosso und Teile

[10] REB 20 (1962) 485–490.
[11] REB 22 (1962) 758.
[12] REB 26 (1966) 377–379.

der Territorien Roraima und Rondónia; Gesamtfläche 2215099 km², 1299829 Einwohner (0,58 Einwohner/km²), 86 Pfarreien (15114 Einwohner/Pfarrei), 237 Priester (3484 Einwohner/Priester). *Nordregion II:* Staat Pará und Amapá-Territorium; Gesamtfläche 1366598 km², 2222142 Einwohner (1,63 Einwohner/km²), 119 Pfarreien (18673 Einwohner/Pfarrei), 290 Priester (7662 Einwohner/Priester). *Nordostregion I:* Staaten von Maranhão, Piauí und Ceará; Gesamtfläche 722917 km², 8923154 Einwohner (12,35 Einwohner/km²), 362 Pfarreien (24649 Einwohner/Pfarrei), 759 Priester (11756 Einwohner/Priester). *Nordostregion II:* Staaten von Rio Grande del Norte, Paraiba, Pernambuco und Alagoas; Gesamtfläche 236801 km², 10668794 Einwohner (45,05 Einwohner/km²), 458 Pfarreien (23398 Einwohner/Pfarrei), 856 Priester (12463 Einwohner/Priester). *Nordostregion III:* Staaten von Sergipe und Bahia; Gesamtfläche 581915 km², 8408787 Einwohner (14,45 Einwohner/km²), 538 Pfarreien (23572 Einwohner/Pfarrei), 569 Priester (14778 Einwohner/Priester). *Ostregion I:* Staaten von Guanabara und Rio de Janeiro; Gesamtfläche 43334 km², 9006292 Einwohner (207,83 Einwohner/km²), 425 Pfarreien (21191 Einwohner/Pfarrei), 1245 Priester (7233 Einwohner/Priester). *Ostregion II:* Staaten von Minas Gerais und Espírito Santo; Gesamtfläche 573796 km², 12876902 Einwohner (2,24 Einwohner/km²), 1019 Pfarreien (12636 Einwohner/Pfarrei), 1948 Priester (6610 Einwohner/Priester). *Zentralregion:* Umfaßt den Federal District und Teile der Staaten von Minas Gerais und Goiás; Gesamtfläche 156023 km², 1079836 Einwohner (6,92 Einwohner/km²), 57 Pfarreien (18944 Einwohner/Pfarrei), 127 Priester (8502 Einwohner/Priester). *Zentralwestliche Region:* Staat von Goiás; Gesamtfläche 526664 km², 2566703 Einwohner (4,87 Einwohner/km²), 158 Pfarreien (16244 Einwohner/Pfarrei), 313 Priester (8200 Einwohner/Priester). *Ferne Westregion:* Staat von Mato Grosso und Teil des Territoriums von Rondónia; Gesamtfläche 1228903 km², 1724601 Einwohner (1,4 Einwohner/km²), 95 Pfarreien (18153 Einwohner/Pfarrei), 521 Priester (6870 Einwohner/Priester). *Südregion I:* Staat von São Paulo; Gesamtfläche 244906 km², 18150239 Einwohner (73,51 Einwohner/km²), 1194 Pfarreien (15201 Einwohner/Pfarrei), 2911 Priester (6235 Einwohner/Priester). *Südregion II:* Staat von Paraná; Gesamtfläche 196541 km², 6958420 Einwohner (35,4 Einwohner/km²), 990 Priester, (7028 Einwohner/Priester). *Südregion III:* Staat von Rio Grande do Sul; Gesamtfläche 267528 km², 6715198 Einwohner (25,1 Einwohner/km²), 563 Pfarreien (11927 Einwohner/Pfarrei), 1523 Priester (4409 Einwohner/Priester). *Südregion IV:* Staat von Santa Catalina; Gesamtfläche 95483 km², 2922449 Einwohner (30,6 Einwohner/km²), 242 Pfarreien (12070 Einwohner/Pfarrei), 626 Priester (4668 Einwohner/Priester).

Die umfangreiche pastorale Perspektive in einer sich immer mehr industrialisierenden Gesellschaft, mit allen Begleiterscheinungen, legt die Unzulänglichkeit der Pfarrei für eine wirksame Arbeit bloß. Diese Arbeit muß ein geographisches Gebiet umfassen, das wir menschliche Zone nennen, und sie verlangt nach einer integrierten Seelsorge. Der Plan der Bischofskonferenz beinhaltet die Übereinstimmung zwischen menschlicher Zone und Seelsorgezone. Wegen des schnellen industriellen Wachstums Brasiliens kann sich die Kirche nicht erlauben, im Schlepptau der Geschichte zu gehen, sie muß die Entwicklung voraussehen und ihre Arbeit auf diese abstimmen[13].

Ziele der Kirche: Die 11. Vollversammlung der Bischofskonferenz vom 16. bis 27. Mai 1970, an der 30 Laien beiderlei Geschlechts teilnahmen, schlug Richtlinien für eine neue Orientierung der Kirche in Brasilien vor. In der Kirche Christi, betont sie, sind wir alle gleich, und zwar durch den Glauben, durch die Taufe und durch das gemeinsame Schicksal. In dieser Gemeinschaft haben Laien und Hirten eine gemeinsame Verantwortung für den Aufbau der Kirche als Zeichen der Einheit der Menschen unter sich und der Gesellschaft mit Gott[14].

Katholische Universitäten und Schulen

Vier Universitäten in Brasilien haben den Rang von päpstlichen Universitäten: Rio de Janeiro seit 22. Januar 1947, São Paulo seit 25. Januar 1947, Pôrto Alegre seit 1. November 1950 und Campinas seit 8. September 1956. In Rom besteht seit 1934 das Pontifício Colégio Pio Brasileiro, dessen Schüler, brasilianische Staatsbürger, die Vorlesungen der Gregoriana besuchen. Folgende katholische Universitäten sind noch zu erwähnen: Minas Gerais in Belo Horizonte, Campinas, Paraná in Curitiba, Goiás in Goiâna, Pernambuco (Erzdiözese von Olinda und Recife) mit einem theologischen Institut, Pelotas und Petrópolis mit Instituten für Theologie, Philosophie und Geisteswissenschaften, São Leopoldo (Erzdiözese von Pôrto Alegre) mit der Universität „Do Rio dos Sinos (UNISINOS)" und mit einer theologischen Fakultät und einer Hochschule, Katholische juristische Fakultät in Santos, Katholische Universität von Salvador (Erzdiözese von Salvador de Bahia); Manaus besitzt eine Theologische Fakultät, Taubaté ein theologisches Institut und einen theologischen Lehrgang für Laien[15]. In Curitiba betreiben die Claretiner seit dem 7. Mai 1962 ein Studium Theologicum in Verbindung mit der päpstlichen Lateranuniversität Roms, mit theologischen Lehrgängen für Priester und Laien[16]. Die Konferenz der brasilianischen Ordensoberen (CRB) weihte am 25. Januar 1965 das Theologische Institut von São Paulo mit vier Abteilungen (Philosophie, Theologie, Seelsorge und Katechetik) ein[17]. Wissenschaftliche Autorität besitzen ferner das

[13] ACB (1970–1971) 2179–2208.
[14] REB 30 (1970) 415–425.
[15] Diese Kulturinstitute sind im Annuario Pontificio 1975 und im ACB 1970–1971 verzeichnet.
[16] REB 22 (1962) 757.
[17] REB 25 (1965) 349f.

Theologische Institut von Pôrto Alegre (1968) und ähnliche Institutionen, die von Franziskanern, Jesuiten und anderen Orden geleitet werden.

Die Bischöfe der Südregion I mit Sitz in São Paulo trafen sich 1969 mit den Ordensoberen und -oberinnen der Region, angesichts der mangelhaften schulischen Erziehung. Die 130 Anwesenden, darunter 20 Bischöfe, beschlossen, im Rahmen der Möglichkeiten Zentren, Schulclubs und Lehrgänge für Arbeiter zu organisieren und zu unterhalten, in Zusammenarbeit mit der Regierung und den religiösen Orden. Sie empfahlen die Ernennung eines Bischofs für die Arbeiterseelsorge. Ferner empfahlen sie die Benutzung des Schulfernsehens und eine bessere Anwendung der sozialen Kommunikationsmittel. Sie stellten auf dem Gebiet der Katechese fehlende Planung, mangelnde Lehrmittel und unzureichende Zeit für den Unterricht fest. Die paulistischen Bischöfe wurden ermuntert, Religionslehrer in jedes Gymnasium zu entsenden, obwohl diese Maßnahme einen erheblichen finanziellen Aufwand bedeuten würde[18].

Zeitschriften, Zeitungen, soziale Kommunikationsmittel

Seit 1949 veröffentlichen die Franziskaner in Petrópolis die Quartalsschrift „Eclesiástica Brasileira" mit umfangreichen Informationen, Artikeln, Studien und Besprechungen von Werken über die brasilianische Kirche. Ebenfalls bei den Franziskanern in Petrópolis erscheint seit 1968 monatlich „SEDOC (Serviço de documentação)", mit einer internationalen, kirchlichen Dokumentation und Berichterstattung und besonderer Ausrichtung auf Lateinamerika und Brasilien. Ab 1969 erscheinen zwei neue theologische Zeitschriften: „Atualização" und „Perspectiva theológica". „Atualização" bietet theologische Information für Laien; ihre Mitarbeiter sind die Professoren des Zentralinstituts für Philosophie und Theologie der katholischen Universität von Minas Gerais. Ihr Ziel ist es, die theologische Wahrheit zu liefern. „Perspectiva theológica" erschien anläßlich des 20. Gründungstags der Theologischen Fakultät von Cristo Rey in São Leopoldo, deren Professoren die Herausgeber sind. Als Forschungs- und Informationsmittel hat sie sich als besondere Aufgabe gesetzt, auf die Präsenz des theologischen Denkens in der Universitätswelt hinzuwirken[19]. Seit dem 30. November 1969 erscheint wöchentlich eine brasilianische Ausgabe des „Osservatore Romano"[20]. Am 12. Dezember 1969 wurde in São Paulo das Informationszentrum „Ecclesia" (CIEC) eröffnet, dessen Ziel es ist, eine Kontaktstelle in allen paulistischen Städten, in den größten Städten des Landes, in Amerika und Europa, sowie eine katholische Nachrichtenagentur zu betreiben. „Ecclesia" hat z. Z. 25 Rundfunksender und rund 400 Erzieher und 5000 Helfer, die das ganze Land durchqueren, um bis zu den entferntesten Gebieten

[18] REB 30 (1970) 178f.
[19] REB 30 (1970) 182.
[20] REB 30 (1970) 180.

den Brasilianern eine Erziehung zu ermöglichen[21]. Eine originelle Initiative der brasilianischen Kirche war, eine Reihe von Schallplatten zu prägen, die den Katechismus in Erzählungen wiedergeben, erzählt anhand von tatsächlichen Geschehnissen. Die Redakteure sind Priester, die in ihrer Arbeit von Rundfunk- und Fernsehtechnikern unterstützt werden. Jede Schallplatte hat drei bis vier Erzählungen[22].

Kirchliche Mängel

Ein Symptom der brasilianischen Kirche in den letzten zehn Jahren ist ihre Verunsicherung. In diesem Zeitraum haben die Anhänger der afro-brasilianischen Kulte um das Zehnfache zugenommen. In Salvador sind diese Zentren von 59 auf über 900 gestiegen; in Recife sind es fast 1000; Tausende sind es in Rio de Janeiro und São Paulo. Der Spiritismus hat sich vor allem in den Städten des Südens verbreitet; die evangelische Kirche Brasiliens hat die höchste Zuwachsrate auf der Welt. In diesem Wachstum halten die Spitze die Pentecostalisten, gefolgt von Lutheranern, Methodisten, Presbyterianern und Baptisten. 30% der brasilianischen Bevölkerung unterhält Beziehungen zum Spiritismus. In dem kleinen Staat von Guanabara gibt es z. B. über 10 000 von der Regierung genehmigte Zentren (postos terrenos), wo Spiritismus getrieben wird. Das gleiche geschieht in São Paulo, Rio Grande do Sul, Minas Gerais, Bahia; 162 Zeitschriften und Zeitungen besorgen die Werbung dafür. Die Mehrheit der Besucher nennt sich weiterhin Katholiken. 1953 erklärte die brasilianische Bischofskonferenz, daß von allen Entgleisungen der Spiritismus die schlimmste sei[23].

Die kommunistische Infiltration, unter den brasilianischen Studenten betrieben von der União Nacional de Estudiantes (UNE), wurde am 1. Juni 1962 von Kardinal Jaime Barros Câmara, nach Rücksprache mit den 28 Erzbischöfen des Landes, verurteilt. Er wies auf die Notwendigkeit hin, eine Studentenlandesvereinigung mit christlichen Prinzipien zu gründen[24]. Ein unermüdlicher, allerdings stark demagogischer Vorkämpfer für den sozialen Einsatz der Kirche ist Helder Pessoa Câmara (geb. 1909, zweiter Generalassistent der Katholischen Aktion Brasiliens, 1952 Weihbischof von Rio de Janeiro, seit 1964 Erzbischof von Olinda und Recife).

[21] REB 30 (1970) 180f.

[22] REB 22 (1962) 757.

[23] Vgl. REB 31 (1971) 402–407; *B. Kloppenburg*, O Fantástico Crescimento das Igrejas Pentecostais no Brasil, in: REB 26 (1966) 653–656; O Espiritismo no Brasil, in: REB 19 (1959) 842–871; AICA Jhg. 16, 792 (2. März 1972) 17f; AICA Jhg. 17, 874 (20. September 1973) 25f.

[24] REB 22 (1962) 497f.

Religiöse Orden, pastorale Zusammenarbeit

Ein positives Element für die pastorale Zusammenarbeit mit der Bischofskonferenz ist die „Konferenz der brasilianischen Orden“ (CRB), gegründet am 11. Februar 1954, als die ständige Vereinigung aller Ordensbrüder und -schwestern. Im Jahre 1972 gab es in Brasilien 11279 Ordensbrüder und 41893 Ordensschwestern; sie bilden zusammen mit dem Episkopat eine der aktivsten Gruppen innerhalb der brasilianischen Kirche. Auch innerhalb der „Katholischen Aktion“ Brasiliens, gegründet 1935, leisten sie einen bedeutsamen Beitrag. In der „Bewegung für eine bessere Welt“, ins Leben gerufen von Pater Lombardi (1960), deren Ziel es ist, den Bischöfen, Priestern, Ordensmitgliedern und Laien in ihrer Arbeit Hilfe zu leisten, wirken Priester, Ordensbrüder, -schwestern entscheidend mit. Sie durchqueren Brasilien, und bis 1964 hatten sie 750 Lehrgänge für Bischöfe, Priester und Seminaristen gehalten, die von 46907 Personen in 22 Staaten und 51 Diözesen besucht wurden. Auf Empfehlung Johannes’ XXIII. wurde 1962 der erste Versuch einer gemeinsamen Seelsorge unternommen. Wichtigstes Ziel war die Erneuerung der Pfarrei, des Klerus, der katholischen Schulen und die Integrierung der Arbeiter. Es wurden Bezirkssekretariate errichtet, die von einem Bischof, zwei Priestern, in der Regel Ordensleuten, und mehreren Ordensschwestern geleitet wurden. Die Ordensschwestern folgten dem Aufruf auf breiter Basis: sie begannen mit neuen Modellen apostolischer Arbeit: sie übernahmen die Verantwortung für Pfarreien ohne Pfarrer und arbeiteten in den Bezirkssekretariaten und in nationalen Einrichtungen.

Die postkonziliare Zeit

Das II. Vaticanum hat eine intensive Beteiligung der Ordensmitglieder in der Seelsorgearbeit bewirkt, und zwar sowohl auf der Ebene der Diözese wie bundesstaatlich oder auf nationaler Ebene. Diese Mitwirkung in der Seelsorge drückt sich in Zahlen wie folgt aus: 1803 Brüder aus Klerikerorden; 1602 Brüder aus Säkularinstituten; 41581 Schwestern, davon 1295 Klausurschwestern; von 13135 Priestern sind 8105 Ordensangehörige. Von den 4500 brasilianischen Pfarreien werden 2000 von Ordensbrüdern und 32 von Ordensschwestern betreut. Von den 225 Bischöfen sind 97 Ordensangehörige. Insgesamt arbeiten 53117 Ordensbrüder und -schwestern in der brasilianischen Kirche. Wenn im Norden und fernen Westen Brasiliens, in den Staaten Mato Grosso, Acre, Amazonas und Pará von einer echten Seelsorge gesprochen werden kann, so ist dies den Tausenden von Ordensmitgliedern zu verdanken, die auf die Bequemlichkeiten in Europa, in den USA oder im Süden Brasiliens verzichtet haben[25].

[25] *C. Nogara,* Vida religiosa no Brasil, in: SEDOC 4 (Januar 1972) 845–858.

Andere kirchliche Bewegungen: Es mangelt in Brasilien nicht an anderen kirchlichen Bewegungen. So besteht z.B. die „Asociaçião de Educação Catolica“ (AEC), gegründet 1945, deren Leitwort das „Dienen“ ist. Ihre Ziele bestehen darin, alle katholischen Erzieher – Ordensbrüder und Laien – zu vereinigen; sie widmet sich der Verbreitung der christlichen Pädagogik und der sozialen Lehre der Kirche, der Mitarbeit und Präsenz in staatlichen Gremien und bei gleichgearteten Organisationen[26]. Eine weitere wirksame Bewegung sind die „Cursillos de Cristiandad“, die nach Meinung von brasilianischen Bischöfen „eine tiefgreifende Veränderung der allgemeinen Moral in der Gesellschaft bewirkt haben“. Allein in der Erzdiözese von São Paulo widmen sich 5 Priester ausschließlich den „Cursillos“; monatlich finden 8 solche „Cursillos“ statt. In ganz Brasilien werden im Monat 60 „Cursillos“ abgehalten[27]. Von großer Bedeutung ist ferner die Mitarbeit der „Legion Mariens“ in der Seelsorge. Nach ihrer Gründung 1951 hatte sie 1961 folgende Struktur: 2 Senate (National- und Bezirksrat), 166 Kurien (niedrige Räte) und 2701 „praesidia“ (Lokalräte) mit 24914 aktiven Mitgliedern, 158580 Assistenten und 79155 Helfern. Die erzielten Erfolge sprechen für sich: 1814 Erwachsenentaufen, 7429 legalisierte Ehen, 15568 zu den Sakramenten zurückgekehrte Personen, 34696 Beichten und Kommunionen von Kranken, 1504 Konversionen. Die Institution betreut ferner 2419 Katechetenschulen mit 175531 Unterrichtsstunden für 359769 Kinder und 24783 Erwachsene. Die Legion beschäftigt auch Gruppen für Sonderaufgaben, so z.B. die Betreuung der Rückfälligen (3 Gruppen) und der Nichtkatholiken (1 Gruppe). Aus ihrer Mitte sind 357 Berufungen, 1877 Priester und 136 Schwestern hervorgegangen. Weitere 1877 Legion-Mitglieder verpflichten sich, täglich die Messe zu besuchen und zu kommunizieren[28]. Auf Veranlassung von Pater Peyton, Apostel des Rosenkranzes in der Familie, und nach einer intensiven Werbeaktion fand am 16. Dezember 1962 in Rio de Janeiro eine Massenkundgebung mit ca. 1,5 Millionen Personen statt; 400 von ihnen unterschrieben das Versprechen, den Rosenkranz in der Familie zu beten[29].

Ausbildung neuer Priester

Vom 23. bis 26. Oktober 1972 trafen sich in Petrópolis die Professoren von Seminaren, um die Kriterien und Richtlinien für die Ausbildung neuer Priester zu definieren[30].

[26] Vgl. *M. da Cruz*, 1945. Vinte anos a serviço da educação (1965).

[27] AICA Jhg. 17, 847 (15. März 1973) 23, 26f; ausführliche Information über die Geschichte der Cursillos de Cristiandad in Brasilien, in: SEDOC 6 (Juli 1973) 75–100.

[28] REB 23 (1963) 220f.

[29] REB 23 (1963) 218; vgl. ebd. 25 (1965) 311–313.

[30] SEDOC 5 (Dezember 1972) 712–717.

Katholische Missionen unter den Indianern Brasiliens

Die brasilianische Kirche ist bestrebt, ihre Tradition unter den Indianern fortzusetzen. Die katholischen Missionare, vereinigt in „Consejo Indigenista Misionero" (CIMI), arbeiten nach folgenden Richtlinien: 1. langsame Erziehung ohne Hast oder Druck, ohne mit der Vergangenheit zu brechen; dabei muß man Einmischungen in das Leben und den Glauben der Eingeborenen vermeiden. – 2. Kenntnisse über ihre Kulturen – und somit Beherrschung der Sprachen – und Respekt vor ihnen; dies bedeutet, daß der Eingeborene die ihm angebotenen Modelle frei auswählen darf. Es heißt nicht: alles oder nichts. Die Arbeit des Missionars muß langsam, aber wirksam und von Dauer sein[31].

Die Bruderschaftskampagne

Papst Paul VI. ermunterte die Bischofskonferenz in seinem Brief vom 24. Januar 1974 an deren Vorsitzenden, durch die Bruderschaftskampagne jedem Brasilianer das Licht des Glaubens zu vermitteln. Die Bruderschaftskampagne wurde verkündet unter dem Motto: „Wo ist dein Bruder?" Diese Frage beinhaltet eine Gewissensprüfung über alles, was für die Verteidigung des Lebens unserer Brüder getan wird, unabhängig ihrer Herkunft und der Bedingungen, in denen sie sich befinden[32].

Argentinien

Argentinien hat eine Fläche von 2987000 km² und (1976) rund 25 Millionen Einwohner, davon (1971) 94,9 Prozent katholisch. Seit dem Ersten Weltkrieg Industrialisierung, eine autarkisch-nationalistische und planerische Phase seit 1930; Anwachsen des Proletariats[1].

Kirchliche Einteilung (1974): 12 Erzdiözesen, 40 Diözesen, 2 Prälaturen, je ein Ordinarius für Unierte Griechisch-Orthodoxe und Ukrainer. Als Beispiel für die Innenstruktur diene die Erzdiözese Buenos Aires (1969): 353 Diözesanpriester, 84 Außerdiözesanpriester, 539 Ordensgeistliche, insgesamt 976; 137 Pfarreien, 52 andere Kirchen; 95 Niederlassungen von Männerorden, 246 Schwesternhäuser mit 3720 Schwestern[2].

Unter den katholischen Organisationen ragen hervor: Junta Coordinadora de Superiores de Religiosos, Comisión Católica Argentina de Inmigración, Obra de Vocaciones Sacerdotales, Acción Católica mit zahlreichen Unterabteilungen,

[31] SEDOC 6 (Juni 1974) 1398f.
[32] SEDOC 6 (Mai 1974) 1232–1238.
[1] Vgl. V. *Vives*, Historia social y económica de España y América IV/2, 655–670.
[2] República Argentina. Anuario eclesiástico (1961) 131.

Consejo Superior de Educación Católica, Movimiento Familiar Cristiano, Asociación Católica de Dirigentes de Empresa, Servicio Católico de Ayuda[3].

Buenos Aires hat seit 1960 eine Päpstliche Katholische Universität, außerdem eine Theologische Fakultät und mehrere andere Institute auf Hochschulebene. Katholische Universitäten bzw. Universitätsinstitute befinden sich außerdem in Córdoba, Santa Fe, La Plata, Mar del Plata, Rosario, San Juan, Tucumán, Bahía Blanca, Villa María; Priesterseminare in Buenos Aires, Azul, Catamarca (Regionalseminar), Córdoba, La Plata, Paraná, Río Cuarto, Rosario, Salta und Santa Fe[4].

Das politisch einschneidendste Ereignis war die Intervention 1943 unter Leitung von General Rawson, die der liberalen Phase ein Ende setzte. Juan Domingo Perón, Vizepräsident der Republik und Verteidigungsminister in der Regierung der Oficiales Unidos (G.O.U.), Arbeitsminister unter Pedro P. Ramírez, entwickelte eine Politik sozialer Reformen und ging 1946 als Wahlsieger hervor[5].

Mit Unterstützung der Arbeiter und mittels seiner neuen Doktrin, dem „justicialismo", übte er seine Diktatur bis 1955 aus. Der Unterbau seiner Politik kam aber bald ins Schwanken, so daß das Land vor eine neue Krise gestellt wurde. Perón, der am Anfang eine Politik des friedlichen Zusammenlebens mit der Kirche praktiziert hatte, verstärkte ab 1952 seine totalitären Ansichten, ohne dabei die Kirche zu verschonen. Die offizielle Presse begann sich über die Katholiken zu belustigen, die katholischen Versammlungen sowie das Universitätsatheneum von Santa Fe und Córdoba wurden verboten; die Kreuze aus den Amtsräumen entfernt; der Religionsunterricht in den Schulen untersagt; das Ehescheidungsgesetz verabschiedet und die Bordelle erneut genehmigt.

Trotzdem blieb die Kirche unbeirrt, und der Episkopat hielt mit Unterstützung der Gläubigen an seiner Position fest. Laien und Geistliche wurden festgenommen und mißhandelt. Die Verfolgung erreichte ihren Höhepunkt am 11. Juni 1955; eine große Menge versammelte sich in Buenos Aires um die Kathedrale und auf dem naheliegenden Platz, um die Messe zu hören; danach setzte sie sich in tiefer Stille in Bewegung bis zum Kongreßgebäude. Einige Tage später, am 16. Juni, wurde ein gescheiterter Putschversuch von der Regierung benutzt, ihre Anhänger zu mobilisieren. Am ersten Tag wurden mehrere Kirchen in Brand gesteckt: San Francisco, San Roque, Santo Domingo, San Miguel, San Nicolás usw. Auch der Bischofspalast mit der gesamten Einrichtung und den historischen Archiven wurde ein Opfer der Flammen. Diese Vorkommnisse, ohne Beispiel in Argentinien, bewirkten eine scharfe Reaktion sowohl im In- wie im Ausland[6].

[3] Ebd., 117.
[4] Ebd., 1137–1139.
[5] Vgl. *G. Furlong*, The Church in the 20th Century 783f; R.E., Argentina (época independiente) 347f.
[6] Vgl. *G. Furlong*, a.a.O., 784; R.E., a.a.O., 348.

In der Zeit nach Perón, ab 1955, begann die Revolutionsjunta damit, die Gerechtigkeit und den Frieden wiederherzustellen. Obwohl das Ehescheidungsgesetz, zu Peróns Zeiten verabschiedet, außer Kraft gesetzt wurde, gelang es den antikatholischen Kabinettsmitgliedern, das Verbot des Religionsunterrichts aufrechtzuerhalten. Während der Regierung Frondizi (1958–1962) wurde das Gesetz über Erziehungsfreiheit verabschiedet, ein Gesetz, das seit 1852 ständig von Liberalen und Freimaurern boykottiert wurde. Sein Inkrafttreten war die Voraussetzung für die Gründung von katholischen Universitäten[7].

Die argentinische Kirche nach dem Konzil

Die katholische Kirche Argentiniens hat nach dem Konzil über die durch die politische und sozial-wirtschaftliche Situation bedingten Probleme hinaus andere Krisen internen Charakters erlebt. Der 20. Internationale Kongreß für Soziologie, abgehalten in Río Tercero (Córdoba) vom 5. bis 11. September 1963, schildert die Zeit nach 1930 wie folgt: „Eine Zeit, die von Spannungen und Auseinandersetzungen beherrscht wurde, bedingt durch die Existenz zweier entgegengesetzter Strömungen: die dynamische und die traditionelle“[8], und die sich auf theologische, asketische, pastorale und psychosoziologische Dimensionen erstrecken.

Als eine vollständige Programmatik kann die Erklärung des argentinischen Episkopats an die Nation von 1969 bezeichnet werden. Darin erklären die Bischöfe die Kirche zum Sakrament Christi und Besitz der Armen, und sie wünschen, daß die argentinische Kirche nicht nur die geistliche Armut predige, sondern daß sie auch die Armut Christi erlebe, ihren Armen helfend, indem sich die christliche Gemeinde für ihre Armen verantwortlich macht und daß die Gerechtigkeit über dem Gesellschaftsleben herrsche, damit jeder das ihm Zustehende erhält und alle Träger des Friedens Christi sind.

Die in Medellín getroffenen Beschlüsse – so die Bischöfe – zwingen uns, die gemeinsame Aktion zu koordinieren; ein Anfang dazu wird in dem nationalen Pastoralplan gemacht mit unmittelbarer Anwendung an der Basis, um die Pfarreien zu verstärken, und als Mittel der Evangelisierung und physischen Präsenz der Kirche in wirtschaftlich und geographisch abseits gelegenen Gebieten. Zu diesem Zweck wollen die Bischöfe in jeder Diözese eine Kommission für die sozialen Kommunikationsmittel gründen oder zumindest einen Verantwortlichen nennen, der den ständigen Kontakt mit der Bischofskonferenz und ihren Abteilungen Presse, Rundfunk, Kino und Fernsehen unterhält, in all jenen Fragen, die Informationsaustausch, Lehrgänge, moralische Orientierung und Bewertung von Aufführungen, Preise usw. betreffen. Die Bischöfe haben als erste die Pflicht, nach den Prinzipien der pastoralen Mitverantwortung zu leben[9].

[7] XX Congreso internacional de Sociología. Estudios (Buenos Aires 1963) 597–599.
[8] SEDOC 2 (September 1969) 351–358; SEDOC 2 (Oktober 1969) 491–506.
[9] SEDOC 4 (August 1971) 191–197.

Schwierigkeiten innerhalb der argentinischen Kirche

Die gespannte Lage, die seit einiger Zeit in Argentinien herrschte, begleitet von Gewalttaten, Entführungen und Morden, welche eine Welle von Protesten verursachten, bewog die Bischofskonferenz am 12. August 1970 dazu, als „wahre Hirten der Kirche" allen ihre Botschaft zukommen zu lassen mit der Wahrheit und Liebe Christi und seiner Kirche. Die Bischöfe erinnerten daran, daß die der Kirche durch Christus übertragene Aufgabe weder politischer noch wirtschaftlicher noch sozialer, sondern religiöser Natur sei, aus der aber Nutzen, Licht und Kraft hervorgehen, die eine Hilfe für die Organisierung und Verstärkung der menschlichen Gesellschaft darstellen. Den Priestern stehe nicht zu, weder von Amts wegen noch von der kirchlichen Soziallehre her, sich irgendeiner revolutionären Bewegung anzuschließen, die einen lateinamerikanischen Sozialismus anstrebt mit dem Ziel der Sozialisierung der Produktionsmittel, der Wirtschaft und der Kulturpolitik; dies auch nicht mit der Rechtfertigung, daß eine soziale Revolution eine unmittelbare Gewaltanwendung erlaube als Mittel, um die Unterdrückten zu erlösen. Die Bischöfe verurteilten in Übereinstimmung mit Papst Paul VI. Terrormethoden als Kampfmittel und erklärten in aller Offenheit: Eine Priesterbewegung ist christlich und hat in der katholischen Kirche nur insoweit Berechtigung, als sie die Definition des Zweiten Vatikanischen Konzils im Dekret „Lumen Gentium" (Nr. 8) akzeptiert[10].

Die Priester antworteten für die Dritte Welt während einer Tagung in Córdoba am 3./4. Oktober 1970 in sieben Kapiteln und 70 Absätzen auf die Erklärung der Bischöfe. Es heißt darin, sie könnten nicht Irrtümer und Verschuldungen auf sich nehmen, die andere, insbesondere Regierung und Presse, auf sie abwälzen wollen. Obwohl sie bereit seien, Buße zu leisten, seien sie doch der Meinung, daß andere die Schuldigen seien. Auf den Hauptvorwurf des Bischofsdokuments an die Priester der Dritten Welt (Entscheidung für den Sozialismus) antworten diese wie folgt: „Jedem ist es bekannt – und damit auch unseren Bischöfen –, daß, wenn auch die staatlich-kollektivistische Lösung eine Gefahr darstellt, die wirkliche Situation, die unsere Völker unter Druck setzt, kapitalistischer Natur ist: das lateinamerikanische Unternehmersystem; aus diesem Grund entspricht die derzeitige Wirtschaft einer falschen Vorstellung über das Eigentumsrecht der Produktionsmittel und über die Ziele der Wirtschaft." Es wird an den Kongreß in Medellín (Justicia 10) erinnert, und in diesem Zusammenhang wird ergänzt: „Niemand kann verkennen, daß die dringlichste Aufgabe in Lateinamerika darin besteht, eine vollständige Erneuerung der Bewertung und Maßnahmen der Unternehmen in Hinblick auf ihre Zielsetzung, Organisation und Betrieb zu erreichen."

„Diese Situation", so fahren die Priester fort, „veranlaßt uns, die Suche nach einem neuen sozialen System zu fordern, bei dem der Mensch nicht durch den

[10] Ebd., 197–234.

Menschen ausgebeutet wird; um eine solche Lösung herbeizuführen, sehen wir keinen anderen Weg als die Sozialisierung der Produktionsmittel, der Macht und der Kultur.“[11]

Die Aufgabenstellung der Priester

Die Priester für die Dritte Welt veröffentlichten am 3. Juni 1972 in Buenos Aires eine gemeinsame Antwort auf den Fragebogen zur Vorbereitung der Synode, die in Rom mit dem Thema über das Amt der Priester stattfinden sollte. Dieser Fragebogen, von Monsignore Juan Carlos Arámburu, Weihbischof von Buenos Aires, an die Priester der Erzdiözese verschickt, enthielt folgende Abschnitte: die Aufgabe des Priesters; zeitliche Aktivität des Priesters; der Priester als „Einheitssignal“, „Universalität“ des Priesters; das neue Priestertum; das Gebet; der Zölibat. Dabei wird zum Ausdruck gebracht, daß der Priester im Dienste der Erlösung des Menschen steht und daher seine Aufgabe im Einklang mit den Aktivitäten des Menschen und der Gesellschaft stehen muß, sonst werden nicht nur Richtlinien verlassen, sondern auch Kräfte und Realitäten verneint, die in sich evangelische Werte wie Gerechtigkeit und Brüderlichkeit beinhalten[12].

Die „Notfall-Wohnviertel“ von Buenos Aires

Arámburu bezieht sich in seinem Brief vom 22. September 1969 auf die „Notfall-Wohnviertel“ von Buenos Aires, eine „traurige und schmerzhafte Realität“, die den Dienst der Kirche benötigen und sich „den Armen“ öffnen. Er ermuntert die Priester, Ordensbrüder und Laien, in dieser apostolischen Aufgabe weiter mitzuwirken[13]. Nur eine tiefgreifende revolutionäre Aktion kann eine Lösung bringen und die Elendsviertel in Arbeiterviertel verwandeln[14].

Die „Priester für die Dritte Welt“ verbunden mit dem Volk

Anläßlich ihres fünften Treffens im August/September 1972 erklärten sich die Priester für die Dritte Welt angesichts der politischen und sozialwirtschaftlichen Lage mit dem Volk verbunden. Sie unterstreichen diese pastorale Position in einem programmatischen Schreiben[15], in einem Brief an den argentinischen Episkopat[16] und in einem anderen Dokument, in dem sie ihre Absicht erklären, ihr unterdrücktes Volk nicht im Stich zu lassen[17].

[11] Ebd., 234–238.
[12] SEDOC 3 (September 1970) 341–343.
[13] Ebd., 343–346.
[14] Ebd., 346–348; SEDOC 5 (Februar 1973) 1011–1012.
[15] SEDOC 6 (Oktober 1973) 501–512.
[16] SEDOC 5 (Februar 1973) 1011–1016.
[17] Ebd., 1016.

Die Stimme der Bischöfe: In diesem Klima politischer und wirtschaftlicher Verwirrung tagte die Bischofskonferenz in San Miguel vom 19. bis 21. Oktober 1972. Ihre Verlautbarung enthält folgende Punkte: Historische Realität (I); die negativen Aspekte der argentinischen Lage (II); positive Aspekte und menschliche Werte (III); Liberalismus und Marxismus: politische, wirtschaftliche und soziale Ordnung (IV); Sozialismus (V); Entscheidungsmöglichkeiten (VI); Vorbereitungen (VII); dringliche Probleme (VIII); Zusammenfassung (IX); spezifische Beiträge (X). Die Stellungnahme der Bischöfe ist deutlich: die Wirtschaft muß den Menschen dienen und nicht umgekehrt; das private Eigentum, auch an den Produktionsmitteln, muß sich dem allgemeinen Wohl anpassen; weder Liberalismus noch Marxismus; Verstaatlichung beschränkt auf die Bedürfnisse der Gesellschaft oder in Fragen der Verteidigung des Eigentums oder der nationalen Souveränität; eine breite Mitbeteiligung der Arbeiter und Angestellten an den Unternehmen gewährleistet die Identifizierung mit gesteckten Zielen; Mitbestimmung bei den großen politischen Fragen; Hilfeleistung für die koordinierenden Organe; Wahrheit und Loyalität auf der Suche nach dem allgemeinen Wohl der Nation [18]. Die argentinische Kirche gab damit ein Zeugnis ihrer Ausgewogenheit und Wirksamkeit innerhalb ihrer pastoralen Aufgabe, deren Ziel die Erlösung des Menschen ist.

Kirchliche Aufgabenstellung

Kardinal Raúl Francisco Primatesta, Erzbischof von Córdoba, erläuterte 1974 während der Römischen Synode den evangelisierenden und liberalisierenden Aspekt der argentinischen Kirche. Dabei bemerkte er, daß der einzelne Mensch als Gegenstand der Evangelisierung, in seiner Individualität, in seiner Transzendenz, in seiner Dynamik und in seiner Entwicklung betrachtet wird. Dieses evangelisierende Werk widmet den Nicht-Praktizierenden seine besondere Aufmerksamkeit.

Gegenstand der Evangelisierung ist ferner die Gesamtkirche in all ihren Bestandteilen, die Gesellschaft als solche und der einzelne in allen Berufen. „Es gilt die Vergeistlichung der Laien und die Verweltlichung der Geistlichen zu vermeiden." Weiterhin beschäftigt sich der Kardinal mit dem Vorwurf an die Kirche, diese gehe keine weltlichen Kompromisse ein; mit den Fehlern einiger Mitglieder des Klerus, die sich dem Wort Gottes für ihre politischen Ziele bedienen; ferner über die Mitwirkung der Frauen bei der Evangelisierung und über die Bewertung der Arbeit von Ordensbrüdern und -schwestern.

Der Kardinal macht darauf aufmerksam, daß Gegenstand der Evangelisierung auch die gesamte Offenbarung unter Anleitung der Kirche ist. Der Inhalt der Offenbarung muß ganz dargelegt werden: die Transzendenz der Evangelisierung, ihre Dimension und Übertragung auf den Kult; das Problem des Glau-

[18] Ebd., 1017–1024.

bens, der Kultur und der Religiosität; die Berührungspunkte zwischen Froher Botschaft und Befreiung als eine der wichtigsten Fragen von Lateinamerika[19].

Paraguay

Paraguay hat eine Gesamtfläche von 406752 km² und 2570000 Einwohner, davon über 90 Prozent Mestizen; 1971 waren 96,2 Prozent Katholiken. (UNO-Statistik von 1976). Die Geschichte Paraguays weist bewegte Jahre in der jüngsten Vergangenheit auf. Unter der Präsidentschaft von José Guaggiari (1930–1932) konnte das Land die Grenzauseinandersetzung mit Bolivien nicht vermeiden. Die Folge war der Chaco-Krieg (1932–1935), der das Land ruinierte und große Verluste unter den männlichen Jahrgängen verursachte. Nach dem Krieg begann Paraguay mit der Industrialisierung. In den letzten Jahren sind die Beziehungen zu den USA und Bolivien verstärkt worden. Die gezielte Entwicklung der Luftwege schlägt sich in einer florierenden Wirtschaft nieder; Asunción nimmt als Verkehrsknotenpunkt an Bedeutung zu. Nach letzten Berechnungen der CEPAL besitzen 1552 Großgrundbesitzer und ausländische Firmen 31,5 Millionen Hektar Land, während 250000 Familien mit ca. einer Million Personen nur über 500000 Hektar verfügen[1].

Kirchliche Organisation

Die Erzdiözese Asunción hat als Suffragane die Diözesen Caacupé, Concepción, Coronel Oviedo, San Juan Bautista de Las Misiones und Villarrica sowie die Prälaturen Alto Paraná und Encarnación, ferner die apostolischen Vikariate von Chaco Paraguayo und Pilcomayo[2]. Die wichtigsten katholischen Vereinigungen sind: Katholische Assoziation Paraguays, Christliche Familienbewegung, Legion Mariens, Christliche Lehrgänge, Caritas, Dritter Orden vom heiligen Franziskus, Salesianische Genossenschaften. Es gibt 181 Pfarreien und 21, die als solche eingestuft werden können; 202 Priester und 181 Ordensbrüder; 18 Ordenshäuser für Männer und 39 für Frauen[3].

[19] Osservatore Romano, 3. 10. 1974.

[1] Christus 410 (Juli–Dezember 1970) 778 f; SC, Paraguay (Epoca independiente) 172–175.

[2] Annuario Pontificio (1977) 957.

[3] Anuario eclesiástico del Paraguay (1972) 21–27.

Lehreinrichtungen

Die Republik hat seit dem 2. Februar 1965 die katholische Universität Nuestra Señora de la Asunción in Asunción mit Fakultäten für Philosophie, Pädagogik, Recht, Politische Wissenschaften und Sozialwissenschaften, Volkswirtschaft. Ferner befinden sich in Asunción Fakultäten für Jura, Politik und Sozialwissenschaft, gegründet 1960, und ein Universitätsinstitut für Familienerziehung, gegründet 1963; eine Hochschule für Theologie und Religionswissenschaft, gegründet 1971; eine Hochschule für internationales Recht. In Villarrica gibt es Fakultäten für Philosophie und Erziehungswissenschaft, gegründet 1961, und eine juristisch-politische und sozialwissenschaftliche Fakultät. Concepción hat eine Fakultät für Philosophie und Erziehungswissenschaften, Encarnación eine pädagogische und philosophische Fakultät. Die religiösen Orden betreuen zahlreiche Schulen und Institute[4].

Proteste der Bischöfe

Der Erzbischof von Asunción, Juan José Anibal Mena Porta, bittet in einem Brief vom 29. Januar 1969 den Präsidenten der Republik, Alfredo Stroessner, darum, „unter Berücksichtigung der christlichen Forderungen an die Justiz die Situation derer zu überprüfen, die sich auf Anordnung Eurer Exzellenz und ohne Prozeß unter polizeilichem Gewahrsam befinden, sei es wegen ihrer Ideologie oder wegen vermuteter Delikte antidemokratischer Subversion“[5]. Anläßlich der Beratungen über einen neuen Gesetzentwurf „Die Verteidigung der Demokratie und der politischen und sozialen Ordnung des Staates“ (1969) richten die Bischöfe einen Brief an den Kongreß, als Hirten und Bürger, und bringen ihre Sorge zum Ausdruck angesichts der Gefahr, die das neue Gesetz für das Bewußtsein des Landes darstellen kann. Nach Meinung der Bischöfe handelt es sich dabei um eine Verherrlichung des Absolutismus, der oft von den Päpsten verurteilt wurde[6].

Am 22. Oktober 1969 wurde der Jesuit Pater Francisco de Paula Oliva, Professor der katholischen Universität Asunción, des Landes verwiesen. Als Protest veranstalteten noch am selben Tag Lehrer und Studenten eine Via Crucis, nach deren Ablauf die Polizei die Teilnehmer auseinandertrieb. In einer Erklärung vom 26. Oktober 1969 an alle Gläubigen berichtete der Episkopat über die Vorfälle und drohte allen, die Priester und Schwestern mißhandeln, die Exkommunikation an. Als Zeichen des Protestes und des Schmerzes verzichtete die Kirche Paraguays an diesem Tage auf die Abhaltung von Gottesdiensten[7]. Auch

[4] Annuario Pontificio (1974) 1371; Anuario eclesiástico del Paraguay (1972) 27–29.
[5] Christus 410 (Juli–Dezember 1970) 780–783.
[6] SEDOC 2 (Januar 1970) 921–924.
[7] Ebd., 924–926.

Pater Bartolomé Vanrell, Jesuiten-Provinzial, protestierte in einem Brief an den Innenminister gegen die Ausweisung von Pater Vicente Barreto [8], und Monseñor Bogarín Argaña, Bischof von San Juan Bautista de Las Misiones, verurteilt in einem Brief an Pater Barreto das Verhalten der Behörde [9]. Auch die Entführung des Priesters Uberfil Monzón, Mitarbeiters des Laiensekretariats des CELAM, durch Polizeibeamte auf offener Straße in unmittelbarer Nähe des Uruguay-Platzes wurde Anlaß zu einer Reihe von Beschwerden der kirchlichen Stellen [10].

Die Bischofskonferenz erklärte sich bei ihrem Treffen vom 18. Dezember 1970 solidarisch mit den Wünschen und Hoffnungen der Bevölkerung und stellte fest, daß die Bestrebungen nach Frieden und Gerechtigkeit sich in einer Sackgasse befänden. Die Bischöfe weisen auf die Ungerechtigkeiten im Lande hin und erwarten von den Verantwortlichen, daß diese ohne Emotion die Stimme der Kirchenvertreter anhören würden [11].

Zwei sich bildende Welten

Der Erzbischof von Asunción, Ismael Blas Rolón Silvero SDB, zusammen mit Priestern und zahlreichen Laien verabschiedete am 15. Mai 1972 im Anschluß an eine Tagung (8.–10. Mai) ein Dokument, in dem zu der Entführung und Ausweisung von Pater José Caravias, tätig in Piribebuy, Diözese Caacupé, Stellung genommen wird. Die Analyse der Lage – so die Teilnehmer – stelle das Land vor zwei Welten: ein sozial-politisches, autoritäres System, das unter Mithilfe der Propaganda nur zum Nutzen von wenigen existiert; andererseits erleben wir das langsame Aufwachen einer sich reformierenden Kirche, die sich für mehr Gerechtigkeit einsetzt. Die Tagungsteilnehmer weisen auf die gegen die Kirche verübten Ungerechtigkeiten hin [12].

Wenn am 14. Mai Paraguay den Jahrestag der Unabhängigkeit feiert, schreibt Erzbischof von Asunción am 10. Mai 1972 an den Protokollchef der Regierung, wäre es logisch zu glauben, daß dieser Gedenktag auch im Einklang mit dem Recht auf Freiheit aller Bürger stünde. In allen Kirchen der Erzdiözese werde am 14. und 15. dafür gebetet, daß die von unseren Vorfahren errungene Freiheit auch volle Wirklichkeit werde [13]. In einem offenen Brief vom 18. Mai 1972 rechtfertigt die Bischofskonferenz das Fernbleiben der religiösen Schulen von den Feierlichkeiten auf Wunsch der Schüler selbst, ohne daß sie auf irgendeine Weise beeinflußt worden wären [14].

[8] SEDOC 5 (Oktober 1972) 491f.
[9] Ebd., 492–494.
[10] SEDOC 4 (August 1971) 240–250.
[11] Ebd., 239f.
[12] SEDOC 5 (Oktober 1972) 495–500.
[13] Ebd., 500f.
[14] Ebd., 505–507.

Die Aufgabe der Priester

Um Mißverständnisse und Zweifel zu beseitigen, veröffentlichte das zuständige Sekretariat der Bischofskonferenz am 16. Mai 1972 eine Erklärung über die Aufgaben der Priester, zumal da immer öfter Geistliche beschuldigt wurden, sich politisch und gar subversiv zu betätigen. In ihr wurden die Erkenntnisse des Zweiten Vatikanischen Konzils berücksichtigt. Die Priester, die mit den Bauern zusammenleben – so das Dokument –, versuchten die Härte des Lebens mit dem Licht des Evangeliums zu erhellen, immer innerhalb der von den Bischöfen anerkannten und verabschiedeten Richtlinien. Bischöfe, Priester und Laien wüßten sehr genau, daß eine ständige Erneuerung unerläßlich sei. Dieser Aufgabe widmeten sie ihre ganze Kraft. Die Rechte der Behörden und die nationale Verfassung würden respektiert, wobei die Gläubigen dazu angehalten würden, auch dies zu tun[15]. In einem offenen Brief an alle Gläubigen anläßlich des regelmäßigen Treffens von 1972 erklärten die Bischöfe: Wenn die Menschen, sei es durch ungerechte Wirtschaftsstrukturen oder Machtmißbrauch, unterdrückt werden, verkörpert die Kirche die prophetische Anklage und wirkt als ein moralischer Druck zugunsten der Befreiung und der Menschenrechte. Die Kirche darf nicht als politische Partei angesehen werden, zumal ihre Aufgabe jegliche weltliche Aufgabe und jedes politische Schema übertrifft. Ihr Ziel ist eschatologischer Natur, und die von ihr angestrebte Befreiung des Menschen kann vollständig nur im Jenseits vollzogen werden[16].

Beziehungen Kirche–Staat

Das beratende Organ für die Beziehungen Kirche–Staat, gegründet 1973 durch die Bischofskonferenz, soll darauf ausgerichtet sein, Freiheit und Unabhängigkeit der Kirche nach der Lehre des Zweiten Vatikanischen Konzils und der Anweisung des Medellín-Kongresses aufrechtzuerhalten im Einklang mit der von der Kirche Paraguays eingenommenen Stellung. Es sollen Angelegenheiten beiderseitigen Interesses, insbesondere wenn diese eine nationale Auswirkung beinhalten, behandelt werden; ferner sollen Studien über die Beziehungen Kirche–Staat unternommen werden. Die jetzige Verfassung Paraguays erkennt offiziell die katholische Religion an, der Erzbischof von Asunción ist Mitglied des Staatsrates. Darüber hinaus werden Zuschüsse und andere Vorteile zugunsten kirchlicher Einrichtungen aufrechterhalten[17].

[15] Ebd., 501–503.
[16] AICA Jhg. 17, 817 (August 1972) 31f.
[17] AICA Jhg. 17, 874 (September 1973) 27f.

Uruguay

Uruguay hat eine Gesamtfläche von 186926 km² und 2972871 Einwohner (1972); 90,6 Prozent sind katholisch. Seit 1911 wechseln sich in der uruguayischen Regierung diktatorische und demokratische Systeme ab. 1951 reformierte Andrés Martínez Trueba die Verfassung: ein aus neun Mitgliedern bestehender Rat ersetzte den Präsidenten der Republik; der Ministerrat und beide Kammern blieben erhalten; die neue soziale Gesetzgebung etablierte den Wohlfahrtsstaat, die öffentlichen Dienstleistungsbetriebe und viele andere Unternehmen wurden verstaatlicht. Die Wahlen von 1958 gaben zum ersten Mal den Sieg der „weißen Mehrheit", während aus den Wahlen vom 27. November 1966 die „farbige" Partei als Sieger hervorging. Der Nationale Verwaltungsrat wurde abgeschafft, und man kehrte zum Präsidentschaftssystem zurück; zum Präsidenten wurde 1967 Oscar Gestido gewählt. Die Ereignisse der letzten Jahre haben dem Lande keine innere Ruhe gebracht. Uruguay verzeichnet ein sprunghaftes Wachstum der Einwohnerzahl. Die Bevölkerung setzt sich fast nur aus Weißen zusammen mit einem sehr geringen Anteil von Mestizen; die Indianer sind ausgestorben. Die Wirtschaft des Landes beschränkt sich fast ausschließlich auf die Viehwirtschaft. 90 Prozent der ländlichen Betriebe betreiben Viehzucht, nur 10 Prozent Ackerbau; aber auch die Metall-, Textil- und chemische Industrie haben sich entwickelt[1].

Kirchliche Struktur

Uruguay hat einen Metropolitan-Sitz: Montevideo mit den Diözesen Canelones, Florida, Maldonado-Punta del Este, Melo, Mercedes, Minas, Salto, San José de Mayo y Tacuarembó[2]. Es gibt im Lande 215 Pfarreien, 92 sonstige Seelsorgsstellen, 698 Priester, 230 Ordensleute und 1981 Ordensschwestern[3]. Die neue Verfassung, ratifiziert 1935 durch Volksbefragung mit 280000 Ja-, 10000 Nein-Stimmen und 70000 Enthaltungen, sicherte der Abtreibung und der Euthanasie Straffreiheit zu. Die Unsittlichkeit breitete sich durch das sogenannte „biographische" Kino aus; etwa 80 Prozent der Kinoaufführungen in Montevideo waren pornographischer Natur. Die Regierung begnügte sich damit, ein Gesetz über „biographische" Filme für Minderjährige zu erlassen.

Die Republik hatte keine offizielle Religion. Um eine größere Freiheit bei ihren öffentlichen Kundgebungen und zur Erhaltung ihrer Schulen zu erzielen, verhielt sich die Kirche fortschrittlich. Der große Eucharistische Kongreß von 1934 gab dem Katholizismus einen starken Impuls. Die kirchlichen Bildungseinrichtungen vermehrten sich auf Grund der in der Verfassung anerkannten

[1] R.E., Uruguay (Epoca independiente) 870; *Vicens Vives*, Historia social y económica de España y América IV/2, 653f.

[2] Annuario Pontificio 1977, 957.

[3] Guía de la Iglesia católica en el Uruguay 1973.

Freiheit. Etwa 20000 Kinder wurden in Ordensschulen unterrichtet, viele andere in Pfarrschulen. Die Katholische Aktion erhielt neue Impulse durch die Anordnung vom 31. Januar 1955 des Bischofs von Salto an seine Pfarrer, sie zu unterstützen. Die pastorale Arbeit der Kirche sah sich durch die Unsittlichkeit, die Pornographie, den Einfluß des Freimaurertums, den Prôtestantismus (insbesondere in Montevideo durch die Heilsarmee und den „Christlichen Verein junger Männer") beeinträchtigt[4]. Anläßlich des Treffens im Oktober 1968 bekannte sich der Episkopat Uruguays zu den Dokumenten von Medellín und verpflichtete sich, diese in die Praxis umzusetzen, mit besonderer Aufmerksamkeit für die Probleme der Armen und Unterdrückten. Die Bischöfe führen die gegenwärtige Lage auf eine gravierende moralische Krise zurück, die aus einer materialistischen Auffassung des Lebens entsteht und Auswirkungen auf die öffentliche, wirtschaftliche, soziale, kulturelle und familiäre Ordnung hat. Es ist Aufgabe der Kirche, das Bewußtsein zu stärken, alle Initiativen zu inspirieren und zu fördern, zu stimulieren und zu unterstützen, die zur Bildung des Menschen beitragen, und alles, was gegen die Gerechtigkeit und gegen den Frieden gerichtet ist, zu verurteilen. Eine wahre Befreiung muß als Basis die innere Umkehr haben. Die christliche Botschaft betont mehr die Umkehr des Menschen als die Notwendigkeit der Strukturveränderung[5].

Zölibat

In der Note vom 14. April 1970 über den Priesterzölibat bringt der Episkopat Uruguays den Willen zum Ausdruck, im Einklang mit ihrer Hirtenaufgabe Priester, Ordensangehörige und katholische Laien zu orientieren, um Mißverständnisse zu vermeiden, die nur Schaden verursachen. Im Einverständnis mit dem Papst und den Bischöfen aller Welt erläutern sie die wahre Auffassung der Kirche über den priesterlichen Zölibat und identifizieren sich mit den diesbezüglichen Aussagen des Lehramts. Der Zölibat sei geeignet, vielen jungen Leuten, die sich gegen die Bourgeoisie auflehnen und eine neue Welt ersehnen, den Wert und die Anziehungskraft einer Berufung näherzubringen, die sie zur totalen Hingabe an Gott und die Menschen verpflichtet. Die Bischöfe wünschen und hoffen, daß diejenigen, die dem Ruf Gottes folgen, eine Antwort des Glaubens und der Liebe aus dem Volk Gottes erhalten[6].

Erneuerung im Licht des Zweiten Vatikanischen Konzils und des Medellín-Kongresses

In einem Hirtenschreiben vom 22. November 1970 bekunden die Bischöfe ihren Willen, die vom Zweiten Vatikanischen Konzil und dem zweiten Treffen des la-

[4] Revista Javeriana 4, 355–363.
[5] SEDOC 1, 1439–1441.
[6] SEDOC 3, 779–781.

teinamerikanischen Episkopats in Medellín erwünschte Erneuerung voranzutreiben. Die Kirche Uruguays wie die Kirche überhaupt befinde sich in einem kritischen Stadium voller Befürchtungen, Erwartungen und Hoffnungen. Die Bischöfe verstehen die Klage vieler Katholiken, die die innere Einheit der Kirche in Gefahr sehen. Die Kirche, deren Aufgabe darin besteht, bis ans Ende aller Zeiten die Präsenz, Aufgabe und das erlösende Werk Jesu Christi fortzusetzen, müsse sich nach den Idealen des Zweiten Vatikanischen Konzils erneuern, ohne diese Aufgabe mit der des christlichen Laien bei der sozialen, wirtschaftlichen und politischen Befreiung des Menschen gleichzusetzen. Der Laie müsse von seiner christlichen Berufung getragen sein, aber er könne sich nicht auf eine offizielle Vertretung der Kirche berufen, denn diese gehöre nicht zu seinem Aufgabengebiet; dies würde einen Rückfall in eine neue Art von Klerikalismus bedeuten. Der Dialog in der Kirche sei immer konstruktiv, kläre Vorurteile und Zweifel, stärke den Glauben, fordere das gegenseitige Verständnis, akzeptiere den legitimen Pluralismus und gebe ihm einen neuen Wert. Er erreiche schließlich, daß alle eines Sinnes seien (1 Kor 10). Denen, die eine Beseitigung der Ungerechtigkeit durch Gewaltanwendung erhoffen, entgegnen die Bischöfe, daß Gewalt weder christlich noch evangelisch sei und daß man ein Übel nicht mit einem größeren Übel bekämpfen könne. Statt nach den Schuldigen zu suchen, müsse man feststellen, welche Taten oder Unterlassungen zu dieser Situation geführt haben[7].

In einem Schreiben vom 12. Juni 1972 wiederholt die ständige Kommission der Bischofskonferenz „angesichts der schwierigen Situation im Lande“, daß auch die Bischöfe tiefgreifende Veränderungen im Lande wünschen, um ein solidarisches und brüderliches Miteinander zu schaffen; deshalb müßten die radikalen Forderungen der subversiven Gruppen als ein neuer Fehler unter den vielen anderen angesehen werden. Das Schreiben verurteilt ferner die unmenschliche Behandlung von Gefangenen, unabhängig davon, ob sie subversiv aktiv waren oder nicht. Folterungen könnten keinen Frieden bringen, abgesehen davon, daß unter Terror erzielte Geständnisse wertlos seien und nicht wiedergutzumachenden Schaden stifteten[8].

Chile

Chile hat eine Gesamtfläche von 741 767 km² und (1968) eine Bevölkerung von 8 262 556 Einwohnern; 1976: 10,4 Millionen. Die Kirche Chiles umfaßt (1969) 5 Erzdiözesen, 14 Diözesen, zwei Prälaturen und zwei Apostolische Vikariate. Zu gleicher Zeit waren 971 Weltpriester und 1553 Ordenspriester in 734 Pfarreien tätig. Es gab 281 Niederlassungen von Männerorden und 647 von Frauen-

[7] SEDOC 4, 995–1005.
[8] SEDOC 5, 603–606.

orden, ferner 342 Lehrinstitute mit 294534 Schülern, 14 Krankenhäuser und 159 sonstige Fürsorgeeinrichtungen[1].

Die chilenische Wirtschaft hatte sich während des Ersten Weltkrieges sprunghaft entwickelt; der neue Reichtum war aber nur einer schmalen Oberschicht zugute gekommen, so daß 1920 Alessandri als Vertreter der benachteiligten Massen zum Präsidenten gewählt wurde. Da er seine Versprechen nicht einhalten konnte, nicht zuletzt wegen des Grenzstreites mit Peru und Bolivien um den Hafen Arica und die Salpeterküste, wurde er durch das Militär unter General Ibáñez gestürzt, der erstmals 1927, dann von neuem 1952 Präsident der Republik wurde und den bereits begonnenen Industrialisierungsprozeß fortsetzte. Die Falangepartei, die sich in den Jahren nach 1940 von der Konservativen Partei getrennt hatte, stellte sich gemeinsam mit den Kommunisten zur Wahl. Ihr Engagement auf dem sozialen Gebiet rief große Spannungen zwischen der kirchlichen Führung und der Jugend hervor, die zur Auflösung der ANEC (Asociación Nacional de Estudiantes Católicos) und anderer Gruppierungen der Katholischen Aktion führten. Dennoch ist der Fortschritt auf sozialem Gebiet die auffälligste Erscheinung der chilenischen Kirche jener Zeit. Die Landarbeiter organisierten sich gewerkschaftlich, man diskutierte die Agrarreform – Dinge, die früher nicht erlaubt waren. Die offizielle Kirche wandte sich allmählich von den Großgrundbesitzern ab und nahm damit ihre Stellung in dieser neuen Entwicklung ein.

Im Verlauf der Jahre nach 1950 wurde die Tatsache der wirtschaftlichen Unterentwicklung immer offenkundiger. Das Land betrachtet sich selbst als arm. Den jungen Katholiken entgeht es nicht, daß trotz eines technischen Fortschritts die Armut der breiten Massen größer wurde; sie schließen daraus, daß die soziale Frage nicht unabhängig von den wirtschaftlichen und politischen Problemen zu lösen ist.

Auf der Suche nach einer einheitlichen kirchlichen Aktion

Die allgemeine Lage gebot einheitliche Aktion: Laien und Priester schlossen sich in einer gemeinsamen Aktion zusammen mit dem Ziel, die alte „Falange“ in die „Democracia Cristiana“ umzuwandeln. Auf diese Entwicklung nahmen auch Einfluß das „Centro Bellarmino“ (1959), die „Alianza para el Progreso“ (1961), die Hirtenbriefe des chilenischen Episkopats zur Lage in der Landwirtschaft und zur politischen und sozialen Pflicht der Katholiken (1962) und schließlich die Impulse des Zweiten Vatikanischen Konzils. Die Unterentwicklung des Landes galt auf der einen Seite als eine Folge der Entwicklung der reichen Länder, insbesondere der USA; auf der anderen Seite trugen die Vorbilder Cuba und Vietnam – Namen wie Fidel Castro, Camilo Torres, Ché Guevara –

[1] Vgl. *Vicens Vives,* Historia social y económica de España y América IV/2, 636–641; Guía parroquial y guía eclesiástica de Chile (Santiago de Chile 1969).

und die Guerillakämpfe in verschiedenen Ländern Südamerikas dazu bei, bei vielen die revolutionäre Idee und die Hoffnung auf einen neuen Menschen in einem neuen Kontinent durch eine radikale Systemveränderung gedeihen zu lassen.

Die Konferenz des lateinamerikanischen Episkopats von 1968 in Medellín verurteilte in aller Offenheit die Abhängigkeit des Kontinents und kündigte ein Programm kirchlicher Reformen an, die einen großen Widerhall in Chile fanden. Bei der Wahl Allendes im Jahr 1970 unterstützten Katholiken alle Kandidaten. Im gesprochenen und geschriebenen Wort (Zeitungen und Zeitschriften) kam zum Ausdruck, daß die Kirche nicht grundsätzlich gegen diese Regierung marxistischer Prägung war[2]. Die Katholiken von rechts betrachteten den Glauben als eine ausschließlich religiöse, nur auf Gott ausgerichtete Haltung. In bezug auf die Politik beharrten sie auf der nach ihrer Ansicht alleingültigen katholischen Einstellung und betrachteten sich als Hüter der Moral und der Religion. Sie lehnten eine Änderung ihrer alten Sitten und jede Neuerung ab. Auf der linken Seite formierten sich meist junge Priester, die sich im Arbeiter- und Studentenmilieu engagiert hatten, und Laien mit linker Ideologie. Für diese waren eine politische Auseinandersetzung und eine Revolution unverzichtbar, da nur sie die vollständige Erlösung des Menschen bedeutete; sie seien eine Angelegenheit der einzelnen Christen und der Kirche selber. Die Mehrheit der chilenischen Kirche, Bischöfe, Priester und Gläubige, orientierten sich zur Mitte. Ohne sich ausdrücklich für die „Democracia Cristiana“ entschieden zu haben, zogen sie diese allen anderen Parteien vor. Sie wünschten sich eine unpolitische Kirche, nur der konziliaren Reform und Erneuerung zugetan. Trotzdem betrachteten sie die Öffnung zur Welt als Bestandteil der Theologie und der Spiritualität, aber vom Prinzip der Autonomie ausgehend. In dieser Gruppe herrschten allerdings verschiedene Vorstellungen.

Die Mehrheit der Katholiken ist heute antikapitalistisch eingestellt und vertritt einen gewissen nichtmarxistischen Sozialismus. Ausgehend vom erneuernden Geist des Zweiten Vatikanischen Konzils hat die chilenische Kirche ihre Liturgie reformiert, hat Priester, die neue Ideen vertreten, akzeptiert, Änderungen im religiösen Leben zugelassen und einen breiten Dialog mit den staatlichen Organen und anderen Konfessionen begonnen.

Versuch einer Bilanz

Die Bischöfe, durch ihre vielfältige Tätigkeit in den Diözesen in Anspruch genommen, verfügen nicht über ausreichend Zeit, um sich auf die Probleme des ganzen Landes einzustellen und sich ihnen zu widmen. Auch ihre Kontakte mit der säkularisierten Welt leiden darunter, so daß ein Gespräch mit hilfsbereiten

[2] *A. Fontaine SSCC,* La Iglesia católica chilena en los últimos 20 años, in: Mensaje 202–203 (September/Oktober 1971) 422–452.

Laien und Geistlichen und ein Gesamtplan nur sehr schwer zustande kommen. Als positive Elemente des chilenischen Kirchenlebens können Fortschritte in der Reform des religiösen Lebens mit zahlreichen neuen Erkenntnissen, vor allem in der praktischen Seelsorge, verbucht werden. Die klassischen Jugendbewegungen, von großer Effektivität in früheren Jahren, befinden sich in einer schweren Krise. Der Zerfall innerhalb der geistlichen Berufe ist bedauerlich; zahlreiche Priester geben ihren Beruf auf, und ganz allgemein mangelt es an Vitalität[3].

Christen für den Sozialismus

Vom 14. bis 16. April 1971 traten 80 Priester in Santiago de Chile zusammen, um über das Thema „Teilnahme der Christen am Aufbau des Sozialismus in Chile" zu sprechen. Die „Achtzig" – so wurden sie genannt – beteuerten ihre Zugehörigkeit zum Klerus und gleichzeitig ihre Sympathie für den Sozialismus; sie bildeten sodann ein „Priestersekretariat der Christen für den Sozialismus". Acht Monate später entfiel das Wort „Priester", da sie auch Laien in ihre Reihen aufzunehmen begannen. Am Ende ihres ersten Treffens verfaßten sie eine „Erklärung der Achtzig", in der sie ihren Willen zum Ausdruck brachten, für den Aufbau des Sozialismus in Chile mit den Marxisten zusammenzuarbeiten. Der Marxismus sei ein Mittel zur Analyse und Veränderung der Gesellschaft; der christliche Glaube müsse von all dem befreit werden, was den Gläubigen gehindert habe, mit dem Marxisten zusammenzuarbeiten. Eine Woche später, am 23. April 1971, erklärten sich 12 Theologieprofessoren der Universität Santiago de Chile in einem offenen Brief einig mit der Erklärung der „Achtzig". Von diesem Augenblick an vermehrten sich die Sympathieerklärungen für diese Bewegung in und außerhalb Chiles. Drei Monate später, vom 16. bis 18. Juli, nahmen etwa 200 Priester an einer Tagung teil, die vom „Priestersekretariat der Christen für den Sozialismus" veranstaltet wurde. So entstand die „Gruppe der Zweihundert". Aus diesen beiden Zellen, ausschließlich durch Priester gebildet, entstand die Bewegung „Christen für den Sozialismus", die von Amerika aus nach Europa überging.

Einen starken Impuls erhielt die Bewegung durch das Treffen der Gruppen mit Fidel Castro anläßlich seines Besuches in Chile. Dem Treffen wohnten 140 Priester bei. Sie nahmen die von Castro vertretenen Thesen an, daß die Christen sich als „strategische" (und nicht nur taktische) „Alliierten" der Marxisten bei der Befreiung Lateinamerikas betrachten sollten und daß der Christ mit ruhigem Gewissen den Marxismus als Methode annehmen könne, ohne in Konflikte mit seinem Glauben zu geraten. Castro lud 12 chilenische Priester nach Cuba ein, die dort einige Wochen freiwillig arbeiten sollten. Im Anschluß daran veröffentlichten sie am 6. März 1972 in der kubanischen Zeitung

[3] *A. Fontaine SSCC*, Situación actual de la Iglesia chilena, in: Mensaje 201, 367–372.

„Gramma" eine Erklärung: Verurteilung des Kapitalismus als Quelle allen Übels in Lateinamerika, historische Notwendigkeit des Sozialismus, moralische Pflicht aller Christen, zusammen mit den Marxisten für die Befreiung von der institutionalisierten Gewalt zu kämpfen. Auf der Bischofskonferenz in Punta de Tralca vom 7. bis 11. April 1973 kamen die Bischöfe nach einer umfangreichen theologischen und pastoralen Würdigung über die Orientierung des Klerus zu folgendem Schluß: Kein Priester und kein Ordensmitglied kann sich der Bewegung „Christen für den Sozialismus" anschließen[4].

Lage der chilenischen Kirche

Anläßlich der Römischen Bischofssynode von 1974 erläuterte Monseñor Valdés Subercaseaux, Bischof von Osorno, die Lage der chilenischen Kirche: Das chilenische Volk ist seit Anfang des Jahrhunderts unter dem Einfluß der Irrtümer des wirtschaftlichen Liberalismus und des marxistischen Materialismus gestanden. Bei den 85 Prozent Katholiken ist es schwer festzustellen, wie viele von ihnen sich aktiv am Leben der Kirche beteiligen. Die Kirche fühlt das soziale Problem, und an dessen Lösung arbeiten viele Priester und Laien. Zuerst ist es aber notwendig, die Mentalität des Menschen zu ändern, um dann die ungerechtfertigten sozialen Strukturen zu verändern. Die Jugend widmet sich heute selten dem Ordens- und Priesterberuf oder dem Laienapostolat. Sie zieht es vor, sich der sozialen und politischen Aktion zu widmen. Ein anderes Problem stellen die Intellektuellen – Priester und Laien – dar, die oft die kirchliche Lehre, den Papst, die priesterliche Identität und die Bedeutung des religiösen Lebens anzweifeln. Die „Theologie der Befreiung" führt zu einer rein weltlich ausgerichteten sozialen Aktivität und läßt die geistigen Werte in Vergessenheit geraten. Die chilenische Kirche – so der Bischof – bleibt nicht untätig und sucht nach neuen Evangelisationsformen[5].

[4] *B. Sorge,* Le scelte e le tesi dei „Cristiani per il socialismo" alla luce dell'insegnamento della Chiesa (Turin 1974); Evangelio, política y socialismo. Documento de trabajo de la Conferencia episcopal de Chile, in: Christus 438 (Mexiko 1. Mai 1972) 32–42; Primer encuentro. Cristianos por el socialismo (documento final), in: Christus 440 (Mexiko 1. Juli 1972) 53–58; Jerarquías chilena y mexicana ante el primer encuentro latinoamericano de „cristianos por el socialismo", in: Christus 442 (1. September 1972) 41–59; AICA Jhg. 16, 793 (2. März 1972) 15f; AICA Jhg. 16, 807 (8. Juni 1972) 28f; SEDOC 4 (November 1972) 614–632.

[5] Osservatore Romano, 4. 10. 1974.

Bolivien

Bolivien hat eine Gesamtfläche von 1126240 km² und ist damit das fünftgrößte Land Südamerikas. 1960 hatte es 3371797 Einwohner[1], davon 63 Prozent Indianer[2]; 1976 nach UNO-Statistik 5470000 Einwohner, davon über 50 Prozent Indianer, 28–30 Prozent Mestizen.

Kirchliche Struktur

Bolivien hat vier Metropolitansitze: La Paz mit den Prälaturen Corocoro und Coroico, Sucre mit den Suffraganen Potosí und Tarija, Cochabamba mit Oruro und der Prälatur Aiquile, Santa Cruz de la Sierra; sechs Apostolische Vikariate: Chiquitos, Cuevo, El Beni, Ñuflo de Chávez, Pando und Reyes[3]. 1960 gab es 189 Weltgeistliche, 763 Ordensbrüder, 1733 Ordensschwestern und 354 Pfarreien. Der Schematismus der bolivianischen Kirche von 1970 führt folgende Organisationskommissionen auf: Lehre und Katechese, soziale Kommunikationsmittel, Seminare und Berufungen, Laienapostolat, Liturgie, Musik und Kunst, Erziehung, Soziale Aktion, Missionen, wirtschaftliche Planung. Ferner werden folgende Sekretariate genannt: Missionen, Soziale Kommunikationsmittel, Erziehung, Lehre und Katechese, soziale Studien, bolivianische Caritas. Im Jahre 1974 zählte man in Bolivien 913 Priester (355 Weltpriester und 558 Ordensgeistliche) und 1637 Ordensschwestern, davon 931 Ausländerinnen. Laienbewegungen mit wirksamer Aktivität sind: „Legión de María", „Movimiento familiar cristiano" und „Cursillos de cristiandad". Darüber hinaus gibt es zahlreiche Institute, die katholische Universität von La Paz unter der Leitung der Jesuiten, Schulen, Gymnasien, Altenheime und Krankenhäuser, die von Ordensbrüdern und -schwestern betreut werden[4]. Die Jesuiten leiten in Sucre den Sender „Radio Loyola".

Das bolivianische Volk hat den niedrigsten Lebensstandard des amerikanischen Kontinents. Die im Bergbau Tätigen leiden sehr unter dem Wechsel von den hohen Temperaturen unter Tage auf die Kältegrade der Hochebene, wo die Wohnungen keinen ausreichenden Schutz bieten. Ein großer Teil der Bergleute erkrankt deshalb an Tuberkulose; ihre Lebenserwartung liegt bei 35 Jahren. Zur Zeit ist die COMIBOL (Corporación minera boliviana – Bolivianische Bergbaugesellschaft) das größte Bergbauunternehmen mit 25000 Beschäftigten und erwirtschaftet 60 Prozent des gesamten Bruttosozialproduktes des Landes. Politisch ist Bolivien ein unruhiges Land. Seit der Unabhängigkeit hat es über 180 Machtwechsel erlebt[5].

[1] Anuario eclesiástico de Bolivia para el año del Señor 1960; Guía de la Iglesia de Bolivia (1970).

[2] Christus 410 (México Juli–Dezember 1970) 740.

[3] Annuario Pontificio (1977) 954.

[4] Anuario eclesiástico de Bolivia para el año del Señor 1960; Guía de la Iglesia de Bolivia (1970) 5–9.

[5] Christus 410 (México Juli–Dezember 1970) 740f.

Menschliche Solidarität

Bei einem Treffen von Bischöfen, Priestern und Laien in Cochabamba im Februar 1968, bei dem sie ihre Aufgabenstellung mit dem Zweiten Vatikanischen Konzil in Einklang zu bringen versuchten, veröffentlichten diese eine Erklärung: die Schulen seien nicht allen sozialen Schichten zugänglich, insbesondere den Armen; der Unterhalt der Priester sei weithin nicht realistisch gelöst; die Jugend – Hoffnung der Kirche – und die soziale Gerechtigkeit seien vernachlässigt; vorhandene Mittel würden zum Bau von Häusern und Kirchen genutzt und dabei die christliche Gemeinde vergessen; das kirchliche Amt werde oft mehr wie ein Recht als ein Dienst ausgeübt. Die Kirche wird in Zukunft alles tun, um ihrer Pflicht und Verantwortung gerecht zu werden; dabei stützt sie sich auf alle Bolivianer und auf alle Länder und Unternehmen, die an der Entwicklung Boliviens beteiligt sind[6].

Verteidigung der Bergleute

Jorge Manrique, Erzbischof von La Paz, mehrere Bischöfe, 45 Bergbaupriester und einige Laien trafen im Juli 1968 in Oruro zusammen und analysierten die Lage der Bergleute und das zwischen Staat und Kirche zum Bergbauproblem abgeschlossene Abkommen vom März 1968. Die Bergbaugewerkschaft (ASIB) übermittelte in einem Schreiben (La Paz, 20. Juli 1968) dem Gremium ihre Forderungen. Die Kirche solle sich aus ihrer Verflechtung mit dem Regime lösen; sie, die christlichen Gewerkschaftler, seien revolutionär[7].

Die wichtigsten sozial-religiösen Probleme des Landes wurden durch die Bischöfe in einem Dokument vom 15. August 1968 aufgegriffen: Die Kirche steht im Dienst der Wahrheit, der Gerechtigkeit und der Nächstenliebe; insbesondere muß sie die soziale Gerechtigkeit verwirklichen helfen, in einer Entwicklungsdynamik in die Freiheit auf regionaler, nationaler und internationaler Ebene. Sie muß sich durch eine soziale Pastoral erneuern. „Wir sind uns bewußt", heißt es, „daß das irdische Werk ein erlösendes Werk ist, weil die Aufgabe Christi universaler Natur ist. Durch den Impuls der Nächstenliebe sind wir bereit, mit allen Menschen guten Willens zusammenzuarbeiten, weil jeder Mensch durch Christus erlöst, ein Kind Gottes ist, der unsere Mitwirkung und unsere Dienste beansprucht."[8]

Bergbaupriester

Der vierte Kongreß der Bergbaupriester veröffentlichte die Beschlüsse von Oruro vom 31. Juli 1969: Der Kapitalismus wird verurteilt, „im Bewußtsein der

[6] Christus 386 (México Januar–Juni 1968) 362–367.
[7] SEDOC 1 (Dezember 1969) 887–894.
[8] SEDOC 1 (April 1969) 1365–1388.

erlösenden Botschaft Christi und unserer Aufgabe in der Welt verpflichten wir uns, unsere Bemühungen im Dienste der Bergbauarbeiter Boliviens in ihrem Freiheitskampf zu verstärken"[9]. Auf Grund von Informationen über die Mitwirkung von Priestern an Massenkundgebungen und über politische Predigten erklärten Mitglieder der Bischofskonferenz am 10. September 1969: „Wir sind der Meinung, daß die Aufgabe der Priester nicht mit der Zugehörigkeit zu einer politischen Partei vereinbar ist, wenn dort besondere Aufgaben der Parteidoktrin erfüllt werden, die die Tore zu anderen Gruppierungen verschließen; damit wird ihre Universalität im Dienste aller in Frage gestellt." Sie untermauern ihre Haltung mit der Lehre des Zweiten Vatikanischen Konzils und den Verlautbarungen des Kongresses von Medellín (1968)[10].

Der Widerspruch zwischen der bolivianischen Bischofskonferenz und dem „Sekretariat für soziale Aktion" veranlaßte den Vorsitzenden der Kommission für soziale Aktion, Jesús Agustín López de Lama, Bischof von Corocoro, dazu, sein Amt niederzulegen. Das Sekretariat wurde vorübergehend geschlossen; die Entscheidung wirkte sich auf die Beziehung der Konferenz zur „Iglesia y sociedad para América Latina" (ISAL) aus, eine Bewegung, die in Bolivien mit dem „Sekretariat für soziale Aktion" sehr eng zusammenarbeitete[11].

Neue Initiativen

45 Aymará-Indianer bereiten sich zur Zeit auf das Diakonat vor. Diese Eingeborenen – es leben ca. 3,3 Millionen in der Hochebene Boliviens und Perus – sind Katechisten, die nach einer Ausbildung die Weihe des Diakons erhalten werden, um ihre Mitbrüder zu betreuen[12].

In einer Erklärung schlägt Kardinal José Clemente Maurer CSSR, Erzbischof von Sucre, vor, alle im Laufe von vier Jahrhunderten von der Kirche Boliviens gesammelten Güter zu verkaufen, um aus dem Erlös den Bau von sozialen Einrichtungen zu beschleunigen. Diesem Vorschlag folgend, hat der Orden der Oblaten seine gesamte Habe für den Bau von Schulen und öffentlichen Krankenhäusern in Bolivien zur Verfügung gestellt[13].

Innerhalb ihres sozialen Programms baut die Kirche Boliviens Wohnungen für arme Familien und minderbemittelte Personen[14]. Jedes Wohnviertel sieht eine Kirche, Schule, Poliklinik und andere Dienstleistungen vor. Das Bauland ist von den Franziskanern von Sucre zur Verfügung gestellt worden. Der Bau selbst wird mit Spenden finanziert, die Kardinal Maurer in Trévesis, seiner

[9] Christus 410 (México Juli–Dezember 1970) 742–744.
[10] Ebd., 744–746.
[11] SEDOC 4 (Februar 1972) 1005–1010.
[12] AICA Jhg. 15, 758–759 (17. Juni 1971) 31.
[13] AICA Jhg. 16, 803 (11. Mai 1972) 23.
[14] AICA Jhg. 17, 810 (29. Juni 1972) 17f.

Ursprungsdiözese, gesammelt hat[15]. Außerdem sind im Lande rund 200 Krankenhäuser von der Kirche gebaut worden, und fast alle Spargenossenschaften sind aus den Pfarreien hervorgegangen. Für die systematische Erziehung sind mehrere Programme von der Kirche in Angriff genommen worden. Im ganzen Lande besteht ein Netz von Zentren, die aus kirchlicher Initiative entstanden sind. Mehr als 2000 Freiwillige arbeiten in den Programmen mehrerer Rundfunkanstalten, die in Hunderten von Zentren gehört werden. Diese ganze Arbeit wird von der Kirche über Institutionen verschiedenster Art realisiert[16].

Zunahme der Priesterberufungen

Obwohl die Zahl der Priesterweihen im Vergleich mit den benötigten Priestern noch zu gering sind – so Kardinal Maurer, Erzbischof von Sucre –, nehmen die Berufungen in Bolivien zu. Etwa 80 Seminaristen erhalten demnächst ihre Weihe, und bald werden verheiratete Diakone den überlasteten Priestern helfen. Die neuesten Statistiken stellen fest, daß von den 913 Priestern, die in den 16 Diözesen tätig sind, nur etwa 200 im Lande geboren wurden[17]. Nordamerikanische Missionare unterhalten fünf Katechese-Zentren unter den Aymará-Indianern und haben in den letzten Jahren rund 1000 Katechisten ausgebildet. Von ihnen wurden 100 für das Diakonat ausgewählt. Die positive Erfahrung unter den Aymarás hat dazu geführt, diese Arbeit auch bei den Quechuas zu beginnen, deren Anzahl bei 1,2 Millionen geschätzt wird. In Bolivien gibt es 293 nordamerikanische Missionare, darunter 2 Laien, 42 Weltgeistliche, 11 Ordensgeistliche aus fünf Kongregationen und 138 Ordensschwestern aus vier Kongregationen. Die größte Anzahl stellt die Kongregation von Maryknoll mit 62 Priestern und 43 Schwestern[18]. Kardinal Maurer und der Kultusminister haben Lobesworte für die Brüder von Maryknoll gefunden wegen ihres für viele Bolivianer so hilfreichen Einsatzes im Kampf gegen das Analphabetentum mit Hilfe des Rundfunks. Die bolivianischen Rundfunkanstalten bilden eine Gesellschaft, die neun Sender aufgebaut hat und unter die Leitung dieser Missionare gestellt wurde[19].

Echte Gerechtigkeit und Humanisierung

Die bolivianische Kommission „Justicia y Paz“, gegründet Anfang 1973, verurteilt angesichts der Lage im Lande in einer Erklärung die Beschränkung der Pressefreiheit und die Verfolgung der politischen Gegner des Regimes. Die bolivianische Arbeiterzentrale würde ignoriert und die Gewerkschaften würden von

[15] AICA Jhg. 18, 8 893 (31. Januar 1974) 19.
[16] AICA Jhg. 17, 873 (13. September 1973) 17f.
[17] AICA Jhg. 17, 817 (17. August 1972) 30.
[18] AICA Jhg. 17, 831 (23. November 1972) 26f.
[19] AICA Jhg. 18, 833 (22. November 1973) 29f.

oben manipuliert. Alle freiheitlichen Handlungen würden unterdrückt und Hausfriedensbrüche nähmen zu, sowohl bei demokratischen Institutionen wie auch bei Privatpersonen. Es würden Ungerechtigkeiten gegen politisch Andersdenkende verübt, politische Gefangene befänden sich unter unwürdigen Lebensbedingungen in den Gefängnissen und es seien Tote durch Folterungen zu verzeichnen. Trotz vieler Versprechungen hat das Regime diese Methoden bis heute nicht aufgegeben [20].

Peru

Peru hat eine Gesamtfläche von 1285215 km² und laut Zählung von 1974 13672052 Einwohner [1], davon zwei Fünftel Indianer und ebensoviel Mestizen. Etwa 75 Prozent der Bevölkerung sind katholisch.

Der peruanische Episkopat setzt sich aus 53 Mitgliedern zusammen, davon 7 Erzbischöfe, 12 Residentialbischöfe, 4 Bischöfe mit überdiözesanen Aufgaben, 8 Weihbischöfe, 8 Apostolische Vikare, außerdem 14 Prälaturen. Die Kirchenprovinzen sind Lima, Huancayo, Piura, Trujillo, Arequipa, Ayacucho und Cuzco. Mit den Bischöfen, den Priestern im Ruhestand und den Priestern außerhalb Perus zusammen zählt Peru 967 Welt- und 1492 Ordensgeistliche, insgesamt also 2459. Außerdem weist die Statistik 579 Ordensbrüder, 4395 Schwestern von beschaulichen Orden, 810 besetzte Pfarreien und 284 Pfarreien ohne Seelsorger aus.

Seit 1973 ist die Republik in 8 Seelsorge-Regionen aufgeteilt: nördliches Gebirge im Gebiet von Cafamarca; nördliche Küste im Gebiet von Trujillo; Zentralgebirge im Gebiet von Huancayo; Gebiet von Lima; zentrale Küste im Gebiet von Ica; Südperu im Gebiet von Arequipa; südliche Anden im Gebiet von Cuzco; Urwald im Gebiet von Pucalipa [2].

Bildungseinrichtungen

Seit 1917 hat Lima eine katholische Universität, der am 30. September 1942 durch den Heiligen Stuhl der Titel „päpstlich" verliehen wurde und die 1949 vom Staat als nationale Universität anerkannt wurde. Die 1668 gegründete Universität von San Cristóbal setzte im 20. Jahrhundert ihre Arbeit fort als offizielles Institut für höhere kirchliche Studien, assoziiert mit der päpstlichen Universität. Jedoch nur 8 Prozent der Studenten in der ganzen Republik besuchten

[20] SEDOC 6 (Dezember 1973) 741–745.

[1] *Basadre,* Chile, Perú y Bolivia independientes 6f; Anuario eclesiástico del Peru (1974).

[2] Anuario eclesiástico del Perú (1974).

die katholische Universität. Über 100 Schulen werden von Welt- bzw. Ordensgeistlichen, über 150 von Ordensschwestern betreut[3].

Der religiös-philosophische Positivismus, der in den Jahren nach 1920 an der Universidad Nacional de San Marcos seine größte Bedeutung erreicht hatte, geriet zeitweise unter den Einfluß Bergsons. Schließlich wurde er vom Marxismus verdrängt, als Vertreter wie José Carlos Mariategui (1895–1930), eine Gestalt von großem Ansehen im ganzen lateinamerikanischen Kontinent, und der Marxist Victor Raúl Haya de la Torre dort Lehrstühle innehatten. Eine Meinungsumfrage im universitären Bereich (2101 Befragte) ergab, daß rund 20 Prozent sich als Atheisten oder „nicht kirchlich gläubig" bekannten. Der Atheismus ist in der Tat auf dem Vormarsch[4]. Schon in einem Rundschreiben vom 15. Juni 1939 hatte die Bischofskonferenz beklagt, daß „humanitäre" Vereine kommunistische Ziele verfolgten, die „Sozialisierung" Fortschritte mache, ebenso Pornographie und Ehescheidung; mit Hilfe des Schulmonopols werde „eine Schule ohne Gott" angestrebt[5].

Das soziale Gebiet

Am 3. Oktober 1968 entmachteten die Streitkräfte durch einen Staatsstreich Präsident Belaúnde. Juan Velasco Alvarado bildete die neue Regierung, die die Landreform (Mai 1969), ein organisches Gesetz der peruanischen Universität (Februar 1969) und ein Industriegesetz (Juli 1970) verkündete. Diese umfassende Revolution zwang die peruanische Kirche, ihre Position zu revidieren. Nach der Veröffentlichung der Enzyklika „Populorum progressio" bildete sich im März 1968 eine Gruppe von Priestern, um das soziale Apostolat zu verwirklichen. Die sogenannte Gruppe ONIS (Oficina Nacional de Información Social) unterstützte mehrmals die von der Regierung getroffenen Maßnahmen zugunsten einer höheren sozialen Gerechtigkeit[6]. In den Beschlüssen des 2. Treffens im Oktober 1969 heißt es: Bei der geplanten Trennung von Kirche und Staat sollten keine Täuschungen begangen werden, um die jetzt bestehende Situation beizubehalten; die landwirtschaftlichen Besitze von Diözesen und Kongregationen dürften von der Landreform nicht ausgenommen werden; Mentalität, Haltung und Lebensstil seien zu ändern, um mit der Situation der Privilegierung zu brechen[7].

Am 2. Juli 1970 veröffentlichte die Ständige Kommission der peruanischen Bischofskonferenz ein Schreiben, in dem die Mitarbeit der Kirche am Aufbau

[3] *G. Lohmann Villena,* Perú. New Catholic Encyclopedia XI, 184–192; *M. B. Murphy,* Pontifical Catholic University of Peru, 193.

[4] Vgl. *F. Interdonato S.I.,* El ateísmo en el mundo actual. Estudio aplicado al Perú, 29 33 74–89 373–376.

[5] Revista de la Universidad católica del Perú VI, 206–219.

[6] Christus n. 410 Juli–Dezember 1970, 762; SEDOC 2, November 1969, 657–660.

[7] SEDOC 2, Mai 1970, 1437–1440.

einer besseren Welt konkretisiert wurde. Die Bischöfe geben zu, daß die Christen durch ihre mangelnde Treue zum Evangelium zur Entstehung der gegenwärtigen Situation beigetragen haben, und betrachten es als Pflicht der peruanischen Kirche, eine Revision allen Eigentums an Immobilien und Gütern aller Art der Diözesen, Kongregationen und kirchlichen Institutionen durchzuführen. Die Tagung ruft den Erziehern ihre große Verantwortung bei der Erziehung in Erinnerung, sie ermahnt sie, die pastorale Aktion in staatlichen und privaten Schulen zu intensivieren und mit den staatlichen Erziehungsbehörden zusammenzuarbeiten[8].

Vom 30. April bis 2. Mai 1971 versammelte eine Arbeiterpfarrei in Lima über 1300 Menschen; die Einladung ging von Laien aus. Zu den Eingeladenen gehörten Vertreter des Movimiento de Trabajadores Cristianos, der Juventud Obrera Católica, der Unión Nacional de Estudiantes Católicos y Movimiento Sacerdotal (ONIS). 70 Studiengruppen erarbeiteten mehrere Resolutionen, darunter eine folgenden Inhalts: Es herrscht im Lande eine Ungerechtigkeit, die vor allem die unteren Schichten belastet. Diese Situation kann von keinem Christen akzeptiert werden. Die neue Gesellschaft muß klassenlos sein, mit Gemeinschaftsbesitz an den Produktionsmitteln. Die Kirche muß auf ihren privilegierten Besitzstand, auf Verflechtung mit dem Staat und auf repressive Seelsorgemethoden, die einen verantwortungsvollen Glauben verhindern, verzichten. Desgleichen müssen die Orden auf ihre Schulen, die Reichen vorbehalten sind, verzichten. Sie wünschen sich eine Kirche, die den Unterdrückten und nicht den Unterdrücker unterstützt. Sie schlagen vor, Besinnungs- und Aktionsgruppen mit einem Koordinationskomitee zu bilden, die Dokumentationsarbeiten zum Beweis der Unterdrückung der Mehrheit der Peruaner zu fördern, und erheben schließlich den Anspruch, sich als Träger der Meinungsbildung und der Informationsorgane innerhalb und außerhalb der Kirche zu formieren[9].

Am Schluß ihrer 42. Konferenz in Lima vom 19. bis 27. Januar 1972 veröffentlichten die peruanischen Bischöfe ein Rundschreiben über die Evangelisation und erläuterten die Richtlinien und Ziele für die Verbreitung des Glaubens bis hin zum Einsatz in der Schule[10]. Auf der Römischen Bischofssynode von 1974 machte Monseñor Durand Flores auf die erfolgreiche Arbeit der pastoralen Priesterräte aufmerksam, an denen seit fünf Jahren auch Ordensgeistliche, Schwestern und Laien sowie Vertreter der acht Regionen teilnehmen. Die Hauptsorge gilt den 6 Millionen Indianern, deren Frömmigkeit noch mit heidnischen Elementen durchsetzt ist. Sie müßten darauf hingewiesen werden, daß die äußere Betätigung, Prozessionen, Sakramente und sogar das Meßopfer

[8] Christus n. 410, Juli–Dezember 1970, 762–777.

[9] *R. Antoncich SJ*, Lima: „Cristianos en un mundo de injusticia". Primer encuentro por una Iglesia solidaria, in: Mensaje 200, 307f.

[10] SEDOC 5, Dezember 1973, 751–768.

Mittel seien, um die Gotteskindschaft zu erleben [11]. Auf der Römischen Synode wies der Weihbischof von Lima, Schmitz Sauerborn, ebenfalls auf die christliche Tradition des Landes hin; es gelte, sie dadurch zu erhalten, daß die Kirche sich des Menschen und der Menschenrechte annehme [12].

Ekuador

Ekuador hat eine Fläche von 283 561 km² und 4 509 768 Einwohner (1968); die vatikanische Statistik gibt (1971) 6 297 000 Einwohner und 5 359 000 Katholiken an. Das Land ist in drei kirchliche Provinzen aufgeteilt: Cuenca, Guayaquil und Quito. Cuenca hat drei Suffragane: Azogues, Loja und Machala. Guayaquil umfaßt die Diözese Puertoviejo und die Prälatur Los Ríos. Zu Quito zählen die Diözesen Ambato, Guaranda, Ibarra, Latacunga, Riobamba und Tulcán. Es gibt fünf Apostolische Vikariate: Esmeraldas, Méndez, Napo, Puyo und Zamora, ferner drei Apostolische Präfekturen: Aguarico, Galápagos und San Miguel de Sucumbios [1].

Von den 762 Diözesanpriestern (1968) besorgen 65 Prozent (= 432) die Seelsorge in den Pfarreien, 11,2 Prozent (= 86) sind in der Verwaltung, 4 Prozent (= 31) sind in der überpfarrlichen Seelsorge, 3,9 Prozent (= 31) als Ausbilder in Seminaren tätig [2]. Es gibt im Lande 898 Ordensgeistliche, die 18 verschiedenen Orden angehören. Die Diözese mit den meisten Ordensgeistlichen ist Quito mit 287, gefolgt von Guayaquil mit 141, Puertoviejo mit 41 und Cuenca mit 60. 22 Prozent der Ordensgeistlichen widmen sich der Lehre (37 Prozent, wenn man diejenigen berücksichtigt, die in Seminaren tätig sind); 22 Prozent sind in der Pfarrseelsorge, 18 Prozent mit anderen pastoralen Aufgaben betraut, 17 Prozent in der Verwaltung beschäftigt. Die Gesamtzahl der männlichen Ordensmitglieder beträgt 1576, die der Ordensschwestern 3622. Ein großer Teil von ihnen ist in Schulen tätig; an der Spitze stehen die Schulbrüder, die Salesianer und die Jesuiten [3].

[11] Osservatore Romano, 3. 10. 1974.
[12] Osservatore Romano, 10. 10. 1974.
[1] La Iglesia en el Ecuador. Estudio del personal de 1968, II/1, Análisis 1, 12; Annuario Pontificio (1977) 957.
[2] La Iglesia en el Ecuador, ebd., 4 13.
[3] Ebd., 15–44; Estudio de la viceprovincia del Ecuador, III/1. Estudio del personal. Estudio de las residencias y parroquías, 4.

Schulwesen

80 Prozent der Schulen Ekuadors sind staatlich. Nach § 16 der Verfassung von 1906 ist das Schulwesen staatlich, kostenlos und laizistisch. Die privaten Schulen bleiben lt. § 151, 21 (1929) unter staatlicher Kontrolle. Die Lage verschlechtert sich noch nach der Verkündung des Totalitarismus (§ 142,3 1945) in der Erziehung; ein Jahr später (1946) wird der marxistische Totalitarismus außer Kraft gesetzt und das Recht der eigenen Erziehungsform für die Kinder den Eltern überlassen. Der laikalen Schule, die weder für noch gegen die Religion ist, wird ein Zuschuß von 20 Prozent der entstandenen Unkosten zugebilligt, vorausgesetzt, daß sie kostenlos ist. Von Anfang an bekämpfte die Kirche den Laizismus und stellte Personal und finanzielle Mittel für den Aufbau von eigenen Schulen zur Verfügung. Die Schüler der laikalen Schulen, welche oft aus christlichen Familien stammten, wurden nicht freundlich angesehen und blieben isoliert; die Lehrer hatten oft das Gefühl, als Verräter behandelt zu werden. Später organisierte die Kirche eine Pastoralaktion auch außerhalb der Schule: Jugendzentren, katholische Aktionen usw., um die abseits der Kirche lebende Jugend besser betreuen zu können. In letzter Zeit hat sich die Gegensätzlichkeit abgebaut und der Wille zur Annäherung und Zusammenarbeit ist spürbar geworden. Die Kirche leistet ihren Beitrag durch Caritas, Sozialfürsorge, Bibliotheken und direkten Kontakt mit Lehrern[4].

Politische und sozialwirtschaftliche Position der Kirche

Der Episkopat von Ekuador behandelte durch seine ständige Kommission die politische und sozialwirtschaftliche Problematik des Landes in zwei Dokumenten. Ansatzpunkt des ersten Dokuments vom 31. Dezember 1967 waren die Wahlen vom 2. Juni 1968. Das zweite zur Osterzeit 1968 veröffentlichte Dokument brachte einige Leitsätze für den Aufbau eines „kreativen Friedens". Die Bischöfe weisen darauf hin, daß in einer Kirche, die ihre interne Autonomie behalten will, die Mitglieder des Klerus und die Ordensangehörigen auf politische Rechte und Pflichten verzichten müssen, die ihnen als Mitglieder der politischen Gemeinde zustehen, um damit abseits von parteilichen Auseinandersetzungen zu bleiben. Sie erinnern an die „programmatische Erklärung" des ekuadorianischen Episkopats: Die Kirche Ekuadors kann im Sinne ihrer ständigen Aufgabe sich weder mit einer politischen Gruppe identifizieren noch sich einem System verpflichten; keine politische Gruppierung kann für sich die Eigenschaft als katholische Institution oder kirchliche Autorität in Anspruch nehmen[5]. Im zweiten Dokument wird hervorgehoben, daß der Frieden die Verbundenheit aller Bürger verlangt, für die Entfaltung aller sozialen Schichten, insbesondere

[4] La Iglesia en el Ecuador, ebd., 49.
[5] SEDOC 2 (August 1968) 233–238.

der Minderbemittelten und Abseitsstehenden; dies ist die notwendige Voraussetzung für einen kreativen Frieden[6]. Am 20. Juni 1969 umriß die Bischofskonferenz in Baños die Aufgabe des Priesters in der Welt, gab Richtlinien für Dialog und Mitverantwortung für Wirtschaftsleben, Arbeit und für den Zölibat[7].

Erste Landesversammlung von ekuadorianischen Priestern

Als Ergebnis der ersten Versammlung unter Teilnahme von 99 Priestern aus fast allen Diözesen des Landes, 3 Bischöfen und 2 ausländischen Priestern (Peru und Bolivien), 7 Seminaristen und 12 jungen Laien wurde eine ausführliche Erklärung mit folgendem Inhalt veröffentlicht: Krisis des Klerus; Kollegialität: Autorität und Gehorsam in der Kirche; Autonomie der ekuadorianischen Kirche; Wirtschaftliche Stellung des Klerus; Priesterzölibat; Priester und Freiheit; Priester und Politik; Priesterausbildung; Priester als Mensch und priesterlicher Beruf. Gehorsam bedeute Mitverantwortung, Mitbeteiligung und Dialog; die Evangelisierung stelle eine befreiende Botschaft dar, die den vom Heiligen Geist verkündeten historischen Prozeß in der Welt interpretiert. Der Priester habe innerhalb der christlichen Gemeinschaft das Recht, im Einklang mit seinem Gewissen politische Positionen zu beziehen. Eine immer mehr säkularisierte Gesellschaft, die einen der Heiligkeit gewidmeten Beruf verneint, verlange, daß der Priester von einer beruflichen Arbeit lebe und nicht von seinem geistlichen Dienst, der kostenlos sein soll, was nicht hindert, daß Priester, die nur letzteren ausüben, das Lebensnotwendige von ihren Gemeinden erhalten[8]. Der Bischof von Riobamba, Monseñor Leónidas Proaño Villalba, schlägt in einem Schreiben von 1969 ein ideales Armutsprogramm für die grundlegende Erneuerung seiner Diözese vor[9].

Auf der Suche nach einer integralen Entwicklung

Das ständige Komitee der Kommission Justicia y Paz von Ekuador beklagt am Schluß des Treffens in El Inca vom 18./19. Dezember 1970, daß das geringe Wirtschaftswachstum der vorhergehenden Jahre auf Kosten der niedrigeren Schichten aus Stadt und Land und zugunsten der höheren und mittleren Schichten und einer gewissen höher entwickelten Arbeiterschicht erwirtschaftet wurde, und schlägt vor, alle Initiativen und privaten oder staatlichen Programme zu koordinieren, um den erwünschten Fortschritt zu erreichen[10]. Eine Versammlung von über 100 Priestern vom April 1971 bekennt sich zu den

[6] Ebd.
[7] SEDOC 2 (November 1969) 669–672.
[8] Primera convención nacional de presbíteros del Ecuador, in: Christus, 410 (Mexiko, Juli–Dezember 1970) 318–355.
[9] SEDOC 2 (Juni 1970) 1587–1590.
[10] SEDOC 4 (September 1971) 361–365.

Beschlüssen von Medellín, verurteilt die zivile und religiöse Verfolgung von Personen, die sich in der Befreiung und Erneuerung der Kirche engagiert haben. Die Priester erklären, daß die Kirche als Glaubensgemeinschaft an der Bestimmung des Menschen festhalte, und sehen sich somit berechtigt, Kritik zu üben, Ungerechtigkeit, Unterdrückung und Machtmißbrauch zu verurteilen und schließlich die Hoffnung lebendig zu halten als Triebkraft einer ständigen Erneuerung. Hunger, Analphabetentum, Arbeitslosigkeit, Ausbeutung von Arbeitern und Bauern, Konzentration der Macht in wenigen Händen seien die Folgen des im Lande herrschenden Kapitalismus. Sie geben ihre Mitbeteiligung am kapitalistischen System zu, wenn sie im Namen Gottes das private Eigentum an den Produktionsmitteln verteidigen[11]. Daraufhin erarbeitete die Bischofskonferenz vom 2. bis 4. März 1972 einen umfangreichen Seelsorgsplan: Aufwertung des Menschen, Evangelisierung und Glaubensvertiefung, die Rolle der sichtbaren Kirche[12]. Die Regierung wird ersucht, bei politisch Verdächtigen während der Untersuchung die grundlegenden Bürgerrechte zu respektieren, und weisen auf das Recht der Gefangenen hin, vor unparteiische Gerichte gestellt zu werden. Diese Stellungnahme geschehe nicht aus politischen oder parteipolitischen Gründen, sondern als Beitrag zum Wohle des Landes[13].

Die Kirche vor dem neuen Agrargesetz

Der Bischof von Riobamba, Monseñor Leónidas Proaño Villalba, analysiert in einem Brief (1974) an den Staatspräsidenten die Lage der Bauern in der Provinz Chimborazo: Von den 400000 Einwohnern dieser Provinz sind 300000 Bauern (campesinos) und 52 Prozent Analphabeten. Die verarmten Gebiete bieten den Kleinbesitzern nicht einmal die elementarsten Lebensbedingungen, und in anderen Gebieten ersticken die Latifundien jede Anstrengung zum Überleben. Monseñor Proaño prüft die Mängel des neuen Gesetzes und bietet bei Anwendung die Mitarbeit der Kirche an[14].

Die Kirche in der Gegenwart

Auf der Römischen Bischofssynode von 1974 gab der Erzbischof von Guayaquil, Echevarría Ruiz, bekannt, daß ein Text ausgearbeitet worden sei, der die Grundlinien der Heilsgeschichte und die Methode der Sakramentenspendung enthalte. Der Text wurde unter die Priester, Ordensangehörigen und Katechisten verteilt, um die Einheit der Argumente und der Darstellungsweise zu gewährleisten. Es wird damit versucht, die theologische Bildung des Klerus zu aktualisieren. Erfolge dieser Initiativen seien bereits in kleinen Gemeinschaften, Pfarreien und auf dem Eucharistischen Kongreß sichtbar geworden[15].

[11] Ebd., 365–369. [12] SEDOC 5 (Dezember 1972) 747–760.
[13] AICA Jhg. 17, 842 (18. Februar 1973) 40f.
[14] AICA Jhg. 18, 900 (21. März 1974) 23f. [15] Osservatore Romano, 2. 10. 1974.

Kolumbien

Kolumbien umfaßt 1130000 km^2 und hat rund 24000000 Einwohner[1], davon 97,5 Prozent Katholiken[2]. Die Bewohner der Bergregionen unterscheiden sich in der religiösen Einstellung von den Bewohnern des Flachlandes, bedingt durch geographische und klimatische Verhältnisse. Rund 98 Prozent der kolumbianischen Bevölkerung bewohnt die Bergregionen mit einer höheren und gleichmäßigeren Kultur. In den Landpfarreien ist die Frömmigkeit vermischt mit abergläubischen Begleiterscheinungen und zahlreichen Irrtümern als Folge früherer Kämpfe und des Priestermangels.

Die Republik hatte 1948 1074 Pfarreien, 2263 Gotteshäuser und Kapellen und 1642 Priester. Die Seminare wurden damals von 560 Priesterkandidaten besucht; in den Knabenseminaren zählte man 1780 Zöglinge. Insgesamt gab es 10448669 Katholiken. 1961 waren 4214 Priester tätig, davon 2632 Weltgeistliche und 1852 Ordensgeistliche, 2221 Ordensbrüder und 15086 Ordensschwestern[3]. Die vatikanische Statistik zählte 1971 56 Jurisdiktionsbezirke und 1851 Pfarreien.

Die katholische soziale Aktion hat sich seit 1944 in städtischen und landwirtschaftlichen Berufsgenossenschaften etabliert. Die städtischen Genossenschaften gruppieren sich in Regionalverbände wie die „Unión de Trabajadores de Antioquia“ (UTRAN) mit 70 Gewerkschaften und über 30000 Mitgliedern. Die ländlichen Berufsgenossenschaften bilden die „Federación Agraria Nacional“ (FANAL) mit 400 Vereinigungen und über 100000 Mitgliedern; sie gibt ein Organ für die leitenden Mitglieder heraus, die Wochenzeitschrift „Justicia Social“ mit einer Auflage von 300000 Exemplaren sowie Zeitungen und Prospekte. Alle diese städtischen und ländlichen Genossenschaften schließen sich nach und nach an die „Unión de Trabajadores Colombianos“ (UTC) an, die mehr als 300 Gewerkschaften und über 150000 Mitglieder zählt. Die nationale Junta für soziale Aktionen setzt sich aus den Erzbischöfen von Bogotá, Medellín, Cartagena und Popayán zusammen; sie haben Mitarbeiter auf nationaler und lokaler Ebene.

Schulwesen

Allein in Antioquia – ohne die Pontificia Universidad Bolivariana mit 104 Professoren – gab es 11 Kollegien mit 1537 Schülern, die von Priestern geleitet wurden. Insgesamt 3932 Schüler besuchten in der Republik höhere Lehranstalten, die ebenfalls unter priesterlicher Leitung standen. Der Schematismus von 1948 zählt 413 Realschulen mit 90787 Schülern und 1040 Volksschulen

[1] Vgl. *Vicens Vives,* Historia social y económica de España y América IV/2, 594f.
[2] AICA Jhg. 17, 852 (19. April 1973) 21f.
[3] Revista Javeriana 57 (Bogotá 1962) 110.

mit 74942 Schülern, insgesamt 1453 Schulen mit 165724 Schülern. Zu bemerken ist, daß die von Priestern und Orden geleiteten Gymnasien 80 Prozent der Schüler im Lande betreuen. Als Koordinierungselement der privaten Schulen fungiert die „Confederación de Colegios Católicos", die seit einigen Jahren eine pädagogische Zeitschrift veröffentlicht.

Kolumbien hat zwei päpstliche Universitäten: die Pontificia Universidad Javeriana in Bogotá, seit dem 31. Juli 1939 mit Fakultäten für Theologie, Kirchenrecht, Philosophie, Literatur, Pädagogik, Recht, Wirtschafts- und Sozialwissenschaften, Medizin und Zahnheilkunde, Ingenieurwesen und Architektur; die Pontificia Universidad Católica Bolivariana (Medellín) seit dem 10. August 1945 mit Fakultäten für Recht, Politische und Sozialwissenschaften, Wirtschaft und Handel, Philosophie und Pädagogik, Literatur, Ingenieurwesen, Elektrizität und Chemie, Architektur, Urbanistik und Schöne Künste[4]. Wichtige Kulturzentren sind auch die San-Bartolomé- und Rosario-Schule in Bogotá, aus denen die wichtigsten Vertreter der sogenannten Generation des „Hundertjahrestags" hervorgegangen sind. Neue Seminare sind in Bogotá, Medellín, Manizales, Ibagué, Popayán, Garzón, Barranquilla und San Gil entstanden, die von Priestern und Ordensbrüdern, insbesondere von Lazaristen und Eudisten, geleitet werden und eine umfangreiche Lehraufgabe bewältigen.

Missionen und Missionare

Die kolumbianischen Missionen umfassen weite Gebiete; geographisch gesehen, ist über die Hälfte des Landes mit ausländischen Missionaren besetzt; es sind meist Augustiner, Karmeliten, Jesuiten und insbesondere Kapuziner.

Katholische Initiativen

Eine der originalsten katholischen Institutionen Kolumbiens und gleichzeitig mit der größten Resonanz im Lande ist der Arbeiterkreis und die Sparkasse von Pater José María Campoamor, gestorben 1949, die in vielen Städten der Republik Vertretungen unterhält. Ähnliche Bedeutung hat die Tätigkeit von Monseñor Agustín Gutiérrez in der Modellpfarrei von Fómeque oder die eucharistischen Schulen von Medellín, gegründet vom Pfarrer der Pfarrei San José, die anläßlich des Katechistenkongresses in Boston eine besondere Ehrung erfuhr.

Es gibt drei Leprastationen: Aguas de Dios, Contratación und Caño de Loro, die von den Salesianern betreut werden. Auch die Gesellschaft des heiligen Vinzenz von Paul entwickelt eine umfangreiche Arbeit auf dem Gebiet. Laut Statistik von 1938 unterhielt die Kirche 107 Fürsorgeeinrichtungen auf eigene Kosten. 40 Altersheime wurden von Ordensangehörigen betreut, aber nur 28 von ihnen erhielten staatliche Zuschüsse. Von den 80 Waisenheimen bekamen

[4] Annuario Pontificio 1974, 1371 u. 1374.

nur 9 einen staatlichen Zuschuß. Trotzdem steigt die Anzahl der Fürsorgeeinrichtungen[5].

Die Stimme der Bischöfe

Seit 1948 kennen wir durch die bischöflichen Dokumente die wichtigsten Probleme der kolumbianischen Kirche. Vom 20. Juni bis 3. Juli jenes Jahres überprüfte die Bischofskonferenz die dringendsten Probleme der Kirche und die hierzu angebrachten Lösungen, um Religion und Nation von großen Gefahren zu bewahren. Sie arbeiteten dabei drei Themen aus: der Kommunismus, „der leider bereits sehr tief verwurzelt war", die kirchliche Soziallehre, das einzige Mittel, um die sozialen Spannungen zwischen Kapital und Arbeit in der Ordnung der Barmherzigkeit und der Gerechtigkeit zu lösen, und letztlich „die wichtigsten Irrtümer des doktrinären Liberalismus" in Fragen, die die Religion tangieren[6]. Der Hirtenbrief vom 30. November 1951 entwickelt folgende Thematik: die Würde des christlichen Lebens; die Notwendigkeit der religiösen Bildung; bedauernswerte Laster mangels christlichen Lebens; Trunkenheit; Verlust der Selbstachtung der Frau mangels christlichen Bewußtseins; das christliche Leben der Gesellschaft, christliche Barmherzigkeit, Auswirkungen der Gewalttätigkeit in Kolumbien[7]. Zu Beginn der Fastenzeit am 11. Februar 1955 erläuterten die Bischöfe die Stellung der Kirche zu den Gewerkschaften und verurteilten die CNT (Confederación Nacional de Trabajadores), deren Führer von Anfang an die kirchliche Autorität abgelehnt hatten, weil sie von sozialistischen Tendenzen beeinflußt war und einen im weitesten Sinne peronistischen Charakter ausstrahlte. Ein weiteres Thema waren der peronistische Justizialismus, von der Kirche wegen seiner totalitären Ansprüche verurteilt, und die Gefahren des Sozialismus. Die Bischöfe beschäftigten sich ebenfalls mit dem kolumbianischen Sozialismus und seiner Doktrin: die Ziele der Gesellschaft seien nur auf das materielle Wohl ausgerichtet, die Wirtschaft sollte kollektiviert werden. In diesem Zusammenhang erläuterten die Bischöfe von neuem die soziale Lehre der Kirche[8]. Auch der Pastoralbrief anläßlich der Fastenzeit 1958 beschäftigte sich mit den sozialen Problemen und ihren Lösungen, basierend auf den päpstlichen Lehren[9].

Die 19. Bischofskonferenz in Bogotá Mitte September 1958 forderte in einem

[5] Vgl. *J. Álvarez Mejía SJ*, La Iglesia católica en Colombia, in: Revista Javeriana 28 (Bogotá 1847) 102–110; *E. Ospina SJ*, Diez años de vida católica en Colombia, in: Revista Javeriana 30 (Bogotá 1948) 251–261.

[6] *F. Velázquez SJ*, Las direcciones de la conferencia episcopal, in: Revista Javeriana 30 (Bogotá 1948) 65–68.

[7] Pastoral colectiva del episcopado colombiano, in: Revista Javeriana 37 (Bogotá 1952) 3–9.

[8] El episcopado colombiano condena la CNT. Pastoral colectiva, in: Revista Javeriana 43 (Bogotá 1955) 129–238.

[9] Revista Javeriana 49 (Bogotá 1958) 37.

Aufruf alle kolumbianischen Katholiken zur Übung der christlichen Liebe auf. Im letzten Teil und unter dem Titel „Praktische Anwendungen“ empfahlen sie die aufrichtige und ausnahmslose Einigkeit aller Kolumbianer, wirksame Bestrafung der Verbrechen, Mäßigung bei der Beurteilung der politischen Gegner sowohl im gedruckten als auch im gesprochenen Wort, ferner wahres Interesse an der Lösung von sozialen Problemen und die Herabsetzung der Preise für Grundnahrungsmittel als Ausdruck des guten Willens von Erzeugern und Händlern. Sie regten außerdem eine soziale Reform bei gleichmäßiger Verteilung des erzielten Gewinns, die Vornahme von Sparmaßnahmen und Kapitalinvestitionen in Betrieben an, um die Vollbeschäftigung zu garantieren und die Zusammenarbeit bei Gemeinschaftsvorhaben zu gewährleisten. Die Konferenz veröffentlichte noch zwei Instruktionen: eine über eine allgemeine Kulturkampagne, die andere über die Rechte der Kirche, des Staates und der Familie in der Erziehung[10].

Landwirtschaftliche Reform

Der landwirtschaftliche Landeskongreß in Bogotá vom 24. bis 27. November 1959 behandelte in zwei Arbeitskreisen das schwierige Thema der Landreform aus der Sicht der Kirche. Am einen nahmen Vertreter der Bischöfe, des Klerus, der Universitäten, der landwirtschaftlichen Behörden und der Arbeitgeber teil. Im anderen Arbeitskreis saßen Vertreter der Landwirte, kleine Grundbesitzer und Pächter, die verschiedenen landwirtschaftlichen Organisationen angehörten. Man war sich einig über die Notwendigkeit, dem Landarbeiter behilflich zu sein, in seine Rolle als Landbesitzer hineinzuwachsen, genauso wie in die Rolle als Familienvater, Bürger oder Christ, und in ihm die Bereitschaft zur Annahme fremder Hilfe zu wecken. Zwei Drittel der Bevölkerung leben von der Landwirtschaft. Laut Statistik der CEPAC gibt es in Kolumbien 32 Latifundien mit insgesamt mehr als 480000 Hektar, 120000 Minifundien mit nur 54000 Hektar, also im Durchschnitt knapp 2 1/2 Hektar pro Betrieb, und weitere 268000 Kleinbetriebe mit weniger als je zwei Hektar. Diese Lage war bisher ein guter Nährboden für die kommunistische Propaganda. Die Kirche Kolumbiens war andererseits immer durch ihre Pfarrer mit der ländlichen Bevölkerung verbunden. Für den Landwirt stellt der Pfarrer den Führer dar, dem man ohne Zögern nicht nur geistig, sondern auch materiell folgt. Die Priester waren seit der Kolonialzeit die Bahnbrecher für den Bau von Straßen, Wasserleitungen, Schulen und Krankenhäusern[11].

[10] Revista Javeriana 50 (Bogotá 1958) 43f.

[11] *V. Andrade SJ*, Es necesario conocer el planteamiento católico de la reforma agraria en Colombia. Primer congreso nacional católico de vida rural (Bogotá 24.–27. 11. 1959). Congreso nacional campesino, 25.–28. 11. 1959, in: Revista Javeriana 53 (Bogotá 1960) 3–6.

Kommunistische Infiltration in der Universität

Die 20. Bischofskonferenz in Bogotá prüft in einem Dokument die nationale Krise, die das soziale Leben beeinträchtigt, analysiert ihre Gründe und bietet Richtlinien für eine geeignete Lösung. Die Kirche sucht die Reform der sozialen Strukturen, erklärt aber gleichzeitig: Ein wahrer Katholik kann nicht die religiöse Einstellung mit Ungerechtigkeit und Gewalt auf dem sozialen Gebiet vereinbaren. Nur ein integriertes katholisches Konzept – heißt es in der Verlautbarung – wird die kommunistische Drohung besiegen. Es ist nicht ein Stück Brot, was das kolumbianische Volk verlangt, sondern eine vollständige Achtung der Würde der Person, durch Christus in der Einheit der Kirche integriert[12]. Die Bischofskonferenz wies auch auf die Gefahr der kommunistischen Infiltration in der Erziehung hin, insbesondere in den Universitäten des Landes[13].

Die postkonziliare Kirche

Die Erzbischöfe der acht wichtigsten Diözesen Kolumbiens nahmen im April 1965 Stellung zu der gegenwärtigen Lage des Landes und den Problemen, die die Stabilität der Institutionen gefährden und zu Anarchie und Chaos führen könnten. Die wichtigsten Ursachen: die seit vielen Jahren herrschende Gewalttätigkeit mit vielen Toten; Arbeitslosigkeit und Menschenansammlungen in unwürdigen Behausungen, bedingt durch die Abwanderung von großen Massen landwirtschaftlicher Herkunft in die Städte; übertriebene Gewinnsucht; Spekulation mit allen Gütern; Überfälle und Entführungen von Personen; zerstörte Familien, die vom Vater im Stich gelassen wurden; obszöne Filme und solche, die Gewalt und Verbrechen verherrlichen; der Vormarsch des Kommunismus – höchste Gefahr für Religion und Land. Der Friede – so sagen die Bischöfe – ist das Ergebnis der Wahrheit, der Gerechtigkeit, der Liebe und der Freiheit, um die gebetet wird[14].

Der nationale Seelsorgeplan

Er folgte, 1966 der 22. Bischofskonferenz vorgelegt, den Empfehlungen für pastorale Reform des Zweiten Vatikanischen Konzils und wurde durch die Kirche Kolumbiens gebilligt[15]. Die pastorale Aktion müsse außerordentlich sein, dank der Hingabe, mit der sie betrieben werde; einheitlich, d.h. für gleiche Probleme gleiche Lösungen; geplant, d.h. mit genau gesetzten Zielen und Prioritäten[16].

[12] *J. Martínez Cárdenas SJ*, Declaración de la jerarquía, in Revista Javeriana 54 (Bogotá 1960) 683–686.
[13] Comunismo en la Universidad de Colombia?, in: Revista Javeriana 54 (Bogotá 1960) 683–686.
[14] Orientación de la jerarquía, in: Revista Javeriana 63 (Bogotá 1965) 412–416.
[15] El plan pastoral del episcopado colombiano, in: Revista Javeriana 67 (1967) 321f.
[16] Vgl. ebd., 351f.

Pastoralbrief zum Internationalen Eucharistischen Kongreß

Zum Internationalen Eucharistischen Kongreß in Bogotá vom 18. bis 25. August 1968 erließen die kolumbianischen Bischöfe einen Hirtenbrief mit folgendem thematischem Inhalt: Im Sinne des Kongresses, der im Licht des Glaubens ein Echo des Lebens der sich erneuernden Kirche darstellt, und im Geiste des Zweiten Vatikanischen Konzils muß versucht werden, die wahre christliche Gemeinde aufzubauen. Sie wird im Blickpunkt aller Nationen stehen und ein Weg zur Einheit der Menschen sein[17]. Kurz vorher, am 4. Mai 1968, hatte die 22. Bischofskonferenz eine Botschaft an die Priester gerichtet[18].

Die Priestergruppe von Golconda

Die Gruppe trat zum erstenmal im Juli 1968 zusammen, um sich in die Enzyklika „Populorum progressio" zu vertiefen, zum zweitenmal im Dezember des gleichen Jahres, um die soziale Problematik Kolumbiens zu erörtern. Das Schlußdokument erläutert ihre ideologischen Richtlinien. Die Priester betrachten ihre Teilnahme am politischen Leben des Landes als eine Gewissenspflicht und als Ausübung der Caritas in ihrem tiefsten Sinn. In den Orientierungen für ihre Aktion lehnen sie es ab, sich auf eine eingeengte Arbeit zu beschränken, die die nationale und internationale Perspektive aus den Augen verlieren würde. Weiterhin bekunden sie ihre strikte Ablehnung des neokolonialistischen Kapitalismus, der unfähig sei, die Probleme ihres Landes zu lösen. Eine Gesellschaftsform sozialistischer Prägung sei notwendig. Sie solle alle Formen der Ausbeutung des Menschen durch den Menschen ausrotten und im Einklang mit den historischen Tendenzen dieser Zeit und den Eigenschaften des kolumbianischen Menschen stehen[19].

Anwendung der Medellín-Beschlüsse

Anfang Juli 1969 trat die Bischofskonferenz zusammen, um über die Anwendung der Medellín-Beschlüsse zu beraten. Trotz dem berechtigten Wunsch nach Wechsel könnten drei Positionen eingenommen werden. Die erste ist die Gleichgültigkeit, bei der nur die eigenen Interessen gelten und so getan wird, als ob einen die Probleme des Wechsels nichts angingen; diese Haltung ist bequem, aber sehr gefährlich. Als zweite Haltung gilt die der Integristen: Sie wollen alles beibehalten, weil alles einen Wert hat, dessen Verlust schmerzlich sein könnte; diese Haltung erschwert den Wechsel und verschärft die Spannungen zu den Verfechtern des Wechsels. Schließlich gibt es die Radikalen: Sie sind in vorder-

[17] Vgl. SEDOC 2 (August 1968) 225–230.
[18] SEDOC 1 (Oktober 1968) 571–585.
[19] SEDOC 1 (Mai 1969) 1453–1460.

ster Front und unversöhnlich; sie betrachten die Vergangenheit als einen reinen Mißerfolg und verkünden unentwegt die neue Ordnung. Erstaunlicherweise reichen sich manchmal die Konservativen und die Radikalen die Hände, und so ersetzt ein Dogma das andere. Die Kirche hingegen, die jetzt unbedingt eine Erneuerung braucht, muß in einem ständigen Konversionsprozeß aus dem Evangelium leben, und dieser verlangt vor allem eine innere Reform von jedem und allen Kirchenmitgliedern. Die Kirche ist da, um dem Menschen zu dienen. So manifestiert sich ihr Wille zum Wechsel, von der Immobilität zum Dynamismus, dessen Auswirkung die Erneuerung des gesamten Menschen sein wird[20].

Geburtenkontrolle

Angesichts der Geburtenkontrolle-Kampagne der Regierung veröffentlichte der kolumbianische Episkopat am 2. Oktober 1969 eine Erklärung. Darin wird das Problem der Familienplanung überprüft. Die Kirche nimmt für sich das Recht in Anspruch, das Naturgesetz zu interpretieren und die personellen Rechte der Menschen zu verteidigen. Das Problem der Geburtenkontrolle, wie jedes andere auf das menschliche Leben bezogen, muß im Spiegel des Menschen und seiner natürlichen und übernatürlichen Berufung betrachtet werden[21].

Landreform und Beschränkung des Besitzes

Die ständige Kommission der Bischofskonferenz hat eine Landreform und eine Beschränkung der Besitztümer, die einer Person oder einer Gruppe gehören kann, Kirche und Staat eingeschlossen, 1971 beantragt. Diese Erklärung wurde am Vortag eines 24stündigen Generalstreiks veröffentlicht, der von den Gewerkschaften zur Erreichung von städtischen und landwirtschaftlichen Reformen ausgerufen wurde. Kolumbien kann nicht länger auf die Landreform warten[22].

Katholisch-anglikanischer Dialog

Vom 9. bis 14. Februar 1971 fand in Bogotá ein Treffen zwischen katholischen und anglikanischen Bischöfen statt, der von der ökumenischen Abteilung des „Consejo Episcopal latino-americano" (CELAM) und der „Conferencia anglicana latinoamericana" (CALA) vorbereitet worden war. Es nahmen je 10 Bischöfe teil, deren Absicht ein Gedankenaustausch sowie ein besseres Kennenlernen war. Vier Themen waren zu behandeln: Heilige Schrift; Beziehungen

[20] SEDOC 2 (November 1969) 649–654.
[21] SEDOC 2 (Mai 1970) 1461–1463; vgl. Revista Javeriana 68 (Bogotá 1967) 197–209.
[22] AICA Jhg. 15, 754–755 (20. Mai 1971) 26f.

zwischen Anglikanern und Katholiken in Lateinamerika; Autorität, Amt und Sakramente; Zusammenarbeit in den Missionen[23].

Sozialversicherung für den Klerus

Die Bischofskonferenz hat in ihrer letzten Vollversammlung (1971) einstimmig beschlossen, eine Sozialversicherung für die Priester einzurichten. Diese sichert fast 3000 Priester gegen die Risiken des Alters, gegen Invalidität und für den Todesfall[24].

Venezuela

Venezuela ist eine Bundesrepublik mit 912050 km² und 11000000 Einwohnern, davon rund 100000 Indianer; 94 Prozent sind katholisch. Die großen Naturreichtümer – Gold und Erdöl – verursachen ein Ungleichgewicht in der ökonomischen Struktur des Landes, denn in dem Maße, wie die Gewinnung von Erdöl steigt, wandern Arbeitskräfte von der Landwirtschaft ab; gleichzeitig sind die Lebenshaltungskosten so gestiegen, daß Venezuela schon 1942 eines der teuersten Länder der Welt war[1].

Kirchliche Organisation

Seit Anfang des 20. Jahrhunderts hatte die Kirche Venezuelas einen erheblichen Mangel an Priestern, verursacht vor allem durch die Aufhebung der Klöster im 19. Jahrhundert. Die Erzdiözese Caracas hatte tüchtige Erzbischöfe: Juan Bautista Castro (1904–1915), Felipe Rincón González (1916–1946), Lucas Guillermo Castillo (1946–1955), Rafael Arías Blanco (1955–1956). Insbesondere Castro setzte sich für eine bessere Ausbildung des Klerus, Verbreitung des eucharistischen Kultes, Exerzitien für Männer, Gründung von Ordenskollegien, systematische Verbreitung der Katechese, Neuordnung der Diözesen durch eine bessere Gemeinschaftsseelsorge, Gründung von Seminaren und neuen Pfarreien und Verbesserung der Indianerseelsorge ein. 1962 hatte die Republik 3 Erzdiözesen, 12 Diözesen, 1 Prälatur nullius und 4 Apostolische Vikariate[2]. 1975 waren es 6 Erzdiözesen: Caracas, Mérida, Ciudad Bolívar, Barquisimeto, Maracaibo und Valencia; 17 Diözesen und 4 Apostolische Vikariate: Caroní, Puerto Ayacucho, Machiques und Tucupita[3].

[23] AICA Jhg. 15, 758–759 (17. Juni 1971) 33–35.
[24] AICA Jhg. 17, 813 (20. Juli 1972) 31f.
[1] Vgl. *Vicens Vives,* Historia social y económica de España y América IV/2, 609–612; *Maldonado,* Anuario católico de Venezuela 1962, 55–65.
[2] *V. Iriarte,* La arquidiócesis de Caracas de 1900–1966, 365–369; *Maldonado,* ebd.
[3] Directorio de la Iglesia católica en Venezuela (1975) 400f.

Man zählte (1971) 798 Pfarreien. An Laienorganisationen bestehen u.a. die Katholische Aktion, eine katholische Arbeiterjugend, die Legion Mariens, die christliche Familienbewegung, eine Vereinigung katholischer Erzieher, ein Zentrum für Filmkultur; es sind tätig das Opus Dei und die venezolanische Gesellschaft des heiligen Vinzenz v. Paul[4].

Die katholische Universität Andrés Bello, gegründet 25. September 1953, wurde am 29. September 1963 zur päpstlichen Universität erhoben. Das Seminar von Santa Rosa, seit 1927 interdiözesanes Seminar, wurde 1916 den Jesuiten anvertraut, ab 19. August 1956 den Eudisten. In 175 kirchlichen Schulen und 312 Kollegien wurden 104414 Schüler unterrichtet[5].

In Anlehnung an das Motuproprio „Ecclesiae Sanctae“ wurden am 6. August 1966 ein Priesterrat mit 18 Mitgliedern und ein Seelsorgerat gegründet. Den Sekretariaten für soziale Aktion, Erziehung, Berufungen wurden mehrere Kommissionen angegliedert: für Liturgie, sakrale Kunst, Kirchenmusik und Wanderungsbewegungen, die an 16 verschiedenen Orten ihre Tätigkeit ausüben; ein Sekretariat für Kircheninformation mit einem Forschungszentrum für soziale und sozioreligiöse Fragen ist angeschlossen[6]. Um dem Priestermangel abzuhelfen, schlug die vom 14. bis 19. April 1967 in Caracas veranstaltete Tagung für die Förderung von Seelsorgsberufen den Bischöfen die Gründung zweckdienlicher Zentren vor[7].

Kirchliche Lage

Der gemeinsame Hirtenbrief anläßlich des 1900. Jahrestages des Martyriums der Apostel Petrus und Paulus (Caracas, 22. März 1967) beschreibt die wirkliche Lage der Kirche Venezuelas: „Obwohl nur wenige die Existenz Gottes verleugnen, hat sich ein ‚praktischer‘ Atheismus verbreitet, der darin besteht, Gott und jegliche geistige Ordnung zu vergessen, Gleichgültigkeit vor der Kirche, Anbetung des Wohlstandes als ultima ratio des Lebens und Schaffens der Menschen. Für eine nicht geringe Anzahl ist Sünde bereits ein Wort ohne Sinn, denn sie kennen keinen grundlegenden Unterschied zwischen Gutem und Bösem.“ In dem Bestreben, sich dem modernen Denken anzupassen, und unter Mißachtung des kirchlichen Lehramtes gibt man dem Christentum eine willkürliche und unfruchtbare Interpretation und schafft dadurch Glaubensunsicherheit[8]. In einer Denkschrift des Büros für sozial-ökonomische Studien (1967) wird darauf aufmerksam gemacht, daß (1963) 46,3 Prozent der Neugeborenen unehelich sind, 20 Prozent der Gesamtbevölkerung keine Schulbildung genossen haben, die

[4] Ebd., 300–356.
[5] Ebd., 341; *Maldonado*, a.a.O.; Annuario Pontificio 1977 (Città del Vaticano 1977) 1404.
[6] *V. Iriarte*, a.a.O., 369.
[7] LC; Conclusiones de la I asamblea arquidiocesana de pastoral vocacional. Sic 30, 254–256.
[8] XIX centenario del martirio de los apóstoles Pedro y Pablo. Carta pastoral colectiva. Sic 30, 261–263.

Lehrerschaft aller Stufen religiös uninteressiert ist. Die Seelsorge muß daraus die Folgerungen ziehen, insbesondere ist die christliche Soziallehre in den Seminaren und katholischen Universitäten als obligatorisches Fach einzuführen[9].

Soziale Werke

Das Werk zum Schutz des Kindes (OPAN) wurde 1948 von Alfonso J. Alfonzo Vaz gegründet. Dort werden 6- bis 8jährige aufgenommen, um in einem Familienmilieu in verschiedenen Einheiten heranzuwachsen; 1962 waren bereits 6 Häuser mit 120 Plätzen in Betrieb[10]. Das Werk „Fe y Alegría" kümmert sich um verlassene Kinder. Gegründet 1955 in Caracas von einer Gruppe von Studenten der Universität unter der Leitung von Pater José María Vélez, arbeitete es zunächst in den ärmsten Vierteln von Caracas, hat sich aber dann auf die ganze Stadt und Umgebung ausgebreitet und unterhält Vorschulen, Volks- und Berufsschulen, ein Institut für Lehrlinge mit angeschlossenen Schulen für Sekretärinnen und Drucker. Im Stadtviertel Unión de Petare wurde ein Modellzentrum errichtet mit folgenden Abteilungen: Volksschule mit 2000 Schülern, Abendvolksschule für Erwachsene und Jugendliche, Kinder-Poliklinik mit Sprechstunde, Freizeitzentren für Kinder und Jugendliche, Schneide- und Nähkurse, Kantine. Ähnliche Einrichtungen wurden im Innern des Landes errichtet, in Maracay, Valencia, Barquisimeto und Maracaibo, außerhalb der Republik in El Salvador, Nicaragua, Panamá, Ecuador, Peru und Bolivien[11].

Seelsorge

Eine besondere Bedeutung kommt der Bischofskonferenz vom 27. August bis 5. September 1970 zu. An den Beratungen nahmen je ein Priester aus allen Diözesen und Vertreter der Orden teil. Wichtige Themen: die gemischten Ehen; die entschiedene Ablehnung der Drogen; die Priesterbildung in den Seminaren mit besonderer Ausrichtung auf eine lebensnahe Ausbildung der zukünftigen Priester, die durch praktische Betätigung in verschiedenen Berufen gewährleistet werden sollte. Ein Indiz für die veränderten Zeiten war die Teilnahme von 60 Priestern aus anderen Diözesen, die ohne Einladung erschienen waren, um ihre z.T. abweichende Meinung zu wichtigen Fragen zu äußern. So müsse sich die Kirche mehr für die Befreiung des Volkes einsetzen und sich entklerikalisieren, d.h. Bischofs- und Priesteramt als Dienst auffassen und den Laien Mitwirkung bei der Leitung der Kirche zugestehen. Sie schlugen dem Episkopat

[9] Síntesis sociales elaboradas por el CIAS. Informe sobre la realidad de Venezuela, Sic 30, 371–380.

[10] *Maldonado,* a.a.O., 101.

[11] Ebd., 100f; AICA Jhg. 17 (1972) n. 817, 25–27, 29.

einen ständigen Dialog vor, weil sie sich als Kirche und als Mitverantwortliche für deren Sendung fühlten[12]. Schon vorher, am 19. Juli 1969, hatte der Episkopat Venezuelas einen Brief an die Priester über das Leitbild des Priesters gerichtet. Die Bischöfe stellen fest, daß es in Venezuela bisher keine internen Auseinandersetzungen wie anderwärts gegeben habe. Zur Zölibatsfrage bemerken sie: Das allgemeine Priestertum der Getauften unterscheidet sich nicht nur dem Grade nach, sondern wesentlich vom Weihepriestertum, dessen sakramentaler Charakter mit dem Hohenpriester Christus, dem Haupte, verbindet. Es ist eine grundlose Vermutung, daß das kirchliche Zölibatsgesetz geändert oder außer Kraft gesetzt würde[13]. Auf diesen Brief antworteten 75 Priester, daß es in der Tat bisher keine offenen Auseinandersetzungen im Klerus über die Aufgabe der Kirche gegeben habe; das besage aber nicht, daß die Zustände in Venezuela dem Geist des Evangeliums nicht ins Gesicht schlagen. Der Klerus müsse entsakralisiert werden und aufhören, sich als privilegierter Stand zu fühlen. Beim Zölibat handele es sich vor allem darum, warum und wie der Priester theozentrisch und zugleich anthropozentrisch wirken könne. Unter Berufung auf Worte Papst Pauls VI. und des Kongresses von Medellín erklären diese Priester: „Wenn wir uns fortan nicht am Prozeß der sozialen Befreiung beteiligen, nützt alles andere nichts." Die Kirche Venezuelas übe keine Evangelisierung der Armen aus, weil sie der Macht und dem Reichtum nahestehe, sie betreibe sie auch nicht bei den Reichen, um ihnen die Forderung des Evangeliums nicht erläutern zu müssen. Noch mehr: Sie liefere keinen Beweis, daß sie eine Kirche im Dienste zuerst der Armen und dann aller anderen Menschen sei[14]. Der Seelsorgsplan sah auch die Missionierung der etwa 100000 Indianer vor, die großenteils in der Prälatur San Fernando de Apure und in den Vikariaten El Caroní, Machiques, Puerto Ayacucho und Tucupita leben. Modellcharakter besitzt die Mission der spanischen Kapuziner in Santa Teresita de Cavanayen[15].

Wie der Erzbischof von Maracaibo, Roa Pérez, auf der Römischen Synode von 1974 berichtet hat, machen sich in Venezuela kleine, meist aus jungen Leuten bestehende charismatische Gruppen bemerkbar, die in Opposition zu den kirchlichen Autoritäten stehen, im Klerus auch marxistischer Einfluß. Unbefriedigend ist die katechetische Unterweisung. Die staatliche Schule läßt Religionsunterricht zu, jedoch nicht in den weiterführenden Schulen[16].

[12] *J. I. Arrieta,* La conferencia episcopal nacional, I. Ambiente de la conferencia, II. Temática de la conferencia, Sic 33, 348–351.

[13] SEDOC 2 (Mai 1970) 1448–1452; Christus n. 410, 794f.

[14] SEDOC 2, 1453–1460; Christus n. 410, 795–808; vgl. auch SEDOC 4, 1013–1018.

[15] *Maldonado,* a.a.O., 490; AICA Jhg. 17 n. 809, 12f.

[16] Osservatore Romano, 2. 10. 1974.

Kuba

Kuba hatte 1968 114500 km^2 Gesamtfläche und eine Bevölkerung von 4315000 Stadteinwohnern und 3759100 Landbewohnern. Laut Statistik von 1970 erreicht die Bevölkerung 8553385 Einwohner, davon 70 Prozent Weiße, 12,4 Prozent Neger und 17,3 Prozent Mulatten; 3819000 sind Katholiken (1977).

Von 1940 bis 1944 war Fulgencio Batista Präsident der Republik, der eine Politik zugunsten der Arbeiter betrieb. Ihm folgte 1944 Ramón Grau San Martín. Nach mehreren Aufständen wurde Batista im Jahr 1952 erneut Präsident, bis er durch die Revolution von Fidel Castro entmachtet wurde. Am 1. Januar 1959 wurde Oswaldo Dorticós Torrado als Präsident vereidigt; in Wirklichkeit aber bestimmt Fidel Castro die Politik. Die landwirtschaftliche Reform und die wirtschaftlichen Auseinandersetzungen mit den USA bewirkten die Annäherung Castros an die UdSSR, besiegelt mit dem Verteidigungspakt vom September 1962. Die von den USA auferlegte wirtschaftliche Blockade hätte fast zu einer kriegerischen Auseinandersetzung geführt, wenn sich nicht die UdSSR von der Insel zurückgezogen hätte. Die kubanische Opposition und die Gefahr von internationalen Boykottmaßnahmen zwangen Castro dazu, seine Politik zu mildern. Am 1. Januar 1961 wurde Kuba zu einer sozialistischen Republik erklärt[1].

Kirchliche Struktur

Kuba hat zwei Erzdiözesen: San Cristóbal de la Habana mit den Suffragan-Diözesen von Matanzas und Pinar del Río und Santiago de Cuba mit den Suffragan-Diözesen von Camagüey und Cienfuegos-Santa Clara[2]. 1971 gab es auf der Insel 228 Pfarreien, aber nur 208 Priester, das bedeutet über 41000 Einwohner je Priester. Von den 208 Priestern waren 112 aus Orden oder Kongregationen, davon 21 Jesuiten, 18 Mitglieder der Gesellschaft für ausländische Missionen von Québec, 15 Franziskaner, 20 Kapuziner, außerdem Karmeliten, Passionisten, Dominikaner, Salesianer, Schulbrüder und Claretiner. Diese 112 Ordenspriester betreuen von insgesamt 577 Pfarreien, Klosterkirchen und Kapellen 285 Seelsorgsstellen. Sie arbeiten auch in der Diözesankurie, in bischöflichen Kommissionen und anderen Institutionen; 58 von ihnen sind in der Erzdiözese Habana und in der Hauptstadt tätig. Außerdem gibt es 236 Ordensschwestern aus 15 Kongregationen; unter ihnen sind die Barmherzigen Schwestern mit 76 am meisten vertreten[3].

[1] Vgl. *G. Bleiberg* (Hrsg.), Diccionario de Historia de España. Cuba en el siglo XX I (Madrid [2]1968) 1049f.

[2] Annuario Pontificio (1977) 952.

[3] Almanaque de Caridad. Directorio eclesiástico de Cuba 1971, in: AICA Jhg. 16, 788 (27. Januar 1972) 33–35.

Gemeinsamer Rundbrief der Bischöfe

Angesichts der problematischen Lage in Kuba veröffentlichte der Episkopat am 7. August 1960 einen gemeinsamen Hirtenbrief mit folgendem Inhalt: Die Kirche hat immer mit Freude alle jene Maßnahmen zu Kenntnis genommen, die einen Beitrag zur Verbesserung des Lebensniveaus leisten. In diesem Zusammenhang nahm sie vor einem Jahr befriedigt zur Kenntnis, daß eine Landreform geplant werde, die für die Besitzer eine Entschädigung vorsehe und vielen Landarbeitern ermöglichte, die von ihnen bearbeiteten Äcker in ihr Eigentum zu übernehmen. Es werde von großen Industrialisierungsplänen, die die private Industrie nicht stören würden, gesprochen, mit der Aussicht auf Schaffung von vielen neuen Arbeitsplätzen zur Bekämpfung der Arbeitslosigkeit. Es wurde festgestellt, daß die Behörden sich bemühten, die Lebenshaltungskosten zu senken und die Einkommen der Familien zu erhöhen. Neue Krankenhäuser, Schulen und soziale Wohnungen sollten gebaut werden, und man wollte nicht zuletzt den Kampf um die Sanierung der öffentlichen Finanzen aufnehmen. Die sozialen Reformen, soweit sie unter Beachtung der Menschenrechte dahin zielen, die wirtschaftliche, kulturelle und soziale Lage der Minderbemittelten zu verbessern, würden die Unterstützung der Kirche erfahren. Ein Grund zur Sorge für die Bischöfe sei jedoch der ständige Vormarsch des Kommunismus, die Aufnahme enger wirtschaftlicher, kultureller und diplomatischer Beziehungen mit den wichtigsten kommunistischen Ländern und die Tatsache, daß Journalisten, Politiker, Gewerkschaftsführer und sogar Persönlichkeiten der Regierung mehrfach ein Lob auf die Gesellschaftsordnung dieser Länder gesungen hätten. Wenn man davon ausgehe, daß Kommunismus und Katholizismus Todfeinde seien, müsse man mit Entschiedenheit den Kommunismus verurteilen, der auf die eine oder andere Weise die Menschenrechte zerstört[4].

Die wirkliche Lage der kubanischen Kirche

In einem offenen Brief vom 4. Dezember 1960 an Fidel Castro erläutern die Bischöfe die wirkliche Lage der Kirche in Kuba: Veröffentlichung revolutionärer Texte mit deutlich marxistischer Tendenz; Festnahme mehrerer Priester, die den Rundbrief der Bischöfe vom 7. August 1960 in den Kirchen vorgelesen haben; antireligiöse Kampagne auf nationaler Ebene mit steigender Gewaltanwendung; Massenkundgebungen mit Genehmigung der Behörden, bei denen die Priester beschimpft wurden; Beschimpfungen von Bischöfen und katholischen Institutionen durch Vertreter von quasi-katholischen Vereinigungen, die versuchen, die kirchliche Obrigkeit zu bekämpfen. Der Brief zählt verschiedene Vorkommnisse dieser Kampagne gegen die Kirche auf; die Bischöfe hoffen, daß

[4] Revista Javeriana 55 (Bogotá 1961) (99)–(102).

die Regierung die notwendigen Maßnahmen ergreifen wird, um die ständigen Attacken gegen die Katholiken zu unterbinden[5].

Der Erzbischof von Santiago de Cuba gibt seinem Pastoralbrief vom Februar 1961 die Überschrift: „Mit Christus oder gegen Christus". In aller Offenheit sagt er: „Für uns ist in diesem Augenblick die Stunde der Furcht – falls sie überhaupt jemals existierte – vorbei. Wir bekämpfen den Kommunismus – wir sagen es nochmals – nicht aus konterrevolutionären, parteipolitischen, wirtschaftlichen oder sozialen Gründen. Wir bekämpfen ihn, weil wir wissen, daß wir damit einen positiven Dienst erweisen, indem wir eine heilige Pflicht erfüllen. Es ist ein Kampf auf Leben und Tod, zwischen Christus und dem Antichristen. Jeder soll also seinen Führer wählen. Was die Katholiken betrifft, so müßten sie wissen, daß die Stunde zum Beweis unserer Widerstandskraft und unserer Kampfbereitschaft gekommen ist. Wenn Gott uns beisteht – so sagt der heilige Paulus –, wer wird uns besiegen können? Dein Wille geschehe, o Herr! Daß er uns den Frieden, der auf der Wahrheit und der Gerechtigkeit ruht, gebe." So endet der Brief und damit auch ein Geschichtsabschnitt[6]. Die Kirche Kubas wird in Zukunft eine Kirche des Schweigens sein.

Die verfolgte Kirche

Nur die wichtigsten Vorfälle seien erwähnt. Der 1. Mai 1961 war reich an Äußerungen und Taten der Regierung gegen die Kirche. In seiner Rede beschuldigte Fidel Castro den „falangistischen" Klerus, an der vereitelten Invasion der Insel in der Schweinebucht beteiligt gewesen zu sein, und gab bekannt, daß als Gegenmaßnahme die spanischen und anderen ausländischen Priester aus dem Lande ausgewiesen, ihr Besitz beschlagnahmt und die religiöse Unterweisung nur in den Kirchen genehmigt würden. Später berichtete die Presse, daß diese Verordnung die Abwanderung von Hunderten von Priestern, Ordensbrüdern und Ordensschwestern in andere Länder zur Folge hätte. Von den damals 730 Priestern auf der Insel konnten nur die rund 80 Kubaner bleiben zur Betreuung von 6,5 Millionen Menschen. Die Bischöfe, die eine Landreform verlangten, sahen durch die Reform von 1959 ihre Forderungen teilweise erfüllt. Zur Durchsetzung einer Erziehungsreform veranstalteten sie Ende 1959 eine Massenkundgebung in Habana. Gegen Ende 1961 machte in der Hauptstadt Pater Germán Lence, gebürtiger Kubaner und Führer einer katholischen Vereinigung, von sich reden, der in Predigten und Vorträgen die kubanischen Bischöfe heftig angriff und die kubanische Revolution pries. Es ist nicht verwunderlich, wenn Fidel Castro ihn in einer Rede am 27. November 1960 vor der Havanna-Universität öffentlich lobte. Lence wurde später seines Amtes a divinis enthoben. Im März 1961 wurde ein Sprengstoffattentat auf die Nobel-Akademie in La

[5] Ebd., (103)–(106).
[6] Ebd., (107)–(111).

Víbora (Altstadtviertel von Havanna) verübt, dabei wurden einige Professoren und Studenten verletzt. Die Sprengstoffladung wurde wahrscheinlich von Mitarbeitern der Regierung gelegt, um eine Pressekampagne gegen die Priester entfalten zu können, die dann tatsächlich auch stattfand. Diese Affäre ging unter dem Namen „Revolution vom 2. März" in die Geschichte ein. Die Tageszeitung „Combate" bezeichnete es am 8. Mai 1960 als eine international angelegte Kampagne, daß mehr als 2000 Priester und Ordensangehörige die Ausreisegenehmigung beantragt hätten; dabei wurde aber ignoriert, daß Fidel Castro in seiner Rede vom 1. Mai 1960 ihre Ausweisung aus der Insel angekündigt hatte. Sprecher der Regierung erklärten, daß ein Antikommunist auch ein Konterrevolutionär sei. So lebt die Kirche Kubas in einem ständigen Zustand der Verfolgung[7].

Der Standpunkt der Bischöfe

Die kubanischen Bischöfe hatten im März 1969 die Ergebnisse der zweiten Vollversammlung des lateinamerikanischen Episkopats in praktische Richtlinien der Erneuerung umgesetzt. Bei ihrem Treffen im April des gleichen Jahres wählten sie als Gesprächsthema die Eröffnungsrede Papst Pauls VI. beim Kongreß in Medellín (1968) im Bewußtsein, das Sprachrohr der päpstlichen Verlautbarungen zu sein. Am 10. April 1969 veröffentlichten sie in Havanna die päpstliche Rede. Sie schlossen sich der Empfehlung des Papstes an, der in seiner Rede die Haltung des Christen in einer leidenden und um ihre weitere Entwicklung kämpfenden Welt folgendermaßen beschrieb: „Die tiefe, vorhersehbare Umwandlung, die in vielen Bereichen unserer heutigen Gesellschaft notwendig ist, müssen wir vorantreiben, indem wir mehr lieben und zum Lieben erziehen, und zwar mit taktvoller Energie, mit Ausdauer und Vertrauen zum Menschen und mit der Sicherheit des Glaubens an die Hilfe Gottes und an die Kraft des Guten."[8]

Am Schluß ihres Treffens vom September 1969 gaben die kubanischen Bischöfe eine Erklärung mit folgender Thematik: Problematik des Glaubens; Analyse des Glaubens; der gegenwärtige Atheismus; mangelhafte Äußerungen des Glaubens; Glaubenswachstum; Liturgie; Bibel; Katechese; Wege zum Glauben. „Es ist dies die Stunde, in der wir die Präsenz Gottes unter uns entdecken müssen: es handelt sich um eine Prüfung unserer Reife und nicht um einen Todeskampf. Reife und Wachstum bedeuten, etwas sterben zu lassen, um neue Erkenntnisse zu gewinnen. Eine Stunde also, in der jenseits von Snobismus oder extremen Abweichungen und von menschlicher Sünde umgeben, der Wunsch nach Gerechtigkeit und Echtheit der menschlichen Beziehungen wächst, auf persönlicher Ebene, unter den verschiedenen sozialen Gruppen

[7] Cuba: La Iglesia católica y Fidel Castro, in: Revista Javeriana 55, 278–292.
[8] SEDOC 2 (September 1969) 347–352.

und auf dem Gebiet der internationalen Beziehungen." Als Hirten im Dienste der kubanischen Kirche ermuntern die Bischöfe ihre Gläubigen, ihre Liebe zu Christus in dieser nationalen Situation, die ohne Beispiel in Lateinamerika ist, lebendig zu erhalten. Sie geben ihrer Hoffnung Ausdruck, daß sie in dieser Lage die Mittel finden, die geeignet sind, ihren Brüdern den Weg zu Gott zu zeigen[9].

Abnahme des kubanischen Klerus

Die Zahl der kubanischen Priester hat in den letzten Jahren um mehr als 10 Prozent abgenommen. 1969 waren es rund 215, 1970 noch 202, 1971 nur noch 193, obwohl in diesem Jahr 15 Priester geweiht wurden. Diese Abnahme ist auf Todesfälle – das Durchschnittsalter liegt bei 67 Jahren – und Ausreisen zurückzuführen. Diejenigen Priester, die das Land verlassen, sind Ausländer (60 Prozent der Priester im Lande sind ausländischer Herkunft). Die Gründe für das Verlassen des Landes sind Alter, Krankheit oder Beendigung ihrer Verpflichtung in Kuba. Die Ausfälle durch Zurückversetzung in den Laienstand sind in Kuba minimal. Die fast einzige dem kubanischen Priester noch erlaubte Aktivität ist die Betreuung der Gotteshäuser. Das formelle Versprechen der Regierung, die Einreise einiger kubanischer Priester, die im Ausland studiert haben, und ausländischer Priester, die in Kuba wirken wollen, zu genehmigen, ist bis 1974, also praktisch bis heute, nicht verwirklicht worden. 1972 gab es 58 kubanische Seminaristen und einige Priesteramtskandidaten; diese Zahl ist aber auf die Dauer unzureichend, um die Ausfälle der letzten Jahre wettzumachen[10].

Dominikanische Republik

Die Dominikanische Republik auf der Insel Santo Domingo hat eine Fläche von 48442 km² und ca. 4,4 Millionen Einwohner. Sie umfaßt die Erzdiözese Santo Domingo und die Diözesen von Barahona, La Vega, Nuestra Señora de la Altagracia de Higüey, San Juan de la Maguana und Santiago de los Caballeros. In der Koordinierung der nationalen Seelsorge wirken mit die Kommissionen für Liturgie, Kommunikationsmittel, religiöse Erziehung, Bildung, Caritas, soziale Aktion (Justitia et pax), Laienapostolat, Berufungen, Seminare, Orden und Missionen, Rechts- und Konkordatsangelegenheiten, das nationale Sekretariat für Gemeinschaftsseelsorge, die Dominikanische Konferenz für Ordensangehörige, die dominikanische Caritas und die Nationale Vereinigung der katholischen Schulen[1].

[9] SEDOC 2 (Juni 1970) 1581–1588.

[10] AICA Jhg. 16, n. 803 (11. Mai 1972) 23f.

[1] Annuario Pontificio 1977, 953; Directorio de la Iglesia católica en República Dominicana (1972) 8–12.

Die Erzdiözese von Santo Domingo hatte bei der Volkszählung von 1970 auf einer Fläche von 8007,72 km² 1374939 Einwohner mit 100 Pfarreien, die von 40 Priestern und 181 Ordensangehörigen betreut wurden. 18 Institute für Männer und 34 für Frauen arbeiteten auf dem Gebiet der Seelsorge in Pfarreien, Schulen, Gymnasien, Akademien und anderen Einrichtungen. An Bildungsstätten besitzt die Erzdiözese 3 Hochschulen, 56 Volksschulen und 13 Gymnasien. Die Gesundheitseinrichtungen zählen 17 Krankenhäuser und ein Leprahaus. Zur Erzdiözese gehören 215 Priester und 65 Koadjutoren.

Die anderen Diözesen weisen eine ähnliche Struktur auf. Santiago de los Caballeros hat bei 11003,41 km² und 1047683 Einwohnern 38 Pfarreien, 35 Priester, 66 Ordensgeistliche, 32 Ordensbrüder und 257 Ordensschwestern. In der Diözese gibt es außerdem 10 Institute für Männer und 15 für Frauen. Die Diözese hat die katholische Universität „Madre y Maestra", die Philosophie-Schule „Arzobispo Merino" und das Knabenseminar „San Pio X" sowie 23 Schulen. Die Diözese Vega hat bei 8142,73 km² und 751620 Einwohnern 36 Pfarreien, 24 Priester und 58 Ordensgeistliche, 7 Institute für Männer und 11 für Frauen, 20 Schulen. Die Diözese San Juan de la Maguana hat bei 15165,25 km² und 560086 Einwohnern 19 Pfarreien, 3 Priester und 31 Ordensgeistliche, 6 Institute für Männer und 12 für Frauen, 10 Schulen. Die Diözese Nuestra Señora de la Altagracia hat bei 6614,37 km² und 276930 Einwohnern 13 Pfarreien, 11 Priester und 7 Ordensgeistliche[2].

Das Konkordat zwischen dem Heiligen Stuhl und der Dominikanischen Republik

Das Konkordat wurde am 16. Juni 1954 in der Vatikanstadt unterzeichnet. Die wesentlichen Vereinbarungen sind folgende (im Wortlaut): § 1: „Die katholische, apostolische und römische Religion bleibt weiter die Religion der Dominikanischen Nation." § 3: „Der Heilige Stuhl ist berechtigt, jegliche Bestimmungen die Kirche betreffend zu verkünden und zu veröffentlichen; ferner sich mit Prälaten, Klerus und Gläubigen des Landes in Verbindung zu setzen und umgekehrt." § 9: „Die Errichtung, Veränderung oder Abschaffung von Pfarreien, Benefizien und kirchlichen Behörden [...] untersteht der kirchlichen Behörde, im Einklang mit dem Kirchenrecht." § 11: „Kirchliche Personen können von Richtern oder anderen Behörden über Taten und Fakten, die man ihnen unter dem Beichtgeheimnis anvertraut hat, nicht verhört werden." § 15: „Die Dominikanische Republik erkennt volle zivile Rechte jenen Ehen an, die nach dem Kirchenrecht abgeschlossen wurden." § 19: „Die Kirche darf ohne Beschränkung Seminare oder andere Lehranstalten gründen; ihre innere Struktur wird und kann vom Staat nicht angetastet werden. Die dort erteilten Titel haben die gleiche Gültigkeit wie diejenigen, die an staatlichen Einrich-

[2] Directorio de la Iglesia católica en República Dominicana 13–170.

tungen verliehen werden." § 21: „Der Dominikanische Staat garantiert der katholischen Kirche die volle Freiheit, unter ihrer Leitung Schulen aller Art zu gründen und zu unterhalten. Wegen des sozialen Nutzens für das Land wird der Staat sie materiell unterstützen. Der Religionsunterricht in diesen Schulen wird durch die Kirche organisiert und erteilt. Der vom Staat in den öffentlichen Schulen erteilte Unterricht wird sich an den Prinzipien der katholischen Lehre und Moral orientieren."[3]

Die Kirche im öffentlichen Leben

Monseñor Juan Félix Pepén y Solimán, Bischof von Higüey, veröffentlichte 1968 einen Hirtenbrief mit einem Appell an das Bewußtsein aller, damit die Lage der besitzlosen Landwirte untersucht und eine Reform nach der Pastoralkonstitution „Gaudium et spes" in die Wege geleitet würden. Gegen die sich sofort erhebenden scharfen Kritiken trat der Klerus auf die Seite des Bischofs[4].

Im Juli 1969 weigerte sich die dominikanische Regierung, den Patres Sergio Figueredo SJ und Graciano Varona OSB eine Einreisegenehmigung zu erteilen. Trotz der Intervention des Nuntius und der Bischöfe blieb die Regierung bei ihrer Haltung; dies veranlaßte die Jesuiten, ihre Stellungnahme zu dem Vorfall bekanntzugeben. Sie bescheinigten Pater Figueredo Treue in seiner Aktivität gegenüber den Normen und dem Geist der Kirche. „Unsere Haltung", so die Jesuiten, „ist die des Dienens; sie beruht auf dem Evangelium und auf der Lehre der Kirche, hat keinen parteipolitischen Bezug und ist frei von der Ausübung irgendeines Drucks im zivilen Lebensbereich; sie will nur das persönliche und gemeinschaftliche Bewußtsein herausfordern. Wir sind bereit, diese Erneuerung durchaus als Beweis unseres Dienstes am Volk Gottes in der Dominikanischen Republik durchzuführen."[5]

Kardinal Octavio Antonio Beras Rojas, Erzbischof von Santo Domingo, stellte während der römischen Synode von 1974 die kirchliche Situation in der Republik so dar: Die Lehrgänge zur Vorbereitung auf Taufe und Ehe haben einen großen Aufschwung erfahren. Da der Problematik der „Liberación" als Ausdruck des christlichen Vorhabens eine große Bedeutung zukommt, sind zwei Formen von Seelsorgetätigkeit gestartet worden: mit der ersten wird der Sinn für menschliche Brüderlichkeit und Gotteskindschaft geweckt, mit der zweiten wird die „Liberación" empfohlen, die die Kirche glaubwürdiger und die Präsenz Gottes in der Gesellschaft deutlicher erscheinen läßt. Um die Teilnahme der Laien an der Evangelisierung zu intensivieren und somit den Mangel an Priestern zu mildern, hat man den „Versammlungspräsidenten" ins Leben gerufen. Der Bischof beauftragt eigens vorbereitete Laien mit der Aufgabe, „eine Ver-

[3] Estudios 469, 40–44.
[4] Sic 32, 188–194.
[5] SEDOC 3, 361–364.

sammlung zu organisieren und ihr zu präsidieren". Dabei sollen sie das Wort Gottes erläutern, die Kommunion spenden und, wenn sie dazu befähigt sind, für das geistige und materielle Wohl der Gemeinde sorgen und den Kranken die Eucharistie bringen. Der Präsident, der von einem Rat unterstützt wird, kann ledig oder verheiratet sein, muß aber eine bestimmte Reife aufweisen, praktizierender Katholik sein, über ausreichende Geldmittel verfügen, die Zustimmung der Gemeinde erhalten und sich in Katechese-Lehrgängen mit insgesamt 280 Stunden vorbereiten. Diese neue Institution hat bessere Ergebnisse gebracht als der Diakonat von verheirateten Personen. Gute Ergebnisse haben auch die monatlich zweimal stattfindenden Familientreffen erzielt, die unter der Leitung eines gut vorbereiteten Moderators stehen. Ein nationales Institut legt jährlich das Programm fest und gibt Anleitungen und Richtlinien für die Durchführung[6].

Panama

Panama hat eine Gesamtfläche von 75 650 km² und ca. 1 500 000 Einwohner, davon 18 Prozent Kreolen, 10 Prozent Indianer, 52 Prozent Mestizen, 15 Prozent Neger und 5 Prozent Mulatten; 1971 waren 85,5 Prozent Katholiken.

Die Lage der Kirche

Das Land umfaßt die Erzdiözese von Panama, die Diözesen von Chitré, David, Santiago de Veraguas, die Prälatur von Bocas del Toro und das Apostolische Vikariat von Darién[1]. Es bestanden 1971 102 Pfarreien. Der Priesternachwuchs ist unzureichend: von 1940 bis 1950 wurden 7 Priester, von 1951–1960 11 Priester und von 1961–1964 3 Priester geweiht. Auch die Ordensberufe sind selten. Von den 1967 vorhandenen 148 Ordensgeistlichen waren die Mehrzahl Ausländer; dasselbe gilt für die 53 Koadjutoren und für die 364 Ordensschwestern. Die privaten Bildungseinrichtungen sind in der Regel in Händen von Ordensangehörigen[2].

Auf nationaler Ebene üben Tätigkeiten aus: die Katholische Aktion; die Vereinigung katholischer Frauen mit Niederlassungen im ganzen Lande; die christliche Familienbewegung, die Katechetenschule, die die Ausbildung von Lehrern für den Religionsunterricht besorgt; die Marianische Kongregation Stella Maris; das Sekretariat für soziale Lehrgänge. Das katholische Zentrum der Erz-

[6] Osservatore Romano, 2. 10. 1974.

[1] Annuario Pontificio 1977, 953; Anuario eclesiástico de Panamá (1965) 18–36 129–170.

[2] Die Angaben über den Klerus der einzelnen Jurisdiktionsbezirke, ebd., 23–62.

diözese ist Kristallisationspunkt aller apostolischen Bemühungen. Ferner sind zu nennen: die päpstlichen Missionswerke; das Sekretariat für den christlichen Glauben mit 62 Zentren in Chiriqui, 62 in Santiago und 64 in Panamá; das katholische Auswanderungswerk; Radio Hogar[3].

Soziale Aufwertung

Im Anschluß an sein Treffen vom 19. bis 21. Februar 1968 in Colón verkündete der Episkopat die verabschiedeten Beschlüsse, die sich mit der sozialen Lage im Lande befassen, und kündigte eine nationale Synode unter Teilnahme von Laien zum Ende des Jahres an. Als unvereinbar mit der kirchlichen Soziallehre bezeichneten die Bischöfe die Tatsache der Konzentration von Landbesitz in wenigen Händen, während die Mehrheit der Landbevölkerung in Armut lebt. Die Christen, die wirtschaftlich gut gestellt sind, werden daran erinnert, daß der Glaube sich in Taten ausdrücken muß. Arbeiter und Bauern werden ermuntert, ihre spärlichen Mittel für die Erziehung der Kinder aufzuwenden und auf unnötige Ausgaben zu verzichten. Im Hinblick auf den bevorstehenden Wahlkampf weisen die Bischöfe auf die Gefahr hin, daß durch Beschuldigungen von der einen oder anderen Seite Familien auseinandergerissen werden könnten. Die für die Kommunikationsmittel – Presse, Rundfunk und Fernsehen – Zuständigen werden von den Bischöfen an ihre Verantwortung erinnert, die verlangt, daß sie bei der Darstellung von Ereignissen trotz persönlicher Stellungnahme Objektivität wahren. Sie machen ferner darauf aufmerksam, daß die kirchlichen Feste keine geeigneten Gelegenheiten zu politischen Betätigungen sind[4].

Religiöses Leben in Mittelamerika und Panama

Die Bischöfe Mittelamerikas und Panamas veranstalteten in Panama vom 16. bis 20. März 1970 das erste Besinnungstreffen. Dabei wurden folgende Themen behandelt: Fehlen geistlicher Berufungen; die Erneuerung und Anpassung des religiösen Lebens; Fehlen von Oberen bei den meisten einheimischen Kongregationen; Spannungen zwischen einheimischen und fremden Priestern; Verlangen der Ordensschwestern nach mehr Autonomie zur Lösung ihrer Probleme; Apathie gegenüber der Landeskonferenz der Orden, insbesondere der Männer[5].

Festnahme und Ausweisung von Pater Luis Medrano SJ

Anläßlich der Festnahme und Ausweisung von Pater Luis Medrano SJ, Leiter von Radio Hogar in Panamá City, hielt Monseñor Marcos Gregorio McGrath

[3] Ebd., 56–62.
[4] SEDOC 2 (August 1968) 237–240.
[5] SEDOC 3 (September 1970) 347–354.

CSC, Erzbischof von Panama, im Laufe einer vom Fernsehen übertragenen Messe eine Ansprache, die sich mit diesem Vorfall befaßt. Er stellte die Ausweisung von Medrano als Zeichen für die Aufhebung der Redefreiheit in Panama dar und beanspruchte für die Kirche die Freiheit, die ihre Aufgabe verlangt. Die harte Wahrheit sei, daß oft in einer Demokratie die Rechte aller zu Privilegien von wenigen würden; diese wenigen verhinderten unter Ausübung ihrer politischen und wirtschaftlichen Macht die notwendigen Reformen. Die Kirche spreche sich offen aus für eine Entwicklung zugunsten aller Menschen und beanspruche für jeden Menschen ein Minimum von Meinungsfreiheit, die Unantastbarkeit der Wohnung und „einen fairen Prozeß im Falle einer Festnahme“[6].

Die Kirche und die Reform der nationalen Verfassung

Angesichts der angekündigten Verfassungsreform beschlossen die Bischöfe am 27. Juni 1972 eine Stellungnahme für die in der Verfassung verankerten menschlichen Werte. Sie wiesen darauf hin, daß die Mehrheit der Bevölkerung – Eingeborene, Bauern und Empfänger von Sozialunterstützungen – berücksichtigt werden müsse. Sie bildeten die Mehrheit, und diese Mehrheit verlange Priorität. Sie müsse die Möglichkeit erhalten, am politischen Leben teilzunehmen, sich der Einrichtungen der Gesundheitsfürsorge und der Erziehung zu bedienen und Arbeitsplätze zu erhalten. § 36 der jetzt gültigen Verfassung erkennt die katholische Religion als die Religion der Mehrheit der Bevölkerung an; die katholische Religion wird in den Schulen unterrichtet. Die Teilnahme der Schüler an Kultakten ist keine Pflicht, wenn von den Eltern oder deren Vertreter es so gewünscht wird. Diese Regelung wird von den Bischöfen als eine Anerkennung der Kirche innerhalb des nationalen Gefüges betrachtet[7].

Nach neun Monaten des Schweigens hielt der Erzbischof Marcos Gregorio McGrath am 23. August 1972 anläßlich einer Protestmesse, die von einer Laiengruppe organisiert wurde, um ihre Sympathie gegenüber dem Erzbischof kundzutun, der Zielscheibe einer Diffamierungskampagne der Presse geworden war, eine Ansprache. Ihm war vorgeworfen worden, daß er zu intellektuell, zu unentschieden, kein Panamese, ein Freund von Politikern und Reichen und ein Feind des Regimes sei; er sei Bischof für Konzilien und für Konferenzen in Medellín. Der Bischof nahm zu all diesen Punkten folgendermaßen Stellung: „Ich bitte alle meine Priesterbrüder, die mitwirkenden Laien und alle anderen, daß sie Verständnis und Entschuldigung für meine Fehler aufbringen; ich meinerseits versuche, die der anderen zu verstehen und zu vergeben, obwohl dies mir nicht immer gelingt. Sie sind mir wahre Brüder.“[8]

[6] Ebd., 361–364.
[7] SEDOC 5 (Januar 1973) 875–880.
[8] Ebd., 880–888.

Nicaragua

Die Republik Nicaragua hat eine Gesamtfläche von 139000 km² und 1800000 Einwohner, d.h. rund 12 Einwohner/km²; davon 17 Prozent Kreolen, 5 Prozent Indianer, 9 Prozent Neger und 70 Prozent Mestizen. Andere Quellen verzeichnen 7 Prozent Kreolen, 50 Prozent Mestizen und ca. 33 Prozent Indianer. Die wichtigsten Erzeugnisse sind Kaffee, Baumwolle und Bananen. Das Land ist auf die Landwirtschaft angewiesen[1]. Durch die Bulle „Quam iuxta" vom 2. Dezember 1913 trennte Pius X. Nicaragua von der Erzdiözese Guatemala ab und bildete die neue kirchliche Provinz Nicaragua. Zur Zeit hat die Erzdiözese (Managua) die Suffragane Estelí, Granada, León und Matagalpa, die Prälatur von Juigalpa und das Apostolische Vikariat von Bluefields[2].

Apostolische Aktivitäten

Mehrere Institutionen beteiligen sich an der nationalen Seelsorge: die Bischofskonferenz, das nationale Seminar, das Werk für die kirchlichen Berufungen, die Freunde des Seminars, die päpstlichen Missionswerke, die Konferenz der Ordensmitglieder Nicaraguas (CONFER), die christliche Familienbewegung, die sozialen Kommunikationsmittel, darunter der katholische Rundfunk Nicaraguas und die Rundfunkschulen.

Die wichtigsten kulturellen Einrichtungen sind die Mittelamerikanische Universität, gegründet 1961 und betreut von den Jesuiten, mit Fakultäten für Jura, Geisteswissenschaften, Pädagogik, Ingenieurwesen, Wirtschaftswissenschaften, Tierheilkunde und Zootechnik, und mit dem Institut „Mater ecclesiae" für religiöse Kultur.

Laut Schematismus von 1967 gab es in der Republik 13 männliche Ordensgenossenschaften und die Brüder der christlichen Schulen, 20 weibliche Genossenschaften, die ihre Aktivität in Pfarreien, Kapellen, Schulen, sozialen Werken, Polikliniken und Krankenhäusern entfalten. Die übrigen sechs Jurisdiktionsbezirke haben zwischen 9 und 21 Pfarreien und ein entsprechendes Schulwesen[3].

Landesverfassung

Da die Verfassunggebende Versammlung von einer radikalen Gruppe beherrscht wurde, trat am 14. April 1939 die neue Verfassung in Kraft, in der der Name Gottes nicht vorkommt. Der Staat hat keine offizielle Religion; die laizistische Schule wird in den vom Staat und den Kommunen getragenen Lehreinrichtungen institutionalisiert. Das erklärt katholische Land sprach sich für die

[1] Vgl. Diccionario de historia de España. Nicaragua (época independiente) III, hrsg. von *G. Bleiberg* (Madrid ²1969) 38–41.

[2] Annuario Pontificio 1977, 953; Anuario eclesiástico de Nicaragua (1967) 15.

[3] Anuario eclesiástico de Nicaragua (1967) 19–25.

privaten Ordensschulen aus, in denen die Anzahl der Schüler sprunghaft anstieg; selbst die Gegner schickten ihre Kinder in diese Schulen. Die bekanntesten Schulen im Lande sind das Colegio Centroamericano del Sagrado Corazón de Jesús, von Jesuiten betreut, und das Instituto Pedagógico de Varones unter der Leitung der Schulbrüder; beide befinden sich in Managua[4].

Aktivität der Kirche

In einem Hirtenbrief vom 19. Februar 1972 an Priester, Gläubige und Mitbürger bemerken die Bischöfe, daß die Kirche selbst auf der politischen Bühne eine Botschaft zu verkünden hat, denn Gegenstand der Politik ist der Mensch mit all seinen Rechten und Pflichten, die geschützt werden müssen. Die Bischöfe wollen das politische Betätigungsfeld der Kirche und die Aufgabe von Bischöfen und Priestertum, „zum Zweck des Friedens und der Gerechtigkeit zu arbeiten mit allen Mitteln, die im Einklang mit dem Evangelium stehen", als Beitrag zur Instaurierung einer gerechteren Ordnung verstanden wissen, insbesondere dort, wo die menschlichen Probleme am schwierigsten sind. Die Kirche – so die Bischöfe – schlägt Prinzipien vor, die aus dem Glauben hervorgehen, befürwortet einen Wechsel der Strukturen und der Ideen und spricht sich für kühne Erneuerungen und eine gerechtere Ordnung aus. Die Bischöfe verlangen für jeden Mitbürger die Möglichkeit der freien Entscheidung, ohne Angst vor Repressalien und einen garantierten Gesetzesschutz für jedermann. Sie befürworten weiterhin das Zustandekommen von Genossenschaften, Gewerkschaften usw., ferner freie politische Wahlen in Kanton und Gemeinde. Diese Forderungen sind unabdingbar, wenn eine bessere Welt aufgebaut werden soll[5].

Honduras

Die Republik Honduras hat nach dem Stand von 1972 eine Gesamtfläche von 116160 km² und 2975985 Einwohner, davon 2440000 Katholiken (1971). Kirchliche Einteilung: die Erzdiözese von Tegucigalpa mit den Diözesen Comayagua, San Pedro Sula, Santa Rosa de Copán und die Prälaturen von Choluteca und Inmaculada Concepción de la B.V.M. in Olancho. Die Erzdiözese Tegucigalpa hat drei Bezirke und 37 Pfarreien mit 17 eigenen und 25 fremden Priestern, hinzu kommen 52 Ordensbrüder; die Diözese Santa Rosa de Copán hat 25 Pfarreien, 4 Vikariate und 4 Kapellen, von einer geringen Priesterzahl betreut; die Diözese San Pedro Sula hat 16 Pfarreien mit Filialen und etwa 40 Priester, die Diözese Comayagua 10 Pfarreien mit 15 Priestern. Die Prälatur

[4] Revista Javeriana 13 (1940) 301f.

[5] Christus 446 (Januar 1973) 46–50; SEDOC 5 (November 1972) 606–614; SEDOC 6 (Oktober 1973) 493–500.

Choluteca zählt 16 Pfarreien mit rund 40 Priestern, die Diözese Olancho 7 Pfarreien mit 22 Priestern. Die Ordensbrüder zur Betreuung von Pfarreien, Kapellen und Schulen sowie die Schwestern für Schulen und Fürsorgeeinrichtungen sind über das ganze Land verteilt[1].

Die Caritas von Honduras widmet sich mehreren Aufgaben: das Selbstbewußtsein des armen Menschen zu wecken, seine reale Lage und die die Entfaltung seiner Persönlichkeit hemmenden Ursachen zu erforschen; Impulse zu geben und Gemeinschaftsaufgaben unter Einschaltung neuer Formen der Zusammenarbeit anzugehen. Die soziale Betreuung ist Bestandteil der Seelsorge: unmittelbare Hilfe für die unteren Schichten; Resozialisierung und Eingliederung in die Gemeinde; Unterstützung in lokalen und nationalen Belangen, bei Naturkatastrophen oder ähnlichen Notständen[2].

Die Rundfunkanstalt von Suyapa ist eine nationale Institution privaten Charakters mit dem Ziel, bei der Landbevölkerung und später bei der Stadtbevölkerung das Bewußtsein als Mensch in der Gesellschaft zu wecken. Jeder einzelne soll seine Rolle als Mitglied in der Familie und in der Gesellschaft auf allen Ebenen kennenlernen. Die Ziele dieser kulturellen Kommunikation bestehen nicht darin, Lesen, Schreiben und Rechnen zu erlernen und Grundkenntnisse der Religion oder der Hygiene zu erwerben, sondern die Bauern dazu zu bringen, sich ihrer eigenen Möglichkeiten bewußt zu werden und aktiv am Entwicklungsprozeß der Gesellschaft, Kirche und Nation teilzunehmen. Die Lösung dieser Erziehungsaufgabe ist von entscheidender Bedeutung. Die Lehrgänge über die christliche Lehre ziehen Mitarbeiter für die Seelsorge heran. Der Koordinationsrat überwacht die methodische Tätigkeit, veranstaltet technische Studien und bemüht sich um die Finanzierung. Das Katechesezentrum, das sich mit der Ausbildung von Katechisten befaßt, stellt das notwendige didaktische und informative Material zur Verfügung. Die christliche Familienbewegung versucht die Familien zusammenzuführen, um die menschlichen und christlichen Werte der Familie zur Geltung zu bringen. Zur Förderung der Bibelkenntnis in Basisgemeinden werden in Anlehnung an die heutige Situation der Kirche Laien ausgebildet. Um die Reifung der Jugend zu unterstützen, fördert die Kirche Pfadfinderbewegungen. Die Legion Mariens unterstützt die Seelsorgeaufgaben[3].

Die Stimme der Bischöfe

In einer Botschaft an die Bevölkerung vom 4. September 1969 nehmen die Bischöfe Stellung zur Lage des Landes: „Die schmerzlichen Zwischenfälle in unserer Heimat zwingen uns, darüber nachzudenken und aktiv zu werden. Nie-

[1] Annuario Pontificio 1977, 953; Anuario de la Iglesia de Honduras (1973) 3–6.
[2] Anuario de la Iglesia de Honduras (1971).
[3] Ebd.

mand ist frei von Schuld an den sozialen Ungerechtigkeiten, der Nichtachtung der Menschenwürde und der persönlichen Freiheit. Es ist die Pflicht aller Bürger, am Wiederaufbau der Heimat auf allen Gebieten und ohne Haß mitzuwirken, denn jedesmal, wo gehaßt wird, verursacht man die Selbstvernichtung." Die Bischöfe richteten einen Appell an die Journalisten und Rundfunksprecher, diese Richtlinien aufzunehmen und zu verbreiten[4].

Landbesetzung

Im Oktober und November 1969 besetzten 19000 Landarbeiter die Großgrundbesitze im Süden von Honduras. Eine Gruppe von Besitzern verlangte eine Stellungnahme der Kirche. Der Bischof von Choluteca erkannte die schwierige Problematik des Falles und die weittragende soziale Auswirkung; er wollte aber die Landbesetzung weder gutheißen noch verurteilen. „Nicht die Gewalttätigkeit soll das Auseinandersetzungsmittel unter Menschen sein", so zitierte der Bischof Papst Paul VI. nach seinem Besuch in Afrika, „sondern der Verstand und die Liebe; es darf nicht mehr heißen: Mensch gegen Mensch, sondern Mensch für den Menschen und mit dem Menschen[5].

Die Bischofskonferenz erinnerte am 8. Januar 1970 daran, daß die Kirche neben ihrer wichtigsten Aufgabe, um die Erlösung der Seele besorgt zu sein, sich gleichzeitig um die menschlichen Belange des täglichen Lebens zu kümmern habe. Zutiefst bewegt durch die Not einiger Teile der Bevölkerung aufgrund von Krieg, Überschwemmungen, Landbesetzung, Gewalttätigkeit oder Armut, erläuterten die Bischöfe ihre eigenen Vorstellungen über die gegenwärtige soziale Lage im Lande[6]. Angesichts der durch erneute Landbesetzungen verschärften Lage in der Landwirtschaft nahm der Episkopat 1972 Stellung gegenüber Verlautbarungen, die die Kirche für diese Lage verantwortlich machen wollten. Die Kirche erkenne theoretisch und praktisch den privaten Besitz an, aber auch die Notwendigkeit, daß der Besitz sich auf alle sozialen Schichten verteilen sollte. Die Kirche könne die Gewalt nie gutheißen, denn diese sei keine menschliche oder christliche Lösung. Sie unterstütze keine politische Partei, auch nicht die Christdemokraten, wie einige meinen, und ließe keine unterschiedliche Behandlung von einheimischen und ausländischen Priestern zu[7].

[4] SEDOC 2 (Januar 1972) 926–928.
[5] SEDOC 2 (Juni 1970) 1595–1598.
[6] SEDOC 3 (Februar 1971) 1007–1013.
[7] SEDOC 5 (Januar 1973) 887f.

El Salvador

El Salvador hat eine Gesamtfläche von 21 146,08 km² und 3 480 281 Einwohner (Volkszählung Oktober 1970). Die durchschnittliche Einwohnerzahl beträgt 58,8 Einwohner/km². Etwa zwei Drittel der Bevölkerung leben in ländlichen Gebieten.

Die Republik umfaßt die Erzdiözese San Salvador und die Diözesen San Miguel, Santa Ana, Santiago de María und San Vicente[1]. Im Lande befinden sich nach einer Statistik von 1969 200 Pfarreien mit durchschnittlich 17402 Einwohnern je Pfarrei, 219 Weltgeistliche und 218 Ordensgeistliche. Die Erzdiözese San Salvador und die Diözese von San Vicente sind mit Pfarreien und Priestern verhältnismäßig besser ausgestattet als die übrigen Diözesen. Von den 437 Geistlichen sind 226 in El Salvador geboren (189 Weltgeistliche und 37 Ordensgeistliche), also 52 Prozent. 1970 studierten nur 31 Seminaristen Theologie und 91 Philosophie. Die priesterlichen Berufungen nehmen weiter ab. Das Land hat einen jährlichen Bevölkerungszuwachs von ca. 120 000 Personen. Um das jetzige Verhältnis von ca. 8000 Einwohner je Priester aufrechtzuerhalten, wären 15 Neupriester jedes Jahr nötig; zur Zeit aber treten nur acht ihr Amt an.

Die Ordensleute wirken bei der pastoralen Arbeit mit; ebenso Laien, die in schulischen Einrichtungen im ganzen Lande eine solche Tätigkeit ausüben. Insgesamt sind 29 Frauenorden mit 641 Schwestern, 127 Studierenden, 33 Novizinnen und 10 Anwärterinnen tätig; sie betreuen zusammen mit den Männerorden die Mehrzahl der privaten Lehranstalten und alle Arten von Fürsorgeeinrichtungen. Die Tatsache, daß eine große Zahl von Ehen nicht kirchlich geschlossen wird, ist auf die sozio-kulturelle Lage oder auf den Priestermangel zurückzuführen[2].

Institutionen auf nationaler Ebene sind: die Vereinigung der Ordensmitglieder, gegründet am 27. August 1966 als Zentrale der religiösen Orden; das nationale Seminar „San José de la Montaña" mit philosophischer und theologischer Fakultät unter Leitung der Jesuiten; die Universität „José Simón Cañas"; überdiözesan sind ferner das Generalsekretariat für die Pfarrschulen, der gemeinnützige Verein „Fe y Alegría" für die Gründung schulischer Einrichtungen, das von „Opus Dei" geleitete Studentenwohnheim „Doble Via" u. a.[3]. Die alten Vereinigungen der Laien wie „Guardia del Santísimo", „Hijas de María", „Caballeros adoradores" sind durch neue ersetzt worden, z. B. die Legion Mariens, die christliche Familienbewegung u. a., bei denen der Priester nicht mehr Leiter, sondern Ratgeber ist. In allen Diözesen existiert mindestens eine Einrichtung für die Ausbildung der Laien[4].

[1] Annuario Pontificio 1977, 952.
[2] III Anuario eclesiástico de El Salvador (1970) VII–XVI.
[3] Ebd., 33–45.
[4] Ebd., 45–56.

Das Landproblem und die Stellungnahme der Priester

Mitte 1970 nahmen vierzig Priester Stellung zur Situation im Lande. Dabei stützten sie sich auf folgende Daten: 89 Prozent der bearbeiteten Fläche befinden sich in Händen von 22 Prozent der Besitzer und der Exportfirmen. Dieser Besitz umfaßt 50 Prozent der Küstengebiete, die reichsten und mit den besseren Verkehrsverbindungen, während 700000 ha brachliegen. Die restlichen 11 Prozent des bebaubaren Bodens wird von 78% der Besitzer gehalten, die über keine ausreichenden Mittel verfügen. Die Landarbeiter leben in einem patriarchalischen System, unfähig, eigene Verantwortung zu übernehmen. Sie erhalten Hungerlöhne, wohnen in Hütten oder in ungesunden Behausungen, ohne ausreichende Lebens- und Informationsmittel und ohne jeglichen Kontakt zur Kultur. Viele wandern in andere Länder aus, bedingt durch die Konzentration des Bodens in den Händen von wenigen und den beschleunigten Zuwachs der Bevölkerung. Im Hinblick auf diese Zustände machen die Priester folgende Gesichtspunkte geltend: Es gibt keinen unbedingten Rechtsanspruch auf Besitz; der Landarbeiter muß für seine eigene menschliche Bildung kämpfen, und alle hierzu notwendigen Kräfte von Lehrern, Priestern und Landexperten usw. müssen ihn unterstützen; der Staat muß ihn auch in seiner Gesetzgebung berücksichtigen und die gesetzlichen Voraussetzungen schaffen. Die Kirche muß jene Bestrebungen vordringlich unterstützen, die dieser Aufgabe dienen, wie z.B. die Vereinigung von christlichen Landarbeitern, Genossenschaften usw. Die Priester sind der Auffassung, daß die Landreform einen Teil der Strukturerneuerung im Lande beinhaltet[5].

Gegen Gewaltanwendung

Angesichts der gegen Priester, Zivilpersonen und Militärs verübten Folterungen, Ermordungen, Entführungen und anderen Gewalttaten veröffentlichen die Bischöfe am 28. Februar 1971 ein Rundschreiben: Gewaltanwendung kann niemals christlich sein, sie widerspricht der christlichen Botschaft, die für Frieden und Liebe plädiert[6].

Seminar für priesterliche Berufungen

Am 19. September 1972 weihten die Franziskaner in San Salvador das neue Seminar „Fray Junípero Serra" ein als Antwort auf eines der dringlichsten Probleme des Episkopats zur Förderung der priesterlichen Berufungen[7].

[5] Christus, 423, 7f.
[6] SEDOC 4, 251–254.
[7] AICA, Jhg. 17, 829, 19f.

Das Abtreibungsgesetz

Die Bischöfe verurteilten 1973 in einem Hirtenbrief die Legalisierung der Abtreibung, nachdem das Strafgesetzbuch sie „als nicht strafbar" bezeichnet hatte. Die Bischöfe lehnen die Abtreibung ausdrücklich ab, wenn sie unter Umständen durchgeführt wird, die die christliche Moral nicht akzeptieren kann[8].

Guatemala

Guatemala hat eine Gesamtfläche von 108 889 km² mit ca. 5 000 000 Einwohnern, darunter (1974) 4 347 000 Katholiken. Die kirchliche Verwaltung gliedert sich folgendermaßen: Erzdiözese Guatemala mit den Diözesen von Huehuetenango, Jalapa en Guatemala, Quezaltenango, San Marcos, Santa Cruz del Quiché, Solola, Vera Paz und Zacapa; die Prälaturen von Escuintla und Santo Cristo de Esquipulas und die Apostolischen Administrationen von El Petén und Izabal[1]. Kirchliche Organisationen: Nationales katholisches Sekretariat; Nationales Seminar in der Hauptstadt; Caritas; Päpstliche Missionswerke; katholische Universität „Rafael Landívar", geleitet von den Jesuiten; Nationales Katechesezentrum; Zentren für Jugendschutz und gemeinsame Seelsorge. Unter den Bewegungen des Laienapostolats sind die wichtigsten: Katholische Aktion, christliche Familienbewegung, Nationalsekretariat für christliche Lehrgänge, Marianische Kongregationen und Gebetsapostolat[2].

Die Ordensangehörigen Guatemalas, organisiert in der „Conferencia de religiosos y religiosas de Guatemala" (Confregua), haben das höhere Institut für religiöse Kultur „Regina Coeli" gegründet mit 24 Instituten für Ordensbrüder und 39 für Ordensschwestern (Schematismus für Guatemala von 1971). Es gibt 387 Priester, 51 Koadjutoren und 91 in der Lehre tätige Brüder.

In der Republik gibt es 141 Pfarreien, 96 Kapellen, 105 mittlere Schulen, 73 Schulen, 4 Waisenhäuser, 402 Zentren für Analphabeten, 1 Schule für landwirtschaftliche soziale Dienste, 1 Institut für katholische Bildung, 3 Rundfunkschulen, 602 Katechesezentren, 5 Rundfunksender. Zwei Stunden in der Woche sind für katholische Fernsehsendungen reserviert[3].

[8] AICA, Jhg. 17, 864, 23 f.

[1] Annuario Pontificio 1977, 953.

[2] Guía de la Iglesia de Guatemala (o. J.) 29–38.

[3] Ebd., 43.

Spannungen

Drei Priester und eine Schwester mußten Guatemala wegen Zusammenarbeit mit den Guerillas verlassen. Zwei der Priester waren leibliche Brüder und gehörten der gleichen Kongregation an: Tomás und Arturo Melville. Tomás nahm in einem Brief vom 20. Januar 1968 zu seinem Ausschluß aus der Maryknoll-Kongregation Stellung. Um der Armut und der traurigen Lage Lateinamerikas, an denen nach Meinung Melvilles die kirchliche Obrigkeit schuld ist, ein Ende zu bereiten, gebe es nur den Weg der bewaffneten Revolution. Im Einvernehmen mit seinem Bruder Arturo sagt er: „Wir begannen damit, den Indianern deutlich zu machen, daß niemand, außer ihnen selbst, ihre Rechte verteidigen würde. Wenn die Regierung und die herrschende Schicht Waffen verwenden, um sie, die Indianer, in Armut zu halten, so haben sie das Recht, zu den Waffen zu greifen, um ihr von Gott gegebenes Recht, Mensch zu sein, zu verteidigen. Wir und alle unsere Anhänger wurden als Kommunisten betrachtet und durch unsere religiöse Obrigkeit und den amerikanischen Botschafter aufgefordert, das Land zu verlassen. So taten wir es. Aber ich sage, ich bin genauso ein Kommunist, wie Jesus einer war. Was ich getan habe, habe ich getan, und ich werde so weitermachen, der Lehre Christi folgend und nicht der von Marx oder Lenin. Und ich sage weiter, daß wir mehr sind, als die Hierarchie und die USA-Regierung denken. Wenn der Kampf offen wird, wird die ganze Welt erfahren, daß wir weder für Rußland noch für China, noch für ein anderes Land kämpfen, sondern für Guatemala." Der Generalobere von Maryknoll erklärte dazu: „Die Aktivitäten der Patres Tomás und Arturo Melville stellen eine persönliche Einmischung von amerikanischen Bürgern in interne Angelegenheiten eines Gastlandes dar. Da sie es abgelehnt haben, in die USA zurückzukehren, um über die in Guatemala geleistete Arbeit zu diskutieren, und weil sie auch ablehnten, der Bitte ihres Vorgesetzten in Guatemala Folge zu leisten, wurden sie von ihrem Amt als Priester suspendiert[4].

Monseñor Mario Casariego, Erzbischof von Guatemala, richtete an seine Gläubigen zu Ostern 1968 einen Pastoralbrief mit einer Einladung zu Buße, Gebet und Barmherzigkeit, um die vielen eigenen und fremden Sünden wiedergutzumachen. Er wurde am 16. März verhaftet, vermutlich wegen dieses Briefes[5].

Pastorale Richtlinien

Zu einer für die Kirche Guatemalas schwierigen Zeit legten die Bischöfe am 6. Januar 1970 ihre pastoralen Grundsätze in drei Thesen fest: Evangelisierung und Katechese, menschliche Aufwertung und Apostolat. Für die Evangelisie-

[4] SEDOC 4 (Oktober 1968) 585–595.
[5] Ebd., 595–600.

rung sollte insbesondere das Katechesedepartement des national-katholischen Sekretariats dienen. Für die menschliche Aufwertung verlangten sie, daß Priester, Ordensmitglieder und Laien sich mit der einfachen Bevölkerung beschäftigen; die Bischöfe sind bereit, diese Anstrengungen zu unterstützen, vor allem im Falle der Verfolgung durch die Justiz, vorausgesetzt, daß sie im Einklang mit dem Evangelium stehen. Im Apostolat setzen sie sich für die Zusammenarbeit aller Priester, Ordensmitglieder und Laien ein und erinnern daran, daß die Kirche sich niemals in politische Aktivitäten einmischen soll. Priester oder Mitglieder apostolischer Bewegungen, die ihre Stellung für eine politische Aktivität ausnützen, würden ihre Seelsorgeaufgabe verfehlen und der Kirche großen Schaden zufügen[6].

Der Christ und die politische Aktivität

Ausgehend davon, daß die Wahlbeteiligung eine Gewissenspflicht ist, erinnerte der Episkopat in einer neuen Botschaft vom 28. Mai 1970 die Priester und Mitarbeiter der Kirche daran, daß die Kirche als solche fern von jeder parteipolitischen Betätigung bleiben solle und sie deshalb in Guatemala keinerlei Verpflichtungen mit den politischen Parteien eingegangen sei bzw. daß sie kein Interesse daran hätte, ob dieser oder jener Kandidat den Wahlsieg erringe[7]. Im Namen der Kirchenprovinz Guatemala erklärten der Vorsitzende und der Sekretär der Bischofskonferenz am 5. Februar 1971: „Für eine Heimat, die wir mehr lieben als uns selbst und die sich in einem Chaos von Unruhe und Schmerz befindet, lehnen wir als Christen jede Form der Gewalttätigkeit ab und verurteilen sie.“[8]

Mexiko

Mexiko hat eine Gesamtfläche von 1963000 km² und 47300000 Einwohner (1969), davon 97 Prozent Katholiken, wobei die Beziehungen zur Kirche sich meist auf die Taufe oder auf einen minimalen Kontakt im Laufe des Lebens beschränken[1]. Die zwei oder drei Millionen Indianer, in ihrer Mehrheit getauft, leben in einem bedauernswerten Abseits, obwohl in den letzten Jahren die Bemühungen von Ordensleuten diese Lage etwas gemildert haben[2]. Die Tatsache, daß über 70 Prozent der Bevölkerung Landwirte oder Arbeiter waren,

[6] SEDOC 2 (Juni 1970) 1589–1596.
[7] SEDOC 3 (Februar 1971) 1015–1020.
[8] SEDOC 4 (August 1971) 249–252.
[1] GIMC, 17–22.
[2] Ebd., 23.

gaben der Revolution von 1910 Auftrieb. Gleichzeitig ist ein marxistischer Einfluß durch das sogenannte „Haus des Weltarbeiters" (Casa del Obrero Mundial) und die anarchistisch-kommunistische Indoktrination durch Flores Magón festzustellen; das gleiche gilt für die sozialistischen Tendenzen durch die Schriften von Kropotkin, Proudhon oder Marx. Die Verfassung von 1917 wurde ein Sammelbecken der Volkswünsche, die in den „Sozialen Garantien" mündeten, wodurch der Staat Bauern und Arbeiter unterstützt, Opfer des orthodoxen Liberalismus[3]. Nach der UNO-Statistik (1976) betrug die Einwohnerzahl 58120000, davon 9 Prozent Indianer, 75 Prozent Mestizen, 10–15 Prozent Weiße.

In der ersten Dekade des 20. Jahrhunderts erlebte Mexiko eine Kirchenverfolgung. Die Bischöfe wurden, bis auf wenige Ausnahmen, festgenommen oder des Landes verwiesen, die Priester in den Jahren 1914/15 fast in ihrer Gesamtzahl im Gefängnis gehalten, die Ordensschwestern aus ihren Klöstern vertrieben, die Gottesdienste untersagt, die katholischen Schulen geschlossen und fast der gesamte Kirchenbesitz beschlagnahmt[4].

Verfassung von 1917

Die Verfassung von Querétaro vom 5. Februar 1917 legalisierte den Angriff auf die Kirche: Konfessionslose Schulen; Lehrverbot für Priester und Ordensmitglieder; Verweigerung der staatlichen Anerkennung für das Seminarstudium; Infragestellung des Zölibats und der Ordensgelübde; Verbot von religiösen Veranstaltungen außerhalb der Kirche und Kontrolle durch die Zivilbehörde; Verbot des Besitzes für die Kirche und ihre Organisationen; Enteignung alles direkten oder indirekten Kircheneigentums zugunsten des Staates; Entziehung aller politischen und zivilen Rechte der Priester; Verbot der katholischen Presse und aller Parteien, die eine Beziehung zur Kirche unterhalten[5].

Neue Verfolgung; Plutarco Elías Calles

Die Verfolgung setzte sich in den Jahren 1917 bis 1923 fort. Calles (1924–1928) verlangte die Anwendung der Verfassung von 1917. Die Katholiken gründeten die „Nationale Liga zur Verteidigung der religiösen Freiheit", die für sich Werbung betrieb und legale Proteste und Boykotts organisierte. Diese organisierte Opposition veranlaßte den Präsidenten dazu, drei neue Gesetze zu erlassen. Das zweite, genannt „Ley Calles", zwang den Episkopat dazu, alle kirchlichen Veranstaltungen mit Teilnahme von Priestern in allen Kirchen der Republik ab 31. Juli 1926, dem Datum der Gültigkeit des Gesetzes, einzustellen. Jetzt wurde

[3] *Vicens Vives*, Historia social y económica de España y América IV/2, 570–573; Fe y situación socio-política de México, Equipo del S.S.M., in: Christus 462 (Mai 1974) 46f.
[4] BMI, 355–361.
[5] Ebd., 361–371.

der Kampf auf beiden Seiten härter: die Regierung wendete das Calles-Gesetz an, die Katholiken gingen vom passiven zum aktiven bewaffneten Widerstand über. Während dieser Jahre (1926 bis 1929) hatte die mexikanische Kirche ihre Katakomben und Märtyrer: 78 Priester, Ordensleute und Laien wurden getötet. Trotzdem blieb sie mit wenigen Ausnahmen fest in ihrem Glauben und bildete eine geschlossene Front. Alle sozialen Schichten stellten sich der Verfolgung[6].

Wirtschaftsboykott; der Cristeros-Krieg

Viele katholische Organisationen, die von der „Liga“ betreut und geleitet wurden, planten einen Wirtschaftsboykott, um die Regierung zu zwingen, auf die Anwendung des Calles-Gesetzes zu verzichten. Mittel dazu waren der vollständige Verzicht auf alle Luxusartikel und eine Beschränkung in der Benutzung der Verkehrsmittel. Nachdem aber alle legalen Maßnahmen erschöpft waren, griffen die Katholiken zu den Waffen „in legitimer Verteidigung gegen eine ungerechte Tyrannei“. Die bewaffnete Bewegung war überall spontan und nahm ab Ende 1926 an Bedeutung zu. Sie wurde von der „Liga“ dirigiert, und ihre Anhänger nannte man „Cristeros“ wegen ihres Kampfrufs „Viva Cristo Rey“ und wegen der Kreuze, die sie am Halse trugen. Die Liga selbst nannte sie „Verteidiger“ und deren Armee „Nationalgarde“. Die Bewegung fand Zulauf aus über der Hälfte der Republikstaaten und zählte bis zu rund 20000 bewaffnete Männer. Exzesse kamen vor, aber im allgemeinen wurde mit Idealismus, Edelmut und Opferwilligkeit gekämpft. Die Kämpfer waren in der Regel jung; sie rekrutierten sich aus Studenten, Arbeitern und Landwirten. Es gab große Verluste; aber dieser Krieg hatte auch eine positive Seite, indem er das Bewußtsein der katholischen Mexikaner wachrüttelte und zu einem Modus vivendi führte, der nicht als Ergebnis des Krieges bewertet werden darf, sondern eher als zwangsläufige Übereinkunft[7]. Der Kampf war für beide Seiten hart. Emilio Portes Gil, Präsident von 1928 bis 1930, erklärte in der Presse, daß „es keine Auseinandersetzung gibt, die mit beiderseitigem gutem Willen nicht beigelegt werden kann“. Vertreter von Staat und Kirche kamen zu einer Vereinbarung, die von Papst Pius XI. 1929 ratifiziert wurde als das geringere Übel und um größeren Schaden, nämlich Verbot der Gottesdienste, zu vermeiden. Es gab Proteste und Unzufriedenheit auf beiden Seiten. Viele Katholiken meinten, das Erreichte stehe nicht im Verhältnis zu den erbrachten Opfern, während viele Anhänger der Regierung und die Freimaurer es als ein schwächliches Nachgeben des Präsidenten bezeichneten. Die vereinbarten Kompromisse wurden aber von der Regierung immer weniger eingehalten. Die Mehrheit der „Cristeros“ ergab sich, aber trotz Amnestie wurden einige ermordet oder hingerichtet. Andere führten den Kampf weiter oder nahmen ihn aufs neue auf. Die Kirche, bedrückt durch die Verfolgung, mußte weiterhin unfähig zusehen[8].

[6] Ebd., 373–412. [7] Ebd., 413–426.
[8] Ebd., 432f.; *D. Olmedo*, Mexico, Modern. New Catholic Encyclopedia IX, 780.

Päpstliche Dokumente

Pius XI. verfolgte mit Aufmerksamkeit die Ereignisse in Mexiko und bedauerte in seiner Enzyklika „Acerba animi anxietudo“ vom 29. September 1932 die Nichteinhaltung des ausgehandelten Modus vivendi durch die mexikanische Regierung. Er lobte den Klerus und das Volk von Mexiko und forderte die Katholiken des Landes auf, durch Gebet und Ausübung der katholischen Aktion „die heiligen Rechte der Kirche zu verteidigen“. Bei Regierung und Nationaler Partei fand das päpstliche Dokument keine gute Aufnahme, und die letzten Sätze wurden als Anstiftung zur Rebellion interpretiert. Als Folge davon wurde der Apostolische Delegat, Leopoldo Ruiz y Flores, zum dritten Mal des Landes verwiesen. Die Beschlagnahme von kirchlichem Besitz wurde durch den Präsidenten Lázaro Cárdenas (1934 bis 1940) fortgeführt, der außerdem anordnete, daß in allen Schulen Unterricht über die Lehre des Sozialismus, des Marxismus und Atheismus und Sexualkundeunterricht mit Wandtafeln zu erteilen sei. Diese Maßnahmen riefen eine Welle von Protesten hervor, und es wurde zeitweilig eine neue Auflage des blutigen Calles-Regimes befürchtet. Bald aber zeigte sich, daß solche unpopuläre Dekrete nur mit Gewalt durchführbar waren; die Regierung mußte nachgeben, und es gab wichtige Veränderungen im Kabinett. Der Antiklerikalismus führte jedoch seine Kampagne konsequent fort; sie gipfelte in der Schließung der Seminare.

Pius XI. verfolgte weiterhin die Entwicklung. In einem Brief vom April 1937 an die Mexikaner empfahl er ihnen, sich friedlich zu organisieren, die Katholische Aktion zu verbreiten und den Glauben zu bewahren. Obwohl der Papst die Legitimität des bewaffneten Widerstandes unter bestimmten Umständen zugab, so dürfe die Kirche als solche niemals diesen Weg beschreiten. Nachdem fast alle Seminare geschlossen waren, beschloß Pius XI. auf ein Angebot von amerikanischen Bischöfen hin ein Seminar in den USA zu gründen, das von Mexikanern besucht werden sollte, die in ihrem Lande keine Gelegenheit dazu hätten. Im. September 1937 wurde in Montezuma (New Mexiko) das „Päpstliche Nationale Seminar“ eröffnet, das von Jesuiten betreut wurde und aus dem zahlreiche Priester hervorgingen, die die Kirche in späteren Jahren prägen sollten[9].

Bilanz der Verfolgung

Die Kirche Mexikos blieb in ihrem Glauben geschlossen, aber durch die Verfolgung bedingt, konnte sie sich weder auf die Erziehung der Jugend noch auf die Verbreitung des Evangeliums oder der katholischen Soziallehre konzentrieren; die Sorge um die Indianer, die Land- und Industriearbeiter trat in den Hintergrund. Die Priester waren ständig bedroht und mußten sich auf das Notwen-

[9] Vgl. BMI, 433–437.

digste beschränken. Dennoch brachte die Verfolgung die Mexikaner dazu, die alten katholischen Werke zu erneuern und weiterzuentwickeln und andere neue zu erproben, und zu der Erkenntnis, daß die christlichen und evangelischen Prinzipien für eine lebendige, im Kampf stehende Kirche festverankert sein müßten[10].

Kirche und Staat seit 1940

Der General Manuel Ávila Camacho (1940 bis 1946) beendete die Verfolgung. Ohne die Verfassung zu ändern – es wurde nur der Paragraph über die Erziehung entschärft –, begann er eine Ära der Verbrüderung. Alle offiziellen Kreise waren der Überzeugung, daß, um den nationalen Fortschritt zu erreichen, der christliche Glaube des Volkes respektiert werden müsse. Wichtigste Elemente der kirchlichen Aktivität in ihrer Seelsorgeaufgabe waren die Katholische Aktion, gegründet 1928 während der Verfolgung, tausende von Katechetenzentren, zahlreiche Katechistenschulen und eine Journalistenschule. 1920 wurde die „Confederación Católica del Trabajo" gegründet, die bis zu 85 000 Mitglieder zählte, die „Liga Católica Nacional Campesina" der mittleren Klasse und andere religiöse, soziale und kulturelle Einrichtungen, verteilt über die ganze Republik[11].

Organisation der mexikanischen Kirche

Im ersten Quartal des 19. Jahrhunderts erlebte Mexiko, durch die Revolution bedingt, einen sozial-politischen und sozial-kulturellen Wechsel. Nach 1910 begann ein Industrialisierungsprozeß, der durch ausländische Kapitalanlagen begünstigt wurde. Heute ist Mexiko das lateinamerikanische Land mit der höchsten Produktionskapazität. Diese soziale Veränderung hat sich auch auf die kirchlichen Institutionen ausgewirkt, insofern, daß innerhalb dieser Institutionen eine Bewegung zu verzeichnen ist, die eine echt mexikanische Struktur, weniger nach dem kolonialen Modell ausgerichtet, anstrebt. Bis 1969 hatte Mexiko 11 Erzdiözesen, 47 Diözesen, 1 Apostolisches Vikariat, 1 Apostolische Präfektur und 4 Präfekturen nullius; 1974 waren es 49 Diözesen[12].

Um die schwierige Problematik der gemeinsamen Seelsorge zu bewältigen, haben sich die Bischöfe Mexikos in der „Unión de Mutua ayuda episcopal" (UMAE) zusammengeschlossen, einer nicht offiziellen Einrichtung, die sich der sozial-religiösen und sozial-wirtschaftlichen Forschung bedient, um die soziale und religiöse Lage der einzelnen Diözesen zu erkennen und einen realistischen und wirksamen Seelsorgeplan zu entwickeln. Ziel ist, die Seelsorge auf Grund

[10] Ebd., 434f; *D. Olmedo,* a.a.O., 780.
[11] GIMC, 41–45; *Vicens Vives,* a.a.O., 570–572.
[12] GIMC, 41–45; *Vicens Vives,* a.a.O., 570–572.

der Erkenntnisse des Zweiten Vatikanischen Konzils zu erneuern, die Aktion dem Wechsel und der Entwicklung des modernen Mexiko anzupassen. Dies zwingt dazu, für die Notwendigkeiten der mexikanischen Gesellschaft mexikanische Lösungen anzubieten[13]. Der UMAE gehören 25 Diözesen mit ihren Bischöfen an. Zur Region Nordgolf gehören die Diözesen Matamaros, Ciudad Victoria, Tampico, Ciudad Valles, Tuxpan und Huajutla; zur Region Mittelgolf die Diözesen Papantla, Jalapa, Veracruz, San Andrés Tuxtla; andere nicht genau umgrenzte Regionen umfassen die Diözesen Zacatecas, Tula, Autlán, Zamora, Apatzingán, Tacámbaro, Ciudad Altamirano, Chilapa, Acapulco, Oaxaca, Tehuantepec, Tuxtla Gutiérrez, San Cristóbal, Tapachula, Campeche. In Mexiko-City hat das Organisationsteam seinen Sitz, ihm gehören Priester und Brüder von verschiedenen Diözesen und Institutionen an. Die UMAE arbeitet nach einem erprobten theoretisch-praktischen Plan; Generalarbeitsplan zur Bewertung der Präsenz der Kirche in jeder Region; Erneuerung und Planung bei Treffen von Bischöfen, Pastoralkommissionen, pastorale Priestergruppen mit Organisationsteam, sozial-religiöse Forschung in jeder Region.

Die bisher erreichten Ziele sind: Grundlehrgänge für Seelsorge in zahlreichen Diözesen; Seelsorgeumfragen in vielen anderen; Sonderlehrgänge für Schwestern und qualifizierte Laien; Einkehrtage und Exerzitien für den Klerus. Als Kommunikationsmittel verfügt die UMAE über die eigene Quartalszeitschrift „Servir“, die laufend über Pastoralfragen informiert[14].

Pfarreien und Mission; Gliederung des Klerus

1968 gab es für 47300000 Einwohner 2644 Pfarreien, d.h. 17890 Einwohner je Pfarrei. In der letzten Zeit weist die Pfarreistruktur Veränderungen auf angesichts des modernen und industriellen Wechsels. Die Anzahl der Pfarreien hat in den Diözesen Mexikos, Morelia, Puebla und Guadalajara zugenommen, dagegen ist sie in den Erzdiözesen im Süden, Norden und am Golf von Mexiko zurückgegangen[15].

In Mexiko werden drei Missionsgebiete betreut: 1. das Nordgebiet von Niederkalifornien: dort sind am 13. Juli 1963 die Diözese Tijuana mit einer Fläche von 80000 km² und 625000 Einwohnern, alle Katholiken, und die Diözese Mexicali mit 620000 Einwohnern auf 58636 km² entstanden; 2. das Südgebiet mit der Apostolischen Präfektur von La Paz, 73000 km², 89000 Einwohner, alle Katholiken und 14 Pfarreien mit 28 Priestern; 3. die Missionen von Tarahumara, gegründet als Apostolisches Vikariat, 40000 km², 122000 Einwohner, alle Katholiken[16].

[13] GIMC, 84.
[14] Ebd., 84–92; *A. Castillo SJ,* Desaparación de la UMAE. Tragedia en la Iglesia Mexicana, in: Christus, 436 (1. März 1972) 8f.
[15] GIMC, 57–71.
[16] Ebd., 72f.

In den mexikanischen Diözesen wirkten 1968 6348 Weltgeistliche und 2103 Ordenspriester, insgesamt also 8451 Priester; es kamen also 5400 Einwohner auf je einen Priester. Die Erzdiözesen mit dem höchsten Durchschnitt sind Guadalajara, Morelia, Puebla und Mexiko[17]. Für die Heranbildung von Priestern bestanden (1966) 54 Knabenseminare, 5 rein philosophische Seminare, 24 philosophisch-theologische Seminare, insgesamt also 83, dazu das „Pio Latinoamericano“ in Rom. Ohne Knabenseminare waren noch 4, ohne Priesterseminar 35 Diözesen[18]. Die Männerorden unterhalten 402 Niederlassungen; in der Diözese Mexiko allein waren (1973) 41 Orden- und Laienkongregationen tätig[19]. Außerdem gab es (1965) 121 Schwesternkongregationen mit 1244 Schwestern, die großenteils mit Unterricht und Krankenpflege beschäftigt sind[20]. Allerdings sind 90 Prozent der Schulen staatlich und laizistisch ausgerichtet. Die privaten Kollegien, in ihrer Mehrzahl von Orden betreut, können aufgrund der gesetzlichen Bestimmungen keine religiöse Erziehung vermitteln. Dieser Mangel wird zum Teil durch die Arbeit der Katechetenzentren ausgeglichen.

Es gibt Universitäten in fast allen Staaten der Republik, einige von ihnen waren vormals katholisch, heute sind alle staatlich und laizistisch; Religion ist nicht Lehrgegenstand. Die Ibero-amerikanische Universität, gegründet 1943 in Mexiko-City durch die Jesuiten, nannte sich ursprünglich „Centro Cultural Universitario“; die dort erteilten akademischen Grade werden von der „Universidad Nacional Autónoma“ von Mexiko anerkannt.

Der philosophische Positivismus, der das Milieu an den Universitäten bis 1867 – das Jahr des Erziehungsgesetzes – beherrscht hatte, wird Anfang des 20. Jahrhunderts von Bergsons Antipositivismus verdrängt. Neuestens macht sich der Einfluß Ortega y Gassets (1883–1955) mit einer existentialistischen Ausrichtung bemerkbar. Diese philosophische Bewegung verstärkt sich mit der Präsenz spanischer Intellektueller[21].

Bischöfliche Dokumente

Der innere Wechsel innerhalb der mexikanischen Kirche in den letzten Jahren findet seinen Ausdruck in der pastoralen Haltung der Bischöfe. Vor dem Zweiten Vatikanischen Konzil unterschrieben sie gemeinsam 55 Dokumente, die sich vorwiegend mit Glaubens- oder Wirtschaftsfragen beschäftigten; die Probleme der sozialen Gerechtigkeit, der Katholischen Aktion und des Laienapostolats werden nur gestreift. In den Jahren des Konzils 1962–1965, veröffentlichten sie gar kein Dokument, aber seit 1968 beschäftigen sie sich mit menschlichen, poli-

[17] Ebd., 92–122.
[18] Ebd., 123–141.
[19] Ebd., 142–170.
[20] Ebd., 171–200.
[21] Vgl. BMI, 458 f; *Vicens Vives*, a. a. O., 572 f; *D. Olmedo*, a. a. O., 783.

tischen, sozialen und religiösen Problemen, die sich auf die Evangelisierung und Rettung des Menschen beziehen. Hier die wichtigsten Veröffentlichungen: Hirtenbrief über die Pfadfinderbewegung (9. Februar 1968)[22]; Hirtenbrief über die Entwicklung und Integration des Landes (26. März 1968)[23]; Erläuterung zu „Humanae vitae" (9. August 1968)[24]; Hirtenbrief über die Studentenbewegung (9. Oktober 1968)[25]; Information des Episkopats an das mexikanische Volk über die Schulreform (22. August 1969)[26]; Pastorale Hinweise auf die Aktualisierung des Laienapostolats in Mexiko (16. Januar 1970)[27]; Bischofskommission für soziale Seelsorge. Berichtigungen zum Dokument: „Die Justiz in Mexiko"; Synode 1971[28]; Erklärung des Episkopats in bezug auf einige Erziehungsfragen (15. Mai 1972)[29]; Hirtenbrief an das mexikanische Volk über die verantwortliche Vaterschaft (12. Dezember 1972)[30]; Die christliche Verantwortung vor der sozial-politischen Option (18. Oktober 1973)[31]; Aufruf anläßlich der Olympischen Spiele (1968)[32].

Frömmigkeit des Mexikaners

Der Mexikaner erlebt seinen Glauben vermischt mit Atavismen, die ihn an bestimmte Kultformen und traditionelle Riten binden. Insbesondere in den Städten verlieren sich diese Traditionen allmählich, in der Provinz werden sie noch aufrechterhalten, so daß die Glaubensbetätigung sich auf wenige Gelegenheiten im Jahr reduziert, die mit authentischem Katholizismus wenig zu tun haben. Die Sakramente werden als Bestandteil des Gesellschaftslebens betrachtet; so läßt man taufen und heiratet nur, um das Gesicht zu wahren. Dennoch ist der Glauben an Gott tief verankert, viele würden dafür ihr Leben opfern; es fehlt jedoch am Unterbau, es fehlen ausreichende Kenntnisse dessen, woran man glauben soll; die Moral ist formalistisch. Der Mexikaner begnügt sich oft mit einer symbolischen Frömmigkeit, sofern diese gewisse fundamentale Notwendigkeiten erfüllt. Es gibt jedoch auch Personen und Gruppen, die anhand ihrer Ausbildung die Religion intensiver erleben[33]. Beobachtungen und persönliche Kontakte mit Gruppen mittleren Kulturniveaus – Gymnasiasten, Studenten, Lehrer, Studiengruppen von Lehrern und freien Berufen weisen fol-

[22] Christus 386 (Januar–Juni 1968) 459–462.
[23] Ebd., 394–430.
[24] Christus, 398 (Januar 1969) 8–10.
[25] Ebd., 12–15.
[26] Ebd., 1166–1177.
[27] Ebd., 410 (Januar–Juni 1970) 254–272.
[28] Ebd., 432 (Dezember 1971) 30–45.
[29] Ebd., 440 (Juli 1972) 41–52.
[30] Ebd., 447 (Februar 1973) 46–51.
[31] Ebd., 459 (Februar 1974) 48–62.
[32] Ebd., 386 (Januar–Juni 1968) 586–608; vgl. Christus, 423 (Februar 1971) 32.
[33] Vgl. Perfil religioso del mexicano actual, in; Christus, 426 (Mai 1971) 24; ebd., 30–34.

gende Ergebnisse auf: wachsende Entfernung von der Kirche als Institution; Furcht vor Behandlung als „Minderjährige"; Unterschätzung ihrer Urteilskraft und Bevormundung ohne Berücksichtigung ihrer eigenen Meinung, keine Anhörung berechtigter Kritiken bei den zuständigen Behörden, wodurch Spannungen und Unlust entstehen und eine wachsende Entfernung von der Kirche gerade solcher Menschen, die eine lebendige Kraft in ihr darstellen würden[34].

Nationaler Plan für gemeinsame Seelsorge

Um den Glauben des Volkes zu vertiefen und zu verstärken, finden in allen Diözesen zahlreiche Studientagungen von Personen aus allen Gesellschaftsschichten statt. Dabei geht man von den Begriffen „Kirche" und „Welt" aus; es werden von vornherein sowohl rein soziologische oder naturalistische wie auch theoretische oder utopische Versionen vermieden; vielmehr sucht man nach einem gesamten Überblick anhand des Glaubens und der heutigen Wirklichkeit. Die dabei gesteckten Ziele lauten: eine wirksame Mitverantwortung auf allen Ebenen des Volkes Gottes; Abschaffung des Einzelgängertums bei Personen und Institutionen, um eine Einheit von Kriterien, Handlungsweisen und Haltungen zur Lösung der gemeinsamen Probleme zu erreichen[35]. Anhand der Lehren des Zweiten Vatikanischen Konzils und der Beschlüsse des Medellín-Kongresses von 1968 haben die mexikanischen Bischöfe eine klare Stellung zur Frage der Entwicklung und Integration des Landes und über die christliche Verpflichtung vor den sozialen Erfordernissen bezogen. In diesem Zusammenhang muß die Schließung des Jesuiten-Instituts „Patria" (1971) gesehen werden. Der Grundgedanke ist, daß eine Anpassung an die jetzige soziale Ungerechtigkeit und die Mitwirkung an einer Struktur, die jede gesellschaftliche Distanzierung begünstigt, nicht im Einklang mit Christus und dem Evangelium stünde[36].

Der Glaube, in seiner vitalen Wirklichkeit verstanden, beinhaltet die Metanoia, die vollständige Veränderung des Menschen, die auch in seinem gesellschaftlichen Verhalten zum Ausdruck kommen soll. Aus dieser Erwägung heraus hat der Episkopat zum Beispiel in seinem Schreiben vom 26. März 1968 Stellung zum Problem der Entwicklung und Integration genommen: „Wir können nicht übersehen, welche Unterschiede zwischen der regionalen Entwicklung unseres Landes und den Sektoren des Wirtschaftslebens besteht [...]. Wir können nicht verheimlichen, daß wir an einem Punkt ankommen, wo die Bürger tiefgehende Veränderungen suchen und akzeptieren müssen, wenn man nicht untätig zusehen will, wie die Macht der Starken und die Knechtschaft der Schwachen ständig wachsen; so wird der Zustand der Ungerechtigkeit verschärft, der zum Himmel schreit wegen der Gewalt, die der Menschenwürde

[34] Vgl. *E. Cid,* Reflexiones sobre la situación religiosa, in: Christus 398 (Januar–Juni 1969) 572–574.

[35] Vgl. Christus, 410 (Juli–Dezember 1970) 546–556.

[36] *E. Maza,* Los jesuitas cierran el instituto Patria, in: Christus, 424 (März 1971) 7f.

angetan wird.“ [37] Es werden auch die Hindernisse des Fortschritts genannt und welche Kraftanstrengungen für eine integrale Entwicklung notwendig sind [38].

Die Reaktionen sind zahlreich. Viele Bischöfe, die Mehrheit der Priester und Ordensangehörigen, Laienorganisationen und Gläubigen haben dieses Programm als richtig empfunden, wenn man die Lehre des Evangeliums in apostolischem und priesterlichem Geist anwendet, als Samaritan, der ohne Zögern und liebevoll sich des Armen und Leidenden annimmt und ihm wirksame Hilfe zuteil werden läßt [39]. Die „Institution Rougier“, gegründet am 3. Oktober 1966, leistet durch Gebet Opfer und gute Werke Welt- und Ordenspriestern Beistand, deren Tätigkeitsbereich jeweils (ohne Namensnennung) umschrieben wird [40]. Die Legion Mariens, 1921 gegründet, stellt ihre Mitglieder in den Dienst der Evangelisation. Die „Wallfahrt für Christus“, eine von der Legion bevorzugte Methode, erstreckt sich auf zwei oder drei Wochen; die Legionäre opfern ihren Jahresurlaub und bezahlen teilweise aus eigener Tasche die Unkosten für Unterkunft und Verpflegung an jenen Orten, wo sie ihre Missionstätigkeit ausüben [41]. Die Katholische Aktion hat auf ihrer Nationalversammlung in Mexiko-City (Februar 1974) als Aktionsprogramm für die Zeit von 1974 bis 1977 aufgestellt den Dienst an der Kirche und an allen Menschen. Konkret handelt es sich um folgende Aufgaben: Heranbildung engagierter Mitarbeiter; Evangelisierung der Menschen; Förderung des menschlichen Erfahrungsaustausches; Entwicklung von Kriterien, die eine bessere Organisation zwischen nationalen und regionalen Aktionsplänen ermöglichen. Die gedanklichen und handlungsorientierten Grundthesen für den nächsten nationalen Plan bilden die Fortsetzung der in der 16. Nationalen Versammlung verabschiedeten Richtlinien: Bildung, Evangelisierung und Förderung des Menschen [42].

„Priester für die Armen“

Die im April 1972 an die Öffentlichkeit getretene Gruppe beabsichtigt, die Präsenz der Kirche als Helfer der Menschen, insbesondere der Armen und Unterdrückten, im Kampf um den Aufbau einer neuen Gesellschaft zu verstärken. Die Kirche soll „Gemeinschaft von Menschen sein, die sich bei der Veränderung der Gesellschaft engagiert haben, denn dieses Zeichen der Veränderung ist Zeichen des Gottesgeistes und führt Menschen und Völker zu ihrer Berufung“ [43].

[37] Christus, 386 (Januar–Juni 1968) 398.
[38] Vgl. ebd., 18–28 404–410.
[39] Vgl. Christus, 462 (Mai 1974) 49f.
[40] Christus, 386 (Januar–Juni 1968) 726f.
[41] *J. M. Ganuza SJ*, La legión de María obra del espíritu, in: Christus, 410 (Januar–Juni 1970) 582–602.
[42] AICA, Jhg. 18, 893 (31. Januar 1974) 23f.
[43] *A. Castillo SJ*, Un paso adelante. Sacerdotes para el pueblo, in: Christus, 439 (Juni 1972) 7f.

Anläßlich ihres ersten vom 21. bis 23. November 1972 abgehaltenen Kongresses (21.–23. November 1972) veröffentlichten sie ein Dokument, in dem sie Alternativen wie Staatskapitalismus, gemischte Wirtschaft oder soziales Christentum ablehnen und sich für ein „sozialistisches Projekt" aussprechen, das eine radikale Veränderung der Wirtschaftsstrukturen bewirken soll, und zwar durch Vergesellschaftung der Produktionsmittel und deren Eigenverwaltung durch Kollektive. Das „sozialistische Projekt" biete die einzige Möglichkeit, sich von der imperialistischen Struktur des internationalen Kapitalismus zu befreien. Dieses Vorhaben kann jedoch nicht verwirklicht werden, solange es vom Volke nicht unterstützt wird. Die „Armenpriester" wählen diesen sozialistischen Ausweg „im Namen der elementarsten Rechte [...] als Menschen, Christen, Priester, die den Wunsch haben, der Kirche getreu zu folgen". Sie sind der Überzeugung, daß die Aufgabe der Kirche in Mexiko und Lateinamerika nicht darin besteht, eine neue Auflage der Inquisition zu veranstalten oder die Entstehung des neuen Menschen zu blockieren, sondern im Gegenteil auf die Freiheit der Söhne Gottes hinzuarbeiten [44].

[44] Documento del primer congreso del movimiento „Sacerdotes para el pueblo", in: Christus, 447 (Februar 1973) 54–57.

25. Kapitel

Die Jungen Kirchen in Asien, Afrika und Ozeanien

Professor Dr. Joseph Metzler, Rom

QUELLEN UND LITERATUR: Acta Apostolicae Sedis (Abk. AAS) 1940–1978; *A. Reuter OMI*, Summa Pontificia (Regensburg 1978); *J. Glazik MSC*, Päpstliche Rundschreiben über die Mission von Leo XIII. bis Johannes XXIII. (Münsterschwarzach 1961); *E. Marmy – I. Auf der Maur*, Geht hin in alle Welt. Missionsenzykliken der Päpste Benedikt XV., Pius XI., Pius XII. und Johannes XXIII. (Fribourg 1961); *Streit-Dindinger*, Bibliotheca Missionum (Abk. BM), fortgesetzt von *P. J. Rommerskirchen OMI* und *P: J. Metzler OMI*. XXII u. XXIII (Grundlegender und Allgemeiner Teil); XXVII (Missionsliteratur Indiens 1910–1946); XXVIII (Missionsliteratur Südasiens [Indien, Pakistan, Birma, Ceylon] 1947–1968); XXIX (Missionsliteratur Südostasiens 1910–1970); XXX (Missionsliteratur Japans und Koreas 1910–1970); *J. Rommerskirchen OMI*, Bibliografia Missionaria XIII–XLI; Bibliografia Missionaria (Supplemento): Quaderno n. 1–20, Documenti e problemi missionari; *J. Beckmann SMB*, Weltkirche und Weltreligionen. Die religiöse Lage der Menschheit (Herder-Bücherei Band 81) (Freiburg 1960); *T. Scalzotto*, I Papi e la Sacra Congregazione per l'Evangelizzazione dei Popoli o „de Propaganda Fide" da Benedetto XV a Paolo VI: Sacrae Congregationis de Propaganda Fide Memoria Rerum. 350 Jahre im Dienste der Weltmission 1622–1972. III/2 (Freiburg 1976) 253–302; *J. Metzler OMI*, Präfekten und Sekretäre der Kongregation in der neuen Missionsära (1918–1972): loc. cit. 303–353; *A. Reuter OMI*, De nova et novissima S. Congregationis de Propaganda Fide ordinatione a Summis Pontificibus S. Pio X et Paulo VI instaurata: loc. cit. 354–381; *B. Jacqueline*, L'organisation interne du dicastère missionnaire après 350 ans: loc. cit. 382–412; *G. Zampetti SDB*, Le Pontificie Opere Missionarie: loc. cit. 413–449; *A. Seumois OMI*, La S. C. „de Propaganda Fide" et les études missionnaires: loc. cit. 450–463; *J. Metzler OMI*, Tätigkeit der Kongregation im Dienste der Glaubensverbreitung 1922–1972. Ein Überblick: loc. cit. 464–577; *W. Bühlmann OFMCap*, Epilogo. Passato e futuro della evangelizzazione: loc. cit. 578–614; *J. Metzler OMI*, L'organizzazione dell'attività missionaria: Via Verità e Vita. Rivista Catechistica XVI (Roma 1968) 79–88; *G.-B. Reghezza*, La Cooperazione Missionaria (Roma 1977); Sacra Congregazione per l'Evangelizzazione dei Popoli o „de Propaganda Fide". Annuario 1976 (Roma 1977); id. Annuario 1977 (Roma 1978); *T. Scalzotto (ed.)*, La Sacra Congregazione per l'Evangelizzazione dei Popoli nel Decennio del Decreto „Ad Gentes" (Roma 1975).

Eine auch nur annähernd vollständige Darstellung der Entwicklung der Jungen Kirchen seit der Mitte des 20. Jahrhunderts[1] bis zur Gegenwart würde mehrere Bände erfordern. Das vorliegende Quellenmaterial im Missionsarchiv der Kongregation für die Evangelisierung der Völker oder „de Propaganda Fide", wie sie früher hieß, in Rom, in den Archiven der Missionsorden und -gesellschaften und nicht zuletzt der Jungen Kirchen selbst ist schier unerschöpflich. Wir

[1] Im Band VI/2 des Handbuchs der Kirchengeschichte hat Prof. Dr. Jakob Baumgartner bereits „Die Ausweitung der katholischen Missionen von Leo XIII. bis zum Zweiten Weltkrieg" behandelt (SS. 549–597).

müssen uns hier auf die hervorstechendsten Ereignisse beschränken, wählen jedoch jene aus, die uns als die charakteristischen Merkmale der neuesten Missionsära erscheinen: Ende des Kolonialzeitalters, Indigenisierung der Missionskirchen, Übergang der Missionsleitung in einheimische Hände, Errichtung der ordentlichen kirchlichen Hierarchie, neue Haltung Roms in den einheimischen Ritenfragen, Errichtung Apostolischer Delegaturen und Nuntiaturen, neue Wertung der Kulturen und der großen Weltreligionen, neue missionarische Spiritualität und missionarische Bewußtseinsbildung in den sog. christlichen Ländern. Außer diesen Themen treten jedoch noch viele andere wichtige Missionsfragen in Erscheinung, die wegen ihrer aktuellen Bedeutung und weil sie wesentlich zu einer vollständigen Missionsgeschichte gehören, einer ausführlichen Darstellung bedürften wie die Entwicklungshilfe, die Kultur- und Sozialarbeit, die Übersetzung der Heiligen Schrift in die Landessprachen, die linguistischen Forschungen, das Presseapostolat, die Förderung einheimischer Kunst und Musik, das innerkirchliche Leben der Gemeinden usw. Wir bitten um Nachsicht für die wegen des begrenzten Raumes, der hier zur Verfügung steht, nicht gebührend behandelten Themen und die offen gebliebenen Lücken. Schließlich bitten wir zu bedenken, daß das Fehlen der historischen Distanz von den jüngsten Ereignissen Kürze gebietet und Zurückhaltung im Urteil auferlegt[2].

Die Richtlinien für die Entwicklung der Jungen Kirchen wurden von den Päpsten in ihren Missionsenzykliken[3], von der Kongregation für die Evangelisierung in ihren jüngsten Instruktionen[4] und von den Bischofskonferenzen der Jungen Kirchen festgelegt. Es kann keinem Zweifel unterliegen, daß gerade das Missionsdikasterium der Kurie, das manchmal als reine Verwaltungsbehörde geringschätzig beurteilt wurde, in den letzten fünfzig Jahren rühmenswerte Initiativen ergriffen und die Weichen für die Entwicklung der Jungen Kirchen gestellt hat. Darum hat auch das Zweite Vatikanische Konzil, auf dem zunächst

[2] Ausführlicher wurde das Werden der Jungen Kirchen im Zeitraum 1922–1972 von uns dargestellt im Band III/2 der „Sacrae Congregationis de Propaganda Fide Memoria Rerum" (Freiburg 1976) 464–577. – Ergänzungen dazu in den übrigen Beiträgen dieses Bandes. Für diese Geschichte der Kongregation „de Propaganda Fide" hatte Papst Paul VI. den Mitarbeitern die ausdrückliche Erlaubnis erteilt, auch die noch nicht für Forschungen freigegebenen archivalischen Quellen des Archivs der Kongregation zu benützen und auszuwerten (vgl. „Memoria Rerum" III/1, XX–XXI). Von dieser Erlaubnis profitiert auch der hier vorliegende Beitrag.

[3] Vgl. die eingangs angeführte Literatur, bes. *T. Scalzotto*, I Papi e la Sacra Congregazione ... Die einschlägigen Stellen der Missionsenzykliken bis Paul VI. auch in: *A. Reuter*, Summa Pontificia, Band II. Andere wichtige päpstliche und konziliare Missionsdokumente im Appendix III des Bd. III/2 der „Memoria Rerum".

[4] Veröffentlicht im Supplementum der Bibliografia Missionaria. Außerdem finden sich hier seit 1961 alle wichtigen Dokumente allgemeiner Natur des Missionsdikasteriums und die im Laufe jedes Jahres veröffentlichten Dekrete. Alle Instruktionen und einschlägigen Dokumente ferner im genannten Appendix III der „Memoria Rerum".

einige Konzilsväter die Aufhebung dieser Kongregation befürwortet hatten, weil sie sie irrtümlicherweise als eine koloniale Institution betrachteten – das Gegenteil ist der Fall: sie war von Anfang an eine antikoloniale Einrichtung[5] –, diese Kongregation unter geschicktem und notwendigem aggiornamento ausdrücklich neu bestätigt und ihre Zuständigkeit erweitert[6].

Die Jungen Kirchen in Asien

Der Ferne Osten

Die Missionskirche in China berechtigte nach der Errichtung der Apostolischen Delegatur (1922), nach der Beseitigung der Spannungen zwischen ausländischem und chinesischem Klerus, nach der Übertragung der Leitung der Kirchensprengel an den chinesischen Klerus, nach der Ausschaltung des französischen Protektorats und nach der glücklichen Überwindung des leidigen Ritenstreits[7] zu den schönsten Hoffnungen. Die chinesische Nationalsynode von Shanghai (1924) stand am Anfang der neuen Entwicklung. Sie wurde gleichsam zum Fundament der Jungen Kirche in China. Aber der Aufbau wurde gehindert und schließlich völlig vernichtet durch die politischen Ereignisse.

Schon der chinesisch-japanische Konflikt (1937–1941) fügte der Mission ungeheueren Schaden zu. Bis Dezember 1941 wurden ein Bischof, ein Apostoli-

[5] Vgl. unseren Artikel im Rheinischen Merkur vom 26. November 1976.

[6] Eine der wichtigsten Bestimmungen war, daß in Zukunft „ausgewählte Vertreter all derer wirksamen Anteil mit entscheidender Stimme haben, die am Missionswerk mitarbeiten: Bischöfe aus der ganzen Welt, nach Anhören der Bischofskonferenzen, wie auch Leiter der Institute und der Päpstlichen Missionswerke" (Missionsdekret des Zweiten Vatikanischen Konzils „Ad Gentes" Nr. 29). In den nachfolgenden päpstlichen Dokumenten „Ecclesiae Sanctae" vom 6. August 1966 (AAS 58, 1966, 757–787), „Pro comperto sane" vom 6. August 1967 (AAS 59, 1967, 881–884) und „Regimini Ecclesiae Universae" vom 15. August 1967 (ebd. 885–928) wurde die Zahl dieser „membra adiuncta" auf 24 festgesetzt (16 Bischöfe, von denen 12 Missionsbischöfe sein müssen, 4 Generalsuperioren von Missionsinstituten, 4 Nationaldirektoren der Päpstlichen Missionswerke), zu denen dann noch der Sekretär der Kongregation „de Propaganda Fide" kam, und ihnen „tamquam Membra" Sitz und Stimme in den „coetibus plenariis" der Kongregation gegeben, „in quibus res maioris momenti et naturam principii generalis habentes sint pertractandae" („Pro comperto sane"). Manche, die sich den „Rat der Vierundzwanzig" – der als solcher nie bestanden hat, und außerdem waren es 25 (!) – als eine Art „Dachorganisation" der römischen Missionsbehörde vorgestellt hatten, bezeichneten diese postkonziliären Maßnahmen als „Verwässerung" des Konzilsbeschlusses (vgl. Le missioni cattoliche 97 [Milano 1968] 65–66; Herder-Korrespondenz 22 [Freiburg 1968] 168–169). In Wirklichkeit sollte hiermit die Stellung der „membra adiuncta" aufgewertet und ihnen in den Plenarsitzungen, in denen die wichtigsten Entscheidungen im Missionsgeschehen fallen sollten, gleiches Recht und gleiche Stimme wie den Kardinälen und übrigen Mitgliedern der Kongregation gegeben werden. – Diese Klarstellung ist zum Verständnis der folgenden Ausführungen nicht unwichtig.

[7] Vgl. hierzu besonders „Memoria Rerum" 472–476.

scher Präfekt, 55 Priester, 17 Brüder und 9 Schwestern umgebracht. Sie fielen den Kommunisten, Partisanen und einer ungezügelten Soldateska zum Opfer. Die Zahl der Gläubigen aber nahm in diesen Jahren noch zu und erreichte 1941 3 128 157. Eine neue Wendung brachte der Ausbruch des japanisch-amerikanischen Krieges am 7. Dezember 1941. Die ausländischen Missionare wurden zum großen Teil interniert. Drei Fünftel der Missionare, die 1940 in China tätig waren, kamen aus dem Ausland. 85% von ihnen gehörten einer der beiden kriegführenden Gruppen an. Die Hauptlast der Missionskirche verlagerte sich auf die Schultern des chinesischen Klerus.

Trotz der Kriegswirren und aller damit verbundenen Nachteile und Schäden für die Kirche begann Rom die Errichtung der ordentlichen kirchlichen Hierarchie in China vorzubereiten. Anfang 1942 gab es in China 88 Apostolische Vikariate und 39 Apostolische Präfekturen. Letztere wurden nach und nach zu Vikariaten erhoben und vorzugsweise dem chinesischen Klerus übertragen. 1946 gab es bereits 28 chinesische Ordinarien, von denen 21 Bischöfe waren. 5005 Priester – davon 2008 Chinesen –, 1262 Brüder, 6138 Schwestern teilten sich in die Missionsarbeit. Man zählte 1037 Seminaristen, 3524 Schüler in den Knabenseminaren und 1590 in Vorbereitungsschulen. Zum Missionspersonal kamen noch 6748 Katechisten und 4659 Katechistinnen, ferner 7799 Lehrer und 5604 Lehrerinnen. Im ersten Nachkriegskonsistorium vom 18. Februar 1946 nahm Pius XII. den Apostolischen Vikar von Tsingtao, Thomas Tien Ken-sin SVD, ins Kardinalskollegium auf[8]. Er war der erste chinesische Kardinal. Auf Anregung des Papstes schrieb er bei dieser Gelegenheit eine Denkschrift über die Lage und Probleme der Kirche in China. Damit gab er den letzten Anstoß zur Errichtung der Hierarchie. Den formellen Beschluß hierzu faßten die Kardinäle der Kongregation „de Propaganda Fide" in ihrer Sitzung vom 8. April 1946[9], und Pius XII. gab seine Zustimmung in der Audienz vom 11. April[10]. Es wurden 20 Kirchenprovinzen errichtet, die Vikariate und Präfekturen zu Diözesen, 20 von ihnen zu Erzdiözesen erhoben und die Ordinarien zu Bischöfen bzw. Erzbischöfen ernannt. Einen Monat später wurde Kardinal Tien auf den Erzbischofssitz von Peking transferiert[11], der durch die schon vor Errichtung der Hierarchie eingereichte Abdankung von Bischof Paul-Léon-Cornélie Montaigne CM frei geworden war. Es ziemte sich, daß der erste chinesische Kardinal seinen Sitz in der Landeshauptstadt hatte. Damit war freilich der Übergang der Erzdiözese Peking von den französischen Lazaristen an den chinesischen Klerus verbunden. Rom traf Vorsorge, daß von französischer Seite keine Einwände er-

[8] AAS 38 (1946) 104.

[9] Archiv der Kongregation „de Propaganda Fide" (Abk. AP): Acta Sacrae Congregationis vol. 317 (1946) f. 131^r–142^r.

[10] AAS 38 (1946) 301–313.

[11] Sitzung vom 6., Audienz vom 10. Mai: AP Acta vol. 317 (1946) f. 174^r–188^r, AAS 38 (1946) 238, 360.

hoben werden konnten, weder politische noch liturgische[12], noch wirtschaftliche.

Zwei weitere Ereignisse des Jahres 1946 waren von großer Bedeutung für die chinesische Missionskirche: die Errichtung der Internuntiatur am 6. Juli, d.h. die Aufnahme direkter diplomatischer Beziehungen zwischen dem Heiligen Stuhl und der Regierung in Peking[13] und die Seligsprechung von 29 chinesischen Martyrern des Jahres 1900[14]. Erster Internuntius wurde Titularerzbischof Antonio Riberi.

Die Statistik der chinesischen Missionskirche vom Jahre 1948 vermittelt folgendes Bild: 3276282 Gläubige, 3015 ausländische und 2676 chinesische Priester, 632 chinesische und 475 ausländische Brüder, 5112 chinesische und 2351 ausländische Schwestern, 216 Spitäler, 254 Waisenhäuser, 4446 Schulen verschiedenen Grades.

Auch in den folgenden Jahren fuhr Rom fort, in steigendem Maße die Kirchensprengel chinesischen Ordinarien zu übertragen. Aber die kommunistische Besetzung des Landes und die sie begleitenden, nur zu gut bekannten politischen Ereignisse machten alle weiteren römischen Entscheidungen zugunsten der chinesischen Missionskirche illusorisch. Die Verbindung mit der Außenwelt riß mehr und mehr ab. Nur auf Umwegen gelangten die schrecklichen Nachrichten über die ausbrechende Kirchenverfolgung in die übrige Welt. Mit dem Regierungsdekret vom 23. Juni 1950 über die Unterdrückung „konterrevolutionärer Tätigkeit" begann der systematische Kampf gegen die Kirche. Die ausländischen Missionare wurden ausgewiesen, oft nach schmählichen Schauprozessen, Mißhandlungen und Kerkerhaft. Der Internuntius wurde taktlos des Landes verwiesen.

In dem Apostolischen Brief vom 18. Januar 1952 an die Ordinarien in China drückte Pius XII. seinen Schmerz über die Christenverfolgung aus und versuchte die Gläubigen zu trösten. Er sprach von seiner Liebe zum chinesischen Volk, von seiner Bewunderung für dessen historische und kulturelle Vergangenheit, von der Aufgabe und dem Willen der Kirche, alles zu fördern, was gut, wahr und schön ist bei allen Völkern. Er sprach den chinesischen Katholiken Mut zu. Die Kirche könne bekämpft, aber niemals besiegt werden, sagte er[15]. Noch schärfer verurteilte der Papst in der Enzyklika „Ad Sinarum gentem" vom 7. Oktober 1954 die Christenverfolgung[16]. Doch dürften diese Schreiben, ebensowenig wie die Nachricht von der Seligsprechung weiterer 56 chinesischer Martyrer 1955[17], in China nicht bekannt geworden sein. Dort waren im Jahre

[12] Der diplomatische Vertreter Frankreichs in Peking erfreute sich gewisser Privilegien in der Kirche der Lazaristen.
[13] AAS 38 (1946) 313–314.
[14] AAS 39 (1947) 307–311 (Homilie des Papstes).
[15] AAS 44 (1952) 153–158.
[16] AAS 47 (1955) 5–14.
[17] AAS 47 (1955) 381–388.

1958 rund 30 romtreue chinesische Bischöfe, viele Priester und Laien ihres Glaubens wegen im Gefängnis.

In diesen Jahren änderte das kommunistische Regime seine Verfolgungstaktik und versuchte, eine von Rom getrennte chinesische Nationalkirche aufzubauen. Von Dezember 1957 bis Januar 1962 wurden insgesamt 45 vom Staat eingesetzte chinesische Bischöfe ohne päpstliche Bestätigung konsekriert. Pius XII. verurteilte am 29. Juni 1958 durch das Schreiben „Ad Apostolorum Principes" diese unkanonischen Bischofsweihen[18], und Johannes XXIII. gebrauchte für sie in seiner Ansprache im Konsistorium vom 15. Dezember 1958 sogar das Wort „Schisma"[19]. Auch in seinem Brief an den Episkopat in Formosa vom 29. Juni 1961 nahm Papst Johannes wiederum Bezug auf die Lage der Kirche im Festlandchina[20]. Papst Paul VI. versuchte, auch mit dem kommunistischen China ins Gespräch zu kommen. In einer Ansprache vom 20. Oktober 1963 sagte er, wie gerne er anläßlich des Vatikanischen Konzils *alle* chinesischen Bischöfe umarmt hätte[21]. Am 31. Dezember 1965, drei Monate nachdem sich der Papst in seiner Rede vor den Vereinten Nationen in New York für die Aufnahme der Staaten, die noch nicht Mitglieder der Weltorganisation (also auch Chinas) waren, ausgesprochen hatte, sandte er ein persönliches Telegramm an Mao Tse-tung. Anlaß war die Bitte, sich für den Frieden in Vietnam einzusetzen. Er schloß mit den Worten: „Nous vous prions d'accueillir cet appel ainsi que les vœux fervents que Nous formons devant Dieu pour le peuple chinois au seuil de l'année nouvelle."[22] Doch die Erhebung der Internuntiatur auf Formosa zur Nuntiatur am 24. Dezember 1966 wurde von manchen Beobachtern als unfreundliche Geste dem kommunistischen China gegenüber ausgelegt. Diesen Eindruck korrigierte der Papst in seiner denkwürdigen Ansprache am 6. Januar 1967, als er in St. Peter aus Anlaß der 40jährigen Wiederkehr der Ernennung der ersten chinesischen Bischöfe und der 20jährigen Wiederkehr der Errichtung der Hierarchie in China einen feierlichen Gottesdienst für die Katholiken Chinas hielt. Er sagte hierbei ganz offen, es sei sein Wunsch, mit dem kommunistischen China Kontakte aufzunehmen und in freundschaftliche Beziehungen zu ihm zu treten[23]. (Am 31. Januar 1973 wurde der Pro-Nuntius in Taiwan, Edward Cassidy, zum Pro-Nuntius in Bangladesch ernannt und die Nuntiatur in Taiwan seitdem von einem Geschäftsträger geleitet.) Die „Kulturrevolution" in China machte in den folgenden Jahren alle weiteren Versuche der Fühlungnahme aussichtslos. Im Zuge dieser Revolution kam es zu einer neuen, heftigsten Christen-

[18] AAS 50 (1958) 601–614.
[19] Ebd. 985.
[20] AAS 53 (1961) 465–469.
[21] Ansprache am Nachmittag des Missionssonntags im Collegio Urbano: „Wie gerne hätten Wir mit den Bischöfen, die am Konzil teilnehmen, auch alle Bischöfe dieses unendlich weiten Gebietes [Chinas] umarmt." Herder-Korrespondenz 18 (1963/64) 112.
[22] AAS 58 (1966) 164.
[23] AAS 59 (1967) 68–71.

verfolgung, die sich nicht nur gegen die letzten ausländischen Ordensschwestern in der Pekinger Diplomatenschule „Zum heiligen Herzen", sondern vor allem gegen die eigenen Gläubigen richtete. Kirchliche Gebäude wurden geplündert, teilweise angezündet oder säkularisiert.

Im Mai 1970 rieten katholische Bischöfe der Vereinigten Staaten ihrer Regierung, nichts unversucht zu lassen, um mit dem kommunistischen China ins Gespräch zu kommen. Vielleicht darf man die drei Monate später erfolgte Freilassung des amerikanischen Bischofs James Edward Walsh aus chinesischer Gefängnishaft (seit 1960) als Antwort Mao Tse-tungs hierauf werten. Auch in Rom schöpfte man neue Hoffnung.

Seit Ende 1971 trafen wieder – allerdings sehr widersprüchliche – Berichte aus China in Europa ein. Im Westen lebende chinesische Katholiken hatten auf verschiedenen Kanälen Verbindung mit ihrer Heimat herstellen können, Journalisten und Sportler erhielten die Erlaubnis, China zu besuchen. Aus den spärlichen Nachrichten glaubte man entnehmen zu können, daß es in China immer noch etwa 1000 amtierende katholische Priester und 65 Bischöfe gab, von denen allerdings 45 ohne Befragung des Heiligen Stuhls durch das Regime eingesetzt worden waren, und daß die Kirche in China noch lebte, wenn auch die Zahl der Gläubigen stark zurückgegangen zu sein schien. Die Verfolgungen konnten den christlichen Glauben nicht unterdrücken. Im Gegenteil: unter dem äußeren Druck wuchs die Intensität des Glaubens. Das stellte P. Ladany SJ in Hongkong, einer der bestinformierten Männer über die Vorgänge in Rotchina, fest. Die Behauptung, es gebe in China keine Christen mehr, sei falsch, schrieb er [24]. Seit November 1971 darf in einer Kirche (Nantang) in Peking die heilige Messe gefeiert werden. Die Gläubigen sind jedoch meist – wenn auch nicht ausschließlich – Mitglieder ausländischer Botschaften [25].

Die Ereignisse im Festlandchina, die die Auswanderung vieler Priester und Gläubigen auf die Insel *Formosa (Taiwan)* zur Folge hatten, rückten seit den fünfziger Jahren dieses lange vernachlässigte und unfruchtbare Missionsgebiet in den Vordergrund. 1949 errichtete Rom die Apostolischen Präfekturen Taipeh (für die chinesische Priesterkongregation der „Discipuli Domini") und Kaoshung (für die Dominikaner), 1950 die Präfektur Taishung (für die Maryknoll-Missionare) und 1952 die Präfekturen Kiayi und Hwalien (für die chinesischen Weltpriester bzw. das Pariser Missionsseminar). Gleichzeitig wurde Taipeh zur Erzdiözese erhoben und den „Discipuli Domini" übertragen. Von nun an machte die Evangelisierung größere Fortschritte. Auch die Missionierung der Ureinwohner, die man auf 150000 mit 20 verschiedenen Sprachen schätzte, konnte in Angriff genommen werden. Nach Überwindung der Anfangsschwierigkeiten setzte unter diesen eine wahre Bekehrungsbewegung ein, die zum auffallendsten Merkmal der Formosamission der fünfziger Jahre

[24] Die katholischen Missionen (Freiburg 1971) 15.

[25] Die katholischen Missionen (Freiburg 1972) 148–152; (1973) 153–156; (1978) 39–40.

wurde. Aber auch unter den chinesischen Flüchtlingen vom Festland konnte die Mission Erfolge verzeichnen. Besonders die studierende Jugend zeigte Sympathie für die katholische Kirche. An den beiden staatlichen Universitäten dozierten chinesische Weltpriester, Jesuiten und Benediktinerinnen. Weniger zahlreich waren die Bekehrungen unter den buddhistischen Taiwanesen. Die Gesamtzahl der Katholiken stieg in dem Jahrzehnt 1949–1959 von 12326 auf 163814 und beträgt heute annähernd 290000. Ein Teil der Erzdiözese Taipeh wurde 1961 als Diözese Hsinchu errichtet. Zu den bereits genannten Missionaren kamen noch Jesuiten, Lazaristen, Scheutisten, Kamillianer, Franziskaner und Mitglieder der S.A.M. Missionshelfer sowie zahlreiche Schwesternkongregationen. Die 1963 von Erzbischof Yü Pin auf Anregung Johannes' XXIII. gegründete katholische Universität von Taipeh war als Nachfolgerin der Pekinger Fu-Jen-Universität gedacht und sollte das im Festlandchina vor der Verfolgung blühende katholische Hochschulwesen fortsetzen. Sie fing mit 400 Studenten an und hatte 1973 rund 9000 Hörer und 554 Dozenten, fünf staatlich anerkannte Fakultäten (Philosophie, Naturwissenschaften, Wirtschaftswissenschaften, Recht, Fremdsprachen) und eine nicht staatlich anerkannte Theologische Fakultät. Letztere gibt seit 1969 die Theologische Quartalschrift „Shen Hsiao Lün Chi" (Collectanea Theologica) heraus. Sie will „chinesische" Theologie lehren. Die Kirche organisch in die chinesische Kultur zu inkarnieren und den Anstrich ihres ausländischen Charakters auszulöschen ist auch das Bestreben der Hierarchie.

In Japan drängte sich seit 1932 immer nachdrücklicher die Notwendigkeit auf, die Leitung der Jungen Kirche in japanische Hände zu legen. 1927 war der erste japanische Bischof (Januarius Hayasaka von Nagasaki) ernannt und am 30. Oktober von Pius XI. in Rom geweiht worden[26]. Es blieb lange bei dieser ersten Maßnahme der Japanisierung, während die protestantische Mission viel rascher auf diesem Weg voranschritt und bereits fast alle Kirchensprengel Japanern übertragen hatte. Es verstummte die Klage darüber nicht, daß die katholische Kirche noch ganz von Ausländern abhing. Dies um so mehr, als die neue Geisteshaltung der Japaner geprägt war vom Mißtrauen gegen die westliche Welt und von der Überzeugung der Überlegenheit der eigenen Kultur. Das blieb nicht ohne Folgen auf die missionarische Situation der katholischen Kirche. Seit 1936 endlich tat Rom weitere Schritte zur Japanisierung der Kirche. Ja, von jetzt an überstürzten sich die Ereignisse geradezu. Die Beilegung des japanischen Ritenstreites, d.h. die Erlaubnis für die Gläubigen, an den rein zivilen Gebräuchen der Jinja-Zeremonien teilzunehmen und sich an den Beerdigungen, Hochzeiten und anderen privaten Gebräuchen des sozialen Lebens zu beteiligen, „die

[26] AAS 19 (1927) 379–380 (Homilie des Papstes). Schon Anfang 1933 war der Bischof gezwungen, aus Gesundheits- und anderen Gründen abzudanken. Nachfolger wurde 1937 Paulus Aijiro Yamaguchi.

heutzutage allgemein als bloße Zeichen der Höflichkeit und des gegenseitigen Wohlwollens betrachtet werden, auch wenn sie ursprünglich abergläubischen Charakter hatten", war der wichtigste Schritt in dieser Richtung[27]. Als Pius XI. am 25. Mai 1936 die entsprechende Instruktion der Kongregation „de Propaganda Fide" approbierte, sagte er, die Gläubigen hätten nicht nur die Erlaubnis, an diesen vaterländischen und zivilen Zeremonien teilzunehmen, sondern die Pflicht.

Diese neue Haltung Roms japanischen Sitten und Gebräuchen gegenüber konnte nicht verhindern, daß in den nächsten Jahren die katholische Kirche und ganz allgemein das Christentum in die stark auflebende antiausländische japanische Nationalbewegung miteinbezogen wurde. Der Slogan lautete: das Christentum ist eine ausländische Religion, mithin nichts für die Japaner. Diese Haltung akzentuierte sich noch mit der Machtübernahme Fumimaro Konojes im Juli 1940 und der Aufwertung des Kaiserkultes. Die ausländerfeindliche Animosität hatte um so schärfere Angriffe auf die katholische Kirche zur Folge, als diese immer noch zum größeren Teil von ausländischen Prälaten geleitet wurde. Nur in Tokyo und Nagasaki gab es einen japanischen Bischof und in Kagoshima einen japanischen Apostolischen Präfekten. Das „Gesetz über die religiösen Korporationen" vom 25. März 1939 ließ keinen Zweifel darüber, daß die Regierung die vollständige Kontrolle der kirchlichen Gemeinschaften erstrebte und keine Ausländer mehr als Vertreter der Gemeinschaften anerkannte. Rom beeilte sich nun, sämtliche Kirchensprengel japanischen Prälaten zu übertragen. Die ausländischen Bischöfe traten freiwillig zurück. Nun konnten die japanischen Ordinarien Schritte zur legalen Anerkennung der katholischen Kirchengemeinschaften durch den Staat unternehmen, gemäß dem kirchlichen Korporationsgesetz. Sie arbeiteten die „Konstitutionen" der japanischen Kirche aus und erlangten dafür im Mai 1941 die staatliche Anerkennung. Die protestantischen Kirchen folgten wenig später diesem Schritt. Damit blieben der Missionskirche in Japan unabsehbare nachteilige Folgen erspart. Rom allerdings unterzog diese Konstitution einer scharfen Kritik. Einer der Kardinäle, die darüber zu befinden hatten, verglich sie mit der Zivilkonstitution des Klerus in der Französischen Revolution. Dem Apostolischen Delegaten Paolo Marella (seit 1933), der wesentlich an der Abfassung der Konstitution beteiligt gewesen war, wurde vorgeworfen, ohne Absprache mit Rom gehandelt zu haben. Kardinal Pietro Fumasoni-Biondi, der Präfekt der Kongregation „de Propaganda Fide" (1933–1960) rettete die Situation und damit die Konstitution der Jungen Kirche in Japan, indem er klarstellte, Rom sei überhaupt nicht um die Approbation der Konstitution gebeten worden. Er drückte bei der Gelegenheit seine Freude dar-

[27] Instruktion der Kongregation „de Propaganda Fide" vom 26. Mai 1936: AAS 28 (1936) 406–409; Sylloge praecipuorum documentorum recentium Summorum Pontificum et S. Congregationis de Propaganda Fide ... (Città del Vaticano 1939) 537–540 n. 201; Collectanea Commissionis Synodalis 9 (Peiping 1936) 872–874; „Memoria Rerum" III/2 483–487.

über aus, daß die japanische Missionskirche in letzter Zeit so gute Fortschritte gemacht habe, und dankte den ausländischen Missionaren dafür, daß sie ihren Platz freiwillig für den japanischen Klerus freigemacht hatten. Er sprach die Hoffnung aus, dieses Beispiel möchte auch in anderen Missionsgebieten Nachahmung finden[28].

Eine völlig neue missionarische Situation ergab sich in Japan nach dem Zweiten Weltkrieg. Der Shintô-Staatskult wurde abgeschafft. Kaiser Hirohito erklärte am Neujahrstag 1946 vor dem Parlament die bisherigen religiösen Staatsdogmen als Mythen. Der Shintoismus wurde reine Privatreligion. Die ausländerfeindliche Haltung der Japaner schien in den ersten Nachkriegsjahren ins Gegenteil umzuschlagen. Die Missionsaussichten stiegen. In Yokohama z. B. verdreifachte sich mit einem Schlag die Zahl der Katechumenen. Im Buddhistenzentrum Nagano konnten Schwestern eine höhere Mädchenschule errichten. Die bisher für Ausländer unzugängliche Hafenstadt Yokosuka (Militärhafen) wurde in kürzester Zeit ein blühendes Zentrum katholischer Missionstätigkeit. Der protestantische amerikanische Kommandant bot den Katholiken mehrere Baulichkeiten für die Errichtung von Schulen und eines Hospitals an. Rom vervielfachte das Missionspersonal. 1958 gab es in Japan 1220 ausländische und 359 japanische Priester, 166 ausländische und 250 einheimische Brüder, 1063 ausländische und 3050 japanische Schwestern. In den beiden Priesterseminaren Tokyo und Fukuoka befanden sich 260 Seminaristen. 1975 bestanden in Japan zwölf einheimische japanische Schwesternkongregationen diözesanen Rechts und ein Säkularinstitut[29].

Jedoch mußte man nach Jahren hoffnungsvollen Schaffens ernüchtert feststellen, daß zahlenmäßig gesehen das Missionsresultat nicht den missionarischen Anstrengungen entsprach. 1958 gab es unter der 92-Millionen-Bevölkerung erst 266000 und zehn Jahre später 345000 Katholiken, während die Gesamtbevölkerung auf hundert Millionen gestiegen war. 1974 zählte man 363000 Katholiken unter 109,5 Millionen Einwohnern und 1977 392000 Gläubige unter 113 Millionen Bewohnern. Erfreulicher ist die Zunahme einheimischer Berufe. Von den 1966 Priestern sind 869 Japaner. Die Zahl der japanischen Ordensfrauen beträgt 6052. Ihnen helfen noch rund 800 ausländische Schwestern. Auch die Zahl der japanischen Brüder ist heute höher als die der ausländischen.

Doch darf man nicht allein diesen Aspekt bei der Würdigung der Jungen Kirche in Japan betrachten. Das moralische Ansehen der katholischen Kirche

[28] Schon in anderen Fragen hatte dieser italienische Präfekt der römischen Missionsbehörde seinen reellen Sinn für die Gegenwartsfragen der Mission bewiesen. So hatte gerade er auch „grünes Licht“ gegeben für die Wiederaufrollung und Lösung der chinesischen Ritenfrage, entgegen der früheren Weisung des Hl. Offiziums, über diese Frage zu diskutieren. Lebensdaten und Wertung der Präfektur Fumasoni-Biondis vgl. „Memoria Rerum“ III/2 313–315.

[29] Supplementum der Bibliografia Missionaria, Anno XXXIX–1975, Quaderno n. 18 (Roma 1976) 27–30.

und ihr Einfluß in der Öffentlichkeit sind nicht zu unterschätzen. Die Kirche „gibt sich japanisch, spricht japanisch, nimmt nach Kräften am japanischen Leben teil. Im ganzen bietet die Kirche also besonders dank ihrer einheimischen Führung ein japanisches Image."[30] Sie ist den Japanern attraktiver geworden. Das Zweite Vatikanische Konzil hat hierzu nicht unwesentlich beigetragen. Die religiösen Institutionen pflegen den Dialog mit den nichtchristlichen Religionen in Japan und bemühen sich um eine enge Zusammenarbeit mit ihnen im Dienste der Menschheit.

In der Jungen Kirche in Korea bereiteten die Ordinarien seit 1927 im Auftrag Roms den koreanischen Klerus auf die Übernahme der Missionsleitung vor. Aber die politische Lage erschwerte den Übergang. Die Koreanisierung der Kirche stieß auf den Widerstand der japanischen Besatzungsmacht, die japanische Ordinarien an der Spitze der Kirchensprengel zu sehen wünschte. Trotzdem ernannte Rom 1942 nach der Abdankung des Apostolischen Vikars von Seoul (japanisch Keijo) den koreanischen Priester Paulus Ro (koreanischer Name) Okamoto (japanischer Name) zum Nachfolger, zunächst als Administrator und am 10. November des gleichen Jahres zum Apostolischen Vikar mit bischöflicher Würde. Im Falle Taiku jedoch, dessen Ordinarius ebenfalls abdankte, mußte die römische Missionsbehörde der Besatzungsmacht nachgeben. Sie ernannte den japanischen Priester Irenaeus Kyûbei Hayasaka zum Administrator. Am 10. November 1942 beförderte sie ihn zwar ebenfalls zum Bischof, ohne ihn jedoch zum Apostolischen Vikar zu ernennen.

Mit den wachsenden Spannungen zwischen Japan und den Vereinigten Staaten wurde die Lage der amerikanischen Missionare in Japan und den besetzten Gebieten immer kritischer. Bis 1941 konnten der Apostolische Vikar von Heijo (seit 1939 Name für Hpyeng Yang), William O'Shea MM, und seine Maryknoller Missionare frei wirken. Doch im Dezember dieses Jahres wurden alle bis auf ihn und seinen Sekretär interniert. Im Juni 1942 kehrten alle amerikanischen Missionare im Rahmen eines Interniertenaustausches in die Vereinigten Staaten zurück. Zuvor hatte O'Shea dem koreanischen Priester Franziskus Hong (koreanischer Name) Takeoka (japanischer Name) die nötigen geistlichen Vollmachten verliehen. Dieser, von Rom am 18. Februar 1943 bestätigt, verstand es hervorragend, die Geschicke der Mission durch die ungünstigen Zeiten hindurchzusteuern. Auch zu den japanischen Behörden unterhielt er gute Verbindungen. Nach dem Ende der Herrschaft Japans über Korea hatte Rom freie Hand in der Besetzung der Kirchensprengel mit koreanischen Ordinarien. Am 7. Juni 1947 ernannte Pius XII. Patrick James Byrne MM zum Apostolischen Visitator der Missionen in Korea mit den Fakultäten eines

[30] *H. Dumoulin SJ,* Die Bedeutung des Christentums in Japan: Die katholischen Missionen (1977) 118–122, hier 118.

Apostolischen Delegaten[31]. Wenig später, am 7. April 1949, erfolgte die Errichtung der Apostolischen Delegatur Korea mit Byrne als erstem Titular[32].

Schwere äußere Prüfungen standen der koreanischen Missionskirche bevor. Die politischen Ereignisse dürfen hier als bekannt vorausgesetzt werden. Durch die kommunistische Besetzung Nordkoreas wurden 57000 katholische Gläubige praktisch von der übrigen Kirche abgeschnitten. Abtbischof Bonifaz Sauer OSB der 1940 errichteten „Freien Abtei“ Tokugen (Tokwon) starb als Opfer der neuen Machthaber an den Folgen der Mißhandlungen im Konzentrationslager. Der Apostolische Vikar von Pyöngyang, Bischof Franziskus Hong, wurde vermißt. Viele Missionare wurden umgebracht oder deportiert, darunter der Apostolische Delegat Byrne, der am 26. November 1960 im Gefangenenlager starb.

In Südkorea hingegen stieg die Zahl der Gläubigen in kurzer Zeit auf über 215000 und erreichte 1956 die 241830, zu denen noch 27332 Katechumenen zu rechnen waren. Trotzdem bildeten die Katholiken gegenüber den 20 Millionen Einwohnern nur eine kleine Minderheit.

In den folgenden Jahren trat der Plan der Errichtung der kirchlichen Hierarchie in den Vordergrund, die am 10. März 1962 erfolgte[33]. Es wurden drei Kirchenprovinzen errichtet: Seoul mit den Suffraganbistümern Pyöngyang, Hamhung, Chunchon, Taejon und Inchon; Taegu mit den Bistümern Chonju und Pusan; Kwangju mit der Diözese Jeonju. Daneben blieb die „Freie Abtei“ Tokwon bestehen, die unmittelbar dem Heiligen Stuhl unterstellt wurde. Es gab um diese Zeit in Südkorea über 488000 Katholiken, 282 koreanische Priester (gegenüber 236 auswärtigen) und 1039 koreanische Schwestern (von insgesamt 1170). An auswärtigen Genossenschaften waren in Korea tätig: das Pariser Missionsseminar, die Missionsbenediktiner von St. Ottilien, Franziskaner, Konventualen, Jesuiten, die Ospedalieri di S. Giovanni di Dio, Missionare des hl. Franz von Sales von Annecy, Marianisten, Salesianer, Missionare von Maryknoll, Kolumban-Missionare von Irland; ferner die koreanischen Samisten und die Brüder der hl. koreanischen Martyrer. Es gab fünf koreanische Schwesterngenossenschaften[34]. Von den auswärtigen war jene des hl. Paulus von Chartres am zahlreichsten vertreten. Auch sie zählte 295 koreanische Schwestern in ihren Reihen[35].

Am 11. Dezember 1963 errichtete Paul VI. die Internuntiatur Korea[36], die am

[31] AAS 39 (1947) 463.

[32] AAS 42 (1950) 327.

[33] AAS 54 (1962) 552–555.

[34] Heute gibt es in Korea sechs einheimische Schwesternkongregationen diözesanen Rechts: Supplementum der Bibliografia Missionaria, Anno XXXIX–1975, Quaderno n. 18 (Roma 1976) 22–23.

[35] Vgl. *J. Chang-mun Kim – J. Jae-sun Chung*, Catholic Korea Yesterday and Today (Seoul 1964).

[36] AAS 56 (1964) 235.

5. September 1966 in eine Nuntiatur umgewandelt wurde[37]. Zwei weitere wichtige Ereignisse für die koreanische Missionskirche der jüngsten Vergangenheit waren die Seligsprechung von 24 koreanischen Martyrern des Jahres 1866 am 6. Oktober 1968 und die Ernennung des ersten koreanischen Kardinals, Stephen Sou Hwan Kim, im Konsistorium vom 28. April 1969.

In den siebziger Jahren wurden die christlichen Kirchen in Südkorea, obwohl sie zahlenmäßig nur einen kleinen Teil der Bevölkerung umfassen, zum Zentrum des geistigen Widerstands gegen die Diktatur des Park-Regimes. Die Spannungen zwischen Kirche und Staat führten im August 1974 zur Verhaftung des Bischofs Tji Hak Soun von Wonju, der von einem Militärgericht als „Aufwiegler" zu 15 Jahren Gefängnis verurteilt wurde. Im Februar 1975 wurde er zusammen mit 150 anderen politischen Häftlingen freigelassen.

Heute zählt die Junge Kirche Koreas nahezu 990 000 Gläubige unter einer Gesamtbevölkerung von 40,5 Millionen (nicht mitgerechnet Pyöngyang und Tokwon, für die laut Annuario Pontificio 1978 keine Statistiken vorliegen).

Südostasien

In der Missionskirche Indiens hatten in den zwei Jahrzehnten vor dem Zweiten Weltkrieg wichtige Vorgänge die Zukunft vorbereiten helfen. Da war zunächst die schrittweise Übertragung der Kirchenleitung in einheimische Hände, die freilich dem indischen Klerus viel zu langsam vor sich ging. Widerstände und Hemmnisse entstanden hauptsächlich aus dem indischen Kastenwesen, das manche römische Pläne durchkreuzte. Die Aufhebung des Riteneides machte auf einer weiteren Ebene den Weg frei für die bessere Indigenisierung der Jungen Kirche. Nach der Veröffentlichung der Instruktion vom 8. Dezember 1939 über die chinesischen Riten tauchte die Frage auf, ob die Missionare in Indien weiterhin den sogenannten Riteneid ablegen müßten, den Klemens XII. 1739 für alle Missionare in den Reichen Madura, Mysore und Carnatik vorgeschrieben hatte. Um die Ausdehnung dieser Verpflichtung hatten gleich zu Beginn Unklarheiten bestanden, die auch in der Folge nicht ausgeräumt werden konnten[38]. Im Laufe der Zeit auftretende Zweifel hatte Rom jeweils mit der stereotypen, aber keineswegs klärenden Formel „nihil esse innovandum" beantwortet[39]. In

[37] AAS 58 (1966) 875,

[38] Vgl. besonders die Briefe vom 13. Oktober 1744 und 6. Februar 1745 des römischen Missionsdikasteriums: AP Lettere vol. 161 f. 146r–148r, 171r–174v; ferner: Collectanea S. Congregationis de Propaganda Fide I (Romae 1907) n. 594 und 607.

[39] Vgl. AP Lettere vol. 331 f. 532v (Brief an den Oberen des Pariser Missionsseminars vom 20. Juli 1844); vol. 351 f. 296v–297v (Brief vom 18. Mai 1860 an den Apost. Vikar von Jaffna); Registro delle Risoluzioni del S. Offizio vol. 2 (1853) p. 34 n. 2; vol. 6 (1873) p. 5; Collectanea S. Congregationis de Prop. Fide I (Romae 1907) n. 993; Lettere vol. 362 f. 1058r–1059r (Brief vom 27. Oktober 1969 betreffs einer Anfrage des Apost. Vikars von Colombo).

Anbetracht dessen und der wenige Monate zuvor getroffenen Entscheidung in der chinesischen Ritenfrage beschlossen die Kardinäle der römischen Missionsbehörde in ihrer Sitzung vom 8. April 1940, die Verpflichtung zum Eid „sopra i riti malabarici“ aufzuheben, was der Papst in der Audienz des folgenden Tages bestätigte[40].

Ein weiteres Ereignis war der Übertritt von zwei Bischöfen der Syro-Malankarchristen, Mar Ivanios (Georg Thomas) Panikarveebil und Mar Theophilos (Jakob Abraham) Kalapurakal, im Jahre 1930 zur katholischen Kirche. Dies war ein erster Erfolg der Unionsbestrebungen zwischen der syrisch-orthodoxen und der katholischen Kirche. Die Unionsbewegung hielt an. Am 28. August 1977 vollzog auch Erzbischof Mar Felixnose der Unabhängigen Syrisch-Orthodoxen Kirche von Malabar zusammen mit seinem Sekretär die Union mit Rom.

Schließlich ist hier noch ein viertes, nicht unwesentliches Kapitel auf dem Weg der indischen Kirche in die Zukunft zu erwähnen. Portugal verzichtete nach und nach auf sein Missionspatronat in Indien und beendete damit ein jahrhundertelanges Tauziehen mit der päpstlichen Missionsbehörde in Rom. Bei der Besetzung der Kirchensprengel mit indischen Ordinarien war diese ohne Befragen Portugals vorgegangen. Von Lissabon erfolgte kein Einspruch bei der Aufteilung jener Diözesen, für die die Konvention von 1928 dem Patronatsherrn noch einen letzten, freilich ganz geringen Rest von Patronatsrecht eingeräumt hatte[41]. Selbst in Bombay verlief der Übergang reibungslos. Nach der genannten Konvention mußte der Erzbischof abwechselnd Portugiese oder Engländer sein. Diese Bestimmung brachte den Heiligen Stuhl in Verlegenheit, denn es gab in Bombay kaum englische und überhaupt keine portugiesischen Missionare. 1937 hatte Rom Mühe, einen Kandidaten zu finden. Mehr um diese Nachteile auszuschalten denn aus Notwendigkeit, schlug Erzbischof Thomas Roberts anläßlich eines Rombesuchs 1945 vor, ihm einen indischen Priester zum Hilfsbischof zu geben. Die Wahl fiel auf Valerian Gracias, den späteren ersten indischen Kardinal. Da es sich um einen Weihbischof und nicht um einen Koadjutor mit dem Recht der Nachfolge handelte, konnte Portugal keine Einwände erheben. Wenn über kurz oder lang der Weihbischof zum Ordinarius ernannt werden würde – dies war schon jetzt die klare Absicht Roms, und Erzbischof Roberts war bereit, in diesem Falle abzudanken und seinen Platz dem indischen Bischof zu überlassen –, wollte man die portugiesische Regierung ersuchen, auf ihr Vorrecht zu verzichten und sich der Indigenisierung der Kirche in Indien nicht zu widersetzen. Doch das sollte nicht nötig sein. In dem Missionsvertrag vom 18. Juli 1950 verzichtete Portugal auf seine Rechte bei der Ernennung der Ordinarien von Mangalore, Quilon, Trichinopoly, Cochin, San Thome de Meliapur und Bombay[42], und am 4. Dezember des gleichen Jahres wurde Gra-

[40] AAS 32 (1940) 379.
[41] AAS 20 (1928) 133.
[42] AAS 42 (1950) 811–815.

cias Erzbischof. Im Konsistorium vom 12. Januar 1953 nahm ihn Pius XII. ins Kardinalskollegium auf.

Das Missionsabkommen von 1950 hatte noch weitere Folgen. Die Bischöfe von Cochin und Meliapur wurden auf Titularsitze versetzt. Dadurch erhielt Rom freie Hand für die Ernennung der Ordinarien dieser früheren Patronatsdiözesen. Cochin wurde entsprechend den zwei ethnischen Gruppen, die sich seit Jahrhunderten befehdeten, in zwei neue Bistümer, Cochin und Alleppey, aufgeteilt und ein weiterer, 130 km vom Rest der früheren Patronatsdiözese getrennter Gebietsteil dem Bischof von Trivandrum in Administration gegeben. Ebenso wurden die beiden heterogenen und dazu noch territorial weit auseinanderliegenden Teile des Patronatsbistums Meliapur kirchlich neu erfaßt. Es wurden die neuen Diözesen Tanjore und Vellore errichtet und die restlichen Gebiete zur Erzdiözese Madras and Mylapore vereinigt.

Der Zweite Weltkrieg brachte für die indische Kirche nicht so große Nachteile mit sich wie der Krieg 1914–1918. Im allgemeinen ging die Missionstätigkeit ruhig weiter. Nur in Assam waren materielle Schäden zu verzeichnen. 1945 wurden die jüngeren, d.h. nach 1931 eingereisten deutschen und italienischen Missionare vorübergehend interniert. Am 15. August 1947 konstituierten sich die beiden selbständigen Staaten Indien und Pakistan. Das hatte zur Folge, daß kirchliche Territorien auseinandergerissen wurden. Rom stimmte die Bistumsgrenzen mit den politischen ab.

Inzwischen hatten die indischen Missionsbischöfe 1944 die Catholic Bishops' Conference of India (CBCI) ins Leben gerufen[43]. Vom 6. bis 18. Januar 1950 tagte in Bangalore das erste Indische Plenarkonzil. Alle Ordinarien der damals 52 kirchlichen Zirkumskriptionen Indiens, einschließlich des Erzbischofs von Goa und der Bischöfe des orientalischen Ritus in Malabar, die zusammen viereinhalb Millionen Katholiken repräsentierten, waren anwesend. Es war eine Kundgebung der Einheit und Geschlossenheit der indischen Kirche, die ihre Loyalität dem neuen, unabhängigen Staat gegenüber offen an den Tag legte. Im Schreiben an Kardinal Norman Gilroy, den Erzbischof von Sydney, den Pius XII. zum Legaten für das Plenarkonzil ernannt hatte, waren die römischen Anliegen an das Konzil genannt: engere und einheitliche Zusammenarbeit des Klerus untereinander und mit den Laien in allen kirchlichen und missionarischen Fragen; Vermehrung des einheimischen Klerus und Vervollkommnung seiner Ausbildung; Ausbau der Katholischen Aktion; Gründung einer katholi-

[43] Die erste gemeinsame Bischofskonferenz Indiens hatte bereits 1921 unter Vorsitz des Apost. Delegaten Pisani im Anschluß an den Marianischen Kongreß in Madras stattgefunden. Damals war auch bereits der Gedanke an ein indisches Plenarkonzil aufgetaucht. Doch verschiedene Umstände, u.a. der häufige Wechsel des Delegaten verhinderten die Ausführung des Planes. Als schließlich 1937 alles für die Einberufung bereit war, tauchten unversehens Schwierigkeiten wegen des portugiesischen Patronats auf, so daß das Konzil verschoben werden mußte. Letztere Schwierigkeiten räumte Pius XII. später dadurch aus, daß er den Kardinal von Sydney zum Legaten für das Konzil ernannte.

schen Universität; gesteigerte Pflege der karitativen und schulischen Einrichtungen; Förderung des Presseapostolates. Die daraufhin abgestimmten Konzilsdekrete wurden am 29. Januar 1951 approbiert und traten am 28. Januar 1952 in Kraft. Sie betrafen nicht nur die ordentliche Seelsorge, sondern auch die missionarische Ausstrahlung. In letzterer Beziehung wurden neben den althergebrachten noch folgende Mittel empfohlen: Bestellung einiger Priester, die, mit gründlicher Kenntnis der Sprache, des Brauchtums, der Philosophie und der Religionen Indiens ausgerüstet, die apologetische und katechetische Arbeit unter den Gebildeten übernehmen; Schaffung eines katholischen Schrifttums auch für die Altkatholiken, das die katholische Lehre ganz und offen vertritt und auch „nach der literarischen und technischen Seite" hervorragend ist; Verkündigung der katholischen Lehre vermittelst Radiosendungen durch Priester und gebildete Gläubige; Verbreitung der Soziallehre der Kirche, die in Indien fast unbekannt war; Gründung einer Zeitschrift für die Sozialfragen, in Verbindung mit der Bischofskonferenz; Ausübung des Apostolates auch unter den von der Kirche getrennten Christen[44]. Ferner wurden auf dem Plenarkonzil die Statuten der Bischofskonferenz approbiert. Das auffälligste Zeichen und die größte Bedeutung dieses Plenarkonzils bestand darin, daß die Junge Kirche Indiens begann, sich auf weitgehende Anpassung an die landesüblichen Sitten und Gebräuche einzurichten.

Weitere bedeutsame Ereignisse für die Missionskirche in Indien waren folgende: 1948 errichtete Pius XII. die Internuntiatur Indien[45]. Am 26. Januar 1951 erklärte er die Gottesmutter zur Patronin des Landes[46]. Zum Abschluß des Marianischen Jahres fand vom 4. bis 8. Dezember 1954 in Bombay unter Vorsitz von Kardinal Gracias ein nationaler Marianischer Kongreß statt, der die Vitalität der katholischen Kirche Indiens erneut zum Ausdruck bringen sollte und in der Tat ein großes Echo auch in der nichtkatholischen Öffentlichkeit hervorrief. Im November 1964 wurde ebenfalls in Bombay der 38. Eucharistische Weltkongreß begangen, den Papst Paul VI. vom 2. bis 5. November mit seiner Gegenwart beehrte[47]. Die Reise des Papstes nach Indien wurde zu einem kirchen- und profangeschichtlichen Ereignis größten Ausmaßes. 980 ausländische Journalisten und ein Fernseh-Team von 77 Personen brachten jede Einzelheit des phänomenalen Empfangs und des Aufenthalts des Papstes in Indien in die breite Weltöffentlichkeit. Weitere Marksteine der Neuausrichtung der Jungen Kirche waren die Vollversammlung der indischen Hierarchie 1966 in Neu Delhi, eine Internationale Theologische Konferenz 1971 in Nagpur, die Neunzehnhundert-Jahr-Feier des Todes des Apostels Thomas 1972 in Madras und die

[44] Nach: *M. Bierbaum,* Das erste Plenarkonzil von Indien. In: ZMR 36 (München 1952) 161–172.

[45] AAS 42 (1950) 235. Wurde im August 1967 zur Nuntiatur erhoben mit einem Pro-Nuntius als Titular.

[46] AAS 46 (1954) 398–399.

[47] AAS 57 (1965) 113–140, alle Einzelheiten der Reise des Papstes.

„Gesamtindische Konsultation über Evangelisation" 1973 in Patna. Bangalore beherbergte vom 14. bis 25. Mai 1969 das „All India Seminar" zur Erneuerung der Kirche Indiens, das einem „Pastoralkonzil" gleichkam. Es war der Höhepunkt eines umfangreichen Lern- und Meinungsbildungsprozesses. Die großen Themen waren: Indisierung der Kirche, Selbstversorgung der indischen Ortskirchen und Dialog mit den nichtchristlichen Religionen[48]. Einen nennenswerten Beitrag zur Entwicklung einer indischen Theologie verspricht man sich von der neuen Fakultät für Religionsstudien, die am 3. Juli 1976 am Dharmaram-College in Bangalore eröffnet wurde.

Durch diese und andere Kundgebungen machte die katholische Kirche Indiens von sich reden. Tagungen, Konferenzen und Seminare mit wichtigen Aussagen fanden ein internationales Echo und „machten den Willen zu einer Belebung und Neuausrichtung kirchlicher Arbeit deutlich"[49]. Obwohl eine kleine Minderheit, ist die katholische Kirche in Indien heute eine geistliche Macht, deren Resultate und Bedeutung man nicht in Zahlen ausdrücken kann. Sie gab im Jahre 1970 sechs Tageszeitungen, 20 kirchliche Wochenblätter und die beiden allgemeinen Wochenzeitungen „Sanjivan" und „Orbit" heraus. Katholische Journalisten sind Mitarbeiter an den großen Tages- und Wochenzeitungen des Landes. Der indische Klerus ist zahlreich und hat durch seine gute Ausbildung sehr an Qualität und Ansehen gewonnen. Einer seiner hervorragendsten Vertreter, Erzbischof Simon Lourdusamy von Bangalore, wurde von Paul VI. in die Leitung des Missionsdikasteriums nach Rom berufen. Eine auffallende Entwicklung machten die indischen Schwesternkongregationen durch, was in einem Land, in dem der Frau traditionsgemäß kein Ehrenplatz zustand, von großer Bedeutung war, nicht nur für die Kirche, sondern für das ganze Land. Es gibt heute in Indien 23 diözesane Schwesternkongregationen und ein weibliches Säkularinstitut[50]. Mit der Gründung des ersten Ashram 1957 in Kurisumala wurde mit der Anpassung kontemplativen Lebens an indische Mentalität und Formen begonnen.

Trotz alledem ist es auch heute noch nicht gelungen, die Kluft zwischen Christentum und Hinduismus zu überwinden. Das Christentum gilt immer noch in den traditionsbewußten hinduistischen Kreisen als der indischen Kultur artfremd. Dies führte in letzter Zeit zu mancherlei bedauerlichen Behinderungen

[48] Vgl. Die katholischen Missionen (Freiburg 1970) 8–11. Zum Thema „Dialog" sei bemerkt, daß es vor nicht allzulanger Zeit in indischen Priesterseminaren noch verpönt war, Sanskrit zu lernen und Bücher über den Hinduismus zu lesen. Der Kontakt mit der Hindu-Religion galt als Gefahr für den christlichen Glauben. Diese Mentalität hat sich in den letzten Jahren dank des Einflusses des Zweiten Vatikanischen Konzils radikal gewandelt. Die katholische Kirche versucht, den Hinduismus besser zu verstehen und mit seinen Anhängern ins Gespräch zu kommen.

[49] Herder-Korrespondenz 28 (Freiburg 1974) 7.

[50] Supplementum der Bibliografia Missionaria, Anno XXXIX–1975, Quaderno n. 18 (Roma 1976) 32–37.

ausländischer Missionare in einigen Bundesländern, wie in Assam. Die kirchliche Hierarchie und die Laienorganisationen lassen nichts unversucht, die noch bestehenden Vorurteile auszuräumen und ihnen jede Grundlage zu entziehen. Vor allem auf dem vom Zweiten Vatikanischen Konzil vorgezeichneten Weg liturgischer Anpassung werden große Anstrengungen unternommen.

Die Junge Kirche Indiens besteht heute (1978) aus 83 Diözesen und zwei Apostolischen Präfekturen des lateinischen Ritus, 17 Diözesen des syro-malabarischen und zwei Diözesen des syro-malankarischen Ritus. Die Zahl der Bischöfe – Ordinarien, Koadjutoren und Weihbischöfe – beträgt 125. Drei von ihnen sind Kardinäle. Außer sieben sind alle übrigen Inder. Die Zahl der Gläubigen aller drei Riten beläuft sich auf zehn Millionen.

Große Gebietsteile des späteren West-Pakistan gehörten kirchlich-administrativ bis 1948 zur Erzdiözese Bombay. Nach der Bildung des selbständigen islamischen Staates Pakistan wurde am 20. Mai 1948 in West-Pakistan die Diözese Karachi errichtet. In Ost-Pakistan (heute Bangladesch) bestand bereits seit 1886 die Diözese Dacca. Am 15. Juli 1950 vervollständigte Rom die kirchliche Organisation durch die Errichtung der Kirchenprovinzen Karachi mit den Suffraganbistümern Multan, Lahore und Rawalpindi (zu denen 1958 noch Hyderabad in Pakistan und 1960 Lyallpur, seit 1977 Faisalabad genannt, kamen) und Dacca mit den Diözesen Dinajpur und Chittagong (zu denen 1952 noch Jessore kam, das 1956 den Namen Khulna erhielt)[51]. Für Kashmir und Jammu, um deren Besitz Indien und Pakistan noch kämpften, wurden keine Grenzen festgelegt. Rom errichtete hier am 17. Januar 1952 vielmehr die Apostolische Präfektur Kashmir and Jammu (seit 1968 Jammu and Kashmir) und übertrug sie den Mill-Hill-Missionaren[52]. Nach Aufnahme der diplomatischen Beziehungen mit Pakistan wurde am 9. Oktober 1951 die im Jahr zuvor errichtete Delegatur in Karachi zur Internuntiatur erhoben (seit 27. Dezember 1965 Nuntiatur)[53].

Der islamische Staat Pakistan garantierte in der Konstitution Religionsfreiheit und sicherte die freie Religionsausübung der religiösen Minderheiten. Dennoch stieß hier wie überall in der islamischen Welt die christliche Glaubensverkündigung auf unüberwindliche Schwierigkeiten. Auftauchende aktuelle Probleme, wie etwa die Schulfrage, versuchte der Episkopat stets durch direkte Verhandlungen mit der Regierung zu lösen. Die vorauszusehenden Beschränkungen für ausländische Missionare wurden durch rechtzeitige „Pakistanisierung“ des Episkopates und des Klerus aufgewogen. Die Erhebung des Erzbischofs von Karachi, Joseph Cordeiro, ins Kardinalskollegium am 5. März 1973 wurde auch von der nichtkatholischen Bevölkerung und von der Regierung

[51] AAS 43 (1951) 66–69.
[52] AAS 44 (1952) 513–514.
[53] AAS 42 (1950) 878–879; 44 (1952) 712–713; 58 (1966) 134.

wohlwollend aufgenommen. Doch von einem Einfluß der kleinen katholischen Minorität auf das öffentliche Leben kann keine Rede sein. Im September 1972 wurden alle privaten Kollegien (darunter vier katholische) verstaatlicht. Im Oktober des gleichen Jahres ereilte dasselbe Los die Urdu-Schulen in Punjab sowie einige englische Schulen. Unter den rund 65 Millionen Einwohnern (1972) sind 381000 Katholiken.

Im seit 1971 selbständigen Bangladesch ist die katholische Minderheit sehr dynamisch. Ihren größten Einfluß übt sie auf dem Erziehungssektor aus. 1976 unterhielt sie 274 „Erziehungszentren", für eine Gemeinschaft von nur 130000 Katholiken (heute sind es 142000 unter 71,5 Millionen Einwohnern) eine beachtliche Leistung. Darunter waren 16 High Schools. Am 2. März 1973 errichtete Paul VI. die Nuntiatur Bangladesch[54].

Die Evangelisierung auf Ceylon (heute Sri Lanka), das sich als Hort des ursprünglichen, unverfälschten Buddhismus versteht, lag hauptsächlich in Händen der Oblaten der Makellosen Jungfrau Maria, der Silvestriner und der Jesuiten. Es gelang diesen, manchen Schwierigkeiten zum Trotz, eine verhältnismäßig starke Kirche aufzubauen und einen zahlreichen einheimischen Klerus auszubilden. Trotzdem setzte der Prozeß der Übertragung der Kirchenleitung in einheimische Hände erst spät ein[55]. Erst bei Teilung der Erzdiözese Colombo und der Errichtung der neuen Diözese Chilaw am 5. Januar 1939 kam der erste einheimische Oblate auf den Bischofsstuhl. Doch er starb noch vor der Bischofsweihe. Sein Nachfolger wurde 1940 wiederum ein einheimischer Oblate.

Nach Beendigung des Zweiten Weltkriegs beeilte sich Rom, auch in Colombo einen ceylonesischen, und zwar singhalesischen Bischof zum Koadjutor mit dem Recht der Nachfolge zu ernennen. Die Wahl fiel auf den 44jährigen Thomas Benjamin Cooray OMI, der später der erste ceylonesische Kardinal wurde[56]. Am 26. Juli 1947 wurde er Erzbischof.

Mit der Erlangung der politischen Unabhängigkeit (4. Februar 1948) setzte eine Hetzkampagne buddhistischer Kreise gegen die katholische Kirche ein, die man für die lange koloniale Vergangenheit der Insel verantwortlich machen wollte. Dies hatte zunächst einen „Inferioritätskomplex" der Katholiken zur Folge, von dem sich die Kirche jedoch bald erholte. Rom fuhr fort, die Kirchenleitung in einheimische Hände zu legen. Trotzdem hatte es die Junge Kirche schwer, sich missionarisch weiter auszubreiten. Sie nahm praktisch nur durch natürlichen Zuwachs zu. 1958 waren von den 9,3 Millionen Bewohnern 7,69%

[54] AAS 65 (1973) 236.

[55] Der 1912 ernannte Bischof von Kandy, Beda Beekmeyer OSBSilv., war zwar in Ceylon geboren, stammte aber von einer holländischen Familie ab, die seit etwas mehr als einem Jahrhundert in Ceylon ansässig war.

[56] Kardinalssitzung der Kongregation „de Propaganda Fide" vom 10., Audienz vom 13. (nicht 14.!) Dezember 1945.

katholisch. Ein großer Teil des einheimischen Klerus war im Schuldienst tätig und damit den Aufgaben der Evangelisierung entzogen. Erfreulich ist, daß der ceylonesische Klerus auf Drängen Roms seit den sechziger Jahren auswärtige Missionen übernommen hat, zunächst in Malaysien, dann in Indien, Pakistan und Bangladesch.

Einen neuen Aufschwung erhielt die Kirche, als Bischof Cooray am 22. Februar 1965 Kardinal wurde. Unter seinem Vorsitz versuchte die Nationalsynode von 1968 die Weisungen des Zweiten Vatikanischen Konzils in der ceylonesischen Kirche zu verwirklichen. Sie befaßte sich mutig mit allen brennenden Problemen: Zusammenarbeit zwischen Klerus und Ordinarien, Laienbewegungen, religiöse Unterweisung, Liturgie, Anpassung usw. und entschied sich für den Abbau der Gettohaltung der katholischen Kirche innerhalb der Nation, für die positive Mitarbeit im nationalen und kulturellen Leben und für die Bereitschaft zur Zusammenarbeit mit den Nichtchristen bei der Lösung nationaler Probleme[57].

Trotzdem blieben der Kirche schwere Prüfungen nicht erspart, 1960 wurden in Ceylon alle Privatschulen verstaatlicht. 1964 wurden die in staatlichen Krankenhäusern angestellten Ordensschwestern entlassen. Im Januar 1966 schaffte die Regierung den christlichen Sonntag ab und führte den buddhistischen „Poya"-Tag als Ruhetag ein, der nach den Mondphasen berechnet wird. Doch wurde diese Verfügung am 9. Juli 1971 aus wirtschaftlichen Erwägungen rückgängig gemacht. Seit der Ernennung Coorays zum Kardinal besserte sich in etwa das Verhältnis zur Regierung. Am 11. Dezember 1967 errichtete Rom die Apostolische Delegatur und am 6. September 1975 die Apostolische Nuntiatur Ceylon bzw. Sri Lanka[57a]. Am 4. Dezember 1970 weilte Paul VI. auf dem Rückflug von Ozeanien-Australien drei Stunden auf dem Flugplatz in Colombo. Er wurde von 600 000 Menschen begrüßt. Die Regierung, die Buddhisten, Hindus und Moslems hatten Abordnungen geschickt. Dieser Papstbesuch trug viel zur Verbesserung des Klimas zwischen den Religionsgemeinschaften bei. Heute zählt die katholische Kirche in Sri Lanka 965 000 Gläubige bei einer Gesamtbevölkerung von 13 Millionen, eine für asiatische Verhältnisse ziemlich starke Minderheit.

Das Plenarkonzil von Hanoi (18. November – 6. Dezember 1934) stellte für die Jungen Kirchen der Länder Indochinas (Tonking, Annam, Kotschinchina, Kambodscha, Laos und Siam) die Weichen in die Zukunft. Die wichtigsten behandelten Themen waren: Durchführung des neuen Codex iuris canonici und

[57] Vgl. Die katholischen Missionen (Freiburg 1970) 23–25. – Einen bedeutenden Beitrag zur Verbesserung des Klimas zwischen Katholiken und Buddhisten leistete Bischof Edmund Peiris OMI von Chilaw durch seine wissenschaftlichen, historischen Forschungen und Veröffentlichungen. Er galt als der beste Kenner ceylonesischer Kultur und Geschichte und stand in regem wissenschaftlichem Gedankenaustausch mit den gelehrten Buddhisten.
[57a] AAS 67 (1975) 649.

der päpstlichen Missionsrundschreiben, Anpassung an die neueste Zeit, Richtlinien für die Heidenmission, einheitliche Missionsmethode, Verhältnis der ausländischen Priester zum einheimischen Klerus, Erlernung der Landessprachen, Studium der einheimischen Religionen und Kulturen, Gründung einheimischer religiöser Gemeinschaften, Gebrauch der Landessprache (von seiten der Gläubigen) beim Gottesdienst, Vorbereitung einheimischer Priester auf die Kirchenleitung, Tragen annamitischer Kleidung durch den Klerus, Laienapostolat.

Die Ernennung des einheimischen Priesters Johannes Baptist Tong zum Koadjutorbischof von Phat-Diem und seine Weihe in Rom durch Pius XI. am 11. Juni 1933 war der erste Schritt auf dem Weg zu einer einheimischen Kirche, dem bald weitere folgten. Die französische Kolonialmacht vereitelte manche Pläne Roms. Aber auch sie konnte die Entwicklung nicht mehr aufhalten[58].

Die politischen Ereignisse im Zweiten Weltkrieg und den nachfolgenden Unabhängigkeitskriegen sowie vor allem die Zweiteilung Vietnams (20. Juli 1954) haben der Missionskirche ungeheueren Schaden zugefügt. Die politische Teilung veränderte mit einem Schlag das religiös-kirchliche Bild Vietnams. Zehn Apostolische Vikariate lagen in Nord-, sechs in Südvietnam. 875 000 Einwohner zogen vom Norden nach dem Süden. 80% davon, d.h. 650 000, waren Katholiken. In Südvietnam verdreifachte sich dadurch die Zahl der Gläubigen. Die Kirche tat ihr Möglichstes, die brennenden sozialen und religiösen Probleme der Flüchtlinge zu lösen. Die Seelsorge unter den nun 1,4 Millionen Gläubigen mußte neu organisiert werden. Diese Zahl wuchs infolge einer einsetzenden Konversionsbewegung in den nächsten Jahren stark.

Besondere Anstrengungen unternahm die Kirche auf schulischem und sozial-karitativem Gebiet. 1966 wurden 264 801 Schüler in den 1158 Volks- und 83 103 Studenten in den 178 Mittelschulen gezählt. 1959 gründete der Episkopat Südvietnams die Universität Dalat, die noch im gleichen Jahr staatlich anerkannt wurde. Sie sollte einen neuen Beitrag zum geistigen Aufbau des Landes, besonders auf erzieherischem und kulturellem Gebiet, leisten. Mathematik, Chemie, Landwirtschaft, Technologie, Philosophie, Literatur und Pädagogik waren die Wissenschaftszweige, die hier gepflegt wurden. 1965 folgte die Errichtung einer Theologischen Fakultät im Päpstlichen Seminar Pius' X., ebenfalls in Dalat.

In Nordvietnam hingegen hatte die Kirche mehr und mehr unter der kommunistischen Herrschaft zu leiden. Bis 1960 wurden sämtliche ausländischen Missionare ausgewiesen. Die Tätigkeit der einheimischen Bischöfe und der verbleibenden 200 einheimischen Priester war sehr eingeschränkt. Der Apostolische Delegat John Dooley (seit 1951) mußte krankheitshalber Hanoi verlassen und ins Krankenhaus in Phnom-Penh gebracht werden. Sein Stellvertreter Terenz O'Driscoll wurde am 17. August 1959 ausgewiesen.

In Südvietnam fand vom 16. bis 18. Februar 1959 in Saigon in Gegenwart

[58] Vgl. „Memoria Rerum" III/2 507–508.

des Päpstlichen Legaten, Kardinal Gregorio Pietro Agagianian, der Nationale Marianische Kongreß statt, der zugleich als Dreihundert-Jahr-Feier der Ernennung der ersten Apostolischen Vikare gedacht war. Ein weiteres wichtiges Ereignis des Jubiläumsjahres war die Errichtung der kirchlichen Hierarchie am 24. November 1960. Es wurden drei Kirchenprovinzen gebildet: in Nordvietnam Hanoi mit den Suffraganen Langson, Haiphong, Bacninh, Hung-Hoa, Thai-Binh, Buichu, Phat-Diem, Than-Hoa und Vinh; in Südvietnam Hué mit Quinhon, Nhatrang und Kontum sowie Saigon mit Vinh-Long, Cantho, Dalat, My-Tho und Long-Xuen. Hanoi und alle Diözesen in Nordvietnam erhielten einheimische Ordinarien, ebenso Saigon und alle seine Suffraganbistümer sowie Hué und Quinhon[59]. Nur Nhatrang und Kontum behielten vorerst noch einen ausländischen Bischof. Aus Anlaß der Errichtung der Hierarchie richtete Johannes XXIII. am 14. Januar 1961 eine Grußbotschaft an die Kirche in Vietnam[60].

Papst Paul VI. unterließ keine Gelegenheit, sein Ansehen und diplomatisches Geschick für die Wiederherstellung des Friedens in Vietnam einzusetzen. 1966 schickte er den damaligen Apostolischen Delegaten in Kanada, Titularerzbischof Sergio Pignedoli, mit einer Sonderbotschaft zu den in Saigon versammelten Bischöfen[61]. Am 27. November 1970 richtete er auf dem Flug von Dacca nach Manila persönliche Grußworte an die Regierungen in Nord- und Südvietnam.

Nach dem Ende des 30jährigen Bürgerkriegs begann auch für den Teil der Jungen Kirche im bisherigen Südvietnam eine schwere Zeit. Im September 1975 wurden 20 Missionare aus Dalat ausgewiesen. Von da an ging die Ausweisung ausländischer Missionare systematisch weiter[62]. Die Kirche wurde mehr und mehr zur „schweigenden" Kirche. Am 18. März 1976 wurde Bischof Nguyên van Thuân, der noch vor der Machtübernahme durch die Kommunisten zum Koadjutor von Saigon ernannt worden war[63], verhaftet. Er galt als einer der fähigsten Bischöfe Vietnams. Im Juli 1978 erlangte er wieder seine Freiheit. Der Erzbischof von Hanoi, Joseph Marie Trin-nhu-Khuê, wurde von Paul VI. im Konsistorium vom 24. Mai 1976 zum Kardinal ernannt[64]. Er erhielt von der Regierung die Erlaubnis zur Reise nach Rom.

[59] AAS 53 (1961) 346–350.

[60] Ebd. 84–88.

[61] AAS 58 (1966) 911–914.

[62] Bis auf zwei Mitglieder der Gemeinschaft der „Kleinen Brüder" von Charles de Foucauld und einer der „Kleinen Schwestern" wurden bis 1976 alle auswärtigen Missionare ausgewiesen. Die Kirche verlor alle ihre apostolischen Werke wie Schulen, Studentenheime, Waisenhäuser und Krankenhäuser. Eine Ausnahme bildet die St.-Paul-Klinik in Ho-Chi-Minh-Stadt (Saigon).

[63] 1967 war er zum Bischof von Nhatrang und am 24. April 1975 zum Koadjutor von Saigon ernannt worden.

[64] AAS 68 (1976) 379.

Heute zählt die Junge Kirche in Vietnam unter einer Gesamtbevölkerung von 47 Millionen 2,8 Millionen Gläubige.

In Laos missionierten Mitglieder des Pariser Missionsseminars und französische und italienische Oblaten der Makellosen Jungfrau Maria. Auch um die fünfziger Jahre war die Mission trotz erfreulicher Ansätze noch nicht über das Anfangsstadium hinausgekommen. Aber dann glaubte man von einer Bekehrungswelle bei den animistischen Bergstämmen der Meo und der Lao Theung im Hochland nördlich von Vientiane sprechen zu können, doch die politischen Ereignisse erschwerten die Evangelisierung dieser Völker. Immerhin entstand eine größere Anzahl christlicher Gemeinden, die rasch anwuchsen. Aber gerade die Wohngebiete dieser Bergstämme wurden zum Operationsgebiet der kommunistischen Pathet Lao. Der von ihnen besetzte Landesteil wurde für die Missionare unzugänglich.

Nachdem Südvietnam Ende April 1975 und Kambodscha 14 Tage vorher gefallen waren, ging im Mai auch Laos beinahe lautlos in die Hände der Kommunisten über. Noch im gleichen Monat gingen 30 französische Missionare nach Thailand. Im September mußten 29 italienische Oblaten das Land innerhalb von drei Tagen verlassen[65]. Drei einheimische Bischöfe und ein Dutzend einheimischer Priester blieben unter schwierigen Bedingungen zurück für die Betreuung der etwa 15 000 Gläubigen.

Noch weitaus tragischer wirkten sich die jüngsten Ereignisse auf die kleine Missionskirche in Kambodscha aus. Die von jeher „kleine Herde“, die sich größtenteils aus eingewanderten Vietnamesen zusammensetzte, wurde mehr und mehr dezimiert. Die Katholiken wurden als Träger einer fremden Religion gebrandmarkt. Wer sich christlich taufen ließ, wurde als Verräter verschrien. Damit hing es zusammen, daß es kaum 5000 Katholiken kambodschanischer Abstammung gab. Die meisten von ihnen waren Nachfahren freigelassener Sklaven früherer Zeiten. Heute hat das Christentum im radikalen Kambodscha keine Lebensmöglichkeit mehr. Es ist ausgelöscht.

Die Junge Kirche im buddhistischen Thailand hatte in den 30er und 40er Jahren unter mancherlei Verfolgungen zu leiden. Das Christentum wurde als Religion der Kolonialmacht abgelehnt. Nach dem Zweiten Weltkrieg besserte sich in etwa die Lage. Die wiederholten Staatsstreiche lenkten von der Kirchenpolitik ab. 1953 gab es unter 18 Millionen Einwohnern höchstens 85 000 Katholiken, meist Vietnamesen und Chinesen, kaum Siamesen. Aber die Missionstätigkeit wurde geduldet. Heute zählt die Junge Kirche 174 000 Seelen (bei 41 Millionen Einwohnern). Am 18. Dezember 1965 wurde die kirchliche Hierarchie errichtet[66].

[65] Sie sind heute in anderen Missionen tätig, vor allem in Indonesien und Senegal.
[66] AAS 58 (1966) 554–556. Es wurden zwei Kirchenprovinzen errichtet: Bangkok und Tharé

Der Zweite Weltkrieg fügte der Missionskirche in Burma großen Schaden zu. Bei der Eroberung des Landes durch die Japaner und der Zurückeroberung wurden fast alle Missionswerke (Kirchen, Schulen, Missionsstationen) zerstört. Auch kam es zu örtlichen Christenverfolgungen. Die Verfassung des seit dem 4. Januar 1948 unabhängigen Staates garantierte Religionsfreiheit. Das schloß gewisse Restriktionen, z. B. betreffs der Einreise ausländischer Missionare, nicht aus. Auch beanspruchte der Staat das alleinige Erziehungsrecht der Jugend. Um dem starken Nationalbewußtsein der Bevölkerung entgegenzukommen und die Vorurteile gegen die katholische Kirche auszuräumen, drängte Rom seit 1954 auf die Übertragung der Kirchenleitung an einheimische Bischöfe. Am 1. Januar 1955 wurde die kirchliche Hierarchie errichtet[67]. Es gab damals unter 16 Millionen Einwohnern nur etwa 150 000 Katholiken. Darunter waren jedoch kaum Birmanesen, die sich ausschließlich zum Buddhismus bekannten. Nur die animistischen Bergstämme der Urbevölkerung waren der Evangelisation zugänglich sowie die eingewanderten Inder und Chinesen. Von 1966 bis 1970 wurden nicht weniger als 262 katholische Missionare ausgewiesen, im Zuge der allgemeinen Tendenz der Regierung, landfremde Einflüsse möglichst auszuschalten. Schulen und karitative Einrichtungen wurden größtenteils enteignet und verstaatlicht. Allen Missionaren, die nach 1948 eingereist waren, wurde die Aufenthaltsgenehmigung entzogen. Trotzdem wächst die Junge Kirche. Sie zählt heute 331 000 Seelen (unter 28 Millionen Einwohnern).

Die politischen Veränderungen auf der Malayischen Halbinsel erforderten seit der Mitte unseres Jahrhunderts wiederholt die Umgestaltung der kirchlichen Organisation[68]. Zugleich wollte Rom mit seinen Maßnahmen der katholischen Mission einen neuen Impuls geben, den ethnischen Gegebenheiten Rechnung tragen, den Übergang der Kirchenleitung in einheimische Hände einleiten, den dort laut gewordenen Klagen, die katholische Kirche sei nicht übernational, sondern an die westlichen Kolonialmächte gebunden, die Grundlage entziehen und schließlich der Bevölkerung zeigen, daß der Heilige Stuhl das Unabhängigkeitsstreben der Kolonialvölker verstehe und fördere. Heute bestehen auf der Halbinsel zwei Kirchenprovinzen mit zwei Erzdiözesen und je zwei Suffraganen und die unmittelbar dem Heiligen Stuhl unterstellte Erzdiözese Singapur. Die Zahl der Gläubigen in diesem Raum beläuft sich auf 436 000.

Die Missionierung und kirchliche Organisation auf den 3000 Inseln des heutigen Indonesien in allen Einzelheiten zu verfolgen würde den Rahmen dieser

and Nonseng mit je drei Suffraganen. Inzwischen wurden noch zwei weitere Diözesen errichtet.

[67] AAS 47 (1955) 263–266. Es wurden zwei Kirchenprovinzen errichtet: Rangoon mit zwei Diözesen und einer Apost. Präfektur und Mandalay mit einer Diözese und einer Präfektur. Heute gibt es in Burma zwei Erzdiözesen und eine Präfektur.

[68] Vgl. AAS 47 (1955) 433–435 und 65 (1973) 126–128.

Arbeit sprengen. Wir müssen uns auch hier auf einige Streiflichter, die uns wichtig erscheinen, beschränken. Nach dem Zweiten Weltkrieg, während dessen in Indonesien 120 Missionare umgebracht worden waren, wurde die Missionstätigkeit sofort wieder aufgenommen. Das neue Regime legte keine Hindernisse in den Weg, obwohl die meisten Missionare Holländer waren, schätzte im Gegenteil ihr Wirken, besonders auf schulischem Gebiet.

Am 7. Juli 1947 errichtete Rom eine eigene Apostolische Delegatur für Indonesien. Am 15. März 1950 wurde sie zur Internuntiatur und am 7. Dezember 1965 zur Nuntiatur erhoben[69].

1960 hielt Rom den Zeitpunkt für gekommen, in Indonesien die kirchliche Hierarchie zu errichten. Als Gründe hierfür wurden genannt: Anerkennung der missionarischen Erfolge der letzten Jahre, Beitrag zur Befriedigung der starken nationalistischen Bestrebungen in Indonesien, größeres Prestige der katholischen Kirche bei der Regierung und bei der Bevölkerung. Man erhoffte mit dieser Maßnahme einen neuen Aufschwung der Evangelisierung in dem Inselreich. So errichtete Johannes XXIII. am 3. Januar 1961 sechs Kirchenprovinzen mit insgesamt 25 Erzdiözesen und Diözesen[70]. Die Metropolitansitze Djakarta und Semarang erhielten einheimische Erzbischöfe.

Nachdem die UNO am 1. Mai 1963 das frühere Holländisch-Neuguinea, das jetzt West-Irian hieß, Indonesien in Administration gegeben hatte, beschloß Rom am 10. November 1966, auch hier die kirchliche Hierarchie zu errichten. Es wurde die Kirchenprovinz Merauke mit zwei Suffraganbistümern gebildet[71]. Mit der Ernennung des Erzbischofs von Semarang, Justinus Darmojuwono (seit 1963), zum ersten indonesischen Kardinal am 26. Juni 1967 ehrte Paul VI. die indonesische Missionskirche und die ganze Inselbevölkerung[72].

Alle diese Jungen Kirchen Asiens haben ihre eigenen Bischofskonferenzen, die die aktuellen Aufgaben und Probleme der Bildung von dynamischen Partikularkirchen mutig ins Auge fassen und zu lösen versuchen unter weitestgehender Anpassung an die landesüblischen Gegebenheiten, Sitten und Gebräuche. Außerdem haben sich alle diese Bischofskonferenzen zusammengeschlossen zur „Federation of Asian Bishops Conferences" (F.A.B.C.), deren Statuten am 6. Dezember 1972 von Rom „ad experimentum" approbiert wurden. Vom 21. bis 27. April 1974 hielt sie ihre erste Vollversammlung in Taipeh, auf der neue Akzente gesetzt wurden zu den großen Themen: Ortskirche, Dialog mit anderen Weltreligionen, Entwicklungshilfe der Kirche, kirchliche Erneuerung, liturgische Anpassung[73]. Von der Vitalität der Jungen Kirchen in Asien und ihrem Willen zur kulturellen Anpassung zeugen ebenfalls

[69] AAS 39 (1947) 468, 618–619; 42 (1950 434; 58 (1966) 132–133.
[70] AAS 53 (1961) 244–248; vgl. ebd. 296–299 (Grußbotschaft des Papstes).
[71] AAS 59 (1967) 483–484. Datum: 15 November.
[72] AAS 59 (1967) 714.
[73] Vgl. Die katholischen Missionen (1974) 167–168.

die sehr zahlreichen einheimischen Ordensgemeinschaften diözesanen Rechts, die allenthalben in den letzten Jahren und Jahrzehnten gegründet wurden[74].

Die Jungen Kirchen in Afrika

Die Evangelisierung auf dem afrikanischen Kontinent in der zweiten Hälfte unseres Jahrhunderts konnte endlich, frei von den Fesseln des Kolonialismus, glaubwürdig und erfolgreich alle afrikanischen Völker und Stämme und ihre Kulturen erfassen und zur Gründung einheimischer Kirchen führen, die den aufstrebenden jungen, jetzt zur Selbständigkeit kommenden Staaten ihre Hilfe zur Erlangung geistigen und materiellen Fortschritts und zur Förderung von Frieden und Gerechtigkeit anboten. Die fünfziger Jahre wurden, missionarisch gesehen, zum „Jahrzehnt Afrikas". Stand 1950 sozusagen noch ganz Afrika unter Kolonialherrschaft, so lebten Ende 1960 zwei Drittel der afrikanischen Bevölkerung in unabhängigen Staaten. Gab es 1950 nur zwei afrikanische Bischöfe, so waren es Anfang 1960 bereits 22. Johannes XXIII. kreierte im Konsistorium vom 28. März 1960 den ersten afrikanischen Kardinal.

Die missionarische Entwicklung hielt mit der politisch-sozialen nicht nur Schritt, sondern trug auf ihre Weise zu deren Vorbereitung bei und förderte sie. Wiederholt kommt dieser Gedanke in den Dokumenten der Kongregation „de Propaganda Fide" zum Ausdruck. Mit den wichtigsten Maßnahmen, wie Errichtung der kirchlichen Hierarchie, Ernennung afrikanischer Bischöfe, Afrikanisierung der Kirche, Neueinteilung der Apostolischen Delegaturen usw., wollte Rom bewußt die Unabhängigkeitsbewegung der afrikanischen Völker gutheißen und fördern. Auf sozialem Gebiet zeigt sich mit am deutlichsten der Beitrag der Mission zur Emanzipation der afrikanischen Frau, die sie durch die Zulassung schwarzer Mädchen in religiöse Orden und die Gründung einheimischer Schwesternkongregationen vorbereiten half. Zugleich war dies eine notwendige Voraussetzung für die Einpflanzung des Christentums, denn der soziale und kulturelle Tiefstand der afrikanischen Frau war das „Haupthindernis dauerhafter Volkschristianisierung"[1].

Die äußere missionarische Entwicklung Afrikas in dieser Zeit kommt in folgenden Zahlen zum Ausdruck: 1922 war die afrikanische Missionskirche, soweit sie jurisdiktionell der römischen Missionsbehörde unterstand, in 50 Apostolische Vikariate, 28 Apostolische Präfekturen und vier Missionen eingeteilt. Am 31. Dezember 1972 bestanden im gleichen Gebiet 43 Erzdiözesen, 236 Diözesen, 15 Apostolische Vikariate, 21 Apostolische Präfekturen, 1 Prälatur, 1 Apostolische Administration, also insgesamt 317 Kirchensprengel.

[74] Supplementum der Bibliografia Missionaria, Anno XXXIX–1975, Quaderno n. 18 (Roma 1976) 20–52.

[1] *L. Kilger OSB*, Watawa – schwarze Schwestern. In: NZM 1 (Schöneck 1945) 113–117.

Heute (1978) gibt es auf dem ganzen afrikanischen Kontinent und seinen Inseln 49 Metropolitansitze (Erzdiözesen), 269 Diözesen, 13 Apostolische Vikariate, 14 Apostolische Präfekturen, 2 Apostolische Administrationen, 1 Prälatur und 17 Kirchensprengel, die unmittelbar dem Heiligen Stuhl unterstellt, d. h. keiner Kirchenprovinz angeschlossen sind; hinzu kommen noch 2 Patriarchate und 6 Diözesen der Kirchen orientalischer Riten. Das sind insgesamt 373 Kirchensprengel. Von den 335 „lateinischen" Bischöfen sind 237 Afrikaner. 12 gehören dem Kardinalskollegium an, davon ist einer, Bernardin Gantin, Kurienkardinal in Rom (Präsident der Päpstlichen Kommission „Justitia et Pax"). Im einzelnen diese großartige Entwicklung zu verfolgen ist im Rahmen dieser Arbeit nicht möglich. Wir müssen uns hier, mehr noch als im asiatischen Missionsbereich, auf die hervorstechenden Ereignisse und richtungweisenden Maßnahmen beschränken[2].

Für die schrittweise *Afrikanisierung* der Kirche war Rom weitgehend auf die Mitarbeit der missionierenden Orden, Kongregationen und Missionsgesellschaften angewiesen. Nur wo diese auf die Ausbildung des einheimischen Klerus bedacht waren, konnten einheimische Ordinarien ernannt und mit der Leitung der Kirchen betraut werden. Schon 1925 glaubte Rom den ersten Schritt in dieser Richtung tun zu können. Aber erst 1938 ließen sich die Pläne verwirklichen. Pius XI. gab den Anstoß dazu. In einer Audienz vom 24. Mai sagte er zum Sekretär der Kongregation „de Propaganda Fide", Celso Costantini: „Ob die Göttliche Vorsehung mir die Freude gewähren wird, einen afrikanischen Bischof in St. Peter in Rom zu weihen? Die Missionen in Afrika verzeichnen heute die ertragreichste Ernte an Konversionen."[3] Im Juni des gleichen Jahres äußerte er Costantini gegenüber, es sei sein „lebhafter Wunsch", einen afrikanischen Bischof zu weihen; er wolle damit einerseits die Tätigkeit der ausländischen Missionare in Afrika belohnen und krönen und andererseits den dortigen Missionen neuen Auftrieb geben. Die Vorbereitungen liefen zwar sofort an, aber erst Pius XII. war es am 29. Oktober 1939 vergönnt, die beiden ersten afrikanischen Bischöfe der Neuzeit[4] zusammen mit 10 weiteren Missionsbischöfen, darunter ein Chinese und ein Inder, in Rom zu weihen[5].

Noch eine andere römische Entscheidung um diese Zeit spricht deutlich für den Willen zur Afrikanisierung der Kirche. Im Kongo war eine „Riten-Frage" aufgetaucht. Es ging um die Ersetzung der heidnischen Begräbniszeremonien durch christliche. Die Missionare hatten versucht, den ganzen heidnischen Begräbnisritus, der „Matanga" genannt wurde, auszurotten. Damit waren sie

[2] Für mehr Einzelheiten vgl. „Memoria Rerum" III/2 519–543.
[3] Agenzia Fides (1939) n. 704 – NI 211/39.
[4] Den ersten einheimischen afrikanischen Bischof hatte es bereits 1518 gegeben: Henrique, Sohn des Königs vom Kongo (vgl. BM XV 283). Von einem weiteren afrikanischen Bischof berichtet *N. Kowalsky OMI:* Tobia Ghebragzer. Ein „schwarzer" Bischof im 18. Jahrhundert. In: NZM 15 (Schöneck 1959) 198–204.
[5] AAS 31 (1939) 595–598 (Homilie des Papstes).

jedoch auf Widerstand bei der Bevölkerung gestoßen. Die Gläubigen hielten sich aus sozialen Beweggründen verpflichtet, am Begräbnis ihrer heidnischen Landsleute und damit an jenen Riten teilzunehmen. Niemand hielt sich an das Verbot der Missionare. Nun bestand der „Matanga" in der Tat zum Teil aus abergläubischen, zum Teil aber auch aus völlig indifferenten Gebräuchen. Die römische Missionsbehörde wurde um Auskunft gebeten. Unter Berufung auf die Instruktion vom Jahre 1659[6] approbierte diese den Plan des „christlichen Matanga", wie ihn der Apostolische Delegat und die Bischöfe vom Kongo vorgeschlagen hatten. Rom riet jedoch den Ordinarien, bei der Aufstellung der christlichen Begräbniszeremonien die von Stamm zu Stamm verschiedenen Gewohnheiten zu berücksichtigen. Diesem ersten Schritt folgten nach dem Zweiten Vatikanischen Konzil viele weitere im gleichen Sinne auf dem Gebiet der liturgischen Anpassung.

In den fünfziger Jahren ging die Afrikanisierung der Kirche auf dem Gebiet der Übertragung der Kirchenleitung in einheimische Hände zügig voran. Nach und nach wurden allenthalben einheimische Bischöfe ernannt: Tanganyika (1950)[7], Ruanda (1952), Basutoland (heute Lesotho) (1952), Südafrika (1954), Sudan (1955), Kamerun (1955), Obervolta (1956), Belgisch-Kongo (heute Zaire) (1956), Kenya (1956), Nigerien (1957), Ghana (1957), Togo (1962).

So hatten am Ende des „afrikanischen Jahrzehnts" zwölf afrikanische Länder und Madagaskar die ersten einheimischen Bischöfe, und der Prozeß der Übertragung der Kirchenleitung war in vollem Gange. Außerdem war in diesen und anderen Ländern die ordentliche kirchliche Hierarchie eingeführt worden. Die sechziger Jahre sahen den Aufstieg der ersten afrikanischen Prälaten ins Kardinalskollegium: 1960 Laurean Rugambwa, Bischof von Rutabo; 1965 Paul Zoungrana, Erzbischof von Ouagadougou, und Owen McCann, Erzbischof von Cape Town (weißer Südafrikaner), ferner Léon-Étienne Duval, Erzbischof von Algier und Stephanos I. Sidarouss, koptischer Patriarch von Alexandrien; 1969 Joseph Malula, Erzbischof von Kinshasa, und Jérôme Rakotomalala, Erzbischof von Tananarive. In den siebziger Jahren folgten: 1973 Émile Biayenda, Erzbischof von Brazzaville, und Maurice Otunga, Erzbischof von Nairobi; 1976 Hyacinthe Thiandoum, Erzbischof von Dakar, Viktor Razafimahatratra SJ, Erzbischof von Tananarive, Emmanuel Nsubuga, Erzbischof von Kampala, Dominic Ignatius Ekandem, Bischof von Ikot Ekpene; 1977 Bernardin Gantin.

Das zweite Merkmal, das dem „Jahrzehnt Afrikas" sein Gepräge gab und die Afrikanisierung der Kirche ein gutes Stück weiter brachte, war die Errichtung der ordentlichen *kirchlichen Hierarchie* in den Missionskirchen des Kontinents.

[6] Neueste Ausgabe dieser für die Haltung der römischen Missionsbehörde in Fragen des Verhaltens einheimischen Kulturen gegenüber wichtige Instruktion aus den Anfangszeiten des Missionsdikasteriums in: „Memoria Rerum" III/2 696–704.

[7] In Klammern jeweils das Jahr der Ernennung des ersten einheimischen Bischofs.

Es bestanden gute Gründe für die Einführung der neuen Missionsorganisation. Man wollte zur früheren Praxis der Kirche zurückkehren. Die auf Präfekturen und Vikariaten beruhende Struktur war historisch bedingt und hatte nur vorübergehenden Charakter, und die Gründe, auf die sie sich stützte, hatten längst kein Fundament mehr[8]. Ferner sollte dem raschen Fortschritt der afrikanischen Missionskirche in der neuesten Zeit Rechnung getragen, die Missionare sollten für ihre Mühen belohnt und den Ordinarien größere Autorität verliehen werden. Da auch die anglikanische Kirche und die protestantischen Denominationen Bischöfe und Erzbischöfe ernannten, die bei der afrikanischen Bevölkerung in hohem Ansehen standen, durfte die katholische Kirche nicht zurückstehen. Ein weiterer wichtiger Grund, der in den Dokumenten immer wieder angeführt wird, war die Rücksichtnahme auf das Unabhängigkeitsstreben der afrikanischen Völker. Dieses Verlangen sollte bewußt gefördert und den afrikanischen Völkern sowie aller Welt gezeigt werden, daß Rom diese Völker für reif hielt, sich selbst zu regieren. Auch war in Rom nicht unbekannt, daß die Afrikaner den Missionen – wenn auch zu Unrecht, wenigstens was die Missionen des römischen Dikasteriums betraf – einen kolonialen Charakter zuschrieben oder in ihnen einen pseudo-kolonialen Anstrich vermuteten, und diese in der Tat bei vielen den Eindruck einer „religiösen Kolonisation" erweckten, weil sie immer noch zum großen Teil in Händen ausländischen Personals lagen. Die „alten Missionen" sollten daher durch „neue Missionen", die von Einheimischen geleitet wurden, abgelöst werden.

Der erste Schritt in der neuen Richtung wurde 1950 in Britisch-Westafrika getan, d.h. in Sierra Leone, Goldküste (Ghana), Nigerien, Britisch-Togo und Britisch-Kamerun. Gambia war ausgeklammert, da es dort nur eine „Missio sui iuris" mit wenigen Katholiken gab. Am 28. April 1950 wurden in diesem Raum 3 Kirchenprovinzen mit zusammen 12 Bistümern errichtet[9]. Außer den genannten allgemeinen Gründen waren in diesem Falle noch folgende für die Errichtung der Hierarchie maßgebend: die günstige missionarische Lage, die guten Zukunftsaussichten, die rasch zunehmende Zahl einheimischer Priester[10], die geplante Pilgerfahrt mehrerer Missionsbischöfe aus Westafrika im Mai 1950 (Heiliges Jahr!) nach Rom, was man publizistisch im Zusammenhang mit der Errichtung der Hierarchie auszuwerten gedachte, die bevorstehende Ernennung eines anglikanischen Erzbischofs und schließlich der Wunsch der britischen Kolonialregierung, Erzbischöfe als Verhandlungspartner an der Spitze der katholischen Kirche zu sehen.

[8] Vgl. *N. Kowalsky OMI*, Zur Entwicklungsgeschichte der Apostolischen Vikare. In: NZM 13 (Schöneck 1957) 271–286; ferner: „Memoria Rerum" I/1 353–438; II 220–234.

[9] AAS 42 (1950) 615–619.

[10] In Ost-Nigerien gab es damals 479 840 Katholiken, 260 277 Katechumenen, 230 ausländische und 15 einheimische Priester; in West-Nigerien 176 807 Katholiken, 42 198 Katechumenen, 203 ausländische und 16 einheimische Priester; in der dritten Kirchenprovinz waren 293 646 Katholiken, 50 603 Katechumenen, 173 ausländische und 12 einheimische Priester

Am 11. Januar 1951 folgte die Errichtung der ordentlichen kirchlichen Hierarchie in Südafrika, im Basutoland (Lesotho) und Swaziland (Ngwane). Es wurden vier Kirchenprovinzen mit 21 Kirchensprengeln gebildet[11]. Die Erzbischöfe von Cape Town, Durban und Pretoria sowie die Bischöfe von Johannesburg und Keimoes waren Südafrikaner weißer Abstammung. Der besondere völkische Charakter dieses Landes brachte es mit sich, daß noch keine einheimischen schwarzen Bischöfe ernannt werden konnten. Doch im Basutoland begann Rom weniger als zwei Jahre später mit der Übertragung der Kirchenleitung an einheimische Bischöfe. Doch auch in der Südafrikanischen Union (heute Südafrikanische Republik) konnte die Kirchenleitung nicht ausschließlich in Händen des weißen Klerus bleiben. Wie in ganz Afrika erstarkte auch dort das Selbst- und Nationalbewußtsein der Bantuvölker. Diese empfanden es als demütigend, daß es so wenige schwarze Priester gab, und waren geneigt, die Schuld daran den weißen Missionaren zu geben, die sie verdächtigten, sie trauten den Schwarzen nicht die Fähigkeit zu, eigene Priester und Bischöfe zu haben. Mit der Teilung der Diözese Mariannhill, der Errichtung der Zulu-Diözese Umzimkulu und der Ernennung des Mariannhiller Zulupriesters Bonaventura Dlamini (1954) wollte Rom den berechtigten Aspirationen entgegenkommen. Weitere Schritte jedoch in dieser Richtung ließen lange auf sich warten.

Zu einem schwerwiegenden Problem in der südafrikanischen Missionskirche wurde die Apartheidspolitik der Regierung. Das Rassenproblem hatte praktisch schon mit der ersten Ansiedlung der Weißen am Kap begonnen und war von Generation zu Generation immer schwieriger und brennender geworden, bis es nach dem Zweiten Weltkrieg von der Regierung unter dem Deckmantel „getrennter Entwicklung“ sozusagen in ein System gebracht wurde. Was die schwarze Bevölkerung und die Mischlinge am meisten irritierte und die Weltöffentlichkeit aufbrachte, waren die sozialen Ungerechtigkeiten und Schikanen, die die gesamte Apartheidspolitik der Regierung, selbst deren nicht zu verkennende gute Absichten, unglaubwürdig machten. Ein Ausgleich wurde immer unmöglicher. Die Bischöfe nahmen wiederholt in offiziellen Dokumenten gegen die Ungerechtigkeiten Stellung. Beachtung verdient die im Juli 1957 von der Bischofskonferenz herausgegebene Erklärung[12]. Besonders der Erzbischof von Durban, Denis Eugene Hurley OMI, setzte sich unerschrocken für die Rechte der farbigen Bevölkerung ein. Als gebürtiger Südafrikaner konnte er sich mehr leisten in diesem Punkte.

Zu einer anderen Kraftprobe zwischen Missionskirche und Regierung kam es in der Schulfrage. Durch den Entzug staatlicher Unterstützung und das „Nein“ der Bischöfe zur Verstaatlichung der Schulen kamen diese in arge finan-

[11] AAS 43 (1951) 257–263.

[12] Christianisme et ségrégation raciale (Déclaration collective des Evêques d'Afrique du Sud). In: Eglise Vivante IX (Louvain 1957) 339–344. – La Documentation Catholique 39 Année T. LIV (Paris 1957) col. 1321–1326.

zielle Bedrängnis. Eine glücklichere Lösung fanden die beiden Apostolischen Vikare von Windhoek und Keetmanshoop in Südwestafrika (Namibia).

Am 25. März 1953 errichtete Rom auch in den Ländern Kenya, Uganda und Tanganyika Britisch-Ostafrikas die kirchliche Hierarchie, rund zehn Jahre bevor diese Staaten ihre politische Unabhängigkeit erlangten[13]. Es wurden vier neue Kirchenprovinzen mit 23 Bistümern gebildet[14]. Es folgte die Errichtung der Hierarchie in Südrhodesien am 1. Januar 1955 (1 Kirchenprovinz mit 5 Kirchensprengeln)[15] und in Französisch-Kolonialafrika und Madagaskar am 14. September des gleichen Jahres (11 Kirchenprovinzen mit 38 Erzdiözesen und Diözesen)[16]. Unter demselben Datum des 14. Septembers 1955 wurden das Apostolische Vikariat Rabat in Marokko zur Erzdiözese[17], das Apostolische Vikariat Ghardaia in Algerien unter dem Namen Laghouat zur Diözese[18] und die Apostolische Präfektur Gibuti im damaligen Französisch-Somaliland (heute Republik Dschibuti, seit 27. Juni 1977 selbständig) ebenfalls zur Diözese erhoben und unmittelbar dem Heiligen Stuhl unterstellt[19].

Nun waren nur noch drei größere Teile Afrikas ohne die normale kirchliche Hierarchie: der Delegaturbereich des Kongo, Britisch-Zentralafrika und der Sudan. In den beiden ersteren wurde sie 1959, im Sudan 1974 eingeführt. Am 25. April 1959 bildete Rom die beiden Kirchenprovinzen Lusaka und Blantyre mit 5 bzw. 3 Suffraganbistümern[20]. Belgisch-Kongo, Ruanda und Burundi standen kurz vor ihrer politischen Unabhängigkeit. Rom wollte den geschichtlichen Wendepunkt durch eine Reihe von kirchlichen Maßnahmen vorbereiten. Erste Sorge war die Ernennung eines einheimischen Weihbischofs für die zukünftige Landeshauptstadt. Es war höchste Zeit. Die katholische Kirche galt vielen Kongolesen als eine ausländische, koloniale Institution und wurde von ihnen abgelehnt. Daher ernannte Johannes XXIII. am 2. Juli 1959 Josef Malula

[13] Kenya zählte damals unter 5,4 Millionen Einwohnern 365 021 Katholiken, 59 164 Katechumenen, 256 ausländische und 14 einheimische Priester; Uganda 1 134 057 Katholiken (5 Millionen Einwohner), 115 706 Katechumenen, 360 auswärtige und 133 einheimische Priester; Tanganyika 785 677 Katholiken (7,4 Millionen Einwohner), 92 591 Katechumenen, 626 auswärtige und 134 einheimische Priester.

[14] AAS 45 (1953) 705–710.

[15] AAS 47 (1955) 292–293 (Grußbotschaft des Papstes vom 24. April 1955). Die Zahl der Katholiken belief sich auf 100 000 Bantus und 13 500 Weiße. Es gab 168 Priester, 17 einheimische Seminaristen und 50 Schüler im Knabenseminar. Die Zukunftsaussichten der Mission konnten als gut bezeichnet werden, wofür die Zahl von 20 000 Katechumenen sprach.

[16] AAS 48 (1956) 113–119.

[17] 1956 wurde hier noch die Diözese Tanger errichtet und dem Heiligen Stuhl unterstellt.

[18] Alger, Constantine und Oran unterstehen nicht der Kongregation „de Propaganda Fide".

[19] AAS 48 (1956) 113–119.

[20] AAS 51 (1959) 793–796. In Nordrhodesien gab es 1958 385 485 Katholiken, 71 505 Katechumenen, 284 auswärtige und 29 einheimische Priester (Gesamtbevölkerung 2,1 Millionen). In Nyassaland (2,5 Millionen Einwohner) lagen die statistischen Verhältnisse ähnlich: 429 150 Katholiken, 51 696 Taufbewerber, 224 ausländische und 50 einheimische Missionare.

zum Weihbischof von Leopoldville (Kinshasa)[21]. Am gleichen Tag wurde das neu errichtete Apostolische Vikariat Goma dem einheimischen Klerus übertragen. Die bedeutendste und auffallendste Geste aber, mit der Rom dem kongolesischen Volk auch die Reife zu größerer Selbständigkeit bescheinigen wollte, war die Errichtung der kirchlichen Hierarchie am 10. November 1959 in Belgisch-Kongo und Ruanda-Urundi (Ruanda, Burundi)[22]. Es wurden 8 Kirchenprovinzen mit ebenso vielen Erzdiözesen und 29 Diözesen gebildet[23]. Im Sudan schließlich erfolgte die Errichtung der kirchlichen Hierarchie nach der Beruhigung der politischen Lage am 18. November 1974 durch die Bildung von zwei Kirchenprovinzen mit insgesamt 7 Bistümern[24].

Mit der Errichtung der kirchlichen Hierarchie auf dem afrikanischen Kontinent war eine lange historische Entwicklung zu Ende gegangen. Eine neue Geschichtsperiode begann. Aus den Missionskirchen waren „Junge Kirchen", junge Partikularkirchen geworden. Freilich, ihr Missionsstatus dauerte und dauert immer noch fort. Aber nun stehen sie als gleichberechtigte Teilkirchen neben jenen in Europa, Amerika und Asien. Sie sind weiterhin auf personelle und materielle Unterstützung anderer Teilkirchen angewiesen. Die ausländischen Missionare gewöhnten sich daran, unter einheimischen Bischöfen zu arbeiten und zu evangelisieren. Das muß ihnen zur Ehre angerechnet werden. Schwierigkeiten in der Übergangszeit waren nicht ausgeschlossen. Die Ausgangsbasis für die Zukunftsentwicklung der Jungen Kirchen Afrikas war gelegt.

Wir bezeichneten die fünfziger Jahre als „das Jahrzehnt Afrikas" im Hinblick auf die Afrikanisierung der Kirche, die Übertragung der Kirchenleitung an afrikanische Bischöfe und die Errichtung der kirchlichen Hierarchie. Auch die sechziger Jahre haben den afrikanischen Jungen Kirchen ein besonderes Merkmal aufgeprägt: die Aufnahme *diplomatischer Beziehungen* zwischen dem Heiligen Stuhl und den meisten zur Selbständigkeit gelangten afrikanischen Staaten sowie die Neuordnung der Apostolischen Delegaturen. Die missionarische Organisation und Entwicklung mußte mit den in diesen Jahren in schnellen Schritten voranschreitenden politischen, sozialen, kulturellen und wirtschaftli-

[21] Am 7. Juli 1964 wurde Malula Erzbischof der Landeshauptstadt, und im Konsistorium vom 28. April 1969 wurde er ins Kardinalskollegium aufgenommen.

[22] Schon 1952 war diese Maßnahme erwogen worden. Die Errichtung der Hierarchie sollte in das neue Missionsabkommen zwischen dem Heiligen Stuhl und Belgien einbezogen werden. Aber der belgische Senat hatte die Zustimmung verweigert, als das Abkommen am 8. Dezember 1953 zustande kam.

[23] AAS 52 (1960) 372–377. Im Kongo gab es unter 13 Millionen Einwohnern 4,3 Millionen Katholiken und 700000 Katechumenen, 2272 ausländische und 298 einheimische Priester. Hervorragend war der einheimische Priesternachwuchs, sowohl was die Zahl als auch die Ausbildung betraf. Die kirchlichen Einrichtungen (Schulen, Krankenfürsorge usw.) waren gut organisiert. Ein noch besseres Bild ergaben die statistischen Zahlen von Ruanda-Urundi: 1,6 Millionen Katholiken unter 4,5 Millionen Einwohnern, über 500000 Katechumenen, 163 einheimische und 329 ausländische Priester.

[24] AAS 67 (1975) 164–165.

chen Umwälzungen der afrikanischen Völker, die in zunehmendem Maße auf die Weltpolitik Einfluß gewannen, Schritt halten. Überbleibsel der kolonialen Vergangenheit mußten endgültig ausgelöscht werden. Deshalb wurde 1960 eine Neuordnung der Apostolischen Delegaturen in Afrika vorgenommen. Aus den beiden bisherigen Delegaturen Nairobi und Dakar wurden vier Delegaturen gebildet: Nairobi für Ostafrika, Dakar für Westafrika, Lagos für Mittelwestafrika und Tananarive für Madagaskar[25]. Mit den selbständig werdenden afrikanischen Staaten nahm Johannes XXIII. und in verstärktem Maße Paul VI. direkte diplomatische Beziehungen auf[26].

Nicht alle afrikanischen Staaten haben die loyale Haltung der Kirche, ihre Hilfe im konfliktreichen Übergang vom kolonialen Zeitalter zur politischen Unabhängigkeit und ihren nicht unbedeutenden Beitrag zur Sicherung des inneren Friedens honoriert. Die neuen Staaten hatten vielfach die Verfassung einer westlichen Demokratie erhalten, die den afrikanischen Verhältnissen und der afrikanischen Mentalität nicht genügend Rechnung trug. Fast alle Staaten hatten daher innere Krisen zu überwinden. Die Unruhen übertrugen sich oft auch auf das Verhältnis der jeweiligen Regierungen zu den kirchlichen Behörden oder zur Kirche als solcher. Die afrikanischen Hierarchien bemühten sich, zu vermitteln und den afrikanischen Völkern eine auf Achtung der natürlichen Persönlichkeitsrechte, auf soziale Gerechtigkeit und Liebe gegründete neue Lebensordnung zu schenken. Trotzdem kam es in den sechziger und siebziger Jahren in mehreren unabhängigen Staaten Schwarzafrikas zu schweren *Konflikten* zwischen den Regierungsoberhäuptern und kirchlichen Würdenträgern.

Im Jahre 1964 wurden alle europäischen Missionare aus den Südprovinzen des Sudan ausgewiesen. 278 katholische und 28 protestantische Missionare wurden hiervon betroffen. Nur 32 einheimische Priester verblieben dort zur Betreuung von 400000 Gläubigen. Es war dies die Folge des Konfliktes zwischen den zu über zehn Prozent christlichen Süd- und der arabischen Bevölkerung der Nordprovinzen. Erst 1971 durften die ersten weißen Missionare (sechs Jesuiten) in dieses Gebiet zurückkehren. Etwas später folgten elf weiße Schwestern. Ein Besuch des Sekretärs der Kongregation „de Propaganda Fide", des Erzbischofs Sergio Pignedoli, in Khartum im Juli 1968 und dessen persönliche Kontakte hatten dem Einlenken der neuen Regierung den Weg bereitet.

1967 verwies Guineas Staatspräsident alle ausländischen Priester und Ordensschwestern unter dem Vorwand, sie verhinderten die Afrikanisierung der Kirche, des Landes. Im Dezember 1970 ließ er den Erzbischof von Conakry wegen Beteiligung an einem angeblich von Portugiesisch-Guinea aus inszenierten Staatsstreich vor Gericht stellen und zu lebenslänglicher Zwangsarbeit verurteilen[27]. 1974 bot Guinea Anlaß zu vorsichtigem Optimismus. Der Staats-

[25] AAS 52 (1960) 1000–1003.

[26] Die einzelnen Länder und Daten vgl. „Memoria Rerum" III/2 536–537.

[27] Vgl. Die katholischen Missionen (Freiburg 1970) 26–28.

präsident empfing erstmals eine Delegation von afrikanischen Missionaren.

Auch aus Burundi, Gabun, Uganda, Rhodesien und Südafrika wurden Missionare ausgewiesen. In Somalia ist es seit dem 13. Januar 1963 den Missionaren gesetzlich verboten, irgendwelche direkte „Propaganda“ für die christlichen Religionen zu machen. In seiner Botschaft zum dritten Jahrestag der Revolution am 21. Oktober 1972 kündete Präsident Siad Barre die Verstaatlichung aller Privatschulen und Druckereien an. Die Maßnahme traf besonders die Missionsarbeit der katholischen Kirche schwer. Jetzt kann dort die Kirche nur noch auf karitativem und sozialem Gebiet tätig sein.

In Lesotho wurde die Kirche gegen ihren Willen in die inneren politischen Parteikämpfe hineingezogen. Dem loyalen und klugen Verhalten des Erzbischofs von Maseru gelang es, unliebsame Folgen für die Mission abzuwehren. Die gemeinsamen Nöte führten in diesem Lande zu einem engeren Zusammenschluß aller christlichen Kirchen. Seitdem sind die ökumenischen Beziehungen hier geradezu vorbildlich.

Während des zweieinhalbjährigen Bürgerkriegs in Nigerien gegen das sezessionistische Biafra hatte die Kirche einen schweren Stand. Sie wurde angeklagt, die Rebellen zu unterstützen. Nach Kriegsende wurden ausländische Missionare verhaftet und ausgewiesen. Einen besonderen Erfolg in der Afrikanisierung der Kirche erlebte Nigerien 1971: es wurden sieben einheimische Bischöfe ernannt.

In Äquatorial-Guinea, der früheren spanischen Kolonie, die am 12. Oktober 1968 unabhängig wurde, kam es sehr bald zu großen Spannungen zwischen dem neuen Regierungspräsidenten und der Kirche. Im April 1971 wurde der spanische Bischof von Santa Isabel (seit 1974 Malabo) des Landes verwiesen. Gründe dafür gab die Regierung nicht an. Mehr noch als die ausländischen Klaretiner mußten die einheimischen Priester Vorsicht obwalten lassen, da man ihnen leicht politische Hinterabsichten unterschob. Schließlich wurde der religiöse Kult ganz verboten, alle Kirchen wurden geschlossen, die letzten ausländischen Priester, bis auf einen 80jährigen in Bata, im Juli 1978 ausgewiesen. Es verbleiben nur die 20 einheimischen Priester im Land. Die Weltöffentlichkeit hüllt sich in Schweigen über die Tragödie, die sich hier seit 1969 abspielt.

Ernste Konfliktsituationen ergaben sich auch in Zaire. Bei Studentenunruhen im Juni 1969 an der im Jahre 1954 gegründeten katholischen Universität Lovanium in Kinshasa waren mehrere Studenten ums Leben gekommen. Eine erneute Protestaktion der Studenten am zweiten Jahrestag dieser Ereignisse war für die Regierung der Anlaß, die Universität zu schließen und alle Studenten, einschließlich der Ordensschwestern, zum Militärdienst einzuberufen. Im folgenden Schuljahr wurde der Lehrbetrieb mit neuen Studenten wieder aufgenommen, doch jetzt hieß die Universität „Universität von Kinshasa“. Wenig später brach ein richtiger Kirchenkampf aus. Die Versammlungsfreiheit im kirchlichen Bereich wurde durch mehrere harte Bestimmungen stark eingeschränkt. Die gesamte institutionelle Kirche sah sich in ihrer Wirkungsmöglichkeit bedroht. Der Kardinal-Erzbischof von Kinshasa mußte zeitweise das Land verlassen. Christliche Taufnamen wurden verboten, christlicher Religionsunterricht an allen Schulen untersagt. Schließlich jedoch konnte der Konflikt beigelegt werden[28].

In Burundi hatte die Kirche viel unter dem Massenmord von über 100000 Angehörigen des Hutu-Stammes im Jahre 1972 zu leiden. Am 13. April 1977 wurden alle elf dort tätigen Comboni-Missionare und einige italienische Missionshelfer ausgewiesen, offenbar deshalb, weil sie in dem blutigen Bürgerkrieg die Hutu in Schutz genommen hatten. Auch in Uganda kam es zu Spannungen zwischen Regierung und Kirche. Im Dezember 1972 begab sich eine päpstliche Abordnung unter Leitung des Mitsekretärs der Kongregation „de Propaganda Fide", Bernardin Gantin, nach Uganda, um den Konflikt beizulegen. Am 19. Dezember wurde sie vom Staatspräsidenten empfangen. Auch hier besserten sich später wieder die Verhältnisse. Trotzdem kam es immer wieder zu unliebsamen Vorkommnissen. In Malawi ließ der Staatspräsident im April 1973 das Priesterseminar von Kachebere vorübergehend schließen, weil sein Bild, das dort aufgehängt war, verunstaltet worden war und der Täter nicht ermittelt werden konnte. Für die malawischen Priesterkandidaten wurde das Seminar zwar wieder eröffnet, aber die Seminaristen aus Sambia und Mozambique mußten außer Landes gehen.

Im Dezember 1970 wurde der Kameruner Bischof Albert Ndongmo von Nkongsamba wegen angeblich versuchten Staatsstreiches und Teilnahme an einer Verschwörung zur Ermordung des Präsidenten vor ein Militärgericht gestellt und zum Tode verurteilt. Das Urteil wurde vom Präsidenten in lebenslängliche Kerkerhaft umgewandelt. Am 14. Mai 1975 wurde er begnadigt. Er lebt seitdem in Kanada.

In Rhodesien verschärfte sich die Spannung zwischen Kirche und Staat wegen der diskriminierenden Rassenpolitik der Regierung, zu der die Kirche nicht schweigen konnte. Am Palmsonntag 1970 verkündeten die Bischöfe in einem mutigen Hirtenbrief, daß sie entschlossen seien, gewisse Aspekte der neuen Landesverfassung zu ignorieren, und daß sie sich aus Glaubensüberzeugung nicht um jene Gesetze kümmern werden, die der Botschaft des Evangeliums eindeutig widersprächen. Schon im Juni 1969 hatten die 5 katholischen Bischöfe des Landes gegen die Rassenpolitik der Regierung protestiert. Bischof Donal Lamont von Umtali wurde am 1. Oktober 1976 wegen seines offenen Briefes an die Regierung vom 11. August, in dem er die Rassenpolitik gegeißelt hatte, zu 10 Jahren Gefängnis mit schwerer Arbeit verurteilt. Am 23. März 1977 wurde er des Landes verwiesen. Die Ernennung des neuen, schwarzen Erzbischofs von Salisbury am 31. Mai 1976 wurde von der Weltöffentlichkeit als mutiger Schritt Roms begrüßt. Terroraktionen der Unabhängigkeitsbewegung fügten in jüngster Zeit der Mission großen Schaden zu. In den vergangenen

[28] Vgl. ebd. (Freiburg 1972) 91–94, 126–127.

12 Monaten (Juni 1977 – Juni 1978) wurden 36 Missionare von Terroristen ermordet.

Die portugiesischen Besitzungen in Afrika waren bis zu ihrer Unabhängigkeit – Guinea-Bissau am 10. September 1974, Mozambique am 25. Juni 1975, Kapverdische Inseln am 6. Juli 1975, São Tomé e Príncipe am 12. Juli 1975 und Angola am 11. November 1975 – späte Überbleibsel eines längst vergangenen Kolonialzeitalters. Trotz ihrer Verflechtung mit der Kolonialherrschaft vernachlässigte die Kirche jedoch nicht die Evangelisierung dieser Länder und Inseln. Aber ihre Tätigkeit im Dienste der Glaubensverbreitung wurde überschattet und schwer belastet durch die Tatsache, daß sie ein System stützte, das mit Berufung auf die Ausbreitung der portugiesisch-katholischen Zivilisation dem Volk Freiheit und Unabhängigkeit verweigerte. Dadurch geriet sie unter den Beschuß der öffentlichen Meinung. Im Missionsabkommen zwischen dem Heiligen Stuhl und Portugal vom 7. Mai 1940[29] wurden die Belange der Kirche definiert, diese aber zugleich im Kolonialsystem verankert. Am 25. Juli 1953 wurde in Mozambique der erste einheimische Priester geweiht, Alexandre José Maria dos Santos OFM, der 1974 Bischof von Maputo, dem früheren Lourenço Marques, wurde. Seitdem wurde die Ausbildung des einheimischen Klerus in den überseeischen portugiesischen Besitzungen mehr gefördert. Die allenthalben entstehenden Unabhängigkeitsbewegungen öffneten Kirchenfürsten und Klerus die Augen. Manche von diesen gerieten in Gegensatz zur Kolonialregierung. Man dachte endlich auch an den Aufbau einheimischer Ortskirchen. Nach dem Zweiten Vatikanischen Konzil wurde diese Entwicklung noch mehr intensiviert. Doch blieb die Bindung der Kirche an den Staat, und die römische Missionsbehörde „de Propaganda Fide", die laut Missionsdekret des Konzils „für alle Missionen und die gesamte missionarische Tätigkeit" allein zuständig sein sollte[30], weiterhin von der Evangelisierung in den portugiesischen Überseegebieten ausgeschlossen. Erst nach der Unabhängigkeit übernahm sie die Leitung der dortigen Missionskirchen. Der recht unterschiedlich beurteilte Auszug der Weißen Väter aus Mozambique im Mai 1971[31] – ein einmaliger Vorgang in der Missionsgeschichte – erfolgte mit der Begründung, daß die politische Situation eine integrale Glaubensverkündigung nicht gewährleiste.

Nach der politischen Unabhängigkeit wurde die Kirche in den Strudel der Ereignisse mithineingezogen. Am 25. Juli 1975, genau einen Monat nach der Unabhängigkeit, begann nach einer Rede des Staatspräsidenten die Verstaatlichung aller kirchlichen Einrichtungen in Mozambique. Als Gründe hierfür wurden die frühere Unterstützung der Kirche durch den Staat und die Tatsache angegeben, daß alle diese Einrichtungen ja dem Volke gehörten. Die Regierung

[29] AAS 32 (1940) 217–244; *A. Mercati*, Raccolta di Concordati II 232–264; Literatur dazu: BM XXIII n. 872.

[30] „Ad Gentes" 29: AAS 58 (1966) 980.

[31] Vgl. Die katholischen Missionen (Freiburg 1971) 161–165.

machte aus ihrem Kampf gegen die Kirche kein Hehl. Die Hälfte aller ausländischen Priester verließ das Land. Rom begann sofort, die Leitung der Missionskirchen in diesen Ländern in einheimische Hände zu legen. In Mozambique z.B. wurden von 35 einheimischen Priestern 7 zu Bischöfen ernannt und geweiht. Vom 9. bis 13. September 1977 fand in Beira eine Nationale Pastoralversammlung statt. Sie war gleichsam eine Bestandsaufnahme nach zwei Jahren politischer Unabhängigkeit des Landes. Es wurden die Richtlinien für die zukünftige pastorale Betreuung der Gläubigen und für die weitere Evangelisierung festgelegt. In Angola appellierten die 12 Bischöfe in einem gemeinsamen Hirtenbrief vom 14. Dezember 1977 an die Regierung, die Rechte der Religion zu respektieren. Die Gläubigen ermahnten sie, stark im Glauben zu bleiben und in Frieden für das Wohl der Nation zu arbeiten[32]. Eine Antwort der Regierung hierauf war offenbar die Enteignung der Rundfunkstation „Radio Ecclesiae" am 25. Januar, die schon vorher ihre Sendungen hatte einstellen müssen. Vom 4. bis 8. April 1978 hielten die Bischöfe Angolas eine Plenarsitzung, deren Resultat wiederum ein gemeinsamer Hirtenbrief war[33].

Organisatorisch bestehen heute in Angola drei Kirchenprovinzen: Luanda mit 4, Huambo mit 3 und Lubango mit 2 Suffraganbistümern; in Mozambique die Kirchenprovinz Maputo mit 8 Suffraganen; die Diözesen Bissau und São Tomé e Príncipe unterstehen unmittelbar dem Heiligen Stuhl, und die Diözese Santiago de Cabo Verde ist Suffraganbistum von Lissabon. Zwei der elf Bischöfe Angolas sind noch Ausländer. 100 einheimische und 223 ausländische Priester, 8 einheimische und 22 ausländische Brüder, 250 einheimische und 350 ausländische Schwestern sind in Angola tätig. Sie werden von 20000 einheimischen Katechisten unterstützt[34]. Die Zahl der Katholiken beträgt ungefähr drei Millionen, das ist die Hälfte der Bevölkerung des Landes. In Mozambique gibt es 1,5 Millionen Katholiken, das sind 18% der Bevölkerung.

Am 7. Dezember 1974 errichtete der Heilige Stuhl die Apostolische Delegatur in Mozambique[35], am 30. Dezember 1974 in Guinea-Bissau[36] und am 25. Februar 1975 in Angola[37].

Und hier noch einige Streiflichter auf andere, bisher noch nicht oder kaum erwähnte Junge Kirchen in Afrika, wobei jedoch leider auf Vollständigkeit verzichtet werden muß. Die Jungen Kirchen in *Ägypten* und *Äthiopien* haben einen besonderen Status und müssen besonderen Gesetzen folgen. Sie stehen im gleichen Raum neben der orthodoxen orientalischen Kirche. Soweit sie orientalische Riten haben, unterstehen sie jurisdiktionell der römischen Kongregation

[32] Internationaler Fides-Dienst 18. Januar 1978, 28–31.
[33] Ebd. 3. Juni 1978, 313.
[34] Statistik vom April 1978: ebd. 14. Juni 1978, 344. Weitere Informationen über die Lage der Kirche in Angola u. Mozambique in: Herder-Korrespondenz 32 (Freiburg 1978) 302–309.
[35] AAS 67 (1975) 89–90.
[36] Ebd. 174–175.
[37] Ebd. 177.

für die Orientalischen Kirchen. Ebenso unterstehen dieser alle Apostolischen Vikariate des lateinischen Ritus in Ägypten und das Vikariat Asmara in Äthiopien. Nur die Vikariate Gimma und Harar sowie die Präfekturen Awasa und Hosanna in Äthiopien hängen von der Missionsbehörde ab. Pius XI. hatte 1938 die Jurisdiktion dieser beiden römischen Dikasterien, die sich bis dahin überschnitten hatten, klar definiert[38]. Die Eroberung und Besetzung Äthiopiens durch Italien 1936 stellte Rom und die Junge Kirche dieses Landes vor neue Probleme und Aufgaben. Deren Lösung wurde dadurch noch erschwert, daß die italienische Regierung unaufgefordert Wünsche äußerte, die sie bei der Neuordnung der kirchlichen Verhältnisse berücksichtigt sehen wollte. Der Zweite Weltkrieg fügte der Kirche in Äthiopien neuen, großen Schaden zu. Am 28. November 1942 wurden 100 Missionare, 300 Schwestern, 2 Apostolische Vikare und 1 Präfekt ausgewiesen und nach Italien repatriiert. Andere hatten schon vorher das Land verlassen oder waren als Militärgeistliche in Gefangenschaft geraten. Rom richtete einen dringenden Appell an die Weißen Väter, 60 Missionare zur Rettung der verwaisten Missionen dorthin zu schicken, was diese auch taten. 1945 wurden kanadische Jesuiten mit der Organisation des Schulwesens in Äthiopien betraut.

Die katholische Missionstätigkeit in *Botswana,* dem früheren Betschuanaland, ist noch jung. 1928 wurde die erste, noch bestehende Missionsstation gegründet. Seit 1959 bestand dort die Apostolische Präfektur Betschuanaland, die irischen Passionisten anvertraut war. Heute umfaßt die Diözese Gaberone (seit 1966) ganz Botswana. Die Zahl der Katholiken hat sich in den letzten Jahren von 10000 auf 26390 (1977) erhöht. Im *Swaziland* (Ngwane) evangelisieren italienische Serviten. Bischof Casalini OSM der einzigen Diözese des Landes (Manzini, seit 1961) stellte 1976 seinen Bischofssitz zur Verfügung. Seitdem steht ein einheimischer Bischof an der Spitze des Bistums. Die Zahl der Katholiken betrug 1977 35000 (bei 520000 Einwohnern). In Manzini leiten Salesianer eine technische Schule und Dominikanerinnen eine Oberschule für Mädchen.

Die 25000 Katholiken (1977) in *Liberia* sind eine „kleine Herde", aber ihr Einfluß ist ungleich größer. Er beruht auf den Leistungen des Bildungs- und Gesundheitswesens der katholischen Kirche. Nicht nur das Klima hatte hier in der Gründungszeit den katholischen Missionaren zu schaffen gemacht, sondern auch die Unduldsamkeit und Ablehnung der protestantischen Christen. Bürgerrecht erhielt die katholische Kirche eigentlich erst in den dreißiger Jahren. Heute sind ihre Schulen an Zahl und Qualität den anderen Missionsschulen überlegen und im Gegensatz zu diesen über das ganze Land verteilt. Die Junge Kirche in *Senegal,* wo der Philosoph, Dichter und Staatsmann Léopold Sédar Senghor, der die Missionsschule der Spiritaner besucht hatte, 1968 in der Paulskirche in

[38] Motu Proprio „Sancta Dei Ecclesia" vom 25. März 1938: AAS 30 (1938) 154–159; Sylloge 567–573.

Frankfurt den Friedenspreis des Deutschen Buchhandels erhielt und seit 1969 Mitglied der Französischen Akademie der Moralischen und Politischen Wissenschaften ist (als Nachfolger Adenauers), das Land regiert, bleibt die Kirche keinen Fragen des jungen Staates fremd. Das beweisen die offiziellen Stellungnahmen der Bischöfe zu sozialen Fragen, der starke Einsatz der Christen für alle Fragen der Entwicklungshilfe. Hauptproblem bleibt das Verhältnis zum Islam. In *Gabon* (Gabun) liegt die Leitung der Jungen Kirche ganz in einheimischen Händen. Allerdings überwiegt noch die Zahl der ausländischen Missionare (1975 waren es 70 gegenüber 34 einheimischen Priestern). Doch steigt die Zahl der einheimischen Berufe. Kirchenorganisatorisch besteht die Junge Kirche aus 1 Erzdiözese mit 3 Suffraganbistümern. Sie zählt insgesamt 393000 Getaufte (von 1,2 Millionen Einwohnern).

Mali, eine Hochburg des Sozialismus, gewährt der Jungen Kirche des Landes Religionsfreiheit. 1967 waren von den 4,75 Millionen Einwohnern rund 39000 getaufte Katholiken und 170000 Taufbewerber. Heute sind es bei 5,2 Millionen Einwohnern 47000 (1 Metropole, 5 Diözesen). In *Obervolta* (1 Metropole, 8 Diözesen, 336500 Katholiken bei 5,8 Millionen Einwohnern) erließ die Bischofskonferenz im Jahre 1970 klare Bestimmungen für die Anpassung der katholischen Liturgie an afrikanische Sitten und Gebräuche und an afrikanisches Empfinden. *Gambia*, der kleinste afrikanische Staat, ist ein typisches Produkt des Kolonialzeitalters und der Kolonialpolitik. Das größte Problem der Jungen Kirche, die in einer Diözese unter einer halben Million Bevölkerung 11500 Gläubige zählt, ist der einheimische Klerus. Seit März 1974 gibt es ein gemeinsames Seminar für Liberia, Sierra Leone und Gambia.

Die katholische Kirche im *Tschad* ist eine der jüngsten der afrikanischen Kirchen. Offiziell besteht sie erst seit dem Zweiten Weltkrieg, wenn auch die Nachbarmissionen in Kamerun schon früher auf dieses Gebiet „übergegriffen" hatten. Hauptprobleme der Kirche (1 Metropole, 3 Diözesen, 211000 Seelen unter 3,8 Millionen Einwohnern) sind auch hier die einheimischen Berufe und das Verhältnis zum Islam. In der jüngsten Vergangenheit mehrten sich die Anzeichen eines beginnenden „Kulturkampfes" gegen die christlichen Kirchen. Die Regierung will das Land zur „vorkolonialen Kultur" und zur „afrikanischen Authentizität" zurückführen.

In der *Volksrepublik Kongo* wurde die Erhebung Biayendas ins Kardinalskollegium einstimmig begrüßt und gefeiert. Ebenso waren Katholiken und Nichtkatholiken empört über seine Ermordung am Abend des 22. März 1977. Wenige Tage zuvor, am 18. März, war der Staatspräsident Ngouabi ermordet worden.

In Abidschan, *Elfenbeinküste*, wurde 1976 eine Theologische Fakultät eröffnet, die sich aus dem 1968 dort gegründeten „Höheren Institut für Religiöse Kultur" entwickelt hatte. Hauptanliegen der neuen Fakultät ist, den Hörern ein besseres Verständnis für afrikanische religiöse Überlieferungen zu vermitteln. Die Bischöfe des englisch sprechenden Afrika erwägen die Gründung einer ähnlichen Fakultät in Nigerien oder Kenya. Ebenfalls in Abidschan haben die Jesuiten 1962 ein „Institut Africain pour le Développement Économique et Social" (INADES) gegründet, mit Zweigstellen in anderen afrikanischen Ländern, das Kurse am Ort und Fernkurse gibt, in Dörfern und Städten Kurse organisiert und einen imponierenden Dokumentations- und Informationsdienst aufgebaut hat. In *Benin* kam es kürzlich zu einem Zwischenfall. Die Regierung untersagte am 8. August 1977 dem am 12. Juni des gleichen Jahres zum Kardinal ernannten früheren Erzbischof von Cotonou, Bernardin Gantin, der seine Heimat besuchte, alle weiteren Reisen und jedes öffentliche Auftreten. Dieses Verbot erfolgte, nachdem Gantin in der Johanneskirche von Cotonou einen Gottesdienst für die Opfer der Schießereien im Januar in Benin gefeiert hatte. Mehrere Regierungsvertreter, darunter der Innenminister, hatten dem Gottesdienst beigewohnt.

In *Tanzania,* wo 20% der Bevölkerung Katholiken sind neben etwa 10% Anglikanern und Lutheranern, gibt es heute noch Gegenden und Stämme, die die missionarische Verkündigung noch nicht erreicht hat. Hier hat die Junge Kirche des Landes noch eine große Aufgabe zu erfüllen.

Madagaskar ist ein Musterbeispiel eines Missionslandes, in dem die Kirche ruhig und stetig wächst. Zu Beginn des Jahrhunderts zählte sie knapp 120000 Gläubige, 1950 waren es 700000 und heute sind es 1,4 Millionen bei einer Gesamtbevölkerung von 7,9 Millionen. Die Zahl der einheimischen Priester jedoch blieb demgegenüber zurück. 1968 wurde in Tananarive ein Nationales Katechetisches Institut zur Ausbildung katechetischer Führungskräfte errichtet. Im gleichen Jahr begannen die Bischöfe mit einer umfassenden Pastoralplanung. Am 1. November 1975 starb unerwartet Kardinal Rakotomalala. Die Bevölkerung der *Komoren*-Inselgruppe stimmte im Dezember 1974 über die Unabhängigkeit oder den Verbleib bei Frankreich ab. Die Bewohner der Insel *Mayotte* waren für den Anschluß an Frankreich. Die übrigen Inseln wurden selbständig. Die Bevölkerung ist fast ausschließlich mohammedanisch. Von den 244000 Einwohnern sind nur 2500 katholisch, davon fast 1000 Europäer. Französischen Kapuzinern ist die Seelsorge anvertraut. Die *Seychellen,* ein Archipel von 92 Inseln, sind seit dem 29. Juni 1976 unabhängig. Seit 1921 wirken hier Schweizer Kapuziner. Am 25. Juli 1975 wurde der einheimische Priester Felix Paul zum Bischof geweiht. Von den 58000 Insulanern sind 53000 katholisch. *Réunion* ist weiterhin französischer Besitz. 1975 dankte der Spiritanerbischof Georges Guibert ab, um einheimischen Kräften Platz zu machen. Am 2. Mai 1976 wurde der einheimische Priester Gilbert Aubry Bischof von La Réunion oder Saint-Denis.

Zum Abschluß seien noch drei für alle Jungen Kirchen Afrikas bedeutende Ereignisse erwähnt: die Heiligsprechung der Martyrer von Uganda 1964, die Botschaft Pauls VI. für Afrika 1967 und die Reise des Papstes nach Uganda 1969. Am 18. Oktober, dem Weltmissionssonntag, 1964 kanonisierte Paul VI. die 22 von Benedikt XV. am 6. Juni 1920 seliggesprochenen Martyrer von

Uganda, die in den Jahren 1885–1887 zusammen mit anderen 80 Katholiken, Anglikanern und Protestanten in einer Christenverfolgung den Tod gefunden hatten. Sie waren damit die ersten Bantus im Heiligenkatalog der katholischen Kirche. Zahlreiche afrikanische Bischöfe, Priester, Ordensleute und Gläubige kamen zu der Feier nach Rom. Zum ersten Male hörte man in St. Peter afrikanischen Chorgesang und afrikanische Trommeln. In seiner Homilie sprach der Papst von der „gegenwärtigen entscheidenden Stunde Afrikas". „Die Martyrer rufen um Hilfe" [für die afrikanische Kirche], führte er aus. „Afrika braucht Missionare, besonders Priester, Ärzte, Lehrer, Schwestern und Krankenpflegerinnen, hochherzige Menschen, die den jungen und blühenden Gemeinden, die noch viel Unterstützung brauchen, helfen, an Zahl und Wert zu wachsen, um ein Volk zu werden, das afrikanische Volk der Kirche Gottes."[39]

In der Botschaft für Afrika vom 31. Oktober 1967 ging Paul VI. auf die gegenwärtigen Probleme der afrikanischen Völker ein. Er wollte damit die Missionsenzyklika „Fidei donum" fortsetzen, in der Pius XII. bereits seine Sorgen um die Zukunft des afrikanischen Kontinents geoffenbart hatte[40]. Hier wie dort werden die Werte der afrikanischen Kulturen aufgezeigt. Paul VI. stellt bedauernd fest, daß nicht alle Missionare vergangener Epochen diese Werte erkannt haben. Aber er verurteilt die Missionare deswegen nicht, da auch sie Kinder ihrer Zeit und von deren Vorurteilen nicht frei waren. Er erwähnt, was auch diese Missionare in der Vergangenheit für die geistige und materielle Entwicklung der afrikanischen Völker getan haben. Als zukunftsentscheidende Hauptaufgaben der Gegenwart bezeichnet der Papst den Kampf gegen Analphabetentum und die Entwicklung der Landwirtschaft. Er schlägt die Schaffung eines Weltfonds für Entwicklungshilfe vor, aus dem allen bedürftigen Staaten ohne politische Nebenabsichten geholfen werden soll. Zum Schluß fordert der Papst die Bischöfe der ganzen Welt und alle Gläubigen auf, in der Hilfe für die Kirchen Afrikas nicht nachzulassen. „Trotz mancher Schatten, die Wir angedeutet haben", schließt er, „vertrauen Wir darauf, daß Afrika ... voll Ehrfurcht vor den Rechten Gottes und der Würde des Menschen auf dem Wege des Fortschritts weiterschreitet."[41]

Das dritte Ereignis, das wir hier erwähnen wollen, war die Reise Pauls VI. nach Uganda vom 31. Juli bis 2. August 1969. Unmittelbar vorausgegangen war ein anderes für die Zukunft der afrikanischen Kirchen ebenfalls epochemachendes Ereignis, das erste gesamtafrikanische Bischofssymposium vom 28. bis 31. Juli in Gaba bei Kampala[42]. Paul VI. wollte persönlich der Abschlußsitzung des Symposiums präsidieren. Der zweite Anlaß der Reise war die Einweihung

[39] AAS 57 (1965) 693–703; Internationaler Fides-Dienst (1964) 549–555. Am 22. Juni 1934 hatte Pius XI. den sel. Karl Lwanga zum Patron der afrikanischen Jugend erklärt: AAS 26 (1934) 582–583.
[40] Vom 21. April 1957: AAS 49 (1957) 225–248.
[41] AAS 59 (1967) 1073–1097. Internationaler Fides-Dienst (1976) 575–591.
[42] Vgl. Herder-Korrespondenz 23 (Freiburg 1969) 421–426.

der Martyrergedenkstätte in Namugongo. Wieder sprach der Papst bei diesen Gelegenheiten von seiner Achtung vor der afrikanischen Person, ihrem Land und ihrer Kultur. „Wir kennen keinen anderen Wunsch", sagte er, „als gerade das zu bejahen und zu fördern, was ihr seid: nämlich Christen und Afrikaner. Wir möchten, daß Unsere Anwesenheit hier bei euch als eine Anerkennung eurer Reife gewertet werde, als Unser Wunsch und Unsere Absicht, euch zu beweisen, daß die Communio, die uns miteinander verbindet, die ursprüngliche Wesensart der Persönlichkeit im privaten, kirchlichen und bürgerlichen Leben in keiner Weise unterdrücken, sondern im Gegenteil fördern will." Die Kirche sei „wahrhaft in diese gesegnete Erde eingepflanzt worden". Jetzt, nachdem diese Grundlage gelegt sei, führte der Papst weiter aus, sei es die Aufgabe der afrikanischen Christen, ihre Kirche auf diesem Kontinent selbst weiteraufzubauen: „Ihr Afrikaner seid nunmehr eure eigenen Missionare."[43]

Ein Beweis dafür, daß die Jungen Kirchen Afrikas ihren „afrikanischen" Weg zu gehen gewillt sind und seit Jahren immer selbständiger gehen, sind die nahezu 150 einheimischen Ordensgemeinschaften diözesanen Rechts, die allenthalben gegründet wurden[44]. Diese und andere glückliche Initiativen berechtigen zu der Hoffnung, daß die Jungen Kirchen Afrikas auch die modernen Probleme, die auf sie zukommen, mit Erfolg lösen werden. Zu diesen Problemen gehören die explosionsartige Zunahme der Katholikenzahl und die nicht mit ihr schritthaltende Zunahme einheimischer Priesterberufe, die Verstädterung, die Heranbildung einer Elite, die Verstaatlichung der Erziehung. Besonders das unverhältnismäßig rasche Anwachsen der Katholikenzahl – jährlich etwa 6% – stellt die Kirchenleitungen vor Probleme, deren Lösung unverzüglich in Angriff genommen werden muß. An erster Stelle steht die Vermehrung der Priesterberufe. Nicht weniger wichtig sind die religiöse Unterweisung der Kinder und die Erwachsenenbildung. Auch in materieller Hinsicht erstehen unaufschiebbare, dringliche Aufgaben, wie etwa die Vermehrung von Kultgebäuden[45]. Eine andere Gefahr droht den Jungen Kirchen vom Sektenwesen. In keinem anderen Kontinent ist das Christentum so zersplittert wie in Afrika. Man zählt dort rund 5000 „christliche" Splitterkirchen und Sekten mit etwa 7 Millionen Anhängern. Die meisten sind auf dem Boden des Protestantismus erwachsen. Doch einige kommen auch aus katholischer Umgebung. Die größte „katholische" Sekte – die Maria-Legio-Kirche – entstand 1963 unter dem Stamm der Luo am Ostufer des Viktoriasees in Kenya[46]. Sie ist bewußt afrikanisch, der afrikanischen Tradition verbunden, und gerade darin besteht ihre Anziehungskraft.

Wie in Asien haben sich auch die Bischofskonferenzen von Afrika und Madagaskar im „Symposium des Conférences Episcopales d'Afrique et de Mada-

[43] AAS 61 (1969) 572–591. Internationaler Fides-Dienst (1969) 367–375.

[44] Vgl. das Supplementum der Bibliografia Missionaria, Anno XXXVIII, 1974, Quaderno n. 17 (Roma 1975) 23–49.

[45] Vgl. Die katholischen Missionen (Freiburg 1971) 3.

[46] Vgl. Die katholischen Missionen (Freiburg 1970) 12–15.

gascar" (SCEAM) zusammengeschlossen, um die gemeinsamen Probleme gemeinsam zu lösen[47]. Außerdem gibt es noch die drei regionalen Gruppierungen: „Association des Conférences Episcopales du Congo, de la République Centrafricaine et du Tchad" (ACECCT), die „Conférence Episcopale Régionale de l'Afrique de l'Ouest Francophone" (CARAO) und die „Association of Member Episcopal Conferences in Eastern Africa" (AMECEA). Vom 24. bis 30. Juli 1978 hielt das „Symposium" in Nairobi[48] seine fünfte Vollversammlung in Gegenwart von Kardinal Opilio Rossi, dem Präsidenten des Päpstlichen Rates für die Laien, von Erzbischof Simon D. Lourdusamy, dem Sekretär der Kongregation für die Evangelisierung der Völker oder „de Propaganda Fide", von Vertretern der europäischen und südamerikanischen Bischofskonferenzen und der Ordensleute. Die Teilnehmer – 9 Kardinäle und rund 60 Erzbischöfe und Bischöfe sowie Vertreter der Laien – repräsentierten die mehr als 50 Millionen afrikanischen Katholiken. Hauptthema des Symposiums war „Das christliche Familienleben im heutigen Afrika". In seiner Ansprache unterstrich Lourdusamy die Notwendigkeit einer genuinen und weisen Inkulturation der Kirche[49].

Die Jungen Kirchen in Ozeanien

Australien und Neuseeland

Die Entwicklung der katholischen Kirche in Australien und Neuseeland in den letzten hundert Jahren ist bewundernswert. Die kirchliche Organisation war bereits um 1920 im wesentlichen abgeschlossen und hat im Laufe der letzten fünfzig Jahre nur geringfügige Änderungen erfahren. Vom 4. bis 12. September 1937 tagte in Sydney das IV. Plenarkonzil Australiens und Neuseelands unter dem Vorsitz des Päpstlichen Legaten Giovanni Panico[1]. Hauptaufgaben des Konzils waren die Applizierung des neuen Codex iuris canonici und die Erwägung mehr einheitlicher Pastoral- und Missionsmethoden.

Besondere Aufmerksamkeit galt der Evangelisierung der Ureinwohner Australiens. Diese Aufgabe kommt seit dem 22. März 1976, als Australien aus

[47] Englischer Titel: „Symposium of Episcopal Conferences of Africa and Madagascar" (SECAM).

[48] Ursprünglich sollte die Vollversammlung in Kinshasa stattfinden. Doch die dort ausgebrochenen innerpolitischen Unruhen veranlaßten die Verlegung nach Nairobi.

[49] „Inculturation, which is the consequence of the incarnational economy of salvation, is part and parcel of the mission of the Church and of the work of Evangelization it carries on. It is inseparable from the mission of the Church and indispensable for its evangelizing activity, simultaneous and all-dimensional with it." International Fides Service 23 August 1978, 378.

[1] 1. Plenarkonzil 1885, das 2. 1895, das 3. 1905. Das vierte Plenarkonzil hätte schon 1918 einberufen werden sollen, doch Gerüchte über ein bevorstehendes Ökumenisches Konzil in Rom und dann der 29. Eucharistische Weltkongreß in Sydney (1928) verzögerten die Verwirklichung.

dem Jurisdiktionsbereich der Kongregation für die Evangelisierung der Völker entlassen wurde und in die normale kirchliche Verwaltung überging, ausschließlich der australischen Bischofskonferenz zu. Diese ist nun für die Missionsarbeit bei den wenigen noch verbleibenden Heiden unter den 15 000 Voll- und Halbeingeborenen der australischen Urbevölkerung zuständig. Damit fällt der Jungen Kirche eine große Verantwortung zu. Ihre Aufgabe ist es, die Ureinwohner so zu integrieren, daß deren Traditionen und Kultur Rechenschaft getragen wird. Besonders die Gemeindeseelsorge muß auf ihre Bedürfnisse eingehen und sie berücksichtigen. In einer Erklärung anläßlich des „Nationalen Tages der Eingeborenen" nahmen die Bischöfe zu allen damit verbundenen pastoral-kirchlichen Fragen Stellung und unterstützten sie die Forderungen der Eingeborenen an den Staat, deren wichtigste die gesetzliche Fixierung des Rechtes auf ihre Besitzungen im Norden Australiens ist. Seit 1966 gibt es unter den australischen Ureinwohnern die ersten Ordensschwestern. 1969 wurde für sie in Darwin ein eigenes Kloster errichtet.

Der 40. Eucharistische Weltkongreß, der vom 18. bis 25. Februar 1973 in Melbourne stattfand, lenkte für kurze Zeit das Interesse der Gesamtkirche auf die Kirche Australiens. Die oft bitteren Erfahrungen, die besonders die Katholiken in diesem ursprünglich überwiegend anglikanischen Land machen mußten, gehören nun endgültig der Vergangenheit an. Die katholische Kirche setzt sich zusammen mit den übrigen christlichen Kirchen für die Rechte der Unterprivilegierten ein und hat gerade durch diese Tätigkeit und durch diese Zusammenarbeit an Profil gewonnen[2]. Von den 13,6 Millionen Einwohnern sind 3,6 Millionen Katholiken, das sind 26,4%.

Auch in Neuseeland war die kirchliche Organisation um 1920 bereits abgeschlossen. Es bestanden eine Erzdiözese und drei Bistümer. Die Zahl der Katholiken betrug am 31. Dezember 1976 446 000, das waren 14,2% der Einwohner. Auf der nördlichen Hälfte der Nordinsel nehmen sich die Mill-Hill-Missionare der Evangelisierung der Maori an. 1945 wurde der erste Priester dieses Stammes geweiht. Die Mission unter den Maori begegnet auch heute noch Schwierigkeiten. Es ist nicht leicht, mit diesen Leuten in Kontakt zu kommen. 1968 legte in Wanganui, einer Niederlassung der Schwesterngenossenschaft des hl. Joseph von Nazareth, die erste Maorischwester die Ordensgelübde ab.

Die Inseln im Pazifik

In Ozeanien[3] mußte die kirchliche Organisation der werdenden Jungen Kirchen jeweils den territorialen, ethnischen und politischen Gegebenheiten angepaßt werden. Es war nicht immer leicht, den Überblick zu behalten und den Er-

[2] Vgl. Herder-Korrespondenz 27 (Freiburg 1973) 196–202.

[3] Vgl. die Artikel von *A. Freitag SVD*, in: ZMR 36 (Münster 1952) 144–152, 214–222; 37 (1953) 283–293; 38 (1954) 121–131.

eignissen zu folgen, besonders als auch hier die Unabhängigkeitsbewegung der Inselbewohner und der Übergang vom Kolonialzeitalter zur Gegenwart einsetzte. Die Missionskirche auf den *Marianen* und *Karolinen* – um mit diesen zu beginnen und unseren Rundgang durch den Pazifik im Uhrzeigersinn fortzusetzen – hatte wie schon im Ersten so auch im Zweiten Weltkrieg stark zu leiden. Das ganze Vikariat blieb wieder einmal für längere Zeit ohne Missionare. Nach dem Krieg wurden die Inseln amerikanisches Mandatsgebiet. Rom faßte die Karolinen und Marshallinseln zu einem neuen Apostolischen Vikariat zusammen und unterstellte die Marianen dem Apostolischen Viakriat Guam, wo Kapuziner tätig waren. 1965 wurde das Vikariat unter dem Namen Agaña Diözese und San Francisco als Suffraganbistum unterstellt. Die Insulaner sind fast alle katholisch.

Die *Sandwichinseln*, gewöhnlich nach dem größten Eiland Hawaii genannt, erlebten seit ihrer Zugehörigkeit zu den Vereinigten Staaten (1898) missionarisch insofern einen Aufschwung, als jetzt amerikanische Missionare und besonders Missionsschwestern den Picpus-Missionaren zu Hilfe kamen. Von 1926 bis 1940 leitete Bischof Estevão Alencastre SSCC das Vikariat. Unter ihm machte die Mission so gute Fortschritte, daß Rom am 25. Januar 1941 das Vikariat zur Diözese erhob und San Francisco als Suffraganbistum zuteilte. Auf den *Marquesas*, wo die Picpus-Missionare seit 1924 größere Bewegungsfreiheit hatten, rettete die Mission die Bevölkerung vor dem Aussterben. Die Insulaner waren auf 2500 Köpfe zurückgegangen und drohten ganz auszusterben. Die Missionare setzten alles ein, um die Volkshygiene zu verbessern. Seitdem ist die Einwohnerzahl wieder im Steigen. 1949 gab es 3200 Insulaner, 1973 bereits 5600. Sie sind fast alle katholisch. Auch auf den *Gesellschaftsinseln (Tahiti)*, den *Gambierinseln*, den *Tuamotuinseln* und den *„Inseln unter dem Winde“* behinderte die Kolonialregierung lange die katholische Missionstätigkeit. Ein weiteres Hindernis erfolgreicher Evangelisierung war die Rivalität der protestantischen Denominationen, die der katholischen Mission vielfach zuvorgekommen waren. Größere Erfolge erzielten die katholischen Missionare auf den Gesellschaftsinseln, deren Bevölkerung heute zu einem Drittel katholisch ist. Seit 1947 werden auch die chinesischen Einwanderer von der Mission erfaßt. Erfolgreich setzten sich die Missionare von jeher für die Verbesserung der Volkshygiene ein, um das Aussterben der Insulaner zu verhindern, sowie für das Schulwesen und andere Werke der geistigen und materiellen Entwicklungshilfe.

Auf den *Cook-* und *Manihikiinseln* blühte die katholische Mission erst sehr spät auf. 1926 gab es unter den 9500 Insulanern nur 450 Katholiken (gegenüber 6330 Protestanten). 1949 waren es 1410 Katholiken und 13000 Protestanten, 1972 jedoch 3056 Katholiken von den nunmehr 26217 Einwohnern. Auf *Wallis* und *Futuna*, dem *Tongaarchipel* und der *Niue*-Insel in Zentralozeanien missionierten seit 1836 die Maristen P. Colins. Ihre Tätigkeit umfaßte ebenfalls jede Art von Entwicklungshilfe für die einheimischen Insulaner. Die Riesenentfernungen forderten eine hohe Zahl von Missionspersonal. Die Mitwirkung einheimischer Katechisten und Missionare war schon deswegen unerläßlich. 1950 gab es in diesem Vikariat bereits 24 einheimische Priester, 32 einheimische Brüder und 227 einheimische Schwestern. Auf Wallis bestand seit 1874 ein Priesterseminar. Die ersten vier einheimischen Priester waren 1886 geweiht worden. 1935 zweigte Rom die Inseln Wallis, Futuna und Alofi ab und errichtete hier ein neues Vikariat. 1950 waren die 9000 Insulaner fast vollzählig katholisch. Das Restvikariat wurde 1937 nach den Tongainseln, 1957 nach diesen und der Niueinsel benannt. Hier hatte es die katholische Mission gegenüber der protestantischen, die schon 1875 sämtliche Insulaner erfaßt hatte, immer sehr schwer gehabt. Heute bekennt sich etwa ein Fünftel der Bevölkerung zur katholischen Kirche.

Die *Schifferinseln* oder *Samoa* waren ebenfalls den Maristen zur Evangelisierung übertragen. Auch hier sind alle Insulaner zum Christentum bekehrt. 1948 waren es 20000 und 1973 36798 Katholiken (Gesamtbevölkerung 174866). Die Maristen begannen auch hier früh mit der Ausbildung einheimischen Missionspersonals. Samoa kommt die Ehre zu, den ersten einheimischen, ozeanischen Bischof erhalten zu haben. Am 11. Januar 1968 ernannte Paul VI. den Maristenpater Pius Taofinu'u zum Bischof der 18 Monate zuvor errichteten Diözese Apia auf Westsamoa[4]. Der Ernennung des ersten polynesischen Bischofs kam deshalb noch besondere Bedeutung zu, daß Westsamoa am 1. Januar 1962 als erster ozeanischer Inselstaat seine politische Selbständigkeit erlangt hatte. Im Konsistorium vom 5. März 1973 hat Paul VI. den ersten ozeanischen Bischof zum ersten ozeanischen Kardinal ernannt. Die *Fijiinseln* waren seit 1874 eine britische Kolonie und erlangten am 10. Oktober 1970 ihre Unabhängigkeit. Erst seit den zwanziger Jahren konnten die Maristen hier an die Ausbildung polynesischer Priester denken. 1923 errichteten sie in Cawaci ein Knabenseminar. Von den ersten Seminaristen erreichten zwar nur vier das Ziel, aber der Anfang war gemacht. Aus der schon vorher gegründeten Katechistenschule gingen in den Jahren 1924–1934 neunzig tüchtige Katechisten und Lehrer hervor.

Auch im Apostolischen Vikariat *Neukaledonien* wurde erst in der Neuzeit die Ausbildung einheimischen Missionspersonals zielbewußt in Angriff genommen. Die ersten beiden einheimischen Priester konnten 1946 geweiht werden. 1950 gab es ferner 19 einheimische Brüder und 88 einheimische Schwestern. Damit war auch hier die Voraussetzung zu einer eigenständigen Kirche geschaffen. Neue Aufgaben erstanden der Mission durch die Zuwanderung von Tonkinesen und Javanern. Heute sind von 135000 Einwohnern 88000 (65,2%) katholisch. Die übrigen sind Protestanten, Mohammedaner und ein kleiner Rest Heiden. Die Maristenmission auf den *Neuen Hebriden* galt

[4] Er wurde am 9. Dezember 1923 in Falealupo auf Savai geboren, hatte 1954 die Priesterweihe empfangen, war 1962 in die Kongregation der Maristen eingetreten und empfing am 29. Mai 1968 die Bischofsweihe.

lange Zeit als „harter Steinbruch", nicht zuletzt wegen des mörderischen Klimas. Zahlenmäßig gesehen konnte die katholische Mission keine großen Fortschritte erzielen. 1948 waren von den 60000 Insulanern erst 4800 katholisch. Seitdem jedoch wuchs die Zahl rasch auf 16000 im Jahre 1976 (97000 Einwohner). In dieser Zeit wurde auch die Ausbildung einheimischer Priester in Angriff genommen, während es einheimische Katechisten und Lehrer schon vor dem Zweiten Weltkrieg gab.

Die schwierigste Mission der Maristen in Ozeanien waren die *Salomoneninseln.* Als endlich die Voraussetzung zum Aufbau einer einheimischen Kirche geschaffen war und die Ausbildung einheimischen Missionspersonals die ersten Erfolge zu zeitigen begann, fügte der Zweite Weltkrieg der Mission größten Schaden zu. Die Japaner besetzten über die Hälfte der Inseln. Die meisten Missionare wurden nach Australien gebracht. Zwei Patres und zwei Schwestern der Südsalomonen und 13 Patres, Brüder und Schwestern der Nordsalomonen fanden den Tod. Sogleich nach dem Krieg begannen die Maristen den Wiederaufbau und führten die Mission rasch zu neuer Blüte. Ende 1976 waren von den 200000 Insulanern 37000 (18,5%) katholisch. Am 7. Juli 1978 erlangte die Inselgruppe die politische Unabhängigkeit.

Im Apostolischen Vikariat der *Gilbertinseln,* zu dem auch die *Ellice-* und die *Phönixinseln,* die *Sporaden, Nauru* (seit 1923) und andere Inseln gehörten, missionierten die Herz-Jesu-Missionare. Die Zahl der Gläubigen stieg von 13500 im Jahre 1922 auf 25500 im Jahre 1972, das sind ungefähr 50% der Bevölkerung. Der Zweite Weltkrieg brachte unsägliches Leid über das ganze Missionsgebiet. Die personellen und materiellen Schäden waren sehr groß. Auch im Apostolischen Vikariat Rabaul *(Papua Neu-Guinea)* evangelisierten Herz-Jesu-Missionare. Im Zweiten Weltkrieg kamen hier 57 Priester und Brüder und 10 einheimische Schwestern ums Leben, 23 auf gewaltsame Weise. Ein Drittel der einheimischen Bevölkerung wurde verschleppt oder kam ums Leben. Die Zahl der Katholiken (1939 waren es 45000) ging um 8000 zurück. Die Mission verlor sämtliche materiellen Einrichtungen und Besitzungen. Doch nach dem Krieg setzte sofort der Wiederaufbau ein. Amerikanische, australische und irische Herz-Jesu-Missionare kamen zu Hilfe. Die australische Regierung gewährte ansehnliche Unterstützungen. Die Statistik vom Jahre 1973 meldete 118000 Katholiken unter 170000 Einwohnern.

Auf *Britisch-Neuguinea,* wo neben den Herz-Jesu-Missionaren noch Steyler, Franziskaner, Kapuziner, Montfortaner, Passionisten und eine große Anzahl von Schwesterngenossenschaften tätig sind, vernichtete der Zweite Weltkrieg ein soeben zu großer Blüte gelangtes Missionswerk. Vor allem die Vikariate Ost- und Zentral-Neuguinea hatten viel zu leiden. Viele Missionare kamen ums Leben, die übrigen wurden nach Australien deportiert. Nach dem Krieg mußte von vorne begonnen werden.

Insgesamt kamen während des Zweiten Weltkriegs in Ozeanien und Neuguinea 118 Patres und Brüder sowie 78 Schwestern ums Leben, andere wurden arbeitsunfähig. 1200 Missiongebäude wurden total, 120 teilweise zerstört[5]. Nach Überwindung der Kriegsschäden lebte in ganz Ozeanien die katholische Missionstätigkeit und Entwicklungshilfe zu neuer Blüte auf. Rom dachte daran, die am weitesten vorangeschrittenen Vikariate zu Diözesen zu erheben. Doch wurde der Gedanke wieder fallen gelassen, weil man einen noch umfassenderen Plan in Erwägung zog: die Errichtung der ordentlichen kirchlichen Hierarchie und damit die kirchenrechtliche Konstituierung Junger Kirchen. Während des Zweiten Vatikanischen Konzils konnte Rom unmittelbaren Kontakt in dieser Frage mit den Ordinarien Ozeaniens aufnehmen. Während der letzten Konzilsperiode kamen die Verhandlungen zum Abschluß. Am 21. Juni 1966 wurde die Hierarchie in Polynesien, Mikronesien und Melanesien errichtet. Drei Kirchenprovinzen wurden gebildet: 1. Nouméa (Neukaledonien) mit den Diözesen Port Vila (Neue Hebriden) und Wallis et Futuna; 2. Suva (Fiji Islands) mit Apia (Western Samoa) und Tarawa (Gilbertinseln); 3. Papeete (Tahiti) mit Taiohaé (Marquesas). Ferner wurden die Diözesen Rarotonga (Cook Islands) und Tonga errichtet; erstere wurde Wellington als Suffraganbistum zugeteilt, letztere unmittelbar dem Heiligen Stuhl unterstellt. Die Einteilung der Kirchenprovinzen hatte infolge der schwankenden politischen Lage ihre Schwierigkeiten. Es gab unabhängige Inseln wie das Reich Tonga und das Fürstentum Westsamoa; andere Inseln standen unter Mandatsherrschaft oder in Kondominien, wieder andere noch unter Kolonialherrschaft. Auch ethnische Gesichtspunkte konnten nicht zugrunde gelegt werden. So richtete sich Rom in etwa nach den noch bestehenden Einflußzonen Englands, Frankreichs, Amerikas und Neuseelands. Mit Rücksicht auf den Nationalstolz der Bevölkerung von Tonga wurde diese Insel als Diözese unmittelbar dem Heiligen Stuhl unterstellt[6].

Auch die Ordinarien von Papua-Neuguinea und des britischen Protektorates der Salomoneninseln baten während der letzten Konzilsperiode um die Errichtung der kirchlichen Hierarchie in ihrem Missionsgebiet. Sie wiesen auf die politischen Unabhängigkeitsbewegungen und auf die Absicht der anglikanischen Kirche, sich dort neu zu organisieren, hin. Obwohl die Missionskirche hier noch verhältnismäßig jung war, galt sie als genügend befestigt, um die allgemeine Kirchenorganisation einzuführen. Es sollten damit die auswärtigen und einheimischen Missionsgesellschaften für ihre aufopfernde Tätigkeit belohnt, der Missionskirche neuer Aufschwung gegeben und auch hier die vielfach als Überbleibsel des Kolonialzeitalters betrachtete kirchliche Einteilung in Vikariate und Präfekturen abgeschüttelt werden. Daher wurden am 15. November 1966 drei neue Kirchenprovinzen errichtet: 1. Port Moresby mit den Suffraganbistümern Bereina (Yule Island), Daru, Mendi und Sideia; 2. Madang mit Aitape, Goroka, Lae, Mount Hagen, Vanimo und Wewak; 3. Rabaul mit Bougainville (Nord-

[5] Vgl. *P. O'Reilly*, in: NZM 3 (Schöneck 1947) 106–107.
[6] AAS 59 (1967) 201–203.

salomonen), Honiara (Südsalomonen), Kavieng und Gizo (Westsalomonen) [7]. Der erste Papua-Bischof, Ludwig Vangeke MSC, der 1937 als erster Papua die Priesterweihe empfangen hatte, wurde von Paul VI. am 3. Dezember 1970 in Sydney geweiht. Am 16. September 1976 erlangte Papua-Neuguinea seine politische Unabhängigkeit. Am 7. März 1977 wurde hier eine Nuntiatur errichtet [8].

Zur größten Sorge der meisten der neuen Residenzialbischöfe gehört die Ausbildung des einheimischen Klerus. Nach einem Bericht vom 6. Februar 1970 [9] gab es zu der Zeit in einigen Diözesen, wie Taiohaé und Rarotonga, noch keinen einzigen einheimischen Priester. In den übrigen Diözesen war der einheimische gegenüber dem ausländischen Klerus eine Minderheit, außer auf Wallis et Futuna, wo 13 einheimische und 6 auswärtige Priester tätig waren. Am 2. März 1972 erhielt daher Wallis et Futuna einen einheimischen Weihbischof. Auch Tonga hatte eine größere Anzahl einheimischer Priester (9 gegenüber 12 auswärtigen), so daß auch hier am 15. Oktober 1971 ein einheimischer Koadjutor ernannt worden war. Insgesamt waren nach dem genannten Bericht von 309 Welt- und Ordenspriestern in unserem Gebiet 86 Einheimische. Es gab drei Seminarien: ein Priesterseminar in Nouméa und zwei Knabenseminarien in Paita, Erzdiözese Nouméa, und Lano, Diözese Wallis et Futuna. Zahlreicher waren einheimische Schwesternberufe. Es gab 229 einheimische Schwestern gegenüber 653 auswärtigen. Mehrere einheimische Schwesternkongregationen waren errichtet worden. Insgesamt bestehen heute 9 einheimische Schwesternkongegrationen in unserem Raum und 4 Brüderkongregationen diözesanen Rechts [10].

Ein neues kirchliches Problem ergab sich auf den Fijiinseln durch die Einwanderung von etwa 30000 Indern. Der Erzbischof von Suva bemühte sich um indische Priester für sie. Die ausgewanderten Inder verlieren in der Fremde den Kontakt zum Hinduismus und sind daher der christlichen Botschaft leichter zugänglich.

1968 schlossen sich die Bischöfe Ozeaniens zur Bischofskonferenz des Pazifik (CEPAC) zusammen. Im März 1968 hielten sie ihre erste Vollversammlung.

Die Philippinen

Die „Junge" Kirche auf den Philippinen ist ebensowenig ja noch weniger eine junge Kirche wie jene in den Vereinigten Staaten oder in Kanada. Aber sie hat nicht wenige Probleme mit den Missionskirchen gemeinsam, und vor allem: sie liegt in der „Dritten Welt". Als spanische Patronatskirche hatte sie von Anfang

[7] AAS 59 (1967) 480–482.

[8] AAS 69 (1977) 256. Für die Salomoneninseln besteht weiterhin die Apost. Delegatur (ebd. 256–257).

[9] Vgl. „Memoria Rerum" III/2 552.

[10] Vgl. das Supplementum der Bibliografia Missionaria, Anno XXXIX–1975, Quaderno n. 18 (Roma 1976) 55–58.

an die „ordentliche" kirchliche Hierarchie. Die vier Apostolischen Vikariate wurden erst in den dreißiger bzw. fünfziger Jahren des 20. Jahrhunderts errichtet, unterstehen zwar der römischen Missionsbehörde, gehören aber einer der 13 Kirchenprovinzen mit ebenso vielen Erzdiözesen und insgesamt 31 Diözesen und 12 Prälaturen an. Mit 80% Katholiken (42 Millionen Einwohner) sind die Philippinen ein katholisches Land, das einzige Südostasiens. Nur auf den südlichen Inseln leben etwa 3 Millionen Moslems, die sich als unterdrückte Minderheit fühlen.

Die jüngste Vergangenheit brachte besonders in den siebziger Jahren wiederholt Spannungen zwischen Kirche und Staat und innerhalb der Kirche. Auf die Verhängung des Kriegsrechts durch den philippinischen Präsidenten reagierten die kirchlichen Kreise verschieden. In einem gemeinsamen Hirtenwort brachte die Bischofskonferenz zwar zunächst zum Ausdruck, daß sie das Recht und die Pflicht der zivilen Autoritäten anerkenne, angemessene Schritte zu unternehmen, um die Souveränität des Staates zu schützen und Frieden und Wohlstand der Nation zu garantieren, dann aber riefen die Bischöfe die Verantwortlichen und jeden einzelnen des Volkes zu einer ernsten Gewissenserforschung auf. Doch letzten Endes waren sich die 75 Bischöfe nicht einig in ihrer Stellung zur Regierung[11]. In der Folge versuchte die Regierung wiederholt, die Kirche unter Druck zu setzen.

Eine besondere Aufgabe sieht der Episkopat in der Förderung des philippinischen Klerus. Priestermangel war lange und ist noch ein Kernproblem der philippinischen Kirche, weshalb die Missionsarbeit in den Apostolischen Vikariaten weitgehend in Händen ausländischer Kräfte liegt. Immerhin konnte in den letzten 20 Jahren ein rasches Ansteigen einheimischer Priesterberufe verzeichnet werden. So stieg z. B. die Zahl der Weltgeistlichen zwischen 1956 und 1966 von 1430 auf 2053 und die der Ordensleute von 147 auf 394. Eine neue große und verantwortungsvolle Aufgabe fällt dem Klerus und damit der ganzen philippinischen Kirche heute zu: die Evangelisation des südostasiatischen Raums, dem sie rassisch und kulturell näher steht als die westlichen Kirchen. Philippinische Missionare sind außerdem nicht dem Argwohn ausgesetzt, Sendlinge des westlichen „Imperialismus" zu sein. Die missionarische Ausstrahlung hat bereits begonnen. Die Steyler Missionare haben mehrere ihrer philippinischen Priester in Indonesien eingesetzt, und die Steyler Schwestern waren der erste Frauenorden, der philippinische Schwestern in die Mission nach Neuguinea sandte. Philippinische Oblaten sind seit 1967 in Hongkong tätig.

In den letzten Jahren sah sich die Kirche wiederholt veranlaßt, die Menschenrechte zu verteidigen. Am 8. Januar 1967 veröffentlichten die Bischöfe einen „Hirtenbrief über die Sozialarbeit und landwirtschaftliche Entwicklung", mit dem sie der Regierung Hinweise zur Beseitigung der bestehenden Mißstände

11 Vgl. Herder-Korrespondenz 28 (Freiburg 1974) 121–123; 29 (1975) 100.

geben wollten. Im Januar 1977 schrieben sie ein mutiges Hirtenwort über die Probleme und Schwierigkeiten, die zwischen Staat und Kirche bestehen.

In die bewaffneten Auseinandersetzungen zwischen den Moslems und dem Staat wurde auch die Kirche hineingezogen. Auf der Insel Jolo wurde 1974 bei einem Überfall muslimischer Rebellen fast die ganze Hauptstadt zerstört. Auch die katholische Kathedrale brannte nieder. Dennoch betrachten die rund 7000 Christen der Insel die Moslems nicht als ihre Feinde. Die erst hundert Jahre alte katholische Kirche auf dem Sulu-Archipel hat in den letzten Jahren große Anstrengungen unternommen, um Frieden und Versöhnung zu stiften. Zu 98% ist der Sulu-Archipel islamisch [12].

Die oben erwähnte Verantwortung der philippinischen Kirche für die Evangelisierung der südostasiatischen Völker zeigt sich auch in der Errichtung der Rundfunkstation „Radio Veritas“ in Manila, die am 11. April 1969 in Betrieb genommen wurde und Sendungen in 20 Sprachen in den ozeanischen und südostasiatischen Raum ausstrahlt. Der Beschluß zur Errichtung dieser Radiostation war auf der Konferenz der südostasiatischen Bischöfe 1958 in Manila gefaßt worden. Die römische Kongregation für die Evangelisierung der Völker, die Hilfswerke der katholischen Kirche Deutschlands MISEREOR und MISSIO und die deutsche Bundesrepublik trugen die Hauptlast der finanziellen Unkosten [13]. Seit 1975 untersteht der Sender der Philippinischen Bischofskonferenz.

Die Fernostreise Pauls VI. (26. November – 5. Dezember 1970) war ein religiöses Ereignis für die Jungen Kirchen in Ozeanien, Australien und allen übrigen Ländern, die der Papst auf der Reise berührte. In Manila nahm Paul VI. an den Schlußsitzungen des Symposiums der asiatischen Bischofskonferenzen teil, dessen Hauptthemen die kirchliche Entwicklungshilfe und die Universitätsstudentenseelsorge waren. Bezugnehmend auf die geringen Erfolge, die die christliche Glaubensverkündigung bisher im asiatischen Raum, abgesehen von den Philippinen, erzielt hat, sagte der Papst zu den Bischöfen: „Wenn in der Vergangenheit eine ungenügende Kenntnis der Reichtümer, die in den verschiedenen Kulturen verborgen sind, die Ausbreitung des Evangeliums verhindern konnte und sich darum von der Kirche ein falsches Bild ergab, so kommt es euch zu, darzulegen, daß das Heil, das Jesus Christus gebracht hat, allen Menschen angeboten wird, und zwar ohne Unterschied der Lebensbedingungen, ohne Bindung an eine privilegierte Rasse, einen Erdteil oder eine Kultur, und daß das Evangelium, weit entfernt, ‚die Keime des Guten in den Herzen und in der Gedankenwelt der Menschen oder in ihren eigenen Riten und in ihrer Kultur‘ auslöschen zu wollen, die Wirkung hat, alle diese Werte zu läutern, zu heben

[12] Vgl. Die katholischen Missionen (Freiburg 1976) 197–201; (1978) 51–55; Herder-Korrespondenz 31 (Freiburg 1977) 60–63.
[13] Internationaler Fides-Dienst 1969 214–215, 232–234.

und zu vervollkommnen zur Ehre Gottes (Lumen Gentium 17; Ad Gentes 22). Nach dem Vorbild Jesu Christi, der die Lebensbedingungen seiner Umwelt geteilt hat, kann der Asiate Katholik sein und völlig Asiate bleiben. Wenn wir vor einem Jahr in Afrika erklärt haben, daß die Kirche vor allem katholisch sein muß, dann ist ein Pluralismus doch berechtigt und sogar wünschenswert, nämlich in der Weise, einen gemeinsamen Glauben an denselben Herrn Jesus Christus zum Ausdruck zu bringen."[14]

Von Manila begab sich der Papst am 29. November nach Samoa. Hier richtete er einen eindringlichen Appell an die Katholiken der ganzen Welt, dessen Anliegen die Erneuerung des Missionsgeistes war[15]. Die nächste Reiseetappe war Sydney, wo 72 Bischöfe Australiens, Neuseelands und Ozeaniens zu einem Symposium versammelt waren, auf dem aktuelle Probleme der Kirche in diesem Raum zur Diskussion standen: Glaubensverkündigung, Entwicklungshilfe, Jugend, Priestertum, Ökumenismus. Der Papst nahm an der Schlußsitzung teil. Als Thema seiner Ansprache wählte er das der kirchlichen Einheit. Es mag dies im Hinblick auf die besonderen ökumenischen Verhältnisse in Ozeanien geschehen sein, wo die ungeheuren Entfernungen, der Mangel an Seelsorgern und die damit verbundene oft wochen- und monatelange Abwesenheit des Priesters zu Sonderregelungen mit anderen christlichen Kirchen geführt haben. Überhaupt sind die katholischen Missionskirchen in Australien und Ozeanien ökumenisch sehr aufgeschlossen. – Über Djakarta, Hongkong und Colombo kehrte Paul VI. von seiner Fernostreise nach Rom zurück[16].

[14] AAS 63 (1971) 25–26; deutsche Übersetzung nach: Internationaler Fides-Dienst 1970 610.

[15] AAS 63 (1971) 47–50.

[16] Die Ansprachen des Papstes während der Reise: AAS 63 (1971) 10–83.

REGISTER

HANDBUCH DER KIRCHENGESCHICHTE
VI/2

HANDBUCH DER KIRCHENGESCHICHTE

Herausgegeben von

HUBERT JEDIN

Band VI

Die Kirche in der Gegenwart

Die Kirche in der Gegenwart

Zweiter Halbband:

Die Kirche zwischen Anpassung und Widerstand (1878 bis 1914)

von

ROGER AUBERT
GÜNTER BANDMANN
JAKOB BAUMGARTNER
MARIO BENDISCIOLI
JACQUES GADILLE
OSKAR KÖHLER
RUDOLF LILL
BERNHARD STASIEWSKI
ERIKA WEINZIERL

HERDER
FREIBURG · BASEL · WIEN

Umschlaggestaltung:
Finken & Bumiller, Stuttgart

Unveränderter Nachdruck
der Sonderausgabe von 1985

Herstellung: Freiburger Graphische Betriebe 1999
ISBN 3-451-27100-1

GELEITWORT

Das Geleitwort zu dem vorliegenden Bande des Handbuchs an die Bezieher und hoffentlich zahlreichen Leser muß mit einer Entschuldigung beginnen, die jedoch eine Rechtfertigung ist. Die Pontifikate Leos XIII. und Pius' X., die der Band umspannt, sind weit ausführlicher behandelt worden, als im ursprünglichen Plan lag, weil sie unmittelbar in die Probleme einführen, mit denen die Kirche des 20. Jahrhunderts zu ringen hat. Die Bearbeiter haben versucht, in der Kirchengeschichte dieses knappen Halbjahrhunderts die Wurzeln unserer eigenen Probleme bloßzulegen. Weit mehr als früher ist auf den folgenden Blättern von politischen Parteien und parlamentarischen Regierungen, von sozialen Bestrebungen und kirchlichen Zusammenschlüssen, von den theologischen Problemen die Rede. Noch immer besitzt Europa die geistige Führung, aber schon bringen andere Kontinente ihre Probleme ein. Obwohl das Vatikanische Geheimarchiv für diese Zeitspanne noch nicht allgemein zugänglich ist, fließen die Quellen reicher als bisher und bedingen eine breitere Darstellung, wir hoffen, keine *zu* breite. Wem die Auseinandersetzung mit den Enzykliken Leos XIII. und die Darstellung des Streites um den Modernismus unter Pius X. zu ausführlich scheint, möge darauf achten, daß in diesen Kapiteln von Problemen die Rede ist, die uns heute in Atem halten.

Dieses Werk ist keine Papst-, sondern eine Kirchengeschichte. Es war sachgerecht, die zwei Pontifikate miteinander zu behandeln, die oft als Antithesen aufgefaßt worden sind, sachgerecht allerdings auch, daß auf einzelnen Teilgebieten, wie bei der Römischen Frage (Kap. 34), der Entwicklung der Ostkirchen (Kap. 25) und der Missionen (Kap. 38 und 39) der zeitliche Rahmen der beiden Pontifikate überschritten wurde. Hat es etwa, wie einige Kritiker bemerkt zu haben glauben, an der notwendigen Planung gefehlt?

Als wir in den Jahren 1956–59 den Gesamtplan des Handbuches entwarfen und in mehreren vom Verlag Herder ermöglichten Mitarbeiterkonferenzen innere Ausrichtung, Gegenstand und Technik des Werkes festlegten, hatte das Zweite Vatikanische Konzil noch nicht die Grundwelle in Bewegung gesetzt, von der die Kirche erfaßt, umgestaltet und erschüttert wird. Wir planten damals, die Geschichte der Kirche in der Zeit der beiden Weltkriege als kirchliche Gegenwart zu behandeln, mit der Kürze, die durch das Fehlen einer historischen Distanz geboten ist, mit der notwendigen Zurückhaltung im Urteil und in Beschränkung auf die wichtigsten Tatsachen, die zu registrieren sind. Eine solche Betrachtungsweise hätte gestattet, diesen Gegenstand auf verhältnismäßig knappem Raum, also noch im Rahmen dieses Bandes, zu bewältigen. Das ist jetzt nicht mehr möglich. Was seit dem Ersten Weltkrieg bis zum Tode Papst Pius' XII. in der Kirche vorging, ist Geschichte geworden. Die Kirche ist von dem Ufer abgestoßen, an dem sie durch Jahrhunderte, man darf sagen: seit dem Trienter Konzil gefahren war, und ist auf das hohe Meer hinausgesteuert, ohne daß wir schon wissen, an welchen Ufern sie landen wird. Die Geschichte der Kirche verläuft in längeren Wellen als die politische Geschichte, für die die beiden Weltkriege, aber auch das Hitlerreich historisch zugängliche Vergangenheit sind, über die geöffnete Archive Auskunft erteilen, über die historische Urteile möglich und sogar notwendig sind. Die kirchliche Zeitgeschichte hat es schwerer. Sie gewinnt historische Distanz später als die politische Geschichte und muß in ihren Urteilen mehr Zurückhaltung üben, ohne ganz auf sie verzichten zu können.

Daher erscheint es uns notwendig, der kirchlichen Zeitgeschichte vom Ersten Weltkrieg bis zum Zweiten Vatikanischen Konzil einen eigenen Band zu widmen. Dieser Band wird entsprechend dem oben Ausgeführten einen eigenen Charakter haben müssen. Insofern schließt der hier vorgelegte und im wesentlichen bis 1914 reichende Band das Handbuch ab. Aber der geplante Band über die kirchliche Zeitgeschichte knüpft unmittelbar an den Band VI, 2 an, ist als eine Fortsetzung eigener Art zu betrachten und ist zugleich in sich so geschlossen, daß er seinen Sinn in sich selbst trägt. Die Mitarbeiter sind gewonnen, wir hoffen, den Band in zwei Jahren vorlegen zu können. Wie in dem ganzen Werk, so leitet uns dabei die Überzeugung, daß jedes echte Wachstum der Kirche Aneignung und Weiterentwicklung ihrer Traditionen ist, Fortschritt und Tradition keinen Gegensatz bilden. Zu beiden das richtige Verhältnis kann nur gewinnen, wer die Geschichte der Kirche kennt.

Bonn, am Fest Maria Himmelfahrt 1973 — Hubert Jedin

INHALT

ZWEITER TEIL: DEFENSIVE KRÄFTEKONZENTRATION

DRITTER TEIL:
DIE AUSWEITUNG DER KATHOLISCHEN MISSIONEN VON LEO XIII. BIS ZUM ZWEITEN WELTKRIEG
(Prof. Dr. Jakob Baumgartner, Fribourg)

VERZEICHNIS DER ABKÜRZUNGEN

Acta Leonis = Acta Leonis XIII. Allocutiones, epistolae, constitutiones, aliaque acta praecipua, 8 Bde, Brügge 1887–1911
Acta Pii = Acta Pii X Pontificis Maximi, Bd V, Graz 1971
AFrH = Archivum Franciscanum Historicum, Florenz-Quaracchi 1908ff
AHC = Annuarium Historiae Conciliorum
AHPont = Archivum historiae pontificiae, Rom 1963ff
AHR = The American Historical Review, New York 1895ff
AHVNrh = Annalen des Historischen Vereins für den Niederrhein, insbesondere das alte Erzbistum Köln, Köln 1855ff
AkathKR = Archiv für Katholisches Kirchenrecht, (Innsbruck) Mainz 1857ff
AKG = Archiv für Kulturgeschichte, (Leipzig) Münster u. Köln 1903ff
ALW = Archiv für Liturgiewissenschaft (früher: JLW), Regensburg 1950ff
AMrhKG = Archiv für mittelrheinische Kirchengeschichte, Speyer 1949ff
AnGr = Analecta Gregoriana cura Pontificiae Universitatis Gregorianae edita, Rom 1930ff
Anthropos = Anthropos. Internationale Zeitschrift für Völker- und Sprachenkunde, Mödling 1906ff
ArchSR = Archives de Sociologie des religions, Paris 1956ff
ArSKG = Archiv für schlesische Kirchengeschichte, hrsg. v. K. Engelbert I–VI Breslau 1936–41, VIIff Hildesheim 1949ff
ASS = Acta Sanctae Sedis, Rom 1865–1908
Aubert, Pie IX = R. Aubert, Le pontificat de Pie IX (Histoire de l'Église depuis les origines jusqu'à nos jours, hrsg. v. A. Fliche und V. Martin, 21), Paris ^{2}1962
BGPhMA = Beiträge zur Geschichte der Philosophie (ab 27, 1928–30: und Theologie) des Mittelalters, hrsg. von M. Grabmann, Münster 1891ff
Bihlmeyer-Tüchle = K. Bihlmeyer u. H. Tüchle, Kirchengeschichte, I: Das christliche Altertum, Paderborn ^{14}1955, II: Das Mittelalter, ebd. ^{14}1955, III: Die Neuzeit und die neueste Zeit, ebd. $^{13-14}$1956
BLE = Bulletin de littérature ecclésiastique, Toulouse 1899ff
BZThS = Bonner Zeitschrift für Theologie und Seelsorge, Düsseldorf 1924–31
Catholicisme = Catholicisme. Hier – Aujourd'hui – Demain, dir. par G. Jacquemet, Paris 1948ff
CH = Church History, New York – Chicago 1932ff
CHR = The Catholic historical Review, Washington 1915ff
CICfontes = P. Gasparri – I. Serédi, Codicis Iuris Canonici Fontes, 9 Bde, Rom 1923–39
CivCatt = La Civiltà Cattolica, Rom 1850ff (1871–87 Florenz)
D = H. Denzinger, Enchiridion Symbolorum, Definitionum et Declarationum de rebus fidei et morum, Freiburg i. Br. ^{30}1955.
DDC = Dictionnaire de droit canonique, hrsg. v. R. Naz, Paris 1935ff

Delacroix = Histoire universelle des missions catholiques, hrsg. v. S. Delacroix, 4 Bde, Paris – Monaco 1957–59
DHGE = Dictionnaire d'histoire et de géographie ecclésiastiques, hrsg. v. A. Baudrillart u. a., Paris 1912ff
DLZ = Deutsche Literaturzeitung, Berlin 1880ff
DR = Downside Review, Stratton on the Fosse n. Bath 1880ff
DSAM = Dictionnaire de Spiritualité ascétique et mystique. Doctrine et Histoire, hrsg. v. M. Viller, Paris 1932ff
DSp = DSAM
DThC = Dictionnaire de théologie catholique, hrsg. v. A. Vacant u. E. Mangenot, fortges. v. É. Amann, Paris 1930ff
DZKR = Deutsche Zeitschrift für Kirchenrecht, Tübingen 1861–1917
ECatt = Enciclopedia Cattolica, Rom 1949ff
ED = Euntes docete (Commentaria urbana), Rom 1948ff
EE = Estudios eclesiásticos, Madrid 1922–36, 1942ff
EHR = English Historical Review, London 1886ff
ELit = Ephemerides Liturgicae, Rom 1887ff
Engel-Janosi = Fr. Engel-Janosi, Österreich und der Vatikan, 2 Bde, Graz 1958–60
ÉO = Échos d'Orient, Paris 1897ff
EThL = Ephemerides Theologicae Lovanienses, Brügge 1924ff
Études = Études, Paris 1856ff (bis 1896: Études religieuses)
FreibThSt = Freiburger Theologische Studien, Freiburg i. Br. 1910ff
Gebhardt-Grundmann = B. Gebhardt, Handbuch der deutschen Geschichte, 8. Aufl. hrsg. v. H. Grundmann, Stuttgart I 1954, II 1955
Grabmann G = M. Grabmann, Die Geschichte der katholischen Theologie seit dem Ausgang der Väterzeit, Freiburg i. Br. 1933
Heimbucher = M. Heimbucher, Die Orden und Kongregationen der katholischen Kirche, 3 Bde, Paderborn ^{2}1907–08; ^{3}1932–34 ebd. in 2 Bdn
HistCathFr = A. Latreille, J. R. Palanque, É. Delaruelle u. R. Rémond, Histoire du catholicisme en France, III: La période contemporaine, Paris 1962
HJ = Historisches Jahrbuch der Görres-Gesellschaft, (Köln 1880ff) München 1950ff
HKG = Handbuch der Kirchengeschichte, hrsg. v. H. Jedin, 6 Bde, Freiburg – Basel – Wien 1965ff
HM = Historia Mundi, begr. v. F. Kern, 10 Bde, Bern – München 1952ff
Hocedez = E. Hocedez, Histoire de la Théologie au XIXe siècle, Brüssel – Paris I 1948, II 1952, III 1947
Hochland = Hochland, München 1903ff
HZ = Historische Zeitschrift, München 1859ff
IKZ = Internationale Kirchliche Zeitschrift, Bern 1911ff
Irénikon = Irénikon, Amay – Chevetogne 1926ff
Jungmann MS = J. A. Jungmann, Missarum sollemnia. Eine genetische Erklärung der römischen Messe I–II, Wien ^{5}1962
Kißling = J. B. Kißling, Geschichte des Kulturkampfes, 3 Bde, Freiburg i. Br. 1911–16
KmJb = Kirchenmusikalisches Jahrbuch (früher: Cäcilienkalender), Köln 1886ff
KuD = Kerygma und Dogma, Göttingen 1955ff
Kyrios = Kyrios. Vierteljahresschrift für Kirchen- und Geistesgeschichte Osteuropas, Königsberg – Berlin 1936–43, NF Berlin 1960ff
LJ = Liturgisches Jahrbuch, Münster 1951ff
LThK^{2} = Lexikon für Theologie und Kirche, Freiburg ^{2}1957–68
Mansi = J. D. Mansi, Sacrorum conciliorum nova et amplissima collectio, 31 Bde, Florenz – Venedig 1757–98; Neudruck u. Forts. hrsg. v. L. Petit u. J. B. Martin in 60 Bdn, Paris 1899–1927

Mercati = A. Mercati, Raccolta di Concordati su materie ecclesiastiche tra la Santa Sede e le autorità civili, 2 Bde, Rom
MGG = Die Musik in Geschichte und Gegenwart, hrsg. v. F. Blume, 10 Bde, Basel - Kassel 1949ff
MOP = Monumenta ordinis Fratrum Praedicatorum historica, ed. B. M. Reichert, 14 Bde, Rom 1896–1904; Forts. Paris 1931ff
MSR = Mélanges de science religieuse, Lille 1944ff
MthSt(H) = Münchener theologische Studien, hrsg. v. F. X. Seppelt, J. Pascher u. K. Mörsdorf, Historische Abteilung, München 1950ff
MThZ = Münchener Theologische Zeitschrift, München 1950ff
NDB = Neue Deutsche Biographie, Berlin 1953ff
NRTh = Nouvelle Revue Théologique, Tournai - Löwen - Paris 1879ff
NZM = Neue Zeitschrift für Missionswissenschaft, Beckenried 1945ff
ÖAKR = Österreichisches Archiv für Kirchenrecht, Wien 1950ff
OstkSt = Ostkirchliche Studien, Würzburg 1951ff
PhJ = Philosophisches Jahrbuch der Görres-Gesellschaft, Fulda 1888ff
QFIAB = Quellen und Forschungen aus italienischen Archiven und Bibliotheken, Rom 1897ff
QLP = Questions liturgiques et paroissiales, Löwen 1921ff
RACHS = Records of the American Catholic Historical Society, Philadelphia 1884ff
RB = Revue biblique, Paris 1892ff; neue Serie seit 1904
RevSR = Revue des Sciences Religieuses, Straßburg 1921ff
RGG = Die Religion in Geschichte und Gegenwart, Tübingen 1909–13; ^{2}1927–32; ^{3}1956ff
RH = Revue historique, Paris 1876ff
RHE = Revue d'histoire ecclésiastique, Löwen 1900ff
RHÉF = Revue d'histoire de l'Église de France, Paris 1910ff
RHM = Revue d'histoire des missions, Paris 1924ff
RHMC = Revue d'histoire moderne et contemporaine
RicRel = Ricerche Religiose, Rom 1925ff
RNPh = Revue néoscolastique de philosophie, Löwen 1894ff
Rohrbasser = Heilslehre der Kirche. Dokumente von Pius IX bis Pius XII, hrsg. v. P. Cattin u. H. Th. Conus, dt. v. A. Rohrbasser, Fribourg 1953
RPhL = Revue philosophique de Louvain, Louvain 1945ff
RPol = Review of Politics, Notre Dame (Indiana) 1939ff
RSPhTh = Revue des sciences philosophiques et théologiques, Paris 1907ff
RSR = Recherches de science religieuse, Paris 1910ff
RSTI = Rivista di storia della chiesa in Italia, Rom 1947ff
RStRis = Rassegna storica del Risorgimento, Rom 1913ff
Saeculum = Saeculum. Jahrbuch für Universalgeschichte, Freiburg i.Br. 1950ff
SC = Scuola Cattolica, Mailand 1873ff
Schmidlin M = J. Schmidlin, Katholische Missionsgeschichte im Grundriß, Steyl 1925
Schmidlin PG = J. Schmidlin, Papstgeschichte der neuesten Zeit I–IV, München 1933–39
Schmitz = Ph. Schmitz, Histoire de l'ordre de saint Benoît, Maredsous I^{2}, II^{2}, III–VII 1948–56
SM = Studien und Mitteilungen aus dem Benediktiner- und Zisterzienserorden bzw. zur Geschichte des Benediktinerordens und seiner Zweige, München 1880ff (seit 1911 Neue Folge)
SMB = Societas Missionum Exterarum de Bethlehem in Helvetia (Schweizer Missionsseminar Immensee)
SPM = Sacrum Poloniae Millennium, Rom 1954ff
StdZ = Stimmen der Zeit (vor 1914: Stimmen aus Maria-Laach), Freiburg i.Br. 1871ff
StL = Staatslexikon, hrsg. v. H. Sacher, Freiburg i.Br. ^{5}1926–32 (StL^{6}: ebd. 1957ff)

Streit = Bibliotheca Missionum, begonnen v. R. Streit, fortgef. v. J. Dindinger, (Münster, Aachen) Freiburg i. Br. 1916 ff (bis 1971: 28 Bde)
ThGl = Theologie und Glaube, Paderborn 1909 ff
ThPQ = Theologisch-praktische Quartalschrift, Linz a.d.D. 1848 ff
ThQ = Theologische Quartalschrift, Tübingen 1819 ff; Stuttgart 1946 ff
ThRv = Theologische Revue, Münster 1902 ff
ThSt = Theological Studies, Baltimore 1940 ff
TThZ = Trierer Theologische Zeitschrift (bis 1944: Pastor Bonus), Trier 1888 ff
Wetzer-Welte = Wetzer u. Welte's Kirchenlexikon, 12 Bde u. 1 Register-Bd, Freiburg i. Br. ²1882
WZ = Westfälische Zeitschrift. Zeitschrift für vaterländische Geschichte, Münster 1838 ff
ZAGV = Zeitschrift des Aachener Geschichtsvereins, Aachen 1879 ff
ZAM = Zeitschrift für Aszese und Mystik (seit 1947: GuL), (Innsbruck, München) Würzburg 1926 ff
ZChK = Zeitschrift für christliche Kunst, begr. u. hrsg. v. A. Schnütgen, fortges. v. F. Witte, 34 Bde, Düsseldorf 1888–1921
ZGAE = Zeitschrift für Geschichte und Altertumskunde Ermlands, (Mainz, Leipzig, Braunsberg) Osnabrück 1858 ff
ZKG = Zeitschrift für Kirchengeschichte, (Gotha) Stuttgart 1876 ff
ZKTh = Zeitschrift für katholische Theologie, (Innsbruck) Wien 1877 ff
ZM = Zeitschrift für Missionswissenschaft 1–17, Münster 1911–27
ZMR = Zeitschrift für Missionswissenschaft und Religionswissenschaft, 34 ff Münster 1950 ff; Zeitschrift für Missionswissenschaft und Religionswissenschaft, 18–25 ebd. 1928–35; Zeitschrift für Missionswissenschaft, 26–27 ebd. 1935–37; Missionswissenschaft und Religionswissenschaft, 28–33 ebd. 1938–41, 1947–49
ZSavRGkan = Zeitschrift der Savigny-Stiftung für Rechtsgeschichte, Kanonistische Abteilung, Weimar 1911 ff

ALLGEMEINE BIBLIOGRAPHIE

Vorbemerkung

Die „Allgemeine Bibliographie“ in Band VI/1 (S. XX–XXXII) enthält einen großen Teil der Literatur, die auch für den Band VI/2 einschlägig ist.
Die nachstehende Bibliographie hat also den Charakter einer *Ergänzung* und berücksichtigt insbesondere neuere Literatur.
Zur *Länder-Bibliographie* ist die *systematische Bibliographie* unter II 4–9 heranzuziehen. *Biographien, Memoiren* und *Tagebücher,* die in den im Band VI/2 behandelten Zeitraum gehören, sind in der Literatur zu den „Einleitungen“ und den einzelnen Kapiteln aufgeführt.

I. ALLGEMEINE GESCHICHTE

Th. Schieder (Hrsg.), Hdb. der europ. Geschichte VI (Stuttgart 1968).
R. Lill, Politische Ideologien und nationalstaatliche Ordnung. Festschr. f. Th. Schieder (München 1968).
L. Capéran, Histoire contemporaine de la laïcité française, 3 Bde (4. Bd noch nicht hrsg. vom Institut catholique de Toulouse) (Paris 1958/61).
P. Sorlin, Waldeck-Rousseau (Paris 1966).
ders., La société française I, 1840–1914 (Paris 1969).
R. C. K. Ensor, England 1870–1914 (= Oxford History of England XIV) (London 1936).
G. M. Young, Victorian England. Portrait of an age (London [2]1957).
F. Fonzi, Crispi e lo „Stato di Milano“ (Mailand 1965).
A. W. Salomone, Italy in the Giolittian Era. Italian democracy in the making, 1900–1914 (Philadelphia 1960).
R. Konetzke, Geschichte des spanischen und portugiesischen Volkes (Leipzig 1939).
L. Sánchez Agesta, La revolución liberal (Madrid 1955).
H. Jeschke, Die Generation von 1898 (Heidelberg 1934).
Th. Schieder, Das deutsche Kaiserreich von 1871 als Nationalstaat (Köln–Opladen 1961).
E. R. Huber, Deutsche Verfassungsgeschichte seit 1789 IV (Stuttgart 1969).
P. Alter, Die irische Nationalbewegung zwischen Parlament und Revolution (Stuttgart 1971).
O. Halecki, Grenzraum des Abendlandes. Eine Geschichte Ostmitteleuropas (Salzburg 1957).
P. Kovalevsky, Bildatlas der Kultur und Geschichte der slawischen Welt (Basel – Wien 1964).
R. Portal, Les Slaves. Peuples et nations (Paris 1965).
F. R. Dulles, The United States since 1865 (University of Michigan 1959).

II. DIE KIRCHENGESCHICHTE

1. *Allgemeine Kirchengeschichte*

G. Maron, Die römisch-katholische Kirche von 1870–1970: *K. D. Schmidt – E. Wolf,* Die Kirche und ihre Geschichte, Bd 4, 2 (Göttingen 1972).
K. Algermissen, Konfessionskunde, neu bearb. von *H. Fries* u.a. (Paderborn [8]1969).

2. *Das Papsttum*

Stanislao da Campagnola, I papi nella storia II (Rom 1961).
G. Schwaiger, Geschichte der Päpste im 20. Jh. (München 1964; neu in dtv Nr. 482 [1968]).
C. Falconi, I papi del ventesimo secolo (Mailand 1967).
H. Hermelink, Die katholische Kirche unter den Pius-Päpsten des 20. Jh. (Zürich 1949).
Chr. Alix, Le Saint-Siège et les nationalismes en Europe, 1870–1960 (Paris 1962).
D. Secco Suardo, Da Leone XIII a Pio X = Collana di storia del movimento cattolico Nr. 18 (Rom 1967).
K. O. v. Aretin, Papsttum und moderne Welt (München 1970).
E. T. Gargan (Ed.), Leo XIII and the Modern World (New York 1961).
F. Engel-Janosi, Österreich und der Vatikan 1846–1918, 2 Bde (Graz 1958/60) (über Österreich hinaus wichtig).
Il cardinale Gasparri e la Questione Romana (con brani delle Memorie inedite), hrsg. von *G. Spadolini* (Florenz 1973).
G. Franz, Kulturkampf. Staat und kath. Kirche in Mitteleuropa von der Säkularisation bis zum Abschluß des preußischen Kulturkampfes (München 1954).
ders. (u. d. Namen *G. Franz-Willing),* Kulturkampf gestern und heute. Eine Säkularbetrachtung (München 1971).
H. E. Feine, Kirchliche Rechtsgeschichte. Die kath. Kirche (Köln – Graz [4]1964).
N. del Rè, La Curia Romana (Rom [3]1970).
L. Bedeschi, La Curia Romana durante la crisi modernista (Parma 1968).
ders., Riforma religiosa e Curia Romana all'inizio del secolo (Mailand 1968).
La Correspondance de Rome 1907–1912 (Nachdr. Mailand [1972] 3 Bde, besorgt von *É. Poulat*).
L'ordinamento dei seminari da S. S. Pio X a Pio XII (Rom 1958).

3. *Die Geschichte der katholischen Kirche in einzelnen Ländern*

a) Deutschland

R. Lill, Die ersten deutschen Bischofskonferenzen (Freiburg – Basel – Wien 1964).
E. Gatz, Die deutschen Bischofskonferenzen 1872–1881 (in Vorbereitung).
W. Spael, Das katholische Deutschland im 20. Jh. (Würzburg 1964).
Der Katholizismus in Deutschland und der Verlag Herder. 1801–1951 (Freiburg i. Br. 1951).
W. Kramer, Zeitkritik und innere Auseinandersetzung im dt. Katholizismus im Spiegel der führenden kath. Zeitschriften, 1895–1914 (Diss. Mainz 1955).
K. Buchheim, Der deutsche Verbandskatholizismus. Eine Skizze seiner Geschichte: *B. Hanssler,* Die Kirche in der Gesellschaft (Paderborn 1961) 30–83.

Die soziale Frage:

W. Schwer – Franz Müller, Der deutsche Katholizismus im Zeitalter des Kapitalismus: Kirche u. Gesellschaft VI (Augsburg 1932).
P. Jostock, Der deutsche Katholizismus und die Überwindung des Kapitalismus. Eine ideengeschichtliche Skizze (Regensburg 1932).
ders., Die katholisch-soziale Bewegung der letzten hundert Jahre in Deutschland (Köln 1958).

ders., Kath. Arbeiterbewegung in der Gesch. der christl. Arbeiterbewegung Deutschlands (Köln 1963).
J. Höffner, Die deutschen Katholiken u. die soziale Frage im 19. Jh. (Paderborn 1954).
E. Ritter, Die kath.-soziale Bewegung Deutschlands im 19. Jh. und der Volksverein (Köln 1954).
K. H. Brüls, Geschichte der kath.-sozialen Bewegung in Deutschland (Münster 1958).
E. Filthaut, Deutsche Katholikentage 1848–1958 und soziale Frage (Essen 1960).
J. J. Stegmann, Geschichte der sozialen Ideen im dt. Katholizismus: *H. Grebing* (Hrsg.), Dt. Hdb. der Politik 3 (1969) 325–560.

Kirche und Staat:
H. Bornkamm, Die Staatsidee im Kulturkampf (München 1950).
R. Morsey, Bismarck und der Kulturkampf: AKG 39 (1957) 232–270.
ders., Die deutsche Zentrumspartei 1917–1923 (Düsseldorf 1966, wichtig auch für das Jahrzehnt vor 1914).
ders. (Hrsg.), Zeitgeschichte in Lebensbildern. Aus dem deutschen Katholizismus des 20. Jh. (Mainz 1973); Porträts u. a. von Kard. G. Kopp, J. Bachem, G. v. Hertling, F. Hitze, P. Spahn, K. Trimborn.
E. Schmidt-Volkmar, Der Kulturkampf in Deutschland 1871–1890 (Göttingen 1962).
K. Buchheim, Ultramontanismus und Demokratie (München 1963).
H. Lutz, Demokratie im Zwielicht. Der Weg der deutschen Katholiken aus dem Kaiserreich in die Republik (München 1963).
Chr. Weber, Kirchliche Politik zwischen Rom, Berlin und Trier 1876–1888 (Mainz 1970).
ders., Quellen u. Studien zur Kurie und der vatikanischen Politik unter Leo XIII. (demnächst).
R. Lill, Die Katholiken und Bismarcks Reichsgründung: Reichsgründung 1870/71, hrsg. von *Th. Schieder – E. Deuerlein* (Stuttgart 1970) 345–365.
ders., Die Wende im Kulturkampf (Tübingen 1973).
A. Gnägi, Kirche und Demokratie (Diss. Zürich 1970).
K. Erlinghagen, Die Säkularisierung der deutschen Schule (Hannover 1972).

b) Österreich-Ungarn

M. Csáky, Der Kulturkampf in Ungarn (Graz – Wien – Köln 1967).
Die soziale Frage:
J. Wodka, Kirche in Österreich (Wien 1959).
Engel-Janosi (zit. in II/2)
F. Funder, Aufbruch zur christlichen Sozialreform (Wien – München 1953).
ders., Vom Gestern ins Heute (Wien – München ³1971).
Ch. Allmayer-Beck, Vogelsang. Vom Feudalismus zur Volksbewegung (Wien 1952) (über Vogelsang hinaus wichtig).
G. Silberbauer, Österreichs Katholiken und die Arbeiterfrage (Graz 1966).
I. A. Hellwing, Der konfessionelle Antisemitismus im 19. Jh. in Österreich (Wien – Freiburg – Basel 1972).

c) Schweiz

K. Fry, Kaspar Decurtins, 2 Bde (Zürich 1949/52) (über Decurtins hinaus wichtig).
J. Meier, Der Schweizer Katholische Verein (Luzern 1954).
U. Altermatt, Der Weg der Schweizer Katholiken aus dem Ghetto (Köln, demnächst).

d) Frankreich

E. Lecanuet, L'Église de France sous la IIIᵉ République II–IV (Paris 1930/31, Nachdr.).
A. Latreille – R. Rémond, Histoire du catholicisme en France III (Paris 1962).

R. Rémond, Les deux congrès ecclésiastiques de Reims et de Bourges, 1896–1900 (Paris 1964).
A. Baudrillart, Vie de Mgr d'Hulst, 2 Bde (Paris 1921/25).
J.-M. Mayeur, Un prêtre démocrate, l'abbé Lemire (Paris – Tournai 1968).

Kirche und Staat:
J. Gadille, La pensée et l'action politiques des évêques français au début de la IIIe république, 2 Bde (Paris 1967).
J.-B. Woodall, The Ralliement in France. Origins and History, 1876–1894 (New York 1961).
A. Sedgwick, The Ralliement in French Politics, 1890–1898 (Cambridge/Mass. 1965).
L. V. Méjan, La séparation de l'Église et de l'État en France. L'œuvre de Louis Méjan (Paris 1959).
A. v. Campenhausen, Staat und Kirche in Frankreich (Göttingen 1962).
J.-M. Mayeur, La séparation de l'Église et de l'État (Paris 1966).
M. Vaussard, Histoire de la démocratie chrétienne (Paris 1956).
J. Caron, Le Sillon et la démocratie chrétienne (Paris 1967).
P. Castel, Le Picard et le P. Bailly dans les luttes de presse (Rom 1962).
P. Sorlin, „La Croix" et les Juifs (Paris 1967).
P. Pierrard, Juifs et catholiques français. De Drumont à Jules Isaac (Paris 1970).

Die soziale Frage:
E. Barbier, L'histoire du catholicisme libéral et du catholicisme sociale en France, 1870–1914, 5 Bde (Bordeaux 1923/28); integralistische Perspektive, reiche Dokumentation).
H. Rollet, L'action sociale des catholiques en France, 1871 à 1914, 2 Bde (Paris 1948/58).
G. Le Bras, Histoire de la pratique religieuse en France, 2 Bde (Paris 1942/44).
Ch. Molette, L'Association catholique de la jeunesse française, 1886–1907 (Paris 1968).
H. I. Terhünte, Die religiöse Lage der Katholiken Frankreichs in der 3. Republik (1919).
H. Platz, Geistige Kämpfe im modernen Frankreich (Kempten 1922).

e) Italien

G. Spadolini, L'opposizione cattolica da Porta Pia al '98 (Florenz ^{4}1961).
ders., Giolitti e i cattolici, 1901–1914 (ebd. ^{2}1960).
D. Secco Suardo, I cattolici intransigenti (Brescia 1962).
P. Scoppola, Coscienza religiosa e democrazia nell'Italia contemporanea (Bologna 1966).
Spiritualità e azione del laicato cattolico italiano, 2 Bde (Padua 1969).
F. Magri, L'azione cattolica in Italia (1775–1939) (Mailand 1953).
L. Civardi, Compendio di storia dell'Azione cattolica italiana (Rom 1956).
L. Ambrosoli, Il primo movimento D. C. in Italia (1897–1904) (Rom 1958).
G. De Rosa, Storia politica dell'A. C. in Italia 1905–1919 (Bari 1954), Neuausgabe in 2 Bden (1966).
A. Gambasin, Il movimento sociale nell'Opera dei congressi (1874–1904) = AnGr Nr. 91 (Rom 1958).
M. C. Casella, Religious Liberalism in Modern Italy, 2 Bde (London 1966).
G. Candeloro, Il movimento cattolico in Italia (Rom 1953) (marxistische, klassenkämpferische Interpretation).
R. F. Esposito, La Massoneria e l'Italia (Rom ^{4}1969).
C. Bello, Geremia Bonomelli (Brescia 1961).
A. Albertazzi, Il cardinale Svampa e i cattolici bolognesi (ebd. 1971).

f) Belgien – Niederlande – Luxemburg

A. de Moreau, L'Église en Belgique (Brüssel 1945) 239–263.
P. van Zuylen, La Belgique et le Vatican en 1879: Revue générale Belge (1954) 1707–1734, 1901–1915, 2065–2081; (1955) 67–86.

A. Simon, La liberté de l'enseignement (Brüssel 1952).
ders., Le cardinal Mercier (Brüssel 1960).
R. Reszohazy, Origines et formation du catholicisme social en Belgique. 1842–1909 (Brüssel 1958).
P. Gérin, Les origines de la démocratie chrétienne à Liège, 2 Bde (Brüssel 1958/59).
L. J. Rogier, Katholieke Herleving, Geschiedenis van Katholiek Nederland sinds 1853 (s'-Gravenhage 1957) 276–348.
E. Donckel, Die Kirche in Luxemburg von den Anfängen bis zur Gegenwart (Luxemburg 1950).

g) Spanien

J.M. Cuenza, Estudios sobre la Iglesia española del xix (Madrid 1973).

h) British Empire

Maisy Ward, The Wilfrid Wards and the Transition, 2 Bde (London 1934/38).
J. G. Snead-Cox, Life of Herbert Vaughan, 2 Bde (London 1910).
E. Oldmeadow, Francis cardinal Bourne, 2 Bde (London 1940/44).
L. I. McCaffrey, The Irish Question, 1800–1922 (Lexington 1968).
Alexis de Barbezieux, L'Église catholique en Canada (Montreal 1934).
E. Gautier, Le catholicisme au Canada (Ottawa 1934).
D. de Saint-Denis, L'Église catholique au Canada (Montreal 1956).
V. Harvey a. o., L'Église et le Québec (Montreal 1961).
J. Hulliger, L'enseignement social des évêques canadiens, 1891–1950 (Paris 1958).
M. Têtu, Les premiers Syndicats cath. canadiens, 1900–1921 (Diss. Laval University 1961).
P. Savard, Jules-Paul Tardivel (Quebeck 1967) (über Tardivel hinaus wichtig).
J. E. Murtagh, Australia. The Catholic Chapter (New York 1947).
P. Ford, Cardinal Moran and Australian Labour Party (London 1966).
R. Fogarty, Catholic Education in Australia, 1806–1950, 2 Bde (Melbourne 1959).

i) Die slawische Welt

A. M. Ammann, Abriß der ostslawischen Kirchengeschichte (Wien 1950).
F. Engel-Janosi (zit. in II/2).
E. Winter, Byzanz und Rom im Kampf um die Ukraine 955–1939 (Leipzig 1942).
ders., Rußland und die slawischen Völker in der Diplomatie des Vatikans 1878–1903 (Berlin 1950).
ders., Rußland und das Papsttum, II: Von der Aufklärung bis zur großen sozialistischen Oktoberrevolution (Berlin 1961).
ders., Rom und Moskau. Ein halbes Jahrtausend Weltgeschichte in ökumenischer Sicht (Wien 1972) 145–232.

j) Latein-Amerika

E. Ryan, The Church in the South American Republics (London ²1934).
J. L. Mecham, Church and State in Latin America (North Carolina Press 1934).
W. v. Schoen, Geschichte Mittel- und Südamerikas (München 1953) 343–665.

k) Vereinigte Staaten von Amerika

Nolan (Ed.), Pastoral Letters of the American Hierarchy, 1792–1970 (Huntington 1971).
T. T. McAvoy, A History ... (1969), vgl. Bd VI/1, S. XXVII.
ders., The Great Crisis in American Catholic History 1895–1900 (Chicago 1957).
Th. Roemer, The Catholic Church in the United States (London 1950).
C. J. Barry, The Catholic Church and German Americans (Milwaukee 1953, ist negativ zur Ireland-Keane-Gruppe).
H. A. Buetow, The Story of Catholic Education in the United States (New York 1970).

F. J. Zwierlein, Theodore Roosevelt and Catholics, 1882–1919 (Rochester 1956).
R. D. Cross, The Emergence of Liberal Catholicism in America (Cambridge/Mass. 1958).
J. T. Ellis, The Life of James card. Gibbons, 2 Bde (Milwaukee 1952).
J. H. Moynihan, The Life of John Ireland (New York 1953).

Die soziale Frage:
H. Browne, The Catholic Church and the Knights of Labor (Washington 1949).
M. Karson, The Catholic Church and Unionism (New York 1951).
A. I. Abell, American Catholicism and Social Action, 1865–1950 (Notre Dame 1963).

4. *Unionshoffnungen*

Der Kontakt mit der Anglikanischen Kirche:

J. J. Hughes, Absolutely Null and Utterly Void (London 1968); deutsch: Absolut Null und Nichtig. Zur Ablehnung der anglikanischen Weihen ...: Studia Anglicana 2 (Trier 1970).
ders., Stewards of the Lord. A Reappraisal of Anglican Orders (London 1970).
ders., Zur Frage der anglikanischen Weihen. Ein Modellfall festgefahrener Kontroverstheologie: Quaestiones disputatae 59 (Freiburg i. Br. 1973; im Original deutsch).

Die selbständigen und die mit Rom unierten Ostkirchen. Päpstliche Unionshoffnungen:

D. Attwater, The Christian Churches of the East, 2 Bde (Milwaukee 1961/62).
A. Brunello, Le Chiese Orientali e l'Unione. Prospetto storico statistico (Massimo – Mailand 1966).
J. Casper, Die orientalische Christenheit: Christus und die Religionen der Erde. Hdb. der Religionsgeschichte III, hrsg. von *F. König* (Freiburg 1951) 643–729.
R. F. Esposito, Leone XIII e l'Oriente cristiano. Studio storico-sistematico (Rom 1961).
E. v. Ivánka u. a., Handbuch der Ostkirchenkunde (Düsseldorf 1971).
F. Heiler, Die Ostkirchen. Neubearbeitung von „Urkirche und Ostkirche". In Zusammenarbeit mit *H. Hartog* aus dem Nachlaß hrsg. von *A. M. Heiler* (München – Basel 1971).
A. S. Hernández, Iglesias de Oriente. Puntos específicos de su teología (Santander 1959).
R. Janin, Les Églises orientales et les rites orientaux (Paris [4]1955).
ders., Les Églises orientales: *Ch. Poulet*, Histoire du christianisme. Époque contemporaine (Paris 1957) 489–545.
M. Lehmann, Österreich und der christliche Osten (Wien 1970).
H. Musset, Histoire du christianisme, spécialement en Orient, Bd 3 (Harissa – Jerusalem 1948/49).
J. Hajjar, Le christianisme en Orient. Études d'histoire contemporaine 1684–1968 (Beirut 1971).
B. Spuler, Gegenwartslage der Ostkirchen in ihrer nationalen und staatlichen Umwelt (Frankfurt a. M. [2]1968).
B. Stasiewski, Geschichtliche Überlegungen zur kirchlichen Trennung zwischen Orient und Okzident: Das Christentum des Ostens und die christliche Einheit (Würzburg 1965) 13–40.
ders., Die selbständigen und die mit Rom unierten Ostkirchen: HKG V (1970) 230–255.
W. de Vries, Der christliche Osten in Geschichte und Gegenwart (Würzburg 1951).
G. Zananiri, Catholicisme oriental (Paris 1966).
N. Zernow, Die Ostkirchen und die ökumenische Bewegung im 20. Jh.: *R. Rouse – St. Ch. Neill*, Geschichte der Ökumenischen Bewegung 1517–1948 II (Göttingen 1958) 317–358.

5. Missionsgeschichte

R. Streit, Bibliotheca Missionum III XXIV XXV (Amerika); VIII XXVII (Indien); IX (Philippinen); X (Japan, Korea); XI (Indochina); XII–XIV (China); XVII–XX (Afrika); XXI (Australien-Ozeanien) (Freiburg i. Br. 1951 ff).
J. Glazik, Päpstliche Rundschreiben über die Mission von Leo XIII. bis Johannes XXIII. (Münsterschwarzach 1961, lat.-dt.).
Kenneth Scott Latourette, A History of the Expansion of Christianity V–VII (New York – London 1943/45).
A. Mulders, Missionsgeschichte. Die Ausbreitung des katholischen Glaubens (Regensburg 1960).
Th. Ohm, Wichtige Daten der Missionsgeschichte (Münster [2]1961).
J. Jennes, A History of the Catholic Church in Japan (Tokyo 1959).

6. Orden und Kongregationen

Ph. Schmitz, Histoire de l'ordre de saint Benoît (Maredsous 1948/56), dt. von *R. Tschudi,* Geschichte des Benediktiner-Ordens IV (Einsiedeln 1960).
A. Wulf, Compendium of the History of the Cistercian Order (Milwaukee 1944).
Ch. Grolleau – G. Chastel, L'ordre de Cîteaux. La Trappe (Paris [2]1954).
A. Walz, Wahrheitskünder. Die Dominikaner in Geschichte und Gegenwart (Essen 1960); allg. dt. Fassung des „Compendium...").
Ch. Hollis, The Jesuits: A History (New York 1969).
J. Monval, Les Assomptionnistes (Paris 1939).
E. B. Lüthen, Die Gesellschaft des Göttlichen Heilandes (1911).
R. Pfeiffer, Joh.-B. Jordan (Rom 1920).
E. Federici, G. B. Jordan (Rom 1948).
H. Fischer, Arnold Janssen (Steyl 1919).
S. Sinningen, Kath. Frauengenossenschaften Deutschlands (Düsseldorf [2]1944, Lit.).
R. Hostie, Vie et mort des ordres religieux (Paris 1927) 223–280.

7. Geschichte der Frömmigkeit – Ihr Ausdruck in den Künsten und in der Literatur

A. Rohrbasser, Heilslehre der Kirche. Dokumente von Pius IX. bis Pius XII. (Fribourg 1953).
R. Graber, Die marianischen Weltrundschreiben der Päpste in den letzten hundert Jahren (Regensburg 1951).
A. Mayer-Pfannholz, Das Kirchenbild des 19. Jh. und seine Ablösung: Die Besinnung 3 (Nürnberg 1948) 124–144.

Liturgische Bewegung:
W. Trapp, Vorgeschichte und Ursprung der liturgischen Bewegung (Regensburg 1940).
O. Rousseau, Histoire du mouvement liturgique (Paris 1945) 201–230.
J. Hacker, Die Messe in den deutschen Diözesan-, Gesang- und Gebetbüchern von der Aufklärung bis zur Gegenwart: MthSt(H) 1 (1950) 68–132.
Anton L. Mayer, Die Stellung der Liturgie von der Zeit der Romantik bis zur Jahrhundertwende: ALW 3 (1955) 1–77.
H. A. Heiser, Die Durchführung der Kommuniondekrete in der ganzen Welt (Wiesbaden 1932).
P. Hellbernd, Die Erstkommunion der Kinder in Geschichte und Gegenwart (Vechta 1954).

Eucharistische Kongresse:
E. Lesne, Cinquantenaire des congrès eucharistiques internationaux (Lille 1931).
R. Aubert, Die Eucharistischen Kongresse von Leo XIII. bis Johannes XXIII.: Concilium 1 (1965) 61–66.

Brevierreform:
T. Narbutas, La reforma del breviario romano por Pío X (Santiago de Chile 1949).

Die Stellung der Bibel:
B. Dreher, Die biblische Unterweisung im evangelischen und katholischen Religionsunterricht (Freiburg i. Br. 1963) 11–81.

Kirchenmusik:
K. G. Fellerer, Geschichte der kath. Kirchenmusik (Düsseldorf ²1949) 143–162.
F. Romita, La preformazione del Motu proprio di S. Pio X sulla musica sacra: Monitor ecclesiasticus 86 (1961) 395–497.
P. Combe, Histoire de la restauration de chant grégorien d'après des documents inédits (Solesmes 1969).

Kirchliche Kunst:
I. Herwegen OSB, Das Kunstprinzip der Liturgie (Paderborn 1920).
ders., Kunst und Mysterium (Münster i. W. 1929).
K. Clark, The Gothic Revival (London ²1950).
K. Andrews, The Nazarenes. A Brotherhood of German Painters in Rome (Oxford 1964).
R. Ironside – J. Gere, Pre-Raphaelite Painters (London 1948).
A. Kamphausen, Gotik ohne Gott. Ein Beitrag zur Deutung der Neugotik und des 19. Jh. (Tübingen 1952).
A. Mann, Die Neuromantik (Köln 1966).
J. Kreitmaier SJ, Beuroner Kunst. Eine Ausdrucksform der christlichen Mystik (Freiburg i. Br. 1923).
St. Waetzoldt, Bemerkungen zur christlich-religiösen Malerei in der zweiten Hälfte des 19. Jh.: Triviale Zonen in der religiösen Kunst des 19. Jh. (Studien zur Philosophie und Literatur des 19. Jh., Bd 15, Frankfurt a. M. 1971).

Zum geistigen Leben:
H. Weinert, Dichtung aus dem Glauben (Heidelberg ²1948).
Ch. Moeller, Littérature du XXe siècle et christianisme (Paris 1953 ff).
A. Simon, La littérature du péché et de la grâce, 1880–1950 (Paris 1957).
M. Bougier, Essai sur la renaissance de la Poésie catholique de Baudelaire à Claudel (Montpellier 1942).
W. Spael, Das Buch im Geisteskampf. 100 Jahre Borromäusverein (Bonn 1950).
O. Köhler, Bücher als Wegmarken im dt. Katholizismus: „Der kath. Buchhandel Deutschlands", hrsg. von der Vereinigung des kath. Buchhandels (Frankfurt a. M. 1967).
G. Rossini (Hrsg.), Aspetti della cultura cattolica nell'età di Leone XIII (Rom 1961).

8. Staats- und Gesellschaftslehre – Die soziale und der politische Katholizismus

Päpstliche Sozial- und Staatslehren:
R. Kothen, L'enseignement social de l'Église (Löwen 1949) (Texte lehramtlicher Äußerungen der Päpste von Leo XIII. bis Pius XI.).
E. Muhler, Die Soziallehren der Päpste (München 1958).
J. Schasching, Die soziale Botschaft der Kirche von Leo XIII. bis Johannes XXIII. (Wien ²1963).
G. Jarlot, Doctrine pontificale et histoire, L'enseignement social de Léon XIII., Pie X et Benoît XV vu dans son ambiance historique (Rom 1964).

Zu Leo XIII.:
P. Mourret, Les directives politiques, intellectuelles et sociales de Léon XIII. (Paris 1920).
W. Schwer, Leo XIII.: Klassiker der katholischen Sozialphilosophie (Freiburg 1923).

O. Schilling, Die Staats- und Soziallehre des Papstes Leo XIII. (Köln 1925).
ders., Christliche Gesellschaftslehre (Freiburg i. Br. 1926).
P. Tischleder, Die Staatslehre Leos XIII. (M.-Gladbach 1925/27).
ders., Staatsgewalt und katholisches Gewissen (M.-Gladbach 1926).
L. P. Wallace, Leo XIII and the Rise of Socialism (New York 1966).

Rerum novarum:

G. Gundlach: Veröff. der Görres-Gesellschaft, Sektion Sozial- und Wirtschaftsgeschichte, Heft 3 (Paderborn 1931) (zus. mit „Quadragesimo anno").
O. v. Nell-Breuning, Die soziale Enzyklika: Erläuterungen zum Weltrundschreiben Pius' XI. über die gesellschaftliche Ordnung (Köln 1932, [2]1950) (mit wichtigen Bemerkungen über „Rerum novarum").
M. Allendorf, Zur Geschichte der Sozialenzykliken des Vatikans (Diss. Humboldt-Univ. Berlin 1963).

Zur Lehre vom Eigentum:

O. v. Nell-Breuning, Die Eigentumslehre: *J. Strieder* u. a. (Hrsg. der Görres-Gesellschaft), Die soziale Frage und der Katholizismus (Paderborn 1931).
K. H. Grenner, Wirtschaftsliberalismus und katholisches Denken (Köln 1967).
F. Beutter, Die Eigentumsbegründung in der Moraltheologie des 19. Jh. (Paderborn 1971).

Der soziale und der politische Katholizismus:

A. M. Knoll, Der soziale Gedanke im modernen Katholizismus. Von der Romantik bis Rerum novarum (Wien – Leipzig 1932).
L. Leutner, Das Erwachen der modernen kath. Sozialidee. Die Entwicklung im 19. Jh. bis Rerum novarum (Wien 1951).
J. N. Moody (Ed.), Church and Society: Catholic Social and Political Thought and Movements, 1789–1950 (New York 1953).
M. P. Fogarty, Christian Democracy in Western Europe, 1820–1953 (London 1957; deutsch: Freiburg i. Br. 1959).
G. Brakelmann, Die soziale Frage des 19. Jh., II: Die evangelisch-soziale und die katholisch-soziale Bewegung (Witten 1962).
C. Bauer, Bild der Kirche – Abbild der Gesellschaft: Hochland 48 (1956), neu: „Deutscher Katholizismus" (Frankfurt 1964) 9–27.
Hans Maier, Revolution und Kirche. Studien zur Frühgeschichte der christlichen Demokratie, 1789–1901 (Freiburg [2]1965).
ders., Kirche und Gesellschaft (München 1972).
M. Bendiscioli, Chiesa e società nei secc. XIX e XX: Nuove questioni di storia contemporanea I (Mailand 1967) 325–447.
Verluis, Beknopte Geschiedenis van de Katholicke Arbeidersbeweging (1949).
Götz Briefs u. a., Hrsg. des Kath.-Sozialen Instituts der Erzdiözese Köln, Das Bild des Arbeiters in der kath. Sozialbewegung von den Anfängen bis zur Gegenwart (Köln 1960).
S. H. Scholl (Hrsg.), 150 ans de mouvement ouvrier chrétien en Europe de l'Ouest (Paris 1966; deutsch Bonn 1966).
L. R. Sanseverino, Il movimento sindacale cristiano dal 1850 al 1939 (Rom 1950).
K. H. Schürmann, Zur Vorgeschichte der christl. Gewerkschaften (Freiburg i. Br. 1958).
K. Buchheim, Christliche Parteien: StL[6] II 467–475 (internationaler Überblick; Lit.).

9. Theologiegeschichte

Zur Neuscholastik:

P. Dezza, Alle origini del Neotomismo (Mailand 1940).
ders., I neotomisti italiani del secolo XIX, 2 Bde (Mailand 1942/44).
R. Aubert, Aspects divers du néo-thomisme sous le pontificat de Léon XIII.: Aspetti della cultura cattolica nell'età di Leone XIII. (Rom 1961) 133–227.

A. Walz, Sguardo sul movimento tomista nel secolo XIX fino all'enciclica Aeterni Patris: Aquinas 8 (1965) 351–379.

H. Vorgrimler – R. Vander Gucht, Bilanz der Theologie, 3 Bde (Freiburg i. Br. 1969), bes.: *F. van Steenberghen*, Die neuscholastische Philosophie (Bd 1), *R. Aubert*, Die Theologie während der 1. Hälfte des 20. Jh. (Bd 2).

K. Eschweiler, Die zwei Wege der neueren Theologie. G. Hermes – M. J. Scheeben (Augsburg 1926).

M. J. Scheeben, Hdb. der kath. Dogmatik, 7 Bde, Ausg. v. *J. Höfer* u. a. (Freiburg 1941/57; mit Lit.).

F. S. Pancheri, Il pensiero teologico di M. Scheeben e S. Tommaso (Padua 1956).

Zu M. Blondel und seine Schule:

R. Scherer, Einführung zu: M. Blondel, Das Denken (Freiburg i. Br. 1953) VIII–XXXII.

R. Aubert, Le problème de l'acte de foi, données traditionnelles et résultats des controverses récents (Löwen ^{2}1950) 227–511.

J.-P. Golinas, La restauration du Thomisme sous Léon XIII et les philosophes nouvelles. Étude de la pensée de M. Blondel et du Père Laberthonnière (Washington 1959).

A. Hayen, Bibliographie blondélienne (Messina 1953).

Laberthonnière. L'homme et l'œuvre, hrsg. von *P. Beillevert* (Paris 1972).

E. Lecanuet, La vie de l'Église sous Léon XIII (Paris 1930) 384–543.

Zur Biblischen Frage (vgl. auch „Modernismus"):

A. Loisy, Mémoires, 3 Bde (Paris 1930/31).

A. Houtin, La question biblique chez les catholiques de France au xixe siècle (Paris ^{2}1902).

ders., La question biblique au XXe siècle (ebd. 1906).

J. Chaine u. a., L'œuvre exégetique et historique du R. P. Lagrange (Paris 1935).

L.-H. Vincent, Le Père Lagrange: RB 47 (1938) 321–354.

F. M. Braun, L'œuvre du Père Lagrange (Fribourg 1943).

Le Père Lagrange ou service de la Bible, Souvenirs personnels (Paris 1967).

Zur „Modernismus"-Krise:

O. Schröder, Aufbruch und Mißverständnis. Zur Geschichte der Reformkatholischen Bewegung (Graz 1969).

A. Gisler, Der Modernismus (Einsiedeln ^{2}1912).

J. Rivière, Le modernisme dans l'Église (Paris 1929).

The modernist movement in the Roman Church (Cambridge 1934).

ders., A variety of catholic modernists (Cambridge 1970).

É. Poulat, Histoire, dogme et critique dans la crise moderniste (Paris – Tournai 1962).

ders., Intégrisme et catholicisme intégral (Paris – Tournai 1969).

J. Ratté, Three Modernists, A. Loisy, G. Tyrrell, W. L. Sullivan (New York 1967).

F. Rodé, Le miracle dans la crise moderniste (Paris 1965).

C. Porro, La controversia cristologica nel periodo modernisto (Mailand 1971).

M. Ranchetti, Cultura e riforma religiosa nella storia del modernismo (Turin 1963).

P. Scoppola, Crisi modernista e rinnovamento cattolico (Bologna ^{2}1969).

L. Bedeschi, I cattolici disubbidienti (Neapel – Rom 1959).

ders., Il Modernismo e Romolo Murri in Emilia e Romagna (Parma 1967).

M. Guasco, R. Murri e il modernismo (Rom 1968).

M. de la Bédoyère, The Life of Baron von Hügel (London 1951).

L. F. Barmann, Baron F. von Hügel and the Modernist Crisis in England (Cambridge 1972).

F. Parente, E. Buonaiuti (Rom 1970).

L. Bedeschi, Lineamenti dell'antimodernismo. Il caso Lanzoni (Parma 1970).

E. Weinzierl (Hrsg.), Der Modernismus. Beiträge zu seiner Erforschung (Graz – Wien – Köln 1973), darin: *R. Lill*, Der Kampf der römischen Kurie gegen den „praktischen" Modernismus: Die päpstliche Autorität im kath. Selbstverständnis des 19. und 20. Jh., 109–123.

NACHTRÄGE ZUR BIBLIOGRAPHIE

von Oskar Köhler und Rudolf Lill

1. Allgemeine Kirchengeschichte:

R. Morsey – J. Aretz – A. Rauscher (Hrsg.), Zeitgeschichte in Lebensbildern. Aus dem deutschen Katholizismus des 19. und 20. Jahrhunderts, bisher 6 Bde. (Mainz 1973–1984).

2. Papsttum und Kurie:

M. Greschat (Hrsg.), Das Papsttum. Bd. II. Vom Großen Abendländischen Schisma bis zur Gegenwart (Stuttgart 1985).

L. Pásztor, La Segreteria di Stato e il suo Archivio (Stuttgart 1984).

Chr. Weber, Kardinäle und Prälaten in den letzten Jahrzehnten des Kirchenstaates, (Stuttgart 1978).

ders., Quellen und Studien zur Kurie und zur vatikanischen Politik unter Leo XIII. Mit bes. Berücksichtigung der Beziehungen des Heiligen Stuhls zu den Dreibundmächten (Tübingen 1973).

3. Theologie:

N. Trippen, Theologie und Lehramt im Konflikt. Die kirchlichen Maßnahmen gegen den Modernismus im Jahr 1907 und ihre Auswirkungen in Deutschland (Freiburg – Basel – Wien 1977).

Th. M. Loome, Liberal Catholicism, Reform Catholicism, Modernism: Tübinger Theologische Studien, Bd. 14 (Mainz 1979).

K. H. Neufeldt, Adolf von Harnack. Theologie als Suche nach der Kirche (Paderborn 1977).

ders., Adolf von Harnacks Konflikt mit der Kirche (Innsbruck 1979).

Kapitel 1 und 3:

E. Gatz (Hrsg.), Akten der Fuldaer Bischofskonferenz, I: 1871–1887 (Mainz 1977).

W. E. Frhr. v. Ketteler, Schriften, Aufsätze und Reden 1871–1877, bearb. von E. Iserloh und Chr. Stoll (Mainz 1977).

Sozialer Katholizismus in Aachen … 1869–1878, eingel. und hrsg. v. H. Lepper (Mönchengladbach 1977).

J. Becker, Liberaler Staat und Kirche in der Ära von Reichsgründung und Kulturkampf. Geschichte und Strukturen ihres Verhältnisses in Baden 1860–1876 (Mainz 1973).

W. Becker, Georg von Hertling 1843–1919, Bd. 1: Jugend und Selbstfindung zwischen Romantik und Kulturkampf (Mainz 1951).

M. Birke, Bischof Ketteler und der deutsche Liberalismus … (Mainz 1971).

R. Lill, Die Wende im Kulturkampf … 1878–1880 (Tübingen 1973).

H. Thoma, Georg Friedrich Dasbach; Priester, Publizist, Politiker (Trier 1975).

M. L. Anderson, Windthorst. A Political Biography (Oxford 1981).
E. L. Evans, The Center Party 1870–1933 (Carbondale, Ill. 1981).
U. Tal, Christians und Jews in Germany ... 1870–1914 (Ithaca – London 1975).

Kapitel 35:

E. Gatz (Hrsg.), Akten zur preußischen Kirchenpolitik in den Bistümern Gnesen-Posen, Kulm und Ermland (Mainz 1977).
ders. (Hrsg.), Akten der Fuldaer Bischofskonferenz, Bd. II: 1888–1899 (Mainz 1979) (Bd. III im Druck).
Chr. Weber, Quellen und Studien zur Kurie und zur vatikanischen Politik unter Leo XIII. Mit bes. Berücksichtigung der Beziehungen des Heiligen Stuhls zu den Dreibundmächten (Tübingen 1973).
H.-J. Kremer (Bearb.), Mit Gott für Wahrheit, Freiheit und Recht. Quellen zur Organisation und Politik der Zentrumspartei ... in Baden 1888–1914 (Stuttgart 1983).
G. Schoelen, Bibliographisch-historisches Handbuch des Volksvereins für das katholische Deutschland (Mainz 1982).
M. Körner, Staat und Kirche in Bayern 1886–1918 (Mainz 1977).
H.-D. Denk, Die christliche Arbeiterbewegung in Bayern bis zum Ersten Weltkrieg (Mainz 1980).
Chr. Weber. Der „Fall Spahn" (1901). Ein Beitrag zur Wissenschafts- und Kulturdiskussion im ausgehenden 19. Jahrhundert (Rom 1980).
ders. (Hrsg.), Liberaler Katholizismus, biographische und kirchenhistorische Essays von Franz Xaver Kraus (Tübingen 1983).
N. Trippen, Theologie und Lehramt im Konflikt. Die kirchlichen Maßnahmen gegen den Modernismus im Jahr 1907 und ihre Auswirkungen in Deutschland (Freiburg – Basel – Wien 1977).
W. Loth, Katholiken im Kaiserreich. Der politische Katholizismus in der Krise des wilhelminischen Deutschlands (Düsseldorf 1984).
R. J. Ross, Beleaguered Tower: The Dilemma of Political Catholicisme in Wilhelmine Germany (London 1976).
H. Heitzer, Der Volksverein für das katholische Deutschland im Kaiserreich 1890–1918 (Mainz 1979).
M. Schneider, Die Christlichen Gewerkschaften 1894–1933 (Bonn 1982).
H. Mockenhaupt, Weg und Wirken des geistlichen Sozialpolitikers Heinrich Brauns (Paderborn 1977).
J. Schauff, Das Wahlverhalten der deutschen Katholiken im Kaiserreich und in der Weimarer Republik. Untersuchungen aus dem Jahre 1928, hrsg. u. eingel. von R. Morsey (Mainz 1975).

ERSTER TEIL

Das Problem der Anpassung an die moderne Welt

*Einleitung**

Der Weltplan Leos XIII.: Ziele und Methoden

Univ.-Professor Dr. Oskar Köhler, Freiburg

QUELLEN: ASS 11–35 (Rom 1878/1903); Leonis XIII Pont. Max. Acta, 23 Bde mit Register (Rom 1881/1905; Nachdr. Graz 1971); Epistolae encyclicae, 6 Tle (Freiburg i. Br. 1878/1904; lat. und deutsch); Leonis XIII Allocutiones, Epistolae et Constitutiones, 8 Bde (Brügge 1887/1911); Scelta di atti episcopali del card. G. Pecci ora Leone XIII (Rom 1879); Leonis XIII Carmina, Inscriptiones, Numismata, ed. *J. Bach* (Köln 1903; dt. von *B. Barth,* Köln 1904); Discorsi, ed. *P. de Franciscis* (Rom 1882); *A. Mercati,* Raccolta di Concordati I (Rom [2]1952); Œuvres pastorales de S. E. le Cardinal Pecci, 2 Bde (Brügge – Lille 1888/92); Lettres de Pecci, 1843–1846, ed. *A. Simon* (Brüssel – Rom 1959). – Zum Konklave: *Mullé de la Cerda,* Reseña histórica del último conclave y biografía de León XIII (Madrid 1878); Journal des Kardinals H.-M.-G. Bonnechose: *L. Besson,* Vie de S. E. le cardinal Bonnechose II (Paris 1887); *R. de Cesare,* Il Conclave di Leone XIII (Città di Castello 1888). – Memoiren und Briefsammlungen: *A. Perraud,* Mes relations personnelles avec les derniers papes Pie IX et Léon XIII 1856–1903 (Paris 1917); *D. Ferrata,* Mémoires, 3 Bde (Rom 1920); *K. v. Schlözer,* Letzte römische Briefe (aus den Jahren 1882–94 [Berlin 1924]); *P. M. Baumgarten,* Römische und andere Erinnerungen (Düsseldorf 1927); *Ch. Benoist,* Souvenirs I 1883–93 (Paris 1932); *G. Someria,* I miei quattro Papi I (Mailand 1930); *F. Crispolti,* Pio IX – Pio XI, Ricordi personali (Mailand 1939); Lettere di Giuseppe Toniolo, ed. *G. Anichini,* 3 Bde (Rom 1952/53); *F. X. Kraus,* Tagebücher (vgl. Kap. 29), 383–758; *L. v. Pastor,* Tagebücher – Briefe – Erinnerungen (vgl. Kap. 29) 111–416; *H. des Houx,* Souvenirs d'un journaliste français à Rome (Paris 1886). – Nuntiaturen: *G. de Marchi,* Le nunziature apostoliche dal 1800 al 1956 (Rom 1957) (nach Ländern und innerhalb dieser chronologisch angelegtes Verzeichnis der Nuntien mit Ernennung und Beglaubigung). – Publizistik: Osservatore

* Es ist nicht nur sachgemäß, sondern entspricht einem persönlichen Bedürfnis, auch an dieser Stelle Herrn *Roger Aubert* dafür zu danken, daß er diese Arbeit in selbstloser Weise von Anfang bis zum Ende mit seinem so überaus sachkundigen Rat begleitet hat. Herrn *Hubert Jedin* gebührt besonderer Dank für so manche Vorschläge, die zu einem abgewogeneren Urteil verholfen haben. Ebenso gern sei den Herren *Victor Conzemius* und *Georg Schwaiger* gedankt, die so freundlich waren, die Umbruchbogen mitzulesen.

O. K.

Romano (1878 ff; seit 1870 halbamtliches Blatt des Vatikans); La Civiltà Cattolica (1878 ff); bei *Schmidlin PG* 377 u. a. wie in anderen Biographien werden besonders die positiven Pressestimmen, auch aus dem liberalen und sozialistischen Lager, zitiert, wobei Wortlaut und Auswahl der Nachprüfung bedürfen; *F. Jürgensmeier,* Die katholische Kirche im Spiegel der Karikatur der deutschen satirischen Tendenzzeitschriften von 1848–1900 (Trier 1969) 216–229 230–247 passim.

LITERATUR: Außer den in der Allg. Bibliogr. genannten universalen Darstellungen der KG sind die *älteren zeitgenössischen Werke* als Dokumente heranzuziehen (vgl. Kap. 22), besonders *F. Mourret,* Histoire générale de l'Église, 9 Bde (1909/21), einschlägig die Bde 8 u. 9; *P. M. Baumgarten,* Die katholische Kirche unserer Zeit, 2 Bde (München 1899/1902); *E. Jarry,* L'Église contemporaine, 2 Bde (Paris 1936). – Neue Gesamtwürdigung des Pontifikats: *E. T. Gargan* (Ed.), Leo XIII and the Modern World (New York 1961); *Stanislao da Campagnola,* I papi nella storia II (Rom 1961); *G. Schwaiger,* Geschichte der Päpste im 20. Jh. (München 1964; neu in dtv Nr. 482 [1968] 28–49); *D. Secco Suardo* (zit. Kap. 5); *K. O. v. Aretin,* Papsttum und moderne Welt (München 1970); *G. Maron,* Die römisch-katholische Kirche von 1870 bis 1970: *K. D. Schmidt – E. Wolf,* Die Kirche und ihre Geschichte, Bd 4, 2 (Göttingen 1972) 203–208 u. passim; *I. E. Ward,* Leo XIII, „the Diplomat pope": Review of Politics 28 (1966) 47–61; *Chr. Weber* (Lit. zu Kap. 3). – Lit. zu den *Ländern* und den einzelnen *Sachbereichen* vor den jeweiligen Kapiteln.

BIOGRAPHIEN: *Schmidlin PG* II (München 1934) 331–589 gilt als „die gründlichste ... Darstellung nach wie vor" (R. Lill). – Die rein populären Biographien, unter denen die deutschen besonders zahlreich sind, bei *Schmidlin PG* S. XIX–XXII, bemerkenswert als Dokumente des Papstbewußtseins. – *C. Tesi-Passerini – G. Cinquemani,* Leone ed il suo tempo, 3 Bde (Turin 1890/92); *Ch. de T'Serclaes,* Le Pape Léon XIII, 3 Bde (Paris – Brügge 1894/1906), annalistisch, laut Vorwort zu Bd III mit Lesung der Korrekturen durch Papst Leo, Geleitbrief von Rampolla; *H. des Houx,* Histoire de Léon XIII (Paris 1900); *L. K. Goetz,* Leo XIII., seine Weltanschauung und seine Wirksamkeit (Gotha 1899; prot.); *B. O'Reilly,* Vie de Léon XIII (Paris 1887; dt.: Leo XIII., Seine Zeit, sein Pontificat und seine Erfolge [Köln 1887]); *N. Schneider,* Leo XIII., sein Leben und Wirken (Kempten 1903; „mit Unterstützung von Graf Pecci"); *M. Spahn,* Leo XIII. (München 1905); *J. Fèvres,* Vie de Léon XIII, 2 Bde (Paris 1908); *Walter Goetz:* Meister der Politik III, hrsg. von *E. Marcks* u. *K. A. v. Müller* (Stuttgart ²1924) 381–403 (beste Würdigung von prot. Seite; vgl. unten); *E. Vercesi,* Tre Papi: Leone XIII, Pio X, Benedetto XV (Mailand 1929); *A. Buttè,* Il papa Leone XIII (Mailand 1931); *E. Soderini,* Il pontificato di Leone XIII, 3 Bde (Mailand 1932/33; mit „Benützung der ihm vom Papst selbst dafür aufgeschlossenen Materialien"); *R. Fülöp-Miller,* Leo XIII. (Zürich 1935); *F. Hayward,* Léon XIII (Paris 1937; mit einem Vorwort von Kard. A. Baudrillart); *G. Monetti,* Leone XIII, 3 Bde (Rom 1942); *R. Aubert,* Léon XIII: I cattolici italiani dall'800 ad oggi (Brescia 1964, 191–220. – *Einzelnes: A.-J. Boyer d'Agen,* La jeunesse de Léon XIII (vgl. weiteres unten) (1897); *J. Fraikin,* L'infanzia e la giovinezza di un papa (Grottaferrata 1914); *W. Lorenz,* Die Jugend des J. Pecci: StdZ 165 (1959/60) 415–423; *A.-J. Boyer d'Agen,* La prélature de Léon XIII (Paris ²1907; dt: Regensburg 1902); *ders.,* Msgr. J. Pecci 1838–46 (Paris 1910); *P. van Zuylen,* La nonciature Pecci: Rev. gén. belge 126 (Brüssel 1931) 258–276; *N. Hilling,* Die kirchliche Gesetzgebung Leos XIII.: AkathKR 93 (1913), 94 (1914); vgl. noch Anm. 12. – Un témoin (= Cardinal *F. D. Mathieu*), Les derniers jours de Léon XIII et le conclave (Paris 1904). – Zu den *einzelnen Aktivitäten* des Papstes vgl. die jeweiligen Kapitel.

Vatikan und Kardinäle: *L. Teste,* Léon XIII et le Vatican (Paris 1880); *ders.,* Préface au Conclave (Paris 1873); *J.-J. Thierry,* La vie quotidienne au Vatican du temps de Léon XIII (Paris 1963). – Kardinäle (nach ihren Erhebungsdaten): J.-B. Pitra (1863): HKG VI/1 471 595 674; Gustav F. v. Hohenlohe (1866): HKG VI/1 730; P. Cullen (1866): *M. J. Curran* (Dublin 1955); L. Oreglia (1873): *Schmidlin PG* II, Reg.; Franchi (1873):

Schmidlin PG II, Reg.; J. H. Guibert (1873): *J. Paguelle de Follenay,* 2 Bde (Paris 1896); M.-H. Graf v. Ledóchowski (1875): HKG VI/2 Kap. 1 und 3; H. E. Manning (1875): *J. Fitzsimons* (London 1951); V.-A. Dechamps (1875): *M. Becqué,* 2 Bde (Löwen 1956); Bartolini (1875): *Schmidlin PG* II, Reg.; McCloskey (1875): *J. Farley* (London 1918); J. B. Franzelin (1876): *Hocedez* III 133–140, Reg.; L. Parocchi (1877): *Schmidlin PG* II, Reg.; *Pastor,* Tagebücher, Reg.; L. Nina (1877): *Schmidlin PG* II, Reg.; J. H. Newman (1879): HKG VI/1 Kap. 30; T. M. Zigliara (1879): *Hocedez* II und III, Reg.; J. Hergenröther (1879): *S. Merkle:* Lebensläufe aus Franken, hrsg. von *A. Chroust* (München 1919) 188–197; *B. Lang:* ThPQ 93 (1940) 302–309; L. Jacobini (1879): *Schmidlin PG* II 458 bis 462; *L. Pie* (1879): HKG VI/1, Reg.; Ch.-M. A. Lavigerie (1882): HKG VI/2, Kap. 6; W. Czacki (1882): Kap. 3, Anm. 4; G. Aloisi Masella (1883): Kap. 3, Anm. 8; C. González Díaz Tuñón (1884): *A. Walz,* Compendium… (Rom ²1948) 621f; P.F. Moran (1885): *Schmidlin PG* II 500: vgl. Kap. 9; P. Melchers (1885): *H. M. Ludwigs* (Köln 1909); C. Mazzella (1886): ECatt VIII 526f; *Hocedez* III 263f, Reg.; J. Gibbons (1886): *J. T. Ellis,* 2 Bde (Milwaukee 1952); E. A. Taschereau (1886): *D. de Saint-Denis,* L'Église cath. au Canada (Montreal 1956); vgl. Kap. 9; M. Rampolla (1887): *Th. Cramer-Klett:* Hochland 11,2 (1914) 1–9; *B. Ceretti* (Rom 1928); *E. Vercesi,* Tre Segretari di Stato: Consalvi, Rampolla, Gasparri (Venedig 1932); *Engel-Janosi* Reg.; Serafino Vannutelli (1887): *Schmidlin PG II, Reg.; F. X. Kraus,*Reg.; P. L. Goossens (1889): *J. Muyldermans* (Mecheln 1922); F.-M. B. Richard de la Vergne (1889): HKG VI/2 Kap. 30; G. Mermillod (1890): *Ch. Comte* (Paris 1924); H. J. Gruscha (1891): *O. Posch* (Diss. Wien 1947); H. Vaughan (1892): *J. G. Snead-Cox,* 2 Bde (London 1910); *P. Thureau-Dangin* (Paris 1911) vgl. Kap. 9; G. Sarto (1893): vgl. Teil II dieses Bandes; G. v. Kopp (1893): *F. X. Seppelt:* Zs. f. Gesch. Schlesiens 50 (Breslau 1916) 295–308; *ders.,* Gesch. des Bistums Breslau (Berlin 1929) 121–126; Ph. Krementz (1893): *P. Höveler* (Düsseldorf 1899); L. Galimberti (1893): Kap. 3; *Engel-Janosi* Reg.; Angelo di Pietro (1893): *De Marchi* (unter „Quellen"); A. G. Ferrari (1894): *G. B. Penco,* Un grande cardinale (Mailand 1959); A. Gotti (1895): Il Carmelo 5 (1906), 15 (1916), 33 (1934); A.-L.-A. Perraud (1895): *G. d'Orgeval-Dubouchet* (Paris 1907); *A. Houtin,* Évêques et diocèses I (Paris ²1908) 5–42; F. Satolli (1895): *L. Hertling,* Gesch. der kath. Kirche in den Vereinigten Staaten (Berlin 1954) 225f 232ff; A. Agliardi (1896): *Pastor,* Tagebücher 229 251f; *Engel-Janosi* Reg.; D. Ferrata (1896): *U. Stutz,* Die päpstl. Diplomatie unter Leo XIII. nach den Denkwürdigkeiten [vgl. oben „Quellen"] D. Ferratas (Berlin 1926); F.-D. Mathieu (1899): *E. Renard* (Paris 1925); J. C. Vives y Tutó (1899): *A. M. de Barcelona* (Barcelona ²1951); Respighi (1901): *Schmidlin PG* II, Register.

Das Konklave

Das Konklave nach dem Tod Pius' IX.[1] bedeutet insofern einen Einschnitt in der Geschichte der Papstwahl, als das Oberhaupt der katholischen Kirche nun erstmals nach dem faktischen Verlust des Patrimonium Petri zu wählen war. Der verstorbene Papst hatte den Ort des Aktes ausdrücklich freigestellt; eine starke Kardinalsgruppe, vor allem Ledóchowski, Franzelin und Manning hatte sich gegen die Wahl in Rom ausgesprochen. Pius VII. war in Venedig gewählt worden, weil im Februar 1798 französische Truppen unter General Berthier Rom besetzt hatten; aber in den 80 Jahren seither hatte sich die Welt, in der

[1] *Engel-Janosi,* Österreich und der Vatikan I, 200–214, mit der Vorgeschichte seit 1872.

die Christenheit lebt, revolutionär verändert, und es gab in Italien keinen Ort mehr, in den man interimistisch ausweichen konnte. Die Alternative hieß: in Rom oder im Ausland. In der ersten Kongregation (8. 2. 1878) stimmte eine Minderheit von nur acht Kardinälen für Rom als Wahlort. Am nächsten Tag machte der Prodekan Kardinal di Pietro, der früher Nuntius in Lissabon gewesen war und zur politisch „liberalen" Gruppe des Kollegiums gehörte, in einer Ansprache deutlich, es habe einerseits keine Macht im Ausland eine Einladung ergehen lassen, anderseits Italien die Nichteinmischung garantiert. Bei der Abstimmung votieren nur noch 5 Kardinäle für das Ausland, nämlich Spanien, und 32 für Rom. Der Camerlengo (seit 1877) Joachim Vinzenz Pecci, der als erfahrener Organisator den Wahlakt vorbereitete und diplomatisch gegen Italien abschirmte, mußte im Vatikan beträchtliche Umbauarbeiten für das Konklave veranlassen.

Obwohl auch der gutorientierte Kardinal Pecci am 8. Februar für eine Wahl außerhalb Italiens gestimmt hatte, erscheint es zunächst als fraglich, ob ein solch weittragender Schritt, wenn auch lange diskutiert, nun auch de facto ins Auge gefaßt wurde, nachdem die in Frage kommenden Mächte schon abgewinkt hatten. Italien konnte daran trotz radikaler Bestrebungen, den Papst aus Rom zu vertreiben, nicht gelegen sein, weshalb die Garantieerklärung glaubwürdig war, und die anderen Mächte hatten aus je verschiedenen Gründen ein Interesse an einem konfliktlosen Übergang auf einen politisch entgegenkommenden Nachfolger Petri: Wien scheint sich mit Berlin darüber verständigt zu haben, daß man „keinen zelotischen Jesuitenpapst" haben wolle; der französische Staatspräsident MacMahon hatte nach der Kammerauflösung von 1877 trotz des Rückgangs der republikanischen Abgeordneten von 363 auf 323 eine politische Niederlage der „konservativen Republik" und die Wirksamkeit der Parole „le cléricalisme, voilà l'ennemi" erfahren; in Spanien war der liberalkonservative Politiker Antonio Cánovas, der 1876 die konstitutionelle Monarchie wiederhergestellt hatte, auf ein gutes Verhältnis zu den Moderados bedacht; Großbritannien hatte es, wenn auch 1874 der Imperialist Disraeli den Iren-freundlichen Gladstone bis 1880 abgelöst hatte, mit dem Problem der katholischen Grünen Insel zu tun; Bismarck war der Kulturkampf aus mehreren Gründen lästig geworden; selbst Rußland, das seit dem Aufstand von 1863 Polen brutal jeder Autonomie beraubt und gegen die katholische Kirche mit den härtesten Maßnahmen vorgegangen war (1877 Abbruch der diplomatischen Beziehungen zwischen dem Papst und Petersburg), war mitten im erfolgreichen Krieg gegen die Türkei an einer gewissen Entspannung interessiert. Der bevorstehende Friede und die sich anbahnende internationale Konferenz (Berlin) hatten die Priorität in der internationalen Politik. So zeichnete sich die neue Lage der katholischen Kirche in der Weltgeschichte darin ab, daß diesmal das Konklave in der diplomatischen Korrespondenz eine untergeordnete Rolle spielte[2]; man

[2] *Schmidlin PG* II 341; einschränkend zu Schmidlin: *Engel-Janosi* I 212.

wollte einen konzilianten Papst, nicht zuletzt die „katholischen Mächte", die sich zurückhielten und mit dem Gedanken der Exklusive nur für den Fall spielten, daß ein Anhänger der Politik Pius' IX. gewählt werden sollte.

Wurde diese Situation in der Kurie bei der Diskussion, ob die Wahl außerhalb Italiens stattfinden solle, richtig eingeschätzt? Vier Jahre nach seiner Wahl sollte der neue Papst nach den Tumulten bei der nächtlichen Überführung der Leiche Pius' IX. von St. Peter nach S. Lorenzo fuori le Mura 1881 mit einem Beauftragten des Wiener Hofes erörtern, ob ihm in Trient oder in Salzburg eine Zuflucht gewährt werden könne; es war ihm eine Einladung überbracht und zugleich bedeutet worden, sie nicht anzunehmen (1882)[3]. Was am 8. Februar 1878 offenbar als ernsthafte Alternative gesehen worden war, die Papstwahl in Rom oder im Ausland, war in Wirklichkeit keine. Man konnte an der Ablehnung des italienischen Garantiegesetzes vom 13. Mai 1871 festhalten, aber man mußte mit ihm leben und besorgt sein, daß es bliebe.

Am 18. Februar zogen 60 von den 64 Kardinälen, zu denen entsprechend der Weltkirchenpolitik Pius' IX. 25 Nichtitaliener zählten, zum Konklave im Vatikan ein. In der Vorbereitungskongregation am 10. Februar war beschlossen worden, einen Italiener zu wählen, wohl gerade in dieser Situation die einzige Möglichkeit; die Pariser Anspielung auf einen Nicht-Italiener, freilich keinen Deutschen, hatte in Wien keine Gegenliebe gefunden. Zwar hatte Pius IX. die seit 1868 kreierten 35 Kardinäle hauptsächlich der zelantischen Richtung entnommen; aber selbst unter diesen neigte man überwiegend dazu, einen Mann zu wählen, der geeignet sei, die im vorangegangenen Pontifikat angewachsenen politischen und theologischen Spannungen zu lockern. Vor allem ihrer Leitfigur, dem Kardinal Bartolini (seit 1875 Sekretär der Ritenkongregation), ist die rasche Konzentration des Kollegiums auf einen Kandidaten zu verdanken. Noch zu Lebzeiten Pius' IX. war Joachim Vinzenz Pecci, seit 1846 Bischof in Perugia (seit 1853 Kardinal), freilich von Antonelli bis zu dessen Tod nicht nach Rom gelassen, an aussichtsreiche Stelle unter den Papabili gerückt, weil er als der Repräsentant einer mittleren Linie galt. Sein Konkurrent war Kardinal Bilio, der Pius IX. nahegestanden hatte, bei der Abfassung des Syllabus beteiligt war[4] und angeblich von Pius als Nachfolger gewünscht worden war. Aber bei der Haltung Bartolinis konnten sich die Intransigenten auf keinen Kandidaten ihrer Gruppe einigen, und für Bilio drohte ein französisches und ein spanisches Veto. Kandidat der „Liberalen" war Kardinal Franchi, der 1850 Geschäftsträger in Spanien geworden war, 1871 Nuntius, und in kirchenpolitischen Fragen Ansehen besaß[5]; auf seiner Seite standen im Einklang mit ihrer Regierung die spanischen Kardinäle. Bartolini konnte sie für Pecci gewinnen (Franchi wurde am 5. März 1878 zum Staatssekretär ernannt, starb jedoch bereits im August).

[3] *Schmidlin PG* II 414f mit Belegen gegen die Darstellung E. Soderinis; *Engel-Janosi* I 226–231; dazu, „... wie sehr sich (seit 1870) die Lage geändert hatte": *Engel-Janosi* I 230.
[4] *R. Aubert,* HKG VI/1 752; vgl. auch 788. [5] *R. Aubert,* HKG VI/1 513, VI/2 59.

Im ersten Wahlgang am Vormittag des 19. Februar 1878, der wegen eines Formfehlers für ungültig erklärt wurde, erhielt Pecci 19 Stimmen, Bilio 6 und Franchi 4, ohne daß diese beiden aus den Splitterstimmen hervorragten. Am Nachmittag stieg Peccis Anteil auf 26, der Bilios wenig auf 7 Stimmen, während auf Franchi nur noch 2 entfielen. Am Vormittag des 20. Februar wurde Pecci mit 44 Stimmen, der Zweidrittelmehrheit, zum Papst gewählt. Es war die bis dahin kürzeste Papstwahl, um Stunden rascher als die Pius' IX. Unter den Kardinälen, die bis zuletzt Peccis Gegner blieben, waren der einem alten Sieneser Adelsgeschlecht entstammende Flavio Chigi (1850–61 Nuntius in München, dann bis 1873 in Paris), L. Oreglia und der Tiroler Jesuit Joh. Bapt. Franzelin, 1850–76 Professor an der Gregoriana[6], dem ein bedeutender Anteil an der Konstitution De fide catholica des Vatikanum I zugeschrieben wird (seit 1876 Kurienkardinal).

Der neue Papst wählte seinen Namen nach Leo XII. (1823–29), dem er wegen der Förderung seiner Studien am Römischen Kolleg dankbar verbunden war. Man sah ein Programm darin, daß er sich weder Gregor noch Pius nannte[7].

Leo XIII. erteilte den Segen „urbi et orbi" nicht von der äußeren Loggia über den Petersplatz, sondern nach der Basilika hin. Festliche Beleuchtungen in der Stadt – auch bei der Krönung (am 3. März), die in der Sixtina und nicht in St. Peter stattfand, weil die italienischen Instanzen die Störungsfreiheit nicht garantieren wollten oder konnten – und Protestdemonstrationen waren die äußeren Anzeichen dafür, daß sich das Problem des Verhältnisses zwischen Kirche und nachrevolutionärer Welt am stärksten in der Heiligen Stadt artikulierte. Die Namenswahl veranlaßte den Spottvers: „Non è Pio, non è Clemente, Leone senza dente." Leo XIII. richtete sowohl an die katholischen wie die nichtkatholischen Staatsoberhäupter differenzierte Antrittsschreiben, in denen er seinen Willen zum Ausgleich erkennen ließ. Die italienische Regierung wurde ignoriert und nahm auch ihrerseits den neuen Papst offiziell nicht zur Kenntnis.

Es ist trotz des überwiegend positiven Echos der Welt auf die Wahl Leos XIII. die Frage, ob nun wirklich die katholische Kirche begann, „eine Welt-Großmacht zu werden, der jede Politik Rechnung tragen muß"[8]. Daß vor allem die Innenpolitik den Katholizismus einbeziehen mußte, und dies um so mehr und so lang, als er sich als eine gesellschaftliche Gruppe zu formieren verstand, ist gewiß. Aber es war das Ziel des Papstes, der bei seiner Krönung 68 Jahre alt war, die katholische Kirche und das Papsttum der ganzen Menschheit als *die* „Welt-Großmacht" geistig-geistlichen Auftrages vorzustellen.

[6] *R. Aubert,* HKG VI/1 675f.

[7] *Schmidlin* II 346; Schmidlin nennt Leo XII. besonders „friedlich und maßvoll", während bei *Tüchle-Bihlmeyer* wie auch in anderen Darstellungen die reaktionäre Kirchenstaatspolitik hervorgehoben wird; dazu *R. Aubert,* HKG VI/1 118.

[8] *H. Marc-Bonnet,* zit. von R. Aubert, HKG VI/1 515.

Die Laufbahn Joachim Peccis

Im März 1814 konnte der vierjährige Joachim Pecci in Rom dem triumphalen Einzug Pius' VII. nach dem Ende der napoleonischen Ära zuschauen. Seine landadlige Familie hatte wegen des Bandenunwesens ihren Wohnsitz in Carpineto, einem kleinen Ort in den felsigen Volskerbergen südlich Roms, vorübergehend verlassen müssen. Joachim war dort am 2. März 1810 als Sohn des Colonello Luigi Pecci zur Welt gekommen. Der Bischof von Anagni war Taufpate. Zusammen mit seinem älteren Bruder Giuseppe besuchte er seit 1818 die Jesuitenschule in Viterbo. Nach Abschluß mit Prädikat studierte er seit 1824 am Römischen Kolleg, das soeben von Leo XII. den Jesuiten zurückgegeben worden war, Rhetorik, Philosophie und Theologie (zu seinen Lehrern gehörten Perrone und Patrizi). Sein Bruder Giuseppe trat im gleichen Jahr in die Societas Jesu ein[9]. Es entsprach dem Talent Joachim Peccis, daß er im Jubeljahr 1825 an der Spitze einer Abordnung dem Protektor Leo XII. eine lateinische Dankadresse vortragen durfte[10]. Wie es sich für jemanden gehörte, der eine kirchliche Laufbahn im Sinne hat, schloß Joachim Pecci 1832 das Studium beider Rechte an der Accademia dei nobili an, das er mit dem Doktorat und einem Vortrag mit dem bemerkenswerten Thema über die Appellationen an den Papst 1837 beendete. Im gleichen Jahr weihte Kardinal Odescalchi den vielversprechenden jungen Mann zum Priester, der in den Kardinälen J. A. Sala, als Prälat um die Restaurationspolitik unter Pius VII. verdient, B. Pacca, Anführer der „Zelanti", und Staatssekretär Lambruschini sich einflußreiche Förderer gewonnen hatte.

Noch im Jahre der Priesterweihe ernannte Gregor XVI. den 27jährigen Pecci zum Hausprälaten und übertrug ihm drei Ämter, darunter das eines Konsultors bei der Konzilskongregation. Schon 1838 wurde Msgr. Pecci als Delegat nach Benevent, Enklave des Kirchenstaates im Königreich Neapel, geschickt, wo er die unter der Herrschaft von Banden, die im Dienste der Landadligen standen,

[9] G. Pecci geriet als Philosophieprofessor (1845) mit dem Orden, der sich noch lange gegen die Thomas-Renaissance sträubte, in Konflikt und schied 1848 aus. Er war Partner seines päpstlichen Bruders, der ihn 1879 zum Kardinal ernannte, bei der Entwicklung des mit der Enzyklika „Aeterni Patris" eingeleiteten Programmes einer Erneuerung der „christlichen Philosophie" (vgl. Kap. 20). Zwei Jahre vor seinem Tod (1890) wurde er wieder in die Societas Jesu aufgenommen.

[10] Mit seinen Carmina hatte Joachim Pecci schon in Viterbo begonnen. Die humanistische Bildung – neben Dante gehörten Cicero, Vergil, Horaz, Tacitus und Sallust zur angeeigneten Lektüre – prägte seine Denkweise. In seinem Brief an Kardinal Parocchi vom 20. Mai 1885 über die Ausbildung der Kleriker in Rom legte er außer dem Studium des Thomas von Aquin einen guten Stil ans Herz: „... nihil est fere ad iuvandam intelligentiam maius, quam scribendi virtus et urbanitas. Nativo quippe et eleganti genere dicendi mire invitantur homines ad audiendum, ad legendum": Acta Leonis V 62. Leo XIII. hat in seinen Enzykliken, soweit er selbst daran beteiligt war, Freude gehabt an einer sich breit entfaltenden Formulierungskunst. Die Hochschätzung humanistischer Bildung ließen die Römer vom „Pontificato dei dotti" sprechen: *L. Teste,* Léon XIII et le Vatican (Paris 1880) 103.

und Schmugglern ziemlich anarchischen Verhältnisse mit sehr energischer Hand regulierte und besonders das Zollwesen so organisierte, daß die Enklave ihren Charakter als Schmugglerparadies verlor. Im Juni 1841 wurde er als Delegat nach Spoleto und im Juli nach Perugia versetzt, auch hier mit der Verwaltungsreform voll beschäftigt. Der Besuch Papst Gregors XVI. in der umbrischen Stadt war eine große Chance, die der Delegat Pecci wahrzunehmen verstand. Die Via Gregoriana wurde rechtzeitig fertig, und der Empfang verlief so glanzvoll, daß der Papst versprach, in Rom an seinen Delegaten zu denken[11]. Im Januar 1843 wurde Joachim Pecci zum Nuntius in Belgien ernannt. Man hat später diese Karriere, die Pecci gewiß mit großer Geschicklichkeit zu fördern verstand, auf den Charakter Leos XIII. bezogen. Aber wenn auch das Tempo dieser Laufbahn nicht durchschnittlich war, muß man wohl bedenken, daß der Aufstiegswille junger römischer Prälaten eine recht häufige Erscheinung ist, die nur dann besonders auffällt, wenn es sich um eine geschichtlich bedeutsam gewordene Gestalt handelt.

Die Nuntiatur in Belgien (1843–46) war der erste große Mißerfolg Joachim Peccis[12]. Die Aufgabe überforderte den knapp 33 Jahre alten Mann, der seine bisherigen Erfahrungen in total verschiedenen Verhältnissen erworben hatte, trotz seiner Bemühungen um Anpassung an die vorgefundene Situation. In Belgien begann das seit der Staatsgründung entwickelte Einvernehmen zwischen den Liberalen, den liberalen Katholiken und den gemäßigt Ultramontanen brüchig zu werden. Peccis nach Paris versetzter Vorgänger Fornari hatte es vorzüglich verstanden, sich auf diesem Terrain zu bewegen, und ein gutes Einvernehmen mit dem Ministerpräsidenten Nothomb gehabt. Als dieser 1845 von den Konservativen gestürzt wurde, gab er dem neuen Nuntius die Schuld. Peccis im allgemeinen gutes Verhältnis zu Leopold I. und der königlichen Familie hatte seine Kehrseite, weil die konservative Linie des Monarchen nur eine im Geflecht der politischen Kräfte war. Dies wiederum konnte den entschieden ultramontanen Teil des Klerus nicht abhalten, den Nuntius des Opportunismus zu beschuldigen. Daß Pecci sich gegenüber dem damals in Brüssel lebenden V. Gioberti nicht zurückhielt, brachte ihm weder den Beifall der Liberalen noch der Klerikalen. Noch schwieriger war es für den Nuntius, mit der katholischen, aber nicht päpstlichen Universität Löwen zurechtzukommen, in der sich um diese Zeit die Konfrontation zwischen den Ontologisten sowie den Vertretern des philosophischen Traditionalismus und anderseits der Scholastik-Renaissance ausbildete und die führende Zeitschrift der Universität von den Jesuiten bekämpft wurde. Auf Wunsch des Hofes wurde Erzbischof Pecci 1846 abberufen, weil er in der Frage der Universitätsprüfungskommissionen den Episkopat gegen den König unterstützt hatte.

[11] Vgl. *Schmidlin PG* II 334, mit Zitaten anderer Biographen.

[12] Außer der Lit. in der Einleitung: Lettres de Pecci 1843–46 (Brüssel 1959); zur politischen Situation um 1840: HKG VI/1 365; zur Situation an der Universität Löwen: ebd. 463; zu V. Gioberti: ebd. 377f; *Schmidlin PG* II 334f.

Man mußte schon ein Dichter sein, wenn man dem gescheiterten Nuntius die Tiara prophezeite[13]. Im Januar 1846 wurde ihm das Bistum Perugia „in weltverlorener Stille" (Schmidlin) zugewiesen (Kardinal „in petto", wurde er 1853 mit dieser Würde bekleidet). Man blendet nicht laudativ zurück, wenn man Joachim Pecci einen vorzüglichen Bischof nennt, der sich insbesondere die Ausbildung seines Klerus angelegen sein ließ (dazu gehört auch die Errichtung der Thomas-Akademie), die Seelsorge durch Veranstaltung von Missionen intensivierte und mit seiner starken Verwaltungsgabe die caritativen Einrichtungen förderte. Doch würde man ihn dieserhalb allein kaum auch in einer Kirchengeschichte Italiens besonders hervorgehoben haben. Auch sein entschiedener Widerstand gegen die revolutionäre Bewegung (1848 die päpstliche Burg zerstört) und gegen das seit 1860 in Perugia errichtete piemontesische Regime zeigt einen amtstreuen Bischof, der die gleichen Erfahrungen zu machen hatte wie seine Mitbrüder. Daß er in seinem Hirtenbrief vom 12. Februar 1860 schrieb, die Zeit vor Konstantin d. Gr. sei ein rechtswidriger Zustand gewesen, weil „die höchste geistliche Gewalt des Papsttums von ihrem Ursprung an in sich den Keim der weltlichen Gewalt trug"[14], entsprach ebenfalls der allgemeinen kirchlichen Überzeugung. Bischof Pecci stand auch, obwohl er sich nicht der besonderen Gunst Pius' IX. erfreute, auf dem Boden der Bestrebungen, die zum Syllabus führten[15]. Eine charakteristische neue Tonart schlagen dagegen die Hirtenbriefe der Jahre 1874 bis 1877 an, in denen davon gesprochen wird, daß eine Versöhnung zwischen der Kirche und der recht verstandenen modernen Kultur möglich und erwünscht ist. Es ist die Rede vom menschlichen Fortschritt, so in der Milderung des Strafrechtes, und die technischen Errungenschaften werden in einer sehr poetischen Sprache gepriesen[16], die der Papst dann

[13] Nach *Narfon,* zit. bei *Schmidlin PG* II 335, Anm. 10. – Ob man sagen kann, daß „der ganz neue, ungewohnte Horizont", in den der „bis dahin in den traditionellen Bahnen des Kirchenstaates lebende Italiener" hineingestellt wurde, für seine künftigen Anschauungen „entscheidend" wurde (*Schmidlin PG* II 334), läßt sich schwerlich präzis genug ausmachen. Wahrscheinlich ist es wohl, daß dieser Bruch in seiner Laufbahn einen Schock für J. Pecci bedeutete. *R. Aubert:* LThK² VI 953 weist darauf hin, daß der Besuch belgischer Industriewerke, eine Reise in das Rheinland, ein Aufenthalt in London und bei der Rückreise nach Rom in Paris „die einzige Berührung mit dem industriellen und parlamentarischen Europa" im Leben des späteren Papstes waren.

[14] Zitiert nach *Tischleder,* Staatslehre 346f; gewiß hat Leo XIII. diese Überzeugung in einem Brief v. 15. Juni 1887 an Rampolla etwas anders ausgedrückt (es entstand nach den Verfolgungen „eine besondere Lage der Dinge, die allmählich durch das Zusammentreffen von der Vorsehung selbst geleiteter Umstände mit der Aufrichtung der weltlichen Herrschaft abschloß"); aber es ist kaum möglich, mit *Tischleder* 349 hier eine Korrektur des Bildes vom Keim der weltlichen Gewalt des Papstes zu sehen.

[15] HKG VI/1 750.

[16] *Schmidlin PG* II 337, Anm. 16: Der Mensch, der den Blitzableiter erfunden hat, „erscheint majestätisch"; das Telefon ist der „Bote seines Willens" über Ozeane und Berge hinweg; der Mensch zwingt den Dampf, daß er ihn „mit Windesschnelle über Meer und Land führe". Die Technik wird als Befreiung aus dem härtesten labor gesehen – die Erfindungskraft des Menschen als „ein Funke vom Schöpfer selbst".

später – durch die sozialen Studienzirkel mit der Realität des Industrialismus vertraut gemacht, und dann in einer ganz neu angesetzten und keineswegs reaktionären Kulturkritik – nicht mehr gebrauchte.

Aber längst vor solchen Bekundungen des Verständnisses hatte G. Antonelli, seit 1850 Kardinalstaatssekretär, den Bischof von Perugia auf die Liste der ihm verdächtig erscheinenden Männer der Hierarchie gesetzt. Nicht einmal bis in das suburbikarische Albano ließ er den Kardinal Pecci kommen, der dies angestrebt und damit gezeigt hatte, daß er doch nicht eine Natur war, die in den in Perugia gestellten kirchlichen Aufgaben ihr Genüge finden konnte. Anderseits ist am Widerstand Antonellis abzulesen, daß er hier eine bedeutsame Persönlichkeit als Gegner seiner Politik witterte. Nach dem Tod des Kardinalstaatssekretärs ernannte Pius IX., der selbst mit seinem Tod rechnen mußte, am 21. September 1877 Kardinal Pecci zum Camerlengo, in welchem Akt sich ebenfalls die Einschätzung des Mannes in Perugia bekundete, dem der Papst das nötige Geschick in der Gefahr des Interregnums zutraute. Die Papabilität Peccis wurde jedoch durch diese Ernennung eher vermindert, da der Camerlengo traditionsgemäß kaum eine Chance im Konklave hat. Mehr als 31 Jahre lang hatte Joachim Pecci in Umbrien gelebt.

Der Pontifikat

Leo XIII. ist der Papst, der die katholische Kirche in die aus der Revolution hervorgegangene Welt hineingeführt und in einer Gesinnung, die mit „Optimismus“ nur unzulänglich bezeichnet ist, den Versuch unternommen hat, die unverkürzte Überlieferung mit dem modernen Geist zu versöhnen. Man darf wohl sagen, daß er eine neue Epoche in der Geschichte der katholischen Kirche eröffnete, mit einem letztlich in seinem Glauben wurzelnden Mut einen Anfang setzte, ohne den seine Nachfolger auf dem Stuhl Petri nicht denkbar sind. Eine Interpretation heute steht in der wenn auch verständlichen Gefahr, aus einer nach fast einem Jahrhundert so wesentlich veränderten Situation heraus die Größe dieses Papstes zu verkennen oder es gar ihm anzulasten, daß der kühne, in die ganze Welt ausgreifende Entwurf der Versöhnung nicht gelungen ist, und zu übersehen, daß er, da jede zugeschickte Weltzeit ihr eigenes Signum hat, nicht gelingen konnte. Dazu kommt, daß auch das, was in diesem Pontifikat gelungen ist, nämlich die Formation der Katholizismen als eigene Gruppen in der sich zunehmend säkularisierenden Gesamtgesellschaft, seit langem pauschal als „Getto-Katholizismus“ diskreditiert ist, dessen geschichtliche Leistung für sich selbst und für die Gesamtgesellschaft in einer solch summarischen Bewertung nicht erfaßt ist.

Anderseits ist festzustellen, daß die allgemeine und auch die wissenschaftlich-historische Überlieferung des Bildes von Leo XIII. im Katholizismus unter einer Art von „Erfolgszwang“ stand, der vielleicht aufschlußreich ist für die

Situation und das geschichtliche Bewußtsein der Katholiken nach diesem Pontifikat. Der „Friedenspapst" und der „Arbeiterpapst" sind die wichtigsten Appositionen, in denen sich die Überlieferung des Bildes konzentriert. Das 25jährige Regierungsjubiläum Kaiser Wilhelms II. im Jahre 1913 mußte Sebastian Merkle in seinem Beitrag über die katholische Kirche natürlich einen dem Anlaß angemessenen Stil auferlegen; aber es geht doch darüber hinaus, wenn er den Kaiserbesuch im Vatikan vom Herbst 1888 eine „Zwiesprache zwischen den Trägern des Sacerdotium und des Imperium" und das von Wilhelm II. dem Dom zu Münster gestiftete Glasgemälde (Begegnung zwischen Karl d. Gr. und Leo III. 799 zu Paderborn) ein „sinniges Geschenk" nennt[17]. Zwischen Pius IX., dem Papst des Syllabus, und Pius X., dem Papst der Borromäus-Enzyklika, wird hier Leo XIII. in eine geschichtliche Beleuchtung gestellt, die der Realität, der Beendigung des Kulturkampfes, nicht entsprach. Umfassender charakterisiert Josef Schmidlin 1934 diesen Pontifikat: nachdem „die Harmonie zwischen den beiden Sphären" (Kirche und Kultur) „zerrissen, ja durch die polemische Einstellung des Papsttums unter Pius und Gregor gegen die modernen Geisteserrungenschaften die beiden Partner einander entfremdet worden waren, betrachtete es der fortschrittliche Friedenspapst als eine seiner Hauptaufgaben, auch im Reiche der Ideen wieder eine innige Verschmelzung und Verständigung herzustellen" und die „christliche Weltanschauung" auf spekulativer Vernunft und positiver Geschichte wieder aufzubauen. In seinen Lehrschreiben habe er das in der Antrittsenzyklika entworfene „Regierungsprogramm der Gewinnung und Versöhnung, also Christianisierung des modernen wie Modernisierung des christlichen Lebens" in einzig dastehender Weise entwickelt. Er hat „die moderne Welt mit inneren Banden wieder an die Tiara gefesselt", die moralische Größe und Herrschaft des Papsttums stärker gemacht, „als es das mittelalterliche Dominium temporale je vermochte" und die „antirevolutionäre Reaktion" anstrebte. J. Schmidlin spricht von der „unzerstörbaren Errungenschaft des Leopontifikates", der „die Beherrschung der modernen Menschheit und ihre Versöhnung mit der Kirche" dem 20. Jh. „auf die Stirn prägen sollte"[18]. In der Rekonziliation von Katholizismus und Zeitalter ohne Preisgabe der katholischen Lehre sieht auch Fernand Hayward 1937 die Signatur dieses Pontifikates. Sogar in Frankreich habe trotz der Mißerfolge des Ralliement und dem Andauern der inneren Gegensätze des Katholizismus schließlich das Echo der Lehre Leos XIII. einen inneren Ausgleich und eine Art Neutralisierung des laizistischen Staates bewirkt[19]. Solche Beurteilungen, die mit so ziemlich allen anderen innerhalb des Katholizismus während der ersten Hälfte des 20. Jh. übereinstimmen, wurzeln in dem selbstverständlichen

[17] In: „Deutschland unter Kaiser Wilhelm II." II 61 64 (zit. in Kap. 12); vgl. S. 446.

[18] *Schmidlin PG* II 393 352 589. – „Der Friedenspapst" ist das überaus oft wiederholte Synonym für Leo XIII. Zur Kritik Schmidlins an diesem Pontifikat vgl. das folgende.

[19] *F. Hayward* a.a.O. 322f.

Bedürfnis einer Gruppe, die innerhalb einer Gesamtgesellschaft zu leben hat, der sie angehört und letztlich doch nicht angehören kann, aus der Isolierung herauszukommen und doch sich selbst treu zu bleiben. Leo XIII. erschien als der Papst, der diese Möglichkeit geschaffen hat – und diese Möglichkeit erschien als so lebensnotwendig, daß ihre Verwirklichung wenigstens in weitgehendem Ausmaß geschichtlich bewahrheitet sein mußte. Aber es gibt auch Bedenken, die zwar als kleine Einschränkung vorgetragen werden, jedoch in Wirklichkeit tief in die Problematik dieses Pontifikates hineinführen. Wilhelm Schwer, der sich mit der Soziallehre Leos XIII. beschäftigte, stellte fest, daß der Papst lange Zeit geneigt war, „auch allen materiellen Fortschritt mehr, als eine genaue Zergliederung der zusammenwirkenden Kräfte zuläßt, christlichem und kirchlichem Einfluß zuzuschreiben“[20]. Damit ist mehr angesprochen als ein beiläufiger Irrtum in einer historischen Interpretation.

Leo XIII. war ein politischer Papst und hat als solcher mit Recht einen Platz in der Sammlung „Meister der Politik“ erhalten. Zwar hatte er gegenüber Deutschland das Glück, daß Bismarck selbst an einer Liquidation des Kulturkampfes interessiert war, aber es war nicht nur eine politische Chance wahrzunehmen, sondern auch zäh und wendig bis zur Realisierung zu verfolgen, wobei es die päpstliche Politik nicht nur mit Bismarck, sondern auch den Vorstellungen der Zentrumspartei, die sich keineswegs als Arm der Kurie verstand, und auch des deutschen Episkopates zu tun hatte. Das persönliche Verdienst Leos XIII. an der Beendigung des Kulturkampfes steht außer Frage. In der Schweiz war der vergleichsweise begrenzte Kulturkampf beim Beginn dieses Pontifikates dank konservativer Wahlsiege und Entgegenkommen gemäßigt Liberaler im wesentlichen bereits abgeschlossen, und es galt nach 1883 nur noch, die Genfer Frage und die Besetzung des Bistums Basel–Solothurn zu bereinigen; auch dies war nicht ohne Anpassung möglich. Dagegen begegnete Leo XIII. gleich zu Beginn seiner Amtszeit dem heftigen Schulkonflikt in Belgien, und in der Absicht, seine Verschärfung zu vermeiden, kam er in eine gewisse Differenz mit dem belgischen Episkopat. Auch hier war der Erfolg in erster Linie zwar eine Sache der belgischen Katholiken, die aber nicht zuletzt gestärkt durch ihre Anhänglichkeit an das Papsttum den Liberalen 1884 eine verheerende Wahlniederlage bereiteten; doch entsprach der Stil, in dem 1885 die 1880 abgebrochenen diplomatischen Beziehungen wiederaufgenommen wurden, ganz der Verbindlichkeit Leos XIII. Viel schwieriger war die Aufgabe, die dem Papst in Spanien gestellt war. Das Problem waren weniger die zwischen liberalkonservativer und gemäßigt linksliberaler Führung wechselnden Regierungen in der Zeit der spanischen „Restauration“ und die wegen der Zensur der Lehrbücher oder der Zulassung aus Frankreich ausgewiesener Ordensmitglieder auftretenden Spannungen als vielmehr jene Gruppe, die kirchlicher zu sein glaubte als der Papst und ihre innenpolitischen Gegner als Abtrünnige be-

[20] *W. Schwer* (zit. in Kap. 12) 16.

kämpfte. Mit großer Entschiedenheit ließ Leo XIII. 1885 über seinen Staatssekretär Jacobini wissen, wer die Richtlinien der kirchlichen Politik bestimmt und welches die Kompetenz seines Nuntius Rampolla ist. In politischer Weitsicht erkannte der Papst, daß die Verfassung von 1876 der Kirche die relativ optimalen Möglichkeiten ihres Wirkens gab. Auch bei den Verhandlungen mit Portugal wegen der neuen Zirkumskription der Diözesen 1881 und der Patronatsrechte in der indischen Mission 1886 vermied die päpstliche Politik im Lande Pombals jede unnötige Zuspitzung. In europazentrischer Perspektive wird gemeinhin der große Erfolg unterschätzt, den Leo XIII. in seinem Verhalten gegenüber den wechselnden Verhältnissen in den lateinamerikanischen Republiken erzielen konnte, Voraussetzung dafür, daß den pastoralen Planungen des Plenarkonzils von 1899 wenigstens die Chance des Erfolges geschaffen wurde.

Es entsprach der konfessionellen, ethnischen und politischen Situation in der slawischen Welt, daß die Politik Leos XIII. dort nur gewisse Erleichterungen für die katholischen Bevölkerungen erzielen konnte. Aber vermutlich war das Arrangement mit Rußland, das der österreichisch-ungarische Vatikanbotschafter Revertera als „Sommernachtstraum“ bezeichnete, das äußerst Erreichbare. Dabei hatte es Leo XIII. auch mit den Bedenken in Wien zu tun, wo man entweder eine Bestärkung des Panslawismus oder aber zusätzliche Spannungen befürchtete. Am peinlichsten wurde die Lage dort, wo der Papst mit der Verbindung nationalen und katholischen Bewußtseins zusammenstieß, besonders in den russischen und preußischen Teilgebieten Polens. Klerus und Volk sahen sich durch Leo XIII. um so leichter an die Russifizierung verraten, als der Papst für sein Entgegenkommen in Petersburg nur sehr wenig Verständnis fand. Ähnliches gilt für das preußische Teilgebiet: zwischen der rücksichtslosen Germanisierungspolitik Berlins und der in der Geschichte begründeten Identifizierung von polnischer Kultur und katholischem Glauben hatte der nach der Resignation Ledóchowskis von Leo XIII. 1886 ernannte und auf Ausgleich bedachte deutsche Erzbischof von Gnesen-Posen, Julius Dinder, keine Aussicht auf Erfolg. Auch gegenüber dem heftigen Gegensatz von Tschechen und Deutschen in Böhmen und Mähren blieb dem Papst kaum mehr, als 1901 den Episkopat zu mahnen, den katholischen Glauben aus diesen Differenzen herauszuhalten. Wie die Polen hatten auch die Slowenen und die Kroaten in ihrer Geschichte innerhalb der slawischen Welt ihre Identität in der Verbindung von Konfessionalität und Nationalität gefunden, und die Absicht des Papstes bei der Erneuerung und Umbenennung des Kroatischen Kollegs in Rom, es solle ein Zentrum der Kirchenunionsbewegung werden, widersprach völlig den Vorstellungen von einem katholischen Großkroatien. Auch die Magyarisierungspolitik war, ganz abgesehen von den konfessionellen Fragen in Ungarn, die sich seit 1886 zuspitzten, eine schwierige Komponente in der Kirchenpolitik Leos XIII. in Osteuropa.

Es liegt nahe, das Verhalten Leos XIII. gegenüber dem polnischen Katholizismus im russischen Machtbereich zu vergleichen mit seinem Verhalten gegenüber den von Großbritannien unterdrückten Iren. In beiden Fällen bestand eine revolutionäre Situation. Der Unterschied besteht darin, daß es in Großbritannien einen Gladstone gab und damit eine Chance des Papstes für eine wirksame irenfreundliche Politik. Und von daher stellt sich die Frage, ob der Papst den freilich mit schweren Gewalttaten verbundenen Widerstand der Iren gegen das ihnen angetane Unrecht weniger verstand als die Prinzipien, nach denen jede Revolution abgelehnt werden mußte. Er selbst hat später im Blick auf die Französische Revolution gesagt, es sei schwer, daß solche Veränderungen sich von Anfang an im Rahmen der Gerechtigkeit vollziehen. Das Verhältnis Leos XIII. zu Großbritannien war um so besser, als die liberale Entanglikanisierung des öffentlichen Lebens Freiheitsräume für die englischen Katholiken mit sich brachte. Das Ansehen des Papsttums in der angelsächsischen Welt wuchs in diesem Pontifikat erheblich, und es war mehr als ein Akt der Höflichkeit, daß der Präsident der Vereinigten Staaten von Amerika, Cleveland, Leo XIII. 1887 zum Priesterjubiläum ein Exemplar der Verfassung überreichen ließ. Die Knownothing- und die Ku-Klux-Klan-Leute sollten zwar noch lange öffentlich und geheim den Katholizismus bekämpfen, aber ihrem Einfluß in der öffentlichen Meinung war durch das Prestige Leos XIII. ein Gegengewicht gesetzt.

Der Papst konnte sich bei den Jubiläen der Jahre 1883, 1887, 1893 und 1903 nicht nur der Treuebekundungen der Katholiken, sondern der Glückwünsche fast aller Staaten erfreuen. Es kennzeichnet jedoch die geschichtliche Situation, daß die Ursprungsländer des christlichen Abendlandes, Italien und Frankreich, in dieser Erfolgsbilanz nicht aufgezählt werden können, obwohl es doch Leo XIII. in der Perspektive seines Weltentwurfes gerade auf diese Länder ankommen mußte.

Es ist vielleicht die zentrale Frage in der geschichtlichen Beurteilung dieses Pontifikats, was es mit dem Opportunismus auf sich hat, den selbst wohlwollende Historiker als ein Charakteristikum Leos XIII. bezeichnen. Léon Gambetta war ein haßerfüllter Antiklerikaler. Aber dies allein kann, weil der Haß auch das Auge zu schärfen vermag, nicht ausreichen, sein Wort vom „opportuniste sacré" angemessen einzuschätzen. Auch Walter Goetz schloß sich in seiner verständnisvollen Analyse diesem Urteil an, das er jedoch im Blick auf diese großartige Politikergestalt, den „politischen Instinkt und die wahre Führerschaft" Leos XIII. insbesondere in der sozialen Frage und nicht zuletzt deshalb, weil dieser Papst seiner Aktivität dort eine Grenze setzte, wo es ihm das Amt gebot, entschieden abgrenzte von jenem „gemeinen" Opportunismus, der das Merkmal der Dutzendpolitiker ist[21]. Gerade deshalb kann die Frage nur im Zusammenhang mit der Gesamtkonzeption Leos XIII. beantwortet werden. Ist es richtig, daß er seine ganze Politik und seinen kirchlichen Führungsstil allein

[21] Auch *Schmidlin,* der sich nicht genug darin tun kann, Leo XIII. oft geradezu hymnisch zu preisen und von Pius IX. und Pius X. abzuheben, bemerkt, der Papst habe seinem „Hang zum Politisieren und Diplomatisieren ... schwere Opfer" gebracht, „die hart an prinzipielle Zugeständnisse stießen": II 588.

an der Wiederherstellung des Kirchenstaates ausgerichtet hat? Ohne Zweifel war dies ein legitimes Ziel, und selbst wer es für anachronistisch hält, hat kein Recht, Leo XIII. einen „Tantalus" zu nennen, „der nach einem kleinen italienischen Fürstentum schmachtete, das der Dynastie Savoyen aus dem Leib geschnitten werden sollte"[22]; aber wenn dies das Leit*ziel* Leos XIII. gewesen wäre, von dem her seine ganze Zuwendung zur modernen Gesellschaft zu interpretieren ist, dann wäre er weder ein „Meister der Politik" noch ein bedeutender Papst gewesen.

Nun liegt es zutage, daß die italienische Frage ein Leit*motiv* ist, das sich in sehr verschiedenen Tönungen, von vorsichtiger Hoffnung bis zur abgründigen Resignation, durch das Leben Joachim Peccis seit der Inthronisation auf dem Stuhle Petri hindurchzieht. Zwar wäre es abwegig, die Annäherung an Bismarck nur in dieser Perspektive sehen zu wollen; Leo XIII. erwartete von einer Verständigung mit dem „großen konservativen Staatsmann", dem „genialen, mutigen, willensstarken Mann, der sich Gehorsam zu verschaffen weiß"[23], die Errichtung eines Bollwerkes gegen die revolutionären Tendenzen in Europa. Aber das Wort des Papstes vom „Finis impositus" in seiner Ansprache vom 23. Mai 1887 über den Abschluß der deutschen Frage gehört in ein Schicksalsjahr, in dem nach vielen Enttäuschungen des Papstes zugleich das Ende einer größeren Kombination gekommen war. Nach den schändlichen Ereignissen vom 13. Juli 1881 (vgl. S. 7) hatten ihm Österreich wie auch die anderen Mächte die erwartete Hilfe gegenüber Italien verweigert, und im Oktober war König Umberto gefeierter Gast in Wien. Welch andere Hoffnung hatte er da auf Bismarck gesetzt, den Protestanten, aber bewunderten Politiker, und er war auch zunächst nicht allein mit seiner Meinung von der Schwäche des Hauses Savoyen. Aber als der Papst 1882 mit dem österreichischen Sonderbeauftragten über ein Asyl in der Habsburgermonarchie sprach, stand eben der Dreibund Deutschland-Österreich-Italien vor dem Abschluß. Das Haus Savoyen zu stützen, für Leo XIII. das Kind der Revolution, wurde dem Papst als konservative Politik vorgetragen[24], und Österreich drängte den Vatikan zur Bereinigung der deutschen Frage. Die Hoffnung des Papstes auf Bismarck wuchs wieder ganz erheblich, als ihm dieser 1885 die Vermittlung mit Spanien in der Karolinen-Frage eintrug, eines der wichtigsten Motive Leos XIII. in der letzten Phase der

[22] So *H. Hermelink*, Das Christentum in der Menschheitsgeschichte III (1955) 92; diese Bemerkung ist nicht nur „zu scharf" (*G. Maron* a.a.O. 205), sondern das Zeugnis einer in diesem Fall überraschenden Geschichtsblindheit.

[23] *Engel-Janosi* I 215–323, hier: 220f; wenn auch österreichische Verhältnisse entsprechend dem Thema dieses Buches bevorzugt behandelt werden, so ist diese auf unveröffentlichten Akten beruhende Publikation grundlegend für die Beurteilung der Gesamtpolitik dieses Pontifikates. Zur Einschätzung Bismarcks durch Leo XIII.: S. 60.

[24] Auf dem Freiburger Katholikentag 1888 interpretierte auch Windthorst den 1887 erneuerten Dreibund als eine günstige Situation für den Papst: die deutschen und die österreichischen Katholiken könnten so stärker auf Italien einwirken; *Kißling* II 234f.

Abwicklung des Kulturkampfes. Deren Bekanntgabe in der päpstlichen Ansprache vom 23. Mai 1887 schließt mit der Hoffnung, daß nun die „Eintracht" auch in Italien hergestellt werde, und nennt als einzige Bedingung, daß der Papst niemandes Gewalt unterworfen sei[25]. Offenbar hielt der Papst in dieser Stunde den Augenblick für eine solche Lösung der „römischen Frage" für gekommen, Krönung des Friedenswerkes mit Deutschland. Aber: Crispi lehnte sofort ab; im Oktober war der italienische Ministerpräsident höchst willkommener Gast bei Bismarck; der Dreibund wurde erneuert; der Papst, obwohl „abbandonato dalle potenze"[26], kehrte zur alten Forderung zurück. Mit welcher Macht sollte sie verwirklicht werden? Am 2. Juni 1887 wurde Rampolla[27] zum Staatssekretär ernannt. Am 4. Oktober 1887 berichtete der französische Botschafter beim Vatikan, der Kardinal habe „d'une entente cordiale" mit Frankreich gesprochen. Am Jahresende nannte Leo XIII. selbst dem Botschafter gegenüber Frankreich „sa fille privilegiée". Bereits 1884 hatte das Schreiben „Nobilissima Gallorum gens" eine derartige Sprache intoniert. Im Jahre 1888, in dem Wilhelm II. den Papst besuchte, bezeichnete der Papst bei einer Audienz des französischen Botschafters Bismarck als großen Revolutionär. Nach dem Bericht des österreichischen Sonderbeauftragten vom 6. August 1888 hat Leo XIII. ihm gesagt: „Wenn die Regierungen keine Truppen zu meinem Schutz entsenden können, so mögen sie wenigstens, wenn Gefahr im Verzug ist, ihre Fahnen auf den Mauern des Vatikans aufpflanzen." Sowohl Wien wie Paris wies der Papst im Zusammenhang mit einem damals befürchteten Krieg auf den Vorteil hin, den ein Bündnis mit dem Stuhl Petri bedeute[28]. Im Jahre 1890 begann die Politik des „Ralliement", der Versöhnung mit der französischen Republik. Rampolla erklärte dem französischen Geschäftsträger, die Errichtung einer italienischen Republik könne vielleicht die Situation des Vatikans bereinigen, weil dann der Papst keinen Monarchen neben sich in Rom wüßte[29]. Auch diese zweite politische Kombination ist mit dem „Ralliement" gescheitert[30]. Wie wenig sie mit einer Zuneigung zur Demokratie als solcher zu tun hat, ergibt sich aus einem Bericht des österreichischen Vatikanbotschafters Revertera, wonach sich der Papst zwei Wochen nach dem Rundschreiben „Au milieu des sollicitudes" (1892) prinzipiell für „eine monarchische Restauration in Frankreich" ausgesprochen habe, wenn sie nur möglich sei[31].

[25] Acta Leonis VII 112–116, hier: 115.

[26] *Engel-Janosi* I 251: Leo XIII. zum Vatikanbotschafter Österreichs.

[27] Zu Rampolla außer Lit. oben die Diplomatenurteile bei *Engel-Janosi* I 245 257ff.

[28] *Engel-Janosi* I 256 266. [29] Ebd. 265.

[30] Der Nuntius Ferrata versuchte Ende 1895, als das Gesetz gegen die Kongregationen akut wurde, die beiden Kombinationen zu verbinden, indem er den französischen Ministerpräsidenten an die Kooperation mit den Monarchien erinnerte; Mémoires III 306f.

[31] Leo XIII. zu Graf Revertera: „Ganz im Vertrauen will ich Ihnen sagen, was ich natürlich nur sehr wenigen sagen kann: ich bedauere, daß, so wie die Dinge heute liegen, eine monarchische Restauration in Frankreich unmöglich ist... Hat die Monarchie dortzulande noch eine Zukunft, so hängt sie davon ab, daß vorher die Katholiken im Staate das ihnen gebührende

Zwei Hoffnungen äußerte Leo XIII. beim Silvesterempfang Graf Reverteras im Jahre 1897: Er möchte vor dem Ende seiner Tage wenigstens das erste Dämmern einer Vereinigung mit den außerhalb der Kirche stehenden christlichen Völkern und den Anfang in der Lösung der Römischen Frage erleben. Man muß beide Hoffnungen zusammen sehen, wenn man die bedrückende Problematik der Kirchenstaatspolitik[32] um nichts verkürzen, aber sich auch nicht durch deren Isolierung aus der Gesamtkonzeption des Papstes den Blick auf die Größe dieser Gestalt verstellen lassen will. Freilich muß man die zuerst genannte Hoffnung des Papstes in der Perspektive dessen verstehen, was damals geschichtlich denkbar war: Was der Papst erwartete, war nicht das gegenseitige Verständnis der getrennten Christen füreinander, sondern eine große Konversionsbewegung. Sie war der Horizont, in dem die Gültigkeit der anglikanischen Weihen erörtert wurde, und mit ihr glaubte Leo XIII. 1887 auf Grund von Nachrichten aus dem Balkan rechnen zu können, nachdem er von Anfang an seine Politik gegenüber Rußland daraufhin orientiert hatte[33]. Auch ohne Leo XIII. einen „Todfeind der Protestanten“ [34] zu nennen, konnte man eine sol-

Übergewicht erlangen“: *Engel-Janosi* I 272f; zur Charakteristik Reverteras („aufrichtiger Edelmann“): ebd. 257. – Vgl. Kap. 2. – Zum Kurswechsel: *Ward* 60.

[32] Auch für *Walter Goetz* a. a. O. 397f ist dieser Aspekt der problematischste im Blick auf die Opportunismusfrage. Er betont nachdrücklich, wie ernst es dem Papst mit der Restauration des Kirchenstaates gewesen sei, so unglaublich dies scheine. Die „skrupellosen Versuche europäischer Umstellung“ nach 1887 möchte er mehr Rampolla anlasten. Daß „man nicht die Demokratie in Frankreich bejahen und gleichzeitig in Italien die Teilnahme an den Wahlen verbieten kann“ (*v. Aretin* a. a. O. 166), geht von einem Verhältnis zur Demokratie aus, das nicht bestand; ähnlich *Fülöp-Miller* a. a. O. 130. – In diesem Zusammenhang muß auch das Verhältnis des Papstes zum amerikanischen Episkopat um Kardinal Gibbons und dessen Entwicklung gesehen werden; es gab da von Anfang an eine Grunddifferenz, da dieser Episkopat aus überzeugten Demokraten bestand. – Was in der Allgemeinheit der Lehrschreiben, an deren wirklicher Verantwortung durch Leo XIII. nicht zu zweifeln ist, überbrückt werden konnte, schloß den Konflikt in einer bestimmten geschichtlichen Situation nicht aus (vgl. Kap. 10 und 24). – Die persönlichen Opfer, die der Papst im Rahmen seiner Politik abverlangte, sowohl bei der Abwicklung der Kulturkämpfe wie beim Ralliement, gehören in das generelle Problem einer jeden Machtausübung. Der Kurienkardinal (seit 1875) Ledóchowski mußte 1886 auf das Erzbistum Gnesen verzichten. Erzbischof Melchers von Köln, ebenfalls während des Kampfes in Haft, mußte 1885 unter Erhebung zum Kurienkardinal resignieren. Bischof Lachat von Basel-Solothurn erfuhr bei der Versetzung als Apostolischer Administrator ins Tessin eine Minderung seiner Position. Auch die teilweise bitteren Reaktionen im französischen Episkopat sind recht verständlich. – Daß Leo XIII. nach der Vermittlung in der Karolinenfrage (vgl. S. 22), die zu Bismarcks Zufriedenheit ausfiel und für die er sich im Brief vom 31. Januar 1886 mit der Anrede „Sire“ bedankte (was der Papst hinsichtlich der Römischen Frage für bedeutend hielt), dem gleichen Mann, den er später einen großen Revolutionär nannte, den Christusorden verlieh, entsprang einer Mischung aus Pragmatismus und der trotz schon damaliger Enttäuschungen ihn beherrschenden Einschätzung dieses Staatsmannes.

[33] Vgl. Kap. 9, 11 und 25. Zu den Konversionserwartungen im Osten: *Engel-Janosi* I 222f 248f 268ff 321f.

[34] *R. Seeberg*, Aus Religion und Geschichte I (1906) 332–351. – In mehreren Enzykliken hat freilich Leo XIII. die Aufklärung und die Revolution als ein Ergebnis der Reformation

che Auffassung der christlichen Ökumene ablehnen. Aber das katholische Selbstverständnis vorausgesetzt, war die Stadt Petri das wesentliche Moment einer Union der Christen. Wie immer zu verschiedenen Zeiten Leo XIII. die Lösung der „römischen Frage“ andeutete, extensiv oder reduziert, es ging nicht um „ein kleines Fürstentum“, sondern um die Heilige Stadt als das Zentrum der einen Weltkirche und den Sitz ihres keiner anderen Gewalt unterworfenen Oberhauptes. Das Rom des Nachfolgers Petri und Stellvertreters Christi – oder das Rom der freimaurischen „Pest“: dies war die Frage. „La Roma nostra“, pflegte Leo XIII. zu sagen. Und wenn auch der Papst mit einem Wort von Ambrosius: „Ubi Papa, ibi ecclesia“ wiederholt davon sprach, in Österreich oder Spanien Asyl zu suchen, so dachte er dabei vor allem an die spätere triumphale Rückkehr[35].

Es scheint nötig, will man diesen Pontifikat in allen seinen Aspekten verstehen, vom sehr ausgeprägten Bewußtsein Leos XIII. von der Geschichte des Papsttums auszugehen. Dieses Bewußtsein hatte auch nicht einen Anflug von Historismus. Immer neu wiederholt er in den Enzykliken, daß das Papsttum das christliche Abendland gebildet hat und was die Völker (und insbesondere Italien) ihm verdanken[36]. Es ist selbstverständlich, daß dabei die Päpste Leo d. Gr. und Gregor d. Gr. besonders hervorgehoben werden, und ebenso, daß Leos Vorgänger seit der Französischen Revolution im Register die meisten Stellen ausmachen. Prüft man den sachlichen Gehalt der traditionellen Nennung von praecedores bei vielerlei Gelegenheiten[37], dann ist bemerkenswert, daß sich der Stellenwert der Zitate Innocenz' III., die fast alle die persönliche Handschrift Leos XIII. zeigen, heraushebt. In der Enzyklika „Inscrutabili Dei“ vom 28. Mai 1878 erscheint Innocenz III. zusammen mit Leo d. Gr., Alexander III. und Pius V. als Vorbild des neuen Pontifikates. Daß sich Leo XIII. im Zusammenhang mit seinen ostkirchlichen Unionsplänen auf Innocenz III. beruft (neben anderen Päpsten), provoziert zu historischen Vergleichen, die natürlich damit

bezeichnet. Zum 300. Todestag von Petrus Canisius richtete er am 1. August 1897 die Enzyklika „Militantis ecclesiae“ an den österreichischen, deutschen und schweizerischen Episkopat; er verglich die Situation, in der Canisius wirkte, als der „Neuerungssucht“ die „Verderbnis der Sitten“ folgte, mit der Gegenwart und sprach von der „rebellio lutherana“; Acta Leonis XVII 248–259, hier: 248f.

[35] Viermal war der Gedanke akut, für das Papsttum außerhalb Italiens ein Asyl zu suchen: 1881/82, wo vom österreichischen Trient die Rede war; 1888 (wieder im Blick auf Österreich) unter den Schikanen der Regierung Crispi und der Enttäuschung des Papstes in seinen Erwartungen von der Beilegung des Kulturkampfes nach dem nicht nur wegen des Prinzen Heinrich schlecht verlaufenen Besuches Kaiser Wilhelms II.; 1889 nach den Demonstrationen bei der Enthüllung des Giordano-Bruno-Denkmals, diesmal auf Spanien gerichtet; im Sommer 1891, woraufhin Kaiser Franz Joseph wieder entmutigte; *Schmidlin PG* 414f 417 421; *Engel-Janosi* I 226–231 255 266f.

[36] Vgl. Kap. 22.

[37] Gregor XIII. wird sehr häufig genannt, inhaltlich bedeutsam aber nur wegen der Kalenderreform im Zusammenhang mit der neuen Ausstattung der Sternwarte (Acta Leonis XI 62).

nicht angesprochen waren. Interessant ist, daß Innocenz (zusammen mit Gregor IX.) im Schreiben „Nobilissima Gallorum gens" von 1884, das nach dem Abschluß des Dreibundes auf die spätere französische Politik vorausdeutet (einleitend werden die „Gesta Dei per Francos" genannt), mit einem Zitat aus dem Brief an den Erzbischof von Reims angeführt wird, in dem von der bevorzugenden Liebe zu Frankreich und dessen die anderen Reiche übertreffenden Gehorsam gegenüber dem Apostolischen Stuhl die Rede ist[38]. Denn im Jahre 1892, in dem Leo XIII. die Gebeine Innocenz' III. von Perugia in die altehrwürdigste Kirche Roms, die von ihm seit 1881 mit großem Aufwand restaurierte und erweiterte Lateranbasilika, überführen ließ, war das „Ralliement" im Gange, der zweite große Ansatz nicht nur zur Lösung der „römischen Frage", sondern mit ihr zur Errichtung eines Papsttums, das die universale geschichtliche Aufgabe, die es im Mittelalter wahrgenommen hatte, in der aus der Revolution hervorgegangenen Welt mit den entsprechenden Anpassungen wieder aufgreift und die „sittlich religiöse Hegemonie in einem neuen christlichen Weltreich"[39] zurückgewinnt. Anläßlich des Jahrestages seiner Krönung am 3. März 1878 begründete Leo XIII. 1892 in einer Ansprache an die Kardinäle die Überführung der Gebeine seines großen Vorgängers Innocenz III.[40]. Was schon während seines Episkopates in Perugia einer seiner am allermeisten gehegten Gedanken gewesen sei, das Andenken dieses Mannes zu ehren, habe er in diesem Jahr verwirklicht, damit von der Lateran-Basilika aus, dem „Symbol der katholischen Einheit", seine Stimme gehört werde. Als das große Ziel dieses Pontifikats nannte er in unmittelbarer Verbindung „die Rückeroberung des Heiligen Landes und die Unabhängigkeit der Kirche". Unter der „Freiheit des Papsttums" habe der christliche Glaube „wie das Blut den ganzen sozialen und politischen Organismus belebt" und „die Völker" (le genti) an die Autorität der Kirche als an „das moralische Zentrum der Welt" gebunden. Muß nicht so, zwar „nicht durch Wiederherstellung der Institutionen des Mittelalters", aber durch einen „starken Glauben, der im Gewissen der Völker (coscienza dei popoli) bekräftigt ist", der Sieg am Ende (la finale vittoria) erreicht werden können? Die Unterscheidung der mittelalterlichen und der heutigen Verhältnisse greift die in den Sozialkreisen geführten Diskussionen über die Zünfte auf, die auch in „Rerum novarum" (1891) beachtet worden war. Besonders wichtig ist es wohl, daß bei diesem Anlaß nicht von den Staaten, sondern den Völkern die Rede ist. Dies entsprach der seit 1887 auf die „katholischen Massen" gesetzten Hoffnung und der Bemerkung Rampollas vom „unverkennbar demokratischen Zug der Zeit, dem sich die Kirche nicht feindselig gegenüberstellen dürfe"[41], eine durch die Arbeiterpilgerzüge bekräftigte Ansicht. Wir wissen nicht, was Leo XIII. im einzelnen aus dem Pontifikat Innocenz' III. bekannt war, dessen großes universales

[38] Acta Leonis IV 11. [39] *Schmidlin PG* II 353. [40] Acta Leonis XII 383–385.
[41] *Engel-Janosi* I 259f. – Die Bemerkung Rampollas war an Graf Revertera, den österreichischen Botschafter, gerichtet.

Ziel es aber gewesen war, „als Haupt des übernationalen, ihm direkt untergebenen populus christianus" das Papsttum „im Raum der christianitas zu priesterköniglicher Stellung" zu erheben[42]. Es wäre abwegig, aus Leos Vorgängerzitaten Innocenz III. allzu stark hervorzuheben. Aber dieser Papst, dessen Andenken ihn von der Geburt (Anagni war das Heimatbistum Joachim Peccis) über Perugia und die Überführung an die Lateranbasilika 1892 an einem dramatischen Wendepunkt bis zur eigenen Beisetzung (auf der rechten Seite der Basilika gegenüber dem Grabmal Innocenz' III.) begleitete[43], bietet einen Zugang zur universalen Konzeption Leos XIII., der eine andere Gestalt des Hochmittelalters, Thomas von Aquin, als den Vollender der „christlichen Philosophie" und die Rückkehr zu ihm als den Weg der Heilung für die moderne Gesellschaft bezeichnet hat. Vielleicht wird auch so Leos XIII. „Versuchung zur Theokratie"[44] verständlich.

In diesem Horizont wird es auch begreiflich, wie hoch Leo XIII. im Zeitalter des Imperialismus alle Aussichten auf ein internationales Schiedsrichteramt, das er prinzipiell für das Papsttum in Anspruch nahm, entgegen aller politischen Realität einschätzte. Bereits in „Diuturnum illud" (1881) wird daran erinnert, daß in der Zeit des Heiligen Römischen Reiches die Kirche als „Conciliatrix" die politischen Leidenschaften der Völker teils durch Milde, teils durch Anwendung ihrer Autorität bändigte[45]. Das Angebot Bismarcks 1885, im Streit zwischen Deutschland und Spanien wegen der Karolineninseln zu vermitteln, war natürlich für Leo XIII. in erster Linie deshalb bedeutsam, weil er die Geste des Reichskanzlers als Anerkennung der weltlichen Souveränität interpretierte. Aber der Papst war geneigt, umfassende Hoffnung an diesen Schritt knüpfen zu können, hatte freilich erfahren müssen, daß Spanien sein völkerrechtliches Schiedsgericht ablehnte und nur eine Vermittlung konzedierte[46]. An diese di-

[42] *F. Kempf:* LThK² V 688.

[43] In der Kathedrale von Perugia waren auch zwei andere Päpste beigesetzt (Urban IV., 1261–64, und Martin IV., 1281–85). Einer freundlichen Mitteilung von *Friedrich Kempf* verdanke ich den Hinweis, daß die Überreste aller drei Päpste „seit nicht genau bestimmbarer Zeit zusammengelegt worden waren"; es war also schon ein besonderer Akt, den weitaus bedeutendsten (immerhin war Martin IV. von den Römern gezwungen worden, sich in Orvieto krönen zu lassen) herausholen zu lassen. Zur Überführung (die Überreste sollen von einem Prälaten in einer Schachtel per Eisenbahn nach Rom gebracht worden sein): *Schmidlin PG* II 405. – Auf Anagni als Geburtsort von Innocenz III. und Gregor IX. verweist Leo XIII. im Jahre 1897.

[44] *R. Aubert*, HKG VI/1 510.

[45] Acta Leonis II 282.

[46] Leo XIII. setzte eine Kardinalskommission ein, deren Vorschlag vom 22. Oktober 1885, die Hoheit über die Inseln Spanien, die Handelsfreiheit aber Deutschland zuzuerkennen, von den Mächten akzeptiert wurde (1899 nach dem amerikanisch-spanischen Krieg kaufte Deutschland die Inseln als „Schutzgebiet" Spanien ab). *U. Stutz* a. a. O. 60 spricht von einem „diplomatischen Meisterstreich Bismarcks"; *E. Born: Gebhardt-Grundmann* III 236, betont, daß der Schritt „die Anerkennung der tatsächlichen weltlichen Souveränität des Papstes bedeutete, wie sie seit der Besetzung des Kirchenstaates 1870 nicht mehr erfolgt war"; zur kritischen Beurteilung der päpstlichen Hoffnungen durch die österreichische Vatikanbotschaft:

plomatische Aktion erinnerte Leo XIII. ausdrücklich in seinem Brief vom 29. Mai 1899, mit dem er einen Brief der niederländischen Königin Wilhelmine beantwortete, die auf Initiative des Zaren auch den Papst in die Haager Friedenskonferenz hatte einbeziehen wollen und ihn um seine „moralische Unterstützung" gebeten hatte[47]. Im Brief Leos XIII. wird erklärt, daß es zur Stellung des Papstes gehöre, der Konferenz nicht nur eine moralische Unterstützung zu geben, sondern „dabei effektiv mitzuwirken". Dies entspreche der Tradition des Papsttums, dessen Autorität alle nationalen Grenzen übersteigt. Trotz aller Widerstände werde er dieser Pflicht weiter nachkommen und dabei keinen anderen Ruhm suchen als „de servir la cause sacrée de la civilisation chrétienne". Die Einladung scheiterte an Italien. Aber auch in anderen Ländern ergaben sich angesichts dieser Amtsauffassung des Papstes, die letztlich auf eine Schiedsgerichtsbefugnis hinauslief, Verlegenheiten. Die Bejahung dieser päpstlichen Mission war in die Treuebekundungen der Katholikenversammlungen einbezogen worden und mußte zu Komplikationen führen, wenn sie auf eine konkrete Situation bezogen wurde[48]. Es war eine Täuschung, diese Staatenwelt auch nur in etwa auf eine „christliche Zivilisation" beziehen, sie als einen im christlichen Glauben geeinten Völkerbund[49] neu gestalten zu wollen.

Man nimmt der Enzyklika „Rerum novarum" (1891) auch nicht ein Jota ihrer Bedeutung[50], sondern schätzt sie erst dann richtig ein, wenn man sie in den Zusammenhang des großen Weltentwurfes Leos XIII. stellt. Gewiß spielen die 1887/1888 sich verdichtenden Erfahrungen des Papstes mit den konservativen Monarchien, die ihm nicht gegen den italienischen Emporkömmling beistehen wollten, eine Rolle. Und gewiß war Leo XIII., unbeschadet seiner allgemeinen Äußerung zur Staatslehre, der Demokratie abgeneigt. Ebenso ist der Wechsel der Tonart in der sozialen Frage von 1891 zu „Graves de communi" 1901 unverkennbar. Aber hier zeigt sich nur in der negativen Wendung der Enttäuschung, was im Ganzen angestrebt worden war: eine Heilung dieser gesellschaftlich und politisch zerklüfteten und gegen Ende des 19. Jh. geistig in eine abgründige Resignation verfallenen modernen Welt durch die Anerken-

Engel-Janosi I 240; zu Spanien: *R. Konetzke* (zit. in Kap. 8) 521; eine hämische deutsche Karikatur, die den Papst zeigt, wie er mit einem Schwert die Inschrift „Ehre – Nutzen" zerschneiden will, links eine Spanierin, zu der er höhnisch hinsieht, rechts der massiv triumphierende Bismarck: bei *v. Aretin* a.a.O. 127.

[47] Acta Leonis XIX 83–85.

[48] Windthorst plädierte 1890 beim Koblenzer Katholikentag für die Anerkennung; *Kißling* II 246. Beim Katholikentag in München 1895 wurde ein weitgehender Antrag Fürst Löwensteins abgelehnt; *Siebertz* a.a.O. 203–209.

[49] *Tischleder,* Staatslehre 404ff. – Die Bemerkung von *H. Hermelink* a.a.O. 107, es sei zu spät gewesen für „die Unterwerfung der einmal mündig gewordenen Völker unter die zentralistische Leitung einer zölibatären internationalen Priestergesellschaft", verrät im Jahre 1955 mehr als ein seltsames protestantisches Ressentiment.

[50] Mit Recht nennt *K. O. v. Aretin* a.a.O. 158 diese Enzyklika „eine große Tat", die sich gegen die paternalistische Verleumdung der christlichen Sozialbewegung richtete.

nung der moralischen Autorität des Vicarius Christi. Dazu gehörte unabdingbar die Befreiung der „proletarii" aus der damaligen Bedrückung durch die „classes dirigeantes", gehörte auch das Recht zu ihren Zusammenschlüssen. Aber die „Arbeiterfrage" ist ein Teil in der allgemeinen Erneuerung der Gesellschaft auf der Grundlage der neuscholastischen Soziallehre, und diese Erneuerung ist für Leo XIII. nur denkbar, wenn die Autorität der Kirche wieder allgemein respektiert wird. Soviel auch die Arbeiterpilgerzüge nach Rom[51] für den Papst gegenüber der piemontesischen Herrschaft bedeuteten, es ist absurd, das freilich im Grunde durchaus patriarchalische Engagement dieses Papstes an der Arbeiterfrage als bloßes Mittel einer pragmatischen Politik in der „römischen Frage" zu deuten[52].

Leo XIII. war nicht nur ein politischer, sondern auch ein herrschaftlicher Papst[53]. Sein erster Staatssekretär, Alexander Franchi[53a], dessen Ernennung vielleicht mit der Papstwahl zusammenhing, war der weitaus profilierteste vor Rampolla. Nach dessen Tod schon 1878 hatte auch L. Nina, der ebenfalls zu den Gegnern der Intransigenten gehörte, seit 1880 in Ungnade, nur eine kurze Amtszeit[53b]. Der Staatssekretär L. Jacobini (1880–87), zuvor Nuntius in Wien, war eine vorsichtige Natur, „dessen Persönlichkeit sich weder im Vatikan noch bei dem Papste selbst durchzusetzen wußte" (Engel-Janosi). Er hatte den wechselnden Initiativen des Papstes bei dessen Politik gegenüber Bismarck zu folgen. Leo XIII. erwartete auch, daß seine Nuntien in jeder Hinsicht als die Ausführungsorgane seiner Vollgewalt angesehen würden, mit der er zentralistisch die

[51] Französische Pilgerzüge 1887, 1888, 1889, 1891 (das „Vive le Pape!" führte zu Tumulten, in denen ein Papstbild verbrannt wurde). 1892 erschien eine Gedenkmedaille mit dem Papstbild und der Figur der Religion, die in der Rechten die Enzyklika von 1891 und in der linken das Kreuz hält, das den Kopf einer Hydra (Habsucht) zerschmettert; zu Füßen der Religion eine arme Frau mit ihrem Kind; ein kräftiger Arbeiter mit seinem Werkzeug schaut zur Religion auf, während von der anderen Seite wohlhabende Herren ihre Gaben bringen; *Schmidlin PG* II 378. Man muß dabei den allgemeinen Geschmack der Zeit berücksichtigen.

[52] Vgl. Kap. 12 und 13.

[53] Es kann hier nicht in Anspruch genommen werden, auch nur eine Porträtskizze Joachim Peccis zu versuchen. Die Berichte der Personen, die ihm begegneten, sind sehr widersprüchlich und sind auch zu Zeiten verschieden; vgl. *Engel-Janosi* I 217 231 263. Der Optimismus, der natürlicherweise zu Anfang dieser Amtszeit größer sein mußte als zu Ende, scheint mit einer Skepsis verbunden gewesen zu sein, die man angesichts der weit ausgreifenden Entwürfe dieses Mannes nicht vermutet. Der starken, humanistisch geprägten Rationalität („kühl und nüchtern": *Schmidlin PG* II 587) waren wohl emotionale Züge nicht fremd; so berichtet der österreichische Gesandte, daß Leo XIII. den Staatssekretär Jacobini, als dieser bei einer Verwaltungsfrage eine Einwendung vortrug, mit den Worten unterbrach: „Ego sum Petrus!" Die Stimmung, in die Leo XIII. durch die ausweichende Antwort des Kaisers Franz Joseph 1881 versetzt wurde, charakterisierte er so: „J'en ai été navré." Natürlich hatten die physischen Kräfte des 1810 geborenen Papstes in den neunziger Jahren abgenommen; aber es ist offenbar Vorsicht gegenüber den Reden von der „Greisenhaftigkeit" geboten. Im Jahre 1901 fand der neue österreichische Botschafter den Papst kräftiger und frischer als 12 Jahre zuvor.

[53a] Vgl. S. 7, 59.

[53b] Vgl. S. 63.

Weltkirche leitete[54]. Dies machte der Papst grundsätzlich klar durch den Brief vom 15. April 1885, den er durch Staatssekretär Jacobini an M. Rampolla, seit 1882 Nuntius in Madrid, richten ließ, um dessen Stellung gegenüber den kirchlichen Gegnern der spanischen Verfassung zu stärken[55]. Die Nuntien haben eine „im Hinblick auf die Gläubigen des Landes und ihre kirchlichen Angelegenheiten autoritative Mission", deren Ausmaß der Papst – es wird auf die Konstitution „Pastor aeternus" verwiesen – bestimmt. D. Ferrata, der zu den vorzüglichsten Diplomaten Leos XIII. gehört, nach seinen Aufträgen in der Schweiz und in Belgien 1891–96 Nuntius in Paris (1914 Kardinalstaatssekretär), äußerte 1894 gegenüber dem französischen Ministerpräsidenten Périer, daß der Nuntius den Papst als den „wirklichen geistlichen Souverän der Katholiken des jeweiligen Staates" vertritt, sich also wesentlich von jedem anderen Botschafter unterscheide[56]. Ein Mann der besonderen Gunst Leos XIII. war auch der Diplomat L. Galimberti, der als Sonderbeauftragter des Papstes eine wesentliche Rolle bei der Abwicklung des Kulturkampfes spielte und in seinem Verhalten gegenüber Windthorst, das er sich sicher nicht auf eigene Rechnung leisten konnte, den eigenwilligen Regierungsstil dieses Pontifikates dokumentiert[56a]. Daß im Jahre 1887 sein Rivale Rampolla und nicht er Staatssekretär wurde und er als Nuntius (bis 1893) nach Wien zu gehen hatte, gründet im großen Kurswechsel der päpstlichen Politik[57]. Welche Position der Staatssekretär M. Rampolla (seit 1887) gegenüber Leo XIII. hatte[58], läßt sich, solange die vatikanischen Archive bis 1903 nicht allgemein zugänglich sind, wie vieles andere nicht präzis ermitteln. Es ist wahrscheinlich, daß er in den letzten Jahren Leos XIII. einen großen Einfluß auf die Aktivitäten hatte.

Mit diesem diplomatischen Apparat wollte Leo XIII. die Macht seiner moralischen Autorität geltend machen. In den ersten achtziger Jahren mußte er erfahren, daß die Voraussetzung ihrer Geltung, es würden nämlich die konservativen Mächte diese Autorität als unentbehrlich für ihren Bestand gegen die revolutionären Tendenzen betrachten, nicht gegeben war; nicht einmal die habsburgische Monarchie wollte im konkreten Fall die Konsequenzen ziehen und konnte es auch nicht. Nach den neunziger Jahren stellte Leo XIII. fest, daß auch die unmittelbare Zuwendung an die Völker zwar seine Autorität in den Katholizismen noch bestärken konnte, aber die Hoffnung auf ihre kirchliche

[54] Leo XIII. machte „selbst in nicht-kirchlichen Fragen die ganze Wucht seiner Autorität" geltend und habe so „die Potestas directa auf Umwegen" ausgeübt: *Schmidlin PG* II 583.

[55] ASS 17, 561ff; vgl. Zitat S. 127, Anm. 6.

[56] Mémoires II 455. [56a] Vgl. S. 71.

[57] Zu Galimberti *Engel-Janosi* I 261f. Der „undurchsichtige" Diplomat galt als Anhänger einer Annäherung an Italien. Dem steht ein Bericht des französischen Botschafters in Wien (1888) entgegen, wonach Galimberti für eine aggressive Aufhebung des Non expedit war und es gern gesehen hätte, daß der Papst mit seinen Kardinälen den Vatikan verlasse, um zu beweisen, wie „erlogen" die angebliche Freiheit des Papstes sei.

[58] Zu Rampolla vgl. Anm. 27 und S. 392 in diesem Band.

Ausweitung in Konversionsbewegungen sich nicht erfüllte und noch weniger die Erwartung, es würde seine Autorität als eine moralische von der ganzen Menschheit respektiert werden. Zu seinen Lieblingsplänen hatte es auch gehört, diplomatische Beziehungen mit China anknüpfen zu können. Er hatte bereits A. Agliardi, den späteren Wiener Nuntius, als Apostolischen Delegaten vorgesehen, nachdem sein Schreiben an den Kaiser von China vom 1. Februar 1885 ein positives Echo gefunden hatte; das unmittelbare Motiv war der Schutz der katholischen Missionare gewesen, aber das weiter gesteckte Ziel der Einbezug dieser Weltkultur in sein universales Konzept[59]. Der Plan scheiterte daran, daß Frankreich als die allgemein anerkannte einzige Protektoratsmacht für die Christen im Orient seine Interessen gefährdet sah und dem Vatikan mit dem Abbruch der diplomatischen Beziehungen drohte.

Man muß die Weihe der ganzen Menschheit an das Herz Jesu anläßlich des Jubiläumsjahres 1900 in der Perspektive des leoninischen Weltplanes sehen. Sosehr Leo XIII. ein „politischer Papst" und als solcher unter die Bedingungen der Politik gestellt war, so wenig kann dieser Pontifikat begriffen werden, wenn man als sein Ziel „die Herrschaft der katholischen Kirche über die Menschheit"[60] bezeichnet, es sei denn, daß man „Herrschaft" versteht in jener wechselseitigen Durchdringung religiöser und politischer Begriffe, die für die politische Theorie des Abendlandes charakteristisch war, ehe sie sich im Spätmittelalter auflöste. Man wird nicht sagen können, daß sich dieser Pontifikat durch eine schöpferische Kraft der Spiritualität auszeichnet[61], wenngleich die tiefe persönliche Frömmigkeit Leos XIII. eindeutig bezeugt ist. Es wurden gegebene Formen, die Marie-Thérèse von Lisieux aufnahm und in ihrem Leidensweg verinnerlichte, weiter entfaltet und ganz gewiß auch in den Dienst öffentlicher Bekundung gestellt. Aber man geht am Charakter dieses Pontifikates vorbei, wenn man diese „Politisierung" als eine ideologische Manipulation der Religiosität mißversteht. Dem steht schon die erstaunliche Anziehungskraft entgegen, welche die meisten Orden und Kongregationen auszuüben vermochten, so daß sie immer wieder viele junge Menschen für eine weitverzweigte soziale Tätigkeit in religiöser Motivation gewinnen konnten.

Der Weltentwurf Leos XIII., der vielleicht in seiner großartigsten und die innersten Momente aufweisenden Form im Apostolischen Schreiben „Praeclara

[59] Acta Leonis V 10–12; das Verhältnis Leos XIII. zu den Missionen: Teil III.

[60] *W. Goetz* a.a.O. 403 – *Engel-Janosi* I 264 hebt hervor, daß „Leo XIII. weit mehr sein wollte und war als der ‚Diplomatenpapst'". *Ward* 61: groß als Papst, nicht als Politiker.

[61] Vgl. Kap. 16. – Die vornehmlich religiösen Enzykliken Leos XIII. in deutscher Übersetzung bei: *A. Rohrbasser,* Heilslehre der Kirche. Dokumente von Pius IX. bis Pius XII. (Fribourg 1953) (Deutsche Übersetzung von Enzykliken „Zum Glaubens- und Gnadenleben", von Leo XIII.: Exeunte jam anno [1888]; Quamquam pluries [1889]; Sapientiae christianae [1890]; Novum argumentum [1890]; Octobri mense [1891]; Neminem fugit [1892]; Magnae Dei Matris [1892]; Laetitiae sanctae [1893]; Jucunda semper [1894]; Adjutricem populi [1895]; Satis cognitum [1896]; Fidentem piumque [1896]; Divinum illud [1897]; Augustissimae Virginis [1897]; Annum sacrum [1899]; Tametsi futura [1900]; Mirae caritatis [1902]).

gratulationis" vom 20. Juni 1894[62] ausgedrückt wird, ist eine jener Utopien, ohne die es geschichtliche Größe nicht gibt. Am Ende steht das bittere Schreiben „Annum ingressi sumus" vom 19. März 1902[63], in dem Leo XIII. die Beleidigungen beklagt, die der Kirche zugefügt werden. Aber es ging nicht nur um den fanatischen Haß einzelner Freimaurer und die Feindlichkeit der ganzen Organisation der katholischen Kirche gegenüber: die Versöhnung der modernen Welt mit der Überlieferung war niemandem mehr möglich. Was man einen „tragischen Mißerfolg" Leos XIII.[64] genannt hat, stand unter einer Welt-Signatur. Was diesem Papst gelungen ist, war weniger, als was er gewollt hatte. Aber dieses Mehr war die Voraussetzung des Gelungenen. Er hat „allen Gläubigen ein neues Gefühl der inneren Sicherheit gegenüber der Welt gegeben"[65]. Dies macht seine geschichtliche Bedeutung aus. „Wenn seine Regierung im geschichtlichen Rückblick auch nicht so einzigartig erscheint, wie sie früher vielfach dargestellt worden ist ... so ist Leo XIII. doch ohne Zweifel der bedeutendste Papst seines Jahrhunderts und wohl auch der bedeutendste Papst zwischen Benedikt XIV. und Pius XI." (G. Schwaiger)[66]. Seine Politik und die Wendungen dieser Politik – seine politischen und gesellschaftlichen Enzykliken – sein Rückgriff auf die große Philosophie des Thomas von Aquin – seine zentralistische Orientierung der Katholizismen und der Kirche auf Rom hin – sein Engagement für die Weltmission – seine Hoffnung auf große Konversionsbewegungen: dies alles waren Bekundungen eines grandiosen Willens zur „restauratio", nicht mehr auf den Wegen der politischen Restauration zu Anfang des Jahrhunderts, sondern in einer Zuwendung an die moderne Welt, entsprungen einer nur zu begründeten Sorge um das Heil der Menschheit. Daß nach seinem Tod am 20. Juli 1903 die Wahl des neuen Papstes die politischen Mächte sehr viel mehr bewegte als im Jahre 1878[67], hatte seinen Grund jedenfalls auch in dem Ansehen, das Leo XIII. dem Papsttum in der Welt erworben hatte.

[62] Acta Leonis XIV 195–214; *A. Harnack* nennt dieses Schreiben „das Testament Leos XIII.": Reden und Aufsätze II (^{2}1906) 267–293; daß „über den freundlichen Ton hinaus jede Konzession (an die Nichtkatholiken) fehlt", kann nicht anders erwartet werden.

[63] Acta Leonis XXII 52–80.

[64] *Fülöp-Miller* a.a.O. 152.

[65] *W. Goetz* a.a.O. 402. – *W. v. Loewenich,* Moderner Katholizismus (Witten a. d. Ruhr 1955) 69f spricht von der „Zwiespältigkeit des modernen Katholizismus", die gerade bei Leo XIII., den er sehr sachlich darstellt, sichtbar werde. Zu dieser „Zwiespältigkeit" vgl. Kap. 12–14; aber es sind nicht die „zu vielen autoritären Vorentscheidungen", welche die eigentliche Problematik ausmachen, die eine viel umfassendere und keineswegs den Katholizismus allein angehende ist.

[66] *G. Schwaiger* a.a.O. 49.

[67] Vgl. S. 393.

ERSTER ABSCHNITT

Die Situation in den einzelnen Ländern bis 1914 *

Univ.-Professor Dr. Rudolf Lill, Köln – Rom (Kap. 1 und 3)
Univ.-Professor Dr. Erika Weinzierl, Salzburg (Kap. 2)
Univ.-Professor Dr. Oskar Köhler, Freiburg (Kap. 4 und 7–10)
Univ.-Professor Dr. Mario Bendiscioli, Mailand (Kap. 5)
Univ.-Professor Jacques Gadille, Lyon (Kap. 6)
Univ.-Professor DDr. Bernhard Stasiewski, Königswinter (Kap. 11)

1. Kapitel

Der Kulturkampf in Preußen und im Deutschen Reich (bis 1878)

QUELLEN: *N. Siegfried* (i. e. *V. Cathrein*), Aktenstücke betreffend den preußischen Culturkampf (Freiburg 1882); Aktenstücke betreffend die Fuldaer Bischofskonferenzen 1867–1888 (Köln 1889); *L. Bergsträsser*, Dokumente des politischen Katholizismus II (München 1923); *O. v. Bismarck*, Die gesammelten Werke VIc: Politische Schriften 1871–1890, bearb. von *W. Frauendienst* (Berlin 1935); XI: Reden 1869–1878, bearb. von *W. Schüßler* (Berlin 1929); Die Vorgeschichte des Kulturkampfes. Quellenveröffentlichung aus dem Deutschen Zentralarchiv, bearb. von *A. Constabel*, eingel. von *F. Hartung* (Berlin 1956).

LITERATUR: *J. Bachem*, Preußen und die kath. Kirche (Köln [5]1887) 80–110; *H. Brück*, Gesch. der kath. Kirche in Deutschland im 19. Jahrhundert IV 1[2], bearb. von *J. B. Kißling* (Münster 1907); *J. B. Kißling*, Geschichte des Kulturkampfes im Deutschen Reich II, III (Freiburg 1913, 1916); *F. Vigener*, Ketteler (München – Berlin 1924) 612–722; *K. Bachem*, Vorgeschichte, Geschichte und Politik der deutschen Zentrumspartei III (Köln 1927, Neudr. Aalen 1967); *Schmidlin PG* II 179–189; *H. Bornkamm*, Die Staatsidee im Kulturkampf (München 1950); *Aubert*, Pie IX 384–392; *G. Franz*, Kulturkampf. Staat und kath. Kirche in Mitteleuropa von der Säkularisation bis zum Abschluß des preußischen Kulturkampfes (München 1954) 185–246; *ders.* (u. d. Namen *G. Franz-Willing*), Kulturkampf gestern und heute. Eine Säkularbetrachtung (München 1971) 27–72; *R. Morsey*, Bismarck und der Kulturkampf: AKG 39 (1957) 232–270; *ders.*, Probleme der Kulturkampf-Forschung: HJ 83 (1964) 217–245; *K. Buchheim*, Ultramontanismus und Demokratie (München 1963) 215 bis 308; *Bihlmeyer-Tüchle* III[17] 406–410; *E. Schmidt-Volkmar*, Der Kulturkampf in Deutschland 1871–1890 (Göttingen 1962); *W. P. Fuchs*, Ultramontanismus und Staatsräson. Der Kulturkampf: Staat und Kirche im Wandel der Jahrhunderte, hrsg. von *W. P. Fuchs* (Stuttgart 1966) 184–200; *E. R. Huber*, Deutsche Verfassungsgeschichte seit 1789 IV (Stuttgart 1969) 49–54 60f 651–767; *R. Lill*, Die Katholiken und Bismarcks Reichsgründung: Reichsgründung 1870/71, hrsg. von *Th. Schieder – E. Deuerlein* (Stuttgart 1970) 345–365; *Chr. Weber*, Kirchliche Politik zwischen Rom, Berlin und Trier 1876–1888 (Mainz 1970); *G. Maron*, Die römisch-kath. Kirche von 1870 bis 1970 (Die Kirche in ihrer Geschichte. Ein Handbuch, hrsg. von *K. D. Schmidt – E. Wolf*, Bd 4, Lieferung N 2 [Göttingen 1972]) 201ff 256–259; *E. Gatz*, Die deutschen Bischofskonferenzen 1872–1881 (in Vorbereitung).

Einzelne Diözesen und Provinzen: *M. Höhler*, Gesch. des Bistums Limburg (Lim-

* Zu *Deutschland* noch Kap. 35, zu *Italien* Kap. 34, zu *Frankreich* Kap. 36.

burg 1908) 322–365; *A. Bertram,* Gesch. des Bistums Hildesheim III (Hildesheim – Leipzig 1925) 313–326; *E. Gatz,* Bischöfliche Einheitsfront im Kulturkampf? Neue Funde zum Kirchenkonflikt im Bistum Hildesheim: HJ 92 (1972) 391–403; *L. Ficker – O. Hellinghaus,* Der Kulturkampf in Münster (Münster 1928); *G. Dettmer,* Die ost- und westpreußischen Verwaltungsbehörden im Kulturkampf (Heidelberg 1958); *W. Jestaedt,* Der Kulturkampf im Fuldaer Lande (Fulda 1960); *H. Lepper,* Die kirchenpolitische Gesetzgebung der Jahre 1872–1875 und ihre Ausführung im Regierungsbezirk Aachen: AHVNrh 171 (1969) 200 bis 258; *Weber,* Kirchliche Politik (s. o., Trier, Rheinprovinz); *N. Trippen,* Das Domkapitel und die Erzbischofswahlen in Köln 1821–1929 (Köln – Wien 1972) 249–276; *F. G. Hohmann,* Domkapitel und Bischofswahlen in Paderborn 1857–1892: WZ 122 (1972) 192–282.

Einzelne Persönlichkeiten (die umfangreiche Bismarck-Literatur ist nicht verzeichnet, über die meisten Katholikenführer fehlen kritische Biographien): Augusta, Kaiserin: *M. v. Bunsen* (1940); *W. Goetz:* NDB 1, 451f. – Eberhard: *A. Ditscheid* (Trier [2]1911). – Falk: *E. Förster* (Gotha 1927); *R. Ruhenstroth-Bauer,* Bismarck und Falk im Kulturkampf (Heidelberg 1944); *S. Skalweit:* NDB 5, 6f. – Förster: S. 34 Anm. 19. – Ketteler: Bd. VI/1, vor Kap. 27. – Krementz: S. 34f Anm. 20. – Ledóchowski: Bd VI/1, Kap. 29, S. 537 Anm. 7. – Mallinckrodt: Bd VI/1, vor Kap. 29. – Melchers: Bd VI/1, Kap. 29, S. 537 Anm. 6. – Moufang: Bd VI/1, vor Kap. 29, außerdem *G. May:* AMrhKG 22 (1970) 227–236. – Mühler: *W. Reichle* (Berlin 1938). – Brüder Reichensperger: Bd VI/1, vor Kap. 27. – Windthorst: *E. Hüsgen* (Köln 1907); *E. Deuerlein:* StZ 169 (1961/62) 277–297; *W. Spael* (Osnabrück 1962); *R. Lill:* Politische Ideologien und nationalstaatliche Ordnung. Festschr. f. Th. Schieder (München 1968) 317–335; *R. Morsey:* StL[6] VIII 712ff.

Nirgends in Europa ist der Kampf zwischen Staat und Kirche mit solcher Härte ausgetragen worden wie im 1871 gegründeten deutschen Nationalstaat, dessen innere Konsolidierung er zwei Jahrzehnte hindurch erheblich erschwert hat. Da die meisten Streitgegenstände weiterhin der Gesetzgebung der Einzelstaaten unterstanden, wurde der Kampf zumeist auf deren Ebene geführt, am heftigsten in Preußen, der bestimmenden Führungsmacht des neuen Reiches.

Folgenschwerste Voraussetzungen waren der schon beschriebene, in den Jahren um den Syllabus zugespitzte ideologische Gegensatz zwischen dem das geistige und politische Leben bestimmenden Liberalismus und der ultramontan verfestigten katholischen Kirche[1] sowie der weithin imparitätisch gebliebene Charakter des preußischen Staates. Die konfessionellen Gegensätze hatten weiter zugenommen[2]; die teils evangelisch, teils liberal geprägte preußische Bürokratie hatte die durch die Verfassungen von 1848 und 1850 vorgeschriebene paritätische Kirchenpolitik nur widerwillig ausgeführt[3]. Das Erstarken des

[1] Vgl. Bd VI/1, Kap. 40, S. 726–736.

[2] Vgl. Bd VI/1, Kap. 13, S. 267 269, Kap. 20, S. 398 401f, Kap. 29, S. 536 546f, Kap. 40, S. 727.

[3] *V. Conzemius,* Die Briefe Aulikes an Döllinger. Ein Beitrag zur Gesch. der „Katholischen Abteilung“ im preußischen Kultusministerium (Rom – Freiburg – Wien 1968), passim. – Bismarck selbst hat gelegentlich die Katholikenfeindlichkeit hoher preußischer Beamter gerügt. Vgl. sein Immediatschreiben vom 30. September 1865: *O. v. Bismarck,* Die gesammelten Werke V (Berlin 1928) Nr. 185.
Zu den in Preußen nach 1866 aufkommenden Spannungen s. v. a.: *K. Bachem,* Zentrumspartei III 26–47; *R. Morsey,* Probleme der Kulturkampf-Forschung 221–224.

Katholizismus als gesellschaftlicher Kraft weckte alte und neue Gegner; in den späten sechziger Jahren kam es in steigendem Maße zu Angriffen gegen konfessionelle Schulen, Klöster und andere kirchliche Einrichtungen. Beiderseitige Mißverständnisse, die oft auf mangelnder Kenntnis des Gegners beruhten, sowie deutsche Neigung zu Starrheit und Maßlosigkeit taten das Ihrige.

Die direkten Ursachen des Konfliktes waren die Gründung der Zentrumspartei, welche Bismarck fälschlich als Sammlung der Reichsfeinde betrachtete, die Streitigkeiten um das Unfehlbarkeitsdogma, das vom Kanzler zur Konsolidierung des Reiches verfestigte Bündnis mit den Nationalliberalen und seine zeitweilige Furcht vor einer antideutschen Koalition katholischer Staaten.

Die zunehmenden kirchenpolitischen Spannungen, die seit Ende 1869 durch die aus Rom vom Konzil eintreffenden Nachrichten [3a] ständig neue Nahrung erhielten, und die Furcht vor ärgeren antikatholischen Maßnahmen, wie sie von vielen Liberalen gefordert wurden, ließen auch in Preußen die politische Zusammenfassung der Katholiken als notwendig erscheinen[4]. An die Spitze der seit dem Sommer 1870 zur Parteigründung drängenden Bewegung traten Mallinckrodt und Peter Reichensperger (vgl. Bd. VI/1, 537); entgegen der Widerstände integralistischer Kreise bestanden sie auf dem von ihnen schon in den fünfziger Jahren verfochtenen Prinzip einer nicht primär katholischen, sondern politischen Partei[5]. Es entsprach der besonderen Ausgangslage, daß trotzdem im ersten Programm des Zentrums die kirchlichen Anliegen den Vorrang behaupteten: Erhaltung der Kirchenfreiheit nach Maßgabe der preußischen Verfassung, Garantie der konfessionellen Schule und Unterrichtsfreiheit. In den wichtigeren der weiteren Punkte wurden Wahrung der föderativen Verfassung des Deutschen Bundes, staatliche Dezentralisierung, Arbeiterschutz und soziale Fürsorge gefordert. Auf Grund dieses Programmes wurden im November 1870 58 Abgeordnete in den preußischen Landtag gewählt.

Die Entstehung des Zentrums fiel in die Zeit des Krieges gegen Frankreich, den auch die Mehrheit der deutschen Katholiken und ihrer Führer als legitime Gelegenheit zur Abwehr von stets bedrohlicher erscheinenden Pressionen erachtete; in diesem Sinne sprach sich im Sommer 1870 auch der vorzüglich gegen die Gegner des Unfehlbarkeitsdogmas gerichtete Hirtenbrief der Fuldaer Bischofskonferenz aus[6]. Im Gegensatz zum Bruderkrieg von 1866 war der Nationalkrieg gegen den „Erbfeind" gerade im katholischen Westen und Südwesten Deutschlands populär.

[3a] *V. Conzemius*, Preußen und das 1. Vatikanische Konzil: AHC 2 (1970) 353–419.

[4] Über die aus ähnlicher Situation heraus erfolgten katholischen Parteibildungen in Bayern und Baden vgl. Bd VI/1, Kap. 40, S. 731 734.

[5] Zur Gründung des Zentrums: *K. Bachem*, Zentrumspartei III 99–151; *L. Bergsträsser*, Gesch. der politischen Parteien in Deutschland (München [10]1960) 133–137; *Th. Nipperdey*, Die Organisation der deutschen Parteien vor 1918 (Düsseldorf 1961) 265ff; *E. R. Huber*, Verfassungsgeschichte IV 50ff; *R. Morsey:* StL[6] VIII 966f.

[6] Vgl. Bd VI/1, Kap. 44, S. 793.

Wer den Krieg gebilligt hatte, konnte seine vorherzusehende Konsequenz, die Reichsgründung, nicht ablehnen. In der Tat unterschieden sich auch 1871 die Gefühle der meisten Katholiken von denen der meisten übrigen Deutschen nur insofern, als die Sorge vor kirchlichen Konflikten zunahm; zudem wünschten sie eine enge Verbindung des Reiches mit Österreich. Auf dem Mainzer Katholikentag im September 1871 bekannten sich dessen Präsident Friedrich Baudri wie Bischof Ketteler zu Kaiser und Reich[7]. Daß beide sehr eindringlich vom Staat Gerechtigkeit für die Kirche und Schutz vor liberalen Angriffen forderten, entsprach der tatsächlichen Zuspitzung der vom Unfehlbarkeitsdogma ausgegangenen Kontroversen, die inzwischen schon ins staatliche Rechtsgebiet übertragen wurden. Im selben Sinn äußerte Ketteler sich in einer 1871 abgeschlossenen, aber erst 1873 veröffentlichten politischen Programmschrift[8]. Er begrüßte die durch die Reichsgründung geschaffene „teilweise Einheit des deutschen Volkes", weil sie „ein Recht des deutschen Volkes teilweise befriedigt und ein Unrecht am deutschen Volke teilweise wiedergutmacht".

Bereits im ersten Reichstag (März 1871) stellte das Zentrum mit 58 Abgeordneten die zweitstärkste Fraktion. Das gegenüber dem Vorjahr kaum modifizierte Programm[9] wie die zuvor erwähnten Worte Kettelers (der 1871/72 selbst dem Reichstag angehörte) wiesen auch die Vorbehalte auf, unter denen das Zentrum seine Mitarbeit begann. Sie genügten, um auch im Reichstag einen kaum überbrückbaren Gegensatz zu den dominierenden Nationalliberalen zu begründen; die Ausschließung des Zentrums vom Präsidium war ein deutliches Signal. Die Lage wurde nicht nur dadurch verschärft, daß die Zentrumsfraktion sogleich einige welfische Hospitanten annahm und bald auch anderen Minderheitsgruppen (Polen, Elsässern) partielle Unterstützung gewährte. Die fortdauernden Kontroversen um das neue Dogma, um die kirchliche Zensurierung seiner altkatholischen Gegner und um die entstehende altkatholische Kirche[9a] verbanden sich mit den Bemühungen um das historische Selbstverständnis des neuen Reiches. Öfter als nach 1866 suchten nationalliberale, nationalprotestantische, aber auch evangelisch-konservative Autoren die Ergebnisse von 1870/71 als Siege der im Protestantismus wesentlich angelegten Staats- und Gesellschaftsprinzipien sowie als Konsequenzen aus der protestantisch geprägten preußischen Geschichte hinzustellen[10]. Dabei wurden das Haus Habsburg, das Papsttum, die Jesuiten und die Gegenreformation für tatsächliche oder ver-

[7] *F. Vigener,* Ketteler 653–658.

[8] „Die Katholiken im neuen Reich. Entwurf zu einem politischen Programm" (Mainz 1873).

[9] Text: *K. Bachem,* Zentrumspartei III 137f.

[9a] Vgl. Bd VI/1, Kap. 44.

[10] *Th. Schieder,* Das deutsche Kaiserreich von 1871 als Nationalstaat (Köln–Opladen 1961) 22–26 58f 76–82 125–130; *K.-G. Faber,* Die nationalpolitische Publizistik Deutschlands von 1866 bis 1871, II (Düsseldorf 1963) Nr. 883 885 888 890 907–910 913f 921f 930; *E. Fehrenbach,* Wandlungen des deutschen Kaisergedankens 1871–1918 (München–Wien 1969) 23–40 52–56 60–65 223–227 u.ö.

meintliche Irrwege der deutschen Geschichte verantwortlich gemacht, bisweilen empfahl man den Katholiken die Gründung einer Nationalkirche.

Die Zentrumsfraktion selbst hat diese Grundsatzkontroversen in die erste Session des Reichstages getragen. Der Anlaß ergab sich aus dem Kirchenstaatsproblem, welches seit der Annexion Roms (September 1870) erst recht die Gemüter bewegte. Die Katholiken versicherten in zahlreichen Kundgebungen und Wallfahrten den Papst ihrer Solidarität und baten die Regierungen um seine Unterstützung. Für die Liberalen war das eine neue Herausforderung, da sie die Vollendung der nationalen Einheit in Deutschland wie Italien als legitimen Sieg der modernen Staatsidee betrachteten[11].

Da von Österreich, welches sich mit Italien zu verständigen suchte, und vom republikanisch gewordenen Frankreich keine Hilfe zu erwarten war, hatte Pius IX. im Herbst 1870 den König von Preußen um Unterstützung gebeten; im selben Sinne verwandten sich die Erzbischöfe Melchers und Ledóchowski bei Wilhelm I. und Bismarck. Am Berliner Hof unterstützte die Königin (seit Januar 1871 Kaiserin) Augusta nachdrücklich die päpstlichen Wünsche. Sie ließ sich von konservativem Rechtsbewußtsein wie vom Wunsch nach völliger Integration der Katholiken in den preußisch-deutschen Staat leiten. Der konservative Kultusminister Heinrich v. Mühler (1813–74) stimmte ihr weitgehend zu, wollte aber nur gemeinsam mit anderen Mächten intervenieren[12]. König (seit Januar 1871 Kaiser) Wilhelm I. war den Erwägungen seiner Gattin nicht abgeneigt, mußte aber den Argumenten Bismarcks beipflichten, der während des fortdauernden Krieges gegen Frankreich eine antiitalienische Intervention strikt ablehnte, wohl aber nötigenfalls dem Papst in Preußen Asyl gewähren wollte.

In seiner Thronrede vor dem ersten Reichstag verwarf der Kaiser jede Einmischung in das innere Leben anderer Völker. In ihrem Entwurf für die Antwortadresse an den Monarchen formulierte die nationalliberale Mehrheit daraufhin das Nichtinterventionsprinzip, welches dem nationalen Selbstverständnis wie den außenpolitischen Notwendigkeiten des Reiches entsprach, mit unverkennbarer Zielsetzung gegen Papst und Kirchenstaat[13]. Die Zentrumsfraktion bemühte sich um eine Modifikation, die eine Intervention zugunsten des Papstes nicht grundsätzlich ausschloß. In der Debatte tat sich Ludwig Windthorst

[11] Zur Haltung der Katholiken und der Liberalen in der Römischen Frage vgl. Bd VI/1, Kap. 29, S. 535 545 f. – Die Kontroversen der Jahre 1870/71: *E. Portner,* Die Einigung Italiens im Urteil liberaler deutscher Zeitgenossen (Bonn 1959) 66 ff 111 ff 148 ff; *K. Buchheim,* Ultramontanismus und Demokratie 213 f 237 243 f 248 ff u. ö.; *K.-G. Faber* a. a. O.; *K. O. v. Aretin* u. *R. Lill:* La fine del potere temporale ... Atti del XLV congresso di storia del risorgimento italiano (Rom 1972) 79–87 291–301.

[12] Die Stellungnahmen Augustas, Wilhelms I. und Mühlers: *A. Constabel,* Vorgeschichte Nr. 14 16 19 21 25 32 35 43 53 68 80 84 87 91.

[13] Zur Adreßdebatte s. v. a. *Th. Schieder,* Kaiserreich 80 f. Vgl. auch *K. Bachem,* Zentrumspartei III 193–198; *G. Stoltenberg,* Der deutsche Reichstag 1871 bis 1873 (Düsseldorf 1955) 39–43.

(1812–91) hervor, der konstitutionell gesinnte frühere hannoveranische Minister, der in den folgenden Jahren und vollends seit dem Tode Mallinckrodts (gest. 1874) das Zentrum souverän geführt hat und im Kulturkampf der bedeutendste parlamentarische Gegenspieler Bismarcks geworden ist. Windthorst bezeichnete die Unabhängigkeit des Papstes, wie sie der von Karl dem Großen, dem Gründer des ersten Deutschen Reiches, geschaffene Kirchenstaat garantiert habe, als Lebensinteresse der deutschen Katholiken. Nachdem in der Debatte nicht nur die Argumente der kleindeutschen Geschichtsbetrachtung und Sympathieerklärungen für das liberale Italien, sondern auch heftige Invektiven gegen die katholische Kirche und ihre jüngste Entwicklung vorgebracht worden waren, wurde die Adresse der Mehrheit mit 243 gegen 63 Stimmen angenommen. Daß der Vorstoß des Zentrums scheitern würde, war vorauszusehen gewesen. Daß er trotzdem unternommen wurde, beruhte wohl nicht nur auf der bewußt antipäpstlichen Formulierung des Mehrheitsentwurfes. Die Abgeordneten der damals stärksten katholischen Partei glaubten wohl vor allem, aus der zum ultramontanen Kirchenverständnis gehörenden besonderen Solidaritätsverpflichtung mit dem Papst auch inopportune Konsequenzen ziehen zu müssen. Noch einmal und einschneidender als 1866 wirkte die römisch-italienische Komponente der Entscheidung von 1870 auf die deutschen Katholiken ein und belastete ihr Verhältnis zum nationalen Staat.

Die Adreßdebatte brachte dem Zentrum die Isolierung ein, die unmittelbar darauf bei den Verfassungsberatungen vertieft wurde[14]. Die Fraktion wiederholte die von etlichen katholischen Abgeordneten schon 1867, nach der Gründung des Norddeutschen Bundes, erhobene Forderung nach Aufnahme von Grundrechtsartikeln, darunter der die Kirchenfreiheit garantierenden Artikel 15 und 18 der preußischen Verfassung, in die Reichsverfassung. Die Hauptbefürworter der ebenfalls aussichtslosen Initiative waren Ketteler und Peter Reichensperger. Vergeblich hatten Mallinckrodt und Windthorst abgeraten, weil ihnen die Verteilung der kirchenpolitischen Kompetenzen auf die Einzelstaaten für die Kirche günstiger erschien als ihre Konzentration beim liberal geführten Reich.

Adreß- und Verfassungsdebatten haben die parlamentarischen Fronten des Kulturkampfes vorweggenommen. Bismarck sah seinen Argwohn gegen die katholische Partei bestätigt, ihr angeblich „internationaler" Charakter und ihre ersten Initiativen schienen ihm die Festigung der nationalen Einheit zu gefährden, den „Welfen" Windthorst haßte er. Daß die Partei den seit der nationalen Reichsgründung vollends in die Opposition gedrängten Polen einigen Schutz gewährte[15], war ihm besonders suspekt. Versuche, das Zentrum in Rom als Verbündeten der Revolution zu denunzieren und den Papst zu seiner Desavouierung zu bewegen, führten nur zu einem halben Erfolg; nach einigen miß-

[14] *K. Bachem*, Zentrumspartei III 198–201; *G. Stoltenberg*, Reichstag 43–46.
[15] Vgl. Bd VI/1, Kap. 7, S. 166 und Kap. 20, S. 398f.

verständlichen Äußerungen sprach Kardinal Antonelli in einem von Ketteler erwirkten Brief der Partei seine Anerkennung aus[16]. Bismarck ging daraufhin zum offenen Kampf über, der bei ihm stets vornehmlich politisch, nicht religiös motiviert war[17]. Das demokratisch legitimierte und darum auf die Bismarck verhaßte Parlamentarisierung bedachte, zudem sozial heterogene Zentrum mit seiner konfessionell begründeten Massenbasis paßte nicht in sein Kalkül. Die „ultramontane" Partei wurde die erste der Gruppen, die der Kanzler zu Reichsfeinden aufgebauscht und als solche mit unsinniger Härte bekämpft hat. Der Gegensatz zu ihnen mußte herhalten, um die übrigen Parteien im Sinne der Regierungspolitik zu integrieren.

Das Vatikanische Konzil und seine Beschlüsse betrachtete die preußische Regierung, besonders Bismarck und der konservative Kultusminister Heinrich v. Mühler, zunächst als innere Angelegenheiten der katholischen Kirche. Eine Stellungnahme wurde erst nahegelegt, seit die Bischöfe gegen Opponenten Strafen verhängten, die auch deren staatliche oder bürgerliche Stellung beeinträchtigten. Mühler, der einem Konflikt ganz abgeneigt war und deshalb die jüngsten innerkatholischen Entwicklungen bedauerte, ergriff Partei für die gemaßregelten Bonner und Breslauer Professoren und die geistlichen Religionslehrer in deren Gefolge[18]. Besonders schroff war dabei Fürstbischof Förster von Breslau[19] vorgegangen, der selbst heftiger Gegner des Dogmas gewesen war, sich aber schließlich unterworfen hatte und Gleiches von seinem Klerus verlangte.

Bischof Krementz von Ermland[20] schritt nicht nur gegen den Braunsberger Professor Michelis ein, sondern gegen alle Lehrer des dortigen katholischen

[16] *F. Vigener,* Ketteler 650f.
Die Demarchen im Vatikan hatte der dort interimistisch auch das Reich vertretende bayerische Gesandte Graf Tauffkirchen ausgeführt. *G. Franz-Willing,* Die bayerische Vatikangesandtschaft 1803–1934 (München 1965) 63ff; *O. v. Bismarck,* Ges. Werke VIc Nr. 9, vgl. auch ebd. Nr. 3.

[17] „Kriegserklärungen" des Kanzlers waren sein Brief an den Grafen Frankenberg (19. 6. 1871), der wenige Tage später von der „Nationalzeitung" veröffentlicht wurde, und ein von ihm inspirierter Artikel der „Kreuzzeitung" gegen die „klerikale Fraktion" (ebenfalls 19. 6. 1871).
Frankenberg gehörte zu einer besonders in Schlesien vertretenen Minderheit des katholischen Adels, die dem preußischen Staat eng verbunden war.

[18] Die Streitigkeiten um die Professoren: *A. Constabel,* Vorgeschichte Nr. 2f 7f 10–13 15ff 22f 26 28–31 33f 36–42 45 47 51 54–57 63f 77 81 83. Vgl. auch HKG VI/1, Kap. 44.

[19] Heinrich Förster (1799–1881), seit 1837 Domkapitular und Domprediger in Breslau, als solcher führend in der kirchlichen Freiheitsbewegung, setzte als Bischof (seit 1853) das Erneuerungswerk seines Vorgängers Diepenbrock fort. Wegen seines Widerstandes gegen die Maigesetze wurde F. im Oktober 1875 abgesetzt; um der Verhaftung zu entgehen, zog er sich in den österreichischen Anteil seines Bistums zurück, wo er sein Amt weiter ausüben konnte. *A. Nowack:* ArSKG 2 (1937) 207–218; *K. Engelbert:* ebd. 7 (1949) 147–188; *H. Hoffmann:* ebd. 12 (1954) 257–262; *V. Schurr:* LThK² IV 218f. Eine Studie von Th. Lissek demnächst.

[20] Philippus Krementz (1819–99), 1848 Pfarrer in Koblenz, 1867 Bischof von Ermland. Sein Konflikt mit der Regierung wurde von dieser 1872 bis zur Einbehaltung seiner Bezüge (Temporaliensperre) zugespitzt. Im weiteren Verlauf des Kampfes hat K. sich zurückgehalten. Des-

Gymnasiums. Der Direktor und der Religionslehrer Wollmann wurden exkommuniziert; die nun die Teilnahme an seinem Religionsunterricht verweigernden Schüler wurden von der Regierung zum Verlassen der Schule gezwungen[21].

Die Regierung benutzte die Zuspitzung zu einer ersten administrativen Kampfmaßnahme von weittragender Bedeutung. Am 8. Juli 1871 wurde die katholische Abteilung im Kultusministerium aufgehoben und mit der evangelischen zu einer Abteilung für kirchliche Angelegenheiten vereinigt[22]. Bismarck und die liberale Presse warfen den von Mühler vergebens verteidigten Beamten der katholischen Abteilung vor, in den jüngsten Auseinandersetzungen die staatliche Position nicht hinreichend vertreten und die Ausbreitung polnisch-klerikalen Einflusses in den Schulen der Ostprovinzen nicht energisch bekämpft zu haben.

Bismarcks Bündnis mit den Nationalliberalen hatte sich inzwischen auch deshalb verfestigt, weil die Konservativen seiner Reichspolitik, von der sie einen Abbau preußischer Eigenständigkeit befürchteten, sehr reserviert gegenüberstanden. Das radikale kirchenpolitische Programm, welches der Kanzler im August 1871, also wenige Wochen nach seinen beiden öffentlichen „Kriegserklärungen"[23], Mühler entwickelte, entsprach ganz der neuen Konstellation. Es verband den für Bismarck typischen Willen zur Wiederherstellung altpreußischer Kirchenhoheit mit weitgehender Aneignung der kirchlichen Maximen des Liberalismus. Bismarck wollte die ultramontane Partei bekämpfen, besonders in den östlichen Provinzen; er zielte auf Trennung von Kirche und Staat und von Kirche und Schule, auf Übertragung der Schulinspektion an Nichtgeistliche und auf Hinausweisung des Religionsunterrichtes aus den Schulen; die Kirchensachen sollte fortan das Justizministerium bearbeiten[24].

Die preußischen Bischöfe, die sich unter Melchers'[25] Vorsitz im September 1871 wieder in Fulda versammelten und in einer Immediateingabe die Legitimität ihrer Maßnahmen gegen die Altkatholiken aufzuweisen sowie die um das Dogma entstandenen Mißverständnisse auszuräumen suchten, konnten gegen

halb wie wegen des Schutzes, den ihm Kaiserin Augusta gewährte, konnte er im Amt bleiben und 1885 als Melchers' Nachfolger Erzbischof von Köln werden, 1893 Kardinal.

Ph. K. Ein Lebensbild, Festschr. zur Kardinalserhebung (Köln 1893); Altpreuß. Biographie, hrsg. von C. *Krollmann* (Königsberg 1941/44) 364; *B. M. Rosenberg:* ZGAE 30 (1960) 191–197; *F. Lauchert:* LThK[1] VI 237.

[21] Der Braunsberger Streit und der darüber ausbrechende Konflikt mit Krementz: *A. Constabel,* Vorgeschichte ab Nr. 46, bes. Nr. 52 62 65–76 78f 90 107 117 141f 158ff 166–171 205f 208ff 213ff 224ff 240–258.

[22] Die Aufhebung der katholischen Abteilung: *A. Constabel,* Vorgeschichte Nr. 85f 89 92ff 96ff. Vgl. *O. v. Bismarck,* Ges. Werke VIc Nr. 10.

Zur Entstehung und Tätigkeit der katholischen Abteilung: Bd VI/1, Kap. 20, S. 399 und Kap. 29, S. 536f.

[23] Siehe oben Anm. 17.

[24] *W. Reichle,* Mühler 333.

[25] Vgl. Bd VI/1, Kap. 29, S. 537 mit Anm. 6.

solche Intentionen nichts ausrichten[26]. Bismarcks Kampf galt ja weniger dem unfehlbaren Papst als dem Zentrum und der ultramontanen „Konspiration"; den Liberalen war das Dogma ebenfalls nur eine letzte Bestätigung ihrer kirchenpolitischen Grundsätze[27]. In einem Gespräch mit Bismarck mußte auch Ketteler im November 1871 feststellen, daß der Gegensatz unüberbrückbar geworden war; der Kanzler schien davon überzeugt, daß Kurie und Zentrum sich gegen das Reich verschworen hatten[28].

Eine reichsgesetzliche Kampfesinitiative war inzwischen von Bayern ausgegangen. In der im Oktober 1871 eröffneten zweiten Reichstagssession beantragte Minister Lutz[29] die Einführung eines Kanzelparagraphen, der am 10. Dezember 1871 verabschiedet wurde (§ 130a des Strafgesetzbuches). Er verbot den Geistlichen, in Ausübung ihres Amtes staatliche Angelegenheiten „in einer den öffentlichen Frieden gefährdenden Weise" zu behandeln[30]. In den vorausgegangenen leidenschaftlichen Debatten hatten Windthorst, Peter Reichensperger und Ketteler die Ablehnung des Zentrums begründet. Lutz hatte erklärt, daß es ihm darum gehe, ob die Regierung oder die römische Kirche Herr im Staate sei. Fast alle Nationalliberalen stimmten ihm zu; ihr Führer Rudolf v. Bennigsen gab in vertraulicher Beratung zu, daß er die Klerikalen zu schärferem Vorgehen provozieren wollte.

Bismarck und seine liberalen Ministerkollegen waren unterdessen auch in Preußen an die Verwirklichung ihres Programmes gegangen. Der Kaiser schloß sich nur widerstrebend an; aber Bismarck wußte ihn davon zu überzeugen, daß das Staatsinteresse keine andere Wahl lasse. Auch Augustas zahlreiche und gut begründete Warnungen vor dem Konflikt richteten nichts aus[31]. Mühler, der hinhaltenden Widerstand leistete und das von Bismarck dringend gewünschte Gesetz über die staatliche Schulaufsicht nur zusammen mit einem den christlichen Charakter der Schule wahrenden allgemeinen Schulgesetz einbringen wollte, mußte im Januar 1872 zurücktreten. Sein Nachfolger wurde der ganz der liberalen Staatskonzeption verpflichtete Adalbert Falk (1827–1900), der in der nationalliberalen Partei starken Rückhalt besaß und fortan neben Bismarck die treibende Kraft im Kampfe gewesen ist. Bereits am 11. März 1872 erging das Schulaufsichtsgesetz, welches dem Staat die Aufsicht über alle öffentlichen und privaten Schulen (§ 1) und das alleinige Recht zur Ernennung der

[26] *A. Constabel,* Vorgeschichte Nr. 106 109 112f 115; *R. Lill,* Die ersten deutschen Bischofskonferenzen (Freiburg–Basel–Wien 1964) 112–118.

[27] Zu den kirchenpolitischen Maximen der Liberalen vgl. Bd VI/1, Kap. 27, S. 497, Kap. 29, S. 534f 537 543 549, Kap. 40, S. 726f 732f.

[28] *F. Vigener,* Ketteler 662ff.

[29] Vgl. Bd VI/1, Kap. 40, S. 731f.

[30] Text: *J. B. Kißling,* Kulturkampf II 460. – Zur vorausgehenden Debatte: *G. Stoltenberg,* Reichstag 101–114.

[31] Augustas Warnungen: *A. Constabel,* Vorgeschichte Nr. 68 80 91 108 156 172 177 183 188 202 220 252 258.

bis dahin von den Kirchen gestellten Schulinspektoren (§ 2) zusprach[32]. Gleich dem badischen Schulgesetz von 1868[33] war auch dieses Gesetz inhaltlich weniger ein Kampfgesetz als eine Konsequenz aus dem liberalen Willen zur Entfernung des kirchlichen Einflusses auf die öffentlichen Angelegenheiten. Seinen diskriminierenden Charakter erhielt es durch die Umstände, unter denen es erlassen wurde. Bismarck, Falk und die liberale Presse ließen keinen Zweifel daran, daß sie die katholische Kirche und besonders die polnische Bevölkerung Preußens treffen wollten. Trotzdem erfolgte gerade über diesem Gesetz der den Kanzler verbitternde Bruch mit den Konservativen, deren Mehrheit zwar die neuen dogmatischen Entwicklungen im Katholizismus verwarf, aber dennoch einen Konflikt ablehnte, der sich auch gegen die evangelische Kirche sowie überhaupt gegen das Bündnis von Thron und Altar richten mußte.

In den folgenden Monaten verschärfte die Regierung die schon unter Mühler eingeleiteten antikirchlichen Verwaltungsmaßnahmen. Prominenteste Opfer wurden Bischof Krementz, dem nach langem Zögern des Kaisers die staatlichen Bezüge gesperrt wurden, und Bischof Namszanowski, der Feldpropst der Armee[34]. Er hatte den Gottesdienst in der vom Staat den Altkatholiken mitüberlassenen Kölner Garnisonskirche St. Pantaleon einstellen lassen und einem das Dogma bekämpfenden Kuraten die weitere Amtsführung untersagt. Das gegenüber den geistlichen Verpflichtungen des Propstes verständnislose Kriegsministerium sah darin rechtswidrige Kompetenzüberschreitungen, in Namszanowskis Teilnahme an der Fuldaer Bischofskonferenz (April 1872) zudem ein unerlaubtes Verlassen Berlins „in außerdienstlichen Angelegenheiten“[35]. Die Regierung suspendierte den Bischof, drang damit aber beim Disziplinarhof nicht durch. In zweiter Instanz jedoch konnte das Staatsministerium selbst entscheiden. Am 26. Juni 1873 wurde der Feldpropst in den Wartestand versetzt, nachdem bereits eine Kabinettsorder vom 15. März 1873 die Feldpropstei bis auf weiteres aufgehoben hatte. Ein diplomatischer Protest des Vatikans (Note Antonellis, 28. 8. 1872), mit dem die Gründung der Feldpropstei 1868 vereinbart worden war, blieb unbeantwortet. Eine noch ärgere diplomatische Brüskierung des Vatikans war im Frühjahr 1872 vorausgegangen: Bismarck hatte versucht, den in Rom seit 1870 in Ungnade gefallenen Kardinal Hohenlohe

[32] Text: *J. B. Kißling,* Kulturkampf II 460f.

[33] Vgl. Bd VI/1, Kap. 40, S. 733.

[34] Franz Adolf Namszanowski (1820–1900), Propst in Königsberg, 1868 Titularbischof und exemter Feldpropst der preußischen Armee, lebte seit seiner Versetzung in den Wartestand in Frauenburg (Ermland), wo er auch Domkapitular wurde.
H. Pohl, Die kath. Militärseelsorge Preußens 1797–1888 (Stuttgart 1926, Nachdr. Amsterdam 1962) 209ff 229 236–239 250–344 363 369–372 387; Altpreußische Biographie (s. Anm. 20) 455; *B. M. Rosenberg* (ebd.) 197f.

[35] Der Streit um Namszanowski und die Feldpropstei: *H. Pohl* a. a. O. 250–344; *A. Constabel,* Vorgeschichte Nr. 105 148 152 161f 165 168 173f 179–182 184f 187f 191ff 196ff 201 207 236 261.

dem Papst als Botschafter aufzudrängen[36]. Nach der päpstlichen Ablehnung blieb nur ein Geschäftsträger am Vatikan; nach heftigen Protesten Pius' IX. gegen die unnachsichtige Ausführung des Jesuitengesetzes wurde auch dieser Ende 1872 abberufen. 1875, auf dem Höhepunkt des Kulturkampfes, wurde der Etatposten des Reichsbudgets für die Vatikangesandtschaft gestrichen.

Die sowohl im Vatikan wie von der großen Mehrzahl der deutschen Katholiken am schmerzlichsten empfundene Verhärtung der ohnehin angespannten Lage des Jahres 1872 brachte das zweite Reichsgesetz des Kulturkampfes, das Jesuitengesetz (4. 7. 1872)[37]. Es schloß den Jesuitenorden und die ihm verwandten Orden (Redemptoristen, Lazaristen) vom gesamten Reichsgebiet aus und löste die bestehenden Niederlassungen auf (§ 1). Ihren Mitgliedern wurden Aufenthaltsbeschränkungen auferlegt, die Ausländer unter ihnen konnten ausgewiesen werden (§ 2). Vorausgegangen war ein von den Altkatholiken, vom Protestantenverein und von vielen nationalliberalen Gruppen getragener Petitionssturm; die Jesuiten wurden darin als die Hauptverantwortlichen für Syllabus und Unfehlbarkeitsdogma und zudem als Gegner des modernen Staates und der bürgerlichen Freiheiten hingestellt. Konkrete Initiativen zum Gesetz, die aber nur die Möglichkeit von Aufenthaltsbeschränkungen für Jesuiten vorsahen, ergriffen wieder die Führer des süddeutschen Liberalismus, so Lutz und sein Vorgänger Hohenlohe[38]. Gegen den heftigen Widerstand des Zentrums und einiger Konservativer setzte die nationalliberale Reichstagsmehrheit dann aber ein unbefristetes Verbotsgesetz durch. Ebenso wie das 1878 erlassene Sozialistengesetz war das Jesuitengesetz ein Ausnahmegesetz, welches die rechtsstaatlichen Prinzipien des Liberalismus verletzte. Trotzdem widerrieten ihm nur wenige Nationalliberale, so Ludwig Bamberger, Eduard Lasker[39] und Johannes v. Miquel, denen sich die Mehrheit der linksliberalen Fortschrittspartei anschloß. Daß die große Mehrzahl der Nationalliberalen den Ausnahmegesetzen zustimmte, hat ihre Glaubwürdigkeit erschüttert und die Krise der Partei vorbereitet, die in den achtziger Jahren die Beilegung des Kulturkampfes erleichtert hat.

Die katholischen Reaktionen auf das Jesuitengesetz waren scharf. Bereits unmittelbar vor seiner Verabschiedung rief Pius IX. in einer Ansprache an deutsche

[36] *E. Deuerlein,* Bismarck und die Reichsvertretung beim Hl. Stuhl: StZ 164 (1959) 203–219 256–266; *H. Philippi,* Beiträge zur Gesch. der diplomatischen Beziehungen zwischen dem Deutschen Reich und dem Hl. Stuhl: HJ 82 (1963) 219–262, s. bes. 219–239. Über Kardinal Hohenlohe vgl. Bd VI/1, Kap. 40, S. 730f mit Anm. 15.

[37] Text: *J. B. Kißling,* Kulturkampf II 461; *E. R. Huber,* Dokumente zur deutschen Verfassungsgeschichte II 363. – Zur vorausgehenden Debatte: *K. Bachem,* Zentrumspartei III 252–257; *G. Stoltenberg,* Reichstag 144–152. – *B. Duhr,* Das Jesuitengesetz (Freiburg 1919).

[38] Vgl. Bd VI/1, Kap. 40, S. 730ff.

[39] Der Hinweis auf Bamberger und Lasker widerlegt den generalisierenden Vorwurf mancher Katholiken, daß „die Juden" für den Kulturkampf verantwortlich seien. Über die Beteiligung mancher von ihnen: *K. Bachem,* Zentrumspartei III 417f.

Katholiken zum Widerstand gegen die „Verfolgung der Kirche" auf[40]; noch im Juli 1872 konstituierte sich unter Felix v. Loë (1825–96) in Mainz der „Verein der deutschen Katholiken", der die Abwehr des liberalen Staatskirchentums zu seiner Hauptaufgabe erklärte[41]. Den gewichtigsten Protest enthielt die Denkschrift, auf die sich im September in Fulda der gesamte deutsche Episkopat einigte; der Entwurf stammte von Ketteler[42]. Die jüngsten Maßnahmen Preußens und des Reiches wurden darin als Verletzungen der völkerrechtlich und staatsrechtlich bestimmten Kirchenfreiheit und als schwerwiegende Beeinträchtigung der geltenden öffentlichen Rechtsordnung bezeichnet. Nachdrücklich riefen die Bischöfe die die kirchliche Autonomie garantierenden Artikel 15–18 der preußischen Verfassung[43] in Erinnerung; darüber hinaus leiteten sie aus der göttlichen Stiftung der Kirche deren allgemeinen Anspruch ab, „in der ganzen Integrität ihrer Verfassung und ihres Wesens zu bestehen". Die Vorwürfe, daß Kirche, Jesuiten und Zentrum reichsfeindlich und staatsgefährlich seien, wurden eingehend zurückgewiesen.

Daß die seit 1871 eingeschlagene Kirchenpolitik weithin in Widerspruch zur Verfassung stand, mußte sich auch die preußische Regierung eingestehen. Da sie aber an ihrem Programm festzuhalten gedachte, setzte sie als Antwort auf die Fuldaer Denkschrift ein Gesetz durch, welches die Garantien der Artikel 15 und 18 stark beschnitt (5.4.1873)[44]. Art. 15 erhielt den Zusatz, daß die darin anerkannte Autonomie der Kirchen „den Staatsgesetzen und der gesetzlich geordneten Aufsicht des Staates unterworfen" bleibe. Die Freiheit der kirchlichen Ämterbesetzung (Art. 18) wurde dadurch beschränkt, daß der Staat sich nun vorbehielt, seine Befugnisse hinsichtlich der Vorbildung und Anstellung der Geistlichen sowie der Grenzen kirchlicher Disziplinargewalt durch Gesetz zu regeln.

Damit waren die Voraussetzungen für die eigentlichen Kampfgesetze geschaffen, welche nach stürmischen Debatten in Landtag und Herrenhaus im Mai 1873 erlassen wurden und der Kirche ein geschlossenes System staatlicher Aufsicht auferlegten[45]. Seit seinem Amtsantritt hatte Falk diese Gesetze vorbereitet und dabei in den Staats- und Kirchenrechtslehrern Emil Friedberg, Rudolf Gneist, Paul Hinschius und Otto Mejer eifrige Helfer gefunden.

Das Gesetz über die Vorbildung und Anstellung der Geistlichen

[40] Text: *N. Siegfried,* Aktenstücke 132f.

[41] *K. Buchheim,* Ultramontanismus und Demokratie 255–270.

[42] Text: *N. Siegfried,* Aktenstücke 133ff. Vgl. *F. Vigener,* Ketteler 665ff; *R. Lill,* Bischofskonferenzen 119ff.

[43] Vgl. Bd VI/1, Kap. 27, S. 497 mit Anm. 8.

[44] Text: *J. B. Kißling,* Kulturkampf II 461f.

[45] Gründlichste Darstellung der 1873–75 erlassenen Kirchengesetze: *E. R. Huber,* Verfassungsgeschichte IV 709–720 723–731 733–742. Liberale Begründung der Maigesetze: *P. Hinschius,* Die preußischen Kirchengesetze des Jahres 1873 (Berlin 1873).

(11. 5. 1873)[46] machte die Übertragung eines geistlichen Amtes vom Besitz der deutschen Staatsangehörigkeit, von der wissenschaftlichen Ausbildung an deutschen Hochschulen und von der Zustimmung des Staates abhängig (§§ 1–3). Alle geistlichen Ausbildungsanstalten wurden der staatlichen Kontrolle unterstellt (§§ 6, 7, 9–14), den Theologiestudenten wurde eine zusätzliche Staatsprüfung in Philosophie, Geschichte und deutscher Literatur (Kulturexamen) auferlegt (§ 8). Darüber hinaus mußten die Bischöfe jeden Kandidaten für ein geistliches Amt dem zuständigen Oberpräsidenten anzeigen (Anzeigepflicht), legte dieser Einspruch ein, so hatte die Ernennung zu unterbleiben. Der Einspruch konnte bereits erfolgen, wenn Tatsachen vorlagen, welche die Annahme rechtfertigten, daß der Kandidat den Gesetzen entgegenwirken oder den öffentlichen Frieden stören werde (§§ 15–17). Jedes vakante Pfarramt war innerhalb eines Jahres neu zu besetzen (§ 18). Zuwiderhandlungen wurden mit hohen Geldstrafen bedroht (§§ 22–24).

Das Gesetz über die kirchliche Disziplinargewalt und die Errichtung des kgl. Gerichtshofes für kirchliche Angelegenheiten (12. 5. 1873)[47] schloß alle nichtdeutschen Kirchenbehörden, d. h. vor allem den Papst und seine Kurie, von der Disziplinargewalt über deutsche Geistliche aus (§ 1). Infolgedessen konnten alle kirchlichen Disziplinarmaßnahmen staatlicher Aufsicht unterworfen werden (§§ 5–9), die von solchen Maßnahmen Betroffenen erhielten das Recht zur Berufung an den neugeschaffenen Gerichtshof für kirchliche Angelegenheiten, welcher die angefochtenen Entscheidungen für nichtig erklären konnte (§§ 10–23). Außerdem erhielt der Gerichtshof die Kompetenz, Geistliche, welche Gesetze oder staatliche Verordnungen so schwer verletzten, daß ihre Tätigkeit mit der öffentlichen Ordnung unverträglich erschien, aus ihrem Amt zu entlassen (§§ 24–31).

Vor allem das Veto des Staates gegen geistliche Ernennungen und sein Anspruch auf Entlassung von Geistlichen aus ihren Ämtern waren schwerwiegende Eingriffe in die Kirchenverfassung wie in die Glaubens- und Gewissensfreiheit. Der durch das Unfehlbarkeitsdogma in seiner Kirchenfeindlichkeit bestärkte Nationalliberalismus und die immer noch den Grundsätzen des Allgemeinen Landrechtes anhängende Bürokratie taten sich zusammen, um das durch die historische Entwicklung überholte Staatskirchentum in neuartiger, durch die Machtmittel des modernen Staates ermöglichter Ausdehnung aufzuoktroyieren. Die Kirche konnte sich damit nicht abfinden, und so ist gerade um diese beiden ersten Maigesetze ein jahrelanger, leidenschaftlicher Kampf entbrannt. Weniger gravierend war das Gesetz über die Grenzen des Rechts zum Gebrauch kirchlicher Straf- und Zuchtmittel (13. 5. 1873)[48], welches u. a. alle Strafmittel gegen die bürgerliche Ehre und damit auch die nach 1870 über die Gegner des neuen Dogmas verhängte große Exkommunikation untersagte,

[46] Text: *J. B. Kißling,* Kulturkampf II 462–467.
[47] Text: ebd. 467–473. [48] Text: ebd. 473 f.

sowie das Gesetz betreffend den Austritt aus der Kirche (14. 5. 1873)[49], welches diesen schon durch eine Erklärung vor dem bürgerlichen Richter wirksam werden ließ.

Die preußischen Bischöfe entschlossen sich schnell und mit würdiger, nach der Fuldaer Denkschrift von 1872 nur konsequenter Begründung zum passiven Widerstand gegen die Maigesetze, indem sie jede Mitwirkung bei deren Ausführung ablehnten und untersagten[50]. Abgesehen von einer kleinen Minderheit (sog. Staatspfarrer, Staatskatholiken), sind Klerus und Laien dieser Direktive gefolgt. So verweigerten die Seminarleiter die staatliche Aufsicht, die Theologiestudenten die Ablegung des Kulturexamens; die Bischöfe selbst ernannten Pfarrer ohne Beachtung der maigesetzlichen Auflagen. Der Staat reagierte mit der Schließung der meisten Priesterseminare, im Dezember 1873 wurde eine neue, die Unterwerfung unter alle Gesetze eindeutig erklärende Formel des Eides der Bischöfe und Bistumsverweser verordnet[51]. Bald begannen die ersten Strafprozesse gegen Bischöfe und auch gegen maigesetzwidrig angestellte Geistliche, die sich ja schon durch Messelesen und Sakramentenspendung strafbar machten; aus der Anstellungssperre wurde eine Amtssperre[52]. Falk, die ihn unterstützenden liberalen Juristen und die preußische Bürokratie sorgten für unnachsichtige, jedem Maßgefühl unzugängliche Anwendung der Kampfgesetze; soweit sie damit die Unterwerfung der Kirche unter die staatliche Suprematie erzwingen wollten, stimmten sie, entgegen einigen späteren Äußerungen Bismarcks, mit dessen Intentionen voll überein. Als nützliche Helfer akzeptierte der Kanzler auch die vielen liberalen Publizisten, die entgegen seiner politischen Zielsetzung den ideologischen Kampf in den Vordergrund rückten und gegen „romhörige" Katholiken die Suprematie des nationalen Staates und die Superiorität des „deutschen Geistes" verfochten[53]; arge Fehlentwicklungen der jüngeren deutschen Geschichte sind damals mitbegründet worden.

Bismarck, Falk und ihre Helfer hatten Willen und Kraft der Kirche zum Widerstand völlig falsch eingeschätzt. Unter dem konzentrischen staatlichen Druck sammelten sich die Katholiken aus allen sozialen Schichten um ihre Bischöfe und um die Zentrumspartei, welche die Zahl ihrer Mandate erheblich

[49] Text: ebd. 474f.

[50] Kollektiveingabe der preußischen Bischöfe 26. Mai 1873. Text: *N. Siegfried*, Aktenstücke 188f.

[51] Text der neuen und der alten Eidesformel: AkathKR 31 (1874) 345ff.

[52] Ein Erlaß Falks an die Oberpräsidenten vom 24. Oktober 1873 drängte auf Strafverfolgung jeder einzelnen Amtshandlung der gesetzwidrig angestellten und darum bereits einmal bestraften Geistlichen. Text: *J. B. Kißling*, Kulturkampf II 241f.

[53] Eines unter vielen typischen Zeugnissen: In den Preußischen Jahrbüchern (1873, II 596) wurde der Kulturkampf gerühmt als „Doppelschlacht ... der modernen Gedankenfreiheit gegen das letzte geistige Erbe des Mittelalters, die päpstliche Glaubensknechtung, und des modernen Staates gegen die letzte juristische Hinterlassenschaft des Mittelalters, gegen die Immunität der römischen Kirche". Vgl. Bd VI/1, Kap. 29, S. 534f 546f, Kap. 40, S. 726f.

vermehren konnte (Reichstag 1871: 58, 1874: 91 Abg.; preuß. Landtag: 1870: 58, 1873: 90 Abg.). Unter Windthorsts Führung wurde sie nunmehr der eigentliche parlamentarische Widerpart des Kanzlers und lieferte ihm einen kompromißlosen, auf konstitutionelle und rechtsstaatliche Argumente gestützten Abwehrkampf. Nachhaltig bestärkt wurden die preußischen Katholiken aus dem Vatikan. Pius IX. und Antonelli, seit 1870 vollends in die Defensive gedrängt, beschränkten sich dabei aber auf fruchtlose, der gegnerischen Argumentation wenig adäquate Proteste; daß die eigene Intransigenz zur Verschärfung der Gegensätze beigetragen hatte, wollten sie nach wie vor nicht wahrhaben. Sehr unklug handelte der Papst, als er seine Kompetenz zur Kritik der Maigesetze in einem Brief an Wilhelm I. mit einer anfechtbaren Identifizierung von Papstkirche und Christentum begründete: „Jeder, der die Taufe empfangen hat, gehört in irgendeiner Art und irgendeiner Weise ... dem Papste an.“[54] Damit wurde nicht nur der dem Kulturkampf innerlich wenig zugeneigte Kaiser verletzt; auch die konservativen Protestanten, welche ähnlich empfanden und nur wegen ihrer tiefverwurzelten preußischen Staatsloyalität schwiegen, wurden weiter ins Lager der Kulturkämpfer gedrängt, welche ihrerseits nichts unversucht ließen, um sich die konfessionellen Gegensätze dienstbar zu machen.

Um den katholischen Widerstand zu brechen, schritt man 1874 zu einer Verschärfung der Maigesetze, die aber letztlich ebenfalls erfolglos bleiben sollte. Da sich die Strafsanktionen des Gesetzes vom 11. Mai 1873 als unzureichend erwiesen hatten, setzte die preußische Regierung für das ganze Reich ein Expatriierungsgesetz durch (4. 5. 1874)[55], welches das geltende Freizügigkeits- und Staatsbürgerrecht aufs schwerste beeinträchtigte. Geistlichen, die trotz staatlicher Entlassung ihr Amt ausübten, wurde die Verweisung aus bestimmten Orten oder Bezirken, bei ausdrücklicher Amtsanmaßung oder Zuwiderhandlung sogar die Ausbürgerung und Ausweisung angedroht. – Am 20. Mai 1874 erließ der preußische Landtag das Gesetz über die Verwaltung erledigter Bistümer[56]. Danach konnte bis zur Einsetzung eines staatlich anerkannten Bischofs ein Bistumsverweser (Kapitularvikar) nur tätig werden, wenn er seine Befähigung im Sinne des Gesetzes vom 11. Mai 1873 nachwies und sich eidlich zur Befolgung aller Gesetze verpflichtete. Wurde bei einer Vakanz vom zuständigen Domkapitel kein Kapitularvikar gewählt, so hatte ein staatlicher Kommissar die Vermögensverwaltung des Bistums zu übernehmen. Da keine kirchliche Stelle sich zur Ausführung des Gesetzes bereit fand, mußten für alle vakant werdenden Diözesen solche Kommissare ernannt werden. – Unmittelbar darauf

[54] Pius IX. an Wilhelm I. 7. August 1873. Text: *N. Siegfried,* Aktenstücke 197f. Ebd. 198f die kaiserliche Antwort (3. 9. 1873), in der die Maigesetze auf die „staatsfeindlichen Umtriebe“ einer von den Geistlichen unterstützten politischen Partei zurückgeführt und die Ansprüche des Papstes gegenüber den Nichtkatholiken unter Berufung auf den evangelischen Glauben zurückgewiesen wurden.

[55] Text: *J. B. Kißling,* Kulturkampf II 475ff.

[56] Text: ebd. 477–481.

folgte das Gesetz zur Deklaration des Gesetzes vom 11. Mai 1873 (21. 5. 1874)[57], welches den der unzulässigen Amtsausübung beschuldigten Geistlichen die Beweislast zuschob und in allen Fällen maigesetzwidriger Besetzung einer Stelle deren ganzes Vermögen mit Beschlagnahme bedrohte. Damit schien die juristisch-administrative Perfektion des Kampfes gegen die Kirche erreicht.

Die Nationalliberalen benutzten die Verschärfung des Konflikts außerdem zur Verwirklichung eines alten Postulats ihrer Gesellschaftsdoktrin. Durch Gesetz vom 9. März 1874, dem Wilhelm I. mit ernsten Bedenken zustimmte, wurde die obligatorische Zivilehe eingeführt[58]. Ein knappes Jahr später, im Zeichen einer weiteren, letzten Zuspitzung des Kulturkampfes, ist sie auf das ganze Reich ausgedehnt worden (Ges. vom 6. 2. 1875).

Die Strafverfolgung der den Gesetzen zuwiderhandelnden Bischöfe und Priester war unterdessen fortgesetzt worden. Da die Bischöfe wegen jeder maigesetzwidrigen Besetzung oder Nichtbesetzung eines Amtes belangt wurden, erreichten die Strafsummen bald eine Höhe, die weder durch Zwangsversteigerungen noch durch freiwillige Spenden der Gläubigen aufgebracht werden konnte. In dieser Situation schreckte Preußens Bürokratie auch vor der Vollstreckung der ersatzweise verhängten Freiheitsstrafen nicht zurück. Von elf preußischen Bischöfen[59] verbrachten fünf, die Erzbischöfe Ledóchowski und Melchers sowie die Bischöfe Eberhard (Trier), Martin (Paderborn) und Brinkmann (Münster) in den Jahren 1874/75 etliche Monate im Gefängnis[60]; Förster (Breslau) entzog sich dem nur durch Übersiedlung in den österreichischen Teil seines Bistums. Die inhaftierten Bischöfe wurden als Martyrer verehrt, aber seit dem Sommer 1874 unterlagen katholische Kundgebungen, Vereine und Zeitungen engmaschiger polizeilicher Kontrolle[61].

Die tiefe, die Staatsgesinnung erschütternde Erbitterung der Katholiken nahm noch zu, als die Regierung sich darüber hinaus entschloß, auch das äußerste maigesetzliche Mittel anzuwenden und die im Widerstand verharrenden Bischöfe durch den 1873 geschaffenen Gerichtshof absetzen zu lassen. Mit

[57] Text: ebd. 481ff.

[58] H. Conrad, Zur Einführung der Zwangszivilehe in Preußen und im Reich 1874/75: Das deutsche Privatrecht ... Festschr. f. H. Lehmann (Berlin 1956).

[59] Das Bistum Fulda war seit dem Tod des Bischofs Kött (1873) vakant.

[60] Weitaus am längsten, nämlich zwei Jahre, war Ledóchowski inhaftiert, während seiner Haft wurde er zum Kardinal ernannt.
Es charakterisiert die besondere Schärfe des Kulturkampfes in den polnischen Provinzen, daß auch Ledóchowskis Weihbischöfe Janiszewski (Posen) und Cybichowski (Gnesen) 1875 zu Gefängnis verurteilt und später aus ihren Diözesen ausgewiesen wurden. Janiszewski wurde 1877 auch förmlich abgesetzt.

[61] So wurde der Mainzer Katholikenverein (s. o. S. 39) verboten.
Als Vorwand für die Verschärfung der Presse- und Vereinskontrolle diente ein von einem Katholiken im Juli 1874 auf Bismarck verübtes Attentat. Der Täter war ein Einzelgänger, entgegen vorschnellen Behauptungen des Kanzlers konnte keinerlei Verbindung zu Hintermännern aufgewiesen werden.

Ledóchowski wurde schon 1874 der Anfang gemacht, in den drei folgenden Jahren wurden Melchers, Martin, Förster, Brinkmann und Blum (Limburg) abgesetzt, Eberhard starb während des Prozesses. 1878 waren nur mehr die Bischöfe Krementz (Ermland), v. d. Marwitz (Kulm) und Sommerwerck (Hildesheim) im Amt. Die Bistümer Fulda, Osnabrück und Trier waren seit dem Tod ihrer Inhaber vakant; die sechs abgesetzten Bischöfe blieben zwar kirchenrechtlich im Besitz ihres Amtes, konnten dieses jedoch nicht öffentlich ausüben und gingen ins Exil[62], von wo aus sie ihre Sprengel mit Hilfe geheimer Delegaten zu regieren suchten[63].

Die letzte Zuspitzung des Kulturkampfes wurde dadurch eingeleitet, daß Ende 1874 im Prozeß gegen den früheren Botschafter und Bismarck-Gegner Graf Arnim[64] der Text einer „Papstwahldepesche" des Reichskanzlers vom Mai 1872 bekannt wurde. Bismarck hatte darin den europäischen Regierungen eine Verständigung über Bedingungen für die Anerkennung eines neuen Papstes vorgeschlagen und seine Initiative damit begründet, daß seit dem Vatikanischen Konzil die Bischöfe aller Länder nur mehr Beamte des Papstes seien. Der gesamte deutsche Episkopat antwortete im Februar 1875 mit einer auf gründlicher Analyse der vatikanischen Dekrete beruhenden Erklärung, welche die durch die apostolische Sukzession begründete, unmittelbare Autorität jedes Bischofs in seiner Diözese betonte und von Pius IX. alsbald offiziell gebilligt wurde[65]. Noch zuvor hatte der Papst auch seinerseits zum schärfsten Mittel gegen die preußische Kirchenpolitik gegriffen. Die Enzyklika „Quod numquam" (5.2. 1875)[66] erklärte die Maigesetze, insoweit sie der göttlichen Verfassung der Kirche widersprachen, für ungültig und verhängte die Exkommunikation über alle

[62] Außer Förster war auch Blum nach Österreich gegangen, Ledóchowski fand Aufnahme im Vatikan. Melchers, Brinkmann und Martin lebten in Holland bzw. Belgien, d.h. nahe bei ihren Diözesen.

[63] In den drei kanonisch vakanten Diözesen waren solche von der Polizei vergeblich gesuchten Delegaten kraft päpstlicher Ermächtigung tätig.

[64] *F. Hartung,* Bismarck und Graf Harry Arnim: HZ 171 (1951) 47–77.

[65] Text der Kollektiverklärung: *N. Siegfried,* Aktenstücke 264–267; D 3112–3116. Vgl. *R. Lill,* Bischofskonferenzen 121 f. Die päpstliche Billigung (Breve vom 12. 3. 1875): *N. Siegfried,* Aktenstücke 270f; D 3117.
In den durch das Vatikanum II hervorgerufenen Diskussionen über Primat und Episkopat ist die von Pius IX. gebilligte Erklärung der deutschen Bischöfe mit Recht als gewichtiges Zeugnis für das kirchliche Selbstverständnis nach 1870 herangezogen worden. Dem ist freilich hinzuzufügen, daß Pius IX. von sich aus nichts unternommen hatte, um dem Unfehlbarkeitsdogma eine solche maßvoll klärende Interpretation zu geben, welche vielleicht manche der nach 1870 ausgebrochenen Kontroversen vermieden oder gemildert hätte.
Vgl. Constitutio dogmatica de Ecclesia (21. 11. 1964) Cap. III Art. 27 n. 95: LThK². Das zweite vatikanische Konzil I 246f. – *J. Ratzinger:* K. Rahner – J. Ratzinger, Episkopat und Primat (Freiburg 1961) 29 f; *W. Kasper,* Primat und Episkopat nach dem Vatikanum I: ThQ 142 (1962) 48 f.

[66] Text: *N. Siegfried,* Aktenstücke 267 ff.

an ihrer Entstehung und Durchführung aktiv Beteiligten. Zugleich verwarf Pius jedoch jede Auflehnung gegen die Obrigkeit in weltlichen Dingen.

Preußen antwortete mit einer neuen Reihe von Kampf- und Strafgesetzen. Das Sperrgesetz (sog. Brotkorbgesetz, 22. 4. 1875)[67] verfügte die Einstellung aller Geldleistungen des Staates an die katholische Kirche (§ 1) und sah deren Wiederaufnahme in einzelnen Diözesen nur für den Fall vor, daß der betreffende Bischof oder Bistumsverweser schriftlich die Befolgung der Gesetze zusagte (§ 2). Auch einzelne Geistliche konnten die ihnen zustehenden staatlichen Gelder erst nach Abgabe einer solchen Erklärung erhalten (§ 6). Da sich dazu nur die wenigen Staatspfarrer bereit fanden, kam es zu einer fast totalen Sperre der Staatsleistungen, die von den Liberalen als wichtiger Schritt zur Trennung von Staat und Kirche begrüßt wurde.

Das die Katholiken am tiefsten verletzende Ordensgesetz (31. 5. 1875)[68] schloß die Orden und Kongregationen vom preußischen Staatsgebiet aus, die bestehenden Niederlassungen durften keine neuen Mitglieder mehr aufnehmen und waren innerhalb von sechs Monaten aufzulösen; bei Ordenshäusern, deren Mitglieder als Lehrer tätig waren, konnte diese Frist bis auf vier Jahre verlängert werden (§ 1). Vom Verbot ausgenommen wurden nur die Krankenpflegeorden, deren Häuser jedoch jederzeit aufgehoben werden konnten (§ 2) und staatlicher Kontrolle unterstellt wurden (§ 3). Der seit den fünfziger Jahren rasch vorangeschrittene Wiederaufbau wurde damit abgebrochen. Die Mitglieder der in der Seelsorge tätigen Männerorden, welche das Jesuitengesetz überdauert hatten, gingen teils in die USA, teils nach Belgien und Holland[69], von wo sie wenigstens Kontakte zur alten Heimat unterhalten konnten. Für manche der in Preußen verbleibenden weiblichen Orden erreichte die Kaiserin Augusta einige Erleichterungen.

Nachdem am 18. Juni 1875 die Artikel 15 und 18 der preußischen Verfassung ganz aufgehoben worden waren, erging am 20. Juni ein umfangreiches Gesetz über die Vermögensverwaltung der katholischen Gemeinden[70], welches die Schwächung der hierarchischen Kirchenordnung und die weitgehende Übernahme des evangelischen Gemeindeprinzips bezweckte. Die Vermögensverwaltung der Kirchengemeinden wurde demokratisiert (§ 1) und dem aus dem Pfarrer und gewählten Mitgliedern bestehenden Kirchenvorstand übertragen (§§ 5–8), wichtige Entscheidungen wurden von der Zustimmung einer Gemeindevertretung abhängig gemacht (§ 21). Die Kirche konnte dieses Gesetz um so

[67] Text: *J. B. Kißling*, Kulturkampf III 438ff.

[68] Text: ebd. 440f.

[69] Auch Gründung (1875) und Ausbau der ersten deutschen Missionskongregation (SVD) durch Arnold Janssen sind in Holland (Steyl) erfolgt. *F. Bornemann*, Arnold Janssen, der Gründer des Steyler Missionswerkes 1837–1909 (Steyl 1969). – Weil das Jesuitengesetz den Kulturkampf überdauerte, verlegten die deutschen Jesuiten ihr 1872 nach Ditton Hall (England) geflüchtetes Studienzentrum 1894 ebenfalls nach Holland (Valkenburg).

[70] Text: *J. B. Kißling*, Kulturkampf III 441–452.

eher tolerieren, als sich fast überall die gewählten Gemeindevorsteher um volle Übereinstimmung mit den kirchlichen Behörden bemühten.

Den Abschluß bildete das Gesetz über die kirchlichen Vermögensrechte der altkatholischen Gemeinden (4. 7. 1875), welches diesen überall dort, wo ihnen eine „erhebliche Anzahl" von Mitgliedern beigetreten war, die Mitbenutzung des Vermögens und der Kirche der katholischen Gemeinde zusicherte (§§ 1, 2); altkatholisch gewordene Pfarrer behielten ihre Pfründe (§ 3)[71]. Da die Katholiken die Simultanbenutzung von Kirchen mit der von ihnen abgefallenen Minderheit weiterhin ablehnten und andererseits die Bürokratie das Gesetz meist in einem den Altkatholiken möglichst günstigen Sinne auslegte, ergaben sich auch hieraus erhebliche Streitigkeiten. In den den Altkatholiken mitüberlassenen Kirchen wurde der katholische Gottesdienst eingestellt.

Das Jahr 1876 brachte nur noch Ergänzungen des Kanzelparagraphen und des Gesetzes über die Vermögensverwaltung der Diözesen[72] sowie einen Ministerialerlaß Falks über den Religionsunterricht in den Volksschulen (18. 2. 1876)[73], der auch diesen der staatlichen Aufsicht unterstellte.

Davon abgesehen, begann der Kampf zu stagnieren. Zwar war die katholische Kirchenorganisation in Preußen zerschlagen, mehr als tausend Pfarreien waren ohne Seelsorger, aber der passive Widerstand der katholischen Bevölkerung, ihr Zusammenhalt mit Klerus und Hierarchie sowie der aktive Widerstand des Zentrums blieben ungebrochen. Nicht nur insofern stellte der Kulturkampf sich seit der Mitte der siebziger Jahre als Mißerfolg heraus. Liberale Ideologisierung und bürokratische Perfektion hatten ihm die von Bismarck ursprünglich nicht gewollte Schärfe gegeben, welche den inneren Frieden erschüttert und die Katholiken wie auch andere Minderheiten zum Schaden des Reiches ins Getto abgedrängt hatte. Der Kampf gegen die katholische Kirche förderte die Entchristlichung der Gesellschaft, die schlecht zu Bismarcks autoritärer Konzeption paßte; auch erwuchs dieser, begünstigt durch den Kulturkampf, in der Sozialdemokratie ein neuer, gefährlicherer Gegner[74]. Die Warnungen der Kaiserin, die Bedenken des Kaisers und mancher Konservativer waren voll bestätigt worden. Zudem hatte Preußen den im heraufziehenden Zeitalter der öffentlichen Meinung doppelt wertvollen Ruf des toleranten Staates verloren; die

[71] Text: ebd. 452f.
Zur Entwicklung des Altkatholizismus im Jahrzehnt nach 1870 vgl. Bd VI/1, Kap. 44.

[72] Reichsgesetz vom 26. Februar 1876, preußisches Gesetz vom 7. Juni 1876. Texte: *J. B. Kißling,* Kulturkampf III 454–457.

[73] Text: *N. Siegfried,* Aktenstücke 315 ff, Auszug: *J. B. Kißling,* Kulturkampf III 138 ff.

[74] Daß Bismarck diese zweite oppositionelle Massenbewegung seit 1878 mit ähnlichen, dabei noch weitaus rücksichtsloseren Mitteln bekämpft hat als zuvor die Katholiken, zeigt seine Unfähigkeit, die vollen Konsequenzen aus dem Scheitern des Kulturkampfes zu ziehen. Die Bekämpfung von „Reichsfeinden" gehörte zu seinem innenpolitischen Kalkül, da er sich von ihr größere Kohärenz der übrigen Gruppen und weiteren Konsens zu seiner Politik versprach.

Verhaftung und Vertreibung von Bischöfen, Geistlichen und Ordensleuten vertiefte außerhalb Deutschlands selbst in antiklerikalen Kreisen das Mißtrauen gegen Bismarck, welches schon die bonapartistischen Methoden seiner „Reichsgründung von oben" hervorgerufen hatten.

Der Kanzler vollzog daher eine allmähliche, zunächst und weithin taktisch motivierte Abwendung vom Kulturkampf. Es wird zu zeigen sein, daß er die wichtigeren der darin durchgesetzten Positionen zu halten gedachte und besonders gegenüber dem Zentrum nur die Methoden wechselte: Ließ die Partei sich nicht im offenen Kampf bezwingen, so war zu versuchen, sie in die Regierungspolitik zu integrieren oder aber, und sei es über kirchenpolitische Konzessionen oder Vereinbarungen mit dem Vatikan, sie von ihrer Massenbasis zu trennen[75].

Erheblich trugen Bismarcks Kulturkampferfahrungen zu seiner Distanzierung von den Nationalliberalen bei, die freilich noch mehr durch die wieder aufbrechenden gegensätzlichen Auffassungen über Parlament, Konstitutionalismus und Wirtschaftspolitik bestimmt gewesen ist, außerdem durch die um die Mitte der siebziger Jahre beginnende Krise des liberalen Systems, deren Ursachen hier außer acht bleiben müssen. Jedenfalls bereitete der Kanzler die konservative Wende vor, die dann seit 1878/79 seine Innenpolitik bestimmt hat. Initiativen für einen kirchenpolitischen Kompromiß ergriff er freilich nicht, sowohl, weil er den Eindruck des Canossaganges unbedingt vermeiden wollte, wie auch, weil ihm (gleich anderen Politikern) zu Lebzeiten Pius' IX. ein Ausgleich unmöglich erschien. Beide Seiten verharrten in ihren Stellungen.

Der staatliche Mißerfolg war dadurch vollständig geworden, daß es Bismarck nicht gelungen war, auswärtige Staaten in den Kulturkampf hineinzuziehen. Besonders die leitenden Staatsmänner Österreichs und Italiens, auf die er wegen der dortigen kirchenpolitischen Auseinandersetzungen[76] Hoffnungen gesetzt hatte, waren zu realistisch und mit Wesen und Stärke der katholischen Kirche zu gut vertraut, um sich auf eine bürokratische Verfolgung nach preußischem Muster einzulassen.

Wohl hatte der Kulturkampf sich im liberal geprägten Jahrfünft nach der Reichsgründung auch in anderen Bundesstaaten ausbreiten können, jedoch mit charakteristischen Unterschieden. Der preußischen am ähnlichsten, wenngleich weniger einschneidend war die Entwicklung in Baden, dessen Schul-, Ehe- und Kirchengesetze der Jahre 1868–74[77] den preußischen in vielen Punkten zum Vorbild wurden, in anderen ihnen folgten. – In Bayern blieb es bei dem ebenfalls schon vor 1870 begonnenen, aus der Tradition eines liberal-katholischen Regalismus erwachsenen „schleichenden Kulturkampf", den das Ministerium Lutz

[75] Vgl. Kap. 3, S. 61 65 74 77.

[76] Österreich: Bd VI/1, Kap. 40, S. 727–730, in diesem Band Kap. 2. Italien: ebd. Kap. 38, S. 700–705; Kap. 39, S. 708–713.

[77] Vgl. Bd VI/1, Kap. 40, S. 732–735; außerdem: *Bachem*, Zentrumspartei IV 357–418.

(1870–90) konsequent geführt, aber mit Bedacht nicht zum offenen Konflikt gesteigert hat[78]. Über die Wiederherstellung der früheren Staatsaufsicht (1873) ging man nicht hinaus; in bayerischen Pfarreien und Seminaren fanden Geistliche und Theologiestudenten Aufnahme, die Preußen hatten verlassen müssen. Größeres Aufsehen erregten nur die mehrjährigen Vakanzen der Bistümer Speyer und Würzburg, wo Pius IX. 1876 den vom König nominierten, recht staatskirchlich gesinnten Kandidaten die Ernennung verweigerte. – Dem Beispiel Preußens folgend, haben auch Hessen-Darmstadt und Sachsen in den Jahren 1874–76 liberal geprägte Kirchengesetze erlassen[79].

Nicht in den Kulturkampf hineinziehen ließen sich die beiden übrigen deutschen Staaten mit einem geschlossenen katholischen Bevölkerungsanteil, Württemberg und Oldenburg. In Württemberg bestand sogar in den durch das Kirchengesetz von 1862 gezogenen Grenzen[80] ein ausgesprochen gutes, von König Karl I. (1864–91) und Bischof Hefele sorgsam gepflegtes Einvernehmen zwischen Staat und Kirche. Auch im Reichsland Elsaß-Lothringen, dessen ohnehin sehr schwierige Integration der Kulturkampf noch mehr kompliziert haben würde, schreckte die von Berlin abhängige Verwaltung vor schärferen Maßnahmen zurück.

2. Kapitel

Spannungen in der österreichisch-ungarischen Monarchie 1878–1914

LITERATUR: HKG VI/1 vor Kap. 29 u. 40. Außerdem: *L. v. Pastor,* Tagebücher, Briefe, Erinnerungen, hrsg. von *W. Wühr* (Heidelberg 1950); *A. Hudal,* Die österreichische Vatikanbotschaft 1806–1918 (München 1952); *J. Wodka,* Kirche in Österreich (Wien 1959); *F. Engel-Janosi,* Österreich und der Vatikan II, 2–173; *M. Csáky,* Der Kulturkampf in Ungarn (Graz – Wien – Köln 1967); *F. Funder,* Vom Gestern ins Heute (Wien – München ³1971); *G. Adriányi,* Friedrich Graf Revertera, Erinnerungen (1888–1901): AHPont 10 (Rom 1972) 241ff; *I. A. Hellwing,* Der konfessionelle Antisemitismus im 19. Jh. in Österreich (Wien – Freiburg – Basel 1972).

Nach dem Inkrafttreten der konfessionellen Gesetze vom Mai 1874[1] scheiterten alle weiteren Versuche der Liberalen, die kirchenpolitische Gesetzgebung Cisleithaniens in ihrem Sinn zu gestalten. Dieses Schicksal war der vom Abgeordneten- wie vom Herrenhaus angenommenen Regierungsvorlage zur Regelung der äußeren Rechtsverhältnisse der klösterlichen Genossenschaften, die von Kaiser Franz Joseph nicht sanktioniert wurde, ebenso beschieden wie der vom

[78] Vgl. ebd. S. 730ff; außerdem: *Bachem* a. a. O. 316–346.
[79] Hessen-Darmstadt: *Kißling* III 406–415; *Vigener,* Ketteler 612–722; *Bachem* a. a. O. 419–437. Sachsen: *Kißling* III 418–422; W. *Rittenbach:* LThK² IX 201f.
[80] Vgl. Bd VI/1, Kap. 29, S. 542f.
[1] Vgl. HKG VI/1 729.

Abgeordnetenhaus 1876 angenommenen Ehegesetznovelle. Sie scheiterte am Veto des Herrenhauses. Der konfessionelle Ausschuß des Abgeordnetenhauses begann sich zwar noch im Februar 1877 neuerlich mit dem Entwurf einer Ehegesetznovelle zu beschäftigen, was Anfang 1878 sogar zu einer Diskussion eines Gesetzentwurfes über die Einführung der obligatorischen Zivilehe führte[2], doch verdrängten dann andere gesetzgeberische Aufgaben und die Okkupation Bosniens und der Herzegowina derartige Projekte endgültig. Auch alle sonstigen Versuche der Liberalen, Änderungen in der kirchenpolitischen Gesetzgebung zu erreichen, verliefen im Sande.

In der Schulfrage gelang im Gegenteil den Katholiken ein beachtlicher Erfolg: Am 5. Februar 1880 brachte der damals noch den Konservativen angehörende Abgeordnete Prinz Aloys Liechtenstein, der sich ein Jahrzehnt später den Christlichsozialen anschloß, im Abgeordnetenhaus einen Schulantrag ein, in dem er die Regierung zur Revision des Reichsvolksschulgesetzes aufforderte. Verminderung der Auslagen, Vergrößerung des Einflusses der Länder auf das Schulwesen und Berücksichtigung der religiösen, sittlichen und nationalen Bedürfnisse der Bevölkerung waren die Ziele der von Liechtenstein vorgeschlagenen Reform. Sie wurden durch einen am selben Tag von dem katholischen Abgeordneten Lienbacher eingebrachten Antrag noch weiter präzisiert. Beide Anträge gaben den Anstoß zur Ausarbeitung einer Schulgesetznovelle durch die Regierung. An ihr beteiligte sich auch der eigentliche Schöpfer des Reichsvolksschulgesetzes von 1869, Sektionschef Alois Hermann, ein Freund Adalbert Stifters und letztlich ein Anhänger der konfessionellen Schule[3]. Die Regierungsvorlage wurde schließlich vom Parlament im April 1883 angenommen und im folgenden Monat vom Kaiser sanktioniert[4]. Sie war eine für die Organisation des Schulwesens wichtige Ergänzung des Reichsvolksschulgesetzes und nahm auf das Religionsbekenntnis der Schüler ausdrücklich Rücksicht. Dem zweiten Schulantrag des Prinzen Liechtenstein vom 28. Januar 1888, der durch ein Memorandum des österreichischen Episkopates unterstützt wurde und die Unterstellung der Schule unter die Mitaufsicht der Kirche forderte[5], war allerdings kein Erfolg mehr beschieden. Die ablehnende Haltung der Regierung wurde besonders von der sich damals bereits auf dem Weg zur Einigung befindenden österreichischen Sozialdemokratie unterstützt[6]. Die Forderung nach der konfessionellen Schule hatte daher bis zum Untergang der Monarchie nur ein einziges Mal – während der Ministerpräsidentschaft des Grafen Kasimir Badeni (1895–97) – Aussicht auf wenigstens teilweise Verwirklichung, doch haben da-

[2] *G. Kolmer*, Parlament und Verfassung in Österreich von 1848–1904, II (Wien – Leipzig 1903) 339.

[3] *W. Goldinger*, Das Verhältnis von Staat und Kirche in Österreich nach Aufhebung des Konkordates von 1855: Religion, Wissenschaft, Kultur 9 (1957/III) 144.

[4] Reichsgesetzblatt 1883, Nr. 53.

[5] Beilagen zu den Stenographischen Protokollen des Abgeordnetenhauses 1883, Nr. 490.

[6] *P. M. Zulehner*, Kirche und Austromarxismus (Wien – Freiburg – Basel 1967) 38f.

mals die Christlichsozialen, deren Führer Dr. Karl Lueger (1844–1910) mittlerweile trotz des Widerstandes des hohen Klerus und des Hofes Bürgermeister von Wien geworden war, mit Rücksicht auf ihre sudetendeutschen Wähler Badeni, der durch seine Sprachenverordnungen den Tschechen entgegenkommen wollte, die Gefolgschaft versagt und so zu dessen Sturz mit beigetragen[7]. Das hinderte jedoch nicht, daß die radikalen Deutschnationalen unter der Führung Georg Ritter v. Schönerers die Sympathien der alpenländischen Katholischen Volkspartei für die Wünsche der Slawen zur Propagierung der Los-von-Rom-Bewegung benützte[8].

Für die Liberalen wurde unterdessen nicht nur die von ihnen noch immer angestrebte Verschärfung der konfessionellen Gesetzgebung unerreichbar: Nach dem Urteil eines liberalen Historikers blieben diese selbst „unausgeführt und waren in Wirklichkeit kaum das Papier wert, auf dem sie standen“[9]. Wenn dieses Urteil auch sicherlich nicht ganz zutrifft, so kann doch kein Zweifel darüber bestehen, daß nicht nur der Kaiser, sondern schließlich auch Regierung und Bürokratie die Gefühle der empörten und zu ernstlichem Widerstand gegen den Staat entschlossenen Katholiken respektiert haben[10]. Dieser Zustand der konfessionellen Befriedung ist aber auch zu einem nicht geringen Teil dem Verständnis zu danken, das Kardinal Rauscher und seine Nachfolger, die Wiener Erzbischöfe Kutschker, Ganglbauer und Gruscha, dem Staat auch nach der Kündigung des Konkordates 1870 entgegengebracht haben. Außerdem büßten die Liberalen ihre vor kurzem noch fast allmächtige Position nach dem Sturz des Ministeriums Auersperg 1879 weitgehend ein.

Das neutral-konservative Kabinett Taaffe unterhielt zur konservativen Rechten im Parlament gute Beziehungen und ließ die von ihm in Angriff genommene Sozialgesetzgebung zum großen Teil von christlichen Sozialreformern wie Graf Egbert Belcredi und Aloys Liechtenstein ausarbeiten. Es kam mit der schon erwähnten Novelle zum Reichsvolksschulgesetz 1883 auch den Schulforderungen der Katholiken entgegen und stellte im Juli 1883 dem Linzer Bischof Rudigier die diesem von der liberalen Regierung während des Kulturkampfes entzogenen Dotationsgüter Gleink und Garsten zurück. Ebenfalls noch während der Ära Taaffe erfolgte 1885 eine provisorische gesetzliche Regelung der Kongrua zur Verbesserung der bedrängten materiellen Lage des Klerus[11].

Dieser Geist der Versöhnlichkeit zeichnet auch die Kirchengesetzgebung aller auf Taaffe folgenden cisleithanischen Regierungen aus. Es wurden auf diesem Gebiet überhaupt nur dann Gesetze erlassen, wenn die Praxis oder die erwünschte Vermeidung von Härten es dringend erforderten[12]. Dazu gehörten

[7] *B. Sutter,* Die Badenischen Sprachenverordnungen von 1897, I (Wien 1960) 247.

[8] *J. Wodka,* Kirche in Österreich (Wien 1959) 350.

[9] *G. Kolmer* a.a.O. II 343. [10] Vgl. HKG VI/1 728.

[11] Reichsgesetzblatt 1885, Nr. 47.

[12] *R. Höslinger,* Das Kultuswesen in der Zeit von 1867–1948: 100 Jahre Unterrichtsministerium 1848–1948 (Wien o.J.) 429.

die Novelle zum Religionslehrergesetz 1888[13], das sogenannte Forensengesetz 1894[14] und das Kongruagesetz 1898[15], das allerdings die Wünsche des niederen Klerus noch immer nicht voll erfüllte und daher 1902 und 1907 durch Novellen verbessert wurde[16]. Beide Novellen waren bereits das Werk des Kirchenrechtlers Max v. Hussarek, des nachmaligen Geschichtsschreibers des Konkordats von 1855, der von 1897 an das ministerielle Department für die Angelegenheiten des katholischen Kultus leitete[17].

Bis zum Zusammenbruch der Monarchie basierte daher die österreichische Kirchengesetzgebung im wesentlichen auf den konfessionellen Gesetzen der Jahre 1868 und 1874, deren Milderungen und im allgemeinen wohlwollende Durchführung von seiten des Staates schließlich auch die Katholiken bewogen, sich mit ihnen mehr oder minder abzufinden. Der Episkopat vor allem der deutschsprachigen Länder, der seit 1867 – von wenigen Ausnahmen abgesehen – nur mehr dem Bürgertum entstammte[18], zeichnete sich jetzt sogar durch besondere Kaisertreue aus: 1891 erließen die Bischöfe anläßlich der Wahlen einen Hirtenbrief, in dem sie den Gläubigen rieten, „nur solche Wähler zu wählen, die treu zum Kaiser hielten"[19].

In der nun beginnenden offenen Auseinandersetzung zwischen Konservativen und der seit 1889 diesen Namen führenden „Christlichsozialen Partei" standen fast alle Bischöfe – ebenso wie der Kaiser – der neuen katholischen Partei wenn schon nicht feindlich, so doch äußerst mißtrauisch gegenüber. Der hohe Klerus, vertreten durch Kardinal Schönborn von Prag, hat daher auch gemeinsam mit den Diplomaten des Kaisers seit Anfang der neunziger Jahre in Rom laufend Anklagen gegen die Christlichsozialen vorgebracht. Sie hatten aber für diese infolge der Vermittlung des Wiener Nuntius Agliardi und des Wohlwollens des Kardinalstaatssekretärs Rampolla keine nachteiligen Folgen, sondern führten nur zur ausdrücklichen Billigung des christlich-sozialen Programms durch Rampolla, die allerdings mit der Auflage verbunden war, den von der Partei in ihrer Aufstiegszeit propagierten radikalen und von vielen Priestern unterstützten[20] Antisemitismus zu dämpfen[21]. Trotzdem hat der Wiener

[13] Reichsgesetzblatt 1888, Nr. 99.

[14] Der Pfarrei nicht angehörige Grundbesitzer, deren Besitz ganz oder teilweise in dieser Pfarrei liegt, sind nach kanonischem Recht hinsichtlich der kirchlichen Baulast beitragspflichtig. Diese Pflicht erkannte das österreichische Recht erst mit Gesetz vom 31. 12. 1894 an. Reichsgesetzblatt 1895, Nr. 7.

[15] Reichsgesetzblatt 1896, Nr. 176. [16] Reichsgesetzblatt 1902, Nr. 48.

[17] *W. Plöchl,* Max v. Hussarek als akademischer Lehrer: ÖAKR 5 (1954) 82f.

[18] *E. Saurer,* Die politischen Aspekte der östr. Bischofsernennungen 1867–1903 (Wien – München 1968) 230.

[19] *W. Goldinger* a. a. O. 145

[20] Kirche und Synagoge, Hdb. zur Geschichte von Christen und Juden, hrsg. von *K. H. Rengstorf – S. v. Kortzfleisch,* II (Stuttgart 1970) 499ff sowie *I. A. Hellwing,* Der konfessionelle Antisemitismus im 19. Jh. in Österreich (Wien – Freiburg – Basel 1972).

[21] *F. Funder,* Vom Gestern ins Heute (Wien 1952) 138ff.

Kardinal Gruscha, ein erbitterter Gegner der Christlichsozialen, weil ihm „Demokratie um den Preis des Christentums als die große kommende Gefahr erschien“[22], vermutlich Kaiser Franz Joseph, mit dem er sich ausgezeichnet verstand, bei dessen hartnäckigen Verweigerung der Bestätigung der Wahl Luegers zum Bürgermeister von Wien moralisch gestützt. Lueger seinerseits hat sich daher auch nicht gescheut, noch 1901 bei einer Wahlversammlung in Wien an der „braven“ kirchenpolitischen Haltung des österreichischen Episkopats kräftig Kritik zu üben[23]. Erst unter den Erzbischöfen Nagl und vor allem Piffl haben sich die Beziehungen des Episkopates zu der Partei entscheidend gebessert, die als Interessenvertreterin des Kleinbürgertums begonnen hatte, dann auch die Bauern gewinnen konnte, sich 1907 mit den Konservativen vereinigte und in der Republik schließlich als einzige die Interessen der Kirche vertreten sollte. Diese wurden allerdings auch von den katholischen Organisationen verfochten, die in den achtziger und neunziger Jahren des 19. Jh. und danach entstanden sind (Katholischer Universitätsverein 1884, Katholischer Schulverein 1886, Christliche Arbeiterbewegung 1892). 1905 wurde über Initiative von P. Viktor Kolb SJ zur Unterstützung des katholischen Pressewesens der „Piusverein“ gegründet, der sich nach dem 1. Weltkrieg dem 1909 konstituierten Katholischen Volksbund anschloß[24]. Um die Jahrhundertwende entstanden katholische Bauernbünde; mehrere in die Vorkriegszeit zurückreichende katholische Jugendvereine wurden dann 1917 im „Reichsbund der katholischen deutschen Jugend Österreichs“[25] zusammengeschlossen. Auch die seit 1877 in unregelmäßigen Intervallen abgehaltenen österreichischen Katholikentage dienten von Anfang als Plattform für die Verkündigung kirchlicher bzw. katholischer Forderungen, auch wenn diese der Regierung aus außenpolitischen Gründen nicht genehm waren. Dies war der Fall, als der zweite Katholikentag 1889 die Notwendigkeit der Freiheit des Apostolischen Stuhles zum Gegenstand einer gegen den Dreibundpartner Italien gerichteten Entschließung machte. Sie veranlaßte sogar Ministerpräsident Taaffe zu einer Erklärung im Abgeordnetenhaus, daß die Außenpolitik der Monarchie durch die engen freundschaftlichen Beziehungen zum Königreich Italien und ihre Lebensinteressen festgelegt sei[26].

Die Stellung zu Italien und das Nationalitätenproblem der Habsburgermonarchie waren die vorrangigen Fragen in den Beziehungen Österreich-Ungarns zum Vatikan während des Pontifikates Leos XIII. Für dessen Wahl sollen nach Informationen des über beste vatikanische Verbindungen verfügenden öster-

[22] *O. Posch,* Anton Josef Gruscha und der östr. Katholizismus 1820–1911 (Ungedr. phil. Diss. Wien 1947) 185 208.

[23] *R. Sieghart,* Die letzten Jahrzehnte einer Großmacht (Berlin 1932) 318.

[24] *J. Wodka* a.a.O. 345f.

[25] *G. Schultes,* Der Reichsbund der katholischen deutschen Jugend Österreichs (Wien 1967) 132ff.

[26] *A. Hudal,* Die österreichische Vatikanbotschaft 1806–1918 (München 1952) 234.

reichischen geistlichen Botschaftsrates Johannes v. Montel (1831–1910)[27] Kardinal Manning und Kardinal Simor, der Primas von Ungarn, den Ausschlag gegeben haben[28]. Der Neugewählte klagte schon in seinem ersten politischen Brief an Franz Joseph über „le sempre crescenti ostilità" von seiten Italiens gegen den Heiligen Stuhl und bat den Kaiser um dessen Intervention zugunsten des bedrohten Papsttums[29]. Der Kaiser antwortete mit freundlichen Worten eher unverbindlicher Natur. Da man sich in Wien entschlossen hatte, das aus einer Revolution hervorgegangene Königreich Italien in den Kreis der konservativen Mächte einzubeziehen, vermied auch Österreich eine Verurteilung des Skandals anläßlich der Überführung der Leiche Pius' IX. im Juli 1881. Dem darüber tief enttäuschten Papst ließ der Kaiser im Frühjahr 1882 durch seinen Sondergesandten Frhr. v. Hübner die Gastfreundschaft der Monarchie für den Fall der Not anbieten. Hübner sollte allerdings auch verhindern, daß der Papst von diesem Asylangebot Gebrauch mache[30]. Die schwierige Aufgabe gelang immerhin so gut, daß Leo XIII. Hübner erklärte: „Alle meine Hoffnung, alle meine Liebe, all mein Vertrauen nächst Gott sind auf Seine Majestät, den Kaiser von Österreich, gerichtet."[31]

Österreich hat sich auch tatsächlich geweigert, im Dreibund Italien den Besitz von Rom zu garantieren[32]. 1888 ließ der Kaiser wiederum durch Hübner dem von der Regierung Crispi bedrängten Papst neuerlich Asyl in Österreich anbieten. Wenn es auch dieses Mal – ganz im Sinn Österreichs – nicht zur Annahme des Angebotes kam, so hat Leo XIII. doch bereits an Salzburg gedacht, während er 1882 noch Trient als Asylort in Betracht gezogen hatte[33].

Während des Staatssekretariats Rampollas haben sich jedoch die Beziehungen der Monarchie zum Vatikan, dessen profranzösische und proslawische Politik man in Wien mit Unbehagen registrierte, deutlich abgekühlt[34]. Außerdem ergaben sich in einer Reihe von Fragen der Kirchenpolitik der Monarchie, wie z.B. bei der Ernennung von Bischöfen, ständig Reibungen mit der Kurie. Das kaiserliche Nominationsrecht wurde zum größten Teil von den k.k. politischen Behörden in Anspruch genommen. Ihren politischen, nach 1880 immer mehr am Nationalitätenproblem orientierten Motivationen hat sich der Kaiser fast immer angeschlossen. Daher wurden Italiener und Slawen im Küstenland und Dalmatien, unbeliebte Ruthenen in Galizien, vor allem aber immer Männer, mit deren Regierungstreue man rechnen zu können glaubte, zu Bischö-

[27] Über Montel vor allem *A. Hudal* a.a.O. 250ff.

[28] *L. Freiherr v. Pastor,* Tagebücher, Briefe, Erinnerungen (Heidelberg 1950) 374.

[29] Die politische Korrespondenz der Päpste mit den östr. Kaisern 1804–1918, hrsg. von *F. Engel-Janosi* in Zusammenarbeit mit *R. Blaas – E. Weinzierl* (Wien – München 1964) Nr. 145.

[30] *F. Engel-Janosi,* Österreich und der Vatikan 1846–1918, I (Wien – Graz – Köln 1958) 230.

[31] Die politische Korrespondenz a.a.O. 48f.

[32] *F. Engel-Janosi* a.a.O. I 232. [33] Ebd. 255f. [34] Ebd. 268ff.

fen ernannt[35]. Die Kurie machte vor allem bei der Besetzung ungarischer Bistümer, aber auch im Küstenland Schwierigkeiten, und es kam daher oft erst nach langen Verhandlungen und wechselseitiger Ablehnung der Kandidaten zu Kompromissen wie bei der Nachfolge des ungarischen Primas Simor 1891, der Besetzung Agrams 1894[36] oder Zaras 1902[37]. Im Falle Zaras ging es auch um die Frage des kaiserlichen Rechtes der Translation von Bischöfen, das auch von einem so überzeugten Katholiken wie Max v. Hussarek in seiner Funktion als zuständiger Referent in der Kultussektion des Unterrichtsministeriums nachdrücklichst verteidigt worden ist[38]. Auch um die Ernennung von Kardinälen wurde gelegentlich hart gerungen, wie z. B. im Fall des von der Regierung vorgeschlagenen Erzbischofs von Erlau Dr. Josef Samassa. Da dieser nach der Meinung des Vatikans gegen den ungarischen Gesetzesentwurf über die Zivilehe nicht entsprechend opponiert und sich außerdem 1894 in der ungarischen Delegation für das kaiserliche Vetorecht bei der Papstwahl ausgesprochen hatte, konnte die Verleihung der Kardinalswürde an Samassa erst unter dem Pontifikat Pius' X. erreicht werden[39]. Den Bemühungen der Außenminister Aehrenthal und Berchtold, die Zahl der Kardinäle der Monarchie von 6 (4 in der österreichischen und 2 in der ungarischen Reichshälfte) auf 7 zu erhöhen, war bis zuletzt kein Erfolg beschieden[40].

Andererseits erfreuten sich jene Bischöfe der Monarchie, „deren Stimmen am Vatikan gern gehört wurden"[41], wie Bischof Stadler von Sarajewo und Bischof Stroßmayer von Djakovar, beide Wortführer und Protektoren der Kroaten, keineswegs der Sympathien der österreichischen Regierung. Dabei spielte auch die Frage der nationalen Liturgiesprachen, vor allem der slawischen in den kroatisch-dalmatinischen Diözesen des lateinischen Ritus, eine Rolle. Die Regierung sah in ihr ein von manchen Bischöfen, wie z. B. Stroßmayer, bewußt angewendetes Mittel der nationalen Einigung der Slawen oder wenigstens der Südslawen „durch das Band der katholischen Kirche"[42].

Aber auch die Verwendung des Ungarischen als Kultsprache in den griechisch-unierten Diözesen von Munkács und Eperjes durch magyarisierte Ruthenen führte zu politischen und wissenschaftlichen Auseinandersetzungen zwischen Wien und dem Vatikan, der schließlich die Verwendung der ungarischen Liturgie verbot[43], was nicht hinderte, daß ihre weitere Verwendung vor

[35] *E. Saurer* a. a. O. 235 ff. [36] *F. Engel-Janosi* a. a. O. I 278 ff.

[37] *G. Adriányi*, Friedrich Graf Revertera, Erinnerungen (1888–1901): AHPont 10 (1972) 326 f.

[38] *W. Goldinger*, Eine Auseinandersetzung Österreich-Ungarns mit der Kurie über das kaiserliche Nominationsrecht für Bischofsstühle: ÖAKR 6 (1955) 213.

[39] *F. Engel-Janosi* a. a. O. II (Graz – Wien – Köln 1960) 79 ff.

[40] *E. Weinzierl-Fischer*, Die letzten Ernennungen österreichisch-ungarischer Kardinäle: Österreich und Europa (Festgabe für Hugo Hantsch) (Graz – Wien – Köln 1965) 411 ff.

[41] *F. Engel-Janosi* a. a. O. I 296.

[42] Kálnoky an Revertera 1881 VII 23; *F. Revertera*, Erinnerungen a. a. O. 260, Anm. 17.

[43] Ebd. 264.

allem in dem 1912 gegen den erklärten Willen des Thronfolgers Franz Ferdinand[44] in Hajdudorog errichteten Bistum für die griechisch-katholischen Ungarn von Rom schweigend toleriert wurde[45].

Ein Punkt empfindlicher österreichischer Reaktionen war auch das Protektoratsrecht der Monarchie über Christen des Balkans und des Vorderen Orients. Die Verhandlungen des Vatikans mit der Türkei über den Abschluß eines Konkordates für Albanien scheiterten sogar am Widerstand Österreich-Ungarns, das in einem solchen Vertrag eine Verletzung seines Schutzrechtes sah[46].

Alle diese Differenzen verlieren jedoch an Gewicht, wenn man sie mit der für die Monarchie folgenschwersten Auseinandersetzung mit dem Heiligen Stuhl während der Pontifikate Leos XIII. und Pius' X. vergleicht: dem Kampf um die kirchenpolitische Gesetzgebung Ungarns. Er reichte bis in das Jahr 1890 zur sogenannten Wegtaufenverordnung[47] zurück. Sie hatte das Ziel, die Einhaltung des Gesetzes von 1868 über das Religionsbekenntnis von Kindern aus konfessionell gemischten Ehen zu erreichen. Nach dem Gesetz sollten sie entsprechend ihrem Geschlecht der Konfession des Vaters oder der Mutter folgen, doch hatte sich in der Praxis ein häufiges „Wegtaufen" durch den katholischen Pfarrer eingebürgert. Schon damals nahm Rom einen ablehnenden Standpunkt gegen die vom Staat verlangte Überweisung des Taufzeugnisses an den kompetenten Seelsorger ein. Er verschärfte sich, als ab 1892 im ungarischen Parlament neuerlich die Forderung nach Zivilehe, Zivilmatrikel und allgemeiner Religionsfreiheit erhoben wurde. Dieses Programm machte sich auch der Kultusminister im Kabinett Wekerle, Albin Graf Csáky, zu eigen. Nachdem der Regierung es nach ihrem ersten Rücktritt und ihrer Wiederbetrauung – allerdings ohne Csáky – Ende 1894 doch gelungen war, in beiden Häusern des Parlaments Zivilehe, Zivilmatrikel und Änderung des Gesetzes von 1868 durchzubringen und auch die kaiserliche Sanktion dafür zu erhalten, trat Wekerle endgültig zurück, da er das Vertrauen des Kaisers für eine weitere in Aussicht genommene Gesetzesreform verloren hatte. Im Gegensatz zur radikal-konservativen, im November 1894 gegründeten ungarischen Katholischen Volkspartei und auch zu manchen Tendenzen der liberalen Regierung Bánffy bemühten sich der gemeinsame Außenminister Graf Kálnoky und der österreichische Botschafter in Rom Graf Revertera, einen offenen Bruch mit dem Heiligen Stuhl zu verhindern[48]. Als der Wiener Nuntius Agliardi im April 1895 eine Visitationsreise nach Ungarn unternahm, forderte er jedoch in mehreren Ansprachen die katholischen Führungsschichten Ungarns auf, sich im bevorstehenden Kampf mit der

[44] *F. Engel-Janosi* II 122 156f.
[45] *F. Revertera,* Erinnerungen a.a.O. 266.
[46] *A. H. Benna,* Studien zum Kultusprotektorat Österreich-Ungarns in Albanien im Zeitalter des Imperialismus (1888–1918): Mitteilungen des österreichischen Staatsarchivs 7 (1954) 28f.
[47] *M. Csáky,* Der Kulturkampf in Ungarn (Graz – Wien – Köln 1967) 41ff.
[48] *F. Engel-Janosi* a.a.O. I 287.

Regierung auf die Seite des Klerus zu stellen. Dies führte zu einer Interpellation im ungarischen Abgeordnetenhaus. Bei ihrer Beantwortung erklärte Ministerpräsident Bánffy, daß der Nuntius eindeutig seine Befugnis überschritten habe, Kálnoky ebenfalls dieser Meinung sei und bereits bei der Kurie protestiert habe. Da dies nicht der Fall gewesen war, protestierte Kálnoky, der allerdings in einem Brief an Bánffy das Verhalten des Nuntius als taktlos bezeichnet hatte, telegraphisch gegen Bánffys Erklärung und trat von seinem Amt zurück. Rom dagegen weigerte sich, Agliardi abzuberufen, „bevor die dem Heiligen Vater in der Person seines Vertreters widerfahrene Beleidigung gutgemacht wäre", wie Kardinalstaatssekretär Rampolla Revertera erklärte[49]. Wenn man in Rom dann auch von einer ausdrücklichen Entschuldigung Wiens absah, so dauerte es doch bis 1896, ehe Agliardi zum Kardinal ernannt und damit von Wien abgezogen wurde. Mittlerweile waren in Ungarn auch die Gesetze über die Rezeption der israelitischen Religion und die allgemeine Religionsfreiheit angenommen und Ende 1895 auch vom Kaiser sanktioniert worden. Es läßt sich darüber diskutieren, ob die Änderung der kirchenpolitischen Gesetzgebung Ungarns 1894/95 als Kulturkampf oder als kirchenpolitische Reform zu werten sind[50]. Zweifellos hätte jedoch die lange und zumindest zeitweise dramatische Auseinandersetzung zwischen Kirche und Staat wenigstens gemildert werden können. Ihre Schärfe war sicher auch darin begründet, daß es der Kirche nicht nur um die Verteidigung der Sakramentalität der Ehe und der katholischen Kindererziehung, sondern auch um die Verteidigung ihrer Vormachtstellung im Reich des hl. Stephan ging, das, nach den Worten Rampollas, „niemals den Kalvinern und Juden ausgeliefert werden dürfte"[51].

Der Kardinalstaatssekretär war, je länger das Pontifikat Leos XIII. dauerte, um so mächtiger, aber auch in Wien unbeliebter, ja geradezu verhaßt geworden. Selbst der der Kirche und dem Vatikan gegenüber so loyale kaiserliche Botschafter Revertera hatte immer wieder Differenzen mit ihm[52]. Sicherlich war es nicht ganz leicht, mit dem stolzen und empfindlichen Sizilianer auszukommen. In erster Linie sind die Animositäten der österreichischen Diplomatie gegen ihn aber doch wohl darauf zurückzuführen, daß die Belastung der Innenpolitik der Monarchie durch das immer größere Dimensionen annehmende Nationalitätenproblem gerade zur Zeit des Pontifikats Leos XIII. in der Badeni-Krise von 1897 einen Höhepunkt erreichte. Rampolla, der mit den Slawen, den Italienern, den christlichsozialen bzw. katholischen demokratischen Parteien in Österreich und Ungarn sympathisierte, Frankreich und Rußland in der vatikanischen Außenpolitik eine wichtige Rolle einräumte, mußte daher nicht nur bei den konservativen und liberalen Politikern und mehreren österreichischen Bischöfen, sondern auch beim Kaiser selbst persona ingrata sein. Inwieweit letzterer auch den anfänglichen Widerstand des Kardinalstaatssekre-

[49] Ebd. 292. [50] *M. Csáky* a.a.O. 103ff. [51] Ebd. 110.
[52] Zum Beispiel *F. Revertera,* Erinnerungen a.a.O. 309.

tärs gegen ein kirchliches Begräbnis für seinen Sohn Rudolf[53] über die Jahre hinweg in schlechter Erinnerung behielt, muß dahingestellt bleiben. Eines steht jedenfalls fest: Nie zuvor war man sich in Wien so einig über den Gebrauch des kaiserlichen Vetos wie bei der Papstwahl von 1903. Da Rampolla am Abend des 1. August bereits mit 29 von 62 Stimmen führte[54] und schon als der neue Papst beglückwünscht wurde, hat ihn das am Morgen des 2. August vom Krakauer Kardinal Puzyna verlesene österreichische Veto[55] wohl auch mit Sicherheit um die Tiara gebracht. Der daraufhin am 4. August 1903 zum Papst gewählte Patriarch von Venedig Giuseppe Sarto hat zwar relativ rasch einige schon lange anstehende österreichische Wünsche, wie z. B. die Erhebung Erzbischof Samassas zum Kardinal, erfüllt. Noch rascher allerdings – bereits im Januar 1904 – erklärte Pius X. durch die Konstitution „Commissum Nobis" das Vetorecht, das nach der Tradition Frankreich, Spanien und Österreich für sich beanspruchten, feierlich für ungültig und stellte jede Teilnahme an einem solchen Akt unter die schwersten Kirchenstrafen[56].

Der Kampf allerdings, den Pius X. innerhalb der Kirche mit solcher Leidenschaft führte, der Kampf gegen den „Modernismus", „war für das Verhältnis dieses Pontifikates zur Habsburgermonarchie nicht von großer Bedeutung"[57]. Wohl hatte auch Österreich seinen „Literaturstreit", gab es Schriftsteller wie Enrica v. Handel-Mazzetti, Wissenschaftler wie Albert Ehrhard und Priester wie Josef Scheicher, den niederösterreichischen Abgeordneten, und Franz Martin Schindler, den Theoretiker der Christlichsozialen Partei, die des „Modernismus" beschuldigt wurden und deswegen Schaden erlitten. Ehrhard[58] mußte die Universität Wien verlassen, Schindler wurde wegen der Freundschaft zu Ehrhard nicht Bischof[59]. Schließlich wurde sogar der Wiener Erzbischof Gustav Piffl, der sich gegen die Errichtung einer Wiener Filiale von Benignis berüchtigter Denunziationsorganisation „Correspondance de Rome" gewehrt hatte, von Integralisten aus dem Wiener Commer-Kralik-Kreis in Rom als Modernist angezeigt[60]. Dennoch hat der Modernismusstreit, dessen Erforschung für Österreich allerdings erst in den Anfängen steht[61], in der Monarchie nie solche Ausmaße erreicht wie in Frankreich, Deutschland oder Italien. Den größten Anteil nahm die österreichische Öffentlichkeit an einem Fall, der durch das vermutlich eigenmächtige und sicher undiplomatische Agieren des Wiener Nuntius Granito Pignatelli di Belmonte hochgespielt wurde: Der Innsbrucker Kirchenrechtler

[53] *A. Hudal* a. a. O. 250 und *F. Engel-Janosi* II 2. [54] Ebd. II 37.
[55] Ebd. II 38. [56] Ebd. II 52. [57] Ebd. II 142.
[58] *A. Dempf*, Albert Ehrhard. Der Mann und sein Werk (Colmar 1944).
[59] *F. Funder*, Aufbruch zur christlichen Sozialreform (Wien – München 1953) 126ff.
[60] *A. Hudal* a. a. O. 289.
[61] *O. Schroeder*, Aufbruch und Mißverständnis. Zur Geschichte der reformkatholischen Bewegung (Graz – Wien – Köln 1969) 392–411ff und Der Modernismus. Beiträge zu seiner Erforschung, hrsg. von *E. Weinzierl* (Thomas-Michels-Festschrift) (Graz – Wien – Köln 1973).

Professor Ludwig Wahrmund[62], der 1888 eine Studie über das Vetorecht der katholischen Mächte veröffentlicht hatte, trat schon 1902 in seinen Vorlesungen für die Reformkatholiken Ehrhard und Schell ein. Am 18. Januar 1908 hielt er in Innsbruck eine gegen den Syllabus und die Enzyklika Pius' X. „Pascendi" gerichtete „populär-wissenschaftliche" Rede über „Katholische Weltanschauung und freie Wissenschaft", der ein massiver Antiklerikalismus nicht abzusprechen ist. Wahrmund publizierte sie auch nach ihrer Beschlagnahme in Österreich in München. Daraufhin sprach Nuntius Belmonte nicht nur bei Außenminister Aehrenthal vor, sondern erklärte auch mehreren Zeitungen gegenüber, daß er bei Aehrenthal die Entfernung Wahrmunds von seinem Lehrstuhl verlangt habe. Er hielt an dieser Aussage auch nach dem Dementi des Außenministers fest. Dadurch wurde Wahrmund zum Helden der gesamten aufgebrachten liberalen Öffentlichkeit, der gegenüber das Unterrichtsministerium, selbst wenn es gewollt hätte, sich eine Entlassung[63] Wahrmunds nicht leisten konnte. Aehrenthal seinerseits verlangte die Abberufung Belmontes. Auch der immer um Vermittlung bemühte Botschaftsrat Montel bat den Papst persönlich „flehentlich" darum. Pius X., der sich in diesem Fall offenbar selbst angegriffen fühlte, schlug jedoch auf den Tisch und rief: „Ich bin kein Diplomat, aber ich bin unerschütterlich. Monsignore Belmonte kann ich jetzt nicht von Wien fortlassen. Und selbst wenn seine Mutter sterbend wäre, so könnte ich ihm jetzt keinen Urlaub geben." Dann beklagte er den in der Habsburgermonarchie weiterhin herrschenden Josephinismus ...[64] Belmonte wurde auch erst 1911 turnusgemäß Kardinal und damit offiziell von Wien abberufen, obwohl er vom österreichischen Außenminister nicht mehr empfangen wurde. Dennoch hat sich Pius X. im allgemeinen immer wohlwollend über die Monarchie geäußert, der beim Ausbruch des von ihm seit Jahren gefürchteten Weltkrieges seine eindeutige Sympathie galt[65].

Auf österreichischer Seite hat sich in diesen „letzten Jahren einer Großmacht" Franz Joseph noch einmal nachdrücklich zu dem am Beginn seiner Herrschaft so sehr erstrebten Bündnis von Thron und Altar bekannt, als ihm die Bischöfe der Monarchie anläßlich seines 60jährigen Regierungsjubiläums 1908 ihre Huldigung darbrachten. Der alte Kaiser schloß sein Bekenntnis mit den Worten: „Sie können bei der Lehre des Glaubens und der Verwaltung Ihres Amtes stets des Schutzes der Staatsgewalt sicher sein. Ich selbst bin ein treuer Sohn der Kirche, die mich in schwerer Stunde Ergebenheit gelehrt, die mir so oft im Unglück Trost geboten, die mir und meinem Hause eine treue Führerin auf allen Lebenswegen gewesen."[66]

[62] *M. Höttinger*, Der Fall Wahrmund (ungedr. phil. Diss. Wien 1950) und *F. Engel-Janosi* II 86ff.

[63] Wahrmund wurde daher nur in mühsamen Verhandlungen dazu gebracht, sich für einige Semester beurlauben zu lassen. Schließlich wurde er nach Prag versetzt.

[64] *F. Engel-Janosi* II 96.

[65] Ebd. II 151. [66] *O. Posch* a.a.O. 208f.

3. Kapitel

Die Beilegung des Kulturkampfes in Preußen und im Deutschen Reich

QUELLEN: Wie vor Kap. 1 (mit Ausnahme der Edition von Constabel).
Außerdem: *O. Pfülf*, Aus Windthorsts Korrespondenz: Stimmen aus Maria Laach 82, 83 (1912); *K. v. Schlözer*, Letzte römische Briefe 1882–94, hrsg. von *L. v. Schlözer* (Berlin – Leipzig 1924); *O. v. Bismarck*, Die gesammelten Werke, Bde XII, XIII: Reden 1878–1897, bearb. von *W. Schüßler* (Berlin 1929/30); Vatikanische Akten zur Geschichte des deutschen Kulturkampfes, bearb. von *R. Lill*, Tl 1: 1878–80 (Tübingen 1970), Tl 2: 1880–87 (demnächst).
LITERATUR: Wie vor Kap. 1, bes. die Werke von *Kißling* (Bd. 3), *K. Bachem* (Bde III, IV), *Franz-Willing*, *Morsey*, *Schmidt-Volkmar*, *E. R. Huber* und *Chr. Weber*.
Außerdem: *E. Lefebvre de Béhaine*, Léon XIII et le Prince de Bismarck ..., Introduction par *G. Goyau* (Paris 1898); *C. Crispolti – G. Aureli*, La politica di Leone XIII da Luigi Galimberti a Mariano Rampolla (Rom 1912); *J. Heckel*, Die Beilegung des Kulturkampfes in Preußen: ZSavRGkan 19 (1930) 215–353, wieder abgedruckt: *J. Heckel*, Das blinde, undeutliche Wort Kirche, hrsg. von *S. Grundmann* (Köln – Graz 1964) 454–571; *E. Soderini*, Il Pontificato di Leone XIII, III (Mailand 1933), dt. Ausgabe: *E. Soderini*, Leo XIII. und der deutsche Kulturkampf, bearb. von *R. Bauersfeld* (Wien 1935); *H. Mann*, Der Beginn der Abkehr Bismarcks vom Kulturkampf 1878–1880 unter bes. Berücksichtigung der Politik des Zentrums und der Römischen Kurie (Diss. Frankfurt a. M. 1953); *R. Lill*, Die Wende im Kulturkampf: QFIAB 50 (1970) 227–283, 52 (1972) 657–730; auch separat (Tübingen 1973); *Chr. Weber*, Quellen u. Studien zur Kurie u. vatikan. Politik unter Leo XIII. (demnächst).

Die Initiative zur Befriedung ging von Leo XIII.[1] aus, der sich als politischer Papst empfand, aus der Isolation seines Vorgängers so rasch wie möglich heraustreten wollte und die Beilegung des deutschen Kulturkampfes, der damals ärgsten politischen Belastung der Kirche, als vordringliche Aufgabe erachtete. Noch am Tage seiner Wahl (20. 2. 1878) schrieb er wie an andere Fürsten, in deren Staaten kirchenpolitische Spannungen bestanden, so auch an Kaiser Wilhelm I.[2] und regte gemeinsame Bemühungen zur Wiederherstellung der früheren besseren Beziehungen an. Durch die wenig kompromißbereite Antwort aus Berlin ließ er sich nicht abschrecken; unterstützt von wenigen Vertrauten, so dem neuen Staatssekretär, Kardinal Franchi[3], und dem Prälaten Czacki[4], entwarf

[1] Zur Persönlichkeit und zum Programm Leos XIII.: S. 9–27.
[2] Der erste Briefwechsel zwischen Leo XIII. und Wilhelm I.: *Siegfried*, Aktenstücke Nr. 183 f.
[3] Alessandro Franchi (1819–78), 1856 Nuntius in Florenz, 1860 Sekretär der Kongr. der außerordentlichen kirchlichen Angelegenheiten (AES), 1868 Nuntius in Madrid, 1873 Kardinal, 1874 Präfekt der Propaganda, hatte sich schon 1877 an Versuchen beteiligt, Gespräche mit Deutschland anzuknüpfen. Vgl. S. 7.
ECatt V 1622 (Lit.); *R. Lill*, Vatikanische Akten (künftig: V. A.) 3, Anm. 1.
[4] Wladimir Czacki (1834–88), 1877 Sekretär der Kongr. der AES, 1879 Nuntius in Paris, 1882 Kardinal. Czacki, der als Pole von den deutschen Kulturkämpfern oft als „Reichsfeind“ verdächtigt wurde, war einer der überzeugtesten Mitarbeiter an der Friedenspolitik des neuen Papstes. Sein besonderes Interesse galt dabei Frankreich; neben dem Papst selbst war er der eigentliche Initiator der Verständigungspolitik gegenüber der Republik.
U. Stutz, Die päpstliche Diplomatie unter Leo XIII. ... (AAB 1925 Nr. 3/4) 7 ff 62–67 u. ö.; V. A. 116 Anm. 1.

er eilig sein Programm. Der Papst und diese Berater schätzten Bismarcks antirevolutionäre Politik und waren davon überzeugt, daß nur ein Staatsmann seines Ranges imstande sei, den von ihm selbst begonnenen Kulturkampf zu beenden.

Das oberste, konstant festgehaltene Ziel des Papstes war die Rückgewinnung der Handlungsfreiheit, welche die Kirche für ihre geistliche Mission brauchte; notfalls wollte er dafür dem Staat alle Zugeständnisse leisten, die ihm mit der Kirchenverfassung vereinbar erschienen. Als ebenso legitime Aufgabe betrachtete er die Erhaltung und Stärkung der konservativen Gesellschaftsordnung. In einem Bündnis zwischen dem Papsttum und einer monarchischen Staatsmacht wie Preußen und dem Reich sah Leo die wirksamste Abwehrfront gegen Sozialismus und Revolution. Er hoffte auf eine umfassende vertragliche Regelung; überzeugt vom Friedensbedürfnis auch des Staates, rechnete er voreilig damit, daß gerade Bismarck seine Anschauungen mehr oder minder teilen und einem versöhnlichen Papst in den konkreten Streitfragen weit entgegenkommen müsse[5]. Das Selbstverständnis des modernen Staates, die komplexe politische Struktur Preußens und Deutschlands sowie die vielfachen psychologischen Hindernisse, welche einer Befriedung im Wege standen, wurden im Vatikan zu wenig in Rechnung gestellt. Weder die über die deutschen Verhältnisse wenigstens einigermaßen informierten Nuntien in Wien und München noch die preußischen Bischöfe wurden konsultiert, erst recht wurden die die Hauptlast des Kampfes tragenden Zentrumspolitiker nicht befragt. Sich allein hielt der Papst für den berufenen Hüter kirchlicher Rechte, dem in einem Streit von der grundsätzlichen Bedeutung des Kulturkampfes Verhandlungsführung und Entscheidungskompetenz zustanden. Hier zeigt sich die über Leos politischer Anpassungsfähigkeit und relativer geistiger Offenheit nicht selten übersehene zentralistisch-autokratische Tendenz seines Pontifikats, welche die kuriale Gesamtentwicklung des 19. Jh. konsequent fortsetzte. Von einem Vertrag zwischen Papsttum und Kaiserreich erwartete Leo auch eine Stärkung seines Souveränitätsanspruches, den er weitaus mehr als sein zuletzt zur Resignation neigender Vorgänger anzumelden entschlossen war. Zudem konnte eine Verständigung mit der stärksten europäischen Macht die Beilegung der Konflikte mit anderen Staaten erleichtern.

Die Stärke des Programms Leos XIII. lag in der Einsicht, daß die Kirche sich mit dem Zustand der Kämpfe, in den sie unter Pius IX. geraten war, nicht abfinden durfte. Seine Schwächen waren die übertriebene Einschätzung der eigenen Möglichkeiten und die mangelhafte Kenntnis der Lage in den verschiedenen Ländern, so auch in Deutschland. Erst nach Rückschlägen, die bei rechtzeitiger und realistischer Situationsanalyse zu vermeiden gewesen wären, setzte sich im Vatikan die Einsicht durch, daß Abstriche hinzunehmen waren. Der Papst, der der Verständigung als solcher größte Bedeutung beimaß, fand sich zu solchen

[5] Programmatische Äußerungen Leos XIII. und seiner engsten Mitarbeiter: V. A. Nr. 12 33 58 61 75 85 90 94 103 127 130 142a 144 147 152 180 187 207 215 225.

Abstrichen meist eher bereit als seine Umgebung; erst in der letzten Phase der in diesem Kapitel zu schildernden Entwicklung hatte er in dem Prälaten Galimberti (s. u.) einen engen Mitarbeiter, der noch weitaus nachgiebiger war als er selbst.

Von den Gründen, die Bismarck bewogen, Roms Friedensfühler nicht abzuweisen, stimmte nur einer mit den Motiven des Papstes teilweise überein: Die durch den Kulturkampf bewirkte Schwächung des monarchischen Staatsgedankens nahm zu und erfüllte den Kaiserhof wie weite konservative Kreise mit wachsender Sorge. Wichtiger waren für den Kanzler die Einsicht in den Mißerfolg des Kulturkampfes, die veränderte Gesamtlage und seine neuen innenpolitischen Pläne[6]. Der zunächst von ihm für notwendig erachtete Kurswechsel vom Freihandel zum Schutzzoll war nur gegen die liberalen Verbündeten des Kulturkampfes durchzusetzen und machte neue Allianzen erforderlich. Partner fallenzulassen, die ihre Dienste getan hatten, war Bismarck nicht ungewohnt. Seine Wiederannäherung an die Konservativen war schon im Gange, nun plante er zusätzlich, die Zentrumspartei an sich zu ziehen oder aber durch Verhandlungen mit dem Papst zu überspielen und darüber von ihrer kirchlich motivierten Massenbasis zu trennen; seit dem Pontifikatswechsel schienen die Voraussetzungen dazu günstiger zu sein als früher. Die Spekulation auf das Zentrum und die Rücksicht auf die Konservativen verweisen auf den größeren innenpolitischen Zusammenhang, der weitgehend vom Anwachsen der Sozialdemokratie bestimmt war: Der wirtschaftspolitische Kurswechsel war nur ein Teil der großen konservativen Wende und Verfestigung der Reichsstrukturen, die der Kanzler seit dem Frühjahr 1878 einleitete; zu ihr gehörten das Sozialistengesetz und die Zurückdrängung aller Ansätze zur Parlamentarisierung des Reiches[7]. Ein modus vivendi mit Papsttum und katholischer Kirche paßte zu dieser inneren Wende ebensogut wie zur gleichzeitigen äußeren Neuausrichtung im Zweibund mit Österreich-Ungarn. Dabei wollten Bismarck und die preußische Bürokratie in den kirchlichen Fragen keineswegs so weit nachgeben, wie Leo XIII. hoffte. Der offene Kampf sollte beendet werden, die Staatsaufsicht über die Kirche aber bleiben; die ärgsten Härten der Maigesetze sollten abgebaut werden, jedoch durch einseitige staatliche Gesetze; an den dem Papst vorschwebenden Vertrag dachte Bismarck zu keinem Zeitpunkt.

[6] Programmatische Äußerungen des Kanzlers: *Bismarck* GW VIc Nr. 120 143 174 178 183f 217 220 222ff 229 231 241 243f 259 261ff 267 279 290f 301 304 306 322 324f 328ff 332–335 338 347–353 355 357 360 367; XII 11f 299–305; XIII 181–192 194–202 282–315. V. A. Nr. 6a 13 19 24 49–52 62 70 99 112 152f 155 198 218 222 229 233 237 244 255.

[7] Zur konservativen Wende der deutschen Innenpolitik 1878/80 s. v. a. *H. Böhme,* Deutschlands Weg zur Großmacht... 1848–1881 (Köln 1966) 446–579; *H.-U. Wehler,* Bismarck und der Imperialismus (Köln 1969) 101–111 127–135 139–151 168–193; *E. R. Huber,* Verfassungsgeschichte IV 67f 104 146f 152–157 772f 882f 1044–49, 1063ff 1068 1153–64; *R. Lill,* Wende im Kulturkampf 232ff 245f u.ö.

Die problemreiche Beilegung des Kulturkampfes erfolgte in drei Phasen. In der ersten (1878–80) wurden Verhandlungen zwischen dem Heiligen Stuhl und Preußen geführt; in der zweiten ergingen die „diskretionären" Milderungsgesetze (1880, 1882, 1883), in der dritten die beiden Friedensgesetze (1886, 1887).

1. Auf die vatikanischen Signale reagierte Bismarck, der daraufhin den Eindruck des Canossa-Ganges nicht mehr zu fürchten brauchte, mit größtem Geschick; er verstand es, den Papst über seine wahren Absichten lange im unklaren zu lassen und ihn durch unverbindliche Avancen, so in der Römischen Frage, auf den Weg der Konzessionen zu locken. Leos allzu deutlich bekundeter Friedenswille gab der Gegenseite Trümpfe in die Hand.

Erste Kontakte, bei denen der Kanzler den Wunsch nach einem ehrenvollen Frieden übermitteln ließ, liefen über den Münchener Nuntius Aloisi Masella[8], den dortigen preußischen Gesandten Graf Werthern und Bismarcks bayerischen Vertrauensmann Graf Holnstein. Ein Brief des Kronprinzen Friedrich Wilhelm, der seinen durch ein Attentat verletzten Vater vertrat, leitete zu eigentlichen Verhandlungen über, enthielt aber Bismarcks ganzes, im Vatikan in seinen Konsequenzen zunächst nicht durchschautes Programm: Er erklärte, daß die Gesetze des Staates nicht den katholischen Dogmen angepaßt werden könnten und daß daher der Prinzipienstreit auszuklammern sei; er schlug jedoch vor, die praktischen Streitfragen gemeinsam zu lösen[9]. Noch im Sommer 1878 kam in Kissingen ein Treffen Bismarcks mit Aloisi Masella zustande, bei dem die Unvereinbarkeit der Standpunkte erstmals deutlich wurde[10]. Der Nuntius erbat die Rückkehr zur staatskirchenrechtlichen Lage des Jahres 1871; der Kanzler forderte die päpstliche Anerkennung der maigesetzlichen Anzeigepflicht und bot dafür die Wiederherstellung der diplomatischen Vertretung beim Heiligen Stuhl, welche weitere Verhandlungen um praktische Lösungen führen sollte. Auch die Errichtung einer Nuntiatur in Berlin wurde in Aussicht gestellt. Wenngleich Leo XIII. an diplomatischen Beziehungen zu Berlin stark interessiert war[11], konnte er auf dieses die gesamte Kulturkampfgesetzgebung aufrechterhaltende Angebot nicht eingehen. Hinzu kam, daß seine Friedenspolitik gerade in den Tagen der Kissinger Begegnung durch Franchis plötzlichen Tod ihre stärkste Stütze verlor. So führten Aloisis Gespräche nur zu einer atmosphäri-

[8] Gaetano Aloisi Masella (1826–1902), 1877 Nuntius in München, 1879 in Lissabon, 1883 Kurienkardinal.
ECatt I 916 (Lit.).

[9] Kronprinz Friedrich Wilhelm an Leo XIII. 10. 6. 1878, Text: *Siegfried,* Aktenstücke Nr. 185.

[10] Das Kissinger Treffen: Bismarck GW VIc Nr. 124; V. A. Nr. 47–58.

[11] Unter Pius IX. war der Heilige Stuhl gerade diplomatisch immer mehr isoliert worden: 1878 waren nur vier Botschaften und neun Gesandtschaften bei ihm akkreditiert; er unterhielt sechs Nuntiaturen, zwei Internuntiaturen und vier Delegaturen.

schen Verbesserung. An die Stelle der Verhandlungen trat ein wenig ergiebiger, von Bismarck bewußt dilatorisch behandelter Briefwechsel zwischen dem neuen Kardinalstaatssekretär Nina[12] und dem Kanzler, der sich bis in den Sommer 1879 hingezogen hat. Im Auftrag des Papstes forderte Nina darin vertragliche Garantien für die Autonomie der Kirche, so besonders für die freie Amtsausübung der Bischöfe und Priester, für die Rückkehr der abgesetzten unter ihnen, wie auch der Orden, sowie für den Verzicht des Staates auf Beeinflussung der Klerusausbildung und des Religionsunterrichtes.

Während antipolnische Attacken Bismarcks im Vatikan geschickt aufgefangen wurden[13], schienen die Hoffnungen des Kanzlers auf eine päpstliche Beeinflussung des Zentrums zunächst aufzugehen[14]. Das Programm Leos XIII. enthielt ja keinen Raum für selbständige Aktionen der Partei, die vielmehr untergeordnete Dienste leisten sollte. Vor allem, so wurde ihr bald aus dem Vatikan bedeutet, sollte sie Bismarck politisch entgegenkommen, um die Verhandlungen zwischen Rom und Berlin zu erleichtern; nur wenn diese Verhandlungen stagnierten, sollte sie durch härteres Auftreten Druck auf den Kanzler ausüben. Erste Differenzen zwischen Kurie und Zentrum traten schon im Sommer 1878 auf, als die Partei sich dem römischen Wunsch nach Zustimmung zum Sozialistengesetz versagte und darob von der Regierungspresse als Verbündete der Revolution gescholten wurde. Es half nicht viel, daß der in Rom sehr angesehene Mainzer Domherr Moufang[15] der Kurie die Motive des Zentrums erklärte, welches politische und kirchliche Fragen auseinanderhalten wollte, sich zu angemessener Abwehr gegen die sozialistische Gefahr bereit erklärte, aber wegen seiner rechtsstaatlichen Prinzipien Bismarcks Ausnahmegesetz nicht billigen wollte. Seit Ende 1878 ist Windthorst selbst über den für seine Partei relativ aufgeschlossenen Wiener Nuntius Jacobini[16] mehrmals an die Kurie herangetreten und hat parlamentarische Initiativen zur Revision der Maigesetze vorgeschlagen; die gemeinsame Front von Zentrum und Konservativen zugunsten der neuen Wirtschaftspolitik Bismarcks (1879) schien ihm günstige Voraussetzungen zu schaffen. Er ging davon aus, daß in einem konstitutionellen Staat eine Partei mit ihrem Einfluß auf Parlament und Öffentlichkeit bessere

[12] Lorenzo Nina (1812–85), Assessor des Heiligen Offiziums, 1877 Kardinal, 1878 Staatssekretär, 1880 Präfekt der Propaganda.
V. A. 115 Anm. 4.

[13] V. A. Nr. 19 24 26 32 37 44 47 52.

[14] V. A. Nr. 8 13f 17 19f 22 25 27 34 40 45 49 52 55ff 62ff 72.

[15] Moufang (vgl. HKG VI/1 541 Anm. 25) war 1871–77 und 1878–90 auch Reichtagsabgeordneter des Zentrums. Seine Briefe für die Kurie aus den Jahren 1878/79: V. A. Nr. 54 73 78 88 110f 122 129 145 160a, Anhang Nr. 1.

[16] Lodovico Jacobini (1832–87), Untersekretär des 1. Vatikan. Konzils, 1874 Nuntius in Wien, 1879 Kardinal und Pronuntius, 1880 Staatssekretär, infolge von Krankheit schwand sein Einfluß in seinen beiden letzten Lebensjahren. Vgl. S. 24.
V. A. 9 Anm. 1; *Weber*, Kirchl. Politik 29ff 39–45 48–51 115–118 128–131 135–138 149–158.

Garantien für die katholische Minderheit biete als Verträge zwischen Vatikan und Regierung; selbst für die Trennung von Kirche und Staat schien ihm die Zeit reif zu sein[17]. Von Bismarck erwarteten er und seine Freunde nicht viel. Mit Leos Wunsch nach einer Übereinkunft der Souveräne waren solche Vorschläge nicht zu vereinbaren, aus der verbesserten parlamentarischen Konstellation zog man im Vatikan entgegengesetzte Konsequenzen: Dringend wurde dem Zentrum eine feste Koalition mit dem Kanzler nahegelegt. Die Versuche zur Beeinflussung der Partei erreichten damit einen ersten Höhepunkt, blieben aber ebenso erfolglos wie acht Jahre später im Streit um das Septennat; die Parteiführung, welche vom Episkopat unterstützt wurde[18], bestand auf ihrer politischen Unabhängigkeit[19].

Leo XIII. ließ sich daraufhin auf die von Bismarck seit Kissingen geforderten Detailverhandlungen ein; der Rücktritt des den Kulturkampf verkörpernden Kultusministers Falk (Juli 1879), der allerdings primär durch dessen Differenzen mit der am Kaiserhof einflußreichen protestantischen Orthodoxie ausgelöst war[20], und seine Ersetzung durch den hochkonservativen, dem Kulturkampf abgeneigten Robert v. Puttkamer (1828–1900)[21] erzeugten neue Hoffnungen. In den Verhandlungen, die seit dem Sommer 1879 in Wien von Jacobini, dem dortigen deutschen Botschafter Prinz Reuß und kanonistischen Experten geführt worden sind, wurden die beiderseitigen Standpunkte zu sämtlichen Bestimmungen der Maigesetze formuliert. Daß sie weiterhin wesentlich unvereinbar waren, stellte Jacobini schon bei einem Treffen mit Bismarck (Gastein, September 1879) fest, bei dem dieser aber wieder demonstrativ sein Verständnis für den päpstlichen Souveränitätsanspruch bekundete[22]. Immerhin wurden in den Gesprächen der folgenden Monate etliche Konzessionen angekündigt. So sollte der kirchliche Gerichtshof aufgehoben, die Einstellung der Staatsleistungen rückgängig gemacht, das Ausweisungsgesetz wenigstens nicht mehr angewendet werden, für Bistumsverweser sollte der Eid entfallen. Unter Beibehaltung staatlicher Aufsicht sollten Konvikte und Seminare wiedereröffnet werden; die konfessionelle Gliederung der Volksschulen und der Lehrerbildung wurde

[17] V. A. Nr. 83 86 100 Anm. 3 106–109 116 123 143 162 164f 167 169f 177 185 259 261f.

[18] Die preußischen Bischöfe, an ihrer Spitze Erzbischof Melchers von Köln, warnten mehrmals vor Konzessionen an Bismarck: V. A. Nr. 63 77–81 97f 117–121 156 181 184a 212 249.

[19] V. A. Nr. 111 116 122 mit Anm. 4 129 143.

[20] *Bismarck* GW VIc Nr. 137 139 161f; *Förster,* Falk 553–652.

[21] Puttkamer ist als Innenminister (1881–88) mit allen ihm zu Gebote stehenden Mitteln für die Verfestigung des konservativen Regierungssystems eingetreten.
E. Kehr, Das soziale System der Reaktion in Preußen unter dem Ministerium Puttkamer, jetzt in: *E. Kehr,* Der Primat der Innenpolitik, Ges. Aufsätze..., hrsg. von *H.-U. Wehler* (Köln ²1970) 64–86; *Weber,* Kirchl. Politik 67f.

[22] Das Gasteiner Treffen: *Bismarck* GW VIc Nr. 167; V. A. Nr. 152f.

zugesagt, die Übertragung der lokalen Volksschulinspektion an die Pfarrer in Aussicht gestellt[23].

Noch bevor der Papst seine Gegenvorschläge übermitteln konnte, ließ Bismarck die Verhandlungen, in denen er offenbar nur die Positionen der Gegenseite genau hatte erkunden wollen, abbrechen; als Vorwand mußte der Widerstand des Zentrums gegen mehrere Regierungsentwürfe herhalten, der von Bismarck und seinen Helfern, darunter dem damaligen Staatssekretär Hohenlohe[23a], erneut zur angeblich prinzipiellen Opposition gegen Staat und Reich aufgebauscht wurde. Um wenigstens einiges von seinem Konzept zu retten, ging Leo XIII. daraufhin so weit, die Gewährung der Anzeigepflicht und damit die Konzession anzukündigen, von der die preußischen Bischöfe wie die Zentrumsführer die allmähliche Unterwerfung des gesamten kirchlichen Lebens unter die staatliche Bürokratie fürchteten[24].

2. Der Kanzler war inzwischen zu einseitigem Vorgehen entschlossen, seine Kehrtwendung überraschte selbst enge Mitarbeiter. Im März 1880 wurde die diskretionäre Gesetzgebung angekündigt, welche die Regierung zur milderen Anwendung einiger Bestimmungen der Maigesetze ermächtigen sollte und die Entwicklung des folgenden Jahrfünfts bestimmt hat. Indem sie die Anwendung bestehender Gesetze in das Ermessen des Ministeriums stellte, widersprach sie elementaren Rechtsprinzipien und mußte der Ausbildung rechtsstaatlichen Bewußtseins in Deutschland ebenso abträglich sein wie die Ausnahmegesetze des Kulturkampfes selbst; für den Regierungsstil Bismarcks war sie keineswegs atypisch. Der Kurie wie dem Zentrum erschienen die diskretionären Vollmachten unannehmbar, weil sie die Regelung der schwebenden Streitfragen ohne jede kirchliche Mitwirkung anstrebten und weil sie die Härte der geltenden Gesetze durch die unberechenbare Willkür der Bürokratie ersetzten[25]. Über dieser gemeinsamen Reaktion auf Bismarcks neue Pläne ergab sich eine relativ gute Zusammenarbeit zwischen dem Vatikan und der Partei, welche allein im nun wieder für den Kulturkampf zuständigen Landtag die kirchlichen Interessen verfechten konnte.

Der im Mai 1880 vorgelegte Gesetzentwurf sollte bei voller Wahrung der staatlichen Kirchenhoheit den organisatorischen Wiederaufbau der katholischen Kirche ermöglichen. Die wichtigsten der dazu von Bismarck und Puttkamer vorgesehenen Ermächtigungen (zur Neuregelung des Kulturexamens und

[23] Die Wiener Verhandlungen: V. A. Nr. 136 141f 155–190. *Heckel*, Beilegung 243–263.
[23a] Vgl. HKG VI/1 730f mit Anm. 14.
[24] Zur päpstlichen Ankündigung dieser Konzession und zur Reaktion von Regierung, Episkopat und Zentrum: V. A. Nr. 201f 207 212ff 218–226 229 231.
Als Bismarck auch daraufhin nicht entgegenkam, nahm Leo seine Ankündigung zurück: V. A. Nr. 245 254.
[25] Bismarcks Weg zur diskretionären Gesetzgebung und seine neuerliche Polemik gegen das Zentrum: V. A. Nr. 196 198 206 222 233ff 237–244 246–270.

zur Wiederzulassung abgesetzter Bischöfe) mußten jedoch wieder gestrichen werden, weil sie den Nationalliberalen zu weit gingen und weil das Zentrum auf Weisung Roms bei seiner Ablehnung blieb. Das am 19. Juni 1880 mit nur vier Stimmen Mehrheit angenommene erste Milderungsgesetz[26] gab der Regierung nur die zudem bis zum Ende des Jahres 1881 befristete Ermächtigung, Bistumsverweser und Bischöfe ohne Eidesleistung zuzulassen sowie in neu besetzten Diözesen die staatliche Vermögensverwaltung einzustellen und die finanziellen Staatsleistungen wiederaufzunehmen. Die zeitliche Befristung ging auf einen Vorschlag der Konservativen zurück, welche dadurch die diskretionären Gewalten als Provisorium charakterisiert wissen wollten. Unbefristet ermöglichte das Gesetz die stellvertretende Amtsausübung staatlich anerkannter Geistlicher in vakanten Gemeinden und die Wiederzulassung von Krankenpflegeorden.

Die in den Wiener Gesprächen angekündigten schulpolitischen Konzessionen hatte Puttkamer unterdessen auf dem Verordnungsweg eingeführt; nach seinem Wechsel ins Innenministerium (1881) setzte der neue Kultusminister, der ebenfalls konservative Gustav v. Goßler (1838–1902), den Kurs schrittweisen Entgegenkommens fort, bestand dabei aber entgegen den Wünschen des Zentrums auf der Oberhoheit des Staates in allen Schulfragen. Nur in den östlichen Provinzen trat Goßler, der 1891 Oberpräsident von Westpreußen geworden ist, mit der früheren Härte auf. Entwürfe Goßlers und Absprachen des Zentrums mit den Konservativen bereiteten das zweite Milderungsgesetz (31. 5. 1882)[27] vor, dem auch die katholischen Abgeordneten zustimmten. Es verlängerte die Ermächtigungen vom Sommer 1880 bis zum 1. April 1884 und enthielt dazu die damals am liberalen Widerstand gescheiterten Konzessionen.

Die von Rom wie von den preußischen Katholiken geforderte definitive Revision der Kulturkampfgesetze wurde weiter hinausgeschoben, die uneingeschränkte Verwirklichung der maigesetzlichen Anzeigepflicht von der Regierung immer wieder als Voraussetzung dafür bezeichnet. Mehrere Initiativen des Zentrums blieben erfolglos; erst im April 1883 gewann Windthorst die Mehrheit des Landtages für eine Resolution, welche die von ihm stets reklamierte „organische Revision der Maigesetze“ forderte. Sie bedeutete mehr als einen moralischen Erfolg, denn sie zeigte, daß die Parlamentsmehrheit der Verschleppungstaktik des Kanzlers überdrüssig geworden war. Es gelang Bismarck und Goßler jedoch, die Wirkung der Resolution durch die schnelle Einbringung des dritten Milderungsgesetzes (11. 7. 1883)[28] aufzufangen. Darin wurden für die Übertragung von Seelsorgsämtern, deren Inhaber unbedingt abberufen werden durften, sowie für die Anordnung einer Stellvertretung in einem geistlichen Amte die Anzeigepflicht und das staatliche Einspruchsrecht aufgehoben. Ein recht erheblicher Fortschritt war damit erzielt: ohne zeitliche Beschränkung wurde die provisorische Besetzung vakanter Pfarreien ermöglicht, die Kirche

[26] Text: *Kißling* III 457f. [27] Text: *Kißling* III 458f. [28] Text: *Kißling* III 459f.

mußte sich freilich damit abfinden, für die anzustellenden Geistlichen die Dispens vom maigesetzlichen Kulturexamen zu beantragen. Das Gesetz ging mit großer Mehrheit durch, gegen die Stimmen der infolge der innenpolitischen Wende geschwächten Nationalliberalen und eines Teiles der Freikonservativen. Die in kirchlich gebundenen Kreisen ebenfalls mit anhaltendem Mißtrauen betrachtete Fortschrittspartei stimmte indessen diesem wie anderen Milderungsgesetzen zu und blieb damit auf der schon in den siebziger Jahren eingenommenen Linie: sie begrüßte die Kulturkampfgesetze, insoweit sie einen liberalen Kern hatten, lehnte aber Repressivmaßnahmen ab.

Schon das erste Milderungsgesetz hatte die Wiederbesetzung der inzwischen durch den Tod ihrer Inhaber auch kanonisch vakanten Bistümer Fulda, Osnabrück, Paderborn, Trier und Breslau[29] ermöglicht. Dazu waren neuerliche Verhandlungen zwischen Berlin und dem Vatikan erforderlich, in die Leo XIII. wegen seiner fortdauernden Enttäuschung über Bismarcks Kurswechsel erst nach einigem Zögern einwilligte, auch auf Rat der Zentrumsführung, die bei Aufrechterhaltung ihrer weitergehenden Forderungen an den Staat für die Ausnutzung des schon Erreichten eintrat. Im Sommer 1881 verhandelte Kurd v. Schlözer (1822–94), damals Gesandter des Reiches in Washington, im Dezember des gleichen Jahres der Unterstaatssekretär im Auswärtigen Amt, Clemens August Busch (1834–95)[29a], mit dem inzwischen zum Staatssekretär Leos XIII. aufgestiegenen Kardinal Jacobini. Der liberal denkende, historisch hochgebildete Schlözer hatte sich schon als Legationssekretär in Rom (1864–69) eine für einen norddeutschen Protestanten außergewöhnlich breite Kenntnis des im Grunde von ihm verachteten Katholizismus und der römisch-italienischen Kirchenverhältnisse verschafft[30]. Da er mit den Prälaten umzugehen wußte, wünschte Bismarck ihn ständig in Rom; als erster Leiter der im Februar 1882 wiedererrichteten preußischen Gesandtschaft beim Heiligen Stuhl hat er an den Verhandlungen des folgenden Jahrfünfts entscheidenden Anteil gehabt. Die Wiederherstellung der diplomatischen Beziehungen war ein deutlicher Schritt zur Normalisierung, wenngleich Leo XIII. auch in diesem für ihn so gewichtigen Bereich mehr, nämlich die Eröffnung einer Botschaft des Reiches, erhofft

[29] Breslau wurde erst durch den Tod Försters am 20. 10. 1881 vakant.

[29a] Busch war neben Hohenlohe einer der ganz wenigen Katholiken unter den leitenden Beamten des Auswärtigen Amtes. Dort wie in den anderen obersten Reichsbehörden hatten Katholiken in der Bismarck-Zeit und darüber hinaus (vgl. Kap. 35) nur dann Aufstiegschancen, wenn sie der i. a. zur Freikonservativen Partei tendierenden gouvernementalen Minderheit angehörten und sich vom „Ultramontanismus" und vom Zentrum distanzierten. *R. Morsey,* Die oberste Reichsverwaltung unter Bismarck 1867–1890 (Münster 1957) 116–122 248f 268f.

[30] Das bezeugen seine „Römischen Briefe" mit der eindrucksvollen Beschreibung des päpstlichen Rom und seiner führenden Persönlichkeiten in den letzten Jahren des Kirchenstaates (hrsg. von *K. v. Schlözer,* Stuttgart – Berlin 1913), denen im deutschen Sprachbereich nur die zeithistorischen Passagen in den „Wanderjahren in Italien" von *F. Gregorovius* (zuletzt hrsg. von *H.-W. Kruft,* München 1967) vergleichbar sind.

hatte[31]. Die liberale Opposition im Landtag suchte der Kanzler durch die Betonung der bloß kirchen- und damit innenpolitischen Funktion der Vertretung beim Vatikan zu beschwichtigen, diesen jedoch gleichzeitig davon zu überzeugen, daß die Gesandtschaft sehr wohl auch eine Anerkennung der päpstlichen Souveränität bedeute. Zur Unterstreichung vermied er – gleich seinem österreichischen Kollegen Kálnoky – in den ebenfalls im Frühjahr 1882 geführten Dreibundverhandlungen die von Italien erbetene formelle Garantie seines territorialen Besitzstandes, welche eine direkte Anerkennung der Annexion des Kirchenstaates bedeutet hätte[32]. Auch ohnedem enttäuschte aber der Vertrag der beiden Kaisermächte mit Italien, welcher dieses konsolidierte und aufwertete, den Papst tief: Effektive Hilfe in der Frage des Kirchenstaates war demnach auch von Bismarck nicht zu erwarten.

Das konkrete Ziel der Missionen Schlözers und Buschs wurde erst in Etappen und unter neuen Schwierigkeiten erreicht. Zunächst ermächtigte der Heilige Stuhl nur die Domkapitel in Osnabrück und Paderborn zur Wahl von Kapitularvikaren, welche ohne staatliche Behinderung im Februar 1881 ihr Amt antreten konnten[33]. In Trier, wo daraufhin ebenfalls die Wahl angeordnet wurde, stieß der vom Kapitel alsbald gewählte Philipp de Lorenzi jedoch auf die Ablehnung der Regierung. Nach schwierigen Verhandlungen, die durch innerkatholische Gegensätze zwischen einer liberalen, dem Staat entgegenkommenden Minderheit[34] und der ultramontan-intransigenten Mehrheit[35] noch kompliziert

[31] Diese Akkreditierung entsprach der kirchenpolitischen Zuständigkeit der deutschen Bundesstaaten, von denen auch das ebenfalls an kontinuierlichen Beziehungen zum Vatikan interessierte Bayern eine Gesandtschaft beim Heiligen Stuhl unterhielt.
Die in den Verhandlungen der Jahre 1878–79 mehrmals erörterte Errichtung einer Nuntiatur in Berlin scheiterte am Widerstand des Kaisers und einflußreicher evangelischer Kreise. Auch die Zentrumspolitiker und die preußischen Bischöfe sprachen sich jedoch eindeutig gegen das Projekt aus. Sie befürchteten, daß eine Nuntiatur zum Werkzeug der Berliner Kirchenpolitik werden und selbständige Aktionen des Episkopats wie des Zentrums behindern werde. V. A. Nr. 19 47 49ff 57 62 114 mit Anm. 2 116 Anm. 4 152 168 183 233 237 239 Anm. 4 240 Anm. 1 262 Anm. 11. Vgl. auch *Bismarck* GW VIc Nr. 176 223.

[32] Faktisch wurden die italienischen Wünsche gleichwohl erfüllt. Im ersten geheimen Dreibundvertrag (20. 5. 1882, Art. 2) sagten Deutschland und Österreich Italien für den Fall eines unprovozierten Angriffs Frankreichs, der einzigen eventuell noch an der Wiederherstellung des Kirchenstaates interessierten Macht, ihre volle Waffenhilfe zu. Die Römische Frage wurde damit zu einer ausschließlich italienisch-vatikanischen Angelegenheit.
Italicus, Italiens Dreibundpolitik 1870–1896 (München 1928) 52–61; *L. Salvatorelli,* La Triplice Alleanza (Mailand 1939) 62–72.

[33] In Osnabrück Bernhard Höting, in Paderborn Kaspar Drobe. Beide übernahmen im Herbst 1882 als Bischöfe die volle Regierung ihrer Diözesen.
In Breslau wurde nach Försters Tod der Weihbischof Hermann Gleich zum Kapitularvikar gewählt. Da eine Bischofswahl wegen der Streichung etlicher Kandidaten durch die Regierung nicht zustande kam, ernannte der Papst nach Verhandlungen mit der Regierung den auch dieser genehmen Propst von St. Hedwig in Berlin, Robert Herzog, im März 1882 zum Fürstbischof.

[34] Ihre Führer waren der Dompropst Karl Josef Holzer und der diesem eng verbundene,

wurden, einigten Regierung und Kurie sich darauf, sowohl in Trier wie in Fulda sogleich Bischöfe einzusetzen, die der Papst unter Umgehung des Kapitelswahlrechtes direkt ernannte. Bei der Auswahl der Personen wurde ein folgenschwerer Kompromiß erzielt: In Trier setzte die Kurie den ultramontan-unbeugsamen Elsässer Michael Felix Korum[36], in Fulda die Regierung den ihr weit entgegenkommenden Georg Kopp[37] durch. Korum, der enge Kontakte zum weiterhin exilierten Erzbischof Melchers, zum Ermländer Bischof Krementz und zum Zentrum herstellte, hat fortan den Widerstand der Mehrheit des Episkopats gegen die Berliner Kirchenpolitik angeführt; Kopp verkörperte die andere, konzessionsbereite Seite der päpstlichen Politik und fühlte sich darüber hinaus dem preußischen Staat ebenso verbunden wie seiner Kirche. Die Verständigung beider war sein großes Anliegen; da er zu dessen Verwirklichung beträchtliche Konzessionen für nötig hielt, trat er bald in Gegensatz zu seinen Kollegen und zum Zentrum, dem er sterile Opposition vorhielt[37a].

Mit den Bischofsernennungen, denen Ende 1883/Anfang 1884 Begnadigung und Rückkehr der Bischöfe Blum (Limburg) und Brinkmann (Münster) folgten, der Wiederaufnahme der Staatsleistungen in den Diözesen mit staatlich anerkannten Bischöfen[38] und der provisorischen Besetzung der vakanten Pfarreien begann tatsächlich der von der Regierung gewünschte Wiederaufbau der katholischen Kirchenorganisationen. Seit 1883 nahm die seelsorgliche Notlage schnell ab. Viele und wichtige Fragen waren jedoch ungelöst; der Kulturkampf schwelte weiter, wobei wegen der zugestandenen Erleichterungen das Engage-

in Freiburg lehrende Kirchenhistoriker Franz Xaver Kraus. Besonders Kraus hat den Ultramontanismus und den von ihm der Veräußerlichung religiöser Anliegen bezichtigten „politischen Katholizismus" des Zentrums heftig bekämpft. Vgl. Kap. 29.
F. X. Kraus, Tagebücher, hrsg. von *H. Schiel* (Köln 1957); *H. Schiel,* Im Spannungsfeld von Kirche und Politik, Franz Xaver Kraus (Trier 1951); *ders.,* Trierer Bischofskandidatur von Korum u. Kraus (Trier 1955); zum gleichen: *Weber,* Kirchl. Politik 33–58.
Über Holzer: *E. Hegel:* Festschrift für Alois Thomas (Trier 1967) 151–162.

[35] Diese wurde von Windthorst unterstützt; vor allem hatte sie über eines ihrer Mitglieder, den Seminarprofessor Peter Alexander Reuß, direkte Beziehungen zu Kardinalstaatssekretär Jacobini.

[36] Michael Felix Korum (1840–1921), 1865 Seminarprofessor, 1872 Domprediger, 1880 Dompfarrer in Straßburg, seit 1881 Bischof von Trier.
Biographie von *J. Treitz* (München 1925); *Weber,* Kirchl. Politik passim.

[37] Georg Kopp (1837–1914), 1872 Generalvikar in Hildesheim, schon als solcher um Entspannung im Kulturkampf bemüht, 1881 Bischof von Fulda, 1884 Mitglied des preußischen Staatsrates, 1887 des Herrenhauses (auf Lebenszeit), ebenfalls 1887 Fürstbischof von Breslau, 1893 Kardinal.
Morsey, Probleme; *ders.,* Georg Kard. Kopp, Fürstbischof von Breslau, Kirchenfürst oder „Staatsbischof"?: Wichmann-Jahrbuch für Kirchengeschichte im Bistum Berlin XXI–XXIII (1967/69) 42–65; *Weber,* Kirchl. Politik, ab Kap. IV; *E. Gatz,* Bischöfliche Einheitsfront... (s. vor Kap. 1). [37a] Vgl. Kap. 35, S. 517, 519, 522.

[38] Nur die Erzbistümer Köln und Gnesen-Posen blieben bis 1885 bzw. 1886 ohne staatlich anerkannte Bischöfe und infolgedessen ohne ordentliche Diözesanverwaltung und Staatszuschüsse.

ment der Gläubigen auf Dauer nachzulassen drohte. Die größten Schwierigkeiten bereiteten der fortdauernde staatliche Vetoanspruch bei den Stellenbesetzungen, die Ausbildung des Klerus, die Ordensfrage und die Neubesetzung der beiden Erzbistümer Köln und Gnesen-Posen. Nach dem Willen der Regierung sollten die Theologen nur in den auch von liberalen Katholiken vorgezogenen theologischen Fakultäten der staatlichen Universitäten studieren[39], dagegen bestanden die Kurie und die Mehrzahl der Bischöfe auf nur ihrer Kontrolle unterstehenden Seminaren. Der Rückkehr der Orden widersetzten sich sowohl die staatliche Bürokratie wie die Nationalliberalen mit einer Heftigkeit, die mit liberalen Prinzipien nichts gemein hatte. Die Wiederzulassung der Erzbischöfe Melchers und Ledóchowski wurde in Berlin als Frage des staatlichen Prestiges empfunden und entschieden abgelehnt, obwohl beide auf die Kulturkampfgesetze wie auf die Konzessionen Leos XIII. kaum anders reagiert hatten als die Mehrzahl ihrer Kollegen; in Gnesen wollte die Regierung zudem die Ernennung eines deutschen Erzbischofs durchsetzen.

An weiteres Nachgeben dachten einstweilen beide Seiten nicht. In den Jahren 1883 und 1884 bezeichneten der Papst und sein Staatssekretär Jacobini mehrmals die Freiheit der kirchlichen Jurisdiktion und der Priesterausbildung als unerläßlich; gemäß der alten kurialen Maxime, die Prinzipien festzuhalten und dafür notfalls die Personen zu opfern, wollten sie sich nur nach staatlichem Nachgeben in diesen beiden zentralen Fragen mit dem Rücktritt der Erzbischöfe abfinden. Im wesentlichen nahm Leo XIII. damit noch dieselbe Position ein wie die von Melchers und Korum geführte Mehrheit des Episkopats und die von Windthorst dirigierte Zentrumsfraktion. Noch im Sommer 1885 wurde ein Nachgeben des Paderborner Bischofs Drobe gegenüber den Staatsvorschriften über Vorbildung und Anstellung der Geistlichen von Rom scharf zurückgewiesen; aber das war der letzte größere Erfolg, den die bismarckfeindlichen preußischen Katholikenführer im Vatikan verbuchen konnten.

3. Noch 1885 erfolgte der Meinungsumschwung Leos XIII., der zur letzten Phase der Beilegung des Kulturkampfes überleitete. Geschickt vorgearbeitet hatte Bischof Kopp, indem er den Papst in dessen alter Ansicht bestärkte, daß der Kulturkampf so bald wie möglich und mit, nicht gegen Bismarck beizulegen sei, und indem er den Rücktritt der beiden Erzbischöfe als Voraussetzung für eine Entkrampfung der festgefahrenen Lage bezeichnete; Vorleistungen hielt Kopp für unvermeidlich und, da er Bismarck vertraute, auch für gerechtfertigt. Ebenso gewichtig waren Machtverschiebungen im Vatikan, wo der dem Zentrum zugeneigte Kardinalstaatssekretär Jacobini infolge Erkrankung an Einfluß

[39] Gerade am Beispiel der Universitäts- oder Seminarausbildung wird deutlich, daß liberale Katholiken, um wenigstens Teile ihrer Konzeption gegen den Ultramontanismus durchzusetzen, auf das Bündnis mit dem Staat angewiesen waren.

Vgl. HKG VI/1 168 268 683–695 772; V. A. Nr. 193 mit Anm. 16 231 mit Anm. 4, Anhang Nr. 3 mit Anm. 8.

verlor. Der Papst hatte gerade 1885 heftige Kritik intransigenter Katholiken abzuwehren[40] und entschloß sich darüber, seinen Verständigungskurs noch konsequenter als zuvor fortzusetzen; auch steigerte sich, nicht zuletzt wegen der Verschärfung der antikirchlichen Politik in Italien, sein Wunsch nach baldigen, vorweisbaren Erfolgen. In dem aus der Schule des Kardinals Franchi stammenden Prälaten Galimberti[41], der im Sommer 1885 die faktische Leitung der Kongregation für die außerordentlichen Angelegenheiten antrat, fand er einen ebenso ergebenen wie befähigten, in seinen Motiven freilich schwer durchschaubaren[42] Mitarbeiter, dem Prälat Boccali, der Leiter des päpstlichen Geheimkabinetts, eifrig sekundierte. Beide Monsignori unterhielten enge Beziehungen zum preußischen Gesandten, wobei der ebenfalls mit Schlözer befreundete österreichische Rota-Auditor Montel[43] oft vermittelte.

Bestärkt von seinen Ratgebern, konkretisierte der Papst sein altes Programm. Mit den Zentrumsführern und der Mehrzahl der preußischen Bischöfe verband ihn dabei nur die Furcht vor dem Fortschwelen des Kulturkampfes. Während jene daraus folgerten, daß man weiterhin den status quo ante fordern müsse und daß Kompromisse zur allmählichen Unterwerfung der Kirche unter den Staat führen würden, zog er entgegengesetzte Konsequenzen. Anders als Windthorst glaubte er nicht, daß die Zeit für die Kirche arbeite. Um der unkalkulierbaren „Versumpfung" des Konfliktes vorzubeugen, entschloß er sich, in weite-

[40] Das größte Aufsehen erregten die Angriffe des gelehrten französischen Kurienkardinals Jean-Baptiste Pitra OSB. Er hielt Leo vor, vom bewährten Weg seines Vorgängers abgegangen zu sein und den liberalen Zerfall zu fördern.
C. Crispolti – G. Aureli, La politica di Leone XIII 87–90; *Weber,* Kirchl. Politik 113–117; *U. Engelmann:* LThK² VIII 527.

[41] Luigi Galimberti (1836–96), seit 1860 Professor am Kolleg der Propaganda, als Feind der Intransigenten und Anhänger des italienischen Nationalstaates lange ohne Einfluß, seit der Wahl Leos XIII. für diesen und dessen Politik publizistisch tätig, seit 1882 als Redakteur des „Moniteur de Rome", 1885 Prosekretär, 1886 Sekretär der Kongregation der AES, 1887 Nuntius in Wien, 1893 Kardinal und Präfekt der vatikanischen Archive.
G. Grabinski, Il Cardinale Galimberti: Rassegna Nazionale 89 (1896) 376–416; *C. Crispolti – G. Aureli,* La politica di Leone XIII, passim; *Weber,* Kirchl. Politik, ab Kap. VI; ECatt V 1881.

[42] Galimberti hat in der für die Beilegung des Kulturkampfes entscheidenden Zeitspanne vom Oktober 1886 bis zum Mai 1887, in der er infolge der fortschreitenden Krankheit und des Todes Jacobinis (28. 2. 1887) die gesamte päpstliche Politik leitete, Zuwendungen aus Bismarcks „Reptilienfonds" angenommen. Vgl. S. 25.
R. Lucius v. Ballhausen, Bismarckerinnerungen (Stuttgart ⁴⁻⁶1921) 364; Staatssekretär Graf Herbert v. Bismarck. Aus seiner polit. Privatkorrespondenz, hrsg. von *W. Bußmann* (Göttingen 1964) 401f.

[43] Johannes v. Montel-Treuenfest (1831–1910), 1877 Auditor, 1889 Dekan der Rota, Konsultor des Heiligen Offiziums und anderer Kongregationen, geistl. Botschaftsrat der österreichisch-ungarischen Vatikanbotschaft, vielseitig tätiger Vertreter österreichischer und deutscher Belange im Vatikan, dessen Einfluß jedoch seit der Ernennung Rampollas zum Staatssekretär zurückging.
V. A. Nr. 66 Anm. 2 (Lit.); *Weber,* Kirchl. Politik passim.

ren Punkten nachzugeben, um eine möglichst baldige und wenigstens die wichtigeren kirchlichen Ansprüche garantierende Lösung zu erreichen. Auf dieser Ebene traf er sich mit Bismarck, dem inzwischen auch an baldiger Befriedung gelegen sein mußte, sowohl aus Rücksicht auf die unterdessen verfestigte Allianz mit Österreich wie wegen der 1885 heraufziehenden internationalen Krise[44]. Daß das Friedenswerk der Jahre 1885/87 eine persönliche Leistung von Papst und Kanzler war, hat die neuere Forschung bestätigt[45]. Beide hatten dabei den Widerstand der Intransigenten im eigenen Lager[46] zu überwinden und bedienten sich schon deshalb nur der zuvor genannten, zuverlässigen Helfer; besonders Kopp, der das Vertrauen beider Seiten hatte und mit Zustimmung des Papstes 1887 ins preußische Herrenhaus berufen wurde, hat fortan an seinen Kollegen und am Zentrum vorbei zwischen Berlin und Rom vermittelt.

Der tote Punkt wurde überwunden, als Leo, obgleich noch keine befriedigende Lösung für Gnesen in Aussicht war, bereits im Sommer 1885 Melchers als Kurienkardinal nach Rom und zu seinem Nachfolger in Köln den Ermländer Bischof Krementz berief[47]; daß dieser den Prinzipien seines Vorgängers anhing, war weniger relevant als der Prestigeerfolg, den die Regierung mit der Entfernung des Sprechers des Episkopats in den Kampfesjahren erzielt hatte; auch war Krementz schwächer als Melchers. Den entscheidenden Anstoß gab wenige Monate später Bismarck, als er dem Papst die Vermittlung im deutsch-spanischen Streit um die Karolineninseln antrug, die dieser nur zu gern übernahm. Der „Gefangene im Vatikan" wurde ja damit in offiziellster Form als Souverän anerkannt, Leo konnte erstmals jenes internationale Schiedsrichteramt im

[44] Die 1885 ausgebrochene bulgarische Krise führte zu einer katastrophalen Verschlechterung der österreichisch-russischen Beziehungen, zugleich traten neue deutsch-französische Spannungen auf, erstmals drohte ein französisch-russisches Bündnis. Die Krise, der Bismarck in den beiden folgenden Jahren seine hauptsächliche Aktivität zu widmen hatte, konnte durch Mittelmeerentente und deutsch-russischen Rückversicherungsvertrag (beide 1887) überbrückt werden.
A. Hillgruber, Bismarcks Außenpolitik (Freiburg 1972) 175–193.

[45] *Morsey,* Probleme 225–245; *Weber,* Kirchl. Politik 107ff 120–125 138ff 188ff u.ö.; *Morsey,* Kopp 46f.

[46] Auf der staatlichen Seite die nationalliberale Partei, die ihr nahestehende Publizistik und starke Kräfte in der preußischen Bürokratie, auf der römischen die meisten Kurienkardinäle, von denen besonders die mit Deutschland mehr oder minder vertrauten, Ledóchowski und Johann Bapt. Franzelin SJ (1816–86), die Zentrumspolitik unterstützten. Beide gehörten der von Leo XIII. errichteten Kommission für Deutschland an, die jedoch seit dem Aufkommen Galimbertis praktisch ohne Einfluß war. Immerhin schätzte der Papst den Rat des gelehrten und scharfsinnigen Franzelin, dessen Tod daher der preußenfreundlichen Gruppe weiteren Auftrieb gab. Der 1885 nach Rom berufene Melchers konnte ihn trotz gleicher Einstellung nicht ersetzen, er gewann keinen Einfluß auf die inzwischen von Galimberti geleitete vatikanische Politik.
Über Franzelin: V. A. Nr. 69 Anm. 1; *M.-G. v. Twickel:* LThK² IV 272f.

[47] Über die Umgehung des Domkapitels, die Berufung Krementz' und dessen der Regierung unerwünschte Zusammenarbeit mit Korum: *N. Trippen,* Das Domkapitel und die Erzbischofswahlen in Köln 1821–1929 (Köln – Wien 1972) 257–266.

Dienste des Friedens wahrnehmen, welches er über die Rückkehr in die Politik dem Papsttum auf Dauer zu erwerben hoffte[48]. Daß Bismarck ihm dazu verholfen hatte, dankte er ihm zunächst durch die Verleihung des Christusordens, welche nicht nur in den Regierungsblättern als Demonstration der Versöhnung interpretiert wurde.

Während der folgenden Monate wurden in Geheimkontakten, von denen sowohl die Zentrumsfraktion und die Mehrzahl der preußischen Bischöfe wie Kardinal Jacobini und die Mitglieder der meisten zuständigen vatikanischen Behörden ausgeschlossen blieben, die Grundlagen für die beiden entscheidenden Friedensgesetze gelegt. An die Stelle der ursprünglichen Alternative der Befriedung durch Vertrag oder Gesetz trat eine Kombination beider in der von Bismarck gewollten Weise: Nach Absprachen mit dem Vatikan, in denen das für beide Seiten Zumutbare ausgelotet wurde, erließ der Staat seine Gesetze, die allein dem Inhalt dieser Absprachen Rechtskraft verliehen.

Schon der von Februar bis Mai 1886 umkämpfte Entwurf des ersten dieser beiden Gesetze[49] stieß auf ähnliche Einwände wie sechs Jahre zuvor das erste Milderungsgesetz. Den Nationalliberalen gingen seine Konzessionen an die Kirche zu weit, den Zentrumsführern und den Bischöfen, mit Ausnahme Kopps, durchaus nicht weit genug, aber nun wirkte sich die veränderte Konstellation in den Entscheidungszentren aus. Entgegen der parlamentarischen Praxis wurde der Entwurf zunächst nicht im Landtag, sondern im Herrenhaus behandelt, wo Kopp und einige adelige „Staatskatholiken" auftreten konnten und überhaupt die konservativ-gouvernementalen Kräfte die Oberhand hatten. Windthorst, Korum und Krementz wurden überspielt, wiewohl sie weiterhin die große Mehrzahl der preußischen Katholiken hinter sich hatten. Anders als in den Vorjahren, in denen Besuche und Briefe aus Trier der Kurie willkommen gewesen waren, scheiterte ihr Versuch, durch Entsendung eines der Ihren in den Vatikan diesen für ihre härtere Linie zu gewinnen; Bismarck und Leo XIII., Galimberti und Kopp setzten sich durch und brachten nicht wenig zustande: Das Gesetz (21.5.1886)[50] hob den kirchlichen Gerichtshof und das Kulturexamen der Theologiestudenten auf; in den meisten Diözesen wurde die Wiedereröffnung von Seminaren und Konvikten ohne die maigesetzliche Staatsaufsicht zugestanden, der den Orden eingeräumte Wirkungsbereich erweitert. Noch vor der Verkündigung des Gesetzes gewährte Leo XIII. auf neuerliche Bitte Bismarcks die

[48] Dies scheint ein zentrales Anliegen Leos XIII. gewesen zu sein, mit dem er eine zu Benedikt XV. und zu Pius XII. führende Linie der päpstlichen Politik eingeleitet hat. Vgl. S. 22f

[49] Zum ersten Friedensgesetz: *Bachem*, Zentrumspartei IV 132–147; *Heckel*, Beilegung 317–333; *Schmidt-Volkmar* 300–316; *Weber*, Kirchliche Politik 122–147.
Während der Beratung des Gesetzes kam es auch zu erneuten heftigen Auseinandersetzungen in der polnischen Frage, weil das Zentrum dem die Germanisierung der polnischsprachigen Provinzen befördernden Ansiedlungsgesetz widersprach.
Bismarck GW VI c Nr. 323 325; XIII 166–178; *J. Mai*, Die preußisch-deutsche Polenpolitik 1885–1887 (Berlin 1962) 75–82 115–132; *H. Neubach*, Die Ausweisungen von Polen und Juden aus Preußen 1885/1886 (Wiesbaden 1967) 92–112.

[50] Text: *Kißling* III 460ff.

Anzeigepflicht für die dauerhafte Besetzung der Pfarrämter. Vergebens hatte Windthorst abermals vor der Hinnahme dieser zentralen staatlichen Forderung gewarnt.

Die ebenfalls heftige Diskussion um das zweite Gesetz wurde zusätzlich belastet durch den Septennatsstreit[51]. Darin manövrierte Bismarck die Zentrumspartei in eine Zerreißprobe, wobei Leo XIII. und dessen Berater ihm bedenkliche, die Grenzen ihrer geistlichen Kompetenz weit überschreitende Hilfsdienste leisteten. Die außenpolitische Krise hatte der Kanzler auch benutzt, um eine weitere Heeresvergrößerung und vor allem ein weiteres Septennat, d.h. die Festlegung des Militäretats auf sieben Jahre, durchzusetzen. Wie bei vergleichbaren früheren Anlässen wollte er das Bewilligungsrecht des Reichstages beschneiden, der 1878 eingeschlagene antiparlamentarische Kurs wurde konsequent fortgesetzt. Unter dem Vorwand, daß sonst ein französisch-deutscher Krieg drohe, überredete Bismarck den Papst zu einer massiven Beeinflussung des Zentrums zugunsten des Septennats[52], bei der Leo sich ähnlich wie in der Karolinenfrage von seiner allzu hochgegriffenen Konzeption einer päpstlichen Ordnungs- und Friedensmission leiten ließ. Die Zentrumspartei bestand aber wieder auf ihrer politischen Unabhängigkeit, gemäß ihrer konstitutionellen Grundhaltung wollte sie gemeinsam mit den Freisinnigen[53] höchstens einen dreijährigen Militäretat bewilligen. Ein solcher Kompromiß genügte Bismarck nicht. Der Reichstag wurde aufgelöst, die Neuwahl (21. 2. 1887) von der Regierung als Entscheidung für oder gegen Deutschlands Verteidigungsbereitschaft hingestellt. Unter diesem demagogischen Vorzeichen brachte der Kanzler ein Bündnis von Nationalliberalen und Konservativen, das sog. Kartell, zustande; es fiel nicht schwer, den beiden gegnerischen Parteien wieder Reichsfeindlichkeit vorzuwerfen. Auf dem Höhepunkt des Wahlkampfes ließ der Kanzler die ihm durch Galimberti und Schlözer zugespielten vatikanischen Stellungnahmen zum Septennat publizieren, das Zentrum schien vom Papst desavouiert. Windthorsts überlegene Taktik[54], die Geschlossenheit ihrer aktiven Mitglieder und

[51] Der Septennatsstreit mit seinen über den Kulturkampf hinaus wirkenden Frontenbildungen und die ihm folgenden Verhandlungen um das zweite Friedensgesetz sind gründlicher erforscht als die meisten Phasen des Kulturkampfes und seiner Beilegung.
S. v. a. *Bachem,* Zentrumspartei IV 148–326; *Heckel,* Beilegung 333–349; *Morsey,* Probleme 225–235; *Schmidt-Volkmar* 324–341; *Weber,* Kirchl. Politik 148–171.

[52] In zwei von Jacobini unterzeichneten, aber ganz vom Papst und von Galimberti konzipierten Weisungen an den Münchener Nuntius Di Pietro (3., 21. 1. 1887), die zur Weiterleitung an den mit Windthorst eng zusammenarbeitenden, dabei aber gute Kontakte zur Münchener Nuntiatur unterhaltenden Frh. Georg Arbogast v. Franckenstein (MdR) bestimmt waren. Die zweite Weisung wurde durch ein Schreiben Franckensteins veranlaßt, in dem dieser die Zentrumspolitik ausführlich erklärt und gerechtfertigt hatte.

[53] Fortschrittspartei und andere linksliberale, von den Nationalliberalen abgespaltene Gruppen hatten sich 1884 in der Freisinnigen Partei zusammengeschlossen.

[54] Diese stellte er unter Beweis in seiner berühmt gewordenen Wahlrede im Kölner Gürzenich (6. 2. 1887), zwei Tage nach der unerwarteten und von der Regierungspresse sogleich ausgeschlachteten Veröffentlichung der zweiten vatikanischen Weisung. Er interpretierte diese ganz

die Unterstützung der rheinisch-westfälischen Bischöfe halfen der Partei über die Krise hinweg. Zugute kam ihr dabei, daß der Münchener Nuntius Di Pietro[55] nicht zur Gruppe Galimbertis, sondern zu der Jacobinis gehörte und daß der Papst selbst, der eine Katastrophe der Partei nicht wünschen konnte und durch alarmierende Kritiken Korums und des Regensburger Bischofs Senestréy[56] aufgeschreckt wurde, seine früheren Äußerungen modifizierte. So brauchte das Zentrum nur eine geringfügige Abspaltung von zumeist adeligen Rechtskatholiken hinnehmen, die ohnehin mit Kopps Kurs sympathisierten. Dank seiner stabilen Wählerschaft konnte es mit 98 (zuvor 99) Abgeordneten in den Reichstag zurückkehren, während der Freisinn unter dem massiven Druck der Regierungspropaganda die Hälfte seiner Mandate verlor. Noch im März 1887 verhalfen die aus dem Wahlkampf gestärkt hervorgegangenen Kartellparteien dem Septennat zum Sieg.

In die abschließenden Vorbereitungen des zweiten Gesetzes schaltete der Papst sich direkt ein durch die Entsendung Galimbertis nach Berlin[57], wo er auch die weitergehenden politischen Wünsche Leos zur Sprache brachte; sie gingen von der Wiederherstellung des Kirchenstaates bis zu einer päpstlichen Vermittlungsaktion zur Kriegsvermeidung. Wie bei früheren Gelegenheiten erweckte Bismarcks unverbindlich-höfliche Zustimmung im Vatikan übertriebene Hoffnungen und weitere Kompromißbereitschaft in den noch offenen Streitfragen; der Papst merkte nicht, daß er nur die ihm vom Reichskanzler in dessen politischem Konzept zugedachte Rolle zu spielen hatte. Wieder kam es wegen der nächsten Schritte zu heftigem Disput zwischen Galimberti und Kopp, die sich im wesentlichen mit dem von Bismarck Angebotenen begnügen, und Windthorst und seiner Fraktion, die weiterkämpfen wollten, um mehr zu erlangen. Auf Weisung des Papstes, dessen Entscheidungskompetenz in kirchlichen Fragen die katholischen Abgeordneten nicht in Zweifel zogen, unterstützte das Zentrum schließlich den Entwurf des Kanzlers, der seinerseits nur mit Mühe den Widerstand der liberalen Kulturkämpfer überwand. Energisch trat Innenminister Puttkamer für den Entwurf ein, aber selbst Kultusminister Goßler fürchtete zu weitgehende Preisgabe staatlicher Ansprüche. Das am 29. April 1887 verkündete Gesetz[58] beschränkte nämlich auch staatlicherseits Anzeige-

von dem darin auch ausgesprochenen Wunsch Leos XIII. nach starkem Fortbestand des Zentrums und seiner Anerkennung des bisher von der Partei im Interesse der Kirche Geleisteten. *Hüsgen,* Windthorst 288–301 (mit Text der Rede); *Bachem,* Zentrumspartei IV 189–197 (mit Auszügen).

[55] Angelo Di Pietro (1828–1914); 1877 Delegat in Buenos Aires, 1879 Internuntius in Rio de Janeiro, 1882 Nuntius in München, 1887 in Madrid, 1893 Kurienkardinal. *De Marchi,* Le Nunziature Apostoliche 278 (Reg.).

[56] Senestréy (Bischof von Regensburg seit 1858, vgl. HKG VI/1 732) war in Rom wegen seines jahrzehntelangen Einsatzes für die ultramontanen Prinzipien sehr angesehen.

[57] Den willkommenen Anlaß boten die Feiern zum 90. Geburtstag Kaiser Wilhelms I. (22. 3. 1887).

[58] Text: *Kißling* III 462f.

pflicht und Vetorecht der Regierung auf die dauerhafte Besetzung der Pfarrämter und verzichtete zugleich auf den Zwang zu deren dauerhafter Besetzung. Seminare und Konvikte wurden nunmehr allen deutschsprachigen Diözesen konzediert, die meisten Orden konnten zurückkehren und erhielten ihr vom Staat in Verwahrung genommenes Vermögen erstattet.

Der Staat hatte somit auf die meisten der diskriminierenden Kampfmaßnahmen verzichtet. Von der Kulturkampfgesetzgebung blieben bestehen staatliche Schulaufsicht[59], Zivilehe, Kanzelparagraph, Jesuitenverbot (bis 1917), Anzeigepflicht in abgemilderter Form; die Kirchenparagraphen der Verfassung blieben abgeschafft. Die staatliche Kirchenhoheit blieb also immerhin in einem über die Rechtslage von 1871 weit hinausgehenden Maße erhalten, aber Bismarck hat diese Kirchenhoheit nicht zementieren können. Sein Versuch zeigt, daß er die der Kirche verbliebene Dynamik nach wie vor nicht voll durchschaute, wie er ja überhaupt in der Innenpolitik und besonders im Umgang mit Gegnern die Gewichtigkeit historischer Evolutionen oft verkannt hat. Über den ihm vorschwebenden altpreußischen Kirchenhoheitsanspruch war ein Jahrhundert kirchlicher Emanzipation hinweggegangen, man konnte ihn höchstens unter Einsatz aller staatlicher Machtmittel in einem anachronistischen Abnutzungskampf für einige Zeit oktroyieren. Die von den Fesseln des Kulturkampfes befreite Kirche war durch die verbliebenen Restriktionen nicht in Abhängigkeit zu halten. In der Folgezeit ist ein für beide Seiten annehmbarer Gleichgewichtszustand zwischen Staat und Kirche erreicht worden. Insofern waren Windthorst, Korum und deren Anhänger zu pessimistisch gewesen. Leo XIII. hatte in den konkreten Streitfragen durchaus realistisch gehandelt. Auch steigerte der relativ günstige Abschluß des Kulturkampfes tatsächlich das diplomatische Prestige des Vatikans, an dem Leo um so mehr gelegen war, da 1887 der heftig antiklerikale und auf weitere Isolierung des Vatikans bedachte Francesco Crispi an die Spitze der italienischen Regierung trat. Mit Recht bezeichnete der Papst das zweite Friedensgesetz als „aditus ad pacem“, brachte damit freilich auch zum Ausdruck, daß er auf weitere staatliche Schritte hoffte. Mit solchen rechnete er wohl um so mehr, da er seine preußenfreundliche Politik der Jahre 1886/87 durch wichtige personelle Entscheidungen noch unterbaute: Unter Umgehung des Wahlrechtes der mehrheitlich der Zentrumslinie zuneigenden Domkapitel wurden in Limburg und Kulm regierungsfreundliche Bischöfe[60], in Gnesen-Posen in der Person des Königsberger Propstes Julius Dinder erstmals ein deutscher Erzbischof ernannt; der vom Zentrum erbittert befehdete Kopp wurde wenige Monate nach der Erreichung des von ihm so sehr geförderten Kompromißfriedens zum Fürstbischof von Breslau und damit auf den nach

[59] Dabei wurde die lokale staatliche Schulinspektion fortan zumeist den Pfarrern übertragen.

[60] In Limburg Karl Klein, der 1887 neben Kopp als einziger preußischer Bischof für das Septennat auftrat, in Kulm Leo Redner.

Köln bedeutendsten Bischofssitz Preußens befördert. Doch alle ferneren Wünsche und weitgespannten politischen Hoffnungen Leos XIII. blieben unerfüllt, der Kanzler hatte sein Ziel erreicht und dachte darum nicht an weiteres Entgegenkommen. So rächten sich das Wunschdenken und die nach den Erleichterungen der Jahre 1880–83 ja keineswegs notwendige Eilfertigkeit, mit der Leo zuletzt die Wünsche der Gegenseite erfüllt und dem deutschen Katholizismus unnötige innere Spannungen aufgebürdet hatte, die lange weitergewirkt haben. Der Papst hatte es dem Kanzler leicht gemacht, ihn zu täuschen; allerdings bedachte Bismarck, der die jeweilige Situation souverän beherrschte, die Fernwirkungen seines Handelns zu wenig. Die schließliche Enttäuschung über Bismarck und die deutsche Politik bildete den Hintergrund für die profranzösische Umorientierung, die Leo XIII. und Jacobinis Nachfolger Rampolla bald einleiteten.

Mißlungen waren auch die zuletzt beim Septennat wiederholten Versuche Bismarcks, das Zentrum gefügig zu machen und dadurch einen starken Gegner aus der zur Parlamentarisierung drängenden Front herauszubrechen. Schon in den achtziger Jahren wurde die Partei der Katholiken, die den Kanzler in manchen Fragen, so in seiner damals einsetzenden Arbeiterschutzpolitik, durchaus unterstützte, ein ebenso gewichtiger wie vor allem stabiler Faktor der deutschen Politik, der durch das Kartell von 1887 nur für wenige Jahre überspielt werden konnte.

So muß der Kulturkampf insgesamt als der neben der Sozialistenverfolgung ärgste innenpolitische Fehler Bismarcks bezeichnet werden, den er jedoch durch die geschickte Beilegung des Konflikts teilweise auszugleichen wußte. Die Kampf- und Ausnahmegesetze beeinträchtigten die Glaubwürdigkeit des Staates und das Rechtsbewußtsein der Deutschen. Sowohl die zeitgemäße Evolution der Staatsstrukturen wie die Integration der Katholiken in den Nationalstaat wurden unnötig verzögert. Nachhaltig belastet wurden die Beziehungen zwischen den Konfessionen sowie zwischen Deutschen und Polen, um so mehr, da der Kampf in den Ostprovinzen als Volkstumskampf fortgesetzt wurde. Dank der Mobilisierung neuer politischer Kräfte und der darauf aufbauenden Diplomatie Leos XIII. hatte der deutsche Katholizismus die Kraftprobe bestanden, dennoch hatte der militante Liberalismus ein seit den sechziger Jahren verfolgtes Ziel[61] erreicht: Die Katholiken waren in den Kampfesjahren geistig und gesellschaftlich vollends isoliert worden[62]. Sie reagierten, wie es ins Getto gedrängte Gruppen zumeist tun, indem sie sich auf die eigenen Kräfte zurückzogen und sich der Erkenntnis verschlossen, daß etliche der liberalen Initiativen nur der fortschreitenden Säkularisierung entsprachen, gegen die defensive Negation auf Dauer wenig auszurichten vermochte. Auch war man fortan noch mehr als zuvor bemüht, die seit 1886/87 wieder gesicherte Rechtsgrundlage

[61] Vgl. HKG VI/1, Kap. 40, S. 726f.

[62] Vgl. *K. Erlinghagen*, Katholisches Bildungsdefizit (Freiburg 1965) 17 u. ö.

im Bereich der Organisationen auszuweiten. Die wichtigsten Neugründungen der Kulturkampfzeit waren die Görres-Gesellschaft und der Volksverein[63]. Daß die Defensivhaltung der meisten Katholiken nicht unberechtigt war, zeigten nicht zuletzt Gründung (1886) und Tätigkeit des „Evangelischen Bundes". Er sammelte diejenigen Protestanten, welche die Beilegung des Kulturkampfes als Kapitulation vor der katholischen Kirche empfanden, und hat eine zunächst sehr heftige konfessionelle Polemik entfacht.

Der Beginn der Abkehr Badens vom Kulturkampf und dessen Motive wurden schon erwähnt[64]. Unter dem 1876 berufenen Ministerium Turban-Stößer wurde 1878 der langwierige, erst 1918 abgeschlossene Abbau der Kulturkampfgesetze eingeleitet, das seit 1868 nur durch einen Kapitularvikar verwaltete Erzbistum Freiburg konnte 1882 mit dem aus dem irenischen Kreis um J. B. Hirscher stammenden Johann Baptist Orbin (1806–86)[65] neu besetzt werden. Hessen-Darmstadt folgte dem preußischen Vorbild wie im Jahrzehnt des Kampfes so auch in dem der Beilegung. Zwischen 1880 und 1887 wurden die Kulturkampfgesetze weitgehend revidiert. Bischof von Mainz wurde 1886 der ebenfalls versöhnliche Paul Leopold Haffner (1829–99)[66]; der im Kampf exponierte Moufang, der seit Kettelers Tod (1877) das Bistum provisorisch geleitet hatte, mußte zurückstehen. Auch in Sachsen trat eine allmähliche Entspannung ein, obgleich das die staatliche Oberaufsicht über die Kirchen bestimmende Gesetz von 1876 in Kraft blieb. In Elsaß-Lothringen führte der konservative Statthalter Edwin v. Manteuffel seit 1879 eine konsequente Versöhnungspolitik[67].

4. Kapitel

Die Entwicklung des Katholizismus in der Schweiz

LITERATUR: HKG VI/1, Allg. Bibliogr. XXVII sowie Kap. 7 20 29; *Schmidlin PG* II 482–485; *U. Stutz* 29–46; *G. Franz*, Der Kulturkampf (1954) 154ff; *K. Fry*, Kaspar Decurtins, 2 Bde (Zürich 1949/52), bietet über die Biographie dieses Politikers hinaus auf Grund archivalischen Materials einen guten Einblick in die inneren Probleme des schweizerischen

[63] Vgl. S. 262 u. 220f.
[64] Vgl. HKG VI/1, Kap. 40, S. 734f sowie vor allem das ebd. vor Kap. 40 zitierte Werk von Stadelhofer.
[65] Badische Biographien IV 289–310; *W. Müller:* LThK² VII 1196.
[66] *L. Lenhart*, Paul Leopold Haffner (1829–99). Der schwäbische Philosoph auf dem Mainzer Bischofsstuhl (1886–99). Sonderdruck aus dem Jb. für das Bistum Mainz, Bd 8 (Mainz 1960); *ders.:* LThK² IV 1312.
[67] Manteuffel empfahl 1881 den Straßburger Domherrn Korum in Berlin als Bischofskandidaten.

Katholizismus; *G. Beuret,* Die kath.-soziale Bewegung in der Schweiz. 1848–1919 (Diss. Zürich, Winterthur 1959, mit Lit.); *L. Schihin,* Sozialpolitische Ideen im schweizerischen Katholizismus. 1798–1848 (Diss. Zürich 1937), gibt in der Darstellung der Armenpflege einen Einblick in die frühe paternistische Mentalität und die Furcht vor dem Sozialismus; *B. Prongué,* Le mouvement chrétien-social dans le Jura bernois, 1891–1961 (Fribourg 1968); *R. Ruffieux,* Le mouvement chrétien-social en Suisse romande, 1891–1949 (Fribourg 1969); *U. Altermatt,* Der Weg der Schweizer Katholiken aus dem Ghetto (Köln demnächst).

Die Niederlage der katholischen Kantone im Krieg von 1847 hat für Generationen zu einem guten Teil nicht nur die äußere, sondern auch die innere Situation des schweizerischen Katholizismus bestimmt. Die Bundesverfassung von 1848 sprach zwar trotz der Verstärkung des Zentralismus noch immer föderalistisch den Kantonen die Regelung des Verhältnisses mit den Kirchen zu; aber das reine Mehrheitswahlrecht (Verhältniswahl erst seit 1918), eine gezielte Einteilung der Wahlkreise und nicht zuletzt innere Gegensätze unter den Katholiken begünstigten in den Wahlen die liberalen Kandidaten erheblich[1]. Besonders radikal waren die Vorgänge nach 1848 im Kanton Fribourg gewesen; aber ebenso entschieden war die Reaktion der Katholiken, so daß in den Großratswahlen 1856 die Konservativen einen überwältigenden Sieg errangen (64 gegen 3 radikale Vertreter). Der 1848 vertriebene Bischof von Lausanne-Genf, Marilley, konnte zurückkehren. Ähnlich lief die Entwicklung im Kanton Luzern, wo die Lehrschwestern von Baldegg wieder zugelassen werden mußten und die Konservativen trotz dem Vatikanum I im Mai 1871 erfolgreich waren. Besondere Probleme ergaben sich im Tessin wegen der Zugehörigkeit zu den Diözesen Como und Mailand (vgl. unten). Im Kanton St. Gallen war neben einigen prominenten Laien der nachmalige Bischof Karl Johann Greith[2] der politische Führer im Schulkampf, in dem 1861 ein der katholischen Auffassung günstiges Gesetz durchgesetzt werden konnte. Im Unterwallis kam es 1859 zu einem konservativen Wahlerfolg. Es ist jedoch auch zu beachten, daß liberale Kantone mit katholischen Minderheiten, wie Basel, Zürich, Winterthur, Bern, Lausanne, Genf, eine freilich staatskirchenrechtlich moderierte Toleranz übten, wenn auch die Kultfinanzierung vielfach aus Säkularisierungen stammte. Dies waren äußere Voraussetzungen für eine intensive Diasporaseelsorge.

Zwischen politischem Föderalismus, der für die katholischen Kantone wesentlich war, und Zentralismus den jeweiligen pragmatischen Weg zu suchen, war angesichts dieser kantonalen Verhältnisse eine schwierige Aufgabe für den schweizerischen Katholizismus. Dem 1841 in Schwyz gegründeten katholischen

[1] Vgl. HKG VI/1 406–408 549f; *K. Müller* a.a.O. 169–199; *T. Schwegler* a.a.O. 213–227.

[2] Der Rapperswiler K. J. Greith (1807–88) hatte sich in den Kämpfen der dreißiger Jahre seine Meriten erworben; aber beim Vatikanum I gehörte er (1834/36 in der Verbannung in Rom) zu den Opportunitätsgegnern der Dogmatisierung der Infallibilität; er schrieb (theologisch an der Sorbonne gebildet) ein Handbuch der Philosophie und beschäftigte sich mit der dominikanischen Mystik und der altirischen Kirche; 1862–82 Bischof der seit 1823 bestehenden Diözese St. Gallen. Vgl. HKG VI/1 550, Anm. 55; *K. Müller* a.a.O. 194f.

„Schweizerischen Studentenverein" gelang als erster Organisation die überkantonale Ausbreitung. Der Solothurner Patrizier Theodor Scherer-Boccard (1816–85) leitete seit 1855 die Redaktion der „Schweizerischen Kirchenzeitung" und wurde der Vorsitzende des 1857 in Beckenried gegründeten „Schweizerischen Pius-Vereins"[3]. Die Benediktiner machten aus der Kantonatsschule in Sarnen (Obwalden) eine angesehene Mittelschule, und die Klöster Einsiedeln und Engelberg bauten ihren Schulplan aus. Eine der führenden Gestalten in dieser Zeit des schweizerischen Katholizismus, der unternehmungslustige Kapuziner A. K. (Theodosius) Florentini[4], restaurierte 1856 das Kolleg „Maria-Hilf" in Schwyz, seit 1864 unter der Aufsicht der Bischöfe von Chur, Basel und St. Gallen. Einen ähnlichen Aufschwung nahm St. Michael in Fribourg. Ein langlebiges, über die Schweiz hinaus reichendes Verdienst erwarb sich Florentini mit der Gründung des Kreuzschwesternhauses in Ingenbohl (Oberin Theresia Scherer, 1825–88), das sich in einer der häufigen Kongregationsstreitigkeiten vom Lehrinstitut Menzingen abgesondert hatte und sich, Florentini folgend, der Krankenpflege widmete.

Der im Anschluß an das Vatikanum I in der Schweiz entbrennende Kulturkampf[5] steht in einem engen Zusammenhang mit den Vorgängen in Deutschland. Vor der Definition erschien in Luzern „Die katholische Stimme aus den Waldstätten", die Döllingers Argumentation folgte, und seit 1872 gründete der Breslauer Professor J. H. Reinkens, seit 1873 Bischof der Altkatholiken in Deutschland, in vielen Städten der Schweiz „Vereine freisinniger Katholiken", aus denen die 1875/1876 in Olten gegründete „Christkatholische Kirche der Schweiz" hervorging[6]. Aber man hat die spezifischen gesellschaftlichen Gegensätze im schweizerischen Katholizismus selbst zu beachten, den Widerstand der katholischen Patrizierfamilien gegen die Verfassung von 1848, die Differenz der agrarischen katholischen Kantone zum überwiegend liberalen Stadtbürgertum, dessen katholische Angehörige zu einem nicht unbeträchtlichen Teil den Syllabus Pius' IX. abgelehnt hatten. In dem in Schongau gebürtigen Luzerner Professor der Theologie Eduard Herzog hatten die Christkatholiken einen durch-

[3] *T. Schwegler* a.a.O. 223; ein Überblick über die Geschichte der kath. Vereine bei *K. Müller* a.a.O. 299–312 und *G. Beuret* a.a.O. 13–59.

[4] Anton Krispin Florentini (1808–65), geb. in Müstair (Graubünden), seit 1830 im Kloster von Solothurn, war einer der Heroen im Kampf mit den Liberalen; 1859 Generalvikar in Chur; über seine utopischen Industrieunternehmen vgl. Kap. 13. – *M. Künzle*, Die schweizerische Kapuzinerprovinz (Einsiedeln 1928); *T. Schwegler* a.a.O. 221.

[5] *K. Müller* a.a.O. 231–294; *T. Schwegler* a.a.O. 227–237. Der Kulturkampf in der Schweiz führte dazu, daß „Katholizismus und kirchenfeindlicher Radikalismus – beide in dieser Zeit auf extreme Positionen gedrängt – sich auf Jahrzehnte hinaus in erneuerter Feindschaft gegenüberstanden", wenn er auch in vielen Landesteilen dank der Zurückhaltung des dortigen Episkopats vermieden werden konnte: *Hanno Helbling*, Schweizer Geschichte (Zürich 1963) 141 (dieser kirchlichen Zurückhaltung entsprach dort auch die der Kantonsregierungen).

[6] HKG VI/1 795; *K. Müller* a.a.O. 286–294; *O. Gilg*, Christkatholizismus (Luzern 1945).

aus religiösen Repräsentanten, der in Olten nur zögernd die Wahl zum Bischof annahm [7]. Die örtlichen Konflikte entzündeten sich zumeist am Anspruch, die katholischen Kirchen mitbenützen zu können.

Während sich die Kantonsregierungen in Zürich, Luzern und St. Gallen zurückhielten, kam es in den zum Bistum Basel-Solothurn gehörigen Kantonen zu heftigen Konflikten, besonders am Bischofssitz Solothurn, wo Eugen Lachat schon 1870 die Aufhebung des erst 1858 eröffneten Priesterseminars durch die „Diözesan-Stände" (Vertreter der Kantonsregierungen) hatte hinnehmen müssen, ferner im Kanton Bern. Am 29. Januar 1873 setzten die „Stände" Lachat ab, weil er sich weigerte, die Anti-Infallibilisten im Amt zu lassen (die Kantone Luzern und Zug schlossen sich nicht an). In den Kantonen Aargau und Solothurn wurden Stifte und Klöster aufgehoben und die zahlreich entstehenden christkatholischen Gemeinden begünstigt (besonders im Kanton Aargau folgten vielfach die Gemeinden geschlossen ihren Pfarrern auf dem Weg aus der römisch-katholischen Kirche). Die Benediktiner von „Maria-Stein", die über die französische Grenze emigrierten, konnten immerhin ihre Pfarreien im Kanton Solothurn weiterhin betreuen. Mit großer Härte ging der Kanton Bern gegen die Pfarrer im Jura vor, die dem abgesetzten Bischof Lachat (lebte in Luzern) treu blieben; 84 Priester wurden aus der Schweiz ausgewiesen, andere mußten in Schlupfwinkeln den Gottesdienst halten.

Neben dem Bischof Lachat von Basel-Solothurn war Gaspar Mermillod (1842–92)[8] der Gegenstand heftiger kirchenpolitischer Kämpfe. In Genf war der Sturz der Patrizierregierung durch die Liberalen den Katholiken zum Vorteil ausgeschlagen, so daß sich in den fünfziger Jahren die Gemeinden, durch Zuwanderer verstärkt, rasch entfalten konnten. In der 1859 geweihten Kirche Notre-Dame hielt Mermillod wirkungsvolle Predigten, und Pius IX. ernannte ihn 1864 zum Titular-Bischof von Hebron und Weihbischof der Diözese Lausanne sowie zum Genfer Generalvikar für den Lausanner Bischof Marilley, der 1879 resignierte. Dies wurde von der Kantonsregierung als Umgehung des Verbots der Verfassung, neue Bistümer zu errichten, betrachtet, und sie setzte, seit 1870 linksliberal orientiert, im September 1872 Mermillod, der ein entschiedener Kämpfer für die Infallibilität gewesen war, als Pfarrer von Notre-Dame in Genf ab. Der Papst erwiderte diesen Schritt im Januar 1873 mit der Ernennung zum Apostolischen Vikar in Genf. Die Regierung, die 1872 ein radikales Staatskirchengesetz erlassen hatte, verwies im Februar 1873 Mermillod des Landes. Er setzte seine Aktivität von Ferney (jenseits der französischen Grenze) aus fort. Ein päpstliches Schreiben an die Katholiken der Schweiz vom 21. November 1873 beantwortete der Bundesrat sofort mit dem Abbruch der

[7] *T. Schwegler* a. a. O. 232; einen freilich stark gegen das Papsttum eingenommenen Einblick in den Altkatholizismus aus der Schweiz gibt die Biographie: *R. Dederen*, Un réformateur catholique au 19e siècle – Eugène Michaud. 1839–1917 (Genf 1963), dazu: *Küppers:* ZKG 75 (1964) 418f. und: *V. Conzemius:* ZSKG 58 (1964) 177–204.

[8] HKG VI/1 550, mit Lit.

diplomatischen Beziehungen. Eine zentralistische Revision der Verfassung im Jahre 1874 verschärfte das Staatskirchenrecht.

Der Kulturkampf in der Schweiz wurde rascher beigelegt als in Deutschland. Der Bundesrat erlaubte Ende 1875 die Rückkehr der aus dem Berner Jura ausgewiesenen Geistlichen, die nach 1878 ungestört wirken konnten. Die linksliberale Kantonsregierung in Genf erlitt 1878 Niederlagen. In Bellinzona (Tessin) war 1875 eine konservative Regierung zustande gekommen. So fand der Diplomat Leos XIII., Domenico Ferrata[9], eine günstige Situation vor, als er zufolge einer bundesrätlichen Initiative beim Vatikan in die Schweiz kam. Die Genfer Frage war bereits 1883 gelöst worden, als der Nachfolger des zurückgetretenen Bischofs Marilley gestorben war und Leo XIII. im Einvernehmen mit dem Bundesrat gegen Preisgabe der Genfer Pläne Pius' IX. (Apostolisches Vikariat aufgehoben) Mermillod zum Bischof von Lausanne-Genf ernennen konnte. Daß er später Schwierigkeiten hatte, sich örtlichen Verhältnissen anzupassen, war eine innerkatholische Angelegenheit. Die Baseler und die Tessiner Frage wurde in einer pragmatischen Verknüpfung bereinigt. Zunächst war die Person des Bischofs Eugen Lachat ein Problem: Die nichtkatholischen Kantone der Diözese Basel-Solothurn wollten Frieden, aber nicht die Rückkehr von Lachat aus seinem Luzerner Exil. Joachim Pecci hatte als Bischof von Perugia dem papsttreuen Lachat seine Sympathie bekundet und mußte ihn nun als Papst dem politischen Arrangement zum Opfer bringen. Informell zeigte sich Lachat willig, obwohl die ihm im Tessin zugedachte Position unklar genug war; offiziell lehnte er ab. Daraus entstand an der Kurie eine beträchtliche Verlegenheit, aus der Ferrata heraushelfen sollte. Aus dessen Erkundungsmission wurde der Auftrag, Lachat zum Verzicht zu bewegen. Die Würdigung durch den Besuch Ferratas erlaubte es dem Bischof, vor seinen unwilligen Diözesanen das Gesicht zu wahren. In dem durch den Großen Rat von den Diözesen Como und Mailand (1859 von Österreich an Piemont verloren) abgetrennten Tessiner Land bestand das Problem darin, daß die katholischen Konservativen in Bellinzona ein eigenes Bistum Tessin wollten, während der Bundesrat auf den Anschluß an die deutschschweizerische Diözese Basel-Solothurn drängte. Auf der Konferenz zwischen Ferrata und den vom protestantisch-konservativen Bundesrat Emil Welti (aus dem Aargau) angeführten schweizerischen Politikern (12. 8. – 1. 9. 1884) wurde vereinbart, daß der Papst für dieses Mal (die Verfassung von 1874 blieb unberührt) das Bistum Basel-Solothurn mit einer persona grata (F. Fiala) besetzt und daß Lachat Apostolischer Administrator im Tessin wird, mit dem vorläufigen Sitz in Balerna. Zusammen mit der römischen sollte die ambrosianische Liturgie erhalten bleiben. Nach dem Tod Bischofs Lachat (1886) mußte die Tessinfrage erneut verhandelt werden. Ferrata (inzwischen Nuntius in Belgien) hatte es 1887 in Bern mit zwei Freisinnigen zu tun, denen er diskret bedeutete, der eventuell aus dem Tessin vertriebene Administrator werde von Italien aus regieren.

[9] Mémoires I: *U. Stutz* a. a. O. 29–46.

Man einigte sich darauf, daß die Pfarrkirche St. Laurenz in Lugano zur Kathedrale des Tessins erhoben wird, besetzt mit einem Apostolischen Administrator, der ein Tessiner sein (Dreiervorschlag) und die Zustimmung des Bischofs von Basel haben muß.

In den achtziger Jahren trat eine neue Generation schweizerischer Katholiken in den Vordergrund, die sich politisch von jenen Männern absetzte, als deren Repräsentant der Luzerner Nationalrat Philipp Anton Segesser (1817–88) gelten kann, Sproß einer alten Patrizierfamilie, dezidiert konservativ und föderalistisch, mit dem Bischof Greith von St. Gallen einig in dem Bedenken gegen die Definition der Infallibilität[10]. Im Jahre 1888 gründeten die drei Studienfreunde Kaspar Decurtins aus Graubünden (1855–1916), mit 26 Jahren jüngster Nationalrat[11], der Basler Jurist Ernst Feigenwinter (1853–1919)[12] und der Theologe Josef Beck (seit 1891 Professor in Fribourg) den „Verband katholischer Männer- und Arbeitervereine der Schweiz", der sich bewußt an den gesamtschweizerischen Katholizismus wandte und sich von den Pius-Vereinen der katholischen Kantone mit ihrer traditionellen Führungsschicht absetzte. Die erste Generalversammlung 1889 – gezielt in Zürich abgehalten – gab sich als Katholikentag mit Papstadresse, so daß sich der Präsident der Piusvereine A. Wirz beklagte. Im wachsenden Konflikt plädierte Wirz für „die umsichtige Politik nach konservativen katholischen Grundsätzen, wie man sie von den Vätern geerbt hat"[13]. Dies war eine Anspielung darauf, daß Decurtins und seine Freunde 1887 in Aarau Gründungsmitglieder des „Schweizerischen Arbeiterbundes"[14] waren, in dem die Sozialdemokraten einen starken Anteil hatten. Bei der Gründung sagte Decurtins, für den der Katholizismus ein Haus mit vielen Stockwerken war, auf dessen „linkem Flügel" er wohnte: „Ich bin ultramontan durch und durch; aber in den sozialen Fragen... stehe ich zu euch; der Hunger ist weder katholisch noch protestantisch."[15] Dies wiederum war eine Polemik gegen die Konservativen, die in sozialen Fragen meist mit dem gemäßigt

[10] *T. Schwegler* a.a.O. 214; *G. Beuret* a.a.O. 61.

[11] Die Familie von Decurtins gibt ein aufschlußreiches Beispiel für die politischen Gegensätze unter den Schweizer Katholiken. Die Mutter von Kaspar, Tochter des päpstlichen Generals K. A. Th. de Latour, war eine hochpolitische Dame, in Truns der Mittelpunkt eines liberalen Klubs, voller Abneigung gegen den ehemaligen Kriegsherrn ihres Vaters, Pius IX., und die Jesuiten. Im Kanton Chur war sie die Gegenkandidatin ihres eigenen Sohnes Kaspar, der wegen Widerspenstigkeit aus seiner liberalen Schülerverbindung ausgeschlossen worden war und sich – wohl auch in Opposition gegen seine Mutter – den radikal Klerikalen angeschlossen hatte (*K. Fry* I 17 41); *G. Beuret* 62–64, eine distanziert-positive Würdigung dieses Mannes, der „sich seine Bundesgenossen suchte, wo immer er sie fand", um den Katholizismus vor der Isolierung zu bewahren.

[12] Feigenwinter gründete 1874 das „Basler Volksblatt"; *T. Schwegler* 229.

[13] *K. Fry* a.a.O. II 220.

[14] *H. Farner*, Die Geschichte des Schweizerischen Arbeiterbundes (Diss. Zürich 1923).

[15] *K. Fry* a.a.O. II 96ff; *Beuret* ordnet die katholisch-soziale Bewegung in der Schweiz aufschlußreich in die Gesamtbewegung des sozialen Katholizismus ein (70–127).

liberalen Zentrum zusammengingen (1891 konnte die kath.-konservative Fraktion erstmals ein katholisches Mitglied in den Bundesrat bringen, Dr. Joseph Zemp [geb. 1834], der ihm bis zu seinem Tod 1908 angehörte). Die Konkurrenz zwischen Piusverein, der sich nun „Schweizerischer Katholikenverein" nannte, und dem „Männer- und Arbeiterverband" spitzte sich in den neunziger Jahren immer mehr zu. Ein „Kartellverband" beider Organisationen wurde abgelehnt. Die Idee, dem „Katholikenverein" die bäuerlichen und konservativ bürgerlichen Kreise und dem „Verband" die Industrieorte zuzuweisen[16], ist ebenso utopisch wie charakteristisch. Der bei der Verbandstagung in Schaffhausen 1898 von Decurtins vorgetragene Plan, die 1894 in Luzern entstandene katholische Volkspartei zu einer sozial orientierten katholischen Zentralpartei nach dem Muster des deutschen Zentrums umzugestalten, mißlang. Ein neuer Ansatz kam aus St. Gallen, wo der Kanonikus Joh. B. Jung (1861–1922) 1899 den ersten „Christlich-sozialen Arbeiterverein" gründete und auch die erste „Christliche Gewerkschaft" entstand. Beide Organisationsformen wurden 1903 im „Zentralverband christlich-sozialer Organisationen" zusammengefaßt, deren Präsident Dr. Alois Scheiwiler (1930 Bischof von St. Gallen) wurde. Die „Christlichen Gewerkschaften" waren interkonfessionell, aber bei starker Zurückhaltung der Protestanten. Seit 1903 breitete sich der christlichsoziale Zentralverband von der Ostschweiz her über die ganze Eidgenossenschaft aus. Im Jahre 1904 wurden auf Antrag Feigenwinters der „Katholikenverein" und der „Männerverband" fusioniert, nachdem eine solche Entwicklung im September 1903 beim ersten „allgemeinen" Katholikentag in Luzern eingeleitet worden war. Im Jahre 1905 zählte der Katholikenverein 40983 Mitglieder. Kaspar Decurtins blieb eigensinnig[17]. In einem Brief aus der Zeit seiner Audienz bei Pius X. (1904) – Decurtins hatte sich in Rom seit seiner Mitwirkung in der sozial-politischen katholischen „Union de Fribourg" (vgl. Kap. 12) einen Namen gemacht – meinte er: „Reaktionäre (ich verstehe darunter die Feudalherren der großen Länder, das Großkapital, die Gesandten der katholischen

[16] *K. Fry* a.a.O. II 223; *G. Beuret* a.a.O. 128–143.

[17] Der Konflikt im Katholizismus hing auch mit dem „Schweizerischen Arbeiterbund" zusammen, dessen Bestand Decurtins für sehr wichtig hielt, weil er dem kirchlichen modus vivendi mit den Liberalen abgründig mißtraute und mit der Deckung durch die Sozialdemokraten rechnete. Heftig setzte er sich 1894 gegen einen scharfen antiklerikalen Artikel aus dem „Arbeiterbund" (*K. Fry* a.a.O. II 231 ff) zur Wehr, und 1899 wurde in Luzern die politische und religiöse Neutralität des Bundes erneut beschworen, die von dem seit 1888 bestehenden sozialdemokratischen Gewerkschaftsbund immer wieder bedroht war. Anderseits wurde nun auch die St. Gallener Gründung als Neutralitätsbruch bezeichnet. Vergeblich sagte Decurtins auf der Tagung des Bundes 1903: „Der Kapitalismus steht nicht auf konfessionellem Boden, er ist überall derselbe." Die Sozialdemokraten radikalisierten sich im Zeichen des Klassenkampfes. Von den eigenen Freunden isoliert, verließ Decurtins 1910 im Alleingang den Vorstand des „Arbeiterbundes" (nach dem Generalstreik von 1918 trennten sich die christlichsozialen und katholischen Verbände vom „Arbeiterbund" und gründeten einen eigenen Verband). Vgl. *G. Beuret* a.a.O. 166–202.

Mächte beim Vatikan)" wollen, daß der Papst „die christliche Demokratie desavouiert"[18]. Seit 1906 gruppierten sich die Christlichsozialen in einzelnen Kantonen zur politischen Partei, die mit der 1912 überkantonal gebildeten „Konservativen Volkspartei" mit Unterscheidungen zusammenarbeitete. Die Trennung von Staat und Kirche in den Kantonen Genf (1907) und Basel-Stadt (1911) verlief im wesentlichen ohne Zuspitzung. In Basel-Stadt wurden die Katholiken mit 200000 Franken abgefunden; sie erhielten den Status eines privatrechtlichen Vereins, die Protestanten und Altkatholiken einen öffentlich-rechtlichen – eine Unterscheidung, wie sie allgemein entsprechend den jeweiligen kantonalen Verhältnissen getroffen wurde. Es fanden jährliche Bischofskonferenzen statt.

Während der „Katholische Volksverein" in der Schweiz nur eine relativ schwache Nachbildung des deutschen Vorbildes blieb, kamen die Schweizer Katholiken an ein Ziel, das in Deutschland vergeblich angestrebt wurde: sie schufen eine katholische Universität. Sie entstand gegen die Bedenken des Bischofs Mermillod von Lausanne-Genf, der eine staatsfreie Einrichtung nach dem Muster der französischen Institutes catholiques wollte, gegen die katholischen Föderalisten, aber schließlich mit der Unterstützung von Augustin Egger, 1882–1906 Bischof von St. Gallen, auch gegen das Zögern Leos XIII., der noch am 6. Juni 1889 einen Unterhändler „kalt und kurz" behandelte[19], nicht nur wegen der finanziellen Wünsche. Am 4. November 1889 war es dem Staatsmann Georges Python gelungen, die Kantonsregierung in Fribourg zur Gründung und Stiftungsfinanzierung einer juristischen und philosophischen Fakultät zu bewegen. Mermillod fehlte beim Gründungsakt. An ihm vorbei fuhr Decurtins im Dezember 1889 nach Rom, um die heikle Frage der theologischen Fakultät zu klären, die Mermillod von den Bischöfen errichtet wissen wollte. Python und Decurtins war das Kunststück gelungen, den Bundespräsidenten Ruchonnet dafür zu gewinnen, daß die Professoren der theologischen Fakultät aus Mitgliedern des Dominikanerordens durch den Papst ernannt werden (das Interesse war, Theologiestudium im Ausland zu vermeiden). Am 21. Januar 1890 gab der Papst seine Zustimmung und stiftete 100000 Franken sowie eine goldene Kette für den Rektor. Der immer noch widerstrebende Bischof Mermillod wurde zum Kurienkardinal ernannt. Es war nicht leicht gewesen, Professoren für diese Universität zu gewinnen. Nach einem vergeblichen Versuch in Löwen konzentrierte sich Decurtins insbesondere auf Deutschland (Zusage des Grauert-Schülers Gustav Schnürer für Geschichte). Daraus entstand 1898 die „deutsche Krise" an der Universität: acht Professoren reichten ihre Kollektivdemission ein, weil sie sich durch eine dominikanische Zensur bedrängt fühlten. Decurtins, der auch in diesem Bereich ein recht selbstherrlicher Mann war, sprach vom deutschen „Mandarinengeschwätz"[20]; die Herrschsucht der

[18] *K. Fry* a.a.O. II 249. [19] *K. Fry* a.a.O. II 23.
[20] *K. Fry* a.a.O. II 68 74.

Dominikaner ist aber dadurch belegt, daß sie dem Schweizer Theologieprofessor J. Beck eine Ordensmissio zumuteten. Man mußte Ersatz aus Österreich suchen. Im Jahre 1906 hatte Pius X. Grund, die Universität und den Dominikanerorden wegen ihrer theologischen Haltung zu loben.

Wenn man auch im Streit um den Reformkatholizismus einen Mann wie K. Decurtins nicht als repräsentativ für die Schweiz betrachten darf, wenngleich ihn Merry del Val bestärkte und Umberto Benigni im Sommer 1910 einige Wochen in Truns verbrachte[21], so ist es eben doch kein Zufall, daß eine Zeitschrift wie das „Hochland" im Schweizer Katholizismus kein Klima fand. Zwar wurde in den Zeitungen „Vaterland" und „Ostschweiz" die Agitation von Decurtins schon deshalb zurückgewiesen, weil man dieses Mannes überdrüssig geworden war; aber in den „Neuen Zürcher Nachrichten" verurteilte der immerhin nicht unbegabte geistliche Schriftsteller Heinrich Federer unter dem Pseudonym „Senex" die sehr behutsame moderne katholische Belletristik in scharfer Weise. Er war im Bunde mit dem Churer Bischof Schmid von Grüneck, der Carl Muth, als dieser ihn auf den Rat des Abtes von Einsiedeln besuchte, einen „Modernisten" nannte[22].

5. Kapitel

Die italienischen Katholiken zwischen dem Vatikan und dem Quirinal

Das „Non expedit" zur Zeit Leos XIII.

BIBLIOGRAPHIE: Vgl. *Aubert:* HKG VI/1, Kap. 38, 704–705; Kap. 39, 705–713; Kap. 41, 740–747 757.

1. Quellensammlungen: *H. Bastgen,* Die Römische Frage. Dokumente und Stimmen, 3 Bde (Freiburg i. Br. 1917/19); *A. C. Jemolo,* La questione romana (Mailand 1938); Insegnamenti pontifici n. 4, 1748–1956. Il Laicato, a cura dei monaci di Solesmes, ed. ital. (Rom 1958); *P. Scoppola,* Dal neoguelfismo alla democrazia cristiana (Rom 1957).

2. Geschichtliche Rückblicke von Vorkämpfern: *V. Veggian,* Il movimento sociale cristiano nella seconda metà del sec. XIX (Vicenza 1902); *R. della Casa,* Il movimento

[21] *K. Fry* a. a. O. II 348. Decurtins, seit 1905 Professor für Kulturgeschichte in Fribourg, verfaßte 1907/10 drei „Briefe" gegen Fogazzaro, gegen Handel-Mazzetti, gegen das „Hochland", wofür er am 15. September 1910 ein lobendes Breve Pius' X. erhält (*K. Fry* a. a. O. II 331). Den Theologieprofessor Zapletal denunzierte er vergeblich, weil sich der Ordensgeneral einschaltete (Zapletal wurde 1910 in Fribourg demonstrativ zum Rektor gewählt). Als der Churer Dogmatikprofessor A. Gisler, dessen Buch über den Modernismus dem „Löwen von Truns" nicht scharf genug war, in der „Correspondance de Rome" angeprangert wurde, war dies selbst dem erzkonservativen Bischof Georgius Schmid von Grüneck entschieden zuviel.

[22] *K. Fry* a. a. O. II 235 ff. Daß noch Karl Fry in seinem ansonsten so verdienstvollen Buch Albert Ehrhard zu den in den katholischen Ländern auftauchenden „fünften Kolonnen" rechnet (II 302), ist ein erstaunlicher Anachronismus.

cattolico italiano, 2 Bde (Mailand 1905); *R. Murri,* Dalla Democrazia Cristiana al Partito Popolare Italiano (Florenz 1920); *F. Olgiati,* Storia dell'azione cattolica in Italia (Mailand 1920); *E. Vercesi,* Il movimento cattolico italiano (1870–1922) (Florenz 1922); *M. Vaussard,* L'intelligence catholique dans l'Italie du XXe siècle (Paris 1921); *G. B. Valente,* Aspetti e momenti dell'azione sociale dei cattolici in Italia (1892–1926) a cura di F. Malgeri (Rom 1968); *G. della Torre,* I cattolici e la vita pubblica italiana (articoli, saggi, discorsi) a cura di G. De Rosa, 2 Bde (Rom 1962); *M. Zanatta* (Pseudonym von *A. De Gasperi*), I tempi e gli uomini che prepararono la ‚Rerum novarum' (Mailand 1928 u. 1945); *F. Magri,* L'azione cattolica in Italia (1775–1939) (Mailand 1953).

3. Neuere Geschichtswerke: *G. Candeloro,* L'azione cattolica in Italia (Rom 1949); *ders.,* Il movimento cattolico in Italia (Rom 1953) (marxistische, klassenkämpferische Interpretation); *L. Riva,* Sanseverino. Il movimento sindacale cristiano (Rom 1950); *G. De Rosa,* L'azione cattolica. Storia politica 1874–1904 (Bari 1953); *ders.,* Storia politica dell'A. C. in Italia 1905–1919 (Bari 1954) (vgl. die Rezension von *F. Fonzi:* Humanitas VIII [1963] 694–698; IX [1954] 1120–1130). Neuausgabe in 2 Bden (1966); *F. Fonzi,* I cattolici e la società italiana dopo l'Unità (Rom 1953); *G. Spadolini,* L'opposizione cattolica da Porta Pia al 1898 (Florenz 1954); *A. Martini,* Studi sulla questione romana e la conciliazione (Rom 1963); *D. Secco Suardo,* Da Leone XIII a Pio X = Collana di storia del movimento cattolico Nr. 18 (Rom 1967); Verschiedene Autoren, Spiritualità ed azione del laicato cattolico italiano, 2 Bde (Padua 1969) (vgl. die Rezension von S. Tramontin: RSTI 26 [1972] 154–174); *A. Gambasin,* Il movimento sociale nell'opera dei congressi (1874–1904) = AnGr Nr. 91 (Rom 1958); *ders.,* Il movimento sindacale italiano: *S. H. Scholl* (Hrsg.), 150 anni di movimento operaio cattolico nell'Europa centro-occidentale (Padua 1962); *G. Rossini* (Hrsg.), Aspetti della cultura cattolica nell'età di Leone XIII (Rom 1961); *L. Ambrosoli,* Il primo movimento D. C. in Italia (1897–1904) (Rom 1958); *C. Brezzi,* Cristiano sociali e intransigenti (L'opera di Medolago Albani fino alla „R. N.") (Rom 1971); Vollständige Bibliographie: Archivio per la storia del movimento cattolico in Italia (Mailand 1967); *M. Bendiscioli,* Chiesa e società nei secc. XIX e XX: Nuove questioni di storia contemporanea I (Mailand 1967) 325–447; *C. Maronciu – Buonaiuti,* Non expedit (Rom 1971).

4. Teilgebiet: *a) Die Entwicklung in den einzelnen Landesteilen.* Lombardei: Außer den Monographien über D. Albertario, F. Meda, Rezzara (Bergamo), Tovini (Brescia), Bonomelli (Cremona) vgl. *A. Zaninelli,* Le leghe ‚bianche' nel cremonese (1900–21) (Rom 1961); *L. Ambrosoli,* Profile del movimento cattolico milanese nell'Ottocento (Mailand 1960); *B. Malinverni,* La scuola sociale cattolica di Bergamo (1910–32) (Rom 1960). Veneto: Die Biographien von Paganuzzi, Rezzara, der Scotton in: *A. Gambasin,* Il movimento sociale nell'opera dei congressi; die Bibliogr. daselbst S. 585–596; *E. Reato,* Le origini del movimento cattolico a Vicenza (1860–91) (Vicenza 1971). Piemont: *A. Zussini,* L. Caisotti di Chiusano e il movimento cattolico dal 1896 al 1915 (Turin 1970); *M. L. Salvadori,* Il movimento cattolico a Torino 1911–15 (Turin 1969). Toskana: *G. P. Cappelli,* La prima sinistra cattolica in Toscana (Rom 1962); *M. Stanghellini – U. Tintori,* Storia del movimento cattolico lucchese (Rom 1958); *P. L. Ballini,* Il movimento cattolico a Firenze 1900–19 (Rom 1969). Neapel: *P. Lopez,* E. Cenni e i cattolici napoletani dopo l'unità (Rom 1962); *A. Cestaro,* La stampa cattolica a Napoli 1860–1904 (Rom 1965). Kalabrien: *P. Borzomati,* Aspetti religiosi e storia del movimento cattolico in Calabria (1860–1919) (Rom 1970). – *b) Die Strömungen und Organisationen: B. M. Brogi,* La lega democratica nazionale (Rom 1959); *C. Giovannini,* Politica e religione nel pensiero della lega dem. naz. 1905–1915 (Rom 1968); *G. Licata,* La ‚rassegna nazionale'. Conservatori e cattolici liberali attraverso la loro rivista (Rom 1968); *O. Confessore,* Conservatorismo politico e riformismo religioso. La ‚rassegna nazionale' 1898–1908 (Bologna 1971); *G. Marcucci Fanello,* Storia della Federazione Universitaria Cattolica Italiana (Rom 1971). Zum „Rinnovamento" vgl. *N. Raponi,* Tommaso Gallarati Scotti tra politica e cultura (Mailand 1971). – *c) Die Zeitschriften* als Ausdruck der Katholi-

schen Bewegung: Verschiedene Autoren, Aspetti della cultura cattolica nell'età di Leone XIII (Rom 1961); *G. De Rosa* (Hrsg.), Antologia della ‚Civiltà cattolica' (Rom 1971). – *d) Die Einbettung in die Geschichte Italiens: F. Chabod,* Storia della politica estera italiana dal 1870 al 1896. I. Premesse (Bari 1951); *L. Valiani,* L'Italia dal 1876 al 1915: *N. Valeri* (Hrsg.), Storia d'Italia IV (Turin ²1965); *C. A. Jemolo,* Chiesa e stato in Italia negli ultimi cento anni (Turin ²1955). – *e) Einzelne Persönlichkeiten: G. Toniolo,* Opera omnia (Vatikanstadt 1947), insbesondere: Lettere, 3 Bde (1952/55); *E. da Persico,* G. Toniolo (Verona 1928) (mehr erbaulich); *F. Vistalli,* G. Toniolo (Rom 1954); *A. Vian,* G. B. Paganuzzi (Rom 1950); *G. Roncalli,* Radini Tedeschi, vescovo di Bergamo (Bergamo 1916); zweite, von *G. De Luca* besorgte Ausgabe (Rom 1963); *C. Bellò,* Geremia Bonomelli con documenti inediti (Brescia 1961); *F. Gregori,* La vita e le opere di mgr. G. B. Scalabrini (Turin 1932); *E. Vercesi,* Don Davide Albertazio (Mailand 1922); *A. Novelli,* F. Meda (Mailand 1921); *E. Micheli,* F. Meda ... (Parma 1948); *M. Vaussard,* L'intelligence catholique en Italie, a. a. O. 85–132; *F. Meda,* Scritti scelti a cura di G. P. Dore (Rom 1959); *A. Cistellini,* G. Tovini, mit einem Vorwort von *G. B. Montini* (Brescia 1954); *C. Brezzi,* Cristiano sociali e intransigenti. L'opera di Medolago Albani (Rom 1971); *G. Sacchetti,* La reazione cattolica. Scritti e discorsi con introduzione di G. De Rosa (Rom 1967).

Die politisch-gesellschaftliche Lage im geeinten Italien wies keine grundlegenden Änderungen auf. Man war bemüht, sich auf die neuen Institutionen einzustellen, die betont liberal und laizistisch waren. Das Wahlrecht war sehr eingeschränkt: 1871 waren bei einer Gesamtbevölkerung von 25 Millionen nur 600000 in die staatlichen Wahllisten eingetragen. Die Parlamentsabgeordneten stammten somit aus den wohlhabenden Schichten, bei denen sich die unterschiedlichen Interessen des industrialisierten Nordens und des bäuerlichen Südens geltend machten. Auch setzte man sich nicht im gleichen Maß für die vom Staat vertretene laizistische Ausrichtung ein. Die der Hierarchie gehorchenden Katholiken behielten die kritische Distanzierung vom Einheitsstaat bei, weil dieser antikirchliche Gesetze erließ (der kirchlichen Eheschließung wurde keine zivilrechtliche Geltung zuerkannt; die Orden wurden unterdrückt und ihre Güter eingezogen; die kirchlichen Wohlfahrtsstiftungen wurden säkularisiert; der Religionsunterricht in den Schulen wurde beseitigt) und den Kirchenstaat annektiert hatte. Damit erklärte man sich mit den Protesten des Heiligen Stuhls und den von ihm über die „Usurpatoren" verhängten Exkommunikationen solidarisch. Diese intransigenten Katholiken, die sogenannten „Papalini", entfalteten zwar nach den einheitlichen Direktiven, die vom „Kongreßwerk" („Opera dei Congressi e dei Comitati Cattolici") formuliert wurden, ihr kirchliches Vereinswesen, hielten sich aber in Gehorsam gegenüber dem vom Vatikan ausgesprochenen „Non expedit" dem politischen Leben und den Wahlkämpfen fern; in ihren Zeitungen wollten sie Sprachrohr des „wirklichen Landes" sein, das die Freiheit vor allem von der Not beanspruchte, gegenüber dem „legalen Land" des Parlaments, der Regierung und der von ihr abhängigen Gewalten, das auf Grund des Wahlsystems bloß zwei Prozent der Bevölkerung repräsentierte und überdies unter dem Einfluß des freimaurerischen Antiklerikalismus stand. Darum freuten sich die „folgsamen" Katholiken über die Anzeichen von Schwäche, die der neue Staat bot, da sich darin für sie seine Auflösung ankündigte. Doch die Hand in Hand gehende wirtschaftliche und politische Entwicklung der italienischen Gesellschaft und des Staates brachten Änderungen mit sich, die in neuen Direktiven und mancherlei neuen Strukturen auch in der Katholischen Bewegung ihren Niederschlag fanden[1].

Aber es gab auch die „liberalen", „unfolgsamen" Katholiken, die zwar die laizistischen Leitsätze des aus der Risorgimento-Bewegung hervorgegangenen Staates mißbilligten, jedoch der Ansicht waren, daß dieser Staat nun eine geschichtliche Wirklichkeit darstelle, in die man sich einzugliedern habe. So gründeten sie eine konservative Partei, um im Geist loyaler Zusammenarbeit mit den öffentlichen Gewalten Grundsätze und Institutionen der nationalen katholischen Überlieferung zu unterstützen[2].

Die vom Nachfolger Pius' IX. vertretene weltoffene Haltung, die u. a. darin zum Ausdruck kam, daß die diplomatischen Beziehungen zu den Staaten wiederaufgenommen und verstärkt, die katholischen Initiativen auf dem sozialen und politischen Feld gebilligt und gefördert wurden, äußerte sich dem italienischen Volk und den Regierungsmännern des Einheitsstaates gegenüber in versöhnlichen oder wenigstens spannungsmildernden Gesten und Worten. Das „Non expedit", das noch 1886 im strengsten Sinn – Unerlaubtheit der Beteiligung an politischen Wahlen – bestätigt wurde, betrachtete man nach und nach als ein taktisches Element in den Beziehungen zwischen den gewissenhaften Katholiken und dem nationalen Einheitsstaat. Schon 1880 erhielt es im offiziösen „Osservatore Romano" (11. 6.) einen aktiven Sinn als „preparazione nell'astensione" („Vorbereitung in der Enthaltung"). Die Ausdehnung des Wahlrechts auf neue Bevölkerungsgruppen (1882) ließ etliche Bischöfe, so auch Bischof Bonomelli von Cremona, befürchten, es könnte zu einer Verstärkung der unter freimaurerischem Einfluß stehenden Linkskräfte und somit zu einer Radikalisierung der antiklerikalen Politik kommen, wenn nicht zur Verteidigung der religiösen und sozialen Ordnung ein Gegengewicht geschaffen würde durch die Stimmen der durch das „Non expedit" ausgeschalteten Katholiken. Dieses bildete aber ein Druckmittel des Heiligen Stuhles, um eine Lösung der Römischen Frage in dem von ihm verlangten Sinn herbeizuführen.

Versöhnliche Worte äußerte Leo XIII. am 23. Mai 1887, als er den Wunsch aussprach: „Der Himmel gebe, daß der Friedenseifer, von dem Wir allen Nationen gegenüber beseelt sind, für Italien ... von Nutzen sein werde ... Wir wün-

[1] Die herkömmliche Periodisierung entsprechend den Pontifikaten Leos XIII. und Pius' X. ist hinsichtlich der Römischen Frage und des „Non expedit" mehr von außen her gegeben. Die päpstlichen Direktiven sind von den Kräften her zu sehen, die von unten her andrängen, von der Bewegung her, die zunächst auf dem sozialen und sodann auch auf dem politischen Feld Eigenständigkeit und Eigenbewußtsein erlangen, bis es dann im Jahre 1919 zur Gründung der nichtkonfessionellen italienischen Volkspartei („Partito popolare italiano") kommt.

[2] Vgl. *C. M. Curci*, Il moderno dissidio tra Chiesa e l'Italia considerato in occasione di un fatto recente (Florenz 1878) und *A. Stoppani*, Gli intransigenti alla stregua dei fatti vecchi, nuovi e nuovissimi (Mailand 1886).

schen seit langer Zeit sehnlichst, daß die Gemüter aller Italiener Sicherheit und Ruhe erlangen und endlich der unheilvolle Streit mit dem römischen Papsttum aus der Welt geschafft wird, unbeschadet der Rechtsansprüche und der Würde des Apostolischen Stuhles ... Wir wollen damit sagen, daß der Weg zur Einträchtigkeit die Bedingung ist, daß der Papst keiner Gewalt unterworfen ist und volle und wahrhaftige Freiheit genießt, wie es seine Rechte erfordern."[3] Diese Erklärung löste in Schriften des Benediktinerabtes Tosti und des Exjesuiten C. M. Curci lebhaften Beifall und konkrete Vorschläge aus. Doch Ministerpräsident Crispi wischte das Angebot von Verhandlungen unter den Tisch und behauptete aufs neue, daß es nach dem Garantiegesetz von 1871 keine Römische Frage mehr gebe. Er stand dabei offenbar unter dem Einfluß der antiklerikalen politischen Kräfte, die im Parlament die Mehrheit hatten. Daraufhin kehrte der Pecci-Papst wieder zu den starren Positionen zurück und forderte die Wiederherstellung der weltlichen Macht des Papstes und insbesondere die Rückgabe Roms (15. 6. 1887)[4]. Er mißbilligte in der Folge auch die vermittelnden Schriften, namentlich (1891) die „Pensieri d'un prelato italiano" von Bonomelli, die im März 1889 in der „katholisch-nationalen" Zeitschrift „La rassegna italiana" unter dem Titel „Roma, l'Italia e la realtà delle cose" anonym erschienen waren[5].

Doch schon die Direktive „Vorbereitung in der Enthaltung", die über die vorwiegend passive und polemische Devise „nè eletti nè elettori" („weder Gewählte noch Wähler") des Mailänder „Osservatore cattolico" hinausging, führte mit ihrem Ausblick auf eine wenn auch noch so ferne politische Betätigung zu der Aufspaltung der militanten Katholiken in drei Richtungen: einige verlegten sich auf die rein religiöse Tätigkeit; andere warteten auf die Gelegenheit, diese auf eine politische Tätigkeit auszudehnen; wieder andere wandten sich dem sozialen Bereich zu. Doch der Heilige Stuhl bekundete gleich seine Vorliebe für die erste Richtung, indem er zu Werken im Dienst der Verteidigung und Bewahrung des Glaubens, der Nächstenliebe, der christlichen Sittlichkeit aufforderte, wie sie bis dahin schon ausgeübt worden waren. Er hielt sich an die Ansicht, die Pius IX. 1877 ausgesprochen hatte: „Die politische Neuerungssucht ist ein Köder, der zur Spaltung der katholischen Reihen vom Feind ausgelegt wurde, weil diesem vor der Einheit ihrer Absichten und der Heiligkeit ihrer Ziele bangte."[6] Die Vermittlungsvorschläge, wonach der Kirchenstaat wenigstens teilweise wiederhergestellt und das übrige Gebiet dem Königreich Italien zugesprochen werden sollte, wurden auch von weniger sektiererischen Politikern, wie z.B. R. Bonghi, zurückgewiesen, die den Anspruch Italiens auf ganz

[3] Leonis XIII Acta VII (Rom 1888) 115, zitiert nach *H. Bastgen,* Die Römische Frage. Dokumente und Stimmen III (Freiburg i. Br. 1919) 43f.
[4] Leonis XIII Acta, a. a. O. 134–153.
[5] Vgl. *C. Bellò,* Geremia Bonomelli (Brescia 1961) 101–117 und Dokumente 288.
[6] Im Brief „Non sine moerore" vom 29. Januar 1877 an den Präsidenten und den Rat der katholischen Jugend Italiens: Insegnamenti pontifici. 4. Il laicato 78–81.

Rom bekräftigten. Die antikirchliche laizistische Gesetzgebung traf auch die Werke der Caritas, die aus dem Glauben hervorgegangen und von ihm beseelt waren („opera pia"); sie ließ diese in „Congregazioni di carità" aufgehen, die unter Ausschluß der Pfarrer von den Gemeinden verwaltet wurden (1890), und zwar zu einer Zeit, als die Katholiken ihren Einsatz vermehrt auf die Gemeindeverwaltungen verlegten, für die das „Non expedit" nicht galt.

Die italienischen Katholiken waren somit aufgerufen, ihre Kräfte und Fähigkeiten in der religiös-sozialen Aktion einzusetzen. Zu diesem Zweck wurde die bereits bestehende Organisation weiterentwickelt, vor allem der 1886 approbierte katholische Jugendverband („Società della Gioventù cattolica italiana"), in dem die polemischer ausgerichtete „Katholische Vereinigung für die Freiheit der Kirche" („Associazione Cattolica per la libertà della Chiesa") von 1866 übergegangen war. Ihrem Motto „Gebet, Tat, Opfer" entsprechend war sie bereits in nationalem Rahmen vor allem auf dem Gebiet der Frömmigkeit und Erbauung tätig und folgte einer Linie, die alsbald als „alt", das heißt engstirnig galt. Daneben kamen (mehr in Nord- und Mittelitalien als im Süden) katholische Pfarreikomitees („Comitati cattolici parrocchiali") auf, die sich religiös betätigten und oft sich den von den Aufhebungsgesetzen nicht betroffenen herkömmlichen Bruderschaften anschlossen. Sie wiesen ihre Mitglieder auf neue Betätigungsfelder hin und verpflichteten sie entschiedener zum Gehorsam gegenüber dem Papst und den Bischöfen und zur Solidarität mit den Protesten des „Gefangenen im Vatikan". Bald bildete sich auch zu Rom, Pavia, Genua, Mailand, Pisa eine Standesorganisation, die katholischen Universitätszirkel („Circoli universitari cattolici"), die den Nährboden für die Kräfte bilden sollten, die am ungestümsten nach vorne drängten. In allen diesen Verbänden gesellte sich zu der religiösen Betätigung und der strengen Einhaltung der kirchlichen Vorschriften in bezug auf die Feiertagsruhe und die Fasttage als Zeichen der Treue zum katholischen Glauben auch ein stärkeres soziales Empfinden. Dieses äußerte sich vor allem in neuen Institutionen, wie den „Vinzenzkonferenzen", die von Ozanam auch in Italien verbreitet wurden. Dazu trat auch ein gewisser kämpferischer Geist; man forderte Respekt vor religiösen Praktiken und Institutionen und setzte sich für deren Ansehen und herkömmlichen Wirkungsbereich zur Wehr.

Als Koordinationsorgan dieser Pfarrei- und Diözesankomitees kam 1874 das „Werk der katholischen Kongresse und Komitees" („Opera dei Congressi e dei comitati cattolici") hinzu, das bald zur treibenden und gestaltenden Kraft der Katholischen Bewegung in Italien wurde. Diese schon unter dem Pontifikat Pius' IX. entstandene Organisation erhielt 1884 von Leo XIII. eine neue Struktur, worin sich der von ihr erreichte Fortschritt widerspiegelte. Sie wurde in fünf Sektionen gegliedert: Organisation und katholische Aktion, Christliche Sozialwirtschaft, Unterweisung und Erziehung, Presse, Christliche Kunst. Durch die industrielle Entwicklung, die in der Arbeiterwelt die Forderung nach einer Sozialgesetzgebung auslöste, erhielt die zweite Sektion („Dell'economia sociale cristiana") besonderes Gewicht. Sie stand zunächst unter der Leitung eines bergamaskischen Adeligen, Medolago Albani, der sich wissenschaftlich mit sozialen Problemen beschäftigte, und später eines aus dem Veneto stammenden Professors an der Universität in Pisa, Giuseppe Toniolo. Diese waren tatkräftig bestrebt, über die paternalistische Ausrichtung der Nächstenliebe und Wohltätigkeit hinauszukommen. In der Auseinandersetzung mit der liberalen und sozialistischen Wirtschaftstheorie entwarf Toniolo ein christliches Sozialprogramm, worin er die mittelalterlichen Zünfte der christlichen Vergangenheit als beispielhafte sozial-wirtschaftliche Institutionen hinstellte. Eine 1889 gegründete „Katholische Union für Sozialstudien" („Unione cattolica per gli studi sociali") bildete das Organ zur Ausarbeitung und Anwendung dieser Lehre nach dem Vorbild dessen, was man in Frankreich, Belgien, Deutschland und der Schweiz unternahm (vgl. S. 207f).

Das Kongreßwerk („Opera dei congressi") – der Name deutet auf die Jahresversammlungen der Diözesan- und Regionalkomitees hin – hatte seine Stützen im aktiveren Pfarrklerus Nord- und Mittelitaliens, der für den Ruf nach einer Organisation zur Verteidigung des Glaubens hellhörig war; ferner in „Notabeln", die aus Familientradition und Überzeugung den Weisungen der Hierarchie folgten und der neuen politischen Führungsschicht fernstanden (Großgrundbesitzer, Adelige, Angehörige freier Berufe), und im Volk, vor allem im Landvolk. Dieses fühlte sich mit den kirchlichen Institutionen, die von den Aufhebungsgesetzen betroffen wurden, solidarisch, auch deshalb, weil es durch die neuen Gesetze, namentlich durch die Steuergesetze und die Verpflichtung zum Militärdienst, seine Lebensbedingungen nicht verbessert sah und darum geneigt war, den Protesten des Papstes gegen den laizistischen Staat williges Gehör zu schenken und ihnen beizupflichten. Dies ermöglichte es dem Kongreßwerk, eine bis ins kleinste gehende Aktion zu unternehmen, um das Glaubensbewußtsein zu vertiefen und die katholische Vereinstätigkeit anzuspornen, indem es die örtlichen, diözesanen und regionalen Initiativen verstärkte und koordinierte.

Die so vorangetriebene Katholische Bewegung bediente sich in den großen Zentren Turin, Mailand, Genua, Florenz, Neapel, Venedig, aber auch in Provinzstädten wie Brescia und Bergamo, einer sehr auf Kampf ausgerichteten Presse. Auf die polemischen Töne und die Anprangerungen von Skandalen, die Beschlagnahmen und Prozesse einbrachten, folgten allmählich Diskussionen über die konkreten Probleme und über die Möglichkeit, sie nach den Grundsätzen des christlichen Gewissens und der von ihm inspirierten Institutionen zu lösen. In dieser Überprüfung der Methoden und Zielvorstellungen tat sich der „Osservatore cattolico" von Mailand hervor, bei dem der junge Redaktor Filippo Meda immer mehr Einfluß über den ungestümen Schriftleiter Davide Albertario gewann, der in seiner Intransigenz nicht davor zurückscheute, auch Bischöfe an den Pranger zu stellen.

Außer diesen beiden, Medolago Albani und Toniolo, sind als Leiter der aus dem Veneto gebürtige G. B. Paganuzzi, der Bologneser G. Acquaderni, der aus der Emilia stammende G. Radini Tedeschi (später Bischof von Bergamo), L. Bottini aus Lucca, der Bergamasker N. Rezzara, der Bologneser G. B. Casoni, G. Tovini aus Brescia, Giovanni Grosoli aus der Emilia, der Jesuit Gaetano Zocchi zu erwähnen. Sie alle waren kraftvolle, in ihren Überzeugungen fest verwurzelte Persönlichkeiten, weshalb unter ihnen nicht selten Meinungsverschiedenheiten über Organisationsfragen, über die Interpretation päpstlicher Weisungen oder über die Kaderauswahl ausbrachen. Am meisten stritt man sich über die Frage der Einfügung der Katholischen Bewegung in die politische und gesellschaftliche Wirklichkeit des italienischen Staates unter dem Regime des „Non expedit“. Die eine Richtung nahm sich den politisch-sozialen Einsatz der Katholiken nördlich der Alpen zum Vorbild und suchte die katholische Aktion auf dem wirtschaftlichen und sozialen Feld (Banken, Genossenschaften, Verlagshäuser, Berufsschulen usw.) ganz entschieden voranzutreiben, wobei sie sich auf die Enzyklika „Rerum novarum“ (1891) Leos XIII. berief. Sie stieß dabei aber auf den Widerstand des intransigenten Flügels, der befürchtete, man lasse sich vom liberalen Geist anstecken und schließe mit den Institutionen des laizistischen Staates Kompromisse[7]. Das am nächsten liegende Feld zu Auseinandersetzungen zwischen den beiden Richtungen waren die Gemeinde- und Provinzverwaltungen, in die sich auch „obödiente“ Katholiken wählen lassen konnten; wenn es aber, wie das häufig der Fall war, zu Stichwahlen kam, mußte ihre Wahl durch Absprachen mit andern Parteien gesichert werden. Aufgabe der in diese Verwaltungen gewählten Katholiken war es, die Primarschule, die der Gemeinde unterstand, vor sektiererischen und laizistischen Einflüssen zu schützen, zu Verwaltern caritativer Werke Männer zu ernennen, die deren religiöse Zielsetzung und die gottesdienstlichen Anordnungen respektierten, und dafür besorgt zu sein, daß in den Spitälern, namentlich in den psychiatrischen Kliniken, die den Provinzen unterstanden, Ordenspersonal vorhanden war. Dieses Erfordernis, durch entsprechende Wahlvorbereitungen Gemeinden und Provinzen in den Griff zu bekommen, spielte in der Katholischen Bewegung Italiens eine immer wichtigere Rolle und führte in ihr zu den lebhaftesten Spannungen[8].

Neben den „Intransigenten“, die sich streng an die päpstliche Weisung hielten, mit dem laizistischen Staat nicht zusammenzuarbeiten, gab es die „Transigenten“, die sich wie die Intransigenten ebenfalls auf ihr religiöses Gewissen beriefen, aber die Ansicht vertraten, das Interesse und die Pflicht der Kirche erfordere es, sich nicht von der Welt und ihrer Entwicklung in den wirtschaftli-

[7] Bezeichnend dafür ist die Schrift des Bischofs von Fossano, *E. Manacorda,* Movimento cattolico, errori democratici e relativi doveri dei sacerdoti (Fossano 1897).

[8] Vgl. *M. Belardinelli,* Motivi religiosi nell'attività amministrativa dei cattolici organizzati: Spirito ed azione del laicato cattolico italiano I (Padua 1969) 177–214.

chen und gesellschaftlichen Strukturen und politischen Institutionen gleichsam in ein Getto zurückzuziehen, sondern sich in die neuen Wirklichkeiten hineinzubegeben und in ihnen von innen her zu arbeiten, um darin Beweggründe und Kräfte der christlichen Überlieferung zur Geltung zu bringen und so diesen Wirklichkeiten ein christliches Antlitz und Gepräge zu geben. Diese „Transigenten" waren zum Teil Geisteserben der „Neuwelfen", des ersten Giobertis, wie Cantù, Abt Tosti, zum Teil überzeugte Befürworter eines liberalen Katholizismus nach den Ideen eines Montalembert, eines Lacordaire, eines Görres, eines Newman, eines Lord Acton; viele von ihnen hatten die vaterländische Begeisterung von 1848 geteilt, im Jahrzehnt 1848–59 und in den ersten Jahren des Königreichs Italien politische Ämter bekleidet und somit an der Risorgimento-Bewegung teilgenommen; einige – so Lambruschini und Capponi – standen in geistigem Kontakt mit jansenistisch angehauchten Kreisen des frühen 19. Jh. oder traten für die zugleich religiösen und politisch-sozialen Reformprogramme von A. Rosmini ein[9]. Es waren Mitglieder des gebildeteren Klerus, wie beispielsweise der Naturforscher A. Stoppani; Persönlichkeiten, die dank ihrer Bildung, ihres Berufs, ihres Vermögens in Ansehen standen, wie A. Manzoni, Tommaseo, C. Cantù; vielbeachtete Mitglieder einer der beiden Kammern, wie die Senatoren Canonica, Lampertico, Stefano Jacini, meistens Liberal-Konservative, die vor allem im Mittelstand eine große Anhängerschaft hatten. Auch Persönlichkeiten der Hierarchie befanden sich darunter, wie Kardinal Capecelatro von Neapel, Kardinal Svampa von Bologna, Bischof Bonomelli von Cremona und der Begründer des Werkes für die Emigrantenseelsorge, P. Scalabrini von Piacenza[9a]. Auch diese „Transigenten" verfügten über Presseorgane, darunter über so angesehene Tageszeitungen wie die Mailänder „La lega Lombarda", und sie fanden auch in Zeitungen der konservativen Rechten Gehör wie in der ebenfalls in Mailand erscheinenden „Perseveranza", wo sie die Absichten und Motive ihrer „gemäßigten" Haltung gegenüber dem antiklerikalen Radikalismus vieler Gesetzesvorlagen und einiger Abteilungen der staatlichen Bürokratie darlegen konnten. Und die nicht wenigen gläubigen Katholiken, die in den Behörden, im Heer, in den verschiedenen Zweigen der Staatsverwaltung Ämter innehatten, konnten so die mildernden Auslegungen der antikirchlichen Gesetze sich zu eigen machen und anwenden. Diese „Transigenten" waren überdies in der Lage, als Mittelspersonen bei den staatlichen Autoritäten, bei den Männern der Politik und der öffentlichen Verwaltung ihre Dienste anzubieten und Formeln und Prozeduren auszuhandeln, die es beispielsweise den vom Vatikan ernannten Bischöfen ermöglichten, ihre Bischofssitze innezuhaben und die damit verbundenen Einkünfte zu beziehen, ohne sich ausdrücklich der im Garantiegesetz beibehaltenen Forderung zu beugen, das Exequatur der Regierung einzuholen.

[9] Vgl. *E. Passerin d'Entrèves*, L'eredità della tradizione cattolica risorgimentale: Aspetti della cultura cattolica dell'età di Leone XIII (Rom 1961) 235–287. [9a] Vgl. S. 156f.

Es gab auch Punkte, an denen diese „Transigenten" (liberale, vermittelnde Katholiken) und die „Intransigenten" sich trafen: beide Teile beriefen sich auf die Notwendigkeit der öffentlichen Ordnung; beide bekämpften den Sozialismus als politisch-gesellschaftliche Doktrin und als Klassenkampforganisation; ihre „Notablen" kamen zum Großteil aus den gleichen Kreisen; vor allem in Piemont und wenigstens in gewissen Kreisen Süditaliens hatte man auf beiden Seiten Achtung vor der Monarchie und Beziehungen zu Persönlichkeiten des Hauses von Savoyen. Jenseits der Polemiken über die Römische Frage und über die rechtliche Ordnung, die für die kirchlichen Institutionen Geltung haben sollte, kamen diese Gemeinsamkeiten in den Wahlallianzen zwischen klerikalen und gemäßigten Kreisen zum Ausdruck, die in den Administrativwahlen den Koalitionen zwischen Radikalen und Sozialisten mit ihrem laizistischen Programm schwere Niederlagen beibrachten, unter anderem in Venedig, als Kardinal Sarto dort Patriarch war, und später sogar in Rom selbst.

In den beiden letzten Jahrzehnten des 19. Jh. traten im geeinten Italien weiterhin krasse wirtschaftliche und politisch-soziale Mißverhältnisse nicht nur zwischen dem Norden und dem Süden, sondern auch zwischen den verschiedenen Gesellschaftsklassen zutage. Der Übergang vom Handwerk zur Industriewirtschaft, die der Konkurrenz der leistungsfähigeren Wirtschaftszweige nördlich der Alpen ausgesetzt war und von deren Finanzen, deren Maschinenpark und deren Technikern in starkem Maß abhing, war Anlaß zu ständiger Unruhe und Besorgnis. Die Organisation der Arbeiterklasse unter der Fahne des marxistischen Sozialismus, aber auch des radikalsten revolutionären Syndikalismus, wie ihn der Anarchist Bakunin vertrat, wurde auch auf das Land hinausgetragen; Streiks, Agitationen, Unterdrückungsmaßnahmen lösten in allen Landesteilen einander ab und fanden in der Presse starken Widerhall. Die Erweiterung des Wahlrechts, die im Jahre 1882 die Zahl der Wahlberechtigten von zwei Prozent auf zehn Prozent der Bevölkerung ansteigen ließ, hatte den Sozialisten, die sich mit den Radikalen verbündet hatten, eine Vertretung im Parlament eingebracht; 1891 erfolgte dann die offizielle Gründung der Sozialistischen Partei Italiens, deren Programm die Forderungen der Arbeiterschaft, aber auch eine laizistische antiklerikale Politik vertrat. All dies begünstigte die Ausarbeitung einer Sozialgesetzgebung, die in der Richtung des Rundschreibens „Rerum novarum" lag und deshalb auch von der Katholischen Bewegung kraftvoll vorangetrieben wurde, namentlich von der Sektion „Christliche Sozialwirtschaft" des Kongreßwerkes und von der von Toniolo gegründeten „Katholischen Union für Sozialstudien" („Unione cattolica di Studi sociali"). Unter diesem Antrieb brachte das katholische Vereinswesen, den jeweiligen Erfordernissen der wirtschaftlichen und gesellschaftlichen Wirklichkeit entsprechend, neue Institutionen hervor: Arbeiterkantinen, Gemeindehäuser, Arbeitsämter, Berufsschulen, Gesellschaften zu gegenseitiger Hilfeleistung, Produktions-, Kredit- und Konsumgenossenschaften, Banken zur Unterstützung von Berufsständen und Institutionen bis hin zu Arbeitervereinen mit gewerkschaftlichem Einschlag, die in ihrem Einsatz bereits zu den sozialistischen Verbänden in Konkurrenz traten. Auf der theoretischen Ebene formulierte die „Union für Sozialstudien" im Januar 1894 ein „Programm der Katholiken gegenüber dem Sozialismus", worin sich die Forderungen und Erfahrungen der Agrar- und Industriewelt der Lombardei, der Emilia und der Toskana niederschlugen[10].

All dies hatte seine Rückwirkungen auf das Kongreßwerk, dessen Organisation und Programme von den Jungen heftig kritisiert wurden. Diese drangen darauf, daß die bloßen Abwehrhaltungen, die vorwiegend religiös-erbauliche Ausrichtung, der gängelnde Paternalismus und die Distanzierung vom laizistischen Staat und von den demokratischen Organisationsformen aufgegeben würden zugunsten einer größeren Entscheidungs- und Bewegungsfreiheit. Selbst das „Non expedit" legte man nun anders aus: die Distanzierung vom liberalen, laizistischen Staat bedeute die Verpflichtung zu einer autonomen sozialen und auch politischen Organisation, die selbstverständlich mit den christlichen Moralprinzipien voll und ganz übereinstimmen müsse. Diese Linie vertraten auf Grund der Formel „Vorbereitung in der Enthaltung" bereits die drei aktivsten Zentren der Katholischen Bewegung: das zu Bergamo mit Medolago Albani und der Zeitung „L'Eco di Bergamo", das zu Mailand mit Filippo Meda und dem „Osservatore cattolico", das zu Brescia mit G. Tovini, G. Montini und dem „Cittadino di Brescia". Damit verstärkte sich das Drängen nach einem breiteren Einsatz auch auf dem politischen Feld. Die Motive dazu waren einerseits durch das Erfordernis gegeben, die wirtschaftlich-sozialen Grundsätze der Bewegung auch in der Gesetzgebung zu verankern und Sozialgesetze durchzubringen, die den christlichen Prinzipien der Zusammenarbeit der verschiedenen Klassen entsprachen; das andere Motiv bestand in der Notwendigkeit, den Sozialismus und dessen Verbände auf ihrem eigenen Feld zu bekämpfen. Die Polemik zwischen den Alten und den Jungen, unter denen sich besonders der aus den Marken stammende Priester Romolo Murri und der Mailänder Laie Filippo Meda hervortaten, brachte in die katholischen Kongresse immer mehr Leben und führte dazu, daß der Vatikan immer nachdrücklicher zur Eintracht und Einheit mahnte.

Im Jahre 1898 – im Jahr des Krieges zwischen Spanien und den Vereinigten Staaten – kam es in Italien infolge der Erhöhung der Brotpreise da und dort zu Agitationen, die in Mailand mit Hilfe der dazu eigens ermächtigten Militärgewalt grausam unterdrückt wurden. Unter anderem wurden die radikalen sozialistischen und katholischen Oppositionsblätter verboten und ihre Redaktoren eingekerkert (so auch Don Albertario, der später von einem Mailänder Gericht verurteilte Redaktor des „Osservatore cattolico"). So stellte das Jahr 1898 auch die Katholische Bewegung auf die Probe: Persönlichkeiten des intransigenten

[10] *D. Secco Suardo,* Da Leone XIII a Pio X (Rom 1967) 20; vgl. *L. Gerevini,* Democrazia socialista e democrazia cristiana (Treviso 1899).

Flügels suchten sich von den Massenagitationen und deren Wortführern zu distanzieren und die Kirche und den Katholizismus wieder zu Garanten der bestehenden Ordnung der Gesellschaft zu machen. Die Regierung in Rom griff denn auch bloß gegen einige katholische Organisationen des Nordens durch, nicht aber gegen das Präsidium des Kongreßwerkes, das noch von sozial rückständigen Intransigenten, wie z. B. Graf Paganuzzi, beherrscht war. Daher kam es zu einer Annäherung der konservativen Intransigenten an die konservativen Regierungsinstanzen, während die Jungen die Not des Volkes zum Anlaß nahmen, um den „laizistischen Hungerstaat" um so schärfer anzuprangern, und sich von dem Gedanken einnehmen ließen, die soziale Aktion könne als Sprungbrett dienen, um zum Wohl der Massen die Macht zu ergreifen.

Der Heilige Stuhl achtete stets aufmerksam auf alles, was in der Katholischen Bewegung vor sich ging. Es war leicht ersichtlich, daß auch an der Kurie gegensätzliche Einstellungen bestanden. Es gab dort die Befürworter einer Richtung, die die Ausdehnung der katholischen Aktion auf dem sozialen Feld und, etwas zurückhaltender, selbst im politischen Bereich duldete oder gar begünstigte; dazu zählten die Kardinäle Rampolla und Agliardi und die weniger hochgestellten Monsignori Gasparri und della Chiesa, die sich auf das Beispiel und die Errungenschaften der Katholischen Bewegung in Belgien, Deutschland, Österreich und in den Vereinigten Staaten beriefen und denen Leo XIII. gern Gehör schenkte. Es gab aber auch eine Gegenpartei mit den Kardinälen Respighi, Vikar von Rom, und Vives vom Heiligen Offizium, die in jeder politischen und sozialen Aktion zur Überwindung der in Italien bestehenden Spannungen und in jeder Zusammenarbeit mit den bestehenden Behörden, in jeder Ausnutzung der Staatsgesetze immer noch eine Unterstützung der „italienischen Revolution", eine Verharmlosung der Römischen Frage und eine Aushöhlung des „Non expedit" erblickten. An diesem sollte jedoch nach ihrer Ansicht streng festgehalten werden, damit der Vatikan auf den Quirinal einen Druck ausüben könne. Diese Gegner der Bewegung beriefen sich auch im Hinblick auf die energischen Forderungen, die in ihren Reihen von unten, das heißt von der Laienschaft, erhoben wurden, gern darauf, daß nicht wenige Bischöfe ihr ablehnend gegenüberständen. Der Heilige Stuhl und Papst Leo XIII. selbst wurden von den Aktivisten beider Tendenzen, von Konservativen und von Progressiven, immer wieder um ihre Intervention ersucht; sie sollten das Programm der einen Partei approbieren und die Grundsätze und führenden Persönlichkeiten der Gegenpartei verurteilen. Dies brachte die Männer des Vatikans oft in Verlegenheit; sie zogen es vor, sich auf die Bestätigung allgemeiner Richtlinien und auf die Mahnung zu beschränken, im Geist der Eintracht tätig zu sein[11].

In eben diesem Jahr 1898 trat ein neuer Führer der Katholischen Bewegung hervor mit der Zeitschrift „Cultura sociale", die für die italienischen Katholiken

[11] *D. Secco Suardo* a.a.O. 72ff.

das sein wollte, was für die deutschen Sozialisten die „Neue Zeit" war; es war Don Romolo Murri. Im August 1870 geboren, hatte er an der Università Gregoriana zu Rom in Theologie promoviert und dort 1894 den katholischen Universitätszirkel gegründet, hatte aber seine Tätigkeit bald auf das soziale Feld ausgedehnt. Er blieb in der Römischen Frage intransigent und hielt sie für den Ausdruck des tiefen Zwiespaltes zwischen der christlichen und der modernen „heidnischen und materialistischen" Lebens- und Kulturauffassung. Der Gegensatz zwischen der Kuppel des Petersdomes und der Trikolore auf dem Quirinal war für ihn „das Zeichen für den Widerspruch zweier verschiedener, einander zutiefst feindlicher Kulturen", „das Geheimnis der innern Geschichte und der Zukunft der Kirche" [12]. Damit distanzierte er sich auch von Meda und empfahl, den liberalen, laizistischen Staat aufs äußerste zu bekämpfen. Das Wegbleiben von den Urnen war somit – und sollte es auch seiner Ansicht nach sein – nicht nur ein Akt des Gehorsams gegenüber dem Papst, sondern auch die bewußte Ablehnung des die Freiheit verfolgenden Staates.

Im allseitigen Vorantreiben der sozialen Aktion stand R. Murri Toniolo nahe; er drang aber entschiedener auf die Autonomie und forderte auch die Ausdehnung des sozialen Programms auf das Feld der Politik, des Wahlrechts und der Gesetzgebung. So machte sich auf den Kongressen des Kongreßwerkes zu Mailand (1897), Ferrara (1899) und Tarent (1901) immer stärker die Forderung nach einer autonomen Aktion im Sinn einer „christlichen Demokratie" geltend. Sie stieß einerseits auf lebhaften Beifall, andererseits aber auf heftige Reaktionen von Persönlichkeiten und Strömungen, die in dieser Gärung gezwungen waren, ihre Motivationen neu zu formulieren und Allianzen zu schmieden, und zwar nicht nur in der Zentrale, sondern auch in den regionalen, diözesanen und örtlichen Komitees und den damit zusammenhängenden Werken. Es kam zu „leidenschaftlichen Auseinandersetzungen über die Ausdehnung des christlich-demokratischen Aktionsprogramms, über den Vorrang der politisch-religiösen über die soziale Frage, über die Opportunität, sich für das politische Leben zu rüsten, über das Recht des Heiligen Stuhls, in politischen und sozialen Fragen zu intervenieren, über die Frage, ob es tunlich sei, die von der Hierarchie abhängige katholische Aktion von der politischen Aktion einer katholischen Partei zu trennen, und über die Autonomie der demokratischen Bewegung" [13].

Es ging um die traditionellen Vormachtstellungen eines Paganuzzi, eines Medolago Albani, der beiden Veneter Scotton, die alle mit kämpferischen Kreisen Venetiens, der Lombardei, Piemonts, der Toskana und Roms in Verbindung standen. Schon hatte sich 1899 zu Mailand ein „christlich-demokratischer Bund" („Fascio democratico cristiano") gebildet, und in Turin war außerhalb

[12] „Cultura sociale", 16. Sept. 1898. Zu den Umständen vgl. *F. Fonzi,* Dall'intransigentismo alla democrazia cristiana: Aspetti della cultura ..., a. a. O. 323–388.

[13] *A. Gambasin,* Il movimento sociale nell'Opera dei Congressi (1874–1904) (Rom 1958) 467.

des Kongreßwerkes ein zwölf Punkte umfassendes „Aktionsprogramm" formuliert worden. Alle beriefen sich auf die päpstlichen Weisungen, auf „Rerum novarum" und die späteren „Instruktionen", legten sie in ihrem Sinn aus und mobilisierten ihre Freunde in hohen vatikanischen Kreisen, damit ihr Programm bestätigt würde.

Leo XIII. ernannte innerhalb der Kongregation für die außerordentlichen kirchlichen Angelegenheiten eine „ständige Kommission zur Regelung der Katholischen Bewegung in Italien" und betraute sie mit der Aufgabe, die vielen Dokumente des Präsidiums des Kongreßwerkes, seiner verschiedenen Sektionen, der Untergruppen und vieler Bischöfe, die ihre Ratlosigkeit äußerten und Weisungen erbaten, zu prüfen. Der Hauptstreitpunkt war die „christliche Demokratie" als Name und Programm. Für die Methode Leos XIII. war typisch, daß er bei der Konsultation von Männern und der Überprüfung von Institutionen möglichst so vorging, daß er seinen bereits klar bestimmten Entschluß durchzusetzen vermochte. Im Grunde war er für die Jungen eingestellt, in denen er vitale Energien der Kirche sah; doch obwohl er die von unten ausgehende soziale Aktion approbierte und empfahl, „war er darauf bedacht, daß die Inspiration und die Koordination von oben, von seinem Willen ausgingen"[14]. Im Blick auf das deutsche Modell des „Volksvereins" und des katholischen „Zentrums" im deutschen Reichstag setzten sich Agliardi und Gasparri beim alten Papst für Murri ein.

Der Pecci-Papst bereitete so seine Intervention vor, die mit der Enzyklika „Graves de communi" (18. 1. 1901)[15] erfolgte. Mit einem Hinweis auf „Rerum novarum" bestand das Rundschreiben darauf, daß die Aktion der Katholiken unter Ausschluß aller Politik einheitlich vorgehe in Verbindung mit einer Spitzenorganisation, in Unterordnung unter den Papst und die Bischöfe, denen es zustehe, „entsprechend den örtlichen und persönlichen Verhältnissen" die Maßnahmen für die Praxis zu treffen. In den „grundlegenden theoretischen und praktischen Punkten", die im Volk bekanntgemacht werden sollten, wurde erklärt: „Die christliche Demokratie darf keinerlei politische Bedeutung haben; sie trete für das Wohl der untern Klassen ein, kümmere sich aber auch um die höheren Klassen; sie decke nicht Pläne zur Insubordination und Opposition gegen die öffentlichen Autoritäten; vielmehr soll sie sich einzig dafür einsetzen, daß das harte Los der Handarbeiterschaft erträglicher werde, damit diese allmählich für ihre Lebensbedürfnisse aufkommen kann."[16]

Unter den Weisungen, die vom Kongreß von Tarent (1901) erlassen wurden, befand sich auch die, den Jungen Raum zu geben und sie in die sozialen Initiativen eines Medolago Albani, eines Toniolo, eines Radini Tedeschi, eines Rezzara einzubeziehen. Diese Forderung hatte die immer noch mächtige Gruppe der

[14] *D. Secco Suardo* a. a. O. 126.
[15] Italienischer Text in „Insegnamenti pontifici". 4. Il laicato 171–194. Vgl. hier S. 242 f, 251 f.
[16] *D. Secco Suardo* a. a. O. 135–136.

älteren Generation alarmiert, die sich hinter der herkömmlichen Tradition der Treue zum Papst verschanzten und Neuerungen abhold waren. Die neuen Statuten von 1901 sahen immer noch die Enthaltung von der Politik vor; deshalb erschienen die Initiativen Murris zum mindesten inopportun und wurden von den mit der Formulierung des Programms der zweiten Sektion „Christliche Nächstenliebe und Sozialwirtschaft" betrauten Kardinälen Vives y Tutó und Respighi gestrichen.

Der Erfolg der sozialen und religiösen Aktion der Bewegung, die das Volk in seiner Anhänglichkeit an den Papst bestärkte, verschaffte ihr mit der Einwirkung auf die Gewissen zugleich auch mehr politisches Gewicht. Dies sicherte dem Vatikan einen größeren Einfluß auf die italienische Regierung, als diese im Dezember 1901 in ihrer Sorge um die öffentliche Ordnung zu einer Politik der Ausnahmegesetze überging, der sich Sozialisten und Radikale, aber auch die jüngeren Mitglieder der Katholischen Bewegung entschieden widersetzten.

Die Versuche Leos XIII., zwischen den verschiedenen Strömungen der Katholischen Bewegung zu vermitteln, damit die Einheit und Geschlossenheit nicht verlorengehe, stießen jedoch auf Schwierigkeiten. Die hergebrachte Willfährigkeit gegenüber dem Papst vermochte den Widerstand der konservativ eingestellten älteren Generation nicht zu brechen, die unter Hinweis auf die Vorgänge des Jahres 1898 die bestehende Wirtschafts- und Gesellschaftsordnung zu rechtfertigen suchten; sie beriefen sich dabei im wesentlichen auf paternalistische Motivationen, da es ihnen nur um Liebe und Wohltätigkeit ging; dem stürmischen Temperament der jüngeren Generation hingegen widerstrebte es, sich an die von oben erhaltenen und bestimmten Institutionen zu halten. Von Murri inspiriert, untergruben sie die Einheitsstruktur des Kongreßwerkes, das für die Katholische Bewegung Italiens immer weniger repräsentativ war. Der Sarto-Papst sollte dies erfahren und eine Umgestaltung in die Wege leiten, die das Ende der Kongreßorganisation besiegeln sollte.

6. Kapitel

Das Scheitern der Aussöhnung der Katholiken mit der Republik in Frankreich

QUELLEN: Card. *D. Ferrata*, Mémoires. Ma nonciature en France (Rom [4]1921); *A. Siegfried*, L'abbé Frémont (1852–1912), 2 Bde (Paris 1932); *Ch. Benoist*, Souvenirs (Paris 1932/34); *X. de Montclos*, Le toast d'Alger. Documents, 1890–1891 (Paris 1966).

LITERATUR: *E. Lecanuet*, L'Église de France sous la IIIe République, II–IV (Paris 1930/31, Nachdr.); *A. Latreille – R. Rémond*, Histoire du catholicisme en France III (Paris 1962); *L. Capéran*, Histoire contemporaine de la laïcité française, 3 Bde (4. Bd noch nicht hrsg. vom Institut catholique de Toulouse) (Paris 1958/61); *ders.*, L'anticléricalisme et l'affaire Dreyfus, 1897–1899 (Paris 1948); *H. Rollet*, Albert de Mun et le parti catholique (Paris 1947); *ders.*, L'action sociale des catholiques en France, 2 Bde (Paris 1948/58); *J. Gadille*, La pensée et l'action politiques des évêques français au début de la IIIe république, 2 Bde (Paris 1967); *J. Tournier,* Le cardinal Lavigerie et son action politique (Paris 1913); *J.-B. Woodall,* The Ralliement in France. Origins and History, 1876–1894. (New York 1961); *A. Sedgwick,* The Ralliement in French Politics, 1890–1898 (Cambridge/Mass. 1965); *M. Montuclard,* Conscience religieuse et démocratie (Paris 1965); *J.-M. Mayeur,* Un prêtre démocrate, l'abbé Lemire 1853–1928 (Paris 1968); „Les congrès nationaux de la démocratie chrétienne à Lyon, 1896–1898": RHMC Juli/Sept. 1962; „Droites et Ralliés à la Chambre des députés au début de 1894": RHMC April/Juli 1966; *R. Rémond,* Les congrès ecclésiastiques de Reims et de Bourges (Paris 1964); *P. Sorlin,* „La Croix" et les Juifs (Paris 1967); *P. Pierrard,* Juifs et Catholiques français (Paris 1970).

Die Kirchenpolitik der Republikaner

Bei der Thronbesteigung Leos XIII. deutete alles darauf hin, daß in Frankreich das Fortbestehen der 1875 unter so großen Schwierigkeiten zustande gekommenen Republik gesichert war. Die Wahl von 1876 brachte eine republikanische Mehrheit im Parlament, die 64 Prozent der Sitze in der Abgeordnetenkammer innehatte. Das Scheitern des „Gewaltstreichs" vom 16. Mai 1877 unmittelbar vor der Papstwahl war überdies ein gelungenes Vorspiel zur Eroberung der Bezirksräte und Bürgermeisterämter. Diese Erfolge der Freunde Gambettas zogen zwangsläufig den Sturz der Senatsmehrheit im Januar 1879 und den massierten Einzug einer Gruppe von Abgeordneten nach sich, die nach den Wahlen des Sommers 1881 83,6 Prozent der Sitze einnahmen. Nachdem in den folgenden Jahren die Regierung die Wirtschaftskrise und den Angriff der Boulangisten erfolgreich überstanden hatte, mußten nun auch die Kirchenführer zur Kenntnis nehmen, daß sie gut daran täten, sich mit einer Republik, mit deren Untergang sie nicht mehr rechnen konnten, zu verständigen.

Die Republikaner ihrerseits waren bestrebt, ihren Wahlsieg durch eine „Republikanisierung" der hohen Verwaltung, z.B. des Staatsrates und der großen Institutionen, der Armee und der Justiz, zu sichern. Die katholische Kirche war von dieser Politik der „republikanischen Defensive" angesichts des weitverbreiteten gesellschaftlichen Einflusses, den sie sich durch die Predigt und die Caritas, durch ihre Schulen und vor allem durch die Orden erworben hatte, in besonderem Maße betroffen. Dieser Einfluß war bei den Führern der republikanischen Mehrheit gefürchtet, und daher stellten sie an die Spitze ihres weltanschaulichen und politischen Programms die systematische Säkularisierung des öffentlichen Lebens. Schon bei der Budgetdebatte von 1877 wurde dieser Plan von V. Guichard in seinem Bericht vorgetragen, und es wurde daraufhin ein Betrag zur Finanzierung einer Untersuchung über die Bedeutung der Ordenskongregationen bereitgestellt. Diese Untersuchung wurde 1878 durchgeführt; sie ergab, daß die Gesamtzahl der Ordensangehörigen mindestens 30000 betrug, darunter 3350 Jesuiten. Die Frauenkongregationen umfaßten annähernd 128000 Personen, die etwa 16500 Mädchenschulen betreuten. Es gab dreimal mehr Religiosen als Weltpriester, und man stellte fest, daß diese Zahl ganz nah bei jener von 1765 lag, als die Zahl der Religiosen im 18. Jh. ihren Höhepunkt erreicht hatte. Die Mehrzahl der Kongregationen war nicht gesetzlich autorisiert[1]. So erklärt es sich, daß der Unterrichtsminister Jules Ferry am 15. März 1879 in seinen Gesetzentwurf über die Einführung des generell verbindlichen weltlichen Elementarunterrichts einen „Artikel 7" einfügte, der den nicht autorisierten Kongregationen jeglichen Unterricht verbot, und daß er die Durchführung dieses Verbots durch entsprechende Erlasse, zunächst gegen die Jesuiten, die im Juli 1880 ausgewiesen wurden, und im darauf folgenden November auch gegen die übrigen nicht autorisierten Männerkongregationen betrieb.

Der Kampf zwischen der Republik und der Kirche entzündete sich also am heftigsten an den Orden und am Schulwesen. Die Bischöfe ihrerseits eröffneten eine Kampagne gegen die am 28. März 1882 beschlossene Laisierung des Elementarunterrichts und gegen die Streichung von Besoldungen im Zusammenhang mit der Abschaffung der offiziellen Handbücher des öffentlichen Unterrichts (Louis Capéran). Aber auch in vielen anderen Bereichen wurden öffentliche religiöse Kundgebungen verboten oder streng reglementiert. Prozessionen, Predigten, Laienvereine, Gerichte, Hospitäler und Friedhöfe wurden überwacht, und die „Loi Naquet" über die Ehescheidung wurde nach langer Diskussion schließlich angenommen (19. 7. 1884); „mehr als 20 Gesetzesanträge", so ließen die Kardinäle von Rouen und Paris in feierlichen „Observations" (1. 6. 1882) feststellen, „waren zur Reglementierung des Kultes eingebracht worden". Der Bischofs-Abgeordnete Freppel, der die Rechte der Kirche dieser Gesetzgebung gegenüber einzeln vor dem Parlament verteidigte, schloß mit dem Ausruf: „Die Trennung, das ist Euer Ziel. Gestern die Trennung von Kirche und Schule, heute die Trennung von Pfarrei und Gemeinde, morgen oder übermorgen die Trennung von Kirche und Staat (lebhafter Applaus der Linken). Immer und überall Trennungen!"[2]

Das Ziel einer solchen Politik war in der Tat die Aufkündigung des Konkordats. Die Trennung war schon ein Hauptthema im Wahlkampf des Sommers 1881 gewesen, und bei der Zusammenlegung der Kammern hatte Paul Bert in diesem Sinne einen Entwurf eingebracht, der sich den Vorschlägen von vier Abgeordneten anschloß, die ebenfalls die Aufhebung des Konkordats verlangten. Die Verantwortlichen der republikanischen Politik scheuten sich jedoch immer noch, diesen äußersten Schritt zu tun. Besonders J. Ferry hielt an einer Konkordatspolitik fest, die er im Juni 1879 als eine „strenge Anwendung des Vertrags von 1801" bezeichnet hatte und die allem genügen und eine rigorose Verteidigung der Rechte des Staates sichern müsse.

Diese Zurückhaltung erklärt sich aus der Analyse der religionspolitischen Lage des Landes, wie sie aus den drei bedeutsamen Serien von Berichten[3] her-

[1] Im September 1880 hatte der Finanzminister eine Schätzung des Ordenseigentums durchgeführt, die jedoch mit 628 Millionen Francs stark übertrieben erschien.

[2] Chambre des Députés, Sitzung vom 5. Nov. 1883 (Journal Officiel 6. Nov.).

[3] Die Berichte werden in den Archives Nationales (F 19. 5610) aufbewahrt und wurden von

vorgeht, die in den Jahren 1879, 1881 und 1888 von den Präfekten und Oberstaatsanwälten angefordert wurden. Aus ihnen wurden die sehr deutlichen regionalen Unterschiede in der religiösen Praxis erkennbar: in den städtischen Gebieten, charakterisiert durch die wachsende Loslösung von der Kirche im Ausstrahlungsbereich von Paris, die sich nach dem Norden bis in die Normandie, die nördlichen und nordöstlichen Randgebiete des Zentralmassivs ausdehnte, und in den waldigen oder gebirgigen ländlichen Gebieten (Lyon und der Ostrand des Zentralmassivs, die savoyischen Alpen usw.), in denen auch weiterhin eine allgemeine religiöse Praxis vorherrschte. Die Berichte verzeichnen daneben auch eine stärkere Loslösungstendenz in den Randgebieten der Departements Yonne, Sâone-et-Loire und vor allem im Mittelmeerraum von Narbonne bis Nizza. Diese Loslösung betraf jedoch nur selten das religiöse Empfinden unmittelbar, und selbst in den am stärksten entchristlichten Gebieten, wie Haute-Vienne, bestand die religiöse Praxis weiter. Allgemein verbreitet jedoch war das Mißtrauen der Bauern gegen die Einmischungen der Priester im politischen und sozialen Bereich sowie gegen all das, was man als „Regierung der Pfarrer" bezeichnete. Selbst in den frömmsten Gebieten bestand dieses Mißtrauen. Es nahm zu je nach dem Grad, in dem sich der Klerus in seinen Äußerungen und seinem Verhalten als intransigent zeigte, im allgemeinen besonders in südlichen Gebieten. Die Berichte stellten häufig in der Umgebung der Bischofssitze – so in Toulouse – eine von derartig intransigenten und heftig antirepublikanischen Emotionen getragene Gesellschaftsschicht fest, in der Laienhonoratioren und Damen der Gesellschaft sich den Rang streitig machten. Diese Gruppen standen oft unter der Führung des jeweiligen Generalvikars, der allein auf Grund seines Alters schon über einen Großteil des Klerus eine Herrschaft ausübte, und konnten sich auch in den „Semaines religieuses" Gehör verschaffen[4]. Sie trachteten darnach, einen unmittelbaren Einfluß auf die Leitung der Diözesen auszuüben. Die einzige Autorität, der es möglich war, sich in diesen Kreisen Gehör zu verschaffen und die Opposition des Klerus zu dämpfen, war der Bischof, und zwar vor allem durch die ihm vom Konkordat eingeräumten Vollmachten. Dies war der Grund, weshalb die Regierung gerade der Person des Bischofs und der Rolle, die er als ausgleichender Faktor spielen konnte, eine besondere Bedeutung beimaß. Die Präfekten wiesen sehr nachdrücklich auf die Vorteile eines direkten Übereinkommens mit dem Bischof hin, durch das sich Zwischenfälle vermeiden ließen. Dies galt vor allem für den Südwesten, für Cahors, für die Länder mit starker protestantischer Minderheit (z. B. Nîmes)

L. Capéran, Histoire contemporaine de la laïcité française II (Paris 1959) 157 und *J. Gadille,* La pensée et l'action politiques des évêques français ... I (Paris 1967) 144 einer Analyse unterzogen. Siehe besonders die Karte in diesem Werk.

[4] Vgl. *H. Sempér,* Propagande et action catholiques dans la seconde moitié du XIXe s. et au début du XXe s.: „La Semaine religieuse de Toulouse", coll. „Publications de l'Université de Toulouse-Le-Mirail" (Toulouse 1973). *H. Taine,* Les Origines de la France contemporaine: *Le régime moderne* II (Paris 1894) 80.

und für die Gebirgsländer, wie die Hautes-Alpes, wo Msgr. Guilbert in Gap dem Klerus seine Ansichten über die Notwendigkeit einer von jedem politischen Anspruch freien religiösen Tätigkeit auferlegt hatte (1876). So ernannten die zuständigen Stellen der Republik systematisch für Diözesen, in denen die klerikale Opposition größere Ausmaße annehmen konnte, auf Ausgleich bedachte Bischöfe, wie z.B. Guilbert in Amiens, später in Bordeaux; Meignan in Arras, später in Tours. Die Berichte zeigen schließlich auch, daß neben Priestern, die wie in Mayenne stark unter dem Einfluß des Adels standen, beim niederen Klerus, vor allem in den westlichen Landesteilen, eine neue Priestergeneration heranwuchs, die konziliant und republikanisch gesinnt war, wie Abbé Frémont, jener bekannte Priester aus dem Poitou, dessen Tagebuch damals veröffentlicht wurde[5]. In den ärmsten Gebieten war die Intransigenz des Klerus gemildert durch die traditionelle Hochachtung vor der herrschenden Gewalt, in den Augen des Volkes Garant für einen geordneten Lebensunterhalt und für die Achtung der Person.

So war der Konkordatsvertrag auch weiterhin fest verwurzelt in der politischen Realität des Landes, in der fast allgemeinen Treue des Bauerntums zu seiner Religion und in dem Willen zur Zusammenarbeit seitens einer gewissen Schicht des hohen und niederen Klerus. Bei den Republikanern war man sich dieser Tatsache bewußt, vor allem in Präfektenkreisen, die der täglichen Wirklichkeit näher standen und die Forderungen der radikalen Kandidaten nach einer Trennung als utopisch verurteilten. „Einer unserer Abgeordneten, ein entschlossener Verfechter der Trennung, hat mir erklärt, er sei zu der Überzeugung gelangt, daß die Mehrzahl seiner Wähler dieser Trennung nicht zustimme...", schrieb dem Minister der Präfekt des Jura im Dezember 1885. Paul Cambon erwiderte Ernest Renan, der im November 1881 den Gedanken einer Trennung der beiden Gewalten in der modernen Gesellschaft entwickelt hatte, daß die Republik sich nicht dieses unerläßlichen Kontrollinstruments berauben dürfe, das ihr die Konkordatsbestimmungen in die Hand gaben: „Beherrschend oder beherrscht – es gibt keinen Mittelweg für die katholische Kirche", meinte Cambon[6].

Diese Gesinnung kam sehr deutlich in den Begründungen zum Ausdruck, die die Regierung vor der im Mai 1882 unter dem Vorsitz von Paul Bert gebildeten „Konkordatskommission" vorbrachte. Diese Kommission war mit der Überprüfung aller Vorschläge der extremen Linken zur Aufhebung des Konkordats betraut. Paul Bert selbst gab zu bedenken, daß der Klerus durch seinen gesellschaftlichen Einfluß schließlich sofort nach der Trennung doch wieder sein Vermögen und seine Aktionsmittel zurückgewinnen und seine Bitten um Unterstützung beim Volk verstärkt vorbringen würde, dessen Unzufriedenheit sich

[5] *A. Siegfried,* L'abbé Frémont (1852–1912), 2 Bde (Paris 1932).

[6] Präfekt des Jura mit Ministerbefugnis, 31. Dez. 1885 (Archives Nationales F 19. 2576). *Renan,* Corr. II (Paris 1924) 215–218 und *Cambon,* Corr. I (Paris 1905) 139–140.

dann leicht gegen die Republik wenden könnte; „damit hätte man alle Nachteile, aber keine Vorteile der Trennung". Es bestanden also aus jeweils verschiedenen Gründen Bedenken gegen die Trennung. Die Regierung verkündete vielmehr, daß sie jede neue Forderung nach einer Reduzierung des Kultusbudgets ablehne; sie ging sogar so weit, daß sie auch den von P. Bert vorgebrachten Zukunftsplan mißbilligte. Sie wollte das Konkordat dem Buchstaben und dem ihm innewohnenden Geist gemäß aufrechterhalten[7].

Man befand sich also in der paradoxen Lage, es mit zwei Mächten zu tun zu haben, die auf der Ebene der politischen und philosophischen Grundsätze zwar gegensätzlich, in der Praxis jedoch um eine Versöhnung bemüht waren. Im Gegensatz zu jenen Vertretern des republikanischen Staats wie auch der Kirche, die die Trennung für unvermeidlich hielten, hatten beide Parteien doch das gemeinsame Interesse, den Bruch so lange wie möglich zu vermeiden. So war also diese Verbindung nur eine zeitbedingte Annäherung auf dem Boden der Opportunitäten und Fakten – eine schwache Basis, die bedroht war, sobald die Konflikte stärker waren als der Wille zur Übereinkunft[8].

Die Aussöhnungspolitik in den Jahren 1878–1892

Die weitere Entwicklung in der Verbindung der beiden Mächte unterlag also Schwankungen, die einerseits von der französischen Innenpolitik, andererseits von den gegensätzlichen Einflüssen abhingen, die innerhalb der Kurie auf Leo XIII. einwirkten. In einem ersten Zeitabschnitt, der die Jahre 1878–1890 umfaßt, stand die Politik ganz im Zeichen der von beiden Seiten unternommenen Bemühungen, den Bruch zu vermeiden. Seitens der französischen Regierung und vor allem des Auswärtigen Amtes war man bemüht, im Staatssekretariat die Bedeutung der antiklerikalen Erklärungen und der Gesetzgebung der Mehrheit zu bagatellisieren. Die Politik, die in der eindeutigen Ablehnung der auf eine Trennung hinauslaufenden Wünsche eines Teils der Konkordatskommission zum Ausdruck kam, setzte sich auch bei jeder anderen Gelegenheit durch. Im Frühjahr und Sommer 1880 versuchte man, eine politische Loyalitätserklärung der Kongregationen zu veranlassen, die eine Einschränkung der Anwendung des Artikels 7 und damit eine Reduzierung der Landesverweise ermöglicht hätte. Nach der Verabschiedung des Gesetzes vom 28. März 1882 über den obligatorischen und laisierten Elementarunterricht gaben die Erklärungen von Jules Ferry der Neutralität der Schule eine Definition, in der die Gewissensfreiheit respektiert wurde. Die Regierung bemühte sich, die nach den Zwischenfällen um die Handbücher des staatlichen Unterrichts beschlossenen Besoldungs-

[7] Dazu vgl. *L. Capéran* a.a.O. III (Paris 1960) 135–141.

[8] Zur Kirchenpolitik zwischen 1891 und 1902 vgl. *J.-M. Larkin*, The Church and the French Concordat, 1891 to 1902: EHR (Okt. 1966) 717–739.

streichungen auf dem Verhandlungsweg zu regeln. Schließlich ergriff sie jede Gelegenheit, um zu betonen, welchen Preis sie für die Anschauung zu zahlen gedenke, daß ihre Außenpolitik der Verteidigung der katholischen Interessen diene; die Tätigkeit des Erzbischofs von Algier, Charles von Lavigerie, der 1882 zum Kardinal ernannt wurde, war bei seinem Wirken in Tunesien, im Vorderen Orient und in Schwarz-Afrika von dieser Perspektive bestimmt, woraus sich auch sein gleich großer Einfluß im Vatikan und am Quai d'Orsay erklärt.

Der Heilige Stuhl und die kirchliche Hierarchie waren darauf bedacht, die Verteidigung der Rechte der Kirche gegen die antiklerikalen Gesetze nicht zu einer offenen Opposition gegen die allgemeine Politik auswachsen zu lassen. In dieser Hinsicht sind die Bemühungen Leos XIII., die ultramontane Presse zu zügeln und ihr mit einer „liberalen" Presse ein Gegengewicht zu geben, sowie der Versuch, die Leitung der Kirche wieder enger an die verantwortliche Hierarchie zu binden, von großer Bedeutung. Der Papst nahm die Nuntien Czacki und di Rende bei jeder Gelegenheit gegen die Angriffe der intransigenten Katholiken in Schutz. Das gleiche tat er auch für jene Bischöfe, die sich für die Aussöhnungspolitik einsetzten, so für Msgr. Louis Édouard Pie und Henri Bellot des Minières[9], den Nachfolger von Kardinal Pie in Poitiers. Er gab den französischen Katholiken den Rat, nur dann Widerstand zu leisten, wenn es um Gewissensfragen ging. Damit schuf er die Voraussetzungen, um ernsthafte Streitfragen, wie die um das Schulwesen, die zu einem Bruch hätten führen können, auf dem Verhandlungsweg zu lösen.

Als die Wahl im Oktober 1885 eine günstige Gelegenheit für die Bildung einer großen katholischen Partei zu bieten schien, sprach sich Leo XIII. ablehnend aus, da die bekannten Aussprüche ihres Hauptbefürworters, A. de Mun (vgl. S. 209) dieser Partei zweifellos einen antirepublikanischen Stempel aufgedrückt hätten. Im Jahre 1889 glaubte der Papst, ermutigt durch die französische Innenpolitik und die internationale Lage, die Zeit für gekommen, um seine Politik der Versöhnung mit Frankreich zu einem guten Ende zu führen. Zwar wurde in diesem Jahr ein Gesetz erlassen, das die Seminaristen zu einem einjährigen Militärdienst verpflichtete, aber andererseits war es auch das Jahr des Scheiterns der Politik Boulangers und einer Waffenruhe in der Auseinandersetzung. In der Philosophie Henri Bergsons, „Les données immédiates de la conscience", und in der Literatur (E. M. de Vogüé und Paul Bourget) war es zu einer geistigen Erneuerung gekommen. Schließlich machte die Politik des engeren Zusammenschlusses der Dreierallianz eine Annäherung in der Sicht des Heiligen Stuhls noch dringlicher. Leo XIII. ließ sich von Msgr. Domenico Ferrata, den er im Juni 1891 zum Nuntius in Paris ernannte, einen eigenen Bericht über den Stand der Bemühungen geben. Zu einer Stellungnahme aufgerufen, erklärten sich die Kardinäle von Paris, Lyon und Rennes für nicht kompetent. Es bedurfte nicht weniger als fünf Vorsprachen, bis Kardinal Charles de Lavigerie im Oktober

[9] *J. B. Woodall,* Henri Bellot des Minières ...: CHR (1952).

1890 bereit war, ungeachtet der Gefahren, die ein solches Engagement für seine Missionswerke mit sich bringen konnte, eine Erklärung abzugeben. Als er am 12. November 1890 die Offiziere des Mittelmeergeschwaders in Algier empfing, brachte er einen Toast auf die französische Marine aus, in dem er den französischen Katholiken „die uneingeschränkte Bejahung der Republik" nahelegte und hinzufügte, man „könne sicher sein, von keiner autorisierten Seite her deswegen eine Mißbilligung erfahren zu müssen". Rom unterstützte diese Stellungnahme nur halboffiziell, und Leo XIII. ließ 15 Monate verstreichen, ehe er sich in seiner Enzyklika „Au milieu des sollicitudes" vom 17. Februar 1892, der ein Brief an die französischen Kardinäle vom 3. Mai 1891 vorausgegangen war, in dem gleichen Sinne äußerte. Diese Verzögerung erklärt sich zweifellos aus der kühlen Aufnahme, mit der die Führer des französischen Katholizismus der päpstlichen Haltung begegneten.

Der Begriff „Ralliement" hatte im Denken Leos XIII. und der französischen Katholiken eine unterschiedliche Bedeutung. Für den Papst handelte es sich im Sinne seiner „politischen" Enzykliken von 1881, 1885 und 1888 keinesfalls darum, die Republik zu „taufen", sondern vielmehr darum, diese Regierung als Instrument zur Rechristianisierung der Gesetzgebung und der gesellschaftlichen Institutionen zu akzeptieren. Es ging für ihn auch nicht darum, eine katholische Partei zu gründen, sondern die Katholiken aller Strömungen und die Republikaner in einem umfassenden konservativen Bündnis zusammenzuführen. Dieses Bündnis sollte in seiner Wählerschaft und mit der parlamentarischen Macht, die es darstellte, zur Rechristianisierung beitragen. Eine solche Konzeption war jedoch für die Mehrzahl der Bischöfe und der führenden Laienvertreter der katholischen Öffentlichkeit schwer annehmbar. Die Tradition der „religiösen Defensive", der sie verhaftet waren, trieb sie vielmehr zur Bildung einer katholischen Partei. In ihr sollten sich in der gemeinsamen Sorge um die Verteidigung der Kirche alle diejenigen zusammenschließen, die nicht so schnell bereit waren, ihre antirepublikanische Haltung aufzugeben, aus der sie die Kraft für ihr Handeln schöpften. Dieser Haltung entsprang die „Union de la France chrétienne", die im April 1891 von Charles Chesnelong, Lucien Brun und Émile Keller gegründet wurde und die dem Erzbischof von Alger, Charles de Lavigerie, die Nachfolge verweigerte.

In der katholischen Öffentlichkeit machte sich jedoch auch immer mehr ein Druck zugunsten der Politik des „Toasts" bemerkbar. Einige Bischöfe, wie z.B. Kardinal Adolphe Perraud, hatten bereits eine solche Stellung bezogen, und einige Zeitungen sowie einzelne Gruppen in Paris und Bordeaux arbeiteten auf eine Versöhnung hin. Vor allem das Erscheinen von „Rerum novarum" leitete einen Wandel in der politischen Haltung der Katholiken ein. Die Resonanz, die diese Enzyklika fand, erklärt sich aus dem Vorhandensein von Gruppen, die sich bereits vor Jahren gebildet hatten und die den gleichen Weg sozialer Aktivität beschreiten wollten. Zu ihnen gehörte auch die „Association Catholique de la jeunesse française" (ACJF), die unter der Leitung von A. de Mun auch einen Teil der Aristokratie zu begeistern vermochte, und vor allem die seit 1887 von der Zeitung „La Croix“ gebildeten Komitees. Fast 700 dieser Komitees wurden 1891 unter einem Pariser Generalsekretariat zusammengefaßt. Mit Hilfe dieser Komitees weckte Abbé Théodore Garnier das Interesse der katholischen Öffentlichkeit für das Los der Arbeiter und Bauern und schuf die Grundlagen zu jener Vereinigung, die sich 1892 als „Union Nationale“ konstituierte. In dieser Zeit gründeten Katholiken wie Émile Duport und Louis Durand in der Gegend von Lyon ein Genossenschaftswesen für Bauern.

Die Durchführung und das Scheitern der Aussöhnung (1892–1899)

Zu dem Zeitpunkt, als Leo XIII. zu den Vorgängen in Frankreich Stellung nahm, war die Stimmung in der katholischen Öffentlichkeit aus den bekannten Gründen versöhnlicher geworden. Der intransigente Flügel der Zeitung „L'Univers“ trennte sich ab und gründete die Zeitung „La Vérité“. Am 12. Mai 1892 löste die Assemblée des Catholiques die „Union de la France chrétienne“ auf. Zwei ihrer bedeutendsten Führer, Albert de Mun und Armand Mackau, schlossen sich, ungeachtet der Kritik ihrer Freunde von der monarchistischen Rechten, dem „Ralliement“ an. Die Mäßigung dieser Mahner während der Panama- und Anarchistenkrise wurde von den Republikanern mit Genugtuung aufgenommen, und sie gaben dieser Politik öffentlich ihre Zustimmung. Alles schien darauf hinzuweisen, daß die Aussöhnung bei den Wahlen im August 1893 durch die Stimme des Volkes besiegelt würde.

Diese Wahlen erwiesen sich jedoch als ein Mißerfolg. Nur etwa 30 Anhänger des „Ralliement“ wurden gewählt, und unter ihnen befand sich nicht einer der katholischen Führer, die mutig ihre Überzeugung zum Ausdruck gebracht hatten. Der Grund dafür ist darin zu suchen, daß es ihnen nicht gelungen war, sich auf parlamentarischer Ebene zu einigen, um im Wahlkampf eine „gemeinsame Front“ zu bilden. Schon vor A. de Mun hatte ein Abgeordneter von Anjou, Jacques Piou, die Aussöhnung in ihrer umfassendsten Form konzipiert, indem er ihr die Bezeichnung „Konstitutionelle Rechte“ gab. Aber A. de Mun, Leiter der ACJF, wollte vor allem den gemeinsamen Nenner des Katholizismus im verfassungsmäßigen Engagement des „Ralliement“ betonen und stellte der ACJF die „Katholische Liga“ gegenüber. Ein anderer Abgeordneter, Étienne Lamy, schließlich propagierte mit der Unterstützung mehrerer liberaler Katholiken vor allem im Südwesten des Landes mit der „Ligue catholique“ eine Öffnung zu den gemäßigten Republikanern hin. Zwischen diesen drei Gruppen kam es zu keinerlei Wahlbündnis, und auch nach den Wahlen konnte kein Verbindungsorgan den Zusammenhalt zwischen den verschiedenen Gruppen des „Ralliement“ gewährleisten. Sie spalteten sich und verteilten sich auf die verschiedenen Fraktionen der Kammer und wurden schließlich, da ihre Führer nicht der Kammer angehörten, in ihrer Hilflosigkeit von der gemäßigten Mehrheit aufgesogen, die sich zur Zeit des Ministers Jules Méline einer weitgehenden Beständigkeit erfreute. „Wir hätten eines französischen Windthorst bedurft", stellte Lecanuet fest.

Nach dem Scheitern des Versuchs von 1893 bestand keine Hoffnung mehr auf den Erfolg einer Politik, die auf einen parlamentarischen Zusammenschluß hinzielte. Damit begann eine zweite Phase, in der sich im Blick auf die bevorstehenden Wahlen von 1898 die Aussöhnung auf der Ebene der öffentlichen Meinung abspielen sollte. Diese Phase war in der Tat die große Zeit der „zweiten christlichen Demokratie". Träger war eine Gruppe junger Kleriker, die sich um die Schaffung neuer Möglichkeiten des seelsorglichen Wirkens bemühten (Abbé Charles Calippe; Klerikerkongresse von Reims 1896 und Bourges 1900). Sie erkannten auch die politische Ausstrahlungskraft ihres apostolischen Engagements. Als Früchte ihres Wirkens sind zu nennen die Abhaltung von Kongressen der christlichen Demokraten, deren erster im Mai 1893 in Reims stattfand, und die Gründung von Zeitungen wie „La Justice sociale" des Abbé Paul Naudet in Bordeaux, „Le Peuple français" des Abbé Théodore Garnier, „La Démocratie chrétienne", die unter der Leitung des Abbé Paul Six bis Ende 1908 erschien. Im September 1893 war im Bezirk Hazebrouck (Norden) einer dieser demokratischen Geistlichen, Jules Auguste Lemire, durch Wahl an die Stelle eines angesehenen Katholiken getreten. Diese Wahl war beispielhaft für das Erwachen des republikanischen Bewußtseins eines Großteils des Klerus und der Bauern dieses von christlicher Gläubigkeit geprägten Gebietes[10]. Lemire wurde durch dieses Abgeordnetenmandat zum Führer der christlichen Demokraten, obschon diese Bewegung aus einer Folge von Einzelinitiativen hervorgegangen war, die weder von einem großen Koordinatswillen noch von einer starken Unterstützung durch den Episkopat getragen waren. Ihre Zentren befanden sich im Norden, wo eine Verbindung zu der belgischen katholischen Sozialbewegung bestand, und im Gebiet von Lyon im Umkreis der „Chronique du Sud-Est" (V. Berne, M. Gonin, L. Crétinon). Der Einfluß dieser Zeitung erstreckte sich über die Departements Ain, Loire, Ardèche und wirkte bis in das Mittelmeergebiet hinein, wo Abbé Sahut in Montpellier eine Zeitung mit dem bezeichnenden Titel „La sociologie catholique" gründete[11]. Ein weiteres aktives Zentrum bestand in der Gegend um Bordeaux. Von 1894 bis 1898 fanden in Reims, Paris und Lyon jährliche Kongresse statt, bei denen die Vertreter des jungen Klerus und des Kleinbürgertums sich trafen. Parallel dazu und häufig auch in Verbindung mit den christlichen Demokraten erreichten die Lokalausschüsse der Zeitung

[10] *J.-M. Mayeur*, Un prêtre démocrate, l'abbé Lemire (1853–1928) (Paris 1968) 133. Diese Wahl muß im Zusammenhang gesehen werden mit jener des Abbé Hippolyte Gayraud, der 1897 in der Bretagne, diesem anderen vom christlichen Geist bestimmten Land, gewählt wurde. Die Wahl Gayrauds war noch aufsehenerregender, da er mit einem Mitglied des hohen Klerus, Msgr. Maurice d'Hulst, in Wettbewerb trat. Die Wahl wurde nach einer Ungültigkeitserklärung bestätigt.

[11] *G. Cholvy*, Géographie religieuse de l'Hérault contemporain (Paris 1968) 386.

„La Croix", deren Inhaber die Assumptionisten waren, mit 3000 lokalen Zellen im Jahr 1895 ihre höchste Entfaltung. Die große Zahl der Lokalausgaben der „La Croix" (ca. 100 im Jahr 1897) und die weite Verbreitung, die ihr eine Gesamtauflage von nahezu 700000 Exemplaren sicherte, machten dieses Presseorgan zu einer bedeutenden Stütze für diese Komitees. „La Croix" erreichte auch die mittleren Schichten, vor allem aber das Kleinbürgertum, die Arbeiterschaft und die Landbevölkerung. Unter der gleichen Begründung wie die christlichen Demokraten und wie gleichzeitig auch die ACJF drängten die Mitglieder dieser Komitees auf ein eindeutigeres politisches Engagement. Auf einem 1895 abgehaltenen Kongreß wurde ein Wahlkommitee der „La Croix" mit dem Namen „Comité Justice-Égalité" gebildet.

Nun gründeten die Kongresse der christlichen Demokraten ihrerseits in Reims (1896) und Lyon (1897) eine Wahlföderation. Es handelte sich schließlich darum, alle jene Gruppen, die seit 1890 stark angewachsen waren, zu organisieren und sie unter Beibehaltung einer gewissen Autonomie einer Gesamtleitung zu unterstellen. Der Mann, der diese Leitung übernahm, war E. Lamy; ihn hatte Kardinal Rampolla im März 1896 um die Übernahme dieser Aufgabe ersucht. Bedauerlicherweise waren aber der Einfluß des „Comité Justice-Égalité" und die Autorität der Assumptionisten, die die „Bonne Presse" kontrollierten, weit stärker, und die Wahlföderation der Demokraten vermochte nicht, die Katholiken dahin zu bringen, daß sie sich hinter ihr Programm zur Unterstützung eines aussichtsreichen gemäßigten Republikaners stellten. Im Gegenteil, oft bekämpften sich die politischen Richtungen der Katholiken, woraus schließlich ein radikaler Kandidat Nutzen zog. Lamy selbst ließ sich nicht aufstellen, da sich für ihn als Kandidat kein Wahlkreis gefunden hätte. Die Wahlen vom Mai 1898 ergaben daher für das „Ralliement" den gleichen Mißerfolg wie jene von 1893. Zwar war die Zahl der gewählten Vertreter des „Ralliement" nun größer (76), aber die Mehrheit der „Gemäßigten" nahm entsprechend ab. Diese Tatsache bestätigte sich am 14. Juni des folgenden Jahres, als es mit Hilfe einer Mehrheit gelang, die Vertreter des „Ralliement" fortan aus der Regierungskoalition auszuschließen. Die folgenden Monate brachten das Ende der Föderation und den Untergang der „Christlichen Demokratie" in Frankreich.

Sehr zum Nachteil für den „neuen Geist" bestanden auch weiterhin zwischen Katholiken und Republikanern erhebliche Spannungsherde. Sie wurden bei den Lesern der Zeitung „La Croix" mit Leidenschaftlichkeit genährt. Es ging dabei um zwei Punkte. Erstens hatte die Regierung Alexandre Ribot den Kongregationen eine Zusatzsteuer, das sog. „Abonnement", auferlegt, was eine Welle des Protestes heraufbeschwor. Vor allem aber war es, wie L. Capéran aufgezeigt hat, der Antisemitismus, der die Masse der Katholiken gegen die Republik aufbrachte. Édouard Drumont warf ihr vor, sie befinde sich in den Händen einer „jüdisch-freimaurerischen" Verschwörung, die sich in die höheren Ränge der Armee einschleiche und dadurch sowohl die religiösen Werte als auch die nationale Integrität bedrohe. Damit hing es auch zusammen, daß 1898 die Revision des Urteils gegen den jüdischen Hauptmann Dreyfus, Attaché im Kriegsministerium, der – fälschlicherweise angeklagt, Militärgeheimnisse an Deutschland ausgeliefert zu haben – 1894 zu lebenslänglicher Deportation verurteilt worden war, eine solche Beachtung in der Öffentlichkeit fand. Wohl übte der Episkopat in dieser Affäre bemerkenswerte Zurückhaltung; das gleiche kann jedoch nicht vom niederen Klerus und von der Masse der Katholiken behauptet werden, unter denen nur eine kleine Minderheit sich mutig als „dreyfusards" bekannte. Neuere Untersuchungen haben gezeigt, daß die Artikel Édouard Drumonts in der Zeitung „Libre Parole" in katholischen Kreisen einen unbestreitbaren Widerhall fanden und daß der Antisemitismus der Zeitung „La Croix" zwar anderer Natur, jedoch nicht weniger real war; die Zeitung ergriff bedingungslos Partei für die Armee, als es 1899 zu hitzigen Debatten um den Prozeß des Gerichtshofs von Rennes kam. Selbst innerhalb der Christ-Demokraten war der Antisemitismus stark vertreten. Sogar Leute wie Abbé Hippolyte Gayraud bekannten sich dazu, und auch die Tagesordnungen der Kongresse trugen eindeutig den Stempel einer übersteigerten Einschätzung des nationalen Denkens und der Verurteilung der „antifranzösischen und antichristlichen jüdischen Machenschaften". Ein Beweis dafür ist, daß Kardinal Pierre Coullié, der Erzbischof von Lyon, anläßlich der 1896 und 1897 in Lyon stattfindenden Kongresse seinen Klerus vor derartigen in seinen Augen dem christlichen Geist widerstrebenden Programmformulierungen warnte und selber von einer Teilnahme Abstand nahm.

Die nationalistischen Ausschreitungen richteten sich im Frühjahr 1899 gegen die Person des Präsidenten Émile Loubet, nicht unerwartet, nachdem sich im Parlament eine Koalition gebildet hatte, deren antiklerikales Programm gegen die Kongregationen gerichtet war. Es war die Parole von der „republikanischen Konzentration", die am 26. Juni Pierre Waldeck-Rousseau eine Mehrheit einbrachte. Ihre republikanischen Führer zögerten nicht, die Verantwortung für das Urteil, das im August die Freisprechung Dreyfus' verhindert und nur zu einer Reduzierung der Strafe geführt hatte, den Machenschaften der Katholiken zuzuschieben. Im November wurden die Häuser der Assumptionisten in Paris und die Räumlichkeiten der Zeitung „La Croix" einer Hausdurchsuchung unterzogen. Die Auflösung der Assumptionisten nach einem Prozeß der Strafkammer und die von Leo XIII. erlassene Entscheidung, ihnen die Leitung der „Bonne Presse" zu entziehen, müssen im Zusammenhang mit dem Einfluß gesehen werden, den sie in den 10 vorhergegangenen Jahren hatten. Die Assumptionisten waren die erste Kongregation, die von den Maßnahmen, die schließlich zur Trennung von Kirche und Staat führten, betroffen waren.

Die Republik kehrte nun wieder zu ihrer Politik der Verfolgung zurück, die sie in den Augen der allgemeinen katholischen Öffentlichkeit nie ganz aufgegeben hatte. Es stellt sich die Frage, ob der französische Katholizismus in seiner Mehrheit jemals wirklich zu einer Aussöhnung bereit gewesen war. Die antisemitische Welle und die entsprechende Pressepropaganda lassen jedenfalls den Schluß zu, daß an dem Scheitern der Aussöhnungsbestrebungen die katholische Bevölkerung selber einen entscheidenden Anteil hatte, indem sie bei den Komitees und der Verwaltung der Republikaner einen antiklerikalen Affekt hervorrief.

7. Kapitel

Auf dem Weg zum Konservativismus: Belgien, Niederlande und Luxemburg

QUELLEN: Pastoralbriefe der Bischöfe (Sachregister): Lettres pastorales des évêques de Belgique 1800–1950, IV 1868–1883, V 1883–1906, VI 1906–1926 (Brüssel o. J.); Akten der Kongresse der Katholiken in Lüttich 1887, 1889, 1890 und in Mecheln 1891 und 1909; *Ch. Woeste,* Mémoires I–II (Brüssel 1927/33); *ders.,* Échos des luttes contemporaines, 2 Bde (Brüssel 1906); *A. Verhaegen,* 25 années d'action sociale (Brüssel o. J.); *A. Vermeersch,* Manuel social. La législation et les œuvres en Belgique (Louvain 1900).

LITERATUR: Belgien: HKG VI/1, XXVI und 714; *C. Doset* (Hrsg.), Un siècle de l'Église en Belgique, 2 Bde (Courtrai 1934); *A. de Moreau,* L'Église en Belgique (Brüssel 1945) 239–263; *P. van Zuylen,* La Belgique et le Vatican en 1879: Revue générale Belge (1954) 1707–1734 1901–1915 2065–2081, (1955) 67–86; *A. Simon,* La liberté de l'enseignement (Brüssel 1952); *M. Becqué,* Le Cardinal Dechamps, 2 Bde (Löwen 1956); *J. Muyldermans,* Cardinal Goossens (Mecheln 1922); *A. Simon,* Cardinal D. Mercier (Brüssel 1960); *L. De Raeymaeker,* Le Cardinal Mercier et l'Institut Supérieur de Philosophie de Louvain (Löwen 1952); *R. Reszohazy,* Origines et formation du catholicisme social en Belgique. 1842–1909 (Brüssel 1958); *P. Gérin,* Les origines de la démocratie chrétienne à Liège, 2 Bde (Brüssel 1958/59); *L. de Saint-Moulin,* Contribution à l'histoire de la déchristianisation. La pratique religieuse à Seraing depuis 1830: Annuaire d'histoire liégeoise 10 (1967) 33–126; *W. Rombauts,* Het Paasverzuim in het bisdom Brugge (Louvain-Paris 1971); *F. Petri,* Belgien, Niederlande, Luxemburg (1867–1918): *Th. Schieder* (Hrsg.), Hdb. der europ. Geschichte VI (Stuttgart 1968) 465–493. – Niederlande: *L. J. Rogier,* Katholieke Herleving, Geschiedenis van Katholiek Nederland sinds 1853 ('s-Gravenhage 1957) 276–348; *G. Brom,* Herleving van de wetenschap in Katholiek Nederland (Den Haag 1930); *I. Witlox,* H. Schaepman, 3 Bde (1960); *G. Brom,* Fr. Ariëns, 2 Bde (1941); *J. Colsen,* P. Poels (1955). – Luxemburg: *E. Donckel,* Die Kirche in Luxemburg von den Anfängen bis zur Gegenwart (Luxemburg 1950).

Der Katholizismus in Belgien hatte sich um die Jahrhundertmitte dank der Verfassung von 1831 so intensiv entfalten können, daß sich auf dem klassischen Kampffeld mit dem Liberalismus, im Schulwesen, das Land als ein praktisch katholisches Land darstellte. Diese vom liberalen Text abweichende Verfassungswirklichkeit war jedoch in dem Maße gefährdet, in dem einerseits die kirchlichen Kreise die politische Ordnung als bloße Gelegenheit betrachteten, und andererseits die Liberalen die Zeit des gemeinsamen Widerstandes gegen die niederländische Monarchie vergaßen und mit einem wachsenden Antiklerikalismus reagierten. Auch zeigten sich beträchtliche Unterschiede der religiösen Praxis zwischen den agrarischen und den frühindustriellen, zwischen den flämischen und den wallonischen Sprachgebieten[1]. Die radikalliberale Regierung Rogier - Frère-Orban (1857–70) konnte gestürzt werden, weil die von Laien organisierte kraftvolle katholische Kongreßbewegung auch politisch umgesetzt werden und die neuen innerkatholischen Gegensätze in der Verfassungsfrage vorübergehend überbrücken konnte[2].

Aber der Konflikt spitzte sich weiter zu. Zentrum der katholischen Verfassungsgegner war der Wirtschaftswissenschaftler Charles Périn (1815–1905) in Löwen, der im ökonomischen Bereich eine Mischung aus Liberalismus und moralischer Patronage vertrat[3] und stark auf den Kreis um Bischof Freppel in Angers einwirkte. Von van Humbeeck, der in der 1878 an die Macht gekommenen radikalliberalen Regierung Frère-Orban Kultusminister war, stammt das Wort: „Un cadavre est sur la terre, il barre la route au progrès... le cadavre du passé – c'est le catholicisme.“[4] Papst Leo XIII., der die belgischen Verhältnisse aus der Zeit seiner Nuntiatur (1843–46) kannte, meinte bei seinem Amtsantritt noch, es könne in Belgien der Frieden gewahrt werden, und versucht auch noch nach dem Juni 1878 (liberaler Wahlerfolg) eine Verschärfung der Lage zu verhindern, indem er zum Respekt vor der Verfassung mahnte. Eine Gratulation des Staatssekretärs Nina zum 25jährigen Jubiläum der Zeitung „Le Bien Public“ (seit 1853), die einen intransigent ultramontanen Kurs verfolgte, wurde gegen die päpstliche Politik ausgespielt und mußte interpretiert werden[5]. Ein Hirtenbrief des belgischen Episkopates im Dezember, in sehr scharfer Tonart gehalten, die nicht zuletzt der kämpferischen Gesinnung des Erzbischofs von Mecheln, Victor-Auguste Dechamps (seit 1867 Erzbischof, seit 1875 Kardinal), entsprach, der auch in den deutschen Kulturkampf eingegriffen hatte[6], stand im Widerspruch zur Intention Leos XIII. Am 10. Juli 1879 wurde das Gesetz über die religionslosen Elementarschulen erlassen, dem 1881 ein Gesetz über staatliche Gymnasien und Mittelschulen folgte. Die belgischen Bischöfe exkommunizierten jene Eltern, die ihre Kinder in die öffentlichen Grundschulen schickten, ebenso die Lehrer, die dort unterrichteten. Vergeblich erstrebte der Papst eine Mäßigung. Ein päpstliches Schreiben an Dechamps vom 2. April 1880 anerkannte schließlich die Haltung des Episkopates, den Leo XIII. nicht desavouieren konnte. Da er aber dem belgischen Vatikanbotschafter eine Vermittlung zugesagt hatte, hielt sich die Regierung für getäuscht und brach die diplomatischen Beziehungen im Juni 1880 ab.

[1] HKG VI/1 360–365.

[2] HKG VI/1 714–718.

[3] „Der Arbeiter ist Bruder in Jesus Christus, den Gott dem Arbeitgeber anvertraut hat“: *Ch. Périn,* Die Lehren der Nationalökonomie seit einem Jahrhundert (dt. Freiburg 1882) 277. – *M. Becqué – A. Louant,* Le dossier „Rome et Louvain“ de Charles Périn (mit biograph. Skizze): RHE 50 (1955) 36–124. Vgl. Kap. 12, S. 207.

[4] Zitiert bei *F. Petri* a.a.O. 476.

[5] *Schmidlin PG* II 437; vgl. HKG VI/1 745.

[6] HKG VI/1 778 786 788f.

Die Schulgesetze waren ein glatter Mißerfolg, besonders in Flandern. Bereits Ende 1880 gingen 580680 Kinder in die freien katholischen Schulen und nur 333401 in die öffentlichen Schulen, die vergeblich vermehrt wurden. Die kirchlichen Sanktionen gegen das kommunale Schulwesen konnten in aller Regel mit einem religiös begründeten Gehorsam und mit der Opferbereitschaft (Absetzung von Beamten) rechnen. Auch schimpften die Leute über die finanziellen Belastungen, die eine Folge der weithin arationalen staatlichen Schulpolitik waren[7]. Am 10. Juni 1884 erlitten die Liberalen eine verheerende, für lange Zeit bestimmende Niederlage in der Wahl. Der Kultusminister Ch. Woeste versuchte am 20. September 1884 eine weitgehende Revision des Schulgesetzes von 1879; aber Ministerpräsident Beernaert (1884–94) schlichtete den Streit, der die belgische Öffentlichkeit schwer erschüttert hatte, durch einen Kompromiß[8].

Im Februar 1885 schickte die belgische Regierung einen außerordentlichen Gesandten an den Vatikan, und im Mai kam Domenico Ferrata, der sich in der Schweiz diplomatische Verdienste erworben hatte, in sehr diskreter Weise als Nuntius nach Brüssel. Schon am 21. Juni konnte er beim Tedeum anläßlich des Jahrestages des belgischen Königtums als Doyen des diplomatischen Korps fungieren. Er präludierte den berühmten Toast Lavigeries durch einen Toast auf das Königspaar beim Eisenbahnjubiläum, mit dem Beifall der Liberalen, die 1886 der Etatisierung der Vatikanbotschaft zustimmten[9]. Die Behandlung von zwei kirchenrechtlichen Fragen während der Nuntiaturzeit Ferratas (bis 1889) ist exemplarisch für den leoninischen Pragmatismus. Die liberale Regierung Frère-Orban hatte 1879 die Konfessionalität der Kirchhöfe aufgehoben; da Beernaert zögerte, dies zu ändern, empfahl der Papst seinem Nuntius, sich zurückzuhalten[10]. Heikler war der Umstand, daß das Heilige Offizium den katholischen Richtern in Frankreich 1886 über den französischen Episkopat auferlegt hatte, auch unter Amtsverzicht bei der 1884 wieder eingeführten Ehescheidung nicht mitzuwirken. Als das Nachbarland Belgien, wo die Ehescheidung seit 1809 ununterbrochen eingeführt war, hierdurch beunruhigt wurde, vermittelte Ferrata die Auskunft, die an die französischen Bischöfe ergangene Weisung gelte nicht für Belgien[11].

Es wurde im Hinblick auf Belgien bemerkt, die Differenzen zwischen dem liberalen und dem sozialen Katholizismus seien nicht so generell, wie es den Anschein hat; die Verspätung der sozialen Aktivität hänge vielmehr mit der

[7] *F. Petri* a.a.O. 477, mit Lit.

[8] Die kommunalen Behörden wurden ermächtigt, die katholischen Schulen voll anzuerkennen („angenommene Schulen") und auch über den Religionsunterricht an den öffentlichen Schulen zu entscheiden (jedoch wurde den Familienvätern zugestanden, ihre Kinder davon abzumelden). Die Lehrerausbildung war nicht mehr an die staatlichen Seminare gebunden.

[9] *Stutz* 46–54.

[10] Als der Nachfolger von Dechamps († 1883), Erzbischof Pierre-Lambert Goossens von Mecheln (seit 1889 Kardinal), in Rom in dieser Sache anfragte, wurde ihm eine kirchenrechtliche Auskunft gegeben, aber praktische Toleranz nahegelegt.

[11] *Ferrata,* Mémoires I 334ff.

Lamennais-Krise des katholischen Liberalismus in Belgien zusammen[12]. In der Tat war es Ch. Périn, ein politisch Antiliberaler, der mit seinem moralisch moderierten ökonomischen Liberalismus die Notwendigkeit einer Zuständereform verdeckt hatte, die dann erst von den katholischen Demokraten angegangen wurde. Das katholische Bürgertum war lebhaft engagiert an dem enormen industriellen Aufschwung Belgiens seit den sechziger Jahren, der wegen der europäischen Schutzzollpolitik seit 1880 nur mit ökonomischer Konzentration fortgesetzt werden konnte. Deshalb stieß der um das Land verdiente König Leopold II. auf starke Widerstände, als er im Rahmen seiner Militärpolitik die allgemeine Wehrpflicht einführen wollte, weil er mit einer Wiederholung des Glückes im Krieg von 1870 nicht rechnete. Der gesellschaftspolitische Aspekt bestand darin, daß sich damals jedermann vom Militärdienst durch die Finanzierung eines Ersatzmannes befreien konnte, was natürlich einem Arbeiter oder kleinen Handwerker nicht möglich war. Bezeichnenderweise scheiterte die Gesetzesvorlage von 1887 vor allem an den katholischen Konservativen, die im Episkopat Deckung fanden, weil man die Aufhebung der Dienstfreiheit des Klerus befürchtete. Im Unterschied zur Berliner Septennatsfrage im gleichen Jahr verhielt sich Leo XIII. gegenüber der Bitte des belgischen Königs um Intervention reserviert, obwohl er die Ansicht des Episkopats nicht teilte[13].

Auch die stufenweise Beseitigung des Zensuswahlrechtes mußte gegen die katholischen Konservativen und die mit ihnen darin verbündeten Liberalen der Art von Frère-Orban durchgesetzt werden. Die Vorkämpfer waren neben den jüngeren Liberalen vor allem die Sozialisten, deren Demonstrationen die von der Katholischen Partei beherrschte Regierung dazu zwang, 1893 ein (noch eingeschränktes) allgemeines Wahlrecht einzuführen[14]. Was die Konservativen nicht erwartet hatten: die Nutznießer waren, insbesondere im flämischen Sprachgebiet, weniger die Sozialisten als die Katholiken.

Das nicht mehr zu überhörende Signal für eine Sozialreform (ungewöhnlich niedrige Löhne, lange Arbeitszeiten) war der von Lüttich ausgehende Generalstreik vom 18. März 1886, Erinnerung an den Pariser Kommuneaufstand von 1871. Es kam zu Gewalttätigkeiten und zum Einsatz des Militärs unter General van der Smissen. Die Regierung Beernaert war nun gezwungen, gegen den von Charles Woeste, einem intransigenten Konvertiten, angeführten rechtsextremen Flügel Reformgesetze auszuarbeiten. Lüttich wurde auch zum Zentrum der katholischen Sozialbewegung, in der man einsah, daß der traditionelle Paternalismus, zumal er oft genug verbal geblieben war, der wachsenden industriellen

[12] „Social Catholicism and Liberal Catholicism are not so opposed to each other as they have often pretended to be"; *Henri Haag: J. N. Moody* (Ed.), Church and Society (New York 1953) 294f.

[13] *Ferrata,* Mémoires I 334ff; *Stutz* 51ff; *H. Pirenne,* Histoire de Belgique VII (1932) 221 309f; *F. Petri* a.a.O. 471f. Zur Septennatsfrage: S. 74.

[14] Die Zahl der Stimmberechtigten stieg dadurch von 137000 auf 1370000; *F. Petri* a.a.O. 478.

Gesellschaft nicht entspricht. Einen frühen Vorstoß hatte 1871 der katholische Industrielle Gustave de Jaer unternommen, der sich aber in der politisch führenden Schicht des belgischen Katholizismus nicht durchsetzen konnte[15]. Im ostflandrischen Gent hatte sich 1875 eine Gruppe junger Arbeiter zusammengetan, aus der die „Antisozialistische Liga" entstand, 1911 eine Organisation mit 135 Angestellten, einer eigenen Tageszeitung und leistungskräftigen Sozialeinrichtungen. Die Sozialisten sahen in dieser Organisation einen Bruch der Klassensolidarität, und es kam zu Zusammenstößen. Zu den ersten katholischen Arbeiterführern, die selbst dem Arbeiterstand angehören, zählt der Genter Weber Léon Bruggeman, der zusammen mit Druckereiarbeitern 1882 eine christlich orientierte Gewerkschaft gründete[16]. In den Jahren 1886 und 1887 fanden in Lüttich, begünstigt von Bischof Doutreloux, einem gütigen Priester, der aber keine Kampfnatur war, die beiden ersten sozialpolitischen Kongresse statt. Charles Woeste bezeichnete diese Veranstaltungen als „exagérations"[17], schätzte sie aber insofern als Opposition richtig ein, als man in Lüttich sehr viel realistischer als in Frankreich dachte. Ein Mittelpunkt war dort Abbé A. Pottier, sowohl Theoretiker wie ein Mann der Praxis, der sich aber 1898 aus den internen Konflikten nach Rom zurückzog[18]. Lebhaft ging es auf dem dritten Lütticher Kongreß (1890) zu, der unter starker internationaler Beteiligung stattfand (vgl. Seite 215). Im Mittelpunkt der Diskussion standen die allenthalben umstrittene staatliche Intervention, die Woeste als „Césarisme" anprangerte, und die ebenso heikle Frage, ob Arbeitgeber und Arbeitnehmer gemeinsame oder getrennte Institutionen bilden sollen. Gerade diese Frage trennte den belgischen Katholizismus wiederum in zwei sich heftig befehdende Gruppen. Ohne eine eigene Parteibildung anzustreben, schlossen sich auf Initiative des Löwener Professors G. Helleputte (1852–1925) und des Ingenieurs A. Verhaegen (1847–1917), der aus der Arbeit in den Vinzenzkonferenzen kam, 1891 die etwa hundert katholischen Arbeitervereine zur „Ligue Démocratique Belge" zusammen. Zwar ist es wohl eine polemische Übertreibung, wenn man Charles Woeste nachsagte, er interessiere sich für nichts als für die Vermehrung des staatlichen Budgets zugunsten der Kirche und die öffentliche Unterstützung der katholischen Schulen[19]. Aber ohne Zweifel war die Herrschaft des Parti Catholique bis zum 1. Weltkrieg von starken Interessen des bürgerlichen Katholischen Klubs bestimmt, gegen die sich die christlichsozialen Kräfte nur mühsam zur

[15] *M. Vaussard,* Histoire de la Démocratie chrétienne (Paris 1956) 143; über den Paternalismus in Belgien *R. Reszohazy* a.a.O. 47–98; zu de Jaer ebd. 70.

[16] *M. P. Fogarty,* Christian Democracy in Western Europe (London 1957, dt. Freiburg i. Br. 1959) 218ff.

[17] *Vaussard* 143; die politischen Gegensätze im belgischen Katholizismus von Ch. Woeste am äußersten rechten Flügel bis zu A. Daens werden von *R. Reszohazy* a.a.O. 201–286 mit großer Sachlichkeit dargestellt.

[18] *Ch. Cardolle,* Un précurseur, un docteur, un pionnier social: Msgr. Pottier (Brüssel 1951).

[19] *M. P. Fogarty* a.a.O. 364.

Geltung bringen konnten, zumal sie selbst oft genug uneinig waren und die Koalition teils bei den Konservativen, teils auf dem linken Flügel der christlichen Sozialbewegung suchten. Es lag auch am abstrakten Stil der Enzyklika „Rerum novarum" (1891), daß sie in Belgien Gegenstand besonders heftiger Kontroversen in der Interpretation werden konnte. Bischof Doutreloux mußte in einem Hirtenbrief zu Anfang 1894 für die päpstlichen Grundsätze eintreten. Leo XIII. regte in einem Brief an den belgischen Episkopat vom 10. Juli 1895 eine Konferenz an, die dann im März 1896 in Mecheln stattfand und eine nicht sehr tragfähige Kompromißformel beschloß[20]. Inzwischen hatte sich auch links von der Demokratischen Liga eine Gruppe junger katholischer Abgeordneter gebildet, die dem Dominikaner Rutten, einem der „Sozialkapläne" jener Zeit, später erster Generalsekretär der „Conféderation des Syndicats chrétiens", die von 1904 bis 1912 aus örtlichen Gruppen zusammenwuchs[21], mit seinen entschiedenen sozialen Forderungen verpflichtet war. Dagegen endete die kleine „Flämische Christliche Volkspartei" bald, weil Abbé Daens 1897 unter der Beschuldigung, klassenkämpferische Ideen vertreten zu haben, suspendiert wurde[22]. Bezeichnend für die Unsicherheit, in der man sich befand, ist die Anfrage Kardinal (seit 1889) Goossens' in Rom im Zusammenhang mit dem Kongreß von Mecheln 1896, ob der Arbeitgeber sich versündige und in welchem Grad, wenn er im Konkurrenzkampf billigere Arbeitskräfte bevorzuge und einen nicht familiengerechten Lohn bezahle. Nicht dieses theoretisch im westeuropäischen Katholizismus breit diskutierte Problem ist das Bemerkenswerte, sondern die Anfrage des belgischen Primas als solche und die Antwort Kardinal Zigliaras, es sei nach Billigkeit der „gerechte Lohn" zu vergüten.

Leo XIII. lehnte es 1895 ab, Abbé Daens zu empfangen, und soll in einem Gespräch mit Duc d'Ursel, dem Vetter von Albert de Mun[23], gesagt haben: „Quant à Daens, c'est fini, et s'il recommence, je le frappe."[24] Aber auch der ultrakonservative Charles Woeste war keineswegs persona grata. Doch noch begrenzter als in Frankreich waren die Möglichkeiten des Papstes in Belgien, dort die harten Gegensätze im Katholizismus zu überbrücken. Die Konservativen waren an der Macht und hatten die finanziellen Mittel, auf deren Nutzen für die kirchlichen Einrichtungen die Bischöfe nicht verzichten wollten. Diese Situation konzentrierte sich brennspiegelartig 1898, als A. Verhaegen in Rom die kirchliche Autorität für eine politische Einigungsformel gewinnen wollte[25].

[20] *Schmidlin PG* II 439f; *M. P. Fogarty* a.a.O. 345f.
[21] *M. P. Fogarty* a.a.O. 345.
[22] *H. Haag* a.a.O. 297; eine sachliche Charakteristik bei *R. Reszohazy* a.a.O. 223f 231f 239ff über das Verhör durch die Inquisition; 261–268 über die Beziehungen der Liga zu den „Daensistes"; 279–285 über den Untergang dieser Bewegung (Abbé Daens unterwarf sich seinem Bischof).
[23] Vgl. Kap. 12, Anm. 45.
[24] So Ch. Woeste in seinen Memoiren; zit. bei *R. Reszohazy* a.a.O. 240.
[25] *R. Reszohazy* a.a.O. 286–290.

Er traf dort auf die Gegenaktionen von Ch. Woeste, aber auch auf das Wohlwollen von Rampolla, der ihm die Audienz beim Papst vermittelte. Leo XIII. versprach, einen Brief im Sinne Verhaegens an den belgischen Episkopat zu schreiben. Aber Kardinal Goossens und die Bischöfe versicherten zwar der Ligue Démocratique erneut ihre freundliche Gesinnung, wollten jedoch einen öffentlichen Einigungskongreß nicht riskieren. Wie im Fall des Abbé Daens war auch sonst angesichts dieser Spannungen der belgische Episkopat vor allem daran interessiert, daß die Einheit des „Parti catholique" und damit seine Mehrheit im Parlament nicht gefährdet werde.

Die sozialen Gegensätze innerhalb des belgischen Katholizismus waren um so schwerer zu überbrücken, als die Katholische Partei hier im Unterschied zu vergleichbaren Parteien anderer Länder die sichere Mehrheit besaß, so daß exogene Kräfte der Integration fehlten. Im Jahr 1905 setzte eine Mehrheit von christlichsozial orientierten und sozialistischen Abgeordneten gegen den katholischen Kabinettschef M. de Smet de Naeyer die Sonntagsruhe durch[26], und 1907 erlitt die Regierung zur Empörung in der bürgerlich-katholischen Presse eine Niederlage in der Frage des Achtstundentags für Bergleute[27]. Nun trat Professor Helleputte, dessen Stellung in der Ligue Démocratique umstritten gewesen war, in das jungkonservative Kabinett de Trooz[28] ein. Aber jetzt sorgten die Einflußnahmen des Kardinalstaatssekretärs Merry del Val für neue Komplikationen, die bis 1914 andauerten. Verspeyen, Redakteur des „Bien public", erhielt 1910 eine päpstliche Belobigung. Doch wurden die Konservativen von Pius X. enttäuscht, weil der Papst die Selbständigkeit der Liga respektierte, unter der Voraussetzung freilich, daß sie sich den Weisungen der Bischöfe unterstellt. Während diese meist reserviert blieben, wurden die christlichen Demokraten von D. Mercier begünstigt, so daß sie auf dem Kongreß in Mecheln 1904 einen Sieg über Ch. Woeste hatten erringen können.

Das katholische Vereinswesen konnte sich angesichts der Herrschaft des Parti catholique, die Sicherheit für die Kirche zu bieten schien, nur zögernd entwikkeln. Im Jahre 1903 wurde in Löwen die „Association de la Jeunesse belge" gegründet, zunächst ein loser Verband, dessen Ziele sich nicht auf die Jugend speziell konzentrierten. Die Wende brachte der junge Abbé A. Brohée, ein Schüler von Kardinal Mercier. Er grenzte die religiöse Aktion scharf ab von der politischen, und auf den Kongressen von 1911 und 1913 waren fast nur Jugendliche versammelt. Die ersten Anfänge der „Jeunesse ouvrière chrétienne", die J. Cardijn (1882–1967) in der Bannmeile von Brüssel entwickelte, Appell an die Aktivität der Jugend selbst, wurden durch den ersten Weltkrieg unterbrochen[28a]. Im Unterschied zu den Vereinen haben sich die Orden und Kongregationen un-

[26] *Vaussard,* 148.

[27] *M. P. Fogarty* a.a.O. 345.

[28] *R. Reszohazy* 359ff.

[28a] *R. Aubert,* Organisation et Caractère des mouvements de jeunesse cath. en Belgique: Politica e storia 28 (Rom 1972) besonders 275–279 und 287f.

gehindert stark entfaltet, zumal sich in Belgisch-Kongo neue Aufgaben stellten (vgl. Teil III). Den im Jahre 1829 gezählten 4791 Religiosen stehen 38140 des Jahres 1910 gegenüber[29]. Die Jesuiten konnten hier ungestört wirken. Die 1881 von dem Alemannen J.-B. Jordan gegründete und ungemein expansive Sozietät der Salvatorianer ließ sich auch in Belgien nieder. Ein sehr lebendiges Zentrum mönchischen Lebens wurde das 1872 von Maurus Wolter OSB mit Hilfe der Unternehmerfamilie Desclée (Tournai) in Maredsous gegründete Benediktinerpriorat, seit 1878 Abtei, eine Tochter Beurons, dessen Behinderung durch den deutschen Kulturkampf (1875) fruchtbare auswärtige Aktivitäten freisetzte. Der Beuroner Abt Maurus Wolter (seit 1868) ernannte in Maredsous seinen Bruder Placidus zum Abt und wurde zum Vermittler seiner während des Aufenthaltes in Solesmes (1862) empfangenen liturgischen Inspiration. P. Gérard van Caloen veröffentlichte 1878 in Maredsous das erste Laienmeßbuch („Missel des fidèles")[30]; in dieser Zeit befand sich auch der Beuroner P. Anselm Schott in der belgischen Abtei. Im Jahre 1888 wurde die Abteikirche in Anwesenheit des Nuntius Ferrata und des gesamten belgischen Episkopates durch einen Kardinallegaten geweiht. Als nach dem Tod von Maurus Wolter (1890) sein Bruder Placidus Nachfolger als Beuroner Erzabt wurde, übernahm Hildebrand de Hemptinne die Leitung in Maredsous, dem bei der Abtsweihe in Montecassino durch Kardinal San Felice zugleich ein umfassender päpstlicher Auftrag zugedacht wurde[31]. Im gleichen Jahr wurde in Steenbrugge ein Priorat gegründet (1896 Abtei). Das Priorat Mont-César in Löwen (1899) wurde später außer Maredsous eine wichtige Abtei der Belgischen Kongregation; von hier ging 1909 die von P. L. Beauduin inspirierte liturgische Bewegung aus (vgl. Kap. 27). Das Priorat St-André in Brügge (1901) gehört in den Zusammenhang der brasilianischen Kongregation[32].

Daß der erste eucharistische Kongreß nicht in Belgien stattfand, geht auf die Bedenken des Kardinals Dechamps während der Regierung Frère-Orban zurück. Aber nach dem dritten Kongreß, der 1883 in Lüttich stattfand, wo M.elle Tamisier in Bischof Doutreloux einen Protektor hatte, wurde Belgien zusammen mit Frankreich zum Hauptgebiet dieser Bewegung (nach Antwerpen war 1898 unter Kardinal Goossens Brüssel Kongreßstadt)[33].

Die katholische Universität in Löwen[34] erfreute sich des besonderen Wohlwollens Leos XIII.[35] und hatte in Kardinal Goossens einen finanziellen Förde-

[29] *M. Dierickx:* LThK² II 157.

[30] HKG VI/1 672; *W. Trapp,* Vorgeschichte und Ursprung der liturgischen Bewegung (Regensburg 1940) 363; 1884 gründete van Caloen die Zeitschrift „Messager des fidèles", seit 1890 „Revue bénédictine". Vgl. Kap. 16.

[31] Vgl. Kap. 17.

[32] Über die Entwicklung des Ordens orientiert in Regestenform *P. Weißenberger.* Das benediktinische Mönchtum im 19. u. 20. Jh. (Beuron 1953).

[33] Vgl. Kap. 16.

[34] Lit. HKG VI/1 461.

[35] *Schmidlin PG* II 440 mit Belegen.

rer. Ihr Theologiestudent Désiré Mercier sollte 1882 als erster Vertreter des Lehrstuhles für thomistische Philosophie, der auf Wunsch des Papstes errichtet worden war, nach der ontologistischen Krise eine neue Phase in der Geschichte dieses Instituts einleiten, das seit 1899 unter seinem Rektor Msgr. Abbeloos auch mit historischen und biologischen Studien große Bedeutung gewann. Zwischen 1890 und 1905 erhielt die theologische Fakultät neues Ansehen besonders in der Bibelwissenschaft und der Patristik[35a]. Seit 1906 Erzbischof von Mecheln (1907 Kardinal), hat Mercier auf der Grundlage der neuscholastischen Auffassung von der Gesellschaft die kirchlichen Verhältnisse in Belgien bestimmt († 1926). 1909 lobte Pius die Universität Löwen sehr nachdrücklich.

Über all dem ist eine wachsende Entchristianisierung des Lebens in Belgien nicht zu übersehen, selbst auf dem Land, vor allem aber in den Industriegebieten, wo man nur wenig Kirchen in den Arbeitervierteln baute. Nicht nur der Besuch des sonntäglichen Gottesdienstes sank ab, auch die großen Lebensdaten Geburt, Eheschließung und Tod wurden vielfach nicht mehr in das kirchliche Leben eingefügt[35b].

Aus der wie überall in diesen Jahrzehnten meist epigonalen spirituellen Literatur ragt die Lyrik des flämischen Priesterdichters Guido Gezelle (1830–90) weit heraus. Erfüllt vom unmittelbaren Erlebnis der Natur und einer ursprünglichen Religiosität, durchbrach Gezelle die Konvention und hielt sich gleichzeitig abseits von allen modischen Strömungen. Es ist bezeichnend, daß die dichterische Größe Gezelles erst recht spät gewürdigt wurde[36].

Der Katholizismus in den Niederlanden war seit der Loslösung Belgiens eine beträchtliche Minderheit von knapp 40 Prozent. Die freiheitlichen Verhältnisse erlaubten ihm jedoch in den vierziger Jahren eine Entfaltung der Orden, des Schulwesens und die Gründung von Presseorganen. Neben diesen kirchlichen Gesichtspunkten waren aber auch wirtschaftliche dafür maßgebend, mit den Liberalen zusammenzugehen; die führende Schicht des niederländischen Katholizismus war von Männern der Wirtschaft und des Handels bestimmt[37]. So hatten die Katholiken einen beträchtlichen Anteil am Erfolg der Liberalen unter der Führung Thorbeckes und am Staatsgrundgesetz vom 18. September 1848, das die Macht des Parlamentes wesentlich verstärkte und das Ende des calvinistischen Charakters der Niederlande bedeutete. Die Vereinsfreiheit wurde von den Katholiken in allen Lebens- und Gesellschaftsbereichen wahrgenom-

[35a] Vgl. Kap. 21 und 23. – *R. Aubert,* Le grand tournant de la faculté de théologie de Louvain à la veille de 1900: Mélanges offerts à M.-D. Chenu (Paris 1967) 73–109. – Zu Mercier: S. 324f.

[35b] In Seraing bei Lüttich wurden um 1910 23% der Kinder nicht getauft, 46% der Ehen nur zivil geschlossen und 64% der Beerdigungen ohne Priester veranstaltet – ein extremer Fall, der aber die Tendenz der Entfremdung der Arbeiterschaft von der Kirche anzeigt.

[36] *A. Vermeylen,* De Vlaamse letteren van Gezelle to heden ([4]1949); *Joris Taels:* Lexikon der Weltliteratur I (Freiburg i. Br. 1960) 655.

[37] HKG VI/1 365–368.

men[38]. Aber auch in den Niederlanden war die Schulfrage der harte Kern im Verhältnis der Katholiken zur modernen Gesellschaft. In der Alternative zur calvinischen Konfessionsschule unterstützte eine Gruppe katholischer Politiker das Schulgesetz von 1857, das eine radikale weltanschauliche Neutralisierung bedeutete. Doch hieraus ergab sich – in der Ausbildung achristlicher bis atheistischer Anschauungen im Liberalismus und in einer sich dagegen verbindenden calvinischen und katholischen Orthodoxie – das die niederländische Gesellschaft charakterisierende „verzuiling“[39]. Ein gemeinsamer Hirtenbrief forderte 1868 zur Vermehrung der freien katholischen Schulen auf[40].

Kurz vor dem Konflikt in Belgien erließ 1878 die linksliberale Regierung Kappeyne ein Schulgesetz, gegen das vor allem der reformierte Geistliche Abraham Kuyper einen ebenso erfolgreichen wie nachdrücklichen Kampf führte (470 000 Unterschriften wurden gesammelt)[41]. Er trat als Führer der „Antirevolutionären Partei“ 1888 in Verbindung mit dem katholischen Priester H. J. M. Schaepman (1844–1903), der 1880 ins Parlament gewählt worden war. Es kam zum Sturz der Regierung Kappeyne. Wohl mehr diese konservative Koalition als die Mahnung Leos XIII.[42] an die niederländischen Katholiken vom April 1888 bewirkte das Schulgesetz von 1889, das die prinzipielle Schulfreiheit auf eine realistische Basis stellte: die freien Schulen erhielten staatliche Unterstützung (uneingeschränkt gleichgestellt erst 1920). Die gemeinsame Auffassung der kirchlich gesinnten Protestanten und Katholiken von der Notwendigkeit der Konfessionsschule begründete eine politische Zusammenarbeit, die nun mehrfach zu Regierungsbildungen führte. Im Jahre 1896 gründete Msgr. Schaepman die „Katholieke Staatspartij“, die sich zu einem überaus kraftvollen Faktor der niederländischen Politik entwickelte. Leo XIII. setzte auch den so erstarkten und romverbundenen Katholizismus der Niederlande für seinen Kampf in Italien ein (Brief an den Episkopat vom 24. September 1895). Sein Verhältnis zum Königshaus war freundlich, und es war nicht die Schuld der Königin-Witwe oder Leos, daß die Einladung des Papstes zur ersten allgemeinen Friedenskonferenz, die 1899 im Haag stattfand, zum Scheitern gebracht wurde; Italien war dagegen (vgl. S. 23).

Da die Industrialisierung der Niederlande in dieser Zeit hinter der belgischen zurückstand und deshalb auch der Sozialismus keine so bedeutende Rolle spielte wie dort, war der soziale Katholizismus lange im Rückstand. Dies lag nicht an Msgr. Schaepman, der dieses heranwachsende Problem durchaus erkannte, sondern an der Interessengruppierung in seiner Partei[43]. Es wird eine Ein-

[38] HKG VI/1 501–504.

[39] *F. Petri* a. a. O. 482–486.

[40] HKG VI/1 718–720.

[41] *F. Petri* a. a. O. 482f; *J. Th. de Visser,* Kerk en Staat III (1927) 387–479.

[42] *Schmidlin PG* II 486.

[43] *M. P. Fogarty* a. a. O. 348f; *Verluis,* Beknopte Geschiedenis van de Katholieke Arbeidersbeweging (1949).

zelheit als Anlaß überliefert, der mit dazu beitrug, daß W. J. Pastoors, später Parlamentsabgeordneter, den „Katholischen Volksbund" gründete: die katholischen Arbeiter und kleinen Mittelständler waren erheblich verärgert über die hohen Eintrittspreise, die 1888 von der wohlhabenden katholischen Prominenz in Amsterdam für die Feier zum zehnjährigen Pontifikat Leos XIII. festgesetzt wurden[44]. Im gleichen Jahr organisierte der katholische Sozialpfarrer A. Ariens in der Textilstadt Enschede eine Arbeiterliga, deren Ziele religiöse Bildung, Geselligkeit und finanzielle Unterstützung durch eine Hilfskasse waren. Die sozialistische Propaganda in einem Streik (1890) veranlaßte ihn, die Liga in eine konfessionelle Gewerkschaft umzubilden. Sein im Jahre 1895 geschlossenes Bündnis mit einer protestantischen Gruppe schien der Anfang einer interkonfessionellen Christlichen Gewerkschaft in den Niederlanden zu sein, und einige Jahre lang hatte die „Unitas" mit gemeinsamem Vorstand und gemeinsamer Kasse auch beträchtliche Erfolge. Aber sowohl die konfessionelle Parteienstruktur wie auch der kirchliche Widerstand insbesondere des katholischen Episkopates[45] gaben diesem Versuch keine Chance. Im Jahre 1895 schloß ein Kongreß der katholischen Arbeiterbewegung 49 katholische Gewerkschaften zusammen, die seit 1891 örtlich entstanden waren. In dem industriell neu erschlossenen Limburg gründete 1910 Msgr. H. Poels, der aus Washington in die Heimat zurückgekehrte Exeget, eine katholische Arbeiterorganisation. Ihm besonders ist es zu verdanken, daß es hier nicht wie in anderen Ländern zu einer so rapiden Entchristlichung der Arbeiterschaft kam.

Daß in den Niederlanden die Volksschulpflicht erst 1900 eingeführt werden konnte, gründet zu einem Teil im Widerstand der konservativen Parteien und ihrer Presse, demgegenüber Msgr. Schaepman völlig isoliert war. Im Jahre 1905 erhielten auch die konfessionellen höheren Schulen eine staatliche Subvention.

Der niederländische Katholizismus bewahrte sich weit über den 1. Weltkrieg hinaus das konservative Gepräge, das er seit der Mitte des 19. Jh. ausgebildet hatte. Der Katholikentag in Utrecht 1889, wo H. v. d. Wetering von 1882 bis 1928 als Erzbischof tätig war, bestärkte im Zusammenhang mit dem politischen Sieg das religiöse Selbstbewußtsein, das von den Problemen des Zeitalters wenig berührt war. Das Bewußtsein bedingungsloser Verbundenheit mit dem Papsttum steigerte sich noch im Pontifikat Pius' X., der 1908 die Niederlande der regulären Hierarchie einordnete. Der „Maasbode" vertrat einen extremen Integralismus, und Pius X. konnte den niederländischen Episkopat loben, weil dank

[44] *M. P. Fogarty* a.a.O. 218f.

[45] Der „Gewerkschaftsstreit" in Deutschland wurde auch über die Grenze getragen. Angesichts der Weisung des niederländischen Episkopats, es sei nur erlaubt, katholischen Gewerkschaften beizutreten, sagte 1908 ein katholischer Gewerkschaftsführer aus Deutschland auf einer Konferenz in den Niederlanden: „Mit allem Respekt vor unseren geistlichen Herren, den Bischöfen, müssen wir sagen: so weit, aber nicht weiter!" (zit. bei *M. P. Fogarty*, 225). Vgl. *P. H. Winkelmann* in: *S. H. Scholl* (Hrsg.), 150 ans de mouvement ouvrier chrétien en Europe de l'Ouest (Paris 1966; deutsch Bonn 1966).

seiner Wachsamkeit dort die „modernistische Pest" keinen Boden gefunden hatte. Die 1923 gegründete katholische Universität Nimwegen hat ihre Vorgeschichte in dem zu Anfang des Jahrhunderts von H. Moller geschaffenen katholischen Bildungswerk, dessen geistige Aufgeschlossenheit auf der Linie der Zeitschrift „Van onzen tijd" lag, die von Laien, besonders dem „Klarenbeekse Club", gegründet worden war.

Die Niederlande haben in der Geschichte der katholischen Kirche den Ruhm, daß sie nun für Verfolgte anderer Gesinnung als in der Zeit der Aufklärung zu einer „arche des fugitifs" wurden. Der am Niederrhein gebürtige Arnold Janssen hat die Anfänge seiner Gründung, die als Societas Verbi Divini (SVD) zu einem bedeutenden Missionsinstitut heranwachsen sollte, mit Zustimmung des Bischofs J. A. Paredis von Roermond und des Erzbischofs A. J. Schaepman von Utrecht († 1882) jenseits der deutsch-niederländischen Grenze nach Steijl (Steyl) gelegt (1874)[46]. Die über die Beendigung des Kulturkampfes hinaus in Deutschland (völlig bis 1904) und offiziell bis vor kurzem in der Schweiz verbotenen Jesuiten, die in den Niederlanden ebenso ungestört wirken konnten wie in Belgien, verlegten 1894 ihr englisches Ausweichkolleg Ditton Hall nach Valkenburg. Im gleichen Jahr pries Schaepman auf dem Kölner Katholikentag die niederländischen Freiheiten[47].

Das Luxemburger Land, das im Konkordat von 1801 dem Bistum Metz zugeschlagen und nach der Errichtung als Großherzogtum in Personalunion mit den Niederlanden 1815 zum Bistum Namur gekommen war (1823), verlor nach der belgischen Revolution auch diese hierarchische Ordnung wieder, weil König Wilhelm I. der Niederlande nunmehr die Abtrennung von Namur wollte. Nach einem Provisorium für die Stadt Luxemburg und nach der Abtretung des wallonischen Teiles an Belgien (1839) wurde das restliche Land 1840 ein selbständiges Apostolisches Vikariat. Der sachgemäße Wunsch, Luxemburg zu einem Bistum zu erheben, den Wilhelm II. durch das Zugeständnis freier päpstlicher Ernennung begünstigte, konnte nicht realisiert werden, weil die Konkordatsentwürfe von Rom nicht gebilligt wurden[48]. Der einseitige Schritt Pius' IX. vom 27. September 1870 stieß auf den Widerstand des Luxemburger Staatsrates; erst am 23. Juni 1873 wurde in einem königlich-großherzoglichen Beschluß durch Wilhelm III. die Errichtung des Bistums anerkannt. Der Apostolische Vikar N. Adames war der erste Bischof von Luxemburg (1870–83)[49]. Das Schulgesetz von 1881 hob die Kantonalinspektion auf, an der die Geistlichkeit beteiligt war, ebenso das Recht des Ortspfarrers, den Lehrer zu überwachen, und übertrug die Schulaufsicht gemeinderätlichen Kommissionen, denen auch ein Pfarrer angehörte. War dieses Gesetz eine luxemburgische Nachholent-

[46] Kap. 17; s. auch *J. M. Gijsen*, Joh. Aug. Paredis 1795–1886 (Assen 1968).
[47] *Kißling*, Katholikentage II 267.
[48] *E. Donckel* a.a.O. 132–134 136f 161f; HKG VI/1 366, Anm. 29.
[49] *E. Donckel* a.a.O. 157–160 165f.

wicklung, die 1898 noch zugunsten der Kirche revidiert wurde, so brachte das den christlichen Glauben durchaus respektierende Gesetz von 1912, gegen das Bischof J. J. Koppes (1883–1918) protestierte, die rechtliche Trennung der Schule von der Kirche, die daraufhin den Religionsunterricht außerhalb des Schulgebäudes erteilen ließ[50]. Im Jahre 1913 wurde die katholische Rechtspartei gegründet. Nach dem Beispiel der Nachbarländer wurde jetzt auch das katholische Vereinsleben entwickelt.

Eine Richtung, welche die interkonfessionellen christlichen Gewerkschaften auch in Luxemburg einführen wollte, konnte sich nicht durchsetzen. Während des 1. Weltkrieges verließen jedoch die Arbeiter die schwachen Fachabteilungen der katholischen Arbeitervereine und schlossen sich neutralen Verbänden an, weshalb man dann (1920) unabhängige, jedoch konfessionelle christliche Gewerkschaften gründete[51]. Die Entwicklung der Eisenindustrie im Raum von Esch hatte der 1900 gegründeten Sozialdemokratischen Partei einen starken Zulauf gebracht, und weniger auf die relativ gemäßigten Luxemburger Liberalen der 80er Jahre als auf die Sozialisten geht die kirchliche Entfremdung weiter Kreise zurück, ohne daß Luxemburg seinen katholischen Charakter verlor.

Zwar bestimmte der Art. 26 der Verfassung von 1848, daß religiöse Genossenschaften der gesetzlichen Zulassung bedürfen. Aber die Bestimmung wurde in der Regel entgegenkommend interpretiert, so daß während des Kulturkampfes aus Deutschland und nach den Gesetzen von 1901/04 in Frankreich auch von dort Religiosen in Luxemburg Zuflucht finden konnten.

8. Kapitel

Die Kirche der iberischen Welt zwischen Revolution und Reaktion

LITERATUR: HKG VI/1, Allg. Bibliogr. XXV XXVI und zu Kap. 31 und auf S. 720. Ferner: Spanien: *Schmidlin PG* II 441–447; *J. Becker,* Relaciones diplomáticas entre España y la S. Sede durante el Siglo XIX (Madrid 1908); *R. Konetzke,* Geschichte des spanischen und portugiesischen Volkes (Leipzig 1939) 368–380 393–399; *ders.* in: *Th. Schieder* (Hrsg.), Hdb. der europ. Geschichte VI (Stuttgart 1968) 503–533 (mit guter Berücksichtigung der Kirchengeschichte); *J. N. Schumacher,* Integrism. A Study in XIXth Century Spanish Politico-Religious Thought: CHR 48 (1962/63) 343–364; *M. Llorens,* El P. Antonio Vicent. Notas sobre el desarollo de la acción católica en España: Estudios de Historia moderna 4 (Barcelona 1954) 393–440; *J. F. Pastór,* Weltanschauung und geistiges Leben in Spanien (Breslau 1931); *L. Sánchez Agesta,* La revolución liberal (Madrid 1955); *H. Jeschke,* Die Generation von 1898 (Heidelberg 1934). – Portugal: *Z. Giacometti,* Quellen zur Geschichte der Trennung von Staat und Kirche (1926); *Schmidlin PG* II 447f; *G. S. da Silva Dias,* Correntes do sentimento

[50] *E. Donckel* 149 170f 194. Die Novellierung des Gesetzes von 1921 führte dazu, daß der Religionsunterricht wieder in der Schule stattfindet (ebd. 173). Zum Gesetz von 1912 *Schmidlin PG* III 85.

[51] *E. Donckel* 185f.

religioso (Coimbra 1960); *R. Konetzke* a.a.O. (1939) 386–390; *ders.* a.a.O. (1968) 533–538. – Lateinamerika: HKG VI/1 XXX; Acta et decreta concilii plenarii Americae latinae anno 1899 celebrati, 2 Bde (Rom 1900); dazu: *A. Bellesheim:* AkathKR (1901) 38–63 (mit einleitender Schilderung der Situation); *Schmidlin PG* II 448–454; *E. Ryan,* The Church in the South American Republics (London ²1934); *J. L. Mecham,* Church and State in Latin America (North Carolina Press 1934); *E. Samhaber,* Die Neue Welt. Wandlungen in Südamerika (Freiburg i. Br. 1949, essayistisch, aber mehr kirchengeschichtliche Perspektive als in: Südamerika [Hamburg 1939]); *L. Zea,* Dos etapas del pensamiento en Hispanoamérica. Del romanticismo al positivismo (Mexico City 1949); *W. v. Schoen,* Geschichte Mittel- und Südamerikas (München 1953) 343–665. Bibliogr. zur allg. iberoamerikanischen Geschichte bei *A. P. Witaker;* HM X (Bern 1961) 788f.

Die führende Schicht des Katholizismus in *Spanien* war damit beschäftigt, entgegen den unermüdlichen Mahnungen Leos XIII. ihren Gruppenkampf auszufechten: die Nachfahren der „Apostolischen Partei" und die Carlisten[1] wie der Journalist Nocedal in seinem „Siglo futuro" oder die Zeitschrift „Ciencia Cristiana" beschuldigten die liberalkonservativen Katholiken des Verrates am Glauben; unter dem Protektorat des Kardinals Moreno von Toledo wurde 1881 eine römische Nationalwallfahrt mit vielen Komitees organisiert, die mehr der eigenen Machtdemonstration als der Treuebekundung zum Nachfolger Petri dienen sollte, so daß Staatssekretär Jacobini am 13. Februar 1882 um rein diözesane Pilgergruppen ersuchte[2]. Von den Streitenden kaum angemessen eingeschätzt, jedenfalls vorerst nicht, entfaltete sich der 1878 gegründete „Partido Socialista Obrero Español", der unter der Führung von Pablo Iglesias ziemlich reformistisch orientiert war, aber auch der gewalttätige Anarchismus, der besonders in Katalonien und bei den völlig verarmten Landarbeitern auf den großen Latifundien in Andalusien Anhänger und Sympathisanten fand. Es kam zu zahlreichen Attentaten und Terrorakten. Einen Höhepunkt sollten die Aktionen am 7. Juni 1896 in Barcelona erreichen, wo eine Bombe während der Fronleichnamsprozession 6 Personen tötete und 42 schwer verletzte[3].

Ein indirektes Opfer dieses Ereignisses wurde der Politiker, der nach der kurzlebigen ersten Republik Spaniens (1873/74) die bourbonische Monarchie unter Alfons XII. wiederhergestellt und der Periode der Restauration in Spanien (1875–1902) das politische und geistige Gepräge gegeben hatte: Antonio Cánovas del Castillo, der 1897 in einem Racheakt wegen des harten, auf das Attentat

[1] HKG VI/1 578–583.

[2] *Schmidlin PG* II 442; es kamen dann nur die Pilgerzüge aus Toledo und Saragossa zustande.

[3] *R. Konetzke,* [Europ. Geschichte] 512. Über das Versagen der spanischen Hierarchie und des größten Teiles des Klerus in der sozialen Frage siehe *J. N. Moody,* Church and Society (New York 1953) 721–807. Charakteristisch für die Haltung sympathisierender Intellektueller ist das Wort eines katalanischen Dichters: „Die Bombe und die Gotteslästerung sind dieselbe Sache, ein zerstörender Zornesausbruch des Unvermögens zum Schaffen. Der Engel, der wie Gott sein wollte und es nicht konnte, lästerte Gott; derjenige, der die Gesellschaft haßt und sich nicht stark genug fühlt, um sie umzugestalten, wirft eine Bombe mitten auf den Platz." *J. Vicens Vives,* Cataluña en el Siglo XIX (1961) 436; *F. Soldevila,* Hist. de España VIII (1959) 349, zit. nach *R. Konetzke* a.a.O. 512.

von Barcelona gefolgten Prozesses ermordet wurde. Cánovas[4] ist der Repräsentant jener liberalkonservativen Richtung, die von den Intransigenten so leidenschaftlich bekämpft wurde. Dieser Gesinnung entsprach auch die Verfassung von 1876, die in der Anerkennung der persönlichen Grundrechte die Liberalen einbeziehen wollte und in der Religionsfrage einen Kompromiß zwischen der katholischen Staatsreligion und der Religionsfreiheit enthält, aber trotzdem und trotz der bedeutenden kirchlichen Rechte im Unterrichtswesen auf die Ablehnung Pius' IX. und des spanischen Klerus stieß[5]. Die Regierungen der Zeit von 1875 bis 1902 wurden abwechselnd von der Partei Cánovas und den monarchistischen Liberalen unter der Führung Sagastas gebildet, wobei jedesmal die Zensur der Lehrbücher eingeführt oder wieder abgeschafft wurde; aber beide Parteien hatten in der bourbonischen Monarchie und in der Repräsentativverfassung eine gemeinsame politische Basis. Zu einem heftigeren Konflikt zwischen Staat und Kirche kam es 1899, weil entgegen dem Gesetz von 1880 zahlreiche Ordens- und Kongregationsmitglieder aus Frankreich wegen der dortigen Bedrängnisse eingewandert waren. Die Frage der Zivil-Inskription von Ordensgesellschaften, die sich entgegen den Gesetzen von 1867 nicht eingetragen hatten, konnte 1901 durch eine entgegenkommende Haltung des Staatssekretärs Rampolla und des spanischen Nuntius bereinigt werden. Die Lebenskraft der Kirche in Spanien zeigte sich während des Pontifikats Leos XIII. in einer außerordentlich starken Entwicklung der weiblichen Kongregationen.

Das kirchengeschichtliche Hauptthema in dieser Ära Spaniens bleiben die politischen Gegensätze innerhalb des Katholizismus selbst. Im Januar 1882 hatte Rampolla die Nuntiatur in Spanien bezogen, und am 8. Dezember ermahnte Leo XIII. in einer Enzyklika die politisch zerstrittenen Katholiken Spaniens erneut und sehr eindringlich zum religiösen Frieden und forderte sie auf, unter Leitung der Bischöfe wie in anderen Ländern ein katholisches Vereinsleben zu entwickeln. Aber Rampolla wurde 1884/85 heftigen Presseangriffen Nocedals ausgesetzt, den man einen spanischen Veuillot nennen kann. Ein Minister der Regierung Cánovas hatte im Parlament eine Rede über die weltliche Herrschaft des Papstes gehalten, die einerseits zu Komplikationen mit der italienischen Regierung und anderseits zu einer Verstimmung im Vatikan geführt hatte. Im Zusammenhang damit schrieb Nocedal, daß der Nuntius die

[4] Ein eindrucksvolles Porträt bei *R. Konetzke* a. a. O. 505. Cánovas wollte eine schöpferische Restauration, die aus dem Circulus vitiosus des Wechsels von antiklerikalem Liberalismus und Reaktion in Spanien herausführen sollte, eine Fortsetzung der Entwicklung der Nation, die er als Werk der göttlichen Vorsehung betrachtete.

[5] Der § 11 der Verfassung lautet: „Die römisch-katholische Religion ist Staatsreligion. Die Nation verpflichtet sich, den Kultus und seine Diener zu unterhalten. Niemand wird auf spanischem Gebiet wegen seiner religiösen Meinungen noch seines entsprechenden Kultus behelligt werden, die schuldige Achtung vor der christlichen Moral vorausgesetzt. Es werden indessen keine anderen öffentlichen Zeremonien noch Kundgebungen als die der Staatsreligion erlaubt sein." – Vgl. HKG VI/1 721f.

kirchenpolitischen Verhältnisse in Spanien viel zu positiv beurteile, statt das ganze System Cánovas und die Verfassung von 1876 zu bekämpfen. Die Kontroverse wurde dadurch auf eine prinzipielle Ebene gehoben, daß Nocedal die Funktion des Nuntius als einen rein diplomatischen Auftrag charakterisierte, innerhalb dessen er sich in innerkirchlichen Fragen des Landes dem Episkopat unterzuordnen habe. Der Bischof Casas von Plasencia hatte einen ungewöhnlich aggressiven Hirtenbrief veröffentlicht. In einer Note vom April 1885 an Nuntius Rampolla bezeichnete Staatssekretär Jacobini die von Nocedal vorgetragene Auffassung als Febronianismus und erklärte mit Bezugnahme auf die Konstitution „Pastor aeternus" des Vatikanum, daß der Papst jederzeit in die Angelegenheiten der Bistümer eingreifen könne, auch durch die Nuntien, deren Kompetenz er allein bestimme[6]. Auch im Falle des Bischofs Casas erhielt Rampolla von Jacobini das erbetene Schreiben, in dem der Bischof wegen der Störung des innerkirchlichen Friedens getadelt wurde.

Es lag um diese Zeit auf der allgemeinen Linie Leos XIII., die Bildung von ausgesprochen katholischen Parteien zu vermeiden. Daß er sich gegenüber der von Alejandro Pidal geführten, 1881 von ihm noch empfohlenen „Unión Católica" immer mehr zurückhielt, hatte seinen besonderen Grund in der Rücksicht auf die Carlisten, die für seine Union zu gewinnen Pidal mißlang, die vielmehr in ihrer Presse einen heftigen Kampf gegen die „Unión Católica" führten, weil ihnen diese wegen ihrer Anerkennung des bourbonischen Königtums bei weitem nicht katholisch genug war[7]. Eine Förderung der „Unión Católica" durch den Papst hätte die Spannungen im spanischen Katholizismus nur vergrößern können. Leo XIII. setzte seine ganze Autorität beim Episkopat des Landes ein, um die Carlisten beim Tod Alfons' XII. (26. 11. 1885) von Aktionen abzuhalten und die Regentschaft der Königin-Witwe María Cristina zu sichern[8]. Im März 1887 sprach ein Minister im Parlament von der hohen Achtung des spanischen Volkes vor Leo XIII., der den Frieden von Kirche und Staat gesichert habe.

Der Papst richtete seine besondere Aufmerksamkeit auf die innerkirchliche Erneuerung, insbesondere die Verbesserung der Ausbildung des Klerus, der die Metropolitanseminare Toledo, Tarragona, Sevilla, Valencia, Granada, Burgos,

[6] ASS XVII 561 ff. „Ist es denn wahr, daß der Papst seinem Gesandten nur eine rein diplomatische Mission ohne jedwede Autorität über die Hirten und Gläubigen jener Staaten, bei denen sie beglaubigt sind, überträgt? Kann zugegeben werden, daß der Heilige Vater seine Nuntien in der Weise abordne, wie die Staatsregierungen ihre Minister und Vertreter abordnen? Aus den einschlägigen Breven und Dienstanweisungen ergibt sich vielmehr, daß die Apostolischen Nuntien nicht bloß eine diplomatische, sondern auch eine im Hinblick auf die Gläubigen und auf die kirchlichen Angelegenheiten autoritative Mission haben." *U. Stutz* a. a. O. 56; *Schmidlin PG* II 443. Zum Gesamtthema vgl. diesen Band S. 24f.

[7] *R. Konetzke* a. a. O. 506. Vgl. *Schmidlin PG* II 442, Anm. 6.

[8] Der Papst ließ ihr die „Goldene Rose" überreichen und übernahm die Patenschaft für den am 10. Mai 1886 geborenen Alfonso (den späteren Alfons XIII.). Rampolla vollzog die Taufzeremonie. *Schmidlin PG* II 443f.

Valladolid, Santiago de Compostela, Saragossa dienen sollten. Dem Jesuitenseminar in Salamanca wurde das Recht des Doktorates zugesprochen; die Universität in Comillas (bei Santander) wurde 1890 als päpstliches Institut errichtet und gewann Einfluß auch in Lateinamerika[9]. Im Jahre 1892 wurde in Rom das „Spanische Kolleg" eröffnet.

Nach der Ernennung Rampollas zum Staatssekretär (1887) nahmen die Streitigkeiten innerhalb des spanischen Katholizismus wieder erheblich zu. Der Papst hatte Grund, 1889 an den Bischof von Madrid und an den Kardinal von Saragossa und den Bischof von Urgel zu schreiben und der „Revista popular" dringend nahezulegen, die Pressepolemiken einzustellen. Der große Rompilgerzug von 1894 war getrübt durch die vorausgegangenen carlistischen Unruhen in Sevilla, die zu heftigen Diskussionen in der Presse und im Parlament führten. Der Papst hielt sich trotz der intransigent-kirchlichen Haltung der Carlisten jeder Parteinahme fern und forderte die spanischen Pilgermassen auf, sich auf den Boden der Verfassung von 1876 zu stellen und sich den religiösen und kulturellen Aufgaben zu widmen[10].

An solchen Aufgaben, von denen der Papst sprach, fehlte es nicht. Im Jahre 1887 waren 81,16 Prozent der Bevölkerung Spaniens Analphabeten (1900: 71,43 Prozent). Die Versäumnisse des Staates und der Gemeinden wurden nicht durch kirchliche Anstrengungen ausgeglichen. Die Initiative ging vielmehr von dem geistig liberal gesinnten, aber jeder politischen Aktivität abgeneigten Madrider Rechtsphilosophen Francisco Giner de los Ríos (1839–1915) aus, dessen „Institución Libre de Enseñanza" (seit 1876) einen zwar kleinen, aber ungemein wirksamen Schulkomplex entwickelte, in dem die führende liberale Intelligenz heranwuchs[11]. Der überragende Repräsentant des kirchlichen Katholizismus in dieser Zeit ist der Madrider Professor für Literaturgeschichte, Marcelino Menéndez y Pelayo (1856–1912; 1878 Professor). In der Wiederentdeckung des „Siglo de Oro" wollte er nicht nur die in Klischees erstarrte zeitgenössische Polemik im Katholizismus überholen, sondern für ganz Spanien die große Tradition vergegenwärtigen. In seiner Gedenkrede auf Calderón beschwört er die großen Ideale der spanischen Geschichte, den katholischen Glauben, die spanische Monarchie, die lateinische Rasse, die iberische Gemeindefreiheit[12]. In der „Historia de los heterodoxos españoles" (1881) will er in

[9] Die theologische Belebung zeigte sich um die Jahrhundertwende in der Gründung von Zeitschriften: 1899 „Ciudad de Dios", 1901 „Razón y Fé", 1907 „Estudios franciscanos", 1910 „Ciencia tomista".

[10] *Schmidlin PG* II 444f.

[11] *R. Konetzke* a.a.O. 514, mit Lit. (auf S. 526). Die Kombination einer höheren Schule mit einer auf sie zuführenden Volksschule, der Werkunterricht (in Richtung auf eine Gewerbeschule) und die Schulwanderungen zeigen die Rezeption der Pädagogik Friedrich Fröbels. Derartige Schulen wurden auch in anderen spanischen Städten gegründet.

[12] La conciencia española (Ausg. Madrid 1948) 9f; Obras completas, 65 Bde (Madrid 1941/62). *J.F. Pastór* a.a.O. 41–45.

scharfer Kritik alle geistigen Erscheinungen darstellen, von denen die Tradition Spaniens gefährdet wurde; aber er enthält sich weitgehend einer aktuellen Polemik, weil er auf eine schöpferische Restauration vertraut, die aus sich selbst sprechen soll. In seinem Spätwerk, der „Historia de las ideas estéticas", versuchte er eine christliche Interpretation Hegels.

Die Niederlage Spaniens im Krieg mit den Vereinigten Staaten von Amerika 1898 [13] bedeutete das politische und intellektuelle Ende der Restaurationsperiode, die jetzt durch die „Generation von 98" leidenschaftlich kritisiert wurde. Doch allein eine Gestalt wie Miguel de Unamuno (1864–1936) macht deutlich, wie komplex die neue aufbrechende geistige Entwicklung ist, die ohne den spanischen Katholizismus nicht vorgestellt werden kann [14]. Aber der fanatische Integralismus des „Siglo futuro" lebte weiter, und der Kardinal von Toledo, Sancha y Hervas, wurde wegen seiner zum inneren Frieden mahnenden „Ratschläge" von 1899 des Liberalismus angeklagt, so daß er sich den Schutz des Papstes erbitten mußte, der am 22. August mit deutlichen Worten die Leute tadelte, die aus eigener Kompetenz bestimmen wollen, wer katholisch ist und wer nicht. Leo XIII. erlebte noch die Übernahme der Krone durch den 16jährigen König Alfons XIII. am 17. Mai 1902 und hatte Grund, mit Sorgen an die Zukunft Spaniens zu denken. Auch im Pontifikat Pius' X. dauerten die inneren Streitigkeiten des Katholizismus an. Als die Jesuiten, welche bis zur Intervention Leos XIII. über den Ordensgeneral die integralistische Richtung Nocedals unterstützt hatten, in der von ihnen seit 1901 herausgegebenen Zeitschrift „Razón y Fé" eine Art Probabilismus in der Wahl der Abgeordneten vertraten, wurde sie vom Papst gegen die intransigent Konservativen geschützt.

Es war nicht überraschend, daß die Enzyklika „Rerum novarum" (1891) in Spanien nicht einmal auf ein besonderes verbales Interesse stieß. Die aus Frankreich übernommene Kopie der Gründungen von A. de Mun, die seit 1876 vom Bischof von Córdoba, Ceferino González, geförderten „Círculos Católicos Obreros", konnten sich nur schwach entwickeln. Eine andere einsame Initiative war von Antonio Vicent SJ ausgegangen. Auf dem kirchlichen Kongreß in Tarragona 1894 stand auch die Enzyklika auf der Tagesordnung, und 1895 wurde der „Consejo Nacional de las Corporaciones Obrero-Católicas" als Dachver-

[13] Der Unabhängigkeitskrieg Kubas hatte bereits 1868 begonnen und wurde 1878 durch Konzessionen an die Liberalen unterbrochen. Weil die konservativen Großgrundbesitzer deren Ausführung verzögerten und die Liberalen nun die absolute Autonomie forderten, steigerte sich der Konflikt. Die Aufständischen operierten von den USA aus, die am 24. Januar 1898 (mit der Begründung, ihre Bürger in Kuba schützen zu müssen) intervenierten. Präsident McKinley wollte den Krieg vermeiden, den aber der Kongreß durchsetzte. Der nach Ausbruch der Kriegshandlungen von Erzbischof Ireland im Auftrag des Papstes aufgenommene Kontakt mit dem Präsidenten (*Schmidlin PG* II 445) war aussichtslos. Die Katastrophe der spanischen Flotte, die sich bereits im Juli ereignete, war total.

[14] *F. Niedermayer*, Zwei Spanien?: Saeculum 3 (1952) 444–476; ferner: *H. Jeschke* (Kapitels-Literatur).

band der Arbeitervereine gegründet. Sein Mangel an Effizienz muß im Zusammenhang der Tatsache beurteilt werden, daß das Interesse an den sozialen Problemen in den Parteien bis zu den Linksliberalen hin recht gering war, am stärksten noch bei Cánovas. Zwar gehörten um 1900 erst etwa 30 Prozent der Bevölkerung zum industriellen Bereich der spanischen Wirtschaft[15]; aber besonders verhängnisvoll war es, daß die agrarische Produktion nicht einmal dem relativ zu anderen Ländern geringeren Bevölkerungswachstum zu entsprechen vermochte. Man wußte in der herrschenden Schicht, verbarg es aber, daß die anarchistischen Attentate keine Einzelerscheinungen waren; dies ist auch dadurch belegt, daß man die Ergebnisse einer Arbeiterenquête von 1884 nur zögernd publizierte[16]. Um so notwendiger wäre ein Engagement der spanischen Kirche gewesen, deren Interesse aber zum Leidwesen Leos XIII. fast völlig von den Differenzen innerhalb der herrschenden Schicht absorbiert war. Die seit den sechziger Jahren zunehmende Entchristianisierung im Bürgertum dehnte sich auf die Industriearbeiterwelt aus. Der Bombenanschlag bei der Fronleichnamsprozession 1896 in Barcelona (S. 125) war nur ein Vorspiel gewesen. Die großen Krisen des 20. Jh. in Spanien wuchsen heran[17]. Im linken Flügel der sich aufspaltenden Parteiengruppierung erschien die Gruppe des Alejandro Levroux, der im Namen der Republik die nunmehr aktuelle Variante des „Écrasez l'infâme!" proklamierte und seine „jóvenes bárbaros" zu Aktionen aufrief[18]. Dreizehn Jahre nach dem Anschlag auf die Fronleichnamsprozession brannten die Arbeitermassen von Barcelona 17 Kirchen, 23 Klöster, 16 kirchliche Schulen und 4 Asyle nieder, wurden Mönche und Nonnen, die durch die von unzähligen Straßenbarrikaden blockierte Stadt zu fliehen suchten, brutal niedergeschossen und ihre Leichen geschändet[19]. Der Aufstand vom Juli 1909, der sich an einen Generalstreik angeschlossen hatte, wurde durch Militär aus Valencia und Madrid niedergeschlagen. Der schon geraume Zeit angestimmte Ruf nach der Diktatur wurde lauter.

In den Jahren nach 1902 war die Frage der Zulassung oder Einschränkung der religiösen Genossenschaften, die sich durch die Heimkehr spanischer Missionare aus Kuba und den Philippinen noch verschärfte, das kirchenpolitische Thema der sich ablösenden Konservativen und nunmehr linksliberalen Regierungen. Der Sturz einer liberalen Regierung ermöglichte die Konvention von

[15] In den baskischen Provinzen wurde Eisenerz gefördert, großteils exportiert, aber auch mit Hilfe der Kohle aus England und dann aus Asturien verhüttet, Grundlage einer Werftindustrie. In Katalonien entstand eine starke Textilindustrie (*R. Konetzke* a.a.O. 508).

[16] *J.M. Jóvez,* Conciencia obrera y conciencia burguesa en la España contemporánea (Madrid 1952).

[17] *E. Comín Colomer,* Historia del anarquismo español, 2 Bde (Madrid 1956).

[18] „Barbarische Jugend von heute, fallt plündernd und mordend über die dekadente und elende Zivilisation dieses Landes her, zerstört ihre Tempel, bereitet ihren Göttern ein Ende ... Es gibt nichts Heiliges auf der Erde. Das Volk ist ein Sklave der Kirche. Man muß die Kirche vernichten" (*R. Konetzke* a.a.O. 528).

[19] *R. Konetzke* a.a.O. 529.

1908, nach der eine vatikanisch-spanische Kommission zur Kloster- und Schulfrage unter dem Vorsitz des Erzbischofs von Toledo geschaffen wurde. Der Konflikt spitzte sich wieder zu, als J. Canalejas (1912 ermordet) Ordensgründungen für zwei Jahre verbot, den religiösen Eid abschaffte sowie im Dezember 1910 den Religionsunterricht an öffentlichen Schulen einschränkte und den Botschafter beim Vatikan abberief. Beim Eucharistischen Kongreß in Madrid 1911 weihte König Alfons XIII. das spanische Volk dem Herzen Jesu und gewann damit und durch die feierliche Wiederholung 1919 die Carlisten für die bourbonische Monarchie. Eine große Bedeutung für die Zeit zwischen den Weltkriegen sollte die 1909 von dem jungen Jesuiten Ángel Ayala gegründete „Asociación Católica de propagandistas" gewinnen.

Die oft bemerkte Parallelität der Entwicklung in Spanien und *Portugal* setzte sich auch noch im letzten Drittel des 19. Jh. fort, läuft dann aber zu Anfang des 20. Jh. in einer bemerkenswerten Differenz auseinander. Die 1848 erzielte Übereinkunft zwischen Kirche und Staat[20] konnte im wesentlichen bewahrt werden und wurde auch durch den Wechsel der zwei monarchistischen Parteien, der konservativen „Regeneradores" und der „Progresistas", in den Regierungen unter dem unpolitischen König Ludwig I. (1861–89) kaum beeinträchtigt. Die wirtschaftlichen Schwierigkeiten der sechziger Jahre wurden unter dem konservativen Ministerium Antonio María de Fontes (1871–77) in einen glänzenden Aufschwung umgewandelt. Das Ergebnis langwieriger Verhandlungen zwischen dem Vatikan und Lissabon unter der liberalen Regierung Braacamp (1879–81) war eine neue Zirkumskription der Diözesen durch die päpstliche Konstitution vom 30. September 1881: Die 17 Sprengel wurden auf 3 Erzbistümer (Lissabon, Evora und Braga) mit 9 Suffraganen reduziert. Am Ende einer konservativen Regierung stand die neue Konvention vom 7. August 1886 über die königlichen Patronatsrechte in der indischen Mission[21]. An der seit Pombal antiklerikalen Universität Coimbra sagte sich die theologische Fakultät 1885 von der kirchlichen Aufsicht los und fand die Solidarität der anderen Fakultäten.

Im letzten Jahrzehnt des Jahrhunderts begann trotz der politischen Klugheit König Karls I., der 1895 von einem Besuch bei König Umberto I. auf Grund eines von Rampolla übermittelten päpstlichen Wunsches absah[22], die Krise Portugals, teils wegen erneuter öffentlicher Verschuldung (Bankkrise), teils wegen Abnützung des Zweiparteiensystems und der daraus resultierenden Macht radikaler Kräfte. Das liberal-konservative Ministerium Hintze Ribeiro verfügte 1901 eine Einschränkung der geistlichen Sozietäten auf solche, die sich dem Unterricht, der Caritas und der Mission in den Kolonien widmen. Leo XIII.,

[20] HKG VI/1 584.
[21] *Schmidlin PG* II 447; vgl. HKG VI/1 584; vgl. Teil III.
[22] *Schmidlin PG* II 448.

der 1900 in Rom ein portugiesisches Kolleg eröffnet hatte, lobte in einem Breve zu Ostern 1902 an Kardinal Neto von Lissabon den Episkopat, der eine Adresse wegen der Ordensgesetzgebung an den König gerichtet hatte. Karl I. und der Kronprinz wurden am 1. Februar 1908 das Opfer eines Attentates. Dies war das faktische Ende des portugiesischen Repräsentativsystems. Im Lande des Marquis de Pombal hatten sich alle radikalen Kräfte um die 1876 gegründete Republikanische Partei gesammelt, die in der Freimaurerloge „Gran Oriente Lusitano Unido“ (1869 aus Einzelgruppen gebildet) und in der gewalttätigen „Carboneria“ ihre Partner hatte. Während sich hier zum Äußersten entschlossene und durch ihre Überzeugungen verbundene revolutionäre Gruppen im Untergrund organisierten, war der portugiesische Katholizismus trotz seiner Anhängerschaft auf dem Land geistig ausgehöhlt. Kurz vor der Revolution rief ein Abgeordneter im Parlament: „Wir haben auf der einen Seite die Jesuiten, die Kleriker und selbst das Parlament. Auf der anderen Seite haben wir das liberale Volk, und dieses muß von allen Mitteln Gebrauch machen.“[23]

In der am 5. Oktober 1910 proklamierten Republik kam es wie im spanischen Aufstand von 1909, aber nunmehr ohne Gegenaktionen, zu Gewalttaten gegen Kirchen und Klöster, Raub, Brandstiftung und Mord, und der Justizminister erklärte: „In zwei Generationen wird Portugal vollständig den Katholizismus eliminiert haben.“[24] Das Gesetz vom 20. April 1911 verfügte nach französischem Modell die Trennung von Kirche und Staat. Der Bischof von Porto, Antonio Barroso, wurde wegen eines Hirtenbriefes verhaftet, die Erzbischöfe von Lissabon und Braga, die Bischöfe von Portalegre und Lamego vertrieben. Die Verfassung vom 21. August 1911 schränkt die Kultfreiheit ein und hebt den Religionsunterricht auf[25]. Am 24. Mai 1911 hatte Pius X. in einer Enzyklika an den portugiesischen Episkopat in sehr scharfer Form das Trennungsgesetz verurteilt. Das Regime begünstigte ihm geneigte Kleriker und schloß die jungen Priester aus, die am Portugiesischen Kolleg in Rom ausgebildet wurden. Nach einer gewissen Entspannung unter der Regierung Sidonio Paes empfahl Pius X. den Katholiken, die Republik anzuerkennen. Im Jahre 1913 wurde der päpstliche Nuntius ausgewiesen. Die langen inneren Wirren Portugals endeten nach dem konservativen Staatsstreich von 1918 (wieder diplomatische Beziehungen zum Vatikan) 1926 in der Diktatur General Carmonas.

In *Lateinamerika* hatte das „Collegio Pio latino-americano“, das 1858 in Rom gegründet worden war, die religiösen Verhältnisse nur wenig verändern

[23] *J. Pabón*, La Revolución Portuguesa, 2 Bde (Lissabon 1941, 1945), I 82, zit. nach *R. Konetzke* a.a.O. 356.

[24] *J. Pabón* a.a.O. 131; *R. Konetzke* a.a.O. 538.

[25] § 4 verfügt Glaubensfreiheit, stellt aber generell die Ausübung des Kultus „im Interesse der öffentlichen Ordnung, der Freiheit und Sicherheit der Staatsbürger“ unter „besonderes Gesetz“. § 10: „Der Unterricht, der in öffentlichen und privaten Gebäuden unter staatlicher Aufsicht erteilt werden soll, wird religiös neutral sein.“

können. Zwar bemühten sich Orden und Kongregationen, ihre einheimischen Niederlassungen durch Zuzug aus Europa zu verstärken oder neue Niederlassungen zu gründen[26], um den chronischen und extremen Priestermangel zu mindern, denn die anfänglichen Versäumnisse in der Heranbildung eines einheimischen Klerus wirkten nach und waren durch die Vertreibung der Jesuiten und die folgenden revolutionären Ereignisse noch erheblich verschärft worden, zumal sich der Klerus hauptsächlich auf die Städte konzentrierte. Aber eine religiöse Belebung des südlichen amerikanischen Kontinents, dessen Bevölkerung – auch durch starke Einwanderung aus Europa – von 20 Millionen im Jahre 1825 auf 65,7 Millionen im Jahre 1900 anwuchs, war nur zu erwarten, wenn die kirchlichen Kräfte in den lateinamerikanischen Ländern selbst aktiviert werden. Von dieser Einsicht ging Leo XIII. aus, als er nach einer erstaunlich gründlichen Vorbereitung das lateinamerikanische Plenarkonzil einberief, das vom 28. Mai bis zum 9. Juli 1899 in Rom tagte und 29 Generalkongregationen und 9 feierliche Sitzungen veranstaltete[27]. In mehreren Jahren war ein umfangreiches Schriftstück mit mehr als tausend Artikeln ausgearbeitet worden, das dem lateinamerikanischen Episkopat zu Stellungnahmen zugeleitet wurde, die dann wiederum von den Konsultoren in Rom geprüft wurden. Den stärksten Einfluß hatte der katalanische Kapuziner Vives y Tutó (1854–1913), der seit 1884 an der Kurie einen entschiedenen Antiliberalismus vertrat und 1899 zum Kardinal erhoben wurde[28]. Von den damals 104 lateinamerikanischen Hierarchen kamen 12 Erzbischöfe und 41 Bischöfe nach Rom, das angesichts der politischen Verhältnisse – die Mehrzahl der Prälaten hatte für Rom gestimmt – wohl der einzig mögliche Tagungsort war. Die Begrüßungsansprache hielt Kardinal di Pietro, und Mariano Soler[29], seit 1897 der erste Erzbischof von Montevideo, der Hauptstadt Uruguays, sprach die Laudatio auf den Heiligen Vater. Die Leitung der Schlußsitzung war dem Erzbischof Tovar von Lima, der Hauptstadt Perus, zugedacht. Die Ansprache bei der Audienz am 10. Juli nach Abschluß des Konzils hielt der Primas von Brasilien. Die Konstitutionen des Konzils, die 16 Titel mit 998 Dekreten enthalten, wurden am 1. Januar 1900 von Leo XIII. bestätigt. Die Konzilsbeschlüsse befassen sich mit den Bischofskonferenzen und Provinzial- sowie Diözesan-Synoden, der kanonischen Lebensführung des vielfach disziplinlosen Klerus, den örtlichen Verhältnissen der Seelsorge, insbesondere auch in der Jugend, den caritativen Einrichtungen, den säkularen Gefährdungen des Glaubens durch Bücher, Zeitungen, neutrale Schulen und die Freimaurer, mit dem in Lateinamerika zu großer Bedeutung gekommenen Positivismus, mit den Grundsätzen des Verhältnisses von Kirche und Staat, wobei die päpstlichen Vollmachten der Nuntien gegenüber dem

[26] Vgl. die Lit. HKG VI/1 zu Kap. 11 und 33, ferner in diesem Band Kap. 17.
[27] *Schmidlin PG* II 449f; die Konzilsakten oben.
[28] Seine immense Gelehrsamkeit war kompilatorischer Art. Über seine Rolle unter Pius X.: S. 402; speziell bei der Abfassung der Enzyklika „Pascendi": S. 478, Anm. 15.
[29] *J. M. Vidal*, El primer arzobispo de Montevideo, 2 Bde (Montevideo 1935).

Landesepiskopat unterstrichen wurden, dem weltlichen Besitzrecht der Kirche und dem Anspruch auf kirchliche Gerichtsbarkeit. Alle diese Themen waren seit langem der Gegenstand öffentlicher Auseinandersetzungen in den lateinamerikanischen Staaten[30]. Den Dekreten geht die Weihe an das Herz Jesu und an die Immaculata voraus.

Das Plenarkonzil am Ende des Pontifikats Leos XIII. hat ohne Zweifel die zentralen kirchlichen Probleme in den lateinamerikanischen Ländern angesprochen. Aber die gesellschaftlichen Strukturen waren und blieben noch lange so verfestigt, daß die sozialen Voraussetzungen für eine fundamentale religiöse Erneuerung fehlten, die um so notwendiger war, als die Christianisierung der Völker steckengeblieben war und die von Europa herüberdringende Aufklärung in der intellektuellen Schicht Tür und Tor offen gefunden hatte. In dieser Situation war es profanhistorisch natürlich, daß die Kirche in der Regel ihre Verbündeten in den Großgrundbesitzern der Provinz hatte, die sich zufolge ihres Föderalismus im Gegensatz zu den liberalen Zentralisten in den Hauptstädten befanden. Die Masse des Volkes, auch der unbegüterten Weißen, verharrte bis zum Ende des 19. Jh. in ihrer Passivität, aus der herauszuholen die kirchlichen Kreise teils nicht willig, teils zu schwach waren. Ein Mittelstand fehlte lange völlig. Bis zum 1. Weltkrieg gab es keine nennenswerte öffentliche Sozialfürsorge[31]. Auch wenn die Kirche sich nonkonformistischer verhalten hätte, so wäre sie doch nach den Säkularisierungen schwerlich in der Lage gewesen, über die konventionelle christliche Liebestätigkeit hinaus eine Veränderung der Zustände zu bewirken[32]. Freilich ist kaum ein Unterschied in jenen Zeitabschnitten festzustellen, wo jeweils in einem Land ein kirchenfreundliches Regime an der Macht war, sowenig anderseits die Liberalen an der sozialen Frage interessiert waren.

Etwa um 1880 waren Argentinien, Chile und Brasilien die führenden lateinamerikanischen Staaten, vorab zufolge wirtschaftlicher Entwicklungen[33], aber auch dank eines im wesentlichen trotz immer wieder auftretender Spannungen ruhigen Verhältnisses zwischen Kirche und Staat. Die *argentinische* Verfassung von 1853, welche die katholische Kirche als Staatsreligion erklärt und in Abgeltung der Säkularisierungen eine staatliche Finanzierung vorsieht, freilich auch andere Bekenntnisse toleriert, blieb bis 1920 in Kraft. Der Präsident Domingo Sarmiento (1868–74), der stark am zurückgebliebenen Bildungswesen interes-

[30] HKG VI/1 584–590 722–725.

[31] *E. Samhaber* a.a.O. (1949) 93: „Es gab einen Staat, aber es war ein Feudalstaat, beherrscht von einer adligen Gesellschaft, die zwar bestimmte Aufgaben zu erfüllen hatte, sich jedoch streng in diesem Rahmen hielt.“

[32] Vgl. *J. N. Moody,* Church and Society (New York 1953) 750–807.

[33] Argentinien konnte im letzten Drittel des Jahrhunderts seinen Vieh- und Getreideexport erheblich steigern; Chile sicherte sich in kriegerischen Unternehmungen das Weltmonopol für Salpeter; Brasilien, wo die Bevölkerung überdurchschnittlich (vgl. S. 136) angewachsen war, erweiterte seinen Kaffeeanbau ständig.

siert war[34], hatte das Land europäischen Einflüssen geöffnet; bei seinem Sturz und seiner Emigration nach Chile hatte sich der politische Antiklerikalismus der Liberalen durch eine wenn auch dünne intellektuelle Schicht verstärkt[35]. Doch konnte Leo XIII. 1893 im Einvernehmen mit der Regierung die Bischofssitze in La Plata, Santa Fé und Tucumán errichten. Argentiniens Verhältnisse waren besonders stark durch die Einwanderungen bestimmt: Im Jahre 1869 wurden 1,8 Millionen Einwohner gezählt, von 1874 bis 1880 kamen jährlich ca 45 000 und von 1880 bis 1886 jährlich ca 70 000 Menschen ins Land, meist Italiener und Spanier. In der folgenden Spekulationszeit wanderten jährlich zeitweise 300 000 Menschen ein. Es war schwer, eine geordnete Seelsorge einzurichten, und auch die Vermehrung der Bistumssitze – unter Pius X. drei weitere – lieferte eher einen äußeren Rahmen. Im Jahre 1910 wurde in Buenos Aires eine katholische Universität errichtet. Im gleichen Jahr verfaßte der liberale Jurist und Politiker Joaquín V. González, der die Universität La Plata gegründet hatte, sein Buch „El Juicio del Siglo", in dem er den Weg des Landes von der Kultur spanischer Aristokratie durch die Barbarei hindurch zur „Wiederkehr" analysiert: Behauptung einer Kontinuität der Hispanidad, die über dem Antiklerikalismus nicht übersehen werden kann[36].

Ähnlich wie in Argentinien war die kirchliche Situation in *Chile* auf Grund der Verfassung von 1865. Bei grundsätzlicher religiöser Toleranz war der Katholizismus die offizielle Religion, auch für die liberalen „Regalisten", deren staatskirchenrechtliche Anschauungen in der Tradition der Patronatsrechte standen. Die kirchliche Situation in Chile ist jedoch während der Pontifikate Leos XIII. und Pius' X. dadurch charakterisiert, daß der freimaurerische Antiklerikalismus der Radikalliberalen sich erheblich mäßigte. Ein Beispiel eigentümlicher Kombinationen ist das rein profanpolitische Bündnis des Jahres 1890 zwischen den streng kirchlichen Konservativen und den Radikalliberalen gegen den liberalen José Balmaceda, der als Präsident recht autoritär war und den kriegerischen Konflikt mit dem Parlament verlor.

Daß die Einführung der Republik 1889 in *Brasilien* durch die Radikalliberalen zu keinen Spannungen führte, war zum guten Teil auch ein Verdienst der Diplomatie des Papstes, der allerdings Kaiser Pedro II. (1831–88) und seiner Toleranz nichtkatholischer Kulte keineswegs gewogen gewesen war[37]. Der

[34] Die 1821 gegründete staatliche Universität von Buenos Aires litt lange Zeit an Studentenmangel.

[35] *C. Bruno,* El derecho público de la iglesia en la Argentina, 2 Bde (Buenos Aires 1956).

[36] Vgl. Zitat bei *W. v. Schoen* a.a.O. 570.

[37] Pedro II. gilt in der katholischen Kirchenhistoriographie als „Kirchenfeind" (*Schmidlin PG* II 453). Die Ursache ist insbesondere sein Vorgehen gegen die zwei Bischöfe (vgl. Bd VI/1 725), die in der Freimaurerfrage sich ebenso korrekt gegenüber den Weisungen Pius' IX. verhielten wie der Kaiser gegenüber der Konstitution. Pedro II., der die beiden Bischöfe bereits im folgenden Jahr amnestierte, war kein Politiker, aber eine bedeutende Gestalt, und sein Verhältnis zur Kirche unterscheidet sich kaum von dem des Habsburgers Joseph II. Vgl. *W. v. Schoen* a.a.O. 359f.

Papst erkannte die Republik an, und die diplomatischen Beziehungen wurden wiederaufgenommen. Die Verfassung von 1891 garantierte Freiheit und Besitz der Kirche, doch entfielen nach dem Trennungsgesetz jegliche Subventionen. Die brasilianische Kirche war jetzt wie die in den Vereinigten Staaten von Amerika ganz auf sich selbst angewiesen und mußte in ihren diözesanen Finanzverwaltungen die Einkünfte und Spenden zentralisieren. Die größte Sorge war jedoch die Vermehrung des Klerus, dessen Anzahl (1872 kaum 1000 Priester) angesichts des starken Bevölkerungswachstums (unter Pedro II., auch durch starke Einwanderung, von ca 6 auf 14 Millionen) um so bedrückender war, und die Hebung seiner religiösen Bildung, die unter dem Rationalismus sehr gelitten hatte. Der Papst begünstigte die Niederlassungen europäischer Ordenszweige in Brasilien, so der Prämonstratenser von Averbode in São Paulo und der Benediktiner von Maredsous, die sich mit großer Energie der Erneuerung der brasilianischen Kongregation von Olinda widmeten. In den Jahren 1894 und 1895 unternahm G. van Caloen Inspektionsreisen, deren Ergebnis im Beuroner Generalkonvent in Maredsous beraten wurde. Leo XIII. hatte seine ganze Autorität dafür eingesetzt („est mea voluntas")[38]. Im Jahre 1899 ernannte der Papst van Caloen zum Generalvikar des brasilianischen Erzabtes Machado († 1908)[39] mit dem Recht der Nachfolge auf Lebenszeit. In den Jahren 1892 bis 1902 errichtete Leo XIII. in Brasilien acht neue Bistümer. Pius X. ernannte 1905 den Erzbischof von Rio de Janeiro, Arcoverda Cavalcanti, zum Kardinal, dem ersten in Lateinamerika. Der erfolgreiche Außenminister Baron Rio Branco sorgte dafür, daß diese Gunst angemessen erwidert wurde. Die immer wieder von Wirren erschütterte Republik übersandte dem Papst einen in massives Gold gebundenen Prachtband, den Namenszug des Papstes in Edelsteinen ausgelegt, sein Brustbild von 90 Diamanten umkränzt[40].

In *Bolivien,* das wegen seiner häufigen Militärrevolten gelähmt, durch den Verlust der Küstenprovinz Atacama an Chile Binnenland geworden war und erst nach dem 1. Weltkrieg durch seine Zinnproduktion einen Aufschwung erlebte, blieben die kirchlichen Verhältnisse auch im letzten Drittel des 19. Jh. unverändert und setzten die Franziskaner in der überwiegend aus Indios und Mischlingen bestehenden Bevölkerung ihre Missionstätigkeit fort[41]. Die katholische Kirche wurde bei prinzipieller Kultfreiheit allein staatlich gefördert, verbunden mit Eingriffen, gegen die Pius X. 1906 protestierte.

In *Peru,* wo 1880 in Lima ein päpstlicher Delegat einziehen konnte (zuständig auch für Bolivien und Ecuador), dauerten ähnliche Verhältnisse wie in Bolivien bis zum Jahrhundertende, als sie durch Einführung der Zivilehe (1898) getrübt wurden. Doch konnte 1899 mit der Regierung ein Abkommen über drei

[38] *P. Weißenberger,* Das benediktinische Mönchtum im 19./20. Jh. (Beuron 1959) 59. Vgl. Kap. 17.

[39] *M. E. Scherer OSB,* Domingos Machado – der Restaurator: SM 74 (1964) 7–162.

[40] Ausführlich beschrieben bei *Schmidlin PG* III 92.

[41] *L. Lemmens,* Geschichte der Franziskanermissionen (München 1929) 316ff.

Apostolische Präfekturen geschlossen werden. Schwere innerpolitische Auseinandersetzungen endeten in der Diktatur von A. Leguía (1908–12, 1919–30). Im Jahre 1913 wurde in Lima ein Provinzialkonzil abgehalten, das sich mit dem verheerenden Priestermangel beschäftigte.

Aufschlußreich ist ein Vergleich der kirchlichen Entwicklung einerseits in Kolumbien und Venezuela, anderseits in Ecuador und Guatemala. *Kolumbien* war das erste lateinamerikanische Land, das eine Trennung von Kirche und Staat (1853) eingeführt hat, und zwar in einem radikal kirchenfeindlichen Sinne. Seit der Präsidentschaft von R. Núñez (1880) entwickelten sich ausgesprochen kirchenfreundliche Verhältnisse, und 1885 wurden die diplomatischen Beziehungen mit dem Vatikan (General Vélez als Botschafter) wiederhergestellt. Nach der Konvention von 1887/88, ergänzt 1892, ist die katholische Religion die öffentliche und genießt die Kirche Unabhängigkeit; in häufig umstrittenen Fragen, wie der Zivilgerichtsbarkeit des Klerus und der kirchlichen Kompetenz für die Friedhöfe, wurden entgegenkommende Kompromisse vereinbart. Das Trennungsgesetz von 1853 wurde jedoch nicht aufgehoben. In den Jahren 1880 bis 1900 errichtete Leo XIII. 6 neue Diözesen. Das Land wurde 1899–1902 noch einmal durch einen sehr heftigen Bürgerkrieg erschüttert, der Kolumbien die Abtrennung Panamas mit Hilfe der Vereinigten Staaten von Amerika kostete. Eine vermittelnde Rolle zwischen Kirche und Staat spielte E. Moreno y Díaz, der 1888 als Provinzial der Augustiner-Eremiten von den Philippinen nach Kolumbien gekommen war, 1895 bis 1906 Bischof von Pasto[42]. Seit 1904 regierte General Rafael Reyes recht diktatorisch, steht jedoch in angenehmer Erinnerung, weil er die Folgen des Bürgerkrieges beseitigte. Sein Verhältnis zur Kirche bekundete er durch einen Bau für die Nuntiatur in Bogotá (1908), wo 1913 unter Erzbischof Herrera Restrepo ein Eucharistischer Kongreß stattfand.

Auch *Venezuela* erlebte nach dem kirchenfeindlichen Regime von Guzmán Blanco, der 1870 den Erzbischof Guevara des Landes verwiesen hatte, in religiöser Hinsicht eine ruhige Entwicklung, die eine Tätigkeit der Orden begünstigte, nicht freilich in außenpolitischer Hinsicht unter der Diktatur von Cipriano Castro (1899–1908). Das auf der Bischofskonferenz in Caracas (1904) beratene Priesterseminar wurde 1913 eröffnet.

In entgegengesetztem Rhythmus verlief das Verhältnis zwischen Kirche und Staat in Ecuador[43] und in Guatemala. Auch nach der Ermordung des Präsidenten von *Ecuador*, García Moreno (1875), dessen Werk man einen „christlichen Musterstaat" genannt hat[44], dauerte die Begünstigung der Kirche unter mehr oder weniger konservativen Regierungen an. Im Jahre 1881 wurde das Konkor-

[42] *T. Minguella y Arnedo*, Biographie (Barcelona 1909).

[43] *J. I. Larrea*, La Iglesia y el Estado en el Ecuador (Sevilla 1954).

[44] *Schmidlin PG* II 451; vgl. hierzu Aubert: HKG VI/1 588; bemerkenswert ist die Auswirkung der kirchlichen Verhältnisse in dieser Zeit auf die Beziehungen zwischen Ecuador und dem damals antiklerikalen Kolumbien (*W. v. Schoen* a.a.O. 456).

dat von 1862 neu bearbeitet und der katholischen Kirche als Staatsreligion ungewöhnlich weitgehende Rechte, so auch in der Schulaufsicht, zugestanden. Eine Zusatzvereinbarung von 1890 gewährte dem Episkopat drei Prozent der staatlichen Liegenschaften. Als Gegenleistung sagte Leo XIII. eine Einflußnahme auf die Bischöfe bei den Wahlen zu, im allgemeinen der Preis in Lateinamerika, besonders problematisch deshalb, weil die Einsetzung der Pfarrer oft unter der Direktion der herrschenden Schicht stand. Die radikalliberale Revolution von 1895 jedoch brachte unter der Regierung des ansonsten politisch maßvollen Generals Eloy Alfaro mit Konfiskationen und Ordensvertreibungen eine harte Reaktion gegenüber der bisher begünstigten Kirche. Nach Einführung der Zivilehe 1902 wurde 1904 die Trennung von Kirche und Staat ausgesprochen.

Rascher verlief der Prozeß in der mittelamerikanischen Republik *Guatemala*, wo auf die sehr kirchenfreundlichen, von den Konservativen der weißen Minderheit getragenen Präsidenten Carrera und Cerna 1871 die Herrschaft der Liberalen folgte, die in der Verfassung von 1879 ein laizistisches Regiment einführten. Der Erzbischof Casanova y Estrada sprach gegen den Präsidenten Justo Rufino Barrios, der den kirchlichen Grundbesitz enteignete, die Jesuiten vertrieb, das Tragen geistlicher Kleidung in der Öffentlichkeit verbot und die Indianer und Mischlinge (sie machten bei weitem die Mehrheit der Bevölkerung aus) mobilisierte, den Kirchenbann mit prophetischem Pathos aus[45]. Er wurde 1887 verbannt. Die folgenden Präsidenten blieben im wesentlichen auf der gleichen Linie. Der Diktator Estrada Cabrera (1899–1919) errichtete einen „Minerva-Tempel“ für die Feiern des Staates.

Wohl die heftigsten Wandlungen des Verhältnisses von Kirche und Staat spielten sich in *Mexiko* ab. Nach dem Scheitern des politisch respektablen Programmes des reinblütigen Indios Benito Juárez († 1872)[46] blieben die durch seinen Nachfolger in der Verfassung verankerten laizistischen Gesetze mit der Trennung von Kirche und Staat in Kraft. Aber diese Trennung wirkte sich während der wirtschaftlich sehr erfolgreichen Diktatur von Porfirio Díaz (1877–81, 1884–1911) eher vorteilhaft aus. Dabei spielte die kirchlich gesinnte Gattin des Präsidenten Carmelita eine bedeutende Rolle. Die Angehörigen der Orden und Kongregationen konnten mehr oder weniger legal zurückkehren, und Leo XIII. errichtete von 1880 bis 1902 die Erzbistümer Oaxaca, Monterrey und Durango sowie 11 Bistümer. Es kam der indianischen Überlieferung entgegen, daß Leo XIII. 1886 die liturgische Krönung des Gnadenbildes Nuestra Señora de Guadalupe verfügte, dessen Verehrung seit 1531 (der Name ist nach dem spanischen Gnadenbild gewählt) von keinen kirchenpolitischen Wirren beein-

[45] „Der sogenannte Justo Rufino Barrios ist aus unserer gesegneten Gemeinschaft ausgestoßen. Ich verbiete ihm von heute ab, den Namen eines unserer römischen Martyrer zu führen. Wir warnen die Gläubigen vor dem Verkehr mit dem sogenannten Justo Rufino Barrios, dem Gottes Gnade entzogen ist“ (*W. v. Schoen* a.a.O. 419).

[46] *R. Roeder*, Juárez and His Mexico, 2 Bde (New York 1947, liberal).

trächtigt werden konnte[47]. Im Jahre 1896 wurde ein Provinzialkonzil abgehalten. Nach dem Vorbild der europäischen Katholizismen wurden Kongresse veranstaltet in Puebla (1903), Mérida (1904), Guadalajara (1906), Oaxaca (1909). Besonders beachtenswert ist der katholische Kongreß von Tulancingo (1904), bei dem erstmals die Sozialprobleme der mexikanischen Landwirtschaft in religiöser Perspektive behandelt wurden. Auf dem Kongreß von 1913 im mexikanischen Zamora wurde das Programm der „Confederación Nacional de los Círculos Católicos Obreros" entwickelt, wozu P. Alfredo Méndez Medina einen wesentlichen Beitrag leistete. Einige der sozialen Prinzipien hatten wohl einen Einfluß auf die Verfassung von 1917, die aus den revolutionären Wirren hervorging. Sie enthielt jedoch in Art. 3 die Bestimmungen über die radikale Laisierung des Schulwesens und im Art. 27 über die Nationalisierung des Kirchenvermögens.

Daß die religiöse Regeneration Lateinamerikas in diesem Zeitraum nicht gelang, hat viele Ursachen. Ohne Zweifel waren die kirchlichen Kräfte zu sehr auf das Verhältnis von Staat und Kirche fixiert, auf die Hoffnung, bei konservativen Regierungen Schutz zu finden, der oft zweifelhaft genug war. Und ebenso gewiß ist es, daß der einheimische Klerus quantitativ und qualitativ zu schwach war und daß die Hilfe aus Europa zu spät kam und zudem Vorstellungen mitbrachte, die den lateinamerikanischen Verhältnissen nicht entsprachen. Man hat gesagt, daß die Frauen der Politiker aller Couleur in die Kirche gingen und es zu einer offenen Bekämpfung der Religion als solcher bis zum 20. Jh. nicht gekommen ist[48]. Man kann auch hinzufügen, es sei der lateinamerikanische Katholizismus ein solches Grundphänomen, daß er sogar noch in der unchristlichen Literatur durchschimmert, ganz zu schweigen von der 1889 geborenen chilenischen Lyrikerin Gabriele Mistral (Lucila Godoy Alcayaga). Aber dieser traditionelle Katholizismus ist seit der Mitte des 19. Jh. einer ständigen Erosion ausgesetzt durch das System des Auguste Comte. Um 1880 war der Positivismus das Glaubensbekenntnis fast der ganzen intellektuellen Elite und eines großen Teiles der liberalen Politiker (wenn auch mit verschiedener Auslegung) und blieb es über die Jahrhundertwende hinaus. Und wer in die Bildungsschicht aufstieg, die in den Jahrzehnten nach 1880 erheblich anwuchs, ging in der Regel den gleichen Weg. Die Revolutionen vom Anfang des 19. Jh. waren eine große Enttäuschung gewesen, nicht zuletzt für Simón Bolívar. Jetzt, so hoffte man, sollte der Durchbruch gelingen, am traditionellen Katholizismus vorbei, mit Hilfe der Wissenschaften.

[47] 1894 wurde das Offizium erweitert; 1910 Hauptpatronin für ganz Lateinamerika. *R. V. Ugarte,* Historia del Culto de María en Ibero-América I (Madrid ³1956) 190–207.

[48] *E. Samhaber* a. a. O. (1949) 92; ähnlich *A. Bellesheim:* AkathKR 81 (1901) 38: „Was dieses Gewimmel von Völkern und Staaten einigt, das sind die höheren Interessen der katholischen Religion, welche ungeachtet der zersetzenden Bemühungen der Freimaurerei und des Liberalismus das Bekenntnis der überwiegend großen Mehrheit der südamerikanischen Staaten bis zur Stunde geblieben ist."

9. Kapitel

Das katholische Selbstbewußtsein im British Empire

LITERATUR: Vereinigtes Königreich Großbritannien und Irland: HKG VI/1, Allg. Bibliogr. XXVI und Lit. zu Kap. 21 und 30; ferner: *E. Taylor,* The Cardinal Democrat (London 1908); *G. Goyau,* Autour du catholicisme social, II 220–245, III 194–231, IV 71–85; *K. Waninger,* Der soziale Katholizismus in England (M.-Gladbach 1914); *I. Bolten,* Katholisches aus England (M.-Gladbach 1928) (populär, aber informativ); *Ch. Hollis: I. N. Moody* (Ed.), Church and Society (New York 1953) 809–842; *W. G. Gorman,* Converts to Rome in the United Kingdom during the last 60 years (London 1910); *D. C. Sommervell,* Geistige Strömungen in England im 19. Jh. (deutsch 1946); *J. G. Snead-Cox,* Cardinal Herbert Vaughan. 1892–1903, 2 Bde (London 1910); *E. Oldmeadow,* Cardinal Francis Bourne. 1903–1935, 2 Bde (London 1940, 1944); *Maisy Ward,* The Wilfrid Wards and the Transition, 2 Bde (London 1934/38). – Zur allg. Geschichte: *P. Kluke: Th. Schieder* (Hrsg.), Handbuch der europ. Geschichte 6 (1968) 269–272 Bibliogr. – Irland: *A. Bellesheim,* Geschichte der kath. Kirche in Irland III (Mainz 1891); *J. Pokorny,* Irland (1916); *P. K. Egan,* The Influence of the Irish on the Catholic Church in America in the 19th Century (Dublin 1968) (eine Übersicht auf 22 Seiten, mit Bibliogr.); *E. Larkin,* Economic Growth, Capital Investment and the Roman-Cath. Church in 19th Century Ireland: AHR 72 (1966) 885–905; *L. I. McCaffrey,* The Irish Question, 1800–1922 (Lexington 1968); dazu: M. R. O'Connell: CHR 58 (1972) 415 f; *P. Alter,* Die irische Nationalbewegung zwischen Parlament und Revolution (Stuttgart 1971). – Kanada: HKG VI/1, Allg. Bibliogr. XXIXf und Lit. zu Kap. 9 (214) und zu Kap. 30 (562); *Alexis de Barbezieux,* L'Église catholique en Canada (Montreal 1934); *E. Gautier,* Le catholicisme au Canada (Ottawa 1934); *D. de Saint-Denis,* L'Église catholique au Canada (Montreal 1956); *V. Harvey a. o.,* L'Église et le Québec (Montreal 1961); *P. Savard,* Jules-Paul Tardivel (Quebeck 1967). – Australien: HKG VI/1, Allg. Bibliogr. XXX und zu Kap. 30 (562); *J. E. Murtagh,* Australia. The Catholic Chapter (New York 1947); *G. Walter,* Australien. Land und Leute, Mission (Limburg 1928), Bericht eines Missionars; *P. Ford,* Cardinal Moran and Australian Labour Party (London 1966).

Im Jahre 1912 wurden in *England* 1,79 Millionen und in *Schottland* 0,54 Millionen Katholiken gezählt, insgesamt also 2,33 Millionen bei einer Gesamtbevölkerung von 40,8 Millionen (ohne Irland). Um 1878 hatten in Schottland etwa 0,35 Millionen Katholiken gelebt. Die Katholiken waren also außerhalb Irlands, wo sie – Ulster eingerechnet – 80 Prozent ausmachten, eine kleine Minderheit, die allerdings lange Zeit in bestimmten Gebieten konzentriert war, in England in der Grafschaft Lancashire, in London und den Midlands, in Schottland vor allem im Umkreis von Glasgow, dann von Edinburgh. Nachdem England 1850 eine ordentliche Hierarchie erhalten hatte[1], war es einer der ersten Regierungsakte Leos XIII. (4. 3. 1878), in St. Andrews-Edinburgh den schottischen Metropolitansitz mit 4 Suffraganen und in Glasgow ein Rom unmittelbar unterstelltes Erzbistum zu errichten. Diese Gliederung berücksichtigte die Bedeutung der irischen Einwanderung[2] für die Katholiken, die auch in England großteils irischer Abstammung waren[3]. Daraus erklärt sich, daß der Katholi-

[1] Vgl. HKG VI/1, Kap. 30, hier 551.
[2] Ebd. 556f. [3] Ebd. 411.

zismus sich überwiegend aus unbemittelten Schichten zusammensetzte. Es gab zwar eine Anzahl wohlhabender englischer Katholiken, die sich durch die Konversionsbewegung verstärkte, aber kaum einen bürgerlichen Mittelstand.

Auch in diesen gesellschaftlichen Bedingungen gründet es, daß dieser heranwachsende Katholizismus nicht vom Geiste Newmans[4], sondern vom politischen Genie H. E. Mannings[5] geprägt wurde. Manning war der Sohn (geb. 1808) eines Unternehmers, ein englischer Patriot, der noch 1845 vom Übertritt Newmans schockiert wurde, ein Freund von Gladstone, der dann ebenfalls die Konversion Mannings 1851 nicht begreifen konnte[6]. Der Erzbischof von Westminster (1865) wurde 1875 zum Kardinal erhoben. Daß Manning sein englisches Nationalbewußtsein bruchlos mit seinem Aktivismus für Pius IX. verbinden konnte (er stand Leo XIII. anfänglich sehr reserviert gegenüber), gründet einerseits in der religiösen Toleranz der Viktorianischen Zeit, anderseits aber darin, daß Manning sein soziales Engagement sowohl als eine christliche wie als eine nationale Angelegenheit betrachtete (vgl. unten), was auch dadurch erleichtert wurde, daß in Großbritannien nur ein Tor auf den Gedanken hätte kommen können, eine katholische Sozialbewegung zu installieren. Es war ganz natürlich, daß Manning 1884 als Sprecher beim Jubiläum der „British and Foreign Anti-Slavery Sociation" auftreten konnte und Mitglied der „Royal commission for securing the better housing of the poor" war. Seine „Hausmacht" war nicht der Katholizismus als solcher, sondern das immer bedrängender werdende und durch die Wahlreformen auch politisch höchst relevante soziale Problem. Wie nur bei relativ wenigen Katholiken ging es für Manning bei aller religiösen Motivation um die Sache selbst. Keineswegs gab er der sozialen Aktion den Vorrang vor der politischen[7], vielmehr weigerte er sich, Politik in Kirchenpolitik aufgehen zu lassen. Wie für seinen Freund William E. Gladstone (1809–98), den großen Führer der Liberalen, war die irische Homerule für Manning eine Sache der Gerechtigkeit und der politischen Klugheit zugleich, die der päpstlichen Diplomatie der achtziger Jahre[8] zu opfern er sich ebenso weigerte, wie er den Gedanken verwarf, die beim 50jährigen Regierungsjubiläum der Königin Victoria (1887) ausgetauschten Freundlichkeiten im Sinne konservativer englischer Katholiken in Richtung auf diplomatische Beziehungen weiter zu entwickeln. Er setzte kein großes Vertrauen auf die Missionierung von oben her. „Bisher ist die Welt von Dynastien regiert worden, nun aber muß der Heilige Stuhl mit den Völkern verhandeln."[9]

[4] Ebd. 410f 554ff. [5] Ebd. 553f.

[6] Gladstone an Wilberforce am 11. April 1851.

[7] So *Schmidlin PG* II 488.

[8] Briefe Leos XIII. an den Erzbischof von Dublin, Eduard McCabe, vom 3. Januar 1881 (Acta Leonis II 187–190), an den irischen Episkopat vom 1. August 1882 (Acta Leonis II 129–133), an Kardinal McCabe vom 1. Januar 1883 (Acta Leonis III 187–191), an den irischen Episkopat vom 24. Juni 1888 (Acta Leonis VIII 249–253). Vgl. S. 149ff.

[9] Zitiert nach *K. Buchheim* (op. cit. S. 196), 332.

Im besten Einvernehmen mit Leo XIII. bereinigte Kardinal Manning die Schwierigkeiten, die sich aus dem Übergang von der kirchlichen Struktur unter der Propaganda Fide zur ordentlichen Hierarchie regelmäßig ergaben. Spannungen des Episkopates bestanden insbesondere zu den Benediktinern und den – Manning wenig sympathischen – Jesuiten. In der Konstitution vom 8. Mai 1881 wurde die Seelsorge und die Verwaltung des Kirchenvermögens exklusiv dem Episkopat vorbehalten. Die neue schottische Hierarchie veranstaltete im August 1886 ein Plenarkonzil. In diesen Zusammenhang gehört das Bild, das Manning von der Spiritualität des Weltpriestertums zeichnete[10], dessen Aktivität er gegen die Kritik der Ordensleute in Schutz nahm. Weder die theologische Spekulation, eines der Spannungsmomente zu Newman, war seine Sache, noch aber auch das isolierte Kultpriestertum. „Die Geistlichen laufen Gefahr, bloße Meßpriester und Sakramentskrämer zu werden.“[11] Was er will, ist die deutliche Profilierung der katholischen Grundwahrheiten, die durch sekundäre Züge nicht verdeckt werden sollen, keine nutzlose Polemik, aber eine durchaus expansive Anweisung zum Handeln.

Ein wichtiges Feld wie überall war das Schulwesen. Die liberale Kulturpolitik Gladstones, der auch in seinen späteren Jahren an der christlichen Grundüberzeugung festhielt[12], hatte für den Katholizismus in Großbritannien einen ambivalenten Aspekt: einerseits kam es ihm zugute, daß der Vorrang der anglikanischen Kirche, die das Schulwesen beherrschte und hierfür öffentliche Mittel erhielt, abgebaut wurde – anderseits hatte das Erziehungsgesetz von 1870, wonach auch konfessionslose, von den politischen Gemeinden getragene Primarschulen staatlich zu finanzieren sind, die Folge, daß nun die „provided schools“ des Staates das Feld beherrschten (erst 1880 wurde die allgemeine Schulpflicht eingeführt). Die konfessionellen Privatschulen gingen zurück, ausgenommen die katholischen, die u. a. einen vorzüglichen Mittelpunkt in St. Leonards on Sea (Sussex) hatten, betreut von den „Schwestern vom Kinde Jesu“, deren Sozietät Cornelia Connelly[13] auf Anregung Wisemans gegründet hatte. Doch erst 1902 erhielten die katholischen Schulen staatliche Beihilfen, wenn sie sich an den allgemeinen Schulplan hielten.

Es waren zumindest zwei verschiedene Stilarten, mit dem Status einer Minderheit fertig zu werden, ja sogar zwei gesellschaftlich verschiedene Auffassungen vom Katholizismus in Großbritannien, die sich einerseits in der kirchlichen Praxis, wie sie in den achtziger Jahren entfaltet wurde, und anderseits in der Mentalität jener, die den Unionsbemühungen (1895) mit der anglikanischen Kirche geneigt waren, einander gegenüberstanden.

Was nämlich W. Ward in seiner Wiseman-Biographie schreibt, es seien

[10] *Manning*, The Eternal Priesthood (London 1884); dazu *P. Pourrat*, La spiritualité chrétienne IV (Paris [6]1951) 579 ff.

[11] Aus der Biographie von Purcell zitiert bei Trapp (op. cit. Bd VI/1, 662), 360.

[12] *P. Kluke* a. a. O. 276.

[13] *J. Bolten*, C. Connelly (München 1928).

Katholiken und Protestanten in der Zeit bis 1829 „gleichsam verschiedene Rassen geworden“ [14], dies gilt auch weiterhin, wenn man auf die laut den Rosenkranz betenden Prozessionen sieht, die jährlich von Newgate (Ost-London) nach Tyburn (West-London) zogen, den Weg wiederholten, den die englischen Martyrer der Reformationszeit – 1886 von Leo XIII. seliggesprochen – vom Gefängnis zur Hinrichtungsstätte zu gehen hatten. Die Prozessionen waren vom Parlament erlaubt, aber für die Londoner eine Variante des ansonsten vertrauten Nonkonformismus, die einer „verschiedenen Rasse“ zugehört. Im Jahre 1887 hatten der Geistliche Philipp Fletcher und der Rechtsanwalt Lister Drummond († 1916) [15] „The Guild of our Lady of Ransom“ gegründet, zwei Konvertiten, die der Vereinigung das Leit-Gebet „Jesus, bekehre England!“ gegeben haben. Am Zielort der Prozession gründete Kardinal Vaughan 1903 im Kloster der „Schwestern von der ewigen Anbetung“ ein Zentrum des Konvertiten-Unterrichts. Die Vereinigung „Unsere Liebe Frau von der Erlösung“ ging um die Jahrhundertwende zurück und wurde von der „Catholic Evidence-Guild“ abgelöst. Der literarischen Apologetik widmete sich die „Catholic Truth Society“, die 1884 James Britten, ein konvertierter Laie, gründete und die seit 1887 in den Kirchen Schriftenstände aufstellte mit Broschüren über die religiösen Kontroversfragen, über die englische Kirchengeschichte, auch über die soziale Frage.

Dies war jener Katholizismus in Großbritannien, der mit unerhörter Opferbereitschaft den Lebensunterhalt seiner Geistlichen [16] und seine Schulen finanzierte, noch vielmehr der Katholizismus kleiner Leute als in den Vereinigten Staaten von Amerika. Dessen gesellschaftliches Klima war für die Aktivitäten Kardinal Mannings bestimmend. „The coming age will belong neither to the capitalists nor to the commercial classes, but to the People. The People are yielding to the guidance of reason, even to the guidance of religion. If we can gain their confidence, we can counsel them, if we show them a blind opposition, they will have power to destroy all that is good.“ [17] Das charakteristische dieser Äußerung besteht darin, daß Manning das gesellschaftliche Problem der industriellen Revolution als ein universales zu sehen vermochte. Die theoretische Grundlage hatte er bereits 1880 in „The Catholic Church and Modern Society“ geschaffen [18]. Die in einer nüchternen Analyse gegründete Identifikation des

[14] *W. Ward,* Life and Times of Card. Wiseman I (London 1897) 438.

[15] Mit Erlaubnis von Kardinal Vaughan trat er im Hyde-Park als Prediger auf und machte darin Schule.

[16] „To contribute to the support of your pastors“ ist eines der Gebote im englischen Katechismus.

[17] Brief an A. de Mun vom 25. Januar 1891, in der Neuausgabe (London 1934) von „The Dignity and Rights of Labour and other Writings on Social Questions“ 68.

[18] Sein wichtiger Beitrag zur Stellung des Industriearbeiters erschien in London 1891, im gleichen Jahre sein Kommentar zur Enzyklika „Rerum novarum“: „Leo XIII. on the condition of Labour“. Über Mannings Beitrag zur Sozialtheorie des Katholizismus s. S. 214.

Unternehmersohnes mit der Sache der Industriearbeiter und nicht das Ansehen eines höheren Priesters der Papstkirche ist der Hintergrund für die oft erzählte Geschichte von der Schlichtung des am 13. August 1889 in London ausgebrochenen Dockarbeiterstreiks[19]. Manning praktizierte hier die Erfüllung „der Pflichten von Bürgern und Patrioten", deren Verweigerung durch Katholiken auch nach 1828 er „eine Pflichtvergessenheit und in sich ungesetzlich" genannt hatte[20]. Die Frage konfessioneller oder christlicher Gewerkschaften stellte sich in Großbritannien um so weniger, als die Trade Unions nicht marxistisch orientiert waren[21]. Die Zugehörigkeit der katholischen Arbeiter war selbstverständlich. Die 1909 von Msgr. H. Parkinson[22], Rektor des Oskott-College, und dem Jesuiten Ch. Plater gegründete „Catholic Social Guild" wollte sich religiöser Schulung der Arbeiter widmen, um die um sich greifende Entchristianisierung aufzuhalten. Nach dem Vorbild des „Katholischen Volksvereins" in Deutschland sollten „Penny-Pamphlets" vertrieben werden. Die Anfänge der CSG waren schwierig: Von den 5000 erhofften Mitgliedern hatte man 1912 etwa 1000 (wenn auch einige Kollektivmitglieder) erreicht. Ähnliche Ziele verfolgte seit 1900 die „National Conference of Catholic Trade-Unionists".

Auch das übrige katholische Vereinswesen in Großbritannien hielt sich in bescheidenen Grenzen, obwohl es auf vielerlei soziale Gruppen ausgedehnt wurde (1910 die „Catholic Medical Guild" mit 200 Mitgliedern, 1911 die „Catholic Stage Guild" [Bühnenkünstler]). Die seit 1848 bestehende „Catholic Young Mens Society of Great Britain" zählte 1912: 22000 Mitglieder, wozu noch die „Catholic Boy Scouts" kamen. Die 1908 gegründete „Catholic Womens League" hatte 1912 einen Mitgliederstand von 8000 erreicht[23]. Eine ausgesprochen bürgerlich-konservative Angelegenheit war die 1891 gegründete „Catholic Association" unter dem Vorsitz des Earl of Denbigh. Ihr entspricht die 1910 auftretende und sozial etwas breiter angelegte „Catholic Confederation", die betont überparteilich war.

Man hat gesagt, daß die soziale Aktivität Mannings isoliert dastehe[24], und

[19] Es waren 200000 Dockarbeiter wegen ihrer schlechten Löhne in den Ausstand getreten, nachdem ihre mäßigen Forderungen von den Dockdirektoren abgelehnt worden waren. Der Schlichtungskommission gehörten außer dem Lordmajor von London, dem anglikanischen Bischof u.a. auch Manning an, zumal unter den Streikenden viele Katholiken waren. Der an einem Wochenende ausgehandelte Kompromiß platzte wegen Terminschwierigkeiten in der Unterschriftenbeschaffung, so daß die Arbeiter am Montag streikten. Jetzt verhandelte Manning allein mit den Streikenden und wurde von ihnen als Schlichtungsbevollmächtigter bestimmt. Der Streik war deshalb von Bedeutung, weil hier die Masse der ungelernten Arbeiter in Bewegung kam. John Burns, einer der Führer in der Gewerkschaft hochqualifizierter Arbeiter (*P. Kluke* a.a.O. 287), arbeitete bei der Schlichtung des Streiks gut mit Kardinal Manning zusammen.

[20] Nach *E. Taylor* a.a.O. 49.

[21] *H. A. Clegg* u.a., History of the British Trade Unions since 1889 I (London 1964).

[22] *H. Parkinson,* A Primer of Social Science (London 1913).

[23] *K. Waninger* a.a.O. 110–130.

[24] „Manning's contribution was unique, for the majority of the older English Catholics were

dies ist bis zu einem gewissen Grade auch richtig, denn die literarische Auseinandersetzung im Katholizismus Großbritanniens mit der sozialen Frage wird erst nach 1900 intensiver[25], also mit dem politischen Wachstum der Sozialisten. Aber man muß dies im Kontext der allgemeinen Geschichte sehen. Gladstone, der sich für die irische Frage verzehrte und die Entwicklung der Trade-Unions gesetzlich begünstigte, „war kein Sozialreformer im engeren Sinn, und die Nöte der arbeitenden Klasse als solche bewegten ihn kaum“[26]. Benjamin Disraeli, dem man Sympathien für Manning nachsagt[27], war in seiner sozialen Einsicht unter den Tories eine recht einsame Gestalt (die Labour Party wurde 1900 gegründet). Die Katholiken in den höheren Rängen der Gesellschaft aber machten nur eine sehr geringe Zahl aus. In der Regierung hatten während des 19. Jh. einen Sitz Lord Ripon (1870 konvertierter Freimaurer) in mehreren liberalen Kabinetten bis 1909, Lord Llandaff 1886 im konservativen Kabinett des Lord Salisbury, der Duke of Norfolk, Vermittler der päpstlichen Antwort an die Königin beim Jubiläum von 1887, im konservativen Kabinett von 1894.

Der Katholizismus der Oberschicht auch war es, der teilweise der „English Church Union“, der 1844 gegründeten Organisation der Anglokatholiken innerhalb der anglikanischen Kirche, mit einer gewissen Sympathie gegenüberstand. Deren Präsident (seit 1868) Lord Halifax, persönlich der römisch-katholischen Kirche sehr geneigt, hatte 1890 auf Madeira den französischen Lazaristenpater Fernand Portal kennengelernt, einen Schüler von Dupanloup. In ihrer Korrespondenz 1892 suchten sie nach einem Weg, auf dem die römisch-katholische Kirche und die anglikanische Kirche, wenn auch nicht in naher Zukunft, einer Wiedervereinigung entgegengeführt werden könnten. Dazu schien ihnen eine Diskussion über die Gültigkeit der anglikanischen Weihen als „Mittel zum Zweck“ geeignet[28]. Im Juli 1892 suchte Halifax den Erzbischof von Westminster auf, um ihm den Plan darzulegen. Herbert Alfred Vaughan, 1872 Bischof von Salford, seit März 1892 Erzbischof von Westminster, seit Januar 1893 Kardinal, entstammt einer alten katholischen Familie der Aristokratie. Er war 1857 bei den Ambrosianern, der unter Karl Borromäus gegründeten Gesellschaft von Weltgeistlichen, eingetreten, die im gleichen Jahr H. E. Manning in Bayswater eingeführt hatte. Wenn sich auch Vaughan von Manning

remote from the Social Struggle and unsympathetic with the Irish laborers in factory and mine“: *Ch. Hollis: J. N. Moody,* Church and Society (New York 1953) 822.

[25] Nach dem Außenseiter *E. G. Bagshawe* (Bischof von Nottingham) mit seinem Buch „Mercy and Justice to the Poor“ (London 1885): *J. Mooney,* Catholic Principle of Social Reform (London 1912); *H. Parkinson* a. a. O.; *G. S. Devas,* Social Question and the Duty of Catholics (London 1907); *ders.,* Political Economy (London 1911); seit 1912 erschien das „Catholic Social Yearbook“.

[26] *P. Kluke* a. a. O. 276.

[27] Der Kardinal Grandison in seinem „Lothair“ soll Züge Mannings tragen. *K. Waninger* a. a. O. 56.

[28] *J. J. Hughes,* Absolutely Null and Utterly Void (London 1968); deutsch: Absolut Null und Nichtig. Zur Ablehnung der anglikanischen Weihen ...: Studia Anglicana 2 (Trier 1970) 39.

unterschied und 1895 das von Manning in Rom erwirkte Verbot für katholische Studenten, in Oxford und Cambridge zu studieren, rückgängig machte[29], so war er doch kirchenpolitisch eines Sinnes mit seinem Vorgänger und ein entschiedener Vertreter der Infallibilität in dem 1866 von ihm gekauften „Tablet". An der sozialen Frage war er im Vergleich zu Manning weniger interessiert[30]. Vaughan gab von Anfang an zu verstehen, daß im Verhältnis zu den Anglikanern die Anerkennung des päpstlichen Primates das entscheidende Moment sei. Im Jahr 1893 veröffentlichte Portal in Paris die Schrift „Les ordinations anglicanes" (pseudonym), in der er den „historischen Fakten" nach die Konsekration Matthew Parkers (1559 von Elisabeth I. zum Erzbischof von Canterbury ernannt) als korrekt, jedoch vor allem die „Intention" des Konsekrators als zweifelhaft bezeichnete. Der Kirchenhistoriker L. Duchesne argumentierte mit der katholischen Sakramentslehre gegen diese Behandlung der Intentionsfrage und erklärte, daß man die Weihen als gültig betrachten könne. Da Portal als gebildeter Theologe den Einspruch katholischerseits gegen sein Intentionsargument voraussehen konnte, hat man seine Schrift als „taktischen Schachzug"[31] bezeichnet, um das Gespräch in Gang zu bringen. Im Jahr 1894 besuchte Portal in England Lord Halifax, der ihn bei anglikanischen Bischöfen einführte. Der Erzbischof von Canterbury, E. W. Benson, war sehr kühl und seiner Überzeugung ebenso bewußt wie Kardinal Vaughan, der auch verstimmt war, weil Portal ihn nicht aufgesucht hatte und einer Einladung nicht gefolgt war[32]. Im September 1894 wurde Portal vom Kardinalstaatssekretär Rampolla nach Rom gebeten und dem Papst vorgestellt. Portals Vorschlag, Leo XIII. möge dem anglikanischen Episkopat eine Konferenz anbieten, wurde verworfen; statt dessen richtete Rampolla einen Brief an Portal, in dem der Wille zur kirchlichen Einheit gelobt und die „Rückkehr Englands zum einzigen Zentrum der Einheit" erhofft wurde. Portals zweiter Besuch beim Erzbischof von Canterbury verlief daraufhin noch kühler als der erste. Am 21. März 1895 hatte Lord Halifax eine Audienz beim Papst, in der er ein direktes Angebot (nicht über Kardinal Vaughan) an den anglikanischen Episkopat anregte, was mit Freundlichkeit zur Kenntnis genommen wurde. Aber bereits im Februar war F. A. Gasquet OSB, ein Vertrauter Vaughans, beauftragt worden, ein päpstliches Schreiben zu entwerfen[33], das nicht an den anglikanischen Episkopat gerichtet werden sollte.

[29] Erst 1872 wurde von Gladstone die Erwerbung eines akademischen Grades vom anglikanischen Bekenntnis unabhängig gemacht. *P. Kluke* a.a.O. 278.

[30] *Ch. Hollis* a.a.O. 823.

[31] *J. J. Hughes* a.a.O. 56.

[32] *J. J. Hughes* a.a.O. 59f. – Man muß aber wohl die Frage stellen, warum Portal, nachdem die Einladung Vaughans an ihn verlorengegangen war, nicht seinerseits um einen Empfang nachsuchte.

[33] So nach dem Nachlaß von Gasquet. Dazu: *K. Connelly,* An Unheard of Thing: An Historical Study of the Apostolical Letter ... (Diss. Löwen 1967, nicht publiziert); *J. J. Hughes* a.a.O. 97. – Kritisch zu F. A. Gasquet (1900 Abt von Downside, 1907 Vorsitzender der Kommission für die Vulgatarevision, 1914 Kardinal) als Historiker: *D. Knowles,* Card. G. as an Historian

Vaughan, der im Januar 1895 nach Rom gekommen war, machte dort seinen Einfluß gegen die Absichten Portals mit allen Mitteln geltend. Im Grunde war dessen und des Lord Halifax Plan bereits mit dem „Ad Anglos" gerichteten Apostolischen Schreiben „Amantissimae voluntatis" vom 14. April 1895[34] gescheitert, nämlich mit dem „Mittel" der Diskussion über die Weihen zum Zweck einer die Wiedervereinigung anbahnenden Konferenz zu kommen. Der Brief erinnert an Papst Gregor d. Gr.; spricht relativ schonend von der Reformation (Anglia... gravissimum vulnus accepit..., divulsa a communione Apostolicae Sedis, dein ab ea fide sanctissima abducta est), lobt die Bemühungen um die Einheit der Christen und stattet schließlich ein Mariengebet für die „Fratres dissidentes", daß sie sich „summo Pastori, Vicario in Terris Filii tui" verbinden, mit einem Ablaß aus. Der Schluß war von Merry del Val konzipiert, der als junger Mann bei Leo XIII. in hoher Gunst stand[35]. Trotz des Schlusses wurde das Schreiben in England im allgemeinen gut aufgenommen, selbst Benson sprach von einem „ehrlichen Appell", stellte aber als wesentlich fest, daß die anglikanische Kirche nicht erwähnt wurde. In der im März 1896 ernannten päpstlichen Kommission zur Untersuchung der Weihenfrage spielte Merry del Val als Sekretär des Präsidenten Kardinal Mazzella und als Verbindungsmann zu Vaughan eine wichtige Rolle. Die zunächst 6, dann 8 Mitglieder waren zwar zu gleichen Teilen nach beiden Richtungen ausgewählt, auf der einen Seite führend Gasquet, auf der anderen L. Duchesne; aber Kardinal Mazzella, der einen Antrag auf Zulassung der in Rom anwesenden Anglikaner entschieden zurückwies, und sein Sekretär waren entschlossene Gegner der Anerkennung. Die Abstimmung fand am 7. Mai statt: Für die Gültigkeit waren Duchesne und der Jesuit A. M. de Augustinis (Dogmatikprofessor am Römischen Kolleg); Pietro Gasparri (1880 Professor für Kirchenrecht am Institut Catholique in Paris, der spätere Kardinalstaatssekretär) und ein weiteres Mitglied votierten, daß die Gültigkeit „zweifelhaft" sei; die Vaughangruppe stimmte dagegen. Die Gültigkeit der anglikanischen Weihen wurde mit der Bulle „Apostolicae curae" vom 13. September 1896, deren Entwurf von Merry del Val stammt, verworfen[36]. Die von den einen gehegte Erwartung, die Konversionen würden sich vermehren, wenn eindeutig die Unterwerfung unter die Autorität des Papstes verlangt würde, erfüllte sich nicht. Die Hoffnung der anderen auf eine beginnende Wiedervereinigung

(London 1957); *ders.*, The Historian and Character... (Cambridge 1963) 240–263. – Zur Perspektive Leos XIII. in dieser Angelegenheit: „Lieblingstraum von der Union des weltumspannenden Imperiums mit Rom"; *Schmidlin PG* II 489.

[34] Acta Leonis XV 138–155; zur Entstehung: *J. J. Hughes* a.a.O. 97f.

[35] *J. J. Hughes* a.a.O. 32; in *diesem* Band S. 403f.

[36] Acta Leonis XVI 258–275. – Zur theologischen Kontroverse: *F. Clark:* LThK² I 554f mit Lit., dazu noch: *J. de Bivort de la Saudée*, Anglicans et catholiques (Paris 1949). Gegen Clark *J. J. Hughes*, Stewards of the Lord. A Reappraisal of Anglican Orders (London 1970); *ders.*, Zur Frage der anglikanischen Weihen. Ein Modellfall festgefahrener Kontroverstheologie: Quaestiones disputatae 59 (Freiburg i. Br. 1973; im Original deutsch).

der Kirchen als solcher war in der damaligen geschichtlichen Situation illusionär. Abgesehen von der Verfassung der anglikanischen Kirche zwischen konservativen und liberalen Tendenzen: Wilfrid Ward, ein maßvoller Anhänger Vaughans und Vermittler zu Halifax, hat die Situation im damaligen Katholizismus Englands und Irlands klar analysiert: „Können wir darüber erstaunt sein, daß die Nachfahren derer, deren Leben ... ruiniert wurde oder die ... den Martertod starben, nur wenig Verständnis für das Argument aufbringen konnten, daß ihre Verfolger und Richter zu einer Kirche gehörten, die im großen und ganzen möglicherweise mit ihnen übereinstimmte?“ [37]

Der konziliante Pragmatismus Leos XIII. war freilich mitverantwortlich für die entstandenen Illusionen, denen des Papstes eigene Unionsillusion zuzuordnen ist. Es ist aufschlußreich, daß Leo XIII. bereits am 23. August 1896, also fast einen Monat vor der Bulle, in einem Brief an Kardinal Vaughan das Problem der wirtschaftlichen Lage konvertierter anglikanischer Geistlicher behandelte. Hier kommt zum Ausdruck, was wirklich gewollt war. Es ist die Rede vom „Heldenmut“ jener Geistlichen, die ganz ohne Rücksicht auf die wirtschaftlichen Folgen übertreten. Aber es gebe auch andere, „die nicht so viel Heldensinn besitzen“ und doch nahe daran sind, diesen Schritt zu tun. Deshalb wird die Errichtung einer Unterstützungskasse empfohlen [38]. Die „Converts Aid Society“ hatte freilich wegen der ohnehin großen finanziellen Beanspruchung der Katholiken und auch wegen ihres recht mißverständlichen Zweckes wenig Erfolg. Kardinal Francis Bourne (1903–35) organisierte diese Aktion nach dem 1. Weltkrieg mit großem Interesse. Im Jahre 1898 gründete Leo XIII. in Rom analog den anderen nationalen Instituten das Beda-Kolleg, und am 13. November 1899 erhob er Beda Venerabilis in den Rang eines Kirchenlehrers.

Die Schulfrage wurde nach dem großen Sieg der mit jungen Kräften erneuerten Liberalen Partei vom Jahre 1905 wieder aktuell, wobei sich die Perspektive des Erziehungsgesetzes von 1870 insofern wiederholte, als das Kabinett des Lord Roseberry die traditionelle anglikanische Vormacht im Schulwesen noch weiter zurückdrängen wollte [39]; aber nun verbündete sich Kardinal Bourne mit den Anglikanern und der konservativen Opposition im Kampf gegen die Entkonfessionalisierung (der Religionsunterricht sollte innerhalb der Schulräume abgehalten werden, aber nicht zum allgemeinen Lehrprogramm gehören) [40], so daß der Gesetzesentwurf am Oberhaus scheiterte. Aber dies waren taktische Bündnisse. Der Eucharistische Weltkongreß 1908 in London, zu dem Vannutelli als Kardinallegat gekommen war, wurde richtig als „glänzender Ausdruck der geschlossenen Macht“ des Katholizismus auf der Insel charakterisiert [41]; aber so wurde er auch von einem großen Teil der Londoner Öffentlichkeit verstanden, so daß es zu Protesten kam und Lord H. H. Asquith, der 1908 vom Schatz-

[37] *J. J. Hughes*, Absolut Null und Nichtig 49. Zu W. Ward u. der „Synthetic Society“: S. 460.
[38] Acta Leonis XVI 246ff; vgl. *I. Bolten* a. a. O. 80f.
[39] *P. Kluke* a. a. O. 291. [40] *Schmidlin PG* III 112. [41] *K. Waninger* a. a. O. 99.

kanzler zum Premier aufgerückt war, davor warnte, die eucharistische Monstranz in der Prozession mitzuführen[42]. Daß die Gründung einer katholischen Partei, die Pius X. wünschte, dem kirchlichen Leben nur hätte schaden können, war dem erfahrenen Episkopat in Großbritannien, der sich auch im Modernismusstreit zurückhielt[43], klar genug. Am 28. Oktober 1911 gab der Papst der Hierarchie eine neue Ordnung, wonach zur bisher alleinigen Kirchenprovinz Westminster die Diözesen Northampton, Nottingham, Portsmouth und Southwark gehören, zur neuen Provinz Liverpool die Diözesen Newcastle, Leeds, Middlesbrough und Salford und zur Provinz Birmingham die Diözesen Clifton, Menevia, Newport, Plymouth und Salisbury.

Noch im ersten Pontifikatsjahr Leos XIII. starb Kardinal Paul Cullen, das Haupt des Episkopates in *Irland*[44], und im Jahre 1880 kam Gladstone nach einem Sieg der Liberalen in den Wahlen, in denen auch die „Irische Nationalpartei" ihre Sitze von 59 auf 65 erhöhen konnte, wieder an die Regierung. Trotz seines Konflikts mit dem irischen Episkopat in der Universitätsfrage im Jahre 1873[45] und seiner Reaktion darauf in einer überall in Europa bekannt gewordenen Flugschrift[46] verwickelten ihn persönliches Engagement und die Ereignisse sogleich wieder in die irische Frage. Neue Mißernten und die Verschärfung des politischen Kampfes führten 1882 zu an die hundert Attentaten, darunter 26 Morden. Der Terrorismus im Kampf um das Recht richtete sich auch gegen Iren, welche die Anweisungen der Organisation nicht befolgten[47]. Dies ist ebenso zu berücksichtigen wie die Verelendung der irischen Pächter, deren Los ein von Gladstone trotz der Terrorakte eingebrachtes Landgesetz erst im Laufe der Zeit bessern konnte[48], wenn man die Solidarität eines großen Teiles des Episkopates einerseits[49] und die Interventionen Leos XIII. anderseits angemessen beurteilen will.

Am 3. Januar 1881 richtete der Papst einen Brief an den Dubliner Erzbischof MacCabe und sprach darin unter Bezug auf Gregor XVI. ohne Zweifel mehr von der „debita oboedientia" und den „Cupiditates in seditionis flammam"[50],

[42] Er verwies dabei auf bestehende Verbote; aber solche gab es mehrfach, ohne daß ihre Nichtbeachtung bisher zu Komplikationen geführt hatte. Vgl. *Schmidlin PG* III 113, Anm. 13.
[43] So Kardinal Bourne besonders gegenüber v. Hügel; s. Kap. 31, hier S. 466.
[44] HKG VI/1 558ff.
[45] HKG VI/1 560.
[46] The Vatican decrees in their bearing on civil allegiance (1874).
[47] *C. C. O'Brien,* Parnell and his Party (London 1957). Zu dem protestantischen Irenführer Ch. St. Parnell und seinem Verhältnis zum Episkopat s. HKG VI/1 560f.
[48] Der einzige Ausweg war noch lange die Auswanderung, so daß die 8 Mill. Einwohner vom Anfang des Jahrhunderts an dessen Ende auf etwa 4 Mill. zusammengeschmolzen waren.
[49] Mannings Haltung kommt noch 1890 in dem Wort zum Ausdruck: „Wenn die Regierung das Volk so behandelt, wie Lords und Landjunker ihre Viehhüter und Arbeiter behandeln, so wird die freie englische Männerwelt gegen sie aufstehn"; zit. bei *E. Taylor* a.a.O. 161.
[50] Acta Leonis II 188.

als es der Situation nach dem eben erst in Gang befindlichen Landgesetz angemessen war. Der Brief vom 1. August 1882 an den irischen Gesamtepiskopat schließt sich der Verurteilung der Gewaltakte an, zeigt aber mit der Zuordnung zu den „societates clandestinae“ [51] wenig Verständnis für die Notwendigkeiten organisatorischen Widerstandes in einer solchen Situation, wenngleich vom Papst das Streben nach Recht allgemein gebilligt wird. Im übrigen hatte der irische Episkopat Grund dazu gehabt, seinerseits nahezulegen, man möge in Rom nicht zuviel den Londoner Informationen trauen. Nachdem MacCabe am 27. März 1882 zum Kardinal erhoben war, mahnte der Papst in einem Brief vom 1. Januar 1883 zur Eintracht des Episkopates und den Klerus zum Gehorsam gegenüber den Bischöfen[52]. Welche Rolle die massiven Interessen der Landlords bis in die kirchliche Behandlung der irischen Frage hinein spielten, zeigten die Machenschaften des konservativ-katholischen Abgeordneten aus Irland Errington im Vatikan[53]. Und wie vergiftet die Atmosphäre in der Kirche selbst war, dokumentiert der Fall des Erzbischofs Walsh von Dublin, der sich 1885 in Rom einem Verhör unterziehen mußte, ehe er bestätigt wurde[54]. Es war der Vatikankritiker Gladstone, der über Jahrzehnte hinweg sah, daß die irische Frage nicht allein durch ausbessernde Reformgesetze zu lösen ist, sondern daß man dem Verlangen auf „Home Rule“ stattgeben muß. Er ist mit seiner Gesetzesvorlage, welche die Auflösung der Union von 1801 und ein eigenes irisches Parlament (unter Vorbehalt von Handel, Außenpolitik und Militär) vorsah, am imperialistischen Widerstand auch aus seinen eigenen Reihen Anfang 1886 gescheitert[55]. Das Wort hatte, nachdem das „Home Rule“-Gesetz von 1912/14 wegen des Krieges zu spät kam, die Revolution. Leo XIII. trägt daran einen Teil der Verantwortung. Obwohl nach dem Sturz von Gladstone zwar die alten Mißstände nicht wiederkehrten, aber eine enge Fesselung Irlands an Großbritannien und die Interessen der „Unionisten“ betrieben wurden, so daß dort die Erregung wieder anstieg, der sich der Episkopat nicht entziehen konnte, zeigte der Papst, beraten vom Präfekten der Propaganda Simeoni und vom Irischen Kolleg, wenig Verständnis für die nun freilich zunehmend mehr national als wirtschaftlich begründete Stimmung in Irland[56]. Im Brief an den Gesamtepiskopat vom 24. Juni 1888 – die Inquisitionskongregation hatte am 20. April 1888 eine Anfrage über die Erlaubtheit des Boykotts der Pächter mit Nein beschieden und zu Liebe und Gerechtigkeit gemahnt – betont Leo XIII., daß die Sache nicht nur unter der Bischöfe, sondern auch seine eigene Autorität falle, und zeigt er sich ungehalten darüber, daß man ihn für ungenügend informiert betrachte[57]. Die irische Frage, in der politische Komplexe mit ihrer

[51] Acta Leonis III 130. [52] Acta Leonis III 188f.

[53] *Schmidlin PG* II 488. [54] Ebd. 493. [55] *P. Kluke* a.a.O. 285.

[56] *Schmidlin PG* II 493. – *D. H. Akenson,* The Church of Ireland. Ecclesiastical Reform and Revolution, 1800–1885 (Yale 1971).

[57] Acta Leonis VIII 253 251 („Num igitur in eo temeritas inest, quod aiunt, de caussa Nos iudicavisse non satis cognita?“).

Mischung von Recht und Unrecht auf allen Seiten unheilvoll mit kirchlichen Aspekten verbunden waren, und die zugleich ein Exempel für die Problematik leonischer Direktpolitik darstellte, schwelte dahin, und auch die Legation Vannutellis im Jahre 1904[58] hat die kirchliche Lage nur verschärft.

Was dem Liberalen Gladstone 1873 mißlungen war, konnte der Liberale Asquith im Jahre 1909 bereinigen: Neben der Queen's University in Belfast errichtete er die National University of Dublin mit ihren 3 Colleges in Dublin, Cork und Galway, beide grundsätzlich überkonfessionell, aber die Dubliner praktisch katholisch[59].

Daß der Katholizismus im Vereinigten Königreich Großbritannien und Irland in dieser Zeit ein gesellschaftlich wenig homogenes Gebilde ist, dies zeigt sich auch in der Biographie der Reihe bedeutender Literaten, die sich diesem Katholizismus zugehörig wissen und dennoch nur mit Vorbehalten als seine Exponenten anzusehen sind. Ohne religiöse Erziehung ist C. K. Patmore (1823 [Woodfore] – 96) herangewachsen; der Dichter des „Unknown Eros" (1877) war 1864 in Rom katholisch geworden. Sein jüngerer Freund G. M. Hopkins (1844 [Stratford, Essex] – 89) konvertierte unter dem Einfluß von Newman 1866 und trat 1868 in die Societas Jesu ein; der Lyriker des „inscape", der „Ingestalt" der Dinge, ist einer der ursprünglichsten religiösen Dichter. Eine Randexistenz war Francis Thompson (1859 [Preston, Lancaster] – 1907), Sohn von Konvertiteneltern, jung im Priesterseminar von Ushaw, seit 1885 als opiumsüchtiger Obdachloser in London, in den neunziger Jahren ein wenig zu Hause im Franziskanerkloster Pantasaph in Nordwales, der Dichter der Liebe Gottes, der man nicht entrinnen kann („The Hound of Heaven", 1890). G. K. Chesterton (1874 [London] – 1936) ist erst in späteren Jahren in die römisch-katholische Kirche eingetreten; aber seine Geschichte von dem katholischen Bauernbuben aus Schottland und dem Atheisten, die von den ewigen Kompromißlern am Zweikampf verhindert werden („The Ball and the Cross", 1909), bezeugt seine auch sozial begründete Gegnerschaft gegen die Repräsentanten der „Heretics" (1905) ebenso nonkonformistisch wie sein „Orthodoxy" (1908). Mit seinem Freund Hilaire Belloc (1870–1953), Schüler bei den Oratorianern in Birmingham, führte er eine scharfe apologetische Klinge gegen die englische Gesellschaft. Daß Belloc französisch-irischer Abstammung war (fasziniert von Charles Maurras), stimmt zusammen mit der kontinentalen Orientierung des irischen „Revival", dessen bedeutende Angehörige jedoch – Hinweis auf die Problematik des irischen Katholizismus – der Kirche entfremdet waren[60].

[58] *Schmidlin PG* III 111.

[59] Vgl. A. *Bellesheim:* AkathKR 1910.

[60] *J. C. Reid,* The Mind and Art of C. K. Patmore (London 1957); *J. G. Ritz,* Le poète G. M. Hopkins (Paris 1960); *R. Hill,* F. Thompson: Lex. der Weltliteratur II (Freiburg i. Br. 1961) 1074f; *M. Ward,* G. K. Chesterton (London 1944); *R. Hill* a. a. O. 330–332; *J. B. Morton,* H. Belloc (London 1955).

In Kanada ging der Anteil der Katholiken an der Gesamtbevölkerung von 1871: 42,9% leicht auf 1911: 39,4% zurück[61]. Der franko-kanadische Katholizismus in der Provinz Quebec, der im Pontifikat Pius' IX. eine prononziert konservative Haltung ausgebildet hatte und das öffentliche Leben unter starker kirchlicher Autorität faktisch beherrschte[62], geriet im letzten Viertel des Jahrhunderts in ziemlich heftige Spannungen, die sich zu einem guten Teil am Verhältnis zu Frankreich entzündeten. Die französisch-kanadischen Wirtschaftsbeziehungen wurden seit 1890 immer enger, und gleichzeitig wurde die franko-kanadische Gesellschaft, deren Frankreichbild mehr von der Restauration als der Revolution geprägt war, jetzt immer stärker vom Geist Victor Hugos berührt. Dies brachte es mit sich, daß die Auseinandersetzungen innerhalb des französischen Katholizismus, das Für und Wider zur Ralliement-Politik Leos XIII. und die Kirchenpolitik der Dritten Republik von den kanadischen Katholiken als ihre unmittelbar eigene Sache erfahren wurde. Diese Rückwirkungen verbanden sich mit innerkanadischen Differenzen im Episkopat. E.-A. Taschereau, 1871 bis 1898 Erzbischof von Quebec[63], hatte schon seit Beginn seines Episkopates eine differenziertere Auffassung vom Verhältnis zwischen der bürgerlichen Gesellschaft und der Kirche vertreten als der Bischof J. Bourget von Montreal, der 1876 gestorben war. Er wurde deshalb von Konservativen des Liberalismus verdächtigt und mußte sich gegen aus Frankreich gekommene Extremisten zur Wehr setzen, indem er ihre Rückkehr verlangte. Der Eigentümer und Herausgeber der „La Vérité", J.-P. Tardivel (1851–1905), hatte sich Louis Veuillot zum Vorbild genommen und bekämpfte seit 1881 zusammen mit seinem Freund P. J. Grenier SJ alle, die seiner Meinung nach sich nicht ausschließlich genug an Rom orientierten. Das Pendant Veuillot-Tardivel hat dazu veranlaßt, Taschereau mit Dupanloup zu vergleichen[64]. Erzbischof Taschereau versäumte es nicht, den Brief Leos XIII. von 1882, in dem die spanischen Katholiken wegen der Polemiken im „Siglo futuro" und der Ausfälligkeiten Nocedals, des „spanischen Veuillot"[65], zum Frieden ermahnt wurden, seinem Klerus mit einem für die dortigen Verhältnisse bestimmten Kommentar zuzuleiten. Der Publizist Tardivel war selbst für Msgr. Laflèche, den Bischof von Trois-Rivières und Führer der streng konservativen Bischöfe Kanadas, zu radikal. In seinem „Mandement sur les sociétés secrètes" von 1883 behielt es sich Taschereau vor, selbst zu bestimmen, welche Vereinigungen unter das kirchliche Verbot fallen. Bei der Publikation der Enzyklika „Humanum genus" von 1884 betonte er die Notwendigkeit des Kampfes gegen die Freimaurer, hielt

[61] *Saint-Denis,* Tabelle V und VI. Der Anteil der Bevölkerung irischer Herkunft sank in dieser Zeit von 24,3% auf 14,9%, während der Anteil französischer Herkunft von 37,9% auf 41,7% stieg. Die Einwanderung spielte noch lange eine bedeutsame Rolle: 1914 war jeder vierte Kanadier außerhalb des Dominions geboren.

[62] HKG VI/1 571–575.

[63] *P. Savard* a.a.O. Register.

[64] *P. Savard* a.a.O. 84. [65] In diesem Band S. 126f.

er jedoch dafür, daß es in Französisch-Kanada nur sehr wenige gebe[66]. Aber die Grundhaltung des Erzbischofs Taschereau entsprach der Intention Leos XIII. mehr als die seiner Gegner, und er ernannte ihn 1887 zum Kardinal[67]. In den 90er Jahren entstand auch in Französisch-Kanada ein Schulstreit, der sich jedoch durch seine Ausgangslage, die beherrschende Stellung der Kirche im Schulwesen, von ähnlichen Konflikten unterscheidet. Die Sulpizianer waren 1886 angegriffen worden, weil man ihnen vorwarf, durch ihr Eintreten für eine stärkere Beteiligung der Laien am Schulwesen die Kongregation der Schulbrüder zu beeinträchtigen[68]. Im Jahre 1893 wurde die Forderung erhoben, daß auch die geistlichen Lehrkräfte wie die Laien ein Examen abzulegen haben, wovon sie 1846 dispensiert worden waren. Auch der traditionelle humanistische Lehrplan wurde immer stärker umstritten. Der Premier des Dominion of Canada, John A. Macdonald, der dieses Amt seit dem British-North-American Pact (1867) fast ohne Unterbrechung innegehabt hatte, wurde 1891 durch den Liberalen Wilfred Laurier abgelöst. Als der liberale Ministerpräsident von Quebec, F.-G. Marchand, 1897 ein Erziehungsministerium einrichten wollte, kam es zu einem heftigen öffentlichen Kampf, und das Projekt fand im Parlament keine Mehrheit[69]. Leo XIII. hatte 1889 eine positive Initiative ergriffen und die kirchliche Universität in Ottawa (seit 1849), wo Erzbischof J.-Th. Duhamel wirkte (1874–1909), zum päpstlichen Institut erhoben; die 1866 staatlich anerkannte Universität war die erste in Kanada, an der französisch und englisch gelehrt wurde. Ein Beispiel dafür, wie sich die Spannungen verstärkten, ist die Zumutung an Kardinal Taschereau (1889), bei der Königin Victoria in der „römischen Frage" zu intervenieren, und die Diskriminierung seiner Ablehnung als Verrat am Papst. Andererseits ist in diesen Jahren eine zunehmende Kirchenfeindschaft zu beobachten, die teils vom englischen Ontario ausging, von wo der Antijesuitismus nach Quebec eindrang, teils von Frankreich. Die antikatholische „Equal Rights Association" gründete eine Gruppe in Montreal und die

[66] Den „Knights of Labor" gegenüber (vgl. S. 166–169 ff) verhielt sich jedoch Taschereau – im Unterschied zu Erzbischof J. J. Lynch von Toronto (1860–88) – ablehnend (1883 Anfrage in Rom mit negativem Bescheid, 1886 wiederholte Anfrage, weil der Bescheid nur auf Quebec bezogen worden war, und Antwort, daß der Bescheid generell sei); *P. Savard* a. a. O. 212–220. – Zur weiteren Entwicklung: *J. Hulliger*, L'enseignement social des évêques canadiens, 1891–1950 (Paris 1958); *M. Têtu*, Les premiers Syndicats cath. canadiens. 1900–1921 (Diss. Laval University 1961).

[67] Tardivel bemühte sich 1888/89 vergeblich um eine Audienz bei Leo XIII., wurde jedoch 1896 wohlwollend empfangen, obwohl er selbst mit dem Ergebnis der Audienz nicht zufrieden gewesen zu sein scheint.

[68] *F. S. Louis*, Les frères des Écoles chrétiennes au Canada. 1837–1900 (Montreal 1921). – Zum Schulkonflikt insgesamt: *P. Savard* a. a. O. 177–186.

[69] Ein Beispiel für den Umbruch nach einer extrem konservativen Herrschaft ist der Weg, den der Politiker J.-I. Tarte, einst ein Freund Tardivels, dann sein Gegner, gegangen war: *L. Lapierre*, J.-I. Tarte: Relation between the French Canadian Episcopacy and a French Canadian Politican, 1874–96: Rapport de la Société Canad. d'Histoire de l'Église Catholique (1958) 23–29.

radikale Loge „Grand Orient" einen Zweig in Französisch-Kanada. Die Konflikte überdauerten den Tod des Kardinals Taschereau (sein Nachfolger in Quebec ist L.-N. Bégin, 1898–1925) entsprechend der politischen Entwicklung in Frankreich. Ein Beispiel ist die Verlegenheit, in die der erfolgreiche französische Prediger J.-F.-R. Rozier 1902 in Montreal geriet, weil man ihm vorwarf, sich in einem Zeitungsinterview nicht genügend von der französischen Regierung distanziert zu haben. Die erste Plenarsynode (1911) sollte die innere Geschlossenheit des französischen und englischen Katholizismus in Kanada bekunden. Welche Machtstellung die Kirche trotz einer gewissen Verschärfung des Liberalismus besaß, bezeugt die Rede des Premiers des Staates Quebec, L. Gonin, beim Eucharistischen Kongreß von 1910: „Der kanadische Staat sieht in der Kirche keinen Feind, der wie ein Rivale zu bekämpfen ist; er sieht in ihr den Verbündeten und seine beste Stütze."[70]

Der Katholizismus in Australien trat in eine neue Periode seines Wachstums ein, als P. F. Moran[71] 1884 zum Erzbischof von Sydney, seit 1885 der erste Kardinal in Australien, ernannt wurde. Trotz des Rückgangs der irischen Einwanderung blieb der Anteil der Katholiken an der wachsenden weißen Gesamtbevölkerung ziemlich konstant: 1841: 40000 zu 211000 – 1901: 0,85 Mill. zu 3,78 Mill.[72]. Von großer Bedeutung war es, daß Kardinal Moran 1888 das von ihm gegründete „St. Patrick's Ecclesiastical College" in Manly (nördlich von Sydney) eröffnen konnte und damit die Ausbildung eines einheimischen Klerus ermöglichte. Dies trug zur Minderung der Spannung bei, welche die von Europa gekommenen Ordensleute und Weltgeistlichen mit ins Land gebracht hatten[73], auch zu einem gewissen Abbau der Befürchtungen der australischen Engländer vor französischen Niederlassungen. Aber die Entkonfessionalisierung des Schulwesens wirkte sich in Australien negativer als in Großbritannien auf die katholischen Schulen aus: Die Streichung der staatlichen Subventionen war nur schwer durch eigene Anstrengungen auszugleichen, und die australischen Bischöfe mußten in Europa um den Einsatz von Schulorden werben. Bis in die Mitte des 20. Jahrhunderts waren die Kongregationen meist als Zweigniederlassungen vertreten. Zu den eigenen australischen Gründungen gehören die „Sisters of St. Joseph" 1882 in Goulburn und 1883 in Lochinvar und die „Our Lady's Nurses of the Poor" (1913). Kardinal Moran entsprach in der Abhaltung von regelmäßigen Plenarsynoden in Sydney (1885, 1895, 1905) dem

[70] *A. Touchet,* Le congrès eucharistique de Montréal: Correspondant 141 (Okt. 1910) 3–30.

[71] Der gebürtige Ire P. F. Moran (1830–1911) studierte am Irischen Kolleg in Rom und war nach 1866 als Sekretär des Kardinals Cullen, seines Onkels, tätig. Er verfaßte die „History of the Catholic Church in Australia", 2 Bde (Sydney 1896).

[72] Um 1927 hatte sich die Proportion stärker verändert: 1,1 Mill.: 6,3 Mill.; 480000 in der Kirchenprovinz Sydney, 320000 in der von Melbourne.

[73] HKG VI/1 575f.

im Pontifikat Leos XIII. gegebenen Beispiel. Das wachsende gesellschaftliche Selbstbewußtsein des australischen Katholizismus drückte sich in den seit 1900 stattfindenden Kongressen aus, die in ihrem Kardinal eine sich zur Verfassung des „Commonwealth of Australia“ bekennende und tatkräftige Führergestalt hatten. Daß dieser die „Australian Labour Party“ begünstigte und Sympathie für die Streiks in den 90er Jahren zeigte, entsprach dem sozialen Status der meisten Katholiken in Australien, wenn ihn dies auch bei den Konservativen in den Ruf brachte, er sei ein Sozialist [74]. Wie die Gesamtbevölkerung konzentrierten sich auch die Katholiken in Neu-Süd-Wales und in Victoria. Es bereitete einige Schwierigkeiten, in Westaustralien, wo die natürlichen Verhältnisse im südwestlichen Teil ebenfalls eine stärkere Bevölkerungsdichte begünstigten, eine kirchliche Organisation aufzubauen. Dort war der Ire M. Gibney, seit 1863 in Westaustralien als Priester tätig, 1887 zum Bischof von Perth (seit 1845 Bistum) ernannt worden. Der Einsatz von Trappisten aus der Abtei Sept-Fons in der Beagle-Bay-Mission erwies sich nicht als zweckmäßig. Sie wurden 1901 durch die Pallottiner (unter dem Generalat von P. Whitmee) abgelöst. Ohne große innere und äußere Spannungen konnte sich der Katholizismus in Australien günstig entwickeln, so daß Kardinal Cerretti bei seinem Besuch 1915/17 eine lebenskräftige Kirche vorfand.

10. Kapitel

The American Way

LITERATUR: HKG VI/1 Allg. Bibliogr. XXVIIIf und zu Kap. 9 (207f) und 30 (561f); *H. J. Nolan* (Ed.), Pastoral Letters of the American Hierarchy. 1792–1970 (Huntington 1971), dazu *J. T. Ellis:* CHR (1972) 388–393; *J. T. Ellis,* A Select Bibliography of the History of the Catholic Church in the US (New York 1947); *Th. Maynard,* The Story of American Catholicism (New York 1941, [5]1949); *Th. Roemer,* The Catholic Church in the United States (London 1950); *J. T. Ellis,* American Catholicism (New York 1956; ein Überblick, kritisch zu *J. G. Shea* und *Th. Maynard*); *ders.:* New Cath. Encyclopedia 14 (1967) 425–448 (mit besonderer Berücksichtigung der Einwanderungsfragen); beste Gesamtdarstellung: *T. T. McAvoy,* A History of the Catholic Church in the United States (Notre Dame 1969); *P. Guilday,* A History of the Councils of Baltimore. 1711–1884 (New York 1932); *Schmidlin PG* II 494–500, III 114ff; *J. T. Ellis,* The Life of Cardinal Gibbons (Milwaukee 1952); *J. H. Moynihan,* The Life of Archbishop J. Ireland (New York 1953); *M. Corrigan-Memorial.* Compiled and published by *J. M. Farley* (New York 1902); zur Kontroverse über den Glaubensverlust der Einwanderer: *L. Hertling* (Band-Bibliogr.) 162–166; *C. J. Barry,* The Catholic Church and German Americans (Milwaukee 1953; ist negativ zur Ireland-Keane-Gruppe); über den irischen Einfluß: *P. K. Egan* (Lit. zu Kap. 9); *F. Downing: J. N. Moody* (Ed.), Church and Society (New York 1953) 843–904; *H. Browne,* The Catholic Church and the Knights

[74] *P. Ford,* Cardinal Moran and the A. L. P. – A Study in the Encounter between Moran and the Socialism (Melbourne 1966); vgl. auch Kap.-Literatur.

of Labor (Washington 1949); *St. Bell*, Rebel, Priest and Prophet. A Biography of Dr. Edw. McGlynn (New York 1937); *T. T. McAvoy*, The Great Crisis in American Catholic History. 1895–1900 (Chicago 1957); *P. E. Hogan*, The Cath. University of America. 1896–1903 (Washington 1949); *J. T. Ellis*, The Formative Years of the Catholic University of America (Washington 1946); *W. E. Garrison*, Catholicism and the American Mind (Chicago 1928); *J. Mannix*, The American Convert Movement (New York 1923); *L. C. Feiertag*, American

Der Anteil der Katholiken an der weißen Gesamtbevölkerung war von 0,19: 7,8 Millionen im Jahre 1820 auf 4,5 : 33,5 Millionen im Jahre 1870 angestiegen. Diese insbesondere auf die Einwanderung der Iren[1] zurückgehende Wachstumsrate verringerte sich in den siebziger Jahren, in denen von 2,8 Millionen Einwanderern 0,6 Millionen Katholiken waren (davon 180000 Iren, 175000 Deutsche und 82000 Kanadier). In den achtziger Jahren betrug der katholische Immigrationsanteil 1,2:5,2 Millionen (400000 Deutsche, 300000 Iren, aus Osteuropa etwa 200000, 130000 Italiener); in diesem Zeitraum war der Zuwachs aus Geburten in der katholischen Bevölkerung ungefähr gleich groß wie der aus der Einwanderung. In den folgenden Jahren führten unter den katholischen Einwanderern bei weitem die Italiener, die aber großteils ohne ihre Familien kamen und wieder in ihre Heimat zurückkehrten. An der Gesamtbevölkerung von 76 Millionen im Jahre 1900 hatten die Katholiken einen Anteil von 12 Millionen, hatten sich also seit 1870 verdreifacht[2]. Für das Jahr 1957 wurden 25,7 Prozent Katholiken geschätzt[3].

Bei der wachsenden Mobilität im industriellen Zeitalter war die Auswandererseelsorge, insbesondere im Hinblick auf die Vereinigten Staaten, als eine wichtige Aufgabe erkannt worden. Beim Mainzer Katholikentag 1871 wurde der „St. Raphaelsverein zum Schutze katholischer deutscher Auswanderer" gegründet, hauptsächlich auf die Anregung des Limburger Großkaufmanns Peter Paul Cahensly hin (1838–1923; 1885 Zentrumsabgeordneter). Bei einer Reise in die Vereinigten Staaten 1874 benutzte er das Zwischendeck, um die Auswanderungsverhältnisse zu erkunden, durch einen Brief Leos XIII. ermuntert, nochmals im Jahre 1883. In dem noch mehr als Deutschland betroffenen Italien ergriff G. B. Scalabrini, seit 1876 Bischof von Piacenza[4], die Initiative mit der

[1] HKG VI/1 563.

[2] Die Zahlenangaben folgen *J. T. Ellis:* New Cath. Encyclopedia 14 (1967) 434f. Alle Zahlen leiden auch deshalb an Sicherheit, weil die amerikanische Verfassung die Frage nach dem Glaubensbekenntnis verbietet. In der Einwanderungszeit benützt man u. a. den Konfessionsschlüssel des Herkunftlandes.

[3] Die Statistiker-Kontroverse ist noch nicht ausgetragen. Die Berechnungen von *G. Shaughnessy*, Has the Immigrant Kept the Faith? (New York 1925), werden akzeptiert (HKG VI/1 563) oder bestritten (*L. Hertling* a.a.O. 162–166).

[4] *I. Felici*, G. B. Scalabrini (Monza 1954); *M. Caliaro – M. Francesconi*, L'Apostolo degli emigranti, G. B. Scalabrini (Mailand 1968).

Gründung der „Pia Società dei Missionari di S. Carlo per gli Italiani emigranti" (1887). Mit ihm nahm Cahensly, der seine Sache auch beim Lütticher Kongreß 1887 vortrug, Verbindung auf, und Scalabrini gründete 1890 die „Società S. Raffaele". Aber nicht mit dem Namen dieses eifrigen Seelsorgers, in dessen Geist auch Francesca Saveria Cabrini (1850–1917) wirkte[5], sondern mit dem des recht betriebsamen Deutschen verbindet sich der aus einem vernünftigen Motiv entstandene unsachliche Streit um den „Cahenslyism". In Luzern wurde 1890 bei einer St.-Raphaels-Tagung, deren Internationalität vor allem durch das Fehlen der Amerikaner beeinträchtigt wurde, ein Memoriale verfaßt, in dem behauptet wird, es seien bei der Einwanderung in die Vereinigten Staaten zufolge der dortigen pastoralen Verhältnisse 10 Millionen Katholiken um ihren Glauben gekommen. Cahensly überreichte das Memoriale dem Papst und vergrößerte die Zahl in einem Brief an Rampolla auf 16 Millionen. Als Heilmittel wurde die Unterstellung der nationalen Pfarreien unter einen Bischof ihres Landes empfohlen[6].

Die Reaktion in den Vereinigten Staaten war überaus heftig, sowohl im Kreis des Episkopates wie in der allgemeinen Öffentlichkeit. Zwar ließ der Papst durch Rampolla und Ledóchowski 1891 die Idee eines national differenzierten amerikanischen Episkopates zurückweisen[7] und schränkte die Maßnahmen auf pastorale Betreuung der Italiener durch italienische Priester ein, wie er sie 1888 empfohlen habe[8]. Aber der Luzerner Unfall war nicht so leicht zu reparieren, und das dabei bekundete Wohlwollen Leos XIII. ist wie anderes ein Indiz dafür, daß abendländische Vorstellung den Blick auf die „Neue Welt" verstellen konnten. Freilich spielten nationale Emotionen eine verschärfende Rolle. Der Senator Cushman C. Davis brachte die Sache 1891 vor den Kongreß, sprach freundlich über den Papst, Kardinal Gibbons und Erzbischof Ireland, aber polemisch gegen die Deutschen. Die „Catholic World" rieb sich im Januar 1892 an den Italienern, die lieber den Papst von seinem Joch befreien sollten. Denis Joseph O'Connell, damals Rektor des Amerikanischen Kollegs in Rom[9], schrieb 1891 an seinen Freund Gibbons: „Für uns ist es eine rein geistliche Angelegenheit, aber für sie [die Kurie] ist es eine politische, sie gehört zu ihrer Politik

[5] Sie gründete die „Missionarinnen vom Heiligsten Herzen" (1881 bestätigt) und widmete sich erst in New York, dann in mehreren anderen Städten (gestorben in Chicago) den italienischen Auswanderern; am 7. Juli 1946 heiliggesprochen. Die von ihr angetroffenen düsteren Verhältnisse, denen sie durch die Gründung von Schulen, Kranken- und Waisenhäusern entgegenwirkte, sind nicht der amerikanischen Seelsorge anzulasten (*L. Hertling* a.a.O. 171f). *C. Caminada,* Una Italiana per le vie del mondo (Turin 1946).

[6] *L. Hertling* a.a.O. 162–166.

[7] ASS 24, 685: „Cum enim tunc temporis inanes rumores spargi in vulgus cepissent de Catholicae Hierarchiae in Statibus Foederatis ratione ita immutanda isthuc Catholicis ex variis Europae nationibus populares Episcopi praefici deberent...

[8] *L. Schmidlin PG* II 497.

[9] *R. McNamara,* The American College in Rom, 1855–1955 (New York 1956).

den Mittelmächten gegenüber."[10] Daran ist jedenfalls richtig, daß eine pastorale Frage nicht mit der Behutsamkeit behandelt wurde, die ihr unter den gegebenen Verhältnissen angemessen war, und daß wie in anderen Fällen des Pontifikats das politische Kalkül (oder was dafür gehalten wurde) eine störende Rolle spielen konnte[11]. Was die sachliche Diagnose selbst angeht, so war wohl Erzbischof Ireland – wegen seines Amerikastolzes am meisten getroffen – mit seiner Schätzung, es hätten bei der Einwanderung 1 bis 1,5 Millionen ihren katholischen Glauben verloren, nicht allzuweit von der Wirklichkeit entfernt, die im übrigen als normal anzusehen ist.

Die Kontroverse um die Einwandererseelsorge steht bereits im Horizont des großen Konflikts in den neunziger Jahren, beleuchtet aber ein Kernproblem des damaligen Katholizismus in den Vereinigten Staaten. Die Schwierigkeiten einer Minderheit in einer immer wieder aggressiv feindlichen Gesamtgesellschaft[12] wurden durch ihre nationale Inhomogenität noch verschärft, und anderseits fanden die Gruppen der verschiedenen Herkunftsländer in ihren Nationalpfarreien eine gewisse Nestwärme, so daß sowohl die Ausbildung eines gesamtkatholischen Bewußtseins wie die Akkulturation an die amerikanische Gesellschaft problematisch waren. Aber diese von den europäischen Herkunftsländern gepflegte Tendenz widersprach namentlich in der zweiten Einwanderergeneration den gesellschaftlichen Verhältnissen. So entstanden pfarreirechtliche Probleme, wenn der Wunsch bestand, die Gemeinde und damit den rector ecclesiae zu wechseln. Die Sprachenfrage selbst scheint eine relativ untergeordnete Rolle gespielt zu haben. Die Iren sprachen ihr Englisch, und die Deutschen – neben diesen bis in die achtziger Jahre die wichtigste Gruppe – lernten rasch, jedenfalls in der zweiten Generation, die Landessprache.

Schwieriger war die Situation für die Italiener und die Angehörigen osteuropäischer Völker. Doch löschte auch die gemeinsame Beherrschung der amerikanischen Sprache die Differenzen nicht aus, die nicht zuletzt eine Sache klerikalen Besitzstandes waren. Der „Deutsche römisch-katholische Centralverein" (seit 1857) – lange die einzige alle Staaten umgrenzende katholische Organisation – spielte eine beachtliche Rolle im amerikanischen Katholizismus, die natürliche Reaktionen der irischstämmigen Katholiken auslöste, die unter ihren bei weitem die Mehrzahl ausmachenden und höchst einflußreichen Landsleuten in der Hierarchie Sondergruppen nicht dulden wollten. Die Frage der Pfarreizugehörigkeit[13] wurde von der Propaganda Fide 1887 hinhaltend behandelt und

[10] *L. Hertling* a.a.O. 216–221, hier 217f.

[11] Mit einiger Resignation nimmt man zur Kenntnis, daß *Th. Maynard* in *diesem* Zusammenhang im Jahre 1941 von „teutonischer Hybris" spricht; zit. bei Hertling a.a.O.

[12] HKG VI/1 569; zur Hetze der „American Protective Association" (APA) in den neunziger Jahren *L. Hertling* a.a.O. 194.

[13] Denkschrift von Ireland und Keane 1886 zur „deutschen Frage": „Der Kampf für die Rechte der Deutschen wird mit einer Hartnäckigkeit und einem Angriffsgeist geführt, der für die Landsleute Bismarcks charakteristisch ist"; zur Sprachenfrage: *L. Hertling* a.a.O.

schließlich 1897 dahingehend beschieden, daß in Amerika geborene Kinder nicht englisch sprechender Einwanderer im Erwachsenenalter die Pfarrei ihrer Eltern verlassen und sich einer Pfarrei englischer Sprache anschließen dürfen und daß bereits englisch sprechende Einwanderer Glieder einer Kirche mit englischer Sprache werden dürfen, also nicht verpflichtet sind, sich dem Pfarrer ihrer Nationalgemeinde zu unterwerfen[14]. Die zunehmende gesellschaftliche Mobilität zog allmählich auch die Katholiken in den amerikanischen Mischprozeß ein. Eine (nicht sichere) Zählung notiert für 1916: 5660 katholische Nationalpfarreien; in 3502 von ihnen wurde *auch* englisch gepredigt, in manchen zusätzlich in einer weiteren Sprache[15]. Der irische Episkopat verfolgte das vernünftige Ziel einer Anglisierung des Gesamtkatholizismus in den Vereinigten Staaten, dessen Erreichung freilich durch wechselseitige nationale Emotionen[16] nur erschwert werden konnte.

Die im Pontifikat Leos XIII. führenden Männer der Kirche in den Vereinigten Staaten sind in den dreißiger Jahren geboren und waren überwiegend irischer Abstammung. James Gibbons (1834–1921) war der Sohn irischer Einwanderer in Baltimore, wuchs freilich wegen vorübergehender Rückkehr seiner Eltern von 1837 bis 1853 in Irland auf. Seit 1861 Priester, wurde er 1868 zum Bischof geweiht und nahm als jüngster Konzilsvater am Vatikanum I teil. Im Jahre 1872 wurde er zum Bischof von Richmond ernannt[17]. Sein 1876 erschienenes Buch „The Faith of Our Fathers" war ein großer Erfolg unter den amerikanischen Katholiken, obwohl es theologisch unbedeutend war; Gibbons verstand sich auf eine gut angepaßte Apologetik[18]. Als Koadjutor von J. R. Bayley, der als anglikanischer Geistlicher 1842 in Rom konvertiert war, wurde Gibbons 1877 als Erzbischof von Baltimore dessen Nachfolger. Der Kardinal (seit 1886) war in mancher Hinsicht das amerikanische Pendant zu Manning, der ihm mehrfach in der Kirchenpolitik beisprang, überzeugt von der Aufgabe des Papsttums, aber

166–172. Ireland und Keane waren 1886 zur gleichen Zeit in Rom wie Pfarrer Peter Abbelen, der für die Erhaltung der deutschen Pfarreien eintrat, mit einer Empfehlung von Gibbons, die *Hertling* (188) nicht für aufrichtig zu halten scheint.

[14] ASS 30, 256.

[15] An einsprachigen Pfarreien gibt es 530 spanische (im Südwesten), 466 polnische, 206 deutsche, 200 französische (meist Kanadier), 149 italienische. *L. Hertling* a. a. O.

[16] Der deutsche Geistliche Peter Rosen veröffentlichte 1897 eine (kirchlich verbotene) Schrift „Erzbischof Ireland, wie er tatsächlich ist" und griff damit den Mann an, der sich nicht genug darin tun konnte, ein Amerikaner zu sein und als solcher zu gelten; Kardinal Gibbons hatte sich 1891 bei der Übergabe des Palliums an Erzbischof Katzer, einen Österreicher, mit sehr betontem Nachdruck gegen eine nationale Parzellierung der einen katholischen Kirche in den Vereinigten Staaten gewendet.

[17] Außer der Biographie von *J. T. Ellis* vgl. die sich distanzierende Charakteristik von *L. Hertling* a. a. O. 190–195 200–202; *Schmidlin PG* II und III mehrfach (Reg.).

[18] Das Buch folgt bis in den Titel einer französischen Vorlage und wurde auch ins Deutsche übersetzt wie das Priesterbuch „The Ambassador of Christ" (Baltimore 1897). 1917 gab Gibbons einen autobiographischen Rückblick.

entschieden dort, wo er seine bischöfliche Verantwortung in der spezifischen Situation des Katholizismus in den Vereinigten Staaten sah. Die Verfassung der Vereinigten Staaten war für ihn eine Art weltlicher Heiliger Schrift: „I would not expunge or alter a single paragraph, a single line, or a single word“[19] (1897). Seine Reserve gegenüber manchen deutschsprachigen Katholiken war nicht unbegründet. Er hat wesentlich zur Ausbildung eines amerikanischen Katholizismus und zu seiner Stellung in der Gesamtgesellschaft beigetragen[20]. Erheblich schwieriger ist John Ireland (1838–1918) zu beurteilen. In Irland (Burnchurch) geboren, kam er 1848 mit seinen Eltern in die Vereinigten Staaten, von wo ihn der französische Bischof von St. Paul (Minnesota) zum Studium an das Vorseminar von Meximieux in Frankreich schickte, das ihm eine Ausbildung im Geiste von Dupanloup vermittelte. Nach St. Paul zurückgekehrt, wurde er 1861 zum Priester geweiht und dort, seit 1875 Weihbischof und Koadjutor, 1884 zum Bischof ernannt; er gewann andere Bischöfe für die Petition, St. Paul zum Erzbistum zu erheben (1888). Sein Patriotismus war nicht so selbstverständlich wie derjenige des Kardinals Gibbons und konnte in Exaltation geraten[21]. Trotz unterschiedlicher Meinungen und Temperamente waren Gibbons und Ireland verbündet im Streben nach einem originalen amerikanischen Katholizismus. Berühmt wurde Irelands Adresse „The Catholic Church and Civil Society“ an das Konzil von Baltimore (1884); seine Neigung zur Publizistik dokumentiert die Essay-Sammlung „The Church and Modern Society“. In der Auseinandersetzung um den „Amerikanismus“ dürfte weniger Irelands Eintreten für die missionarische Konzeption von I. Th. Hecker problematisch sein als vielmehr sein Verhalten nach dem verurteilenden Brief Leos XIII. „Testem benevolentiae“ vom 22. Januar 1899 an Gibbons[22]. Mit zum engsten Kreis dieser einfluß-

[19] Zit. nach *J. T. Ellis:* New Cath. Encyclopedia 6 (1967) 468.

[20] *L. Hertling* a. a. O. 210 wurde Gibbons kaum gerecht, wenn er ihn, den „gewandteren, erfolgreicheren, bedeutenderen“ vergleicht mit M. Corrigan (vgl. S. 161) und diesem den „größeren Charakter“ zuspricht. Es handelt sich hier um zwei grundverschiedene Hierarchen, die man nicht gegeneinander ausspielen kann. Daß der „gewandtere“ als Politiker auch wendiger sein mußte, drüben und in Rom, liegt in der Natur der Sache.

[21] Beim Zentenar 1889 in Baltimore: „Die Amerikaner wünschen keine Kirche von ausländischem Gehabe, die keinen Einfluß auf sie gewinnen könnte ... Ich möchte, daß alle Katholiken eifrigste Patrioten seien“ (zit. nach *L. Hertling* 213). Zeitlebens erzählte er von seinem Anteil als Feldkaplan der Nordstaaten an der Schlacht von Corinth; *J. P. Shannon:* New Cath. Encyclopedia 7 (1967) 611. Als Anhänger der Republikanischen Partei kämpfte er für den Präsidenten McKinley.

[22] Zum „Amerikanismus“ vgl. Kap. 24. Zu Irelands Verhalten nach 1899 außer *Moynihan* (Kap.-Lit.) *L. Hertling* (1954) 238 und das Tagebuch (1957 publiziert) von *F. X. Kraus* 739f, der – befreundet mit Denis Joseph O'Connell und John Keane – sehr viel schärfer über Ireland urteilt als *Hertling*, von dem die Haltung der Kurie in dieser Krise ohne Vorbehalt bejaht wird. *Kraus* zum Benehmen Irelands während eines Empfanges der Kardinäle im August 1900, bei dem ihn der Papst bevorzugt über Amerika berichten läßt: „Und dies alles ist nur Komödie. Irelands Geist bewegte nur mehr *eine* Idee: die der Rache an seinen Feinden ... Alle diese Konzessionen sollen nur dazu dienen, ihm den roten Hut zu verschaffen ...“ (*Kraus*

reichen Gruppe des amerikanischen Episkopates gehörte der Ire John Keane (1839–1918), auf dessen insbesondere von Ireland unterstützte Initiative die Gründung (1889) der „Catholic University of America" in Washington zurückgeht[23]. Er war ihr erster Rektor, aber auch eines der ersten Opfer der „Amerikanismus"-Wirren (im Sept. 1896 abgesetzt; vgl. unten). Von 1900 bis 1911 wirkte er als Erzbischof von Dubuque. Eine wichtige Rolle in den Streitfragen, die sich in den neunziger Jahren zuspitzten, spielte der Rektor (seit 1885) des Amerikanischen Kollegs in Rom, Denis Joseph O'Connell (1849–1927), in Irland geboren, ein enger Freund von Gibbons und dessen „liaison man" beim Vatikan, wo man ihn als „Liberalen" betrachtete. Gibbons mußte 1895 seiner Absetzung beim Kolleg zustimmen und konnte sein und seines Freundes Ansehen nur dadurch bewahren, daß er ihn als Rektor seiner Titularkirche in Trastevere installierte; 1903 holte er ihn als Rektor an die Universität in Washington und hielt ihm auch weiterhin die Freundschaft[24]. Die Grenzen des Kardinals zeigten sich auch, als er 1890 John Lancaster Spalding, den Bischof von Peoria, Mitgründer der Universität von Washington, zum Erzbischof von Milwaukee promovieren wollte und am Widerstand der Kurie scheiterte[25]. Die führende Figur der – so muß man es ausdrücken – Gegenpartei im amerikanischen Episkopat war Michael A. Corrigan (1839–1902), dessen irischer Vater 1828 eingewandert war. In den Jahren 1859 bis 1863 studierte er an dem von Pius IX. gegründeten Amerikanischen Kolleg in Rom und wurde im Lateran von Kardinal Patrizi zum Priester geweiht. In Newark, wo er seit 1864 Dogmatik dozierte, wurde er, protegiert von dem integralen Generalvikar McQuaid, dem späteren Bischof von Rochester, bereits mit 34 Jahren zum Bischof geweiht. Er förderte das Jesuitenkolleg in Jersey und organisierte den ersten amerikanischen Pilgerzug nach Rom (1874). Nach dem Konzil von Baltimore (1884) publizierte er einen Hirtenbrief über „die wahre Freiheit". Bereits seit 1880 Koadjutor, war Corrigan 1885 zum Erzbischof von New York ernannt worden. In den verschiedenen Kontroversfragen (vgl. unten) bezog er einen sehr intransigenten Standpunkt[26]. Während Gibbons, Ireland und Keane bestürzt darüber

ist durch Denis O'Connell informiert). Zur Kritik an Ireland nach 1899: *F. X. Kraus* a. a. O. 749.

[23] *P. H. Ahern*, The Life of John J. Keane, Educator and Archbishop (Milwaukee 1955).

[24] Ein Mißverständnis bei der Herausgabe der Tagebücher von F. X. Kraus produzierte die Ironie, daß *Denis* mit seinem Namensvetter *William Henry* (auf S. 688) verwechselt wurde, 1895 neuer Rektor des Amerikanischen Kollegs, protegiert vom Papst und Rampolla, ganz ungeeignet für den näheren Umgang mit F. X. Kraus (vgl. unten S. 440). *Denis* J. O'Connell wurde 1912 Bischof von Richmond, Suffragan von Gibbons, so daß man argwöhnte, er solle dessen Nachfolger werden; vgl. *C. J. Barry:* New Catholic Encyclopedia 10 (1967) 635 f; zu William Henry O'Connell die Biogr. von *D. G. Wayman* (New York 1955).

[25] J. L. Spalding war ein Neffe des Erzbischofs von Baltimore Martin John Spalding (HKG VI/1 565 567 570); *F. X. Kraus* a. a. O. 734 verzeichnet eine „sehr merkwürdige Predigt" Spaldings in Al Gesù und meint, mit ihm sei der „Spectator" auf diese Kanzel gestiegen.

[26] *L. Hertling* a. a. O. 208 zum Streit um den protestantischen Bodenreformer Henry George,

waren, daß das verhängnisvolle Buch von Charles Maignen, das die amerikanischen Spannungen in der Verkoppelung mit den französischen potenzierte, die Approbation erhielt, wurde es von Corrigan begrüßt.

In diesem Spektrum von Menschen und Richtungen wuchs der Katholizismus in den Vereinigten Staaten heran. Die Themen des ersten Plenarkonzils von Baltimore 1866[27] waren zu einem guten Teil noch die Gegenstände der Beratung auf dem dritten im Jahre 1884. Leo XIII. hatte im Vorjahr einen Teil des Episkopates nach Rom geladen, um den Erzbischöfen durch die Propaganda Fide Weisungen zu erteilen[28], und vorgesehen, daß das geplante Konzil von einem Kurienkardinal geleitet wird. Die Amerikaner konnten sich mit ihrem Wunsch durchsetzen, daß der Inhaber des Sitzes von Baltimore, des vorrangigen Erzbistums, James Gibbons, der dem Projekt eher kühl gegenüberstand *(J. T. Ellis)*, mit dem Vorsitz betraut wurde. Bezeichnend dafür, wie sich die Struktur des amerikanischen Katholizismus verändert hatte, ist der Anteil der „american born"-Bischöfe am Konzil: 1852 waren es 9 von 32, im Jahre 1866 14 von 45, jetzt aber 25 von 72, davon 15 irischer Abstammung. Zu diesen 15 Prälaten kamen noch 20 in Irland geborene, so daß die Iren fast die Mehrheit hatten (8 Deutsche, 6 Franzosen, 4 Belgier).

Eine spezifisch amerikanische Frage war das Verfahren bei den Bischofsernennungen. Während die Kurie das europäische Modell der Domkapitel übertragen wollte, gab es starke Bestrebungen, die Wahl durch den Klerus einzuführen[29]. Das Konzil beschloß, daß die „Diözesankonsultoren" (je zur Hälfte von den Bischöfen ernannt und vom Klerus gewählt) zusammen mit den „Unabsetzbaren Pfarrern"[30] eine Liste aufstellen, an die jedoch die Bischöfe der Kirchenprovinz für ihren Vorschlag an den Papst nicht gebunden sind. Dieses bemerkenswerte Verfahren konnte sich bis 1918 (neuer Codex) halten. Leo XIII. intensivierte in den Jahren von 1880 bis 1903 die kirchliche Organisation durch die Errichtung von 23 Diözesen und 3 Präfekturen; nach den Errichtungen unter Pius X. gab es 82 Bistümer in 14 Kirchenprovinzen[31]. Hatte das Plenarkonzil von 1884 ohne einen päpstlichen Delegaten stattgefunden, so nahm Leo XIII.

dessen Indizierung Corrigan erreichen wollte: „er glaubte hier wie überall felsenfest an das ‚Roma locuta, causa finita'". – *J. J. Zwierlein,* Letters of Archbishop Corrigan to Bishop McQuaid and Allied Documents (Rochester 1946); vgl. *J. T. Ellis* in der Biographie zu Gibbons. – Corrigan begünstigte die Darstellung der amerikanischen Kirchengeschichte durch *J. G. Shea,* die seiner Konzeption entsprach (dazu *J. T. Ellis*).

27 HKG VI/1 567ff.

28 *Schmidlin PG* II 495f.

29 Dafür bezeichnend die Schrift von *P. Corrigan* (nicht der Erzbischof von New York!): What the Catholic Church Most Needs in the US or: the Voice of the Priests in the Election of the Bishops (1884).

30 „Unabsetzbar" waren, weil es keine kirchenrechtlichen Benefizien gab, nur die Kirchenrektoren; in Baltimore wurde beschlossen, daß wenigstens ein Zehntel des Diözesanklerus in diesen Rang erhoben werden soll.

31 *Schmidlin PG* II 495, III 114.

die Gelegenheit der Zentenarfeier der amerikanischen Katholiken im Jahre 1889 dazu wahr, Francesco Satolli (1839–1910), den Vertrauten aus Perugia und strengen Neuscholastiker[32], als seinen Repräsentanten nach Baltimore zu schicken. Gelegentlich der von den Vereinigten Staaten veranstalteten Columbus-Ausstellung in Chicago 1892 (Vierhundertjahrfeier der Entdeckung) kam Satolli, nun als Titular-Erzbischof, ein zweites Mal, um vatikanische Dokumente zu überbringen. Empfand dies der Episkopat als eine ehrenvolle Geste – Gibbons hatte den Wunsch der Regierung an den Papst übermittelt –, so waren die Erzbischöfe – ausgenommen Ireland – peinlich davon berührt, daß Satolli nunmehr als ständiger Apostolischer Delegat auftrat. Die Haltung Satollis, der im Oktober 1896 nach Rom zurückkehrte und von dem Erzbischof Sebastiano Martinelli (1889 Generalprior der Augustiner-Eremiten, 1901 Kardinal) abgelöst wurde, ist schwer zu beurteilen[33].

Wohl noch entschiedener als in den anderen Katholizismen stand im amerikanischen die Schulfrage im Mittelpunkt des Interesses. Die verfassungsgemäße Freiheit, Privatschulen zu gründen – ihre Notwendigkeit für die Bewußtseinsbildung der katholischen Minderheit – die finanziellen Schwierigkeiten im weiträumigen Land: In dieser Konstellation läuft die Geschichte des Schulwesens[34]. Auf dem Plenarkonzil 1884 wird die Elternpflicht sehr nachdrücklich als bischöflicher Befehl formuliert, die Tendenz zu Exkommunikation bei Ungehorsam jedoch zurückgedrängt. Freilich muß von der bischöflichen Dispens die Rede sein, weil es bei weitem nicht genügend katholische Schulen gibt. Bis zum Jahre 1900 hatten die 200 Primarschulen von 1840 auf 3812 (0,9 Mill. Schüler von ca 17 Mill.) vermehrt werden können; aber immer noch gingen, mehr oder weniger notgedrungen, über die Hälfte der Kinder auf andere Schulen. Dazu kam, daß die Leistungen der Public Schools erheblich anwuchsen[35].

[32] Satolli war 1880 durch Leo XIII. aus Perugia als Dogmatikprofessor an das Kolleg der Propaganda Fide und das Römische Seminar berufen worden.

[33] *Schmidlin PG* II 498 sagt schlicht, Satolli sei „im Triumph“ empfangen worden. Tatsächlich hat Gibbons – gemäß der bereits 1885 gegenüber dem päpstlichen Wunsch bezogenen Haltung – am 4. Januar 1893 im Namen aller Erzbischöfe (Ireland ausgenommen) den Papst gebeten, von der Einrichtung einer ständigen Apostolischen Delegation abzusehen. Am 14. Januar gab Leo XIII. seine telegraphische Anordnung; vgl. *J. T. Ellis* in Gibbons-Biographie, auch: New Cath. Encyclopedia 14 (1967) 441, wo er von einem „fait accompli“ spricht. Da übrigens Satolli bereits im November 1892 bei der Konferenz der Erzbischöfe in New York faktisch als Delegat auftrat, erhebt sich die Frage, was der „Vorschlag“ (so *Ellis*) einer Delegation zu bedeuten hatte. Bemerkenswert ist, daß Satolli in der Begleitung von Denis O'Connell angekommen war, engen Kontakt mit Gibbons und Ireland hielt und bei J. Keane wohnte, dessen Absetzung als Universitätsrektor 1896 er vor seiner Rückberufung eingeleitet hatte. *F. X. Kraus,* Tagebücher 714, notiert, Satolli, der 1895 Kardinal geworden war, habe Keane in Rom schikaniert, ferner „amerikanische Nachrichten“ über einen bedenklichen Lebenswandel. *L. Hertling* a. a. O. 225f und 232f spricht von einer „Schwenkung Satollis“ um das Jahr 1894.

[34] Informativ *L. Hertling* a. a. O. 245–262; zum Schulstreit: ebd. 221–224.

[35] Vgl. *E. Angermann:* HM 10 (Bern 1961) 305f.

Um das höhere Schulwesen kümmerten sich insbesondere die Jesuiten. Um 1880 hatten sie insgesamt 4000 Schüler, 1890 zwar 5500, aber mit rückläufiger Tendenz, die einen ihrer Gründe darin hatte, daß sich die Jesuiten in Organisation und Lehrplan nicht den öffentlichen Schulen angepaßt hatten, was sie 1899 auf Veranlassung des zweiten Rektors der Catholic University, Thomas Conaty, teilweise korrigierten; die Verstärkung der Realfächer blieb gegen den Wunsch der von den Augustinern geleiteten „Notre Dame University" (seit 1842) auf der Strecke. Die Sacré-Cœur-Damen, welche seit der Mitte des Jahrhunderts bis 1890 in wichtigen Städten 10 höhere Mädchenschulen gegründet hatten, versuchten, sich in gewissen Grenzen ebenfalls anzupassen. Es ist natürlich, daß das Schulwesen eines der Konfliktfelder beim Ringen um das Selbstverständnis des amerikanischen Katholizismus wurde. Beim Kongreß der „National Education Association" 1890 überraschte J. Ireland das Publikum und recht viele seiner Glaubensfreunde mit dem Vorschlag, die katholischen Pfarreischulen in das System der Public Schools zu integrieren, wobei der Religionsunterricht außerhalb der allgemeinen Schulstunden erteilt werden sollte. Dies erschien den einen als Verrat und den anderen als ein heimtückischer römischer Angriff auf die freie Republik. Patriotismus und die Sorge um die zunehmende Konkurrenzschwäche der katholischen Schulen waren in Ireland zusammengekommen. Die Idee konkretisierte sich darin, daß die Pfarreischulen Faribault und Stillwater in der Erzdiözese St. Paul für einen Dollar jährlich als Teil des öffentlichen Schulsystems kündbar an den örtlichen Schoolboard verpachtet wurde, der die Besoldung der katholischen Lehrschwestern (außer für den in der Schule zu erteilenden Religionsunterricht) übernahm. Für den „Faribault Plan" engagierte sich der Moralprofessor der Catholic University of America Thomas Bouquillon und die Gruppe des Episkopates um Gibbons – dagegen kämpften heftig Bouquillons deutscher Dogmatik-Kollege J. Schroeder und die Jesuiten. Die Ablehnung bei der Mehrzahl der deutschen Katholiken versteht sich aus deren Kulturkampf-Perspektive und nicht nur aus der Sorge um die Erhaltung der deutschen Sprache. Rom, wohin der Streit getragen wurde, entschied im April 1892 bei gleichzeitigem Verweis auf den Beschluß des Konzils von Baltimore für ein „tolerari posse". Aber die Idee Irelands war gescheitert.

In Baltimore wurde 1884 auch die Gründung einer katholischen Nationaluniversität geplant, der Gibbons eher zurückhaltend gegenüberstand *(J. T. Ellis)*. Die aktiven Männer waren zunächst Bischof John Lancaster Spalding und Bischof John Keane gewesen; dem Plan abgeneigt waren besonders Erzbischof Corrigan und der Bischof von Rochester, Bernard J. McQuaid, sowie ein guter Teil der Jesuiten, weil diese Gruppe einen liberalen Geist befürchtete. Die Stiftung einer jungen Konvertitin in Höhe von 300000 Dollar erleichterte die Bemühung um die Zustimmung des Vatikans. Am 13. November 1889 konnte die „Catholic University of America" in Washington (diesen Ort hatten die Gründungsmänner angestrebt, während Gibbons Philadelphia – außerhalb seiner Erzdiözese – begünstigt hatte) in Anwesenheit des Präsidenten Harrison eröffnet werden[36]. Keane verzichtete zugunsten des Rektorates auf sein Bistum Rochester. Aber die innerkatholische Anfeindung des Instituts dauerte an. Im Lehrkörper war der deutsche Dogmatiker Joseph Schroeder das Haupt der Opposition gegen Keane und seine Freunde im Episkopat. Er hatte die Amerika-Kritik von Cahensly (oben S. 157) nachdrücklich unterstützt und in Washington einen Lehrstuhl für deutsche Literaturgeschichte betrieben, der gemäß der Haltung in seiner Schrift „Der Liberalismus in Theologie und Geschichte" (1881) besetzt werden sollte[37]. Ireland erreichte über den Apostolischen Delegaten S. Martinelli[38] die Abberufung Schroeders, der von Corrigan gestützt worden war. Bereits 1894 war der deutsche Dogmatiker Josef Pohle nach Europa zurückgekehrt[39]. Die Abberufung J. Keanes vom Rektorat durch Leo XIII. am 15. September 1896 ist ein Teil der Krise des amerikanischen Katholizismus (vgl. unten)[40]. Nach dem Rektorat von Th. Conaty (vgl. oben S. 164) kam die Universität trotz den Bemühungen von Denis O'Connell (oben S. 161) 1904 durch Spekulationen ihres Schatzmeisters in eine katastrophale Lage, aus der sie erst zehn Jahre später befreit werden konnte. Die älteren Universitäten (der Begriff ist weit zu fassen) Georgetown (seit 1805) und St. Louis hatten große Mühe, sich der allgemeinen Entwicklung anzupassen; am ehesten gelang es der „University of Notre Dame".

Ein weiteres komplexes Thema beim Plenarkonzil 1884 war die Frage gewesen, welchen Gesellschaften mit einem freimaurerähnlichen Ritual Katholiken angehören dürfen. Dies war ein altes Problem[41], mit dem sich auch wieder das Provinzialkonzil 1875 in San Francisco befaßte, wo den Beichtvätern aufgetra-

[36] *J. T. Ellis,* The Formative Years of the Cath. University of America (Washington 1946); *ders.,* The Cath. Univ. of A., The Rectorship of John J. Keane. 1887–96 (Washington 1949). Keane bemühte sich 1887/88 auch um die Berufung *Ludwig Pastors* (Tagebücher 203 210), der ablehnte, weil der Platz für seine Papstgeschichte ungeeignet war – für Keane, der laut *F. X. Kraus* [Tagebücher 683] ein „weicher Gemütsmensch" war, wohl kein Unglück. Vgl. *P. E. Hogan* (Kap.-Lit.).

[37] Der Charakter Schroeders ist angesichts der vergifteten Quellen schwer auszumachen. *Hertling:* seine Gegner stellten ihn als Trinker dar. *F. X. Kraus,* Tagebücher 697, notiert mit Genugtuung – Schroeder hatte seine Zensurierung betrieben – die Information durch Denis O'Connell, wonach der deutsche Professor „monatelang nachts aus seiner Wohnung in der University verschwand, um die Nacht in elenden Wirtshäusern zuzubringen, zu trinken, mit schlechten Frauenzimmern sich abzugeben ..." Schroeder ging von Washington an die theologische Hochschule in Münster († 1903). Vgl. Kap. 29.

[38] Vgl. S. 163; *F. X. Kraus,* Tagebücher 697 (Februar 1898).

[39] *Hertlings* (234) Urteil, Pohle habe später „den Ruhm als einer der ersten Dogmatiker seiner Zeit" erreicht, ist sehr relativ; vgl. $LThK^2$ VIII 578.

[40] Der Papst setzte Keane als Consultor der Propaganda Fide in Rom ein. Aber der Kampf gegen diesen Mann, der als „a rationalist, throwing all dogma over to modern ideas" (zit. von *P. H. Ahern* a. a. O.) bezeichnet wurde, dauerte an, und er kehrte in die Vereinigten Staaten zurück. Seine Freunde bewogen den Papst, ihn 1900 zum Erzbischof von Dubuque zu erheben.

[41] HKG VI/1 568.

gen wurde, in Zweifelsfällen die Zugehörigkeit zu einer Gesellschaft zu erlauben, aber den Austritt aufzuerlegen, sobald die jeweilige „geheime" Gesellschaft kirchlich verboten wird. Die Diskussion mußte sich nach der Enzyklika „Humanum genus" (1884), die eine besonders scharfe Verurteilung der Freimaurer enthielt, zuspitzen; aber da die Pflege eines Rituals in vielen amerikanischen Vereinen Sitte war, gab es nur die Möglichkeit, die Entscheidung dem Gewissen der Gläubigen zu überlassen oder eine Liste der verbotenen Vereine zu proklamieren, was ungemein schwierig war. Eine erzbischöfliche Konferenz 1886 erlaubte die „Grand Army of the Republic" (einen Bürgerkriegsveteranen-Verein, dessen Präsident ein Katholik und Bruder eines Bischofs war) und den „Ancient Order of Hibernias". Über das namentliche Verbot anderer Gesellschaften wurde auf den Konferenzen gestritten, ohne daß man sich einigen konnte. In Boston 1890 beschloß die Mehrheit unter Gibbons, es seien nur die Freimaurer verboten, wogegen nun die andere Bischofspartei (Corrigan, McQuaid u.a.) heftig protestierte. Erzbischof Katzer von Milwaukee (S. 159, Anm. 16) beklagte sich in Rom. Nachdem die Kirchenprovinz New York drei und die von Philadelphia vier Gesellschaften im Alleingang verboten hatten und man sich im November 1892 – inzwischen war Satolli als Delegat gekommen – gemeinsam wieder nicht hatte einigen können, wurde die Anfrage an die Kurie gerichtet, wo das Heilige Offizium nach längerer Zeit am 20. August 1894 das Verbot von drei Gesellschaften dekretierte. Das gleichzeitige Schreiben Rampollas an Satolli, die Durchführung des Dekrets sei der Klugheit der Metropoliten anheimgestellt, konnte nur Verwirrung anrichten; im Dezember 1894 ordnete Leo XIII. über Satolli die Promulgation des Dekretes an[42]. Vergeblich reiste 1895 Gibbons nach Rom – die Krise war nun im Gange. Es wurden jetzt katholische Gesellschaften wie die „Knights of St. John" oder die gewichtigeren „Knights of Columbus" gefördert – eine Separierung, die dem Akkommodationsprinzip zuwiderlief[43]. Daß einzelne Bischöfe selbst gegen solche Organisationen mißtrauisch waren und der Gesamtepiskopat erst 1905 für die Föderation von katholischen Einzelvereinen eintrat, ist ein Merkmal der gesellschaftlichen Verfassung des amerikanischen Katholizismus in der Zeit vor dem 1. Weltkrieg. Auf pfarreilicher und diözesaner Ebene jedoch entfaltete er angesichts der wirtschaftlichen Schwäche der meisten Katholiken wie im Schulwesen so auch im sozialen Bereich eine respektable Tätigkeit.

Der Streit um die nähere Bestimmung der „Geheimen Gesellschaften" war auch eines der Momente in der Auseinandersetzung um den 1869 in Philadelphia gegründeten und sich unter der Führung des katholischen Iren Terence Powderly (seit 1879) rasch ausbreitenden Verband „Noble and Most Holy

[42] *L. Hertling* a.a.O. 202–206.

[43] *L. Hertling* a.a.O. 206: „... hier waren die Katholiken unter sich, und es bestand keine Gefahr, daß sie unmerklich in ein Logen-Fahrwasser gezogen würden". Vgl. *F. McDonald* (Kap.-Lit.).

Order of the Knights of Labor“, dessen Mitglieder zu zwei Dritteln Katholiken waren. Da sich dieser Verband, als Gibbons im Februar 1887 das Verbot in Rom verhindern konnte, aus mehreren Gründen bereits im Niedergang befand, liegt die geschichtliche Bedeutung der Vorgänge weniger in der Geschichte dieses Verbandes als in dem durch sie repräsentierten Verhältnis des amerikanischen Katholizismus zur sozialpolitischen Frage[44]. Es wurde gesagt, die „überall vorhandenen und immer neu auftauchenden Verdienstmöglichkeiten“ hätten in den Vereinigten Staaten nicht die soziale Verbitterung wie in Europa auftreten lassen[45]. Jedoch sosehr es auch dort um die Löhne und vor allem die Gefährdung der Arbeitsplätze ging, gewichtiger noch war, langfristig gesehen, die Akkumulation des Kapitals in den Händen einer kleinen Schicht und die Weise, in der diese Vermögen zustande kamen[46]. Die Konzentration im agrarischen Sektor produzierte ein wachsendes Landarbeiterproletariat, das in der Industrie willkommen war. Dort aber waren die Arbeiter angesichts einer ganz auf die Unternehmerinteressen ausgerichteten Gesetzgebung, Rechtsprechung und Verwaltung dem rücksichtslosen Arbeitsmarkt ausgeliefert und hatten bei den Krisen die Zeche zu bezahlen. Billige Arbeitskräfte standen unter den Einwanderern, den „befreiten“ Negersklaven und den Kindern[47] massenhaft zur Verfügung. Die Bildung von Gewerkschaften war durch die Gesetzgebung und den Mangel an Solidarität in der inhomogenen Arbeiterschaft behindert. Die „Knights of Labor“ waren die erste bedeutende Arbeiterbewegung, die jedoch – trotz ihrer vernünftigen Forderungen (gleiche Löhne der Frauen und Farbigen für gleiche Arbeit, Achtstundentag, Arbeitsschiedsgericht) und ihrer betonten Zurückhaltung gegenüber dem Streik – von der amerikanischen Gesamtgesellschaft heftig befehdet wurde. Die gleiche Mentalität zeigte der konservative Teil des Klerus[48], der außerdem die „Knights of Labor“, weil sie die bürgerlichen Sitten der Freimaurer nachahmten, den kirchlich verbotenen „Geheimen

[44] *Henry Brown,* The Cath. Church and the Knights of Labor (Washington 1949); Sister *Joan Leonard,* Cath. Attitude forward American Labor. 1884–1919 (Columbia Univ. 1946); *F. Downing: J. N. Moody* (Ed.), Church and Society (New York 1953) 843–904; *L. Hertling* a. a. O. 196–202; *A. M. Knoll* (Lit. zu Kap. 12), Anm. 236; *P. Mourret* (Lit. zu Kap. 12) 292.
[45] *L. Hertling* a. a. O. 196, der jedoch gleich anschließend von der Wirtschaftskrise 1885 und ihren Folgen sprechen muß.
[46] *E. Angermann* a. a. O. [op. cit. Anm. 35] 295–302. Im „Erie War“ (1867/68), der Spekulation um die Erie-Eisenbahn, nahm Jay Gould dem Eisenbahnkönig C. Vanderbilt ein Riesenvermögen ab und hinterließ bei seinem Tod 1892 ein Erbe von 92 Millionen Dollar (beide Gruppen bestachen die Politiker). Die berühmten Pioniere des Großkapitalismus A. Carnegie und J. D. Rockefeller brachten ihr Vermögen nicht nur durch Tüchtigkeit, sondern auch durch einen brutalen Konkurrenzkampf zusammen, dem die Kleinen zum Opfer fielen. Der Bankier J. P. Morgan gab 1895 der Regierung eine Anleihe von 60 Mill. Dollar, die seinem Syndikat indirekt einen Gewinn von 72 Mill. einbrachte.
[47] 1870 sind 0,75 Mill., 1910 fast 2 Mill. 10- bis 15jährige beschäftigt; 1910 war bei Erwachsenen noch die 60-Stunden-Woche normal; *E. Angermann* a. a. O. 302.
[48] *J. Leonard* a. a. O. 56.

Gesellschaften" zurechnete. Weil bei Volksmissionen die katholischen Arbeiter zum Austritt veranlaßt wurden, änderte T. Powderly (Sohn einer irischen Arbeiterfamilie mit 12 Kindern) den Titel seines Verbandes. Im Jahre 1884 erhielt Taschereau, Erzbischof von Quebec (seit 1887 Kardinal), in Rom auf seine Anfrage hin die Antwort, die „Knights of Labor" seien kirchlich verboten. In der Diskussion des amerikanischen Episkopates, ob das Verbot nur für Kanada gelte, wurde beschlossen, die Frage erneut dem Präfekten der Propaganda Fide, dem Kardinal Giovanni Simeoni, vorzutragen. In Kanada, wo Erzbischof Lynch von Toronto die Organisation begünstigte, wurde diskutiert, ob sich die Antwort nur auf Quebec beziehe; die römische Antwort 1886 lautete: generelles Verbot[48a]. Das von Gibbons allein signierte, aber in Zusammenarbeit mit Ireland, Keane und Denis O'Connell aufgesetzte Schreiben vom 20. Februar 1887 erreichte in Rom eine Duldung der „Knights of Labor"[49]. Der Rückblick von Gibbons 30 Jahre später zeigt, welchen innerkirchlichen und öffentlichen Problemen er sich gestellt hatte. Aber radikalere Organisationen liefen bald den „Knights of Labor" den Rang ab[50]. Dies hatte die Gibbonsgruppe, wie immer sie die realen Chancen der „Knights of Labor" einschätzte, vermeiden wollen[51]. In der Radikalisierung der sozialen Gegensätze liegt eine der Wurzeln der zunehmenden Entchristianisierung unter der Oberfläche eines christlichen Vokabulars der Öffentlichkeit[52]. Die Enzyklika „Rerum novarum"

[48a] Vgl. diesen Band S. 153.

[49] In „My Memories" (Dublin Review 160 [April 1917] 171; zit. nach *J. T. Ellis*): „If the Knights of Labour were not condemned by the Church, then the Church ran the risk of combining-against herself every element of wealth and power... But if the Church did not protect the working man she would have been false to her whole history; and this the Church can never be." – In der „Catholic Quarterly Review" hatte G. D. Wolff im April 1886 offen gesagt, welche Mächte Gibbons zu befürchten hatte: „It is futile for the public press to be constantly preaching platitudes respecting patience and respect for law, whilst evasions and defiant violations, constantly practiced by mammoth capitalists and corporations, are ignored, condoned and factly approved."

[50] Dazu *E. Angermann* a. a. O. 309, der das Leitwort der Organisation zitiert: „Jeder sein eigener Meister – jeder sein eigener Arbeitgeber", worin man aber wohl eher eine gewisse Parallele zur Vogelsang-Schule (Kap. 12) sehen muß; *F. Downing* a. a. O. 852 hält es nicht für ausgeschlossen, daß die ausdrückliche kirchliche Duldung eines der Momente für den Rückgang war.

[51] *L. Hertling* a. a. O. 232, im Zusammenhang des namentlichen Verbotes dreier „Geheimer Gesellschaften" im Jahre 1894: „... zeigte, daß Rom seine Grundsätze ... nicht geändert hatte, wenn es auch in dem Sonderfall der Arbeitsritter eine Ausnahme gemacht hatte, oder, *richtiger gesagt, getäuscht worden war*" (von uns kursiv). Er überläßt es dem Leser, zu vermuten, wen er als Täuscher meint, T. Powderly, der in der Frage der auferlegten Änderung von als sozialistisch interpretierten Passagen der Satzung laviert hatte, oder Gibbons und seine Gruppe.

[52] T. Powderly, der 1893 in seiner Organisation als „First Master Workman" abgesetzt wurde, trat 1901 den Freimaurern bei und starb 1924 in der Exkommunikation. *L. Hertling* a. a. O. 202 beurteilt ihn im wesentlichen negativ, während *F. Downing* a. a. O. 852 psychologisches Verständnis für diese persönliche Entwicklung zeigt.

(1891) fand im amerikanischen Katholizismus keine sonderliche Beachtung[53]. Aber es gab einige Geistliche, welche die sozialen Probleme beim Namen nannten, an ihrer Spitze John Ryan (1869–1945), Sohn irischer Einwanderer, der bereits mit seiner Dissertation an der Catholic University of America 1906 mit dem Thema „A Living Wage. Its Ethical and Economic Aspects" Aufsehen erregte. Im Jahre 1916 erschien sein Hauptwerk „Distributive Justice". Der Höhepunkt seiner öffentlichen Wirksamkeit liegt in den zwanziger Jahren[54]. Mit ihm verbunden war Peter E. Dietz (1878–1947), Sohn deutscher Einwanderer, der mit einigen Gewerkschaftsführern gut zusammenarbeitete und im „Deutschen Katholischen Centralverein" eine soziale Sektion gründete. In diesem Zusammenhang ist es zu betrachten, daß er gemäß der Enzyklika „Singulari quodam" von 1912 eine katholische Gewerkschaft („Militia of Christ for Social Service") gründete. Die katholischen Mitglieder der Handelskammer veranlaßten 1923 den Erzbischof J. T. McNicholas von Cincinnati, Dietz zur Schließung seiner Sozialakademie zu zwingen[55].

Ein sozialtheoretischer Konflikt mit starkem kirchen- und allgemeinpolitischem Akzent war der Fall des New Yorker Pfarrers Edward McGlynn (1839–1900)[56], der sich für die Bodenreformtheorie von Henry George und für dessen Kandidatur 1886 als Oberbürgermeister von New York engagierte[57]. Dies geschah gegen das Verbot des Erzbischofs Corrigan und wirkte fanatisierend. Nach zweifacher nicht befolgter Zitation nach Rom wurde McGlynn 1887 suspendiert, aber 1892 auf Grund der Befürwortung von Gibbons durch den Delegaten Satolli rekonziliiert. Da Corrigan schon mit seinem Antrag, die Schriften Henry Georges zu indizieren, in Rom gegen den Widerstand der Gibbons-Gruppe nicht durchgedrungen war[58], bedeutete dieser Akt eine schwere Desavouierung des Erzbischofs.

Die Konzeption, die Gibbons und seine Freunde vom Verhältnis des Katholizismus zur Gesamtgesellschaft hatten, kommt vielleicht am deutlichsten darin zum Ausdruck, daß sie aktiv am Religionskongreß des Jahres 1893 in Chicago

[53] *F. Downing* a.a.O. 856.

[54] *F. L. Broderick,* Right Reverend New Dealer: John A. Ryan (New York 1963); *Ryan* urteilte sehr kritisch über das soziale Interesse beim Großteil des Klerus. Zu John Ireland meinte er: „The Archbishop's associations were with the pillars of the contemporary economic order"; die mit ihm befreundeten Großindustriellen habe er alle für „good men" gehalten: Social Doctrine in Action (New York 1941) 21–27.

[55] *M. H. Fox,* Peter E. Dietz. Labor Priest (Notre Dame 1953).

[56] *St. Bell,* Rebel, Priest and Prophet. A Biography of E. McGlynn (New York 1937).

[57] Die „Single Tax Theory" von Henry George sieht vor, daß die Bodenrente an den Staat (als einzige Steuer) abzuführen ist. In diesem Sinne kritisierte er in seiner Schrift „The Condition of Labour" (1891), die als „offener Brief an seine Heiligkeit Papst Leo XIII." erschienen war, die päpstliche Soziallehre. *H. Pesch,* Henry George und die Enzyklika „Rerum novarum": StdZ 74 (1894) 365–382 523–544. *L. Hertling* a.a.O. 206–208 226.

[58] Es wurden im April 1889 in einem nicht zu publizierenden Brief an den amerikanischen Episkopat nur einige Sätze von H. George zensiert.

teilnahmen, der im Rahmen der Columbus-Ausstellung veranstaltet wurde, und zu dem auch Juden, Muslime, Hindus und Bekenner anderer Religionen eingeladen wurden[59]. Präsident war der Presbyterianer J. H. Barrows, der ausdrücklich erklärte, es werde von niemandem erwartet, daß er auch nur den geringsten Teil seines Glaubens preisgebe. Welche Stellung Gibbons in der Öffentlichkeit der Vereinigten Staaten von Amerika hatte, bekundete sich darin, daß er in seiner Eröffnungsrede das Vaterunser sprach. John Keane, einer der zwanzig katholischen Redner (darunter Ireland und der Hecker-Biograph Elliott), hielt die Schlußansprache, die er 1894 auf dem katholischen Gelehrtenkongreß in Brüssel mit Beifall wiederholte. Keiner der beteiligten Katholiken war religiös indifferent[60] – aber alle waren der Überzeugung, daß bei der Darstellung der Weltreligionen in den Vereinigten Staaten von Amerika der römisch-katholische Glaube nicht fehlen dürfe. Im September 1895 schrieb Leo XIII. an Satolli, man habe interkonfessionelle Tagungen bisher stillschweigend geduldet, viel besser aber seien katholische Veranstaltungen, zu denen man Nichtkatholiken einlade[61].

Es war das Eröffnungsjahr der Krise. Der lange Brief „Longinqua Oceani" vom 6. Januar 1895 ist voll des Lobes für die Vereinigten Staaten von Amerika und den Glaubenseifer der Katholiken. Aber er enthält einen Passus, der im Hinblick auf die Anschauung des Papstes vom Verhältnis zwischen Kirche und Staat in „katholischen" Ländern und insbesondere seine Erwartungen in Frankreich durchaus verständlich ist, der aber zugleich die gesellschaftlichen Grundlagen des amerikanischen Katholizismus in Frage stellt[62]. Es mochte noch hingehen, zu sagen, die Trennung von Kirche und Staat „more americano" sei nicht die allerbeste aller Möglichkeiten in jedem Falle. Aber die Bemerkung, die Früchte der Entfaltung des kirchlichen Lebens würden bei weitem noch viel reichlicher sein, wenn die Kirche außer der Freiheit die Gunst der Gesetze und die Förderung durch die öffentliche Gewalt genießen würde[63], griff das profane Glaubensbekenntnis eines jeden Bürgers der Vereinigten Staaten von Amerika an. Selbst Corrigan schrieb an Gibbons, glücklicherweise hätten Nichtkatholiken keinen Anstoß genommen[64]. Aber dies war ja nicht in erster Linie eine Frage der Nichtkatholiken. Man kann nicht annehmen, der Passus im Brief des

59 *L. Hertling* a.a.O. 226ff.

60 *L. Hertling* a.a.O. 228: „Die dominierende Note [des Kongresses] war, daß alle Religionen gleich gut seien, also gerade jener religiöse Indifferentismus, den Gibbons in seiner Eröffnungsrede ausgeschlossen wissen wollte"; es war kaum anzunehmen, daß auf dem Kongreß irgendeine Religion als minderwertiger bezeichnet werden würde. Daß Gibbons an der Eröffnung teilnahm, war Ausdruck seiner Konzeption; daß er den weiteren Sitzungen fernblieb, war die Rücksicht auf sein Amt.

61 Zit. nach *L. Hertling* a.a.O. 233.

62 ASS 27, 387–399, hier 390.

63 Longe tamen uberiores [Ecclesia] editura fructus, si, praeter libertatem, gratia legum fruatur patrocinioque publicae potestatis. Vgl. Kap. 14.

64 Zit. nach *L. Hertling* a.a.O. 233.

Papstes sei nur unterlaufen. Im gleichen Jahr wurde Denis O'Connell in Rom abgesetzt, im November Satolli zurückgerufen, und im September 1896 wurde Keane als Universitätsrektor abgesetzt. In Verknüpfung mit den Verhältnissen in Frankreich und der allgemeinen Situation wurde jetzt der „American Way" zum gesamtkirchlichen Problem des „Amerikanismus" (Kap. 24).

Das Gibbons-Konzept war gescheitert. Zum 50. Jahrestag seiner Ordination am 6. Juni 1911 waren mit Tausenden von Besuchern auch Präsident W. H. Taft und der Expräsident Th. Roosevelt erschienen, dessen Rombesuch im Vorjahr zu Komplikationen mit dem Vatikan geführt hatte[65]. Aber um Gibbons war es still geworden. Im Jahr 1911 wurde William H. O'Connell (1859–1944), den er 1895 als Nachfolger von Denis J. O'Connell beim Amerikanischen Kolleg eingesetzt hatte[66], zum Kardinal in Boston erhoben, nachdem mit der Konstitution „Sapienti consilio" 1908 in den Vereinigten Staaten die ordentliche Hierarchie eingeführt worden war. William H. O'Connell war 1905 nach dem Russisch-Japanischen Krieg im Sonderauftrag Pius' X. beim Kaiser von Japan gewesen und setzte sich bei den Kongressen von 1908 in Chicago und 1913 in Boston tatkräftig für die Organisation und Finanzierung der Missionsarbeit ein. Er war der Mann der neuen Ära[67]. Der Bau der Cathedral of St. Patrick in New York, 1858 in neugotischem Stil wie die meisten katholischen Kirchen begonnen, wurde 1906 abgeschlossen.

11. Kapitel

Der Katholizismus in der slawischen Welt bis 1914

LITERATUR: Im Russischen Reich: *W. Gribowski,* Das Staatsrecht des Russischen Reiches (Tübingen 1912); *F. Haase,* Die katholische Kirche Polens unter russischer Herrschaft (Breslau 1917); *A. Boudou,* Le Saint-Siège et la Russie. Leurs relations diplomatiques au XIXe siècle II: 1848–83 (Paris 1925); *A. Petrani,* Kolegium Duchowne w Petersburgu (Lublin 1950); Kościoły katolickie ob. łać. na obszarach Rosji (1772–1914): SPM II (Rom 1955) 467–497; *E. Winter,* Rußland und das Papsttum II (Berlin 1961) 340–567; *B. Stasiewski,* Die kirchliche Organisation der deutschen katholischen Siedler in Rußland: Festschr. für Margarete Woltner zum 70. Geburtstag (Heidelberg 1967) 270–283; *G. Simon,* Konstantin Petrovič Pobedonoscev und die Kirchenpolitik des Heiligen Sinod 1880–1905 (Göttingen 1969).

In den drei polnischen Teilgebieten: *J. S. Pelczar,* Pius IX i Polska (Miejsce Piastowe 1914); *K. Völker,* Kirchengeschichte Polens (Berlin – Leipzig 1930); *G. Manteuffel-Szoege,* Geschichte des polnischen Volkes während seiner Unfreiheit 1772–1914 (Berlin 1950); *J. Umiński,* Historia Kościoła II, hrsg. von *W. Urban* (Oppeln 1960); *F. Manthey,* Polnische

[65] *Schmidlin* PG III 66 116; vgl. diesen Band S. 398.
[66] Vgl. Anm. 24.
[67] „I have never hesitated to speak as plainly as possible ... whenever direction was needed"; zit. nach *D. G. Wayman:* Cath. Encyclopedia 10 (1967) 637.

Kirchengeschichte (Hildesheim 1965); *G. Rhode,* Kleine Geschichte Polens (Darmstadt 1965); *W. Urban,* Ostatni etap dziejów kościoła w Polsce przed nowym tysiącleciem 1815–1965 (Rom 1966, Lit.); *Z. Olszamowska-Skowrońska,* Tentatives d'introduire la langue russe dans les églises latines de la Pologne orientale 1865–1903: Antemurale 11 (1967) 47–169; *B. Stasiewski,* Tausend Jahre polnischer Kirchengeschichte: Kirche im Osten 10 (1967) 56–60; Księga tysiąclecia katolicyzmu w Polsce, 3 Bde (Lublin 1969); Le millénaire du catholicisme en Pologne (Lublin 1969); *B. Kumor,* Granice metropolii i diecezji polskich 966–1939 (Lublin 1969/71); *E. Jabłońska-Deptuła,* Duchowieństwo zakonne a sprawa narodowa w połowie XIX wieku: Znak 24 (1972) 481–504.

In der Donaumonarchie: *A. Hudal,* Die österreichische Vatikanbotschaft 1806–1918 (München 1952); *R. A. Kann,* Das Nationalitätenproblem der Habsburgermonarchie. Geschichte und Ideengehalt der nationalen Bestrebungen vom Vormärz bis zur Auflösung des Reiches im Jahre 1918, 2 Bde (Graz – Köln ²1964); *R. W. Seton-Watson,* A History of the Czechs and Slovaks (Hamden 1965); *F. Prinz,* Die böhmischen Länder von 1848 bis 1914: Hdb. der Gesch. der böhmischen Länder III, hrsg. von *K. Bosl* (Stuttgart 1968) 103–123; *A. Wandruszka,* Österreich-Ungarn vom ungarischen Ausgleich bis zum Ende der Monarchie (1867–1918): Hdb. der europ. Gesch. VI, hrsg. von *T. Schieder* (Stuttgart 1968) 354–399. – Vgl. Abschnitt I Kapitel 2.

In Südosteuropa: *H. Wendel,* Der Kampf der Südslawen um Freiheit und Einheit (Frankfurt a. M. 1925); *M. Spinka,* A History of Christianity in the Balkans (Chicago 1933); *J. H. Ledit,* The Church in the Balkans (New York 1949); *J. Radonić,* Rimska kurija i južnoslovenske zeml'e od XVI do XIX veka (Belgrad 1950); *G. Stadtmüller,* Geschichte Südosteuropas (München 1950); *G. Wolfrum,* Die Völker und Nationalitäten: Osteuropa-Handbuch Jugoslawien, hrsg. von *W. Markert* (Köln – Graz 1954) 14–36; *R. Kißling,* Die Kroaten. Der Schicksalsweg eines Südslawenvolkes (Graz – Köln 1956); *G. Jäschke,* Das Osmanische Reich vom Berliner Kongreß bis zu seinem Ende (1878–1920/22): Hdb. der europ. Gesch. VI, hrsg. von *T. Schieder* (Stuttgart 1968) 539–546; *G. Rhode,* Die Staaten Südosteuropas vom Berliner Kongreß bis zum Ausgang des I. Weltkrieges (1878–1918): ebd. 547–609; *E. Schramm-von Thadden,* Griechenland vom Beginn der Dynastie Glücksburg bis zum Frieden mit der Türkei (1863–1923): ebd. 610–617; *A. Tarnovaliski,* Msgr. Andreas Canova. Bulgariens erster Kapuzinermissionar und Bischof 1841–1866 (Brixen 1968); *H. D. Schanderl,* Die Albanienpolitik Österreich-Ungarns und Italiens 1877–1908 (Wiesbaden 1971).

Die Großmacht Rußland verlor zwar nach der Niederlage im Krimkrieg ihre Vorherrschaft in Europa, behielt aber den Führungsanspruch aller Slawen und propagierte die Befreiung der slawischen Völker Österreich-Ungarns und der Türkei, indem sie sich neben ihrer Außenpolitik auch der panslawistischen Propaganda bediente. Das orthodoxe russische Staatskirchentum mit seiner Repräsentation im Heiligen Synod ließ den Katholiken im russischen Machtbereich wenig Entfaltungsmöglichkeiten, die Polen wurden unterdrückt. In der österreichisch-ungarischen Doppelmonarchie hatten die katholischen Slawen wegen der Einflüsse des Liberalismus und der Nationalitätenspannungen keinen leichten Stand ebenso wie in den kleinen Staaten Südosteuropas und in dem durch die Balkankriege beschnittenen europäischen Restgebiet der Türkei. Ihr Ringen um die Erhaltung der eigenen Muttersprache in Erziehung und Verkündigung, auf die sie nach kirchlichen Gesetzen und Verordnungen Anspruch hatten[1], löste

[1] *T. Grentrup* a.a.O. 121–381.

überall Konflikte aus, die sich wegen staatlicher Anordnungen entzündeten und nur teilweise beigelegt werden konnten.

Im Russischen Reich

Nach dem polnischen Aufstand 1863/64, der Einführung der russischen Sprache im Unterricht und Gottesdienst 1869–77 und der engen Zusammenarbeit einiger polnischer Prälaten mit der russischen Regierung kam es zum Bruch zwischen dem Heiligen Stuhl und Rußland. Als der russische diplomatische Agent Fürst Leon Urosov die Annahme eines vom Kardinalstaatssekretär Giovanni Simeoni verfaßten, ihm am 11. Juli 1877 überreichten Memorandums mit fünfzehn Beschwerden über die Verfolgung der Katholiken in Rußland und Polen verweigerte, wurde er vom Vatikan zur persona ingrata erklärt.

Papst Leo XIII. versuchte, durch die Anzeige seiner Thronbesteigung am 20. Dezember 1878 an den „Allerhöchsten Kaiser und König" Alexander II. (1855–81) die versteiften Fronten aufzulockern und diplomatische Beziehungen zu Rußland anzuknüpfen. Er bevollmächtigte seinen Nuntius Ludovico Jacobini in Wien mit Präliminarbesprechungen. Sie führten am 31. Oktober 1880 zu einer vorläufigen Abmachung[2] und nach langen Verhandlungen zwischen dem zum Staatssekretär aufgestiegenen Jacobini und den russischen Unterhändlern am 24. Dezember 1882 zu einem Übereinkommen[3]. Die Partner einigten sich über die Administration der Bistümer Minsk, Podlachien und Kamieniec unter die Jurisdiktion des Erzbischofs von Mohilew und des Bischofs von Łuck-Żytomierz, die Unterstellung der Priesterseminare und der Geistlichen Akademie St. Petersburg unter kirchliche Leitung und staatliche Aufsicht sowie über die Lockerung der 1865/66 verfügten Regierungsmaßnahmen gegen den katholischen Klerus. Die Bestimmung, daß die Studien der russischen Sprache, Geschichte und Literatur in den kirchlichen Lehranstalten verstärkt werden sollten, und die Ausklammerung der umstrittenen Probleme der bedrängten Unierten bargen aber trotz der erreichten Regelung Keime künftiger Konflikte in sich. Dazu kam, daß der von 1880 bis 1905 amtierende Oberprokuror, Konstantin Petrowitsch Pobedonoscev, aus seiner Abneigung gegen das Abkommen keinen Hehl machte und die Konzession an die katholische Kirche beklagte, die er als eine Gefahr für den Bestand des russischen Staates hinstellte. Er übte als Erzieher des nach der Ermordung Alexanders II. zur Regierung gekommenen Alexanders III. (1881–94) einen großen Einfluß aus, war von den Idealen des alten Moskauer „Heiligen Rußlands" durchdrungen, wollte die inneren Gärungen in Rußland durch Festigung der orthodoxen Staatskirche und Kampf gegen liberale Reformen und revolutionäre Elemente überwinden. In seiner Ableh-

[2] *A. Boudou* a.a.O. 553–555.

[3] Ebd. 556–558; *Mercati* I 1016–18.

nung des Katholizismus, die in weiten Kreisen Rußlands traditionell tief verwurzelt war, betrachtete er das Abkommen mit dem Vatikan als ein Sicheinlassen mit einem revolutionären Element. Ein Bündnis zwischen der orthodoxen Staatskirche, nach seiner Meinung die einzige Schutzwehr für die Selbstherrschaft des Kaisers, und dem Papst hielt er für verhängnisvoll, wenn auch der Außenminister Fürst Alexander Gortschakow und andere die restaurativen Kräfte des Papsttums anerkannten. Leo XIII., der den Staaten moralische Unterstützung gegen revolutionäre Strömungen bieten, den Kulturkampf in Deutschland und in Rußland beilegen wollte, bemühte sich um eine Verständigung mit Alexander III. Sein erster Erfolg war, daß er im Konsistorium vom 15. März 1883 die kirchliche Hierarchie durch Präkonisation von zwölf Prälaten reorganisierte, mit denen die Vakanzen im Erzbistum Mohilew, in den Suffraganbistümern Kowno, Łuck-Żytomierz, Tyraspol und Wilna sowie im Erzbistum Warschau, in den Suffraganbistümern Kalisz, Kielce, Lublin, Płock, Sandomierz und Seyny besetzt wurden. Die neuen Oberhirten, an ihrer Spitze Kazimierz Gintowt von Mohilew (1883–89) und Wincenty Teophil Popiel von Warschau (1883–1912), suchten die Behinderungen des kirchlichen Lebens durch das russische Staatskirchentum abzubauen.

Die Maßnahmen des Staates gegen die Unierten, das Drängen auf Einführung der russischen Sprache in Predigt und Katechismusunterweisung sowie die Verordnung vom 16. Januar 1885 über die Anstellung der Geistlichen, die erst nach der Bestätigung der zuständigen Gouverneure bzw. des Generalgouverneurs in den Weichselgebieten ihr Amt ausüben durften, bewirkten einen erneuten Abbruch der diplomatischen Beziehungen zwischen Rußland und dem Vatikan, die erst 1887/88 sich wieder anbahnten[4]. 1890 bestimmte Leo XIII. eine Reihe neuer Bischöfe für Rußland. Am 18. Juni 1894 wurde Alexander Izwolskij, seit 1888 kaiserlich-russisch diplomatischer Agent beim Vatikan, Ministerresident beim Heiligen Stuhl. Graf Friedrich Revertera, der österreichisch-ungarische Botschafter am Vatikan, bezeichnete zwar die päpstlichen Bemühungen um eine Verständigung mit Rußland als einen „Sommernachtstraum“[5], aber Leo XIII. konnte 1896 sieben Bischöfe für Rußland weihen. Der Regierungsantritt Nikolaus' II. (1894–1917) schien zu neuen Hoffnungen zu berechtigen. 1899 erlaubte der Kaiser den Bau einer katholischen Kirche in St. Petersburg, die vom Papst gewünschte Errichtung einer Nuntiatur kam jedoch nicht zustande. Der Oberprokuror Pobedonoscev machte sich in einem Schreiben an den Kaiser vom 21. September 1899 zum Wortführer des weitverbreiteten Mißtrauens gegen das Papsttum, es endete mit den Worten: „Gott möge Rußland vor einem päpstlichen Nuntius bewahren.“[6] Er wollte die Kompetenzen des Heiligen Synods

[4] *E. Winter*, Rußland und das Papsttum II 381–454, der den Anteil des Vatikans am französisch-russischen Bündnis in seiner Kirchenpolitik gegenüber Rußland überbetont.

[5] *F. Engel-Janosi* a. a. O. I 268. – Siehe auch oben S. 15.

[6] *E. Winter*, Rußland und das Papsttum II 478.

und die beherrschende Stellung der Orthodoxie in Rußland nicht schmälern lassen.

Um 1900 waren 70 Prozent der russischen Bevölkerung Mitglieder der orthodoxen Kirche, neben ihnen bildeten die Mohammedaner und die römischen Katholiken mit je 10 Prozent die stärksten Konfessionsgruppen. Von den rund 10 Millionen Katholiken waren etwa zwei Drittel Polen[7], der Rest verteilte sich auf Litauer, Weißrussen, Ukrainer, Letten und Deutsche[8]. Die staatlichen Zuwendungen betrugen am Anfang des 20. Jh. für die orthodoxe Kirche rund 30 Millionen Rubel, die Katholiken erhielten nur eineinhalb Millionen Rubel. Die Zuweisungen des staatlichen Gehaltes an die katholischen Geistlichen durch das „Römisch-katholische Geistliche Kolleg" in St. Petersburg schränkte ihre Unabhängigkeit erheblich ein. Die gesamte Korrespondenz der Kirchenverwaltung mit der Kurie lief über das Innenministerium. Die vom Papst präkonisierten Bischöfe – es bedurfte in jedem Falle langer Verhandlungen, um einen der zaristischen Regierung und dem Vatikan genehmen Kandidaten zu finden – wurden vom Kaiser ernannt, der auch alle Kanoniker und andere Würdenträger in ihren Ämtern zu bestätigen hatte. Eine Instruktion des Volksbildungsministers aus dem Jahre 1900 schrieb für die Priesterseminare die Prüfungsthemen bei den Schlußexamen in russischer Sprache und Geschichte vor. Da diese Anordnung von den polnischen Bischöfen nicht befolgt wurde, durften zahlreiche Geistliche nicht angestellt werden. Erzbischof Józef Elias Szembek von Mohilew (1903–05) führte 1904 eine Bischofssynode durch, auf der der römisch-katholische Episkopat Rußlands seine Wünsche an die Regierung zusammenstellte.

Ein am 22. Februar 1903 von Nikolaus II. erlassenes Manifest sprach zwar von religiöser Duldung und freier Betätigung der katholischen Kirche, aber es änderte die bedrängte Lage der Katholiken in keiner Weise. Erst nach der Niederlage im Russisch-Japanischen Krieg 1904/05 und nach der Ankündigung einer konstitutionellen Verfassung entschloß sich der Kaiser Ende 1904 zu einem Ukas, in dem Reformen, u. a. auch Glaubens- und Gewissensfreiheit, verheißen wurde, und am 30. April 1905 zu einem Glaubens- und Toleranzedikt, dem Amnestien für Religionsvergehen folgten und das die Katholiken mit

[7] 1889 gab es in Polen und Rußland 9679818 Katholiken, von denen 5932123 im russisch gewordenen Anteil Polens lebten, vgl. *W. Urban* a. a. O. 255.

[8] Für die seit der zweiten Hälfte des 18. Jh. eingewanderten katholischen Siedler im Süden Rußlands wurde 1848 das Bistum Cherson als Suffraganbistum des Erzbistums Mohilew gegründet, das 1852 nach Tyraspol verlegt wurde. Bischofssitz wurde Saratow an der Wolga. Unter Leitung der Bischöfe Franz Xaver Zottmann (1872–89), Eduard Baron v. Ropp (1902–04) und Joseph Aloysius Keßler (seit 1904, Resignation 1929) bahnte sich eine günstige Entwicklung an, wenn auch die Katholiken unter Russifizierungsmaßnahmen zu leiden hatten. 1914 umfaßte die Diözese 350000 Gläubige, von denen 90 Prozent Deutsche waren. Vgl. *B. Stasiewski,* Die kirchliche Organisation 279–283. – Die Gesamtzahl der deutschen Katholiken betrug vor dem 1. Weltkrieg in Rußland 500000, von denen 80000 in Sibirien wohnten.

Zuversicht erfüllte. Die orthodoxe Kirche wurde als prävalierende Kirche bezeichnet, ihr allein blieb das Recht der Propaganda vorbehalten, die Strafbestimmungen gegen diejenigen, die sich von ihr trennten und zu einer anderen Religionsgemeinschaft gingen, wurden aufgehoben. Die russischen Altgläubigen, die seit ihrer Trennung von der orthodoxen Kirche in der zweiten Hälfte des 17. Jh. grausam verfolgt wurden, besonders die Richtung der Priesterlichen (popovcy), konnten aufatmen. Die Lage der Katholiken schien sich zu bessern, zumal der Kaiser im Manifest vom 30. Oktober 1905 der Regierung die Pflicht auferlegte, „der Bevölkerung unerschütterliche Grundlagen der bürgerlichen Freiheit nach den Grundsätzen wirklicher Unantastbarkeit der Person, der Freiheit des Gewissens, des Wortes, der Versammlungen und der Vereine zu geben“[9]. Auch der Rücktritt des Oberprokurors Pobedonoscev und seines Stellvertreters V. Sabler wurde als Erschütterung der Vorherrschaft der russisch-orthodoxen Kirche über alle anderen christlichen Konfessionen gedeutet.

Der Optimismus der Katholiken wurde jedoch bald gedämpft. Zunächst traten einige Erleichterungen für sie ein, z.B. in der umstrittenen Sprachenfrage. Die Kurie kam 1906 dem Drängen auf den Gebrauch der russischen Sprache in der Predigt entgegen und traf am 22. Juli 1907 eine Konvention mit Rußland[10] über die russische Sprache, Geschichte und Literatur in den katholischen Seminaren Polens. Seit 1908 konnte in St. Petersburg eine katholische Monatsschrift „Wahrheit und Glaube“ in russischer Sprache erscheinen, deren Redaktion von Anfang an mit der Zensur ringen mußte und 1912 verboten wurde. Sie wurde durch die russische Zeitschrift „Wort der Wahrheit“ 1913 ersetzt, die u. a. für die Erhaltung des unierten Ritus warb, aber nur bis 1915 existierte.

Die Stabilisierung des Regimes nach der Überwindung des Krisenjahres 1905/06 schränkte die Ansätze parlamentarischen Lebens durch Auflösung der ersten und zweiten Duma (1906 und 1907) ein und machte durch Verordnungen und administrative Maßnahmen die den nichtorthodoxen Kirchen gewährten Erleichterungen illusorisch. Orthodoxe Bischöfe forderten auf dem vierten Missionskongreß in Odessa 1908 Maßregelungen des katholischen Klerus und Aufhebung des Toleranzediktes. Schon 1907 wurde Eduard Baron v. Ropp, seit 1904 Bischof von Wilna, Mitglied der ersten Duma und führender Kopf der von ihm gegründeten katholischen Konservativen Partei, der sich der Einführung der russischen Sprache im katholischen Gottesdienst widersetzt hatte, von Nikolaus II. abgesetzt (von der Kurie durch einen Administrator ersetzt). 1909 wurde Bischof Cyrtowt von Kowno (Samogitien) mit 300 Geistlichen angeklagt, weil sie die vorgeschriebenen Formalitäten beim Übertritt von Orthodoxen zur römisch-katholischen Kirche nicht erfüllt hätten. 1910 wurden den katholischen Bischöfen durch Verordnungen der unmittelbare Verkehr mit der

[9] *P. Scheibert* (Hrsg.), Die russischen politischen Parteien von 1905 bis 1917. Ein Dokumentationsband (Darmstadt 1972) 29.
[10] *Mercati* I 1097–98.

Kurie und die Publikation päpstlicher Dekrete ohne Plazet der Regierung verboten. Das Ehedekret „Ne temere" der Konzilskongregation vom 2. August 1907, die Enzyklika „Pascendi dominici gregis" vom 8. September 1907 über den Modernismus und das Motuproprio „Sacrorum antistitum" vom 1. September 1910 über den Antimodernisteneid durften nicht veröffentlicht werden. 1911 wurde der fast 80jährige Administrator des Erzbistums Mohilew, Titularerzbischof Stefan Anton Denisewicz, in St. Petersburg wegen Errichtung einer marianischen Kongregation in Moskau zur Verantwortung gezogen. Der ihm als Erzbischof von Mohilew folgende Wincenty Kluczyński (1910–14) wurde durch Regierungsrepressalien gegen die katholische Kirche so zermürbt, daß er 1914 resignierte.

Am Vorabend des 1. Weltkrieges wurden die Katholiken in Rußland wie im 19. Jh. bedrückt. Das „Römisch-katholische Geistliche Kolleg" in St. Petersburg, das für alle gemeinsamen Angelegenheiten der Diözesen verantwortlich war, bestand aus dem jeweiligen Erzbischof von Mohilew, zwei Mitgliedern, die der Kaiser aus der Mitte des hohen Klerus ernannte, und aus von Diözesen gewählten Beisitzern[11]. Die Regierung, besonders die Abteilung fremder Kulte im Innenministerium, behielt trotz päpstlicher Proteste, die den Zuständigkeitsbereich des Kollegs auf rein materielle Angelegenheiten einengen wollten, einen maßgebenden Einfluß. Die Hierarchie umfaßte 15 Bistümer, die sich aus dem Erzbistum Mohilew mit 7 und dem Erzbistum Warschau mit 6 Suffraganbistümern zusammensetzte. Jeder Oberhirte betreute ein Priesterseminar. Nach Auflösung der Warschauer Akademie (1867) gab es nur eine Ausbildungsstätte im Universitätsrang, die Römisch-katholische Geistliche Akademie in St. Petersburg, die sich um die wissenschaftliche und asketische Ausbildung qualifizierter Kleriker verdient machte. Aus ihr gingen 53 Bischöfe hervor[12].

Die Wirksamkeit der Bischöfe, der Pfarr- und Ordensgeistlichen für die ihnen anvertrauten Gläubigen und deren treues Festhalten an der katholischen Tradition verzehrte sich in der Defensive gegen den staatlichen Druck. Die Russifizierungsmaßnahmen, die die Katholiken des lateinischen und vor allem die des unierten Ritus betrafen, ließen erkennen, daß der Katholizismus nur geduldet war. Durch die Kriegsereignisse, die kirchenpolitischen Folgen der Oktoberrevolution 1917, die Verselbständigung Polens und der baltischen Randstaaten nach dem 1. Weltkrieg wurde er neuen Belastungen ausgesetzt.

In den drei polnischen Teilgebieten

Nach der vierten Teilung Polens auf dem Wiener Kongreß besaßen Rußland 82 Prozent, Österreich 10 Prozent und Preußen 8 Prozent des durch die drei

[11] *W. Gribowski* a.a.O. 169.
[12] *W. Urban* a.a.O. 291.

Teilungen am Ende des 18. Jh. aufgelösten polnisch-litauischen Reiches. Die polnische Frage beschäftigte die europäischen Kabinette bis zur Gründung der Republik Polen 1918. Das leidenschaftliche Festhalten der Polen an ihrer Sprache und ihrer geschichtlichen Vergangenheit, die Aktivität der Emigranten, die Hoffnung, nach dem Scheitern der Aufstände (1831, 1846, 1848 und 1863/64) durch dreifache Loyalität gegenüber den drei Teilungsmächten Freiheit und Einheit wieder zu erlangen, die Auflösung des Russischen Reiches und die Niederlage der Mittelmächte waren wesentliche Voraussetzungen für die Wiederherstellung der staatlichen Selbständigkeit Polens. Bei diesem Ringen bildete die katholische Kirche eine einigende Klammer über die Schranken der politischen Grenzen hinweg. In der Priesterkongregation der Resurrektionisten, deren Mitglieder sich der Seelsorge, Lehr- und Erziehungstätigkeit widmeten, vermischte sich in eigenartiger Weise der Glaube an die Auferstehung Christi mit der Überzeugung von der Wiederauferstehung Polens.

Im russischen Teilgebiet übte der Generalgouverneur des westlichen Gouvernements nach dem Scheitern des Aufstandes 1863/64, an dem sich auch katholische Geistliche beteiligt hatten, ein drakonisches Regiment aus durch Repressalien gegen Bischöfe und Priester, die sich in den nächsten Jahrzehnten fortsetzten, Schließung von Klöstern, Auflösung des unierten Bistums Chełm (1875), Überwachung der Seelsorge und Maßnahmen zur Einführung der russischen Sprache innerhalb der Kirche. Leo XIII. versuchte, durch direkte Verhandlungen mit den Kaisern Alexander II., Alexander III. und Nikolaus II. die Lage der polnischen Katholiken zu erleichtern. Die Polen fürchteten, ihre nationalen Interessen könnten durch Verständigung des Papstes mit der russischen Regierung gefährdet werden. Leo XIII. verteidigte sich gegen diesen Vorwurf in einem öffentlichen Konsistorium am 19. Februar 1889. Gleichzeitig schärfte er in einer Instruktion den neuernannten polnischen Bischöfen ein, ihre Aufgabe müsse dem gegenseitigen Einklang und der freundschaftlichen Harmonie zwischen geistlicher und weltlicher Macht dienen[13]. Seine Mahnungen an die Polen zum Gehorsam gegen die Gesetze und Treue gegen den russischen Kaiser und seine Epistula encyclica an die polnischen Bischöfe vom 19. März 1894[14], die Klerus und Laien an ihre Untertanenpflichten erinnerte, trugen aber wenig zur Entspannung bei. Trotz der Einigung über Bischofsernennungen und des offiziellen Entgegenkommens gegenüber Wünschen der Kurie änderte sich an der Einengung der Bewegungsfreiheit des polnischen Katholizismus nichts.

1886 wurde die für alle nichtorthodoxen religiösen Gemeinschaften geltende Bestimmung, der Neubau einer Kirche dürfe nur nach Stellungnahme des zuständigen Gouverneurs und orthodoxen Bischofs vom Innenminister gestattet werden, auch auf das polnische Teilgebiet ausgedehnt. Besonderen Nachdruck

[13] *E. Winter*, Rußland und das Papsttum II 421.

[14] Acta Leonis V (1898) 243–254.

legte die Regierung auf die Erteilung des Religionsunterrichtes in russischer Sprache. Das Gesetz über die polnischen Elementarschulen vom 5. März 1885 überließ dem Kurator des Warschauer Lehrbezirkes die Entscheidung, die er mit dem Generalgouverneur treffen sollte, ob der katholische Religionsunterricht in polnisch oder russisch zu geben sei. In höheren Schulen übernahmen ihn orthodoxe Lehrer in russischer Sprache, da sich die katholischen Priester weigerten, auf ihre Muttersprache zu verzichten. 1892 wurden alle Schulen bei katholischen Kirchen unter die Aufsicht des Volksbildungsministers gestellt. Die Folge war die Gründung geheimer privater katholischer Schulen; gegen den Aufbau und Unterhalt illegaler Schulen wurden Strafbestimmungen erlassen und 1900 erneut eingeschärft. Das Nichteinhalten der erwähnten Instruktion des Volksbildungsministers über Prüfungen in Priesterseminaren hatte zur Folge, daß der Generalgouverneur in Warschau die Examen und die Anstellung der neugeweihten Priester nicht anerkannte. Als Kaiser Nikolaus II. ihnen die Möglichkeit der Nachholung der Prüfung gestattete, meldete sich kein einziger. 1905 war die Zahl der nichtangestellten Priester auf 156, die der vakanten Pfarreien auf 263 angestiegen. Als Anfang des gleichen Jahres die Instruktion aufgehoben wurde, erklärten sich die amtlichen Stellen bereit, auch die im Russischen nicht geprüften Kandidaten zu bestätigen.

Die Toleranzmanifeste Nikolaus' II. vom April und Oktober 1905 wurden von den Polen enthusiastisch begrüßt, da nunmehr die Garantie für freie Entfaltung ihres kirchlichen Lebens gegeben schien. Pius X. wandte sich am 3. Dezember 1905 an die polnischen Bischöfe im Russischen Reich[15], er lobte ihre Treue zum Apostolischen Stuhl und forderte sie auf, für Erhaltung des Friedens, der Gerechtigkeit und christlicher Erziehung einzutreten. Die Spannungen in der Sprachenfrage konnten abgebaut werden, wie aus der am 22. Juli 1907 in Rom unterzeichneten Konvention[16] hervorgeht. Die Zahl der Ordenshäuser, Mönche und Nonnen, die in den letzten Jahrzehnten rapide zurückgegangen und erst am Ende des 19. Jh. langsam gewachsen war, stieg wieder an. Caritaszentren[17] und soziale Aktivitäten entstanden, z. B. der von Gräfin Cecylia Plater-Zyberk ins Leben gerufene Kreis junger Mädchen, der die Monatsschrift „Strom" (Prąd) herausgab, um in die Bevölkerung die soziale Verantwortung des Katholizismus hineinzutragen. Vertreter der katholischen Intelligenz, wie Władysław Reymont (1868–1925) und Henryk Sienkiewicz (1846–1916), waren praktizierende Katholiken.

Die Mehrheit der zur Orthodoxie gezwungenen Katholiken des 1875 aufgelösten unierten Bistums Chełm, die unter den Russifizierungsmaßnahmen zu leiden hatten, wollte die Toleranzedikte des Jahres 1905 für sich in Anspruch

[15] AAS XXVIII (1905/06) 321–327.

[16] *Mercati* I 1097–98.

[17] *K. Górski,* L'Histoire de la spiritualité polonaise: Le millénaire du catholicisme en Pologne (Lublin 1969) 340–342.

nehmen. Da es ihnen verwehrt wurde, zur Union zurückzukehren, traten 1905 bis 1910 etwa 230000 von der orthodoxen Kirche zum römischen Katholizismus über. Auch in anderen Teilen Nordwest- und Südwestrußlands schlossen sich zwangsweise Reunierte wieder der katholischen Kirche an. Die orthodoxen Bischöfe organisierten eine vom Heiligen Synod unterstützte Gegenpropaganda. Der orthodoxe Bischof Evlogij Georgievskij, ein eifriger Vertreter der Russifizierungspolitik, der neugeschaffenen Eparchie Chełm erreichte in der dritten Duma, daß aus den Teilen der Gouvernements Lublin und Kielce 1912 ein eigenes Gouvernement Chełm gebildet wurde[18], um die Ausbreitung des Katholizismus zu hemmen. Schon 1908 hatte ein in Kiew abgehaltener orthodoxer Missionskongreß die Zurücknahme des Toleranzediktes gefordert. Der 1906 entstandene „Verband des russischen Volkes" verlangte 1909, der falschen Auslegung des Ostermanifestes ein Ende zu machen und Propagandafreiheit nur der russischen Staatskirche zu erlauben. 1912 äußerte der orthodoxe Bischof Nikolaj von Warschau im Staatsrat, die historische Aufgabe des russischen Staates war und ist die Russifizierung all dessen, was nicht russisch ist, und die Bekehrung aller zur Orthodoxie, die ihr nicht angehören[19].

Der wachsende Druck gegen den polnischen Katholizismus zeigte sich u. a. darin, daß Ausländer, die nach 1905 Ordensniederlassungen eingerichtet hatten, 1910 ausgewiesen wurden, z. B. die Redemptoristen aus Warschau und die Franziskaner aus Łódź. Als am 21. Januar 1911 die Pfarrer zur Ablegung des Antimodernisteneides nach Lublin kamen, wurden sie von der Polizei bei ihrer Ankunft gezwungen, sofort wieder abzureisen; es wurde ihnen mitgeteilt, die päpstliche Anweisung hätte keine Gültigkeit in Rußland, da sie nicht auf dem vorschriftsmäßigen Weg durch Vermittlung der Staatsbehörden bekanntgegeben worden sei.

Um den Katholizismus zu schwächen, wurden von der Regierung und der Orthodoxie die Mariaviten[20] protegiert, die sich aus einer von Felicja Kozłowska (1862–1921) gegründeten Schwesterngemeinschaft und einer unter ihrer Anregung von dem Geistlichen Jan Maria Kowalski (1893) gebildeten Weltpriestervereinigung, die eine religiöse Erneuerung in Klerus und Volk erstrebte, entwickelt hatte. Ihre eucharistische und marianische Verehrung neigte zum Mystizismus, weswegen die Vereinigung von Rom nicht gebilligt wurde. Die Priestervereinigung wurde 1904 vom Heiligen Offizium verboten, am 5. Dezember 1906 wurden Jan Kowalski, Felicja Kozłowska und 40 Priester exkommuniziert. Kowalski organisierte als Generalminister einen marianischen Bund, der am 28. November 1906 auf Beschluß des russischen Ministerrates als besondere katholische religiöse Gemeinschaft anerkannt wurde. Trotz wiederholter Verurteilungen durch römische Instanzen breiteten sich die Mariavi-

[18] 1913 lebten in diesem Gebiet 476432 Katholiken und 278311 Orthodoxe, vgl. *W. Urban* a. a. O. 224.

[19] Ebd. 224. [20] Ebd. 178–184 245.

ten wegen der staatlichen Unterstützung rasch aus, 1909 festigte ein Gesetz über die mariavitischen Pfarreien ihre Stellung. Verhandlungen Kowalskis mit der Utrechter Union führten zur Aufnahme des Bundes in die Altkatholischen Kirchen, Kowalski ließ sich vom Utrechter Erzbischof Gerhard Gul zum Bischof weihen und richtete eine eigene Hierarchie mit vier Bischöfen ein. Die Zahl der Mariaviten dürfte maximal 300000 bis 400000 betragen haben, als die russische Regierung und orthodoxe Würdenträger ihr jede erdenkliche Hilfe gewährten, um den Einfluß der römisch-katholischen Kirche einzudämmen. Schon vor dem 1. Weltkrieg traten viele aus der neuen Kirchengründung aus, die aus äußeren und inneren Ursachen zerfiel und sich aufspaltete, aber bis zur Gegenwart existiert.

In Galizien, einem der cisleithanischen Kronländer Habsburgs, befanden sich die Katholiken nicht in der Abwehrstellung wie in Rußland. Während sie in der ersten Hälfte des 19. Jh. Nachwirkungen des Staatskirchentums, dem Wiener Zentralismus und Germanisierungsbestrebungen ausgesetzt waren, machte sich für sie die den Städten und Landgemeinden 1849 gewährte Selbstverwaltung, das zwischen Pius IX. und Kaiser Franz I. 1855 abgeschlossene Konkordat, das allerdings 1870 von Kaiser Franz Joseph aufgehoben wurde, und die Verfassung 1867, die den polnischen Autonomiebestrebungen entgegenkam, günstig bemerkbar. Agenor Graf Gołuchowski, Statthalter in Galizien, verfügte die Einführung der polnischen Sprache in den Schulen und die polnische Amtssprache bei den Gerichten und allen zivilen Behörden. Zahlreiche Polen stiegen in der österreichischen Regierung zu Ministern und zwei von ihnen zu Ministerpräsidenten, Alfred Graf Potocki 1870/71 und Kazimierz Graf Badeni 1895/97, auf und stärkten die Sonderstellung Galiziens, das zu einem „polnischen Piemont“[21] wurde. Die Polonisierung der beiden Landesuniversitäten Krakau und Lemberg, die katholisch-theologische Fakultäten besaßen, die Gründung der Krakauer Akademie der Wissenschaften (1872) und die Zusammenarbeit der konservativen galizischen Aristokratie mit dem Kaiserhaus sicherte das politische Übergewicht der Polen (etwa 45 Prozent der Gesamtbevölkerung) über 43 Prozent Ukrainer, 11 Prozent Juden, 1 Prozent Deutsche.

Der polnische Katholizismus des lateinischen Ritus, der 1910 rund 3500000 Gläubige umfaßte, stand zu den etwa drei Millionen zählenden unierten Ukrainern[21a] wegen des nationalen Gegensatzes im gespannten Verhältnis. Wenn auch die Lösung des Konkordates 1870 einige Schwierigkeiten im katholischen Schulwesen und auf anderen Gebieten der Öffentlichkeitsarbeit der Kirche zur Folge hatte, so konnte doch die kirchliche Organisation im Erzbistum Lemberg mit den Suffraganbistümern Przemyśl und Tarnów sowie im Fürstbistum Krakau, das 1880 direkt dem Heiligen Stuhl unterstellt und 1886 durch mehrere

[21] *G. Rhode* a.a.O. 413. [21a] Vgl. S. 380f.

Dekanate der Diözese Tarnów vergrößert wurde, ausgebaut werden. Als Kirchenpolitiker, theologische Schriftsteller und Prediger bewährten sich hervorragende Bischöfe, wie Albin Kardinal Dunajewski (1879–1914) und Jan Fürst Kozielsko-Puzyna (1895–1910) von Krakau[21b], Erzbischof Józef Bielczewski von Lemberg (1900–23), Bischof Leon Walega von Tarnów (1901–33) und Józef Sebastian Pelczar von Przemyśl († 1924). Sie standen in enger Verbindung mit dem Heiligen Stuhl, wie die Gratulationsbriefe zum silbernen Bischofsjubiläum des Kardinals Puzyna am 4. März 1911[22] und zum goldenen Priesterjubiläum des Bischofs Pelczar[23] bezeugen.

Das polnische Bildungswesen ermöglichte die Entfaltung einer akademischen Schicht in Wissenschaft, Kunst und im Pressewesen. Neben theologischen, vorwiegend pastoral ausgerichteten Zeitschriften entstand 1883 unter Leitung der Jesuiten die Monatsschrift „Allgemeine Rundschau" (Przegląd Powszechny), in der führende Katholiken zu grundsätzlichen und aktuellen Fragen richtungweisend Stellung nahmen. Sie entwickelte sich zum Hauptorgan des polnischen Katholizismus über die Grenzen Galiziens hinaus.

Da der wirtschaftliche Aufschwung in Galizien mit dem des geistigen Lebens nicht Schritt hielt und die starke Bevölkerungszunahme von der Industrialisierung nicht aufgefangen werden konnte, drohte das Bauerntum zu verelenden. Die Kirche war sich der Aufgabe bewußt, sich mit den sozialen Problemen auseinanderzusetzen. Gegenüber der vorherrschenden konservativen Richtung im polnischen Episkopat nahm sich Pfarrer Stanislaw Stojałowski der Bauern und Arbeiter an. Wegen seiner Bekämpfung der polnischen konservativen Volkspartei, die er als antisozial und wegen ihrer Zusammenarbeit mit der österreichischen Regierung als antinational brandmarkte, und seiner sozialistischen Grundhaltung wurde er seiner Pfarrei enthoben und 1896 exkommuniziert und suspendiert. Beide Verdikte wurden zwar kurz danach aufgehoben, aber trotz des Verbotes Leos XIII., sich weder schriftlich noch mündlich zur sozialen Frage zu äußern, und trotz der Beschwerden des Fürstbischofs Puzyna führte er bis zu seinem Tode 1911 seine Tätigkeit für die polnische Bauernpartei fort[24]. Andere Geistliche, z.B. Weihbischof Dr. Josef Weber von Lemberg, wirkten im Sinne der leoninischen Kirchenpolitik, die auf eine harmonische Zusammenarbeit mit dem Staat hinzielte; sie spiegelte sich in der am 21. April 1888 gehaltenen Ansprache des Papstes an Pilger aus Galizien und der Bukowina[25]. Die Sozialenzyklika „Rerum novarum" vom 15. Mai 1891 fand auch hier Beachtung. Bischof Józef Sebastian Pelczar gab 1906 in Przemyśl den Anstoß zur Gründung einer „Katholischen Sozialen Vereinigung", die die Verbreitung katholischer sozialer Grundsätze zum Ziele hatte.

21b Zum Veto bei der Papstwahl 1903: S. 57.
22 AAS III (1911) 160.
23 Ebd. VI (1914) 181.
24 *E. Winter*, Rußland und die slawischen Völker 111–116 159–165; *F. Engel-Janosi* a.a.O. I 315–316; *E. Winter*, Rußland und das Papsttum II 496.
25 Acta Leonis III (1893) 61–62.

Das religiöse Leben wurde von Vertretern älterer Orden und jüngerer Genossenschaften geprägt. Jesuiten, die aus Preußen während des Kulturkampfes ausgewiesen waren, fanden eine neue Wirkungsstätte in Galizien. Die Pallottiner setzten sich 1908 in Lemberg für das Presseapostolat ein. Die Redemptoristen bildeten im gleichen Jahr eine eigene polnische Provinz. Es entstanden Genossenschaften, wie die von Adam Chmielowski (1845–1916) nach dem Vorbild des Dritten Ordens des hl. Franziskus gegründeten Albertiner und Albertinerinnen, die von Bronisław Markiewicz (1842–1912) gegründeten Schwestern des Erzengels Michael (Michaelitki) und die von Bischof Pelczar angeregte Bruderschaft der allerseligsten Jungfrau Maria, der Königin der Krone Polens.

Im preußischen Anteil hatten sich die Differenzen zwischen der protestantischen Regierung und der katholischen, besonders der polnisch sprechenden Bevölkerung von Jahrzehnt zu Jahrzehnt vertieft. Nach der Beilegung des Konfliktes mit Erzbischof Martin Dunin von Gnesen-Posen (1831–42) trat dessen Nachfolger, Erzbischof Leo von Przyłuski (1845–65), beharrlich für die Wiederherstellung polnischer Rechte ein. 1859 wurde im Garten der Martinskirche in Posen ein Denkmal für den polnischen Dichter Adam Mickiewicz (1798–1855) errichtet, ein Zeichen für die Steigerung des polnischen Nationalbewußtseins im kirchlichen Raum. Die Ansiedlungs- und Germanisierungstendenzen des preußischen Staates trugen zum Wachsen der polnischen Nationalgesinnung bei. Die Polenpolitik des Deutschen Reiches löste seit 1870 einen Nationalitätenkampf in den deutschen Ostgebieten aus, der bis 1918 mit geringen Pausen anhielt. Das 1871 erlassene Schulaufsichtsgesetz, die Dekretierung der deutschen Unterrichtssprache in den polnischen Volksschulen Schlesiens (1872) und Posen-Westpreußens (1873), die systematische Abschaffung des Polnischen als Unterrichtssprache in den höheren Schulen (1872–90), die Einführung des Deutschen als alleinige Geschäftssprache in allen Ämtern und Körperschaften (1876), vor allem die antipolnischen Maßnahmen im Kulturkampf belasteten die kirchenpolitische Situation außerordentlich[26].

Erzbischof Mieczysław Halka-Ledóchowski von Gnesen-Posen (1865–86), der für den polnischen Religionsunterricht in den Gymnasialklassen eintrat und sich um die sog. Maigesetze nicht kümmerte, wurde am 2. Februar 1874 als

[26] *J. Buzek,* Historya polityki narodowościowej rządu pruskiego wobec Polaków od traktatów wiedeńskich do ustaw wyjątkowych z r 1908 (Lemberg 1909); *B. Stasiewski,* Zur Geschichte der katholischen Kirche in Posen: Geschichte der Stadt Posen, hrsg. von *G. Rhode* (Neuendettelsau 1953) 219–221; *L. Trzeciakowski,* Stosunki między państwem a kościołem katolickim w zaborze pruskim w latach 1871–1914: Studia i materiały do dziejów Wielkopolski i Pomorza 9 (1968) 59–80; *ders.,* Kulturkampf w zaborze pruskim (Posen 1970); *L. Borodziej,* Pruska polityka oświatowa na ziemiach polskich w okresie Kulturkampfu (Warschau 1971); *T. G. Jackowski,* Samoobrona polaków przed pruską polityką eksterminacyjną w końcu XIX i na początku XX wieku w poznánskiem: Przegląd Zachodni 27 (1971) 139–151. – Siehe auch oben 28–48 59–77.

erster Bischof verhaftet und vom Berliner Staatsgerichtshof abgesetzt. Er erhielt zur Zeit seiner Internierung in Ostrowo 1875 von Pius IX. als tapferer Verteidiger des Glaubens den Kardinalspurpur. Weil er nach seiner Ausweisung von Rom aus Anordnungen für seine Jurisdiktionsbezirke traf, wurde er wegen Anmaßung bischöflicher Rechte mit Geldstrafen belegt. Während der Verhandlungen zur Beilegung des Kulturkampfes war er zur Resignation bereit. Außer ihm waren während des Kulturkampfes seine beiden Weihbischöfe Janiszewski von Posen und Cybichowski von Gnesen sowie etwa 100 Geistliche verhaftet, so daß 97 Pfarreien vakant waren und 200000 Katholiken der ordentlichen Seelsorge entbehrten. Die Diözesanverwaltung wurde durch Geheimdelegaten aufrechterhalten, die mit besonderen Vollmachten ausgestattet waren. Trotz des staatlichen Druckes wurden die polnischen Katholiken durch den Kulturkampf nicht entmutigt, sie nahmen den Kampf auf und verstärkten ihre Anstrengungen zum Ausbau ihrer gesellschaftlichen, kulturellen und kirchlichen Selbständigkeit.

Der Versuch Papst Leos XIII. zum Abbau der Kulturkampfgesetze nach der Resignation Ledóchowskis durch Ernennung des aus dem Ermland stammenden Königsberger Pfarrers Julius Dinder zum Erzbischof von Gnesen-Posen (1886–90), des einzigen Deutschen in der langen Reihe dieser Oberhirten, der die nationalen Akzente in den kirchenpolitischen Auseinandersetzungen mildern wollte, hatte keinen Erfolg. Er bemühte sich vergeblich um einen Ausgleich in der von den Polen leidenschaftlich abgelehnten Sprachenpolitik der Regierung. Klerus und Diözesanen mißachteten seine Verfügungen und Ratschläge.

Die Ausweisung von 26000 fremden Staatsangehörigen (1885/86) aus den preußischen Ostprovinzen[27], das Ansiedlungsgesetz 1886, der 1894 ins Leben gerufene Ostmarkenverein, das Feuerstättengesetz von 1904, das die polnischen Neusiedlungen einschränken sollte, das Vereinsgesetz von 1908, das auch den polnischen Vereinen den Gebrauch der deutschen Sprache in ihren Satzungen und Mitgliederversammlungen zur Pflicht machte, und das Enteignungsgesetz von 1908[28], gegen das Georg Kardinal Kopp im Herrenhaus im gleichen Jahr protestierte, verhärteten den nationalen Kampf, bei dem die Polen durch zielbewußte Zusammenfassung ihrer Kräfte, parlamentarische Aktivität ihrer Fraktionen im Preußischen Landtag und Deutschen Reichstag, Genossenschaften und Wirtschaftsorganisationen ihr Volkstum bewahrten und verfestigten. Prälat Piotr Wawrzyniak, von 1892 bis zu seinem Tode 1910 Leiter der polnischen Sparkassenvereine, und andere Geistliche suchten den Landankauf aus

[27] *H. Neubach*, Die Ausweisungen russischer und österreichischer Staatsangehöriger aus Preußen in den Jahren 1885/86. Ihre Rolle in der deutschen Polenpolitik und in der Entwicklung des deutsch-polnischen Verhältnisses (Würzburg 1966).

[28] Es löste einen internationalen Entrüstungssturm aus, vgl. *H. Sienkiewicz*, Prusse et Pologne. Enquête internationale organisée (Paris 1909). Das Enteignungsgesetz wurde erst 1912 in vier Fällen gegen Entschädigungszahlungen angewandt.

polnischer Hand zu verhindern und trieben eine erfolgreiche polnische Siedlungspolitik auf parzelliertem Großgrundbesitz.

Vor allem verlangten die Polen die Wiedereinführung der polnischen Unterrichtssprache in den Volksschulen, besonders im Religionsunterricht[29]. Sie wurden von der Zentrumspartei und den deutschen Katholikentagen (1891/92, 1893, 1899 und 1900) in ihren Forderungen unterstützt, indem sie sich auf das Recht der Muttersprache beriefen. Erzbischof Florian Oksza-Stablewski von Gnesen-Posen (1891–1906) trat für die Erhaltung des Religionsunterrichtes in polnischer Muttersprache ein. Bei dem Wreschener Schulstreik (1901), der dadurch ausgebrochen war, daß für die 12- bis 14jährigen Volksschüler die Erteilung des Religionsunterrichtes in deutscher Sprache angeordnet wurde, und bei dem 1906 entstandenen umfangreichen Schulstreik, weil in 20 Schulen des Regierungsbezirkes Posen und in 183 Schulen des Regierungsbezirkes Bromberg die deutsche Sprache im Religionsunterricht dekretiert wurde, wandte er sich gegen die Regierungsmaßnahmen. In einem Hirtenbrief vom 8. Oktober 1906[30] gab er einen Überblick über seinen Einsatz für den Schutz des polnischen Religionsunterrichtes. Er forderte Eltern und Klerus auf, sich mit noch größerem Eifer als bisher der Katechisierung der Jugend zu widmen. Stablewski erlebte das Ende des Schulstreikes nicht mehr, der sich bis 1907 hinzog. Zu Beginn des Streikes erhielten 90000 von 241000 Kindern den Religionsunterricht in polnischer Muttersprache; 1906 verweigerten fast 47000 polnische Kinder den Besuch von 750 Schulen in der Provinz Posen. Die Regierung ging rigoros gegen Eltern und Geistliche vor[31]; die Spannung blieb.

Von 1906 bis 1914 blieb der erzbischöfliche Stuhl von Gnesen-Posen unbesetzt. Beim Ausbruch des 1. Weltkrieges stimmte die Regierung der Wahl des Weihbischofes Edward Likowski zum Erzbischof zu (1914/15), um der polnischen Bevölkerung entgegenzukommen.

Im Nationalitätenkampf zwischen Deutschen und Polen gelang es der polnischen Bevölkerung, ihre Position zu verbessern; der Anteil der Deutschen ging von 1871 bis 1905 von 41 auf 38,4 Prozent zurück. Die polnischen Katholiken setzten sich unter Führung ihrer Erzbischöfe von Gnesen-Posen und namhafter Prälaten innerhalb und außerhalb des kirchlichen Lebens für die Erhaltung ihres Volkstums ein. Neben ihrem Engagement für die polnische Sprache in den

[29] *T. Grentrup* a.a.O. 266–269; *J. Chamot,* Rola kleru katolickiego w strajku szkolnym w Wielkopolsce 1906/07: Studia z dziejów kościoła katolickiego 1 (1960) 101–112; *R. Korth,* Die preußische Schulpolitik und die polnischen Schulstreiks. Ein Beitrag zur preußischen Polenpolitik der Ära Bülow (Würzburg 1963); *M. Pirko,* Stanowisko arcybiskupa Floriana Stablewskiego na tle polityki rządowej w sprawie wrzesińskiej: Studia z dziejów kościoła katolickiego 5 (1967) 88–106.

[30] *R. Korth* a.a.O. 161–162.

[31] Ebd. 165–170: Zusammenstellung der Kriminalstrafen aus der „Nachweisung der Verurteilungen in Strafprozessen, die mit dem Schulstreik im Zusammenhang stehen (ausschließlich der Verurteilungen wegen Schulversäumnis)".

Schulen bauten sie ihre Presse aus[32]. Seit 1879 erschien eine „Kirchliche Revue" (Przegląd Kościelny) anstelle des 1874 verbotenen „Katholischen Wochenblattes" (Tygodnik Katolicki). Erzbischof Stablewski gab 1895 den Anstoß zur Veröffentlichung einer Wochenschrift „Katholischer Führer" (Przewodnik Katolicki). Auf seine Anregung wurde die von 1872 bis 1894 publizierte „Predigerbibliothek" (Biblioteka Kaznodziejska) 1906 durch eine „Neue Predigerbibliothek" (Nowa Biblioteka Kaznodziejska) fortgesetzt. Auf die Aus- und Weiterbildung des Klerus legte er großen Wert. Die Zahl der Seelsorgsgeistlichen betrug 1873 im Erzbistum Gnesen-Posen 813, im Kulturkampf sank sie auf 513, 1910 stieg sie auf 821. Die alte Lubrańskische Akademie in Posen hatte von 1780 bis 1896 als Priesterseminar gedient. Während des Kulturkampfes mußte sie ihre Pforten schließen, die sie erst 1889 wieder öffnen durfte. 1896 erhielten die Theologiestudenten ein neues Gebäude, in dem sie theologische und pastorale Vorlesungen hörten, nachdem sie in Gnesen eine philosophische Grundausbildung empfangen hatten. In diesem Zusammenhang sind auch wissenschaftliche polnische Gesellschaften mit ihren Publikationen erwähnenswert, an denen Geistliche maßgebend beteiligt waren. Durch Leihbibliotheken und Lesezirkel sorgte der Klerus für Verbreitung religiösen Schrifttums.

Die Klöster waren Ausstrahlungszentren polnischer Religiosität. Die von Edward Bojanowski (1814–71), einem polnischen Adligen, gegründete Genossenschaft der Dienerinnen der allerseligsten Jungfrau Maria, die sich der Kranken- und Waisenpflege widmete, breitete sich aus. Nach der Beilegung des Kulturkampfes nahmen die Orden und Genossenschaften wieder ihre stark eingeschränkte Tätigkeit auf. 1895 schuf Maria Karłowska in Posen einen neuen Zweig der Schwestern vom Guten Hirten.

Von den Polen in den deutschen Ostgebieten gingen Anstöße auf die übrigen polnischen Teilgebiete aus. Ihre straff organisierte und konzentrierte Volkstumsarbeit wurde von den Polen in Rußland und Galizien bewundert. Wegen der verschiedenartigen politischen Entwicklung in den drei Teilgebieten bildete das kirchliche Leben eine innere Zusammenfassung des polnischen Katholizismus. Die Nachrichten über die Aktivität des Oberhirten und des Klerus in zahlreichen Pfarreien[33], die Leistungen der Orden und Genossenschaften und die Erfolge von Vereinigungen auf verschiedenen Ebenen stärkten das polnische Selbstbewußtsein. Das Festhalten am katholischen Glauben und am polnischen Nationalismus verschmolz trotz aller sozialen Gegensätze und Parteien zu einer untrennbaren Einheit. Die katholischen Polen erblickten in den Päpsten Anwälte ihrer nationalen Anliegen, wenn diese sich auch in Ansprachen und

[32] *L. Müller,* Nationalpolnische Presse, Katholizismus und katholischer Klerus (Breslau 1931).

[33] Von 1850/60 bis 1910 stieg die Zahl der Pfarreien in den drei Teilgebieten von 3007 auf 3154, die Zahl des Weltklerus von 4682 auf 5250, vgl. *A. Stanowski,* Diocèses et paroisses de Pologne au XIXe et au XXe siècle: Le millénaire du catholicisme en Pologne (Lublin 1969) 128–129.

Briefen vorsichtig ausdrückten, um Konflikte mit den Regierungen zu vermeiden. In Mieczysław Kardinal Ledóchowski, der seit 1883 im päpstlichen Staatssekretariat tätig war, 1885 Sekretär der Breven und 1892 Präfekt der Propagandakongregation wurde, besaßen sie einen einflußreichen Fürsprecher an der Kurie.

In der Donaumonarchie[33a]

Der Vielvölkerstaat der habsburgischen Doppelmonarchie Österreich-Ungarn[34] barg zahlreiche innen- und außenpolitische Probleme in den Jahrzehnten vor seinem Zerfall am Ende des 1. Weltkrieges in sich, die sich auf die kirchengeschichtliche Entwicklung der slawischen Bevölkerung auswirkten. Um 1900 wurde in Österreich die Zahl der römischen Katholiken auf 23 Millionen, die der Unierten auf 3 Millionen, die der Orthodoxen auf 600000 geschätzt[34a], während gleichzeitig in Ungarn 9 Millionen römische Katholiken, 2 Millionen Unierte und 3 Millionen Orthodoxe lebten. Dazu kamen 700000 Orthodoxe und 350000 Katholiken in den 1878 besetzten und 1912 annektierten türkischen Provinzen Bosnien und Herzegowina. Die Orthodoxen und unierten Christen gehörten slawischen Volksgruppen an; Slawen römisch-katholischen Bekenntnisses waren vor allem die Polen in Galizien, die Tschechen und Slowaken in Böhmen, die Kroaten, Slowenen und ein Teil der Serben im Süden Österreich-Ungarns.

Der von den Ungarn 1867 erzwungene österreichisch-ungarische Ausgleich wurde von slawischen Politikern, die den Umbau der Monarchie in einen Bund freier und gleichberechtigter Nationen erstrebten, als ungerechtfertigte Bevorzugung der Magyaren kritisiert. Schon 1871 meldeten die Tschechen ihre Ansprüche gegen eine zentralistische deutsche Bevormundung an. Sie erreichten 1880 Sprachenverordnungen für Böhmen, nach denen auch in rein deutschen Gebieten jeder Antrag in der Sprache der Eingabe erledigt und Gerichtsverhandlungen in der Sprache des Angeklagten abgehalten werden mußten. 1882/83 gelang ihnen die Teilung der Prager Universität, seit 1891 bestanden eine deutsche und eine tschechische katholisch-theologische Fakultät mit je 8 Professoren und je einem Dozenten nebeneinander. Im April 1897 folgten Sprachenverordnungen für Böhmen und Mähren, die Doppelsprachigkeit für alle Gerichts- und Verwaltungsbehörden vorschrieben. Obschon die Mehrheit der Abgeordneten, die Tschechen, Polen, Slowenen, die beiden konservativen Gruppen der katholischen Volkspartei und des Zentrums vereinte, für diese Regelung eintrat, mußten sie unter dem Druck der Opposition aufgehoben werden. Erst 1913 bahnten sich unter den Vorzeichen des aufsteigenden Weltkrieges erfolgreiche deutsch-tschechische Ausgleichsverhandlungen in der Sprachenfrage an.

[33a] Zu ihr gehörte auch Galizien; vgl. S. 181ff.
[34] Siehe oben 48–58. [34a] Inklusive Galizien.

In diesem Ringen setzte sich die katholische tschechische Bevölkerung im Erzbistum Prag, das 1886 in Příbram ein tschechisches Knabenseminar einrichtete, im Bistum Leitmeritz mit 75 Prozent Deutschen und 25 Prozent Tschechen und im Erzbistum Olmütz, in dessen Osten und Süden nur tschechisch gesprochen wurde, für den Ausbau ihrer Rechte ein. Seit der Wahlrechtsreform 1907 kamen neben dem bisherigen Alleinvertretungsanspruch der alten nationalen Parteien (Alt- und Jungtschechen) auch christliche Kräfte zum Zuge, besonders in der Landbevölkerung. Aus den Anfängen der tschechischen christlich-sozialen Parteibildung am Ende des 19. Jh., die 1904 feste Formen annahm, entstanden in Böhmen 1911 als konservativer Flügel die Volkspartei (Lidová strana) und in Mähren die Katholische Nationalpartei (Katolicko-národní strana)[35]. Der katholische Geistliche Jan Šrámek (1870–1953) erzielte seine ersten Erfolge durch die bewußte Verschmelzung kirchlicher und nationaler Gedanken in einer wirklichen Volkspartei[36]. Um die Spannungen zwischen dem deutsch und slawisch sprechenden Klerus zu mildern, wandte sich Leo XIII. in einem eigenen Schreiben vom 20. August 1901 an die Oberhirten Böhmens und Mährens, in dem er sie bat, die ererbte Sprache zu pflegen, alle Gläubigen mit gleicher Liebe zu betreuen, sich nicht in Sprachenstreitigkeiten einzumischen, in den Priesterseminaren jeder Zwietracht entgegenzutreten und für die Eintracht in ihren Diözesen zu sorgen[37].

Den Slowaken gegenüber, die erst allmählich ihre Autonomieansprüche anmeldeten, zeigte die Regierung des Königreiches Ungarn kein Entgegenkommen. Sie unterdrückte alle nichtmagyarischen Nationalitäten und trieb eine konsequente Magyarisierungspolitik, die sich bis in den kirchlichen Raum hinein erstreckte. Pfarrer Andrej Hlinka (1864–1939) von Rosenberg (Ružomberok) gründete 1897 die „Volkszeitung" (L'udové Noviny) und 1905 die Slowakische Volkspartei, deren Ziel das Erringen der politischen und religiösen Freiheit für die eigene Nationalität war. Seine Propaganda für die nationale Autonomie der Slowaken im Parlament brachte ihn in Konflikt mit staatlichen und kirchlichen Stellen. Als er 1906 im ungarischen Parlament, in dem ungarische katholische Abgeordnete Vorlagen des Kabinetts unterstützten, für die Opposition eintrat, wurde er zu dreieinhalb Jahren Gefängnis verurteilt und von seinem Bischof wegen seiner politischen Tätigkeit suspendiert. Die Konzilskongregation hob 1909 die Suspension[38] auf, Hlinka durfte wieder seine Seelsorgstätigkeit aufnehmen. Er arbeitete später mit den Tschechen bei der Bildung der Tschechoslowakischen Republik zusammen.

Wie die Slowaken litten die Karpato-Ukrainer, Rumänen und Serben unter Magyarisierungstendenzen, die unter dem Kultusminister Albert Graf von

[35] *F. Prinz* a.a.O. 118.

[36] Šrámek bekleidete 1921–38 verschiedene Ministerämter in der Tschechoslowakei und war 1940–45 Ministerpräsident der tschechischen Exilregierung in London.

[37] ASS XXXII (1900/01) 321–323.

[38] *A. Hudal* a.a.O. 279.

Apponyi (1906–10) auch das Schulwesen erfaßten und für den Religionsunterricht keine Ausnahmestellung zuließen. Erst 1914 gab die ungarische Regierung dem Drängen der benachteiligten Nationalitäten nach, sie erlaubte den muttersprachlichen Religionsunterricht in allen Volks- und Bürgerschulen sowie in den Lehrerseminarien[39].

Im Süden der Doppelmonarchie lebten die Slawen unter starken Spannungen. Die Mehrheit der Kroaten gehörte zu dem mit der Stephanskrone verbundenen Königreich Kroatien und Slawonien, ein Teil zu der cisleithanischen österreichischen Reichshälfte in Istrien und Dalmatien sowie zu Bosnien-Herzegowina, die Slowenen zu der westlichen Reichshälfte in der Krain, im Süden der Steiermark und Kärntens. Die Serben, die seit dem Berliner Kongreß 1878 völlige Unabhängigkeit erreicht und 1882 ein eigenes Königreich gebildet hatten, waren bemüht, ihre Minderheit im Süden der beiden österreichisch-ungarischen Reichsteile, vor allem in Bosnien und der Herzegowina, an sich zu ziehen, und propagierten ein großserbisches bzw. südslawisches Reich, das Serben, Kroaten und Slowenen umfassen sollte.

Die Slowenen und Kroaten waren im abendländischen Kulturkreis und im römischen Katholizismus, die Serben vorwiegend im Morgenland und in der Orthodoxie verwurzelt. Alle drei Nationalitäten waren nach der jahrhundertelangen Unterdrückung durch die Türken von unbändigem Freiheitswillen erfüllt und scheuten keine Mittel, ihre politische, kulturelle und religiöse Selbständigkeit zu erlangen. Die Pläne, den gegenseitigen Druck in der südslawischen Frage durch eine Umgestaltung der Donaumonarchie im föderalistischen Sinn oder eine trialistische Reichskonzeption statt des bisherigen Dualismus (Österreich-Ungarn) aufzufangen, blieben im Ansatz stecken. Die kroatischen Volksvertreter aus Kroatien, Slowenien und Dalmatien verabschiedeten 1905 in Fiume eine Resolution, in der sie die Vereinigung Dalmatiens mit Kroatien und die staatliche Organisation des Trialismus forderten.

Am Anfang des 19. Jh. hatten sich die Slowenen eine einheitliche Schriftsprache geschaffen. Ihr erwachendes Nationalbewußtsein zeigte sich in ihren Vereinen, Genossenschaften und in der Sokol-Bewegung. Gemeinsam mit den Kroaten erstrebten sie eine Lösung im Rahmen des Habsburgerreiches. Unter Führung des Geistlichen Dr. Janez Krek verstärkte sich die politische und wirtschaftliche Organisation ihrer ländlichen Bevölkerung. Dr. Anton Korošec (1872–1940) gründete 1907 die slowenische Bauernpartei, er befürwortete eine südslawische Einigung und übernahm 1918 den Vorsitz des slowenisch-kroatischen Nationalrates.

Weit aktiver zeigten sich die Kroaten. Die ihnen beim ungarisch-kroatischen Ausgleich 1868[39a] gewährte Autonomie auf den Gebieten der Verwaltung, des Unterrichtswesens und der Justiz genügte ihnen nicht. Franjo Rački (1828–94),

[39] *T. Grentrup* a.a.O. 485–486.

[39a] *W. Felczak*, Ugoda węgieisko-chorwacka 1868 (Breslau 1969).

der erste Präsident der kroatischen Akademie der Wissenschaften in Agram (1866/86), seit 1880 Leiter der kroatischen Volkspartei, und Bischof Josip Jurij Stroßmayer (1815–1905)[40] waren jahrzehntelang Wortführer ihrer nationalen Anliegen.

Im Bistum Diakovar (Djakovó), das Bischof Stroßmayer von 1849/50 bis zu seinem Tode nach seinem Wahlspruch „Alles für den Glauben und die Heimat"[41] leitete, lebten um 1900 253 770 Katholiken des römischen Ritus, 29 000 Unierte und 169 300 Orthodoxe. Von 90 Pfarreien wurde in 55 nur kroatisch gesprochen, in 3 nur deutsch, 30 Pfarreien hatten eine gemischte kroatisch-deutsche und 2 eine gemischte kroatisch-ungarische Bevölkerung. Bischof Stroßmayer versuchte, trotz seines politischen und kulturellen Engagements für sein Volk die Gegensätze durch seine Loyalität gegenüber der Habsburgermonarchie, Förderung der Unierten und seine Idee der Gewinnung aller Südslawen, auch der orthodoxen Serben, für die Union mit Rom zu überbrücken. 1872 zog er sich aus der aktiven Politik zurück. Er wandte sich gegen ungarische Ansprüche und die Hegemonie der Kroaten oder Serben, wirkte als Mäzen befruchtend auf die Entwicklung der kroatischen Kultur, wie es seine Stiftungen für die Universität Agram (1866), die kroatische Akademie der Wissenschaften (1867), die 1874 eröffnet wurde, die Bildergalerie in Agram, seine Unterstützung wissenschaftlicher Veröffentlichungen und der Bau einer repräsentativen Kathedrale in Diakovar, die 1882 eingeweiht wurde, beweisen. Sein katholisch geprägter Panslawismus brachte ihn neben Vorstellungen der Wiener und Budapester Regierungen in Konflikt mit dem nationalkroatischen Politiker Dr. Ante Starčević (1823–96), der die Serben rücksichtslos bekämpfte und ein Großkroatien postulierte, das neben dem Stammland auch Bosnien, Herzegowina und Dalmatien umfassen und mit Ungarn gleichberechtigt sein sollte. Stroßmayer stattete das kroatische Institut S. Girolamo dei Schiavoni in Rom neu aus, das Leo XIII. auf Antrag des kroatischen Episkopates zu einem Colleg pro gente croatica umbenannt hatte[42] in der Hoffnung, die der Papst mit seinem Staatssekretär Rampolla teilte, es könnte zum Ausgangspunkt für die Kirchenunionsbewegung unter den Balkanslawen werden.

Im Gegensatz zu ihm erwartete Joseph Stadler (1843–1918), seit 1881 Erzbischof von Sarajewo (Vrhbosna), in dem Kolleg eine Pflegestätte für ein katholisches Großkroatien. Er führte den Aufbau der kirchlichen Organisation mit Hilfe von Jesuiten, Franziskanern und einiger weiblicher Ordensgemeinschaften umsichtig durch und verfaßte 1904–1911 ein Lehrbuch der scholastischen Philosophie in kroatischer Sprache. Bei der Neuordnung der kirchlichen Ver-

[40] *J. Matl*, Josef Georg Stroßmayer: Neue Österreichische Biographie, Abt. 1 IX (1956) 73–83; *R. Aubert*, Le pontificat de Pie IX (Paris ²1962) 409–410; *ders.*, Die katholische Kirche in der orthodoxen Welt: HKG VI/1 (1971) 604.

[41] *J. Matl* a. a. O. 74.

[42] Dagegen wurden von verschiedenen Seiten Proteste erhoben, vgl. *F. Engel-Janosi* a. a. O. I 318–321 und *G. Adriányi* a. a. O. 330–333.

hältnisse nach der Besetzung Bosniens und der Herzegowina – 1895 ermittelte die Volkszählung 675000 Orthodoxe, 550000 Mohammedaner und 350000 Katholiken – errichtete Leo XIII. die Erzdiözese Sarajewo mit den Suffraganbistümern Banjaluka und Mostar. Die Zahl der Katholiken wuchs durch Zuzug von katholischen Beamten, Soldaten und Kaufleuten in den nächsten Jahrzehnten bis zum 1. Weltkrieg auf fast 400000. Die Erzbischöfe von Sarajewo und die Bischöfe von Banjaluka betreuten sie in Bosnien, während die Bischöfe von Mostar, seit 1890 gleichzeitig als Administratoren des alten Bistums Markana-Trebinje, das zu dem mittelalterlichen Metropolitanverband von Ragusa gehört hatte, Oberhirten in der Herzegowina waren.

Die staatsrechtliche Annexion Bosniens und der Herzegowina 1908 änderte nichts an den kirchlichen Verhältnissen, aber die dadurch international ausgelösten Spannungen führten trotz der Verständigung zwischen Österreich und der Türkei wegen der serbischen Großmachtbestrebungen und der sich kampfbereit gegenüberstehenden europäischen Großmächte zum 1. Weltkrieg, in dem die katholischen Slawen auf beiden Seiten der sich bildenden Fronten standen. Der größte Teil der slawischen Katholiken wurde von Österreich-Ungarn unterstützt, während die orthodoxen Slawen von Rußland protegiert wurden.

In Südosteuropa

Griechenland hatte 1830 seine Unabhängigkeit erlangt. In den Jahrzehnten zwischen der Umgestaltung der Balkanstaaten durch den russisch-türkischen Krieg (1877/78) und dem Ausbruch des 1. Weltkrieges stiegen die selbständigen Fürstentümer Rumänien 1881, Serbien 1882, Bulgarien 1908 und Montenegro 1910 zu Königreichen auf. Albanien erhielt 1912 seine Eigenstaatlichkeit. Das Osmanische Reich verlor eine Position nach der anderen im Südosten Europas und mußte sich auf Ostthrakien beschränken. In allen Staaten stellten die Katholiken nur eine Minderheit der Bevölkerung dar.

In Rumänien wirkten sich die ethnographische und religiöse Geschlossenheit der Bewohner (92 Prozent Rumänen, 91,5 Prozent Orthodoxe) und die lange Regierung des ersten Königs, Karls I. (1866–1914), günstig für die Staatsentwicklung aus. 1914 gab es unter den 6 Millionen 100000 römisch-katholische und 50000 unierte Christen. Für die Katholiken in der Walachei, für die seit 150 Jahren Apostolische Administratoren verantwortlich waren, wurde am 23. März 1883 das Erzbistum Bukarest gegründet. Die ersten Oberhirten wurden aus der Kongregation der Passionisten entnommen, die seit langem die eingewanderten Katholiken betreuten, denen aber Propaganda unter den Orthodoxen verboten war. Ihnen standen im höheren Schulwesen in fünf Häusern Mitglieder der Kongregation der Englischen Fräulein zur Seite. Für die Katholiken in der Moldau wurde 1884 das Bistum Jassy eingerichtet und dem Heiligen

Stuhl direkt unterstellt. In ihm wirkten Konventualen, Jesuiten und Schwestern Unserer Lieben Frau von Sion. Es war nicht leicht, einen einheimischen Klerus zu erziehen, da die meisten Ordensangehörigen Ausländer waren.

Im benachbarten Bulgarien, das vom Fürsten Alexander Battenberg (1879–85), der 1885 sein Herrschaftsgebiet im Süden durch Ostrumelien erweiterte, und Ferdinand I. (1887–1918), der 1908 den Zarentitel annahm, aber nach dem Zweiten Balkankrieg 1913 die Süddobrudscha an Rumänien, Mazedonien an Serbien abtreten mußte, bekannte sich die Mehrheit der Bevölkerung zum orthodoxen Christentum. Der Kapuzinermissionar Andreas Canova, der von 1848 bis 1868 als Bischof das Apostolische Vikariat Philippopel (Plovdiv) – Sofia leitete[43], war an der bulgarischen Unionsbewegung beteiligt, die 1859/61 entstand, aber sich nicht erhalten konnte. Für die in Bulgarien lebenden Katholiken wurden 1883 das alte, 1648 erneuerte Bistum Nikopolis zuständig, dessen Sitz im gleichen Jahr nach Rustschuk (Ruščuk) verlegt wurde, und das Apostolische Vikariat Philippopel-Sofia mit dem Sitz in Philippopel, deren Inhaber seit 1885 Titularerzbischöfe waren. Sie betreuten etwa 27000 Katholiken mit Hilfe von Kapuzinern, Konventualen, Jesuiten, Assumptionisten, Passionisten und Klosterfrauen verschiedener Kongregationen. Als der katholische Fürst Ferdinand seinen Sohn und Thronanwärter Boris auf Verlangen der Kammer 1895/96 nach orthodoxem Ritus taufen ließ, protestierte Leo XIII. gegen diese Handlung und bezeichnete sie als Verrat des Gewissens an die Politik[44]. Die Kurie hoffte trotz dieses Zwischenfalles, die Bulgaren würden sich der Union anschließen. Pius X. riet den Habsburger Diplomaten, sich aufs engste mit Bulgarien und Rumänien zu verbinden. Er war von der Sorge erfüllt, die Slawen könnten sich auf die Seite des größten Feindes der Kirche, Rußlands, schlagen[45].

In Serbien war die Orthodoxie Staatsreligion. Die Katholiken wurden trotz der vom Berliner Kongreß 1878 garantierten Religionsfreiheit von der Regierung und den orthodoxen Hierarchen unterdrückt. Belastend wirkten für sie auch die politischen Aufstände und Umstürze, die großserbische Bewegung und der Antagonismus zwischen Österreich-Ungarn und Rußland. Erst 1855 wurde ihnen die Errichtung einer eigenen Pfarrei in Belgrad gestattet. Das alte Bistum Belgrad bestand nur noch als Titularbistum, es war 1728/29 mit dem Bistum Semendria vereinigt worden. Die Jurisdiktion der Katholiken lag in Händen benachbarter Bischöfe oder Apostolischer Vikare. Bischof Stroßmayer wurde 1851 zum Apostolischen Vikar für das Fürstentum Serbien ernannt. In dieser Eigenschaft nahm er bei seinen Visitationsreisen Verbindungen mit serbischen Regierungskreisen und Politikern auf. 1886 wurde das Bistum Belgrad wieder-

43 *A. Tarnovaliski* a.a.O. 47–51.
44 *Schmidlin PG* II 518.
45 *F. Engel-Janosi* a.a.O. II 125.

hergestellt und der neuen Kirchenprovinz Skutari eingegliedert sowie 1898 bis 1914 direkt der Propagandakongregation untergeordnet – es hatte etwa 10000 Katholiken – und durch das Konkordat vom 24. Juni 1914[46] zum Erzbistum erhoben. Ihm sollte als Suffraganbistum Skoplje für die nach den Balkankriegen von Serbien erworbenen Gebiete einverleibt werden, das aus dem bestehenden Erzbistum gleichen Namens gebildet wurde und etwa 15000 Katholiken umfaßte. Die Kriegsereignisse verzögerten den Aufbau der kirchlichen Organisation, die erst 1924 im jugoslawischen Staat zustande kam.

Im Fürstentum Montenegro, wo 90 Prozent der Bewohner Orthodoxe waren, unterstanden die Katholiken seit dem 1886 mit der Kurie abgeschlossenen Konkordat[47] dem Rom direkt unterstellten Erzbistum Antivari, in dessen Gebiet auch der Gebrauch altslawischer Liturgietexte gestattet wurde. Allerdings handelt es sich um eine fast wörtliche Übersetzung der römischen Liturgie in ein modernes Kirchenslawisch (Grajdanka). Als ein Missale auf Wunsch Leos XIII. 1893 in Rom in kyrillischen Lettern gedruckt wurde, bat der Erzbischof, ihm einen Neudruck in glagolitischer Schrift zu genehmigen, damit es nicht mit einer orthodoxen Publikation verwechselt werden könne. Die Zahl der Katholiken stieg von 1886 bis 1914 von 7000 auf 13000.

In Albanien, das von 1468 bis 1912 von den Türken beherrscht wurde, bekannte sich die Mehrheit der Bevölkerung zum Islam. Daneben existierten in den südlichen und östlichen Gebieten starke slawische Gruppen, die der Orthodoxie und dem römischen Katholizismus anhingen. Es hatte sich ein türkisch-islamischer Synkretismus entwickelt, den die Erzbischöfe von Durazzo und Skutari mit ihren Suffraganen und die als Missionare tätigen Franziskaner und Jesuiten einzudämmen suchten. Das Erzbistum Durazzo zählte 1905 etwa 13000, das Erzbistum Skutari mit seinen Bistümern Alessio (Ljesk), Pulati (Pulti) und Sapa (Sapë) fast 70000 Katholiken. Da die Habsburgermonarchie ein Kulturprotektorat in Albanien ausübte, das neben religiösen auch politische Ziele verfolgte, und sich in diesem Gebiet italienische, kroatische, serbische und panslawistische Interessen überkreuzten, kam es zu Konflikten innerhalb der Katholiken, die teils für, teils gegen Österreich-Ungarn eingestellt waren[48]. Neben dem Problem der Sprache in Schulen und Priesterseminaren spielte auch die Propaganda für die Einführung slawischer Kirchentexte eine Rolle.

In Griechenland gehörte der größte Teil der Bevölkerung zur Orthodoxie. Für die kleine Gruppe der Katholiken errichtete Pius IX. 1875 das Erzbistum

46 *Mercati* I 1100–03.
47 Ebd. 1048–50.
48 *F. Engel-Janosi* a.a.O. I 310 und *G. Adriányi* a.a.O. 279–293.

Athen neben den bestehenden Erzbistümern Korfu und Naxos. Unter den rund 66000 Katholiken gab es nur wenige Slawen, ihre Zahl stieg durch die Gebietserweiterungen Griechenlands (1912) nach Norden. Wegen der Ansprüche Bulgariens auf ganz Mazedonien, von dem Serbien 1913 Teile erlangt hatte, konnte keine kirchliche Neuordnung durchgeführt werden.

Die im Herrschaftsgebiet der Türkei gelegenen Erzbistümer Skutari und Durazzo waren mit ihren Suffraganbistümern den neuen Balkanstaaten einverleibt worden. Für den geringen Rest der auf europäischem Boden lebenden Katholiken, die 1914 auf 50000 geschätzt wurden, unter ihnen nur wenige Slawen, war der Patriarchvikar von Konstantinopel zuständig – der lateinische Patriarch von Konstantinopel residierte in Rom. Ihre Vertretung bei der Pforte lag in der Hand eines Vekils, des Chefs der Kanzlei der katholischen Rajas.

Der innere Hader der slawischen Nationalitäten und die Politik der Großmächte, die sich in die kirchlichen Verhältnisse der Katholiken einmischten, ließen weder einen Aufschwung der römischen Katholiken noch der unierten Gruppen, die in den meisten südosteuropäischen Staaten vertreten waren, zu. Die Bischöfe konnten mit Hilfe der Geistlichen und Ordensgemeinschaften nur das ihnen anvertraute Erbe durch das spannungsreiche Zeitgeschehen bewahren.

ZWEITER ABSCHNITT

Die Ausbildung der Katholizismen in der modernen Gesellschaft

Univ.-Professor Dr. Oskar Köhler, Freiburg

12. Kapitel

Der Katholizismus in der Gesamtgesellschaft

QUELLEN: Lehrschreiben Leos XIII.: Quod apostolici (1878); Arcanum illud (1880, Ehe); Humanum genus (1884, Freimaurer); Libertas (1888); Sapientiae christianae (1890); Rerum novarum (1891); Longinqua Oceani spatia (1895); Militantis ecclesiae (1897, Schulfrage).

Zeitgenössische Theoretiker (bes. zur Eigentumsfrage): *Ch. Périn,* De la richesse dans les sociétés chrétiennes, 2 Bde (Paris 1861; dt. Regensburg 1866); *F. Le Play,* La réforme sociale en France, 2 Bde (Paris [1]1864); *M. Liberatore,* Principii di economia politica (Rom 1889), dt.: Grundsätze der Volkswirtschaft (Innsbruck 1891), *G. Toniolo* (vgl. Kap. 5); *C. v. Vogelsang,* Ges. Aufsätze über socialpolitische und verwandte Themata (Augsburg 1885/87); *F. Hitze,* Capital und Arbeit und die Reorganisation der Gesellschaft (Paderborn 1880); Die Quintessenz der socialen Frage (ebd.); *H. Pesch,* Liberalismus, Sozialismus und christliche Gesellschaftsordnung (Freiburg [2]1898); *ders.,* Lehrbuch der Nationalökonomie, 5 Bde (Freiburg i. Br. 1905/23); *V. Cathrein,* Der Sozialismus (Freiburg i. Br. [1]1890, [16]1923); *A. Lehmkuhl,* Theologia moralis, 2 Bde (Freiburg i. Br. 1883, [6]1890); *A. M. Weiß,* Apologie des Christentums, Bd 4 und 5 (= Soziale Frage und soziale Ordnung) (Freiburg i. Br. 1892, [4]1904); *Th. Meyer,* Die christlich-ethischen Sozialprinzipien und die Arbeiterfrage (Freiburg i. Br. [4]1904); *G. J. Waffelaert,* De iustitia, 2 Bde (Brügge 1885/86); *A. Vermeesch,* Quaestiones de iustitia (Brügge 1901); *A. Stöckl,* Das Christentum und die großen Fragen der Gegenwart auf dem Gebiet des geistigen, sittlichen und sozialen Lebens, 3 Bde (Mainz 1879/80); *F. Schaub,* Die Eigentumslehre nach Thomas v. Aquin und dem modernen Sozialismus (Freiburg i. Br. 1898).

LITERATUR: Übersetzungen und Kommentare zu „Rerum novarum“: *G. Gundlach:* Veröff. der Görres-Gesellschaft, Sektion Sozial- und Wirtschaftsgeschichte, Heft 3 (Paderborn 1931) [zus. mit „Quadragesimo anno“]; *R. Kothen,* L'enseignement social de l'Église (Löwen 1949) (Texte lehramtlicher Äußerungen der Päpste von Leo XIII. bis Pius XII.); *P. Jostock.* Die sozialen Rundschreiben: Leo XIII.: „Über die Arbeiterfrage“ – Pius XI.: „Über die gesellschaftliche Ordnung“ [Texte und Kommentar] (Freiburg i. Br. [3]1960); *J. Schasching,* Die soziale Botschaft der Kirche von Leo XIII. bis Johannes XXIII. (Wien [2]1963) (außer dem Text von „Rerum novarum“, „Quadragesimo anno“ und späteren Sozialenzykliken eine Einleitung 11–68); *P. Mourret,* Les directives politiques, intellectuelles et sociales de Léon XIII (Paris 1920); *W. Schwer,* Leo XIII.: Klassiker der katholischen Sozialphilosophie (Freiburg 1923); *O. v. Nell-Breuning,* Die soziale Enzyklika: Erläuterungen zum Weltrundschreiben Pius' XI. über die gesellschaftliche Ordnung (Köln 1932, [2]1950) (mit wichtigen Bemerkungen über „Rerum novarum“); *J. Haessle,* Das Arbeitsethos der Kirche nach Thomas von Aquin und Leo XIII. (Freiburg i. Br. 1923); *E. Muhler,* Die Soziallehren der Päpste (München 1958); *G. Boni,* Il pensiero sociale di Leone XIII e Pio XI ... (Bergamo

1932); *M. Allendorf,* Zur Geschichte der Sozialenzykliken des Vatikans (Diss. Humboldt-Univ. Berlin 1963); *G. Jarlot,* Doctrine pontificale et histoire. L'enseignement social de Léon XIII, Pie X et Benoît XV vu dans son ambiance historique (Rom 1964); *R. L. Camp,* The Papal Ideology of Social Reform, 1878–1967 (Leiden 1969). – Zur *Entstehungsgeschichte* von Rerum novarum: *G. Antonazzi,* L'enciclica R. N. (Rom 1957).

Das Problem des „Katholizismus": *C. Bauer,* Bild der Kirche – Abbild der Gesellschaft: Hochland 48 (1956), neu: „Deutscher Katholizismus" (Frankfurt 1964) 9–27; *ders.,* Wandlungen der sozialpolitischen Ideenwelt im deutschen Katholizismus des 19. Jh.: *J. Strieder* u. a. (Hrsg.), Die soziale Frage und der Katholizismus (Paderborn 1931) 11–46.

Allg. Darstellungen: *G. Goyau,* Autour du catholicisme social, 5 „Serien" (Paris 1901/12); *O. Schilling,* Die Staats- und Soziallehre des Papstes Leo XIII. (Köln 1925); *ders.,* Christliche Gesellschaftslehre (Freiburg i. Br. 1926); *E. K. Winter,* Die Sozialmetaphysik der Scholastik (Wien 1929); *O. v. Nell-Breuning,* Die Eigentumslehre: *J. Strieder* u. a. (vgl. oben); *A. M. Knoll,* Der soziale Gedanke im modernen Katholizismus. Von der Romantik bis Rerum novarum (Wien–Leipzig 1932); *W. Schwer,* Krisen der kath.-sozialen Bewegung und ihre Lehren: Soziale Revue. Kath. internationale Quartalschrift 31, 1 (München 1930) 1–9 (zu W. Schwer *N. Monzel:* Hochland 42 [1949/50] 309f); *J. N. Moody* (Ed.), Church and Society: Catholic Social and Political Thought and Movements. 1789–1950 (New York 1953); *W. Bredendiek,* Christliche Sozialreformer des 19. Jh. (Leipzig 1953); *L. Leutner,* Das Erwachen der modernen kath. Sozialidee. Die Entwicklung im 19. Jh. bis Rerum novarum (Wien 1951); *S. Hedler,* Die katholischen Sozialisten. Darstellung und Kritik ihres Wirkens (Diss. Hamburg 1952); *L. P. Wallace,* Leo XIII and the Rise of Socialism (New York 1966) (die kath. Kirche als Wall gegen den Sozialismus); *F. Beutter,* Die Eigentumsbegründung in der Moraltheologie des 19. Jh. (Paderborn 1971); *H. Maier,* Kirche und Gesellschaft (München 1972) (aktuell, aber mit Einbezug der Probleme des 19. Jh.).

Zu den Ländern vgl. die Lit. zu den Kapiteln 1–10 und zum *Kapitel 13*; ferner zu *Frankreich: Ch. Calippe,* L'attitude sociale des catholiques français au XIXe siècle (Paris 1911); *E. Barbier,* L'histoire du catholicisme libéral et du catholicisme sociale en France, 1870–1914, 5 Bde (Bordeaux 1923/28; integralistische Perspektive, reiche Dokumentation); *W. Gurian,* Politische und soziale Ideen des französischen Katholizismus. 1789–1914 (1929), hier: 239–312; *G. Hoog,* Histoire du catholicisme social en France, 1871–1931 (Paris ^{2}1946); *J. B. Duroselle,* Les débuts du catholicisme social en France (Paris 1951) (führt bis 1870, aber wichtige Vorgeschichte); *Dansette* [zit. in Kap. 16] II 180–215 397–436 (ab 1898). – Zu *Deutschland und Österreich: S. Merkle,* Die katholische Kirche: *S. Körte* (Hrsg.), Deutschland unter Kaiser Wilhelm II. (1914); *M. Meinertz – H. Sacher,* Deutschland u. der Katholizismus, 2 Bde (Freiburg i. Br. 1918); *W. Schwer – Franz Müller,* Der deutsche Katholizismus im Zeitalter des Kapitalismus: Kirche u. Gesellschaft VI (Augsburg 1932); *P. Jostock,* Der deutsche Katholizismus und die Überwindung des Kapitalismus. Eine ideengeschichtliche Skizze (Regensburg 1932); *ders.,* Die katholisch-soziale Bewegung der letzten hundert Jahre in Deutschland (Köln 1958); *J. Höffner,* Die deutschen Katholiken u. die soziale Frage im 19. Jh. (Paderborn 1954); *K. H. Grenner,* Wirtschaftsliberalismus und katholisches Denken (Köln 1967); *K. Buchheim,* Ultramontanismus und Demokratie. Der Weg der deutschen Katholiken im 19. Jh. (München 1963); *F. J. Stegmann,* Geschichte der sozialen Ideen im dt. Katholizismus: *H. Grebing* (Hrsg.), Dt. Hb. der Politik 3 (1969) 325–560; *J. B. Kißling,* Geschichte der deutschen Katholikentage II (Mainz 1923); *P. Siebertz,* Karl Fürst zu Löwenstein. 1834–1921 (München 1924); *F. Funder* (zit. in Kap. 2).

Zur politischen Situation: Vgl. die Länder-Kap. 1–11 und Kap. 14.

Zur Schulfrage: Außer Lit. zu den Länderkapiteln: *J. A. Burns – B. J. Kohlbrenner,* A History of Catholic Education in the US (New York 1937); *H. K. Beale,* History of Freedom of Teaching in American Schools (New York 1941); *F. Larroyo – A. L. Lacombe* (Lateinamerika): New Cath. Encyclopedia 5 (1967) 157–162; *P. Verhaegen,* La lutte scolaire en Belgique (Gent 1905); *M. Spahn,* Der Kampf um die Schule in Frankreich u. Deutschland (München 1907); *K. Erlinghagen,* Die Säkularisierung der deutschen Schule (Hannover 1972) 43 48 58f 73ff. – Kath. Organisationen: Vgl. Lit. zu den Länder-Kapiteln; *Wetzer–Welte* (Hrsg.), Vereinswesen: Kirchenlexikon 12 (1901) 707–760; *A. Retzbach,* Das moderne kath. Vereinswesen (1925) (Antikritik des Vereinswesens); *K. Buchheim,* Der deutsche Verbandskatholizismus. Eine Skizze seiner Geschichte: *B. Hanssler,* Die Kirche in der Gesellschaft (Paderborn 1961) 30–83; *A. Pieper,* Sinn und Aufgaben des Volksvereins (M.-Gladbach ²1926) 25–41 über Gründungsgeschichte, enthält Organisation u. Satzung; *E. Ritter,* Die kath.-soziale Bewegung Deutschlands im 19. Jh. und der Volksverein (Köln 1954) (Nachlaß von Aug. Pieper und Reichskanzler Wilhelm Marx verarbeitet; bis Seite 130 guter Überblick [mit Lit.] über die Entwicklung der sozialen Theorie, auch in der Zentrumspartei). – Zur kath. Presse: *H. Keiter,* Hdb. der kath. Presse (1895, ⁴1909); New Catholic Encyclopedia, Catholic Press, World Survey, Bd 3 (New York 1967) 283–327, nach Ländern geordnet, teilweise mit historischem Rückblick; *J. Morienval,* Sur l'histoire de la presse catholique en France (Paris – Colmar 1936). Zu *„La Croix": E. R. Lacoste,* P. Bailly (Paris 1913); *ders.,* F. Picard (Paris 1932); *De Moine,* „La Croix" – cinquantenaire (Paris 1933); *R. Kokel,* P. Bailly (Paris 1942); *R. d'Harcourt:* StL⁶ V 207f; *P. Castel,* Le P. Picard et le P. Bailly dans les luttes de presse (Rom 1962); *R. J. Marion,* La „Croix" et le Ralliement (Diss. Worcaster/Mass. 1957). – Zur *Presse in Italien: E. Lucatello,* Giornalismo Cattolico: ECatt VI (1951) 458–462; vgl. Kap. 5, 33, 34. Zum *„Osservatore Romano": G. B. Casoni,* Cinquant'anni di giornalismo (Bologna 1907); *C. Crispolti,* Rimpianti (Mailand 1922). – Zu *Deutschland: K. Löffler,* Gesch. der kath. Presse Deutschlands (M.-Gladbach 1924); *K. Bachem,* Josef Bachem. Versuch einer Gesch. der kath. Presse, 2 Bde (1912/13): Bd II: bis 1860 (als Vorgeschichte wichtig auch für die spätere Entwicklung); *W. Kisky,* Der Augustinusverein zur Pflege der kath. Presse von 1878–1928 (Düsseldorf 1928). – Zur *Wiener „Reichspost": F. Funder,* Vom Gestern ins Heute (Wien 1952).

Während des Pontifikates Leos XIII. formieren sich die katholischen Bewegungen, die in den Auseinandersetzungen mit der aus der Revolution hervorgegangenen modernen Gesellschaft in den einzelnen Ländern entstanden waren, zu eigenen sozialen Gruppen innerhalb der jeweiligen Gesamtgesellschaft und stellen nunmehr erst dar, was man „Katholizismus" nennt. Die Idee der Restauration war gescheitert, die bürgerliche Revolution war nicht mehr rückgängig zu machen und hatte mit der Besetzung Roms im gleichen Jahre ihren letzten Sieg errungen, in dem mit dem Kommune-Aufstand in Paris die Geschichte der antibürgerlichen Revolution begann. Es handelt sich um einen epochalen Einschnitt in der Geschichte der katholischen Kirche, der sich zwar zunächst als eine fundamentale Veränderung ihres Verhältnisses zur „Welt" darstellt, der aber sie selbst in ihrem inneren Wesen und Selbstverständnis angeht. Was von Konstantin d. Gr. bis zur Französischen Revolution gegolten hatte, daß nämlich die Kirche alle politischen Figuren in ihren eigenen Organismus aufnehmen, abbilden oder sich anverwandeln konnte, ja: daß sie auch umgekehrt im frühen Abendland die „imago imperii" zu sein vermochte – dies gilt nun nicht mehr für den liberalen und demokratischen Verfassungsstaat und nicht für „die werdende Industriegesellschaft mit deren unaufhörlichem Wandel der Schichtungen". Es gilt tatsächlich nicht mehr, obwohl die „soziale Standortlosigkeit" der Kirche „bis tief in die zweite Hälfte des 19. Jh. hinein... noch überdeckt" war[1]. Die

[1] *C. Bauer,* Bild der Kirche 25f. – „Soziale Standortlosigkeit" der Kirche bezieht sich auf

Katholizismen in den einzelnen Ländern kamen während des Pontifikates Leos XIII. in ihre klassische Gestalt, die bis zum ersten Drittel des 20. Jh. vorbildlich war. Das vielfach gegliederte konfessionelle Vereinswesen, das namentlich in Deutschland auch beachtliche statistische Erfolge aufweisen konnte, eine von der Tagespresse bis zur intellektuellen Zeitschrift reichende Publizistik, die zwar, wenn man von der religiösen Massenliteratur absieht, in ihren Auflagen nicht konkurrieren konnte, aber eine entschlossene Leserschaft hinter sich hatte, zielbewußt in die Öffentlichkeit hineingetragene Kongresse: dies alles war der Ausdruck eines starken Selbstbewußtseins, das sich wiederum in einer Solidarität bis in das alltägliche Leben hinein auswirken konnte. G. Goyau hat den „Catholicisme social", der in einem umfassenden Sinn zu verstehen ist, gefeiert als die „Gemeinschaft der Heiligen" inmitten der modernen Welt, als die Abwendung vom Individualismus eines Châteaubriand und als Hinwendung zu einer „fraternité", die eine entschiedene Reaktion sei gegen das Konzept der laikalen Gesellschaft, und hat seine Vision der menschlichen Gesellschaft in Korrespondenz gesetzt zur „société surnaturelle": Traum des alten Verhältnisses von Bild und Abbild[2]. Aber er muß es als das Unglück der Katholiken seines Landes beklagen, als die Nachhut der Gesellschaft zu erscheinen, während sie in Wirklichkeit die Vorhut seien[3]. Doch gerade diese Einschätzung, sei es von liberal-bürgerlicher oder von sozialistischer Seite, bezeichnet, wenn nicht die „Standortlosigkeit", so doch eine defiziente Zugehörigkeit zur Gesamtgesellschaft. Auch wenn im Katholizismus Initiativen ergriffen wurden, so insbesondere in der sozialen Frage, so blieb doch übrig, daß er sich die gesellschaftlichen und politischen Formen der nachrevolutionären Welt mehr zunutze machte, als sie – jedenfalls vorerst – von innen heraus akzeptieren zu können. Dies gilt nicht zuletzt für die Volksbewegungen, für die Arbeiter-Pilgerzüge nach

ihre Stellung innerhalb der industriellen Gesamtgesellschaft mit ihrem raschen Wandel der ökonomischen, sozialen und intellektuellen Bedingungen. Dem widerspricht es nicht, daß der Katholizismus als jeweilige Sondergruppe gerade sehr nachdrücklich Position bezieht und hierfür seit Leo XIII. die Richtlinien der Kirche erhält, die jedoch notwendig umso abstrakter sein müssen, je weniger die Kirche noch „Abbild der Gesellschaft" mit ihren Kontradiktionen sein kann, und je mehr die Differenzen zwischen den Katholizismen und innerhalb ihrer selbst zu berücksichtigen sind. Ihren sozialen „Standort" hat die Kirche in diesen Katholizismen als Sondergruppen, die nur idealtypisch mit dem Singular „Katholizismus" (der im folgenden auch so gebraucht wird) bezeichnet werden können. Deshalb ist von nun an auch die Geschichte der Kirche weithin Geschichte der Katholizismen, ohne daß „Kirche" und „Katholizismus" gleichzusetzen sind. – Daß in diesem Kapitel der deutsche Katholizismus bevorzugt behandelt wird, gründet darin, daß die Kap. 1 und 3 sich plangemäß auf den Kulturkampf konzentrieren.

[2] *G. Goyau* I 69–78, II 4.

[3] Ebd. I 211; zu einer Debatte in der französischen Kammer 1896 über Frauen- und Kinderarbeit, in der ein Abgeordneter unter Berufung auf Karl Marx von der Identität von Arbeitskraft und Arbeiter sprach: „Ce n'est point le socialisme seulement, c'est le christianisme social, qui s'appuie sur un tel fondement; et l'on pourrait ... rapprocher Léon XIII non moins aisément que Karl Marx" (I 234).

Rom[4], für die nicht-kirchenamtlichen Laienvereinigungen und ihre Veranstaltungen[5], die ja Erscheinungen einer sich demokratisierenden Gesellschaft sind und deren Tendenz nach Eigenständigkeit in Konflikt geraten konnte mit dem klerikalen Führungsanspruch. Es waren geliehene Formen, in denen sich die Katholizismen ausdrückten, und ihre selbstbewußte Hoffnung, sich in der Gesamtgesellschaft mittels deren Rechristianisierung durchsetzen zu können, hatte illusionäre Züge. Hierzu gehört auch das Bewußtsein der Internationalität des Katholizismus, das bei der Begrüßung ausländischer Gäste gleichen Glaubens auf Kongressen bekundet wurde[6]; in Wahrheit waren die nationalen Differenzen groß genug, auch wenn man die Einwirkung weltpolitischer Momente, wie etwa des Dreibundes Deutschland–Österreich–Italien, nicht einbezieht. Tatsächlich freilich war das Welt-Bewußtsein vergegenwärtigt im gemeinsamen Oberhaupt aller Katholiken, und wie immer auch Kontroversen auftreten konnten über einzelne kirchenpolitische Linien, die Autorität des Papstes war innerhalb des Katholizismus im Pontifikat Leos XIII. unumstritten, wurde zielbewußt bei der Wahrnehmung von Jubiläumsdaten gepflegt und wurde sowohl vom Papst in der Auslegung der Kompetenz der Nuntien[7] wie auch von Laienrepräsentanten extensiv interpretiert[8]. Bei öffentlichen Großveranstaltungen,

[4] *W. Schwer,* Leo XIII. 60: „Jahrelang blieb das Fürstenportal des Vatikans geschlossen, weil die verblendeten Könige dieser Welt den Weg nach Rom nicht mehr fanden. Da öffnete es Leo XIII. von neuem, und hindurchzog – ein Arbeiterpilgerzug, der über die Alpen gekommen war, um den Segen des Papstes mit heimzuholen, wie einst die Herrscher ihre Kaiserkrone"; sosehr es nach 1887/88 dem Papst entsprach, über die Regierungen hinweg die Völker selbst zu gewinnen, und sosehr eine Art Papstpatriotismus die Minderheitengruppe kirchlich Gesinnter zu integrieren vermochte – ein solches etwas pathetisches Bild fängt weder die kirchlichen noch die profanen Realitäten ein. – W. Schwer folgt in diesem Bild Melchior de Vogüe, zit. bei *M. Turmann,* Catholicisme social (Paris 1901).

[5] Beim Katholikentag 1881 in Bonn sagte der Jurist F. Porsch, die durch den Kulturkampf bedingte Aktivität der Laien könne „nur ein Notstand" sein, und es sei zu hoffen auf die Zeit, in der „diese Macht von denen ausgeübt werden kann, die Gott gesetzt hat, seine heilige Kirche zu regieren" (*Kißling* II 78f).

[6] So sprach Windthorst beim Düsseldorfer Katholikentag 1883 von einer „internationalen Versammlung der Katholiken" unter der Leitung des Papstes, ähnlich 1886 in Breslau (*Kißling* II 86).

[7] Siehe S. 24f.

[8] Gegenüber dem wegen der vatikanischen Berlinpolitik, die allzu entgegenkommend erschien, verstimmten Windthorst erklärte 1887 auf dem Trierer Katholikentag August Reichensperger, man müsse dem Papst dienen, „dessen Weltstellung ihm nun einmal nicht gestattet, uns preußischen Ultramontanen in allem und jedem den Willen zu tun" (*Kißling* II 114). – Die seit 1896 vorbereitete Feier des Jahres 1900 war umstritten, auch deshalb, weil es sich nicht um ein kirchliches Datum handelte und weil man daran zweifeln konnte, ob Leo XIII. die Jahrhundertwende überleben würde. Fürst Karl zu Löwenstein schrieb zu solchen Meinungen, denen auch Kardinal Mazzella geneigt war: „Der Heilige Vater ist nicht nur unfehlbarer Lehrer, sondern auch der mit besonderer Standesgnade ausgezeichnete Steuermann, für dessen Urteil über die Opportunität einer Sache zwar nicht die Unfehlbarkeit, aber doch die große Wahrscheinlichkeit des Guten, Nützlichen und Gottgewollten spricht"; *K. Buchheim,* Ultramontanismus 497 vermerkt hierzu: „Der Historiker muß die Tatsache verzeich-

wie den Katholikentagen oder den Eucharistischen Weltkongressen in ihrer vollen Ausbildung, konnte der Gedanke der Ecclesia militans als Kirche des Martyriums eine ausgesprochen militante Wendung finden, so als Bischof Korum beim Katholikentag in Trier 1887 über die „Militia Christi" predigte und die Porta Nigra illuminiert in ein Flammenmeer getaucht wurde, über dem das Kreuz erschien mit der Leuchtschrift: „Stat crux, dum volvitur orbis."

Die Katholizismen lagen freilich nicht nur im Streit mit den Prinzipien der liberal-bürgerlichen Welt, sondern befanden sich auch in mehr oder weniger heftigen inneren Konflikten, die je nach geschichtlicher Ausgangslage verschieden waren und auch den internationalen Konsens beeinträchtigten. Man hat versucht, die Katholizismen der einzelnen Länder[9] in zwei große Gruppen einzuteilen: die Gruppe jener Länder, in denen die Kirche vor der Revolution „established church" gewesen war, also Spanien, Portugal, Lateinamerika, Frankreich, Italien und Österreich-Ungarn, und die Gruppe jener Länder, in deren neuzeitlicher Geschichte die katholische Kirche nie diesen Status hatte und deshalb auch „weniger Schwierigkeit, sich den neuen politischen Bedingungen des 19. Jh. anzupassen"[10]. Diese allgemeine Typologie gibt gewiß einige Anhaltspunkte, muß aber erheblich differenziert werden, da sich ja etwa der Katholizismus im Bismarck-Deutschland, wo die katholische Kirche nie „etabliert" war, erheblich unterscheidet vom Katholizismus in den Vereinigten Staaten von Amerika. Am ehesten gemeinsam war den Katholizismen in allen Ländern – wenn auch mit Unterschieden nach der jeweiligen gesellschaftlichen Struktur – das Problem, daß sie die gleichen sozialen Schichtungen, wenn auch mehr oder weniger in den oberen Rängen verkürzt, aufzuweisen hatten wie die allgemeine Gesellschaft und so vor der Frage standen, welche integrierende Wirkung von der Katholizität ausging auf den Gegensatz der Interessen. Die Stärke des jeweiligen Gruppenbewußtseins hing davon ab, in welchem Maß es neben den Bedingungen, unter denen das Verhältnis von Kirche und Staat gelöst werden konnte, auch gelang, die sozialen Unterschiede zu überbrücken.

nen, daß sich diese Glaubensüberzeugung als richtig erwies", weil der Papst überlebte. – Illusionäre Hoffnungen nährte Theodor Wacker (vgl. Kap. 35) 1890 beim Koblenzer Katholikentag: „Hat das soziale Kaisertum, von dem man spricht, einmal Gestalt und Leben angenommen, dann wird nichts naturgemäßer sein, als daß der soziale Kaiser und der Papst sich zusammenfinden und zusammenbleiben" (zit. nach *Buchheim* 337). Windthorst war da skeptischer. – Freilich darf nicht übersehen werden, daß in allen Katholizismen ein gewisser Überdruß an der „Römischen Frage" entstand, nicht nur in Deutschland, wo die Dreibundpolitik ein auch vom Zentrum zu beachtendes Moment darstellte. Bezeichnend ist der Wandel in der für jeden Katholikentag obligaten Protestformel für den Papst: Schon 1890 in Koblenz, gemäßigt redigiert von Windthorst, für „Wiederherstellung der territorialen Souveränität des Heiligen Stuhls" – 1898 in Neiße unter Berufung auf das italienische Rundschreiben Leos vom 5. August ziemlich allgemein für „geheiligte Rechtsansprüche" (*Kißling* II 281f).

[9] Kapitel 1 bis 11.

[10] *J. N. Moody* a. a. O. 10, „this dichotomy in the historical experience of modern catholics in their relation to the modern State is the cause of considerable confusion".

Eine starke, aber bedrängte Minderheit hatte hier ihre besondere Chance, die Windthorst auf dem Frankfurter Katholikentag 1882 glänzend wahrzunehmen verstand[11].

Zwischen Totalrevision und Reform

Es ist ein Kennzeichen des Katholizismus, daß er die „Soziale Frage" im engeren Sinne (vgl. Kap. 13) immer in der „Blickrichtung auf die Gesamtgesellschaft" gesehen und die Arbeiterfrage als einen Teil „der integralen Sozialreformfrage" betrachtet hat[12] – dort allerdings, wo er in extremer Minderheit war wie in Großbritannien und den Vereinigten Staaten, freilich nur bei einzelnen Theoretikern. Es ist deshalb auch nötig, die katholischen Sozialbewegungen in die Auffassung von der Gesamtgesellschaft einzuordnen. Dann auch erst wird das Dilemma sichtbar, in dem sich der Katholizismus überall dort befand, wo er seinem Wesen nach mehr anstreben mußte als die bürgerliche Gleichberechtigung einer geringen Minderheitengruppe: verflochten in die Gesamtgesellschaft, mußte er entweder deren prinzipielle Veränderung anstreben, da sie ohne Zweifel nicht seines Geistes Kind war, oder er mußte sich damit begnügen, innerhalb des gesamtgesellschaftlichen Pluralismus seine Prinzipien nach Möglichkeit reformerisch geltend zu machen, dabei auf eine eigene Konzeption zu verzichten und Kompromisse von Fall zu Fall zu schließen. Dieses Dilemma überdauert noch die Jahrhundertwende und wurde je nach der Lage der in Frage kommenden Länder verschieden ausgetragen. Auch wenn die Verschiedenheiten zwischen den Ländern zu berücksichtigen sind, so können doch die „Wandlungen der sozialpolitischen Ideenwelt im deutschen Katholizismus des 19. Jh.", wie sie Clemens Bauer dargelegt hat, als ein Modellfall betrachtet werden. Veränderung hieß primär „Verchristlichung", Rechristianisierung, die desto weniger mit caritativer Tätigkeit gleichgesetzt werden konnte, je stärker die Proletarisierung in der kapitalistischen Gesellschaft anwuchs und als genereller Zustand erkannt wurde, der nicht in der „Arbeiterfrage" aufgeht. Wenn

[11] Der Kampf gegen die Majorisierung „wird um so wirksamer sein, wenn man jetzt gründlich erfährt, wer wir sind ... also, seien wir fest im Glauben, halten wir die Augen offen und seien wir einig, dann tut uns niemand etwas" (*Kißling* II 89). – Der deutsche Katholizismus unterscheidet sich freilich darin, daß er wie kein anderer in einer politischen Partei organisiert war und seiner seit der steigenden Industrialisierung in den achtziger Jahren entstandenen sozialen Inhomogenität auch durch die „Möglichkeit des Interessenausgleichs im Politischen" begegnen konnte (*C. Bauer,* Wandlungen 37). Aber es war keine leichte Arbeit, diesen Ausgleich immer wieder herzustellen; die heftige Debatte wegen der von katholischen Handwerksmeistern beim Düsseldorfer Katholikentag 1883 geforderten gesetzlichen Zwangsinnungen, denen Sozialpolitiker des Zentrums widersprachen, schloß Windthorst in rhetorischer Wendung, „daß wir vollkommen einig sind auf allen Gebieten des kirchlichen und sozialen Lebens" (*Kißling* II 165).

[12] *C. Bauer,* Wandlungen 46.

Edmund Jörg den Liberalismus als den „regierenden Geist unserer Zeit" als „natürlichen Sohn der neuen Nationalökonomie" bezeichnet und wenn daher der politische und weltanschauliche Liberalismus in engem Zusammenhang mit der kapitalistischen Wirtschaft gesehen wurden[13], dann konnte in der Tat eine „Totalsozialreform" als die Aufgabe des Katholizismus betrachtet werden, ob sie nun sozial-romantisch „ständisch-inspiriert" war oder sozialistische Züge aufwies, ob sie nun „christlich" genannt wurde oder nicht. Wie immer man die „neugeschaffene sozialökonomische Realität" bewertet, der Wille zur prinzipiellen strukturellen Veränderung der Gesellschaft mußte sich entweder in die Utopie verlaufen oder aber – ohne sich dies einzugestehen – revolutionären Charakter annehmen. Wie tief der Katholizismus von der Idee affiziert war, eine gesamtgesellschaftliche Konzeption zu entwickeln und sie der liberal-bürgerlichen entgegenzusetzen, zeigt sich darin, daß die Enzyklika „Rerum novarum", in die doch nur wenige Gedanken einer „Totalsozialreform" eingeflossen waren, im deutschen Katholizismus, der sich unter der Führung der Zentrumspartei mit den Tatsachen des Kapitalismus abgefunden hatte und einen sozialreformerischen Weg ging, die prinzipiellen Auseinandersetzungen noch einmal beleben konnte[14].

Das Problem der Toleranz

Das „gebrochene Verhältnis" zur liberal-bürgerlichen Gesellschaft ist ein Phänomen, das alle Katholizismen charakterisiert – am wenigsten wohl den in den Vereinigten Staaten von Amerika unter der Gibbons-Ära, in welcher der führende Teil des Episkopates, wenn auch unter Opposition der Corrigan-Gruppe, vorbehaltlos und nicht nur aus kirchenpolitisch taktischen Gründen auf dem Boden der Verfassung stand, d. h. aber auf dem Boden der liberalen Menschenrechte. Hier liegt eines der gesamtkirchlichen Grundprobleme im Verhältnis zur modernen Gesellschaft, dem sich die lehramtliche Autorität sowohl im Hin-

[13] *C. Bauer,* Wandlungen 23 oben, 29 (mit dem E. Jörg-Zitat), 34, 30. – Gewiß bestehen zwischen dem ökonomischen Liberalismus einerseits und dem ebenfalls nicht ohne weiteres in eins zu setzenden politischen und weltanschaulichen andererseits Unterschiede (vgl. *C. Bauer,* Liberalismus: StL[6] V 370–380); aber es wurden wohl in der katholischen Polemik gegen den Liberalismus doch nicht nur „die disparatesten Objekte eigener Bekämpfung unter einem Sammelbegriff" (*C. Bauer,* Wandlungen 29) zusammengefaßt, da Unterscheidungen der liberalen Bereiche nicht ausschließen, den Liberalismus auch als Gesamtphänomen zu betrachten.

[14] *C. Bauer,* Wandlungen 41 ff; und so gilt auch für die besonderen Verhältnisse in Deutschland, daß dort der Katholizismus „ein gebrochenes Verhältnis zu dem hat, was in Deutschland als ‚bürgerliche Gesellschaft' bezeichnet werden kann – er setzt ihr andere gesellschaftliche Ordnungsideale entgegen, und er hat ein gebrochenes Verhältnis zu dem diese Gesellschaft tragenden Wirtschaftssystem" (*C. Bauer,* Der deutsche Katholizismus ...: Deutscher Katholizismus [Frankfurt a. M. 1964] 52. – Zu Dr. Oberdörffer: S. 221.

blick auf die innerkatholischen Spannungen wie auf die Position der Kirche in der profanen Welt zu stellen hatte. Gab es nach dem in Wirklichkeit eindeutigen, nur kunstvoll umzuinterpretierenden Kontra des „Syllabus“ eine andere Möglichkeit? Ganz in der Konsequenz des Syllabus bleibt „tolerantia“ für Leo XIII. und die große Mehrheit der Katholiken, die nicht eine extreme Minderheit darstellten, ein negativer Begriff, weil er gleichgesetzt wird mit einer Auffassung, für die Wahrheit und Unwahrheit, Sittlichkeit und Unsittlichkeit gleich gültig sind. Der positive und syllabus-fremde Begriff ist die „patientia“, mit der die Kirche zuwartet, bis die Menschen zur einen, nämlich der katholischen Wahrheit finden[15]. Dieser Grundsatz wird angewendet auf die Religionsfreiheit, die unterschiedslos (promiscue) zu gewähren auf Atheismus hinauslaufe, auf die Freiheit der Rede, der Presse, der Lehre, die einzuschränken eine Pflicht des Staates ist[16], unbeschadet der nichtantastbaren Lehrfreiheit der Kirche[17]. Es werden also in der Enzyklika „Libertas“ (1888) alle Prinzipien des Liberalismus, der zu Eingang grundsätzlich angeklagt wird, nicht anders verworfen als im „Syllabus“. Aber – und hier allein liegt der Unterschied – es wird gesprochen von der Beachtung der „menschlichen Schwäche“ durch das „mütterliche Urteil der Kirche“, die den Lauf der Dinge nicht ignoriert und es deshalb nicht verwirft, wenn der Staat dies oder jenes, was mit der Wahrheit und der Gerechtigkeit nicht zu vereinbaren ist, hinnimmt, weil er ein Übel vermeiden oder ein Gut erreichen oder bewahren will[18]. Es ist klar, daß auch ein Liberaler, der bereit war, seine Grundsätze auch gegenüber der katholischen Kirche zu praktizieren[19], sich nicht verstanden wissen konnte, wenn sein Problem der Wahrheit mit einem radikalen Indifferentismus gleichgesetzt und seine Weltanschauung von der katholischen Kirche als das kleinere Übel geduldet wurde, wobei er befürchten konnte, es werde die „Geduld“ nur so lange dauern, bis sich die Möglichkeit einer Redogmatisierung des öffentlichen Lebens einstellt[20]. Aber Leo XIII. schuf – und mehr war in dieser geschichtlichen Situation nicht zu erwarten – einen Modus vivendi gegenüber dem gesellschaftlichen Pluralismus und bot gleichzeitig eine Einigungsformel für die innerkatholischen Kontroversen an[21]. Der Testfall war freilich der Katholizismus in den Vereinigten Staaten

[15] „Libertas“ (1888), Acta Leonis VIII 241: [ecclesia], quia tam dissolutum flagitiosumque tolerantiae genus constanter, ut debet, repudiat...; entgegengesetzt werden patientia und lenitas, welche die Kirche in reichem Maße übe.

[16] Ebd. 229–234. [17] Ebd. 235.

[18] Ebd. 239: [ecclesia] non recusat, quominus quidpiam a veritate iustitiaque alienum ferat tamen potestas publica, scilicet maius aliquod vel vitandi caussa malum, vel adipiscendi aut conservandi bonum.

[19] Leo XIII. kritisiert ciceronianisch geistvoll den Illiberalismus der Liberalen: Acta Leonis VIII 237.

[20] *W. Gurian*, Ideen 262.

[21] Eine ganz ähnliche Formel enthält bereits „Immortale Dei“ (1885), wo das Prinzip, die Kirche könne nicht zugestehen, daß nichtkatholische Religionen „eodem iure“ bestehen, entsprechend pragmatisch moderiert wird (Acta Leonis V 141). Auch wird unter Hinweis auf

von Amerika. Es ist durchaus verständlich, daß als Irrtum verworfen wird, die dortigen Verhältnisse als das Exempel für den besten Status der Kirche zu betrachten; aber die Grenzen einer grundsätzlich nicht ausgetragenen Anpassung zeigen sich in der Bemerkung, die Kirche könnte noch reichere Früchte erbringen, wenn ihr „außer der Freiheit" auch „die Gunst der Gesetze" und der „Schutz (patrocinium) des Staates" gewährt würden[22]. Damit wird für einen Katholiken, der auf dem Boden der Verfassung der Vereinigten Staaten steht, die Vereinbarkeit des Unvereinbaren gefordert. Es gibt in den Verlautbarungen des Papstes zum Problem des Verhältnisses von Freiheit und Wahrheit gewisse Akzentverschiebungen[23], aber keine wesentliche Entwicklung.

Die Lehre vom Eigentum

Von ähnlicher Bedeutung wie das Prinzip der Toleranz ist für die liberalbürgerliche Gesellschaft die Lehre vom Eigentum. Hier jedoch hat die neuere Untersuchung der neuscholastischen Sozialphilosophie ermittelt, daß die Lehre des Thomas von Aquin über das Sondereigentum verstümmelt rezipiert wurde und unter mehr oder weniger starken Einfluß der liberalen Wirtschaftsauffassung geriet[24]. In diesem Bereich nun fallen die eigentlichen theoretischen Entscheidungen zu der Frage, ob der Katholizismus eine eigene Gesamtkonzeption von der gesellschaftlichen Ordnung verfolgen oder ob er, wenn auch in verschiedenen Varianten seines Verhältnisses zur kapitalistischen Industriegesellschaft, sich einfügen und eine soziale Reformpolitik vertreten wird. Es wurde darauf hingewiesen, daß der individualistische Eigentumsbegriff, den Luigi Taparelli († 1862) in seinem schulemachenden Werk über das Naturrecht vortrug, bereits seine Vorläufer hatte[25]; aber er war der Lehrer Joachim Peccis, der auch als Papst dessen Grundanschauungen treu blieb, wenn er sich auch von der Berufung auf den Instinkt, mit dem ein Hund sein Futter verteidigt, distanzierte[26]. Obwohl freilich „die Überbetonung der individuellen Seite der Institution des Eigentums, bei der ihre soziale Seite zu kurz kam ..., selbst auf ein päpstliches Dokument wie ‚Rerum novarum' abgefärbt hat"[27], so ist doch in den Lehr-

eine Augustinusstelle gesagt, es dürfe niemand gezwungen werden, den katholischen Glauben anzunehmen.

22 Longinqua Oceani spatia (1895); vgl. Kap. 10, 170f. – Die Weimarer Reichsverfassung enthält die Trennung von Kirche und Staat, nennt die Kirchen „Religionsgesellschaften" und gibt ihnen zugleich den Charakter des öffentlichen Rechtes; dies ist ein Kompromiß, der nur auf diesem geschichtlichen Boden möglich war und zudem einer späteren Zeit angehört.

23 So wenn in „Annum ingressi" (19. 3. 1902) gesagt wird, es sei die rechte Lehre, ut libertas veritati concedat (Acta Leonis XXII 67).

24 *F. Beutter,* mit sehr reichem Belegmaterial.

25 Ebd. 97, *A. F. Utz* folgend.

26 Rerum novarum 5, *P. Jostock* a.a.O. 15.

27 *O. v. Nell-Breuning: A. Rauscher* (Hrsg.), Ist die katholische Soziallehre antikapitalistisch? (Köln 1968) 15.

schreiben Leos XIII. seit 1878 eine beträchtliche Verschiebung des Akzentes festzustellen: am Anfang ist davon die Rede, daß die niedersten Schichten, ohne an das ewige Leben zu denken, die Paläste der Reichen besetzen wollen[28]. Die Tonart der Sozialenzyklika ist wesentlich anders, auch wenn in ihrer Entstehungsgeschichte[29] das Haupt der römischen Neuscholastik, M. Liberatore (1810–92), der die Naturrechtlichkeit des individuellen Eigentums in den Mittelpunkt seiner Sozialphilosophie stellte[30], einen erheblichen Einfluß hatte. Es waren wohl zwei Momente, welche die neuscholastische Eigentumstheorie in besonderer Weise bestimmten. Sie geht weithin, wie ja auch gerade die Enzyklika Leos XIII., vom agrarischen Eigentum aus, während „man doch ohne große Übertreibung sagen kann, daß Eigentum im heutigen Sinne an Grund und Boden erst durch die Französische Revolution geschaffen worden ist"[31]. Vielleicht kommt deshalb auch der an sich akademischen Frage (in der sich der Papst neutral verhält), ob mit Suárez das Sondereigentum dem ius gentium zuzuweisen sei, insofern eine konkrete Bedeutung zu, als hier die Geschichtlichkeit der jeweiligen bestimmten Eigentumsordnung angesprochen ist. Wenn nur die „Eigentumsfähigkeit"[32], also das prinzipielle Recht, Sondereigentum zu haben, naturrechtlich bestimmt ist, dann bleibt ein weites Feld für eine Gestaltung der Eigentumsordnung und des Verhältnisses von Sonder- und Gemeineigentum. Dazu kommt, daß Leos Sozialenzyklika entscheidenden Wert legt auf die Bildung von Eigentum der Besitzlosen, „höchst überraschend für alle diejenigen, die ihre Geldsackinteressen unter den Schutz von ‚Rerum novarum' stellen möchten"[33]. Trotzdem bleibt übrig, daß Leo XIII. die für die moderne Fragestellung ja grundlegend wichtigen „beiden Gruppen Kapital und Arbeit noch nicht in jener scharfen Weise als gesellschaftliche Klassen in dem technischen Sinne des Wortes gesehen hat"[34] und daß der Papst in all seiner gesellschaftskritischen Bemühung doch „im Tone des Grandseigneurs und des Patriarchen, fast wie mit einer aus der Ewigkeit herüberklingenden Stimme voll väterlicher Huld und Güte zu seinen lieben und guten Kindern, namentlich in der Arbeiterschaft, spricht"[35], welche Stimme ohne Zweifel seit 1878 an „Väterlichkeit" gewonnen

[28] Quod Apostolici muneris (1878), Acta Leonis I 171: Praesentium tandem bonorum illecti cupiditate... ius proprietatis naturali lege sanctitum impugnant; I, 173: Da Lohn und Strafe des ewigen Lebens vergessen seien, mirum non est quod infimae sortis homines, pauperculae domus vel officinae pertaesi, in aedes et fortunas ditiorum involare discupiant.

[29] *Antonazzi* 13.

[30] Zitat bei *F. Beutter* a.a.O. 104.

[31] *O. v. Nell-Breuning,* Eigentumslehre 145f.

[32] Ebd. 155. [33] Ebd. 154. [34] *Ders.,* Die soziale Enzyklika 150.

[35] Ebd. 39. Man zögert deshalb auch, *Jostock* (10) zu folgen, wenn er die Tatsache für „sehr bemerkenswert" hält, daß in der Enzyklika als Ursachen des sozialen Übels die „versi in deteriora mores" nach den ökonomisch-gesellschaftlichen an letzter Stelle genannt werden; gewiß sieht Leo XIII. die sozialpolitischen Aufgaben; aber die Betonung der cupiditates, womit ja auch die Sozialenzyklika beginnt, wechselt von Stelle zu Stelle, und man darf wohl das Moment der Zuständereform nicht von Pius XI. her zurückprojizieren.

hat. Es wurde oft bemerkt, daß Leo XIII. in seiner Enzyklika keine systematische Gesellschaftstheorie hat entwickeln wollen; aber die ohne Zweifel starken systematischen Elemente stammen zu einem guten Teil aus der neuscholastischen Sozialphilosophie Liberatores, und daran knüpft weithin die katholische Moraltheologie in ihrer Eigentumslehre an[36].

Das andere Moment, das in der Beurteilung der katholischen Eigentumslehre in jenen Jahrzehnten berücksichtigt werden muß, ist die polemische Auseinandersetzung mit dem Sozialismus, und zwar als dem Gesamtphänomen mit allen weltanschaulichen Komponenten. Es ist unbestreitbar, daß das Gesetz des Denkens in der katholischen Sozialtheorie zu einem nicht unbeträchtlichen Teil von dieser Konfrontation bestimmt war; trotzdem kann man bei einer geschichtlich angemessenen Würdigung der Gesamtsituation nicht sagen, die Ablehnung des Sozialismus „aus dem Verstehenshorizont der bürgerlichen Gesellschaft" sei „wohl als eine große Fehlleistung der Theologie des 19. Jh. zu bezeichnen"[37]. Es war ja gerade die Frage, ob der Katholizismus unter den gegebenen geschichtlichen Bedingungen des 19. Jh. noch zu einer originären Gesamtkonzeption der Gesellschaft kommen konnte oder sich in der Defensive gegen die unter sich konträren Zeitströmungen behaupten mußte, also sowohl gegen den Liberalismus wie gegen den Sozialismus, um nach Möglichkeit reformerische Bestrebungen beeinflussen zu können. Allerdings ist festzustellen, daß die entschiedene Ablehnung des weltanschaulichen Liberalismus eine mehr oder weniger starke Einfärbung der Eigentumstheorie durch den liberalen Individualismus keineswegs ausschloß[38].

[36] *F. Beutter* a. a. O. 86f; zu den einzelnen katholischen Moraltheologen, die jedoch keineswegs unisono sprechen, vgl. dort (mit ausführlicher Lit.); wichtig auch die Artikel von *G. Gundlach* zu *Theodor Meyer:* StL[6] V 695f, *A. Lehmkuhl:* ebd. 335f, *H. Pesch:* ebd. VI 226–229. In die weitere Entwicklung der katholischen Soziallehre weist insbesondere *H. Pesch,* der in Rezeption der „Historischen Schule" eine Eigentumsordnung dann für „gut" erklärt, wenn sie dem Naturrecht „mit gebührender Rücksicht auf die tatsächlich gegebenen Verhältnisse, die historische Entwicklungsstufe des sozialen und ökonomischen Lebens" folgt (Liberalismus I 400). – Zu dem Schweizer Jesuiten V. Cathrein, der entschieden für interkonfessionelle Gewerkschaften und wie gegen den Sozialismus auch gegen den Paternalismus und für demokratische Prinzipien eintrat (nach *Soderini* einer unter den Experten Leos XIII.): *J. David:* LThK[2] II 355ff.

[37] *F. Beutter* a. a. O. 149, der damit nicht den Sozialismus bejahen will.

[38] Man befand sich so ziemlich zwischen allen Fronten. *A. Lehmkuhl,* Die soziale Frage und die staatliche Gewalt (Freiburg i. Br. [3]1896) 75: Es ist nicht zu verneinen, daß dem Kapitalismus „unter gewissen Verhältnissen einige wirtschaftlich gute Seiten anhaften; allein uneingeschränkt genommen ist er vom Übel und eine Quelle wirtschaftlichen Ruins"; andererseits droht der Staatssozialismus. Was die „Einschränkung" angeht, so stellt *G. Gundlach* für die Situation nach 40 Jahren der Enzyklika Leos fest, „daß der Gang der kapitalistischen Wirtschaftsweise sowohl die gesamtgesellschaftliche Ordnungsfunktion der Familie wie auch die des Privateigentums und des Staates ... durch paralysierende Vermachtungsvorgänge anonymer Art schwer geschädigt hat"; „Berufsständische Ordnung": StL[6] I 1127. – Eine ebenso historisch falsche wie in ihrer Bewertung recht tendenziöse Behauptung ist es, zu sagen, Westeuropa sei nicht marxistisch geworden, weil Leo die Kirche als „the most formidable foe"

Die sozialtheoretischen Werke der Moraltheologen erreichten teilweise zahlreiche Auflagen. Aber nur wenige gewannen eine solche internationale Bedeutung für den Katholizismus wie Charles Périn (1815–1905) mit seinem „De la richesse dans les sociétés chrétiennes“ (1. Aufl. 1861)[39]. Dieser katholische Nationalökonom in Belgien, der auch auf die sozialen Aktivisten in Frankreich und in Westdeutschland einen starken Einfluß ausübte, war weltanschaulich und politisch ein entschiedener Anti-Liberaler, aber in seiner prinzipiellen Ablehnung staatlicher Intervention, die durch seine Opposition gegen den liberalen Verfassungsstaat zusätzlich verstärkt wurde, ein Vertreter des ökonomischen Liberalismus, den er allerdings durch seine Vorstellung vom „christlichen Eigentum“, welches das soziale Band der Liebe darstelle, korrigiert wissen wollte. Er akzeptiert die Konzentration des Eigentums im Individuum als eine Folge des Fortschrittes der bürgerlichen Freiheit, sieht jedoch im Opfersinn christlicher Askese die Möglichkeit einer Harmonie der Eigeninteressen. Daß er freilich das Ideal in einem maßvollen Reichtum sieht, der am ehesten im Mittelstand möglich sei, zeigt deutlich genug die Unterschätzung des Industrialisierungsprozesses. Ebenfalls tief in das letzte Drittel des 19. Jh. hinein wirkte der französische Sozialwissenschaftler Frédéric Le Play (1806–82), der mit seinen in Frankreich, England, Deutschland und auch Rußland unternommenen soziographischen Untersuchungen des Familienlebens der Arbeiter und Handwerker ein Thema behandelte, das in der katholischen Soziallehre zentral war[40]. Die Familie ist dann in Ordnung, wenn die patriarchalische Autorität des Vaters unangetastet ist; sie ist auch das Modell für die Gesamtgesellschaft mit ihren „autorités sociales“, zu denen auch die Unternehmer gehören. Die Ablehnung der liberalen Menschenrechte und des Verfassungsstaates konnte fugenlos verknüpft werden mit dem ökonomischen Liberalismus in seiner betont paternalistischen Ausprägung, die sich durchaus ernsthaft als ein Streben nach sozialer Gerechtigkeit darstellen konnte. Die Ideen von Le Play waren beherrschend in der „Association des Patrons du Nord“. Auf ganz anderer Grundlage beruhte der Antiliberalismus des Rechtsphilosophen und Nationalökonomen Giuseppe Toniolo (1845–1918)[41], der als Professor in Pisa 1889 die „Unione cattolica

aufgerichtet habe; „It becomes evident as the story unfolds that the hand of Leo XIII was one of those strengthening the dike held back the flood“ (*L. P. Wallace* 408, VII). – Die Einsicht, daß der Christ *als Christ* im Hinblick auf Wirtschaft, Gesellschaft und Staat nur eine norma negativa hat, war erst auf langem Weg zu gewinnen, sowohl für die Konservativen wie für die „Christlichen Demokraten“.

[39] HKG VI/1 758; *F. Beutter*, Reg., bes. 30 104 119; *Reszohazy* [op. cit. Kap. 7] Reg.; *J. B. Duroselle*, Les débuts 470f.

[40] HKG VI/1 758; Hauptwerk: Les ouvriers européens (Paris 1855, ²1877/79); ferner La réforme sociale en France, 2 Bde (Paris 1864, ⁸1901, in 3 Bden). – *L. Neundörfer:* StL⁶ V 357–360 (Lit.); *J. B. Duroselle* a. a. O. 672–684 (Lit.).

[41] *F. Marconcini*, Profilo di Giuseppe Toniolo (Mailand 1930); *V. Mangano*, L'opera di

per gli studi sociali in Italia" gründete, in der die katholisch-sozialen Kongresse Italiens vorbereitet wurden. Die „Società operaie cattoliche" umfaßte 1891, besonders in Oberitalien verbreitet, 284 Ortsvereine. Die 1893 zusammen mit Talamo gegründete „Rivista internazionale di scienze sociali..." erwarb sich auf Grund der Beratertätigkeit Toniolos für Leo XIII. einen gewissen offiziösen Charakter. So wurde auch das unter der Führung von Franz Schindler (1847–1922)[42], seit 1887 Professor der Moraltheologie in Wien, entworfene christlich-soziale Programm außer an Rampolla auch an Toniolo gerichtet, der im Gegensatz zu der trocken-pragmatischen Reaktion Rampollas einem so wesentlichen Punkt wie der Gewinnbeteiligung der Arbeiter am Unternehmen zustimmte und bei grundsätzlicher Bejahung einer „Organisation der Gesellschaft nach Berufsständen" gegen die Idee, den schrankenlosen Wettbewerb durch Korporationen kontrollieren zu lassen, den sachlichen Einwand vorbrachte, ein berufsständischer Egoismus könne die Konsumenten zugrunde richten[43]. Die Bedeutung Toniolos, der stark von der Historischen Schule der deutschen Nationalökonomie bestimmt ist, liegt weniger in der Originalität seiner Lehre als in seiner Position im italienischen Katholizismus und bei Leo XIII.

Wie die Sozialtheorie von Charles Périn nach Westen ausstrahlte, so der Einfluß der frühen Wiener Schule unter Vogelsang nach Frankreich[44]. Es gab unter den Katholiken von Frankreich und Belgien bis nach Wien, die noch einmal den Versuch unternahmen, eine universale Gesellschaftsordnung im Zeichen des christlichen Menschenbildes zu entwerfen, eine Gemeinsamkeit: die entschiedene Ablehnung der liberal-bürgerlichen Gesellschaft. Diese „reaktionäre" Haltung mußte sich freilich in der politischen Konfiguration anders darstellen im Frankreich der Dritten Republik, wo eine solche Gesellschaftskritik sich mehr oder weniger zwangsläufig mit dem Anti-Republikanismus verband, und anders in der habsburgischen Monarchie, wo eine solche Kritik in den Gegensatz sowohl zu den Liberalen wie den Konservativen bringen mußte, so daß

scientifica di G. Toniolo (Rom 1940); *R. Angeli,* La dottrina sociale di G. Toniolo (Pinerolo 1956) (vgl. in Kap. 5 *Vistalli* u. die Briefausgabe).

[42] Das christlich-soziale Programm veröffentlicht *F. Funder* a. a. O. 132–137; *F. Schindler,* Die soziale Frage der Gegenwart (Wien 1905) befreit die Ideen Vogelsangs (vgl. unten), mit dem der Prälat in den „Entenabenden" zusammengetroffen war, von konservativen Utopien; Zusammenhang auch mit dem Schweizer K. Decurtins. – Zur Auseinandersetzung zwischen den katholischen Konservativen um die österreichischen Kardinäle Gruscha und Schönborn und den Christlich-sozialen vgl. Kap. 2. – Zu den Vorkämpfern der Christlich-Sozialen in Österreich gehört auch J. Scheicher (1842–1924), Moraltheologe am Priester-Seminar St. Pölten; dazu: *H. David,* J. Scheicher als Sozialpolitiker (Diss. Wien 1946), wonach Scheicher eine Verbürgerlichung der Christlich-Sozialen kritisierte (56).

[43] Antwort Rampollas bei *F. Funder* a. a. O. 138–141; Antwort Toniolos *ebd.* 142f.

[44] *Ch. Antoine SJ,* Cours d'économie sociale (Paris 1896) 240: „Les catholiques d'Autriche ont cru que le seul moyen de salut pour eux était de confier tout l'ordre économique social aux mains de la dynastie catholique des Habsbourg." Das Urteil dieses Autors, der A. de Mun nahestand, verzerrt in seiner Abkürzung die Wiener Ideen.

sie in den Geruch revolutionärer Tendenzen kam. Damit und auch mit dem West-Ost-Gefälle im Prozeß der Entchristianisierung hängt es zusammen, daß in Frankreich die christliche Motivation gleichsam direkter war als hier, wo sozialpolitische Sachfragen unmittelbarer angegangen wurden. In Deutschland resorbierte zwar die Abwehr des Kulturkampfes die meisten theoretischen und praktischen Interessen und fiel dann der Abschluß dieser Auseinandersetzungen zusammen mit der Wende zum sozialreformerischen Konzept; doch gab es auch hier Ansätze zu einem eigenen gesamtgesellschaftlichen Entwurf (vgl. unten). Die meisten der führenden Akteure und Theoretiker gehörten der Aristokratie an: in Frankreich vor allem Albert de Mun[45] und Latour du Pin[46], in Deutschland Fürst Karl zu Löwenstein[47], in Österreich außer dem Grafen Franz Kuef-

[45] A. de Mun (1841–1913), französischer Offizier, gründete – beeindruckt vom Pariser Kommune-Aufstand 1871, an dem er das Bürgertum mitschuldig sah – das „Œuvre des cercles catholiques d'ouvriers" (vgl. Kap. 13) und die außerparlamentarische „Union Catholique", gab seinen Royalismus nur im Gehorsam gegenüber dem päpstlichen Ralliement auf, stand jedoch aus sozialpolitischen Gründen im Konflikt mit den Orléanisten und distanzierte sich allmählich von den Theorien des Charles Périn. Ein großer Teil des französischen Episkopates, an der Spitze Freppel, war seiner sozialen Aktivität abgeneigt, während sich Mermillod, Doutreloux und Manning positiv verhielten. Trotzdem hatte er 1885 den Plan, nach dem Beispiel Belgiens und Deutschlands einen „Parti catholique" zu gründen, in dem alle Konservativen im Zeichen des christlichen Glaubens und der sozialen Aktion vereinigt werden sollten, wovon Leo XIII. abriet (*H. Rollet,* A. de Mun et le parti catholique [Paris ²1950]; vgl. Kap. 6). Nach dem Scheitern des Ralliement gründete er zur Abwehr des Antiklerikalismus die „Action libérale Populaire" und arbeitete mit M. Barrès zusammen. An der Beisetzung des trotz aller Gegensätze als großer Franzose geehrten Mannes nahm auch Ministerpräsident L. Barthou teil. – *J. Piou,* A. de Mun (Paris 1925; wegen persönlicher Verbindung noch immer wichtig); *M. Lynch,* The Organised Social Apostolate of A. de Mun (Diss. Washington, 1952); *J. N. Moody* a. a. O. 146f; *J. Mehling,* Essai sur A. de Mun (Fribourg 1953); *Ch. Mollet,* A. de Mun: Recherches d'histoire religieuse 1 (Paris 1970), mit vielen neugefundenen Briefen.

[46] R. Latour du Pin war Offizierskamerad von A. de Mun, im Unterschied zu diesem mehr theoretisch interessiert: Vers un Ordre social chrétien (Paris 1907); Aphorismes de politique sociale (NA Paris 1909). Der politischen Schwenkung beim Ralliement folgte er nicht und näherte sich der „Action française". – *E. Borsan de Garagnol,* Le colonel de Latour du Pin d'après lui-même (Paris 1934); *R. Talmy,* Aux sources du catholicisme social. L'École de Latour du Pin (Paris 1963).

[47] Karl zu Löwenstein (1834–1921), 1868 Präsident des beim Bamberger Katholikentag gegründeten „Zentralkomitees der Katholischen Vereine Deutschlands" (4 Adlige, 3 Geistliche), 1872–98 (damals Erneuerung des 1872 wegen des Kulturkampfes aufgelösten „Zentralkomitees") „Kommissär" der Katholikentage, hat das Verdienst, die sozialpolitische Konferenz auf seinem Geburtsschloß Haid (Böhmen) 1883 veranstaltet und die „Freie Vereinigung katholischer Sozialpolitiker" gegründet zu haben. Aber er ist der Repräsentant jener zahlreichen Katholiken, denen es nur sekundär um die soziale Frage ging, vielmehr um „Einflüsse auf die revolutionäre Bewegung, welche im Interesse der katholischen Kirche zu verwerten sind" (*P. Siebertz* a. a. O. 215, aus Wertheimer Archiv); „man muß sich auf den Wagen schwingen, um die Führung ergreifen zu können"; „können wir die soziale Republik nicht mehr verhindern, so müssen wir uns wenigstens zu ihrem Herrn machen" („vertrauliches" Rundschreiben, *P. Siebertz* a. a. O. 215f). Er war jedoch so tolerant, zur Haider Konferenz Männer aller katholischen Richtungen einzuladen. Die „Haider Thesen" mit ihrem totalen

stein die überwiegend politisch interessierten Grafen Revertera und Belcredi und die norddeutschen Konvertiten Graf Blome und vor allem Carl v. Vogelsang, der in Alois zu Liechtenstein[48], der „rote Prinz" genannt, einen Protektor in seiner Odyssee gefunden hatte. Die Herkunft dieser Männer kann leicht zu dem pauschalen Urteil verführen, es handele sich hier nur um den Versuch, das Rad der Geschichte rückwärts zu drehen.

Nun gibt es in den sozialen Theorien Carl v. Vogelsangs[49] gewiß Elemente, die aus der Soziallehre der Romantik (insbesondere Adam Müllers) stammen, und seine Vorstellungen von einem „sozialen Königtum" als Alternative zum „Staatssozialismus" sind nur noch im mitteleuropäischen Raum möglich. Aber Gustav Gundlach[50] hat mit Recht darauf hingewiesen, daß die ersten Vertreter eines Systems, das dann „Berufsständische Ordnung" genannt wurde, keineswegs nur aus einer solchen Herleitung verstanden werden können. Daß die einzige eigenständige Konzeption von einer gesamtgesellschaftlichen Verfassung, die der Katholizismus hervorgebracht hat und die in Abgrenzung sowohl gegen den Liberalismus wie gegen den Sozialismus ein schöpferischer Entwurf sein

Revisionsprogramm konnten 1884 auf dem Katholikentag in Amberg nur in sehr abgeschliffener Form vorgelegt werden (*E. Ritter* a.a.O. 83ff).

[48] Alois Prinz Liechtenstein (1846–1920), 1878–89 und 1891–1911 Mitglied im Reichsrat, kam in Konflikt mit den österreichischen Ultra-Konservativen, trug 1888 auf dem Wiener Katholikentag die dort noch wenig beachteten sozialen Probleme vor und wurde 1891 in der Vorstadt Hernals als christlich-sozialer Abgeordneter gewählt. „Er brachte in das Nebeneinander der verschiedenartigsten antiliberalen Elemente das grundsätzlich katholische Element" (*F. Funder:* StL[5] III 1011ff).

[49] Carl v. Vogelsang (1818–90), Sohn eines preußischen Gendarmeriemajors, quittierte 1848 den Dienst am Berliner Kammergericht, wurde 1850 nach historischen Studien in München und Innsbruck katholisch und trat 1874 in die Redaktion des streng konservativen „Vaterland" in Wien ein. Artikel mit Wendungen wie „der großartige Streik der Eisenbahner [in Pittsburg, USA], in welchem die Mißvergnügten dem Kapitalismus mit Hinterladern und Kanonen zu Leibe gehen", führten zu Spannungen mit Graf Leo Thun, dem Besitzer der Zeitung, der im übrigen Vogelsang zu schätzen wußte. In seiner 1879 gegründeten „Österreichischen Monatsschrift für Gesellschaftswissenschaft und Volkswirtschaft" (*Ch. Allmayer-Beck* 66ff) trug Vogelsang seinen universalen Reformplan vor. Die nach 1883 erscheinende Artikelserie „Die materielle Lage des Arbeiterstandes" führte zum Vorwurf der Liberalen und Konservativen, es werde hier der Haß gegen „die herrschende Gesellschaftsordnung" geschürt. Bei der Haider Konferenz Fürst Löwensteins stand Vogelsang auf dem „linken" Flügel. In Wien unterstützten ihn außer Prinz Liechtenstein die Moraltheologen F. M. Schindler und J. Scheicher und Pfarrer wie R. Eichhorn (*R. Kuppe,* Eichhorn zur Arbeiterfrage [Diss. Wien, 1926]). Zum christlich-sozialen Kreis gehörte anfänglich auch A. M. Weiß (vgl. unten). Zu Kontakten mit Wiener Sozialisten: *Ch. Allmayer-Beck* 90ff 100f. Für Vogelsang trat – im Unterschied zu P. Biederlack SJ, Innsbruck – P. H. Abel SJ ein: „Diese Bewegung des christlichen österreichischen Wiens im Gegensatz zum unchristlich-deutschen und unchristlich-jüdischen hängt am Namen Vogelsang" (*Ch. Allmayer-Beck* 126). – *W. Klopp,* Die sozialen Lehren des Frhr. von Vogelsang (St. Pölten 1894; im Auszug auch französisch); *A. Knoll,* C. v. Vogelsang als Nachfahre der Romantik (Diss. Wien 1924); *Ch. Allmayer-Beck,* Vogelsang. Vom Feudalismus zur Volksbewegung (Wien 1952). Zum Antisemitismus: S. 211.

[50] *G. Gundlach,* Berufsständische Ordnung: StL[6] I 1124–27.

wollte, später ins Zwielicht geraten ist, hat mehrere, hier nicht zu erörternde Gründe. Hier ist festzuhalten, daß diese Konzeption nur mit Spuren in die Enzyklika „Rerum novarum" eingegangen ist. Die praktische Entscheidung, den Weg der katholischen Mitwirkung in der Sozialreform der kapitalistischen Gesellschaft zu gehen, war bereits gefallen. Aber so unbestreitbar große Erfolge auf diesem Weg erzielt werden konnten, so kann doch eine Würdigung dieses gesamtgesellschaftlichen Entwurfes ihre Argumentation nicht allein von daher beziehen. Vor das wirkliche Dilemma des Katholizismus kommt man, wenn man überdenkt, daß eine Realisierung dieses Entwurfes die Aufhebung der kapitalistischen Klassengesellschaft bedeutet und deshalb ohne eine Revolutionierung der Gesellschaft nicht hätte durchgesetzt werden können. Dazu kommt, daß diese besonders in Wien beheimateten strikt anti-liberalen und deshalb anti-kapitalistischen Theoretiker von den wirtschaftlichen Realitäten recht wenig verstanden.

Was Vogelsang und seine Freunde freilich nicht durch Umsturz, sondern „in einer allmählichen Transformation von innen heraus" erreichen wollten, war: die Abschaffung der „Ausbeutung" durch den Kapitalismus, der „als einzigen Zweck der wirtschaftlichen Tätigkeit den Reingewinn" will – die Bildung von berufsständischen „Korporationen", in denen Kapital und Arbeit, Unternehmer und Arbeiter verbunden sind und die eine „soziale Gesellschafts- und Staats-Institution" darstellen –, die Ersetzung der „horizontalen Gliederung in Klassen durch eine vertikale in Berufsständen", in denen ein „republikanisches Genossenschaftsverhältnis" besteht – die Abschaffung des „rein privaten, absoluten, der Willkür dienenden Eigentums", das „Diebstahl an Gott, an der Gesellschaft, am Staat" ist. An der Spitze einer solchen wirtschaftlichen und politischen Gesellschaftsordnung soll das „soziale Königtum" als integrierendes Moment stehen. Vogelsang lehnte das Zensuswahlrecht als unsozial ab und das allgemeine gleiche Wahlrecht deshalb, weil es die „historisch-politischen" Individualitäten zerschlägt in „willkürlich, nach äußerlichen geographischen Anknüpfungen abgeteilte Departements", und legt die Willensbildung in die „Korporationen". Deren Struktur wird ohne Zweifel von den handwerklichen Zünften her gesehen, die Vogelsang modernisieren und als verbindliche Produktions- und Absatz-Genossenschaften organisiert sehen will, damit sie der Konkurrenz der Industrie gewachsen bleiben. Er meint, dieses modernisierte Modell auch auf die Industriebetriebe übertragen zu können. Der österreichische Antisemitismus hat eine seiner Wurzeln auch in der christlich-sozialen Bewegung, weil Vogelsang wie andere in den Juden die hauptsächlichen Träger der „Arbeiterausbeutung" sah[51]. Insbesondere über die Grafen Blome und Kuefstein gewann die gesellschaftliche Konzeption Vogelsangs eine wenn auch

[51] *W. Klopp*, Lehren 65 ff. – Neben dem Vorwurf, „umstürzlich und sozialistisch" zu sein, war der Antisemitismus eines der Momente, mit denen die Konservativen 1895 die Christlich-Sozialen in Rom bekämpften. Vgl. S. 51 f.

eingeschränkte Beachtung in den anderen sozialen Studienkreisen des Katholizismus. Aber nicht nur zwischen diesen Kreisen, sondern auch innerhalb der einzelnen Gruppen gab es beträchtliche Unterschiede. Ein Beispiel hierfür ist der aus Oberbayern stammende Dominikaner Albert Maria Weiß, der als Apologet in Graz und Wien und seit 1890 in Fribourg wirkte. Für ihn war die „soziale Frage" eines der Mittel in seinem von ihm besonders undifferenziert geführten Kampf gegen den Liberalismus[52].

Noch 1893 hat Franz Hitze[53] bei einem Sozialkurs des „Volksvereins" in Bamberg Carl v. Vogelsang einen „Lehrmeister" genannt, wie es ihn in Deutschland nicht gäbe. Im gleichen Jahr war er Professor für christliche Gesellschaftslehre in Münster geworden und hatte damit die Tradition eines neuen Lehrstuhles in der theologischen Fakultät begründet. Ebenfalls 1893 entgegnete er im Reichstag einem sozialdemokratischen Abgeordneten, der sich in seiner Kritik an der Sozialpolitik der Zentrumspartei auf Bischof Ketteler berufen hatte: „ich bekenne mich heute noch vollständig zu den Anschauungen, wie sie Bischof v. Ketteler vertreten hat"[54]. Dies sind Rückblenden des in die Sozialpolitik gegangenen Praktikers in die Zeit, in der er an eine „grundsätzliche Umgestaltung der Gesellschaft" gedacht hatte. Er war neben Wilhelm Hohoff[55]

[52] Außer seiner Apologie (Kap. Lit.) Lebens- und Gewissensfragen der Gegenwart, 2 Bde (Freiburg i. Br. 1911); Autobiographie von A. M. Weiß (1844–1925): Lebensweg ... (Freiburg i. Br. 1925). – Zu seiner Aktion gegen die Christlich-Sozialen: *F. Funder* a. a. O. 144ff.

[53] Franz Hitze (1851–1921) ging 1878 als Priester an den Campo Santo in Rom und beschäftigte sich dort mit Karl Marx und den Schriften Vogelsangs. Daraus gingen seine literarischen Hauptwerke (vgl. oben) hervor. Nach seiner Rückkehr 1880 wurde er Generalsekretär des Verbandes „Arbeiterwohl", den der katholische Industrielle F. Brandts gegründet hatte, und war in dessen Fabrik praktischer Sozialreferent. Seit 1882 Abgeordneter in Preußen und dann im Reichstag, wurde Hitze einer der führenden und gegenüber dem Unternehmerflügel vielleicht der entschiedenste Sozialpolitiker der Zentrumspartei. – *Franz Müller,* F. Hitze und sein Werk (Hamburg 1928); *A. Pieper,* Hitze und die Korporationsidee: *J. Strieder* u. a. (Hrsg.), Die Soziale Frage ... [Kapitels-Lit.] 86–98; *K. H. Schürmann,* Zur Vorgeschichte der christl. Gewerkschaften (Freiburg i. Br. 1958) 53–57; *J. Höffner:* StL[6] IV 107f.

[54] Zit. bei *J. Mundwiler,* Ketteler (München 1927) 145. – Die Nachwirkung Kettelers, auch auf Leo XIII., der ihn seinen „großen Vorläufer und Initiator" nannte (*Schmidlin PG* II 368), ist beträchtlich. Bei allem romantischen Gedankengut (vgl. HKG VI/1 760) seiner Jugend wächst die Einsicht in „die neue wirtschaftliche und gesellschaftliche Wirklichkeit" (*C. Bauer:* StL[6] IV 953–957). – Da sich bei Ketteler sowohl Gedanken finden, die auf strukturelle Veränderungen zielen (Produktivassoziationen bei Miteigentum der Arbeiter), als auch sozialreformerische Momente, können sich die verschiedenen Richtungen auf ihn berufen.

[55] Wilhelm Hohoff (1848–1923), wie Hitze ein Westfale, führte als emeritierter Pfarrvikar, von Kardinal Schulte abgedeckt, ein abseitiges Gelehrtenleben und suchte die scholastische Lehre von der Arbeit mit der Theorie von Karl Marx zu verbinden: Die Revolutionen seit dem 16. Jh. (1887); Warenwert und Kapitalprofit (1902); Die Bedeutung der Marxschen Kapitalkritik (1908). – Eine Würdigung steht aus. *E. Alexander: J. N. Moody* 525, hält ihn für beachtlich, obwohl der Autor ansonsten diese Versuche im deutschen und österreichischen Katholizismus verwirft.

„der erste katholische Sozialwissenschaftler, der Marx gründlich studiert und in seiner Bedeutung erkannt hat" (J. Höffner). Für ihn hatte gegolten, daß „der Sozialismus kommen wird, entweder der absolute, sozialdemokratische des Staates oder aber der relative, konservative, gesunde der Stände" („Quintessenz", 32). Zwar lehnte Hitze die Mehrwert-Theorie ab, aber die Kapitalismuskritik in seinen frühen Schriften folgt „bis in die Formulierungen hinein" Karl Marx. Wohl ging auch er wie Vogelsang vom Modell der mittelalterlichen Zünfte aus, die jedoch auf eine „erweiterte wirtschaftliche und demokratische Grundlage" gestellt werden müssen, was für die Industriebetriebe die Umwandlung in Produktivassoziationen mit einer Selbstverwaltungskontrolle der Beteiligten bedeuten sollte. Nur so könne ein Zustand verändert werden, in dem der Unternehmer den Vorteil und der Arbeitnehmer den Nachteil hat. Mit Entschiedenheit wendet sich Hitze gegen die Theorie von Charles Périn und sieht auch die Gefahr, daß der Gedanke der „Betriebsfamilie" mit ihren sozialen Einrichtungen eine ungünstige Fesselung des Arbeiters an seinen Arbeitsplatz bedeuten könne. Nicht ohne Bitterkeit nahm er es hin, daß im „Gewerkschaftsstreit" um die Jahrhundertwende ihm von einzelnen Vertretern der katholischen Arbeitervereine die Idee einer „Organisation der Gesellschaft nach Berufsständen auf christlicher Grundlage" entgegengehalten wurde, während er, nachdem er sich von der Idee der Wiedervereinigung von Kapital und Arbeit verabschiedet und der Sozialreform innerhalb der kapitalistischen Wirtschaft sich zugewandt hatte, die Gewerkschaften als „Verkaufsgenossenschaften" (von Arbeit) vertrat und den Streik als Zurückhaltung der Ware „Arbeit" rechtfertigte. Die Kontroverse zwischen dem jungen Franz Hitze und Georg v. Hertling[56] leitete den Sieg der Reformpolitik innerhalb der gegebenen Wirtschaftsordnung über die prinzipielle Ablehnung des liberal-bürgerlichen Kapitalismus ein. Die „korporative" Idee, wonach das Verhältnis zwischen Kapital und Arbeit nicht nach den Bedingungen des Marktes zu bestimmen, sondern in einem naturrechtlichen Gesellschaftsvertrag zu gründen ist, weil die Arbeit nicht zur Ware entwürdigt werden dürfe, war aufgegeben und damit auch die Konzeption der „Syndicats mixtes" aus „Arbeitgebern" und „Arbeitnehmern", wie sie vor allem Albert de Mun vertreten hatte. Was übrigblieb, war die Frage, wie der damals eindeutig schwächere Partner „Arbeit" zu schützen sei, woran sich die Kontroverse über die Intervention des Staates anschloß. Sie war bestimmt durch paternalistische Vorstellungen, die insbesondere in den westeuropäischen Katholizismen langlebig waren, und vor allem durch das Verhältnis zum jeweiligen konkreten Staat. In dieser Situation mußte die Enzyklika „Rerum novarum" eine vermit-

[56] Zur sozialpolitischen Linie des Philosophen und Staatsmannes Georg v. Hertling (1843–1919) *C. Bauer*, Wandlungen ... (1931) 38–41; *Schürmann* 53–61; *E. Deuerlein:* StL[6] IV 61–64; bezeichnend für die taktischen politischen Gegensätze zwischen Hertling, der mit Gegebenheiten rechnete, und Löwenstein ist die Verlegung des Katholikentags 1890 mit Rücksicht auf Prinzregent Luitpold: *P. Siebertz* a. a. O. 265–271, *G. v. Hertling,* Erinnerungen 122–126.

telnde Position suchen, die ohne Zurückhaltung nicht auskam[57]. Jetzt wurde die umfassende „Soziale Frage" des Katholizismus zur „Arbeiterfrage" im engeren Sinne (Kap. 13). Der Katholizismus war endgültig eine Gruppe innerhalb der liberal-bürgerlichen Gesamtgesellschaft und hatte dafür zu sorgen, daß er seine eigenen Gegensätze wirtschaftlicher Interessen in sich austrug, Problem seiner politischen Parteien. Vertreter eines „christlichen Sozialismus"[58] lebten am Rande. Aber auch die Idee der „Berufsständischen Ordnung" wurde, einschließlich ihrer „Wiederbelebung" (G. Gundlach) in der großartigen Enzyklika „Quadragesimo anno" (1931), im wesentlichen zu einer theoretischen Angelegenheit[59].

[57] Acta Leonis XI 108: ad eamque rem (Arbeiterfrage) adhiberi leges ipsas auctoritatemque rei publicae, utique ratione ac modo, putat oportere – ebd. 121: ... in potestate rectorum civitatis est, ut ceteris prodesse ordinibus, sic et proletariosum conditionem iuvare plurimum ... debet enim respublica ex lege muneris sui in commune consulere. Aber die Intervention, die über die Behebung einer Situation „rebus extremis" hinausgeht, wird abgelehnt und steht im Verdacht des Staatssozialismus; deshalb und zugleich aber im Interesse der Vermögensbildung der Arbeitnehmer, nicht jedoch zur Wahrung von Unternehmerinteressen auch der Satz gegen „unbillige" Steuern: Faciat igitur iniuste atque inhumane, si de bonis privatorum plus aequo, tributorum nomine, detraxerit (p. 133). – Der Akzent liegt ohne Zweifel auf der Befürwortung der staatlichen Intervention, was bei den Anhängern des Paternalismus Kritik hervorrief.

[58] Die „Frühform des christlichen Sozialismus" in Frankreich (HKG VI/1 757f) war angesichts der radikalen Entwicklung des Sozialismus nach 1848 untergegangen. Aber die Idee tauchte immer wieder auf, so bei dem Bischof von Nottingham *E. G. Bagshawe,* Mercy and Justice to the Poor. The true Political Economy (London 1885), der seinen strengen Antiprotestantismus und Anti-Individualismus mit einem Antikapitalismus verband, der gegen die agrarische und industrielle Akkumulation, gegen den als ruinös betrachteten freien Wettbewerb, gegen die Ausbeutung der Mieter den Staat in Pflicht nahm, der durch Sozialgesetze Abgaben erzwingen muß, die ihn instand setzen, die sozialen Mißstände zu beseitigen (19–21). Die Ablehnung kapitalistischer Ausnutzung der Ströme und Küsten steht in einem Zusammenhang mit dem Interesse einiger Katholiken an dem Bodenreformprogramm von Henry George (vgl. Kap. 10). Der Praktiker H. E. Manning (vgl. Kap. 9), der in seiner Schrift „The Rights and Dignity of Labour" den sozialen Vorrang der Arbeit vor dem Kapital vertrat, die freie Hergabe der Arbeit gesichert wissen wollte (5–14) und die staatliche Intervention für nötig hielt, distanzierte sich in seinem Kommentar zu „Rerum novarum" von H. George. Zu diesem: *Peter d' A. Jones,* The Christian Socialist Revival (Princeton 1968); dazu *V. A. McClelland:* CHR 58 (1972) 423 ff, wo mit Recht der Zusammenhang mit dem Katholizismus vermißt wird. – Abt Gasquet OSB, der Gegner in der Frage der Anerkennung der anglikanischen Weihen (S. 145–148), bei der Konferenz von Nottingham 1898: „Wir alle beanspruchen, Sozialisten eines gewissen Typs zu sein" (zit. bei *Waninger* 98). – Den liberalen Katholizismus repräsentiert *S. Merkle* (1914) 71, der mit Abscheu den Lütticher Abbé Pottier zitiert, welcher die Zukunft des Katholizismus im Bündnis mit den Sozialisten gesehen hätte, und A. de Mun als unfreiwilligen Helfer (Merkle beruft sich dabei auf F. X. Kraus). Er hätte auch den Schweizer K. Decurtins (Kap. 4) nennen können. Im Sinne einer betont antisozialistischen Eigentumstheorie wird „Rerum novarum" interpretiert: *O. Schilling,* Staatslehre 120; aufschlußreich auch die bis zu Entstellungen gehende deutsche Übersetzung in der „Herder-Ausgabe".

[59] *H. Pesch,* Liberalismus I 567–576 stellt die zeitgenössische Diskussion im Katholizismus von Österreich bis Frankreich sehr sachlich dar. Er selbst vertritt die Notwendigkeit, den

Die vielfältigen, sich untereinander auch widerstrebenden, in ihrer grundsätzlichen Bedeutung nicht durch einen bloßen Pragmatismus wegzuwischenden Bemühungen des Katholizismus in den siebziger und achtziger Jahren um den Entwurf einer umfassenden Gesellschaftsordnung waren von verschiedenen Studienkreisen[60] getragen, deren Ideen in der „Union catholique" von Fribourg, 1884 von Mermillod gegründet, zusammenflossen. Man muß die Vorstellungen von der Einheit des Katholizismus, die er gewiß in seiner Kampfstellung gegenüber der „modernen Welt" darstellte, erheblich modifizieren, wenn man die Schwierigkeiten angemessen würdigen will, welche in der Formulierung der Enzyklika „Rerum novarum" zu bewältigen waren[61]. Die neuscholastische Abstraktheit, die sie in vielen Parteien zeigt, hat eine ihrer Ursachen darin, daß die recht gegensätzlichen Anschauungen innerhalb des Katholizismus selbst, wie sie auch bei den internationalen Kongressen in Lüttich, vor allem im Jahre 1890, zutage traten, überbaut werden mußten. Nur die Einordnung in die Gesamtgeschichte jener Jahrzehnte erlaubt es, Bedeutung und Grenzen dieses Lehrschreibens geschichtlich zu verstehen. Vielleicht besteht – neben der vor-

„Stand als ein ‚Organ' des sozialen Körpers" (556) zu organisieren, dessen Autorität auch die Produktion dem Bedarf anpaßt (565); aber er warnt „vor der unmittelbaren Übertragung rein theoretischer Konstruktionen in die Wirklichkeit" (579) und hält die Idee, die Stände als „große Produktiv- und Verkaufsgenossenschaften" zu installieren, für gefährlich, „da in unseren Tagen die Reaktion gegen den freiwirtschaftlichen Liberalismus nicht selten zu einer Überspannung der Gemeinschaftsidee geführt hat" (582). Dagegen wird im Artikel des „Staatslexikons" über „Kapital und Kapitalismus" (1894) von *Scheimpflug* gefordert: „Die Klassengegensätze sind in eine neue Ständegliederung aufzulösen"; der Kapitalismus ist aus der „Zersetzung" der mediären Gebilde der Gesellschaft entstanden und durch neue „Korporationen" abzulösen, welche „die nationale Produktionsleitung" übernehmen.

60 Der „Conseil des études de l'œuvre", hauptsächlich getragen von A. de Mun, dem Gründer der „Cercles catholiques d'ouvriers", und R. Latour du Pin, gab seit 1882 die „Questions sociales ..." heraus; die Gründung des „Circolo dei studi sociali ed economiche", dem u. a. Liberatore, Mermillod und Graf Soderini angehörten, war von Graf Kuefstein, der dem Vogelsang-Kreis zugehörte, in Rom angeregt worden; in der von Löwenstein 1883 gegründeten „Freien Vereinigung katholischer Sozialpolitiker" waren verschiedene Richtungen vertreten, unter denen sich die Wiener hervorhob (1888 aufgelöst). Die „Union catholique d'études sociales et économiques à Fribourg" versuchte die Kreise international zu verbinden; sie bestand bis zum Erscheinen von „Rerum novarum". Der seit 1887 nach Fribourg eingeladene Schweizer K. Decurtins war „das demokratische Element in dieser hocharistokratischen Vereinigung" (*Fry* II 177); er schrieb an Segesser: „Sosehr die Vertreter der verschiedenen Ideen – der Fürst und der Demokrat – auch auseinandergehen mochten, die Macht der Kommunionbank einigte sie alle" (*Fry* II 179). Ein Überblick zu diesen Zirkeln bei *A. Knoll,* Der soziale Gedanke 116–122.

61 Der erste Entwurf der Enzyklika stammt wohl hauptsächlich von M. Liberatore. Beim zweiten hatten die Sekretäre G. Boccali und A. Volpini zu konkretisieren und dabei auch die Anregungen aus Fribourg zu bearbeiten. Außerdem waren die Kardinäle Zigliara und Mazzella beteiligt, Liberatore nochmals bei der dritten Fassung. *Schmidlin PG* II 373 kritisch weiterführend *G. Antonazzi* a. a. O. 8–11 37 ff. – Die Gefahr der Interpretation durch die Interessenten verbot dem Papst „eine allzu konkrete und ins einzelne gehende Stellungnahme" (*P. Jostock* a. a. O. 11).

sichtigen, aber doch klaren Bejahung von Recht und Pflicht des Staates zur Intervention – seine größte Bedeutung in der Anerkennung des Koalitionsrechtes der Arbeiter (vgl. Kap. 13).

Ehe und Familie

So tief die Spannungen innerhalb des Katholizismus einerseits gegenüber dem liberalen Individualismus und anderseits gegenüber dem kollektiven Sozialismus im ökonomischen Bereich gehen, hinsichtlich der souveränen Ursprünglichkeit der Familie wurde eine einheitliche Linie verfolgt. In der Polemik gegen den Sozialismus ging es nur gelegentlich um die Abwehr von zumeist durch bürgerliche Geister vertretenen Theorien, die auf eine Revolutionierung der traditionellen Auffassung von der Institution der Ehe hinausliefen; hier bestand die Sorge vor allem darin, daß die Rechte und Pflichten der Eltern zur Fürsorge für die Kinder durch die staatlichen Maßnahmen beeinträchtigt oder aufgelöst würden[62]. Der Kampf gegen den Liberalismus auf diesem Feld bezog sich auf die gesetzgeberische Zulassung der Ehescheidung, deren Voraussetzung die Einführung der Zivilehe war. Leo XIII. hob hervor, daß sich in der Ehe, sofern sie der Erhaltung der menschlichen Gesellschaft dient, bürgerliche Zusammenhänge ergeben, die zu regeln das Recht des Staates ist. Aber die Ehe ist primär Sakrament und untersteht als solches allein der kirchlichen Autorität. Hier stellte sich angesichts der Entchristianisierung und Pluralisierung der bürgerlichen Gesellschaft das Problem. Eine Lösung, die darauf zielt, den bürgerlichen Vertrag vom Sakrament, das als solches respektiert wird, zu unterscheiden, wurde vom Papst verworfen. Hinsichtlich der außersakramentalen „Verbindung" (coniunctio) von Christen wird unter Vermeidung eines schärferen Ausdruckes gesagt, daß auf diese Weise keine „rechtmäßige Ehe" (iustum matrimonium) zustande komme[63]. Nicht weniger bedeutsam als der schwindende Konsens der Gesellschaft über den institutionellen Charakter der Ehe waren die von der wachsenden Industrialisierung bewirkten Veränderungen der ökonomischen Verhältnisse für die Familie. Leo XIII. hat sich in „Rerum novarum" nur in allgemeinen Prinzipien über die Höhe eines gerechten Lohnes ausgesprochen; es ist auch die Rede davon, daß der „Pater familias" instand gesetzt sein muß, für seine Nachkommenschaft zu sorgen, aber, abgesehen von den ökonomischen Problemen, hat wohl gerade die patriarchalische Auffassung von der Familie daran gehindert, die Höhe des Lohnes naturrechtlich als „Fami-

[62] Rerum novarum, Acta Leonis XI 106.
[63] Enzyklika „Arcanum" (1880), Acta Leonis II: gegen kommunistische Theorien: 19; gegen die Ehescheidung: 30ff; gegen die Zivilehe: 21f; staatliches Recht: 34f; Sakrament und Autorität der Kirche: 23; gegen Trennung des bürgerlichen Vertrages vom Sakrament: 25f; außersakramentale „Verbindung" von Christen: 37.

lienlohn" zu bestimmen[64]. Zwar ist die industrielle Frauenarbeit in der Perspektive des Arbeitsschutzes ein wichtiges Thema in den sozialen Studienkreisen des Katholizismus. Aber im Grunde gilt diese Arbeit nur als ein Übel, das zu mäßigen ist[65]. Noch lange werden die Wandlungen der Familienstruktur in der industriellen Gesellschaft nicht beachtet und bleibt die Familie der agrarischen Gesellschaft das Modell[66]. In diesen Zusammenhang gehören auch die Vorstellungen vom Bild der „Heiligen Familie" in Nazareth[66a]. Die Frauenemanzipation wurde in der christlichen Soziallehre als eine Verfallserscheinung diagnostiziert[67].

Die Schulfrage

Das klassische Kampffeld zwischen der katholischen Kirche und Gesellschaft und Staat der Moderne ist die Schule und insbesondere die Elementarschule. Dieser Kampf ist eine Defensive gegen den mit der Französischen Revolution voll durchgebrochenen Anspruch des Staates, seine heranwachsenden Bürger nach seinen Bedürfnissen und Anschauungen zu bilden, nachdem noch im 18. Jh. der überwiegende Teil des Schulwesens jedenfalls indirekt Sache der Kirchen gewesen war. Aber der rein defensive Charakter des kirchlichen Schulkampfes zeigt sich insbesondere darin, daß er sich prinzipiell und vor allem faktisch auf das religiöse Moment des Unterrichts konzentrierte. Recht und Pflicht der Eltern, ihre Kinder maßgebend zu erziehen, wurde nicht allgemein, sondern „more christiano" formuliert[68]. Das kirchliche Ideal war die katholische Schule, die der Staat finanziert, und auf die Einfluß zu nehmen er jenes Recht hat, das ihm als der in seinem Bereich höchsten Autorität zukommt (vgl. Kap. 14). Eine im Sinne des kleineren Übels hinzunehmende Minderung dieses Ideals bedeutete es, wenn daneben nichtkatholische Schulen zugelassen waren,

[64] Dazu *O. v. Nell-Breuning,* Eigentum 147 mit den wichtigsten Belegstellen.

[65] Rerum novarum, Acta Leonis XI 129: Sic certa quaedam artificia minus apte conveniunt in feminas ad opera domestica natas: quae quidem opera et tuentur magnopere in muliebre genere decus, et liberorum institutioni prosperitatique familiae natura repondent.

[66] *O. v. Nell-Breuning,* Eigentum 147 nennt 1931 die „bäuerliche Familie" jene, die „wie der Natur, so auch einer natürlichen Ordnung und damit der unmittelbaren Anwendbarkeit natürlichen Rechts am nächsten steht"; damit ist freilich das Problem bereits angesprochen.

[66a] Vgl. Kap. 16.

[67] „Die Sozialisten fordern die absolute Gleichberechtigung der beiden Geschlechter in öffentlich-rechtlicher und privatrechtlicher Beziehung, innerhalb und außerhalb der Familie. Diese Forderung widerspricht der Vernunft und dem Christentum" (*V. Cathrein,* Sozialismus 347). – Ein Grund dafür, daß der 1903 in Köln gegründete „Katholische Frauenbund" in kirchliche Konflikte kam, liegt auch in seinen, wenn auch sehr moderierten Emanzipationstendenzen. – Der Antrag auf dem Düsseldorfer Katholikentag 1908, auch Frauen als ständige Mitglieder zuzulassen, wurde verworfen.

[68] Sapientiae christianae (1890), Acta Leonis X 39.

was in der Stadt Rom zu dulden freilich für Leo XIII. unerträglich war[69]. An der Grenze des Tolerablen lag das System, in dem nur katholische Privatschulen möglich waren, auch wenn sie wie in den Vereinigten Staaten von Amerika den gleichen verfassungsrechtlichen Status hatten wie andere Schulen[70]. Grundsätzlich verurteilt blieben die „neutralen Schulen"[71], die in der Regel antikirchlich orientiert waren, auch wenn etwa die Abhaltung des Religionsunterrichtes in oder außerhalb des Schulgebäudes zur freien Zeit zugelassen wurde. Was in den einzelnen Ländern erreicht wurde, war nach jeweiliger politischer Situation verschieden[72]: in Frankreich wurde das Schulwesen nach anfänglich entgegenkommender Interpretation des Gesetzes von 1882 durch J. Ferry um die Jahrhundertwende weitgehend verweltlicht, weil die katholischen Privatschulen trotz einer zahlenmäßigen Steigerung durch die Gesetze gegen die Orden und Kongregationen erheblich eingeschränkt wurden. Gegen das Verbot des Religionsunterrichtes in den Elementarschulen Italiens machte sich allmählich eine praktische Gegenwirkung durch Erfolge der Katholiken in den Kommunalwahlen geltend. In Belgien konnten die Liberalen nach ihren eigenen politischen Prinzipien in der Schulfrage geschlagen werden. In den Niederlanden verhinderte die politische Koalition von Protestanten und Katholiken eine Entchristlichung der Schule. Im Bismarckschen Deutschland war die Schule Ländersache und konnte, wenn auch nach dem Kulturkampf die Schulgesetze noch teilweise heftig umstritten waren, entweder in der Praxis oder auch in der gesetzlichen Regelung das hier im Vordergrund stehende Problem der konfessionellen Verschiedenheit im Sinne einer Wahrung des christlichen Charakters der Schule gelöst werden[73]. In Großbritannien gab die liberale Entanglikanisierung

[69] Brief an den Kardinalvikar von Rom, vom 25. März 1879, Acta Leonis I 202–210. Die Errichtung der protestantischen Schule, „anche sotto gli stessi occhi Nostri, fin presso alle porte del Vaticano" (204), war natürlich eine unangemessene Provokation. Aber Leo XIII. reagierte grundsätzlich gegen den Versuch, die „falsi principii del Protestantesimo" in Italien und gar noch in Rom zu verbreiten.

[70] Vgl. Kap. 10. – Als ein Unrecht bezeichnete es Leo XIII., die Eltern über die Steuern zur Finanzierung von Schulen zu zwingen, die ihre Kinder aus Gewissensgründen nicht besuchen: Quae coniunctim (ASS 24, 656).

[71] Acta Leonis II 118, IV 15, VI 154.

[72] Vgl. die Länderkapitel in Teil I, Abschnitt I, sowie Teil II, Abschnitt III.

[73] In Preußen scheiterte 1892 ein Gesetzesentwurf von Zentrum und Konservativen in Richtung auf die Konfessionsschule an den Liberalen; aber die „in der Schulpraxis milderen, den kirchlichen Wünschen entgegenkommenden Gepflogenheiten" (*Brück-Kißling* IV/2 314) wurden schließlich gesetzlich verankert; in Bayern wurde 1883 die Konfessionsschule als die „regelmäßige" gesetzlich und für die Umwandlung in Simultanschulen ein kirchliches Gutachten erforderlich, „ob der Erteilung des zureichenden Religionsunterrichtes kein Hindernis im Wege stehe" (*ebd.* 318); in Württemberg war die Konfessionsschule unbestritten geblieben; in Baden galt seit 1878 das Prinzip der Simultanschule, das jedoch so praktiziert wurde, daß bei Ortsschulen eines Bekenntnisses diesem auch der Lehrer angehören mußte, in gemischten Gebieten die konfessionelle Mehrheit bestimmend war, eine konstante Minderheit jedoch ebenfalls mit einer entsprechenden Lehrkraft versorgt wurde (den katholischen Religionsun-

der Schule den Katholiken einen Freiraum, den auszunützen ihnen dann auch eine staatliche Subventionierung der Privatschulen erleichterte. Aber die zunehmenden Anforderungen im Schulwesen machten es hier wie in den Vereinigten Staaten von Amerika den Katholiken immer schwerer, konkurrenzfähig zu bleiben. Dies war nicht nur eine Frage der finanziellen Mittel. Auf dem Aachener Katholikentag 1879 stellte Karl Fürst Löwenstein den Antrag, eine Kommission einzusetzen, welche von der Volksschule bis zur Universität die Lernziele und entsprechende Unterrichtspläne entwickeln sollte. Der Antrag war, auch wenn er die Schule des Mittelalters zum Vorbild nahm, in sich vortrefflich, versandete jedoch in einer Überweisung an die Görres-Gesellschaft[74]. Die Jesuiten, die überall dort, wo sie zugelassen waren, sich besonders um das höhere Schulwesen kümmerten, übernahmen schließlich nolens volens die gegebenen Schulpläne[75], waren aber, auch abgesehen von den Notwendigkeiten der Anpassung, nicht in der Lage, ein eigenes modernes Konzept zu entwickeln. Mit einigem Recht wurde auch auf die Mängel in der Ausbildung der Lehrer aufmerksam gemacht[76]. In Italien beklagte R. Murri den Traditionalismus des katholischen Schulwesens und die Mängel des Religionsunterrichts[77]. Ohne Zweifel war das Schulwesen in allen seinen Stufen eines der wichtigsten Felder, den rapiden oder schleichenden Entchristianisierungsprozeß aufzuhalten. Deshalb mußten hier die Spannungen zwischen den Katholizismen und der Gesamtgesellschaft am schärfsten werden und wurde hier auch die Problematik des Dilemmas besonders deutlich, in dem sich der Katholizismus in allen Varianten des Verhältnisses zur Gesamtgesellschaft befand, vom Willen, sich – in Hoffnung auf eine Rechristianisierung – einzufügen bis zur Ausbildung einer Sondergesellschaft[77a].

terricht regelte 1888 eine „treffliche erzbischöfliche Instruktion" [*ebd.* 318f]). In Hessen entspannten sich nach dem Kulturkampf die Verhältnisse „faktisch" (*ebd.* 320).

[74] *Kißling II* 194 bemerkt, daß diese Gelehrtengesellschaft „streng genommen" nicht kompetent war, weil sich derartige Sozietäten damals nicht mit didaktischen Problemen befaßten. Es erschien dann: *G. M. Pachtler SJ,* Die Reform unserer Gymnasien (Paderborn 1883), worin für eine neuscholastische Orientierung und gegen die „verderbenbringende Vielwisserei" plädiert wurde.

[75] *H. Becher,* Jesuiten 341.

[76] *M. Spahn* a.a.O. 30. – Dieser recht staatsbeflissene katholische Historiker, der jedoch die geistliche Schulaufsicht verteidigte, stellte nach dem preußischen Schulgesetz von 1906 die Frage, ob die Mitarbeit der Katholiken „an der nationalen Schule, deren gesetzliche Ordnung sie soeben mitschufen, sowohl für die Entwicklung des Schulwesens wie für ihre eigene Weltanschauung erfolgreicher" (27) wird als die Leistung ihrer französischen Glaubensgenossen. Bezeichnend ist, daß dieser Vortrag vor dem „Kath. Lehrerverband" gehalten wurde: Die soziale Differenz zwischen dem akademisch gebildeten Pfarrer und dem Volksschullehrer konnte eine Oppositionshaltung bewirken, die oft in die Entchristianisierung der Lehrerschaft auslief, zumal schon in ihrer Ausbildung in konfessionellen Seminaren häufig Ressentiments geweckt wurden.

[77] *R. Murri* (vgl. Kap. 15) 117–123.

[77a] *Th. Zeldin,* Conflicts in French Society. Anticlericalism, education and morals in the 19th century (London 1971); dazu: *A. Daumard:* RH 148 (1972) 202ff.

Das katholische Vereinswesen

Die Geschichte des Lebens der katholischen Kirche seit der Mitte des 19. Jh. ist zu einem guten Teil, jedenfalls in Europa, eine Geschichte des katholischen Vereinswesens. Auch hier sind die nationalen Unterschiede je nach der politischen Situation beträchtlich[78]. In dem an sich nicht besonders vereinsfreundlichen Frankreich hinderten nicht zuletzt die inneren politischen Spannungen im französischen Katholizismus eine stärkere Entfaltung. Außer den sozialen Vereinen kommt wohl der „Association catholique de la Jeunesse française", 1886 von Robert de Roquefeuil gegründet und zunächst von Albert de Mun geleitet, die größte Bedeutung zu, die nach 1899 erheblich anwuchs, weil sich die Organisation sowohl nach den gesellschaftlichen wie den altersmäßigen Schichten verbreiterte. Das Gewicht des politischen Problems zeigte sich besonders deutlich in den beiden um die Jahrhundertwende entstandenen großen Bewegungen, dem religiös inspirierten „Sillon" von Marc Sagnier und der „Action Française"[79], in der sich monarchistische Katholiken und die Verehrer der klassischen Kultur im Sinne von Ch. Maurras vereinigten. Den französischen Katholiken ging es, welche Konzeption sie auch verfolgten, immer um das ganze Frankreich. Deutschland wurde vor allem auch deshalb das klassische Land der katholischen Vereinsbewegung, weil dort der Katholizismus – im Unterschied zu den angelsächsischen Ländern – eine so starke Minderheit darstellte, daß er sich erfolgreich innerhalb der allgemeinen Gesellschaft organisieren konnte, zumal er trotz der konfessionellen Mischung regionale Schwerpunkte behielt, und weil er anderseits nicht daran denken konnte, hinter die geschichtlichen Entscheidungen von 1806, 1866 und 1870 zurückzustreben, und sich mit dem Kaisertum der protestantischen Hohenzollern arrangieren mußte. Die berühmteste Organisation wurde der 1890 gegründete „Volksverein für das katholische Deutschland", der auch manchen Katholikenführern in Frankreich und Italien imponierte, freilich auch auf Kritik stieß, aber von gewichtigen Kräften in der Schweiz und in Österreich[80] als nachahmenswertes Vorbild betrachtet wurde. Die Gründung war mit beträchtlichen inneren Kämpfen verbunden, weil der konservative Agrarpolitiker Felix v. Loë und der Trierer

[78] Vgl. Anm. 72. Zu den Arbeiterorganisationen: Kap. 13.

[79] Hierzu S. 494–497.

[80] In der *Schweiz* wurde 1904 in einem Zusammenschluß der dortigen Verbände (Kap. 4) der „Katholische Volksverein" gegründet, mit Ortsvereinen, Kantonalverbänden und einem Zentralvorstand, der den Zentralpräsidenten wählte. Die „Schweizerische Kirchenzeitung" in Luzern hatte 1898 auf das deutsche Vorbild hingewiesen, das man allerdings als zu unkämpferisch betrachtete. Zur Vorgeschichte: *J. Meier,* Der Schweizer Katholische Verein (Luzern 1954). – In *Österreich* schlossen sich die zahlreichen Vereine 1909 zum „Katholischen Volksbund" zusammen, der als Zentralorganisation angesichts der Gegensätze zwischen Konservativen und Christlich-Sozialen einen streng unpolitischen Charakter hatte.

Bischof Korum einen Verein zur „Belehrung des deutschen Volkes über die religiösen und sozialen Irrtümer der Gegenwart" im Sinne der Apologetik von Tilmann Pesch SJ anstrebten, der gegen den 1887 gegründeten und stark antikatholischen „Evangelischen Bund" auftreten sollte, während Windthorst hierin eine Gefährdung der Zentrumspartei sah und zusammen mit anderen einen breiten Massenverein anstrebte, der von der Zentrumspartei getrennt sein (keine Wahlgelder, keine Beteiligung am Wahlkampf), jedoch die gleichen Ziele verfolgen sollte. Diese Richtung setzte sich durch[81]. Der Verein entfaltete mit seinen Schriften, seinen Schulungseinrichtungen, für die Vortragsmaterial zur Verfügung gestellt wurde, und seinen „Volksbüros" (Beratungsstellen; seit 1900) eine intensive Tätigkeit, die vor allem auch mit einem reformerischen, aber entschiedenen sozialen Akzent den Einfluß der Sozialdemokratie auf die katholische Arbeiterschaft abwehrte[82]. Die katholischen Arbeitgeber standen dem Verein meist distanziert bis negativ gegenüber, ähnlich jener Teil des Episkopats, der mißtrauisch gegen diesen nicht-kirchenamtlich errichteten Verein und insbesondere gegen die in ihm vertretenen demokratischen Anschauungen war[83]. Gegner des Volksvereins war auch der Kreis um Kaplan Dr. Oberdörffer, der 1893 nochmals ein „katholisch-soziales Programm" mit berufsständischer Orientierung aufgriff und den Parlamentarismus verwarf. Der Volksverein hatte 1891 bereits fast 109000 Mitglieder, 1901: 185000, 1902: 230000 und 1914: 805000, wobei die bei einem Massenverein notwendig geringen Anforderungen an die Mitglieder zu beachten sind; das Schwergewicht lag im Rheinland, während Bayern sich ziemlich abseits hielt. Es kam zu mehreren Konflikten mit anderen Verbänden[84] des sich reich gegliedert entwickelnden Vereinswesens im deutschen Katholizismus[85]. Ein Handikap des Volksvereins

[81] *E. Ritter* a.a.O. 140–144; *P. Siebertz* a.a.O. 191ff. – Der ein Jahr darauf gestorbene Windthorst wurde Ehrenpräsident, auf sein Betreiben der wegen seiner sozialen Aktivitäten bekannte Industrielle Franz Brandts, M.-Gladbach, erster Vorsitzender und auf dessen Wunsch der Rechtsanwalt Karl Trimborn sein Stellvertreter. Schriftführer wurde Franz Hitze (vgl. oben). August Pieper (1866–1942; 1889 Priester) übernahm 1892 die Stelle Hitzes und wurde 1903 Generaldirektor des Volksvereins, als dessen Vermögensträger 1905 die „Volksvereinsverlag GmbH" auftrat. *O. v. Nell-Breuning:* StdZ (1972) 35–50.

[82] Das Programm bei *A. Pieper,* Sinn und Aufgabe; „Mitglied des Vereins ist jeder großjährige katholische Deutsche, welcher jährlich eine Mark in die Vereinskasse zahlt".

[83] Der Kölner Erzbischof F. v. Hartmann (1912–19) mißbilligte das Eintreten für die Einführung des allgemeinen Wahlrechts in Preußen.

[84] Der 1903 gegründete „Katholische Frauenbund" (1912: 60000 Mitglieder), der mit den Damen Trimborn, Bachem-Sieger u.a. vor allem die Oberschicht ansprach – der 1856 in Mainz von Bischof Ketteler und der Gräfin Ida Hahn-Hahn gegründete „Katholische Müttervereín" wurde erst im 1. Weltkrieg diözesan organisiert –, wehrte sich dagegen, daß der „Volksverein" auch Frauen warb (1914 Einigung: Der „Volksverein" bleibt im wesentlichen Männersache); im Zusammenhang mit der Frage der „Christlichen Gewerkschaft" stand der Konflikt mit der „Katholischen Kaufmännischen Vereinigung" (1907: 20125 Mitglieder, 1912: 35000), die Arbeitgeber und -nehmer zu Mitgliedern hatte; auch mit dem Generalsekretariat der kath. Jugendvereinigungen in Düsseldorf entstanden Kompetenzkonflikte.

blieb es, daß es ihm nur unzulänglich gelang, die Laien in der Organisation selbst zu aktivieren. Das kirchenamtliche Mißtrauen gegen die Laienbeteiligung darf generell nicht dazu verführen, sich die Aktivitäten der Laien allzu intensiv vorzustellen. Ein gut Teil der Seelsorgsarbeit ging in der Betreuung der Vereine auf[86]. Aber die Tatsache, daß die nicht-kirchenamtlich errichteten Vereine ein Produkt der nachrevolutionären Zeit sind, wurde bei aller Anerkennung ihrer Bedeutung für die Kirche in der modernen Gesellschaft nicht übersehen. Leo XIII. betonte nachdrücklich die „summa potestas" des Papstes in der Glaubensverkündigung, wenngleich „industria nonnulla" den Laien (privati) nicht zu verwehren sei; er unterstrich, daß es sich nur um eine „Resonanz" des Lehramtes handeln könne[87]. Der aktuelle Anlaß dieser Äußerung waren gewisse Tendenzen der „Opera dei congressi", 1884 sowohl nach Aufgaben gegliedert wie straff organisiert und unter – trotz der Laienpräsidentschaft – streng hierarchischer Anweisung[88].

Die katholische Presse

Ein Kind der Aufklärung und der Revolution war auch die Tagespresse. Wenn ein Pfarrer von der „Massenautorität" sprach, „die den priesterlichen Kanzelredner mundtot zu machen droht"[89], dann entsprach ein solches Urteil durchaus dem, was die „Historisch-politischen Blätter" auf höherem Niveau sagten: eine „spezifisch katholische Journalistik" sei ein „notwendiges Übel", entstanden dadurch, daß die christliche Gesellschaft nicht „im normalen Zustand"

[85] Besonderer Wert wurde auf die Entwicklung von Jugendvereinigungen gelegt. Der „Katholische Jungmännerverband" zählte 1908 in 1200 Vereinen 140000 Mitglieder (seit 1913 ist der Jugendseelsorger Carl Mosterts Generalpräses); der „Zentralverband der Katholischen Jungfrauenvereinigung Deutschlands" wurde erst 1915 gegründet (die weiblichen Organisationen liegen meist überall später). Der „Gesellenverein" A. Kolpings blieb sehr lebenskräftig (1914 in 1276 Ortsvereinen 86339 Aktive und 129714 a.o. Mitglieder [Meister]). – Die katholischen Studenten waren in 3 sozial und politisch verschieden orientierten Verbänden organisiert: im farbentragenden „Cartellverband der kath. deutschen Studentenverbindungen" (CV; seit 1856) und im „Kartellverband der kath. Studentenvereine Deutschlands" (KV; seit 1866) sowie dem diesem nahestehenden, mehr theologisch interessierten „Unitas"-Verband (UV; seit 1860); der CV hatte 1910: 8966 Mitglieder, der KV 1912: 9072 (jeweils mit „Altherrn"). – Der „Kath. Lehrerverband" (seit 1889) hatte 1912: 21000 Mitglieder; die weibliche Organisation (seit 1885) 1912: 15000.

[86] *M. Faßbender,* Laienapostolat und Volkspflege: Caritasschriften 15 (Freiburg i. Br. 1906); es wurde betont, daß das Hauptfeld dort liege, wo der Priester nicht hinkommt.

[87] Enz. „Sapientiae" (1890), Acta Leonis X 21; „qui, quoties res exigat, commode possunt non sane doctoris sibi partes assumere, sed ea, quae ipsi acceperint, impertire ceteris, magistrorum voci resonantes tamquam imago."

[88] Vgl. Kap. 5.

[89] Vgl. *J. Lukas,* Die Presse, ein Stück moderner Versimpelung (Regensburg 1867).

ist[90]. Die Bemerkung, die Katholiken hätten „weder die Schreiber noch die Leser", galt noch lange Zeit und blieb, was die Abonnenten angeht, mit nur ganz wenigen Ausnahmen ein Dauerproblem, zumal damit die Einnahmen aus den Annoncen zusammenhängen. Aber das „Übel" gewann an Notwendigkeit. Es hatte eine andere Seite darin, daß sich auch im katholischen Pressewesen die inneren Auseinandersetzungen in den einzelnen Katholizismen spiegelten und steigerten[91]. In Deutschland waren in diesem Sinne die „Kölnische Volkszeitung"[92] und die Berliner „Germania"[93] Konkurrenten; die „Kölner Richtung", die insbesondere politisch und literarisch von Julius Bachem („Heraus aus dem Turm!") unterstützt wurde, trat in dem seit 1906 entbrannten Streit für den prinzipiell überkonfessionellen Charakter der Zentrumspartei und für ihre politische Freiheit gegenüber direkten kirchlichen Weisungsbestrebungen ein und bezog eine analoge Position im Streit um die „Christlichen Gewerkschaften" (vgl. S. 498). In Österreich standen sich das konservative „Vaterland" (gegr. 1860) und die christlich-soziale „Reichspost" (gegr. 1893) gegenüber (die Zeitungen vereinigten sich 1911). Man macht sich ein falsches Bild vom Zeitungswesen im deutschen Katholizismus, wenn man nur die führenden Organe beachtet und nicht die „Kopfblätter" und die vielen kleinen Lokalzeitungen mitzählt; wurde noch für 1865 die Gesamtzahl aller Abonnenten auf 60000 geschätzt, so werden für 1890 etwa eine Million genannt. Trotzdem waren diese Zahlen relativ niedrig: das „Berliner Tageblatt" hatte allein 250000 Abonnenten[94]. Der Kulturkampf hatte einen wichtigen Durchbruch bedeutet. Auch da-

[90] Zit. nach *K. Löffler* a.a.O. 57. – Die Äußerungen Leos XIII. zur Presse beziehen sich, abgesehen von den allgemeinen religiösen und sittlichen Ermahnungen, insbesondere auf die Vermeidung innerkatholischer Schärfe in der publizistischen Polemik, so 1882 und wiederholt für Spanien (Acta Leonis III 178) und zunehmend auf die Unterwerfung unter die kirchliche Autorität (so 1899 für Frankreich, Acta Leonis XIX 208). Eine Instruktion Rampollas 1902: „Inoltre i giornalisti democratico-cristiani, come tutti i giornalisti cattolici, debbono mettere in pratica i seguenti avvertimenti del Santo Padre" (folgt Zitat aus „Nobilissima Gallorum" 1884, über die kirchliche Autorität); Acta Leonis XXII 12.

[91] Zu Frankreich: Kap. 6 und 36, zu Italien: Kap. 5 und 34, zur Niederlande: *Rogier* (1957) 269–275 (zit. in Kap. 7).

[92] Der Titel „Kölner *Volks*zeitung" seit 1869 bedeutet insofern eine Wende, als konservativen Geldgebern bei der Gründung der „Kölnischen Blätter" (1860) das Wort „Volk" zu demokratisch klang *(K. Buchheim)*. Die antiinfallibilistische Redaktion wurde 1869 durch Julius Bachem abgelöst; Chefredakteur 1878 bis 1907 war der Historiker Hermann Cardauns. Auflage 1871: 7200; 1874: 8600; 1881: 9000.

[93] 1871 gründete der Berliner Katholiken-Ausschuß unter der Leitung des Legationsrates F. v. Kehler die „Germania". Der schlesische Kaplan P. Majunke, der den Selbstmord Martin Luthers behauptete, wurde 1878 als Redakteur abgelöst. Die im Kulturkampf besonders hart mit Verboten und Gefängnisstrafen verfolgte Zeitung hielt auch danach einen intransigenten Kurs.

[94] In Deutschland gab es 1881: 221 katholische Zeitungen, 1890: 288, 1903: 378, 1912: 446 (ohne „Kopfblätter"; 305 in Privat- und 141 in Gesellschaftsbesitz). In der frühen Zeit der Weimarer Republik bestanden noch 65 Zeitungen, die zwischen 1848 und 1871 gegründet waren.

mit hängt es freilich zusammen, daß seit 1870 die katholischen Tageszeitungen praktisch die Presse der Zentrumspartei waren[95]. Dies und der Wille der Bischöfe, direkt auf die Redaktionen einwirken zu können, führte 1913 auf dem Katholikentag in Metz zur nachdrücklichen Empfehlung der Kirchenblätter[96]. Diese Organe waren ein Medium der kirchlichen Autorität selbst, mußten aber bestrebt sein, die Katholiken aller politischen Richtungen anzusprechen, und enthielten sich deshalb in Bereichen jenseits des religiösen und sittlichen Lehramtes in der Regel einer schärferen Polemik. In dem Teil der katholischen Publizistik, der einen intransigent konservativen Standpunkt verfocht – in Belgien „Le Bien Public", in den Niederlanden der „Maasbode", in Spanien das „Siglo futuro", in Kanada die „Vérité" Tardivels – ragt die französische Zeitung „La Croix" hervor, nicht nur durch ihre Auflage (1897 einschließlich der etwa 100 Lokalausgaben: 700000), sondern auch durch ihre manchmal geradezu fanatische Haltung[96a]. Auch im Bereich der Publizistik zeigt sich das Dilemma zwischen dem Katholizismus als gesellschaftlich, politisch und weltanschaulich geschlossener Gruppe und der wesenhaft universalen Orientierung der katholischen Kirche[96b].

Das Feindbild

Auch wenn man kritisch ist gegen alle Behauptungen von „Weltverschwörungen" und man den Großmeister der italienischen Freimaurer, Andriano Lemmi, mit seinem pathologischen Kirchenhaß nicht als repräsentativ für alle Logen betrachtet und insgesamt die romanischen Organisationen von den anderen unterscheidet, so bleibt doch festzuhalten, daß man es hier mit der damaligen intellektuellen Führung in einem rücksichtslosen Kampf gegen die katholische Kirche zu tun hat, wie immer auch die menschheitlichen Ideale dieser Bewegung einzuschätzen sind. Dies und auch die Erfolge der Freimaurer innerhalb des Katholizismus selbst, insbesondere in Lateinamerika, können anderseits nicht daran hindern, zu bedenken, was die Intensität des katholischen Kampfes gegen

[95] *K. Bachem,* Julius Bachem I, S. VII: vorher war die „politische Farbe unbestimmt, unklar, vielfach wechselnd"; *K. Bringmann,* Die konfessionell-politische Tagespresse des Niederrheins im 19. Jh. (Düsseldorf 1938). Der 1878 gegründete „Augustinusverein" sprach wechselnd von „Katholischer Presse" und „Centrumspresse" (*W. Kisky* a.a.O. 77). Es gab hin und wieder Spannungen mit der Partei, weil sich diese jede Kritik verbat (*ebd.* 167ff). Dem 7köpfigen provisorischen Präsidium des „Augustinusvereins" gehörte nur ein Redakteur an und 4 Geistliche; 1889 war erstmals ein Laie Vorsitzender. Auch kam es zu Gegensätzen zwischen den Verlegern und den Redakteuren (*ebd.* 100ff 148).

[96] Man versuchte eine Abgrenzung, wonach die Kirchenblätter „ausschließlich Seelsorgszwecken dienen" sollten (*W. Kisky* a.a.O. 154). Vgl. Kap. 14, Anm. 19.

[96a] Zu *Italien* vgl. diesen Band S. 94; zu „La Croix": S. 110. – Eine international vergleichende Analyse der katholischen Publizistik nach ihren Tendenzen, ihrer Qualität und ihrem Einfluß ist ein Desiderat. [96b] Zum Presse-Integralismus: S. 493f.

die Freimaurerei bedeutet für die Festigung des Gruppenbewußtseins im Angesicht des Feindbildes. Auch Leo XIII. unterscheidet in seiner Enzyklika „Humanum genus" vom 20. April 1884 einzelne „Sectatores", die zwar nicht schuldlos sind, aber an den bösartigen Aktionen nicht teilnehmen und sich über die letzten Ziele der Freimaurerei nicht klar sind. Doch beginnt das Lehrschreiben mit dem Hinweis auf die Invidia Diaboli, und es fordert gegen Ende den Weltepiskopat auf, „diese lasterhafte Seuche" (impuram luem) auszurotten, weil ein so heftiger Angriff eine ebensolche Verteidigung verlangt. Im ersten Abschnitt werden das Reich Gottes und das Reich Satans einander gegenübergestellt. Die Anklagen gegen die „Naturalisten" sind im wesentlichen die gleichen, die der Papst vorher gegen die „Sozialisten und Kommunisten" vorgetragen hat und die er ein Jahr später gegen den Liberalismus vortragen wird, nur daß auf die den Manichäern vergleichbare Arbeit im zeugenlosen Dunkel hingewiesen wird. Leo XIII. wiederholt das unter der Strafe der Exkommunikation stehende Verbot der Zugehörigkeit, das seine Vorgänger ausgesprochen haben[97]. Die positive Bestimmung, was eine Freimaurerloge ist, sollte in den Vereinigten Staaten von Amerika und in Kanada zu Komplikationen führen[98]. Für den Katholikentag in Amberg 1885 konnte Fürst Löwenstein laut Bericht seines Biographen keinen Bischof finden, der eine entsprechende Rede zur Abwehr der Freimaurer hielt, und auch nach dem päpstlichen Schreiben „Praeclara" vom 20. Juni 1894[99], in dem wiederholt die Freimaurer verurteilt wurden, die jetzt aus dem Dunkel ans Licht gekommen seien, war selbst Bischof Korum der Meinung, die Leitung des geplanten Anti-Freimaurer-Kongresses in Trient müsse Sache der Laien sein[100]. Dort sollte Gabriel Jogand-Pagés auftreten, der als Ex-Freimaurer seit 1885 unter Berufung auf die päpstliche Enzyklika „Humanum genus" die Logen bekämpfte und als „Leo Taxil" eine Miß Diana Vaughan erfand, die in die Geheimnisse des Satanskultes eingedrungen sei und nach ihrer Bekehrung im Verborgenen leben müsse, um dem Tod durch Freimaurerhand zu entgehen. Sein Komplize war der Arzt Charles Hacks, der als Dr. Bataille die Schrift „Le Diable au XIXme siècle" veröffentlichte. Die Aufmerksamkeit einiger französischer Bischöfe konnte auch die Schrift eines Domenico Margiotta über den italienischen Großmeister Andriano Lemmi gewinnen. Ein Auszug hiervon erschien auch in deutscher Übersetzung, ebenso die Predigten des Dominikaners Monsabré, der zu einem Kreuzzug gegen die

97 Humanum genus, Acta Leonis II 43–70, hier: 50 65 69 43 49.

98 Vgl. Kap. 9 und 10.

99 Praeclara, Acta Leonis XIV 208f.

100 *P. Siebertz* a.a.O. 478. Löwensteins Biograph verherrlicht seinen Helden, verrät aber in einer gewissen Naivität beachtliche Realitäten, die er aus dem Familienarchiv schöpft. Unter dem Pseudonym „Ewald" veröffentlicht er auch nach dem Trienter Kongreß Artikel gegen die Freimaurer, deren gesammelte Herausgabe unter dem Titel „Die geheime Armee im Kampfe gegen Thron und Altar" durch gewichtige und verständige Katholiken verhindert wurde.

Logen aufrief. Fürst Löwenstein bemühte sich als Präsident des „Komitees für römische Angelegenheiten" beim Katholikentag um die Verbreitung solcher Schriften in Deutschland, wo aber, so auch durch Bischof Korum[101], insbesondere Bedenken zu den „Enthüllungen" über den Satanskult geäußert wurden. Die Initiative zu dem internationalen Kongreß, der vom 20. bis 30. September 1896 in Trient unter dem Protektorat von Kardinal Parocchi stattfand, war von Italien ausgegangen. Löwenstein war der Überzeugung, daß es eine Aufgabe im Kampf für die Kirche sei, das Präsidium zu übernehmen. Daß man dann dort doch einige Skepsis gegen „Leo Taxil" an den Tag legte, war das Ergebnis einer gerade noch rechtzeitig eingetroffenen Information[102]. Eine in Trient eingesetzte römische Untersuchungskommission urteilte noch am 22. Januar 1897, die Existenz der Miß Vaughan sei weder bewiesen noch widerlegt. Am 17. April deckte „Taxil" in Paris seinen Schwindel auf. Weniger die Psychologie dieses Mannes ist bemerkenswert als vielmehr die in dieser Affäre sichtbar gewordene allgemeine Problematik, in der sich weite Teile des Katholizismus angesichts einer in ihren Grundlagen christentums- und kirchenfeindlichen Welt befanden[103]. Es war ein schwieriger Weg, der hier zwischen Anpassung und absolutem Widerstand zu gehen war.

Auf einer anderen, wenn auch keineswegs ganz getrennten Ebene laufen die antisemitischen Tendenzen, von denen auch ein Teil einzelner Katholizismen, insbesondere des österreichischen und französischen, bestimmt waren. Die Wurzeln sind komplex: ein subkutaner Antisemitismus in der Geschichte des Christentums aktualisierte sich an der Kirchenfeindschaft liberaljüdischer Schriftsteller und verband sich mit einem allgemeinen sozialen Ressentiment gegenüber der jüdischen Finanz- und Wirtschaftswelt. In Frankreich waren sowohl der rechte wie auch der linke Flügel des Katholizismus affiziert[104], und

[101] Brief Korums an Löwenstein v. 24. August 1896 (nach Fuldaer Bischofskonferenz): Die Enthüllungen mögen vielleicht für Frankreich und Italien zutreffen, ließen sich aber „für Deutschland nicht zwingend beweisen"; bei *P. Siebertz* a. a. O. 483.

[102] Ch. Hacks war ein Schwager von Julius Bachem, dem er den Schwindel ausplauderte, Bachem informierte Löwenstein, nach *P. Siebertz* a. a. O. 487, wohl nur ziemlich allgemein; *K. Bachem,* Erinnerungen eines alten Publizisten und Politikers (Köln 1913), 161 ff. Der Jesuit H. J. Gruber, der längere Zeit den Enthüllungen Glauben geschenkt hatte, veröffentlichte im August 1896 als „H. G." in der „Kölnischen Volkszeitung" einen warnenden Artikel; als *H. Gerber* schrieb er: Taxils Palladismus-Roman, 3 Tle (Berlin 1897/98); *ders.,* Betrug als Ende eines Betrugs (Berlin 1897).

[103] *A. Boulenger,* Histoire générale de l'Église III (Paris 1947) 748: Es sei schwer, zu behaupten, daß die Freimaurer diese Affäre inszeniert hätten; jedenfalls seien sie die Nutznießer gewesen. *Kißling* II 284–286 sucht zu verharmlosen und lenkt auf Hermann Schell ab (vgl. Kap. 29), dem man jedoch zubilligen muß, daß er hier keineswegs eine Randangelegenheit hochgespielt, sondern aus Sorge um die Kirche in der Affäre ein Indiz für ihre innere Verfassung gesehen hat.

[104] *G. Hoog* a. a. O. 106 hat recht, wenn er von einer „fast internationalen" Erscheinung spricht; aber man hatte es auf dem Kongreß von Lyon 1896 keineswegs notwendig, sich am Wiener Antisemitismus zu „inspirieren".

in Österreich verknüpften sich mittelständische Mentalität und christlich-soziale Reformideen. In Frankreich nannte 1899 Abbé Gayraud die Juden „la nation malfaisante et parasitaire", und im Wahlaufruf der „Christlich-sozialen Partei" 1903 hieß es: „Katholiken und Protestanten vereinigt euch in brüderlicher Liebe gegen den Judenkapitalismus und die asiatische Geldmoral."[105]

13. Kapitel

Die sozialen Bewegungen

LITERATUR: zu den *Theorien* vgl. Kap. 12. – Internationale Darstellungen und Sammelwerke: *J. N. Moody* (zit. in Kap. 12); *M. P. Fogarty,* Christian Democracy in Western Europe. 1820–1953 (London 1957; deutsch: Freiburg i. Br. 1959) 171–392; *Götz Briefs* u. a., Hrsg. des Kath.-Sozialen Instituts der Erzdiözese Köln, Das Bild des Arbeiters in der kath. Sozialbewegung von den Anfängen bis zur Gegenwart (Köln 1960); *G. Brakelmann,* Die soziale Frage des 19. Jh., II: Die evangelisch-soziale und die katholisch-soziale Bewegung (Witten 1962); *H. S. Scholl* (Hrsg.), 150 ans de mouvement ouvrier chrétien en Europe de l'Ouest (Löwen 1966; deutsch Bonn 1966). – Zu den einzelnen Ländern: Frankreich: *M. Vaussard,* Histoire de la Démocratie chrétienne (Paris 1956); *H. Rollet,* L'Action sociale des catholiques en France. 1871 à 1914, 2 Bde (Paris 1947, ²1958). – Belgien: *R. Reszohazy* (zit. in Kap. 7). – Italien: *F. Magri, A. Gambasin* (zit. in Kap. 5). – Schweiz: *G. Beuret* (zit. in Kap. 4). – Deutschland: *K. H. Brüls,* Geschichte der kath.-sozialen Bewegung in Deutschland (Münster 1958); *E. Filthaut,* Deutsche Katholikentage 1848–1958 und soziale Frage (Essen 1960); *J. Joos,* Kath. Arbeiterbewegung in der Gesch. der christl. Arbeiterbewegung Deutschlands (Köln 1963); *E. Naujoks,* Die kath. Arbeiterbewegung und der Sozialismus in den ersten Jahren des Bismarckschen Reiches: Neue Deutsche Forschungen, hrsg. von *H. R. G. Günther – E. Rothacker,* Bd 228 (Berlin 1939), Abt. Neuere Geschichte Bd 6, hrsg. von *R. Stadelmann* [Tendenz für Bismarck, aber Material über Kaplan Cronenberg u. a.]; *M. Berger,* Arbeiterbewegung und Demokratisierung. Die ... Gleichberechtigung des Arbeiters im Verständnis der kath. Arbeiterbewegung ... zwischen 1890 und 1914 (Diss. Freiburg i. Br. 1971). – Österreich: *F. Funder* (zit. in Kap. 2); *G. Silberbauer,* Österreichs Katholiken und die Arbeiterfrage (Graz 1966); *F. Bischof,* Kard. Gruscha und die soziale Frage (Diss. Wien 1959). – Vereinigte Staaten von Amerika: *Henry D. Browne,* The Catholic Church and The Knights of Labor (Washington 1949); *A. I. Abell,* American Catholicism and Social Action. 1865–1950 (Notre Dame 1963). – Christliche Gewerkschaften: Guter internationaler Überblick bei *Fogarty; K. H. Schürmann,* Zur Vorgeschichte der christl. Gewerkschaften (Freiburg 1958); *L. R. Sanseverino,* Il movimento sindacale cristiano dal 1850 al 1939 (Rom 1950); *M. Karson,* The Catholic Church and Unionism (New York 1951); *J. Zirnheld,* Cinquante Années de Syndicalisme Chrétien (Paris 1937) (13–76 die Vorgeschichte der „Confédération Française des Travailleurs chrétiens" [CFTC]); *L. Deuerlein,* Gewerkschaftsstreit: StL⁶ III 943–946. – *R. Morsey* (Hrsg.), Zeitgeschichte in Lebensbildern. Aus dem deutschen Katholizismus des 20. Jahrhunderts (Mainz 1973); Porträts u. a. von Kard. G. Kopp, J. Bachem, G. v. Hertling, F. Hitze, P. Spahn, K. Trimborn. – Zum Ganzen vgl. die Länder-Kapitel.

[105] *K. Rengstorf,* Kirche und Synagoge II (Stuttgart 1971); *P. Sorlin,* La „Croix" et les Juifs (Paris 1967); *P. Pierrard,* Juifs et catholiques français. De Drumont à Jules Isaac (Paris 1970); *I. A. Hellwing,* Der konfessionelle Antisemitismus in Österreich (Wien 1972).

Die in der zweiten Hälfte des 19. Jh. in den Katholizismen entstehenden sozialen Organisationen haben die Nöte und Interessen der Bauern, des Mittelstandes und der Industriearbeiter zum Gegenstand, deren Behebung primär aus religiösen Motiven angestrebt wurde. Eine solche Verbindung von religiös irrelevanten ökonomischen Sachverhalten mit einer kirchlichen Gesinnung entsprach dem gesellschaftlichen Selbstverständnis des Katholizismus (vgl. Kap. 12) mehr als dem Selbstverständnis des Protestantismus, trotz ähnlicher und vielfach bahnbrechender Erscheinungen. Die Aktivitäten gingen von Klerikern und einzelnen Laien aus, am wenigsten in der Bauern- und Arbeiterschaft von den Betroffenen selbst. Die Tatsache, daß etwa nach dem ersten Drittel des 20. Jh. die religiösen Momente mehr oder weniger hinter den wirtschaftlichen zurücktraten, erlaubt es nicht, die ursprüngliche Verbindung unter „Ideologieverdacht" zu stellen, verweist aber auf die oben erörterte Problematik des Verhältnisses von Kirche und Gesellschaft im Sinne von Bild und Abbild. Dabei spielte es eine gewisse Rolle, daß die Leitung der Organisationen zunehmend von Geistlichen an Laien überging; dieser sachlich durchaus angemessene Prozeß führte dazu, daß die Interessenvertretung ein größeres Gewicht erhielt als die ursprüngliche religiöse Motivation.

Die Bauern

In Deutschland widmete sich seit Mitte der sechziger Jahre der kirchlich gesinnte protestantische Volkswirtschaftler W. Raiffeisen (1818–88) dem Aufbau eines bäuerlichen Genossenschaftswesens. Der katholische Aristokrat Burghard v. Schorlemer-Alst (1825–95) gründete 1862 in Westfalen einen nach seinen Statuten interkonfessionellen Bauernverein, der sich gerade wegen seiner Einschränkung durch den Kulturkampf besonders rasch in den Landschaften mit katholischer Bevölkerung ausbreitete[1]; da der verbandliche Zusammenschluß vom Staat behindert wurde, waren die katholischen Bauern in ihren örtlichen Vereinen um so aktiver.

In Italien begann die Bewegung im Veneto, wo 1880 Cerutti eine Kreditgenossenschaft gründete, welche Einrichtung (1904: 855 Kreditanstalten) zusammen mit den schon vorher bestehenden Unterstützungskassen der Opera dei congressi die Grundlage für die Entwicklung der Bauernvereine wurde. Entsprechend der agrarischen Struktur Italiens gab es Landarbeiter- und Bauernvereine (1904: 33 bzw. 43)[2]. In Belgien erreichte der von G. Helleputte[3] und dem Priester Mellaerts 1889 gegründete „Boerenbond" eine beträchtliche

[1] *F. Jacobs,* B. Frhr. v. Schorlemer-Alst (Hiltrup i. W. 1953). – In Bayern, wo die Vereine einen Sonderverband bildeten, war später Georg Heim (1865–1938) der Initiator.

[2] *A. Gambasin,* Il movimento sociale... (zit. in Kap. 5).

[3] Vgl. Kap. 7.

Bedeutung (1902: 359 örtliche „Gilden"). Im Jahre 1896 wurde in den Niederlanden ein katholischer Bauernbund gegründet. Aus den Initiativen in Frankreich, wo E. Duport und L. Durand 1892 bei Lyon ein ländliches Genossenschaftswesen schufen und die bäuerlichen Jugendgruppen aktiv waren, entstand die „Ligue agricole chrétienne". Das Ziel, das im Statut des Bauernvereins von Schorlemer-Alst formuliert war, „die Mitglieder in religiöser, sittlicher, intellektueller, sozialer und materieller Hinsicht" zu fördern, galt in allen bäuerlichen Organisationen und war in seiner universalen Formulierung besonders aktuell dort, wo – vor allem in Westeuropa – die Entchristianisierung schon früh auch weithin in der ländlichen Bevölkerung eingesetzt hatte. Daß die Organisation des Kreditwesens, des Einkaufs und des Verkaufs in der christlichen Bauernbewegung eine besondere Rolle spielen mußte, ergab sich aus den Notwendigkeiten der modernen Wirtschaft auch für den agrarischen Sektor. Aber etwa seit dem 1. Weltkrieg war der religiöse Charakter der Bauernvereine überwiegend nur noch in Belgien und in den Niederlanden festzustellen. Damit verschärfte sich auch das Moment wirtschaftlicher Interessenvertretung[4].

Der „Mittelstand"

Den „Mittelstand"[5] in den Katholizismen muß man deshalb weit definieren, weil die kirchlich aktiven Industrieunternehmer und Kaufleute (die Konfessionsstatistik allein besagt wenig) fast nur über mittlere und kleinere Betriebe verfügten und mit ihrer betrieblichen Sozialpolitik gegenüber ihren Standesgenossen insbesondere in den höheren Rängen isoliert dastanden[6]. Auch abgesehen von gesellschaftstheoretischen Fragen (vgl. Kap. 12), versteht es sich auch von daher, daß im Katholizismus lange der Gedanke der „syndicats mixtes"

[4] Ein frühes Beispiel dieses Problems ist der Aachener Katholikentag von 1879. Im Vorjahr hatte Bebel in dieser Stadt seinen überraschenden Wahlerfolg. Auf der parallel zum Katholikentag veranstalteten Tagung des Aachener „Piusvereins" verteidigte Schorlemer-Alst die stark agrarisch orientierte und vom Zentrum gegen die Liberalen unterstützte Schutzzollpolitik, die bei den katholischen Arbeitern auf Widerspruch stieß, und versuchte mit dem Wort an den „armen Mann" zu solidarisieren, der im Kulturkampf zusammen mit den anderen Ständen die Kirche verteidigt habe (*Kißling* II 65f).

[5] Zum Begriff: *O. v. Nell-Breuning:* StL[6] V 783–790.

[6] Zu Deutschland vgl. *C. Bauer,* Deutscher Katholizismus (Frankfurt a.M. 1964) 32–42. Besonders bezeichnend ist es, daß Hauptbereiche der Hochindustrialisierung, Rheinland-Westfalen und Oberschlesien, zwar ziemlich geschlossene katholische Gebiete waren, die trotz der Mobilität ihre Konfessionsstruktur wenig verändern, wo es aber dennoch „kaum eine katholische Beteiligung in der Führung der Industrialisierung" gab, vielmehr einen „völlig unproportionalen Anteil am industriellen Unternehmertum" (38). – Über konfessionell geschlossene Länder ist eine sinnvolle Aussage nur möglich, wenn man über das mehr oder weniger starke kirchliche „Praktizieren" hinaus die tatsächliche religiöse Haltung einbeziehen kann. – Die isolierte soziale Praxis in den Betrieben religiös und moralisch verantwortlicher Unternehmer brachte diese in eine schlechtere Konkurrenzlage.

und paternalistische Vorstellungen vertreten wurden. Der Unternehmer betrachtete seinen überschaubaren Betrieb, in dem er jeden Einzelnen kannte, als eine Art erweiterter Familie. Bei relativ geringen ökonomischen Unterschieden war es auch ohne große Schwierigkeiten möglich, daß sich in den katholischen Organisationen dieses gesellschaftlichen Bereiches Selbständige (zu denen zwar auch die Bauern gehören, die aber doch eine eigene Lebensschicht ausmachen) und Abhängige vereinigten. Der Gesellenverband Adolf Kolpings stand in der Tradition des Handwerkerstandes, und die zu Meistern gewordenen Gesellen gehörten als außerordentliche Mitglieder weiterhin dem Verband an. Ein ähnliches Bild boten die kaufmännischen Vereinigungen im Katholizismus. Im Jahre 1884 entstand ein Verband katholischer Unternehmer im französischen Norden, und zusammen mit dem Priester Alet gründete L. Harmel 1889 die „Union fraternelle du Commerce et de l'Industrie", die meist aus Ladenbesitzern und kleinen Fabrikanten bestand, welche sich in ihrer religiösen Gemeinsamkeit auch gegenseitig wirtschaftlich fördern wollten. Die Mitglieder solcher Verbände waren überwiegend paternalistisch gesinnt, und ein experimentierfreudiger Unternehmer erntete Mißfallen[7]. Da die Interessen in den einzelnen Wirtschaftszweigen verschieden waren, wurde 1901 ein Zentralverband mit entsprechenden Fachgruppen gegründet. Der Anreger dieser Gründung, Abbé Puppey-Girard, veranlaßte auch 1892 die Verbindung junger Ingenieure, die „Union sociale des ingénieurs catholiques", die sich 1902 als Gewerkschaft konstituierte. In den Niederlanden entstanden zu Anfang des 20. Jh. katholische Unternehmerverbände der Tabak- und Maschinenbauindustrie. In Belgien und in Deutschland bestand angesichts der parteipolitischen Verhältnisse kein Bedürfnis nach solchen Organisationen. Die sich in den neunziger Jahren in Österreich gegen die Konservativen formierenden Christlich-Sozialen hatten zwar ein ernsthaftes Interesse an der Arbeiterfrage, waren aber selbst eine ausgesprochen mittelständische Bewegung, in der sich viele selbständige und unselbständige Kleinbürger trafen[8].

Zu Beginn des 1. Weltkrieges starben die beiden katholischen Industriellen, die sowohl in ihren eigenen Betrieben wie in organisatorischer Tätigkeit versuchten, eine Lösung der Arbeiterfrage darzustellen, beide in patriarchalischem Stil, wenn auch durch die Lage in ihren Nationen und in ihrer persönlichen Denkweise verschieden, beide aus der Textilbranche: Léon Harmel (1829–1915)[9] und Franz Brandts (1834–1914)[10]. Diese Männer sind keines-

[7] *H. Rollet* a. a. O. II 322 (Ausg. 1947) beschreibt, auf welchen Widerstand der Unternehmer C. Feron-Vrau auf dem Kongreß von Mouvaux 1895 stieß, weil er einen Betriebsrat wählen ließ, obwohl er hinzugefügt hatte, daß man die Arbeiter daran gewöhnen müsse, „den für den Unternehmer vorbehaltenen Bereich zu respektieren".

[8] *F. Funder* a. a. O. 82–155.

[9] L. Harmel war in den siebziger Jahren Anhänger der Bourbon-Monarchisten, des Grafen von Chambord, eines Enkels Karls X., der sich zum Lilienbanner bekannte. Streng ultramontan gesinnt, verfocht er den Syllabus. Er löste sich aber von den antirepublikanischen Tenden-

wegs repräsentativ für ihre Kollegen gleicher Konfession, aber sie dokumentieren, was eine ernsthafte paternalistische Reform war. Harmel, „le bon père“ genannt, theoretisch von Le Play bestimmt[11], vertrat und praktizierte selbst eine gewisse Mitwirkung der Arbeiter in der Fabrikordnung (aus dem „Conseil professionnel“ 1888 wurde 1891 der präzisere Begriff „Conseil d'usine“) und tendierte dazu, die Arbeiter selbst zu Initiativen zu bewegen. Sein Fernziel war eine Korporation von Arbeitgebern und -nehmern, das er jedoch – im Unterschied zu A. de Mun – nur in der Anerkennung der Gewerkschaftsidee für erreichbar hielt. Staatlicher Intervention stand er kritisch gegenüber, aber ebenso seinen Kollegen, denen er vorwarf, außer der üblichen caritativen Betätigung in der Arbeiterfrage nichts zu tun. Seine Grundsätze legte er im „Catéchisme au patron“ (Paris 1889) nieder. Harmel gehörte zu den Hauptorganisatoren der französischen Arbeiterpilgerzüge nach Rom und war seit 1895 der Präsident des „Œuvre des cercles catholiques d'ouvriers“, das er aus der konservativen Konzeption des Grafen A. de Mun herausführen wollte, um die Arbeiter selbst zu gewinnen. Er wurde durch F. Brandts als Berater bei der Gründung des „Arbeiterwohl“ in Mönchen-Gladbach herangezogen, eines Verbandes „katholischer Industrieller und Arbeiterfreunde“ (1879), mit dem und dessen Zeitschrift der deutsche Textilunternehmer seine sozialpolitischen Vorstellungen verbreiten wollte. Dem Vorstand gehörten auch Georg v. Hertling und der Mainzer Prälat F. Chr. Moufang an, der die Traditionen Kettelers mitbrachte. Im Jahre 1880 stieß der vom Campo Santo zurückgekehrte F. Hitze als Sekretär zu diesem Kreis, der für die Sozialpolitik der Zentrumspartei große Bedeutung gewinnen und die „Mönchen-Gladbacher Richtung“ sowohl gegen die Wiener Vogelsang-Schule wie gegen die klerikale „Berliner Richtung“ durchzusetzen vermochte (1890 wurde Brandts der Vorsitzende des „Volksvereins“)[12]. Auch Brandts war ein Patriarch[13], und als solcher bezog er auch 1886 mit seiner

zen. Sein Hauptbesitz lag in Val des Bois bei Reims. – *G. Guitton,* Léon Harmel, 2 Bde (Paris 1925, ²1930); *ders.,* L. Harmel et l'initiative ouvrière (Paris 1938); *H. Rollet,* a.a.O. Register.

10 F. Brandts, Sohn eines wohlhabenden Textilhändlers („Verlagssystem“), lernte während einiger Monate in England zu Anfang der sechziger Jahre die industrielle Weberei kennen und richtete danach seinen Betrieb in Mönchen-Gladbach ein („Wie kann man nur fürchten, wir würden zu reich, wir sind doch erst am Anfang“; nach *Hohn* 25). Er war ein energischer und selbstbewußter Mann, der gelegentlich auch mit seinem späteren Mitarbeiter F. Hitze zusammenstieß (als Brandts in der Zentrumsfraktion für Harmonie plädierte und auf sein Verhältnis zu Hitze anspielte, sagte Windthorst: „Ja, das tut Ihre Frau!“; *Schwer-Müller* [zit. in Kap. 12] 59). – *W. Hohn* (Hrsg.), F. Brandts (M.-Gladbach 1914, ²1920), Zitate von Brandts, Nachrufe von A. Pieper u. C. Sonnenschein; *E. Ritter,* Volksverein (zit. in Kap. 12) Register.

11 *Buchheim,* Ultramontanismus 327. Vgl. Kap. 12.

12 Vgl. Kap. 12. – 1892 holte F. Hitze den Priester August Pieper (1866–1942) in diesen Kreis; 1903 wurde er Generaldirektor des „Volksvereins“. *A. Rode,* Die sozialpolitischen Ideen A. Piepers (Diss. Köln 1950).

13 1890: „Neben der vollen Anerkennung des Arbeiters als gleichberechtigten Mitmenschen

Familie das St.-Josefs-Haus, in dessen erster Anlage 1878 er die Wohlfahrtseinrichtungen seiner Fabrik untergebracht hatte. Aber er wußte sehr wohl, daß alle betrieblichen Sozialwerke allein nicht genügen, war ein entschiedener Vertreter des Rechtes und der Pflicht des Staates zur Intervention und setzte sich schließlich nach anfänglicher Zurückhaltung 1898 gegenüber seinen distanzierten Kollegen dafür ein, daß den Arbeitern das gleiche Koalitionsrecht in den Gewerkschaften wie den Arbeitgebern zustehe. Allerdings sollte die gesetzliche Reform dafür sorgen, daß „der Tätigkeit der Gewerkschaften, wenn der Kampf einmal aufgenommen werden muß, um so weniger übrigbleibt“[14].

Die sozialsittliche Begründung der Arbeiterbewegung

Hier sind Anschauungen ausgesprochen, die aus den sozialtheoretischen Erörterungen in den Katholizismen hervorgegangen waren und trotz fortbestehender Differenzen in der Enzyklika „Rerum novarum“ 1891 ihren lehramtlichen Ausdruck gefunden hatten. Die Bejahung staatlicher Intervention in diesem Lehrschreiben[15] war eine grundsätzliche Entscheidung gegenüber der liberalkapitalistischen Gesellschaft und überließ es nun den Katholiken, innerhalb der politischen Parteien des Verfassungsstaates nach den Prinzipien der kirchlichen Soziallehre zu handeln. Wie dies in einzelnen Sachentscheidungen, etwa der Gestaltung der Sozialversicherung, und in parlamentarischen Kombinationen geschehen ist, gehört in die allgemeine Geschichte und ist Gegenstand einer Kirchengeschichte nur noch insofern, als es zu Konflikten mit dem hierarchischen Weisungsanspruch kam[16]. Die andere, ebenso gewichtige lehramtliche Entscheidung des Schreibens, die Anerkennung des Koalitionsrechtes der Arbeiter, wirkte unmittelbar auf die gesellschaftliche Struktur der Katholizismen ein und mußte noch in einem kritischen Prozeß ausgetragen werden. Hier wurde die

[nämlich als Familienvater und als ‚Wahlbürger‘]... soll dennoch das Gefühl der alten patriarchalischen Beziehung zwischen Arbeitgeber und Arbeiter, das Gefühl der Zusammengehörigkeit, nicht verschwinden“ (*W. Hohn* a. a. O. 109). Brandts betrachtete seine Fabrik als „erweiterte Familie“ (*ebd.* 23).

[14] *W. Hohn* a. a. O. 81 111–117; Brandts dachte an Arbeitskammern, in denen beide Partner vertreten sind.

[15] Vgl. Kap. 12 Anm. 57. Man wird diesem Lehrschreiben nur gerecht, wenn man seinen geschichtlichen Ort innerhalb der traditionellen Gesellschaftslehre der katholischen Kirche beachtet. Gewiß war es nicht bahnbrechend innerhalb der allgemeinen sozialgeschichtlichen Entwicklung; aber es war bedeutend als das Wort einer hervorragenden konservativen Macht und trug erheblich dazu bei, sowohl konservative wie liberale Widerstände gegen eine entschiedene Sozialpolitik zu mäßigen. – Eine gute Einordnung sowohl in die Geschichte der päpstlichen Soziallehre bis Pius XI. wie in die allgemeine Geschichte der Sozialtheorie: *A. Simon* (Brüssel): *H. Scholl* (Hrsg.) 13–49.

[16] Zum Zentrumsstreit 1906 vgl. Kap. 35; zu den speziellen Problemen in Italien Kap. 5 und 34.

Überschrift der Enzyklika („De conditione opificum") in hohem Maß konkretisiert, und dies in einer Wendung zu den Arbeitern selbst. Daß Leo XIII. im Abschnitt über die „Arbeitervereine" (sodalitia artificum) die Erörterungen über die mittelalterlichen Zünfte aufgreift, aber die Notwendigkeit der Anpassung an die modernen Verhältnisse betont, hat deshalb einen aktuellen und praktischen Sinn, weil er ausdrücklich offenläßt, ob sich diese Vereine nur aus Arbeitern zusammensetzen oder „gemischte" Organisationen sind. Da die Bildung solcher Vereinigungen naturrechtlich begründet ist, hat der Staat kein Recht, sie zu verbieten, und er wird davor gewarnt, sein Recht zum berechtigten Eingriff zu mißbrauchen unter dem bloßen Vorwand des öffentlichen Interesses[17]. Den Streik jedoch sieht Leo XIII. ausschließlich als ein Übel, weil er sowohl Arbeitgeber wie Arbeitnehmer und den öffentlichen Wohlstand (mercaturae, rei publicae utilitates) schädigt, zumal er mit Gewalttätigkeit verbunden zu sein pflegt. Es ist Sache der Gesetzgebung, die Ursachen solcher Konflikte zu beseitigen. Die sich daran anschließende Diskussion katholischer Sozialtheoretiker knüpfte an der Stelle an, wo davon die Rede ist, daß die Arbeitnehmer den frei und unter den Bedingungen der Billigkeit (libere et cum aequitate) eingegangenen Arbeitsvertrag vollständig erfüllen müssen[18]. Nun spricht die Enzyklika deutlich genug aus, daß die Reichen weniger des staatlichen Schutzes bedürfen als das „miserum vulgus", und es bestand kein Zweifel daran, daß Arbeitsverträge eingegangen werden mußten, die alles andere als frei und billig waren. Dazu kam, daß sich die Enzyklika über die Frage des gerechten Lohnes[19] notwendig nur sehr allgemein ausdrücken konnte. Mit dem Problem des Streikes war freilich ein fundamentales Moment der Klassengesellschaft angesprochen[20]: Mit welchem ordo war dieser Erscheinung des Antagonismus zu begegnen?

[17] Acta Leonis XI 133–135.

[18] Zum Streik: ebd. 126; zum „pactum operae": 110.

[19] *I. Healy,* The Just Wage, 1750–1890 (Den Haag 1966).

[20] Das Streikproblem gewann mit der Bildung der „Christlichen Gewerkschaften" an Dringlichkeit. Der Moraltheologe *A. Lehmkuhl* erklärte in seiner Schrift „Arbeitsvertrag und Streikrecht" (Freiburg 1899, ^{4}1904) den fristlosen „Abwehrstreik" nach Maßgabe der Notwehr als erlaubt, wenn die Arbeiter in einen „ungerechten" Vertrag gezwungen wurden; „im Unrecht" ist der Arbeitgeber, wenn er trotz Rentabilität nicht den Lohn zahlt, der „für den Unterhalt des Arbeiters und seiner Familie durchgängig genügt", was im einzelnen freilich schwer feststellbar sei (55–59); ein fristgerechter Streik ist auch dann erlaubt, wenn es nicht um den „gerechten", sondern einen höheren Lohn geht, dessen angemessene Höhe „nach oben der Natur der Sache nach unbestimmter ist als nach unten" (59ff). Ähnlich äußerte sich der Löwener Kanonist *A. Vermeersch:* Quaestiones de iustitia (^{2}1904) 627. *I. Treitz,* der Generalsekretär der katholischen Arbeitervereine in der Diözese Trier, der gegen die „Christlichen Gewerkschaften" die Kampfschrift „Kann ich, werde ich für eine Arbeiterbewegung auf katholischer Grundlage eintreten?" (Trier 1904) veröffentlicht hatte, lehnte in der Schrift „Der moderne Gewerkschaftsgedanke vom Standpunkt der Vernunft und Moral" (Trier 1909) den Streik ab und sprach allein dem Staat die Schlichtung zu, ebenso der Berliner Generalsekretär Fournelle (in den Leitsätzen der von Klerikern geleiteten „Fachabteilungen"

Leo XIII. betont sehr nachdrücklich, daß die Pflege der Frömmigkeit das oberste Anliegen der Arbeitervereine sein müsse und daß im Namen der bischöflichen Autorität die Geistlichen in der Leitung der Vereine für alles verantwortlich sind, was die Seelsorge angeht[21]. Dies war für die katholische Arbeiterbewegung in ihrer Frühzeit um so weniger ein Problem, als es zu einem guten Teil sozial engagierte Geistliche waren, die ihre ganze Tätigkeit der Arbeiterfrage in einem umfassenden Sinne widmeten, auch wenn sie dabei nicht immer den Beifall ihrer Vorgesetzten fanden. Während es aber bei den bäuerlichen und mittelständischen Organisationen des Katholizismus meist um eine religiöse Solidarität auch in ökonomischen Fragen ging und umgekehrt der Zusammenhalt in wirtschaftlichen Nöten die religiöse Solidarität der katholischen Sondergruppen innerhalb der Entchristianisierung der allgemeinen Gesellschaft bestärken konnte, war die Arbeiterbewegung insgesamt, ob marxistisch oder nicht, eine jedenfalls „antibürgerlich" gestimmte *Kampfbewegung*. War die katholische Arbeiterbewegung um so weniger eine Arbeiterbewegung in diesem Sinne, je mehr sie religiös bestimmt war – und trat umgekehrt ihr religiöser Charakter als *katholische* Arbeiterbewegung um so mehr zurück, je mehr sie in den „christlichen Gewerkschaften" primär arbeitskämpferisch orientiert war? Damit ist die Kernfrage der katholischen Arbeiterbewegung, von der allein übrigens Leo XIII. sprach, berührt: Waren ihr religiöser Charakter und der Charakter einer notwendigerweise kämpferischen Bewegung vereinbar? Wenn es hier jedenfalls eventuell zum Konflikt kommen konnte, mußte dann nicht die Interessenvertretung aus dem katholischen Standesverein der Arbeiter herausgenommen und auf Gewerkschaften übertragen werden? Aber welchen Grund gab es, ökonomische Interessen in religiöser Form zu vertreten? Die „Christlichen Gewerkschaften" wollten sich mit dieser ihrer Bezeichnung vom damals überwiegend atheistischen Sozialismus absetzen, ohne damit eine betont religiöse Motivation für ihre konkreten Ziele zum Ausdruck zu bringen. Im

der Berliner Kath. Arbeitervereine hieß es: „In Kampforganisationen kann der Geistliche keinen Platz finden, wohl aber in Organisationen der Versöhnung, des Rechts und des Friedens"; zit. nach *H. Brauns,* Christliche Gewerkschaften oder Fachabteilungen [1904] 50). Darauf antwortete *J. Biederlack,* Die Frage der sittlichen Erlaubtheit der Arbeiterausstände: ZKTh 34 (1910) 302: Wer wohl den Optimismus habe, „daß er von unseren heutigen Machthabern eine lediglich das allgemeine Beste des Staates und des Volkes berücksichtigende Beendigung des wirtschaftlichen Kampfes zu erhoffen wagte". *H. Pesch,* Streik und Lockout: Stimmen aus Maria Laach 77 (1909) 1–12 142–154, der kritisch ist gegen die „vielgerühmte Vertragsfreiheit" und dafürhält, es sei der Streik zwar ein großes Übel, aber „nicht unbedingt zu verurteilen", gab das wohl gewichtigste Votum ab mit der Bemerkung, es gehe heute noch um „Gruppen" und nicht um „organisierte Berufsstände", die öffentlichen Rechtes sein müssen und – wenn sie einmal gebildet sein werden – Sache der Gesellschaft und nicht des Staates zu sein haben (148ff). – Die abgeklärte Auffassung der christlichen Soziallehre bei: *O. v. Nell-Breuning,* Streik: LThK² IX 1111f; *ders.:* Festschrift für E. Liefmann-Keil (demnächst).

[21] Acta Leonis XI 138f. Anhänger von Rer. nov. als Integralisten: S. 493.

Mangel einer solchen Unterscheidung und zum Teil auch in der Ablehnung der Gewerkschaftsidee überhaupt gründet der spätere Streit um die „Christlichen Gewerkschaften" über das konfessionelle Prinzip hinaus.

Die Industriearbeiter

Legt man die europäische Landkarte, auf der die sich in der zweiten Jahrhunderthälfte ausbildenden hochindustriellen Zentren verzeichnet sind, auf die katholische Konfessionskarte, so decken sich Oberschlesien, die Poebene um Mailand und Turin, die Bereiche um Barcelona, Bilbao und Oviedo sowie der südwärts ausschwingende Raum von Hamm bis Dünkirchen. In Oberschlesien entstanden Vereine, in deren Zeitschrift „Robotnik" rein pastorale Ziele verfolgt wurden, und in Spanien gab es keine oder nur sehr geringfügige katholische Arbeiterorganisationen (und Barcelona wurde zum Schauplatz des Schreckens). In Italien konzentrierten sich die Einrichtungen der „Opera dei congressi" auf das Veneto und die Lombardei (1904: 1339 von 2432) und wurden um diese Zeit 170 Arbeitervereine gezählt; an der Führungsfrage und dem Charakter der Organisationen[22] entzündeten sich die kirchlichen Konflikte. Der Schauplatz der katholischen Arbeiterbewegung im Pontifikat Leos XIII. ist im wesentlichen das rheinland-westfälische, belgische und nordfranzösische Industriegebiet.

Die „Cercles catholiques d'ouvriers", 1871 von A. de Mun gegründet, hatten um 1880 etwa 40000 Mitglieder, gingen dann im Zusammenhang mit den politischen Gegensätzen innerhalb des französischen Katholizismus zurück und

[22] *Carl Sonnenschein* (zit. in Kap. 15) 8–12 unterscheidet in Italien hinsichtlich der sozialen Frage fünf gesellschaftliche Gruppen: 1. die rosminianischen liberalen Katholiken, die fast ausschließlich die nationale Frage bewegt; 2. die Intransigenten, „Männer von der geschlossenen Treue einer Prätorianergruppe", zu denen aber auch eine Gestalt wie der Priesterjournalist Davide Albertario (1846–1902) gehörte, welcher nach dem Mailänder Generalstreik vom 6. bis 9. Mai 1898 (bei der Niederschlagung über 100 Tote) zusammen mit dem Sozialisten Filippo Furati zu Gefängnis verurteilt wurde (*Magri* [zit. in Kap. 5] I 216ff; *E. Nolte* in: *Th. Schieder* [Hrsg.], Hdb. der europ. Geschichte 6 [1968] 415f); 3. die Kurie in einer Stadt ohne Industrie; 4. den feudalen Süden, wo Freimaurer und Kleriker einträchtiglich leben; 5. die hierarchisch geleitete, aber unter dem Einfluß der Großgrundbesitzer und Industriellen stehende „Opera dei congressi" mit einem „Formalismus von ungeheuren Dimensionen, ein paar Katholikentagen ohne Volk und voll byzantinischer Proteste". – Dies ist das temperamentvoll gezeichnete Bild des Berliner Großstadtseelsorgers, der 1900 in Rom Priester geworden war, 1906 Referent beim „Volksverein" in M.-Gladbach. – Vgl. Kap. 34. *A. Gambasin* auch in: *S. H. Scholl* (Hrsg.) 214–242. Im Jahre 1902 spitzte sich in der „Opera dei congressi" der Streit um reine Berufsverbände, die meist als Gewerkschaften angestrebt wurden, zu, so daß es zur Krise und Auflösung der Opera kam. Im Jahre 1907 fand der erste Generalkongreß der neuen „Unione economico-sociale" in Bergamo statt, dessen Präsident Medolago von Pius X. vergeblich eine stärkere Betonung des wirtschaftlichen Kampfcharakters erbat. Trotzdem waren die religiösen Forderungen praktisch sehr tolerant. Im Jahre 1910 gab es (einschl. der Landarbeiter) 104614 katholische („weiße") Gewerkschafter von 817034 Gewerkschaftern insgesamt in Italien (bei 9 Mill. Arbeitnehmern). Vgl. Kap. 34.

wurden 1891 im „Ralliement" etwas belebt und zählten 1906 etwa 60000 Mitglieder in 418 Arbeitervereinen. Weniger die relativ sehr geringen Zahlen sind das entscheidende, sondern der soziale Status der Mitglieder. A. de Mun hatte in einer Rede vor dem damals ganz bürgerlichen katholischen Jugendverband gesagt: „Das einfache Volk, meine Herren, die Arbeiter in den Städten, den Fabriken, auf den Feldern – hier ist das große Problem, das Ihre Gedanken ausfüllen sollte!"[23] Aber nicht nur fand dieser Aufruf außer bei engagierten Katholiken des Landadels und mittleren Bürgertums ein recht geringes Echo, es gelang vor allem nicht, „in der Welt der Arbeiter Wurzel zu fassen", es blieb beim „agir de l'extérieur"[24]. Die Ursachen waren teilweise politischer und speziell französischer Natur. Auch als A. de Mun 1885 auf die Gründung einer katholischen Partei auf Wunsch des Papstes verzichtet und während des Ralliement seine politische Überzeugung geopfert hatte, es blieb immer bei dem auch damals bestimmenden Motiv: die Konservativen zu einigen in der „défense religieuse" und der „action sociale"[25]. Es ging in der Tat um „die religiöse, soziale und politische Gegenrevolution", die aber den in den führenden Schichten herrschenden ökonomischen Liberalismus nicht brechen konnte und deshalb bei der antibürgerlichen Arbeiterschicht keinen Anklang fand[26]. Doch zur falschen Einschätzung der politischen Psychologie der Arbeiterschaft[27] kam wohl auch das Problem hinzu, inwiefern die bürgerliche Spiritualität, ganz abgesehen von ihren politischen Implikationen, der Mentalität der Arbeiterschaft entsprechen konnte. Das Symbol der „cercles" war eine Kombination des Kreuzes mit dem Herzen Jesu[28]. Doch selbst eine solche Bewegung war für Bischof Ch.-E. Freppel von Angers (1827–91) viel zu revolutionär[29]. Gegen Ende seines Lebens, im Jahre 1911, gestand sich A. de Mun den Mißerfolg ein: Man habe die Arbeiterklasse kaum berühren, geschweige denn durchdringen können[30]. Dies war das aufrichtige Wort eines aufrichtigen Mannes, und es ist ihm nicht anzulasten, daß für viele der nordfranzösischen Patrons diese religiöse Aktivität nur ein

[23] Zitiert nach *M. P. Fogarty* a.a.O. 309.

[24] *H. Rollet* a.a.O. II 372–374.

[25] *H. Rollet,* A. de Mun... 118f.

[26] W. *Gurian* 278 (zit. in Kap. 12).

[27] „This renascent social movement... imagined a working class hostile to the Revolution and missed totally the workers psychology" (*J. N. Moody* a.a.O. 146f).

[28] *Lynch* 187. Das Vereinslied lautete: „Quand Jésus vint sur la terre ce fut pour y travailler / Il voulut, touchant mystère, Comme nous être ouvrier / Espérance / De la France, / Ouvriers, soyez chrétiens: Que votre âme / Soit de flamme / Pour l'auteur de tous les biens."

[29] Er war bis zu seinem Tod (1891) ein Gegner der staatlichen Intervention (so beim Lütticher Kongreß 1890), weil sie die individuelle Freiheit berühre und Sozialismus sei (*Terrien* II 696). Was er wollte: „restaurer la société chrétienne par l'affirmation de la doctrine catholique contre la Révolution, qui a détruit l'ordre social, où régnait le Christ" (ebd. II 204).

[30] *Combats* VI 194: „Il faut bien dire la vérité. Nous avons des œuvres nombreuses, souvent florissantes, cercles, patronages, associations. Cependant, nous n'avons pas entraîné la classe ouvrière, je dirais presque que nous ne l'avons pas atteinte, du moins que nous ne l'avons pas pénétrée."

Escapism gegenüber der sozialen Frage war[31]. Der erste Ansatz einer christlichen Gewerkschaftsbewegung war das 1887 gebildete „Syndicat des Employés du Commerce et de l'Industrie", dessen Vorstand 1891 sowohl ein Schutzkomitee katholischer Arbeitgeber[32] wie einen geistlichen Beirat ablehnte. Aus dieser und ähnlichen Organisationen entstand die „Confédération Française des Travailleurs Chrétiens" (CFTC).

In Belgien haben der Bischof Doutreloux von Lüttich, dem Tagungsort der internationalen katholischen Sozialkonferenzen, mit seinen caritativen Unternehmungen und der Gründung der „Aumôniers du travail" (1895), der politische Professor G. Helleputte mit seinen Arbeitergilden, der Sozialpfarrer Pottier in Lüttich und Pater Rutten eine katholische Arbeiterbewegung ins Leben gerufen, die es nicht mit den politischen Belastungen der Franzosen zu tun hatte, erheblich pragmatischer war, aber sich gegen die Herrschaft der Konservativen erst über den wachsenden Einfluß der „Ligue démocratique belge" (seit 1891) durchsetzen konnte. Doch auch hier breitete sich die Entchristianisierung der Arbeiterschaft immer mehr aus. In den Niederlanden bildeten sich zwei Richtungen aus: Die „Leidener", betont gewerkschaftlich, und die „Limburger", die ein religiös-soziales Programm verfolgte[33].

„Bei dieser Tour durch Belgien, Aufenthalt in Aachen und Fahrt den Rhein herauf habe ich mich überzeugt, daß energisch, speziell in den katholischen Gegenden, gegen die Pfaffen losgegangen werden muß ... Die Hunde kokettieren (z.B. Bischof Ketteler in Mainz, die Pfaffen auf dem Düsseldorfer Kongreß usw.), wo es passend erscheint, mit der Arbeiterfrage." Dies schrieb am 25. September 1869 Karl Marx an Friedrich Engels[34]. Diese Beobachtung des Gegners warnt ebenso davor, die Effizienz der katholischen Arbeiterbewegung in dieser nordwestlichen Ecke des europäischen Kontinents zu unterschätzen, wie

[31] *H. Rollet* a. a. O. II 322: „Die Unternehmersgattin, die ins Werk kommt und die nichtkatholischen Frauen entläßt, der Kaplan von Fourmiers, der im Betriebsrat den Frieden der Heiligen Schrift predigt; die Unternehmer von Roubaix, die den Aufenthalt in Kneipen unterdrükken, anstatt die Löhne zu erhöhen."

[32] Der Antrag stammte von L. Harmel (vgl. S. 230f), der die Bewegung des Grafen A. de Mun auf eine realistischere Basis stellte und seit 1893 die Arbeiterkongresse in Reims organisierte. Seit 1901 ging die Bewegung im „Sillon" auf.

[33] Hierzu der eigene Beitrag von *S. Herman Scholl*, 52–77, der vorbildlich die katholische Arbeiterbewegung in Belgien in die allgemeine Sozial- und Wirtschaftsgeschichte einordnet und so die sonst oft in der katholischen Literatur unbeabsichtigt hervorgerufenen Perspektivenverzerrung vermeidet. Scholl unterscheidet den „sozialen Katholizismus" von 1789 bis 1886 und die „christliche Demokratie" von 1886–1914 (was unseren Zeitraum angeht). 1891 gründete Helleputte auf dem Löwener Kongreß den „Belgischen Volksbund", der die verschiedenen Ansätze einer katholischen Arbeiterbewegung konzentrieren sollte, die freilich wie auch in anderen Ländern nur selten von Arbeitern geführt wurden. Bei der Jahrestagung 1901 hielt Pater Rutten sein erstes Referat über die christlichen Gewerkschaften, die damals 11000 Mitglieder hatten. Im Jahre 1909 waren es 40521 : 142035 Sozialisten. – Zur Niederlande: *P. H. Winkelmann: Scholl* (Hrsg.) 255–286, ebenfalls eingeordnet dargestellt.

[34] Briefwechsel Marx-Engels IV (Ausg. Berlin 1950) 272.

Bismarcks Bemerkung gegen die zahlreichen und häufig von Kaplänen redigierten „sich katholisch nennenden Lokalblätter", welche die staatlichen Maßnahmen gegen die „Arbeiterumtriebe" verhöhnen, wo ihnen doch der Pariser Kommune-Aufstand die Augen hätte öffnen sollen[35]. Der „Düsseldorfer Kongreß", von dem K. Marx schrieb, war der Katholikentag 1869, bei dem – nach früheren Einzelgründungen – die Frage einer Arbeiterorganisation erörtert wurde, jedoch mit großer Zurückhaltung gegenüber selbständigen Vereinen (vielmehr Sektionen in katholischen Männervereinen). Im Jahre 1869 gründete Kaplan E. Cronenberg in Aachen den „Arbeiterverein vom heiligen Paulus" und arbeitete mit dem aus Essen versetzten Kaplan Dr. Litzinger (umgekehrt war der Kaplan Laaf von Aachen nach Essen beordert worden) zusammen, einem der Intellektuellen unter den „Sozialkaplänen", die aber untereinander recht uneins sein konnten. So polemisierte Cronenberg gegen die seit 1869 von Kaplan Joseph Schings redigierten Aachener „christlich-sozialen Blätter", die ihm zu sanft waren, in seinen „christlich-sozialen Stimmen"[36]. Cronenberg vertrat die Meinung, daß „die christlichen Arbeiter die Arbeiterfrage selbst in die Hand nehmen müssen" und, bei aller christlichen Begründung, die sozialen Probleme relativ selbständig anzusehen sind. Mit seiner Baugenossenschaft machte er Konkurs (1878 wegen Bilanzfälschung verurteilt). Um 1875 hatte der „Paulusverein" in Aachen mit ca 5000 Mitgliedern eine beachtliche Stellung. Damals begann auch der Kampf bei der Nominierung der Zentrumskandidaten, den zunächst nur die Bürgerlichen gewannen; 1877 siegte in Essen der Arbeiter J. Stötzel und wurde dann auch mit großer Mehrheit ins Parlament gewählt[37]. Der eigentliche Durchbruch einer selbständigen katholischen Arbeiterbewegung erfolgte erst 1884 beim Amberger Katholikentag dank dem Einsatz von F. Hitze. Der Zusammenschluß in regionalen Verbänden erfolgte in den Jahren 1892 bis 1910 (beim Katholikentag 1911 in Mainz wurde ein Kartellverband gebildet)[38]. Diese Entwicklung stand bereits im Zeichen des Streites um die „christlichen Gewerkschaften".

[35] *H. Rothfels,* Bismarck und der Staat. Ausgewählte Dokumente (Stuttgart 1958) 235. – In einem Schreiben an den Wiener Gesandten v. Schweinitz v. 27. Januar 73 verweist Bismarck auf die „christlich-sozialen Blätter" von Aachen, um eine „Verschmelzung" klerikaler und sozialistischer Tendenzen zu belegen: Ges. Werke VIc, 31f.

[36] *Schwer-Müller* 187f; *E. Naujoks* a.a.O. 101–116 bietet viel Material, übertreibt aber in seiner antiklerikalen Tendenz die Unterschiede zwischen den Akteuren. – *H. Lepper,* Kaplan F. E. Cronenberg...: ZAGV 79 (1968) 57–148. – *J. Thielmann,* Die Presse der kath. Arbeitervereine Westdeutschlands (Diss. München 1935).

[37] Eine „bürgerliche" Reaktion, die allerdings auch im Zusammenhang mit der prekären Lage im Kulturkampf zu sehen ist, zeigte sich in den siebziger Jahren auch in Titeländerungen. Das Blatt des Münchener Gesellenvereins „Arbeiterfreund" (1873) nannte sich „Arbeitsfreund", und der „Christlich-soziale Arbeiterverein" (1874) in Augsburg strich 1876 das Beiwort „sozial" (*E. Naujoks* a.a.O. 81).

[38] Mitgliederstand 1914 Westdeutschland: 203000, Ostdeutschland: 132000, Süddeutschland: 122000 (*Kißling* II 376).

Die Gewerkschaften sind das Problem der religiösen Arbeitervereine und diese wiederum das der Gewerkschaften. Dies ist nicht in erster Linie eine Frage der Konfessionalität gewesen, die sich so nur in Deutschland stellte, und in letzter Linie auch nicht die Frage der unmittelbaren kirchlichen Leitung, die in der integralistischen Konzeption während des Pontifikates Pius' X. beansprucht wurde, in Deutschland ebenso wie in anderen Ländern[39]. Der eigentliche Sachverhalt wird deutlich, wenn man die Erörterungen betrachtet, die in der Gründungszeit der „Christlichen Gewerkschaften" geführt wurden, und die Situation, wie sie sich etwa nach dem ersten Drittel des 20. Jh. darstellte. Bei der Generalversammlung der deutschen Arbeitervereinspräsides 1892 in Mainz wurde unter maßgeblicher Beteiligung von F. Hitze sehr deutlich gesehen, daß das Moment der religiösen Bildung zentral bleiben muß, ferner daß die beruflichen Fragen ihre sachliche Eigenständigkeit haben, und schließlich, daß der Arbeitskampf zum Wesen einer wirklichen Arbeiterorganisation gehört. Die damals beschlossenen „Fachabteilungen" innerhalb der katholischen Arbeitervereine unterscheiden sich von den Berliner „Fachabteilungen" im späteren Gewerkschaftsstreit, was schon daran deutlich wird, daß man sich in Mainz völlig darüber im klaren war, daß der Streik als „letztes Mittel" unabdingbar ist[40], aber bei „lokaler und konfessioneller Beschränkung" (der Arbeitervereine) nicht möglich sei. Beim Katholikentag in Köln 1895 sprach man von den Fachabteilungen als einem ersten Schritt zur „fachgenossenschaftlichen Organisation der gewerblichen Arbeiter auf christlichem Boden" (H. Brauns), was aber nur die Meinung einer Minderheit war. Beim Bonner Katholikentag 1900 einigte man sich mühsam auf einen Kompromiß: „Katholische Arbeitervereine und christliche Berufsorganisationen" und vermied den Ausdruck „Gewerkschaft"; es sei „das gesamte wirtschaftliche Leben" gemeint[41]. Dabei hatte bereits 1899 in Mainz der erste Kongreß der „Christlichen Gewerkvereine Deutschlands" stattgefunden, der dann die Berliner Reaktion hervorrief. Die Männer der ersten Stunde in der christlichen Gewerkschaftsbewegung haben im Kampf mit dem atheistischen Sozialismus einerseits und den (auch den meisten katholischen) Arbeitgebern andererseits – von der Gegnerschaft der Bischöfe Kopp und Korum zu schweigen – einen „wahren Bekennermut" gezeigt[42]. Aber war nicht mehr angesprochen als das deutsche Konfessionsproblem, wenn H. Brauns unterschied zwischen der „geistigen Haltung" in der „christlichen Gewerkschaft" und der „sittlich-religiösen" im Arbeiterverein?[43]

[39] Zum „Gewerkschaftsstreit" vgl. Kap. 35. – Der Stil, in dem er teilweise geführt wurde, erhellt aus einem Brief des Breslauer Fürstbischofs G. v. Kopp an August Pieper: „Es genügt ein Wink von mir, und Sie werden die gleiche Verurteilung finden wie Marc Sangnier in Paris" (*Ritter* 327).

[40] *H. Brauns,* Christliche Gewerkschaften oder Fachabteilungen in kath. Arbeitervereinen? (Köln 1904) 5–13 als Rückblick.

[41] *Kißling* II 373. [42] *O. v. Nell-Breuning:* LThK² IV 857.

[43] *H. Brauns,* Die Wahrheit über den Gewerkschaftsstreit... (M.-Gladbach 1912) 11.

In anderen Ländern, so in Belgien und in Holland, ging man den 1892 in Mainz erörterten Weg der kombinierenden Unterscheidungen von „Liga" und Gewerkschaft innerhalb der gleichen katholischen Arbeiterorganisation (in der Gewerkschaft war der geistliche Präses nur „Beirat"). Kardinal Gasparri bemerkte 1921, in der holländischen, belgischen und schweizerischen[44] katholischen Arbeiterbewegung habe man besser als anderwärts gespürt, „daß die Persönlichkeitsbildung, die Grundlage einer christlichen Klassenbewegung, immer mehr den vorherrschenden wirtschaftlichen Betätigungen untergeordnet werden würde, wenn es nicht eine gemeinsame Autorität gab, die das Gleichgewicht halten konnte"[45]. Aber welchen Weg man auch immer ging, den deutschen, den belgischen, den französischen (der zu einer nur im weitesten Sinne christlichen Gewerkschaft führte) oder den italienischen (wo die „Associazioni Cristiane Lavoratori Italiani" als reine Bildungsbewegung übrigblieb): das geschichtliche Ergebnis war im Grunde überall das gleiche. Die christlichen Gewerkschaften blieben gegenüber den anderen eine Minderheit und befanden sich im Arbeitskampf ihnen gegenüber in einer Konkurrenzlage, die es gerade erschwerte, eigene Prinzipien geltend zu machen; innerhalb der Katholizismen selbst erlaubte es die Christlichkeit der Gewerkschaften nur sehr bedingt, dem Antagonismus der Klassengesellschaft ein anderes Gepräge zu geben; die religiöse „Persönlichkeitsbildung" trat entweder hinter dem Arbeitskampf zurück oder beschränkte sich auf einen kleinen Kreis, und dies um so mehr, als die allgemeine gewerkschaftliche Entwicklung ihre eigenen Wege ging[46].

Es wurde oft erörtert, daß die Industriearbeiterschaft in besonderem Ausmaß der Kirche entfremdet wurde, und man hat mit Recht die Versäumnisse des bürgerlichen Katholizismus beklagt, die deutlich genug erkennbar sind an den Widerständen, gegen die sich die katholische Arbeiterbewegung innerhalb ihrer eigenen Glaubensgenossen durchzusetzen hatte. Aber es ist wohl zweierlei zu bemerken: Der Prozeß der Entchristianisierung war ein gesamtgesellschaftlicher, der in der Industriearbeiterschaft nur deshalb schärfer in Erscheinung trat, weil hier nicht ein „vierter Stand" heranwuchs, sondern eine neue Schicht, die sich wesentlich von der agrarisch-bürgerlichen Gesellschaft unterschied, und so auch im kirchlichen Bereich kein Verhältnis zu den Traditionen haben konnte, innerhalb deren ein konventionelles Christentum noch Jahrzehnte am Leben bleiben konnte. Vor allem aber war die Industriearbeiterschaft früher und unmittelbarer als jede andere Schicht von der Technisierung des Daseins

[44] Nach dem konfessionellen Ansatz von Vikar J.-B. Jung in St. Gallen (vgl. Kap. 4) wurden 1907 in Wintherthur die christlichen Gewerkschaften zwar interkonfessionell organisiert, waren aber praktisch von den Katholiken getragen.

[45] Zitiert nach *Fogarty* 237.

[46] Einen Überblick über die allgemeine Geschichte der Gewerkschaften und die besondere Stellung der christlichen (katholischen) in ihr gibt *O. v. Nell-Breuning* a. a. O. 853–858.

und damit von dem epochalen Bruch der Überlieferung getroffen[47], der die Gesamtgesellschaft erfaßte.

Von daher ist es klar, daß sich die allgemeine Problematik des Verhältnisses des Katholizismus zur modernen Gesamtgesellschaft (vgl. Kap. 12) in der katholischen Arbeiterbewegung in eigentümlicher Weise zuspitzen mußte. Sie wurde, wo sie die Gewerkschaftsziele religiös übersteigen wollte[48], als ein Fremdkörper innerhalb der allgemeinen Arbeiterbewegung, auch der nicht-marxistischen, empfunden. Aber sie war zwar ihrer Effizienz nach nicht das Prunkstück in den Katholizismen, jedoch vielleicht die äußerste Anstrengung des Katholizismus, die Überlieferung mit einer radikal säkularisierten Welt zu versöhnen, jedenfalls die Möglichkeit einer solchen Versöhnung darzustellen. Andererseits: wenn auch wohl zu fragen ist, ob eine eigenständige katholische Arbeiterbewegung derart, daß sie die religiöse Bildung und die unabdingbaren arbeitskämpferischen Ziele ebenso verbinden konnte wie die sozialistische die Partei und ihre Gewerkschaft, in Wirklichkeit überhaupt möglich war, so bleibt doch – freilich nach Ländern recht verschieden – festzustellen, daß die katholische Arbeiterbewegung wesentlich dazu beitrug, der Entchristlichung[49] und sozialen Radikalisierung in der allgemeinen Gesellschaft entgegenzuwirken.

[47] Der Schweizer Kapuzinerpater Theodosius Florentini erntete auf dem Frankfurter Katholikentag 1863 Bravorufe für seine These: „Es müssen die Fabriken zu Klöstern werden!" (*J. Höffner* 33f [Kap. 12]), und wird dann in der Literatur freundlich belächelt. Seine Experimente – 1859 erwarb er in Oberleutensdorf (Böhmen) eine Tuchfabrik, 1862 eröffnete er in Thal (St. Gallen) eine Papierfabrik – wären wohl auch gescheitert, wenn er nicht 1865 gestorben wäre, denn die Ordensschwestern, die er schickte, weil „Fabrikdirektoren" teure Leute seien, waren zwar billig, aber für die Geldgeber (sie kündigten die Kredite) nicht vertrauenswürdig. Das oft geschilderte Beispiel macht heute nachdenklich, weil der Versuch, das klösterliche „Ora et labora" in allem Ernst in das technische Zeitalter hinein zu verlängern, als ob nichts geschehen und die Technik nur eine verbesserte Form des Handwerks sei, in seiner utopischen Entschiedenheit so deutlich macht, was tatsächlich im Wesenswandel der Arbeit geschehen war.

[48] Die in ihrem deskriptiven Teil vorzügliche Arbeit von *M. Berger* verbaut sich die geschichtlich angemessene Interpretation, weil sie die Kriterien nicht aus dem Gegenstand, der katholischen Arbeiterbewegung im wilhelminischen Deutschland und ihrer immanenten Problematik, sondern aus der „Demokratisierung der Gesellschaft" als normativem Ziel bezieht. Damit ist nicht bestritten, daß erst die politischen „christlichen Demokraten" den Paternalismus überwanden, der übrigens auch historisch verstehend zu würdigen ist, und reformerische Erfolge durchsetzten. Daß die katholischen Arbeitervereine „Vielzweckorganisationen waren, die typisch für Übergangsgesellschaften sind" (215), bezeichnet den Sachverhalt präzis. Aber was anderes denn hätten sie sein können?

[49] *M. Schmidt,* Die Entchristlichung ... im deutschsprachigen Gebiet: ZKG 79 (1968) 342–357.

14. Kapitel

Das Verhältnis zum Staat und die Parteien

Lehrschreiben Leos XIII.: Diuturnum illud (1881); Immortale Dei (1885); Libertas (1885); Au milieu des sollicitudes (1892); Notre consolation (1892); Graves de communi (1901).

LITERATUR: *C. Crispolti – G. Aureli,* La politica di Leone XIII da L. Galimberti a M. Rampolla (Rom 1912); *F. Mourret,* Les directives politiques, intellectuelles et sociales de Léon XIII (Paris 1920). – Außer Lit. zu Kap. 12 (dort insbesondere die Werke von *O. Schilling* und *F. Mourret*): *P. Tischleder,* Die Staatslehre Leos XIII. (M.-Gladbach 1925/27); *ders.,* Staatsgewalt und katholisches Gewissen (M.-Gladbach 1926) (deutsche Reprise des Legitimismus-Problemes). Geschichte der kath. Bewertung der Demokratie: *A. Pieper:* StL^5 I und *H. Peters:* StL^6 II 589–592; *Hans Maier,* Revolution und Kirche. Studien zur Frühgeschichte der christlichen Demokratie, 1789–1901 (Freiburg ^{2}1965); *K. Buchheim,* Christliche Parteien: StL^6 II 467–475; *A. Gnägi,* Kirche und Demokratie (Diss. Zürich 1970) 149–160. – Vgl. Lit. zu den Länderkapiteln.

Die Enzyklika „Graves de communi" vom 18. Januar 1901, in der vom politischen Gehalt im Begriff der „christlichen Demokratie" nichts mehr übrigbleibt, wird oft als ein Dokument für die Spätzeit des Pontifikates Leos XIII. bewertet, die eine Abkehr vom Eröffnungsprogramm bedeute. Nun veränderten sich gewiß in diesen Jahren so ziemlich in allen Bereichen der kirchlichen Führung der Stil, das Klima, die Akzentuierung. Aber wenn man das pragmatische Entgegenkommen in den früheren Äußerungen des Papstes gegenüber der demokratischen Staatsform sorgfältig interpretiert, läßt sich eine Kursänderung im eigentlichen Sinne schwerlich feststellen, so mißverständlich es andererseits ist, wenn man die Lehräußerungen Leos XIII. zu den verschiedenen Fragen der Politik und des gesellschaftlichen Lebens quer durch den Pontifikat hindurch systematisiert und es sich so entgehen läßt, zwischen den Prinzipien und der jeweiligen pragmatischen Anpassung an die Situationen in den einzelnen Ländern zu unterscheiden[1]. Vor allem aber hatte der überaus unklare Begriff der „Démocratie chrétienne"[2], der nicht nur zu verschiedenen Zeiten und in verschiedenen Ländern, sondern auch gleichzeitig differente, ja gegensätzliche Positionen decken konnte, einmal fast nur religiös, dann gesellschaftsreformerisch, dann verfassungspolitisch (von der konstitutionellen und der parlamentarischen Monarchie bis zur Republik) gemeint wurde, ein höchst diffuses Bedeutungsfeld überlagert. Im Anschluß an die Enzyklika „Rerum novarum" weitete sich der Gebrauch des Begriffes, der im Zusammenhang mit den revolutionären Ereignissen von 1830 und 1848 angewendet worden war, beträchtlich aus, weil er in der katholischen Sozialbewegung der einzelnen Länder als Signalwort eingesetzt wurde, oft vertauschbar mit „Catholicisme social" oder

[1] Dies geschieht in extremer Weise in den Werken von *O. Schilling* (zit. in Lit. zu Kap. 12).
[2] Zur Begriffsgeschichte: *H. Maier* a. a. O. 303 ff, zur Ideengeschichte: 227–243, zur Zeit Leos XIII.: 259–271.

„christlich-sozial“. Sehr bedeutsam war es ferner, daß diese Entwicklung zusammentraf mit der Ralliement-Politik des Papstes gegenüber der französischen Republik. Eine grundsätzliche Interpretation dieser Politik konnte den politischen Gehalt des Begriffes „christliche Demokratie“ so stark aufwerten, daß sich erhebliche Komplikationen ergaben[3]. Der Papst selbst verwendete den Begriff (nach dessen umschreibendem Gebrauch in der Ansprache von 1898) jedenfalls offiziell nie außer in der Enzyklika „Graves de communi“, und Rampollas Instructio „De Actione populari christiana seu democratico-christiana“ vom 27. Januar 1902 unterstreicht nicht nur die päpstliche Einschränkung der „christlichen Demokratie“ auf die christliche Liebestätigkeit, sondern betont nachdrücklich, daß es sich dabei keineswegs um eine „cosa nuova“ handele[4]. Was mit dem Versuch begonnen hatte, im Sinne einer politischen Theologie die demokratischen Ideale der Gleichheit und der Freiheit als die Verwirklichung des Evangeliums aufzufassen[5], endete hier mit der zwar für die Konflikte in der „Opera dei congressi“ in Italien[5a] bestimmten, aber doch weiter reichenden Feststellung, daß es eine Korrespondenz zwischen der Kirche und der Demokratie nicht in der Weise geben kann, wie sie zwischen der Kirche und dem sakralen Königtum bestanden hatte.

Jedoch gab es im Pontifikat Leos XIII. eine gewisse „cosa nuova“, nur hatte sie sich bereits zwanzig Jahre zuvor ereignet und war alles andere als ein Weg zur „christlichen Demokratie“. In der Enzyklika „Diuturnum illud“ vom 29. Juni 1881 wird zwar von den „cupiditates populares“ gesprochen, die aus der verderblichen Lehre von der Volkssouveränität hervorgegangen seien, und die patriarchalische Monarchie ist für dieses Lehrschreiben ohne Zweifel die ideale Staatsform, vollendet in der Zeit des „imperium sacrum“, als die Päpste in einzigartiger Weise der politischen Macht die Weihe gaben[6]. Aber es wider-

[3] Beim Osnabrücker Katholikentag 1901 sagte E. M. Lieber, nachdem er die päpstliche Einschränkung des Begriffes auf die christliche Tätigkeit für das Volk zitiert hatte: „In diesem Sinne sind wir alle Demokraten“; *Kißling* II 307.

[4] Acta Leonis XXII 8–28, hier 19: „L'azione democratico-cristiana non è da ritenersi come cosa nuova; essa è antica quanto i precetti e gli insegnamenti evangelici.“ – Die Bemerkung (*H. Maier* a. a. O. 277), daß „der Versuch des Papstes (Ralliement) eine umfassende Rehabilitierung der christlich-demokratischen Bewegung einleitete“, muß eingeschränkt werden auf das konkrete taktische Ziel, das Leo XIII. mit seiner französischen Politik verfolgte (vgl. „Einleitung“), oder bezeichnet nur die Folgerungen, welche die aktiven französischen Vorkämpfer des Ralliement ihrerseits aus der Politik des Papstes gezogen haben.

[5] HKG VI/1 321. – *K. Buchheim,* Ultramontanismus 516: „Das Problem der Demokratie war von Anbeginn gegeben, weil die Ideale Freiheit, Gleichheit, Brüderlichkeit im Naturrecht und erst recht im Evangelium wurzeln.“ – Zur „heiligen Demokratie“, welche die „heilige Monarchie“ ablösen sollte: *H. Maier* a.a.O. 276.

[5a] Vgl. Kap. 5 (S. 99) und 34.

[6] Acta Leonis II 269–287; zur Volkssouveränität (imperium populare), die Leo XIII. – wie gelegentlich immer wieder zu bemerken – gleich allen modernen Übeln der Reformation entspringen läßt: 282. – Zur Monarchie: es ist keine Gesellschaft denkbar, „in qua non aliquis temperet singulorum voluntates ut velut unum fiat ex pluribus“ (274); Analogie zum einen göttlichen Gesetzgeber und Richter und zur Vaterschaft: 275 („isto autem modo diversa ge-

streitet der katholischen Lehre nicht, daß in bestimmten Fällen die Vorsteher der öffentlichen Gewalt „nach dem Willen und Urteil der Menge" gewählt werden können, womit allerdings die Herrschaft nicht übertragen, vielmehr nur bestimmt wird, wer sie auszuüben hat[7]. Mit dieser Konstruktion wird die Demokratie als eine kirchlich tolerable Staatsform eingeführt, sie aber zugleich ihres geschichtlichen Wesens entkleidet, d.h. ihr revolutionärer Charakter eliminiert. Auch ist – dies gilt für alle Lehrschreiben, die sich um eine Akkommodation an die Moderne bemühen – zu beachten, daß diese Stelle kurz und in einen umfänglichen traditionellen Text eingepackt ist. Die Polemik gegen den Gesellschaftsvertrag und die Volkssouveränität hat durchaus den Vorrang.

Die Enzyklika „Immortale Dei" vom 1. November 1885 ist noch mehr als die des Jahres 1881 im Hinblick auf Frankreich abgefaßt, um mindestens eine Verschärfung der kirchenpolitischen Situation und vollends die Trennung von Kirche und Staat zu vermeiden, ja um in einer Verständigung einen Weg zu finden, der dem großen Ziel Leos XIII., der Rechristianisierung der modernen, nolens volens auch der demokratischen Welt, entgegenführt[8]. Auch in diesem Rundschreiben stehen die Stellen, in denen die demokratische Staatsform neben anderen anerkannt wird, vereinzelt innerhalb des Hauptthemas „Kirche und Staat" (utraque [potestas] est in suo genere maxima) und wird die Lehre verworfen, es hätten die Gewählten nur den Willen des Volkes auszuführen. Aber diese Stellen sind eher etwas positiver getönt, so wenn gesagt wird, es sei nicht per se tadelnswert, wenn das Volk (populus, nicht multitudo) mehr oder weniger Anteil nimmt am Staat, ja es könne dies „zu bestimmten Zeiten" und bei „bestimmten Gesetzen" nicht nur nützlich, sondern eine Pflicht der Bürger sein, mit welcher Wendung die Abwehr einer antirepublikanischen Parteigründung begründet wird[9]. Diese Haltung wird als ein Ausdruck kirchlicher „lenitas"

nera potestatis miras inter se habent similitudines"). – Zum mittelalterlichen Kaisertum, in dem die Herrschaft „ihre höchste Würde" erreicht: 282 (durch die Verwendung der Form „instituto imperio sacro" läßt Leo XIII. die Translationstheorien aus dem Spiel).

[7] Ebd. 271f; es scheint bemerkenswert, daß hier „popularis" negativ verwendet wird und von „iudicium multitudinis" die Rede ist.

[8] Vgl. Kap. 6. – Ein Musterbeispiel dafür, welche Verwirrung aus der abstrakten Lehrsprache entstehen konnte, ist der Streit zwischen Bischof Freppel von Angers und Erzbischof Thomas von Rouen, der im Anschluß an diese Enzyklika ausbrach. Thomas hatte sie im Sinne von Lacordaire interpretiert und war so unvorsichtig, sie vom Syllabus Pius' IX. zu unterscheiden. Dies nannte Freppel ein häretisches Verfahren, unterstützt vom Kurienkardinal Oreglia (der Mißbrauch von Immortale Dei diene nur dazu, „de dénaturer le Syllabus"). Leo XIII. tadelte zwar die Gegenüberstellung seiner Enzyklika mit dem Syllabus, schickte jedoch schließlich Thomas, der sich besser in seine französische Politik fügte, ein Lobesschreiben. Daraufhin tröstete Kard. Pitra (vgl. S. 71) den Bischof von Angers mit der Bemerkung, man lebe in „anormalen Zeiten", was zu wiederholen eine Banalität sei. – Tendenziös referiert bei *Terrien* II 517–528 541–547.

[9] Acta Leonis V 118–150, hier 141: „Immo neque illud per se reprehenditur, participem plus minus esse populum rei publicae: quod ipsum certis in temporibus certisque legibus potest non solum ad utilitatem, sed etiam ad officium pertinere civium." Im Oktober 1885

und „facilitas“ bezeichnet. Auch die Enzyklika „Libertas“ vom 20. Juni 1888, in der die liberalen Menschenrechte verurteilt werden, räumt am Schluß ein, es sei nicht per se ein Verstoß gegen die Pflicht, eine demokratische Staatsform zu bevorzugen[10].

Die zeitgenössischen Anhänger einer politisch verstandenen „christlichen Demokratie“ berücksichtigten in ihrer Interpretation ungenügend (oder wollten es vielleicht auch übersehen), daß der Papst zwar die demokratische Staatsform neben anderen gelten ließ, aber trotz unterschiedlicher Tönungen als ein nun einmal nicht mehr zu revidierendes Faktum. Leo XIII. hatte immer gegenwärtig, daß die Demokratie ein Ergebnis der Revolution ist. In der Enzyklika „Quod Apostolici muneris“ vom 28. Dezember 1878, die sich hauptsächlich gegen den Sozialismus wendet und zum Gehorsam gegenüber der staatlichen Autorität ermahnt, wird daran erinnert, daß die Kirche auch dann, wenn die Fürsten ihre Gewalt „ultra modum“ ausüben, es nicht duldet, sich auf eigene Faust (proprio marte) gegen sie zu erheben. Auch wenn die Lage hoffnungslos ist, bleibe nur die christliche Geduld und das Gebet, um die Rettung zu beschleunigen. Nur ist der Gehorsam dann zu verweigern, wenn die Forderung dem göttlichen und natürlichen Recht widerspricht[11]. Die Enzyklika „Libertas“ (1888) geht über die Mahnung zur Geduld hinaus: sie spricht nun von der „ungerechten Gewalt“, welche die Bürger bedrückt oder der Kirche die Freiheit verweigert, und bezeichnet es als Recht (fas), eine „andere Verfassung des Staates“ anzustreben (quaerere), in der man „in Freiheit“ handeln kann[12]. Es wird in diesem Zusammenhang nicht gesagt, wie dieses quaerere geschehen soll, da ja Unrechtsregime nicht freiwillig zurücktreten; um die gleiche Zeit wird der gewaltsame Widerstand der unterdrückten Iren verurteilt (vgl. Kap. 9). Aber die Lettre encyclique an den französischen Episkopat und Klerus und alle Katholiken Frankreichs „Au milieu des sollicitudes“ vom 16. Februar 1892 und das Schreiben an die

hatte der Papst den Plan von A. de Mun, eine kath. Partei zu gründen, inhibiert (vgl. Kap. 6). – Es ist bezeichnend für die gesamtkirchliche Situation, daß *F. Hettinger* in der „Herder-Ausgabe“ (2. Sammlung, 1887) das „participem ... esse populum rei publicae“ in Anpassung an die deutsche Situation übersetzt mit: „... Anteil empfängt (sic!) am öffentlichen Leben“; *P. Tischleder,* Staatslehre 249, interpretiert dann im Kampf gegen die Legitimisten der Weimarer Republik: „demokratisch gestaltete und gemäßigte Staatsverfassung“. – Im Zusammenhang mit der letzten Phase in der Abwickelung des Kulturkampfes in Deutschland (Kap. 3) ist die ebd. folgende Stelle zu sehen, wonach die Kirche jene Regierungen nicht verurteilt, welche „divini cultus varia genera“ in ihrem Staat „wegen großer staatlicher Vorteile oder um Übles zu verhindern nach Herkommen und Gewohnheit dulden“, wenngleich es die Kirche nicht erlaubt, daß diese „varia genera“ gleichen Rechtes seien (vgl. Kap. 12).

[10] Acta Leonis VIII 245: „malle rei publicae statum populari temperatum genere, non est per se contra officium“ – die Ablehnung der Volkssouveränität vorbehalten. – Die anschließende Bemerkung, es sei ehrenvoll, sich am staatlichen Leben zu beteiligen, wird im Blick auf Italien eingeschränkt: „nisi alicubi ob singularem rerum temporumque conditionem aliter caveatur“.

[11] Acta Leonis I 170–183, hier: 177. – Ähnlich „Diuturnum illud“.

[12] Acta Leonis VIII 245.

französischen Kardinäle „Notre consolation“ vom 3. Mai 1892[13], mit denen das Ralliement eingeleitet wird, können gegenüber dem Land der offenkundig irreversiblen Revolution nicht mehr in so allgemeiner Weise sprechen, da ja verlangt wird, der französischen Republik „comme répresentant le pouvoir venu de Dieu“ untertan zu sein. Von dem, was da als „venu de Dieu“ bezeichnet wurde, hatten die Söhne und Enkel des Zeitalters der „großen Revolution“, wie immer sie zu ihm standen, recht präzise Erinnerungen. Während Rom auf Rückfragen im Anschluß an „Diuturnum illud“ (1881), ob mit der Verwerfung der Volkssouveränität nur Rousseau oder auch die Theorie des Suárez verurteilt worden sei, noch zurückhaltend geantwortet hatte[14], wurde jetzt festgestellt, daß alle Gewalt von Gott stammt, aber daraus nicht resultiere, es bezeichne die göttliche Designation „immer und unmittelbar die Weisen der Übertragung der Macht, noch die kontingenten Formen und Personen“. Die „modes de transmission“ waren natürlich das entscheidende Moment. Wer bewirkt sie? „Die Zeit, dieser große Transformator von allem, was hier unten ist.“ Dies ist vielleicht die einzige Stelle in den Lehrschreiben Leos XIII., wo er sich nicht nur auf die Geschichte bezieht, sei es, um die Leistungen des Papsttums für das Abendland und speziell für Italien zu vergegenwärtigen, sei es, um die verheerenden Folgen der Reformation zu charakterisieren, sondern die Geschichte beschwört, um seine Forderung begreiflich zu machen, diese Republik „comme venu de Dieu“ zu akzeptieren. Demgegenüber bleibt die neuscholastische Bemerkung vom „pouvoir considéré en lui même“, von der „Neuerung“ nicht berührt, blaß und abstrakt. Die bemerkenswerteste Äußerung des Papstes aber im Hinblick auf die Revolution als solche ist die Wendung, die „changements“ der Zeit – Leo XIII. blendet zurück bis zu den altorientalischen Großreichen – seien weit davon entfernt, von Anfang an legitim zu sein, ja es sei sogar schwierig, daß sie es seien (il est même difficile qu'ils le soient). Mit keinem Wort wird die Lehre eingeschränkt, daß die Kirche es nicht erlaubt, sich gegen die herrschende Gewalt zu erheben, sondern die aus der Revolution hervorgegangene tatsächliche Macht (le pouvoir civil dans la forme où, de fait, il existe) ist um des Gemeinwohles willen zu akzeptieren[15].

Leo XIII. bemerkte, eine innere Befriedung Frankreichs liege nicht nur im

[13] Acta Leonis XII 19–41 107–116.

[14] Feret erhielt von Billot die Auskunft, es sei nur Rousseau gemeint gewesen, und der Papst habe die suarezianische Unterscheidung von der mittelbaren oder unmittelbaren Übertragung der Gewalt bewußt ausgeklammert. *L. Feret,* Le pouvoir civil devant l'enseignement catholique (Paris ²1888); dazu *P. Tischleder,* Staatslehre 216f.

[15] Acta Leonis XII 112 31 32 113 111. – *P. Tischleder,* Staatslehre 233, will die praktische Situation in Irland unterscheiden von der Frage, ob Leo XIII. „ausdrücklich und grundsätzlich jedes Recht eines Volkes zu aktivem Widerstand als unvereinbar mit der katholischen Lehre hat ablehnen wollen“. In Wirklichkeit konnte er in seiner Auseinandersetzung mit dem bayerischen Legitimisten F. X. Kiefl von Leo kein anderes Argument beziehen als die Anerkennung politischer Fakten, wobei nur die Frage war, wann sie der „Transformator Zeit“ fest genug gemacht hat. – Zu den Prinzipien des „Ralliement“ vgl. die „Einleitung“.

Interesse der Katholiken, sondern des ganzen Landes, wenngleich das religiöse Ziel nicht nur das höchste, sondern auch das einzig ausreichende Motiv sei. Es erhebt sich nun freilich die Frage, ob die Hinnahme der Republik als einer bloßen Faktizität es noch erlaubte, die Korrespondenz zwischen Kirche und Staat noch in der traditionellen Weise vorzustellen. Der Papst hatte in seinen politischen Enzykliken immer wieder das mittelalterliche Bild des Verhältnisses von Leib und Seele angewendet und sich dabei freilich von der papalistischen Theorie des späten Mittelalters distanziert. In „Au milieu des sollicitudes" kommt er auf jene Form der Trennung von Kirche und Staat zu sprechen, in der die Kirche reduziert ist „auf die Freiheit, nach dem allgemeinen Recht aller Bürger zu leben". Was da in „einigen Ländern" – gemeint ist offenbar das Modell der Vereinigten Staaten von Amerika – praktiziert wird, sei zwar mit schweren „Inkonvenienzen" verbunden, biete aber auch einige Vorteile, zumal wenn der Gesetzgeber sich dank einer „glücklichen Inkonsequenz" von christlichen Prinzipien inspirieren lasse. Das Prinzip der Trennung bleibe falsch, wenn auch dieser soeben beschriebene Zustand „nicht der schlechteste von allen" ist. Aber Frankreich, „nation catholique par ses traditions et par la foi présente de la grande majorité de ses fils", darf nicht in diese „prekäre Situation" gebracht werden[16]. Trotz der teilweise relativ günstigen Ergebnisse, die eine staatliche Untersuchung über die kirchliche und religiöse Gesinnung in den Jahren von 1879 bis 1888 in Frankreich erbracht hatte[17], wird man fragen müssen, ob am Ende des 19. Jh. auch ein konfessionsstatistisch fast einheitliches Land als „katholische Nation" angesprochen werden konnte. Die Wendung von der „grande majorité" entstammt der Präambel des Konkordates von 1801[18], während das Wort von der „nation catholique" die Tatsache ignorierte, daß schon vor fast hundert Jahren den anderen Kulten die Gleichheit vor dem Gesetz eingeräumt worden war. Inzwischen war der Prozeß der Entchristianisierung weitergegangen. Daraus mußte keineswegs eine Trennung von Kirche und Staat resultieren, schon gar nicht eine feindliche. Aber das alte Bild von der Korrespondenz zwischen Leib und Seele, sosehr Leo XIII. betonte, daß eine jede Macht in ihrem Bereich die höchste sei, war eine Konstruktion, die einen wesentlichen Sachverhalt des Verfassungsstaates verunklärte, daß nämlich die Position der Kirche abhängig geworden war von den Mehrheitsverhältnissen der politischen Parteien in einer pluralistischen Gesellschaft – und nicht davon, ob mehr oder weniger eindeutig in der Verfassung das katholische Bekenntnis als Staatsreligion bezeichnet war oder nicht. Damit hängt eng zusammen das komplexe Problem der katholischen Parteien in der Demokratie, zu deren Wesen der Wechsel von Position und Opposition gehört, und das Verhältnis der wesenhaft anders strukturierten katholischen Kirche zu solchen politischen Gebilden.

[16] Acta Leonis XII 39.
[17] Kap. 6. [18] HKG VI/1 69.

Wenn Leo XIII. 1885 die Gründung einer katholischen Partei in Frankreich durch Albert de Mun inhibierte und wenn sich am 12. Mai 1892, also wenige Tage nach dem päpstlichen Schreiben „Notre consolation" die antirepublikanische „Union de la France chrétienne" auflöste, so ist dies zunächst in der Perspektive der päpstlichen Ralliement-Politik und des Versuches zu sehen, die Zerklüftung des französischen Katholizismus in die Richtungen der Republikaner und der Monarchisten zu schließen. Aber es widersprach der Konzeption Leos XIII. grundsätzlich, die Kirche in die Kämpfe der politischen Parteien hineinzuziehen (Ecclesiam trahere in partes), weil er nämlich voraussetzte, daß die Religion (d.h. das katholische Bekenntnis) allen heilig und unverletzlich sein muß. Es besteht kein Zweifel, daß auf rein politischem Gebiet (in genere politico) die Christen dafür kämpfen können, daß ihre jeweiligen Meinungen (opiniones), „die Beachtung der Wahrheit und Gerechtigkeit vorausgesetzt", Erfolg haben. Aber die Kirche kann nicht zur Partei werden, weil sie die Sache aller ist[19]. Gewiß gilt dies praktisch vorab für die politischen Gegensätze innerhalb der Katholizismen, in Frankreich, in Spanien, in Italien, wo jede Gruppe damit operierte, sie allein vertrete die Rechte der Kirche, und zielt die päpstliche Mahnung darauf ab, die Einigkeit der Katholiken zu fördern, damit sie geschlossen gegen die Feinde der Kirche auftreten. Aber das Ziel ist die universale Rechristianisierung von Staat und Gesellschaft, wo die Religion allen heilig ist, also die Kirche nicht durch eine Partei repräsentiert ist. Der taktische Gesichtspunkt, daß parteipolitische Bildungen die Katholizismen in innere Gegensätze verwickeln, und das Prinzip, daß die Religion überhaupt keine Parteisache sein kann, weil sie die höchste Angelegenheit aller Bürger sein muß, hängen miteinander eng zusammen[20].

Ein nicht weniger gewichtiges Problem im Verhältnis der Kirche gegenüber christlichen Parteien war die Auffassung von der hierarchischen Weisungsbefugnis. Der vatikanische Versuch, wegen des Antisozialistengesetzes und der Septennatsfrage einem Wunsche Bismarcks entsprechend auf die deutsche Zentrumspartei Einfluß auszuüben, scheiterte[21] am politischen Selbstbewußtsein

[19] Enzyklika „Sapientiae christianae" vom 10. Januar 1890; Acta Leonis X 28f. – Der Papst sprach damit eine Problematik an, die sich überall geltend machte, auch in Deutschland, wo sich „Rechtskatholiken" gegen den „politischen Katholizismus" generell aussprachen wie F. X. Kraus (vgl. Kap. 29) und insbesondere die Zentrumspartei als alleinige Vertreterin der Interessen der deutschen Katholiken ablehnten oder innerhalb dieser Partei einen eigenen Flügel bildeten. – *I. Schauff*, Die deutschen Katholiken und die Zentrumspartei (Köln 1928); *W. Ferber*, Der Weg Martin Spahns: Hochland 62 (1970) 218–229; *ders.*, R. Baumstark: Anregung (Köln Okt. 1970) 333–335; *ders.*, Fred Graf Frankenberg: Deutsche Tagespost (7. Mai 1971) 11.

[20] *Schmidlin PG* II 365: „Zuerst auf Bildung katholischer Parteien bedacht, ging Leo XIII. nach 1885 beherzt dazu über, eine rein konfessionelle oder klerikale Organisation der Katholiken zu mißbilligen und ihre Einreihung in das nationale Staatsganze zu empfehlen." Eine *derartige* Mißbilligung allerdings ist nicht belegt und nirgends zu finden.

[21] Vgl. Kap. 3, bes. S. 74.

dieser an Festigkeit alle anderen politischen Formationen der Katholizismen weit überragenden Partei, war aber als solcher durchaus charakteristisch für die Vorstellung Leos XIII. von der universalen Aufgabe des Papsttums. Die kirchliche Innenpolitik Ferratas in Frankreich ging weit über eine solche Intervention hinaus; man begnügte sich keineswegs damit, den französischen Monarchisten eine religiöse und kirchliche Argumentation zu untersagen, sondern verlangte die Preisgabe einer fundamentalen politischen Überzeugung. Daß es sich der Papst in Italien vorbehielt, die Entscheidungen in der „Non expedit"-Frage und ihrer Auslegung selbst zu treffen, und alle Sonderaktionen zensurierte, entsprach dem Charakter und Rang dieses Problemes; aber es war die Konsequenz dieser Politik, daß die 1884 straff organisierte Bewegung der „Opera dei congressi" auch das Feld aller politischen Fragen war, deren Behandlung damit unter hierarchischer Weisung stand. Im Verhältnis zu anderen Ländern konnte die Auslegung der Nuntiaturkompetenz praktisch auf eine potestas directa in politischen Fragen hinauslaufen, die in der Theorie Leos XIII. vom Verhältnis zwischen Kirche und Staat abgewiesen worden war.

Da es die Kirche mit sehr unterschiedlichen politischen Verfassungen zu tun hatte, konnte lehramtlich nur die Zulassung aller Staatsformen, die bekannten Bedingungen vorausgesetzt, dekretiert werden. Andererseits mußten die „christlichen Demokraten" in Frankreich und in Italien und – wenn auch in unterschiedlicher Weise – jener Teil des Episkopates, der die Verfassung der Vereinigten Staaten von Amerika nicht nur respektierte, sondern prinzipiell bejahte, in ein Dilemma zwischen der notwendig abstrakten kirchlichen Staatslehre und ihrer konkreten politischen Überzeugung dann geraten, wenn auf Grund der geschichtlichen Bedingungen christlich begründete Motive zur Umgestaltung der gesellschaftlichen Verhältnisse mit politischen Überzeugungen zusammenflossen. Daß der Begriff der „Christlichen Demokratie" sich inhaltlich anreicherte, als die paternalistische Sozialpraxis von oben nach unten durch eine wenn auch reformerische Sozialbewegung von unten, getragen von den Benachteiligten selbst, abgelöst oder doch ergänzt werden sollte, brachte es notwendig mit sich, daß der Begriff sich auch politisch profilierte. Davon mußte die Staatsform als solche nicht notwendig betroffen werden[22]. Aber der Staat selbst änderte sich, wenn die „Selbstbefreiung der Volksklassen"[23] in Gang kam. Der christliche Republikaner wiederum bezog einen guten Teil seiner politischen Überzeugung aus der Anschauung, daß die paternalistisch ori-

[22] „Dans la monarchie italienne comme dans la république française la Démocratie chrétienne pouvait donc présenter le même visage économique et social: ce n'était pas une question de régime politique"; *G. Hoog* 120.

[23] *R. Murri* a. a. O. 32 nennt diesen Vorgang „in seinem innersten Wesen logisch menschlich und durchaus christlich" und ist verzweifelt, daß er sich „in einer antichristlichen Partei" abspielt; die Konservativen, welche „die Sache der Religion trennen von der Sache der Demokratie", sind für ihn allein von ihren politischen Machtinteressen geleitet, in denen sie sich von einer religiösen Bewegung nicht stören lassen wollen.

entierten sozialen Aktivitäten der Monarchisten das Ziel verfehlen und eine wirkliche Sozialreform nur in der Demokratie möglich sei[24]. Eine Entpolitisierung des Begriffes „christliche Demokratie" betraf also keineswegs nur die Staatsform, sondern die Auffassung von der Politik überhaupt.

Wo aber die Katholiken sich in Parteien zusammenfanden wie in Belgien, den Niederlanden, in Deutschland, der Schweiz, in Österreich, da standen sie vor der Aufgabe, die verschiedenen sozialen Interessen auszugleichen, wenn sie ein Gewicht als „Volkspartei" gewinnen wollten. Dieser überall schwierige Prozeß gelang nur, indem die gemeinsame christliche Gesinnung zum Ferment der politischen Willensbildung wurde. Gewiß kann man sagen, daß in Frankreich „die Démocratie chrétienne ihrerseits in den Fehler der Monarchisten fiel, (als) sie sich auf politisches Gebiet begab und aus dem Problem der Staatsform eine religiöse Grundsatzfrage machte"[25]; aber man wird hinzufügen müssen, daß die meisten christdemokratischen Parteien des 20. Jh. jene, die diesen Fehler machten, zu ihren Urvätern haben.

Erstmals kam Leo XIII. auf das Problem der „christlichen Demokratie" bei seiner Ansprache vom 8. Oktober 1898 an einen französischen Arbeiterpilgerzug zu sprechen, wobei er offenbar auf eine „allusion à la démocratie" erwiderte. Wenn sich die Demokratie an der durch den Glauben erhellten Vernunft inspiriere, in „religiöser Ergebenheit" und als einen notwendigen Sachverhalt (comme un fait nécessaire) den Unterschied der Klassen und Lebensbedingungen hinnehme, wenn sie bei der Suche nach der Lösung der sozialen Probleme niemals die übermenschliche Liebe (charité surhumaine), wie sie Christus als das Kennzeichen der Seinen sah, aus dem Auge verliere, wenn also die Demokratie eine christliche sein wolle (si la démocratie veut être chrétienne), dann werde sie Frankreich Frieden, Wohlfahrt und Glück bringen[26]. Das gefährliche Übel, von dem diese „Demokratie" abgegrenzt wird, ist der Sozialismus. Noch im März 1896 hatte Rampolla die Organisation der von der Demokratie politisch überzeugten Abbés und Laien in Frankreich unterstützt. Aber da es nicht gelang, die katholischen Wähler auf aussichtsreiche Kandidaten zu einigen, war auch die Wahl vom Mai 1898 ein Mißerfolg. Die Ralliement-Politik war gescheitert, und in der Ansprache vom 8. Oktober 1898 spielte sie keine Rolle mehr[27]. Aber auch der Tenor in sozial-politischen Fragen unterscheidet sich erheblich von

[24] „Il ne s'agit pas seulement d'enraciner les ouvriers dans de ravissants petits jardins, de leur offrir de petites habitations tandis que le le patron se dira en se frottant les mains: maintenant, mes ouvriers seront bons, ils seront sages car il ont un joli joujou. Non, il faut que les citoyens soient eux-mêmes responsable de ce qu'ils font"; *M. Sangnier*, bei *Rollet* II 26f.

[25] *H. Maier* a. a. O. 268. – Anders *Goyau* II 16f (1901): Die Zeit ist vorbei, in der man den Katholizismus und die Demokratie verbinden wollte; beide sind „faits", und: „Des faits ne se concilient pas, ils se constatent."

[26] Acta Leonis XVIII 223.

[27] Mit Recht bemerkt daher *O. Schilling*, Staatslehre 43 und 148, in der damaligen katholischen Demokratie-Debatte, in der sich besonders Tischleder auf Leo XIII. berief, zu dieser Ansprache: „Da die aufgeführten Forderungen für jede Staatsform gelten und der Begriff

dem in „Rerum novarum"; die Entpolitisierung im Sinne der „religieuse résignation" ist umfassend. Die Rede erinnert den Leser an die Enzyklika „Quod Apostolici muneris" von 1878, die dann auch in der Enzyklika „Graves de communi" vom 18. Januar 1901 vor „Rerum novarum" einleitend zitiert wird. Der konkrete Anlaß dieses Schreibens sind die Spannungen der „Opera dei congressi", aber die Kernsätze haben durchaus allgemeinen Charakter. Die Differenzierung der Begriffe ist aufschlußreich: „Christlicher Sozialismus" sei mit Recht wieder aufgegeben worden; positiv wird die Benennung „Actio christiana popularis" beurteilt, üblich in der italienischen „Congressi"-Organisation, für welche die bischöfliche Leitungsbefugnis nachdrücklich betont wird; von den nebeneinander genannten Begriffen „Christlich-Soziale" und „christliche Demokratie" habe „nicht so sehr" der erste[28] als der andere „apud bonos plures" wegen seiner „Zweideutigkeit" und „Gefährlichkeit" Anstoß erregt. Man befürchte, daß damit der „Volksstaat begünstigt werde" (popularis civitas foveatur), ja vor anderen Staatsformen bevorzugt werde. Nachdem die Enzyklika nachdrücklich die „democratia socialis" (Sozialdemokratie) und die „democratia christiana" unterschieden hat, wird es klar abgelehnt, den letzteren Begriff „in das Politische zu verdrehen" (ad politica detorqueri)[29]. „Demokratie" könne entgegen dem allgemeinen Sprachgebrauch im Zusammenhang mit „christlich" nur „mildtätige christliche Aktion für das Volk" (beneficam in populum actionem christianam) bedeuten. Die früheren Äußerungen, es seien auch demokratische Verfassungen wie andere möglich, werden in negativer Ausdrucksweise dahin abgewandelt, es könnten Naturgesetz und Evangelium von keiner Verfassung abhängig sein. Hier änderte sich im Grundsätzlichen hinsichtlich des kirchlichen Lehramtes nichts; aber es wird auch hinzugefügt, es könnten die Katholiken weder theoretisch noch praktisch (catholicorum mens atque actio) eine Staatsform der anderen vorziehen oder einführen wollen[30].

der christlichen Demokratie überhaupt nicht im politischen Sinn gemeint ist, widerspricht die politische Deutung völlig den Intentionen Leos."

[28] Das „non adeo" ist eine Anspielung auf den Widerstand, dem die Christlichsozialen in Österreich von seiten der Konservativen und insbesondere Kardinal Gruschas begegneten; vgl. Kap. 2; *H.-D. Wendland,* Der Begriff „Christlich-sozial" (Köln 1962); *R. Knoll,* Zur Tradition der christlichsozialen Partei [Österreichs] (Köln 1972).

[29] Bezeichnenderweise übersetzt die „Herderausgabe" (1901) 8 „democratia christiana" mit „christlicher Sozialdemokratie", obwohl die Enzyklika selbst beide Begriffe auseinandergehalten hat.

[30] Die Enzyklika: Acta Leonis XXI 3–20; hier: 5ff; zur „Actio christiana popularis" 14f (ob so oder „christliche Demokratie" gesagt werde, entscheidend ist: si quidem impertita a Nobis documenta, quo par est obsequio, integra custodiantur); vgl. auch 17. – Der abstrakte Ausdruck „Catholicorum mens atque actio" ist wohl nicht eindeutig: Er kann heißen, nicht im Namen des Glaubens und der „Katholischen Aktion" einführen wollen – und er kann heißen, Katholiken sollen keine andere Staatsform einführen wollen. Dies war 1888 allgemein als zulässig bezeichnet worden (oben Anm. 12). – Der erste Entwurf von „Graves de communi" stammt von Kardinal (seit 1901) F. Cavagnis und war schärfer gewesen als die Enzyklika: *G. Martina:* RSTI 16 (1962) 492–507. *R. Lill,* Der Kampf... (zit. Kap. 24) 110.

Hinsichtlich der Sozialpolitik verändert sich das Klima noch stärker als in der Ansprache an den französischen Pilgerzug von 1898. Es wird nicht nur betont, daß die Kirche für alle Stände dazusein und nicht die unteren zu bevorzugen habe, sondern die Feststellung vermerkt, daß auch bei kürzerer Arbeitszeit[31] und höherem Lohn die Arbeiter „beengt und elend" (anguste et misere) leben, was nicht auf eine Intensivierung der Sozialreform zielt, sondern meint, daß die Arbeiter trotzdem in „verdorbener Moral" und ohne Religion leben[32]. Der Kampf gegen den Sozialismus beherrscht die Intention der Enzyklika.

Wenn man die prinzipiellen Äußerungen in allen Lehrschreiben Leos XIII. unterscheidet von situationsbedingten Modifikationen[33], ergibt sich folgendes: Die Demokratie ist ein Ergebnis des „Transformators Zeit", mit dem man sich um der kirchlichen Ziele willen abfinden kann und auch abzufinden hat, wenn es die hierarchische Leitung für opportun hält. Auch die von Christen getragene reformerische Sozialpolitik hat weniger die ökonomischen Verhältnisse des Arbeiterstandes als solche im Auge als die Abwehr des atheistischen Sozialismus, wozu eine Beseitigung der sozialen Mißstände gehört. Dies sind auch in der Tat die wesentlichen Ziele, die das kirchliche Lehramt zu verfolgen hat. Im Rahmen seines großartigen universalen Programmes, das Papsttum als eine moralische, geistige und geistliche Autorität der Welt darzustellen und diese Institution aus der bloßen Verneinung durch den Syllabus herauszuführen, mußte sich aber Leo XIII. den konkreten Zeitfragen öffnen, dies jedoch angesichts einer Gesellschaft, die sich im ständigen dialektischen Prozeß der politischen Parteien und ökonomischen Klassen befand, und angesichts von Katholizismen mit ihren eigenen inneren Gegensätzen. Es wurde berichtet, daß die französischen Monarchisten seiner eigenen politisch-geistlichen Überzeugung näherstanden als die katholischen Anhänger der Republik[33a]; aber Leo XIII. erwartete, daß jene wie er ihre Überzeugung um des höheren Zieles willen zum Opfer bringen und die demokratische Verfassung akzeptieren, die er offiziell immer nur einschränkend „per se" neben anderen toleriert hatte.

In der neuscholastischen Sozialphilosophie glaubte der Papst eine naturrechtlich gemeinverbindliche Synthese gegenüber den Antagonismen der Zeit

31 Die Erfolge, die teils durch Streiks, teils aber auch durch echte Initiativen in der Arbeitsschutzgesetzgebung, an der katholische Parlamentsgruppen und Parteien einen beträchtlichen Anteil hatten, erreicht wurden, sind geschichtlich bedeutend: in Frankreich war noch 1877 für Kinder von 12 bis 14 Jahren eine Arbeit von 12 Stunden erlaubt gewesen (in der Schweiz und in den Niederlanden war Kinderarbeit verboten), in Deutschland (1878) 6 Stunden (bedingt). Um 1910 betrug in den meisten Industrien für den größten Teil der Belegschaft die Arbeitszeit 9 bis 10 Stunden. Vgl. *R. Kuczynski*, Arbeitslohn und Arbeitszeit in Europa, 1870/1909 (Berlin 1913); Überblick bei *A. Knoll* 143–152.

32 Acta Leonis XXI 10.

33 *P. Tischleder*, Staatsgewalt 61, versucht, „Graves de communi" nur aus der Abgrenzung gegen den Marxismus und aus den italienischen Verhältnissen zu interpretieren, was kaum möglich ist. 33a Vgl. „Einleitung".

zu haben[34]. Tatsächlich aber stellten die Katholizismen Sondergruppen innerhalb der allgemeinen, sich immer mehr säkularisierenden Gesellschaft dar, hatten sie ihre jeweils eigenen Probleme der Integration, mit oder ohne Identifizierung mit einer politischen Partei. Da hierbei die religiösen Momente entscheidend sein mußten, konnte es dann zu einem Dilemma mit der Universalität der Kirche kommen, wenn der religiöse Bereich mit bestimmten sozialen und politischen Zielen verbunden wurde, deren Konkretheit mit der neuscholastischen Sozialphilosophie nur sehr allgemein gedeckt werden konnte. Das Dilemma wurde um so schärfer, je dezidierter der christliche Glaube und eine gesellschaftlich-politische Überzeugung verbunden wurden und diese zugleich auf eine Veränderung der überlieferten Verhältnisse bedacht war. In je verschiedener Weise konnten Leo XIII. und die politischen „Christlichen Demokraten" nicht sehen, daß das alte Bild-Abbild-Verhältnis zwischen Kirche und Welt nicht mehr real war. Darin gründet auch letztlich der Konflikt, der sich aus der extensiv ausgelegten hierarchischen Weisungsbefugnis in politischen Fragen im folgenden Pontifikat ergab. Er war bereits im Pontifikat Leos XIII. grundgelegt[35].

15. Kapitel

Die Stellung der Katholizismen in der Kultur um die Jahrhundertwende

QUELLEN: Lehrschreiben Leos XIII.: Lob des technischen Fortschrittes passim, so in „Sapientiae christianae" (1890), „Rerum novarum" (1891); Zivilisationskritik: „Inscrutabili" (1878); „Exeunte iam anno" (1888); „Annum ingressi" (1902). – Wissenschaft: *Universitäten:* Annuaire de l'université catholique de Louvain; Univ.-cath. de Louvain – Bibliogr. 1834–1954 (Löwen 1900/54). – Die Universität Fribourg (Basel ²1939). – Zu *Washington:* Kap. 10. – *C. Roy,* L'université de Laval et les fêtes du cinquantenaire (Quebec 1903). *Instituts catholiques* (Frankreich): *G. Delépine:* Catholicisme V (1963) 1756–63. – *Kongresse: L. Pisani,* Les congrès scientifiques internationaux des catholiques: Revue du clergé français (1898); Compte rendu du 3ᵉ Congrès scientifique international des catholiques (Brüssel 1895); Compte rendu du 4ᵉ Congrès scientifique (Fribourg 1897/98). – *Gesellschaften:* Jahresberichte der Görres-Gesellschaft (1880f); zur Leogesellschaft: Die Kultur (Wien 1899/1919). – Neu gegründete *Zeitschriften:* Historische Zschr.: HKG I 44–55; theologische und philosophische Zschr.: außer der ZKTh (Innsbruck 1877 ff) vgl. Kap. 20. – Zur *Problemlage: G. v. Hertling,* Das Prinzip des Katholizismus und die Wissenschaft (Freiburg i. Br. ⁴1899); *G.-P. Fonsegrive-Lespinasse,* Le catholicisme et la vie de l'esprit (Paris 1898); *ders.,*

[34] Eine umfassende kritische Würdigung dieser Sozialphilosophie und der Neuscholastik insgesamt, in der sowohl die Grenzen wie aber auch die weithin allgemein rezipierten Leistungen darzustellen wären, ist ein Desiderat – dies um so mehr, als die weitere Ausbildung der „Christlichen Soziallehre" seit Pius XI. im Katholizismus schon fast in Vergessenheit geraten ist und die „Kritische Theorie" viel Gedankengut enthält, das nicht erst von dort zu beziehen ist.

[35] Vgl. Kap. 35.

L'évolution des idées dans la France contemporaine de Taine à Péguy (Paris 1917); *F. Brunetière,* Essais sur la Littérature contemporaine (Paris 1892); *ders.,* Questions actuelles (Paris [3]1907); *ders.,* Discours de combat, 3 Bde (Paris 1895ff); *R. Murri,* Battaglie d'oggi, 5 Bde (Rom 1903/08; deutscher Auszug: Kämpfe von heute [München 1908]); *C. Sonnenschein,* Aus dem letzten Jahrzehnt des italienischen Katholizismus (Elberfeld 1906) = Broschüren des Windhorst-Bundes Nr. 1; *Chr. Schulte,* Die Kirche und die Gebildeten (Freiburg i. Br. [4]1919). – Literatur und Künste: vgl. die Länderkapitel sowie Kap. 18 und 19.
LITERATUR: Vgl. Kap. 18–22 29–32 35. *W. Schwer,* Die kirchliche Entfremdung des neuzeitlichen Bürgertums: BZThS (1930) 307–320; *F. Schneider,* Bildungskräfte im Katholizismus der Welt (Freiburg i. Br. 1936); *R. Agraiu,* Les Universités catholiques (Paris 1935); dazu die Werke über die einzelnen Universitäten in den Länderkapiteln. – *H. Rost,* Die wirtschaftliche und kulturelle Lage der deutschen Katholiken (Köln 1911); *W. Kramer,* Zeitkritik und innere Auseinandersetzung im dt. Katholizismus im Spiegel der führenden kath. Zeitschriften. 1895–1914 (Diss. Mainz 1955); *W. Spael,* Das Buch im Geisteskampf. 100 Jahre Borromäusverein (1950); *O. Köhler,* Bücher als Wegmarken im dt. Katholizismus: „Der kath. Buchhandel Deutschlands", hrsg. von der Vereinigung des kath. Buchhandels (Frankfurt a. M. 1967) (Überblick von Anfang des 19. Jh. bis zur Gegenwart); Der Katholizismus in Deutschland und der Verlag Herder. 1801–1951 (Freiburg i. Br. 1951). – *H. Platz,* Geistige Kämpfe im modernen Frankreich (Kempten 1922); *M. Bougier,* Essai sur la Renaissance de la Poésie catholique de Baudelaire à Claudel (Montpellier 1942); *A. Simon,* La littérature du péché et de la grâce. 1880 jusqu'à 1950 (Paris 1957); *Ch. Moeller,* Littérature du XXe siècle et christianisme (Paris 1953ff); *H. Weinert,* Dichtung aus dem Glauben (Heidelberg [2]1948).

Das Verhältnis der Katholizismen zu ihrer nationalen Kultur im letzten Drittel des 19. und zu Anfang des 20. Jh. ist überaus verschieden. Was man als kulturellen „Getto-Katholizismus" klassifiziert hat, gibt es nur in Deutschland, weil dort die konfessionelle Minderheit stark genug war, ein eigenes Selbstbewußtsein zu bilden, und sie außerdem in ihrer sozialen Struktur erheblich von der allgemeinen Gesellschaft abwich. Für den die Mehrzahl ausmachenden irischen Teil des Katholizismus in England war nicht nur die angelsächsische Kultur aus religiösen Gründen fremd, er hatte in seiner sozialen Deklassiertheit nicht die geringste Möglichkeit, sich überhaupt auf sie einzulassen; in Irland selbst läßt das „Revival" um die Jahrhundertwende zwar klar genug erkennen, daß diese Schriftsteller geborene Katholiken sind, aber die an Frankreich orientierte geistige Bewegung emanzipierte sich vom irischen Traditionalismus, indem sie sich von der Kirche emanzipierte. Die zwei kleineren Gruppen des Katholizismus in England, die „altenglischen" Katholiken und die Konvertiten, gehörten der angelsächsischen Kultur an, führten die geistigen Auseinandersetzungen in deren Sprache, und die bedeutenden Lyriker stehen durchaus im Zusammenhang der englischen Poesie. Der Katholizismus in den Vereinigten Staaten von Amerika, selbst kulturell kaum schöpferisch, war bestrebt, sich in die Gesamtgesellschaft einzufügen.

In den katholischen Ländern Frankreich, Spanien, Italien, Österreich und Polen ist es, je intensiver die national-christlichen Traditionen fortleben, schwer, zu bestimmen, welche Erscheinungen in einem kirchlichen Sinne als katholisch anzusehen sind und wo die Grenzen verlaufen zwischen jenen, die ohne eine allgemeine Katholizität nicht zu verstehen sind, und jenen, die der christlichen Überlieferung fast völlig oder ganz entfremdet sind.

Dies gilt am meisten für Frankreich. Am Anfang des hier behandelten Zeitraums steht der jung gestorbene Dichter Charles Baudelaire (1821–67), mit dem die moderne französische Lyrik beginnt und der noch Jahrzehnte unmittelbar nachgewirkt hat. So weit ab ihm die Christlichkeit der Restaurationsepoche liegt, die Chateaubriand repräsentiert hat, es wird niemand bestreiten, daß der Dichter der „Fleurs du Mal", der diese Sammlung ursprünglich „Limbes" (von Limbus) nennen wollte und „die Ausmerzung der Idee der Erbsünde" als das Grundübel der Zeit ansah[1], in seinem Wesenskern ein Katholik war – und es wird ihn dennoch niemand dem Catholicisme zurechnen. Am Ende unseres Zeitraumes steht Charles Maurras (1868–1952), so grundverschieden von Baudelaire (wenn auch er ein Hasser des 18. Jh. war), aber ein Exempel dafür, wie weit die Grenzzonen des katholischen Frankreich verlaufen. In jungen Jahren Mitarbeiter konservativer Blätter, verlor er den katholischen Glauben, aber nicht den Glauben an die Monarchie und die klassische Literatur, ein Gegner der Romantik und der Demokratie, und gründete 1899 die „Action française", an der viele konservative Katholiken Frankreichs und nicht nur diese ihre Hoffnung aufrichteten. Er bekannte, den christlichen Glauben verloren zu haben, aber er bekannte sich zum „catholicisme", der die Menschheit gerettet habe[2]; die Verurteilung einiger seiner Werke 1914 wurde von der Kirche erst 1926 publiziert. Aber auch wenn man von solchen Randexistenzen in die Mitte des kulturellen Lebens der französischen Katholiken dieser Zeit geht, dann findet man dort nicht eine Sondergruppe, sondern Angehörige der Littérature française, Konvertiten nicht im üblichen Sinne dieses Begriffes, sondern Männer, die ihre Conversio erfuhren, und dies inmitten ihres Engagements für eine der literarischen Richtungen, in denen sie mit anderen Franzosen standen. Hierin unterscheidet sich das „Renouveau catholique"[3] wesentlich von der literari-

[1] *A. Thibaudet,* Histoire de la Littérature Française de 1789 à nos jours (Paris 1936, dt. Freiburg i. Br. 1953) 340–343; *J. Pommier,* La mystique de Baudelaire (Straßburg 1932).

[2] La politique religieuse (Paris 1914) 23. – Daß er, der bereits 1937 aus Lisieux einen ergebenen Brief an Pius XI. gerichtet hatte, versöhnt mit seiner Kirche starb, ist anders zu bewerten als das Testament des positivistischen Historikers Fustel de Coulenges: „Ich verlange ein Begräbnis, das den Gebräuchen der Franzosen entspricht" (während der Pariser Gemeinderat bei der Beisetzung Victor Hugos 1885 im Pantheon das Kreuz hatte entfernen lassen); obwohl Ch. Maurras bis zu seinem Tod 1952 einen weiten und bitteren Weg zurückzulegen hatte, darf man wohl doch beim Blick auf die Jahrhundertwende die Möglichkeit eines solchen Ausganges nicht außer acht lassen. – *A. Cormier,* La vie intérieure de Ch. Maurras (Paris 1956). – Vgl. S. 497.

[3] Der in Frankreich um die Jahrhundertwende sehr populäre Lyriker F. Coppée (1842–1908) hatte als einer der „Parnassiens" 1868 mit seinem Band „Intimités" Erfolg errungen, Poet der kleinen Leute und kleinen Dinge; seine religiöse Wende brachte 1898 „La bonne souffrance"; *P. Le Meur,* F. Coppée (Paris 1932). – G. Huysmans (1848–1907) war einer der großen Repräsentanten des Naturalismus, Pendant zu É. Zola, ein Weg-Sucher („En route", 1895), der in seinem autobiographischen Roman „L'oblat" (1903) seine Rückkehr zur katho-

schen Bewegung im deutschen Katholizismus. Aber auch ein so apologetischer Schriftsteller wie P. Bourget (1852–1935), der von Anfang an die Demoralisierung des Bürgertums der Dritten Republik darstellen wollte, den Ehebruch, die Heuchelei der Antiklerikalen und den asozialen Individualismus des liberalen Bourgeois, galt „dreißig Jahre lang als ein durchaus originaler Vertreter des französischen Romans, wie ihn Balzac und George Sand geschaffen hatten“[4]. Ebenso war sein Gesinnungsfreund F. Brunetière (1849–1906), der nach seinem Besuch bei Leo XIII. 1894 die „Visite au Vatican“ veröffentlichte und als polemischer Katholik auftrat, ein Teil der „Littérature française“[5]. Er hatte mit seinen Kritiken, die er in der „Revue des Deux Mondes“ veröffentlichte, seit langem einen ziemlichen Einfluß auf die „Académie Française“, deren Mitglied er 1893 wurde, und seine öffentliche Wendung zum Katholizismus war die Konsequenz seiner Grundhaltung, aus der heraus er das 17. Jh., das Saeculum der französischen Klassik, dem Jahrhundert der Aufklärung, der Romantik und der Resignation des Fin du siècle entgegensetzte, durchaus im Geist des französischen Rationalismus. Unter dem Hohn der Linksintellektuellen sprach der ehemalige Comte-Jünger von den „faillites partielles de la science“, stellte der Konservative den zeitgenössischen Pessimismus an den Pranger, attackierte er die „Anhänger der Großen Revolution und rechtmäßigen, wenn auch vielleicht verkommenen Erben Voltaires und Rousseaus“, die mehr von ihrem Antiklerikalismus als aus ihrer eigenen Tradition leben[6]. Doch welches Maß von Borniertheit ihm auch seine Gegner vorhielten, keiner konnte bestreiten, daß Brunetière einen glänzenden französischen Stil schreibt. G.-P. Fonsegrive-Lespi-

lischen Kirche beschreibt; *G. Chastel,* Huysmans et ses amis (Paris 1957). – Vergleichbar einem anderen Angehörigen flämischen Volkstums, dem Priesterdichter Guido Gezelle, ist die Lyrik von F. Jammes (1868–1938), der im Symbolismus zum Glauben seiner Kindheit zurückfand („De l'Angélus de l'aube à l'Angélus du soir“, 1898); *J. P. Inda,* Du faune au patriarche (Paris 1952). – Politische Gegner, jeder einem anderen der „zwei Frankreich“ zugehörig, sind der Schriftsteller und Lyriker Ch. Péguy (1873–1914, in der Marneschlacht gefallen) und der Pamphletist L. Bloy (1846–1917). Péguy, entschiedener Dreyfusard, schloß sich den Sozialisten an, ließ dann in seinen „Cahiers de la Quinzaine“ (1900–14) die gegensätzlichen Feinde des Combe-Regimes zu Wort kommen und schuf in seinen „Mystères“ und vor allem in „Ève“ (1914) seine großen religiösen Dichtungen, ohne ein „kirchlicher“ Katholik sein zu können; *R. Lauth:* Lex. der Weltliteratur im 20. Jh. II (Freiburg i. Br. 1961) 610–615. – Bloy gehörte zu den „Reaktionären“, befand sich aber in seinem leidenschaftlichen Vielfrontenkampf gegen die Anhänger der Ralliement-Politik Leos XIII., gegen die Antiklerikalen und gegen die konservativen Gewohnheitskatholiken in einer splendid isolation und wird trotz allem als „einer der größten Prosameister seines Jahrhunderts“ in Frankreich geschätzt; *A. Thibaudet* a. a. O. 406; *J. Bollery,* Léon Bloy, 3 Bde (Paris 1949/54). – Die religiöse Erfahrung, die der 18jährige P. Claudel 1886 in der Kirche von Notre-Dame in Paris erlebte und in der sein späteres dichterisches Werk wurzeln sollte, war begleitet von der Entdeckung des Symbolisten A. Rimbaud.

[4] *A. Thibaudet* a. a. O. 453.

[5] Vgl. Kap.-Lit. – *V. Giraud,* De Chateaubriand à Brunetière (Paris 1936); *J. G. Clark,* La pensée de F. Brunetière (Diss. Paris 1954); *A. Thibaudet* a. a. O. 480–484 und passim.

[6] Discours de combat III (1903) 142f.

nasse (1852–1917), Philosoph und Schriftsteller, Herausgeber der Zeitschrift „Quinzaine" (1896–1907), der durch Leo XIII. gegen seine konservativen Kritiker in Schutz genommen werden mußte, meinte gegen Ende seines Lebens, vor dreißig Jahren habe man in der französischen Öffentlichkeit noch kaum jenes Interesse für spirituelle Fragen wahrnehmen können, wie es jetzt (im „Renouveau catholique") zutage getreten sei[7]. Auch die Jesuiten sahen in den „Études" im französischen Kulturkatholizismus eine Art neuer Kirchlichkeit, während L. Laberthonnière, der entschiedene Anhänger Blondels, sich sehr skeptisch zeigte. Man wird wohl, wie auch im Gesamtkatholizismus, unterscheiden müssen zwischen dem Ertrag für die Ermöglichung katholischer Existenz in der modernen Welt und der Wirkung auf die allgemeine Gesellschaft, die ihren aggressiven Antiklerikalismus nur deshalb aufgab, weil die Indifferenz zu groß geworden war[8].

Wenn M. de Vogüé in der „Revue des Deux Mondes" (1901) von den „zwei kontradiktorischen Auffassungen der nationalen Geschichte" in Frankreich sprach, so wird man für das Spanien des hier behandelten Zeitraumes nicht das gleiche sagen dürfen. Auch die berühmte „Generation 98" erlaubt es nicht ohne weiteres, von den „zwei Spanien" zu reden[9]. Denn dem Ruf des Politikers Joaquín Costa († 1911): „Versperrt das Grab des Cid mit drei Schlüsseln!" wurde von den wirklichen Repräsentanten dieser Generation, obwohl sie sich der Moderne öffneten, sogleich widersprochen, vor allem von Miguel de Unamuno, diesem spanischen Katholiken, der zwar mit dem kirchlichen Dogma nicht zurechtkommt, aber nichts mit dem Katholizismus eines Charles Maurras zu tun hat („El Cristo de Velázquez", 1920). Erst der Bürgerkrieg des 20. Jh. hat die Gemeinsamkeit des Geistes der Hispanidad wirklich gesprengt. Dagegen wurde Italien durch die „Römische Frage" so tief gespalten, daß auch die Größe Dantes in der je verschiedenen Auslegung des nationalen Dichters kein einigendes Moment mehr war. Die intransigent papsttreuen Katholiken aber waren in ihrer nationalen Kultur insofern heimatlos geworden, als sie dem aus Frankreich eindringenden Positivismus und dem Hegelianismus nichts entgegenzusetzen hatten und zusehen mußten, wie der Toskaner Giosuè Carducci, fanatischer Antiklerikaler, als der Dichter des neuen Italien gefeiert wurde. Denn die Erben Alessandro Manzonis († 1873), der die Aufklärung überwunden, in den „Inni sacri" (1812/22) in glühender Sprache seinen katholischen Glauben bekannt und in „I Promessi Sposi" (1827) den italienischen Nationalroman geschrieben hatte, konnten aus den gleichen Gründen das „Non expedit" nicht verstehen, deretwegen Manzoni, der große Vorkämpfer der religiös-nationalen

[7] L'évolution des idées 228. – *P. Archambault*, P. Fonsegrive (Paris 1932).

[8] *W. Gurian* (zit. in Kap. 13) 300. – „Alles am Katholizismus lieben, aber im Dogma nur eine schöne Metaphysik und in der Kirche eine glänzende Organisation sehen", so urteilte im Hinblick besonders auf die „Action française" *H. Bremond*, Vingt cinq ans de vie littéraire (Paris 1908) 70.

[9] Vgl. Kap. 8.

Einigung Italiens, verstummt war. Antonio Fogazzaro (1842–1911)[10], der hervorragendste von ihnen, hatte in seinem Hauptwerk „Piccolo mondo antico" (1895) den italienischen Freiheitskampf gegen Österreich mit ebensoviel nationaler wie religiöser Begeisterung dargestellt; sein Roman „Il Santo" (1905), ebenfalls erfüllt von tiefer Religiosität, wurde wegen der darin beschriebenen vier Übel der Kirche verurteilt. Da auch aus dem Werk des bedeutenden Theologen und Philosophen A. Rosmini-Serbati, dem Fogazzaro stark verpflichtet war, in dem kritischen Jahr des Pontifikates Leos XIII. 1887 vierzig Sätze extrahiert und verurteilt worden waren[11], fiel das kulturelle Leben in Italien fast nur dem Verismus, dem Nachfolger G. Carduccis, G. D.'Annunzio, und den Neuhegelianern zu.

In Polen war nach dem Scheitern des Aufstandes von 1863 zwar die Identität von Konfession und Nation eher noch stärker geworden, aber die Enttäuschung schuf eine Stimmung, die ein geeigneter Nährboden für den westeuropäischen Positivismus war (Comte, Taine, Ch. Darwin), von dem das „Junge Polen" ergriffen wurde. So entstand ein heftiger Gegensatz zwischen den Linksliberalen und den Konservativen, deren bedeutendster Repräsentant H. Sienkiewicz (1846–1916) ist, der Verfasser der geschichtlichen Romane aus der Zeit der polnischen Kriege im 17. Jh. und des international berühmt gewordenen Romans der urchristlichen Zeit „Quo vadis" (1896). Polnisches Beispiel der „conversio" ist der bedeutende Lyriker Jan Kasprowicz (1860–1926), der in der preußischen Provinz Posen wegen seiner nationalen Haltung verfolgt wurde; vom Atheismus in seinen frühen sozialkritischen Dichtungen kam er zu seinen in der heimatlichen Bauernwelt wurzelnden religiösen Hymnen.

In Österreich ist mit den Namen Grillparzer und Stifter die Tradition jener Katholizität bezeichnet, die trotz ihrer liberalen und manchmal auch antiklerikalen Züge aus katholischem Geist lebt, der sich freilich in den Dramen L. Anzengrubers (1839–89) und dem von ihm beeinflußten Steiermärker Volkserzähler P. Rosegger (1843–1918) in antikirchlicher Tendenz verdünnte. Mit am stärksten ist die Katholizität im Weg Hugo v. Hofmannsthals (1874–1929) repräsentiert, der im Geist Grillparzers und Calderóns auf die „magische Herrschaft über das Wort" im Symbolizismus verzichtete und aus seiner Areligiosität in die große Überlieferung des Abendlandes zurückstrebte, deren geschichtliche Tragödie er im Untergang des habsburgischen Reiches erlebte[12], ähnlich dem unglücklichen Lyriker G. Trakl aus Salzburg (1887–1914), der in der Sprache der Symbolisten die verborgene Einheit der Welt wiederfinden wollte. Zeitgenossin dieser unkirchlichen Dichter ist die Klosterschülerin E. v. Handel-Mazzetti (1871–1955), deren in der Zeit der Gegenreformation spielender Roman „Jesse und Maria" (1906) in der Vor-Veröffentlichung (1904) im „Hochland"

[10] Vgl. Kap. 32, Anm. 14.
[11] HKG VI/1 385–388; vgl. Kap. 5 und S. 322. In Kap. 32 die religiöse Situation Italiens.
[12] *K. Lazarowicz:* LThK² V 426f.

Carl Muths den „Literaturstreit" auslösen sollte, weil in diesem Roman sowohl die Katholikin wie der Protestant schuldig werden – geschrieben aus tiefer katholischer Überzeugung, aber Ausbruch aus der nach der Romantik im deutschen Katholizismus üblich gewordenen Tendenzliteratur[13].

Bei der Generalversammlung der Görres-Gesellschaft in Konstanz 1896 sagte deren Präsident G. v. Hertling: „Aber was wir jetzt brauchen, das sind nicht so sehr die Apologeten als vielmehr die eigentlichen Fachgelehrten." [14] Dies galt bis zu Carl Muth nicht nur für die Wissenschaft, sondern für die gesamte Literatur. Wenn H. v. Grauert beim Münchener Katholikentag 1895 den französischen Katholizismus um F. Brunetière beneidete, während Deutschland von F. Nietzsche beherrscht werde[15], dann war das allgemeine öffentliche Ansehen angesprochen, das sich der französische Literaturkritiker erworben hatte. Was man später das „Bildungsdefizit" im deutschen Katholizismus dieser Zeit genannt hat, gründet in mehreren Momenten. Lessing, Schiller, Goethe – Kant und die Philosophie des Idealismus –, J. G. Herder und Humboldt: Die Repräsentanz des deutschen Geistes war protestantisch. Wenn auch die Bedeutung der katholischen Züge in der Romantik nicht leicht einzuschätzen ist – ihr reflektierender katholischer Wortführer, der Konvertit Friedrich Schlegel († 1829), eine Proteusfigur, wendete sich in seiner letzten Phase in Dresden der Gnosis zu –, hier in dieser Bewegung waren doch Katholiken ebenso Angehörige der deutschen Literatur gewesen wie die kirchlichen Katholiken in Frankreich, und keineswegs nur Konvertiten, sondern auch geborene Katholiken wie Clemens Brentano und Eichendorff. In seinen späteren Jahren schrieb der schlesische Dichter über das „Kölner Ereignis" (1837), hier sei entstanden, was „die Romantiker träumten und selbst nicht hatten, eine katholische Gesinnung"; aber er hat auch ahnend gewarnt vor dem „Rigorismus kirchlicher Beschränktheit", der nun freilich in einem gewissen Maß unvermeidbar war in der Kampfesstellung, die dem deutschen Katholizismus als Minderheitengruppe in einer umfassend protestantischen Gesellschaft aufgedrängt war und die er zugleich im Bewußtsein einer starken Minorität selbst bezog. Dies ist das andere Moment, aus dem sich die Isoliertheit des deutschen Katholizismus seit dem zweiten Drittel des 19. Jh. in der deutschen Bildungsgesellschaft erklärt. Sie war der Preis dafür, daß sich dieser Katholizismus wie kein anderer gesellschaftlich zu formieren wußte. Schließlich ist der Anteil der deutschen Katholiken am höheren Schulwesen, in dem sie unterrepräsentiert waren, ganz zu schweigen von den Universitäten (vor allem, wenn man die Theologie ausklammert), sowohl

[13] W. *Grenzmann:* Lex. der Weltliteratur im 20. Jh. I (Freiburg i. Br. 1960) 850ff; vgl. Kap. 2 und 35, ferner S. 443; vgl. *F. Fuchs* u. *Ph. Funk* (zit. S. 438).

[14] Erinnerungen II 168; in *Brück-Kißling* VI² 329 wird zu Hertlings Kampfschrift (Kap.-Lit.) aufschlußreich gesagt, das Mißtrauen der Katholiken sei „vielfach berechtigt: viele Katholiken, die durch beträchtliche Opfer von seiten des Klerus und mildtätiger Laien sich eine höhere Bildung hatten erwerben können, sah man später ihrem Glauben untreu werden". *F. X. Kraus:* Dt. Lit.-Ztg. 21 (1900) 12–19, kritisiert, daß Hertlings Prinzipien de facto verleugnet würden.

[15] *Kißling* II 270.

Ergebnis dieser kulturgeschichtlichen Entwicklung wie gleichzeitig Ursache ihrer Verschärfung, zumal wenn man den soziokulturellen mit dem sozioökonomischen Sachverhalt kombiniert[16]. Mit Recht wurde damals darauf hingewiesen, daß die Säkularisation (1803) eine Katastrophe für das katholische Bildungswesen bedeutet hat[17], und die akademische Laufbahn von Katholiken an den Universitäten war auch nach dem Kulturkampf unter der Intoleranz der Liberalen in hohem Maße eingeschränkt. Aber man muß schon alle Momente zusammennehmen, wenn man die Reaktion der Katholiken im allgemeinen kulturellen Bereich in diesen Jahrzehnten verstehen will, muß aus dem polemisch-globalen Vorwurf der „Inferiorität" den wahren Kern herauslösen. Der deutsche Katholizismus verfügte ja über nicht geringe Mittel der Publizistik, und es war seine ganz eigene Sache, daß der eine ursprüngliche Kraft zeigende „Kalender für Zeit und Ewigkeit", den der alemannische Priester Alban Stolz (1808–83) herausgab und dessen eigene stark autobiographischen Schriften, die mehr enthalten als die übliche Polemik gegen den Liberalismus, verdrängt wurden von einer Art Literatur, für die „Das Opfer eines Beichtgeheimnisses" von J. Spillmann (seine Romane erschienen in den Jahren 1882 bis 1903 und waren ein großer buchhändlerischer Erfolg) als Beispiel stehen kann. Nicht die erlebte Volkserzählung „Der Vogt auf Mühlstein" (1895) von Heinrich Hansjakob ist repräsentativ, sondern die „Dreizehnlinden" (1878) von F. W. Weber († 1894), ein Werk in gebundener Sprache, das höheren Ansprüchen genügen sollte und bis ins 20. Jh. hinein in den Bücherschränken der Katholiken stand, die in der ihnen geschichtlich zugewachsenen Eingeschränktheit leben mußten[18]. Aber weniger solche hilflosen Versuche wie der F. W. Webers sind bezeichnend für die Situation als vielmehr das durchaus respektable Bestreben, in der „Bibliothek deutscher Klassiker für Schule und Haus" eine zuträgliche Auswahl zu bieten, wobei etwa die Aufnahme von Lessings „Nathan" eine

[16] *H. Rost* stellt anhand der Berufszählung 1907 fest, daß die 36,5% Katholiken in der Landwirtschaft einen Anteil von 44,2%, im Handel 29,9%, unter den Bergbau-Unternehmern 18,5% hatten. Im Regierungsbezirk Koblenz hatten um diese Zeit die Protestanten (33%) einen Anteil von 50% am Steueraufkommen, in Köln (14%) einen Anteil von 25%. Zur Problematik der statistischen Untersuchungen: *C. Bauer,* Deutscher Katholizismus (zit. in Kap. 12), 33. – In Preußen hatten die Katholiken (ca 35%) unter den Schülern der Gymnasien 1886: 21,3%, ein Anteil, der sich in diesem Schulbereich 1910 dem Bevölkerungsdurchschnitt näherte, während er an den Realschulen von 1886: 16,7% auf 1910: 14,5% zurückging. An den preußischen Universitäten betrug der Anteil der Katholiken 1885/97 konfessionsstatistisch 13%; *W. Lossen,* Der Anteil der Katholiken am akademischen Lehramt in Preußen (Köln 1901) 1.

[17] So *G. v. Hertling,* Kleine Schriften 569.

[18] Auf dem Katholikentag in Amberg 1884 sagte der Philosophieprofessor am Mainzer Seminar P. L. Haffner, von 1879 bis 1886 Herausgeber der apologetischen „Frankfurter zeitgemäßen Broschüren", dann Bischof von Mainz: Selbst „harmlose" Romane hätten einen verwüstenden Einfluß; ähnlich F. Hülskamp 1887 in Trier mit dem Hinweis auf die gebundene Sprache der „Dreizehnlinden". Dahinter stand die richtige Einschätzung des Romans als der literarischen Gattung des aus der Revolution hervorgegangenen Bürgertums.

schwierige Entscheidung bedeuten mußte. Der kampfesfreudige Schweizer Jesuit A. Baumgartner legte in seinem 3bändigen „Göthe" (1879/86) die „unsauberen Herzensromane" des Idols bloß und nannte die Humanität der „Iphigenie" ein „Trojanisches Pferd", dessen Inhalt er aufbrechen wollte[19]. Der von C. Muth im „Hochland" vollzogene Durchbruch führte zu einer gewissen Annäherung an die Verhältnisse in Frankreich: Die Werke dieser Schriftsteller erschienen meist nicht mehr in katholischen Verlagen, weil die Verfasser – jetzt wiederum zu einem guten Teil Konvertiten – Angehörige der allgemeinen deutschen Literatur sein wollten.

Die *wissenschaftlichen* Arbeiten in den Katholizismen hatten natürlicherweise ihr Schwergewicht bei der Theologie, der Philosophie und der (Kirchen-) Geschichte[20]. Hier konnte man an der Tradition anknüpfen, und hier auch hatte man in der durch die Thomas-Enzyklika Leos XIII. offiziell gewordenen Neuscholastik nicht nur eine internationale Basis, sondern auch die Möglichkeit, über Polemik und Apologetik gegen den „Zeitgeist" hinaus ein durchaus eigenständiges und teilweise auch schöpferisches System zu entwickeln und den aufhaltenden Kräften eine positive Orientierung zu geben. Auch die alten und die im Pontifikat Leos XIII. neu gegründeten Universitäten erstrebten nach Möglichkeit ein umfassendes modernes Lehrprogramm. Löwen zeichnete sich nicht nur in der Orientalistik, sondern auch in der Biologie aus, Fribourg (1889) hatte neben der philosophischen auch mit einer juristischen Fakultät begonnen und richtete 1896 eine mathematisch-naturwissenschaftliche Fakultät ein, und Washington (1889) entwickelte einen sozialwissenschaftlichen Akzent, der auch in Löwen gepflegt wurde. In Frankreich mußten die um 1875 gegründeten katholischen Universitäten in Paris, Angers, Lille, Lyon und Toulouse nach dem Gesetz von 1880, das den Titel „université" den staatlichen Anstalten vorbehielt, in „Institut catholique" umbenannt werden. Aber mit ungebrochenem Elan hielt man am universitären Programm fest, und der Plan, auch medizinische Fakultäten zu errichten, war nicht der Ausdruck des Ehrgeizes, sondern der Einsicht, um welche geistigen Entscheidungen es gerade auch dort geht. Freilich standen da große technische Schwierigkeiten im Weg. Daß die Errichtung theologischer Fakultäten erst den anderen folgte, gründete vor allem im problematischen Verhältnis zu den diözesanen Seminaren. Die Namen der an den einzelnen Instituten tätigen Gelehrten repräsentieren auch den jeweils recht unterschiedlichen Geist[21]. Die seit 1810 geschlossene Universität Salzburg über

[19] *O. Köhler,* Bücher als Wegmarken... 46–49; *J. Antz,* Der Katholizismus... 173–181.
[20] Vgl. Kap. 21 und 22.
[21] Zu den Schwerpunkten außer Theologie und Philosophie: *Angers* begann mit Rechts-, Literatur- und Naturwissenschaft (dort der Thomist L. Billot SJ) – *Lille* pflegte die Sozialwissenschaften, auch die Technik, und konnte eine medizinische Fakultät errichten. – *Lyon,* wo nur einzelne medizinische Disziplinen, aber eine naturwissenschaftliche Fakultät entwickelt werden konnten, beheimatete Jurisprudenz und Sozialwissenschaften (in der Theologie seit 1898 der Patristiker Tixeront, seit 1906 [vorher am Priesterseminar] der Alttestamentler

die 1851 errichtete theologische Fakultät hinaus wieder zur vollen Universität zu erweitern wurde zwar von Leo XIII. in Breven von 1890, 1900 und 1902 ermutigt, konnte aber nicht gelingen. Beim Katholikentag in Aachen 1879 wurde zwar der Beschluß von 1862, eine katholische Universität in Deutschland zu gründen, erneuert; aber 1882 waren im Fond nicht mehr als 300000 Mark angesammelt, dem Plan standen zu viele gewichtige Gründe entgegen. Dagegen darf man wohl die 1876, am 100. Geburtstag von Joseph Görres, gegründete „Görres-Gesellschaft" als eine der bedeutendsten Sozietäten katholischer Wissenschaftler bezeichnen. Die Initiative war von Georg v. Hertling (1843–1919)[22] ausgegangen, 1867 Privatdozent der Philosophie in Bonn, 1882 Professor an der Universität München, sowohl in seiner neuscholastischen Rechts-, Staats- und Gesellschaftsphilosophie wie als Zentrumspolitiker (1875–90 und 1896–1912 Mitglied des Reichstages) einer der klügsten Führer des deutschen Katholizismus, der Entschiedenheit und Zurückhaltung zu verbinden verstand. Die Görres-Gesellschaft, die zwar im Inhaber des Stuhls von Köln einen kirchlichen Protektor hat, aber als privater Verein gegründet wurde, verzichtete auf eine theologische Sektion, obwohl Theologen einen großen Teil ihrer Mitglieder stellten. Die ursprünglichen vier Sektionen waren der Philosophie, der Geschichte, der Rechts- und Sozialwissenschaft und der Naturwissenschaft gewidmet[23]. Die österreichische „Leo-Gesellschaft", 1891 gegründet von J. A. v. Helfert, benannt nach dem regierenden Papst, veröffentlichte vor allem Studien zur allgemeinen und kirchlichen Geschichte Österreichs[24]. In Deutschland und in Österreich war es von besonderer Bedeutung, daß die theologischen Fakultäten im Verband der Universitäten geblieben waren und so – besser als die diözesanen Priesterseminare – der katholischen Theologie eine Stellung in der allgemeinen wissenschaftlichen Öffentlichkeit bewahren konnten[25]. Trotz

Podechard). – *Paris* vertrat Rechtswissenschaft, Orientalistik, Naturwissenschaft, hatte in M. d'Hulst (bis 1896) und Baudrillart berühmte Rektoren, in der Theologie außerdem den Kirchenhistoriker Duchesne, den Kirchenrechtler Gasparri, den Apologeten A.-Th.-P. de Broglie, in der Philosophie Sertillanges (seit 1900) und später Maritain. – *Toulouse* war die Lehrstätte des Kirchenhistorikers Batiffol, 1898–1907 (Indizierung) Rektor.

22 Vgl. Kap. 1, 3, 12, 21 und 35.

23 Die Akzente ergeben sich aus den wichtigsten Publikationen der hier behandelten Zeit: HJ (seit 1880), PhJ (seit 1888), Staatslexikon (1. Aufl. 1887, 2. Aufl. 1901/04), Ausgaben der Akten des Konzils von Trient (seit 1901). Im Jahre 1888 wurde das „Römische Institut" gegründet, gefördert vom Rektor des Campo Santo, A. de Waal. – *W. Spael,* Görres-Gesellschaft, 1876–1941 (Paderborn 1957).

24 *F. Schindler,* Die Leo-Gesellschaft 1891–1901 (Wien 1902). – *A. Dörrer:* LThK² VI 959.

25 Zu *Würzburg:* Festschrift zum 350jährigen Bestehen der Univ. Würzburg (1932), Beiträge u.a. von *S. Merkle* und *A. Bigelmair;* zu *Innsbruck:* 100 Jahre Theol. Fakultät Innsbruck: ZKTh 80 (1958) 1–235; *E. Kleineidam,* Die kath. theol. Fakultät *Breslau* 1811–1945 (Köln 1961); *E. Hegel,* Gesch. der kath. theol. Fakultät *Münster,* 1773–1966, Bd 2 (Münster 1971); zu *Tübingen:* ThQ (1970; Jubiläums-Nr.); zu *Bonn:* 150 Jahre Rhein. Friedr.-Wilh.-Univ. zu Bonn 1818–1968. Bonner Gelehrte: Kath. Theologie (Bonn 1968). Eine systematische Fortsetzung dieser Fakultätsgeschichten ist ein Desiderat.

der Konflikte im „Reformkatholizismus" und „Modernismus", in die Theologen wie H. Schell, A. Ehrhard, F. X. Kraus, F. M. Schindler, L. Wahrmund hineingezogen waren, kam es im Unterschied zur Döllinger-Zeit nur selten zum wirklichen Bruch[26]. Auch die zahlreichen wissenschaftlichen Zeitschriften in allen Katholizismen, die frische Impulse erhielten oder neu gegründet wurden[27], dokumentierten, daß im Bereich der Wissenschaften der Katholizismus am ehesten sein kulturelles Selbstverständnis gefunden hatte, wenngleich die Naturwissenschaften – abgesehen von einigen Ausnahmen wie besonders an der Universität Löwen (die als einzige katholische eine wirkliche Volluniversität war), dann in den Ameisenforschungen des Jesuiten E. Wasmann (erschienen in den neunziger Jahren), den astronomischen Werken der Jesuiten Hagen und Kugler u. a. – mehr indirekt in der apologetischen Literatur zur Sprache kamen. Wasmanns Auseinandersetzung mit dem Monismus Haeckels gründete in eigener naturwissenschaftlicher Forschung; von seiner Naturphilosophie aus ging Tilmann Pesch („Die großen Welträtsel", 1883/84) das Problem an. Wenngleich die von den Naturwissenschaften gestellten Fragen sehr ernst genommen wurden, noch unmittelbarer wurden die katholischen Gelehrten – allerdings in dieser Zeit am meisten in Frankreich – von der Diskussion in der Bibelexegese getroffen, die seit der Mitte des 19. Jh. in der liberalen protestantischen Theologie zu immer radikaleren Interpretationen geführt hatte[28]. Daß es – wenn auch verständlicherweise – nicht gelang, den Vorsatz einzuhalten, diesen Fragenkomplex bei den internationalen katholischen Gelehrtenkongressen im letzten Jahrzehnt des 19. Jh. auszuklammern, führte, zusammen mit der Krise des Modernismus und des Integralismus, zum Ende dieser Versuche, die für die Entwicklung einer sich entschieden den modernen Problemen stellenden und gemeinsamen katholischen Intellektualität so bedeutsam hätten werden können. Der Gedanke war vom späteren Rektor (1894) des Institut catholique in Toulouse, Duilhé de Saint-Projet (1822–97), ausgegangen, der bereits 1875 einer der führenden Männer bei der Gründung der katholischen Universitäten in Frankreich gewesen war. Seine „Apologie scientifique du christianisme" (Toulouse 1885) hatte ein Programm der internationalen Kongresse entwickelt, das dann in den Gesprächen mit dem ersten Rektor des Institut catholique in Paris, Maurice d'Hulst, konkretisiert wurde. Dieser Mann, der eine so bemerkenswerte Kombination von Ansichten vertrat[29] und geradezu ein Geist der Vermittlung war, schien der geeignete Promotor der Kongreßidee zu sein. Er stieß freilich auf lebhafte Bedenken, weil befürchtet wurde, daß auf solchen Kongressen nichttheologische Teilnehmer Fragen der Dogmatik und der Exegese zur Sprache bringen würden und daraus große Verwirrung entstünde. Leo XIII. war, wie immer in solchen Fällen, optimistisch und erbat sich ein Gutachten von M. d'Hulst, der darin die Behandlung aller das kirchliche Lehramt

[26] Vgl. Kap. 2 und 29. Zum Problem des Modernisteneides: Kap. 33.
[27] Vgl. Kap.-Lit. [28] Vgl. Kap. 23 30 31 32. [29] Vgl. Kap. 23, Anm. 15.

angehenden Fragen ausschloß, aber die Notwendigkeit betonte, sich mit dem zeitgenössischen Stand der Wissenschaften auseinanderzusetzen. In einem Brief von 1887 billigte der Papst den Plan. Der erste Kongreß 1888 in Paris verlief zur Zufriedenheit, wenngleich die Internationalität eingeschränkt war, ebenso der zweite, der 1891 unter der Präsidentschaft von Bischof Freppel ebenfalls in Paris stattfand[30]. Beim dritten Kongreß 1894 in Brüssel, bei dem der Löwener Rektor Abbeloos Ehrenpräsident war, packte das Referat von M. d'Hulst den theologischen Konfliktstoff an, der sich inzwischen zusammengezogen hatte: Es wurde davor gewarnt, die dogmatischen Aussagen der Kirche zu minimalisieren, noch mehr aber davor, sie zu maximalisieren und jedermann des Rationalismus zu verdächtigen, der den eigenen Meinungen nicht folgt. Beim vierten Kongreß, der 1897 in Fribourg unter G. v. Hertling als Präsident mehr als 3000 Teilnehmer anziehen konnte, wagte man es, neben neugegründeten Sektionen auch eine besondere Gruppe zu bilden, in der „die Exegese und die damit zusammenhängenden Wissenschaften" erörtert werden sollten. Man tat also, was die Görres-Gesellschaft vermieden hatte, als sie von der Bildung einer theologischen Sektion absah. Der Dominikaner A.-M. Lagrange war führend in der Gruppe zur Beratung der Exegese und sollte sich später vergeblich darauf berufen, daß er dort die Zustimmung für seine Prinzipien gefunden hatte[31]. Bei der Tagung 1900 in München, die noch mehr Teilnehmer sah, verabschiedete man sich in der Hoffnung, sich 1903 in Rom wiederzusehen. Dies war eine Täuschung[32]. Das „Istituto cattolico internazionale per il progresso delle scienze", das in der Enzyklika „Pascendi" 1907 vorgesehen war und zu dessen Generalsekretär Pius X. Ludwig Pastor ernannt hatte, blieb in den Anfängen stecken: Damals war Albert Ehrhard der Prälatentitel entzogen worden; G. v. Hertling sollte nur aufgenommen werden, weil man ihn als Präsident der Görres-Gesellschaft nicht übergehen konnte; der Kirchenhistoriker Duchesne wurde vom Papst abgelehnt; Pastor verstand es, gegen die Bedenken von Rampolla den Papst für Männer wie den radikalen Apologeten A. M. Weiß und den Innsbrukker Historiker E. Michael SJ zu gewinnen[33]. Rampolla bat am 13. Februar 1909 den Papst, ihn vom Vorsitz der Kommission zu entbinden. Das Institut kam nicht zustande. Es hätte mit großer Wahrscheinlichkeit nicht jene Katholizität repräsentiert, die sich nach dem Ersten Weltkrieg im kulturellen Leben der Katholizismen weithin entfaltete.

[30] Die Görres-Gesellschaft nahm als solche 1888 nicht teil, es waren nur einige Mitglieder in die Teilnehmerliste eingetragen. Beim Kongreß von 1891 gab es einen peinlichen Zwischenfall: Mit G. v. Hertling, H. v. Grauert und H. Hüffer war die Prominenz der Görres-Gesellschaft erschienen; mitten in den Kongreß platzte die deutsche Veröffentlichung des Briefes, den Freppel am 17. März 1891 an den französischen Korrespondenten des „Berliner Lokalanzeiger" geschrieben hatte und in dem der gebürtige Elsässer die Rückgabe von Elsaß-Lothringen an Frankreich forderte; die deutschen Teilnehmer sagten die Teilnahme am Festessen für Bischof Freppel ab. *G. v. Hertling*, Erinnerungen II 133.

[31] Vgl. Kap. 23. [32] *Hocedez* III 93–96. Sehr kritisch zu München: G. P. = *F. X. Kraus:* Allg. Zeitung, 4. Okt. 1900.

[33] *Pastor*, Tagebücher, 482–496 499–502 511.

DRITTER ABSCHNITT

Formen der Frömmigkeit

Univ.-Professor Dr. Oskar Köhler, Freiburg (Kap. 16–18)
Univ.-Professor Dr. Günter Bandmann, Bonn (Kap. 19)

16. Kapitel

Veräußerlichung und Verinnerlichung der Spiritualität des 19. Jahrhunderts
Die Anfänge der Eucharistischen Kongreßbewegung
Die Verehrung der heiligen Therese von Lisieux

LITERATUR: HKG VI/1 662. – Ferner: *A. Mayer-Pfannholz,* Das Kirchenbild des 19. Jh. und seine Ablösung: Die Besinnung 3 (Nürnberg 1948) 124–144; *S. Beissel,* Zur Geschichte der Gebetbücher: StdZ 77 (1909); *H. Brück – J. B. Kißling,* Geschichte der katholischen Kirche in Deutschland IV/2 (Mainz 1908); *H. J. Terhünte,* Die religiöse Lage der Katholiken Frankreichs in der 3. Republik (1919); *G. Le Bras,* Histoire de la pratique religieuse en France, 2 Bde (Paris 1942/44); *A. Dansette,* Histoire religieuse de la France contemporaine II 1–286 (auch nicht-katholische Erscheinungen). – Zur eucharistischen Frömmigkeit: *E. Dumoutet,* Le désir de voir l'hostie (Paris 1926); *R. Aubert,* Die Eucharistischen Kongresse von Leo XIII. bis Johannes XXIII.: Concilium 1 (1965) 61–66. – Zur Herz-Jesu-Verehrung: *J. Stierli* u. a., Cor Salvatoris (Freiburg i. Br. ²1956), bes. 163 ff. – Zur Marienverehrung: *E. Campana,* Maria nel culto cattolico, 2 Bde (Turin ²1945); *E. Villaret,* Les Congrégations Mariales (Paris 1947); *A. Walz,* Saggi di storia rosariana (Florenz 1962); *J. Stierli,* Die Marianischen Kongregationen, 2 Bde (Leipzig 1947); *R. Graber,* Die marianischen Weltrundschreiben der Päpste in den letzten hundert Jahren (Regensburg 1951). – Zur liturgischen Bewegung: Außer *A. Trapp* 282–367 *Anton L. Mayer,* Die Stellung der Liturgie von der Zeit der Romantik bis zur Jahrhundertwende: ALW 3 (1955) 1–77; *J. A. Jungmann,* Missarum sollemnia I (Freiburg i. Br. 1952) 208–211; *Th. Klauser,* Kleine abendländische Liturgiegeschichte (Bonn 1965) 121–123; *J. Hacker,* Die Messe in den deutschen Diözesan-, Gesang- und Gebetbüchern von der Aufklärung bis zur Gegenwart: MthSt(H) 1 (1950) 68–132. – Zur Caritas: Außer *A. Foucault* (HKG VI/1 441) *W. Liese,* Geschichte der Caritas II (Freiburg i. Br. 1922); *L. Werthmann,* Die Ziele des Caritasverbandes für das kath. Deutschland (Freiburg i. Br. 1899); *K. Borgmann,* L. Werthmann. Aus seinen Reden u. Schriften (Freiburg i. Br. 1958); *W. Röhrich:* JCW 2 (Freiburg i. Br. 1928) 25–36; *A. Eckert,* Aus meinen Erinnerungen an L. Werthmann: Caritas 59 (1958) 285–310. – Zu *Charles de Foucauld* und *Thérèse Martin* (Th. von Lisieux) vgl. unten.

Die Formen der Frömmigkeit, die im zweiten Drittel des 19. Jh. ausgebildet worden waren[1], wuchsen im Pontifikat Leos XIII. in die Breite, wurden durch demonstrative Gesten in Weiheakten, liturgischen Festerhöhungen, Bestätigungen von Kongregationen und Bruderschaften befestigt, erhielten in den sich for-

[1] HKG VI/1 662–670.

mierenden Katholizismen der einzelnen Länder den Wert sozial integrierender Momente und würden doch in ihrer Bedeutung verkannt werden, wenn man sie nicht als die tägliche religiöse Nahrung der Gläubigen würdigte, die in einer fremden oder feindlichen Umwelt lebten und in diesen frommen Übungen die Kraft fanden, ihrem profan immer stützungsloser werdenden Glauben treu zu bleiben. Die Situation war freilich nach Ländern recht verschieden und läßt sich auch nicht generell nach Stadt und Land differenzieren. Es gab in Frankreich bäuerliche Gebiete, in denen die Dechristianisierung weit vorangeschritten war[2], und man hat die Entwicklung im Laufe der Dritten Republik dahin charakterisiert, daß einer „déchristianisation du peuple“ eine „rechristianisation de la bourgeoisie“ gegenüberstehe[3]. Agrarische Konzentrationen hatten auch in Südspanien zu einer Glaubensentfremdung des Landproletariats geführt. Im deutschsprachigen Gebiet blieb das katholische bäuerliche Volk vom modernen Geist unberührt und hängte rechts und links vom Kruzifix im Herrgottswinkel ein Herz-Jesu- und ein Herz-Mariä-Bild, wie es der Pfarrer empfahl, ohne daß sich dadurch die religiöse Mentalität wesentlich veränderte. Einen großen Anklang behielt in der tief eingewurzelten Marienverehrung das Rosenkranzgebet, in der Wohnstube vom Hausvater vorgebetet. Aber während die politische Entwicklung in Frankreich zu Ende des 19. Jh. in intellektuell gewichtigen Kreisen eine Belebung des Glaubensbewußtseins bestärken konnte, wurde zur gleichen Zeit für Deutschland teilweise eher eine Lähmung festgestellt, weil die Antriebe des Kulturkampfes ausgefallen waren[4].

Diese zeitgenössische Feststellung über die Bedeutung des politischen Kampfes gilt mit den ländermäßigen Varianten für den Stil der Religiosität in allen Katholizismen, wobei zu beachten ist, daß mit einem konservativen Gruppenbewußtsein im religiösen Leben ein Subjektivismus einherging, der einerseits ganz allgemein dem geistigen Trend im ausgehenden 19. Jh. nach den Enttäuschungen der bürgerlichen Revolutionen entsprach und anderseits als Abwehr gegen den materialistisch-kollektivistischen Zeitgeist pastoral bewußt gepflegt wurde[5]. Dieses Nebeneinander von Sozialität und Subjektivität ist auch einer der Gründe dafür, daß die liturgische Erneuerung (vgl. unten) erst sehr viel später einsetzte. Bezeichnend ist auch die positivistische Auffassung von der

[2] Kap. 6. – Der Volksmissionar J.-B. Berthier (1840–1908) wirkte erfolgreich bei allen Ständen.

[3] *A. Dansette* a.a.O. 30–51; vgl. Kap. 15 und 36.

[4] *J. Chr. Schulte,* Die Kirche und die Gebildeten (Freiburg i. Br. 1912, ³1919) 12. – Eine zwar zeitbedingte und dennoch sehr unerfreuliche Erscheinung ist die gegenseitige Aufrechnung an wahrer Religiosität zwischen dem französischen und dem deutschen Katholizismus. Der Polemik von *G. Goyau,* Les catholiques allemands et l'Empire évangélique (1916) stellte *H. Schrörs,* Deutscher und französischer Katholizismus in den letzten Jahrzehnten (Freiburg i. Br. 1917) eine Antipolemik entgegen. Zieht man jedoch die Polemik ab, so bleibt auf dem hohen Niveau beider Autoren übrig, daß auch die Feindschaft jeweils Richtiges entdecken kann. – Zu den Problemen der Großstadtseelsorge *H. Swoboda* (Regensburg 1911).

[5] *Anton L. Mayer* a.a.O. 49f.

„Heiligkeit der Kirche“[6], die man mit dem Hinweis auf den Katalog der 1901 bei der Ritenkongregation laufenden Selig- und Heiligsprechungsprozesse belegen zu können glaubte; da vor allem Orden und Kongregationen die Kanonisation von Angehörigen betrieben und diese in den romanischen Völkern ein Übergewicht hatten, ergab sich zudem ein verzerrtes Bild. In dieser naiv quantitativen Interpretation spiegelte sich die Idee der katholischen Vereinsbewegung, die ebenso notwendig zur Ausbildung der Katholizismen war und das Ergebnis oft großartiger Bemühungen darstellt, wie sie anderseits die bloße Reaktion auf Vorgänge in der profanen Gesellschaft ist. Charakteristisch ist es auch, daß die repräsentative zeitgenössische „Geschichte der katholischen Kirche in Deutschland“ von Brück-Kißling in ihren für diese Zeit einschlägigen Halbbänden von insgesamt 1014 Seiten dem „innerkirchlichen Leben“ 55 Seiten widmet, die sich dann wiederum nur mit innerkirchlichen Organisationen beschäftigen. Daß das organisatorische Moment weithin „tonangebend“ war, so „daß das Innere, die Gnade, das Mysterium ängstlich zurückschreckte“[7], wirkte sich auch in der Organisation von Frömmigkeitsübungen aus. Eines der Beispiele hierfür ist die Art, in der die Erstkommunikanten nun kollektiv in die alte „Corporis-Christi-Bruderschaft“ hineingebracht wurden und die gereimte eucharistische Theologie zu singen hatten[8], die auch für ältere Christen schwer nachzuvollziehen war. In hohem Maße zeitgenössisch war der religiöse Kitsch, der ein schwer zu beurteilendes Phänomen darstellt. In seinem präzisen Sinne taucht der Kitsch erstmals im späteren 19. Jh. auf und ist ein Ergebnis bildungsgeschichtlicher Bedingungen: es wird in breitem Ausmaß, begünstigt durch die Möglichkeiten der Vervielfältigung, ein Anspruch auf Teilhabe an der gleichzeitig sich gesellschaftlich isolierenden Kunst erhoben und gefördert, dem in Wahrheit nicht zu entsprechen ist, weshalb er mit einer banalen Erhebung über die Alltäglichkeit abgespeist wird – eine Erscheinung, die mit der Versickerung der hohen und von einer Elite getragenen Kunst ins Handwerkliche nicht zu vergleichen ist[9]. Fragt man nach der mystischen Substanz, die unter der Oberfläche der eucharistischen Frömmigkeit und der Herz-Jesu-Verehrung dieser Zeit im

[6] *K. Kempf*, Vorwort: zwar habe schon M. Scheeben das göttliche Merkmal der Heiligkeit der Kirche aufzeigen können, „doch konnte bei weitem noch nicht auf ein so reichhaltiges Beweismaterial hingewiesen werden wie jetzt“; es werden dann die „ersten Schritte“ zur Kanonisation Pius' IX. ausführlich beschrieben, die Heiligen oder die zur Kanonisation Vorgesehenen des Jahrhunderts nach ihrer hierarchischen Stellung erfaßt (Bischöfe S. 24–49, Weltpriester S. 50–78, Ordensleute S. 79–265, Laien S. 266–334, mit relativ ausführlichen Biographien) und die Prozeßstadien für J. B. Vianney, Klemens M. Hofbauer, Konrad von Parzham, G. Bosco, V. Pallotti, Bernadette Soubirous, Contardo Ferrini bezeichnet.

[7] *A. Mayer-Pfannholz* a.a.O. 129.

[8] „In der Monstranz / Ist Christus ganz / Nicht Brot-Substanz / Ave Jesu / Wahres Man-hu.“

[9] *R. Egenter*, Kitsch und Christenleben (Ettal [2]1958; Lit.). Man kann der moralischen Bewertung durchaus folgen und die Funktion genießerischer Scheinbefriedigung des Kitsches auch in seiner religiösen Variante sehen, ohne die Problematik des Verhältnisses zwischen Schwäche oder Schwund musischen und der Qualität religiösen Erlebens als gelöst zu betrachten,

Grunde lebendig war, dann wird wie auch in der Analyse des profanen Kitsches deutlich, daß die Gläubigen mit diesem Tiefenanspruch überfordert waren und man ihnen die erträgliche Ausfertigung in bester Absicht gab und hierfür in den schließlich unter ihr eigenes Niveau gesunkenen Formen der Nazarener[10] über die entsprechenden Ausdrucksmittel verfügte. Rechnet man die nationalistischen Emotionen gegen „die Franzosen" ab, dann bleibt doch übrig, daß diese der romanischen Mentalität entsprungenen Frömmigkeitsformen auf germanische Länder nur schwer zu übertragen waren. So unbestreitbar der enge Zusammenhang zwischen Kunst und Religion ist, so käme man doch allein von daher zu einem simplifizierten Urteil über die Religiosität in dieser Zeit, in der die Gläubigen des Mittel- und Kleinbürgertums in den Ausdrucksformen fromm waren, die nun einmal ihre geschichtlichen gewesen sind. Das Urteil über die religiöse Qualität selbst entzieht sich historischer Beurteilung.

An den Einrichtungen und der Anzahl der Beteiligten meßbar ist der bedeutende Aufschwung caritativer Tätigkeit in allen Ländern, der teils in den einzelnen Pfarreien, teils in Diözesanverbänden und – so insbesondere in Frankreich, Italien und Deutschland – in nationaler Organisation entfaltet wurde[11]. Anregungen aus Frankreich und aus der Organisationsform der protestantischen „Inneren Mission" bezog Lorenz Werthmann (1858–1921), als er 1897 in Köln den „Deutschen Caritas-Verband" gründete und dessen Ziele in der Zeitschrift „Caritas" (seit 1896) propagierte. Er hatte sich gegen den „vielgehörten Vorwurf" zu verteidigen, die christliche Caritas müsse in der Stille geschehen[12], und nicht weniger gegen die Eifersucht des Episkopats, der erst auf seinen Konferenzen von Fulda (1915) und Freising (1916) die Organisation anerkannte, gleichzeitig auch unter seine Aufsicht stellte und die Bildung von Diözesanverbänden anregte. Der organisatorische Zusammenschluß der vielen caritativen Institutionen zielte nicht nur auf Konzentration der Unternehmungen, sondern ging davon aus, daß im industriellen Zeitalter zwar die Initiative vom Nächsten zum Nächsten keineswegs entbehrlich ist, aber im Interesse einer maximalen Wirksamkeit die theoretische Untersuchung der wirtschaftlichen Verhältnisse unabdingbar ist. Das „Dictionnaire d'économie" war für Werthmann, den ersten Präsidenten des Verbandes, dessen Sitz er nach Freiburg im Breisgau legte, wo ihn sein Bischof für caritative Aufgaben freigestellt hatte, ein Vorbild.

Wie wichtig es ist, die organisatorischen Züge der Frömmigkeit nicht schlechthin als Veräußerlichung zu interpretieren, zeigt die Entstehung der Eucharistischen Kongreßbewegung[13]. Melle E. Marie Tamisier (geb. 1834 in

wenngleich natürlich schon das Auftreten dieser Problematik etwas über die Situation der religiösen Erfahrung in der Gesellschaft des späteren 19. Jh. besagt.

10 Vgl. Kap. 19.

11 Zum 100jährigen Jubiläum der „Société de S. Vincent de Paul": Livre du Centenaire, 2 Bde (Paris 1935); Manuel de la „Société ..." (Paris 1958). – Vgl. Kap.-Lit.

12 *L. Werthmann* a. a. O. 7. Die Gründung des Caritas-Verbandes trug wesentlich zur nötigen Vielfalt der allg. Wohlfahrtspflege bei.

13 HKG VI/1 666.

Tours) war eine jener unruhigen religiösen Naturen, die sich schwer in Institutionen einfügen lassen. Nachdem sie erst einen behutsamen und dann einen ziemlich rigorosen Seelenführer hatte, wurde ihr das Glück beschert, Msgr. Gaston de Ségur zu begegnen[14], der ihrer eucharistischen Jugendfrömmigkeit das Wirkungsfeld zuwies. Daß Ségur eine Art Feldzugsplan anlegte, in dem er ein Verzeichnis der eucharistischen Wunderorte „Frankreich zu Füßen des Allerheiligsten Sakramentes" zusammenstellte, darf wiederum nicht vergessen lassen, daß er der Verfasser der wegen Pantheismus und Quietismus verurteilten Schrift „Jésus vivant en nous" ist[15]. Auf die Anregung des Industriellen Philibert Vrau wurde in Lille 1874 eine zentrale Wallfahrt nach Douai beschlossen. Der Wunderort Avignon wurde 1876 zum Schauplatz einer ersten eucharistischen Massendemonstration (die damit verbundene Studienkonferenz scheint auf Mermillod zurückzugehen, mit dem Marie Tamisier schon früher in Rom zusammengetroffen war). Bei der Veranstaltung in Favernay (Besançon) 1878 zeigten sich die Anfänge einer Internationalisierung der Bewegung. Wegen der widrigen politischen Umstände in Frankreich reiste E. M. Tamisier zu Kardinal Dechamps, der zwar wohlwollend war, aber Bedenken wegen der belgischen Regierung hatte und deshalb die Niederlande empfahl. Der Erzbischof von Utrecht war ebenfalls wohlwollend, riet jedoch zu einem Gespräch mit Bischof Snikers, weil Amsterdam als Kongreßort genannt worden war. Sein hinhaltender Stil war für die eucharistische Enthusiastin ein Eisguß. Schließlich beschloß man am 17. Januar 1881 in Paris, wohin der für die Sache begeisterte belgische Jesuit Verbeker gekommen war, am Sterbebett Ségurs, den großen Kongreß nun doch in Frankreich, und zwar in Lille, abzuhalten. Leo XIII. hatte zwar mehrfach Segenswünsche ausgesprochen, den Kongreß jedoch erst am 16. Mai 1881, knapp einen Monat vor dem international bekanntgegebenen Termin, gebilligt[16]. Ségur, der den Kongreß bei diesen Schwierigkeiten hatte absagen wollen, erlebte ihn nicht mehr. Es kamen 363 Geistliche und Repräsentanten des Laienkatholizismus, wenn auch trotz der Teilnahme aus Belgien, Holland, Österreich, der Schweiz und Italien die Franzosen weitaus überwogen. Die Eröffnungsrede stand unter dem Thema „Soziales Königtum Jesu Christi". Die Schlußprozession begleiteten etwa 4000 Gläubige aus Lille. Nach Avignon folgte 1883 Lüttich, wohin nun Kardinal Dechamps eingeladen hatte und wo E. M.

[14] HKG VI/1 Reg.

[15] Demonstrativen Absichten kamen entgegen Orte wie Bourges, wo 1224 ein eucharistisches Wunder die Albigenser widerlegt hatte, Paris, wo eine der zahllosen den Antisemitismus dokumentierenden Erscheinungen (1290) lokalisiert ist, Pozilla (Perpignan), wo man der Revolutionsgreuel gedachte.

[16] Ph. Vrau, der Generalsuperior der Assumptionisten Picard und der Vicomte de Damas waren dieserhalb im Mai nach Rom gefahren. Neben diesen Männern wurden für die Bewegung bedeutend Msgr. de la Bouillerie, M. de Benque und Comte de Nicolay – bezeichnend für „die Atmosphäre der ‚Vieille France', in der das Unternehmen seine ersten Anhänger gewonnen hatte" (*R. Aubert* a.a.O. 62).

Tamisier in Bischof Doutreloux schon lange einen Protektor hatte. In Fribourg hatte 1885 Mermillod, der inzwischen Präsident der Kongreßbewegung geworden war, den Vorsitz; hier bezog erstmals die Veranstaltung die gesamte Öffentlichkeit ein. Der Schwerpunkt der Bewegung blieb aber zunächst in Frankreich (1888 in Paris) und in Belgien (1898 in Brüssel mit Kardinal Goossens). Nationale Kongresse fanden in Italien statt (1891 der erste in Neapel, nach weiteren Veranstaltungen 1896 in Orvieto unter Kardinal Parocchi, 1897 in Venedig unter dem Vorsitz des Patriarchen Sarto). Die erste Veranstaltung, an der ein päpstlicher Legat teilnahm, war der Kongreß von Jerusalem im Mai 1893 unter der Leitung von Kardinal Langénieux. Dieser Kongreß stand ganz im Zeichen der Bemühungen des Papstes um die orientalischen Kirchen (50 lateinischen Bischöfen standen 18 unierte orientalische gegenüber)[17]. Mit dem regionalen Kongreß von Washington wurde erstmals die protestantische Welt betreten. Die internationalen Kongresse in London (1908) und in Amsterdam (1924) führten zu heftigen antikatholischen Reaktionen[18].

Zu diesen lauten Veranstaltungen steht der alte und nun neu belebte Gedanke der „Ewigen Anbetung“[19] in einem seltsamen Kontrast[20]. Aber auch in dieser Form der Frömmigkeit, die ganz in der Stille geschieht, war mit dem Gedanken der primär durchaus religiösen Genugtuung doch auch so etwas wie ein schweigender Protest verbunden. Im Jahre 1883 wurde in Rom der „Verein der genugtuenden Anbetung der katholischen Nationen“ gegründet, der für die einzelnen Nationen bestimmte Wochentage festsetzte, um so im besonderen Hinblick auf den „gefangenen“ Papst die ganze Welt zu vereinen. Die 1890 in der Franziskanerkirche von Turin gegründete Erzbruderschaft der täglichen „Ewigen Anbetung“ wurde 1893 auf ganz Italien und 1909 auf die katholische Welt ausgedehnt. Unter dem gleichen Zeichen entstanden weitere Kongregationen und Bruderschaften, unter denen die 1896 von den „Steyler Missionsschwestern“ abgezweigten „Schwestern von der Ewigen Anbetung“, welche die Klausur beobachteten, sich vor allem in den Vereinigten Staaten von Amerika besonders verbreiteten. Auch andere, allgemein der Verehrung der Eucharistie gewidmete Genossenschaften verzweigten sich in diesem Zeitraum über ihren Entstehungsort hinaus, so die „Sacerdotes Sanctissimi Sacramenti“ (SSS), die 1856 in Paris gegründet worden waren und ihr Chorgebet vor dem exponierten Sakrament verrichteten. In Rom entstand 1902 der „Verein der Pagen des Heiligsten Altarssakramentes“ für Kinder vom 5. bis zum 15. Lebensjahr.

[17] Vgl. Kap. 25 und 27.

[18] Zur Kongreßbewegung seit Pius X.: *R. Aubert* a. a. O. 63–66; hier: S. 419f.

[19] HKG VI/1 665f.

[20] In die Tagesordnung der „Benediktinerinnen von der Ewigen Anbetung“ (1909) wird aus dem Französischen der Leitsatz übernommen: „In der Abgeschiedenheit wird der eucharistische Heiland von Herz zu Herz mit dem Betenden reden“ (zit. bei *Anton L. Mayer* a. a. O. 26).

Die eucharistische Enzyklika vom 28. Mai 1902 „Mirae caritatis“[21], die in merkwürdiger Weise die Stiftung des Abendmahls am Ende des Lebens Jesu Christi in Analogie setzt mit dem bevorstehenden Lebensende des Verfassers, verweist auf die päpstliche Bestätigung eucharistischer Institutionen und bleibt auch sonst im wesentlichen im Rahmen der allgemein geübten Praxis. Einige Stellen freilich zeigen in die Zukunft: zwar wird das Meßopfer, wenngleich in einer gewissen Hervorhebung, eingereiht in die anderen üblichen Formen eucharistischer Verehrung, aber es wird auch gesagt, es sei von jeher der Wunsch der Kirche gewesen, „daß bei jedem Meßopfer die anwesenden Gläubigen zum Tische des Herrn gehen“[22]. Drei Jahre zuvor hatte Leo XIII. mit seiner Enzyklika „Annum Sacrum“ vom 25. Mai 1899[23] die Weihe der ganzen Menschheit an das Herz-Jesu angeordnet, nachdem er 1889 den liturgischen Rang des Festtages erhöht hatte. In dem Schreiben kann kaum von der mystischen Liebe zwischen dem Herrn und den Seinen die Rede sein, weil die Nicht-Getauften als „Unglückliche noch im Todesschatten sitzen“, so daß auf sie nur die Herrschafts- und Richtergewalt angewendet werden kann, wobei der Papst unter Verweis auf Thomas von Aquin in der mittelalterlichen Auffassung von der Heidenwelt verbleibt. Charakteristisch ist auch die Erinnerung an das Kreuz als das konstantinische Siegeszeichen, das nun ersetzt wird durch das „Heiligste Herz Jesu, vom Kreuz überragt, im herrlichen Strahlenglanz eines Flammenkranzes“[24]. Im Jahre 1891 wurde die Sacré-Cœur-Kirche auf dem Montmartre in Paris vollendet. Die Zurückhaltung, mit der Pius IX. auf die Wünsche einer Weltweihe reagiert hatte[25], war aufgegeben, und Leo XIII. fügte am Ende seines Schreibens den „neuen Beweggründen“ den „zwar rein persönlichen, aber immerhin beachtenswerten und triftigen Grund“ hinzu, daß Gott ihn vor kurzem von einer schweren Krankheit befreit habe. Die Zahl der in diesem Pontifikat gegründeten oder bestätigten Herz-Jesu-Genossenschaften bleibt nicht weit hinter der aus der Zeit Pius' IX. zurück: 5 Priestergenossenschaften, 24 weibliche Ordensgenossenschaften, 2 Bruderschaften[26]. Bevorzugt wurden Sozietäten, deren Wirkung sich auf die beiden Amerika erstreckte. Einen besonderen Anteil an der Verbreitung dieser Frömmigkeitsform hatten die Jesuiten, die bereits 1872 alle Provinzen ihrer Sozietät dem Herzen-Jesu geweiht hatten[27]. Ohne Zweifel verstärkte sich im Pontifikat Leos XIII. der demonstrative und

[21] ASS 34, 641–654; deutsch bei *Rohrbasser* 106–125. – Zu den vornehmlich religiösen Enzykliken Leos XIII.: „Einleitung“, Anm. 61.

[22] *Rohrbasser* 109 119 121. – Vgl. Kap. 27.

[23] ASS 31, 646–651; *Rohrbasser* 77–84. Zur Zeitmentalität: *L. Chasle – L. Sattler,* M. Droste zu Vischering (Freiburg 1906) 362–367.

[24] *Rohrbasser* 80 81 82 83f.

[25] HKG VI/1 668.

[26] Vgl. *K. Hofmann:* LThK² V 294–299.

[27] Zu P. Ramière SJ vgl. HKG VI/1 668. – In allen Bereichen der Kirche erschienen zahllose kleine Blätter mit Herz-Jesu-Titeln oder -Signeten. – Im Jahr 1894 erschien *B. E. Bougaud,* Histoire de la Bienheureuse Marguérite Marie et les origines de la dévotion du Cœur de Jésus.

herrschaftliche Charakter dieses Kultes; aber niemand kann ausmachen, was er im individuellen Fall als Quelle echter Frömmigkeit bedeutete.

Dem Rosenkranzgebet hat Leo XIII. neun Enzykliken und sieben Apostolische Schreiben gewidmet. Ihr Tenor ist recht verschiedenartig; ein großer Teil der Schreiben ist der spirituellen Anleitung zu diesem Gebet gewidmet und enthält nur gelegentlich polemische Stellen. Die Enzyklika „Octobri mense" vom 22. September 1891[28], mit der das tägliche Rosenkranzgebet im Oktober eingeführt wird, erinnert an die „Mordtaten und Haßausbrüche" der Albigenser, die nur noch durch die Kraft des Rosenkranzes hätten überwunden werden können; es wird auch auf ähnliche Ereignisse verwiesen (häufig der Sieg von Lepanto). Die albigensischen „impii" waren niemand anders als die Freimaurer. Eine interessante sozial-kritische Bemerkung enthält „Laetitiae sanctae" vom 8. September 1893: früher habe man „in der ungestörten Gesichertheit des Lebens eine Belohnung der Mühen gesehen – heute denkt die Masse nur daran, wie man dieses Leben durch ein Höchstmaß von Vergnügungen ausfüllen könne, und man bildet sich ein, man könnte den Staatsapparat so vervollkommnen, daß alles Unangenehme ausgeschaltet sei"[29]. Während die Oktober-Enzyklika mit einem „fere" eine extreme Mariologie einschränkt[30], kam es in dieser Periode wie auch früher und später in der marianischen Praxis zu bedenklichen Grenzüberschreitungen, so wenn der Rosenkranz kultisch verselbständigt wird[31]. Jedoch ist der 1883 in die Lauretanische Litanei eingeführte Anruf „Regina sacratissimi Rosarii" unmittelbar auf Maria selbst bezogen. Im Jahre 1891 approbierte Leo XIII. das „Fest der Erscheinung von Lourdes" für die Kirchenprovinz Auch (Pius X. 1907 für die Gesamtkirche); zu der über der Grotte gelegenen Kirche (1876 geweiht) wurde 1883 bis 1901 die 20 Meter tiefer liegende Rosenkranzkirche gebaut. Der Pflege der „Marianischen Kongregationen", die seit der Erneuerung der Societas Jesu wieder stark zugenommen hatten, wurde besondere Aufmerksamkeit gewidmet. Neben den eucharistischen entstanden nun auch marianische Kongresse, so 1895 in Livorno, 1898 in Turin, 1898 in Lyon, 1902 mit internationaler Beteiligung in Fribourg. Gleichzeitig verstärkte sich mit der Marienweihe einzelner Nationen die bereits unter Pius IX. aufgetretene Bewegung für eine Weihe der Welt an das „Herz Mariä", die sich dann auf den Kongressen von 1908 bis 1914 intensivierte.

[28] ASS 24, 193–203; *Rohrbasser* 669f (Auszug).

[29] ASS 26, 193–199; *Rohrbasser* 678–685 (Auszug), hier 680f.

[30] „...ut, quo modo ad summum Patrem, nisi per Filium, nemo potest accedere, ita fere, nisi per Matrem, accedere nemo possit ad Christum" (ASS 24, 196).

[31] Im „Annuaire de la Très Sainte Vierge ..." (1887): „O mon Rosaire chéri, o ma couronne des roses, je vous offrirai tous les jours ..."; zit. *Anton L. Mayer* a. a. O. 52; man hat freilich zu beachten, daß dies im Zusammenhang mit der marianischen Deutung eines jeden Tages im Jahr gesagt wird. – In die öffentliche Außerkirchlichkeit gerieten die 1888 in Płock (Polen) von Felicja Kozłowska gegründete Schwesternschaft und der vom Vikar J. Kowalski 1893 gebildete Priesterverein der „Mariaviten", nachdem 1904 Rom die Anerkennung verweigert hatte.

Aus den zahlreichen im Laufe des 19. Jh. gegründeten und dem Namen Mariens gewidmeten kirchlichen Genossenschaften[32] ragten u. a. in ihrer praktischen Wirksamkeit heraus die Societas Mariae (1871 von Chaminade gegründet), deren Regeln 1891 bestätigt wurden und die sich besonders um das Schulwesen in den Vereinigten Staaten von Amerika verdient machte – die „Marianistes de Sainte-Croix" (1841 gegründet), die sich den Mädchenschulen in Nordamerika widmeten (1883 ein selbständiger Zweig in Kanada) – die „Missionnaires de Notre-Dame de La Salette" (1852 gegr.), die sich stark über die Diözese Grenoble hinaus ausbreiteten – die „Söhne des Unbefleckten Herzens Mariä" (1849 in Spanien gegr. von A. M. Claret y Clará [1950 heiliggesprochen])[33], die sich allmählich über die ganze Welt verbreiteten und sich der Volks- und Heidenmission widmeten. Es ist unbestreitbar, daß die weit über das 19. Jh. hinaus anwachsende marianische Frömmigkeit Überwucherungen hervorbrachte und ein besonderes Feld der Sentimentalisierung der Gebete und Lieder[34] darstellte; aber wenn auch die gerade hier zum Ausdruck kommende Sehnsucht nach mütterlicher Geborgenheit in eine zeitfremde Inselillusion verführen konnte[35], so muß auch diese Form der Frömmigkeit aus ihren geschichtlichen Bedingungen heraus verstanden werden.

Der Umstand, daß die Gestalt des heiligen Joseph bei der religiösen Arbeiterbildung insbesondere Frankreichs eine Rolle spielte, war mit ein Grund dafür, daß französische Postulate unter Leo XIII. fast zur Aufnahme seines Namens in das Confiteor, Suscipe usw. geführt haben[36]. Dieser Zusammenhang kommt auch zum Ausdruck in der Enzyklika „Quamquam plures" vom 15. August 1889, wo der Heilige – seit 1870 Patron der Gesamtkirche – außer als Vorbild eines guten Ehemannes und Vaters als ein Trost für „die Proletarier, die Arbeiter und alle Menschen in bescheidenen Lebensverhältnissen" bezeichnet wird, wobei der Papst hervorhebt, diese Leute hätten zwar das Recht, „mit allen erlaubten Mitteln eine Verbesserung ihrer Lage anzustreben", jedoch nicht dazu, „die von der göttlichen Vorsehung gefügte Ordnung umzustürzen"[37]. So verbreitet jedoch die Verehrung des heiligen Joseph, eines der häufigsten Namenspatrone, in allen Schichten der Gesellschaft war, sowenig wie dieser Handwerker einer patriarchalischen Zeit, sowenig auch konnte das Bild der „Heiligen Familie"[38] zum realisierbaren Vorbild in der industriellen Gesellschaft werden, so relativ

[32] HKG VI/1 670.

[33] Biographie von *C. Fernández*, 2 Bde (Madrid 1946).

[34] In der Marienlieder-Sammlung von *D. Delama* (1898) findet sich auch: „O bella mia speranza, / Dolce amor mio, Maria, / Tu sei la vita mia / La pace mia sei Tu." Aber wer das geradezu klassisch sentimentale Lied nie mit Italienern gesungen hat, weiß auch nichts von der darin enthaltenen, wenn auch gemischten Vitalität.

[35] Auf dieses Moment verweist *A. Mayer-Pfannholz* a. a. O. 128 im Zusammenhang mit dem Verhältnis zur Kirche.

[36] *Jungmann MS* I 221.

[37] Acta Leonis IX 175–182; *Rohrbasser* 1110–16 (Auszug), hier 1114.

[38] Breve „Neminem fugit" v. 14. 6. 1892 (ASS 25, 8–10), *Rohrbasser* 1103ff (Auszug). In

zahlreich auch in dieser Zeit die Gründungen religiöser Genossenschaften mit dem Namen der „Heiligen Familie" sind[39].

Hatte die katholische Aufklärung die Vielfalt in den Formen der Frömmigkeit nicht nur reduziert, sondern vielfach auch in einem Kahlschlag verwüstet, so waren nunmehr in Reaktion hierauf in der katholischen Restauration zahlreiche neue Kultformen und noch mehr sie pflegende Institutionen entstanden, die zwar in ihren Ausdrucksformen vielfach dem allgemeinen Zeitgeschmack entsprachen, aber sich vom Barock durch ihre Isoliertheit aus der Gesamtkultur wesentlich unterscheiden. Ebenso bezeichnend ist es, daß im Gefolge der Französischen Revolution zwar die ständischen Differenzen zwischen der Hierarchie und dem Kirchenvolk gefallen waren, nunmehr aber der Klerikalismus des 19. Jh. neue Scheidewände errichtete. Dies zeigt sich deutlich im Mittelpunkt katholischer Frömmigkeit, im Meßopfer. Im Vorwort zum „Cantate" von H. Bone (Mainz 1847) heißt es, die „still betende Gemeinde" habe ihr „Verdienst" in der Teilnahme selbst, bei der sie „nachlallen" darf[40]. Die politischen Implikationen kommen darin zum Ausdruck, daß hier die liturgischen Ansätze der Aufklärung als „gottesdienstlicher Kommunismus" bezeichnet werden und gesagt wird, der „katholische Tempel" würde auch dann seine Erhabenheit bewahren, wenn sich niemals eine Gemeinde darin versammelte, „denn nicht die Gemeinde ist das belebende Prinzip des katholischen Tempels, sondern das innewohnende Heiligtum und das Opfer des Priesters"[41]. Die polemische Mentalität, die mit dem Versöhnungsopfer verbunden wurde, bekundete sich auch darin, daß Leo XIII. dem von Pius IX. eingeführten marianischen Gebet nach der heiligen Messe das Michaelsgebet allgemeinverbindlich hinzufügte[42]. Auch die dann später freilich in ihren Auswirkungen so fruchtbar werdenden Bemühungen von Prosper Guéranger[43] in Solesmes um die Wiederherstellung des liturgischen Textes, d. h. um die Ausmerzung der Gallikanismen und die Rückkehr zur römischen Liturgie, stehen im Zeichen der katholischen Restauration[44] und zielen ebenso wie die von dort inspirierten Bemühungen im neuen Benediktinerkloster Beuron primär auf die Erneuerung des monastischen Lebens[45]. Der etwa ein Jahrtausend alte Abstand zwischen dem Zelebranten und dem Volk war befestigt durch das Verbot, die Meßtexte zu übersetzen, das 1857 nochmals durch Pius IX. erneuert wurde, dessen Übertretung freilich nicht mehr ernstlich ver-

„Graves de communi" (Acta XXI 18) ist die „Heilige Familie" das Beispiel dafür, wie Armut zur Tugend führt.

[39] *K. Hofmann:* LThK² V 94f.

[40] Vorwort VII; vgl. *Trapp* 278.

[41] *Jungmann MS* I 206.

[42] „...beunruhigt durch den von Leo Taxil erdichteten Teufelsspuk": *Th. Klauser* a.a.O. 58.

[43] HKG VI/1 425f 471f 671f.

[44] *Jungmann MS* I 210.

[45] Vgl. Kap. 17.

folgt wurde[46]. Es wurde stillschweigend aufgehoben, als es Leo XIII. 1897 bei der Neuordnung des Bücherverbotes nicht mehr erwähnte. Aber noch bis zum 20. Jh. hin wurde die Übersetzung des Kanons und noch länger die der Konsekrationsworte ausgespart. Doch nun erschienen Übersetzungen, deren spätere Bedeutung damals noch kaum zu erahnen war. Im Jahre 1878 wurde das „missel des fidèles“ von Gérard van Caloen in Maredsous herausgebracht, wo sich während der Kulturkampfzeit auch der Beuroner Mönch Anselm Schott aufhielt, dessen 1884 erschienenes „Meßbuch der heiligen Kirche“ 1906 bereits 100000 Exemplare erreicht hatte[47]. Es bedurfte jedoch langer Zeit, bis die „Meßandachten“ in den Gebetbüchern um die liturgischen Texte selbst vermehrt wurden. Die Diözesangebetbücher, die sich in Deutschland während des 19. Jh. vielfältig entwickelten, aber wegen der Rechte des Heiligen Stuhles nur zögernd offiziell eingeführt werden konnten, enthielten vielerlei Meßandachten für besondere Anliegen, die sich auch in ihrer psychologisierenden Ausdeutung oft weit vom liturgischen Vorgang selbst entfernten[48]. Eine deutsche Besonderheit waren die „Singmessen“, die in der Aufklärung zusammengestellt worden waren und jetzt insbesondere in den Kommunionliedern stark subjektiv getönt waren. Trotz des Hinweises Leos XIII. auf die Zugehörigkeit des Kommunionempfanges zum Meßopfer[49] wurde noch immer die „geistliche Kommunion“ empfohlen; auch die Herauslösung spezieller Gebete der Vorbereitung und des Dankes zur Kommunion waren noch bis tief in das 20. Jh. hinein allgemeine Gepflogenheit[50]. Wie in allen Bereichen des kirchlichen Lebens war man auch dann, wenn man die Liturgie des Meßopfers in den Mittelpunkt stellen wollte, angesichts der hektischen wirtschaftlichen, gesellschaftlichen und geistigen Entwicklung auf Festschreibungen bedacht, die so weit gehen konnten, daß eine Unterscheidung zwischen Wesentlichem und Zufälligem als „grundverderblicher Wahn“ bezeichnet wurde[51]. Aber im Rückgriff konnten auch zukunftsträchtige Gedanken entdeckt werden, so wenn unter Hinweis auf die Ritualbücher die Austeilung der in der Messe selbst konsekrierten Hostien empfohlen wurde, weil „so das Wesen der Eucharistie als Opferspeise und die Gemein-

[46] *Jungmann MS* I 214.

[47] *D. Zähringer,* 75 Jahre Schott (Freiburg i. Br. 1959).

[48] *J. Hacker* a. a. O. 132ff; *Anton L. Mayer* a. a. O. 61. Die „Meßandacht zu Ehren des Leidens und Sterbens Christi“ deutete das Stufengebet auf den Ölgarten, den Altarkuß auf den Judaskuß usw. Ähnliche Züge zeigt „Livre de piété de la jeune fille“ (1885).

[49] Vgl. S. 271. – Zur Diskussion vor Pius X.: S. 417.

[50] Verbreitete Beispiele sind auch: *Ch. Fievet,* Formulaire de prières pour les enfants de Marie (1904); *J. Millner,* The Key of Heaven (1891); vgl. *J. Hacker* a. a. O. 68, *Anton L. Mayer* a. a. O. 63ff.

[51] *F. Hettinger,* Aphorismen über Predigt und Prediger (Freiburg i. Br. 1888) 276: Die Liturgie umfasse wie die Biblia pauperum alle Glaubensgeheimnisse und das ganze christliche Ethos. In seiner Schrift über die Liturgie und die lateinische Sprache (1856) hatte er gesagt, die Liturgie trage „die Signatur des Unveränderlichen ... wie der Glaube selbst“ (16) und jede Differenzierung sei abzulehnen (36). Vgl. *Trapp* 277; *Jungmann MS* I 210.

schaft der Opfernden ... um so deutlicher hervortritt"[52]. Aber solche vereinzelte pastorale Überlegungen blieben vorerst Sache der Theologen, wenngleich sie und insbesondere die bedeutende liturgiegeschichtliche Forschung[53] sich als Wegbereiter erweisen sollten.

Auch wenn eine Statistik der Heiligsprechungsprozesse noch kein „Jahrhundert der Heiligen" ergibt, wie es das 17. gewesen war, so machen doch zusammen mit der großen Zahl der anonymen Frommen auch nur ganz wenige herausragende spirituelle Gestalten einen geschichtlichen „Ertrag" aus, ohne den eine Periode nicht verstanden wird. Charles de Foucauld (1858–1916) ist eine von ihnen, ob der eingeleitete Seligsprechungsprozeß abgeschlossen wird oder nicht. Der Offizier lebte nach seiner conversio 1886 zunächst als Trappist in Frankreich und Syrien (1890–96), dann bis 1900 als Eremit in Nazareth und wurde 1901 zum Priester geweiht[54]. Sein Gedanke, die Botschaft Jesu ohne allen äußeren Schutz (er wurde durch Tuaregs erschossen) allein durch die gelebte Existenz zu vergegenwärtigen inmitten der von Anfang bis heute jeder Missionierung fast ganz verschlossenen muslimischen Welt, kann zu einem Zeichen für die Bedingungen christlichen Lebens in der Zukunft werden, obwohl – oder: weil – Foucauld in absoluter Einsamkeit gestorben ist.

Dagegen ganz die Zeugin ihrer eigenen Zeit ist trotz der tief ins 20. Jh. hineinreichenden Wirkungsgeschichte Thérèse Martin, die Heilige von Lisieux (1873–97), welche Feststellung freilich voraussetzt, daß die neuerliche Umdeutung zur Existentialistin kritisch betrachtet wird. Man übertreibt wohl nicht, wenn man sagt, daß sich in Thérèse von Lisieux[55] die ganze Frömmigkeit ver-

[52] *A. Gaßner*, Pastoral ... (Salzburg 1881) 997. – Zu Pius X.: S. 426.

[53] *Anton L. Mayer* a. a. O. 74ff. – *V. Thalhofer*, Liturgik, 2 Bde (Freiburg i. Br. 1883/93) I 246 begrüßt „den in neuester Zeit eingeführten Brauch", das Volk wenigstens die Responsorien singen zu lassen. Daß er in der Liturgik das „feststehend Angeordnete" (*Trapp* 277) sah und nicht das genetische Moment, gilt für den größten Teil auch der historiographischen Theologen, die den Wandel auf die Adiaphora einschränkten (vgl. Kap. 22).

[54] *Edition:* Œuvres spirituelles (Paris 1958); *M. Carrouges*, Ch. de Foucauld (Freiburg ²1958); *J.-F. Six*, Itinéraire spirituel de Ch. de Foucauld (Paris 1958, Lit.); *R. Aubert:* DHGE 17, 1394–1402.

[55] Thérèse Martin ist die 5. der am Leben gebliebenen Töchter einer Familie des französischen Mittelbürgertums, die in der Normandie (Alençon) dank der Tatkraft der Mutter – der Vater war Uhrmacher und Juwelier – eine blühende Spitzenfabrikation betrieb. Strenge Kirchlichkeit und Verachtung der modernen „Welt" – trotz ökonomischer Teilhabe an ihr – bestimmten das Haus. Alle Töchter traten in den Karmel von Lisieux (Normandie) ein, wohin der Vater nach dem frühen Tod der Mutter sich in sein Landhaus zurückgezogen hatte, zuletzt und nach dem Tod Thérèses das wohl auch von dieser nicht verstandene Sorgenkind Léonie. Thérèse war beim Tod ihrer Mutter etwas über vier Jahre alt und wurde von ihrer Schwester Pauline, der späteren Mère Agnès, erzogen, die später auch gegen den Willen des Spirituals und des Bischofs den Eintritt der 15jährigen in den Karmel, dem sie selbst seit 1882 angehörte, hauptsächlich betrieb. In den Jahren bis 1886, die Thérèse die schmerzlichsten ihres Lebens nannte, wurde sie – inmitten einer glücklichen Familie – in mehreren Wellen, die medizinisch eine schwere Gemütskrankheit waren, ihrer Kindheit entrissen, in heftigen Skrupeln und mit

sammelte, wie sie sich seit dem zweiten Drittel des 19. Jh. ausgebildet hatte, getragen von jenem „Milieu-Katholizismus", der in einer verständnislosen späteren Zeit verhöhnt werden sollte, ausgedrückt in den kitschigen Bildern ihrer Zeit, eingebettet in das sich mit überschwenglicher Sentimentalität bekundende Clan-Bewußtsein einer frommen französischen Familie. Das Außerordentliche dieser Heiligen ist die Konventionalität, innerhalb deren sie den „kleinen Weg" mystischer Gottesliebe ging, wie Teresa von Ávila, die ihr fremd blieb, den ihrigen. Sie bleibt in der Karmel-Tradition, aktiviert sie jedoch, wenn sie die Fürbittbedürftigkeit der „wie Götter" verehrten Kleriker erkennt, aber sie verläßt trotz der Versenkung in das Neue Testament das Jesusbild ihrer Zeit nicht. Man hat die Überarbeitung ihres Nachlasses[56] durch den

ungewöhnlichen Schreckgesichtern. Die Krise mündete in das Bewußtsein, „que j'étais née pour la gloire", und in die Berufung, „eine große [in der vorkritischen Ausgabe gestrichen] Heilige zu werden", aber nicht vor den Augen der Menschen. Bei einer Pilgerfahrt nach Rom 1887 sprach sie entgegen dem Verbot des bischöflichen Vertreters, aber nach dem Plan der damaligen Priorin von Lisieux, Marie de Gonzague, und ihrer Schwester Pauline-Agnès, Leo XIII. mit der Bitte an, ihr die Erlaubnis zum Eintritt zu geben; der Papst verwies sie in freundlicher Korrektheit an die zuständigen kirchlichen Stellen (ausführlich im Kapitel 6 der „Histoire d'une Ame"; *I. F. Görres* [Anm. 56] 198–208). Am 9. April 1888 erfolgte mit bischöflicher Genehmigung der Eintritt Thérèses in den Karmel, dem 1893 unter der zur Priorin gewählten Agnès vier Schwestern Martin bei insgesamt 20 Mitgliedern angehörten. Sie bildeten innerhalb der spirituell durchschnittlichen Kommunität eine eigene Gruppe. Auch nach Abzug der von den Schwestern Martin überlieferten Kritik an Marie de Gonzague, die 1896 erneut wie mehrfach zuvor zur Priorin gewählt worden war, bleibt übrig, daß die Aristokratin ihrer freilich in diesem Kreis besonders schweren Aufgabe nicht gewachsen war (*I. F. Görres* 258–288, zurückhaltender als die meisten Biographien). „Vor allem hatte ich nur bittere Trockenheit als tägliches Brot meiner Seele" (Kap. 8 der „Histoire d'une Ame"): Dieses Wort, das nicht literarisch, sondern ursprünglich ist – auch der anfänglich gelesene Juan de la Cruz ließ sie später „kalt" –, ist das Leitthema ihres klösterlichen Lebens, während dessen die geliebten leiblichen Schwestern eines ihrer Hauptprobleme waren. Die „Trockenheit" steigerte sich bis zur totalen Abwesenheit Gottes auch in der Todesstunde der an galoppierender Tuberkulose gestorbenen Vierundzwanzigjährigen. Als ihr letztes, in Betrachtung ihres kleinen Kruzifixes gesprochenes Wort ist überliefert: „Oh, ich liebe Ihn. Mein Gott, ich liebe Dich."

[56] *Edition:* Der als „Histoire d'une Ame" 1898 erschienene Nachlaß enthält die von Januar 1895 bis Januar 1896 auf Veranlassung der leiblichen Schwester und damaligen Priorin Agnès niedergeschriebenen Lebenserinnerungen, den im September 1896 verfaßten Brief an die leibliche Mitschwester Marie, die im Juni 1897 von der jetzigen Priorin Marie de Gonzague veranlaßte Niederschrift sowie von Agnès hinzugefügte Brieffragmente, Gesprächsnotizen und Gedichte. Die 1956 von dem Karmeliter *François de Sainte-Marie* herausgegebene kritische Faksimile-Ausgabe läßt die manchmal wesentlichen stilistischen Veränderungen und Streichungen erkennen; außerdem enthielt die Ausgabe von 1898 erhebliche Zusätze. Auf die Korrespondenz-Ausgabe von *A. Combes* (Lisieux 1948) folgten weitere Editionen von Notizen, Versen, Gebeten (vgl. *A. Combes:* LThK^2 X 102ff). – Das die Vorstellungen auf Jahrzehnte bestimmende *Bild* Thérèses in der Ausgabe von 1898 ist laut dieser selbst eine „Synthese der besten Ausdruckselemente aus verschiedenen Lichtbildern" (*François de Sainte-Marie,* Visage de Thérèse de Lisieux. Portrait [Lisieux 1961]). – *Literatur:* Nach der Heiligsprechung 1925: *A.-P. Laveille,* Sainte Thérèse... d'après les documents officiels du Carmel de Lisieux (ebd. 1926). – Nach Beginn der Editionskritik: *A. Combes,* Introduction

Karmel und die Bedeutung der kritischen Ausgabe sowohl über- wie unterschätzt. Aber – und dies ist das Entscheidende – es gibt keine wesentliche Differenz zwischen der sehr bald die ganze katholische Welt ergreifenden Wirkungsgeschichte der Thérèse Martin[57] und ihrer eigenen religiösen Existenz.

17. Kapitel

Das organisatorische Moment in den alten Orden und den Neugründungen – innere Reform und Anziehungskraft

LITERATUR: Allgemein: HKG VI/1 Bibliogr. XXXIf; *J. Zürcher* (Hrsg.), Päpstliche Dokumente zur Ordensreform (1954); *R. Hostie,* Vie et mort des ordres religieux (Paris 1972) 223–251 (soziologisch). Zu den Benediktinern: *Ph. Schmitz,* Histoire de l'ordre de saint Benoît (Maredsous 1948/56), dt. von *R. Tschudi,* Geschichte des Benediktiner-Ordens IV (Einsiedeln 1960) 161–208 239–275 passim; zu den Dominikanern: *A. Walz,* Kardinal Frühwirth (Wien 1950); *ders.,* Wahrheitskünder. Die Dominikaner in Geschichte und Gegenwart (Essen 1960; allg. dt. Fassung des „Compendium...“); zu den Franziskanern immer noch beste Übersicht: *H. Holzapfel,* Geschichte der Franziskaner (München 1909); zu den Jesuiten: *R. García-Villoslada,* Manual de Historia de la Compañía de Jesús (Madrid ²1954); *H. Becher,* Die Jesuiten (München 1951); *J. Stierli,* Die Jesuiten (Fribourg 1955; ein kurzer Überblick, der vor allem die Spiritualität des Ordens behandelt, mit Lit.); *Ch. Hollis,* The Jesuits. A History (New York 1969), dazu: *E. McDenmott:* Cath. Hist. Rev. 58 (1972) 76f.; Redemptoristen: *M. De Meulemeester,* Histoire Sommaire de la Congrég. du T. S. Rédempteur (Löwen ²1958); Salesianer: Don Bosco nel mondo (Turin ²1959, Statistik, Atlas); Assumptionisten: *J. Monval,* Les Assomptionnistes (Paris 1939); Steyler Missionare: *H. Fischer,* Arnold Janssen (Steyl 1919) (vgl. Lit. zu Kap. Mission); Salvatorianer: *E. B. Lüthen,* Die Gesellschaft des Göttlichen Heilandes (1911); *R. Pfeiffer,* Joh.-B. Jordan (Rom 1920); *E. Federici* (Rom 1948).

Obwohl Pius IX. wiederholt in die Reorganisation des Ordens der *Franziskaner* (OFM) eingegriffen hatte[1], war es doch nicht möglich gewesen, die erforderliche Revision der Statuten angesichts der weithin anachronistisch gewordenen Diskussionen innerhalb des Ordens durchzusetzen. Auf dem Generalkapitel 1862 fand zwar ein Entwurf eine große Mehrheit, erschien aber dann doch 1882

à la spiritualité de Ste. Thérèse (Paris 1948, dt. Trier 1951); *H. Urs v. Balthasar,* Th. de L. (Köln 1950); *G. Bernoville,* Ste. Thérèse... (Paris 1954); *I. F. Görres,* Das Senfkorn von Lisieux (Freiburg i. Br. 1958), stark bearbeitete Ausgabe von: Das verborgene Antlitz [Freiburg i. Br. erstmals 1944]); *St. J. Piat,* Ste. Thérèse à la découverte de la voie d'enfance (Paris 1964); *J. F. Sise,* La véritable enfance de Th. de Lisieux (Paris 1972); Th. de Lisieux au Carmel (Lisieux 1973); *R. Laurentin,* Th. de Lisieux. Mythes et réalités (Paris 1972).

[57] Die „Histoire...“ von 1898 erschien in Frankreich während dreier Jahrzehnte in einer Auflage von 0,7 Millionen, dazu eine Volksausgabe von 2,5 Millionen. Bis 1925 war das Buch in 35 Sprachen übersetzt. – Von 1897 bis zur Kanonisation wurden 30,5 Millionen Bildchen der Heiligen ausgeliefert und 17,5 Millionen „Andenken“ verschickt (*A.-P. Laveille* a.a.O. 455). [1] HKG VI/1 652.

nur als eine Gesetzesvorlage[2]. Ein bei diesem Generalkapitel vorgetragenes Memorandum, wonach sich die Observanten, Reformaten, Diskalzeaten und Rekollekten unter der gemeinsamen Bezeichnung „Franziskaner" vereinigen sollten, wurde als inopportun verworfen. Erst beim Generalkapitel 1889, das im neuen Kollegium S. Antonii in Rom stattfand, wurden einheitliche Konstitutionen verabschiedet, die freilich von den Reformaten nicht akzeptiert wurden. Sie durften ihre Spezialstatuten behalten und begannen eine lebhafte Propaganda gegen die Union, obwohl weithin die Ansicht herrschte, die klösterliche Disziplin bei den Observanten sei jedenfalls nicht geringer als bei den Reformaten. Aber auch jetzt wurden die neuen Konstitutionen in zahlreichen Provinzen nur mit Abweichungen praktiziert. Für das Generalkapitel in Assisi 1895 bestellte Leo XIII. Kardinal Mauri, einen Dominikaner, als Präsidenten und ließ die Union der Ordenszweige als Hauptthema des Kapitels verkünden. Die Vorlage enthielt die Bestimmung, daß die Statuten gemeinverbindlich sind, Richtschnur auch sein müssen für die Gewohnheiten in den territorial gegliederten Provinzen und daß der Orden nicht nur wie bisher einen einzigen General, sondern auch einen einzigen Prokurator hat. Bei der Abstimmung, die in den vier Ordenszweigen getrennt veranstaltet wurde, stimmten die Observanten fast ausnahmslos dafür, die Reformaten und Diskalzeaten jedoch überwiegend dagegen. Nachdem die Interpretation der Ordensarmut durch die Rekollekten akzeptiert war, ergab eine gemeinsame geheime Abstimmung ein Verhältnis von 77 : 31 für die Annahme der Union, das sich durch nachträgliche Zustimmungen noch erheblich veränderte (8 Nein zu 100 Ja). Leo XIII. approbierte die Beschlüsse am 15. Mai 1897 und erließ die Konstitution „Felicitate quadam". Mönche, die aus Gewissensgründen nicht akzeptieren konnten, wurden besonderen Häusern zugewiesen. Die spanischen Provinzen jedoch beharrten auf ihren Privilegien und anerkannten zwar die Konstitutionen, unterstellten sich jedoch weiterhin nicht dem Ordensgeneral. In den achtziger Jahren zählte der Orden nur noch 14000 Brüder; 1907 waren es 17092 (davon 8152 Priester) in 1460 Häusern. Der Plan Pius' X., auch die Konventualen (OFMC) und die Kapuziner zu unieren, scheiterte. Die Konventualen hatten 1893 noch 1481 Mitglieder (ihnen gelang jedoch 1884 die Einigung mit den Spaniern). Der nach der Französischen Revolution größtenteils vernichtete Zweite Orden (Klarissen) hatte 1907 in 518 Klöstern wieder 10204 Schwestern gewonnen. In bemerkenswerter Weise entwickelte sich der „Dritte Orden", nachdem Leo XIII. 1883 die Bestimmungen modernisiert hatte, indem er einerseits die Vorschriften für die Gebetsübungen und das Fasten erheblich reduzierte, anderseits die monatliche Beicht vorschrieb (bis dahin nur dreimal im Jahr). Man schätzt, daß um die Jahrhundertwende 2,5 Millionen dem Dritten Orden angehörten, der sich von den Aktivitäten des kirchlichen Vereinswesens dadurch zu unterschei-

[2] *H. Holzapfel* a. a. O. 371–379.

den bemühte, daß es in der ersten Linie um eine Vertiefung des religiösen Lebens ging[3].

„Der Tag, an dem wir zentralisiert werden, ist der Tag, an dem eine Reform unmöglich wird: Die lebendige Spontaneität wird abgeschafft und ersetzt durch Verwaltungsmaßnahmen, die sehr gut sein mögen, die das Leben nachahmen, die aber nicht das Leben sind"; dieses von Prosper Guéranger, dem Gründer der Abtei Solesmes (1837), überlieferte Wort[4] meint mehr als eine gesellschaftliche Theorie von der Verfassung des *Benediktinerordens;* es ist der Ausdruck einer Spiritualität der Kontemplation, die ohne Spontaneität nicht möglich ist, wie umgekehrt die Spiritualität des Aktivismus eine organisatorische Konzentration voraussetzt. Bezeichnenderweise gehört in den Zusammenhang dieser Äußerung der Satz: „Was für die Jesuiten eine Stärke ist, ist für uns eine Gefahr." Im Jahre 1862 war Prior Maurus (Rudolf) Wolter, der soeben mit der Hofkammer des Fürsten von Hohenzollern-Sigmaringen die Überlassung des säkularisierten Augustinerklosters Beuron an seine noch ganz kleine Mönchsgemeinde vereinbart hatte, drei Monate lang in Solesmes, wo er vom Geist Guérangers tief beeindruckt wurde[5]. Daß sich der Benediktinerorden nach den Katastrophen der Revolution und Säkularisation auch aus inneren Gründen nur schwer erholen konnte, zeigen die Bemühungen in Frankreich, wo freilich Solesmes neue Gründungen anregte, und vor allem in Bayern, wo Ludwig I. mit seiner Neigung, das Benediktinertum wieder aufleben zu lassen, zunächst nur wenig Echo gefunden hatte (1830 Wiedereröffnung der Abtei Metten, Ausgangspunkt der bayerischen Kongregation, die sich im Laufe des 19. Jh. entfaltete)[6]. Ging es hier um Neubelebungen alter Klöster, so waren Solesmes und Beuron sowohl in den äußeren Bedingungen wie in der Konzeption neue Gründungen. War auch die theoretische und praktische Zuneigung zur Liturgie als dem Mittelpunkt der Spiritualität[7] vorerst eine binnenklösterliche Angelegen-

[3] *H. Holzapfel* a.a.O. 671. – Was dieser Ordenshistoriker 1909 vermutet hatte, nämlich, „daß in mehr als einem Punkt die Ansichten des Autors von der Ordensleitung nicht geteilt werden" (Vorwort VII), sollte sich mit Konsequenzen bewahrheiten; die Kritik am Ordenslegalismus hatte Anstoß erregt. Vgl. *K.-V. Selge* in der Rezension zu *K. Eßer – E. Grau,* Franziskanisches Leben (Werl 1968): ZKG 82 (1971) 133f.

[4] Bei *P. Delatte,* Dom Guéranger, 2 Bde (Paris 1909) II 344. – Zu Guéranger: HKG VI/1 (Reg.); zur Erneuerung der benediktinischen Observanz unter Pius IX.: 651 – Zur Expansion von Solesmes bis zur Jahrhundertwende: *Schmitz* IV 165; *P. Weißenberger* (zit. S. 119).

[5] Maurus (Rudolf) Wolter (1825–90), 1850 Priester und Gymnasiallehrer im Rheinland, folgte 1856 seinem Bruder Placidus (Ernst) ins Noviziat des Benediktinerklosters S. Paolo fuori le mura in Rom. Dort lernten die Brüder Wolter die Fürstin-Witwe Katharina von Hohenzollern-Sigmaringen, geb. Hohenlohe-Schillingsfürst, kennen, die als Verehrerin des benediktinischen Mönchtums bei Pius IX. eine Gründung in Deutschland und dann, nach einem gescheiterten Versuch bei Cleve, die Niederlassung in Beuron bei ihrem Stiefsohn vermittelte. *U. Engelmann:* LThK² X 1220f, mit Lit. auch zum Zusammenhang mit dem Güntherianismus.

[6] *Schmitz* IV 171ff.

[7] Vgl. Kap. 16 und 18.

heit, so sollte doch schließlich diese Renaissance in die Öffentlichkeit der Kirche hinein wirken. In Anbetracht der geringen Anzahl von Ordensmitgliedern[8] fällt die Vorliebe auf, immer neue Tochterklöster zu gründen und den Status einer Kongregation zu erreichen. In der eben erst erneuerten Abtei Metten drängte es P. Bonifaz Wimmer hinaus in die Vereinigten Staaten von Amerika, wo ihm 1846 der Bischof von Pittsburgh (Pennsylvania) in Latrobe zwar die Gemeinde S. Vincent übergab, aber der Erhebung zur Abtei um so mehr Widerstand leistete, als der Ire eine weitere Verselbständigung der deutschen Seelsorge nicht wünschen konnte[9]. P. Wimmer setzte sich in Rom mit Hilfe der bayerischen Gesandtschaft durch, und das Kloster wurde zum Vorort der „Amerikanisch-Cassinesischen Kongregation". Hatte die Propaganda Fide Bedenken gegen die Mettener Aktivität gehabt, so waren die schweizerischen Mönche aus Einsiedeln im Staate Indiana willkommen, wo sie sich in der Abtei St. Meinrad (1871) insbesondere der Mission bei den Sioux-Indianern widmeten. Im Jahre 1884 wurde diese Abtei mit der vom schweizerischen Kloster Engelberg ausgegangenen Gründung im Staate Missouri, die ebenfalls zur Abtei erhoben wurde, innerhalb der „Schweizerisch-amerikanischen Kongregation" verbunden. Ein Motiv für diese schweizerischen Aktivitäten war auch die Sorge gewesen, daß die Radikalliberalen in der Heimat die Klöster aufheben könnten. Der Gründungseifer der jungen Abtei Beuron[10] fand 1872 dank der Initiative der Familie Desclée eine Gelegenheit in Maredsous, wo Placidus Wolter 1878 erster Abt wurde. Das Kloster, in dem 1881 eine sich gut entwickelnde Abteischule eingerichtet wurde, hatte in van Caloen einen publizistisch begabten Mönch, der 1884 die Zeitschrift „Messager des fidèles" (seit 1890: „Revue bénédictine") gründete, mit dem Beuroner Anselm Schott einen der Vermittler der Liturgie in die Laienwelt und später den Reorganisator der brasilianischen Benediktiner. Zunächst verzweigte sich Maredsous auf Grund der Anregung des Bischofs Ullathorne OSB (Birmingham)[11] 1877/78 nach Erdington, das 1896 Abtei wurde, aber 1922 erlosch. Eine weitere Gründung des Bischofs Ullathorne, das 1878 von Downside aus errichtete Priorat Fort Augustus (Schottland), wurde 1882 durch Leo XIII. zur Abtei erhoben und gleichzeitig Rom unmittelbar unterstellt; nach einer 1886 in römischem Auftrag unternommenen Visitation durch Placidus Wolter und Leo Linse, dem Prior von Erdington, wurde dieser als Berater des Priors Kentiger-Milne eingesetzt, der ad nutum Sanctae sedis 1887 zugunsten von Linse resignieren mußte (Linse wird 1888 Abt). Die Schlie-

[8] *Heimbucher* I 173 notiert für 1896 die „runde Summe" von 2000 Patres in ca 120 Klöstern, organisiert in 14 Kongregationen. Statistik 1929 bei *S. Hilpisch* a. a. O. 390–395; *ders.* für 1958: mehr als 12000 Ordensmitglieder in über 200 Klöstern (LThK² II 192).

[9] *S. Hilpisch* a. a. O. 274ff; der Bischof habe die Erhebung „hintertrieben" (vgl. Kap. 10). St. Vincent wurde 1892 Erzabtei.

[10] *V. Fiala*, Ein Jahrhundert Beuroner Geschichte. 1863–1963 (Beuron 1963).

[11] *Schmitz* IV 168f; vgl. Kap. 7.

ßung Beurons 1875 im Kulturkampf[12] richtete die Aufmerksamkeit Maurus Wolters auf Österreich, wo ihm nach einem mißlungenen Versuch in Tirol auf Vermittlung Kardinal Schwarzenbergs 1880 durch Kaiser Franz Josef in Prag das fast ausgestorbene Kloster Emaus geschenkt wurde, das dann seinerseits 1883 in das ehemalige Chorherrenstift Seckau (Steiermark) Mönche schickte (1887 Abtei). Nachdem Placidus Wolter in zwei Reisen nach Rom 1882/83 die Bestätigung der Konstitutionen der Beuroner Kongregation erwirkt hatte, wurde 1885 Maurus Wolter Erzabt in Beuron[13]. Ebenso wie der Mettener Pater Wimmer wendete sich 1882 P. A. Amrhein an die Propaganda Fide[14], wo er 1884 durch den Papst exclaustriert wurde; das unter bischöflicher Jurisdiktion stehende Missionskloster Reichenbach (Oberpfalz) wurde 1887 nach St. Ottilien (beim Ammersee) verlegt und nach einigen Kontroversen[15] 1897 durch die Propaganda zum selbständigen Priorat erhoben (1902 Abtei) – dank der Übertragung der Apostolischen Präfektur, die auf Anregung Bismarcks in Sansibar (Deutsch-Ostafrika) errichtet wurde, Ausgangspunkt der „Kongregation von St. Ottilien", die eine weltweite missionarische Tätigkeit entfaltete[16]. Erster Erzabt von St. Ottilien, das zur größten Abtei des Ordens wurde, war Norbert Weber (1902–1930). Der Plan, die ehemalige Abtei St. Matthias in Trier 1888–91 durch Beuroner Mönche zu besetzen, der von Bischof Korum begünstigt wurde, scheiterte daran, daß der Diözesanklerus keine Pfarrei abtreten wollte.

Der Historiker des Dominikanerordens bemerkt zu Recht, Leo XIII. habe 1892 bei den Franziskanern und 1893 bei den Benediktinern viel „einschneidender" eingegriffen als in seinem eigenen Orden[17]. Der päpstliche Plan hinsichtlich der Benediktiner war seit langem vorbereitet gewesen, nachdem die Kongregationen vergeblich diskutiert hatten. Im Jahre 1886 fand in Rom ein Kongreß der Äbte der Kongregation von Monte Cassino statt, die sich – nach der Absonderung der Kongregation von Subiaco (1871) zur Verwirklichung der strengeren Observanz unter Abt Casaretto[18] – auch selbst erneuert hatte. Hauptpunkt war die Erneuerung von Sant'Anselmo als einem Weltzentrum der Benediktiner; es wurde 1888 vorerst im Palazzo dei Convertendi unter der Lei-

[12] HKG VI/1 653f; zur Beuroner Entwicklung: *Schmitz* IV 174f. und *V. Fiala* (zit. Anm. 10).

[13] Zur Beuroner Kunst vgl. Kap. 19.

[14] Abt Maurus Wolter erlaubte P. Amrhein, sich einer Missionsgesellschaft anzuschließen, aber so, daß der Beuroner Kongregation „ein Anteil an dem Verdienst Ihres apostolischen Wirkens bewahrt" wird (*P. Weissenberger* a.a.O. 36).

[15] 1896 visitierte der Seckauer Abt J. Schober im Auftrag des Abtprimas und „als Vertreter des Erzabtes von Beuron" (*P. Weissenberger* a.a.O. 55) St. Ottilien. Im November wurde Schober Generalsuperior und Visitator in St. Ottilien im päpstlichen Auftrag „zur Überwindung der inneren Schwierigkeiten" (*P. Weissenberger* a.a.O. 56).

[16] *F. Renner* (Hrsg.), Der fünfarmige Leuchter, 2 Bde (St. Ottilien 1971).

[17] *A. Walz*, Frühwirth 166.

[18] HKG VI/1 651; zu den inneren Spannungen wegen der neuen Konstitutionen: *Schmitz* IV 184.

tung von Erzbischof J. Dusmet OSB (geb. in Palermo) eröffnet, dem Leo XIII. 1887 seine Vorstellungen von einem gesamtbenediktinischen Kolleg entwickelt hatte (Dusmet wurde 1889 zum Kardinal erhoben). Der nächste Schritt war die Weihe von Hildebrand de Hemptinne[19] in Monte Cassino zum Abt von Maredsous, nachdem Placidus Wolter Nachfolger seines 1890 gestorbenen Bruders als Erzabt von Beuron geworden war. Mit Breve vom 9. Dezember 1892 wurden alle Benediktineräbte der Welt für den April des Folgejahres zur Grundsteinlegung von Sant'Anselmo auf dem Aventin nach Rom einberufen. Bei seiner Rundreise, 1887 im Auftrag Leos XIII. unternommen, um den Kongreß vorzubereiten, war der Präses der englischen Benediktinerkongregation O'Gorman auf eine nicht unerhebliche Zurückhaltung bei den Benediktineräbten gestoßen. Ungeachtet dessen beschloß Leo XIII. zu handeln. In einer Ansprache interpretierte Kardinal Dusmet am 20. April 1893 die Absicht des Papstes dahin, daß die „Societas quaedam" die Besonderheiten der Kongregationen nicht aufheben solle[20]. Den Äbten wurden folgende Punkte zur Beschlußfassung vorgelegt: es wird ein Abtprimas gewählt, der den Gesamtorden in Rom repräsentieren soll (nach Beratung durch die Äbte: Wahl des „Repraesentans" [statt Primas] mit Zweidrittelmehrheit, jedoch entsprechend dem Wunsche Leos XIII. Ernennung des ersten Primas durch den Papst); der Abtprimas residiert im Kolleg Sant'Anselmo, das keiner Kongregation angehört und eine eigene, aus den verschiedenen Kongregationen gebildete Familie darstellt (Beratung der Äbte: die Konföderation dürfe keinerlei Abhängigkeit von einer bestimmten Kongregation bedeuten); Amtsdauer des Primas 12 Jahre (die des Abtpräses an der Spitze der Kongregationen 6 Jahre). Am 12. Juli erlangte die „Konföderation" durch das Breve „Summum semper" Rechtskraft. Die Konföderation bedeutete einen tiefen Eingriff in die alte Struktur des benediktinischen Mönchtums und entsprach gewiß nicht dem Ideal von Prosper Guéranger. Ob dieses Ideal noch allgemein realisierbar war und was anderseits die Konföderation tatsächlich bedeutete, ist gleichermaßen umstritten. Noch Pius XII. hatte sich mit der Verfassung der Konföderation zu beschäftigen[20a].

Nachdem die Beuroner Kongregation vorerst einzelne Mönche in die verödeten brasilianischen Abteien geschickt hatte, unternahm van Caloen 1894 und 1895 Inspektionsreisen, über die er beim Beuroner Generalkonvent in Mared-

[19] Hildebrand de Hemptinne (1849 [Genf] – 1913 [Beuron]) wurde mit 16 Jahren „Zuave" (Mitglied der 1860 geschaffenen päpstlichen Schutztruppe) und trat 1870 in das Noviziat von Beuron ein. – *H. de Moreau,* H. de Hemptinne (Paris 1930; dt. 1938); *Schmitz* IV 168–246f. Vgl. S. 119.

[20] „Advertendum interea existimo verba Summi Pontificis ... ita accipienda esse et intelligenda, uti si ex foederatis familiis Societas quaedam formetur et stet, quae uniuscuiusque familiae specialem ac nationalem characterem ac propria statuta revereatur et servet"; *S. Hilpisch* a. a. O. 386ff; *S. Mayer,* Die benediktinische Konföderation (Beuron 1957); *Schmitz* IV 244–247, auch über die Diskussion einer Konföderation innerhalb des Ordens in den Jahren 1868/69.

[20a] Zur Zentralisation: *Hostie* 239f.

sous berichtete. Olinda, wo van Caloen Abt wurde[21], war der Ausgangspunkt für die Erneuerung der „Brasilianischen Kongregation", deren Vorort dann die Abtei St. Benedikt in Rio de Janeiro wurde. Dagegen wurden die vom Seckauer Abt 1894 visitierten portugiesischen Klöster Cucujaes und Singeverga, die der Beuroner Kongregation angeschlossen wurden, das Opfer der politischen Entwicklung. Von der Erzabtei Beuron, die der Abtprimas 1896 als Ort einer Äbtekonferenz ausersah, ging die Initiative zur Gründung von Maria Laach aus, dessen Kirche Kaiser Wilhelm II. in einer Placidus Wolter gegebenen Audienz 1892 den Beuroner Mönchen überließ (1893 päpstliche Errichtung der Abtei, W. Benzler erster Abt)[22].

Der Ordensgeneral der *Dominikaner* V. A. Jandel[23], der 1872 kurz vor seinem Tod die Wiedereingliederung der 1804 abgespaltenen spanischen Provinzen erlebt hatte, erhielt nach dem Interim des Generalvikariates unter J. M. Sanvito, dem Provinzial der römischen Provinz, einen auf schriftlichem Wege gewählten Nachfolger in J. M. Larroca, der Generalvikar in Manila gewesen war und zur Wiederherstellung der Ordenseinheit in Spanien beigetragen hatte. Trotz der Bemühungen Jandels hatte der Orden unter seinem Generalat zahlenmäßig abgenommen, konnte freilich auch 1910 nur knapp den Stand des Jahres 1844 wieder erreichen[24]. Beim Generalkapitel 1885 in Löwen wurde der Erwerb eines neuen Generalatshauses in Rom in der Via San Sebastiano beschlossen. Kurze Zeit vor seinem Tod wurde Larroca „irgendwie"[25] in die Kontroverse um die vatikanische Politik gegenüber dem italienischen Staat verwikkelt, weil er sich positiv zu einer Übersetzung der Homilien von Monsabré, bis 1890 Prediger von Notre-Dame in Paris, durch Bonomelli, den Bischof von Cremona[26], geäußert hatte. Wie auf die Franziskaner und Benediktiner hatte Leo XIII. sein Augenmerk auch auf eine Neuordnung der Dominikaner gerichtet und in einem Schreiben vom 31. Mai 1889 die Beachtung der vita communis eingeschärft. Nach dem Tod von Larroca am 8. Januar 1891 wollte der Papst einen Generalvikar ernennen, als welcher sich ihm jedoch J. A. Laboré, der Provinzial von Lyon, präsentierte, wohin das Generalkapitel einberufen war, dessen

[21] Kap. 8, Anm. 39; ferner: *M. E. Scherer,* Ein großer Benediktiner, Abt Michael Kruse von São Paulo, 1864–1929: SM 17. Ergänzungsheft (1963); *ders.,* Beuron und die Restauration der Abteien in Brasilien: *V. Fiala,* Beuron 1863–1963 (Beuron 1963); *J. Jongmans,* A Restauração da Congregação beneditina brasileira. Papel de Gerard van Caloen: Revista eclesiast. brasileira 32 (1972) 640–654.

[22] Wilhelm II. bezeugte seine Gunst durch die Besuche 1897 und 1901. Beuron konnte den Gast 1910 empfangen. *S. Merkle* 66 (zit. in „Einleitung") bemerkt hierzu 1914 in der Festgabe an Wilhelm II., bei den Benediktinern sei „am wenigsten Einmischung in die Händel dieser Welt" festzustellen.

[23] HKG VI/1 652.

[24] 1844: 4562 Ordensmitglieder; 1876: 3341; 1910: 4472. *A. Walz,* Compendium § 20.

[25] *A. Walz,* Frühwirth 166; danach hat Larroca alle Schriftstücke vernichtet, die in diesem Zusammenhang stehen.

[26] Kap. 5.

Ort bestimmend ist für die Übernahme des Generalvikariates[27]. Beim Generalkapitel fiel die weit überwiegende Mehrheit der Stimmen auf den soeben zum zweitenmal Provinzial der österreichischen „Reichsprovinz" gewordenen Andreas Frühwirth; als Gegenkandidat war der intransigente Laboré genannt worden. Mit dem Steiermärker Andreas Frühwirth (1845–1933), der 1863 in den Orden eingetreten war, in Graz und Rom studiert hatte, 1880–84 erstmals Provinzial der „Reichsprovinz", hatten die Dominikaner bis zum Jahre 1904 einen ebenso energischen wie diplomatisch geschickten General, der es vermied, daß der Orden irgendwelche Blößen zeigte, und vor allem darauf bedacht war, daß er sich für den Neuthomismus unentbehrlich machte. Mit einer erstaunlichen Arbeitskraft visitierte er Provinz um Provinz[28] und hielt regelmäßige Generalkapitel ab (1895 in Ávila, 1898 in Wien, 1901 in Gent, 1904 in Viterbo)[29]. Besonders nachdrücklich widmete sich Frühwirth der Errichtung von Studienhäusern[30]. In einem Schreiben vom 4. Oktober 1893 übertrug Leo XIII. die Thomas-Ausgabe in die alleinige Verantwortung des Dominikanerordens[31]. Die für die Edition bestellte Kardinalskommission hatte nach drei Jahren 1882 den ersten Band herausgebracht, bis 1892 insgesamt sieben (an der Spitze dieser Kardinalskommission für die Thomas-Ausgabe stand Kardinal Josef Pecci, der Bruder des Papstes). Im April 1903 wurde dem Papst von den Dominikanern der Band XI überreicht. In das Generalat Frühwirths fielen auch die frühen Auseinandersetzungen um den Dominikaner M.-J. Lagrange, dessen erste Ansätze zu einer „Kritischen Methode" in der Interpretation des Pentateuch nach dem Kongreß von Fribourg 1897 zu teilweise groben Verdächtigungen geführt hatten. Frühwirth, der 1901 Lagrange den Titel eines Meisters der Theologie verliehen hatte, gab bis 1903 als Ordensgeneral dessen Studien einen gewissen Schutz[32]. Die Leitung des neuen Bibelinstituts wurde von Pius X. jedoch nicht den Dominikanern, sondern den Jesuiten übertragen[33]. In der Spiri-

[27] *A. Walz,* Frühwirth 166: „Das Mißgeschick wollte es, daß Leo XIII. bezüglich des Generalvikariates des Ordens nach dem Tode Larrocas zunächst falsch unterrichtet wurde in dem Sinne, als solle der Papst diesen ernennen." Als Laboré in Rom erschien, habe der Papst gesagt: „Warum hält man sich denn nicht einfach an die Konstitutionen?"

[28] Am 23. April 1895 wurde die deutsche Ordensprovinz wiederhergestellt (Albert Trapp erster Provinzial).

[29] *A. Walz,* Frühwirth 167 vermerkt, die Wähler des Generals hätten sich gehütet, „den großen Gönner des Ordens, Papst Leo XIII., unbefriedigt zu lassen". Sympathischer freilich schien Frühwirth, wie der mit ihm persönlich vertraute Dominikanerautor *Walz* bemerkt, Pius X. gewesen zu sein, der sich dem General „entgegenkommend im Erledigen von Einzelfragen erzeigte, während Papst Leo XIII. sich auf der hohen Linie des allgemeinen Wohlwollens hielt... In einem Jahr war bei Pius X. mehr zu erreichen als bei Leo XIII. in einem Jahrzehnt" (272).

[30] Aufstellung bei *A. Walz,* Frühwirth 241–243.

[31] *A. Walz,* Compendium 527 616f. Vgl. Kap. 20.

[32] Vgl. Kap. 23.

[33] *A. Walz,* Frühwirth 261f; „der wackere dominikanische Vorkämpfer einer vernünftig fortschrittlichen Exegese... sollte neuer Prüfungen gewärtig sein". Zum weiteren Verlauf des

tualität folgte der Orden mit der Weihe an das Herz Jesu und der gewohnten Pflege des Rosenkranzgebetes den allgemeinen Bestrebungen dieser Zeit.

Nach dem Tod des Generals der *Jesuiten* P.-J. Beckx (1795–1887)[34], in dessen langer Amtszeit (seit 1853) die Zahl der Ordensmitglieder trotz der Verbote wesentlich angestiegen war[35], folgte im Amt der Assistent für die deutschsprachigen Provinzen, der Schweizer A. M. Anderledy. Hatte sein Vorgänger im allgemeinen eine maßvolle Haltung eingenommen, so brach mit Anderledy, der sich als Oberer der deutschen Provinz besonders nachdrücklich für den Syllabus (1864) eingesetzt hatte, jene undifferenzierte Polemik gegen die Moderne durch, die das apostolische Ziel der Gesellschaft Jesu eher verdunkelte. Es ist bezeichnend für den neuen General, daß er in seinen Schreiben die Väterliteratur und die geistlichen Schriftsteller vernachlässigte und sich lieber auf die an die Societas Jesu gerichteten Schreiben der Päpste und auf ausgewählte Kernsätze der Generalkongregationen und der Generäle bezog[36]. Sein Nachfolger, der Spanier Luis Martín (Ordensgeneral 1892–1906), machte sich um die Ordenshistoriographie verdient und übertrug die Herausgabe der Monumenta Historica Societatis Jesu den spanischen Provinzen. Er wurde nach seiner Wahl von Leo XIII. in besonders herzlicher Weise begrüßt[37]. Zwar wurde in der Gesellschaft Jesu noch immer die Philosophie als die ancilla theologiae bevorzugt vor der Theologie selbst, deren Thematik die Jesuiten im wesentlichen auf die Gnadenfrage und eine papstorientierte Ekklesiologie konzentrierten; aber die Ausrichtung der Gregoriana zugunsten der positiven Theologie unter der Zurückdrängung der spekulativen, weshalb der Bruder des Papstes, Josef Pecci, die Societas Jesu verlassen hatte (kurz vor seinem Tod wieder aufgenommen), war während des Pontifikates Leos XIII. korrigiert worden. Bei der Generalkongregation 1883 wurde die Thomas-Enzyklika „Aeterni Patris" als Leitlinie beschlossen, und Leo XIII. bestätigte 1886 die Privilegien der Gesellschaft. Die traditionelle Pflege der Moraltheologie wurde fruchtbar gemacht für die Auseinandersetzung mit den Problemen der modernen Gesellschaft, wozu Jesuitenautoren bedeutende Beiträge leisteten[38]. Die einflußreichen Zeitschriften des Ordens wurden vermehrt um „Przegląd Powszechny" (in Krakau seit 1884), „Razón y Fé" (Madrid seit 1901), „America" (New York seit 1909). Wo die Jesuiten in den Schulen tätig sein konnten, besonders intensiv in den Vereinigten Staaten von Amerika, wurden lebhafte Diskussionen über die Lehrpläne, vor allem über

Bibelinstituts sowie zur Münchener Nuntiatur Frühwirths (1907–15) vgl. diesen Band Kap. 33 und 35.

34 HKG VI/1 653f.

35 1838: 3067; 1850: 4600; 1874: 9260; 1900: 15073; 1914: 16894 (1950: 30579).

36 „Das ‚Alte Eigentümliche' des Ordens ... betonte er mehr, als daß er dazu aufgerufen hätte, das Gute in der neuen Zeit zu suchen" (*H. Becher:* LThK² I 507); *ders.*, Jesuiten 370.

37 *Schmidlin PG* II 567.

38 Vgl. Kap. 21 12 13.

das Verhältnis des Humanismus zu den „Realien“, geführt, die 1906 im wesentlichen in einer Anpassung an die weltlichen Schulen endeten[39].

Es ist eine bemerkenswerte Erscheinung, daß die Jesuiten trotz der Verbote einen verhältnismäßig starken Nachwuchs erhielten. In Portugal, das die Zulassung nach 1814 zunächst verweigerte und die dann 1829 erteilte 1834 wieder zurückgezogen hatte, war den Jesuiten von 1880 bis 1908 wiederum nur eine kurze Tätigkeit möglich. In Frankreich mußten 1880 die Lehranstalten geschlossen werden, weil der Orden die Schulgesetze nicht akzeptieren konnte. In Italien, wo der Ordensgeneral 1873 aus dem Profeßhaus al Gesù verdrängt worden war und sich in Fiesole niederlassen mußte (1895 die Kurie nach Rom zurückverlegt), war ein Zusammenleben der Jesuiten verhindert oder doch sehr erschwert. Der Nachwuchs war hier sehr gering, im Unterschied zu Österreich, Deutschland und auch der Schweiz, woher der Orden viele neue Mitglieder für die Tätigkeit im Ausland, namentlich in den Vereinigten Staaten von Amerika, gewinnen konnte[40]. Ein Mehrheitsbeschluß des Deutschen Reichstages (168:145) für die Wiederzulassung scheiterte am Bundesrat, der jedoch die Redemptoristen, welche nach ihrer Unterdrückung in Europa ein neues Tätigkeitsfeld in lateinamerikanischen Ländern gesucht hatten, nicht mehr als verbotene Ersatzorganisation betrachtete. Ziemlich ungehindert konnte sich die Gesellschaft Jesu seit 1820 in Österreich-Ungarn entfalten, wo sie neben Gymnasien vor allem im Kolleg „Stella matutina“ (seit 1856) in Feldkirch (Vorarlberg) und in der theologischen Fakultät der Universität Innsbruck[41] wirkungskräftige Zentren hatten, die auch nach Deutschland ausstrahlten. In der Provinz England, die mit Irland, Maryland, New York und Missouri in einer Assistenz verbunden war, entstanden Konflikte mit der ordentlichen Seelsorge, welche durch die Errichtung des Kollegs in Chelsea mit päpstlichen Vollmachten über die Köpfe des Episkopates hinweg verschärft wurden, so daß die Jesuiten in Kardinal Manning nicht gerade einen Freund hatten. Nach dessen Tod wurde das hundertjährige Jubiläum des Kollegs von Stonyhurst 1894 zu einer Art Versöhnungsfeier. Konflikte der deutschsprachigen Jesuiten in den Vereinigten Staaten von Amerika wurden durch die Nationalitätenfrage emotionalisiert.

Da sich die *Zisterzienser* der allgemeinen Observanz und die Reformkongregationen nicht einigen konnten, kam es 1892 zur Abtrennung der „Reformierten Zisterzienser“ *(„Trappisten“)*, die Leo XIII. mit Breve vom 17. März 1893 und Dekret von 1902 in den Privilegien des alten Ordens bestätigte. Sie konnten 1898 das Stammkloster Cîteaux erwerben. Die Zisterzienser der alten Observanz hatten Ende des 19. Jh. noch 32 Klöster, die meisten in Österreich-Ungarn

[39] Vgl. Kap. 10 und 12.

[40] Die deutsche Provinz war mit 1167 Mitgliedern um die Jahrhundertwende die stärkste unter den 23 Provinzen; *Heimbucher* (1897) II 135.

[41] Die antijesuitischen Aktionen der Liberalen in Wien während der siebziger Jahre scheiterten nicht zuletzt am Widerstand des Tiroler Landtages.

(Mehrerau am Bodensee bildete für sich allein die schweizerisch-deutsche Kongregation). Eine päpstliche Einigungsaktion wie bei den Franziskanern war hier unmöglich gewesen[42].

Ein anderer Reformversuch in dieser Zeit scheiterte und endete in der Vereinsamung der Initiatorin. Mère Marie du Sacré-Cœur (gest. 1901) hatte die Ausbildung der „Filles de Notre-Dame" nach dem Muster von Brügge verbessern wollen, war aber auf den Widerstand des Bischofs von Clermont gestoßen. Obwohl sie 1895 die Unterstützung von Msgr. d'Hulst und schließlich auch einen Teil des französischen Episkopates für sich gewonnen hatte, schickte man sie in ihren alten Konvent zurück, der sie aber nicht mehr aufnahm[43].

Die überbordende Aktivität in der Neugründung von Kongregationen hatte nach der Mitte des Jahrhunderts ihren Höhepunkt überschritten. Die meisten Kongregationen wuchsen über eine lokale Bedeutung nicht hinaus. Unter den älteren hatten einen bedeutenden Erfolg die *„christlichen Schulbrüder"*, die am Ende des Jahrhunderts fast in der ganzen Welt zu finden waren[44]. Einen ähnlichen Aufschwung erlebten die *Redemptoristen,* die um 1900 in 132 Niederlassungen, davon 30 in Italien, verbreitet und seit 1894 auch wieder in Deutschland zugelassen waren[45]. Die *Salesianer Don Boscos,* die 1888 beim Tod ihres Stifters in 57 Niederlassungen 774 Mitglieder zählten, dehnten sich auch jenseits Italiens aus und hatten um 1900 etwa 2000 Mitglieder in 300 Häusern gewonnen (seit 1903 auch in Österreich) und verstärkten ihre seit 1875 begonnene Tätigkeit in der äußeren Mission[46]. Die *Pallottiner* (1904 endgültig approbiert)[47] erlebten ihre stärkere Entwicklung erst nach dem 1. Weltkrieg. Zahlenmäßig weitaus an der Spitze aller weiblichen Kongregationen stehen die *Vinzentinerinnen,* die relativ selten und meist nur kurzfristig von staatlichen Verboten betroffen waren, weil man auf ihre Krankenpflege angewiesen war[47a]; sie zählten am Ende des Jahrhunderts ca 30000 Schwestern in 2500 Häusern. Die in Paris gegründeten „Damen vom Heiligsten Herzen Jesu" erlebten 1879 die Eröffnung des Seligsprechungsprozesses ihrer Stifterin Sophie Barat[48].

Es ist ein Charakterzug in der Tätigkeit des Dominikanergenerals Andreas Frühwirth, daß er der finanziellen Situation der Provinzen seines Ordens und des Generalats seine besondere Aufmerksamkeit widmete. Zwar hatten die

[42] *A. Wulf,* Compendium of the History of the Cistercian Order (Milwaukee 1944); *Ch. Grolleau – G. Chastel,* L'ordre de Cîteaux. La Trappe (Paris ²1954).

[43] *Dansette* (Kap.-Lit. 16) 26f. Msgr. Sueur, der Bischof von Avignon, hatte ihrem Buch „Les religieuses enseignantes" das Imprimatur gegeben. Der entscheidende Gegner war der Erzbischof von Aix. Es ging darum, den Lehrplan der „écoles normales" zu übernehmen, um die Schülerinnen angemessen auf ihre Lehraufgaben vorzubereiten.

[44] HKG VI/1 650 (Lit.) 653.

[45] HKG VI/1 650 (Lit.) 651.

[46] *A. Schmitt:* LThK² IX 263f; HKG VI/1 618 (Lit.).

[47] HKG VI/1 442.

[47a] Zu ihrer Geschichte nach der Französischen Revolution: HKG VI/1 80f 255.

[48] HKG VI/1 248 (Lit.).

ökonomischen Grundlagen in der Geschichte der Orden und Kongregationen immer eine beträchtliche Rolle gespielt; aber es ist natürlich, daß die Bedingungen des industriellen Zeitalters sich auch in diesem Bereich auswirken. Ein gutes Beispiel hierfür liefern die *Assumptionisten* mit der Gründung ihres Verlages „Bonne Presse“[49]. Waren dieser Kongregation die politischen Zeitläufe in Europa, weniger im Vorderen Orient recht ungünstig, so konnten sich zwei andere Unternehmungen, obwohl sie kirchlich erst zu Anfang des 20. Jh. approbiert wurden, von politischen Momenten ungehindert entfalten: die Salvatorianer (Societas Divini Salvatoris, SDS) und die Steyler Missionare (Societas Verbi Divini, SVD). Noch durch die in hagiographischer Tonart geschriebenen Biographien der Gründergestalten beider Gesellschaften hindurch spürt man, wie sich hier durchaus echtes religiöses Engagement verbindet mit den Tugenden eines industriellen Managers.

Der Gründer der *Salvatorianer,* Johann Baptist Jordan[50], war ein Dekorationsmaler, der sich auf dem Privatweg eine gymnasiale Ausbildung erwarb und als Priester 1878 über seinen Pfarrer ein Stipendiat in Rom erhielt. Der am badischen Oberrhein geborene Alemanne (1848–1918) erreichte 1880 über Kardinal Bilio eine Audienz bei Leo XIII., dessen Segen für die Gründung seiner „Apostolischen Lehrgesellschaft“ in Rom er extensiv auslegte. Er sicherte sich seine Position durch Empfehlungen der Kardinäle Hergenröther und Parocchi. Mit Hilfe seiner Zeitschrift „Der Missionär“, die er vom Linzer Bischof approbieren ließ, aber von Rom aus steuerte, wollte er einen „Verband“ aufbauen, dessen Programm keine deutlichen Konturen zeigte, aber in seiner gesellschaftlichen Struktur interessant war[51]. Sein Hauptproblem war es, ausgebildete Priester zu gewinnen, weshalb er junge Leute im Schnellverfahren, seinen eigenen Weg zum Vorbild nehmend, heranziehen wollte. Trotz erheblicher Schwierigkeiten, auch finanzieller Natur[52], konnte er nach Übernahme einer Missionsstation in Assam eine Niederlassung nach der anderen gründen: 1890 in Tivoli, 1892 in Wien, dann in Nord- und Südamerika, 1898 in Meran, dann in Rumänien, Belgien, Brasilien (1902), meist aus kleinen Anfängen entwickelt. Ungern entschloß er sich 1902 zur Abhaltung eines Generalkapitels, und die 1906 gegen

[49] *J. Monval,* Les Assomptionnistes (Paris 1939); zu ihrer Rolle in Frankreich: Kap. 6, im Vorderen Orient: Kap. 25.

[50] *P. Pfeiffer,* J.-B. Jordan und seine Gründungen (Rom 1930; der Autor ist der zweite Generalsuperior der Kongregation); *E. Federici,* G.-B. Jordan (Rom 1948); zur Frühzeit: *B. Lüthen,* Die Gesellschaft des Göttlichen Heilandes (1911).

[51] Es waren 3 Stufen vorgesehen: 1. Vollmitglieder (Priester und Laien); 2. ständige akademisch gebildete „Mitarbeiter“; 3. die Leserschaft der Zeitschrift, die alle Schichten vom Klerus bis zum Dienstmädchen ansprechen sollte (*P. Pfeiffer* a.a.O. 71f).

[52] 1882 mußte er wegen des Einspruches der Kurie den Titel seiner Gesellschaft ändern und das Wort „apostolisch“ streichen; 1886 hatte er Schwierigkeiten, weil er den Ausdruck „kirchlich approbiert“ nicht deutlich genug auf seiner Zeitschrift eingrenzte; 1892 erhielt er einen Karmeliter als Visitator, für Jordan „ein schweres Kreuz“ (*P. Pfeiffer* a.a.O. 260), aber wohl auch für den Visitator.

den höchst eigenwilligen Generalsuperior vorgetragene Kapitelkritik ist wohl nicht ganz unverständlich[53]. Erst unter Jordans Nachfolger, seinem Biographen P. Pfeiffer († 1945), begann die große Ausbreitung dieser Genossenschaft.

Arnold Janssen (1837–1909), der Gründer des *Steyler Missionswerkes*[54], war der Sohn eines Fuhrunternehmers am Niederrhein, wurde 1861 Priester und Gymnasiallehrer und begann seine Aktivität ebenfalls mit der Gründung einer Zeitschrift, dem „Kleinen Herz-Jesu-Boten" (1874). Nach einer Finanzierungsreise durch Deutschland und Österreich erwarb Janssen 1875 im grenznahen niederländischen Ort Steyl (Steijl) ein Grundstück mit einem alten Wirtshaus, wo er mit einem Schreinergesellen, einem Franziskanerbruder und seinem leiblichen Bruder, einem Kapuziner aus Münster, eine Societät gründete. Er stieß mit seinen Plänen auf große Skepsis im Klerus und bei Bischöfen und brachte es mit seinem offenbar sehr autokratischen Stil dahin, daß ihn 1876 fast alle seine Societätsmitglieder wieder verließen[55]. Im gleichen Jahre begann Janssen, der einen tüchtigen Ökonomen gewonnen hatte, den späteren Nachfolger als Generalsuperior Nikolaus Blum, mit dem Neubau von Steyl, obwohl er nur über ein Zehntel der Bausumme verfügte und nach einigen Jahren 300000 Mark Schulden hatte. Als die große Anlage Sankt Michael mit einer Doppelkirche 1886 vollendet war, sind die Schulden gedeckt. Zum „Herz-Jesu-Boten" kamen die Illustrierte „Die heilige Stadt Gottes" und ein Kalender, hergestellt in eigener Druckerei, für die in den Laienbrüdern billige Arbeitskräfte zur Verfügung standen. Im Jahre 1888 folgten die Gründungen St. Raphael in Rom, 1889 St. Gabriel in Wien, 1892 Heiligkreuz bei Neisse[56],

[53] *P. Pfeiffer* a.a.O. 336–339; ein getreuer Helfer war der westfälische Priester B. Lüthen.

[54] *H. Fischer SVD,* Arnold Janssen, Gründer des Steyler Missionswerkes (Steyl 1919).

[55] Sehr negativ war das Urteil Vaughans, des späteren englischen Kardinals, der die Mission Mill Hill gegründet hatte (HKG VI/1 618) und den Janssen aufsuchte: Er sei theologisch ungenügend gebildet und unpraktisch. In der Tat dürften Janssens Interessen für die Theologie sehr gering gewesen sein, was ein Grund seines Zerwürfnisses mit Dr. theol. v. Essen war, auf den hin Erzbischof Melchers die Aktivität Janssens hatte orientieren wollen (*H. Fischer* a.a.O. 382: J. hielt wenig von „gelehrten Professoren"). „Unpraktisch" war der Organisator freilich nicht, eher ein recht waghalsiger Manager. Aber der Führungsstil Janssens war recht unerfreulich (z.B. Streit, wer wann zelebriert), fand jedoch eine Stütze beim zuständigen Bischof von Roermond, der die Widersprechenden „sozialdemokratisch" (*H. Fischer* a.a.O. 155) nannte. Charakteristisch ist ein von *H. Fischer* a.a.O. 436 zitiertes Wort Janssens aus dem Jahre 1900: „Was die Brüder angeht, so mögen sie höchstens Zeitungen von der Natur der Sonntagsblätter lesen, was sicherlich genügt." Zur Unterstützung, die Janssen beim deutschen Katholikentag fand: *Kißling* II 126–130.

[56] Heiligkreuz wurde Gegenstand politischer Tendenzen. Bismarck begünstigte die Steyler als Missionare gegen die Jesuiten. Heiligkreuz wurde verquickt mit der Protektoratsfrage Südschantung, wo der Steyler Anzer als Missionsbischof tätig war. Die preußische Regierung wollte, daß Steyl keine päpstliche Kongregation wurde, was Fürstbischof Kopp zu tolerieren neigte, jedoch den Plänen Janssens entgegenstand. Die Schlesier waren so wenig von der Gründung angetan wie die Salzburger von der dortigen; man fürchtete die finanziellen Aktivitäten.

1898 St. Wendel im Rheinland, 1904 St. Rupert bei Bischofshofen (Salzburg). Janssen handelte nach dem Prinzip, es sei nicht die Frage, ob Geld da ist, sondern ob ein Bau notwendig ist[57]. In der Frage des Generalkapitels verhielt sich Janssen ganz ähnlich wie J.-B. Jordan: er schob es so lange als möglich hinaus (1884 das erste Kapitel mit 4 Priestern, 1885 mit 12 Priestern, die allein stimmberechtigt waren). Die Konstitutionen waren sehr zentralistisch entworfen (statt Provinzen nur „Regionen"), wurden 1901 nur mit Vorbehalten approbiert, nach einigem Hin und Her wegen der Kompetenzen des Generalkapitels 1905 bestätigt (endgültig erst 1910)[58].

Weil sie neben dem Schulunterricht hauptsächlich in der Caritas und der Krankenpflege tätig waren, wurden die weiblichen Kongregationen von den staatlichen Gesetzen in der Regel weniger betroffen. Deshalb und dank einer lebendigen religiösen Opferbereitschaft konnten sie sich auch im Pontifikat Leos XIII. weiterhin entfalten. Die Borromäerinnen hatten von ihrem Ursprung in Nancy aus neue Kongregationen in Deutschland, Österreich und den Niederlanden gegründet, die eine beträchtliche Aktivität entwickelten (das 1846 in Berlin gegründete St.-Hedwigs-Krankenhaus versorgte 1895 5500 Kranke). Neben der größten religiösen Frauengenossenschaft, den Vinzentinerinnen (vgl. oben), wurden auch kleinere Sozietäten wie die Niederbronner Schwestern (1880 das Generalmutterhaus in Oberbronn/Elsaß) und die Ingenbohler Schwestern (1894 päpstlich bestätigt) über Konfessionsgrenzen hinaus hoch geschätzt[59].

Überblickt man die Geschichte der älteren religiösen Genossenschaften und der Neugründungen während des Pontifikates Leos XIII. im ganzen, so fällt einerseits der Wille sowohl zu einer innerkirchlichen Erneuerung (nicht zuletzt in der äußeren Mission) wie zur gesellschaftlichen Wirksamkeit im Schulwesen, in der Krankenpflege, in der sozialen Aktion auf und andererseits die erstaunliche Anziehungskraft, die von den Orden und Kongregationen auf einen beträchtlichen Teil der Jugend in der katholischen Kirche ausging. Einer solchen Wirkung standen, ganz abgesehen von den politischen Unterdrückungsmaßnahmen, die allgemeinen Anschauungen der Zeit, die sich immer mehr ausbreitende Resignation und Skepsis und die aus der wachsenden Technisierung des Daseins resultierende Denkweise durchaus entgegen. Aber die religiösen Genossenschaften fanden in den zu ihrem Selbstbewußtsein gekommenen Katholizismen eine Resonanz des Widerstandes gegen die Säkularisierung des Lebens und die Bereitschaft für eine religiös motivierte Hingabe, die ein Zeugnis

[57] *H. Fischer* a.a.O. 188f.

[58] Zur missionarischen Tätigkeit dieser und anderer Kongregationen vgl. Teil III.

[59] *W. Hohn*, Die Barmherzigen Schwestern vom hl. K. Borromäus (Trier 1900); *ders.*, 300 Jahre Barmherzige Schwestern vom hl. Vinzenz von Paul (München 1933); *H. C. Wendlandt*, Die weiblichen Orden und Kongregationen der kath. Kirche und ihre Wirksamkeit in Preußen. 1816–1918 (Paderborn 1924); *A. Sinningen*, Kath. Frauengenossenschaften Deutschlands (Düsseldorf ²1944, Lit.).

für die Lebenskraft der katholischen Kirche waren. Insbesondere zeigte sich diese Lebenskraft in den Genossenschaften mit „einfachen Gelübden", die nunmehr ihre volle Anerkennung fanden. Diese Impulse zu versammeln und unfruchtbare Aufsplitterungen zu beseitigen oder zu vermeiden, die religiösen Genossenschaften der Konzeption seines Pontifikates dienstbar zu machen war das Ziel der kirchlichen Gesetzgebung Leos XIII., in der die Konzentration der Orden und Kongregationen auf Rom hin eines der wichtigsten Merkmale ist[60]. Es ist geschichtlich verständlich, daß eine solche Bemühung gegenüber dem ältesten Orden des Abendlandes, den Benediktinern, am schwierigsten war: Seine dezentralisierte Struktur hatte den spezifischen Freiheiten der feudalen Gesellschaft entsprochen. Das Prinzip der Zentralisation war das Prinzip der heraufwachsenden hochindustriellen Gesellschaft – und es war auch das Prinzip Leos XIII. und seiner Nachfolger im Sinne einer Ökonomie der spirituellen Kräfte. Die meisten religiösen Genossenschaften wurden veranlaßt, ihren zentralen Sitz nach Rom zu legen. Pius X. errichtete 1908 die „Sacra congregatio negotiis religiosorum sodalium praeposita" als oberste Leitung des Ordenswesens der lateinischen Kirche, der alle Religiosen beiderlei Geschlechts unterstellt sind.

18. Kapitel

Der Streit um die Kirchenmusik

LITERATUR: *K. Weinmann,* Geschichte der Kirchenmusik, mit besonderer Berücksichtigung der kirchenmusikalischen Restauration im 19. Jh. (München 1906, [2]1913; Weinmann war 1873–1929 Generalpräses des Allgemeinen Caecilienverbandes); *O. Ursprung,* Die katholische Kirchenmusik (Potsdam 1931) 250–285: *E. Bücken* (Hrsg.), Hdb. der Musikwissenschaft; *K. G. Fellerer,* Der gregorianische Choral (Regensburg 1936); *ders.,* Geschichte der kath. Kirchenmusik (Düsseldorf [2]1949) 143–162; *F. Haberl,* Cäcilianische Kirchenmusik: Zs. f. Kirchenmusik 74 (Köln 1954) 121–132; *F. Krieg,* Katholische Kirchenmusik (Teufen – St. Gallen 1954) (die historischen Partien von *E. Tittel;* 53 134–142, mit Lit.); *P. Combe,* Histoire de la restauration de chant grégorien d'après des documents inédits (Solesmes 1969); *H. Hucke,* Die Anfänge des Cäcilienvereins: Musik und Altar 22 (Freiburg i. Br. 1970) 159–178; *K. G. Fellerer,* Grundlagen und Anfänge der kirchenmusikalischen Organisationen F. X. Witts: KmJb 55 (1971) 33–60; *J. M. Bauduccio,* Relazioni del P. A. De Santi SJ con la congr. dei Riti circa la musica sacra dal 1887 al 1902: AHSJ 42 (1973) 128–160.

[60] In diesen Zusammenhang gehört auch die Konstitution „Conditae a Christo" vom 8. Dez. 1900 (Acta Leonis X 317–327) über die Genossenschaften mit „einfachen Gelübden", die nun offiziell unterschieden werden nach diözesanen Institutionen und solchen päpstlichen Rechtes. Hinsichtlich der letzteren wurden Bestimmungen erlassen, wonach die obersten Praesides in den diözesanen Niederlassungen die Rechte der Bischöfe nicht verletzen dürfen, diese aber andererseits gehalten sind, nicht in die Autorität der Praesides einzugreifen. Diese Konstitution geht auf die Arbeit einer Kommission zurück, die beim Vatikanischen Konzil nicht mehr hatte verabschiedet werden können. Es lag in der Konsequenz, daß im Pontifikat Pius' X. das Motu proprio vom Juli 1906 die Approbation neuer diözesaner Kongregationen der Überwachung durch die Kurie unterstellte. – Zur Konstitution Leos XIII.: S. 412.

Da die kirchliche Musik unmittelbar mit der liturgischen Handlung verbunden ist, wurde die Frage, wie sich denn die musikalischen Ausdrucksformen des „Zeitgeistes“ mit den gottesdienstlichen Vorgängen vereinbaren lassen, eher noch kritischer als in den bildenden Künsten[1]. Zwar hatte die religiöse Subjektivität in den kirchenmusikalischen Werken eines Franz Schubert durchaus ihre Entsprechung im Subjektivismus innerhalb der allgemeinen Frömmigkeit[2], aber es ist gewiß, daß die repräsentativen Schöpfungen der musikalischen Klassik und Romantik dem aus der Revolution hervorgegangenen modernen Geist entstammen und sehr häufig den christlichen Kult nur zum Anlaß für ihre Hervorbringungen nehmen. Während in Frankreich die Beschäftigung mit dem Gregorianischen Choral im Benediktinerkloster Solesmes vorerst eine esoterische und historische Angelegenheit war und die Schola cantorum, die wie in allen romanischen Ländern nach dem Vorbild der Laterankirche (1868) neu eingeführt wurde, einträchtiglich lebte mit dem weitverbreiteten „Plain-chant“, einer volkstümlichen Aneignung des Chorals, und weder die „Cäcilienmesse“ (1882) von Charles Gounod noch die romantische Harmonik des César Franck († 1890) Anstoß erregten, entstand im deutschen Katholizismus eine Bewegung, welche die „reine“ kirchliche Musik wiederherstellen wollte; man glaubte, die ohne Zweifel notwendige kirchenmusikalische Reform vor allem durch eine weitgehende Abwendung von der modernen Entwicklung erreichen zu müssen. Das deutsche Beispiel fand das Echo in vielen anderen Katholizismen (Niederlande, Belgien, Irland, Nordamerika), freilich nicht in Österreich, wo man vielmehr die zeitgenössischen Formen in kirchlichem Geist einzubeziehen versuchte. Was Thomas von Aquin für die Philosophie und Theologie bedeutete, das sollte Pierluigi da Palestrina († 1594 in Rom) für die Erneuerung der Kirchenmusik im 19. Jh. bedeuten[3]. Satz und Deklamation des „Palestrinastiles“ waren in der ersten Hälfte des 19. Jh. in Deutschland erneuert worden. Regensburg, der Bischofssitz Michael Sailers, war das führende Zentrum, wo Karl Proske († 1861) mit seinen Editionen aus dem 16. und 17. Jh. die von dieser Stadt ausgehende Tradition begründete. Daß nunmehr die „wie Palestrina“ komponierenden Musiker – M. Haller († 1915 in Regensburg) wurde der „Palestrina des 20. Jh.“ genannt – keine bedeutenden Werke zu schaffen vermochten, entspricht dem Verfahren äußerlicher Kopie; wichtiger ist, daß unter dem Einsatz der höchsten kirchlichen Autorität die A-cappella-Musik der Vokalpolyphonie kanonisiert wurde, historisierendes Mißverständnis des großen Meisters Palestrina und Abseitsstellung künstlerischer Originalität zugleich. Hatte man kritisiert, daß aus den Elementen der Symphonie und der Oper die Kirchenmusik geformt wurde[4], so wurde jetzt in der Trennung von „Musica sacra“ und „Musica profana“ die Kirche von der Welt abgesondert. Aus der zwar noch

[1] Vgl. Kap. 19. [2] Vgl. Kap. 16.

[3] *Fellerer,* Geschichte 148 150 und: LThK² VIII 3.

[4] *F. Krieg* a.a.O. 129.

weiter gepflegten, wenn auch stark eingeschränkten Instrumentalmusik, wie sie nun von den Kirchenmusikdirektoren komponiert wurde, ragt bezeichnenderweise der Belgier Edgar Tinel († 1912) heraus, weil er diese Trennung nicht mitmachte, freilich wenig aufgeführt wurde[5]. Auf dem Bamberger Katholikentag 1868 gründete der Priester F. X. Witt (1834–88) den „Allgemeinen Cäcilienverband für die Länder der deutschen Sprache", den Pius IX. 1870 als Organisation päpstlichen Rechtes mit einem Kardinalprotektor bestätigte. Das Breve enthält die vorgelegten Statuten des Verbandes, als dessen erste Aufgabe bezeichnet wird: „Der Gregorianische Gesang oder cantus planus soll überall intensive Pflege erfahren. Die polyphone Mehrstimmigkeit (cantus figuralis) älterer oder neuerer Kompositionen soll gefördert werden, sofern sie den kirchlichen Gesetzen entspricht." In diesem Dokument wurde Palestrina nicht genannt, aber er war das Ideal der cäcilianischen Bewegung[6]. Der so autorisierte Verband bestimmte in seinem Vereinskatalog, was kirchliche Musik ist[7]. Der Kampf um den wahren katholischen Kirchengesang wurde als eines der wichtigsten Schlachtfelder in der Auseinandersetzung mit dem Zeitgeist betrachtet[8]. Abweichungen wurden unter Berufung auf die Kirche mit extremer Unduldsamkeit verurteilt[9]. Auch das katholische deutsche Kirchenlied, dessen Reichtum von der Romantik wieder entdeckt worden war, kam teilweise unter den

[5] *K. Weinmann* a. a. O. 249–254; an J. S. Bach anschließend, hat Tinel „die lebendige Gläubigkeit und Frömmigkeit seines Schaffens" dem Formalismus entgegengesetzt, dem die kirchenmusikalischen Organisationen folgten: *Fellerer,* Geschichte 148.

[6] Zum Breve „Multum ad movendos animos" v. 16. Dezember 1870: *H. Hucke* a. a. O. 164 ff. – Es ist wohl eine Charaktereigentümlichkeit von F. X. Witt, wenn dieser schreibt: „... die besseren Werke des ‚Wittschen Stils' schmiegen sich in der Hauptsache, i. e. in der Verdeutlichung der kirchlichen Melodie und des Textes, viel, viel enger an den Choral an als sehr viele Werke des Palestrinastils" (zit. ebd. 172). *Fellerer,* Grundlagen 34 ordnet F. X. Witt mit Recht in die geschichtliche Situation ein, was aber die Lektüre der Arbeit von *H. Hucke* nicht erübrigt.

[7] Der Neucäcilianer *K. Weinmann* a. a. O. 189–204 hält das Urteil über „liturgische Brauchbarkeit" für berechtigt, kritisiert jedoch, daß auch künstlerisch bewertet wurde. *O. Ursprung* a. a. O. 280 sieht die Hemmung der Entwicklung durch das Referentenkollegium des Vereinskataloges darin, daß nun entweder ein „zur Gebrauchsmusik verkleinerter Zeitstil" oder die historisierende Fixierung auf Palestrina, der ja selbst im 16. Jh. sehr zeitgenössisch war, maßgebend wurden. *Fellerer* (MGG II 623 f) nennt den Katalog die „offizielle Anerkennung der Unmenge jeder künstlerischen Bedeutung baren, oft nicht einmal handwerklich sauberen Kirchenkompositionen ..." *Krieg,* der den „reinigenden Feuergeist" (a. a. O. 137) F. X. Witt geschichtlich würdigen will, spricht von der „Devotionalienharmonik" (a. a. O. 134) des Vereinskataloges. – F. X. Haberl, der Vorkämpfer der Regensburger Choralausgabe, hatte ursprünglich einen Index der in der Kirche verbotenen Musik angestrebt; *H. Hucke* a. a. O. 171. Der Vereinskatalog wird übereinstimmend beurteilt; vgl. auch *Fellerer,* Geschichte 155.

[8] *F. J. Selbst,* Der katholische Kirchengesang (Regensburg 1880): „O Schrecken, o Hohn auf unser fortschrittliches Jahrhundert! Die cäcilianische Bewegung ist eine Rückkehr zum finsteren Mittelalter ..." (133).

[9] *P. Krutschek,* Die Kirchenmusik nach dem Willen der Kirche. Eine Instruktion (Regensburg 1891): Zwar muß nicht jeder Mitglied des Cäcilienvereins sein, aber jeder muß seinen Leitsätzen folgen, „sonst widersteht er der Kirche selbst" (240 f.). Denen, die ihm Fanatismus vor-

Einfluß des Cäcilianismus[10] und wurde um besonders in Frauenklöstern beliebte weichliche Lieder erweitert. F. X. Witt, der bei all seiner Streitbarkeit zu den weiterblickenderen Geistern der Bewegung gehörte, wollte die Instrumentalmusik nicht ausgeschlossen wissen und erhoffte „einen Palestrina der modernen Orchestermusik", mit dem er wohl Franz Liszt gemeint hat[11], der ihn schätzte. Das große und auch nachwirkende Verdienst des Cäcilianismus besteht darin, daß er das problematische Verhältnis der klassischen und romantischen Musik zur liturgischen Handlung gesehen hat; wie unzulänglich sein Lösungsversuch, der im kirchengeschichtlichen Gesamtzusammenhang der Zeit zu sehen ist, sein mußte, zeigt sich nirgendwo deutlicher als darin, daß ihm Anton Bruckner (1824–96), der als Romantiker seine Kirchenmusik auf die liturgische Objektivität hin anlegte[12], unzugänglich gewesen ist.

Der mit päpstlicher Autorität ausgestattete[13] Cäcilianismus breitete sich im letzten Drittel des 19. Jh. in fast allen Ländern aus, nachdem in den Niederlanden bereits 1868 ein „Gregorius-Verein" gegründet worden war. Besonders stark war seine Wirkung in Irland. Im Lande Giuseppe Verdis (1813–1901), wo der Einfluß des nationalen Opernstiles besonders problematisch war, bestimmte das „Regolamento per la Musica sacra in Italia" vom Jahre 1884: Außer der Orgel sind nur Posaunen, Flöten und Pauken und „ähnliche Instrumente, die schon beim israelischen Volke üblich waren", zugelassen. Man konzentrierte sich auf die Pflege des Chorals, die von kirchlichen Erlassen gefördert wurde. Auch machte sich ein gewisser Einfluß des Cäcilianismus geltend.

Fast zwei Jahrzehnte nach Palestrinas Tod erschien in Rom in der Stamperia Medicaea, einer vom Kardinal Fernando Medici und G. B. Raimundi gegründeten Druckerei, eine Ausgabe des römischen Graduale, in der die gregorianischen

werfen, entgegnete er: „Ich nenne eben den Teufel auch Teufel und Christum meinen Gott und Herrn."

10 *W. Bäumker,* Das katholische deutsche Kirchenlied in seinen Singweisen, 4 Bde (Freiburg i. Br. 1886/1911). – In den ins päpstliche Breve übernommenen Statuten des Cäcilienverbandes ist von der Tolerierung des Kirchenliedes in Andachten die Rede; die deutsche Praxis des Liedes im Meßopfer ist übergangen; *H. Hucke* a.a.O. 168f.

11 *Ursprung,* 280. – Franz Liszt (1811–1886), der 1865 in Rom die niederen Weihen empfangen hatte, versuchte in seinen kirchenmusikalischen Werken eine Verbindung von Gregorianik, Vokalpolyphonie und modernem Orchester. *Fellerer,* Geschichte 146.

12 *F. Krieg* a. a. O. 146f: „Bruckners persönliche Emanzipation (als Romantiker) dient dieser Gemeinschaft (der Kirche) stärker als die orthographische Nachahmung alter Stile." *Fellerer,* Geschichte 147: „Durch Bruckner hatte die symphonische Kunst der Kirchenmusik höchste Entfaltung gegeben, so wie im 16. Jh. bei Palestrina die Polyphonie zu höchstem kirchlichen Ausdruck gestaltet wurde". – Natürlich spielen auch die Aufführungsschwierigkeiten eine große Rolle.

13 F. X. Witt fand freilich die Grenze seines Purismus, als er 1884 in einem Brief an Leo XIII. den Präfekten der Ritenkongregation, Kardinal Bartolini, anklagte, weil dieser in einem Brief an den Gründer der „Associazione di S. Cecilia" Haydn, Mozart und Cherubini als „erlesen und ernst" bezeichnet hatte. Als Bartolini zum Kardinalprotektor des Cäcilienverbandes ernannt war, wußte er sich zu revanchieren; *H. Hucke* a.a.O. 173f.

Melodien nach zeitgemäßen Prinzipien bearbeitet wurden[14]. Diese wenig beachtete Publikation wurde 1848 in Mecheln übernommen, gewann aber kirchengeschichtliche Bedeutung erst durch die seit 1871 im Verlag Pustet in Regensburg veranstalteten Nachdrucke. Der anregende und treibende Geist war der Priester F. X. Haberl (1840–1910), nach Romaufenthalten 1871 Domkapellmeister in Regensburg, wo er 1874 eine Kirchenmusikschule gründete[15]. Die Ritenkongregation gab dem Verlag Pustet ein 30jähriges Druckprivilegium, obwohl schon damals die historische Haltbarkeit der Medicaea umstritten war[16]. Ein Dekret der Ritenkongregation vom 14. April 1877 gab der Ausgabe einen zumindest offiziösen Charakter. Inzwischen hatte der Benediktiner J. Pothier (1835–1923)[17] in Solesmes im Auftrag seines Abtes Prosper Guéranger seine Choralforschungen betrieben, in der Intention, Gallikanismen auszuräumen und die Tradition wiederherzustellen. Nach der Veröffentlichung der Prinzipien von Solesmes wurde 1882 in Arezzo ein Kongreß veranstaltet, auf den jedoch die Ritenkongregation am 10. April 1883 mit einer erneuten Legitimierung der Regensburger Ausgabe reagierte, von Leo XIII. am 26. April ausdrücklich mit dem Hinweis bestätigt, päpstliche Wünsche seien als Weisung aufzunehmen. In Regensburg kämpften Witt und insbesondere Haberl mit ziemlicher Leidenschaft um ihre Auffassung, und man verfehlte dort nicht, sich auf die römische Autorität zu beziehen[18]. Aber nach dem Ablauf des Druckprivilegs sah Leo XIII. in seinem Breve „Nos quidem“ vom 17. Mai 1901 an den Abt von Solesmes die Gelegenheit, aus dem Dilemma herauszukommen. Das Motu proprio „Inter pastoralis officii“ Pius' X. 1903 leitete eine neue Phase in der Auffassung des Gregorianischen Chorales ein[19].

[14] *L. Kunz,* Medicaea: LThK² VII 230. Die Ausgabe erschien 1614/15.

[15] Verdienste erwarb sich F. X. Haberl um Editionen von Palestrina und Orlando di Lasso.

[16] Ein Promemoria an die deutsche Bischofskonferenz von R. Schlecht u. a. 1869 (zit. bei *O. Ursprung* a. a. O. 269). – *L. Kunz:* LThK² VII 230 spricht von einem „römischen Auftrag“ an Pustet; *Ursprung:* „Sei es, daß bereits die römische Choralkommission sich auf eine revidierte Ausgabe der Medicaea festgelegt hatte oder daß der Verlag Pustet in Regensburg mit einer Petition in diesem Sinne vorangegangen war.“ – *F. Krieg* a. a. O. 53: Die Regensburger leisteten „im guten Glauben“ an die Medicaea „eine liturgische Pionierarbeit“.

[17] 1880 erschienen „Les mélodies grégoriennes d'après la tradition“, von 1883 ab die Choralausgabe. Zum Kampf der Regensburger gegen Solesmes: *P. Combe* a. a. O. 209.

[18] *P. Krutschek:* „Wie man angesichts der ... offiziellen Erklärungen von Pius IX., Leo XIII. und der Rituskongregation immer noch behaupten kann, ich empfehle einen falschen Choral, ist mir unverständlich, und es ist schade um jedes weitere Wort der Entgegnung“, a. a. O. [Anm. 9], Vorwort der 2. Aufl., XXI.

[19] *P. Krieg* 139 f: F. X. Haberl „ertrug diesen schweren Schlag, der seine chorale Lebensarbeit vernichtete, mit Würde und Ergebung“. – Zu seiner Reaktion auf das Breve Leos XIII. 1901 s. seinen Aufsatz „Geschichte und Wert der offiziellen Choralbücher: Kirchenmusikalisches Jahrbuch 1902. – In Deutschland trug die Kritik an der Regensburger Choralausgabe vor: *R. Molitor OSB,* Die nachtridentinische Choral-Reform in Rom (Beuron 1902). – Der Durchbruch in Rom war 1893 durch ein Votum der Ritenkongregation erfolgt, das A. De Santi SJ zusammen mit Solesmes verfaßte. Lateinisch-deutscher Text des Motu proprio von Pius X. bei *P. Krieg* a.a.O. Anhang. – Vgl. Kap. 27, dort auch zu A. De Santi.

19. Kapitel

Kirchliche Kunst im 19. und 20. Jahrhundert

(Diese Bibliographie bringt nur eine Auswahl. Traktatliteratur, Kataloge, Tagungsberichte, Kongreßakten und Zeitschriftenaufsätze sind nur ausnahmsweise aufgenommen.)

LITERATUR: Kultus und Kunst. *C. Meyer,* Über das Verhältnis von der Kunst zum Kultus. Ein Wort an alle gebildeten Verehrer der Religion und der Kunst (Zürich 1837); *F. Spitta,* Gotteshaus und Kunst (Straßburg 1895); *A. Ehrhard,* Katholisches Christentum und moderne Kultur (Mainz – München 1906); *G. F. Hartlaub,* Kunst und Religion. Ein Versuch über die Möglichkeit neuer religiöser Kunst (München 1919); *I. Herwegen* OSB, Das Kunstprinzip der Liturgie (Paderborn 1920); *ders.,* Kunst und Mysterium (Münster i. W. 1929); *R. Guardini,* Vom Geist der Liturgie (Freiburg i. Br. 1921); *ders.,* Von heiligen Zeichen (Rothenfels a. M. 1922); *J. van Acken,* Christozentrische Kirchenkunst. Ein Entwurf zum liturgischen Gesamtkunstwerk (Gladbach ²1923); *G. Mensching,* Die liturgische Bewegung in der evangelischen Kirche. Ihre Formen und ihre Probleme (Tübingen 1925); *C. Gröber,* Kirche und Künstler (Freiburg i. Br. 1932); *W. Stählin,* Berneuchen (Kassel ²1939); *P. Larsch – R. Kramreiter,* Neue Kirchenkunst im Geist der Liturgie (Wien – Klosterneuburg 1939); *K. B. Ritter,* Die Liturgie als Lebensform der Kirche (Kassel 1946); *Th. Klauser,* Richtlinien für die Gestaltung des Gotteshauses aus dem Geist der römischen Liturgie (Münster i. W. 1955); *F. Kolbe,* Die liturgische Bewegung (Aschaffenburg 1964); *U. Rapp* OSB, Konzil, Kunst und Künstler. Zum VII. Kapitel der Liturgiekonstitution (Frankfurt a. M. 1965); *Th. Filthaut,* Kirchenbau und Liturgiereform (Mainz 1965); *D. F. Debuyst* OSB, Architecture moderne et célebration chrétienne (Brüssel 1966); *W. Birnbaum,* Die deutsche evangelische liturgische Bewegung (Tübingen 1970).

Kirchliche Kunst des 19. Jh. *A. Reichensperger,* Vermischte Schriften über christliche Kunst (Leipzig 1856); *K. Clark,* The Gothic Revival (London ²1950); *A. Addison,* Romanticism and the Gothic Revival (Philadelphia 1938); *A. Kamphausen,* Gotik ohne Gott. Ein Beitrag zur Deutung der Neugotik und des 19. Jh. (Tübingen 1952); *C. Gurlitt,* Die deutsche Kunst des 19. Jh. (Berlin 1899); *R. Zeitler,* Die Kunst des 19. Jh. (Propyläen-Kunstgeschichte, Bd 11, Berlin 1964); *D. Lenz* OSB, Zur Ästhetik der Beuroner Schule (Wien ⁴1912); *J. Kreitmaier* SJ, Beuroner Kunst. Eine Ausdrucksform der christlichen Mystik (Freiburg i. Br. 1923); *A. Cingria,* La Décadence de l'Art Sacré (Lausanne 1917); Triviale Zonen in der religiösen Kunst des 19. Jh. (Studien zur Philosophie und Lit. des 19. Jh., Bd 15, Frankfurt a. M. 1971); *G. Germann,* Gothic-Revival in Europe and Britain (London 1972); *A. Meyer,* Neugotik und Neuromanik in der Schweiz. Die Kirchenarchitektur des 19. Jh. (Zürich 1973); *H. Sedlmayr,* Verlust der Mitte (Salzburg 1948); *N. Pevsner,* Wegbereiter moderner Formgebung (Hamburg 1957; engl. 1946).

Kirchliche Kunst des 20. Jh. *Th. Wieschebrink,* Die kirchliche Kunstbewegung in der Zeit des Expressionismus 1917–1927 (phil. Diss. Münster i. W. 1932); *P. R. Boving* OFM, Kirche und moderne Kunst (Bonn 1922); *P. P. Regamey,* Kirche und Kunst im 20. Jh. (Graz – Köln – Wien 1954; frz. 1953); *P. Metz,* Abstrakte Kunst und Kirche. Studie über die Kunst in der Heilsgeschichte (Nürnberg 1954); *H. Schnell,* Zur Situation der christlichen Kunst (München 1962); *J. Plazaola* SJ, El arte sacro actual (Madrid 1965).

Kirchenbau des 19. und 20. Jh. *E. Kaufmann,* Architecture in the Age of Reason. Baroque and Post-Baroque in England, Italy and France (Cambridge/Mass. 1955); *P. Hautecœur,* Histoire de l'architecture classique en France VII (Paris 1963); *A. Reichensperger,* Die christlich-germanische Baukunst und ihr Verhältnis zur Gegenwart (Trier 1852); *H. Lützeler,* Der Kölner Dom in der deutschen Geistesgeschichte (Bonn 1948); *A. W. N. Pugin,* True Principles of Pointed or Christian Architecture (London 1841); *ders.,* An Apology for the Revival of Christian Architecture in England (London 1843); *W. Weyres – A. Mann,* Hdb. der rheinischen Baukunst des 19. Jh., 1800–1880 (Köln 1968); *G. Palm,* Von welchen Prinzipien soll die Wahl des Baustyls insbesonders des Kirchenbaustyls geleitet werden? (Hamburg 1845); *A. Mann,* Die Neuromanik (Köln 1966); *F. Schumacher,* Strömungen zur deutschen Baukunst seit 1800 (Leipzig 1935); *J. Gerhardy,* Praktische Ratschläge über kirchliche Gebäude, Kirchengeräte und Paramente (Paderborn 1895); *R. B. Witte,* Das katholische Gotteshaus (Mainz ²1951); *W. Weyres – O. Bartning,* Kirchen. Handbuch für den Kirchenbau (München 1959); *H. Muthesius,* Die neuere kirchliche Baukunst in England (Berlin 1901); *H. Lützeler,* Der deutsche Kirchenbau der Gegenwart (Düsseldorf 1934); *R. Schwarz,* Vom Bau der Kirchen (Würzburg 1938 u. Heidelberg 1947); *F. Pfammater,* Betonkirchen (Zürich 1948); *H. Baur – F. Metzger,* Kirchenbauten (Zürich – Würzburg 1956); *R. Schwarz,* Kirchenbau. Welt vor der Schwelle (Heidelberg 1960); *J. Pichard,* Les églises nouvelles à travers le monde (Paris 1960); *H. Muck* SJ, Sakralbau heute (Aschaffenburg 1961); *H.-E. Bahr,* Kirchen in nachsakraler Zeit (Hamburg 1968); *Chr. M. Werner,* Das Ende des „Kirchen"-Baus. Rückblick auf moderne Kirchenbaudiskussionen (Zürich 1971); *H. Schnell,* Der Kirchenbau des 20. Jh. in Deutschland (München – Zürich 1973).

Evangelischer Kirchenbau. *G. Langmaack,* Evangelischer Kirchenbau im 19. und 20. Jh. (Kassel 1971); *P. Brathe,* Theorie des evangelischen Kirchengebäudes. Ein ergänzendes Kapitel zur evangelischen Liturgik (Stuttgart 1906); *M. Meurer,* Der Kirchenbau vom Standpunkt und nach dem Brauche der lutherischen Kirche. Geistlichen, Kirchenpatronen und Kirchenvorständen zur Orientierung dargeboten (Leipzig 1877); *O. Mothes,* Handbuch des evangelisch-christlichen Kirchenbaues (Leipzig 1898); *W. Distel,* Protestantischer Kirchenbau seit 1900 in Deutschland (Zürich 1933); *O. Bartning,* Vom neuen Kirchenbau (Berlin 1919); *O. Bartning,* Vom christlichen Kirchenbau (Köln 1928).

Malerei und Ausstattung. *F. Novotny,* Painting and Sculpture in Europe 1780–1880 (Harmondsworth 1960); *J. W. v. Goethe (J. H. Meyer),* Neudeutsche religiös-patriotische Kunst (Über Kunst und Altertum I, 1817); *K. Andrews,* The Nazarenes. A Brotherhood of German Painters in Rome (Oxford 1964); *H. Schrade,* Die romantische Idee von der Landschaft als höchstem Gegenstande der christlichen Kunst: Neue Heidelberger Jahrbücher (1931); *R. Ironside – J. Gere,* Pre-Raphaelite Painters (London 1948); *G. Brundu,* Preraffaelismo e Purismo: Enciclopedia universale dell'Arte X 943–948; *St. Waetzoldt,* Bemerkungen zur christlich-religiösen Malerei in der zweiten Hälfte des 19. Jh.: Triviale Zonen in der religiösen Kunst des 19. Jh. (Studien zur Philosophie und Literatur des 19. Jh., Bd 15, Frankfurt a. M. 1971); *J. Kreitmaier* SJ, Von Kunst und Künstlern. Gedanken zu alten und neuen künstlerischen Fragen (Freiburg i. Br. 1926); *Gr. Hexges* OFM, Ausstattungskunst im Gotteshaus (Berlin 1934); *R. Koch,* Das Kirchengerät im evangelischen Gottesdienst (Hamburg ³1935); *A. Henze,* Kirchliche Kunst der Gegenwart (Recklinghausen 1954).

Seit Beginn der Kirchengeschichte ist das kirchliche Kunstwerk vom zeitgenössischen Verhältnis der Kirche zur Welt und von den epochal und ethnisch unterschiedlichen Formen der Heilserwartung geprägt. Insofern bewahrt das Kunstwerk anschaulich etwas von vergangenen Situationen auf und kann, auf rechte Weise aufgeschlüsselt, als Quelle der Kirchengeschichte dienen. Es ist besonders aufschlußreich, wenn es über Umstände berichtet, die der literarischen Fixierung nicht für würdig erachtet wurden oder im Unterbewußtsein blieben.

Wenn die kirchliche Kunst an dieser Stelle, die im Handbuch dem 19. und 20. Jh. gewidmet ist, ausdrücklich zum Thema wird, dann deshalb, weil die vorausgehende, gleichsam naive instrumentale Funktion des christlichen Kunstwerks jetzt in zunehmendem Maße zum Gegenstand der Reflexion und Verordnung und somit eine „Sachabteilung" der Kirchengeschichte wird.

Die Architektur

Seit dem Tridentinum [1] wird sich die Kirche vornehmlich in den von der Reformation erfaßten Ländern nördlich der Alpen des spezifischen Charakters ihrer Kunsttätigkeit bewußt und objektiviert die von ihr gepflegten Formen. Maßwerkfenster und Rippengewölbe gelten, obwohl in der profanen Baukunst nicht mehr üblich, noch lange als „kirchlich". In den der katholischen Kirche zurückgewonnenen Gebieten, in denen die Reformation wirksam gewesen war, sind deutliche Rückgriffe auf die mittelalterliche Baukunst zu beobachten. Es entsteht ein „Sakralstil" mit historischer Dimension [2]. Dagegen bleibt die kirchliche Kunst in den katholisch gebliebenen Ländern im allgemeinen im Zusammenhang mit der gleichzeitigen Stilentwicklung. Auch verliert sie nicht die Verbindung mit der sich verselbständigenden Ästhetik, obwohl der Begriff des Schönen nicht mehr wie im Mittelalter ein theologischer ist [3]. Doch gilt auch hier, daß die Kirche sich seit 1588 mit Beginn der Tätigkeit der Ritenkongregation veranlaßt sieht, im Hinblick auf die Kunsttätigkeit päpstliche und bischöfliche Dekrete, Erlasse und Empfehlungen zu veröffentlichen, um sich vom Protestantismus und auch von den sich emanzipierenden profanen Bereichen abzugrenzen [4]. Die Forderungen beziehen sich im wesentlichen auf die Einhaltung oder den Anschluß an die christliche Tradition, auf die Vermeidung von anstoßerregenden und die Empfehlung von lehrhaften Darstellungen sowie auf die Beachtung landschaftsgebundener Gewohnheiten (usus), sofern diese nicht den liturgischen Vorschriften widersprechen. Die Auslegung dieser Vorschriften und Empfehlungen läßt einen großen Spielraum und ermöglicht sowohl einen strengen Traditionalismus als auch einen zur Neuzeit hin zunehmenden Einfluß des individuellen Künstlers. Den Zusammenhang mit der allgemeinen Kunst konnte

[1] *H. Jedin:* HKG VI 594f.

[2] *E. Kirschbaum,* Deutsche Nachgotik. Ein Beitrag zur Geschichte der kirchlichen Architektur von 1550–1800 (Augsburg 1930).

[3] Zur mittelalterlichen Ästhetik: *E. de Bruyne,* Études d'Esthétique médiévale I–III (Brügge 1946); zur Architekturästhetik der neueren Zeit: *R. Wittkower,* Architectural Principles in the Age of Humanism (London ³1962).

[4] Die päpstlichen Bestimmungen finden sich in den CICfontes, hrsg. von *P. Gasparri – J. Serédi* (Rom 1923/39) und in den AAS (Rom 1909ff). Überblicke in Auswahl bei *C. Gurlitt,* Kirchen (Stuttgart 1906) (Hdb. der Architektur IV, 8, 1) 63ff 176–181; bei *R. B. Witte,* Das katholische Gotteshaus (Mainz ²1951) 2ff und LThK² VI 199–205 *(A. Fuchs)* und 682–687 *(W. Braunfels).* Die Entscheidungen wurden oft durch Empfehlungen von Provinzialkonzilien interpretiert und differenziert, indem etwa die päpstliche Aufforderung, sich an die Tradition anzuschließen (CIC 1164), auf die Anwendung des altchristlichen, romanischen oder gotischen Stiles beschränkt oder der kreuzförmige Grundriß besonders empfohlen wurde. Die letzten päpstlichen Verlautbarungen finden sich im VII. und letzten Kapitel der Liturgiekonstitution des II. Vatikanischen Konzils von 1963 und in den anschließenden Instruktionen, Richtlinien und Ergänzungen. Hierzu *H. Schnell,* Der neue Kirchenbau und die Konzilsberatungen: ThGl 53 (1963) und bei *U. Rapp* OSB, Konzil, Kunst und Künstler. Zum VII. Kapitel der Liturgiekonstitution (Frankfurt a. M. 1966).

die Kirche nicht nur im Barock und Rokoko erhalten, sondern auch in dem profan gestimmten Klassizismus des ausgehenden 18. Jh., in dem sich die Aufklärung eigene Kunstgebäude für das „Höchste Wesen“ oder die Gottheiten der „Natur“ oder der „Vernunft“ errichtet oder zumindest entwirft[5].

Entsprechend der Wendung zur griechischen Kunst im Rahmen des Klassizismus[6] schmücken wie Palais, Theater und Museum auch Kirchen ihre Eingangsseite mit einer griechischen Tempelfassade in Gestalt einer Säulenportikus mit Giebel. Aus dieser Verbindung ergibt sich im Klassizismus einerseits die Gefahr, daß die Grenze zur Profanarchitektur fließend und die sakrale Bestimmung unanschaulich wird[7], andererseits aber auch später die Gelegenheit, von hier aus Übergänge zur frühchristlichen Baukunst zu suchen[8].

Während der Klassizismus der Aufklärung verständlicherweise die kirchliche Kunst nicht tiefgreifend beeinflussen konnte, sollte die in der romantischen Gegenbewegung zutage tretende Sympathie für das Mittelalter die sakrale Kunst des ganzen 19. Jh. bestimmen. Wenn auch schon früh dieser Mittelalterenthusiasmus, gefördert durch entsprechende schöne Literatur[9], christlich gestimmt war, so liegen doch die ersten Ansätze in der bildenden Kunst im profanen Bereich, wo im 18. Jh. in englischen Gärten gotische Ruinen als zur Meditation anregende Vanitas-Symbole[10] oder gotisierende Gartenhäuser als temporäre Behausung für romantische Dichter errichtet wurden[11]. Wo sich die Begeisterung für die Gotik an kirchlichen Bauten entzündet, bleibt zunächst die Einsicht in den sakralen Charakter dieser Architektur verschlossen. Goe-

[5] *E. Kaufmann,* Architecture in the Age of Reason. Baroque and Post-Baroque in England, Italy and France (Cambridge/Mass. 1955); *K. Lankheit,* Der Tempel der Vernunft. Unveröffentlichte Zeichnungen von Étienne-Louis Boullée (Basel – Stuttgart 1968).

[6] *D. Wiebenson,* Sources of Greek Revival Architecture (London 1969).

[7] So wandelt die 1764 von Soufflot begonnene und 1790 vollendete Kirche Ste-Geneviève in Paris, die eine Tempelfassade besitzt, ohne besondere Umbauten mehrfach ihre Bestimmung. Schon 1791 wird der Bau zum Pantheon für die großen Männer der Freiheit gemacht (Mirabeau, Marat, Voltaire u. a.). 1809 wird er wieder Kirche, 1830 erneut Pantheon, unter Napoleon III. 1852 wiederum „Basilique Nationale“. Seit Victor Hugos Tod 1885 ist er wieder Pantheon. *M. Petzet,* Soufflots Sainte-Geneviève und der französische Kirchenbau des 18. Jh. (Berlin 1961).

[8] So vereinigt die Kirche St-Vincent-de-Paul in Paris (1824/44) von Jakob Ignatz Hittorf eine griechische Tempelfassade mit einer fünfschiffigen Säulenbasilika mit geradem Gebälk konstantinischen Typs.

[9] *W. H. Wackenroder,* Herzensergießungen eines kunstliebenden Klosterbruders (Berlin 1797); *J. L. Tieck,* Franz Sternbalds Wanderungen (Berlin 1798); vgl. auch *A. Addison,* Romanticism and the Gothic Revival (Philadelphia 1938); *K. Clark,* The Gothic Revival (London ²1950).

[10] *H. Vogel,* Die Ruine in der Darstellung der abendländischen Kunst (Kassel 1948); *A. Kamphausen,* Gotik ohne Gott. Ein Beitrag zur Deutung der Neugotik und des 19. Jh. (Tübingen 1952).

[11] *P. Clemen,* Strawberry Hill und Wörlitz. Von den Anfängen der Neugotik: Neue Beiträge deutscher Forschung. Wilhelm Worringer zum 60. Geburtstag. Hrsg. von *E. Fidder* (Königsberg 1943) 37–60.

the[12] sieht 1772 in der Fassade des Straßburger Münsters zunächst einen „Babel-Gedanken" des prometheischen Architekten Erwin von Steinbach, mit dem sich das menschliche Genie seine Freiheit „auf dem eingeschränkten düsteren Pfaffenschauplatz des medii aevi" erkämpft. Die gotische Baukunst, als maniera tedesca einst von Vasari abgewertet, wird nun im positiven Sinne als deutsche oder germanische Architektur gefeiert, die, wesenhaft von den Kräften des natürlichen Wachstums bestimmt, das Ungeheuere und Unendliche zu veranschaulichen strebt. Eine Interpretation der gotischen Kirche im historisch angemessenen theologisch-symbolischen Sinne erfolgt anfangs nur ausnahmsweise[13].

Exemplarisch für die divergierenden Motive in der Beurteilung der Gotik ist die Geschichte des Wiederaufbaus des Kölner Domes, der seit dem Anfang des 16. Jh. unvollendet liegengeblieben war. Die Motive, die die Vollendung förderten, hatten ganz verschiedene Färbung[14]. Der 1322 vollendete Chor wird als ein gesteigertes Abbild des Waldes gesehen, der als Element der Natur Zeugnis der unmittelbaren Offenbarung Gottes ist[15], zugleich aber auch Erinnerung an die Urgeschichte des Menschen, der sich aus Zweigen und Stämmen die erste Hütte baute und so den gotischen Stil schuf[16]. Gleichzeitig ist der Dom „das erhebendste Symbol der Unendlichkeit"[17], wobei der Begriff der Unendlichkeit oft nur allgemein philosophisch, nicht speziell christlich verstanden wird. In erster Linie aber ist der Dom ein Zeugnis der deutschen Geschichte, die nach dem Niedergang am Ende des Mittelalters nach den Befreiungskriegen wieder zur Einheit der Nation strebt. Schon bei dem auf Anregung von Sulpiz Boisserée von Joseph Görres verfaßten Aufruf, der am 26. November 1814 im „Rheinischen Merkur" erschien, gilt der Dom als „ein Symbol des neuen Reiches, das wir bauen wollen". Bei der Grundsteinlegung 1842 feiert Friedrich Wilhelm IV. die geplante Vollendung als „Werk des Brudersinnes aller Deutschen, aller Bekenntnisse", und der Kunsthistoriker Franz Kugler sieht in ihm „ein Bundes-

[12] *E. Beutler*, Von deutscher Baukunst. Goethes Hymnus auf Erwin von Steinbach. Seine Entstehung und Wirkung (München 1943).

[13] So *F. von Schlegel* in seinem Aufsatz „Grundzüge der gotischen Baukunst" von 1804/05: Sämtliche Werke VI (Wien 1846) 182ff.

[14] *H. Lützeler*, Der Kölner Dom in der deutschen Geistesgeschichte (Bonn 1948).

[15] So *G. Forster* in seinen „Ansichten vom Niederrhein u.s.w. 1790" (Berlin 1791). Der Dom als „Werk der Natur" auch bei Schelling. *H. Lützeler* a. a. O. 17. – Über die Natur als Offenbarung Gottes und vornehmsten Gegenstand der christlichen Kunst *H. Schrade*, Die romantische Idee von der Landschaft als höchstem Gegenstande der christlichen Kunst: Neue Heidelberger Jahrbücher (1931).

[16] *J. Hall*, Essay on the Origin, History, and Principles of Gothic Architecture (London 1813). Vgl. auch *J. Gaus*, Die Urhütte. Über ein Modell in der Baukunst und ein Motiv in der bildenden Kunst: Wallraf-Richartz-Jahrbuch 32 (1971) 7–70. Das menschheitsgeschichtliche Interesse, weniger die ästhetische Würdigung ist auch das Hauptmotiv von *Seroux d'Agincourt* in seiner „Histoire de l'art par les monuments etc.", 6 Bde (Paris 1812/23).

[17] *A. Reichensperger*, Einige Worte über den Dombau von Köln, 1840: Vermischte Schriften über christliche Kunst (Leipzig 1856) 90.

zeichen, um welches alle Völker deutscher Zunge sich vereinigen müssen"[18]. Man fühlt sich aber auch, indem man an die mittelalterliche Baukunst anknüpft, im Hinblick auf den Klassizismus im Fortschritt vom Heidentum zum Christentum, vom Griechentum zum Deutschtum[19]. Gelegentlich konnte der nationale Impuls so sehr über den christlich-mittelalterlichen dominieren, daß man angesichts der tätigen Anteilnahme der protestantischen preußischen Regierung von einem Sieg der Reformation sprach und es als Widerspruch empfand, daß „die Sklaven Roms" das Bauwerk „zur Stätte jesuitischer Verdummung und Verlogenheit" machen durften. Auf Grund dieser und ähnlicher Stimmen hielt sich die katholische Bevölkerung Kölns bei der in den Kulturkampf fallenden Abschlußfeier am 15. August 1880 demonstrativ zurück[20]. Die 1855–59 auf Wunsch des Königs in die Domachse gelegte erste Eisenbahnbrücke über den Rhein – als Symbol der neuen Zeit im Sinne einer Verbindung von mittelalterlicher Geschichte und technischem Fortschritt verstanden – wurde durch die Reiterstandbilder Friedrich Wilhelm IV. (1861–62) und Wilhelm I. (1867) eingeleitet. Durch die Niederlegung von zwei Kirchen und 69 Häusern wurde für das Denkmal des Domes ein Freiraum geschaffen.

Obwohl schon gegen 1830 nachgewiesen wurde, daß die Gotik keineswegs in Deutschland, sondern in Frankreich entstanden war[21], und nicht viel später auch erkannt wurde, daß der Kölner Dom nach dem Vorbild der Kathedrale von Amiens errichtet worden war, galt die Gotik noch lange als deutsch[22].

Beharrlicher als das nationale Motiv zeigte sich jedoch die Einsicht in die Gotik als spezifisch christlichen Sakralstil, der sich für Neubauten von Kirchen empfahl. Mit Sulpiz Boisserée, Joseph Görres, August Reichensperger in Deutschland, A. W. N. Pugin in England[23], Viollet-le-Duc in Frankreich[24] und

[18] *F. Kugler,* Kleine Schriften II (Stuttgart 1854) 41. Auch der von König Ludwig von Bayern wiederhergestellte Dom zu Speyer galt als ein nationales Denkmal.

[19] *A. Reichensperger,* Die christlich-germanische Baukunst und ihr Verhältnis zur Gegenwart (Trier 1852) 56.

[20] *H. Lützeler,* a.a.O. 75.

[21] *F. Kugler,* Hdb. der Kunstgeschichte (Stuttgart [5]1872).

[22] Bezeichnend für die Trübung des wissenschaftlichen Urteils durch den Gedanken der nationalen Rivalität die Frage Georg Dehios, ob der deutsche Baumeister des Kölner Domchores möglicherweise auch den Chor von Amiens entworfen habe (*G. Dehio – H. v. Bezold,* Die kirchliche Baukunst des Abendlandes II [Stuttgart 1901] 276); andererseits die Bemerkung von Émile Mâle, alle besseren Teile des Kölner Domes seien französisch, seine Geschmacklosigkeiten deutsch (Studien über die deutsche Kunst: Monatshefte für Kunstwissenschaft 10 [1917] 55).

[23] Pugin (1812–52) baute über 60 neogotische Kirchen. Der 1834 konvertierte Architekt verfaßte auch die theoretischen Werke True Principles of Pointed or Christian Architecture (London 1853) und An Apology for the Revival of Christian Architecture in England (London 1843).

[24] Viollet-le-Duc (1814–79) war mit zahlreichen bedeutenden Restaurierungen beauftragt (Notre-Dame und Ste-Chapelle in Paris, Vézelay usw.). Sein zehnbändiges Dictionnaire raisonné de l'architecture française du XIe au XVIe siècle (Paris 1854/68), dem ein entsprechen-

vielen anderen wurden die Grundlagen für die breite Schicht neogotischer Kirchen gelegt, die angesichts einer rapide ansteigenden Bevölkerungszahl gebaut werden mußten. Die Kölner Dombauhütte, seit 1833 von Ernst Friedrich Zwirner (1802–61) geleitet, entließ zahlreiche nun mit der gotischen Bauweise vertraute Architekten, die nicht nur im Rheinland[25] alte Kirchen wiederherstellten und neue errichteten, sondern auch als Leiter der wiederbelebten Dombauhütten nach Straßburg, Wien und anderwärts gingen oder auf die Lehrstühle der Technischen Hochschulen berufen wurden. Die damit entstandene orthodoxe Neogotik der zweiten Jahrhunderthälfte bewahrte jedoch insofern eine gewisse Variationsbreite, als die landschaftlichen Gewohnheiten zunehmend berücksichtigt wurden. So schlossen französische neogotische Kirchen, etwa Ste-Clothilde in Paris, deutlich an die Kathedralgotik der Île-de-France an, während man in Deutschland entsprechend einheimischer mittelalterlicher Gewohnheit auch den Ziegelbau zuließ[26] oder im Rheinland den sogenannten Übergangsstil der späten Stauferzeit berücksichtigte.

In Italien blieb die Wiederbelebung der Gotik sporadisch. Zwar erhielt der Florentiner Dom 1875–87 eine Fassade im Stile des 14. Jh., jedoch stand man der nordisch geprägten Gotik des Mailänder Domes seit Vasaris Verdikt ablehnend gegenüber, zumal im Mittelalter zahlreiche deutsche, im 19. Jh. österreichische Architekten an der Bauleitung beteiligt waren[27]. Als 1859 ein Wettbewerb für die moderne, dem König Vittorio Emanuele II. gewidmete Galleria am Domplatz ausgeschrieben wurde, gab es auch einen Vorschlag, hierzu einen Teil des Domes abzureißen, um gutes Baumaterial zu gewinnen[28].

Am längsten hielt sich die Gotik in Amerika, die dort eigentlich erst um 1900 begann und im Kirchenbau erst in den vierziger Jahren unseres Jahrhunderts zurücktrat. Es gab dort wie in Deutschland und England zur Zeit der Romantik zahlreiche Konversionen von protestantischen Künstlern aus ästhetischen Gründen. Der Architekt Crom, der wie einst Pugin in England auch mehrere die Gotik rühmende Bücher schrieb, bestimmte 1911 den Bischof von New York, die im romanischen Stile begonnene Kathedrale St. John the Divine gotisch um- und weiterzubauen. Sie blieb bis zu Croms Tod 1942 unvollendet. Die Washington Cathedral erhielt erst 1963 ihren gotischen Vierungsturm[29].

des Lexikon über die Ausstattung mittelalterlicher Bauten folgte, bildete die Grundlage für die genaue Kenntnis gotischer Konstruktionsweise. Er begründete die „Fortschrittlichkeit" des gotischen Stiles damit, daß nicht mehr handwerklich geschulte Mönche, sondern technisch ausgebildete Laien als „Hochbauingenieure" die Kathedralen konzipierten. Deshalb auch sein Vorschlag, die Gotik „style laïque" zu nennen (Dictionnaire raisonné I 114).

[25] *W. Weyres – A. Mann,* Hdb. zur rheinischen Baukunst des 19. Jh., 1800–80 (Köln 1968).

[26] Neogotische Backsteinkirchen z.B. von dem in Hannover tätigen Conrad Wilhelm Hase (1818–1902).

[27] *C. Boito,* Il Duomo di Milano e i disegni per la sua facciata (Mailand 1889).

[28] *P. Mezzanotte:* Storia di Milano XV (Mailand 1962) 398.

[29] Zur amerikanischen Neogotik im 20. Jh. *J. Paul,* Chartres in Amerika. Ein Beitrag zur

Angesichts des weiten Spielraums, den die kirchlichen Vorschriften boten, indem sie nur einen Anschluß an die durch christliche Tradition überkommene Form empfahlen[30], entwickelt sich im 19. Jh. eine breite, z. T. polemische Diskussion über die Wahl des rechten Stiles. Während Reichensperger und mit ihm viele andere für die Gotik eintreten, da sie gegenüber der altchristlichen und romanischen Baukunst einen Fortschritt darstelle, und die Renaissance abzulehnen sei, da sie eine heidnische Grundlage habe[31], empfehlen andere die Architektur der italienischen Renaissance, da diese nicht von den Protestanten beansprucht werden könne und da dieses Zeitalter auch noch hervorragende Heilige hervorgebracht habe[32]. Das weitverbreitete Handbuch der Liturgik von Franz Xaver Thalhofer[33] entscheidet sich deshalb für die Gotik, weil die deutsche Renaissance wenig qualitätvoll sei. Damit wird wiederum erkennbar, wie sehr sich Kunst und Kultus verselbständigt haben und die Verbindung beider in den Bereich des Ästhetischen und Wählbaren gerückt ist[34]. Die von Hübsch 1837 aufgeworfene Frage: In welchem Style sollen wir bauen?[35] wird noch 1899 gestellt[36].

Im protestantischen Bereich war der Anschluß an die Gotik noch eindeutiger, da man bei dem seit dem Eisenacher Regulativ von 1856 empfohlenen Vorbild einer „geschichtlich entwickelten christlichen Bauweise" durchweg die Gotik im Auge hatte. Doch finden sich in der ersten Jahrhunderthälfte bei den Protestanten auch klassizistische und gegen Ende des Jahrhunderts barockisierende Anlagen[37]. Erst das Eisenacher Regulativ von 1908 verzichtete auf die Empfehlung eines Stilvorbildes und begnügte sich mit dem Hinweis auf eine „ernste und edle Einfachheit in Gestalt und Farbe"[38].

Trotz dieser Wendung um die Jahrhundertwende kann kein Zweifel sein, daß auch nach entschiedener Absage an den Historismus noch im 20. Jh. die Gotik und ihre Phänomene im Kirchenbau wirksam blieben, nicht nur zur Zeit des Expressionismus in Deutschland etwa bei Dominikus Böhm[39], sondern

mittelalterlichen Ikonographie der Neuzeit: Kunstgeschichtliche Studien für Kurt Bauch (München – Berlin 1967) 287–300.

30 So noch auf der Fuldaer Bischofskonferenz von 1932, *R. B. Witte* a.a.O. 6.

31 *A. Reichensperger,* Zur Kennzeichnung der Renaissance: ZChK 1890, Nr. 1.

32 *J. Graus,* Die katholische Kirche und die Renaissance (Graz 1888).

33 I (1883) 741 ff.

34 Bezeichnend der Titel einer kleinen Schrift von *C. Meyer,* Über das Verhältnis von der Kunst zum Kultus. Ein Wort an alle gebildeten Verehrer der Religion und der Kunst (Zürich 1837).

35 Ähnlich *G. Palm,* Von welchen Prinzipien soll die Wahl des Baustyls, insbesonders des Kirchenbaustyls geleitet werden? (Hamburg 1845).

36 *O. Prill,* In welchem Stile sollen wir bauen?: ZChK 1898, 246 267; 1899, 83 247.

37 Die in dichter Folge von 1896 bis zur Gegenwart veranstalteten Kirchenbau- und Kunsttagungen der evangelischen Kirche sind übersichtlich dargestellt bei *G. Langmaack,* Evangelischer Kirchenbau im 19. und 20. Jh. (Kassel 1971) 270 ff.

38 *G. Langmaack* a. a. O. 290 f.

39 So die großen Spitzbögen in der Kirche von Frielingsdorf von 1927. Auch die Entwürfe von A. Bartning für eine „Sternkirche" (1922) zeigen Elemente einer expressiven Gotik.

auch bei zahlreichen gotischen Anlagen nach 1950 in Gestalt von abgewandelten Rippengewölben[40], von Fensterrosen mit Maßwerk und vor allem von ausgedehnten Glasmalereien[41].

Die Definitionen des christlichen Sakralstiles im 19. Jh. schlossen neben der Gotik meist auch die altchristliche und romanische, in zweiter Linie auch die byzantinische Baukunst ein. Zur altchristlichen Baukunst ergaben sich natürliche Übergänge schon im Klassizismus[42], die romanische Baukunst fand vornehmlich im Rheinland wegen der breiten Schicht staufischer Anlagen Beachtung[43]; byzantinischen Anklängen begegnet man gelegentlich in Frankreich[44]. Da die Geschichtlichkeit schlechthin im 19. Jh. einen hohen Kontemplationswert hat, Antike und mittelalterliches Christentum nicht immer als Gegensatz aufgefaßt wurden, konnten unter Umständen für ein und dieselbe Kirche vom gleichen Künstler Vorschläge in beiden Stilarten gemacht werden[45]. Es kann auch der Versuch unternommen werden, die Prinzipien mehrerer Stile zu vereinen, wie es Schinkel 1815 bei den lang diskutierten, aber nicht realisierten Plänen für einen Dom zum Gedenken des Befreiungskrieges im Auge hatte. Er plante „die Kirche in dem ergreifenden Stile altdeutscher Bauart, deren völlige Vollendung der kommenden Zeit aufgespart ist, nachdem die Entwicklung in der Blüte durch einen wunderbaren und wohltätigen Rückblick auf die Antike für Jahrhunderte unterbrochen war, wodurch, wie es scheint, die Welt geschickt werden sollte, ein dieser Kunst zur Vollendung noch fehlendes Element in ihr zu verschmelzen“[46]. Mit anderen Worten, man solle die Gotik, die von der Renaissance unterbrochen wurde, durch die damit gewonnenen Einsichten in die Antike verbessern, also eine fortgeschrittene Architektur schaffen.

Dieses eklektische Prinzip hatte ein eigenes Ethos, das vor allem in der zweiten Jahrhunderthälfte wirksam wurde. Die Verschmelzung mehrerer Stilarten sah man in der kirchlichen Baukunst als ein Gleichnis des zeitlich und räumlich

[40] So durch Rohrgestänge angedeutet bei der Liebfrauenkirche in Köln-Mülheim von Rudolf Schwarz 1955.

[41] *W. Weyres – O. Bartning,* Kirchen, Hdb. für den Kirchenbau (München 1959) passim. Freilich bleiben auch Erinnerungen an den altchristlichen und romanischen Kirchenbau in Gestalt von halbrunden Apsiden, basilikal gestuften Schiffen und frei stehenden Glockentürmen in der Gegenwart lebendig.

[42] Siehe die Anm. 8 erwähnte Kirche St-Vincent-de-Paul in Paris. In München die Bonifatiuskirche von 1835.

[43] *A. Mann,* Die Neuromanik (Köln 1966).

[44] Etwa Sacré-Cœur in Paris 1876–1919. *C. Gurlitt* a.a.O. 167.

[45] So Schinkel für die Werdersche Kirche in Berlin. Bei einer englischen „Church Building Society“ konnte man 1818 bei Kirchen für Vorortgemeinden für das gleiche Raumprogramm klassizistische, gotische und barocke Entwürfe aussuchen. *H. G. Evers,* Kann die historische Kirchenbaukunst des 19. Jh. als Trivialkunst verstanden werden?: Triviale Zonen in der religiösen Kunst des 19. Jh. (Studien zur Philosophie und Literatur des 19. Jh., Bd 15 [Frankfurt a.M. 1971]) 196.

[46] *P. O. Rave,* Karl Friedrich Schinkel: Berlin, I. Tl (Berlin 1939) 196.

allumfassenden Christentums[47], im profanen Bereich als Ausdruck des kosmopolitischen Anspruchs des 19. Jh. mit seinen gewaltigen Fortschritten auf dem Gebiete der Technik und mit seiner vielseitigen Expansion auf fast allen Gebieten der Wissenschaften, besonders der historischen, an. So konnte im „Giornale dell'Ingegnere architetto e agronome" von 1853 gefordert werden, alle bekannten Stile miteinander zu verbinden, da einzig eine „architettura composita" als „architettura cosmopolita" dem Geist der neuen Zeit entspreche[48].

Die Ausstattung der Kirche

Auch in der Ausstattung der Kirchen des 19. Jh. sind im Rahmen der kirchlichen Vorschriften, die einen weiten Spielraum lassen, vergleichbare Tendenzen zu beobachten. Man versucht sich in der Ausstattung der Kirchen dem gewählten historischen Architekturstil anzupassen, läßt aber in der ersten Jahrhunderthälfte auch eigene zeitgenössische Kunstvorstellungen etwa in der Anwendung großer Freskenzyklen, die es in der nordischen mittelalterlichen Gotik nicht gibt, zu Worte kommen. Hierbei mag sowohl die noch unzulängliche archäologische Kenntnis der immobilen und mobilen Ausstattung mittelalterlicher Kirchen als auch die bewußte Absicht, Elemente des Nordens und des Südens zu verbinden, eine Rolle gespielt haben[49].

In der zweiten Jahrhunderthälfte, als auch die Architektur zur genauen Kopie alter Vorlagen kommt, wird auch die Ausstattung dank der inzwischen publizierten antiquarischen Sammlungen und Vorlageblätter in der Nachahmung immer orthodoxer[50]. Zahlreiche Sammlungen mittelalterlichen kirchlichen Gutes, das seit der Säkularisation zu erwerben war, entstanden mit dem ausgesprochenen Ziele, angemessene Vorlagen für Kunsthandwerker zu bieten, die Grundlage vieler unserer Kunstgewerbemuseen[51]. Man geht sogar daran, mittelalterliche Traktatanweisungen zu realisieren, um stilechte Geräte zu gewinnen[52].

[47] So ein Gutachten der französischen Akademie von 1845 anläßlich einer Stellungnahme gegen die Verwendung des gotischen Stiles bei der Kirche St-Clothilde in Paris: *H. G. Evers* a.a.O. 183–190.

[48] *P. Mezzanotte* a.a.O. 367.

[49] Vgl. das zu Anm. 46 gebrachte Zitat von Schinkel.

[50] Unter den Sammlungen ist nach Seroux d'Agincourt (siehe Anm. 16) vor allem *Viollet-le-Ducs* Dictionnaire raisonné du mobilier français de l'époque carolingienne à la renaissance, 6 Bde (Paris 1858/75) zu nennen.

[51] Ein spätes Beispiel ist die 1867 vom Domherrn Prof. Dr. Alexander Schnütgen (1843–1918) begonnene Sammlung, der Kern des heutigen Schnütgen-Museums in Köln. Man hatte dabei nicht nur die Kunsthandwerker, sondern auch die auftraggebenden Pfarrer im Auge. *A. Thomas,* Die liturgische Erneuerungsbewegung im Bistum Trier unter Bischof von Hommer: Archiv für mittelalterliche Kirchengeschichte 15 (1961) 208–238.

[52] *Viollet-le-Duc,* Le grand encensoir de Théophile: Annales archéologiques VIII (1848) 95–104.

Wie in der Baukunst der romantische Mittelalterenthusiasmus mit der Wiederbelebung der Gotik auf den profan und rational gestimmten antikisierenden Klassizismus antwortet, so reagieren in verschiedenen Ländern auch junge Maler mit neuen Zielen auf die an den Akademien gelehrten, an der Antike orientierten ästhetischen Dogmen, indem sie sich dem „göttlichen" Raffael und der älteren italienischen Malerei des Quattrocento und Trecento, in Deutschland Dürer, Holbein und der altdeutschen Malerei zuwenden. So gründete 1809 in Wien Johann Friedrich Overbeck (1789–1869) in Opposition zur Akademie mit Gleichgesinnten eine Sankt-Lukas-Bruderschaft, die bald nach Rom übersiedelte und sich im verlassenen Kloster Sant' Isidoro in freiwilliger klösterlicher Gemeinschaft niederließ. Sie wollten die Malerei aus der Religion erneuern. Ihre Bärte und langen Haare trugen ihnen in Rom den Namen „Nazarener" ein. Wie unter den Dichtern und Architekten gab es auch bei ihnen zahlreiche Konversionen. Franz Pforr, Ludwig Richter, Schnorr v. Carolsfeld, Johann Führich, Philipp Veith, der Stiefsohn Friedrich Schlegels, und der bedeutendste unter ihnen, Peter v. Cornelius (1783–1867), griffen die Themen der christlichen Ikonographie wieder auf, bei denen biblische Historien und mittelalterliche Heiligenlegenden dem neuerwachten Sinn für das Geschichtliche entgegenkamen[53]. Besonders beliebt waren Stoffe, in denen sich mittelalterliche Frömmigkeit und die neue Auffassung der Natur als Gottesoffenbarung miteinander verbinden ließen, wie etwa die Geschichte der hl. Genoveva, die nach dem Trauerspiel, das ihr Tieck 1799 widmete, in zahlreichen Bildern, graphischen Zyklen und am aufwendigsten in der ihr geweihten Kirche zu Paris mit Fresken von Puvis de Chavannes (1874/78) geschildert wurde. Auch das beliebte Einsiedlerthema von Caspar David Friedrichs dunklen Bildern mit Mönchen und Ruinen bis zu den genrehaften Ausläufern am Ende des Jahrhunderts verband Natur und Religion, geschichtliche Kontemplation und private Andacht[54]. Dabei ist nicht zu übersehen, daß die allgemeine Neigung zum Genre in der Kunst des 19. Jh. auch die religiöse Kunst einbezieht und dort trotz der sentimentalen oder gar trivialen Wirkung auf uns einen Bildtyp schafft, der der Funktion nach durchaus mit den Andachtsbildern des 14. Jh. zu vergleichen ist. Die theologische Didaktik der kirchlichen Kunst tritt gegenüber der einfühlenden privaten Frömmigkeit zurück. Bei den Nazarenern blieb die figurale christliche Historie im Vorder-

[53] Doch fehlen auch nicht, von Raffaels Stanzen inspirierte, große allegorische Kompositionen. Bei profanen Themen standen die vaterländische Geschichte und die aus den wiederentdeckten mittelalterlichen Epen gewonnenen Stoffe im Vordergrund. Ein erster großer Auftrag dieser Art war die Ausmalung des Casino Massimo in Rom 1819–1830. Gegen die Verbindung des Religiösen mit dem Nationalen richtete Goethe seinen 1817 in weiten Partien von Heinrich Meyer verfaßten Aufsatz über die „Neu-deutsche religiös-patriotische Kunst".

[54] *H. Ost*, Einsiedler und Mönche in der deutschen Malerei des 19. Jh. (Düsseldorf 1971) (Bonner Beiträge zur Kunstwissenschaft, hrsg. von *H. v. Einem – H. Lützeler*, Bd 11).

grund, während im protestantischen Norden die Natur alle religiöse Andacht auf sich ziehen konnte[55].

Nicht nur thematisch-ikonographische, sondern auch gattungsmäßige Vorlieben werden erkennbar. Die monumentale Wandmalerei, die im Klassizismus aus den Kirchen verschwunden war, wurde wieder aufgegriffen. Man wollte die „einsamen Kapellen und hohen Dome wieder mit Leben erfüllen" und entwarf große Freskenfolgen mit Historienbildern, unter denen die seit 1840 von Peter v. Cornelius in der Münchener Ludwigskirche ausgeführten, die Wandbilder Johann Schraudolphs im Speyerer Dom von 1845 bis 1853[56] und die von Schülern Wilhelm v. Schadows ausgeführten Fresken in der Apollinariskirche bei Remagen (1843/54) besonders zu erwähnen sind[57].

Die Malerei der Nazarener geriet bald wegen ihrer in die Breite gehenden Wirkung unter ihr ursprüngliches Niveau. Der unpersönliche Schematismus der Komposition und die glatte Maltechnik eroberten zwar einige Kunstakademien in Deutschland, und es entstanden auch noch zahlreiche Freskenfolgen und Glasmalereien, aber angesichts der neuen Bewegungen des Realismus um die Jahrhundertmitte und später des Impressionismus sah die Kunst der Nazarener sich mehr und mehr oft auf die trivialen Aufgaben kirchlicher Gebrauchskunst beschränkt. Auch in Italien konnten sich die mit den Nazarenern vergleichbaren, ebenfalls akademisch gewordenen „puristi" gegen die neuen Strömungen nicht halten[58].

In Frankreich sind der frühe Ingres, Hippolyte Flandrin (1809–64)[59] und Pierre Cecil Puvis de Chavannes (1824–89), der den großen Genoveva-Zyklus im Pantheon zu Paris (1874/78) malte, zu nennen. Mit Puvis de Chavannes ist ein Ansatz zu neueren Stilbewegungen gegeben, die im französischen Nachimpressionismus und im Symbolismus, vertreten vor allem durch Maurice Denis (1870–1943), in die kirchliche Kunst des 20. Jh. wirkten[60]. Von Maurice Denis

[55] Bezeichnend sind „Der Mönch am Meer" und der Tetschener Altar von C. D. Friedrich (beide von 1808). Zur Bedeutung der Landschaft im religiösen Verständnis vgl. den in Anm. 15 zitierten Aufsatz von *H. Schrade* sowie *H. v. Einem,* Die Symbollandschaft der deutschen Romantik: Katalog Klassizismus und Romantik, Nürnberg, Germanisches Nationalmuseum (1966) 28–38.

[56] Es handelte sich dabei um 123 Gemälde mit 470 überlebensgroßen Figuren; zwei Drittel fielen den „Restaurationen" der folgenden Zeit zum Opfer. *A. Verbeek:* 900 Jahre Speyerer Dom. Festschrift zum Jahrestage der Domweihe 1061 (Speyer 1961) 138–164.

[57] Die vom Kölner Dombaumeister Ernst Friedrich Zwirner 1839–43 auf einem bewaldeten Hügel am Rhein errichtete Apollinariskirche genoß im 19. Jh. höchsten Ruhm, da sie nicht nur als neogotisches Bauwerk mit großen Wandbildern, sondern auch als gebautes Denkmal in der Landschaft den Kunstidealen der Zeit entsprach. – Es gibt von Schinkel eine Zeichnung (Berlin), auf der er den Mailänder Dom auf die Höhen oberhalb von Triest versetzt.

[58] *G. Brundu,* Preraffaelismo e Purismo: Enciclopedia universale dell'Arte X 943–948.

[59] Von ihm stammen die Ausmalungen in St-Vincent-de-Paul und in St-Germain-des-Prés in Paris (1854/63).

[60] *P. Jamot,* Maurice Denis (Paris 1945).

gehen dann Verbindungen zu Pater Desiderius Lenz (1832–1928), dem Begründer der Beuroner Kunstschule[61], und zu den Symbolisten Jan Toorop in Holland (1858–1928) und Jan Thorn-Prikker (1868–1932), die der bedeutenden religiösen Kunst des Expressionismus mit Fresken, Mosaiken und Glasmalereien im Zusammenhang mit einer neuen kirchlichen Architektur eine wichtige Grundlage vermittelten[62].

Wie sich so in Frankreich Verbindungen der kirchlichen Kunst des 19. Jh. zu den Stilbewegungen nach 1900 ergeben, so auch in England, wo 1848 von Edward Burnes-Jones (1833–98) der Bund der Präraffaeliten nach dem Vorbild der Lukas-Bruderschaft der Nazarener gegründet wurde und viele Prinzipien, religiöse wie moralische, von dort übernahm[63]. Auch diese Künstlervereinigung mit Millais, Hunt, Rossetti und anderen blieb im Gegensatz zu den Nazarenern in Kontakt mit den vorwärtsdrängenden Kräften ihrer Zeit. Sie hatten zwar auch die nazarenischen Ideale der nationalen und religiösen Erneuerung und bedienten sich auch vielfach des sentimentalen und symbolischen Genrebildes, aber gleichzeitig forderte man „truth to nature" und konnte so Kontakt mit dem im Grunde profan gestimmten Realismus der Jahrhundertmitte halten[64]. Man malte schon in der freien Landschaft und forderte auch bei religiösen Bildern archäologische Genauigkeit im Detail. William Holman Hunt (1827–1910), der bedeutendste unter ihnen, ging mehrere Jahre nach Palästina, um für seine biblischen Bilder Lokalstudien zu treiben. Das Jahrhundert der exakten Wissenschaften, der Photographie und der geschichtlichen „Wahrheit" stellte auch an das religiöse Historienbild bestimmte Ansprüche auf glaubwürdige Information[65]. „Nicht Christus, den Weltenrichter, sondern Jesus, den Sohn der Jüdin Maria", galt es darzustellen[66]. Auch im fortgeschrittenen 19. Jh. verloren sich die Spuren der Präraffaeliten, trotz baldiger Auflösung des eigentlichen Bundes, nicht, da ihre Fürsprecher John Ruskin und William Morris zugleich Wegbereiter der großen künstlerischen Revolution um 1900 waren und so einige Prinzipien der präraffaelischen Künstler, nämlich handwerkliche Treue und gemeinsame Arbeit, der neuen Zeit vermittelten.

Auch in Deutschland gab es in der zweiten Jahrhunderthälfte einen Bereich kirchlicher Kunst, der in die Zukunft wirkte. Nicht unberührt von den Ideen

[61] Siehe unten.

[62] *M. Janssen,* Schets over het Leven en enkele Werken von Jan Toorop (Amsterdam 1928); *A. Hoff,* Thorn-Prikker und die neuere Glasmalerei (Essen 1925).

[63] *N. Pevsner,* Gemeinschaftsideale unter den bildenden Künstlern des 19. Jh.: Deutsche Vjschr. für Literaturwissenschaft und Geistesgeschichte 9 (1931) 125–154; *W. E. Fredeman,* Pre-Raphaelism. A bibliocritical study (Cambridge/Mass. 1965).

[64] In Deutschland ist der Realismus in der religiösen Kunst nur bei protestantischen Malern wirksam geworden (etwa Fritz v. Uhde, 1848–1911, und Eduard v. Gebhardt, 1838–1925).

[65] *St. Waetzoldt,* Bemerkungen zur christlich-religiösen Malerei in der zweiten Hälfte des 19. Jh.: Triviale Zonen in der religiösen Kunst des 19. Jh. (Studien zur Philosophie und Literatur des 19. Jh., Bd 15 [Frankfurt a. M. 1971]) 30–91.

[66] *C. Gurlitt,* Die deutsche Kunst des 19. Jh. (Berlin 1u.2 1900) 545.

der Nazarener, aber doch deutlich sich von ihnen distanzierend, hatte im Benediktinerkloster Beuron Desiderius Lenz eine Kunstschule gegründet, die es sich angelegen sein ließ, vor allem im monastischen Bereich den künstlerisch gestalteten Raum, die durch Studium der gregorianischen Quellen regenerierte Musik und die kultische Szene in eine liturgische Einheit zu bringen. An die Stelle des zeitgenössischen Prinzips des „l'art pour l'art" sollte das dienende „l'art pour Dieu" treten[67]. In der Überzeugung, daß die Stilisierung des Kunstwerkes, vor allem in der Flächenkunst nach „Urmaßen" – etwa durch Verwendung des gleichseitigen Dreiecks –, der Gestaltung durch Unterdrückung des Individuellen sakrale Feierlichkeit und Stille vermittle und den Menschen in Gott versinken ließe, überhaupt in der Absicht, eine „zeitlose" Kunst zu schaffen, entstanden mit Anleihen aus der byzantinischen Kunst, aus ravennatischen Mosaiken, aus ägyptischen Wandmalereien Werke wie die Maurus-Kapelle bei Beuron (1868/70), seit 1880 die Ausstattung des Emmaus-Klosters in Prag, die Ausstattung der von Beuron 1892 wieder besiedelten Abtei von Maria-Laach und die Grablege des hl. Benedikt und der hl. Scholastika in der Gruft von Monte Cassino (1899/1913)[68]. Die zeitgenössischen Verflechtungen mit dem Jugendstil, aber auch mit den Anfängen der liturgischen Bewegung, die intensive Begegnung von Desiderius Lenz mit Maurice Denis und die Zusammenarbeit mit Paul Verkade (1868–1946)[69] ließen zusammen mit den Ausläufern der Präraffaeliten und den holländischen und belgischen Symbolisten zwischen 1880 und 1910 einen Kunstkreis entstehen, der die Grundlage für die Erneuerung im 20. Jh. abgeben sollte. Die Bedeutung der Beuroner Kunstschule liegt nicht zuletzt darin, daß die kirchliche Ausstattung nicht mehr wie im vorausgehenden 19. Jh. fast ausschließlich von der Wand- und Glasmalerei bestimmt war, während man alle andere Ausstattung als „Kunstgewerbe" mehr oder weniger der handwerklichen Routine anvertraute, sondern daß alles, auch Textilien, Paramente, liturgisches Gerät und Mobiliar, einem einheitlichen Gestaltungswillen unterworfen wurde, ein Weg, der in der kirchlichen Kunst des 20. Jh. weitergeführt wurde, indem gerade auf das für die Liturgie so wichtige Gerät ein Hauptaugenmerk gerichtet wurde.

Freilich überlebte sich Desiderius Lenz mit seiner strikten Ablehnung aller Kunst nach Giotto, mit seiner Ablehnung aller expressiven Phänomene der Vergangenheit (El Greco) und der Gegenwart[70], so daß auch seine ehemaligen Parteigänger in den zwanziger Jahren unseres Jahrhunderts Distanz suchten. In der Folge entsteht wie im 19. Jh. eine polemische Traktatliteratur, die angesichts

[67] *D. Lenz* OSB, Zur Ästhetik der Beuroner Schule (Wien ^{4}1912).

[68] *J. Kreitmaier* SJ, Beuroner Kunst. Eine Ausdrucksform der christlichen Mystik (Freiburg i. Br. $^{4 u. 5}$1923).

[69] *W. Verkade*, Die Unruhe zu Gott (Freiburg i. Br. ^{2}1923). Verkade, Holländer von Geburt, stand Gauguin, Sérusier und Vuillard nahe und trat 1894 nach seiner Konversion in Beuron ein.

[70] Etwa Jan Thorn-Prikker (1868–1932) und Ludwig Gies (1887–1966).

des breiten Rahmens der kirchlichen Vorschriften sich entweder gegen den Expressionismus schlechthin wendet und einen harmonischen Naturalismus fordert[71] oder gewisse Erscheinungen der expressiv genannten Kunst gelten läßt[72], aber nichts Ungewöhnliches oder gar Schockierendes zulassen will[73]. Schließlich gibt es auch entschiedene Parteigänger des kompromißlosen Expressionismus[74], von denen im Zusammenhang mit der gleichzeitigen Erneuerung des Kirchenbaus die eigentliche Moderne in der kirchlichen Kunst ausgeht. Hier wurde es möglich, auch religiöse Bildwerke außerhalb der kirchlichen Kunst, etwa von Georges Rouault, Emil Nolde oder Schmidt-Rottluff zu würdigen. Die Schätzung der individuellen künstlerischen Leistung erlaubte es sogar, nichtkatholische Künstler mit Aufgaben der kirchlichen Kunst zu betrauen[75].

Was schließlich Skulptur und Plastik in dem von uns betrachteten Zeitraum anbetrifft, so ist zunächst festzustellen, daß sie, im Gegensatz zur Malerei, im Klassizismus eine beachtliche Rolle spielten und daß die Schöpfungen von Thorwaldsen (1768–1844) und Dannecker (1758–1841) weithin die Vorstellung von der Gestalt Christi bestimmten. Mit der Neogotik begann zunächst im Rahmen der Dombauhütten ein genaueres Studium der mittelalterlichen Skulptur des 13. und 14. Jh., da z.B. der Kölner Dom zahlreicher neuer Figuren bis zur Vollendung bedurfte. Noch ist die kunstgeschichtliche Erfassung dieser Meister, die auch in der Grabmalkunst tätig waren, nicht weit gediehen, da ihre Werke sich der Einheit des Gesamtbauwerks einfügen mußten. Kennzeichnend für die figurale Ausstattung neogotischer Kirchen im 19. Jh. ist in ikonographischer Hinsicht die Lösung von den typologischen Programmen des Mittelalters. Neben Personen des Alten Testaments[76] werden vor allem diejenigen Gestalten der Heilsgeschichte gewählt, die in besonderer Weise durch ihr menschliches Schicksal ergreifen[77]. Bemerkenswert erscheint in der kirchlichen Skulptur auch eine bestimmte Aufgabe, die in der älteren Kunst nur ausnahmsweise seit dem 16. Jh. vorkommt, nämlich große mehrfigurige plastische Gruppen auf einem Altar ohne rückwärtiges Retabel oder Rahmung, wodurch der

[71] *P. R. Boving* OFM, Kirche und moderne Kunst (Bonn 1922).

[72] Etwa mittelalterliche Buchmalerei, Grünewald, El Greco, Gauguin.

[73] *J. Kreitmaier* SJ, Von Kunst und Künstlern (Freiburg i. Br. 1926). Die in diesem Buche empfohlenen, meist vergessenen Gegenwartskünstler verbinden eine expressionistische Manier und Erinnerungen an die Nazarener.

[74] So z.B. August Hoff mit seinem Einsatz für Ludwig Gies und Thorn-Prikker.

[75] Vgl. *P. Regamey,* Kirche und Kunst im 20. Jh. (Graz – Wien – Köln 1954; frz. 1923). Le Corbusier wurde als Nichtkatholik mit dem Bau der Wallfahrtskirche Notre-Dame-du-Haut in Ronchamp (1950/55) betraut.

[76] So etwa die Gewändefiguren von Johannes Benk an der Votivkirche in Wien (1873).

[77] Auch Goethes Vorschlag von 1830 für einen Skulpturenzyklus mit Christus und zwölf alt- und neutestamentlichen Figuren geht nicht von der theologischen Bedeutung, sondern vom humanen Ethos aus (Handschrift aus dem Nachlaß. 1830. Abgedruckt in Bd 13 der Artemis-Ausgabe von 1954, 1066–72).

für das 19. Jh. so charakteristische und bevorzugte Gedanke des Denkmals Ausdruck findet[78].

Entwicklung neuer Kunstformen

Um die Jahrhundertwende brachte eine künstlerische Revolution die Abwendung vom Historismus, da nicht mehr die überlieferte geprägte, sondern die „lebendige“ Form für wirksam erachtet wurde[79]. Diese Wendung vollzog der Kirchenbau später als die profane Architektur, da noch lange kirchliche Beschlüsse und Empfehlungen entgegenstanden[80]. Auch behielten manche Würdeformen aus der kirchlichen Baukunst der Vergangenheit – wie halbrunde Apsis, basilikale Stufung und ausgedehnte Glasmalereien – ihr Faszinans und blieben geläufige Gestaltungselemente.

Erstes Anzeichen für die Wandlung der Gesinnung ist, daß die seit jeher in kirchlichen Erlassen geforderte Brauchbarkeit des Kultraumes für die Zwecke der Liturgie, also für Eucharistiefeier, Spendung der Sakramente und Predigt, nach 1900 stärker in den Vordergrund gerückt wird. Die von Cornelius Gurlitt seit 1896 mehrfach aufgestellte Behauptung, daß die Liturgie die Baumeisterin der Kirche sei[81], wurde von den Protestanten schon 1906 auf dem Zweiten Kirchenbautag in Dresden, der mit einer Ausstellung für angemessenes liturgisches Gerät verbunden war, aufgegriffen[82] und wurde auch Kerngedanke der gleichzeitig einsetzenden liturgischen Bewegung, die die Gemeinde mehr als bisher handelnd in die Liturgie einbeziehen wollte. Die Konsequenz für den Kirchenbau, insbesondere für die Raumanordnung waren um so folgenreicher, als es sich bei den neuen Anlagen durchweg um Gemeindekirchen handelte, während der mittelalterliche Kirchenbau, dem der Historismus seine Vorbilder entlehnte, im wesentlichen von Klosterkirchen bestimmt war, in der die Bedürfnisse des Chordienstes im Vordergrund standen und die Frage der Sichtbarkeit des Altardienstes und der Hörbarkeit des Wortgottesdienstes für die oft nur zugelassene Gemeinde kaum oder gar nicht berücksichtigt worden war. Aber nicht nur die fast ausschließliche Zweckbestimmung als Gemeindekirche, sondern

[78] So etwa von Carlo de Marochetti die Gruppe Maria Magdalenas mit Engeln von 1841 auf dem Hochaltar der Ste-Madeleine-Kirche in Paris. *R. Zeitler,* Die Kunst des 19. Jh. (Berlin 1966) (Propyläen-Kunstgeschichte, Bd 11) Abb. 333b.

[79] „Die wesentlichste, unentbehrlichste Bedingung für die Schönheit eines Kunstwerks besteht in dem Leben, welches der Stoff, in dem es geschaffen ist, bekundet.“ *H. van de Velde,* Die Belebung des Stoffes als Prinzip der Schönheit (1910), wiederabgedruckt bei *H. van de Velde,* Zum neuen Stil. Aus seinen Schriften ausgewählt und eingeleitet von *H. Curjel* (München 1955) 175.

[80] Etwa CIC 1164, § 1: „Die Ordinarien sollen dafür sorgen, daß beim Bau von Kirchen die Formen, die aus der christlichen Tradition übernommen sind, gewahrt werden sollen.“ Ein Dekret der Erzdiözese Köln empfahl noch 1912 den „romanischen, gotischen oder Übergangsstil“.

[81] *C. Gurlitt,* Kirchen 83. [82] *O. Bartning: W. Weyres – O. Bartning,* Kirchen 209f.

auch die Emanzipation des Bürgertums und die Demokratisierung des politischen Lebens seither haben die Dringlichkeit der neuen Forderungen verstärkt[83].

Im Einklang mit dieser Tendenz der liturgischen Bewegung war die gleichzeitige allgemeine Architekturtheorie, die die Funktions-, Material- und Konstruktionsgerechtigkeit als oberste Maxime forderte[84]. Die gleiche Blickrichtung von religiöser und künstlerischer Reform um die Jahrhundertwende versteht sich aus der in der zweiten Hälfte des 19. Jh. auf Grund der Entwicklung von Einfühlungsästhetik und Wahrnehmungspsychologie geförderten Fähigkeit, Formgebilde jeder Art – und dazu gehört auch die gestaltete Liturgie – als organische Einheit zu verstehen und zu würdigen[85]. Im Hinblick auf den Kirchenbau bedeuteten die neuen Maximen, daß man die Qualität und Wirkungskraft der Formen nicht mehr von ihrer geschichtlichen Sanktionierung abhängig sah. Zunächst beanstandete man die Fixierung auf den gotischen Stil[86], dann überhaupt jede historische Reminiszenz. Nicht mehr die möglichst genaue Übereinstimmung mit dem architektonischen Vorbild ist Ziel und Bewertungsgrundlage, sondern im Gegenteil die Respektierung der von den neuen Baumaterialien des fortschreitenden technischen Zeitalters ausgehenden Konsequenzen für Form und Konstruktion. So kommt es, daß etwa die Verwendung von Eisen für Stützen und Rippengewölbe in der Kirche St-Eugène in Paris (1854/55)[87] oder die Einziehung eines Eisenbetonskeletts in der 1894 begonnenen Kirche St-Jean de Montmartre[88] als fortschrittliche Leistungen gerühmt werden, obwohl diese Neuerungen bei diesen im Grundstile neogotischen Kirchen zunächst aus praktischen und finanziellen Gründen erfolgten und der Verzicht auf die ausschließliche Verwendung von Werksteinen bedauert wurde. Aber schon die von Auguste Perret (1874–1954) im Jahre 1923 mit sichtbarem unkaschiertem Stahlbeton gebaute Kirche Notre-Dame de Raincy zeigte mit Bewußtsein ihre Neuerungen, und ihr Bauherr, Abbé Nègre, entschied: „A paroisse jeune édifice d'esprit neuf!"

[83] *W. Weyres – O. Bartning,* Kirchen 95ff. Zum Einfluß der liturgischen Bewegung *W. Braunfels:* LThK² VI 682–687 und *A. Fuchs,* ebd. 199–205. Bahnbrechend für das Verständnis der neuen Liturgie *R. Guardini,* Vom Geist der Liturgie (Freiburg i. Br. ⁸⁻¹²1922). Vgl. auch *R. Schwarz,* Vom Bau der Kirche (Würzburg 1938 u. Heidelberg 1947) und *Th. Klauser,* Richtlinien für die Gestaltung des Gotteshauses aus dem Geist der römischen Liturgie (Münster i. W. 1955). Im protestantischen Bereich: *O. Bartning,* Vom neuen Kirchenbau (Berlin 1919).

[84] *N. Pevsner,* Wegbereiter moderner Formgebung (Hamburg 1957; engl. 1946); *S. Giedion,* Raum, Zeit, Architektur. Die Entstehung einer neuen Tradition (Ravensburg 1964; engl. 1941); *G. Bandmann,* Der Wandel der Materialbewertung in der Kunsttheorie des 19. Jh.: Beiträge zur Theorie der Künste im 19. Jh. Hrsg. von *H. Koopmann – J. A. Schmoll gen. Eisenwerth* (Frankfurt a. M. 1971) 129–160.

[85] Aloys Goergen (in: *W. Weyres – O. Bartning,* Kirchen 14ff) spricht von „Kultgestalt".

[86] Als beim Neubau der Kathedrale von Liverpool 1901 die gotische Bauweise gefordert wurde, regte sich Opposition gegen die Einseitigkeit. *C. Gurlitt,* Kirchen 66ff.

[87] Von *L. A. Boileau* (1812–96). *N. Pevsner,* Wegbereiter 81.

[88] Von *A. de Baudot. N. Pevsner,* Wegbereiter 85.

Dieser Prozeß der Emanzipation einst profaner Materialien und davon abhängiger Konstruktionen, die nicht mehr durch überkommene Würdeformen kaschiert werden dürfen, ist heute noch nicht abgeschlossen[89], obwohl, wie oben vermerkt, die Nachwirkung einzelner historischer Formen und Formeln noch immer zu beobachten ist. Diese Anspielungen und Erinnerungen werden aber nun formbare Elemente in der Hand des individuell schaffenden Architekten, der sich nicht mehr auf eine verbindliche Symbolik des Bauwerks und seiner Teile auf theologischer Grundlage stützt, sondern versucht, über die freigestaltete Form das materielle Gefüge der Kirche zu transzendieren und ihr „sakrale Poesie" zu verleihen[90]. Der sakrale Charakter des Bauwerks wird also durch die individuelle einfühlende Interpretation der Form geschaffen. Der natürliche Konflikt zwischen kirchlichem Traditionalismus, der zum Beispiel keine „ungewohnten" Bilder zulassen und die „formae a traditione christiana receptae et artis sacrae leges" beachtet wissen möchte[91], und der Individualität des Künstlers ist somit weithin zu Gunsten des Künstlers entschieden, sofern seine Gestaltung in den Forderungen der Liturgie eine Stütze findet. Freilich sind die neuen Forderungen der Liturgie, die im Kirchenbau Beseitigung der Chorschranken, Beseitigung der Altaraufbauten, neue Sitzordnungen für die Gemeinde und entsprechend freie Grundrißgestaltungen, Beseitigung der Vielzahl der Altäre und anderes mehr brachten[92], dem Wandel der theologischen Einsichten unterworfen, die ihrerseits nicht unabhängig von allgemeinen Zeitströmungen sind. Wenn für den zeitgenössischen Kirchenbau damit vielleicht eine begrüßenswerte Wandlungsmöglichkeit eröffnet wird, so bringt dieser vom Traditionalismus nicht mehr gehemmte Wechsel, in dem zudem das kirchliche Bauwerk zu den „äußeren zur Liturgie gehörigen Dingen" zählt[93], bedrohliche Konsequenzen für heute noch benutzte, als Kunstwerke im hohen Rang stehende Kirchen der Vergangenheit[94]. So berichtet im Jahre 1963 der Landeskonservator von Westfalen, Hermann Busen, in seinem Rechenschaftsbericht über die vergangenen zehn Jahre, daß von einer Gemeinde einer bedeutenden gotischen katholischen Kirche Westfalens 1953 der Antrag gestellt wurde, den Chor um sieben Stufen anzuheben, „um den neuesten liturgischen Erkenntnissen bezüglich des

[89] *F. Pfammater,* Betonkirchen (Zürich 1948).

[90] *R. Schwarz,* Vom Bau der Kirche passim.

[91] CIC § 1279 1164.

[92] *Th. Klauser* a. a. O.; *W. Weyres – O. Bartning* a. a. O.; *U. Rapp* a. a. O. Die Vergleichbarkeit dieser Forderungen mit denen der Aufklärung (HKG V [1970] 604f) ist gelegentlich bemerkt worden (*W. Weyres – O. Bartning* a. a. O. 88 ff), ebenfalls die damit gegebene Annäherung an den protestantischen Kirchenbau, dessen Tradition weniger gewichtig ist und seit jeher die Bedürfnisse der Gemeinde im Hinblick auf gute Sichtbarkeit und Hörbarkeit der Liturgie für alle in den Vordergrund gestellt hatte.

[93] So in Artikel 128 der Beschlüsse zum VII. Kapitel der Liturgiekonstitution vom II. Vatikanischen Konzil 1963. *U. Rapp* a. a. O. 83.

[94] *G. Bandmann,* Der Kirchenbau der Gegenwart und die Vergangenheit: Kunst und Kirche XXIX (1966) 51–56 122–125.

Christkönig-Gedankens Genüge zu tun", und daß die gleiche Gemeinde 1962 den Antrag vorlegte, den Chor „wieder um sieben Stufen abzusenken und dafür den Altar 15 m vorzuziehen, um den neuesten liturgischen Erkenntnissen bezüglich des Begriffs der Circumstantes nachzukommen"[95].

Im Kirchenbau haben sich die Prinzipien der neuen Architekturtheorie, wie erwähnt, zögernder durchgesetzt als im Profanbau. Ein frühes Beispiel für das Bemühen, die Form „lebendig" zu machen, gibt der Weiterbau der 1867 begonnenen, der Heiligen Familie gewidmeten Kirche in Barcelona durch Antonio Gaudí (1852–1926), der über neogotischem Grundriß zunächst im Sinne des Art nouveau die historisierenden Elemente stilisierte und dann expressiv zu steigern suchte[96].

Erst nach 1920 entstanden zunächst in Deutschland und in Frankreich Kirchen, die den gewandelten Forderungen entsprachen. Die frühen Kirchen von Dominikus Böhm[97], die Antonius-Kirche von Karl Moser in Basel von 1927, die Fronleichnamkirche von Rudolf Schwarz in Aachen von 1930 und die erwähnte Kirche Notre-Dame de Raincy bildeten die Basis für die breite Schicht von Neubauten nach dem Zweiten Weltkrieg[98], an der die Begründer der zwanziger Jahre noch maßgeblich beteiligt waren[99].

Seit etwa 1960 sind neue Architekten an ihre Stelle getreten, die zwar in gleicher Weise noch den ästhetischen Maximen der Neuzeit anhängen, aber offensichtlich nicht mehr von dem gleichen Ausdrucksbedürfnis der noch von der Jugendbewegung 1919–1933 geprägten Vorgänger getragen sind, wie überhaupt Kultbedürfnis und Kultfähigkeit abgenommen zu haben scheinen[100].

Insofern bestätigten die Beschlüsse des II. Vatikanischen Konzils zum VII. Kapitel der liturgischen Konstitution vom 4. Dezember 1963, die von einer Bindung an einen bestimmten historischen Sakralstil betont zurücktreten (Artikel 123) und das Bauwerk als ein „äußeres zur Liturgie gehörendes Ding" ... „würdig und zweckentsprechend" wünschen (Artikel 128), längst Bestehendes, das möglicherweise schon wieder vor einem Wandel steht.

[95] *H. Busen:* Westfalen, 41. Bd (1963) 21.

[96] *J. Bergós,* Antoni Gaudí, l'hombre i l'obra (Barcelona 1954); *H. G. Evers,* Vom Historismus zum Funktionalismus (Baden-Baden 1967) 61f. Er verband mit dem Bau eine eigene, durch die Tradition kaum begründete Symbolik. Die Westseite soll der Majestät Christi, die Nordseite seiner Passion, die Südseite seiner Kindheit geweiht werden. Der Mittelturm mit vier Flankentürmen bedeutet Christus und die Evangelisten, der Chorturm Maria. Nur die Südseite war bei Gaudís Tod fertiggestellt.

[97] Neu-Ulm 1925/26; Frielingsdorf 1927; St. Engelbert in Köln-Riehl 1933.

[98] *W. Weyres – O. Bartning,* Kirchen passim.

[99] Gute Überblicke bei *W. Weyres – O. Bartning,* Kirchen; *J. Pichard,* Les églises nouvelles à travers le monde (Paris 1960).

[100] *H. Schnell,* Kirchenbau im Wandel. „Was ist eine Kirche?": Das Münster 25 (1972) H. 1, S. 2. Das während der Drucklegung erschienene Buch von *H. Schnell,* Der Kirchenbau des 20. Jh. in Deutschland (München – Zürich 1973), das in vielen Punkten das hier Vorgetragene aufgreift und vertieft, konnte leider nicht mehr berücksichtigt werden.

Das Lehramt und die Theologie

Univ.-Professor Dr. Oskar Köhler, Freiburg (Kap. 20–24)
Univ.-Professor DDr. Bernhard Stasiewski, Bonn (Kap. 25)

20. Kapitel

Die Enzyklika „Aeterni Patris"

KOMMENTARE: *F. Ehrle* (1880), neu hrsg. von *F. Pelster* (Rom 1954); *G. Cornoldi,* La riforma della filosofia promossa dall'enciclica „Aeterni Patris" di S. S. Leone XIII (Bologna 1880); weitere zeitgenössische Kommentare: *Schmidlin PG* II 394 (Anmerkung).
LITERATUR: *A. Walz,* Sguardo sul movimento tomista nel secolo XIX fino all'enciclica Aeterni Patris: Aquinas 8 (1965) 351–379; *R. Aubert,* Aspects divers du néo-thomisme sous le pontificat de Léon XIII: Aspetti della cultura cattolica nell'età di Leone XIII (Rom 1961) 133–227. – Zur *Geschichte der Neuscholastik* seit 1879: Kap. 21.

Die Enzyklika „Aeterni Patris" vom 4. August 1879[1] ist nicht nur ein spezielles Lehrschreiben über die philosophische und theologische Orientierung der katholischen Schulen, sondern ist als die Grundlegung des gesamten Programms zu betrachten, das Leo XIII. in seinem Pontifikat verfolgen will. Man kann ohne Zwang alle folgenden Lehräußerungen und Aktivitäten auf dieses Schriftstück beziehen. Otto Willmann hat die Enzyklika die „reife Frucht der spontanen Regenerationsbewegungen"[2] genannt; sie bekräftigte die schon älteren Bestrebungen, nicht diesen oder jenen Gedankengang der mittelalterlichen Scholastik aufzugreifen, sondern die Philosophie des Thomas von Aquin zu erneuern[3]. Was hier bewirkt wurde, betraf zunächst nur den Bereich der katholischen Kirche, und Franz Ehrle sollte noch für lange Zeit recht behalten mit seiner Bemerkung, es werde bei jenen, „die sich von Christus und seiner Kirche losgesagt haben, das Wort des Stellvertreters Christi verhallen wie die Stimme des Rufenden in der Wüste"[4]; aber die Enzyklika brachte doch eine philosophische Bewegung in Gang, deren bedeutendere Vertreter den Aquinaten als einen der größten Denker der griechisch-abendländischen Philosophie wieder zu vergegenwärtigen vermochten. Dazu mußte freilich nicht nur eine schwierige historische

[1] Acta Leonis I 255–284.
[2] Geschichte des Idealismus (Braunschweig ²1907) 908.
[3] HKG VI/1 679f zu Spanien, Frankreich, Belgien, Italien; 687–690 zu Deutschland. In Perugia gründete Kardinal J. Pecci zusammen mit seinem Bruder Joseph (Jesuit) und einigen Dominikanern die Accademia San Tommaso.
[4] Bei *F. Pelster* a.a.O. 38.

Forschungsarbeit geleistet werden, um gemäß der Enzyklika auf Thomas von Aquin selbst zurückgreifen zu können, sondern es mußte auch das Philosophieren selbst das wirkliche Werk des Aquinaten rezipieren, d.h. aber philosophierend nachvollziehen. So steht also die Enzyklika „Aeterni Patris" in einem doppelten Aspekt: Sie spricht aus der Tradition; diese aber soll belebt werden, um den Problemen der modernen Welt gerecht werden zu können[5].

Die Überschrift des Schreibens lautet: De philosophia christiana ad mentem sancti Thomae Aquinatis Doctoris angelici in scholis catholicis instauranda. Von dieser „christlichen Philosophie" und ihrem Schöpfer Thomas von Aquin († 1274) wird 600 Jahre danach mit einem Zitat nach Papst Innocenz VI. gesagt, abgesehen von der „kanonischen Lehre" rage diese vor allen anderen in der Eigentümlichkeit des Wortschatzes, im „modus" des Gesagten und in der Wahrheit der Sätze so sehr hervor, daß, wer ihr folgte, niemals vom Pfad der Wahrheit abgewichen, und wer sie bekämpfte, immer verdächtig (de veritate suspectus) gewesen sei. Thomas sei es gelungen, daß er allein (unus) alle Irrtümer der früheren Zeit überwunden und zur Widerlegung künftiger „unbesiegbare Waffen" geliefert hat. An die Stelle dieser Schule sei die neue Methode einer „Art von Philosophie" (nova quaedam philosophiae ratio) getreten, die jedoch nicht die erwünschten Früchte erbracht habe; vielmehr hätten sich die philosophischen Richtungen über die Maßen vermehrt und damit Zweifel und letztlich Irrtümer verursacht. Im Nachahmungstrieb seien auch katholische Philosophen dieser Neuerungssucht anheimgefallen, statt das „Erbe der alten Weisheit" zu vermehren. Dies schließe nicht aus, den Reichtum neuer Gedanken zur Vervollkommnung dieser Philosophien (novorum inventorum opes ad excolendam philosophiam) heranzuziehen. An späterer Stelle wird im Blick auf die Naturwissenschaften gesagt, die Scholastiker hätten gelehrt, daß sich die menschliche Intelligenz nur auf Grund der Sinnenwelt zur Erkenntnis der körperlosen Wesen erheben könne; auch hätten sie, wie Albertus Magnus beweise, sich in großem Eifer mit der Naturforschung beschäftigt. Daraus und aus Äußerungen von Naturwissenschaftlern selbst ergebe sich, daß es keinen Gegensatz im wahren Sinne zur scholastischen Philosophie gebe. Auch die „Schönen Künste" und die „artes liberales" finden in dieser Philosophie ihre Führung[6].

Die Enzyklika will also in der Erneuerung der Philosophie des Thomas von Aquin einen universalen Weg für alle Probleme der modernen Welt anbieten, nicht zuletzt für die gesellschaftlichen. Denn was Thomas von Aquin über die wahre Natur der Freiheit und den göttlichen Ursprung jeder Autorität lehre, habe eine „unbesiegbare Kraft" zur Überwindung jener Prinzipien des „neuen Rechtes" (d.h. der Revolution), welche der Ordnung und dem öffentlichen Wohl schaden. Die scholastische Philosophie kann deshalb das Heilmittel sein,

[5] „... encyclique, traditionaliste en un sens mais assez révolutionnaire par rapport aux routines antérieures": *R. Aubert*, Nouvelle Histoire de l'Église (demnächst).

[6] Acta Leonis I 276 273f 277f 280ff.

weil Thomas gebührend zwischen Vernunft und Glaube unterschied und zugleich beides „in Freundschaft" verband und weil er die Vernunft in ihre höchste Vollendung brachte, so daß sie kaum mehr höher zu steigen vermag, woraus die Enzyklika den Schluß zieht, es müßten die Rationalisten, wenn ihnen nur die höchste Vernünftigkeit der thomistischen Philosophie klargemacht würde, trotz allen Widerstandes zum Glauben geführt werden. „Außer dem übernatürlichen Beistand Gottes" sei nichts so sehr geeignet, vom Irrtum zu heilen, als diese Philosophie[7].

Die Enzyklika unterscheidet deutlich die Philosophie des Thomas von Aquin von jener Phase der Scholastik, in der „nimia subtilitate" vorgegangen wurde, und spielt dabei auf die Verfallszeit der disputatio an; vielmehr sei die Weisheit des Thomas aus deren Quellen selbst zu schöpfen. Aber die Herausbildung der thomasischen Philosophie wird als ein völlig kontinuierlicher Prozeß dargestellt, der von den altchristlichen Apologeten über Augustinus konfliktlos zum Höhepunkt des Aquinaten führt, zu dem es zurückzukehren gilt. Es sollen moderne Fragen durchaus eingebracht und die Lehre verfeinert werden, aber die geistige Welt ist im 13. Jh. klassisch vollendet. „Aeterni Patris" bezieht sich auf alles, auf Gesellschaft und Politik, auf die Naturwissenschaften, auf die Ästhetik – aber wie fast generell in der zeitgenössischen Neuscholastik[8] und noch lange ist das Problem der Geschichte nicht gestellt. Es ist jedoch sehr bemerkenswert, daß der berühmte Historiker der Scholastik, Franz Ehrle, in seinem Kommentar zur Enzyklika „Aeterni Patris", seiner ersten größeren Arbeit, zwar – dem Lehrschreiben folgend – den geschichtlichen Weg zu Thomas hin als einen einzigen Fortschritt darstellt, dann jedoch bei der Behandlung des weiteren Schicksals des thomasischen Werkes und der Geschichte der Scholastik das Für und Wider des Streites geschichtlich zu würdigen weiß, wie immer auch Thomas als der „princeps" gilt; vor allem aber unterstreicht Ehrle, daß die älteren spanischen Scholastiker des 16. Jh. „großteils scharfe, selbständige Forscher waren, wenig geneigt, aus bloßer Pietät den Anforderungen guter Gründe sich zu verschließen", „weit entfernt von jener Art der Verehrung, welche seit Báñez für die neuere Dominikanerschule charakteristisch wurde". Auch wenn zu beachten ist, daß hier Ordensinteressen im Spiele waren, so zeigt doch dieser Kommentar aus dem Jahre 1880, daß hier die Thomas-Renaissance als ein geschichtlich-schöpferischer Vorgang und nicht als eine klassizistische Kopie interpretiert wurde[9]. Leo XIII. hat durch die Beauftragung der seit 1882 erschienenen Thomas-Ausgabe (Editio Leonina) ein wesentliches und noch heute

[7] Ebd. 274 279.

[8] Die philosophischen Vorkämpfer in Italien waren die Jesuiten Taparelli d'Azeglio († 1862; HKG VI/1 Reg.) und vor allem M. Liberatore († 1892; Hauptwerk 1840/42), der sich auch der Sozialphilosophie widmete. Daß „deren Position durch (unbewußten) rationalistischen Einschlag geschwächt ist" (*O. H. Pesch:* LThK² X 160), bleibt ein Grundproblem der Neuscholastik. *P. Dezza,* All'origini del Neotomismo (Mailand 1940) 65–73.

[9] Bei *F. Pelster* a.a.O. 63–89, hier: 83. – Eine biographische Skizze zu F. Ehrle: 191–202.

weithin gültiges Verdienst um die historische Thomas-Forschung erworben[10]. Daß freilich von nun an Thomas als geschichtsenthobene Größe verstanden werden konnte, was zur späteren kirchenrechtlichen Vorschrift über den Unterricht an den katholischen Schulen führte, hat teilweise eine philosophierende, also wirkliche Aneignung des Aquinaten verhindert[11].

Im Anschluß an die Constitutio de fide catholica des Vaticanum wird auch die Bedeutung der wahren Philosophie für die Theologie stark hervorgehoben. Dies bekundet bereits der Titel der Enzyklika „De philosophia christiana". Mit einem Zitat nach Clemens von Alexandrien wird gesagt, es könne zwar die in sich vollkommene Lehre des Erlösers als die Weisheit Gottes durch die griechische Philosophie nicht an Mächtigkeit gewinnen, aber es könne mit Hilfe der rechten Philosophie die Wahrheit der Offenbarung verteidigt werden. Doch darüber hinaus wird festgestellt, der Gebrauch der Philosophie habe dahin geführt, daß die Theologie das Wesen, die Erscheinung und den Geist wahrer Wissenschaft angenommen habe (requiritur philosophiae usus, ut sacra Theologia naturam, habitum, ingeniumque verae scientiae suscipiat atque induat)[12]. Diese Charakteristik der Theologie gründet vor allem darin, daß die der Enzyklika zeitgenössische Neuscholastik meist von der Philosophie her zur Theologie kam[13], so daß die neuscholastische Theologie weithin durch die Anwendung des begrifflichen Werkzeugs der neuscholastischen Philosophie gekennzeichnet ist[14], bis erst im Laufe des 20. Jh. die Biblische Theologie sich Bahn brach.

Mit zäher Energie hat Leo XIII. die Realisierung seines Lehrschreibens durchgesetzt. Am 18. Januar 1880 beauftragte er die Kardinäle A. de Luca, Simeoni und Zigliara OP mit der Thomasausgabe, auch der Ausgabe des Kommentars von Cajetan (1507/22), der auch in der Neuscholastik als der maßge-

[10] Die Mängel, die aus dem etwas zu schnellen Tempo in der Edition der ersten Bände resultieren, wurden durch den Niederländer C. Suermondt OP, der seit 1919 mitarbeitete, vermieden, *G. F. Rossi,* Il 4° pioniere della commissione leonina, C.S. (Piacenza 1954).

[11] CIC 1366, § 2 bestimmt, daß Philosophie und Theologie „nach der Methode, Lehre und den Prinzipien" des Thomas von Aquin zu lehren sind. Die Ermittlung der philosophiegeschichtlichen Position des Aquinaten war dadurch erheblich erschwert. „Die Erforschung des historischen Kontextes des Thomaswerkes setzt zwar mit Ausgang des 19. Jh. ein und macht bald ... gewaltige Fortschritte, bleibt aber jahrzehntelang dort von einer erstaunlichen Einflußlosigkeit auf die systematische Thomasinterpretation, wo sie Gefahr läuft, die absolute Geltung des Thomas und die vorausgesetzte allseitige Übereinstimmung seiner Lehre mit der kirchlichen Doktrin in Frage zu stellen (*O. H. Pesch* ebd. [zit. in Anm. 8]).

[12] Acta Leonis I 263 262.

[13] Leo XIII. selbst hatte seine philosophischen und theologischen Studien am Römischen Kolleg bei G. Perrone und F. Patrizi absolviert. Perrone (1794–1876) war mit H. Newman befreundet und in seiner Lehre über die Tradition von Möhler beeinflußt. Doch neigte er weniger zur theologischen Spekulation als zur positiv-apologetischen Methode und gehört mit seinen „Praelectiones theologicae" (1835/42) zu den Begründern der Neuscholastik: *W. Kasper,* Die Lehre von der Tradition in der Römischen Schule (Freiburg i. Br. 1962) 29–181. – Vgl. HKG VI/1 465f.

[14] *G. Söhngen:* LThK² VII 923.

bende Thomasinterpret betrachtet wurde, so daß es schwer war, mit Thomas selbst gegen diese Autorität zu argumentieren. Im Mai dieses Jahres wurde unter der Präsidentschaft von Joseph Pecci, dem päpstlichen Bruder, die Accademia Romana di San Tommaso eröffnet und reich dotiert, um sie in den Stand zu setzen, einen Nachwuchs auszubilden. Die Gründung wurde zum Beispiel für die katholische Welt. Nachdrücklich förderte Leo XIII. die Theologen seines Programmes: seinen früheren Schüler F. Satolli berief er 1880 als Professor der Dogmatik an das Kolleg der Propaganda; G. Cornoldi SJ, den der Papst aus Bologna herbeirief, wurde zur Gründung der Akademie herangezogen; S. Schiffini SJ lehrte seit 1881 an der Gregoriana vor allem Philosophie, L. Billot SJ seit 1885 Theologie; C. Mazzella SJ, seit 1878 Dogmatiker an der Gregoriana, wurde 1886 zum Kardinal ernannt. Im Jahre 1884 errichtete die Universität Löwen auf päpstlichen Wunsch einen Lehrstuhl für thomasische Philosophie, dessen erster Inhaber D. Mercier war; hier entstand eines der wichtigsten Zentren schöpferischer Neuscholastik (vgl. Kap. 21). Dagegen wurde D. Palmieri SJ, seit 1867 Dogmatikprofessor der Gregoriana, Kritiker des Hylemorphismus, 1879 entlassen, weil er dem philosophischen Programm des Papstes nicht folgen konnte und es vorzog, zu schweigen, statt gegen seine Überzeugung zu reden[15]. In Piacenza eröffnete 1880 die Zeitschrift „Divus Thomas“ die Reihe thomistischer Neugründungen dieser Zeit: Philosophisches Jahrbuch der Görres-Gesellschaft (1888), Pastor bonus (Trier 1888), Revue Thomiste (Paris 1893), Revue néo-scolastique de philosophie (Löwen 1894), Rivista di filosofia neoscolastica (Mailand 1909). Die Medien einer Thomas-Renaissance waren in reichem Maß gegeben.

21. Kapitel

Neuthomismus, Neuscholastik und die „neuen Philosophen“

LITERATUR: Vgl. Kap. 20. – *M. Grabmann,* Die Geschichte der katholischen Theologie (Freiburg i. Br. 1933, fotomechan. Darmstadt 1961) 218–281; *Hocedez* III 45–52 110–120 235–322 351–383; *G. Söhngen,* Neuscholastik: LThK² VII 923–926; *O. H. Pesch,* Thomismus: LThK² X 160f; *R. Aubert,* Aspects (zit. in Kap. 20); *ders.,* Die Theologie während der 1. Hälfte des 20. Jh.: *H. Vorgrimler – R. Vander Gucht,* Bilanz der Theologie II (Freiburg i. Br. 1969) 7–14; *F. van Steenberghen,* Die neuscholastische Philosophie: ebd. I 352–363; zur Moraltheologie: *J. G. Ziegler:* ebd. III 316–328; zur Apologetik: *J. Schmitz:* ebd. II 201–220 (auch zu M. Blondel). – Zu einzelnen Philosophen und Theologen vgl. die folgenden Anmerkungen, ferner Kap. 15.

[15] *Hocedez* III 48 371f. Aber Leo XIII. war so rücksichtsvoll, mit der Versetzung Palmieris als Exeget nach Maastricht einverstanden zu sein, wo Palmieri bis 1894 einen konservativen Standpunkt vertrat. Auch andere Professoren der Gregoriana mußten weichen; *R. Aubert,* Aspects 159ff.

Die notwendige begriffliche Unterscheidung zwischen „Neuscholastik" und „Neuthomismus"[1] zeigt an, daß die scholastisch-systematische Philosophie und Theologie in der katholischen Kirche im 19. Jh. und auch noch während des Pontifikates Leos XIII. keinen so geschlossenen Block darstellen, wie es die freilich die große Mehrzahl ausmachenden Publikationen[2] erscheinen lassen, welche teilweise nur den Anspruch erheben, „ad mentem S. Thomae Aquinatis" geschrieben zu sein. Aber nicht nur leben die Traditionen des Duns Skotus (besonders bei den Franziskanern) und des Suárez (besonders bei den Jesuiten) fort, sondern ist auch zu unterscheiden zwischen einem oft ziemlich steril am thomasischen Buchstaben klebenden Neuthomismus („Paläothomismus" [Steenberghen]) und den allerdings in der Minderzahl befindlichen Versuchen, nicht formal von Thomas auszugehen und daraus die aktualisierenden Schlußfolgerungen zu ziehen, sondern umgekehrt von der lebendigen Fragestellung her zur großen Überlieferung zurückzusuchen. Das Bild wird noch erheblich vielfältiger, wenn man beachtet, daß der andere große (und ältere) Überlieferungsstrom katholischen Denkens, der von Augustinus über Bonaventura zu Pascal führt, keineswegs ausgetrocknet war, wenngleich diejenigen, die wie Maurice Blondel in ihm lebten, in Konflikte gerieten, wenn sie nicht bereit waren, mit einigen Zitaten den großen Kirchenvater Augustinus unter die nun herrschende Doktrin zu subordinieren. Aber gerade der Jesuit Franz Ehrle, der seine Gelehrtenlaufbahn mit dem Kommentar zur Enzyklika „Aeterni Patris" begonnen hatte[3], zeigte als einer der großen Erforscher der mittelalterlichen Scholastik auf, was der neben und mit dem Aristotelismus fortlebende „Augustinismus" des 13. Jh. bedeutet hat. Jedoch brauchte es seine Zeit, bis der ganze Reichtum der Überlieferung und damit die Freiheit des Philosophierens in der katholischen Kirche entdeckt wurde.

In Rom selbst konnte durch die Enzyklika kein Neuthomismus erweckt werden, welcher der Bedeutung eines M. Liberatore zu vergleichen wäre. Dies gründete teilweise in den Schwierigkeiten des Übergangs von den bisherigen Schultraditionen, teilweise in der Neigung, rein formal mit der Autorität des Aquinaten zu argumentieren und die moderne Philosophie und Wissenschaft nicht ernsthaft zur Kenntnis zu nehmen. Der einflußreiche Jesuit C. Mazzella[3a] vertrat in seinen umfänglichen Traktaten eine suarezianische Scholastik (Grab-

[1] „Neuscholastik" meint die Scholastik seit dem 19. Jh. und deckt auch die trotz der seit 1879 offiziellen Vorrangstellung des Thomas von Aquin weiterlebenden scholastischen Traditionen, die insbesondere an Duns Skotus und Suárez anschließen; „Neuthomismus" ist die seit der Mitte des 19. Jh. (nach einigen Vorläufern) einsetzende Renaissance der Philosophie und Theologie des Aquinaten, die sich ohne direkten Anschluß an die Schultradition vollzieht. Allerdings sind die meisten neuthomistischen Philosophen und Historiker keine reinen Thomasianer.

[2] Die thomistische Bibliographie (1920) umfaßt für die Zeit von 1800 bis 1920 2219 Titel; *F. van Steenberghen* a.a.O. 352.

[3] Vgl. Kap. 20. [3a] Vgl. S. 325.

mann). Der bedeutendste Vertreter war der aus Lothringen stammende Jesuit L. Billot, der von 1885 bis 1911 fast immer an der Gregoriana Theologie dozierte – „Thomist in völliger Anlehnung an Thomas und die älteren Thomisten" (S. Tromp) – und die „immutabilitas" der Tradition gegen alles geschichtliche Denken verteidigte, welches er mit häretischem Evolutionismus gleichsetzte (Ablehnung einer Dogmengeschichte)[4]. G. Cornoldi, der an der Gründung der römischen Thomasakademie beteiligt war, bekämpfte die Anhänger Rosminis, denen er eine „Synthese von Ontologismus und Pantheismus" vorwarf, eine Polemik, die zusammen mit dem politischen Problem der „römischen Frage" 1887 zur kirchlichen Verurteilung von 40 Sätzen Rosminis führte[5]. Zwei Jahre vor der Thomas-Enzyklika war in Quaracchi (bei Florenz) das „Collegio di S. Bonaventura" gegründet worden, wo eine Edition der Werke des franziskanischen Kirchenlehrers (seit 1588) veranstaltet wurde und ein internationales Studienzentrum entstand[6]. Diese Leistung hat mehr als einseitige antithomistische Polemik dazu beigetragen, eine Verengung der philosophisch-theologischen Tradition zu überwinden.

Auch in Deutschland, Österreich und der Schweiz hatte der Neuthomismus zahlreiche eifrige und mitunter auch recht polemische Repräsentanten, welche die Linie von J. Clemens und C. v. Schäzler († 1880)[7] fortsetzten und viel dazu beitrugen, daß die Intention verfehlt wurde, die Leo XIII. bei seiner Enzyklika bestimmte[8]. Der die Theologen dieser Geburtsjahrgänge weit überragende, aber

[4] *H. Le Floche,* Le cardinal Billot (Paris 1947). Vgl. S. 261, Anm. 21.

[5] Vgl. Kap. 15. – *P. Dezza,* I neotomisti italiani del secolo XIX, 2 Bde (Mailand 1942/44).

[6] Der erste Studienpräfekt war Fidelis a Fanna (1838–81), der in über 500 Bibliotheken nach Handschriften forschte. Sein Nachfolger war der Westfale I. Jeiler (1823–1904), seit 1879 in Quaracchi; *J. Reinhold:* AFrH 47 (1954) 1–44. – Seit 1885 erscheinen die „Analecta Franciscana", seit 1903 die „Bibliotheca Franciscana Scholastica mediiaevi".

[7] HKG VI/1 Reg.

[8] Besonders polemisch war E. Commer (1847 [Berlin] –1928), der 1886 das „Jahrbuch für Philosophie und spekulative Theologie" gründete (seit 1914 „Divus Thomas"), Verf. der „Immerwährenden Philosophie" (1899), 1900/11 Dogmatikprofessor in Wien; zu seinem Kampf gegen H. Schell vgl. Kap. 29. – Im Konflikt mit dem Rektor der katholischen Universität in Washington, J. Keane, war J. Pohle 1894 nach Deutschland zurückgekehrt (vgl. Kap. 10), nun in Münster Dogmatikprofessor; er hatte 1888 zusammen mit K. Gutberlet (1837–1928) das „Philosophische Jahrbuch" der Görres-Gesellschaft gegründet; zu Gutberlet: *E. Hartmann:* PhJ 41 (1928) 261–266; *P. Simon:* Hochland 25 (1927) 437 ff. – Wie als Politiker, so war G. v. Hertling (vgl. Kap. 15) auch in seinen wenn auch wenigen philosophischen Arbeiten auf eine sachliche Darlegung neuscholastischer Prinzipien bedacht; *C. Baeumker:* DLZ 39 (1918) 3–7 35–40. – Auch der Würzburger Apologet F. Hettinger (1819–90) konnte seine Zeitkritik auf eine umfassende Bildung gründen, während der Oberbayer A. M. Weiß OP, seit 1890 Professor in Fribourg, einen sehr undifferenzierten Kampf gegen den Liberalismus führte. – Den Thomismus mit der augustinischen Tradition zu verbinden vermochte der Münsteraner Moraltheologe J. Mausbach (1861–1931), der aus einer engen Antiposition herausführte; *G. Schreiber,* J. Mausbach (Münster 1931). – Zu den jesuitischen Moraltheologen vgl. Kap. 12 und 13. – Als „Haupt des zweiten Mainzer Kreises" (L. Lenhart) gilt der Dogmatiker J. B. Heinrich (1816–91), Mitgründer der Görres-Gesellschaft wie der

schon früh gestorbene M. J. Scheeben (1835–88), ein ungemein weltoffener rheinländischer Geist und von tiefer Frömmigkeit erfüllter Dogmatiker, hat eine in dieser Periode in Deutschland nicht geschlossene Lücke hinterlassen. Man kann fragen, ob Scheeben, der die ganze Tradition von der Patristik über Augustinus bis Thomas, die nachtridentinische Theologie und die Tübinger Schule sowie den Neuthomismus in seine fruchtbare, originelle und gegenwartsaufgeschlossene Arbeit einbezogen hat, zur „Neuscholastik" gerechnet werden kann. Aber Scheeben aus diesem Begriff ausschließen heißt ihn in einer Weise verengen, die der Gesamtbewegung nicht entspricht, nämlich „die Theologie der Vorzeit als mannigfaltige Bemühung gläubiger Denker" (J. Höfer) zu vergegenwärtigen. Die Hauptwerke Scheebens sind zu einem beträchtlichen Teil bereits lange vor der Enzyklika „Aeterni Patris" erschienen[9], münden aber in jenen tieferen Wirkbereich ein, den das Lehrschreiben dort angeregt hat, wo es nicht als Aufforderung zur Repristination gedeutet wurde. Daß freilich Scheeben dann, wenn er ganz er selbst ist, „wie kein zweiter Neuscholastiker rein aus dem Glauben und ‚unapologetisch' gedacht hat" [10], aus dem „kindlichen Glauben" (Scheeben), der ihm das vollkommenste Gleichnis religiösen Glaubens war, entsprach gerade nicht jener Art von Konklusionstheologie, die weithin die Neuscholastik beherrschte. Die „doppelte Form" der Theologie, die der Hingabe und die der intellektuellen Zustimmung, blieb das Problem Scheebens, in das er durch den Einfluß von Kleutgen und Schäzler hineingestellt war.

Sieht man von M. Scheeben ab, so werden alle deutschen Neuscholastiker dieser Zeit in ihrer Bedeutung bei weitem überragt durch die Erforscher der mittelalterlichen Scholastik, durch F. Ehrle, H. Denifle, C. Baeumker und M. Grabmann, dessen Frühzeit noch in diese Periode gehört. Der Dominikaner Denifle aus Tirol (1844–1905) und der Jesuit Ehrle aus dem Allgäu (1845–1934) gaben miteinander – beide seit 1880 in Rom – das „Archiv für Literatur und KG des Mittelalters" heraus, von 1885 bis 1900: 7 Bände „von unvergänglichem Wert" (Grabmann); Denifle erwarb sich besondere Verdienste um die Mystik (Eckehart, Tauler, Seuse), und Ehrle zeigte mit seinen

von ihm stark beeinflußte P. L. Haffner (1829–99; 1886 Bischof von Mainz), welcher der erste Vorsitzende der philosophischen Sektion war; *H. Lenhart,* Die philos.-theol. Fakultät des Mainzer Priesterseminars (Mainz 1946); *Grabmann G* 230–236. – Da die theologische Fakultät der Universität Fribourg den Dominikanern anvertraut war, herrschte dort der Neuthomismus uneingeschränkt. Th. Coconnier (1846–1908; 1875 Schüler Zigliaras in Rom, 1890 Dogmatiker am Institut catholique in Toulouse), J.-J. Berthier (1847 bis 1924, nach 1905 meist in Rom) und P. Mandonnet (1858–1936) gründeten 1893 die „Revue Thomiste".

[9] Natur und Gnade I (Mainz 1861); Mysterien des Christentums (Freiburg i. Br. 1865); Hdb. der katholischen Dogmatik I und II (Freiburg i. Br. 1874/75), III–VI, 1880/87 (unvollendet). – Neue Ausgabe von *J. Höfer* u. a., 7 Bde (Freiburg 1941/57).

[10] *K. Eschweiler,* Die zwei Wege der neueren Theologie. G. Hermes – M. J. Scheeben (Augsburg 1926) 183. – Die Lit. zu Scheeben bis 1957 in der Neuausgabe (vgl. Anm. 9). Dazu: *F. S. Pancheri,* Il pensiero teologico di M. Scheeben e S. Tommaso (Padua 1956).

Forschungen und Editionen die Mannigfaltigkeit scholastischen Denkens[11]. Der Philosophiehistoriker C. Baeumker (1853–1924), der nach Professuren in Breslau, Bonn und Straßburg 1912 in München der Nachfolger G. v. Hertlings wurde, zeigte den Zusammenhang der Scholastik mit der muslimischen Philosophie auf und lenkte die Aufmerksamkeit auf das Weiterleben des Platonismus, das er insbesondere in seinem Hauptwerk über Witelo (1908) und dessen Lichtmetaphysik im 13. Jh. aufwies. Es waren nunmehr auch die Voraussetzungen geschaffen für eine ideengeschichtliche Gesamtdarstellung und für eine umfassende Darstellung der scholastischen Methode, die M. Grabmann (1875–1949) vorlegte[12]. In die Reihe dieser Gelehrten gehört auch der Belgier Maurice De Wulf (1867–1947), ein Schüler von D. Mercier, der die Sammlung „Les Philosophes belges“ (Löwen 1901 ff) gründete[13]. Alle diese Bemühungen trugen trotz der anfänglichen Nichtbeachtung durch die neuscholastischen Systematiker schließlich dazu bei, daß die Thomas-Renaissance nicht in einem Klassizismus steckenblieb.

Auch in Frankreich kamen die meisten Neuthomisten, die sich stark an der Gregoriana orientierten, über eine großteils unfruchtbare Polemik nicht hinaus. Eine Ausnahme stellte das „Institut catholique“ in Paris dar, wo M. d'Hulst die Idee von Duilhé aufgriff, durch internationale katholische Gelehrtenkongresse einen geistigen Provinzialismus zu vermeiden und die Ergiebigkeit des neuthomistischen Ansatzes zu beweisen[14]. Hier wirkte sich der Geist jenes Zentrums aus, wo in der damaligen Zeit wohl am ehesten eine aktuelle Begegnung mit Thomas von Aquin gelang: der Geist der Universität Löwen und D. Merciers (1851–1926). Daß der aus Brabant stammende Gelehrte sich nach dem Studium der Philosophie und Theologie in Paris mit Psychiatrie beschäftigt hatte, sollte bedeutsam werden für das Lehrprogramm, das er seit 1882 auf dem nach einem Wunsch Leos XIII. vom belgischen Episkopat errichteten

[11] *M. Grabmann,* H. S. Denifle (Mainz 1905); *A. Walz,* Studi storiografici (Rom 1949) 28–33; *ders.,* Analecta Denifleana (Rom 1955); *A. Redigonda,* H. S. Denifle (Florenz 1953). – Zu F. Ehrle, 1895–1914 Präfekt der Vatikanischen Bibliothek, vgl. Kap. 20.

[12] *C. Baeumker* gründete 1891 die „Beiträge zur Gesch. der Philosophie des Mittelalters“. Der Titel eines seiner Hauptwerke „Die europäische Philosophie des Mittelalters“ (Leipzig 1909) wurde in der 2. Aufl. (1913) in „Die christliche Philosophie...“ umbenannt. Zu seiner Audienz bei Pius X. am 2. März 1908 im Zusammenhang mit der Gründung einer internationalen Gelehrtengesellschaft (vgl. Kap. 15) notiert *L. Pastor,* Tagebücher 490, der Papst habe gesagt, „von einer Aufnahme M. Spahns und C. Baeumkers könne, wie auch Kardinal Rampolla und Merry del Val meinten, keine Rede sein“. *M. Grabmann,* C. Baeumker und die Erforschung der Gesch. der mittelalterlichen Philosophie: BGPhMA 25 (1927) 1–38. – M. Grabmann betrieb seit 1900 in Rom, von Ehrle und Denifle unterstützt, seine Handschriftenstudien. *L. Ott,* M. Grabmann zum Gedächtnis (München 1949).

[13] Die „Histoire de la philosophie médiévale“ (Löwen ^{1}1900) behandelt die Frage nach der Gemeinsamkeit der Scholastiker; die Revision der 6. Aufl. (1934 ff) zeigt, mit welchen Problemen es eine universale Darstellung zu tun hat. *F. van Steenberghen:* RPhL 46 (1948) 421–447.

[14] Vgl. Kap. 15.

Lehrstuhl für thomistische Philosophie vortrug. Der 31jährige Professor faszinierte seine Studenten, auch Nicht-Theologen, durch die Entschiedenheit, mit der er sich den von den Naturwissenschaften aufgeworfenen Grenzfragen stellte, und das Bemühen, „für die Menschen der eigenen Zeit zu philosophieren“. Gewiß konnte der starke Einbezug der Psychologie die Frage aufwerfen, inwieweit dieses Verfahren der thomistischen Ontologie angemessen ist; womit es aber D. Mercier vor allem zu tun hatte, war der weitverbreitete Positivismus, mit dem er sich ebenso auseinandersetzte wie mit der Philosophie Kants, dabei darauf bedacht, der Philosophie gegenüber der Theologie die Eigenständigkeit zu bewahren. Das 1889 errichtete „Institut supérieur de philosophie“ geht auf einen Vorschlag zurück, den Mercier 1887 Leo XIII. unterbreitete; er war sein erster Präsident. Die 1894 gegründete „Revue néo-scolastique“ errang sich internationales Ansehen. Der Erfolg erregte Gegnerschaft, zunächst in Belgien, dann aber in Rom, wo der neue Präfekt der Studienkongregation, Kardinal Mazzella SJ, die intensive Beschäftigung mit den Naturwissenschaften als Zeitverschwendung für Theologen betrachtete. Nicht weniger gewichtig war der Einwand, daß die Vorlesungen in französischer Sprache nicht nur die scholastische Terminologie, sondern auch die theologische Korrektheit der Lehre gefährden würden. Weil Mazzella den Papst für seine Bedenken gewinnen konnte, wurde 1895 für einige Zeit Latein als Lehrsprache verfügt. Die Ablösung Mazzellas durch Kardinal (seit 1895) Satolli, der Mercier schätzte, führte 1898 zur Bereinigung der Affäre[15].

Wie bedingt nur das Bild von einer geschlossenen Kampffront die Wirklichkeit der Neuscholastik trifft, zeigen außer den Bemühungen um Bonaventura (vgl. oben) die teilweise auch weiterhin recht lebhaft vorgetragenen Positionen des Suarezianismus[16], den die Jesuiten oft etwas kunstvoll mit dem Thomismus koordinieren wollten, und auch des Skotismus, den die Franziskaner nach wie vor pflegten[17]. Aber solche Varianten blieben innerhalb des neuscholastischen Feldes. Es gab jedoch, und zwar durchaus innerhalb der Tradition abendländischen Denkens, die Versuche einzelner und deshalb auch Einsamer, die moderne anthropozentrische Auffassung der Welt gleichsam von innen heraus aufzubrechen und den begrifflich-absoluten Gegensatz von Immanenz und Transzendenz am konkreten Dasein als einen Scheingegensatz aufzuweisen. Daraus entstand eine Polemik mit seltsam verkehrten Fronten: Diese philosophischen

[15] Zu den wichtigsten Werken von D. Mercier gehören: Psychologie (Paris 1892); Logique (Paris 1894); Métaphysique générale ou Ontologie (Paris 1894). – *M. De Wulf* u. a.: RNPh 28 (1926) 5–22 99–249; *J. Pirlot,* L'enseignement de la métaphysique. Critique et Suggestions (Löwen 1950) 33–59; *L. de Raeymaeker,* Le card. Mercier et l'Institut supérieur de philosophie de Louvain (Löwen 1952); *A. Simon,* D. Mercier (Brüssel 1960). Zu Satolli: S. 163.

[16] So von dem Spanier J. J. Urráburu SJ (1844–1904) (*Eguía Ruiz:* EE 4 [1945] 45–59) und dem Franzosen P. Descoqs SJ (1877–1946).

[17] So Déodat de Basly (1863–1937) besonders in der Christologie. *R. Haubst:* ThRv (1956) 145–162.

Ansätze, die ihren eigentlichen Grund im christlichen Mysterium der Inkarnation und im Glauben an den Beistand des Heiligen Geistes hatten, wenngleich sie durchaus philosophisch waren oder jedenfalls sein wollten, wurden von Neuscholastikern als „modernistisch“ angefeindet und unter die verschiedenen feindbildlichen “-ismen“ rubriziert, während umgekehrt die neuscholastische Philosophie und Theologie vielfach einen Rationalismus mit sich führten, der mit dem christlichen Offenbarungsglauben nur scheinbar in Einklang zu bringen war. Diese Polemiken konnten dann freilich andererseits zu einer oft sehr unsachlichen Einschätzung der neuscholastischen Bemühungen führen. In Deutschland hat der Theologe und Religionsphilosoph Herman Schell gelehrt, daß „im Bekenntnis des Heiligen Geistes als wesentlicher Lebensform der Gottheit“ „das Immanenzprinzip mit dem Transzendenzgedanken verschmolzen und die Innerweltlichkeit des Wirkens mit der überweltlichen Selbstmacht der Schöpfung zur höheren Einheit verbunden ist“. Im Abweis einer jeden Form des Pantheismus entwickelte er einen Persönlichkeitsbegriff Gottes „als vollkommenes Fürsichsein und Insichselbersein“, dessen Dynamik er nicht mehr mit den Begriffen der Schultradition fassen zu können glaubte. So kam er zum Begriff Gottes als „causa sui“, welchen Ausdruck er nach der Indizierung durch „Selbstwirklichkeit“ ersetzte, ohne damit die Lebendigkeit Gottes in seinem Sich-selbst-Wirken begrifflich aufzugeben. Dieser Gottesbegriff war die Grundlage des Schellschen Personalismus: In der lebendigen Persönlichkeit Gottes gründet alle menschliche Persönlichkeit[18]. War diese Augustinus-Tradition durch die Philosophie des Deutschen Idealismus vermittelt, so die des Philosophen Maurice Blondel (1861–1949) durch den in Frankreich untergründig fortlebenden Blaise Pascal und N. Malebranche, welcher auf Leibniz eingewirkt hat. Eines der Zentralprobleme Leibnizens war der Gegenstand der ersten und für ihn grundlegend gebliebenen Arbeit von Blondel: das „Vinculum substantiale“. „Den statischen und dinghaften Substanzbegriff zu überwinden und die Substanz sowohl als verbindende Kraft wie als metaphysische Einheit zu fassen und so gleicherweise dem Idealismus wie einem allzu dinghaften Realismus zu entgehen“ blieb das Grundthema der Philosophie Blondels, die das Problem der Transzendenz in der Integration der dreifachen Wirklichkeit des Daseins, des Denkens und des Seienden im Sein aufzufinden sucht[19]. Entgegen allem Objektivismus ist für Blondel das Erkennen und die Seinsoffenbarung an die Subjektivität gebunden, gibt es also auch für ihn nicht den Gegensatz von Immanenz und Transzendenz, die vielmehr ihre Einheit finden in der „action“, der Daseinsverwirklichung, in welcher sich die Immanenz von sich her auf Transzendenz entwirft. Dies ist die Grundlage für die berühmt gewordene

[18] Zu H. Schell vgl. Kap. 29. Obige Zitate: Türmer-Jahrbuch (1906) 194; Dogmatik IV (1893) S. X.; *O. Schröder* (zit. Kap. 29) 370–391. [19] *R. Scherer*, Einführung zu: M. Blondel, Das Denken (Freiburg i. Br. 1953) VIII–XXXII, hier: XI, XIX; *U. Hommes*, Transzendenz und Personalität. Zum Begriff der Action bei M. Blondel (Frankfurt 1972).

„Lettre sur les exigences de la pensée contemporaine en matière d'apologétique et sur la méthode de la philosophie dans l'étude du problème religieux" (1896): Das „Übernatürliche" der christlichen Botschaft ist kein „extrinsécisme", nicht etwas, das fremd von außen zur menschlichen Wirklichkeit hinzukommt, sondern hat in ihr seine Entsprechung so, daß es logisch notwendig ist, welche Logik aber nichts besagt über die Freiheit der göttlichen Offenbarung und die Freiheit ihrer menschlichen Annahme[20]. Der Lehrer Blondels, der seit 1896 Professor in Aix-en-Provence war, wo er starb, war L. Ollé-Laprune (1839–1898) gewesen, der seit 1875 an der École normale supérieure in Paris Philosophie in der Nachfolge von Malebranche dozierte: Der Konflikt zwischen Glauben und Wissen kann nur in der personalen Erfahrung, dem dialektischen Denken unerreichbar, überstiegen werden[21]. Von dieser Philosophie ging auch L. Laberthonnière (1860–1932) aus, seit 1886 Oratorianer; in den „Annales de Philosophie chrétienne", von ihm 1905–13 redigiert, kämpfte er leidenschaftlich für das Werk Blondels und gegen die Neuscholastik[22]. Das über ihn vom Heiligen Offizium 1913 verhängte Publikationsverbot erschütterte seine Treue zur Kirche nicht.

Man muß die von Leo XIII. ausgegangene und an wichtigen Punkten fruchtbar gewordene Initiative zur Erneuerung des Thomismus und die Anstrengung dieser „neuen Philosophen" trotz ihres Gegensatzes zur Neuscholastik zusammensehen, wenn man ein geschichtlich angemessenes Bild davon gewinnen will, mit welcher Ernsthaftigkeit Philosophen und Theologen jener Jahrzehnte sich um die intellektuellen Bedingungen bemühten, unter denen der christliche Glauben in der modernen Welt erfahren und verantwortet werden kann.

[20] *R. Scherer:* LThK² II 533. – Die der „Lettre" vorausgehende „L'Action. Essai d'une critique de la vie et d'une science de la pratique" erschien 1893 (Paris), im Unterschied zu den Bänden von 1936/37 „erste Aktion" genannt. In den hier behandelten Zeitraum gehört aus dem Werk Blondels noch: Histoire de dogme. Les lacunes philosophiques de l' exégèse moderne (La Chapelle-Montligeon 1904), eine kritische Auseinandersetzung mit dem Historismus. – Grundlegend zur „Lettre": *R. Aubert,* Le problème de l'acte de foi, données traditionnelles et résultats des controverses récentes (Löwen 1945). – *A. Hayen,* Bibliographie blondélienne (Messina 1953); *J.-P. Golinas,* La restauration du Thomisme sous Léon XIII et les philosophes nouvelles. Étude de la pensée de M. Blondel et du Père Laberthonnière (Washington 1959); *O. Schröder* (zit. Kap. 29) 255–271. – Vgl. diesen Band S. 455, 481.

[21] *R. Crippa,* Il pensiero di L. Ollé-Laprune (Brescia 1947).

[22] M.-M. d'Hendecourt, Essai sur la philosophie du Père Laberthonnière (Paris 1947); *J.-P. Golinas* a.a.O. – Vgl. S. 456, 477, 492.

22. *Kapitel*

Die Auffassung von der Kirchengeschichte

LITERATUR: *Zur Geschichte der kirchlichen Historiographie: H. Jedin:* HKG I (1962) 44–55; *Hocedez* III 64–91 142–172; *L. Scheffzyk,* F. L. von Stolbergs „Geschichte der Religion Jesu Christi". Die Abwendung der kath. Kirchengeschichtsschreibung von der Aufklärung und ihre Neuorientierung im Zeitalter der Romantik (München 1952).

Zur Problemgeschichte: H. Jedin a.a.O. 2–11 (mit Lit.); *A. Franzen,* Theologie der Geschichte und theologischen Kirchengeschichte: Oberrhein. Pastoralblatt 67 (1966) 395–400; *J. Ratzinger,* Das Problem der Dogmengeschichte: Arbeitsgemeinschaft f. Forsch. Nordrhein-Westfalen, Geisteswiss., Heft 139 (Köln 1966); *H. Dickerhof,* Kirchenbegriff, Wissenschaftsentwicklung, Bildungssoziologie und die Formen der kirchlichen Historiographie: HJ 89 (1969) 176–202; *R. Kottje* (Hrsg.), Kirchengeschichte heute – Geschichtswissenschaft oder Theologie? (Trier 1970); *P. Stockmeier,* Kirchengeschichte und Geschichtlichkeit der Kirche: ZKG 81 (1970) 145–162; Concilium, Internat. Zs. f. Theol. 6 (1970) Heft 8/9 mit Beiträgen von *G. Alberigo, R. Aubert, Y. Congar* u.a.; *O. Köhler,* Die Kirche als Geschichte: Mysterium salutis IV/2 (erscheint demnächst).

Die „geradezu stürmische Ausbreitung und Spezialisierung der Kirchengeschichte" (H. Jedin) entspricht dem seit dem letzten Drittel des 19. bis in das 20. Jh. hinein anwachsenden allgemeinen „historischen Interesse". Voraussetzung der Arbeit war die Herausgabe von neuen Quellen zur Kirchengeschichte, an der sich auch profane Institute beteiligten. Nach den umfangreichen Editionen des Schlesiers A. Theiner[1], 1855–70 Präfekt des Vatikanischen Archivs, begann eine neue Epoche, als Leo XIII. im Jahre 1881 das Archiv der allgemeinen Forschung zugänglich machte. Der damalige Präfekt, Kardinal (seit 1879) J. Hergenröther, hatte erhebliche Schwierigkeit, die technischen Bedingungen der Benutzung zu ordnen[2]. Ergänzend wirkten die Reglemente über die Benutzung der Vatikanischen Bibliothek von 1878 und 1888 und deren bedeutende Erweiterung nach 1890 durch die Borghese- und die Barberini-Bibliothek; 1895 wurde der Mediävist Franz Ehrle (1922 Kardinal) zum Präfekten ernannt. Die Öffnung des Vatikanischen Archives, welche die Gründung einer Reihe nationaler Historischer Institute in Rom zur Folge hatte – 1881 des österreichischen (erster Direktor der Protestant Th. v. Sickel, seit 1901 L. v. Pastor), 1888 des preußischen (Direktor seit 1903 P. F. Kehr), dann der „École française de Rome (Direktor seit 1895 L. Duchesne) –, war eines der wichtigsten Momente für die reiche Entfaltung der Editionen und Darstellungen zur Kirchengeschichte. Sie

[1] HGK VI/1 674; *H. Jedin,* A. Theiner. Zum 100. Jahrestag seines Todes (9. August 1974): ArSKG 31 (1973).

[2] Zu den Förderern dieses Entschlusses gehörte u.a. auch *L. Pastor,* den Hergenröther 1879 zu einer Denkschrift aufforderte (Tagebücher 128–132). Einen Einblick in die damaligen Verhältnisse gibt Pastors Bemerkung, daß seine Archivauszüge, die er auf Grund einer Sondererlaubnis anfertigen konnte, von einem Archivar gekürzt worden waren. – *K. A. Fink,* Das Vatikanische Archiv: Bibl. des Dt. Hist. Inst. in Rom (Rom ²1951) 155–167.

sind im ersten Band dieses Handbuchs ausführlich behandelt[3] und hier nur noch insofern Gegenstand, als es um die theoretische Auffassung der Kirchengeschichte während des Pontifikates Leos XIII. geht.

Wie in allen Lebensbereichen stellt sich auch bei der Geschichtswissenschaft die Frage, welches Verhältnis der Katholizismus seit seiner Einlassung in die moderne Welt während des Pontifikats Leos XIII. zu dieser wissenschaftlichen Disziplin gefunden hat. Die oberflächliche Debatte über die historische „Objektivität", die viele katholische Autoren damals veranlaßte, sie im Vorwort zu beschwören, hatte schon seit G. Droysens „Historik" keine theoretische Grundlage und ist inzwischen obsolet geworden, zumal den Anwälten dieser Tugend aus dem 19. Jh. ihre eigene und natürliche Subjektivität nachgewiesen werden konnte. Aber wie problematisch sich die Beschäftigung der Katholiken mit der Geschichte darstellen konnte, zeigt eine Bemerkung des einflußreichen Apologeten A. M. Weiß OP aus dem Jahre 1889: er rechtfertigt die Tatsache, daß die Lehrbücher der Kirchengeschichte noch immer eine extreme Minderheit gegenüber den systematisch-theologischen ausmachen, mit der Behauptung, es sei „diese Erscheinung nur der Sache entsprechend. Uns ist die Schrifterklärung und die Darstellung der überlieferten Glaubens- und Sittenlehre das Wesentliche in der Theologie. Der Geschichte können wir nur den Rang einer Hilfswissenschaft zugestehen."[4] Das geschichtlich-theologische Denken der Tübinger Schule war durch die wesenhaft ahistorische Neuscholastik abgelöst worden. Auch wenn sich die so zahlreichen und fruchtbaren katholischen Historiker jener Jahrzehnte nicht als Vertreter einer Hilfswissenschaft betrachtet haben mögen, so bleibt doch die Frage, ob und inwieweit sie die „Welt als Geschichte"

[3] Zur Bedeutung und weiteren Entfaltung der KG: *H. Jedin,* HKG I 44–55. – Zur starken Entwicklung der *Geschichte der Orden: M. Heimbucher,* Orden und Kongregationen der kath. Kirche (Paderborn 1896/97, ³1933/34); zu den *Benediktinern* in Frankreich: *J.-J. Bourasse* (Tours 1900); in England: *E. L. Taunton* (London 1898); in Maredsous machte sich *U. Berlière,* u. a. als Hrsg. des Monasticon belge (seit 1890) verdient; die Revue bénédictine (Maredsous seit 1884, erst eine allgemeine spirituelle Zeitschrift) gliederte sich 1903 das „Bulletin d'histoire monastique" an; in München erschienen die „Studien u. Mitt. aus dem Benediktiner- und Zisterzienserorden (seit 1880). – Zu den *Dominikanern: B. M. Reichert* (Ed.), MOP (Rom seit 1896); *A. Mortier,* Histoire des maîtres généraux de l'ordre des frères prêcheurs (Paris 1903). – Zu den *Franziskanern:* AFrH (Florenz seit 1908); *H. Holzapfels* Handbuch (Freiburg i. Br. 1909) immer noch unentbehrlich. – Zu den *Jesuiten:* MHSI (Rom, seit 1894), dazu: *P. de Leturia,* Geschichte und Inhalt der Monumenta...: HJ 72 (1953) 585–604; Bibliothèque de la Compagnie de Jésus (Brüssel – Paris, seit 1890); *A. Astraín,* Historia de la Compañía de Jesús en la Asistencia de España (Madrid 1902; führt bis 1773); *P. Tacchi-Venturi* (angeregt von Kardinal Ehrle), Storia della Compagnia di Gesù in Italia (Rom 1910); *St. Zaleski,* Jezuici w Polsce (Lemberg 1900/06); *Th. Hughes,* The History of the Society of Jesus in North America (London – New York 1907/17); *B. Duhr,* Geschichte der Jesuiten in den Ländern deutscher Zunge (Freiburg i. Br. 1907; besonders apologetisch); *C. Sommervogel,* Bibliothèque de la Compagnie de Jésus, 9 Bde (Brüssel 1890/1900).

[4] Bei *O. Köhler:* Der Katholizismus in Deutschland und der Verlag Herder (Freiburg i. Br. 1951) 130.

auffassen konnten. Der Streit um Johannes Janssens (1829–91) „Geschichte des deutschen Volkes seit dem Ausgang des Mittelalters“ [5] ging weithin am wesentlichen vorbei, daß nämlich nicht die Auswahl der Quellen, die Janssen mit größter historischer Gewissenhaftigkeit getroffen hat, die Frage ist, sondern vielmehr die Unmöglichkeit, die Quellen selbst sprechen zu lassen. Das „geschichtliche Verstehen“ war die neue Signatur im Verhältnis zur Geschichte. Und doch war diesem Janssen näher als der ansonsten viel gewichtigere Papsthistoriker Ludwig Pastor (1854–1928), den „das Stoffliche so sehr beherrscht, daß er, fast unbeirrt von allen geistigen Entwicklungsvorgängen seiner Umwelt, unberührt von jedem Wandel in der historischen Problemstellung, weiterarbeitet“ [6] an seiner 16bändigen „Geschichte der Päpste seit dem Ausgang des Mittelalters“ (erster Band 1886). Daß er dabei „einen bis ins Letzte entfalteten zentralistischen Kirchen- und vor allem Papsttumsbegriff in Verneinung aller historischen Entwicklung auf die Vergangenheit projiziert“, trennte ihn zwar in Innsbruck von der späteren allgemeinen Entwicklung im deutschen Katholizismus [7], machte ihn aber weniger im Rom Leos XIII. als in dem Pius' X. heimisch, wo er einen ziemlich großen Einfluß auf die kirchliche Personalpolitik in Deutschland und Österreich ausübte. Im gleichen Geist wie Pastor hatte auch der neue Präfekt des Vatikanischen Archivs, Kardinal J. Hergenröther, sein 3bändiges „Handbuch der allgemeinen Kirchengeschichte“ (1876/80) abgefaßt, das diese Orientierung auch in den Neubearbeitungen behielt.

Leo XIII. selbst wurde nicht müde, in seine Briefe und Enzykliken oft recht lange Passagen über die Kirchengeschichte und insbesondere die Geschichte seiner Vorgänger und ihre Verdienste um das Abendland einzubauen. Was er von den Historikern erwartete, sprach er im Brief „Saepenumero“ an die Kardinäle A. de Luca, J. B. Pitra und J. Hergenröther vom 18. August 1883 aus: Verteidigung gegen die „mendaci colore“ verfaßte Darstellung des Papsttums. Er ver-

[5] *J. Janssen,* An meine Kritiker (Freiburg i. Br. 1882); *ders.,* Zweites Wort an meine Kritiker (Freiburg i. Br. 1883). – *L. v. Pastor,* Joh. Janssen (Freiburg i. Br. ^{2}1894); *ders.,* J. Janssens Briefe, 2 Bde (Freiburg i. Br. 1920). Zum Unterschied zwischen dem in Grunde irenischen Janssen und Pastor: *W. Baum,* J. Janssen, Persönlichkeit, Leben und Werke (masch.-schriftl. Diss. Innsbruck 1971).

[6] *C. Bauer* über L. Pastor: Hochland 26 (1928/29) 578–588 (wieder abgedruckt in: Ges. Aufs. [Freiburg i. Br. 1965] 466–475). – Charakteristisch ist auch der strikte Widerstand, den Pastor dem Titel der von J. Greving hrsg. „Reformationsgeschichtlichen Studien“ (seit 1906) entgegensetzte. *H. Jedin,* J. Greving (Münster 1954).

[7] Bezeichnend hierfür der sich seit 1891 anbahnende Konflikt *Pastors* mit dem Münchener Mittelalterhistoriker H. v. Grauert (1850–1924) in der Redaktion des „Hist. Jahrbuches“: *Pastor,* Tagebücher 244 270 288; „es hat sich in München um Grauert und Hertling ein neuer Ansatz zu einem liberalen Katholizismus gebildet“ (zum 28. Dez. 1895). Der Konfliktsfall wurde dann eine kritische Rezension zur „Geschichte des Deutschen Volkes“ des Innsbrucker Kirchenhistorikers Emil Michael im „Historischen Jahrbuch“, die im Juli 1901 zum Austritt Pastors aus der Redaktion führte (Tagebücher, 193). Aber vgl. die Briefe an F. X. Kraus: *H. Schiel:* Rhein. Vj.blätter 19 (1954) 191–233. Zu E. Michael: *W. Baum:* ZKTh 93 (Innsbruck 1971) 182–199.

traut fest darauf, daß die „incorrupta rerum gestarum monumenta", wenn man sie nur vorurteilslos studiert, „per se ipsa" die Kirche und das Papsttum in großartiger Weise verteidigen. Im besonderen Blick auf Italien erinnert er an die Leistungen des Papsttums in der Zeit der Völkerwanderung, im Kampf gegen die mittelalterlichen Kaiser, in den Türkenkriegen. Auch die Bewahrung der römischen und griechischen Literatur durch die Päpste und die Geistlichkeit wird erwähnt[8]. Der Papst sprach aus voller Überzeugung, wenn er 1884 sagte: „Non abbiamo paura della pubblicità dei documenti"[9], und Skeptiker seiner Umgebung als Kleingeister abwies. Aber er konnte dies nur sagen, weil er, wie ein scharfsinniger Beobachter feststellte, die „historische Methode" nicht kannte[10]. Es wäre völlig abwegig, dies als eine „Bildungslücke" Leos XIII. zu bewerten. So kompliziert die Einheit dieser Gestalt ist, das historische Denken kann in ihr keinen Raum haben. Dies ist natürlich nicht so zu verstehen, als ob der Papst etwa der Schilderung Alexanders VI. durch L. Pastor nicht hätte folgen können[10a]; die Geschichte der Institution sah man dadurch nicht berührt. Auch entsprach es durchaus der Überzeugung Leos XIII., daß es das erste Gesetz der Geschichtsschreibung sei, nichts Falsches zu sagen, des weiteren, nichts Wahres zu verschweigen, und sich im übrigen weder dem Verdacht der Begünstigung noch dem der Gegnerschaft auszusetzen[11]. Aber angesichts einer ja in der Tat weitverbreiteten gehässigen Feindschaft gegen die Kirche und insbesondere das Papsttum trug er diese Prinzipien in einem das ganze Schreiben „Saepenumero" beherrschenden apologetischen Zusammenhang vor.

Der deutsche Katholizismus hatte seinen Vorsprung in der Anwendung der kritischen historischen Methode seit dem Konflikt mit I. v. Döllinger zunächst verloren[12], wenn auch Gelehrte wie F. X. Kraus, einer der Begründer der christlichen Archäologie, der bereits in seinen Jugendarbeiten über die Blutampullen der römischen Katakomben und den Heiligen Nagel in der Domkirche zu Trier (beide 1868) Empfindlichkeiten der Tradition verletzt hatte, und K. J. Hefeles Nachfolger in Tübingen, F. X. Funk, der in seinem Lehrbuch ([1]1886) mit dem Begriff der „Entwicklung"[13] die neuscholastische Statik zu überwinden suchte,

[8] Acta Leonis III 259–273, hier: 260 264ff.

[9] *Schmidlin PG* II 400, nennt als Adressaten den „deutschen Geschichtszirkel in Rom". *Pastor,* Tagebücher 179, notiert den Empfang der „Historiker des Campo Santo" und kommentiert: „Welcher weltliche Fürst könnte das sagen?" Nach Pastor hat Anton de Waal (1837–1917; 1873 Rektor am Campo Santo) die Bereitschaft bekundet, „für die Ehre und Verherrlichung der Kirche und die Verteidigung des Heiligen Stuhles mit vereinter Kraft tätig zu sein".

[10] *P. M. Baumgarten,* zit. bei *Schmidlin PG* II 399; gemeint ist der „historische Sinn".

[10a] *L. Pastor,* Tagebücher 309, hat ein Wort Leos XIII. zu Boyer d'Agen 1897 notiert: „Wenn Sie über Alexander VI. schreiben, müssen Sie vor allem vorher den 3. Band von Pastor lesen."

[11] Acta Leonis III 268.

[12] Zum Vorsprung der „Münchener Schule" vor Frankreich: *Hocedez* III 56, zum „schweren Rückschlag" *H. Jedin,* HKG I 45.

[13] Diese Theorie hatte einen ihrer Anhaltspunkte darin, daß das Vatikanum das von Vinzenz

die historische Linie fortsetzten, ganz abgesehen von der stillen Gelehrsamkeit, die A. Ehrhard – erst 1901 in das Kampffeld geraten – in seinen Forschungen zur Hagiographie der griechischen Kirche leistete[14]. Die grundsätzliche Diskussion spielte sich in Frankreich ab, weil dort die Problematik des Verhältnisses von Offenbarung und Geschichte umfassend unter Einbezug der „Biblischen Frage" (vgl. Kap. 23) und der Dogmengeschichte erörtert wurde.

Die Prinzipien der philologischen Kritik, die Ch. de Smedt SJ, 1864–76 Professor der Kirchengeschichte am Jesuitenkolleg in Löwen, 1882–1911 Präsident der Bollandisten, entwickelte und denen seit 1891 sein ungemein erfolgreicher Mitarbeiter H. Delehaye SJ folgte, waren für sich allein unproblematisch, obwohl de Smedt sie zu verteidigen hatte und sie in seiner Schrift „Principes de la critique historique" (Lüttich 1883) in der Perspektive der Gesamtfrage vortrug. In eine prekäre Situation dagegen mußte der bedeutende Kirchenhistoriker Louis Duchesne (1843–1922) kommen, der – 1877–85 Professor am Institut Catholique in Paris – wegen seiner dogmengeschichtlichen Vorlesungen Aufmerksamkeit und peinliche Folgen erlebte[14a], seit 1895 Direktor der École française de Rome[15]. Im Jahre 1882 griff Abbé Rambouillet den Historiker Duchesne, der erwiderte und von Msgr. d'Hulst gestützt wurde, wegen seiner

von Lérins gebrauchte Bild vom Keim zur Abwehr des theologischen Evolutionismus gebrauchte. Ein älterer und in der Tat geschichtlicher Ansatz war der Essay von H. Newman „On the Development of christian Doctrine" (London 1845) gewesen, um den sich seit den achtziger Jahren eine heftige Kontroverse entwickelte (vgl. im folgenden). Zur Problematik des Verhältnisses von „Entwicklung" und „Überlieferung": *O. Köhler:* Mysterium salutis, Anm. 24 mit zugehörigem Text. – Vgl. S. 333.

[14] Zu F. X. Kraus u. A. Ehrhard vgl. Kap. 29. A. Ehrhard wurde 1908 im Zusammenhang mit dem Antimodernisteneid der Prälatentitel entzogen, was ihn sehr schmerzte, 1922 durch Pius XI. zurückerstattet. *K. Baus:* Bonner Gelehrte, Kath. Theologie (Bonn 1968) 114–122.

[14a] L. Duchesne hatte noch mehr als F. X. Kraus mit seiner Trierer Lokalstudie über den „Heiligen Nagel" Empfindlichkeiten der Tradition verletzt, als er die Legende vom apostolischen Ursprung der alten französischen Diözesen zerstörte; seine seit 1881 betriebenen Forschungen mündeten in das 3bändige Werk: Les fastes épiscopaux de l'ancienne Gaule (Paris 1894, 1900, 1915); *A. Houtin,* La controverse de l'apostolicité des Églises de France au XIXe siècle (Paris 1903). Von 1886–1892 erschien seine kritische Ausgabe des „Liber pontificalis". – Die „Histoire ancienne de l'Église", 3 Bde (Paris 1906/10) wurde 1912 indiziert. – Das „Bulletin critique", das Duchesne 20 Jahre lang herausgab, hat eine kritische und durchaus kirchlich gesinnte Historikergeneration herausgebildet.

[15] *F. X. Kraus,* Tagebücher 461 f, zu März 1883, über einen Besuch in Paris: Duchesne, „der in der Tat noch liberaler ist als ich und der die ultramontane Meute wenigstens ebenso haßt, wenn nicht mehr; auch er ist aux peines mit dem Index ..., er will sich dann vom Lehramt zurückziehen"; zu November 1895 (630): „D. ist sehr glücklich in seiner Stellung; er scheint mir aber mehr und mehr zum Ultramontanismus zu neigen ..."; zu 1898 (698): „... der offenbar jetzt mit der Kurie ganz auseinander ist". *L. Pastor,* Tagebücher 309, zu 1897: D. „äußerte sehr freie und zum Teil auch seltsame Ansichten" (bezieht sich auf die Politik Leos XIII.); zu 1902 (385): Eine Äußerung von Duchesne über Th. Mommsen, der „im Haß gegen das Christentum sehr weit geht" und wohl noch weiter gehen würde, wenn er nicht „selbst im fortgeschrittenen Berlin" Mißbilligung befürchtete.

Auffassung von der Entwicklung des Dogmas an[16]. Was in der „Biblischen Frage“ die universale Irrtumslosigkeit bedeuten sollte, war für die Frage der Dogmengeschichte das Problem geschichtlichen Wandels. Billot lehnte schon den Begriff ab[17]. Die bis in die Modernismus-Krise verlaufende Diskussion griff im Für und Wider den berühmten Essay von H. Newman auf, der im Unterschied zum unglücklich rezipierten Bild des Vinzenz von Lérins, das ganz biologisch ist und einen „ungeschichtlichen Überlieferungsbegriff“ (J. Ratzinger) darstellt, von der personalen Überlieferung des Glaubens in der Geschichte gehandelt hatte[18]. J. Tixeront, seit 1881 Professor am Priesterseminar von Lyon, führte mit Behutsamkeit die Methode seines Lehrers Duchesne weiter. P. Batiffol (1861–1929), ein Freund von A. Lagrange, gefördert von Duchesne, beschäftigte sich in Rom mit altchristlicher Geschichte, wurde 1898 Rektor des Institut Catholique in Toulouse, welches Amt er nach der Indizierung seines Werkes über die Eucharistie (1905) im Jahre 1907 aufgeben mußte; er hatte in seinen „Études d'histoire et de théologie positive“ (1902) eine theoretische Klärung des Problems versucht. Der Dogmenhistoriker J. Turmel wurde 1892 am Seminar in Rennes abgesetzt; seine eigentliche Krise fällt in die Modernismuszeit[18a]. In Deutschland wurde das Problem nicht gesehen. Der Konvertit C. v. Schäzler, seit 1874 Konsultor des Heiligen Offiziums, vertrat in seiner Schrift „Die Bedeutung der Dogmengeschichte vom katholischen Standpunkt aus“ (1884) eine ahistorische Position, ebenso J. Schwane in seiner 4bändigen Dogmengeschichte (Münster 1862/90).

Während sich wegen der Spezialisierung der Methoden einzelne Disziplinen aus der allgemeinen Kirchengeschichte aussonderten, so auch die Patrologie[19], ein großer Bereich wie die Konziliengeschichte nach dem Vatikanum vorerst stark zurücktrat[20], hat sich die Dogmengeschichte in der katholischen Theologie von der Dogmatik nur in sehr wenigen Ansätzen zu lösen vermocht[21]. Dieser Sachverhalt bezeichnet Wesentliches im Verhältnis zur Kirchengeschichte im ganzen. Das fundamentale Problem war es, einerseits einen ungeschichtlichen

[16] In: Revue des sciences ecclésiastiques (Lille 1882). Daß sich Kardinal Franzelin dem Versuch von d'Hulst entzog, eine Konkordanz zwischen ihm und Duchesne zu konstruieren (*Hocedez* III 162), versteht sich.

[17] *Hocedez* III 84; zur ganzen Kontroverse: 161–172. Zu Billot: S. 322, 337.

[18] Zu Kardinal (seit 1879) H. Newman: HKG VI/1 554ff und Reg. – Ihn selbst hat diese Kontroverse nicht mehr berührt. – Vgl. oben Anm. 13. [18a] Vgl. S. 483.

[19] Mit dem Problem der Dogmengeschichte hängt die Kontroverse zusammen, die um die Jahrhundertwende wegen dieses Begriffes entstand. O. Bardenhewer (1851–1935) lehnte die Auffassung ab, wonach die Patrologie Literaturgeschichte der Väterzeit einschl. der Häretiker sei, und vertrat die enge Bindung an die Geschichte der dogmatischen Definitionen.

[20] *K. J. v. Hefeles* Conciliengeschichte I–VII (1855/74) wurde von *J. Hergenröther* in den Bänden VIII und IX (1887, 1890) fortgesetzt. Im Nachlaß Hefeles († 1893) wurde nichts vorgefunden, weil der vornehme Bischof vor seinem Tod fast alle seine Papiere vernichtete: *R. Reinhardt,* Der Nachlaß...: ZKG 82 (1971) 261–272; Briefe an F. X. Kraus: *H. Schiel:* ThQ 168 (1957) 178–186.

[21] Vgl. hierzu die eindringliche Arbeit von *J. Ratzinger* (1966; Kap. Bibliogr.).

Überlieferungsbegriff zu überwinden, der einen kirchenhistoriographischen Positivismus implizierte, andererseits aber nicht dem relativistischen Historismus zu verfallen. Die zu einem sehr beträchtlichen Teil methodisch-kritisch verfahrende Editions- und Forschungsarbeit der Kirchenhistoriker während des Pontifikates Leos XIII. hat die Voraussetzung für eine theoretische Klärung des Problems der Kirchengeschichte geschaffen.

23. Kapitel

Die Bibelfrage

LITERATUR: Eine allgemeine Problemgeschichte der kath. Bibelwissenschaft im 19. Jh. liegt nicht vor. – Zur kath. Exegese seit dem 16. Jh.: *V. Baroni,* La Contre-Réforme devant la Bible (Lausanne 1943); *ders.,* La Bible dans la vie catholique depuis la Réforme (Lausanne 1955). – Ein Überblick zur „Question Biblique" im Pontifikat Leos XIII. gibt *Hocedez* III 124–141. *A. Wikenhauser – Josef Schmid,* Einleitung in das NT (Freiburg i. Br. 1973) 8ff skizziert die Situation bis „Divino afflante Spiritu" (1943), womit „eine neue Epoche für die kath. Bibelwissenschaft wirklich eingeleitet wurde". – Den besten Einblick in die Problemlage geben die Arbeiten über Albert (Marie-Joseph) Lagrange: *J. Chaine* u. a., L'œuvre exégétique et historique du R. P. Lagrange (Paris 1935); *L.-H. Vincent,* Le Père Lagrange: RB 47 (1938) 321–354; *F. M. Braun,* L'œuvre du Père Lagrange (Fribourg 1943); Le Père Lagrange au service de la Bible, Souvenirs personnels (Paris 1967). Negativ, aber mit Informationen: *A. Houtin,* La question biblique chez les catholiques de France au XIXe siècle (Paris 1902). – *J. Coppens,* Le chanoine A. van Hoonacker (Paris 1935). – Der aus der exegetischen Forschung verdrängte Jesuit Franz v. Hummelauer ist außer bei *L. Koch* (Jesuitenlexikon 833) noch nicht gewürdigt. – Die traditionalistische Position bei *A. Delattre SJ,* Autour de la question biblique (Paris 1904); *L. Fonck,* Der Kampf um die Wahrheit der Heiligen Schrift seit 25 Jahren (Innsbruck 1905).

Während die protestantischen Bibelgesellschaften in Deutschland, England und den Vereinigten Staaten von Amerika seit dem Anfang des 19. Jh. eine immer stärkere Aktivität entfalteten, wurden die Ansätze einer katholischen Bibelbewegung unterdrückt und trat der Einbezug der Heiligen Schrift in die Pastoral zurück hinter den scholastischen Frage-Antwort-Katechismus. Daß die Lesungen der Epistel und des Evangeliums (jedenfalls dieses) in der sonntäglichen Meßfeier generell zweisprachig vorgetragen wurden, konnte dann an Bedeutung verlieren, wenn sie zur „Vormesse" gerechnet wurden und die Predigt keinen Zusammenhang mit ihnen hatte. Eine nachhaltige Wirkung hatte in Deutschland die „Biblische Geschichte", die im Religionsunterricht eingeführt war[1] und eine beachtliche Vertrautheit mit der Heiligen Schrift vermittelte.

[1] Zur Regensburger Bibelgesellschaft 1805: HKG VI/1 114. – Zu J. M. Sailer: ebd. 436. – Zur „Biblischen Geschichte" von Christoph v. Schmid und von Ignaz Schuster – G. Mey: ebd. 435. Zum katechet. Problem: *B. Dreher* u. *H. Kreutzwald* (zit. Kap. 28); vgl. S. 432.

Diese Position der Heiligen Schrift im praktischen religiösen und pastoralen Leben hatte die gleiche Ursache wie der Stellenwert der Bibelwissenschaft in der katholischen Theologie: „Die katholische Theologie im ganzen und so auch die Bibelwissenschaft verstand seit der Reformation als eine ihrer wichtigsten Aufgaben die Auseinandersetzung mit der protestantischen Theologie"[2], woraus sich auch ergab, daß im Gegensatz zu dieser die Bibelwissenschaft gemäß dem katholischen Kirchenbegriff eine „nur untergeordnete Rolle" zu spielen hatte. Daß das Vatikanum I das Trienter Dekret über den Gebrauch der Heiligen Schrift wiederholte, wonach allein das kirchliche Lehramt über den „wahren Sinn" und die Interpretation zu entscheiden habe, gehört zum katholischen Selbstverständnis; aber schon diese rein negativ abgrenzende Formulierung führte dazu, daß bereits diesseits eines Konfliktfalles der Antrieb zur bibelwissenschaftlichen Forschung zumindest nicht ermuntert war. Dies zeigt ein Blick auf die bibelwissenschaftlichen Bibliographien jener Zeit, in der die katholischen Werke, ganz abgesehen von der Qualität, sich in einer eklatanten Minderheit befinden. Die Situation verschärfte sich in dem Maße, in dem eine Phasendifferenz auftrat zwischen der Defensivität des kirchlichen Lehramtes, die angesichts der radikalen Bibelkritik bei D. F. Strauß († 1874), Bruno Bauer († 1882), Ernest Renan († 1892) u.a. verständlich war, einerseits und der bibelwissenschaftlichen Entwicklung anderseits nach Prinzipien, über die heute einhelliger Konsens besteht.

Unter den *Bibelübersetzungen* konnte im deutschen Sprachraum die 1830/32 erschienene von J. F. v. Allioli[3] die führende Stellung im 19. Jh. und darüber hinaus behaupten. Sie folgt der Vulgata „mit Bezug auf den Grundtext". Ebenso gründet auf der Vulgata die französische Übersetzung von J.-B. Glaire, die F. Vigouroux (1837–1915) in seine „Bible polyglotte" (Paris 1897/1909) übernommen hat. Bedeutsamer wurde die Übersetzung nach den Urtexten von Ch. Crampon (NT 1885, AT 1894/1904). In den Bemühungen um eine Annäherung an den Urtext aus den handschriftlichen Überlieferungen, also um *philologisch-kritische Bibelausgaben,* kommt der große wissenschaftliche Fortschritt im letzten Drittel des 19. Jh. fast ausschließlich protestantischen Gelehrten zu[4]. Einen „entscheidenden Einfluß"[5] auf die Belebung biblischer Studien im katholischen Frankreich hat man dem Sulpizianer F. Vigouroux (1837–1915) zuge-

[2] *A. Wikenhauser – J. Schmid* a.a.O. 8.

[3] HKG VI/1 460.

[4] Der NT-Text der Anglikaner B. F. Westcott und F. J. A. Hort (Cambridge – London 1881) wurde zunächst als endgültige Form betrachtet; später hat H. v. Soden (NT 1913) eine Fülle von Varianten beigebracht, wenn auch seine Thesen abgelehnt wurden. Die Erforschung des hebräischen AT-Textes erreichte einen Höhepunkt mit dem Werk von R. Kittel (1905/06).

[5] So *Hocedez* III 80. – Das „Manuel Biblique" erschien in vielen Auflagen und wurde in seiner 14. (1917/20) wegen Ergänzungen indiziert. Vigouroux wurde 1890 Prof. der Exegese am Institut catholique in Paris und war 1903–1913 einer der Sekretäre der päpstlichen Bibelkommission. Von 1895 bis 1912 erschien das 5bändige „Dictionnaire Biblique", das in Supplementbänden fortgesetzt wurde. – *E. Levesque:* RB 24 (1915) 183–216.

schrieben, dessen „Manuel Biblique" von 1879 bis 1890 erschien. Seine „Bible polyglotte" (8 Bde, 1897/1909, hebräisch, griechisch, Vulgata, französisch) ist abhängig von der protestantischen „Bielefelder Polyglotte"[6]. Vigouroux war ganz bestimmt von der Defension gegen die Bibelkritik, die er in jeder Form bekämpfte. Insoweit gleicht ihm, wenn auch gemäßigter, Th.-J. Lamy (1827–1907) als Exeget in Löwen; er ist jedoch als Hebraist und Syriologe bedeutsam für die Entwicklung orientalistischer Studien[7]. Einen beherrschenden Einfluß im deutschsprachigen Raum hatte der Bonner Exeget F. Ph. Kaulen (1827–1907) als Herausgeber der 2. Auflage von „Wetzer und Welte's Kirchenlexikon" (Freiburg 1882/1903, 13 Bde), seit 1903 Mitglied der päpstlichen Bibelkommission. Er beschäftigte sich insbesondere mit der Geschichte der Vulgata (1868), um deren Wortlaut als den „rechtsgültigen Ausdruck der biblischen Offenbarung" zu betonen, und bezeichnete die Ausgabe der Benediktiner von Tournai 1885 als „fast fehlerfrei". Wie er selbst vertraten fast alle exegetischen Mitarbeiter des Kirchenlexikons einen extrem konservativen Standpunkt, von dem aus z.B. auch die biblischen Angaben über das Lebensalter der Patriarchen als „historische Data" betrachtet wurden[8].

Die Beteiligung der katholischen Exegeten an einer *historisch-literarischen Bibelkritik* hing auf das engste zusammen mit dem Begriff der Inspiration. Der Versuch von F. Lenormand, die Irrtumslosigkeit der Bibel auf dogmatische und moralische Aussagen zu beschränken, scheiterte ebenso wie das differenziertere Unternehmen von Salvatore di Bartolo, zwischen Fakten, die unmittelbar zu Dogma und Moral gehören, und beiläufigen, irrtumsfähigen Faktenangaben zu unterscheiden[9]. Wenn auch Aussagen über die „profane Wahrheit" zur Irrtumslosigkeit der Bibel gerechnet wurden, obgleich hinsichtlich der Sechstageschöpfung eingeräumt wurde, daß man „sich nicht allzu ängstlich an den Buchstaben des Schriftworts anklammern" müsse, so blieb in den Fällen, in denen ein unbestreitbarer Verstoß „gegen vollkommen sichere Ergebnisse der Naturgeschichte, Geologie, Chronologie" festzustellen waren, nur die Erklärung, daß der inspirierte Urtext in der Weitergabe verdorben worden ist[10]. Ein fundamen-

[6] *J. Ziegler,* Polyglotten: LThK² VIII 596.

[7] *R. Aubert:* LThK² VI 770f.

[8] *F. Ph. Kaulen,* Vulgata: Wetzer-Welte XII (1901) 1140; zur weiteren Geschichte der Vulgata-Ausgabe *K. Th. Schäfer:* LThK² II 383 und ebd. X 901f. – *F. Ph. Kaulen,* Patriarchen: Wetzer-Welte IX 1603; die Wissenschaft habe „teils aus ungläubiger Opposition, teils aus feiger Rücksicht Mittel gesucht, die buchstäbliche Annahme dieser Angaben zu vermeiden", während sie sich daraus erklären, daß „für die Vererbung ungetrübter Offenbarungswahrheit dadurch die zuverlässigste Bürgschaft entstand, daß drei Menschenalter zwei Jahrtausende umfaßten".

[9] *F. Lenormand,* Les origines de l'histoire et les traditions des peuples orientaux (1880 indiziert; *Salvatore di Bartolo,* I criteri teologici (1886), 1891 indiziert. In diesen Zusammenhang gehört der dann wieder zurückgenommene Versuch Newmans, den Begriff der „obiter dicta" einzuführen (*Hocedez* III 126).

[10] Dieses allgemein übliche Verfahren auch im Artikel „Inspiration": Wetzer-Welte VI 806

tales Problem bestand im Verhältnis zwischen Gott als dem inspirierenden „Autor" und dem menschlichen Autor in den Heiligen Schriften. Der neuscholastische Theologe J. B. Franzelin SJ[11] hatte in „De divina traditione et scriptura" (1870) den Begriff der Inspiration so weit gefaßt, daß faktisch nur noch entsprechend der Tradition die Verbalinspiration ausgeschlossen blieb. Diese Theorie beherrschte bis gegen Ende des Jahrhunderts die Lehrbücher. In der Mitte der neunziger Jahre begann die Kritik, besonders von Dominikanern unter Berufung auf Thomas von Aquin vorgetragen. Gegen die Vermischung der Offenbarung selbst mit dem Vorgang der Inspiration versuchte man, diesen als eine „motion inspiratrice" zu begreifen und so den Spielraum des Schriftautors zu erweitern[12]. Aber die Jesuitentheologen hielten an ihrer Inspirationstheorie fest. Gegen die modernistische Exegese, aber auch gegen die Ansätze wissenschaftlicher Bibelstudien von Autoren, die innerhalb der kirchlichen Tradition blieben, richtete sich das Werk „De inspiratione" (Rom 1903) von Louis Billot SJ, eines der einflußreichsten Theologen, von 1885 bis 1911 Professor an der Gregoriana[12a]. Doch war gerade die Inspiriertheit der Bibel im ganzen zugleich das spezifische Motiv kritischer katholischer Exegeten, den „wahren ‚Literalsinn'" der Bibel[13] zu erforschen, wobei sie sich freilich für lange Zeit in einer äußerst schwierigen Position zwischen der liberalen Bibelkritik und dem allgemeinen kirchlichen Traditionalismus befanden.

Die Verteidigung der ersten Schriften von Alfred Loisy[14] durch Maurice d'Hulst[15] (1841–96), den Rektor des Institut catholique in Paris, zu dessen Lehrkörper Loisy gehörte, in einem Artikel „La question biblique", der 1893 im „Correspondant" erschien, veranlaßte eine heftige, auch in der Tagespresse spielende Kontroverse. M. d'Hulst versuchte entsprechend der Art seines Geistes, der Gegensätze zu verbinden strebte – er war Monarchist, Gegner des Ralliement und kirchenpolitisch ein Liberaler –, in der Bibelfrage eine „Mittlere Schule" zu definieren, von wo aus er sowohl zur „école étroite", der These von der unterschiedslosen Inspiriertheit der Bibel, wie zur „école large" zu vermitteln suchte, die er etwa entsprechend dem Versuch von Salvatore di Bartolo charakterisierte. Der Widerspruch kam von allen Seiten.

Im November des gleichen Jahres erschien die Enzyklika „Providentissimus

[11] HKG VI/1 675 f. – Franzelin lehrte von 1850 bis 1876 an der Gregoriana, dann als Kardinal sehr einflußreich in den römischen Kongregationen. Zum bedeutenden Beitrag Franzelins über das Verhältnis von Schrift, Tradition und Kirche: *W. Kasper*, Die Lehre von der Tradition in der Römischen Schule (Freiburg 1962) 397–401 406 ff.

[12] Die Diskussion bei *Hocedez* III 133–140. Eines der bedeutendsten Werke auf dieser Linie der Dominikaner schrieb *C. González y Días Tuñón*, La Biblia y la Ciencia, 2 Bde (Madrid 1891, ²1894). [12a] Vgl. S. 322, 333, 337, 478, 490.

[13] *J. Schmid*, Bibelkritik: LThK² II 366.

[14] Vgl. S. 449–456, zu Leo XIII.: S. 449, 452.

[15] *A. Baudrillart*, Vie de Mgr. d'Hulst, 2 Bde (Paris 1912/14), hier: II 131–180; *Aubert*: LThK² V 524. – Vgl. oben S. 263 f.

Deus"[16]. Die Abwehr der rationalistischen Feinde der Heiligen Schrift, die als „Söhne und Erben" der Reformation bezeichnet werden, sei um so dringender, als sich unter ihnen auch solche befinden, die als christliche Theologen gelten wollen. Es sei unzulässig, die „Schwierigkeiten" dadurch zu überwinden, daß man zugebe, die Inspiration beziehe sich nur auf Fragen des Glaubens und der Moral; solche Deutungen entsprängen der falschen Ansicht, es sei vor allem zu erforschen, *warum* Gott etwas gesagt habe. Unter Verweis auf das Tridentinum und das Vatikanum wird festgestellt, daß in den „echten Stellen" (in locis authenticis) der Bibel keinerlei Irrtum enthalten sein kann. Positiv vermerkt die Enzyklika, es seien die biblischen Studien „ad temporum necessitates congruentius" mit Vorsicht, aber entschieden zu fördern. Die Vulgata-Verbesserung wird mit einem Augustinus-Zitat ermuntert. Zur Ermittlung des Sinnes sollen neben Parallelstellen auch die Ergebnisse von Nachbarwissenschaften (externa quoque appositae eruditionis illustratio) herangezogen werden; orientalistische Studien sollen verstärkt werden. Die Schriftdeutungen der Väter, auch die allegorischen, sind zu respektieren, was nicht ausschließe, „ultra procedere". Die Studien „Heterodoxer" zu bevorzugen sei falsch, wenn sie auch gelegentlich nützlich sein können; doch ist der unverdorbene Sinn nicht außerhalb der Kirche zu finden. Auch wird die „Critica sublimior", in welcher die Teile der Schrift nach „inneren Gründen" beurteilt werden, verworfen; allein auf die „historiae testimonia" komme es an. Gegenstand einer hilfesuchenden Interpretation der Enzyklika selbst sollte jene Stelle werden, wo mit einem Thomas-Zitat hinsichtlich naturwissenschaftlicher Fragen gesagt wird, der heilige Schriftsteller sei ähnlich der volkstümlichen Redeweise den sinnlichen Erscheinungsformen gefolgt (ea secutus est, quae sensibiliter apparent). Bezüglich historischer Probleme wird die These wiederholt, daß Verstöße auf die Kopisten zurückgehen; auch könne der ursprüngliche Sinn einer Stelle (germana alicuius loci sententia) schwankend (anceps) bleiben. Auch die Wendung, der Heilige Geist habe die biblischen Verfasser „angeregt und bewegt" (excitavit et movit), wurde in der Deutung der Enzyklika zugunsten einer den menschlichen Partner betonenden Inspirationstheorie (vgl. oben) herangezogen[17].

Die Enzyklika fand unter katholischen Theologen praktisch keinen Widerspruch, war aber noch weit entfernt von einer annähernden Lösung der Probleme[18]. Die notwendigen Anstrengungen, mit ihr übereinzustimmen, führte zu kunstvollen Interpretationen. Am Thomas-Zitat von den sinnlichen Erscheinungsformen in den biblischen Texten hängte Albert Lagrange seine berühmte Studie „La méthode historique sourtout à propos de l'Ancien Testament"

[16] Acta Leonis XIII 326–364. – Vgl. unten S. 448.

[17] Ebd. 339f 357f 327f 342f 346f 348 353 355 357 358.

[18] *Schmidlin PG* II 398: Die Enzyklika ermunterte die Studien, „ohne daß die Gutgesinnten in ihrer Mehrheit die nötigen Hilfsmittel zur Lösung der Zweifel heranziehen oder die Wahrheit der Texte mit den modernen Errungenschaften versöhnen konnten".

(1903) mit der These von den „apparences historiques“ auf. Aber damit war die entscheidende Frage gestellt, die Frage nach dem geschichtlichen Ort, an dem die Inspiration die biblischen Autoren antrifft. Von hier aus war der historische Positivismus im Für und Wider der Irrtums-Diskussion zu überwinden. Es war ein Verhängnis, daß der korrekt verstehbare Begriff der „vérité relative“, der an die Stelle des historischen oder naturwissenschaftlichen „Irrtums“ gesetzt wurde, in das Zwielicht des modernistischen Relativismus kam. Demgegenüber war die „Zitations“-Theorie[19], wonach der biblische Autor fremde Texte referiert, ein Notbehelf angesichts der unausgetragenen Inspirationsfrage. Diese u. a. auch von Lagrange und Hummelauer verwendete Theorie baute der französische Jesuit F. Prat (1857–1938)[20] zu einem System aus. Die Jesuiten Delattre und Fonck, die auch diese Theorie verurteilten, verfolgten mit besonderer Heftigkeit den Dominikaner Lagrange, der 1888 bis 1890 in Wien Orientalistik studiert hatte und dann im Auftrag seines Ordens in Jerusalem die „École Biblique“ gründete. Die von ihm geschaffene Monographienreihe „Revue Biblique“ (1892) und die „Études Bibliques“ (1903) sollten nach seinem Plan Stätten einer ebenso wissenschaftlich-kritischen wie von kirchlicher Gesinnung getragenen Bibelforschung sein[21]. Zur Schicksalsfrage wurde für Lagrange die Beschäftigung mit den Kapiteln I bis VI der Genesis (als Ms Paris 1906) und insbesondere dem Pentateuch. Er folgte dabei seinen Prinzipien der „historischen Methode“ und vertrat die Überzeugung, es sei nicht mehr möglich, an der Meinung festzuhalten, daß Moses den Pentateuch als Ganzes, so wie er vorliegt, verfaßt habe, daß vielmehr wohl am hohen Alter der „Gesetzgebung“ in ihrer Substanz und an der Verkündigung durch Moses festzuhalten sei, daß aber im Pentateuch verschiedene redaktionelle Schichten zu unterscheiden seien, von denen ein großer Teil jünger ist als Moses[21a]. Die Bedeutung von Lagrange erhellt sich daraus, daß er einer der ganz wenigen älteren katholischen Exegeten ist, die heute noch in der Einleitungswissenschaft zitiert werden. Aber damals stieß er auf die erbitterte Feindschaft von Jesuiten, und auch der Dominikanerorden autorisierte seine zur Abwehr der Angriffe von P. Delattre SJ verfaßte Gegenschrift „Éclaircissement sur la Méthode historique“ nicht mehr (1905 nur als Ms gedruckt). Der schmerzliche Schlag traf ihn erst, als ihn sein Orden schon aus der AT-Exegese zurückgezogen hatte[22]. Ein anderes wichtiges Zentrum ähnlich orien-

[19] Zur Verwendung des Begriffs *Hocedez* III 129f. Vertreter der „Zitations“-Theorie *ebd.* 131.

[20] 1903 als Konsultor der Bibelkommission berufen, 1907 verdrängt, widmete er sich der paulinischen Theologie. *J. Calès*, Ferdinand Prat (Paris 1942).

[21] 1903 wurde auch die „Biblische Zeitschrift“ von *J. Goettsberger* und *J. Sickenberger* gegründet, der die von K. Lachmann entwickelte „Zweiquellentheorie“ zu den Evangelisten Matthäus und Lukas in der kath. Exegese einführte.

[21a] *J. Chaine* 27f.

[22] Im Jahre 1909 war L. Fonck SJ, der vom unheilvollen Geist des Jerusalemer Instituts gesprochen hatte, Rektor des neuen Päpstlichen Bibelinstituts geworden. Am 29. Juni 1912

tierter Bemühungen war die Universität Löwen, wo der Alttestamentler A. van Hoonacker 1889 den Cursus „Histoire critique de l'A. T." begründet hatte. Mit seinem bedeutenden Werk „Le sacerdoce lévitique dans la Loi et dans l'histoire" (1899) erwarb er sich europäisches Ansehen. Seine lateinisch verfaßte Arbeit über den Hexateuch konnte erst nach der Enzyklika „Divino afflante Spiritu" (1943) veröffentlicht werden (Brügge 1949). Unter den Gründern des seit 1888 erscheinenden, unvollendet gebliebenen Kommentarwerkes „Cursus scripturae sanctae" R. Cornely SJ, J. Knabenbauer SJ ragt der Wiener Jesuit Franz v. Hummelauer (1842–1914) hervor, der sich insbesondere um eine ernsthafte Unterscheidung der literarischen Gattungen verdient machte und davon ausging, daß „jede (literarische) Art die ihr eigentümliche Wahrheit hat, welche allein man von ihr zu fordern berechtigt ist"[23]. Wie die meisten kritischen Alttestamentler veröffentlichte E. Podechard, seit 1892 Professor am Priesterseminar in Lyon, sehr wenig; er war der Lehrer von J. Chaine.

Im Rahmen einer Erneuerung der Indexbestimmungen erklärte die Apostolische Konstitution „Officiorum et munerum" vom 25. Januar 1897, daß auch die von Katholiken in der Volkssprache herausgegebenen Übersetzungen der Heiligen Schrift, wenn man nicht unterscheide (sine discrimine), erfahrungsgemäß mehr Schaden als Nutzen verursachen; es wird daher verordnet, daß diese außer der kirchlichen Approbation „adnotationes" aus den Vätern oder katholischen Gelehrten enthalten müssen[24]. Im Jahre 1902 wurde die „Gesellschaft des hl. Hieronymus zur Verbreitung des heiligen Evangeliums" gegründet, deren Vorsitzender Giacomo della Chiesa war, von 1887 bis 1907 an der römischen Kurie, der spätere Papst Benedikt XV. Es wurden bereits im ersten Jahr in Italien 180000 Exemplare des NT verbreitet. Am 30. Oktober 1902 erging das Apostolische Schreiben „Vigilantiae"[25], mit dem die päpstliche Bibelkommission errichtet wurde, damit die Studien „auspicio ductuque Sedis Apostolicae" betrieben und die immer neu auftretenden und lehramtlich nicht entschiedenen Fragen an der kirchlichen Norm orientiert werden. Die Absicht, dafür zu sorgen, daß in den Diskussionen „die Grenzen gegenseitiger Liebe" nicht überschritten werden, konnte nur sehr unvollkommen verwirklicht werden. Der

wurden „scripta plura" des P. Lagrange indiziert. In seinem Brief an Papst Pius X. fügt Lagrange den Worten der Unterwerfung hinzu: „Aber gerade weil ich mich als der ergebene Sohn fühle, sei es mir erlaubt, einem Vater, dem erlauchtesten aller Väter, aber eben doch einem Vater gegenüber von meinem Schmerz zu sprechen über die Beweggründe, die zur übrigens unbegrenzten Verwerfung der meisten meiner Werke geführt haben." Lagrange will gern anerkennen, daß seine Werke Irrtümer enthalten; aber daß sie „im Geist des Ungehorsams" geschrieben seien, dagegen verwahrt er sich in angemessener, aber deutlicher Form (*Vincent*, 348f). Am 4. Sept. 1912 wurde er durch den Orden aus Jerusalem abberufen. – Vgl. Kap. 33 S. 492.

[23] Zitiert nach *V. Hamp:* LThK² IV 688. Hummelauer wurde 1903 als Konsultor der Bibelkommission berufen und 1908 eliminiert.

[24] Acta Leonis XVII 24f.

[25] Acta Leonis XXII 232–238.

Kommission gehörten die Kardinäle Rampolla, Parocchi, Satolli, Segna und Vives y Tutó an. Einer der Sekretäre war der sehr konservative Vigouroux, der andere aber der für die exegetischen Probleme recht aufgeschlossene Franziskaner Fleming. Daß Leos Plan auf einen Ausgleich bedacht war, zeigt sich auch darin, daß ursprünglich die „Revue biblique“ als Organ der Kommission vorgesehen war. Die 40 Konsultoren bildeten ein internationales Gremium, in das auch Männer wie Lagrange, Prat, Hummelauer berufen wurden. Die Intention bei der Gründung war die Überwachung, geboren aus der Sorge um die Bewahrung des Glaubens, aber auch die Förderung wirklich wissenschaftlicher Studien. Die Frage war freilich, ob das optimistische Wort des Papstes zu Msgr. d'Hulst, das Baudrillart überlieferte[26], noch tragen werde.

24. Kapitel

Die Verurteilung des „Amerikanismus“

Vgl. Kap. 10, besonders *T. T. McAvoy,* Crisis (1957); *ders.:* New Cath. Enc. 1 (1967) 443f; *Hocedez* III (1947) 190–194; *L. Hertling* 230–244; *E. Lecanuet,* L'Église de France sous Léon XIII (Paris 1931) 544–602.

Der „Amerikanismus“ ist als Begriff und Theorie ein Gebilde französischer Herkunft. Diesem Sachverhalt entspricht es auch, daß in dem an Kardinal Gibbons gerichteten päpstlichen Brief „Testem benevolentiae“ vom 22. Januar 1899 die Rede ist von verurteilten „Meinungen, deren Summe einige mit dem Namen *Amerikanismus* bezeichnen“[1]. Im Jahre 1897 war in Frankreich die 1891 in den Vereinigten Staaten von Amerika erschienene Biographie Walter Elliots über den Paulistengründer Isaac Hecker (1819–88)[2] in einer gekürzten Fassung des schon vom Autor vorbereiteten französischen Textes publiziert worden, „attraktiver“ gemacht (T. T. McAvoy) durch Abbé Félix Klein (1862–1953), von 1893–1907 Professor am Institut catholique in Paris. Hatte schon die Originalausgabe einen Akzent durch die Einleitung von Erzbischof Ireland erhalten, freilich keinerlei besonderes Aufsehen erregt, so gab Abbé Klein mit seinem Vorwort, in dem er I. Hecker als den „Priester der Zukunft“

[26] „Il y a des esprits inquiets et chagrins qui pressent les congrégations romaines de se prononcer sur des questions encore douteuses. Je m'y oppose, je les arrête: car il ne faut pas empêcher les savants de travailler. Il faut leur laisser le loisir d'hésiter et même d'errer. La vérité ne peut qu'y gagner. L'Église arrivera toujours á temps pour les remettre dans le droit chemin“: *A. Baudrillart,* a. a. O. I 456. – Zur katholischen Exegese 1880–1914, zu der „mehr konstruktiven als repressiven Initiative“ Leos XIII. bei der Gründung der Bibelkommission und zu den Maßnahmen nach 1903: *J. Levie,* La Bible. Parole humaine et message de Dieu (Paris – Löwen 1958) 46–88. Vgl. Kap. 30. – Zur reaktionären Wendung in der Bibelkommission: S. 476.

[1] Acta Leonis XIX 5–20, hier 18.

[2] HKG VI/1 570 (mit Lit.).

und mit ihm den „American Way“ des Katholizismus den französischen Traditionalisten als Vorbild hinhielt, ein Signal, das die Empörung der durch die päpstliche Ralliement-Politik ohnehin zutiefst verletzten Konservativen hervorrief. Das Buch erreichte schnell sechs Auflagen. Im gleichen Jahr stieß Denis O'Connell mit einem Vortrag beim katholischen Gelehrtenkongreß in Fribourg über Hecker und die Vorzüge der amerikanischen Demokratie auf den heftigen Widerspruch des Bischofs von Nancy, Ch. F. Turinaz[3]. Ireland, der von seiner Jugend her über vorzügliche französische Sprachkenntnisse verfügte[4], war 1892 im Frühling der Ralliement-Politik für deren Anhänger in Frankreich ein willkommener Redner gewesen und hatte auch Abbé Klein begeistert, der 1894 eine Auswahl seiner Vorträge unter dem Titel „L'Église et le Siècle“ herausgab. Es war also zu einem Kontakt jener Kräfte im französischen und amerikanischen Katholizismus gekommen, die von einer Öffnung in Richtung auf die aus der Revolution hervorgegangene Moderne das Heil für das Leben der Kirche erhofften[5]. Dieser Kontakt legte sich auch deshalb nahe, weil seit 1895 die Gibbons-Ireland-Keane-Gruppe in Bedrängnis gekommen war[6]; Ireland unternahm 1897 in seinen Reden gegen die „Retraktäre“, von denen er sagte, sie würden in konservativem Gewand gegen den Papst rebellieren, einen Versuch der Abschirmung.

Was aber unter „Amerikanismus“ zu verstehen sei, formulierten nicht jene, die mehr praktisch als theoretisch den „American Way“ zu gehen versuchten, sondern zunächst die französischen Ultra-Konservativen. Es begann mit einer Artikelreihe des P. Charles Maignen, eines Gegners des Ralliement, unter dem Pseudonym „Martel“ in der konservativen Pariser „Vérité Française“ über den „Américanisme mystique“. In einem Predigtzyklus warnten Pariser Jesuiten vor der Gefahr, die der Kirche von „Hecker's Américanisme“ drohe. Im Jahre 1898 gab Ch. Maignen seine Zeitungsartikel und weitere Beiträge unter dem Titel heraus: „Études sur l'américanisme. Le Père Hecker, est-il un Saint?“ Da Kardinal Richard das Imprimatur verweigert hatte, holte es Maignen über den Magister Palatii, den Dominikaner A. Lepidi, in Rom ein, was als päpstliche Approbation interpretiert wurde. Gibbons, Ireland und Keane verwahrten sich in Rom gegen diese Schrift, in der sie eine Verleumdung des von ihnen repräsen-

[3] *F. X. Kraus,* Tagebücher 719, notiert seine Übereinstimmung mit L. Duchesne, Bischof Turinaz sei ein Haupt der „rétrécissements“. – Der Vortrag von O'Connell: Compte-rendu du IVe congrès... (Fribourg 1898) 74–81.

[4] 1899 predigte er als Gast der französischen Regierung zum Jeanne-d'Arc-Jahrestag.

[5] *F. X. Kraus,* Tagebücher 720, notiert im April 1899 den Plan einer „Zusammenkunft Gleichgesinnter“ in Freiburg i. Br., wozu er u. a. Denis O'Connell, Loisy, Abbé Klein und „vielleicht auch“ H. Schell erwartet. „Es soll da über die Einhaltung einer übereinstimmenden Haltung gegenüber der Kurie verhandelt werden.“ Ende 1898 hatte O'Connell wegen der drohenden päpstlichen Verurteilung Abbé Klein aufgesucht. Man muß aber die erheblichen Differenzen zwischen diesen „Gleichgesinnten“ bedenken.

[6] Vgl. Kap. 10.

tierten amerikanischen Katholizismus erblickten, während Erzbischof Corrigan sie begrüßte. Die Kontroversen reichten nach Belgien, Deutschland und Italien und verbanden sich mit den jeweiligen territorialen Spannungen. Zu den härtesten Gegnern der Hecker-Freunde zählten u. a. der Jesuit A. Delattre, der auch die maßvolle Bibelkritik von A. Lagrange scharf verfolgte, der belgische Benediktiner L. Janssens am Anselmianum in Rom, der von Leo XIII. geförderte Merry del Val, der beim Kampf gegen die Gültigkeit der anglikanischen Weihen herangezogen worden war, und insbesondere die Kardinäle F. Satolli und Camillo Mazzella SJ (1833–1900), der als Dogmatiker seit 1868 in Georgetown und Woodstock und seit 1878 an der Gregoriana lehrte[7].

Der Papst widerstand dem Ansinnen, die Hecker-Biographie zu indizieren, und setzte eine Kardinalskommission ein; Vertreter des amerikanischen Episkopates wurden nicht hinzugezogen. Der Text von „Testem benevolentiae" stammt der Hauptsache nach von Mazzella. Der Papst änderte den Anfang und den Schluß des Briefes, um den Eindruck einer Verurteilung der Gibbonsgruppe und der amerikanischen Verhältnisse zu vermeiden. Ob das Telegramm von Gibbons und die Reise Irelands nach Rom „zu spät" kamen (T. T. McAvoy) oder ob der Brief gar nicht aufzuhalten war, läßt sich nicht ausmachen.

Der Brief Leos XIII. an Gibbons erwähnt einleitend die Heckerbiographie und insbesondere ihre Übersetzung, welche maßlose Kontroversen wegen gewisser Meinungen über die Weise christlichen Lebens erregt habe; über diese Fragen insgesamt wolle sich der Papst in ausführlicherer Darlegung (de re universa fusiori sermone) äußern[8]. Es werden dann folgende Meinungen verurteilt: daß den Zeitgenossen unverständliche Dogmen zwar nicht geleugnet, aber weniger stark betont oder auch nicht beachtet werden sollen; daß sich das kirchliche Amt mit autoritären Äußerungen zurückhalten solle, damit der einzelne, in dem der Heilige Geist heute deutlicher spreche als früher, Freiheit habe; daß die natürlichen Tugenden, welche die Aktivität fördern, wichtiger seien als die übernatürlichen; daß die beschaulichen Orden zwar früher zeitgemäß gewesen, heute jedoch aktive Tugenden nötig seien; daß die alten Ordensgelübde die heute nötige Entscheidungsfreiheit töten; daß das Apostolat unter Nicht-Katholiken die alten Methoden aufgeben müsse.

Keiner der Betroffenen identifizierte sich mit den so verurteilten Meinungen. Aber tief verletzte, daß die „cavenda et corrigenda", wenn auch zitatweise, „Americanismi nomine" vorgetragen wurden. Der taktisch begabte Ireland schrieb am 27. Februar 1899 an den Papst, der Brief habe die „Mißverständnisse" ausgeräumt, und der „wahre Amerikanismus" sei jener, „den nur die Amerikaner so nennen"[9]. Der Brief von Kardinal Gibbons an den Papst wurde

[7] Zu Satolli: Kap. 10; zu Mazzella: S. 320, 325.

[8] Acta Leonis XIX 6.

[9] Es ist nicht recht verständlich, warum *L. Hertling SJ* 238 f dies ein „unfaires" Abrücken von den „Freunden in Frankreich" nennt; denn es waren ja nicht die „Freunde" wie Abbé

erst post festum publiziert[10]: „Ich glaube nicht, daß im ganzen Land ein Bischof, ein Priester oder sogar ein Laie mit Kenntnis seiner Religion gefunden werden kann, der solche Ungeheuerlichkeiten jemals geäußert hat. Nein, das ist nicht, ist nie gewesen und wird nie sein unser Amerikanismus." Die Opposition zur Gibbonsgruppe jedoch, so auch der deutsche Erzbischof Katzer von Milwaukee, der die „Amerikanisten" mit den Jansenisten verglich, dankte dem Papst dafür, daß er die Kirche in Amerika vor einer großen Gefahr gerettet habe. Die Paulisten zogen Elliots Hecker-Biographie, obwohl sie nicht indiziert war, vom Buchhandel zurück.

Man hat unterschieden zwischen einem „dogmatischen" und einem „geschichtlichen" Amerikanismus und für den letzteren gelten lassen, was Abbé F. Klein später „une hérésie fantôme" nannte[11]. Aber man kann fragen, ob es angängig ist, die päpstliche Lehräußerung aus ihrem so komplizierten geschichtlichen Kontext herauszulösen; immerhin ist der Brief an Kardinal Gibbons gerichtet. Auch, ob man von einem Zusammenhang mit dem Modernismus sprechen kann, ist kontrovers[12]; dabei kommt es auf den Begriff des „Modernismus" und die üblichen terminologischen Unterscheidungen an. In der Perspektive auf das römische Vorgehen wurde bemerkt, es seien hier „Grundtendenz und Methode der Modernismusabwehr großenteils vorweggenommen"[13].

Klein, sondern Ch. Maignen und seine Parteigänger, die Ireland meinte, wenn er schrieb: „Wir können uns nur darüber entrüsten, daß man uns eine solche Beleidigung zugefügt hat – uns, den Bischöfen, den Gläubigen und der Nation."

[10] *J. T. Ellis,* Gibbons II (1952) 71.

[11] *G. Weigel:* LThK² I 434f. – *F. Klein,* Une hérésie fantôme: l'Américanisme: Souvenirs IV (Paris 1949).

[12] *L. Hertling* a. a. O. 232, gewiß nicht Gibbons-freundlich: „Auch die hitzigsten Amerikanisten dachten keinen Augenblick daran, die Bande zu lockern, die sie mit der Gesamtkirche und ihrem Zentrum verbanden"; 243: es sei „ein wirkliches Unrecht", welches das Buch von *A. Gisler* veranlaßt habe, den Amerikanismus als Vorläufer des Modernismus zu bezeichnen. – Dagegen *Hocedez* III 194: „un présage ou une sorte de prélude du modernisme". – Indiziert wurde: *A. Houtin,* L'Américanisme (Paris 1903); zu A. Houtin vgl. Kap. 30, Anm. 13.

[13] *R. Lill,* Der Kampf der römischen Kurie gegen den „praktischen" Modernismus: *E. Weinzierl* (Hrsg.), Die päpstliche Autorität im Selbstverständnis des 19. und 20. Jh. = Internationales Forschungszentrum ... in Salzburg, 11. Gespräch (1970) 110.

25. Kapitel

Päpstliche Unionshoffnungen – Die selbständigen und die mit Rom unierten Ostkirchen

LITERATUR: Vgl. Allg. Bibliogr.; ferner: Päpstliche Unionshoffnungen: *L. K. Goetz,* Leo XIII. Seine Weltanschauung und seine Wirksamkeit, quellenmäßig dargestellt (Gotha 1899); *B. Arens,* Papst Pius X. und die Weltmission (Aachen 1919); *F. Portal,* Le rôle de l'amitié dans l'Union des Églises: La Revue catholique des idées et des faits (Brüssel 11. 12. 1925) 5–8; *A. Gratieux,* L'Amitié au service de l'Union, Lord Halifax et l'abbé Portal (Paris 1951); *A. Hudal,* Die österreichische Vatikanbotschaft 1806–1918 (München 1952); *R. Aubert,* Un document de la fin du XIXe siècle relatif aux facteurs non théologiques de Désunion entre chrétiens: 1054–1954. L'Église et les églises, neuf siècles de douloureuse séparation entre l'Orient et l'Occident II, hrsg. von *L. Beauduin* (Chevetogne 1955) 429–435; *G. Florowski,* Die orthodoxen Kirchen und die ökumenische Bewegung bis zum Jahre 1910: *R. Rouse – St. Ch. Neill,* Gesch. der Ökumenischen Bewegung 1517–1948 I (Göttingen 1957) 231–296; *O. St. Tomkins,* Die Römisch-Katholische Kirche und die ökumenische Bewegung 1910–1948: ebd. II (Göttingen 1958) 359–484; *J. Alameda,* Las Iglesias de Oriente y su Unión con Roma (Vitoria ^{2}1960); *O. Rousseau,* Les attitudes de pensée concernant l'unité chrétienne au XIXe siècle: L'Ecclésiologie au XIXe siècle (Paris 1960) 351–373; *W. de Vries,* Orthodoxie und Katholizismus. Gegensatz oder Ergänzung? (Freiburg – Basel – Wien 1965); *C. Soetens,* Les catholiques belges et le rapprochement avec les Églises d'Orient dans la seconde moitié du XIXe siècle: RHE 66 (1971) 83–115; *J. Hajjar,* Zwischen Rom und Byzanz. Die unierten Christen des Nahen Ostens (Mainz 1972).

Die selbständigen Ostkirchen. Rußland: *J. Wilbois,* L'Avenir de l'Église russe. Essai sur la crise sociale et religieuse en Russie (Paris ^{2}1907); *W. Gribowski,* Das Staatsrecht des Russischen Reiches (Tübingen 1912); *A. Herman,* De fontibus iuris ecclesiastici Russorum. Commentarius historico-canonicus (Rom 1936); *J. S. Curtiss,* Church and State in Russia. The last years of the Empire 1900–1917 (New York 1940); *A. M. Ammann,* Abriß der ostslawischen Kirchengeschichte (Wien 1950); *J. Chrysostomus,* Die religiösen Kräfte in der russischen Gesch. (München 1961); *I. Smolitsch,* Gesch. der russischen Kirche 1700–1917 I (Leiden 1964); *K. Onasch,* Grundzüge der russischen Kirchengeschichte: Die Kirche in ihrer Gesch. Ein Handbuch III Lfg. M, hrsg. von *K. D. Schmidt – E. Wolf* (Göttingen 1967) 1–133; *G. Simon,* Kirche, Staat und Gesellschaft: Rußlands Aufbruch ins 20. Jh. Politik – Gesellschaft – Kultur 1894–1917, hrsg. von *G. Katkov, E. Oberländer, N. Poppe, G. v. Rauch* (Olten – Freiburg i. Br. 1970) 199–233.

Österreich-Ungarn und Südosteuropa: *A. Hudal,* Die serbisch-orthodoxe Nationalkirche (Graz – Leipzig 1922); *J. Mousset,* La Serbie et son église 1830–1904 (Paris 1938); *G. G. Arnakis,* The Near East in Modern Times I (Austin – New York 1969); *J. Kondrinewitsch – E. v. Ivánka,* Die Orthodoxie in der Donaumonarchie und im Balkan von 1690 bis heute: Hdb. der Ostkirchenkunde a.a.O. 187–197.

Die vier alten orthodoxen Patriarchatskirchen: *C. Korolevsky,* Histoire des Patriarcats Melkites, 3 Bde (Rom 1910/11); Ekklesia X: Die Orthodoxe Kirche auf dem Balkan und in Vorderasien. Lfg. 45: Gesch., Lehre und Verfassung der Orthodoxen Kirche (Leipzig 1939), Lfg. 46: Die orthodoxen Patriarchate von Konstantinopel, Alexandrien, Antiochien, Jerusalem und das Erzbistum von Cypern (ebd. 1941); *G. Vismara,* Bisanzio e l'islam. Per la storia dei trattati tra la Cristianità Orientale e le potenze Musulmane (Mailand 1950); *I. Totzke,* Die alten Patriarchate Alexandrien, Antiochien und Jerusalem: Una Sancta 14 (1959) 300–307, 15 (1960) 203–212; *Ch. Dahm,* Die Kirche im Osten. Macht und Pracht der Patriarchen I (Offenburg 1964); *F. W. Fernau,* Patriarchen am Goldenen Horn. Gegenwart und Tradition des orthodoxen Orients (Opladen 1967); *M. Lacko – P. Chrysostomus,* Gesch. und jetziger Stand der orthodoxen Kirchen: *K. Algermissen* a.a.O. 171–202; *R. Potz,* Patriarch und Synode in Konstantinopel. Das Verfassungsrecht des ökumenischen Patriarchates (Wien 1971).

Die morgenländischen Nationalkirchen: *C. Fink,* Die getrennten Kirchen des Morgenlandes: Morgenländisches Christentum. Wege zu einer ökumenischen Theologie, hrsg. von *P. Krüger* unter Mitwirkung von *J. Tyciak* (Paderborn 1940) 23–48; *P. Kawerau,* Amerika und die orientalischen Kirchen. Ursprung und Anfang der amerikanischen Mission unter den Nationalkirchen Westasiens (Berlin 1958); *Hdb.* der Orientalistik, Abt. 1 Bd 8 Abschn. 2, hrsg. von *B. Spuler* (Leiden–Köln 1961); *A. S. Atiya,* A History of Eastern Christianity (London 1968); *W. de Vries,* Die getrennten Kirchen des Ostens: *K. Algermissen* a.a.O. 79–170; *ders.,* Die „nationalen Kirchen" des Nahen Ostens und das „Uniatenproblem": Hdb. der Ostkirchenkunde a.a.O. 198–217.

Die unierten Kirchen: *A. Fortescue,* The Uniate Eastern Churches. The byzantine rite in Italy, Sicily, Syria and Egypt (New York 1923); *B. J. Kidd,* The Churches of Eastern Christendom from A.D. 451 to the Present Time (London 1927); *P. Werhun,* Gesch. der Union in Byzanz und Südosteuropa: Der christliche Osten a.a.O. 294–310; *ders.,* Gesch. der Union im ostslawischen Raum: ebd. 311–335; *P. Krüger,* Die Unionen im Orient und Ägypten: ebd. 336–349; *H. Engberding,* Die mit Rom vereinten Kirchen: Morgenländisches Christentum a.a.O. 49–61; *Ch. de Clercq,* Histoire des Conciles d'après les documents originaux XI, 2 (Paris 1952); *I. Totzke,* Die „Unierten". Zum Problem der mit Rom in kirchlicher Gemeinschaft stehenden Orientalen: Una Sancta 14 (1959) 9–22; *J. Alameda,* Las Iglesias de Oriente y su Unión con Roma (Vitoria ²1960); *F. X. Siess,* Die Patriarchalverfassung der Unierten Kirche (Erlangen 1960); *F. Heyer,* Die katholische Kirche vom Westfälischen Frieden bis zum Ersten Vatikanischen Konzil: Die Kirche in ihrer Gesch. IV Lfg. N a.a.O. (1963) 1–195; *J. Madey,* Kirche zwischen Ost und West. Beiträge zur Geschichte der Ukrainischen und Weißruthenischen Kirche (München 1969); *M. Lacko,* Unionsbewegungen im slawischen Raum und in Rumänien: Hdb. der Ostkirchenkunde a.a.O. 218–235; *J. Hajjar,* Zwischen Rom und Byzanz. Die unierten Christen des Nahen Ostens (Mainz 1972).

Päpstliche Unionshoffnungen

Die in der Neuzeit von den Päpsten mit Ostkirchen abgeschlossenen Unionen wurden von den meisten Ostchristen als aggressives Vorgehen gegen ihre bis in die ersten Jahrhunderte zurückgehenden Traditionen empfunden. Der Heilige Stuhl anerkannte zwar die Würde der alten Liturgien, aber seine Unionsbemühungen gingen zu sehr von der Konzeption der vom Tridentinum geformten Einheitskirche aus, sie berücksichtigten zu wenig die gewachsene Eigenart der Nationalkirchen des Ostens und schufen ein „Uniatentum", das der organischen Wiedervereinigung der von der universalen Kirche getrennten selbständigen Ostkirchen im Wege stand. Die unionistischen Initiativen, die sich in der Mitte des 19. Jh. entfaltet hatten und zum Teil auch von der Propagandakongregation aufgenommen waren, konnten sich nicht entwickeln.

Der Unionsaufruf Pius' IX. vom 6. Januar 1848 in seiner Enzyklika „In suprema Petri Apostoli Sede" wurde wegen ihres autoritären Stils von den vier orthodoxen Patriarchen schroff abgelehnt. Auch seine Aufforderung in einem Breve „Arcano Divinae Providentiae consilio" vom 8. September 1868 an alle orthodoxen Bischöfe, zur katholischen Einheit zurückzukehren und am Konzil teilzunehmen, blieb erfolglos; der Patriarch von Konstantinopel Gregorios (1867–71) beklagte z. B. das Fehlen der Achtung vor apostolischer Gleichberechtigung und Brüderlichkeit. Kardinal Alessandro Barnabò, Präfekt der Propagandakongregation, leitete die Kommission für Missionen und die Kirchen der östlichen Riten, eine der fünf Unterkommissionen zur Vorbereitung des 1. Vatikanischen Konzils. Sie hielt 37 Vollversammlungen vom 29. September 1867 bis 9. Mai 1870[1] ab. In der ersten Arbeitssitzung erklärte Barnabò, in den Verhandlungen müsse alles vermieden werden, was die Empfindlichkeit der Orthodoxen verletzen könne, aber das von den 17 Konsultoren monatelang erörterte Thema über die Anwendbarkeit der Disziplinarkanones des Konzils von Trient auf die unierten Kirchen war wenig geeignet, das spirituelle Erbgut des christlichen Morgenlandes erkennen zu lassen. Die Aufgabe der Kommission, sich gleichzeitig mit Problemen der Mission und den unierten Kirchen zu befassen, mußte auf Ostkirchen schockierend wirken. An der Formulierung des von der Kommission vorbereiteten Missionsschemas, das nach mehrfacher Umarbeitung am 26. Juni 1870 von den Konzilsvätern ausgiebig diskutiert wurde – mehr als die Hälfte des Textes (44 Folioseiten) war den unierten Kirchen, der Rest (35 Folioseiten) der lateinischen Mission im Vorderen Orient gewidmet –, hatte der lateinische Patriarch von Jerusalem, Erzbischof Giuseppe Valerga (1813–72), einen maßgebenden Anteil. Er war bestrebt, die Unierten kirchenrechtlich möglichst der lateinischen Kirche anzugleichen, er wollte ihnen nur ihre liturgischen Besonderheiten lassen. Valerga verfaßte auch auf Veranlassung der Dirigierenden Kardinalskommission einen Bericht über die Art und Weise, wie auf dem kommenden Konzil die Fragen, die die Ostkirchen betreffen, zu behandeln seien. Auf dem Konzil selbst bildeten die unierten Hierarchen keine Einheit. Der melkitische Patriarch Gregor II. Jussef Sayyur (1864–97), der chaldäische Patriarch Joseph II. Audo (1848–78) und der syrische Patriarch Philipp Argus (1866–74) verließen Rom vor der endgültigen Abstimmung über die dogmatische Konstitution „Pastor aeternus" vom 18. Juli 1870. Sie gaben später ihre Zustimmung, blieben aber wegen der mangelnden Rücksichtnahme auf die althergebrachten Rechte und Privilegien der Patriarchen verstimmt.

Mit dem Pontifikat Leos XIII., der neben seiner großzügigen Verständigungspolitik im politischen und sozialen Raum auch auf eine Versöhnung mit den Anglikanern und selbständigen Ostkirchen hoffte, begann eine neue Phase der Beziehungen zwischen Rom und dem Ostchristentum[2], in der sich die

[1] Acta commissionis super missionibus et ecclesiis ritus orientalis: *Mansi* XLIX (1923) 985–1162. – Vgl. auch *J. Beckmann*, Das I. Vatikanische Konzil und die Missionen: HKG VI/1 (1971) 642–645.

[2] *L. Berg*, La réunion des églises orientales avec l'église catholique romaine au cours des siècles: Ex Oriente a. a. O. 115–117; *A. S. Hernández* a. a. O. 413–417; *J. Alameda* a. a. O. 91–99; *R. F. Esposito* a. a. O. 687–701; *W. de Vries*, Orthodoxie 127–134; *J. Hajjar* a. a. O. 243–251.

Ergebnisse wissenschaftlicher Forschungsarbeit und fruchtbarer Dialoge aufgeschlossener Experten zukunftsträchtig zeigten. Die Wiedervereinigung der im Glauben und Gehorsam von der Kirche Getrennten war eines der Hauptanliegen des Papstes, für die er sich in 6 Enzykliken, 7 Apostolischen Briefen, 14 Ansprachen und 5 Reden einsetzte[3]. Sie war ein integrierender Bestandteil seiner Aufgabe, als Friedensstifter zu wirken. In seiner Enzyklika „Grande munus christiani nominis propagandi" vom 30. September 1880 über die Slawenapostel Kyrillos und Methodios[4] wies er auf ihre enge Verbindung mit dem Apostolischen Stuhl und die Fürsorge der Päpste für die slawischen Völker hin. Den Ostkirchen gelte seine besondere Sorge, er wünsche nichts sehnlicher, als sie „durch das bleibende Band der Einheit (concordia) mit Uns zu verbinden"[5]. Bei den Unierten fand das Rundschreiben begeisterte Zustimmung, u. a. bei der Wallfahrt von 1400 Slawen am 5. Juli 1881 in Rom. Sie wurde angeführt von Bischof Josip Jurij Stroßmayer von Diakovar[6], dessen Ideen von den Unionsmöglichkeiten mit Rußland und den slawischen Gläubigen den Papst beeindruckt hatten. Der von Stroßmayer unterstützte katholische Panslawismus, der an die seit der Mitte des 19. Jh. bestehende Bruderschaft vom hl. Kyrillos und Methodios anknüpfte, stieß auf den Widerstand Rußlands, das eine Zurückdrängung seines Einflusses auf die Slawen in der Donaumonarchie und auf dem Balkan befürchtete.

Die Besetzung Ägyptens durch England 1882 und die im gleichen Jahre begründete russisch-orthodoxe Kaiserliche Gesellschaft von Palästina lenkten die Aufmerksamkeit Leos XIII. auf den Nahen Osten. Als die griechische Regierung den Papst bat, in Zukunft für erloschene Bischofssitze des griechischen Bereiches nicht mehr Bischöfe „in partibus infidelium" zu ernennen, entsprach er am 10. Juni 1882 in seinem Apostolischen Brief „In suprema"[7] diesem Anliegen durch die Bezeichnung „episcopus titularis".

1883 erhielt er zwei ausführliche Berichte über die Wiederaufnahme von Kontakten mit orthodoxen Kirchen. Der eine stammte aus der Feder des Apostolischen Delegaten von Konstantinopel, Serafino Vannutelli. Sein Votum über „Die besten ergreifbaren Mittel zur Zurückführung der Dissidenten in die katholische Kirche"[8] stellte die Erfolglosigkeit lateinischer Missionare im Orient fest und kritisierte ihre Latinisierungsmaßnahmen. Der andere war von Carlo Gallien, dem türkischen Generalkonsul in Rom, verfaßt. Er schlug vor,

[3] *R. F. Esposito* a. a. O. 412. Nach seiner Schätzung hatte sich Leo XIII. in 32 bedeutsamen Dokumenten und in mehr als 200 Stellen über den christlichen Osten geäußert. Er stellt 248 einschlägige Verlautbarungen des Papstes zusammen, ebd. 702–712, Anlage 1: I documenti Leoniani interessanti l'Oriente.

[4] ASS XIII (1880) 145–153.

[5] Ebd. 152.

[6] Siehe oben Kapitel 11 S. 190.

[7] Acta Leonis I (1887) 277–285, bes. 283 f.

[8] *J. Hajjar* a. a. O. 243.

neue Missionsgesellschaften in die in Frage kommenden Gebiete zu senden, deren Mitglieder über ein gründliches Wissen verfügen müßten. Der päpstliche Brief „Abbiamo appreso" vom 4. Januar 1887[9] an Giuseppe Benedetto Kardinal Dusmet OSB, Erzbischof von Catania, in dem der Papst ihn zur Wiedereröffnung des Ordenskollegs S. Anselmo beglückwünschte und es mit Plänen für den christlichen Osten in Zusammenhang brachte, scheint die erste Frucht dieser Anregungen gewesen zu sein.

Entscheidende Anstöße gab der Eucharistische Kongreß in Jerusalem vom 14. bis 21. Mai 1893[10]. Bischof Victor Doutreloux von Lüttich, Präsident des Ständigen Komitees für Eucharistische Kongresse, der mit dem Generalsuperior der Assumptionisten, François Picard, den Kongreß vorbereitete, erwartete den Besuch von Vertretern morgenländischer Kirchen an der eucharistischen Huldigung und setzte seine Hoffnungen auf die Rückkehr der getrennten Brüder in die große katholische Familie. Leo XIII. kam zu erwartenden diplomatischen Interventionen zuvor, indem er Sultan Abdul Hamid (1876–1909) und Kaiser Alexander III. von Rußland (1881–94) durch französische Vermittlung über den geplanten Kongreß unterrichtete und den Regierungen in Berlin, Wien und London versicherte, die Versammlung habe rein religiöse Ziele im Auge. Er bestimmte Benedikt Maria Kardinal Langénieux, Erzbischof von Reims, zu seinem Legaten und zum Präsidenten des Kongresses, an dem neben tausend katholischen Pilgern mehrere Kardinäle, 15 Würdenträger der römisch-katholischen Kirche und 18 der unierten Kirchen sowie 20 Priester selbständiger Ostkirchen teilnahmen. Der Kardinallegat betonte in seiner Eröffnungsrede, seine Mission stehe unter dem Zeichen der Liebe und Frömmigkeit, sie bedeute eine stumme Einladung zur Einheit im Glauben. Der Kongreß unterbreitete dem Papst acht Desiderate, z. B. eucharistische Gebete der Ostliturgien in entsprechenden Handbüchern des römischen Katholizismus aufzunehmen, zu Beiträgen über die religiösen Probleme der Ostkirchen unter dem Aspekt der Kirchenunion aufzufordern, die Beziehungen zwischen den Gläubigen des Ostens und Westens und ihren Seelsorgern zu vertiefen.

Der Papst hatte Kardinal Langénieux beauftragt, Erkundigungen über die Lage der Unierten, die Reichweite der Latinisierungsmaßnahmen, Mittel und Wege zur Überwindung der Trennung zwischen Rom und den Ostkirchen einzuziehen. Der melkitische Patriarch, Gregor II. Jussef Sayyur, überreichte ihm am 23. Mai eine Beschwerdeschrift über die Latinisierungsmaßnahmen, die Aufgabe und Sendung der unierten Kirchen verhinderten. Am 2. Juli übersandte der Kardinal von Lourdes aus einen geheimen Bericht über seine Ermittlungen nach Rom[11]. Nach der Erinnerung an die Folgen der Kreuzzüge, die bis in die

[9] Acta Leonis II (1887) 250–253, bes. 252f.

[10] Irénikon 1 (1926) 353–357; *A. S. Hernández* a.a.O. 414–417; *O. Rousseau* a.a.O. 370–371; *R. F. Esposito* a.a.O. 367–384; *C. Soetens* a.a.O. 107–115.

[11] *J. Hajjar* a.a.O. 246–248.

Gegenwart nachwirken, erwähnte er das Mißtrauen der Ostchristen gegen Privatinteressen und politische Absichten, rügte das Verhalten lateinischer Missionare, das oft apostolischen Richtlinien widerspreche, und das Übergewicht des lateinischen Ritus über die unierten Riten. Er charakterisierte die Entmachtung und Ohnmacht unierter Kirchen, die Mangel an notwendigen Hilfsmitteln leiden und deren Kleriker unzulänglich ausgebildet werden. Er gab die Einwände lateinischer Missionare und die von ihnen verbreitete Auffassung wieder, die Theorie vom Apostolat unierter Christen bei den Ostkirchen sei eine Utopie, und war von den Zukunftsmöglichkeiten der unierten Kirchen überzeugt, deren Erneuerung ihre Unterlegenheit überwinden und sie zu Bindegliedern zwischen den römischen Katholiken und den östlichen Orthodoxen machen könnte. Als Mittel zur Zerstreuung der Vorurteile der Schismatiker und zur Stärkung der Unierten nannte er an erster Stelle die Veröffentlichung einer Enzyklika, die die Prinzipien der päpstlichen Einstellung zum Ostchristentum verdeutlichen sollte.

In dem Apostolischen Brief „Praeclara gratulationis" Leos XIII. vom 20. Juni 1894 [12] anläßlich seines 50jährigen Bischofsjubiläums an alle Fürsten und Völker findet sich ein deutlicher Niederschlag der durch den Jerusalemer Kongreß ausgelösten Überlegungen. Er wies auf die ursprüngliche Einheit der Kirche hin und forderte den christlichen Osten zu ihrer Wiederherstellung auf. Alle Christen im Morgen- und Abendland hätten vor der Trennung den römischen Bischof, den Nachfolger des hl. Petrus, übereinstimmend anerkannt. Er versicherte, er und seine Nachfolger würden ihre Rechte, die Privilegien der Patriarchen, ihre Riten und Gebräuche nicht antasten. Einen eigenen Abschnitt widmete er den slawischen Völkern, für die sich die Päpste seit der Zeit des Kyrillos und Methodios eingesetzt hätten, ein großer Teil von ihnen sei dem römischen Bekenntnis entfremdet; er rufe sie zur Union auf. Dieses programmatische Schreiben enthielt für die Ostkirchen einen „ersten auf annehmbaren Erwägungen aufbauenden Appell zur kirchlichen Einheit" [13].

Um die Resultate des Kongresses von Jerusalem zur weiteren Stütze für die Stärkung der unierten Kirchen und die Wiedervereinigung mit den getrennten Ostkirchen zu benutzen, fanden unter Vorsitz Leos XIII. vom 24. Oktober bis 28. November Konferenzen mit unierten Patriarchen statt, an denen neben dem melkitischen Patriarchen Gregor II. Jussef Sayyur, dem syrischen Patriarchen Cyrill Behnam Benni (1893–97), dem Patriarchalvikar Erzbischof Elias Huayek anstelle des durch sein Alter verhinderten maronitischen Patriarchen Johann Hagg (1890–98, geb. 1817) [14] Kardinalstaatssekretär Rampolla, die Kardinäle

[12] ASS XXVI (1893/94) 705–717. – Vgl. auch *R. F. Esposito* a.a.O. 385–390.

[13] *J. Hajjar* a.a.O. 248.

[14] Der armenische Patriarch Stefan Peter X. Azarian (1881–99), der in Konstantinopel residierte, erhielt vom Sultan keine Ausreiseerlaubnis. Das chaldäische Patriarchat war nach dem Tode des Patriarchen Elias XII. Abolionan (1879–94) vakant.

Galimberti, Langénieux, Ledóchowski und Vincenzo Vannutelli teilnahmen, der 1882 als päpstlicher Legat zur Krönung Kaiser Alexanders III. nach St. Petersburg geschickt worden war. Diese Patriarchenkonferenzen, auf denen eine klare Abgrenzung zwischen den Kompetenzen lateinischer Missionare und den Ansprüchen der unierten Würdenträger erzielt wurde, bereiteten u.a. das päpstliche Breve „Orientalium dignitas" vom 30. November 1894 [15] vor, in dem ausdrücklich der Verzicht auf die Angliederung der Riten und Disziplinen an die lateinische Form ausgesprochen wurde. „Die Erhaltung der östlichen Riten ist viel wichtiger, als man glauben möchte. Das ehrwürdige Alter, das die verschiedenen Riten auszeichnet, stellt eine erhabene Zierde der ganzen Kirche dar und bestätigt die göttliche Einheit des katholischen Glaubens." [16] In 13 Punkten gab der Papst Richtlinien für die Bewahrung der alten Liturgien. Er bekräftigte seinen Willen zum Ausbau der unierten Seminare und Kollegien für einen einheimischen Klerus.

In dem Schreiben „Christi nomen" vom 24. Dezember 1894 [17] griff Leo XIII. auf seine Ausführungen in seinem Apostolischen Brief „Praeclara gratulationis" vom 20. Juni zurück, unterstrich seine Bemühungen um die Einheit mit den Ostkirchen und forderte zur Unterstützung und Ausbildung eines qualifizierten unierten Klerus auf. Im Motu proprio „Optatissimae" vom 19. März 1895 [18] verfügte er, eine ständige Kardinalskommission für die unierten Riten und die Wiedervereinigung unter Vorsitz des Kardinals Ledóchowski solle die Beratungen der Patriarchenkonferenzen vom Herbst 1894 weiterführen. Das Breve „Provida matris" vom 5. Mai 1895 [19] zur Vorbereitung auf das Pfingstfest, die umfangreichen Enzykliken „Satis cognitum" vom 29. Juni 1896 [20] über die Einheit der Kirche und „Divinum illud munus" vom 9. Mai 1897 [21] über den Heiligen Geist vertieften seine theologischen Gedankengänge und praktischen Hinweise auf die Union. Zur Veröffentlichung der Enzyklika am 29. Juni 1896 ließ Leo XIII. eine Medaille prägen, die auf der Vorderseite sein Bild mit dem Titel „Pontifex maximus" und seiner Regierungsdauer (an. XIX), auf der Rückseite eine Allegorie über die Einheit der Kirche zeigt mit der Umschrift: „Es werde eine Herde und ein Hirt." [22]

Alle diese Verlautbarungen unterschieden sich von früheren päpstlichen Äußerungen durch ihren Tenor und ihr Verständnis für die Ostchristen. Sie vermieden die Ausdrücke „Schismatiker" und „Häretiker", für die von „fratelli separati" oder „dissidenti" die Rede war, sie zeichneten sich durch Hochschät-

[15] ASS XXVII (1894/95) 257–264: De disciplina orientalium conservanda et tuenda.
[16] Ebd. 258. [17] Ebd. 385–387.
[18] ASS XXVIII (1895/96) 323–324: De commissione pontificia ad reconciliationem dissidentium cum Ecclesia fovendam.
[19] ASS XXVII (1894/95) 646–647.
[20] ASS XXVIII (1895/96) 708–739. – Vgl. auch *R. F. Esposito* a. a. O. 420–456.
[21] ASS XXIX (1896/97) 644–658. – Vgl. auch *R. F. Esposito* a.a.O. 462–467.
[22] Fiet. Unum. Ovile. Et. Unus. Pastor. MDCCCXCVI, vgl. *L. K. Goetz* a.a.O. 233–234.

zung der Riten und Kirchenordnungen des Ostens aus und bereiteten ein Klima der Verständigung vor. Für diese Aussöhnung setzten sich neben dem Papst ein katholische Diplomaten, wie der belgische Baron d'Erp[23], Kirchenfürsten, wie die Kardinäle Langénieux, Vincenzo Vannutelli, Bischöfe, wie Doutreloux von Lüttich, Stroßmayer von Diakovar, und Theologen, wie Abbé Fernand Portal[24], der mit gleicher Leidenschaft für eine Annäherung der katholischen Kirche an die Anglikaner und Ostchristen warb. Er war mit Lord Halifax befreundet und nahm die Anregungen russischer Religionsphilosophen, besonders des Wladimir Solowjow (1853–1900)[25], auf, der als orthodoxer Christ den Papst anerkannte und für den Anschluß an Rom, den traditionellen Mittelpunkt der christlichen Welt, eintrat. Für Solowjow war das Papsttum ein Mysterium unitatis, das Zentrum der Apostolizität, Universalität und Ökumenizität, die irdische Verwirklichung und Abbildung des großen Geheimnisses der Sophia. Er rang in seinen philosophischen Arbeiten darum, seine Sophia-Weltseelenlehre mit der christlichen Theologie in Einklang zu bringen[26]. Seine Überzeugung von der religiösen Mission Rußlands für die Kirchenvereinigung rief zu seinen Lebzeiten in den Ostkirchen kein Echo hervor, aber seine Schriften geben bis in die Gegenwart ökumenische Anstöße.

Die Intentionen Leos XIII. wurden in zahlreichen theologischen Zeitschriften aufgenommen und verbreitet. Zu „L'Œuvre d'Orient", das seit 1857 in Paris erschien, kamen seit 1896 die in Paris redigierte „Revue de l'Orient chrétien", „Échos d'Orient" seit 1897, die vom Zentralinstitut für orientalische Studien der Assumptionisten publizierte Quartalschrift, und seit 1901 in Rom „Oriens Christianus", Hefte für die Kunde des christlichen Orients. Diese und andere Periodica, wie „Bessarione, pubblicazione periodica di Studi Orientali", seit 1896 in Rom veröffentlicht, lieferten eine Fülle von Informationen, Dokumentationen, historischen und theologischen Untersuchungen, die durch ihre wis-

[23] *R. Aubert,* Un document 429–435.

[24] *F. Portal* a.a.O. 5–8. – Vgl. auch *A. Gratieux* a.a.O.

[25] *V. Solovjev,* La Russie et l'Église universelle (Paris 1889); *ders.,* Monarchia Sancti Petri. Die kirchliche Monarchie des heiligen Petrus als freie und universelle Theokratie im Lichte der Weisheit. Aus den Hauptwerken von Wladimir Solowjew systematisch gesammelt, übersetzt und erklärt von *L. Kobilinski-Ellis* (Mainz – Wiesbaden 1929); *ders.,* Una Sancta. Schriften zur Vereinigung der Kirchen und zur Grundlegung der universalen Theokratie, 2 Bde (Freiburg i. Br. 1954/57). – Vgl. auch *T. G. Masaryk,* Zur russischen Geschichts- und Religionsphilosophie. Soziologische Skizzen II (Jena 1913) 225–277; *L. Kobilinski-Ellis,* Die freie Theokratie nach der Lehre von Wladimir Solowjew: Ex Oriente a.a.O. 278–286; *T. Grivec,* L'Indépendance et l'originalité de Wladimir Solowjew: ebd. 298–305; Un moine de l'Église d'Orient, La signification de Soloviev: 1054–1954. L'Église et les églises, neuf siècles de douloureuse séparation entre l'Orient et l'Occident II, hrsg. von *L. Beauduin* (Chevetogne 1955) 369–379; *G. Florowski* a.a.O. 295–296; *St. Napierała,* Wizja jedności kościoła w „wielkim sporze" Włodzimierza Sołowjewa: Collectanea Theologica 40 (1970) 49–62.

[26] *B. Schultze,* Probleme der orthodoxen Theologie: Hdb. der Ostkirchenkunde a.a.O. 144–155.

senschaftliche Zuverlässigkeit und theologische Einfühlsamkeit ein anschauliches Bild von der Geschichte und Gegenwart des Ostchristentums vermittelten.

Leo XIII. unterstützte großzügig die in der Seelsorge für die Union tätigen Assumptionisten, Benediktiner, Dominikaner, Jesuiten, Kapuziner, Karmeliten, Lazaristen, Lyoner Missionare, Redemptoristen, Salesianer, Schulbrüder und Weißen Väter, gründete bzw. erneuerte in Rom Kollegien für die Ausbildung des unierten Klerus, z.B. das Armenische Kolleg (1883) und das Maronitische Kolleg (1891), sorgte für die Unterbringung geeigneter Kandidaten im Propagandakolleg und in den internationalen Ordenshochschulen, wie in der Päpstlichen Benediktinerhochschule Anselmianum, ließ unierte Studienseminare und Schulen für die Kopten in Kairo, für die Melkiten in Jerusalem, für die Bulgaren in Philippopel (Plovdiv) und Adrianopel, für die Syrer und Chaldäer in Mossul, für die Griechen in Konstantinopel, Kadiköy, dem früheren Chalkedon, und in Athen errichten. Für den Ausbau dieser Bildungsstätten stiftete er bereitwillig erhebliche Mittel.

Wenn auch die unierten Kirchen in den letzten Jahrzehnten des 19. Jh. keinen erheblichen Zuwachs erhielten, so wurde doch ihr Eigenwert innerhalb des Gesamtkatholizismus akzentuiert. Leo XIII. zog in seinen Enzykliken und vielen anderen Äußerungen historische Linien vom Urchristentum und von den ersten christlichen Jahrhunderten zu den Missionspäpsten des frühen Mittelalters, die den Slawen ihre eigene Kirchensprache bestätigten, zu den Unionskonzilen des hohen und späten Mittelalters, dem 2. Konzil von Lyon 1274 und Konzil von Basel-Ferrara-Florenz-Rom 1431–45, sowie zu den um die Union bemühten Päpsten der Neuzeit, vor allem zu Benedikt XIV. Diese Hinweise nahmen den Unierten die Minderwertigkeitskomplexe, sie hatten nicht mehr das Bewußtsein, auf einem isolierten Außenposten zu stehen, sondern wurden in ihrer Überzeugung bestärkt, als anerkannte Glieder der katholischen Weltkirche, als Brückenbauer zu den getrennten Ostchristen mit eigenen Aufgaben betraut zu sein. Ihre Oberhirten, die unter den vom römischen Zentrum ausgehenden Latinisierungsmaßnahmen und disziplinären Anordnungen gelitten hatten, atmeten auf und fühlten sich durch das Entgegenkommen und die Verlautbarungen des Papstes mit dem römisch-katholischen Episkopat gleichberechtigt.

Der Papst erhoffte von seinem Unionsprogramm, seinem persönlichen Engagement für die Wiedervereinigung mit den getrennten Ostkirchen und der Ausweitung der unierten Kirchen sichtbare Erfolge. Der Realisierung seiner Hoffnungen standen aber mannigfache äußere und innere Schwierigkeiten im Wege. Türkische, französische, österreichisch-ungarische und russische Interessen kreuzten sich auf dem Balkan und im Vorderen Orient. Aus dem Kulturprotektorat[27], das sich als völkerrechtliche Institution zu einem Schutzrecht fremder Staaten über die in der Türkei lebenden Christen entwickelt hatte, folgerten Frankreich seit dem 16. und Österreich seit dem Ende des 18. Jh. bestimmte

[27] *J. Lammeyer* a.a.O. 57–82 84–88; *M. Lehmann* a.a.O. 37–44.

Rechte, zumal zahlreiche Kirchen unter ihrem Schutze standen und von ihnen finanziert wurden. Bei dem Versuch, orthodoxe Slawen für die Union zu gewinnen, mußte auf Rußland Rücksicht genommen werden. Bei der Begünstigung der unierten Slawen in Österreich-Ungarn durften die labilen Verhältnisse in diesem Vielvölkerstaat nicht außer acht gelassen werden. Im Auftrage ihrer Regierungen intervenierten Diplomaten und äußerten ihre Befürchtungen über Konfliktmöglichkeiten, wie es z.B. der russische Vertreter am Vatikan, Alexander Izwolskij (1888–96), und der österreichisch-ungarische Botschafter am Vatikan, Friedrich Graf Revertera-Salandra (1888–1901), taten[28].

An der Kurie selbst stieß Leo XIII. mit seinen Unionsbemühungen und seiner persönlichen wohlwollenden Einstellung zu den Ostkirchen auf Widerstand. Es gelang ihm nicht, seine unmittelbare Umgebung und die unteren Instanzen der Verwaltung mit seinen Erwartungen zu erfüllen. Auch die Strafbestimmungen gegen latinisierende Missionare in seinem Rundschreiben „Orientalium dignitas"[29] hatten wenig Erfolg, da sie von Ordensmitgliedern, die sich der traditionellen Latinisierung widmeten, nicht befolgt wurden[30]. Der Papst hielt an seinen Ideen fest. Nach den Aufzeichnungen des Grafen Revertera vom Silvestertag 1897 ersehnte Leo XIII. die Anbahnung der kirchlichen Vereinigung mit den außerhalb der Kirche stehenden christlichen Völkern. Sie werde überaus schwer mit Rußland sein; „er könne nicht mehr hoffen, mehr zu erleben als vielleicht das erste Dämmern einer Zukunft, die er mit allen seinen Wünschen herbeirufe"[31].

Leo XIII. gab sich also keinen Illusionen über die unmittelbar bevorstehende Wiedervereinigung mit den Ostkirchen hin. Trotzdem erstrebte er die Einheit aller an Christus Glaubenden in der einen Kirche, ein Charakteristikum aller seiner ekklesiologischen Überlegungen, die im Mittelpunkt seines theologischen Denkens standen[32]. Mit seinem Tod 1903 verlor das Uniatentum einen Wegbereiter und Schutzherrn. Sein Einsatz bereitete eine ökumenische Grundhaltung vor, die die Entspannung der Beziehungen zwischen Rom und den getrennten Ostkirchen einleitete, von seinen Nachfolgern übernommen, von Johannes XXIII. ausgebaut wurde und bis in die Gegenwart hineinwirkt.

Sein Nachfolger, Pius X. (1903–14), bewährte sich vor allem als praktischer Seelsorger. Als Patriarch von Venedig (1894–1903) war er durch die Mechitharisten, die armenisch-unierten Mönche, deren Kloster auf der Insel San Lazzaro

[28] *A. Hudal* a.a.O. 236–254; *G. Adriányi* a.a.O. 241–339.

[29] Siehe oben S. 351 Anm. 15.

[30] *W. de Vries,* Orthodoxie 128: „Die Orientalische Kongregation mußte im Jahre 1920 resigniert feststellen, daß man auch nach ‚Orientalium Dignitas' weiter latinisierte und daß die angedrohten schweren Strafen nicht durchgeführt wurden und nicht durchgeführt werden konnten."

[31] *F. Engel-Janosi* a.a.O. I 322. – Siehe auch oben S. 19: *O. Köhler,* Der Weltplan Leos XIII.

[32] *E. Hocedez,* Histoire de la théologie au XIXe siècle III (Brüssel – Paris 1947) 387–391; *R. F. Esposito* a.a.O. 409–497.

bei Venedig seit 1717 ein Zentrum der religiösen und wissenschaftlichen Bildungsarbeit darstellte, mit der slawischen Liturgie und den Anliegen der Union in Berührung gekommen. Als Papst knüpfte er an die Unionsbemühungen Leos XIII. an. Er stellte in Rom die Kirchen S. Lorenzo ai Monti und S. Salvatore alle Capelle den unierten Russen und Rumänen zur Verfügung. Er übernahm persönlich das Protektorat über die griechische Abtei Grottaferrata vor den Toren Roms, für die sein Vorgänger 1881 den Gebrauch des ursprünglichen griechisch-byzantinischen Ritus angeordnet hatte. Er wohnte 1904 den Jubiläumsfeierlichkeiten anläßlich des 900jährigen Bestehens der Abtei bei und unterstützte sie während seines Pontifikates. Besorgt verfolgte er die Lage der Unierten in Galizien und die Propaganda russischer Missionare für den Anschluß an die orthodoxe Kirche. Er erließ für die in die Vereinigten Staaten von Nordamerika aus Galizien und Ungarn ausgewanderten unierten Ruthenen die Bulle „Ea semper" vom 14. Juni 1907[33], ernannte für sie im gleichen Jahr den Apostolischen Vikar Stephan Soter Ortynski und bestellte 1912 für die Ruthenen in Kanada Niceta Budka[34] zum Bischof mit dem Sitz in Winnipeg. In seinem Brief „Quidquid consilii" vom 8. Juli 1908 an den unierten Erzbischof Andreas Szeptyckyj von Lemberg (1900–44) anerkannte er die Unionsbemühungen um die getrennten Ostkirchen und lobte ihn in seiner Eigenschaft als Präsidenten der Welehrader Unionskongresse[35].

Anläßlich des 1500. Todestages des im Westen und Osten der Christenheit gleich verehrten Patriarchen von Konstantinopel, Johannes Chrysostomus, fanden in Rom Festlichkeiten statt[36], die im Auftrage des Papstes Kardinal Vincenzo Vannutelli vorbereitete. Am 12. Februar 1908 wurde im Petersdom vom melkitischen Patriarchen Cyrill VIII. Geha (1903–16) mit seinen Bischöfen und Archimandriten die Liturgie in Anwesenheit des Papstes gefeiert, bei der dieser die Segenswünsche in griechischer Sprache sang, die nach den Vorschriften des Ritus der höchste Würdenträger zu übermitteln hat. Am nächsten Tage betonte er vor den zahlreichen nach Rom gekommenen Unierten, wie der Heilige Stuhl Würde und Glanz der Ostriten schätze, über die Erhaltung nationaler Bräuche wache, die Propagandakongregation jährlich eine Reihe einheimischer Priester in den Orient mit dem Auftrag sende, den Nationalriten treu zu bleiben und den Übertritt zum lateinischen Ritus zu vermeiden, wie er selbst die Verdienste der großen Morgenländer bewundere und alles aufbieten wolle, ihr Erbe wieder aufleben zu lassen[37].

[33] ASS XLI (1908) 1–12.
[34] AAS IV (1912) 531 555–556.
[35] Acta Pii V (1971) 287–288.
[36] ÉO 11 (1908) 131–146; *C. Charam,* Le quinzième centenaire de Jean Chrysostome (Rom 1909); *B. Arens,* Papst Pius X. und die Weltmission (Aachen 1919) 16–18.
[37] ASS XLI (1908) 130–134; Allocutio, quam die 13 Februarii 1908 Pius X habuit ad Orientales.

In seinem Apostolischen Brief „Ex quo“ vom 26. Dezember 1910[38] bekundete der Papst, das Interesse des Heiligen Stuhles an den Problemen der Ostkirchen habe nicht nachgelassen, seine Vorgänger hätten von ganzem Herzen das Ende der Trennung herbeigesehnt, alle Katholiken seien verpflichtet, sich für die Wiedervereinigung einzusetzen. 1910 billigte er die vom anglikanischen Geistlichen Paul J. Francis Wattson (1863–1940), der 1909 mit der von ihm begründeten „Bruder- und Schwesternschaft von der Versöhnung“ zur katholischen Kirche übergetreten war, angeregte Weltgebetsoktav für die Einigung der getrennten Christenheit vom 18. bis 25. Januar, die seit 1908 von anglikanischen und katholischen Gemeinden in den USA praktiziert wurde und sich in den nächsten Jahrzehnten in den meisten christlichen Kirchen ausbreitete[39].

Der von den Mönchen von Grottaferrata seit 1910 herausgegebenen Zeitschrift „Roma e l'Oriente“, die für die Union der Ostkirchen mit dem römischen Mittelpunkt warb, gewährte er tatkräftige Hilfe. Er war zwar nicht mit allen Artikeln einverstanden, besonders nicht mit dem Beitrag des um die Erforschung der Ostliturgien verdienten Professors, des Prinzen Maximilian von Sachsen, „Gedanken über die Frage der Wiedervereinigung der Kirchen“[40], in dem die Rede von römischer Herrschsucht war, schrieb aber 1914 an den Herausgeber: „Fahren Sie fort mit Ihrer Arbeit für eine schwierige und wenig aussichtsreiche Sache und arbeiten Sie, aber stets mit der nötigen Klugheit.“[41]

1912 errichtete er für die ungarischen Unierten die Diözese Hajdudorog[42]. Am 14. September des gleichen Jahres veröffentlichte er im Zusammenhang mit seinen liturgischen Reformen, die ihm den Beinamen eines „Papstes der Liturgie“ einbrachten, die Apostolische Konstitution „Tradita ab antiquis“[43] über Empfänger und Spender der heiligen Kommunion. Er stellte es den Gläubigen frei, die Eucharistie unter der Gestalt des gesäuerten oder ungesäuerten Brotes zu empfangen, wenn möglich sollten sie zu Ostern und bei der letzten Wegzehrung nach ihrem eigenen Ritus kommunizieren[44].

Im Pontifikat Pius' X. hatte das Interesse an den selbständigen und den mit Rom unierten Ostkirchen nicht das Schwergewicht wie unter seinem Vorgänger,

[38] AAS III (1911) 117–121. – Dieses Schreiben war an alle Apostolischen Delegaten im Orient gerichtet und nahm Stellung gegen einen in „Roma e l'Oriente“ veröffentlichten Artikel (siehe unten Anm. 40), dessen dogmatische und historische Irrtümer verurteilt und korrigiert wurden. Vgl. auch „Roma e l'Oriente“ pensieri sull'unione delle chiese: CivCatt 62 (1911) I 64–78 und La parola del papa intorno all'unione delle chiese: ebd. 129–134.

[39] *R. Aubert,* La semaine de prières pour l'unité chrétien (Löwen 1950); *A. S. Hernández* a.a.O. 417–419.

[40] *Max Prince de Saxe,* Pensées sur la question de l'union des églises: Roma e l'Oriente 1 (1910/1911) 13–29. – Vgl. auch *Schmidlin* PG III 129 Anm. 4.

[41] Pio X e le chiese orientali: Roma e l'Oriente 8 (1914) 70.

[42] AAS IV (1912) 429–435. [43] Ebd. 609–617.

[44] *J. Hajjar* a.a.O. 251–252 beurteilt diese Konstitution, die von seelsorglichen Motiven diktiert war, um den von Pius X. empfohlenen öfteren Empfang der Kommunion zu erleichtern, kritisch als eine „nichtorientfreundliche Reaktion“ und einen „Rückschritt unter Pius X.“

die päpstlichen Hoffnungen auf eine Wiedervereinigung ließen aber nicht nach[45]. Der Papst beurteilte die Verwirklichungsmöglichkeiten skeptischer und realistischer als Leo XIII., er teilte nicht den Optimismus, der in dessen Verlautbarungen mitschwang. Er war beunruhigt über die Aufsplitterung der Unierten in verschiedene kleine Kirchen, bei denen das Laienelement einen starken Einfluß hatte. Er verfolgte aufmerksam die politische Entwicklung in Galizien und Südosteuropa, die Versuche der Orthodoxie, die Slawen Dalmatiens für sich zu gewinnen, bezweifelte, ob Österreich-Ungarn sein Kulturprotektorat auf dem Balkan bewahren könne, und befürchtete den Anschluß der Slawen an Rußland, das er für den größten Feind der Kirche hielt[46]. Deshalb drang er darauf, die bereits Unierten enger mit dem Heiligen Stuhl zu verbinden und ihr religiöses Leben zu vertiefen.

Erst Benedikt XV. schuf mit der Sacra Congregatio pro Ecclesia Orientali durch das Motu proprio „Dei providentis" vom 1. Mai 1917[47], in dem die unierten Kirchen aus der Zugehörigkeit von anderen römischen Kongregationen gelöst und einer eigenen Kardinalskongregation unterstellt wurden, und mit der Errichtung des päpstlichen Institutes für orientalische Studien durch das Motu proprio „Orientis Catholici" vom 15. Oktober 1917[48], das sich in Forschung und Lehre allen Ostkirchen widmete und Helfer für den Dienst an der Versöhnung der Kirchen ausbildete, verläßliche Institutionen für die päpstliche Unionspolitik im 20. Jh., die die Appelle Leos XIII. ernst nahmen.

Die selbständigen Ostkirchen

Zum Verständnis der päpstlichen Unionsbemühungen und der Gesamtentwicklung der Kirchengeschichte am Ende des 19. und zu Beginn des 20. Jh. folgt ein kurzer Überblick über die Lage der von Rom getrennten Ostkirchen, bei denen sich fünf Gruppen unterscheiden lassen: 1. die orthodoxe Kirche in Rußland (100 Millionen), die sich im 19. Jh. auch die georgische Kirche untergeordnet hatte, 2. drei orthodoxe Kirchen in Österreich-Ungarn: die serbische Kirche von Karlowitz (800000), die Kirche der Bukowina und von Dalmatien (550000), die Kirche von Hermannstadt für die in Ungarn lebenden Rumänen (220000), 3. fünf nationale orthodoxe Kirchen in Südosteuropa: die Kirche in Rumänien (5 Millionen), in Bulgarien ($3^1/_2$ Millionen), in Serbien ($2^1/_2$ Millionen), in Griechenland (2 Millionen), in Montenegro (150000), 4. die vier alten orthodoxen Patriarchate von Konstantinopel, Alexandrien, Antiochien und Jerusalem ($8^1/_2$ Millionen), 5. die morgenländische Nationalkirche der sy-

[45] *B. Arens* a.a.O. 5–18; *A. S. Hernández* a.a.O. 417–419; *J. Alameda* a.a.O. 101–105.
[46] *L. v. Pastor*, Tagebücher – Briefe – Erinnerungen, hrsg. von *W. Wühr* (Heidelberg 1950) 584–585; *F. Engel-Janosi* a.a.O. II 122–125.
[47] AAS IX (1917) 529–531. [48] Ebd. 531–533.

rischen Nestorianer (80 000), die monophysitischen Kirchen der westsyrischen Jakobiten (100 000), der Thomaschristen in Südindien (450 000), der Kopten in Ägypten (800 000), der Äthiopier ($3^1/_2$ Millionen) und der Armenier (4 Millionen)[49].

Die orthodoxe Kirche in Rußland

Die größte und einflußreichste orthodoxe Kirche war die unter der Herrschaft des Heiligen Synods stehende russische Staatskirche. Seit Auflösung des ersten Moskauer Patriarchates am Anfang des 18. Jh.[50] war sie noch enger als früher an die Monarchen gebunden, die sich als Selbstherrscher von Gottes Gnaden bezeichneten. Der Heilige Synod galt als staatliches Verwaltungsorgan, er betrachtete seine Unterstellung als Unterordnung unter die Person des Herrschers. Den Vorsitz des Heiligen Synods führte zwar der Metropolit von Moskau, er war aber völlig abhängig vom Vertreter des Zaren bzw. Kaisers, vom Oberprokuror, den schon Peter I. zum Chef der Kanzlei bestimmt und „als unser Auge und Verwalter der Staatsgeschäfte“[51] charakterisiert hatte. Er erhielt Ministerrang und verfügte über uneingeschränkte Machtkompetenzen gegenüber der Kirche, die in der zweiten Hälfte des 19. Jh. ihren Höhepunkt erreichten.

Oberprokuror Graf Dmitrij Tolstoj (1865–80) war ein trockner Bürokrat und wollte in der Kirche ähnliche Reformen wie im Staat durchführen. Er schaffte die Einteilung der Bistümer in drei Kategorien ab und regelte das Einkommen der Weltgeistlichen bis in kleinste Einzelheiten. Er war an Glaubensfragen wenig interessiert, er dehnte die liberalen Reformen Alexanders II. auf die geistlichen Seminare (1867) und Akademien (1869) aus. Sein Plan einer Reform der geistlichen Gerichtsbarkeit blieb in Ansätzen stecken. Der katholischen Kirche stand er außerordentlich kritisch gegenüber, wie sein zweibändiges Werk über die Katholiken Rußlands[52], das er als Beamter des Departements für geistliche Angelegenheiten und fremde Glaubensbekenntnisse im Innenministerium verfaßt hatte, und die durch ihn veranlaßte rigorose Eingliederung der Gläubigen des unierten Bistums Chełm (1875) in die russische Staatskirche bezeugen.

Sein Nachfolger Konstantin Petrowitsch Pobedonoscev (1880–1905)[53], ein

[49] Vgl. *N. Zernow* a.a.O. 314–320. Die von ihm übernommenen Zahlen der Gläubigen, die er für das Jahr 1910 angibt, bedürfen in einigen Fällen der Korrektur, besonders für die Orthodoxen in Österreich-Ungarn (siehe unten Anm. 69) und die vier alten Patriarchatskirchen, von denen für Konstantinopel 3 Millionen, für Alexandrien 50 000, für Antiochien 250 000 und für Jerusalem 20 000 anzusetzen sind.

[50] *B. Stasiewski*, Die orthodoxe Kirche in Rußland: HKG V (1970) 216–221.

[51] Ebd. 220.

[52] *D. A. Tolstoj*, Le catholicisme romain en Russie, 2 Bde (Paris 1863/64).

[53] *F. Steinmann – E. Hurwicz*, Konstantin Petrowitsch Pobjedonoscew, der Staatsmann der

hervorragender Jurist und Rechtsgelehrter, war ein überzeugter, frommer, orthodoxer Christ. Er war von den Idealen des Moskauer Rußlands geprägt, in denen Kirche und Staat, das gläubige Volk und der Zar nach dem Vorbild der byzantinischen Reichskirche eine Einheit bildeten. Volkssouveränität, Parlamentarismus und Demokratie beurteilte er als die großen Lügen der Zeit. Liberale Neuerungen lehnte er ab. Eine kraftvolle Obrigkeit mit dem patriarchalischen Selbstherrscher an der Spitze, das Bewahren des überlieferten Glaubens, die Pflege der Liturgie und Ikonenfrömmigkeit, der Ausbau und die Vertiefung des Mönchtums sollten nach seinen Vorstellungen Rußland vor revolutionären Bedrohungen schützen. Unter den Kaisern Alexander II., Alexander III. und Nikolaus II. lenkte er die Geschicke der russischen Staatskirche. Er überwachte die Wahl der Bischöfe, ließ ihnen nur geringe Selbständigkeit, baute den Verwaltungsapparat des Heiligen Synods zur Überwachung der Kirche systematisch aus. Er fühlte sich für Staat und Kirche verantwortlich, die er vor Modeströmungen behüten und in ihrer staatserhaltenden providentiellen Aufgabe stärken wollte. Den geistlichen Grundschulen, den geistlichen Seminaren und Akademien gab er neue Statuten, um sie von liberalen Infiltrationen zu reinigen. Er reorganisierte die Pfarrschulen, für deren Ausbau er erhebliche Staatsmittel anforderte, intensivierte die orthodoxe Mission unter den Altgläubigen, bekämpfte die sektiererischen Gruppen der Duchoboren, Molokanen, Chlysten und Skopcen und nahm Stellung gegen alle nichtorthodoxen Religionsgemeinschaften in Rußland, die katholische Kirche, die evangelisch-lutherische Kirche, evangelische Sekten, wie die Stundisten, und den Islam.

In seiner Rede vom 15. Juli 1888 in Kiew zur Feier des 900jährigen Jubiläums der Christianisierung Rußlands durch den Kiewer Großfürsten Wladimir I. (979–1015) wies Pobedonoscev darauf hin, Rußland sei dank der Annahme des Christentums und unter der Fahne der Selbstherrschaft des Zaren groß geworden[54]. Echte orthodoxe Religiosität, russische Kirchenpolitik und russisch gelenkter Panslawismus verbanden sich in den weltlichen und kirchlichen Kundgebungen, an denen die orthodoxen Metropoliten von Serbien und Montenegro, ein griechischer Archimandrit, serbische und rumänische Delegationen und Abessinier teilnahmen. Auch Ruthenen und Slowaken aus Galizien und Ungarn hatten sich trotz der Ausreiseverbote ihrer Regierungen eingefunden. Die zeitgeschichtliche Bedeutung dieses Jubiläums, das weit über die Gren-

Reaktion unter Alexander III. (Königsberg 1933); *R. F. Byrnes*, Pobedonostsev. His Life and Thought (London 1968); *G. Simon*, Konstantin Petrovič Pobedonoscev und die Kirchenpolitik des Heiligen Synod 1880–1905 (Göttingen 1969); *F. Jockwig*, Der Weg der Laien auf das Landeskonzil der Russischen Orthodoxen Kirche, Moskau 1917/18. Werden und Verwirklichung einer demokratischen Idee in der Russischen Kirche (Würzburg 1971) 42–55.

54 *F. Steinmann – E. Hurwicz* a.a.O. 208: „Unter dieser Fahne stehen wir, unter ihr bilden wir einen einheitlichen Körper mit einheitlichem Willen, und in ihr sehen wir auch künftighin die Gewähr der Wahrheit, der Ordnung und des Wohles unseres Landes."

zen Rußlands hinausreichte, kennzeichnet u.a. ein Telegramm des Bischofs Stroßmayer von Diakovar an Kaiser Alexander III.[55].

Der Oberprokuror behauptete in den ersten Jahren der Regierung Nikolaus' II. seine führende Stellung in Kirche und Staatsverwaltung, so daß von einem Zeitalter Pobedonoscevs gesprochen werden kann. Es endete mit dem Revolutionsjahr 1905, der Erschütterung der Autokratie, dem Toleranzedikt Nikolaus' II. vom 17. April und seinem Manifest vom 30. Oktober, in dem die Einführung bürgerlicher Freiheiten und des allgemeinen Wahlrechtes in Aussicht gestellt wurde. Erfolglos protestierte Pobedonoscev gegen das Toleranzedikt, das seine jahrzehntelang praktizierten Restriktionen annullierte. Vergeblich bearbeitete er ein Dumaprojekt, deren Mitglieder dem Staatsrat lediglich Gesetzesvorlagen unterbreiten sollten. Es wurde am 6. August bekanntgemacht, bestand aber weder vor den liberalen noch vor den revolutionären Kritikern. Er klagte wie schon in den letzten Jahren, es gäbe keine zum Kampf bereite Obrigkeit mehr. Wegen der in Kirchenkreisen und in der Presse diskutierten Fragen über Kirchenreformen und ein Landeskonzil, das das Patriarchat in der russischen Orthodoxie wiederherstellen sollte, legte er zwei Tage nach Veröffentlichung des Oktobermanifestes sein Amt nieder, das er seit 25 Jahren verwaltet hatte. Nach seiner Entlassung schrieb er an Bischof Eulogij Georgiewskij (1868–1946), der damals Bischof von Lublin war und später in der Emigration Metropolit von Paris wurde: „Die Lage ist unerträglich geworden ... In der Kirche selbst erschienen Wölfe, welche die Schafe nicht verschonen."[56] Eine Zeit der Dunkelheit und der Gewalt der Finsternis sei gekommen, er gehe.

Die Proteste gegen die Herrschaft der Bürokratie in der Kirche wurden von dem ersten konstitutionellen Ministerpräsidenten, dem Grafen Sergej Witte (1905–06), und dem Petersburger Metropoliten Antonij Wadkowskij (1898–1912) aufgenommen. Nikolaus II. beauftragte die Metropoliten von St. Petersburg, Moskau und Kiew, die Einberufung eines Landeskonzils vorzubereiten, um „einige Umwandlungen in der Struktur unserer vaterländischen Kirche auf den festen Grundlagen der ökumenischen Kanones zur Festigung der Orthodoxie vorzunehmen"[57]. Ein vorkonziliärer Ausschuß tagte vom 8. März bis 15. Dezember 1906[58] und arbeitete in sieben Kommissionen, deren Sitzungsprotokolle publiziert wurden. Den Beratungen lagen die Antworten eines am 29. Juli 1905 vom Heiligen Synod an die Bischöfe versandten Fragebogens zugrunde, die sich mit der obersten Kirchenleitung, der Diözesanverwaltung,

[55] *J. Matl*, Josef Georg Stroßmayer: Neue Österreichische Biographie Abt. 1 IX (Wien 1956) 76: „Ich habe die Ehre, mit aufrichtigster Freude an ihrem Feste teilzunehmen ... Möge Gott Rußland segnen und ihm helfen, im wahren Glauben mit Gottes Hilfe und christlichem Heldenmut trotz seiner übrigen Aufgaben auch jene große Weltmission, die ihm von Gott bestimmt ist, zu erfüllen."

[56] *I. Smolitsch* a.a.O. 213f Anm. 8. – Nach seiner Entlassung verfaßte Pobedonoscev mehrere Protestschriften gegen staatliche und kirchliche Reformen. Er starb am 10. März 1907.

[57] Ebd. 320. [58] *F. Jockwig* a.a.O. 101–132.

den Pfarreien, dem konziliären Prinzip der Kirche beschäftigten und weitgespannte Vorschläge für das Konzil enthielten, u.a. die Teilnahme von Laien als Konzilsmitglieder forderten. Auf sechs Plenarsitzungen wurde über die Beschlüsse der Kommissionen abgestimmt[59]. Einigkeit wurde über die Notwendigkeit der Erneuerung des Patriarchates, die Beschränkung der Kompetenzen des Oberprokurors auf eine bloße Kontrollfunktion und die Berufung von Laien zum Konzil erzielt. Es kam zu Kontroversen über das Stimmrecht von Klerikern und Laien, über die Geschäftsordnung und andere formale Fragen. Nikolaus II., der nach Auflösung der ersten Duma am 8. Juli 1906 wieder ein autokratisches Regiment führte, hob den vorkonziliären Ausschuß auf und übertrug die Vorbereitungen des Landeskonzils dem Heiligen Synod, der ihm einen Gesamtbericht vorlegte. Er billigte ihn nach einigen Änderungen, vertagte aber die Einberufung des Konzils auf unbestimmte Zeit.

Nachdem als Oberprokurore von 1905 bis 1911 vier wenig profilierte Persönlichkeiten[60] amtiert hatten, folgte im Mai W. K. Sabler (1911–15), der 1892–1905 der engste Mitarbeiter Pobedonoscevs gewesen war. Er schwang sich wieder zum Leiter des Heiligen Synods auf, schränkte die Bekenntnisfreiheit der nichtorthodoxen Kirchen durch Sonderverordnungen, die vom Innenministerium erlassen wurden, ein, behandelte die Anregungen des vorkonziliären Ausschusses dilatorisch, wenn er auch 1912 beim Heiligen Synod eine vorkonziliäre Beratung als Kommission einrichten ließ. Er war bestrebt, die Harmonie zwischen Kirche und Staat wiederherzustellen, und regte dementsprechende Verlautbarungen anläßlich des 300jährigen Jubiläums der Herrscherfamilie Romanow (1913) und beim Ausbruch des 1. Weltkrieges an.

Trotz der Unterordnung der russischen Kirche unter den Staat dürfen die inneren Kräfte[61] nicht übersehen werden, die ein tief verwurzeltes religiöses Leben bezeugen. Die offizielle Statistik des Heiligen Synods gab für das Jahr 1914 folgende Zahlen[62] an, die einen Überblick über die Organisation und die

[59] Ebd. 164–181.

[60] Fürst A. D. Obolenskij (1905/06), Fürst A. A. Schirinskij-Schichmatov (1906), P. P. Izwolskij (1906–09), S. M. Lukianov (1909–11).

[61] *I. Peresvetov,* Zur Geschichte der caritativen Tätigkeit in der Ostkirche, mit besonderer Berücksichtigung der russischen Kirche: Das diakonische Amt der Kirche, hrsg. von *H. Krimm* (Stuttgart ²1953) 242–268; *P. Hauptmann,* Die ekklesiologische Neubesinnung in der russischen Theologie des 20. Jh.: Kyrios 10 (1970) 225–234; *F. Jockwig,* Kirche und Staatsduma. Zur politischen Aktivität der Russisch-orthodoxen Kirche am Vorabend der Revolution: Wegzeichen. Festgabe zum 60. Geburtstag von Hermenegild M. Biedermann, hrsg. von *E. C. Suttner – C. Patock* (Würzburg 1971) 437–450; *G. Simon,* Kirche, Staat und Gesellschaft 199–233; *P. Hauptmann,* Die Katechismen der Russisch-orthodoxen Kirche. Entstehungsgeschichte und Lehrgehalt (Göttingen 1971); *K. Ch. Felmy,* Predigt im orthodoxen Rußland. Untersuchungen zu Inhalt und Eigenart der russischen Predigt in der zweiten Hälfte des 19. Jh. (Göttingen 1972).

[62] *M. Lacko – P. Chrysostomus,* Geschichte und jetziger Stand der orthodoxen Kirchen: *K. Algermissen,* Konfessionskunde 185.

Institutionen der ihm unterstehenden 100 Millionen Gläubigen vermitteln: 73 Diözesen, 163 Bischöfe, 51105 Pfarrgeistliche, 1025 Klöster mit 94629 Mönchen und Nonnen, 54174 Kirchen, 25593 Kapellen, 4 Geistliche Akademien, 57 Priesterseminare, 185 Knabenseminare, 37528 Pfarrschulen, 291 Krankenhäuser, 1113 Altersheime und Pflegeanstalten, 34497 Pfarrbibliotheken. Beachtenswert war das Wachstum der Klöster (1865: 587, 1894: 774, 1914: 1025). In den 550 Mönchsklöstern lebten vor Ausbruch des 1. Weltkrieges 11845 Mönche, 9485 Novizen, in den 475 Nonnenklöstern 70283 Nonnen und 56026 Novizinnen[63]. Die Klöster waren Mittelpunkte der Caritas. Die Starzen, Einsiedler ohne Mönchsweihe oder in Entsagung und Kontemplation gereifte Mönche, die als Beichtväter und Seelenführer im einfachen Volk und in gebildeten Kreisen wirkten, und die Ausstrahlung der Wallfahrtsorte, z.B. des Höhlenklosters von Kiew, der Inselklöster Walamo am Ladogasee und Solowki am Eingang der Onegabucht am Weißen Meer, übten einen starken Einfluß in der Öffentlichkeit aus.

In der Ausbildung des Klerus lag das Schwergewicht auf den Gebieten der Liturgie und Homiletik. Die theologische Wissenschaft besaß in fast allen Disziplinen hervorragende Fachvertreter, z.B. für die Kirchengeschichte E. E. Golubinskij (1834–1912), N. N. Glubowskij (1863–1932) und N. F. Kapterew (1847–1917). Auf den vier Geistlichen Akademien in St. Petersburg, Moskau, Kiew und Kasan wurde ein gediegener wissenschaftlicher Nachwuchs erzogen. Der Episkopat wurde weithin aus dem sogenannten gelehrten Mönchtum ergänzt, das sich nicht an das klösterliche Leben gebunden fühlte. Die meisten Eparchen hatten sich als Dozenten in Priesterseminaren oder Akademien bewährt. Durch Anregungen von Laientheologen, wie des Gutsbesitzers und Privatgelehrten Alexej Chomjakow (1804–60), des Religionsphilosophen Wladimir Solowjow (1853–1900), der Sozialphilosophen Sergej Bulgakow (1871–1944) und Nikolaj Berdjajew (1874–1948), die sich beide später zu Priestern weihen ließen, empfing die orthodoxe Kirche in Rußland neue Impulse. Auf die Ideen Chomjakows über die Kirche in Einheit, Freiheit und Liebe – für ihn vereinigte die Orthodoxie Einheit und Freiheit, während nach seiner Meinung im Katholizismus Einheit ohne Freiheit und im Protestantismus Freiheit ohne Einheit herrsche – geht die viel diskutierte Sobornost'-Lehre[64] zurück, nach der das Kirchenvolk in der Gesamtheit seiner Bischöfe, Priester und Laien als Träger des Glaubens und der Lehre unfehlbar sei.

Neben der ekklesiologischen Neubesinnung setzten sich Priester und Laien für die Erneuerung und Verlebendigung der Kirche ein, deren Aktivität bei den Vorbereitungen auf das Landeskonzil und in den Debatten der vier Dumen

[63] *I. Smolitsch* a.a.O. 713.

[64] *B. Plank,* Katholizität und Sobornost'. Ein Beitrag zum Verständnis der Katholizität der Kirche bei den russischen Theologen in der zweiten Hälfte des 19. Jh. (Würzburg 1960). – Vgl. auch *B. Schultze* a.a.O. 109–121.

sichtbar wurde[65]. Priester und Bischöfe waren Abgeordnete verschiedener Parteien; in der dritten Duma gehörten z. B. von 440 Deputierten 49 dem geistlichen Stand an. Da der Druck der Regierung keine Entfaltung des parlamentarischen Lebens erlaubte, konnten die kirchlichen Forderungen auf eine Lockerung der Abhängigkeit vom Staat nicht verwirklicht werden.

Erst nach Bildung der provisorischen Regierung am 12. März und nach Abdankung Kaiser Nikolaus' II. am 15. März 1917 konnten die Pläne eines Landeskonzils zur Reform der Kirche realisiert werden. Es wurde am 15. August in Moskau eröffnet und tagte bis zum September 1918. Die 586 Teilnehmer setzten sich aus den amtierenden Bischöfen der 65 Diözesen, die auf 115 Millionen Gläubige angewachsen waren, und 5 Delegierten, 2 Klerikern und 3 Laien, jedes Bistums zusammen. In 20 Kommissionen, die auf die Vorarbeiten des vorkonziliären Ausschusses zurückgriffen, wurde ein umfangreiches Reformprogramm beraten. Die Diskussionen über die Neuordnung der obersten Kirchenverwaltung fanden in den turbulenten Tagen der großen Oktoberrevolution statt, in der die Bolschewisten die Macht in Rußland ergriffen. Das wichtigste Ergebnis war die Wiederherstellung des Patriarchates[66]. Der Patriarch sollte der erste unter den ihm gleichgestellten Bischöfen sein und zusammen mit den Organen der Kirchenverwaltung dem Landeskonzil Rechenschaft ablegen. Am 5. November wurde der Moskauer Metropolit Tychon (1865–1925) zum Patriarchen von Moskau und ganz Rußland gewählt, am 21. November in der Maria-Himmelfahrts-Kathedrale feierlich inthronisiert. 217 Jahre nach dem Tode des letzten Patriarchen Adrian (1700) stand wieder ein Patriarch an der Spitze der russischen orthodoxen Kirche, die in eine neue Periode ihrer Geschichte eintrat. Sie hatte sich zwar von der Vorherrschaft des russischen Staatskirchentums gelöst, geriet aber in den nächsten Jahrzehnten in den Sog der sowjetischen Kirchenpolitik, die sie systematisch bedrängte, ihre Repräsentanten zu Loyalitätserklärungen zwang und ihre Wirkungsmöglichkeiten außerordentlich beschränkte.

Der politischen Eingliederung Georgiens in Rußland waren 1811 die Aufhebung des selbständigen orthodoxen georgischen (grusinischen) Katholikates und die Unterordnung unter den Heiligen Synod gefolgt[67]. Ein russischer Exarch mit dem Sitz in Tiflis erhielt den Auftrag, die georgische Kirche in die russische Staatskirche einzugliedern. 1886 wurden die byzantinische Liturgie und die Predigt in georgischer Sprache untersagt. Nach der Erschütterung des russischen Regimes und gleichzeitig mit der Bildung einer provisorischen Regierung in St. Petersburg proklamierte eine Synode der georgischen Kirche am 12. März 1917 ihre Autokephalie[68]. Die georgische Kirche mit ihren $2^1/_2$ Millionen

[65] *F. Jockwig*, Kirche und Staatsduma 437–450.

[66] *A. Herman* a.a.O. 92–93; *K. Onasch* a.a.O. 127–128; *J. Chrysostomus*, Kirchengeschichte Rußlands der neuesten Zeit I (München – Salzburg 1965) 92–101.

[67] *B. Stasiewski:* HKG V (1970) 240–241.

[68] *M. Tamarati*, L'Église Géorgienne. Des origines jusqu'à nos jours (Rom 1910); *R. Iwa-*

Gläubigen verselbständigte sich wieder, sie reorganisierte ihr Katholikat mit vier Bistümern, wählte Bischof Kyrion zum Patriarchen von ganz Georgien und führte das Georgische als Kultsprache ein.

Die orthodoxen Kirchen in Österreich-Ungarn

In Österreich war in der Mitte des 19. Jh. der serbische Metropolit von Karlowitz das Oberhaupt aller Orthodoxen der Monarchie, dessen Patriarchentitel Kaiser Joseph I. 1848 approbierte. 1864 wurde das Bistum Hermannstadt (Sibiu) aus dem Karlowitzer Verband gelöst und als eigene Metropolie für die Rumänen in Siebenbürgen errichtet. Da nach dem österreichisch-ungarischen Ausgleich 1867 beide orthodoxe Metropolien in der ungarischen Reichshälfte ihren Sitz hatten, wurde für die cisleithanische Reichshälfte Czernowitz 1873 in der nördlichen Bukowina zur Metropolie erhoben, der zwei Bistümer in Dalmatien zugeteilt wurden. Der Patriarch von Konstantinopel anerkannte die Autokephalie dieser drei Kirchen. Nach ihrer Wahl durch die zuständigen Kirchenkongresse wurden die Bischöfe vom österreichischen Kaiser bestätigt. Sie standen unter der Kontrolle der österreichisch-ungarischen Bürokratie, die ihnen wenige Entfaltungsmöglichkeiten bot, weil sie in ihnen potentielle Verbündete der orthodoxen Nachbarstaaten vermutete. Die Oberhirten und die Kirchenkongresse bemühten sich um den Ausbau ihrer Rechtsstellung in der Doppelmonarchie, die in Österreich und Ungarn auf Grund kaiserlicher Urkunden dekretiert war[69].

Die Kirche von Karlowitz betreute die Serben in Ungarn. Dem Metropoliten, der den Titel Patriarch führte, und den 6 Bischöfen standen eine bischöfliche Synode und ein Nationalkirchenkongreß mit 25 Geistlichen und 50 Laien zur Seite. Beide Institutionen überwachten auch die zahlreichen Basilianerklöster. Die Patriarchatskirche besaß eine theologische Schule in Karlowitz,

nitsky-Ingilo, Lose Blätter aus der Geschichte der georgischen Kirche: Ex Oriente a.a.O. 133–151; *M. Tarchnišvili,* Die Entstehung und Entwicklung der kirchlichen Autokephalie Georgiens: Kyrios 5 (1940/41) 177–193; *D. M. Lang,* A Modern History of Georgia (London 1962).

69 Über die Ostkirchen in Österreich-Ungarn vgl. *A. Ratel,* L'Église orthodoxe de Bukovine: ÉO 5 (1902) 225–236; *M. Théarvic,* L'Église serbe orthodoxe de Hongrie: ebd. 5 (1902) 164–173; *I. Silbernagl – J. Schnitzer* a.a.O. 63–65 180–214; *K. Lübeck* a.a.O. 88–90; *A. Hudal,* Die serbisch-orthodoxe Nationalkirche 38–61; *M. Lehmann* a.a.O. 26–35.
Die Zahl der Gläubigen wird in der Spezialliteratur verschieden angegeben. Während *N. Zernow* a.a.O. 319 für die Kirche von Karlowitz 800000, von Hermannstadt 220000 und Bukowina-Dalmatien 550000 ansetzt, führt *K. Lübeck* a.a.O. 88–90 bei den ersten beiden Kirchen weit höhere Ziffern an: 1063000, 1075000 und 528000. Nach *M. Lehmann* a.a.O. 66 gab es am 1.1.1913 in Österreich 666458 Orthodoxe, in Ungarn 2 799846, in Bosnien-Herzegowina 826338.

die 1906 zu einer Theologischen Fakultät erhoben wurde, und eine eigene Druckerei.

Für die orthodoxen Rumänen in Ungarn und Siebenbürgen hatte der Kaiser die orthodoxe Kirche in Hermannstadt geschaffen. Ihr Metropolit wurde in der Kirchenleitung von 2 Suffraganbischöfen, einer bischöflichen Synode und einem Nationalkirchenkongreß (30 Geistliche, 60 Laien) unterstützt.

Zur orthodoxen Kirche von Czernowitz gehörten neben der Metropolie gleichen Namens in der Bukowina mit slawischer und rumänischer Bevölkerung zwei Diözesen in Dalmatien, in denen vorwiegend Serben wohnten, sowie die orthodoxe Gemeinde in Triest und die serbisch-orthodoxe Pfarrei Sv. Sava in Wien. Die Metropolitansynode fand jährlich einmal in Wien statt. Die Gegensätze zwischen der rumänischen und slawischen Bevölkerung verursachten Auseinandersetzungen zwischen der maßgebenden Schicht der Rumänen, den kleinrussischen und russophilen Gruppen. Gegen die Propaganda der russischen Orthodoxie, die sich bis nach Galizien und Nordungarn erstreckte, ergriffen die österreichischen Behörden seit 1909 energische Abwehrmaßnahmen[70], die im ersten Halbjahr 1914 in drei Hochverratsprozessen gipfelten.

Für die vier serbisch-orthodoxen Exarchate in Bosnien und Herzegowina, deren Bischöfe den Metropolitentitel trugen, wurden keine selbständigen Jurisdiktionsbezirke durch die österreichisch-ungarische Regierung vorgeschlagen, sie blieben nach der Okkupation (1878) und Annexion (1908) formell dem Patriarchen von Konstantinopel unterstellt. Ein Priesterseminar in Serajewo sorgte für die Ausbildung der Priesterkandidaten. Gegen die Abhängigkeit der Metropoliten von der österreichisch-ungarischen Regierung wandte sich am Ende des 19. Jh. innerhalb der orthodoxen Bevölkerung eine Protestbewegung, sie führte 1898 in der bosnischen Eparchie Mostar dazu, daß die Priester sich weigerten, Kinder zu taufen und kirchliche Begräbnisse vorzunehmen.

Die orthodoxen Kirchen in Südosteuropa

Die Freiheitskämpfe der Balkanvölker gegen die türkische Herrschaft waren die Ursache neuer Staaten in Südosteuropa, deren orthodoxe Bewohner nach kirchlicher Unabhängigkeit strebten. Es erwuchsen fünf selbständige Kirchen in Griechenland, Bulgarien, Rumänien, Serbien und Montenegro[71]. Nach den Balkankriegen und seit der Gründung eines albanischen Staates 1914 versuchten auch die orthodoxen Albanier, eine autokephale Kirche zu bilden. Diese

[70] *R. Kißling,* Die russische Orthodoxie und der Nordosten des ehemaligen Habsburgerreiches 1908–1914: Ostdeutsche Wissenschaft 9 (1962) 287–300.

[71] Die Autokephalie dieser Kirchen wurde von dem Patriarchen von Konstantinopel 1856 für Griechenland, 1878 für Montenegro, 1879 für Serbien, 1873 bzw. 1885 für Rumänien anerkannt, während er sie für Bulgarien 1872 verweigerte.

5 bzw. 6 jungen Kirchen, erfüllt von kämpferischem Nationalismus, konsolidierten sich rasch.

Die orthodoxen Gläubigen in den Fürstentümern Moldau und Walachei hatten ihre Eigenart trotz fremder Herrschaft und Gräzisierungsmaßnahmen der Patriarchen von Konstantinopel bewahrt. Ihre Klöster, die reiche Stiftungen erhalten hatten, waren Mittelpunkte religiösen und kulturellen Lebens. Gleichzeitig mit der politischen Verselbständigung des Fürstentums Rumänien verbanden sich die beiden Metropolien zur rumänischen Landeskirche[72]. Ihre Selbständigkeit wurde 1865 von einer Nationalsynode und der Nationalversammlung proklamiert. Schon 1862 war das seit dem 17. Jh. neben dem Altkirchenslawischen gebräuchliche Rumänische, das von Konstantinopel aus durch das Griechische verdrängt wurde, als Kirchensprache dekretiert worden. Die heilige Synode leitete der Metropolit von Bukarest, ihr gehörten 2 Metropoliten, 6 Eparchialbischöfe und 8 Vikarbischöfe an. Obwohl 1863 die Güter des Patriarchates von Konstantinopel und griechischer Klöster beschlagnahmt und ihre Erträge einem staatlichen Kirchenfonds übereignet waren, gelang es, das Klosterwesen neu aufzubauen. 1902 existierten 22 Konvente mit 709 Mönchen und 19 Nonnenklöster mit 1742 Schwestern. 1884 wurde in der Universität Bukarest eine Theologische Fakultät eröffnet, die sich neben zwei Priesterseminaren um eine gediegene theologische und pastorale Ausbildung des Weltklerus bemühte. Ihr Einfluß erstreckte sich auch auf die außerhalb Rumäniens liegenden selbständigen rumänischen Kirchen in Hermannstadt, Czernowitz und die in Bessarabien unter russischer Herrschaft lebenden Rumänen. Die Eparchen wehrten sich gegen Einmischungsversuche liberaler Minister. Metropolit Athanasios Mironescu mußte 1910 zurücktreten.

In Bulgarien machten sich die Wünsche nach einer nationalen orthodoxen Kirche seit 1860 bemerkbar. Durch einen Ferman des Sultans wurde am 27. Februar 1870 ein selbständiges Exarchat[73] errichtet, das alle orthodoxen Bulgaren in einer Kirche zusammenfassen sollte, um die Einmischung Rußlands in bulgarische Kirchenangelegenheiten auszuschalten. Da türkische und griechische Bevölkerungsgruppen die Bulgaren unterdrückten, sammelten sich die nach Freiheit strebenden Kräfte in der bulgarischen Nationalkirche, die an die Spitze der Befreiungsbewegung trat. Die Patriarchen in Konstantinopel verweigerten die Zustimmung zur kirchlichen Verselbständigung, weil die Ausdehnung der bulgarischen Kirche auf das damals dem Osmanischen Reich einverleibte Mazedonien dem territorialen Einheitsprinzip der orthodoxen

[72] *S. Pétridès,* Les séminaires orthodoxes in Roumanie: ÉO 6 (1903) 191–198; *I. Silbernagl – J. Schnitzer* a.a.O. 147–162; *R. Janin* a.a.O. (1957) 522–524.

[73] *X. Véren,* Choses de Bulgarie: ÉO 6 (1903) 328–336; *S. S. Bobtchev,* La lutte du peuple bulgare pour une église nationale indépendante (Sofia 1938) 1–19; *S. Zankow,* Die Bulgarische Orthodoxe Kirche in Geschichte und Gegenwart: IKZ 48 (1958) 189–208; *W. de Vries,* Der christliche Osten 137–141.

Landeskirchen widersprach, und erklärten die Bulgaren für Schismatiker[74]. Die Nationalversammlung nahm 1872 das von einer Synode 1871 ausgearbeitete Exarchalstatut an. Die Verwaltung der Kirche wurde der heiligen Synode, in die der Exarch als Vorsitzender 4 Bischöfe berief, und dem Exarchalrat, der sich aus dem Exarchen und 6 Laien zusammensetzte, übertragen. Dem Exarchat unterstanden 32 Eparchien, von denen 11 im Fürstentum Bulgarien, 21 in Thrakien und Mazedonien lagen. Exarch Joseph (1877–1915) residierte zunächst in Konstantinopel, um von dort aus die Eparchien in und außerhalb Bulgariens leiten zu können. Nach den Balkankriegen verlegte er 1913 seinen Sitz nach Sofia. Er beaufsichtigte auch das Rilakloster, das 1833–47 nach einem Brand neu aufgebaut worden war und seine Stellung als Nationalheiligtum bewahrte. Daneben gab es 78 Klöster mit 193 Mönchen und 14 Klöster mit 348 Nonnen. Die heilige Synode beschwerte sich 1912 bei der Regierung über die unzulängliche Erteilung des Religionsunterrichtes, der durch liberale, zum Teil atheistische Lehrer gehalten wurde, und sah besorgt in die Zukunft.

Schon nach der politischen Anerkennung der Autonomie Serbiens innerhalb der Türkei (1830) hatte der Patriarch von Konstantinopel dem Metropoliten von Belgrad eine gewisse Selbständigkeit in dem 1832 abgeschlossenen Konkordat gewährt, das 1835/36 durch ein Konsistorialstatut erweitert worden war[75]. Unmittelbar nach der Unabhängigkeitserklärung Serbiens auf dem Berliner Kongreß (1878) erhielt die orthodoxe Kirche in Serbien 1879 durch den Patriarchen Joachim III. ihre Autokephalie[76]. Nach Erhebung Serbiens zum Königreich (1882) erließ die Regierung ein Gesetz über die kirchlichen Behörden, das einen Konflikt mit dem seit 1859 für die Rechte der Kirche eintretenden Metropoliten Michael (Mihailo) und 1881 dessen Absetzung bedingte. Erst die kirchliche Verfassung von 1890 beseitigte die Spannungen und festigte die Zusammenarbeit zwischen Staat und Kirche, sie regelte die Kompetenzen der bischöflichen Synode, des Metropoliten und der 4 Eparchialbischöfe. Nach dem 2. Balkankrieg wurden die von Serbien gewonnenen Gebiete in Mazedonien und Albanien mit zwei Metropolitansitzen und einem Bistum der Metropolie Belgrad eingegliedert. Das Klosterwesen (44 Klöster mit 118 Mönchen) war wenig entwickelt. Neben der Theologischen Lehranstalt in Belgrad wurde 1872 eine zweite in Prizren eröffnet. Die seit dem Ende des 19. Jh. nachweisbaren Bemühungen um Wiederherstellung des mittelalterlichen serbischen Patriarchates, das 1557 erneuert und 1766 aufgelöst worden war, blieben erfolglos, da die Zusammenfassung der serbischen Kirchen von Belgrad, Montenegro, Karlowitz, Bosnien, der Herzegowina und Dalmatien in einem Patriar-

[74] Erst am 22. Februar 1945 erklärte Patriarch Benjamin (1936–46) das Schisma für beendet und anerkannte die Autokephalie der bulgarischen Kirche.

[75] *J. Mousset* a.a.O. 54–106.

[76] *I. Silbernagl – J. Schnitzer* a.a.O. 162–175; *N. Djordjević,* Die Selbständigkeit der serbischen Kirche (Bern 1922); *J. Mousset* a.a.O. 301–331; *B. Stasiewski:* HKG V (1970) 239.

chat bei den kirchenpolitischen Gegensätzen zwischen Rußland und Österreich-Ungarn nicht zu verwirklichen war.

Die orthodoxe Kirche in Montenegro war faktisch seit Aufhebung des serbischen Patriarchates selbständig[77]. Der Metropolit von Cetinje vereinte die geistliche und weltliche Herrschaft in seiner Person. Seit Danilo I. (1697–1737) war das Doppelamt in seiner Familie nach dem Brauch der nestorianischen Kirche erblich, indem jeweils ein Neffe seinem Onkel folgte. Der Kirchenfürst ließ die weltliche Regierung durch einen Zivilgouverneur ausüben. Nach dem Tode des Metropoliten Peter III. (1830–51) verzichtete sein Neffe Danilo auf die Bischofsweihe und begründete als Danilo II. (1851–60) mit Unterstützung Rußlands, das seit Peter I. durch Geldgeschenke und diplomatische Hilfe das kleine Bergland als Ausgangspunkt seiner Balkanpolitik für sich gewonnen hatte, das weltliche Fürstentum Montenegro. Sein Nachfolger Nikita (1860-1918) erreichte nach erfolgreichen Kämpfen gegen die Türkei die Anerkennung der Unabhängigkeit seines Landes (1878) und seiner Gebietserweiterungen, 1910 nahm er den Königstitel an. Die seit 1878 offiziell autokephale orthodoxe Kirche umfaßte neben ihrer Metropolie 2 Bistümer, die 1876 und 1913 errichtet wurden[78]. Die Bemühungen der Bischöfe um Hebung des geistlichen Standes und Erneuerung des Mönchtums – in den 11 Klöstern lebten am Anfang des 20. Jh. nicht mehr als 15 Mönche – hatten nur geringen Erfolg.

Die orthodoxe Kirche in Griechenland[79], die sich 1833 für unabhängig erklärt hatte, organisierte sich, nachdem Otto I., der Sohn König Ludwigs I. von Bayern, zum griechischen König (1832–62) gewählt worden war, nach dem Vorbild der evangelischen Kirche Bayerns als Nationalkirche mit dem König als Oberhaupt. Sie wurde durch eine vom Kultusminister ernannte permanente heilige Synode mit 5 Mitgliedern und 4 Beisitzern verwaltet. Vorsitzender war der jeweilige Erzbischof von Athen. Die Autokephalie der heiligen Synode wurde 1850 von Konstantinopel unter Wahrung des Ehrenprimates des ökumenischen Patriarchen bestätigt. Durch die Gebietserweiterungen Griechenlands in der zweiten Hälfte des 19. Jh. wuchs die Zahl der Eparchen auf 32 an. Nach der Verfassung von 1852 war die heilige Synode zwar unabhängig von der politischen Gewalt, aber sie geriet durch den ihr nach russischem Muster beigegebenen königlichen Kommissar (Prokurator), der mit unbeschränktem Vetorecht ausgestattet war, in starke Abhängigkeit von der Regierung. Das zeigte sich z. B. in der Verminderung der Klöster, deren reicher Besitz zum Teil beschlagnahmt wurde; trotzdem waren um 1900 wieder 169 Mönchs- und 9 Nonnenklöster mit fast 2000 Mönchen und 152 Nonnen vorhanden. Die meisten Geistlichen verfügten lediglich über Volksschulbildung. Es gab

[77] Ebd. 240.

[78] *I. Silbernagl – J. Schnitzer* a. a. O. 175–179; *A. Hudal,* Die serbisch-orthodoxe Nationalkirche 31–38.

[79] *I. Silbernagl – J. Schnitzer* a. a. O. 66–85; *R. Janin* a. a. O. (1957) 501–503.

einige geistliche Schulen. Aus der Rizarios-Schule in Athen, die 1911 in ein Religionslehrerseminar umgewandelt wurde, gingen nur wenige Priester hervor. Erst Archimandrit Chrysostomos Papadopulos, der spätere Erzbischof von Athen (1923–39), veranlaßte die Gründung mehrerer qualifizierter Priesterseminare. Daneben bestand eine Theologische Fakultät der 1837 ins Leben gerufenen Universität Athen.

Die Orthodoxen in Albanien (180000) gehörten seit 1767 zum Patriarchat von Konstantinopel. Schon vor der Entstehung des Fürstentums Albanien (1913) setzten Bestrebungen zur Bildung einer eigenen Kirche mit albanischer Gottesdienstsprache statt der griechischen ein[80].

Die vier alten orthodoxen Patriarchatskirchen

Die im christlichen Altertum entstandenen Patriarchate von Konstantinopel, Alexandrien, Antiochien und Jerusalem litten unter der Türkenherrschaft, die die Orthodoxen wie alle nicht islamischen Bevölkerungsgruppen als Staatsbürger zweiter Klasse behandelte, wenn sie ihnen auch unter Leitung ihrer geistlichen Oberhirten eine gewisse Verwaltungsautonomie einräumte. Das Osmanische Reich, das unter Berufung auf den Koran als theokratische Monarchie organisiert war, beließ dem Patriarchen von Konstantinopel gewisse Vorrechte und anerkannte ihn als Ethnarchen, der nicht nur in kirchlicher, sondern auch in weltlicher Hinsicht die Verantwortung für die Untertanen seiner Nation übernehmen mußte (Millet-System). Dadurch wurde die griechische Hegemonie verstärkt, die seit dem Mittelalter im Vorderen Orient die Selbständigkeit der drei anderen Patriarchen eingeschränkt hatte, und auf die serbischen, bulgarischen und rumänischen Eparchien ausgedehnt. Die Verselbständigung der orthodoxen Kirchen in Südosteuropa, das Heranwachsen einer Mittelschicht, der Einfluß anglikanischer und katholischer Missionare trugen dazu bei, daß die Vorherrschaft des Patriarchen von Konstantinopel über die drei anderen Patriarchate abgeschwächt wurde.

Das ökumenische Patriarchat von Konstantinopel[81], zu dem im frühen Mittelalter das gesamte Territorium des Byzantinischen Reiches mit 624 Bischofssitzen gehört hatte, schrumpfte im Verlauf des 19. Jh. weiter ein und umfaßte am Anfang des 20. Jh. nur noch den Rest der europäischen Türkei

[80] Die Bestrebungen führten 1922 zur Ausrufung einer autokephalen albanischen orthodoxen Kirche, die 1937 vom ökumenischen Patriarchen anerkannt wurde.

[81] *I. Silbernagl – J. Schnitzer* a.a.O. 3–23; *K. Lübeck* a.a.O. 58–74; *G. M. Drabadjeglon*, Geschichte und Verfassung des Ökumenischen Patriarchats: Ekklesia X (1941) 27–61; *G. Every*, The Byzantine Patriarchate (London 1947); *G. Zananiri*, Histoire de l'Église byzantine (Paris 1954); *R. Janin* a.a.O. (⁴1955) 114–123; *ders.* a.a.O. (1957) 498–501; *I. Totzke*, Die alten Patriarchate (1959) 204–207; *F. W. Fernau* a.a.O. 78–81; *B. Stasiewski:* HKG V (1970) 232–236; *R. Potz* a.a.O. 86–98.

und der von Griechen besiedelten Küstenrandgebiete Kleinasiens. Die Auflokkerung des Millet-Systems schmälerte die weltlichen Rechte des Patriarchen. Grundlegend wurde das Verhältnis zwischen Staat und Kirche durch ein Gesetz 1856 geregelt. Die sog. nationalen Statuten (1860) umschrieben die Kompetenzen der Patriarchalsynode, die sich unter dem Vorsitz des Patriarchen aus 12 Metropoliten zusammensetzte, und des neugeschaffenen gemischten Rates mit 4 Bischöfen und 8 Laien. Die Verfassung 1876 garantierte zwar die Freiheit der im Osmanischen Reich verbreiteten Kulte und Beibehaltung der ihnen gewährten Privilegien, aber unter Sultan Abd-ul Hamid II. (1876–1909) kam es durch die Justizreform, die u.a. das Immunitätsprivileg für den griechischen Klerus aufhob, durch Beschränkung der Patriarchatsrechte, Eingriffe in das kirchliche Leben, z.B. in die Schulen, 1884 und 1890 zu einem Kulturkampf. Die durch die Jungtürken 1908 errungene Verfassung verwandelte das Osmanische Reich in eine konstitutionelle Monarchie. Der ökumenische Patriarch verlor das Recht, Griechen und weitere orthodoxe Volksgruppen, die sich unter türkischer Herrschaft befanden, beim Sultan zu vertreten, da nun gewählte Abgeordnete für die Volksvertretung zuständig waren. Ein Gesetz über Schule und Kirche in Mazedonien griff 1910 in die Eigentumsrechte des Patriarchates ein. Die Folgen der Balkankriege 1912/13 ließen den Verlust der in Nordgriechenland liegenden Metropolien befürchten. Patriarch Joachim III. (1878–84, 1901–12) verteidigte sich mannhaft gegen die staatliche Bevormundung. Er erweiterte die seit 1844 bestehende Hochschule auf der Insel Chalki, in der auch Kandidaten der übrigen orthodoxen Kirchen studieren durften, gründete die Zeitschrift „Kirchliche Wahrheit" (Ἐκκλησιαστικὴ ἀλήθεια), vertiefte die Beziehungen zu anderen orthodoxen Kirchen und pflegte die Kontakte zur anglikanischen Kirche, zum Altkatholizismus und Protestantismus. Sein Nachfolger Germanos V. (1913–18) wehrte sich zunächst gegen die Beschränkung des Patriarchates durch die Jungtürken, gab aber seinen Kampf auf und suchte nach einem Modus vivendi mit den neuen Machthabern.

Die Unionsbemühungen Leos XIII. und Pius' X. lehnten die Patriarchen ab. Anthimos VII. (1895–97) sprach 1895 in einer Synodalenzyklika von der Einführung „unzähliger gottloser Neuerungen" durch die Bischöfe von Rom[82] und protestierte gegen die Aktivität unierter Priester. Joachim III. polemisierte 1907 in einem Rundschreiben gegen das Eintreten der Assumptionisten für die Union[83].

1901 führte eine offizielle Statistik 78 Metropolien des ökumenischen Patriarchates auf: 42 lagen in der europäischen Türkei, 20 in Kleinasien, 12 auf den türkischen Inseln des Ägäischen Meeres und des Marmarameeres, 4 in Bosnien-Herzegowina, in denen 3 Millionen Gläubige lebten. Dem Patriarchat waren neben einigen Klöstern auf den türkischen Inseln und in der asiati-

[82] *Schmidlin PG* II 518–519; *W. de Vries,* Orthodoxie 134.
[83] *Schmidlin PG* III 129.

schen Türkei die Athosklöster[84] unterstellt, die 1913 in 20 Großklöstern, 12 Skiten und zahlreichen Einsiedeleien 6345 Mönche beherbergten[85].

Die drei übrigen alten Patriarchatskirchen befanden sich im Schatten Konstantinopels. Das Patriarchat Alexandrien[86] hatte durch den Übertritt der meisten Orthodoxen zum Monophysitismus im frühen Mittelalter seine Bedeutung eingebüßt, die der byzantinischen Reichskirche treugebliebenen Mitglieder wurden von den Kopten als Melkiten (Kaiserliche) bezeichnet. Der melkitische Patriarch verlegte wegen der Willkürherrschaft der türkischen Eroberer am Ende des 16. Jh. seine Residenz nach Konstantinopel. Die Kopfstärke seiner Gläubigen ging rapide zurück und stieg erst durch Einwanderung von Griechen im 19. Jh. wieder an, die von orthodoxen Würdenträgern in den Donauländern und in Rußland unterstützt wurden. Der in Ägypten fast selbständig regierende türkische Statthalter, General Muhammad 'Ali (1806–49), sorgte dafür, daß 1846 der Patriarch vom einheimischen Klerus gewählt und seinen Wohnsitz in Kairo bzw. Alexandrien nahm. In der Mitte des 19. Jh. verfügte die Patriarchatskirche nur über 10 alte Gotteshäuser und 2 Klöster. Patriarch Hierotheos II. (1846–58) richtete einen Rat (συμβούλιον) ein, dem er die Erledigung der rein weltlichen und gemischten Angelegenheiten übertrug. Ihm und seinen Nachfolgern gelang es, Spannungen zwischen griechischen und arabischen Gläubigen zu mindern, Einmischungsversuche des Patriarchen von Konstantinopel teilweise abzuwehren und einen Aufschwung des religiösen Lebens einzuleiten. Nikanor (1866–69) schuf nach russischem Vorbild eine heilige Synode. Sophronios IV. (1870–99) ließ die beiden Klöster restaurieren und veranlaßte den Bau von Kirchen, Schulen und Caritaszentren. Photios (1900–25) förderte diese Aufbauarbeit und gründete eine Patriarchatsdruckerei, in der seit 1908 zwei theologische Zeitschriften erschienen. Die vier dem Patriarchat unterstellten Metropolitansitze entwickelten sich langsam zu kirchlichen Mittelpunkten.

Das Patriarchat Antiochien[87] wurde von 1724 bis 1851 von Konstantinopel aus durch griechische Prälaten besetzt. Ihnen stand die Mehrheit der orthodoxen Gläubigen, arabisch sprechende Syrer, reserviert gegenüber. Neben diesen inneren Spannungen wurde das kirchliche Leben durch politische Unru-

[84] *I. Silbernagl – J. Schnitzer* a. a. O. 52–59; Le millénaire du Mont Athos 963–1963, études et mélanges, 2 Bde (Chevetogne 1964); *P. Huber*, Athos. Leben, Glaube, Kunst (Zürich 1969); *P. M. Mylonas*, Der heilige Berg Athos: Alte Kirchen und Klöster Griechenlands. Ein Begleiter zu den byzantinischen Stätten, hrsg. und übersetzt von *E. Melas* (Köln 1972) 93–119.

[85] 3243 Griechen, 1914 Russen, 706 Bulgaren, 379 Rumänen, 89 Serben und Montenegriner, 14 Georgier.

[86] *I. Silbernagl – J. Schnitzer* a. a. O. 36; *J. Lacombe*, Patriarcat grec orthodoxe d'Alexandrie: ÉO 38 (1939) 174–181; *E. Michailides*, Geschichte, Verfassung und Statistik des Patriarchats von Alexandrien: Ekklesia X (1941) 71–79; *R. Janin* a. a. O. (^{4}1955) 161–169; *ders.*, a. a. O. (1957) 508–509; *T. Mosconas*, Das griechisch-orthodoxe Patriarchat von Alexandrien: Kyrios NF 1 (1960/61) 129–139; *I. Totzke*, Die alten Patriarchate (1959) 301–307.

[87] *G. Bardy*, L'Église d'Antioche (Paris 1918); *Alexandros*, Das Patriarchat von Antiochien: Ekklesia X (1941) 80–92; *I. Totzke*, Die alten Patriarchate (1960) 203–212.

hen beeinträchtigt, besonders durch die Angriffe mohammedanischer Fanatiker, die sich unter Führung der Drusen, Anhängern einer islamischen Sekte, gegen alle Christen im Libanon und Syrien richteten. Die Patriarchatskirche in Damaskus, ihre Schätze und ihre Bibliothek wurden 1860 ein Opfer der Flammen. Die heilige Synode und ein kirchlicher Nationalrat mit 4 Metropoliten und 8 Laien suchten die 15 Diözesen, 14 Klöster, in denen wenige Mönche wohnten, und das seit der Mitte des 19. Jh. im Kloster Belement (Belmont) bestehende Priesterseminar zu erhalten und die Erfolge der unierten Melkiten einzudämmen. Mit russischer Unterstützung wurde 1899 der Syrer Meletios II. Doûmanî (1899–1906) zum Patriarchen gewählt. Er wurde von den drei anderen altchristlichen Patriarchaten nicht anerkannt, das eingetretene Schisma wurde erst unter seinem Nachfolger Gregor IV. (1906–28) beendet. Seitdem bezeichnete sich das antiochenische Patriarchat als „syrisch-orthodox". Die ersten beiden syrischen Patriarchen erneuerten mit russischen Geldern das Priesterseminar in Belement, erhöhten die Pfarrstellen auf 68 und ermöglichten das Erscheinen einer eigenen Zeitschrift „Die Gnade". Das rigorose Vorgehen der Türken gegen die Orthodoxen am Anfang des 1. Weltkrieges gefährdete alle kirchlichen Unternehmungen. Ungestört konnten sich nur zahlreiche Gemeinden der nach Nord- und Südamerika ausgewanderten Mitglieder dieser Kirche entfalten.

Die ursprünglich zum Patriarchat Antiochien gehörende Kirche von Zypern[88] war schon seit dem Konzil von Ephesus praktisch autokephal. Nach der türkischen Eroberung 1571 näherte sie sich wieder den Patriarchen von Antiochien. Ihm verdankte sie die Neubesetzung des erzbischöflichen Stuhles von Nikosia und der 5 Bischofssitze, deren Inhaber wegen ihrer Beteiligung an der griechischen Erhebung (1821–25) hingerichtet worden waren. Erzbischof Makarios I. (1854–66) legte Wert auf den Ausbau der Pfarrschulen, deren Netz unter englischer Herrschaft (1878–1935) erweitert wurde. Den Erzbischöfen Sophronios (1865–1900) und Kyrillos II. (1909–16) blieben Konflikte mit der Besatzungsmacht nicht erspart, es gelang ihnen aber, die Selbständigkeit ihrer Kirche zu sichern und die Versuche der Patriarchen von Konstantinopel und Antiochien zur Wiederherstellung ihrer Jurisdiktion aufzufangen. 1910 wurden im St.-Georgs-Kloster zu Larnaca ein Priesterseminar errichtet und eine Zweimonatsschrift „Kirchlicher Bote" ins Leben gerufen. Die 1914 beschlossene Kirchenverfassung regelte Pflichten und Aufgaben der heiligen Synode, der 4 Bischöfe, des Klerus, der Mönche (etwa 100 in 7 Klöstern) und der Gläubigen (200000).

Das Patriarchat Jerusalem[89] mit mehreren Titularerzbischöfen war bis 1860 völlig vom Patriarchat von Konstantinopel abhängig und konnte nur

[88] *J. Hackett,* A History of the Orthodox Church of Cyprus (London 1901); *Hippolytos,* Die Autokephale Apostolische Orthodoxe Kirche Cyperns: Ekklesia X (1941) 117–129; *R. Janin* a.a.O. ([4]1955) 139–144.
[89] *T. E. Dowling,* The Orthodox Greek Patriarchate of Jerusalem (London [2]1913); *K. Meliaras,* Die Kirche von Jerusalem: Ekklesia X (1941) 95–114; *R. Janin* a.a.O. ([4]1955) 153–161.

durch die materielle Unterstützung der russischen Kirche überleben. Die „Bruderschaft vom Heiligen Grabe", die sich der heiligen Stätten in Jerusalem und der 35 Klöster, davon 17 in Jerusalem, annahm, mußte sich mit den Ansprüchen anderer christlicher Gemeinschaften auseinandersetzen. Patriarch Kyrillos (1845–72) erneuerte die 1736 gegründete Patriarchatsschule im Kloster des Heiligen Kreuzes bei Jerusalem, ließ Kirchen und Schulen in verschiedenen Städten und Dörfern Palästinas erbauen. 1875 wurde ein Patriarchatsstatut über die Rechte des Patriarchen und der heiligen Synode verabschiedet. Der Gegensatz zwischen der griechischen Hierarchie und den überwiegend arabisch sprechenden Gläubigen löste Doppelwahlen aus. Patriarch Damianos (1897–1931), der selbst Grieche war, aber den arabischen Forderungen entgegenkam, wurde auf Betreiben griechischer Diözesanen vorübergehend (1908/09) durch eine Synode seines Amtes enthoben. Der auf Drängen der Araber 1911 zustande gekommene gemischte Rat konnte die Spannungen nicht beseitigen.

Die kleine Kirche auf dem Berge Sinai[90], die von dem Abt des St.-Katharina-Klosters geleitet wurde, war seit 1575 autokephal. Ihr Abterzbischof, der seit 1782 vom Patriarchen von Jerusalem geweiht wurde, war für 30 Mönche und ebenso viele Beduinen verantwortlich.

Die morgenländischen Nationalkirchen

Neben den orthodoxen Kirchen sind noch die seit dem christlichen Altertum selbständigen Ostkirchen der Nestorianer und der Monophysiten (Jakobiten, Thomaschristen, Kopten, Äthiopier und Armenier) zu erwähnen.

Von der nestorianischen Kirche, die sich im Mittelalter als Missionskirche bis nach Zentralasien und an die Malabarküste in Indien ausgedehnt hatte, war in der Neuzeit nur ein karger Rest im nördlichen Mesopotamien, in der Gegend des Urmiasees und in den Bergen Kurdistans nördlich von Mossul übriggeblieben[91]. Ihre Anhänger, auch Assyrer genannt, eine Bezeichnung, die auf die Verstümmelung des Wortes syrische Kirche zurückgeht, wurden von den Mohammedanern unterdrückt und in der Mitte des 19. Jh. von Kurdenstämmen grausam verfolgt, so daß ihre Hierarchie von Jahrzehnt zu Jahrzehnt kleiner wurde. Sie bestand um 1900 aus 8 Metropoliten und einigen Suffraganbischöfen. Ihr Oberhaupt war der Patriarch bzw. Katholikos, wie er sich im Mittelalter nannte; er residierte in Kochânes. Seit 1450 stellte die Familie Mama den höchsten nestorianischen Würdenträger, indem jeweils einem Onkel ein

[90] *H. L. Rabino,* Le monastère de Saint-Catherine du Mont Sinaï (Kairo 1938); *H. Skrobucha,* Sinai (Olten – Lausanne 1959); *B. Stasiewski:* HKG V (1970) 238.

[91] *I. Silbernagl – J. Schnitzer* a. a. O. 245–273; *P. Kawerau,* Die nestorianischen Patriarchate in der neueren Zeit: ZKG 67 (1955/56) 119–131; *R. Janin* a. a. O. (1957) 536–537; *B. Spuler,* Die nestorianische Kirche: Hdb. der Orientalistik a. a. O. 163–169; *A. S. Atiya* a. a. O. 282–288.

Neffe folgte. Die Patriarchen bemühten sich, die Missionserfolge der Chaldäer[92], Presbyterianer, Anglikaner und orthodoxen Russen einzuschränken. 1838 traten 3000 Gläubige zur Orthodoxie über und siedelten sich in Transkaukasien an. 1898 bekannte sich Bischof Mar Jonas von Sunurgan und Urmia mit seinen Diözesanen zur Orthodoxie. Die russische Kirche unterhielt seitdem eine orthodoxe Mission in Persien und verstärkte ihre Propaganda. Katholikos Simon IX. Benjamin (1903–17) erwog 1914 den Anschluß der Nestorianer an die Orthodoxie. Als die Gläubigen im 1. Weltkrieg von Rußland Befreiung vom muslimischen Druck erhofften, wurden sie von den Türken und Kurden als Volksverräter verfolgt. Bei dem Versuch, nach Persien abzuwandern, und bei der Verteidigung auf dem Hochland fand fast die Hälfte der Nestorianer den Tod, der Katholikos wurde von einem Kurden ermordet. Auch sein Nachfolger, Simon XX. Paul (1918–20), starb gewaltsam. Die nestorianische Kirche erlebte eine der schwersten Krisen ihrer Geschichte.

Auch in der jakobitischen Kirche[93] konnte dem Niedergang, der im späten Mittelalter begonnen hatte, kein Einhalt geboten werden[94]. Ihre Hierarchie, die im 12. Jh. 20 Metropolien und 103 Diözesen umspannt hatte, setzte sich am Anfang des 20. Jh. aus 8 Metropolien und 3 Bistümern zusammen. Die Patriarchen, die in Mardin oder Diarbekr residierten, baten wiederholt die russische Kirche um Hilfe und führten Vereinigungsverhandlungen, die aber wegen dogmatischer Kontroverspunkte scheiterten. Sie konnten die Erfolge der Unionsbewegung und der Wirksamkeit anglikanischer Missionare nicht verhindern. Patriarch Ignaz XXXIV. Peter III. (1872–94) wandte sich an die koptische Kirche, um die Isolierung zu überwinden. Es gelang ihm 1882, von der türkischen Regierung als geistliches und weltliches Oberhaupt der Jakobiten anerkannt zu werden, bisher war es der armenische Patriarch von Konstantinopel. Die Kirchenverfassung von 1913/14 räumte den Laien ein Mitspracherecht bei der Kirchenverwaltung ein. Trotz aller äußeren Bedrängnisse und inneren Schwierigkeiten hatten sich einige Klöster erhalten. Die politischen Neuordnungen im Vorderen Orient nach dem 1. Weltkrieg, die die westsyrischen Gläubigen in verschiedene Staaten eingliederten, und die Autonomiebewegung der indischen Tochterkirche ergaben neue Belastungen.

Die Thomaschristen in Malabar[95] an der Südwestküste Indiens haben in

[92] Siehe unten S. 386.

[93] Der Name Jakobiten geht auf Jakobos Baradai (490–578) zurück, der 542/543 durch den monophysitischen Patriarchen Theodosios von Alexandrien zum Bischof für Syrien und Kleinasien geweiht wurde und den Grund für eine eigene kirchliche Organisation legte.

[94] *I. Silbernagl – J. Schnitzer* a.a.O. 302–316; *B. Spuler,* Die westsyrische (monophysitische/jakobitische) Kirche: Hdb. der Orientalistik a.a.O. 213–216; *A. S. Atiya* a.a.O. 212–218.

[95] *I. Silbernagl – J. Schnitzer* a.a.O. 317–321; *E. Tisserant,* Eastern Christianity in India. A history of the Syro-Malabar Church from the earliest time to the present day (London – New York – Toronto 1957) 147–157; *B. Spuler,* Die Thomas-Christen in Süd-Indien: Hdb. der Orientalistik a.a.O. 231–239; *P. J. Podipara,* Die Thomas-Christen (Würzburg 1966);

ihrer wechselvollen Geschichte Unionen und Spaltungen bis in die Gegenwart erlebt[96]. Die Reihe der Metropoliten, die sich dem jakobitischen Patriarchen unterstellten, läßt sich bis auf die Mitte des 17. Jh. datieren. Ihr Ziel, alle Thomaschristen für sich zu gewinnen, konnten sie nicht erreichen, weil die unierte syrisch-malabarische Kirche ihre Position festigte, nach Beginn der britischen Herrschaft (seit 1795) die anglikanische Church Missionary Society Absplitterungen auslöste und sich unter Leitung des Bischofs Mar Athanasios (1843–77) ein großer Teil der Gläubigen von ihnen trennte. Sie bildeten die presbyterianische Mar-Thomas-Kirche, die zwar Organisationsform und Brauchtum der Monophysiten beibehielt, sich aber durch die Aufnahme anglikanischen Lehrgutes innerlich veränderte. Auf Drängen des Metropoliten Mar Dionys V. (1865/66–1909) kam der jakobitische Patriarch Ignaz XXXIV. Peter III. nach Malabar, wo er 1876 Bischof Athanasios mit seiner Gefolgschaft exkommunizierte. Auf einer Synode gliederte er die Metropolie in 6 Diözesen auf und weihte mehrere Bischöfe zu Metropoliten. Die gleichzeitig angenommene Kirchenverfassung normalisierte die Beziehungen zum Patriarchat. Nach dem Tode des Metropoliten Dionys V. befehdeten sich die Patriarchen- und die Metran(Metropoliten)partei, die eine Lösung von der Mutterkirche und die Errichtung eines eigenen Katholikates erstrebte. Patriarch Ignaz XXXVI. Abd'Allah III. (1906–15) versuchte vergeblich, den Streit zu schlichten. Er exkommunizierte 1911 den indischen Metropoliten Dionys VI. (1908–34) und dessen Anhänger, er bestimmte den Metropoliten Kyrill Mar Kurilos (1909–11) zum Oberhaupt der jakobitischen Thomaschristen. 1912 rief die Metranpartei Mar Ivanios als Basileios I. zum Katholikos Indiens und des Ostens mit dem Sitz in Kottajam aus. Der Katholikos übernahm die Weihe der Bischöfe und des Chrisam, während dem Metropoliten Dionys VI. die Verwaltung der Kirchengüter übertragen wurde. Neben dieser selbständigen syrisch-orthodoxen Kirche der Thomaschristen, die dem jakobitischen Patriarchen einen Ehrenprimat zubilligte, bestand die dem jakobitischen Patriarchen direkt untergeordnete Kirche[97]. Beide waren in 7 Diözesen aufgeteilt, besaßen je ein Priesterseminar und betreuten die gleiche Zahl von Gläubigen (etwa 250000).

Die koptische Kirche[98] stabilisierte sich in der ersten Hälfte des 19. Jh.,

N. J. Thomas, Die Syrisch-Orthodoxe Kirche der Südindischen Thomas-Christen. Geschichte – Kirchenverfassung – Lehre (Würzburg 1967); *B. Stasiewski:* HKG V (1970) 242–243; *E. R. Hambye – J. Madey*, 1900 Jahre Thomas-Christen in Indien (Freiburg i. Ue. 1972) 45–50.

[96] Vgl. *B. Spuler*, Die Thomas-Christen in Süd-Indien: Hdb. der Orientalistik a. a. O. hinter 238 Tabelle: Die Aufgliederung der Thomas-Christenheit.

[97] Jahrzehntelang zogen sich in Südindien Prozesse um den Besitz des Kirchengutes und Auseinandersetzungen über die Rechtsgültigkeit der von jakobitischen Patriarchen ausgesprochenen Exkommunikation hin. Erst 1958/59 kam eine Aussöhnung und Wiedervereinigung der beiden Kirchen zustande. Katholikos Mar Basileios III. Georg II. (1929–64) stand seit 1959 an der Spitze der „Orthodoxen Kirche der südindischen Thomas-Christen".

[98] *I. Silbernagl – J. Schnitzer* a. a. O. 274–293; *J. G. zu Sachsen*, Neue Streifzüge durch die Kirchen und Klöster Ägyptens (Leipzig – Berlin 1930); *R. Strothmann*, Die koptische Kirche

als der türkische Statthalter Muhammad 'Ali (1806–49) in Ägypten für eine geordnete Verwaltung sorgte und die religiöse Entfaltung der christlichen Gemeinschaft nicht hinderte. Die Patriarchen setzten die kirchliche Erneuerung, die sich unter Markus VIII. (1796–1809) angebahnt hatte, zielstrebig fort. Petrus VIII. (1809–52) weihte einen Bischof für den Sudan und erweiterte die Diözesen auf 13. Kyrill IV. (1854–61) trug durch Gründung von Schulen, Einrichtung einer Druckerei und kirchliche Bauten zur Reform der Kirche bei. Unter Demetrios II. (1862–75) und Kyrill V. (1874–1927) zeigte sich die Selbstbesinnung und innere Festigung der Kopten in theologischen Publikationen, die alte koptische Werke neu edierten und sich mit dogmatischen, historischen und kirchenrechtlichen Fragen beschäftigten. Es kam zwischen den konservativen Kräften, die vom Patriarchen Kyrill V. und von dem einflußreichen Mönchtum repräsentiert wurden, und dem 1874 gebildeten koptischen Nationalrat, in dem die Laien ein Mitspracherecht in der Kirchenverwaltung erreichten, zu Konflikten. Das Bestreben nach einer besseren Ausbildung des Klerus in zwei Priesterseminaren und an der Theologischen Fakultät in Kairo, der Ausbau der Diözesen, Missionserfolge unter den Anhängern des Islams und die Mitarbeit einsatzbereiter Laien sicherten den Kopten, die zahlenmäßig die stärkste christliche Konfession in Ägypten darstellten, eine beachtliche Stellung innerhalb der monophysitischen Kirchen im 20. Jh.

Die äthiopische Kirche[99] war vom koptischen Patriarchat abhängig. Ihr einziger Metropolit, der Abuna (unser Vater), wurde vom koptischen Patriarchen aus den Mönchen seiner Umgebung ausgewählt, zum Bischof geweiht und an die Spitze des einheimischen, ungebildeten, zahlreichen Klerus gestellt, der ihn als Fremden betrachtete. Neben ihm spielte der eingeborene Abt des Klosters Dabra Lebanos eine bedeutende Rolle, der den Ehrentitel Etschege (der neben dem Thron Stehende) führte. Er leitete das verbreitete Klosterwesen und verwaltete die Güter. Abuna Salama (1841–67) war als Oberhirte wegen seines anfechtbaren Lebenswandels und seiner Simonie berüchtigt. Er und seine Nachfolger hatten innerhalb der Staatskirche, die in die Kämpfe der um die Zentralmacht ringenden Teilfürsten hineingezogen wurde, wenig Bewegungsfreiheit. Erst als sich unter den Kaisern Johannes IV. (1872–89) und Menelik II. (1889–1909) die innerpolitischen Verhältnisse klärten, machten sich unter staatlichem Einfluß Erneuerungen innerhalb der Kirche bemerkbar. Kaiser

in der Neuzeit (Tübingen 1932); *R. Janin* a.a.O. (1957) 532–534; *M. Cramer*, Das christlich-koptische Ägypten einst und heute. Eine Orientierung (Wiesbaden 1959); *S. Chauleur*, Histoire des Coptes d'Égypte (Paris 1960) 147–163; *B. Spuler*, Die koptische Kirche: Hdb. der Orientalistik a.a.O. 299–308; *B. Stasiewski:* HKG V (1970) 244–245.

[99] *I. Silbernagl – J. Schnitzer* a.a.O. 294–301; *H. M. Hyatt*, The Church of Abyssinia (London 1928); *J. B. Coulbeaux*, Histoire politique et religieuse d'Abyssinie depuis les temps les plus reculés jusqu'à l'avènement de Ménélik II, 2 Bde (Paris 1929); *R. Janin* a.a.O. (1957) 534–536; *B. Spuler*, Die äthiopische Kirche: Hdb. der Orientalistik a.a.O. 314–318; *E. Hammerschmidt*, Äthiopien. Christliches Reich zwischen gestern und morgen (Wiesbaden 1967); *F. Heyer*, Die Kirche Äthiopiens. Eine Bestandsaufnahme (Berlin – New York 1971).

Johannes IV. erbat 1881 vom Patriarchen vier Bischöfe und wies ihnen bestimmte Territorien zu. Einer von ihnen, Mathäus, stieg später zum Abuna auf (1889–1926) und verlegte auf Wunsch Meneliks II. seinen Sitz von Gondar 1893 in die kaiserliche Residenz Addis Abeba. Nach seinem Tode gelang es den Monarchen, in der äthiopischen Kirche Reformen anzuregen und sie von ihrer Mutterkirche zu lösen[100].

Das armenische Katholikat war seit dem Mittelalter in fünf Teilkirchen[101] zerfallen, in die Katholikate bzw. Patriarchate von Etschmiadzin, Konstantinopel, Agthamar, Sis (Kilikien) und Jerusalem. Der Katholikos von Etschmiadzin galt als Haupt und Repräsentant aller Armenier, die anderen obersten Würdenträger anerkannten seinen Ehrenprimat. Die armenischen Mönche richteten sich nach der Regel des hl. Basileios. Die Bischöfe, die in der Diözesanverwaltung von einem aus Klerikern und Laien gebildeten Rat unterstützt wurden, weihten Priester, Diakone und Verdapeten (Prediger und Lehrer).

Das Kerngebiet der Armenier (Großarmenien, Eriwan) wurde 1828 dem russischen Kaiserreich einverleibt, das sich schon vorher in die Wahl des Katholikos von Etschmiadzin eingemischt hatte. Das 1836 von Kaiser Nikolaus I. erlassene Grundgesetz unterwarf die armenische Kirche seiner Kontrolle. Ein Synodalrat, ein kaiserlicher Kommissar und ein Verwaltungsrat für weltliche Angelegenheiten übten die gleichen Funktionen aus wie der Heilige Synod und der Oberprokuror in der russischen Kirche. Nikolaus II. verstaatlichte 1896 und 1903 das gesamte Kirchenvermögen, das 1905 nur teilweise zurückgegeben wurde. Katholikos Georg V. Surenian (1911–30), dem in Rußland 7 und in Persien 2 Diözesen unterstanden, konnte erst, als die russische Revolution die Konstituierung der Sowjetrepublik Armenien ermöglichte, die Selbständigkeit der armenischen Kirche organisieren[102].

Dem armenischen Patriarchat Konstantinopel hatte der Sultan die Aufsicht über alle Armenier in seinem Reich übertragen (Millet-System), so daß er für

[100] Unter Haile Selassie (seit 1928 Negus, seit 1930 Kaiser) wurden 1929 vier einheimische Bischöfe geweiht. Kyrill (1929–50) war der letzte koptische Abuna. Nach dem Tode des koptischen Patriarchen Kyrill VI. (1959) erklärte sich die äthiopische Kirche zur selbständigen Patriarchatskirche, die dem Oberhaupt der Mutterkirche nur einen Ehrenrang zubilligt.

[101] *I. Silbernagl – J. Schnitzer* a.a.O. 214–244; *M. Ormanian,* The Church of Armenia. Her history, doctrine, rule discipline, liturgy, literature and existing condition (London ²1955); *R. Janin* a.a.O. (⁴1955) 345–352; *ders.* a.a.O. (1957) 528–531; *B. Spuler,* Die armenische Kirche: Hdb. der Orientalistik a.a.O. 259–268; *J. Mécérian,* Histoire et institutions de l'Église arménienne. Évolution nationale et doctrinale, spiritualité – monachisme (Beirut 1965); *A. K. Sanjian,* The Armenian Communities in Syria under Ottoman Dominion (London 1965); *B. Stasiewski:* HKG V (1970) 245–246.

[102] Nach kurzer Zeit wurde der gelungene Neuaufbau durch Verfolgungen gefährdet, die alle Religionsgemeinschaften in der Sowjetunion zu erleiden hatten. Sie hörten erst auf, als sich der Katholikos zu Loyalitätserklärungen gegenüber dem Regime bereit fand und sich in den Dienst der sowjetischen Außenpolitik einspannen ließ.

die drei Jurisdiktionsbezirke in Agthamar, Sis und Jerusalem verantwortlich war. In der Verwaltung halfen ihm drei Räte (ein geistlicher, weltlicher und gemischter Rat), deren Aufgabenbereiche in dem Nationalstatut 1860 genau umschrieben waren. Durch die Entstehung südosteuropäischer Staaten in der zweiten Hälfte des 19. und am Anfang des 20. Jh. gingen dem Patriarchat mehrere Diözesen verloren; es umfaßte 1914 noch 12 Erzbistümer, 27 Bistümer und 6 Klöster. Als 1894/96 und 1909 fanatische Türken die Armenier wegen ihrer Sprache und Religion rücksichtslos bedrängten und ihnen zu Beginn des 1. Weltkrieges Russenfreundlichkeit vorgeworfen wurde, büßten Hunderttausende ihr Leben ein. Massendeportationen, erzwungene Übertritte zum Islam und Auswanderungen schwächten das Patriarchat außerordentlich.

Von diesen Unterdrückungen wurde auch das kleine Katholikat von Agthamar am Wansee betroffen. Katholikos Katchadar Chirojan (1864–95) erhielt keinen Nachfolger. Die Reste seines Jurisdiktionsbezirkes wurden 1895 vom Patriarchat Konstantinopel und nach 1915 vom Katholikat Etschmiadzin übernommen.

Das Katholikat bzw. Patriarchat von Sis (Kilikien) in Kleinarmenien (2 Erzbistümer, 10 Diözesen und 2 Klöster) wurde nach dem Nationalstatut von 1860 dem Patriarchat von Konstantinopel eingegliedert, bewahrte aber trotz des Druckes der türkischen Regierung eine gewisse Selbständigkeit.

Das Patriarchat Jerusalem, das die Armenier in Palästina, in Syrien und auf der Insel Zypern betreute, war in 5 Diözesen eingeteilt. Wegen der Machterweiterung des Patriarchates von Konstantinopel mußte es sich auf die Verwaltung der Diözese Jerusalem beschränken, deren geistiger Mittelpunkt das Jakobus-Kloster war[103].

Aus diesem Überblick über die äußere und innere Lage der selbständigen Ostkirchen ist zu erkennen, wie lähmend sich der Druck Rußlands, der Türkei und anderer Staaten auf die Kirchenorganisation und das Leben der Gläubigen auswirkte. Bei den Orthodoxen, z.B. in Rußland und auf Zypern, und den Monophysiten, z.B. in Südindien und Ägypten, lassen sich Reformbewegungen feststellen. Sie hatten jedoch nicht die Kraft, die ihnen von den Staaten auferlegten Beengungen zu sprengen. Deshalb blieb ihre gegenseitige Annäherung und die Mitarbeit in der ökumenischen Bewegung[104] in Ansätzen stecken. Einige Kirchenfürsten pflegten zwar mit anglikanischen und altkatholischen Bischöfen Kontakte, aber die in Jahrhunderten angehäuften Vorurteile und dogmatischen Differenzen zeigten tiefe Klüfte auf. Wenn auch Kirchenhistoriker und Liturgie-

[103] Über die gegenwärtige Jurisdiktion der Armenier vgl. *M. Krikorian – J. Madey,* The Armenian Church. Extension, hierarchy, statistics: OstkSt 21 (1972) 323–325.

[104] *K. Lübeck* a.a.O. 193–206; *C. Lialine,* La position spéciale de l'Orthodoxie dans le problème œcuménique: 1054–1954. L'Église et les églises a.a.O. II 389–413; *G. Florowski* a.a.O. 231–296; *N. Zernow* a.a.O. 317–358; *F. Heiler* a.a.O. 402–405.

wissenschaftler des westlichen und östlichen Christentums ihre traditionsreiche Vergangenheit erforschten und die Bewahrung altchristlichen Gutes anerkannten, so wuchs doch das Verlangen nach engeren Beziehungen zwischen den orthodoxen, nestorianischen und monophysitischen Gemeinschaften untereinander und nach Fühlungnahme mit den getrennten Christen des Abendlandes erst nach dem 1. Weltkrieg und dem Durchbruch der ökumenischen Bewegung in den folgenden Jahrzehnten.

Die unierten Ostkirchen

Bei allen Schismen zwischen der östlichen und westlichen Hälfte der Christenheit bemühten sich die Päpste um Wiederherstellung der Einheit. Als ihnen Ende des 16. Jh. und im 17. Jh. Unionsabschlüsse mit den Orthodoxen in Osteuropa gelangen, erwarteten sie, die verfestigten Barrieren zum christlichen Orient abbauen zu können, zumal auch Unionen im Vorderen Orient, in Äthiopien und Indien zustande kamen[105]. Sie mußten aber trotz einiger Erfolge Rückschläge hinnehmen. Das in die Zukunft weisende Pontifikat Leos XIII. ergab neue Unionsperspektiven[106]. Um 1900 waren etwa 8 Millionen unierte Gläubige[107] jurisdiktionell aufgegliedert in das armenische Patriarchat von Kilikien, drei Patriarchate von Antiochien (das maronitische, melkitische und syrische), das chaldäische Patriarchat von Babylon, das unierte koptische Patriarchat von Alexandrien, in mehrere Erzbistümer bzw. Bistümer in Ost- und Südosteuropa, in Unteritalien und in Südindien[108]. Sie werden auf Grund ihrer Kultsprachen in fünf Ritengruppen – in den byzantinischen, alexandrinischen, antiochenischen (westsyrischen), chaldäischen (ostsyrischen) und armenischen Ritus – eingeteilt. Sie gehen auf die Liturgien innerhalb und außerhalb der byzantinischen Reichskirche im christlichen Altertum zurück.

[105] Vgl. *G. Zananiri,* Catholicisme oriental (Paris 1966) 241–250: Chronologie; Atlas zur Kirchengeschichte. Die christlichen Kirchen in Geschichte und Gegenwart, hrsg. von *H. Jedin – K. S. Latourette – J. Martin* (Freiburg – Basel – Wien 1970) 132: Die Entstehung der katholischen Ostkirchen und die wichtigsten Unionsversuche.

[106] Siehe oben S. 347–354.

[107] Atlas zur Kirchengeschichte 138–139.

[108] Zur Gesamtorientierung über die Geschichte der Unionen vgl. neben der im Vorspann zu diesem Kapitel aufgeführten Literatur *A. Ehrhard* a. a. O. 24–45; *I. Silbernagl – J. Schnitzer* a. a. O. 325–385; *K. Lübeck* a. a. O. 30–39; *P. Werhun,* Die orientalischen Riten und kirchlichen Gemeinschaften: Der christliche Osten a. a. O. 350–368; *W. de Vries,* Der christliche Osten; *R. Janin* a. a. O. (1957) 538–544; *C. Korolevskij,* Liturgie in lebender Sprache. Orient und Okzident (Klosterneuburg bei Wien 1958); *R. F. Esposito* a. a. O. 42–361; *P. Hofmeister,* Die Kultsprache der Ostkirchen: OstkSt 11 (1962) 196–203; *A. Brunello* a. a. O. 499–521; *B. Stasiewski:* HKG V (1970) 246–255; *R. Aubert,* Die Kirchen des orientalischen Ritus: HKG VI/1 (1971) 218–229; *ders.,* Die katholische Kirche in der orthodoxen Welt: ebd. 592–614; *F. Heiler* a. a. O. 406–414.

Byzantinischer Ritus

Unter den unierten Ruthenen, Russen, Rumänen, Ungarn, Serben, Bulgaren, Griechen, Melkiten und Georgiern ist der byzantinische, auch griechisch genannte Ritus verschiedener Ausprägung am weitesten verbreitet.

Die Aufnahme der orthodoxen Metropolie von Kiew und ganz Ruthenien in die katholische Kirche durch die Union von Brest 1595/96 bot die Grundlage für die Wiedervereinigung der Ruthenen (Ukrainer) mit dem römischen Zentrum. Sie fand in Užhorod (1646) ihre Fortsetzung, die sich auf die Karpatoruthenen, Slowaken, Ungarn und Rumänen erstreckte.

Das nach Ostmitteleuropa eindringende Rußland erzwang im 18. und 19. Jh. den Übertritt der in seinem Machtbereich wohnenden Ruthenen zur Orthodoxie; 1875 wurde die ihnen verbliebene Diözese Chełm aufgelöst[109]. Trotz rigoroser Verfolgungen waren der Union 50000 Gläubige treu geblieben, die 1904 eine Delegation zu Pius X. sandten. Ihre Erwartung, daß die Toleranzedikte Nikolaus' II. auch auf sie angewandt würden, erfüllten sich nicht; es wurde ihnen nur der Übertritt zum römischen Katholizismus erlaubt.

In der Donaudoppelmonarchie, in Galizien, Ungarn und Siebenbürgen, konnten die Ruthenen ihre Kirchenorganisation ausbauen. Im Erzbistum Lemberg (Lviv) wurde vom Suffraganbistum Przemyśl (Peremyšl) ein zweites Bistum Stanislau (Stanyslaviv) abgezweigt. Die Reform des Basilianerordens, die Provinzialsynode von Lemberg 1891, die Gründung des Ruthenischen Kollegs in Rom 1897, die beiden Erzbischöfe Sylvester Kardinal Sembratovyč (1882–98) und Andreas Graf Szeptyckyj (1900–44) führten eine Blütezeit ihrer Kirche herbei[110], die in ihren drei Diözesen über 3 Millionen Gläubige zählte. Sie zeigte sich in der Bildung neuer Ordensgemeinschaften (der Studiten, eines Ostzweiges der Redemptoristen, der Basilianerinnen, Studitinnen, der Kongregation der Dienerinnen der Unbefleckten Jungfrau Maria), in theologischen Ausbildungsstätten, Zeitschriften, Schulen und Caritaszentren. Der aus dem Basilianerorden stammende Erzbischof Szeptyckyj[111] war durch seinen pastoralen und missio-

[109] Siehe oben S. 179.

[110] *A. Korczok,* Die griechisch-katholische Kirche in Galizien (Leipzig – Berlin 1921); *T. Haluszczynskyj,* Die gegenwärtige Lage der katholischen Kirche (ukrainisch-katholischer Ritus): Ex Oriente a.a.O. 90–101; Die Kirche und das östliche Christentum. Ukraine und die kirchliche Union, hrsg. von der katholischen Emigrantenfürsorge Berlin (Berlin 1930); Documenta Pontificum Romanorum historiam Ucrainae illustrantia (1075–1953) II, hrsg. von *A. G. Welykyj* (Rom 1954) 453–515; *L. Nemec,* The Ruthenian Uniate Church in its Historical Perspective: CH 37 (1968) 365–388; *J. Madey,* Le Patriarcat Ukrainien vers la perfection de l'état juridique actuel (Rom 1971).

[111] *A. Szepticky,* Das russische katholische Exarchat: Ex Oriente a.a.O. 78–89; *J. Drozd,* + Andreas Šeptyckyj, metropolita Leopoliensis, praeses Academiae Velehradensis 1910–1939: Acta Academiae Velehradensis 18 (Olmütz 1947) 92–102; *G. Prokoptschuk,* Der Metropolit. Leben und Wirken des großen Förderers der Kirchenunion Graf Andreas Scheptytzkyj (München 1955); *J. Maday,* Kirche zwischen Ost und West 174–199.

narischen Eifer, sein Mäzenatentum und vor allem durch seine Unionsbemühungen über die Grenzen Galiziens hinaus bekannt. Seine Hirtenbriefe 1907 und 1908 behandelten das Thema der Einheit, die er in Toleranz und Liebe zu verwirklichen trachtete. Seit 1910 war er Präsident der Welehrader Unionskongresse [112]. Er reifte zu einer der überragenden Persönlichkeiten der Unionsbewegung heran und wurde als Patriarch der Ruthenen verehrt.

Szeptyckyj unterstützte weißrussische Studenten, um das aus politischen Gründen zerrissene Band zwischen dem ukrainischen und weißrussischen Volk wieder anzuknüpfen. 1907 reiste er inkognito nach Weißruthenien, in die russische Ukraine und nach Moskau. Durch Gespräche und Verhandlungen gab er Anstoß zu einer neuen Unionsbewegung des byzantinisch-slawischen Ritus, die von Pius X. im nächsten Jahr ausdrücklich gebilligt wurde. Sammelpunkte der unierten Russen[113] waren St. Petersburg und Moskau.

Ähnlich wie in Galizien war auch den unierten Ruthenen Ungarns in den beiden Bistümern Munkaćs (slowakisch: Mukačevo) und Eperjes (slowakisch: Prešov) durch eigene Initiative und staatliche Unterstützung ein Aufschwung vergönnt. In dem kleinen 1777 für die Unierten in Kroatien, Slawonien und der Batschka errichteten Bistum Kreutz (kroatisch: Križevçi) war fast die Hälfte der Gläubigen Ruthenen, die aus Galizien und Podkarpatien nach dem Süden Ungarns ausgewandert waren.

In Siebenbürgen, in der Kirchenprovinz Fogarasch (Alba Julia - Făgăraş) mit den Suffraganbistümern Großwardein (Oradea Mare), Lugosch (rumänisch: Lugoj) und Szamos Ujvár war der rumänisch-byzantinische Ritus eingebürgert. Wie die unierten Ruthenen bauten auch die Rumänen ihr Schulwesen, ihre Presse und ihre caritativen Institute aus. Sie mußten sich aber im Ringen um Bewahrung ihrer Nationalität mit Magyarisierungsmaßnahmen der Behörden auseinandersetzen.

Die unierten Ungarn[114], die teils zu den ruthenischen, teils zu den rumänischen Diözesen gehörten, verlangten seit 1868 eine eigene kirchliche Jurisdiktion und die Einführung des Ungarischen als Liturgiesprache. 1873 wurde für sie das Vikariat Hajdudorog aus 33 Gemeinden eingerichtet. Auf Drängen der ungarischen Gläubigen und der Regierung schuf Pius X. 1912 durch die Bulle

[112] Siehe oben S. 356.

[113] Siehe oben Kapitel 11 S. 176. – 1917 berief Szeptyckyj die erste Synode für die unierten Russen in St. Petersburg ein, als er nach dreijähriger Kriegsgefangenschaft entlassen wurde. Auf Grund der ihm von Pius X. erteilten Vollmachten ernannte er Leonid Feodorov zum Exarchen für ganz Rußland. Die neuen Machthaber anerkannten zunächst den Exarchen, enthoben ihn aber seines Amtes und verbannten ihn nach Sibirien, wo er 1935 starb.

[114] AAS IV (1912) 429–435; *G. Patacsi,* Die ungarischen Ostchristen: OstkSt 11 (1962) 273–305; *I. Žeguc,* Die nationalpolitischen Bestrebungen der Karpato-Ruthenen 1848–1914 (Wiesbaden 1965) 113–116; *G. Adriányi,* Friedrich Graf Revertera 216–266 310–312; *ders.,* Die Bestrebungen der ungarischen Katholiken des byzantinischen Ritus um eigene Liturgie und Kirchenorganisation um 1900: OstkSt 21 (1972) 116–131; *E. Weinzierl,* Spannungen in der österreichisch-ungarischen Monarchie 1878–1914, siehe oben Kap. 2, S. 54–55.

„Christi fideles Graeci ritus" die Diözese gleichen Namens[115] und schrieb ihr das Altgriechische als Liturgiesprache vor, er billigte das Ungarische nur für außerliturgische Funktionen. Trotzdem wurde die Liturgie in der Volkssprache gefeiert. Nach dem 1. Weltkrieg wurde die Diözese durch Abtretung von 77 Pfarreien an die unierte Kirche in Rumänien verkleinert, die auch das Erzbistum Fogarasch und Teile des slowakischen Bistums Mukačevo übernahm. Der Rest dieser Diözese und das Bistum Prešov wurden der Tschechoslowakei einverleibt[116]. Seit dem Ende des 19. Jh. wanderten viele unierte Ruthenen und Rumänen nach Nord- und Südamerika aus, wo sie den Aufbau einer eigenen Hierarchie erwirkten.

Bischof Josip Jurij Stroßmayer von Diakovar half den unierten Serben und trat für sie auch außerhalb seines Bistums ein.

Nach der Volkszählung von 1910 betrug die Zahl der Unierten in Österreich $3^1/_2$ Millionen, in Ungarn 1,9 Millionen und in Bosnien-Herzegowina 8000.

Bei den Bulgaren konnte sich die vom Titularerzbischof Joseph Sokolski (1860–61) angeregte Unionsbewegung wegen russischer Intervention nicht entfalten. Unter Raphael Popoff (1865–76) faßte sie mit Hilfe der Assumptionisten, Lazaristen und Resurrektionisten in Mazedonien und Thrakien Fuß. Leo XIII. errichtete 1883 in Konstantinopel eine Apostolische Administratur, der er zwei Apostolische Vikariate in Mazedonien und Thrakien unterstellte. Die etwa 15 000 Gläubigen litten unter dem Druck des bulgarischen Exarchen, der orthodoxen Bischöfe und der türkischen Regierung.

Noch geringer waren die Ausbreitungschancen für die unierten Griechen. Sie verdankten ihre Sammlung dem Einsatz des Hyazinth Marango, der 1856 in Konstantinopel eine Zeitschrift gründete und zwei Kongregationen ins Leben rief. Die Assumptionisten setzten seine Arbeit durch das ihnen anvertraute Seminar in Kadiköy und die Zeitschrift „Échos d'Orient" fort. Johannes Papadopulos wurde 1909 zum Generalvikar des Apostolischen Delegaten von Konstantinopel für die unierten Griechen ernannt, 1911 zum Bischof geweiht und mit der selbständigen Leitung der kleinen Gemeinden beauftragt. – Hyazinth Marango warb auch im Königreich Griechenland für die Unierten, erzielte aber wegen der antikatholischen Animosität der Orthodoxen nur bescheidene Erfolge. Die Bemühungen Leos XIII., die von ihm geförderte Ausbildungsanstalt in Athen und der Einsatz verschiedener Orden blieben im wesentlichen unwirksam. Der katholische Erzbischof von Athen war als Apostolischer Delegat für etwa 2000 unierte Griechen zuständig.

Die Italo-Griechen und Italo-Albanesen (50000 Gläubige), die in der Basilianerabtei Grottaferrata bei Rom, in Kalabrien und Sizilien ihre Zentren

[115] Siehe oben S. 356.

[116] Unmittelbar nach dem 2. Weltkrieg (1946 in der Westukraine, 1948 in Rumänien, 1949 in der Slowakei) wurden die Unionen Ostmitteleuropas unter sowjetischem Druck aufgelöst. Nur die beiden Diözesen Hajdudorog in Ungarn und Kreutz in Jugoslawien überlebten.

hatten und durch Latinisierungsmaßnahmen bzw. Mischformen von lateinischer und byzantinischer Liturgie in ihrer Eigenart bedroht waren, wurden von Leo XIII. in ihrer Eigenständigkeit bestärkt. Er verfügte die Beseitigung aller liturgischen Zusätze, die mit dem byzantinischen Ritus nicht vereinbar waren.

An der Spitze der Melkiten stand der Patriarch von Antiochien[117]. Maximos III. Mazlum (1833–55) war seit 1838 auch Inhaber der beiden unierten Patriarchatssitze von Alexandrien und Antiochien. Gregor II. Jussef Sayyur, dessen Jurisdiktion über alle Melkiten Leo XIII. 1894 ausdrücklich anerkannte, Peter IV. Geraigiry (1898–1903) und Cyrill VIII. Geha (1903–16) bauten die Organisation der 4 Erzbistümer und 8 Bistümer mit Hilfe der Patriarchalvikare von Alexandrien und Jerusalem aus, sorgten für eine gediegene Ausbildung des Weltklerus im Seminar St. Anna in Jerusalem und die Ausbreitung des Ordenslebens, in dem sich u.a. 3 Basilianergemeinschaften und die vom Erzbischof Germanos Moakkad von Baalbek († 1912) gegründete Kongregation der Paulinisten durch schulische, caritative und missionarische Tätigkeit auszeichneten. Es gelang ihnen, die über den Vorderen Orient und Ägypten verstreuten Gläubigen (1907: 140000) trotz ihrer sozialen Unterschiede und mancher aus Laienkreisen stammenden Forderungen, die nach dem Beispiel der orthodoxen Kirchen ein stärkeres Mitspracherecht verlangten, zusammenzufügen und sie in ihrer Treue zum Apostolischen Stuhl zu festigen. Die Synode von Aïn-Traz im Libanon vom 4. April bis 8. Juli 1909 beschäftigte sich mit dogmatischen und pastoralen Fragen, um das religiöse Leben zu vertiefen. Sie faßte das Ergebnis der gründlichen Beratungen in 1017 Canones zusammen[118], deren lateinische Übersetzung nach Rom gesandt, aber wegen einiger strittiger Punkte nicht approbiert wurde. Die Synode begünstigte die weitere Entwicklung der Melkiten in organisatorischer und spiritueller Hinsicht. Die auf ihr beschlossene Herausgabe der arabischen Zeitschrift „Der gute Wille" trug die Grundgedanken in eine breitere Öffentlichkeit.

Bei den Georgiern hatten Theatiner (seit 1629) und Kapuziner (seit 1662) für die Union geworben. 1848 wurden die 50000 Katholiken Georgiens dem Bischof von Tyraspol untergeordnet, von ihnen waren 10000 Unierte, überwiegend Armenier, nur ein kleiner Teil hielt an der byzantinischen Liturgie fest[119]. Ihr Gebrauch ebenso wie der der georgischen Sprache in Predigt und öffentlichem Gottesdienst wurde ihnen von der russischen Regierung 1886 verboten. Nach dem 1. Weltkrieg nahmen sich einige Priester dieser Gläubigen an, die aber unter den Druck der sowjetischen Regierung gerieten.

[117] *I. Silbernagl–J. Schnitzer* a.a.O. 334–341; *R. Janin* a.a.O. (^{4}1955) 275–287; *R. F. Esposito* a.a.O. 61–78.

[118] *Ch. de Clercq* a.a.O. 790–831. Die Canones betreffen den Kult (Nr. 1–110), die Hierarchie (Nr. 111–546), die Sakramente (Nr. 547–875) und kirchenrechtliche Probleme (Nr. 876–1017).

[119] *S. Bathmanschwili,* L'Église catholique en Géorgie: Ex Oriente a.a.O. 152–158; *R. Janin* a.a.O. (^{4}1955) 320–321.

Alexandrinischer Ritus

Zu dieser Liturgiegruppe gehören die unierten Kopten und Äthiopier. Die von Franziskanern im 18. Jh. eingeleitete Union bei den Kopten[120] machte erst Fortschritte, als sich Leo XIII. in seinem Apostolischen Brief vom 11. Juli 1895 für die Union einsetzte[121] und der Bitte einer Delegation unter Leitung des Cyrill Makarios entsprechend am 26. November das alexandrinische Patriarchat erneuerte[122]. Er errichtete neben dem Patriarchalbistum die Diözesen Hermopolis und Theben. 1899 ernannte er Cyrill Makarios zum Patriarchen. Eine Synode in Kairo legte 1898 das Fundament für die Organisation der Kirche durch Beschlüsse über Glauben, Liturgie und Hierarchie[123]. Ihr Aufbau wurde unterbrochen, als der ehrgeizige Patriarch 1908 demissionierte und sich zur Orthodoxie bekannte[124]. An seine Stelle trat ein Apostolischer Administrator. Die Zahl der unierten Kopten stieg von 4630 (1897) auf 14576 (1907).

Für die unierten Äthiopier, die seit der Mitte des 19. Jh. von französischen Lazaristen und italienischen Kapuzinern betreut wurden, schuf Leo XIII. neben zwei bestehenden Apostolischen Vikariaten 1894 eine Apostolische Präfektur für das Gebiet Eritrea, das 1890 italienische Kolonie geworden war. 1896 sandte er Cyrill Makarios nach Addis Abeba, der in seinem Auftrag um die Befreiung italienischer Gefangener bat. Seine Korrespondenz mit Kaiser Menelik II. (1889–1909) versuchte, die durch die politischen Verhältnisse bedingte schwierige Lage der Unierten zu verbessern. Auch Pius X. wandte sich 1906 an ihn. 1910 ließ der Papst den ersten einheimischen Äthiopier, Abuna Kidana Maryam Kassa, zum Bischof von Asmara weihen. Er leitete seit 1911 das Apostolische Vikariat Asmara für die unierten 4000 Äthiopier.

Antiochenischer Ritus

Diese Ritusgruppe umfaßt die unierten Jakobiten und Maroniten. Seit 1783 waren diese Syrer (Westsyrer)[125] in Syrien, Mesopotamien und Ägypten dem Patriarchen von Antiochien unterstellt, der seit 1854 in Mardin residierte. Nach

[120] *R. Janin* a.a.O. ([4]1955) 490–492; *S. Chauleur* a.a.O. 163–166; *R. F. Esposito* a.a.O. 327–349.

[121] ASS XXVII (1894/95) 705–709.

[122] ASS XXVIII (1895/96) 257–260.

[123] *Ch. de Clercq* a.a.O. 759–780.

[124] 1912 wurde er in Rom rekonziliert. Er starb 1921 in Beirut.

[125] *R. Janin* a.a.O. ([4]1955) 387–393; *W. de Vries*, Dreihundert Jahre syrisch-katholische Hierarchie: OstkSt 5 (1956) 137–157.

Der westsyrische Ritus wurde auch von einer Gruppe der Thomaschristen gebraucht, die sich 1930 von der monophysitischen Kirche der Jakobiten in Südindien trennten. Für die unierten Malankaren wurde 1933 das Erzbistum Trivandrum errichtet, dessen Gläubige (60000) sich in den nächsten Jahrzehnten stark vermehrten.

Beilegung innerer Zwistigkeiten auf der Synode in Scharfeh[126], auf der die kirchlichen Verhältnisse neu geordnet wurden, gaben die Patriarchen ihrer Kirche ein klareres Profil. Mit Hilfe von 4 Metropoliten und 6 Bischöfen, ausländischen und einheimischen Orden verbesserten sie die Ausbildung und materielle Versorgung des Klerus und erweiterten das Schulwesen. Neben dem Patriarchen Cyrill Behnam Benni (1893–97) trug Ignaz Ephraem II. Rachmani (1898–1929) durch seine historischen und liturgiegeschichtlichen Forschungen sowie die Edition eines syrischen Rituale zur Stabilisierung der Union bei. Als die Gläubigen (80000) durch Christenverfolgungen während des 1. Weltkrieges in der Türkei bedrängt wurden, verringerte sich ihre Zahl, die durch Auswanderungen weiter zurückging. Der Sitz des Patriarchen wurde von dem in der Türkei liegenden Mardin nach Beirut verlegt.

Die Maroniten[127] in der einzigen unierten Patriarchatskirche, der keine getrennte Ostkirche gegenübersteht, hatten sich im 18. Jh. stark vermehrt. 1861/62 fielen aber viele von ihnen dem Terror der Drusen zum Opfer. 1885 gab es 1050 Weltgeistliche und 800 Mönche in 45 Klöstern, dazu kamen 7 Frauenklöster. Um 1900 bestanden 9 Diözesen, 3 Patriarchatsseminare, 6 Diözesanseminare und ein blühendes einheimisches Ordenswesen, das sich nach der Regel des hl. Antonius richtete. Unter den Patriarchen Paul Masad (1854–90) und Elias Petrus Huayek (1899–1931) nahm das religiöse Leben der Maroniten (1913: 250000) einen Aufschwung, das durch das 1584 in Rom gegründete und 1891 durch Leo XIII. erneuerte Maronitische Kolleg vertieft wurde.

Chaldäischer Ritus

In die ostsyrische Liturgiegruppe sind die Chaldäer und Maroniten einzureihen. Das Zentrum der Chaldäer[128], der unierten Nestorianer, lag in Mesopotamien. Unter ihrem Patriarchen Joseph II. Audo (1848–78), der in Mossul residierte, brach eine innere Krise aus. Sie begann mit dem Versuch des Patriarchen, seine Jurisdiktion auf die unierten Malabaren auszudehnen, sie wurde verstärkt durch die Eingriffe des Heiligen Stuhles in die Selbstverwaltung der chaldäischen Kirche und erreichte ihren Höhepunkt, als Joseph II. Audo sich 1869 weigerte, zwei in Rom ernannte Bischöfe zu weihen. Pius IX. stellte ihn 1870

[126] *Ch. de Clercq* a.a.O. 599–628.

[127] *I. Silbernagl – J. Schnitzer* a.a.O. 361–385; *K. Friz,* Die christlichen Minderheiten im Vorderen Orient: Kyrios 3 (1938) 208–223; *R. Janin* a.a.O. (⁴1955) 457–462; *R. F. Esposito* a.a.O. 268–284; *B. Spuler,* Die Maroniten: Hdb. der Orientalistik a.a.O. 217–225; *P. Dib,* Histoire de l'église Maronite, 2 Bde (Beirut 1962); *A. S. Atiya* a.a.O. 389–423.

[128] *I. Silbernagl – J. Schnitzer* a.a.O. 350–357; *W. de Vries,* Nel quarto centenario della chiesa cattolica caldea: CivCatt 103 (1952) 236–252; *R. Janin* a.a.O. (^{4}1955) 422–429; *R. F. Esposito* a.a.O. 287–308; *H. Schulte,* Der Beginn. Eine Hilfsaktion für den christlichen Orient (Limburg 1966).

vor die Alternative, entweder die Bischöfe zu konsekrieren oder zu resignieren. Trotz seines Nachgebens in dieser Angelegenheit und in den Auseinandersetzungen um die Opportunität der Unfehlbarkeitsdefinition entwickelten sich neue Spannungen wegen der unierten Malabaren. Sie ebbten erst unter Elias XII. Abolionan (1879–94) und Joseph Emanuel II. Thomas (1900–47) ab, als Leo XIII. sie seines Wohlwollens versicherte. Unter diesen beiden Patriarchen fanden viele Nestorianer den Weg zur Union, so daß 1914 in 4 Erzbistümern und 8 Bistümern 100000 Gläubige zur chaldäischen Kirche gehörten. Neben Dominikanern, Kapuzinern, Lazaristen, Karmeliten und Pallottinern intensivierten 2 einheimische Kongregationen das innerkirchliche Leben.

Die Malabaren[129] hatten es nicht leicht, sich aus der Abhängigkeit der lateinischen Hierarchie zu lösen. Die Bemühungen des Patriarchen Joseph II. Audo, anstelle der lateinischen Karmelitenmissionare Bischof Mar Rocco mit der Leitung der malabarischen Kirche zu betrauen, scheiterten. 1874–76 scharten sich etwa 24000 Gläubige um den chaldäischen Bischof Elias Mellus von Akra, den sein Patriarch nach Südindien geschickt hatte, sie trennten sich von der Union[130] und schlossen sich 1907 dem nestorianischen Katholikat (Neunestorianische Kirche; 1914: 14000 Mitglieder) an. Leo XIII. entzog die Unierten der Aufsicht der lateinischen Bischöfe und schuf für sie 1887 die beiden Apostolischen Vikariate Trichur und Kottajam, die zunächst lateinischen Prälaten anvertraut wurden, bis er 1897 drei selbständige Apostolische Vikariate mit einheimischen Bischöfen besetzte. Ihr Ritus wurde von lateinischen Überformungen gereinigt. In den folgenden Jahren wuchs ihre Zahl von 200000 (um 1900) auf 300000 (1914) an[131].

Armenischer Ritus

Als Pius IX. 1867 die beiden unierten Kirchen von Konstantinopel und Kilikien miteinander verband, war bei den unierten Armeniern[132] eine Krise ausgebrochen[133], die nach dem 1. Vatikanischen Konzil die Aufstellung eines Gegenpatriarchen und den Abfall zahlreicher Unierter zum Monophysitismus verursachte. Sie wurde erst beigelegt, als Leo XIII. den Patriarchen Antonius Petrus IX. Hassan (1867–80) zum Kurienkardinal und Stefan Peter X. Azarian (1881–99) zum Nachfolger ernannte. Auf einer Synode 1890 wurden dogmatische, rituelle und organisatorische Fragen besprochen[134]. Der Papst unter-

[129] *I. Silbernagl – J. Schnitzer* a. a. O. 357–358; *E. Tisserant* a. a. O. 108–120; *R. F. Esposito* a.a.O. 309–326; *E. R. Hambye – J. Madey* a.a.O. 55–58.

[130] Elias Mellus trat 1889 wieder der Union bei und wurde Bischof von Mardin (1893–1908).

[131] Erst 1923 wurde eine eigene Kirchenprovinz für die unierten Malabaren errichtet, die heute in 2 Erzbistümern und 5 Bistümern mit $1^1/_2$ Millionen Gläubigen organisiert sind.

[132] *Ch. de Clercq* a.a.O. 719–752.

[133] *R. Aubert,* Die katholische Kirche in der orthodoxen Welt: HKG VI/1 (1971) 611–612.

[134] *I. Silbernagl – J. Schnitzer* a. a. O. 342–349; *R. Janin* a. a. O. (⁴1955) 355–364; *R. F. Espo-*

stützte den Neuaufbau des Patriarchates (2 Erzbistümer, 13 Bistümer) durch Errichtung des schon 1584 von Gregor XIII. geplanten Armenischen Kollegs in Rom (1883), die Approbation der Konstitutionen der Wiener Mechitharisten (1885) und setzte sich für die von den Türken bedrängten Armenier (1894–96) ein. 1911 brachen neue Zwistigkeiten aus, die sich an dem Gegensatz zwischen dem Patriarchen Paul V. Petrus XIII. (1910–31) und den stärkeres Mitspracherecht fordernden Laien in der Kirchenverwaltung entzündeten. Der Patriarch wurde von den türkischen Behörden ausgewiesen. Er hielt 1911 eine Synode in Rom ab, die aber die internen Schwierigkeiten nicht bereinigen konnte. Die Armeniergreuel im 1. Weltkrieg, bei denen 50 Prozent des Klerus umkam, lähmten die weitere Entwicklung der 100000 Gläubigen in der armenischen Patriarchatskirche[135]. Günstiger war ihre Situation im armenischen Erzbistum Lemberg (2500), in Rumänien (30000) und in Rußland (40000)[136]. Sie erlagen aber nach dem 2. Weltkrieg der sowjetischen Kirchenpolitik.

Der geistigen Latinisierung der Ostkirchen wurde erst nach dem 1. Vatikanum unter der Fürsorge Leos XIII. Einhalt geboten[137], der die Eigenart der Unierten über die Bewahrung ihrer Liturgie hinaus anerkannte. Die vom Papst erwartete Kräftigung wurde aber durch innere und äußere Umstände gehemmt. Die Überlagerung der lateinischen Liturgie blieb bei den Malabaren, Maroniten und Syrern weithin bestehen. Der bei den selbständigen Ostkirchen übliche Anteil der Laien an der Kirchenverwaltung löste Spannungen aus, z.B. bei den Armeniern. Durch fortwährenden staatlichen Druck, besonders in Rußland und in der Türkei, und Verfolgungen der Armenier, Chaldäer, Georgier, Maroniten, Syrer wurden die Entfaltungsmöglichkeiten eingeschränkt. Nur die Ruthenen und Rumänen in Österreich-Ungarn sowie die Malabaren in Südindien bauten ihre Kirchenorganisation aus. Alle unierten Oberhirten bemühten sich um Hebung des Bildungsniveaus ihrer Geistlichen, Rückkehr zu der ursprünglichen Liturgie ihrer Kirchen und eine den Zeiterfordernissen entsprechende Seelsorge. Die Hilfe, die sie von den Päpsten Leo XIII. und Pius X. empfingen, wirkte sich befruchtend auf ihre Initiativen aus, klärte die Stellung der Patriarchen, der Bischöfe, des Welt- und Ordensklerus[138].

sito a.a.O. 213–218; *B. Spuler*, Die armenische Kirche 264–266; *A. K. Sanjian* a.a.O.; *P. Krüger*, Die armenischen Mechitharisten und ihre Bedeutung: OstkSt 16 (1967) 3–14.

135 Die Zahl ging nach dem 1. Weltkrieg auf 60000 zurück, die in Ägypten, im Libanon, in Persien, Syrien, der Türkei und der Emigration, besonders in Frankreich, lebten. 1928 fand in Rom eine armenische Bischofskonferenz statt, die die Bistümer reorganisierte und Richtlinien für die Seelsorge in der Diaspora aufstellte. Über die gegenwärtige Hierarchie der unierten armenischen Kirche vgl. *M. Krikorian – J. Madey* a.a.O. 325.

136 *A. M. Ammann* a.a.O. 517–518 535–536 581–582.

137 *W. de Vries* unter Mitarbeit von *O. Bârlea – J. Gill – M. Lacko*, Rom und die Patriarchate des Ostens (Freiburg – München 1963) 232–237 318–327; *J. Hajjar*, L'Épiscopat catholique oriental et le Ier Concil du Vatican d'après la correspondance diplomatique française: RHE 65 (1970) 423–455 737–788; *ders.*, Zwischen Rom und Byzanz 221–252.

138 *Ch. de Clercq* a.a.O. 1007–20.

ZWEITER TEIL

Defensive Kräftekonzentration

Einleitung

Pius X., ein konservativer Reformpapst

Univ.-Professor Dr. Roger Aubert, Löwen

QUELLEN: ASS 36–41 (1903/08); AAS 1–6 (1909/14); Lettere, hrsg. von *N. Vian* (Rom 1954; dt. Übers. Freiburg/Schweiz 1960); *L. v. Pastor,* Tagebücher, hrsg. von *W. Wühr* (Heidelberg 1950) 414–611; *R. Merry del Val,* Pio X, impressioni e ricordi (Padua 1949; dt. Übers. Basel 1951); *C. Bellaigue,* Pie X et Rome (Paris 1916); *F. Crispolti,* Ricordi personali (Mailand 1932) 85–139; Beatificationis et Canonizationis Servi Dei Pii Papae X Positio super introductione causae (Rom 1942); Positio super virtutibus (Vatikanstadt 1949); Disquisitio circa quasdam objectiones modum agendi Servi Dei respicientes in modernismi debellatione (ebd. 1950; wichtige Dokumente); außerdem die Protokolle der Prozesse (Rom, Ordinarius 1923–1931 und Apostolicus 1943–1946; Venedig, Ord. 1924–1930 und Apost. 1944–1946; Mantua, Ord. 1924–1927 und Apost. 1945–1946; Treviso, Ord. 1923–1926 und Apost. 1944–1946).

LITERATUR: Allgemeine Darstellungen: *Schmidlin PG* III 1–177; DThC XII 1716–1740; A Symposium on the Life and Work of Pius X (Washington 1946); *H. Hermelink,* Die Kath. Kirche unter den Piuspäpsten des 20. Jh. (Zürich 1949) 3–23 u. ö.; *Stanislao da Campagnola:* I papi nella storia II (Rom 1961) 1078–1101; *C. Falconi,* I papi del ventesimo secolo (Mailand 1967) 17–103 387–389; *G. Schwaiger,* Gesch. der Päpste im 20. Jh. (München 1968) 49–71 206–207. Auch: *Y. de la Brière,* Les luttes présentes de l'Église, 2 Bde (Paris 1913/14); *M. Pernot,* La politique de Pie X (Paris 1910); *ders.,* Le Saint-Siège, l'Église catholique et la politique mondiale (Paris 1924; eine liberale Stellungnahme); *Aventino* (= Ch. Bélin), Le gouvernement de Pie X. Concentration et défense catholique (Paris 1912; konservative Stellungnahme); Ce qu'on a fait de l'Église (Paris 1912; polemisch, jedoch aufschlußreich; dazu *É. Poulat,* Histoire, dogme et critique dans la crise moderniste [Paris-Tournai 1962] 662–664). Siehe auch *J. M. Javierre,* La diplomacia pontificia en los estados europeos, 1903–14. Fuentes y bibliografía: Salmanticensis 11 (1964) 343–373.

Biographien: Da noch immer keine wirklich befriedigende Biographie vorliegt (Liste in Salmanticensis 11 [1964] 353–354), empfehlen sich vor allem: *R. Bazin,* Pie X (Paris 1928); *E. Vercesi,* Il pontificato di Pio X (Mailand 1935); *F. De Carli,* Pio X e il suo tempo (Florenz 1941); *Ch. Ledré,* Pie X (Paris 1952, die meistnuancierte Biographie; s. auch *ders.:* RHEF 40 [1954] 249–267); *G. Dal Gal,* Il papa santo Pio X (Padua 1954; sehr einseitig, bringt aber viele Einzelheiten); *P. Fernessole,* Pie X. Sa vie et son œuvre, 2 Bde (Paris 1952); *N. Vian,* S. Pius Pp. X (Padua 1958). Auch *P. V. Facchinetti,* L'anima di Pio X (Mailand 1935); *F. Antonelli,* La santità di Pio X: Rivista di vita spirituale 6 (1952) 121–132.

Über Giuseppe Sarto vor seinem Pontifikat: *A. Marchesan,* Pio X (Einsiedeln 1905); *D. Ireneo,* La formazione di S. Pio X nel Seminario di Padova: Studia patavina 1 (1954) 286–317; *E. Bacchion,* G. Sarto arciprete di Salzano (Padua 1925); *N. Vian,* San Pio X a Venezia (Rom 1958); *ders.,* Sulla soglia di Venezia (Florenz 1964).

Über das Konklave: *G. Berthelet,* Storia e rivelazione sul conclave del 1903 (Turin 1904). Das Wesentliche wurde sehr rasch bekannt auf Grund des Artikels von *F. D. Mathieu,* Les derniers jours de Léon XIII et le conclave: Revue des deux mondes 362 (1904) 241–285 (einige zusätzliche Einzelheiten nach seinem Tagebuch in *E. Renard,* Le cardinal Mathieu [Paris 1925] 390–415); Fürst *B. v. Bülow* hat in seinen Denkwürdigkeiten (I Berlin 1930 619–623) einen ausführlichen Brief des Kardinals Kopp vom 4. August 1903 veröffentlicht; andere Einzelheiten berichtet *M. Landrieux,* Le conclave de 1903. Journal d'un conclaviste: Études 299 (1958) 157–183; die französische diplomatische Korrespondenz wurde von *H. Néant* ausgewertet in Revue d'histoire diplomatique 77 (1963) 97–111, die österreichische diplomatische Korrespondenz von *Engel-Janosi* II 1–47. Über das Veto siehe auch *Z. Obertyński,* Kard. Puzyna und sein Veto: Festschr. F. Loidl III (Wien 1971) 177–195.

Über die Kurie unter Pius X.: *L. Bedeschi,* La Curia Romana durante la crisi modernista (Parma 1968); dazu *M. Guasco:* Humanitas (1968) 814–817 und *G. Martina:* RSTI 23 (1969) 230–234.

Als das Konklave eröffnet wurde, dessen Aufgabe es war, den Nachfolger Leos XIII. zu wählen, sah sich das Heilige Kollegium einer Situation gegenübergestellt, die viel verwickelter war, als dies 1878 der Fall gewesen war. Eine bedeutende Gruppe von Kardinälen war der Überzeugung, man könne den Pontifex Maximus, der das Ansehen des Papsttums in solchem Maße vermehrt hatte, am besten durch die Wahl seines Staatssekretärs, des Kardinals Rampolla, ersetzen, war er doch der innige Vertraute seiner ganzen Gedankenwelt und der Mitarbeiter an allen großen Plänen und Unternehmungen der letzten 15 Jahre. Diese Ansicht vertraten einerseits die Kirchenfürsten, die sich eine Fortsetzung der konzilianten Politik des Verstorbenen gegenüber der zeitgenössischen Geisteshaltung und den modernen Institutionen wünschten, und anderseits ein Teil der Intransigenten, die in Rampolla den unerbittlichen Gegner des offiziellen Italiens schätzten. Aber gegen Rampolla sprach nicht nur das Scheitern seiner französischen Politik. Viele Kardinäle hielten es für notwendig, nunmehr einen völlig anderen Weg einzuschlagen, wenn sie sich auch über dessen Richtung durchaus nicht einig waren. Die einen, die ebenfalls politische Erwägungen anstellten, wünschten, der Heilige Stuhl möchte Italien gegenüber eine weniger versteifte Haltung einnehmen, da sie es für müßig hielten, noch länger auf dessen baldigen Zusammenbruch zu spekulieren; sie wollten auch lieber, daß sich die Kirche auf den Beistand des katholischen Österreichs und der deutschen Zentrumspartei stützen sollte als auf das orthodoxe Rußland, dessen wachsenden Einfluß im Nahen Osten man fürchtete; man sollte viel eher auf das antiklerikale Frankreich setzen. Andere, denen der doktrinäre Standpunkt mehr am Herzen lag, waren besorgt über die liberalen Strömungen in der Exegese und in der Theologie, über die Gefahr, die dem Autoritätsprinzip durch den Einfluß der vom Staatssekretär geförderten demokratischen Ideen drohte, und über das Ausmaß der Konzessionen, die er der staatlichen Gewalt machen wollte, um ihre Unterstützung oder zumindest ihre Neutralität dafür einzuhandeln. Sie forderten daher eine Rückkehr zur Intransigenz, in deren Zeichen der Pontifikat Pius' IX. gestanden hatte. Wieder andere – und zwar sowohl Reformisten wie auch Konservative – waren der Ansicht, nach so vielen Jahren, in denen dem „Außenministerium" der Vorrang eingeräumt worden war, sei es nun höchste Zeit, endlich an das „Innenministerium" zu denken. So wünschten sie als neuen Papst einen Mann, der im Bischofsamt die Reife erlangt hatte und die pastoralen Fragen, eine bessere Verwaltung der Diözesen, den Ausbau der kirchlichen Werke zu seinem Hauptanliegen machen würde.

Von den Kandidaten, die Rampollas Gegner herausstellten, wurden am meisten genannt Kardinal Serafino Vannutelli, um den sich seit Jahren die Freunde Österreichs scharten und der, wie man wußte, dem Quirinal wohlgesinnt war, und vor allem Kardinal Gotti, Präfekt der Propaganda, ein auf doktrinärem Gebiet konservativer Karmeliter, der jedoch im Bereich der Kirchenpolitik großzügig dachte und ein sehr fähiger Administrator war. Manche sprachen jedoch auch von dem heiligmäßigen Patriarchen von Venedig, Kardinal Sarto, der dem breiten Publikum und den ausländischen Kardinälen nur wenig bekannt war, den Leo XIII. jedoch wiederholt diskret als seinen eventuellen Nachfolger bezeichnet hatte. Er wurde auch von jenen italienischen Kardinälen, die nicht der Kurie angehörten, sehr unterstützt, um so mehr, als man wußte, daß die Regierung, die in ihm „den Nachgiebigsten der Unnachgiebigen" sah, seine Kandidatur befürwortete.

Das Problem komplizierte sich noch weiter dadurch, daß der diplomatische Faktor ebenfalls eine Rolle spielte. Im Jahre 1878 hatten sich die Großmächte in der Überzeugung, daß der Papst seit der Auflösung des Kirchenstaates seine Rolle auf dem europäischen Schachbrett ausgespielt habe, darauf beschränkt, übereinstimmend den Wunsch zu äußern, man möge einen gemäßigten Mann wählen, der ein Anhänger versöhnlicher Lösungen der Konflikte zwischen Kirche und Staat wäre. Dank der geschickten Politik Leos XIII. hatten sie jedoch erneut feststellen müssen, daß die moralische Unterstützung durch den Papst bzw. den Vatikan noch immer von großem Wert sein konnte. So sahen sie der Wahl des neuen Papstes viel weniger gleichgültig entgegen als vor 25 Jahren. Die Franzosen hätten natürlich am liebsten Rampolla als Papst gesehen, da er die frankophile Politik Leos XIII. stets unterstützt und vielleicht sogar vorangetrieben hatte. Genauso verhielt es sich mit den Spaniern, da er in Spanien, wo er als Nuntius gewirkt hatte, noch in guter Erinnerung war. Dagegen war ihm die Regierung in Wien weniger gewogen und warf ihm verschiedenes vor: seine geringe Sympathie für den Dreibund, seine proslawische Balkanpolitik und die Unterstützung, die er der Opposition der Christlich-Sozialen in Österreich und in Ungarn hatte zuteil werden lassen. Man hatte zunächst gezögert, gegen ihn von dem alten Vetorecht Gebrauch zu machen; aber der Kaiser hatte sich schließlich doch zu diesem Schritt entschlossen, und zwar auf Drängen des Kardinals Puzyna, des Erzbischofs von Krakau, der den Standpunkt vertrat, die

Wahl Rampollas würde sich verhängnisvoll für die Kirche auswirken, und der diesem außerdem vorwarf, die polnischen Interessen seiner prorussischen Politik geopfert zu haben[1]. Der einflußreiche Kardinal-Fürstbischof von Breslau, Kopp, der von der Mission unterrichtet worden war, die Puzyna übernommen hatte, hätte es lieber gesehen, wenn man nicht auf dieses letzte Mittel des Vetos zurückgegriffen hätte. So versuchte er, mit Rampolla zu einem Kompromiß zu kommen und sich mit ihm auf einen für ihn akzeptablen Kandidaten zu einigen, aber dieser entzog sich diesem Bemühen. Hierauf versuchte Kopp, die französischen und spanischen Kardinäle von der Kandidatur Rampollas abzubringen, obwohl sie einstimmig beschlossen hatten, ihre Stimmen ihm zu geben. Aber auch damit hatte Kopp keinen Erfolg.

So sah die Situation aus, als die Kardinäle – 38 Italiener und 24 Ausländer[2] – ins Konklave gingen. Bei der ersten Abstimmung, am 1. August, erhielten von 62 Stimmen – von denen 12 an 9 verschiedene Kandidaten gingen – Rampolla 24, Gotti 17, Sarto 5 und Vannutelli, dem die von seinem Bruder für ihn geführte indiskrete Kampagne schadete, nur 4 Stimmen. Bereits am Nachmittag begann eine Umgruppierung der Stimmen: Rampolla stieg auf 29 und Sarto auf 10 Stimmen, während Gotti nur noch 16 erhielt. Die Deutschen und die Österreicher, die die römischen Anhänger Gottis erst nach langem Zögern unterstützt hatten, waren überzeugt, daß er seine Chancen eingebüßt habe, und beschlossen auf Rat von Agliardi, ihre Stimmen nunmehr Sarto zu geben. Sie hielten es anderseits für zweckmäßig, nun das Veto Wiens gegen Rampolla offiziell zu verkünden, was jetzt aber zu einer völlig überflüssigen Geste geworden war, denn ganz offensichtlich hatte der ehemalige Staatssekretär nunmehr die Höchstzahl der Stimmen erreicht, auf die er rechnen konnte. Seine Anhänger konnten zwar, wenn sie geschlossen zusammenhielten, auch weiterhin noch jede andere Kandidatur blockieren, mußten aber jede Hoffnung auf seine Wahl aufgeben. Am Morgen des 2. August entledigte sich Puzyna seiner Mission und legte sein Veto ein – und das, obwohl Rampolla bei 29 Stimmen blieb, während Sarto auf 21 stieg. Der päpstliche Kardinalkämmerer und auch Rampolla selbst protestierten sofort, etwas später schloß sich auch ein französischer Kardinal dem Protest an, und bei der nächsten Abstimmung erhielt das Opfer des Vetos sogar eine Stimme mehr. Zahlreiche Kardinäle wollten so beweisen, daß sie dieser weltlichen Einmischung in die Papstwahl in keiner Weise Rechnung tragen wollten. Es handelte sich hierbei jedoch lediglich um eine platonische Demonstration, denn schon am nächsten Morgen sank die Zahl der für Ram-

[1] Außer *F. Engel-Janosi:* Revue belge de philologie et d'histoire 29 (1951) 1135 Anm. 1 und 1137, s. *Z. Obertyński* a.a.O., bes. 183–184; er zitiert unter anderen die Erklärung des Kardinals: „Nicht Österreich hat mich ausgenützt, vielmehr habe ich Österreich ausgenützt" (S. 188). Vgl. Kap. 2 und 11.

[2] 7 Franzosen, 5 Spanier, 5 Österreicher, 3 Deutsche, 1 Portugiese, 1 Belgier, 1 Irländer und 1 Amerikaner. Erstmals in der Geschichte waren die Vereinigten Staaten in einem Konklave vertreten.

polla abgegebenen Stimmen wieder auf die der ersten Abstimmung. Seine Anhänger schlugen ihm nun vor, von sich aus den Kandidaten zu bestimmen, dem sie nunmehr ihre Stimmen geben sollten. Er lehnte dieses Ansinnen mit der Erklärung ab, er könne nicht von sich aus auf seine Kandidatur verzichten, da es dann so aussehen würde, als ob er Österreich weiche. Zweifellos spürte er aber auch selbst, daß er nicht in der Lage war, die Wahl in die ihm wünschenswert erscheinende Richtung zu lenken.

Während sich die Anhänger Rampollas so vergeblich abmühten, waren die Stimmen für Sarto von 21 auf 24 und dann auf 27 am Morgen des 3. August gestiegen, womit er Rampollas Anteil überschritten hatte, während Gotti praktisch ausgeschaltet war. Man fürchtete eine Zeitlang, Sarto könnte die Übernahme einer Verantwortung, die ihm selber seine Kräfte zu übersteigen schien, ablehnen; aber schließlich ließ er sich überzeugen, und am Morgen des 4. August wurde er mit 50 Stimmen gegen die 10 Stimmen der Rampolla treu Gebliebenen gewählt. Er erklärte, er werde den Namen Pius X. wählen im Gedenken an die Päpste dieses Namens, „die im vergangenen Jahrhundert mutig gegen die Sekten und gegen die wuchernden Irrtümer gekämpft haben". Damit ließ er bereits die Richtung erkennen, die er in seinem Pontifikat einzuschlagen gedachte.

Der neue Papst hatte 1835 als Sohn einer einfachen Familie in einem Dorf von Venetien das Licht der Welt erblickt. Nacheinander hatte er alle Stufen des Hirtenamts erklommen, war Vikar in einer ländlichen Pfarrei gewesen, dann Pfarrer in einem großen Ort, Kanzler des Bistums von Treviso und zugleich Spiritual im dortigen Seminar, Bischof von Mantua, einer kranken Diözese, die er in einigen Jahren in eine Musterdiözese verwandelt hatte, was seine pastorale Kraft bewies, schließlich 1893 Patriarch von Venedig und Kardinal. Überall, wo er gewirkt hatte, hatte er den Eindruck eines tugendhaften und eifrigen Seelenhirten hinterlassen, ja den eines heiligmäßigen Mannes von großer Güte, zugleich aber eines energischen, von einem ausgeprägten Pflichtgefühl bestimmten Menschen, der auch als hochintelligent galt. Für Neuerungen hatte er wenig übrig, und diese Haltung betraf sowohl die neuen Strömungen auf dem Gebiet der Exegese und der Apologetik, die von Frankreich ausgingen, wie auch das Programm der jungen italienischen Christdemokraten, die sich um Murri geschart hatten. Als Bischof hatte er sich bemüht, den Eifer seiner Priester anzuspornen, vor allem hinsichtlich des Katechismusunterrichts, der Predigt und der häufigen Kommunion, und die Laien zu veranlassen, sich soviel wie nur möglich für die Mitarbeit in den kirchlichen Werken zu engagieren, wobei er aber absolut daran festhielt, daß diese Mitarbeit stets unter der strikten Kontrolle des Klerus erfolgte. Vom Klerus wiederum forderte er absoluten Gehorsam auch gegenüber den geringfügigsten Weisungen ihres Bischofs. Stark beschäftigt mit den sozialistischen Angriffen gegen die althergebrachten religiösen Grundlagen der Gesellschaft, hatte dieser fleißige Leser des Kardinals Pie, der die liberalen Katholiken in seinen Hirtenbriefen als „Wölfe in Schafspelzen" brandmarkte, nicht gezögert, in Venedig auf der Ebene der städtischen Politik ein Bündnis der Katholiken mit den gemäßigten Liberalen zu fordern, um einen Damm gegen die steigende Flut der Radikalen zu errichten.

Diese Handlungsweise ließ erwarten, daß der neue Papst dem neuen Italien gegenüber eine versöhnlichere Haltung als sein Vorgänger einnehmen würde. Und in der Tat führte sein Pontifikat zum Auftakt einer langsamen und allmählichen Verbesserung der Beziehungen zwischen dem Vatikan und dem Quirinal.

Wenn das Problem, welche Haltung Pius X. in der Römischen Frage einnehmen würde, die italienischen Journalisten und Politiker aber auch im höchsten Maße interessierte, so war es in der geistigen Orientierung des Papstes nur ein durchaus sekundärer Aspekt, denn die Haltung, mit der er den Heiligen Stuhl einnahm, unterschied sich sehr stark von der seines Vorgängers. Während dieser an den subtilen Spielen der Diplomatie und der Politik durchaus Freude gehabt hatte, fand Pius X. keinerlei Gefallen hieran und wollte sich keinesfalls den Kompromissen beugen, die sie fast zwangsläufig einschließen. Seines Erachtens war die Verständigungspolitik Leos XIII. mit den Regierungen und Höfen alles in allem gescheitert, und er war fest entschlossen, sich auf die Probleme des christlichen Apostolats und des religiösen Lebens zu konzentrieren. Übrigens bestand in allen Punkten ein ins Auge springender Gegensatz zwischen dem neuen Papst und seinem Vorgänger, schon physisch, aber auch in wesentlicheren Dingen. Leo XIII. galt als „der Papst der Höfe, der Kanzleien, der Bischöfe", sein Nachfolger sollte sich dagegen vor allem als „der Papst der Theologie und des kanonischen Rechts, der Papst der kleinen Leute und der Pfarrer" (J. Fèvre) erweisen. Leo XIII. war ein Intellektueller mit umfassender Bildung und ein spekulativer Geist, der an synthetischen Gesichtspunkten mit weitausgreifenden Perspektiven Gefallen fand. Pius X. war ein praktischer Geist, der den Spatzen in der Hand nicht um der Taube auf dem Dach willen aufs Spiel setzen wollte, und hatte in allem ein Gespür für das Detail. Typisch ist der Vergleich zwischen seinen eigenen Enzykliken und denen Leos XIII.: der theoretische Teil wird bei ihm verkürzt, während die bis in die Einzelheiten gehenden Ratschläge und die Erfahrungsfeststellungen ausgebaut werden. Man darf sich jedoch keinesfalls irreführen lassen. Pius X. präsentierte sich zwar gern als „guter Landpfarrer", und seine Gegner nahmen ihn zu rasch beim Wort. Zweifellos fehlte ihm eine Universitätsbildung, die ihn in der modernistischen Krise für die kritische Methode empfänglicher gemacht und ihm wahrscheinlich erlaubt hätte, sich von den Meinungen der Informanten mit zu einseitigen Standpunkten unabhängiger zu machen. Aber alle, die mit ihm in Berührung gekommen sind, waren erstaunt über seine Intelligenz, eine sicherlich „viel mehr robuste als subtile Intelligenz" (Baudrillart), die jedoch klar und präzise arbeitete, das Wesentliche einer Frage unmittelbar erfaßte und von „einem gesunden Menschenverstand, der ans Genie grenzte" (Briand), unterstützt wurde. So konnte Fürst von Bülow erklären, er habe selten eine so durchdringende Sicht der menschlichen Natur und der Kräfte, die die Welt und die moderne Gesellschaft beherrschen, gefunden.

Nicht weniger bemerkenswert waren seine sittlichen Qualitäten. Sehr viele Charakterzüge, über die Augenzeugen berichtet haben, machen den geradezu zwingenden Eindruck, daß dieser Mann über einen Reichtum von bis zum Heroismus gesteigerten Tugenden verfügte. So hat die Zeremonie der Heiligsprechung im Jahre 1954 nur offiziell bestätigt, was viele seiner Zeitgenossen spontan empfunden hatten. Ein Punkt muß vor allem unterstrichen werden: das tiefe Gefühl, das er für seine Verantwortung als Seelenhirte hatte, ließ diesen Mann des Gebets zugleich auch zu einem Mann der Tat werden, von unbeugsamer Entschlossenheit, bereit, den Unwillen der Öffentlichkeit auf sich zu nehmen, wenn ihm die Interessen der Kirche auf dem Spiel zu stehen schienen; das ging so weit, daß sich manche gefragt haben, ob er nicht mehr durch die Tugend der Stärke als durch die der Klugheit glänzte, und daß man sich manchmal etwas mehr Geschmeidigkeit zu seiner Energie hin gewünscht hätte[3]. Das mitunter recht drückende Bewußtsein der ihm auferlegten Verantwortung erklärt auch den recht autoritären Charakter der Regierung dieses im übrigen so freundlichen und umgänglichen Mannes[4], der, wie ein Vertrauter des Kardinals Mathieu formulierte, „für die Kirche die Diktatur vorbereitete, die sie retten würde“[5]. In der Tat war er fest davon überzeugt, daß der Dienst für Gott und das Heil der Seelen eine ernsthafte Umstellung auf vielen Gebieten erforderlich machte.

Pius X. mißtraute instinktiv den progressistischen Bestrebungen. So stand für ihn fest, daß die Politik der Aufgeschlossenheit der modernen Welt gegenüber, die sein Vorgänger betrieben hatte, zwar nicht prinzipiell zu verurteilen war; zumindest aber sei sie mit zu geringen Vorsichtsmaßnahmen betrieben worden, und sie sei in die Gefahr geraten, auf kurze Frist zu bedauerlichen Folgen zu führen. So hielt er eine bestimmte Reaktion für unbedingt erforderlich, und sein Pontifikat erhielt von Anfang an das Gepräge eines Rückzugs in eine „heilsame Isolierung“ und eine „katholische Defensive“, die sich vor allem in den Beziehungen zu den Regierungen, in der Einstellung zu den Christdemokraten und in der Unterdrückung des Modernismus offenbarte.

Den Regierungen gegenüber kehrte Pius X., vom Sonderfall Italien abgesehen, zur starren Haltung und Unnachgiebigkeit Pius' IX. zurück. Er pochte unnachgiebig und ohne jede Rücksicht auf die politische Opportunität oder even-

[3] „Die Verfolgung ficht ihn nicht an. Das Übernatürliche in seinem Wesen ist verwirrend. Ich habe eine aufrechte, strenge und schöne Heiligkeit geschaut“, schrieb Lemire nach einer Audienz (*J. M. Mayeur,* L'abbé Lemire [Paris – Tournai 1968] 318).

[4] Er konnte seine Mitarbeiter geduldig anhören, verlangte von ihnen jedoch, daß sie vor allem treu ausführende Kräfte waren. In vatikanischen Kreisen schrieb man ihm folgende lapidare Erklärung zu: „Basta che la testa l'abbia il Papa“ (zitiert in *C. Confaloniere,* Pio XI visto da vicino [Turin 1957, dt. Aschaffenburg 1958] 172).

[5] *E. Renard,* Le cardinal Mathieu (Paris 1925) 411.

tuelle unmittelbare schädliche Folgen auf die Rechte der Kirche. Am klarsten zeigte sich dies im Falle Frankreich: hier verbot er bei der Trennung von Staat und Kirche jegliche Verhandlungs- und Vergleichslösung, und das trotz der gegenteiligen Ansichten eines beachtlichen Teils des Episkopats und der katholischen öffentlichen Meinung. Auch in Spanien und Portugal obsiegte die gleiche Politik der Entschlossenheit und Unnachgiebigkeit. In beiden Ländern ließ er es zum offenen Bruch kommen. Auch die Beziehungen zu England und vor allem zu Rußland verschlechterten sich. Wenn es hier nicht ganz zum Bruch kam, so deshalb, weil der Vatikan die Forderungen der katholischen Minderheiten in Irland und Polen unterstützte, die Leo XIII. mehr als einmal den Erfordernissen der von ihm betriebenen Politik geopfert hatte. In der gleichen Weigerung, sich auf irgendwelche Vergleichsverhandlungen einzulassen, wenn es seines Erachtens um die Wahrheit ging, wurzelte der schwere Zwischenfall mit Deutschland, der im Jahre 1910 durch die Enzyklika hervorgerufen wurde, in der sich der Papst zur 300-Jahr-Feier der Heiligsprechung von Karl Borromäus, dem Vorkämpfer der Gegenreformation, über Luther und den Protestantismus in Formulierungen äußerte, die alles andere als ökumenisch waren[6]. Trotz der Sympathie, die er für den alten Kaiser Franz Joseph empfand, war Pius X. zu einem gewissen Zeitpunkt nahe daran, die diplomatischen Beziehungen zu Österreich abzubrechen, weil die Regierung in Wien zögerte, einen Innsbrucker Professor für kanonisches Recht, der offen mit den modernistischen Bestrebungen sympathisierte, vom Amte zu suspendieren, was erneut bestätigt, wie weit dieser Papst in seiner Unnachgiebigkeit gehen konnte, wenn ihm die Belange der Religion auf dem Spiel zu stehen schienen[6a].

Noch verwirrender wirkt auf den ersten Blick, wie dieser Papst, der immerhin aus dem Volke hervorgegangen und stets ein großer Freund der Armen war, gegenüber der christlichen Demokratie reagierte. Es war ihm einfachhin unmöglich, sich damit abzufinden, daß Katholiken ihrer sozialen Aktion ein von der Hierarchie unabhängigeres und eigenständigeres Gepräge geben wollten oder daß einzelne Priester versuchten, die soziale Aktion mehr und mehr auf die politische Ebene auszurichten. Hierin wurzelt die tiefgreifende Umorganisation, zu der er gleich zu Beginn seines Pontifikats die *Opera dei congressi*

[6] Die Intransigenz dem Protestantismus gegenüber verursachte 1910 ebenfalls einen weiteren Zwischenfall mit dem ehemaligen Präsidenten der Vereinigten Staaten, Theodore Roosevelt, den man wissen ließ, der Papst könne ihm eine Audienz nur dann gewähren, wenn er darauf verzichten würde, der Methodistengemeinde in Rom einen Besuch abzustatten, was dieser selbstverständlich ablehnte (vgl. *F. Zwierlein,* Th. Roosevelt and Catholics [St. Louis 1956] 343–350). Typisch für die antiprotestantische Geisteshaltung, die im Vatikan unter Pius X. herrschte, ist die Bemerkung eines österreichischen Diplomaten nach einem Gespräch mit dem Staatssekretär bezüglich des Kandidaten für den Thron von Albanien im Jahre 1913: „Dem Kardinal entschlüpfte schließlich eine Bemerkung, die man fast folgendermaßen deuten müßte: ‚Lieber noch ein Mohammedaner als ein Protestant!'" (Österreich-Ungarns Außenpolitik V [Wien 1930] 468).

[6a] Zu L. Wahrmund: S. 67f.

zwang, die Mißbilligung der *Azione popolare* des Priesters Murri, der dann die formelle Verurteilung folgte, und später die Verwerfung der neuen Bestrebungen der Gruppe *Le Sillon* in Frankreich. Kompromisse mit der modernistischen Bewegung bei den Italienern, zuwenig nuancierte doktrinäre Erklärungen bei den Franzosen rechtfertigten zum Teil die Intervention der kirchlichen Autorität. Unbestreitbar jedoch bekundet die Formulierung der verschiedenen päpstlichen Akte bezüglich dieser Fragen und Probleme und die nachgiebigere Haltung gegenüber der *Action française* eine zeitweilige Abwertung der demokratischen Ideen im Vatikan zugunsten einer paternalistischen Lösung der sozialen Probleme und die ausgesprochene Bevorzugung einer hierarchischen Konzeption der Gesellschaft und zugleich eine Verstärkung der Bestrebungen, die Berufsorganisationen der Arbeiter weiterhin unter der strengen Kontrolle des Klerus zu halten. Alle diese Aspekte sind recht charakteristisch für das kirchliche Klima Venetiens, aus dem Pius X. vor seiner Wahl nie herausgekommen war[7].

Hinsichtlich der Unterdrückung des Modernismus, von der in einem späteren Kapitel eingehender die Rede sein wird, ist es unbestreitbar, daß es besorgniserregende Aspekte in den vielgestaltigen Reformströmungen gab, die sich zu Beginn des 20. Jh. entwickelten, und daß das unaufrichtige Vorgehen mancher Bahnbrecher dieser Bewegung es notwendig machte, an die Prinzipien und gewisse Warnungen vor Entgleisungen zu erinnern. Man muß jedoch zugeben, daß die Bilanz der verschiedenen Maßnahmen, die zur Eindämmung des Einflusses des Modernismus ergriffen wurden, heute als negativ zu bewerten ist. Zahlreiche der Kirche ergebene Männer wurden unbarmherzig verdammt, und nur wenige wurden dann wieder relativ rasch rehabilitiert, wie z.B. Pater Lagrange. Noch schwerwiegender als diese persönlichen Schicksale waren jedoch andere Tatsachen: die undifferenzierte Unterdrückung des Modernismus hielt für lange Zeit die Masse des Klerus von der geistigen Auseinandersetzung ab. Verhindert wurde dabei, daß sich eine allmähliche Klärung vollzog und daß man lernte, in dem geistigen Gärungsprozeß, der sich in der katholischen intellektuellen Welt bis ums Jahr 1900 herum vollzog, das Gesunde von Übertreibungen oder gar von Irrtümern zu unterscheiden. Der Graben zwischen der Kirche und der modernen Kultur wurde vertieft. Die Lösung fundamentaler Probleme wurde hinausgeschoben, wobei dadurch, daß man sie sozusagen einfach ignorierte, nichts gewonnen wurde, im Gegenteil Schaden entstand.

Die Art, in der Pius X. sein Hauptanliegen, sich nämlich auf die inneren Angelegenheiten der Kirche zu konzentrieren, betrieb, und wie er es sich unter allen Umständen angelegen sein ließ, „für Gott die Fülle seiner Herrschaft über die Menschen und über jedes Geschöpf zu fordern“ (Inaugural-Enzyklika), und zwar ohne Rücksicht auf politische oder diplomatische Zusammenhänge, und

[7] R. Colapietra sprach diesbezüglich von einem „venetismo ammodernato, meno temporalista ma più pugnacemente confessionale“ (RStRis 55 [1968] 328).

vor allem der Geist und die Methoden, mit denen dieses Programm, besonders in den letzten Jahren des Pontifikats, verfolgt wurde, führten und führen weiterhin zu recht unterschiedlichen Würdigungen. Während die einen den heiligen Papst und den unerschrockenen Verteidiger der Rechtgläubigkeit und der Rechte der Kirche preisen, kritisieren die anderen im Gegenteil scharf die unerbittliche Intransigenz und die Beschränktheit des Standpunktes des Papstes; er habe es nicht verstanden, die schwerwiegenden Probleme, mit denen die Kirche konfrontiert wurde, in neuer Sicht zu behandeln, sondern er habe sich bemüht, die Kirche durch immer autoritaristischere Methoden in ihrer reaktionären und klerikalen Einstellung, die in flagrantem Widerspruch zur Entwicklung der Geschichte gestanden habe, festzuhalten. Wie immer auch das Urteil der Zukunft über das defensive Wirken Pius' X. lauten mag, es wäre historisch falsch, wenn man den Sinn seines Pontifikats auf diesen so umstrittenen Aspekt beschränken wollte.

Zunächst einmal darf man – auch wenn man immer wieder hervorhebt, daß Pius X. wenig von den Spielregeln der Politik und der Diplomatie hielt, an denen sein Vorgänger Gefallen fand – nicht vergessen, daß er an der politischen Dimension der Probleme durchaus nicht desinteressiert war und daß er auf diesem Gebiet sogar gewisse Auffassungen vertrat, die ihn als einen Wegweiser erscheinen lassen. Für Pius X. bestimmt das Geistige die Politik, die überdies eine christliche Politik sein muß. So erklärte er in seiner ersten Konsistorialansprache: „Wir müssen uns zwangsläufig mit Politik befassen, denn der von Gott mit dem höchsten Amt belehnte Pontifex Maximus hat nicht das Recht, die Politik von dem Bereich des Glaubens und der Sitten abzutrennen.“ [8] Mit dieser entschlossenen Entscheidung für eine politische Theologie widersetzte er sich einerseits den Prätentionen des laizistischen Liberalismus des 19. Jh., anderseits stimmte er auf Grund seiner außerordentlichen Zurückhaltung gegenüber den Bestrebungen des „politischen Katholizismus“ mit manchen berechtigten Tendenzen eben dieses Liberalismus überein. Er hatte nicht nur die größten Bedenken gegenüber dem politisch engagierten Priester, sondern glaubte noch viel weniger als Leo XIII. [8a] an die Nützlichkeit konfessioneller Parteien. Er sah in ihnen eine Gefahr, die Religion in rein weltlichen Konflikten zu kompromittieren, in die sich die Kirche seiner Überzeugung nach nicht einzumischen habe. So ist es charakteristisch, daß ihn ein so scharfer Kritiker wie Falconi mit der Feststellung lobt, er habe „erstmals in der modernen Geschichte einen *idealismo antitemporalistico* praktiziert, nachdem die Erinnerung an einen solchen bereits in den ersten Jahrhunderten der Kirche verlorengegangen war“ [9].

Bedeutsamer und von grundlegenderer Wichtigkeit ist jedoch die Tatsache, daß Pius X., der seinen Zeitgenossen so wenig modern und so konservativ erschien und dies in manchen Punkten unbestreitbar auch war, in Wirklichkeit

[8] Ansprache vom 9. November 1903 (ASS 36 [1903/04] 195). [8a] Vgl. S. 248.
[9] A.a.O. 89; auch 91–92.

einer der großen Reformpäpste der Geschichte wurde. Dies erklärt übrigens auch, daß er im Verlauf der ersten Monate seines Pontifikats von einer Großzahl derer, die nach religiöser Erneuerung trachteten, begeistert begrüßt wurde. Ihr erster Eindruck war also viel mehr der einer religiösen Wiedergeburt als der einer Rückkehr zum Obskurantismus[10]. Das Leitmotiv dieses Papstes war „instaurare omnia in Christo", und die Restauration der christlichen Gesellschaft – denn um eine solche handelte es sich[11] – schloß in seinen Augen sowohl eine hartnäckige Verteidigung der Rechte Christi und der Kirche wie auch eine positive Reformarbeit und Initiativen mit wesentlich pastoralem Ziel ein, die das innere Leben vertiefen und eine bessere Auswertung seines Kräftepotentials ermöglichen und bewirken sollten. Diesem Ziel dienten die Dekrete über die häufige Kommunion und die Kommunion der Kinder, die Maßnahmen zur Verbesserung des Katechismusunterrichts und der Predigt, die Reform der Kirchenmusik und die Umgestaltung des Meßbuches und des Breviers, die Umorganisation der Seminare zur Verbesserung der Ausbildung des Klerus. Viele Richtlinien und Weisungen machten, wenn sie auch von einer heute überholten Konzeption der Laienwelt inspiriert wurden, Pius X. zu einem Pionier der Katholischen Aktion in einer modernen Bedeutung des Wortes. In diesen Rahmen gehören die Anpassung und Kodifizierung des kanonischen Rechts, die Reorganisation der Römischen Kurie, durch die die Zentralverwaltung der Kirche erleichtert werden sollte, die von Tag zu Tag schwierigeren Aufgaben, die die Entwicklung der kirchlichen Zentralisation mit sich brachte, besser zu erfüllen. Pius X. befaßte sich mit all diesen verschiedenen Problemen auf Grund einer bei einem Papst seltenen 40jährigen praktischen Erfahrung in den vielfältigen Bereichen der aktiven Seelsorge, fern von der Kurie. So konnte er die reiche Erfahrung und den Unternehmungsgeist, die er bereits bei der Führung seiner Diözesen Mantua und Venedig unter Beweis gestellt hatte, in dem neuen Amt praktisch einsetzen. Er ließ sich in keiner Weise von der büromäßigen Routine aufhalten, sondern führte autoritär innerhalb weniger Jahre Reformen durch, von denen manche schon seit Jahrhunderten gefordert worden waren und von denen verschiedene in der damaligen Zeit als geradezu revolutionär galten.

Nach dem übereinstimmenden Zeugnis aller seiner Mitarbeiter spielte Pius X. selbst eine bedeutsame Rolle bei der Ausarbeitung dieser Pläne und bei ihrer raschen Verwirklichung. Selbstverständlich mußte auch er, wie jeder Papst, auf Mitarbeiter zurückgreifen. Er legte großen Wert darauf, daß sie sein Ideal einer religiösen Erneuerung teilten, und holte sie daher vorzugsweise aus den Reihen der Ordensleute (aber nicht nur aus den Reihen der Jesuiten, wie seine Gegner gern behaupten), so daß sich deren Anteil in den römischen Kon-

[10] Vgl. *P. Scoppola*, Crisi modernista e rinnovamento cattolico in Italia (Bologna 1961) 113–115 und *L. Bedeschi* a.a.O. 45–49.

[11] Vgl. *É. Poulat*, Intégrisme et catholicisme intégral (Paris – Tournai 1969) 171–172 Anm. 164.

gregationen erhöhte. Unter den Bischöfen wählte er als Mitarbeiter Männer aus, von denen er oft schon sehr lange[12] wußte, daß sie Gegner des Liberalismus, in welcher Gestalt auch immer, waren. Es handelte sich um tugendhafte und fleißige Männer, aber mit einer oft engherzigen Gesinnung: sie waren dem Heiligen Stuhl völlig ergeben, ihrem Eifer aber fehlte oft die richtige Erleuchtung, und ihr Verständnis von der wirklichen Situation der Kirche und von der Geisteshaltung außerhalb der engen italienischen Kirchenwelt war sehr gering. Natürlich gab es auch Ausnahmen, zu denen vor allem Msgr. Gasparri[13] gehörte.

Unter diesen Mitarbeitern muß man den vier Privatsekretären des Papstes[14] einen besonderen Platz einräumen. Sie genossen sein vollstes Vertrauen und bestärkten, „von einem etwas übertriebenen persönlichen Eifer" (Della Torre) getrieben, mehr als einmal die intransigente Ausrichtung der päpstlichen Entscheidungen. Weiter spielten einige besonders einflußreiche Kardinäle eine große Rolle: Segna, seit 1908 der Präfekt der Index-Kongregation; Oreglia, Dekan des Heiligen Kollegiums, ein scharfer Gegner der christlichen Demokratie; Lorenzelli, ein starrer und im Heiligen Offizium außerordentlich aktiver Thomist.

Großen Einfluß besaß aber vor allem die streng beurteilte Trias: An erster Stelle stand der Kapuziner *Vives y Tutó*[15], der aus jener Gruppe des spanischen Integralismus kam, aus der das Buch „El liberalismo es pecado" stammte. Seit 1884 war er der Römischen Kurie zugeteilt und unterstützte in der Krise der italienischen Katholischen Aktion die Richtung Paganuzzi. Er war ein arbeitsamer Mann von außergewöhnlicher Gelehrsamkeit, gern gehörter Ratgeber des Heiligen Offiziums, Präfekt der Ordenskongregation von 1908 bis 1912. – Ihm folgte der gefürchtete Kardinal *De Lai*[16], der große Schöpfer der Kurienreform, ein energischer und unermüdlicher Organisator, dem es gelungen war, in seinen Händen eine in der Kuriengeschichte fast beispiellose Macht zu konzentrieren. Er war mit dem Papst seit der Zeit befreundet, als dieser Bischof von Mantua war, und hatte diese Freundschaft genutzt, um seine schon beträchtliche Macht

[12] Die Tatsache, daß eine gewisse Anzahl von ihnen aus Venetien stammte, veranlaßte Msgr. Duchesne zu der Bemerkung, der Papst verwandle das Boot des hl. Petrus in eine Gondel.

[13] *L. Bedeschi* (a.a.O. 115) erwähnt auch noch Talamo, Faberi, Battandier, P. Lepidi und andere.

[14] Msgr. Bressan, unterstützt von Pescini, Bianchi und Gasoni. Da sie an den zuständigen Stellen vorbeiarbeiteten, verursachten sie mitunter Kurzschlüsse im Staatssekretariat, weshalb sie den Spitznamen *La Segretariola* erhielten. Siehe, was sie betrifft: Disquisitio circa quasdam obiectiones 25 und 51–52.

[15] Über Joseph Calasanz Vives y Tutó (1854–1913), der in den römischen Kreisen den Spitznamen „Vives fa tutto" erhalten hatte, siehe *Antonio de Barcelona,* El card. V. y T. (Barcelona 1916) und Estudios francescanos 55 (1954) 531–534, 56 (1955) 5–42 179–214, 57 (1956) 113–130 161–181, 60 (1959) 247–266. Auch *L. Bedeschi* a.a.O. 62 104–107 und *D. Secco Suardo,* Da Leone XIII a Pio X (Rom 1967) passim (s. Register).

[16] Über Gaetano De Lai (1853–1928) s. *F. Crispolti,* Corone e porpore (Mailand 1934) 221–226 und *L. Bedeschi* a.a.O. 53 94–95 99–104.

als Präfekt der Konsistorialkongregation durch Übergriffe auf die Befugnisse der Konzilskongregation noch mehr auszuweiten. Er kontrollierte die Bischofsernennungen und überwachte die Diözesen und Seminare als unerbittlicher Diktator. Sein Grundsatz war, besser zu scharf als zu lasch vorzugehen, wenn es sich darum handle, das Böse auszumerzen. – Der Dritte im Bunde war der Kardinal *Merry del Val*[17], bereits mit 37 Jahren Staatssekretär. Er bekleidete dieses Amt während des ganzen Pontifikats und wurde vom Heiligen Kollegium darum beneidet, daß er so jung in dieses Amt gekommen war und dazu noch als Ausländer, was man schon sehr lange nicht mehr erlebt hatte. Im Unterschied zu den Staatssekretären der beiden letzten Jahrhunderte war er auch noch viel enger mit der Religionspolitik des Pontifikats verbunden. Merry del Val war ein frommer und sittenstrenger Priester und ein distinguierter und ritterlicher, dem Heiligen Stuhl ganz und gar ergebener Aristokrat. Den modernistischen Bestrebungen begegnete er mit unbeschwerter und harter Intransigenz. Nach der Formulierung von D. Secco Suardo besaß er „die positiven und negativen Eigenschaften" des Spaniers, weshalb er sich manchmal von seinem Eifer für die Verteidigung der Rechtgläubigkeit hinreißen ließ und Denunziationen deckte, die dem Staatssekretariat nicht zur Ehre gereichten[18]. Er war mehr mit den abstrakten Prinzipien als mit den verwickelten Verhältnissen der Wirklichkeit vertraut und war darüber hinaus in der Welt der Kurie ziemlich isoliert. So erweckte er mehr als einmal den Eindruck, daß er mit den Ereignissen nicht mehr mitkommen konnte[19]. Pius X. schätzte jedoch diesen fleißigen, ihm in unverbrüchlicher Treue ergebenen Mitarbeiter, der vom ersten Augenblick an seinem eigenen Ideal der katholischen Erneuerung aufgeschlossen war und seine Konzeption einer autoritären Regierung der Kirche teilte. Merry del Val verfügte dank seines vertrauten Verhältnisses mit dem Papst über eine gewaltige Macht, die die Kurienreform noch dadurch vergrößerte, daß sie die Interven-

[17] Über Raphael Merry del Val (1865–1930) gibt es lediglich Biographien hagiographischer Art. Die noch am ehesten akzeptablen sind die von *P. Cenci* (Rom 1933) und *J. M. Javierre* (Barcelona [2]1966). Zahlreiche Dokumente und Zeugnisse findet man in Romana beatificationis et canonisationis Servi Dei Raphaelis card. Merry del Val informatio (Vatikanstadt 1957). Siehe auch *A. C. Jemolo*, Chiesa e Stato in Italia negli ultimi cento anni (Turin 1948) 483–562 und *L. Bedeschi* a. a. O. passim, bes. 88–94. Er war der Sohn eines spanischen Diplomaten und einer Irländerin, in England und in Belgien aufgewachsen. Er hatte bereits sehr jung die Gunst von Leo XIII. gewonnen und von 1900 bis 1903 mit großem Sachverstand die Accademia dei nobili ecclesiastici geleitet, in der die künftigen Nuntien ausgebildet wurden. Pius X. hatte ihn aus verschiedenen Gründen gewählt, und zwar sowohl wegen seines hohen geistigen Wertes, seiner Beherrschung vieler Sprachen und seiner diplomatischen Kenntnisse (die allerdings mehr theoretischer als praktischer Natur waren) wie auch wegen seiner größeren Unabhängigkeit, die er bei ihm voraussetzte, weil er keine italienischen Bindungen hatte.

[18] Ein Beispiel hierfür findet man in Les fiches pontificales von Msgr. Montagnini (Paris 1908). – Zur Tätigkeit unter Leo XIII.: S. 147, 343.

[19] Der österreichische Botschafter Prinz Schönburg-Hartenstein machte die Bemerkung, „der Kardinal verstehe wohl zu zentralisieren, aber nicht, selbst Zentrum zu sein" (*Engel-Janosi* II 130).

tionsbereiche des Staatssekretariats beträchtlich erweiterte. Das verschaffte ihm zahlreiche Feinde, sogar in Rom. Man hat ihm vorgeworfen, ein Werkzeug in der Hand der allmächtigen Gesellschaft Jesu zu sein, was jedoch übertrieben ist, obwohl seine Beziehungen zu dem General der Jesuiten und den Führern der *Civiltà Cattolica* sehr eng waren[20]. Man hat ihm weiter vorgeworfen, er habe die rigoristischen Neigungen des Papstes bei der Durchführung praktischer Maßnahmen dadurch noch verschärft, daß er mitunter „einen Greis von engelsgleicher Sanftmut" zu gewaltsamem Vorgehen gezwungen habe, „das der spanischen Inquisition würdig" gewesen sei. Hier muß man jedoch unbedingt eine Richtigstellung vornehmen und darf nicht der Versuchung des Hagiographen erliegen, Pius X. in verallgemeinernder Weise zu rechtfertigen oder zu entschuldigen dadurch, daß man alle mißfälligen Aspekte seines Pontifikats ausschließlich seiner Umgebung anlastet. Man darf nicht vergessen, daß Merry del Val vier Jahre lang Msgr. Della Chiesa als Substitut des Staatssekretariats behalten und sich in den diplomatischen Angelegenheiten gern auf ihn verlassen hatte, obwohl sich dieser weiter von seinem ehemaligen Vorgesetzten Rampolla beraten ließ. Vor allem jedoch hat die Veröffentlichung des Dossiers des *Sodalitium Pianum* durch É. Poulat[21] gezeigt, daß Benigni, zumindest seit 1911, Merry del Val ständig seine übermäßige Schüchternheit bei der Anwendung der Direktiven des Papstes und sein Diplomatentemperament vorwarf, das stets bereit sei, einen einmal gefaßten harten Entschluß gegen den Widerstand, den er auslöse, nur stückweise zu verwirklichen.

Diese Texte und verschiedene Zeugnisse, die im Verlauf des Seligsprechungsprozesses gesammelt wurden, sprechen gegen „die Legende von dem Staatssekretär, der einem guten und frommen Papst, der ihm die politischen Zügel überlassen hatte, die Intransigenz einblies". Das bedeutet aber nicht, daß Pius X. in keiner Weise von seiner Umgebung gelenkt wurde und daß er ganz allein die Verantwortung für alle ergriffenen Maßnahmen, auch der drakonischsten, trug, die die antiliberale Reaktion begleiteten, die sein Pontifikat charakterisiert. Er wandte sich mit Recht entrüstet gegen alle, die im stillen behaupteten, die Kirche werde von „drei Kardinälen" geführt, und beteuerte wiederholt seine völlige Unabhängigkeit. Diese Beteuerungen beweisen jedoch, wie G. Martina festgestellt hat[22], lediglich seine Gutgläubigkeit, lassen das Problem der wirklichen Verantwortlichkeiten indessen völlig offen. Es dürfte heute einerseits unbestreitbar sein, daß sich manche seiner Mitarbeiter von ihrem unklugen Eifer hinreißen ließen und bei der Anwendung bestimmter Entscheidungen und im Gebrauch bestimmter Methoden über die Absichten des Papstes hinausgingen; anderseits dürfte aber auch feststehen, daß der Papst in mehr als einem

[20] Über den wirklichen Einfluß der Jesuiten in der römischen Kurie unter Pius X. siehe die nuancierten Darlegungen von *L. Bedeschi* a.a.O. 66–74.

[21] Intégrisme et catholicisme intégral (Paris – Tournai 1969), s. bes. 76–77.

[22] RSTI 23 (1969) 232.

Fall seine Entscheidungen auf einseitige und tendenziöse Informationen hin getroffen hat, die ihm Männer seines Vertrauens lieferten. Heiligkeit ist keine Garantie für die bestmögliche Kirchenpolitik, und ein Papst, der meint, er müsse persönlich souverän für die gesamte Kirche entscheiden, ist fatalerweise der Gefangene seiner Informanten und der ausführenden Männer, so treu und ergeben diese auch sein mögen. Man muß übrigens noch eine ergänzende Feststellung treffen: Sind manche Mitarbeiter Pius' X. über seine Absichten, was die Strenge anbelangt, hinausgegangen, so haben andere mitunter seinen Impulsen passiven Widerstand entgegengesetzt oder zumindest seine unduldsamen Direktiven etwas abgemildert. Pius X. hat sich in seinen letzten Lebensmonaten hierüber beklagt, als sich die anti-integralistische Reaktion bis in die vatikanischen Kreise hinein bemerkbar machte. Aber schon zu Beginn seines Pontifikats waren verschiedene seiner Reformmaßnahmen auf den passiven Widerstand der Konservativen gestoßen, die den von der obersten Autorität geforderten Veränderungen genauso feindselig gegenüberstanden wie dem Reformismus der Progressisten. Im Hinblick auf solche Fälle, die eindringlich beleuchten, wie schwer es für Pius X. mitunter sogar war, die Männer zum Gehorsam zu bewegen, die sich als die Vorkämpfer der Autorität gegen die demokratische Anarchie ansahen, hat É. Poulat bei diesem Papst von „starkem Willen und schwacher Autorität“ [23] gesprochen. Diese Formel läßt, selbst wenn sie vielleicht übertrieben ist, erkennen, daß das Problem der Beziehungen zwischen Pius X. und seinen Mitarbeitern viel verwickelter ist, als dies die meisten seiner Bewunderer und seiner Verleumder – im jeweils entgegengesetzten Sinn – gelten lassen möchten.

[23] Archives de sociologie des religions Nr. 29 (1970) 201.

ERSTER ABSCHNITT

Das Reformwerk Pius' X

Univ.-Professor Dr. Roger Aubert, Löwen

Unmittelbar nach dem Tode Pius' X. schrieb die Londoner „Times": „Es ist durchaus nicht übertrieben, wenn man erklärt, daß J. Sarto aus eigener Initiative in der Leitung der katholischen Kirche mehr Änderungen durchgeführt hat als irgendeiner seiner Vorgänger seit der Zeit des Konzils von Trient." Selbst wenn man zwar feststellen muß, daß die meisten bedeutsamen Entscheidungen dieses Papstes aus den ersten fünf Jahren seines Pontifikats datieren und daß das Reformprogramm Pius' X. dann durch sein qualvolles Bemühen um eine angemessene Reaktion gegen die Gefahr des Modernismus gebremst wurde, steht unbestreitbar fest, daß er zahlreiche und vielseitige Initiativen ergriff und die betreffenden Anliegen auch verwirklichte. Schon kurz nach seiner Wahl hatte er verschiedene Maßnahmen zur Reorganisation der Diözese von Rom und zur Abstellung der im Klerus der Urbs herrschenden zahlreichen Mißbräuche ergriffen [1]. Dies stellte jedoch lediglich einen Hinweis auf viel allgemeinere dringendere Anliegen dar, mit denen er nicht hinter dem Berge hielt und die anfänglich eine gewaltige Welle der Hoffnung in den Kreisen auslöste, die nach dem „politischen" Pontifikat Leos XIII. eine Erneuerung der Kirche in einer mehr religiösen Richtung erhofften. So ist es zu erklären, daß viele von denen, die dann später die reaktionären Stellungnahmen des Vatikans immer schärfer kritisierten, anfänglich im Hinblick auf die ersten Entscheidungen vertrauensvoll äußerten: „Il papa farà eccelenti riforme." Und in dieser optimistischen Atmosphäre erschien dann im Verlauf des Jahres 1905 Schlag auf Schlag eine ganze Reihe von reformfreundlichen Broschüren, auf die L. Bedeschi unlängst aufmerksam gemacht hat [2]. Die übertriebenen Hoffnungen der reformfreundlichen Kreise sollten dann jedoch so sehr enttäuscht werden, daß diese häufig die positiven Auswirkungen ganz aus dem Auge verloren, obwohl diese, trotz ihres begrenzten Charakters, durchaus nicht unbedeutend waren, und zwar sowohl auf pastoraler Ebene wie auch auf der Ebene der Institutionen.

[1] Vgl. *Fernessole* II 29–47. Er beaufsichtigte während seines ganzen Pontifikats die Situation sehr eingehend (vgl. *Schmidlin PG* III 38–39).

[2] *L. Bedeschi,* Riforma religiosa e Curia Romana all'inizio del secolo (Mailand 1968); s. bes. 27–30.

26. Kapitel

Reorganisation der Römischen Kurie und Kodifizierung des kanonischen Rechts

LITERATUR: Über den Gesamtbereich der Reformen siehe *N. Hilling,* Die Reformen des Papstes Pius X. auf dem Gebiete der kirchenrechtlichen Gesetzgebung, 3 Bde (Bonn 1909/15; chronologisch) und *ders.:* AkathKR 95 (1915) 78–112 283–299 457–486 639–658, 96 (1916) 60–73 244–270 408–430 550–568, 97 (1917) 67–81 245–259 397–408 563–575 (systematisch); *H. E. Feine,* Kirchliche Rechtsgeschichte. Die kath. Kirche (Köln–Graz [4]1964) 699–719 (Lit.).

Über die Kurienreform außer DDC IV 997–1004 *V. Martin,* Les cardinaux et la Curie und Les congrégations romaines (Paris 1930) und *N. del Rè,* La Curia Romana (Rom [3]1970), siehe vor allem: Romana Curia a beato Pio X Sapienti consilio reformata (Vatikanstadt 1951; zitiert Rom. Curia), bes. das 2. Kapitel von *G. Feretto* über die Etappen der Vorbereitung (bisher unveröffentlichte Dokumente). Zur alten Bibliogr. siehe *Schmidlin PG* III 34 Anm. 14. Siehe auch *L. Bedeschi,* La Curia Romana durante la crisi modernista (Parma 1968).

Über die Reform des kanonischen Rechts: *P. Gasparri,* Storia della codificazione del diritto canonico: Acta Congressus iuridici internationalis IV (Rom 1937) 1–10; *N. Hilling* a.a.O.; *I. Noval,* Codificationis juris canonici recensio historico-apologetica (Rom 1918); *A. Knecht,* Das neue Kirchliche Gesetzbuch. Seine Geschichte und Eigenart (Straßburg 1918); *U. Stutz,* Der Geist des Codex iuris canonici (Stuttgart 1918); *M. Falco,* Introduzione allo studio del „Codex iuris canonici" (Turin 1925); *F. Cimetier,* Les sources du droit ecclésiastique (Paris 1930) 150–197; DDC III 909–940; *Agatángel de Langasco:* Revista española de derecho canónico 10 (1955) 457–475 (über die Rolle des Kardinals Vives).

Als Pfarrer und Bischof hatte Pius X. häufig Gelegenheit gehabt, sich darüber Rechenschaft zu geben, daß eine gewisse Reorganisation der kirchlichen Institutionen dringend geboten war, damit der Klerus auf allen hierarchischen Stufen, von oben bis unten, in die Lage versetzt werde, seinen Aufgaben besser gerecht zu werden. So machte er sich unverzüglich an diese Aufgabe, wobei ihm sein Organisationstalent und die administrative Erfahrung, die er als Kanzler der Diözese Treviso im Verlauf von 18 Jahren erworben hatte, sehr zustatten kamen.

Es kann hier darauf verzichtet werden, alle einzelnen Maßnahmen aufzuzählen, die Pius X. im Verlauf seines Pontifikats ergriffen hat, obwohl sie mitunter bedeutsame Folgen hatten[1]. Es sollen nur zwei Unternehmen von großer Tragweite näher behandelt werden: die Reform der päpstlichen Verwaltung und die Reform des kanonischen Rechts.

[1] Beschränken wir uns darauf, auf zwei hinzuweisen: die Konstitution „Vacante Sede Apostolica" (25. 12. 1904) über die Wahl des Papstes (vgl. *M. Scaduto,* I precedenti di una reforma e le leggi di Pio X sul Conclave: CivCatt 1944, V, 6–20); die Umwandlung der „Acta Sanctae Sedis" in das offizielle Amtsblatt des Heiligen Stuhls (23. 5. 1904) und nachher ihre Ablösung durch die „Acta Apostolicae Sedis" (vgl. AAS 1 [1909] 5–6 und *N. Hilling* a.a.O. I 33–34).

Die Römische Kurie, deren Organisation im wesentlichen auf Sixtus V. zurückging, bedurfte dringend einer Umgestaltung[2]. Man war im Verlauf einer dreihundertjährigen Entwicklung bei einem heterogenen Sammelsurium von 37 Organen gelandet, deren Befugnisse und Zuständigkeiten häufig völlig unzureichend festgelegt waren und die ständig miteinander in Konflikt gerieten, weil sie jedes für sich administrative und gerichtliche Probleme und Streitsachen der Verwaltung behandelten und so ihre Jurisdiktionen häufig in gegenseitigen Widerspruch gerieten. Die Ausschaltung der weltlichen Macht hatte übrigens einige dieser Organe völlig überflüssig gemacht. Pius IX. und sein Nachfolger hatten sich lediglich auf Einzelreformen beschränkt. Anderseits aber hatte die fortschreitende römische Zentralisation im Verlauf des 19. Jh., verbunden mit der Ausweitung und dem Ausbau der Kommunikationsmöglichkeiten, die Kontakte zwischen dem Zentrum und der Peripherie wesentlich verstärkt, was die Entwicklung bestimmter Dienststellen als wünschenswert erscheinen ließ. Ferner waren die Administrationsmethoden völlig veraltet, unbeweglich, unzeitgemäß und recht kostspielig, trotz der schüchternen Versuche Leos XIII., die Ausgaben des Heiligen Stuhls zu senken. Darüber hinaus wurde die Arbeit innerhalb der Kurie von vielen weniger als ein die Kräfte forderndes und anspruchsvolles kirchliches Hirtenamt im Dienste des Volkes Gottes betrachtet, sondern mehr als eine Karriere, bei der man zum guten Ende auf einen Kardinalshut hoffen konnte.

Der Gedanke an eine Reform lag in der Luft, und nicht nur in den fortschrittlichen Kreisen, wie ein unlängst wieder entdeckter Plan beweist, der im Vatikan bereits ein Jahr vor dem Tod Leos XIII. ausgearbeitet worden war. Diese Reformidee stieß jedoch zugleich auf den bei allen Verwaltungen der Welt in Ehren gehaltenen Grundsatz „Quieta non movere" und den heimlichen oder offenen Widerstand aller derer, die ihre Interessen bedroht fühlten. Pius X., der schwierige finanzielle Verhältnisse vorgefunden hatte[3], beeilte sich, die schreiendsten Mißstände abzustellen, ließ es jedoch dabei nicht bewenden. Er begann mit einigen Teilreformen, die ihm als besonders dringend erschienen. Bereits am 17. September 1903 hob er die Sonderkongregation „De eligendis episcopis" auf, die von Benedikt XIV. gegründet und von Leo XIII. im Jahre 1878 erneuert worden war, nachdem sie außer Brauch gekommen war, und das Heilige Offizium wurde für die Wahl der Bischöfe in den Ländern zuständig, die nicht von der Congregatio de Propaganda Fide abhängig waren oder nicht den Bestimmungen eines Konkordats unterlagen. Am 26. Mai 1906 hob er auch die beiden noch verhältnismäßig jungen Kongregationen „Super disciplina regulari" und „De statu regularium" auf, so daß alles, was die Ordensleute betraf, in der Kongregation der Bischöfe und Regularen konzentriert wurde. Er hatte jedoch be-

[2] Vgl. *F. Roberti,* De Curia Romana ante pianam reformationem: Rom. Curia 13–34.

[3] Vgl. *P. Scoppola,* Crisi modernista e rinnovamento cattolico in Italia (Bologna 1961) 120, Anm. 126.

reits eine viel umfassendere Reform ins Auge gefaßt, wie sie u.a. von einigen Prälaten gefordert wurde, die sich um Kardinal Agliardi geschart hatten. Er wurde bei seinen Absichten wahrscheinlich von dem Anliegen getrieben, der Kritik von radikaler Seite den Wind aus den Segeln zu nehmen und ihr Einhalt zu gebieten, nachdem man dort begonnen hatte, nicht nur das mangelhafte Funktionieren der Römischen Kurie, sondern ihre grundsätzliche Existenzberechtigung in Frage zu stellen, weil man sie als eine Schranke zwischen dem Papst und den Bischöfen ansah. Im Frühsommer des Jahres 1907 entschloß er sich zu den ersten Maßnahmen, die eine rasche Entwicklung der Dinge einleiteten.

Es wurde eine Kardinalskommission gebildet, der Mgr. De Lai, Sekretär der Konzilskongregation, zugeteilt wurde; De Lai war von Anfang an bis zum Ende der Hauptförderer der Reform. Das Ziel dieser Kommission war nach den vom Papst persönlich entworfenen Anweisungen[4]: die Abschaffung der überflüssig gewordenen Organe und Stellen und die Schaffung entsprechender neuer Einrichtungen, wie sie auf Grund der Entwicklung der Verhältnisse notwendig geworden waren; die Trennung von administrativen und judizialen Zuständigkeiten; die absolut klare und rationelle Festlegung der Befugnisse jedes Dikasterions (u.a. unter jeweiliger Zusammenfassung aller Belange, die die Bischöfe, den Klerus, die Ordensleute, die Sakramente, die Missionen betrafen, in einem einzigen Organismus); die Vereinfachung und damit die Beschleunigung der Tätigkeit der einzelnen Stellen; die Zuteilung einer bestimmten Anzahl von Konsultatoren zur Vorbereitung der Beschlüsse; die Koordinierung der zu einem einheitlichen Beschluß maßgeblichen Kriterien und schließlich die Vereinheitlichung der zu zahlenden Gebühren und der bisher von Dienststelle zu Dienststelle sehr unterschiedlichen Besoldung der Beamten. Ein erster, vom Papst selbst abgefaßter Entwurf wurde der Kommission im November vorgelegt. Was die römischen Kongregationen betraf, hielt er sich weitgehend an einen von Mgr. De Lai ausgearbeiteten Plan[5]. Bezüglich des Staatssekretariats schloß er sich dem Standpunkt von Kardinal Merry del Val an; auf der einen Seite wurden verschiedene Länder seinem Zuständigkeitsbereich angegliedert, die bisher der Congregatio de Propaganda Fide unterstellt gewesen waren, obwohl sie längst keine Missionsländer mehr waren (Großbritannien, die Niederlande, die Vereinigten Staaten, Kanada), auf der anderen Seite wurden der Leitung des Staatssekretariats noch zwei bisher unabhängige Organismen unterstellt: die Congregatio pro negotiis ecclesiasticis extraordinariis und das Sekretariat der Breven. Diese Erweiterungen erhöhten die Bedeu-

[4] Text: Rom. Curia 38–42.

[5] Das Schema von De Lai reduzierte die Kongregationen von 18 auf 11, obwohl dieser die Schaffung einer neuen Kongregation „De re matrimoniali“ und die Teilung der alten Kongregation der Bischöfe und Regularen in zwei verschiedene Dikasterien vorschlug. Weiter regte er an, den „alten und verhaßten“ Namen der Inquisition (mit der er die Index-Kongregation gleichsetzte) in „Congregatio de fide tuenda“ umzuwandeln. Pius X. zog es vor, den traditionellen Namen beizubehalten.

tung des Staatssekretariats beträchtlich. Schließlich erweckte er, um die Verwaltung und die Rechtsprechung besser voneinander zu trennen, die alte mittelalterliche Gerichtsbarkeit der Rota Romana, die durch den Aufschwung der mit richterlicher Gewalt ausgestatteten Kongregationen so weitgehend lahmgelegt worden war, daß sich ihre Zuständigkeit seit 1870 auf die liturgischen Fragen beschränkte, wieder zu neuem Leben.

Im Verlauf der nächsten Monate wurde der Grundentwurf wiederholt umgearbeitet, wobei jedoch die Abänderungen die Ökonomie des ursprünglichen Planes unangetastet ließen: aus der Ehekongregation wurde die Sakramentenkongregation; die Sektion der ehemaligen Kongregation der Bischöfe und Regularen, die sich mit den Bischöfen zu befassen hatte, wurde der Konsistorialkongregation angegliedert, so daß für alle die Ordensleute betreffenden Fragen von nun an eine Sonderkongregation zuständig war (der Fall der Missionskongregationen löste Diskussionen aus); die Indexkongregation wurde schließlich auf Wunsch Pius' X. „angesichts der großen Zahl der zu prüfenden Bücher" getrennt vom Heiligen Offizium beibehalten[6]; die Ritenkongregation und die Kongregation für die Kanonisierung der Heiligen wurden dagegen zu einer einzigen Kongregation zusammengefaßt.

Am 29. Juni 1906 wurde die Konstitution „Sapienti consilio"[7] veröffentlicht. In ihr bewunderten die Fachleute „den konstruktiven und vereinfachenden Genius Pius' X." (Torquebiau). Die Kurie sollte von nun an dreierlei Arten von Organen umfassen: 11 Kongregationen, 3 Tribunale und 5 Offizien. Im Bereich der Kongregationen war eine, die Sakramentenkongregation, völlig neu. Die ehemalige Konzilskongregation war so tiefgreifend umgestaltet worden, daß sie praktisch ebenfalls neu war; sie war seinerzeit ins Leben gerufen worden, um über die Durchführung und die Interpretation der Dekrete des Konzils von Trient zu wachen, war künftig jedoch für alles zuständig, was die allgemeine Disziplin des Klerus und der Gläubigen betraf. Die Konsistorialkongregation bekam erheblich erweiterte Befugnisse und erhielt sogar die ausschließliche Überwachung der Seminare (erst 1915 vertraute Benedikt XV. diese der Studienkongregation an, deren einziger Zuständigkeitsbereich bisher die katholischen Universitäten gewesen waren). Die Zuständigkeit der Kongregation de Propaganda Fide beschränkte sich fortan auf die Missionsländer im eigentlichen Sinne[8]; darüber hinaus mußte sie der Rota alle Ehefragen übertragen, die an sie gelangten, und der Sakramentenkongregation alles, was in deren Bereich

[6] Vgl. Rom. Curia 58 67. Benedikt XV. kam dann auf den ursprünglichen Gedanken zurück und machte aus dem Index eine Sonderabteilung des Heiligen Offiziums (AAS 9 [1917] 161–166).

[7] Text: AAS 1 (1909) 7–19.

[8] Es war sogar die Rede davon gewesen, ihr die in den Bereichen gemeinen Rechts gelegenen Apostolischen Vikariate wegzunehmen; doch führte eine dringende Intervention des Kardinals Gasparri, der führenden Autorität auf dem Gebiet des kanonischen Rechts, dazu, daß man auf dieses Vorhaben verzichtete (vgl. Rom. Curia 66–67).

gehörte. Für die Gerichtsbarkeit waren künftighin drei Stellen zuständig: für den äußeren Bereich die Rota und die Apostolische Signatur (als Berufungsgericht), für den inneren Bereich die Pönitentiarie (Sacra Poenitentiaria), der damit alle Vollmachten im äußeren Bereich, die sie sich nach und nach angeeignet hatte, entzogen wurden. Die fünf Offizien waren schließlich die Apostolische Kanzlei, die Datarie, die Apostolische Kammer (mit sehr beschränkten Befugnissen), das Sekretariat der Breven und das Staatssekretariat als das weitaus wichtigste. Die Konstitution, die durch einen bis in die Einzelheiten gehenden „Ordo servandus“[9] ergänzt wurde – im ganzen fast 80 Seiten eng gedrängten Textes –, präzisierte eingehend die Arbeitsweise der neuen Organe: die Ernennung zu den einzelnen Ämtern, die Arbeitspläne und die Geschäftsordnungen, die besonderen Dispositionen für jedes der vielen Unterabteilungen, die Berichte, die (häufig) dem Pontifex maximus selbst erstattet werden mußten, bevor ein Beschluß gefaßt wurde. Um die rasche Bearbeitung und Erledigung der Angelegenheiten zu fördern, wurde verfügt, daß nur die wichtigsten Probleme der Vollversammlung der zuständigen Kongregation unterbreitet werden sollten; die anderen Sachen sollten vom „Congresso“ geregelt werden, einem zahlenmäßig beschränkten Komitee, bestehend aus hohen Beamten und dem Kardinalpräfekten der Kongregation.

Die praktische Anwendung der neuen Bestimmungen ließ nicht lange auf sich warten und wurde vom Papst persönlich eingehend überwacht. Die Tatsache, daß De Lai, der im Dezember 1907 Kardinal geworden war, mit der Leitung der mit der Reorganisation beauftragten Sonderkommission betraut worden war, wurde mit besonderer Aufmerksamkeit zur Kenntnis genommen. Aber wenn manche auch der Ansicht waren, der konservative Pius X. erweise sich als recht revolutionär, so wurde die Reform im allgemeinen doch mit Befriedigung aufgenommen. Freilich ging der Wunsch nach einer klaren Trennung der Aufgaben der Administration und der gerichtlichen Funktionen in der Praxis nur teilweise in Erfüllung, da sich das Gericht der Rota zwar tatsächlich auf die Ehefragen beschränkte, die Kongregationen aber auch weiterhin auf den anderen Gebieten Streitigkeiten erledigten und Strafen auf administrativem Wege verhängten. Zweifellos wurde auch die Grundstruktur der Organisation Sixtus' V. viel weniger einschneidend geändert, als dies dann ein halbes Jahrhundert später anläßlich der Kurienreform unter Paul VI. der Fall sein sollte. Der Geist der „alten Maschine“ war, wie P. Genocchi mit vollem Recht beklagte, nicht tiefgreifend geändert worden, und die Männer, die den Auftrag hatten, diese Maschine in Gang zu setzen und zu halten, blieben im wesentlichen Bürokraten ohne große pastorale Erfahrung, von der Außenwelt und ihren Problemen abgeschnitten. Unter anderem dachte man nicht daran, in den praxisbezogenen Abteilungen der Kongregationen Bischöfen, die wirklich verantwort-

[9] Dieser „Ordo servandus“ wurde in zwei Teilen veröffentlicht, am 29.6. und am 29.9. 1908. Text: AAS 1 (1909) 36–108.

lich eine Diözese leiteten, einen Platz einzuräumen. Aber auch wenn man diese unbestreitbaren Grenzen und Beschränkungen der Reform Pius' X. berücksichtigt, muß man doch deutlich feststellen, daß erstmals seit dem 16. Jh. die gesamte Kurie umgestaltet wurde, und zwar nach alles in allem wirklich rationellen Kriterien.

Diese Maßnahmen hatten nicht nur ihren eigenen Gehalt, sondern waren darüber hinaus auch von symbolischer Bedeutung. Sie erschienen als Vorwegnahme auf einem besonders bedeutsamen Sektor, der allgemeinen Umgestaltung der kirchlichen Gesetzgebung, die seit Anbeginn des Pontifikats Pius' X. in Vorbereitung war[10].

In der Luft lag bereits seit mehreren Jahrzehnten der Gedanke einer zeitgemäßen Umgestaltung des kanonischen Rechts zur Anpassung an die neue Situation und der Abfassung eines Kodex, in dem das gesamte Recht systematisch zusammengefaßt werden sollte; dieser Kodex sollte die zu gewaltigen, schwer zugänglichen und großenteils in der Praxis überholten Sammlungen von päpstlichen Dekretalen künftighin ersetzen. Eine Reihe von Bischöfen hatte anläßlich des Vatikanischen Konzils diesbezügliche Wünsche geäußert, und kurz vor der Eröffnung dieses Konzils hatte Pius IX. durch die Konstitution „Apostolicae Sedis" (12. 10. 1869) die Gesetzgebung über die kirchlichen Zensuren tiefgreifend umgestaltet. Leo XIII.[11] hatte zahlreiche überholte Vorschriften aufgehoben oder angepaßt und teilweise unter Verwertung gewisser im Hinblick auf das Vatikanische Konzil vorbereiteter Schemata, sogar mehrere Teil-Kodifizierungen vorgenommen; dies geschah vor allem in der Konstitution „Officiorum ac munerum" (25. 1. 1897), in der die Legislation über die Bücherzensuren kodifiziert und gemildert wurde, und die Konstitution „Conditae a Christo" (8. 10. 1900), die endlich den religiösen Kongregationen mit einfachen Gelübden ein präzises legales Statut verlieh. Übrigens hatten private Kanonisten[12] verschiedene Versuche unternommen: G. de Luise schon 1873, E. Colomiatti 1888, H. M. Pezzani 1893, F. Deshayes 1895 und vor allem A. Pillet, dessen „Ius canonicum generale distributum in articulos" (1890) die Rechtsvorschriften nach dem Muster des Bürgerlichen Gesetzbuches darbot und damit zeigte, daß eine vollständige Kodifizierung des kanonischen Rechts möglich war. Obwohl die deutschen Kanonisten in diesem Punkte sich schweigsam verhielten, erschienen seit 1891 auf den internationalen katholischen Kongressen ständig Berichte mit der Anregung, die Gesetzgebung der Kirche zu revidieren und zu kodifizieren.

[10] Schon bei seinen ersten Instruktionen Anfang des Sommers 1907 hatte Pius X. ausdrücklich präzisiert: „Questa riforma deve farsi *subito* per essere messa in esecuzione al più presto in via di esperimento, onde colle eventuali mutazioni, che seranno suggerite dalla pratica, venga definitivamente pubblicata nel nuovo Codice" (zitiert Rom. Curia 41).

[11] Vgl. *N. Hilling*, Die Gesetzgebung Leos XIII. auf dem Gebiete des Kirchenrechts: AkathKR 93 (1913) 8–31 254–276 460–483 623–637, 94 (1914) 75–95 252–264. – Vgl. hier S. 292.

[12] DDC III 915–917.

„Zwei oder drei Tage nach seiner Wahl“ (Merry del Val) hatte Pius X. bereits seinen Wunsch geäußert, diesen Weg der Reform einzuschlagen. Nachdrücklich ermutigt wurde er hierzu von Mgr. Gasparri, einem der besten Kanonisten seiner Zeit, und von Kardinal Gennari[13]. So kündigte er bereits am 19. März 1904 mit dem Motu proprio „Arduum sane munus“ die Bildung einer Kardinalskommission, unterstützt von einer gewissen Anzahl von Konsultoren, an, die den Auftrag bekam, die kirchliche Gesetzgebung den Umständen anzupassen und sie zu kodifizieren. In der folgenden Woche wurde ein Brief an alle Erzbischöfe gesandt, in dem sie ersucht wurden, nach Konsultation ihrer Suffraganbischöfe Anregungen bezüglich der hauptsächlichsten Änderungen, die in das augenblicklich geltende Recht eingebaut werden sollten, nach Rom zu senden und zusätzliche Konsultatoren zu benennen. Einige Tage später wurde auch um die Mitarbeit der katholischen Universitäten der ganzen Welt ersucht.

Die Ankündigung dieses Planes löste einander völlig entgegengesetzte Reaktionen aus: Befriedigung bei den einen, die in der Praxis die vielseitigen Nachteile des geltenden Systems erleben mußten, Skepsis bei den zahlreichen Wissenschaftlern, vor allem in Rom und in Deutschland, die einen besseren Einblick in die Schwierigkeiten hatten und ein Scheitern voraussagten; letztere wurden von dem berühmten Herausgeber des „Corpus Iuris Canonici“, dem Protestanten Friedberg, unterstützt, der dem Papst u. a. vorwarf, er versuche, seine Macht auf diese Weise noch mehr auszuweiten[14]. Andere befürchteten, die Teile, die sich auf das kirchliche öffentliche Recht und auf die Beziehungen zwischen Kirche und Staat bezogen, könnten als eine Neuauflage des Syllabus erscheinen und Anlässe zu weiteren Zusammenstößen mit den Regierungen liefern. In anderen katholischen Kreisen, u. a. in Spanien, warf man dem Projekt dagegen vor, es versuche, die napoleonischen Gesetzbücher nachzuahmen, die als ein Ausdruck des liberalen Individualismus galten[15]. Pius X. ließ sich jedoch nicht aus der Fassung bringen und sorgte dafür, daß man sich unverzüglich an die Arbeit machte.

Hauptförderer des Unternehmens war von Anfang an Mgr. Gasparri[16], der Sekretär der Kardinalskongregation für außerordentliche Angelegenheiten, der vom Papst zum Sekretär der päpstlichen Kommission und zum Präsidenten des

[13] Vgl. *N. Hilling*, Von wem ist der Plan der Abfassung des Codex iuris canonici zuerst ausgegangen?: AkathKR 116 (1936) 88–91.

[14] DZKR 18 (1904) 1–74.

[15] Vgl. *L. de Echeverría:* Miscellanea in memoriam Petri card. Gasparri (Rom 1960) 327–341.

[16] Pietro Gasparri (1852–1934) war ein Mann von erstaunlicher Arbeitskraft, „ein anderer, nur weit tätiger und wirksamerer Raymund von Peñaforte“. Über ihn siehe: Il card. Pietro Gasparri (Rom 1960); *J. Denis:* Actes du congrès de Droit canonique. Cinquantenaire de la Faculté de droit canonique (Paris 1950) 239–245; *H. Tüchle:* Die Außenminister der Päpste, hrsg. von *W. Sandfuchs* (München 1962) 94–108; *G. Spadolini*, Il card. Gasparri e la Questione Romana (Florenz 1973). Über seine Tätigkeit als Staatssekretär unter Benedikt XV. und Pius XI. s. Teil III.

Kollegiums der Konsultoren ernannt wurde und bis zu seiner vollständigen Erledigung sein Herz und seine Seele blieb.

Zur Beschleunigung der Arbeit wurden die Konsultoren in zwei parallel arbeitende Kommissionen eingeteilt. Die eine stand unter Leitung von Gasparri mit E. Pacelli als Sekretär, die andere unter Leitung von Kardinal De Lai mit F. A. Sapieha als Sekretär. Diese Kommissionen traten vom 13. November 1904 an wöchentlich zusammen, verglichen und erörterten die Redaktionsentwürfe, die für jedes Kapitel von zwei, mitunter auch von drei oder vier völlig unabhängig voneinander arbeitenden Konsultoren vorgelegt wurden. Dann verfaßte der Präsident, von den verschiedenen Texten und den geäußerten Meinungen ausgehend, einen neuen Entwurf, der erneut erörtert und dann wiederum neu bearbeitet wurde; diese Prozedur wiederholte sich im allgemeinen mindestens vier- oder fünfmal, mitunter gar bis zu zehn- oder zwölfmal. Um Zeit zu gewinnen, wurden die Texte jedesmal zunächst an die Konsultatoren geschickt, damit sie diese prüfen und ihre Anmerkungen schriftlich fixieren konnten. Hatte man sich schließlich über ein Schema geeinigt, so unterbreitete Gasparri es der Kardinalskommission, die ihre Stellungnahme erst nach mindestens zwei Überprüfungen abgab[17]. Die gesamte Arbeit erfolgte unter strengster Geheimhaltung. Das eine oder andere Kapitel bzw. dieser oder jener Paragraph wurden jedoch in der Form einer päpstlichen Konstitution oder eines Dekrets einer Kongregation veröffentlicht, entweder weil der Papst die Angelegenheit für dringend hielt oder weil man die Wirksamkeit im praktischen Leben erproben oder sehen wollte, wie die Texte aufgenommen wurden. Dies war u. a. der Fall bei der Konstitution „Sapienti consilio“, mit der die Kurie reorganisiert wurde, bei den eucharistischen Dekreten, auf die wir im nächsten Kapitel zurückkommen werden, bei dem Dekret „Ne temere“ (2. 8. 1907), mit dem auf dem Gebiet der Ehe die Ausnahmen von der tridentinischen Gesetzgebung abgeschafft wurden, die seit dem 16. Jh. beibehalten worden waren (= can. 1094–1103), bei dem Dekret „A remotissima“ (31. 12. 1909) über die Visitatio liminum (= can. 340–342a), bei dem Dekret „Maxima quidem“ (29. 8. 1910) über die Versetzung der Pfarrer (= can. 2147–2167) oder bei dem Dekret „Cum singulae“ (16. 10. 1911) über die Entlassung der Ordensangehörigen (= can. 646–672).

Von 1912 ab waren manche Teile so weit bearbeitet, daß Gasparri vorschlagen konnte, sie den Bischöfen und Ordensoberen zu übermitteln und sie um ihre Stellungnahme zu bitten. Trotz des Widerstandes verschiedener Kardinäle, die neue Verzögerungen befürchteten, gab der Papst seine Zustimmung. Diese Konsultation (in deren Rahmen jeder Bischof auch noch ein oder zwei zur Geheimhaltung verpflichtete Vertrauensleute heranziehen konnte) erwies sich als sehr nützlich. Am 20. März 1912 wurden die Bücher I und II übermittelt,

[17] Die einander folgenden Pläne bleiben im Dunkel der Archive stets unzugänglich – mit einer einzigen Ausnahme: *F. Roberti,* Codicis Juris canonici schemata Lib IV De processibus, I De judiciis in genere (Vatikanstadt 1940).

am 1. April 1913 das Buch III, am 1. Juli das Buch V und schließlich am 15. November 1914 das Buch IV. Zum letztgenannten Zeitpunkt war Pius X. bereits drei Monate tot. Die letzte, endgültige Fertigstellung sollte dann noch zwei Jahre erfordern. Die wesentliche Arbeit war jedoch beim Tod Pius' X. bereits geleistet, wobei der Papst stets Ansporn gewesen war und die Arbeiten von Etappe zu Etappe direkt persönlich verfolgt hatte. So kommt ihm, nach Gasparri, ein guter Teil des Verdienstes an diesem Werk zu.

Zweifellos waren diesem Werk Grenzen gesetzt. Man sieht in ihm heute nicht nur einen neuen Schritt auf dem Wege einer Zentralisation und einer übertriebenen Uniformierung der lateinischen Kirche[18], manche bedauern, daß man in ihm, im Gegensatz zu den alten kanonischen Sammlungen, keinerlei Bezugnahme auf die Heilige Schrift oder die Kirchenväter findet. Selbst vom streng juridischen Standpunkt aus stellt man manchmal trotz so vieler Diskussionen und aufeinanderfolgender Umarbeitungen, an denen die meisten hervorragenden Kanonisten der Zeit beteiligt wurden, „eine bedrohliche Unsicherheit der Terminologie selbst bei Begriffen, die ausdrücklich definiert werden" (G. Schwaiger), fest, und bezüglich des Kerngehalts hätte man eine radikalere Wiederinfragestellung bestimmter, vom mittelalterlichen Recht oder vom modernen Absolutismus ererbter Positionen wünschen können[19]. Bewundern muß man dennoch die Weite der in einer Rekordzeit verwirklichten Aufgabe. Immerhin stellt das Werk eine gut gegliederte Summa dar, die die gesamte in der lateinischen Kirche geltende Gesetzgebung umfaßt, mit Ausnahme eines Teils der liturgischen Materie und unter Weglassung des besonders heiklen Problems der Beziehungen zwischen der Kirche und der jeweiligen Staatsgewalt. Es zeichnet sich aus durch Klarheit und Präzision des Stils und läßt sich inspirieren von den bürgerlichen Gesetzbüchern, anstatt nach rhythmischen Klauseln und rednerischer Weitschweifigkeit zu trachten, die die früheren Texte bis einschließlich Leo XIII. charakterisierte. Es offenbart das Bemühen – ein Beweis dafür, daß Pius X. nicht aus Prinzip antimodern war –, auf verschiedenen Gebieten das Kirchenrecht mit den Erfordernissen der Zeit in Einklang zu bringen und ihm die neuen Errungenschaften der Wissenschaft und der zeitgenössischen juridischen Praxis zugute kommen zu lassen. Man muß auch das Anliegen Pius' loben, von Anfang an bis zum Schluß mit dem Episkopat der ganzen Welt und mit den nichtrömischen Kanonisten zusammenzuarbeiten. Zeugnis des Realismus und der Mäßigung sind zahlreiche Wahlentscheidungen zwischen den überspitzten Stellungnahmen der Theoretiker und dem übertriebenen Pragmatismus mancher Praktiker. Nicht vergessen darf man bei dieser Bewun-

[18] Der Codex gilt nicht für die mit Rom unierten Ostkirchen.

[19] *U. Stutz* leitet sein Kapitel über „Neues im Kodex" mit folgenden Worten ein: „Neues bringt der Kodex im Grunde genommen nur wenig" (a.a.O. 57). Vgl. *H. E. Feine* a.a.O. 707: „Der Gesamtcharakter des Werkes ist freilich durchaus konservativ. Die wirklichen Neuerungen sind auf das Notwendigste beschränkt." Über diese Neuerungen, die man nicht allzusehr bagatellisieren sollte, vgl. ebd. 709–719.

derung auch die absolut zutreffende Feststellung der Protestanten Stutz und Feine, die in dem neuen Kodex den Ausdruck „der fortschreitenden und sich steigernden Spiritualisierung der Römisch-Katholischen Kirche" sehen, die im Verlauf der Pontifikate Pius' IX. und Leos XIII. immer deutlicher zum Ausdruck gekommen war. So stimmen diese beiden Autoren, die alles andere als Ehrenretter Pius' X. sind, in der Feststellung überein, daß der Kodex auf dem Gebiet der kirchlichen Rechtsgeschichte Epoche gemacht hat.

27. Kapitel

Eucharistische Dekrete und liturgische Erneuerung

QUELLEN: *A. Bugnini,* Documenta pontificia ad instaurationem liturgicam spectantia 1903–1935 (Rom 1953).

LITERATUR: Über die eucharistischen Dekrete: *C. Zerba,* Nel cinquantenario del Decreto „Quam singulari" (Vatikanstadt 1961); *J.-M. Derély:* NRTh 73 (1951) 897–911 1033–48; *ders.:* ebd. 77 (1955) 506–512; DThC III 539–552; DSAM II 1282–89; *J. A. Hardon:* ThSt 16 (1955) 493–532; *H. A. Heiser,* Die Durchführung der Kommuniondekrete in der ganzen Welt (Wiesbaden 1932; s. ZAM 8 [1933] 162–166); *P. Hellbernd,* Die Erstkommunion der Kinder in Geschichte und Gegenwart (Vechta 1954).

Über die liturgischen Reformen Pius' X.: *N. Hilling:* AkathKR 96 (1916) 550–568 (alte Lit. s. S. 557 Anm. 6), 97 (1917) 245–259; *O. Rousseau,* Histoire du mouvement liturgique (Paris 1945) 201–230; *T. Narbutas,* La reforma del breviario romano por Pío X (Santiago de Chile 1949); *J. M. Lecea Yabar,* Pastoral litúrgica en los documentos pontificios de Pío X a Pío XII (Barcelona 1959); *H. Vinck,* Les réformes liturgiques de 1911–1914 (unveröffentlichte Dissertation des Institut supérieur de Liturgie, Paris 1971); *Schmidlin PG* III 46–53.

Über die Choralreform: *K. G. Fellerer,* Der gregorianische Choral im Wandel der Jahrhunderte (Rom 1936); *E. Moneta-Caglio,* L'attività musicale di S. Pio X: Bolletino ceciliano Nov. 1964; *ders.:* Musica sacra 84–86 (Mailand 1961/63); *F. Romita,* La preformazione del Motu proprio di S. Pio X sulla musica sacra: Monitor ecclesiasticus 86 (1961) 395–497; *P. Combe,* Histoire de la restauration du chant grégorien (Solesmes 1969); *F. M. Bauducco:* CivCatt 1961 III 583–594, 1963 I 240–253, 1968 III 243–252 (über die Rolle A. de Santis); *ders.:* Bolletino ceciliano (1964) 75–92; *G. Zaggia,* L. Bottazzo e la restaurazione della musica sacra (Padua 1967); *E. Valentini,* Un campione del movimento ceciliano, G. Grosso (Turin 1962); *H. Vinck:* ELit 86 (1972) 290–298; *E. Moeller,* C. Bellaigue et Pie X: QLP 21 (1936) 40–65; Il Pont. Istituto di musica sacra 50° di fondazione: Bollettino degli Amici del Pont. Ist. di Mus. sacra 13 (1961).

Über die Anfänge der liturgischen Bewegung: *A. Haquin,* Dom Lambert Beauduin et le renouveau liturgique (Gembloux 1970); *B. Fischer,* Das „Mechelner Ereignis" vom 23. 9. 1909: LJ 9 (1959) 203–219; *A. Bernareggi:* SC 78 (1950) 81–102.

Zu Beginn des 20. Jh. war man zu einer immer klareren Einstellung zugunsten der häufigen Kommunion gekommen. Dennoch ging die Auseinandersetzung zwischen ihren Befürwortern und ihren Gegnern noch immer weiter. Nicht einmal der Enzyklika Leos XIII. „Mirae caritatis" (1902)[1], die „zum häufigen

[1] ASS 34 (1901/02) 641–644. Vgl. S. 271.

Gebrauch der Eucharistie" ermutigte und gegen „die Scheingründe für den Verzicht auf die Kommunion" protestierte, gelang es, die Kontroverse zu schlichten, die vor allem in Frankreich und in Belgien recht heftig war. Im Gefolge des Moraltheologen E. Génicot SJ und des Kirchenrechtlers P. Gasparri unterstrichen vor allem der Abbé F. Chatel und der Redemptorist P. Godts die unbedingte Notwendigkeit, mit der vorsätzlichen läßlichen Sünde zu brechen, bevor man zur häufigen Kommunion zugelassen werden könne. Andere vertraten dagegen den Standpunkt, daß die Eucharistie nach der Formel von Msgr. de Ségur nicht „die Belohnung für die erworbene Tugend, sondern im Gegenteil das Mittel zu ihrer Erlangung" sei. Von diesem Standpunkt aus unterschieden sie streng zwischen der unbedingt notwendigen und der wünschenswerten seelischen Verfassung. Sie wurden dabei von Kardinal Gennari in Rom bestärkt und vom Bischof von Namur, Msgr. Heylen, dem neuen Präsidenten der Eucharistischen Kongresse, nachdrücklich unterstützt und konnten sich zu ihren Gunsten auf mehrere Antworten der römischen Kongregationen (vor allem auf das Dekret „Quemadmodum" des Heiligen Offiziums vom 17. 12. 1890 zugunsten der Nonnen) berufen. So war ihre Zahl in Italien, wo die rigoristische Tradition nie großen Einfluß gehabt hatte, besonders groß; sie hatten jedoch auch nördlich der Alpen entschlossene Anhänger, in erster Linie unter den Jesuiten[2].

Als Bewunderer Don Boscos, der ein eifriger Verteidiger der häufigen Kommunion und der frühzeitigen Kommunion der Kinder gewesen war, hatte Msgr. Sarto aus der Entwicklung der eucharistischen Praxis einen der Kernpunkte seines Programms als Bischof gemacht. So war es nicht verwunderlich, daß er sich, nachdem er Papst geworden war, bemühte, dieses Programm auf der Ebene der Weltkirche zu verwirklichen. Im Zeitraum von nur zwei Jahren, in der Zeit vom 30. Mai 1905 bis zum 14. Juli 1907, kam es zu zwölf Interventionen in dieser Richtung (Dekrete, Briefe oder Ansprachen). Anläßlich des internationalen Eucharistischen Kongresses, der in Rom im Juni 1905 abgehalten wurde, billigte er ein Gebet „für die Ausbreitung des frommen Brauches der täglichen Kommunion", in dem daran erinnert wurde, daß „Jesus das tägliche Heilmittel und die tägliche Speise unserer täglichen Schwäche" sein wollte. Der ausschlaggebende Akt war jedoch das Dekret der Konzilskongregation vom 20. Dezember 1905 „De quotidiana SS. Eucharistiae sumptione" [3], das in der in Gang befindlichen Auseinandersetzung die gebotene Entscheidung brachte, indem es präzisierte, daß zwei Voraussetzungen für den Empfang der heiligen Kommunion genügten: der Stand der Gnade und die rechte Absicht. Zugleich wurden die Gläubigen aufgefordert, „sehr häufig und sogar täglich" zu kommunizieren.

[2] Unter anderen P. L. Cros, ein französischer Jesuit, der sich in Spanien niedergelassen hatte und der, ohne sich um Widerstände der Hierarchie zu kümmern, mit voller Begeisterung ein Programm in vier Punkten entwickelte: *comulgar* (kommunizieren), *cada día* (täglich), *sin confesarse* (ohne zu beichten) *hasta la muerte* (bis zum Tode).

[3] AAS 2 (1910) 894–898. Siehe die Kommentare von *E. Barbe* (Reims 1905) und *J.-B. Ferreres* (Paris 1909).

Auf Anordnung des Papstes wurde dieses Dekret an alle Bischöfe und Ordensoberen gesandt mit der Anweisung, „es ihren Seminaren, Pfarrern, Ordensinstituten und Priestern zu übermitteln und dem Heiligen Stuhl dann mitzuteilen, was sie zur Gewährleistung seiner Durchführung veranlaßt hatten". Im Verlauf der nächsten Monate ermutigten andere Dekrete die Kommunikanten durch die Gewährung eines Ablasses (14. 2. 1906), durch die Dispens der mehr als einen Monat bettlägerigen Kranken vom eucharistischen Nüchternheitsgebot (7. 12. 1906 und 6. 3. 1907) und präzisierten, daß die Formulierung des Dekrets: „alle Gläubigen" auch die Kinder einschließe, die schon zur Erstkommunion gegangen waren (13.9.1906).

Bezüglich des für die Erstkommunion erforderlichen „Verstandesalters" blieben aber weiterhin Meinungsverschiedenheiten bestehen. Aus diesem Grunde bereitete die Sakramentenkongregation, die wegen der auseinandergehenden Meinungen häufig konsultiert wurde, ein Dekret vor, für dessen Abfassung der Papst hervorragendes Interesse bekundete, obwohl er heftigen Widerstand voraussah. So erklärte denn das Dekret „Quam singulari" (8.10. 1910)[4] in der Tat nach Erörterung des Problems vom historischen, dogmatischen und praktischen Standpunkt aus, es genüge, daß die Kinder in der Lage seien, „den Unterschied zwischen dem eucharistischen Brot und dem gewöhnlichen Brot zu erkennen", so daß es nicht nötig sei, die Erstkommunion bis zum Alter von 10 oder 12 oder gar 14 Jahren zu verschieben, wie dies damals häufig geschah. Dies bedeutete eine Neuanwendung des Prinzips, das allen eucharistischen Reformen Pius' X. zugrunde liegt: des Prinzips, daß die Kommunion nicht die Belohnung für unser sittliches Leben, sondern seine wirkende Speise ist gemäß dem theologischen Grundsatz *ex opere operato.*

Mit dem Erlaß entsprechender Verfügungen war es jedoch nicht getan, vielmehr galt es, diese Gesetzgebung auch in die Praxis umzusetzen. Die neuen Bestimmungen waren übrigens lange nicht so revolutionär, wie dies zunächst den Anschein hatte. Sie warfen aber dennoch viele Gewohnheiten völlig über den Haufen und stießen so in manchen Ländern auf entschiedenen Widerstand[5].

Bereits im April 1905 wurden in Rom auf Betreiben der Patres vom Allerheiligsten Sakrament (Eucharistiner) eine Priesterliga mit dem Ziel gegründet, die Anwendung des Dekrets über die häufige Kommunion praktisch zu forcieren, und sechs Jahre später hatten sich schon mehr als 50000 Priester dieser Liga angeschlossen. Weiter wurde in Rom unmittelbar nach Erlaß des Dekrets „Quam singulari" eine „Fromme Vereinigung für die Kinderkommunion" ge-

[4] AAS 2 (1910) 577–583.

[5] Nach Kardinal De Lai hätten manche an das Heilige Offizium appellieren mögen (Disquisitio circa quasdam obiectiones... [Vatikanstadt 1950] S. 129); man warf Pius X. auch vor, er habe die Entscheidung bezüglich der Kinderkommunion getroffen, ohne den Episkopat zu konsultieren.

gründet, der sich bald zahlreiche andere nationale Vereinigungen beigesellten (Italien, Spanien, Belgien, Südamerika, Vereinigte Staaten, Kanada). Schon 1907 hatte der Papst die alljährliche Abhaltung eines eucharistischen Triduums in jeder Diözese und möglichst sogar in jeder Pfarrei gefordert, durch das die Aufmerksamkeit des Klerus und der Gläubigen auf die Bedeutung des Dekrets von 1905 gelenkt werden sollte. In Belgien startete der Jesuit Lintelo[6], einer der glühendsten Apostel der häufigen Kommunion, als Schlußfolgerung dieses Triduums „Ligen des allerheiligsten Herzens", in denen man sich zur regelmäßigen Kommunion verpflichtete[7]. Ähnliche Ligen wurden unter unterschiedlichen Namen in verschiedenen Ländern gegründet, u.a. dank P. Bessière in Frankreich und dank P. Leister in England.

Pius X. nutzte auch die internationalen Eucharistischen Kongresse zur Förderung der Aufnahme und Verbreitung der römischen Dekrete. Ursprünglich waren diese Kongresse als öffentliche Manifestationen gedacht[7a], die den Eifer der Katholiken für alle Arten der Anbetung des Allerheiligsten Sakraments anspornen und sie durch die klare und öffentliche Bezeugung des alle Menschen umfassenden Königtums Christi, das von den Anhängern des Laizismus verworfen wurde, von ihrer Scheu vor dem Urteil der Welt befreien sollte. Diese Seite der Kongresse blieb auch weiterhin bestehen. Vor allem stellten die Kongresse von Montreal, von Madrid und ganz besonders von Wien, wo der Kaiser und die Erzherzöge in Galauniform inmitten von mehreren Hunderttausenden von Teilnehmern in der Prozession mitzogen, typische Manifestationen dieser triumphalen Haltung dar. Seit Anbeginn des Pontifikats Pius' X. trat jedoch auch noch ein anderer Aspekt mehr in den Vordergrund, der unter Leo XIII. nur ganz leise angeklungen hatte: das Anliegen, zur häufigen und sogar täglichen Kommunion zu ermutigen. Dies traf in besonderem Maße auf den Kongreß von Metz im Jahre 1907 zu, auf dem P. Lintelo über die Pflichten der Prediger im Hinblick auf das Dekret sprach. Als Echo auf gewisse Bedenken, die der Bischof von Châlon zum Ausdruck gebracht hatte, wurde P. Lintelo im Namen des Kardinallegaten öffentlich beglückwünscht. Dieser bestätigte, daß „seine Schriften am klarsten die Gedanken und Wünsche des Heiligen Vaters widerspiegelten". Von nun an wurde P. Lintelo ein Redner, ohne den Kongresse gar nicht mehr denkbar waren. Auf seinen auf reiche Erfahrung gestützten Bericht über den Katechismus und die häufige Kommunion auf dem Madrider Kongreß (1911) unmittelbar nach Erlaß des Dekrets „Quam singulari" ging der „Eucharistische Kinderkreuzzug" zurück, der anläßlich des Lourder Kongresses im

[6] Über Jules Lintelo (1862–1919) siehe *J. Severin*, Vie du P. Lintelo, de la Compagnie de Jésus, apôtre de la communion quotidienne, membre du bureau des congrès eucharistiques (Toulouse – Brüssel 1921).

[7] Eine Zahl möge das Ergebnis dieser Bemühungen illustrieren: in der Diözese Mecheln, wo sich die Durchschnittszahl der Kommunionen pro Einwohner und pro Jahr zwischen 1870 und 1900 um 2,7 bewegte, kommt man 1911 auf 5,1 und 1922 sogar auf 7,6 (*F. Houtart:* Collectanea Mechliniensia 42 [1957] 595). [7a] Vgl. S. 268ff.

Jahre 1914 offiziell ins Leben gerufen wurde und zwei Jahre später bereits in 54 Ländern Wurzel geschlagen hatte. So wurden alle glänzend widerlegt, die geglaubt – und mitunter sogar gehofft – hatten, der Tod Pius' X. würde zu einer Dämpfung seiner Dekrete führen. Ihr Kerngehalt wurde im Gegenteil sogar in den neuen Kodex des kanonischen Rechts hineingenommen.

Die Nutzbarmachung der Eucharistischen Kongresse trug immer reichere Früchte, weil sich ihre Öffentlichkeitswirkung im Verlauf des Pontifikats ganz beträchtlich ausweitete[8], die Zahl und das Ansehen bzw. der Einfluß der Teilnehmer stiegen unverhältnismäßig stark an: im Jahre 1914 kamen nicht weniger als 6 Kardinäle und 200 Bischöfe nach Lourdes, womit allein schon fast die Gesamtzahl der Teilnehmer am ersten Kongreß im Jahre 1881 erreicht wurde. Vor allem aber erhielten die Kongresse auch einen immer ausgeprägteren internationalen Charakter; von den ersten fünfzehn Kongressen hatten 9 in Frankreich stattgefunden, 4 in Belgien und einer in der romanischen Schweiz, also in Gegenden, die im allgemeinen als verlängertes Frankreich betrachtet wurden. Zwar hatte der Kongreß von Jerusalem im Jahre 1893 eine Ausnahme gebildet, doch darf man dabei nicht vergessen, in welchem Maße sich Frankreich damals in der Levante zu Hause fühlte. Dagegen entschied Pius X., der sich stets sehr eingehend für das Programm der Kongresse interessierte, daß der 25. Jubiläumskongreß im Jahre 1905 in Rom abgehalten wurde. Als weitere Kongreßstätten setzte er dann fest: das damals deutsche Metz (1907), London (1908), Köln (1909), Montreal (1910), Madrid (1911), Wien (1912) und Malta (1913). Und erst 1914 kehrte man wieder nach Frankreich zurück, nach Lourdes. Parallel hierzu nahm die Bedeutung der ausländischen Delegationen, die in das jeweilige Kongreßland kamen, ständig zu. Diese Ausweitung war auch deshalb geboten, weil man – als direkte Auswirkung der systematischen Propagandatätigkeit – seit einigen Jahren begonnen hatte, so ziemlich überall auch nationale Eucharistische Kongresse zu veranstalten. Daher mußten die internationalen Kongresse ihren Unterschied zu den nationalen Kongressen immer deutlicher herausstellen und in immer höherem Maße weltweites Gepräge erhalten.

Die eucharistischen Dekrete Pius' X. sehen, unabhängig von ihrem liturgischen Zusammenhang, in der Kommunion vor allem eine Speise für den einzelnen Christen. Andererseits spielte Pius X. eine entscheidende Rolle bei der Wiederentdeckung des wirklichen Platzes, den die Liturgie im katholischen Leben einnehmen muß. Msgr. Wagner und Msgr. Jounel anerkennen übereinstimmend, daß man ihm die ersten bedeutsamen Reformen auf liturgischem Gebiet verdankt, die seit dem Konzil von Trient durchgeführt wurden, und unter seinem Pontifikat und zum Teil unter seinem Einfluß begann die sogenannte „Liturgische Bewegung", die bis dahin auf eine kleine Elite begrenzt war und sich

[8] Vgl. *L. de Paladini,* Die eucharistischen Kongresse. Ursprung und Geschichte (Paderborn 1912) und *E. Lesne,* Cinquantenaire des congrès eucharistiques internationaux (Lille 1931).

im Rahmen von Benediktinerabteien entwickelte, auch die Pfarreien zu erfassen.

Einer der ersten Akte des Pontifikats Pius' X. war das Motu proprio „Tra le sollecitudini“ vom 22. November 1903[9], das sich direkt auf die Kirchenmusik bezog, dessen Bedeutung jedoch weit über diesen Einzelbereich hinausging, so daß man es geradezu als „die Charta der liturgischen Bewegung“ ansprechen konnte. Schon als Bischof hatte sich der spätere Pius X. bemüht, gegen die „Opernorchestermusik“ anzugehen, die sich in der Kirchenmusik breitgemacht hatte, in Italien in noch höherem Maße als anderwärts, und sie durch die klassische Polyphonie und vor allem durch den Gregorianischen Gesang, d.h. den traditionellen Choral der Kirche, zu ersetzen, dessen echten Charakter die Arbeiten der Mönche von Solesmes mehr und mehr aus den zahlreichen Veränderungen herausgeschält hatten, die sich im Verlauf der Jahrhunderte hier eingeschlichen hatten[10]. Er hatte sich aber nicht damit begnügt, in diesem Sinne in seinen Diözesen Mantua und Venedig mit Hilfe seines Kapellmeisters Perosi einzugreifen, sondern darüber hinaus 1893 der Ritenkongregation ein *Votum* über die Reform der Kirchenmusik unterbreitet, dessen Text mit Hilfe einiger Mönche von Solesmes von einem der „Civiltà Cattolica“ verbundenen Jesuiten, dem Pater A. De Santi, vorbereitet worden war; dieser entwickelte sich mehr und mehr zur „Haupttriebfeder der gregorianischen Reform“ unter den Pontifikaten Leos XIII. und Pius' X. Das nach den Ratschlägen und unter Mitarbeit von P. De Santi verfaßte Motu proprio vom November 1903 griff großenteils den Text des Votums wieder auf. Es definierte das eigentliche Wesen der Kirchenmusik, ihre Inspirationsquellen, ihre äußere Form und ihre Ausführung und verbannte aus den Kultzeremonien nachdrücklich alles, was sich hiervon entfernte. Der Gregorianische Gesang in der Form, wie ihn „die jüngsten Arbeiten in so glücklicher Weise in seiner Unversehrtheit und Reinheit wiederhergestellt haben“, wurde als „das vollkommenste Vorbild der Kirchenmusik“ herausgestellt: „Eine Kirchenkomposition ist um so mehr kirchlich und liturgisch, je mehr sie sich in ihrer Anlage, ihrem Geist und ihrer inneren Haltung dem Gregorianischen Gesang nähert; umgekehrt ist sie um so weniger des Gotteshauses würdig, als sie sich von diesem Vorbild entfernt.“ Aber wenn der Gregorianische Gesang auch als Norm herausgestellt wurde, so hütete sich Pius X. doch vor jeder Exklusivität, dies im Unterschied zu manchen Vollstreckern seines Willens, die sich Illusionen über die Möglichkeit hingaben, aus dem einstimmigen Kirchengesang einen dem Volk wahrhaft zugänglichen Gesang machen zu können, wie die spätere Erfahrung dann zeigen sollte. Hierher gehört das Zeugnis von Kardinal Merry del Val: „Er schob keineswegs die örtlichen oder

[9] ASS 36 (1904) 329–332.

[10] Über das Werk von Solesmes bei der Wiedererweckung des Gregorianischen Gesangs und die Kontroversen, zu denen die sogenannte „Mediceische Ausgabe“ des Verlags Pustet in Regensburg führte, siehe Teil I, Kap. 18, S. 292–297. Vgl. in Kap. 18 auch zum „Cäcilianismus“.

nationalen Überlieferungen einfach beiseite, vorausgesetzt, daß man sich gewissenhaft an das Grundprinzip hielt, der Kirchenmusik ihren religiösen und künstlerischen Charakter zu erhalten. Pius X. wollte die polyphone Musik in der Kirche nicht ächten, nahm vielmehr die Arbeiten der modernen Komponisten wohlwollend auf, forderte von ihnen jedoch die strikte Einhaltung der vorgeschriebenen Regeln, damit ihre Kompositionen im Maße des Möglichen ein Echo und eine Weiterentwicklung des Chorals sein sollten. Er stimmte dem Verhalten einiger Fanatiker keinesfalls zu, die so weit gingen, aus unseren Kirchen jegliche Musik zu verbannen, die von der gregorianischen Musik abweichen sollte. Er erklärte, hier handle es sich um eine Übertreibung." [11]

Mit einem zweiten Motu proprio vom 25. April 1904 [12], das gleichfalls unter der Inspiration von P. De Santi [12a] abgefaßt wurde, vertraute Pius X. den Benediktinern von Solesmes die Vorbereitung einer authentischen vatikanischen Ausgabe der gregorianischen Melodien an, und zwar unter Kontrolle einer römischen Sonderkommission, deren Vorsitz Dom J. Pothier führte, der seit 1898 Abt von St-Wandrille geworden war. Es wurde präzisiert, daß die Melodien „in ihrer Integrität und in ihrer Reinheit wiederhergestellt werden sollten, und zwar nach den ältesten Manuskripten, aber auch unter spezieller Berücksichtigung der legitimen Tradition, wie sie im Laufe der Zeit in den Manuskripten ihren Niederschlag gefunden hatte, und des praktischen Gebrauchs der derzeitigen Liturgie". Dieser von Dom Pothier angeregte Satz führte dann innerhalb der Kommission zu endlosen Auseinandersetzungen. Es standen sich in der Tat zwei Lager gegenüber, und zwar nicht nur auf der Ebene der reinen Wissenschaft – hier bestand Nichtübereinstimmung in verschiedenen durchaus nicht nebensächlichen Punkten zwischen Dom Pothier und seinem Schüler Dom Mocquereau [13] –, sondern vor allem auch auf praktischer und pastoraler Ebene: Sollte man, wie Dom Mocquereau und die meisten seiner Mitbrüder von Solesmes wollten, in einer Ausgabe für den liturgischen Gebrauch strikte Anlehnung an die ältesten Manuskripte verlangen, selbst wenn sie möglicherweise dem modernen Empfinden widersprachen, oder sollte man, wie dies Dom Pothier und die Deutschen, vor allem P. Wagner, forderten, die später von der „lebendigen Tradition" eingeführten Milderungen und Änderungen akzeptieren? Die Uneinigkeit zwischen den Kommissionsmitgliedern wurde durch personelle Fragen weiter verschärft. Darüber hinaus konnte man sich fragen, ob das systematische Studium der alten Manuskripte nicht noch viele Jahre wissenschaftlicher Forschungen nötig machen würde, wodurch die Herausgabe der offiziellen Aus-

[11] Impressioni e ricordi (Padua 1949).

[12] ASS 36 (1904) 586. [12a] Vgl. J. M. Bauduccio (zit. zu Kap. 18).

[13] Der Autor, der seine Theorie in Bd VII seiner „Paléographie musicale" (1901) skizziert hatte, brachte ein detaillierteres Exposé in „Le nombre musical", 2 Bde (Toulouse 1908/27). Über die eklektizistischeren Stellungnahmen von Dom Pothier (die er in seiner „Revue du Chant Grégorien" [Grenoble 1892ff] darlegte) siehe LThK² VIII 648–649 und *U. Bomm:* Festschr. Th. Schrems (Regensburg 1963) 63–75.

gabe, die nach der Absicht des Papstes so rasch wie möglich die Praxis des Kirchengesangs in der gesamten katholischen Kirche vereinheitlichen sollte, entsprechend verzögert würde. Um aus der Sackgasse, in die man geraten war, herauszukommen, entschied der Papst, der persönlich der zweiten Lösung zuneigte, bei der geplanten Neuausgabe von der von Dom Pothier 1895 herausgegebenen Ausgabe als Grundlage auszugehen. Er wurde Anfang 1905 beauftragt, persönlich die endgültige Bearbeitung und Fertigstellung der Neuausgabe zu übernehmen. Die Vatikankommission stellte damit praktisch ihre Arbeit ein. Schon im Oktober 1905 wurde das „Kyriale" veröffentlicht, dem 1908 das „Graduale" und 1912 das „Antiphonale" (Antiphonarium) folgte. Mehrere Dekrete der Ritenkongregation verschärften die Verpflichtung, die gebotenen Ausführungsbestimmungen ganz streng zu befolgen[14], und verboten den Bischöfen, künftig noch Ausgaben zu genehmigen, deren Melodien nicht denen der vatikanischen Ausgabe entsprächen. Die Gegner von Solesmes glaubten, daraus schließen zu können, daß die nach der Methode von Dom Mocquereau mit rhythmischen Zeichen versehenen Ausgaben verboten würden, doch der Heilige Stuhl lehnte es – trotz mitunter wenig erbaulicher Intrigen – ab, diesen Weg zu beschreiten: er griff eine von P. De Santi angeregte Unterscheidung wieder auf und anerkannte die Legitimität dieser Ausgaben als „Privatausgaben".

Die Bedeutung, die Pius X. der Restauration der Kirchenmusik beimaß, wurzelte nicht nur in ästhetischen Anliegen – „für ein Beten auf der Grundlage der Schönheit sorgen", sagte er –, sondern in viel höherem Maße in dem Verlangen, bei den Gläubigen die Liebe zur Liturgie und zum feierlichen Gebet der Kirche zu erwecken, in dem er nach der Formulierung des Motu proprio von 1903 „den ersten und unersetzlichen Quell der christlichen Kraft" sah. Dieses Anliegen veranlaßte Pius X., der sein ganzes Leben lang vor allem ein „Kirchenmann" war, mehrere Liturgiereformen durchzuführen. Sie mögen in der Sicht des Vatikanum II allerdings ziemlich bescheiden wirken, erforderten aber damals eine gewisse Kühnheit und bildeten auf jeden Fall einen ersten, nicht unbedeutenden Richtpunkt im großen liturgischen Erwachen des 20. Jh.

Die Zweckmäßigkeit bestimmter liturgischer Reformen oder zumindest Anpassungen lag in der Luft seit dem Vatikanischen Konzil, das Gelegenheit zu einer Reihe von *Vota* im Hinblick auf die Reform des Breviers geboten hatte[15]. Die in den Fachzeitschriften regelmäßig erörterte Frage war durch die Veröffentlichung der „Geschichten des Breviers" von P. Batiffol (1893) und Suitbert Bäumer (1895) wieder erneut aufgeworfen worden. Übrigens legten die Fort-

[14] So verurteilte am 18. 2. 1910 ein an Msgr. Haberl, den Präsidenten des Cäcilienvereins von Deutschland, gerichteter Brief den sog. Mensuralismus bei der Ausführung des Gregorianischen Gesangs.

[15] *Mansi* XLIX 446–448, L 602 626–627 636–638 652 669–670 679, LIII 331–352 466 470. Die Kommissionen hatten die Ansicht vertreten, die Frage gehöre in den Bereich der persönlichen Kompetenz des Papstes (ebd. L 930–931, LIII 674 687). Vgl. *J. W. Corcoran:* Meinrad Essays 12 (1961) 4 33–41.

schritte der historischen Studien in den katholischen Kreisen im Verlauf der letzten Jahrzehnte eine Revision des Martyrologiums und bestimmter Lesungen der Matutin nahe, und Leo XIII. hatte zu diesem Zweck im Jahre 1902 eine historisch-liturgische Kommission ins Leben gerufen, der unter anderen Msgr. Duchesne, J. Wilpert, F. Ehrle und G. Mercati[16] angehörten. Pius X. stand diesem Sachverhalt nicht gleichgültig gegenüber, und das Wohlwollen, das er der Schule von Solesmes gegenüber an den Tag legte, war teilweise darauf zurückzuführen, daß sie versuchte, auf der Grundlage des eingehenden Studiums der Manuskripte die Reinheit des alten römischen Gesangs wiederherzustellen. Seine Anliegen auf liturgischem Gebiet waren jedoch vor allem pastoraler Art, wofür unter anderem die Lösung, für die er sich in dem Meinungsstreit zwischen Dom Mocquereau und Dom Pothier entschieden hatte, einen Beweis lieferte. Auch hatte die Reform, die er in Angriff nahm, nachdem er die Restauration der Kirchenmusik zu einem guten Ende geführt hatte, nicht so sehr zum Ziel, die im Brevier enthaltenen historischen Irrtümer auszuräumen, sondern vielmehr dem Gebet des Wochenpsalters einen neuen Wert zu verleihen und dem Sonntag wieder den richtigen Platz im liturgischen Zyklus zu verschaffen.

Die Heiligenfeste oder andere jüngere Feste mit einem eigenen Proprium hatten sich in solchem Maße vermehrt, daß man nur noch selten das Sonntags- oder Ferial-Offizium zelebrierte und daß infolgedessen zahlreiche Psalmen fast nie mehr rezitiert wurden. Leo XIII. hatte unlängst die Situation dadurch noch verschlimmert, daß er das Votivoffizium *ad libitum* konzedierte[17], womit praktisch der liturgische Jahreszyklus vollends zerstört wurde. Zwei Broschüren von Msgr. Isoard[18], die 1900 und 1901 auf Veranlassung Roms veröffentlicht wurden, mehrere Artikel, die in den folgenden Jahren in den deutschen Zeitschriften „Pastor bonus", „Theologie und Glaube", „Der Katholik" erschienen, eine Abhandlung des Benediktinerabts Dom Guépin im Jahre 1908[19], die dringende Notwendigkeit einer Neuausgabe des Breviers, vor allem aber verschiedene, direkt an den Papst gerichtete Interventionen des Liturgieprofessor P. Piacenza, der auf dem Gebiet der Liturgie großzügige und fortschrittliche Gedanken vertrat, führten dazu, daß schließlich im Juli 1911 eine päpstliche Kommission zur Reform des Psalters eingesetzt wurde. Sie hatte den Auftrag, unabhängig von der Ritenkongregation zu arbeiten, deren Neigung, starr am Alten festzuhalten, jede ernsthafte Reform unmöglich gemacht hätte; sie sollte aber auch unabhängig von der historisch-liturgischen Kommission sein, die von Leo XIII. eingesetzt worden war (da-

[16] Vgl. *A. P. Frutaz,* La sezione storica della S. Congr. dei Riti (Vatikanstadt 1963) 9–10 33–35.

[17] Dekret der Ritenkongregation vom 5.7.1883 (Decreta authentica C.S.R. [Rom 1898ff] Nr. 3581). Vgl. *H. Vinck* a.a.O. 52–54.

[18] „Le saint Bréviaire et son avenir" und „Nouvelles observations sur le saint Bréviaire".

[19] „De ratione breviarii romani-monastici eiusque emendatione Commentarium". Vgl. NRTh 76 (1954) 413.

mit wurde der Wunsch bekundet, sich keinesfalls durch die Einwände der Historiker behindern zu lassen). Den Vorsitz dieser Kommission führte der neue Sekretär der Ritenkongregation, C. La Fontaine, ein Seelsorger, der in der Liturgie lebte, jedoch wenig mit ihrer Geschichte vertraut war. Die Kommission machte sich sofort an die Arbeit. Schon nach einigen Monaten konnte Pius X., der nach seiner eigenen, sehr persönlichen Methode unter Heranziehung einiger Vertrauensleute – in diesem Fall handelte es sich vor allem um die Mitarbeit von Msgr. Piacenza[20] – vorging, die Bulle „Divino afflatu“ (1. 11. 1911)[21] veröffentlichen. Sie nahm nicht nur eine Umstrukturierung des Officium divinum im Geiste der Überlieferung in Angriff, sondern trug auch dem vernünftigen Verlangen Rechnung, den im Pfarrdienst stehenden Priestern die Belastung durch das Breviergebet zu erleichtern. Die Matutin wurde von 18 Psalmen am Sonntag und 12 an den anderen Tagen auf 9 Psalmen oder Psalmenstücke verkürzt; kein Fest wurde aufgehoben, aber die Sonntage hatten von nun an weitgehend Vorrang; für die meisten Feste sollte künftig außer für die Hymne der Matutin, für die Lektionen und Schlußgebete das Ferialoffizium verwendet werden. Das *Proprium de Tempore* erhielt so seine Bedeutung zurück, der Lesung der Heiligen Schrift wurde mehr Raum gegeben, und das gesamte Offizium wurde vielseitiger, wenn es auch beträchtlich verkürzt und vereinfacht wurde, leider mit Verzicht auf manche traditionellen Elemente.

Dies war jedoch nur ein Anfang. Trotz des Widerstrebens von Msgr. La Fontaine, der den Standpunkt vertrat, für tiefgreifendere Reformen sei eine Konsultation des Episkopats geboten, schloß sich Pius X. den breiteren Konzeptionen Piacenzas an und erweiterte den Auftrag der Kommission auf eine vollständige Reform des Breviers und des Meßbuchs. Das Vorhaben faßte sogar eine vollständige Umgestaltung des Kalenders ins Auge. Die Durchführung eines so weit ausgreifenden Programms erforderte jedoch eingehende Studien. Das Drängen der Verleger, welche die neue Musterausgabe des Breviers so rasch wie nur möglich veröffentlichen wollten, zwang schließlich dazu, daß man sich zunächst auf Zwischenlösungen beschränkte, die unter anderem die Wiederaufwertung des Sonntags und des Ferialoffiziums betonten, vor allem in der Fastenzeit (Motu proprio „Abhinc duos annos“ vom 23. 10. 1913). Anfang 1914 wurde die Reform des Meßbuchs in Angriff genommen; doch der Tod des Papstes brachte alles zum Stillstand, zumal die Arbeitsweise der Kommission heftig kritisiert wurde. Die Liturgiehistoriker machten ihr den Vorwurf, sie habe manche ehrwürdigen Werte, die bis ins fernste Altertum zurückzufüh-

[20] Seine lange völlig ungenügend berücksichtigte Rolle wurde von H. Vinck dank bisher noch nicht veröffentlichter Dokumente (a. a. O.) ins Licht gerückt. Er zeigt vor allem – gegen *O. Rousseau:* Miscellanea liturgica in onore card. Lercaro I 525–550 –, „daß in erster Linie dank ihm und nicht dank L. Beauduin 1913 der Sonntag wieder zu Ehren gebracht worden ist“.

[21] AAS 3 (1911) 631–636. Vgl. *P. Piacenza,* In constitutionem „Divino afflatu“ … commentarium (Rom 1912) und *F. Cabrol,* La réforme du bréviaire et du calendrier (Paris 1912).

ren seien, geopfert, zum Beispiel das Gebet der Psalmen 148 bis 150 allmorgendlich bei Tagesanbruch[22]. Die Praktiker ihrerseits meinten, die ohne eine Konsultation den betroffenen Kreisen aufgezwungenen Änderungen seien „überstürzt“ verwirklicht worden (Msgr. Della Chiesa), ohne daß man den Schwierigkeiten bei der Anwendung gebührend Rechnung getragen habe.

Die Rolle Pius' X. bei der Restauration der Liturgie beschränkt sich jedoch nicht auf sein legislatives Werk, so bedeutsam dieses für die Wiederaufwertung der Feier der Geheimnisse Christi im Rahmen des Zeitzyklus auch gewesen sein mag. In seinem Motu proprio von 1903 über die Kirchenmusik hatte der Papst gesagt, die erste Quelle, aus der das christliche Leben der Gläubigen gespeist werden müsse, sei in „der aktiven Teilnahme am Kultmysterium und an den gemeinsamen und feierlichen Gebeten der Kirche“ zu suchen[23]. Dieser Satz wurde für den belgischen Benediktiner Lambert Beauduin Ansporn und Plattform zur Gründung der liturgischen Bewegung von Mont-César (Löwen) um das Jahr 1909 anläßlich des Kongresses von Mecheln und mit Unterstützung des Kardinals Mercier. Da er über ein bemerkenswertes Organisationstalent und mitreißenden Optimismus verfügte, gelang es ihm, die Pfarreien auf ganz besondere Weise für das liturgische Leben zu interessieren. Er verteilte an die Massen Zehntausende von Exemplaren der Broschüren, welche die Übersetzung aller Sonntagsmessen und die Kommentare hierzu enthielten. Gleichzeitig schulte er die Pfarrer mit einer mehr doktrinär ausgerichteten Zeitschrift, den „Questions liturgiques“, und organisierte jährlich stattfindende liturgische Wochen, deren Erfolg bis zum Kriegsausbruch ständig wuchs und die viel zur Verbreitung der Bewegung für liturgische Pastoral außerhalb von Belgien beitrugen, die im Laufe des nächsten Vierteljahrhunderts zur vollen Entfaltung kommen sollte[24].

[22] Siehe vor allem die von *A. Baumstark:* Roma e l'oriente 3 (1911/12) 217–228 289–302, 4 (1912) 93–96 veröffentlichten Artikel. F. Cabrol zeigte sich dagegen, trotz eines gewissen Bedauerns, positiver.

[23] Die offizielle lateinische Übersetzung dieser Stelle des italienischen Originals ist nicht völlig exakt; vgl. QLP 32 (1952) 161.

[24] Die Kraft der von Dom Lambert Beauduin gestarteten Bewegung war darauf zurückzuführen, daß er nicht nur das Gespür für die pfarrlichen Realitäten hatte, sondern sich auch noch bemühte, sein pastorales Wirken auf solide doktrinäre und historische Grundlagen zu stellen. Er hat seine Gedanken in dem klassisch gewordenen Büchlein: „La piété de l'Église“ (Löwen 1914) zusammengefaßt.

28. Kapitel

Sorge für eine Verbesserung der Pastoral: Seminare, Katechismusunterricht, Katholische Aktion

LITERATUR: Über Pius X. und den Klerus: Schmidlin PG III 40–43; *N. Hilling:* AkathKR 95 (1905) 283–299; *A. M. Lanz,* Pio X e la Spiritualità del clero diocesano: CivCatt 1952 I 141–150; *G. Lenhart,* Der Priester und sein Tagwerk im Licht des Papstprogramms (Freiburg i. Br. ²1913).

Über die Seminarreform: *M. Bargilliat,* Romanorum Pontificum Pii IX, Leonis XIII et Pii X monita et decreta de institutione clericorum in seminariis (Paris 1908; siehe auch Enchiridion clericorum, Rom 1938); L'ordinamento dei seminari da S. S. Pio X a Pio XII (Rom 1958); *M. Guasco,* Fermenti nei seminari del primo '900 (Bologna 1971); *ders.:* Storia contemporanea 2 (1971) 863–874; *N. Hilling:* AkathKR 95 (1915) 95–112.

Über den Katechismusunterricht: *G. Dal Gal,* Beato Pio X papa (Padua 1951) 401–409; *P. Stella,* Alle fonti del Catechismo di S. Pio X: Salesianum 23 (1961) 43–66; *A. Balocco,* Un memorabile trentennio nella storia della catechesi, 1905–1935: Rivista lassalliana 36 (1962) 3–27; *B. Dreher,* Die biblische Unterweisung im evangelischen und katholischen Religionsunterricht (Freiburg i. Br. 1963) 11–81.

Über die Katholische Aktion: *L. Civardi,* Compendio di storia dell'Azione cattolica italiana (Rom 1956); *Mgr de Bazelaire,* Les laïcs aussi sont l'Église (Paris 1958).

Allen Päpsten des 19. und 20. Jh. war es ein dringendes Anliegen, das sittliche und geistliche Niveau des Klerus zu heben und seinen pastoralen Eifer anzuspornen. Kein Papst hat sich jedoch systematischer dieser Aufgabe gewidmet als Pius X. Ständig gab er neue Ermahnungen und Ratschläge in diesem Sinn und ergriff darüber hinaus immer wieder neue praktische Maßnahmen.

Im März 1904 umriß er anläßlich der 1300jährigen Wiederkehr des Todestages Gregors des Großen in einer Enzyklika „das Ideal des echten Priesters", wie es dieser in seiner „Regula pastoralis" fixiert hat, und ordnete für ganz Italien eine apostolische Visitation an, durch die die Mängel des Klerus ins Licht gerückt werden sollten, um für ihre Abstellung sorgen zu können [1]. Bereits einige Monate früher hatte er den Priestern empfohlen, der „Unio apostolica" beizutreten, einer Priestergemeinschaft, „deren Nützlichkeit und Vortrefflichkeit er einst selbst erprobt hatte". In dem 1909 von der Konsistorialkongregation unter seiner Leitung ausgearbeiteten Fragebogen, den die Bischöfe bei ihrer Visitatio liminum beantworten sollten, wird der Beobachtung der Pflichten durch den Klerus und der Situation der Seminare große Aufmerksamkeit geschenkt [2]. Zwar verzichtete Pius X. angesichts der Reaktion der nationalen Episkopate darauf, das Tragen der Soutane in der ganzen Welt anzuordnen und überall den italieni-

[1] Enz. „Iucunda sane" (1. 3. 1904): ASS 36 (1903/04) 513–529; Breve vom 11. 2. und 7. 3. 1904: ebd. 532–543. Das „Regolamento personale e questionario del visitatore apostolico" (26 S.), das sehr bedeutsam ist, wurde von *L. Bedeschi* veröffentlicht: Lineamenti dell'Antimodernismo (Parma 1970) 145–162.

[2] AAS 2 (1910) 21–22 26–28.

schen Brauch einzuführen, den Seminaristen während der Ferien eine Rückkehr in die Familien nicht zu erlauben, um sie besser vor jeder Ansteckung durch die Welt behüten zu können. Aber er ermahnte die Bischöfe ständig, bei der Rekrutierung der Priester strenger vorzugehen und die jungen Kandidaten von den Seminaren zu verweisen, die bezüglich des Geistes des Gehorsams berechtigten Anlaß zu Bedenken gaben[3]. Er wollte unbedingt erreichen, daß sich die Priester auf ihre ureigentliche religiöse Aufgabe konzentrieren, und er ergriff so verschiedene Maßnahmen, die bezweckten, sie von allen Betätigungen wirtschaftlicher oder politischer Art freizustellen und abzuhalten. Um die seelsorgerliche Verwendung des Klerus zu verbessern, milderte er sogar ohne Zögern die herkömmlichen Regeln über die Unabsetzbarkeit der Pfarrer[4].

Verschiedene dieser Maßnahmen können den Eindruck einer Art von System polizeilicher Überwachung und Bespitzelung und einer Überschätzung des blinden Gehorsams auf Kosten der freien Auseinandersetzung der Standpunkte erwecken. Diese schwachen Punkte, bezüglich deren wir heute ganz besonders empfindlich sind, dürfen jedoch nicht vergessen lassen, daß sich Pius X. hierbei stets von einem sehr hohen positiven Ideal leiten ließ. Dieses Ideal findet einen besonders bemerkenswerten und beredten Ausdruck in „Haerent animo“ (4. 8. 1908)[5], dieser eindringlichen Ermahnung des katholischen Klerus, die eine echte geistliche Charta des Priestertums darstellt und lange maßgebend geblieben ist. Sie wurde ganz und gar vom Papst selbst abgefaßt, und zwar anläßlich des 50jährigen Jubiläums seiner Priesterweihe, und das „in rund 14 Tagen in den wenigen Augenblicken der Freizeit, über die er verfügen konnte“ (Merry del Val). Zwar zeichnet er ein echt traditionelles Priesterbild; bei ihm handelt es sich aber um die im Verlauf des 19. Jh. erarbeiteten Regeln des Priesteramtes, zu deren eifriger praktischer Befolgung er anspornt. Dies ändert nichts an der Tatsache, daß dieser heilige Papst mit dem ganz und gar persönlichen Akzent seiner Ermahnungen der katholischen Pastoral einen neuen Geist eingeflößt hat, dessen Früchte noch sehr lange nach seinem Tod spürbar blieben.

Von dem Anliegen getrieben, die Qualität des Klerus zu verbessern, befaßte sich Pius X. ganz besonders mit der Frage der Seminare einschließlich der Knabenseminare; in ihnen wurden – außer den deutschsprachigen Ländern und Bel-

[3] Andererseits ist festzuhalten, daß Pius X. auf Grund der Diskussionen, die durch das Buch des französischen Seminarprofessors J. Lahitton „La vocation sacerdotale“ (Paris 1909) ausgelöst wurden, eine Kardinalskommission ernannte, die am 2. 7. 1912 dessen wesentliche Thesen billigte: 1. Niemand besitzt das geringste Recht auf die Ordination vor der freien Berufung durch den Bischof; 2. die Berufung zum Priester besteht nicht „zwangsläufig und gewöhnlich“ in einer inneren Neigung; 3. die einzigen unerläßlichen Voraussetzungen sind die rechte Absicht, die Befähigung, Reinheit des Lebens und der Lehre, die zu der begründeten Hoffnung berechtigen, daß der Kandidat in der Lage sein wird, die Amtsgeschäfte des priesterlichen Wirkens zu verrichten und seine Verpflichtungen einzuhalten (vgl. AAS 4 [1912] 485; auch 5 [1913] 290). Über Lahitton siehe Catholicisme V 1626.

[4] Dekret „Maxima cura“ vom 20. 8. 1910: AAS 2 (1910) 636–648.

[5] ASS 41 (1908) 555–577.

gien – die meisten Kandidaten für das Priestertum von 12 bis 13 Jahren an ausgebildet. Der Unterricht, der in den Seminaren erteilt wurde, war völlig veraltet. Verschlimmert wurde die Situation weiter durch die Tatsache, daß die meisten hier tätigen Lehrer Autodidakten waren. Sie waren in keiner Hinsicht in der Lage, die künftigen Priester darauf vorzubereiten, den Problemen der modernen Welt die Stirn zu bieten. Auf diese Mißstände war bereits seit einigen Jahren von verschiedenen Seiten nachdrücklich hingewiesen worden. So hatte der Superior des Seminars von Boston, John Hogan, von ihnen in seinem Buch „Clerical studies" (1898) gesprochen, das 1901 ins Französische übersetzt wurde und von dem sich der Erzbischof von Albi, Msgr. Mignot, bei seinen aufsehenerregenden „Lettres sur les études ecclésiastiques" (1900–01) hatte inspirieren lassen. Vor allem in Italien war eine Reform dringend geboten, denn hier wurde die Situation durch die große Zahl kleiner Diözesen weiter verschlimmert. Viele Bischöfe standen in diesem Land vor unlösbaren Problemen der Finanzierung und Rekrutierung des Lehrkörpers. Unmittelbar vor seinem Tod hatte Leo XIII. dieses Problem vor dem italienischen Episkopat in einem Motu proprio vom 8. Dezember 1902[6] aufgerollt, und Pius X., der sich zunächst in Treviso und dann als Bischof von Mantua und Venedig im höchsten Maße bemüht hatte, seine Diözesanseminare zu verbessern, stand diesen Problemen völlig aufgeschlossen gegenüber. Möglicherweise ist er außerdem von den Maßnahmen beeinflußt worden, die ein ehemaliger deutscher Franziskaner, Msgr. Döbbing, in seinen Diözesen Nepi und Sutri ergriffen hatte[7]. Bei der apostolischen Visitation, die er im März 1904 angeordnet hatte, sollten vor allem eben auch die wirklichen Zustände in den Diözesanseminaren aufgedeckt werden. Was Rom selbst anbelangte, so war dort nach dem Urteil eines Biographen, dem man kaum Voreingenommenheit der Kurie gegenüber unterstellen konnte, „alles auszubessern oder herzurichten, und zwar auf materiellem, personellem, ausbildungsmäßigem und geistlichem Gebiet"[8]. Im übrigen Italien waren die Verhältnisse kaum besser. Schon im Januar 1905 wurden die Bischöfe aufgefordert, sich Gedanken über die interdiözesane Neuordnung der Seminare zu machen, und eine päpstliche Kommission erhielt den Auftrag, Reformpläne unter Zugrundelegung und Auswertung der Berichte der Visitatoren auszuarbeiten. Vertrauensmann des Papstes für die Durchführung dieser Aufgabe war P. P. Benedetti[9].

Nach dreijähriger Arbeit, die der Papst ständig ganz genau verfolgte, wurden nacheinander veröffentlicht: ein Studienprogramm (10. 5. 1907) und Normen

[6] ASS 35 (1902/03) 257–265.

[7] Vgl. *L. Hardick,* Bischof Bernhard Döbbing (1855–1916). Ein deutscher Bischof in Italien, seine innerkirchliche Reformtätigkeit: WZ 109 (1959) 143–195. Er war seit 1900 Bischof, und Pius X. nannte ihn „die Perle des italienischen Episkopats".

[8] *P. Fernessole,* Pie X (Paris 1953) II 45.

[9] *G. Gremigni,* Cuore e testa. Mgr Pietro Benedetti, missionario del S. Cuore (Rom 1939) 193–200. Über die Archive der Kommission siehe *M. Guasco* a.a.O. 116 Anm. 32.

zur Organisation der Seminare hinsichtlich der Erziehung und der Disziplin (1. 1. 1908)[10], die auch auf die allerkleinsten Einzelheiten eingingen. Die vorgeschlagenen Reformen waren jedoch alles in allem zu schüchtern, und sie vermehrten noch die Mängel eines Erziehungssystems, das ohne Kontakt mit der Außenwelt ein ghettoartiges Eigenleben führte. Mit verschiedenen Maßnahmen wurde jedoch die richtige Richtung eingeschlagen. Dazu gehörte die Umgruppierung der zu kleinen Anstalten, die Anpassung des Programms der Gymnasialbildung an das der staatlichen Einrichtungen, die Einführung eines propädeutischen Jahres zu Beginn der theologischen Studien, die Betonung der Bedeutung des geistlichen Führers, die strengere Kontrolle der Ernsthaftigkeit der Berufungen, die in einem Land, in dem der Priesterberuf häufig noch einen sozialen Aufstieg bedeutete, ganz besonders dringend war. Eine neue Gruppe apostolischer Visitatoren wurde damit beauftragt, die konsequente Durchführung der römischen Vorschriften zu überwachen; aber leider zeitigte die Reform, vor allem in Süditalien, nicht die Früchte, die man von ihr erwartet hatte. Zunächst einmal fehlte es an dem geeigneten Personal – die drastische Säuberung, zu der die Reaktion gegen den Modernismus führte, vergrößerte noch den Mangel an geeigneten Männern –, und der Aufbau regionaler Seminare erwies sich als noch schwieriger als erwartet, obwohl der Heilige Stuhl in manchen Fällen den Bischöfen finanziell unter die Arme griff, die selbst nicht über die notwendigen Mittel verfügten.

Alle diese Maßnahmen betrafen direkt nur Italien, konnten nach der Ansicht des Papstes jedoch als allgemeingültiges Modell gelten. Alle Instruktionen, welche die mit der Kontrolle der Seminare betraute Kongregation erhielt, zielten darauf ab, die zunächst für Italien erlassenen Bestimmungen auch universell sinngemäß anzuwenden. Bestimmte ausdrückliche Erklärungen präzisieren übrigens die Absichten des Papstes. Ein Beispiel möge dies illustrieren: Als der Erzbischof von Rouen von verschiedenen Seiten kritisiert wurde, weil er die an die italienischen Bischöfe gerichtete Verordnung „über die Bücher, die den Seminarschülern in die Hand zu geben sind“, in seiner Diözese angewandt hatte, lobte ihn ein römisches Dokument mit der Begründung, „er habe begriffen, daß diese Vorschriften auch für die Seminare der anderen Länder galten“[11].

Die Erneuerungsbemühungen Pius' X. um eine wirksamere Pastoral erstreckten sich auch noch auf andere Gebiete. In der Überzeugung, daß man zunächst einmal gute Bischöfe haben müsse, wenn man gute Priester haben wolle, beschränkte er sich nicht auf fromme Ermahnungen, wie sie die Enzyklika „Communium rerum“ (21. 4. 1909) enthält, in der er den heiligen Anselm von Canterbury als Vorbild des Seelenhirten vorstellt und inbrünstig das Bild des idealen Bischofs zeichnet[12]. Er bemühte sich vielmehr auch, die Rekrutie-

[10] ASS 40 (1907) 336–343, 41 (1908) 212–242.
[11] *Ch. Cordonnier,* Mgr Fuzet (Paris 1950) II 330.
[12] AAS 1 (1909) 333–388.

rung des Episkopats durch eine Umorganisation der die Ernennungen bestimmenden Methoden zu verbessern, und erließ präzise Direktiven für die Erstellung der Personalakte der Kandidaten und studierte sie persönlich vor jeder Entscheidung. Andererseits wurde, um die Tätigkeit der Bischöfe besser kontrollieren zu können, die Verpflichtung zur periodischen Visitatio liminum nicht nur dahingehend verschärft, daß jeder Bischof nach einem streng festgelegten Wechselplan alle fünf Jahre im Vatikan zu erscheinen hatte, sondern sie wurde auch noch durch einen vorgeschriebenen schriftlichen Bericht über die Situation der Diözese ergänzt, der nach einem bis in die kleinsten Einzelheiten gehenden Fragebogen zu erstellen war[13].

Auch den Katechismusunterricht machte Pius X. zu seinem Anliegen. In klarer Erkenntnis der Sachlage erinnerte er daran, „daß es viel leichter sei, einen fließend und glänzend vortragenden Redner zu finden, als einen Katecheten, der einen ausgezeichneten Unterricht erteilt". Ständig legte er den Priestern ans Herz, die christliche Lehre klar und schlicht darzulegen und sich eingehend auch mit der Katechese für Erwachsene zu befassen, die im 19. Jh. sehr stark vernachlässigt worden war, weil man sich zu ausschließlich mit der Unterweisung der Kinder befaßte. Wie stets, so beschränkte er sich auch in diesem Fall nicht darauf, zu diesem Problemkreis eine feierliche Enzyklika zu veröffentlichen[14], sondern ergriff auch auf diesem Gebiet eine Reihe von konkreten Maßnahmen, indem er unter anderem die häufigere Heranziehung von Laienkatecheten forderte, was in der damaligen Zeit etwas durchaus Neues war. Mit seinen Worten verband er die Praxis und erklärte selber wie einst auch weiterhin jeden Sonntag den Katechismus. Und die Hörer strömten in Scharen herbei, um diesen Papst zu hören, der nicht vergessen hatte, daß er auch der Bischof der Diözese Rom war.

Pius X. ließ auch einen neuen Katechismus vorbereiten, wobei er auf die Momente hinwies, die man zu berücksichtigen hatte. Nachdem er den erarbeiteten Text persönlich durchgesehen und sorgfältig korrigiert hatte, führte er diesen Katechismus verbindlich in der Kirchenprovinz Rom ein. Er drückte zugleich den Wunsch aus, man möge ihn in allen Diözesen übernehmen[15], denn das Verlangen nach einem für die ganze Welt verbindlichen Einheitskatechis-

[13] AAS 2 (1910) 13–34.

[14] Enz. „Acerbo nimis" (15. 4. 1905): ASS 37 (1904/05) 613–625.

[15] AAS 4 (1912) 690–692. Über diesen Katechismus siehe in *C. Bellò,* Geremia Bonomelli (Brescia 1961) 180, die kritischen Anmerkungen des Bischofs von Cremona, der ihm u.a. vorwarf, er behalte ein zu scholastisches Vokabularium bei und betone in der Moral die Nächstenliebe nicht genügend. Übrigens ist festzuhalten, daß damals alle Katechismen seit Deharbe die traditionelle Reihenfolge insofern verlassen hatten, als sie die Moral zwischen das Exposé über das Credo und die Sakramente einschoben, während Pius X. wieder zu der vom Konzil von Trient vorgezeichneten Reihenfolge zurückkehrte.

mus, der seit dem Ersten Vatikanischen Konzil regelmäßig immer wieder aufkam, lag ihm sehr am Herzen.

Das Interesse, das Pius X. schon als junger Priester und auch später ununterbrochen dem Katechismusunterricht entgegenbrachte, entsprach übrigens dem damaligen Anliegen. Im Jahre 1889 war in Piacenza ein erster italienischer katechetischer Kongreß abgehalten worden. Vor allem aber war in den deutschsprachigen Ländern eine aktive Bewegung auf der Suche nach neuen Wegen im Entstehen begriffen. Schon 1875 waren in München als Fachzeitschrift die „Katechetischen Blätter" gegründet worden. Ihnen folgten 1878 die „Christlich-Pädagogischen Blätter" von Wien und 1888 die „Katechetische Monatsschrift" von Münster. Diese Zeitschriften, vor allem die beiden erstgenannten, fanden sogar außerhalb der Länder deutscher Zunge starke Beachtung, und die Katechetenvereine, deren Sprachrohr sie waren, veranstalteten im Jahre 1906 in München und 1912 in Wien bedeutsame Kongresse. Nach und nach wurde, besonders unter dem Einfluß von H. Stieglitz, eine neue Methode erarbeitet, die von dem protestantischen Pädagogen Herbart inspiriert worden war und als „Münchener Katechetische Methode" bekannt wurde: eine induktive Methode, die nicht mehr von einem Text ausgeht, den man erklärt, sondern von dem, was das Kind schon weiß, oder eventuell, was damals aber noch zu selten war, von einem Bericht der Bibel [16], der jeweils an den Text des Katechismus angehängt werden sollte. Es verstrich jedoch noch einige Zeit, bevor sich die breite Masse der Katecheten den neuen Gedanken anschloß, und es dauerte noch länger, bis statt der mit der Methode verbundenen pädagogischen Probleme die viel fundamentalere Frage nach dem zu übermittelnden Inhalt in den Vordergrund trat, nämlich was eigentlich übermittelt werden sollte: ein mit scholastischen Begriffen formuliertes religiöses Wissen oder eine Heilsbotschaft, die von der Heiligen Schrift her dargelegt wird?

Es ist bereits darauf hingewiesen worden, daß Pius X. die häufigere Heranziehung von Laienkatecheten forderte. Er appellierte jedoch nicht nur auf diesem speziellen Gebiet des Katechismusunterrichts an die Laien. Häufig hat man auf ein Gespräch hingewiesen, über das Msgr. de Bazelaire berichtet hat: Im Gespräch mit einigen Kardinälen stellte der Papst die Frage: „Was ist heute für das Heil der Gesellschaft am allernotwendigsten?" „Der Bau von Schulen", antwortete ein Kardinal. „Nein!" „Mehr Kirchen bauen!" erwiderte ein anderer. „Nein!" „Die Aktivierung der Priesterrekrutierung", schlug ein dritter vor. „Nein! Nein!" erklärte der Papst. „Am wichtigsten ist heute, daß man in jeder Pfarrei über eine Gruppe von erleuchteten, tugendhaften, entschlossenen und

[16] Von den Männern, die dazu beitrugen, den Platz der „Heilsgeschichte" im Religionsunterricht wieder aufzuwerten, muß vor allem Fr. J. Knecht erwähnt werden, dessen „Kommentar zur biblischen Geschichte" (1882) im Jahre 1925 seine 25. Auflage erlebte. Vgl. *H. Kreutzwald*, Zur Geschichte des biblischen Unterrichts (Freiburg i. Br. 1957) 161–162.

wirklich apostolischen Laien verfügen kann." Als ehemaliger Pfarrer und einstiger Bischof wußte Pius X. aus Erfahrung, welche wirksame Hilfe ihrer christlichen Verantwortung bewußte Laien dem Klerus bei der Beseelung einer Pfarrei und der Umwandlung der Gesellschaft leisten können. Und er hat es nicht versäumt, die Laien wiederholt zu dieser Hilfeleistung zu ermahnen, unter anderem in der Enzyklika „Il fermo proposito" (11. 6. 1905)[17]. Es würde zwar nicht schwerfallen, aus dieser Enzyklika die Stellen herauszusuchen, die nach dem heutigen Stand der Entwicklung als überholt abgetan werden könnten. Trotzdem kann man diese Enzyklika mit dem gleichen Recht als die erste Charta der organisierten Katholischen Aktion begrüßen; denn mit ihr wurden die Katholiken nicht nur zur Übung der persönlichen Tugenden ermahnt, sondern darüber hinaus aufgerufen, „gemeinsam alle ihre Lebenskräfte einzusetzen, um Jesus Christus wieder in die Familie, in die Schule, in die Gesellschaft hineinzustellen".

Sosehr Pius X. durch die Betonung der Wichtigkeit des organisierten Laienapostolats als Wegweiser erscheinen mag, so konservativ erweist er sich in der Art und Weise, wie er dessen Einsatz ins Auge faßt. „Die Werke, die dem geistlichen und pastoralen Hirtenamt der Kirche direkt zu Hilfe kommen (...), müssen in allen ihren Einzelheiten der Autorität der Kirche untergeordnet sein (...). Aber selbst die anderen Werke, die gegründet worden sind, um die wahre christliche Zivilisation in Christus wiederherzustellen, und die in der weiter oben genannten Bedeutung die Katholische Aktion bilden, können keinesfalls unabhängig vom Rat und der hohen Führung der kirchlichen Autorität verstanden werden." Dieser Passus der Enzyklika „Il fermo proposito" ist für die Sicht Pius' X. typisch: er war sich des unentbehrlichen Einsatzes der Laien zur Durchdringung des profanen Lebens mit den christlichen Prinzipien sehr wohl bewußt, hatte jedoch die spezifische Eigenart der Aktion der Katholiken innerhalb der Gesellschaft noch nicht erkannt und erblickte in ihr fast ausschließlich eine Ausweitung und Verlängerung der Aktion des Klerus. So ließ er sich von gewissen Formeln inspirieren, mit denen er in Venetien Erfolg gehabt hatte, und propagierte eine Organisation der Katholischen Aktion nach einem mehr oder weniger uniformen Typus, der den Laien fast nur die Rolle von Ausführenden unter der sehr strengen Kontrolle der Bischöfe einräumte. Die Katholiken sollten sich zwar zu Gruppen zusammenschließen, um auf den verschiedensten Gebieten, nicht nur im Bereich des eigentlichen religiösen Apostolats, sondern auch auf dem Gebiet der sozialen Vereinigungen, der Presse oder sogar der politischen Wahlen aktiv zu werden. Es konnte sich aber für ihn dabei immer nur

[17] ASS 37 (1904/05) 740–767. Die Enzyklika war von den Jesuiten der „Civiltà cattolica" redigiert worden (*L. Bedeschi,* La Curia Romana 68). Sie trägt den Titel: „De actione catholica", eine Formel, die in Italien in ihrer mehr oder weniger technischen Bedeutung im Verlauf des Pontifikats Leos XIII. aufgetaucht war und vor allem für die Aktion auf sozialem Gebiet verwendet wurde. Diese Formel bzw. diese Bezeichnung wurde jenseits der Alpen erst nach dem 1. Weltkrieg üblich.

um streng konfessionelle Organisationen handeln, die in den Rahmen der Pfarreien und der Diözesen eingegliedert wurden und dem Episkopat gegenüber keinerlei Eigenständigkeit besaßen, wobei dieser wiederum streng den Direktiven Roms unterworfen sein sollte. Zwangsläufig mußte eine in solchem Maße klerikale Konzeption der Katholischen Aktion so ziemlich überall – je nach Lage der Dinge mehr oder weniger – auf heimliche oder offene Widerstände stoßen. Die aufsehenerregendsten Widerstände dieser Art waren die Krise der „Opera dei congressi" in Italien, die schon in den ersten Monaten seines Pontifikats zum Ausbruch kam, und dann, einige Jahre später, die Affaire um „Le Sillon" in Frankreich und schließlich der Konflikt um die christlichen Gewerkschaften in Deutschland.

ZWEITER ABSCHNITT

Die modernistische Krise

Univ.-Professor Dr. Roger Aubert, Löwen

LITERATUR: Die unmittelbar nach der Krise geschriebenen Darstellungen sind tendenziös, haben aber trotzdem einen gewissen Zeugniswert. Zu erwähnen sind vor allem: *A. L. Lilley,* Modernism, a Record, and a Review (London 1908); *K. Holl,* Der Modernismus (Tübingen 1908); *P. Sabatier,* Les modernistes (Paris 1909); *A. Gambaro,* Il modernismo (Florenz 1912); *J. Schnitzer,* Der katholische Modernismus: Zeitschrift für Politik 5 (1912) 1–218 (auch Textband der Sammlung „Klassiker der Religion" 3, Berlin 1912); *A. Houtin,* Histoire du modernisme catholique (Paris 1913); *M.-D. Petre,* Modernism. Its failure and its fruit (London 1918); *E. Buonaiuti,* Le modernisme catholique (Paris 1927; ital. Ausgabe Modena 1943).

Bisher liegen zwei Gesamtgeschichten vor: *J. Rivière,* Le modernisme dans l'Église (Paris 1929, mit alter Lit.; dazu RevSR 4 [1930] 676–692 und *É Poulat,* Histoire, dogme et critique dans la crise moderniste [Paris – Tournai 1962] 41 289–292 295) und *A. Vidler,* The Modernist Movement in the Roman Church (Cambridge 1934). Auch: *É. Poulat,* „Modernisme" et „Intégrisme". Du concept polémique à l'irénisme critique: ArchSR 27 (1969) 3–28; *ders.:* RSR 58 (1970) 335–550, 59 (1971) 161–178; *A. Vidler,* A Variety of Catholic Modernists (Cambridge 1970); *M. Ranchetti,* Cultura e riforma religiosa nella storia del modernismo (Turin 1963); *O. Schröder,* Aufbruch und Mißverständnis. Zur Geschichte der reformkatholischen Bewegung (Graz 1969); *L. da Veiga Coutinho,* Tradition et histoire dans la controverse moderniste (Rom 1954); *P. de Haes,* La résurrection de Jésus dans l'apologétique des 50 dernières années (Rom 1953); *C. Porro,* La controversia cristologica nel periodo modernista (Mailand 1971); *P. Scoppola,* Recenti studi sulla crisi modernista: Rivista di storia e letteratura religiosa I (1965) 274–310.

Es wird immer deutlicher, daß die Definition des Modernismus, die uns die Enzyklika „Pascendi" gibt, ganz abstrakt ein einheitliches System wiedergibt, das sie mit vollem Recht als mit dem katholischen Glauben unvereinbar bezeichnet, dem Historiker aber lediglich einen recht inadäquaten Rahmen liefert. Dies nicht nur deshalb, weil der Theologe Dokumente bzw. Formeln von einem absoluten Standpunkt aus wertet, der Historiker aber sich bemühen muß, Menschen in ihrer tatsächlichen Vielschichtigkeit, ihren tieferen Absichten und ihren spirituellen Anliegen zu verstehen, sondern auch aus einem anderen Aspekt: Wie der Jansenismus des 17. Jh. lediglich die äußerste Randerscheinung einer häufig absolut rechtgläubigen, mitunter aber einfachhin unzeitgemäßen augustinischen Bewegung war, so wies auch die Erneuerungsbewegung, die sich in der Kirche an der Wende vom 19. zum 20. Jh. entwickelte, recht verschiedenartige Strömungen auf: teils waren sie durchaus legitim, wenn auch für die sich in den gewohnten Bahnen bewegenden Geister verwirrend, teils gefährlich wegen ihres Mangels an Abstufungen, wenn auch in ihren Prinzipien gesund, wieder andere ausgesprochen häretisch und schließlich in einigen Fällen überhaupt ohne jeden christlichen Gehalt.

Unter dem Namen „Neuer Katholizismus“, später „Modernismus“[1], bezeichneten die Zeitgenossen zusammenfassend eine ganze Reihe von Bestrebungen, in denen sie die Auswirkung des Liberalismus des 19. Jh. sahen: die erneute Infragestellung der traditionellen Konzeption der Kirche von der politischen und sozialen Ordnung; das „aggiornamento“ der kirchlichen Institutionen, der Formen der Pastoral und des Lebensstils des in die moderne Welt hineingestellten und in ihr engagierten Christen; die Erneuerung der Exegese, der Theologie und der Religionsphilosophie. In diesem ganz allgemeinen Sinn könnte der Modernismus definiert werden als „die Begegnung und Konfrontation einer seit langem fixierten religiösen Vergangenheit mit einer Gegenwart, die an anderer Stelle als in letzterer die lebendigen Quellen ihrer Inspiration gefunden hat“ (É. Poulat). Und in dieser Hinsicht konnte man Auswirkungen des Modernismus sehen im christlichen Sozialismus und sogar in der christlichen Demokratie, im Sillonismus, im Amerikanismus – zumindest in der Art, in der er in Frankreich auftrat[2] – und in den verschiedenen, häufig ziemlich unabhängig voneinander auftretenden Strömungen einer kirchlichen Reformbewegung, wie man sie gegen 1900 in Deutschland, in Italien oder in Frankreich feststellt. Verschiedene dieser Bestrebungen und die Wirkungen, die sie ausgelöst haben, sind bereits andernorts in diesem Band behandelt worden. Dem deutschen Reformkatholizismus widmen wir in diesem Abschnitt ein eigenes Kapitel, denn gerade auf diesem Gebiet traten am Anfang des 20. Jh. in den deutschen Ländern Bestrebungen ans Licht, die ihren Ursprung in der Konfrontation des Katholizismus mit den Bestrebungen einer in Umwandlung befindlichen Gesellschaft hatten. Vor allem werden wir aber auf die religiöse und kulturelle Krise einzugehen haben, die vornehmlich in Frankreich, gelegentlich auch in Italien und in einigen katholischen Kreisen Englands, durch den unvermittelten Zusammenprall der klassischen kirchlichen Lehre mit den jungen Religionswissenschaften hervorgerufen wurde, die sich unabhängig von der Kontrolle der Kirchen und meistens sogar gegen sie entwickelt hatten.

Die Krise, mit der wir uns hier zu befassen haben, verläuft gewissermaßen parallel zu der Krise, die ein halbes Jahrhundert früher in den Kirchen der Reformation unter dem Namen eines „liberalen Protestantismus“ zum Ausbruch gekommen war. Sie begann mit der Anwendung der kritischen Methoden auf den Ursprung des Christentums. Rasch nahm sie jedoch viel größere Ausmaße an. Während sich gewisse Kreise – man bezeichnete sie bisweilen als

[1] Über die Ursprünge und die Geschichte des Ausdrucks „Modernismus“, den die Enzyklika „Pascendi“ bestätigte, siehe *A. Houtin* a. a. O. 81–95 u. *J. Rivière* a. a. O. 13–34. In der strikten Bedeutung, in der die Enzyklika den Ausdruck verwendete, tauchte er gegen 1904 in Italien auf, zunächst bei Publizisten (der erste war vielleicht G. Sacchetti in seiner Polemik gegen Murri), dann bei den römischen Theologen.

[2] Über die amerikanistische Krise, die in den Vereinigten Staaten nur ein Sturm im Wasserglas wurde und sogar in Frankreich zum großen Teil nur eine „hérésie fantôme“ (F. Klein) wurde, siehe oben Kapitel 24, S. 341–344.

„Progressisten" – darauf beschränkten, die neuesten Errungenschaften der Religionswissenschaften in den Dienst des traditionellen Glaubens zu stellen, hielten es andere, radikalere, die Modernisten im eigentlichen Sinne, für notwendig, diesem Glauben selbst einen neuen Ausdruck zu verleihen; er sollte den Wandlungen des menschlichen Geistes Rechnung tragen, deren Symptom und tragende Kraft zugleich eben die Entwicklung dieser jungen Wissenschaften war. Ein solcher Versuch wurde einerseits von gewissen kühnen Geistern als Morgenröte einer neuen Zeit betrachtet. Andererseits erschien er vielen und vor allem den meisten kirchlichen Autoritäten als der Beginn einer drohenden Katastrophe.

Hier hat die Erbitterung der antimodernistischen Reaktion, die Gegenstand des letzten Kapitels dieses Abschnitts sein wird, ihre Wurzel. Diese Erbitterung findet ihre Erklärung nicht allein in den Methoden der Kirchenführung und dem Wohlgefallen der damaligen Presse an schärfster Polemik, sondern auch in dem Bewußtsein, daß sich die Kirche in ihrer tiefsten Tiefe erschüttert fühlte, und in der Tatsache, daß, abgesehen von einigen besonders scharfsinnigen Köpfen, nur wenige Verantwortliche in der Lage waren, 60 Jahre vor dem II. Vatikanischen Konzil vorauszusehen, daß der Ausgang dieser erneuten Infragestellung, die durch einen kollektiven Geisteswandel ausgelöst wurde, durchaus nicht zwangsläufig zu einer völligen Ausmerzung des wesentlichen Gehalts des christlichen Glaubens führen mußte.

29. Kapitel

Der Reformkatholizismus in Deutschland

LITERATUR: Eine gründliche Gesamtarbeit über dieses Thema steht bis heute noch aus. Siehe die summarischen Darstellungen in LThK¹ VIII 705–707, LThK² VIII 1085 und in RGG³ V 896–903; ferner eine ausführlichere Darlegung in *J. Rivière* a. a. O. 75–81 288–293 416–427, in *A. Gisler*, Der Modernismus (Einsiedeln ²1912) 133–154 642–650 und bes. in *O. Schröder*, a. a. O. 369–431.

Bezüglich der wichtigsten Führer s. für Schell S. 441 Anm. 9; für Ehrhard S. 442 Anm. 11; für Kraus S. 440 Anm. 5; für Ph. Funk S. 445 Anm. 19; für Schnitzer S. 445 Anm. 18.

Siehe auch *A. Hagen*, Der Reformkatholizismus in der Diözese Rottenburg (Stuttgart 1962); *A. ten Hompel*, Indexbewegung und Kulturgesellschaft (Bonn 1908); *W. Spael*, Das katholische Deutschland im 20. Jh. (Würzburg 1964).

Deutschland wurde auf Grund der Tatsache, daß sein Klerus eine viel gründlichere Schulung erhalten hatte, als dies beim Klerus in den lateinischen oder angelsächsischen Ländern der Fall war, praktisch von dem Phänomen des Modernismus im eigentlichen Sinne nicht berührt. Die Kreise der katholischen Intellektuellen wurden jedoch in den beiden Jahrzehnten vor dem Ausbruch des 1. Weltkriegs von einer liberalen Strömung und einer Reformbewegung erfaßt, deren Anliegen es war, gegen den Rückzug des deutschen Katholizismus auf sich selbst, der als Folge des Widerstands im Kulturkampf zu einer Art Reaktionskomplex gegenüber dem modernen Geist und insbesondere seiner Ausprägung im deutschen Nationalliberalismus geführt hatte[1]. Man wollte aber auch gegen klerikale und autoritaristische Tendenzen angehen, die sich in der Kirche seit dem Triumph des Ultramontanismus unter dem Pontifikat Pius' IX. durchgesetzt hatten, und der modernen Welt und ihren Aspirationen gegenüber eine aufgeschlossenere Haltung einnehmen. Diese Reformbestrebungen in der deutschen katholischen Kirche Ende des 19. Jh. und in der ersten Hälfte des 20. Jh., auch als „Gegenwartskatholizismus" oder als „kritischer Katholizismus" (im Gegensatz zu einer unreflektierten Unterwerfung unter den Standpunkt der kirchlichen Autoritäten) bezeichnet, wurden vor allem unter dem Namen „Reformkatholizismus" zusammengefaßt, den ihnen Josef Müller mit seiner Publikation von 1898 gab, wenngleich dieser Bamberger Priester, Herausgeber der Zeitschrift „Renaissance", nicht als repräsentativ für das Gesamtphänomen angesehen werden kann (vgl. Anm. 6). Gerade dieser Begriff trug übrigens dazu bei, ihn in den Kreisen in Verruf zu bringen, die darauf bedacht waren, die Unterschiede zwischen der katholischen Kirche und der evangelischen Reformation nachdrücklich zu unterstreichen.

Man hat oft mit vollem Recht darauf hingewiesen, daß es sich bei dem Begriff „Reformkatholizismus" um „einen Sammelnamen für verschiedenste, meist unverbundene Bestrebungen" (Hagen) handelte: um liberale Elemente, die das Christentum mit dem naturwissenschaftlichen Wissenschaftsideal verbinden wollten oder mindestens nach einer Einschränkung der autoritativen Bindung in der theologischen Forschung strebten; um Theologen und Philosophen, die ein Zwiegespräch mit den modernen Gedankenbewegungen anstrebten und deshalb den Druck mißbilligten, den Rom zugunsten der Neuscholastik ausübte; um Historiker, die ein Gespür für den evolutiven Aspekt der Dinge hatten und daher die Mehrzahl der Ultramontanen gegen sich aufbrachte, die bestrebt waren, das Denken und das Leben der Kirche in den Normen gefangen zu halten, die im Mittelalter oder in der Zeit der Gegenreformation festgelegt worden waren; um Gegner des zentralistischen Kirchenregimes, die den Altkatholiken bei ihrem Bruch mit Rom nicht gefolgt waren, aber mit vielen ihrer Forderungen konform gingen; um Erben der Reformbestrebungen auf dem Gebiet der Liturgie (Gebrauch der deutschen Sprache), der Kirchendisziplin (unter anderem ging es um das Problem des Zölibats der Priester) oder der Ausbildung der künftigen Priester, um Erben also der Ideen, die von den Anhängern der kirchlichen Auf-

[1] Über diese Situation siehe *F. Fuchs*, Die deutschen Katholiken und die deutsche Kultur im 19. Jh.: Wiederbegegnung von Kirche und Kultur in Deutschland (München 1927) 9–58 und *Ph. Funk*, Der Gang des geistigen Lebens im kath. Deutschland unserer Generation: ebd. 77–126. Auch O. *Köhler*, Bücher als Wegmarken des deutschen Katholizismus: Der katholische Buchhandel Deutschlands. Seine Gesch. bis zum Jahre 1967 (Frankfurt a. M. 1967) 11–90.

klärung und im Verlauf der ersten Jahrhunderthälfte von Männern wie Hirscher vorgetragen und unterstützt wurden; um Laien, die sich im Leben der Kirche engagiert hatten und eine größere Eigenständigkeit wünschten, speziell in den sozialen oder kulturellen Angelegenheiten und Entscheidungen, mitunter aber auch in der Organisation des Lebens in der Pfarrei oder in der Wahl ihrer Seelenhirten; um Patrioten, die stolz auf die wachsende Weltmacht des neuen Deutschen Reiches waren und das reiche deutsche Geistesleben, an dem der deutsche Katholizismus seit der Mitte des 19. Jh. keinen Anteil mehr zu haben schien, wieder in die Kirche einbauen wollten; um religiöse Geister, die – teilweise in der Tradition der deutschen Romantik – die apostolische Liebeskirche oder die Kirche des Geistes der, wie sie sagten, im Organisatorischen und in der Kirchenpolitik erstarrten Rechtskirche gegenüberstellten. Gemeinsam war allen eine gewisse antirömische, besonders antijesuitische Tendenz, vielfach auch eine Gegnerschaft gegen den in der Zentrumspartei organisierten „politischen Katholizismus" und auch „eine naive Überschätzung der Wissenschaft, wie sie dem 19. Jh. eigen war"[2]. Gemeinsam war allen aber auch die Anhänglichkeit an die katholische Kirche und – im Unterschied zu den Modernisten in der eigentlichen Bedeutung des Wortes – das Anliegen, die Grundstrukturen des Glaubens und der Kirche unbedingt zu respektieren. In ihren Forderungen und Bestrebungen war manches zweifellos einseitig und zu zeitbedingt, aber „sie standen treu zur Offenbarung und Kirche, wenn sie auch die drängenden Zeitaufgaben schärfer und manchmal ungestümer anpackten als ihre Zeitgenossen"[3].

Man kann bei allen diesen Bestrebungen gewisse Parallelen zu den Forderungen feststellen, die Männer wie Msgr. Ireland oder P. Hecker in den Vereinigten Staaten, die Anhänger des Amerikanismus oder manche Sillonisten in Frankreich, F. v. Hügel in England, Msgr. Bonomelli, die Rosmini-Nachfolger oder die Mailänder Gruppe des „Rinnovamento" in Italien, deren Werke in Deutschland ein gewisses Echo auslösten, erhoben. Alles in allem erscheint der deutsche Reformkatholizismus jedoch als in hohem Maße unabhängig von den ausländischen Reformbewegungen der damaligen Zeit. Er ist auf die der Tradition des deutschen Katholizismus und seiner besonderen Situation nach dem Kulturkampf eigenen Probleme ausgerichtet.

Bei dieser Vielfalt der Erscheinungen waren die polemischen Begriffe besonders verhängnisvoll. So schrieb 1895 L. Pastor in seinem „Tagebuch": „Es hat sich in München um Grauert und Hertling ein neuer Ansatz zu einem liberalen

[2] So *J. Spörl:* HJ 57 (1937) 5; *F. Heiler* urteilt aus seiner Sicht: „Die Reformbestrebungen waren zum Teil wie die früheren der Aufklärungstheologie und des Altkatholizismus allzu rationalistisch und doktrinär bestimmt; sie entsprangen nicht dem religiösen Zentrum der katholischen Kirche, der Christusmystik und dem Heiligkeitsstreben" (RGG² IV 1800).

[3] *G. Schwaiger*, Gesch. der Päpste im 20. Jh. (München 1968) 64. Siehe auch *J. Spörl* a. a. O. 6: „Vieles, was heute durch die katholische Jugendbewegung Gemeingut der deutschen Katholiken geworden ist, wurde damals mit Erbitterung erkämpft."

Katholizismus gebildet"[4]; das war die Sprache Pastors, und weder Grauert noch gar Hertling können in einem präzisen Sinne „liberal" genannt werden. Im Laufe der folgenden Jahre gewannen diese unbestimmten Bestrebungen zwar fortschreitend an Boden, blieben jedoch auf bestimmte Universitätskreise, vor allem in Süddeutschland, beschränkt und standen meist in keinem Zusammenhang. Sie werden von drei hervorragenden Persönlichkeiten repräsentiert: von F.X.Kraus, vor allem von H.Schell und etwas später von A.Ehrhard.

Kraus[5], glänzender Professor der Kirchengeschichte und Essayist, war „damals Kopf und Seele der Freiburger Theologischen Fakultät" (H. Schiel) und zugleich einer der Informanten der Regierung in Berlin auf politisch-kirchlichem Gebiet, der dort Gehör fand. Er stand mit unverbrüchlicher Treue zur katholischen Kirche, wenn seine Gegner häufig auch das Gegenteil behaupteten, war jedoch nicht in der Lage, den Standpunkt derer zu verstehen, die sich seinen Ansichten nicht anschlossen. So beurteilte er die allgemeine Kirchenpolitik auf der Grundlage seiner persönlichen Ressentiments. Er war überzeugt, daß die Zukunft der Kirche durch die engherzige Geisteshaltung und den Fanatismus der Ultramontanen gefährdet wurde, und brandmarkte sie als die Pharisäer unserer Zeit, „die die Kirche vor die Religion stellten und bereit waren, eine klare Entscheidung ihres Gewissens den Entscheidungen einer äußeren Autorität zu opfern". Als „Liberaler in dem Sinne, den das Wort im 19. Jh. hatte" (C. Bauer), und mit der aus Dante gewonnenen Unterscheidung zwischen „religiösem" und „politischem" Katholizismus wandte er sich scharf gegen die Politik der Römischen Kurie und der Zentrumspartei, und zwar in zahlreichen anonymen Artikeln und vor allem in seinen kirchenpolitischen „Spectator-Briefen", die von 1896 bis 1900 in der „Allgemeinen Zeitung" erschienen.

[4] Tagebücher, hrsg. von *W. Wühr,* 288. Der Historiker H. Grauert (vgl. HJ 44 [1924] 169–196) zeichnete seit 1884 für das „Historische Jahrbuch" verantwortlich. Pastor warf ihm vor, die katholischen Historiker ultramontaner Tendenz systematisch herabzusetzen (s. z.B. Tagebücher 244). G. v. Hertling, Philosophieprofessor und einer der Hauptführer der Zentrumspartei (s. unten S. 518) war Präsident der Görres-Gesellschaft. Er alarmierte dann im folgenden Jahr auf dem Kongreß von Konstanz die Teilnehmer wegen des Zurückbleibens der deutschen Katholiken auf dem Gebiet der Wissenschaft. Vgl. S. 330, 259ff.

[5] Über Franz Xaver Kraus (1840–1901), Kirchenhistoriker und Pionier auf dem Gebiet der Archäologie und christlichen Kunst, Professor in Freiburg seit 1878, Verfasser eines umfangreichen Werkes über Dante (1897), der lange als Autorität in Deutschland galt, s. außer seinen Tagebüchern (hrsg. von *H. Schiel,* Köln 1957), die in ihm eine Seele mit tieferer Religiosität als erwartet offenbaren: *H. Schiel,* Im Spannungsfeld von Kirche und Politik, F.X.Kraus (Trier 1951); *ders.,* F.X.Kraus und die Tübinger Kath. Schule (Ellwangen 1958); *ders.:* TThZ 61 (1952) 5–20; *ders.:* AMrhKG 3 (1951) 218–239; *C. Bauer,* Deutscher Katholizismus (Frankfurt 1964) 93–136; *H. Tritz:* Spicilegium hist. congr. SS. Redemptoris 11 (1963) 182–232; auch *O. Köhler,* Bewußtseinsstörungen im Katholizismus (Frankfurt a.M. 1972) 225–238. Die Verfasserschaft des mit „v. S." gezeichneten Artikels in der „Allg. Zeitung" vom 3. August 1881 („In Canossa"), in dem Kraus, der sich für den Bischofsstuhl in Trier interessierte, gegen M. F. Korum agitiert hatte, konnte erst nach der Öffnung des Nachlasses identifiziert werden; dazu: *H. Schiel,* Die Trierer Bischofskandidatur... (Trier 1955).

Obwohl sich Kraus vom „Reformkatholizismus", wie ihn J. Müller als „die Religion der Zukunft" gepriesen hatte[6], distanziert hatte und „es überhaupt bei seinen eigenen kirchenpolitischen Grundsätzen und Anliegen prinzipiell um andere Fragen ging als in dem Antimodernistenkampf"[7], wurde er auf Grund seiner Unzufriedenheit mit der bestehenden Situation und seiner beißenden Kritik des ultramontanen Systems von jenen liberalen bayerischen Katholiken zum Bannerträger erhoben, die im Jahre 1904 unter dem Namen „Krausgesellschaft" eine „Gesellschaft für den Fortschritt der Religion und der Kultur" gründeten, in der sich eine naive Bewunderung der „unabhängigen Wissenschaft" mit starken antirömischen Beschuldigungen und Voreingenommenheiten verband[8].

Auch Herman Schell[9], seit 1884 Professor für Apologetik, christliche Kunstgeschichte und vergleichende Religionswissenschaft in Würzburg, scharte eine Menge von begeisterten Bewunderern um sich. Er war ein hervorragender Intellektueller von unermüdlicher Arbeitskraft, alles andere als ein Polemiker, ein tiefschürfender und origineller Philosoph und Theologe, in dem man heute einen Vorläufer der christlichen Existentialisten entdeckt, da er den persönlichen und lebendigen Aspekt und die Innerlichkeit des Katholizismus betonte, ohne deshalb auch nur im geringsten die sichtbaren und hierarchischen Aspekte der Kirche zu verneinen. Er entwickelte Thesen, die der Theologie seiner Zeit wenig vertraut waren, so beispielsweise über die Religionsfreiheit, die Apologetik der Immanenz, die Rolle des Heiligen Geistes, die Stellung der Laien in der Kirche, und führte die Religionswissenschaft in die kirchlichen Disziplinen ein. Er hatte in wenigen Jahren ein erstaunlich vielseitiges und umfangreiches Werk veröffentlicht, dessen kühne Gesichtspunkte mitunter zu berechtigter Kritik Anlaß boten, das jedoch das große Verdienst hatte, die traditionelle Lehre in personalistischen Kategorien darzubieten, und von dem ständigen Bestreben inspiriert wurde, die moderne Philosophie und Wissenschaft zu „taufen" und

[6] Die 1898 unter diesem Titel veröffentlichte Broschüre wurde im folgenden Jahr in zwei Bändchen ausgebaut, die sich mit den Themen befaßten: „Die wissenschaftliche Reform" und „Die praktischen Reformen". Der Autor stellte hierin Forderungen zugunsten der Synoden, trug Pläne für die Ausbildung und Organisation des Klerus und für eine stärkere Beteiligung der Laien am kirchlichen Leben vor, kritisierte die Einmischung der Kirche auf politischem Gebiet, die Arbeitsweise der Indexkongregation und die Neuscholastik und schloß mit einem Angriff gegen die Jesuiten (II 101–154). Das Ganze wurde am 7. Juni 1901 auf den Index gesetzt.

[7] *H. Schiel,* Tagebücher, S. XIX.

[8] Eine Bilanz ihrer Tätigkeit findet man in „Das Neue Jahrhundert" 6 (1914) 265–271.

[9] Über Herman Schell (1850–1906) s. *H. Hasenfuß,* H. Schell als existentieller Denker und Theologe (Würzburg 1956); *ders.:* LThK² IX 384–385; *V. Berning,* Das Denken H. Schells (Essen 1964); *ders.:* MThZ 19 (1968) 102–120; *P. Wacker,* Glaube und Wissen bei H. Schell (Paderborn 1961); *ders.,* Theologie als ökumenischer Dialog (Paderborn 1965); *O. Schröder* a. a. O. 370–392. Hauptwerke: „Kath. Dogmatik" (4 Bde, 1889/93); „Gott und Geist" (2 Bde, 1895/96); „Apologie des Christentums" (2 Bde, 1901/05); „Christus" (1903). – Vgl. S. 326.

nachzuweisen, daß diese keineswegs mit dem katholischen Glauben unvereinbar sind. In dieser Sicht veröffentlichte er 1897 eine Broschüre mit dem Titel „Der Katholizismus als Prinzip des Fortschritts", in der er betonte, die Kirche müsse sich unbedingt mit dem Fortschritt in jeder Gestalt verbinden, und für die Katholiken das Recht forderte, sich nicht wie „geistige Eunuchen" verhalten zu müssen. Diese aufsehenerregenden Erklärungen wurden durch ein im Namen eines „Idealkatholizismus" verkündetes Programm der Anwendungen in den Bereichen der religiösen, intellektuellen und politischen Betätigung ergänzt. Erst diese Broschüre entfesselte einen Sturm der Entrüstung, nachdem Schell bis dahin keine größere öffentliche Aufmerksamkeit erregt hatte. Den Angriffen trat er mit einer zweiten Schrift mit dem Titel „Die neue Zeit und der alte Glaube" entgegen. In ihr kritisierte er die Methoden der Kirchenregierung noch direkter und gab seiner Überzeugung Ausdruck, die Kirche müsse sich, wenn sie auch in ihrem Kerngehalt unwandelbar sei, ständig durch die Aufnahme eines Zwiegesprächs mit der Welt erneuern. Am 15. Dezember 1898 wurden die beiden Broschüren und nun auch seine wichtigsten theologischen Werke auf den Index gesetzt [10]. Schell unterwarf sich und konnte daher seine Lehrtätigkeit fortsetzen. Sein Prestige wuchs ständig weiter. Die erbitterte Polemik gegen ihn wurde jedoch „auf unwürdige Art" (Schwaiger) fortgesetzt, seine Loyalität und seine Rechtgläubigkeit bezweifelt, ja der Vorwurf gegen ihn erhoben, er bereite „eine planmäßige Revolutionierung des Klerus" vor. Alle diese Machenschaften griffen nach ärztlichem Zeugnis seine Gesundheit an, und er starb 1906, erst 56 Jahre alt. S. Merkle hielt bei der akademischen Trauerfeier die Rede und organisierte ein Komitee zur Errichtung eines Grabmales, dem die Repräsentanten des Reformkatholizismus angehörten (vgl. unten).

In der Zwischenzeit hatten sich weitere fortschrittliche Stimmen nachdrücklich Gehör verschafft. Es war sogar zu einer Art Auftakt einer Organisation der liberalen Kräfte gekommen. Bereits im Jahre 1901 veröffentlichte ein ehemaliger Kollege Schells, der Patristiker Albert Ehrhard [11], diesmal nicht nur eine Broschüre, sondern ein größeres, wissenschaftlich begründetes Werk mit dem bedeutsamen Titel „Der Katholizismus und das 20. Jh. im Licht der kirchlichen Entwicklung der Neuzeit". Er begründet in diesem Werk auf der Grundlage einer soliden Kenntnis der Vergangenheit in beredter Sprache die These, es sei durchaus möglich, den unbestreitbar vorhandenen Konflikt zwischen dem Katholizismus und der modernen Gedankenwelt zu überwinden, wenn zwei Bedingungen erfüllt würden, wenn nämlich einerseits das moderne Denken

[10] Der offizielle Bericht wurde von *K. Hennemann* veröffentlicht: Widerrufe H. Schells? (Würzburg 1908) 82–86.

[11] Über Albert Ehrhard (1862–1940), Professor für Kirchengeschichte in Würzburg (1892–98), Wien (1898–1902), Straßburg (1903–18) und Bonn (1920–27), Spezialist für die altchristliche Literatur, s.: *A. Dempf*, A. Ehrhard. Der Mann und das Werk (Colmar 1944); K. Baus in: Bonner Gelehrte. Kath. Theologie (Bonn 1968) 114–122; NdB IV 357; DHGE XV 62–65; *O. Schröder*, a. a. O. 392–407. – Vgl. auch S. 332, Anm. 14.

seine antichristlichen Vorurteile aufgebe und andererseits die Kirche darauf verzichte, das Mittelalter zu verabsolutieren. Das Mittelalter stelle seiner Überzeugung nach nicht den Gipfelpunkt der Entwicklung des Christentums dar, vielmehr hätten seine religiösen Institutionen nur einen relativen Wert gehabt, und die Neuscholastik müsse zu einem Scheitern führen, wenn man sie lediglich als eine unbedingte Restauration der Vergangenheit verstehe. Hinzu kamen Vorbehalte bezüglich der Gesellschaft Jesu und verschiedene Wünsche, z. B. der Wunsch, im Kult den Nationalsprachen einen angemessenen Platz einzuräumen. Das Werk hatte großen Erfolg (12 Auflagen in einem Jahr), aber fast die gesamte katholische Presse in Deutschland und Österreich nahm gegen Ehrhard Stellung. Mit besonderer Heftigkeit wurde er von dem Redemptoristen A. Rössler mit Unterstützung des Kardinal-Erzbischofs Gruscha von Wien angegriffen und als „Antikatholik" gebrandmarkt. Albert Ehrhard, der keinem Kritiker seines Formats begegnet war, antwortete sehr hart mit einem neuen geistvollen Werk: „Liberaler Katholizismus? Ein Wort an meine Kritiker" (1902).

Verschiedene andere, weniger im Vordergrund stehende Professoren griffen in den folgenden Jahren im gleichen Sinn in die Auseinandersetzungen ein: so O. Sickenberger aus Passau, der zwischen 1902 und 1904 verschiedene Kampfschriften veröffentlichte, in denen er den Katholiken vor allem ihren übertriebenen Antiprotestantismus vorwarf (doch war seine Autorität durch seinen notorischen Widerstand gegen den Zölibat der Geistlichen ziemlich beeinträchtigt); ein Kollege Schells, F. X. Kiefl, spekulativ hochbegabt und streitlustig, der 1904–05 wiederholt den heftigen Angriffen des Jesuiten Stufler gegen Schell entgegentrat; M. Spahn, Geschichtsprofessor in Straßburg und glänzender Essayist, dessen großes Anliegen war, die Katholiken aus ihrem Getto herauszuholen, und dessen häufig recht scharfsinnige, mitunter jedoch zu strenge Biographie Leos XIII. als ein Manifest betrachtet wurde.

Seit 1901 scharten sich die Vorhutkreise um einige Zeitschriften: Die „Renaissance" (1901/07), die von dem obenerwähnten J. Müller ohne großes Talent herausgegeben wurde; das „Zwanzigste Jahrhundert" (1902/09), dessen Losung lautete: „Religion, Deutschtum, Kultur", von einer rührigen Minderheit junger Bayern lanciert. Ein völlig anderes Format hatte das „Hochland" (1903/71; 1941 verboten, neu seit 1946), die Zeitschrift von C. Muth, die im Kampf gegen eine vom Klerus in Beschlag genommene, dank der mächtigen Organisation des Borromäusvereins die große Masse der katholischen Literaturproduktion beherrschende Kritik für eine literarische Wertung eintrat, die nicht mehr über den moralisierenden Anliegen die ästhetischen Gesichtspunkte vergessen ließ[12]. Diese Zeitschrift hatte weit über die Belletristik hinaus einen ent-

[12] Der „Literaturstreit", wie man damals sagte, hatte begonnen mit der Broschüre von C. Muth (1867–1944): „Steht die katholische Belletristik auf der Höhe der Zeit?" (1898). Der Hauptgegenspieler im Gegenlager war die österreichische Zeitschrift „Der Gral" (1906 ff), die von R. v. Kralik geleitet wurde. Zum „Literaturstreit" s.: *F. Rappmannsberger*, C. Muth und seine Zeitschrift Hochland als Vorkämpfer für die innere Erneuerung Deutschlands

scheidenden Anteil am Abbau der Gettomentalität im deutschen Katholizismus gehabt.

Die Reaktionen der Hierarchie gegenüber einer Reformströmung sind meist negativer Natur, da sich bei ihr das Bestreben, die Strukturen und die strenge Rechtgläubigkeit zu erhalten, und die Befürchtung, die religiösen Massen zu verwirren, mit dem Widerstand gegen Bewegung als solche verbindet. Dies gilt auch angesichts des Reformkatholizismus zu Beginn des 20. Jh., dazu kommt freilich, daß sich auch dieser neben berechtigten Forderungen und heilsamen Bestrebungen auch zu unklugen oder unpräzisen Anregungen und übertriebenen Kritiken der augenblicklichen Zustände hinreißen ließ. So konnte man sich manchmal, in der Regel aber völlig zu Unrecht, fragen, ob diese Männer nicht jedenfalls faktisch Hand in Hand mit der Los-von-Rom-Bewegung arbeiteten, die in dieser Zeit in Österreich wütete, und nach der Schaffung eines praktisch von Rom unabhängigen Christentums strebten. Sogar ein Prälat, der durchaus nicht als Reaktionär galt (einstmals Professor in Freiburg), Bischof P. W. Keppler von Rottenburg, der das freilich mit Vorbehalt versehene *Imprimatur* für das umstrittene Werk Ehrhards gegeben hatte, hielt es für notwendig, am 1. Dezember 1902 mit einem öffentlichen Vortrag „Über wahre und falsche Reform" in die Auseinandersetzungen einzugreifen. Er räumte ein, daß gewisse Dinge in der Kirche einer Verbesserung bedurften, doch erstaunte seine scharfe, kaum verschleierte Kritik an Männern wie Kraus, Schell und Ehrhard; auf diese Rede hatte der damals sehr erfolgreiche Schriftsteller Julius Langbehn (der „Rembrandtdeutsche"), ein antisemitischer Vorläufer der „Konservativen Revolution", einen verhängnisvollen Einfluß [13]. Rom selbst hatte dagegen zum großen Ärgernis der Ultramontanen lange geschwiegen. Pius X. wurde jedoch durch die Entwicklung der Situation in Deutschland mehr und mehr beunruhigt [14], zumal verschiedene Indizien bewiesen, daß die Reformbestrebungen weiter an Boden gewannen. Zu diesen Zeichen gehörten u. a. das Faktum, daß im Frühjahr 1906 in Münster ein Bund gegründet wurde, dem eine Elite katholischer Laien, zu der auch mehrere Führer der Zentrumspartei gehörten, beitrat und dessen Ziel es war, vom Heiligen Stuhl Änderungen des Indexverfahrens zu erlangen [15], und die Unterstützung, die ein Komitee, das zum Zweck der

(München 1952, Diss. masch.); *A. W. Hüffler*, C. Muth als Literaturkritiker (Münster 1959); LThK[2] V 399–400 und VI 1082; StL[6] IV 112–114. – Vgl. S. 258f, 261.

[13] Zu diesem Vortrag siehe: *A. Gisler* a. a. O. 150–153; *H. Schiel:* ThQ 137 (1957) 296 bis 298; *A. Donders*, Bischof Keppler (Freiburg i. Br. 1935); Vorwort Kepplers zu: *M. Nissen*, Der Rembrandtdeutsche (Freiburg 1926) S. 1–6, wo Keppler auch von durch Langbehn infiltrierten Ausdrücken spricht, „die ich heute noch lieber nicht in der Rede sehen möchte".

[14] Vgl. unten S. 497–499 und S. 522–527.

[15] Über diese „Gesellschaft für christliche Kultur", deren Argumente gegen den Index im wesentlichen dieselben waren wie diejenigen, die Kard. Frings während des Vatikanum II durchgesetzt hat, s. *K. Bachem*, Vorgeschichte, Geschichte und Politik der deutschen Zentrumspartei VII (Köln 1930) 187ff. Auch *A. ten Hompel*, Indexbewegung und Kulturgesellschaft (Bonn 1908).

Errichtung eines Denkmals für Schell gebildet worden war, von zwei Bischöfen, rund dreißig Seminarprofessoren und prominenten Laien erhielt. Nachdem ein österreichischer Theologe, E. Commer, gegen Schell nach dessen Tod ein äußerst aggressives Buch veröffentlicht hatte, richtete der Papst am 14. Juni 1907 ein Breve an ihn, um ihn für den großen Dienst zu loben, den er damit der Kirche erwiesen habe. In eben diesem Breve warf er auch den Befürwortern des Denkmals vor, sie seien „entweder in Unwissenheit über die katholische Wahrheit befangen" oder würden sich „gegen die Autorität des Heiligen Stuhls auflehnen"[16]. Mit der Ernennung des ehemaligen Dominikanergenerals Frühwirth zum Nuntius in München, die Ende 1907 erfolgte, sollte ein Damm gegen das befürchtete fortschreitende Abgleiten des katholischen Deutschland zum Liberalismus errichtet und eine Neubesinnung eingeleitet werden[17].

Die Wirbel und die polemischen Auseinandersetzungen hörten jedoch nicht auf. Sie wurden sogar neu entfacht durch die Kontroversen um die Enzyklika „Pascendi" und dann um den Antimodernisteneid[18]. Im Jahre 1909 wurde aus dem „Zwanzigsten Jahrhundert" dann „Das neue Jahrhundert" mit dem bedeutsamen Untertitel: „Organ der deutschen Modernisten". Nach einigen Monaten erfolgte jedoch ein Umschwung unter der Leitung eines aus der katholischen Jugendbewegung hervorgegangenen idealistischen jungen Laien, Philipp Funk[19], den „eine Mischung von Kampfesstimmung und religiöser Innerlichkeit" (Spörl) charakterisierte. Er wandte sich von der rein negativen und polemischen Tendenz der Zeitschrift ab, grenzte sie klar vom französischen Moder-

[16] Texte in *A. Michelitsch,* Der neue Syllabus (Graz 1908) 53–55. *L. Pastor* ging so weit zu sagen, die Einweihung des Denkmals könnte Anlaß zu einem „Konzil der Reformer" werden (vgl. Tagebücher 461). Dem Komitee gehörten außer S. Merkle u.a. an: Julius Bachem, H. C. Cardauns, A. Dyroff, E. Eichmann, H. Finke, F. X. Funk, H. Grauert, F. v. Hügel, C. Muth, J. Sauer, J. Sickenberger, M. Spahn. Das Denkmal ist eine Marmorbüste mit der Inschrift: „Vivas in Deo". Vgl. *K. Hennemann,* H. Schell im Lichte zeitgenössischer Urteile (Paderborn 1909).

[17] Tagebücher von *L. v. Pastor* 482 und 485. Siehe auch *A. Walz,* Andreas Kardinal Frühwirth (Wien 1950) 304–305.

[18] Von den wenigen Deutschen, die sich offen zum Modernismus bekannten, sind zu erwähnen: J. Schnitzer (1859–1939), Professor in München und Verfasser bemerkenswerter Arbeiten über Savonarola (vgl. *F. Heiler,* J. Schnitzer, ein Vorkämpfer des deutschen Reformkatholizismus: Eine heilige Kirche 21 [1939] 297–313); K. Gebert (1860–1910), ein Neukantianer, Präsident der Krausgesellschaft; H. Koch (1869–1940), den seine Arbeiten über den hl. Cyprian dazu führten, das Dogma über den Papst abzulehnen (vgl. RGG³ III 1687); und vor allem Th. Engert (1875–1945), ein Exeget und Schüler Schells, der die Leitung des „Zwanzigsten Jahrhunderts" übernommen hatte; er trat im Jahre 1910 zum Protestantismus über (s. „Gesammelte modernistische Vorträge" [Würzburg 1909/10]; vgl. DHGE XV 492–493).

[19] Über Philipp Funk, einen ehemaligen Seminaristen der Diözese Rottenburg, der nach dem 1. Weltkrieg zur „Hochland"-Gruppe gehörte und von 1926 an Universitätsprofessor für Geschichte in Freiburg wurde, s. *J. Spörl:* HJ 57 (1937) 1–15 und *A. Hagen,* Gestalten aus dem Schwäbischen Katholizismus III (Stuttgart 1954) 244–283. Er legte sein Reformprogramm dar in: „Das geistige Erbe von F. X. Kraus" (1912); „Von der Kirche des Geistes" (1913); „Der religiöse Schell" (1916). – Neuer Untertitel der Zs.: „Wochenschrift für relig. Kultur".

nismus und von der österreichischen „Los-von-Rom-Bewegung" ab und erklärte, der Reformkatholizismus müsse „eine Auseinandersetzung *innerhalb* der Kirche" bleiben.

Von den mit dem Reformkatholizismus in Zusammenhang stehenden Gestalten ums Jahr 1910 muß nochmals eine temperamentvolle Persönlichkeit von ausgeprägter Eigenart, die für die Wahrheit mit Unerschrockenheit und Unbedingtheit eintrat, erwähnt werden: S. Merkle[20], Professor für Kirchengeschichte in Würzburg, wo seine Vorlesungen Anlaß zu Reibungen mit den Seminarvorständen und der bischöflichen Behörde gegeben hatten. Schon 1902 beklagte Kardinal Steinhuber, daß die meisten Münchener „Reformer" aus den Reihen seiner Schüler stammten[21]. Merkle war der Bahnbrecher einer neuen, positiveren katholischen Beurteilung Luthers und der kirchlichen Aufklärung. Seine Stellungnahmen waren von den ultramontanen Kreisen sehr schlecht aufgenommen worden. Ihr Unmut erreichte seinen Höhepunkt, als er 1912 gegen die Pläne einer eigenen katholischen Universität Stellung nahm und die den staatlichen Universitäten eingegliederten theologischen Fakultäten verteidigte. Einen der Hauptgründe für deren Beibehaltung sah er darin, daß sie in hervorragender Weise zur Aufrechterhaltung des religiösen Friedens in Deutschland beitrügen. Doch auf Grund der Auswirkung des im Kulturkampf aufgespeicherten Grolls hatten sich die konfessionellen Gegensätze bei den zahlreichen Erben der Mainzer Richtung noch verstärkt. Sie fühlten sich in ihrem Standpunkt noch bestärkt durch die Unterstützung, die Pius X. im Gewerkschaftsstreit[22] den Gegnern der interkonfessionellen Gewerkschaften hatte zuteil werden lassen. Die politischen und sozialen Auseinandersetzungen durchkreuzten sich so in Deutschland am Vorabend des Weltkrieges mit den Kontroversen um den Reformkatholizismus, wie dies einige Jahre vorher in Frankreich im Verlauf der modernistischen Kontroverse der Fall gewesen war.

30. Kapitel

Der Aufbruch der Krise in Frankreich

QUELLEN: *A. Loisy,* Mémoires, 3 Bde (Paris 1930/31; dazu *M.-J. Lagrange,* M. Loisy et le modernisme [Paris 1932] und *É. Poulat,* Une œuvre clandestine d'H. Bremond [Rom 1972]); *A. Houtin – F. Sartiaux,* A. Loisy. Sa vie, son œuvre, hrsg. mit Anmerkungen von *É. Poulat* (Paris 1960; dazu *A. Vidler,* A Variety of Catholic Modernists, 29–33); *A. Houtin,* Une vie de prêtre. Mon expérience (Paris 1926); *P. Alfaric,* De la foi à la raison. Scènes vécues (Paris 1965); *J. Turmel,* Comment j'ai donné congé aux dogmes (Paris 1935); *ders.,* Comment

[20] Über Sebastian Merkle (1862–1945), der in der Gelehrtenwelt durch seine Ausgabe der Diarien des Konzils von Trient Berühmtheit erlangt hatte (I 1901; II 1911), vgl. *H. Jedin:* ThQ 130 (1950) 1–20 und *A. Bigelmair:* Lebensläufe aus Franken VI (Würzburg 1960) 418–435. –Vgl. S. 13.

[21] Tagebücher von *L. v. Pastor* 396. [22] Siehe unten S. 497–499 und 522–527.

l'Église romaine m'a donné congé (ebd. 1937); *J. Guitton,* Dialogues avec M. Pouget (ebd. 1954); *J. Chevalier,* P. Pouget. Logia (ebd. 1955); Au cœur de la crise moderniste. Le dossier inédit d'une controverse, hrsg. von *R. Marlé* (Paris 1960; dazu *É. Poulat,* Histoire, dogme et critique 40–41 513–515 587 und Revue belge de philologie et d'histoire 41 [1963] 1164–66); *M. Bécamel,* Lettres de Loisy à Mgr. Mignot: BLE 67 (1966) 3–44 81–114 170–194 257–286, 69 (1968) 241–268; *M. Blondel – A. Valensin,* Correspondance 1899–1912, 2 Bde (Paris 1957); *M. Blondel – J. Wehrlé,* Correspondance, hrsg. von *H. de Lubac,* 2 Bde (ebd. 1966); *M. Blondel – L. Laberthonnière,* Correspondance philosophique, hrsg. von *C. Tresmontant* (ebd. 1961); *H. Bremond – M. Blondel,* Correspondance, hrsg. von *A. Blanchet* I–II (ebd. 1970/71); *H. Bernard-Maître,* „Histoire et dogme" de M. Blondel d'après les papiers inédits d'A. Loisy: RSR 57 (1969) 49–74; *ders.,* Lettres d'H. Bremond à Loisy: BLE 69 (1968) 3–24 161–184 269–289; *B. Neven,* Lettres de Mgr. Duchesne à A. Loisy et à Fr. v. Hügel: Mélanges de l'École française de Rome 84 (1972) 283–307 559–599; *R. Aubert,* Aux origines de la réaction antimoderniste. Deux documents inédits: EThL 37 (1961) 557–578.

Die schriftliche Hinterlassenschaft von Loisy und von Houtin wird in der Bibliothèque nationale von Paris aufbewahrt; die von Blondel im Institut supérieur de philosophie von Löwen; die von Laberthonnière bei den Oratorianern von Paris; die von Mgr. Mignot im Erzbistum von Albi und im Bistum von Rodez.

LITERATUR: Außer den allgemeinen Werken von Rivière, Vidler, Houtin usw. (s. S. 435) siehe vor allem *É. Poulat,* Histoire, dogme et critique dans la crise moderniste (Tournai – Paris 1962; dazu RH 230 [1963] 262–267) mit einem sehr nützlichen Anhang: Pseudonymes et anonymes modernistes (621–676). Auch: *A. Houtin,* La question biblique au XXe siècle (Paris 1906); *R. Aubert,* Le problème de l'acte de foi (Löwen [2]1950) 265–292; *F. Rodé,* Le miracle dans la crise moderniste (Paris 1965).

Über A. Loisy: Außer seiner Biogr. von Houtin-Sartiaux (oben; mit einer vollständigen Liste der Werke Loisys 303–324) siehe auch: *F. Heiler,* Der Vater des katholischen Modernismus, A. Loisy (München 1947); *M. Dell'Isola,* A. Loisy (Modena 1957); *R. Boyer de Sainte-Suzanne,* A. Loisy entre la foi et l'incroyance (Paris 1968); *R. Aubert:* Die Wahrheit der Ketzer, hrsg. von *H. J. Schultz* (Stuttgart 1968) 172–183 349–357; *D. Bader,* Der Weg Loisys ...: FreibThSt 1974.

Über M.-J. Lagrange und M. Blondel s. S. 334 (Lit.), 326–327 Anm. 19 und 20.

Über P. Batiffol s. *J. Rivière,* Mgr Batiffol (Paris 1929) u. *A. Houtin,* Ma vie laïque (Paris 1928) 150–155. Über J. Turmel s. *F. Sartiaux,* J. Turmel prêtre, historien des dogmes (Paris 1931) u. *A. Vidler,* A Variety... 56–62. – Über Mignot, Houtin, Bremond, Laberthonnière und Le Roy s. unten Anm. 12 13 15 17 19.

Loisy schreibt mit vollem Recht: „Die ‚Histoire du modernisme' von Houtin geht von einer Fiktion aus: nämlich von der Übereinstimmung der Gedanken bei Duchesne zwischen 1881 und 1889 über die Frühgeschichte der Kirche mit meinen Gedanken über die Geschichte der Bibel und den Gedanken Héberts über die Philosophie." [1] In der Tat steht fest, daß es ursprünglich – selbst auf rein nationaler Ebene – keine konzertierte Aktion gab, sondern lediglich diverse Stellungnahmen, die sich während der letzten Jahre des Pontifikats Leos XIII. spontan entwickelten und von dem allgemeinen Klima der Aussöhnung der Kirche mit der modernen Gesellschaft begünstigt wurden, das verschiedene Initiativen des Papstes zu bestätigen schienen. Die Kontroverse um den Amerikanismus[2] war in dieser Hinsicht ja symptomatisch gewesen.

[1] Mémoires I 535. – Zu L. Duchesne s. S. 332. [2] Siehe oben Kap. 24.

Einerseits strebten Philosophen, die unter dem Einfluß des Nachkantianismus standen und die in Maurice Blondel, dessen Ideen sie häufig verfälschten, ihren Meister zu finden glaubten, danach, den scholastischen Intellektualismus durch eine Lehre zu ersetzen, die die Kräfte des Herzens und die konkreten Vollzüge des Lebens mit einbeziehen sollte. Einige von ihnen standen unter dem unbestimmten Einfluß des auf Schleiermacher zurückgehenden religiösen Symbolismus in Verbindung mit dem Evolutionismus hegelianischer oder spencerischer Inspiration. Sie gaben zu verstehen, man müsse in der Theologie auf die unwandelbaren Vorstellungen verzichten und so um den Preis immer neuer Interpretationen den Kontakt mit dem in stetem Fortschritt befindlichen Leben aufrechterhalten. Der Philosoph Marcel Hébert[3], Priester und Direktor eines großen Pariser Collège, schloß sich dieser Strömung an. Sie erhielt starke Impulse durch das Werk A. Sabatiers: „Esquisse d'une philosophie de la religion d'après la psychologie et l'histoire“ (1897), ein Buch, durch das die Auffassungen des deutschen liberalen Protestantismus auch in Frankreich verbreitet wurden[4].

Parallel zu dieser philosophischen Bewegung, die ihr wichtigstes Organ in den „Annales de philosophie chrétienne“ hatte, entdeckten junge Theologen, die von Duchesne mit der historischen Kritik vertraut gemacht worden waren, daß die deutsche nichtkatholische Wissenschaft unter Anwendung der Prinzipien historischer Kritik auf die Schriftzeugnisse und auf die Geschichte der Anfänge des Christentums gewisse traditionelle Deutungen in Frage gestellt hatte, so vor allem in bezug auf das Werk Moses', die Geschichte der Religion Israels, die Lehrtätigkeit Christi, das Leben der ersten christlichen Generationen. Hieraus ergab sich für sie das Problem, wieweit der katholische Glaube noch mit den Ergebnissen der modernen exegetischen Wissenschaft zu vereinbaren sei. Die Enzyklika „Providentissimus“, die von Leo XIII. im Jahre 1893 veröffentlicht wurde[5], hatte zwar einige Grundsätze zur Lösung dieser Probleme umrissen, bei weitem aber nicht alle Probleme gelöst. Durch ihre Warnungen vor allzu übertriebener Kritik hatte sie sogar die konservativen Kräfte ermutigt, jeden Versuch, die kritischen Methoden auf inspirierte Texte anwenden zu wollen, als von Grund auf durch rationalistische Vorurteile verseucht zu brandmarken. Dagegen vertraten Exegeten in immer größerer Zahl den Standpunkt, auch auf diesem Gebiet bedeute die Anwendung der kritischen Methode keinesfalls eine Profanierung. Im Gegenteil, intellektuelle Aufrichtigkeit und Ehrlichkeit gebiete geradezu, die bewährten Prinzipien der historischen Methode auch auf das Studium der Heiligen Schrift anzuwenden, selbst auf

[3] Über Marcel Hébert (1851–1916) s. *A. Houtin,* M. Hébert (Paris 1925) u. *A. Vidler,* A Variety... 63–75.

[4] Siehe einige Angaben in dem Buch von *J. Fontaine,* Les infiltrations kantiennes et protestantes et le clergé français (Paris 1902). Das Buch läßt übrigens die Nuancen vermissen.

[5] Über dieses Dokument, die Umstände, die es ausgelöst haben, und die Reaktionen, zu denen es führte, siehe oben S. 337–339.

die Gefahr hin, konsequenterweise die traditionelle „Frontstellung" in den Auseinandersetzungen zwischen Gläubigen und Rationalisten ändern zu müssen, indem man grundsätzliche Unterscheidungen einführe: zwischen den – häufig akzeptablen – literarischen und historischen Ergebnissen der kritischen Untersuchung und einer Konzeption der Geschichte Israels und der Ursprünge des Christentums, die systematisch den übernatürlichen Gesichtspunkt ausmerzt.

In dieser Sicht hatte sich ein Schüler von Msgr. Duchesne, Alfred Loisy (1857–1940), seit 1883 dem Studium des Alten Testaments und dann der Evangelien gewidmet, und P. M.-J. Lagrange hatte 1890 die Bibelschule von Jerusalem gegründet und zwei Jahre später die „Revue biblique" herausgebracht. Während sich aber der letztere auf die Welt der Fachleute beschränkte und sehr darauf bedacht war, die Übereinstimmung seiner Forschungsergebnisse mit der offiziellen Lehre der Kirche aufzuzeigen – was übrigens nicht verhinderte, daß er von den Konservativen angegriffen und in Rom denunziert wurde –, erwiesen sich Loisy und mehrere seiner Mitarbeiter als weniger vorsichtig. In der Überzeugung, daß die katholische Apologetik angesichts der Fortschritte der sogenannten „unabhängigen" Kritik ihre Stellungnahmen vollständig umarbeiten müsse, zögerten sie nicht, sogar in weitverbreiteten Zeitschriften eine ganze Anzahl von traditionellen Lehrsätzen umzustoßen. Wenn ein aufgeschlossener Kopf wie P. Batiffol diesbezüglich bereits 1896 von „überflüssigen Kühnheiten" und etwas später von „intellektueller Anarchie" sprach, „die in diesem Augenblick den französischen Klerus in seiner Denker- und Forscherelite in Aufregung versetzt"[6], begreift man die Unruhe und Sorge der kirchlichen Autoritäten, die bedauerlicherweise nur in geringem Maße in der Lage waren, sich mit Sachkenntnis mit den aufgeworfenen Problemen auseinanderzusetzen[7]. Leo XIII. selbst hielt es, trotz seines Bemühens, den Fortschritt der Untersuchungen nicht zu hemmen, für nötig, einen Brief an die Bischöfe von Frankreich zu richten, in dem sie u. a. vor „den beunruhigenden Tendenzen, die sich in die Bibelauslegung einzuschleichen suchen", gewarnt wurden[8]. Dieses Dokument veranlaßte den Jesuiten J. Fontaine, die „protestantischen Infiltrationen" in den französischen Klerus in einer Artikelserie zu brandmarken, wobei er sich vor allem gegen die „Revue d'histoire et de littérature religieuse" wandte, die 1896 von Loisy gegründet worden war, und gegen Loisys Artikel, die in der „Revue du clergé

[6] Brief an P. Lagrange, zitiert in *P. Fernessole,* Pie X, II (Paris 1953) 171; Brief an Chanoine Birot vom Januar 1901, zitiert in BLE 67 (1966) 271. Er fügte hinzu: „Ebensowenig wie Sie hege ich Sympathie für die Kurialisten, die Mazzella und tutti quanti, aber arbeiten Loisy und seine Freunde nicht, ohne es zu wollen, für die Interessen eben dieser Kurialisten?"

[7] Das Dekret des Heiligen Offiziums vom 13. Januar 1897 über die Authentizität des „Comma johanneum" (ASS 29 [1896/97] 637), das autoritär eine Frage der Textkritik klären wollte, ist ein typisches Beispiel für die Geisteshaltung, die in den römischen Kreisen herrschte.

[8] Enzyklika Depuis le jour vom 8. September 1899 (ASS 32 [1899/1900] 193–213). Schon im Vorjahr bedauerte der Brief vom 25. November 1898 an den General der Minderbrüder (ASS 31 [1898/99] 264–267) „eine kühne und zu freie Art der Interpretation" auf dem Gebiet der Exegese.

français" für ein breiteres Publikum über die ursprüngliche Offenbarung, die Entwicklung der Religion Israels oder die Entwicklung des Dogmas veröffentlicht worden waren.

Der Tod des Kardinals Mazzella (1900), der Präfekt der Index-Kommission gewesen war und um den sich die Konservativen geschart hatten, die in der Gesellschaft Jesu besonders zahlreich und aktiv waren, und mehrere Interventionen beim Papst (unter anderem seitens des Bischofs von Albi, Msgr. Mignot) führten indessen zu einer gewissen Entspannung. Dies zeigte Ende des Sommers 1901 die Schaffung der Bibelkommission, die sich im Oktober 1902 offiziell konstituierte[9]. Die Ernennung des Franziskaners P. Fleming zum Sekretär der Kommission, die Namen der ersten Konsultatoren, die großenteils aus den Reihen der fortschrittlichen Exegeten ausgewählt wurden, und der ursprüngliche Plan, die „Revue biblique" zum Organ der Kommission zu machen, illustrierten den eher konstruktiven als repressiven Charakter dieser Initiative. Dies war jedoch lediglich die Stille vor dem Sturm. Schon einige Wochen später entfachte eine neue Intervention Loisys die Kontroverse erneut und noch heftiger.

Loisy war ein Gelehrter von außergewöhnlicher wissenschaftlicher Bedeutung. Mit einer umsichtigen Eigeninformation und einem durchdringenden kritischen Verstand verband er das Talent eines Schriftstellers, der über eine ganz besondere Darstellungsgabe verfügte. Auf Grund der Enzyklika „Providentissimus" hatte er seinen Lehrstuhl am Institut Catholique in Paris gezwungenermaßen aufgeben müssen. Die Muße, die ihm diese Amtsenthebung bescherte, nutzte er, um seine Forschungen von der technischen Exegese auf die allgemeinen Probleme, die die Heilige Schrift stellt, zu verlagern, nämlich auf den Sinn der göttlichen Wahrheit, die in ihr zum Ausdruck kommt, und den Wert der Kirche, die sie bewahrt. Die 1902 erschienene französische Übersetzung der Vorlesungen Adolf von Harnacks über „Das Wesen des Christentums" lieferte ihm die Gelegenheit, eine Synthese des Systems katholischer Apologetik vorzulegen, das er kurz zuvor ausgearbeitet hatte. Er tat dies in einem kleinen Buch mit dem Titel „L'Évangile et l'Église", das im November 1902 in den Buchhandel kam und von dem man sagte, nur wenige Bücher hätten in der Welt der Religion so viel Aufsehen erregt und so viel Aufregung ausgelöst (F. Klein).

Loisy war ebenso wie der berühmte protestantische Historiker überzeugt, daß es keine vollständige Übereinstimmung zwischen dem Inhalt des kritisch interpretierten Evangeliums und den verschiedenen Formen gebe, die das historische Christentum annahm. Er wollte jedoch nachweisen, daß diese Nichtentsprechung keine Entstellung sei, wie der Protestantismus behaupte. Ganz im Gegenteil zeige die Entwicklung des Katholizismus in dreifachem Aspekt, nämlich in Institution, Dogma und Kult, in lückenlosem Zusammenhang mit der authentischen Botschaft Jesu die Gestalt, wie sie sich anhand der Geschichte

[9] Siehe *A. Loisy,* Mémoires II 84–90 und *M.-J. Lagrange,* M. Loisy et le modernisme 119–135. – Vgl. S. 340f.

wiederherstellen lassen könne. Es handle sich hierbei jedoch um eine Kontinuität, die sich grundlegend von der in der traditionellen Apologetik behaupteten Kontinuität unterscheide.

Loisy ließ sich von den Gedanken der deutschen eschatologischen Schule inspirieren, dachte ihre Argumente jedoch in durchaus origineller Weise erneut durch und erklärte schließlich, Jesus habe nicht die Organisation einer neuen religiösen Gesellschaft, die sein Werk hienieden fortführen sollte, ins Auge gefaßt; er habe sich vielmehr darauf beschränkt, die bevorstehende Instauration des Himmelreichs zu verkünden. Die Dinge hätten sich jedoch anders entwickelt als vorgesehen: „Jesus kündete das Kommen des Reiches an, und gekommen ist die Kirche." Die Kirche sei dennoch auf die messianische Hoffnung ausgerichtet geblieben und habe, da die Stunde auf sich warten ließ, den Dienst übernommen, diese Erwartung zu nähren und zu organisieren. Aus dieser Anpassung des Begriffes Reich an die variablen Bedingungen von Zeit und Ort seien die sukzessiven Formeln ihrer Dogmen, die Entwicklung ihrer hierarchischen Institutionen, die Entfaltung ihrer sakramentalen Riten entsprungen. Diese Erfahrung der Vergangenheit zeige, fügte Loisy hinzu, daß das Wesen des Christentums in das Werden verlegt werden müsse und nicht in einen festen Kern, wie dies Harnack tun wollte. Infolgedessen könne man in der Zukunft auf die Möglichkeit und sogar auf die Wahrscheinlichkeit neuer Entdeckungen schließen. Da die Dogmen der Kirche „dem allgemeinen Stand der menschlichen Erkenntnisse in der Zeit und in den Kreisen, in denen sie geschaffen worden sind, entsprechen", ergäbe sich daraus, daß eine wesentliche Änderung im Stand der Wissenschaft „eine neue Interpretation der alten Formeln" nötig machen könne, dies um so mehr, als klar sei, daß „die Dogmen keine vom Himmel gefallenen Wahrheiten sind" und daß sie im Hinblick auf die ewige Wahrheit stets nur Symbole sein können.

In den Kreisen, die über die Schwierigkeiten im Bilde waren, auf welche Loisy eine Antwort geben wollte, war die erste Reaktion auf seine Thesen im allgemeinen positiv: endlich war also jemand da, der auf Grund einer streng wissenschaftlichen Methode gegenüber der hochmütigen Kritik der liberalen Protestanten den Nachweis führte, daß die katholische Kirche die einzige legitime Frucht des Evangeliums war. Andere Leser nahmen jedoch vor allem Anstoß an dem Nonkonformismus dieser neuen Apologetik, die die Frage aufwarf, in welchem Maße sie mit der katholischen Rechtgläubigkeit vereinbar war – und dies trotz der vielfältigen rednerischen Vorsichtsmaßnahmen des Verfassers, der viele seiner Standpunkte mehr andeutete als klar festlegte. So mischten sich in das Lob sehr rasch Kritiken und Angriffe, die übrigens nicht nur aus den konservativen Kreisen kamen, bei denen häufig „die scharfe Sprache die vollständigste ‚ignoratio elenchi' verbarg" [10], sondern auch von sehr aufgeschlossenen Fach-

[10] *J. Rivière* a.a.O. 169. Festzuhalten ist jedoch die Feststellung von *É. Poulat,* Histoire, dogme et critique 291: „Wenn sie auch wissenschaftlich kaum gerüstet waren, um die aufge-

leuten wie P. Lagrange und vor allem Msgr. Batiffol, der sein Institut Catholique von Toulouse zu „einer Hochburg des Kampfes gegen den Modernismus" machte und aus Gründen, die sich noch nicht erhellen lassen, zur Vergiftung dieses Kampfes beitrug[11].

Bereits am 17. Januar 1903 hatte Kardinal Richard, Erzbischof von Paris, auf Betreiben von Kardinal Perraud das Werk verurteilt, da es „dazu angetan sei, den Glauben der Gläubigen an die grundlegenden Dogmen der katholischen Lehre in schwerwiegender Weise zu verwirren". Der Episkopat als Ganzes hielt es jedoch, von vier oder fünf Ausnahmen abgesehen, für besser, noch nicht Stellung zu nehmen. Diesen Standpunkt vertrat auch Leo XIII. Die Atmosphäre in Rom änderte sich jedoch im Verlauf des Sommers nach der Wahl Pius' X., der bereits seit längerer Zeit voller Unruhe diese theologische und exegetische Aufwallung in Frankreich verfolgte.

Die Kontroverse entbrannte erneut und noch schärfer im Herbst, als Loisy einen neuen Band mit Erklärungen zur Rechtfertigung des ersten Buches veröffentlichte: „Autour d'un petit livre". Ein Hauptanliegen in diesem Buch war für ihn, den katholischen Historiker von einer Vormundschaft zu befreien, die er als Anachronismus bezeichnete, und er bestätigte nachdrücklich die Autonomie der Bibelkritik gegenüber der theologischen Lehre. Aber auch damit begnügte er sich nicht, sondern behauptete noch klarer, im Gegensatz zu den Prätentionen der klassischen Apologetik entziehe sich die Gottheit Christi der Geschichte und ebenso auch seine Auferstehung, seine Empfängnis durch die Jungfrau oder jede sonstige persönliche Intervention Gottes in den Verlauf der menschlichen Angelegenheiten. Gegenstand der Geschichte ist nach ihm nicht die Existenz des auferstandenen Christus, sondern ganz allein der Glaube der Jünger an diese Existenz, ein Glaube, der sich übrigens fortschreitend präzisiert hat. Wenn er auch anregte, zwischen dem Christus der Geschichte und dem Christus des Glaubens zu unterscheiden, so erklärte er, im Gegensatz zu dem, was seine katholischen Widersacher oft behaupteten, doch nicht, der Glaube erachte als wahr, was in den Augen der Historiker als falsch erscheine. Und wenn er einerseits auch meinte, feststellen zu können, daß sich unter der Einwirkung des im christlichen Bewußtsein wirkenden Glaubens nicht nur eine Entwicklung der kirchlichen Institution, sondern auch eine Idealisierung der Person Jesu vollzogen habe, so war er anderseits doch immer noch der Ansicht, daß Kommensurabilität zwischen diesem Phänomen kollektiven Bewußtseins und seiner objektiven Stütze gegeben sei.

Diese Erklärungen konnten die Besorgnisse aber nicht nur nicht beschwichtigen, sondern sie verstärkten sie noch mehr, und das neue Büchlein stieß diesmal

worfenen Probleme zu lösen, so waren sie doch theologisch hinreichend informiert, um sie zu lokalisieren und den Ernst der Meinungsverschiedenheiten hervorzuheben."

11 *É. Poulat* a. a. O. 364–392. Poulat stellt sogar die Frage: „Welchen Anteil hatte die progressistische Schule [d. h. die Schule Batiffols und Lagranges] an der Verurteilung des Modernismus?" (S. 366).

auf die fast einhellige Opposition der Theologen und des Episkopats. Andererseits kam es zu erneuten Interventionen zugunsten Loisys in Rom, und zwar durch den Baron von Hügel, der schon lange zu den Bewunderern dieses Denkers zählte, und durch Msgr. Mignot, einen der wenigen französischen Prälaten, die eingesehen hatten, daß es absolut unerläßlich war, den neuen kritischen Methoden auch im Rahmen der kirchlichen Wissenschaften Raum zu geben[12]. Dennoch verurteilte das Heilige Offizium am 16. Dezember 1903 die Hauptwerke Loisys, doch geschah dies in ziemlich vagen Formulierungen, die darauf hinzudeuten schienen, daß man immer noch zögerte, sich gründlich zu engagieren. Loisy ließ kurz darauf wissen, er unterwerfe sich. Drei Jahre lang griff er auch nicht mehr in die Kontroversen ein, die er selbst ausgelöst hatte, sondern widmete sich in der Zurückgezogenheit der Vorbereitung seines großen Kommentars über die synoptischen Evangelien (1907/08).

Später erklärte er dann wiederholt, er habe schon lange vor der Veröffentlichung von „L'Évangile et l'Église" den Glauben an die Gottheit Christi und sogar an die Existenz eines persönlichen Gottes verloren, es jedoch vorgezogen, seine wirklichen Ansichten zu verbergen in der Hoffnung, eine ihm für die Menschheit als nützlich erscheinende Reform der Kirche von innen her mit größeren Erfolgschancen einleiten zu können. Seine Biographie von Houtin[13], der ihn gut gekannt hatte, scheint seine Erklärungen auf den ersten Blick hin zu bestätigen. Verschiedene scharfsinnige Feststellungen É. Poulats, des Herausgebers des Textes von Houtin, der lange unveröffentlicht geblieben war, legen dagegen die Vermutung nahe, daß gerade die Existenz dieses Manuskripts, von dem Loisy mehr oder weniger Kenntnis hatte, ohne daß er den Text zu Gesicht bekommen hätte, zum Teil die Rekonstruktion erklärt, die dieser a posteriori von seiner religiösen Entwicklung geben wollte, nachdem er sich von jedem positiven Glauben gelöst hatte. Dies schränkt die Glaubwürdigkeit der Erklärungen des Exegeten über das wirkliche Datum, an dem er zu glauben aufhörte, ein und beweist, daß manche gar zu rasch seinen eigenen Erklärungen Glauben geschenkt haben. Auf jeden Fall bestätigen die Brieffragmente und Erinnerungen, die R. de Boyer de Sainte-Suzanne unter dem Titel „Loisy entre la foi et l'incroyance" veröffentlicht hat, wie weit Loisy von einem Renan entfernt war, dessen szientistischen Rationalismus er verabscheute, oder von einem Houtin,

[12] Über Friedrich Frh. von Hügel siehe unten S. 459. Über Msgr. Mignot (1842–1918) siehe *L. de Lacger*, Mgr. M. (Paris 1933), zu nuancieren durch *É. Poulat*, Histoire, dogme et critique 448–484 und zu ergänzen durch die kürzlich von *M. Bécamel* veröffentlichten Briefe: BLE 67 (1966) 3–44 81–114 170–194 257–286, 69 (1968) 241–268, 71 (1970) 262–273.

[13] Über Albert Houtin (1867–1926), einen Priester und Historiker, der sich fortschreitend von der Kirche und dem christlichen Glauben löste und der 1902 eine ironische Bilanz „La question biblique chez les catholiques de France au XIXe siècle" veröffentlicht hatte, die unbarmherzig die Schwäche der Antworten enthüllte, die der rationalistischen Exegese vor dem Auftreten Loisys und seiner Schule entgegengehalten wurden, siehe *É. Poulat* a.a.O. 332–363. – Zur Bibelfrage im Pontifikat Leos XIII. vgl. Kap. 23.

der in mancher Hinsicht sein böser Geist war[14]. Freilich unterschied Loisy schon 1900 ausdrücklich zwischen „foi" und „croyances", zwischen Glauben und Glaubensmeinungen, aber die Fortschritte der Soziologie der religiösen Erkenntnis, der Theologie des Glaubens und der Hermeneutik ermöglichen es heute, die komplexe Psychologie der Modernisten besser zu verstehen als zu Beginn des Jahrhunderts.

Wie immer es sich auch mit den persönlichen Meinungen Loisys verhalten haben mag, fest steht jedenfalls die Tatsache, daß er der Katalysator eines Unbehagens wurde, das sich in der katholischen Intelligentia immer mehr ausbreitete, und daß seine beiden „kleinen Bücher" und ihre Verurteilung einen theologischen Streit auslösten, der sich bis 1908 wellenförmig fortsetzte und weit über die Grenzen Frankreichs hinaus ausgetragen wurde. Erschien Loisy den konservativen Theologen als ein neuer Renan, schlimmer als der erste, so erinnerten seine Verteidiger an den Prozeß gegen Galilei oder konterten, man leite „die Dreyfus-Affäre des Klerus" ein.

Diese umstürzenden Ideen fanden ein starkes Echo in gewissen intellektuellen Kreisen, besonders beim jungen Klerus. Hier war man fasziniert von diesen suggestiven Ansichten, die sich mit ihrem Gespür für die Vielschichtigkeit der historischen Wahrheiten so grundlegend von dem oberflächlichen Charakter und den Naivitäten der „Leben Jesu" und der Geschichten des Urchristentums unterschieden, die dem katholischen Publikum zur Verfügung standen. Die – häufig ziemlich mißverstandenen – Gedanken Newmans über die Entwicklung der christlichen Lehre und über die Beziehungen zwischen dem Glauben und der Vernunft, die in diesem Augenblick von Bremond[15] in Frankreich verbreitet wurden, lieferten ihnen allem Anschein nach die Gewähr eines Kardinals für den neuen apologetischen Weg, den Loisy umrissen hatte, und für dessen weniger begriffliche Konzeption der Offenbarung. Außerdem ahnten sie den ganzen fruchtbaren Gehalt der Versicherung, daß die Evangelien keine historische

[14] Vgl. *É. Poulat,* Une œuvre clandestine d'H. Bremond 21–22: „Der Modernismus Loisys lag in Wirklichkeit im Zentrum eines Tendenzspielraums, dessen Rechte von dem Progressismus von Msgr. Batiffol, von P. Lagrange, von P. Grandmaison usw. repräsentiert wurde und der auf seiner Linken auf den Rationalismus von Männern wie Turmel, Houtin und Sartiaux stieß. Die ständigen Beziehungen der beiden letztgenannten mit Loisy und die unterschiedslose Opposition der ersteren konnten die Tiefe und die Bedeutung ihrer Meinungsverschiedenheiten, die nicht lediglich Temperamentssache war, bemänteln."

[15] Von 1904 bis 1906 veröffentlichte er drei Bände von übersetzten Auszügen über die Entwicklung des Dogmas und die Glaubenspsychologie wie auch „Newman, essai de biographie psychologique". Über Henri Bremond (1865–1933) siehe: DSAM I 1928–1938; Entretiens sur H. Bremond, hrsg. von *J. Dagens – M. Nédoncelle* (Paris – Den Haag 1967), bes. 43–98; *É. Poulat,* Une œuvre clandestine d'H. Bremond (Rom 1972). Über seine Beziehungen zu der modernistischen Bewegung ist – neben diesem letzteren Werk – die Meinung Loisys festzuhalten: „Bremond war in die modernistische Schlacht nicht engstens verwickelt. Er ist lediglich in den Dienst des Roten Kreuzes getreten: er hat die Toten aufgelesen und die Verwundeten verbunden."

Schriften im eigentlichen Sinne sind, sondern Dokumente katechetischer Natur, die den Glauben der ersten christlichen Generationen zum Ausdruck bringen, so, wie er sich zu formulieren suchte. Hinzu kam noch bei manchen christlichen Demokraten das Bewußtsein eines Parallelismus zwischen ihren Bestrebungen um eine Anpassung der Kirche an die moderne Gesellschaft und dem von Loisy auf theologischer Ebene unternommenen Erneuerungswerk einerseits und zwischen dessen Forderung der Autonomie des Exegeten oder des Dogmenhistorikers gegenüber dem kirchlichen Lehramt und ihrer eigenen Forderung der Autonomie der Laien und der bürgerlichen Gesellschaft gegenüber der klerikalen Autokratie andererseits. Das Lyoner Wochenblatt „Demain" (1905/07), das von zwei jungen Laien geleitet wurde, ist für diese Geisteshaltung symptomatisch.

Von den begeisterten Bewunderern Loisys dachten viele wie Bremond, der auf die Sintflut der rationalistischen Kritik folgendermaßen anspielte: „Er ist ein echter Noah, und die Kirche wird froh sein, seine Arche zu haben." [16] Viele waren jedoch sehr besorgt, und das nicht nur im konservativen Lager, wie der von P. Marlé zusammengestellte Korrespondenzband beweist. Manche Progressisten stimmten mit Loisy hinsichtlich der Notwendigkeit einer tiefgreifenden Revision der traditionellen katholischen Apologetik und bezüglich einer Reihe seiner kritischen Schlußfolgerungen durchaus überein. Sie weigerten sich jedoch, seinem radikalen Standpunkt über die totale Autonomie der Kritik gegenüber dem kirchlichen Lehramt zuzustimmen und mit ihm sogar den Begriff der Rechtgläubigkeit in Frage zu stellen. Dies war unter anderem der Fall bei Msgr. Batiffol – jedoch mit dem allzu offensichtlichen Anliegen, seinen Ruf in den Augen Roms wiederherzustellen – oder bei Blondel, dessen Artikel mit dem Titel „Histoire et dogme" den Ton auf den echten Begriff der Überlieferung im katholischen System legten und die noch heute als besonders hellsichtig erscheinen, wenn er auch die übliche Schwierigkeit der Philosophen, in die Problematik der Historiker einzudringen, teilte und die Tragweite der von Loisy aufgeworfenen Schwierigkeiten nicht immer erfaßt hat.

Wenn Loisy auch im Mittelpunkt der Kontroversen stand, die die Welt der katholischen Intellektuellen in den ersten Jahren des 20. Jh. erregten, und mit einem gewissen Recht als „der Vater des Modernismus" (Heiler) angesprochen werden kann, so waren doch die Bibelfrage und die Dogmengeschichte nicht die einzigen Gebiete, auf denen man zur gleichen Zeit fundamentale Kontroversen aufwarf, die den einen als unentbehrlich erschienen, um zu retten, was vom Christentum noch gerettet werden konnte, während sie für die anderen gera-

[16] *H. Bremond – M. Blondel,* Correspondance I 494 (23. 5. 1904). Über diese Begeisterung bei der Jugend siehe *É. Poulat,* Histoire, dogme et critique 270–315, der unter anderem das Zeugnis von Msgr. E. Amann: RevSR 10 (1930) 676–693 bes. 685 zitiert. Siehe auch die im Jahre 1906 von M. Rifaux durchgeführte Erhebung über „Les conditions du retour au catholicisme" (Paris 1907); dazu *J. Rivière* a.a.O. 258–261.

dezu das Wesentliche des christlichen Glaubens, wie sie ihn verstanden, zu zerstören schienen.

Die Kontroversen, die Ende der neunziger Jahre um Anregungen Blondels im Hinblick auf eine Erneuerung der Apologetik durch die Anwendung der philosophischen Immanenzmethode (Immanenzapologetik) entbrannt waren, hatten sich nach und nach gelegt. Einer seiner Schüler, P. Laberthonnière[17], löste jedoch ein Wiederaufleben der Diskussionen aus und dehnte sie auf die Gesamtheit des Problems der religiösen Erkenntnis aus. In zwei Artikelsammlungen „Essais de philosophie religieuse" (1903) und „Le réalisme chrétien et l'idéalisme grec" (1904), die Loisy als einen „ins Französische übersetzten Maurice Blondel" betrachtete, kritisierte er die Philosophien der „Essenzen" und nahm sich vor, sie unter dem Namen eines moralischen Dogmatismus durch eine Philosophie des Handelns personalistischer Inspiration zu ersetzen; hier griff er auch eine der grundlegenden Fragen auf, die von den Modernisten aufgeworfen worden war: die Frage nach der Originalität und Eigentümlichkeit des als offenbarte historische Religion betrachteten Christentums. Seine Konzeption der Philosophie veranlaßte ihn jedoch, den Thomismus, den er übrigens schlecht kannte, einer radikalen Kritik zu unterziehen und die natürliche Ordnung und das Übernatürliche so eng miteinander zu verbinden, daß es aussah, als ob er sie verschmelzen wolle. Außerdem ließ er sich von Blondels Kritik des „Extrinsezismus" inspirieren und machte der Kirche den Vorwurf, sie gehe zu autoritär vor. Deshalb hatten die der Tradition verhafteten Theologen viele Gründe, ihn anzugreifen, um so mehr, als sich sein Einfluß im Jahre 1905 noch verstärkte, als er, in Zusammenarbeit mit Blondel, die Leitung der „Annales de philosophie chrétienne" übernahm[18] und eine „Association d'études religieuses" gründete, eine Vereinigung, die regelmäßig christliche Philosophen und Gelehrte zusammenführte, die den modernen Gedankenströmungen aufgeschlossen gegenüberstanden.

Und eben ein Mitglied dieser Gruppe, der Mathematiker und Philosoph É. Le Roy[19], ein Schüler Bergsons, den religiöse Probleme sehr stark beschäftigten, löste eine der leidenschaftlichsten Diskussionen dieser bewegten Jahre zwischen katholischen Theologen und Philosophen aus, „einen wahren Tumult", wie Rivière formulierte. Anfang 1905 veröffentlichte er unter dem Titel: „Qu'est-

[17] Über Lucien Laberthonnière (1860–1932), Oratorianer, siehe: *E. Castelli,* Laberthonnière (Paris 1931); *L. Passaglia,* Educazione religiosa e libertà umana in Laberthonnière. La formazione di un pensiero (Mailand 1967); *Th. Perrin,* Le P. Laberthonnière (Paris 1970; Diss. masch.); *A. Ngindu,* Le problème de la connaissance religieuse dans la crise moderniste. L. Laberthonnière (Kinshasa 1972; Diss. masch.); Laberthonnière. L'homme et l'œuvre, hrsg. von *P. Beillevert* (Paris 1972). – Vgl. S. 327.

[18] Siehe den Anfangsartikel der neuen Reihe mit dem Titel: „Notre programme" (Bd 151, 5–31).

[19] Über Édouard Le Roy (1870–1954) siehe Études philosophiques 10 (1955) 161–210 und *Th. Tshibangu,* Théologie positive et théologie spéculative (Löwen – Léopoldville 1965) 250–267.

ce qu'un dogme?"[20] einen Artikel, in dem er Philosophen und Theologen aufforderte, sich Gedanken darüber zu machen, welchen Sinn die von der Kirche ihren Gläubigen dargebotenen dogmatischen Formeln für einen modernen Verstand wissenschaftlicher Prägung haben können. Er stellte die klassische Konzeption des Dogmas, die für ihn an die vom Mittelalter ererbte scholastische Philosophie und an ihren statischen Begriff einer ein für allemal fix und fertigen Wahrheit gebunden war, erneut in Frage, unterstrich die radikale Inkommensurabilität der Mysterien und des menschlichen Geistes und schlug vor, den Dogmen eine wesentlich praktische Bedeutung beizumessen: es würde sich dann um keine spekulativen Konzeptionen handeln, die uns aufgezwungen werden sollen, sondern um Regeln moralischen und religiösen Handelns. Die Kirche würde so, wenn sie sie uns vorsetzt, lediglich fordern, zu glauben, daß die religiöse Wirklichkeit tatsächlich den Stoff zur Rechtfertigung der gebotenen Haltung enthält. Wenn sich auch hervorragende Denker wie der Jesuit de Grandmaison oder die Dominikaner Sertillanges und Allo verständnisvoll zeigten, so reagierten doch die meisten Theologen scharf gegen diesen „Pragmatismus", in dem sie, da sie die Problematik Le Roys einfach nicht verstanden, lediglich einen bis auf den Grund gehenden Agnostizismus sahen. Sie wandten sich daher in aller Schärfe gegen diese Strömung, zumal Le Roy nicht verhehlte, daß er eine Reihe von Schlußfolgerungen Loisys als gesichert ansehe und überdies nicht zögerte, wiederum im Namen der Erfordernisse der modernen Geisteshaltung, auch den traditionellen Begriff des Wunders und seine apologetische Bedeutung zur Debatte zu stellen[21].

So wurde im Verlauf weniger Jahre „die tridentinische Ruhe einer ganzen Kirchenwelt" (A. Dupront) plötzlich und fast gleichzeitig in einer ganzen Reihe von Kernpunkten erschüttert. Es ging ja um nicht weniger als um die Natur der Offenbarung, der Inspiration der Heiligen Schrift und der religiösen Erkenntnis, die Persönlichkeit Christi und seine wirkliche Rolle am Ursprung der Kirche und ihre Sakramente, die Natur und die Rolle der mündlichen Überlieferung im katholischen System und die Grenzen der dogmatischen Entwicklung, die Autorität des kirchlichen Lehramts und die wirkliche Bedeutung des Begriffs der „Rechtgläubigkeit", den Wert der klassischen Apologetik. Es handelte sich hierbei um echte Probleme, die eine Antwort erheischten. Die von Loisy, Laberthonnière und Le Roy gelieferten Antworten enthielten annehmbare und mitunter richtungweisende Elemente, wie dies dann auch die weitere Entwicklung der Theologie und bestimmte Stellungnahmen des II. Vatikanischen Konzils bewiesen. Diese positiven Elemente waren jedoch noch nicht hinreichend abgeklärt und wurden häufig ohne die gebotenen feinen Unterschei-

[20] In La Quinzaine 63 (1905) 495–526; wieder aufgegriffen mit bedeutsamen weiteren Ausführungen in seinem Buch „Dogme et critique" (1907), in dem man auf den Seiten 359–363 eine Bibliogr. der durch den Artikel ausgelösten Polemik findet.

[21] Annales de philosophie chrétienne 153 (1906/07) 5–33 166–191 225–259.

dungen oder mit einem unangemessenen Vokabularium dargeboten, so daß sie konformistische Köpfe auf jeden Fall verwirren und bestürzen mußten. Dies traf um so mehr zu, als man es, vor allem im Fall Loisy, mit manchmal wirklich zweideutigen Affirmationen zu tun hatte. Sie konnten völlig entgegengesetzt interpretiert werden: als irrgläubig und letzten Endes jeden christlichen Glauben zerstörend, aber auch im Gegenteil als zwar auf Neuerungen bedacht, aber doch durch und durch rechtgläubig und wirklich befreiend angesichts recht realer Schwierigkeiten, wie sie die Fortschritte der Religionswissenschaften mit sich gebracht hatten. Die Köpfe, die die Verteidigung der Neuerer übernahmen, vertraten die Ansicht, diese hätten, unbeschadet ihrer Unvorsichtigkeiten und ihrer mangelnden Präzisierungen, einen fruchtbaren Weg im Halbdunkel gebahnt. Ihre Gegner sahen jedoch nur die erste Interpretationsmöglichkeit und vermuteten, hinter den zweideutigen Formulierungen entspreche diese den wirklichen Gedanken ihrer Autoren. Ihr Kampf gegen diese Strömung wurde immer erbitterter, weil sich die ursprüngliche Verwirrung mehr und mehr zu einer regelrechten Panik auswuchs. Diese Panik hatte ihren Ursprung in einer zweideutigen Literatur, die die vorhandenen Kontroversen ohne eindeutige Stellungnahme in immer breitere Kreise trug. Die Folgen waren vor allem beim jungen Klerus verheerend, der auf Grund des oberflächlichen Unterrichts in den Seminaren sehr schlecht darauf vorbereitet war, einen kühlen Kopf zu behalten, und dessen immer zahlreichere „Ausbrüche“ von den Zuschauern mit Wohlgefallen betrachtet wurden[22]. Wenn man sich vergegenwärtigt, daß die kirchlichen Autoritäten zur gleichen Zeit einer besonders heftigen antiklerikalen Offensive die Stirn bieten mußten und daß das Hochkommen des Sozialismus die Tendenz der Rechten, sich gegen jede Neuerung, gleich welcher Art, zu sperren, noch verstärkte, versteht man die – fast allgemeine – Verwirrung der verantwortlichen Katholiken noch besser, zumal die bekämpfte Bewegung fortschreitend internationale Dimensionen annahm.

31. Kapitel

Die Krise in England

QUELLEN: Über Tyrrell: WW s. *Th. M. Loome,* A Bibliography of the Published Writings of G. Tyrrell: Heythrop Journal 10 (1969) 280–314; Supplement ebd. 11 (1970) 161–169; G. Tyrrell's Letters 1898–1909, hrsg. von *M. Petre* (London 1920); Lettres de G. Tyrrell à H. Bremond, hrsg. mit Anmerkungen v. *A. Louis-David* (Paris 1971); andere Briefe bei *M. Petre,* Autobiography and Life of G. Tyrrell (unten), bei *A. Loisy,* Mémoires (Paris 1930/31) und hrsg. von *J. H. Graham:* The Month 226 (1968) 178–185, 231 (1971) 111–119 und von *Th. M. Loome:* ebd. 229 (1970) 95–101 138–149; viele noch unveröffentlichte

[22] Vor allem *A. Houtin,* dessen Buch „La crise du clergé“ (Paris 1907) einen Erfolg hatte, den Neuauflagen und Übersetzungen bezeugen.

Briefe im British Museum, Manuscripts Section. Auch *F. v. Hügel,* Father Tyrrell. Some memorials of the last 12 years of his life: Hibbert Journal 8 (1909/10) 233–252.

Über *v. Hügel:* Selected Letters 1896–1924, hrsg. von *B. Holland* (London 1927; die Auswahl erfolgte mit dem Anliegen, ihn vom Verdacht des Modernismus reinzuwaschen); Letters to a Niece, hrsg. von *G. Greene* (ebd. 1928); Spiritual Counsels and Letters, hrsg. von *D. Steere* (ebd. 1964); andere wichtige Briefe bei *A. Loisy,* Mémoires; bezüglich der unveröffentlichten Briefe und Diaries s. *Th. M. Loome* a.a.O. (unten) 295. Auch: *M. Petre,* My Way of Faith (London 1937).

LITERATUR: *J. Rivière* a.a.O., bes. 82–85 102–106 192–222 265–274 300–307 389–401; *A. Vidler,* The Modernist Movement, bes. 143–181 204–212; *ders.,* A Variety 109–190; *M. Ranchetti* a.a.O. 58–74; *M. Ward,* The Wilfrid Wards and the Transition II (London 1937) 134–420; *M. Petre,* Von Hügel and Tyrrell (ebd. 1937); *ders.:* Congrès d'histoire du christianisme, hrsg. von *P. Couchoud* III (Paris 1928) 226–247.

Über Tyrrell: *M. D. Petre,* Autobiography and Life of G. Tyrrell, 2 Bde (London 1912); *R. Gout:* L'affaire Tyrrell (Paris 1910); *J. Stam,* G. Tyrrell (Utrecht 1938); *D. Grasso,* La conversione e l'apostasia di G. Tyrrell: Gregorianum 38 (1957) 446–480 593–629; *R. Boudens,* G. Tyrrell and Card. Mercier: Église et théologie 1 (Montréal 1970) 313–351; *P. Scoppola:* Humanitas 22 (Brescia 1967) 705–738; *G. Daly,* Some Reflections on the Character of G. Tyrrell: Heythrop Journal 10 (1969) 256–274; *J. A. Laubacher,* Dogma and the Development of Dogma in the Writings of G. Tyrrell (Löwen – Baltimore 1939); *J. F. O'Grady,* The Doctrine of Nature and Grace in the Writings of G. Tyrrell (Rom 1968).

Über v. Hügel: *M. de la Bédoyère,* The Life of Baron v. H. (London 1951); *M. Nédoncelle,* La pensée religieuse de F. v. H. (Paris 1935); *L. Barmann,* Baron v. H. and the Modernist Crisis in England (Cambridge 1972). Auch *J. Steinmann,* F. v. H. (Paris 1962; dazu Revue belge de philologie et d'histoire 41 [1963] 1162–63); *J. Heaney,* The Modernist Crisis, v. H. (London 1969; dazu Heythrop Journal 10 [1969] 315–319); *Th. Loome:* DR 91 (1973) Nr. 302–304.

Über den Modernismus in den Vereinigten Staaten: *Th. McAvoy:* RPol 21 (1959) 71–74; *J. Ratté,* Three Modernists, A. Loisy, G. Tyrrell, W. L. Sullivan (New York 1967); *J. Lienhard,* The „New York Review" and Modernism in America: RACHS 82 (1971) 67–82.

Der englische Modernismus weist, im Vergleich zu seinen Erscheinungsformen in Frankreich und Italien, einige Besonderheiten auf. Zunächst einmal bildeten die Modernisten hier, selbst als die Bewegung ihren Höhepunkt erreicht hatte, nur eine sehr begrenzte Gruppe[1]; das gilt sogar, wenn man den Begriff „Modernist" in einem noch weiteren Sinn versteht als im Sinne der in der Enzyklika „Pascendi" abstrakt definierten immanentistischen Häresie. Ein solcher Zustand war vorauszusehen in einem Land, in dem die Katholiken nur eine kleine Minderheit bildeten und innerhalb deren die Intellektuellen ihrerseits ebenfalls wieder sehr stark in der Minderheit waren. Dagegen übte der englische Modernismus angesichts seiner Qualität auf dem Kontinent und vor allem in

[1] Was jedoch nicht bedeutet, daß man die Bewegung auf zwei oder drei Gestalten einengen kann, wozu man oft neigte. Die Bemerkung M. Petres (Congrès d'histoire du christianisme III 233) ist zutreffend: „Man soll ja nicht glauben, die Gläubigen, die sich nicht speziell mit Geschichte und Wissenschaft befassen, seien stets vollkommen zufrieden mit der theologischen Lehre, die man ihnen vorsetzt. Es spielen sich viele verborgene Kämpfe in den schlichten Herzen ab, für die die Lehre und die Sakramente der Kirche die unentbehrlichen Mittel des geistlichen Lebens sind und für die es indessen Elemente dieser Lehre gibt, die ihren edelsten Gefühlen zuwiderlaufen. Sie sind die schlichten Modernisten."

Italien einen Einfluß aus, der in keinem Verhältnis zu seiner zahlenmäßigen Stärke stand[2]. Wenn Loisy einerseits es verdient, auf dem Gebiet der Exegese und der Dogmengeschichte der „Vater des katholischen Modernismus" genannt zu werden, so kann man sich fragen, ob Tyrrell diesen Titel nicht ebenso auf dem Gebiet der Fundamentaltheologie und der Religionsphilosophie verdienen würde. Andererseits sehen alle Historiker übereinstimmend in v. Hügel den bedeutendsten Verbindungsmann zwischen den Modernisten und Progressisten der verschiedenen Länder und – zumindest zu Beginn der Krise – zwischen diesen und den kirchlichen Autoritäten. Schließlich tendierte – wiederum im Gegensatz zum französischen und, in etwas geringerem Maße, zum italienischen Modernismus – kein angesehener englischer Modernist zu einem agnostischen Rationalismus hin. Die englischen Modernisten haben bis zum Schluß, einschließlich Tyrrells, den die jüngsten wissenschaftlichen Arbeiten eingehender zu würdigen verstanden, als dies die vorige Generation vermochte, die Definition bestätigt, die dieser in „Christianity at the cross-road" gegeben hat: „Unter einem Modernisten verstehe ich einen Christen irgendeiner Kirche, der der Überzeugung ist, daß die wesentlichen Wahrheiten seiner Religion und die wesentlichen Wahrheiten der modernen Gesellschaft durchaus eine Synthese eingehen können." Hinzufügen kann man hier noch die Präzision, die Miss Petre gegeben hat: „Der Modernismus sucht nicht nur eine Synthese zwischen der Modernität und der Religion, sondern auch zwischen der modernen Religion und der Kirche."

Das Ringen um eine Synthese zwischen der Treue zur katholischen Kirche einerseits und der Bejahung der modernen Kultur und der wissenschaftlichen Freiheit andererseits hatte schon im Verlauf der sechziger Jahre des vorigen Jahrhunderts im Kern des englischen Katholizismus, in der sogenannten „Rambler-Gruppe"[3], Spannungen ausgelöst, die sich aber ziemlich rasch wieder gelegt hatten. Die Erhebung Newmans zum Kardinal hatte mit zur Beruhigung der Atmosphäre beigetragen. Nach einer Ruhepause von rund zwei Jahrzehnten erwachte der religiöse Liberalismus im letzten Jahrzehnt des Pontifikats Leos XIII. jedoch zu neuem Leben. Schon 1892 hatte der katholische Journalist E. J. Dillon begonnen, in der „Contemporary Review" die Politik der römischen Kurie zu kritisieren. Im Jahre 1896 hatte Wilfrid Ward[3a], der Sohn des Vorkämpfers der strengsten ultramontanen Bewegung, zum Zweck einer Reaktion gegen die Ghettomentalität seiner Religionsgenossen die „Synthetic Society" gegründet, eine Gesellschaft, in der sich Katholiken mit Anglikanern und Protestanten trafen. F. v. Hügel, der einen angesehenen Platz in der englischen katholischen Welt einnahm, hatte 1897 auf dem internationalen wissenschaftlichen Kongreß in Fribourg einen Bericht über die Quellen des Hexateuch vorgelegt, in dem er sich im wesentlichen dem Standpunkt Wellhausens anschloß,

[2] Hinzu kommt sein recht bemerkenswerter Einfluß in bestimmten anglikanischen Kreisen.
[3] HKG VI/1 749–750. [3a] Vgl. S. 148.

und im Laufe der nächsten Jahre gelang es ihm, in seinem Kreis immer mehr Bewunderer für Loisy zu gewinnen[4], mit dem er einen eifrigen Briefwechsel unterhielt. Die Auseinandersetzungen um den Amerikanismus und dann der Abfall des alten katholischen Wissenschaftlers St. George Mivart Anfang 1900[5], der im „Mivartismus" einen gemäßigten Transformismus vertrat, wie auch die Wirbel, die dadurch in der Presse ausgelöst wurden, waren neue Anzeichen für das Erwachen einer reformfreundlichen Geisteshaltung in gewissen katholischen Kreisen. In der Hoffnung, die Dinge wieder in die Hand zu bekommen, veröffentlichten die Bischöfe einen gemeinsamen Hirtenbrief über „Die Kirche und der katholische Liberalismus"[6], in dem sie die Verteidigung der römischen Kongregationen proklamierten und nachdrücklich auf den Unterschied zwischen der „lehrenden Kirche" und „lernenden Kirche" hinwiesen. Der vorwiegend negative Charakter des Dokuments verstärkte das Unbehagen jedoch nur noch mehr[7], trotz eines zustimmenden Breves des Papstes.

Die herausragende Gestalt der fortschrittlichen englischen Katholiken zu Beginn des 20. Jh. war Friedrich Freiherr v. Hügel (1852–1925), von dem M. Petre schrieb: „Er war nicht nur Modernist, sondern Erz-Modernist, insofern er ganz gewiß der Pionier des Modernismus in England war (...), der Lehrer von uns allen."[8] Freiherr v. Hügel wurde wegen seiner unbestrittenen Sympathie für die grundlegenden Bestrebungen des aufkommenden Modernismus und der aufopfernden Unterstützung, die er dessen bedeutendsten Führern – sogar den am meisten kompromittierten – viele Jahre lang zuteil werden ließ, was ihm von P. Sabatier den Spitznamen: „der Laienbischof der Modernisten" einbrachte, von den katholischen Historikern lange sehr streng beurteilt. Inzwischen ist jedoch seine wohlverdiente Rehabilitierung in Gang gekommen, und er erscheint mehr und mehr als eine der strahlendsten religiösen Persönlichkeiten seiner Zeit. Er hat sich stets vom religiösen Subjektivismus verschiedener seiner Freunde und von ihrem Bestreben ferngehalten, die Religion auf ein innermenschliches Problem zurückzuführen[9]. Sein eigenes Ideal umriß er in einem Brief vom Mai 1903 folgendermaßen: „Wir müssen nicht nur ein einfach Ding

[4] Noch 1903 wurde „L'Évangile et l'Église" von P. Lucas in der Jesuitenzeitschrift „The Month" und von W. Ward und Dom C. Butler in „The Tablet" sehr positiv beurteilt. Siehe auch Voces catholicae, The abbé Loisy and the Catholic Reform Movement: Contemporary Review 83 (1903) 385–412.

[5] Über diese Affäre siehe *J. W. Gruber,* A Conscience in Conflict, the Life of St. G. J. Mivart (New York 1960).

[6] Text dieses „Joint Pastoral" vom 22. 12. 1900: The Tablet 97 (1901) 8–12 50–52.

[7] Über die Reaktionen auf das „Joint Pastoral" siehe *M. Ward* a.a.O. 134–143, *M. Petre,* Autobiography and Life of G. Tyrrell II 146–161 und *L. Barmann,* a.a.O. 149–153.

[8] Congrès d'histoire du christianisme III (Paris 1926) 227 und 233.

[9] Den besten Beweis hierfür liefert sein Hauptwerk: „The Mystical Element of Religion as Studied in St. Catherine of Genova and her Friends" (1908), das während des Höhepunkts der modernistischen Krise verfaßt wurde. Festzuhalten ist, daß W. Temple 1925 erklärte, man könne dieses Werk, „als das bedeutendste theologische Werk betrachten, das im Verlauf des

leben und schaffen: die ehrliche Wissenschaft, sondern ein komplexes, kostspieliges und trostvolles Ding: die ehrliche Wissenschaft in und mit einer tiefen und in der Geschichte verankerten Religion, in und mit einem lebendigen Katholizismus."[10] Als mehr verständnisvoller als origineller Geist hatte er besser als viele andere erahnt, wie wichtig es ist, zugleich den Forderungen der in einer kirchlichen Gemeinschaft verkörperten Überlieferung und den Forderungen einer völlig ehrlichen, vernunftgemäßen Kritik treu zu bleiben, und wie nötig es ist, in der tiefsten Tiefe seiner Persönlichkeit als Mensch und als gläubiger Christ die ständige Spannung zwischen diesen beiden Aspekten zu erleben, statt eine durchschnittliche Ausgleichslösung zwischen ihnen anzustreben. Diese Offenheit allen wahren Werten gegenüber war vielleicht der charakteristischste Zug der so reichen Persönlichkeit des Freiherrn v. Hügel. Seine Sorge, keinen dieser Werte zu verlieren, erklärt seinen Willen, nie die Brücken abzubrechen und die Verbindung selbst zu denen aufrechtzuerhalten, die seines Erachtens in ihrem Ausschließlichkeitsanspruch irrten, in seinen Augen jedoch das Verdienst hatten, die Aufmerksamkeit auf einen Aspekt der Wirklichkeit oder auf ein echtes Problem zu lenken, dem man sich nicht entziehen darf[11].

Friedrich v. Hügel war der Sohn eines österreichischen Diplomaten und einer schottischen Mutter und lebte seit 1871 in London. In seiner Jugend hatte er eine schwere geistige Krise dank des Beistands des Abbé Huvelin überwunden. Dieser hatte ihm als Richtschnur gegeben: „Für Sie stets die Wahrheit, nie die Rechtgläubigkeit." Daher blieb ihm sein ganzes Leben lang die Eigenständigkeit der wissenschaftlichen Forschung in der Kirche ein besonderes Anliegen. Diese verstandesmäßige Einstellung hinderte ihn jedoch nie, an einer tiefinnerlichen Frömmigkeit und einer unerschütterlichen Treue zur Kirche, denn er betrachtete das Leben in der Kirche, die die Sakramente spendet, als den unentbehrlichen Quell jedes wahrhaft religiösen Lebens[12]. Er war Autodidakt wie viele Aristokraten seiner Generation. Seine religiöse Bildung übertraf jedoch

letzten halben Jahrhunderts in englischer Sprache geschrieben worden ist" (zitiert von *M. de la Bedoyère* a. a. O. 223).

10 Selected letters 123.

11 Über den Sinn dieser Bemühungen gibt ein Brief, der nach der Krise geschrieben wurde, gut Aufschluß: „Ich versuche, alles zu tun, was ich vermag, um meine alte Kirche intellektuell so annehmbar zu machen, wie ich es vermag, nicht weil der Verstand das Wichtigste in der Religion ist – sondern weil meine alte Kirche schon voll und ganz alle Kenntnisse besitzt, die als Hilfe für das geistliche Leben notwendig sind, während sie aus vielerlei Gründen, die einen ganzen Band füllen würden, viel weniger stark in dem ist, was die Bedürfnisse, die Rechte und die Pflichten des Verstandeslebens betrifft. In diesen zweiten Aspekt meines Eifers ist das glühende Verlangen und die inbrünstige Hoffnung eingeschlossen, den verwundeten, verbitterten Katholiken, die vom Glauben abgefallen oder auf dem Weg hierzu sind, zu dienen, ihre Wunden zu verbinden und sie in den Schoß der Kirche zurückzuführen" (Letters to a Niece, Nr. 60 vom 9. 12. 1921).

12 „No book is worthy of such a sacrifice as that of the sacraments of the Church", erklärte er eines Tages Miß Petre.

die vieler Geistlicher. Bei ihm verband sich die deutsche Gründlichkeit mit der englischen Erfahrungsmethode, so daß er ein Vorläufer der „existentialistischen“ Denker der nachfolgenden Generation wurde. Er war zwar kein Fachmann auf irgendeinem Spezialgebiet, war jedoch, was in der damaligen Zeit selten war, in gleicher Weise kompetent auf dem Gebiet der Bibelkritik, der Religionsphilosophie und der Geschichte der Spiritualität. Er besaß auch die ganz besondere Gabe, die Geister und die Seelen aufzurütteln und sie sowohl durch zurückhaltende Kritik wie auch durch anspornende Zusprache zu einem tiefergehenden Erforschen der Wahrheit aufzumuntern. Noch bemerkenswerter war, daß er auf Grund seiner vollkommenen Beherrschung der großen internationalen Sprachen in der Lage war, mit einer umfangreichen Korrespondenz und mit häufigen Reisen ins Ausland Exegeten, Theologen und Philosophen in fruchtbare Verbindung miteinander zu bringen, die in Frankreich, in England, in Deutschland oder in Italien tastend in der gleichen Richtung auf der Suche waren. Viele von ihnen haben sein Denken befruchtet und wurden seine besten Freunde, denen er selber mit Verständnis, Weitsicht und Zartgefühl ohnegleichen zu helfen suchte. Dabei war er nicht so sprunghaft wie verschiedene von ihnen; er suchte den Ausgleich und lehnte radikale Stellungnahmen grundsätzlich ab. So gelang es ihm, jeder Verurteilung zu entgehen[13], wobei ihm vielleicht auch seine gesellschaftliche Stellung zustatten kam. Seine Freunde verteidigte er jedoch mit letztem Einsatz bis an die Grenze des Möglichen; er lehnte die unangemessene und oft oberflächliche Kritik, der seine Freunde von konservativer Seite her ausgesetzt waren, entschieden ab, und er empfand die autoritären Methoden des Vatikans als für einen religiösen Menschen des 20. Jh. schockierend.

Georg Tyrrell (1861–1909) war ein geschätzter Volksprediger und Seelenführer, Verfasser von Andachtsbüchern voll seltener Feinfühligkeit und von apologetischen Essays, die in bemerkenswerter Weise der Geisteshaltung seiner Zeitgenossen angemessen waren, und er wäre vielleicht sein Leben lang dieser Linie treu geblieben, wenn er nicht v. Hügel begegnet wäre. Hauptsächlich unter dessen Einfluß wurde er mit der Bibelkritik und der Philosophie neukantianistischer Prägung vertraut. Erst einmal auf diesen Weg gebracht, kam er allmählich dahin, daß er eine Reihe von wesentlichen Thesen der Fundamentaltheologie in Frage stellte, wobei allerdings, wie Bremond sehr richtig gesehen hat, der Einfluß nicht übersehen werden darf, den die englischen liberalen Protestanten des 19. Jh., vor allem M. Arnold, auf ihn ausgeübt haben. Tyrrell war irischer Abstammung. Seinem keltischen Temperament verdankte er einen kritischen Geist, der ihm mehr als einmal einen bösen Streich spielte, ihm

[13] Außer einem indirekten Tadel wegen einer zweitrangigen Angelegenheit, der übrigens unberechtigt war (vgl. *M. de la Bedoyère* a. a. O. 191). Über v. Hügels Einstellung zu den kirchlichen Autoritäten am Vorabend von „Pascendi“ siehe seine Briefe an Tyrrell und an Loisy, die ebd. analysiert werden, 188–189. Über seine Haltung im Jahre 1907, s. *L. Barmann*, a.a.O. 183–209.

aber auch eine erstaunliche Fähigkeit verlieh, die überrationalen Kräfte, welche die religiöse Erfahrung speisen, bis in ihre geheimsten Tiefen zu durchdringen. Im Alter von 18 Jahren war er als Konvertit von der anglikanischen zur katholischen Kirche übergetreten, in die Gesellschaft Jesu eingetreten und 1896 der Gruppe der Redakteure des „Month" zugeteilt worden. Rasch wurde er einer der bekanntesten Mitarbeiter dieser Zeitschrift[14]. Zwei Andachtsbücher, „Nova et Vetera" (1897) und „Hard sayings" (1898), die seine Freundschaft mit Baron v. Hügel begründeten, und eine Sammlung von geistlichen Vorlesungen vor den Studenten von Oxford, „External Religion, its Use and Abuse" (1899), vollendeten seinen guten Ruf. Aber gerade zu diesem Zeitpunkt bekam er Schwierigkeiten mit der kirchlichen Zensur. Tyrrell, von überempfindlichem Temperament, von Natur reizbar und durch die ersten Auswirkungen der Brightschen Krankheit, an der er dann auch starb, noch reizbarer geworden, wurde durch die engstirnigen Beschränkungen, die seinem geistigen Wirken angelegt wurden, im höchsten Grade aufgebracht. Die Folge war, daß er begann, die Autorität der kirchlichen Hierarchie anzuzweifeln. Die umfassende Reformbewegung, die sich auf dem Kontinent entwickelte, war ihm dabei ein Ansporn. Zugleich traten verschiedene Sachverhalte in sein Bewußtsein: die allzu häufige Identifizierung des katholischen Glaubens mit seiner mittelalterlichen Ausdrucksform, der je eigene Charakter jeder menschlichen Annäherung an die Wahrheit, auch an die religiöse Wahrheit, und schließlich der Gegensatz zwischen der statischen Konzeption des Dogmas seitens der Scholastiker und der Bedeutung der Entwicklung der christlichen Lehre im Rahmen der Geschichte, die ihm sein neuer Lesestoff enthüllte. Von nun an vertrat er die Ansicht, die klassischen Begriffe des „Depositum fidei", der Inspiration der Bibel und der Offenbarung müßten völlig neu durchdacht werden, wobei der Ton auf das mystische Element der Religion zu legen sei. Mit zeitweilig größerer oder geringerer Zurückhaltung bemühte er sich nun, nachzuweisen, daß sich Christus nicht als ein Lehrer der Rechtgläubigkeit aufgetreten sei und daß die katholischen Theologen völlig zu Unrecht den Glauben als eine Zustimmung des Geistes zu den historischen und metaphysischen Versicherungen einer angeblich offenbarten und wunderbarerweise vor dem Irrtum bewahrten Theologie betrachteten; das Dogma sei lediglich ein Versuch des Menschen, die göttliche Kraft, die er in sich verspürt, in intellektuellen Formeln auszudrücken. Diese Gedanken führte er zunächst in einer unter dem Pseudonym E. Engels veröffentlichten Broschüre mit dem Titel: „Religion as a Factor of Life" (1902) aus, die er einem Vertrauten als „etwas, was meinem Glauben unter den Trüm-

[14] Er veröffentlichte in „The Month" in 7 Jahren 39 Artikel. Eine Reihe von ihnen ist in einem Band mit dem Titel „The Faith of the Millions" (2 Bde, 1901) zusammengefaßt. Schon der Titel weist auf Tyrrells Anliegen hin, sich nicht auf die Probleme einer intellektuellen Elite zu beschränken, wie dies bei vielen Modernisten der Fall war, sondern das Problem des Glaubens, so wie es sich für die Masse des christlichen Volkes stellt, neu zu durchdenken.

mern meiner Rechtgläubigkeit seine Kraft bewahrt"[15], widmete. Im Jahr darauf veröffentlichte er unter einem anderen Pseudonym (Hilaire Bourdon) ein umfangreicheres Buch, das radikalste aller seiner Werke, „The Church and the Future". In ihm nahm er Stellung gegen das in der Römischen Kurie konzentrierte System despotischer Autorität und gegen die Konzeption der Kirche als ein offizielles Wahrheitsinstitut; die Kirche sei nur als eine „Schule der göttlichen Liebe hienieden" anzusehen, und ihre Aufgabe sei es, lediglich die Inspirationen, die das göttliche Leben in den Herzen seiner Glieder bewirkt, in stets provisorische Formeln zu übersetzen. Diese Publikationen fanden in den modernistischen Kreisen Frankreichs und Italiens ein breites Echo. Tyrrell wurde zunächst nicht behelligt. Als dann eines Tages durch eine Presseindiskretion bekannt geworden war, daß er auch der Verfasser einer anonymen Broschüre war, in der er ähnliche Gedanken entwickelt hatte[16], wurde er Anfang 1906 aus der Gesellschaft Jesu ausgestoßen. Die beiden Werke „Lex credendi" (1906) und „Through Scylla and Charybdis" (1907), die er im Verlauf der nächsten Monate veröffentlichte und in denen er versuchte, einen Mittelweg zwischen dem übertriebenen Dogmatismus der Theologen und dem allzumenschlichen Pragmatismus gewisser Philosophen zu bahnen, hatten keinen besonders subversiven Inhalt, ja das erstere wurde in „The Month" sogar lobend rezensiert. Seine heftigen, in der großen Presse veröffentlichten Proteste gegen die Enzyklika „Pascendi" und gegen ihre in seinen Augen inquisitorische Geisteshaltung führten jedoch unmittelbar zu seiner Exkommunikation. Einige Monate später nannte ihn Kardinal Mercier den typischsten Repräsentanten des von der Enzyklika gebrandmarkten und verurteilten philosophischen und theologischen Modernismus. Tyrrell antwortete ihm in einem Bändchen mit dem Titel: „Medievalism" (1908), in dem er außer dem päpstlichen Absolutismus auch den traditionellen Katholizismus scharf kritisierte[17]. Gleichzeitig verstärkte er seine Kontakte mit den Modernisten des Kontinents, vor allem Italiens, wo er zahlreiche Bewunderer hatte, um zu versuchen, „einen starken Kern von Exkommunizierten zu organisieren, die einen lebendigen Protest gegen das Papsttum bilden sollten"[18]. Aber die Unterwerfung der großen Mehrheit und die Hinwendung der meisten anderen zu einem sozialisierenden Humanitaris-

[15] Lettres de G. Tyrrell à H. Bremond 129.

[16] A letter to a University Professor (1904), nicht im Handel, von Tyrrell 1906 neu gedruckt unter dem Titel: A much-abused letter, mit einer Einleitung und Anmerkungen.

[17] Über die Regungen, unter deren Einwirkung er in einigen Wochen dieses Werk schrieb, das einen sensationellen Erfolg zu verzeichnen hatte (4 Auflagen und eine Übersetzung ins Französische) vgl. *G. Daly:* The Month 228 (1969) 15–22. Das weniger aggressive Werk, das er kurz vor seinem Tod vollendet hatte („Christianity at the cross-road" [dt. Übers. München – Basel 1959]), scheint, was auch Rivière darüber sagen mag, zu bestätigen, daß er dem Katholizismus (vor allem in der Sicht von Vaticanum II) näher geblieben war, als man häufig erklärt (s. z. B. *M. Nédoncelle* a. a. O. 22–23). Über das Buch und seine modernistische Tendenz siehe in entgegengesetzter Richtung *A. Kolping:* ThRv 59 (1963) 1–8.

[18] Brief an Buonaiuti vom 23. 4. 1908, zitiert in *ders.*, Le modernisme catholique 144.

mus oder zu einem immanentistischen Rationalismus wurde für ihn zu einer bitteren Enttäuschung. Übrigens nahm ihm die fortschreitende Krankheit bald die Möglichkeit, noch länger eine aktive Rolle zu spielen. Am 15. Juli 1909 bereitete der Tod[19] der tragischen Laufbahn des Mannes, der einige Jahre lang eine der schönsten Hoffnungen des britischen Katholizismus gewesen war, ein vorzeitiges Ende.

Trotz seiner geringen Aufgeschlossenheit geistigen Problemen gegenüber vermied es Kardinal Bourne, der seit 1903 den Bischofsstuhl von Westminster innehatte, die modernistische Gefahr zu dramatisieren. Lange lehnte er es ab, Partei gegen Tyrrell zu ergreifen. Vielmehr unterstützte er die aufgeschlossenere Richtung, die W. Ward der „Dublin Review" zu geben versuchte, beschützte verschiedene katholische Denker, die von Leuten, die überall Ketzer witterten, als verdächtig denunziert worden waren, und trug besonders dazu bei, eine Verurteilung v. Hügels zu verhindern. Tatsächlich berührte der Modernismus in England, wie schon zu Beginn dieses Kapitels festgestellt wurde, nur einen winzigen Bruchteil der katholischen Öffentlichkeit. Das beweist u. a. das Fehlen jeder nicht nur modernistischen, sondern auch nur ein wenig den modernistischen Anliegen aufgeschlossenen Zeitschrift. Man darf jedoch nicht glauben, der britische Modernismus sei mit Tyrrell gestorben. Nicht nur Miss M. Petre[20], die Tyrrell in seinen letzten Lebensjahren aufopferungsvoll betreute, weigerte sich, den Antimodernisteneid zu leisten, den ihr Bischof von ihr verlangte, und verharrte, obwohl sie in ihrer Diözese vom Sakramentenempfang ausgeschlossen worden war, in ihrer ablehnenden Haltung. Wie bedeutend die Zahl der Bundesgenossen war, beweist die Tatsache, daß A. Vidler den englischen „Lesser Lights and Fellow Travellers" ein ganzes Kapitel seines Buches über die Modernisten widmen konnte[21]. Er lenkte die Aufmerksamkeit auch auf den im allgemeinen weniger bekannten Fall des berühmten Gelehrten E. Bishop[22], der stets wie v. Hügel ein treuer und gläubiger Katholik blieb, aber 1908 an diesen schrieb: „Ich bin ein Modernist schon aus der Zeit vor dem Modernismus", was übrigens erneut bestätigt, wie unscharf der Begriff Modernismus historisch definiert ist.

[19] Seine Bestattung führte zu einem Zwischenfall, der in der Geschichte der antimodernistischen Reaktion berühmt geblieben ist. Nachdem sein Freund, der Abbé Bremond, am Grab ein liturgisches Gebet verrichtet hatte, wurde er sofort mit der Suspension a divinis bestraft, die erst nach langen Verhandlungen wieder aufgehoben wurde. Siehe: *M. Petre,* Autobiography and Life II 420–446; *M. de la Bedoyère* a. a. O. 231–233: Lettres de G. Tyrrell à H. Bremond 302–315; Correspondance Blondel-Valensin II 73–92; *A. Loisy,* G. Tyrrell et H. Bremond (Paris 1936) 1–46.

[20] Über Maud Petre (1861–1942) s. *J. A. Walker:* The Hibbert Journal 41 (1943) 340–346 und Lettres de G. Tyrrell à H. Bremond (Reg.).

[21] A Variety ... 153–190.

[22] Über Edmund Bishop (1846–1917) siehe *N. Abercrombie,* The Life and Work of E. Bishop (London 1959) und *A. Vidler,* A Variety ... 134–152.

32. Kapitel

Die Krise in Italien

QUELLEN: *E. Buonaiuti,* Pellegrino di Roma (Rom 1945); *S. Minocchi,* Memorie di un modernista (Handschrift in der Biblioteca Nazionale von Florenz; Ausgabe vorbereitet durch *A. Agnoletto;* Auszüge in RicRel 19 [1948] 148–167 und Itinerari Nr. 47–48 [1961] 29–52); *G. Semeria,* I miei tempi (Mailand 1929); *F. Lanzoni,* Le Memorie, hrsg. von *G. Cattani* (Faenza 1958); Centro Studi per la storia del modernismo. Fonti e documenti I (Urbino 1972; Briefe bes. von Buonaiuti); *A. Fogazzaro,* Lettere scelte, hrsg. von *T. Gallarati Scotti* (Mailand 1940); *O. Morra,* Fogazzaro nel suo piccolo mondo, dai carteggi familiari (Bologna 1960); *A. Fogazzaro – G. Bonomelli,* Corrispondenza, hrsg. von *C. Marcora* (Mailand 1968); *R. Comandini,* Echi della crisi modernista in un carteggio inedito di G. Meloni con A. Fogazzaro: Studia Patavina 16 (1969) 60–96; *P. Scoppola,* Gli anni del modernismo nelle carte inedite di F. Salimei: Humanitas 22 (1967) 705–738. Bezüglich der Reaktion gegen den Modernismus konsultiere man die CivCatt ab 1901.

LITERATUR: Außer den allgemeinen Werken von *Rivière, Vidler, Ranchetti* usw. siehe vor allem: *P. Scoppola,* Crisi modernista e rinnovamento cattolico (Bologna ²1969; grundlegend; dazu RStRis 49 [1962] 491–498 und Revue belge de philologie et d'histoire 41 [1963] 1159–1162); *L. Bedeschi,* I cattolici disubbidienti (Neapel – Rom 1959); *ders.,* Il Modernismo e Romolo Murri in Emilia e Romagna (Parma 1967; unveröffentlichte Briefe 277–354); *ders.,* Lineamenti dell'antimodernismo, il caso Lanzoni (ebd. 1970); *M. Guasco,* R. Murri e il modernismo (Rom 1968; Lit.); *C. Giovannini,* Politica e religione nel pensiero della Lega Democratica Nazionale (Rom 1959); *F. Manzotti,* „Plebei" cattolici fra integralismo e modernismo sociale (1904/08): Convivium 26 (1958) 423–445. Siehe auch *M. C. Casella,* Religious Liberalism in Modern Italy, 2 Bde (London 1966) und die anderen Werke von *L. Bedeschi* (unten Kap. 33 S. 475).

Zur Gruppe des „Rinnovamento": *P. Scoppola* a.a.O. Kap. 4; *M. Ranchetti* a.a.O. 117–129 191–226; *F. Fonzi,* St. Jacini jr e il „Rinnovamento": RStRis 56 (1969) 183–254; *O. Confessore,* Sulle origini del „Rinnovamento": Rivista di storia e letteratura religiosa 4 (1968) 328–337; *N. Raponi,* T. Gallarati Scotti tra politica e cultura (Mailand 1971).

Zu Genocchi, Fracassini, Minocchi, Buonaiuti, Semeria und Fogazzaro siehe unten Anm. 1–4 6 14.

Noch dringender als in Frankreich erwies sich in Italien zu Beginn des 20. Jh. die Erneuerung in der Welt der katholischen Intellektuellen. Eine solche Erneuerung war in zweifacher Hinsicht geboten. Die kulturelle Erstarrung, hervorgerufen durch die ängstliche, negative Haltung der „Intransigenti" gegenüber der liberalen Revolution, hatte eine Leere hinterlassen, andererseits war ein Drang nach größerer geistiger Freiheit spürbar, der sich seit zwei Generationen nach und nach in den für die neue Sache gewonnenen Kreisen entwickelt hatte. Die ersten Anzeichen eines Erwachens wurden im Verlauf der allerletzten Jahre des Pontifikats Leos XIII. sichtbar. Dieses Erwachen wurde von verschiedenen fremden Einflüssen beschleunigt: von exegetischen Publikationen in Frankreich und durch die Werke Tyrells, dessen Ausstrahlung in Italien viel stärker war als die Loisys; von dem persönlichen Wirken von Msgr. Duchesne, der sich seit 1895 in Rom niedergelassen hatte, und vor allem von Baron v. Hügel, der oft in Italien sich aufhielt. Gar zu lange hat man die Originalität dieser Erneuerungsbewegung, die J. Rivière verächtlich ein „Nebenprodukt" nannte, bagatellisiert. Die jüngsten Forschungsergebnisse und die Quellenveröffentlichungen, die seit einem runden Jahrzehnt auf ein Vielfaches angestiegen sind, brachten Licht in die eigenartigen Wesenszüge des italienischen Modernismus. Erstens: dieser Modernismus hatte seine Wurzeln in einer langen, an das Risorgimento anknüpfenden Überlieferung, die für die politische Befreiung und eine religiöse Reform eintrat. Aus dieser Überlieferung gewinnen zwei Dinge besondere Bedeutung: das Verlangen nach der Befreiung von einer kirchlichen Vormundschaft, die in Italien noch drückender als anderswo empfunden wurde, und das Anliegen, die Kirche als eine Gemeinschaft von Gläubigen darzustellen, statt der klassischen, auf die Hierarchie ausgerichteten Konzeption. Zweitens: die französischen Modernisten befaßten sich vor allem damit, den Rückstand der kirchlichen Wissenschaften aufzuholen, indem sie den Versuch unternahmen, eine Antwort auf die neuen Probleme zu finden, die im Zusammenhang mit der Weiterentwicklung der Religionswissenschaft aufgeworfen wurden; den italienischen Modernismus charakterisiert dagegen ein sehr weitgehendes Bemühen, die neuen Erkenntnisse in weitesten Kreisen, in der Masse, zu verbreiten, was teilweise erklärt, daß hier die Kontakte zwischen den Modernisten und den christlichen Demokraten enger waren als in Frankreich. Ein weiterer Unterschied ist der: während die französischen Modernisten den Hauptwert auf die der modernen wissenschaftlichen Kultur als Richtschnur dienende Vernunftgemäßheit legten, waren viele italienische Modernisten eher für das Mysterium der charismatischen Kirche aufgeschlossen und von dem sehnsüchtigen Verlangen nach einer Rückkehr zum Urchristentum beseelt.

In der italienischen Reformbewegung, die sich in den ersten Jahren des 20. Jh. entwickelte, kann man, grob gesehen, drei Strömungen unterscheiden: 1. Junge Priester und Ordensangehörige, in besonders großer Zahl in Mittelitalien, versuchen, gegen den Rückstand der kirchlichen Wissenschaften zu Felde zu ziehen; 2. in den Reihen der intransigenten „Opera dei congressi" geschulte Eiferer entdecken die praktische Unzulänglichkeit dieser Bewegung und ihre ideologischen Grenzen und versuchen, sie dadurch zu überwinden, daß sie die kulturellen Grundlagen einer echten christlichen Demokratie erarbeiten; 3. im Gegensatz dazu schließen sich einige junge Laien, die sich vor allem in der Lombardei finden, der liberalen und nationalen Strömung an und versuchen, eine Brücke zwischen dem Katholizismus und den Bestrebungen der modernen Welt zu schlagen.

In der ersten Gruppe wird die Bibelforschung vor allem durch drei Persönlichkeiten repräsentiert: P. Genocchi[1] und Msgr. Fracassini[2], zwei prächtige

[1] Über Giovanni Genocchi (1860–1926) aus Ravenna, Superior der römischen Prokuratur der Missionare vom Heiligsten Herzen Jesu, den Pius X., trotz seiner progressistischen Stellungnahmen auf dem Gebiet der Exegetik, sehr schätzte, siehe *V. Ceresi*, Padre Genocchi (Vatikanstadt 1934).

[2] Über Umberto Fracassini (1862–1950), Superior des Seminars von Perugia, von dem er

katholische Wissenschaftler, deren große geistige Aufgeschlossenheit sich mit strenger Kirchentreue paarte, und S. Minocchi[3], ein junger, kühner Priester, der jedoch keinesfalls über eine Reform innerhalb des Rahmens des katholischen Systems hinausgehen wollte und von dem ein Zeitgenosse sagte: „In diesem Manne steckt etwas von einem Danton, gemildert durch kirchliche Klugheit und italienische Geschmeidigkeit." Minocchi hatte 1901 in Florenz eine Zeitschrift mit dem Titel „Studi religiosi" gegründet, deren Untertitel das Programm bereits ausgezeichnet präzisierte: „Rivista critica e storica promotrice della cultura religiosa". Diese Zeitschrift gab allen kirchlichen Wissenschaften einschließlich der Religionsphilosophie Raum, doch blieb der Hauptanteil dem Bibelstudium vorbehalten. Zweifellos übersetzte die Zeitschrift häufig lediglich in beredter Weise die Gedanken Loisys, Lagranges, v. Harnacks, Houtins oder auch Tyrrells, Blondels, Laberthonnières und Le Roys und spann sie teilweise aus. Minocchi beherrschte jedoch die Kunst, einerseits der Empfindlichkeit der Hüter der Rechtgläubigkeit schonungsvoll Rechnung zu tragen, andererseits aber bei der Besprechung neuer Bücher den Leser zum Nachdenken über die mangelhafte Solidität zahlreicher traditioneller Positionen zu bewegen. So wurde seine Zeitschrift, trotz der Kritiken der „Civiltà cattolica", sehr rasch zum Sammelpunkt der aufgeklärten und fortschrittlichen jungen Priester.

Einer von ihnen, E. Buonaiuti[4], ein glänzender Kopf, mit einem umfassenden Wissen begabt, der dazu über eine außergewöhnliche Assimilationsgabe verfügte und später zur hervorragendsten Gestalt des italienischen Modernismus wurde[5], brachte 1905, unmittelbar in Rom, eine gleichartige Zeitschrift heraus,

1907 unter dem Verdacht gefährlicher doktrinärer Einstellung abberufen wurde, nachdem er 1903 zum Konsultor der Bibelkommission ernannt worden war, siehe DHGE XVII 1367–69 und *C. Pizzoni,* Vangelo, Chiesa, Civiltà nel pensiero di Mons. U. Fracassini (Perugia 1963).

[3] Über Salvatore Minocchi (1869–1943), Professor für hebräische Sprache und Literatur an den Universitäten von Florenz (1901–09) und Pisa, der die Kirche 1908 verließ, siehe *A. Agnoletto,* S. Minocchi. Vita e opera (Brescia 1964).

[4] Über Ernesto Buonaiuti (1881–1946), Professor für Kirchengeschichte am römischen Priesterseminar, von dem er 1906 abberufen wurde, Führer des Widerstands gegen den Antimodernismus, obwohl es ihm auf Grund seiner diplomatischen Geschmeidigkeit gelang, bis 1926 in der Kirche zu verbleiben (trotz zwei Exkommunikationen im Jahre 1921 und im Jahre 1924), Titular des Lehrstuhls für Geschichte des Christentums an der Universität Rom von 1915 bis 1926, siehe außer seiner Autobiographie, „Pellegrino di Roma" (1945), die beiden Studien von *V. Vinay,* E. Buonaiuti e l'Italia religiosa del suo tempo (Rom 1956; sympathisch; Lit.) und von *D. Grasso,* Il cristianesimo di E. Buonaiuti (Brescia 1953; feindlich), die zu nuancieren sind durch *P. Scoppola* a. a. O. Siehe auch: *M. Ravà,* Bibliografia degli scritti di E. Buonaiuti (Florenz 1951); *E. Buonaiuti,* Die exkommunizierte Kirche, hrsg. und eingeleitet von *E. Benz* (Zürich 1966), bes. über das Verhältnis zum „Eranos"-Kreis, 43–52; *F. Parente,* E. Buonaiuti (Rom 1971; Lit.); *F. Margiotta – Broglio,* E. Buonaiuti: Storia contemporanea 2 (1971) 803–823.

[5] Die markanteste, aber nicht die typischste Gestalt des Modernismus nach P. Scoppola, der (a. a. O. Kap. 6) nachdrücklich auf die Tatsache hinweist, daß Buonaiuti auf Grund seiner Entwicklung zum Radikalismus rasch in der modernistischen Bewegung isoliert war. Ihre

die „Rivista storico-critica della scienze teologiche“. Diese wollte allem Anschein nach eine „via media“, einen Mittelweg, zwischen dem Progressismus der „Studi religiosi“ und dem Konservatismus der „Civiltà cattolica“ einschlagen, wobei aber der wissenschaftlichen Gelehrsamkeit größerer Raum gegeben werden sollte. Der junge, außerordentlich dynamische Herausgeber strebte jedoch in Wirklichkeit nach der Übernahme der Führung der ganzen italienischen Reformbewegung. Der Hauptakzent wurde hier nicht so sehr auf die Bibelfrage, sondern vor allem auf die Geschichte der Dogmen und der Kirche gelegt.

Von den bedeutsamsten Mitarbeitern Minocchis und Buonaiutis muß noch ein außerordentlich begabter Ordensangehöriger erwähnt werden: P. Semeria[6], in dem Kardinal Siri heute „das beste Werkzeug zur Erhaltung des Glaubens im Bürgertum von Genua“ sieht, obwohl er seinerzeit als einer der „leader“ des italienischen Modernismus gebrandmarkt wurde[7]. Sehr verbunden mit dem Baron v. Hügel und verschiedenen Persönlichkeiten der wissenschaftlichen Welt im Ausland, spielte er sowohl auf dem Gebiet der Frühgeschichte des Christentums wie auch in der Religionsphilosophie eine bedeutsame Mittlerrolle, da es ihm wie sonst kaum jemandem gelang, sich die Ergebnisse der zeitgenössischen Forschung anzueignen und sie dem breiten Publikum in einer Folge von glänzenden Vorträgen, die unmittelbar anschließend in Buchform erschienen, zu übermitteln.

Bei allen diesen Trägern der intellektuellen Erneuerung des italienischen Katholizismus stoßen wir – ungeachtet des unterschiedlichen Standpunktes und Bildungsniveaus – überraschend auf ein gemeinsames und großes apostolisches Anliegen, das sie von den ähnlich geistig orientierten Franzosen unterschied, weil diese eher als Stubengelehrte wirkten. Den italienischen „Modernisten“ lag weniger daran, sich mit der protestantischen oder rationalistischen Wissenschaft zu messen als vor allem die religiöse Bildung der Durchschnittskatholiken

Hauptanhänger waren ja Reformisten mit einer mitunter allerdings sehr unabhängigen Geisteshaltung, für die jedoch ein Verzicht auf die Zustimmung zum katholischen Dogma überhaupt nicht in Frage kam.

[6] Über Giovanni Semeria (1867–1931), Barnabit, talentierter Apologet, berühmter Prediger und Redner, der 1912 in Belgien von Kardinal Mercier aufgenommen wurde, als ihn die antimodernistische Reaktion zum Verlassen Italiens zwang, und der den letzten Abschnitt seines Lebens den Kriegswaisen widmete, siehe, außer seinen Erinnerungen (oben): *E. Vercesi,* Padre Semeria servo degli orfani (Amatrice 1932); *F. Sala,* Padre Semeria, barnabita (Turin 1941); *A. Schenardi,* Un orateur sacré au XXe siècle, le P. Semeria (unveröffentlichte Diss. Paris 1957); *V. Lupo,* L'itinerario spirituale di P. Semeria: Humanitas 23 (1968) 610–634 702–732; *E. Passerin d'Entrèves:* Storia contemporanea 2 (1971) 825–842; die ausführliche Einführung von A. Gambaro zu seinen *Saggi clandestini,* hrsg. von *C. Argenta* (Alba 1967) und die Bio-Bibliographie von *V. Colciago* ebd. II 371–500.

[7] Eines Tages warf ihm Pius X. vor, er habe seine hervorragenden Gaben dazu mißbraucht, „Bücher zu schreiben, die der Lehre der Kirche nicht entsprechen“. Als er erwiderte, er tue dies, um die Religion zugänglicher zu machen, replizierte der Papst: „Sie erweitern die Pforten, um die hereinzuholen, die draußen sind, und Sie treiben die hinaus, die drinnen sind“ (Positio super virtutibus [Vatikanstadt 1949] 256).

zu vertiefen, weil sie sich dabei wohl bewußt waren, daß der Mangel an religiöser Bildung die Ursache der Veräußerlichung der italienischen Religiosität war.

Ähnliche Anliegen kultureller Art werden auch bei einer der augenfälligsten Gestalten des italienischen Modernismus sichtbar, bei dem jungen demokratischen Priester Romolo Murri [8]. Er hat sich erst ziemlich spät der modernistischen Bewegung angeschlossen, und seine Zugehörigkeit zu ihr bedeutete nur eine vorübergehende Episode in seiner stürmischen Laufbahn [9], die im Schoße der „Opera dei congressi" begonnen hatte; in ihr fanden sich die antiliberalen Katholiken zusammen, die sich nach einer Gesellschaft theokratischen Gepräges sehnten. Murri war zwar ziemlich unbeteiligt an den Bestrebungen, die Minocchi, Buonaiuti und ihre Freunde beseelten; er war jedoch überzeugt, daß die fehlende intellektuelle Reife die Katholiken Italiens und in allererster Linie die Angehörigen des Klerus außerstand setzte, sich wirksam mit den Problemen zu befassen, die sich dem Christen bei seiner Tätigkeit im öffentlichen Leben stellen. Schon in der von ihm 1898 herausgebrachten Zeitschrift mit dem anspruchsvollen Titel „Cultura sociale" dehnte er die demokratische Bewegung auf alle Horizonte des Denkens aus. Er machte sich auch die übereilten Schlußfolgerungen der Religionskritik zu eigen, um, mit dem Strahlenkranz einer prophetischen Botschaft umgeben, die geistige und religiöse Erneuerung des mit der modernen Welt im Kult der Freiheit versöhnten Katholizismus predigen zu können [10]. In dem berühmten Vortrag, den er am 24. August 1902 in San Marino über das Thema „Freiheit und Christentum" hielt und in dem er das Werk von Tyrrell, Ehrhard und Msgr. Mignot wie auch die Erneuerung der Exegese und der historischen Forschung beschwor, träumte er von einer „großen Befreiung". Durch eine „Rückkehr zum Evangelium" sollte der Katholizismus von allen seinen überholten Elementen befreit werden: befreit „von den wieder aufgewärmten halbheidnischen Bräuchen, von den juridischen, aus dem römischen Recht hergeleiteten Konzeptionen, von den mit der Zeit entarteten und einer Verjüngung unfähigen klösterlichen Institutionen, von den abstrakten Kategorien, die ebenso töten wie der Buchstabe des Gesetzes" [11]. Diese seine Ausrichtung vertiefte sich in dem Maße, wie sich seine soziale und politische Aktion

[8] Über ihn siehe Kap. 5 und 34. Bezüglich seiner Beziehungen zur modernistischen Bewegung siehe die beiden oben S. 467 zitierten Werke von *Guasco* und *Bedeschi*, ferner *P. Scoppola* a.a.O. 133–162 249–260.

[9] Dieser Punkt wurde von *M. Guasco* a.a.O. klar ins Licht gerückt.

[10] Seine hervorragendsten Artikel wurden in Buchform veröffentlicht in „Battaglie d'oggi", 4 Bde (Rom 1901/04). Siehe vor allem Bd II. – Deutscher Auszug München 1908.

[11] Text in Il Domani d'Italia, Nr. 35 (31. 8. 1902) und in *F. Magri*, L'azione cattolica in Italia I (Mailand 1953) 184–190. Festzuhalten ist, daß Murri während seiner ganzen Entwicklung weiter am Thomismus hing, der von allen denen, die sich mehr oder weniger zur modernistischen Bewegung bekannten, so sehr verunglimpft wurde (dies wurde von P. Scoppola [a.a.O., bes. 155–162] ausdrücklich unterstrichen).

weiterentwickelte und allmählich außerhalb jeder Kontrolle der hierarchischen Autorität in eine Atmosphäre totaler intellektueller und disziplinarischer Freiheit geriet. Diese seine Gedanken zogen eine Anzahl Priester in ihren Bann, die mehr oder weniger radikale Reformen in der Kirche forderten, so z.B.: Einschränkung der Zahl der Diözesen, Änderung der Index-Prozedur, Reform der Seminare und der herkömmlichen Apostolatsmethoden, Aufhebung des Zölibats der Priester usw.[12]. Die fortschreitende Entwicklung einer einfachen Reformbewegung zu einem sogenannten „sozialen Modernismus" führte schließlich bei manchen dazu, daß sie zunächst ungeschickt versuchten, die „Autonomie des weltlichen Bereichs", wie man heute sagt, zu verkünden, dann aber die Religion sozusagen als ein inner-menschliches Problem und die Kirche nicht mehr als eine übernatürliche Heils-Institution, sondern als einen Faktor der Zivilisation und des moralischen Fortschritts betrachteten. Dies war beispielsweise der Fall bei der Gruppe des „Socialismo cattolico" von G. Quadrotta und F. Perroni, dem Buonaiuti nach der Veröffentlichung der Enzyklika „Pascendi" seine Unterstützung gewährte[13].

Grundverschieden davon war ihrem Ursprung nach die Gruppe der Reformisten aus der Lombardei, die die Erben des liberalen Katholizismus aus der Periode des Risorgimento waren. In ihren Reihen fand man Männer der Tat, wie die Förderer der „Opera Bonomelli", eines Hilfswerks für ausgewanderte italienische Arbeiter, dessen Träger nicht die gleiche Zurückhaltung an den Tag legten wie der alte Bischof, dessen Schutz sie genossen. Aber die meisten Anhänger dieser Gruppe waren intellektuelle Laien, die sich leidenschaftlich für die religiösen Probleme interessierten, was damals in Italien selten war. Die größte Ausstrahlung für ein breites Publikum hatte Fogazzaro[14], ein glänzender Schriftsteller voller mystischem Idealismus, der eng mit Semeria, Genocchi, v. Hügel verbunden und ein großer Bewunderer Loisys, Blondels und Tyrrells war, aber auch stark von Rosmini beeinflußt wurde, vor allem von den Idealen einer religiösen Reformbewegung, wie sie dieser in den „Cinque piaghe della Chiesa" zum Ausdruck gebracht hatte[15]. Fogazzaros Anliegen war auch, die

[12] Wie beispielsweise D. Battaini, der für die italienisch sprechende Schweiz ein Vorhutblatt: „Cultura moderna" veröffentlichte. Dieser reformistischen Strömung begegnete man auch bei einigen Laien, so z.B. bei dem neapolitanischen Rechtsanwalt G. Avolia, Direktor der Zeitschrift „Battaglie d'oggi", der dann schließlich sogar ein „Laienpriestertum" in der Perspektive eines christlichen Sozialismus predigte (vgl. *É. Poulat*, „Journal d'un prêtre d'après-demain" [Tournai – Paris 1961] 131–137).

[13] Über diese Gruppe, deren Sprachrohr die Zeitschriften „Nova et Vetera" (1908), dann „Cultura contemporanea" (1909/13) waren, siehe *P. Scoppola* a.a.O. 261–326.

[14] Über Antonio Fogazzaro (1842–1911), Dichter und Schriftsteller, 1873 bei der Lektüre Gratrys bekehrt, Senator seit 1896 (trotz des „non expedit") siehe außer dem oben zitierten Werk von O. Morra: *T. Gallarati-Scotti,* La vita di A. Fogazzaro (Mailand 1920 ³1963); *P. Nardi,* A. Fogazzaro (Mailand 1938); *L. M. Personè:* Nuova antologia 481 (1961) 327–344; DHGE XVII 696–700.

[15] Vgl. HKG VI/1 387 Anm. 43.

Evolutionstheorie Darwins mit dem katholischen Dogma in Übereinstimmung zu bringen. Er veröffentlichte 1905 den Roman „Il Santo", dessen Held sich zum Apostel einer auf den Geist der Nächstenliebe gegründeten Reform machte, einer Nächstenliebe, die alle Bereiche des religiösen und sozialen Lebens durchdringen sollte. Man stieß in diesem Roman auf zahlreiche Bemerkungen über die Natur des religiösen Empfindens, über die Rolle des Priesters, über die wahre christliche Gesinnung und den Formalismus des katholischen Kults. Den Höhepunkt des Werkes bildete jedoch ein großer, an den Papst gerichteter Reformdiskurs, in dem die vier bösen Geister, die in die Kirche eingedrungen seien, gebrandmarkt wurden: der Geist der Lüge, der die Augen vor dem Licht der modernen Wissenschaft verschließt und die besten Verteidiger der Wahrheit unter Anklage stellt; der Geist der unumschränkten Macht, der die väterliche Autorität in die Ausübung einer entsetzlichen Diktatur verwandelt; der Geist des Geizes, der ein Hohn auf die evangelische Armut ist; schließlich noch der Geist des starren Festhaltens am Alten, der jeden Fortschritt fürchten läßt und der die jüdischen Rabbis dazu trieb, Jesus abzulehnen und zu verurteilen (dieser Vergleich stammte von Tyrrell). Der Roman wurde ein großer Erfolg und in mehrere Sprachen übersetzt. Es löste jedoch auch heftige Polemiken aus.

Weniger spektakulär, dafür aber tiefgehender, war die Wirkung der Zeitschrift „Il Rinnovamento"; sie wurde Anfang 1907 von einigen jungen Mailändern gegründet, die von Fogazzaro und P. Semeria[16] dazu ermutigt wurden. Einer der Hauptförderer, St. Jacini, stand in enger Verbindung mit den Vorkämpfern des deutschen Reformkatholizismus, und sein besonderes Interesse galt dem liberalen Protestantismus, besonders Eucken und Troeltsch. Die Zeitschrift betonte den Primat des Gewissens vor der von außen einwirkenden Autorität, ohne deren Rechte jedoch zu verneinen[17], ferner die Freiheit der wissenschaftlichen Forschung und die Stellung des Laien im Leben der Kirche. Sie unterstrich, der nachkantischen Philosophie folgend, die Bedeutung der Subjektivität, die vom scholastischen Denken so stark vernachlässigt wurde. Treu der liberalen Tradition predigte sie auch eine neue Konzeption der Beziehungen zwischen Kirche und Staat als Reaktion gegen den „Konfusionismus" der vorhergehenden Jahrhunderte. Die Mitarbeiter der Zeitschrift bemühten sich, auf allen Gebieten die Werte der weltlichen Bildung herauszuarbeiten und sie für das Leben nutzbar zu machen: auf dem Gebiet der Philosophie, der Geschichte, der wissenschaftlichen Methoden und des Rechts. Zugleich versuchten sie, das Interesse für die religiösen Probleme zu wecken, da für die meisten Intellektuellen der damaligen Zeit die religiöse Gleichgültigkeit selbstverständlich war. Diese Kreise waren, auch wenn sie den zeitgenössischen Bestrebungen und

[16] Über die zugleich sympathisierende und reservierte Haltung von Msgr. Bonomelli siehe *F. Fonzi:* RStRis 56 (1969) 188–192 220–222.

[17] Charakteristisch ist dann das Verhalten der Redaktion anläßlich der strengen Mißbilligung seitens des Präfekten der Index-Kommission im Mai 1907. Siehe den Kommentar von *P. Scoppola* a.a.O. 212–220.

den soliden Errungenschaften der religiösen Wissenschaften so aufgeschlossen wie nur möglich gegenüberstanden, doch stets sehr darauf bedacht, treue Söhne der römisch-katholischen Kirche zu bleiben, so daß sie gewissermaßen eine „dritte Partei" bildeten, die tastend ihren Weg zwischen der Verständnislosigkeit der Integristen und den Übertreibungen der Radikalen suchte. Unter letzteren ist vor allem auf die Gruppe junger, idealistischer Philosophen aus Lugano hinzuweisen, die von G. Rensi geleitet wurde, dessen Organ das im November 1906 gegründete „Coenobium" war.

Wie in Frankreich, so fanden auch in Italien die von den Leitern der Erneuerung der kirchlichen Wissenschaften verkündeten Gedanken beim jungen Klerus ein positives Echo. Gegen 1906 kam es in manchen Seminaren Mittelitaliens sogar ziemlich häufig vor, daß bei der Priesterweihe als Geschenke nicht nur Werke von Semeria und Lagrange, sondern auch von Loisy und Tyrrell gewählt wurden[18]. Da die Hierarchie in Italien noch weniger als in Frankreich gerüstet war, sich mit den anstehenden Problemen wirklich fachmännisch auseinanderzusetzen – es gab in Italien keinen einzigen Prälaten, der mit Msgr. Mignot verglichen werden konnte –, war die Bestürzung hier noch größer. Und wie stets in einem solchen Fall, wütete die Reaktion gegen alle, die sich auch nur ein bißchen von den herkömmlichen Wegen entfernten, also sowohl gegen die Gemäßigten wie auch gegen die Radikalen. Selbst ein so wenig verdächtiger Mann wie Msgr. Lanzoni[19] war die Zielscheibe von Verdächtigungen und Denunziationen, bloß weil er die Prinzipien der Geschichtskritik auf das Studium der Hagiographie angewendet wissen wollte. Die Gemäßigten, in ihrer Mehrzahl treue Gefolgsleute der Kirche, beugten sich schweigend; die Fortschrittlicheren versuchten jedoch, den Widerstand zu organisieren, und bemühten sich daher, die Bewegung, die auf eine kulturelle und religiöse Erneuerung hinzielte, zu einer Einheit zusammenzufassen und ihr ein gemeinsames Gepräge zu geben, das ihr, wie bereits dargelegt wurde, weitgehend fehlte. Mit dem Ziel einer solchen Einigung fand im Sommer 1907 auf Betreiben von Murri, Buonaiuti und Fracassini in Molveno in den Alpen ein Treffen statt, an dem auch der Baron v. Hügel teilnahm[20]. Das Ergebnis dieser Zusammenkunft war jedoch ziemlich enttäuschend. Einige Wochen später erschien die Enzyklika „Pascendi"; sie zwang die Gruppe, ihre divergierenden Meinungen und Einstellungen auf eine klare Linie zu bringen, und führte daraufhin zu ihrer Zerstreuung.

[18] *M. Guasco,* Fermenti nei seminari del primo '900 (Bologna 1971) 178–179.

[19] Über Francesco Lanzoni (1863–1929), Rektor des Seminars von Faenza 1890–1917, Verfasser zahlreicher lokalhagiographischer Arbeiten und eines fundamentalen Werkes über Le diocesi d'Italia dalle origini al principio del sec. VII (Rom 1927), siehe den Sammelband Nel centenario della nascita di mons. F. Lanzoni (Faenza 1964) und *L. Bedeschi,* Lineamenti dell'antimodernismo. Il caso Lanzoni (Parma 1970).

[20] Über diese Begegnung, die lange recht geheimnisvoll geblieben ist und in der man manchmal zu Unrecht eine Art von Konzil des europäischen Modernismus sehen wollte, siehe *P. Scoppola* a.a.O. 235–244 und *L. Bedeschi:* Humanitas 24 (1969) 658–677, 25 (1970) 482–491.

33. *Kapitel*

Eingriff der kirchlichen Obrigkeit und die integralistische Reaktion

QUELLEN: Die Hauptdokumente Roms gegen den Modernismus sind zusammengestellt bei *A. Vermeersch,* De modernismo (Brügge 1910).

Zur integralistischen Reaktion siehe vor allem (*F. Antonelli* und *G. Löw*) Disquisitio circa quasdam obiectiones modum agendi servi Dei Pii X respicientes in modernismi debellatione (Vatikanstadt 1950) und *É. Poulat,* Intégrisme et catholicisme intégral (Tournai - Paris 1969; mit einer Einleitung und sehr informativen Anmerkungen; macht entbehrlich *N. Fontaine* [= L. Canet], Saint-Siège, Action française et catholiques intégraux, Paris 1928). Auch: La Correspondance de Rome 1907–1912 (Nachdr. Mailand [1972] 3 Bde), die Wochenzeitschrift von Msgr. Benigni, die zahlreiche Aufschlüsse enthält; die Memoiren und Korrespondenzen, die am Kopf der Kap. 30–32 genannt worden sind; Le P. Lagrange au service de la Bible. Souvenirs personnels (Paris 1967); [P. Naudet], Ce qu'on a fait de l'Église (Paris 1912; über den Verfasser siehe *É. Poulat,* Histoire dogme et critique dans la crise moderniste 662–664); *L. Bedeschi,* Lettere ai cardinali di don Brizio (Bologna 1970); *ders.:* Nuova rivista storica 54 (1070) 125–176, 55 (1971) 90–132, 56 (1972) 389–412; *ders.:* Rivista di storia e letteratura religiosa 6 (1970) 350–367, 7 (1971) 278–298; *C. Marcora:* Studi storici in memoria di Mons. A. Mercati (Mailand 1956) 201–243.

LITERATUR: *J. Rivière,* Le modernisme dans l'Église (Paris 1929) 329–549; *P. Scoppola,* Crisi modernista... (Bologna ²1969) 327–364; *D. Grasso,* I modernisti e la „Pascendi": Divinitas 2 (1958) 150–176.

Zur integralistischen Reaktion außer dem obengenannten grundlegenden Werk von *É. Poulat* s.: DThC Tables 2294–2303; *R. Lill,* Der Kampf der römischen Kurie gegen den „praktischen" Modernismus: Die päpstliche Autorität im kath. Selbstverständnis des 19. und 20. Jh., hrsg. von *E. Weinzierl* (Salzburg 1970) 109–123; *P. Droulers,* Politique sociale et christianisme. Le P. Desbuquois et l'Action populaire. Syndicalisme et intégristes 1903–18 (Paris 1969); *L. Bedeschi,* Lineamenti dell'antimodernismo. Il caso Lanzoni (Parma 1970); *A. Blanchet,* Histoire d'une mise à l'Index, la „Sainte Chantal" de l'abbé Bremond (Paris 1967); *M. Becamel:* BLE 71 (1970) 262–273.

Zu „Le Sillon": *J. Caron,* Le Sillon et la démocratie chrétienne 1894–1910 (Paris 1967). Zu „L'Action française": *E. Weber,* The Action française (Stanford 1962) und der Forschungsbericht von *V. Nguyen:* Revue d'histoire moderne et contemporaine 18 (1971) 503–538.

Die Interventionen Roms

Die feierliche Verurteilung des Modernismus erfolgte erst im Jahre 1907; doch fehlte es schon in den Vorjahren nicht an Warnzeichen, die den bevorstehenden päpstlichen Bannstrahl erwarten ließen. Bereits in den ersten Monaten des Pontifikats, am 16. Dezember 1903, waren Loisys Hauptwerke auf den Index gesetzt worden. Einige Monate später hatten die Enzykliken „Ad diem illum" (2. 2. 1904) und „Iucunda sane accidit" (12. 3. 1904) eindringlich vor den „novarum rerum molitores" gewarnt, die mit Hilfe von großem wissenschaftlichem Aufwand die Geschichte der Anfänge des Christentums wieder in Frage stellen wollten. Im Dezember des gleichen Jahres ermahnte der Papst die Bischöfe zur unnachgiebigen Härte gegenüber den Seminaristen mit zu freizügiger Geisteshaltung, die es an der gebührenden Achtung vor „der von unseren großen Lehrern, den Kirchenvätern und den Kirchenlehrern, Interpreten der geoffenbarten Lehre, abgeleiteten Wissenschaft fehlen lassen"[1]. Ähnliche Warnungen enthielten Anfang des nächsten Jahres auch ein Brief an den Rektor des Institut catholique von Paris[2] und eine Ansprache an die Schüler des Französischen Seminars in Rom[3], die eine ziemlich deutliche Anspielung auf Loisy enthielt. Im Herbst 1904 waren zwei hervorragende Exegeten, P. Genocchi vom Römischen Seminar und P. Gismondi von der Gregoriana, als Professoren von zwei Männern abgelöst worden, die eine Anwendung der kritischen Methoden auf die Texte der Heiligen Schrift grundsätzlich ablehnten. Der eine von ihnen, P. A. Delattre, hatte kurz zuvor P. Lagrange und die „neue Exegese-Schule" schärfstens angegriffen. Im August 1905 wurde P. Fleming als Sekretär der Bibelkommission durch Dom L. Jannsens ersetzt, einen Theologen scholastischer Prägung, der über keine besondere Kompetenz auf dem Gebiet der Exegese verfügte, während ausgesprochen konservative neue Konsultatoren das ursprünglich vorhandene Gleichgewicht zwischen den verschiedenen Richtungen beseitigten. Die Folgen dieser Veränderungen machten sich auch bald recht deutlich bemerkbar: Während die beiden ersten Stellungnahmen der Kommission, nämlich über die in der Bibel enthaltenen eigentlichen Aussagen (13. 2. 1905) und über die biblischen Berichte, die nur scheinbar historisch sein sollten (23. 6. 1905), das Problem mit Mäßigung angingen[4], waren die darauf folgenden Antworten über die mosaische Authentizität des Pentateuch (27. 6. 1906) und über die johanneische Authentizität des 4. Evangeliums viel reaktionärer abgefaßt[5]. Von den beiden Schulen, die, sogar in Rom, mehr oder weniger einander aufhoben, weil die eine Toleranz und Geduld empfahl, um den Weizen nicht mit dem Unkraut auszureißen, die andere dagegen Strenge predigte, wobei sie die radikalsten Stellungnahmen groß herausstellte, konnte die letztere mehr und mehr das Vertrauen des Papstes für sich in Anspruch nehmen, zumal diesen die Unvorsichtigkeiten mancher italienischer Verbreiter der neuen Gedanken schließlich zu der Überzeugung brachten, die Rechtgläubigkeit, für die er die Verantwortung trage, sei ernsthaft bedroht, obwohl er andererseits anerkennen mußte, daß auf dem Gebiet der Exegese eine umsichtige Aufgeschlossenheit durchaus angebracht sei[6].

In Rom war bereits von 1904 ab ein heftiger Kampf gegen Blondel und

[1] Ansprache vom 12. 12. 1904 (ASS 37 [1904/05] 435).
[2] Brief vom 22. 2. 1905 (ASS 37 [1904/05] 555–557).
[3] *A. Houtin,* La question biblique au 20e siècle, 215–216.
[4] ASS 37 (1904/05) 666, 38 (1905/06) 124–125.
[5] ASS 39 (1906/07) 377–378, 40 (1907) 383–384. Die erste dieser Antworten war Anlaß zu einem Büchlein von v. Hügel, The Papal Commission and the Pentateuch, über das der Bollandist Delehaye schrieb: „Hoffen wir, daß es dem Vater der Gläubigen die Augen öffnen wird, der durch die mehr als mittelmäßigen Werkzeuge, die er benutzt, wirklich kompromittiert wird" (1. 12. 1906, zitiert bei *M. de la Bédoyère,* The Life of Baron von Hügel, 187).
[6] Siehe vor allem: Le Père Lagrange au service de la Bible 158–159.

Laberthonnière geführt worden war, unter anderem von dem Schweizer K. Decurtins. Bis Ende 1905 hatten hier jedoch vor allem Loisy und die progressistischen Exegeten die Aufmerksamkeit des Heiligen Stuhles auf sich gezogen. Aber die Welle der Reformbewegung, die in Italien immer weitere Kreise zog, vergrößerte den Katalog der dringenden Anliegen und lenkte die Aufmerksamkeit auch auf andere Probleme, die allmählich immer offener erörtert wurden. Im Dezember 1905 veröffentlichten die Bischöfe der Provinzen Turin und Vercelli einen gemeinsamen Hirtenbrief, in dem zum erstenmal in einem kirchlichen Dokument das Wort „Modernismus“ auftauchte, und die darin enthaltenen Warnungen wurden dann auch von vielen anderen Bischöfen übernommen[7]. Das nächste Jahr brachte weitere Maßnahmen: Während die Index-Kommission am 4. April den Roman „Il santo“ von Fogazzaro und die – schon mehrere Jahre alten – Bücher von Laberthonnière verdammte, wurde unter Führung von Msgr. De Lai und Kardinal Gennari eine systematische Kontrolle der italienischen Seminare durchgeführt. Verschiedene Professoren wurden von ihren Lehrstühlen abberufen, ohne daß ihnen auch nur Gelegenheit zu ihrer Verteidigung geboten worden wäre. So entwickelte sich in Rom eine schwüle Atmosphäre von Verdächtigungen. Allenthalben spürte man das Herannahen des Gewitters[8].

Dieses Gewitter kam dann im Verlauf des Jahres 1907 zum Ausbruch. Immer feierlichere Acta folgten einander im Verlauf von einigen Monaten. Am 17. April wandte sich Pius X. im Rahmen einer Konsistorialansprache[9], die großes Aufsehen erregte, energisch gegen den „neo-reformismum religiosum“, der sich mit wachsender Kühnheit ausbreite. Ende des gleichen Monats richtete der Präfekt der Indexkommission eine ernste Warnung an die Mailänder Gruppe des „Rinnovamento“[10]. Am 14. Juni sandte Pius X. an den Wiener Professor Commer ein Breve[11], in dem er ihn dazu beglückwünschte, erneut die Irrtümer von H. Schell, der als einer der Hauptvertreter des Reformkatholizismus galt, zerhackt zu haben. Am 17. Juli wurde das Dekret des Heiligen Offiziums „Lamentabili sane exitu“ veröffentlicht[12], über dem seit mehreren Jahren gebrütet worden war und das als Hauptquelle eine Liste von Behauptungen enthielt, die zwei Pariser Theologen aus den „kleinen Büchern“ Loisys ausgezogen hatten[13]. Das Dekret verurteilte 65 Thesen, die die Autorität des kirchlichen Lehramtes, die Inspiration und die geschichtlichen Werte der Bücher der Heiligen Schrift,

[7] Analyse dieser Hirtenbriefe und viele Zitate aus ihnen in der Broschüre Un allarme dell'episcopato italiano contro il reformismo religioso (Genua 1906).

[8] Über die Atmosphäre in Rom im Verlauf des Jahres 1906 siehe unter anderem Correspondance Blondel-Valensin I 262–263 und *M. de la Bédoyère* a.a.O. 181–182.

[9] ASS 40 (1907) 266–269.

[10] Text in Rinnovamento 1 (1907) 610. Vgl. *P. Scoppola,* Crisi modernista 212–216.

[11] ASS 40 (1907) 392–394. – Vgl. S. 445.

[12] ASS 40 (1907) 470–478. Vgl. *F. Heiner,* Der neue Syllabus Pius' X. (Mainz 1907). Über den theologischen Wert des Dokuments vgl. *J. Rivière* a.a.O. 341–346.

[13] Vgl. *P. Dudon:* BLE 32 (1931) 73–96 und *R. Aubert:* EThL 37 (1961) 557–578.

die Begriffe Offenbarung, Dogma und Glaube, gewisse Aspekte des christologischen Dogmas, das durch die jüngsten Diskussionen in Frage gestellt wurde, den Ursprung der Sakramente, die Konstitution der Kirche und die Natur der christlichen Wahrheit im allgemeinen betrafen[14]. Und schließlich wurde dann am 8. September die Enzyklika „Pascendi" veröffentlicht[15]. Da sie weniger die Gedanken der einzelnen Urheber des Modernismus völlig exakt darlegen, sondern vielmehr die Spiegelung dieses Gedankengutes im Bewußtsein der Gemeinschaft schildern wollte, begann sie mit einer etwas erkünstelten Synthese des Modernismus, wobei sie die verschiedenen gebrandmarkten Irrtümer auf den Agnostizismus zurückführte, der den Wert der rationalen Beweisführungen auf religiösem Gebiet bestreitet, und auf die Immanenzphilosophie, die den Ursprung der religiösen Wahrheit in den Bedürfnissen des Lebens sieht. Diese Philosophie beherrscht und bestimmt eine eigene Theologie: der Glaube ist die Wahrnehmung Gottes, der im menschlichen Bewußtsein wirkt. Dieser Glaube führt zur Entstehung des Dogmas, das sich auf dem Wege der Lebensentwicklung dank der Verstandesarbeit auf der Grundlage dieser Erfahrungstatsache formt. Genauso hat das Bedürfnis, „der Religion einen sinnlich wahrnehmbaren Corpus zu geben", die Sakramente geschaffen; die Bücher der Heiligen Schrift enthalten die Sammlung der von den Gläubigen Israels und von den ersten Jüngern Christi gemachten Erfahrungen; die Kirche ist eine Frucht des Kollektivbewußtseins, und die einzige Aufgabe der Autorität besteht hier darin, die Empfindungen der Individuen zum Ausdruck zu bringen. Die Enzyklika brandmarkte dann die modernistische Konzeption der Bibelkritik und die rein subjektiven Methoden der Apologetik sowie die Forderungen des Reform-Modernismus. Sie schloß in ihrem dritten, disziplinarischen Teil mit der Aufzählung einer ganzen Reihe praktischer Maßnahmen („Heilmittel") zur Eindämmung der weiteren Ausbreitung des Übels, vor allem in den Seminaren (erneute Verpflichtung zum Studium der scholastischen Philosophie und Theologie, Überwachung des Schrifttums, Consilia vigilantiae in jedem Bistum).

Mit Begeisterung wurde die Enzyklika in den konservativen Kreisen aufge-

[14] Rund 50 Thesen stammten aus den Werken Loisys (über die Exaktheit, mit der sie seine Ansichten wiedergeben, siehe *É. Poulat,* Histoire, dogme et critique 109–112); drei Thesen waren aus Houtin entnommen, eine aus Le Roy und eine aus dem Newmananhänger Dimnet, dessen Werk über „La pensée catholique dans l'Angleterre contemporaine" einige Tage später auf den Index gesetzt wurde, gleichzeitig wie „Dogme et critique" von Le Roy.

[15] ASS 40 (1907) 593–650. Siehe *A. Michelitsch,* Der biblisch-dogmatische Syllabus Pius' X. samt der Enzyklika gegen den Modernismus (Graz – Wien 1908; im Anhang verschiedene Artikel, die in der dt. und östr. Presse den zwei päpstlichen Dokumenten gewidmet worden waren). Häufig hat man die Redaktion der Enzyklika „Pascendi" P. Billot, Msgr. Sardi und auch anderen zugeschrieben, heute steht jedoch fest, wer die Redakteure wirklich waren: P. J. Lemius OMI für den dogmatischen Teil (nachdem mehrere von anderen Theologen redigierte Entwürfe vom Papst als ungenügend erachtet worden waren) und Kardinal Vives y Tutó für den praktischen Teil (vgl. BLE 47 [1946] 143–161 242–243). Über den theologischen Wert des Dokuments siehe *J. Rivière* a.a.O. 364–367.

nommen, die sie sich schon lange gewünscht hatten und die sie sofort mit einem wahren Freudentaumel begrüßten[16]. Viele Gemäßigte bedauerten zwar mitunter den rein negativen Ton der Enzyklika, waren aber doch froh, daß endlich mit Zweideutigkeiten aufgeräumt worden war, die allmählich gefährlich wurden. Bei denen, die in den Bannkreis der Koryphäen des Modernismus geraten waren, war die Reaktion viel weniger scharf, als manche erwartet hatten, obwohl sie fast einhellig die Enzyklika „nicht als ein Bild, sondern als eine Karikatur des Modernismus" (P. Sabatier) betrachteten. Tyrrell hatte gemeint, voraussagen zu können, die Enzyklika, die keinen Unterschied zwischen dem vernünftigen Progressismus und dem „Rendez-vous aller Häresien" auf der Grundlage des Agnostizismus und des Immanentismus, die sie schematisch rekonstruierte, zu machen schien, würde dazu führen, „den rechten Flügel des Modernismus enger mit dem linken Flügel zu vereinigen". In Wirklichkeit geschah das Gegenteil: Für einige war diese schmerzliche Verurteilung der Prüfstein, der sie die Tatsache bewußt werden ließ, daß sie implicite bereits außerhalb der Kirche standen. Sie brachen nun auch offen mit der Kirche, und zwar mit von Fall zu Fall größerer oder kleinerer Zurückhaltung; und da sie nun die Hoffnung aufgeben mußten, die Kirche von innen heraus reformieren zu können, trieben manche den Radikalismus ihres Standpunkts noch weiter und landeten sehr rasch beim reinsten Rationalismus.

Bei den meisten trug jedoch die loyale Einstellung der katholischen Kirche gegenüber den Sieg davon. So kam es zu einer fast allgemeinen Unterwerfung, die später den Eindruck entstehen lassen konnte, die modernistische Krise sei lediglich eine Angelegenheit einzelner, ziemlich allein dastehender Persönlichkeiten gewesen. Zweifellos war die Masse der Gläubigen von der Welle des Modernismus nicht erfaßt worden. Aber zumindest in Frankreich und, in etwas geringerem Maße, in Italien war der Teil des Klerus, der über die Entwicklung der Religionswissenschaften im Bilde war, und eine Reihe junger katholischer Intellektueller sehr stark zu der neuen Bewegung hingezogen worden. Diese Menschen waren mit der damaligen theologischen Ausbildung unzufrieden und sich der Notwendigkeit einer Anpassung an die Zeitumstände bewußt, weshalb sie sich für die Pioniere, die den Weg gebahnt hatten, begeisterten. Im Unterschied zu manchen von diesen Wegbereitern selbst kam es für sie jedoch niemals in Frage, daß sie die Forschungsarbeit außerhalb der Kirche fortsetzten. É. Poulat vergleicht zum Beispiel die Einstellung Loisys mit der Haltung seines jungen Schülers Abbé L. Vénard, der nie daran dachte, ihm in seiner Weigerung, sich den römischen Verurteilungen zu beugen, zu folgen, und analysiert treffend ihre

[16] Dies war vorauszusehen, und der Kardinal Maffi, einer der wenigen verhältnismäßig aufgeschlossenen italienischen Prälaten, gab sich einer falschen Hoffnung hin, als er erklärte: „Hoffen wir, daß die gute Wirkung der Enzyklika nicht teilweise von den ‚zelanti' verdorben wird, die in ihr einen neuen Vorwand für ihre heftigen Ausfälle und ihre zur Gewohnheit gewordenen Anklagen finden" (*F. Crispolti,* Pio IX ... Ricordi personali [Mailand 1932] 128).

grundverschiedenen Reaktionen: „Während Loisy mit der Sicherheit des Technikers den Plan (der notwendigen Entwicklung) zeichnet und ihre verschiedenen Etappen vorwegnimmt, will Vénard sich an die Autorität der Kirche anklammern. Für sie geht er auf kühne Spähtruppunternehmen, und zwar als Freischärler, der weiß, daß er nicht die ganze Armee ist und daß er ohne die Armee nichts mehr ist. Loisy arbeitet genau nach dem Entwurf, als Fachmann, dem die Unwissenden auf die Nerven gehen, der lediglich darauf achtet, richtig zu kalkulieren und nichts auszulassen; Vénard dagegen gibt zwar seinem Verstand den Vortritt, paßt seinen Schritt jedoch dem schwerfälligen Gang der Kirche an, unterscheidet zwischen berechtigter Kritik und der langsamen Anpassung an ihre Errungenschaften. Loisy konzipiert und analysiert einen historischen Wandlungsprozeß, Vénard beteiligt sich an einem Prozeß organischer Anpassung. Beide haben möglicherweise die gleichen Vorstellungen, sind jedoch mit der Kirche als äußere Institution nicht gleicherweise solidarisch.“ [17]

Das von der Enzyklika künstlich rekonstruierte agnostische und immanentistische System stand übrigens so offensichtlich im Widerspruch zum traditionellen christlichen Glauben, daß es völlig normal war, daß sich viele echte Progressisten offen von ihm lösten und lossagten. Wenn die Unterwerfung unter den Bannstrahl der Enzyklika aber auch in sehr breitem Rahmen erfolgte, so war sie doch recht schmerzlich für viele, die die Hoffnung auf eine bevorstehende Anpassung des Katholizismus an die sich vollziehende geistige Wandlung entschwinden und infolgedessen die Gefahr eines immer tiefergreifenden Bruchs zwischen der Kirche und der intellektuellen Welt des Abendlandes wachsen sahen[18]. Viele teilten die Ansicht des „Erasmus des Modernismus“ (J.-M. Mayeur), d. h. Msgr. Mignots, der erklärt hatte: „Es gibt kein christliches Gewissen, das nicht mit der ganzen Energie seines Glaubens sämtliche von der Enzyklika verurteilte Irrtümer zurückweist“, der aber auch schrieb, daß diese

[17] *É. Poulat,* Histoire, dogme et critique 313–314. Diese Analyse berücksichtigt „die erstaunliche psychologische Plastizität des religiösen Bewußtseins, nicht auf Grund einer Labilität, die auf den Mangel an logischem Wert zurückzuführen ist, sondern auf Grund der zahlreichen Register, über die es verfügt, um sich auszudrücken“. Diese Plastizität wurde durch die jüngsten Fortschritte der Humanwissenschaften klar ins Licht gerückt. So mahnt diese Analyse, das strenge Urteil von T. Gallarati-Scotti zu nuancieren, der die große Zahl der Unterwerfungen der „povertà di coscienze e di caratteri“ zuschrieb (Vita di A. Fogazzaro 493). Dieses Element konnte, besonders in Italien, eine Rolle spielen, es stellt aber nicht die einzige und nicht einmal die hauptsächlichste Erklärung dar.

[18] Der Generalvikar Birot schrieb dies in bilderreicher Sprache an seinen Freund G. Frémont, der das Exposé der Enzyklika „meisterhaft“ fand (*A. Siegfried,* L'abbé Frémont II [Paris 1932] 505): „Sie verurteilt das absurdeste naturalistische System, das je erdacht worden ist, aber ich unterwerfe mich ihr voller Traurigkeit, weil diese doktrinäre Strenge sich auf *die künstlichste* Zweideutigkeit stützt, weil sie Freunde und Feinde in ein und derselben Verdammung zusammenwirft. Der Papst gleicht einem Artillerieoberst, der von der Höhe eines Hügels in der Ebene die Armeen der beiden Parteien im schwersten Handgemenge beschießt und gleichzeitig seine besten Truppen zerschmettert“ (zitiert bei *É. Poulat* a.a.O. 443).

[19] Semaine religieuse d'Albi, 28. 9. 1907, 553–555.

Enzyklika doch das Unrecht begehe, „sich auf das Verurteilen zu beschränken, ohne zu sagen, was man glauben kann, ohne Modernist zu sein"[20]. Oder sie dachten wie der Philosoph V. Delbos, ein prächtiger katholischer Laie: „Die Enzyklika hat eine nur allzu sichtbare Lücke: sie besteht in der Vernachlässigung oder in der Unkenntnis der tiefen Ursachen, die die sogenannte modernistische Bewegung ausgelöst haben."[21]

Auch wenn sich nahezu alle der kirchlichen Autorität unterwarfen, so blieben doch auch einige Widerstandsnester bestehen. Loisy veröffentlichte ein neues Büchlein „Simples réflexions sur le décret Lamentabili et l'encycle Pascendi", dessen Ton zugleich ironisch und aggressiv war. Um die Bedeutung des Büchleins noch zu unterstreichen, veröffentlichte er zugleich zwei dicke Bände über „Die synoptischen Evangelien", die viel radikaler waren als seine früheren Studien. Aber gerade diese Entwicklung ließ viele seiner früheren Bewunderer von ihm abfallen, und seine am 7. März 1908 erfolgte Exkommunikation machte ihn dann vollends zu einem Einzelgänger. Das gleiche Schicksal ereilte Tyrrell, der schon Ende Oktober 1907 nach der Veröffentlichung mehrerer Artikel gegen die Enzyklika in der „Times" und in der italienischen Presse von seinem Bischof vom Sakramentenempfang ausgeschlossen worden war. Minocchi beugte sich zunächst und teilte mit, er werde die Veröffentlichung seiner „Studi religiosi" einstellen. Nachdem er aber von seinen Freunden der Servilität beschuldigt worden war, hielt er kurz darauf eine öffentliche Vorlesung über das irdische Paradies und das Dogma von der Erbsünde, die großes Aufsehen erregte, weil er in ihr den historischen Charakter der ersten Kapitel der Genesis verneinte. Nach der suspensio a divinis lehnte er diesmal eine Unterwerfung ab und zog im Oktober 1908 das geistliche Gewand aus. Von nun an strebte er einem sozialisierenden Humanitarismus zu, der im Christentum nur noch eine kontingente Form der Religion des Absoluten sah. Auch in Deutschland und in Österreich protestierten einige Führerpersönlichkeiten des Reformkatholizismus gegen die Enzyklika: Msgr. Ehrhard, Professor an der Theologischen Fakultät von Straßburg, wandte sich gegen die praktischen Maßnahmen, die den letzten Teil der Enzyklika bildeten, da sie nach seiner Meinung jede wissenschaftliche Arbeit unmöglich machten; die Professoren Schnitzer aus München und Wahrmund aus Innsbruck wandten sich noch weit schärfer gegen die Missetaten des Ultramontanismus und des römischen Absolutismus, doch handelte es sich hierbei um ausgesprochene Manifestationen des Universitäts-Liberalismus und nicht um einen doktrinären Modernismus[22].

[20] Brief an F. v. Hügel, 5. 10. 1907, zitiert bei *É. Poulat* a.a.O. 480, Anm. 89.

[21] Brief an J. Wehrlé, 30. 9. 1907, zitiert in Correspondance Blondel-Wehrlé II 371. Über die Reaktion Blondels siehe ebd. II 381–392 und Correspondance Blondel-Valensin I 357–364 (er fühlt sich persönlich nicht getroffen, aber der Ton der Enzyklika bringt ihn außer Fassung: „Wie kann man so viele Seelen davon abbringen, ... an der Güte der Kirche zu zweifeln?"). Über die Redaktion der Unterwerfungserklärung der „Annales de philosophie chrétienne" unter die Enzyklika s. ebd. 367–370.

[22] Msgr. Ehrhard, der übrigens ausdrücklich erklärt hatte, daß das von der Enzyklika den

Neben diesen offenen Protesten kam es auch zu einer Reihe von anonymen Widersprüchen[23]. Die beiden bemerkenswertesten – übrigens durchweg ziemlich oberflächlichen – Proteste waren in Frankreich die Broschüre „Lendemains d'encyclique", an der Msgr. Lacroix, der sehr liberale Bischof von Tarentaise, mitgewirkt hatte[24], und vor allem in Italien „Il Programma dei modernisti – Riposta all'enciclica di Pio X", eine Schrift, die bereits am 28. Oktober 1907 veröffentlicht und rasch ins Französische, ins Deutsche und ins Englische übersetzt wurde. Msgr. Fracassini hatte an ihr beim biblischen Teil mitgearbeitet, der Hauptautor war jedoch Buonaiuti[25], der es, im Gegensatz zu anderen führenden Modernisten, vorzog, in der Kirche zu bleiben, um zu versuchen, in ihr selber von innen her das Reformwerk fortzusetzen, das er in Angriff genommen hatte. Ungewiß ist übrigens, wo der wahre Buonaiuti wirklich zu Wort kam, im „Programma", dessen Ton relativ gemäßigt war, oder in den viel radikaleren „Lettere di un prete modernista", die er einige Monate später, ebenfalls hinter dem Schleier der Anonymität, veröffentlichte[26].

Diese, trotz der Unruhe der ersten Monate an sich ziemlich unbedeutenden Widerstandsnester spornten die antimodernistische Reaktion an, die lange sporadisch und vereinzelt geblieben war. Da sich die modernistische Bewegung jedoch auf die Kreise der Intellektuellen beschränkte, hielten es nur wenige Bischöfe für zweckmäßig, ihr einen Hirtenbrief zu widmen[27]. Sie organisierten

Modernisten zugeschriebene doktrinäre System mit dem Dogma unvereinbar war, bestätigte in einer Notiz an die Presse erneut seine katholische Loyalität, und der Heilige Stuhl begnügte sich damit, ihm seine Prälatur zu entziehen. Professor Schnitzer, der eine viel schärfere Stellung einnahm, wurde zunächst a divinis suspendiert, dann vom Sakramentenempfang ausgeschlossen. Über den Fall Wahrmund, der zu einer diplomatischen Spannung zwischen Wien und dem Vatikan führte, siehe *Engel-Janosi* II 87–103. Über die seltenen Fälle von Modernismus in Österreich ebd. 143–144. – Vgl. Kap. 2, Kap. 29 und S. 332, Anm. 14.

[23] Über die Bedeutung – die man übrigens übertrieben hat – der Anonyme und Pseudonyme in der modernistischen Literatur siehe *É. Poulat* a.a.O. 621–677, bes. 640–642.

[24] Über die Broschüre, Werk eines Pfarrers der Diözese Autun, gezeichnet „Catholici", s. *J. Rivière* a.a.O. 379–381 und *É. Poulat* a.a.O. 650. Sie wurde auf Veranlassung der Krausgesellschaft ins Deutsche übersetzt unter dem Titel: „Antwort der französischen Katholiken". Über Msgr. Lucien Lacroix (1854–1922), Gründer der „Revue du clergé français", der sich gern „der Bischof der Modernisten" nannte, zu mehreren ihrer anonymen Publikationen beitrug und von seinem Bischofstuhl von Tarentaise nach dem Erscheinen der Enzyklika zurücktrat, siehe *M. Hudry,* Un évêque républicain au moment de la Séparation: Vieux Conflans Nr. 65–66 (1965) 3–37 und *A. Vidler,* A Variety of Catholic Modernists 105–108.

[25] Über das „Programma dei modernisti" siehe *D. Grasso,* Il cristianesimo di E. Buonaiuti (Brescia 1953) 28–35 und *P. Scoppola* a.a.O. 269–273. Fracassinis Seiten waren gegen seinen Willen von Buonaiuti umgearbeitet worden.

[26] Über die „Lettere" s. *V. Vinay,* E. Buonaiuti 43–53 und *P. Scoppola* a.a.O. 273–279.

[27] Außer in Italien, wo der Modernismus auf Grund seiner reformistischen und sozialen Aspekte mehr Gehör fand. Die Episkopate von Preußen und Bayern veröffentlichten im Januar 1908 einen gemeinsamen Brief. In den französischsprachigen Ländern war das beachtetste Dokument der Hirtenbrief des Kardinals Mercier, der die Scholastik gegen die Philosophie Kantscher Inspiration verteidigte, in der er die Wurzel des modernistischen Irrtums sah

dennoch – mit Ausnahme von Deutschland – die von der Enzyklika vorgeschriebenen „Consilia vigilantiae“, um die Verbreitung verdächtiger Publikationen im Klerus zu verhindern. Es wurden einige Versuche zur Entlarvung der modernistischen Autoren gemacht, die sich hinter einem Pseudonym verbargen. Das größte Aufsehen erregte hierbei, daß L. Saltet die mit A. Dupin und G. Herzog gezeichneten Artikel gegen die trinitarischen und marianischen Dogmen dem Abbé Turmel zuschrieb[28]. Andererseits befaßten sich zahlreiche Theologen mit einer Kommentierung der päpstlichen Dokumente, doch bezogen sich ihre Widerlegungen meist auf den abstrakten Modernismus, wie er in der Enzyklika dargestellt worden war. Nur wenige scheinen die wirklichen Probleme erkannt zu haben, die von den Modernisten ungeschickt aufgeworfen worden waren, und selbst wenn ihre Arbeiten über das Niveau der bloßen Gemeinverständlichmachung hinausgehen wollten, erscheint ihre Argumentation häufig doch als sehr einfältig[29]. Zu den rühmlichen Ausnahmen gehören in Frankreich die Artikel der Jesuiten Lebreton und de Grandmaison wie auch die „Lettres sur les études ecclésiastiques“ von Msgr. Mignot, in denen er nachzuweisen suchte, in welchem Maße die Verurteilung des Modernismus der wissenschaftlichen Arbeit neue Berechtigung lieferte; in Deutschland ein Artikel von F. X. Kiefl im „Hochland“ und eine Sammlung von etwas später an der Universität Freiburg gehaltenen und unter dem Titel „Jesus Christus“ herausgegebenen Vorlesungen.

Die systematische Unterdrückung der nach dem Erscheinen von „Pascendi“ noch vorhandenen Restbestände der modernistischen Bewegung war jedoch vor allem das Werk des Heiligen Stuhles selbst, der mehrere Jahre hindurch in einer Atmosphäre der Panik lebte. In immer reaktionärerem Sinn verstärkte sowohl die Index-Kommission[30] wie auch die Bibelkommission[31] ihre Aktivität. Beschlossen wurden ferner neue apostolische Visitationen in den italienischen Seminaren, die unmittelbar der Kurie unterstanden, und ziemlich viele verdächtige Lehrkräfte wurden abgelöst, mitunter lediglich auf Grund von haltlosen Denunziationen[32]. Obwohl sich nach Loisys eigener Erklärung der Modernis-

(Œuvres pastorales I [Brüssel 1911] 363–382; in Broschürenform wieder aufgegriffen: „Le Modernisme“ [Brüssel 1908], deutsche Übersetzung [Köln 1908], mit der über das gleiche Thema an der Universität Löwen gehaltenen Rede).

[28] Über die Affaire Turmel, die erst 1929 ihre Lösung fand, siehe außer seiner Biographie von *F. Sartiaux* (Paris 1931) *J. Rivière* a.a.O. 486–505. Über den Fall P. Lejay s. ebd. 501–502, Anm. 5.

[29] Siehe beispielsweise die angemessene Kritik des De immutabilitate traditionis contra modernam haeresim evolutionismi (1907) des P. Billot von *H. Holstein*, La Tradition dans l'Église (Paris 1960) 129–134.

[30] Vgl. *A. Boudinhon:* Revue du clergé français 75 (215–227). Besondere Beachtung fand die am 22. 1. 1912 trotz des Imprimaturs des Magister S. Palatii erfolgte Verurteilung der Histoire ancienne de l'Église von Msgr. Duchesne nach ihrer Übersetzung ins Italienische.

[31] Vgl. *J. Levie,* La Bible, parole humaine et message de Dieu (Brügge – Paris 1928) 88.

[32] Außer den Werken von L. Bedeschi s. *M. Guasco,* Fermenti nei seminari 121–154.

mus kaum zwei Jahre nach der Verurteilung von 1907 „in völliger Auflösung“ [33] befand, machte sich Pius X. noch große Sorgen wegen des Fortbestehens gewisser heimlicher Aktivitäten, die maßlos übertrieben wurden. So war er der Ansicht, die Kirche befinde sich auch weiterhin „im Belagerungszustand“, und hielt es für nötig, eine weitere Maßnahme zu ergreifen. Am 1. September 1910 forderte er mit dem Motu proprio „Sacrorum antistitum“ [34] vom gesamten Klerus einen besonderen Eid, den sogenannten Antimodernisteneid. Es handelte sich hierbei um ein den bereits verurteilten verschiedenen Formen des Modernismus angepaßtes Glaubensbekenntnis, zusätzlich zu dem von Pius IV. formulierten. Ein erster Teil formuliert in fünf Punkten die Beweisbarkeit der Existenz Gottes, den Wert der Glaubwürdigkeitsgründe, die Gründung der Kirche durch Christus, die Unwandelbarkeit der Dogmen und den intellektuellen Charakter des Glaubensaktes; ein zweiter Teil bringt die Unterwerfung unter das Dekret „Lamentabili“ und die Enzyklika „Pascendi“ und die Zustimmung zu ihnen zum Ausdruck. Dieser Text fügte den früheren Acta Pius' X. nichts Wesentliches hinzu, bildete jedoch ihre amtliche Zusammenfassung, deren Ziel und Zweck es war, allen Priestern eine ausdrückliche feierliche Zustimmung vorzuschreiben, um die Kryptomodernisten zu entlarven. Der Klerus unterwarf sich ohne größeren äußeren Widerstand. In der gesamten Kirche gab es lediglich rund vierzig Ausnahmen [35]. In Deutschland löste diese Maßnahme allerdings im Namen der wissenschaftlichen Freiheit beträchtliche Unruhe aus, und schließlich wurden – auf Ersuchen des Episkopats – die deutschen theologischen Universitätsdozenten von der Eidesleistung befreit.

Aber nicht nur die Deutschen allein fürchteten die verhängnisvollen Folgen der antimodernistischen Unterdrückung für die echte katholische Wissenschaft. Übereinstimmend stellt man heute fest, daß die Erneuerung, die sich unter Leo XIII. angebahnt hatte, hierdurch fast über eine ganze Generation hinweg ernsthaft gehemmt wurde [36]. Vor allem in Italien, wo die Unterdrückung beson-

33 In RH 102 (1909) 307–308. Über die Schwäche des italienischen Modernismus, der sich rasch in kleine Gruppen mit den verschiedenartigsten Tendenzen verzettelt hatte, siehe den Brief von St. Jacini an v. Hügel in dem Augenblick, in dem die Zeitschrift Rinnovamento Ende 1909 ihr Erscheinen einstellte (RStRis 56 [1969] 245–247). Eines von vielen anderen Zeichen des unaufhaltbaren Niedergangs des Modernismus nach 1907 war das Scheitern aller Pläne zur Schaffung einer internationalen Informationsagentur, die von Msgr. Lacroix und Paul Sabatier, einem liberalen französischen Protestanten, der die Bewegung von Anfang an mit leidenschaftlichem Interesse verfolgt hatte, ausgearbeitet worden waren. Sogar die 1910 in Genf erfolgte Gründung der „Revue moderniste internationale“ war nur ein Strohfeuer.

34 AAS 2 (1910) 655–680.

35 Eine Einzelheit, die festzuhalten ist: Pius X. ermächtigte persönlich die Patres Semeria und Genocchi, diesen Eid unter Zusatz von Vorbehalten zu leisten. Noch eigenartiger: Er ermächtigte P. Semeria in bestimmten, gut kontrollierten Zeitschriften zu publizieren, jedoch unter einem falschen Namen. So stellte er dessen Können in seinen Dienst und entschärfte zugleich seinen Einfluß.

36 Um zu zeigen, daß er kein prinzipieller Gegner der wissenschaftlichen Arbeit sei, hatte

ders schonungslos erfolgte, wurde durch sie fast der gesamte Klerus von ernsthaften Studien abgehalten, wodurch sich der bedenkliche Rückstand auf dem Gebiet der zeitgenössischen Kultur, der bis auf unsere Tage eine der großen Schwächen des italienischen Katholizismus geblieben ist, noch weiter vergrößerte. Aber auch anderwärts veranlaßte die Befürchtung, die christliche Forschung könne sich möglicherweise in Bahnen bewegen, die von den kirchlichen Autoritäten als abenteuerlich angesehen werden, zahlreiche katholische Theologen dazu, sich auf rein historische Arbeiten zurückzuziehen, oder, was noch schlimmer war, sich auf das Wiederkäuen von Lehrbuchformeln zu beschränken und nur über völlig ungefährliche Randfragen im Rahmen eines ziemlich engherzigen Neuthomismus zu spekulieren[37].

Die Gesamtbilanz war jedoch weniger negativ, als manchmal behauptet wird. Sogar auf dem Gebiet der Exegese, auf dem, trotz der im Jahre 1909 erfolgten Gründung des Päpstlichen Bibelinstituts[38], die ernsthafte Arbeit großenteils zur Unfruchtbarkeit verurteilt war, kann man einige anerkennenswerte Ergebnisse verzeichnen: die 1908 erfolgte Gründung der „Biblischen Zeitfragen", einer weitverbreiteten Sammlung, die 1912 erfolgte Gründung der „Alttestamentlichen und Neutestamentlichen Abhandlungen", die von J. Nikel bzw. M. Meinertz geleitet wurden, sowie die Veröffentlichungen von „La théologie de S. Paul" von P. F. Prat SJ (1908/12) und des Kommentars von P. Lagrange zum Markusevangelium (1911). Auf dem Gebiet der Patrologie und der Dogmengeschichte kann Frankreich nun nach und nach einige Namen neben die eines Ehrhard, eines Bardenhewer, eines Rauschen stellen: J. Tixeront, ein Schüler Duchesnes, veröffentlichte von 1905 bis 1912 eine „Histoire des dogmes", die für die damalige Zeit nicht ohne Vorzüge war, und P. J. Lebreton leistete mit seinen „Origines du dogme de la Trinité" (1910) Pionierarbeit. Das gleiche gilt für J. Lebon in Löwen mit seinem „Monophysisme sévérien" (1909). Das wachsende Interesse, das der alten morgenländischen christlichen Literatur entgegengebracht wurde, wird symbolisiert von der 1912 von den katholischen Universitäten von Löwen und Washington übernommenen Fortführung des

Pius X. in der Enzyklika „Pascendi" die Errichtung eines Internationalen Instituts für den wissenschaftlichen Fortschritt angekündigt. Seine Mitglieder wurden jedoch sehr einseitig ausgewählt, so daß der Organismus sich als ein totgeborenes Kind erwies (einige Angaben bei *L. v. Pastor,* Tagebücher 482–511). – Vgl. S. 264.

[37] Die 24 Thesen der Studienkongregation vom 27. 7. 1914 über die Grundlehren des hl. Thomas sind eine typische Manifestation dieser Geisteshaltung. Einer aufgeschlosseneren Haltung entspricht immerhin die 1909 erfolgte Gründung der „Rivista di Filosofia neoscolastica", deren Seele P. Gemelli OFM war, und in Löwen das Bemühen von Msgr. Deploige, die Soziologie in den Neuthomismus zu integrieren (*M. Defourny:* Annuaire de l'Université catholique de Louvain 81 [1927/29] XCVII–XCVIII).

[38] Das päpstliche Bibelinstitut war der Gesellschaft Jesu unter Leitung des sehr konservativen P. J. Fonck anvertraut. Es sollte ein Gegenstück zum Jerusalemer Bibelinstitut des Paters Lagrange bilden, der in Rom beargwöhnt wurde. Vgl. S. Pio X promotore degli studi biblici, fondatore del Pont. Istituto biblico (Rom 1955) bes. 23–42.

„Corpus scriptorum christianorum orientalium", der 1902 von J.-B. Chabot ins Leben gerufen worden war. Im Jahre 1907 eröffnet die Görres-Gesellschaft unter Leitung von Msgr. Kirsch eine „Sektion für Altertumskunde", deren Ziel die Förderung der Studien über christliche, klassische und morgenländische Archäologie und unter anderem die Erforschung der von der Religionsgeschichte aufgeworfenen Probleme war. Im Jahre 1912 gründete F. J. Dölger an der Universität Münster einen neuen Lehrstuhl für „Allgemeine Religionsgeschichte und Vergleichende Religionswissenschaft" und untersuchte in seinen Vorlesungen, in welchem Maße das christliche Gedankengut und die ursprünglichen christlichen Riten den Einfluß des Umwelt-Heidentums erfahren haben[39]. Ein Jahr zuvor – während in Frankreich unter Leitung von P. Huby das erste katholische Lehrbuch über die Geschichte der Religionen, „Christus", erschien – hatte P. W. Schmidt SVD, der Begründer der Zeitschrift „Anthropos" (1906), in Löwen in Zusammenarbeit mit P. Bouvier SJ die erste Katholische Woche für religiöse Ethnologie[40] einberufen, und ein anderer Deutscher, J. Schmidlin, hatte die „Zeitschrift für Missionswesen" und das erste katholische „Institut für Missionswissenschaft" gegründet[41]. Die Liturgiegeschichte wurde glänzend vertreten durch den Deutschen Baumstark, die Engländer Bishop und Fortescue, die französischen Benediktiner Cabrol, Férotin und Leclercq. Letzterer brachte 1907 den „Dictionnaire d'archéologie chrétienne et de liturgie" heraus, dem 1912 der „Dictionnaire d'histoire et de géographie ecclésiastiques" folgte. Das Erscheinen neuer Zeitschriften war ein weiteres Zeichen für die wissenschaftliche Aktivität in diesen schwierigen Jahren. Zu nennen sind hier historische Zeitschriften, wie die „Zeitschrift für schweizerische Kirchengeschichte" (1907), die „Revue d'histoire de l'Église de France" (1910), das „Archivum franciscanum historicum" (1908) und das „Archivo ibero-americano" (1914), aber auch ausgesprochen theologische Zeitschriften, wie „Theologie und Glaube" (1909), Organ der Philosophisch-theologischen Lehranstalt Paderborn, vor allem aber die „Revue des sciences philosophiques et théologiques" (1907) der französischen Dominikaner von Le Saulchoir[42] und die „Recherches de science religieuse" (1910) der Jesuiten der Provinz Paris[43].

Die Modernisten hatten echte Probleme zur Diskussion gestellt, Probleme, die mit der bloßen Verurteilung des Modernismus nicht gelöst waren. Es han-

[39] Über Franz Josef Dölger (1879–1940), den ersten katholischen Theologen, der der Religionsgeschichtlichen Schule Rechnung trug, s. *Th. Klauser*, F. J. Dölger, Leben und Werke (Münster 1956).

[40] Vgl. RHE 13 (1912) 747–751.

[41] Vgl. 50 Jahre katholische Missionswissenschaft in Münster, 1911–1961, hrsg. von *J. Glazik* (Münster 1961).

[42] Vgl. *M. Jacquin:* RSPhTh 40 (1956) 632–635. Über die geistige Einstellung dieser Schule, die damals von den Patres Gardeil und dann Lemonnyer beseelt wurde, vgl. *M. D. Chenu*, Une École de théologie, le Saulchoir (Kain – Étiolles 1937).

[43] Vgl. *J. Lecler:* RSR 48 (1960) 7–39.

delte sich ja um die Beziehungen zwischen der Theologie und ihren Quellen (Bibel, Dokumente der alten Überlieferung, Entscheidungen des kirchlichen Lehramtes) und um die Natur ihrer Homogenität mit der göttlichen Offenbarung, bis in ihre technisch ausgefeilteste Form.

Von den wenigen Theologen, die versuchten, eine positive Antwort auf die von Loisy, Tyrrell oder Le Roy aufgeworfenen Fragen zu geben, verdienen zwei besondere Erwähnung: P. de Grandmaison SJ[44], der in dieser schwierigen Zeit mit seinen gemäßigten und verständigen Artikeln (wie zugleich Blondel und Loisy urteilten) dazu beitrug, die verwirrte öffentliche Meinung durch die Klippen des Modernismus und des Integrismus hindurchzusteuern, ohne den Problemen jedoch ganz auf den Grund zu gehen, und vor allem Professor P. Gardeil OP[45], der – trotz seiner Grenzen – mehr und mehr als Vorläufer erscheint. Sein Einfluß beschränkte sich zunächst lediglich auf Frankreich, strahlte dann aber, dank seiner Schüler, weit über Frankreichs Grenzen hinaus. Sein Werk erreichte seinen Höhepunkt in zwei Werken apologetischer und theologischer Methodologie, die lange klassisch geblieben sind: „La crédibilité et l'apologétique" (Paris 1908, 2., völlig neu bearbeitete Auflage 1910), ein Buch, das Gegenstand heftiger Kontroversen, vor allem von Blondelscher Seite, wurde, und „Le donné révélé et la théologie" (Paris 1910), eine Arbeit, in der er das Werk Canos in bezug auf die Probleme des Beginns des 20. Jh. wieder aufgreifen wollte. Deutschland und Österreich, die in vorderster Reihe standen, als es sich um die historische Theologie handelte, haben dagegen nicht viel zu diesen methodologischen Diskussionen beigetragen. Das seinerzeit geschätzte Werk des Wiener Professors Commer oder das des Jesuiten Chr. Pesch (unter anderem seine „Theologische Zeitfragen" 6 Bde, 1910/16) erscheinen heute als sehr enttäuschend. Der Beitrag der südlichen Länder war praktisch gleich Null.

Der Integralismus

Hand in Hand mit der offiziellen Unterdrückung des Modernismus durch die kirchlichen Behörden ging eine Denunziationskampagne, die mit dem zu Ende gehenden Pontifikat immer schlimmer wurde und die Atmosphäre im Laufe der letzten Jahre buchstäblich vergiftete. Es kann als seltsam erscheinen, daß sich diese Kampagne vor allem von dem Augenblick an entfaltete, in dem sich der Modernismus nach den Verurteilungen von 1907 in voller Auflösung

[44] Über Léonce de Grandmaison (1868–1927), Direktor der „Études" und Gründer der „Recherches de science religieuse" siehe *J. Lebreton,* Le P. L. de Grandmaison (Paris 1932). Seine Hauptartikel sind in einem Band zusammengefaßt: Le dogme chrétien. Sa nature, ses formes, son développement (Paris 1928).

[45] Über Ambroise Gardeil (1859–1931) siehe *H. Gardeil,* L'œuvre du P. A. Gardeil (Paris 1956). Auch *R. Aubert,* Le problème de l'acte de foi (Löwen ²1950) 393–450; *M. D. Chenu:* RSPhTh 40 (1956) 645–652; *Y. Congar:* DThC XV 443.

zu befinden schien. Einer der aktivsten Vorkämpfer der Rechtgläubigkeit, A. Cavallanti[46], erklärte dieses Faktum jedoch folgendermaßen: „Wie der Arianismus, der Pelagianismus, der Jansenismus, als sie nach den Verurteilungen durch die Kirche verschwanden, einen ganzen Schweif von noch subtileren und weniger ins Auge fallenden Irrtümern zurückließen, die dann als Semi-Arianismus, als Semi-Pelagianismus und als Semi-Jansenismus bekannt geworden sind, so läßt heute auch der entlarvte und zu Tode getroffene Modernismus bei seinem Abgang andere Irrtümer zurück, die sich wie Keime massenhaft verbreiten und viele gute Katholiken ruinieren oder zu ruinieren drohen (...). Ich wiederhole, daß es einen Semi-Modernismus gibt, der zwar nicht so häßlich ist wie sein Vater, der Modernismus als Synthese aller Häresien, dafür aber hinterlistiger und verfänglicher."[47]

Wo aber begann der „Semi-Modernismus"? Und wo begannen vor allem die „modernisierenden Tendenzen" und „die modernistische Seelenverfassung", wie sich die „Corrispondenza romana" ausdrückte? Die Gefahr des Mißbrauchs war besonders groß, weil die meisten dieser unverantwortlichen Zensoren auf dem Gebiet der Theologie und vor allem auf dem Gebiet der Exegese nur wenig kompetent waren und außerdem zu den Köpfen gehörten, die sich fremden Gedanken gegenüber völlig verschließen. Schon einige Monate nach der Veröffentlichung von „Pascendi" mußte Kardinal Ferrari in seinem Fastenhirtenbrief scharf gegen die Auswüchse Stellung nehmen: „Es ist traurig, daß manche sich, sogar öffentlich, zu Exzessen hinreißen lassen und fast überall Modernismus riechen und brandmarken wollen, daß sie zumindest Männer des Modernismus verdächtigen wollen, die weit von ihm entfernt sind." Es gibt kaum einen einzigen katholischen Gelehrten, der im Verlauf dieser Jahre nicht ihren Angriffen ausgesetzt gewesen wäre, Angriffen, die in vielen Fällen sowohl gegen die Gerechtigkeit wie auch gegen die Nächstenliebe verstießen. Und auch viele verdienstvolle Institutionen wurden Opfer dieser bedauerlichen Polemiken: so die Bibelschule von Jerusalem, die Theologische Fakultät von Fribourg (die Pius X. um ein Haar sogar aufgehoben hätte), das Institut Catholique von Paris, zahlreiche Seminare, die Anstrengungen zur Hebung des Studienniveaus unternommen hatten, und viele andere.

Diese „Zelanti" sind unter dem Spitznamen „Integralisten" in die Geschichte eingegangen. Sie nannten sich „Integrale Katholiken": entgegen den Bestrebungen der liberalen Katholiken und der Modernisten (die sie übrigens meistens in ein und denselben Topf warfen), den Katholizismus zu verdünnen, wollten

[46] Über ihn siehe CivCatt 1917 III 370; auch *É. Poulat,* Intégrisme 434–437.

[47] Vortrag vom 16. 11. 1908, zusammengefaßt in La critique du libéralisme 1 (1908/09) 421–423. Am 5. 2. 1909 schrieb die „Corrispondenza Romana" im gleichen Sinn: „Heute besteht die wahre Gefahr eher in der modernisierenden Propaganda als in der radikal modernistischen Propaganda." Und 1913 schrieb Msgr. Benigni, als er gegen die protestierte, die den Modernismus auf seine radikalste Form zurückführen wollten: „Als ob Fieber erst mit 40 Grad vorhanden wäre" (zitiert von *É. Poulat,* Intégrisme 340).

sie „die Integrität ihres Romanismus bekräftigen: der ganze römische Katholizismus (Doktrin und Praktik) und nichts als das“ [48]. Wie immer es sich auch mit ihren umstrittenen Methoden verhalten haben mag, bei vielen von ihnen lag jedenfalls, wie anerkannt werden muß, viel mehr vor als bloße Eifersucht von Theologen gegenüber Konkurrenten, die ihnen die Gunst der jungen Generation abspenstig machen wollten: Angesichts der Gefahren, die ihren Glauben zu bedrohen schienen, hielten sie ihren Kreuzzug einfach für eine heilige Pflicht, und die wiederholten Ermutigungen, die sie direkt vom Papst erhielten, mußten sie in dieser Überzeugung noch bestärken.

Scheuten sich die Integralisten einerseits nicht, zur Denunziation und zu heimlichen Methoden, einschließlich der Spionage[49], zu greifen, so kämpften sie andererseits doch auch mit offenem Visier: mit Büchern und Broschüren, wie der Jesuit J. Fontaine – in ihm sieht É. Poulat übrigens „einen bemerkenswert wohlerhaltenen Zeugen einer intellektuellen Gattung, deren Rolle beträchtlich gewesen sein soll“ [50] –, und vor allem mit einer Reihe von Zeitschriften mit übrigens geringer Auflage, die sie mehr oder weniger direkt kontrollierten. In Italien waren es die „Unità cattolica“, die finanziell von Pius X. unterstützt wurde, „Verona fedele“ und die „Riscossa“ der Brüder Scotton; in Frankreich „La foi catholique“ von B. Gaudeau und „La critique du libéralisme“ von É. Barbier, die beide im Jahre 1908 erschienen, die dank P. Salvien[51] von den Assumptionisten abhängigen Zeitungen, „L'Univers“, das im Integralismus neue Lebensblüte suchte, und, von 1912 ab, „La Vigie“; in Belgien die „Correspondance catholique“ des Anwalts Jonckx; in den Niederlanden „De Maasbode“, dessen Chefredakteur M. A. Thomson die Seele des holländischen Integralismus war; in Polen die „Mysl Katolicka“.

In welchem Maße wurde diese gesamte Aktivität von einem Zentrum aus koordiniert und gesteuert und welche Rolle spielte der Heilige Stuhl tatsächlich hierbei? Angesichts der Tatsache, daß die Integralisten teilweise im dunkeln arbeiteten, ist die Antwort lange unklar geblieben, zumal die römischen Archive erst mit erheblicher Verzögerung der Allgemeinheit zugänglich gemacht wurden. Ein Zipfel des Schleiers wurde jedoch schon 1921 gelüftet, aber unter Umständen, welche die gewissenhaften Historiker nicht voll beschwichtigen

[48] Erklärung der „Agence internationale Roma“ (AIR) vom 19. 6. 1913, zitiert bei *É. Poulat,* Intégrisme 132. Ein Hauptorgan der Bewegung, die „Vigie“, schrieb am 5. 12. 1912: „Wir sind integrale römische Katholiken, d. h., daß wir nicht nur die traditionelle Lehre der Kirche im Bereich der absoluten Wahrheiten, sondern auch die Weisungen des Papstes im Bereich der praktischen Kontingenzen über alles und über alle stellen. Die Kirche und der Papst sind eins.“ Poulat weist jedoch darauf hin (a. a. O. 522), daß „die eifrigsten Nachfolger Pius' X. häufiger weniger Begeisterung für Leo XIII. an den Tag gelegt hatten“.

[49] Mitunter von hoher Stelle gedeckt, wie die Affäre Perciballi zeigt (vgl. *É. Poulat,* Intégrisme 588–589).

[50] DHGE XVII 819–821.

[51] Über P. Salvien AA, mit richtigem Namen Charles Miglietti (1873–1934), von 1896 bis 1923 im Dienste des Maison de la Bonne Presse, siehe *É. Poulat,* Intégrisme 286–287.

konnten. Neue Aufschlüsse brachte das Jahr 1950 anläßlich des Seligsprechungsprozesses Pius' X. Einen gewaltigen Schritt zur Aufhellung des Sachverhalts unternahm vor kurzem mit vorbildlicher beruflicher Gewissenhaftigkeit É. Poulat. Ihm gelang es, das Räderwerk des „internationalen antimodernistischen Geheimnetzes" zu zerlegen, das von einem dem Staatssekretariat angehörenden Prälaten, Msgr. Benigni[52], aufgebaut wurde. Es handelt sich um das „Sodalitium Pianum", häufig nur mit den Initialen S. P. bezeichnet, oder mit der Tarnbezeichnung „La Sapinière", dem er sogar eine institutionelle religiöse Basis in der Art der heutigen Säkularinstitute geben wollte. Seit der Entdeckung von 1921 neigte man dazu, Msgr. Benigni als die Seele der gesamten integralistischen Bewegung zu betrachten; der habe ohne Wissen Pius' X. gehandelt, der so gut wie nichts von seinen oft bestreitbaren Methoden gewußt haben sollte. „La Sapinière" galt als eine Pressionsgruppe, die in der Kirche über eine beträchtliche geheime Macht verfügt habe. Die Wirklichkeit erscheint heute als viel bescheidener und zugleich offizieller, als man angenommen hatte. Außer der „Correspondance de Rome", die der Weltpresse in der „rechten Gesinnung" abgefaßte religiöse Nachrichten liefern sollte, waren die von Benigni verbreiteten vertraulichen Bulletins lediglich eine „Kaskade von mißglückten Versuchen", und das S. P. hatte in ganz Europa nie mehr als rund fünfzig Mitglieder. Allerdings stand die Gruppe in Verbindung mit einer Reihe von Köpfen, die ihr zwar formell nicht angehörten, aber ihre Einstellung teilten, vor allem mit Abbé Barbier und P. Salvien, der in der „Bonne Presse" über großen Einfluß verfügte. Dagegen waren die Beziehungen dieser Gruppe zu anderen Gegnern des Modernismus häufig viel kühler. Die inzwischen veröffentlichten Dokumente werfen ein völlig neues Licht auf die mitunter ziemlich tiefgreifenden Meinungsverschiedenheiten, die die Geister trennten, die man summarisch unter dem Sammelbegriff „Integralisten" zusammenfaßt. Benigni, der jede politische Bloßstellung vermeiden und sich ausschließlich auf religiösem Boden bewegen wollte, distanzierte sich von der „Action française" und ihren Mitgliedern. Er hielt Männer wie Kardinal Billot und Abbé Gaudeau für zu lau. Er mißtraute Abbé Thompson und in Deutschland und Österreich Kaufmann und Maus. Mit Merry del Val stand er ausgesprochen schlecht, da der Staatssekretär in kluger Weise die stürmischen Initiativen Benignis bremste, der ihm seinerseits diplomatische Zurückhaltung vorwarf[53]. Und auch Benignis Beziehungen zur Gesellschaft Jesu wurden immer kühler, obwohl viele ihrer Angehörigen bis zum

[52] Über Msgr. Umberto Benigni (1862–1934), erzogen im Geist des „konterrevolutionären" Katholizismus des Syllabus und des non expedit, der sich mit unermüdlicher Energie bemühte, mit einigen Freunden „le dernier carré des incorruptibles" zu bilden, siehe Disquisitio circa quasdam obiectiones... 197–204 und *É. Poulat,* Intégrisme 61–70.

[53] Auf Grund der Auswertung der zutage geförderten Dokumente kommt É. Poulat zu der ausdrücklichen Feststellung: „Man muß entschieden auf das Märchen verzichten: Benigni, der Mann von Merry del Val; der Staatssekretär, der einem guten und frommen Papst, der ihm die Zügel überlassen hatte, die Unnachgiebigkeit einflüstert" (a.a.O. 77).

Ende des Pontifikats die traditionellsten Positionen mit bornierter Intransigenz verteidigten.

É. Poulat ist es mit seinen Nachforschungen gelungen, den Mythus um die berüchtigte integralistische Verschwörung zu zerstreuen, wobei sich herausstellte, daß der Sachverhalt doch viel komplizierter war, als manche lange angenommen hatten; vor allem gelang es ihm, „das S.P. auf seine tatsächliche Dimension zurückzuführen" und zu beweisen, daß die ideologische Welt des Integralismus weit über den Kreis des „Sodalitium Pianum" und seine Sympathisanten hinausreichte[54]. Bewiesen wurde aber auch, daß man nicht mehr behaupten kann, Pius X. habe von den Machenschaften Msgr. Benignis keine Kenntnis gehabt. Fest steht, daß der Papst „La Sapinière" unterstützt und die Tätigkeit ihres Gründers nicht nur gekannt, sondern gebilligt und ermutigt hat. Benigni erstattete ihm täglich über Msgr. Bressan Bericht und wurde von ihm regelmäßig mit heiklen Erhebungen beauftragt. Festzustehen scheint auch, daß er Benigni wegen der Art und Weise, wie dieser sich der ihm erteilten Aufträge entledigte, nie auch nur halbwegs energische Vorwürfe gemacht hat, wie er dies mitunter bei anderen militanten Integralisten tat – zum Beispiel im Falle des Abbé de Töth von der „Unità cattolica" –, und daß er also persönlich eine Art von kirchlicher Geheimpolizei gedeckt hat, die uns heute kaum mehr als zulässig erscheint[55], die er jedoch in der dramatischen Situation, in der sich die Kirche für ihn zu befinden schien, für gerechtfertigt hielt.

Ihren Höhepunkt erreichte die integralistische Reaktion im Verlauf der Jahre

[54] Man vergißt übrigens zu leicht, daß die Initiative zu den Sanktionen nicht immer von Rom ausging. M. Bécamel zeigte dies kürzlich (BLE 72 [1971] 258–288) bezüglich der Absetzung von Msgr. Batiffol vom Posten des Rektors des Institut catholique von Toulouse im Jahre 1907: die Hauptverantwortlichen hierfür waren der Erzbischof und seine Umgebung auf Betreiben der örtlichen reaktionären Kreise. Siehe auch *J. Daoust:* MSR 9 (1952) 251–262 bezüglich der Rolle, die der Erzbischof von Rouen, Msgr. Fuzet, spielte (dessen Kampagne gegen Msgr. Baudrillart von Pius X. mißbilligt wurde).

[55] Man kann höchstens annehmen, daß er nicht alles gewußt hat und daß er, „wenn er besser informiert gewesen wäre, vielleicht gewisse Methoden beanstandet hätte". Will man die Handlungsweise Pius' X. bei der Unterdrückung des Modernismus objektiv werten, so muß man auch gewisse Unterschiede machen. Zunächst zwischen den Zeitabschnitten: Während der ersten Jahre seines Pontifikats war er viel mehr darauf bedacht, denen keinen Kummer zu bereiten, an die er seines Erachtens eine Warnung richten mußte (siehe z.B. den bei *P. Stefanini,* Il card. Maffi [Pisa 1958] 277 wiedergegebenen Brief von 1906). Von 1910 ab trieb ihn jedoch die Angst, in der er lebte – „der Irrtum, der sich heutzutage auszubreiten sucht, ist noch viel mörderischer als der Luthers", schrieb er 1911 an Msgr. Bonomelli (Dal Gal, Il papa S. Pio X, 183) –, dazu, sich immer härter zu zeigen und die Ansicht zu vertreten, daß „die Gefährlichkeit des Übels die Anwendung außergewöhnlicher Mittel gestatte" (*É. Poulat,* Intégrisme 218). Übrigens versuchte Pius X., die Rechte der Bischöfe soviel wie nur möglich zu respektieren (er warf mehrmals gewissen Integralisten vor, dem nicht genügend Rechnung zu tragen), andererseits hatte er jedoch eine sehr autoritäre Konzeption der Rechte der Hierarchie gegenüber den einfachen Priestern, was das mitunter strenge Vorgehen gegen sie erklärt, wenn er der Überzeugung war, es gehe um die Verteidigung der gesunden Lehre.

1912–1913. Unter anderen wurde 1912 P. Lagrange gezwungen, Jerusalem zu verlassen, und die „Revue biblique" hätte beinahe ihr Erscheinen einstellen müssen[56]. Anfang 1913 wurde die ganze 5. Serie (1905/13) der „Annales de philosophie chrétienne" auf den Index gesetzt, eine Maßnahme, die einige Wochen später noch dadurch verschärft wurde, daß ihr Direktor, P. Laberthonnière, mit dem absoluten Verbot jeglicher Veröffentlichung belegt wurde, ohne daß er auch nur Gelegenheit erhalten hätte, sich zu verteidigen[57]. Das gleiche Dekret vom 5. März 1913 hatte auch die „Sainte Chantal" des Abbé H. Bremond auf den Index gesetzt, eine Verurteilung, die zwar an sich weniger schwerwiegend, aber deshalb nicht weniger bedeutsam war. Bremond strebte auf dem Gebiet der Hagiographie ebenfalls eine Erneuerung an, das heißt, er wollte das herkömmliche Heiligenbild durch ein menschliches Antlitz ersetzen, doch nun war eben jeder Erneuerungsversuch verdächtig, und zwar nicht nur auf den Gebieten, bei denen es direkt um den Glauben ging, sondern sogar in der Art der Darstellung der Kirchengeschichte oder des Lebens der Heiligen, wenn man sich hierbei von den „weltlichen Methoden" inspirieren ließ. Sogar die Bollandisten verdankten lediglich dem machtvollen Schutz von Kardinal Mercier, daß sie mit Mühe und Not einer Verurteilung entgingen[58], was aber Msgr. Duchesne nicht gelang.

Für die Integralisten bestand die Gefahr der Neuerung und der Verweltlichung nicht nur auf dem Gebiet der Exegese, der Theologie, der Philosophie oder der Kirchengeschichte, sondern auch auf dem Bereich der Beziehungen zwischen der Kirche und der Gesellschaft, damals „Soziologie" genannt. In den Bemühungen der christlichen Demokraten gleich welcher Prägung sahen sie – ohne einen großen Unterschied zwischen einem Murri, den französischen „Abbés démocrates", der Gruppe des „Sillon" oder der Gewerkschaftszentrale von München-Gladbach zu machen – den von Pius IX. im Syllabus gebrandmarkten Geist des liberalen Katholizismus in neuer Gestalt aufleben. Das vom „Sodalitium Pianum" den Mitarbeitern unterbreitete Programm gipfelte in folgender Erklärung: „Wir sind gegen die Ausbeutung des Klerus und der Katholischen Aktion durch jede politische oder soziale Partei und ganz besonders gegen das übertriebene soziale Engagement, das dem Klerus und der Katholischen Aktion mit der Absicht eingepflanzt werden soll, sie aus der Sakristei herauszulocken, um sie nur selten wieder dorthin zurückkehren zu lassen."[59] Man könnte sich zunächst über eine solche Stellungnahme wundern, wenn man feststellt, daß mehrere integralistische Führer, wie z. B. Benigni in Italien, Maignen

[56] Siehe die autobiographischen Seiten mit dem Titel „L'année terrible" in: Le P. Lagrange au service de la Bible 200–215. – Vgl. oben S. 339.

[57] Einige Einzelheiten bei *A. Blanchet,* Histoire d'une mise à l'Index 149–155. Der Dossier, der zur Verurteilung führte, war von der Action française eingereicht worden.

[58] Ein Rundschreiben der Studienkongregation teilte jedenfalls mit, die „Légendes hagiographiques" des P. Delehaye sollten in den italienischen Seminaren nicht benutzt werden.

[59] Zitiert in Disquisitio circa quasdam obiectiones ... 265–266.

in Frankreich, Decurtins in der Schweiz und viele andere, eifrige Anhänger der Enzyklika „Rerum novarum" gewesen waren. Aber sie blieben eben gerade dem Anfangsprogramm des sozialen Katholizismus der ersten Jahre Leos XIII. treu, der der aus der Revolution von 1789 hervorgegangenen bürgerlichen Welt nachdrücklich die christliche Sozialordnung, die auf dem Königtum Christi über die menschliche Gesellschaft beruht, dem „sozialen Atheismus" gegenüberstellte. Sie warfen den christlichen Demokraten der neuen Generation vor, sie würden ihre sozialen Anliegen und ihre Überzeugung von der Eigenständigkeit des weltlichen Lebens mehr und mehr zum Vorwand nehmen, um sich von der kirchlichen Vormundschaft freizumachen.

Gerade diese Tatsachen, in deren Zusammenhang man mitunter den Ausdruck „praktischer Modernismus" benutzte, fesselten mehr und mehr die Aufmerksamkeit der Integralisten – und übrigens auch die des Heiligen Stuhls –, nachdem die Verurteilungen von 1907 die Gefahr des doktrinären Modernismus verringert hatten. Es ist interessant, feststellen zu können, daß gerade Probleme dieser Art fast der alleinige Gegenstand der kürzlich zugänglich gewordenen internationalen Korrespondenz von Msgr. Benigni waren.

Die als „Entgleisungen" gebrandmarkten Vorkommnisse nahmen natürlich in den verschiedenen Ländern weit unterschiedlichere Formen an, als dies bei den die Lehrmeinungen betreffenden Problemen der Fall gewesen war. In Italien richtete sich die Aufmerksamkeit zuerst vor allem auf die Aktion, die Murri und seine Anhänger, von denen im nächsten Kapitel die Rede sein wird, auf politischer Ebene durchführen wollten. Nachdem sie gescheitert waren und die kirchlichen Autoritäten die katholische Bewegung wieder in ihren Griff bekommen hatten, wurde die katholische Presse zu einem Hauptanliegen. Wie bereits früher (siehe Kap. 12) ausgeführt wurde, standen sich, was die Presse betraf, zwei Meinungen gegenüber: Nach der einen sollten die katholischen Zeitungen offiziöse Dolmetscher der Gedanken des Heiligen Stuhls, unter direkter Kontrolle des Klerus, sein und „einem friedlichen Publikum frommer Bürger" (M. Vaussard) eine unnachgiebige Politik „religiöser Verteidigung" in Übereinstimmung mit der katholischen „These" über die Rechte der Kirche in der Gesellschaft predigen; nach der anderen sollten sie versuchen, das Ohr der führenden Klasse zu erreichen, die sich zum größten Teil der liberalen Konzeption der Gesellschaft angeschlossen hatte, um ihr die katholische Auffassung zu den Tagesproblemen nahezubringen. Die Kontroverse lautete also: „Stampa di concentrazione" oder „Stampa di penetrazione". Der Papst gab der ersten Lösung den Vorzug, wie sie von Zeitungen wie dem „Osservatore Romano" und der „Voce della verità" in Rom, der „Unità cattolica" in Mittelitalien oder der „Difesa" in Venetien repräsentiert wurde. Unter der Leitung eines ehemaligen Präsidenten der katholischen Bewegung, des Grafen Grosoli, hatte sich jedoch im Jahre 1907 eine Gesellschaft gebildet, die gemeinhin „Il Trust" genannt wurde. Sie gab Zeitungen mit einer anderen, viel weniger konfessionell ausgerichteten Tendenz heraus, wie den „Corriere d'Italia" oder die „Avvenire d'Italia“[60]. Diese Zeitungen waren nun das Angriffsziel der integralistischen Kreise. Wegen einer solchen Zeitung, der „Unione“ von Mailand, kam es 1911 zu dem bedauerlichen Zusammenstoß zwischen Pius X. und Kardinal Ferrari[61]. Am 2. Dezember 1912 verurteilte der Papst öffentlich die vom „Trust“ herausgegebenen Zeitungen[62].

In Frankreich erfolgten zahlreiche Angriffe gegen den „sozialen Modernismus“, die u. a. von der „Action française“ unterstützt wurden. Manchen Opfern dieser Angriffe gelang es schließlich auf Grund des Rückhalts, den sie in Rom hatten, einer Verurteilung zu entgehen, so die Jesuiten der „Action populaire“[63]. Es waren aber auch recht schmerzliche Vorkommnisse zu verzeichnen: So wurde beispielsweise P. Anizan, der Generalobere der Brüder des hl. Vinzenz von Paul, von einem Priester seiner eigenen Kongregation in Rom denunziert und 1914 im Anschluß an eine apostolische Visitation samt seinem ganzen Beirat seines Amtes enthoben[64].

Ein Fall verdient angesichts des weltweiten Widerhalls, den er damals fand und bis heute findet, eine eingehendere Erwähnung, nämlich der Fall „Le Sillon“. Diese Bewegung verdankte ihre Gründung einigen jungen Leuten, die, wie viele andere Studenten, eine Aussöhnung zwischen dem Katholizismus und der für die Gedanken von 1789 gewonnenen Gesellschaft erstrebten. Einer von diesen jungen Leuten, Marc Sangnier[65], der einen sehr tiefen Einfluß auf seine Kameraden ausübte, verwandelte die ursprüngliche Studiengruppe ab 1899 in eine aktive Bewegung. Er ergriff verschiedene Initiativen und hatte damit dank seiner außerordentlichen Dynamik und seiner edlen Beredsamkeit sehr rasch ungewöhnlichen Erfolg. Er gründete Zirkel für soziale Studien, in denen sich gleichberechtigt junge Intellektuelle mit jungen Arbeitern zusammenfanden. Er rief Institute ins Leben, die den Wettkampf mit den sozialistischen Volksuniversitäten aufnahmen, und veranstaltete öffentliche Diskussionen über aktuelle Probleme und Tagesfragen. Die Bewegung, die dank einiger starker lokaler Persönlichkeiten auch auf die Provinz übergriff, nahm rasch die Form eines Kreuzzugs an, mit dem Ziel, die Demokratie durch Rück-

[60] Vgl. *[A. Giorgi]*, G. Grosoli (Assisi 1960) 83–103; *L. Bedeschi*, Significato e fine del Trust grosoliano: Rassegna di politica e di storia (1964) 7–24; *R. Aubert*, Premessa ad una storia dell'„Avvenire“: Humanitas 22 (Brescia 1967) 488–512.

[61] Über diesen ernsten Zwischenfall, der häufig als ein Beispiel für die Exzesse angeführt wurde, zu denen die antimodernistische Unterdrückung führte, siehe die Disquisitio circa quasdam obiectiones ..., zu ergänzen und zu nuancieren durch den Artikel von *M. Torresin*, der die Mailänder Diözesanarchive auswertet: Memorie storiche della diocesi di Milano 10 (1963) 37–304.

[62] AAS 4 (1912) 695.

[63] Man kann die Affäre auf der Grundlage zahlreicher unveröffentlichter Dokumente im einzelnen verfolgen bei *P. Droulers* a. a. O.

[64] Vgl. *É. Poulat*, Intégrisme 419–422.

[65] Über Marc Sangnier (1873–1950) siehe außer dem Werk von J. Caron (oben S. 475) *M. Barthélemy-Madaule*, M. Sangnier (Paris 1973).

gewinnung der breiten Volksschichten für die Kirche und durch die Versöhnung der Kirche mit der Republik wieder zu verchristlichen. Sie distanzierte sich zugleich von den liberalen Katholiken, die für sie zu sehr von der Welt der Arbeiter entfernt waren, und von den christlichen Demokraten, denen sie vorwarf, sie beschränkten sich darauf, Reformen institutioneller Ordnung den Vorzug zu geben vor der dringenderen Aufgabe, einer moralischen Erziehung des einzelnen Menschen, in dem mit der unersetzlichen Hilfe geistiger Kräfte der echte demokratische Geist entwickelt werden sollte, ohne den die demokratischen Institutionen einem verhängnisvollen Verderben anheimgegeben wären. Auf der einen Seite sollte also ein ungestümer Messianismus die Menschen unter der Einwirkung eines charismatischen Zaubers mitreißen, so daß man sich darauf beschränken sollte, sie in einer brüderlichen Gemeinschaft zusammenzuführen, in der keine starre Organisation den schöpferischen Elan ersticken sollte. Auf der anderen Seite stand der Wille mancher Mitglieder, mit Geduld und ganz allmählich das christliche Ideal auf die vorhandenen Gesellschaftsformen zu übertragen; die bestehende Organisation sollte dazu dienen, die Verantwortung in der Führung des Staates fest in die Hand zu bekommen. Dieser Gegensatz löste im Lauf des Jahres 1905 eine erste Krise aus. Diese internen Auseinandersetzungen beeinträchtigten die Ausstrahlungskraft von „Le Sillon“ jedoch in keiner Weise. Eine ernstere Krise kündigte sich dagegen seit 1906 an, als die Bewegung in der Politik tätig wurde, und zwar mit einem Programm, nach dem sich die Christen in einer pluralistischen demokratischen Gesellschaft, unter gegenseitiger Achtung der Meinungen um eine besonders starke Einflußnahme bemühen sollten. Diese neue Ausrichtung verwandelte die im Wesen auf das Apostolat ausgerichtete konfessionelle Gruppe in eine Bewegung, die in mitunter provozierender Weise Nichtkatholiken, Protestanten, ja sogar Freidenker zur Mitarbeit einlud (Sangnier nannte diese neue Einrichtung „le plus grand Sillon“). Diese Entwicklung mußte zwangsläufig die kirchlichen Behörden beunruhigen, die sich bemühten, die katholische Jugend unter ihrer ausschließlichen Kontrolle zu behalten. Erst recht aber warf die Teilnahme junger Priester und Seminaristen an einer Bewegung, die ohne jedes offizielle Mandat der Hierarchie Stellung beziehen wollte, ein ernstes Problem auf, zumal manche von ihnen sich die Erklärungen Sangniers über die Freiheit des Gewissens jedes Bürgers zunutze machten, um die Unabhängigkeit von ihren Oberen auch auf anderen Gebieten zu rechtfertigen. Verschiedene Bischöfe reagierten auf die neue Situation bereits im Jahre 1907, und von diesem Augenblick an handelte auch der Vatikan. Pius X. hatte dem auf religiöse Aktivität ausgerichteten Idealismus dieser jungen Katholiken zunächst seine Sympathie bekundet, wurde nun aber in zunehmendem Maße unsicher, zumal er recht tendenziös unterrichtet wurde. Allerdings gab es aber durchaus berechtigte Anlässe für konkrete Vorwürfe; vor allem waren dies die schonungslosen Angriffe des „Sillon“ auf diejenigen Katholiken, die seine Begeisterung für die republikanische Demokratie nicht teilten, und die Absicht, diese Demokratie zu einer von der christlichen

Moral abgeleiteten Verpflichtung statt zum Gegenstand einer freien Wahl stempeln zu wollen. Unvorsichtigkeiten in der Ausdrucksweise und das immer schärfere Vorgehen Sangniers kompromittierten die Bewegung vollends. Im Februar 1909 richtete Kardinal Luçon, der Erzbischof von Reims, eine ernste Warnung an ihn, was zur Folge hatte, daß sich die von der konservativen Presse, mit den Integralisten an der Spitze, seit Monaten gegen ihn entfesselte Kampagne noch verschärfte. Unter anderem befleißigte sich der Abbé Barbier, von Msgr. Benigni ermutigt, den „Sillon" des Modernismus zu verdächtigen, da dieser dem von der Enzyklika „Pascendi" verurteilten demokratischen Autoritätsbegriff huldige. Andererseits war in den Augen Pius' X. die neue Ausrichtung des „Sillon", mit der er sich der kirchlichen Autorität entziehen wollte, unannehmbar; für den Papst war jeder Plan, der auf eine Umwandlung der Gesellschaft abzielte, eine Angelegenheit der sittlichen Ordnung, für die allein die Kirche zuständig sein sollte. Am 25. August 1910 richtete er einen Brief an den französischen Episkopat[66], in dem er – auf der Grundlage von authentischen sillonistischen Texten, die jedoch häufig „vergröbert und vereinfacht worden waren" (J. Caron), weil man sie aus ihrem sachlichen oder geschichtlichen Zusammenhang herausgerissen hatte – drei Arten von Irrtümern feststellte: 1. Äußerungen, die mit der traditionellen katholischen Gesellschaftslehre unvereinbar sind, da sie an „die Lehren der angeblichen Philosophen des 18. Jh., an die der Revolution und des Liberalismus erinnern, die schon so oft verurteilt worden sind"; 2. ein unstatthafter Anspruch auf Autonomie gegenüber der kirchlichen Hierarchie auf Gebieten, die in den Bereich der Moral gehören, ein Anspruch, der noch verschlimmert wird durch den Eklektizismus der mit Nichtkatholiken eingegangenen Bündnisse[67]; 3. schließlich als Folge dieser Arbeits-„Promiskuität": modernistische Infiltrationen, die die Sillonisten dazu führen würden, die Göttlichkeit Christi zu vergessen, um „lediglich von seinem Mitleid für alles menschliche Elend und seinen dringenden Ermahnungen zur Nächstenliebe und zur Brüderlichkeit zu sprechen", und die zur Folge hätten, daß die Sillonisten nur noch „einen kläglichen Zufluß zu der großen Apostasiebewegung bilden, die in allen Ländern zur Errichtung einer Weltkirche organisiert worden ist, die kein Dogma, keine Hierarchie und keine Regel für den Geist mehr haben wird".

Diese Verurteilung, die von der gesamten rechtsgerichteten Presse mit Begeisterung aufgenommen wurde, wurde in den Linkskreisen als eine Bestätigung

[66] AAS 2 (1910) 607–633. Über die Quellen, auf denen dieses Dokument zu fußen scheint, vgl. *J. Caron* a.a.O. 707–711.

[67] Der Papst forderte als praktische Lösung die Aufteilung der Bewegung in streng konfessionelle und den Bischöfen unterstellte Diözesangruppen. M. Sangnier und seine Freunde unterwarfen sich ohne den geringsten Vorbehalt. Die vorgeschlagene Lösung brachte jedoch gerade das zum Verschwinden, was die Originalität der Bewegung ausmachte, die dann auch rasch dahinsiechte.

der Unvereinbarkeit der Kirche mit den modernen Bestrebungen der Gesellschaft betrachtet. Dieser Eindruck wurde noch verstärkt durch die Tatsache, daß zahlreiche einflußreiche Kreise in Rom und auch Pius X. selbst wohlwollend der „Action française" gegenüberstanden, einer royalistischen Gruppe der äußersten Rechten, die von Charles Maurras geführt wurde und regelmäßig an der Seite der integralistischen Gegner der christlichen Demokratie stand. „Sie verteidigt das Autoritätsprinzip, sie verteidigt die Ordnung", entgegnete der Papst den Linkskatholiken, die in der „Action française" eine unchristliche Konzeption des Staates sahen, die darauf abziele, die Staatsräson zum höchsten Wert zu machen. Der Papst war Maurras dankbar für seine bissigen Angriffe gegen eine von den antiklerikalen Parlamenten Frankreichs und Italiens vertretene Art der Demokratie und dafür, daß er einen „Lehrstuhl des Syllabus" geschaffen hatte, um eine auf die Tradition und die Hierarchie aufgebaute kontrarevolutionäre Konzeption der Gesellschaft zu predigen. Er ging sogar so weit, daß er diesen Agnostiker einen „guten Verteidiger des Heiligen Stuhls und der Kirche"[68] nannte, ohne sich allerdings Rechenschaft darüber gegeben zu haben, daß Maurras die katholische Kirche dafür lobte, daß es ihr gelungen sei, den zerstörerischen Gehalt der Botschaft des „hebräischen Christus" durch die dem antiken Rom entliehene Weisheit zu mildern. Obwohl im Jahre 1913, nach einer neuen, von einigen Bischöfen unterstützten Offensive der demokratischen Katholiken gegen Maurras, „hochgestellte Persönlichkeiten" beim Papst intervenierten und ihm die Denunziationen als „eine von den Demo-Liberalen gestellte Falle" darstellten, übermittelte er trotzdem nach anfänglichem Zögern Maurras' Werke der Index-Kongregation; aber, obgleich diese einstimmig zu einer Verurteilung gekommen war (26. 1. 1914), sah er von einer Veröffentlichung ab[69], weil er befürchtete, daß eine Verurteilung des Publizisten, der in seinen Augen als einer der stärksten Gegner der Modernisten und der Antiklerikalen war, deren Sache dienlich sein würde.

Deutschland, das von der modernistischen Krise im eigentlichen Sinne kaum berührt worden war, hatte auch unter der antimodernistischen Reaktion auf doktrinärer Ebene nicht allzusehr zu leiden, obwohl einige katholische Gelehrte Gegenstand von Maßnahmen wurden, die heute kaum mehr als gerechtfertigt erscheinen[70]. In den letzten Jahren des Pontifikats Pius' X. wurde Deutschland dagegen durch die integralistischen Angriffe auf politischer und sozialer Ebene

[68] Aber nicht „des Glaubens", wie C. Bellaigue zerstreut geschrieben hat, der außerdem diese am 6. 7. 1913 abgegebene Erklärung um ein Jahr postdatiert hat (vgl. *A. Dansette:* Études 279 [1953] 391–392).

[69] Siehe den Inhalt des Dossier im Index librorum prohibitorum, Ausgabe von 1930, S. XXVIII–XXXI. Über die Verurteilung siehe *A. Latreille:* Cahiers d'histoire 10 (1965) 388–401.

[70] Als F. Maier den Kommentar der drei ersten Evangelien für die sogenannte, von F. Tillmann besorgte Bonner Bibel übernommen hatte, hielt man seine Lösung des synoptischen Problems für verwegen, und er mußte nach einigen Faszikeln durch einen anderen Mitarbeiter ersetzt werden.

heftig erschüttert. Einzelheiten über den sogenannten Zentrumsstreit und über die Opposition, die sich von 1904 an auf gewerkschaftlicher Ebene herauskristallisierte, finden sich in einem späteren Zusammenhang (siehe Kap. 35). Es handelt sich bei dieser Opposition um Spannungen zwischen der Berliner Richtung, die der alten Formel der katholischen Arbeitervereine treu geblieben war, und der sehr viel stärkeren Kölner Richtung, die interkonfessionelle Gewerkschaften forderte, die bereit wären, eventuell mit den Sozialisten zur Verteidigung der beruflichen Interessen zusammenzuarbeiten. Dieser doppelte Konflikt drängte zu einer grundlegenden Entscheidung, nämlich darüber, in welchem Maße die Laien eine Verantwortung für ihre Tätigkeit in weltlichen Bereichen ohne Intervention der Hierarchie selbst übernehmen könnten. Die „Integralen", wie man sie hier nannte, waren überzeugt – und Pius X. gab ihnen völlig recht –, daß die Religion nun einmal das Fundament der sozialen Ordnung sei und daß man daher, wenn man die politischen und sozialen Probleme außerhalb der Kontrolle der kirchlichen Autorität lösen wollte, die traditionelle Konzeption der „christlichen Zivilisation" wieder in Frage stellen und sich damit der Gefahr eines Irrtums in den Bereich des Lehramtes aussetzen würde. Die Integralen machten infolgedessen den christlichen Gewerkschaften in der Form, wie sie sich so ziemlich überall in Westeuropa zu Beginn des 20. Jh. organisierten, den Vorwurf, den Hauptton auf ihre wirtschaftliche und soziale Aufgabe zu legen, statt ihren moralischen und religiösen Endzweck in den Vordergrund zu stellen. Sie entrüsteten sich vor allem darüber, daß die Kölner Richtung sogar so weit ging, die Verteidigung der Arbeiter auf neutraler beruflicher Grundlage zu organisieren, so daß die Zusammenarbeit mit Nichtkatholiken und sogar mit den Sozialisten ermöglicht würde.

Pius X. wollte einerseits die Prinzipien aufrechterhalten, die nach seiner Auffassung jede christliche Gesellschaft leiten sollten, und deshalb gegen die Bestrebungen der Entklerikalisierung des weltlichen Lebens angehen. Andererseits mußte er jedoch auch der Stärke der Kölner Richtung Rechnung tragen, hinter der die große Mehrheit des deutschen Episkopats stand und die außerdem insgeheim die Unterstützung des Münchener Nuntius genoß[71], weshalb sich die ganze Situation grundlegend vom Fall „Le Sillon" unterschied. Daher suchte der Papst einen Kompromiß und veröffentlichte im September 1912 die Enzyklika „Singulari quadam"[72], in der er vorbehaltlos die Berliner Formel billigte, aber einräumte, man könne auch die andere Formel „tolerieren", um ein größeres Übel zu vermeiden, nämlich These und Hypothese. Dieser päpstlichen Intervention gelang es jedoch nicht, die seit mehreren Jahren tobenden Auseinandersetzungen zu beschwichtigen; im Gegenteil, sie verwirrte die Situation nur noch

[71] Über die von manchen römischen Kreisen wenig geschätzte, mäßigende Aktion des Nuntius bei den verschiedenen Kontroversen, die unter der Fahne der antimodernistischen Reaktion ausgelöst wurden, siehe *A. Walz,* Andreas Kard. Frühwirth (Wien 1950) 328–347. Zur Entstehung der Enzyklika: *L. Hardieck:* WZ 109 (1959) 169ff.

[72] AAS 4 (1912) 657–662.

mehr, da nun beide Parteien triumphierten. Auch in Frankreich lebten die Auseinandersetzungen wieder auf. Hier nahmen die Integralisten die Enzyklika zum Anlaß, ihre Angriffe gegen die christliche Demokratie wieder aufleben zu lassen[73]. Dann veröffentlichte die „Civiltà cattolica" zwei Artikel von P. G. Monetti[74], einem Theologen, auf den der Papst gern hörte. Diese Artikel richteten sich unmittelbar gegen das Prinzip des Gewerkschaftswesens und gipfelten in dem Satz: „Es begreift viele Dinge mit ein, die dem wahren Geist des Evangeliums absolut entgegengesetzt sind, und es nutzt nichts, es mit dem Beiwort christlich zu taufen; wenn zwei Begriffe so schlecht zusammenpassen, versucht man nicht, sie miteinander zu verbinden." Der Artikel war offensichtlich inspiriert. Er wirkte als ein Versuchsballon, als ein Vorspiel zu einem neuen, viel schärferen päpstlichen Dokument. Dieses Dokument sollte das christliche Gewerkschaftswesen vor einer Entwicklung warnen, die es mehr und mehr von der sozialen Ideologie abtrieb, die Pius X. – was allerdings von verschiedenen apologetischen Historikern bestritten wurde – für die einzig richtige und der katholischen Auffassung entsprechende hielt. Wer auch immer darüber zur Überzeugung gekommen war, daß der Papst in diesem Punkt der Gefangene eines überholten „Modells" in der soziologischen Bedeutung des Wortes geworden und bestrebt war, die Anpassung der Kirche an die Entwicklung der modernen Gesellschaft nicht noch weiter zu verzögern, bemühte sich, den drohenden neuen Schlag abzuwenden. Die Kardinäle Maffi und Mercier, der General der Jesuiten, P. Wernz, Toniolo und Harmel nebst anderen intervenierten diskret, und Pius X. zog es schließlich vor, die geplante Maßnahme aufzuschieben. Die christlichen Demokraten hatten so schließlich in dieser „letzten großen Schlacht des Pontifikats" (É. Poulat) den Sieg über ihre integralistischen Gegner davongetragen.

Damals lösten übrigens gerade die Exzesse der „Hexenjagd" allmählich überall einen Widerstand aus, der, entgegen häufigen Behauptungen, nicht erst den Pontifikat Benedikts XV. abgewartet hat, um sich mehr oder weniger offen zu manifestieren[75]. Dieser Widerstand gruppierte sich fortschreitend um einige Prälaten, die sich seit mehreren Jahren Sorgen wegen der ganzen Entwicklung

[73] Ein öffentlicher Brief von Kardinal Merry del Val an A. de Mun vom 7. 1. 1913 (s. *R. Talmy*, Le syndicalisme chrétien 122–124) stellte für sie einen ersten Erfolg dar; im Verlauf der nächsten Monate kam es jedoch zu einer Entspannung.

[74] CivCatt 1914 I 385–399 546–599. Über diese Affäre und ihre Folgen siehe *A. Zussini*, L. Caisotti di Chiusano e il movimento cattolico dal 1896 al 1915 (Turin 1965) 154–196.

[75] Die von É. Poulat veröffentlichten Briefe von Msgr. Benigni zeigen deutlich, daß die integralen Katholiken von 1913 an über die Entwicklung der Situation immer unruhiger wurden und daß ihre Entmutigungsrufe angesichts der „liberalen" Gegenoffensive immer zahlreicher wurden.

[76] Unter anderen Kardinal Piffl, Erzbischof von Wien; Kardinal Amette, Erzbischof von Paris; die meisten deutschen Bischöfe; Kardinal Mercier, Erzbischof von Mecheln; in Italien die Kardinäle Maffi, Svampa, Capecelatro, Richelmy und sogar an der Kurie die Kardinäle Casetta, Präfekt der Studienkommission, und Steinhuber SJ, Präfekt des Index.

der Dinge und der eingeschlagenen Richtung machten[76], und um eine Reihe von Jesuiten, die sich Rechenschaft darüber ablegten, daß der Nachfolger Pius' X. unbedingt eine Weiterentwicklung einleiten mußte und daß diese Wendung vorbereitet werden mußte. Verschiedene angesehene Zeitschriften der Gesellschaft Jesu riskierten von 1913 an öffentliche Proteste, so die „Stimmen der Zeit"[77], in denen P. Lippert die „Ketzereien-Jagd" als eines der bedauerlichsten Phänomene der antimodernistischen Reaktion brandmarkte. Ebenso veröffentlichte die „Civiltà cattolica" die vom Fürsten zu Löwenstein beim Metzer Kongreß vorgebrachten Beschwerden über die Angriffe gewisser „Integraler" gegen die sozialen Katholiken[78]. Etwas später geißelte die französische Jesuitenzeitschrift ihrerseits die „Denunziationen ohne jedes Unterscheidungsvermögen"[79]. Für die Eingeweihten war es kein Geheimnis, daß hinter den Jesuiten, die so gegen die Exzesse des Integralismus reagierten, der General der Gesellschaft und zwei seiner Hauptmitarbeiter standen, nämlich die Patres Ledochowski und Fine.

Pius X., dessen bittere Klagen über seine „Isolierung" im Kampf für die Verteidigung der integralistischen Rechtgläubigkeit man in diesem Zusammenhang besser versteht, verhehlte seine Unzufriedenheit nicht. Schon im Oktober 1913 hatte er die Leitung der „Civiltà cattolica" dem P. Chiaudano übertragen, der seine Einstellung ganz und gar teilte und von dem die integralistische Zeitung „La Vigie" schrieb, er werde die römische Zeitschrift zu der „unnachgiebigen Entschlossenheit" zurückführen, von der sie sich entfernen wolle, und „die schönen Tage Pius' IX. wieder aufleben lassen"[80]. Das im folgenden Jahr anläßlich der Jahrhundertfeier der Wiederherstellung der Gesellschaft Jesu an diese gerichtete Breve ließ in der Kälte, mit der es abgefaßt war, keinen Zweifel darüber zu, wie enttäuscht der Papst wegen der „Entgleisungen" war, die er der Gesellschaft vorzuwerfen müssen glaubte. Allem Anschein nach war er sogar im Begriff, P. Wernz von der Leitung der Gesellschaft abzulösen und ihn durch P. Matiussi zu ersetzen, der zu den integralistischen Kreisen enge Beziehungen hatte[81]. Aber gerade in diesem Augenblick setzte der fast gleichzeitige Tod des „weißen Papstes" und des „schwarzen Papstes" einen Schlußstrich unter diese besonders schmerzliche Seite der Unterdrückung des Modernismus durch die Antimodernisten.

[77] 85 (1913) 358–362; vgl. 87 (1914) 249–253.

[78] 1913 III 612. Über diese Intervention der „Civiltà" siehe *G. de Rosa,* L'Azione cattolica II (Bari 1954) 132–138.

[79] Critiques négatives et tâches nécessaires: Études 138 (1914) 5–25. Vgl. *J. Lebreton,* Le P. L. de Grandmaison (Paris 1932) 187–193.

[80] Vgl. *É. Poulat,* Intégrisme 335–337. Bemerkenswert ist, daß Pius X. bei seiner Ernennung den Wunsch äußerte, die „Civiltà" möge allen „sincere et integre catholici" Journalisten als Vorbild dienen.

[81] Vgl. *G. Cassiani Ingoni,* Vita del P. W. Ledochowski (Rom 1945) 71–73 und Disquisitio circa quasdam obiectiones 10–11.

DRITTER ABSCHNITT

Der Heilige Stuhl und die europäischen Regierungen

Univ.-Professor Dr. Mario Bendiscioli, Pavia (Kap. 34)
Univ.-Professor Dr. Rudolf Lill, Köln – Rom (Kap. 35)
Univ.-Professor Dr. Jacques Gadille, Lyon (Kap. 36)
Univ.-Professor Dr. Roger Aubert, Löwen (Kap. 37)

34. Kapitel

Die Römische Frage und der italienische Katholizismus

Das „Non expedit" zur Zeit Pius' X. und Benedikts XV. und zu Beginn des Pontifikates Pius' XI. bis 1925

BIBLIOGRAPHIE: 1. Quellensammlungen (vgl. die Bibliogr. in Kap. 5): Acta Pii X, 3 Bde (Rom 1905/07); *R. Aubert,* Documents relatifs au mouvement catholique sous le pontificat de Pie X: RSTI 12 (1958) 202–243 334–370; *A. Toniolo,* Saggi politici a cura di S. Majerotto (Rom 1957); *F. Meda,* Scritti scelti a cura di G. P. Dore (Rom 1959); *G. Della Torre,* I cattolici e la vita pubblica italiana (articoli, saggi, discorsi) a cura di *G. De Rosa,* 2 Bde (Rom 1962); *R. Murri,* Battaglie d'oggi, 4 Bde (Rom 1904); *L. Sturzo,* Opera omnia (erscheinen laufend in Bologna 1950ff); *ders.,* Dall'idea al fatto a cura di G. De Rossi (Rom 1920); *ders.,* Chiesa e Stato (Bologna 1958); La Civiltà cattolica 1850–1945, antologia a cura di *G. De Rosa* (Rom 1967); L'Azione, antologia di scritti 1902–22 a cura di *C. Bellò* (Rom 1967) (Zeitschrift-Zeitung von Cremona); Vita e pensiero 1914–64 von *A. Gemelli* und *F. Olgiati* (Mailand 1966); Civitas, 1919–25 a cura di *B. Malinverni* (Rom 1963).

2. Der geschichtliche Rahmen: Verschiedene Autoren, 30 anni di storia politica italiana (Turin 1968); *L. Salvatorelli,* Storia del Novecento (Mailand 1957); *G. Giolitti,* Memorie della mia vita (Mailand ³1945).

3. Besondere Themen (vgl. die Bibliogr. in Kap. 5): Ferner: *L. Salvatorelli,* Giolitti (Mailand 1928); *G. Spadolini,* Giolitti ed i cattolici, 1901–14 (Florenz 1960); *M. Guasco,* R. Murri ed il modernismo (Rom 1968); *G. Corradi,* Liberali e cattolici nelle Marche, 1900–13 (Urbino 1970); *A. Canaletti Gaudenzi,* L. Sturzo. Il pensiero e le opere (Rom 1945); *G. Petrocchi,* Don Luigi Sturzo (Rom 1945); *F. Rizzo,* L. Sturzo e la questione meridionale (Rom 1937); *F. Magri,* Un pioniere dell'azione sociale cristiana, Angelo Mauri 1873–1936 (Mailand 1956); *P. Bondioli,* P. Agostino Gemelli. Un profilo (Mailand 1926); *M. C. Rossi,* Fr. L. Ferrari, Dalle Leghe bianche al P. P. I. (Rom 1965); Verschiedene Autoren, Benedetto XV, i cattolici e la prima guerra mondiale (Rom 1963); La parola e l'opera di Benedetto XV durante il conflitto mondiale (Florenz 1916); *F. Meda,* I cattolici nella guerra mondiale (Mailand 1928); *G. Quadrotta,* Il Papa, l'Italia e la guerra, con prefazione di Fr. Scaduto (Mailand 1915); *E. Vercesi,* Il Vaticano, l'Italia e la guerra (Mailand 1925).

Der spätere Papst Pius X., Giuseppe Sarto, kämpfte als Bischof von Mantua und sodann als Patriarch von Venedig in bezug auf die Römische Frage und die kritische, distanzierte Haltung gegenüber dem italienischen Einheitsstaat im aktiven Integralismus mit. Er zeigte jedoch ein Gespür für die Grundprobleme der politischen Gesellschaft Italiens, die nach den blutigen Zwischenfällen vom Mai 1898 und nach dem Königsmord von 1900 von Ängsten, Ressentiments und Anschuldigungen beherrscht war. Er war besorgt darüber, daß bei den Wahlen die Sozialisten die Radikalen unterstützten, die weiterhin hartnäkkig ihr von der Freimaurerei inspiriertes antiklerikales Geschrei vollführten und keinen Einfluß der Kirche auf das gesellschaftliche Leben (Schulen, Erziehungswesen, Sozialfürsorge, caritative Werke) zulassen wollten, was den eigentlichen inneren, nationalen Aspekt der „Römischen Frage" darstellte. Damit gegen solche Allianzen zwischen den Radikalen und den neuen sozialistischen Kräften im Zeichen einer größeren Aufgeschlossenheit für die demokratischen Instanzen, aber auch eines polemischeren Laizismus ein Gegengewicht geschaffen würde, billigte es deshalb Kardinal Sarto, daß man bei den Administrativwahlen zur Verteidigung der religiösen Werte und Institutionen Abkommen mit den gemäßigten Liberalen traf. Überdies hatte Sarto zu Mantua und Venedig Gelegenheit, Persönlichkeiten, Situationen und Programme der militanten Katholiken zu beobachten und zu beurteilen, und er lehnte Kontakte mit „transigenten" und vermittelnden Kreisen nicht vollständig ab.

Auch als Papst hielt er sich gegenüber dem katholischen Aktivismus an seine Leitlinien eines „konservativen Reformismus" (Aubert); er kam den Forderungen, die von den Engagiertesten ausgingen, entgegen, aber immer nur in ganz bestimmten Grenzen und in einem bestimmten Rahmen, so daß die Initiativen und die Männer, die diese vorantrieben und in die Tat umsetzten, gezügelt wurden. Vor allem ließ Pius X., auch was die Katholische Bewegung Italiens betraf, die Männer, welche die Politik Leos XIII. gefördert hatten, in den Hintergrund treten und leitete neue Regierungsmethoden ein. Diese stellten auf direkte, nicht bürokratische Beziehungen zu den leitenden Persönlichkeiten der Bewegung und den Wortführern von Strömungen ab, wobei diese Kontakte über den Privatsekretär gingen. Offiziell hingegen blieb weiterhin das Staatssekretariat zuständig, obwohl Pius X. wußte, daß dessen neuer Leiter, Kardinal Merry del Val, mit dem italienischen Katholizismus nicht vertraut und in erster Linie darum besorgt war, in diesem die Autorität, die Disziplin, die Steuerung von oben herab aufrechtzuerhalten.

Auf diese Weise bevorzugte Pius X. vor allem die persönliche Führung durch Männer seines besonderen Vertrauens, die außerhalb des Staatssekretariats und seiner Ämter standen. Unter diesen Mitarbeitern erhielten einige Patres der Gesellschaft Jesu besonderen Einfluß, die zudem als Schriftleiter der „Civiltà cattolica" diesem Organ als offiziösem Sprachrohr des Papstes verstärkten Einfluß verschafften: die Patres Santi, Passavich und Brandi. Sie hatten in die Organisation und die Erfolge der organisierten Katholiken unmittelbaren Einblick, der eine, was Deutschland, der andere, was Frankreich-Belgien, und der dritte, was die Vereinigten Staaten betraf. Sie erhielten den Auftrag, Entwürfe zu päpstlichen Dokumenten auszuarbeiten, und sie dienten auch als Verbindungsleute zu den Leitern der Katholischen Bewegung, um Berichte und Erklärungen einzuholen und Anregungen und Mahnungen weiterzuleiten.

Es war der Wunsch Pius' X. wie der seines Vorgängers, daß die von oben getroffenen Entscheidungen, die seiner Auffassung von der päpstlichen Autorität entsprachen, ihren Ursprung im Volk gehabt hätten; doch die Laienschaft sowie die aktiveren Kreise des Klerus waren uneins und suchten zwischen Mitglieder der Kurie und den Papst persönlich einen Keil zu treiben, so daß in die offiziellen Weisungen eine gewisse Widersprüchlichkeit und Mehrdeutigkeit hineinkam. Im Jahre 1904 entschloß man sich, das Kongreßwerk, das gerade dreißig Jahre bestand, aufzuheben. Gleichzeitig verstärkten die Instruktionen für die Reorganisation der Einheitskader auf der Grundlage der Enzyklika „Il fermo proposito" (11. 6. 1905)[1] die Abhängigkeit der Katholischen Bewegung und ihrer Organisation von der kirchlichen Führung. Der Papst sah sich, was das von den Personen und Institutionen erwartete Eingehen auf seine Absichten betraf, bitter enttäuscht.

Auch hinsichtlich des formell bestätigten „Non expedit" begann der Sarto-Papst Neuerungen einzuführen; von Fall zu Fall wurden Milderungen und Ausnahmen gewährt, mit dem Ziel, radikale und sozialistische Kandidaturen dadurch auszuschalten, daß man bei Stichwahlen den liberalen Kandidaten unterstützte, sofern dieser sich vorher verpflichtet hatte, auf die Forderungen der Katholiken in bezug auf die Schule, die Familie (Ablehnung der Ehescheidung) und die religiösen Institutionen einzugehen. Indem der Vatikan den liberalen Abgeordneten, welche die Parlamentsmehrheit des Premierministers Giolitti stellten, Wahlhilfe leistete, wollte Pius X. auch eine Geste der Entspannung gegenüber dem italienischen Staat machen. Man erwartete als Lohn dafür irgendein Entgegenkommen in der Römischen Frage, und zwar nach zwei Seiten: in bezug auf die bilaterale Regelung der Stellung des Heiligen Stuhls in Rom und in bezug auf eine im gegenseitigen Einvernehmen zu treffende Festlegung des Rechtsstatus der kirchlichen Körperschaften in Italien.

Die Erwartungen erfüllten sich jedoch nicht. Der piemontesische Premierminister verfolgte zwar mit Hilfe einer willfährigen Parlamentsmehrheit gegenüber den Oppositionen im Land und in der Abgeordnetenkammer eine Politik des Entgegenkommens, schenkte ihren Forderungen Gehör und zog ihre Wortführer zur Mitarbeit heran; er beharrte aber hinsichtlich der Beziehungen zwischen Kirche und Staat und somit des Verhältnisses zum Heiligen Stuhl auf der herkömmlichen Haltung; er vertrat die Theorie, Kirche und Staat seien mit Parallelen zu vergleichen, die dazu bestimmt seien, nebeneinander ohne Begegnung herzulaufen. Deshalb kehrte auch der Vatikan zur förmlichen, starren Haltung zurück. Dies hatte für die Katholische Bewegung zur Folge, daß ihre Abhängigkeit vom Heiligen Stuhl stärker betont, aber auch die öffentliche Betätigung der Katholiken in den Gemeindeverwaltungen und in der Wirtschafts-

[1] Wortlaut: Insegnamenti pontifici. Nr. 4. Il laicato, 201–231, Nr. 323–374.

und Gesellschaftsorganisation (Darlehenskassen auf dem Land, Arbeiterhilfswerke, Emigrantenfürsorge, Volkshäuser, politisch-religiöse und volkstümlich-polemische Presse, Berufsorganisationen, z.B. der Primarlehrer) verstärkt wurde. Alle diese Betätigungen führten aber zu immer häufigeren Kontakten mit der Welt der Politik; in der öffentlichen Meinung und in den Volksvertretungen wurden die Programme aufeinander abgestimmt, und es kam zu Begegnungen mit dem Ziel, zugunsten der Gruppen, die man vertrat, auf die öffentlichen Gewalten Druck auszuüben.

So rückte sowohl auf der Ebene der Administrativwahlen (worin man sich schon bis dahin kraftvoll eingesetzt hatte) als auch auf dem Gebiet der „politischen" Wahlen (an die man indirekt heranging) das Wahlproblem in den Vordergrund der Bewegung, und bei den Wahlvorbereitungen spielte neben der „wirtschaftlich-sozialen Union" eine „Wahlunion" eine große Rolle.

Eine der letzten Entscheidungen, die Leo XIII. getroffen hatte, war die gewesen, daß er eine neue, den Ideen Toniolos nahestehende und für die Forderungen der Jugend aufgeschlossene Persönlichkeit zum Präsidenten des Kongreßwerks ernannte: den Grafen Grosoli von Ferrara, der als Herausgeber katholischer Tageszeitungen dazu berufen war, eine hervorragende Stellung einzunehmen. Dies bedeutete, daß sich beim Pecci-Papst die Ansätze zu einer kühneren sozialen Demokratie durchgesetzt hatten und daß auch für ihn die ursprünglich religiös-klerikale Bewegung zu einer sozialen Bewegung geworden war. Auf dem Katholikenkongreß von Bologna (November 1903) hatte der neue demokratische Geist Gelegenheit gehabt, sich in Motionen und demokratischen Wahlverfahren Geltung zu verschaffen, die davon zeugten, daß die Gruppen einander nähergerückt waren und die fortschrittlichsten Ideen und ihre Urheber Gefolgschaft gefunden hatten. In den herkömmlichen fünf Sektionen war dies jedoch noch nicht der Fall. Im Gegenteil, im Gefolge des durch Grosoli ersetzten Paganuzzi hatten die „Alten" eine Alarmkampagne gegen die neue Leitung ausgelöst, und es gelang ihnen, im folgenden Jahr im Zentralkomitee des Kongreßwerkes Grosoli die Mehrheit zu nehmen. Der Papst bestätigte ihm zwar sein Vertrauen, doch kurz darauf mißbilligte der „Osservatore Romano" (19.7. 1904) einen Rundbrief, den Grosoli am 15. Juli 1904 an die Katholischen Komitees gesandt hatte. Darin war gegenüber der Behauptung, daß „die Frage der absoluten, effektiven Freiheit und Unabhängigkeit vom Heiligen Stuhl das Hauptziel der Katholischen Aktion" sei, von neuem darauf bestanden worden, daß die Katholiken nicht nur in ihren religiösen, sondern auch in ihren wirtschaftlichen und sozialen Initiativen von der Autorität der Bischöfe abhängig seien und daß sie sich den politischen Wahlen fernzuhalten hätten. In einem bedeutungsvollen Hinweis auf ihr nationales Bewußtsein und auf dessen Forderungen in bezug auf die in Bewegung befindliche Wirklichkeit wurde jedoch gesagt: „Innerhalb der unantastbaren Rechte des Heiligen Stuhles betrachten die Katholiken Geschichtsepochen und -ereignisse als Meilensteine eines in die Zukunft führenden Weges und sind darauf bedacht, daß ihr Werk, das sie als

Lebendige leisten, nicht von Fragen, die im nationalen Bewußtsein tot sind, behindert werde."[2]

Grosoli reichte von neuem seine Demission ein, und dieses Mal nahm man sie an. In der Folge wurde durch ein Schreiben des Kardinalstaatssekretärs Merry del Val an die italienischen Bischöfe das Kongreßwerk für aufgehoben erklärt, und man ließ nur dessen zweite Sektion – immer noch unter dem Vorsitz von Medolago Albani – weiterbestehen. Die katholische Aktion sollte von der Hierarchie abhängig sein; sie mußte das Prinzip der Bestimmung der Führungskräfte mit Hilfe der Wahl und den Grundsatz der regionalen Autonomie aufgeben und wieder zum starren römischen Zentralismus und zu einer nach Diözesen gegliederten Organisation zurückkehren. „Bei den allgemeinen Kongressen und bei kleineren Zusammenkünften mußte man von parlamentarischen Formen absehen und darauf verzichten, Entscheidungen durch eine Volksabstimmung treffen zu lassen."[3]

Es war Grosoli nicht geglückt, Murri in die Organisation und zu der Denklinie des Kongreßwerkes zurückzuführen. Durch die von ihm aufgeworfenen Probleme hatte dieser bei den militanten Katholiken eine Gewissenskrise ausgelöst, die nicht nur die Organisation, ihre Zielsetzungen und Methoden betraf und zu der Entscheidung zwang, ob man sich an die Weisungen des Kongreßwerkes oder an die christliche Demokratie halten wolle, sondern auch die Gültigkeit des „Non expedit" und die einschränkenden Maßnahmen des Vatikans gegenüber der demokratischen Aktion der Katholiken in Frage stellte.

Zu diesem Zeitpunkt, im Juli 1904, wies die katholische Sozialbewegung einen Bestand auf, der auch der regionalen Verteilung nach sich sehen lassen durfte: insgesamt 2432 Organisationen, davon 642 im Veneto, 677 in der Lombardei, 106 in der Toskana, 27 in Umbrien, 99 in den Marken, 37 in Latium, 17 in den Abruzzen, 37 in Campania, 17 in Apulien, 5 in der Basilikata, 8 in Kalabrien, 3 in Sardinien, 125 in Sizilien. Ihrem Charakter nach waren von diesen 2432 Organisationen 774 Vereine für gegenseitigen Beistand, 21 Volkssekretariate, 107 Produktiv- oder Konsumgenossenschaften, 170 Berufsverbände oder Arbeitervereine, 33 Landarbeitervereine, 43 Bauernvereine, 29 Gesellschaften für Kollektivpachten, 69 Banken, 855 ländliche Darlehenskassen, 40 Arbeiterkassen, 154 Viehversicherungsgenossenschaften, 187 demokratische Propagandavereine[4].

Nun aber stellte sich der Katholikenbewegung ein doppeltes Problem: auf der einen Seite mußte sie die vielfältige Sozialarbeit weiterführen und intensivieren, und hier machten sich bei den Organisierten und den Organisatoren die Forderungen von unten, von der Arbeiter- und Bauernwelt her, geltend; diese Kreise waren in erster Linie von der Industrialisierung betroffen, neuen Lebensbedingungen unterworfen und von wiederholten Krisen heimgesucht, im

[2] *A. Gambasin,* Il movimento sociale ..., a.a.O. 552.
[3] Ebd. 552–554. [4] Ebd. 558.

Gefolge der bestehenden weltweiten Krisen. Auch wollten sich die Katholiken an den sozialistischen Organisationen ein Beispiel nehmen und diesen gegenüber bezeugen, daß das Christentum die soziale Kraft habe, durch Einsatz aller verfügbaren Mittel die Masse aus dem Elend zu befreien. Auf der andern Seite mußte der katholische Aktivismus in Treue zum Papst die päpstlichen Weisungen befolgen. Diese waren vorgezeichnet in der Enzyklika „Il fermo proposito" von 1905 und in den neuen „Statuten", die 1906 von Laien mühsam ausgearbeitet worden waren, wobei man mit Vertrauensmännern Pius' X. einen intensiven Meinungsaustausch pflegte und die erfahrenen katholischen Organisationen des Auslandes offensichtlich in manchem nachzuahmen suchte.

Die Rahmenstruktur war vereinfacht; anstelle der fünf Sektionen des Kongreßwerkes wurden drei große Nationalunionen gebildet. Eine Volksunion, die stark dem „Volksverein" der deutschen Katholiken glich, war die größte, umfassendste Vereinigung; sie bestand aus Einzelmitgliedern und wollte diese durch die herkömmlichen Frömmigkeits- und Liebeswerke religiös und sozial schulen. Sie ersetzte somit die erste Sektion des Kongreßwerkes und entfaltete ihre Tätigkeit in „Sozialen Wochen" nach französischem Vorbild. Die zweite Sektion des Kongreßwerkes war unter dem neuen Namen „Wirtschaftlich-soziale Union" im wesentlichen beibehalten worden und hatte ebenfalls die Aufgabe, gegen den Liberalismus und Sozialismus auf die Grundsätze einer an die Ethik gebundenen christlichen Wirtschaftsordnung hin zu erziehen und entsprechende Organisationen zu schaffen. Die Betätigung der Katholiken auf dem administrativen Feld, das eine immer größere Bedeutung erhalten hatte, sollte von einem dritten Organismus gefördert und gelenkt werden, der ausdrücklich „Wahlunion der italienischen Katholiken" genannt wurde. Beim praktischen Vorgehen legte man das Hauptgewicht auf das disziplinäre Moment, das dem Trieb zur ausgedehnten sozialen Aktion und zum politischen Einsatz einen Zügel anlegen sollte.

Die Aufgabe, die Bewegung an diese Strukturen anzupassen, und erst recht die Pflicht, sich an die Weisungen der Hierarchie zu halten, ohne die Vitalität und den Elan einzubüßen, stellte leitende Persönlichkeiten und Gruppen vor eine harte Probe. Die Lebendigeren und Ungeduldigeren unter ihnen, die sich in Murri wiedererkannten, sollten in der Folge mit der Bewegung brechen, sich unter Verlust vieler Mitglieder von der katholischen Aktion lösen und schließlich bei den Radikalen und Sozialisten landen. Der heikelste Punkt, der am meisten zu schaffen machte, war die Autonomiefrage; um sie gab es die meisten Spannungen, auch deshalb, weil die Autonomieforderung die vom „Non expedit" gebotene Einschränkung mit all ihren prinzipiellen und taktischen Gegebenheiten einschloß. Schon 1905 hatten sich autonome Gruppen der „christlichen Demokratie" gebildet.

Im Hinblick auf die Abgeordnetenwahlen von 1904 erbaten Persönlichkeiten, die wie Bischof Bonomelli unter Papst Leo XIII. für die Aussöhnung mit dem Staat eingetreten waren, auch vom neuen Papst die Aufhebung des „Non expedit“. Zu ihnen gesellten sich mit mehr Erfolg Laien als Wortführer hochgesinnter, doch auch ungeduldiger Aktivistenkreise der Provinz. Einer von ihnen, der spätere Abgeordnete Bonomi von Bergamo, war auch von Vertrauensmännern des Ministerpräsidenten Giolitti – so vom Minister Tittoni –, die den Anteil der katholischen Stimmen bei den Administrativwahlen mit dem der Stimmenthaltungen bei den politischen Wahlen verglichen und sich Rechenschaft über die politische Stärke der Katholiken gaben[5], um Vermittlung ersucht worden. In einer Unterredung über das „Non expedit“ erhielt Bonomi von Pius X. den Bescheid: „Tun sie, was Ihnen ihr Gewissen gebietet; der Papst wird schweigen.“[6] Die Katholiken beteiligten sich daraufhin in Bergamo, Cremona und Mailand an den Parlamentswahlen und errangen dank Absprachen mit den Liberalen in der Kammer auch einige Sitze für katholische Abgeordnete.

Es handelte sich dabei von seiten des Heiligen Stuhls um ein eingeschränktes Zugeständnis, das jedoch zur allmählichen Aufhebung des „Non expedit“ führte. Der Vatikan behielt sich nämlich das Recht vor, in Einzelfällen, wo die Bischöfe dies für notwendig erachteten und darum nachsuchten, Dispensen zu gewähren. Dies nicht sosehr aus Sympathie zu den Liberalen als aus Angst vor dem Vorrücken des Sozialismus, den man als eine Gefahr für die Religiosität des Volkes und für die Stabilität der Grundlagen des italienischen Staates ansah, der nun als gefestigt galt und vor Revolutionswirren zu schützen war.

Die Katholische Bewegung nahm weiterhin eine Abwehrhaltung ein; sie protestierte gegen jeglichen Angriff auf die Autorität und das Ansehen der Kirche, auf die religiösen Überzeugungen und Bräuche des einfachen Volkes, schrieb die Schuld daran den liberalen Grundsätzen zu und zeigte ihre Stärke im geschlossenen Zusammenstehen mit dem Papst. In ihr wirkten – nicht ohne Spannungen – mehrere Faktoren zusammen, so der Stand, dem man angehörte, der fortschreitende Aufstieg der unteren Volksschichten, der religiös-erbauliche Eifer, die pastorale Politik der Hierarchie. Unter den Führungskräften dominierten immer noch die Männer, die treu zum Glauben standen und diesem zum Triumph verhelfen wollten. Diese Faktoren wirkten sich auch in der politischen Aktion aus, in ihrer geistigen Ausrichtung wie auch in ihrer praktischen Verwirklichung. Im politischen Einsatz, der unter Pius X. durch die Abschwächung des „Non expedit“ besonders betont wurde, kündigte sich denn auch in verschiedenen Schattierungen die offensive Einstellung an, die Absicht, auf die wirtschaftlich-sozialen und die politischen Strukturen im Geist der Kirche und ihren Forderungen entsprechend Einfluß zu nehmen.

[5] Bei Ergänzungswahlen in Bergamo im Juni 1904 unter dem Regime des „Non expedit“ hatten 2465 zugestimmt, 3875 sich der Stimme enthalten; der radikale Kandidat hatte mit Hilfe der Sozialisten 1330 Stimmen und der gemäßigte 924 Stimmen erhalten. Vgl. *D. Secco Suardo,* Da Leone XIII a Pio X (Rom 1967) 384.

[6] *P. Zerbi,* Il movimento cattolico in Italia da Pio IX a Pio X. Linee di sviluppo (Mailand 1961) 85.

Auf dieser Linie lag vor allem die gemäßigte klerikale Richtung, die eine Seite der Katholischen Bewegung und der von Giolitti und seinen Regierungsmethoden beherrschten italienischen Politik bildete. Sie hatte eine Parallele in der sogenannten „reformistischen" Strömung des Sozialismus, soweit dieser zur Verwirklichung seines Wirtschafts- und Sozialprogramms den demokratischen Weg beschreiten wollte und sich vom revolutionären Syndikalismus und vom Anarchismus distanzierte. Die gemäßigte klerikale Richtung war bei den Begegnungen zwischen Katholiken und Liberalen angebahnt worden, die auf der Plattform der 1879 ins Leben gerufenen Zeitschrift „La rassegna nazionale", eines offiziösen Sprachrohrs der versöhnungsbereiten Katholiken, stattfanden, das unter Pius X. wegen seiner Aufgeschlossenheit für den Reformkatholizismus in Mißkredit geriet. Befürworter einer Wahlallianz mit den Liberalen waren sowohl konservative „Intransigenti", die um die vom kollektivistischen Programm und von der syndikalen Agitation der Sozialisten bedrohte Wirtschafts- und Gesellschaftsordnung besorgt waren, als auch sogenannte „progressistische" „Intransigenti", die sich zur politischen Aktion gedrängt fühlten, um so die öffentlichen Institutionen im Sinn der christlichen Sozialethik beeinflussen zu können. Die Kriterien der Allianz hinsichtlich der von den Kandidaten erwarteten Eigenschaften waren im Jahre 1908 vom Papst selbst dem künftigen Bischof von Bergamo, Radini Tedeschi, gegenüber wörtlich dahingehend bestimmt worden: „Wo es sich um nicht sektiererische, nicht sozialistische Kandidaten handelt, die eine hinreichende Wahlbasis haben und Gewähr dafür bieten, daß sie die Grundsätze der Ordnung und des öffentlichen Wohls hochhalten, sollen sie unterstützt werden; wo sich freimaurerische, antiklerikale, sozialistische oder noch schlimmere Kandidaten zur Wahl stellen, sollen eigene, mit befreundeten Fraktionen abgesprochene Kandidaten aufgestellt werden." [7] Diese Weisungen finden sich im sogenannten „Patto Gentiloni" wieder, der im Hinblick auf die Wahlen von 1913 abgeschlossen wurde (die ersten Wahlen, bei denen alle Männer, das heißt 24 Prozent der auf 36 Millionen angewachsenen Bevölkerung, Stimmrecht hatten). Der Patto ist nach Gentiloni als dem jetzigen Präsidenten der „Katholischen Wahlunion" benannt und forderte von den liberalen Kandidaten: Dem Privatschulwesen dürfen keine Schwierigkeiten bereitet werden; die Einführung des Religionsunterrichts in den Gemeindeschulen ist zu befürworten; der Einführung der Ehescheidung soll Widerstand geleistet werden; die Sozialgesetzgebung ist zu fördern, und der Kandidat soll darum besorgt sein, daß die katholischen Berufsorganisationen in den staatlichen Arbeitsämtern vertreten sind. Die gewohnten defensiven Anliegen hatten also vor dem Einsatz für das Sozialprogramm den Vorrang. Hierin äußerte sich die vom konservativen Flügel geforderte Rücksichtnahme auf die liberalen Alliierten, die aber von den sozial fortschrittlicher eingestellten Katholiken nur ungern gesehen wurde. Bereits machte sich der von Laien und

[7] *D. Secco Suardo* a.a.O. 558.

jungen Priestern geförderte christliche Gewerkschaftswesen geltend mit den Landarbeiter-Gewerkschaften, von Arbeitern und Arbeiterinnen insbesondere in den Textilfabriken Norditaliens, die sich nun ebenfalls in Agitationen für Lohnforderungen auskannten und dabei sich auch des Streiks als Waffe zu bedienen wußten. Dank des Gentiloni-Paktes hielten 33 Katholikenvertreter Einzug ins Parlament, und es wurden – was nicht weniger bedeutsam war – etwa zweihundert Abgeordnete der Regierungspartei mit den Stimmen der Katholiken gewählt.

Für die politische Aktion als natürliche Konsequenz der Sozialbewegung eingestellt, aber doch gegen eine Allianz mit den Liberalen waren etliche katholische Kreise im südlichen Italien. Deren Wortführer war ein sizilianischer Priester, Don Luigi Sturzo (1871 zu Caltagirone geboren), der die Opposition der Katholiken gegen den laizistischen Einheitsstaat mit der Unzufriedenheit des wirtschaftlich benachteiligten und von Geschäftemachern beherrschten Südens begründete. Die Ursache für seine Zurückhaltung dem liberalen Staat gegenüber war somit darin zu suchen, daß dieser von Giolitti zu Machtzwecken in ein System von geschäftlichen Interessen und Korruptionen eingespannt war, weshalb der piemontesische Premierminister von ebenfalls aus dem Süden stammenden Sozialisten als „Korruptionsminister" verschrien wurde. Aus Opposition gegen diesen zentralistischen, bürokratischen Staat empfahl Don Sturzo unter dem Regime des „Non expedit" die Förderung der örtlichen Autonomie der Gemeinden und Kreise, wünschte auch eine größere regionale Autonomie und wirkte tatkräftig in dieser Richtung, indem er u. a. einen Verband der Gemeinden gründete[8]. Nach seiner Ansicht sollte die Eingliederung der Katholiken in das politische Leben auf autonome Weise erfolgen, und mit der „Vorbereitung in der Enthaltung" sollte auf dieses Ziel hingearbeitet werden. Mit der Gründung der nicht-konfessionellen, d. h. nicht formell der Hierarchie unterstellten Italienischen Volkspartei („Partito Popolare Italiano") war dann 1919 das Ziel erreicht.

Murri hingegen ging von einer Position aus, die dem liberalen, laizistischen Staat von Grund auf abhold war, und teilte in diesem Punkt die Ideen der intransigenten Kreise. Bald aber plante er, gegen den Risorgimento-Staat aus der Katholischen Bewegung eine politische Organisation zu schaffen, die das katholische Sozialprogramm durch die Machtergreifung auf dem Wege einer Wahl verwirklichen sollte. Gegen die strukturelle, hierarchische Erstarrung, in die die katholische Aktion durch die „Instruktionen" Pius' X. geraten war, lehnte sich der aus den Marken stammende Priester in einer aufsehenerregenden Aktion auf; er gründete eine konfessionell-katholische Partei, die „Lega democratica nazionale", und gab ihr ein Programm, das die Reform nicht nur des Staates, son-

[8] Vgl. *L. Sturzo,* ‚La croce di Costantino'. Primi scritti politici e pagine inedite sull'azione cattolica e le autonomie comunali, a cura di G. De Rosa (Rom 1958) (vgl. vor allem 263–300 „Il programma municipale dei cattolici").

dern auch der Kirche zum Ziel hatte. Damit setzte er sich einer zweifachen Verurteilung aus: der religiös-politischen infolge des Bruchs der katholischen Einheit und der lehramtlichen, die ihm als Anhänger des Modernismus drohte. Murri ließ sich mit Unterstützung der Radikalen als Parlamentskandidat aufstellen. Er wurde aber 1907 a divinis suspendiert und 1909 exkommuniziert, obwohl ihm Persönlichkeiten der Kurie – wie z. B. Kardinal Agliardi – weiterhin Achtung und Verständnis entgegenbrachten.

Von dieser „Nationalen demokratischen Liga" distanzierten sich bald Intellektuelle, Gewerkschaftsführer, Angehörige von Gemeinde- und Provinzverwaltungen, die den „politischen Modernismus" Murris nicht akzeptierten, und gründeten 1911 unter Beteiligung Don Sturzos eine „Christliche demokratische Liga"; sie war eines der Elemente, aus denen in der Folge die „Italienische Volkspartei" hervorging.

Zwischen der Katholischen Bewegung und den politischen Organen kam es zu einer weiteren sehr wichtigen Begegnung, zu einer Begegnung nämlich zwischen katholischen Persönlichkeiten und Institutionen, welche die Missionen und die Betreuung der Italiener im Ausland förderten, und den neuen nationalistischen Strömungen, die in derartigen Institutionen Werke von nationaler Bedeutung erblickten, die im Zeitalter der Kolonialherrschaft in der Außenpolitik zu verwerten seien. Dies führte dazu, daß verschiedene katholische Werke gefördert wurden, die sich um Religion und Kultur der ins Ausland, besonders nach Nord- und Südamerika ausgewanderten Italiener (allein im Jahre 1911 betrug die Zahl der Auswanderer über eine halbe Million) annahmen. Die Folge war, daß es zu einer Annäherung maßgebender katholischer Kreise an den Risorgimento-Staat kam.

Dennoch standen die engagierteren Katholiken dem italienischen Staat immer noch mißtrauisch und enttäuscht gegenüber. Die religiös-sozialen Bestrebungen der Katholiken stießen auf Widerstand, und die Regierung Giolitti hielt an ihrer Entschlossenheit fest, die Katholiken zum Unterschied von den Sozialisten politisch nicht hochkommen zu lassen. Sie vermied es darum, dem Vatikan Zugeständnisse zu machen, die Pius X. hätten dazu bewegen können, der Aktion der organisierten Katholiken einen breiteren Spielraum zu geben. Die versöhnlichen Gesten von Bischöfen und katholischen Organisationen anläßlich der Feiern zum fünfzigjährigen Bestehen des Einheitsstaates im Jahre 1911 zogen intransigent lautende Verweise des Vatikans nach sich.

Die Katholische Bewegung war unterdessen auch in den kulturellen Bereich vorgedrungen. Im Hochschulunterricht war sie außer durch Toniolo auch durch Contardo Ferrini, Professor des römischen Rechts, vertreten, der den vermittelnden Mailänder Kreisen nahestand, sowie durch die Philosophen Petrone in Neapel, Acri in Florenz, Bonatelli in Padua. Eines hohen Ansehens auch in Universitätskreisen erfreute sich der ebenfalls versöhnlich eingestellte Kardinal Capecelatro, der Astronom Kardinal Maffi von Pisa, Msgr. Talamo, der in der „Rivista internazionale di studi sociali" die Verbindung zwischen der neothomistischen Renaissance und den Sozialstudien herstellte. Schließlich ein junger Biologe, Agostino Gemelli, der sich vom militanten Atheismus bekehrt hatte und Franziskaner geworden war; er betonte seit 1909, daß die Katholische Bewegung auch in die Hochschulen eindringen müsse, und dachte dabei an eine katholische Universität, die er 1921 dann auch ins Leben rief. Die Probleme des religiösen Bewußtseins tauchten auch in der engagierten Literatur wieder auf bei Romanschriftstellern wie Fogazzaro, bei Dichtern wie Giulio Salvadori und äußerten sich auch polemisch in avantgardistischen Zeitschriften des frühen 20. Jh., so in „La voce“ und „L'acerba“ Papinis und Prezzolinis. Der Ruf nach einer Wiederbegegnung zwischen der modernen Kultur und dem Christentum auch im Bereich der Geschichtswissenschaft und der Bibelexegese wurde in Kreisen der Bewegung immer lauter erhoben. Die repräsentativsten Kreise waren der von Rom mit Buonaiuti, Genocchi, Fracassini und der um die Zeitschrift „Il rinnovamento“ gescharte Mailänder Kreis mit T. Gallarati Scotti, A. Casati, A. Alfieri, die mit dem Barnabiten P. Semeria und dem Bischof Bonomelli in Verbindung standen[9]. Doch diese kulturelle Ausrichtung der Katholischen Bewegung fiel infolge der Anklänge an Schlagworte, die von der Enzyklika „Pascendi“ verurteilt wurden, den Unterdrückungsmaßnahmen des Antimodernismus anheim, von ihnen sollte die Katholische Bewegung auf Jahrzehnte hinaus bestimmt werden.

Da die Katholische Bewegung die Bestrebungen sowohl der gebildeten Kreise wie auch der breiten Masse zu deuten wußte, war es ihr gelungen, bei deren sozialem und politischem Aufstieg die Führung zu übernehmen; so deckte sich ihre eigene Entwicklung von da an immer mehr mit der Geschichte des aus dem Risorgimento hervorgegangenen Italien. Ihre Exponenten in den beiden Kammern, in den administrativen Körperschaften, in der Presse, in der pastoralen Leitung von Diözesen und Pfarreien standen aber bald dem Weltkonflikt gegenüber, der auch Italien vor die Entscheidung zwischen Krieg und Frieden stellte. Die Katholiken neigten zumeist zu einer neutralen Haltung, auch aus Solidarität zum neuen Papst Benedikt XV. (Della Chiesa), der seine Neutralität entschieden bekundete. Personen, die eine hervorragende Rolle spielten, und Kreise, die politisch zu den engagiertesten gehörten, insbesondere diejenigen, die den Nationalisten nahestanden, ließen sich jedoch von den Aufrufen mitreißen, in den Krieg einzugreifen und an der Seite der Alliierten gegen die Zentralmächte zu kämpfen mit der Begründung, daß damit die nationale Einigung vervollständigt werden könne. Als Katholiken erblickten sie im Eingreifen in den Krieg aus dem Geist des Risorgimento heraus die Gelegenheit, ihre loyale Einstellung zum Staat zu beweisen. Von Regierungsseite aus anerkannte man alsbald das politische Gewicht der gläubigen Katholiken und nahm als ihren Vertreter Filippo Meda in das Kabinett Boselli (1916) auf.

[9] *N. Raponi,* T. Gallarati Scotti tra politica e cultura (Mailand 1971).

Im August 1917 rief der Papst zu einem Frieden auf, worin es weder Sieger noch Besiegte gebe, und bezeichnete den Krieg als „sinnloses Gemetzel“. Dies brachte die Katholiken in ein schiefes Licht und ließ Zweifel an ihrer Loyalität aufkommen, obwohl sie in Übereinstimmung mit der Haltung des Heiligen Stuhls (Erklärungen des Kardinalstaatssekretärs Gasparri von 1915) Versuche fremder Mächte, die Römische Frage auf internationaler Ebene von neuem aufzurollen, zurückgewiesen hatten.

Willens, sich der großen Probleme der Nachkriegszeit in religiös-moralischer und politisch-sozialer Hinsicht anzunehmen, gründeten die Exponenten der Katholischen Bewegung im Januar 1919 die Italienische Volkspartei („Partito popolare italiano“). Sie gingen an die anstehenden Probleme mit der Auffassung von Staat und Gesellschaft heran, wie sie bei ihnen beim Studium, in den Kämpfen und Erfahrungen von vier Jahrzehnten herangereift war[10]. Mit Zustimmung des Heiligen Stuhls, der damit die letzte durch das „Non expedit“ gegebene Schranke wegräumte, erklärte sich die Partei für „nicht-konfessionell“. Die mannigfaltigen katholischen Organisationen behielten auf den verschiedenen Sektoren ihre religiösen Bildungs- und kulturellen Aufgaben als eine unter der Leitung der Bischöfe stehende katholische Aktion bei. Zu Mitgliedern der Volkspartei erklärten sich alle katholischen Abgeordneten, die Leiter und aktiven Mitglieder katholischer Vereine und „weißer“ Gewerkschaften. Von diesem Zeitpunkt an kam im politischen Leben ihr Einfluß unmittelbar zur Geltung. Es ist kein Zufall, daß in eben diesem Jahr auf der Friedenskonferenz von Paris zwischen dem Premierminister Orlando und Msgr. Ceretti die ersten Sondierungen zu Verhandlungen über die Römische Frage stattfanden[11], die dann allerdings durch die Regierungskrise, aber auch infolge des hartnäckigen Widerstandes gewisser antiklerikaler Kreise unterbrochen wurden.

Der Erfolg, den die Katholiken auf Grund des Proporzsystems von 1919 in den Wahlen errangen (die Volkspartei konnte um die hundert Abgeordnete stellen), gab ihnen eine starke Stellung und übertrug ihnen die verantwortungsvolle Aufgabe, in einer heiklen wirtschaftlichen und politischen Krisensituation Parlamentsmehrheiten und Regierungen zusammenzubringen. Gleichzeitig entwickelte sich in voller Selbständigkeit die „weiße“ Gewerkschaftsorganisation, nicht ohne klassenkämpferische und radikale Parolen, die sich auf die Einheit der Volkspartei und auf das Einvernehmen mit der Hierarchie negativ auswirkten. Die Katholiken mußten die Mitverantwortung für die Regierung in einer durch neue politische Kräfte angespannten Atmosphäre, in der nur dürftige Parlamentsmehrheiten zusammengebracht werden konnten, übernehmen. In den Wahlen von 1921, die unter dem Premierminister Giolitti stattfanden, wei-

[10] *St. Jacini,* Storia del Partito Popolare Italiano (Mailand 1951).

[11] Vgl. *E. Orlando,* Su alcuni miei rapporti di Governo colla S. Sede (Rom 1930); *F. Margiotta Broglio,* Italia e S. Sede dalla grande guerra alla Conciliazione (Bari 1966) 43–58 (politische und juridische Aspekte).

gerte sich die Volkspartei, mit der liberalen Regierungspartei Vereinbarungen zu treffen; sie kehrte gestärkt (mit 107 Abgeordneten) in die Kammer zurück und erzwang eine Übereinkunft zu einer vorläufigen Regierungsbildung, die jedoch von Giolitti zurückgewiesen wurde. Unter dem Druck des extremen Sozialismus, dem die in Rußland aufgerichtete Diktatur des Proletariats als Modell vorschwebte, einerseits und des faschistischen Frontkämpfertums, dem bald die wirtschaftliche und politische Rechte Beistand leistete, andererseits kam es zu einer Staatskrise, in der sich unter den Katholiken Spaltungen zeigten. Der konservative Flügel, der Bundesgenossen in der Hierarchie und sogar im Vatikan hatte, weigerte sich, sich im Parlament mit den Sozialisten zu verbünden, und drängte statt dessen auf die Annahme der von den Faschisten und ihren Helfershelfern angebotenen Allianz, deren Programm einerseits antidemokratische und nationalistische Züge aufwies, andererseits aber auch gegen die Freimaurerei eingestellt war und den Persönlichkeiten und Institutionen der Kirche wohlwollend gegenüberstand.

Unter dem neuen Papst Pius XI. (Ratti), der aus dem Bürgertum und aus einer toleranten Umgebung hervorging, verharmloste der Vatikan den vom König Emmanuel III. legalisierten Staatsstreich vom Oktober 1922 und ließ es zu, daß sich in der Volkspartei ein Flügel „nationaler" Katholiken bildete, die den neuen politischen Kurs begünstigten; Exponenten dieser Richtung traten 1922 in die „nationale" Regierung Mussolinis ein.

Die Revision der antiklerikalen Traditionen des Risorgimento-Staates war von den Katholiken in Gang gebracht worden, und die Italienische Volkspartei hatte sie in der Gesetzgebung und Verwaltungspraxis systematisch weitergeführt. Jetzt aber schien es, als ob die Erneuerung auf wichtigen Gebieten von Kräften vollzogen würde, die der Katholischen Bewegung fern, ja mit ihr im Widerstreit standen. So war es die Regierung Mussolinis, die in den Schulen und Gerichtshöfen wiederum das Kruzifix anbringen ließ, in den Volksschulen den Religionsunterricht wieder einführte, die konfessionellen Schulen den öffentlichen Schulen gleichstellte, die katholische Universität Sacro Cuore in Mailand gesetzlich anerkannte, die staatlichen Zuschüsse an den Klerus erhöhte, die Kleriker mit höheren Weihen vom Militärdienst befreite, die staatlichen Subventionen für kirchliche Bauten erhöhte, den kirchlichen Würdenträgern größere Achtung entgegenbrachte und sich wieder offiziell an den großen religiösen Feierlichkeiten beteiligte. Die neue Regierung erklärte sich auch bereit, die Gesetzgebung über das Kirchenwesen nach den vom Klerus vorgebrachten Wünschen zu revidieren. Unter dem Eindruck dieser neuen Perspektiven, die sich dem Leben der Kirche in Italien boten, überließ der Heilige Stuhl die Volkspartei ohne weiteres dem Schicksal, das ihr jetzt als Oppositionspartei zukam, nachdem ihr Daseinszweck bisher in den Augen des Vatikans vor allem in der politischen Verteidigung der religiös-kirchlichen Interessen gelegen hatte. Ihr Führer, Don Sturzo, wurde zum Rücktritt aufgefordert; in seiner Eigenschaft als Priester sollte er nicht Anlaß zu Mißdeutungen bieten, sondern deutlich zeigen, daß trotz der Oppositionspolitik der Volkspartei der Vatikan der Regierung Mussolinis gegenüber eine wohlwollend abwartende Haltung einnähme.

Die Wahrung der religiös-kirchlichen Interessen gegenüber dem Staat wurde so direkt von der Hierarchie übernommen, und auch die neue Regierung ließ erkennen, daß sie lieber mit den kirchlichen Autoritäten als mit Abgeordneten einer Konkurrenzpartei verhandle. Die Haltung des Heiligen Stuhls war jedoch nicht vorbehaltlos. Zwar tadelte er 1924 zugunsten der Regierung Mussolinis die antifaschistische Kollaboration zwischen „popolari" und Sozialisten, die der Zusammenarbeit zwischen dem Zentrum und den Sozialdemokraten im Deutschen Reich und namentlich in Preußen entsprach, distanzierte sich aber von ihr durch die Verurteilung der faschistischen Gewalttaten, die an Personen und Körperschaften der katholischen Aktion begangen wurden, und durch seine Einwände gegen die neue totalitäre Gewerkschaftsgesetzgebung, die nach dem Ende der Volkspartei auch das Ende der katholischen Arbeiterbewegung mit sich brachte. Als der Justizminister A. Rocco eine Kommission zur Reform der Gesetze über das Kirchenwesen schuf, zu der mit stillschweigender Zustimmung des Heiligen Stuhls auch drei Kleriker beigezogen wurden, unterstrich der Papst persönlich in einer Ansprache (18.2.1925), daß kein Entscheid dieser Kommission angenommen werden könne, solange nicht zuvor die Römische Frage gelöst sei, worauf der Minister (Mai 1925) ankündigte, das Problem werde auf „breiterer Grundlage" wieder aufgegriffen werden.

Dies bedeutete indirekt eine Bestätigung des „Non expedit", das heißt der päpstlichen Kontrolle über die italienische Politik, und führte in einer neuen Atmosphäre zur bilateralen Überprüfung der Römischen Frage, die dann in den Lateranverträgen von 1929 ihre Regelung finden sollte. In der Zwischenzeit verstärkte der Heilige Stuhl – direkt und durch die Bischöfe – seine Einflußnahme auf die Haltung der Katholiken und der katholischen Institutionen; selbst die Struktur der katholischen Aktion wurde einer Reform unterzogen, die auf Grund eines „Non expedit" von der andern Seite her der Katholischen Bewegung Schranken setzte. Diese bestand jedoch in ihrer wenn auch gezügelten Dynamik weiter, zumal in der Jugend und in den Studentenverbänden, die gewillt waren, schikanierenden Regierungsmaßnahmen und faschistischen Gewalttaten die Stirne zu bieten. Ja es kam sogar der Hierarchie gegenüber zu Mißstimmungen und Anschuldigungen, die sich selbst auf die Lateranverträge übertrugen [12], mit denen in gewissem Sinn eine weitere Phase in der Katholischen Bewegung Italiens begann, die Phase der Aussöhnung („Conciliazione"), die allerdings unterschiedlich interpretiert und erlebt wurde.

[12] Vgl. *G. L. Ferrari*, L'azione cattolica ed il regime, edizione postuma a cura di E. Rossi (Florenz 1956), und kürzer: *M. Bendiscioli*, La politica della S. Sede 1918–1938 (Florenz 1939) 74 ff. Zu kritischen Rückblicken auf die Conciliazione gab ihr 30. Jahrestag besonderen Anlaß. Als besonders bedeutsam gilt der Beitrag des zum Kardinal erhobenen Oratorianers aus Brescia *G. Bevilacqua:* Trent'anni dopo i patti lateranensi: Humanitas (Febr. 1959) 182–190.

35. Kapitel

Der deutsche Katholizismus zwischen Kulturkampf und 1. Weltkrieg

LITERATUR: *H. Brück*, Gesch. der kath. Kirche in Deutschland im 19. Jh. IV 2, bearb. von *J. B. Kißling* (Münster 1908); *K. Bachem*, Vorgeschichte, Geschichte und Politik der deutschen Zentrumspartei V–VII (Köln 1929/30; Neudr. Aalen 1967/68); *Schmidlin PG* III 94–104 156–159 164ff; *Bihlmeyer-Tüchle* III[17] 411ff; *G. Maron*, Die römisch-kath. Kirche von 1870 bis 1970 (s. vor Kap. 1) 260ff.

E. Ritter, Die kath.-soziale Bewegung Deutschlands und der Volksverein (Köln 1954) 129–351; *H. Philippi*, Kronkardinalat oder Nationalkardinalat. Preußische und bayerische Bemühungen an der Kurie 1900–1914: HJ 80 (1961) 185–217; *ders.*, Beiträge zur Gesch. der diplomatischen Beziehungen zwischen dem Deutschen Reich und dem Hl. Stuhl 1872–1909: ebd. 82 (1963) 239–262; *Buchheim*, Ultramontanismus und Demokratie 309–536; *H. Lutz*, Demokratie im Zwielicht. Der Weg der deutschen Katholiken aus dem Kaiserreich in die Republik (München 1963); *R. Morsey*, Die deutsche Zentrumspartei 1917–1923 (Düsseldorf 1966, wichtig auch für das Jahrzehnt vor 1914); *ders.*, Die deutschen Katholiken und der Nationalstaat zwischen Kulturkampf und erstem Weltkrieg: HJ 90 (1970) 31–64; *ders.*, Georg Kard. Kopp, Fürstbischof von Breslau (1887–1914), Kirchenfürst oder „Staatsbischof"?: Wichmann-Jahrbuch für Kirchengeschichte im Bistum Berlin XXI–XXIII (1967/69) 42–65. – Vgl. die Partien zu Deutschland in Kap. 12–15.

Der 1886/87 wiederhergestellte kirchenpolitische Friede[1] ist bis zum Ende des Kaiserreiches nicht mehr ernsthaft in Frage gestellt worden. Bismarcks Nachfolger Caprivi (Reichskanzler 1890–94), Hohenlohe (1894–1900)[2] und Bülow (1900–09) waren mit Erfolg auf die Gewinnung des Zentrums bedacht; Caprivi, der überhaupt den Abbau der unter Bismarck aufgestauten inneren Spannungen betrieb, kam auch den Polen entgegen. Schon 1891 konnte wieder ein polnischer, den Anliegen seiner Nation verbundener Prälat, Florian v. Stablewski (1841–1906)[3], den Gnesener Erzstuhl besteigen. Von den Härten der beibehaltenen Teile der Kulturkampfgesetzgebung wurden immerhin einige gemildert. Bereits 1890 wurden das Ausweisungsgesetz aufgehoben und erneut die Befreiung der Theologen vom aktiven Militärdienst gewährt, 1891 erhielten die preußischen Diözesen die im Kulturkampf gesperrten Gelder zurückgezahlt. 1894 konnten die vom Jesuitengesetz mitbetroffenen Redemptoristen und Väter vom Heiligen Geist zurückkehren, doch hatten die Bemühungen des Zentrums um den Widerruf dieses Ausnahmegesetzes nur partiellen Erfolg: 1904 wurde wenigstens sein § 2 gestrichen, der die Internierung und Ausweisung auch einzelner Jesuiten ermöglicht hatte[4]. 1902 wurde an der Reichsuniversität Straßburg eine katholisch-theologische Fakultät errichtet, die bald die päpstliche

[1] Vgl. Kap. 3, S. 73–77.

[2] Vgl. Kap. 1, S. 38, außerdem HKG VI/1 730 778.

[3] *H. K. Rosenthal*, The Election of Archbishop Stablewski: Slavic Review 28 (1969) 265–275.

[4] Zu den bis in die Schlußphase des Kaiserreiches fortdauernden Diskussionen um das Jesuitengesetz: *B. Duhr*, Das Jesuitengesetz (Freiburg 1919).

Approbation erhielt. Der in die ärgste Kulturkampfpolemik zurückfallende und den Kampf „gegen den dunkelmännerischen Geist“ beschwörende, schließlich erfolgreiche Widerstand der Liberalen gegen den mit Zentrum und Konservativen abgestimmten Volksschulgesetzentwurf des Kultusministers v. Zedlitz-Trützschler (1892) wies freilich auch mit aller Deutlichkeit die Grenzen des Ausgleiches auf.

Die trotzdem fortschreitende Normalisierung ist sowohl durch Wilhelm II. wie durch Pius X. gefördert worden. Während seiner dreißigjährigen Regierung betonte der Kaiser zwar in vielen seiner oft unbedachten Äußerungen den protestantischen Charakter seines Hauses und seines Kaisertums, fand aber auch sehr verständnisvolle Worte für Katholiken und katholische Institutionen, die Milderung der konfessionellen Gegensätze hat er aufrichtig gewünscht[5]. Besonderes Interesse erwies er den auch kolonialpolitisch nützlichen katholischen Missionen sowie dem Benediktinerorden.

Die staatlichen Mitspracherechte bei der Besetzung höherer Kirchenämter, so bei den Bischofswahlen und bei der Nomination der wahlberechtigten Domherren in den „königlichen“ Monaten, wurden weiterhin ausgeübt[6], doch unterblieben nunmehr eigentliche Eingriffe in die Bischofswahlen, welche bis zum Kulturkampf die Beziehungen von Staat und Kirche oft belastet hatten[7]. Erfolgreich hat die Regierung Wilhelms II. auf die Kardinalserhebung preußischer Bischöfe hingewirkt[8], der Kaiser selbst war lebhaft an der Steigerung des wie stets geringen deutschen Einflusses in Rom interessiert. Mit dem Wunsch nach

[5] Siehe vor allem *K. Bachem*, Zentrumspartei VI 262–277 und *R. Morsey*, Katholiken und Nationalstaat 40–43.
Wenig ergiebig sind: *M. Buchner*, Kaiser Wilhelm II., seine Weltanschauung und die deutschen Katholiken (Leipzig 1929) und *S. Merkle*, Die katholische Kirche: Deutschland unter Kaiser Wilhelm II., III (Berlin 1914).

[6] Siehe vor allem *N. Trippen*, Erzbischofswahlen in Köln 294–463; außerdem: *A. G. Scharwath*, Eine staatliche „Nachweisung“ geeigneter Bischofs- und Domherrenkandidaten der Diözese Trier aus dem Jahre 1902: AMrhKG 20 (1968) 335–346; *G. Knopp*, Kirchl. Personalpolitik im Düsseldorfer Regierungspräsidium vom Ausgang des Kulturkampfes bis zum Ende der Monarchie: AHVNrh 173 (1971) 157–181; *F. G. Hohmann*, Bischofswahlen in Paderborn: WZ 122 (1972) 265–282. – Zur Rechtslage vgl. HKG VI/1 166f.

[7] Solche Eingriffe erfolgten nunmehr jedoch von der Kurie, wo der inzwischen vollends verfestigte Zentralismus die Kapitelswahlrechte zu beschneiden suchte. Damit wurde jene Offensive zur Durchsetzung des freien päpstlichen Ernennungsrechtes vorbereitet, welche die Kurie nach dem Sturz der mit Mitspracherechten ausgestatteten Monarchien in Mitteleuropa durchgeführt hat. In Deutschland ist Nuntius Pacelli an dieser Offensive sehr beteiligt gewesen. *N. Trippen* a.a.O. 448ff.

[8] 1893 wurden Kopp (Breslau) und Krementz (Köln) ernannt, 1903 bzw. 1914 Krementz' Nachfolger Fischer und v. Hartmann.
Nur Krementz' direkter Nachfolger Hubert Simar ist während seiner kurzen Regierung (1899–1902) trotz Berliner Bemühungen nicht Kardinal geworden, auch weil Leo XIII. den Eindruck hatte, daß bei seiner Wahl die Regierung noch einmal zu weitgehenden Einfluß ausgeübt hatte. *Trippen* a.a.O. 294–344.

Ernennung eines deutschen Kurienkardinals drang er jedoch nicht durch, weil sich dem mit großem Geschick des Kaisers eigener kirchenpolitischer Vertrauensmann, Kardinal Kopp, widersetzte, der seine seit der Beilegung des Kulturkampfes errungene Vermittlerrolle zwischen Rom und Berlin mit niemandem teilen wollte.

Auch Pius X., der bei aller Konzentration auf innerkirchliche Reformen die Diplomatie durchaus nicht ganz außer acht ließ, bemühte sich sehr um gute Beziehungen zu den antirevolutionären Kaiserstaaten Österreich und Deutschland[9]. Sowohl den als Garanten der bestehenden Ordnung auftretenden Wilhelm II. wie Bülow versicherte er mehrfach und demonstrativ seiner Sympathie, welche den Bruch des Zentrums mit dem Reichskanzler (1906) überdauerte. Mit der im Vatikan immer wieder unterlaufenden, in diesem Falle von Kopp mitverursachten Vermischung der kirchlichen und der politischen Sphäre scheint man dort sogar die den Bruch auslösende Kritik Erzbergers und anderer Zentrumsabgeordneter an der Reichskolonialverwaltung als Undankbarkeit gegen den kirchenfreundlichen Kanzler getadelt zu haben[10]. Bülow unterhielt, von Kopp unterstützt, gute Beziehungen nach Rom, überhaupt wirkte das von Bismarck im Septennatsstreit gegebene Vorbild in Berlin weiter: Nicht selten hat die Reichsleitung versucht, vom Vatikan innenpolitische Hilfestellungen zu erhalten und die kuriale Distanz zu den wachsenden demokratischen Tendenzen im Zentrum zu erhalten oder zu vergrößern. Am kirchenpolitischen Gleichgewicht hielt auch Bülows Nachfolger Bethmann Hollweg (seit 1909) fest, eine vorübergehende Abkühlung zwischen Rom und Berlin trat nur wegen der Rückwirkungen ein, die der Kampf der Kurie gegen den Modernismus in Deutschland hatte[11]. Erfolglos blieben die Bemühungen, die Pius X. – wie sein Vorgänger, doch weniger intensiv als jener – um die Errichtung einer Nuntiatur in Berlin unternahm; sie scheiterten weiterhin am Widerstand des Berliner Hofes sowie breiter evangelischer Kreise, aber auch Kardinal Kopp und die nach wie vor um ihre Unabhängigkeit fürchtende Zentrumspartei wünschten keinen Nuntius in Berlin.

Die Integration in den nationalen Staat haben die deutschen Katholiken und ihre politische Vertretung seit den neunziger Jahren bewußt in Angriff genommen. Noch Windthorst (gest. 1891) hatte, entgegen seiner früheren Skepsis, die ersten Schritte dazu getan. Sein Nachfolger Ernst Lieber (1838–1902)[12] hat

[9] *Schmidlin PG* 94ff. Vgl. auch *Engel-Janosi* II 55 149–152.

[10] Vgl. Bülows Denkwürdigkeiten II (Berlin 1930) 272f.

[11] Erst kürzlich sind aufschlußreiche, gegen den vatikanischen Antimodernismus und für das Zentrum Stellung beziehende Äußerungen Bethmanns und seines Vertrauten Kurt Riezler bekannt geworden: *K. Riezler,* Tagebücher, Aufsätze, Dokumente, eingeleitet und hrsg. von *K. D. Erdmann* (Göttingen 1972) 170–174.

[12] Biographien von *M. Spahn* (Gotha 1906), *H. Cardauns* (Wiesbaden 1927) und *K. Wolf:* Nassauische Lebensbilder 4 (1950); *E. Deuerlein:* StL^6 V 393f.

die Partei vollends aus der ihr im Kulturkampf aufgezwungenen Oppositionshaltung herausgeführt und zu einer für Caprivi, Hohenlohe und Bülow oft unentbehrlichen Stütze der Reichspolitik gemacht[13]. Dabei hatte Lieber sich von der vorwiegend aus schlesischen Adeligen bestehenden, von Kardinal Kopp gestützten gouvernementalen Minderheit scharf abgesetzt und eine wohl stärker nationale, aber auch stärker demokratische Politik eingeleitet. Sein Kurs zielte, ganz im Sinne Windthorsts, auf die Stärkung des Reichstages und damit auf die volle Parlamentarisierung des Reiches, von der seine Partei die wirksamste Steigerung ihres Einflusses zu erwarten hatte. Darüber kam es zu Spannungen am rechten Rand, die schon im Gewerkschaftsstreit stärker hervorgetreten sind und nach 1918, als die Mehrheit der Partei sich auf den Boden der Republik stellte, zur rechtskatholischen Abwanderung zu den Deutschnationalen geführt haben. Überhaupt ist die Zahl der katholischen Zentrumswähler seit dem Ende des Kulturkampfes langsam, aber stetig zurückgegangen[14]. Die hauptsächlichen Motive der Parteibildung waren ja nun entfallen, nicht selten wirkte sich seitdem die Unterschiedlichkeit politischer und wirtschaftlicher Interessen stärker aus als der Appell an die konfessionelle Solidarität.

Peter Spahn (1846–1925), Adolf Gröber (1854–1919) und Hertling, bürgerliche Honoratioren gleich Lieber, haben nach dessen Tod die Politik der „nationalen Mitarbeit" fortgesetzt; die Oppositionsrolle, mit der das Zentrum nach dem Bruch mit Bülow noch einmal vorliebnehmen mußte, brachte keinen Kurswechsel. Wichtiger war dieser Bruch insofern, als sich seitdem mit Matthias Erzberger (1875–1921)[15] ein neuer, aus Kleinbürgertum und Arbeiterschaft hervorgehender Führertyp im Zentrum durchzusetzen begann.

Das Zentrum hat nicht nur die seinen alten Intentionen entsprechende Sozialpolitik Wilhelms II. unterstützt. Erst seine Zustimmung ermöglichte die Annahme aller großen „nationalen" Gesetzesvorlagen, von Caprivis Handelsverträgen über das Bürgerliche Gesetzbuch und den Kriegsflottenbau bis zu den Reichsfinanzreformen unter Bülow. Gerade in der Bejahung der wilhelminischen Flottenpolitik äußerte sich der unbedingte Wille zur „nationalen Pflichterfüllung", der eine verständliche, die damalige Gesamtstimmung des Bürgertums reflektierende, in seinen Auswirkungen gleichwohl bedenkliche Reaktion auf die früheren Vorwürfe der „Reichsfeindlichkeit" darstellte[16]. Er schloß frei-

[13] Sehr ausführliche Darstellung: *K. Bachem,* Zentrumspartei VI; Zusammenfassung: *R. Morsey,* Katholiken und Nationalstaat 48–57.

[14] *J. Schauff,* Die deutschen Katholiken und die Zentrumspartei (Köln 1928).

[15] *K. Epstein,* Matthias Erzberger und das Dilemma der deutschen Demokratie (Berlin – Frankfurt 1962); *R. Morsey,* Zentrumspartei 1917–1923 passim; *ders.:* StL^6 III 36 ff.

[16] Ebenso bedenkliche Parallelen traten in Frankreich und Italien auf. Die Katholiken wollten damals gerade in den Staaten, in denen sie nur eine Minorität bildeten oder durch die neuere politische Entwicklung an den Rand gedrängt worden waren, ihren von der Mehrheit in Zweifel gezogenen Patriotismus besonders deutlich unter Beweis stellen und haben sich darüber mit dem in den 1. Weltkrieg führenden aggressiven Nationalismus verbündet. – Das

lich nicht aus, daß das Zentrum, ebenfalls auf Grund seiner im Kulturkampf gesammelten Erfahrungen, weiterhin für staatsbürgerliche Freiheitsrechte eingetreten ist und dadurch einen gewichtigen Beitrag zur rechtsstaatlichen Entwicklung Deutschlands geleistet hat[17]; auch förderte das katholische Vereinswesen, besonders der Volksverein, die Demokratisierung der Gesellschaft.

Über ihre nationale Politik gelangte die Zentrumspartei in den „Vorhof der Macht", jedoch nicht weiter[18]. Den Katholiken blieben nicht nur die Führungspositionen im Reich und in Preußen verschlossen, auch auf den übrigen Ebenen der staatlichen Verwaltung war eine paritätische Beteiligung nicht zu erreichen[19]. Selbst in Bayern trat nach mehr als vierzigjähriger liberaler Ära erst 1912 mit Hertling ein Exponent des politischen Katholizismus an die Spitze der Regierung. Gewichtige Reste der Kulturkampfgesetzgebung bestanden fort, erst 1917 wurde das Jesuitengesetz ganz aufgehoben. Auch scheiterten alle Versuche des Zentrums, über den sog. Toleranzantrag die im Kulturkampf aufgehobenen kirchlichen Freiheitsgarantien der preußischen Verfassung ins Reichsrecht aufzunehmen und darüber die Restriktionen aufzuheben, denen die katholische Kirche in einigen protestantisch geprägten Bundesstaaten (so Sachsen, Mecklenburg, Braunschweig) immer noch unterworfen war[20].

Die überragende Gestalt im preußischen Episkopat ist bis zum Ersten Weltkrieg Kardinal Kopp geblieben; erst in seinen letzten Lebensjahren geriet er, vor allem wegen seiner Starrheit im Gewerkschaftsstreit (s. u.), in zunehmende Isolierung. Sein aus der Schlußphase des Kulturkampfes stammender Gegensatz zu den rheinischen Bischöfen hatte sich gemildert, seit diese einsehen mußten, daß die von ihnen kritisierte Vermittlung Kopps ganz den Intentionen Leos XIII. entsprochen hatte. Vor allem Korum, sein damaliger kirchenpolitischer Gegenspieler, ist später oft Kopps Verbündeter gewesen; der beiden gemeinsame Integralismus führte sie zusammen. Kühl blieben Kopps Beziehungen zu den Kölner Kardinälen Krementz und Antonius Fischer (1840–1912, 1902 Erzbischof, 1903 Kardinal)[21], wiewohl in den meisten kirchlichen Fragen beide Seiten einig

Gesamtproblem bedarf noch der Erforschung. Gewichtige, aber die deutsche Entwicklung zu isoliert betrachtende Hinweise finden sich bei *H. Lutz,* Demokratie im Zwielicht 21 24ff 33ff 43–52. Vgl. auch den von *G. Rossini* besorgten Sammelband: Benedetto XV, i Cattolici e la prima guerra mondiale (Rom 1963), passim.

[17] So hat das Zentrum dem auf der Rechten um sich greifenden Antisemitismus konsequent widerstanden. Vgl. *P. G. J. Pulzer,* Die Entstehung des politischen Antisemitismus in Deutschland und Österreich 1867–1914 (Gütersloh 1966) 219–223 u.ö.; *R. Lill* in: Kirche und Synagoge, hrsg. von *K. H. Rengstorf* und *S. v. Kortzfleisch* II (Stuttgart 1970) 380–385.

[18] *R. Morsey,* Katholiken und Nationalstaat 53–56.

[19] Vgl. *A. Klein,* Die Personalpolitik der Hohenzollernmonarchie bei der Kölner Regierung (Düsseldorf 1967) 75–114 125–129.

[20] *K. Bachem,* Zentrumspartei VI 101–125 225–235 291–294. Vgl. aus der umfangreichen Broschürenliteratur: *M. Erzberger,* Der Toleranzantrag der Zentrumsfraktion des Reichstages (Osnabrück 1906).

[21] Biographie von *J. Schmitz* (Köln 1915); *Trippen* 358–423 u.ö.; *J. Torsy:* LThK^2 IV 155.

waren. Die Kölner Erzbischöfe und die Mehrzahl ihrer Suffragane waren aber in ihrem politischen und sozialpolitischen Verhalten weitgehend vom rheinischen Zentrum und vom Volksverein mit deren demokratischen Tendenzen beeinflußt. Sie unterstützten auch die Christlichen Gewerkschaften, die in den neunziger Jahren aus den katholischen Arbeitervereinen Westdeutschlands hervorgegangen waren und weiterhin vorwiegend von Katholiken getragen wurden, aber gleichwohl interkonfessionell waren. Der militante Atheismus der freien (sozialdemokratischen) Gewerkschaften hatte die Neugründung nahegelegt, sie ermöglichte es katholischen und evangelischen Arbeitern, bei voller Respektierung ihrer religiösen Überzeugung ihre berufsständischen Interessen effizient zu vertreten; den von Priestern geleiteten Arbeitervereinen verblieb seitdem nur die geistliche Betreuung ihrer Mitglieder. Die Christlichen Gewerkschaften wendeten alle im Arbeitskampf erforderlichen Mittel an, auch den Streik; da sie damit aber nur die evolutionäre Verbesserung, nicht die revolutionäre Umgestaltung des bestehenden Systems erstrebten, wurden sie trotzdem nicht selten auch von der preußischen Regierung unterstützt; ihre publizistische Vertretung übernahm der Volksverein. Dieser Reformismus des Westens, der sich nicht selten mit einem Rest kritischer Distanz gegenüber dem preußischen Staat verband, ging dem Kardinal Kopp viel zu weit. Er bestand auf patriarchalisch-autoritären Konzepten und wollte den Katholizismus vorbehaltlos in den wilhelminischen Staat und dessen unbeweglich-rückständige Gesellschaftsstruktur integrieren; seine Helfer waren jene Magnaten, deren Einfluß auf die Zentrumspolitik dahinschwand. Mit dem Machtfaktor des Zentrums wußte Kopp zu rechnen; sein Verhältnis zur Parteiführung, der er die Vertretung kirchlicher Interessen im politischen Raum oft zu entwinden suchte, war aber stets gespannt und verschlechterte sich seit dem Aufstieg Erzbergers noch mehr.

In Bayern[21a] unterstützte der Münchener Erzbischof Franz v. Bettinger (1850–1917, Erzbischof seit 1909)[22] den Volksverein und die Christlichen Gewerkschaften. Es lag auch an ministeriellen Bedenken gegen diesen Kurs, daß er erst 1914 Kardinal wurde. Die Regierung hätte lieber die Erhebung des jüngeren, geistig überlegenen und dabei konservativeren Speyerer Bischofs Michael v. Faulhaber (1869–1952)[23] gesehen, der Bettingers Nachfolger geworden und somit der letzte Münchener Erzbischof gewesen ist, der sein Amt königlicher Nomination verdankte. – Unter den Bischöfen Südwestdeutschlands ist der in seiner Zeit auch als religiöser Schriftsteller sehr angesehene Paul Wilhelm Keppler (1852–1926, seit 1898 Bischof von Rottenburg)[24] hervorzuheben, der eine fruchtbare biblische und homiletische Erneuerung einleitete, im Streit um den Reformkatholizismus aber eine sehr konservative Position bezog.

[21a] *K. Möckl*, Die Prinzregentenzeit (München 1972), bei S. 228–344.

[22] Biographie von *K. v. Preysing* (Regensburg 1918); *M. J. Hufnagel:* LThK² II 323.

[23] M. v. Faulhaber wurde 1921 zum Kardinal erhoben.

[24] *A. Donders* (Freiburg 1935); *A. Hagen*, Rottenburg III 94–97 119–129 u. ö.; *P. Bormann:* LThK² VI 118f.; vgl. hier S. 444.

Als folgenschwerste Hypothek der Kulturkampfzeit lastete auf den deutschen Katholiken ihre kulturelle Inferiorität, die zunächst eher noch zunahm[25]. Das hatte vor allem zwei Ursachen: Die Träger der evangelisch oder liberal bestimmten Nationalkultur verwehrten den Katholiken weiterhin die volle Partizipation, das akademische Lehramt beispielsweise war ihnen im allgemeinen schwer zugänglich. Auch verharrten die meisten Katholiken aber nicht ungern in der selbstgenügsamen Abkapselung, in die sie sich gegenüber der liberalen Offensive zurückgezogen hatten; die autoritäre Defensive des päpstlichen Lehramtes, die im Kampfe Pius' X. gegen den Modernismus ihre äußerste Zuspitzung erfuhr, erschwerte oder verhinderte die Auseinandersetzung mit den Ideen, welche die moderne Welt bestimmten. So waren die deutschen Katholiken zu adäquaten Antworten auf die wachsende Selbstkritik des Liberalismus zunächst nicht befähigt, vielfach wich man statt dessen in vordergründige Anpassung an die wilhelminische Talmi-Kultur aus. Die Kapitalismuskritik katholischer Apologeten und Sozialreformer – genannt seien Franz Hettinger, Georg Ratzinger und Albert M. Weiß[26] – verblieb defensiv und orientierte sich an überholten Gesellschaftskonzepten. Der Antiliberalismus des zeitweise von Bischof Keppler unterstützten Konvertiten Julius Langbehn enthielt mit seinem Irrationalismus und Voluntarismus, welche zunächst die entstehende Jugendbewegung beeinflußten, ambivalente, um die Jahrhundertwende vielerorts auftretende Elemente, die letztlich totalitären Ideologien vorgearbeitet haben[27].

Ebenfalls um die Jahrhundertwende hat eine aktive Minderheit aber auch eine adäquatere, weil rationale Auseinandersetzung mit den geistigen Kräften der Zeit aufgenommen. Erste Anregungen gaben die Vertreter des Reformkatholizismus[28], von denen sich einige allerdings aus der Frontstellung gegen den päpstlichen Zentralismus wie gegen den politischen Katholizismus zu weit mit dem Nationalismus eingelassen haben. Die gewichtigsten Beiträge leisteten Carl Muth und seine Freunde, die im 1903 gegründeten „Hochland" die Befreiung der katholischen Belletristik aus apologetischer und retrospektiver Enge einleiteten; ihr Gegner in dem darüber ausbrechenden Literaturstreit war Richard v. Kralik, der im „Gral" die beharrende Richtung vertrat[29].

[25] Zwei nüchterne Bilanzen: *G. v. Hertling,* Der deutsche Katholik und die Wissenschaft: Jahresbericht der Görres-Gesellschaft für das Jahr 1896 (Köln 1897); Rede des Abg. Fehrenbach auf dem Bonner Katholikentag: 47 1900. Vgl. oben S. 259ff.

[26] Weitverbreitete Werke:
F. Hettinger, Aus Welt und Kirche, 2 Bde (Freiburg [5]1902), Apologie des Christentums, 5 Bde (ebd. [10]1914/18); *G. Ratzinger,* Die Volkswirtschaft in ihren sittlichen Grundlagen (ebd. [2]1895); *A. M. Weiß,* Apologie des Christentums, 5 Bde (ebd. [4]1904/08), Die religiöse Gefahr (ebd. 1904), Liberalismus und Christentum (Trier 1914). – Vgl. Kap. 12.

[27] Langbehns Hauptwerk „Rembrandt als Erzieher" (zuerst Leipzig 1890) erlebte zahlreiche Auflagen. Vgl. *O. Köhler:* LThK[2] VI 783f.

[28] Vgl. Kap. 29 und 15.

[29] Literaturstreit: *A. W. Hüffer,* Carl Muth als Literaturkritiker (Münster 1959); *F. J. Schöningh:* StL[6] IV 112ff. Vgl. auch die Beiträge von *F. Fuchs, J. Nadler, M. Ettlinger, Ph. Funk*

Der Streit um Reformkatholizismus und „Hochland“ leitete zu den heftigen Auseinandersetzungen über, welche im letzten Jahrzehnt vor 1914 um den politischen oder konfessionellen Charakter der Zentrumspartei und um die Erlaubtheit der interkonfessionellen Christlichen Gewerkschaften geführt worden sind[30]. Sie waren aus älteren, z.T. zuvor skizzierten Gegensätzen erwachsen, sind aber ebenfalls durch den Integralismus Pius' X. und seiner Anhänger ausgelöst worden. Sowohl im „Zentrumsstreit“ wie im „Gewerkschaftsstreit“ standen einander gegenüber die liberal-demokratische „Kölner Richtung“ und die patriarchalisch-integralistische „Berlin-Breslauer Richtung“. Zur ersten gehörten das westdeutsche Zentrum mit seinem Hauptorgan, der „Kölnischen Volkszeitung“, der Volksverein, die Christlichen Gewerkschaften und die westdeutschen katholischen Arbeitervereine. Integral war eine Minderheit, vor allem der Verband der katholischen Arbeitervereine, Sitz Berlin, die ihre Mitglieder auch sozialpolitisch zu vertreten vorgaben, aber mit ihrem Patriarchalismus und infolge des Verzichts auf gewerkschaftliche Kampfmittel eher den Interessen der Arbeitgeber dienten. Ihre Führer waren die später aus dem Zentrum ausgeschiedenen Abgeordneten Roeren, Bitter und Graf Oppersdorff, zudem der Assessor v. Savigny. Die Integralen wurden von Kardinal Kopp und Bischof Korum unterstützt; sowohl über Kopp wie über die internationale Organisation des Prälaten Benigni[31] hatten sie Kontakt zum Vatikan, dessen volle Billigung ihnen sicher war.

Ein Pius X. recht nahestehender Integraler, der damals in Rom lebende Papsthistoriker Ludwig v. Pastor, interpretierte den Zusammenhang der verschiedenen Auseinandersetzungen mit folgenden Worten: „Der Streit zwischen Kralik und Muth dreht sich um dieselbe Frage, die auch dem Streit zwischen den Anhängern und Gegnern der ‚Kölnischen Volkszeitung‘ zugrunde liegt. Die einen, und dazu gehöre auch ich, suchen im mutigen offenen Bekenntnis des katholischen Standpunktes das Heil, die anderen, und dazu gehört Muth, im Anpassen an die Gegner durch äußerstes Entgegenkommen…“[32] Die darin enthaltene Unterstellung ist charakteristisch für die Integralen, welche die Kirchentreue Andersdenkender leichtfertig in Zweifel zogen. Die Führer der Integralen, vor allem Benigni und seine Helfer, haben zudem bekanntlich ihre innerkirchlichen Gegner bespitzelt und verketzert. Nachdem der vorwiegend in

und *F. Herwig:* Wiederbegegnung von Kirche und Kultur in Deutschland, Festgabe für Carl Muth (München 1927), bes. 38–56 61–68 75f 86–110 375ff.

[30] Zentrums- und Gewerkschaftsstreit sind am ausführlichsten dargestellt bei *K. Bachem,* Zentrumspartei VII 156–325. Siehe außerdem: *Schmidlin PG* III 98–104 158f 164ff; *E. Deuerlein:* ThQ 139 (1959) 40–81; *ders.:* StL[6] III 943–946; *E. Ritter,* Katholisch-soziale Bewegung 313–351; *R. Morsey,* Zentrumspartei 1917–1923 33–41; *É. Poulat,* Intégrisme 198ff 234–244 u.ö.; *O. Schröder,* Aufbruch und Mißverständnis 353–368. – Vgl. oben S. 497f.

[31] Vgl. Kap. 33, S. 490.

[32] *L. v. Pastor,* Tagebücher, Briefe, Erinnerungen, hrsg. von *W. Wühr* (Heidelberg 1950) 508.

Frankreich, Italien und England entwickelte theologische Modernismus 1907 verurteilt worden war, wandten sie ihre volle Aufmerksamkeit den deutschen Entwicklungen zu. Das Vorgehen der Kölner Richtung hielten sie nämlich für ebenso gefährlich wie die theologischen Neuerungen, welche eine Sache weniger geblieben waren. Tatsächlich betrieb ja die Zentrumsmehrheit die von den Integralen gefürchtete Entklerikalisierung des öffentlichen Lebens und die sachgemäße Scheidung von Geistlichem und Weltlichem. Gerade darin erblickte Pius X. eine ernste Gefahr. Er glaubte darauf bestehen zu müssen, daß alle von Katholiken getragenen Organisationen in direkter Abhängigkeit von der Hierarchie verblieben.

Führung und Mehrheit des Zentrums hatten seit dessen Gründung darauf bestanden, eine primär politische Partei zu sein, und daher im politischen Bereich Unabhängigkeit von der kirchlichen Autorität beansprucht und durchgesetzt[33], aber nach dem Tode Liebers erhob eine integrale Minderheit erneut die nunmehr durch den Kurs Pius' X. begünstigte Forderung nach stärkerer Berücksichtigung des Katholischen in der Parteipolitik. Um dem entgegenzuwirken, schrieb Julius Bachem (1845–1918), seit 1869 leitender Redakteur der „Kölnischen Volkszeitung“, 1906 in den „Historisch-Politischen Blättern“ den berühmt gewordenen Aufsatz „Wir müssen aus dem Turm heraus“, an dem sich der Streit entzündete. Bachem warnte vor nicht mehr realisierbaren Vorstellungen vom christlichen Staat und vor Überspannung des konfessionellen Prinzips, er forderte politische und sozialpolitische Zusammenarbeit von Katholiken und Protestanten und darüber die Erweiterung des Zentrums zur interkonfessionellen, christlichen Volkspartei. Sein Vorstoß, der sich zu Recht auf Windthorst und die ganze Tradition des Zentrums berufen konnte und der die Konzeption Stegerwalds und Brünings vorbereitet hat, wurde zum Programm der „Kölner Richtung“. Ihre Vorkämpfer, darunter viele Geistliche, waren der Ansicht, daß das kirchliche Lehramt zwar die allgemeinen Normen des Sittengesetzes zu interpretieren habe, daß deren konkrete Anwendung in Politik und Sozialpolitik aber Sache der auf diesen Gebieten ausgewiesenen Katholiken sei. Dem schon erwähnten Hauptorgan der Richtung, der „Kölnischen Volkszeitung“, traten die meisten Zentrumsblätter zur Seite, außerdem die „Historisch-Politischen Blätter“ und das „Hochland“.

Die Integralen beschuldigten die Kölner Richtung, die päpstliche Autorität zu beschneiden, das öffentliche Leben dem kirchlichen Einfluß entziehen zu wollen und den Besitzstand des katholischen Deutschlands zu gefährden. Manche, besonders in der Umgebung Benignis, gingen weiter; sie griffen auf gegenreformatorische Parolen zurück und behaupteten, daß die Kölner einen nationalen Katholizismus propagierten, der zum Protestantismus hinführen werde. Auch Pastor glaubte, daß der Kölner Richtung „der alte Gallikanismus“ zugrunde liege[34]; Kardinal Kopp, der die integrale Offensive mit zunehmendem

[33] Vgl. Kap. 1, S. 33; 3, S. 63f 74f 77. [34] *Pastor* 549.

Altersstarrsinn ermutigte und unterstützte, sprach von der „Verseuchung des Westens“[35] und meinte, „daß das ‚Hochland‘ die gebildeten Kreise dekatholisiere, während der Volksverein durch seine Arbeiten für die Gewerkschaften diese Arbeit bei den niederen Kreisen besorge“[36]. Überhaupt wurden Volksverein und Christliche Gewerkschaften am heftigsten angefeindet, weil sie auch von der Kirche beanspruchte Aufgaben wahrnahmen und sich trotzdem von der Hierarchie emanzipiert hatten, die Gewerkschaften außerdem, weil sie interkonfessionell waren und das in den Augen der Konservativen revolutionäre Kampfmittel des Streiks anwendeten. Der Ausgang des Streites wäre nicht zweifelhaft gewesen, wenn er nur in Deutschland ausgetragen worden wäre: Die große Mehrheit der politisch aktiven Katholiken, besonders im Westen und Süden Deutschlands, lehnte den Integralismus ab. Die Bischöfe Kopp und Korum drangen auch bei ihren Kollegen nicht durch: Kardinal Fischer stellte sich schützend vor den Volksverein; 1910 erwirkte er zudem einen Beschluß der Fuldaer Bischofskonferenz, der die Mitgliedschaft in den Gewerkschaften gestattete, sofern diese das christliche Sittengesetz nicht verletzten und nicht auf religiösem Gebiete tätig würden. Die Integralen wollten aber sich mit dieser Grenzziehung nicht abfinden; zum Nutzen der ohnehin von dem Streit profitierenden Kirchengegner setzten sie diesen fort und trugen ihn an die Kurie, die damit zum letzten Male in einen innerdeutschen Richtungskampf eingeschaltet wurde. In Rom war die Stimmung anders als in Fulda; Pius X. und Merry del Val mißbilligten die Kölner Richtung; gegen die „Kölnische Volkszeitung“ waren sie schon deshalb eingenommen, weil sie im Streit um Ehrhard und Schell der Kurie widersprochen hatte. In einer aufsehenerregenden Rede hatte Kardinal Serafino Vannutelli auf dem Katholikentag in Essen (1906) sinngemäß erklärt, daß der, welcher dem Papst gehorche, ihm in allem gehorchen müsse, doch hatten zahlreiche Proteste den Vatikan zu einer Korrektur bewogen: Ein päpstliches Breve an Kardinal Fischer bestätigte die Freiheit der deutschen Katholiken in nichtreligiösen Fragen. Pastor notierte aber 1907 nach einer Papstaudienz: „Ich merkte deutlich, daß der Papst auch mit der von dem deutschen Zentrum beanspruchten absoluten Unabhängigkeit von jeder kirchlichen Autorität nicht einverstanden ist. In der Tat wird solche politische Unabhängigkeit nur zu leicht auf das kirchliche Gebiet ausgedehnt.“[37] Fünf Jahre später, auf dem Höhepunkt des Gewerkschaftsstreites, erklärte Pius im Gespräch mit Pastor erneut, „wie absolut ablehnend er den Bestrebungen von Julius Bachem und dessen Anhängern gegenübersteht. Er sagte direkt, sein Tadel richte sich nicht gegen die vielen treuen Katholiken Deutschlands, sondern nur gegen diejenigen, welche der ‚Kölnischen Volkszeitung‘ folgten. Nicht deren Gegner störten die Einigkeit der Katholiken, das tue vielmehr dieses Blatt.“ Merry del Val ging

[35] Kopps Rolle im Gewerkschaftsstreit: *R. Morsey*, Kopp 54ff. Vgl. außerdem Chr. Weber: ArSKG 26 (1968) 327–334.

[36] *Pastor* 513. [37] *Pastor* 474.

noch weiter und zog in seine Kritik auch Kardinal Fischer und die Mehrzahl der deutschen Bischöfe ein, zudem den angeblich der Kölner Richtung zu weit entgegenkommenden Münchener Nuntius Frühwirth[38]. Frühwirth, der bis 1904 General des Dominikanerordens gewesen war, war durchaus antimodernistisch eingestellt, hatte sich aber in München (seit 1907) davon überzeugt, daß die Kampfesweise der Integralen im Literatur-, Zentrums- und Gewerkschaftsstreit nicht gerechtfertigt war[39]. Der Papst und sein erster politischer Berater waren indessen nicht willens oder nicht imstande, die vielen ihnen zukommenden Nachrichten kritisch zu prüfen; sie glaubten nur denen, welchen sie glauben wollten. In den Zentrumsstreit hat Pius X. aber trotzdem nur einmal direkt eingegriffen, erst 1914, als die Kölner Richtung sich im wesentlichen durchgesetzt hatte. Die aus einer Rede hervorgegangene Schrift des badischen Zentrumsführers Pfarrer Theodor Wacker (1845–1921)[40] „Zentrum und kirchliche Autorität", welche die Unabhängigkeit der Partei mißverständlich überbetonte, wurde indiziert. Die verhältniswidrige Schärfe dieser Maßregel läßt vermuten, daß man in der Umgebung des Papstes auf eine Handhabe zum Vorgehen geradezu gewartet hatte. Im übrigen mußte Pius sich zurückhalten, einmal, weil die politische Unabhängigkeit des Zentrums von seinem Vorgänger schließlich anerkannt und von ihm selbst nach Vannutellis Rede bestätigt worden war, zum anderen, weil die Partei gegenüber Rom sehr vorsichtig taktierte und Initiativen auf kirchlichem Gebiet nur nach Absprache mit den Bischöfen ergriff.

Dennoch hat der Kurs Pius' X. die Kirchenpolitik des Zentrums erheblich belastet. So erschwerte die vatikanische Intransigenz im Modernismusstreit den Einsatz für den Toleranzantrag; insbesondere hatte die Partei in den Parlamenten die heftigen Diskussionen aufzufangen, die durch die Borromäusenzyklika und den Antimodernisteneid hervorgerufen wurden. Die zum dritten Zentenar seiner Kanonisierung erlassene Enzyklika „Editae saepe" (29. 5. 1910)[41] hob den hl. Karl Borromäus als Vorbild eines wahren Reformers von den falschen Reformern ab, als welche die Modernisten und noch mehr die von Borromäus bekämpften Reformatoren des 16. Jh. hingestellt wurden. Letzteren warf die Enzyklika Aufruhr gegen die kirchliche Autorität und blinde Abhängigkeit von den Fürsten vor; mit den Worten des Philipperbriefes bezeichnete sie sie als „Feinde des Kreuzes Christi..., deren Sinn Irdisches sucht..., deren Gott der Bauch ist". Dieser aus dem Vokabular der Religionskämpfe des 16. Jh. stammende, an der Kurie zum Topos erstarrte Vergleich rief in Deutschland nicht nur unter den Protestanten Empörung hervor, die Bemühungen um interkonfessionelle Zusammenarbeit erlitten einen argen Rückschlag. Nach Protesten der Regierungen Preußens, Bayerns und Sachsens und auf Empfehlung der

[38] *Pastor* 542 544f.

[39] *A. Walz*, Andreas Kardinal Frühwirth (Wien 1950) 328–347.

[40] Biographie von *J. Schofer* (Karlsruhe 1921); *H. Sacher:* LThK² X 906.

[41] AAS 2 (1910) 357–380. Vgl. *Bachem* VII 330–375.

deutschen Bischöfe hat die Kurie auf die amtliche Verkündigung der Enzyklika in Deutschland verzichtet. Der Papst selbst glaubte beruhigen zu sollen: In mehreren Äußerungen versicherte er Deutschland und die deutschen Fürsten seiner Hochschätzung, durch den Kardinalstaatssekretär ließ er erklären, daß der Kurie jede Kränkung der deutschen Nation ferngelegen habe. Auch wegen des Antimodernisteneides wurde ein halber Rückzieher erforderlich, der bei realistischer Beurteilung der Lage zu vermeiden gewesen wäre und der dem Ansehen der Kurie kaum weniger abträglich war als die zuvor demonstrierte Härte. Nach ebenfalls heftigen Diskussionen wurde den theologischen Fakultäten der staatlichen Universitäten die Ablegung des Eides erlassen, selbst Kopp hatte sich für diesen Kompromiß eingesetzt, da andernfalls der Fortbestand der Fakultäten ernsthaft bedroht schien (vgl. S. 484).

Der Gewerkschaftsstreit mit seinen moraltheologischen Implikationen war für integrale Bemühungen um ein römisches Eingreifen besser geeignet als der wesentlich politische Zentrumsstreit. Der Vatikan war damals mit den Problemen der modernen Wirtschaft noch nicht hinreichend vertraut. Nach einer Romreise glaubte Kardinal Fischer zwar, in einem Hirtenbrief die vatikanische Neutralität im Streit der beiden deutschen Richtungen verkünden zu können, aber eine päpstliche Verlautbarung vom Mai 1912 sprach sich eindeutig für die Berliner und gegen die Kölner aus; zur Begründung mußte die nicht hinreichend reflektierte Feststellung herhalten, daß die Religion den ganzen Menschen und daher auch seine wirtschaftlichen Unternehmungen durchdringen müsse. Fast hätten Kardinal Kopp und seine Verbündeten von Pius X. eine förmliche Verurteilung der Christlichen Gewerkschaften erreicht, welche für eine zugleich christliche wie demokratische Lösung der Arbeiterfrage kämpften und damals die einzig wirksame Alternative zu den kirchenfeindlichen Arbeiterorganisationen bildeten. Im letzten Moment konnten Kardinal Fischer und der diesem nahestehende Franziskanerbischof Bernhard Döbbing, ein Vertrauter des Papstes, wenigstens einen begrenzten Kompromiß erreichen.

Die den Streit entscheidende Enzyklika „Singulari quadam" (24. 9. 1912)[42] begann zwar mit der Warnung vor einem von den Gewerkschaften gar nicht angestrebten „unbestimmten Interkonfessionalismus" und mit der erneuten, im konkreten Zusammenhang ebenfalls unnötigen Erinnerung an den unter den deutschen Katholiken unbestrittenen Grundsatz, daß soziale Probleme nicht ohne Religion und Sittengesetz gelöst werden könnten. Den kirchlichen Arbeitervereinen spendete der Papst uneingeschränktes Lob, an ihrem Monopol in katholischen Ländern hielt er fest. Sodann konzedierte er aber, daß in anderen Ländern Katholiken mit Nichtkatholiken zur Hebung des Arbeiterstandes vorsichtig („cautione adhibita") zusammenarbeiten dürften und daß in der besonderen Lage Deutschlands die interkonfessionellen Gewerkschaften geduldet

[42] AAS 4 (1912) 657–662. Zur Entstehung der Enzyklika: *L. Hardick*, Bischof Bernhard Döbbing: WZ 109 (1959) 143–195, bes. ab 169.

werden könnten. Die Mitgliedschaft katholischer Arbeiter machte er von deren gleichzeitiger Zugehörigkeit zu den katholischen Arbeitervereinen und davon abhängig, daß die Gewerkschaften nichts gegen die Lehre der Kirche unternähmen. Die erste dieser Bedingungen belastete die Arbeiter unnötig, die zweite verkannte die Ziele der Gewerkschaften. Immerhin konnten diese nunmehr ihre Tätigkeit fortsetzen, es fiel ihnen nicht schwer, die Bedingungen von „Singulari quadam" einzuhalten und dadurch weiteren Konflikten mit Rom vorzubeugen. Trotz der vatikanischen Sympathien für die Integralen hatte damit auch im Gewerkschaftsstreit die fortschrittliche Richtung im deutschen Katholizismus einen gewichtigen Teilerfolg erzielt. Das mißtrauische „tolerari potest" des Papstes hat aber die Integralen ermutigt, die Gewerkschaften weiterhin zu diskreditieren und dadurch weitere Unruhe zu stiften; Kardinal Kopp selbst hat noch kurz vor seinem Tode (4. 3. 1914) der versöhnlichen Auslegung der Enzyklika widersprochen. Bereits 1913 hatten die Gewerkschaften sich in einem aufsehenerregenden, von der kirchenfeindlichen Presse zusätzlich hochgespielten Prozeß gegen gegnerische Angriffe zur Wehr setzen müssen.

Kardinal Fischer war am 30. Juli 1912 gestorben und hatte somit das Ergebnis der von ihm eingeleiteten Aktion nicht mehr erlebt. Seine Nachfolge hat die Kurie durch einen massiven Eingriff in das Wahlrecht des Kölner Domkapitels dem Bischof Felix v. Hartmann (1851–1919, seit 1911 Bischof von Münster) verschafft[43], der dem integralen wie nationalkonservativen Kurs des Kardinals Kopp nahestand, aber nicht dessen Führerqualitäten besaß. Ein voller Erfolg wurde aber auch auf diesem Wege nicht erzielt: Hartmann hat zwar nach Kräften versucht, zur Erhaltung der bestehenden politischen und sozialen Strukturen beizutragen, und darüber anscheinend zu Wilhelm II. ein gutes Verhältnis gefunden; er mußte aber den Realitäten in seiner neuen Diözese Rechnung tragen und sich mit der Tätigkeit der Christlichen Gewerkschaften und des Volksvereins abfinden[43a].

36. Kapitel

Die Trennung von Kirche und Staat in Frankreich

QUELLEN: Livre blanc du S. Siège. La séparation de l'Église et de l'État en France. Exposé et documents (Paris 1906); Une campagne du Siècle. La séparation des Églises et de l'État par *H. Brisson*... (Paris 1905); Les fiches pontificales de Monsignor Montagnini... (Paris 1908); *J. de Narfon,* La séparation de l'Église et de l'État. Origines, étapes, bilan (Paris 1922); *E. Combes,* Mon ministère. Mémoires (1902–1905) (Paris 1957); *Z. Giacometti,* Quellen zur Geschichte der Trennung von Staat und Kirche (Tübingen 1926); *L. V. Méjan,* La séparation des Églises et de l'État (Vorwort von G. Le Bras. Bibliogr.) (Paris 1959).
LITERATUR: Außer den genannten Werken von Lecanuet, Latreille und Mayeur, *F. Mourret – Carreyre,* Précis d'histoire de l'Église III (Paris 1929); *J. Brugerette,* Le prêtre français dans

[43] *Trippen* a.a.O. 448–463. [43a] Zur Gesamtentwicklung: *W. Spael,* Das kath. Deutschland... 1890–1945 (Würzburg 1964).

la société contemporaine II – III (Paris 1935/38); *L. Capéran,* L'invasion laïque. De l'avènement de Combes au vote de la Séparation (Paris 1935); *P. Sorlin,* Waldeck-Rousseau (Paris 1966); *J.-M. Mayeur,* La séparation de l'Église et de l'État (Paris 1966); *J. Caron,* Le Sillon et la démocratie chrétienne (Paris 1967); *Ch. Molette,* L'association catholique de la jeunesse française, 1886–1907 (Paris 1968); *A. v. Campenhausen,* Staat und Kirche in Frankreich (Göttingen 1962); *E. Appolis,* En marge de la Séparation. Les associations cultuelles schismatiques: RHEF 1963; *G. Le Bras,* Le Conseil d'État, régulateur de la vie paroissiale. Trente ans de Séparation (Paris 1950); *Fontaine (L. Canet),* Saint-Siège, Action française et catholiques intégraux (Paris 1928); *B. Neveu,* Louis Canet et le service du Conseiller technique pour les Affaires religieuses au Ministère des Affaires étrangères: Rev. d'Hist. diplom. (April/Juni 1968); *M. J. M. Larkin,* Loubet's Visit to Rome and the Question of Papal Prestige: The Historical Journal IV (1961) 97–113; *ders.,* The Vatican, French Catholics and the Associations Cultuelles: The Journal of Modern History XXXVI (1964) 298–317; *ders.,* The Church and the French Concordat, 1891 to 1902: EHR LXXXI (1966) 717–739; *ders.,* Church and State after the Dreyfus Affair: the Separation issue in France (London in Vorbereitung); *J. McManners,* Church and State in France 1870–1914 (London, SPCK, 1972); *G. Laperrière,* La Séparation des Églises et de l'État à Lyon, étude d'opinion publique (Lyon, Centre d'histoire du catholicisme, 1973).

Die Umstände bei der Abstimmung über das Trennungsgesetz (1899–1905)

Ebenso wie die durch die Affaire Dreyfus entfesselten Leidenschaften eine entscheidende Rolle beim Scheitern der Aussöhnung gespielt hatten, so war auch die Trennung der Kirche vom Staat in Frankreich das Ergebnis einer Reihe von Umständen, die allmählich die Beziehungen zwischen den beiden Mächten verschlechterten. Im Grunde beabsichtigten weder P. Waldeck-Rousseau noch Émile Combes, der ihm 1902 im Ministeramt nachfolgte, es zu einer Trennung kommen zu lassen. Sie gerieten jedoch zufolge ihrer persönlichen Entscheidungen, aber auch durch die von der Mehrheit geforderten politischen Maßnahmen und durch den Zwang der Umstände auf diesen Weg. Gewiß sahen viele in der Annullierung des Konkordats schon lange eine natürliche Konsequenz der Entwicklung, vor allem nach dem unheilvollen Ausgang des „Ralliement". Die inneren und äußeren Gründe für eine Vermeidung des Bruchs waren jedoch für die Republik noch genauso stark wie vor 20 Jahren, auch wenn sie inzwischen bei der katholischen Wählerschaft eine stärkere Basis gefunden hatte. Als Pius X. sich kategorisch weigerte, das Gesetz vom 2. Dezember 1905 in irgendeiner Weise anzuerkennen, ein Gesetz, das in Frankreich „das radikalste Trennungssystem, das man sich denken kann", einführte, fand sich die republikanische Regierung zu einer Reihe von Konzessionen bereit, um die Auswirkung des Gesetzes einzuschränken und um jeden Preis die Gefahr eines Religionskonfliktes zu vermeiden.

Eine Untersuchung wird sich also zunächst mit jener Reihe von gesetzlichen Maßnahmen zu befassen haben, die in ihrer Verschärfung zum Trennungsgesetz führten. Die „Logik der Gesetze" darf jedoch nicht über die maßlosen Leidenschaften hinwegtäuschen, mit denen diese Maßnahmen erlassen und angewandt wurden: die Ministerien standen im Parlament unter der Aufsicht einer Mehrheit, die, sobald die Frage der Kongregation und der Kirche im Spiel war, jederzeit zum Angriff bereit war. Die Wahlen vom April 1902, bei denen es um dieses Thema ging, erbrachten eine Mehrheit von 339 Abgeordneten, die dem „Block" (zusammengesetzt aus Demokratischer Union, Sozialisten, Radikalen und Radikalsozialisten) angehörten. In diesem „Block" setzte sich der starke Kern (200 Abgeordnete) aus jenen Vertretern des Bürgertums der Mittel- und Kleinstädte zusammen, die radikal antiklerikal waren. Émile Combes war ihr getreuer Repräsentant; ehemals Seminarist, hatte er sich nach Aufgabe des katholischen Glaubens der Medizin und der Propaganda für die Radikalen zugewandt, was ihm einen Senatorensitz in seinem Departement Charente-Inférieure einbrachte. Der alltägliche Fanatismus der beiden Parteien, der von einer in ihren persönlichen Angriffen und Karikaturen hemmungslosen Presse geschürt wurde, blieb nicht ohne Einfluß auf die Haltung der Politiker selbst. Die Ausweisung von etwa 20000 Ordensleuten in den Jahren 1903–1904, die der Trennung voranging, nährte den Radikalismus auf beiden Seiten. Die Bevölkerung unterstützte häufig den Widerstand der Ordensleute, und die Demonstrationen endeten oft blutig (in Nantes gab es im Juni 1903 zwei Tote, in Lyon am 8. Dezember desselben Jahres einen Toten).

Als Waldeck-Rousseau November 1899 seinen Gesetzentwurf über die Kongregationen einbrachte, beabsichtigte er damit keine aggressive Interpretation der Politik der „défense républicaine". Er wollte vielmehr schon seit langem Abhilfe schaffen für das Fehlen jeglicher Regelung der Vereinigungsfreiheit im französischen Recht und zielte dabei auf die Möglichkeit, eine von dieser juristischen Unsicherheit begünstigte neuerliche Koalition zwischen den nichtautorisierten Kongregationen und einer antirepublikanischen Elite der Gesellschaft auszuschalten. Ihm lag daran, einer solchen Bedrohung, der die Republikaner am 16. Mai 1877 und während der Revision des Dreyfus-Prozesses ausgesetzt waren, zuvorzukommen. Daneben wollte er aber als etatistischer Jurist auch die verschiedenen Formen des kirchlichen Lebens der staatlichen Kontrolle unterstellen. Dies war der Hintergrund für die Maßnahmen gegen die Assumptionisten, für das Verbot an die Bischöfe, Ordensangehörige auf die Lehrstühle und in die Seminare zu berufen, und schließlich auch für die Erhebungen über das Vermögen der Kongregationen, die er im Herbst 1900 für die Registrierung anordnete. In Toulouse nahm er am 20. Oktober das alte Thema Gambettas, nämlich die Behauptung vom geheimen gesellschaftlichen Einfluß der Kongregationen auf den Unterricht und auf die höhere Verwaltung, wieder auf.

Der Gesetzentwurf Waldeck-Rousseaus über die Vereinigungen unterwarf zwar die Existenz der Religiosenkongregationen einer Genehmigung durch die Regierung, er eröffnete aber doch gleichzeitig die Möglichkeit zu zahlreichen Übereinkommen. Die Kommissionen der beiden Kammern gaben jedoch, unterstützt durch eine Delegation der Gruppen der Linken, dem Entwurf ein ausgesprochen antiklerikales Gepräge. Fortan war für die Zulassung von Kongregationen, die nach Artikel 14 mit einem Unterrichtsverbot belegt waren, eine gesetzliche Regelung nötig. Man hatte eine strenge Kontrolle ihrer Güter und eine zwangsläufige Liquidation im Falle einer Nichtzulassung vorgesehen. Das Gesetz vom 1. Juli 1901 war also in seinem Geist weit vom Entwurf Waldeck-Rousseaus entfernt; die religiösen Genossenschaften waren vom Genuß der den anderen Vereinigungen großzügig gewährten Freiheit ausgeschlossen. Das war „der Beginn des Kampfes". Mehrere Kongregationen hatten sich seit dem Herbst freiwillig aufgelöst, 700 Niederlassungen von Frauenkongregationen und etwa 150 Niederlassungen von Männerkongregationen hatten jedoch um ihre Autorisierung nachgesucht. Ihnen gegenüber zeigte sich der Minister zu Beginn der Gesetzesdurchführung nachgiebig und zugänglich, nachdem Théophile Delcassé ihn nicht im unklaren darüber gelassen hatte, daß es die französischen Interessen in internationalen Belangen erforderten, einen Bruch mit dem Heiligen Stuhl zu vermeiden.

Anders verhielt es sich jedoch mit dem Nachfolger Delcassés, mit Émile Combes (seit 1902). Waldeck-Rousseau beeilte sich, klarzustellen, daß er den von Combes entfesselten Religionsstreit nicht gewollt habe. Er erklärte sich am 27. Juni 1903 vor dem Senat gegen Combes, da dieser seit Beginn seines Amtsantritts eine absolut starre und unnachgiebige Vollstreckungspolitik betrieb[1]. Von allen Beamten verlangte Combes eine nach seinen Worten „strikte republikanische Disziplin". Seit Juni/Juli 1902 erklärte er, entgegen den Versprechungen seines Vorgängers, alle Schulen, die vor Jahresfrist von Kongregationen, auch von anerkannten, eröffnet wurden, für rechtswidrig. Von dieser Verurteilung waren alle Schulen der nicht-autorisierten Kongregationen ausnahmslos betroffen. So wurden in den folgenden Monaten nahezu 12000 Schulen geschlossen, was – vor allem in der Bretagne – zu spontanen Protestbewegungen im Volk führte. Dieser totalen Laisierung wurde durch das Gesetz vom 7. Juli 1904, das allen Ordensleuten die Lehrfreiheit verweigerte, die Krone aufgesetzt. Wieder mußten 2500 Schulen, unter ihnen auch die sehr populären der Frères des Écoles chrétiennes, geschlossen werden. Hinsichtlich der Kongregationen selber wurde von der Kammer ein Regierungsantrag angenommen, der die Zurückweisung aller Autorisierungsanträge, außer für 5 Missionskongregationen, vorsah; für Ostern 1903 wurde die Aufhebung der Kongregationen vorgesehen. Einige Kongregationen zogen es vor, sich selbst aufzulösen, viele andere jedoch wollten durch ihren passiven Widerstand auf die hinter diesen Maßnahmen verborgene Gewalttätigkeit aufmerksam machen. Oft wurden die Religiosen, die emigrierten, von Sympathiekundgebungen der Bevölkerung aus der Umgebung begleitet, wie dies am 29. April 1903 bei den Mönchen der Grande-Chartreuse bei Grenoble der Fall war. Aus dem Klosterbesitz, dessen Wert die Verwaltung überschätzt hatte, zog der Fiskus nur sehr geringen Profit.

Die heftigen Proteste des Episkopats gegen all diese Maßnahmen hatten zur

[1] *A. Latreille – R. Rémond,* Histoire du catholicisme en France III (Paris 1962) 499.

Folge, daß die Regierung nun auch zum Angriff gegen die Hierarchie überging. Nachdem fast alle Bischöfe (74) im Sommer des Jahres 1902 eine Petition gegen die Interpretation des Gesetzes über die Genossenschaften unterzeichnet hatten, in der die Kongregationen verteidigt wurden, griff man auf das Verbot zurück, das es den Bischöfen untersagte, sich zusammenzuschließen und als Körperschaft Eingaben zu machen, und übergab alle Unterschriften en bloc dem Staatsrat, wobei man gegen die Bischöfe die alte und sinnlose Prozedur des „Appel comme d'abus" anwandte. Man strich die Einkünfte der drei Initiatoren der Petition, der Bischöfe von Séez, Besançon und Nizza; von derselben Sanktion wurde dann auch der doch konziliante Bischof von Orléans, Msgr. Touchet, betroffen. In den letzten Monaten des Pontifikats Leos XIII. war auch der alte Konflikt um das Mitnominationsrecht der Regierung bei der Wahl der zukünftigen Bischöfe wieder aufgeflammt[2]. Die unnachgiebige Haltung des greisen Papstes in diesem Punkt war in seiner Situation bezeichnend. Pius X. dagegen wollte zweifellos seinen Friedenswunsch beweisen, als er der Formel, die in den offiziellen Akten die Nomination durch die Regierung vorsah, zustimmte. Trotzdem hatte Rom im Juni 1904 keine Bedenken, die beiden Bischöfe von Dijon und Laval, denen ihre Diözesanen eine zu große Nachgiebigkeit gegenüber den Machthabern vorwarfen und die in den Beziehungen zu ihrem Klerus und in der Verwaltung ihrer Diözese ernsthafte Schwierigkeiten hatten, zu zitieren. Die Regierung verbot diesen Prälaten die Reise nach Rom[3]. Diese „Zitierungen" ereigneten sich nur wenige Wochen nach dem schweren diplomatischen Zwischenfall anläßlich des Besuches des Präsidenten der Republik, Émile Loubet, in Rom. Die Regierung hatte entgegen dem Rat, den ihr Kardinal Rampolla in den letzten Monaten des vorhergegangenen Pontifikats gegeben hatte, im Rahmen der Verbesserung der Beziehungen zu Italien zum erstenmal in diesen offiziellen Besuch beim Quirinal eingewilligt, ohne dabei auf den Vatikan Rücksicht zu nehmen. Der scharfe Protest des Vatikans wurde von Jean-Léon Jaurès veröffentlicht. Daß das Schreiben die Präsenz des Nuntius in Paris in Frage gestellt hatte, wurde von den Linken als herausfordernde Drohung bezeichnet. Mit einer Mehrheit von 427 Stimmen beschloß die Kammer, den französischen Botschafter beim Heiligen Stuhl zurückzurufen. Dies war das Vorspiel zum Abbruch der diplomatischen Beziehungen, der dann nach der Vorladung der beiden Bischöfe von Dijon und Laval nach Rom am 30. Juli erfolgte.

Combes wurde am 14. Januar 1905 gestürzt, weil die Sozialisten dem Antiklerikalismus der Radikalen die Gefolgschaft versagten. Der von ihm noch am 10. November eingebrachte Gesetzentwurf über die Trennung von Kirche und Staat wurde unter seinem Nachfolger J.-B. Bienvenu-Martin durch einen neuen, liberaleren ersetzt. Während der Debatte, die sich vom März bis in den Sommer hinzog, trat Aristide Briand, der Berichterstatter der Kommission, für die gänz-

[2] *RP. Lecanuet*, L'Église de France sous la troisième République III (Paris 1930) 364–387.
[3] *M. Denis*, L'Église et la République en Mayenne, 1896–1906 (Paris 1967) 155ff.

liche Neutralität des Staates in Religionssachen ein, so daß die Kirche „die volle Freiheit, ihren Regeln entsprechend sich zu organisieren, zu leben und sich zu entwickeln", besitze. Erst Ende April trat die Wende ein, als sich eine große Mehrheit zugunsten des von Jaurès, dem Führer der Sozialisten, formulierten Artikel 4 aussprach, der die zu bildenden „Kultgemeinschaften" den allgemeinen Organisationsformen des Kults unterwarf, nachdem diese ihrerseits die Absicht kundgetan hatten, sich an die Regeln zu halten. Man zog mit diesem Artikel die Lehre aus der Niederlage der Religionspolitik der Französischen Revolution und vermied jeden Versuch zur Bildung einer Staatskirche, der doch nur die etablierten Kirchen auf den Plan gerufen hätte; statt dessen versuchte man eine spiritualistische Deutung der revolutionären Tradition[4].

Das gesamte Gesetzeswerk, das am 3. Juli in der Kammer mit 341 gegen 233 und am 6. Dezember im Senat angenommen wurde, kam jedoch erst nach einem Jahr zur Anwendung. Das Gesetz nahm den Geist der Revolutionsgesetzgebung wieder auf: Neutralität und völlige Enthaltung des Staates in Kultangelegenheiten, weder Gehälter noch Subventionen. Die Baulichkeiten wurden zu Staats- oder Gemeindeeigentum erklärt. Sie wurden zwar teilweise den Kultgemeinschaften zur Ausübung des Kultes überlassen, aber im Falle einer Auseinandersetzung hatte der Staatsrat, dessen übelwollende Haltung bekannt war, zu entscheiden.

Die Durchführung des Trennungsgesetzes (1906–1924)

Die große Mehrheit der Katholiken betrachtete dieses Gesetz als einen vom Staat inszenierten Raubzug. Sie hatten allen Grund zu der Annahme, daß dieses Gesetz die Voraussetzungen für die Zerstörung der Religion und ihres gesellschaftlichen Einflusses geschaffen habe. Dennoch bestand seit dem Ende des 19. Jh. innerhalb des Katholizismus noch immer eine Bereitschaft zur Annäherung an die demokratische Gesellschaft. Diese Gruppen waren für eine Zusammenarbeit mit den liberalen Bestrebungen gewisser Förderer des Gesetzes zugänglich, durch die sie eine tolerante Durchführung des Gesetzes zu erreichen hofften.

Jaurès selbst, dessen Rolle bei der Ausarbeitung des Gesetzes bereits dargestellt wurde, rechnete mit der Gewinnung gewisser Kreise des Klerus, „,... ohne bis zu Loisy zu gehen ... mit François Lenormant, diesem großen Christen und Gelehrten, oder mit Msgr. d'Hulst oder auch mit Abbé Duchesne, oder mit den Instituten von Toulouse und Paris, die nicht ohne Gefahr versucht haben, einige Ergebnisse der modernen Kritik für die traditionelle Exegese fruchtbar

[4] Vgl. zum Artikel 4 und zu seiner Erörterung, besonders die von Jaurès am 20. April 1905 *J.-M. Mayeur,* La séparation de l'Église et de l'État (Paris 1966) 61–76.

zu machen. Wenn doch einige Priester, begeisterte Demokraten und freien Geistes, sich erheben würden, unterstützt von ihren Religionsgemeinschaften..."[5]

In den Jahren um 1900 war ein Studienzirkel, der von Marc Sangnier, einem aus dem Pariser Bürgertum stammenden jungen Polytechniker, ins Leben gerufen wurde, mit Diskussionsversammlungen, Kongressen, aber auch mit einem Werk der Volkserziehung mutig in Erscheinung getreten, in der Absicht, die Geister darauf vorzubereiten, ihre persönliche Verantwortlichkeit in einer Demokratie wahrzunehmen. 1905 besaß die Bewegung des „Sillon" fünf starke regionale Niederlassungen außerhalb von Paris: im Norden, im Osten, im Limousin, in Aquitanien und in der Bretagne. Diese Bewegung, deren Bemühungen gleichzeitig eine solide geistliche und intellektuelle Bildung wie auch eine soziale Tätigkeit umfaßten, gewann im kleinen und mittleren Bürgertum der Städte und in bäuerlichen Kreisen des Ostens und der Bretagne ein gewisses Publikum. In der Gegend von Lyon stellte die „Chronique du Sud-Est" seit 1904 die Mitarbeiter an der „Semaine sociale", einer Art Wanderuniversität, die jährliche Seminare über aktuelle und grundsätzliche Themen abhielt. Zu diesem Zeitpunkt umfaßte die „Chronique" mehr als 200 im Rhônetal verstreute Gruppen. 1904 begründete der Jesuit P. Leroy eine andere Bewegung in Reims, deren Anliegen die Information und die Tätigkeit im Arbeitermilieu war, nämlich die „Action populaire", die, ebenso wie die „Semaines sociales", auch heute noch besteht. Die katholische Aktion der französischen Jugend betrieb ihrerseits ein Programm sozialer und gewerkschaftlicher Tätigkeit[6]. Dieses soziale Engagement war begleitet von einer lebhaften intellektuellen Tätigkeit. Jaurès hatte bei der Ausarbeitung des Gesetzes besonders die Zentren von Paris und Toulouse im Auge; hinzuzuzählen wäre aber auch noch die „École de Lyon", die sich um die neue Zeitschrift „Demain" (1905/07) gebildet hatte. Die Vitalität dieser Gruppe wandte sich wieder den biblischen (P. Lagrange), historischen (Duchesne) und philosophischen (Blondel und P. Laberthonnière) Forschungen zu[7]. Im Bereich der Politik behauptete sich nach den Wahlen von 1902 die 1901 von A. de Mun und J. Piou gegründete „Action libérale"; die „Action libérale populaire" im Norden und in Isère gewann viele Anhänger[8].

Gegenüber dem Trennungsgesetz konnten sich jedoch diese Bewegungen nur sehr reserviert verhalten. Diese Zurückhaltung angesichts der Bedingungen, denen man die Katholiken neuerdings unterworfen hatte, bestimmte auch die bekanntesten Vertreter dieser Bewegungen: M. Sangnier und – in der Kammer

[5] *J.-M. Mayeur* a.a.O. 70.

[6] *J. Caron,* Le Sillon et la démocratie chrétienne (Paris 1967); *P. Droulers,* Politique sociale et christianisme: Le P. Desbuquois et l'Action populaire (Paris 1969); *Ch. Molette,* L'association catholique de la jeunesse française (Paris 1968).

[7] Vgl. im Band IV von *RP. Lecanuet,* L'Église de France sous la troisième République (Paris 1930) die Kapitel, die von P. Laberthonnière selber redigiert sind.

[8] *J.-M. Mayeur,* Un prêtre démocrate, l'abbé Lemire... (Paris 1968) 300, und *P. Barral,* Le département de l'Isère sous la IIIe République (Paris 1962) 341.

– Abbé J. Lemire. Die katholische Presse verstärkte ihre Aggressivität, und auf dem rechten Flügel trennten sich zu diesem Zeitpunkt die „Action française" vom „Sillon". Die führende Schicht konnte die bäuerliche Bevölkerung mühelos davon überzeugen, daß die Republik die Religion selbst angriff. Dahinter stand auch die Mehrzahl der Kleriker. Unter den Bischöfen schreckten freilich viele vor einer Situation zurück, die einen völligen Bruch mit der öffentlichen Gewalt in sich schloß, und es fand sich unter ihnen nach den Wahlen von 1906 eine starke Mehrheit, die einen modus vivendi suchte. Die entgegengesetzte Meinung jedoch, die jedes Zugeständnis an die politisch gegebenen Tatsachen ablehnte und sich mit der schon lange vorausgeahnten Trennungssituation abgefunden hatte, vertraten sowohl jene Prälaten, die sich auf die „liberalen" Traditionen beriefen (François Turinaz, Bischof von Nancy), wie auch die, die eine intransigente Haltung (Anatole de Cabrières, Bischof von Montpellier) einnahmen. Ihre Zahl vermehrte sich um alle neuen, ausschließlich vom Papst ernannten und eingesetzten Bischöfe, an der Spitze jene 17 Bischöfe, die Pius X. im Januar 1906 in einem einzigen Akt ernannt hatte. Im Jahr 1906 vermehrten sich vor allem die antimodernistischen Verurteilungen in Rom, die die Enzyklika „Pascendi" und den Brief vom 25. August 1910 ankündigten, in dem der Papst M. Sangnier aufforderte, die Sillon-Bewegung aufzulösen. Die Bischöfe drängten zu dieser Intransigenz, da sie durch das Eindringen modernistischer Tendenzen, die bei den Seminaristen und dem jüngeren Klerus Anhänger fanden, beunruhigt waren. Unter diesen Voraussetzungen kam den Kräften des Widerstands in den führenden Kreisen des französischen Katholizismus bis hinein in das Volk eine große Bedeutung zu. Man konnte aber in dieser Richtung nicht zu weit gehen, denn die Wahlen vom Mai 1906 sicherten die Rückkehr und sogar eine Verstärkung der Mehrheit des „Blocks". Diese Wahlen hatte man nicht auf der religiösen, sondern auf der sozialen Frage aufgebaut, die bis 1914 Vorrang hatte.

Die Durchführung des Trennungsgesetzes hing schließlich von den römischen Direktiven ab. Zwar folgte fast unmittelbar die Verurteilung durch die Enzyklika „Vehementer nos" vom 2. Februar 1906, aber damit war nicht gleichzeitig die Möglichkeit ausgeschlossen, nach einer Formel zu suchen, die das kultische Leben der Kirche sichern sollte. Solche Bemühungen durften jedoch auf keinen Fall die Anerkennung eines ohne den Heiligen Stuhl erarbeiteten Gesetzes implizieren. Rom beargwöhnte alles, was als Akzeptierung eines Präzedenzfalles erscheinen und damit die Konkordatssituation der Kirche in anderen Ländern beeinflussen konnte. Andererseits hatte die Regierung zur Vorbereitung der Durchführung des Gesetzes eine ungeschickte Maßnahme ergriffen, die beleidigend wirkte. Sie verfügte für die Kirchen eine Inventarisierung aller ihrer Güter, die Staatseigentum werden sollten. Nach friedlichem Beginn führten diese Erfassungspraktiken im März 1906 in Paris, Marseille und vor allem auf dem Lande zu schweren Zwischenfällen, die J. M. Mayeur aufgezeichnet hat[9]: vor

[9] *J.-M. Mayeur,* La séparation ... 199.

allem in Gebieten mit starker religiöser Praxis (in den Heidelandschaften des Westens und im Süden des Zentralmassivs, im Jura und im französischen Flandern). Im Norden und in der Haute-Loire forderten die Unruhen je einen Toten. Diese beginnende Revolte in den christlichen Landgebieten bewog die Regierung zu einem Rückzug, und sie unterbrach die Inventarisierungen. Mit diesem Vorfall hing auch die zweite Verurteilung des Gesetzes durch die Enzyklika „Gravissimo officio“ vom 10. August 1906 zusammen. Unter diesen Bedingungen war die Verhandlung über eine vom Rechtsstandpunkt aus gesehen unmögliche Formulierung äußerst schwierig. Dies war auch der Anlaß zur Einberufung dreier aufeinanderfolgender Bischofskonferenzen im Mai und September 1906 und im Februar 1907. Sämtliche Konferenzen konnten sich jedoch nicht auf die Formel von Diözesanverbänden, wie man sie in einigen Diözesen, z.B. in Bordeaux, versucht hatte, einigen. Nachdem das Gesetz in Kraft getreten war, verwarfen beide Teile den Ausweg der „Nutznießung“, der die Katholiken in ihren Kirchen als Benützer ohne Rechtstitel betrachtete. Als sie sich weigerten, die für öffentliche Zusammenkünfte erforderliche polizeiliche Erlaubnis einzuholen, bezeichnete man diese Vergehen spöttisch als „Messedelikte“ …[10]

Die totale Weigerung zur Zusammenarbeit zwang den Gesetzgeber, um seine ohnehin fragwürdige Position nicht noch mehr zu verschlechtern, zu einer milderen Auslegung des Gesetzes. Die Gemeinden wurden verpflichtet, den Gläubigen die Kultgebäude kostenlos zur Verfügung zu stellen. Staatsrat und Gerichte beriefen sich unter Anwendung des Artikels 4 auf das Recht des Bischofs, Übergriffe schismatischer Religionsgemeinschaften zu unterbinden, die sich in Toulouse, Lyon und im Westen um einige Pfarrgeistliche, die gegen die Diözesanautorität rebellierten, gebildet hatten. So trat bei der Durchführung des Gesetzes die Verwaltung sogar als „Exekutionsorgan der bischöflichen Jurisdiktion“ (Axel v. Campenhausen) in Erscheinung. Sie wurde durch die römische Intransigenz nicht nur zu einer liberalen Praxis gezwungen, sondern führte zu einer Verstärkung der Autorität der Hierarchie über den niederen Klerus, des Klerus über die Gläubigen und, so könnte man hinzufügen, der römischen Autorität über die Kirche von Frankreich[11].

Dennoch war die Bilanz der ersten Jahre für die Kirche sehr beunruhigend: die Konfiskation der Baulichkeiten und die Unterbringung der Bischöfe und Pfarrgeistlichen auf deren eigene Kosten in anderen Gebäuden brachten einen materiellen Verlust und eine große administrative Unordnung mit sich. Vor allem die Streichung der Stipendien und Gehälter führte zu einer raschen Abnahme der priesterlichen Berufungen, da der Seminarist, meist einfacher Herkunft, die Ausbildungskosten nicht aus eigenen Mitteln bestreiten konnte. Die

[10] *L.-V. Méjan*, La Séparation des Églises et de l'État (Paris 1959) 249–415.

[11] *A. v. Campenhausen*, Staat und Kirche in Frankreich (Göttingen 1962). Siehe auch *J.-M. Larkin*, The Vatican, French Catholics and the Associations Cultuelles: The Journal of Modern History 36 (Sept. 1964) 298–317.

Seminare leerten sich um die Hälfte ihrer Kapazität, und es zeichnete sich auch in Gebieten mit bisher zahlreichem Priesternachwuchs (Rodez, St-Brieuc) ein Rückgang ab. Die spontan sich bildenden Werke für Priesterberufungen, die Seminarverbände und Priestervereinigungen waren ein Zeichen für den Ernst der Lage, die jedoch durch solche Hilfsmittel kaum verbessert werden konnte. Der Schulstreit flammte vor Ausbruch des Weltkrieges erneut auf und wurde durch die nationalistischen Strömungen, die bereit waren, die Interessen der Kirche zu ihrer eigenen Sache zu machen, noch verschärft.

In diesem rauhen Klima, das bis 1914 im Zusammenhang mit der antimodernistischen Kritik gegenüber Erneuerungsbestrebungen noch weiter absank, fanden die französischen Katholiken dennoch Wege, um auf die schwere Herausforderung, mit der man sie konfrontiert hatte, zu antworten. Es wurde mit Recht festgestellt, daß das „Désétablissement", das der französischen Konkordatskirche widerfahren war, das Verhalten der Kirche in der französischen Gesellschaft radikal veränderte[12]. In dieser Hinsicht ist es von Bedeutung, daß in den neunziger Jahren die Initiativen zur Verstärkung des gesellschaftlichen Einflusses des Christentums mit Unterstützung einiger Prälaten, wie Léon Amette (Paris), Pierre Coullié (Lyon) und Pierre Dadolle (Dijon), mehr und mehr zunahmen. Die Vereinigungen, die es sich zur Aufgabe gemacht hatten, die Katholiken für soziale Belange zu interessieren und ihnen dafür eine entsprechende lehrmäßige Grundlage zu vermitteln, vermehrten ihre Aktivität. Dabei traten die „Action populaire" mit P. Desbuquois und die „Semaines sociales", deren Veranstaltungen ein breiteres Publikum anzogen, wie auch die sozialen Sekretariate, die seit 1908 in Paris und in der Provinz bestanden, in diesem Sinne besonders hervor. Die „Action Catholique de la Jeunesse française" (ACJF) erhielt die Aufforderung, ihren Laienmitgliedern apostolische Verantwortung zu übertragen (Brief Pius' X. an J. Lerolle vom 22. Februar 1907)[13]. Schließlich hielten auch die meisten Gelehrten, unbeirrt von kirchlichen Zensuren in der Modernismuskrise, daran fest, Zeugnis abzulegen für die Wahrheit der katholischen Kirche. Beredte Zeugnisse dafür sind die „Annales de philosophie chrétienne" (bis 1913), das „Bulletin de la semaine", das die Revue „La quinzaine" ablöste[14]. Was diese Vorkriegsjahre charakterisiert, ist das Wiederaufblühen des religiösen Interesses in intellektuellen Kreisen, vor allem bei der Jugend und sogar an den Universitäten, wie Joseph Lotte, ein Freund Péguys, es bezeugt. Schließlich förderte der Krieg die langsame Wiederannäherung zwischen den Gesellschaftsgruppen. Die Kameradschaft in den Schützengräben, in denen Gläubige und Ungläubige, Priester und Laien kämpfend Seite an Seite standen, trug stark zum Abbau gewisser antiklerikaler Vorurteile bei. 1919 sah man davon ab, den Bewohnern von Elsaß-Lothringen das Trennungsgesetz aufzuzwingen, da

[12] *J.-M. Mayeur,* La séparation ... 193. [13] *Ch. Molette* a.a.O. 518–520.

[14] Nicht zu verwechseln mit „Les Cahiers de la quinzaine", die im Kreis von Charles Péguy zum Glauben zurückgekehrte Schriftsteller um sich sammelten.

man eine Verletzung ihrer religiösen Gefühle vermeiden wollte. Dort wurden die Priester und Pastoren auch weiterhin vom Staat besoldet, und in den staatlichen Schulen wurde Religionsunterricht erteilt. Diese staatspolitisch motivierte Ausnahme trug zu einer Normalisierung der Beziehungen zwischen Kirche und Staat bei. Sehr wesentlich war es, daß auch während der Geltung der Trennungsgesetze die französischen Schulen im Ausland, besonders im Vorderen Orient, die Förderung durch den französischen Staat genossen.

Die Verbindungen zwischen Paris und dem Vatikan waren in offiziöser Form seit 1915 vor allem durch die Vermittlung des Superiors von St-Louis des Français wiederaufgenommen worden. Nachdem Clemenceau von der politischen Szene abgetreten war, stellte Briand die diplomatischen Beziehungen wieder her. Ein neuer Nuntius, Msgr. B. Cerretti, wurde feierlich in Paris empfangen, und gleichzeitig wurde im Mai 1921 ein Abgeordneter des linken Zentrums, Célestin Jonnart, zum Botschafter im Vatikan ernannt. Jonnart erklärte, daß die Regierung, ohne damit die republikanischen Gesetze beeinträchtigen zu wollen, die Absicht verfolge, „die moralischen Kräfte, unter deren Einfluß die Welt stehe, zur Wiederherstellung des Friedens in Wettstreit treten zu lassen" („Le Radical", vom 29. Mai 1921). Der Heilige Stuhl gestand seinerseits der französischen Regierung ein Prüfungsrecht bei den Bischofsernennungen zu. Schließlich kam es im November 1922 zu langandauernden Verhandlungen über einen Plan, der darauf abzielte, die im Rahmen der Pfarrei in stärkerer Abhängigkeit von Laien bestehenden religiösen Verbände durch Diözesanverbände zu ersetzen, die enger der bischöflichen Jurisdiktion unterstellt werden sollten. Dank der sehr aktiven Vorbereitung der Texte durch Louis Canet, den Berater für religiöse Belange am Quai d'Orsay, und dank den darauffolgenden Memoranden der beiden Bischöfe von Nizza (Msgr. Henri Chapon) und Arras (Msgr. André Julien) konnten der Widerstand der Mehrheit des französischen Episkopats und die Zurückhaltung des Heiligen Stuhls überwunden werden. Pius XI. ließ sich zu Beginn seines Pontifikats davon überzeugen, daß man, um den Plan nicht an einem wiederauflebenden Antiklerikalismus scheitern zu lassen, auf Garantien in Form einer gesetzlichen Regelung verzichten müsse. So wurden schließlich auf dem Verordnungsweg diese Diözesanverbände, denen der Bischof vorstand und die befugt waren, die Kirchengüter zu verwalten und Schenkungen und Vermächtnisse anzunehmen, konstituiert. Der Papst gab am 18. Januar 1924 mit der Enzyklika „Maximam gravissimamque" seine Zustimmung, der sich die französischen Bischöfe durch einen gemeinsamen Brief vom 6. Februar 1924 anschlossen[15].

[15] *G. Lesage,* Aspects des rapports entre l'Église et l'État en France, de 1919 à 1924 à travers l'action de Mgr. Julien, évêque d'Arras (Lille 1970); *B. Neveu,* Louis Canet, et le service du conseiller technique pour les affaires religieuses au ministère des Affaires étrangères: Revue d'histoire diplomatique (April/Juni 1968) 134–180. Vgl. zu allen diesen Fragen auch die gründliche Arbeit von *H.-W. Paul,* The Second Ralliement: the Rapprochement between Church and State in France in the twentieth Century (Washington 1967).

Diese Wiederaufnahme der Beziehungen und dieser modus vivendi bedeuteten jedoch nicht, daß die antiklerikalen Strömungen sich gelegt hatten. Der Wahlkampf im Frühjahr 1925 und die dabei zutage getretene Politik des „Cartel des Gauches" (É. Herriot) waren der Beweis dafür. Aber dies sollte die „letzte für eine Belebung des Geistes von 1904 empfängliche Krise der Dritten Republik sein" (André Latreille). Die Übereinkunft, zu der es in der Nachkriegszeit gekommen war, spiegelte die geistige Entwicklung wider, sowohl innerhalb der Kirche, die sich um eine immer mehr von politischen Absichten losgelöste soziale Aktivität bemühte, als auch unter den Republikanern, die sich in zunehmendem Maße einem Laizismus der Tat und nicht mehr dem kämpferischen Antiklerikalismus verschrieben. Damit war jenes Regime begründet, dem die Beziehungen zwischen den beiden Mächten in Frankreich im weiteren Verlauf des 20. Jh. anvertraut waren.

37. Kapitel

Der Ausbruch des 1. Weltkriegs

LITERATUR: *Engel-Janosi* II 148–152; *J. Nobécourt*, „Le Vicaire" et l'histoire (Paris 1964) 120–123 130–131; *A. Hudal*, Die österreichische Vatikanbotschaft 1805–1918 (München 1952) 281–284; *P. Fernesole*, Pie X (Paris 1954) II 440–450; *E. Adamov*, Die Diplomatie des Vatikans zur Zeit des Imperialismus (Berlin 1932) 72–73; *P. Renouvin – J. B. Duroselle*, Introduction à l'histoire des relations internationales (Paris 1964) 235–236 254–256.

Auf der Ebene der internationalen Beziehungen fällt der Pontifikat Pius' X. mit der „Krisenzeit" (Duroselle) zusammen. Nach der Ermordung von König Alexander von Serbien im Jahre 1903 durch eine Gruppe von antiösterreichischen Offizieren, die ihr Land zum Anziehungspol des jugoslawischen Nationalismus machten, erlebt man von 1905 bis 1914 nacheinander fünf immer schwerwiegendere Krisen: die französisch-deutsche Krise als Folge der Tangerdemonstration Wilhelms II. im Jahre 1905, die österreichisch-russische Krise als Folge der Besetzung von Bosnien und Herzegowina im Jahre 1908, die Agadir-Krise im Jahre 1911, der doppelte Balkankrieg von 1912–1913, der das Prestige Serbiens vermehrt, und schließlich die Krise vom Juli 1914, aus der dann der 1. Weltkrieg entspringt. Obwohl man jedesmal neue Hoffnung schöpfte, wenn es gelang, den Krieg noch einmal zu vermeiden, spürten die Eingeweihten das Herannahen des Unheils, eines Krieges, den die Fortschritte in der Rüstung und die allgemeine Einführung der Wehrdienstpflicht viel schrecklicher werden lassen würde als die früheren Kriege. Auch Pius X. sprach während seiner letzten Lebensjahre immer häufiger von der unmittelbar bevorstehenden Katastrophe.

Angesichts der ständig steigenden Flut der Nationalismen und der Imperialismen und der sich immer mehr präzisierenden Drohung eines weitausgreifenden Konflikts erscheint die Reaktion der katholischen Kreise heute als sehr enttäuschend. Die Resignation, ja sogar immer häufiger die offene Zustimmung sowohl der kirchlichen Kreise wie auch der Gläubigen zu der immer stärker werdenden Verherrlichung des Nationalgefühls im Verlauf der beiden Jahrzehnte vor dem Krieg von 1914–18 erklären den Eifer, mit dem die Katholiken aus beiden Lagern – mit wenigen Ausnahmen[1] – dann den Kampf massiv unterstützten und, alles in allem, ablehnend auf die wiederholten Versuche Benedikts XV. reagierten, dieser „unnützen Schlächterei"[2] ein Ende zu bereiten.

In Deutschland eiferten viele Katholiken den Protestanten nach und wurden immer empfänglicher für alles, was die „nationale Größe" betraf. Zwar hielten sich die katholischen Vereinigungen von der pangermanistischen Bewegung fern und verurteilten mitunter sogar ihre Überspanntheiten; aber die Zentrumspartei hatte seit 1897 auf ihre Opposition gegen die Rüstungspolitik verzichtet, und 1904 gratulierte ihr der Kanzler von Bülow zu der „deutsch-nationalen Politik", die sie betreibe. Die Entwicklung der internationalen Situation im Verlauf der folgenden zehn Jahre, die Hand in Hand ging mit der fortschreitenden Eingliederung der Katholiken in den bürgerlichen Nationalstaat, mußte diese Entwicklung zwangsläufig ermutigen, und Erzberger war einer ihrer Repräsentanten[3].

In Österreich hielten sich zwar die katholischen Intellektuellen vom Chauvinismus fern, dagegen war der Nationalismus im Schoße der christlich-sozialen Partei zwischen 1909 und 1914 sehr aktiv. In den führenden kirchlichen Kreisen war nichts von pazifistischen Neigungen zu verspüren, sie stellten vielmehr im Gegenteil – von wenigen Ausnahmen abgesehen – ihren moralischen Einfluß in den Dienst der Dynastie und der Erhaltung des alten Kaiserreichs, das von den Forderungen seiner verschiedenen slawischen Minderheiten unterminiert war.

In Italien hatte das Gewicht der Römischen Frage bei den Katholiken zwar häufig die Manifestationen des Patriotismus gebremst, doch setzte seit Jahrhundertbeginn eine patriotische Entwicklung ein und verstärkte sich anläßlich der Kolonialexpedition gegen Libyen, die sogar in der „Civiltà cattolica" als ein Kreuzzug gegen den Islam präsentiert wurde, obwohl sich der Heilige Stuhl bemüht hatte, die katholische Presse zu größerer Zurückhaltung zu veranlassen. Das Phänomen machte sich vor allem im Süden bemerkbar. Doch von nun an wollten die Katholiken so ziemlich überall beweisen, daß ihnen in punkto Patriotismus niemand am Zeuge flicken konnte. Selbst F. Meda erlag eine Zeit-

[1] Vor allem die katholischen Iren auf Grund ihrer Feindschaft mit England und ein Teil der italienischen Katholiken, zumindest im ersten Jahr (vgl. *P. Scoppola,* Cattolici neutralisti e interventisti alla vigilia del conflitto: Benedetto XV, i cattolici e la prima guerra mondiale [Rom 1963] 95–151).

[2] Siehe Teil III.

[3] Mangels einer befriedigenden Arbeit über das Thema, s. *K. Bachem,* Vorgeschichte, Geschichte und Politik der deutschen Zentrumspartei VI und VII (Köln 1929/30).

lang dieser Exaltation. Darüber hinaus mehrten sich die Fälle von Zusammenstößen zwischen den organisierten katholischen Bewegungen und der Gruppe der extremistischen Nationalisten Corradinis. Er, der im Jahre 1910, als er die Unterstützung der Katholiken erstrebt hatte, nur bei den Anhängern Murris ein Echo gefunden hatte, trat nun bei den Wahlen von 1914 im Bezirk von Vicenza mit Unterstützung des Bistums und der Katholischen Aktion als Kandidat auf[4].

In Frankreich unterstrichen der größte Teil des hohen Klerus und die großen katholischen Zeitschriften die angeblich enge Verbindung zwischen dem religiösen Empfinden und dem patriotischen Eifer. Und seit der Dreyfus-Affäre warf man gern „die Feinde der Armee", „die Freunde Deutschlands" und „die Zerstörer des Katholizismus" in einen Topf. Kundgebungen dieser Art vervielfachten sich noch anläßlich der Seligsprechung von Jeanne d'Arc im Jahre 1909. Als der Minister Caillaux 1911 zur Einleitung einer Entspannung gegenüber Deutschland vorschlug, diesem einen kleinen Teil des französischen Kolonialreichs abzutreten, mußte er erleben, daß sich fast alle französischen Katholiken einschließlich einer großen Zahl von christlichen Demokraten und Sillonisten gegen ihn wandten[5]. Als im Jahre 1907 auf Betreiben des Lyoner Ingenieurs Vanderpol die „Société Gratry pour le maintien de la paix entre les nations" gegründet worden war, aus der zwei Jahre später die „Ligue des catholiques français pour la paix" wurde, konnte sie nur 700 Anhänger zusammenbringen. Und als Vanderpol im Jahre 1913 dann mit Unterstützung des Bischofs von Lüttich versuchte, einen internationalen Kirchenkongreß zu organisieren, um den Weg für eine deutsch-französische Verständigung frei zu machen, erklärten sich nur 4 französische Bischöfe zur Entsendung eines Vertreters bereit. Aus diesem Grunde hatte Vanderpol übrigens 1911 beschlossen, seinen Plan auszuweiten und eine „Ligue internationale des pacifistes catholiques" ins Leben zu rufen, die auf die öffentliche Meinung einwirken sollte, um eine gewaltsame Lösung der Konflikte zu verhindern und die Anwendung eines internationalen Schiedsverfahrens durchzusetzen. Als Sitz dieser Liga hatte man angesichts der Sachlage Brüssel gewählt und die Präsidentschaft und das Generalsekretariat Belgiern anvertraut[6].

[4] Vgl. *G. De Rosa,* Storia politica dell'Azione cattolica in Italia II (Bari 1954) 304–337 364–381; *G. Spadolini,* Giolitti e i cattolici 1901–1914 (Florenz [2]1960) 232–282.

[5] Eine eingehende Studie über den Nationalismus der französischen Katholiken zwischen der Dreyfus-Affäre und dem 1. Weltkrieg fehlt noch. Einige Hinweise findet man in *M. Vaussard,* Histoire de la Démocratie chrétienne I (Paris 1956) 67–69 und in HistCathFr 542–543. Auch *E. Weber,* The Nationalist Revival in France 1905–1914 (Berkeley 1959).

[6] Der Antimilitarismus war zwar im Vergleich zum 19. Jh. im Rückgang, doch in den katholischen Kreisen Belgiens noch immer sehr verbreitet, jedoch mehr aus praktischen als ideologischen Gründen. Man hegte nämlich die Befürchtung, die jungen Leute könnten in der Kaserne ihren Glauben verlieren und der Unsittlichkeit verfallen. Vgl. *F. Lehouck,* Het antimilitarisme in België 1830–1914 (Antwerpen 1958) 44–77.

Die Zurückhaltung vieler Katholiken gegenüber den pazifistischen Bewegungen findet ihre Erklärung nicht nur in einer alten Tradition, die seit dem Mittelalter militärische Tapferkeit mit den christlichen Werten verknüpft hatte, sondern auch in der Tatsache, daß in der Zeit um 1900 die Veranstalter der antimilitaristischen Kundgebungen fast immer Sozialisten, Anarchisten oder Freimaurer waren; das heißt in der damaligen Zeit konkret: Feinde der Kirche. Es ist jedenfalls charakteristisch, daß Pius X., obwohl er mit einem Brief vom 11. Juni 1911 dem „Carnegie Endowment for International Peace“ [7], einer amerikanischen Gründung, die dennoch protestantischen Ursprungs war, seine prinzipielle Billigung übermittelte, sich jedoch einer gleichen Bitte entzog, die die Ligue Internationale Vanderpols an ihn gerichtet hatte. Freilich hatte der Papst wiederholt den Griff zu den Waffen als Mittel zur Regelung der Konflikte zwischen Völkern verurteilt und das Schiedsverfahren gefordert; als der Kardinal V. Vannutelli die Eroberung Libyens durch die Italiener als einen Kreuzzug pries, rief der Papst ihn zur Ordnung [8]. Man muß jedoch wohl oder übel einräumen, daß sich der Heilige Stuhl alles in allem bis 1914 nicht ernsthaft genug bemüht hat, gegen die allgemeine Tendenz der europäischen Katholiken, sich von der nationalistischen Strömung mitreißen zu lassen, energisch vorzugehen; seine wohlwollende Haltung gegenüber der Action française von Maurras und Daudet, Vorkämpfern des „nationalisme intégral“, verstärkt diesen Eindruck noch.

Die Haltung des Heiligen Stuhls im Augenblick der Entfesselung des 1. Weltkriegs ist weiterhin Diskussionsgegenstand. Als der österreichische Botschafter Pius X. über das am 23. Juli von Wien an Serajewo gerichtete Ultimatum informierte, erklärte sich dieser bereit, als Schiedsrichter zwischen beiden Ländern zu intervenieren, und unterstrich seine Absicht, auf jeden Fall auf beide Regierungen mäßigend einwirken zu wollen. Was ist aber im Verlauf der folgenden Tage tatsächlich geschehen?

Der Arzt des Papstes Marchiafava erklärte beim Seligsprechungsprozeß: „Ich erinnere mich, daß er mir sagte, er habe eigenhändig an den Kaiser von Österreich geschrieben, um ihn zu beschwören, soweit es an ihm liege, die Kriegserklärung zu verhindern, aber alles sei umsonst gewesen.“ [9] A. de Cigala [10], dessen Bericht später häufig wieder aufgegriffen wurde, fügte hinzu: Als der österreichische Botschafter Pius X. von der vollendeten Tatsache unterrichtet und ihn im Namen des Kaisers gebeten habe, die österreichischen Waffen zu segnen, habe er erwidert: „Sagen Sie dem Kaiser, daß ich weder den Krieg noch die,

[7] AAS 3 (1911) 473–474.

[8] Vgl. *G. De Rosa* a.a.O. 330–331. Siehe auch die offiziösen Noten, die im „Osservatore Romano“ vom 20. und 30. Oktober 1911 veröffentlicht wurden, um zu versuchen, die kriegerische Begeisterung zu mäßigen.

[9] Processus Ordinarius, Roma, II 1702–1705.

[10] Vie intime de S. S. le pape Pie X (Paris [2]1926) 219–221.

die den Krieg gewollt haben, segnen kann." Der Papst habe ferner gesagt: „Der Kaiser möge sich glücklich preisen, daß er nicht den Fluch des Stellvertreters Christi empfange." Manche Hagiographen sind noch weiter gegangen und haben behauptet, der Papst habe die Exkommunikation von Franz Joseph ins Auge gefaßt und mit Kardinal Ferrata über diese Absicht gesprochen[11].

Dagegen erklärte Kardinal Merry del Val: „Es scheint mir nicht absolut sicher festzustehen, daß er einen Brief an den Kaiser von Österreich geschrieben hat."[12] Jedenfalls wurde in den römischen und österreichischen Archiven keine Spur eines solchen Briefes gefunden, so daß das Zeugnis des Arztes Dr. Marchiafava als sehr fragwürdig erscheint. Dies ist um so mehr der Fall, als ein anderes, übrigens genauso unkontrollierbares Zeugnis ganz anders klingt. Einige Tage nach dem Tod Pius' X. vertraute einer seiner Sekretäre einem Freund des österreichischen Botschafters an, der Papst habe, als er von verschiedenen Seiten aufgefordert worden sei, für den Frieden zu intervenieren, geantwortet: „Der einzige Monarch, bei dem ich meine guten Dienste einlegen könnte, ist der Kaiser und König Franz Joseph, denn er war dem Heiligen Stuhl zeitlebens treu und loyal ergeben. Aber gerade bei ihm kann ich nicht intervenieren; denn der Krieg, den Österreich-Ungarn führt, ist ein durchaus gerechter..."[13] Er soll hinzugefügt haben, die Verantwortung für die Ausweitung des Konflikts trage voll und ganz Rußland.

Außer diesen Gerüchten, für die „zuverlässige Grundlagen, die ihre Authentizität beweisen würden, fehlen" (Hudal), stehen uns zwei Dokumente zur Verfügung, die zwar zuverlässiger sind, aber doch Interpretationsprobleme stellen. Einerseits handelt es sich um einen Brief des bayerischen Geschäftsträgers, Baron Ritter, der am 26. Juli schrieb: „Papst billigt scharfes Vorgehen Österreichs gegen Serbien"[14]; andererseits um einen ausführlichen Bericht des österreichischen Geschäftsträgers, Graf Pállfy, vom 29. Juli[15] über ein Gespräch, das er zwei Tage zuvor mit Kardinal Merry del Val führte: „Die an Serbien gerichtete Note, die er als äußerst scharf bezeichnete, billigte der Kardinal trotzdem rückhaltlos und gab gleichzeitig indirekt der Hoffnung Ausdruck, daß die Monarchie auch durchhalten werde. Freilich, meinte der Kardinal, sei es schade, daß Serbien nicht schon viel früher ‚klein gemacht' worden sei, denn

[11] Bei dem angeblichen Brief des Papstes an Franz-Joseph mit dem Datum vom 13. August 1914, der damals in der französischen und italienischen Presse erschien, handelt es sich offensichtlich um eine Fälschung, die zu dementieren das Staatssekretariat nicht für nötig hielt (vgl. *A. Hudal* a.a.O. 283–284). Damals ging auch das Gerücht um, Merry del Val habe, für die österreichische Sache gewonnen, den Papst vergiftet, um zu verhindern, daß er öffentlich protestierte!

[12] Processus ordinarius, Roma, II 898.

[13] Zitiert bei *Engel-Janosi* II 150–151.

[14] Bayerische Dokumente zum Kriegsausbruch, hrsg. von *P. Dirr* III (München 1925) 206.

[15] Österreich-Ungarns Außenpolitik. Diplomatische Aktenstücke VIII (Wien 1930) 893–894.

damals wäre dies vielleicht eher ohne einen so großen Einsatz an unübersehbaren Möglichkeiten durchführbar gewesen als heute." Der Diplomat ergänzte: „Diese Äußerung entspricht auch der Denkungsart des Papstes, denn im Verlauf der letzten Jahre hat Seine Heiligkeit mehrmals das Bedauern geäußert, daß Österreich-Ungarn es unterlassen habe, seinen gefährlichen Nachbar an der Donau zu züchtigen." Als diese Texte veröffentlicht wurden, stellte ihnen der Kardinal das von ihm selbst verfaßte Resümee des Gesprächs gegenüber: „Es stimmt, daß ich nach dem entsetzlichen Verbrechen von Serajewo dem Grafen Pálffy gesagt habe, Österreich müsse hart bleiben und habe ein Anrecht auf die authentischsten Wiedergutmachungen und auf den Schutz seiner Existenz, aber ich gab nie der Hoffnung oder der Meinung Ausdruck, daß Österreich nicht zu den Waffen greifen würde." [16]

Was kann man aus diesen Texten schließen? Zweifellos muß man bedenken, daß ein Diplomat mitunter dazu neigt, eine nuancierte oder auch nur angedeutete Meinung als formell ausgesprochen auszugeben, um nachzuweisen, daß es ihm gelungen ist, seinen Gesprächspartner von dem guten Recht seines Landes zu überzeugen. Vielleicht muß man auch der Tatsache Rechnung tragen, daß man in manchen Kreisen der Ansicht sein konnte, der Rückhalt am Heiligen Stuhl würde schließlich das letzte Zögern des alten Kaisers ausräumen. Andererseits steht jedoch fest, daß die Formel „Österreich müsse hart bleiben", die Merry del Val gebraucht hat, wie er selbst zugibt, obwohl Serbien bereits am 25. Juli in konzilianter Form auf das österreichische Ultimatum geantwortet hatte, in dem in diesem Augenblick herrschenden Klima Wien ermutigen mußte, Belgrad seinen Willen aufzuzwingen. Immerhin freilich konnte der Staatssekretär am 27. Juli mit anderen Diplomaten immer noch damit rechnen, daß eine Lokalisierung des Konflikts möglich sein würde, solange Rußland noch nicht klar Stellung genommen hatte, was dann eine Kettenreaktion der Feindseligkeiten in ganz Europa auslöste.

Etwas erscheint auf jeden Fall als unbestreitbar: „Eine Anzahl von Zeugnissen beweist, daß im Vatikan in den entscheidenden Monaten des Sommers von 1914 eine für Österreich-Ungarn ausgesprochen günstige – man ist versucht, zu sagen: eine überraschend günstige – Stimmung herrschte" (Engel-Janosi). Es wäre sicherlich übertrieben, von einer Abhängigkeit des Vatikans von Österreich zu sprechen. Dies beweist die Tatsache, daß am 24. Juni 1914 ein Konkordat mit Serbien unterzeichnet wurde, obwohl sich die österreichische Diplomatie hartnäckig bemüht hatte, dies zu verhindern, weil sie hierin eine Ermutigung des Jugoslawismus sah [17]. Pius X. hegte jedoch Hochachtung für den alten Kaiser Franz Joseph, der noch unlängst als das Vorbild eines katholischen Herrschers erschienen war, als er anläßlich des Eucharistischen Kongresses in Wien

[16] L'Osservatore Romano, 20. 8. 1914, 22. 10. 1923; vgl. auch ebd. 22./23. 5. 1936.

[17] Vgl. *Chr. Alix,* Le Saint-Siège et les nationalismes en Europe (Paris 1962) 111–114 und *É. Poulat,* Intégrisme et catholicisme intégral (Paris–Tournai 1969) 527–528.

zu Fuß und in Galauniform an der Prozession des Allerheiligsten Altarsakramentes teilnahm. Noch größere Hoffnung hatte der Papst auf den österreichischen Thronfolger, Erzherzog Franz Ferdinand, gesetzt, dessen Ermordung für ihn eine bittere Enttäuschung war. Vor allem aber blieb Österreich seit dem Bruch Frankreichs mit Rom der einzige große katholische Staat in Europa; ja mehr: Österreich bildete einen doppelten Wall, einen Wall gegen den deutschen Protestantismus und zugleich einen Wall gegen das orthodoxe Slawentum. Alles spricht dafür, daß Pius X. und Merry del Val in Serbien das Krebsgeschwür sahen, das mit der Zeit sogar die Existenz des Habsburger Reiches gefährden würde, wobei sich für sie jede Schwächung des österreichischen Einflusses auf dem Balkan und im Donaubecken nur zugunsten Rußlands, des Hauptgegners des Katholizismus im Nahen Osten, auswirken konnte.

Erstreckten sich die Sympathien des Papstes und seines Staatsekretärs für Österreich – die durchaus nicht bedeuten, daß sie positiv zum Krieg trieben – auch auf Deutschland? In gewissen französischen Kreisen hat man Pius X. den Vorwurf gemacht, er sei „der Papst des Dreibunds" gewesen. Fest steht, daß er infolge seiner konzilianteren Haltung Italien gegenüber nicht die gleichen Gründe wie Leo XIII. hatte, den deutschen Alliierten zu grollen, und daß sich andererseits im Verlauf seines Pontifikats der deutsche Einfluß im Vatikan verstärkte. Diese Entwicklung war einerseits die normale Folge des Abbruchs der diplomatischen Beziehungen durch Frankreich und der Unzufriedenheit der Oberen der kirchlichen Orden mit den in diesem Land gegen die Kongregationen ergriffenen Maßnahmen, andererseits eine Konsequenz als Tatsache, daß man in Rom gern die „sicheren" Grund- und Lehrsätze der deutschen Katholiken dem gefährlichen Progressismus der Franzosen in der Exegese wie in der Philosophie gegenüberstellte[18]. Es ist durchaus nicht unmöglich, daß man im Vatikan bei dem Gedanken, das gottlose und unmoralische Frankreich könnte eine Lektion erhalten, Genugtuung empfand. Aber wenn der Papst vor dem Ausbruch der Feindseligkeiten nicht die Stimme eines Propheten erhob, um den Krieg zu verurteilen, und sich in einer eher matten Ermahnung[19] darauf beschränkte, die Völker zum Gebet aufzurufen, so geschah dies nicht etwa, weil er die Katastrophe heiteren Herzens nahen sah, sondern weil er sich Rechenschaft darüber ablegte, daß die auf diplomatischer Ebene geschwächte Position des Heiligen Stuhls ihm keine Initiativen der Art erlaubte, wie sie Pius XII. dann 25 Jahre später am Vorabend des 2. Weltkriegs versuchen wird. Vielleicht auch

[18] Bemerkenswert erscheint folgendes Urteil eines Neutralen: Der amerikanische Kardinal O'Connell wurde von Mrs B. Storer gebeten, seinen Einfluß geltend zu machen, „to preserve the friendly feeling which has grown stronger between Germany and the Vatican". Er antwortete ihr im Januar 1910: „I wish to assure you that the Holy Father and the Card. Secretary of State are very practical men and that they understand perfectly the value of the staunch sterling character of the Germans and the methods and manœuvres of the French which are the same the world over" (CHR 40 [1954/55] 141–142).

[19] „Dum Europa fere" vom 2. August 1914 (AAS 6 [1914] 373).

ganz einfach deshalb, weil dieser müde und matte Greis eben nicht mehr die Dynamik besaß, die nötig gewesen wäre, um trotz allem gegen jede Hoffnung zu handeln.

In der Tat starb Pius X., dessen Gesundheit seit mehr als einem Jahr zu Besorgnissen Anlaß gegeben hatte und der im Vormonat sein 80. Lebensjahr erreicht hatte, fast plötzlich in der Nacht vom 19. zum 20. August und hinterließ seinem Nachfolger die Bewältigung der neuen und schwierigen Probleme, die der Krieg, der eben begonnen hatte, der Kirche stellte.

DRITTER TEIL

Die Ausweitung der katholischen Missionen von Leo XIII. bis zum Zweiten Weltkrieg

Prof. Dr. Jakob Baumgartner, Fribourg

QUELLEN und LITERATUR: *R. Streit,* Bibliotheca Missionum III XIV XXV (Amerika); VIII XXVII (Indien); IX (Philippinen); X (Japan, Korea); XI (Indochina); XII–XIV (China); XVII–XX (Afrika); XXI (Australien-Ozeanien); *J. Rommerskirchen,* Bibliografia Missionaria (Rom 1936ff); Acta Leonis XIII, 8 vol. (Brügge–Paris 1887/1910); Acta Sanctae Sedis (ASS Rom 1865/1908); Acta Apostolicae Sedis (AAS Rom 1909ff); Collectanea S. Congregationis de Propaganda Fide, 2 vol. (Rom 1907); Sylloge praecipuorum documentorum recentium Summorum Pontificum et S. Congregationis de Propaganda Fide (Rom 1939); *J. Glazik,* Päpstliche Rundschreiben über die Mission von Leo XIII. bis Johannes XXIII. (Münsterschwarzach 1961, lat.-dt.); *E. Marmy – I. Auf der Maur,* Geht hin in alle Welt. Missionsenzykliken der Päpste Benedikt XV., Pius XI., Pius XII. und Johannes XXIII. (Fribourg 1961). – *J. Schmidlin,* Papstgeschichte der neuen Zeit II (Pius IX., Leo XIII.); III (Pius X., Benedikt XV.); IV (Pius XI.) (München 1934/1936/1939); *ders.,* Katholische Missionsgeschichte (Steyl 1925); *S. Delacroix,* Histoire universelle des missions catholiques III (Les missions contemporaines 1800–1957) (Paris 1958); *F. Schwager,* Die katholische Heidenmission der Gegenwart II (Afrika) (Steyl 1908); IV (Vorderindien und Britisch-Hinterindien) (Steyl 1909); *K. B. Westmann – H. von Sicard,* Geschichte der christlichen Mission (München 1962); *Kenneth Scott Latourette,* A History of the Expansion of Christianity V–VII (New York–London 1943/45); *ders.,* Geschichte der Ausbreitung des Christentums (gekürzte Ausgabe Göttingen 1956); *A. Mulders,* Missionsgeschichte. Die Ausbreitung des katholischen Glaubens (Regensburg 1960); *Th. Ohm,* Wichtige Daten der Missionsgeschichte (Münster ²1961); *B. Arens,* Handbuch der katholischen Missionen (Freiburg ²1925); *H. Bernard-Maître,* China: DHGE XII 693–741; *J. Jennes,* A History of the Catholic Church in Japan (Tokyo 1959).

Die auffallend schwache Vertretung missionarischer Interessen auf dem I. Vatikanischen Konzil war ein Spiegelbild der in europäischen Interessen festgefahrenen kirchlichen Kreise. Wohl verhielten sich die teilnehmenden Missionsbischöfe, wie früher gezeigt wurde, sehr rührig, aber sie blieben zahlen- und einflußmäßig eine kleine Schar[1]. Es war nicht nur dem überstürzten Abbruch des Konzils und der Nichtbehandlung der Missionsvorlage zuzuschreiben, wenn davon keine wirksamen Anstöße für die Glaubensverbreitung ausgingen.

[1] Vgl. Bd VI/1 640–649. – Zur Stimmung unter den Missionsvertretern siehe etwa den Brief (31. 12. 1869) von P. Le Doré, dem späteren General der Eudisten, der als Begleiter eines Bischofs der Antillen zum Konzil gekommen war (bei *R. Aubert,* Vaticanum I [Mainz 1965] 295).

Die eigentlichen Impulse kamen eher von außen, speziell vom aufsteigenden und sich durchsetzenden Imperialismus bzw. Kolonialismus, in dessen Gefolge die Missionen in neuester Zeit wahrhaft weltweite Dimensionen annahmen[2]. Zu den bisherigen Kolonialmächten England und Frankreich stieß jetzt das vereinigte Deutschland. Rußland rundete seinen Besitz im Osten und Süden ab und übte insofern einen antimissionarischen Einfluß aus, als es in Vereinbarungen mit den westlichen Mächten, zumal England, dazu beitrug, daß ganze Länder (z. B. Tibet, Afghanistan) sich der christlichen Verkündigung verschlossen. In Afrika konnte der Islam, als politische Macht im Osmanischen Reich verkörpert, vordringen und auch unter der schwarzen Bevölkerung festen Fuß fassen.

38. Kapitel

Die Mission im Schatten des Kolonialismus

Einem weltweiten und aufgeschlossenen missionarischen Vorgehen stand aber zunächst eine falsche Ausrichtung des Missionsbegriffs entgegen, wie er sich schon während des I. Vatikanischen Konzils bei den leitenden Instanzen der Propaganda herausgebildet hatte. Unter Missionsarbeit verstand man in erster Linie die Tätigkeit bei den Christen der Ostkirchen und den katholischen Einwanderern Nordamerikas[3]. Für die letzten Regierungsjahre Pius' IX. ist diese Haltung verständlich; sie läßt sich aber auch noch in der ersten Etappe des Pontifikats Leos XIII. feststellen. Während den orientalischen Kirchen durch verschiedene päpstliche Verlautbarungen und Bestimmungen größte Aufmerksamkeit bekundet wird, treten in den römischen Akten die Heidenmissionen stark zurück[4]. Wohl erließ der Papst bereits am 3. Dezember 1880 die Enzyklika „Sancta Dei Civitas", die aber fälschlich als eigentliches Missionsrundschreiben bezeichnet wird[5]. Auch lobt er 1884 das Wirken der Missionare und nennt

[2] *Delacroix* III charakterisiert diese Periode mit „La grande expansion des missions".

[3] Bis weit in unser Jahrhundert hinein galt als „klassischer" Missionar der Seelsorger in Amerika. Die entscheidende Bedeutung der Propaganda für den Aufbau der amerikanischen Kirche kommt vor allem zum Ausdruck in dem Quellenwerk von *F. Kenneally,* United States Documents in the Propaganda Fide Archives. Vol. I (1673–1844); Vol. II (1845–1862) Washington 1966/68. Der Herausgeber der Sammlung, *A. Tibesar,* kann denn auch in der Einleitung feststellen: „Perhaps in no other country was the Congregation of Propaganda Fide more successful in fulfilling its purpose than in the United States of America after our independence" (I p. XIII).

[4] *Schmidlin PG* II 500–536 widmet, den Akten entsprechend, über die Hälfte der Darstellung den nordischen, russischen und orientalischen Missionen.

[5] *Leo XIII,* Acta I 171–177. Das Rundschreiben enthält zwar eine warme Empfehlung der Werke der Glaubensverbreitung in Lyon und der heiligen Kindheit in Paris, denen aber das Werk für die christlichen Schulen des Orients als gleichwertig zur Seite gestellt wird.

sie „Evangelii praecones" – allerdings anläßlich der Einweihung des Nordamerikanischen Kollegs in Rom[6].

Diese Sicht der Heidenmission änderte sich indessen nach der Kurienreform Pius' X. vom 29. Juni 1908[7]; dadurch wurde die Tätigkeit der Propaganda grundsätzlich auf nichtchristliche Gebiete eingeschränkt. Die Reform entzog der Propaganda die Leitung von 7 Erzbistümern und 47 Bistümern in Europa (England, Schottland, Irland, Holland und Luxemburg), ferner in den Vereinigten Staaten und Kanada weitere 30 Erzdiözesen mit 147 Suffraganbistümern. Für die orientalischen Kirchen trat vorderhand an der Ordnung von 1862 kein Wandel ein, d.h., sie unterstanden weiterhin dem Präfekten der Propaganda mit einem eigenen Sekretär. Erst 1917 erfolgte die letzte Lösung von der Propaganda mit der Errichtung der Kongregation für die orientalischen Kirchen. Durch die Reform von 1908 blieben zwar die Missionare als Missionare der Propaganda unterstellt, als Angehörige der Orden hingegen, also in ihrer Eigenschaft als Religiosen, wurden sie ganz der Religiosenkongregation zugeteilt[8]. Hinzu kam, daß nun auch eine Reihe von Angelegenheiten, für welche früher die Propaganda letztlich zuständig gewesen war (z.B. solche des Glaubens, des Eherechts und der Riten bzw. der Liturgie), in den Entscheidungsbereich anderer Dikasterien fiel.

Das heimatliche Missionswesen erlebte in den Jahrzehnten der Pontifikate Leos XIII. und Pius' X. eine neue Stärkung und Steigerung. Als notwendig erwies sich dies einerseits wegen der Erweiterung der Missionsaufgaben, vorab nach der Erschließung Afrikas, anderseits aber auch infolge der Beraubung der Propaganda durch das neue Italien[9]. Deshalb erfuhren die bereits bestehenden Missionsvereine durch Päpste und Bischöfe warme Empfehlung und weitreichende Unterstützung. Weil aber verschiedene dieser Hilfswerke (z.B. die Leopoldinen-Stiftung in Wien und der Ludwigs-Missionsverein in München u.a.) fast ausschließlich der amerikanischen und orientalischen Mission dienten, entstanden neue Vereinigungen, so 1888 der Afrika-Verein der deutschen Katholiken (bis 1917)[10], 1889 das Werk vom hl. Petrus für den einheimischen Klerus (von Stéphanie Bigard und ihrer Tochter Jeanne ins Leben gerufen), 1893 die

[6] *Leo XIII,* Acta II 88–92, Litterae Apostolicae vom 25.10.1884. Das Lob der Missionare S. 88.

[7] *N. Hilling,* Die rechtliche Stellung der Propagandakongregation nach der neuen Kurialreform Pius' X.: ZM (1911) 147–158.

[8] Dadurch erhielten die Ordensobern ein entsprechendes Mitspracherecht über die Tätigkeit ihrer Mitglieder in den Missionen und wurden so praktisch bedeutend stärker für die Missionsarbeit interessiert als früher.

[9] *Schmidlin PG* II 502. Alle Proteste verhallten ins Leere, und erst durch die Lateran-Verträge von 1929 erfolgte eine Wiedergutmachung.

[10] In Verbindung mit den Antisklaverei-Vereinen Lavigeries in andern Ländern. Der Afrika-Mission diente auch die durch Leo XIII. in seinem Brief vom 20. November 1890 eingeführte Epiphanie-Kollekte (*Leo XIII,* Acta IV 112–116).

Missionsvereinigung katholischer Frauen und Jungfrauen, 1894 die durch Gräfin Maria Theresia Ledóchowska angeregte Petrus-Claver-Sodalität u.a.m.[11]

Hand in Hand mit der Steigerung materieller Hilfe ging auch die Vermehrung des Missionspersonals. War das erste Drittel des 19. Jh. vor allem durch die Gründung französischer Missionsgesellschaften gekennzeichnet, so finden wir im zweiten Drittel vorwiegend die neuen italienischen Genossenschaften, welche später noch durch die Missionare von Parma (Saveriani 1895)[12] und die Consolata-Missionare von Turin (1901)[13] ergänzt wurden. Ins letzte Drittel des Jahrhunderts fällt dann vor allem die Bildung deutscher Missionsgesellschaften. Infolge des Kulturkampfes siedelte sich das erste Werk im benachbarten Holland an, wo Arnold Janssen 1875 in Steyl die Gesellschaft des Göttlichen Wortes gründete[14]. Von hier aus suchte er, nach Deutschland selbst vorzudringen. 1889 begann die staatlich genehmigte Arbeit in Mödling bei Wien und 1892 jene in Neisse (Schlesien). Das Vorgehen der Steyler war gleichsam das Signal für die Schaffung deutscher Provinzen durch bereits bestehende französische oder italienische Gesellschaften. So wurde noch 1892 den Pallottinern eine Niederlassung in Limburg gestattet, 1895 den Oblaten der Unbefleckten Jungfrau Maria in Hünfeld b. Fulda und den Vätern vom Heiligen Geist in Knechtsteden, 1896 den Weißen Vätern in Trier und den Herz-Jesu-Missionaren in Hiltrup b. Münster u.a.

Davon verschieden gedacht war die Missionsarbeit, welche 1882 der österreichische Trappist Franz Pfanner mit seinen Gefährten in Mariannhill (Südafrika) begann. Aus der 1885 zur Abtei erhobenen Trappistengemeinschaft entwickelte sich im Verlauf der Jahre die nicht mehr monastisch gebundene Missionsgesellschaft von Mariannhill[15]. 1883/84 legte der Schweizer Benediktiner aus Beuron, Andreas Amrhein, zuerst in Reichenbach, dann in St. Ottilien den Grundstein für eine ähnliche monastisch-missionarische Kommunität, in der sich zuerst die missionarische und erst allmählich die monastische Komponente entfalten sollte[16].

Auch die heimatlichen Missionsbestrebungen waren aufs engste mit den kirchenpolitischen Bemühungen um die Verbesserung der seit 1870 gestörten Beziehungen zwischen Kirche und Staat, zumal in Deutschland (Kulturkampf)

11 Weiteres über die einzelnen Länder berichtet *B. Arens,* Die katholischen Missionsvereine (Freiburg 1922).

12 I Missionari Saveriani nel primo centenario della nascita del loro fondatore Guido M. Conforti (Parma 1965).

13 Il Cinquantennio delle Missioni della Consolata: Missioni Consolata 53 (Turin 1951) 101–194.

14 *F. Bornemann,* Arnold Janssen, der Gründer des Steyler Missionswerkes 1837–1909 (Steyl 1970).

15 *J. Dahm,* Mariannhill. Seine innere Entwicklung sowie seine Bedeutung für die katholische Missions- und Kulturgeschichte Südafrikas 1882–1909 (Mariannhill 1950).

16 *F. Renner,* Der fünfarmige Leuchter. Beiträge zum Werden und Wirken der Benediktinerkongregation von St. Ottilien, 2 Bde (St. Ottilien 1971).

und in Frankreich (Republik), verbunden. Desgleichen standen die Gründung und Entwicklung der deutschen Missionsgesellschaften bzw. Ordensprovinzen damit in Zusammenhang. Sie waren dem Abflauen der Kulturkampfgesetzgebung und dem sich bessernden Verhältnis zwischen Leo XIII. und Bismarck zu danken[17]. Hier verdienen zwei besonders hervortretende Taten der diplomatischen Tätigkeit Leos XIII. Erwähnung: seine ihm von Bismarck angebotene und zugunsten der deutschen Ansprüche ausgefallene Schiedsrichterrolle im Streit zwischen Spanien und Deutschland um den Besitz der Karolinen (Nordozeanien) und seine offene und mutige Unterstützung Lavigeries im Antisklaverei-Feldzug[18]. Die diplomatischen Erfolge und die aufgeschlossene Persönlichkeit Leos XIII. erlaubten diesem auch, sich mit Schreiben an nichtchristliche Herrscher zu wenden, etwa an den Kaiser von Japan[19] oder an die Kaiserin-Mutter Tetsi in China, der er für ihr Wohlwollen gegenüber den ausländischen Missionaren dankte[20]. Während Leo XIII. vor allem sein diplomatisches Geschick in den Dienst der Glaubensverbreitung stellte, war bei Pius X. das seelsorgliche Anliegen, d. h. die Erkenntnis der befruchtenden Wechselwirkung zwischen Heimat und Mission, das entscheidende Motiv seiner Missionshaltung[21].

Die Ausbreitung des Glaubens in Übersee hing, wie bereits angedeutet, durchwegs von der das Land oder das Gebiet direkt oder indirekt beherrschenden Kolonialmacht ab. So blieben von vornherein alle von Rußland eroberten Kolonien, auch solche mit rein nichtchristlicher Bevölkerung, der katholischen Missionsarbeit verschlossen, gleichfalls die Länder des Osmanischen Reiches oder der späteren Nachfolgestaaten. Diese, speziell England und Frankreich, betrieben eine recht zwiespältige Missionspolitik. Während sie die Missionstätigkeit unter der nichtmuslimischen Bevölkerung nicht nur duldeten, sondern vor allem seit dem 20. Jh. direkt förderten und unterstützten, verboten und behinderten sie jede Wirksamkeit unter der islamischen Bevölkerung[22].

[17] So enthält das päpstliche Schreiben an die Bischöfe Preußens vom 6. Januar 1888 einen ausdrücklichen Hinweis auf die humanitäre bzw. missionarische Bedeutung der Kolonialpolitik ihrer Nation (Acta Leonis XIII 183–191). – Im Brief des Papstes an den Erzbischof von Köln vom 20. April 1890 werden die Katholiken Deutschlands besonders ermahnt, für die Bekehrung Afrikas besorgt zu sein (ebd. IV 44–47). Hinter diesen päpstlichen Ausführungen stehen die Bemühungen Bismarcks, für die deutschen Kolonien deutsche Missionare zu erhalten.

[18] Lavigerie war für Leo XIII. der Exponent seiner Beziehungen zu Frankreich (vgl. vor allem *Xavier de Montclos,* Le Toast d'Alger. Documents 1890–1891. Paris 1966), während Bismarck eine ähnliche Rolle in Deutschland zufiel. Die Gründungsgeschichte von St. Ottilien ist ein auffallendes Beispiel dafür (cf. *F. Renner* a. a. O. Bd I).

[19] Acta Leonis II 121–122, Brief vom 12. Mai 1885.

[20] Acta Leonis II 134–135, Brief vom 1. Februar 1885. – Daß dieser Brief nicht wie frühere päpstliche Schreiben unbeantwortet blieb, zeigt die Tatsache, daß der japanische Gesandte zum 50jährigen Priesterjubiläum des Papstes ausdrücklich dafür dankte (ebd. IV 228).

[21] *Schmidlin PG* III 116 121 f. Vgl. *B. Arens,* Papst Pius X. und die Weltmissionen (Aachen 1919).

[22] So blieb z. B. in den malaiischen Staaten oder in den vielen selbständigen Gebieten hindui-

Die Missionare waren überall dem imperialistischen System ein- bzw. untergeordnet. Von einer wirklichen Freiheit der Glaubensverbreitung kann in kaum einem Lande die Rede sein. Diese Zusammenhänge, die man erst in neuerer Zeit zu durchschauen begann, bedeuten natürlich nicht, daß die Missionare freiwillige Helfer dieser politischen und wirtschaftlichen Systeme gewesen sind. Nach den zeitgenössischen Berichten zu schließen, waren sich die meisten Missionare der politischen Tragweite ihrer Arbeit gar nicht oder nur wenig bewußt. Und selbst diejenigen, welche der Folgezeit als besonders politisch tätige Missionare erschienen, wollten im Grunde nur ihren Patriotismus, der von den Kolonialbehörden immer wieder angezweifelt wurde, unter Beweis stellen[23].

Daß die aus der Verquickung von politischer Macht und apostolischer Tätigkeit sich ergebenden Schwierigkeiten zahlreich waren, dafür liefert das Padroado in Asien genügend Beispiele. Nach den unerquicklichen Verhältnissen der Jahrhundertmitte und den Auseinandersetzungen der Propaganda mit Portugal[24] gelang es Leo XIII. 1886 – er hatte bereits zwei Jahre zuvor im Interesse der indischen Kirche eine apostolische Delegatur eröffnet und Goa 7 Vikariate entzogen –, in einem neuen Konkordat den unseligen Streit, wenigstens prinzipiell, beizulegen[25]. Freilich handelte es sich um einen Kompromiß; denn der König erreichte die Bestätigung des Patronats über die zum Patriarchat erhobene Erzdiözese Goa und deren Suffraganbistümer (Damâo, Cochin, Meliapur), so daß teilweise die doppelte Jurisdiktion weiterbestand und Lissabon sich das Vorschlagsrecht für gewisse Bischofssitze zu sichern wußte[26]. Anderseits verzichtete die Regierung darauf, ihren Anspruch auf die nichtportugiesischen Gebiete Indiens anzumelden, und anerkannte die Autorität des

stischer oder mohammedanischer Maharadschas in Indien, im britischen oder französischen Sudan, in weiten Gebieten Indonesiens jede Missionstätigkeit, ja selbst die Seelsorge unter den dortigen Christen bis nach dem 2. Weltkrieg verboten. – Wenn in neueren Publikationen den Missionaren vielfach der Vorwurf gemacht wird, sie hätten den Dialog mit den Anhängern des Islams vernachlässigt, so wird dabei gerade dieser geschichtliche Hintergrund übersehen; denn für den Dialog braucht es einen Partner – von dem man aber die Missionare systematisch abschnitt.

23 Zu berücksichtigen ist ferner die Tatsache, daß auch die Missionare die gleiche imperialistisch ausgerichtete Schulbildung erhielten wie die anderen Zeitgenossen, zumal die Kolonialbehörden oder die in Handel und Wirtschaft tätigen Weißen in Übersee. – Vgl. die Enzyklika Leos XIII. an die Gläubigen Frankreichs vom 16. Februar 1892 (Acta II 39), worin er die französischen Missionare rühmt, weil sie zugleich den „renom de la France et les bienfaits de la religion catholique" in fernen Ländern verbreitet hätten. – *A. Villanyi,* Mittel und Wege kolonialer Kirchenpolitik: ZMR 47 (1963) 33–46.

24 Siehe Bd VI/1 239f.

25 Acta Leonis II 192–196 (Brief vom 6. 1. 1886 an den portugiesischen König); das Konkordat vom 23. Juni 1886 ebd. 205–207. Vgl. dazu *B. J. Wenzel,* Portugal und der Heilige Stuhl. Das portugiesische Konkordatsrecht (Lissabon 1958) 189ff.

26 Es handelt sich um Bombay, Mangalore, Quilon und Trichinopoly. Der goanesischen Jurisdiktion wurden auch einzelne Gemeinden im Bereich der Propaganda unterstellt, was die Unzufriedenheit der Propaganda-Partei hervorrief.

Apostolischen Stuhles. Dieser, die Freiheit nützend, errichtete sofort die ordentliche Hierarchie mit 7 Kirchenprovinzen (Goa, Agra, Bombay, Verapoly, Calcutta, Madras, Pondicherry) und auf Ceylon das Erzbistum Colombo[27]. Damit setzte die Festigung und Vertiefung, ja ein sichtbarer Aufschwung der indischen Kirche ein, gefördert durch die Gründung des päpstlichen Generalseminars von Kandy (Ceylon) unter den belgischen Jesuiten und die Instruktionen der Propaganda an den Episkopat zur Gewinnung neuer Gläubigen[28]. Auftrieb erhielten auch die unierten Thomaschristen, die dank den Bemühungen des ersten Delegaten, L. M. Zaleski[29], 1887 ihre eigenen Vikariate (Trichur und Cottayam) erlangten, zunächst unter lateinischen Bischöfen, 1896 dann unter einheimischen Hirten in den syromalabarischen Vikariaten Ernaculam, Changanacherry und Trichur. Eine erfreuliche Entwicklung nahm das Bistum Quilon, dem der Schweizer Karmelit A. M. Benziger von 1900 an als Weihbischof und von 1905 bis 1931 als Bischof vorstand[30]. Überdurchschnittliche Erfolge erzielte ferner die Mission von Chota Nagpur im nördlichen Teil, speziell unter den Ureinwohnern, den Kols. Die Bekehrungsbewegung, die sich ab 1880 beschleunigte, verstand der flämische Jesuit K. Lievens durch eine vielfältige Wirksamkeit (Ausbildung von Katechisten, Abfassung von Schriften in einheimischer Sprache und soziale Betätigung) zu konsolidieren[31]. Erheblichen Zuwachs verzeichneten seine Ordensmitbrüder in den siebziger Jahren unter den Schanars im Sprengel von Madura, wo die Jesuiten die bedeutendste Lehranstalt in ganz Südindien unterhielten, nämlich das seit 1881 in Trichinopoly sich befindende St.-Josephs-Kolleg, welches Bekehrungen unter den Brahmanen auslöste und damit einen ersten Einbruch in die Welt des Hinduismus erzielte. Neben den bereits erwähnten Karmelitern und Jesuiten arbeiteten die Kapuziner (im Norden), die Salesianer, die Oblaten und die Väter vom heiligen Kreuz im Lande; 1875 traten die Millhiller hinzu. Die Mailänder Missionare, seit 1863 in Indien, leiteten Ende des Jahrhunderts unter den Telugus im Vikariat Hydarabad eine größere Bekehrungswelle ein. Nach der Reorganisation der indi-

[27] Acta Leonis II 229–239, Litterae Apostolicae „Humanae Salutis Auctor" vom 1. September 1886.

[28] Der Papst insistierte auf der Erziehung eines einheimischen Klerus und nannte als Gründe die Ansichten Franz Xavers, die bessere Kenntnis von Land und Leuten, die geringe Zahl europäischer Missionare und schließlich die Möglichkeit, daß diese des Landes verwiesen werden könnten (Acta V 165–169 Enzyklika vom 24. 6. 1893 „Ad extremas Orientis ora"). – Die Instruktionen: Collectanea II 286–290 (19. 3. 1893).

[29] *W. Maley,* Patriarch Ladislas Zaleski, Apostolic Delegate of the East Indies (Bombay 1964).

[30] Die Christenzahl stieg während seiner Amtszeit von 87000 auf 226000 Getaufte. Er bewährte sich auch als eifriger Förderer eines landgeborenen Klerus und baute Dutzende von Kirchen. Cf. *Fr. Philip OCD.* A Man of God. A Biography of Archbishop Aloysius Maria Benziger (Trivandrum 1956).

[31] *F. Schwager* I 425; zu Constantin Lievens (1856–93) siehe *Streit* VIII 452f; über seine wissenschaftlichen Arbeiten ebd. 453f.

schen Mission durch Leo XIII. schritt die Entwicklung unter dem folgenden Pontifikat eher langsam voran[32].

Zu dem unter britischer Herrschaft stehenden Hinterindien[33] gehörte einerseits Birma mit den drei 1866/70 errichteten und von den Pariser und Mailänder Missionaren betreuten Vikariaten, wo vor allem die Karenen zum Christentum übertraten, während die eigentlichen Birmesen, buddhistisch geprägt, sich weniger offen zeigten. Anderseits fiel unter die Verwaltung der Engländer die Halbinsel Malakka, welche 1888 als Bistum wiederhergestellt wurde[34]. Ähnlich wie in Birma rekrutierten sich die Christen nicht aus den Reihen der eingesessenen Bevölkerung, sondern fast nur aus den indischen und chinesischen Einwanderern, und zwar in beträchtlicher Zahl. Dies trifft gleichfalls auf Siam zu, das nach dem 1867 mit Frankreich geschlossenen Handelsvertrag eine Periode wohlwollender Duldung der Mission kannte, speziell unter der langen Regierung des Königs Tschulalongkorn, der 1897 den Papst aufsuchte und nach seiner Rückkehr die christlichen Glaubensboten als Freunde empfahl. Freilich stammten die Bekehrungen auch hier vorab aus der Schicht der Chinesen, die Thai jedoch ließen sich nach wie vor kaum erfassen[35]. Die Kirche in Laos, seit 1899 Apost. Vikariat, konnte, obgleich die französischen Kolonialbeamten das Missionswerk vielfach behinderten, einigermaßen erstarken. Noch viel mehr bekam aber die Christenheit Annams die Folgen der Kolonialpolitik zu spüren. Nach dem Friedensschluß zwischen Kaiser Tuduc und Frankreich (1862) herrschte ein Jahrzehnt leidlicher Ruhe, worauf dann – nicht ohne das Verschulden einzelner Missionare – weitere blutige Unterdrückungen einsetzten: 1872 und 1886, in welch letzterem Jahr sich die endgültige Okkupation des Landes vollzog. Im Verlauf der beiden Verfolgungen verloren 20 Missionare, 30 einheimische Priester und 50000 Christen ihr Leben[36]. Trotz dieser leidvollen Geschichte im 19. Jh. und der vielen Schikanen von seiten der Kolonialregierung stieg die Zahl der Getauften bis zum ersten Weltkrieg auf ca. eine Million an und die der kirchlichen Sprengel auf 12 Apostolische Vikariate unter den Parisern und 2 unter den spanischen Dominikanern[37].

[32] Pius X. vermehrte 1910 die indische Hierarchie um die Erzdiözese Simla (englische Kapuziner) und das Bistum Ajmer (französische Kapuziner); vom syromalabarischen Changanacherry spaltete er das Vikariat Cottayam (unter einem einheimischen Bischof) ab.

[33] Zu diesen Gebieten cf. *Le Thanh Khoi* u.a., L'Asie Sud-Est de la fin du XIXe siècle à nos jours, 2 Bde (Paris 1971).

[34] Als Suffraganbistum ab 1889 von der Erzdiözese Pondicherry abhängig.

[35] Die Weihe des ersten Siamesen zum Priester geschah 1880. Vgl. *F. Schwager,* Aus der Vorgeschichte der hinterindischen Mission: ZM 3 (1913) 146–151.

[36] *E. Vo Duc Hanh,* La place du catholicisme dans les relations entre la France et le Vietnam de 1851 à 1870 I (Leiden 1969). Gegen dessen Behauptungen (die meisten Katholiken seien von der religiös-politischen Sendung Frankreichs in der 2. Hälfte des 19. Jh. überzeugt gewesen [S. 26] und der Haß der Weißen stelle eine der Hauptursachen der Christenverfolgung dar [S. 287–292]) nimmt *Jos. Nguyen van Phong* Stellung (ArchSR 31 [Janv. – Juin 1971] 248).

[37] *Latourette* VI 246–251.

Zu ebenso verhängnisvollen Ereignissen und für die entferntere Zukunft des Christentums wohl noch tragischeren Folgen führte die mit der Kolonisierung einhergehende Evangelisation in China[38]. Hier begann die neue Ära der Missionsgeschichte mit den dem Reich der Mitte durch die westlichen Mächte auferlegten Verträgen. Die verschiedenen Abkommen bahnten der Mission den Weg ins ganze Land und brachten der Kirche neben der Duldung und dem Schutz finanzielle und soziale Vorteile. Doch zeitigte eine solche Missionspolitik auch Schäden[39]. Abgesehen davon, daß die Missionare zu wenig versuchten, chinesischem Geist und Empfinden entsprechende Gemeinden aufzubauen und daß bei manchen Übertritten materielle Motive den Ausschlag gaben (Reis- und Prozeßchristen), zogen sich die Anhänger der Religion der Weißen den Argwohn der Bevölkerung (z.B. bezüglich der Waisenhäuser) und den abgründigen Haß gewisser Kreise, vor allem der Mandarine und Gelehrten, zu, fühlten sich diese doch in ihrer nationalen Würde getroffen[40]. Die Abneigung entlud sich explosionsartig im Boxeraufstand von 1900, einem Vorfall, der Tausenden von Katholiken und zahlreichen Priestern das Leben kostete. Trotz dieser Rückschläge und der Revolution von 1911, die mit der Mandschudynastie aufräumte, aber die Gemeinden kaum beeinträchtigte, erreichte die katholische Kirche um 1912 1,4 Millionen Mitglieder – deren Zahl hatte sich seit der Jahrhundertwende verdoppelt –, und der einheimische Klerus zählte damals 724 Geistliche[41].

Ungefähr zweimal so viele ausländische (zumal französische, italienische und deutsche) Missionare widmeten sich um dieselbe Zeit der Bekehrungsarbeit in ganz China. Die alteingesessenen Orden der Lazaristen[42], der Jesuiten, die in

[38] Zum Verständnis der neuesten chinesischen Kirchengeschichte siehe die souveräne Arbeit von *J. Beckmann,* Die China-Mission. Versuch einer kritischen Rechenschaft: Wort und Wahrheit 14 (1959) 3–40; *ders.,* Neuerscheinungen zur chinesischen Missionsgeschichte 1945–1955: Monumenta Serica 15 (Tokyo 1956) 378–462. Diese ausführliche Bibliogr. bietet zugleich einen Durchblick durch die Missionsentwicklung von der Mitte des 13. bis ins 20. Jh. Vgl. *B. Wirth,* Imperialistische Übersee- und Missionspolitik dargestellt am Beispiel Chinas (Münster 1968); dazu NZM 25 (1969) 317.

[39] Sehr kritisch äußert sich zur französischen Protektionspolitik *Schmidlin M* 466f. Vgl. *A. Schier,* Alphonse Favier et la protection des missions en Chine (1870–1905): NZM 25 (1969) 1–13 90–101; *ders.,* La nonciature pour Pékin en 1886: NZM 24 (1968) 1–14 94–110.

[40] *J. Schütte,* Die katholische Chinamission im Spiegel der rotchinesischen Presse. Versuch einer missionarischen Deutung (Münster 1957). Im Ergebnis hält der Verfasser die Schwächen und Mängel der katholischen Chinamission fest, um hierauf (S. 381) zu schreiben: „Bei aller äußeren Verquickung mit der Politik hat die katholische Chinamission als Ganzes ihr eigentliches, religiöses Ziel stets erkannt und treu zu verwirklichen getrachtet. Der stets wiederholte Vorwurf, daß die ausländischen Missionare politische Agenten und Spione imperialistischer Mächte seien, konnte als unbegründet zurückgewiesen werden.“

[41] Zum Stand der Kirche in China (und Japan) siehe *J. Schmidlin,* Das gegenwärtige Heidenapostolat im Fernen Osten (Münster i. W. 1929).

[42] *O. Ferreux,* Histoire de la Congrégation de la Mission en Chine 1699–1950: Annales de la Congrégation de la Mission 127 (Paris 1963) 3–530.

einem Teilgebiet von Tscheli und in Schanghai durch erzieherische, wissenschaftlich-literarische und wirtschaftlich-caritative Tätigkeit bedeutende kulturelle Leistungen hervorbrachten[43], die spanischen Dominikaner, die Pariser, die das ausgedehnte Gebiet verwalteten, sie alle erhielten nach dem Frieden von Tientsin Zuzug von neuen Gesellschaften. Als eine der ersten brachte die Kongregation der Scheutvelder Verstärkung; ihnen oblag in der Mongolei ein überaus schwieriges Apostolat. Durch die Bildung von Reduktionen, d. h. christlichen Dörfern, gelang es ihnen, um das Zentrum der Ordos-Mission geschlossene Gemeinden anzusiedeln[44]. Einer der Bahnbrecher dieses Unternehmens war der spätere Apostolische Vikar Alfons Bermyn (1878–1915)[45]; hier fing auch Msgr. Hubert Otto mit seiner Missionstätigkeit an[46]. Er wechselte dann aber in die Provinz Kansu über, die den Missionaren vom Unbefleckten Herzen Mariä zugeteilt war und wo er von 1890–1921 das Apostolische Vikariat Nord-Kansu leitete. Nach den Mailänder-Missionaren (1869 für Honan) und den spanischen Augustinern (1879 für Nord-Hunan) trafen 1882 die Steyler im südlichen Teil von Schantung ein; unter den Apostolischen Vikaren J. B. Anzer[47] und A. Henninghaus[48] verwirklichten sie, vorab dank ihren Schulen, rasche und gründliche Fortschritte. 1885 schickte das Seminar Peter und Paul von Rom für Nord-Schensi und 1906 das Institut von Parma Hilfskräfte nach Nord-Honan. Alle Versuche der Pariser, das Evangelium in Tibet einzupflanzen, scheiterten am entschiedenen Widerstand der Lamas, auf Formosa hingegen arbeiteten die spanischen Dominikaner (seit 1859), behindert freilich seit der Besetzung der Insel durch die Japaner (1895)[49].

Um den Ausbau der chinesischen Mission, welcher Leo XIII. besondere Aufmerksamkeit und Liebe schenkte, zu fördern, teilte er sie im Hinblick auf künftige Lokalsynoden, wie es auf dem Vatikanum I verhandelt worden war[50], in

[43] Vor allem die Universität Aurora, das Kolleg von Zikawei, die Werkstätten von Tusewe nebst dem berühmten Observatorium.

[44] *J. van Hecken,* Les réductions catholiques du pays des Ordos. Une méthode d'apostolat des missionnaires de Scheut (Schöneck-Beckenried 1957); vgl. *ders.*, Les Missions chez les Mongols aux temps modernes (Brüssel 1949). Um 1900 zählte die Ordos-Mission 371 Mitglieder.

[45] Viele neue Dokumente zu diesem Pionier der Mongolenmission (der ab 1900 dem Apostolischen Vikariat der Südwestmongolei vorstand) bringt: *J. van Hecken,* Mgr. Alfons Bermyn. Dokumenten over het missieleven van een voortrekker in Mongolië (1878–1915), 2 Bde (Wijnegen 1947); *J. van Oost,* Missionnaire de Scheut Monseigneur Bermyn, Apôtre des Ortos (Löwen 1932).

[46] *C. van Melckebeke,* Notre bon Monseigneur Otto. 1850–1938 (Scheut – Brüssel 1949). Zu Msgr. Otto cf. *Streit* XII 581 f.

[47] Zu J. B. Anzer (1851–1903) cf. *Streit* XII 591 ff.

[48] Zu Augustin Henninghaus (1862–1939) ebd. XIII 8 ff.

[49] *A. Züger,* Die katholische Kirche auf Formosa: NZM 14 (1958) 276–296. Die seit 1859 auf der Insel anwesenden Predigerbrüder brachten eine nur geringe Ernte ein: 1919 belief sich die Zahl der Katholiken auf 4400.

[50] Bd VI/1 647.

5 Regionen ein (1879); außerdem vermehrte er die Zahl der Sprengel um 15 und ließ 1883 über die Propaganda methodische Anweisungen an die Chinamissionare ergehen[51]. In der Tat erwies es sich als notwendig, den missionarischen Geist wachzurütteln, weil man vielfach nicht mehr auf Gewinnung von Neuland bedacht war, sondern sich mit den alten Beständen begnügte[52]. Daher betonen auch die seit den achtziger Jahren einberufenen Regionalsynoden aufs eindringlichste die Pflicht der Heidenbekehrung. Von Wichtigkeit wurden diese Zusammenkünfte auch für eine bessere Koordination des bunt zusammengewürfelten Missionspersonals und eine einheitlichere Planung des missionarischen Vorgehens. Noch andere Schattenseiten wollten sie beheben, so etwa die ungenügende Ausbildung und Anpassung der Missionare an Land und Leute, die Vernachlässigung der führenden und gebildeten Kreise in Presse und Schule, die zu wenig gezielte Ausstattung der chinesischen Kirche mit einem gründlich geformten Klerus und Episkopat[53]. All diese Postulate machte sich eine Gruppe Missionare zu eigen, die, von den positiven Eigenschaften der Chinesen stark angesprochen und für die sogenannte Tientsiner-Methode werbend, einer Abkehr vom Europäismus das Wort redete[54]. Solchem Ziel sollte auch die Errichtung einer Nuntiatur dienen, doch scheiterte der von chinesischer Seite vorgebrachte Plan am Widerstand Frankreichs[55]; sowohl unter Leo XIII. wie Pius X. ließ sich das Vorhaben nicht realisieren. Gegen das oft mißbrauchte Protektorat kämpfte der äußerst tätige, wenn auch vielfach angefochtene P. Vincent Lebbe (1877–1940). Geistig dem Gentry-Kreis verpflichtet, kann er als Vorläufer einer Neuorientierung der Missionsarbeit in China im Sinne einer konsequenten Indigenisierung betrachtet werden[56].

Auch mit Korea gingen die westlichen Mächte (und Japan) Ende des Jahrhunderts vertragliche Bindungen ein; hier gereichten sie der Kirche zum Wohl. Nach den Verfolgungen, die einander abgelöst hatten (1803–13, 1827, 1838–46, 1866–69), und nach dem letzten Edikt (1881) konnte das Christen-

[51] Collectanea II 187–196. – Zum Ausbau der Hierarchie unter Leo XIII. cf. *Schmidlin PG* II 527, unter Pius X. ebd. III 134f.

[52] Ebd. 192: „Sed quum gentilium conversio ad Christum Dominum in cuius cognitione vita aeterna omnium hominum sita est, finis praecipuus missionum existat, ad eam toto animo intendere Vicarii App. conentur."

[53] *J. Beckmann,* Die katholische Missionsmethode in China in neuester Zeit (1842–1912) (Immensee 1931).

[54] Ebd. 22 44 93 101f 106f 195 zu dieser Neuausrichtung.

[55] *L. Wei Tsing-sing,* Le Saint-Siège, la France et la Chine sous le pontificat de Léon XIII. Le problème de l'établissement d'une nonciature à Pékin et l'affaire du Pei-t'ang 1880–1886: NZM 21 (1965) 18–36 81–101 184–212 252–271.

[56] Der Gründer der „Société des Auxiliaires des Missions"(= SAM) ist eine umstrittene Figur; auch die Darstellung von *J. Leclercq,* Vie du Père Lebbe (Toulouse – Paris 1955, [5]1961) blieb nicht unwidersprochen. Vgl. *J. Levaux,* Le Père Lebbe, Apôtre de la Chine moderne (Brüssel 1948); dazu auch *J. Beckmann,* Die China-Mission (Anm. 37) S. 3; *ders.:* NZM 4 (1948) 309f über Lebbes Ideen. Diese fanden ihren Niederschlag in der Missions-Enzyklika Benedikts XV. „Maximum illud" und in anderen Dokumenten.

tum auf Grund der Abmachungen der achtziger Jahre an Boden gewinnen, wiewohl sich 1887 in Taiku noch einmal eine Gegenreaktion bemerkbar machte. Die religiöse Freiheit erlitt durch die Ausübung des japanischen Protektorats ab 1895 keine Einbuße, auch als die Schutzmacht den offiziellen Schintokult auszubreiten trachtete. Msgr. Félix-Clair Ridel, seit 1869 Apostolischer Vikar von Korea, gelangte erst 1877 ins Land, wurde jedoch im darauffolgenden Jahr gefangengenommen und nach China abgeschoben. Er wie seine Nachfolger Blanc und Mutel gehörten den Pariser Missionaren an, die, ungeachtet der feindseligen Stimmung auf der Halbinsel, immer wieder Personal dorthin gesandt hatten[57]. Mutel amtierte von 1890–1911 als Apostolischer Vikar von ganz Korea, seit der Teilung in die zwei Sprengel Seoul und Taiku (1911) übernahm er die Leitung des ersteren. Mit der Gründung von Handwerker- und Gewerbeschulen unterstützten die Benediktiner von St. Ottilien, seit ihrer Klosterniederlassung in Seoul (1909) anwesend, das Wachstum der jungen Kirche[58].

Dank den Einflüssen und dem Druck von außen (Verträge mit den europäischen Mächten) und der damit verbundenen Erschließung des Landes für die moderne westliche Zivilisation schien die Kirche in Japan einer vielversprechenden Zukunft entgegenzugehen[59]. Sie gelangte 1889 in den Genuß der vollen Religionsfreiheit, nachdem die Verfolgungsdekrete schon 1872/73 beseitigt worden waren. Zu dieser Verbesserung der Lage halfen wohl auch die freundlichen Beziehungen Leos XIII. wie jene Pius' X. zum Kaiserhof mit[60]. Langsam mehrten sich die Bekehrungen: 1882 gab es 28000 Katholiken, 1890 jedoch bereits 54000. Die japanischen Oberhirten versammelten sich in diesem Jahr zur ersten Synode in Nagasaki, und 1891 schritt Rom zur Errichtung der Hierarchie mit Tokyo als Erzbistum und den Suffraganen von Nagasaki, Osaka und Hakodate[61]. 1896 begannen die Trappisten in Tobetsu bei Hakodate und kurz darauf auch die Trappistinnen eine fruchtbare Tätigkeit. Noch lastete aber fast die gesamte Arbeit auf den Missionaren des Pariser Seminars; ihnen gesellten sich dann bald andere missionierende Gemeinschaften bei: die spanischen Dominikaner von den Philippinen für die Apostolische Präfektur Schikoku (1904), 1907 die Steyler (Apostolische Präfektur Niigata 1912) und die Franziskaner für Hokkaido (Apostolische Präfektur Sapporo, bestehend aus Hokkaido, Sachalin und Kurilen 1915), die (deutschen) Jesuiten für die Gründung

[57] Zu Ridel (1830–84) *Streit* X 426–428. Marie-Jean-Gustave Blanc (1844–90) gelangte 1876 nach Korea und war Apostolischer Vikar von Korea 1884–90 (*Streit* X 436–438); Gustave-Charles-Marie Mutel 1854–1933 (*Streit* X 433).

[58] *F. Renner,* Der Ruf an die Benediktiner nach Korea und Manchukuo: *F. Renner* a. a. O. II 391–428; *A. Kaspar – P. Berger,* Han-gab. 60 Jahre Benediktinermission in Korea und der Mandschurei (Münsterschwarzach 1973). 1890 gab es in Korea 18000 Katholiken; 1912: 79000.

[59] *J. Laures,* Die katholische Kirche in Japan (Kaldenkirchen 1956).

[60] Acta Leonis II 134f; *Schmidlin PG* III 135.

[61] Acta Leonis IV 222–231 Litterae Apostolicae „Non maius Nobis" vom 15. Juni 1891.

der Sophia-Universität in der Hauptstadt (1913); weiter trafen ein die Marianisten-Brüder (1887), die sich in der Folgezeit um das Mittelschulwesen große Verdienste erwarben, ferner Schwesterngenossenschaften (u. a. die von St. Paul und St. Maur).

All diese Kräfte gaben sich mit Optimismus der Seelsorge der Christen, der Heranbildung eines japanischen Klerus und der Katechisten, der Unterweisung der Taufbewerber, den Werken der Presse und der sozialen Arbeit hin[62]. Um die Jahrhundertwende aber mußten die Missionare, ernüchtert und enttäuscht, feststellen, daß die hochgespannten Hoffnungen sich nicht erfüllten, denn die Taufzahlen schmolzen zusammen und die Bekehrungen beschränkten sich auf wenige individuelle Übertritte[63]. Die Gründe dafür sind zahlreich; sicher fehlte es an Finanzen und Personal. Die eigentlichen Ursachen liegen indessen tiefer. Zu nennen wäre der religiöse Skeptizismus der Japaner, ihr ungestümer Drang nach rein äußerem, wirtschaftlichem Fortschritt, die Abneigung gegen die europäischen Lehrmeister und das als Fremdkörper empfundene Christentum. Hinzu trat dann aber die allgemeine Rückbesinnung der Nation auf ihre Eigenart, die, religiös betrachtet, im aufstrebenden Schintoismus ihren Ausdruck fand. Dieser avancierte nach der Entthronung des Buddhismus zur Staatsreligion, zur Verkörperung des nationalen Gedankens und zur Stütze des neu erstandenen Kaisertums (Staats-Schinto) und verhinderte so das Aufblühen der Kirche, dies um so mehr, als er in der gesamten Bildung, vor allem auch im Militär und in den Schulen, intensiv propagiert wurde. Und schließlich hafteten dem missionarischen Vorgehen selbst Mängel an, die einzelne Missionare erkannten: Man war zuwenig in die Welt des Japaners eingedrungen, man hatte die geistige Auseinandersetzung mit den Religionen des Landes vermieden und sich dementsprechend wenig mit indirekter, etwa literarischer Arbeit befaßt. Es legte sich also ein gründlicheres Studium von Sprache und Kultur, vorab aber der religiösen Anschauungen der Japaner nahe[64].

Eine der kritischsten Phasen ihrer Geschichte durchlief um die Jahrhundertwende die Kirche auf den Philippinen, dem einzigen mehrheitlich katholischen Land Asiens[65]. Fragt man nach den Ursachen der Ereignisse, welche sie

[62] *J. van Hecken,* Un siècle de vie catholique au Japon 1859–1959 (Tokyo 1960).

[63] In manchem erinnert diese Situation an die Zeit nach dem 2. Weltkrieg. Die Protestanten befanden sich in einer bedeutend günstigeren Position, und ihr Anteil an der Modernisierung Japans war gewichtiger, wohl deshalb, weil ihre Missionare vorwiegend aus Amerika und England stammten, den Ländern also, welche den Japanern bei der Anpassung an die westliche Zivilisation als Vorbild dienten.

[64] *Schmidlin M* 479f; *J. Beckmann,* Weltkirche und Weltreligionen (Freiburg i. Br. 1960) 102f, weist auf erste Ansätze zu einer Auseinandersetzung mit den Religionen des Landes hin.

[65] *F. X. Clark,* The Philippine Missions (New York 1945); Fourth Centenary of the Evangelization of the Philippines: Boletín Ecl. de Filipinas 39 (Manila 1965) 1–352; IV Centenario de la Evangelización de Filipinas: Boletín de la Provincia de San Nicolás de Tolentino de Filipinas 55 (Marcilla Navarra 1965) 53–303.

beinahe an den Rand ihrer Existenz brachten, so wird man sie einerseits in der Eigenart der politisch-kirchlichen Konstellation innerhalb des spanischen Kolonialreiches, anderseits in der Intervention Amerikas mit den vielen nachteiligen Folgen suchen müssen. Bei aller Anerkennung der staunenswerten Leistungen des iberischen Mutterlandes und speziell der Missionare[66] kommt man nicht um die Feststellung herum, daß das System, gerade auch auf kirchlicher Ebene, erhebliche Mängel aufwies: es zielte nicht auf Selbständigkeit ab, sondern suchte mit seiner paternalistischen Methode die Abhängigkeit von Spanien aufrechtzuerhalten. Im Verlauf des 19. Jh. verstärkten sich deshalb, geschürt durch die Freimaurerei, die nationalistischen Regungen gegen die Fremdherrschaft. Auf diese Linie schwenkte bald einmal die einheimische Geistlichkeit ein, weil sie sich, auf niedrigere Posten verwiesen, benachteiligt fühlte[67]. Damit geriet sie in wachsenden Gegensatz zu den spanischen Ordensleuten, die sich an ihre alten (wirtschaftlich einträglicheren) Positionen klammerten und als die Garanten der Loyalität gegenüber der politischen Macht erschienen. Was ursprünglich als Kolonialreform gedacht war, steuerte nach und nach auf eine Loslösung zu und nahm im Kampf gegen die Religiosen auch antikirchliche Züge an. Unter dem Druck der Aufständischen wies Spanien 1897 die Mönche aus und enteignete ihre Güter. Doch – es war zu spät; von den Nationalisten zu Hilfe gerufen, erklärte Amerika 1897 den Krieg. Aber anstatt in die Hände der Patrioten überzugehen, wurde das Land Besitz der USA[68].

Die Anwesenheit der neuen Macht brachte für die Kirche umstürzende Änderungen: die Trennung von Kirche und Staat, worauf die Gläubigen nicht vorbereitet waren, die laizistische Gesetzgebung, welche für alle Schulen den Religionsunterricht verbot und somit eine religiöse Verwilderung herbeiführte[69], die betonte weltanschauliche Neutralität der (1911 gegründeten) Staatsuniversität, welche die Gebildeten der Kirche entfremdete, das Eindringen des Protestantismus und zahlreicher Sekten und nicht zuletzt die feindliche Haltung amerikanisch inspirierter Kreise, denen das Christliche ein Dorn im Auge war. Schließlich löste sich (1902) im nationalistischen Sturm und unter der Führung des philippinischen Weltpriesters Gregorio Aglipay (1860–1940) ein Teil der Katholiken von Rom ab und bildete die „Iglesia Católica Filipina Independiente“[70]. Nach anfänglich spektakulären Erfolgen – von 825 philippinischen

[66] Dazu bringt *Streit* IX ein beeindruckendes Quellenmaterial; siehe ebd. Einleitung p. X, das Plädoyer von J. Dindinger zugunsten der Glaubensboten.

[67] Ihre Zahl war im 19. Jh. relativ groß, doch wurden sie im allgemeinen vom Pfarr- und Bischofsamt ferngehalten (zwar kennt man schon aus spanischer Zeit 12 landeseigene Bischöfe).

[68] Die bisher gründlichste Studie zum Umschwung liegt vor in *P. S. de Achútegui – M. A. Bernad,* Religious Revolution in the Philippines, 2 Bde (Manila 1960/66).

[69] *F. T. Reuter,* American Catholics and the Establishment of the Philippine Public School System: CHR 49 (Washington 1963) 365–381.

[70] Daß diese Abspaltung im Nationalismus wurzelt, also eine Reaktion gegen die sowohl

Priestern traten 50 und von 8 Millionen Katholiken ca. 1 Million zum Aglipayismus über – bröckelte die Anhängerschaft allmählich ab, besonders nach 1907, als sich die Kirche von ihrem Schlag zu erholen begann[71]. Der gefährlichen Lage bewußt, hatte Leo XIII. bereits 1902 die Neuordnung der kirchlichen Verhältnisse in die Wege geleitet, eine apostolische Delegatur und vier neue Diözesen errichtet[72]. Auf Grund eines Abkommens mit Rom konnten die Missionare, auch die spanischen, wieder einreisen; den alten Orden, die nun ihre Tätigkeit fortsetzten, eilten, dem dringenden Appell des Papstes folgend, neuere Missionsgesellschaften zu Hilfe, um der schreienden Priesternot zu steuern: 1906 die Millhiller, 1907 die Scheutvelder, 1908 die Herz-Jesu-Missionare und 1909 die Steyler. An der (1916 staatlich anerkannten) Thomas-Universität in Manila wirkten wiederum die Dominikaner. Pius X. seinerseits bemühte sich vor allem um das Zustandekommen eines Plenarkonzils, das 1907 in der Hauptstadt unter dem Delegaten Ambros Agius zusammentrat. Der eigentlichen Missionsarbeit wandten sich die Jesuiten (auf Mindanao), die Scheutvelder bei den Igorroten (Nordluzón), den Negritos und eingewanderten Chinesen zu, während die Steyler, ebenfalls mit großem Erfolg, sich der Abra annahmen[73].

Unter der wenig toleranten Kolonialmacht der Holländer[74] gelang es der katholischen Kirche in Niederländisch-Ostindien, nach ihrer Neugrundlegung in der ersten Jahrhunderthälfte, sich weiter zu entwickeln[75]. An der Seite

politische wie religiöse Bevormundung durch die Spanier darstellt, erhellt eindeutig aus Achútegui-Bernad. Vgl. auch *I. R. Rodríguez,* Gregorio Aglipay y los orígenes de la Iglesia Filipina Independiente 1898–1917, 2 Bde (Manila 1960); *N. P. Cushner,* Gregorio Aglipay and the Philippine Independent Church: NZM 18 (1962) 142–147. Hier findet sich auch die offizielle Lehre der schismatischen Kirche angeführt.

[71] Wie verhängnisvoll die Verbindung von Kirche und Staat sich auswirkt, wenn berechtigte Anliegen nicht zeitig wahrgenommen werden, zeigt das Quellenwerk *P. S. Achútegui – M. A. Bernad,* Documents relative to the Religious Revolution in the Philippines. The Religious Coup d'État 1898–1901. A Documentary History (Manila 1971). – Der Aglipayismus zerfiel aus verschiedenen Gründen (1960 zählte er nur mehr 5% der Bevölkerung): Schwinden des antispanischen Ressentiments, Revitalisierung der katholischen Kirche, Zurückgabe der Güter an die Katholiken, mangelndes internationales Ansehen der Bewegung, die sich übrigens immer mehr dem Protestantismus näherte.

[72] Acta Leonis VIII 141–150 Litterae Apostolicae „Quae, mari sinico" vom 17. September 1902: Lipa, Tuguegarao, Capizana, Zamboanga; die Apost. Präfektur Palawan datiert von 1910. Der Papst unterstreicht darin auch die Notwendigkeit der Formung eines landeseigenen Klerus und der Missionierung der noch heidnischen Gebiete.

[73] *J. Schmitz,* Die Abra-Mission auf Nordluzon/Philippinen von 1598–1955 (St. Augustin 1964); englische Ausgabe: The Abra Mission in Northern Luzon, Philippines. 1598–1955 (Cebu City 1971); zur Aktivierung des kirchlichen Lebens *F. Schwager,* Die Mission auf den Philippinen: ZM 4 (1914) 198–236.

[74] *K. M. Panikkar,* Asien und die Herrschaft des Westens (Zürich 1955, 103), fällt ein hartes Urteil über sie als Kolonialherren. Vgl. auch *F. Schwager,* Die ostindische Inselflur: ZM 3 (1913) 306–310.

[75] *J. A. Th. Weltjens,* De Vrijheid der Katholieke Prediking in Nederlands-Indië van 1900 tot 1940 (Teildruck einer Diss. der Gregoriana – Djakarta 1969).

der spärlichen Weltpriester wirkten (seit 1859) die Jesuiten allein bis ins 20. Jh. hinein im Apostolischen Vikariat Batavia, welches das ganze riesige Gebiet des Archipels umfaßte[76]. Mit der Abtrennung der ersten Sprengel (1905 Apostolische Präfektur Niederländisch-Borneo, 1911 Sumatra, 1913 Kleine-Sunda-Inseln) und dem Einzug neuer Gesellschaften, den Herz-Jesu-Missionaren, den Kapuzinern und Steylern, holten die Katholiken gegenüber den Protestanten etwas auf, vorab auf den Kleinen-Sunda-Inseln, wo mit der Zeit äußerst lebendige Gemeinden heranwuchsen. Wenn die Arbeit voranging, so nicht zuletzt dank dem Einsatz verschiedener weiblicher Kongregationen; zu den Ursulinen und Franziskanerinnen stießen 1885 die Schwestern der Liebe aus Tilburg und gründeten ihre erste Schule in Padang (Sumatra), die Schwestern der Gesellschaft Jesu-Maria-Joseph hingegen ließen sich in der Minahassa (Celebes) nieder[77]. Zu diesen Pionieren, die die Voraussetzungen für das spätere Aufblühen der indonesischen Kirche geschaffen haben, gehört unbestreitbar auch jene ansehnliche Zahl von Missionaren, die sich auf sprachlichem Sektor hervortaten, z. B. der Jesuit Cornelius J. Fr. le Coq d'Armandville (1846–96), der 1884 die noch vorhandenen portugiesisch-lateinischen Lieder in Sika (Flores) vorfand[78], oder P. Franciscus van Lith, der Begründer der Mission auf Zentraljava. 1896 dort angelangt, drang er immer tiefer in die Kultur des Landes ein, die er durch den Kontakt mit dem Christentum befruchten wollte. Seine Methode der Beeinflussung des sozialen Milieus durch eine sorgfältig herangebildete Elite trug reiche Früchte[79].

In das Spannungsfeld der kolonialen Expansion gerieten auch die Missionen im Pazifik. Die Tatsache, daß sämtliche Inseln Ozeaniens unter die westlichen Mächte aufgeteilt wurden, blieb nicht ohne Rückwirkung auf den Gang der Christianisierung[80]. Der Protestantismus behauptete, entsprechend der Anwesenheit des größten Kolonialreiches, Großbritanniens, einen ansehnlichen Vorsprung, was die Katholiken, allen voran die französischen, unter den Pontifikaten Leos XIII. und Pius' X. zu vermehrtem Einsatz antrieb. Der konfessio-

[76] Auf Britisch-Nordborneo freilich weilten seit 1881 die Millhiller unter den Chinesen und Dajaks. In Niederländisch-Indien bestanden zu Beginn des 20. Jh. bloße 16 eigentliche Missionsstationen. Diese Situation läßt sich durch die schwierige Lage des Katholizismus in Holland selbst erklären.

[77] *A. Mulders,* De Missie in Tropisch Nederland ('s-Hertogenbosch 1940); für die Lage um 1913 cf. *K. Streit,* Die katholische Mission (auf Niederländisch-Indien): ZM 3 (1913) 310–329; *A. Djajasepoetra,* Het 75 jarig bestaan van de St. Claverbond: Missienieuws Jezuiten (Nimwegen 1965) Jan. 4–6; noch eine ganze Reihe weiterer Artikel über die 75jährige Missionsarbeit auf Java sind hier zu finden.

[78] *Streit* VIII 486; *B. Biermann,* Lieder der Florinesen: NZM 10 (1954) 141–145.

[79] *Streit* VIII 829; *L. van Rijckevorsel,* Pastoor F. van Lith S. J. De Stichter van de Missie in Midden-Java 1863–1926 (Nimwegen 1952).

[80] Les missions dans le Pacifique. Journal de la Société des Océanistes (cahier spécial, Paris XXV 1970); *R. Jaspers,* Die missionarische Erschließung Ozeaniens. Ein quellengeschichtlicher und missionsgeographischer Versuch zur kirchlichen Gebietsaufteilung in Ozeanien bis 1855 (Münster 1972).

nelle Gegensatz – er dauerte hier am längsten, bis in die neueste Zeit – ward zuweilen durch nationale Rivalitäten verstärkt, wobei die protestantischen Missionare sich an England, die katholischen an Frankreich anlehnten[81]. Das trug ihnen den Vorwurf politischer Tätigkeit ein, doch urteilt die Forschung heute etwas zurückhaltender. Bei aller Zuhilfenahme der Protektions- und Kolonialmacht ging es den Evangelisatoren darum, den Erfolg ihrer Arbeit, d. h. die Christianisierung des betreffenden Volkes zu sichern[82].

Im großen und ganzen kann man sagen, daß jede der drei das katholische Missionswerk hauptsächlich tragenden Gesellschaften sich in einem andern geographischen Bereich niederließ: in Ostozeanien die Picpusväter. Zu ihren bisherigen Vikariaten auf den Hawaii- oder Sandwich-Inseln, wo der Aussätzigenapostel Damian Deveuster auf den Molukken 1889 seinem Dienst an den Kranken erlag, den Gambier-, Gesellschafts-, Marquesas-, Paumotu- und Tubuai-Inseln, die alle stagnierten, griffen sie 1888 weiter aus nach den Inseln unter dem Wind und 1894 nach jenen von Cook. In Zentralozeanien dehnten die Maristen (1887) ihr Arbeitsfeld auf die Neuhebriden aus, zählten aber bei der Errichtung des Apostolischen Vikariates (Neuhebriden 1904) erst 1200 Gläubige, doch an ihrer Ausgangsbasis, auf Wallis und Futuna, blühte das kirchliche Leben, wie es sich auch auf den Fidschi-Inseln unter Julien Vital (seit 1887 Apostolischer Vikar) und den Schifferinseln befriedigend fortentwikkelte. Auf die Salomonen, die sie nach den schweren Prüfungen der vierziger Jahre aufgegeben hatten, kehrten sie erst 1897 (bei der Errichtung der Apostolischen Präfektur Südsalomonen, 1912 Apostolisches Vikariat) zurück[83]. Bei der Revolte von 1878 auf Neukaledonien teilten sie, unter den Schutz des französischen Protektorats geflohen, das Schicksal der Kolonialregierung und zahlten den entsprechenden Blutzoll[84]. Dem Maristenbischof Pierre-Marie Bataillon (1810–77) kommt das Verdienst zu, bahnbrechende Vorstöße für die Bildung eines einheimischen Klerus gewagt zu haben. Fehlschläge und Mißerfolge entmutigten ihn nicht, vielmehr machte er den letzten und entscheidenden Anlauf mit der Seminargründung in Lane (Wallis), wo sein Nachfolger 1886 die ersten vier polynesischen Priester weihen konnte. In Westozeanien treffen wir vorab die Herz-Jesu-Missionare; sie übernahmen 1881 das riesige melanesisch-mi-

[81] *J. Schmidlin,* Missionsmethode und Politik der ersten Südsee-Missionare: ZMR 26 (1936) 255–263; Stellung hierzu bezieht *A. Perbal,* Les missionnaires français et le nationalisme (Paris 1939).

[82] So der finnische *A. A. Koskinen,* Missionary Influence as a Political Factor in the Pacific Islands (Helsinki 1953).

[83] *P. O'Reilly – H. Laraey,* Bibliographie des presses de la mission mariste des Îles Salomon: Journal de la Société des Océanistes 25 (1969) 257–292.

[84] *R. Dousset,* Colonialisme et contradictions. Études sur les causes socio-historiques de l'Insurrection de 1878 en Nouvelle-Calédonie (Paris 1970); hierzu *G. Höltker:* Anthropos 66 (1971) 294f; *A. Saussol,* La mission mariste et la colonisation européenne en Nouvelle-Calédonie: Journal de la Société des Océanistes 25 (1969) 113–124.

kronesische Doppelvikariat[85]. Während sie im Bismarck-Archipel, auf Neupommern (Neubritannien)[86], Neumecklenburg (Neuirland) und auf den Admiralitätsinseln gegen Ende des Jahrhunderts einen nennenswerten Zuwachs ihrer Gemeinden erlebten und gleichfalls Erfolge auf den Gilbertinseln unter Msgr. Joseph Leray (ab 1882 Apostolischer Vikar dieser Eilande) verzeichneten, erwies sich das Apostolat auf den Marshallinseln als undankbar. Auf Guam (Marianen) rückten für die 1898 von den Amerikanern vertriebenen Augustiner-Rekollekten deutsche Kapuziner nach[87]. Von Australien aus setzten die Herz-Jesu-Missionare nach Neuguinea über, zunächst auf Thursday (1884) und dann auf Yule (1885), von wo aus P. L.-A. Navarre, der spätere Apostolische Vikar, und der bekannte, zum Oberhäuptling gewählte P. St. E. Verjus (1860–92) den britischen Teil evangelisierten[88]. Im niederländischen Gebiet begegnen wir ab 1903 holländischen Patres von Issoudun; in Deutsch-Neuguinea (Kaiser-Wilhelms-Land) indessen legte die Gesellschaft vom Göttlichen Wort Ende vorigen Jahrhunderts die Grundlage für eine solide katholische Christenheit. Unter den Maoris auf Neuseeland betätigten sich nach wie vor die Maristen im Süden (Wellington), im Norden (Auckland) die Millhiller. Bei den Ureinwohnern Australiens können nur drei einigermaßen bedeutsame Missionsansätze festgestellt werden: jener der Jesuiten seit den achtziger Jahren im Norden, jener der Benediktiner von Neunursia[89], die 1887 das neue Vikariat Kimberley bekamen und 1910 die Tochtermission Drysdale-River gründeten[90], schließlich jener der Trappisten in Broome, das sie 1900 an die deutschen Pallottiner abtraten.

Einen gewissen ersten Abschluß all dieser Missionsunternehmungen bildete die Errichtung der Apostolischen Delegatur Australien, Neuseeland und Ozeanien[91]. Bei Ausbruch des 1. Weltkrieges betrug die Zahl der Katholiken in der Südsee 190000, verteilt auf 19 Missionsbezirke – in der Geschichte der Missionen eine wahrhaft einmalige Leistung, die vom unverwüstlichen Optimismus

[85] Es datiert seit 1844; cf. *Streit* XXI 127; *J. Bertolini,* L'Océanie dans les Archives générales des Missionnaires du Sacré-Cœur: Journal de la Société des Océanistes 25 (Paris 1969) 359–382.

[86] Pioniere der Südsee. Werden und Wachsen der Herz-Jesu-Mission von Rabaul 1882–1932 (Festschr. Hiltrup 1932).

[87] *C. Lopinot,* Zur Missionsgeschichte der Marianen und Karolinen: NZM 15 (1959) 305–308.

[88] Zu Verjus cf. *Streit* XXI 279 ff; *A. Dupeyrat,* Papouasie. Histoire de la Mission 1885–1935 (Issoudun – Paris 1935); *B. de Vaulx,* Histoire des missions catholiques françaises (Paris 1951) 506–531.

[89] *R. Salvado,* Memorias históricas sobre la Australia y la Misión Benedictina de Nueva Nursia (Madrid 1946).

[90] AAS 2 (1910) 410 f; zu den früheren Missionsversuchen der Jesuiten cf. *R. M. Berndt,* Surviving Influence of Mission Contact on the Daly River, Northern Territory of Australia: NZM 8 (1952) 81–95 188–192.

[91] Litterae Apostolicae 15. April 1914: Sylloge 83 f; Ausdehnung auf ganz Ozeanien: ebd. 108 (20.5.1919).

dieser Glaubenspioniere in einem Gebiet mit unvorstellbaren Schwierigkeiten beredtes Zeugnis ablegt.

Ein ebenso stürmisches Wachstum kennt in dieser Periode die Afrika-Mission, die, Mitte des 19. Jh. noch eher im Hintergrund stehend[92], jetzt eine mächtige Anziehungskraft ausübt. Einerseits kam ihr das steigende Interesse Europas für den schwarzen Kontinent zugute, anderseits benutzte sie die Möglichkeiten, welche sich aus der Besitznahme großer Landstriche durch die Kolonialmächte ergaben[93]. Gegen den Tadel, die Missionare hätten als verkappte Helfer den Kolonialherren Handlangerdienste erwiesen, sprechen freilich die Tatsachen. Abgesehen von Ausnahmen, haben sich die Missionare aus den weltlichen Händeln herausgehalten; nicht selten kam es sogar zu Zusammenstößen mit den Behörden, weil sie die Sache der Afrikaner gegenüber der Obrigkeit vertreten zu müssen glaubten[94]. Die Verkündigung der Frohbotschaft geschah nicht überall mit der gleichen Intensität und dem selben Erfolg. In Weißafrika (nördlich der Sahara) nur wenig Fuß fassend, fand das katholische Christentum im Gürtel längs des Äquators den stärksten Niederschlag; dann folgt eine Zone mittleren Bestandes, während es, gegen den Süden hin, sich immer mehr verdünnt[95].

Mit Nordafrika beginnend, befinden wir uns in jenem Teil des Kontinents, der dem Christentum am meisten Widerstand entgegensetzte. Von hier aus sollte der Islam seinen gewaltigen Siegeszug ins Innere antreten, so daß er zu einem Faktor wurde, mit dem sich die christlichen Kirchen auf weite Strecken konfrontiert sahen[96]. Aus Rücksicht zur muslimischen Bevölkerung gestatteten

[92] Bd VI/1 639f.

[93] *L. H. Gann – P. Duignan,* Colonialism in Africa 1870–1960, 2 Bde (London 1970); Bd II 1914–60. – Zuweilen waren die Missionare die ersten Weißen, die sich irgendwo installierten, andernorts folgten sie dem Handel oder einer bereits etablierten Fremdherrschaft. Ein Stück weit wenigstens trafen sich die Absichten der Mission mit denjenigen der Kolonialpolitik. *F. Blanke,* Mission und Kolonialpolitik: Europa und der Kolonialismus (Zürich 1962) 91–122; *ders.,* Missionsprobleme des Mittelalters und der Neuzeit (Zürich 1966); *F. Jäger,* Die Kolonisation Afrikas durch die Europäer – eine Kulturleistung: Universitas 17 (1962) 851–857.

[94] Jenen, die die koloniale Betätigung überhaupt als Irrweg betrachten, hält *E. Dammann* entgegen: „In Einzelfällen mögen zu enge Bindungen bestanden haben, als Verallgemeinerung wäre aber ein ausschließlich negatives Urteil ungerechtfertigt. Man darf die früheren Verhältnisse nicht mit den heutigen Maßstäben messen. In welchem anderen Raum hätte sich damals Mission überhaupt entfalten können und sollen?“ (Das Christentum in Afrika [München – Hamburg 1968] 144; vgl. ebd. 23f).

[95] *J. Beckmann,* Die katholische Kirche im neuen Afrika (Einsiedeln 1947); *W. Bühlmann,* Afrika. Die Kirche unter den Völkern I (Mainz 1963).

[96] *J. Beckmann* a. a. O. 327–355: Die Auseinandersetzung mit dem Islam; *G. Simon,* Die Welt des Islams und ihre Berührungen mit der Christenheit (Gütersloh 1930); *C. Tiltak,* Die Neuausbreitung des Islams im 20. Jh.: Saeculum 5 (1954) 359–375. – Von den 150 Millionen Afrikanern bekannten sich 1950 bereits 85 Millionen zur Religion des Propheten, wovon 45 Millionen auf die Negerbevölkerung fallen.

die europäischen Behörden in manchen Gebieten keine Missionstätigkeit oder auferlegten ihr zum mindesten Beschränkungen (z. B. in Britisch-Sudan, im heutigen Ghana, in Kamerun). Übrigens gab es sehr lange keine eigentliche Mohammedanermission, bis Kardinal Lavigerie 1867 Erzbischof von Algier wurde und einen tiefgreifenden Wandel einleitete. Schon in seinem ersten Hirtenbrief forderte er das Recht, sich auch den Arabern zuwenden zu dürfen, und erreichte tatsächlich größere Bewegungsfreiheit[97]. So konnte er 1800 Waisenkinder christlich erziehen und taufen, die er dann in eigenen Dörfern sammelte (St. Cyprian 1873 und St. Monika 1875). Damals schritt er zur Gründung der ersten Missionsstationen unter einer rein islamischen Bevölkerung, den Kabylen[98]. Seine Söhne, die Weißen Väter, fanden dabei die Unterstützung der Jesuiten, denen ihr General, P. Roothaan, bereits eine Generation früher in genialer Vorausschau ein kühnes Programm entworfen hatte[99]. In der Folgezeit drangen die Weißen Väter nach Südosten vor, zu den Schanija (drei Stationen), die Weißen Schwestern ihrerseits eröffneten in Biskra ein Krankenhaus. Jedenfalls stiegen die Mohammedaner-Christen bis 1906 auf 800 und die Katechumenen auf 200 über 13 Stationen hin – absolut genommen eine geringe Zahl, aber angesichts der prinzipiellen Bedeutung eine schwerwiegende Errungenschaft.

Lavigerie legte die missionsmethodischen Grundsätze in seinen Instruktionen an die Missionare (1878/79) nieder; im wesentlichen haben sie noch heute Geltung, und sie inspirierten auch andere Gesellschaften in ihrem Verhalten zu den Muslimen[100]. Er verbot darin die spezifisch christliche Verkündigung in den Anfängen und die Taufe einzelner Bewerber, empfahl vielmehr das indirekte Apostolat (Liebeswerke, Schulen, Waisenhäuser, Besuche bei den Eingeborenen), um auf diese Weise allmählich den Boden zu bereiten[101]. Diesen Weg schlug der „Apostel der Sahara", Charles de Foucauld (1858–1916), ein[102]. Was der Primas von Afrika von seinen Söhnen verlangte, nämlich die Beherrschung der Sprache, die weitgehende Anpassung an das Leben der zu Bekehrenden, die stille Gegenwart in Freundschaft und tätiger Liebe, das suchte Foucauld

[97] *Streit* XVII 743 (Lettre pastorale 1867). Napoleon III. gewährte sie ihm, Mac-Mahon erklärte sich dagegen. Zum Konflikt mit letzterem *M. Emerit:* RH 223 (1960) 63–84.

[98] *J. Tiquot,* Une expérience de petite colonisation indigène en Algérie. Les colons arabes-chrétiens du Cardinal Lavigerie (Algier 1936).

[99] *A. Villanyi,* La fondation de la mission algérienne dans la correspondance du Père Général Roothaan: NZM 18 (1962) 196–207 289–304, 19 (1963) 29–42. Am 20. Oktober 1849 schrieb Roothaan in einem Brief: „Allez sans bruit dans les tribus voisines comme hôte et comme ami. C'est une œuvre de patience et d'un long dévouement" (ebd. 32).

[100] Instructions de son Éminence le Cardinal Lavigerie à ses Missionnaires (Maison-Carrée 1927).

[101] *J. Perraudin,* Lavigerie. Ses principes missionnaires (Fribourg 1941); *J. Mazé,* Les idées principales du Cardinal Lavigerie sur l'Évangélisation de l'Afrique: RHM 2 (1925) 351–396.

[102] *Streit* XX 475–491: Bibliographie; *J. F. Six,* Itinéraire spirituel de Charles de Foucauld (Paris 1958); *ders.,* Le Père de Foucauld et ses recherches de fondations évangéliques: Rev. d'Asc. et de Mystique 36 (1960) 64–72.

in Beni-Abbès und später in Tamanrasset zu verwirklichen. Die Weißen Väter selber schoben ihre Posten bis in die Wüste vor, wo sie sich zu Gardaia, El Golea und Uargla festsetzten, so daß dem Vikariat Sahara (1891) die Präfektur Gardaia (1901) beigefügt werden konnte, in deren Dienst sich der Eremit stellte.

Auf westafrikanischem Boden setzte die neueste Tätigkeit katholischer Missionare zuerst im Negerfreistaat Liberia ein. Aus den Bemühungen um dieses Land erhellt, welche Hindernisse der Bekehrungsarbeit entgegenstanden: ungesunde Verhältnisse, der vom Norden her eindringende Islam, die starke Anwesenheit des Protestantismus[103]. Hinzu kamen mancherorts die Erschwernisse durch die Kolonialbehörden. Nach dem Mißlingen der Missionsversuche in der ersten Hälfte des Jahrhunderts von seiten amerikanischer Weltpriester und der Heiliggeistväter[104] kehrten diese 1884 dorthin zurück, doch wurden sie, dezimiert durch das Tropenklima, 1903 von den Montfortanern abgelöst, und als auch diese erlagen, fiel die Präfektur an die Lyoner mit dem mutigen Étienne Kyne an der Spitze[105]. Die beiden eben erwähnten Gesellschaften der Spiritaner und Lyoner betreuten Ende des Jahrhunderts eine ganze Reihe Gebiete Westafrikas, von denen einige (Südnigerien, Elfenbein- und Goldküste, Niedervolta, Dahomey, Beninküste) verheißungsvolle Ansätze zeigten[106]. Es schlossen sich weitere Missionare an, so 1890 die Pallottiner in Kamerun. Von Wichtigkeit wurde für sie der Umstand, daß sie sich von 1901 an den (rund um die heutige Hauptstadt wohnenden) Yaunde widmeten[107]. Durch ein weitverzweigtes Schulwesen, in dem allerdings Deutsch die fast ausschließliche Unterrichtssprache war, durch Bauern- und Handwerkerbetriebe trugen sie viel zur Gewinnung großer Gemeinden bei. Um die Frauen kümmerten sich die Pal-

[103] Zu den protestantisch geprägten Missionsgebieten Afrikas zählt *E. Dammann* (a.a.O. 24–58) Gambia, Sierra Leone, Liberia, Ghana, Nigeria, Kenya, Tansania, Malawi, Sambia, Rhodesien, Republik von Südafrika, Lesotho, Swaziland, Botswana, Südwestafrika; zu den katholisch geprägten Gebieten (58–67) Portugiesisch-Guinea, Guinea, Elfenbeinküste, Togo, Dahomey, Äquatorial-Guinea, Kamerun, São Tomé und Príncipe, Gabun, Congo (Brazzaville) und die Zentralafrikanische Republik, Zaïre, Angola und Portugiesisch-Ostafrika.

[104] Der Erzbischof von Philadelphia sandte seinen Generalvikar Barron 1840 nach Liberia (cf. Bd VI/1 244), er erhielt einige Spiritaner. Zu diesen cf. *H. J. Koren*, The Spiritans. A History of the Congregation of the Holy Ghost (Löwen 1958).

[105] Diese Gesellschaft verlor während der ersten 65 Jahre in ganz Westafrika nahezu 400 Mitarbeiter (283 Priester und 110 Schwestern). Siehe *R. Guilcher*, La Société des Missions Africaines. Ses origines, sa nature, sa vie, ses œuvres (Lyon 1956); *P. Falcon*, Bilan historique de l'action des Missions Africaines sur le continent noir: Revue Française d'Études Politiques Africaines Nr. 56 (Paris 1970) 12–36.

[106] Dazu *F. Schwager* II 85–112; *R. Wiltgen*, Gold Coast Mission History 1471–1880 (Techny/Illinois 1956): Der Verfasser behandelt praktisch ganz Westafrika. – An der Elfenbeinküste bediente sich die (seit 1895 tätige) Afrika-Gesellschaft eines Dampfschiffes, um die an der Küste liegenden Stationen miteinander zu verbinden.

[107] Die Sprache der Yaunde erforschte besonders P. Hermann Nekes (cf. *Streit* XVIII 778–780).

lottinerinnen. Im Norden, in Adamaua, übernahmen 1911 die Herz-Jesu-Priester aus Sittard (Sittarder) die Verantwortung, während die Steyler 1892 in Togo einzogen, wo sie, mehrheitlich deutscher Herkunft, eine rege Schultätigkeit ausübten, das Land bebauten, Handwerker heranzogen und in Lome eine eigene Druckerei unterhielten[108].

Als Frankreich von 1839 an mit einzelnen Königen und Häuptlingen in Äquatorialafrika Schutzverträge zu schließen begann und nach und nach die Kolonie Französisch-Kongo ausweitete, trafen bald die ersten Missionare ein: 1844 die Väter vom Heiligen Geist in Gabun und vier Jahre darauf die Schwestern der Unbefleckten Empfängnis von Chartres. Die Spiritaner besorgten dann auch das Vikariat Loango an der Küste und jenes von Ubangi für den nordöstlichen und ausgedehntesten Teil der Kolonie (1890)[109]. Diesem Sprengel stand Bischof Ph.-Pr. Augouard (1852–1921) als erster, äußerst dynamischer Leiter vor, der, bei allem Tiefstand der Bewohner, nie an deren Verchristlichung verzweifelte. In kühnen und entbehrungsreichen Fahrten durchquerte er sein riesiges Gebiet und gründete an den wichtigsten Punkten des Landes Stationen. Obwohl er seiner Heimat hervorragende politische Dienste erwies, dabei zwar stets das Wohl der Missionen vor Augen haltend, lohnte es ihm Frankreich schlecht[110].

Äquatorialafrika gehört mit Zentralafrika zu jenen Regionen des schwarzen Erdteils, die seit dem 15. Jh. immer wieder für die Verkündigung des Evangeliums in den Blick getreten waren; so dachten schon Libermann, Msgr. Bessieux, Mère Javouhey und Msgr. de Marion-Brésillac daran, den Sudan, d. h. den gewaltigen Raum zwischen dem Atlantischen Ozean, der Sahara, Abessinien und dem Kongobecken zu erschließen[111]. Wenn es ihnen auch versagt blieb, ins Innere des Kontinents einzudringen, führten ihre Versuche immerhin zu soliden Niederlassungen an den Küsten von Guinea und Senegal. Anderen wieder schwebte vor, anstatt vom Westen ausgehend, vom Norden her entlang dem Nil sich dem Herzen Afrikas zu nähern. Als 1846 das Apostolische Vikariat Zentralafrika errichtet worden war, sandte die Propaganda selber ein Jahr darauf die Arbeiter der ersten Stunde aus, einen Msgr. Annetto Casolani, Maximilian Ryllo SJ, Emmanuele Pedemonte SJ und die beiden Propagandazöglinge Ignaz Knoblecher und Angelo Vinco; sie gelangten bis nach Khartum, wo sie der Versuchung erlagen, eine Mission zu gründen[112]. Noch von einer andern

[108] *H. W. Debrunner,* A Church between Colonial Powers. A Study of the Church in Togo (London 1965): vor allem die protestantischen Missionen; *K. Müller,* Geschichte der katholischen Kirche in Togo (Kaldenkirchen 1958); *H. W. Gensichen,* Die deutsche Mission und der Kolonialismus: KuD VII 1962, 136–149. [109] *Streit* XVIII 152 268.

[110] *Streit* XVIII 252 ff; *G. Goyau,* Monseigneur Augouard (Paris 1926); *A. Perbal,* Le nationalisme de Mgr. Augouard: RHM 15 (1938) 385–407.

[111] *A. Tanghe,* Essais de pénétration missionnaire dans l'Afrique centrale: NZM 8 (1952) 230–233.

[112] Apostolisches Vikariat Zentralafrika: Ius Pontificium V (Rom 1893) 361; zu den ver-

Richtung her strebte man auf das anvisierte Ziel zu. Nach seiner 999tägigen Reise hatte Stanley den Lauf des Kongo erkundet und dessen Mündung bei Boma (1877) entdeckt; das Geheimnis Afrikas war gelichtet, so daß die Missionare jetzt entschieden vom Westen aus das Kongo-Gebiet in Angriff nehmen konnten.

In diesem Unternehmen spielte König Leopold II. (1865–1909) eine einmalige Rolle[113]. Er selber lud 1876 die Geographische Konferenz nach Brüssel ein; ihm ging es in erster Linie darum, bei der Erforschung Innerafrikas die Initiative zu behalten, wobei er sich mit dem Gedanken einer belgischen Kolonialexpansion trug. Bei den Diskussionen um die Errichtung internationaler Stützpunkte waren die meisten Teilnehmer der Meinung, es müßten neben den Forschern und Händlern auch Missionare bei der Zivilisierung mithelfen; Leopold jedoch sorgte dafür, daß in den endgültigen Beschlüssen die Missionen übergangen wurden, weil er diesbezüglich seine eigenen Pläne hegte. Darum informierte er – da die Katholiken Belgiens sich eher skeptisch verhielten – den Heiligen Stuhl. Pius IX. und sein Nachfolger aber begrüßten das königliche Vorhaben[114]. In der Verfolgung seiner Politik rief der Monarch die „Association Internationale Africaine" ins Leben; 1885 entstand auf Grund der Berliner Konferenz der unabhängige Kongostaat, zunächst als Privatbesitz Leopolds, ab 1908 als Teil des belgischen Königreiches. Ohne Zweifel lag dem Monarchen, neben der Abschaffung des Sklavenhandels und der sittlichen Hebung der Eingeborenen, deren Christianisierung am Herzen. Zu diesem Zweck betrieb er die Errichtung des Apostolischen Vikariats Belgisch-Kongo (1888)[115], das den Scheutveldern anvertraut wurde, weil der König seine Landsleute bevorzugte[116].

Die Kongregation vom Unbefleckten Herzen Mariens, ihre Arbeit aufnehmend, sammelte unter staatlicher Mithilfe vor allem Sklaven und Kinder in abgeschlossenen Siedlungen; dieses System fand besonders Anwendung in der Kasai-Mission (1904 Apostolische Präfektur), einer der schönsten Scheutvelder Niederlassungen[117]. Einer ähnlichen Methode (der sogenannten „Fermes-cha-

schiedenen Gestalten *Streit* XVII 552f 564f 602f 605f 625f; *M. B. Storme,* Origine du Vicariat Apost. de l'Afrique Centrale: NZM 8 (1952) 105–118; *ders.,* La renonciation de Mgr Casolani, Vicaire Apostolique de l'Afrique Centrale: NZM 9 (1953) 290–305; *R. Gray,* A History of the Southern Sudan 1839–89 (Oxford 1961).

113 *P. A. Roeykens,* Les débuts de l'œuvre africaine de Léopold II 1875–79 (Brüssel 1955).

114 *P. A. Roeykens,* Le dessein africain de Léopold II. Nouvelles recherches sur sa genèse et sa nature 1875–76; *ders.,* Léopold et la Conférence géographique de Bruxelles 1876; *ders.,* La période initiale de l'œuvre africaine de Léopold II. Nouvelles recherches et documents inédits 1875–83. Tome X, fasc. 1–3 (Brüssel 1956/57).

115 *Streit* XVIII 198.

116 *E. de Moreau,* Les missionnaires belges de 1804 jusqu'à nos jours (Brüssel 1944); *L. Anckaer,* De evangelizatiemethode van de missionarissen van Scheut in Kongo 1888–1907 (Brüssel 1970). – Mit Ausnahme der Weißen Väter (Vikariat Oberkongo) mußten sich die alten Missionare von ihren Stationen zurückziehen.

117 *M. B. Storme,* Het Onstaan van de Kasai-Missie (Brüssel 1961): die Vorverhandlungen

pelles" mit wirtschaftlich-kulturellen Einrichtungen) huldigten die seit 1893 am Kwango anwesenden Jesuiten[118]. Den Bemühungen der Missionare von Scheut und des Königs gelang es, neue Missionskräfte beizuziehen: 1894 die Trappisten, 1897 die Priester vom Heiligen Herzen Jesu (Stanley-Fälle), 1898 die Prämonstratenser (Nordkongo), 1899 die Redemptoristen (Matadi am Unterlauf des Kongo)[119], denen sich im 20. Jh., wie sonst nirgendwo in Afrika, ganze Scharen Missionare anderer Orden und Gesellschaften beigesellten. Trotz der enormen Schwierigkeiten (Sklaverei, „Kongogreuel", zähes Festhalten der Bevölkerung am Heidentum, Tropenkrankheiten) nahm die Christenzahl rasch zu (1910: 50000, 1921: 376000 Getaufte). Freilich lief die Missionsarbeit in einzelnen Gebieten relativ spät an, wie in Rwanda-Burundi (um 1900), zeitigte dann aber von den zwanziger Jahren weg um so herrlichere Resultate[120]. All diese Erfolge lassen etwas von den Anstrengungen des katholischen Belgien zugunsten seiner Kolonie erahnen.

Ein anderer Vorstoß ins Innere Afrikas geschah vom Osten her, nachdem einerseits Livingstone neue Möglichkeiten ausgekundschaftet und anderseits die Initiativen Leopolds II. das Interesse missionarischer Kreise geweckt hatten. Drei Gesellschaften anerboten sich der Propaganda für die Evangelisierung dieser aussichtsreichen Gebiete. 1877 meldete sich P. Augustin Planque (1826–1907)[121], der erste Generalobere der Lyoner Missionare, für diese Aufgabe; seine Leute hatten sich ein Jahr zuvor im Nildelta niedergelassen mit dem speziellen Auftrag, die Forschungsergebnisse, die gerade in Ägypten am raschesten bekannt wurden, der römischen Instanz mitzuteilen[122]. 1878 verfaßte Lavigerie sein umfangreiches „Mémoire secret" zuhanden der Propaganda, worin er Wege für eine rasche Missionierung und die Abschaffung der Sklaverei aufzeigt[123]. Das (tendenziöse) Schriftstück hatte zur Folge, daß am 24. Februar

von 1881 bis 1891 und die Übernahme der Kasai-Mission (Luluaburg); *ders.*, Pater Cambier on de stichting van de Kasai-Missie (Brüssel 1964); P. Em. Cambier (1865–1943) war der Gründer dieser Mission, deren Geschichte von 1891 bis 1894 nach Archivquellen behandelt wird; *ders.*, Konflikt in de Kasai-Missie (Brüssel 1965). Die größten Schwierigkeiten für die Entfaltung der Missionsarbeit kam von der Zivilverwaltung; der Autor befaßt sich hier mit dem Zwist vom März 1894 bis Juni 1895.

118 *L. Dénis,* Les Jésuites belges au Kwango 1893–1943 (Brüssel 1943).

119 *M. Kratz,* La mission des Rédemptoristes belges au Bas-Congo. La période des semailles 1899–1920 (Brüssel 1970). Sie hatten anfänglich in ihrer Missionsarbeit kein eigentliches Konzept, übernahmen infolgedessen zuerst die Lösung der „Fermes-chapelles", später, in Anlehnung an die Protestanten, die „Écoles-chapelles". Erst ab 1921, mit dem Aufkommen des Kimbanguismus, bemühten sie sich um eine eigentliche Akkommodation.

120 *J. Perraudin,* Naissance d'une Église. Histoire du Burundi chrétien (Usumbura – Burundi 1963).

121 Zu ihm cf. *Streit* XVIII 148f.

122 *M. B. Storme,* Rapports du Père Planque, de Mgr Lavigerie et de Mgr Comboni sur l'Association Internationale Africaine (Brüssel 1957).

123 Sein Versuch, von der Kabylenmission aus nach Zentralafrika vorzustoßen, war mißglückt. Zum Mémoire cf. *Streit* XVII 865f, zu seinem Antisklavereifeldzug siehe *F. Renault,* Lavigerie, l'esclavage et l'Europe, 2 Bde (Paris 1971).

1878, also vier Tage nach der Wahl Leos XIII., die zentralafrikanischen Missionen den Weißen Vätern anvertraut wurden[124]. Als dritter versprach der Apostolische Vikar von Zentralafrika in Khartum, Msgr. Daniel Comboni, der, im Gegensatz zu Lavigerie, den Brüsseler Bestrebungen sehr positiv gegenüberstand und zu dessen Sprengel die Gebiete eigentlich gehörten, er würde bald Stationen in der Gegend der großen Seen eröffnen[125].

Von Sansibar aus brach nun 1878 die erste Karawane der Weißen Väter ins Innere Afrikas auf, von Tabora weg in zwei Gruppen getrennt, deren eine, unter P. Léon Livinhacs Führung, sich auf den Tanganyika-See zubewegte, während die andere, die ihren Obern bereits verloren hatte, die Richtung gegen den Viktoria-See einschlug[126]. P. Simeon Lourdel (1853–90) gelang es, sich am Hof des Königs Mtesa von Uganda Gehör zu verschaffen. Nach einem guten Anfang geriet die Mission aber in die Maschen der Politik; auf Veranlassung der Muslimen – schon um die Mitte des 19. Jh. hatten ja die Araber von Sansibar den Zugang hierher gefunden – und wegen der Furcht Mtesas vor einem Zugriff der Engländer mußten sich die Missionare 1882 aus dem Land zurückziehen, wenigstens bis nach seinem Tod (1884). Auch sein Sohn Mwanga, erfüllt vom Argwohn, die europäischen Verkündiger kämen als Vorboten der Kolonialmächte, ließ sich umstimmen. Im Oktober 1885 wurde der anglikanische Bischof Hannington ermordet, und im Mai des folgenden Jahres fielen der Verfolgung eine ganze Schar Christen, darunter auch Pagen am Hof mit Karl Lwanga, zum Opfer[127]. Erst als Großbritannien 1894 die Protektoratsverwaltung übernahm, kehrte eine Beruhigung ein. Doch gerade in dieser turbulenten Zeit schwoll die Zahl der Taufbewerber an[128] und dies trotz der strengen Forderungen der Weißen Väter, so daß die Gefahr der Islamisierung vor dem 1. Weltkrieg gebannt und das Christentum auf dem Weg war, sich zu einer Volkskirche zu entwickeln[129].

[124] Der Erzbischof wollte mit seinen Behauptungen, die Brüsseler Konferenz sei protestantisch, freimaurerisch und antiklerikal, in Rom Angst machen und die Propaganda zu raschem Handeln veranlassen – was er auch erreichte.

[125] Das fundamentale Werk über die Evangelisierungsversuche in Zentral- und Äquatorialafrika während des 19. Jh. bis 1888 ist *M. B. Storme,* Evangelisatiepogingen in de binnenlanden van Africa gedurende de XIXe eeuw (Brüssel 1951).

[126] Über die „pénetration laïque et religieuse" vom Osten her cf. *R. Heremans,* Les établissements de l'Association Internationale Africaine au lac Tanganika et les Pères Blancs. Mpala et Karéma 1877–85 (Tervuren 1966). Zwischen 1879 und 1885 schickte Lavigerie 46 Missionare in die beiden Missionen von Nyanza und Tanganyika: um die Association und die Protestanten in allem zu übertreffen und ein christliches Königreich aufzurichten.

[127] Unter den Blutzeugen fanden sich auch anglikanische Christen. Die Seligsprechung der 22 Martyrer von Uganda erfolgte am 6. Juni 1920, die Heiligsprechung am 18. Oktober 1964. *G. Goyau,* Le Cinquantenaire des Martyrs d'Ouganda: RHM 13 (1936) 321–340; *Streit* XVIII–XX passim; Literatur auch bei *A. Mulders* a.a.O. 406f.

[128] Nicht allein die Gegenwart der Araber, sondern auch das gespannte Verhältnis zwischen Katholiken und Protestanten verschlimmerte die Lage der Christen.

[129] *J. V. Taylor,* Die Kirche in Buganda. Das Werden einer jungen afrikanischen Kirche

Dieser Aufwärtsbewegung trug die Propaganda Rechnung, indem sie 1894 aus dem alten Sprengel Nyanza die drei Vikariate Nord-Nyanza (Uganda) und Süd-Nyanza, die den Söhnen Lavigeries verblieben, und Ober-Nil bildete, welches an die Millhiller überging, die mit ähnlichen Methoden ähnliche Früchte einbringen konnten[130]. Für die Consolata-Missionare im benachbarten Kenia (seit 1902) wirkte der Umstand erschwerend, daß die Küste durch und durch muslimische Prägung aufwies[131]. Südlich davon, im heutigen Tansania, trat als kolonialinteressierte Macht in Ostafrika Deutschland auf, dessen Schutzgebiet im Helgoland-Vertrag 1890 die endgültigen Grenzen erhielt[132]. Die seit 1863 anwesenden Väter vom Heiligen Geist schoben ihre Positionen von Bogamayo bis zum Kilimandscharo vor; sie legten großes Gewicht auf wirtschaftlich-kolonisatorische Unternehmungen. Noch sichtbarere Erfolge erzielten indessen die Weißen Väter um die Jahrhundertwende im Innern, in den vier Vikariaten östlich des Viktoria- und Tanganyika-Sees, wo sie die Katechumenatsdisziplin (nach den Weisungen ihres Gründers) rigoros zur Anwendung brachten. Trotz schwerer Rückschläge (in den Aufständen von 1889 und 1905) bauten auch die deutschen Benediktiner von St. Ottilien (ab 1888) in Daressalam (1902 Apostolisches Vikariat) eine Mission auf, in der neben der seelsorglich-schulischen Arbeit eifrig Landwirtschaft betrieben wurde[133]. Eine Art Zwischenspiel (1887–1907) lieferten in Deutsch-Ostafrika die Mariannhiller Trappisten; leider wurden sie durch eine kurzsichtige Maßnahme von ihrer vielversprechenden Kulturarbeit auf den beiden Stationen Gare und Irente im Usambaragebirge zurückbeordert – entgegen den Wünschen der deutschen Kolonialbehörden[134]. In der ersten ostafrikanischen Bischofskonferenz zu Daressalam im Juli 1912 kam zum Ausdruck, daß das Gebiet mit seinen 7 blühenden Vikariaten allmählich dem reinen Missionsstatus entwuchs und sich Ansätze zu einer einheimischen Kirche gebildet hatten, für welche ein gut struk-

(Stuttgart 1966). Es ist dies ein Muster einer Lokalkirchenuntersuchung. Der Autor weist darin auf die Rivalitäten zwischen den drei Religionsgemeinschaften hin, was zu jener Zeit einer Wahl zwischen der arabischen, französischen oder britischen Macht gleichkam. – 1884 gab es in Uganda 10000 Getaufte und 60000 Katechumenen; 1904: 86000 Getaufte und 135000 Glaubensschüler.

130 *H. P. Gale,* Uganda and the Mill Hill Fathers (London 1959): kritische Untersuchung der Auseinandersetzungen zwischen Mohammedanern, Protestanten, Katholiken und Heiden.

131 Errichtung des Apostolischen Vikariats Kenia 1909: *Streit* XVIII 1183.

132 *J. Schmidlin,* Die katholischen Missionen in den deutschen Schutzgebieten (Münster i. W. 1913); *S. Hertlein,* Aufbau der Kirche in Tansania (Münsterschwarzach 1971).

133 *F. Renner,* Die Benediktinermission in Ostafrika – eine Überschau: *F. Renner,* Der fünfarmige Leuchter II (St. Ottilien 1971) 123–152; *L. Kilger,* Die Missionsgedanken bei der Benediktinergründung von St. Ottilien und die Übernahme der Afrikamission: ZMR 24 (1934) 213–228; *J. Eggert,* Missionsschule und sozialer Wandel in Ostafrika (Bielefeld 1970).

134 *H. Stirnimann,* Mariannhiller Trappisten in Deutsch-Ostafrika 1897–1907: NZM 25 (1969) 167–180.

turiertes Katechumenat und die eifrige Pflege des religiösen und gottesdienstlichen Lebens kennzeichnend waren[135].

Eine geradezu katastrophale Lage hatte sich Mitte des 19. Jh. aus der Ausübung des Padroado für die Gebiete Portugals in West- und Ostafrika ergeben. Diese Einrichtung, so gut und notwendig sie einmal gewesen, trug die entscheidende Schuld am Niedergang der Missionen, der parallel lief mit dem Verfall im Mutterland. Die Bemühungen der Spiritaner, die verwaisten Gebiete zu übernehmen, gestalteten sich äußerst mühsam, bis endlich 1865 die Erlaubnis dazu eintraf und sie ein Jahr später die Arbeit aufnehmen konnten – es lebten in ganz Angola noch fünf Priester[136]. Die Ordensleitung kam jedoch immer mehr zur Überzeugung, daß es nur Missionaren unter portugiesischer Leitung möglich sei, etwas Ersprießliches zu leisten. Deshalb machte sich der Schweizer P. J. G. Eigenmann daran, eine Ordensniederlassung bzw. Ordensschule in Portugal zu gründen. 1869 wurde er zum Obern des Kongo-Seminars in Santarem, der Wiege der portugiesischen Heiliggeistväterprovinz, ernannt. Der erste Priester aus Eigenmanns Schule, P. José Maria Antunes, begab sich 1882 in die Mission nach Huila (im Süden Angolas), die er reorganisierte[137]. Am mühseligen Neubeginn und dem langsamen Aufstieg nahmen im besondern die Patres H. Carrie, Ch. A. Duparquet, Msgr. L. A. Keiling und der erwähnte Antunes Anteil[138]. Die Revolution im Mutterland (1910), welche die Trennung von Kirche und Staat im Gefolge hatte, zerstörte indessen den Großteil des Werkes in Übersee. Noch schlimmer sah es aber in Portugiesisch-Ostafrika aus, wo sich, nach der Vertreibung der Gesellschaft Jesu, nur wenige Weltgeistliche, vorab Goanesen, um die religiöse Versorgung der Christen kümmerten. Der eigentlichen Heidenmission wandten sich erst wieder die Jesuiten (1881) am Unterlauf des Sambesi zu. Unter dem unerbittlichen Klima verloren sie allein in 20 Jahren 37 Mitglieder. Nichtsdestoweniger glückte ihnen die Gründung einiger Zentren und kleinerer Gemeinden, bis sie 1910 das Feld erneut räumen mußten. Die Steyler, auf politischen Druck 1911 zugelassen, gaben sozusagen nur ein „Gastspiel“, denn 1918 traf auch sie die Ausweisung[139]. Kein Wunder, daß man anfangs des 1. Weltkrieges im großen Land erst knapp 5000 katholische Afrikaner zählte.

[135] Beschlüsse der ersten Konferenz der afrikanischen Bischöfe im Juli 1912 (Kath. Missionsdruckerei Daressalam 1912).

[136] *A. Brásio,* Spiritana Monumenta Historica. Series Africana. I Angola Vol. I 1596–1867 (Pittsburg–Löwen 1966); cf. dazu *J. Beckmann:* NZM 24 (1968) 232f; *C. Ferreira da Costa,* Cem anos dos Missionários do Espírito Santo em Angola 1866–1966 (Nova Lisboa, Angola 1970).

[137] *A. Brásio,* Spiritana Monumenta Historica. Series Africana. I Angola Vol. II 1868–1881 (Pittsburg–Löwen 1968); cf. dazu *J. Beckmann:* NZM 25 (1969) 227.

[138] Zu Carrie siehe *Streit* XVIII 530, zu Keiling ebd. 483ff.

[139] *F. Schwager* II 149f; *P. Schebesta,* Portugals Conquistamission in Südostafrika. Missionsgeschichte Sambesiens und des Monomotapareiches 1560–1920 (St. Augustin 1966).

Ein Teil der aus Moçambique vertriebenen Jesuiten, acht Missionare, hauptsächlich Österreicher und Polen, siedelten 1910 ins benachbarte Nordrhodesien über[140]. Schon längst hatte die Gesellschaft danach getrachtet, dort Fuß zu fassen. Und in der Tat war es den Patres Joseph Moreau und Jules Torrend 1905 vergönnt gewesen, von ihrer Sambesi-Mission (in Südrhodesien) aus sich im Tonga-Land (nahe bei Monze) niederzulassen[141]. Als Pioniere der landwirtschaftlichen Erschließung Nordrhodesiens brachten sie den Bewohnern neuzeitliche Methoden des Ackerbaus und der Viehzucht bei; daneben aber leisteten sie auch Außerordentliches auf dem Gebiet der Linguistik und Ethnologie, speziell P. Torrend, der sich einen Namen als Erforscher der Bantusprachen machte[142].

Die Sambesi-Expedition war 1879 in Kapstadt aufgebrochen. Unter der Leitung des belgischen Jesuiten P. Henri Depelchin (1822–1900), eines erfahrenen Indienmissionars, gelangte die Gruppe von 6 Priestern (darunter die deutschen Patres Anton Terörde, 1880 dahingerafft, und Karl Fuchs) und 5 Laienbrüdern 1880 an die Victoriafälle[143]. Die erste Station errichteten sie im Land der Tonga. Trotz des massiven Nachschubes von 51 Mitgliedern der Gesellschaft im Jahr darauf vermochten sie erst zu Beginn des 20. Jh. sich nördlich des Sambesi festzusetzen. Im nördlichen Teil des heutigen Sambia, im Gebiet zwischen dem Bangweolo- und dem Nyassa-See, legten die Weißen Väter 1895 den Grund für ihre Mission bei den Bemba, und zwar unter der Führung von P. Joseph Dupont (1850–1930), der 1897 zum ersten Apostolischen Vikar von Nyassa ernannt wurde, als man diesen Sprengel von der Tanganyika-Mission abtrennte[144]. Obwohl das „wilde Volk" der Bemba zuerst an die Seßhaftigkeit gewöhnt werden mußte, erreichte die Mission unter Bischof Dupont[145], vorab mittels Erziehung und neuer landwirtschaftlicher Verfahren, einen beachtlichen Stand (1911: 6000 Katholiken, 57000 Katechumenen, 18000 Schüler). Von Anfang an zeichneten sich eine ganze Reihe Weißer Väter als Linguisten aus, die durch ihre Forschungen den Nachfolgern unschätzbare Dienste erwiesen[146].

140 *S. Reil,* Kleine Kirchengeschichte Sambias (Münsterschwarzach 1969) 34–37; *R. L. Rotberg,* Christian Missionaries and the Creation of Northern Rhodesia 1880–1924 (Princetown/N. J. 1965).

141 *S. Reil* a. a. O. 32–34.

142 Zu Torrend cf. *Streit* XVIII 176f.; zu Moreau ebd. 626f.

143 *J. Spillmann,* Vom Cap zum Sambesi. Die Anfänge der Sambesi-Mission. Aus den Tagebüchern des P. Terörde S. J. und aus den Berichten der anderen Missionare dargestellt (Freiburg 1882); Auszüge aus den Tagebüchern von Depelchin und Charles Croonenberghs: Diaries of the Jesuit Missionaries at Bulawayo 1879–1881 (Salisbury 1959).

144 *S. Reil* a. a. O. 22ff. – 1913 erfolgte die Teilung in die Vikariate Bangweolo und Nyassa (*Streit* XX 618).

145 Dupont lag in vielen Streitigkeiten mit den englischen Kolonialbehörden; diese warfen ihm vor, politische Ziele zugunsten Frankreichs zu verfolgen.

146 Louis Guillermé, Eugène Pueth, Louis Molinier, Georges Schoeffer.

Abgesehen vom muslimischen Norden, begegneten der katholischen Missionsarbeit nirgends so vielfältige Schwierigkeiten wie im Süden des schwarzen Kontinents[147]. Verhältnismäßig spät in Erscheinung getreten (Mitte des 19. Jh.), befand sich die römische Kirche in einem kaum mehr aufholbaren Rückstand auf die Protestanten, die diese Gebiete am intensivsten beackert hatten. Hinzu trat hemmend die Unduldsamkeit der alteingesessenen Burenbevölkerung, zum Teil aber auch der seit 1806 im Lande weilenden Engländer, ferner die Rassenschranken, dann die zahlreichen Sekten und die von den Afrikanern ausgehenden Absplitterungen, welche sich bereits vor der Jahrhundertwende ankündigten[148]. Im nördlichen Teil von Deutsch-Südwestafrika trafen die Oblaten der Unbefleckten Jungfrau Maria ein und nahmen 1896 – Ende der siebziger Jahre waren die Spiritaner gescheitert – ihre Tätigkeit in der seit 1892 bestehenden Präfektur Untercimbebasien auf; desgleichen traten sie (1882) nördlich des Oranje die Nachfolge einer andern Gesellschaft, nämlich der Lyoner Missionare, an; weiter wirkten sie in Transvaal. Doch ging es nur zäh voran, auch wenn etwa die 1876 zur Leitung eines Kollegs nach Grahamstown berufenen Jesuiten und die Dominikanerinnen aus Augsburg unter den Xhosa (Ostkapland) Fortschritte verzeichnen durften. Eine Statistik mag die Lage beleuchten: 1911 bezifferte sich die Zahl der Katholiken in der damaligen Südafrikanischen Union (bei 4,7 Millionen Nichteuropäern) auf 37000, die der Protestanten hingegen auf 1,4 Millionen Anhänger[149].

Auf dem eher steinigen Arbeitsfeld sind indessen zwei Gebiete zu nennen, die für die katholische Seite herausragen. Das trifft zunächst auf Basutoland (Lesotho) zu[150]. Die seit 1862 in diesem gebirgigen und abgelegenen Landstrich tätigen Oblaten verstanden es, zum Teil dank der freundschaftlichen Beziehungen mit Häuptlingen, sich eine einflußreiche Stellung zu verschaffen. Aus den (1865 eingereisten) Schwestern der Heiligen Familie gingen bis 1912 ein Dutzend einheimische hervor. Ab 1908 halfen auch die Kreuzschwestern von Menzingen in der sozial-caritativen Aktivität mit[151]. Die andere blühende Mission liegt in Natal, das 1850 den Oblaten als Vikariat übertragen worden war. Es handelt sich vor allem um das von deutschen Trappisten 1882 gegründete Zen-

[147] *B. Hutchinson,* Some Social Consequences of XIXth Century Missionary Activity among the South African Bantu: Africa 27 (London 1957) 160–177.

[148] Cf. *E. Dammann* a.a.O. 53; 160ff mit einer reichen Literatur zu den nachchristlichen Bewegungen in Afrika.

[149] *W. E. Brown,* The Catholic Church in South Africa. From its Origins to the Present Day (London 1960). Der Autor bedauert die verpaßten Möglichkeiten, infolge eines allzu vorsichtigen Verhaltens der Apostolischen Vikare, die gewissenhaft jeden Anstoß und Skandal zu vermeiden suchten und die Gestaltung den andern überließen, besonders zu Beginn des 20. Jh. – Vgl. auch *J. E. Brady,* Trekking for Souls (Cedara, Natal 1952).

[150] *M. Bierbaum,* Die Entwicklung der katholischen Mission in Basutoland: ZMR 1 (1938) 133–144.

[151] 1914 betrug die Zahl der Katholiken 15000. Basutoland wurde 1894 Apostolische Präfektur, 1909 Apostolisches Vikariat (*Streit* XVII 404 1183).

trum von Mariannhill unter Abt Franz Pfanner (1825–1909)[152]. Schon ihre auf der benediktinischen Regel fußende Lebensweise lenkte sie auf sozial-wirtschaftliche Beschäftigung hin, noch mehr jedoch die dortigen Lebensverhältnisse. Sie erwarben einen großen Landkomplex, siedelten Bantu an und zogen ein imponierendes erzieherisches Werk (mit Schulen, Seminar, Handwerksbetrieben, Buchdruckerei und Spital) auf[153]. Der Frauenarbeit gaben sich die Schwestern vom kostbaren Blut hin.

Schließlich sei noch die (1885 zum Apostolischen Vikariat erhobene) Insel Madagaskar erwähnt. Die Jesuiten, die infolge der Bedrängnisse von seiten der protestantenfreundlichen Regierung der sechziger und siebziger Jahre einen schweren Stand hatten, vermochten ihre Positionen dennoch auszubauen. Nach zeitweiliger Entfernung während der Besetzung des Landes durch Frankreich und der Wirren Ende des Jahrhunderts erhielten sie 1896 Zuzug aus den Reihen der Lazaristen[154], zwei Jahre später von den Spiritanern[155] und 1899 von den Missionaren von La Salette. 1906 griff der französische Kulturkampf auch auf die ostafrikanische Inselwelt über und versetzte der Kirche einen empfindlichen Schlag, was ihr Wachstum zwar nicht zum Erliegen brachte, aber eine fruchtbare Reinigung bewirkte.

Blickt man auf die missionarische Tätigkeit unter den Pontifikaten Leos XIII. und Pius' X. zurück, so kommt man nicht umhin, diese Zeit als hochbedeutsam, für Afrika wie für Ozeanien als eine grund-legende Epoche zu bezeichnen. Fast überall konnten sich Gemeinden formieren; sowohl quantitativ wie qualitativ entstand in der relativ kurzen Spanne Erstaunliches, das jetzt freilich darnach drängte, dem missionarischen Erststadium zu entwachsen, um allmählich Eigenständigkeit und Eigenprägung zu erlangen. Auch wenn die Missionare den

[152] *J. Dahm,* Mariannhill. Seine innere Entwicklung sowie seine Bedeutung für die katholische Missions- und Kulturgeschichte Südafrikas. I. Zeitabschnitt: Von der Gründung Mariannhills 1882 bis zur Trennung vom Trappistenorden 1909 (Mariannhill, Natal 1950). – Die deutschen evangelischen Missionare hatten sich freilich in andern Teilen Afrikas schon lange vor Mariannhill besonders der Landbevölkerung angenommen und ähnliche Wege beschritten. – Zu der tragischen Gestalt Pfanners, der 11 Missionsstationen gründete, dadurch aber in Konflikt mit seinen Ordensregeln geriet und 1893 abgesetzt wurde, siehe *A. Roos,* Mariannhill zwischen zwei Idealen (Diss. Innsbruck 1962) 13–99.

[153] *G. M. Lautenschlager,* Die sozialen Ordnungen bei den Zulus und die Mariannhiller Mission von 1882 bis 1909 (Reimlingen 1963). – Auch wissenschaftlich wurde in Mariannhill Beachtliches geleistet, so etwa von W. Wanger (1872–1943) und A. T. Bryant (1865–1953) über Sprache und Geschichte der Zulu (*Streit* XVIII 493–495; XX 17–19). Der erste wagemutige Versuch eines eigenständigen afrikanischen Religionslehrbuches stammt gleichfalls von Mariannhill: der große Wanger-Katechismus von 1912 in Zulu. Cf. *L. A. Mettler,* Christliche Terminologie und Katechismus-Gestaltung in der Mariannhiller Mission 1910–20 (Schöneck-Beckenried 1967).

[154] *P. Coste,* Saint Vincent de Paul et la Mission de Madagascar: RHM 4 (1927) 26–61 217–250.

[155] *G. le Faucheur,* Madagascar et les Spiritains: RHM 5 (1928) 407–437.

geistigen Strömungen jenes Zeitalters verhaftet waren, blieben sie ihrer ureigentlichen Sendung, der Verkündigung der Frohbotschaft, treu[156].

39. Kapitel

Auf dem Weg zu den jungen Kirchen

Der 1. Weltkrieg stellt in der Missionstätigkeit eine deutliche Zäsur dar. Nicht nur, daß das am Vorabend der Auseinandersetzungen so verheißungsvoll dastehende Missionswerk durch die kommenden Erschütterungen empfindliche Rückschläge erleiden sollte, sondern es bahnte sich nach erlangtem Frieden eine entschiedene Umorientierung an. Das geschah in dem Sinne, daß die oberste Kirchenleitung im Bewußtsein der vielfachen Verbindungen, aber auch Spannungen zwischen Kolonialismus und Mission einerseits eine Entpolitisierung der missionarischen Arbeit anstrebte, anderseits mehr und mehr das Selbständigwerden der überall grundgelegten Gemeinden ins Auge faßte. Gerade die Zeitspanne der Pontifikate Benedikts XV. und Pius' XI. darf als prinzipielle Absage an den Europäismus und als eine Periode vermehrter Anpassung an die zu missionierenden Völker gekennzeichnet werden. Wenn auch noch weithin die Vergangenheit nachwirkte, so stand doch klar das Leitbild einheimischer Kirchen vor Augen[1].

Die Kriegsfolgen machten sich zunächst in den wirtschaftlichen und personellen Belangen bemerkbar[2]. Die aus der heimatlichen Basis zufließenden Unterstützungen nahmen erheblich ab oder versiegten gänzlich, was besonders auf die vom Krieg unmittelbar heimgesuchten Nationen zutraf, während die neutralen Länder wenigstens teilweise in die Lücken einsprangen. Entgegen den anfänglichen Hoffnungen, den Kolonien das Kriegslos zu ersparen, begannen dann aber die Feindseligkeiten auch in den deutschen Schutzgebieten, und dort, wo keine Kriegshandlungen stattfanden, erfuhr die Tätigkeit durch die Abberufung zahlreicher Missionskräfte eine fühlbare Schwächung. Das galt vorab für die französischen Staatsangehörigen, durch deren Rückzug manche Gebiete

[156] *H. Jedin* kommt zum Urteil: „Aufs Ganze gesehen, wird man sagen dürfen, daß die Missionare in ihrer großen Mehrzahl die Unabhängigkeit der Glaubensverkündigung zu wahren wußten und daß die ‚Eingeborenen' sehr wohl zwischen Kolonialismus und Mission zu unterscheiden wußten" (Weltmission und Kolonialismus: Saeculum 9 [1958] 393–404, Zit. 401).

[1] Es gilt zu bedenken, daß damals die Kolonialgebiete ein Drittel der Erdoberfläche ausmachten und daß von den 2 Milliarden Menschen der Erdbevölkerung 700 Millionen unterworfenen Völkern angehörten. Vgl. *G. Balandier,* Die koloniale Situation: ein theoretischer Ansatz: *R. v. Albertini,* Moderne Kolonialgeschichte (Köln–Berlin 1970) 105–124; *R. Delavignette,* Christianisme et colonialisme (Paris 1960) 19.

[2] *X. Bürkler,* Der Weltkrieg 1914–18 und die Mission: Kath. Missionsjahrbuch der Schweiz 11 (Fribourg 1944) 22–29; vgl. die Kriegsmissionsrundschauen in der ZM 1915–1919.

verwaist blieben[3], desgleichen für die italienischen Missionen, freilich in weit weniger verheerendem Ausmaß. Drückend lastete das Kriegsgeschehen auf den von den Deutschen betreuten Missionsfeldern; mancherorts wurden die deutschen Missionare vertrieben, interniert oder deportiert, wobei ihre Niederlassungen arg in Mitleidenschaft gerieten. So verhielt es sich bei den Pallottinern in Kamerun, den Steylern in Togo und den Benediktinern in Ostafrika, die alle ausziehen mußten. Ähnlich erging es den deutschen Missionaren in Britisch-Indien; dagegen konnten sie sich in Deutschsüdwestafrika und teilweise auch im Fernen Osten halten[4]. Viel mehr als die materiellen und personellen Einbußen wogen aber die geistigen Schäden des Krieges. Die sich bekämpfenden westlichen Völker, als Vertreter des Christentums auftretend, verpflanzten den Nationalismus auch in die Missionen; in ihrer Zerrissenheit boten sie den Nichteuropäern ein ärgerniserregendes Bild, so daß jetzt viel von dem Nimbus, der die Weißen bislang umgeben hatte, dahinschwand.

Um die durch den Krieg geschlagenen Wunden zu heilen, kehrten nach Friedensschluß viele Missionare in ihre Gemeinden zurück, allen voran die aus den Siegerstaaten, speziell die französischen. Der katholischen Kirche fiel es leichter, Ersatz für jene Gebiete zu beschaffen, in denen Missionare gezwungen worden waren, das Feld zu räumen. Dies erlaubte ihr, verschiedentlich rascher aufzuholen als die Protestanten. Die deutschen Missionare sahen sich freilich auf Grund der Artikel 438 und 122 des Versailler Vertrages in ihrer Missionsfreiheit eingeschränkt; doch scheint es im nachhinein geradezu als heilsam, daß die Vorstellung von der Einheit von Mission und Kolonialmacht gründlich, wenn auch einseitig, zerschlagen wurde[5]. Jedenfalls war ein Signal gegeben, um die zu engen Bindungen zwischen nationalen und missionarischen Interessen zu lösen, die Missionen von der Hypothek des Kolonialismus zu befreien und die Übernationalität der Kirche und ihrer Sendung erneut zu betonen[6].

Es ist vor allem das Verdienst Benedikts XV., diese Fragen mutig angepackt zu haben. In einer Situation übersteigerter nationaler Leidenschaften brachte er Klärung und deckte die Schwäche des missionarischen Wirkens der Kirche (die nationalistische Gesinnung einzelner ihrer Vertreter und den kolonialisti-

[3] Während des Weltkrieges wurden an die 5000 französische Missionare in den Militärdienst einberufen; schon im Sommer 1915 waren es beispielsweise über 200 Pariser Missionare, gegen 200 Weiße Väter und ebenso viele Lazaristen.

[4] Bei Kriegsausbruch arbeiteten auf allen Missionsfeldern ca 1100 deutsche Priester, 850 Kleriker und Brüder und 2000 Schwestern. Bei Kriegsende waren von ihnen ausgewiesen: 192 Priester, 76 Brüder und 249 Schwestern, gefangen oder interniert 126 Priester, 220 Brüder und 76 Schwestern.

[5] Cf. dazu *W. Holstein,* Die Mission in den völkerrechtlichen Verträgen und Verfassungen der Neuzeit: Basileia. Festschr. für Walter Freytag (Stuttgart 1959) 106–127 (spez. 117f).

[6] *F. Kollbrunner,* Abkehr vom Europäismus und universale Haltung im Missionswerk 1919–59: NZM 28 (1972) 117–132; *ders.,* Die einheimische Kirche als Konsequenz der Katholizität (1919–1959): NZM 29 (1973) 10–27.

schen Missionsstil) schonungslos auf[7]. Weil er den Europäismus in Ansätzen überwand und auch missionstheologisch eine Wende einleitete, gebührt ihm der Name „Missionspapst" ebensosehr wie seinem Nachfolger, der, an die Ideen Benedikts anknüpfend, die Verwirklichung des in „Maximum illud" umrissenen Programms an die Hand nahm. Mit Recht sieht man in diesem Apostolischen Schreiben vom 30. November 1919 die Magna Charta der modernen Missionen[8]. Der Anstoß dazu soll von Guido Conforti, dem Gründer der Missionare von Parma, ausgegangen sein, während dem holländischen Redemptoristen und langjährigen Präfekten der Propaganda, Kardinal Willem van Rossum, maßgebender Einfluß bei der Abfassung des Dokuments zugeschrieben wird[9].

Bereits bei Leo XIII., der die Offenheit und Weite liebte, kam die universale Verantwortung der Kirche klar in den Blick; in seiner Sorge um das Heil aller holte er die Missionen gleichsam in die Kirche zurück, integrierte also die Lehre von der Mission in die Lehre von der Kirche, wobei er, im Gegensatz zu seinen Vorgängern, die Lage der Nichtchristen positiver wertete[10]. Bei Pius X. fehlen indessen die „anderen" fast ganz, weshalb er ihrer Gestalt kaum ansichtig wird. Er zeigte sich ausschließlich nach innen gewandt und bezog die Missionen nicht in sein Reformwerk ein – eine fatale Verkürzung des Erneuerungsgedankens, so daß Kirche und Mission wieder auseinanderfallen und als völlig getrennte und unvermittelt nebeneinander stehende Größen erscheinen[11]. Das änderte sich mit Benedikt XV., der die missionarische Öffnung der Kirche resolut

[7] Es war inmitten des hoch aufbrandenden Nationalismus keine leichte Aufgabe, die Überparteilichkeit zu bewahren; beide Lager äußerten ihre Unzufriedenheit über den Papst. Cf. *G. Maron,* Die römisch-katholische Kirche von 1870 bis 1970: Die Kirche in ihrer Geschichte. Ein Handbuch, hrsg. von *K. D. Schmidt* und *E. Wolf.* Bd 4, Lfg. N 2 (Göttingen 1972) 214 f.

[8] Es handelt sich nicht um eine Enzyklika; der Text findet sich in *Sylloge* 113–128; deutsch bei *Marmy – Auf der Maur* 7–25; lateinisch-deutsch bei *Glazik,* Päpstliche Rundschreiben 18 ff. Von der Magna Charta sprechen *J. Beckmann,* La Congrégation de la Propagation de la Foi face à la politique internationale (Schöneck-Beckenried 1963); *Delacroix* III 128 f; *A. Rétif,* Les Papes contemporains et la mission (Paris 1966) 40: „le premier grand document missionnaire du siècle".

[9] Zu Conforti und Maximum illud cf. *J. Paventi,* Tres Encíclicas o una Trilogía misionera: Misiones Extranjeras 3 (Burgos 1952) 88–104; *J.-M. Drehmanns,* Le Cardinal van Rossum et l'Encyclique Rerum Ecclesiae: Le Bulletin des Missions 25 (1951) 227–230. „Il (sc. van Rossum) élabora le projet de ‚Maximum illud'" (228). Zum Einfluß Lebbes cf. *J. Glazik,* Die Missions-Enzyklika „Maximum illud" Benedikts XV. (1919): *W. Sandfuchs,* Das Wort der Päpste (Würzburg 1965) 65–74 (spez. 66).

[10] Die beste Darstellung über die Integration von Kirche und Mission bietet *P. Wanko,* Kirche – Mission – Missionen. Eine Untersuchung der ekklesiologischen und missiologischen Aussagen vom I. Vatikanum bis „Maximum illud" (Theol. Diss. Münster 1968) 42 ff. Eine Weiterführung dieser Arbeit liegt vor in *F. Kollbrunner,* Die Katholizität der Kirche und die Mission in der kirchenamtlichen, ekklesiologischen und missionswissenschaftlichen Literatur der Zeit von „Maximum illud" bis „Princeps Pastorum" 1919–59 (Theol. Diss. Gregoriana Rom 1970).

[11] *P. Wanko* a. a. O. 67 ff.

vollzieht und die Missionen erneut als Grundfunktion der Kirche selbst betrachtet. Wenn er den Plural „ecclesiae“ in das Kirchenverständnis der Päpste zurückführt – der Ausdruck war vorher nur in formelhafter Verwendung zu finden –, so hat das auch für seine Missionsauffassung weittragende Konsequenzen; aus der Erkenntnis, daß die Gesamtkirche aus Einzelkirchen besteht, legt sich nun nahe, nicht mehr bloß allgemein von der Ausbreitung des Glaubens zu sprechen, sondern konkret mit der Bildung neuer Teilkirchen zu rechnen[12]. Letztlich ergab sich diese Schau aus dem Ernstnehmen der Katholizität der Kirche.

Wenn Benedikt mit seinem ekklesiologisch-missiologischen Neuansatz eine prinzipielle Antwort auf die Situation nach dem Weltkrieg gibt, so visiert er in „Maximum illud“ eine Reihe brennender Einzelprobleme an[13]. Als erstes erteilt er der nationalistischen Einstellung gewisser Missionare eine eindeutige Absage, indem er die Kirchlichkeit der Missionen unterstreicht. Jene, die „mehr an das irdische als an das himmlische Vaterland denken“ und die Interessen ihrer Nation mit der Sache des Evangeliums verwechseln, brächten das Christentum in den Verdacht, dieses sei eine Angelegenheit irgendeines fremden Staates, in dessen Auftrag und als dessen Agenten die Missionare handelten. Er scheut sich nicht, ein solches Verhalten als „pestis teterrima“ zu brandmarken. Der wahrhaft „katholische“ Missionar trachte allein darnach, als Gesandter Christi und nicht als Sendling seiner eigenen Nation aufzutreten[14]. Der Papst entwickelt gleichsam eine missionarische Taktik, die in der Güte wurzelt: Weit entfernt davon, irgendeinem Menschen, wie niedrig er auch sei, abschätzig zu begegnen, wird der Missionar „durch alle Gefälligkeiten christlicher Güte“ ihn für die Frohbotschaft zu gewinnen suchen. Auch bei der Begründung des missionarischen Tuns hebt Benedikt dessen kirchlichen Charakter hervor. Die Kirche als ganze – und nicht der Papst mehr oder weniger ausschließlich (wie bei seinen Vorgängern) – ist es, die Christus gegenübersteht und seinem missionarischen Auftrag gehorcht[15]. Daher schärft er den Verkündigern, vor allem aber

[12] Cf. Motu proprio „Dei providentis“ vom 1. Mai 1917 zur Errichtung der Kongregation für die Ostkirchen (ein Schritt, der auch theologisch bedeutsam war): AAS 9 (1917) 529. Benedikt gebraucht zwar den Plural (particulares ecclesiae) im Hinblick auf die Orientalen, doch kommen auch die Missionskirchen in Sicht.

[13] Man vergleiche die Kommentare zum päpstlichen Dokument (welche die theologischen Fragen nicht erörtern): *G. Goyau,* Missions et missionnaires (Paris 1931) 169–181; *M. Grösser,* Das Missionswesen im Lichte des päpstlichen Sendschreibens „Maximum illud“: ZM 10 (1920) 73–86; *A. Huonder,* Das Missionsrundschreiben Benedikts XV.: StdZ 98 (1920) 433–441.

[14] So heißt es an anderer Stelle: „Memineritis non hominum debere vos imperium propagare, sed Christi, nec patriae quae hic est, sed patriae quae sursum cives adiicere“ (*Sylloge* 120).

[15] Das Gebot Christi verpflichtet die Kirche insgesamt, wie aus dem Beginn des Schreibens hervorgeht: „Divini mandati memor, Ecclesia numquam, labentibus saeculis, cessavit adhuc traditae divinitus doctrinae partaeque humano generi per Christum salutis aeternae nuntios et administros in omnes partes mittere“ (*Sylloge* 114).

den Missionsvorstehern ein, sich nicht mit dem bisher Erreichten zu begnügen, sondern „das Heil aller Bewohner ohne Ausnahme anzustreben". Um dies zu bewerkstelligen, wird ein Oberer, in echt „katholischer" Haltung, nötigenfalls andere Missionsinstitute beiziehen, ungeachtet, ob diese einer fremden Ordensfamilie oder Nation angehören. Hier liegt eine unverkennbare Spitze gegen allzu engen Korpsgeist der Missionsgesellschaften vor. Auch in der Empfehlung, mit den Nachbargebieten zusammen gemeinsame Probleme zu beraten und zu lösen, bekämpft der Papst jeglichen Partikularismus und stellt ihm den Geist der Kooperation gegenüber.

Als Ziel der missionarischen Arbeit schwebt dem Papst (neben der Bekehrung einzelner) die Kirchengründung vor[16]. Doch bedarf es dazu eines landgeborenen Klerus, der „eines Tages selbst die Leitung seines Volkes übernehmen kann". Weil die Zukunft der jungen Kirchen hauptsächlich von dem Vorhandensein gründlich gebildeter Priester abhängt, verlangt dieses Werk, das letztlich auf der Universalität der Kirche beruht, die besondere Aufmerksamkeit der Missionsverantwortlichen. Darin sieht Benedikt auch den Weg zum Heimischwerden der Kirche und zugleich eine Möglichkeit, auf die Eigenart eines Volkes einzugehen und dessen Reichtümer in sie einzubringen. Freilich bleibt das Leben der christlichen Gemeinden in diesen Gebieten außerhalb der päpstlichen Erwägungen – sie bilden nur den „terminus ad quem" der missionarischen Anstrengung, ohne daß ihr Eigengewicht zum Tragen käme. Immerhin bemüht sich der Papst, sich nicht bloß an die Kirche in der „Heimat" zu wenden, sondern bedenkt die Fragen gleichsam aus der Sicht der Missionen selbst[17].

Eine Vervollständigung erfuhren die in „Maximum illud" niedergelegten Grundsätze durch die Instruktionen der Propagandakongregation „Quo efficacius" vom 6. Januar 1920[18]. Unter Berufung auf die klassische Stelle, wonach das Christentum keiner Nation fremd sei, erinnern diese Weisungen die Missionare daran, ihre Aufgabe geistig-religiös aufzufassen. Es wird ihnen strikte Neutralität in politischen Dingen auferlegt und überdies verboten, heimatlichen Gesetzen und Bräuchen in der Fremde Eingang zu verschaffen[19]. Wie sehr Benedikt die apostolische Tätigkeit mit neuer Dynamik erfüllen wollte, zeigen einerseits seine Maßnahmen zur Vermehrung der Missionshierarchie – er errichtete nebst 28 Apostolischen Vikariaten und 8 Präfekturen die Delegatur für Japan, Korea und Formosa (1919)[20] – und die Anordnung von apostolischen Visitationen (z.B. in China und Südafrika), anderseits seine Initiativen im Bereich

[16] Der individuelle Aspekt besitzt zwar in Maximum illud den Vorrang, indes kennt der Papst beide Linien, die individuelle und die soziale.

[17] Diese Besonderheit des Schreibens nahm schon *Schmidlin PG* III 252 zur Kenntnis.

[18] *Sylloge* 131–135.

[19] Man beachte die prophetischen Worte in den Instruktionen der Propaganda vom 23. November 1845 (*Collectanea* I 544f) über die Gefahren der Politik in den Missionen; ebd. die fortschrittlichen Ideen zur Schaffung eines einheimischen Episkopats.

[20] *Sylloge* 112f: Litterae Apost. vom 26. November 1919.

des heimatlichen Missionshilfswesens. Um dem Petruswerk für den einheimischen Klerus mehr Durchschlagskraft zu verleihen, unterstellte er es, seinen Sitz zugleich nach Rom verlegend, der Oberaufsicht der Propaganda. Die 1915 durch den unermüdlichen P. Paolo Manna PIME (1872–1952)[21] und Bischof G. M. Conforti von Parma ins Leben gerufene und 1916 approbierte „Unio Cleri pro Missionibus" wurde 1919 der römischen Zentrale angeschlossen; der Priester-Missionsbund breitete sich rasch nach Kanada, Deutschland und der Schweiz aus. Schließlich entstanden unter diesem Pontifikat (zwecks Gründung von Weltpriestermissionen) einige Missionsseminarien, so dasjenige von Maynooth-Galway (Irland 1917), von Almonte (Kanada 1919), von Burgos (Spanien 1919), von Montreal (Kanada 1921) und von Bethlehem Immensee (Schweiz 1921)[22]. Vieles von diesen fortschrittlichen Taten unter Benedikt XV. (wie später unter Pius XI.) kam dank der Aufgeschlossenheit van Rossums zustande, der mit Recht als Vorkämpfer der katholischen „Weltmission" gilt, da er dem Europäismus den Abschied gab, nach Anpassung drängte und die Ausbildung und Förderung des einheimischen Klerus unter einheimischen Bischöfen vorantrieb[23].

Was Benedikt XV. (während seines relativ kurzen) Pontifikats in missionarischen Belangen in die Wege geleitet hatte, konnte Pius XI. weiterführen und praktisch in die Tat umsetzen. Daß die Kontinuität gewahrt blieb, dafür sorgte der unter beiden Päpsten tätige Propagandapräfekt[24]; doch verlagerte Pius XI., indem er einige durch seinen Vorgänger gezogene Linien kräftiger auszog, den Schwerpunkt auf das Thema der Universalität, auf das Selbständigwerden der jungen Kirchen und auf deren Verwurzelung in heimischem Boden, also auf die Indigenisation[25]. Als die fundamentalste Aufgabe des Petrusamtes, so erklärte er bereits in den Anfängen seines päpstlichen Wirkens – man feierte 1922 gleich drei Missionszentenarien[26] –, erachte er die Verkündigung des Evangeliums in aller Welt[27]. In Gemeinschaft mit ihm obliege aber auch dem gesamten

[21] *P. G. B. Tragella,* Un'anima di fuoco P. Paolo Manna (Neapel 1954).

[22] Die Gesellschaft für auswärtige Missionen von Maryknoll USA datiert von 1911. *B. Arens,* Hdb. der katholischen Missionen (Freiburg ²1927) 65–72. Zur Schweiz. Missionsgesellschaft Bethlehem Immensee *A. Rust,* Die Bethlehem Missionare (Fribourg 1962).

[23] Van Rossum (1854 geboren) war Präfekt der Propaganda von 1918 bis zu seinem Tod im Jahre 1932; cf. *N. Kowalsky,* LThK IX 59f; *J. O. Smit,* W. M. Kardinal van Rossum (Roermond 1955).

[24] Cf. *J.-M. Drehmanns* a. a. O.

[25] *J. Schmidlin,* Pius XI. als Missionspapst: ZMR 27 (1937) 233–243 (mit Lit. zum missionarischen Aspekt dieses Pontifikats); *M. Ledrus,* La doctrine missionnaire de S. S. Pie XI: NRTh 56 (1929) 481–494.

[26] 300 Jahre seit der Errichtung der Propaganda und der Heiligsprechung Franz Xavers und 100 Jahre Bestehen des Werkes der Glaubensverbreitung.

[27] Der Anfang des Motu proprio vom 3. Mai 1922 lautet: „Romanorum Pontificum in hoc maxime versari curas planum est oportere, ut sempiternam animarum salutem, Iesu Christi regno per orbem terrarum dilatando, quaerant..." (AAS 14 [1922] 321–326). Vgl. auch die

Episkopat die Missionsaufgabe, weil dieser die Universalkirche repräsentiere[28]. Nicht minderen Einsatz verlangte er von den Priestern, denen er auf dem ersten internationalen Kongreß der Unio Cleri in Rom (3. 6. 1922) zu verstehen gab, daß das missionarische Apostolat nicht mehr bloß von einer Spezialtruppe, sondern von der ganzen Kirche wahrgenommen werden müsse, damit jede Pfarrei sich allmählich zu einer missionarisch aktiven Zelle entwickle[29]. Das Geheimnis der Universalität der Kirche beruht nach dem Papst in der Caritas; die Liebe zu Gott und den Mitmenschen trägt sie über sich hinaus und läßt sie in jenen Gebieten Wurzeln schlagen, deren Bewohner Christus noch nicht kennen. Denn sie existiert nicht in erster Linie für sich selbst, vielmehr im Hin auf das Heil aller[30]. Gemäß seiner Maxime, daß die Missionen unter den katholischen Werken den ersten Platz einnehmen[31], eröffnete er im Heiligen Jahr die vatikanische Missionsausstellung, welche in der Gründung eines missionarisch-ethnologischen Museums im Lateran (1926) eine Art Fortsetzung finden sollte. Wiederum zur Weckung des missionarischen Geistes im ganzen christlichen Volk bestimmte er (1927) den vorletzten Oktobersonntag zum alljährlichen Missionstag. Wenn er 1922 den Verein der Glaubensverbreitung von Lyon nach Rom verlegte, der Propaganda angliederte und zum päpstlichen Werk (mit neuen Statuten) erhob und 1929 die Koordination der drei wichtigen Organe (Kindheit-Jesu, Glaubensverbreitung und Werk vom hl. Petrus) veranlaßte, so geschah dies gewiß in der Hoffnung, vermehrte Mittel aufzutreiben und diese gerechter zu verteilen, aber anderseits doch auch, um die großen Missionsvereine von örtlich nationalen Bindungen zu lösen.

Ein anderes Anliegen, dem die ganze Aufmerksamkeit des Papstes galt, artikuliert Pius XI. am ausführlichsten in seinem Rundschreiben „Rerum Ecclesiae“ (1926), dessen zweiter Hauptteil sich mit der Gründung, Festigung und Verselbständigung der jungen Kirchen befaßt[32]. Drei Jahre früher hatte die Propaganda an die Missionsgesellschaften diesbezügliche Direktiven gerichtet, die klar auf die Einpflanzung der Kirche in den Missionssprengeln abzielen[33]. Dort

berühmte Pfingsthomilie vom 4. Juni 1922 (*Sylloge* 196–202): Er fühle sich der „paternità universale“ verpflichtet.

[28] AAS 18 (1926) 68f.

[29] AAS 14 (1922) 198f; die Generalstatuten des Priestermissionsbundes von 1926: AAS 18 (1926) 230–236. Der Mobilmachung der christlichen Welt für die Missionen gilt der ganze erste Teil von Rerum Ecclesiae.

[30] „Denn die Kirche ist für nichts anderes geboren, als das Reich Christi in aller Welt auszubreiten und so die gesamte Menschheit des Heiles der Erlösung teilhaftig zu machen“ (*Marmy– Auf der Maur* 27); vgl. ebd. S. 30f (Rerum Ecclesiae). Pius spricht sowohl von der quantitativen wie qualitativen Katholizität. Vgl. *A. Seumois,* La Charité Apostolique, fondement moral constitutif de l'activité missionnaire: NZM 13 (1957) 161–175 256–270.

[31] Im Konsistorium vom 23. Mai 1923 sprach er vom „maximum sanctissimumque omnium catholicorum operum, quale est opus missionum“ (AAS 15 [1923] 248).

[32] *Sylloge* 240–258: De sacris missionibus provehendis Rerum Ecclesiae (28. 2. 1926); deutsch: *Marmy– Auf der Maur* 26–49.

[33] Dekret der Propaganda vom 20. Mai 1923 „Lo sviluppo“ (*Sylloge* 213–217).

könne die Arbeit für die Ausländer als abgeschlossen betrachtet werden, wo die Neugründung über eine eigene Leitung und eigene Gotteshäuser, über einen einheimischen Klerus und eigene Mittel verfüge, kurz, wenn sie nicht mehr fremder Hilfe bedürfe. Dann laufe sie auch nicht mehr Gefahr, durch die Ausweisung der Missionare oder die Verringerung des Nachschubes aus Europa in ihrer Existenz bedroht zu sein. Für die Kirchwerdung fordert „Rerum Ecclesiae" zuallererst einen autochthonen Klerus, der in nichts dem europäischen nachstehe; ferner autochthone Ordensgemeinschaften, die den Erwartungen und Interessen der Einheimischen sowie den örtlichen Gegebenheiten und Umständen entsprechen; weiter ein autochthones Mönchstum, denn die beschaulichen Klöster leisteten einen unersetzlichen Beitrag zum Aufbau einer Teilkirche[34]; dann autochthone Katechisten und schließlich eine Laienelite, deren sorgfältige Heranbildung sich für die Zukunft von Kirche und Land von ausschlaggebender Bedeutung erweise[35]. Auf die Worte der Enzyklika ließ Pius XI. Taten folgen; so weihte er selbst am Christkönigsfest 1926 sechs Chinesen, ein Jahr darauf einen Japaner und 1933 drei weitere Chinesen mit einem Vietnamesen und einem Inder zu Bischöfen. Damit war, allen Widerständen zum Trotz, der entscheidende Durchbruch auf die Verselbständigung hin vollzogen. Diese Tendenz trat auch im intensiven Ausbau der Missionsterritorien in Erscheinung: 116 neue Vikariate und 157 Präfekturen entstanden bis zum Ende seiner Amtsperiode. Dem gleichen Ziel der Stabilisierung der werdenden Kirchen dienten die Apostolischen Delegaten, die der Papst aussandte (z.B. Msgr. Costantini 1922 nach China, Delle Piane 1930 nach Belgisch-Kongo), und die Durchführung von Lokalsynoden (1924 das Konzil von Schanghai und ganz Japan, 1924/27 diejenigen von Südafrika), welche die Weisungen Roms in die jeweiligen Verhältnisse zu übertragen suchten.

In einem Schreiben an die kirchlichen Vorsteher in China (16. 6. 1926)[36] – worin übrigens der Papst, um die hartnäckigen Vorwürfe politischer Absichten an die Adresse der Missionare zu entkräften, noch einmal den rein religiösen Charakter kirchlichen Tuns betont – klingt ein letzter Leitgedanke Pius' XI. an, nämlich die Idee der Akkommodation[37]. Niemand könne bestreiten, daß die

[34] Zu diesem (so bedeutsamen) Anliegen des Monachismus nehmen die Päpste sonst nur selten Stellung. Für die zahlreichen in Indien entstandenen einheimischen Orden und Kongregationen siehe *P. Rayanna,* The Indigenous Religious Congregations of India and Ceylon (Tallakulam, Madura 1948); über die beschaulichen Orden in Afrika cf. „Grands Lacs" (Namur, Janv. 1956); *I. Auf der Maur,* Werden, Stand und Zukunft des afrikanischen Mönchtums: NZM 23 (1967) 284–295, 24 (1968) 21–35; *P. Gordan,* Aufgaben und Probleme des benediktinischen Mönchtums in Afrika: NZM 16 (1960) 186–192.

[35] Einen eigenen Passus widmet Pius XI. der missionsärztlichen Hilfe.

[36] „Ab ipsis": Sylloge 259–264. Zu den Beziehungen Pius' XI. zur Chinamission (1. Konzil 1924; Weihe chinesischer Bischöfe usw.) cf. *L. Wei Tsing-sing,* Le Saint-Siège et la Chine de Pie XI. à nos jours (Sotteville-lès-Rouen 1971).

[37] *F. Kollbrunner,* Die Akkommodation im Geist der Katholizität 1919–59: NZM 28 (1972) 161–184 264–274; die erste Monographie dazu verfaßte *J. Thauren,* Die Akkommodation

Kirche den Willen bekunde, sich an die Eigenart eines Volkes anzupassen[38]. Die rechtmäßigen Aspirationen einer traditionsreichen Kulturnation, so versicherte er zwei Jahre später in einer Botschaft an dasselbe Land, dürfe man nicht ignorieren[39]. Deshalb gestattete er, als 1935 die Bischöfe der Mandschurei um die Erlaubnis nachsuchten, den dortigen Christen (unter Beachtung der pastoralen Klugheit) den Vollzug gewisser konfuzianischer Zeremonien[40]. Damit beendete er ein überaus betrübliches Kapitel in der Geschichte der fernöstlichen Missionen, den unseligen Ritenstreit. In ähnlicher Weise befürwortete die Propaganda für die japanischen Gläubigen die Teilnahme an bestimmten Begehungen nationaler und familiärer Natur, wobei sie in ihrer Instruktion auf die schon 1659 aufgestellten und erstaunlich weitherzig abgefaßten Grundsätze zurückgreifen konnte[41]. In Richtung Indigenisierung weisen zwei andere Gesten Roms: die „ausgesprochen katholische Initiative", die religiösen Äußerungen japanischer Eigenart und Überlieferung anzupassen, findet Belobigung; denn vom Wagnis einer christlichen japanischen Kunst hänge für die Kirche auf dem Inselreich einiges ab[42]. Anderseits ermunterte die oberste Missionsleitung anläßlich der ersten Ausstellung religiöser Kunst im Kongo das Kunstschaffen der Eingeborenen und rechtfertigt es als Ausdruck der Katholizität der Kirche, welche die geistigen Werte einer Nation in ihr Erbe aufzunehmen bereit sei[43]. Das letztere Zeugnis für die Akkommodationswilligkeit der römischen Zentrale stammt übrigens aus der Feder Celso Costantinis, des langjährigen Präfekten der Propaganda (1935–1953) und Förderers autochthoner christlicher Kunst[44]. Schließlich verdient, speziell im Blick auf die Missionen Afrikas, ein Schreiben aus dem Jahre 1938 Erwähnung, da es der Übernahme der Bestattungszeremonien (Matanga) in Belgisch-Kongo günstig gegenübersteht und somit der liturgischen Adaption, die allerdings erst vom Vatikanum II zum Programm erhoben wird, das Wort redet[45].

im katholischen Heidenapostolat. Eine missionsmethodische Studie (Münster 1927). Vgl. auch *J. Masson,* Le testament missionnaire de Pie XI (Collection Xaveriana März, Löwen 1939).

[38] *Sylloge* 263: „Nemo ignorat ... Ecclesiam ad eas, quae cuiusvis nationis aut regni propriae sunt, leges aut constitutiones, sese accommodare."

[39] *Sylloge* 308f (1. 8. 1928). [40] *Sylloge* 479–482 (28. 5. 1935).

[41] *Sylloge* 537–540 (26. 5. 1936); die Weisungen von 1659: *Collectanea* I 42f: „Verwendet doch keine Mühe darauf und mutet es jenen Völkern in keiner Weise zu, daß sie ihre Zeremonien, Gewohnheiten und Sitten ändern, wenn sie nicht ganz offensichtlich der Religion und guten Sitten widersprechen ... Der Glaube verwirft oder bekämpft keines Volkes Gewohnheiten und Gebräuche, wenn sie nicht schlecht sind; im Gegenteil, er wünscht sie unverletzt zu erhalten."

[42] Brief an den Apostolischen Delegaten P. Marella vom 1. 6. 1935 in *Sylloge* 483.

[43] *Sylloge* 543f: Brief an den Apostolischen Delegaten Delle Piane vom 14. 12. 1936. – *J. Beckmann,* Die Stellung der katholischen Mission zur bildenden Kunst der Eingeborenen: Acta Tropica 2 (1945) 211–231.

[44] *C. Costantini,* L'arte cristiana nelle missioni (Vatikanstadt 1940).

[45] *Sylloge* 576–578: Brief vom 14. Juli 1938 an den Apostolischen Delegaten Delle Piane.

Wie weit fanden nun die von den beiden Päpsten verbreiteten und in zahlreichen Kundgaben geäußerten Ideen ihren Niederschlag im missionarischen Alltag? Gewiß besteht hinsichtlich der kirchlichen Dokumente eine gewisse Diskrepanz zwischen Theorie und Praxis; aber man wird gerechterweise zugeben müssen, daß gerade zwischen den beiden Weltkriegen die römischen Verlautbarungen, wenn auch nicht auf allen Ebenen gleich stark, geschichtsmächtig gewirkt haben[46]. Zunächst gelang es, das breite Kirchenvolk vermehrt für das Weltapostolat zu gewinnen – denken wir etwa an das überaus rege Holland, an die Katholiken der USA, die mehr und mehr in ihre missionarische Verantwortung hineinwuchsen, oder an Spanien, das zahlreiche Ordensleute nach Südamerika aussandte. Wäre die Kirche als ganze nicht missionarischer geworden, ließe sich die Ausweitung des Missionswerkes während dieser Periode, in welcher sich die (wenigstens extensive) Katholizität in einem bislang nie gekannten Ausmaße verwirklichte, schlechthin nicht begreifen[47]. Allein während der Regierungszeit Pius' XI. stiegen zum Beispiel die Katholiken Vorderindiens von drei auf dreieinhalb Millionen, die Hinterindiens von einer auf eineinhalb Millionen an; ebenfalls in der Südsee nahm ihre Zahl, trotz der vielen Hindernisse, beachtlich zu. Vor allem jedoch erlebten die Missionen Afrikas, speziell in den Gebieten um den Äquator, einen derartigen Aufschwung, daß man die anfallende Arbeit kaum zu bewältigen vermochte[48]. Selbst in Gegenden, von denen sonst keine großen Erfolge zu melden sind, regte sich neues Leben, so in Südamerika infolge der Errichtung mehrerer Missionssprengel und der Inangriffnahme zwanzig neuer Missionsgebiete unter den Indios[49]. Die Indianer- und die (von katholischer Seite reichlich spät begonnene) Negermission in Nordamerika[50], wo verschiedene Genossenschaften en-

[46] Siehe die kritischen Anmerkungen bei *J. Glazik*, Mission der Kirche im Zeichen des Konzils: ZMR 48 (1964) 149–175 (spez. 170–172); *W. Bühlmann*, Sorge für alle Welt (Freiburg 1967) 88: „Sie (sc. Maximum illud und Rerum Ecclesiae) vermochten die Wirklichkeit nicht zu beeinflussen."

[47] *Schmidlin PG* III 197–209.

[48] *A. Tellkamp*, Die Gefahr der Erstickung für die katholische Weltmission (Münster 1950); *L. Grond*, Wachstum der Kirche und Priestermangel in Afrika: NZM 16 (1960) 142–146.

[49] Die schönsten Früchte dieser Anstrengungen sind die erfolgreichen Bemühungen um einen einheimischen Klerus; bereits 1925 gründete der bayrische Kapuzinerbischof Guido Beck für seinen Riesensprengel in Araukanien (Chile) ein Seminar, aus dem 1933 der erste Vollblutindianerpriester hervorging. Cf. *A. Noggler*, Vierhundert Jahre Araukanermission (Schöneck-Beckenried 1973). – In Yarumal (Kolumbien) entstand 1927, auf die Initiative des Ortsbischofs Miguel Ángel Builes, das Päpstliche Missionsseminar vom hl. Franz Xaver, dem heute mehrere Missionsgebiete anvertraut sind.

[50] *A. Tellkamp*, Zur Geschichte der Missionierung der Neger in den USA: NZM 4 (1948) 45–63. Dieser Mission oblagen ab 1871 die Millhiller, Heiliggeistväter, Lyoner und Steyler Missionare, die seit 1892 bestehende amerikanische Gesellschaft der Josefiten und nach dem 2. Weltkrieg auch die Scheutvelder. Der Rückstand der Katholiken läßt sich aus den geschichtlichen Gegebenheiten der Vergangenheit erklären. – Aus dem 1920 von den Steylern

gagiert waren, und die Tätigkeit bei den Eskimos im hohen Norden, um deren Christianisierung sich namentlich die Oblaten bemühten[51], machten befriedigende Fortschritte.

Auf einem andern Sektor indessen tritt der fördernde Einfluß der beiden Päpste noch offensichtlicher zutage: in der überall energisch vorangetriebenen Bildung eines landgeborenen Klerus und der Übergabe der kirchlichen Leitung an einheimische Bischöfe. Dieser Durchbruch in unserm Zeitabschnitt darf als ein epochales Ereignis in der neueren Missionsgeschichte gewertet werden, auch wenn damit anderes für den Eigenstand der jungen Kirchen Notwendige vorläufig noch fehlen mochte[52]. Die von Benedikt XV. und Pius XI. ausgesprochenen Grundsätze (über die Notwendigkeit, Möglichkeit und Nützlichkeit eines einheimischen Klerus und Episkopats) waren an sich nicht neu – standen sie ja in einer dreihundert Jahre durchgehaltenen römischen Tradition –, doch erschienen sie, vorab in ihren Forderungen bezüglich des Bischofsamtes, manchen Kreisen als unerhört, wenn nicht sogar als revolutionär[53]. Die Opposition blieb nicht aus, sei es, daß die einen die Taktik des Hinauszögerns anwandten, sei es, daß andere aus einem gewissen Rassendünkel heraus vor übereilten Schritten warnten, obwohl bereits ein P. Gabet in seiner Denkschrift von 1848 die Gegenargumente im einzelnen zerpflückt hatte[54]. Ungeachtet der Widerstände, verhalf Rom der Sache zum Sieg, wofür die Statistiken den eklatanten Beweis erbringen[55]. Greifen wir nur zwei Beispiele auf: einmal China, das seit 1920 rasch voranging. Es zählte 1939 über 2000 autochthone Priester, während in ca 20 Sprengeln Einheimische die Geschicke der Kirche leiteten. Als historischer Markstein gilt dann die Errichtung der Hierarchie (1946), wobei 21 Chinesen zu Bischöfen und 7 zu Apostolischen Präfekten erhoben wurden[56]. Afrika seinerseits besaß nach dem 1. Weltkrieg (nach so vielen Enttäuschungen und miß-

begründeten ersten amerikanischen Negerpriesterseminar in Bay St. Louis gingen bis 1960 37 SVD-Mitglieder hervor. Cf. *M. Meier,* Die Negermission SVD im Süden der USA (Diss. Gregoriana Rom, gedruckt Teil 4, Steyl 1961).

[51] Seit 1932 besteht eine aus Eskimos gebildete Schwesterngemeinschaft; *P. Duchaussois,* Femmes héroïques, les Sœurs Grises Canadiennes aux Glaces Polaires (Paris ²1933); *ders.,* Aux Glaces Polaires. Indiens et Esquimaux (Paris 1935). Vgl. *A. Freitag,* Die katholischen Missionen Amerikas: ZMR 25 (1935) 152–177.

[52] *G. B. Tragella,* Una nuova Epoca nella storia delle Missioni (Mailand 1933).

[53] *J. Schmidlin,* Der Sieg der eingeborenen Missionshierarchie: ZMR 24 (1934) 1–19; cf. dort die Polemiken mit den Wortführern Lebbe aus China und Gille für Indien.

[54] *J. Beckmann,* Der einheimische Klerus in den Missionsländern. Eine Übersicht (Fribourg 1943); *ders.* (Hrsg.), Der einheimische Klerus in Geschichte und Gegenwart. Festschr. L. Kilger (Schöneck-Beckenried 1950); darin findet sich die Arbeit über P. Gabet von *G. B. Tragella,* Le vicende d'un opuscolo sul clero indigeno e del suo autore, 189–202.

[55] *A. Freitag,* Die Fortschritte des einheimischen Klerus und der einheimischen Hierarchie in den Missionsländern der letzten dreißig Jahre (1920–50): Festschr. L. Kilger (Anm. 54) 203–232; *I. Ting Pong Lee,* Episcopal Hierarchy in the Missions: ED 13 (1960) 181–225.

[56] *J. Beckmann,* Die hierarchische Neuordnung in China. Ein geschichtlicher Überblick: NZM 3 (1947) 9–24.

glückten Versuchen) 148 einheimische Geistliche, die bis 1939 die Zahl von 358 erreichten. Die ersten zwei schwarzen Bischöfe (für Madagaskar und Uganda) erhielten 1939 ihre Weihe, dies aber schon durch Pius XII. Im Zuge des Aufstiegs der Einheimischen in die Reihen des Klerus und des Episkopats öffneten ihnen die großen Orden, wie die Franziskaner, Dominikaner und Jesuiten, im Fernen Osten den Zutritt in ihre Gemeinschaften; anderseits gewährte man durch Konstituierung eigener Provinzen und Klöster die Selbständigkeit oder gestattete, ihren Bedürfnissen und Anlagen entsprechend, die Entwicklung eigener Zweige des Ordenslebens (z.B. den Karmelitern in Indien, den Zisterziensern in China, Japan und Vietnam). Jedenfalls legte die Kirche hier ein Zeugnis für die Überwindung der Rassenvorurteile ab[57], was sie freilich nicht davon dispensieren sollte, für die verschiedenen Völker ihren je eigenen Weg der Klerusbildung anzustreben, um von einer allzu westlich geprägten Schulung loszukommen[58].

Zieht man schließlich das Bemühen um die qualitative Katholizität, d.h. das Sicheinlassen der Kirche in die kulturellen, sozialen und religiösen Vorgegebenheiten in den Missionsländern in Betracht, wird man ohne weiteres zugeben, daß dieses Anliegen in der Zeitspanne von 1914 bis 1939 (noch) nicht das alles dominierende Thema darstellt. Sicher stand bei der Schaffung eines landgeborenen Klerus und Episkopats die Indigenisation im Blickpunkt; aber eben jener Schritt wollte und mußte zuerst getan sein. Denn nicht Fremde können die letzte Anpassung an Denkart, Sitten und Gebräuche eines Volkes vollziehen, sondern das zu leisten fällt wesentlich in den Aufgabenbereich einer zur Reife gelangten einheimischen Elite. Die Dringlichkeit des Heimischwerdens und der geistig-religiösen Entkolonialisierung trat im übrigen erst deutlich ins Bewußtsein, als die politische Kolonialära sich dem Ende zuneigte. Immerhin legten die Missionare die Grundsteine zu einem solchen Wandel – und insofern folgten sie, wenn vielleicht nicht immer mit der (von uns nachträglich) gewünschten Energie, den Weisungen der Päpste. Zu ihrer Ehrenrettung läßt sich sagen, daß in mancher Hinsicht der Wille zur Anpassung an die Mentalität von Land und Leuten

[57] *J. Beckmann,* Einheimischer Klerus und Rassenfrage: NZM 11 (1955) 1–14. „Es ist wohl eine der erfreulichsten Erscheinungen der neueren Missionsepoche zu sehen, wie nach Überwindung der letzten Hemmnisse gerade die ausländischen Missionare aller Nationen sich einmütig hinter die päpstlichen Weisungen stellten und mit allen Kräften mithalfen, diese zu verwirklichen" (11).

[58] Sicher sind da und dort bereits in der Vergangenheit Ansätze in Richtung auf eine angepaßte Ausbildung hin zustande gekommen, aber es bleibt doch noch eine Zukunftsaufgabe, die in Zusammenarbeit von ausländischen Missionaren und einheimischen Priestern geleistet werden muß. Siehe *Th. Ohm,* Die philosophisch-religionswissenschaftlich-theologische Ausbildung des indischen Klerus: Festschr. L. Kilger (Anm. 54) 233–250; *H. Köster,* Zur theologischen Ausbildung des chinesischen Klerus: TThZ 61 (1952) 289–316; *A. Morant,* Die philosophisch-theologische Bildung in den Priesterseminarien Schwarz-Afrikas (Schöneck-Beckenried 1959); *Ch. W. Forman,* Theological Education in the South Pacific Islands: a quiet revolution: Journal de la Société des Océanistes 25 (1969) 151–168.

viel weiter reichte, als wir es uns vorstellen[59]. Davon zeugen allein schon die nie genug zu würdigenden Bemühungen um die Sprachen und das einheimische Schrifttum[60], die Schaffung einer christlichen Terminologie[61], die Einheimatung der Bibel[62], die Forschungen auf dem Gebiet der Völkerkunde und Religionen[63]. Die Weißen Väter beschlossen 1926 auf ihrem Generalkapitel, ein Studienzentrum für die Mohammedanermissionare vorzubereiten, auf welche Initiative das spätere „Institut des Belles Lettres Arabes" (mit der Zeitschrift Ibla) zurückging. Unter den Missionaren in Indien befaßten sich die belgischen Jesuiten mit der Begegnung von Hinduismus und Christentum, etwa die beiden Sanskritgelehrten P. Dandoy und P. Johanns (mit seinem berühmten Werk „Durch die Vedanta zu Christus")[64]. Bei den Pariser Missionaren gab es hervorragende Linguisten und Religionswissenschaftler, so daß es in Vietnam zur wohl aufgeschlossensten Auseinandersetzung mit der einheimischen Kultur und im besondern mit der religiösen Tradition des Buddhismus in Ostasien gekommen ist[65]; auch in Japan unternahmen einzelne Missionare ähnliche Vorstöße[66]. Selbst die ersten Schritte auf eine einheimische Theologie hin wurden

[59] Bezüglich der chinesischen Missionen urteilt *J. Beckmann,* Die Stellung der katholischen Missionare zur chinesischen Kultur: Missionsjahrbuch der Schweiz 9 (Fribourg 1942) 41–67: „Ohne einem leichtfertigen Optimismus zu verfallen, darf aber ... mit Recht geschlossen werden, daß die Kirche in China auf dem Wege ist, eine wahre Volkskirche zu werden, d.h. eine innige Verbindung und Verschmelzung des katholischen Glaubens mit dem chinesischen Geistes- und Kulturleben einzugehen" (67); vgl. *J. Rossel,* Dynamik der Hoffnung (Basel 1967) 25.

[60] Dazu bietet die Bibliotheca Missionum ein überwältigendes Anschauungsmaterial. Siehe *J. Beckmann,* Werden, Wachsen und Bedeutung der Bibliotheca Missionum: De Archivis et Bibliothecis Missionibus atque scientiae Missionum inservientibus: Festschr. Rommerskirchen (Rom 1968) 33–57; von einem der angesehensten katholischen Afrika-Linguisten, P. *G. van Bulck* SJ z.B., stammt: Les recherches linguistiques au Congo Belge (Brüssel 1948); zu einem der besten Kenner des Suaheli cf. *W. Bühlmann,* P. Charles Sacleux CSSp Missionar und Wissenschaftler (1856–1943): NZM 4 (1948) 17–32; *A. Huppenbauer,* Afrika-Missionare im Dienst der Sprachforschung: Acta Tropica 2 (1945) 262–270.

[61] *W. Bühlmann,* Die christliche Terminologie als missionsmethodisches Problem (Schöneck-Beckenried 1950); *A. Capell,* La traduction des termes théologiques dans les langues de l'Océanie: Journal de la Société des Océanistes 25 (Paris 1969) 43–70.

[62] *J. Beckmann* (Hrsg.), Die Heilige Schrift in den katholischen Missionen (Schöneck-Bekkenried 1966).

[63] Auf die Voraussetzungen der Christianisierung Afrikas weist hin *E. Dammann* a.a.O. 101ff: Sprache, Völkerkunde, Religionen, sprachliche Praxis; 130ff: Schrifttum.

[64] Zu G. Dandoy (1882–1962) cf. *Streit* XVII 224f; er war der Begründer und Herausgeber der Monatszeitschrift „The Light of the East" von 1922–1946; zu P. Johanns (1882–1955) *Streit* XVIII 252–254 (mit Inhaltsangabe von „To Christ through the Vedanta"); *P. Johanns,* La pensée religieuse de l'Inde (Paris–Löwen 1952).

[65] Als einer der größten Orientalisten gilt L.-M. Cadière (1869–1955), der zugleich für die religiöse Ethnologie bahnbrechende Taten vollbrachte; cf. *Streit* XI 435ff.

[66] Von den zahlreichen Pariser Missionaren sei nur P. Aimé Villon (1843–1932) genannt, der bei seinem Tod 13 umfangreiche Manuskriptbände buddhistischer Studien hinterließ;

gewagt, in Indien und China[67], und verschiedenerorts befand sich die Liturgie auf dem Weg, einen dem Volksempfinden gemäßeren Ausdruck zu suchen[68]. Für Afrika gilt es zu bedenken, welch wertvollen Beitrag die einheimischen Katechisten und Schwestern – 1939 belief sich die Zahl der Schwesternkongregationen auf 242 mit 1529 Mitgliedern – zur Verwurzelung der Kirche beigesteuert haben. Diese Beispiele mahnen zur Vorsicht, ehe man Pauschalurteile über Schuld und mangelnde Adaptationsbereitschaft der Missionare abgibt.

An den Bemühungen der Zwischenkriegszeit um die Bildung junger Kirchen nahm die neue theologische Disziplin der Missionswissenschaft, vorab durch ihre beredte Verteidigung eines einheimischen Klerus und Episkopats, regen Anteil[69]. Ihr Aufkommen war einerseits Ausdruck des gestärkten katholischen Missionswillens, wie sie anderseits auch stimulierend und klärend auf die Missionstätigkeit einwirkte. Bei den Protestanten trat sie bedeutend früher auf den Plan, nämlich schon, als es im Jahre 1867 dem früheren schottischen Indienmissionar Alexander Duff (1806–78) gelang, einen missiologischen Lehrstuhl in Edinburgh einzurichten, der freilich 1905 wieder verschwand[70]. Einen neuen Auftakt gab die internationale Missionskonferenz von Edinburgh 1910, welche nachdrücklich die Bedeutung dieses Fachs für die Aktivierung der heimatlichen Basis hervorhob. Allen voran beherzigten die Protestanten der Vereinigten Staaten den Ruf, so daß bereits um 1930 an 60 von 68 Lehranstalten in dieser oder jener Form Missionswissenschaft doziert wurde[71]. Als eigentlicher

1938 begannen die Jesuiten mit der Herausgabe der „Monumenta Nipponica"; hierzu NZM 1 (1945) 145–150.

67 Zu Indien *J. R. Chandran,* Library of Indian Christian Theology. A Bibliography (Madras 1969); vgl. NZM 27 (1971) 302. P. Henri Bernard-Maître SJ schrieb eine „Brevis Introductio in Philosophiam sinicam" (Sienshien 1940), Maurus Heinrichs OFM wertete in verschiedenen Studien der Collectanea Commissionis Synodalis (1936ff) die chinesische Philosophie und Kulturgeschichte für den Unterricht in den Seminarien aus.

68 *A. Schmid,* Rites camerounais et liturgie catholique: Festschr. L. Kilger (Anm. 54) 275–295; *J. L. van Hecken,* Le mouvement liturgique au Japon en faveur de la célébration eucharistique 1865–1962: NZM 26 (1970) 18–27 94–113; *I. Auf der Maur* charakterisiert die Zeit von 1920–1945 mit „Rückschlag und Besinnung": Beitrag der Benediktiner-Missionare von St. Ottilien in Tansania zur liturgischen Erneuerung 1887–1970: NZM 27 (1971) 126–135 188–200; *A. Plangger* hält für Rhodesien fest: „Bisher ist die kulturliche Beheimatung hauptsächlich erst auf der terminologisch-sprachlichen Ebene geglückt ... Großzügige inhaltliche Adaptationen sind noch schüchtern und spärlich" (Shona Gebetbücher. Ein Beitrag zur Geschichte der Shona-Frömmigkeit: NZM 26 [1970] 28–39 127–136).

69 Allgemeine Einführungen in die katholische Missiologie sind: *P. de Mondreganes,* Manual de Misionología (Vitoria 1933, Madrid ²1947); *A. Mulders,* Inleiding tot de Missiewetenschap ('s-Bosch 1937, Bussum ²1950); *J. E. Champagne,* Manuel d'action missionnaire (Ottawa 1947); *S. Paventi,* La Chiesa Missionaria (Rom 1949); *A. Seumois,* Introduction à la Missiologie (Schöneck-Beckenried 1952).

70 *O. G. Myklebust,* The Study of Missions in Theological Education I (Oslo 1955); cf. dazu NZM 12 (1956) 146–149.

71 *Ders.,* The Study of Missions in Theological Education II 1910–1950 (Oslo 1957); dazu NZM 15 (1959) 224f.

Begründer auf evangelischer Seite gilt indessen Gustav Warneck (1834–1910), der der neuen Disziplin in Halle das Heimatrecht im theologischen Lehrbetrieb erkämpfte[72].

Unter seinem Einfluß ergriff im katholischen Raum, nachdem Robert Streit OMI (1875–1930)[73], Anton Huonder SJ aus Chur (1858–1926) und Friedrich Schwager SVD (1876–1929)[74] weithin den Boden dafür vorbereitet hatten, der temperamentvolle Elsässer Joseph Schmidlin (1876–1944) die Initiative, und zwar in Münster[75]. Ab 1910 Lehrbeauftragter für Missionskunde und seit 1914 erster katholischer Ordinarius für Missionswissenschaft, pflegte er das ganze Gebiet mit seinen verschiedenen Zweigen (Missionstheorie, -kunde, -geschichte, -recht usw.) in kritisch-systematischer Weise. Nach anfänglichem Sträuben übernahm er 1911 auch die Redaktion des ersten katholischen missionswissenschaftlichen Fachorgans, der „Zeitschrift für Missionswissenschaft", die er mit einer kurzen Unterbrechung bis 1937 herausgab und zum Sammelpunkt vieler gründlicher Abhandlungen machte. Aus der Arbeit an der Zeitschrift erwuchsen allmählich die grundlegenden Werke der neuen Disziplin: „Einführung in die Missionswissenschaft" (1917, ^{2}1925), „Katholische Missionslehre im Grundriß" (1919, ^{2}1923) – man sprach von einem Ereignis in der katholischen Welt –, „Katholische Missionsgeschichte" (1925) und die beiden Bände „Das gegenwärtige Heidenapostolat im Fernen Osten" (1928)[76]. Mit Hilfe des 1911 von ihm ins Leben gerufenen „Internationalen Instituts für missionswissenschaftliche Forschungen" konnte dann (neben anderen Werken) die von R. Streit (1916) begonnene und von Johannes Dindinger OMI (1881–1958)[77] und Johannes Rommerskirchen OMI[78] fortgeführte „Bibliotheca Missionum" erscheinen, ein beispielhaftes Arbeitsinstrument, das heute an die 30 imponierende Bände umfaßt und bezüglich der neuen Literatur durch die „Bibliografia Missionaria" (Rom 1935 ff) ergänzt wird[79]. Schmidlin selber, wegen seiner Gegnerschaft zum Nationalsozialismus 1934 zwangspensioniert

[72] Mit seiner fünfbändigen „Evangelischen Missionslehre" (1892–1905) liegt die erste Missionstheorie vor.

[73] *J. Pietsch,* P. Robert Streit OMI. Ein Pionier der katholischen Missionswissenschaft (Schöneck-Beckenried 1952).

[74] Er veröffentlichte u.a. „Europäismus im Missionsbetrieb" (Aachen 1921).

[75] Eine Biographie über ihn steht noch aus, doch scheint ein elsässisches Lebensbild auf das Zentenar seiner Geburt geplant. *L. Riegert,* Ein Apostel aus dem Sundgau: Joseph Schmidlin 1876–1944: L'Alsace 2. Juli 1971 p. 11; Verschiedenes zu Leben und Wirken in: *J. Glazik* (Hrsg.), 50 Jahre katholische Missionswissenschaft in Münster 1911–1961 (Münster 1961); *J. Beckmann,* Universitätsprofessor Dr. Josef Schmidlin †: Schweiz. Kirchenzeitung 112 (1944) 234–236.

[76] Er vermochte seinem Fach wohl Anerkennung zu verschaffen, jedoch zu wenig Freunde zu gewinnen, weil er mit seiner schroffen Art manche schockierte.

[77] Zu ihm cf. NZM 7 (1951) 305–308, 14 (1958) 296.

[78] Zu seinem 60. Geburtstag cf. NZM 15 (1959) 64–66 *(J. Beckmann).*

[79] *J. Beckmann,* Die Bibliotheca Missionum. Zur Vollendung der ersten Serie: Priester und Mission (Aachen 1963) 237–250.

und 1937 zum Rücktritt von der ZMR gezwungen, starb 1944 im Konzentrationslager Struthof bei Schirmeck.

Doch das unermüdliche Schaffen des Initiators trug seine Früchte; besonders seine Schüler verschafften der Missionswissenschaft über Deutschland hinaus Eingang, wobei wohl auch die Empfehlungen Roms der Sache förderlich gewesen sein mögen[80]. Tatsächlich folgten auf Münster missionswissenschaftliche Lehrstühle in München (1919), Rom (1919 an der Propaganda), Nimwegen (1930), Ottawa (1932), Wien (1933), Comillas (Spanien) und Fribourg (1940)[81]; an andern Universitäten hingegen, so am Institut Catholique von Paris seit 1923, in Löwen seit 1927 und auch in Lyon, wurden wenigstens einzelne Vorlesungen gehalten. Eigentliche missionswissenschaftliche Fakultäten gliederten sich 1932 der Gregoriana und dem Propaganda-Kolleg in Rom an, andernorts kamen, freilich erst nach 1939, wissenschaftliche Institute hinzu (Fribourg, Nimwegen, Ottawa)[82]. Dank diesen Einrichtungen und dem Bemühen einzelner Gelehrter verfügte die junge Wissenschaft bis zum 2. Weltkrieg bereits über eine stattliche Anzahl missionswissenschaftlicher Zeitschriften, Reihen und Sammelwerke, speziell auch über Quellenveröffentlichungen, während auf Kongressen, etwa den „Semaines de Missiologie" von Löwen (seit 1922 bis heute) Praktiker und Fachleute aktuelle Probleme verhandelten.

In der Periode der ersten Weiterentwicklung der katholischen Missionswissenschaft brachte Deutschland Männer hervor, die der jungen Disziplin zu Ansehen verhalfen. Otto Maas OFM (1884–1945) zeichnete sich durch seine missionshistorischen Untersuchungen über die Franziskaner-Missionen in China, Neumexiko und Hinterindien aus[83]; sein Ordensmitbruder Dorotheus Schilling (1886–1950) hingegen widmete seine Arbeiten vorerst der japanischen Missionsgeschichte, vor allem dem Wirken der Jesuiten, später der missionarischen Tätigkeit der Söhne des hl. Franz[84]; Benno Biermann OP (1884–1970) rückte den Beitrag der Dominikaner zur Glaubensverbreitung (besonders in der Neuen Welt) ins Licht kritischer Darstellung und ging während Jahrzehnten der faszinierenden Gestalt Las Casas' nach[85]; Anton Freitag SVD (1882–1968), der erste Schüler, der bei Schmidlin promovierte, verlegte seine Schaffenskraft vorab auf

[80] Pius X. begrüßte die missionswissenschaftlichen Bestrebungen in Deutschland (*Schmidlin PG* III 119); Benedikt XV. kündigte in Maximum illud einen Lehrstuhl für Missiologie in Rom an (*Sylloge* 121 f); Pius XI. verlangte das wissenschaftliche Überdenken der missionarischen Arbeit (cf. bei *Schmidlin PG* IV 192 die kritischen Glossen zu Pius XI.).

[81] *J. Beckmann,* Die Universität Freiburg und das katholische Missionswerk: Festgabe an die Schweizer Katholiken (Freiburg 1954) 155–167.

[82] *A. Mulders,* Missiewetenschappelijk Leven: Het Missiewerk 26 (1947) 1–15; *J. Beckmann,* Die Pflege der Missionswissenschaft in den einzelnen Ländern: NZM 5 (1949) 19–29.

[83] NZM 2 (1946) 305 f; dort auch zu den frühen Vertretern der Missionswissenschaft Paul Andres, Maurus Gahn und Josef Jung-Diefenbachs.

[84] Ebd. 6 (1950) 223–226.

[85] Ebd. 20 (1964) 50–54, 26 (1970) 219 f; *B. Biermann,* Las Casas und seine Sendung. Das Evangelium und die Rechte der Menschen (Mainz 1968).

die Missionskunde[86]. Johannes Peter Steffes (1883–1955) befruchtete das Fach durch Beiziehung der Religionswissenschaft, demzufolge Schmidlin sein Organ ab 1928 zu einer Zeitschrift für Missions- und Religionswissenschaft ausweitete[87]; Wilhelm Schmidt SVD (1868–1954) seinerseits brachte mit der Gründung des „Anthropos" vielfache Anregungen von der Ethnologie und Sprachwissenschaft her[88]. Mit Thomas Ohm OSB (1892–1962), zuerst Professor der Missionswissenschaft in Salzburg, dann in Münster, trat die wissenschaftliche Auseinandersetzung mit den Fremdreligionen in den Blickpunkt[89]. Bedeutend schwächer war die Missionswissenschaft in Frankreich vertreten; Georges Goyau (1869–1939), der der „Revue d'Histoire des Missions" während ihres leider nur allzu kurzen Erscheinens (1924–1939) die Prägung gab, las am Institut Catholique in Paris Missionsgeschichte. In Italien wurde Giovanni Battista Tragella PIME (1885–1968) zum Vermittler der deutschen Missionswissenschaft, indem er, Schüler Schmidlins, verschiedene Werke übersetzte und so dem heimatlichen Missionswesen neue Impulse verlieh[90]; bahnbrechende Studien auf dem Gebiet der Sinologie und chinesischen Missionsgeschichte (speziell über Matteo Ricci) stammten vom Jesuiten Pasquale d'Elia (1890–1963), Professor an der Aurora-Universität in Schanghai und anschließend an der missionswissenschaftlichen Fakultät der Gregoriana[91]. Missionarisch-ethnologisch wertvolle Arbeiten enthielten die seit 1937 existierenden „Annali Lateranensi", während drei Jahrzehnten von Michael Schulien SVD (1888–1968) geleitet[92]. Nur am Rande des Lehrbetriebs konnte sich die Missionswissenschaft in Löwen ansiedeln, wo Pierre Charles SJ (1883–1954), zwar nicht als eigentlicher Fachgelehrter, doch mit seinem wachen Gespür für die konkreten Wirklichkeiten, neue Wege wies und als Missionsziel die „Einpflanzung der Kirche" durchsetzte[93]. Im Mittelpunkt der missionshistorischen Arbeiten des Schweizer Kapuziners Adelhelm Jann (1876–1945) stand Bischof Anastasius Hartmann, zu dessen Erforschung er die „Monumenta Anastasiana" eröffnete[94]; geschichtlich orientiert war auch Laurenz Kilger OSB

[86] ZMR 49 (1965) 222–224; NZM 24 (1968) 205f. [87] NZM 11 (1955) 142f.

[88] *J. Beckmann,* Mission und Ethnologie. Zum Tode von P. Wilhelm Schmidt SVD: NZM 10 (1954) 293–296; *J. Henninger,* Im Dienste der Mission: 60 Jahre Anthropos 1906–1966: NZM 23 (1967) 206–221.

[89] NZM 18 (1962) 305–311. *Th. Ohm,* Machet zu Jüngern alle Völker. Theorie der Mission (Freiburg 1962). – Schon diese Aufzählung zeigt, wie sehr sich die Reihen der ersten deutschen Missionswissenschaftler gelichtet haben – und nur wenige rücken nach.

[90] Er übertrug z.B. die Missionsgeschichte Schmidlins ins Italienische (3 Bde, Mailand 1927/29). Große Bedeutung erlangte seine dreibändige Geschichte des Mailänder Seminars (Le Missioni Estere di Milano nel quadro degli avvenimenti contemporanei. Mailand 1950/1959/1963). Vgl. NZM 24 (1968) 203–205.

[91] NZM 20 (1964) 146f: Hinweise auf die Fonti Ricciane.

[92] Ebd. 5 (1949) 143–147, 24 (1968) 304f. [93] Ebd. 10 (1954) 136f.

[94] Ebd. 2 (1946) 131; *W. Bühlmann,* P. Adelhelm Jann, Pionier der schweizerischen Missionswissenschaft und Missionsbewegung: Geist und Geschichte. Gedenkschrift zum 50jährigen Bestehen des Lyzeums am Kollegium St. Fidelis in Stans (Stans 1959) 149–169.

(1890–1964), der zusammen mit Johannes Beckmann SMB (1901–1971) unmittelbar nach dem 2. Weltkrieg sich an die Gründung der „Neuen Zeitschrift für Missionswissenschaft" heranwagte[95]. Beckmanns Interessen – er wie Kilger kamen aus der Schule Schmidlins – umspannten alle Teile seines Fachs, doch überwiegt auch in seinem überaus reichen Werk bei weitem die Historie[96]. In Spanien nahm die Missionswissenschaft, vorab in geschichtlicher Richtung, nach dem Bürgerkrieg einen ungeahnten Aufschwung, so daß das für die franziskanische Missionsgeschichte bedeutsame „Archivo Ibero-Americano" (1914–1936 22 Bände) ab 1941 weitergeführt werden konnte[97]. Wenn wir von den Franziskanern absehen, stieß die Disziplin in den USA katholischerseits auf wenig Gehör und dies trotz des allgemeinen missionarischen Aufbruchs im Land. Daß in den Missionskirchen selbst dieser Zweig der Theologie noch fehlte, ist zwar höchst bedauerlich, aber beim Stand einer Disziplin, die noch um ihre Anerkennung ringen mußte, verständlich, wiewohl gerade die Missionen ihrer dringend bedürften[98].

Aus den angeführten Namen erhellt ohne weiteres, daß die Stärke der Missionswissenschaft in der Periode ihrer Konsolidierung auf dem Gebiet der Missionsgeschichte lag, wenn sie auch in den andern Sparten (etwa der Missionskunde) beachtliche Leistungen erbrachte. Aber gerade die intensive missionshistorische Forschung bewirkte eine Entgiftung und Entspannung des vielfach getrübten Verhältnisses zwischen Katholiken und Protestanten, indem sie, durch eine möglichst wahrheitsgetreue Durchleuchtung der Vergangenheit, ein wohlwollendes Verständnis für die missionarischen Bemühungen im andern Lager weckte – was kein geringes Verdienst darstellt[99]. In der Missionstheorie spielten neben wissenschaftstheoretischen Erörterungen, die bis in unsere Tage nicht zur Ruhe gekommen sind[100], zwei Probleme eine wichtige Rolle: vorerst

[95] NZM 20 (1964) 161–167 (zum Tode Kilgers); *J. Beckmann*, Von der alten zur neuen Zeitschrift für Missionswissenschaft: NZM 1 (1945) 1–11; *J. Baumgartner*, Missionswissenschaft im Dienste der Weltkirche. 25 Jahre NZM (Schöneck-Beckenried 1970).

[96] *J. Baumgartner*, In Favorem Missionum. Zum Ehrendoktorat von Prof. Dr. Joh. Beckmann: NZM 26 (1970) 82–93; *ders.*, zu seinem Tod: NZM 28 (1972) 1–9.

[97] NZM 2 (1946) 143–146. Ein namhafter Las-Casas-Forscher war Manuel Giménez Fernández (1896–1968).

[98] Das Postulat harrt auch heute noch seiner Verwirklichung.

[99] *J. Beckmann*, Der Einfluß der Missionswissenschaft auf die Beziehungen der christlichen Konfessionen: Kath. Missionsjahrbuch der Schweiz 25 (Freiburg 1958) 28–35; *J. Beckmann*, Missionsgeschichte und Ökumene. Zum Tode von Kenneth Scott Latourette 1884–1968: NZM 25 (1969) 210–214; *ders.*, Die Bedeutung der Missionsgeschichte für die praktische Missionsarbeit: Scientia Missionum ancilla. Festschr. A. Mulders (Nimwegen – Utrecht 1953) 124–137.

[100] Siehe *H. Adamek*, Über die Integration der Missionswissenschaft in die Forschungs- und Lehrpraxis der evangelisch-theologischen Fakultäten: Ev. Miss. Zschr. 26 (1969) 106–110; *F. Kollbrunner*, Der Ort der Mission in der Theologie: *J. Baumgartner* (Hrsg.), Vermittlung zwischenkirchlicher Gemeinschaft (Schöneck-Beckenried 1971) 247–263.

einmal die Frage nach dem Missionsziel[101]. Bei allen Querverbindungen und Zwischenstufen durchziehen zwei Grundlinien die (verwickelte) Diskussion: auf der einen Seite die Theorie der Plantatio Ecclesiae, auf der andern das Heil der Nichtchristen, wobei jedoch die Standpunkte sich mehr und mehr annäherten, bis es (z. B. bei Seumois) heißt, das Missionsziel bestehe darin, daß die Kirche eingepflanzt werde im Hinblick auf die Bekehrung der Menschen[102]. Das andere oft besprochene Problem drehte sich um die Frage der Akkommodation, deren Dringlichkeit sich aus dem Wandel auf dem Missionsfeld, der Abkehr vom Europäismus, ergab[103]. Man begann zu realisieren: Anpassung bildet die Voraussetzung für die Einwurzelung des Christentums unter den Völkern; sie erfließt notwendig aus dem Wesen der Kirche selbst, als Verwirklichung ihrer Katholizität, und ereignet sich in der Begegnung mit den Kulturen. Diese Problematik wurde nach dem 2. Weltkrieg um einiges angereichert, denn jetzt forderte die äußerst komplizierte Lage in den Staaten der Dritten Welt die noch junge Wissenschaft zu neuen Antworten heraus[104].

[101] *H. Kruska,* Zum katholischen Missionsdenken der Gegenwart: Ev. Miss. Zschr. 10 (1953) 33–45.
[102] *A. Seumois,* Vers une définition de l'activité missionnaire (Schöneck-Beckenried 1948).
[103] *J. Müller,* Missionarische Anpassung als theologisches Prinzip (Münster 1973).
[104] *J. Beckmann,* Forderungen der gegenwärtigen Missionslage an die Missionswissenschaft: NZM 8 (1952) 241–250; *Th. Ohm,* Die katholische Weltmission – gestern und heute: ZMR 39 (1955); *ders.,* Die Missionswissenschaft: ZMR 45 (1961) 189–196 (Zukunftsaufgaben 193 ff).

REGISTER

HANDBUCH DER KIRCHENGESCHICHTE

V

HANDBUCH DER KIRCHENGESCHICHTE

Herausgegeben von

HUBERT JEDIN

Band V

Die Kirche im Zeitalter des Absolutismus
und der Aufklärung

Die Kirche im Zeitalter des Absolutismus und der Aufklärung

von

WOLFGANG MÜLLER
QUINTÍN ALDEA
JOHANNES BECKMANN
LOUIS COGNET
PATRICK J. CORISH
OSKAR KÖHLER
HERIBERT RAAB
BURKHART SCHNEIDER
BERNHARD STASIEWSKI

HERDER
FREIBURG · BASEL · WIEN

Umschlaggestaltung:
Finken & Bumiller, Stuttgart

Unveränderter Nachdruck
der Sonderausgabe von 1985

Herstellung: Freiburger Graphische Betriebe 1999
ISBN 3-451-27100-1

VORWORT DES HERAUSGEBERS

Wie allein schon die Liste der Mitarbeiter dieses Bandes erkennen läßt, erwies es sich als notwendig, der in der behandelten Periode zunehmenden Differenzierung des kirchlichen Lebens dadurch Rechnung zu tragen, daß in vermehrtem Umfange Gelehrte aus anderen Ländern herangezogen wurden. Es war nicht zu vermeiden, daß die Vielheit der Mitarbeiter die Einheitlichkeit der Gesamtkonzeption dieses Werkes aufrechtzuerhalten erschwerte. Deshalb haben der Herausgeber und die Koordinatoren sich entschlossen, dem vorliegenden Bande eine die Synthese erleichternde Einführung vorauszuschicken.

Zu unserem tiefen Schmerz ist dieses Vorwort zugleich der Abschied von dem Mitarbeiter, der diesem Bande recht eigentlich das Gepräge gegeben hat. Louis Cognet ist am 29. Juli 1970 plötzlich verstorben. Er hat, obwohl erst vor zwei Jahren zur Mitarbeit eingeladen, mit bewundernswerter Präzision, aus der Fülle seiner Sachkenntnis schöpfend, ein Bild des kirchlichen Lebens in Frankreich während des Grand Siècle und der Folgezeit bis zur großen Revolution gezeichnet, das die in Deutschland bisher greifbaren Darstellungen ähnlichen Umfangs weit hinter sich läßt. Er hat noch die Korrekturen der von ihm verfaßten Kapitel mitlesen können, das Erscheinen des Bandes aber nicht mehr erlebt.

Wie bei keinem früheren Bande war der Herausgeber bei diesem auf die ständige Mithilfe des Verlages und besonders des für diese Sparte zuständigen Prof. Oskar Köhler angewiesen, der eng mit dem Band-Herausgeber, Prof. Wolfgang Müller, zusammenwirkte. Das Register hat Herr Walter Burkart, Oberkorrektor im Verlag Herder, angefertigt. Ihnen allen sei auch an dieser Stelle gedankt.

Bonn, 1. August 1970 *Hubert Jedin*

ZUR EINFÜHRUNG

Die anderthalb Jahrhunderte der Kirchengeschichte seit dem „Westfälischen Frieden“, die der Gegenstand dieses Bandes sind, bedeuten für die Ausbildung der „Modernen Welt“ eine Epoche, für die Kirche aber eine nur schwer allgemein zu charakterisierende Zeit, will man die Kriterien aus ihrem eigenen geschichtlichen Dasein gewinnen.

Im Hinblick auf das Verhältnis von Kirche und Welt wird man festzustellen haben, daß die Kirche im Feld der politischen Kräfte weithin ihre Mitwirkung und in der Entwicklung des europäischen Geistes die Führung verloren hat. Dies gilt nicht nur für die katholische Kirche, obwohl dieser Verlust bei ihr wegen ihrer Bedeutung für die Geschichte des Abendlandes und wegen ihrer innerkirchlichen Anlage auf die universale Weltgestaltung hin am deutlichsten hervortritt, sondern auch für die Kirchen des Protestantismus und die Ostkirchen. Die Christenheit ist nicht nur in Konfessionen getrennt, sie beginnt in wachsendem Maße an Kongruenz mit der Gesellschaft zu verlieren, in der sie lebt. Freilich wird angesichts der „öffentlich“ gewordenen Geschichte gemeinhin übersehen, daß in diesen anderthalb Jahrhunderten und noch lange darnach die breiten Schichten des anonym bleibenden Volkes in der christlichen Tradition weiterleben, bis dann erst im 20. Jh. mit seiner totalen Öffentlichkeit auch noch die letzten Rückzugsgebiete dieses traditionellen Christentums mit der „Modernen Welt“ konfrontiert werden. Auf diesen Fortbestand einer in Jahrhunderten gewordenen Lebensordnung, der dem historischen Blick durch die spektakulären Ereignisse der „großen“, mächtigen, aber nur von einer dünnen Schicht der Akteure gewirkten Geschichte zumeist verstellt ist, wird in diesem Band gelegentlich hingewiesen. Ihn deutlicher zu machen, ist eine Forschungsaufgabe gerade der Kirchengeschichte, die sich dabei die in letzter Zeit entwickelten sozialgeschichtlichen Methoden zunutze machen muß.

Auch die Komplexität im Gesamtbild der anderthalb Jahrhunderte von 1648 bis 1789, die man als „Zeitalter des Absolutismus und der Aufklärung“ zu bezeichnen pflegt, ist kirchengeschichtlich bedeutsam. Spricht man mit Recht vom Verlust der geistigen Führung durch die Kirche, so muß man sogleich hinzufügen, daß die Kunst des Barock im Bau und in der Ausstattung von Kirchen und Klosteranlagen großartige Dokumente eines Geistes an die allgemeine Öffentlichkeit gebracht hat, in dem sich mathematische Rationalität und christliches Glaubensbewußtsein zu einer Einheit verbanden. Wer Voltaire als Repräsentanten des Zeitgeistes betrachtet, muß sich — auch wenn die kulturklimatischen Unterschiede zu beachten sind — zugleich vergegenwärtigen, daß Johann Sebastian Bach und Georg Friedrich

Händel, Meister der geistlichen Musik und Höhepunkte der Musikgeschichte Europas schlechthin, Architekten wie B. Neumann und Künstler wie Tiepolo seine Zeitgenossen sind. Ist unser allgemeines Geschichtsbild von diesen anderthalb Jahrhunderten zu stark bestimmt von der Aufmerksamkeit für Erscheinungen, die „schon" die moderne Gesellschaft ankündigen, während verharrende und bewahrende Momente und religiöse Schöpfungen in der Kunst und der Musik zu gering veranschlagt werden, so wird diese Verzerrung noch schärfer dadurch, daß die Kirchengeschichte dieses Zeitraumes (auch in der Kirchenhistoriographie selbst) allzusehr im Rahmen der politischen Geschichte behandelt und die Geschichte der christlichen Spiritualität sowohl im Protestantismus wie im Katholizismus vernachlässigt wird. Ihr wird deshalb in diesem Band besondere Beachtung geschenkt.

Schließlich war bei der Einordnung dieser kirchengeschichtlichen Periode in die universale Geschichte das dem 19. Jh. entstammende kirchenhistorische Urteil über das Zeitalter der Aufklärung zu modifizieren. Ihre zunehmend antikirchlichen und auch antichristlichen Tendenzen sind eindeutig. Aber die sogenannte „zweite Aufklärung" in unserer Gegenwart öffnet den Blick dafür, wie stark bei aller Polemik die ungebrochene Existenz christlicher Überlieferung in den geistigen Bewegungen des 17. und 18. Jh. nachwirkt (Kap. 18). Die „Krise des europäischen Geistes" ist im Gange, aber die alten Ordnungen und die Gläubigkeit der Massen leben noch weiter.

Die Veränderung des Verhältnisses zwischen Kirchen- und Allgemeiner Geschichte wird kaum irgendwo sinnfälliger als in der Tatsache, daß der Dreißigjährige Krieg und der Westfälische Friede im Band „Reformation — Katholische Reform und Gegenreformation" noch selbstverständlicher Gegenstand zu sein hatten, während in dem vorliegenden Bande die internationalen Beziehungen und Veränderungen der europäischen Machtverhältnisse nur noch punktuell zu erwähnen sind. Hatte schon der letzte Religionskrieg mit dem auch formellen Eingriff Frankreichs unter Kardinal Richelieu gegen die katholischen Mächte 1635 seinen konfessionellen Charakter verloren, so wurde nach 1648 im Kampf Frankreichs um die Hegemonie die Konfession zum bloßen Mittel politischer Propaganda. Ein bezeichnender Fall ist der französisch-holländische Krieg (1672—78), in dem sich Papst Clemens X. über die Absichten Ludwigs XIV. täuschen ließ (Kap. 7); im Frieden von Nimwegen (1678/79), in dem Frankreich seine Hegemonie gegen Spanien und das Reich ausbaute, spielte der Legat Innozenz' XI. eine geringfügige Rolle, wie schon beim „Pyrenäenfrieden" (1659) zwischen Frankreich und Spanien der Heilige Stuhl ausgeschlossen war. Anderseits war eine Allianz zwischen dem Kaiser und den protestantischen Mächten Holland und England gegen Frankreich möglich, das 1688 in die Pfalz eingedrungen war, während Ludwig XIV. sich den Anschein gab, die katholische Kirche zu fördern, indem er Jakob II. aus dem Hause Stuart stützte und nach seiner Flucht den dann gescheiterten Aufstand der Iren (1690) unter Jakob in sein politisches Kalkül einbezog (Kap. 12). Im Frieden von Rijswijk (1697) war der Papst nicht offiziell vertreten; daß nach der „Rijswijker Klausel" katholische Orte, wenn sie unter protestantische Herrschaft gerieten, geduldet werden sollten, blieb bei den folgenden Veränderungen der Machtverhältnisse ein immer wieder auftretendes Problem, so beim Frieden von Utrecht (1713) und Rastatt (1714) im Spanischen Erbfolgekrieg, und von neuem bei der Expansion Preußens in den Schlesischen Kriegen und den Teilungen Polens (Kap. 23 a).

Daß den Heiligen Stuhl die Reste seiner politischen Macht über den Kirchenstaat nur noch in Verlegenheit bringen konnten, zeigte exemplarisch der Spanische Erbfolgekrieg. Nachdem Innozenz XII. für den Bourbonen plädiert und Clemens XI. vergeblich versucht hatte, sich aus dem Konflikt herauszuhalten, kam es zu dem Waffengang zwischen den Truppen Kaiser Josephs I. und des Papstes (1708), eine jetzt nur noch gespenstische Episode, die nicht mehr das geringste mit dem Dualismus der höchsten Repräsentanten der katholischen Christenheit zu tun hatte (Kap. 9). Übrig blieb der Zwist mit dem radikalen Regalismus der spanischen Bourbonen (Kap. 11). Dem Satyrspiel, das die Geschichte des abendländischen Kaisertums im Österreichischen Erbfolgekrieg (1740—1748) zwischen Maria Theresia und den Wittelsbachern, die unter Frankreichs Gnaden 1742 Karl VII. als Kaiser stellen konnten, ein Halbjahrhundert vor ihrem Ende vorführte, mußte Benedikt XIV. ebenso mit ohnmächtiger Neutralität zusehen wie dem Griff Friedrichs II. nach Schlesien (Kap. 29). Und wieder wurde der Konflikt durch eine Allianz zwischen dem Hause Habsburg und den protestantischen Mächten England und Holland gegen Frankreich beendet.

Daß die Rechte des Kirchenstaates in den Kriegen und im Interessenhandel der Friedensschlüsse mißachtet wurden, war das geringere Übel im Vergleich mit den inneren Mißständen, die im Grunde gar nicht behoben werden konnten, weil dieses politische Gebilde im Zeitalter des modernen Staates zu einem Anachronismus geworden war. Der größte Schaden für die Kirche selbst aber, für ihre eigene Gestalt, war der von Pontifikatswechsel zu Pontifikatswechsel rivalisierende Einfluß der katholischen Mächte Frankreich, Spanien und Habsburg auf die Papstwahlen. Zwar waren diese seit Konstantin d. Gr. immer mehr oder weniger den „welt"-geschichtlichen Bedingungen ausgesetzt, nicht zuletzt den Konkurrenzen italienischer Familien; daß aber nun im Zeitalter eines — bei aller politischen Gottes-Gnaden-Ideologie der Herrscher — von Grund auf säkularisierten Absolutismus das diplomatische Spiel die Wahl des höchsten Amtsträgers der katholischen Christenheit in weitgehendem Maße mitbestimmte, war eine Perversion der Bezogenheit zwischen politischer und geistlicher Macht im ehemaligen Corpus christianum. Wohl saßen in diesem Zeitraum keine unwürdigen Gestalten auf dem Stuhl Petri, und Innozenz XI. (1676—1689) und Benedikt XIV. (1740—1758) ragten, der eine als Pontifex, der andere als Gelehrter, weit über das Mittelmaß hinaus; aber man wird zweifeln können, ob unter diesen weltpolitischen Umständen der jeweils optimale Kandidat nach geistlichen Perspektiven durchgesetzt werden konnte (Kap. 7—9, 28—30). Wenn dieser Band mit der Auflösung der Societas Jesu (1773) im Pontifikat Clemens' XIV. unter dem Druck der katholischen Mächte schließt, so ist damit ein exemplarischer Zug in dieser Periode hervorgehoben.

Aber wenn auch so, der Sache entsprechend, das Papsttum im Aufbau dieses Buches in den Hintergrund tritt, so ist doch eine Leistung hervorzuheben, die von gemeineuropäischer Bedeutung ist und in der allgemeinen Historiographie oft allzuwenig gewürdigt wird: die diplomatische Initiative und finanzielle Unterstützung in der Abwehr und Zurückdrängung der Türken durch die Päpste. Alexander VII. bemühte sich in einer politisch überaus schwachen Situation gegenüber Ludwig XIV. um dessen Hilfe, als 1664 Wien von den Türken bedroht war; tatsächlich waren auch französische Truppen am Sieg an der Raab beteiligt, der aber nicht ausgenützt werden konnte, weil Leopold I. mit Recht der weiteren Haltung des französischen Königs mißtraute. Clemens X. kommt ein gut Teil des Verdienstes am Sieg Johann Sobieskis (1673) zu, währenddessen Ludwig XIV. seinen holländischen Eroberungskrieg führte (Kap. 7). Vor allem aber sein Nachfolger Innozenz XI., der gegen alle internationalen Schwierigkeiten unentwegt für die Allianz arbeitete, die im Türkenkrieg 1683—99 entscheidende und die Wende für Mittelosteuropa heraufführende Erfolge erzielte, verdient einen Ehrenplatz in der Geschichte Europas (Kap. 8); daß dies den Aufstieg der österreichisch-ungarischen Großmacht bedeutete, war das Motiv für die lavierende Politik Ludwigs XIV. gegenüber den Türken und für seinen den Kaiser Leopold I. lähmenden Aufbau einer Front am Rhein. Nach Frankreich, von wo einst die Kreuzzüge ausgegangen waren, fiel auch Spanien, das Land der Reconquista, dem Sieg des Prinzen Eugen bei Peterwardein (1716) in den Rücken, indem es seine großteils vom Papst gegen die Türken finanzierte Flotte zum Angriff auf die kaiserlichen Besitzungen in Italien führte (Kap. 9). Daß es im letzten Drittel des 18. Jh., als die Türkei am Beginn ihres Zusammenbruches stand, schließlich zu einem österreichisch-türkischen Defensivbündnis gegen die preußisch-russische Kombination anläßlich des Todes (1763) Augusts III., Königs von Polen, kommen konnte, ist der Schlußstrich unter ein letztes Kapitel gemeineuropäischer Geschichte, an dem das Papsttum seinen Part mitgeschrieben hatte.

Es gibt in diesem Zeitraum kein katholisches Europa mehr im Sinne eines universalen geschichtlichen Subjektes. Deshalb waren im vorliegenden Band gesamteuropäische Zusammenhänge nur noch von der Geschichte des Papsttums her anzusprechen, während die Hauptakzente auf die Darstellung der einzelnen Länder gesetzt werden mußten. Dieser Notwendigkeit entsprach die Aufteilung des Bandes auf eine größere Anzahl von Autoren. Ein Leit-Thema hatte dabei das Staatskirchentum des 17. und 18. Jh. zu sein (Kap. 11, Kap. 17, Kap. 23). Überschneidungen mit der Geschichte des Papsttums waren dabei ebensowenig zu vermeiden wie eine separate Behandlung des Gallikanismus (Kap. 4), weil dieser in unserem Zeitraum aus dem engen Zusammenhang mit dem Jansenismus nicht herauszulösen war, sollte die so komplexe Situation deutlich werden, daß die Jansenisten ebenso anti-gallikanisch waren wie das Papsttum, das den Jansenismus theologisch verurteilte — und daß der gallikanische Hof seinen Antijansenismus politisch ebenso gegen das Papsttum ausspielt wie die zur Aufhebung des Ediktes von Nantes (1685) führende Politik gegen die Calvinisten. So kommen zu den profanpolitischen Verlegenheiten der Päpste kirchenpolitische hinzu. Im einzelnen ist der Begriff „Staatskirchentum" nach Ländern und nach der fortschreitenden staatskirchenrechtlichen Theoretisierung und Radikalisierung zu differenzieren. Dazu gehört auch seine religiöse Beurteilung, die bei aller unbestreitbaren Säkularisierung der Politik nicht auf einen Nenner zu bringen ist. Ein historisches Urteil hat den Widerspruch zu würdigen, der zwischen dem Begriff des modernen Staates und einer mit politischen Freiheiten geschichtlich begabten Kirche gegeben war, ebenso auch die Spannungen zwischen einem extremen Episkopalismus und einem extremen Papalismus.

Ähnlich wie der Gallikanismus hat auch der Episkopalismus der Reichskirche spätmittelalterliche Wurzeln. Die Geschichte der Reichskirche im Zeitraum dieses Bandes (Kap. 10, Kap. 22, Kap. 24) eröffnet deshalb einen besonders aufschlußreichen Einblick in die geschichtliche Situation, in der die Kirche in diesen anderthalb Jahrhunderten zu leben hat, weil es sich hier um einen „Überhang" aus ottonischer Zeit in völlig veränderte Bedingungen handelt. So wenig politische Realität man dem Reichspatriotismus der geistlichen Fürsten zuerkennen mag, zumal der Kaiser Österreich „herausgebaut" hatte, die in den Residenzen und Klöstern noch heute nacherlebbare Erinnerung des Reiches ist auch abseits aller Sentimentalität eine großartige Erscheinung, wenn man Geschichte nicht nur als Machtgeschichte versteht. Aber die Konflikte liegen auf der Hand: Die trotz aller Reformbestrebungen gegebenen Widersprüche zwischen dem eigentümlichen Doppelgebilde des geistlichen Fürstentums und dem tridentinischen Programm, die Spannungen zu den päpstlichen Nuntien, die um so schärfer werden, je mehr die äußere Bedrohung der geistlichen Staaten seit dem Westfälischen Frieden zurück- und die kirchliche Reform voranging und damit das Selbstbewußtsein der geistlichen Reichsfürsten wieder anwuchs, deren Episkopalismus bis zur Mitte des 18. Jh. im geistlich-politischen Fundament ihres Daseins, in der Reichsgesinnung, wurzelte. Erst in der Wende zum Febronianismus flossen radikal-gallikanische und staatskirchenrechtliche Theorien der Aufklärung in den Reichsepiskopalismus ein. Nimmt man die Modernisierung der geistlichen Territorien im Sinne des aufgeklärten Absolutismus hinzu, dann wird deutlich, daß längst vor der generellen (seit 1648 schleichenden) Säkularisation von 1803 die Geschichte dieser eigentümlichen Institution ihrem Ende zugegangen war.

Fragt man angesichts all dieser von der Weltgeschichte „überholten", in ihrer Widerständigkeit dennoch respektablen Erscheinungen der Kirche nach den zukunftsweisenden Momenten, so wird der Blick auf die Geschichte der Spiritualität gelenkt und damit vorab auf die Frömmigkeitsgeschichte im Frankreich des 17. Jh. (Kap. 1—3, Kap. 5), mit der denn auch bewußt der vorliegende Band beginnt. Es entspricht den geistigen Zusammenhängen, daß diese Darstellung zeitlich zurückgreift und eine Linie von Pierre de Bérulle († 1629), dem Gründer des französischen Oratoriums und Freund des heiligen Franz von Sales († 1622) — beide die geistlichen Inspiratoren des heiligen Vinzenz von Paul († 1660) —, über den Basken Jean Duvergier de Hauranne, Abt von Saint-Cyran (oft danach genannt; † 1643), zum Führer des Jansenismus in seiner klassischen Zeit zieht, zu Antoine Arnauld († 1694), dem Bruder der Mère Angélique, der Äbtissin des Zisterzienserinnenklosters Port-Royal in Paris. Der französische Augustinismus von Bérulle hatte ursprünglich nichts mit dem im Mittelpunkt des Löwener Augustinismus des Cornelius Jansen († 1638) stehenden Gnadenproblem zu tun. Was aber alle diese religiösen Bewegungen im Grunde verband und worin auch das Engagement des Blaise Pascal († 1662) für Port-Royal wurzelte, war der Protest gegen eine rein politische Kirchlichkeit der herrschenden Schicht und die Suche nach einer neuen christozentrischen Frömmigkeit. Gerade dieser Protest forderte nicht nur die Reaktion der politischen Macht heraus — von einem Zusammenwirken von Kirche und Staat bei der brutalen Vernichtung des Klosters Port-Royal sollte man bei der komplexen Motivation allerdings nicht sprechen —, sondern führte zu einer Politisierung des Jansenismus selbst, die gerade auch in seiner außerfranzösischen Verbreitung in Italien (Kap. 26) und im Reich (Kap. 22 und 23) spürbar wird. Eine Tragödie der Kirchengeschichte darf man es wohl nennen, daß der Jansenismusstreit — ein Streit mit falschen Fronten — die religiösen Energien, die im Frankreich des 17. Jh. so verheißungsvoll aufgebrochen waren, im 18. Jh. verzehrte. Eine noch zu schreibende universale Frömmigkeitsgeschichte, die den Vorsprung der französischen Forschung aufholt, hat sehr verschiedenartige, von Barock und Aufklärung bestimmte Strömungen aufzuzeigen (Kap. 27).

Daß es bei allen konfessionellen, vor allem ekklesiologischen Unterschieden im 17. und 18. Jh. eine Art von gemeinsamer Suche nach der christlichen Antwort auf die moderne Welt gibt, zeigt die Geschichte der anglikanischen Spiritualität mit ihren bemerkenswerten Beziehungen zum französischen Kontinent hin (Kap. 21), auch zum deutschen Pietismus (Kap. 26), der in vieler Hinsicht Parallelen zum Jansenismus aufweist. Wie differenziert die Entwicklung in der orthodoxen Kirche Rußlands ist (Kap. 13), wird exemplarisch deutlich am Schicksal des Patriarchen Nikon (1652—66), der mit seinen kirchlichen Reformen nach griechischem Vorbild einerseits den Widerstand im Klerus hervorruft und mit seinem Versuch, eine Unabhängigkeit der Kirche vom Staat zu erreichen, die Absetzung durch den Zaren. Der gemeinsame Widerstand von „Altgläubigen" und Patriarchatskirche gegen Peter d. Gr. (1682—1725) und dessen Europäisierungspolitik scheiterte. Die Verfolgung der „Altgläubigen" hatte insbesondere das russische Mönchtum getroffen. Das Jahr 1700 brachte das Ende eines selbständigen Patriarchats.

Die systematische Theologie dieses Zeitraumes war, von einigen Ausnahmen abgesehen, epigonal (Kap. 6, Kap. 26) und fand keinen Kontakt mit den geistigen Bewegungen, weder denen der christlichen Spiritualität noch denen der Aufklärung. Dies gilt im wesentlichen für alle Konfessionen. Hervorzuheben sind der Versuch des Oratorianers Malebranche († 1715), Descartes und Augustinus zu verbinden, im Protestantismus das Bemühen der Physikotheologen, eine Konkordanz mit den Naturwissenschaften zustande zu bringen. Der theologische Wolffianismus war eine unfruchtbare Anpassung, und der extreme Rationalismus in der Theologie des späten 18. Jh. der erste Anlauf zur Selbstpreisgabe. Abgesehen von der zeitgemäßen Akzentuierung der Moral- und Pastoraltheologie liegt das Schwergewicht bei der Historischen Theologie, für den Katholizismus vor allem in Frankreich (Kap. 6) und Italien (Kap. 26), für den Protestantismus in Deutschland (Kap. 26), wo freilich mit der Kirchengeschichte L. Mosheims zugleich die Ausgliederung dieser Disziplin aus der Theologie beginnt. Daß jetzt eine Blütezeit der Historischen Theologie anhebt, ist im Anschluß an ein bekanntes Wort Hegels des Bedenkens wert, auch wenn man die dogmatischen Einwände, gegen die sie sich durchzusetzen hatte, nicht teilt.

Das Schicksal der katholischen Kirche in Ländern nichtkatholischer Herrschaft, in England und Irland (Kap. 12), in Rußland (Kap. 14 und Kap. 23b) und in Preußen nach seinen Annexionen entsprach ebenso den Bedingungen einer Zeit, die sich erst zu einer praktischen Toleranz durchringen mußte, wie die erzwungene Auswanderung der Protestanten aus Salzburg (1731/32). Die Bemühungen um eine kirchliche Wiedervereinigung in Frankreich (Kap. 4) und im Reich (Kap. 25) stehen teils im Zeichen der Toleranz (und sind dann wie diese nicht ohne die Gefahr des Indifferentismus), teils im Zeichen der Politik, sind aber zugleich auch Ausdruck einer beginnenden religiösen Einsicht, die nicht zuletzt durch die Aufklärung gefördert wurde.

Die Missionsgeschichte steht mit Bedacht in der Mitte des Bandes (Kap. 15a, 15b und 16), gibt sie doch ein wesentliches Indiz für die geschichtliche Situation der Kirche, ihre innere und ihre äußere, in den verschiedenen Perioden. Daß die Problematik der königlichen Missionspatronate anwächst, ist eine Folge des Absolutismus. Wenn die Mission trotz dem Rückgang im 17. und 18. Jh., nicht zuletzt bedingt durch die Geschichte der europäischen Staaten, zu neuen Ansätzen findet, so ist dies der Initiative der Orden, der Propagandakongregation und dem Pariser Missionsseminar (1660 gegründet) zu danken. Die Weitsicht der Propaganda zeigt sich im Akzent auf der Ausbildung eines einheimischen Klerus und im Bestreben, die Mission zu entpolitisieren. Daß Propaganda-Missionare von der Padroado-Inquisition in Goa ins Gefängnis gesperrt wurden, paßt in das Bild der staatskirchlichen Zeit. Betrüblich sind Mängel der innerkirchlichen Planung, so im Verhältnis zwischen Welt- und Ordensklerus oder im ungeklärten Nebeneinander von Propaganda- und Padroadomissionaren. Die in diesem Band vorgetragene Differenzierung in der Ritenfrage kann dazu beitragen, allzu kurzschlüssige Urteile zu überprüfen.

Will man versuchen, diese anderthalb Jahrhunderte der Kirche trotz der so verschiedenartigen und widersprüchlichen Momente zu charakterisieren, so kann man vielleicht von einer Zeit des Überganges sprechen — des Überganges von der Kirche, die trotz der Spaltung im 16. Jh. zunächst noch in einer sich als Corpus christianum verstehenden Gesellschaft lebte, zu einer Kirche, die sich mehr und mehr auf sich selbst zurücknehmen muß. Die Schwierigkeit dieses Prozesses zeigt sich in allen Lebensbereichen der Kirche, im vergeblichen Festhalten an vergangenen Positionen sowohl wie in einer Hilflosigkeit gegenüber den Kräften einer neuen Zeit. Die das 19. Jh. eröffnende Französische Revolution wird diese Problematik verschärfen, deren Behandlung, anders als ursprünglich geplant, in den sechsten Band verwiesen worden ist.

Die Darstellungen in diesem Bande enthalten sich bewußt der Bezugnahmen auf die kirchliche Gegenwart. Aber der wissenschaftliche Benutzer und die Leser, deren wir uns viele wünschen, werden mühelos erkennen, daß die Vergangenheit der Kirche, auch wenn man sie abschütteln möchte, unweigerlich in die Gegenwart und in die Zukunft hineinwirkt. Mitarbeiter und Herausgeber hoffen auch mit diesem Bande einen Beitrag zur Überwindung der gegenwärtigen Kirchenkrise zu liefern.

Hubert Jedin
Oskar Köhler
Wolfgang Müller

INHALT

ERSTER TEIL: DIE FÜHRUNGSSTELLUNG FRANKREICHS

ZWEITER TEIL: STAATSKIRCHENTUM UND AUFKLÄRUNG

VERZEICHNIS DER ABKÜRZUNGEN

AAM = Abhandlungen der Bayerischen Akademie der Wissenschaften. Phil.-hist. Klasse, München 1835 ff

AAS = Acta Apostolicae Sedis, Rom 1909 ff

AAug = Analecta Augustiniana, Rom 1905 ff

AcLinceiMem. = Atti di Accademia nazionale dei Lincei, Rom

AcModena = Atti e memorie della Accademia di scienze, lettere e arti, Modena

AcTorino = Atti di Accademia di scienze di Torino, Turin 1865 ff

AE = Analecta ecclesiastica, presbyterorum s. Ludovici de Urbe curis edita, Rom 1893—1911

AElsKG = Archiv für elsässische Kirchengeschichte, hrsg. v. der Gesellschaft für elsässische Kirchengeschichte, red. v. J. Brauner, Rixheim im Oberelsaß 1926 ff; ab 1946 red. v. A. M. Burg, Straßburg

AFrH = Archivum Franciscanum Historicum, Florenz - Quaracchi 1908 ff

AHPont = Archivum Historiae Pontificiae, Rom 1963 ff

AHSI = Archivum historicum Societatis Iesu, Rom 1932 ff

AHVNrh = Annalen des Historischen Vereins für den Niederrhein, insbesondere das alte Erzbistum Köln, Köln 1855 ff

AkathKR = Archiv für Katholisches Kirchenrecht, (Innsbruck) Mainz 1857 ff

AKG = Archiv für Kulturgeschichte, (Leipzig) Münster u. Köln 1903 ff

ALW = Archiv für Liturgiewissenschaft (früher: JLW), Regensburg 1950 ff

AMrhKG = Archiv für mittelrheinische Kirchengeschichte, Speyer 1949 ff

AnGr = Analecta Gregoriana cura Pontificiae Universitatis Gregorianae edita, Rom 1930 ff

Annnales E. S. C. = Annales: Économies, sociétés, civilisations, Paris 1946 ff

Anthropos = Anthropos. Internationale Zeitschrift für Völker- und Sprachenkunde, Mödling 1906 ff

Antonianum = Antonianum, Rom 1926 ff

AÖG = Archiv für österreichische Geschichte, Wien 1865 ff

Aportes = Aportes. Revista de estudios latinoamericanos, Paris 1966 ff

APraem = Analecta Praemonstratensia, Tongerloo 1925 ff

ArSKG = Archiv für schlesische Kirchengeschichte, hrsg. v. K. Engelbert I—VI Breslau 1936—41, VII ff Hildesheim 1949 ff

ASRomana = Archivio della Reale Società Romana di Storia Patria, Rom 1878—1934 (ab 1935: ADRomana)

Astraín = A. Astraín, Historia de la Compañía de Jesús en la Asistencia de España, I—VII Madrid 1902—25

Augustiniana = Augustiniana. Tijdschrift vor de studie van Sint Augustinus en de Augustijnenorde, Leuven 1951 ff

BAE = Biblioteca de Autores Españoles, Madrid 1846 ff
BÉCh = Bibliothèque de l'École des Chartes, Paris 1839 ff
BLE = Bulletin de littérature ecclésiastique, Toulouse 1899 ff
BullRom = Bullarium, Diplomatum et Privilegiorum Romanorum Pontificum, hrsg. v. G. Tomassetti u. a., Turin 1857 ff

Catholicisme = Catholicisme. Hier — Aujourd'hui — Demain, dir. par G. Jacquemet, Paris 1948 ff
CH = Church History, New York - Chicago 1932 ff
Ciaconius = A. Ciaconius, Vitae et res gestae Pontificum Romanorum et S. R. E. Cardinalium, 2 Bde, Rom 1601 f, beendet v. F. Cabrera Morales; ²1630 ebd., fortges. bis Clemens VIII v. A. Victorelli u. a.; ³1677 ebd. in 4 Bdn, fortges. bis Clemens IX v. A. Oldoini; ⁴1751 ebd. in 6 Bdn, fortges. bis Clemens XII v. Guarnacci; ein 7. Bd ebd. 1787
Cîteaux = Cîteaux. Commentarii cisterciences, Westmalle (Belg.) 1950 ff
CivCatt = La Civiltà Cattolica, Rom 1850 ff (1871—87 Florenz)
CollFr = Collectanea Franciscana, Rom 1931 ff
Concilium = Concilium. Revue internationale de théologie, Tours 1965 ff

DHGE = Dictionnaire d'histoire et de géographie ecclésiastiques, hrsg. v. A. Baudrillart u. a., Paris 1912 ff
DSAM = Dictionnaire de Spiritualité ascétique et mystique. Doctrine et Histoire, hrsg. v. M. Viller, Paris 1932 ff
DThC = Dictionnaire de théologie catholique, hrsg. v. A. Vacant u. E. Mangenot, fortges. v. É. Amann, Paris 1930 ff
DZKR = Deutsche Zeitschrift für Kirchenrecht, Tübingen 1861—1917

ED = Euntes docete (Commentaria urbana), Rom 1948 ff
ÉO = Échos d'Orient, Paris 1897 ff
Études = Études, Paris 1856 ff (bis 1896: Études religieuses)

FDG = Forschungen zur Deutschen Geschichte, 26 Bde, Göttingen 1860—86
Feine RG = H. E. Feine, Kirchliche Rechtsgeschichte, I: Die katholische Kirche, Köln - Graz ⁴1964
FreibDiözArch = Freiburger Diözesan-Archiv, Freiburg i. Br. 1865 ff

Gebhardt-Grundmann = B. Gebhardt, Handbuch der deutschen Geschichte, 8. Aufl. hrsg. v. H. Grundmann, Stuttgart I 1954, II 1955, III 1960
GGA = Göttingische Gelehrte Anzeigen, Berlin 1738 ff
Gr = Gregorianum, Rom 1920 ff
Grabmann G = M. Grabmann, Die Geschichte der katholischen Theologie seit dem Ausgang der Väterzeit, Freiburg i. Br. 1933
GWU = Geschichte in Wissenschaft und Unterricht. Zeitschrift des Verbandes der Geschichtslehrer Deutschlands, Stuttgart 1950 ff

Heimbucher = M. Heimbucher, Die Orden und Kongregationen der katholischen Kirche, 3 Bde, Paderborn ²1907—08; ³1932—34 ebd. in 2 Bdn
HH.ST.A.Wien = Haus-, Hof- und Staatsarchiv Wien
Hinschius = P. Hinschius, Das Kirchenrecht der Katholiken und Protestanten in Deutschland, 6 Bde, Berlin 1869—97
Hisp. Am. Hist. Rev. = Hispanic American Historical Review, Durham 1918 ff
HJ = Historisches Jahrbuch der Görres-Gesellschaft (Köln 1880 ff), München 1950 ff

Hochland = Hochland, München 1903 ff
HPBl = Historisch-politische Blätter für das katholische Deutschland, hrsg. v. F. Binder u. G. Jochner, 171 Bde, München 1838—1923
Hurter = H. Hurter, Nomenclator literarius theologiae catholicae, 6 Bde, Innsbruck [3]1903—13; I [4]1926 hrsg. v. F. Pangerl
HZ = Historische Zeitschrift, München 1859 ff

IKZ = Internationale Kirchliche Zeitschrift, Bern 1911 ff
IPO = Instrumentum Pacis Osnabrugense et Monasteriense
Irénikon = Irénikon, Amay-Chevetogne 1926 ff

JGO = Jahrbücher für die Geschichte Osteuropas, München 1953 ff
JKölGV = Jahrbuch des Kölnischen Geschichtsvereins, Köln 1912—41, 1950 ff
JLW = Jahrbuch für Liturgiewissenschaft, Münster 1921—41 (jetzt: ALW)
Jugie = M. Jugie, Theologia dogmatica Christianorum orientalium ab ecclesia catholica dissidentium, I—V Paris 1926—35

KRA = Kirchenrechtliche Abhandlungen, begr. v. U. Stutz, Stuttgart 1902 ff (bisher 118 Bde)
Kyrios = Kyrios. Vierteljahresschrift für Kirchen- und Geistesgeschichte Osteuropas, Berlin 1960 ff

LJ = Liturgisches Jahrbuch, Münster 1951 ff
LThK² = Lexikon für Theologie und Kirche, Freiburg [2]1957 ff

Maaß = F. Maaß, Der Josephinismus. Quellen zu seiner Geschichte in Österreich, I—IV Wien 1951 ff (Fontes rerum Austriacarum II/71—74)
MAH = Mélanges d'archéologie et d'histoire, Paris 1880 ff
Mansi = J. D. Mansi, Sacrorum conciliorum nova et amplissima collectio, 31 Bde, Florenz - Venedig 1757—98; Neudruck u. Forts. hrsg. v. L. Petit u. J. B. Martin in 60 Bdn, Paris 1899—1927
MCom = Miscelánea Comillesa, Comillas/Santander 1943 ff
MF = Miscellanea francescana, Rom 1886 ff
MH = Missionalia Hispanica
Mid-America = Mid-America. An historical Review, Chicago 1918 ff
MIÖG = Mitteilungen des Instituts für österreichische Geschichtsforschung, (Innsbruck) Graz - Köln 1880 ff
MiscMercati = Miscellanea Giovanni Mercati, 6 Bde, Rom 1946
Monumenta Nipponica = Monumenta Nipponica. Studies on Japanese culture past and present, Tokio 1938 ff
MÖSTA = Mitteilungen des Österreichischen Staatsarchivs, Wien 1948 ff
MthSt(H) = Münchener theologische Studien, hrsg. v. F. X. Seppelt, J. Pascher u. K. Mörsdorf, Historische Abteilung, München 1950 ff
MThZ = Münchener Theologische Zeitschrift, München 1950 ff

NDB = Neue Deutsche Biographie, Berlin 1953 ff
NZM = Neue Zeitschrift für Missionswissenschaft, Beckenried 1945 ff

Orbis = Orbis. Bulletin international de documentation linguistique, Löwen 1952 ff
OrChr = Oriens Christianus, (Leipzig) Wiesbaden 1901 ff
OrChrA = Orientalia Christiana (Analecta), Rom (1923—34: Orientalia Christiana; 1935 ff: Orientalia Christiana Analecta)

OrChrP = Orientalia Christiana periodica, Rom 1935 ff
OstKSt = Ostkirchliche Studien, Würzburg 1951 ff

Pastor = L. v. Pastor, Geschichte der Päpste seit dem Ausgang des Mittelalters, 16 Bde, Freiburg i. Br. 1885 ff u. ö.

QFIAB = Quellen und Forschungen aus italienischen Archiven und Bibliotheken, Rom 1897 ff
Quétif = J. Quétif u. J. Echard, Scriptores Ordinis Praedicatorum, 2 Bde, Paris 1719—21; 3 Suppl.-Bde 1721—23; fortges. v. R. Coulon, Paris 1909 ff

RAM = Revue d'ascétique et de mystique, Toulouse 1920 ff
RET = Revista Española de teología, Madrid 1941 ff
Rev. Arch. Bibl. y Museos = Revista de Archivos, Bibliotecas y Museos, Madrid 1871 ff
RevÉAug = Revue des Études Augustiniennes (Forts. v.: L'Année Théologique Augustinienne), Paris 1955 ff
RevSR = Revue des Sciences Religieuses, Straßburg 1921 ff
RF = Razón y Fe, Madrid 1901 ff
RGG = Die Religion in Geschichte und Gegenwart, Tübingen 1909—13; ^{2}1927—32; ^{3}1956 ff
RH = Revue historique, Paris 1876 ff
RHE = Revue d'histoire ecclésiastique, Löwen 1900 ff
RHEF = Revue d'histoire de l'Église de France, Paris 1910 ff
RHM = Revue d'histoire des missions, Paris 1924 ff
RHR = Revue de l'histoire des religions, Paris 1880 ff
RömHM = Römische Historische Mitteilungen, Graz - Köln 1958 ff
RQ = Römische Quartalschrift für christliche Altertumskunde und für Kirchengeschichte, Freiburg i. Br. 1887 ff
RQH = Revue des questions historiques, Paris 1866 ff
RSIt = Rivista storica Italiana, Neapel 1884 ff
RSR = Recherches de science religieuse, Paris 1910 ff
RSTI = Rivista di storia della chiesa in Italia, Rom 1947 ff

Saeculum = Saeculum. Jahrbuch für Universalgeschichte, Freiburg i. Br. 1950 ff
SAW = Sitzungsberichte der (ab 225, 1, 1947: Österreichischen) Akademie der Wissenschaften in Wien, Wien 1831 ff
Schnabel G = F. Schnabel, Deutsche Geschichte im 19. Jahrhundert, Freiburg i. Br. I ^{4}1948, II ^{2}1949, III ^{3}1954, IV ^{3}1955
SEER = The Slavonic and East European Review, London 1922
Seppelt-Schwaiger = F. X. Seppelt, Geschichte der Päpste von den Anfängen bis zur Mitte des 20. Jahrhunderts, I, II, IV, V Leipzig 1931—41; I München ^{2}1954, II ebd. ^{2}1955, III ebd. 1956, IV ebd. ^{2}1957, V ebd. ^{2}1959
SM = Studien und Mitteilungen aus dem Benediktiner- und Zisterzienserorden bzw. zur Geschichte des Benediktinerordens und seiner Zweige, München 1880 ff (seit 1911 Neue Folge)
SPM = Sacrum Poloniae Millennium, Rom 1954 ff
Stamer = L. Stamer, Kirchengeschichte der Pfalz, Speyer I 1936, II 1949, III, 1 1955
StdZ = Stimmen der Zeit (vor 1914: Stimmen aus Maria-Laach), Freiburg i. Br. 1871 ff
StG = Studia Gratiana, hrsg. v. J. Forchielli u. A. M. Stickler, I—III Bologna 1953 ff
StL^{5} = Staatslexikon, hrsg. v. H. Sacher, Freiburg i. Br. ^{5}1926—32 (StL^{6}: ebd. 1957 ff)
StMis = Studia Missionalia, Rom 1943 ff

Streit = Bibliotheca Missionum, begonnen v. R. Streit, fortgef. v. J. Dindinger, (Münster, Aachen) Freiburg i. Br. 1916 ff (bis 1968: 26 Bde)
StudFr = Studi francescani, Arezzo - Florenz 1903 ff

ThGl = Theologie und Glaube, Paderborn 1909 ff
ThLZ = Theologische Literaturzeitung, Leipzig 1878 ff
ThQ = Theologische Quartalschrift, Tübingen 1819 ff; Stuttgart 1946 ff
ThSt = Theological Studies, Baltimore 1940 ff
Tr = Traditio, New York 1943 ff
TThZ = Trierer Theologische Zeitschrift (bis 1944: Pastor Bonus), Trier 1888 ff

Veit-Lenhart = L. A. Veit - L. Lenhart, Kirche und Volksfrömmigkeit im Zeitalter des Barock, Freiburg i. Br. 1956

Werner = K. Werner, Geschichte der katholischen Theologie. Seit dem Trienter Konzil bis zur Gegenwart, München - Leipzig [2]1889 (= Geschichte der Wissenschaften in Deutschland. Neuere Zeit, Bd. 6)
WZ = Westfälische Zeitschrift. Zeitschrift für vaterländische Geschichte, Münster 1838 ff

Zagaglia = Zagaglia. Rassegna di scienze, lettere ed arti, Lecce 1959 ff
ZBLG = Zeitschrift für Bayerische Landesgeschichte, München 1928 ff
ZGObrh = Zeitschrift für die Geschichte des Oberrheins, Karlsruhe 1851 ff
ZHTh = Zeitschrift für die historische Theologie, 45 Bde, Leipzig - Gotha 1832—75
ZKG = Zeitschrift für Kirchengeschichte, (Gotha) Stuttgart 1876 ff
ZMR = Zeitschrift für Missionswissenschaft und Religionswissenschaft, 34 ff Münster 1950 ff (Zeitschrift für Missionswissenschaft 1—17 ebd. 1911—27; Zeitschrift für Missionswissenschaft und Religionswissenschaft 18—25 ebd. 1928—35; Zeitschrift für Missionswissenschaft, 26—27 ebd. 1935—37; Missionswissenschaft und Religionswissenschaft, 28—33 ebd. 1938—41, 1947—49)
ZRGG = Zeitschrift für Religions- und Geistesgeschichte, Marburg 1948 ff
ZSavRGgerm = Zeitschrift der Savigny-Stiftung für Rechtsgeschichte, Germanistische Abteilung, Weimar 1863 ff
ZSavRGkan = Zeitschrift der Savigny-Stiftung für Rechtsgeschichte, Kanonistische Abteilung, Weimar 1911 ff
ZSKG = Zeitschrift für Schweizer Kirchengeschichte, Fribourg 1907 ff
ZSTh = Zeitschrift für systematische Theologie, (Gütersloh) Berlin 1923 ff

ALLGEMEINE BIBLIOGRAPHIE

Vorbemerkung: Es entspricht teils dem in diesem Band dargestellten Zeitraum der Kirchengeschichte und teils der historischen Literatur, daß es relativ wenige Gesamtdarstellungen gibt und hier hauptsächlich auf die Literatur der Abschnitte und Kapitel zu verweisen ist.

Die die Zeit seit dem 16. Jahrhundert übergreifenden Titel, die im Band IV zitiert sind, werden hier nicht wiederholt.

I. ALLGEMEINE GESCHICHTE

1. Universalgeschichte

F. Valjavec, Historia Mundi VII und VIII (Bern 1957 ff).

G. Mann - A. Nitschke, Propyläen-Weltgeschichte VII (Berlin 1964).

H. Franke u. a., Saeculum Weltgeschichte V (Freiburg i. Br. 1970), VI (im Erscheinen).

2. Europa und die europäischen Länder

a) Europa

F. Hartung, Neuzeit. Von der Mitte des 17. Jh. bis zur Gegenwart, I: Bis zur Französischen Revolution (Handbuch für den Geschichtslehrer V, 1) (Wien 1932, Neudr. Darmstadt 1965).

R. M. Rayner, European History 1648—1789 (London 1949).

L. Gottschalk - D. Lach, Europe and the Modern World, I: The Rise of Modern Europe (Chicago 1951).

M. Crouzet (Hrsg.) Histoire générale des civilisations, IV: *R. Mousnier,* Les XVIe et XVIIe siècles: 1492—1715 (Paris ^{3}1961), V.: *R. Mousnier - E. Labrousse - M. Bouljoiseau,* Le XVIIIe siècle. 1715—1815 (Paris ^{5}1967).

F. Wagner, Europa im Zeitalter des Absolutismus. 1648—1789 (München ^{2}1959).

G. Ritter (Hrsg.), Geschichte der Neuzeit, II: *W. Hubatsch,* Das Zeitalter des Absolutismus, 1600—1789 (Braunschweig ^{2}1965).

M. Beloff, The Age of Absolutism 1660—1815 (London ^{3}1966).

Th. Schieder (Hrsg.), Handbuch der europäischen Geschichte, IV: Europa im Zeitalter des Absolutismus und der Aufklärung (Stuttgart 1968).

F. Wagner, Europa im Zeitalter des Absolutismus und der Aufklärung (Stuttgart 1968).

P. Chaunu, La Civilisation de l'Europe classique. 1620—1750 (Paris 1966).

b) Frankreich

E. Lavisse (Hrsg.), Histoire de France . . .: VI, 2: *J. H. Mariéjol,* Henri IV, Louis XIII (1598—1643) (Paris 1905); III, 1 u. 2: *E. Lavisse,* Louis XIV (Paris 1906); VIII, 1: *A. de Saint-Léger* u. a., Louis XIV. La Fin du Règne (Paris 1908); VIII, 2: *H. Carré,* Le règne de Louis XV (Paris 1909); IX, 1: *ders.* u. a., Le règne de Louis XVI (Paris 1910).

H. Méthivier, Le siècle de Louis XIV (Paris ^{4}1966); *ders.,* L'Ancien Régime (Paris ^{2}1964).

G. Hanotaux - Duc de la Force, Histoire du Cardinal de Richelieu, 5 Bde (Paris 1893—1944).
A. Chéruel, Histoire de France sous le ministère de Mazarin (1651—61), 3 Bde (Paris 1882).

c) Spanien

W. Coxe, L'Espagne sous les rois de la maison Bourbon, 5 Bde (Paris 1827).
A. Baudrillart, Philippe V et la Cour de France, 5 Bde (Paris 1890—1901).
R. Altamira, Historia de España y de la civilización española III (Barcelona [4]1928).
A. Ballesteros y Beretta, Historia de España IV u. V (Barcelona 1926 ff).
R. Konetzke, Geschichte des spanischen und portugiesischen Volkes (Leipzig 1939).
P. Aguado Bleye, Manual de historia de España II u. III (Madrid [7]1954).
A. Ballesteros y Beretta, Geschichte Spaniens (München - Berlin 1943).
F. Soldevila, Historia de España IV—VI (Barcelona 1956 ff).
R. Heer, The Eighteenth-Century Revolution in Spain (New Jersey 1958).
L. Pfandl, Spanische Literaturgeschichte (Leipzig 1923).
R. Konetzke, Süd- und Mittelamerika (Fischer-Weltgeschichte, 22) (Frankfurt a. M. 1953).

d) Italien

G. Candeloro, Storia dell'Italia moderna I (Milano 1956).
F. Valsecchi, L'Italia nel settecento dal 1714 al 1788 (Milano 1959).

e) Deutsche Länder und Schweiz

O. Brandt u. a., Handbuch der deutschen Geschichte, II: *L. Just,* Der aufgeklärte Absolutismus (Konstanz 1956).
B. Gebhardt - H. Grundmann, Handbuch der deutschen Geschichte, II: *M. Braubach,* Vom Westfälischen Frieden bis zur Französischen Revolution (Stuttgart [8]1965).
A. Wandruszka, Leopold II., 2 Bde (Wien 1963/65).
H. Nabholzer u. a., Geschichte der Schweiz, II: *R. Feller,* Geschichte der Schweiz im 17. u. 18. Jh. (1938).

f) Großbritannien und Irland

G. N. Clark (Hrsg.), Oxford History of England, X: *G. N. Clark,* The Later Stuarts 1660—1714 (Oxford [2]1955); XI: *B. Williams,* The Whig Supremacy 1714—1760 (Oxford [2]1962); XII: *I. Steven Watson,* The Reign of George III 1760—1865 (Oxford 1960).
W. E. H. Lecky, History of Ireland in the Eigtheenth Century, 5 Bde (London 1892).

g) Polen

H. Łowmiański, Historia Polski I u. II (Warschau 1958/61).
G. Rhode, Kleine Geschichte Polens (Darmstadt 1965).

h) Rußland

G. Stökl, Russische Geschichte von den Anfängen bis zur Gegenwart (Stuttgart [2]1965; dort sind auch die Werke der UdSSR zitiert).

3. Die Aufklärung

P. Hazard, La crise de la conscience Européenne. 1680—1715 (Paris 1935), dt.: Die Krise des europäischen Geistes (Hamburg 1939).
ders., La pensée Européenne aux XVIIIe siècle de Montesquieu à Lessing (Paris 1946), dt.: Die Herrschaft der Vernunft. Das europäische Denken im 18. Jh. (Hamburg 1949).

F. Valjavec, Geschichte der abendländischen Aufklärung (Wien-München 1961).
R. Mousnier - E. Labrousse - M. Bouloiseau, Le XVIIIe siècle. 1715—1815. L'époque des „lumières" (Paris [5]1967).
E. Cassirer, Die Philosophie der Aufklärung (1912) (= Grundriß der philosophischen Wissenschaften) (Tübingen 1932).
W. Dilthey, Weltanschauung und Analyse des Menschen seit Renaissance und Reformation (= Ges. Schr. 2) (Göttingen [6]1960).
W. Dilthey, Das 18. Jh. u. die geschichtliche Welt: Deutsche Rundschau (Aug./Sept. 1901) (= Ges. Schr. 3) (Göttingen [2]1959) 209—268.
F. Meinecke, Die Entstehung des Historismus (München 1936, [2]1946).
K. Löwith, Meaning in History (Chicago 1949), dt.: Weltgeschichte und Heilsgeschehen. Die theologischen Voraussetzungen der Geschichtsphilosophie (= Urban-Bücher 2) (Stuttgart [2]1953) 62—135.
B. Croce, Theorie und Geschichte der Historiographie u. Betrachtungen zur Philosophie der Politik (= Gesammelte philosoph. Schriften in dt. Übertragung, I. Reihe, 4. Bd) (Tübingen 1930) 3—136 188—220.
H. v. Srbik, Geist u. Geschichte vom deutschen Humanismus bis zur Gegenwart I (München-Salzburg 1950) 69—166.
O. Zöckler, Geschichte der Beziehungen zwischen Theologie und Naturwissenschaft mit besonderer Rücksicht auf Schöpfungsgeschichte, 2 Bde (Gütersloh 1877/79).
W. Philipp, Das Werden der Aufklärung in theologiegeschichtlicher Sicht (Göttingen 1957).

II. DIE KIRCHENGESCHICHTE

1. Allgemeine Kirchengeschichte

L. A. Veit, Die Kirche im Zeitalter des Individualismus I (1648—1800) (Freiburg i. Br. 1931).
G. Schnürer, Katholische Kirche und Kultur in der Barockzeit (Paderborn 1937); *ders.*, Katholische Kirche und Kultur im 18. Jh. (Paderborn 1941).
A. Fliche - V. Martin, Histoire de l'Église, Bd 19, Halbbd. 1 u. 2: *E. Préclin - E. Jarry*, Les luttes politiques et doctrinales aux XVIIe et XVIIIe siècles (Paris 1955/56).
K. Bihlmeyer - H. Tüchle, Kirchengeschichte III (Paderborn [18]1968).
J. Lortz, Geschichte der Kirche in ideengeschichtlicher Betrachtung II (Münster [21]1964).
J. Haijjar, Les chrétiens uniates du Proche-Orient (Paris 1962).
K. Heussi, Kompendium der Kirchengeschichte (Tübingen [12]1960).
K. D. Schmidt, Grundriß der Kirchengeschichte, IV: Geschichte der Kirche im Zeitalter des Individualismus und des Säkularismus (Göttingen [3]1960) (prot.).
K. D. Schmidt - E. Wolf, Die Kirche in ihrer Geschichte. Ein Handbuch: 4, Lieferung N, 1. Teil: *F. Heyer*, Die kath. Kirche vom Westfälischen Frieden bis zum ersten Vatikanischen Konzil (Göttingen 1963) (prot.).

2. Das Papsttum

L. v. Ranke, Die römischen Päpste in den letzten vier Jahrhunderten (Werke 37—39, neu hrsg. von F. Baethgen 1953).
L. v. Pastor, Geschichte der Päpste seit dem Ausgang des Mittelalters, Bde XIII 2, XIV 1, 2 (Freiburg i. Br. 1959 ff).

F. X. Seppelt - G. Schwaiger, Geschichte des Papsttums, V.: Das Papsttum im Kampf mit Staatsabsolutismus und Aufklärung (München [2]1959).
M. Brosch, Geschichte des Kirchenstaates (Gotha 1882).
V. Mariani, Le chiese di Roma dal XVII al XVIII secolo (Roma Christiana 5) (Bologna 1963).
L. Karttunen, Les nonciatures apostoliques permanentes de 1650 à 1800 (Genf 1912).
E. Winter, Rußland und das Papsttum, 2 Bde (Berlin 1960/61).
W. de Vries unter Mitarbeit von *O. Bârlea - J. Gill - M. Lacko,* Rom und die Patriarchate des Ostens (Freiburg - München 1963).

3. Die Geschichte der katholischen Kirche in einzelnen Ländern

A. Sicard, L'ancien clergé de France, 3 Bde (Paris 1893—1903).
P. B. Gams, Die Kirchengeschichte von Spanien, 5 Bde (Regensburg 1862/79, Nachdr. Graz 1956) Bd III/2.
V. Lafuente, Historia eclesiástica de España, 6 Bde (Madrid 1875) Bd V u. VI.
B. N. Ward, The Dawn of the Catholic Revival in England 1781—1803, 2 Bde (London 1909).
D. Gwynn, The Struggle for Catholic Emancipation 1750—1829 (London 1928).
P. Hughes, The Catholic Question 1685—1929 (London 1929).
R. Bagwell, Ireland under the Stuarts, 3 Bde (London 1909/16, Neudr. London 1963).
E. Tomek - H. Hantsch, Kirchengeschichte Österreichs, III: Die Zeit der Aufklärung und des Absolutismus (Innsbruck 1959).
H. E. Feine, Die Besetzung der Reichsbistümer vom Westfälischen Frieden bis zur Säkularisation 1648—1803 (Amsterdam 1964).

4. Das Staatskirchentum

P. Brezzi, Stato e Chiesa nell'Ottocento (Turin 1964).
H. Raab, Kirche und Staat. Von der Mitte des 15. Jh. bis zur Gegenwart (München 1966).
V. Martin, Les origines du gallicanisme, 2 Bde (Paris 1939).
A. G. Martimort, Le gallicanisme de Bossuet (Paris 1953).
M. F. Miguélez, Jansenismo y Regalismo en España (Madrid 1895).
Q. Aldea, Iglesia y Estado en la España del siglo XVII (Comillas 1961).
J. Saarailh, L'Espagne éclairée de la seconde moitié du XVIIIe siècle (Paris 1954).
A. de la Hera, El regalismo borbónico (Madrid 1963).
B. Duhr, Pombal. Sein Charakter und seine Politik (Freiburg 1891).
C. Gérin, Louis XIV et le Saint-Siège (Paris 1894).
J. Orcibal, Louis XIV contre Innocent XI: les appels au futur concile de 1688 et l'opinion française (Paris 1949).

5. Die christliche Spiritualität

P. Pourrat, La spiritualité chrétienne, 4 Bde (Paris 1926/28).
J. Gautier, La spiritualité catholique (Paris 1953).
L. Cognet, De la Dévotion moderne à la spiritualité française (Paris 1958).
ders., La spiritualité moderne, I: L'essor, 1500—1650 (Paris 1966).
H. Bremond, Histoire littéraire du sentiment religieux en France, 11 Bde (Paris 1916/33). Besonders Bd IV: L'Érole de Port-Royal (Paris 1919).
L. Prunel, La Renaissance catholique en France au XVIIIe siècle (Paris 1921).

G. Le Bras, Introduction à l'histoire de la pratique religieuse en France, 2 Bde (Paris 1942/45).
H. Busson, La pensée religieuse française de Charron à Pascal (Paris 1933).
ders., La religion des classiques 1660—1685 (Paris 1948).
H. Gouhier, La pensée religieuse de Descartes (Paris 1924).
É. Gilson, La doctrine cartésienne de la liberté et la théologie (Paris 1913).
J. Mesnard, Pascal, l'homme et l'œuvre (Paris 1951).
L. A. Veit - L. Lenhart, Kirche und Volksfrömmigkeit im Zeitalter des Barock (Freiburg i. Br. 1956).
W. Trapp, Vorgeschichte und Ursprung der liturgischen Bewegung (Regensburg 1940).
Ch. Schreiber, Aufklärung und Frömmigkeit. Die katholische Predigt im deutschen Aufklärungszeitalter (München 1940).

6. *Der Jansenismus*

A. Gazier, Histoire générale du mouvement janséniste, 2 Bde (Paris 1924).
J. Orcibal, Les origines du Jansénisme, 3 Bde (Louvain - Paris 1947/48).
L. Cognet, Le jansénisme (Paris 1961).
L. Ceyssens, Jansenistica, 4 Bde (Mecheln 1950/62).
C. Gazier, Histoire du monastère de Port-Royal (Paris 1929).
C.-A. Sainte-Beuve, Port-Royal, La Pléïade, 3 Bde (Paris 1953/55).
L. Cognet, La réforme de Port-Royal (Paris 1950).
J. Laporte, La doctrine de Port-Royal, la morale d'après Arnauld, 2 Bde (Paris 1951/52).
P. Jansen, Le cardinal Mazarin et le mouvement janséniste (Paris 1967).
W. Deinhardt, Der Jansenismus in deutschen Landen (München 1929).
A. C. Iemolo, Il Giansenismo in Italia prima della Rivoluzione (Bari 1928).
E. Dammig, Il movimento giansenista a Roma (Città del Vaticano 1945).

7. *Die nicht-römisch-katholischen Kirchen*

E. Léonard, Histoire du protestantisme (Paris 1950).
Ch. M. Schröder (Hrsg.), Klassiker des Protestantismus, V.: *W. Zeller*, Der Protestantismus des 17. Jh. (Bremen 1962); VII.: *W. Philipp*, Das Zeitalter der Aufklärung (Bremen 1963).
G. R. Cragg, From Puritanism to the Age of Reason. A Study of Changes in Religious Thought within the Church of England 1600—1700 (Cambridge 1966).
E. u. E. Haag, La France protestante, 10 Bde (Paris 1846/59).
J. Pannier, L'Église réformée de France sous Louis XIII, 2 Bde (Paris 1932).
J. Viénot, Histoire de la Réforme française de l'édit de Nantes à sa révocation, 2 Bde (Paris 1934).
A. Aymon, Actes ecclésiastiques et civils de tous les synodes nationaux des Églises réformées de France, 2 Bde (Den Haag 1710/56).
P. Wernle, Der schweizerische Protestantismus im 18. Jh., 3 Bde (1923/25).
M. Menéndez y Pelayo, Historia de los Heterodoxos españoles, 7 Bde (Madrid 1930/33) Bd VI u. VII.
C. W. Towlson, Moravian and Methodist, Relationsships and Influence in the Eighteenth Century (London 1957).
L. Bouyer, La spiritualité orthodoxe et la spiritualité protestante et anglicane (Paris 1965).
J. T. Dorosh, The Eastern Orthodox Church, a bibliography of publications printed in the Roman Alphabet with indication of location (Washington/D. C. 1946).
D. T. Andrews, The Eastern Orthodox Church, a bibliography (New York 1953).

A. M. Ammann, Abriß der ostslawischen Kirchengeschichte (Wien 1950 mit Lit.).
W. de Vries, Der christliche Osten in Geschichte und Gegenwart (Würzburg 1951).
D. Attwater, The Christian Churches of the East, 2 Bde (Milwaukee 1961/62).
K. Onasch, Grundzüge der russischen Kirchengeschichte: Die Kirche in ihrer Geschichte III (Göttingen 1967) M 1 bis M 122.
J. Smolitsch, Geschichte der russischen Kirche 1700—1917, I (1964).
ders., Russisches Mönchtum (Würzburg 1953).
A. S. Atiya, A History of Eastern Christianity (London 1968).
R. Janin, Les églises orientales et les rites orientaux (Paris [4]1955).
W. Kantzenbach, Protestantisches Christentum im Zeitalter der Aufklärung (Gütersloh 1965).

8. Versuche der kirchlichen Reunion

C. W. Hering, Geschichte der kirchlichen Unionsversuche seit der Reformation bis auf unsere Zeit, 2 Bde (Leipzig 1836/38).
R. Rouse - S. C. Neill, A History of the Ecumenical Movement 1517—1948 (Philadelphia 1954), dt.: Geschichte der ökumenischen Bewegung 1517—1948, I (Göttingen 1957).
J. Beumer, Auf dem Wege zur christlichen Einheit. Vorläufer der ökumenischen Bewegung von den Anfängen des Humanismus bis zum Ende des 19. Jh. Ausgewählte Texte (Bremen 1966).
F. X. Kiefl, Leibniz und die Wiedervereinigung der christlichen Kirchen ([2]1925).

9. Theologie und Theologiegeschichte

J. Turmel, Histoire de la théologie positive du concile de Trente au concil du Vatican (Paris 1906).
G. Grabmann, Die Geschichte der katholischen Theologie seit dem Ausgang der Väterzeit (Freiburg 1933) 179—212.
H. Schuster, Die Geschichte der Pastoraltheologie: Hdb. der Pastoraltheologie I (Freiburg 1964) 40—92.
E. Hirsch, Geschichte der neueren evangelischen Theologie, 5 Bde (Gütersloh [3]1964).
W. Nigg, Die Kirchengeschichtsschreibung (München 1934).
E. C. Scherer, Geschichte und Kirchengeschichte an den deutschen Universitäten. Ihre Anfänge im Zeitalter des Humanismus und ihre Ausbildung zur selbständigen Disziplin (Freiburg i. Br. 1927).
L. Scheffczyk, F. L. Stolbergs „Geschichte der Religion Jesu Christi". Die Abwendung der kath. Kirchengeschichtsschreibung von der Aufklärung ... (München 1952).
P. Meinhold, Geschichte der kirchlichen Historiographie, 2 Bde (Freiburg - München 1967) (Quellen und Darstellung).
A. Anwander, Die allgemeine Religionsgeschichte im kath. Deutschland während der Aufklärung und der Romantik (Salzburg 1932).

10. Ikonographie

H. Aurenhammer, Lexikon der christlichen Ikonographie, bisher erst Bd I (Wien 1967).
E. Kirschbaum, Lexikon der christlichen Ikonographie, ersch. Bd I u. II. der Allg. Ikonographie (A—K) (Freiburg i. Br. 1969/70).

11. Universitäten, Akademien

L. E. Du Pin, Bibliothèque des auteurs ecclésiastiques du XVIIe siècle, 7 Bde (Paris 1708).
S. Stelling-Michaud (Hrsg.), Les universités européennes du 14e—18e siècle (Genf 1967).

C. Jourdain, Histoire de l'université de Paris au XVIIe et au XVIIIe siècle, 2 Bde (Paris 1862/66).
P. Féret, La Faculté de Théologie de Paris et ses docteurs les plus célèbres, Époque moderne, 7 Bde (Paris 1900/16).
G. Ajo - C. M. Sáinz de Zúñiga, Historia de las Universidades hispánicas ..., 6 Bde (Madrid 1957/67) III—IV.
A. Kraus, Vernunft und Geschichte. Die Bedeutung der Deutschen Akademien für die Entwicklung un' Geschichtswissenschaft im später. 18. Jh. (Freiburg i. Br. 1963).
H. Hurter, Nomenclator litterarius recentioris Theologiae catholicae, 4 Bde (Innsbruck 1903/13).

12. Mission

K. S. Latourette, A History of the Expansion of christianity, Bd III (New York 1940).
S. Delacroix, Histoire des Missions Catholiques II (Paris 1957).

NACHTRÄGE ZUR BIBLIOGRAPHIE

von Heribert Raab

Die bibliographischen Nachträge können wegen des knapp bemessenen Raumes nur eine beschränkte Auswahl der Veröffentlichungen seit 1970 bieten. Sie wollen in erster Linie als Hinweise und Anregungen verstanden werden. Um die Anordnung des Handbuches nicht zu stören, wurden sie getrennt unter stichwortartigen Überschriften zusammengefaßt.

Enzyklopädien und größere, den Zeitraum übergreifende Darstellungen

Theologische Realenzyklopädie, hrsg. v. G. Krause – G. Müller (1977 ff); *M. Greschat* (Hrsg.), Gestalten der Kirchengeschichte, 12 Bde (1981 ff); *E. v. Ivánka* (Hrsg.), Handbuch der Ostkirchenkunde (1971); *E. Gatz* (Hrsg.), Die Bischöfe der deutschsprachigen Länder 1785/1803 bis 1945 (1983); *M. Brandl,* Die deutschen katholischen Theologen der Neuzeit. Ein Repertorium. Bd 2: Aufklärung (1978); *F. Lebrun,* Histoire du catholicisme en France du XVe siècle à nos jours (1980); *R. Taveneaux,* Le catholicisme dans la France classique, 1610–1715 (1980); *J. Delumeau,* Le catholicisme entre Luther et Voltaire ([2]1979); *A. Mestre Sanchis,* La Iglesia en la España de los siglos XVI y XVIII (1979); Problemi di storia della Chiesa nei secoli XVII–XVIII. Atti del V Convegno die Aggiornamento, Bologna 3.–7. IX. 1979 (1982); Helvetia Sacra (1972 ff).

Papsttum – Kardinäle – Römische Institutionen

H. Fuhrmann, Von Petrus zu Johannes Paul II. Das Papsttum: Gestalt und Gestalten ([2]1984); *A. Franzen – R. Bäumer,* Papstgeschichte. Das Petrusamt in seiner Idee und seiner geschichtlichen Verwirklichung in der Kirche ([3]1982); *P. Prodi,* Il sovrano pontefice. Un corpo e due anime: la monarchia papale nella prima età moderna (1982); *M. Greschat* (Hrsg.), Das Papsttum II: Vom Großen Abendländischen Schisma bis zur Gegenwart (1985); *O. Chadwick,* The Popes and European Revolution (1981); *J. Hermans,* Benedictus XIV en de liturgie (1979); *F. Bertone,* Il governo della Chiesa nel pensiero di Benedetto XIV (1740–58) (1977); *M. Cecchelli* (Hrsg.), Benedetto XIV (Prosper Lambertini). Convegno Internazionale di studi storici. 2 Bde (1981–82); *V. Reinhardt,* Kardinal Scipione Borghese (1605–1633) (1984);

Nachträge zur Bibliographie

G. F. Rossi, Cento studi sul cardinale Alberoni. 4 Bde (1978); *P. Bindelli*, Enrico Stuart, cardinale duca di York (1982); *R. Fendler*, Johann Casimir von Häffelin, 1737–1827, Historiker, Kirchenpolitiker, Diplomat und Kardinal (1980); *P. Blet*, Histoire de la Représentation diplomatique du Saint-Siège des origenes à l'aube du XIXe siècle (1982); *P. Schmidt*, Das Collegium Germanicum in Rom und die Germaniker (1984).

Staat und Kirche – Staatskirchentum – Toleranz

R. Birely, Religion and Politics in the Age of Counterreformation: Emperor Ferdinand II and William Lamormaini S. J. and the Formation of Imperial Policy (1981); *U. Eisenhardt*, Die kaiserlichen privilegia de non appellando (1980); *F. v. Rummel*, Franz Ferdinand von Rummel. Lehrer Kaiser Josephs I. und Fürstbischof von Wien (1644–1716) (1980); *N. Conrads*, Die Durchführung der Altranstädter Konvention in Schlesien 1707–1709 (1971); *G. Klingenstein*, Staatsverwaltung und kirchliche Autorität im 18. Jahrhundert. Das Problem der Zensur in der theresianischen Reform (1970); *K. Walf*, Das bischöfliche Amt in der Sicht josephinischer Kirchenrechtler (1975); *E. Lesky – A. Wandruszka*, Gerard van Swieten und seine Zeit (1973); *E. Seifert*, Paul Joseph Riegger, 1705–1775. Ein Beitrag zur theoretischen Grundlegung des josephinischen Staatskirchenrechts (1973); *J. Lindeck-Pozza* (Hrsg.), Der Schriftverkehr zwischen dem päpstlichen Staatssekretariat und dem Nuntius am Kaiserhof A. E. Visconti, 1767–1774 (1970), *F. Fejtö*, Joseph II, un Habsbourg révolutionnaire (1982); *E. Wangermann*, Aufklärung und staatsbürgerliche Erziehung. Gottfried van Swieten als Reformator des österreichischen Unterrichtswesens (1978); *P. F. Barton*, (Hrsg.), Im Zeichen der Toleranz. Aufsätze zur Toleranzgesetzgebung des 18. Jahrhunderts in den Reichen Joseph ⟨!⟩ II. (STKG 2. R. 8) (1981); *ders.*, Im Lichte der Toleranz ... (STKG 2. R. 9) (1981); *R. Crahay* (Hrsg.), La Tolérance civile (1982); *I. W. Frank* (Hrsg.) Toleranz am Mittelrhein (1984); *F. Kreh*, Leben und Werk des Reichsfreiherrn Johann Adam von Ickstatt (1702–1776) (1974); *R. Bauer*, Der kurfürstliche geistliche Rat und die bayerische Kirchenpolitik 1768–1802 (1971); *R. Bauerreiß*, Kirchengeschichte Bayerns VII, 1600–1803 (1970).

Jansenismus

J. Saugnieux, Le jansénisme espagnol du XVIIIe siècle (1975); *M. Brandl*, M. A. Wittola. Seine Bedeutung für den Jansenismus in deutschen Landen (1976); *P. Hersche*, Der Spätjansenismus in Österreich (1977); *H. Raab*, Die Bekämpfung des Jansenismus im Bereich der Kölner Nuntiatur (1720–1732), in: E. Gatz (Hrsg.), Römische Kurie, Kirchliche Finanzen, Vatikanisches Archiv (Studien zu Ehren von Hermann Hoberg) (1979) 701–725; *I. Bonnot*, Hérétique ou Saint? Henry Arnauld, évêque janséniste d'Angers au XVIIIe siècle (1982); *A. Schuchart*, Der ‚Pastor bonus' des Johannes Opstraet. Zur Geschichte eines pastoraltheologischen Werkes aus der Geisteswelt des Jansenismus (1972).

Kirche und Kultur im Zeitalter des Barock

G. Bazin, Paläste des Glaubens. Die Geschichte der Klöster vom 15. bis zum Ende des 18. Jahrhunderts. 2 Bde (1980); *E. Harnischfeger*, Mystik im Barock (1980); *J. Neuhardt*, Wallfahrten im Erzbistum Salzburg (1982); *O. Pollak* u. a., Die Kunsttätigkeit unter Urban VIII. (1981); *J. M. Valentin* (Hrsg.), Gegenreformation und Literatur (1979); *J. M. Valentin*, Le théatre des Jésuites dans les pays de langue allemande. 3 Bde (1978); *E. M. Szarota*, Das Jesuitendrama. 2 Bde (1979); *H. Hengst*, Jesuiten an Universitäten und Jesuitenuniversitäten (1981); *S. Reil*, Kilian Stumpf (1655–1720), ein Würzburger Jesuit am Kaiserhof zu Peking (1979); Oberdeutsche Literatur im Zeitalter des Barock. Hrsg. v. der Kommission für bayerische Landesgeschichte (1984); *G. Kapner*, Barocker Heiligenkult in Wien und seine Träger (1978); *H. J. Ackermann*, Die Katakombenheiligen und ihre Translation in der schweizerischen Quart des Bistums Konstanz (1979); *H. M. Gubler*, Der Vorarlberger Barockbaumeister Peter Thumb (1681–1766). Ein Beitrag zur Geschichte der süddeutschen Barockkultur (1972); *H. Bauer – B. Rupprecht*, Corpus der barocken Deckenmalerei in Deutschland, Bd 1 (1976); *K. Küppers*, Das Himmlisch Palm-Gärtlein des Wilhelm Nakatenus SJ (1617–1683). Untersuchungen zu Ausgaben, Inhalt und Verbreitung eines kath. Gebetbuchs der Barockzeit (1981); *G. Schormann*, Hexenprozesse in Nordwestdeutschland (1977); *W. Brandmüller*, Galilei und die Kirche oder Das Recht auf Irrtum (1982); *J. Köhler*, Die Universität zwischen Landesherr und Bischof. Recht, Anspruch und Praxis an der vorderösterreichischen Landesuniversität Freiburg (1550–1752) (1980); *F. Becker*, Die politische Machtstellung der Jesuiten in Südamerika (1980); *I. Habig*, Eucharistische Allegorie im Spätbarock nördlich der Alpen (1973); *M. Bringmann – S. v. Blankenhagen*, Die Moosbrugger (1973).

Kirche und Aufklärung

E. Hegel, Die katholische Kirche Deutschlands unter dem Einfluß der Aufklärung des 18. Jahrhunderts (1975); *Ph. Schäfer*, Kirche und Vernunft. Die Kirche in der katholischen Theologie der Aufklärungszeit (1974); *B. Plongeron*, Théologie et politique au siècle des lumières (1770–1820) (1973); *N. Hammerstein*, Aufklärung und katholisches Reich. Untersuchungen zur Universitätsreform und Politik kath. Territorien des Heiligen Römischen Reiches deutscher Nation im 18. Jahrhundert (1977); *Ph. Schäfer*, Philosophie und Theologie im Übergang von der Aufklärung zur Romantik (1971); *K. J. Lesch*, Neuorientierung der Theologie im 18. Jahrhundert in Würzburg und Bamberg (1978); *H. Haberzettel*, Die Stellung der Exjesuiten in Politik und Kulturleben Österreichs zu Ende des 18. Jahrhunderts (1973); *K. Baumgartner*, Die Seelsorge im Bistum Passau zwischen barocker Tradition, Aufklärung und Restauration (1975); *P. Picard*, Zölibatsdiskussion im katholischen Deutschland der Aufklärung (1975); *L. Hellriegel*, Benediktiner als Seelsorger im linksrheinischen Gebiet des ehemaligen Erzbistums Mainz. Vom Ende des 17. bis zum Anfang des 19. Jahrhunderts (1980); *A. Friesenhagen*, Mainzer Klosterpolitik im letzten Drittel des 18. Jahrhunderts (1979); *W. Dotzauer*, Freimaurergesellschaften am Rhein (1977); *F. Benimelli*, Los Archivos Secretos Vaticanos y la masoneria (1976); *E. Rosenstrauch-Königsberg*, Freimaurer im Josephinischen Wien (1974); *D. Roche*, Le siècle des lumières en province. Académies et académiens provinciaux, 1680–1789 (1978); *L. Hammermayer*, Geschichte der Bayerischen Akademie der Wissenschaften. 2 Bde (1983); *H. Reinalter*, Geheimbünde in Tirol (1982); *R. van Dülmen*, Der Geheimbund der Illuminaten (1975).

Die Reichskirche: Einzelne Bistümer und Abteien – Fürstbischöfe – Domkapitel – Episkopalismus/Febronianismus – Kultur der Reichskirche

Einzelne Bistümer: *H. Raab*, Die altbayerischen Hochstifte Freising, Regensburg und Passau in der Zeit vom Tridentinum bis zur Säkularisation, in: Handbuch der bayerischen Geschichte, hrsg. v. M. Spindler, Bd III, 2 ([2]1979) 1187–1422; *ders.*, Die oberdeutschen Hochstifte zwischen Habsburg und Wittelsbach in der frühen Neuzeit, in: BDLG 109 (1973) 69–101; *H. J. Berbig*, Das kaiserliche Hochstift Bamberg und das Heilige Römische Reich. 2 Bde (1976); *G. Christ*, Praesentia Regis. Kaiserliche Diplomatie und Reichskirchenpolitik (1975); *W. Marschall*, Geschichte des Bistums Breslau (1980); *E. Hegel*, Das Erzbistum Köln zwischen Barock und Aufklärung. Vom Pfälzischen Krieg bis zum Ende der französischen Zeit, 1688–1814 (1979); *M. Becker-Huberti*, Die tridentinische Reform im Bistum Münster unter Fürstbischof Christoph Bernhard von Galen (1650–1678) (1978); *R. Weiss*, Das Bistum Passau unter Kardinal Joseph Dominikus von Lamberg (1723–1761) (1979); *H. Tüchle*, Von der Reformation bis zur Säkularisation. Geschichte der katholischen Kirche im Raume des späteren Bistums Rottenburg (1981); *F. Ortner*, Reformation, katholische Reform und Gegenreformation im Erzstift Salzburg (1981); *R. R. Heinrich*, Die bischöflichen Wahlkapitulationen im Erzstift Salzburg (1544–1688) (1977); *J. Graf von Moy*, Das Bistum Chiemsee, in: Mitteilungsblatt f. Salzburg. Landeskunde 122 (1982) 1–52; *J. Egger*, Die Stellung des Fürstbistums Brixen zum Tiroler Landtag in der Zeit von 1620–1665 (1971).

Abteien und Klöster: Das tausendjährige St. Blasien. 200jähriges Domjubiläum. 2 Bde (1983); Das Reichsstift Irsee. Vom Benediktinerkloster zum Bildungszentrum (1981); *F. Tuschner*, Das Reichsstift Roggenburg im 18. Jahrhundert (1976); *W. Setzler*, Kloster Zwiefalten. Eine schwäbische Benediktinerabtei zwischen Reichsfreiheit und Landsässigkeit (1979); *O. Riess*, Die Abtei Weltenburg zwischen Dreißigjährigem Krieg und Säkularisation (1626–1803) (1975); *G. Rauch*, Pröpste, Propstei und Stift St. Bartholomäus in Frankfurt (1975); *J. St. Prügl*, Schlägl im Josephinismus 1763–1816. Das Stift Schlägl und seine Pfarreien unter den Äbten Siard II. Dengler (1763–1797) und Wilhelm II. Waldbauer (1798–1816) (1978).

Fürstbischöfe: *P. Braun*, Joseph Wilhelm Rinck v. Baldenstein (1740–1762). Das Wirken eines Basler Fürstbischofs in der Zeit der Aufklärung (1981); *M. Becker-Huberti*, Christoph Bernhard von Galen (1978); *F. Jürgensmeier*, Johann Philipp von Schönborn (1603–1673) und die römische Kurie (1977); *A. Litzenburger*, Der Mainzer Kurfürst Johann Schweikard von Kronberg als Erzkanzler des Reiches bis zum Ausbruch des Dreißigjährigen Krieges (1984); *F. Schorn*, Johann Hugo von Orsbeck. Ein rheinischer Kirchenfürst der Barockzeit. Erzbischof und Kurfürst von Trier, Fürstbischof von Speyer (1976); *A. Schröcker*, Ein Schönborn im Reich. Studien zur Reichspolitik des Fürstbischofs Lothar Franz von Schönborn (1655–1729) (1978); *E. Stahl*, Wolf Dietrich von Salzburg (1980); *R. H. Thompson*, Lothar Franz v. Schönborn and the diplomacy of the Electorate of Mainz from the treaty of Ryswick to the outbreak of the War of Spanish Succession (1979); *J. F. Foerster*, Kurfürst Ferdinand von Köln. Die Politik seiner Stifter in den Jahren 1634–1650 (1976); *A. Schröer*, Christoph Bernhard von Galen und die katholische Reform im Bistum Münster (1974); *H. J. Wunschel*, Die Außenpolitik des Bischofs von Bamberg und Würzburg Peter Philipp von Dernbach (1979).

Domkapitel: *C. Bosshart-Pfluger*, Das Basler Domkapitel von seiner Übersiedlung nach Arlesheim bis zur Säkularisation (1687–1803) (1983); *H. Hartmann*, Der Stiftsadel an den alten Domkapiteln zu Mainz, Trier, Bamberg und Würzburg, in: MZ 73/74 (1978/79) 99–138; *G. Rauch*, Das Mainzer Domkapitel in der Neuzeit. Zu Verfassung und Selbstverständnis einer adeligen geistlichen Gemeinschaft, in: ZSavRGkan 61 (1975) 161–227; 62 (1976) 194–278; 63 (1977) 132–179; *P. Hersche*, Die deutschen Domkapitel im 17. und 18. Jahrhundert. 3 Bde (1984).

Episkopalismus/Febronianismus: *H. Raab*, Johann Nikolaus v. Hontheim (1701–1790), in: Rheinische Lebensbilder, Bd. V (1973) 23–44; *P. Frowein*, Philipp Hedderich (1744–1808). Ein rheinischer Kanonist aus dem Minoritenorden im Zeitalter der Aufklärung (1973); *H. Schneider*, Der Konziliarismus als Problem der neueren katholischen Theologie. Die Geschichte der Auslegung der Konstanzer Dekrete von Febronius bis zur Gegenwart (1976); *V. Pitzer*, Justinus Febronius. Das Ringen eines katholischen Irenikers um die Einheit der Kirche im Zeitalter der Aufklärung (1976); *R. Duchon*, De Bossuet à Febronius, in: RHE 65 (1970) 375–422; *M. Brandl*, Bemühungen der Wiener Nuntiatur um die Verbreitung von Hontheims (Febronius') Widerruf (1779), in: RömHM 20 (1978) 77–107; *H. Raab*, Kirchenrecht und Aufklärung im katholischen Deutschland des späten 18. Jahrhunderts, in: ZSKG 70 (1976) 389–400.

Kultur: *J.-U. Brinkmann*, Südwestdeutsche Kirchenbauten der Zopfzeit (1972); *W. Becker*, Schloß Neuhaus. Das ehemalige Wohngebäude der Paderborner Bischöfe (1970); *B. v. Roda*, Adam Friedrich v. Seinsheim, Auftraggeber zwischen Rokoko und Klassizismus (1980);

Nachträge zur Bibliographie

L. Hüttl, Geistlicher Fürst und geistliche Fürstentümer im Barock und Rokoko, in: ZBLG 37 (1974) 3–48; *B. M. Milstein*, Eighteenth Century Reading Societies (1972); *H. E. Paulus*, Die Schönbornschlösser in Göllersdorf und Werneck (1982); *M. Wienert*, Die Klosterkirche von Weltenburg (1971); *R. Muenster – U. Bockholdt – R. Machold – L. Thew*, Thematischer Katalog der Musikhandschriften der Benediktinerinnenabtei Frauenwörth und der Pfarrkirchen Indersdorf, Wasserburg am Inn und Bad Tölz (1975); *H. Raab*, Kirchengeschichte im Schlagwort. Schlagwörter des späten 18. und frühen 19. Jahrhunderts, in: AHC 8 (1976) 509–540; *W. Menzel*, Die Gärten des Lothar Franz von Schönborn, 1655–1729 (1970).

Säkularisation: *A. Rauscher* (Hrsg.), Säkularisierung und Säkularisation vor 1800 (1976); *A. Langner* (Hrsg.), Säkularisation und Säkularisierung im 19. Jahrhundert (1978); *G. Föllinger*, Corvey. Von der Reichsabtei zum Fürstbistum. Die Säkularisation der exemten reichsunmittelbaren Benediktinerabtei und die Gründung des Bistums (1786–1794) (1978); *R. Büttner*, Die Säkularisation der Kölner Geistlichen Institutionen (1971); *M. Jorio*, Der Untergang des Fürstbistums Basel (1792–1815) (1981); *H. Klueting*, Die Säkularisation im Herzogtum Westfalen 1802–1834 (1980); *F. Ortner*, Säkularisation und kirchliche Erneuerung im Erzbistum Salzburg 1803–1853 (1979); *M. Müller*, Säkularisation und Grundbesitz. Zur Sozialgeschichte des Saar-Mosel-Raumes 1794–1813 (1980); *J. Köhler* (Hrsg.), Säkularisation in Ostmitteleuropa (1985); *K. Hausberger*, Staat und Kirche nach der Säkularisation. Zur bayerischen Konkordatspolitik im frühen 19. Jahrhundert (1983).

Nachtrag zu Seite 194 (von P. J. Corish)

P. J. Corish, The [Irish] Catholic Community in the seventeenth and eighteenth centuries (Dublin 1981); *S. J. Connolly*, Priests and people in pre-famine Ireland 1780–1845 (Dublin 1982); *J. Bossy*, The English Catholic community 1570–1850 (London 1975).

ERSTER TEIL

Die Führungsstellung Frankreichs

ERSTER ABSCHNITT

Das kirchliche Leben in Frankreich

Univ.-Professor Dr. Louis Cognet, Dammartin-en-Goële

1. Kapitel

Die christliche Erneuerung nach 1615

QUELLEN: *Richelieu*, Mémoires, hrsg. von *Delavaud-Gaucheron*, 10 Bde, Société de l'Histoire de France (Paris 1908/31); *Saint Vincent de Paul*, Correspondance, entretiens, documents, hrsg. von *P. Coste*, 14 Bde (Paris 1921/25); *J. F. de Gondi*, Cardinal de Retz, Mémoires, hrsg. von *M. Allem*, La Pléiade (Paris 1956); *P. de l'Estoile*, Mémoires-Journeaux, hrsg. von *Brunet-Champollion*, 12 Bde (Paris 1875/76); *P. de Bérulle*, Correspondance, hrsg. von *J. Dagens*, 3 Bde (Löwen-Paris 1937/39); *F. Garasse*, Histoire des jésuites de Paris pendant trois années, 1624—1626, hrsg. von *A. Carayon* (Poitiers-Paris 1864); *J. Godefroy*, Le Mercure jésuite, 2 Bde (Genf 1630/31); *R. Arnauld d'Andilly*, Mémoires (Hamburg 1734); *P. Descourveaux*, La vie de M. Bourdoise (Paris 1714); *L. Abelly*, Vie du Vénérable Serviteur de Dieu Vincent de Paul (Paris 1664); *L. Batterel*, Mémoires domestiques pour servir à l'histoire de l'Oratoire, hrsg. von *A. Ingold-P. Bonnardet*, 5 Bde (Paris 1902/11); *G. Habert*, Vie du Cardinal de Bérulle (Paris 1646); *Saint Jean Eudes*, Œuvres complètes, 12 Bde (Vannes 1905/11).

LITERATUR: Bibliographien: *R. Taveneaux*, La vie religieuse en France de l'avènement d'Henri IV à la mort de Louis XIV: Histoire et Géographie 200 (1961) 119—130; *P. Chanu*, Le XVIIe siècle religieux, réflexions préalables: Annales E. S. C. 22 (1967) 279—302; Studien: *J. H. Mariéjol*, Henri IV, Louis XIII (1598—1643), Histoire de France de Lavisse 2, 6 (Paris 1905); *J. B. Perkins*, France under Mazarin with a Review of the Administration of Richelieu, 2 Bde (London 1887); *J. Pannier*, L'Église réformée de France sous Louis XIII, 2 Bde (Paris 1932); *J. M. Prat*, Recherches historiques et critiques sur la Compagnie de Jésus en France au temps de P. Coton (1564—1626), 5 Bde (Lyon 1876/78); *F. T. Perrens*, L'Église et l'État en France sous le règne d'Henri IV et la régence de Marie de Médicis, 2 Bde (Paris 1872); *K. v. Raumer*, Heinrich IV. v. Frankreich (Iserlohn 1947); *G. d'Avenel*, Richelieu et la monarchie absolue, 4 Bde (Paris 1884/90); *L. Batiffol*, Richelieu et Louis XIII (Paris 1934); *G. Hanotaux-Duc de la Force*, Histoire du Cardinal de Richelieu, 5 Bde (Paris 1893/1944); *C. J. Burckhardt*, Richelieu (München 1935); *St. Skalweit*, Richelieus Machtidee: Gesch. in Wiss. u. Unterricht 2 (1951) 719—730; *V. Tormetta*, La Politica del Mazzarino verso il Papato (1644—46): Archivo storico Italiano 99 (1941) u. 100 (1942); *A. Sicard*, L'ancien clergé en France, 2 Bde (Paris 1893/1903); *A. Degert*, Histoire des séminaires français, 2 Bde (Paris 1912); *M. Houssaye*, I. Monsieur de Bérulle et les Carmélites de France, 1575—1611 (Paris 1872); II. Le Père de Bérulle et l'Oratoire de Jésus, 1611—1625 (Paris 1874); III. Le Cardinal de Bérulle et le Cardinal de Richelieu, 1625—1629 (Paris 1875); *J. Dagens*, Die Beziehungen

Franz' v. Sales zu Kard. Bérulle (Erlangen 1956); *P. Coste,* Le grand saint du grand siècle, Monsieur Vincent, 3 Bde (Paris 1932); *G. Fagniez,* L'opinion publique et la presse politique sous Louis XIII: Revue d'Histoire diplomatique (1900); *L. Prunel,* La Renaissance catholique en France au XVIIe siècle (Paris 1921); O. *Schneider,* Jean Eudes — Der Prophet des Herzens Jesu (Wien 1947).

Der französische Katholizismus unter Ludwig XIII.

Als Heinrich IV. am 14. Mai 1610 ermordet wurde, war Frankreich wieder zu einer großen katholischen Nation geworden, die der römisch-katholischen Religion zutiefst verbunden war und sogar das religiöse Empfinden über das nationale Denken zu stellen begann. Einen Beweis für diese Tatsache mag man in der Unpopularität des Krieges gegen das katholische Spanien sehen, den Heinrich IV. zum Zeitpunkt seiner Ermordung vorbereitete. Welches auch immer die im unklaren gebliebenen Hintergründe des Königsmordes sein mögen, so ist doch sicher, daß die verbrecherische Tat Ravaillacs wesentlich von religiösen Motiven bestimmt war. Spanien, das bislang der französischen Expansion im Wege stand, war zu diesem Zeitpunkt schon im Verfall begriffen. Unter diesen Voraussetzungen wäre ein Krieg, der die französische Hegemonie bestätigt hätte, in politischer Sicht durchaus gerechtfertigt gewesen. Dennoch war die öffentliche Meinung Frankreichs dagegen, da man die vordringliche Pflicht der katholischen Staaten in einer Vereinigung gegen die protestantische Reformation sah.

So war es trotz der noch immer machtvollen Position des Protestantismus doch evident, daß die Reformation auf französischem Gebiet mit einem Mißerfolg enden mußte. Die Konversion Heinrichs IV. war zweifellos ein bloßer Gestus politischen Opportunismus' eines dem Glauben gleichgültig gegenüberstehenden Herrschers gewesen. Hier wurde jedoch offensichtlich, daß man dem Königreich keinen hugenottischen Herrscher aufzwingen konnte. Der Calvinismus hatte um das Jahr 1571 seinen Höhepunkt erreicht. Seither befand er sich ungeachtet der noch unversehrten Erscheinungsformen in einem unaufhaltsamen Rückschritt, wurde zur Minoritätspartei und war sich dessen auch bewußt. Auf der anderen Seite war — nach den Religionskriegen — die beste und wesentliche Grundlage der Anziehungskraft des Protestantismus das intensive religiöse Leben vieler seiner Glieder, das im politisierten Katholizismus der Liga kaum eine Entsprechung hatte. Gegen Ende der Regierungszeit Heinrichs IV. war er aber gerade dieses Vorteils beraubt worden: die Bemühungen der großen katholischen Exponenten der Spiritualität, Franz' von Sales, Benedikts von Canfield, P. Cotons und Bérulles, und vieler anderer hatten ein katholisches Milieu zustande gebracht, dessen Frömmigkeit und Innerlichkeit jenem der Reformierten in nichts nachstand. Zu diesem Zeitpunkt war dieses milieu dévot oder, wie es auch genannt wurde, dieser „parti dévot“ noch eine durch gemeinsame, um den Sieg des Katholizismus und die Niederlage des Protestantismus zentrierte Ideale fest in sich geschlossene Gruppe. Das protestantische Milieu andrerseits fühlte sich immer mehr durch eine gewisse soziale Benachteiligung beeinträchtigt. Die Konversion des Königs hatte weitere, im allgemeinen ebensowenig ernste Konversionen in der Aristokratie und dem Großbürgertum nach sich gezogen. Es war nun offenkundig, daß künftig die Zugehörigkeit zum Katholizismus unerläßliche Voraussetzung zur Erlangung gehobener Ämter war: Sully war auf lange Zeit hinaus der letzte protestantische Minister, und der Tod Heinrichs IV. zwang ihn — jedoch erst, nachdem er sich in aller Ruhe sein persönliches Vermögen gesichert hatte — zum Rücktritt. Frankreich war, wie übrigens auch ganz Europa, noch lange Zeit weit davon entfernt, für eine tolerante Haltung reif zu sein [1]. Die Haltung der öffentlichen Meinung zum Edikt von Nantes ist in dieser Hinsicht symptomatisch. Niemand sieht in ihm eine anerkennenswerte Bemühung zur religiösen Befriedung. Die Katholiken betrachten es als eine von der Notwendigkeit geforderte Konzession, als verabscheuungswürdigen und kränkenden Eingriff in die unwandelbaren Rechte der wahren Religion, während die Protestanten in ihm das Fundament einer Situation sehen, die zu ungerecht und gefährdet ist, als daß sie definitiv sein könnte. Wenn auch die Opposition zwischen den beiden Blöcken das gewalttätige Stadium der Religionskriege nun vorläufig hinter sich gelassen hat, sie bleibt darum jedoch nicht weniger starr, immer bereit, bei nächster Gelegenheit erneut auszubrechen.

Auf materieller Ebene hat sich die Lage der Kirche unter der Regierung Heinrichs IV. zunehmend verbessert. Natürlich konnten keineswegs schon wieder alle Verwüstungen der Religionskriege beseitigt werden; nicht wenige Abteien und Pfarrkirchen sind noch immer Ruinen. Der Kirchenbesitz jedoch hatte sich sehr rasch wieder regeneriert und ist, da seine Teile per definitionem unverlierbar sind, in steter Zunahme begriffen. Kurze Zeit später schätzt Richelieu in einem um 1625 verfaßten Memorandum, daß ein Drittel des Nationalvermögens in der Hand des Klerus ist [2]. Für viele Katholiken blieb dieser finanzielle Aspekt vorrangig. Dies galt vor allem für die gehobene Gesellschaft, in der man der Meinung war und diese Ansicht auch offen vertrat, daß die Kirchengüter in verschiedener Weise Ersatz für die Unzulänglichkeiten des Familienvermögens bieten müßten. Noch 1647 ließ Präsident Molé entgegen dem ausdrücklichen Rat Vinzenz' von Paul seinen Sohn trotz dessen offenkundiger Unfähigkeit auf den

[1] *J. Leclerc*, Histoire de la tolérance au siècle de la Réforme, 2 Bde (Paris 1955); enthält wichtige Überblicke für den Beginn des 17. Jh.

[2] *D'Avenel* a. a. O. III 277.

Bischofssitz von Bayeux erheben, „um ihn vor jeder Not abzuschirmen", und er fügte hinzu, sein Sohn könne seine eigene Unfähigkeit immer durch die Heranziehung guter Ratgeber ausgleichen. Die gleiche Auffassung war aber auch beim einfachen Volk anzutreffen, für die das Priestertum die einzige Möglichkeit zum sozialen Aufstieg war: der Vater Vinzenz' von Paul hatte ein Paar Ochsen verkauft, um das Studium seines Sohnes zu finanzieren, dieser wurde bereits von der Königin empfangen.

Die Bischofssitze blieben tatsächlich auch weiterhin die Apanage des Adels. Wenn Richelieu kurze Zeit später einige Angehörige des Großbürgertums zu Bischöfen machte, so geschah dies zweifellos in der Hoffnung, bei diesen größerer Fügsamkeit zu begegnen als bei den Grandseigneurs. Erst unter Ludwig XIV. war die soziale Herkunft der Bischöfe breiter gestreut, und auch dann noch blieben die reichsten Diözesen den großen Namen vorbehalten. Immer jedoch blieb die Auswahl der Bischöfe innerhalb des Hofmilieus, ein bei Hofe unbekannter Kleriker hatte keine Chance, zur Bischofswürde aufzusteigen. Daneben verhalten sich viele große Familien so, als ob ein Bistum, einmal besessen, eine Art Erbgut sei, das es um jeden Preis durch eine königliche Ermächtigung, es von dem Onkel auf den Neffen weiterzugeben, zu erhalten gilt. Auf dem Bischofsstuhl von Reims bestand eine wahre Dynastie der de Guise. Von 1568 bis 1662 folgten vier Gondi auf dem Bischofssitz von Paris, und Philippe de Gondi, Galeerengeneral, Freund Vinzenz' von Paul und späterer Oratorianer, entwickelte ein persönliches Interesse in diesem Bereich, um seinem Sohn Paul, dem späteren Kardinal von Retz, der sich selbst als „die möglicherweise unkirchlichste Seele des Universums"[3] bezeichnete, die Nachfolge auf dem Bischofssitz seines Onkels zu sichern. Die Bischofsernennungen liegen in der Hand des Königs und werden im allgemeinen vom Conseil de Conscience entschieden; aber auch Vinzenz von Paul, der ihm von 1643 bis 1652 angehörte, konnte einige skandalöse Ernennungen nicht verhindern, wie z. B. jene Beaumanoirs de Lavardin, Bischofs von Mans (1648), den man, wahrscheinlich mit Recht, für völlig ungläubig hielt. Die Ernennungen sind tatsächlich von sehr unterschiedlichem Wert. Unter Ludwig XIII. stellen wir erstmals einige reformfreudige und pflichtbewußte Bischöfe fest — sie bleiben jedoch Ausnahmen. Viele Prälaten behalten Neigungen und Interessen bei, die mit ihrer priesterlichen Aufgabe im Widerspruch stehen; zahlreiche Bischöfe bleiben auch weiterhin im Dienste des Hofes, der Literatur, des Krieges oder der Diplomatie und haben praktisch ihre Diözese nie betreten.

Auch die Lage des Pfarrklerus hatte sich seit dem Ende der Religionskriege kaum verbessert. Die Hauptursache für diese Stagnation gründete in dem fast völligen Fehlen jeglicher Ausbildung des Klerus. In Frankreich

[3] *Retz,* Mémoires 3.

blieben die diesbezüglichen Vorschriften des Konzils von Trient weithin unverwirklicht, und die schüchternen Seminarversuche, die nach 1610 unternommen wurden, erreichten nur einen sehr kleinen Personenkreis. Die meisten Bischöfe begnügten sich zur Erteilung der Priesterweihe mit nur rudimentären Kenntnissen, und nur wenige verlangten einige Tage geistlicher Zurückgezogenheit. Da die Bischöfe nur selten in ihren Diözesen residieren, lassen sich die Priesterkandidaten so weit wie möglich mit schriftlicher Erlaubnis des zuständigen Bischofs durch einen anderen Bischof weihen; die Lage wird noch verschlechtert durch die zahllosen Bischöfe *in partibus*, die durch das Königreich ziehen und jedem beliebigen die Priesterweihe erteilen. Die beklagenswerten Konsequenzen einer solchen Praxis sind also nicht verwunderlich. Im Jahr 1643 stellte ein Archidiakon von Bourges fest, daß viele Priester kein Latein verstanden, mehrere kaum lesen konnten und einige unfähig waren, die Sakramente gültig zu spenden, und selbst die Absolutionsformel nicht beherrschten. Konkubinat und Trunkenheit waren im Klerus weit verbreitet und wurden in einigen Diözesen für allgemein gebräuchlich gehalten. Viele Pfarrer arbeiteten neben ihrem Dienst wie einfache Laien und frequentierten die Kneipen. In bestimmten Gegenden praktizierten die Priester häufig die Hexenaustreibung[4]. Die meisten predigten nie, hielten keinen Katechismusunterricht mehr und ließen ihre Kirchen in einem Zustand schändlicher Verwahrlosung und Verschmutzung. Noch um 1660 entsetzt sich der Archidiakon von Évreux, Henri-Marie Boudon, über den Zustand, in dem er die Tabernakel und Ziborien antrifft. Gegen diese Mißstände schritt man jedoch kaum ein. Eine Intervention wurde sehr erschwert, einmal durch die Tatsache, daß die Bischöfe tatsächlich nur in sehr wenigen Pfarreien ihrer Diözesen das Besetzungsrecht hatten, da die meisten von Abteien oder Patronen aus dem Laienstand abhängig waren, und zum anderen dadurch, daß die kanonische Vorschrift drei übereinstimmende Urteilssprüche gegen den Angeklagten verlangte, ehe man gegen ihn vorgehen konnte, ein Prozeß, der sich ins Endlose hinzog. Kleriker, die allzu großer Skandale wegen ihre Gegend verlassen mußten, suchten gewöhnlich in Paris Unterschlupf, wo es folglich von Priestern wimmelte, die sich der Polizeiaufsicht entzogen; einige von ihnen lebten von Geschäften, die zu ihrem Beruf in krassem Widerspruch standen.

Die Verhältnisse im Ordensklerus waren kaum besser, obschon hier seit dem Ende des 16. Jh. und vor allem unter Heinrich IV. vereinzelte Reformbewegungen eingeleitet worden waren. Zweifellos hatten die Religiosen ihre militärischen Gewohnheiten aus der Zeit der Liga nach und nach abgelegt, ihre Sitten hatten sich jedoch kaum gebessert. In der Tat waren

[4] Besonders charakteristische Fälle wurden von *J. Bernou*, La chasse aux sorciers dans le Labourd (Agen 1897) untersucht.

alle Orden reformbedürftig, mit Ausnahme der Kartäuser, die zu dieser Zeit relativ viele Ordensmitglieder zählten und ihre Niederlassungen häufig in der Nähe der Städte hatten; sie hatten ihr altes Engagement bewahrt, und ihre Strenge beeindruckte die Menge und führte sogar zu Konversionen. Das Bild des übrigen Ordensklerus darf jedoch nicht völlig schwarz gezeichnet werden. Gewiß kam es auch jetzt noch häufig zu offenkundigen Skandalen. Im Jahr 1609 mußte das Parlament von Toulouse den Augustinerprovinzial Burdeu hinrichten lassen, der der Beihilfe zum Mord am Gatten seiner Geliebten Violante du Chastel überführt worden war[5]. Zur gleichen Zeit hatten die Zisterzienserinnen von Maubuisson noch immer die Schwester der berühmten Belle Gabrielle, der Maitresse Heinrichs IV., Angélique d'Estrées, zur Äbtissin, die zwölf natürliche Kinder von zwölf verschiedenen Vätern hatte. Aber die öffentliche Meinung zeigte sich immer weniger bereit, diese unglaublichen Zustände hinzunehmen, und man begann, durch den Einfluß des parti dévot sich bei Hofe damit zu befassen: bald griff die Zivilgewalt selbst ein, um die schreiendsten Mißstände zu beseitigen. Es handelte sich hierbei jedoch nur um Ausnahmefälle. Im allgemeinen versandeten die Klöster in materieller und moralischer Mittelmäßigkeit und bewahrten kaum den Anschein des Klausurlebens. Die Klausur war ihnen nur noch eine ferne Erinnerung, und Außenstehende verkehrten innerhalb der Klausur frei und ungezwungen. Im Jahr 1614 wurden anläßlich der Einkleidung von Charles Faure, dem späteren Reformator der Genovevaner, bei den Chorherren von Senlis alle Teilnehmer, auch die Frauen, im Refektorium empfangen, wo man auch tanzte. Die junge reformeifrige Äbtissin von Port-Royal, Angélique Arnauld, hatte einen wahren Skandal bewirkt, als sie am 25. September 1609 beim berühmten „Journée du Guichet" ihrer eigenen Familie den Zutritt zur Klausur verwehrte[6]. Was die in den Gelübden versprochene Armut betrifft, so existierte sie häufig nur in der Theorie; Mönche und Nonnen bildeten sich gewöhnlich ein eigenes Vermögen, das die Mängel eines allzuoft elenden materiellen Lebens beheben sollte.

Diese Dekadenz, die seit dem Ende des Mittelalters immer spürbarer geworden war, hatte ihre erste, allen Männer- und Frauenklöstern gemeinsame Ursache in der Qualität der Berufungen oder vielmehr im Fehlen echter Berufungen. Die Zahl der Eintritte durch freie persönliche Wahl ist sehr gering. Im allgemeinen befindet die Familie — und zwar meist aus finanziellen Erwägungen heraus — über den Eintritt ihrer Kinder in ein Kloster. Man schiebt überzählige Kinder, die man mangels entsprechender Mittel nicht in passender Stellung unterbringen kann, Nachgeborene ohne Erbteil, die nicht waffenfähig sind, Mädchen, denen man keine Aussteuer

[5] Vgl. *A. Praviel*, Violante et ses amants (Paris 1934).

[6] Vgl. *L. Cognet*, La réforme de Port-Royal (Paris 1950) 114—121.

geben kann, in die Kirche ab. Die Mädchen insbesondere wurden in unverantwortlich jungem Alter ins Kloster geschickt. So hatte 1699 der gottesfürchtige Oberstaatsanwalt Simon Marion, der Großvater der berühmten Mère Angélique Arnauld, ohne zu zögern, zwei seiner Enkelinnen im Alter von sieben und fünf Jahren den Schleier nehmen lassen und ihnen zur Versüßung seiner Entscheidung nur versprochen, sie zu Äbtissinnen zu machen. Er hielt Wort: Angélique wurde mit elf Jahren Äbtissin von Port-Royal!

Eine andere Ursache, die jedoch nur Männerklöster betraf, trug zur Mittelmäßigkeit des klösterlichen Milieus bei. Es handelt sich um die fast allgemein übliche Praxis der *Kommende*, die in Frankreich im 13. Jh. aufgekommen war und nach dem Konkordat von 1516 allgemeine Anwendung fand. Der Vorgang bestand darin, die geistliche Funktion der kirchlichen Ämter von dem mit ihnen verbundenen zeitlichen Einkommen zu trennen. Das Amt wurde einem Titular übertragen, der es in kanonischer Sicht nicht ausüben konnte und also auf eine zweite Person angewiesen war, die die nötigen Vollmachten besaß. Der Pfründeninhaber behielt jedoch den größten Teil der Einkünfte und überließ seinem Stellvertreter und seinen Untergebenen nur einen gerade noch ausreichenden Teil, die „portio congrua"; die Pfründeninhaber gewöhnten sich allmählich so sehr daran, diesen noch weiter zu beschränken, daß der Begriff schließlich die Bedeutung eines „eingeschränkten und ungenügenden Teiles" annahm. Dieser Vorgang hatte die enorme Masse der Kirchengüter wieder in die Hände der Monarchie gebracht, und die Könige bedienten sich ihrer skrupellos, um treue Diener zu belohnen und Künstler und Literaten zu unterstützen: Sully war, obwohl Protestant, Titular von vier Abteien. Zu Beginn der Regierungszeit Ludwigs XIII. waren einige Mißbräuche der Kommende schon wieder verschwunden: das System wurde nicht mehr auf Bischofssitze, sondern nur noch auf Männerklöster angewandt. Dennoch waren praktisch alle Männerklöster und Propsteien Pfründen und viele ihrer Titulare einfache Tonsurträger, die noch nicht 20 Jahre alt waren. Richelieu selbst belohnte auch weiterhin die Musiker seines Orchesters mit Abteien und Propsteien. Bis zur Revolution ergänzen die meisten Bischöfe die Einkünfte ihres Bistums durch die Erträge einer oder mehrerer Abteien: Bossuet fügte zum Bistum von Meaux die Abtei Saint-Lucien-lès-Beauvais, und Fénelon wurde des Zelantismus beschuldigt, als er bei seiner Berufung auf den Sitz von Cambrai seine Abtei von Saint-Valéry in Caux zurückgab. Selbst die strengsten Kleriker waren fast alle Pfründeninhaber. Duvergier de Hauranne sagte von der bescheidenen Abtei von Saint-Cyran im Poitou, die er 1620 erhalten hatte, sie sei sein „Schandfleck"[7], er behielt sie jedoch bis zu seinem Tode. Einige, wie der berühmte

[7] Vgl. *ders.*, La jeunesse d'Antoine Singlin: Chroniques de Port-Royal (1953) 10.

Professor der Sorbonne, Philippe de Gamaches, oder sogar J.-J. Olier, der Gründer von Saint-Sulpice, praktizierten die kanonisch verbotene Pfründenhäufung. In den meisten Fällen behielten die Pfründeninhaber mindestens zwei Drittel der Einkünfte für sich, und viele bemühten sich, durch eine Reduzierung der Mönche ihren eigenen Anteil zu vermehren; sie waren daher keineswegs bereit, eine Reform voranzutreiben oder auch nur zu tolerieren, die den Ertrag ihrer Pfründe mit Sicherheit geschmälert hätte. Sehr selten waren jene Pfründenbesitzer, die sich, wie Barcos, der Neffe Saint-Cyrans, in ihre Abtei zurückzogen, um sie zu reformieren, noch seltener waren jene, die, wie der berühmte Rancé, Titularabt ihrer Abtei wurden.

Die Gesamtlage wurde durch unerfreuliche Meinungsverschiedenheiten zwischen Welt- und Ordensklerus verschlechtert. Dieser letztere stand tatsächlich unter dem Privileg der Exemtion und konnte sich so der bischöflichen Jurisdiktion fast völlig entziehen. Dies hatte einen zweifachen Nachteil. Zunächst stießen dadurch die im Laufe des Jahrhunderts zahlreicher werdenden Reformbischöfe auf unüberwindbare Hindernisse, die ihnen die Abschaffung gewisser skandalöser Verhältnisse vereitelten und es den großen, auch Frauen-Abteien ermöglichten, ihnen ungestraft die Stirn zu bieten: Noch um das Jahr 1690 steht Bossuet in einem langen und dramatischen Konflikt mit der Äbtissin von Jouarre, Henriette de Lorraine[8]. Andrerseits nützten einige junge glühende und einflußreiche Kongregationen diese Ausnahmestellung und bildeten, ausgehend von ihren Kapellen, deren Besucher — oft sehr zahlreich und aus adeligen Kreisen kommend — ihren eigenen Pfarrkirchen abtrünnig wurden, eine Art Parallelklerus zu den Weltklerikern. Dies gilt vor allem für die Jesuiten und Kapuziner. Die Diözesan- und Provinzialsynoden versuchten Abhilfe zu schaffen, indem sie die Gläubigen verpflichteten, an einer gewissen Zahl von Sonntagen die Messe in ihrer Heimatpfarrei zu hören: Das Konzil von Bordeaux z.B. schrieb einen Sonntag von dreien vor (1582)[9]. Diese Maßnahmen blieben jedoch praktisch ohne Erfolg, und es kam oft zu gewalttätigen Zwischenfällen, wie z.B. jenem, der im Frühjahr 1620 den streitbaren Bischof von Poitiers, La Rocheposay, in Gegensatz brachte zu den Jesuiten der gleichen Stadt. Es ist also nicht verwunderlich, daß sogar die besten Vertreter des Episkopats eine gewisse Zurückhaltung gegenüber den Orden bekundeten, auch wenn sie anderweitig deren Qualitäten zu schätzen wußten. Einer der wichtigsten Verfechter dieses Kampfes war zweifellos Jean-Pierre Camus (1584—1652), Bischof von Belley und Freund des Franz von Sales ein spiritueller Schriftsteller von übergroßer Fruchtbar-

[8] Vgl. *Y. Chaussy*, Jouarre et Bossuet: L'abbaye royale de Jouarre (Paris 1961) 247—294.
[9] Text in Mercure Jésuite 1, 25.

keit[10]. Er polemisierte immer wieder gegen die Ansprüche der Ordensgeistlichen und scheute nicht davor zurück, Werke von ungewöhnlicher Heftigkeit, wie z. B. seinen „Rabat-joie du triomphe monastique" (1634), als Streitschriften zu verfassen. Zu Beginn wurde er von Franz von Sales ermutigt, der ihm am 22. August 1614 schrieb: „Es gereicht zur größten Ehre Gottes, daß unsere Episkopalordnung als solche anerkannt werde und dieses Moos von Exemtionen vom Baum der Kirche gerissen werde, dem es, wie wir gesehen haben, so großen Schaden zugefügt hat." Später, im Jahr 1632, greift auch Saint-Cyran in den Kampf ein und verteidigt unter dem Pseudonym Petrus Aurelius in einer Reihe von Schriften, die durch die Approbation der Assemblées du Clergé quasi-offiziellen Charakter erhielten, mit Nachdruck die Rechte der Hierarchie. Zwar beruhigt sich die Situation in der Folgezeit ein wenig, Schwierigkeiten dieser Art tauchen jedoch während des ganzen Ancien régime auf.

Trotz dieser düsteren Seiten hatte der französische Katholizismus schon zu Beginn der Regierung Ludwigs XIII. seine Erneuerung (Kap. 5) begonnen und bewies seine starke Lebenskraft. Das milieu dévot, das von der Liga seinen Ausgang genommen hatte, war während der ganzen Regierungszeit Heinrichs IV. eine äußerst eifrige und aktive katholische Gruppe. Ihre zentrale Figur war eine Mystikerin aus der besten Gesellschaft, Mme Acarie[11]. In ihrem Kreis traf man gelegentlich einen Bischof in der Person Franz' von Sales, häufiger noch Weltpriester, wie Bérulle[12] und Gallemant, Professoren der Sorbonne, wie Duval[13], Jesuiten, wie P. Coton, den Beichtvater des Königs, Kapuziner, wie Benedikt von Canfield[14], Kartäuser, wie Dom Beaucousin, und Damen der Gesellschaft, wie Mme de Sainte-Beuve oder Mme de Maignelay, die Schwester der Gondi. Die Gruppe befaßte zunächst sich in erster Linie mit der Klosterreform, die tatsächlich nur in den beiden Frauenabteien der Benediktinerinnen von Montmartre (1598) und der Zisterzienserinnen von Port-Royal (1608) zu einem entscheidenden Ergebnis geführt hatte; in der Folgezeit erfaßte die Bewegung jedoch auch andere Klöster. Daneben bemühte man sich auch um die Einführung von Orden, die in anderen Ländern bereits reformiert worden waren. Der Erfolg war besonders groß bei den in Spanien durch die heilige Theresia reformierten Karmelitinnen: im September 1604 gegründet, besaß der französische Karmel 1610 bereits 18 und 1630 schon 46 Häuser, deren Mitglieder vor allem

[10] Vgl. *F. Boulas*, Un ami de saint François de Sales, Camus évêque de Belley (Lyon 1878); *R. Heurtevent*, Camus: DSAM 2, 62—73.

[11] Vgl. *Bruno de Jésus-Marie*, La Belle Acarie (Paris 1942).

[12] Vgl. *J. Dagens*, Bérulle et les origines de la restauration catholique (Bruges-Paris 1952).

[13] Vgl. *L. Cognet*, Duval: DHGE 14, 1213—16.

[14] Vgl. *Optat de Veghel*, Benoît de Canfield, sa vie, sa doctrine et son influence (Rom 1949).

aus der Aristokratie kamen. Die Priorin von Paris, Madeleine de Saint-Joseph, geborene Fontaines-Marans, übte einen ungewöhnlichen geistigen Einfluß auf die gesamte Pariser Gesellschaft aus. Im Jahr 1610 gelang es den gemeinsamen Bemühungen von Mme Acarie und Mme de Sainte-Beuve, die 1596 im Comtat-Venaissin gegründeten Ursulinen in Paris anzusiedeln, die sich der bislang oft sehr vernachlässigten Erziehung der Mädchen widmeten; sie entwickelten sich sehr rasch und besaßen um die Jahrhundertwende bereits etwa 300 Häuser [15]. Die Männerkongregationen hatten, abgesehen von den zwei großen in Frankreich seit dem 16. Jh. eingeführten Orden der Jesuiten (1552) und Kapuziner (1573), die trotz aller Angriffe auch weiterhin in Blüte standen und ihren Einfluß aufrechterhalten konnten, ein bescheideneres Schicksal. Die Frères de la Charité des Johannes von Gott erhalten 1601 nur mit Mühe ein Hospital in Paris. Wenn die barfüßigen Karmeliten auch 1611 den Weg von Spanien nach Frankreich finden, so geschieht dies doch gegen den Willen des milieu dévot, das ihre Konkurrenz in der Leitung des Karmels fürchtet. Immerhin nehmen Mme Acarie und ihre Freunde wirksamen Anteil an einer Anzahl von Neugründungen. Eine der bedeutendsten war die Stiftung der Heimsuchung (1610) durch Franz von Sales und Johanna von Chantal [16]. Sie war zunächst konzipiert als partiell aktive Kongregation ohne absolute Klausur, mußte sich aber 1618 auf Drängen des Erzbischofs von Lyon, Marquemont, in einen kontemplativen Orden mit feierlichen Gelübden umwandeln. Ihre Verbreitung wurde dadurch jedoch keineswegs behindert: Beim Tode ihrer Gründerin (1641) besaß die Heimsuchung bereits mehr als 80 Häuser. Schon bald übernahmen die Visitantinnen, wie viele andere Klöster mit Klausur (z.B. Port-Royal), Erziehungsaufgaben. Daneben gab es aber auch Gründungen von Schulkongregationen, wie die Filles de Notre-Dame der Jeanne de Lestonnac [17] in Bordeaux (1606), die Schwestern von Notre-Dame de Lorraine des heiligen Pierre Fourier (1618), die Filles de la Croix [18], die Mme de Villeneuve 1641 in Paris einführte, und viele andere. Von den Krankenpflegekongregationen wird später noch die Rede sein.

Nach 1610 beginnt das milieu dévot jedoch, sich trotz seiner Vitalität aufzulösen. Interne Mißhelligkeiten schwächen es nach und nach, und Mme Acarie, die 1614 selbst Karmelitin geworden ist, kann ihm nicht mehr als Mittelpunkt dienen; sie ist außerdem persönlich in die Kontroversen um die Leitung des Karmels verstrickt, die Bérulle gegen den Widerstand

[15] Vgl. *Louise de Jésus,* La Vénérable Madeleine de Saint-Joseph (Clamart 1935); *Marie de Chantal Gueudré,* Histoire de l'ordre des Ursulines en France, 3 Bde (Paris 1957/63).
[16] Vgl. *E. J. Lajeunie,* Saint François de Sales, 2 Bde (Paris 1966); *H. Bremond,* Sainte Chantal (Paris 1912).
[17] *L. Entraygues,* La Bienheureuse Jeanne de Lestonnac (Périgueux 1940).
[18] Vgl. *A. de Salinis,* Mme de Villeneuve (Paris 1918).

Duvals und Mme Acaries ausschließlich dem Oratorium übertragen wollte [19]. Dieser Konflikt, der zunächst auf relativ parteiinterner Ebene geblieben war, erreichte nach 1618 die breite Öffentlichkeit und verschärfte sich mit dem Auftreten zweier neuer Gegner Bérulles: der Karmeliten, die die Führung des gesamten Karmels übernehmen wollten, und der Jesuiten, die für ihre verschiedenen Apostolatsbereiche die Konkurrenz des 1611 von Bérulle gestifteten Oratoriums befürchteten. Alle diese Feindseligkeiten trugen dazu bei, Bérulle in eine schwierige Lage zu bringen, sein Denken zu verdächtigen und gleichzeitig das milieu dévot zu unterminieren, dessen langsames Zerbröckeln nun unvermeidbar wurde.

Richelieu und das milieu dévot

Zu Beginn der Regentschaft Marias von Medici stand das milieu dévot in hohem Ansehen. Es vermochte sehr leicht die nicht gerade sehr kluge Königin zu beeindrucken, die im übrigen die Frömmigkeit, Rechtschaffenheit und Uneigennützigkeit seiner Vertreter schätzte. Bérulle, der durch seine Mutter der Familie der Séguier, damals durch Stellung und Reichtum eine der bedeutendsten des Königreiches, angehörte, war in diesem Kreis natürlich eine wichtige Figur. Andrerseits überließ der Favorit Concini, Maréchal d'Ancre, dem parti dévot bereitwillig die religiösen Angelegenheiten, für die er sich wenig kompetent fühlte und die ihn kaum interessierten. Auf Grund dieser Sachlage trug Bérulle wesentlich dazu bei, die Karriere eines jungen Klerikers voranzutreiben, der 1606 Bischof von Luçon geworden war: Armand du Plessis de Richelieu, der zehn Jahre jünger war als er und aus weniger vornehmer Familie stammte, in dem er aber glänzende Fähigkeiten entdeckt hatte. Ehrgeizig und klarsichtig, suchte Richelieu ohne Zögern Anschluß an die Königin-Mutter und den parti dévot, auch wenn er sich später gegen ihn wenden sollte. Er schmeichelte zunächst Bérulle und führte 1612 als einer der ersten das Oratorium in seiner Diözese ein. Seine sehr beachtete Rede vor den Generalständen im Jahr 1615 enthielt geschickte Lobreden auf Maria von Medici, die ihm den Zugang zu den Staatsgeschäften öffneten. Seit November 1616 war er Staatssekretär Concinis, dessen Ermordung ihn beinahe in Ungnade gebracht hätte. Wenn Richelieu sich 1619 dennoch rehabilitieren konnte, so war dies vor allem durch die Unterstützung eines Mitgliedes des parti dévot, Sébastien Bouthilliers, möglich geworden. Erst 1624 erhielt er tatsächlich eine erstrangige Stelle, aber zu diesem Zeitpunkt waren seine politischen Ideen schon voll ausgereift, und er geriet mehr und mehr mit Bérulle und dessen Freunden in Konflikt. Bérulle

[19] Vgl. Mémoire sur la fondation, le gouvernement et l'observance des Carmélites déchaussées, 2 Bde (Reims 1894).

seiner Priesterweihe eine moralische Krise durchgemacht, aus der er gewandelt und zum inneren Leben bekehrt hervorgegangen war. Um 1620 führte ihn ein Zufall mit Bérulle zusammen, dessen enger Freund und gelegentlicher Mitarbeiter er schon bald wurde. Nach und nach war Saint-Cyran in die Positionen Bérulles hineingewachsen und begann, gegen dessen Gegner, nicht nur gegen Jesuiten und Karmeliten, sondern auch gegen Richelieu, Stellung zu nehmen. Nach dem Tode Bérulles, als das Oratorium aus Angst vor dem Kardinal-Minister es kaum wagte, eine Totenrede auf seinen Stifter halten zu lassen, setzte Saint-Cyran am 5. Oktober einen eindrucksvollen, an P. Bourgoing, den späteren zweiten Nachfolger Bérulles im Generalat der Kongregation, gerichteten Brief in Umlauf, der ein uneingeschränktes Lob des Verstorbenen beinhaltete. Auch sonst war die scharfe Intelligenz Saint-Cyrans weithin bekannt: Guez de Balzac bezeichnete ihn bald nach seinem Aufenthaltsort als „das Orakel vom Kloster Notre-Dame". Ohne es zu wollen, nahm Saint-Cyran rasch eine exponierte Stellung innerhalb des parti dévot ein und wurde zum Gegner Richelieus. Während der kurzen Machtperiode der Partei, unmittelbar vor der Journée des Dupes, hatte ihn die Königin-Mutter sogar zum Bischof von Bayonne designiert. Richelieu wagte zunächst jedoch nicht, gegen seinen früheren Freund vorzugehen, sei es daß er nicht über ausreichende Gründe verfügte, sei es daß er hoffte, ihn doch wieder zurückzugewinnen.

Saint-Cyran, der sich in einer gefährlichen Situation wußte, verhielt sich äußerst vorsichtig, während sich die antispanische Politik des Ministers verschärfte und im Mai 1635 schließlich in eine Kriegserklärung ausmündete. Man wußte jedoch in der Öffentlichkeit, daß Saint-Cyran diese Feindschaft gegen eine große katholische Nation ebenso wie auch die Allianz Richelieus mit den Protestanten Deutschlands verurteilte. Im Verlauf des Sommers 1635 nun veröffentlichte Jansenius, dessen Verbindung mit Saint-Cyran bekannt war, seinen „Mars gallicus, seu de justitia armorum et foederum regis Galliae", ein plumpes und scharfes Pamphlet gegen die Außenpolitik Richelieus. Saint-Cyran billigte diese allzu parteiische Stellungnahme nicht. Aber Richelieu fühlte sich verletzt; er reagierte heftig, und Saint-Cyran war das Opfer seiner Rache. Auf der anderen Seite befürchtete der Minister, sein Gegner könnte ihm in einer anderen, besonders heiklen Sache, die ihm am Herzen lag, öffentlich Widerstand leisten: es handelt sich um die Ehe Gastons d'Orléans, des Bruders des Königs, der ohne Zustimmung der Krone am 3. Januar 1632 Margarete von Lothringen[22] geheiratet hatte. Diese Verbindung störte die Politik Richelieus, der auf die Güter des Herzogs von Lothringen, des Bruders der Margarete, spekulierte. Der Minister ließ die Ehe durch einen Parlamentserlaß (1634) unter dem seltsamen Vorwand scheiden, Gaston sei das Opfer einer Entführung gewesen. Daneben

[22] Vgl. *A. Degert,* Le mariage de Gaston d'Orléans: RH 143 (1901) 161 ff.

erreichte Richelieu, der das Gewissen des Königs beruhigen wollte — nicht ohne Schwierigkeiten —, von der Klerikerversammlung, von vierzehn Pariser Gemeinden, sowie von sechzig Doktoren Gutachten, die sich für die Ungültigkeit dieser Ehe aussprachen. Der Heilige Stuhl dagegen betrachtete diese Ehe auch weiterhin als gültig. Dies war auch die Meinung Saint-Cyrans, und er konnte sie, trotz aller Diskretion, nicht völlig verheimlichen, zumal er der Freund Condrens, des Oratorianergenerals und Beichtvaters Gastons, war. Richelieu wußte dies und reagierte mit Unwillen und Unruhe, da er befürchtete, Saint-Cyran möchte sich öffentlich in einer Angelegenheit äußern, in der es ihm bereits gelungen war, Condren und selbst Vinzenz von Paul zu neutralisieren: Richelieu, der sich bezahlte Zeitungsschreiber hielt, kannte die Macht der Presse und der öffentlichen Meinung, die eine Intervention Saint-Cyrans zum Umschlag hätte bringen können, nur zu gut. Außerdem veröffentlichte der Minister zur gleichen Zeit seinen Plan, von dem später noch die Rede sein wird, ein vom Heiligen Stuhl relativ unabhängiges französisches Patriarchat zu gründen. Es war von vornherein klar, daß Saint-Cyran diesem schismatischen Vorhaben, bei dem Richelieu die Mehrheit der Nation gegen sich wußte, mit seiner ganzen Energie entgegentreten würde. So wurde Saint-Cyran, ohne es zu wollen, zum ersten Gegner des Kardinals. Noch einmal versuchte Richelieu ihn zurückzugewinnen, indem er ihm im Frühjahr 1637 den Bischofsstuhl von Bayonne anbieten ließ; der Abt wies ihn jedoch zurück, da er seine Unabhängigkeit nicht aufgeben wollte, wußte aber sehr wohl, daß seine Ablehnung ihn größeren Gefahren aussetzte. Nun dachte Richelieu tatsächlich daran, mit Gewalt vorzugehen. Aber das intellektuelle Ansehen des Abtes, sein Ruf der Frömmigkeit und Integrität, die Zurückgezogenheit, in der er lebte, all dies bot nur sehr wenig Angriffsflächen. Aber die Vorkommnisse in Port-Royal, auf die wir bald zu sprechen kommen, lieferten dem Minister den augenscheinlich religiösen Vorwand, den er suchte. Jedenfalls konnte Richelieu glauben, daß mit der Verhaftung Saint-Cyrans die endgültige Auflösung des schon sehr geschwächten parti dévot beschlossen sei; er konnte jedoch nicht vorhersehen, daß Port-Royal die stärkste Bastion des Widerstandes gegen den Absolutismus bleiben sollte.

Die Reform des Klerus

In den wenigen Jahren der Macht, die dem parti dévot unter der Regentschaft Marias von Medici beschieden waren, verfolgte er als erstes Ziel die Reform des Welt- und Ordensklerus; in dieser Beziehung wurde sein Werk von Richelieu unterstützt und weitergeführt. In der Tat werden die Bemühungen um eine Klosterreform nach 1610 nicht nur vom milieu dévot unterstützt, sondern häufig auch von der zivilen Autorität übernommen. Es ist übrigens festzuhalten, daß der Begriff der Klosterreform eine zweifache Bedeutung hat. Es gibt Fälle, in denen es einer bedeutenden religiösen Persönlichkeit an der Spitze einer Gemeinschaft gelingt, sie durch ihr Beispiel und durch ihre Überzeugungskraft zur strikten Observanz zurückzuführen und sie zu einem Zentrum der Spiritualität zu machen. In anderen Fällen greifen die verantwortlichen Kräfte von außen her ein und wenden, wo es nötig erscheint, auch Gewalt an, um die schreiendsten Mißstände abzuschaffen und dem Haus wenigstens ein Minimum an Beobachtung der Regel zu ermöglichen. Die religiöse Bedeutung der Reform unterscheidet sich in den beiden Fällen natürlich grundlegend.

Ein unterhaltsames Beispiel des zweiten Typs bietet uns die Zisterzienserinnenabtei von Maubuisson, der, wie bereits erwähnt, in der Person Angélique d'Estrées eine galante Äbtissin vorstand; auch das Alter schien sie nicht gemäßigt zu haben, da ihre öffentlich bekannte Liaison mit einem Edelmann auch weiterhin die an Skandalen reiche Chronik beschäftigt[23]. Im Jahr 1617 kam es schließlich so weit, daß eine Hoforder dem Abt von Cîteaux, Dom Boucherat, auftrug, in Maubuisson wieder Ordnung zu schaffen. Dom Boucherat hielt eine kanonische Visitation, in deren Folge er am 5. Februar 1618 Mme d'Estrées von den königlichen Polizeisoldaten festnehmen und sie bei den Filles répenties internieren ließ. Dann ließ er Mère Angélique Arnauld, die Äbtissin von Port-Royal, und drei ihrer Nonnen zur Leitung und Reform des Hauses kommen. Die Lage begann sich zu bessern, als am 10. September 1619 Mme d'Estrées, die aus dem Haus der Filles répenties geflohen war, in Begleitung ihr ergebener Edelmänner die Abtei stürmte und Mère Angélique mit den ihr treu bleibenden Nonnen nach Pontoise fliehen mußte. Es bedurfte anderntags einer neuerlichen Expedition der Polizeisoldaten, um Mme d'Estrées, die übrigens entfliehen konnte, auszuquartieren und Mère Angélique wieder einzusetzen, die in der Folgezeit jedoch mehrfach in Gefahr stand, ermordet zu werden. Erst im Frühjahr 1623 wurde Mme d'Estrées endgültig durch eine andere Äbtissin ersetzt, und Mère Angélique konnte nach Port-Royal zurückkehren. Hier handelt es sich um eine besonders romaneske Episode — sie war jedoch nicht die einzige in dieser Epoche.

In dieser Bewegung der Klosterreform kommt dem Kardinal François de la Rochefoucauld (1558—1645) eine entscheidende Stellung zu[24]. Zunächst Hofprälat, dann, zur Zeit der Liga, streitbarer Bischof von Clermont, war er in seiner Jugend auf einer Italienreise dem heiligen Karl Borromäus begegnet und brannte nun darauf, dessen reformatorischen Eifer nachzuahmen. La Rochefoucauld war mit dem parti dévot eng verbunden, und es war wahrscheinlich Henri de Gondi, der Bischof von Paris,

[23] Vgl. *L. Cognet,* La Mère Angélique et saint François de Sales (Paris 1951).
[24] Vgl. *G. de la Rochefoucauld,* Le Cardinal de la Rochefoucauld (Paris 1926).

der Ludwig XIII. gegen 1620 geraten hatte, ihn für die Ordensreform einzusetzen. Ein Breve Gregors XV. vom 8. April 1622 übertrug ihm diese Aufgabe, in der er durch königliche Patentbriefe vom darauffolgenden 13. Juli bestätigt wurde und der er sich nun mit aller Kraft widmete. La Rochefoucauld, der im übrigen skrupellos die Akkumulation von Kirchenpfründen betrieb, besaß in seiner Sammlung von Abteien jene von Sainte-Geneviève in Paris, ein Kloster der Regularkanoniker. Er war also vornehmlich an der Reform dieses Zweiges interessiert und stiftete zusammen mit P. Charles Faure (1594—1644), einem frommen Ordensmann aus Senlis [25], die Congrégation de France, die alle anderen Abteien der Regularkanoniker integrieren sollte. Der Kardinal setzte diese Maßnahme nicht ohne gelegentliche Rücksichtslosigkeit durch, so z. B. im Falle des verehrungswürdigen Alain de Solminihac [26], Bischofs von Cahors, der seinerseits von seiner Abtei in Chancelade aus einen Zweig von Regularkanonikern gebildet hatte. Nicht so erfolgreich war La Rochefoucauld bei anderen Orden, vor allem jenen von Clairvaux und Cîteaux. Dom Denis Largentier, der Abt von Clairvaux, hatte 1615 eine Reform eingeleitet, der sich mehrere Abteien angeschlossen hatten. Dom Nicolas Boucherat, der Abt von Cîteaux, unterstützte die Reformierten und gestattete ihnen, sich einen eigenen Generalvikar zu geben. Dann entsprach er in einer im Mai 1622 unter dem Vorsitz La Rochefoucaulds gehaltenen Zusammenkunft den Vorschlägen des Kardinals und genehmigte den Reformierten die Bildung einer besonderen Kongregation. Im darauffolgenden Mai jedoch annullierte das Generalkapitel diese Entscheidung [27]. Wenig später starben Dom Largentier und Dom Boucherat kurz nacheinander (1624—1625), und an ihre Stelle traten reformfeindliche Äbte. Dom Étienne Maugier, der Abt von La Charmoye, übernahm nun die Führung der reformistischen Bewegung und leitete mit der Unterstützung La Rochefoucaulds eine wahre Bewegung ein, in der er die Unabhängigkeit der Reformierten forderte. Dies war der Beginn langer Zwistigkeiten, die den Orden das ganze Jahrhundert hindurch spalteten. Selbst die Konstitution „In suprema" (1666) Alexanders VII., die eine leicht gemilderte Ordensregel vorschrieb, konnte den Frieden nicht wiederherstellen, sondern bewirkte im Gegenteil lebhaften Widerstand. Einer der Streitenden war Armand-Jean Le Bouthillier de Rancé (1626—1700), der sich nach einer sehr bewegten Karriere als der Welt zugewandter Abt bekehrt hatte und 1664 Titularabt seiner Kommende La Trappe in der Normandie geworden war [28]. Er entschloß sich zu

[25] Vgl. *L. Cognet,* Faure: DHGE 16, 714—719.

[26] Vgl. *E. Sol,* Le Vénérable Alain de Solminihac (Cahors 1928).

[27] Vgl. *J. Canivez,* Cîteaux: DHGE 12 (1952) 950—997.

[28] Vgl. *H. Bremond,* L'abbé Tempête, Armand de Rancé et la réforme de la Trappe (Paris 1926).

einer Reform seiner Abtei, die in ihrer Ausrichtung und Strenge weit über das zisterziensische Ideal hinausging, die aber durch die Bekanntheit Rancés ungeheuere Ausstrahlung gewann. Innerhalb des Ordens jedoch stieß die Reform Rancés auf heftigen Widerstand, so z. B. bei Dom Eustache de Beaufort, der 1663 die Reform seiner Abtei de Sept-Fons im Bourbonnais eingeleitet hatte [29]. Auch die Zisterzienserinnen schlossen sich der Reformbewegung an, die 1608 in Port-Royal begonnen hatte, und im 17. Jh. entstanden mehrere Kongregationen der reformierten Bernhardinerinnen. Eine der interessantesten entstand 1618 in Tart, in der Diözese Langres, durch die Anregung der Mère Jeanne de Courcelle de Pourlan mit der Unterstützung des Bischofs Sébastien Zamet [30] und der Nonnen von Port-Royal. Eine weitere Kongregation, gestiftet von der Mère de Ballon mit der Unterstützung des heiligen Franz von Sales, entstand 1621 in Rumilly.

Auch die Benediktinerfamilie zog Vorteile aus mehreren Reformversuchen. Der Impuls war von Lothringen ausgegangen, wo sich 1604 die Kongregation von Saint-Vanne und Saint-Hydulphe gebildet hatte. Die Reform der Kongregation von Saint-Vanne wurde 1613 durch die Vermittlung Dom Bénards, des Priors des Collège de Cluny in Paris, nach Frankreich übertragen. Einige Klöster schlossen sich ihr an, aber da Lothringen zu dieser Zeit zum Reich gehörte, mußten sie sich 1618 in einer autonomen Kongregation, der Congrégation de Saint-Maur, formieren, die von Ludwig XIII. ermutigt und 1621 kanonisch errichtet wurde. Im Jahr 1624 erhielt sie in Dom Grégoire Tarrisse [31] einen hervorragenden Verwaltungsfachmann zum Präsidenten, der sie mit einer festen und zentralisierten Organisation ausstattete. Nach und nach traten ihr die meisten bedeutenden Benediktinerabteien, mit Ausnahme von Cluny und seinen Zweiggemeinschaften, bei, und die berühmte Abtei von Saint-Germain des Prés in Paris wurde 1631 zum Zentrum der Mauriner [32]. Indes versuchte in Cluny der Abt Jacques de Veny d'Arbouze 1622 eine Reform, die jedoch ergebnislos blieb. Richelieu, der 1629 selbst Kommendatarabt von Cluny geworden war und alle Benediktiner Frankreichs in einer einzigen Körperschaft vereinigen wollte [33], versuchte, die Cluniazenser mit den Maurinern zu fusionieren und daraus die Congrégation de Saint-Benoît zu bilden. Rom gab jedoch nie sein Einverständnis, und mit dem Tod des Kardinals

[29] Vgl. *B. Martelet,* Dom Eustache de Beaufort et la réforme de Sept-Fons: Cîteaux 14 (1963) 4, 281—292.

[30] Vgl. *L. Prunel,* Sébastien Zamet, sa vie, ses œuvres (Paris 1912).

[31] Vgl. *F. Rousseau,* Un promoteur de l'érudition bénédictine, Dom Grégoire Tarrisse (Lille 1924).

[32] Gesammelte Beiträge anläßlich der 100-Jahr-Feier der Abtei Saint-Germain-des-Prés: RHEF 43 (1957).

[33] Vgl. *P. Denis,* Le Cardinal de Richelieu et la réforme des monastères bénédictins (Paris 1913).

wurde auch dieser Plan aufgegeben. Ein späterer Versuch Mazarins, die reformierten Häuser von Cluny mit der Kongregation Saint-Vanne zu verbinden, war nicht erfolgreicher. In der Tat blieb die Gruppe von Cluny recht glanzlos, während die Mauriner aufblühten. Parallel dazu mehrten sich die Reformen in den Benediktinerinnenklöstern. Besonderes Ansehen gewann die Reform der Marguerite de Veny d'Arbouze, die sie 1619 in ihrer 1631 dann nach Paris verlegten Abtei Val-de-Grâce durchführte, durch die freundschaftliche Zuneigung Annas von Österreich; ihre Konstitutionen wurden von zahlreichen anderen Häusern übernommen. Einige dieser Reformen paßten die benediktinischen Traditionen den damals üblichen Frömmigkeitsformen an. Dies war der Fall bei den Benediktinerinnen du Calvaire („Calvairiennes"), die Antoinette d'Orléans [34] mit der Unterstützung des berühmten Kapuziners P. Joseph du Tremblay, der später den Beinamen „graue Eminenz" erhielt, 1617 in Poitiers gegründet hatte. Noch charakteristischer ist dieser Wandel bei den 1653 von der Mère Mechtilde [35] rue Casette in Paris gestifteten Benediktinerinnen vom Heiligen Sakrament. Die Sühne der dem Heiligen Sakrament von den Hugenotten angetanen Beleidigungen war damals eine zentrale Andachtsübung im milieu dévot, der sich seit 1647 auch die Zisterzienserinnen von Port-Royal widmeten.

Tatsächlich mußten sich in der ersten Hälfte des 17. Jh. fast alle alten Orden aus inneren Gründen einer Reform unterziehen. Für die Dominikaner hatte Sebastian Michaelis 1608 die Errichtung einer reformierten Kongregation für die Region von Toulouse erreicht, die sich 1613 auf Paris ausdehnte und dort 1629 den Namen Congrégation de Saint-Louis annahm. Kurze Zeit später, im Jahr 1636, gründete P. Antoine Le Quieu in Avignon eine neue, noch strengere Reform, die er ebenfalls dem Heiligen Sakrament weihte [36]. Die Reform der Prämonstratenser, die 1617 in Lothringen begonnen hatte, wurde 1623 in Frankreich übernommen. Bei den Karmeliten hatte sich die Reform der Provinz Touraine seit 1604 abzuzeichnen begonnen [37]. So war die Reform des Ordensklerus, im ganzen gesehen, mehr das Ergebnis einzelner und privater, denn staatlicher Initiativen. Die Kommission, der La Rochefoucauld vorstand, erreichte trotz der Bemühungen ihres Leiters nur sehr begrenzte Ergebnisse. Später ließ sich Richelieu die Abteien von Cluny, Cîteaux und Prémontré abtreten, um wirksam eingreifen zu können, benutzte diese Maßnahmen jedoch vor allem dazu, die entsprechenden Einkünfte einzuziehen. In Wahrheit zogen die führenden Kreise aus den Mißständen zuviel Profit, um sie tatsächlich abschaffen zu

[34] Vgl. *P. Petit,* Vie de la Mère Antoinette d'Orléans (Paris 1880).

[35] *M. Hervin - M. Dourlens,* Vie de Mechtilde du Saint-Sacrement (Paris 1883).

[36] Vgl. *R. L. Oechslin,* Une aventure spirituelle: Vie du Père Antoine Le Quieu (Paris 1967).

[37] Vgl. *S. M. Bouchereaux,* La réforme des Carmes en France et Jean de Saint-Samson (Paris 1950).

wollen. Ungeachtet dieser Schwierigkeiten waren die Bemühungen der Reformer dennoch nicht vergeblich. Viele Klöster wurden nicht nur zu echten Stätten geistlichen Lebens, sondern dehnten ihre Wirksamkeit auch auf Laienkreise aus. Um die Klöster von Port-Royal, Val-de-Grâce, des Karmels und der Heimsuchung sammelte sich ein ganzer Kreis von Freunden, und Rancé empfing in La Trappe die bedeutendsten Persönlichkeiten seiner Zeit. Daneben hören auch in den Häusern, die sich nur am Rande der Reform bewegen, die großen Skandale auf; Mißbräuche geschehen nur noch im verborgenen. Nach und nach gewinnt das Ordenswesen seine Würde wieder zurück.

Das Problem der Reform des Weltklerus stellte sich in ganz anderer Weise. In einem Punkt zunächst war sich das ganze milieu dévot einig, nämlich darin, daß es absolut nutzlos wäre, eine Reform des bereits existierenden Klerus zu unternehmen, und daß man zum Nullpunkt zurückkehren und einen neuen Klerus heranbilden müsse. Hier gingen jedoch die Lösungsvorschläge auseinander. Eine denkbare Möglichkeit war die Schaffung von Organismen, die zur Heranbildung eines seiner Funktion würdigen Klerus bestimmt sein sollten. Eben dies hatte das Konzil von Trient tatsächlich vorgeschrieben, als es die Errichtung von Seminaren anordnete. Die Dekrete des Trienter Konzils wurden jedoch trotz der diesbezüglichen Bemühungen vieler Kleriker und auch La Rochefoucaulds in Frankreich nie als Staatsgesetze übernommen[38]; ihre Verwirklichung blieb Privatinitiativen überlassen. So befaßten sich die Bischöfe erst sehr spät mit der Eröffnung von Seminaren, die dann oft unter sehr schlechten Bedingungen arbeiten mußten. Ihr Pionier war zweifellos Adrien Bourdoise (1584—1665)[39], eine Persönlichkeit, die sich außerhalb des üblichen Rahmens situierte, leidenschaftlich für die Reform des Klerus engagiert, von unnachgiebiger Strenge und unausstehlichem Charakter, vor deren Launen auch Vinzenz von Paul und Bérulle nicht verschont blieben. In der Pfarrei Saint-Nicolas du Chardonnet in Paris schloß er 1612 eine Gemeinschaft von Priesteraspiranten zusammen, denen er eine fast ausschließlich praktisch orientierte und auf intellektueller Ebene sehr begrenzte Ausbildung erteilte[40]. Nach einer mündlichen Anerkennung im Jahr 1631 erhielt Bourdoises Seminarversuch schließlich 1643 seine Patentbriefe. Sein Beispiel fand Nachfolger: in den Jahren 1622—1680 entstanden in etwa zwanzig Städten Frankreichs Seminargemeinschaften dieses Typs, deren einige jedoch nur sehr kurzlebig waren. Zur Zeit seiner Anfänge mußte Bourdoise wirklichen Mut aufbrin-

[38] Vgl. *V. Martin,* Le gallicanisme et la réforme catholique, essai sur l'introduction en France des décrets du Concile de Trente (Paris 1919).

[39] Vgl. *J. F. Darche,* Le saint abbé Bourdoise, 2 Bde (Paris 1884); *J. Harang,* Bourdoise (Paris 1949).

[40] Vgl. *P. Schoenher,* Histoire du Séminaire de Saint-Nicolas du Chardonnet, 2 Bde (Paris 1909/11).

gen. Zur gleichen Zeit wagte selbst La Rochefoucauld weder in Clermont noch in der ihm später übertragenen Diözese Senlis, ein Seminar zu eröffnen. Der Einfluß Bourdoises sollte sich darüber hinaus für Gründungen, wie das Oratorium und Saint-Sulpice, als wichtig erweisen.

Tatsächlich schien hinsichtlich der Reform des Pfarrklerus auch eine andere Lösung möglich: die Schaffung eines parallelen Weltklerus, der Vorbild und Ergänzung zu dem bereits bestehenden Klerus sein sollte. Dieser Lösung pflichtete Bérulle schließlich bei, als er am 10. November 1611 das Oratoire de Jésus, eine einfache Kongregation von Weltpriestern ohne besondere Gelübde, stiftete. Vorbild war die Gründung des heiligen Philipp Neri in Rom. Dieser hatte jedoch die Oratorien in den verschiedenen Städten als autonome Häuser ohne organische Verbindung zwischen ihnen konzipiert, während Bérulle das Oratorium Frankreichs von Anfang an als einzige, unter der Autorität eines Generalsuperiors gruppierte Kongregation, deren Mitglieder den Erfordernissen entsprechend die Häuser wechseln konnten, entworfen hatte [41]. In dieser Hinsicht war die Formel Bérulles den Bedürfnissen Frankreichs besser angepaßt, das über eine politische Einheit verfügte, die in Italien völlig fehlte. Die Oratorianer übernahmen sofort die verschiedenen Formen des Pfarrapostolats, dem sie schon bald auch Erziehungsaufgaben hinzufügten. Das Oratorium entwickelte sich sehr rasch. Bei seiner ersten Generalversammlung im August 1631 besaß es bereits 71 Häuser. Dieser quantitative wie auch qualitative Erfolg beweist, daß es den Bedürfnissen weiter Kreise der religiösen Öffentlichkeit entgegenkam. Die Ausdehnung und Zentralisierung des Oratoriums verlieh ihm trotz seiner liberalen Geisteshaltung in Wirklichkeit die Haltung einer großen nationalen Kongregation, auf französischem Gebiet etwa der Gesellschaft Jesu vergleichbar. Da diese auf den gleichen Gebieten wirksam war und sich identischen Aufgaben widmete, blieben Konflikte zwischen ihr und dem Oratorium unvermeidlich, und im Jahr 1620 kam es schließlich zum offenen Bruch. Im Dezember 1623 trugen Bérulle und die Jesuiten durch einen Austausch besonders aggressiver Memoranden die Angelegenheit vor den Nuntius Corsini. Die Feindschaft zwischen den beiden Kongregationen legte sich jedoch nicht und führte später in Konsequenz dazu zum Übertritt einer nicht unbedeutenden Teilgruppe des Oratoriums zum Jansenismus.

Die Rolle und der Einfluß des Oratoriums, die von Bérulle und seinen Nachfolgern vermittelte priesterliche Spiritualität [42] trugen wirksam dazu bei, das Niveau des Weltklerus zu heben. Im Oratorium und dessen Anhängerkreis beschäftigte man sich aber auch mit dem ersten der oben erwähnten Lösungsversuche, und man versuchte, Einrichtungen zu schaffen, die

[41] Vgl. *A. George*, L'Oratoire (Paris 1928).

[42] Vgl. *M. Dupuy*, Bérulle et le sacerdoce (Paris 1969).

die Ausbildung des Klerus sichern sollten. Noch zu Lebzeiten Bérulles übernahmen die Oratorianer Seminare, die häufig Gymnasien angegliedert waren, darunter auch jenes von Saint-Magloire, das für die Diözese Paris gegründet wurde. Diese Häuser hatten jedoch im Bereich des Weltklerus nur begrenzten Erfolg. Der Nachfolger Bérulles an der Spitze des Oratoriums, Charles de Condren (1588—1641), ein unentschlossener Charakter, der jede Verantwortung mied, bemühte sich nicht, das Werk der Seminare im Oratorium wiederaufzunehmen, obschon er dessen Notwendigkeit erkannte und es seinen Schülern anempfahl. Einer von diesen, Jean-Jacques Olier (1608—1657), verwirklichte in dieser Hinsicht ein Werk von grundlegender Bedeutung[43]. Nachdem er 1642 Pfarrer von Saint-Sulpice geworden war, errichtete er in seiner Pfarrei ein Seminar, aus dem schon bald die Compagnie de Saint-Sulpice hervorging, eine Gemeinschaft von Weltpriestern, die nach dem Vorbild des Oratoriums organisiert war und sich der Leitung und Unterrichtung in den Diözesanseminaren widmete[44]. Vier weitere Gemeinschaften wurden noch zu Lebzeiten Oliers gegründet, und in den folgenden Jahren wurden in Frankreich und Kanada zahlreiche Häuser errichtet oder in die Gesellschaft aufgenommen. Schon bald galten die sulpizianischen Seminare als beispielhaft, und die von ihnen vermittelte Ausbildung wurde zum Grundtypus der Klerikerausbildung. Diese Erziehung, die von den geistigen Grundsätzen Bérulles über die Größe des Priestertums und seinen Platz innerhalb der Hierarchie geprägt war, brachte einen bestimmten Typ frommer, gebildeter und mildtätiger Priester hervor, die ein würdiges und zurückgezogenes Leben führten und die alle einer ganz bestimmten sozialen Schicht entstammten, die jedoch über die Wirren der Revolution hinweg bis an die Schwelle unseres Jahrhunderts Bestand haben sollte. Ihre eigenen Grenzen waren dieser Ausbildung übrigens durch die Qualität der Priesterkandidaten gesetzt. Diese verbesserte sich, ohne daß jedoch der Zugang zum Priestertum immer einer wirklichen Berufung entsprach. Die Aristokratie stellte weiterhin den Nachwuchs für den Episkopat, ließ die Kandidaten jedoch im allgemeinen die Seminare durchlaufen; die „Mémoires" Talleyrands zeigen, daß diese Jugend des geistlichen Standes am Vorabend der Revolution sich anschickte, die strenge Ordnung des Seminars umzustürzen. In den unteren Bevölkerungsschichten blieb das Priestertum nach wie vor der einfachste Weg zum sozialen Aufstieg, und die Eltern bestimmten ihre begabtesten Kinder, ohne sie zu fragen, zum Priestertum; so wird es leicht verständlich, daß die Scheinphilosophie des 18. Jh. im Landklerus, für den der „Vicaire savoyard" Rousseaus keinen Mythos darstellte, ein starkes Echo fand.

[43] Vgl. *P. Pourrat*, J. J. Olier (Paris 1932).

[44] Vgl. *P. Boisard*, La Compagnie de Saint-Sulpice, trois siècles d'histoire (1959; nicht im Handel).

Diese Reformbewegung bringt auch andere Gründungen, die sich um die klerikale Ausbildung bemühen, hervor. Eine der wichtigsten nimmt ihren Ausgang von Vinzenz von Paul (1581—1660) (Kap. 5). Als Bauernsohn aus den Landes hatte Vinzenz eine in materieller Sicht schwierige Jugend durchlebt, und er mußte — wenngleich sein Aufenthalt in Tunesien nur als Legende zu werten ist[45] — eine Anzahl von Abenteuern bestehen, ehe er sich Ende des Jahres 1608 in Paris niederließ. Hier war er seit 1610 unter dem Einfluß Bérulles den Weg einer immer stärker einfordernden Heiligkeit gegangen. Er brauchte jedoch noch lange Jahre, um seinen eigentlichen Weg zu finden. Seit 1618 hatte er sich den Landmissionen gewidmet, aber erst im April 1625 gründete er mit der Unterstützung einer der mächtigsten Familien des milieu dévot, der Gondi, die Congrégation des Prêtres de la Mission, die er zunächst im Collège des Bons Enfants und 1632 im ehemaligen Leprosenhaus Saint-Lazare, dem künftigen Mutterhaus der Kongregation, ansiedelte. Die neue Kongregation, die sich zunächst mit dem Apostolat auf dem Lande, dann mit einigen Auslandsmissionen befaßte, entwickelte sich so rasch, daß Vinzenz von Paul seit 1641 seine Patres zur Errichtung einiger Diözesanseminare heranziehen konnte. Bei seinem Tode bestanden schon etwa 12 Häuser. Daneben hielt Vinzenz von Paul in Saint-Lazare auf Bitten des Erzbischofs fünf- oder sechsmal im Jahr einwöchige Einkehrtage für die Weihekandidaten, die sehr stark frequentiert waren und großen Erfolg hatten: Bossuet selbst bereitete darin im Jahr 1652 seine Weihe vor und war später noch viermal als Prediger zu Gast. Schließlich begannen im Juli 1633 — ebenfalls in Saint-Lazare — die berühmten Dienstags-Konferenzen (Conférences du Mardi), zu denen sich die besten Vertreter des Pariser Klerus zusammenfanden, um sich zu instruieren und die Probleme des Apostolats zu diskutieren. In den darauffolgenden Jahren gründeten die Lazaristen in den großen Provinzstädten ähnliche Organisationen. Alle diese Institutionen waren für Vinzenz von Paul Gegenstand ständiger Beschäftigung, und in einigen Punkten suchte er lange nach der richtigen Lösung. Dies gilt vor allem für die Seminare, in denen die Priesterkandidaten unglücklicherweise nur wenige Monate verbrachten, eine zu kurze Zeit, um eine gediegene Ausbildung zu ermöglichen. Die erreichten Ergebnisse waren dennoch positiv, wie Vinzenz selbst am Ende seines Lebens feststellte.

Obwohl Vinzenz von Paul zunächst unter dem Einfluß Bérulles gestanden war, löste er sich sehr schnell von ihm, und es kam in der Folge sogar zu einigen Meinungsverschiedenheiten zwischen ihnen. Das Oratorium brachte aber einen anderen großen Gründer auf dem Gebiet der Landmis-

[45] Vgl. *A. Dodin,* Saint Vincent de Paul et la charité (Paris 1960); *L. Cognet,* Saint Vincent de Paul (Paris 1959); *P. Debongnie,* Saint Vincent de Paul était-il à Tunis en 1606—1607?: RHE 58 (1963) 862—864.

sionen und Seminare hervor: den heiligen Jean Eudes (1611—1680)[46]. Er war Oratorianer von 1623 bis 1643, und wenn er 1643 das Oratorium verließ, so einzig und allein darum, weil ihn die Gründung eines Seminars in Caen in Opposition zu seinem Generaloberen P. François Bourgoing brachte. Er stiftete die Congrégation de Jésus et Marie, die ebenfalls die Leitung zahlreicher Seminare übernahm und einer Spiritualität Bérullescher Inspiration verhaftet blieb. Andere Versuche und Gründungen wurden zur gleichen Zeit unternommen, so z. B. im Süden die Congrégation des Pères de la Mission durch Christophe d'Authier de Sisgaud, die mehr oder weniger mit der Kongregation Vinzenz' von Paul in Konflikt geriet; alle diese Gruppen waren jedoch nur von begrenzter Verbreitung und Lebensdauer. Aber alle diese Bemühungen führten zu einer echten Reform der Mentalität, die sich nach und nach verbreitete. Nach 1650 richten die meisten Diözesen Seminare ein, und die Bedingungen, unter denen die Weihen erteilt werden, entsprechen mehr und mehr den kanonischen Normen, so daß das Niveau des Pfarrklerus sich rasch hebt, ohne jedoch die oben angedeuteten Grenzen zu überschreiten (Kap. 5).

2. Kapitel

Ursprung und Entwicklung des Jansenismus bis 1653

BIBLIOGRAPHIE: *L. Willaert,* Bibliotheca Janseniana Belgica, 3 Bde (Namur - Paris 1949/51).

QUELLEN: *C. Jansenius,* Augustinus (Louvain 1640, Paris 1641, Rouen 1643, Frankfurt 1964); *A. Arnauld,* Œuvres, 43 Bde (Paris - Lausanne 1775/83); *F. Pinthereau,* La naissance du jansénisme découverte (Louvain 1645); *ders.,* Nouvelles et anciennes reliques de l'abbé de Saint-Cyran (o. O. 1648); *ders.,* Le progrès du jansénisme découvert (Avignon 1655); *ders.,* Reliques de l'abbé de Saint-Cyran (Louvain 1646); (anonym), L'Histoire de Jansénius et de Saint-Cyran (o. O. 1695); *R. Rapin,* Histoire du jansénisme depuis son origine jusqu'en 1644, hrsg. von *Domenech* (Paris 1861); *ders.,* Mémoires, 3 Bde, hrsg. von *L. Aubineau* (Paris 1865); *G. Gerberon,* Histoire générale du jansénisme, 3 Bde (Amsterdam 1700); *H. Dumas,* Histoire des cinq propositions de Jansénius (Lüttich 1700); *H. Robillard d'Avrigny,* Mémoires chronologiques et dogmatiques, 4 Bde (o. O. 1723); *D. de Colonia - L. Patouillet,* Dictionnaire des livres jansénistes, 4 Bde (Antwerpen 1752); *Saint-Cyran,* Œuvres chrétiennes et spirituelles, 4 Bde (Lyon 1675/79); *ders.,* Lettres chrétiennes et spirituelles, 2 Bde (o. O. 1744); *R. Arnauld d'Andilly,* Mémoires (Hamburg 1734); *ders.,* Lettres (Paris 1680); *ders.,* Journal, hrsg. von *A. u. E. Halphen,* 6 Bde (Paris 1857/1909); *Cl. Lancelot,* Mémoires touchant la vie de M. de Saint-Cyran, 2 Bde (Köln 1738); *Angélique Arnauld,* Lettres, 3 Bde (Utrecht 1742/44); *Agnès Arnauld,* Lettres, 2 Bde (Paris 1858); (anonym) Mémoires pour servir à l'histoire de Port-Royal, 3 Bde (Utrecht 1742); *G. Hermant,* Mémoires sur l'histoire ecclésiastique du XVIIe siècle, hrsg.

[46] Vgl. *D. Boulay,* Vie du Vénérable Jean Eudes, 4 Bde (Paris 1905/08); *Ch. Berthelot du Chesnay,* Les missions de saint Jean Eudes (Paris 1967).

von *A. Gazier*, 6 Bde (Paris 1905/10); *J. Bourgeois*, Relation sur la défense de la Fréquente communion (o. O. 1695); *L. Gorin de Saint-Amour*, Journal (o. O. 1662); *Ch. Clémencet*, Histoire générale de Port-Royal, 10 Bde (Amsterdam 1755/57); *J. Besoigne*, Histoire de l'Abbaye de Port-Royal, 6 Bde (Köln 1752/53); *P. Guilbert*, Mémoires historiques et chronologiques sur l'Abbaye de Port-Royal, 9 Bde (Utrecht 1755/58); (anonym) Recueil historique des bulles concernant les erreurs de ces deux derniers siècles (Mons 1704); *Ch. Duplessis d'Argentré*, Collectio judiciorum de novis erroribus, 3 Bde (Paris 1728/36); *L. E. Dupin*, Histoire ecclésiastique du XVIIe siècle, 5 Bde (Paris 1714); *L. Ceyssens*, La correspondance antijanséniste de Fabio Chigi (Rom - Brüssel 1957); *ders.*, Sources relatives au début du jansénisme et de l'antijansénisme (Löwen 1957); *ders.*, La première bulle contre Jansénius, sources relatives à son histoire, 2 Bde (Rom - Brüssel 1961/62); *J. Orcibal*, La correspondance de Jansénius (Löwen - Paris 1947); *ders.*, La spiritualité de Saint-Cyran avec ses textes de piété inédits (Paris 1962); *A. Barnes*, Lettres inédites de Saint-Cyran (Paris 1962); *A. Cauchie - R. Maere*, Recueil des instructions générales aux Nonces de Flandre (1596—1635) (Brüssel 1904); *L. Goldmann*, Correspondance de Martin de Barcos (Paris 1956).

LITERATUR: *Pastor* XIII/2, XIV/1 und 2; *A. de Meyer*, Les premières controverses jansénistes en France (Löwen 1919); *N. Abercombie*, The Origins of Jansenism (Oxford 1936); *L. Willaert*, Les origines du jansénisme dans les Pays-Bas catholiques (Paris 1948); *A. Gazier*, Histoire générale du mouvement janséniste, 2 Bde (Paris 1922); *C. Gazier*, Histoire du monastère de Port-Royal (Paris 1929); *M. Krüger*, Die Entwicklung ... des Nonnenklosters Port-Royal im 17. Jh. (Halle 1936); *X. Le Bachelet*, Prédestination et grâce efficace, controverses dans la Compagnie de Jésus au temps d'Aquaviva (Löwen 1931); *H. de Lubac*, Surnaturel (Paris 1946); *Ch. van Sull*, L. Lessius de la Compagnie de Jésus (Löwen 1930); *W. Haermann*, The Doctrine of L. Lessius on Mortal Sin (San Francisco [Cal.] 1947); *J. Paquier*, Qu'est-ce que le jansénisme? (Paris 1909); *L. Cognet*, Le jansénisme (Paris 1961); *H. Bremond*, Histoire littéraire du sentiment religieux en France, IV: L'École de Port-Royal (Paris 1919); *P. Schneider*, Saint-Cyran u. Augustinus im Kulturkreis von Port-Royal (Berlin 1932); *J. Orcibal*, Jean Duvergier de Hauranne, abbé de Saint-Cyran, et son temps, 2 Bde (Paris 1947/48); *ders.*, Saint-Cyran et le jansénisme (Paris 1961); *J. Laporte*, La doctrine de Port-Royal, I: Saint-Cyran, II: Les vérités de la grâce, 2 Bde (Paris 1923); *P. Féret*, La Faculté de Théologie de Paris et ses docteurs les plus célèbres, Époque moderne, 7 Bde (Paris 1900/16); *L. Ceyssens*, Jansenistica, 4 Bde (Mecheln 1950/62); *L. Ceyssens* u. a., Miscellanea jansenistica (Löwen 1963); *R. Allier*, La cabale des dévots (Paris 1902); *H. Busson*, La pensée religieuse française de Charron à Pascal (Paris 1933); *E. Wasmuth*, Die Philosophie Pascals (Heidelberg 1949); *R. Guardini*, Christl. Bewußtsein [zu Pascal] (München [3]1954); *Cl. Cochin*, Henry Arnauld (Paris 1921); *A. Douarche*, L'Université de Paris et les jésuites (Paris 1888); *J. Frencken*, Agnès Arnauld (Nijmegen - Utrecht 1932); *P. Varin*, La vérité sur les Arnauld complétée à l'aide de leur correspondance inédite (Paris 1847); *C.-A. Sainte-Beuve*, Port-Royal, La Pléiade, 3 Bde (Paris 1953/55).

Der Augustinismus in Löwen und Jansenius

Die Kongregationen „De Auxiliis" hatten nicht zu der Verurteilung der „Concordia" Molinas geführt (vgl. Band IV, Seite 572). Wenn Paul V. auch das Ansehen der Jesuiten, die ihm auf dem Gebiet der Politik unschätzbare Dienste erwiesen hatten, nicht schmälern wollte, so war er dennoch fest entschlossen, dem augustinisch-thomistischen Gnadensystem seine fundamentale Stellung zu bewahren. So gestattete er dem Dominikaner Diego Álvarez

(† 1635), seinen monumentalen Traktat „De auxiliis divinae gratiae" (1611) mit fast offizieller Bedeutung zu veröffentlichen. Dann hatte er, um die Publikation der Werke der Jesuiten Lessius und Suárez zum gleichen Thema zu verhindern, durch das Heilige Offizium eine Entscheidung (kein Dekret!) erlassen, die den Beteiligten mitgeteilt wurde und ihnen jedwede Veröffentlichung über den Themenkreis Gnade verbot. Trotzdem erneuerte die Fakultät von Löwen im Sommer 1613 ihre Zensuren gegen die Jesuiten Lessius und Hamelius. Der Jesuitengeneral Claudius Acquaviva befürchtete nun ein Wiederaufleben der Streitigkeiten und schrieb im Dezember 1614 den Thomismus als Lehrsystem an den Kollegien der Gesellschaft vor. Aber weder Paul V. noch Acquaviva erreichten den gewünschten Erfolg. Zahlreiche Werke, die sich als Kommentare der „Summa" des heiligen Thomas ausgaben, setzten sich über das Verbot von 1611 hinweg; die Jesuiten als Gesamtheit verteidigten auch weiterhin Molina. Unter diesen Bedingungen ließ Urban VIII. — 1623 Papst geworden — das Verbot im Dezember 1623 erneuern und durch ein förmliches Dekret am 22. Mai 1625 bestätigen. Aber er konnte den Fortgang des Gnadenstreites nicht mehr verhindern.

Der Löwener Kreis blieb also dem Augustinismus eng verbunden, und Bajus, dessen Verurteilung man für ungerecht hielt, galten auch weiterhin lebhafte Sympathien, vor allem von seiten berühmter Professoren, wie des Franziskaners Florent Conry (Conrius) (1590—1629) oder Jacques Janssons (1547—1629). In diesem Klima entwickelte sich der Flame Cornelius Jansen (Jansenius) (1585—1638)[1]. Er war 1602—04 und dann wieder 1607 bis 1609, nun als Schüler Janssons, Student in Löwen. Von 1609 bis 1616 lebte er fast immer in Frankreich und lernte dort Jean Duvergier de Hauranne, den späteren Abt von Saint-Cyran (Kap. 1), kennen, mit dem er auch einige Zeit zusammenwohnte. Wieder in Flandern, widmete er sich einer friedlichen und ehrenvollen Universitätslaufbahn. Von 1617 bis 1624 war er Präsident des Seminars S. Pulcheria, wurde dann zum Deputierten der Universität beim spanischen König ernannt und verteidigte dort das Monopol der Fakultät erfolgreich gegen die Jesuiten, die sich dort um das Recht bewarben, Grade zu verleihen. Im März 1630 wurde er mit dem königlichen Lehrstuhl der Heiligen Schrift belohnt und kommentierte zahlreiche Bücher der Bibel, vermied jedoch die heiklen Probleme der Gnade. In der Zwischenzeit jedoch hatten sich seine Ideen über diese Frage sehr stark entwickelt. Während seines Studiums hatte er Augustinus in Auszügen gelesen, ohne sich jedoch speziell mit ihm zu befassen. Erst bei seiner Rückkehr nach Löwen unternahm er — unter dem Einfluß Janssons — eine systematische Lektüre der augustinischen Schriften, begann die wesentlichen Thesen zu exzerpieren und sie in ein System zusammenzufassen. 1621 verband er sich

[1] Vgl. *J. Orcibal,* Jansénius: Catholicisme 23 (Paris 1963) 332—343; *A. Vandenpeereboom,* C. Jansénius évêque d'Ypres: Ypriana VI (Brügge 1882).

mit Conrius, der ihn im gleichen Sinne beeinflußte[2]. Nun begann Jansenius, sich — vor allem in Frankreich durch die Vermittlung Saint-Cyrans — verschiedener politischer Verbindungen zu versichern, durch die er den Sieg des Augustinismus über den Molinismus herbeizuführen gedachte. Andererseits plante er seit 1621 ein großes Werk, das eine umfassende Synthese der augustinischen Gnadenlehre bieten sollte, und unternahm 1623 eine letzte systematische Lektüre der augustinischen Schriften, die er 1626 abschloß. Verzögerungen durch universitäre Aufgaben und seine Reise nach Spanien ließen ihn erst 1627 mit der Niederschrift beginnen. Dann aber wuchs das Werk mit bemerkenswerter Geschwindigkeit; in seinen Briefen an Saint-Cyran lassen sich die jeweiligen Fortschritte verfolgen. Am 27. März 1630 konnte er ihm das Inhaltsverzeichnis des 1. Bandes senden. Trotz Unterbrechungen durch seine Pflichten als Professor und die antiprotestantischen Polemiken der Jahre 1630 und 1631 begann er schon im Februar 1635 mit dem 3. Band, den er innerhalb eines Jahres fertigzustellen hoffte. Aber im August 1635 wurde er zum Rektor der Universität und am darauffolgenden 28. Oktober 1636 zum Bischof von Ypern ernannt. Er wurde am 28. Oktober geweiht und widmete sich in den folgenden Monaten intensiv seiner bischöflichen Aufgabe. Diese Umstände verzögerten die Fertigstellung seines großen Werkes. Als er vor dem Abschluß stand, begann er sich über die Drucklegung Gedanken zu machen. Aus einer in dieser von Polemiken erschwerten Zeit begreiflichen Vorsicht heraus hatte er seine Arbeit mit größtmöglicher Diskretion umgeben. Um sich nicht einem professionellen Drucker anvertrauen zu müssen, entschloß er sich, in seinem bischöflichen Palais eine Druckerei einzurichten, und besorgte sich das entsprechende Material. Im April 1638 war das Werk fertiggestellt, und er krönte es mit einer Widmung an Urban VIII.[3] Er sollte jedoch die Veröffentlichung nicht mehr erleben: von der Pest befallen, starb er im Frieden mit Gott am 6. Mai 1638, nachdem er seinen Schülern Henri Calenus und Liber Froidmont die Sorge um sein Manuskript anvertraut hatte[4].

Trotz der von Jansenius getroffenen Vorsichtsmaßnahmen wußten die Öffentlichkeit und vor allem die Jesuiten Flanderns bis zu einem gewissen Grad von seinem Vorhaben. Da den letzteren die Wiedereröffnung der Polemik verhängnisvoll erschien, hatten sie sich vor allem in Frankreich

[2] Vgl. *L. Ceyssens*, Florence Conry, Hugh de Burgo, Luke Wadding and Jansenism: Festschr. Father Luke Wadding (Dublin 1957) 295—304.

[3] Vgl. *L. Ceyssens*, De dedicatiebrief van C. Jansenius aan Paus Urbanus VIII: AGAU 66 (1947) 203—222, 67 (1948) 13—14.

[4] Vgl. *C. Callewaert - Q. Nols*, Jansénius évêque d'Ypres, ses derniers moments (Löwen 1893); *L. Ceyssens*, Libert Froidmont: BullSocAHLiège 43 (1963) 1—46; *ders.*, Hendrik Calenus pastoor van Asse: Ascania, driemaandelijks tijdschrift voor Asse 4 (1961) 15—50; *ders.*, Henri Calenus évêque manqué: Bulletin de la Commission royale d'Histoire 127 (1961) 33—128.

und Spanien um Unterstützung bemüht und die römischen Jesuiten auf dem laufenden gehalten. Schon bald wußten sie, daß Jansenius sein Werk vollendet hinterlassen hatte, und setzten alles daran, eine Veröffentlichung zu verhindern. Durch den Internuntius in Brüssel, Richard Stravius, ließen sie bei Calenus und Froidmont das Verbot von 1611 und das Dekret von 1625, das Veröffentlichungen über das Thema der Gnade untersagte, in Erinnerung bringen. Da diese Entscheidungen jedoch der Universität von Löwen nie offiziell mitgeteilt worden waren, betrachtete man sie dort als belanglos [5]. Gleichzeitig wandten sich die Jesuiten an den Rat von Brabant und an den Geheimen Rat. Aber Calenus und Froidmont antworteten darauf mit dem Hinweis auf die enormen Summen, die der Drucker Zegers bereits in den Druck investiert hatte, und so blieben sie schließlich Sieger. Das Werk wurde im September 1640 der Öffentlichkeit übergeben; dieser gewaltige Folio-Band von mehr als 1300 Seiten in zwei Kleindruck-Kolumnen bezeichnete sich schlicht als „Cornelii Jansenii Episcopi Yprensis Augustinus". Zweifellos mit Rücksicht auf die Verbote des Heiligen Stuhles hatten die Bevollmächtigten des Jansenius dessen Widmung an Urban VIII. nicht drucken lassen.

Dieses umfangreiche Buch, das Werk eines ganzen Lebens, war in der Tat eine in sich bemerkenswerte Synthese der augustinischen Auffassung über Gnade und Prädestination, bei der Jansenius aber von den härtesten Positionen, die Augustinus im Kampf gegen die Pelagianer vertreten hatte, ausging, ohne ihre lange Entwicklungsgeschichte zu berücksichtigen. Dies führte ihn zu einem starren System, das oft in scharfen Formulierungen Ausdruck fand. Der 1. Band behandelt die Positionen der Pelagianer oder Semipelagianer. In einem „Liber proemialis", das den 2. Band einleitet, untersucht Jansenius die Beziehungen zwischen Philosophie und Theologie; er äußert sich gegen die zu rationalistischen Methoden der Scholastik und fordert hinsichtlich der Probleme der Gnade eine absolute Autorität für Augustinus. Sodann handelt er über den Stand der gefallenen Natur in einer vom augustinischen Pessimismus geprägten Perspektive, mit besonderer Betonung der grundsätzlichen Verderbtheit, die von der Sünde ihren Ausgang genommen hat, und der Macht der Konkupiszenz, die dem Menschen nur die Freiheit zum Bösen läßt. Dabei spricht er auch das klassische Problem des Standes der reinen Natur an, das er negativ löst. Er kommt zu dem Schluß, daß der Mensch mit der Schöpfung zu einer übernatürlichen Berufung erhoben worden ist. Der 3. Band, bei weitem der bedeutendste, untersucht die Heilung der menschlichen Natur und ihre Wiedereinsetzung in die wahre Freiheit vermittels der Erlösungsgnade in Christus. Jansenius betont mit Nachdruck, daß die Gnade unfehlbar wirksam wird, ohne jedoch

[5] Vgl. *L. Ceyssens*, La publication de l'Augustinus d'après la correspondance de Henri Calenus: Antonianum 35 (1960) 417—448.

die Freiheit des Menschen zu zerstören, und daß diese Gnade ihm von Gott kraft eines absolut ungeschuldeten Prädestinationsdekretes zuteil wird. Während er die klassische Erklärung der Thomisten, die auf die praemotio physica zurückgreift, übergeht, weist er die ebenfalls thomistische Auffassung einer Freiheit zurück, die in der Fähigkeit bestünde, entgegengesetzte Akte zu setzen. In seiner Sicht ist Freiheit identisch mit der unergründlichen Spontaneität der Natur, die er als Willen bezeichnet; er verzichtet also auf die scholastische Unterscheidung zwischen dem Willen als Instinkt und dem Willen als freie Wahl. Dieser Wille sucht spontan seine Erfüllung und Lust. Aber die gefallene Natur kann ihre Erfüllung nur in der Kreatur, in der egoistischen Selbstliebe finden und wendet sich daher notwendigerweise von Gott ab. Es bedarf eines Eingreifens der Gnade, um sie zu heilen, um ihr eine Inspiration der göttlichen Liebe einzuhauchen, die den Willen in dieser Liebe wieder aufrichtet und ihn einer spirituellen und heiligen Lust zuneigt, durch die er sein ganzes Glück in Gott und in die Erfüllung seiner Forderung setzt. Dies ist seine Theorie der siegreichen Lust, die den Willen unfehlbar zur Zustimmung führt. In all dem glaubt Jansenius nur den Gedanken des heiligen Augustinus wiederzugeben, aber es ist evident, daß er von dem bajanistischen Klima seiner Ausbildung beeinflußt war. Das Werk als solches vermeidet offensichtlich jede Polemik, aber ein Anhang, „Parallèle" betitelt, greift die Molinisten heftig an und vergleicht ihre Lehre mit jener der Pelagianer [6]. Jansenius war um eine strikte Einhaltung des augustinischen Sprachgebrauchs bemüht und lehnte, ebenso wie Bajus, die Begrifflichkeit der Thomisten ab, die seinem Unternehmen starke Impulse vermittelt hätte.

Der Augustinismus in Frankreich: Saint-Cyran und Port-Royal

In dem von den Religionskriegen zerrissenen Frankreich hatte der Gnadenstreit wenig Widerhall gefunden. Der wiederhergestellte Friede hatte den Fakultäten und vor allem der Sorbonne ihren alten Glanz wiedergegeben; aber die berühmtesten Professoren sprachen in ihren Vorlesungen von der Gnade mit Klarheit, hingen offen dem Thomismus an und verehrten Augustinus als ihren Lehrer; der Molinismus war ihnen ganz oder fast unbekannt. Bérulle zeigte sich seit dem Beginn seiner Laufbahn dem Augustinismus tief verhaftet, aber doch keineswegs in einer exklusiven Weise, da er 1612 P. Guillaume Gibieuf ins Oratorium aufnahm, der zu diesem Zeitpunkt noch überzeugter Molinist war und sich erst unter dem Einfluß Bérulles dem Augustinismus zuwandte. Auch Duvergier de Hauranne, ehemaliger

[6] Vgl. *A. de Meyer*, De Werkwijze van Jansenius en zijn Augustinus: Mededelingen der Kon. Vl. Academie van Belgie (1946) VIII, I.

Jesuitenschüler, stand den neuen Ideen zunächst keineswegs feindlich gegenüber. Während der arbeitsamen Jahre, die er mit Jansenius auf seinem Besitz Camp-de-Prats in der Nähe von Bayonne verbrachte (1611—16), scheint er sich nicht besonders intensiv mit den Fragen der Gnade beschäftigt zu haben. Aber fast zur gleichen Zeit, als Jansenius in Löwen den Augustinismus entdeckte, öffneten sich dem späteren Abt von Saint-Cyran unter dem Einfluß Bérulles ähnliche Horizonte. Nur war der ausschließlich intellektuelle Augustinismus, den Jansson seinem Schüler Jansenius erschlossen hatte, nicht identisch mit dem Augustinismus, den Bérulle Saint-Cyran vermittelte. Bérulle war wenig daran interessiert, aus den Werken des Bischofs von Hippo eine zusammenhängende Theorie der Gnade und Prädestination abzuleiten. Aus der Praxis der christlichen Spiritualität kommend, suchte er in Augustinus eine Methode, um den Seelen ihre totale Abhängigkeit von Gott und ihre persönliche Unglückseligkeit zum Bewußtsein zu bringen; Saint-Cyran bewegte sich auf der gleichen Linie. Ungeachtet dieser Differenz ihrer Perspektiven vereinigten sich Jansenius und Saint-Cyran jedoch zur gemeinsamen Verteidigung des Augustinismus. Im Herbst 1621 verbrachte Saint-Cyran einige Zeit in Löwen bei Jansenius. Bei diesem Zusammentreffen beschlossen sie, dem Augustinismus durch politische Unterstützung gegen die Jesuiten zum Durchbruch zu verhelfen, und sie suchten entsprechende Verbindungen anzuknüpfen; offensichtlich in dieser Absicht nahm Jansenius in den folgenden Jahren aktiven Anteil an der Einführung des von Bérulle gegründeten Oratoriums in Flandern. Diese politischen Unternehmungen blieben jedoch ohne Erfolg; angesichts der Haltung Richelieus erkannten die beiden Freunde, daß von dieser Seite nichts zu hoffen war. Sie trafen am 10. Mai 1623 in Péronne erneut zusammen und beschlossen eine „Änderung des Plans", die darin bestand, den Kampf nun auf die universitäre und die intellektuelle Ebene zu verlagern. Seit 1621 bedienten sie sich — wie es zu dieser Zeit, da die Post noch sehr unsicher war, allgemein gebräuchlich war — eines Geheimcodes, der ihnen eine genügend abgesicherte Korrespondenz ermöglichte, und führten einen regelmäßigen Briefwechsel, bis der Krieg diesen 1635 unterbrach. Saint-Cyran konnte also bis zu diesem Zeitpunkt den Fortgang des großen Werkes verfolgen und seinem Freund Angaben und Ratschläge und sogar einen ersten Entwurf des „Liber proemialis" senden. Unglücklicherweise konnte er ihm seine Unterstützung für die Redaktion des 3. Bandes, den wichtigsten von allen, dessen genauen Inhalt er erst nach der Veröffentlichung kennenlernte, nicht mehr zuteil werden lassen. Nur die Briefe des Jansenius sind uns erhalten, aber aus ihnen geht klar hervor, daß Saint-Cyran und er sich in zwei verschiedenen geistigen Welten entwickelten und daß der Augustinismus für beide nie den gleichen Sinn beinhaltete.

Wie bereits erwähnt, traf das Pamphlet „Mars Gallicus" des Jansenius gegen Richelieu den Kardinal-Minister an einem wunden Punkt, aber

Richelieu zog das entscheidende Argument gegen Saint-Cyran keineswegs aus diesem Pamphlet. In der Tat stand Saint-Cyran um 1634 auf dem Höhepunkt seines Ruhmes. Er wurde allgemein als das unbestrittene Haupt des parti dévot angesehen. Er unterhielt glänzende und freundschaftliche Beziehungen zur Elite des französischen Katholizismus. Aber schon war ein neues Element in sein Leben getreten, das dessen Lauf erschüttern sollte. Bereits seit 1620 war er eng befreundet mit Robert Arnauld d'Andilly, einem Mann, der am Hofe tätig war, und Diplomaten, dem Ältesten einer Familie aus dem Dienstadel und Bruder der berühmten Mère Angélique, der Äbtissin und Reformatorin der vormals im Tal der Chevreuse gelegenen und 1625 nach Paris verlegten Zisterzienserinnenabtei Port-Royal. Bis jetzt hatte Saint-Cyran nur gelegentliche und oberflächliche Verbindungen mit Mère Angélique und ihrer Schwester Mère Agnès gehabt. Inzwischen hatte Mère Angélique Port-Royal für einige Jahre verlassen und zusammen mit dem Bischof von Langres, Sébastien Zamet, einen neuen Orden, das Institut du Saint-Sacrement, gegründet[7]. Aber Zamet, ein seltsamer und unausgeglichener Charakter, hatte schon bald die lebhafte Feindschaft vor allem des Erzbischofs von Sens, Octave de Bellegarde, auf sich gezogen. Diesem letzteren gelang es — in der Absicht, der Gründung zu schaden —, sich einen Erbauungstext der Mère Agnès mit dem Titel „Chapelet secret du Saint-Sacrement“ zu beschaffen[8], den er als die spirituelle Charta des neuen Instituts vorstellte und durch acht Doktoren der Sorbonne am 18. Juni 1633 zensurieren lassen konnte. Auf Bitten Zamets übernahm Saint-Cyran die Verteidigung des Textes, in dem er übrigens den Bérulleschen Einfluß erkannte. Er errang einen vollkommenen Sieg, und Mère Angélique bewies ihm lebhafte Dankbarkeit. Ihre Verbindungen wurden enger, und Mère Angélique entdeckte mit Bewunderung in dem Mann, den sie bislang für einen reinen Intellektuellen gehalten hatte, einen bedeutenden Seelenführer.

Auf diesem Gebiet nun hatte Saint-Cyran sehr spezielle persönliche Auffassungen, die zum Teil von Franz von Sales und Bérulle inspiriert waren. Saint-Cyran wies den Gedanken zurück, daß das christliche Leben sich in einem beständigen Wechsel zwischen dem Stand der Gnade und der Sünde gestalten könne. So bemühte er sich, seine Schützlinge durch eine Methode, die einen psychologischen Schock bei ihnen auslösen sollte, zu einem wahrhaft neuen Leben zu führen. Diese Methode bestand darin, das Zwischenstadium des Pönitenten zu durchlaufen und sich in dieser Zeit die Kommunion zu versagen und den Empfang der Absolution hinauszuzögern. Nach dieser Verzögerung, die gewöhnlich einige Wochen dauerte, empfing der

[7] Vgl. *L. Prunel,* S. Zamet, sa vie et ses œuvres, les origines du jansénisme (Paris 1912).
[8] Vgl. *L. Cognet,* Le Chapelet secret du Saint-Sacrement: Chroniques de Port-Royal (1951) 3—14.

Pönitent Absolution und Kommunion. Darauf mußte er in größtmöglicher Zurückgezogenheit leben, um die empfangenen Gnaden zu bewahren. Diese Methode war schon vor 1627 ausgearbeitet, aber Saint-Cyran hatte bis dahin wenig Gelegenheit, sie anzuwenden. Er beging die Unklugheit, den Nonnen von Port-Royal und Saint-Sacrement davon zu berichten. Sie begeisterten sich für die Methode und wollten alle diesen Weg der Erneuerung beschreiten; sie sprachen auch außerhalb des klösterlichen Kreises davon, ohne zu bedenken, daß sie dadurch Saint-Cyran dem Vorwurf gefährlicher Neuerungen aussetzten und Richelieu die Waffen gegen ihn lieferten. Von schweren Gewissensskrupeln geplagt, blieb Mère Angélique von Ostern bis Himmelfahrt 1635, ohne die heilige Kommunion zu empfangen, und dies trotz der Rügen Saint-Cyrans, der vor der Öffentlichkeit dennoch die Verantwortung dafür trug.

Aber die Angelegenheit der Einsiedler von Port-Royal sollte schon bald eine ganz andere Bedeutung bekommen. Mère Angélique hatte einen Neffen, einen jungen und brillanten Rechtsanwalt, Antoine Lemaistre, in dem man allgemein eine der Hoffnungen des Pariser Gerichtshofes sah. Er wollte 1634 nach einer sentimentalen Enttäuschung aus dem Leben scheiden, aber Saint-Cyran hatte ihn daran gehindert. Der plötzliche Tod einer seiner Tanten am 24. August 1637 bewirkte in ihm einen neuen Bekehrungsenthusiasmus. Nach einer langen Probezeit erlaubte ihm Saint-Cyran um den 15. Dezember 1637, in einem offenen Brief an den Kanzler Séguier seinen Entschluß bekanntzugeben, fortan in Zurückgezogenheit und Buße zu leben, ohne jedoch Priester oder Ordensmann werden zu wollen. Man wußte, daß Saint-Cyran sein Seelenführer war, und beschuldigte ihn, einen neuen Orden gründen zu wollen, zumal sich nun auch andere seiner Schüler Lemaistre in seiner Einsiedelei anschlossen. Richelieu sah hierin die Zelle eines sich bildenden Widerstandes und entschloß sich, streng einzugreifen, nicht jedoch ohne vorher, im Februar 1637, noch einmal — aber erfolglos — versucht zu haben, das Wohlwollen seines früheren Freundes durch das Angebot eines Bischofssitzes zu erkaufen. Im März 1638 ließ der Oratorianer Claude Séguenot eine Übersetzung von Augustinus' „De Sancta Virginitate" mit Kommentar erscheinen, der sich in einer heftigen Aggressivität gegen die religiösen Orden und für einen starren und konzessionslosen Augustinismus erging. Publizisten im Solde Richelieus bezeichneten Saint-Cyran als den wahren Autor des Buches, da dessen Verbindung mit dem Oratorium öffentlich bekannt war. Der Verhaftung Séguenots am 7. Mai folgte am 14. Mai die Inhaftierung Saint-Cyrans im Schloß von Vincennes.

Die Öffentlichkeit hielt Saint-Cyran zunächst schwerer Häresien schuldig, und Richelieu versuchte, ihn durch einen regulären Prozeß zu kompromittieren. Aber die Durchsicht seiner Papiere und die Befragung seiner Freunde und Schüler erwiesen schon bald die absolute Unschuld des Angeklagten. Einen Augenblick hoffte Richelieu ihn vermittels des Attritionismus in Schwierigkeit zu bringen, da Saint-Cyran stets die Notwendigkeit der auf die Gottesliebe gegründeten contritio im Sakrament der Buße verteidigt hatte; Richelieu hielt diese Auffassung für widersprüchlich zu den Entscheidungen des Konzils von Trient. Aber Saint-Cyran, der dieser Frage tatsächlich wenig praktische Bedeutung beimaß, erklärte sich am 14. Mai 1640 zur Abfassung eines dem Attritionismus relativ gewogenen Briefes bereit und beraubte so Richelieu seines Hauptanklagepunktes. Saint-Cyran wurde dennoch in willkürlichem Gewahrsam gehalten, ohne Prozeß, und es blieb ihm nur die Hoffnung, daß das ungesunde Gefängnis in Vincennes bald seine gebrechliche Gesundheit zerstört haben werde. Im katholischen Milieu hatte die öffentliche Meinung nun aber die Zusammenhänge begriffen und wandte sich gegen den Kardinal-Minister. Andererseits konnte Saint-Cyran, der nun mit dem Nimbus des Martyrers umgeben war, aus seinem Gefängnis heraus in eine umfangreiche Korrespondenz eintreten, durch die er auf eine immer bedeutender werdende Gruppe von Schülern einwirken konnte. Schwerkrank, von Blindheit bedroht, stand Saint-Cyran mehrmals an der Schwelle des Todes. Aber er sollte Richelieu noch überleben, der am 4. November 1642 starb. Am 6. Februar 1643 konnte Saint-Cyran das Gefängnis verlassen, blieb aber kränklich und erlag am darauffolgenden 11. Oktober einer Apoplexie, ohne seine Tätigkeit wiederaufgenommen zu haben. Er hinterließ jedoch eine Gruppe von Schülern, die sein Werk fortsetzten.

Die Anfänge des Jansenistenstreits. Die Bulle „In eminenti"

Wie vorauszusehen, führte die Veröffentlichung des „Augustinus" die Gnadenkontroversen wieder auf einen neuen Höhepunkt. Sie traf jedoch — vor allem im Löwener Kreis — niemanden unerwartet, und jeder hatte im voraus schon seine Positionen sorgfältig vorbereitet. Die Jesuiten eröffneten die Kampagne. Ungeachtet der Verbote von 1611 und 1625 hinsichtlich der Veröffentlichungen über die Gnade, deren Gültigkeit sie jedoch uneingeschränkt anerkannt hatten, ließen sie am 22. März 1641 im Jesuitenkolleg von Löwen Thesen vortragen, in denen Jansenius angeklagt wurde, die Irrtümer Calvins und des Bajus zu erneuern, die menschliche Freiheit auf ein Nichts zu reduzieren und die Erlösung nur auf die Auserwählten zu beschränken[9]. Diese Thesen fanden lebhafte Erwiderungen, und es erschienen zahllose Streitschriften über diese Frage. Fortan waren die Fakultäten in Jansenisten und Antijansenisten geteilt.

Auch in Frankreich war der Boden für neue Auseinandersetzungen berei-

[9] Vgl. *L. Ceyssens*, Le jansénisme, considérations historiques préliminaires à sa notion: Nuove ricerche storiche sul giansenismo: AnGr 21 (1954) 3—32.

tet. Saint-Cyran hatte gehofft, daß in dem Kreis seiner Schüler sein Werk durch seinen Neffen Martin Barcos (1600—78), der in Löwen bei Jansenius studiert hatte, fortgesetzt würde, aber Barcos erwies sich schon sehr bald als sehr unausgeglichen in seinem Urteilsvermögen [10]. Dagegen fand Saint-Cyran seinen geistigen Erben in dem jüngsten Bruder der Mère Angélique, Antoine Arnauld (1612—94), dem die Nachwelt die Bezeichnung Le Grand Arnauld beilegte. Zunächst Student deer Rechte, dann seit 1632 der Theologie, hatte ihn der junge Mann lange Zeit durch seine zu ausschließlich intellektuellen und auch zu weltlichen Bestrebungen enttäuscht, obwohl er bemerkenswerte Fähigkeiten zeigte. Die kleineren Schriften des Augustinus gegen die Pelagianer waren zu dieser Zeit noch sehr wenig verbreitet. Dennoch hatte sich Saint-Cyran durch die Vermittlung des Jansenius etwa zwanzig Exemplare der Löwener Ausgabe von 1555 [11] besorgt. Eines davon gab er dem jungen Arnauld und war erstaunt über die Schnelligkeit und Tiefe, mit der dieser die wesentlichen Punkte der Schrift erfaßte. Er ließ ihn am 14. November 1635 für das Bakkalaureat der Theologie eindeutig augustinische Thesen verteidigen, deren Inhalt dem des „Augustinus" nahestanden; der lebhafte Erfolg an der Sorbonne zeigte, daß der Augustinismus hier noch begeisterte Anhänger hatte. Sie bewirkten im übrigen keinerlei Polemik. Im Dezember 1638 erhielt Arnauld das Subdiakonat, und kurze Zeit später bekehrte er sich zu einem intensiven und anspruchsvollen inneren Leben und stellte sich ganz unter die Führung Saint-Cyrans. Dieser ließ ihn sein Studium an der Sorbonne fortführen, wo er am 18. Dezember 1641 die Doktorwürde erhielt. Zu diesem Zeitpunkt hatte er ihn bereits in verschiedenen Werken zur Verteidigung seiner Ideen herangezogen.

In Paris verfügten Augustinisten wie Molinisten über Korrespondenten in Löwen. So wurden bei der Veröffentlichung des „Augustinus" im September 1640 auch einige Exemplare nach Frankreich geschickt; in den Monaten November und Dezember gaben sechs Pariser Doktoren ihre Zustimmung zu einem Neudruck, der 1641 in Paris erschien und dem 1643 ein weiterer in Rouen folgte. Dies führte naturgemäß sofort zu heftigen Polemiken zwischen Gegnern und Verteidigern des Jansenius. Unter diesen letzteren befanden sich Gruppen, denen die Verteidigung des Augustinismus bereits zur Tradition geworden war: Oratorianer, Dominikaner, Karmeliter und zahlreiche Doktoren der Sorbonne. Einige von den letzteren kämpften jedoch auch in den Reihen der Anti-Jansenisten, unter denen die Jesuiten einen bedeutenden Platz einnahmen. Unter den Gegnern des Jansenius ist aber vor allem Richelieu selbst zu nennen, der ihm seinen „Mars Gallicus" nie verziehen hatte; Richelieu neigte dem Molinismus zu und

[10] Vgl. *J. Orcibal,* Martin de Barcos abbé de Saint-Cyran et sa correspondance: RHE 52 (1957) 877—899.

[11] D. Aurelii Augustini opera contra Pelagianos, 2 Bde (Löwen 1555).

hatte sich in seiner „Instruction du chrétien" von 1619 für den Attritionismus eingesetzt, während der „Augustinus" eine lebhafte Verteidigung des Kontritionismus darstellte. Andererseits wollte er die Jesuiten schonen, aus deren Orden einige ihm zu dieser Zeit auf politischem Gebiet große Dienste leisteten. Aber obschon er seine Sympathien offen zeigte, gab er das Signal zur Auseinandersetzung erst sehr spät. Zweifellos war er sich im klaren über die Macht der augustinischen Partei.

Seit Ende 1640 besaß auch Saint-Cyran in seinem Gefängnis ein Exemplar des „Augustinus". Aber von Krankheit geschwächt und von Blindheit bedroht, konnte er nicht daran denken, diesen umfangreichen Folio-Band systematisch durchzuarbeiten. Er scheint persönlich nur das Inhaltsverzeichnis und einige Kapitel gelesen zu haben und kannte das Werk zweifellos vor allem aus den Analysen, die ihm Arnauld oder Barcos gaben. Da er seit 1635 keine Beziehungen mehr zu Jansenius unterhalten hatte, kannte er den endgültigen Plan des Werkes, vor allem den des 3. Bandes nicht, in dem er zu seinem Erstaunen einen Angriff auf den Attritionismus fand. Es war ihm nicht mehr möglich gewesen, wie ursprünglich mit Jansenius vereinbart, das Werk vor seiner Drucklegung noch einmal durchzusehen, und er fand es nun in trockener, harter, dem Gegenstand unangemessener und den spirituellen Aspekten des Problems fremder Form vor. Dennoch anerkannte er es als eine wohlfundierte Darlegung der Grundsätze des Augustinismus. Kurze Zeit später legte er, um Arnauld d'Andilly über die wesentlichen Zusammenhänge zu informieren, seine eigenen Ideen in einer kleinen Abhandlung „De la grâce de Jésus-Christ" [12] nieder, mit der er durch die laufende Herausarbeitung des Zusammenhangs von Gnade und Inkarnation thematisch näher bei Bérulle denn bei Jansenius steht. Er wünschte jedenfalls keine voreilige Polemik und beeinflußte auch seine Schüler in diesem Sinne. Er beschränkte sich darauf, die Veröffentlichung weiterer augustinischer Schriften zu fördern, die das Werk des Jansenius ergänzten. Die Pariser Ausgabe des „Augustinus" enthielt im Anhang einen Traktat von Conrius über den Zustand der ungetauft verstorbenen Kinder, in dem er darlegte, daß sie zur Hölle verdammt seien. Kurze Zeit später erschien der „Pèlerin de Jéricho" desselben Autors, eine düstere Beschreibung der Erniedrigung des Menschen nach dem Sündenfall. Gleichzeitig ging eine kleinere Schrift des Jansenius, „Oratio de interioris hominis reformatione" (1627), in Druck, die Arnauld d'Andilly 1642 ins Französische übertrug. Die Jesuiten ließen daraufhin in Paris die im März 1641 an der Universität Löwen vorgelegten antijansenistischen Thesen neu auflegen. Kurz vor seinem Tod eröffnete Richelieu die Auseinandersetzung und beauftragte den Kanonikus und Doktor an der Sorbonne, Isaac Habert, Jansenius in seinen

[12] Text: *J. Orcibal*, Spiritualité 233—240.

Predigten anzugreifen. Habert hielt in diesem Sinne zwei Predigten in Notre-Dame am 30. November und am 21. Dezember und dann eine weitere am darauffolgenden Sonntag Septuagesima.

Dieser letzte Angriff war besonders heftig. Der Gefangene von Vincennes beschloß hierauf, die Verteidiger des Jansenius aus ihrem Schweigen heraustreten zu lassen, und beauftragte Arnauld mit einer Erwiderung an Habert. Arnauld verfaßte nun unter den Augen Saint-Cyrans seine umfangreiche „Apologie pour M. Jansénius"; die Interventionen Präsident Molés und des Erzbischofs von Paris, François de Gondi, die ein weiteres Stillschweigen vorgezogen hätten, verzögerten aber die Veröffentlichung bis zum September 1644. Sie konnten jedoch in der Zwischenzeit das Erscheinen zahlreicher polemischer Schriften nicht verhindern. Der Feuillant Pierre de Saint-Joseph griff Jansenius in seiner „Défense de Saint Augustin" an, auf die der Oratorianer Collin du Juanet mit seinem „Saint Augustin enseignant par lui-même", einer interessanten Sammlung von Texten zur indirekten Rechtfertigung des „Augustinus", antwortete. Zur gleichen Zeit versuchte Jacques Sirmond, ein gelehrter Jesuit, der als Spezialist für das christliche Altertum bekannt war, zu beweisen, daß Augustinus im Altertum der Häresie des sog. Prädestinatianismus angeklagt worden sei, und entfachte dadurch eine heftige Kontroverse.

Die Jesuiten von Flandern und der Internuntius Stravius hatten über die Vorkommnisse im Zusammenhang mit der Publikation des „Augustinus" noch vor der Veröffentlichung des Werkes nach Rom berichtet. Es ist unwahrscheinlich, daß diese Angelegenheit Urban VIII. stark bewegt hat, der, ein von Krankheit und Skrupeln verzehrter Greis, sich vor allem mit Poesie und Politik beschäftigte, alle seine Bemühungen dem Ruhm seiner Familie, den Barberini, widmete und die Regierung seinem Neffen, dem Kardinal Francesco Barberini, überließ. Dieser wollte, da er die Veröffentlichung des „Augustinus" nicht hatte verhindern können, zumindest den Kontroversanten das Stillschweigen auferlegen. Er erließ am 1. August 1641 durch das Heilige Offizium ein Dekret, das sowohl den „Augustinus" als auch die Thesen der Jesuiten und zahlreiche weitere Veröffentlichungen der beiden Parteien verurteilte. Aber der Rat von Brabant warf verschiedene rechtliche Schwierigkeiten auf, die es der Universität von Löwen ermöglichten, das Dekret nicht zu veröffentlichen, das somit ohne jede praktische Bedeutung blieb. Die Jesuiten unternahmen nun eine großangelegte Kampagne, um eine ausdrückliche lehramtliche Verurteilung des „Augustinus" zu erreichen. Verschiedene Listen verdammungswürdiger Sätze wurden dem Kardinal Barberini zugesandt, aber das Heilige Offizium weigerte sich, diese zu verurteilen, ehe es nicht das Werk selbst studieren konnte. Barberini beschloß jedoch, sich darüber hinwegzusetzen und das Werk mit der Begründung, es erneuere die von Pius V. und Gregor XIII. verurteilten Sätze, zu verurteilen. Unter dem Datum des

6. März wurde eine Bulle in diesem Sinne vorgelegt, die wahrscheinlich Francesco Albizzi, den Assessor des Heiligen Offiziums, der in dieser Angelegenheit eine besonders aktive Rolle spielte, zum Verfasser hat. Neuerliche Verhandlungen traten jedoch dazwischen, an denen der Nuntius von Köln, Fabio Chigi, der sich damit einen persönlichen Erfolg als Friedensstifter versprach, bedeutenden Anteil hatte. Diese Verhandlungen verzögerten die Veröffentlichung der Bulle „In eminenti" [13], die erst am 19. Juni 1643 in Rom erfolgen konnte. Die Bedingungen ihrer Veröffentlichung waren jedoch sehr unsicher. Die belgischen Jesuiten hatten von ihren römischen Mitbrüdern Exemplare der Bulle erhalten und veröffentlichten sie in eigener Verantwortung, noch ehe die Nuntien davon unterrichtet waren. Der Internuntius in Brüssel, Antonio Bichi, der im Juli 1642 Stravius im Amt nachgefolgt war, und sein Onkel, Fabio Chigi, der Nuntius in Köln, erhielten kurze Zeit später die offizielle Mitteilung der Bulle und veröffentlichten sie, korrigierten aber ihren Text und datierten sie auf 1643. Andere Ausgaben waren in Umlauf, die in sich wieder verschiedene Varianten boten. Unter diesen Bedingungen bezweifelte die niederländische Öffentlichkeit einen Augenblick sogar die Authentizität der Bulle. Als diese schließlich anerkannt war, bot der Text jedoch noch zahlreiche doktrinale und juridische Schwierigkeiten, so daß sie in Flandern erst 1651 effektiv veröffentlicht wurde [14].

In Löwen versuchte der Dekan der theologischen Fakultät, Schickelius, der für den Antijansenismus gewonnen war, eine Annahme der Bulle noch vor ihrer Veröffentlichung zu erreichen. Er scheiterte jedoch, da die meisten seiner Kollegen die Beweggründe der Bulle für irrig hielten, besonders die Behauptung, der „Augustinus" habe in der Kirche ein Ärgernis hervorgerufen [15]. Um vom Papst eine Revision seiner Entscheidung zu erreichen, sandte die jansenistische Gruppe im Namen der Universität Löwen und der Staaten von Brabant zwei Abgeordnete, Johannes Sinnich und Cornelius de Paepe, nach Rom, wo sie am 24. Oktober 1643 eintrafen [16]. Diese Botschaft erwies sich jedoch als nutzlos, da das Heilige Offizium, in dem Albizzi allmächtig war, von vornherein wissen ließ, daß die Bulle in keinem Fall geändert werde. De Paepe starb in Rom. Sinnich erhielt eine Audienz bei Urban VIII., in deren Verlauf ihm der greise Papst bestätigte, daß es seine

[13] Text: BullRom 15, 92 b; Text und frz. Übers.: Recueil historique des bulles 36—45; vgl. *L. Ceyssens*, Les origines romaines de la bulle In eminenti: Jansenistica 3, 7—110.

[14] Vgl. *ders.*, L'impasse de la bulle In eminenti en les années 1646—1649: APraem 31 (1955) 227—252, 32 (1956) 5—59.

[15] Vgl. *ders.*, L'enquête officielle faite en 1644 sur le scandale causé par l'Augustinus: AFrH 43 (1950) 68—160.

[16] Vgl. den Bericht Sinnichs an die Fakultät von Löwen: *L. Ceyssens*, Verslag over de eerste Jansenistiche deputatie van Leuven te Rome: Bulletin de l'Institut historique belge de Rome 22 (1942) 31—111.

Intention war, daß Jansenius nicht in der Bulle genannt werden sollte, und brachte damit indirekt die Verantwortlichkeit Albizzis ins Spiel, der der wirkliche Verfasser der Bulle war. Durch diesen Umstand betroffen, ließ Albizzi am 16. Juni 1644 die Bulle durch ein Dekret des Heiligen Offiziums bestätigen [17]. Urban VIII. starb am darauffolgenden 29. Juli; sein Nachfolger war Innozenz X. (Pamfili). Dieser forderte zwar in verschiedenen Breven [18] die Durchführung der Bulle, hätte es jedoch lieber gesehen, wenn die Dinge sich hingezogen hätten. So kehrte Sinnich im September 1645 nach Löwen zurück, ohne etwas anderes als gute Worte erhalten zu haben. In den Niederlanden beruhigte sich die Situation allmählich; die entscheidende Wendung sollte sich in Frankreich vollziehen.

Der Nuntius in Paris, Kardinal Hieronymus Grimaldi, erhielt aus ungeklärten Gründen das ihm am 10. Juni 1643 zugesandte Exemplar der Bulle „In eminenti“ nicht, und die offiziellen Dokumente über diese Frage erreichten ihn erst im September. In der Zwischenzeit hatten die Jesuiten von Rouen den Text der schon von ihren flandrischen Mitbrüdern verbreiteten Bulle drucken lassen. Aber zahlreiche darin enthaltene Ungereimtheiten ließen selbst Grimaldi diese Veröffentlichung zunächst für eine Fälschung halten. Arnauld, beraten von Saint-Cyran, entwickelte alle nur möglichen Argumente gegen die Authentizität der Bulle in seinen „Premières“ und „Secondes observations sur la bulle“, die im August 1643 erschienen und die öffentliche Meinung stark beeindruckten. Im Herbst, als die Authentizität der Bulle endgültig anerkannt worden war, kamen die Abgeordneten aus Löwen auf ihrem Weg nach Rom durch Paris und stimmten sich mit der französischen Jansenistengruppe ab. Durch wirksame parlamentarische Unterstützung gelang es den Verteidigern des Jansenius, die Übernahme der Bulle „In eminenti“ und des Dekrets vom 16. Juni 1644 für Frankreich zu verhindern. Man stand damals am Beginn der Regentschaft Annas von Österreich, und diese sehr unentschiedene Zeit, in der Mazarin zur Macht gelangte, gab den Jansenisten weitreichende Aktionsmöglichkeiten. Im September 1644 setzte Arnauld seine „Première apologie pour M. Jansenius“ in Umlauf, der bald eine zweite als Erwiderung auf erneute Angriffe Haberts folgte. Zur gleichen Zeit veröffentlichte Arnauld als Antwort auf eine jesuitische Streitschrift gegen Saint-Cyran eine „Apologie pour M. de Saint-Cyran“, deren beide erste Teile schon 1639 von Lemaistre verfaßt worden waren. Darin werden einige Probleme der Gnadenlehre angeschnitten. Die Grundfragen über die Lehre des „Augustinus“ wurden damals jedoch noch kaum berührt.

Diese unsichere Zeit wurde vor allem durch Konflikte bewegt, die sich an der „Fréquente communion“ Arnaulds entzündeten. Ursprünglich war

[17] Text: Recueil historique des bulles 49.
[18] Vgl. jenen an den Gouverneur Castelrodrigo: ebd. 55—58.

dieser umfangreiche Quartband nur eine sehr kurze Widerlegung einer Schrift des Jesuiten Sesmaisons aus dem Jahr 1641 gewesen, der über Buße und Eucharistie Ideen vertrat, die jenen Saint-Cyrans diametral entgegenstanden. Das Werk war unter Beihilfe Saint-Cyrans gewachsen und zu einer umfassenden Verteidigung der Thesen Saint-Cyrans über die Praxis der „Erneuerungen" geworden, die als eine Rückkehr zur Kirchenzucht der Urkirche dargestellt wurden, was wiederum den Vertretern des milieu dévot und der Gegenreformation gefallen mußte. Im August 1643 konnte das Werk mit den Approbationen von fünfzehn Bischöfen und einundzwanzig Doktoren erscheinen. Es rief eine lebhafte Polemik hervor, und P. Nouet richtete im Profeßhaus der Jesuiten in Paris heftige Predigten gegen diese Schrift. Arnauld stellte sich den Angriffen und antwortete durch die Veröffentlichung (1644) einer reichhaltigen Sammlung von Texten, die Lemaistre übersetzt hatte, „La tradition de l'Église sur le sujet de la pénitence et de la communion". In Regierungskreisen, wo der Antijansenismus Mazarins allmählich Boden gewann, war man Arnauld nicht gewogen. Mazarin glaubte eine Annäherung mit dem Heiligen Stuhl einleiten zu können, indem er Arnauld und Barcos Order erteilen ließ, das Werk in Rom selbst zu verteidigen. Arnauld und Barcos zogen es vor, sich aus dem unmittelbaren Einflußbereich Mazarins zurückzuziehen, aber die gallikanischen Kreise protestierten gegen eine Entscheidung, die letztlich ohne Folgen blieb. Jene Bischöfe, die ihre Zustimmung gegeben hatten, fühlten sich von dieser Kontroverse angesprochen und brachten die Angelegenheit durch einen Brief vom 5. April 1644 vor den Heiligen Stuhl; ein Doktor der Sorbonne, Bourgeois, der ebenfalls zum Kreis der Zustimmenden gehörte, wurde nach Rom gesandt. Er kehrte um die Mitte des Jahres 1646 wieder zurück [19]. Zu diesem Zeitpunkt hatte das Heilige Offizium nach eingehender Prüfung eine Zensur des Buches zurückgewiesen. Verurteilt wurde 1647 lediglich — jedoch ohne Bezugnahme auf das Werk — ein Satz aus dem Vorwort, der von Barcos stammte und in dem er von Petrus und Paulus als von zwei Häuptern der Kirche spricht, die jedoch nur eines sind [20]. Parallel zu diesem Streit, der eigentlich nur eine Ablenkung darstellte, begannen die ersten Angriffe gegen den Laxismus in der Moraltheologie der Jesuiten in Form einer „Théologie morale des jésuites", die Arnauld gemeinsam mit einem Doktor der Sorbonne, Hallier, verfaßt hatte und deren Argumente die „Provinciales" später wiederaufnehmen sollten.

[19] Der von Bourgeois verfaßte Bericht wurde 1695 auf Grund der Bemühungen Quesnels gedruckt. Er ist nachzuschlagen: *A. Arnauld,* Œuvres 18, 665—734.
[20] Text des Dekrets: Recueil historique des bulles 59—63.

Die fünf Sätze und die Bulle „Cum occasione"

Seit 1645 wurde es offenkundig, daß Mazarin die Königin-Regentin vollkommen beherrschte und er Richelieus Politik fortsetzte und also antijansenistisch orientiert war. Von den Freunden, die Port-Royal zu dieser Zeit bei Hofe hatte, begriffen mehrere die Lage und wechselten die Position. Die übrigen, die Port-Royal die Treue gehalten hatten, wurden als Vertreter der Opposition betrachtet und ausgeschaltet. Arnauld d'Andilly selbst beendete seine weltliche Laufbahn und zog sich 1646 vom Hof zurück. Vinzenz von Paul, der seit 1643 dem Conseil de Conscience angehörte, der frühere Freund Saint-Cyrans, der ihm sehr große Dienste erwiesen hatte, glaubte 1648 sich nicht gegen seine Ratskollegen stellen zu dürfen und erklärte sich gegen den Jansenismus. Verschiedene Orden hielten es für klüger, das gleiche zu tun. Schließlich erschien Port-Royal als die letzte Bastion des Widerstandes, den Mazarin, dann Ludwig XIV. zu vermindern trachteten. Mehrere Jahre lang kam es jedoch nur zu oberflächlichen Auseinandersetzungen, in denen auf der Seite der Jansenisten Arnauld, Barcos und der Oratorianer P. Desmares und auf antijansenistischer Seite Habert und die Jesuiten Deschamps und Pinthereau hervortraten. Dieser letztere konnte sich einige der in der Wohnung Saint-Cyrans konfiszierten Papiere beschaffen und veröffentlichte daraus in den Jahren 1646 bis 1655 verschiedene Auszüge, die geschickt ausgewählt und mit außergewöhnlicher Unredlichkeit kommentiert waren; er bewahrte der Nachwelt auf diese Weise übrigens eine Fülle kostbarer Dokumente. Alles war bereit für den großen Angriff auf Jansenius.

Bei der Versammlung der Sorbonne am 1. Juli 1649 legte der Syndikus Nicolas Cornet ohne näheren Hinweis auf ein bestimmtes Werk die folgenden sieben Sätze zur Prüfung vor:

1. Einige Gebote Gottes sind für die gerechten Menschen, auch wenn sie wollen und sich bemühen, mit den ihnen im jetzigen Zustand zur Verfügung stehenden Kräften unerfüllbar, und sie haben auch nicht die Gnade, durch die sie erfüllbar werden.

2. Im Zustand der gefallenen Natur findet die innere Gnade niemals einen Widerstand.

3. Im Zustand der gefallenen Natur ist für Verdienst und Mißverdienst nicht die Freiheit des Menschen von innerer Nötigung erfordert, sondern es genügt die Freiheit von äußerem Zwang.

4. Die Semipelagianer gaben die Notwendigkeit der zuvorkommenden inneren Gnade für die einzelnen Akte, auch für den Beginn des Glaubens zu. Ihr Irrtum bestand darin, daß sie von dieser Gnade behaupteten, der menschliche Wille könne ihr widerstehen und gehorchen.

5. Semipelagianisch ist die Behauptung, Christus habe für alle Menschen den Tod erlitten oder sein Blut vergossen.

6. Die Taten der Ungläubigen sind Sünden.

7. Die Kirche war früher der Auffassung, daß das Bußsakrament für die geheimen Sünden nicht genügen würde.

Es kam unmittelbar darauf zu einer stürmischen und wirren Diskussion, in der mehrere Doktoren behaupteten, es handle sich hier darum, die Lehre des Augustinus unter dem Namen des Jansenius zu verurteilen. Trotz der Opposition von 70 Teilnehmern beauftragte man eine Kommission mit der verlangten Untersuchung. Kurze Zeit später gab Arnauld die „Considérations sur l'entreprise faite par Maître Nicolas Cornet" heraus, in denen er die Formulierung der Sätze für gewollt zweideutig erklärte, da sie bei oberflächlicher Betrachtung häretische Bedeutung haben, in augustinischer Sicht jedoch in vollkommen orthodoxem Sinn verstanden werden könnten. Schließlich lieferte eine Berufung wegen Gewaltmißbrauchs von 61 Doktoren Präsident Molé die Gelegenheit, den beiden Parteien einen viermonatigen Waffenstillstand aufzuerlegen, der jedoch keineswegs respektiert wurde. Die Lage an der Sorbonne komplizierte sich darüber hinaus durch die Tatsache, daß man Doktoren, die einem Orden angehörten, nun einzeln und zahlenmäßig unbegrenzt zur Wahl zuließ, während die alten Vorschriften nur zwei Vertretern eines Ordens dieses Recht einräumte, um Stimmenhäufungen in Konformität mit den Anweisungen des Ordens zu vermeiden. Unter diesen Bedingungen war es unmöglich, eine Zensur der Sätze verfassen und veröffentlichen zu lassen, und der Rekurs an den Heiligen Stuhl, von den römischen Jesuiten schon zu einem früheren Zeitpunkt vorgeschlagen, erschien nun unvermeidlich. So kam man also dem Wunsch Roms zuvor, das eine so bedeutende Angelegenheit nicht der Sorbonne überlassen wollte.

Gegen Ende 1650 schrieb Isaac Habert, nun Bischof von Vabres, an Innozenz X. (vgl. Band IV, Seite 665 f), um ihm die fünf ersten Sätze des Nicolas Cornet vorzulegen, die er — jedoch nur sehr undeutlich — Jansenius zuschrieb [21]. Die Antijansenisten sammelten für diesen Brief bischöfliche Unterschriften: bei seiner Übersendung nach Rom zu Beginn 1651 waren es 78, und später kamen noch etwa 15 weitere hinzu; der französische Episkopat zählte damals etwa 130 Bischöfe. Arnauld stellte diesem Brief ähnliche Erwägungen wie in seiner Erwiderung an Nicolas Cornet entgegen. Aber auch die jansenistische Gruppe hatte Anhänger im Episkopat, darunter Henry Arnauld, Bischof von Angers, den Bruder des Großen Arnauld. Auf der Klerikerversammlung vom Februar/März 1651 protestierten mehrere Bischöfe beim Nuntius gegen das Vorgehen Haberts. Kurze Zeit später verfaßten elf Teilnehmer einen Brief an Innozenz X., zwei weitere schlossen sich ihnen später an. Ein Doktor der Sorbonne, Saint-Amour, der sich in Rom aufhielt, erklärte sich bereit, ihre Sache zu vertreten, und übergab den Brief am

[21] Der Brief Haberts ist zu finden: ebd. 74—77.

10. Juli 1651. In den darauffolgenden Monaten kamen weitere jansenistische Abgeordnete nach Rom. Die Antijansenisten, die zunächst durch den Franziskaner Mulard in Rom vertreten waren, sandten im April 1652 drei weitere Emissäre. Nun mußte man auf die römische Entscheidung warten, die allen Anzeichen nach noch lange auf sich warten lassen würde. Der Konflikt wandte sich erneut nebensächlichen Vorfällen zu. Ein solcher ereignete sich im Zusammenhang mit einem „Catéchisme de la grâce", den der Jansenist Feydear herausgebracht hatte, ein weiterer um die Lehre des antijansenistischen Professors der Sorbonne, Alphonse Le Moyne, dem Arnauld seine „Apologie pour les saints Pères", eines seiner besten Werke, entgegensetzte. Andere betrafen das Kloster von Port-Royal, dessen Beichtvater, Antoine Singlin, 1649 Predigtverbot erhielt und das in einer Flugschrift des Jesuiten Brisacier, „Le jansénisme confondu" (1651), des geheimen Calvinismus bezichtigt wurde.

Die jansenistische Deputation in Rom beging von Anfang an einen Fehler, indem sie die Eröffnung von Versammlungen mit öffentlichen Aussprachen ähnlich den Kongregationen *De Auxiliis* verlangte, während Innozenz X. der persönliche Richter in dieser Angelegenheit sein wollte. Im „Journal" Saint-Amours sind diese ermüdenden Verhandlungen genau zu verfolgen [22]. Im April 1651 wurde eine Kommission von Kardinälen gebildet, dann im September 1652 eine Kommission von Theologen, der nur ein Jesuit angehörte und in der der Franziskaner Lucas Wadding [23] Jansenius in bemerkenswerter Weise verteidigte. Die beiden Deputationen wurden ermächtigt, Schriften an die Kommission zu senden, man gestattete ihnen jedoch untereinander keinerlei offizielles Zusammentreffen und gewährte ihnen nur getrennte — im übrigen sehr seltene — Audienzen. Einige der zu dieser Zeit entstandenen Streitschriften sind von höchstem Interesse, im besonderen der „Écrit à trois colonnes" [24], der von den Verteidigern des Jansenius bei ihrer letzten Audienz am 19. Mai 1653 übergeben wurde und für die Kenntnis des jansenistischen Gedankens von größter Bedeutung ist: hier wird für jeden der fünf Sätze zwischen der orthodoxen und der häretischen Bedeutung unterschieden und die von den Molinisten vertretene gegensätzliche Position jeweils angeführt.

In Wahrheit hatten politische Elemente entscheidenden Anteil an diesen Verhandlungen. Einerseits wollte Rom seine Meinung nicht ändern und die Bulle „In eminenti" nicht wieder rückgängig machen. Auf der anderen Seite hatte der Heilige Stuhl — sehr empfindlich in der Frage des Galli-

[22] Saint-Amour hat ein Tagebuch über seine Verhandlungen geführt, dessen Redaktion Arnauld besorgte und das 1662 veröffentlicht wurde.

[23] Vgl. *L. Ceyssens*, Florence Conry, cf n. 2.

[24] Der Écrit à trois colonnes steht als Anhang im Journal de M. de Saint-Amour (o. O. 1662).

kanismus — den Rückgriff der antijansenistischen Bischöfe auf Rom mit Wohlwollen aufgenommen und war bereit, sie mit dem Sieg zu belohnen, zumal sie im Episkopat eine breite Mehrheit darstellten. Schließlich hatte sich Mazarin, mit dem man gute Verbindungen unterhalten wollte, offen gegen den Jansenismus ausgesprochen und Rom im Jahr 1651 sogar einen vom jungen Ludwig XIV. unterzeichneten Brief übersandt. Unter diesen Bedingungen war die erneute Verurteilung des Jansenius unvermeidlich, und es scheint, als hätten die verantwortlichen römischen Kreise nie ernsthaft an einen anderen Ausgang gedacht; verschiedentlich wurde jedoch von bestimmten Vertretern eine ausdrückliche Ausklammerung des orthodoxen Augustinismus aus dieser Verurteilung gewünscht, die jedoch unterblieb. Die Bulle „Cum occasione", vom 31. Mai 1653 datiert und am 3. Juni veröffentlicht, verurteilte die fünf Sätze, die sie Jansenius zuschrieb: die ersten vier als häretisch und den letzten als falsch, ohne eine andere Einschränkung [25]. Diese Bulle war ein vollkommener Sieg für die Antijansenisten. In Flandern wurde sie ohne Schwierigkeiten angenommen, da die jansenistische Gruppe, durch die jüngsten Zensuren gegen den Erzbischof von Mecheln und den Bischof von Gent hart getroffen und den rasch aufeinanderfolgenden Tod von Calenus und Froidmont (Februar—Oktober 1653) sehr geschwächt, nur wenig Widerstand leistete. In der Tat war der Ort der jansenistischen Partei nun Paris und nicht mehr Löwen [26].

3. Kapitel

Der jansenistische Konflikt bis 1713

Weitere Bibliographie zu den im vorigen Kapitel aufgeführten Werken:
BIBLIOGRAPHIE: *A. Maire*, Bibliographie générale des œuvres de Blaise Pascal, 3 Bde (Paris 1925/27); *A. Maulvault*, Répertoire alphabétique de Port-Royal (Paris 1902).
QUELLEN: *E. Deschamps*, De haeresi janseniana (Paris [5]1728); *B. Pascal*, Œuvres, hrsg. von *L. Brunschvicg - F. Boutroux - F. Gazier*, 14 Bde (Paris 1904/14); *ders.*, Les Provinciales, hrsg. von *L. Cognet* (Paris 1965); *Cl. Goujet*, Vie de M. Nicole (Lüttich 1767); *N. de Larrière*, Vie de Messire Antoine Arnauld (Paris-Lausanne 1783); *V. Cousin*, Jacqueline Pascal (Paris [9]1878); *P. Thomas du Fossé*, Mémoires, 4 Bde (Rouen 1876/79); *N. Fontaine*, Mémoires, 2 Bde (Utrecht 1736); (anonym) Recueil de plusieurs pièces pour servir à l'histoire de Port-Royal (Utrecht 1740); *P. Nicole*, Lettres sur l'hérésie imaginaire, 2 Bde (Lüttich 1667); *ders.*, Lettres et Nouvelles lettres, 3 Bde (Paris 1755/67); *ders.*, Apologie de M. Nicole écrite par lui-même (Amsterdam 1734); *M. Feydeau*, Mémoires inédits, hrsg. von *E. Jovy* (Vitry-le-François 1905); *J. Besoigne*, Vie des quatre évêques

[25] Text: BullRom 15, 720 a: Text und frz. Übers.: Recueil historique des bulles 79—86; vgl. D 2001—07.
[26] *L. Ceyssens*, La publication aux Pays-Bas de la seconde bulle contre Jansénius: Augustiniana 7 (1957) 196—240 389—426 576—593.

engagés dans la cause de Port-Royal, 2 Bde (Köln 1756); *G. Patin,* Lettres, hrsg. von *J.-H. Réveillé-Parise,* 3 Bde (Paris 1846); *Saint-Simon,* Mémoires, hrsg. von *A. de Boislisle,* 41 Bde (Paris 1879/1928); *Sourches,* Mémoires, 13 Bde (Paris 1882/93); *L. Ceyssens,* La fin de la première période du jansénisme, sources des années 1654—1660 (Brüssel-Rom 1963); *Angélique de Saint-Jean Arnauld d'Andilly,* Relation de captivité, hrsg. von *L. Cognet* (Paris 1954); (anonym) Histoire des persécutions des religieuses de Port-Royal écrites par elles-mêmes (Villefranche 1753); (anonym) Journaux de ce qui s'est passé à Port-Royal depuis que la communauté fut transférée à Port-Royal des Champs jusqu'en 1669 (o. O. 1724); *P. Quesnel,* Correspondance, hrsg. von Mme *A. Le Roy,* 2 Bde (Paris 1900); *ders.,* La Paix de Clément IX, 2 Bde (Chambéry 1700); *ders.,* Histoire de la vie et des ouvrages de M. Arnauld (Lüttich 1697); *J. A. G. Tans,* Pasquier Quesnel et les Pays-Bas (Groningen-Paris 1960); *A. Varet,* Relation de ce qui s'est passé dans l'affaire de la Paix de l'Église, 2 Bde (o. O. 1706); *Dom Rivet de la Grange,* Nécrologe de l'Abbaye de Port-Royal (Amsterdam 1723); *Ch. Le Febvre de Saint-Marc,* Supplément au nécrologe de Port-Royal (o. O. 1735); *Louail-Fouillou-Joncoux,* Histoire abrégée du Jansénisme (Köln 1697); *ders.,* Histoire du cas de conscience, 8 Bde (Nancy 1705/11); *J. Fouillou,* Mémoire sur la destruction de Port-Royal des Champs (o. O. 1711); *F. Guelphe,* Relation de la retraite de M. Arnauld dans les Pays-Bas en 1679 (Mons 1733); *N. Pinault,* Histoire abrégée de la dernière persécution de Port-Royal, 3 Bde (o. O. 1750); *J. Racine,* Abrégé de l'histoire de Port-Royal, hrsg. von *A. Gazier* (Paris 1908); (anonym) Recueil de pièces qui n'ont pas encore paru sur le formulaire (Avignon 1754); (anonym) Vies intéressantes et édifiantes des religieuses de Port-Royal, 4 Bde (o. O. 1750/52); (anonym) Histoire de la sortie du P. Quesnel des prisons de l'archevêché de Malines (o. O. 1743); *G. Vuillart,* Lettres à M. de Préfontaine, hrsg. von *R. Clark* (Genf-Lille 1951); *Fénelon,* Œuvres complètes, 10 Bde (Paris 1851/52); *Bossuet,* Œuvres complètes, 31 Bde (Paris 1862/66); *ders.,* Correspondance, hrsg. von *Ch. Urbain-E. Levesque,* 15 Bde (Paris 1909/25).

LITERATUR: *A. Chéruel,* Histoire de France sous le ministère de Mazarin (1651—61), 3 Bde (Paris 1882); *L. E. Du Pin,* Bibliothèque des auteurs ecclésiastiques du XVIIe siècle, 7 Bde (Paris 1708); *A. Gits,* La foi ecclésiastique aux faits dogmatiques dans la théologie moderne (Löwen 1940); *J. Laporte,* La doctrine de Port-Royal, la morale d'après Arnauld, 2 Bde (Paris 1951—52); *J. Mesnard,* Pascal, l'homme et l'œuvre (Paris 1951); *ders.,* Pascal et les Roannez, 2 Bde (Paris 1965); *L. Goldmann,* Le Dieu caché (Paris 1965); *J. Orcibal,* Port-Royal entre le miracle et l'obéissance: Flavie Passart et Angélique de Saint-Jean (Paris 1967); *P. Jansen,* Le cardinal Mazarin et le mouvement janséniste (Paris 1967); *P. Blet,* Le clergé de France et la monarchie, étude sur les assemblées générales du clergé de 1651 à 1666, 2 Bde (Rom 1959); *J. Bourlon,* Les Assemblées du Clergé et le jansénisme (Paris 1909); *A. Gazier,* Les dernières années du Cardinal de Retz (1655—1679) (Paris 1875); *G. Namer,* L'abbé Le Roy et ses amis, essai sur le jansénisme extrémiste intramondain (Paris 1964); *A. Le Roy,* Le gallicanisme au XVIIIe siècle, la France et Rome de 1700 à 1715 (Paris 1892); *G. Delassault,* Le Maistre de Sacy et son temps (Paris 1957); *L. Cognet,* Claude Lancelot Solitaire de Port-Royal (Paris 1951); *P. Chételat,* Étude sur Du Guet (Paris 1879); *E. Dejean,* Un prélat indépendant au XVIIe siècle Nicolas Pavillon évêque d'Alet (Paris 1909); *R. Taveneaux,* Le jansénisme en Lorraine (Paris 1960); *B. Neveu,* Sébastien-Joseph du Cambout de Pontchâteau et ses missions à Rome (Paris 1969); *ders.,* Un historien à l'école de Port-Royal, Sébastien Le Nain de Tillemont (Den Haag 1966); *A. Janssen,* Un polémiste antijanséniste, le P. Annat: Mélanges Ch. Moeller (Löwen-Paris 1914); *R. Clark,* Strangers and Sojourners at Port-Royal (Cambridge 1932); *P. Hoffer,* La dévotion à Marie au déclin du XVIIe siècle (Juvisy 1938). — Vgl. Kap. 2.

Die quaestio juris und die quaestio facti. Die Provinciales

Die Bulle „Cum occasione" bedeutete zweifellos einen Sieg für den Antijansenismus, zumal Mazarin sich wirksam für ihre Übernahme durch Frankreich einsetzte. Eine königliche Deklaration vom 4. Juli 1653 erteilte dem Parlament und dem Klerus einen diesbezüglichen Befehl. Mazarin ließ die Bulle von den damals in Paris anwesenden 28 Bischöfen im Namen des gesamten Klerus akzeptieren, und kurze Zeit später wurde auch die Sorbonne gezwungen, sich anzuschließen. Nur einige Bischöfe veröffentlichten sie mit bestimmten Einschränkungen, vermittels deren sie den orthodoxen Augustinismus retten wollten. Port-Royal befand sich in einer besonders schwierigen Lage. Die Fronde war immer schwächer geworden. In den jüngsten Wirren hatten die Leute von Port-Royal ihre absolute Loyalität der Monarchie gegenüber bewiesen, aber auch ihre Antipathie gegen Mazarin, den eigentlichen Sieger, deutlich gezeigt, und es besteht kein Zweifel, daß mehrere der Pamphlete des Koadjutors von Paris, des späteren Kardinals Retz, von den Männern von Port-Royal redigiert waren. Es ist begreiflich, daß sich die Verteidiger des Jansenius zunächst in das Schweigen flüchteten. Aber der wenig kluge Triumph ihrer Gegner ermöglichte ihnen wieder eine Rückkehr in die Öffentlichkeit. Sie reagierten zunächst auf einen minderwertigen Stich in einem Almanach, der zu Beginn 1654 erschien und Jansenius mit seinen Schülern zeigte, wie sie sich in die Arme Calvins werfen. Sacy antwortete darauf mit einem langen satirischen Gedicht „Enluminures du fameux almanach des jésuites". Im Februar 1654 veröffentlichte der Jesuit P. François Annat, der Beichtvater des Königs, eine lateinische Streitschrift mit dem Titel „Chicanes des Jansénistes", in der er versichert, der Papst habe in der letzten Bulle nicht einmal die Lehre des heiligen Augustinus selbst schonen wollen; daneben stellte er die Behauptung auf, die fünf Sätze seien im genauen Wortlaut dem „Augustinus" entnommen. Arnauld erwiderte im März in drei Schriften, die ein Manifest des neuen jansenistischen Standpunktes darstellen. Zunächst klärt er die Frage der sog. „quaestio facti"; er beweist, daß nur der erste Satz im „Augustinus" enthalten ist, und zwar in einem Kontext, der ihn als orthodox ausweist, und daß die übrigen Sätze zwar andere Passagen des Werkes zusammenfassen mögen, diese Passagen jedoch de facto ebenfalls orthodox sind und nur das augustinische Denken wiedergeben. Schließlich führt er Sätze aus dem „Augustinus" an, die das Gegenteil der verurteilten Sätze aussagen. Arnauld kommt zu dem Ergebnis, daß die Verurteilung der Sätze mit der häretischen Bedeutung durch Innozenz X. zwar zu Recht geschehen sei, diese jedoch in dieser heterodoxen Bedeutung nicht von Jansenius stammten.

Aber Arnauld konnte die öffentliche Meinung nicht wirklich erreichen. In einer Versammlung von 38 Bischöfen am 9. März 1654 setzte Mazarin einen Text durch, der die Verurteilung der Sätze im Sinne des Jansenius anerkannte. Innozenz X. antwortete darauf am 29. September durch ein Breve mit gleicher Zielsetzung [1]. Am 15. Januar 1655 ließ Mazarin durch eine Versammlung von 15 Bischöfen die Unterzeichnung eines Jansenius verurteilenden Formulars für den gesamten Klerus und für die weiblichen Ordensmitglieder vorschreiben; aber um die Lage nicht noch mehr zu verschlechtern, wurde diese Maßnahme zunächst nicht angewendet. Wieder kam die eigentlich doktrinale Frage nicht zum Austrag. Der Jesuit Étienne Deschamps versuchte durch eine Formel, die später Bossuet wieder aufgriff, in seinem umfangreichen Traktat „De l'hérésie jansénienne" (1654) zu beweisen, daß die fünf Sätze die Seele des „Augustinus" seien, aber er blieb ohne jeden Erfolg. Die Flugschriften wandten sich nun dem Bereich der Politik zu. Der Publizist Filleau de la Chaise setzte in seiner „Relation juridique" (1654) die Fabel in Umlauf, 1620 habe in der Kartause von Bourgfontaine eine Versammlung stattgefunden, bei der Jansenius, Saint-Cyran und andere den Plan gefaßt hätten, den Deismus einzuführen und den Glauben an die Eucharistie zu zerstören. Zur gleichen Zeit bemühte sich der königliche Almosenier Marandé in seinen „Inconvénients d'état", die Jansenisten als gefährliche Gegner der Staatsgewalt hinzustellen.

Schon bald ließ ein neuerlicher Vorfall den Zwist wieder aufflammen. Am 1. Februar 1655 verweigerte der Vikar von Saint-Sulpice, Picoté, dem Herzog von Liancourt wegen seiner allgemein bekannten Beziehung zu Port-Royal die Absolution [2]; Picoté wurde in seiner Haltung unterstützt von dem berühmten Jean-Jacques Olier, Pfarrer von Saint-Sulpice, der dem Jansenismus äußerst feindlich gegenüberstand. Die Angelegenheit erregte Aufsehen, und selbst das Eingreifen Vinzenz' von Paul konnte zu keiner Verständigung führen. Nach drei Wochen brachte Arnauld die Angelegenheit durch seine „Lettre à une personne de condition" vor die Öffentlichkeit, auf die seine Gegner mit etwa zehn Flugschriften antworteten. Arnauld erwiderte erst nach vier Monaten in seiner „Seconde lettre à un duc et pair" vom 10. Juli 1655, die eigentlich ein umfangreiches Werk darstellt, in dem die Position des französischen Jansenismus mit bemerkenswerter Klarheit zusammengefaßt ist. Er akzeptiert die Verurteilung der in den fünf Sätzen enthaltenen Häresie zwar uneingeschränkt, hält es jedoch für besser, über die Tatsache, ob man sie Jansenius zuschreiben müsse, zu schweigen, und fügt hinzu, er habe sie bei einer genauen Lektüre des „Augustinus" nicht darin gefunden. Dann wendet er sich heftig gegen den molinistischen Begriff der gratia sufficiens und führt Petrus in seiner Verleugnung des Herrn als ein Beispiel eines Gerechten an, der gesündigt hat, weil ihm die Gnade fehlte.

[1] Brief und Breve: Recueil historique des bulles 120—131.

[2] Vgl. den authentischen Bericht des Herzogs: Une relation authentique du duc de Liancourt: Documents d'Histoire 3 (März 1912) 90—96.

Unmittelbar darauf versuchten die Gegner Arnaulds ihn wegen dieser beiden letzten Sätze, die den „Augustinus“ und Petrus betrafen, verurteilen zu lassen; Arnauld wollte ihnen jedoch zuvorkommen und brachte die Angelegenheit durch einen Brief vom 27. August vor den Heiligen Stuhl. Sie wurde dennoch der Sorbonne in der Versammlung vom 4. November vorgelegt und nahm trotz der Proteste Arnaulds, der vergeblich um Gehör bat und seine schriftlichen Apologien — jedoch ohne Erfolg — vervielfachte, ihren Lauf. Eine erste Zensur wurde am 14. Januar 1655 unter so regelwidrigen Umständen ausgesprochen, daß sich 60 Doktoren aus der Sorbonne zurückzogen. Dennoch wurde Arnauld am 15. Februar aus der Sorbonne ausgeschlossen. In seiner Verteidigung hatte ihn ein junger Theologe aus Chartres unterstützt, der nun im Jansenistenstreit eine bedeutende Rolle spielen sollte: Pierre Nicole (1625—95). Unglücklicherweise beherrschten Arnauld und Nicole nur die Sprache der Theologen; wenn ihre außerordentliche Bildung auf diesem Gebiet ihnen auch eine Hörerschaft unter ihresgleichen sicherte, so fanden ihre Werke in der breiten Öffentlichkeit doch kaum ein Echo. In dieser Zeit nun, in der der Stern Mazarins allmählich verblaßte, stellte sich das eigentliche Problem auf der Ebene der öffentlichen Meinung. Damals, noch vor der endgültigen Verurteilung Arnaulds, fand Port-Royal in der Person Blaise Pascals (1623—62) jenen Mann, der wie kein anderer hier helfen konnte.

In den Augen der Einsiedler von Port-Royal[8] war Blaise Pascal (Kap. 6) bis jetzt nur ein junger Weltmann, der sich den Wissenschaften gewidmet, sich jüngst bekehrt und in Freundschaft dem Kloster zugewandt hatte, in dem seine jüngere Schwester Jacqueline seit Januar 1652 als Nonne lebte. Als er im Januar 1656 mit Arnauld und Nicole in Port-Royal des Champs weilte, führte ihn eine von Arnauld zufällig ausgesprochene Einladung dazu, seine schriftstellerische Fähigkeit einer Streitschrift zu leihen, die nun für die Gesellschaft und nicht mehr für Spezialisten bestimmt war. So entstand die erste „Provinciale“, datiert vom 23. Januar 1656: dieser erste Brief an einen Freund in der Provinz hatte ungeheuren Erfolg und eröffnete eine neue Episode des Konfliktes. Man begriff, daß man sich auf dem richtigen Weg befand, und es folgten 17 weitere „Provinciales“, die sich — bis zum letzten vom 24. März 1657 — auf etwas mehr als ein Jahr verteilten. Diese gefährliche Kampagne zwang Arnauld, Nicole und Pascal sich zu verbergen, um einer lettre de achet zu entgehen, die sie in die Bastille gebracht hätte. Auch der Druck geschah im verborgenen und konnte sich allen Nachforschungen der Polizei entziehen. Trotz der gefährlichen Bedingungen wurden die „Provinciales“ ab dem fünften Brief in 6000

[8] Vgl. *L. Cognet,* Le jugement de Port-Royal sur Pascal: Blaise Pascal, l'homme et l'œuvre (Paris 1956) 11—30.

Exemplaren gedruckt, eine für diese Zeit ungewöhnlich hohe Auflage[4]. Drei Ausgaben in einem Band, die zwischen 1657 und 1659 erschienen, beweisen die Beständigkeit des Erfolgs. Lange Zeit rätselte die Öffentlichkeit über den Autor, erst 1659 wurde die Autorschaft Pascals allmählich bekannt.

Pascal arbeitete eng mit Arnauld und Nicole zusammen und lieh der Dokumentation und den Argumenten der Spezialisten die Magie seines unvergleichlichen Stils; daneben verwendete er zahlreiche früher erschienene polemische Schriften, deren Inhalt dadurch in der breiten Öffentlichkeit bekannt wurde. Dennoch fand er keineswegs eine einmütige Zustimmung in Port-Royal; Mère Angélique und Singlin hielten diese Kampagne für unvereinbar mit der christlichen Liebe. Tatsächlich ging Pascal seit der 5. „Provinciale", als Arnauld an der Sorbonne unterlegen war, zum Gegenangriff über und wandte sich, indem er eine alte Polemik wieder aufgriff, gegen die laxistische Moral der jesuitischen Kasuisten. Hier befand er sich auf einem besonders günstigen Terrain. Der Rigorismus in der Moral war in der Tat nicht nur ein Erbgut von Port-Royal, sondern auch unter den besten Vertretern des Klerus und bei den Gläubigen weit verbreitet. Durch die Identifizierung des Laxismus mit den Jesuiten brachte Pascal die Gesellschaft Jesu in einen Mißkredit, von dem sie sich nie mehr ganz befreien konnte. Der so eingeleitete Kampf sollte sich noch lange nach den „Provinciales" fortsetzen. Der Weltklerus nahm mit den „Écrits des Curés de Paris", an denen Pascal ebenfalls mitarbeitete, den Kampf wieder auf. Er führte zu einer Reihe von Dekreten des Heiligen Offiziums unter Alexander VII. (1665—66) und Innozenz XI. (1679)[5], in denen 110 laxistische Sätze — 57 von ihnen stammen indirekt aus den „Provinciales" — verurteilt wurden. Unglücklicherweise traf Pascal im feindlichen Lager auf keinen kongenialen Gegner. Neben einigen Repliken einzelner Antijansenisten veröffentlichten die Jesuiten ab dem 6. Brief in Zusammenarbeit verfaßte Antworten, deren Hauptautoren wahrscheinlich P. Annat und P. Nouet waren, letzterer ein ausgezeichneter Schriftsteller im Bereich der Spiritualität, aber nur ein mittelmäßiger Polemiker. Diese Antworten, die in unübersehbarer Fülle Details der von Pascal zitierten kasuistischen Texte diskutierten, sind mittelmäßig; sie kamen aber Pascal zugute, da sie der Öffentlichkeit den Eindruck vermittelten, die Jesuiten identifizierten sich tatsächlich mit diesen umstrittenen kasuistischen Positionen. Der Ton der „Provinciales" wurde zunehmend schärfer und heftiger, und die beiden letzten, die sich direkt an P. Annat wenden, sind besonders beißend. Dies

[4] Vgl. *L. Parcé,* La réimpression des premières Provinciales: Pascal, textes du tricentenaire (Paris 1963) 142—159.

[5] Text der Dekrete Alexanders VII.: BullRom 17, 387 b—389 a 427 b—428 a; D 2021—65; Innozenz' XI.: BullRom 19, 145 a—149 b; D 2101—67.

hinderte jedoch einen Pariser Jesuiten, Georges Pirot, nicht, im Dezember 1657 eine ungeschickte „Apologie des casuistes“ zu veröffentlichen, die eine lebhafte Ablehnung provozierte und die Position der Jesuiten weiter schwächte.

In der Tat hatten die „Provinciales“ einen großen Einfluß auf die Öffentlichkeit; ihr Echo findet sich in den Briefen der Mme de Sévigné und des Arztes Guy Patin. Die öffentliche Meinung war außerdem durch das berühmte Wunder des heiligen Dorns aufgewühlt, das am 24. März in Port-Royal geschah, wo die Nichte Pascals, Marguerite Périer, durch einen Dorn aus der Heiligen Krone von einer Tränenfistel geheilt wurde: trotz der Einwände der Jesuiten sah man darin fast allgemein ein Zeichen zugunsten von Port-Royal. All dies änderte jedoch nichts an der Haltung der führenden Kreise, und Mazarin wie auch der Kanzler Séguier, mehr denn je von den „Provinciales“ irritiert, trachteten immer mehr danach, den Jansenismus zu liquidieren. Innozenz X., ein mehr gleichgültiger Charakter, hatte sich nie ernsthaft mit diesem Streit befassen wollen. Er starb am 7. Januar 1655; sein Nachfolger war der ehemalige Nuntius von Köln, Fabio Chigi, ein ausgeprägter Antijansenist, der als Alexander VII. den Thron bestieg. Eine neue Bulle in Sachen Jansenius, die quaestio facti betreffend, wurde seit Ende 1655 vorbereitet, jedoch zunächst geheimgehalten, um dann zu einem günstigen Zeitpunkt veröffentlicht zu werden. Nun schrieb in Frankreich die Klerikerversammlung des Sommers 1654 unter dem Druck Mazarins erneut die Unterzeichnung des Formulars gegen Jansenius vor und wandte sich am 2. September in einem offiziellen Brief an Alexander VII. mit der Bitte um eine klare Entscheidung in der quaestio facti [6]. Der Heilige Stuhl hielt den Augenblick für günstig: die Bulle „Ad sacram“ [7] wurde am 16. Oktober 1656 offiziell unterzeichnet. Ein außerordentlicher Nuntius, Piccolomini, überbrachte sie im Januar nach Paris, aber verschiedene Verhandlungen verzögerten ihre offizielle Übergabe an den König bis zum 2. März 1657. Am 17. März erzwang Mazarin ihre Annahme von der Klerikerversammlung; das Parlament verzögerte die Annahme noch einige Zeit, und erst ein großer Gerichtstag am 29. November konnte den Widerstand brechen (Kap. 7).

Das Formular

Die Bulle „Ad sacram“ verursachte in Frankreich heftige Emotionen. Sie stellte für die jansenistische Partei eine erneute Niederlage dar und zwang sie zu einer Festlegung einer neuen Position. Arnauld und Nicole befaßten

[6] Brief: Recueil historique des bulles 136—143.

[7] Text der Bulle: BullRom 16, 247 a, vgl. D 2010—12; Text und französische Übers.: Recueil historique des bulles 144—149.

sich damit in verschiedenen Schriften, die sie in den Monaten April bis August 1657 veröffentlichten. In der quaestio juris, das heißt hinsichtlich der in den fünf Sätzen enthaltenen Häresie, erklärte sich Arnauld mit der päpstlichen Verurteilung vollkommen einverstanden. In der quaestio facti aber, das heißt hinsichtlich des tatsächlichen Vorhandenseins der fünf Sätze im „Augustinus", vertrat er die Auffassung, daß der Papst sich schlicht geirrt habe, was durchaus im Bereich des Möglichen liege, da die Kirche hinsichtlich nichtgeoffenbarter Tatsachen nicht unfehlbar sei. Er verweigerte also in diesem Punkt jede innere Zustimmung und verpflichtete sich nur zu einem „ehrerbietigen Schweigen". Diese Haltung Arnaulds und Nicoles fand jedoch nicht die uneingeschränkte Zustimmung Port-Royals. Einige vertraten die Ansicht, daß die Verurteilung der fünf Sätze letztlich auf den Augustinismus selbst zurückfiele und man ihr deshalb ohne Einschränkung entgegentreten müsse, auch um den Preis eines Schismas: die Hauptvertreter dieser extremistischen Gruppe waren der Bischof von Alet, Nicolas Pavillon, der allgemein wegen der Heiligmäßigkeit seines Lebens verehrt wurde, und Guillaume Le Roy, der Abt von Haute-Fontaine. Andere dagegen hielten die taktischen Stellungnahmen Arnaulds für absurd; ausgehend von der Konzeption einer unveränderlich schlechten Welt, in der es unmöglich ist, die Wahrheit zu verteidigen, hielten sie es für besser, sich den päpstlichen Verurteilungen zu unterwerfen und Gott die Sorge für den Sieg seiner Sache zu überlassen. Das Zentrum dieser Gruppe war Barcos, der Neffe Saint-Cyrans. Aber Arnaulds Ideen erhielten durch seine theologische Autorität einen deutlichen Vorrang.

Der Antijansenismus war für Mazarin tatsächlich in erster Linie ein Argument gewesen, das ihm die Neutralität des Heiligen Stuhles im Kampf gegen Spanien sichern sollte. Nachdem er sein Ziel erreicht hatte, war ihm nicht mehr an einer Krise gelegen. Nach dem Tod des Ministers (9. 3. 1661) übernahm jedoch Ludwig XIV. persönlich den Kampf. Vom Gespenst der Fronde verfolgt, war er fest entschlossen, alle Herde der Opposition, die die nationale Einheit gefährdeten, auszulöschen: dieser Entschluß betraf sowohl den Jansenismus als auch den Protestantismus. Andererseits war der wenig intelligente und in religiösen Dingen sehr unwissende König in diesem Punkt völlig in den Händen seiner jesuitischen Beichtväter. Am 20. Februar 1661 hatten die Bischöfe der Klerikerversammlung die Frage des Formulars wieder aufgegriffen und Alexander VII. in einem Brief um seine Approbation in diesem Punkt gebeten [8]. Am 23. April verlangte ein Erlaß des Staatsrats unnachgiebig dessen Unterzeichnung und zwang damit die jansenistische Gruppe zu einer Stellungnahme. Arnauld erklärte sich zur Unterzeichnung des Formulars bereit, jedoch unter der Bedingung, daß die von ihm gegebene Unterscheidung der quaestio juris und der quaestio

[8] Text: ebd. 151—165.

facti beigefügt werde. Die beiden Generalvikare, die die Diözese Paris in Abwesenheit ihres Erzbischofs, des berühmten Kardinals Retz, der geflohen war, verwalteten, akzeptierten die Veröffentlichung eines wahrscheinlich von Pascal selbst redigierten Hirtenbriefes am 8. Juni 1661, der die Unterschrift mit dieser Unterscheidung vorschrieb und damit die Gruppe Arnaulds zufriedenstellte. Angesichts der Opposition offizieller Kreise jedoch mußten sie ihn am 31. Oktober wieder zurücknehmen und die Unterzeichnung ohne jede Einschränkung verlangen: Port-Royal wurde zur Weigerung getrieben.

Zu diesem Zeitpunkt hatte bereits die Hetze gegen das Kloster und seine Freunde eingesetzt. Am 23. April hatte man die Postulantinnen und Zöglinge entfernt. Man wollte die Seelenführer und Beichtväter sowie die wichtigsten Einsiedler durch lettre de cachet exilieren oder ins Gefängnis werfen, aber sie entzogen sich durch die Flucht. Die Polizei verfolgte sie. Später, im Mai 1666, gelang es ihr, durch Denunziation den Neffen der Mère Angélique, Isaac Lemaistre de Sacy, zu ergreifen, der dann bis zum Oktober 1668 in der Bastille inhaftiert war. Den Nonnen verbot die klösterliche Klausur jede Flucht, und so standen sie im Mittelpunkt des Geschehens. Natürlich hatte keine von ihnen je den „Augustinus" gelesen, und nur drei oder vier, darunter Angélique de Saint-Jean Arnauld d'Andilly, die Nichte der Mère Angélique, hatten eine gewisse theologische Bildung erhalten. Aber ihre Verehrung für Saint-Cyran überzeugte sie von der absoluten Orthodoxie des Jansenius. Sie wiesen also jede, selbst bedingte Unterzeichnung des Formulars zurück und widersetzten sich in diesem Punkt in ihrer Mehrheit Arnauld. Mère Angélique verstarb am 6. August 1661; im Verlauf dieses Sommers kam es in Port-Royal zu heftigen internen Zwistigkeiten. Die Anführer des Widerstandes waren Angélique de Saint-Jean und Jacqueline Pascal. Aber nach der Rücknahme des Hirtenbriefes der Generalvikare stimmten Arnauld und die Nonnen wieder in der uneingeschränkten Verweigerung der Unterschrift überein. Kurze Zeit später resignierte der Erzbischof von Paris, Retz, und sein Nachfolger, Pierre de Marca, starb nach vier Monaten, ohne seinen Stuhl eingenommen zu haben. Ludwig XIV. ernannte nun seinen früheren Lehrer Hardouin de Péréfixe. Im Juli 1662 kam es jedoch zu Schwierigkeiten zwischen Frankreich und dem Heiligen Stuhl, und Péréfixe mußte eineinhalb Jahre auf seine Einsetzungsbulle warten; in dieser Zeit stagnierten die Geschehnisse um Port-Royal. Manche begriffen, daß eine Übereinkunft dem Konflikt vorzuziehen sei, und der Bischof von Comminges, Gilbert de Choiseul, leitete 1663 einen Versöhnungsversuch ein, aber die Auffassungen über die quaestio facti erwiesen sich als unvereinbar.

Im April 1664 wurde Péréfixe endgültig Erzbischof von Paris. Gleichzeitig heftig und gutmütig, ein mittelmäßiger Theologe, war er davon überzeugt, daß er den jansenistischen Widerstand mühelos überwinden könne.

Am 8. Juni 1664 veröffentlichte er einen Hirtenbrief, der die Unterscheidung de jure und de facto bestätigte, indem er für die quaestio juris den göttlichen Glauben und für die quaestio facti einen schlichten „menschlichen Glauben" verlangte. Dies konnte die Theologen von Port-Royal jedoch nur halb befriedigen, die in der quaestio facti nicht über das „ehrerbietige Schweigen" hinausgehen wollten. Nicole wurde mit der Erwiderung betraut und wies in seinen „Lettres sur l'hérésie imaginaire" sowie auch in anderen Flugschriften die Ansichten des Erzbischofs scharf zurück. Péréfixe, außer sich, rächte sich an den Nonnen. Am 21. und 26. August ließ er nach zwei dramatischen Besuchen im Kloster von Paris zwölf von ihnen, darunter Angélique de Saint-Jean und die greise Mère Agnès, in andere Konvente deportieren. In Paris wie auch im Kloster des Champs verweigerte man den Nonnen die Sakramente und stellte sie unter Polizeiaufsicht. Die Nötigungen des Erzbischofs und seiner Leute brachten schließlich zwölf der Nonnen unter unvorstellbaren moralischen Qualen zur Unterzeichnung des Formulars, die jedoch einige später wieder rückgängig machten. Die Berichte über diese Ereignisse, die die Nonnen unmittelbar darauf verfaßt und heimlich nach draußen gebracht hatten, wurden veröffentlicht und bewirkten eine große Unruhe, zumal der Erzbischof häufig genug sich durch das Ungestüm seines Wesens bloßgestellt hatte. Daneben brachte zu Beginn des Jahres 1665 die von Arnauld und Nicole verfaßte „Apologie pour les religieuses de Port-Royal" die Angelegenheit in ihrer Gesamtheit vor die Öffentlichkeit. Péréfixe, der durch eine der Nonnen, die unterzeichnet hatte, die „Verräterin" Flavie Passart, von den internen Spannungen in Port-Royal erfahren hatte, wollte davon durch den Publizisten Desmarets de Saint-Sorlin Gebrauch machen, aber Nicole gelang es, Desmarets zu neutralisieren, indem er dessen übersteigerten Mystizismus in den „Visionnaires" lächerlich machte. Die kleine Zahl der Unterschriften, die der Erzbischof von den Nonnen erhalten konnte, stellten für ihn eine schwere Niederlage dar. Um die Lage etwas zu stabilisieren, wurden die Nonnen, die die Unterschrift verweigert hatten, in Port-Royal des Champs zusammengefaßt und von einer Polizeieinheit bewacht, während jene Nonnen, die ihre Unterschrift gegeben hatten, mit einer besonderen Äbtissin, Dorothée Perdreau, in Paris blieben. Keine dieser Maßnahmen stellte jedoch eine echte Lösung dar.

In der Zwischenzeit hatte Alexander VII. auf Wunsch des französischen Klerus am 15. Februar 1665 die Bulle „Regiminis apostolici" erlassen, die ebenfalls die Unterzeichnung eines Formulars befahl [9]. Sie führte jedoch nur zu einer Verschlechterung der Lage, da vier Bischöfe bei ihrer Veröffentlichung klar zwischen der quaestio juris und der quaestio facti unterschie-

[9] Text der Bulle: BullRom 17, 336 b, vgl. D 2020; Text und französische Übers.: Recueil historique des bulles 223—230.

den und damit offen für Port-Royal Partei nahmen: unter ihnen befanden sich Henry Arnauld und Nicolas Pavillon. Die Höfe von Frankreich und Rom waren gleichermaßen verstimmt, und P. Annat erwog dic Möglichkeit, vom Papst die Absetzung der vier Bischöfe zu verlangen; man mußte jedoch darauf verzichten, um nicht den ganzen Episkopat gegen sich aufzubringen, der eine solche Maßnahme nicht geduldet hätte. Indes ernannte der Heilige Stuhl im Januar 1667 eine Kommission, um den Prozeß gegen die Opponenten einzuleiten: sofort solidarisierten sich 19 Bischöfe mit ihnen, und 20 weitere erhoben Einspruch. Aber Clemens IX., der Alexander VII. auf dem päpstlichen Stuhl gefolgt war, wünschte als friedlicher Charakter die Versöhnung (Kap. 7). Auch Ludwig XIV., der erkannt hatte, daß der Krieg mit Holland unvermeidlich war, wollte die religiösen Streitigkeiten schlichten und das Königreich wieder einigen. 1668 wurde der Nuntius Bargellini damit beauftragt, Wege für eine Übereinkunft zu suchen. Die Jesuiten waren von den Verhandlungen ausgeschlossen, in denen Gondrin, der Erzbischof von Sens, Ligny, der Bischof von Meaux, und Vialart, der Bischof von Châlons, eine entscheidende Rolle spielten. Im Sommer 1668 zeichnete sich die Hoffnung auf eine Übereinkunft deutlicher ab. Man kam überein, daß die vier Bischöfe an den Papst schreiben und sich verpflichten sollten, die Bulle „Regiminis" erneut zu veröffentlichen und in ihren Diözesen unterzeichnen zu lassen; der Papst sollte dagegen stillschweigend dulden, daß diese Unterzeichnung durch theoretisch geheime, praktisch jedoch allgemein bekannte Protokolle geschehe, in denen die Unterscheidung de facto und de jure gemacht werde. Die Gruppe um Arnauld und Nicole, die immer mehr zum Status einer gemäßigten dritten Partei tendierte, war mit dieser Übereinkunft vollkommen zufrieden, nicht so jedoch die Extremisten der beiden Parteien. Ein Ratserlaß vom 23. Oktober 1668 und ein Breve Clemens' IX. vom 14. Januar 1669 gaben dem *Klementinischen Frieden* offizielle Bedeutung. Aber die Nonnen von Port-Royal, noch immer von den gleichen Zweifeln gequält, konnten sich nicht zu einer Zustimmung entscheiden. Auf Drängen Sacys unterzeichneten sie schließlich am 15. Februar 1669 und wurden drei Tage später feierlich zum Sakramentenempfang zugelassen.

Der Klementinische Friede

Der *Klementinische Friede*, so vollkommen er auch war, sollte die Lehrkontroversen fast 30 Jahre lang befrieden und Port-Royal seine letzte ruhige Dekade sichern. Das alte Kloster hatte in dieser Zeit treue und hochgestellte Freunde und wurde von der ehemaligen Heldin der Fronde, der Herzogin de Longueville, der Cousine des Königs, protegiert. All dies mußte jedoch Ludwig XIV. mißfallen, der in diesem Kreis auch weiterhin einen Herd des Widerstands gegen seinen Absolutismus sah. Aber er wachte in erster Linie darüber, daß nichts geschah, was die Streitigkeiten neu entfachen konnte.

Die Leute von Port-Royal konnten nun ihre intellektuelle Tätigkeit friedlichen Gebieten zuwenden, auf denen sie übrigens schon früher hervorgetreten waren. Da war zunächst der Bereich der Spiritualität. Man beschloß, die hinterlassenen Papiere der großen Toten durchzuarbeiten, zu korrigieren und der Öffentlichkeit zugänglich zu machen. Anfang 1670 erschienen die „Pensées" Pascals, 1671 zwei Bände der „Considérations sur les dimanches et les fêtes", Auszüge aus den Notizen Saint-Cyrans, dessen „Lettres chrétiennes et spirituelles" 1679 in Lyon neu aufgelegt wurden. Man veröffentlichte auch Originalwerke, wie die „Traités de Piété" des Arztes von Port-Royal, M. Hamon (1671), und die „Essais de Morale" (1671) Nicoles. Auch Übersetzungen brachte man heraus: Teresa von Ávila (1670), Johannes von Ávila (1673) und viele andere. Port-Royal bemühte sich, die biblischen Texte den Gläubigen zugänglich zu machen. Während der letzten Krise im Jahr 1667 hatte die Gruppe eine Übertragung des Neuen Testamentes aus dem Griechischen veröffentlicht, die, nach ihrem Erscheinungsort „Nouveau Testament de Mons" [10] genannt, vor allem Arnauld, Nicole und Sacy zu verdanken ist. Diese Übersetzung hatte, obwohl elegant und genau, eine heftige Polemik hervorgerufen und war 1668 auf den Index gesetzt worden. Sacy hatte seinerseits in seinem Gefängnis, der Bastille, mit einer Übertragung der Vulgata begonnen, die er seit 1672 mit Kommentaren aus den Vätern veröffentlichte; nach seinem Tod (1684) beendeten seine Schüler das Werk. Die liturgischen Übersetzungen Port-Royals, „Heures de Port-Royal" und „Office de Saint-Sacrement" (1659) erhielten mehrere verbesserte Neuauflagen. Schließlich widmete sich die Gruppe auch der Polemik gegen die Calvinisten, in der Arnauld und Nicole mit Bossuet zusammenarbeiteten. Es ist sogar wahrscheinlich, daß Arnauld bedeutenden Anteil an den „Expositions de la doctrine de l'Église catholique" hatte, die Bossuet 1671 herausbrachte. Nicole war, wenn auch in Zusammenarbeit mit Arnauld, der Hauptautor der „Perpétuité de la foi de l'Église catholique touchant l'Eucharistie", eines ansehnlichen Werkes, dessen erster Band 1669 erschien.

In Wahrheit wußte man auf beiden Seiten, daß der so aufrechterhaltene Friede sehr zerbrechlich war, und einige Vorfälle zeigten deutlich die wahren Gefühle des Hofes. 1675 wurde Henry Arnauld beschuldigt, in seiner Diözese Angers die bedingungslose Unterzeichnung des Formulars nicht zu erlauben; Ludwig XIV. rügte den Bischof durch das Edikt von Camp de Ninove (30. 5. 1676). Als Anfang 1677 ein von zwei Bischöfen unterzeich-

[10] Vgl. *E. Hublard*, Le Nouveau Testament de Mons, histoire d'un livre (Mons 1914); *E. Jacques*, Les sympathies jansénistes à Mons à la fin du XVIIe siècle: Annales du Cercle archéologique de Mons 66 (1965/67) 249—309.

netes Memorandum Nicoles dem neuen Papst Innozenz XI. verschiedene laxistische Sätze vorlegte, war der König sehr verstimmt. Aber vor allem in dem unerquicklichen Regalienstreit, der seit 1675 zwischen Ludwig XIV. und Innozenz XI. herrschte, nahm Arnauld eindeutig für den Heiligen Stuhl und gegen den König Stellung [11]. Als der Vertrag von Nijmegen den Krieg beendet hatte und die Herzogin von Longueville am 15. April 1679 gestorben war, beschloß Ludwig XIV., Port-Royal zu liquidieren, ohne jedoch ein Wiederaufflammen der Lehrstreitigkeiten hervorzurufen. Die Beichtväter, Zöglinge und Novizen wurden am 16. Mai aus dem Kloster entfernt: damit war das Haus zum Aussterben verurteilt. Arnauld glaubte seine Freiheit in Gefahr und ging im Juni 1679 außer Landes. Obschon ihm Innozenz XI. einen Ruhesitz in Rom und wahrscheinlich auch die Kardinalswürde anbieten ließ, wies er diese Lösung zurück, die ihm eine Rückkehr nach Frankreich unmöglich gemacht hätte. Nach einer langen Zeit der Unbestimmtheit ließ er sich in Brüssel nieder, wo er am 8. August 1694 starb, nachdem er auch weiterhin gegen die Jesuiten und später gegen Malebranche und dessen Ideen von der Gnade polemisiert hatte. Nicole, der sich gleichzeitig mit Arnauld ins Exil begeben hatte, konnte durch die Unterstützung des neuen Erzbischofs von Paris, Harlay de Champvallon, 1683 nach Frankreich zurückkehren, aber er beteiligte sich nicht mehr am Jansenistenstreit und wurde deshalb von der Partei bis zu einem gewissen Grad als Überläufer angesehen.

1685 empfing Arnauld in Brüssel zwei Oratorianer, die auf Grund ihrer augustinistischen Positionen gezwungen waren, Frankreich zu verlassen. Den jüngeren von ihnen, Jacques-Joseph Du Guet (1649—1733), zwang sein Gesundheitszustand schon bald, wieder in die Heimat zurückzukehren, wo er sich eine Laufbahn als geistlicher Schriftsteller schuf, der andere jedoch, Pasquier Quesnel (1634—1719) (Kap. 5), blieb bis zum Ende der treue Gefährte Arnaulds. Bisher war Quesnel vor allem durch gelehrte Arbeiten, darunter eine ausgezeichnete Ausgabe Leos des Großen, hervorgetreten. Seine persönlichen Ideen waren bestimmt von einem stark durch Bérulle geprägten Augustinismus, daneben war er dem Denken Thomas' von Aquin sehr verbunden, in dessen Werk er außerordentlich gut bewandert war. Unter diesen Voraussetzungen schätzte er den starren und archaisierenden Augustinismus des Jansenius wenig; von daher ist auch verständlich, daß er das Formular früher viermal unterzeichnet hatte. Außerdem war Quesnel gallikanisch orientiert und von Ideen beeinflußt, die zu Beginn des 17. Jh. von Edmond Richer vertreten wurden. Wie dieser letztere glaubte er, daß innerhalb der Kirche das Gut der Wahrheit nicht dem Papst und den

[11] Vgl. *A. Latreille*, Innocent XI pape janséniste, directeur de conscience de Louis XIV: Cahiers d'histoire, Veröffentl. der Universitäten Grenoble, Lyon und Clermont-Ferrand 1 (1956) 9—39.

Bischöfen, sondern der Gesamtheit der Gläubigen anvertraut ist, die gemeinsam dafür verantwortlich und daher mit gleichem Recht wie die Hierarchie Richter der Lehre sind; eine dogmatische Wahrheit konnte also nur verbindlich werden, wenn die Menge der Gläubigen sie akzeptiert hatte. In intellektueller Sicht beeinflußte Quesnel Arnauld in eindeutig thomistischem Sinne; dieser Einfluß tritt vor allem in den letzten großen Werken des greisen Theologen zutage. Auf der anderen Seite war Quesnel jedoch sehr viel mehr Politiker als Arnauld. Er war ein entschiedener Gegner der Jesuiten und Molinisten und spürte, daß die Präsenz des Jansenismus in den führenden Schichten des Parlamentarismus, der traditionsgemäß zum königlichen Absolutismus in Opposition stand, eine Gesamtheit günstiger Umstände schuf, die es zu nutzen galt. Dazu mußte der Jansenismus in eine festgefügte Partei verwandelt werden: dies war das Werk Quesnels. Klarsichtig und ausdauernd mit den Qualitäten eines Anführers ausgestattet, hatte er schon bald ein ausgedehntes Netz jansenistischer Agenturen über ganz Europa gespannt und führte so das von einigen seiner Vorgänger, vor allem Du Vaucel und Pontchâteau [12], begonnene Werk zur Perfektion. Aber wenn Quesnel auch den Sieg der augustinischen Partei wünschte, so wollte er sich doch keineswegs für Jansenius einsetzen, den er nicht sehr hochschätzte. Er versuchte, durch seine „Tradition de l'Église romaine sur la prédestination des saints et sur la grâce efficace", in der er Gnade und Inkarnation in einer ganz und gar bérulleschen Perspektive, die weit von Jansenius entfernt war, zusammensah, sich von diesem zu distanzieren (1687—90).

Aber es gab noch immer Jansenisten, die Jansenius für den authentischen Interpreten des heiligen Augustinus hielten. Dies war die Auffassung Barcos', dessen Manuskripte Quesnel einmal sogar vernichten ließ. Dies war noch immer die Meinung einer bedeutenden Gruppe von Theologen in Löwen, die sich in einem verzweifelten Kampf zerfleischte. Dies war schließlich auch die Überzeugung eines französischen Benediktiners, Dom Gabriel Gerberon (1628—1711), den sein intransigenter Jansenismus 1682 ins Exil nach Holland gezwungen hatte, von wo aus er sich keinen Zwang antat, Arnauld und Quesnel zu kritisieren, die ihn ihrerseits für einen gefährlichen Wirrkopf hielten. Gegen die Ideen Quesnels ließ Gerberon 1690 eine frühere Schrift Barcos', „Exposition de la foi catholique touchant la grâce et la prédestination", veröffentlichen, in der dieser einen aggressiven und ungeschickten Augustinismus vertreten hatte. In Paris führte diese ungelegene Veröffentlichung zu lebhaften Protesten sogar der gemäßigten Jansenisten, aber sie bot gleichzeitig der intransigenten Richtung einen An-

[12] Vgl. *B. Neveu*, Un janséniste à Rome: les deux missions de M. de Pontchâteau (1677—1680): Annuaire de la section des Sciences religieuses de l'École pratique des Hautes-Études 74 (1966/67) 197—202.

knüpfungspunkt. Der neue Erzbischof von Paris, Noailles, gab sich augustinisch. Er glaubte sich verpflichtet, die „Exposition" zu verurteilen, tat dies jedoch in einer Anordnung vom 20. August 1696, deren doktrinaler Teil, übrigens von Bossuet verfaßt, den Augustinismus nachdrücklich fundierte. Natürlich mißtraute er aller Welt. Quesnel empfahl Schweigen, aber Gerberon und die Intransigenten in Paris veröffentlichten mehrere Flugschriften gegen den Erzbischof, darunter eine besonders bösartige „Histoire abrégée du jansénisme" (1697).

Noailles hatte noch als Bischof von Châlons 1695 dem „Le Nouveau Testament en français avec des réflexions morales sur chaque verset" Quesnels, einer veränderten Neuauflage eines sehr viel kürzeren, 1671 erschienenen Werkes, seine Approbation gegeben. Dieser Kommentar war auf spiritueller Ebene in vielem ausgezeichnet, aber der Augustinismus Quesnels drückte sich oft in sehr kategorischen Formeln aus, und seine Sympathien für das System Richers waren deutlich zu spüren. Noailles war sehr bestürzt, als Ende 1698 eine Broschüre mit dem Titel „Problème ecclésiastique" erschien, in der die Frage gestellt wurde, ob man nun Noailles, der Quesnel approbiert, oder Noailles, der Barcos verurteilt habe, glauben müsse, die ihn damit in Widerspruch zu sich selbst brachte. Diese Schrift wurde lange Zeit den Jesuiten zugeschrieben, und erst in unserer Zeit konnte man seinen Autor identifizieren: es war der sehr jansenistisch orientierte Benediktiner von Saint-Vanne, Dom Hilarion Monnier, der jedoch mit der Veröffentlichung nichts zu tun hatte[18]. Die Schrift wurde am 10. Januar 1699 vom Parlament verurteilt — eine Erwiderung war unerläßlich. Noailles wandte sich an Bossuet, der ein „Avertissement" verfaßte, das an der Spitze einer neuen, verbesserten Auflage der „Réflexions morales" erscheinen sollte. Inzwischen gerieten jedoch die Prälaten über der Frage des Quietismus in Streit. Der Text Bossuets wurde nicht veröffentlicht bis 1710, aber Noailles bediente sich seiner in den vier „Lettres d'un théologien" (1700). Auch hier spielte Quesnel, obwohl er unmittelbar betroffen war, die Rolle des Friedensstifters. Die Angelegenheit kam an diesem Punkt zum Stillstand, und niemand konnte vorhersehen, daß sie zum Ausgangspunkt für den Jansenismus des 18. Jh. werden sollte.

Auf dem Weg zur Bulle „Unigenitus"

Schon bald entfachte ein weiterer Vorfall erneut den Konflikt. Anfang 1701 legte der Pfarrer von Notre-Dame du Port in Clermont, Fréhel, den Doktoren der Sorbonne einen Gewissensfall vor, von dem bald bekannt

[18] Vgl. *A. Vacant,* Renseignements inédits sur l'auteur du Problème ecclésiastique: Revue des sciences ecclésiastiques 61 (1890) 411—425, 62 (1891) 34—50 131—150.

wurde, daß er Louis Périer, den Neffen Pascals, betraf: Kann einem Pönitenten die Absolution erteilt werden, der in der quaestio facti nicht über das ehrfurchtsvolle Schweigen hinausgehen zu können behauptet? Ein bekannter Jansenist, Nicolas Petitpied, verfaßte eine positive Antwort, die nach verschiedenen Verhandlungen am 20. Juli 1701 von 40 Doktoren unterzeichnet, von Bossuet jedoch verworfen wurde. Sie wurde zunächst nicht veröffentlicht und hätte auch nie veröffentlicht werden sollen. Aber im Juli 1702 wurden der „Cas de Conscience" und die Antwort unter sehr unklaren Umständen dennoch gedruckt und bewirkten einen Hagel von Flugschriften. Das Heilige Offizium verurteilte den „Cas" am 12. Februar 1703. Noailles, der ihn zunächst positiv beurteilt hatte, schloß sich am 22. Februar der Verurteilung an. Die Polemik war damit jedoch noch nicht abgeschlossen, und erst am 4. September 1704 sprach auch die Sorbonne die Verurteilung aus. Petitpied weigerte sich zu widerrufen und zog sich nach Holland zurück.

Jetzt hatte sich Fénelon (Kap. 5) entschlossen einzugreifen. Mit den Jesuiten sympathisierend, die zum Großteil seine treuen Verteidiger in der Frage der „Maximes des Saints" gewesen waren, hatte er schon seit zehn Jahren Partei gegen den Jansenismus ergriffen [14] und mußte also seine Überzeugungen nicht ändern, als ihm Gerberon anbot, seine Ideen über die Reine Liebe zu verteidigen [15]. Am 15. Februar 1704 veröffentlichte er eine Pastoralinstruktion [16], in der er Ideen entwickelte, die ihn in den Mittelpunkt des Konfliktes stellten, ohne daß er jedoch irgend jemanden zufriedenstellen konnte. In seinen Augen konnte die Verurteilung des Jansenius nur den sensus obvius seines Buches, nicht aber die persönlichen Intentionen des Autors betreffen. Über diesen sensus obvius aber konnte die Kirche, und zwar unfehlbar, entscheiden. Er behauptete in der Tat, die Kirche könne in den nichtgeoffenbarten dogmatischen Fakten, also auch hinsichtlich der quaestio facti des Jansenius, unfehlbar sein. Diese Theorie traf auf den Widerstand fast aller Spezialisten in Frankreich und vieler Theologen in Rom. Aber Fénelon verteidigte und präzisierte dennoch seine Ideen in drei weiteren Pastoralinstruktionen, die in den Monaten März/April 1705 erschienen. Gleichzeitig machte er von seinen guten Beziehungen zu Papst Clemens XI. Gebrauch, um eine eindeutige Stellungnahme des Heiligen Stuhls zugunsten seiner These der Unfehlbarkeit in nichtgeoffenbarten Tatsachen zu erreichen. Der Heilige Stuhl wollte dies jedoch keineswegs und hätte es vorgezogen, wenn Fénelon die These von der persönlichen Unfehlbarkeit des Papstes unterstützt hätte, die die Mehrzahl der römischen Theo-

[14] Vgl. *H. Hillenaar,* Fénelon et les jésuites (Den Haag 1967).

[15] Vgl. *J. Orcibal,* La spiritualité de Dom Gabriel Gerberon, champion de Jansénius et de Fénelon: RHEF 43 (1957) 151—222.

[16] *Fénelon,* Œuvres 3, 573—636.

logen verteidigte. Dies führte zu einem Mißverständnis und brachte eine Abkühlung der Beziehungen zwischen dem Prälaten und Rom mit sich[17]. Enttäuscht forderte Fénelon nun auch nicht mehr die Unterzeichnung des Formulars in seiner Diözese.

Indessen hatte die pamphletistische Aktivität Quesnels und Gerberons schließlich die offiziellen Kreise der Niederlande beunruhigt. Am 30. Mai 1703 wurden sie beide in Brüssel festgenommen und im Gefängnis des Offizialats von Mecheln inhaftiert. Gerberon wurde an die französische Polizei ausgeliefert und erlangte seine Freiheit nie wieder, Quesnel jedoch gelang es, auf äußerst ungewöhnliche Weise am darauffolgenden 13. September zu entfliehen. Er ließ sich in Amsterdam nieder und nahm seine Tätigkeit wieder auf. Aber die in seiner Wohnung konfiszierten Papiere offenbarten die Macht und Wirksamkeit des über ganz Europa gespannten jansenistischen Netzes. Sie führten unmittelbar, vor allem in Frankreich, zur Verhaftung einer Anzahl von Parteiagenten, u. a. auch des Korrespondenten Quesnels in Paris, Germain Vuillarts[18]. Sie offenbarten daneben auch, in welch sonderbarer Weise die Jansenisten das ehrfurchtsvolle Schweigen einhielten, das sie nicht daran hinderte, zahllose Werke zu veröffentlichen. Ludwig XIV., bis zu diesem Zeitpunkt schlecht informiert, hatte den Jansenismus fast erloschen geglaubt; aus den Papieren Quesnels begriff er, wie gefährlich lebendig er war und daß seine Bemühungen gescheitert waren. Mme de Maintenon, die sich überorthodox gab, um die Angelegenheit des Quietismus vergessen zu machen, drängte ihn, eine neue Bulle von Rom zu verlangen, die das ehrfurchtsvolle Schweigen verurteilen sollte. Aber Clemens XI., der begriff, daß diese Maßnahme nicht wirksamer sein würde als die früheren, zeigte sich nicht sehr begeistert und zog die Entscheidung in die Länge. Erst auf das Drängen des französischen Hofes hin veröffentlichte er am 16. Juli 1705 die Bulle „Vineam Domini Sabaoth"[19]. Sie verurteilte das ehrfurchtsvolle Schweigen, jedoch in Begriffen, die zu implizieren schienen, daß das Schweigen die quaestio juris, nicht aber die quaestio facti betraf. Fénelon war enttäuscht, daß sie keine Aussage über die Unfehlbarkeit hinsichtlich der Fakten enthielt; das Dokument widersprach in einigen Punkten den gallikanischen Prinzipien, und das Parlament akzeptierte es zur großen Unzufriedenheit Roms nur mit starkem Vorbehalt. Unter den zahlreichen von der Bulle hervorgerufenen Streitschriften ist besonders auf die „Denuntiatio Bullae Clementinae" eines

[17] Vgl. *J. Orcibal*, Fénelon et la Cour romaine: Mélanges d'archéologie et d'histoire de l'École française de Rome 57 (1940) 235—348.

[18] Vgl. *L. Ceyssens*, Les papiers de Quesnel saisis à Bruxelles et transportés à Paris en 1703 et 1704: RHE 44 (1949) 508—551; *ders.*, Suites romaines de la confiscation des papiers de Quesnel: Bulletin de l'Institut historique belge de Rome 29 (1955) 5—27.

[19] Text der Bulle: BullRom 21, 235 b, vgl. D 2390.

Löwener Theologen, De Witte, hinzuweisen, die einen formellen Appell an das Generalkonzil enthielt: diese Idee sollte noch ihre Wirkungen zeitigen.

Außer dieser Neubelebung des Konflikts hatte die Bulle „Vineam“ wenig faktische Wirkung, es sei denn für die letzten Nonnen von Port-Royal. Der Tod hatte nach und nach ihre Reihen gelichtet, und nur noch etwa 20 Greisinnen bewohnten das mächtige Gebäude von Port-Royal des Champs. Man zwang sie zur Unterzeichnung der Bulle, aber sie fügten eine einschränkende Klausel an, die besagte, daß sie keineswegs bereit seien, von der im Klementinischen Frieden für sie getroffenen Regelung abzuweichen. Auch Drohungen konnten sie nicht zur Unterwerfung bewegen. Schließlich ließ Ludwig XIV. auf Drängen Mme Maintenons am 20. Oktober 1709 ihre Gemeinschaft zerstreuen und die Nonnen von der Polizei in verschiedene Klöster deportieren. Diese Gewaltmaßnahme wurde von der öffentlichen Meinung auch außerhalb jansenistischer Kreise heftig verurteilt. Um das verlassene Kloster nicht zu einer Pilgerstätte werden zu lassen, ließ es Ludwig XIV. 1711 niederreißen und die Gebeine der Gräber in ein Massengrab auf dem Friedhof von Saint-Lambert werfen. Dennoch kam es zu Wallfahrten, und die Steine der Ruinen wurden zu Reliquien. Der Abt Le Sesne d'Etemare und die jansenistische Gruppe ließen die „Gémissements sur la destruction de Port-Royal“ erscheinen, die einen guten Erfolg hatten.

Die Bulle „Vineam“ war in der Tat eine Enttäuschung für Ludwig XIV. Die Schwierigkeiten, die ihre Annahme sowohl beim Parlament als auch bei der Klerikerversammlung bereitete, zeigten ihm, daß der Jansenismus auf ernsthafte Unterstützung bis hinein in den Episkopat rechnen konnte, für den der König doch stets Kandidaten ausgewählt hatte, auf denen nicht der geringste Verdacht lag. Unter diesen Freunden des Jansenismus sollte schon bald Noailles hervortreten, der seinen Sitz in Paris der Gunst Mme de Maintenons verdankte. Auf der anderen Seite hatte Quesnel aus seiner Verborgenheit in Amsterdam schon bald sein Netz wieder neu organisiert, und seine Verhaftung hatte ihn zum unbestrittenen Führer der Partei gemacht, zumal das Verschwinden Gerberons den integralistischen Jansenismus endgültig zerstört hatte. Durch eine umfangreiche Korrespondenz dehnte Quesnel seinen Einfluß bis in ferne Gebiete aus. Verhängnisvollerweise sollten sich die Angriffe der Antijansenisten eines Tages auf ihn konzentrieren. Fénelon hatte nach einer Periode der Abkühlung seine engen Beziehungen mit Rom wiederhergestellt. Unverzüglich nahm er die Polemik gegen den Jansenismus wieder auf, entsagte im übrigen keiner seiner Ideen und warnte den Heiligen Stuhl unermüdlich vor dem Ernst der Lage: die Zukunft sollte ihm recht geben. 1710 griff er Quesnel an. Dieser war ebenfalls ein fähiger Polemiker und wies in einigen derben Streitschriften die persönlichen Ideen des Prälaten entscheidend zurück. Einer der Befürworter

Quesnels war jedoch Noailles, dem Fénelon grollte, seit er in der Angelegenheit des Quietismus sein Gegner war: Fénelon hielt es also für zweckmäßig, den Angriff auf die „Réflexions morales" zu lenken. Diese waren bereits 1703 von dem Kapuziner Timothée de la Flèche in Rom angezeigt und am 13. Juli 1708 durch das Breve „Universi Dominici gregis" verurteilt worden; dieses Breve enthielt jedoch Klauseln, die in Widerspruch zu den gallikanischen Prinzipien standen, und war in Frankreich nicht übernommen worden. Fénelon, der nicht persönlich eingreifen wollte, schob zwei seiner Freunde, die Bischöfe von Luçon und La Rochelle, vor, die am 15. Juli 1710 einen gemeinsamen Hirtenbrief veröffentlichten, zu dem ihnen Fénelon die Angaben geliefert hatte: sie verurteilten die „Réflexions morales" und beschuldigten sie einer Erneuerung der Irrtümer des Bajus und Jansenius. Noailles, der sie approbiert hatte, fand sich also indirekt angesprochen und hatte damit nicht unrecht. Die beiden Bischöfe hatten Neffen im Seminar Saint-Sulpice, dem Diözesanseminar von Paris. Noailles entließ sie ohne weitere Begründung. Am 28. April 1711 schließlich antwortete er seinen Gegnern in einer scharfen Pastoralinstruktion. Der König tadelte Noailles und ließ ihn durch Mme de Maintenon auffordern, seine Approbation zu Quesnels Buch zurückzuziehen. Selbstverständlich weigerte sich Noailles.

Nun wurde ein kompliziertes Intrigennetz gesponnen. Nach und nach wandte sich Mme de Maintenon gegen ihren ehemaligen Schützling Noailles; sie wollte ihm zumindest Angst machen und ihn zur Gefügigkeit zwingen. Es scheint ihr gelungen zu sein, den neuen Beichtvater des Königs, den Jesuiten Le Tellier, mit ins Spiel zu ziehen, während der vorhergehende, La Chaize, ihre Unternehmungen stets durchkreuzt hatte. Mit ihrer Zustimmung sammelte Le Tellier einen ganzen Akt bischöflicher Briefe, die die Verurteilung der „Réflexions morales" forderten, und ein Modellbrief an den König in diesem Sinne wurde in verschiedene Diözesen gesandt. Aber ein Brief des Abtes Bochart de Saron an seinen Onkel, den Bischof von Clermont, der das Manöver enthüllte, wurde auf der Post abgefangen und von der jansenistischen Gruppe alsbald veröffentlicht. Noailles war sehr erzürnt und verhärtete seine Position. Auf erneutes Drängen des Königs, der eine Trennung des letzteren von Quesnel wünschte, antwortete er negativ, und es wurde immer offenkundiger, daß ihn ein Teil des Episkopats unterstützte. Ludwig XIV. begriff, daß eine Spaltung der Hierarchie drohte und sah sich hilflos. Eine Einbeziehung Roms schien ihm der einzige Ausweg zu sein. Am 16. November 1711 ließ er von Rom eine Bulle gegen Quesnel verlangen und erklärte sich imstande, vorausgesetzt, daß ihm der Inhalt im voraus mitgeteilt würde, sie dem Episkopat und dem Parlament aufzuzwingen. Zur gleichen Zeit erhielt er von Noailles eine Erklärung, in der dieser sich bereit fand, sich der päpstlichen Entscheidung zu unterwerfen. Bei Clemens XI. stieß dieses Ansuchen, das der französische Botschafter überreichte, jedoch auf eine geringere Begeisterung, als man geglaubt hatte:

sehr genau unterrichtet, machte der Papst sich weniger Illusionen als der König über die Wirkung einer solchen Maßnahme in Frankreich, und außerdem mißfiel ihm der Anschein, er folge den Weisungen Ludwigs XIV. Überdies erkannten die von ihm mit der Prüfung der Angelegenheit beauftragten Kommissionen sehr schnell, daß der subtile und salbungsvolle Text der „Réflexions morales" weniger Angriffsfläche bot als der „Augustinus". Clemens XI. gab erst nach langem Zögern nach: am 8. September 1713 unterzeichnete er die Bulle „Unigenitus Dei Filius", die 101 Sätze aus den „Réflexions morales" verurteilte (vgl. Kap. 9).

4. Kapitel

Gallikanismus und Protestantismus

ALLGEMEINE BIBLIOGRAPHIE: *E. Bourgeois - L. André,* Les sources de l'histoire de France, 3. Tl: le XVIIe siècle, 1610—1715, 6 Bde (Paris 1913/24).

Gallikanismus: QUELLEN: Joannis Gersonii et cancellarii Parisiensis opera, hrsg. von *E. Richer,* 2 Bde (Paris 1606); *E. Richer,* De ecclesiastica et politica potestate libellus (Paris 1611); *ders.,* Histoire du Syndicat d'Edmond Richer (o. O. 1753); *S. Vigor,* Opera omnia (Paris 1683); *Ch. de Montchal,* Mémoires, 2 Bde (Rotterdam 1718); *P. Lemerre - A. Dorsanne,* Recueil des actes, titres et mémoires concernant les affaires du Clergé de France, 15 Bde (Paris 1716/52); *A. Duranthon,* Collection des procès-verbaux des Assemblées générales du Clergé de France depuis 1560 jusqu'à présent, 9 Bde (Paris 1767/78); *P. Pithou,* Les libertés de l'Église gallicane (Paris 1594); *J. Boileau,* Recueil de diverses pièces concernant les censures de la Faculté de Théologie de Paris sur la hiérarchie de l'Église et sur la morale chrétienne (Münster 1666); (anonym) Recueil des indults accordés au roi par les papes Alexandre VII et Clément IX pour la disposition des bénéfices consistoriaux et autres (Paris 1670); *A. Leman,* Recueil des instructions générales aux nonces ordinaires de France de 1624 à 1634 (Lille-Paris 1920); *G. Hanotaux,* Recueil des instructions données aux ambassadeurs et ministres de France depuis les traités de Westphalie jusqu'à la Révolution, 2 Bde (Paris 1888/1911); *J. B. Bossuet,* Correspondance, hrsg. von *C. Urbain - E. Levesque,* 15 Bde (Paris 1909/25); *ders.,* Œuvres complètes, hrsg. von *F. Lachat,* 31 Bde (Paris 1863/67); *J. J. Berthier,* Innocentii pp. XI epistolae ad principes, 2 Bde (Rom 1890/95); *L. E. du Pin,* Histoire ecclésiastique du XVIIe siècle, 4 Bde (Paris 1714); *G. Hermant,* Mémoires sur l'histoire ecclésiastique du XVIIe siècle, hrsg. von *A. Gazier,* 6 Bde (Paris 1905/10); *E. le Camus,* Lettres, hrsg. von *A. Ingold* (Paris 1892); *L. Legendre,* Mémoires, hrsg. von *M. Roux* (Paris 1863); *P. Pellisson,* Histoire de Louis XIV, 3 Bde (Paris 1749); *N. S. Arnauld* marquis de *Pomponne,* Mémoires, hrsg. von *J. Mavidal,* 2 Bde (Paris 1868); *L. Delavaud,* Le marquis de Pomponne (Paris 1911); *R. Rapin,* Mémoires, hrsg. von *L. Aubineau,* 3 Bde (Paris 1865); *L. Mention,* Documents relatifs aux rapports du clergé avec la royauté de 1682 à 1705, 2 Bde (Paris 1893/1903).

LITERATUR: *A. G. Martimort,* Le gallicanisme de Bossuet (Paris 1953); *V. Martin,* Les origines du gallicanisme, 2 Bde (Paris 1939); *ders.,* Le gallicanisme et la réforme catholique. Essai historique sur l'introduction en France des décrets du Concile de Trente (Paris 1919); *ders.,* Le gallicanisme politique et le Clergé de France (Paris 1928); *J. Orcibal,* Louis XIV contre Innocent XI: les appels au futur concile de 1688 et l'opinion française (Paris 1949); *L. Dedouvres,* Le P. Joseph de Paris, capucin, 2 Bde (Paris 1932);

A. Sicard, L'ancien clergé de France, 3 Bde (Paris 1893/1903); *C. Gérin,* Louis XIV et le Saint-Siège (Paris 1894); *ders.,* Recherches historiques sur l'Assemblée du Clergé de France de 1682 (Paris 1869); *M. Dubruel,* En plein conflit, la nonciature de France, la Secrétairerie d'État du Vatican, les Congrégations des affaires de France pendant la querelle de la Régale (Paris 1927); *M. d'Angelo,* Luigi XIV e la Santa Sede (Rom 1914); *F. de Bojani,* Innocent XI, sa correspondance avec ses nonces, 3 Bde (Rom 1910/12); *J. T. Loyson,* L'assemblée du Clergé de France de 1682 (Paris 1870); *M. Immich,* Papst Innocenz XI. (Berlin 1900); *C. Bellet,* Histoire du Cardinal Le Camus (Paris 1886); *L. André,* M. Le Tellier et Louvois (Paris 1942); *E. Dejean,* Un prélat indépendant au XVIIe siècle, Nicolas Pavillon (Paris 1909); *M. Lauras,* Nouveaux éclaircissements sur l'Assemblée de 1682 (Paris 1878); *L. Madelin,* France et Rome (Paris 1913); *E. Michaud,* Louis XIV et Innocent XI d'après les correspondances inédites du ministère des Affaires étrangères, 4 Bde (Paris 1883); *J. M. Vidal,* François-Étienne de Caulet, évêque de Pamiers (Paris 1939); *ders.,* Jean Cerle et le schisme de la régale au diocèse de Pamiers (Paris 1938); *J. Tans,* Bossuet en Hollande (Paris 1949).

Protestantismus: QUELLEN: *L. Pilatte,* Édits, déclarations et arrêts concernant la religion protestante réformée (Paris 1885); *A. Aymon,* Actes ecclésiastiques et civils de tous les synodes nationaux des Églises réformées de France, 2 Bde (Den Haag 1710/1756); *I. d'Huisseau,* La discipline des Églises réformées de France (Orléans 1675); *E. Benoist,* Histoire de l'Édit de Nantes, 5 Bde (Delft 1693/95); *P. Soulier,* Histoire du Calvinisme (Paris 1686); *P. Meynier,* De l'exécution de l'Édit de Nantes (Pézenas 1662); *P. Bernard,* Explication de l'Édit de Nantes par les autres édits de pacification et arrêts de règlement (Paris 1666); *C. Brousson,* L'état des réformés en France, 3 Bde (Köln 1684); *J. Lefevre,* Recueil de ce qui s'est fait en France de plus considérable pour et contre les protestants depuis la révocation de l'Édit de Nantes (Paris 1686); *R. Isambert,* Recueil des édits, déclarations et arrêts du Conseil rendus au sujet des gens de la religion prétendue réformée (Paris 1714); *R. Allier,* Anthologie protestante française, 2 Bde (Paris 1920).

LITERATUR: *J. Viénot,* Histoire de la Réforme française de l'édit de Nantes à sa révocation, 2 Bde (Paris 1934); *D. Bourchenin,* Étude sur les Académies protestantes en France aux XVIe et XVIIe siècles (Paris 1882); *E. Léonard,* Histoire du protestantisme (Paris 1950); *A. Rébelliau,* Bossuet historien du protestantisme (Paris ^{3}1909); *P. Hazard,* La crise de la conscience européenne, 2 Bde (Paris 1934); *E. u. E. Haag,* La France protestante, 10 Bde (Paris 1846/59); *J. Chambon,* Der franz. Protestantismus (München ^{5}1948); *J. Pannier,* L'Église réformée de Paris sous Louis XIII, 2 Bde (Paris 1932); *A. Paul,* L'unité chrétienne, schismes et rapprochements (Paris 1930); *L. O'Brien,* Innocent XI and the Revocation of the Edict of Nantes (Berkeley 1930); *O. Douen,* La révocation de l'Édit de Nantes à Paris, 3 Bde (Paris 1894); *ders.,* L'intolérance de Fénelon (Paris ^{2}1875); *J. Dedieu,* Le rôle politique des protestants français, 1685—1715 (Paris 1920); *R. Nürnberger,* Die Politisierung des franz. Protestantismus (Tübingen 1948); *C. Weiss,* Histoire des réfugiés français protestants de France, 2 Bde (Paris 1853); *F. Puaux - A. Sabatier,* Études sur la révocation de l'Édit de Nantes (Paris 1886); *E. Guitard,* Colbert et Seignelay contre la religion réformée (Paris ^{2}1912); *E. Léonard,* Problèmes et expériences du protestantisme français (Paris 1940); *L. Bourlon,* Les Assemblées du Clergé et le protestantisme (Paris 1909); *J. Orcibal,* Louis XIV et les protestants (Paris 1951); *ders.,* État présent des recherches sur la répartition géographique des Nouveaux Catholiques à la fin du XVIIe siècle (Paris 1948).

Der Gallikanismus am Beginn des 17. Jahrhunderts

In den ersten Jahren des 17. Jahrhunderts vertrat die Mehrzahl der französischen Theologen und Kanonisten Thesen über Rolle und Macht des Papstes, die eindeutig auf eine Minderung seiner Bedeutung zielten. Diese „Maximen der Pariser Schule“, abgesichert durch die Namen der großen Doktoren des Mittelalters, Johannes Gerson, Pierre d'Ailly, Jacques Almain und Jean Mair, bestätigten zunächst die relative Unabhängigkeit der Autorität eines jeden Bischofs in seiner Diözese, weigerten sich jedoch, im Papst einen universalen Bischof zu sehen. Sie forderten die Superiorität des allgemeinen Konzils über den Papst und behaupteten, das Konzil könne auch ohne den Papst zusammentreten. Schließlich stellten sie fest, daß der Papst keineswegs allmächtig sei und daß Naturrecht, kanonisches Recht und sogar das Zivilrecht der christlichen Nationen seiner Autorität Grenzen setzten. Dennoch anerkannten die französischen Theologen einmütig den wirklichen Primat des Papstes, seine universale Autorität und sahen in ihm den Mittelpunkt der Einheit der Christen (vgl. Band IV, Seite 580).

Natürlich wollten Sie damit keineswegs auch nur eines der traditionell als „Freiheiten der gallikanischen Kirche“ bezeichneten Vorrechte opfern. In diesem Punkt nahmen ihre Ansichten eindeutig politische Färbung an. Dies war auch die Haltung der Parlamente, die sich als die amtlichen Wächter der genannten Freiheiten betrachteten. Ein Parlamentsadvokat, Pierre Pithou, hatte diese Freiheiten in einem 1594 erschienenen Werk kodifiziert. Diese Kodifikation behielt ihre Autorität während des ganzen Ancien Régime, aber zwischen 1594 und 1604 waren vier andere, von Parlamentsjuristen verfaßte Traktate über dieses Thema erschienen, und in der Folgezeit schlossen sich ihnen weitere an. Diese Werke zeigen deutlich, bis zu welchem Punkt sich die französischen Parlamentsjuristen als Erben der großen Juristen des Mittelalters betrachteten, die deren Tradition weiterführten. Die 83 von Pithou aufgezählten Freiheiten zielen eindeutig darauf, in Frankreich die Autorität des Heiligen Stuhls einzuschränken, dessen Eingreifen auf das unbedingt Notwendige zu begrenzen und gleichzeitig die Vollmachten des Königs im Bereich der Religion zu erweitern. Dieser letztere war, obschon er keinerlei geistliche Autorität besaß, verantwortlich für das Wohlergehen der Kirche in Frankreich und besaß aus göttlichem Recht die notwendige Autorität, während seine Krone frei von jeglichem Vasallentum oder Abhängigkeitsverhältnis dem Papst gegenüber war. Parlamentsjuristen und Theologen zeigten sich besonders empfindlich in allen Fragen, die die Person des Königs, die als geheiligt angesehen wurde, betrafen. Die theologische Fakultät zensurierte wiederholt Werke, die den Papst ermächtigten, einen der Häresie verfallenen Herrscher abzusetzen, oder die den Tyrannenmord spekulativ befürworteten. Gerade in diesem letzten Punkt war man in Frankreich besonders empfindlich, da die jüngsten Attentate Jacques Cléments, Jean Chatels und Ravaillacs noch nicht vergessen waren. Es ist also nicht verwunderlich, daß die Werke der Jesuiten Mariana (1611) und Santarelli (1625) — das erste bot eine Apologie für den Königsmord, und das letztere forderte für die Päpste das Recht, Könige abzusetzen — eine heftige Erregung bewirkten und zensuriert wurden. All dies trug dazu bei, zwischen der Kirche von Frankreich und Rom einen Zustand latenter Spannung aufrechtzuerhalten, der vom König und den Ministern in dem Bestreben, die Macht der Monarchie auszudehnen, bis zur Revolution geschickt manipuliert wurde.

Dieser Gallikanismus blieb in seinen Erscheinungsformen relativ gemäßigt, und seine Vertreter hatten keineswegs die Absicht, ihn durch die Begünstigung exzessiver Theorien bloßzustellen. Einen Beweis dafür liefern die Ereignisse, zu denen es im Zusammenhang mit den Werken Edmond Richers kam. Richer, ein Priester aus Langres, der 1608 Syndikus der Theologischen Fakultät von Paris geworden war, eine originelle Persönlichkeit von umfassender Bildung (1560—1631)[1], hatte 1606 die Schriften Gersons unter Zufügung von Anmerkungen und Abhandlungen, die ihre gallikanischen Tendenzen hervorheben sollten, herausgegeben. 1610 nun ließ Bellarmin seinen Traktat „De potestate Summi Pontificis in rebus temporalibus" erscheinen, der die Rechte des Heiligen Stuhls in nachdrücklicher Weise zurückforderte. Richer erwiderte 1611 in einer kleinen Broschüre, die nur 30 Seiten umfaßte: „De ecclesiastica et politica potestate libellus", in der er im Namen der Tradition der Pariser Schule seine eigenen sehr extremen Ideen zusammenfaßte: nach ihm sind nicht nur die zeitliche und geistliche Macht — jede in ihrem Bereich — souverän und unabhängig, sondern er vertritt darüber hinaus die Ansicht, daß die Kirche nur eine geistliche Macht besitze und in allen zeitlichen Belangen und Angelegenheiten dem König untergeordnet sein müsse. Für ihn wie auch für Gerson ist der Papst nur der erste Minister der Kirche, das seinsmäßige Haupt der Kirche jedoch ist Jesus Christus. Aber während Gerson damit aussagen wollte, daß der Papst Stellvertreter Christi ist und von ihm seine Autorität zum Allgemeinwohl der Kirche erhält, interpretierte Richer diesen Begriff in einer Weise, die dem Papst nur noch eine rein exekutive Gewalt beließ. Die eigentlich legislative Autorität, die Führung, muß nach ihm beim allgemeinen Konzil liegen, das allein unfehlbar ist, da die Unfehlbarkeit nur der ganzen Kirche eignet, deren Repräsentation das allgemeine Konzil darstellt. Der Papst ist nur für den *status* verantwortlich, das heißt für die Anwendung der vom Konzil erlassenen Kanones, aber er kann der Kirche ohne ihre Zustimmung nichts verpflichtend auferlegen. Dennoch vermied Richer den Multitudinismus, der zur gleichen Zeit von Marco-Antonio de

[1] Vgl. *E. Puyol,* Edmond Richer, étude historique et critique sur la rénovation du gallicanisme au commencement du XVIIe siècle, 2 Bde (Paris 1876).

Dominis, dem abtrünnigen Erzbischof von Spalato, der zum englischen Schisma abfiel, vertreten wurde. In der Sicht Richers hat Christus die kirchliche Jurisdiktion gemeinsam und ungeteilt dem gesamten priesterlichen Ordo anvertraut, in dem die Bischöfe von den Aposteln und die Pfarrer von den 72 Jüngern repräsentiert werden. Die Kirche wird also von einer Aristokratie, den Bischöfen, geleitet, die aus göttlichem Recht über den Pfarrern stehen und deren Autorität selbst für den Papst verbindlich ist. Der Episkopat bildet keinen eigenen Ordo, da die Fülle des Priestertums bereits in den Priestern verwirklicht ist, sondern nur eine einfache Würde, die, da aus göttlichem Recht herrührend, ihnen eine unmittelbare, vom Heiligen Stuhl unabhängige Jurisdiktion vermittelt. So ist die Lehre Richers von der Wurzel her ein Episkopalismus, in dem die Rechte des Klerus und der Gläubigen stark hervortreten, auch wenn diese jenen der Bischöfe untergeordnet sind. Durch die Betonung der Tatsache, daß das Depositum fidei unteilbar der gesamten Kirche anvertraut ist, gelangt Richer zu dem Schluß, daß eine dogmatische Aussage nur mit der Zustimmung der gesamten Kirche verbindlich werden kann und daß weder der Papst noch die Bischöfe sie ihr gegen ihre Zustimmung aufzwingen können: praktisch werden die Gläubigen damit zu Richtern der Lehre. Parallel zu den Veröffentlichungen Richers gab einer seiner Schüler, Simon Vigor (1556—1624), Mitglied des Großrats, verschiedene Werke heraus, in denen er den Gallikanismus seines Lehrers ins Extreme weiterführte, indem er dem Papst jeden Primat absprach und alle Definitionen und Institutionen, die nach dem 5. Jh. erlassen bzw. eingerichtet wurden, für ungültig erklärte.

Die Veröffentlichung des „Libellus" Richers erregte Aufsehen in politischen und universitären Kreisen. Die von Rom sofort ausgesprochenen Verurteilungen kamen nicht unerwartet, hatten jedoch keine praktische Bedeutung, da eine der berüchtigten gallikanischen Freiheiten gerade darin bestand, daß die Dekrete des Heiligen Offiziums für Frankreich nicht übernommen wurden. Weit schwerwiegender dagegen war die Verurteilung des Werkes durch ein Provinzialkonzil (März 1612), das unter dem Vorsitz des berühmten Kardinals Du Perron im Erzbistum Sens, dem Paris zu dieser Zeit unterstellt war, abgehalten wurde. Die Theologische Fakultät schloß sich der Verurteilung an und setzte zum ersten Mal in ihrer Geschichte ihren Syndikus ab. Dieser stellte sich dem Kampf und verteidigte seine Ideen mit Nachdruck in verschiedenen Schriften, die zahlreiche Erwiderungen fanden. Schließlich begriff Richer, daß er unterlegen war. Er hielt es für klug, am 30. Juni 1622 eine Erklärung zu unterzeichnen, in der er behauptete, er habe nur „summarisch die alte Lehre der Pariser Schule aufzeigen" wollen, und versicherte seine Unterwerfung unter den Heiligen Stuhl. Tatsächlich jedoch beharrte er auch weiterhin auf seinen Positionen, und ein erneuter Widerruf, den Richelieu am 7. Dezember 1629 erzwungen hatte, änderte daran nichts. Aber Richer behielt Anhänger, und wenn das Frankreich von 1630 noch nicht reif für seine Ideen war, so sollten diese doch im Jansenismus des 18. Jh. wieder auferstehen und große Bedeutung erlangen.

Der entschlossenste Gegner Richers in diesem Streit war ein anderer Doktor der Sorbonne, André Duval (1564—1638)[2]. Die Auffassungen dieses letzteren zeigen deutlich, bis zu welchem Punkt jene Franzosen, die dem Ultramontanismus relativ am meisten ergeben sind, zu gehen bereit sind. Duval, seit 1597 Professor an der Sorbonne, hatte sich gegen Richer gestellt, seit dieser 1606 die Werke Gersons veröffentlicht hatte: als Freund der Jesuiten und des Nuntius Barberini, des späteren Urban VIII., verteidigte Duval effektiv Ansichten, die offen die Rechte des Heiligen Stuhls begünstigten, vermied jedoch jede Einseitigkeit. 1612 antwortete er Richer in einem „Elenchus", in dem er den „Libellus" seines Gegners scharf zurückwies, und schrieb dann im Zusammenhang mit diesem Konflikt neben verschiedenen Streitschriften zwei bedeutendere Werke: „De suprema romani pontificis in Ecclesiam potestate" (1614) und den „Tractatus de summi pontificis auctoritate" (1622), der sich gegen Simon Vigor wandte. Das hier dargelegte Denken ist bemerkenswert ausgeglichen, gemäßigt und konziliant. Er bestimmt genau die durch den christlichen Glauben tatsächlich festgelegten Punkte und respektiert die Meinungsfreiheit über die anderen. Hinsichtlich der Superiorität des allgemeinen Konzils über den Papst stellt er fest, daß die Theologische Fakultät von Paris in der Unterstützung dieser Ansicht allein steht, legt aber mit Objektivität die Auffassung der Gegner dar und will weder über die eine noch über die andere ein qualifizierendes Urteil fällen. Er verteidigt offen die persönliche Unfehlbarkeit des Papstes, ohne jedoch jene, die sie verneinen, der Häresie zu beschuldigen. Unter dieser Voraussetzung vertritt er die Ansicht, daß eine Lehrentscheidung des Papstes praktisch erst dann für die Gläubigen zwingend sein kann, wenn die universale Kirche diese zumindest schweigend akzeptiert hat. Hier befinden wir uns tatsächlich diesseits der Theorien Bellarmins, von dem sich Duval übrigens offen distanziert. Duval verpflichtet zwar den Herrscher, die dem Papste eigenen Vorrechte zu respektieren, vertritt jedoch die Unabhängigkeit des Königs im zeitlichen und politischen Bereich; Duval hat sich später der Verurteilung des Buches von Santarelli angeschlossen. Hier wird ersichtlich, wie gemäßigt der sogenannte Ultramontanismus Duvals verglichen mit den römischen Forderungen ist.

Richelieu und der Heilige Stuhl

1612 sagte Duval von den Ideen Richers, der hitzköpfige Syndikus habe, ohne es zu wollen, den Weg zum Schisma vorbereitet. Tatsächlich erwogen

[2] Vgl. *A. Dodin,* Duval: DSAM 3 (1957) 1857—1862; *L. Cognet,* Duval: DHGE 14 (1960) 1213—1216.

von diesem Zeitpunkt an einige Katholiken Frankreichs eine mehr oder weniger vollständige Trennung vom Heiligen Stuhl, und in den Generalständen von 1614 machte der Dritte Stand einen Vorschlag zu einem Grundgesetz, in dem formuliert werden sollte, der französische Staat sei unmittelbar nur von Gott abhängig. Du Perron vereitelte dieses Vorhaben klugerweise, die unter der Regentschaft Maria de Medicis von zahlreichen Klerikern eingenommene Haltung war für Rom sehr beruhigend. Als die Regentin 1617 Richelieu die auswärtigen Angelegenheiten übertragen hatte, hielt dieser zunächst seine wahren Gefühle sehr zurück und ließ den Nuntius bei der Meinung, er, Richelieu, sei ein eifriger Parteigänger des Heiligen Stuhls und Spaniens. Erst seit 1621, als er den König zum Widerstand gegen Spanien drängte, ließ er seine eigentliche Haltung erahnen. Spanien, eine große katholische Nation, konnte traditionsgemäß auf die Unterstützung des Heiligen Stuhls rechnen. In seinem Kampf gegen Spanien, der selbst in Frankreich auf die Ablehnung des parti dévot traf, mußte sich Richelieu mit allen Mitteln der Neutralität Roms versichern. Zu diesem Zweck war die Erpressung in der Frage des Gallikanismus die wirksamste Methode, und der Kardinal-Minister bediente sich ihrer skrupellos. In den Dankadressen, die er nach seiner Erhebung zur Kardinalswürde (September 1622) verfaßte, pries er die Güte des Königs, erwähnte jedoch den Papst nicht einmal. Die Ideen Richers fanden zu dieser Zeit an der Sorbonne starke Sympathien; Richelieu hatte die Theologische Fakultät offen gegen den Kardinal de La Rochefoucauld unterstützt, der ultramontane Tendenzen vertrat. Zur gleichen Zeit unternahm er einige diplomatische oder militärische Demonstrationen, die den Heiligen Stuhl beunruhigen mußten: Allianz mit den protestantischen Vereinigten Provinzen, Verhandlungen mit den Protestanten Deutschlands, Angriffe auf die päpstlichen Befestigungen im Veltlin und der Abschluß eines sehr günstigen Friedens mit den Hugenotten (5.2.1626). Hieraus wird verständlich, warum er 1625 und 1626 — ohne Intervention — duldete, daß die Klerikerversammlung, die Sorbonne und das Parlament im Zusammenhang mit dem Buch Santarellis den Ultramontanismus in scharfen Worten verurteilten. Vor allem gelang ihm, sich Urban VIII. definitiv zum Feind zu machen und in Frankreich den parti dévot gegen sich aufzubringen. Seit Juni 1626, als er die Unterstützung des Papstes in der Angelegenheit von Mantua benötigte, versuchte er, seine Politik wieder rückgängig zu machen. Er verhinderte, daß die Sorbonne ihre Zensur Santarellis veröffentlichte, und vermehrte seine politischen Konzessionen. In Frankreich nahm er den Kampf gegen die Reformierten wieder auf.

Dies war jedoch nur eine Episode, die Urban VIII., der seinerseits ebenfalls einen Annäherungsversuch unternahm, wohl durchschaute. Ende 1628 trat Richelieu in den Krieg gegen das Haus Österreich ein und unterzeichnete erneut Bündnisse mit den Protestanten Deutschlands und Englands. Der Papst versteifte seine Haltung gegen den Minister, indem er ihm systematisch alle von ihm gewünschten Vergünstigungen versagte. Trotz des Drängens Richelieus verweigerte er P. Joseph den Purpur (1632) und ließ auch Mazarin lange darauf warten (1641). 1634 verhinderte er, daß der Minister sich zum Bischof von Speyer ernennen ließ, wodurch dem Kardinal der Zugang zum deutschen Wahlkollegium geöffnet worden wäre. Er verweigerte ihm mehrere Breven in Angelegenheiten des Episkopats oder der Orden, und vor allem erklärte er sich nie bereit, die Nichtigkeit der Ehe Gastons d'Orléans zu bestätigen, die einen wesentlichen Punkt in der Politik des Kardinals darstellte. Nachdem dieser Spanien den Krieg erklärt hatte (26. 5. 1635), verschärfte sich die Situation. Um Urban VIII. zu trotzen, ernannte Richelieu Marschall d'Estrées, der für seine Heftigkeit und sein ordinäres Wesen bekannt war, zum Botschafter in Rom; dieser bewirkte so zahlreiche Zwischenfälle, daß 1639 schließlich sein Stallmeister, Rouvray, ermordet wurde. Fast zur gleichen Zeit hatte Urban VIII. im Gegenzug einen neuen Nuntius in Paris, Scotti, ernannt, der besonders unbequem war. Es trifft im übrigen zu, daß der Papst zu dieser Zeit im französischen Episkopat, der über die schwere Besteuerung erbost war, die Richelieu den Kirchengütern auferlegt hatte, echte Sympathien fand. Die öffentliche Meinung billigte in ihrer großen Mehrheit diese Opposition gegen den Heiligen Stuhl nicht.

In einer so gespannten Lage wird es verständlich, daß Urban VIII. alles versuchte, um die Übernahme irgendeiner legalen oder kanonischen Autorität über die Kirche von Frankreich durch Richelieu zu verhindern. Der Minister jedoch, um alles bemüht, was seine Macht konsolidieren könnte, wünschte eine solche Stellung schon lange. 1627, während der kurzen Zeitspanne, in der seine Beziehungen zu Rom etwas weniger schlecht waren, ließ er diskret wissen, daß er gerne bereit wäre, den Titel eines ständigen Legaten des Heiligen Stuhls in Frankreich anzunehmen, und forderte diesen schließlich eindeutig. Aber obwohl der Minister den großen Präzedenzfall des Kardinals d'Amboise vorbrachte, gab Urban VIII., der von den schismatischen Absichten Richelieus überzeugt war, nicht nach. Nur mit Widerstreben bot er ihm nach der Geburt des Dauphin den erbetenen Titel für einige Monate an; Richelieu lehnte ab.

Seit 1635 entwickelte Richelieu einen neuen Plan. Die im Konkordat von 1516 sanktionierte Verpflichtung des französischen Klerus, die Bullen zur kanonischen Institution für verschiedene Kirchenbenefizien beim Heiligen Stuhl einzuholen, war offensichtlich sehr unpopulär und führte zu Protesten. Richelieu trug sich mit dem Gedanken, das Konkordat als widerrechtlich und als zur alten Kirchendisziplin im Gegensatz stehend zu brandmarken und den Kapiteln das Recht der Bischofswahl zurückzugeben. Später wollte er ein Nationalkonzil einberufen, auf dem der König auf sein Regalienrecht, das für die Diözesen sehr drückend war, verzichten und als

Gegenleistung das Recht, direkt und ohne Mitwirkung des Heiligen Stuhls die Benefizien zu besetzen, erhalten sollte. Schließlich würde Richelieu in einem letzten Stadium zum Patriarchen von Gallien oder des Okzidents ernannt mit ähnlichen Vorrechten wie die orientalischen Patriarchen; dadurch würde die Kirche von Frankreich — außer in Glaubensfragen — fast unabhängig von Rom und behielte der Papst eigentlich nur noch einen Ehrenprimat. Richelieu scheint schon bald einigen Politikern seines Vertrauens diesen Plan vorgelegt zu haben, u. a. dem Kanzler Séguier, der ihm den königlichen Rat Pierre de Marca als Juristen und als zur Verbreitung der Idee in der Öffentlichkeit fähigen Publizisten benannte. Richelieu jedoch wußte wohl um das Ausmaß der Schwierigkeiten, die der Verwirklichung seines Plans entgegenstanden, und er wußte auch, wie schwer die französische Öffentlichkeit für diesen Plan zu gewinnen sein würde. Die öffentliche Meinung hoffte er für sich einzunehmen, wenn er als Initiator einer Massenkonversion der Protestanten in Erscheinung treten würde, die diesen Plan eines französischen Patriarchats mit Wohlwollen betrachten mußten. Daher die Milde, mit der er die besiegten Calvinisten behandelte, denen er die freie Ausübung ihres Kultes beließ. Vom Minister besoldete Kontroversprediger wurden beauftragt, die Konzessionen an die Reformierten so weit wie möglich zu treiben, und es gelang ihnen, mehrere Pastoren zu gewinnen. Richelieu dachte sogar an die Einberufung einer spektakulären Konferenz mit den Protestanten, deren Protagonist er gewesen wäre.

Um seinem Plan eine Basis zu geben, begünstigte Richelieu erneut die gallikanisch orientierten Veröffentlichungen. Dies war der Fall bei einer anonymen Flugschrift „Le Nonce du Pape français“ (1637), die wahrscheinlich ein Vertrauter des Kardinals verfaßt hatte und die den König aufforderte, die Unterdrückung Frankreichs durch die Gewalt der Päpste zu beenden und eine vom Heiligen Stuhl unabhängige geistliche Gewalt zu errichten. Die Reaktion der öffentlichen Meinung war eher ablehnend. Zwei Jahre später, 1639, veröffentlichen die Brüder Dupuy, zwei bekannte Gelehrte, ebenfalls im Auftrag des Ministers ihren „Traité des droits et libertés de l'Église gallicane“, einen umfangreichen Folioband, dem sie noch einen weiteren, „Preuves des libertés de l'Église gallicane“ [3], folgen ließen. Diese Werke, gestützt auf eine reiche Dokumentation, ließen praktisch nichts mehr bestehen, weder die päpstlichen Sonderrechte noch die Immunität des Klerus. Die Öffentlichkeit war sehr erregt. Auf die Initiative des Kardinals La Rochefoucauld, der für Rom Partei ergriff, und des Nuntius Bolognetti zensurierten 18 in Paris anwesende Bischöfe das Buch mit aller Strenge. Der Kardinal-Minister erlaubte die Zensur, ließ jedoch den Werken der Brüder Dupuy freien Lauf.

[3] Vgl. *P. Demante*, Histoire de la publication des livres de P. Du Puy sur les libertés de l'Église gallicane: BÉCh, 1. Serie, 5 (Paris 1843).

Zu diesem Zeitpunkt begann man — wenn auch in verschlüsselter Weise — von dem Projekt des Patriarchats zu sprechen. Die Öffentlichkeit war dadurch solchermaßen empfindlich geworden, daß sie im Januar 1646 das winzige Pamphlet „Optatus gallus de cavendo schismate", in dem das nahe Bevorstehen eines Schismas angekündigt wurde, mit ungeheurer Emotion aufnahm. Der Autor, den Richelieu nicht identifizieren konnte, war Charles Hersent, ein ehemaliger Oratorianer. Der Minister war über dieses Pamphlet zunächst sehr verärgert. Wahrscheinlich kam er kurze Zeit darauf zur Einsicht, daß der Vorfall um das Büchlein „Optatus gallus" bei entsprechender Aufbauschung der Angelegenheit Rom genügend beunruhigen würde, um ihm auf dieser Basis eine umfangreiche Erpressung zu ermöglichen. Er beauftragte also mehrere seiner Günstlinge, auf den „Optatus gallus" zu antworten; eine dieser Erwiderungen, von dem Jesuiten Rabardeau verfaßt, gab sich sogar den Anschein, offiziell von Richelieu selbst zu stammen: sie stellte die Errichtung des Patriarchats als vollkommen legitim und keineswegs schismatisch dar. Tatsächlich unterstützten mehrere Jesuiten offen den Plan Richelieus. Die bedeutendste Erwiderung war ein Werk Marcas, „De concordia sacerdotii et imperii" (1641), der zu beweisen suchte, daß die gallikanischen Freiheiten nicht den Rechten des Heiligen Stuhls zuwiderliefen [4]. In Rom scheint man diese schismatischen Absichten Richelieus sehr ernst genommen zu haben, die dieser nun durch verschiedene Maßnahmen, durch die er jede Verbindung des Episkopats zum Nuntius zu verhindern suchte, bestätigte. Aber Urban VIII. war klug genug, äußerste Zurückhaltung zu üben. Richelieu mußte allmählich einsehen, daß der Plan eines Patriarchats in der Öffentlichkeit auf ein wenig günstiges Echo stieß, vor allem zu diesem Zeitpunkt, da der Krieg mit Spanien wie auch die Innenpolitik des Kardinal-Ministers immer unpopulärer wurden. Zum Zeitpunkt des Todes Richelieus am 4. Dezember 1642 war die Frage noch auf dem alten Stand. Urban VIII. zeigte seine Gefühle für den verstorbenen Prälaten dadurch, daß er das für verstorbene Kardinäle in Rom übliche feierliche Totenamt verbot.

Mazarin, obschon Kardinal, war kaum eine kirchliche Persönlichkeit im üblichen Sinn, er konnte die Prätentionen Richelieus nicht weiterverfolgen. Aber er trat dennoch das Erbe seiner Politik an, vor allem hinsichtlich Spaniens, und zog damit die Feindschaft Roms auf sich: Innozenz X. verachtete Mazarin fast ebenso, wie sein Vorgänger Urban VIII. Richelieu gehaßt hatte. Nun begann der Jansenistenstreit jedoch, mit dem Gallikanismus zu interferieren, und modifizierte geringfügig die Positionen [5]. Fortan nehmen die französischen Regierungskreise effektiv eine eindeutig antijansenistische Haltung an, die sie kaum mehr verändern. Dieser Antijanse-

[4] *F. Gaquère*, P. de Marca (1594—1662). Sa vie, ses œuvres, son gallicanisme (Paris 1932).
[5] Vgl. *L. Cognet*, Le jansénisme drame gallican: L'Année canonique 10 (1965) 75—83.

nismus nun zwang den französischen Hof zu einem ständigen Rekurs an die Lehrautorität des Heiligen Stuhls, der vom römischen Hof mit einem gewissen Wohlwollen aufgenommen wurde. Ursprünglich war Rom dem französischen milieu dévot, dem traditionellen Verteidiger der Rechte des Heiligen Stuhls, günstig gestimmt und hatte diese Haltung unterstrichen, als es die von Mazarin gewünschte Verurteilung der „Fréquente Communion" Arnaulds verweigerte. Als jedoch das milieu dévot zur jansenistischen Partei wurde, mußte Rom gegen es einschreiten und fand hier ein Gebiet der Annäherung an den französischen Hof. Ungeachtet dieser Tatsache jedoch blieb die Zurückhaltung Roms offensichtlich. Mazarin mußte dies in den Wirren erfahren, die ihn während der Fronde zu dem berühmten Kardinal Retz, Koadjutor von Paris, in Gegensatz brachten, der seinem Onkel François Gondi nach dessen Tod am 3. März 1654 automatisch als Erzbischof nachgefolgt war. Nach seiner Flucht suchte Retz im September 1654 in Rom Zuflucht. Innozenz X. nahm ihn wohlwollend auf, behandelte ihn als Erzbischof und Kardinal und verweigerte Mazarin das Recht, eine Bischofskommission zu ernennen, um den Prozeß gegen Retz einzuleiten. Mazarin mußte Lionne als Botschafter nach Rom senden, der die Angelegenheit zu verhandeln hatte. Lionne konnte jedoch nach dem Tod Innozenz' X. die Wahl des ehemaligen Nuntius in Köln, Fabio Chigi, der Frankreich wenig gewogen war, nicht verhindern und nur sehr schwer eine Übereinkunft für die vorläufige Verwaltung der Diözese Paris erreichen. Erst die Demission des Kardinals Retz im Jahr 1661 konnte diese Schwierigkeit beheben. Außerdem verweigerte der Heilige Stuhl Mazarin und dem jungen Ludwig XIV. hartnäckig die Ausdehnung des Konkordats von 1516 auf die neu eroberten Gebiete, vor allem auf die Diözese Arras.

Der Gallikanismus Ludwigs XIV.

Mazarin hatte während seiner letzten Lebensjahre entschlossen jeden überflüssigen Zwischenfall vermieden. Die Lage änderte sich jedoch unter dem jungen Ludwig XIV. grundsätzlich, der, vom absolutistischen Denken durchdrungen, sich um die religiöse wie auch um die politische Einheit des Königreiches bemühte und von gallikanisch orientierten Ratgebern umgeben war, zu denen auch seine Beichtväter P. Annat und P. de la Chaize[6] zu zählen sind, die, obschon Jesuiten, von der gallikanischen Tradition geprägt waren. Seit Beginn der Alleinregierung des großen Königs ist ein Wiederaufleben der gallikanischen Ideen festzustellen. Der flämische Jesuit Coret trug am 12. Dezember 1661 im Kolleg von Clermont Thesen vor, in denen er die Unfehlbarkeit des Papstes sowohl in der quaestio juris als auch in der

[6] Vgl. *G. Guitton*, Le P. de la Chaize confesseur de Louis XIV, 2 Bde (Paris 1959).

quaestio facti verteidigte, und rief damit eine lebhafte Kontroverse hervor. Ludwig XIV. tadelte Coret, legte ihm jedoch ein Schweigegebot auf, da er den Jansenisten nicht durch eine Diskussion über die Unfehlbarkeit des Papstes Argumente liefern wollte. Der gewaltsame Zusammenstoß der korsischen Wachen mit französischen Soldaten unweit des Palazzo Farnese, dem Sitz des französischen Botschafters, am 20. August 1662 hatte offensichtlich keinerlei doktrinale Bedeutung, aber Ludwig XIV. nahm ihn zum Anlaß, mit einem Einfall in die Kirchenstaaten zu drohen und den Papst zu demütigen, der in dem Frieden von Pisa (12. 2. 1664) kapitulieren mußte. In der Zwischenzeit hatte im Januar 1663 der Bakkalaureus Gabriel Drouet de Villeneuve der Sorbonne Thesen vorgelegt, die sich offen für die päpstliche Autorität einsetzten und in denen die gallikanischen Freiheiten als einfache, vom Heiligen Stuhl zugestandene Privilegien dargestellt wurden. Am 22. Januar zensurierte ein Parlamentserlaß drei dieser Thesen. Die Sorbonne zeigte sich sehr ungehalten über diesen Eingriff der Zivilgewalt in ihren Entscheidungsbereich, und Bossuet, der damals am Anfang seiner Pariser Laufbahn stand, war unter den Opponenten und setzte damit sein weiteres Fortkommen aufs Spiel. Schließlich unterwarf sich die Sorbonne jedoch am 1. März. Einen Monat später, am 4. April, ereignete sich ein weiterer Zwischenfall wegen der Thesen Laurent Desplantes', eines Zisterziensers, der dem Papst in der gesamten Kirche die Fülle der Jurisdiktionsgewalt in foro externo wie auch in foro interno zuerkannte. Hof und Parlament bekundeten ihren heftigen Unwillen und schritten zu repressiven Maßnahmen. Auf eine Intervention des Ministers Michel Tellier[7] hin unterzeichnete die Sorbonne am 11. Mai sechs Artikel zugunsten der Unabhängigkeit des Königs vom Heiligen Stuhl und der gallikanischen Freiheiten, die sowohl die Superiorität des Papstes über das Konzil wie seine Unfehlbarkeit zurückwiesen.

Ein Jahr später, im April 1664, zensurierte die Fakultät ein Werk des Karmelitermönchs Bonaventura Hérédie[8], das unter dem Pseudonym Vernant erschienen war und ultramontane Sätze verteidigte. Im Februar 1665 traf ein unter dem Namen Guimenius veröffentlichtes Werk die Zensur, das in Wirklichkeit von dem Jesuiten Mateo Moya verfaßt war, der die Kasuisten verteidigte und die Unfehlbarkeit des Papstes bejahte[9]. Dieses Mal reagierte Rom: die Bulle „Cum ad aures" Alexanders VII. vom

[7] Vgl. *L. André*, Michel Le Tellier et Louvois (Paris 1942) 448; *J. Sahuc*, Un ami de Port-Royal, messire Pierre Jean François de Percin de Montgaillard (Paris 1909) 37—43.

[8] La défense de l'autorité de Notre Saint Père le Pape et de Messeigneurs les cardinaux, les archevêques et évêques et de l'emploi des religieux mendiants contre les erreurs de ce temps (Metz 1658).

[9] Amadaei Guimenii Lomarensis opusculum singularia universae fere theologiae moralis complectens (Lyon 1664).

25. Juni 1665[10] verurteilte und annullierte die Zensuren der Fakultät. Am 29. Juli hielt der Oberstaatsanwalt Talon im Parlament eine heftige Anklagerede gegen das Dokument, aber schließlich ließ man die Angelegenheit auf sich beruhen: Ludwig XIV. wollte sich so kurz vor seinem Krieg mit England nicht durch eine Auseinandersetzung mit dem Heiligen Stuhl belasten. Gleichzeitig erreichte der Jansenistenstreit einen seiner kritischsten Punkte, und der französische Hof mußte erneut zu wiederholten Malen die römische Autorität zu Hilfe rufen. So erklärt sich die relative Ruhe, die bis zum Klementinischen Frieden (1668) und darüber hinaus andauern sollte.

Aber Ludwig XIV. war auch weiterhin um die religiöse Einigung des Königreiches bemüht und bestand nach wie vor auf der Ausdehnung des Konkordats von 1516 auf die Gesamtheit der ihm unterworfenen Gebiete, auf die Bistümer wie auch die Abteien. Dies setzte die Verallgemeinerung der Regalien voraus, der geistlichen Regalien, durch die der König während der Vakanz eines Bischofssitzes die dem Bischof zugehörigen Benefizien besetzen konnte, wie auch der zeitlichen Regalien, durch die der König die Einnahmen der vakanten Bistümer beziehen konnte. Ein Edikt vom 10. Februar 1673 legte diese Ausweitung amtlich fest, und eine Erklärung vom 2. April 1675 bestätigte diese Maßnahme, die etwa 60 Diözesen, die bislang von den Regalien ausgenommen waren, vor allem in den südlichen Provinzen betraf. Fast alle Bischöfe unterwarfen sich, wenngleich auch in einigen Fällen mit heimlichem Widerstand. Nur zwei leisteten offenen Widerstand: Nicolas Pavillon, Bischof von Alet, und Étienne Cauler, Bischof von Pamiers, die ihre Unabhängigkeit bereits in der Angelegenheit des Formulars bewiesen hatten. Der Jansenismus offenbarte also eindeutig seine Opposition zum Gallikanismus. Pavillon und Caulet verwarfen in ihren Anordnungen ausdrücklich das königliche Hoheitsrecht und unterbreiteten die Angelegenheit der Klerikerversammlung von 1675; gleichzeitig exkommunizierten sie die auf den Titel der Regalien ernannten Pfründner[11]. Pavillon und Caulet waren zwar Bischöfe abgelegener und winziger Diözesen, sie wurden jedoch dank ihrer Tugenden als Vorbilder des Episkopats verehrt. Ludwig XIV. zögerte, sich in einen offenen Konflikt mit ihnen einzulassen, da er wußte, daß ein Teil der Öffentlichkeit ihm darin nicht folgen würde. Erst um die Mitte des Jahres 1677 entschloß er sich einzugreifen und ließ durch den Staatsrat die Anordnungen der beiden aufsässigen Bischöfe annullieren. Diese beschlossen, sich an den Heiligen Stuhl zu wenden. Innozenz XI., 1676 gewählt, hatte unmittelbar seinen Eifer für die Reform der Kirche bewiesen, indem er den Nepotismus abschaffte und seine Rechte

[10] Text der Bulle: *J. Boileau*, Recueil 92—96.

[11] *L. Bertrand*, Bibliothèque sulpicienne ou histoire littéraire de la Compagnie de Saint-Sulpice, 3 Bde (Paris 1900) 3, 42—57.

gegen die Fürsten verteidigte; apriori mußte er also den Gegnern der Regalie gewogen sein, hatte sich jedoch noch nicht über diesen Punkt geäußert. Am 30. Juli 1677 richtete Pavillon an Innozenz XI. einen Brief, der von einem der Einsiedler von Port-Royal, Pontchâteau, überbracht wurde[12]. Dieser wurde vom römischen Jansenistenkreis unterstützt und konnte den Papst mühelos dazu bewegen, Partei für die Anti-Regalisten zu ergreifen[13]. Leider starb Pavillon kurze Zeit später, am 18. Dezember 1677, und die Regalien wurden sofort auch auf seine Diözese ausgedehnt. Die Last des Kampfes lag nun auf Caulet, der von seinem Metropolitan, dem Erzbischof von Toulouse, verurteilt worden war und der sich am 26. Oktober 1677 an den Papst gewandt hatte. In einem sehr lobend gehaltenen Breve vom 2. März 1678 gab Innozenz XI. dem Prälaten gegen den König recht. Caulet, der Unterstützung Roms gewiß, wandte sich in immer heftigerer Form gegen den König, was schließlich 1679 zur Konfiskation seiner Einkünfte führte. Weitere Breven, die ihn in noch stärkerem Maße lobten, folgten am 20. Dezember 1679 und 17. Juli 1680. Caulet starb jedoch, ohne das letzte erhalten zu haben, am 7. August 1680. In der Zwischenzeit war der Außenminister Arnauld de Pomponne, ein Neffe des Grand Arnauld, der auf den König einen mäßigenden Einfluß ausgeübt hatte, im November 1679 in Ungnade gefallen[14], und der König versteifte seine Positionen. Aber verschiedene Ereignisse im Zusammenhang mit kirchlichen Ernennungen, in denen Innozenz XI. die Entscheidungen Ludwigs XIV. annullierte, zeigen, daß auch der Papst nicht bereit war, nachzugeben (Kap. 8).

Der Tod Caulets regelte die Angelegenheiten von Pamiers jedoch keineswegs; das Kapitel wählte einen neuen Kapitelsvikar, der den Widerstand fortsetzte und darin von Rom unterstützt wurde. Ludwig XIV. versuchte nun, Innozenz XI. einzuschüchtern durch den Beweis, daß er in Frankreich die öffentliche Meinung und den Klerus sehr gut in der Hand habe. Er veranlaßte die Veröffentlichung des Traktats „De l'autorité légitime des rois en matière de régale" (1682) durch den Berichterstatter über die Bittschriften im Staatsrat, Le Vayer de Boutigny, der die Regalien lebhaft verteidigte. Zur gleichen Zeit versicherten die Generalversammlung des Klerus von 1680 und eine Versammlung, die zu Beginn des Jahres 1681 abgehalten wurde, dem König ihre Treue. Ludwig XIV. beschloß, die Einschüchterungsmethoden noch weiter zu treiben. Am 31. Oktober 1681 berief er eine außerordentliche Generalversammlung ein, der man die Bedeutung eines echten Nationalkonzils geben wollte. Ihre Abgeordneten waren sorgfältig ausgewählt

[12] Vgl. *B. Neveu*, Sébastien Joseph du Cambout de Pontchâteau (1634—1690) et ses missions à Rome (Paris 1969).

[13] Vgl. *A. Latreille*, Innocent XI, pape janséniste, directeur de conscience de Louis XIV: Cahiers d'Histoire publiés par les universités de Grenoble, Lyon et Clermont-Ferrand 1 (1956) 9—39.

[14] *C. Gérin*, La disgrâce de M. de Pomponne: RQH 23 (1878) 170.

worden und bewiesen der königlichen Macht gegenüber vollkommene Gefügigkeit. Bossuet spielte bei dieser Versammlung eine bedeutende Rolle, war aber in Wirklichkeit nur ein Instrument in den Händen des Erzbischofs von Paris, François Harlay de Champvallon, einer Persönlichkeit von zweifelhafter Moral, dem der König jedoch sein Gehör schenkte. Am 3. Februar 1682 akzeptierte die Versammlung offiziell die Erweiterung des Regalienrechts, und am 19. März veröffentlichte sie die vier Artikel der berühmten „Declaratio cleri gallicani", die die Unabhängigkeit der Zivilgewalt in zeitlichen Dingen, die Superiorität des Konzils über den Papst bestätigte, durch die die Autorität der Päpste in die Grenzen der kirchlichen Kanones eingefügt und ihre Entscheidungen, auch jene in Glaubensfragen, der Zustimmung der Gesamtkirche unterworfen wurden. Am 23. März schrieb ein königlicher Erlaß die Aufnahme der „Declaratio" in den Lehrplan der Universitäten und Seminare vor. Im Klerus wie auch in der Öffentlichkeit kam es jedoch zu lebhaftem Widerstand. Innozenz XI. zeigte offen seine Verbitterung, aber die mit der Untersuchung der vier Artikel beauftragte römische Kommission konnte sich nicht über die Qualifikation einigen, die ihr auferlegt werden sollte. Innozenz XI. zog es daher vor, keine offizielle Maßnahme zu ergreifen, und beschränkte sich darauf, jenen neuen Bischöfen die Bullen für ihre kanonische Institution zu verweigern, die an der Versammlung von 1682 teilgenommen hatten. Im Januar 1688 gab es in Frankreich 35 vakante Bistümer.

Um die gleiche Zeit erreichte der Konflikt zwischen Frankreich und Rom einen neuen Höhepunkt. Um in der Stadt Rom wieder geordnete Verhältnisse zu schaffen, hatte Innozenz XI. 1677 (vgl. Kap. 8 dieses Bandes) die Quartierfreiheit der in nächster Nähe der Botschaften liegenden Quartiere aufgehoben; Ludwig XIV. hatte sich jedoch geweigert, sich dieser Maßnahme zu beugen. Die Bulle „Cum alias" vom 12. Mai 1687 exkommunizierte jene, die dem Erlaß zuwiderhandelten. Am 16. November 1687 drang der neue französische Botschafter, Marquis de Lavardin, an der Spitze von 100 bewaffneten Männern in Rom ein. Exkommuniziert, ließ er sich öffentlich in der Kirche San Luigi dei Francesi die Sakramente spenden, die daraufhin mit dem Interdikt belegt wurde. Anfang Januar 1688 ließ Innozenz XI. Ludwig XIV. geheim mitteilen, daß er selbst wie auch seine Minister exkommuniziert seien [15]. Der König ergriff Gegenmaßnahmen. Am 22. Februar 1688 legte der Oberstaatsanwalt Harlay vor dem Parlament Berufung an ein allgemeines Konzil ein, und am 23. hielt der Generaladvokat Talon eine heftige Anklagerede gegen Innozenz XI., in der er den vorhergegangenen Appell erneuerte und erklärte, daß die neu ernannten Bischöfe auf die päpstlichen Institutionsbullen verzichten würden. Der vom Parlament daraufhin verabschiedete Erlaß wurde durch Lavardin am

[15] Vgl. *M. Dubruel*, L'excommunication de Louis XIV: Études 137 (1913) 608—635.

8. Februar in Rom ausgehängt. Zur gleichen Zeit bereitete Ludwig XIV. in aller Öffentlichkeit die Besetzung der päpstlichen Besitzungen Avignon und Comtat-Venaissin vor. Innozenz XI. bekundete seine Entrüstung, sprach jedoch keine offizielle Verurteilung aus, da er ahnte, daß sogar in Rom eine Anzahl von Kardinälen seine Unnachgiebigkeit nicht unterstützen würden. Ludwig XIV., der die Wahl eines frankreichfreundlichen Kurfürst-Bischofs in Köln wünschte, versuchte nun ein Annäherungsmanöver an den Heiligen Stuhl durch die Vermittlung eines Geheimagenten. Innozenz XI. lehnte ab. Am 16. September ließ Ludwig XIV. Avignon und das Comtat-Venaissin besetzen. Am 27. September ließ er feierlich seine Appellation an das Generalkonzil erneuern und sich diesen Appell von verschiedenen kirchlichen Körperschaften, insbesondere den theologischen Fakultäten, bestätigen. Er veranlaßte die widerrechtliche Inhaftierung des Nuntius Ranuzzi und verbot den Bischöfen und Jesuiten jede Korrespondenz mit Rom. Ludwig XIV. fand übrigens die Unterstützung vieler Jesuiten gegen Rom, unter ihnen P. de la Chaize, der Beichtvater des Königs. Seit 1675 bestand der Conseil de Conscience, der die religiösen Angelegenheiten zu entscheiden hatte, nur noch aus La Chaize und Harlay, die sich im übrigen nur darin einig waren, den König hinsichtlich seiner Meinungsverschiedenheiten mit dem Heiligen Stuhl zu beruhigen. Die Öffentlichkeit schätzte Innozenz XI. und brachte der Haltung des Königs wenig Wohlwollen entgegen, aber falsche Dokumente, im Sommer 1688 von dem Minister Colbert de Croissy geschickt in Umlauf gebracht, konnten die Meinung der Öffentlichkeit über diesen Punkt zum Teil modifizieren. Nur die Mehrheit der jansenistischen Partei blieb dem Papst treu, was La Chaize das Argument lieferte, um Innozenz XI. selbst des Jansenismus zu bezichtigen [16]. Die Lage war in Gefahr, in ein Stadium der Stagnation einzutreten, als sie durch ein unvorhergesehenes Ereignis, die Eroberung Englands durch Wilhelm von Oranien im November-Dezember 1688, grundlegend geändert wurde: angesichts dieser neuen Gefahr versuchte Ludwig XIV. eine Annäherung an Rom und rief Lavardin zurück. Innozenz XI. jedoch, ohne auf seine Stellungnahmen zurückzukommen, beschränkte sich darauf, sein Schweigen zu wahren, keine offizielle Entscheidung zu fällen und die Exkommunizierung des Königs geheimzuhalten. Der Papst starb am 12. August 1689, ohne irgendeinen Akt gegen die Regalien, gegen die Erklärung von 1682 oder gegen den Appell an das Konzil von 1688 erlassen zu haben und ohne zu ahnen, daß seine Geduld dem Jansenismus des 18. Jh. die Wege bereitet hatte.

Seit dem Pontifikat des sehr konzilianten Innozenz XII. (1692) entwickelte sich die Lage auf eine Befriedung hin. Schließlich gelangte man im September 1693 zu einer Übereinkunft. Man ließ den Regalienstreit, der

[16] Vgl. *J. Brucker*, Le P. de la Chaize dans les conflits de Louis XIV avec Innocent XI: Études 160 (1919) 304—323.

übrigens nie eine Lösung finden sollte, auf sich beruhen. Ein Brief Ludwigs XIV. teilte dem Papst mit, es seien alle nötigen Schritte unternommen worden, um die Ausführung des Edikts von 1682 (vgl. S. 145) über die vier Artikel zu verhindern. Fortan gelangten die Beziehungen zwischen Rom und Frankreich zu einem relativ friedlichen „modus vivendi“, der das ganze Ende des Ancien régime andauern sollte; aber all dies hinderte die Ideen nicht daran, ihren Weg zu gehen (zum Staatskirchentum: Kap. 17 und 23).

Der Protestantismus im Frankreich des 17. Jahrhunderts

Nach dem Tod Heinrichs IV. sahen Katholiken wie Protestanten in dem vom Edikt von Nantes errichteten Régime nur einen einfachen Waffenstillstand einer unaufhebbaren Opposition, und fast niemand erblickte darin die Grundlagen für eine gegenseitige Toleranz. Zu dieser Zeit stellt die Hugenottenpartei zweifellos eine Minderheit dar und weiß auch darum, ohne jedoch zu resignieren. Die Regentschaft Maria de Medicis war ihr wenig günstig gesonnen und brachte Männer der katholischen Gegenreformation an die Macht; gleichzeitig beraubte die Erneuerung der katholischen Spiritualität die Hugenottenpartei des Ansehens, das ihr die tief persönliche Religiosität vieler Reformierter verliehen hatte. Von diesem Zeitpunkt an nehmen die Konversionen vom Protestantismus zum Katholizismus zu, während Konversionen im umgekehrten Sinn seltener werden. Die Hugenotten waren daher fest entschlossen, von allen Garantien, die ihnen das Edikt von Nantes gegeben hatte, Gebrauch zu machen und sie sogar noch auszuweiten. In diesem Sinne handelte die Versammlung von La Rochelle im Mai 1621, in der man eine regelrechte militärische Organisation des protestantischen Frankreich beschloß, das in acht Bezirke aufgeteilt werden sollte. Der Plan kam nicht zur vollen Ausführung, aber seine teilweise Verwirklichung bot die Grundlage zu den Protestantenaufständen von 1622 und 1626. Die Hugenotten stießen jedoch auf den Widerstand Richelieus, der in diesem Punkt sehr persönliche Ideen hatte. Er wollte auf keinen Fall, daß die reformierte Religion einen Staat im Staat bilde, noch wollte er dulden, daß sie Verbindungen mit ausländischen Mächten unterhielt. Er beschloß daher, La Rochelle, die Hochburg der Calvinisten, die als uneinnehmbar galt, zu unterwerfen. Die Stadt ergab sich am 29. Oktober 1628 nach elfmonatiger schrecklicher Belagerungszeit. Aber obwohl Bérulle und der parti dévot Richelieu anstachelten, die Häresie auszurotten, weigerte sich der Kardinal-Minister, noch weiter zu gehen und seinen Sieg bis zum letzten auszunützen: am 28. Juni 1629 gewährte das Edikt von Alais den Reformierten die freie Ausübung ihres Kultes und die Gleichheit im Dienst unter dem König, beraubte sie jedoch ihrer militärischen Garantien. Auf diese Weise hoffte Richelieu, seine Verbindungen zu den Protestanten

Deutschlands nicht zu gefährden und möglicherweise — wie bereits erwähnt — Promotor einer allgemeinen Rückkehr der Protestanten zu werden, was ihm dem Heiligen Stuhl gegenüber eine besonders starke Stellung gegeben hätte. Mazarin zog es vor, die Frage auf sich beruhen zu lassen, zumal die Protestanten in den Wirren der Fronde die Klugheit gehabt hatten, Beweise einer sehr großen Loyalität zu geben.

Auf beiden Seiten jedoch blieb die Intoleranz die Regel. Keine Klerikerversammlung versäumte es, den König daran zu erinnern, daß er auf die Zerstörung der Häresie hinarbeiten müsse, und in jeder dieser Versammlungen wurden Beschwerden laut über die „unselige Gewissensfreiheit", die man den Reformierten gewährt hatte. Die protestantischen Gemeinden, in den meisten Gebieten den Katholiken zahlenmäßig unterlegen, mußten fast überall vielfältige Beleidigungen hinnehmen, aber dort, wo sie in der Mehrzahl waren, schikanierten sie ihrerseits die romtreue Minorität. Protestanten und Katholiken lebten in einer Art gegenseitiger Angst, die häufig unauslöschlichen Haß schürte; nur in der vermögenden und gebildeten Klasse konnten bisweilen freundschaftliche Beziehungen zwischen den beiden Gruppen entstehen.

Der Beginn der Alleinregierung Ludwigs XIV. brachte eine gewisse Änderung der Dinge. In dem sehr begrenzten Horizont des Königs, dessen Unwissenheit in religiösen Dingen bei Hof wohl bekannt war, mußte die politische Einheit des Königreiches die religiöse Einheit nach sich ziehen. Der Zusammenhalt und die Macht der protestantischen Gemeinschaft schienen ihm gefährlich, zumal diese aktive, emsige und geschäftstüchtige Minorität[17] einen bedeutenden Anteil des Nationalvermögens besaß. Er hegte also den mehr oder weniger eingestandenen Wunsch, sie zu schwächen oder ganz aufzulösen. Zunächst glaubte er jedoch, durch die intellektuelle Kontroverse und dadurch, daß er den Reformierten die königliche Gunst entzog, an sein Ziel zu kommen. Nach 1660 gewannen die gelehrten Kontroversen um die christliche Lehre wieder an Intensität. Bossuet trat durch seine Scharfsichtigkeit und seinen irenischen Geist hervor. Er schuf, wahrscheinlich in Zusammenarbeit mit Arnauld, ein Meisterwerk, die „Exposition de la foi catholique" (1671), in dem die römische Lehre von ihren zufälligen Elementen befreit ist und die schwierigen Punkte mit bemerkenswerter Geschicklichkeit dargestellt werden. Wie schon oben erwähnt, spielten die Leute von Port-Royal eine bedeutende Rolle; eben die Art ihres verinnerlichten, biblisch und liturgisch orientierten Christentums näherte sie den Protestanten an. Diese Diskussionen führten zu positiven Ergebnissen, deren offenkundigstes die öffentliche Abschwörung Turennes am 23. Oktober 1668, Frucht einer

[17] Über die Zusammenhänge zwischen dem Protestantismus und der Entwicklung der modernen Wirtschaft vgl. die inzwischen klassische Analyse von *Max Weber,* Die protestantische Ethik und der Geist des Kapitalismus: Archiv für Sozialwissenschaft und Sozialethik 20/21 (1904/05).

langen geistigen Entwicklung, war. Auf der anderen Seite fehlte es nicht an Reformierten, die ihrerseits die Wiedervereinigung und Rückkehr zur Einheit der Kirche wünschten, und es kam zu mehreren gemeinsamen Versuchen in diesem Sinne. Von 1660 bis 1662 verhandelte der Marschall Fabert mit dem Pastor von Sedan, Le Blanc de Beaulieu. Um 1665 erhielt Bossuet von einer Art offiziöser Konferenz, die um den Minister Le Tellier und den königlichen Beichtvater P. Annat gruppiert war und an der auch Turenne teilnahm, Weisung, mit dem weithin bekannten Pastor Ferry zu verhandeln. Nach dem Frieden zu Aachen (8. 5. 1669) stellte Turenne selbst, nun konvertiert, einen umfassenden Plan auf, dessen Kern darin bestand, mindestens 50 Pastoren zu gewinnen, deren man sicher sein konnte, und mit ihnen eine Konferenz zu eröffnen, deren positives Ergebnis den Geist der Reformierten treffen müsse. Für einen späteren Zeitpunkt plante er einen Widerruf des Edikts von Nantes, wenn die Konversion des größten Teils der Protestanten dieses gegenstandslos gemacht hätte. Parallel dazu spielte der Nuntius Bargellini mit einem ähnlichen Gedanken. Turenne scheint bei einigen Pastoren tatsächlich erfolgreich gewesen zu sein, aber er stieß auf den entschiedenen Widerstand der intransigenten Calvinistenfraktion, die alles daransetzte, den Plan bereits im Keim zu ersticken. Der Krieg gegen Holland, dann der Tod Turennes setzten ihm jedoch ein Ende. Was man damals als die „Kabale der Verständiger zwischen den Religionen“ bezeichnete, war gescheitert.

Dieser Mißerfolg hatte moralische und religiöse, aber auch materielle und finanzielle Ursachen. Es war tatsächlich Geld nötig, um den Neukonvertiten und vor allem den Pastoren zu helfen, die ihre Rückkehr zur römischen Kirche oft ins Elend stürzte. Früher hatte man nur über private Schenkungen, vor allem der berühmten, sehr calvinistenfeindlichen Compagnie du Saint-Sacrement, verfügt. Daneben hatte man von den Klerikerversammlungen sehr beschränkte Beihilfen erbeten. Turenne hatte schließlich Ludwig XIV. persönlich für diese Frage interessiert. Nun griff der ehemalige erste Sekretär des Superintendenten Fouquet, Paul Pellisson-Fontanier, wirksam ein, dem es gelang, vom König ab November 1677 die Schaffung einer Kasse, die man bald als „Konversionskasse“ bezeichnete, zu erreichen, die durch einen Teil der Einkünfte der Regalienpfründen gefüllt wurde. Berühmte Protestanten, wie Jurieu, Bayle und Spanheim, beschuldigten die Kasse der Korruption, aber Innozenz XI., Bossuet, Fénelon, Arnauld und Bourdaloue billigten die Methoden Pellissons. Auf jeden Fall war man der Auffassung, daß durch die Anwendung von Geld die Anwendung von Gewalt vermieden werden könne und daß zumindest die Kinder der Konvertiten gute Katholiken würden. Daneben war Pellisson sehr bemüht um die Verteilung von Bibeln und liturgischen Texten an die Neukonvertiten. Pellisson erreichte bedeutende Ergebnisse, aber weit mehr im niederen Volk als unter den wohlhabenden Familien.

Mittlerweile wurde die katholische Öffentlichkeit in Frankreich stark bewegt durch die Ereignisse in England und die Wiederaufnahme der Verfolgungen der „Papisten"; die Hinrichtung von fünf Jesuiten in London am 30. Juni 1679 bewirkte heftige Emotionen, und man vertrat nun die Ansicht, daß sich die Staatsgewalt in Frankreich gegen die Häretiker viel zu tolerant verhalte. Der Zeitpunkt schien Ludwig XIV. gegeben, um Gewaltmaßnahmen einzuleiten. Im Grunde hatte es solche bereits seit Beginn seiner Regierungszeit gegeben: wenn auch die Erklärung von Saint-Germain für die Reformierten günstig gewesen war, so wandte 1669 eine neue Erklärung das Edikt von Nantes in restriktiver, drückender Auslegung an. Aber in den Jahren 1660 bis 1679 gab es nur 12 offizielle Akte gegen die Hugenotten; zwischen 1679 und 1685 waren es 85. Man zerstörte nicht nur alle nach 1598 eröffneten Kirchen, sondern auch jene, in denen man irgendeinen Verstoß gegen die geltende Gesetzgebung feststellte; dem kirchlichen Dienst der Pastoren wurden strenge Beschränkungen auferlegt. Nach und nach schloß man die Protestanten von den meisten öffentlichen Ämtern und einer großen Zahl von Berufen aus. Aber die wirksamste Methode ersann der Oberpräsident von Montauban, Foucault: man zwang den Reformierten die Einquartierung von Militär auf, die sich bei ihnen wie in eroberten Gebieten benahmen. Dies war der Ursprung der berüchtigten *dragonnades*, die die Empörung ganz Europas hervorriefen und für die der Minister Louvois wie auch der Oberpräsident des Poitou, Marillac, die eigentliche Verantwortung tragen. Diese Methode bewirkte natürlich zahlreiche Konversionen, und jetzt schon emigrierten einige Familien ins Ausland. 1683 kam es zu Aufständen im Vivarais und in der Dauphiné, die jedoch blutig niedergeschlagen wurden.

In dieser Entwicklung der Methoden scheinen jedoch weder P. de la Chaize, der Beichtvater des Königs, noch Mme de Maintenon die Verantwortlichkeit zu haben, die man ihnen gemeinhin zuschreibt[18]. Es ist außerdem sicher, daß die Motive des Königs nur in wenigen Fällen religiöser, meist jedoch politischer Natur waren. Das Beispiel der Ereignisse in Holland veranlaßte ihn, den Reformierten republikanische Sympathien zuzuschreiben. Auf der anderen Seite war er der Meinung, daß sein Ruhm in der Vollendung seines begonnenen Werkes, der Wiederherstellung der religiösen Einheit des Königreiches, liege. Schließlich hoffte er dadurch vor Innozenz XI. als der große Verteidiger des Katholizismus zu erscheinen und ihn hinsichtlich des Gallikanismus in eine schwierige Lage zu bringen. So wurde er zu Gewaltmaßnahmen verleitet, die nicht seinem Charakter entsprachen. Als man im Sommer 1685 feststellte, daß die Zahl der Neukonvertiten, die einige Hunderttausend erreicht hatte, ein finanzielles Problem darstellte, da sie im Prinzip Steuerfreiheit genossen, glaubte Ludwig XIV.

[18] Vgl. C. *Pascal,* La révocation de l'Édit de Nantes et Mme de Maintenon (Paris 1885).

den Zeitpunkt für die Endentscheidung gekommen. Trotz einiger widerstrebender Stimmen aus seiner engeren Umgebung veröffentlichte er am 14. Oktober das Edikt von Fontainebleau, das das Edikt von Nantes widerrief und im Königreich die öffentliche Ausübung der reformierten Religion verbot. Bis auf wenige Ausnahmen, deren berühmteste Vauban darstellt, nahm die französische und sogar ausländische öffentliche Meinung diese Maßnahme mit Begeisterung auf. Innozenz XI., der die Motive Ludwigs XIV. richtig einschätzte, war einer der zurückhaltendsten und wartete ein Jahr, bis er in Rom zum Dank ein *Te Deum* feiern ließ. Der Widerruf hatte jedoch noch schwerere religiöse und politische Folgen. Die daraufhin einsetzende Auswanderung der Protestanten brachte die Ökonomie des Königreiches aus dem Gleichgewicht. Die schändliche Verfolgung im Anschluß an den Widerruf ist ein Makel des französischen Katholizismus. Die erzwungenen Konversionen bereiteten dem Relativismus und Indifferentismus in religiösen Dingen den Weg, die sich im 18. Jh. ausbreiten (Kap. 18).

Der König mußte im übrigen erkennen, daß der Widerruf größtenteils ein Mißerfolg war und trotz allem — besonders in Gebieten mit traditionell calvinistischer Mehrheit — ein starker protestantischer Widerstand lebendig blieb. Der Camisardenaufstand von 1702 in den Cevennen lieferte den blutigen Beweis dafür. Die schmerzliche und gefährliche Lage der Protestanten blieb während des ganzen Ancien Régime ein ständiger Unruheherd, und es steht außer Zweifel, daß wir hier eine der Ursachen der Revolution zu suchen haben.

5. Kapitel

Die Spiritualität im Frankreich des 17. Jahrhunderts

LITERATUR: Allgemein: Der im 1. Kap. angeführten Lit. füge man hinzu: *H. Bremond,* Histoire littéraire du sentiment religieux en France, 11 Bde (Paris 1916/33); *P. Pourrat,* La spiritualité chrétienne, 4 Bde (Paris 1926/28); *J. Gautier,* La spiritualité catholique (Paris 1953); *L. Cognet,* La spiritualité moderne, I: L'essor, 1500—1650 (Paris 1966); *ders.,* De la Dévotion moderne à la spiritualité française (Paris 1958); *Daniel-Rops,* L'Église des temps classiques, 2 Bde (Paris 1958); *D. Poinsenet,* La France religieuse au XVIIe siècle (Paris 1954); *R. Bady,* L'homme et son „institution" de Montaigne à Bérulle (Paris 1964).

Canfield: *Optat de Veghel,* Benoît de Canfield, sa vie, sa doctrine et son influence (Rom 1949); *P. Renaudin,* Benoît de Canfield (Paris 1955); *J. Orcibal,* La rencontre du Carmel thérésien avec les mystiques du Nord (Paris 1959).

Franz von Sales: *V. Brasier - E. Morganti - M. Durica,* Bibliographia salesiana (Turin 1956); *E. Lajeunie,* Saint François de Sales, 2 Bde (Paris 1966); *H. Bremond,* Sainte Chantal (Paris 1912); *E. Stopp,* Mme de Chantal (London 1962); *G. Thomas,* Sainte Chantal et la spiritualité salésienne (Paris 1963); *F. Boulas,* Un ami de s. François de Sales, Camus, évêque de Belley (Lyon 1878); *F. Eggersdorfer,* Die Aszetik des hl. Franz

v. Sales (München 1909); *M. Müller*, Die Freundschaft des hl. Franz v. Sales mit der hl. Franziska v. Chantal (München 1923); *J. Martin*, Die Theologie des hl. Franz v. Sales (Rottenburg 1934).

Bérulle und die Bérullianer: *A. Ingold*, Essai de bibliographie oratorienne (Farnborough ²1968); *J. Dagens*, Bérulle et les origines de la restauration catholique (Paris 1952); *P. Cochois*, Bérulle et l'École française (Paris 1963); *M. Dupuy*, Bérulle, une spiritualité de l'adoration (Paris 1964); *J. Orcibal*, Le cardinal de Bérulle, évolution d'une spiritualité (Paris 1965); *R. Bellemare*, Le sens de la créature dans la doctrine de Bérulle (Paris 1949); *Ch. de Condren*, Lettres, hrsg. von *P. Auvray - A. Jouffrey* (Paris 1943); *J. Galy*, Le sacrifice dans l'École française de spiritualité (Paris 1951); *L. Bertrand*, Bibliothèque sulpicienne ou histoire littéraire de la Compagnie de Saint-Sulpice, 3 Bde (Paris 1900); *J. J. Olier*, Lettres, hrsg. von *E. Levesque*, 2 Bde (Paris 1935); *P. Michallon*, La communion aux mystères de Jésus-Christ selon J. J. Olier (Lyon 1943); *D. Boulay*, Vie du vénérable Jean Eudes, 4 Bde (Paris 1905/08); *Ch. Lebrun*, La spiritualité de saint Jean Eudes (Paris 1932); *L. Tronson*, Correspondance, hrsg. von *L. Bertrand*, 3 Bde (Paris 1904).

Vinzenz von Paul: *Saint Vincent de Paul*, Entretiens aux missionnaires, hrsg. von *A. Dodin* (Paris 1960); *L. Cognet*, Saint Vincent de Paul (Paris 1959); *A. Dodin*, Saint Vincent de Paul et la charité (Paris 1960); *D. Poinsenet*, Sainte Louise de Marillac (Paris 1958); *H. Kühner*, Vinzenz v. Paul (Köln 1963).

Jesuiten: *A. Pottier*, Le P. Louis Lallemant et les grands spirituels de son temps, 3 Bde (Paris 1927/29); *ders.*, Le P. Pierre Champion (Paris 1938); *C. de Rochemonteix*, N. Caussin, confesseur de Louis XIII et le Cardinal de Richelieu (Paris 1911); *P. Guitton*, Claude de la Colombière (Paris 1943).

Bossuet, Fénelon und der Quietismus: *J. Calvet*, Bossuet, l'homme et l'œuvre (Paris 1941); *J. Truchet*, La prédication de Bossuet, 2 Bde (Paris 1960); *Th. Goyet*, L'humanisme de Bossuet, 2 Bde (Paris 1965); *E. Carcassonne*, État présent des travaux sur Fénelon (Paris 1939); *ders.*, Fénelon, l'homme et l'œuvre (Paris 1946); *F. Varillon*, Fénelon et le Pur amour (Paris 1957); *J. L. Goré*, L'itinéraire de Fénelon, humanisme et spiritualité (Paris 1957); *ders.*, La notion d'indifférence chez Fénelon et ses sources (Paris 1956); *H. Bremond*, Apologie pour Fénelon (Paris 1910); *B. v. Kostsull*, Fénelon (München 1950); *R. Schmittlein*, L'aspect politique du différend Bossuet - Fénelon (Baden-Baden 1954); *L. Cognet*, Crépuscule des Mystiques (Paris - Tournai 1958); *P. Zovatto*, La polemica Bossuet - Fénelon, introduzione critico-bibliografica (Padua 1968); *H. Hillenaar*, Fénelon et les jésuites (Den Haag 1967); *A. de la Gorce*, Le vrai visage de Fénelon (Paris 1958); *J. Kraus - J. Calvet* (Hrsg.), Fénelon, Persönlichkeit und Werk (Baden-Baden 1953).

Verschiedenes: Über den heiligen Johannes-Baptist de la Salle vgl. die umfangreichen Dokumente in den Cahiers lasalliens, 30 Bde erschienen (Rom 1959/69); *P. Renaudin*, Marie de l'Incarnation, essai de psychologie religieuse (Paris 1935); *R. Daeschler*, La spiritualité de Bourdaloue, grâce et vie unitive (Löwen 1927).

Die vorherrschenden Tendenzen in der Spiritualität des 17. Jahrhunderts

Das französische milieu dévot, das, wie wir bereits gesehen haben, nach den Religionskriegen in Erscheinung tritt und in Frankreich eine wirkliche Erneuerung des Katholizismus herbeiführt, läßt am Anfang sehr klar umrissene Orientierungen innerhalb seiner Spiritualität erkennen[1]. Die fran-

[1] Vgl. *L. Cognet*, Les origines de la spiritualité française au XVIIe siècle (Paris 1949).

zösischsprachige geistliche Literatur war trotz der Wirren dieser Zeit im ganzen 16. Jh. und ist bis in das erste Drittel des 17. Jh. hinein sehr reichhaltig, sie besteht jedoch fast ausschließlich aus Übersetzungen[2]. Dabei stehen die großen Autoren der rheinisch-flämischen Mystik, Tauler, Seuse, Harphius, Ruysbroeck, Ludwig von Blois und die „Perle Evangélique" an erster Stelle; die Spanier mit Ludwig von Granada und vor allem Johannes von Ávila und später der heiligen Theresia[3] und Johannes vom Kreuz spielen ebenfalls eine bedeutende Rolle, und auch die Italiener sind mit dem „Combat spirituel" der heiligen Katharina von Genua vertreten. Auf der anderen Seite üben die Schriften des Pseudo-Dionysios, die der Feuillantinermönch Dom Goulu 1609 in gediegenes Französisch übertragen hat, auf diesen Kreis, der platonische Themen mit der Wesensmystik der nordischen Spiritualität verbindet, einen großen Einfluß aus. Unter diesen Voraussetzungen formt sich ein mystisch geprägtes spirituelles Forum, für das die letzte Erfüllung des inneren Lebens eine unmittelbare, alle geschaffenen Vermittlungen und selbst die Menschheit Christi übersteigende Einheit mit der göttlichen Wesenheit ist. Der wachsende Einfluß dieser „abstrakten Schule" wird begünstigt durch die leidenschaftliche Vorliebe dieser Zeit für die Mystik. Die Zeit ist reich an Mystikern, die eine hohe Verehrung genießen. Wenn einige von ihnen, wie Madame Acarie[4] und später die selige Karmelitin Marie de l'Incarnation (1566—1618) der vornehmsten Pariser Gesellschaft angehören, so findet man darunter aber auch viele aus ärmeren Schichten, wie z. B. Marie Teysonnier (Marie de Valence) (1570—1648) oder auch Marie des Vallées (1590—1656), die Heilige von Coutances[5]. Die mystischen Erfahrungen der einen wie auch der anderen werden von ihrer Umgebung in einem sehr abstrakten Sinn gedeutet.

Zur Vervollständigung des Bildes muß jedoch auch darauf hingewiesen werden, daß parallel zu dieser Neigung zur Mystik ein Hang zum Diabolischen vorhanden ist, der seinen Ursprung im Mittelalter hat und das ganze 17. Jh. hindurch anhält; er führt mitunter zu tragischen Ereignissen[6]. Die Fälle diabolischer Besessenheit erregen lebhafte Neugierde, zahllose Menschen eilen herbei, um Zeugen dieser Vorfälle zu sein. Meist endet die Person, der man die Verantwortung für diese Besessenheit zuschreibt, nach einem fragwürdigen Prozeß auf dem Scheiterhaufen. Ereignisse dieser Art sind für das ganze Jahrhundert zu verzeichnen. Von den bekanntesten

[2] Bibliographische Auswahl: *J. Dagens*, Bibliographie chronologique de la littérature de piété et de ses sources, 1501—1610 (Paris 1952).

[3] Vgl. *P. Sérouet*, De la vie dévote à la vie mystique (Paris 1958); *A. Vermeylen*, Sainte Thérèse en France au XVIIe siècle (Löwen 1958).

[4] Vgl. *Bruno de Jésus-Marie*, La Belle Acarie (Paris 1942).

[5] Vgl. *E. Dermenghem*, La vie admirable et les révélations de Marie des Vallées (Paris 1926).

[6] Wertvolle bibliographische Angaben in der Sondernummer der Études carmélitaines, Satan (Paris 1948).

seien angeführt der Fall der Elisabeth de Ranfaing in Nancy[7] und vor allem jener der Ursulinen von Loudun (1632—40), deren Hauptfiguren die Priorin Jeanne des Anges und der Jesuit Jean-Joseph Surin (1600—65) waren, ein bewundernswerter geistlicher Schriftsteller, der jedoch lange Jahre geisteskrank war[8]. Die öffentlichen Teufelsaustreibungen arteten in wahre Szenen der Massenhysterie aus; Richelieu jedoch, der sich persönlich dafür interessierte, ermutigte sie noch, da er hier entscheidende Argumente gegen die Protestanten zu finden hoffte. Erst gegen Ende des Jahrhunderts werden Hexenjagd und Teufelsprozesse seltener.

Die Themen der abstrakten Schule sind im Werk eines Kapuziners englischer Herkunft, des Benedikt von Canfield (1562—1610), zusammengefaßt. Fast am Ende einer langen Laufbahn als Novizenmeister und Guardian ließ Canfield im Jahr 1609 seine „Règle de perfection" erscheinen, deren erste Fassung so abstrakt war und so zahlreiche platonische Kühnheiten enthielt, daß ihn seine Oberen verpflichteten, 1610 eine korrigierte Fassung herauszugeben[9]. Trotz nur mittelmäßiger stilistischer Qualität wurde das Werk im 17. Jh. mehr als 25mal neu aufgelegt und übte einen tiefgreifenden Einfluß aus. Auch Bérulle verfaßte in seiner Jugend unter der Leitung von Dom Beaucousin, dem Prior der Kartause von Paris, einen „Bref discours de l'abnégation intérieure" (1597), der nichts anderes als eine sehr abstrakte Adaptation eines kleinen italienischen Werkes ist, jedoch dauerhaften Erfolg hatte. Dagegen gerieten das monumentale „Palais d'amour divin" (1602) des Kapuziners Laurent de Paris (1563 bis 1631)[10] wie auch die „Sentiers de l'amour divin" (1623) eines anderen Kapuziners, Constantin de Barbanson (1582—1631)[11], die ähnliche Tendenzen aufweisen, schon bald in Vergessenheit. Obschon die platonisierende Mystik nach 1630 langsam aus der Mode kommt, erhält sie sich doch bis in die Zeit Fénelons hinein Sympathien. Von 1654 bis 1659 erschien das posthume Werk eines blinden Karmeliten, Jean de Saint-Samson (1571 bis 1636), eines großen Mystikers, dessen Schriften die extremsten Themen Ruysbroecks und Harphius' wieder aufgreifen. Ein anderer Blinder, François Malaval aus Marseille (1627—1719)[12], in seiner „Pratique facile pour

[7] Vgl. *E. Delcambre - J. Lhermitte*, Un cas énigmatique de possession en Lorraine au XVIIe siècle, Elisabeth de Ranfaing (Nancy 1956).

[8] Bemerkenswerte Ausgabe der Briefe: *J. J. Surin*, Correspondance, hrsg. von *M. de Certeau* (Paris 1966); vgl. *L. Cognet*, A propos des lettres du P. Surin: RSR 56, 2 (1968) 269—282.

[9] Vgl. *J. Orcibal*, La „Règle de Perfection" de Benoît de Canfield a-t-elle été interpolée?: Divinitas 11 (1967) 845—874.

[10] Vgl. *C. Dubois-Quinard*, Laurent de Paris, une doctrine du pur amour en France au début du XVIIe siècle (Rom 1959).

[11] Vgl. *Théotime de Bois-le-Duc*, Le P. Constantin de Barbanson et le préquiétisme: Collfr 10 (1940) 338—382.

[12] Vgl. *J. Bremond*, Le quiétisme de Malaval: RAM 31 (1955) 399—418.

élever l'âme à la contemplation" (1664) wie auch der Prämonstratenser Epiphanius Louys, Abt von Étival († 1682), in seinen „Conférences mystiques" (1676) lassen sich, wenngleich auf bescheidener Ebene, von dieser Mystik inspirieren.

Seit der Zeit Heinrichs IV. jedoch kommen andere, nicht weniger fruchtbare spirituelle Tendenzen auf. Franz von Sales will in seiner „Introduction à la vie dévote" (1609) die christliche Vollkommenheit auch den einfachen Christen, die in der Welt leben, erreichbar machen und entwickelt in seinem „Traité de l'amour de Dieu" (1616) eine außerordentlich ausgeglichene, um die Nächstenliebe und eine sehr optimistische Sicht der natürlichen Möglichkeiten des Menschen zentrierte Konzeption der christlichen Mystik, die ihn dem Humanismus annähert. Indem er die Seele zu einer Hingabe an Gott in „heiliger Indifferenz" führt, zeichnet er den Weg vor, den die meisten Vertreter der klassischen Periode der Spiritualität — jeder auf seine Art — beschreiten werden, während zahlreiche Auflagen der „Introduction" — im Verlaufe des ganzen Jahrhunderts erscheint fast jährlich eine — die salesianische Auffassung der Frömmigkeit verbreiten. Aber wenn der Einfluß Franz' von Sales auch fast weltweit war, so hat er doch keinen eigentlichen Schüler oder Nachfolger, da man diese Bezeichnung sogar seinem Freund, dem fruchtbaren Jean-Pierre Camus (1584—1652), der über 200 Werke verfaßte und zum Begründer des religiösen Romans wurde [13], nicht ohne weiteres zugesteht.

Dagegen treffen wir in Pierre de Bérulle (1575—1629), der 1627 zum Kardinal ernannt wurde und dessen politische Tätigkeit bereits besprochen ist (Kap. 1), auf den Begründer einer wirklichen Schule der Spiritualität. Ausgegangen von der abstrakten Schule, führt er zwischen 1605 und 1608 auf dem Gebiet der Spiritualität eine wahrhaft kopernikanische Wende herbei, indem er die vorrangige Bedeutung des Geheimnisses der Menschwerdung Jesu Christi für das innere Leben erkennt und nun seine Frömmigkeit auf die Person des menschgewordenen Wortes konzentriert. Sein Denken fand zunächst in einer Vielzahl kleinerer Erbauungsschriften, die lange Zeit unveröffentlicht blieben, seinen Niederschlag, und erst die Notwendigkeit der Auseinandersetzung gab ihm die Gelegenheit, seinen Gedanken in den zwölf Bänden „Discours de l'état et des grandeurs de Jésus" (1623) Gestalt zu geben [14], die er mit der Unterstützung seines Freundes Saint-Cyran verfaßt hatte. Durch das Oratorium und den Karmel bleibt sein Einfluß erhalten, und wenn er auch, wie später noch gezeigt werden soll, nicht der einzige Ausgangspunkt für die christologische Frömmigkeit des 17. Jh. ist, so bleibt er dennoch deren bedeutendster. Bérulle hatte Schü-

[13] Vgl. *L. Lafuma*, Les histoires dévotes de Jean-Pierre Camus (Paris 1940); *J. Dagens*, Camus, écrivain dévot: Studi francesi 1958.

[14] Vgl. *L. Cognet*, Bérulle et la théologie de l'Incarnation: XVIIe siècle 29 (1955) 330—352.

ler, die dem Denken ihres Meisters treu blieben, wie z. B. Saint-Cyran und vor allem der Oratorianer François Bourgoing (1585—1662)[15], dessen „Vérités et excellences de Notre-Seigneur Jésus-Christ" (1636), das zahlreiche Neuauflagen erlebte, in Form von Meditationen das System Bérulles für ein breites Publikum erschlossen. Guillaume Gibieuf (1580—1650)[16], der 1644 das Gesamtwerk Bérulles herausgegeben hatte, leitete nach einer sehr platonisch orientierten Schrift „De libertate Dei et creaturae" in seinem Werk „La vie et les grandeurs de la très sainte Vierge Marie" (1637) die mariologische Orientierung des Bérullismus ein. Andere Nachfolger dagegen drückten Bérulles Ideen ihren persönlichen Stempel auf. So vor allem Charles de Condren (1588—1641), der in der Leitung des Oratoriums sein Nachfolger wurde, ein wißbegieriger, dem geschriebenen Wort jedoch feindlicher Geist, dessen Einfluß vor allem auf dem Weg des gesprochenen Wortes wirksam wurde. Die Themen der Nichtigkeit der Kreatur und des Opfers durch Zerstörung gewinnen im Denken Condrens eine außerordentliche Bedeutung und verleihen ihm einen eigenartigen pessimistischen und verneinenden Zug[17]. Ähnliche, mit seltenem literarischem Talent formulierte Perspektiven bestimmen das Werk eines Schülers Condrens, Jean-Jacques Olier (1608—57), Gründer von Saint-Sulpice, dessen „Journée chrétienne" (1657) einen seltenen Erfolg hatte. Der heilige Jean Eudes (1601—80), bis zur Gründung seiner eigenen Congrégation de Jésus et Marie im Jahr 1643 ebenfalls Oratorianer, stand zunächst stark unter dem Einfluß Bérulles und später unter dem stärker mystisch orientierten der Marie des Vallées. Sein erstes großes Werk, „La vie et le royaume de Jésus dans les âmes chrétiennes" (1637), ist — in seiner schlichten Form — im wesentlichen Bérulle verpflichtet. In einer christozentrisch geprägten Atmosphäre entwickelt er später die Herz-Mariä- und Herz-Jesu-Verehrung, zu deren Initiatoren er zählt[18]. So haben die Bemühungen der Nachfolger Bérulles nach und nach unter den Autoren der klassischen Periode eine von der Christus-Verehrung geprägte Frömmigkeit von großem theologischem Reichtum verbreitet, die fest auf biblischen und patristischen Grundlagen aufruht.

In dieser Entwicklung nimmt jedoch die Gruppe der französischen Jesuiten eine Sonderstellung ein. Ihre Spiritualität ist allerdings in keiner Weise eine einheitliche. Vor allem zu Beginn des Jahrhunderts gelangen viele ihrer Mitglieder über ihre Vorliebe für die schöngeistige Literatur zum huma-

[15] Vgl. *M. Leherpeur,* Le P. François Bourgoing: L'Oratoire de France 28 (1937) 286—299, 31 (1938) 241—256, 34 (1939) 125—138.

[16] Vgl. *R. Notonier,* Le P. Guillaume Gibieuf: Oratoriana (1960/61) 18—179; *L. Cognet,* Gibieuf: DSAM 6 (1965) 356—363.

[17] Vgl. *B. Kiesler,* Die Struktur des Theozentrismus bei Pierre de Bérulle und Charles de Condren (Berlin 1934).

[18] Vgl. *L. Cognet,* Le Cœur de Jésus et la Trinité d'après saint Jean Eudes: Le Cœur du Seigneur (Paris 1955) 180—191.

nisme dévot; sie schwächen, bisweilen in gefährlicher Weise, die traditionellen Forderungen des Christentums ab. Dies gilt für Louis Richeome (1544—1625) und Étienne Binet (1569—1639), bei dem sich im übrigen sehr schöne, tiefreligiöse Einsichten finden. In Pierre Coton (1564—1626) jedoch, dem nachgiebigen Beichtvater Heinrichs IV., treffen wir auf einen Rivalen Franz' von Sales. Seine „Intérieure occupation d'une âme dévote" (1608), die gleichzeitig mit der „Introduction" des Genfer Bischofs erscheint, bemüht sich ebenfalls, jedoch mit weniger psychologischer Durchdringung, den Angehörigen des Hofes einen Zugang zur Frömmigkeit zu ermöglichen. Schließlich begegnen wir in Louis Lallemant (1588—1635) einem echten Mystiker, der als Instruktor im Terziat eine ganze Generation von französischen Jesuiten geprägt hat [19]. Er selbst hat nichts geschrieben, aber aus den Vortragsnotizen seiner Schüler hat P. Champion später eine „Doctrine spirituelle" (1694) zusammengestellt, in der seine Lehre wahrheitsgetreu wiedergegeben scheint. Lallemant verbindet mit den eigentlichsten Themen der ignatianischen Mystik in geschickter Weise Positionen, die von der rheinisch-flämischen Mystik herkommen, der Raum, den er der Vereinigung des Menschen mit Christus zuordnet, bringt ihn in eine Nähe zu Bérulle, den er bewundert, ohne jedoch von ihm beeinflußt zu sein. Diese gleiche Christozentrik findet sich bei einem Zeitgenossen Lallemants, der im Gegensatz zu diesem ein äußerst fruchtbarer Schriftsteller war: Jean-Baptiste de Saint-Jure (1588—1657), vor allem in seinem ersten Werk, das auch sein bestes ist, „De la connaissance et de l'amour du fils de Dieu Notre-Seigneur Jésus-Christ" (1634), und in dem er seine tiefgreifende Kenntnis der mystischen Literatur beweist. Daneben hatte Lallemant zahlreiche Nachfolger, die seiner Inspiration treu blieben. P. Surin in seiner wenig ausgeglichenen Art zählt zu ihnen. Auch die sehr sympathische Gruppe der bretonischen Jesuiten Jean Rigoleuc (1595—1638), Vincent Huby (1608—93) und Julien Maunoir (1606—83), die sich auf dem Sektor der Volksmission auszeichneten, sind dazu zu rechnen. Das Werk des P. François Guilloré (1615—84) akzentuiert vor allem den mystischen Aspekt, besonders seine interessanten „Secrets de la vie spirituelle qui en découvrent les illusions" (1673), deren schwerfälliger Stil jedoch ihren Wert beeinträchtigt [20].

[19] Vgl. *J. Jiménez*, Précisions biographiques sur le P. L. Lallemant: AHSI 33 (1964) 269—332; *ders.*, En torno a la formación de la Doctrine spirituelle del P. Lallemant: ebd. 32 (1963) 225—292.

[20] Vgl. *A. Klaas*, La doctrine spirituelle du P. François Guilloré: RAM 24 (1948) 143—155 (Literaturhinweis für zahlreiche andere Artikel).

Die großen christlichen Werke

Obschon das französische milieu catholique von einer der Mystik verhafteten Spiritualität geprägt war, wurde es nichtsdestoweniger der Mittelpunkt aktiver und wirksamer Unternehmungen auf praktischem Gebiet. Wir haben bereits seine Aktivität im Zusammenhang mit den Volksmissionen und der Reform des Welt- und Ordensklerus erwähnt; aber es wird auch zum Ausgangspunkt zahlreicher anderer Werke. Auf dem Gebiet der Caritas ist Vinzenz von Paul (Kap. 1) geradezu zu einem Symbol geworden, und es gibt tatsächlich kaum eine Art der Not, die seiner Fürsorge entgangen wäre. Seit 1618 wandte er sich der beklagenswerten Lage der Galeerensträflinge zu, und die Vorstellungskraft des Volkes wurde so sehr davon berührt, daß ihn die Legende später selbst die Eisen eines Galeerensträflings übernehmen läßt. Das Bettlertum und die Armut waren bekanntermaßen eine der großen Wunden des 17. Jh., und Vinzenz von Paul beschäftigte sich schon sehr bald damit. Seit 1624 fand er in Louise de Marillac (1591—1660), der natürlichen Tochter des Louis de Marillac, die 1613 Antoine le Gras vermählt und 1625 Witwe geworden war, eine Helferin von außerordentlichen Fähigkeiten. Im September 1621 hatte Vinzenz von Paul in Mâcon eine „Confrérie de la Charité" zur Unterstützung der Armen errichtet; auch in anderen Städten wurden ähnliche Einrichtungen geschaffen, an denen sich die vornehme Gesellschaft beteiligte; es war jedoch schwierig, echte Bindungen zwischen den lokalen Bruderschaften herzustellen. Mit dieser Aufgabe wurde 1628 Louise de Marillac betraut; um die gleiche Zeit, 1629, erhielt sie den Auftrag zur Organisation von Caritasbruderschaften in Paris, dann 1634 den besonders wichtigen zur Hilfe für die Kranken des Hôtel-Dieu. Die vornehmsten Damen von Paris beteiligten sich an diesem Werk, insbesondere die Herzogin von Aiguillon, die Nichte Richelieus. Es galt jedoch auch, eine Gruppe echter Helferinnen der Armen ins Leben zu rufen, deren Wirkungsbereich Aufgaben betreffen sollte, die den Frauen der Aristokratie nach den Auffassungen der Zeit verschlossen waren. Die Institution entstand in sehr bescheidenem Rahmen schon 1630, aber erst im November 1633 nahm sie mit der mutigen Louise de Marillac als Mittelpunkt endgültig Form an. Dies waren die bescheidenen Anfänge der Filles de la Charité (Vinzentinerinnen), für deren Formierung sich Vinzenz vorbehaltlos einsetzte und die schon bald die verschiedensten Formen des Apostolats der Nächstenliebe ausübten.

Die Gründungen Vinzenz' von Paul zogen natürlich andere ähnliche nach sich, die jedoch weniger bedeutend waren und im allgemeinen nur lokale Bedeutung hatten[21]. Durch die Dames de Charité konnte Vinzenz 1638 — auf sehr bescheidener Grundlage zunächst — ein Werk für Findel-

[21] Vgl. *M. d'Escola,* Misère et charité au Grand Siècle (Paris 1942).

kinder errichten, das sich später weiter entwickelte, ohne jedoch je das Niveau zu erreichen, dessen es bedurft hätte, um dieses schmerzliche Problem zu lösen: im 17. Jh. gab es in und um Paris jedes Jahr 300—400 Findelkinder, und man verkaufte sie für acht sols bis zu einem livre pièce an Bettler oder Jahrmarktsleute. Schließlich fand die Nächstenliebe Vinzenz' von Paul ein besonders weites Betätigungsfeld in der Linderung des Kriegselends. Zu dieser Zeit, da es fast keine Organisation für eine reguläre Versorgung der Truppen gab, lebten diese auf Kosten der Bevölkerung, und die Söldlinge säten auf ihrem Weg Mord, Feuersbrunst, Raub und Plünderung und ließen auf lange Zeit verwüstete Felder zurück. 1639 begann Vinzenz, sich mit dem traurigen Schicksal Lothringens, dann auch der Picardie und der Champagne zu befassen, die vom Dreißigjährigen Krieg zerstört waren. Obschon Vinzenz zur antijansenistischen Partei übergetreten war — im übrigen mehr aus Opportunismus denn aus Überzeugung —, wagte er es dennoch, sich an Charles Maignart de Bernières (1616—62), einen Freund von Port-Royal, zu wenden[22]. Um die Öffentlichkeit wachzurütteln, verbreitete man von 1650 bis 1655 29 „Relations", die die Notlage in den betreffenden Provinzen schilderten, und konnte auf diese Weise überreiche Almosen sammeln, die an Ort und Stelle auch an Flüchtlinge verteilt wurden.

In all diesen Werken der Barmherzigkeit erhielt Vinzenz von Paul häufig die Unterstützung einer Geheimgesellschaft der Frömmigkeit und Nächstenliebe, der Compagnie du Saint-Sacrement. Sie war 1630 von Henri de Lévis, dem Herzog von Ventadour, mit der Zustimmung Ludwigs XIII., jedoch ohne offizielle Approbation gegründet worden[23]. Sie entwickelte sich sehr rasch und zählte schon bald einige der größten Namen Frankreichs zu ihren Mitgliedern. Unter jenen, die sich besonders aktiv in der Gesamtleitung zeigten, sind zu nennen Gaston de Renty und vor allem Jean de Bernières-Louvigny (1602—59). Dieser letztere ist eine interessante Persönlichkeit: Mystiker, Verfasser geistlicher Schriften, unter denen der „Chrétien intérieur" (1660/77) großen Erfolg hatte[24]; daneben gründete Bernières in Caen eine Art Exerzitienhaus, Hermitage genannt, das auf die ganze Normandie ausstrahlte. Neben ihm sind noch René Le Voyer d'Argenson, auch er ein fruchtbarer geistlicher Schriftsteller[25], und der Marquis de

[22] Vgl. *A. Féron*, La vie et les œuvres de Ch. Maignart de Bernières, 1616—1662 (Rouen 1930).

[23] Vgl. *A. Rébelliau*, Un épisode de l'histoire religieuse au XVIIe siècle, la Compagnie du Saint-Sacrement: Revue des Deux-mondes 16 (1903) 49—82; *F. Bégouen*, Une société secrète émule de la Compagnie du Saint-Sacrement, l'Aa de Toulouse aux XVIIe et XVIIIe siècles (Paris 1913).

[24] Vgl. *M. Souriau*, Deux mystiques normands, G. de Renty et J. de Bernières (Paris 1913); *R. Heurtevent*, L'œuvre spirituelle de Jean de Bernières (Paris 1938).

[25] Vgl. *M. de Certeau*, Politique et mystique, René d'Argenson, 1596—1651: RAM 153 (1963) 1—37.

Salignac, der Onkel Fénelons, anzuführen. Die Compagnie du Saint-Sacrement legte übrigens großen Wert darauf, ihren laikalen Charakter und ihre Unabhängigkeit zu bewahren, und nahm keine Ordensleute und nur sehr wenige Priester auf; Bossuet jedoch gehörte ihr an. Über ganz Frankreich verbreitet, durch die soziale Stellung ihrer Mitglieder über ein weites Netz von Verbindungen verfügend, spielte sie auf religiösem wie auch auf politischem Gebiet eine bedeutende Rolle. Die Compagnie du Saint-Sacrement verfügte häufig über reiche Geldmittel und konnte daher zahlreiche caritative Werke unterstützen und stellte oft Vinzenz von Paul entsprechende Mittel zur Verfügung. Die Volks- und ausländischen Missionen, besonders jene von Kanada, verdanken ihr besonders viel. Eine Anzahl ihrer Mitglieder opferte sich ohne Rücksicht für die Armen, Kranken, Gefangenen und Galeerensträflinge. Die Aktivität der Gesellschaft wurde bisweilen mit einer gewissen Zurückhaltung, wenn nicht gar Feindschaft betrachtet. Ihr Kampf gegen die Praxis des Duells, traf — obschon er auch von offiziellen Kreisen unterstützt wurde — auf die heftige Kritik eines Teiles der Aristokratie. Die allzu ausschließlich katholisch orientierten politischen Perspektiven der Gesellschaft mißfielen Mazarin, dessen Entlassung einige Mitglieder der Gesellschaft mehrmals von der Königin gefordert hatten. Man verübelte ihr dann auch die polizeiliche Überwachung, die sie fast überall ausübte, um Zuwiderhandlungen gegen die Gesetze der Kirche zu verhindern, ebenso wie auch ihr aktives Eingreifen, um die wichtigsten Ämter mit guten Christen zu besetzen und Männer, die des Freidenkertums verdächtig waren, davon fernzuhalten. Schließlich zeigte sich die Gesellschaft erbarmungslos im Kampf gegen die Protestanten, und jedes Mittel war ihr recht, um die Kirchen und Schulen der Reformierten zu schließen; sie ging sogar so weit, calvinistischen Handwerkern die Arbeit verweigern zu lassen. Vor allem aber griff sie die Jansenistengruppe an, die ihr bittere Rache schwor. 1660 ließ ein bekannter Jansenist, Charles du Four, Abbé von Annay, zwei Pamphlete über die Hermitage von Caen, von der bekannt war, daß sie eine Tochtergründung der Gesellschaft war, erscheinen, die darin auch namentlich genannt war. Mazarin machte sich die Lage geschickt zunutze. Die Compagnie du Saint-Sacrement begriff: im Sommer 1660 erklärte sie sich für aufgelöst und zerstörte den größten Teil ihrer Archive. Am 13. Dezember verbot ein Erlaß alle Gesellschaften, die nicht durch königliche Patentbriefe autorisiert waren. Einige Gruppen in der Provinz blieben, jedoch mehr oder weniger geheim, bis 1665 aktiv. Noch 1664 attackiert Molière die Gesellschaft in seinem „Tartuffe“ [28]. Später bildeten sich andere Geheimgesellschaften, die im Grunde eine Fortführung der Compagnie du Saint-Sacrement zu sein scheinen.

Unter den Aposteln, die von der Compagnie du Saint-Sacrement unter-

[28] Vgl. *M. Émard*, Tartuffe, sa vie, son milieu et la comédie de Molière (Paris 1932).

stützt wurden, ist die verehrungswürdige Ursulinenschwester Marie de l'Incarnation (1599—1672), die nicht mit der namensgleichen Karmelitin zu verwechseln ist, gesondert zu behandeln. Ihr weltlicher Name war Marie Guyart. 1617 vermählte sie sich mit Claude Martin und war bereits nach zwei Jahren verwitwet. Sie pflegte ein intensiv mystisches Leben und trat 1630 bei den Ursulinen ein, wurde die Freundin und Vertraute Bernières und ging 1639 nach Kanada, wo sie sich in der apostolischen Arbeit verzehrte; in dieser Zeit gelangte sie zu den höchsten Zuständen mystischer Einigung. Sie hat ihre geistlichen Erfahrungen in zwei bewundernswerten autobiographischen Berichten niedergelegt. Daneben ist ihre umfängliche Korrespondenz mit zahlreichen französischen Briefpartnern von außergewöhnlichem Reichtum und bildet gleichzeitig eine wertvolle Quelle für die Geschichte Kanadas. Bossuet sah in Marie de l'Incarnation die „Teresa Frankreichs"; es steht außer Zweifel, daß man sie als geistliche Schriftstellerin der großen Karmelitin vergleichen kann. Sie ist daneben ein Zeuge für die reiche Entfaltung der Mystik im Frankreich der Mitte des 17. Jahrhunderts.

Das „milieu catholique" widmet sich vor allem dem Unterrichtswesen, und in diesem Punkt setzt sich der in den ersten Jahren des 16. Jh. initiierte Impuls fort. Die Gesellschaft Jesu, bei der diese Form des Apostolats schon zu einer langen Tradition geworden ist, bleibt darin führend. Ihre Kollegs bewahren ein unbestrittenes Ansehen; sie werden von der Aristokratie sehr stark frequentiert und erfreuen sich auch königlicher Gunst: Mazarin läßt seine Neffen im Kolleg von Clermont erziehen, das 1682 den Namen Louis le Grand annimmt und 2000 Schüler, davon 400 Interne, zählt[27]. Das Kolleg Henri IV in La Flèche oder jenes von Rennes waren noch bedeutender[28]. Da die Gesellschaft das Schwergewicht auf den Unterricht in der lateinischen Literatur legt, bildet sie ausgezeichnete Humanisten heran[29] und bringt selbst einige große Spezialisten hervor, deren berühmtester zweifellos P. Dominique Bouhours (1628—1702) ist. Die Jesuiten trafen jedoch auf die ernsthafte Konkurrenz der Oratorianer[30]. Die Gründung von Kollegs war zunächst von Bérulle nicht beabsichtigt gewesen, er änderte jedoch 1616 seine Absichten und gründete ein Kolleg in Dieppe, dem in den folgenden Jahren zahlreiche andere folgten. Eines der berühmtesten wurde 1639 in Juilly gegründet und gab sich die Bezeichnung Académie royale[31]. Die Oratorianerkollegs hatten im allgemeinen weniger Schüler als jene der Jesuiten, obwohl Dieppe 1642 die Zahl von 1200 Schülern

[27] Vgl. *G. Dupont-Ferrier*, Du Collège de Clermont à Louis-le-Grand, 3 Bde (Paris 1921).
[28] Vgl. *G. de La Rochemonteix*, Le Collège Henri IV de La Flèche, 4 Bde (Le Mans 1889).
[29] Vgl. *F. de Dainville*, Naissance de l'humanisme moderne (Paris 1940).
[30] Vgl. *P. Lallemand*, Essai sur l'histoire de l'éducation dans l'ancien Oratoire de France (Paris 1887).
[31] Vgl. *Ch. Hamel*, Histoire de l'abbaye et du collège de Juilly (Paris 1868).

erreichte. Man suchte neben der lateinischen auch eine hellenistisch orientierte Bildung zu vermitteln, die jedoch nur ein halber Erfolg wurde. Die naturwissenschaftlichen Disziplinen Mathematik und Physik dagegen nahmen in den Lehrplänen einen bedeutenden Platz ein. Insgesamt war die Pädagogik der Oratorianer liberaler und moderner; auch ihre Kollegs waren stark von der vornehmsten Gesellschaft frequentiert. Wenn in dieser Reihe noch die „Schulen" von Port-Royal anzuführen sind, so mehr ihrer historischen Bedeutung denn ihrer Schülerzahl wegen, da sie im Verlauf ihres kurzen Bestehens von 1646 bis 1660 nicht mehr als 100 Schüler[32] herangebildet zu haben scheinen. Ihr berühmtester ist Racine[33]. Unter den „Eremiten" von Port-Royal war Claude Lancelot[34] jener, der sich ihnen am konsequentesten widmete. Er schuf für diese Schulen eine ganze Reihe von „Methoden", zu denen auch der berühmte „Jardin des Racines grecqes" (1657) zählt, durch die die Pädagogik einen beträchtlichen Fortschritt machte. Hinsichtlich der Mädchenerziehung haben wir bereits die Aktivität der Ursulinen und der Visitantinnen erwähnt. Das Problem wurde jedoch nie auf dem gleichen Niveau wie die Erziehung der Knaben behandelt, und das geschmeidige und intelligente Programm, das Fénelon in seinem berühmten Traktat „De l'éducation des filles" (1687) entwirft, bleibt auf intellektueller Ebene noch sehr bescheiden. Die Schule für die Mädchen aus bedürftigen Adelsfamilien, die Mme de Maintenon 1686 in den Gebäuden der ehemaligen Abtei von Saint-Cyr gründete[35] und die für sie ein ständiger Gegenstand ihrer Fürsorge war, war weit davon entfernt, gelehrte Frauen heranzubilden. Trotz dieser Lücken hatte der Unterricht für die gehobenen Klassen am Ende des 17. Jh. ein ausgezeichnetes Niveau erreicht.

Nicht das gleiche gilt jedoch für die Volksschichten. Zwar hatte man fast überall Pfarr- und Caritasschulen errichtet, die jedoch im allgemeinen und vor allem im Bereich der Heranbildung von Lehrern auf große Schwierigkeiten gestoßen waren und nur mittelmäßige Ergebnisse erzielen konnten. Daher die fundamentale Bedeutung der Stiftung einer kleinen Gruppe frommer Schullehrer im Jahr 1684 durch einen ehemaligen Chorherren von Reims, Jean-Baptiste de la Salle (1651—1719), die 1694 in Vaugirard eine definitive Form annahm: die Frères des Écoles chrétiennes (Christliche Schulbrüder). Die neue Gründung entwickelte sich unter großen Schwierigkeiten, blühte jedoch schließlich auf und entsprach in vollkommener Weise ihrer Aufgabe der Volksschulbildung in all ihren Erscheinungsformen; sie führte im Verlauf des 17. Jh. zu ähnlichen, begrenzteren, aber ebenfalls

[32] Vgl. *L. Cognet,* Les Petites-Écoles de Port-Royal: Cahiers de l'Association internationale des études françaises 3—5 (1953) 20—29.

[33] Vgl. *J. Orcibal,* L'enfance de Racine: Revue d'Histoire littéraire de la France 51 (1951) 2—16.

[34] Vgl. *L. Cognet,* Claude Lancelot Solitaire de Port-Royal (Paris 1950).

[35] Vgl. *Th. Lavallée,* Mme de Maintenon et la Maison royale de Saint-Cyr (Paris 1862).

wirksamen Versuchen dieser Art. Auf dem Land blieb das Problem jedoch auch weiterhin nur teilweise gelöst: die weiterbestehende Zahl der Analphabeten ist der Beweis dafür.

Das christliche Leben

Diese Bemühungen der engagierten Katholiken zeitigten schon sehr bald Ergebnisse im Bereich der religiösen Praxis, der Frömmigkeit und des christlichen Lebens. Mit der fortschreitenden Erneuerung des Klerus werden die Pfarreien wieder zu echten geistlichen Stätten. Die Predigten finden wieder regelmäßig statt; die Kleriker finden in den ihnen zur Verfügung stehenden Predigtbüchern solide Materialien, da die Predigten der berühmten Kanzelredner, wie des Oratorianers Le Jeune, Sénaults und später auch Bossuets und Bourdaloues, Massillons, Mascarons, Fléchiers und vieler anderer, nicht nur als Texte zur frommen Lektüre veröffentlicht werden, sondern auch dem Klerus als Vorbild dienen und Anregungen geben sollen. Die Zahl dieser Werke, die während des ganzen Jahrhunderts erscheinen, ist kaum abzuschätzen[36]. Der Religionsunterricht in Form der Katechese belebt sich: viele Diözesen veröffentlichten Katechismen, einige haben großen Erfolg[37], wie z.B. jener nach den Vornamen der herausgebenden Bischöfe „catéchisme des trois Henris" genannte, der in den Diözesen Angers, Luçon und La Rochelle verwendet wurde. Dieser Wiederaufstieg ermöglicht auch die immer weitere Verbreitung der Erbauungsliteratur. Auf diesem Gebiet ist die Produktion überreich, und neben Werken, die für ein relativ gebildetes Publikum bestimmt sind, gibt es auch zahlreiche Schriften, die sich mehr an einfache Leser wenden. In dieser Hinsicht wetteifern die Jesuiten, das Oratorium und Port-Royal in der Fruchtbarkeit; bis heute konnte noch keine tatsächlich erschöpfende Bibliographie angefertigt werden. Es entsteht eine Vielfalt literarischer Genres; drei sind jedoch besonders beliebt: Meditationswerke, Moraltraktate über die Pflichten des täglichen Lebens und die Hagiographien. In dieser letzten Gattung nehmen die kanonisierten Heiligen zwar den ersten Platz ein, sie befriedigen den Bedarf jedoch nur zum Teil. Das 17. Jh. liebt die fromme Biographie und findet, wo immer eine in irgendeiner Weise verehrte Persönlichkeit gestorben ist, alsbald einen Historiker, sei dies nun ein Schuster oder eine Herzogin, so daß an Büchern dieser Art kein Mangel besteht.

Das 17. Jh. ist in erster Linie die privilegierte Zeit der Andachtsübungen.

[36] Vgl. *E. Griselle,* Bourdaloue, Histoire critique de sa prédication (Lille 1901); *J. Lebarq,* Histoire critique de la prédication de Bossuet (Paris 1888).

[37] Vgl. *J. C. Dhôtel,* Les origines du catéchisme moderne d'après les premiers manuels imprimés en France (Paris 1967).

Sie sind zwar nicht populärer als im Mittelalter, aber sie finden nun auch Anhänger unter der gebildeten Schicht und werden von großen Vertretern der Spiritualität und berühmten Theologen verbreitet. Die Marienverehrung steht an erster Stelle; ein Symbol für diese Verehrung mag man in der Geste Ludwigs XIII. sehen, der am 15. August 1638 sein Königreich der allerseligsten Jungfrau weihte, zum großen Entsetzen übrigens der protestantischen Botschafter [38]. Wenn, vor allem gegen Ende des Jahrhunderts [39], mehrfach Theologen gegen Mißbräuche der Marienverehrung protestieren, so finden sie beim Volk keinerlei Unterstützung. Wir haben bereits auf die inständige Verehrung des Altarsakraments mit ihrer Intention hingewiesen, die Beleidigungen der Calvinisten zu sühnen. In der Gruppe um Bérulle entwickelt sich eine liebevolle Verehrung der Kindheit Jesu. Sie wurde vor allem inspiriert durch eine junge Karmelitin aus Beaune, Marguerite Parigot mit dem Klosternamen Marguerite du Saint-Sacrement (1619—48), die 1636 eine fromme Vereinigung gründete, die sich Famille du saint Enfant-Jésus [40] nannte. Das Oratorium und der Karmel übernahmen die Verbreitung der Kindheit-Jesu-Verehrung, und später trug auch Mme Guyon selbst tatkräftig dazu bei [41]. Die Herz-Jesu-Verehrung ist zwar älteren Ursprungs, findet aber im 17. Jh. besondere Ausdrucksformen. Ihr Initiator ist zweifellos der heilige Jean Eudes, der um 1670 als erster den liturgischen Kult durchsetzte. Die entscheidende Rolle spielte jedoch die heilige Visitantin Marguerite-Marie Alacoque (1647—90) [42]: völlige Autodidaktin von geringer Bildung, eine mittelmäßige Schriftstellerin, deren Schriften zum größten Teil nach ihrem Tod von ihrer Superiorin vernichtet wurden, war sie dennoch die Vermittlerin bewegender Privatoffenbarungen, die zum Teil durch die „Retraite spirituelle" (1684), das posthume Werk ihres Seelenführers, des Jesuiten Claude de la Colombière (1641—82), noch vor ihrem Tod in der Öffentlichkeit bekannt wurden. Diese neue Frömmigkeit stieß jedoch auf starken Widerstand und fand erst im folgenden Jahrhundert Verbreitung.

Die liturgischen Bemühungen des 17. Jh. müssen in einer dreifachen Perspektive betrachtet werden. Zunächst entstehen neue liturgische Texte; die Bischöfe verfügen zu dieser Zeit in diesem Bereich über weitgehende Vollmachten. Die genaue Geschichte dieser Vorgänge bleibt noch zu schreiben, aber es ist sicher, daß zahlreiche Diözesen sich ein eigenes Brevier oder Missale gaben. In Paris tilgte man 1680 unter der Verantwortlichkeit von

[38] Vgl. *Ch. Flachaire*, La dévotion à la Vierge dans la littérature catholique au commencement du XVIIe siècle (Paris [2]1957).

[39] Vgl. *P. Hoffer*, La dévotion à Marie au déclin du XVIIe siècle (Paris 1938).

[40] Vgl. *E. Deberre*, Histoire de la vénérable Marguerite du Saint-Sacrement (Paris 1907).

[41] Vgl. *I. Noye*, Enfance de Jésus: DSAM 4 (1959) 652—682.

[42] Vgl. *A. Hamon*, Histoire de la dévotion au Sacré-Cœur, 5 Bde (Paris 1923/40); *P. Blanchard*, Sainte Marguerite-Marie, expérience et doctrine (Paris 1961).

Harlay de Champvallon Texte aus dem Brevier, die Episoden legendären Ursprungs betrafen, und man suchte wieder zu einer einheitlichen Gestalt der Gottesdienste zu gelangen; dieses kritische Bemühen findet sich auch in vielen anderen Diözesen. Man unternahm es denn auch, die liturgischen Bücher mit gründlichen und genauen theologischen Kommentaren zu versehen. Das Modell dieses Genres bilden die berühmten „Instructions du Rituel d'Alet" (1667), die Pavillon bei der Gruppe von Port-Royal beauftragt hatte und die von Barcos, dem Neffen Saint-Cyrans, redigiert wurden. Trotz ihres jansenistischen Ursprungs wurden sie von 30 Bischöfen gebilligt, und wenn sie auch eine Polemik hervorriefen, so wurden sie doch sogar von Diözesen übernommen, die von antijansenistischen Prälaten regiert wurden. Schließlich war ein drittes Problem zu lösen: man mußte die liturgischen Texte auch jenen Gläubigen zugänglich machen, die kein Latein verstanden. Hier traf man auf eine besondere Schwierigkeit. Viele Katholiken befürchteten, die Übersetzung der liturgischen Meßtexte ins Französische könnte den calvinistischen Geist begünstigen, da eben dies eine der Hauptforderungen der Reformierten war; auf der anderen Seite glaubte man, daß die lateinische Sprache die Zeremonien mit einem Geheimnischarakter umgeben müsse, der durch die Übersetzung vor allem des Meßkanons verlorengehen würde. Dennoch wurden in den Jahren 1587—1660 mindestens fünfmal Übersetzungen des Ordinariums der Messe gedruckt. Bei diesen Bemühungen hatte Port-Royal mit seinem 1650 erschienenen „Office de l'Église et de la Vierge en latin et en français", gemeinhin „Heures de Port-Royal" genannt, das sehr erfolgreich war und vielfach neu aufgelegt wurde, eine bedeutende Rolle gespielt; ihm folgten das „Office du Saint-Sacrement" (1659) und die „Piété des chrétiens envers les morts" (1665). Es war jedoch eine Gesamtübersetzung des Missales, 1660 von dem gelehrten, keineswegs jansenistischen Jacques de Voisin († 1685) herausgegeben, die zu einer heftigen Polemik führte, bei der freilich auch politische Aspekte eine Rolle gespielt haben. Das Werk Voisins, unmittelbar nach seinem Erscheinen von der Klerikerversammlung und der Sorbonne zensuriert, wurde auch durch eine Breve Alexanders VII. vom 12. Januar 1661 verurteilt. Dieses Breve jedoch, das beim Parlament nie zur Vorlage kam, hatte nur einen begrenzten Erfolg, da es Voisin nicht daran hinderte, 1662 eine Übersetzung des Offiziums der Karwoche zu veröffentlichen. Voisin wurde auch von Arnauld verteidigt. Das bedeutendste Werk dieser Art hatte jedoch einer der Beichtväter von Port-Royal, Nicolas Le Tourneux (1640—86), verfaßt. Er hinterließ bei seinem Tod eine in der Veröffentlichung begriffene Arbeit, „Année chrétienne", die, von seinem Freund Ernest Ruth d'Ans [43] zu Ende geführt, eine bemerkenswerte spirituelle Erklärung der liturgischen Texte darstellt. Er hatte daneben auch eine erst posthum veröffentlichte Über-

[43] Vgl. X. *Janne d'Othée*, Ernest Ruth d'Ans, secrétaire du grand Arnauld (Verviers 1949).

setzung des römischen Breviers erarbeitet. Die jansenistische Herkunft dieser Werke führte zu verschiedenen Zwischenfällen, 1695 wurde „Année chrétienne" auf den Index gesetzt. Die Bemühungen von Le Tourneux fanden später im 18. Jh. Nachahmer und führten zu einem Aufblühen der liturgischen Frömmigkeit in Frankreich.

Ein ganz ähnliches Problem stellte sich für die Übersetzung der biblischen Bücher. Die Lektüre der Heiligen Schrift in französischer Sprache war eine der Hauptforderungen der Reformierten, und von daher bestand bei den Katholiken ein gewisses Ressentiment den Bibelübersetzungen gegenüber. Diese Tatsache erklärt die nur sehr geringe Zahl der Bibelübersetzungen, die den französischen Katholiken während des größten Teils des 17. Jh. zur Verfügung stand[44]: dies waren vor allem die Übersetzungen von Deville (1613), Frizon (1621), Pierre de Besse (1631) und Corbin (1643), die sich alle stark an die alte Löwener Übertragung anlehnten. Sie waren jedoch kaum in der Öffentlichkeit bekannt. Nur das Neue Testament, das separat sehr oft nachgedruckt wurde und das daneben durch einige ergänzende Übersetzungen verbessert worden war, fand eine größere Verbreitung. Nach 1660 änderte sich die Lage etwas, und einige Übersetzungen, wie das Neue Testament des Oratorianers Amelote (1667) oder die Bibel von Desmarets de Saint-Sorlin (1669), erreichten die breite Öffentlichkeit. Auch hier spielte die Jansenistengruppe mit dem sogenannten Monser Neuen Testament (1667) und vor allem mit der von Sacy kommentierten Bibel, deren 32 Bände zwischen 1672 und 1696 erschienen, eine bedeutende Rolle. Wie vorauszusehen war, riefen die Übersetzungen von Port-Royal verschiedene Polemiken hervor, in die Arnauld wirksam eingriff. Sie waren darum nicht minder anerkannt; Bibelübersetzungen und liturgische Übersetzungen wurden, wie bereits erwähnt, sehr häufig für Neukonvertiten aus dem Protestantismus gebraucht.

Der Vollständigkeit halber muß auch die sehr charakteristische Entwicklung in der religiösen Kunst angesprochen werden; von tiefer Innerlichkeit in der Nüchternheit ihrer Form bis 1668, gleitet sie nach diesem Zeitpunkt in ein dekoratives Stadium ab[45]. Diese Entwicklung wird besonders deutlich in der religiösen Malerei, in der die erstgenannte Tendenz im Werk eines Simon Vouet (1590—1649), eines Georges de la Tour (1593—1657), eines Eustache Le Sueur (1617—55) und eines Philippe de Champaigne (1602—74) und die zweite im Schaffen von Pierre Mignard (1610—95) oder Charles Le Brun (1619—90) sich verkörpert. Auf dem Gebiet der Architektur überdeckt die Kontinuität der Planung in gewissem Maß den Unterschied der Inspiration. Zunächst ist der römische Einfluß noch sehr

[44] Vgl. *D. Lortsch*, Histoire de la bible en France (Paris 1910); *J. Baroni*, La Contre-Réforme devant la bible (Lausanne 1943).
[45] Vgl. *Ch. Mauricheau-Beaupré*, L'art au XVIIe siècle, 2 Bde (Paris 1947).

stark zu spüren, und man bittet selbst Bernini um Entwürfe. Man baut in einem wahrhaft religiösen Eifer: mehr als 30 Kirchen entstehen in Paris in der ersten Hälfte des Jahrhunderts. Unter ihnen finden sich einige, die sich durch ihren authentischen religiösen Charakter auszeichnen: Port-Royal von Paris, Val-de-Grâce, die Kapelle der Sorbonne. Nach 1660 wird die kirchliche Architektur zum Instrumentarium der „gloire“ des Königs, die sich im Invalidendom oder auch in der Kapelle von Versailles präsentiert, die beide in ihrer Weise Zeugnis von dieser Veränderung der Atmosphäre geben.

Vom Cartesianismus zum Quietismus

Die weitgreifende Veränderung, die sich nach 1660 auf religiösem Gebiet in Frankreich vollzieht, rührt von einer tiefen Wandlung der Mentalität her, in die der cartesianische Rationalismus Eingang findet. Zur gleichen Zeit entwickelt sich parallel dazu der Geschmack an der psychologischen und moralischen Analyse und der Selbstbeobachtung. Das innere Leben tendiert immer mehr dahin, seine Identität im klaren Bewußtsein, im klar formulierten Gedanken zu suchen: man mißtraut allem, was es an dunklen und nicht artikulierbaren Elementen enthält. Allmählich verschwindet die mystische Erfahrung aus der Perspektive des Bewußtseins, und ihre dynamische und fundamentale Rolle im christlichen Leben gerät in Vergessenheit. Dagegen findet nun ein spiritueller Psychologismus und Moralismus weithin Eingang in die Erbauungsliteratur. Diese Strömung bringt übrigens einige wertvolle Werke hervor, die auf einem der Christozentrik Bérulles verpflichteten dogmatischen Fundament basieren.

Einer der besten Vertreter dieser Richtung ist der Jansenist Pierre Nicole (1625—95), langjähriger Mitarbeiter Arnaulds, der 1672 mit der Veröffentlichung seiner berühmten „Essais de morale“, einer Folge kleiner Traktate und Schriftkommentare, begann, die sich bis zur Revolution in frommen Kreisen großer Beliebtheit erfreuten. Mit ihm wetteifern zwei andere Jansenisten. Der erste ist der Oratorianer Pasquier Quesnel (1624 bis 1719), dessen religiöse und politische Rolle wir bereits erwähnt haben. Auch er ist ein bemerkenswerter geistlicher Schriftsteller, und man darf nicht vergessen, daß seine „Réflexions morales“ (1693), lange bevor sie der unmittelbare Anlaß zur Bulle „Unigenitus“ wurden, vielen, auch nichtjansenistischen Gläubigen als Grundlage der Meditation gedient haben. Seine zahlreichen anderen Erbauungsschriften, besonders seine vielfach neu aufgelegten „Prières chrétiennes“ (1687), behandeln in erschöpfender Weise mit bemerkenswertem Talent Themen der Bérulleschen Theologie. Die literarischen Fähigkeiten Quesnels stehen fast auf gleicher Ebene mit dem schriftstellerischen Talent des Jacques-Joseph Du Guet (1649—1733), auch er ein ehemaliger Oratorianer, der tief im Jansenistenstreit engagiert war[46]. Du Guet ist ein bewundernswerter Schriftsteller, der neben den größten genannt zu werden verdient; unglücklicherweise ist seinem Werk die ungeheuere Fülle seiner Schriften — mehr als 100 gedruckte Bände — wie auch die allzu undifferenzierte Gleichförmigkeit seiner Perfektion abträglich. Aber es müßte dennoch möglich sein, für einige besonders erfolgreiche Werke, wie seinen „Traité de la prière publique" und die zehn Bände seiner „Lettres de morale et de piété" (1707/53), ein neues Interesse zu wecken. Die psychologische Analyse ist bei ihm weiter vorangetrieben als bei Quesnel und von seltener Unterscheidungskraft. Quesnel und Du Guet stehen in der Nachfolge Nicoles und sichern die Kontinuität zum 18. Jh. Neben ihnen dürfen wir jedoch nicht die anderen Autoren der gleichen Tendenz vergessen. Ein besonderer Platz ist dem Arzt von Port-Royal, Jean Hamon (1618—87), einzuräumen, der ein umfangreiches, zum Teil erst später veröffentlichtes Werk hinterließ[47]. Sein poetischer und farbiger Stil, wie ihn vor allem seine „Lettres et opuscules" (1734) und sein Traktat „De la solitude" (1734) aufweisen, hebt sich von der etwas farblosen Sprache der übrigen Werke von Port-Royal ab. Schließlich ist noch auf den dritten Generalsuperior von Saint-Sulpice, Louis Tronson (1622—1700), hinzuweisen, dessen berühmte „Examens particuliers" (1690) die Gewissensbildung und Selbstbeobachtung zahlloser Priestergenerationen geprägt haben und die bis in unsere Tage in den meisten Ordenshäusern gelesen wurden.

Die Entwicklung des Psychologismus in der Spiritualität führte allmählich zu einem Mißtrauen gegenüber der Mystik und schuf damit ein Klima, das den Ausbruch einer Krise begünstigen konnte. Der Kristallisationspunkt dieses Prozesses war eine Frau, Jeanne-Marie Bouvier de la Motte (1648—1717), verheiratet mit Jacques Guyon du Chesnoy[48] und seit 1676 Witwe, eine fromme Frau, die einer etwas übersteigerten Mystik anhing und die ihr beträchtliches Vermögen und die Freiheit ihres Witwenstandes dazu verwandte, sich einem geistlichen Apostolat zu widmen, das sie — in Begleitung ihres Seelenführers, des Barnabiten François La Combe (1643 bis 1715) — nach Savoyen, Turin und Grenoble führte[49]. 1686 nach Paris zurückgekehrt, wurde sie 1688 in eine Finanzaffäre verwickelt, die durch die Geldgier Harlay de Champvallons ausgelöst worden war und zur Inhaftierung des P. La Combe führte. Auf Intervention der Mme de Maintenon freigelassen, wurde Mme Guyon von dieser in das königliche Haus von Saint-Cyr eingeführt und lernte im Oktober 1688 Fénelon kennen, der nach einer kurzen Zeit der Zurückhaltung ihre geistlichen Gaben erkannte und sich ihr eng anschloß. Zu dieser Zeit hatte Mme Guyon schon viel

[46] *P. Chételat*, Étude sur Du Guet (Paris 1877).
[47] Vgl. *L. Cognet*, Hamon: DSAM 7 (1968) 64—71.
[48] Vgl. *ders.*, Guyon: ebd. 6 (1967) 1306—38.
[49] Vgl. *G. Boffito*, Scrittori Barnabiti II (Florenz 1933/34) 305—311.

geschrieben, aber erst sehr wenig veröffentlicht, und nur ihr „Moyen court et très facile pour l'oraison" (1685) war einigermaßen erfolgreich gewesen. Ihre übrigen Schriften wurden erst sehr viel später, zwischen 1712 und 1720, durch den pietistischen Pastor Pierre Poiret, einen großen Bewunderer der Mme Guyon, veröffentlicht. Nicht sehr originell, jedoch auch nicht ohne Geschicklichkeit und Talent, bringt Mme Guyon in ihren Schriften die klassische Lehre der großen Tradition der christlichen Mystik zur Darstellung. Ihre Formulierungen entbehren jedoch bisweilen der Genauigkeit, was verständlich macht, daß ihre Bücher mitunter Beunruhigung hervorrufen konnten[50].

Auch Fénelon war durch Mme de Maintenon in Saint-Cyr eingeführt worden. Unter seiner und der Mme de Guyon Führung wurde die Spiritualität des Hauses in eindeutig mystischem Sinn beeinflußt. Nun hatte jedoch der in Rom abgehaltene Prozeß gegen Molinos (1687; Kap. 8) sogar in Frankreich die öffentliche Meinung stark erregt und zu einer der Mystik feindlichen Einstellung geführt. Die Bosheit eines Hofes, an dem Mme de Maintenon verhaßt war, nahm dies zum Anlaß, sie der Verbreitung des Quietismus in Saint-Cyr zu beschuldigen. Mme de Maintenon versuchte, dem Vorwurf zu begegnen, indem sie im Frühjahr 1693 Fénelon und Mme Guyon aus Saint-Cyr entfernte. Daneben erreichte sie aber, daß man die Schriften der Mme Guyon Bossuet zur Prüfung übergab, der jedoch in Fragen der — ihm fast völlig fremden — Mystik keineswegs ein Spezialist war. Im März 1694 gab er ein eindeutig negatives Urteil ab und tadelte Mme Guyon vor allem hinsichtlich ihrer Ansicht über den passiven Zustand, der nach seiner Auffassung weder mit der Praxis des Bittgebets noch mit der Übung der christlichen Tugenden vereinbar ist. Mme Guyon verlangte nun eine genauere Untersuchung. Man veranstaltete vom Juli 1694 bis zum 10. März 1695 die Gespräche von Issy, zu denen sich Bossuet, Noailles und Tronson zusammenfanden, keiner von diesen hatte jedoch in dieser Frage eine tatsächliche Kompetenz. Fénelon, im Februar 1695 zum Erzbischof von Cambrai ernannt, konnte die Erstellung eines 34 Artikel umfassenden Protokolls über das innere Leben erreichen, das den übrigens wenig zufriedenstellenden Abschluß dieser Zusammenkünfte bildete.

Bossuet verfaßte nun eine umfangreiche Pastoralinstruktion über dieses Thema, in der Mme Guyon weitgehendst widerlegt werden sollte und für die er die Zustimmung Fénelons erhoffte, der sich damit von Mme Guyon losgesagt hätte. Aber Fénelon verweigerte jegliche Verurteilung jener Frau, von der er bedeutende Anregungen erhalten hatte und der er eine Verehrung von bewundernswerter Treue bewahrte. Im Juli 1696 erhielt Fénelon das Manuskript Bossuets und sandte es ihm mit einer kategorischen Absage zurück. Er hatte jedoch begriffen, daß er nun sehr rasch seine eigene

[50] Vgl. *L. Cognet*, La spiritualité de Mme Guyon: XVIIe siècle 12—14 (1952) 269—275.

Position klären mußte, und verfaßte im Sommer 1696 während seines Aufenthaltes in Cambrai seine „Explication des Maximes des Saints sur la vie intérieure", eine dichte und bündige Systematisierung seiner um die Idee der reinen Liebe und der vollkommen uneigennützigen Nächstenliebe zentrierte mystische Spiritualität. Bossuet, der von der Existenz des Werkes erfahren hatte, suchte dessen Veröffentlichung zu verhindern. Die Freunde Fénelons beschleunigten daraufhin den Druck, und die „Maximes" wurden Anfang Februar 1697 veröffentlicht — mehr als einen Monat vor Bossuets „Instruction sur les états d'oraison", einem hinsichtlich der Spiritualität sehr schwachen Werk, in dem Mme Guyon heftig angegriffen wurde. Bossuet begann nun die öffentliche Meinung aufzuwiegeln und den König gegen Fénelon aufzubringen, den er öffentlich des Quietismus beschuldigte. Fénelon gelang es jedoch, vom König die Erlaubnis zu erwirken, sich an Rom zu wenden und die Angelegenheit vor den Heiligen Stuhl zu bringen.

In Frankreich tauschten Fénelon und Bossuet zahlreiche Streitschriften aus, und auch viele andere Spezialisten griffen in den Streit ein. In einer bemerkenswerten Pastoralinstruktion vom 15. September 1697 entwickelte und präzisierte Fénelon seine Ideen auf äußerst zufriedenstellende Art und erreichte damit das Wohlwollen zahlreicher Theologen. Gegen April 1698 erkannte Bossuet, daß er auf doktrinaler Ebene den Sieg nicht würde davontragen können. Auf das Drängen eines Teils seiner Umgebung und verblendet von seiner Rachsucht, unternahm er nun eine schändliche Diffamierungskampagne. Im Juni 1698 veröffentlichte er seine „Relation sur le quiétisme", in der nicht eines der Grundprobleme angeschnitten wurde und die nichts anderes als eine ausführliche Persiflage war; zahlreiche verleumderische Anspielungen auf die Beziehungen zwischen Fénelon und Mme Guyon waren eingeflochten, in denen er von den vertraulichsten Mitteilungen mit unerhörter Indiskretion Gebrauch machte. Dieses Vorgehen erwies sich als wirksam, und die schöne „Réponse à la relation" (August 1698) Fénelons konnte die Lage nicht mehr retten.

Innozenz XII., der Bossuet wegen seines Gallikanismus verachtete, machte kein Hehl aus seinen Sympathien für Fénelon, der die Rechte des Heiligen Stuhls anerkannte. Überzeugt von der tiefen Rechtgläubigkeit des Erzbischofs von Cambrai und seiner Treue zur authentischen mystischen Tradition, unternahm er alles, um ihn nicht verurteilen zu müssen, und versuchte, die Dinge hinauszuschieben[51]. Die von Bossuet betriebene Verbreitung der „Relation sur le quiétisme" in Rom war dem Ansehen Fénelons jedoch sehr schädlich. Innozenz XII. hätte jedoch wahrscheinlich nicht nachgegeben ohne das persönliche und beharrliche Eingreifen Ludwigs XIV., der ganz für Bossuet gewonnen war. Die Ungnade, die Fénelon, seine Familie und seine Freunde traf, zeigte deutlich die Haltung des Königs, und kaum ver-

[51] Vgl. *J. Orcibal*, Le procès des Maximes des Saints devant le Saint-Office (Rom 1968).

hüllte Drohungen drangen bis an den römischen Hof. Man wußte, daß der Papst alt war und ein Konklave nahe bevorstand und die Kardinäle eine ablehnende Haltung Frankreichs befürchteten. Sie übten Druck auf Innozenz XII. aus, um von ihm eine prinzipielle Verurteilung zu erreichen; der Papst gab unter Bedauern nach. Dem Kardinal Albano, Brevensekretär und späteren Clemens XI., gelang es jedoch, Bossuet eben durch diese Verurteilung die Stirn zu bieten. Das Breve „Cum alias“ [52] war mit dem 12. März 1699 datiert, und es war eben nur ein Breve — während Bossuet eine feierliche Bulle erwartet hatte — mit der Klausel „motu proprio“, für die das französische Parlament gewöhnlich die Annahme verweigerte. 23 Sätze aus den „Maximes“ waren hier pauschal verurteilt, ohne irgendeine Einzelqualifikation, das Wort „häretisch“ kam im Breve nicht vor. In einem Hirtenbrief vom 9. April nahm Fénelon die Verurteilung ohne Einschränkung an, und Innozenz XII. sandte ihm bei dieser Gelegenheit einen ungewöhnlich lobend gehaltenen Brief. Wenig später, im Oktober, gab er — um seine Sympathien zu zeigen — seine Absicht bekannt, Fénelon zum Kardinal zu ernennen, eine Ehre, die er Bossuet hartnäckig verweigerte. Die Freunde Fénelons hinderten ihn jedoch daran, da sie den Zorn Ludwigs XIV. befürchteten. Auf Lebenszeit vom Hof in seine Diözese Cambrai verwiesen, bewahrte Fénelon Mme Guyon seine tiefe Anhänglichkeit. Diese war unter besonders unklaren Umständen im Dezember 1695 inhaftiert worden. Erst im März 1703 wurde sie wieder freigelassen und nach Blois exiliert, von wo aus sie geheim mit Fénelon korrespondieren konnte, der ihr seine Neffen und ausgewählten Schüler sandte. Sie hatte dann einen starken Einfluß auf das Milieu des protestantischen Pietismus, vor allem in England [53]. Innozenz XII. hatte sich jedoch nicht in seiner Voraussicht geirrt: die Verurteilung Fénelons traf die christliche Mystik selbst, die nun für mehr als ein Jahrhundert in eine Periode des Rückschritts eintrat.

6. Kapitel

Das christliche Denken im Frankreich des 17. Jahrhunderts

BIBLIOGRAPHIE: Weitere Bibliographie zu den in Kap. 1 und 5 aufgeführten Werken: *H. Hurter*, Nomenclator litterarius recentioris Theologiae catholicae, 4 Bde (Innsbruck 1903/13); *A. Maire*, Bibliographie générale des œuvres de Blaise Pascal, 5 Bde (Paris 1925/27).

QUELLEN: *Ph. de Gamaches*, Summa theologica, 3 Bde (Paris 1627); *M. Isambert*, Disputationes in secundam secundae s. Thomae (Paris 1648); *A. Duval*, Commentarii in secundam secundae partis summae d. Thomae (Paris 1636); *M. Grandin*, Opera theologica, 6 Bde (Paris 1710/12); *R. Tassin*, Histoire littéraire de la congrégation de Saint-Maur

[52] Text: BullRom 20, 870 b.

[53] *A. de la Gorce*, Mme Guyon à Blois: Etudes 310 (1961) 182—196.

(Paris 1770); *F. Lecerf de la Viéville,* Bibliothèque historique et critique des auteurs de la congrégation de Saint-Maur (Den Haag 1726); *M. Valéry,* Correspondance inédite de Mabillon et de Montfaucon avec l'Italie, 3 Bde (Paris 1846); *J. Martène,* Histoire de la congrégation de Saint-Maur, hrsg. von *Charvin,* 10 Bde (Ligugé 1923/54); *C. Cloyseault,* Recueil des vies de quelques prêtres de l'Oratoire, 3 Bde (Paris 1882/83); *R. Simon,* Bibliothèque critique ou recueil de diverses pièces critiques, hrsg. von *M. de Sainjore,* 4 Bde (Amsterdam 1708/10); *ders.,* Lettres choisies, 3 Bde (Amsterdam [2]1702/05); *J. P. Niceron,* Mémoires pour servir à l'histoire des hommes illustres dans la république des lettres, 43 Bde (Paris 1727/45); *C. Goujet,* Bibliothèque des auteurs ecclésiastiques du XVIIe siècle pour servir de continuation à celle de M. Du Pin, 3 Bde (Paris 1736); *B. d'Argonne,* Mélanges d'histoire et de littérature, gesammelt von *M. de Vigneul-Marville,* 3 Bde (Paris 1701); *J. Lelong,* Bibliothèque historique de la France, 5 Bde (Paris 1768/78); *R. Descartes,* Œuvres, hrsg. von *C. Adam - P. Tannery,* 11 Bde (Paris 1897/1913); *ders.,* Correspondance, hrsg. von *C. Adam - G. Milhaud,* bisher 8 Bde (Paris 1936 ff); *B. Pascal,* Pensées sur la religion et sur quelques autres sujets, hrsg. von *L. Lafuma,* 3 Bde (Paris 1951); *N. Malebranche,* Œuvres complètes, hrsg. von *A. Robinet* u. a., 20 Bde (Paris 1958/67).

LITERATUR: *P. Hazard,* La crise de la conscience européenne 1680—1715, 3 Bde (Paris 1935); *H. Busson,* La pensée religieuse française de Charron à Pascal (Paris 1933); *ders.,* La religion des classiques 1660—1685 (Paris 1948); *É. Gilson,* La doctrine cartésienne de la liberté et la théologie (Paris 1913); *J. Turmel,* Histoire de la théologie positive du concile de Trente au concile du Vatican (Paris 1906); *A. Humbert,* Les origines de la théologie moderne, I: La renaissance de l'antiquité chrétienne 1450—1521 (Paris 1911); *C. Jourdain,* Histoire de l'université de Paris au XVIIe et au XVIIIe siècle, 2 Bde (Paris 1862/66); *A. Douarche,* L'université de Paris et les jésuites (Paris 1888); *R. Pintard,* Le libertinage érudit dans la première moitié du XVIIe siècle, 2 Bde (Paris 1943); *R. Snoeks,* L'argument de tradition dans la controverse eucharistique entre catholiques et réformés français au XVIIe siècle (Löwen 1951); *P. Mesnard,* L'essor de la philosophie politique au XVIIe siècle (Paris 1936); *F. Bouillier,* Histoire de la philosophie cartésienne, 2 Bde (Paris-Lyon 1854); *H. Gouhier,* La pensée religieuse de Descartes (Paris 1924); *ders.,* La philosophie religieuse de Malebranche et son expérience religieuse (Paris 1926); *J. Mesnard,* Pascal, l'homme et l'œuvre (Paris 1951); *ders.,* Pascal et les Roannez, 2 Bde (Paris 1965); *L. Lafuma,* Histoire des Pensées de Pascal (Paris 1954). — Vgl. auch die Lit. im Kap. 18 dieses Bandes.

Systematische und scholastische Theologie

Die katholische Erneuerung, die zu Beginn des 17. Jahrhunderts einsetzt, manifestiert sich weniger auf dem Gebiet des Denkens als im Bereich des christlichen Lebens und der Spiritualität. Die Männer der Gegenreformation befassen sich in keiner Weise mit einer Erneuerung der theologischen Methoden. Patristik und Geschichte werden für sie nur insofern zum Gegenstand eingehender Studien, als die Notwendigkeiten der Polemik mit den Reformierten sie dazu zwingen; sie beabsichtigen jedoch kaum, in diesem Punkt die Bemühungen der großen christlichen Humanisten der Renaissance weiterzuführen. In dieser Hinsicht bleiben die großen theologischen Fakultäten und vor allem die Sorbonne Hochburgen der traditionellen spekulativen Theologie. Die Situation der großen Pariser Professoren ist charakteristisch. Sie stellen fast ausschließlich ihre Lehre unter das Patronat des Thomas von Aquin, und ihre Vorlesungen sind nichts anderes als Kommentare zur „Summa theologica". Dies bedeutet jedoch keineswegs, daß sie tatsächlich und zutiefst dem authentischen Thomismus verhaftet wären; häufig genug sind sie von der Verfallsform der Scholastik des ausgehenden Mittelalters bestimmt.

Dies gilt zweifellos für einen der berühmtesten von ihnen, den Doktor der Sorbonne Philippe de Gamaches (1568—1625), der die Ehre hatte, Bérulle und Condren zu seinen Schülern zu zählen, und der Bérulle zweifellos sehr stark beeinflußt hat. Obgleich er zusammen mit Duval einer der ersten Inhaber der Lehrstühle für positive Theologie war, die Heinrich IV. 1598 eingerichtet hatte, bleibt seine Methode absolut scholastisch. Seine zahlreichen Zitate aus den Vätern sind als Beweise oder Illustrationen gedacht, nicht jedoch als Wiederaufnahme der Denkart des christlichen Altertums. Daneben finden sich bei ihm da und dort nominalistische Spuren sowie ein stark augustinischer Einfluß. Sein Konkurrent Nicolas Isambert (1565—1642), der 1639 seinen umfangreichen Kommentar der „Summa" veröffentlichte, vertritt einen sehr viel konsequenteren Thomismus, wenngleich er die absolute Prädestination unabhängig von der Vorhersicht der Verdienste nicht für alle Menschen zuläßt. Neben den Doktoren der Sorbonne wären noch zahlreiche Jesuiten aufzuführen, die unter dem Deckmantel des Thomas von Aquin Ideen der neuen Theologie Molinas und Lessius' einführen.

Andere vertreten unter Berücksichtigung desselben Rahmens noch eigenständigere Denkpositionen. Dies gilt für André Duval, dessen Rolle im gallikanischen Streit wir bereits erwähnt haben. Sein Kommentar zum ersten Teil der „Summa" liegt noch unveröffentlicht in der Bibliothèque Nationale zu Paris, jenen zum zweiten Teil veröffentlichte er selbst 1636. Duval, ein Anhänger der abstrakten Schule, der die Thesen Canfields billigt, der Ruysbroek und Harphius gelesen hat, war von platonischen Auffassungen durchdrungen, und alle diese Einflüsse finden ihren Niederschlag auch in seinem Kommentar zu Thomas von Aquin. Er ist daher ein aufschlußreicher Zeuge für die platonischen Tendenzen, die sich in der Spiritualität und Theologie vor allem bis 1630 manifestieren und deren Vorhandensein bis hin zu Bérulle wir bereits aufgezeigt haben. Gerade im Umkreis Bérulles erscheint eine eigenartige theologische Untersuchung, die sich nicht unter die Schirmherrschaft Thomas von Aquins stellt und aus ihrer platonischen Herkunft keinen Hehl macht. Es handelt sich um das Werk „De libertate Dei et creaturae" des Oratorianers Guillaume Gibieuf, über dessen marianisch ausgerichtete Spiritualität wir bereits früher gesprochen haben[1]. Das komplexe System Gibieufs situiert die höchste Idee der Freiheit in Gott,

[1] Vgl. *G. Marafini*, Agli albori del Giansenismo, Guglielmo Gibieuf e il suo pensiero intorno alla libertà (Rom 1947); *J. Orcibal*, Néoplatonisme et jansénisme, du *De libertate*

die ihre vollkommene Verwirklichung in Jesus Christus, dem Gott-Menschen, findet. Der Mensch ist also um so freier, je mehr sich seine Freiheit jener Christi annähert und unfähig zur Sünde wird. Gibieuf weist sowohl die thomistische Idee der praedeterminatio physica als auch die molinistische Idee der scientia media zurück. Es ist deutlich, daß sein Denken stark von Ruysbroek und Harphius inspiriert ist. Das Werk rief eine heftige Polemik hervor, in der der Jesuit Théophile Raynaud die niederrheinisch-flämischen Ursprünge der These seines Gegners aufzeigte. Durch seine Darlegung des Stoffes in der Form einer kontinuierlichen Darstellung bricht das Werk Gibieufs mit der scholastischen Tradition, aber seine vornehmlich deduktive Methode ist absolut ahistorisch. Dieses Werk ist im übrigen in seiner Art ein Einzelfall, der Versuch wurde nicht erneuert, da der Platonismus nach 1630 in der Theologie wie auch in der Spiritualität im Rückschritt begriffen war. Der einzige Traktat, der mit Gibieufs Werk in Zusammenhang gebracht werden könnte, ist der „De Sancto Sacerdotio" (1631) des Oratorianers Paul Métézeau (1583—1632), der eine hierarchische, platonische und dionysische Theologie des Priestertums entwickelt[8].

Seit dieser Periode verliert der Unterricht an den theologischen Fakultäten immer mehr den Kontakt mit der Wirklichkeit, er bewegt sich auf eine abstrakte Spekulation hin ohne Berührung mit den geistigen Tendenzen der Zeit; ein Beispiel dafür mag man in der später noch zu behandelnden Ablehnung des Cartesianismus durch die offiziellen Kreise sehen. Charakteristisch in dieser Hinsicht ist das Werk eines Martin Grandin (1604—91), der sowohl für seine Frömmigkeit als auch seine Wissenschaft berühmt war und dessen „Opera theologica" erst posthum im Jahr 1710 durch den Kompilator Charles du Plessis d'Argentré, seinen ehemaligen Schüler, veröffentlicht wurden: es handelt sich hier um einen eher mittelmäßigen Kommentar zu einigen Artikeln der „Summa", die jeder Originalität entbehren. Fortan erscheint der Lehrbetrieb an der Sorbonne den besten Geistern nur mehr als notwendige Voraussetzung zur Erlangung der Universitätsgrade, nicht aber als Quelle einer echten intellektuellen Bildung. Es ist eine bezeichnende Tatsache, daß ein Bossuet z.B. nicht einmal die Kollegheft der Vorlesungen aufbewahrte, die er am Kolleg von Navarra gehört hatte. Einige Geister sind sich dieser Stagnation klar bewußt und streben, um die Theologie von innen heraus neu zu beleben — immer jedoch noch mit den traditionellen Methoden —, eine Synthese mit der Spiritualität an. Einer von ihnen ist Louis Bail (1610—69), der ein großes Werk einer spirituellen Theologie auf scholastischer Grundlage

du P. Gibieuf à l'*Augustinus:* Nuove ricerche storiche sul giansenismo: AnGr 71 (Rom 1954) 33—57.

[8] Vgl. *I. Noye,* Sacerdoce et sainteté d'après le P. Métézeau: La Tradition sacerdotale (Le Puy 1962) 169—189.

schaffen wollte, die „Théologie affective ou saint Thomas en méditations", die in vier Teilen zwischen 1638 und 1650 erschien. Das Werk ist nicht ohne Verdienst, aber es haftet ihm eine gewisse Schwerfälligkeit an, auch ist es nicht frei von Gemeinplätzen. Bail bleibt auf diesem Gebiet weit hinter dem Dominikaner Guillaume de Contenson (1641—74) zurück, dem Autor der „Theologia mentis et cordis" (1668—87), die — von ihm unvollendet hinterlassen — sein Mitbruder Massoulié zu Ende führte. Den *speculationes*, stark scholastisch geprägten Darlegungen der Lehre, folgen *reflexiones*, sehr differenzierte spirituelle Erörterungen, die — wenn auch zuweilen weitschweifig — doch auch sehr schöne Seiten enthalten. Leider schließen sich diese spirituellen Reflexionen nicht immer in natürlicher Weise an den theologischen Teil an, so daß das Werk keine Einheit bildet: methodisch bleibt es hinter seinem spekulativen Ansatz zurück[3].

Die Situation der Moraltheologie war zweifellos noch kritischer. Die moraltheologischen Probleme werden von den Theologen häufig im Anschluß an entsprechende quaestiones der „Summa" des heiligen Thomas entwickelt, dies geschieht jedoch auf rein spekulative und theoretische Art, niemand beabsichtigt jedoch die Grundlegung einer eigenständigen theologischen Sittenlehre. Zur gleichen Zeit entwickelt sich ein immer ausgeprägterer Geschmack an der Kasuistik. In gewissem Maß wird diese sogar gefordert durch die Notwendigkeit einer Reform des Klerus wie auch durch die Notwendigkeit, ausreichend instruierte Beichtväter heranzubilden. Die Unterrichtung in den „casus conscientiae" ist in allen Programmen der klerikalen Ausbildung enthalten. Auf diesem Gebiet sind die Jesuiten, die großen Seelenführer, die unbestrittenen Meister. Dennoch bringt die Gesellschaft Jesu in Frankreich kaum berühmte Kasuisten hervor: die bekanntesten Autoren auf diesem Gebiet sind Ausländer. Man könnte vielleicht gerade Étienne Bauny (1564—1649) anführen, der von 1618 bis 1625 am Kolleg von Clermont unterrichtete. Er ist vor allem bekannt als Autor eines in französischer Sprache verfaßten Handbuchs für Priester, die nicht gut Latein lesen konnten, der „Somme des péchés qui se commettent en tous états" (Paris 1634). Diese Kasuistik ist nichts anderes als eine Sammlung von Anleitungen für die Behandlung konkreter Fälle, die fundamentalen Probleme der Moral werden jedoch nicht angeschnitten. Der Probabilismus wird dabei ohne irgendeine theoretische Rechtfertigung als Grundprinzip angewandt. Daneben greift die Methode der Kasuistik jedoch auch schon bald auf das Gebiet der Kontroversfragen über und wird zu einem der umstrittenen Punkte des religiösen Denkens im 17. Jh., und dies vor allem aus politischen Gründen. Die Hauptursache lag in der alten Feindschaft zwischen der Universität und den Jesuiten. Eine 1618 erlassene und

[3] Vgl. *A. Bozaudun*, Une gloire dominicaine, histoire du T. R. P. de Contenson (Montauban 1863).

eifersüchtig aufrechterhaltene Regelung verpflichtet die Bakkalaureatskandidaten, drei Jahre bei den Professoren der Fakultät zu studieren und keine anderen Lehrer der Theologie zu haben, und schloß damit die Jesuitenschüler vom Bakkalaureat aus. Die Jesuiten beugten sich dieser demütigenden Regelung nur widerwillig und versuchten Ende 1642 einen neuerlichen Angriff, der eine heftige Polemik hervorrief. Um die Jesuiten zu diskreditieren, veröffentlichten die Parteigänger der Universität im August 1643 eine Flugschrift unter dem Titel „Théologie morale des jésuites extraite fidèlement de leurs livres", die eindeutig laxistische Lösungen aus der Feder der Jesuitenkasuisten zusammenordnete; das Werk war verfaßt von dem Doktor François Hallier und dem jungen Antoine Arnauld, der damals am Beginn seiner Laufbahn stand. Obwohl diese Angelegenheit sehr schnell beigelegt war, blieb die Öffentlichkeit in dieser Frage empfindlich und bereitete so das Feld für das Talent Pascals, der 1656 mit der 5. „Provinciale" den Kampf wieder aufnahm. So interferierte seit diesem Zeitpunkt die Angelegenheit der laxistischen Kasuistik mit dem Jansenistenstreit und lieferte ein ganzes Arsenal von Argumenten gegen die Jesuiten, die immer wieder von neuem aufgegriffen wurden. Es ist jedoch festzuhalten, daß niemand das Problem tatsächlich von seiner Wurzel her aufrollte. Weder Pascal noch Nicole in seinen Anmerkungen, die er seiner lateinischen Übersetzung der „Provinciales" anfügte (1658), noch der Jesuit Georges Pirot (1599—1669) in seiner „Apologie pour les casuistes" (1657) stellen die Frage nach dem eigentlichen Wert des Probabilismus in seinen Grundprinzipien. So wird in Hinkunft die Identifizierung zwischen Jesuiten und Laxismus und Jansenismus und Rigorismus in den Augen der Öffentlichkeit definitiv, und selbst das Beispiel eines rigoristischen Jesuiten wie Bordaloue wird daran nichts ändern. Der Moralismus der geistlichen Autoren des ausgehenden 17. Jh. ist rein psychologischer und empirischer Natur, und erst im „Traité de morale" (1683) Malebranches treffen wir auf einen Essay christlicher Moralphilosophie, der übrigens in einer ganz von Descartes bestimmten Atmosphäre konzipiert ist.

Entwicklung der historischen Theologie

Verschiedene Ursachen tragen dazu bei, daß die Scholastik nach und nach veraltet und unmodern wird. Eine bedeutende Rolle in dieser Entwicklung spielen die antiprotestantischen Kontroversen. Es sei daran erinnert, daß die Reformierten, vor allem auf calvinistischer Seite, der mittelalterlichen Theologie jeden Wert absprachen und diese als Anwendung einer absolut heidnischen Logik auf die Gegebenheiten der Offenbarung ansahen. Man mußte sie also mit ihren eigenen Waffen, der Schrift und den Vätern, bekämpfen. Seit 1575 bot die „Bibliotheca patrum" des Marguerin de la

Bigne (1546—90) den Kontroverstheologen eine kostbare Quelle. Sie wurde 1644 in siebzehn Foliobänden wieder aufgelegt. Seit 1600 mehren sich die gelehrten Ausgaben der Autoren des christlichen Altertums, und zahlreiche noch unveröffentlichte Werke werden zugänglich gemacht. Diese Arbeit zieht sich durch das ganze Jahrhundert hin und erreicht ein hohes Niveau wissenschaftlicher Exaktheit, insbesondere in den großen Ausgaben der Benediktiner von Saint-Maur. Zunächst wird dieses reiche Material vor allem für die Polemik verwendet: die „Discours de controverse" Bérulles (1609) bieten dafür ein gutes Beispiel. Aber schon bald wird die gelehrte Untersuchung dieser Zeit eine Wissenschaft für sich, die unabhängig von jedem polemischen Vorurteil im Interesse am christlichen Altertum, das von der italienischen Gegenreformation auf das französische milieu dévot übergreift, ihre Erfüllung findet.

In diesem Bereich zeichnen sich einige berühmte Spezialisten aus, wie z. B. der Jesuit Jacques Sirmond (1559—1651), der in seinem langen Leben eine umfangreiche editorische Tätigkeit entfalten konnte und der vor allem die „Concilia antiqua Galliae" (1629) schuf. Mit ihm zu nennen ist sein Mitbruder Théophile Raynaud (1582—1663), dessen polemische Aktivität gegen Gibieuf wir bereits erwähnt haben. Ihm verdanken wir vor allem eine ausgezeichnete Ausgabe Anselms von Canterbury (1630). Unter den Dominikanern ist vor allem François Combéfis (1605—79) zu nennen, ein Spezialist für griechische Patristik, der eine bemerkenswerte Edition der Schriften des Maximus Confessor herausgab (1675); sein nicht ungefährliches Verdienst war es, in seiner „Historia haeresis monothelitarum" (1648) zu beweisen, daß die Akten des 6. Ökumenischen Konzils über die Verurteilung des Papstes Honorius keineswegs gefälscht sind. Die Oratorianer leisten ihren Beitrag mit Jean Morin (1591—1659), der uns vor allem als Exeget wieder begegnen wird, der darüber hinaus jedoch ein bewundernswürdiger Kenner der orientalischen liturgischen Texte war. Was seinen Mitbruder Hieronymus Vignier (1606—61) angeht, der auch als Exeget bekannt ist, so sind die beiden von ihm herausgebrachten Bände „Supplementum operum sancti Augustini" (1654) leider voller falscher Angaben, zu denen ihn sein antijansenistischer Eifer verführt hat[4].

Unter den französischen Gelehrtengruppen nehmen die Reform-Benediktiner von Saint-Maur oder Mauriner, deren Zentrum die Benediktinerabtei von Saint-Germain-des-Prés war, eine gesonderte Stellung ein. Den ersten Impuls hatte der erste Superior, Dom Grégoire Tarrisse[5], gegeben, der eigentliche Organisator der Arbeit war jedoch Dom Luc d'Achéry (1609 bis 1685), der Begründer der bewundernswerten Bibliothek von Saint-Ger-

[4] Vgl. *E. Havet*, Les découvertes de Jérôme Vignier: BÉCh 46 (Paris 1885); *L. Saltet*, Un mystificateur janséniste: BLE 43 (1942) 75 ff.

[5] Vgl. *F. Rousseau*, Dom Grégoire Tarrisse, premier supérieur général de la Congrégation de Saint-Maur (Paris 1924).

main, mit der er seinen Mitbrüdern ein zu dieser Zeit einzigartiges Arbeitsinstrumentarium zur Verfügung stellte [6]. Sein Werk wurde weitergeführt durch den berühmten Dom Jean Mabillon (1632—1707), aus dessen umfangreichem Schaffen vor allem die Herausgabe der Schriften des Bernhard von Clairvaux (1667) herausragt [7]. Neben ihm arbeiteten andere, nicht weniger berühmte, wie Dom Bernard de Montfaucon (1655—1742), Dom Thomas Blampin (1640—1710), der die Ausgabe der Werke des heiligen Augustinus leitete, und viele andere. Das Werk wurde bis zur Revolution fortgeführt und umfaßte den größten Teil der patristischen Literatur, und die Foliobände der Mauriner sind auch heute noch ein Beispiel der Gelehrsamkeit. Darüber hinaus übte sich ihre unermüdliche Aktivität auch in allen übrigen Bereichen der heiligen Wissenschaften. Vor ihnen hatten jedoch schon andere gelehrte Zirkel einen ähnlichen Einfluß ausgeübt, so z. B. jener der Brüder Dupuy, auf dessen Rolle im Gallikanismus wir bereits hingewiesen haben und in dem Bossuet sich zu kritischem Denken und zur Gelehrsamkeit heranbildete [8].

Diese Herausgeberarbeiten bewirkten dann das Erscheinen umfassender Synthesen der patristischen Theologie; mehrere Namen, die wir ihrer Herausgeberarbeit wegen bereits erwähnt haben, zeichnen sich auch hier aus. Beherrscht wird dieses Gebiet jedoch von der mächtigen Figur des Jesuiten Denis Petau (1583—1652), dessen „Dogmata theologica" (1644/50) ein bis dahin unerreichtes Monument der patristischen Arbeit von außerordentlicher Exaktheit in der Information und Analyse darstellt [9]. In Louis Thomassin (1619—95) hatte er allerdings einen oratorianischen Konkurrenten, der ebenfalls sehr reichhaltige, jedoch persönlichere und in ihrer Objektivität Petau unterlegene „Dogmata theologica" (1680/84) sowie eine Anzahl in französischer Sprache verfaßter historischer und dogmatischer Traktate herausbrachte [10]. Das Werk Petaus besiegelte — ohne daß sein Autor es beabsichtigte — den Verruf, in den die Scholastik noch vor der Jahrhundertmitte gekommen war. Jansenius kritisierte ihre Methoden bereits lebhaft in seinem „Augustinus", und Saint-Cyran hatte an Thomas auszusetzen, daß er in einem Jahrhundert gelebt habe, in dem man der Philosophie und dem menschlichen Urteilsvermögen zu großen Wert beigemessen habe.

Eine analoge Entwicklung zeichnet sich auf dem Gebiet der Exegese ab. Zweifellos bleibt die Tradition der spirituellen und moralischen, ja sogar allegorischen Exegese am weitesten verbreitet. Sie wird vor allem von den

[6] Vgl. *M. Laurain,* Les travaux d'érudition des Mauristes, origine et évolution: RHEF 43 (1957) 231—272.

[7] Vgl. *H. Leclercq,* Mabillon, 2 Bde (Paris 1953/57).

[8] Vgl. *I. Uri,* Un cercle savant au XVIIe siècle (Paris 1886).

[9] Vgl. *J. C. Vital-Chatellain,* Le P. Denis Petau d'Orléans, jésuite, sa vie et ses œuvres (Paris 1884).

[10] Vgl. *P. Clair,* Louis Thomassin, étude biographique et bibliographique (Paris 1964).

Leuten von Port-Royal angewandt, insbesondere aber in der Bibel Sacys und den „Explications sur le Nouveau Testament" (1683) seines Sekretärs Nicolas Fontaine (1625—1709), die sich beide der patristischen Tradition und vor allem Augustinus anschließen. Auch Bossuet ordnet sich hier ein, wie seine „Apocalypse avec une explication" (1689) beweist. Parallel dazu, wenngleich weniger bedeutend, bestand aber auch eine Tradition der wissenschaftlichen Exegese, die sich den humanistischen Bemühungen der Renaissance verdankt und die von dem Jesuiten Johannes Maldonatus in Paris vertreten wurde. Diese Strömung hatte 1645 zur Veröffentlichung der schönen polyglotten Bibel des Advokaten Guillaume Le Jay geführt. In diese Linie ist auch das Werk des Oratorianers Jean Morin einzuordnen, eines hebraisierenden Gelehrten und großen Kenners der rabbinischen Literatur, deren Bedeutung für die Interpretation der Heiligen Schrift er aufzeigte, der aber gleichzeitig auch die sehr gewagte Idee vortrug, daß die massoretischen Interpreten den hebräischen Text verfälscht hätten; diese These vertritt er in seinen „Exercitationes ecclesiasticae" (1631) über den samaritanischen Pentateuch und in seinen „Exercitationes biblicae" (1633), die eine große Polemik auslösten. Der eigentliche Begründer der Bibelkritik ist jedoch ein anderer Oratorianer, Richard Simon (1638—1712), ein schlechter Charakter, aber genialer Geist von umfassender Bildung. Zunächst bemühte er sich, einen klaren und befriedigenden Begriff der biblischen Irrtumslosigkeit zu gewinnen und so aufzuzeigen, daß man auf die Heilige Schrift die normalen Methoden der historischen Kritik anwenden könne[11]. 1678 versuchte er, seine Ideen in seiner „Histoire critique du Vieux Testament" erstmals darzulegen. Aber Bossuet, durch eine Indiskretion aufmerksam geworden, konnte sich das Inhaltsverzeichnis des Buches verschaffen und intervenierte, um das Werk konfiszieren zu lassen, von dem dann sämtliche Exemplare vernichtet wurden. Die Oratorianer glaubten ihre Kongregation durch Simon gefährdet und schlossen ihn am 21. Mai 1678 aus; er wurde Pfarrer in Bolleville in der Diözese Rouen. Seine Ideen eilten seiner Zeit tatsächlich zu weit voraus, und er hatte alle Welt gegen sich, sowohl Bossuet als auch den Grand Arnauld und Protestanten, wie Vossius und Jurieu. Dennoch beharrte er auf seinen Ansichten. Die „Histoire critique du texte du Vieux Testament" wurde 1680 und 1685 in Holland neu aufgelegt. 1689 veröffentlichte Simon eine „Histoire critique du texte du Nouveau Testament", der weitere ähnliche Arbeiten und schließlich 1702 eine Übersetzung des Neuen Testaments folgten, die zu einem neuen Zwischenfall mit Bossuet führte. Dieser setzte den Kampf fort, aber er starb,

[11] Vgl. *J. Steinmann*, Richard Simon et les origines de l'exégèse biblique (Paris 1960); *P. Auvray*, Richard Simon d'après des documents inédits: Oratoriana 1 (1960) 46—68; *ders.*, Richard Simon après 1678: ebd. 6 (1962) 55—69; *ders.*, Richard Simon, Bossuet et l'abbé Bignon: ebd. 14 (1968) 89—103; *ders.*, Richard Simon et Jean Leclerc: ebd. 15 (1969) 26—42.

ohne seine „Défense de la tradition des Saints Pères" vollendet zu haben, in der er die exegetischen Methoden Richard Simons zurückweisen und die traditionellen Prinzipien rechtfertigen wollte. In der Tat folgte man Simon nicht in seinen zu dieser Zeit als allzu gewagt empfundenen Gedankengängen. Neben diesem genialen Vorläufer steht ein anderer Oratorianer, Bernard Lamy (1640—1715), ein gebildeter und geschickter Exeget und Freund Malebranches [12].

Die Entwicklung der Gelehrsamkeit zog jene der Geschichte nach sich, die nun aufhörte, eine literarische Komposition zu sein, um zu einer echten Wissenschaft zu werden. Die Bewegung hatte sich bereits seit Beginn des Jahrhunderts mit dem Historiker Eudes de Mézeray, dem Bruder des heiligen Jean Eudes, abgezeichnet, ihre eigentliche Entwicklung hatte sie jedoch erst nach 1630; Baronius stieß auf dem Gebiet der Kirchengeschichte in Frankreich auf Konkurrenten. Fast alle großen Spezialisten der historischen Theologie interessierten sich dafür, und Jean Morin, Petau und Thomassin schufen auf diesem Gebiet bedeutende Werke. Der wahre französische Baronius war jedoch ein Oratorianer, Charles Lecointe (1611—81), dessen „Annales ecclesiastici Francorum" von 1665 bis 1683 erschienen und acht Foliobände umfaßten. Lecointe hatte es klugerweise vermieden, die beiden ersten Jahrhunderte zu behandeln, um nicht gegen die Legenden angehen zu müssen, die den Ursprung einer großen Anzahl französischer Diözesen auf die Apostel zurückführten. In diesem Punkt machte jedoch das Beispiel der Bollandisten in Frankreich Schule, und zahlreiche Spezialisten versuchten nun, die Viten der Lokalheiligen auf ihre historische Wahrheit zu prüfen. In diesem Bereich schuf sich ein Doktor der Sorbonne, Jean de Launoy (1603—78), einen abschreckenden Ruf, der ihm den Übernamen „Nestausheber der Heiligen" eintrug. Er hatte den Mut, die Legenden der Provence über den heiligen Lazarus und die heilige Magdalena (1641), jene der Stadt Paris über den heiligen Dionysius (1641) und jene der Karmeliter über Simon Stock und das Skapulier anzugreifen, und sah sich deshalb heftigen Polemiken konfrontiert. Dennoch fand sein Beispiel Nachahmer: Die Benediktiner von Saint-Maur insbesondere zeichneten sich in diesen Forschungen aus, zu denen sie eine außerordentliche Zahl von Werken beitrugen. Mabillon nimmt darin durch den Umfang und die Qualität seiner Arbeiten den ersten Platz ein. Er verfaßte die „Acta sanctorum ordinis sancti Benedicti", an denen auch Dom Thierry Ruinart mitarbeitete und die zwischen 1668 und 1701 erschienen; weiterhin verfaßte er die „Annales ordinis sancti Benedicti" (1703/13) und legte die Grundregeln für Arbeiten auf diesem Sektor in seinem berühmten Werk „De re diplomatica" (1681) fest. Viele der Nachfolger und Schüler Mabil-

[12] Vgl. *F. Girbal*, Bernard Lamy, étude biographique et bibliographique (Paris 1964); *B. Lamy*, Entretiens sur les Sciences, hrsg. von *F. Girbal - P. Clair* (Paris 1966).

lons zeichneten sich in dem schwierigen Bereich der Lokal- und Provinzgeschichte aus. Später trug Dom Denys de Sainte-Marthe (1650—1725) von 1710 an Sorge für die Neuauflage und Fertigstellung der „Gallia christiana". Durch ihre thematische Weite und ihre Qualität fanden diese Werke in ganz Europa beträchtlichen Widerhall, und Ludwig XIV. selbst legte großen Wert darauf, daß ihm Mabillon vorgestellt werde. Auch Port-Royal schenkte der Wissenschaft einen seiner besten Vertreter in der Person eines seiner letzten Schüler, Sébastien Le Nain de Tillemont (1637—98)[13]. Trotz der kurzen Dauer seiner Arbeitsperiode ermöglichte ihm seine ungeheuere Arbeitskraft die Vollendung eines gewaltigen Werkes. Zu den sechs Bänden der „Histoire des empereurs" (1690/1738) kommen die sechzehn Bände der „Mémoires pour servir à l'histoire ecclésiastique des six premiers siecles" (1693/1712); sein Gesamtwerk zeugt von einer umfassenden Gelehrsamkeit und gleichzeitig auch von einer ungewöhnlichen wissenschaftlichen Strenge. Daneben lieferte Tillemont, dessen Gefälligkeit unerschöpflich war, die Dokumentation zu zahlreichen anderen Werken. Sacy, der die Aufgabe übernommen hatte, für den Dauphin, den Sohn Ludwigs XIV., eine Geschichte des heiligen Ludwig zu schreiben, an deren Durchführung ihn jedoch der Tod hinderte, hatte von Tillemont bewundernswerte Abhandlungen erhalten, die eine ungewöhnliche Kenntnis des Mittelalters bekunden. Diese Manuskripte blieben zunächst unveröffentlicht und wurden erst im 19. Jh. herausgegeben[14]. Den Maurinermönchen, denen Tillemont sehr nahestand, vermachte er seine gesamte Dokumentation zu Augustinus, aus der die Benediktiner eine Lebensgeschichte des heiligen Augustinus kompilierten und die sie dem 12. Band seiner Werke einfügten (1700). Daneben arbeitete er auch an den Väterbiographien des Jansenisten Godefroy Hermant (1617—90) mit, der die Viten der heiligen Athanasius (1671), Basilius und Gregor von Nazianz (1674) und Ambrosius (1678) verfaßte. In diesem Bereich ist schließlich noch das kostbare Werk eines anderen Oratorianers, Jacques Lelong (1665—1721), zu nennen, der eine „Bibliothèque historique de la France" (1719) veröffentlichte, die auch heute noch eine unerläßliche Quelle darstellt.

Der Cartesianismus und das religiöse Denken

Eine der Hauptursachen für die Ungnade, in die die Scholastik im 17. Jh. fiel, ist der Erfolg der cartesianischen Philosophie. Um ihre ganze Bedeutung zu ermessen, muß man das Vorhandensein einer freidenkerischen,

[13] Vgl. *B. Neveu*, Un historien à l'école de Port-Royal, Sébastien Le Nain de Tillemont (Den Haag 1966).

[14] Vie de saint Louis roi de France, par Lenain de Tillemont, hrsg. von *J. de Gaulle*, 6 Bde (Paris 1847/51).

skeptischen und bisweilen auch atheistischen Strömung in Frankreich berücksichtigen, deren Ursprünge in das 16. Jh. und möglicherweise noch weiter zurückreichen [15] und die sich auf Jean Bodin [16], Montaigne [17] und Pierre Charron [18] beruft. Im ersten Drittel des 17. Jh. zieht diese Strömung, vor allem in Paris, einen Großteil der gehobenen Gesellschaft an. Die Umgebung Gastons d'Orléans, des Bruders Ludwigs XIII., ist freidenkerisch, wie auch der Kreis um die berühmte Halbweltdame Ninon de Lenclos [19]. In diesen Zirkeln finden sich Dichter wie Théophile de Viau [20], Saint-Amant und Tristan; auch Cyrano de Bergerac gehört dazu. Aber auch Philosophen schließen sich an. Einer von ihnen ist François de la Mothe le Vayer, der Lehrer Monsieurs, des Bruders Ludwigs XIV. (1588—1672), der in seinem Traktat „De la vertu des païens" (1640) die Auffassung vertritt, daß — da die Heiden die gleichen Tugenden haben können wie die Christen — das Christentum überflüssig, wenn nicht gar verderblich sei. Zu dieser Gruppe ist vor allem zu zählen Pierre Gassendi, Kanonikus von Digne und Professor der Mathematik am Königlichen Kolleg (1592—1655), ein hervorragender Gelehrter, der vom Epikureismus geprägt ist [21]. Um sie versammeln sich die „libertins érudits", die gelehrten Freidenker, die in den gelehrten Zirkeln und sogar in dem berühmten Kabinett der Brüder Dupuy anzutreffen sind. Die Freidenkerei hält sich durch das ganze Jahrhundert: In der Zeit, da Ludwig XIV. unter dem Einfluß der Mme de Maintenon stand, zum Rückzug und zur Anonymität gezwungen, wird sie nach 1715 in der Umgebung des Regenten nachhaltiger denn je ihren Einfluß ausüben.

René Descartes (Kap. 18) selbst ist in keiner Weise ein Freidenker. Seine christliche Bildung ist tief, sein Glaube ernsthaft, und seine erstaunliche Verbundenheit mit dem Thomismus ist für die Entschlüsselung seines persönlichen Denkens von größerer Bedeutung, als man gemeinhin annimmt [22]. Es ist verständlich, daß er zu Beginn seiner Laufbahn von Bérulle ermutigt wurde. Als er seinen Essay über die rationale Beherrschung aller Wirklichkeit auf einer Methode des systematischen Zweifels aufbaute, hatte Descartes keine antichristliche Absicht und beschied sich damit, den alten

[15] Vgl. *F. Lachèvre,* Le libertinage au XVIIe siècle (Paris 1920).

[16] Vgl. *R. Chauviré,* J. Bodin auteur de la République (Paris 1928).

[17] Vgl. *P. Villey,* Montaigne et la postérité (Paris 1935).

[18] Vgl. *J. Sabrié,* De l'humanisme au rationalisme, Pierre Charron (Paris 1913).

[19] Vgl. *E. Magne,* Ninon de Lenclos (Paris 1925).

[20] Vgl. *A. Adam,* Théophile de Viau et la libre-pensée française en 1620 (Paris 1935).

[21] Vgl. *B. Rochot,* Les travaux de Gassendi sur Epicure et l'atomisme, 1619—1658 (Paris 1944); *R. Pintard,* La Mothe le Vayer, Gassendi, Guy Patin, études de bibliographie et de critique (Paris 1943).

[22] Vgl. *H. Gouhier,* Les premières pensées de Descartes, contribution à l'histoire de l'anti-Renaissance (Paris 1958); *C. Serrurier,* Descartes, l'homme et le penseur (Paris-Amsterdam 1951).

Traum einer totalen Erklärung der materiellen wie auch geistigen Wirklichkeit durch ein einziges Prinzip zu verfolgen. Aber der „Discours de la Méthode" (1637) kennzeichnet in jeder Hinsicht einen Wendepunkt im westlichen Denken. Durch seine Suche nach der durch eine scharfe und klare Logik angezielten Evidenz schuf er eine neue Art des Denkens, die sogar auf den religiösen Bereich übergreifen sollte und die schwerfällige und künstliche Dialektik der Scholastik hinter sich ließ, die aber auch durch ihre systematische Anwendung des Zweifels dem Skeptizismus der Freidenker Argumente lieferte. Der Erfolg des Cartesianismus war ungemein groß. Es war dies zwar in hohem Maß ein Erfolg in den gesellschaftlichen Salons, aber auch die besten Geister wurden von ihm berührt. Es ist zum Beispiel sehr interessant, zu sehen, wie verbreitet der Cartesianismus im Kreis von Port-Royal war[23]. Arnauld und Nicole hingen ihm an, ohne jedoch dem Augustinismus und Thomismus zu entsagen, und sie liefern zu diesem Problem einen äußerst wertvollen Beitrag mit der berühmten „Logique de Port-Royal" (1662), die wahrscheinlich Pascal sehr viel verdankt[24]. In Port-Royal wie auch in den weltlichen Zirkeln bewirkte der Cartesianismus ein lebhaftes Interesse für die Wissenschaften, insbesondere für Mathematik und Physik, und diese Vorliebe verbreitete sich auch unter den Intellektuellen im Klerus. Es ist zum Beispiel sehr aufschlußreich, daß ein frommer und bescheidener Beichtvater von Port-Royal, wie der aus der Auvergne stammende Antoine de Rebours (1595—1661), in seiner Bibliothek eine einmalige Sammlung wissenschaftlicher Werke besaß[25]. In Paris bildeten sich philosophisch-wissenschaftliche Zirkel. Einer der berühmtesten war der Kreis um Marin Mersenne (1588—1648), den Gründer einer blühenden Akademie, bei dem einige der größten Gelehrten dieser Zeit, darunter auch Roberval, verkehrten und dem als eines der ersten Mitglieder der Vater Pascals, Étienne Pascal, angehörte[26].

Auch Pascal (Kap. 3) verdankt dem Cartesianismus viel, wenngleich er sich nach seiner Bekehrung gegen ihn wandte. Pascal interessiert uns hier, insoweit er am Ursprung einer neuen christlichen Philosophie steht. Wir dürfen jedoch nicht vergessen, daß er keineswegs ein Philosoph sein wollte und seine Interessen nicht auf diesem Gebiet liegen. Er wollte bewußt ein Apologet sein und die christliche Religion gegen diese Freidenker verteidigen, die er besser als jeder andere im Verlauf seiner weltlichen Periode

[23] Vgl. *G. Lewis*, Augustinisme et cartésianisme à Port-Royal: Descartes et le cartésianisme hollandais (Paris-Amsterdam 1950) 131—182.

[24] Vgl. La logique ou l'art de penser, hrsg. von *P. Clair-F. Girbal* (Paris 1965).

[25] Vgl. *L. Cognet*, Antoine de Rebours, confesseur de Port-Royal, ami de la famille Pascal: Clermont, ville de Pascal (Clermont 1962) 219—229.

[26] Vgl. *R. Lenoble*, Mersenne ou la naissance du mécanisme (Paris 1943).

kennengelernt hatte [27]. In dieser Hinsicht reiht er sich in eine lange Tradition ein [28]. Seine Vorläufer sind hier der Jesuit François Garasse [29] und der Kapuziner Yves de Paris [30], aber diese vorpascalsche Polemik verfehlte durch ihre Schwerfälligkeit und Ungeschicklichkeit ihr Ziel. Pascal hatte am Tag nach dem Wunder des heiligen Dornes (24. 3. 1656) einige Gedanken über den Wert des Wunders notiert, aber erst 1657 den Plan gefaßt, sich gegen die Freidenker zu wenden, und hatte zu diesem Zeitpunkt begonnen, im Blick auf eine Apologie, Notizen zu sammeln. Sein Vorhaben hatte in Port-Royal einige Beunruhigung hervorgerufen, da man ihn dort nur als Amateur auf dem Gebiet der Theologie betrachtete; zudem war man in Port-Royal zwar in den Kontroversen gegen die Protestanten bewandert, hatte jedoch in der Polemik gegen die Freidenker noch keinerlei Erfahrung. Man bat also Pascal um einen Vortrag, in dem er seinen Plan genau darlegen sollte, und Pascal unternahm für diese Konferenz eine erste Ordnung seiner Notizen. Diese Zusammenstellung ist uns glücklicherweise bekannt und vermittelt uns die Denkweise Pascals zur Zeit dieser Darlegung, das heißt sehr wahrscheinlich um den Juni 1658. Die Krankheit Pascals, dann sein früher Tod hinderten ihn an der Fertigstellung seines Werkes, dem man übrigens in Port-Royal keine übergroße Bedeutung beizumessen schien. Aus Verehrung für das Andenken Pascals bestanden seine Schwester Gilberte und sein Freund, der Herzog de Roannez, darauf, daß man aus seinen hinterlassenen Papieren die „Pensées" zusammenstellte, die 1670 erschienen. Dies war jedoch nur eine Teilausgabe, deren Text überdies stark verändert war, und erst 1844 wurde der genaue und vollständige Wortlaut der Manuskripte Pascals den Lesern freigegeben. Die Ausgabe von Port-Royal hatte jedoch genügt, um die Aufmerksamkeit der Öffentlichkeit auf die Methode Pascals, auf den Reichtum seiner Sicht des Menschen und der Welt und auf die Tiefe seiner Analyse der conditio humana und christiana zu lenken. Aber es war nur ein begrenzter Erfolg: durch die Art und Weise, wie er den Verstand vor der Majestät eines dem Intellekt unbegreiflichen, dem Herzen jedoch erfahrbaren Gottes demütigt, stellte sich Pascal gegen den Rationalismus Descartes', der sich schließlich durchzusetzen vermochte: nur wenige verstanden im 18. Jh. die „Pensées", und es ist bekannt, daß sie Voltaire zur Zielscheibe seines Spottes machte.

Die öffentliche Meinung wirklich zu erreichen gelang nur jenen, die eine Synthese zwischen Cartesianismus und Christentum versuchten. Sie erwar-

[27] Vgl. *J. Mesnard*, Introduction à l'étude de Pascal mondain: Annales Universitatis Saraviensis 3 (1954) 76—94.

[28] Vgl. *Julien-Eymard d'Angers*, Pascal et ses précurseurs (Paris 1954).

[29] Vgl. *J. Lecler*, Un adversaire des libertins au début de XVIIe siècle, le P. Garasse: Études 209 (1931) 570—572.

[30] Vgl. *Julien-Eymard d'Angers* (C. Chesneau), Le P. Yves de Paris et son temps, 1590—1670, 2 Bde (Paris 1946).

ben sich damit Verdienste, da das Unternehmen nicht ohne Gefahr war. Tatsächlich hatte sich schon sehr bald in den offiziellen Kreisen eine Reaktion gegen die Verbreitung der Ideen Descartes' abgezeichnet. Es begann ein langer Kampf voller verwickelter und unerfreulicher Episoden. Seinen kritischen Punkt erreichte er am 1. September 1671, als nach der Heilig-Geist-Messe, die das Semester einleitete, die Beschlüsse der Sorbonne gegen die Lehre Descartes' verlesen wurden und der Dekan Morel ausführte, daß diese Verurteilung vor allem jene betreffe, die die materia prima und die formae substantiales leugneten. Die Öffentlichkeit machte sich über dieses Beharren der Sorbonne auf der längst überholten Scholastik lustig, und Boileau verhöhnte sie in seinem „Arrêt burlesque". Die Mehrzahl der Kongregationen jedoch, vor allem das Oratorium und die Gesellschaft Jesu, hielten es für klüger, in ihren Schulen jegliche des Cartesianismus verdächtige Lehre zu untersagen, auch unter Anwendung beleidigender Maßnahmen gegen einige Professoren. P. Lamy — sein exegetisches Werk haben wir bereits erwähnt —, der 1673 an die Philosophische Fakultät von Angers als Professor der Philosophie mit der Auflage, die traditionelle Lehre des Aristoteles und Thomas von Aquin zu lehren, berufen wurde, legte in seinen Vorlesungen verschiedene eindeutig procartesianistische Sätze vor; in der Folge eines undurchsichtigen Vorfalls wurde er nach Grenoble exiliert, hielt jedoch auch weiterhin an seinen cartesianischen Auffassungen fest.

Unter diesen Bedingungen kann man besser ermessen, was in einer ähnlichen Atmosphäre der gefaßte Mut eines Nicolas Malebranche (1638—1715), ebenfalls ein Oratorianer, bedeutet. Um ihn ganz zu begreifen, bedarf es zuerst einer Würdigung dessen, was er tatsächlich ist: ein bewundernswerter geistlicher Schriftsteller, der sich durch seine Metaphysik hindurch ausspricht [31]. Auch er ist ein Apologet, der aber vom Inneren ausgeht, der der Religion eine metaphysische und logische Kohärenz geben wollte, die in diesem Jahrhundert der Aufklärung gleichzeitig Geist und Herz überzeugen könnte. Seine kühne Identifikation der Vernunft mit dem göttlichen Wort vereint die Methode Descartes' mit den eigentlich augustinischen Prinzipien, und eben dies ist der Sinn der von ihm erstrebten Synthese. Cartesianer aus tiefster Überzeugung, überdenkt er von hier aus das religiöse Universum des Augustinismus. 1674 legte Malebranche die Grundlinien seiner Ideen in der „Recherche de la vérité" dar, die gerade zum Zeitpunkt der Ereignisse von Angers erschien. Sofort melden sich Gegenstimmen. Der sanfte Malebranche, von friedfertiger Erscheinung, offenbarte nun den wortgewaltigen Polemiker, der er bis zum Ende seines Lebens bleiben sollte, und erwiderte in den folgenden Ausgaben seines Werkes alle Angriffe, während seine weiteren Werke den Ausdruck seines Denkens

[31] Vgl. *A. Robinet*, Système et existence dans l'œuvre de Malebranche (Paris 1965).

auf ein immer höheres Niveau brachten; seinen Höhepunkt hat Malebranche wohl mit den „Méditations chrétiennes et metaphysiques" (1683) erreicht. Im Unterschied zur Apologetik Pascals fügte sich jene Malebranches in bewundernswerter Weise dem Geist des Jahrhunderts ein: daher ihr großer Erfolg, den die zahlreichen Neuauflagen seiner Werke beweisen. Diese Apologetik erbrachte ihm jedoch lebhafte Polemiken mit den Vertretern der alten Schule. Daneben verstrickt ihn sein „Traité de la nature et de la grâce" (1680) in eine lange Kontroverse mit dem Grand Arnauld, in der sich beide Teile nichts schuldig blieben. Das System, durch das Malebranche den Mechanismus Descartes' mit dem augustinischen Begriff der praedestinatio und der gratia efficax versöhnen wollte, war gewagt und neu; es zeigte jedoch zahlreiche schwache Punkte, und hier traf Malebranche in der Person des Grand Arnauld auf einen besonders gefährlichen Gegner, so daß der Kampf unentschieden blieb. Malebranche war sich dessen bewußt und plante noch lange nach dem Tod Arnaulds im Jahr 1712 eine Zusammenfassung aller seiner Erwiderungen an Arnauld. Bossuet seinerseits zeigte sich den Ansichten Malebranches gegenüber feindlich. Er beauftragte 1684 den jungen Fénelon, mit dem er zu dieser Zeit freundschaftliche Beziehungen unterhielt, eine „Réfutation du système du P. Malebranche" zu verfassen. Fénelon gehorchte; bei der Lektüre des Manuskripts erkannte Bossuet jedoch, daß diese allzu jugendlichen Stellungnahmen an der Oberfläche eines schwierigen Problems verblieben; die Arbeit Fénelons wurde nicht veröffentlicht. Trotz dieses Widerstands von verschiedenen Seiten vergrößerte sich der Ruf Malebranches immer mehr; die Problemkenner ganz Europas und vor allem Leibniz rechneten es sich zur Ehre an, Beziehungen mit ihm zu unterhalten [32] (vgl. Kap. 18).

Der Ruhm Malebranches hat für die Nachwelt zahlreiche, weniger bedeutende Cartesianer in den Schatten gestellt, die zur gleichen Zeit ähnliche Bemühungen unternahmen. Einige von ihnen sind jedoch auch heute noch von Interesse. Wir haben bereits P. Lamy erwähnt. Ihm an die Seite zu stellen ist der Oratorianer Nicolas Poisson (1637—1710), der Verfasser des sehr seltenen Werkes „Commentaires ou remarques sur la méthode de M. Descartes" (Vendôme 1671), das in der Geschichte des Cartesianismus eine bedeutende Rolle spielte; Clerselier schlug ihm vor, eine Biographie des großen Philosophen zu schreiben. Nicht zu vergessen ist der sehr interessante Géraud de Cordemoy (1626—84) [33], der von Malebranche und Leibniz geschätzt war. Dies sind jedoch nur die privilegierten Vertreter einer Bewegung, deren genaue Geschichte noch nicht geschrieben ist und die — zweifellos unbeabsichtigt — die Wege zum Rationalismus des 18. Jh. geebnet hat.

[32] Vgl. *A. Robinet,* Malebranche et Leibniz, relations personnelles (Paris 1955).

[33] Vgl. *G. de Cordemoy,* Œuvres philosophiques, avec une étude bio-bibliographique, hrsg. von *P. Clair-F. Girbal* (Paris 1968).

ZWEITER ABSCHNITT

Das Papsttum zur Zeit der französischen Hegemonie

Univ.-Professor Dr. Burkhart Schneider SJ, Rom

ALLGEMEINE BIBLIOGRAPHIE ZUR PAPSTGESCHICHTE

F. Bartolotti, La medaglia annuale dei Romani Pontefici da Paolo V a Paolo VI, 1605—1967 (Rimini 1967); *K. J. Beloch*, Bevölkerungsgeschichte Italiens, II. Die Bevölkerung des Kirchenstaates, Toscanas und der Herzogtümer am Po (Berlin ^{2}1965); *M. Brosch*, Geschichte des Kirchenstaates (Gotha 1882); Bullarum, Privilegiorum ac Diplomatum Romanorum Pontificum amplissima collectio, opera et studio *Caroli Cocquelines*, VI, 4 ff (Rom 1761); Bullarii Romani Continuatio, ed. *A. Barberi - A. Spetia* (Rom 1835 ff); Bullarum, Diplomatum et Privilegiorum Romanorum Pontificum Taurinensis ed., Bd. 16 ff (Turin 1869 ff); *A. Ciaconius - A. Oldoini - M. Guarnacci*, Vitae et res gestae Pontificum Romanorum et S. R. E. Cardinalium (Rom ^{4}1751); Collectio Lacensis: Acta et Decreta sacrorum conciliorum recentiorum I (Freiburg 1870); *H. Denzinger - A. Schönmetzer*, Enchiridion Symbolorum (Freiburg ^{32}1963) = *D*; Dizionario biografico degli Italiani I ff (Rom 1960); *I. v. Döllinger - F. H. Reusch*, Geschichte der Moralstreitigkeiten seit dem 16. Jh., 2 Bde (München 1889; Neudr. Aalen 1968); *A. P. Frutaz*, Le piante di Roma, 3 Bde (Rom 1962); *A. Haidacher*, Geschichte der Päpste in Bildern (Heidelberg 1965); *F. Heyer*, Die kath. Kirche vom Westfälischen Frieden bis zum ersten Vatikanischen Konzil (= Die Kirche in ihrer Geschichte. Ein Handbuch, von *K. D. Schmidt - E. Wolf* 4, Lieferung N 1. Teil) (Göttingen 1963); Hierarchia catholica medii et recentioris aevi, ed. *P. Gauchat - Ritzler - Sefrin*, IV—VI (Münster - Padua 1935/58); *Ch. Hollis*, The Papacy, an Illustrated History from St. Peter to Paul VI. (London 1964) (dt.: Urbi et Orbi. Das Papsttum und seine Geschichte, Bern - München 1964; wertvoll wegen der Illustrationen); Istituzioni finanziarie, contabili e di controllo dello Stato Pontificio dalle origini al 1870, ed. Ministero del Tesoro (Rom 1961); *L. Karttunen*, Les nonciatures apostoliques permanentes de 1650 à 1800 (Genf 1912); *A. Kraus*, Secretarius und Sekretariat. Der Ursprung der Institution des Staatssekretariats und ihr Einfluß auf die Entwicklung moderner Regierungsformen in Europa: RQ 55 (1961) 43—84; *Mansi; V. Mariani*, Le chiese di Roma dal XVII al XVIII secolo (Roma Christiana 5) (Bologna 1963); *L. v. Matt - H. Kühner*, Die Päpste. Eine Papstgeschichte in Bild und Wort (Würzburg 1963; sehr gute Papstporträtsammlung); *A. Mercati*, Raccolta di concordati (Rom 1919); C. *Mirbt*, Quellen zur Geschichte des Papsttums und des römischen Katholizismus (Tübingen ^{5}1934) (von der auf 2 Bde erweiterten Neuauflage ist bisher nur der 1. Bd erschienen); *V. Monachino* (Hrsg.), La carità cristiana a Roma (Roma Christiana 10) (Bologna 1967); *G. Moroni*, Dizionario di erudizione storico-ecclesiastica (Venedig 1840/61); *R.* u. *F. Silenzi*, 500 pasquinate (Mailand 1932); *Pastor* XIV/1—XVI/2; *H. Raab*, Kirche und Staat von der Mitte des 15. Jh. bis zur Gegenwart (München 1966); *L. v. Ranke*, Die römischen Päpste in den letzten vier Jahrhunderten (Werke 37—39, neu hrsg. von *F. Baethgen* 1953); Repertorium der diplomatischen Vertreter aller Länder; *A. v. Reumont*, Geschichte der Stadt Rom III (Berlin 1870); *F. H. Reusch*, Der Index der verbotenen Bücher (Bonn 1883/85); *L. J. Rogier*, Siècle des Lumières, Révolutions, Restauration (1715—1848) (Paris 1966); *G. Schreiber*, Das päpstliche Staatssekretariat: HJ 79 (1960) 175—198; *F. X. Seppelt*, Geschichte des Papsttums, V. Das Papsttum im Kampf mit Staatsabsolutismus und Aufklärung (München ²1959); *L. Wahrmund*, Das Ausschließungsrecht der katholischen Staaten ... bei den Papstwahlen (Wien 1888); *K. Walf*, Die Entwicklung des päpstlichen Gesandtschaftswesens in dem Zeitabschnitt zwischen Dekretalenrecht und Wiener Kongreß (München 1966); *M. Dell'Arco*, Pasquino statua parlante (Rom 1967); *R. A. Graham*, Vatican Diplomacy, A Study of Church and State on the International Plane (Princeton, N. Y. 1959).

Einleitung: Das Papsttum zur Zeit der Hegemonie Frankreichs

Der Westfälische Friede, mit dem die Religionskriege in Europa (abgesehen von England) ihr Ende gefunden hatten und mit dem die Hauptlinien der Konfessionskarte Europas bis zur Mitte unseres Jahrhunderts festgelegt waren, bedeutete auch für die Stellung des Papsttums eine gewisse Wende. Es hatte sich mit der faktisch gegebenen Situation abzufinden. Der der Kirche nicht selten zur Last gelegte Protest Innozenz' X. gegen die den kirchlichen Rechten widersprechenden oder abträglichen Bestimmungen der Friedensverträge, als ob der Papst dadurch den Friedensschluß hätte ablehnen und eine Fortsetzung des Krieges befürworten wollen, konnte nichts anderes als eine bloß formale Rechtsverwahrung sein, die dazu erst mit ziemlicher zeitlicher Verspätung in dem um fast zwei Jahre zurückdatierten Breve „Zelus Domus Dei" veröffentlicht wurde, so daß der Protest wirklich keine praktische Wirkung mehr ausüben konnte.

Der Ausgang des 30jährigen Kriegs bedeutete eine Stärkung der staatlichen Macht auch in kirchlichen Fragen und führte zum Ausbau eines sich immer mehr ausweitenden Staatskirchentums, das sich nach Ländern verschieden entfaltete, dem aber ein Zurückdrängen des römischen Einflusses gemeinsam war. Dagegen verlor das Papsttum in der darauffolgenden Periode in zunehmendem Maße an Ansehen und Einfluß auf das Geschehen. Als Ausdruck hierfür kann man die Beteiligung des Heiligen Stuhls an den Friedensverhandlungen der Zeit ansehen: während er bei dem Friedenskongreß in Münster durch seinen Legaten Chigi noch aktiv beteiligt war, fand der Vertreter des Papstes gegen Ende des Jahrhunderts kaum mehr Gehör, und im 18. Jh. wurden im allgemeinen die Entscheidungen zwischen den Mächten ohne den Papst und mitunter sogar gegen ihn getroffen.

Das Papsttum wurde somit in dieser Periode für die katholischen Mächte eher zum Objekt ihrer Politik, als daß diese noch durch den Papst hätte bestimmt werden können. Er stand jeweils innerhalb der bestehenden und andauernden Spannungen, die auf dem konstanten Gegensatz zwischen Frankreich und Habsburg einerseits und zwischen Frankreich und England anderseits beruhten. Das einzige Feld, auf dem noch eine gewisse Eigeninitiative dem Papsttum verbleiben konnte, war die Abwehr der noch immer andauernden Türkengefahr.

Die Papstwahlen wurden zumeist zu einem politischen Kräftespiel, in dem sich die Gruppen der französisch und der kaiserlich gesinnten Kardinäle gegenüberstanden und bei dem nur selten die „dritte Partei" der Unabhängigen — seit dem Konklave von 1655 wegen ihrer politischen Neutralität und der dadurch gegebenen Beweglichkeit „squadrone volante" genannt — eine Entscheidung fällen konnte. Der politische Druck auf die Papstwahlen hatte zur Folge, daß nicht selten ein Kompromiß gesucht werden mußte und daß mitunter Wahlen zustande kamen, die ohne jenen massiven Einfluß der Mächte undenkbar gewesen wären. Im allgemeinen gilt, daß kein Kandidat gegen den ausdrücklichen Willen des französischen Königs gewählt werden konnte, ohne daß aber deshalb immer zur eigentlichen Exklusive geschritten werden mußte, weil ja durch die von der Papstwahlordnung geforderte Zweidrittelmehrheit jeweils die Möglichkeit einer Sperrminorität gegeben war. Die durchschnittlich sehr lange Dauer der Papstwahlen in dieser Periode ist neben den technisch bedingten Verzögerungen — Langsamkeit der Nachrichtenübermittlung und Reiseschwierigkeiten — gerade auf diese politischen Interventionen zurückzuführen.

Ebenfalls wurden die Kardinalsernennungen jeweils eifersüchtig von den Regierungen daraufhin beobachtet, daß keine der Mächte irgendwie bevorzugt werde. Noch immer bestand das ungeschriebene „Recht" der katholischen Souveräne, eine Reihe von Kronkandidaten für die Kardinalswürde dem Papst vorzuschlagen, um mit diesen „Kronkardinälen" eine besondere Vertretung ihrer eigenen Interessen innerhalb des Kardinalskollegiums, vor allem für den Fall einer Papstwahl, zu haben. Der Nepotismus der vergangenen Periode kann noch immer nicht als überwunden gelten, auch wenn einige Päpste sich von dieser traditionell überkommenen Form der Regierungsweise und der Familienfürsorge ganz oder teilweise freihielten.

Innerkirchlich wurde die Stellung des Papsttums durch die eben um die Jahrhundertmitte aufkommenden und sich rasch ausbreitenden Spannungen, die bald zu eigentlichen internen Spaltungen führen sollten, auf dem Gebiet der Lehre und der Kirchendisziplin erschwert und gefährdet. Die Ideen des Gallikanismus und der jansenistischen Bewegung standen sich in ihrem Ursprungsland noch bis in das folgende Jahrhundert hinein gegensätzlich gegenüber. So kam es, daß die Stellungnahme des Heiligen Stuhls gegen die eine Richtung fast wie eine Parteinahme zugunsten der anderen Richtung ausgelegt wurde. Zweifelsohne ging der Kirche durch diese sich lang hinziehenden Lehrstreitigkeiten, die nicht mehr nur die Fachtheologen betrafen, sondern auf das kirchliche Leben selbst übergriffen, nicht wenig an Initiative und Kraft verloren (Kap. 2—4).

Ungefähr um die gleiche Zeit setzte die als Aufklärung bezeichnete Geistesbewegung ein, deren Bedeutung erst spät und, da man vor allem auf die negativen Auswirkungen achtete und nur den Angriff auf den Offenbarungsglauben sah, eigentlich ganz ungenügend von Rom erkannt wurde. Notwendigerweise verbreiterte sich dadurch die Kluft zwischen der den alten Denkformen verhafteten Kirchenleitung und der von England und Frankreich aus das ganze Abendland beeinflussenden neuen Geistigkeit, die bald über den engen Kreis der Gelehrten hinausgriff und zu einer allgemein übernommenen neuen Lebens- und Geisteshaltung bis in die bürgerlichen Kreise hinein führen sollte. Ihre Grundanliegen, wie die Forderung der kritischen Prüfung statt bloßer Autoritätsgläubigkeit oder der Gedanke der Toleranz und einer praktischen Humanität, wurden eher mit Mißtrauen und Ablehnung beobachtet, auch wenn sie von gemäßigten Vertretern der Aufklärung, wie es vor allem Leibniz war, und in bester Absicht vorgetragen wurden. Daß man dieser gegen die überkommenen Formen des kirchlichen Lebens mit Elan gerichteten Herausforderung nichts als eine gewisse starre Ablehnung entgegenzusetzen hatte, trug mit dazu bei, daß Kirche und Papsttum immer mehr als rückständig betrachtet wurden. Mehr noch als in anderen Ländern, wo gewisse Anliegen der neuen Geisteshaltung allmählich auch von kirchlichen Kreisen aufgenommen wurden und sich so etwas wie eine katholische Aufklärung herausbildete, mußte sich diese Einstellung in Italien und vorab im Kirchenstaat auswirken; hier war ja der Einfluß Roms unmittelbar zu spüren, und so konnten sich Entwicklungen, die anderswo möglich waren, innerhalb der Kirche nur unter großen Schwierigkeiten oder überhaupt nicht zu entfalten (Kap. 18).

Verhältnismäßig unberührt von der Aufklärung blieb das einfache Kirchenvolk, das sich seine Gläubigkeit bewahrte. Ein deutliches Zeichen hierfür ist die auffallend hohe Beteiligung der Gläubigen an den Volksmissionen, die in dieser Periode gerade in Italien eine neue Blüte erlebten. Vor allem waren es die beiden Segneri, Paolo d. Ä. (1624—94) und sein gleichnamiger Neffe (1673—1713), die einen eigenen beispielgebenden Missionsstil mit eindrucksvollen Elementen einer barocken, mitunter vielleicht etwas zu exaltierten Frömmigkeit (mit Bußprozessionen, öffentlichen Geißelungen und dramatischen Darstellungen) entwickelten. Neben dem religiösen Ertrag dieser neuen Seelsorgsmethode wurde schon von den Zeitgenossen der soziale Erfolg besonders anerkannt, wie er in der Beilegung der zahlreichen Familienfehden, der Blutrache und wirtschaftlicher Ungerechtigkeiten bestand. Eine ähnliche Bedeutung kommt dem Kapuziner Francesco Maria Casini (1648—1719) zu, der 14 Jahre lang Prediger am päpstlichen Hof war und mit erstaunlichem Freimut in seinen Predigten vor dem Papst auch die Schattenseiten in Klerus und Verwaltung des Kirchenstaates aufzeigte.

7. Kapitel

Die Päpste von Alexander VII. bis Clemens X.

LITERATUR: Alexander VII.: BullRom Cocq. VI 4; VI 5; VI 6, 1—161; BullRom (ed. Taur.) XVI, XVII 1—511; Hierarchia Catholica IV 32—35; D 447—455; *V. Kybal - G. Incisa della Rocchetta,* La nunziatura di Fabio Chigi (1640—51) (Rom 1943); La correspondance antijanséniste de Fabio Chigi, nonce à Cologne, plus tard Alexandre VII, hrsg. von *A. Legrand - L. Ceyssens* (Rom 1957); *S. Pallavicino,* La vita di Alessandro VII (neue Ausgabe) (Prato 1939/40); *Ciaconius* IV 707—778; *Pastor* XIV/1 301—524; *Seppelt* V 322—334; *P. Richard:* DHGE II 229—244; *K. Repgen:* LThK² I 318; *M. Rosa:* Dizionario Biogr. degli Italiani II 205—215; *L. Sandri:* Bollettino Senese di Storia Patria 68 (1961) 3—27; *F. Calley,* La physionomie spirituelle de Fabio Chigi d'après sa correspondance avec le P. Charles d'Arenberg, Fr. Mineur Capucin: MiscMercati V 451—476; *G. Incisa della Rocchetta,* Gli appunti autobiografici d'Alessandro VII nell'Archivio Chigi: Mélanges Tisserant VI 439—457; *Ae. Springhetti,* Alexander VII poeta latinus: AHPont 1 (1963) 265—294; *B. Cialdea,* Gli Stati Italiani e la pace dei Pirenei (Mailand 1961); *R. Darricau,* Louis XIV et le S. Siège. La négotiation du Traité de Pise (1664): Annuaire-Bulletin de la Soc. de l'Hist. de France 1964/65, 81—156; *Darricau,* Les indultes de nomination aux bénéfices consistoriaux: BLE 66 (1965) 16—34 107—131; *J. Rainer,* Rom und der Türkenkrieg 1663—1664: AcModena 6 (1964) 174—194; *A. Bastiaanse,* Teodore Ameyden (1586—1656). Un neerlandese alla corte di Roma ('s-Gravenhage 1967); *R. Wittkower,* Gian Lorenzo Bernini. The Sculptor of the Roman Baroque (London ²1966); *P. Marconi,* La Roma del Borromini (Rom 1968).

Clemens IX.: BullRom Cocq. VI 6, 162—369; BullRom (ed. Taur.) XVII 512—839; Hierarchia Catholica V 3—5; *Ciaconius* IV 779—796; *Pastor* XIV/1 525—610; *Seppelt* V 334—343; *G. Beani,* Clemente IX, Notizie storiche (Prato 1893); *R. Mols:* DHGE XII 1297—1313; *A. Cornaro:* LThK² II 1227; *G. Canevazzi,* Papa Clemente IX poeta (Modena 1900); *G. Beani,* Clemente IX e l'isola di Candia (Pistoia 1897); *Ch. Terlinden,* Le pape Clément IX et la guerre de Candie (Löwen - Paris 1904).

Clemens X.: BullRom Cocq. VII; BullRom (ed. Taur.) XVIII; Hierarchia catholica V 6—9; *A. de la Houssaye,* Relation du conclave de Clément X (Paris 1676); *Pastor* XIV/1 611—665; *Seppelt* V 344—346; *Ciaconius* V 1—104; *R. Mols:* DHGE XII 1313—26; *A. Cornaro:* LThK² II 1227; *E. Arizio,* Memorie sulla vita di Clemente X (Rom 1863); *Ch. de Bildt,* Christine de Suède et le Conclave de Clément X (Paris 1906); *ders.,* Christine de Suède et le Cardinal Azzolini, lettres inédites (Paris 1899).

Alexander VII. (1655—1667)

Nach dem Tode Innozenz' X. wollte Kardinal Mazarin, der Leiter der französischen Politik, die Wahl des bereits 1644 in Aussicht genommenen, aber damals von Spanien ausgeschlossenen Giulio Sacchetti durchsetzen, der wegen der ihm durch lange Zeit zufallenden, aber nicht ausreichenden Stimmenzahl (33) Kardinal Trentatre genannt wurde. Sacchetti verwandte sich aber persönlich bei Mazarin, um diesen für die von ihm zuvor abgelehnte Kandidatur Fabio Chigis zu gewinnen, der wegen seiner Tätigkeit auf dem Friedenskongreß von Münster (Westfalen) Frankreich zunächst nicht genehm war [1]. Mit Mazarins Zustimmung konnte Chigi aber dann am 7. April 1655 nach einem 80tägigen Konklave gewählt werden. Seinen Namen wählte er in Erinnerung an seinen Landsmann Alexander III.

Der neugewählte Papst, einer Sieneser Familie entstammend, die sich zwei Generationen zuvor in Rom als großzügige Förderin der Künste gezeigt hatte (Farnesina, Kapellen in S. Maria della Pace und S. Maria del Popolo), war von seinem Vorgänger nach 12jähriger Tätigkeit als Nuntius am Rhein 1651 zum Staatssekretär und im Jahr darauf zum Kardinal ernannt worden, verlor aber gegen Ende des Pontifikats Innozenz' X. infolge der von Olympia Maidalchini gegen ihn betriebenen Intrigen an Einfluß. War Alexander VII., gerade durch die Erfahrung dieser Mißstände beeindruckt, anfänglich entschlossen, mit der Praxis des Nepotismus ganz zu brechen, so gab er später dem Drängen der Diplomaten und auch einiger namhafter Kardinäle, wie Pallavicini, nach, die ihm nahelegten, seine Verwandten an den Hof zu ziehen und ihnen Regierungsaufgaben zu übertragen. Die zunächst vorgesehenen Sicherungen, die Mißstände verhüten sollten, erwiesen sich jedoch in der Folgezeit als ungenügend.

Von Beginn des Pontifikats an war das Verhältnis zur katholischen Vormacht Frankreich gespannt. War Chigi schon nicht der eigentlich von Mazarin gewünschte Papst, so wurde seine Regierung durch Probleme, die er von seinem Vorgänger zu übernehmen hatte, noch weiter belastet. So mußte sich die Anwesenheit des Kardinals de Retz (Jean-François Paul de Gondi) in Rom, der als Gegner Mazarins in Frankreich verhaftet worden war, aber im August 1654 fliehen konnte und gegen Ende jenes Jahres über Spanien nach Rom gekommen war, trotz aller Bemühungen des Papstes, zu einer tragbaren Lösung des Falles zu kommen, ungünstig auf die Beziehungen zu Frankreich auswirken. Außerdem waren unter Innozenz X. die Verhandlungen über die Bischofsernennungen in den neu zu Frankreich gekommenen Gebieten, die also nicht durch das Konkordat von 1516 geregelt waren, ins Stocken geraten. Schließlich sah Mazarin die Bemühungen des Papstes, einen Frieden zwischen Frankreich und Spanien zu vermitteln, nicht gern. Deshalb wurde Rom als Ort eines Friedenskongresses ausgeschlossen. Im März 1656 kam es zur Abberufung des französischen Gesandten beim Heiligen Stuhl. Die Friedensverhandlungen, die schließlich 1659 zum Pyrenäenfrieden und zur dynastischen Verbindung von Frank-

[1] Sehr scharf und wohl nicht ohne Übertreibung urteilt P. Richard: „Il est indéniable que Chigi a travaillé au congrès contre la France, et mis tout en œuvre pour faire échouer ses vues et ses prétentions. C'était peu répondre à un programme de médiation, et justifier par avance l'animosité dont le poursuivirent plus tard les hommes d'État français, Mazarin en tête ..." Immerhin gibt auch er zu: „Ce qui justifie l'attitude du nonce médiateur, c'est que les Français abandonnaient l'Église pour les protestants, ce que lui, agent de la papauté, ne pouvait, ne devait pas admettre" (DHGE 2, 235 f).

reich und Spanien (Heirat Ludwigs XIV. mit der Infantin Maria Theresia, der Tochter König Philipps IV.) führten, fanden unter bewußtem Ausschluß des Papstes statt. Im Friedensvertrag verpflichteten sich die beiden Mächte sogar, die Ansprüche der Este auf die Küstenstadt Comacchio und der Farnese auf Castro gegen den Heiligen Stuhl zu unterstützen.

Nach dem Tode Mazarins (9. 3. 1661) wurde die Spannung zwischen Frankreich und Rom eher noch stärker. Der 22jährige Ludwig XIV., überzeugt von seiner Würde und Macht und ganz im Geist der gallikanischen Ideen erzogen, suchte seine kirchenpolitischen Ansprüche unbedingt durchzusetzen. Die Entsendung des Herzogs von Créqui als Gesandten, der im Juni 1662 in Rom einzog, sollte, obwohl sie als Unterstützung der päpstlichen Defensivpolitik gegen die Türken von Alexander VII. begrüßt wurde (s. unten), zugleich auch eine Demonstration der Vormachtstellung Frankreichs sein. Wegen zeremonieller Fragen kam es zu Verstimmungen. Darüber hinaus beanspruchte der neue Gesandte die Immunität für die an den Palazzo Farnese angrenzenden Gebäude. Die Forderung dieser ausgedehnten „Quartierfreiheit" wurde zunächst zurückgewiesen. Nachdem es mehrfach zu Streitigkeiten zwischen dem Gefolge des Gesandten und den in der Nähe des Ponte Sisto kasernierten päpstlichen Soldaten aus Korsika gekommen war, ließen sich diese am 20. August 1662 dazu hinreißen, den Farnesepalast zu beschießen, wobei Créqui selbst in Lebensgefahr geriet, und die gerade in den Palast zurückkehrende Herzogin und ihre Begleitung zu belästigen. Trotz der sofort ergriffenen Maßnahmen der päpstlichen Verwaltung und der vom Papst ausgesprochenen Bereitschaft, Genugtuung zu leisten, zog sich Créqui nach Florenz zurück. Die französische Politik sah in dem Zwischenfall die günstige Möglichkeit, besondere Zugeständnisse auf kirchenpolitischem Gebiet durchzusetzen, und stellte deshalb immer größere Forderungen. Avignon wurde besetzt, und eine Aktion gegen den Kirchenstaat wurde vorbereitet. Unter diesem Druck wurde am 12. Februar 1664 der Vertrag von Pisa geschlossen. Alexander VII. mußte die demütigenden Bedingungen (u. a. die Errichtung einer Gedenkpyramide gegenüber der Kaserne mit einem Schuldbekenntnis, die erst nach mehr als vier Jahren — am 31. Mai 1668 — wieder abgetragen werden konnte) annehmen. In der Frage der Bischofsernennungen mußte sich der Papst ganz den Wünschen des französischen Königs fügen, der nun seinerseits Avignon zurückgab (Juli 1664) und, um ein weiteres Zeichen der Entspannung zu geben, im Mai 1665 den Herzog von Créqui abberief und an seine Stelle den Herzog von Chaulnes als Gesandten nach Rom schickte.

Die Haltung des Papstes gegenüber Frankreich war zugleich auch durch die Türkengefahr bedingt. Besonders war die zu Venedig gehörende Insel Kreta bedroht. Ein mit päpstlicher Unterstützung im Juli 1657 durchgeführter Entlastungsangriff gegen die Dardanellen blieb erfolglos und hatte den Verlust mehrerer Inseln im Ionischen Meer zur Folge. 1660 eroberten die Türken nach der Schlacht bei Klausenburg Großwardein. Auf das Hilfegesuch Kaiser Leopolds I. hin bemühte sich der Papst um eine Defensivliga, deren Zustandekommen jedoch ganz von Frankreich abhing. Die Verhandlungen, die der Herzog von Créqui führte, wurden durch den Zwischenfall mit den korsischen Soldaten unterbrochen. Für 1664 befürchtete man bereits einen Angriff der Türken auf Wien. Überraschenderweise sandte Ludwig XIV. im Sommer 1664 7000 Mann, mit deren Hilfe die Türken am 1. August 1664 bei dem Zisterzienserkloster St. Gotthard an der Raab entscheidend geschlagen werden konnten. Indessen wurde der Sieg nicht ausgenützt, da der Kaiser alsbald den Frieden von Eisenburg schloß, weil er der Fortdauer der Reichshilfe und auch der Unterstützung durch Frankreich nicht sicher sein konnte. Das nächste Angriffsziel der Türken war wiederum Candia. In den letzten Lebensmonaten richtete Alexander VII. noch einmal einen dringenden Appell an Ludwig XIV. und an die andern katholischen Fürsten, um sie zur Waffenhilfe an die Signoria von Venedig aufzufordern. Der Papst selbst bewilligte eine große Geldunterstützung und ließ die päpstlichen Galeeren ausrüsten. Die Gesamtausgaben für die päpstliche Flotte zur Türkenabwehr werden während des Pontifikats Alexanders VII. auf über anderthalb Millionen Scudi geschätzt.

Bei den Kardinalsernennungen hielt sich Alexander VII. an die überkommene Gewohnheit, vor allem Italiener zu berücksichtigen. Von insgesamt 38 Ernennungen bei sechs Promotionen wurden nur zweimal Ausländer — insgesamt je zwei Spanier und Deutsche und ein Franzose — ernannt. Die auffallende Bevorzugung der Sienesen wurde schon damals vermerkt. Überraschend ist die hohe Zahl der Reservationen „in petto" (im ganzen 17). Der Grund hierfür ist in dem Fehlen einer ausreichenden Dotierung für die Ernannten zu sehen. Die Erhebung wurde aber trotzdem vorgenommen, um die traditionelle Zahl 70 des Kardinalskollegiums aufzufüllen und damit Ansprüchen der katholischen Mächte auf Kronkardinäle zuvorzukommen. Unter den Ernannten sind vor allem zu nennen der Jesuit Pallavicino, dem Papst freundschaftlich verbunden und bekannt durch seine Geschichte des Trienter Konzils, der Bischof von Regensburg Franz Wilhelm zu Wartenberg, der mit Chigi auf dem Münsteraner Friedenskongreß zusammengearbeitet hatte, und Gregorio Barbarigo, Bischof von Bergamo und später von Padua, der mehrfach in den folgenden Konklaven der Wahl zum Papst nahekam.

In thematischem Zusammenhang mit der fortdauernden Auseinandersetzung mit dem Jansenismus (Kap. 3) stehen die Verurteilungen laxistischer Moralsätze, die 1665 und 1666 durch das Heilige Offizium erfolgten (D 2021—65). Ausgelöst wurden die Dekrete durch Zensuren der Universitäten von Löwen und Paris, die zum Teil wörtlich in die römischen Verurteilungen aufgenommen wurden. Wenn auch der Probabilismus nicht als System verworfen wurde, so bedeutet doch diese erste ausführliche Verurteilung „laxistischer" Sätze in Thesenform einen nicht geringen Erfolg der Gegner des Jesuitenordens, dem man eine laxe Moralauffassung zur Last legte.

Größtes Aufsehen erregten der Verzicht der Königin Christine von Schweden, der Tochter und Nachfolgerin Gustav Adolfs, auf den Thron und ihr Übertritt zur katholischen Kirche. Sicher entbehrt die Behauptung, die Konversion sei ohne eigentliche religiöse Überzeugung erfolgt und sei nur eine Flucht vor der dynastischen Verantwortung gewesen, jeglicher Begründung. Indessen sei dahingestellt, ob und inwieweit eine volle Einsicht in Glaubensfragen oder aber eine gewisse Abneigung gegen die Enge des orthodoxen Protestantismus, wie er damals in Skandinavien herrschte, und das Verlangen nach größerer geistiger Freiheit das entscheidende Motiv der Konversion gewesen sind [2]. Nach dem am 6. Juni 1654 ausgesprochenen Thronverzicht legte Christine am Weihnachtstag des gleichen Jahres in Brüssel im geheimen das katholische Glaubensbekenntnis ab, das sie am 2. November 1655 in Innsbruck öffentlich wiederholte. Kurz vor Weihnachten zog sie in feierlichem Triumphzug in Rom ein. Bezeichnend für die Situation ist die Mahnung des Papstes an die Kardinäle, dafür zu sorgen, daß die Konvertitin keinen Anstoß an ihrem Verhalten nehmen könne; er wisse nämlich aus seiner eigenen Tätigkeit in Deutschland, wie genau gerade die Nordländer die Römer beobachteten. Unüberlegte Geldausgaben Christines, politische Unklugheiten — vor allem das Bemühen um die Krone Neapels —, Mangel an Menschenkenntnis und ein kritisch-spöttisches Verhalten gegenüber Gebräuchen der römischen Volksfrömmigkeit führten zu Reibungen. Trotzdem ließ es Alexander VII. nie an Wohlwollen und Hilfsbereitschaft gegenüber der ehemaligen Königin fehlen. Die Schwierigkeiten nahmen ab, seitdem etwa ab 1660 Kardinal Azzolini größeren Einfluß gewann und vor allem den Hofstaat Christinens von unzuverlässigen Elementen säubern konnte. Abgesehen von zwei Aufenthalten in Frankreich und zwei Reisen nach Schweden wegen ihrer Apanage, blieb die ehemalige Königin in Rom, wo ihre Wohnung — zuerst auf dem Quirinal im Palast Mazarins und dann im Palazzo Riario auf dem rechten Tiberufer — zu einem Mittelpunkt des kulturellen Lebens in Rom wurde.

Eben für das kulturelle Leben Roms war der von Alexander VII. betriebene Ausbau der Universität der Sapienza von nicht geringer Bedeutung. Neue Lehrstühle, darunter einer für Kirchengeschichte, wurden errichtet und für eine entsprechende Bibliothek Sorge getragen, die nach ihrem Begründer Biblioteca Alessandrina genannt wird. Vor allem aber sind die auf Veranlassung des Papstes begonnenen und von Bernini durch-

[2] Vgl. zuletzt *S. Stolpe*, Königin Christine von Schweden (Frankfurt 1962); Queen Christina of Sweden. Documents and Studies, hrsg. von *M. von Platen* (Stockholm 1966); *C. Weibull*, Christina of Sweden (Göteborg 1966); *G. Masson*, Queen Christina (London 1968).

geführten Bauarbeiten im Vatikan zu nennen. Die sogenannte Cathedra Petri [3], ein einfacher Sessel aus Eichenholz, der im 9. Jh. mit antiken Elfenbeintäfelchen verziert worden war und bei der Liturgie von Petri Stuhlfeier am 22. Februar im Mittelalter Verwendung fand, sollte Mittelpunkt der noch leeren Apsis der Peterskirche werden. Der Entwurf Berninis, der vier Bronzestatuen der großen Kirchenlehrer vorsah, die die in eine Bronzeumhüllung einzuschließende Cathedra tragen sollten, fand die Billigung des Papstes, der den Fortgang der Arbeiten persönlich verfolgte. Gleichzeitig wurde die Anlage des Petersplatzes in Angriff genommen; wiederum war Bernini Planung und Ausführung übertragen worden. Nach dem ursprünglichen Plan, wie er aus der anläßlich der Grundsteinlegung am 28. August 1657 geprägten Medaille zu ersehen ist, sollte der Zwischenraum zwischen den beiden Kolonnadenhalbbögen von einer nur durch zwei verhältnismäßig schmale Zugänge getrennten Fortsetzung geschlossen werden. Gegen Ende des Pontifikats Alexanders VII. waren die Arbeiten erst zum Teil abgeschlossen. Im Zug der neuen Platzanlage ließ der Papst ebenfalls durch Bernini einen neuen Aufgang zur Sala Regia und zur Sixtinischen Kapelle bauen; diese Scala Regia war 1666 vollendet. Vier Jahre danach wurde dann in der Vorhalle das von Bernini geschaffene Reiterstandbild Konstantins d. Gr., das noch zur Zeit Alexanders VII. ausgeführt war, aufgestellt.

Clemens IX. (1667—1669)

In einem auffallend kurzen Konklave von nur achtzehn Tagen wurde Kardinal Giulio Rospigliosi am 20. Juni 1667 gewählt. Er hatte sich als Nuntius in Madrid das Wohlwollen Spaniens gewonnen, stand aber zugleich, ohne daß die Spanier davon wußten, bei Ludwig XIV. in Gunst. Für ihn waren außerdem auch die Kardinäle des „squadrone volante“ tätig, denen vor allem der Ausgang der Wahl zugeschrieben wurde. Unter Alexander VII. war er Staatssekretär gewesen. Gerühmt werden seine literarische Bildung und seine dichterische Begabung; eine Reihe von Dramen, die sich zum Teil an spanische Vorbilder anlehnen, wurden damals mit Erfolg aufgeführt. Die Wahl des Papstnamens Clemens ist durch die Wortbedeutung — und nicht wie in vielen anderen Fällen durch die Beziehung zu einem früheren Träger des gleichen Papstnamens — bestimmt. Eine der wenigen Medaillen seines kurzen Pontifikats trägt die Umschrift „Aliis non sibi clemens“. Sein schwächlicher Gesundheitszustand ließ von Anfang an nur eine kurze Regierungszeit erwarten.

[3] Vgl. *D. Balboni,* La Cattedra di San Pietro (Vatikan 1967); ein erster, vorläufiger Bericht über das Ergebnis der Untersuchungen, die eine von Paul VI. eingesetzte Kommission 1968/69 vornahm, s. in L'Osservatore Romano, Nr. 275 vom 28. 11. 1969, S. 3.

Neben dem zuletzt doch erfolglosen Versuch, die durch die jansenistische Bewegung hervorgerufenen und noch immer bestehenden Spannungen vor allem in Frankreich beizulegen, was durch den sogenannten Klementinischen Frieden hätte erreicht werden sollen (Kap. 3), bedeutete die Türkengefahr das Hauptproblem des Pontifikats. Wiederum war die Insel Kreta das erste Ziel des türkischen Angriffs. Sie hatten sich des größten Teils der Insel bereits bemächtigt und setzten zum Sturm auf die noch in venezianischem Besitz verbliebene Hauptstadt Candia (Megalo Castro) an. Auch Clemens IX. bemühte sich wie sein Vorgänger, eine gemeinsame Hilfsaktion der abendländischen Mächte zustande zu bringen. Vor allem versuchte er den im Mai 1667 durch den Einfall Frankreichs in den Spanischen Niederlanden ausgebrochenen Krieg zwischen Ludwig XIV. und Spanien (Devolutionskrieg) zu einem raschen Ende zu bringen. Die Vorschläge des Papstes und die Entsendung von außerordentlichen Nuntien in die Hauptstädte hatten kaum Erfolg. Dagegen bewirkte die politische Konstellation durch die Allianz zwischen Holland, England und Schweden, daß sich der französische König zu einem Verständigungsfrieden herbeiließ, in dem ihm die Eroberungen in den Niederlanden verblieben, während er die ebenfalls im Verlauf der Kriegshandlungen besetzte Franche-Comté wieder herausgeben mußte. Im Friedensvertrag von Aachen (2. 5. 1668) wurde freilich die Vermittlung des Papstes besonders hervorgehoben. Die Entfernung jener 1664 in Rom errichteten Schmähpyramide (vgl. oben S. 126) sollte die endgültige Versöhnung Frankreichs mit dem Heiligen Stuhl besiegeln. Mit dem Friedensschluß waren auch die Hoffnungen auf eine gemeinsame Hilfe für die Insel Kreta gestiegen. Die von den Mächten gegebenen Zusicherungen wurden jedoch zum Teil nicht eingehalten und waren überdies unzureichend. Auch das französische Hilfskorps, das im Sommer 1668 zahlenmäßig klein, im darauffolgenden Jahr jedoch bedeutend größer war, vermochte den Ausgang nicht aufzuhalten. Trotz der Überlegenheit zur See, die man aber nicht auszunützen verstand, mußte sich die Festung Candia am 6. September 1669 ergeben.

Clemens X. (1670—1676)

Noch wenige Tage vor seinem Tod am 9. Dezember 1669 hatte Clemens IX. sieben Kardinäle ernannt und damit das Kardinalskollegium auf die traditionelle Vollzahl von 70 gebracht. Das nun folgende Konklave sollte mit einer Dauer von über vier Monaten sich als schwierig erweisen. Unter den Quellen, die eine genaue Kenntnis der Vorgänge und Verhandlungen erlauben, ist vor allem der umfangreiche Briefwechsel zwischen Königin Christine und Kardinal Azzolini von besonderem Interesse. Zwei mögliche Kandidaten (D'Elce und Odescalchi) wurden durch den französischen

Widerstand, zwei andere aber (Vidoni und Brancaccio) durch die Opposition Spaniens praktisch von der Wahl ausgeschlossen. Vidoni war der von Azzolini und Königin Christine geförderte Kandidat. Die lange Dauer des Konklaves erregte große Mißstimmung und gab zu vielen Satiren Anlaß. Wie wohl nie zuvor gewannen die Gesandten der katholischen Mächte auf die Papstwahl Einfluß. Spanien und Frankreich einigten sich schließlich unter der Vermittlung Venedigs darauf, daß einer der Kardinäle, die von dem verstorbenen Papst Clemens IX. ernannt worden waren, gewählt werden sollte; dabei entschied man sich für den Lebensältesten der letzten Kreation, den 80jährigen Kardinal Altieri. Die Wahl erfolgte am 29. April 1670. Erst nach längerem Widerstreben nahm Altieri auf das Drängen der Kardinäle hin als Clemens X. die Wahl an. Das hohe Alter des Neugewählten brachte es mit sich, daß der Kardinalnepot Paluzzi-Altieri an Bedeutung gewann, so daß der Staatssekretär wiederum an Einfluß verlor. Während Clemens X. selbst auf Sparsamkeit drängte, konnte er nicht verhindern, daß sein Nepot sich durch seine Stellung zu bereichern wußte.

Der Pontifikat Clemens' X. wird vor allem durch die steigende Türkengefahr bestimmt. Angriffspunkt war 1672 Polen, das durch innere Wirren geschwächt war. Der Papst suchte den Kaiser und die katholischen Fürsten Deutschlands zu einer Defensivallianz zusammenzuführen und richtete sogar eine gleiche Bitte — wohl auf den Vorschlag der Königin Christine hin — an den König von Schweden Karl IX., der jedoch direkte Unterhandlungen mit dem Papst ablehnte. Umgekehrt suchte Rußland Unterstützung im Westen gegen die Türken und schloß mit Polen nach einem dreizehnjährigen Krieg ein Verteidigungsbündnis. 1673 hatte Johann Sobieski mit finanzieller Unterstützung des Papstes und mit einem persönlichen Beitrag des Kardinals Odescalchi ein eigenes Heer aufgestellt und zog den Türken entgegen, die er am 11. November am Dnjestr entscheidend schlug. Am Vorabend war der Polenkönig Michael Wiśnowiecki einer Krankheit erlegen. In den langen Verhandlungen um die Thronfolge traten der Papst und sein Nuntius Buonvisi entschieden für einen katholischen Kandidaten ein. Die von Rom im Verlauf der Verhandlungen vorgeschlagene Kandidatur des Papstnepoten Gaspare Altieri wurde jedoch vom Nuntius sofort als unmöglich abgelehnt. Weitaus gefährlicher waren jedoch die Bewerbungen des Brandenburgischen Hauses. Schließlich wurde am 20. Mai 1674 Johann Sobieski als König gewählt, dem im Sommer 1675 ein erneuter Erfolg gegen die Türken bei der Verteidigung der Stadt Lemberg gelang.

Gleichzeitig mit den Bemühungen des Papstes um eine Defensivallianz gegen die Türkengefahr bereitete Ludwig XIV. den Eroberungskrieg gegen Holland vor, das sich politisch hatte isolieren lassen. Von Frankreich wurde dieser Krieg als heiliger Krieg zur Wiederherstellung der katholischen Religion propagiert. Tatsächlich glaubte der Papst anfangs an diese Zielsetzung.

Lobbreven und Dankgottesdienste in Rom wegen der Siege der französischen Waffen zeigten die Wirkung der Propaganda. Die militärische Hilfe, die Kaiser Leopold I. den Holländern gewährte, wurde von Rom als Schwächung der Front gegen die Türken mißbilligt. Auch das Eingreifen Spaniens wurde vom Papst verurteilt. Etwa ab Sommer 1674 begann Clemens X. einzusehen, daß man ihn über den eigentlichen Sinn des Krieges gegen Holland getäuscht hatte. Dazu kam, daß Ludwig XIV. die päpstliche Friedensvermittlung auf jede Weise zu hintertreiben versuchte. Trotzdem wurden im Oktober 1675 drei außerordentliche Nuntien in die Hauptstädte Paris, Wien und Madrid zu vorbereitenden Friedensverhandlungen entsandt. Gleichzeitig wurde der Vertreter des Papstes für die eigentliche Friedenskonferenz bestimmt, ohne daß jedoch Ort und Zeit dafür bereits in Aussicht genommen waren. Wichtig ist die hierfür ausgearbeitete Instruktion, die die Entwicklung seit der Zeit des Westfälischen Friedens deutlich macht[4]. Während Chigi sich damals noch streng an die traditionellen Bestimmungen zu halten hatte und nur mit den katholischen Mächten in Beziehung treten durfte, sich aber von jedem Verkehr mit den von der Kirche Abgefallenen fernhalten mußte, wird jetzt dem Vertreter des Papstes gestattet, auch mit den Protestanten Verbindung aufzunehmen; er solle sie nicht durch kleinliche Rücksichten verletzen, und er könne auch um des europäischen Friedens willen Zugeständnisse machen. Indessen führten diese Vorbereitungen vorläufig noch zu keinem Ergebnis.

Der greise Papst wurde noch mehr als seine Vorgänger von den katholischen Mächten im Hinblick auf die Kardinalsernennungen bedrängt. Insgesamt ernannte Clemens X. neben fünfzehn Italienern nur fünf Kardinäle aus anderen Nationen, davon zwei Franzosen, je einen Deutschen, Spanier und Engländer. Vor allem war es Frankreich, das einen ständigen Druck ausübte. Insbesondere wollte Ludwig XIV. die Erhebung des Bischofs von Laon, César D'Estrées, zum Kardinal durchsetzen. Der König entsandte ihn als außerordentlichen Gesandten nach Rom, damit er selber seine Ernennung betreibe. Tatsächlich wurde D'Estrées am 24. August 1671 in petto zum Kardinal ernannt, war aber damit nicht zufrieden. Noch vor der Publizierung kam der Bruder des neuen Kardinals als Gesandter Frankreichs nach Rom. César blieb auf Weisung Ludwigs XIV. als französischer Kronkardinal ebenfalls an der Kurie. Beide Brüder betrieben die Ernennung weiterer Kandidaten des französischen Königs zum Kardinalat. Am 21. Mai 1675 kam es dabei zu einem schweren Zwischenfall. Der Herzog D'Estrées brachte in einer Audienz die ausstehenden Kardinalsernennungen zur Sprache, wobei er heftige Vorwürfe gegen Kardinal Altieri, den Papstnepoten, vorbrachte. Der Papst wollte durch ein Glockenzeichen das Ende der Audienz anzeigen, was der Gesandte zu verhindern suchte, indem er

[4] Der wichtigste Teil der Instruktion: QFIAB 15 (1913) 366 f Anm. 3.

die Hand des Papstes ergriff. Auch als Clemens X. erneut die Audienz beenden wollte, entfernte sich D'Estrées nicht. Schließlich drückte er den Papst, der nach einem dritten Glockenzeichen aufstehen wollte, in den Sessel zurück. Wenige Tage darnach ernannte der Papst sechs neue Kardinäle (seine letzte Kreation), unter denen kein Franzose war.

8. Kapitel

Innozenz XI.

LITERATUR: BullRom Cocq. VIII; BullRom (ed. Taur.) XIX; Hierarchia Catholica V 10—14; Epistolae ad principes, hrsg. von *J. J. Berthier* (Rom 1891/95); *F. de Bojani,* Innocent XI, sa correspondance avec ses nonces 1676—84 (Rom 1910/12); D 456—477; *S. Monti,* Bibliografia di papa I. fino al 1927, hrsg. von *M. Zecchinelli* (Como 1957); *Ciaconius* V 105—312; *Pastor* XIV/2 667—1043; *Seppelt* V 346—370; *P. Gini:* Biblioth. Sanctorum 7 (Rom 1966) 848—856; *G. Schwaiger:* LThK² V 693—695; *M. G. Lippi,* Vita, hrsg. von *G. Berthier* (Rom 1889); *C. Miccinelli* (Rom 1956); *G. Papasogli* (Rom 1956); *A. Latreille,* Innocent XI pape janséniste, directeur de conscience de Louis XIV: Cahiers d'histoire 1 (Grenoble 1956) 9—39; *J. Orcibal,* Louis XIV contre Innocent XI (Paris 1949); *B. Neveu,* Jacques II médiateur entre Louis XIV et Innocent XI: MAH 79 (1967) 699—764; *P. Blet,* I. et l'Assemblée du Clergé de France de 1682. La rédaction du Bref „Paternae Charitati": AHPont 7 (1969); *G. J. Philipps,* Das Regalienrecht in Frankreich (Halle 1873; Neudr. Aalen 1967); *F. Margiotta Broglio,* Il conflitto della Regalia: AcLincei Mem. 9 (1963) 173—232; *C. H. Gérin,* Louis XIV et le S. Siège (Paris 1894); *M. Dubruel,* La cour de Rome et l'extension de la Régale: RHEF 9 (1923) 161—176; *L. O'Brian,* I. and the revocation of the Edict of Nantes (Berkeley 1930); *A. Latreille,* La révocation de l'Édit de Nantes: Bull. de la Soc. de l'hist. du protestant. franç. 103 (1957) 229—236; *G. Fraknoi,* Papa I. e la liberazione dell'Ungheria del giogo ottomano (Florenz 1903); *A. Levinson,* Nuntiaturberichte vom Kaiserhof Leopolds I.: AÖG 106 (1918); *V. Thein,* Papst I. und die Türkengefahr im Jahre 1683 (Breslau 1912); *A. Posch,* Ein kaiserlicher Gesandtschaftsbericht aus Rom 1686: Festschr. Eder (Innsbruck 1959) 141—154; *V.-L. Tapié,* Europe et chrétienté: Gr 42 (1961) 268—289; *J. Stoye,* The Siege of Vienna (London 1964); Beatificationis et canonisationis ... Summarium. Testimonia, Documenta, Causae cursus (Vatikan 1943); Nova positio super virtutibus (Vatikan 1944); AAS 48 (1956) 754—759 762—778 (Seligsprechung).

Die Wahl Kardinal Odescalchis mußte als Überraschung erscheinen, nachdem er im vorausgehenden Konklave auf den entschiedenen Widerstand Frankreichs gestoßen war und seine Kandidatur zu Beginn dieses Konklaves von dem Nepoten des verstorbenen Papstes, Kardinal Altieri, dem Ludwig XIV. und sein Gesandter in Rom völlig ablehnend gegenüberstanden, im Verein mit den spanischen Kardinälen, also wiederum mit Gegnern Frankreichs, auffällig betrieben wurde. Auf eine entsprechende Mahnung D'Estrées hin, der mit der Exklusive drohte, falls die Wahl vor der Ankunft der französischen Kardinäle zustande kommen sollte, ging die Zahl der für Odescalchi abgegebenen Stimmen merklich zurück. Inzwischen hatte aber der französische Gesandte um die Zustimmung Ludwigs XIV. zur Wahl des ursprünglich abgelehnten Kandidaten gebeten. Die Kardinäle Chigi und Rospigliosi, beide dem französischen König genehm, unterstützten die Aktion, indem sie Odescalchi Ludwig XIV. nachdrücklich empfahlen. So kam es, daß er mit Zustimmung Frankreichs am 21. September 1676 einstimmig gewählt wurde, nachdem er am Tag zuvor nur acht Stimmen auf sich hatte vereinigen können.

In Erinnerung an den Papst, der ihn mit nur 34 Jahren 1645 zum Kardinal ernannt hatte, wählte er seinen Namen. Einer reichen Kaufmannsfamilie in Como entstammend, hatte Benedetto Odescalchi sich in der Verwaltung des Kirchenstaates unter Urban VIII. und Innozenz X. ausgezeichnet. Seine Mildtätigkeit, seine peinliche Gewissenhaftigkeit und seine religiöse Strenge waren allgemein anerkannt. Vor der Annahme der Wahl bestand er darauf, daß alle Kardinäle die von ihm selbst im vorausgegangenen Konklave vorgeschlagenen vierzehn Reformartikel unterschrieben[1]. Immer darauf bedacht, die Rechte der Kirche zu wahren und zu verteidigen, war er dem Rat anderer nur schwer zugänglich und konnte mitunter allzu starr auf seiner eigenen Ansicht beharren. Dazu kam, daß er nie außerhalb Italiens geweilt hatte und somit eine ungenügende Kenntnis der politischen Verhältnisse besaß. Während er ein ausgezeichneter Verwaltungsmann war und über ein besonderes Geschick in Finanzfragen verfügte, mangelte es ihm an Menschenkenntnis, und auch seine theologische Bildung schien ungenügend.

Innozenz XI. hielt sich von jeder Form des Nepotismus fern. Persönlich sparsam, brachte er die Finanzen des Kirchenstaats in Ordnung. Seine strengen, mitunter allzu pedantischen Anordnungen gegen jede Form von Luxus und zur Reform der öffentlichen Ordnung, die einige Male sogar zum Verbot aller Karnevalsveranstaltungen gingen, zogen ihm den Spott der Römer zu.

Besonders zwei Fragen waren es, die den Pontifikat Innozenz' XI. kennzeichnen. Neben dem ausführlicher zu behandelnden Einsatz für die Türkenabwehr war das während der ganzen Regierungszeit gespannte Verhältnis zwischen Papst und Frankreich das Hauptproblem. Ausgangspunkt war das sogenannte Regalienrecht, das der französische König uneingeschränkt für sich in Anspruch nahm. Seit dem Mittelalter hatte der König das Recht, in bestimmten Diözesen während einer Sedisvakanz frei werdende Pfründen zu vergeben (geistliche Regalie) und die bischöflichen Einkünfte zu verwalten (zeitliche Regalie), wobei seit Ludwig XIII. strenge Sorge getragen wurde, daß diese Erträgnisse nicht zweckentfremdet wurden. Das zweite Konzil von Lyon (1274) hatte eine weitere Ausdehnung dieses Rechts verboten, schien also stillschweigend das bis dahin bestehende Recht anerkannt

[1] Der Text der Reformartikel ist publiziert in *Bojani* I 31—37.

oder zumindest geduldet zu haben. Nachdem man schon früher mehrfach versucht hatte, dieses Regalienrecht auf andere Diözesen auszudehnen, verfügte Ludwig XIV. 1673 und 1675 — der das Regalienrecht für ein echtes Kronrecht hielt —, daß es in allen der französischen Krone unterworfenen Ländern zu gelten habe. Clemens X., der durch den Nuntius über diesen Erlaß informiert war, äußerte sich nicht. Fast alle französischen Bischöfe, zum Teil durch dieses Schweigen Roms beeinflußt, das als Billigung aufgefaßt werden konnte, unterwarfen sich dem königlichen Dekret. Nur die aus dem Jansenistenstreit bekannten Bischöfe Pavillon (von Alet) und Caulet (von Pamiers) widersetzten sich und appellierten, nachdem sie von ihren Metropoliten keine Unterstützung erfuhren, an den Papst. Daß Innozenz XI. die Berufung der beiden Bischöfe annahm, entsprach seiner grundsätzlichen Überzeugung, keine Rechte der Kirche schmälern zu lassen, war aber doch unter den gegebenen Umständen eine nicht ungefährliche Behauptung eines Prinzips in einer an sich eher nebensächlichen Frage. Der Papst wurde — gewiß zu Unrecht, aber verständlich wegen der Persönlichkeit der beiden Appellanten — als Freund der jansenistischen Bewegung angesehen. Die ohnehin schon gespannte Situation gegenüber Frankreich wurde dadurch noch unnötigerweise verschärft. In zwei Breven vom März 1678 und Januar 1679 mahnte der Papst den König, nicht seinen schlechten Ratgebern zu folgen, die ihn zur Ausdehnung des Regalienrechts und damit zur Verletzung der Rechte der Kirche verleitet hätten, sondern vielmehr sein Seelenheil im Auge zu haben. Ein drittes Breve, abgesandt im März 1680, war noch bestimmter gehalten. Der Papst warnte darin den König vor dem Zorn des Himmels, der sich auch darin zeigen könne, daß er ohne Nachkommen sterben werde. Ludwig XIV., dem man den Gedanken eines Nationalkonzils nahegelegt hatte, entschloß sich jedoch für eine unverbindliche Antwort. An der Kurie gab man dem Beichtvater des Königs, de la Chaize S. J., sowie seinem Mitbruder Maimbourg — zu Unrecht — die Hauptschuld an der Unnachgiebigkeit des Königs. Inzwischen hatte sich die französische Klerusversammlung des Jahres 1680 auf dessen Seite gestellt. Ludwig XIV. wollte Zeit gewinnen und regte Verhandlungen an, zu denen er Kardinal D'Estrées abordnete, der aber erst mit großer Verspätung im Frühjahr 1681 in Rom ankam, nachdem Innozenz XI. bereits in einem Konsistorium am 13. Januar 1681 eine scharfe Allokution gegen Frankreich gehalten hatte. Gleichzeitig aber erklärte sich die „Kleine Versammlung" des französischen Klerus unter der Leitung des Erzbischofs von Paris, Harlay, und des Erzbichofs von Reims, Le Tellier, für die Haltung des Königs in der Regalienfrage und schlug die Einberufung eines Nationalkonzils bzw. einer außerordentlichen Versammlung des französischen Klerus vor. Diese periodischen Klerusversammlungen hatten sich seit ihrem Beginn neben ihrer ursprünglichen Aufgabe als „Steuerparlament", das die an den König abzuführenden Abgaben der französischen Kirche zu beschließen hatte (don gratuit), immer auch mit anderen kirchlichen Fragen beschäftigt[2]. Im allgemeinen handelte es sich um Bemühungen, die der Reform und Förderung des kirchlichen Lebens wirklich dienten, auch wenn dabei immer auch das Selbstbewußtsein der gallikanischen Kirche mitbeteiligt erscheint, die ihre Sonderrechte und ihre Sonderstellung zu wahren bestrebt ist. Entsprechend der Bedeutung dieser Klerusversammlungen versuchten König und Regierung in steigendem Maße auf die Zusammensetzung der Versammlung Einfluß zu nehmen durch Empfehlungen oder auch durch eigentlichen Druck auf die Wahlkörperschaften der einzelnen Kirchenprovinzen. Auch bei der Vorbereitung der außerordentlichen Versammlung, die auf Oktober 1681 einberufen wurde, fehlte es nicht an solchen Maßnahmen, so daß die Versammlung, wiederum unter dem Vorsitz von Harlay und Le Tellier, ein willfähriges Instrument in der Hand der Regierung wurde. In der Regalienfrage stimmte die Versammlung mit dem König überein, daß es sich um ein ausschließliches Kronrecht handle; ganz allgemein wird festgestellt, daß der Herrscher in allen rein zeitlichen Dingen von der Kirchengewalt unabhängig sei. Längere Diskussionen erforderte die Kodifizierung der weiteren als „Gallikanische Freiheiten" bezeichneten Artikel, die schließlich von Bossuet formuliert wurden, der damit eine radikalere Fassung vermeiden wollte. Der König schrieb sie als allgemein verbindliche Lehre vor.

Die Nachricht von diesen Entschließungen der Klerusversammlung traf in Rom während der zwischen Papst und Kardinal D'Estrées geführten Verhandlungen ein, die daraufhin unterbrochen wurden. In seinem Breve vom 11. April 1682 wandte sich Innozenz XI. vor allem gegen die Klerusversammlung mit einer scharfen Zurückweisung unter möglichster Schonung des Königs. Die besondere Unzufriedenheit des Papstes richtete sich gegen den Beichtvater Ludwigs XIV., de la Chaize, dessen Einfluß aber überschätzt und dessen persönliche Haltung verkannt wurde[3]. Tatsächlich suspendierte Ludwig XIV. am 9. Mai die Klerusversammlung und erklärte sie Ende Juni für aufgelöst, um die ins Stocken gekommenen römischen Verhandlungen wieder in Gang zu bringen. Mit Rücksicht auf die immer dringender werdende Türkenfrage war Innozenz XI. zu einem vorläufigen Stillhalteabkommen bereit. Äußeres Zeichen der Entspannung sollte die Entsendung eines außerordentlichen Nuntius nach Frankreich sein, der nach der Geburt des ersten Sohnes des Dauphin als ein besonderes Zeichen des Wohlwollens, weil es sich nicht um die Geburt des Kronprinzen selbst handelte, die vom Papst gesegneten Windeln überbringen sollte. Der wichtigste

[2] Vgl. hierzu *P. Blet,* Le Clergé de France et la Monarchie. Étude sur les Assemblées Générales du Clergé de 1615 à 1666 (Rom 1959).

[3] Vgl. hierzu *G. Guitton,* Le Père de la Chaize, Confesseur de Louis XIV (Paris 1959); *P. Blet,* Jésuites Gallicans au XVIIe siècle?: AHSI 29 (1960) 55—84.

Zweck der Mission war aber, daß Angelo Ranuzzi Ludwig XIV. für den Türkenkrieg gewinnen und die Versöhnung Frankreichs mit dem Kaiser vorbereiten sollte. Die größte Schwierigkeit lag aber in der Frage der Besetzung vakanter Bistümer. Innozenz XI. verweigerte die kanonische Institution den vom König ernannten neuen Bischöfen, wofern diese an der Klerusversammlung von 1681/82 teilgenommen hatten, ohne die vier gallikanischen Artikel zu widerrufen.

Ludwig XIV. rechnete damit, durch seine Maßnahmen gegen die Hugenotten, die schließlich 1685 zur Aufhebung des Edikts von Nantes führten, sich die Anerkennung des Papstes sichern zu können, und erwartete ein Entgegenkommen Roms in der Regalienfrage. Innozenz XI. blieb aber sowohl wegen der gallikanischen Einstellung, die der Haltung gegenüber den Hugenotten zugrunde lag, als auch wegen der dabei angewendeten Gewaltmethoden, die der Papst ausdrücklich mißbilligte, dem König gegenüber reserviert.

Gleichzeitig mit diesem Konflikt zwischen dem Papst und Frankreich ergab sich in Rom eine neue Auseinandersetzung wegen der von den Gesandten beanspruchten Quartierfreiheit, die hinsichtlich der geforderten Immunität und einer ausgedehnten Zollfreiheit, die zu Handelsgeschäften größeren Stils führte, einen immer größeren Umfang anzunehmen drohte. Innozenz XI. war vom Anfang seines Pontifikats an entschlossen, den Mißbräuchen ein Ende zu setzen. Nachdem Spanien erklärt hatte, auf die Quartierfreiheit verzichten zu wollen, wenn auch die anderen Mächte dasselbe täten, diese Zustimmung aber nicht erreicht werden konnte, erklärte der Papst, bei einem Gesandtenwechsel keinen neuen Gesandten zu empfangen, wenn er nicht zuvor auf die Quartierfreiheit Verzicht geleistet habe. Zuerst mußte Venedig nachgeben. Dann folgte 1682 nach längerem Widerstreben Spanien. Nach dem Tod des französischen Gesandten D'Estrées (30. 1. 1687) ließ der Papst Frankreich wissen, daß ein neuer Gesandter nur unter der genannten Bedingung empfangen werden könne. Vermittlungsvorschläge wurden von Innozenz XI. abgelehnt. Der neue Gesandte de Lavardin zog im November mit großem Gefolge in Rom ein. Da er als von den Sanktionen der Bulle „In Coena Domini" betroffen angesehen wurde, erhielt er die Audienz, um die er angesucht hatte, nicht. Gleichzeitig wurde dem französischen König durch den Nuntius mitgeteilt, daß die Zensuren der Bulle auch ihn betreffen. Zum offenen Konflikt kam es am 24. Dezember 1687, als de Lavardin zur Mitternachtsmesse in die französische Nationalkirche S. Luigi dei Francesi einzog. Er erhielt dort den dem Gesandten zustehenden Ehrenplatz und empfing während der Messe die heilige Kommunion, worauf der Papst das Interdikt über die Kirche verhängen ließ.

Die Spannung wurde verschärft durch den Streit um die Frage der Ernennung eines Koadjutors für Köln bzw. — nach dem unvorhergesehenen

Tod des Kölner Kurfürsten Maximilian von Wittelsbach — der Bestätigung der Wahl des Nachfolgers. Beide Kandidaten, der Kardinal Wilhelm von Fürstenberg, Bischof von Straßburg, als Kandidat Ludwigs XIV. und der erst 17jährige Klemens von Bayern als Kandidat des Kaisers, benötigten eine Dispens des Papstes. Die Wahl selbst führte zu keinem Ergebnis. Trotz der Drohungen des französischen Königs ernannte Innozenz XI. den Wittelsbacher, wodurch im September 1688 der Krieg zwischen Frankreich und dem Kaiser ausgelöst wurde. Versuche eines Übereinkommens, für die sich Jakob II. von England bemühte, endeten ergebnislos. Im April 1689 wurde de Lavardin aus Rom abberufen, ohne daß er vom Papst empfangen worden war. Im Mai verließ der Nuntius Ranuzzi Paris, nachdem er seit Oktober 1688 unter Aufsicht gestanden war.

Parallel zu dem Konflikt mit Frankreich und teilweise sich wechselseitig bedingend gingen die Bemühungen des Papstes für die Türkenabwehr. Hier ist die größte Leistung des Pontifikats zu sehen, und mit Recht weist die Darstellung des Grabmonuments Innozenz' XI. in St. Peter gerade auf diese Aktivität hin.

Fast gleichzeitig mit dem Pontifikatsbeginn Innozenz' XI. hatte Kara Mustafa als Großwesir die Leitung der türkischen Politik übernommen, womit die Gefahr einer neuen Großoffensive verstärkt wurde. Vor allem um dieser Gefahr zu begegnen und eine wirksame Abwehr zu gewährleisten, setzte sich der Papst für eine Beilegung des Krieges zwischen Frankreich und dem Kaiser ein und entsandte einen Legaten zum Friedenskongreß in das protestantische Nimwegen. Es war das erste Mal, daß ein päpstlicher Vertreter nach der Glaubensspaltung holländischen Boden betrat. Wegen Protokollschwierigkeiten — die Vollmacht des päpstlichen Vertreters mißfiel Frankreich, da nach feststehendem Brauch nur der Kaiser namentlich genannt war, während die anderen Herrscher zusammen genannt wurden — konnte der Legat Bevilacqua die Friedensverträge nicht unterschreiben, und die päpstliche Vermittlung fand überhaupt keine Erwähnung. Für die Katholiken, die in protestantischen Gebieten lebten, waren die Friedensbedingungen besonders ungünstig. Entgegen den Erwartungen des Papstes tat Ludwig XIV. nichts zugunsten der katholischen Religion.

Trotz des erreichten Friedensschlusses konnte Innozenz XI. sein Hauptziel einer Defensiv- und Offensivallianz gegen die Türken nicht erreichen. Im Osten scheiterten die Bemühungen an dem Mißtrauen, das zwischen Polen und Rußland bestand. Hinzu kam die zunächst frankreichfreundliche Politik des Königs Sobieski, der die gegen Kaiser Leopold I. aufständischen Ungarn entgegen den ständigen Mahnungen des Papstes unterstützte und sie in Polen Truppen anwerben ließ. Ludwig XIV. erklärte sich bereit, als Gegenleistung durch seinen Vertreter in Konstantinopel dafür Sorge zu tragen, daß Polen nicht von den Türken angegriffen werde, und sagte für den Fall eines doch erfolgenden Angriffs seine Hilfe zu. Auf dem Reichstag von 1680 zerschlugen sich die erneuten Versuche einer Liga mit dem Kaiser, wie es auch 1681 dem französischen Einfluß noch einmal gelang, eine Entscheidung des polnischen Reichstags zugunsten der Türkenallianz zu verhindern. Trotzdem wurde Innozenz XI. nicht müde, seinen Plan einer großen Offensive gegen die Türken zu verfolgen, nach dem Frankreich von See her den vom Kaiser und vom polnischen König zu Lande vorzutragenden Angriff unterstützen sollte. Es ist im Grund der gleiche Plan, den seinerzeit fünfzehn Jahre zuvor der junge Leibniz dem Sonnenkönig vorgetragen hatte[4]. Tatsächlich aber ließ Ludwig XIV. die Pforte wissen, daß er Polen und Venedig im Fall eines Angriffs Beistand leisten werde, daß aber der Kaiser nicht auf seine Unterstützung rechnen könne. Durch diese Zusicherung einer wohlwollenden Neutralität im Fall eines Angriffs gegen den Kaiser und durch den Aufstand Thökölys in Ungarn wurde Kara Mustafa in seinem Angriffsplan gegen Österreich bestärkt. Anderseits führte diese unmittelbare Bedrohung zu einem Umschwung in der polnischen Politik und zum Abschluß der Defensivallianz mit dem Kaiser (April 1683). Der Papst wendete etwa anderthalb Millionen Gulden für Subsidien auf, von denen etwa zwei Drittel dem Kaiser zukamen. Am 14. Juli war die Einschließung Wiens vollendet, das von Rüdiger von Starhemberg verteidigt wurde, nachdem der Kaiser mit dem Hof kurz zuvor nach dem Westen geflohen war. Der entschlossene Mut der zahlenmäßig schwachen Besatzung Wiens sowie taktische Fehler der Türken bei ihren Angriffen zogen die Belagerung in die Länge, bis buchstäblich im letzten Augenblick das Entsatzheer, bestehend aus österreichischen, polnischen und bayerischen Truppen unter dem nominellen Oberbefehl Sobieskis, dessen Ansprüchen sich Kaiser Leopold I. gefügt hatte, heranrückte. Dieses Heer schlug am 12. September 1683 die Türken in die Flucht. Die Befreiung Wiens war vor allem den Bemühungen Papst Innozenz' XI. zu verdanken.

Trotz der Siege der Verbündeten bei Ofen und der Eroberung von Gran im Oktober des gleichen Jahres kam die Allianz infolge der erneuten Annäherung Sobieskis an die ungarischen Aufständischen und wegen der Versuche Ludwigs XIV., Polen wiederum an Frankreich anzuschließen, in Gefahr. Dem Papst aber gelang die Aufrechterhaltung des Bündnisses, dem sich im Januar 1684 auch Venedig anschloß, nachdem die fünf Jahre zuvor wegen der Quartierfreiheit abgebrochenen Beziehungen zwischen der Serenissima und dem Heiligen Stuhl wiederhergestellt waren. Die „Heilige Liga" verpflichtete sich, ihre Truppen nur gegen die Türken einzusetzen; der Kriegsplan sollte jährlich aufgestellt werden, und keine der Mächte sollte ohne Zustimmung der anderen Verbündeten Verhandlungen aufneh-

[4] Projet d'expédition d'Égypte présenté à Louis XIV: Œuvres de Leibniz (hrsg. von *A. Foucher de Careil*) V (Paris 1864).

men. Wiederum gefährdete die Expansionspolitik Frankreichs die Wirksamkeit des Bündnisses, da im Mai 1684 Genua, das sich nicht den Wünschen Frankreichs beugen wollte, durch eine französische Flotte zerstört und Luxemburg von französischen Truppen erobert wurde. So konnten die Operationen der Liga im Jahre 1684 erst spät beginnen und führten mit der vergeblichen Belagerung von Ofen nur zu geringen Erfolgen. Nicht zuletzt auf das Drängen des Papstes kam es schließlich 1686 zu einem Friedensschluß zwischen Polen und Rußland und zum Abschluß eines Bündnisses gegen die Türken. Die Erfolge der folgenden Jahre waren vor allem Österreich und den Reichstruppen zu verdanken, während Sobieski untätig verharrte. Die Offensive des Kaisers gegen die Türken kam jedoch 1688 mit dem Beginn des dritten französischen Eroberungskriegs zum Halt. Neben der bedeutenden Finanzhilfe — allein dem Kaiser waren etwa fünf Millionen Gulden aus der Apostolischen Kammer zugewiesen worden — war es vor allem die unermüdliche Aktivität des Papstes, die die Allianz gegen die Türken zustande gebracht hatte und sie wenigstens einigermaßen zusammenhielt.

In der Leitung der Kirche war Innozenz XI. äußerst streng und versuchte, vor allem im Klerus und bei den Orden, die kirchliche Disziplin völlig wiederherzustellen, wobei er sich aber mitunter in Kleinigkeiten verlor. Seine fast an Skrupulosität grenzende Gewissenhaftigkeit zeigte sich gerade auch bei den Kardinalspromotionen. Während seines Pontifikats entschloß er sich nur zu zwei Ernennungen. Die erste mit sechzehn neuen Kardinälen umfaßte nur Italiener (1681), was zu einem Protest Frankreichs führte. Bei der zweiten Promotion (1686) waren es neben wiederum sechzehn Italienern elf Ausländer, davon vier Deutsche — unter denen aber der Bischof von Straßburg, Egon von Fürstenberg, war, der auf der Seite Ludwigs XIV. stand.

Innerkirchlich war die Einstellung Innozenz' XI. durch seinen betonten Widerstand gegen jegliche Form des Gallikanismus bestimmt. Gegner der gallikanischen Ideen fanden beim Papst Verständnis und eine nicht immer taktisch kluge Unterstützung. So erklärt es sich, daß manche Entscheidungen und Handlungen des Papstes als Parteinahme zugunsten der jansenistischen Bewegung aufgefaßt wurden, weil gerade deren Anhänger in Frankreich sich besonders entschieden gegen den Gallikanismus des Königs stellten. Hinzu kam, daß die offensichtliche Strenge des Jansenismus und seine Betonung der kirchlichen Disziplin dem persönlichen Charakter des Papstes entsprachen und daß er in dem vor allem von den Jesuiten, also von den entschiedenen Gegnern des Jansenismus, vorgetragenen Moralsystem des Probabilismus die Gefahr einer Entwicklung zum Laxismus sah. Schon zu Beginn des Pontifikats wurden von einer kleinen Gruppe französischer Bischöfe, unter denen wiederum Pavillon von Alet aufscheint, eine Verurteilung von Moralsätzen beim Papst angeregt. Ihre Agenten in Rom, zuerst Possion, dann der Abbé von Pontchâteau und darnach Louis de Vaucel, konnten sich dort einen nicht geringen Einfluß erwerben. Gleichzeitig versuchte die Universität Löwen eine ähnliche Verurteilung zu erwirken. Tatsächlich erfolgte sie 1679 durch ein Dekret des Offiziums (D 2101 bis 67). Innerhalb des Jesuitenordens suchte Tyrsus González da Santalla den Probabilismus zurückzudrängen und erhielt 1680 für sein Moralsystem des Probabiliorismus die päpstliche Billigung (D 2176—77). Daß er dann 1689 zum Ordensgeneral gewählt wurde, war eine späte Folge dieses Wohlwollens Innozenz' XI., welcher der zur Audienz erschienenen Generalkongregation des Ordens deutlich zu verstehen gab, wen er als Obern der Gesellschaft Jesu wünschte.

In Italien vor allem hatte sich seit etwa der Mitte des Jahrhunderts eine quietistische Richtung verbreitet. Aus einer Intensivierung des persönlichen religiösen Lebens und besonders des beschaulichen Gebets führte diese Bewegung zu einer ausschließlichen Betonung des Gnadenwirkens unter Ausschaltung des eigenen Tuns, die bis zur völligen Passivität des Menschen gehen sollte. In Rom wurde der spanische Priester Miguel Molinos Mittelpunkt eines großen Kreises, zu dem neben bedeutenden Laien auch viele Geistliche, darunter auch der Kardinal Odescalchi, gehörten. Mehr noch als durch sein erstmals 1675 in Rom erschienenes Buch „Guía espiritual", das an sich noch in unverfänglichem Sinne ausgelegt werden konnte, übte er seinen Einfluß durch eine rege briefliche Seelenführung aus. Die römische Inquisition hat, als sie sich mit Molinos befaßte, etwa 12 000 solcher Briefe ermittelt und vor allem aus ihnen die quietistischen Lehren zusammengestellt. Die ersten Bedenken gegen Molinos und seine Lehre wurden von Jesuiten vorgetragen. 1680 erschien von Paolo Segneri d. Ä. eine Schrift über das betrachtende Gebet, die aber von der Inquisition verboten wurde. Indessen verstärkten sich die Bedenken gegen Molinos' Lehre. 1682 ließ das Heilige Offizium durch den Kardinal Hieronymus Casanate eine Instruktion für die Beichtväter ausarbeiten (D 2181—92), von der allerdings nicht feststeht, ob sie wirklich veröffentlicht wurde. Molinos wurde 1685 in das Inquisitionsgefängnis eingeliefert, und seine Schriften wurden beschlagnahmt. Innozenz XI., der ja selbst früher Molinos besonders geschätzt und noch 1686 den ähnliche Gedanken vertretenden Pier Matteo Petrucci zum Kardinal ernannt hatte, gab erst nach längerer Zeit die Erlaubnis zum förmlichen Prozeß, der 1687 abgeschlossen wurde. Aus ursprünglich 263 Sätzen wurden 68 verurteilt (D 2201—68), von denen dreizehn der von Molinos der Inquisition vorgelegten Verteidigungsschrift entnommen sind (D 2241—53). Molinos wurde zu lebenslänglichem Gefängnis verurteilt; er starb 1696. Gegen Kardinal Petrucci wurde eine Untersuchung durchgeführt; er mußte vor dem Papst Widerruf leisten. Innozenz XI. trat aber für eine milde Behandlung ein, und Petrucci behielt alle Rechte als Kardinal und als Bischof von Jesi.

Als am 19. April 1689 Königin Christine von Schweden starb, ordnete der Papst für sie ein feierliches Begräbnis in St. Peter an, bei dem alle Kardinäle anwesend waren. Kurz darnach verschlimmerte sich das Befinden des schon seit Jahren an schmerzhaften Krankheiten leidenden Papstes, der am 12. August im Quirinalspalast starb.

Vom römischen Volk bald nach dem Tod als Heiliger verehrt, wurde Innozenz XI. erst von Pius XII. 1956 seliggesprochen[5]. Der schon von Clemens XI. begonnene Prozeß wurde vor allem durch den Widerspruch der französischen Regierung aufgehalten, die den fast den ganzen Pontifikat durchziehenden Konflikt des Papstes mit Ludwig XIV. offensichtlich nicht vergessen konnte.

9. Kapitel

Die Päpste von Alexander VIII. bis Clemens XI.

LITERATUR: Alexander VIII.: BullRom Cocq. IX 1—101; BullRom (ed. Taur.) XX 1—167; D 478—484; Hierarchia Catholica V 15—17; *Ciaconius* V 313—386; *Pastor* XIV/2 1045—1072; *Seppelt* V 370—374; *P. Richard:* DHGE II 244—251; *K. Repgen:* LThK² I 318 f; *A. Petrucci:* Dizionario Biografico degli Italiani II 215—219; *S. v. Bischoffshausen,* Papst A. und der Wiener Hof (Wien 1900); *J. Bignami Odier,* Les collections d'un pape juriste: StG 13 (Bologna 1967) 257—272; *S. Tramontin,* Recenti studi su S. Gregorio Barbarigo: Boll. Ist. Storia Venezie 3 (1961) 331—348; *S. Serena,* Gr. Barbarigo (Padua 1963); *S. La Sorsa,* Pasquinate contro i cardinali: Zagaglia 5 (Lecce 1963) 54—73.

Innozenz XII.: BullRom Cocq. IX 102—547; BullRom (ed. Taur.) XX 168—947; D 484—488; Hierarchia Catholica V 18—22; *Ciaconius* V 389—542; *Pastor* XIV/2 1073—1166; *Seppelt* V 374—381; *G. Schwaiger:* LThK² V 695; *M. de Forbin,* Le cardinal de Forbin-Janson à Rome, le conclave d'I.: Rev. d'Hist. diplom. 38 (1924) 132—213; *H. Raab,* Finalrelation des Kölner Nuntius Paolucci: RQ 55 (1960) 129—156.

Clemens XI.: BullRom Cocq. XI 1; XI 2, 1—182; BullRom (ed. Taur.) XXI 1—866; Bullarium 3 Teile in 1 Bd (Rom 1723); Clementis XI opera omnia (Frankfurt 1729); Epistolae et brevia selectiora, 2 Bde (Rom 1724); D 488—498; Hierarchia Catholica V 22—32; *L. Jadin,* L'Europe au début du XVIIIe siècle. Correspondance du Baron Karg de Bebenbourg ... avec le card. Paolucci, secrétaire d'État (1700—1719) (Brüssel-Rom 1968); *Mercati,* Raccolta 282—286; De vita et rebus gestis Clementis XI (Urbino 1727); *Ciaconius* VI 1—380; *Pastor* XV 1—388; *Seppelt* V 382—413; *F. Pometti,* Studi sul pontificato di Clemente: ASRomana 21 (1898) 279—484, 22 (1899) 109—179, 23 (1900) 239—276 449—515; *R. Mols:* DHGE XII 1326—61; *A. Cornaro:* LThK² II 1227 f; *I. Galland,* Die Papstwahl des Jahres 1700: HJ 3 (1882) 208—254 355—387 596—630; *P. Roi,* La guerra di successione di Spagna negli stati dell'Alta Italia (Rom 1931); *H. Kramer,* Habsburg und Rom in den Jahren 1708—1709 (Innsbruck 1936; Neudr.

[5] Die Ansprache Pius' XII. anläßlich der Seligsprechung (AAS 48 [1956] 762—778), von P. *Robert Leiber* SJ verfaßt, der auch den größten Teil des Abschnittes von Pastor über Innozenz XI. bearbeitet hatte, gibt einen ausgewogenen Überblick über den ganzen Pontifikat.

Rom 1967); *G. V. Vella,* Il Passionei e la politica di Clemente XI (Rom 1953); *A. Caracciolo,* D. Passionei tra Roma e la repubblica delle lettere (Rom 1968); *M. Braubach,* Prinz Eugen v. Savoyen II—III (Wien 1964); *N. Huber,* Österreich und der Hl. Stuhl vom Ende des span. Erbfolgekriegs bis zum Tode Papst Klemens' (Graz 1967); *L. Just,* Klemens XI. und der Code Leopold (Freiburg 1935).

Alexander VIII. (1689—1691)

Das Konklave mußte während eines einen Großteil Europas erfassenden Krieges stattfinden. Der Kaiser und der König von Frankreich ließen sich durch Sondergesandte vertreten und versuchten, Einfluß auf die Papstwahl zu gewinnen. Indessen hatte sich die Mehrheit der Kardinäle für den Venezianer Pietro Ottoboni entschieden, noch bevor die Wünsche der Monarchen angemeldet werden konnten. Die Zustimmung Frankreichs zu seiner Kandidatur wurde gegeben, nachdem der Neffe Ottobonis die Bestätigung der Ernennung der französischen Bischöfe, die an der Versammlung von 1681/82 teilgenommen hatten, sowie die Zulassung Lavardins als Gesandten zugesichert hatte. In Erinnerung an Alexander VII., dem sich der neugewählte Papst besonders verpflichtet fühlte, wählte er dessen Namen. Fast 80 Jahre alt bei seinem Pontifikatsantritt, verfügte er noch über eine nicht gewöhnliche Arbeitskraft. In seiner persönlichen Lebenshaltung war er dem Vorgänger genau entgegengesetzt und gewann sich dadurch sofort das Wohlwollen der Römer. Verhängnisvoll war, daß er den Nepotismus wieder aufleben ließ. Der kaum 20jährige Großneffe Pietro wurde zum Kardinal und zum regierenden Nepoten ernannt und mit hohen Einkünften bedacht. Auch die anderen Familienangehörigen erfuhren die Großzügigkeit des Papstes, dem das Wort zugeschrieben wird: „Beeilen wir uns nach Möglichkeit, denn schon hat die dreiundzwanzigste Stunde geschlagen."

Von seinem Vorgänger Innozenz XI. unterschied sich Alexander VIII. auch in seiner Haltung gegenüber den Mächten. Das Verhältnis zum deutschen Reich wurde merklich kühler. Der Papst gewährte Leopold I. viel weniger Hilfsgelder für den Türkenkrieg, nicht zuletzt, weil Venedig die großen militärischen Erfolge Österreichs mit Mißtrauen wegen der eigenen Stellung in der Levante beobachtete. Dagegen suchte Alexander VIII. die Beziehungen zu Frankreich zu verbessern, wo die Zahl der vom Heiligen Stuhl nicht bestätigten Bischöfe immer mehr angestiegen war. Ein Ausdruck dieser Annäherung sollte das Konsistorium vom Februar 1690 sein, in dem der Papst den Bischof von Beauvais, Toussaint de Forbin-Janson, der an der Versammlung von 1682 teilgenommen hatte, zum Kardinal ernannte und damit einen von Ludwig XIV. seit Jahren betriebenen Wunsch ohne Rücksicht auf die entgegenstehenden gewichtigen Gründe und auf den Einspruch des Kaisers erfüllte. Da Alexander VIII. auch beim dritten Konsistorium im November 1690 keinen vom Kaiser empfohlenen Kandidaten zum Kardinal ernannte, drohte Wien mit dem Abbruch der Beziehungen. Der Gesandte wurde zurückberufen. Die weiteren Beschlüsse kamen jedoch wegen der schweren Erkrankung des Papstes nicht mehr zur Durchführung.

Die Versuche des französischen Königs, wiederum den von ihm geführten Krieg als Krieg zur Verteidigung der katholischen Religion darzustellen und vom Papst gutheißen zu lassen, hatten indessen keinen Erfolg. Da sich Ludwig XIV. in der Frage der gallikanischen Artikel, nicht zuletzt unter dem Einfluß des neuernannten Kardinals Forbin-Janson, der in Rom die Verhandlungen führte, unnachgiebig zeigte, entschloß sich Alexander VIII. auf dem Sterbebett zur Veröffentlichung des bereits unter Innozenz XI. vorbereiteten Dekrets, mit dem die vier „gallikanischen Freiheiten" als nichtig erklärt wurden (D 2281—85).

Hatte Innozenz XI. durch seine Verurteilung von zum Laxismus neigenden Sätzen vor allem den Gegnern des Jesuitenordens und den Freunden der jansenistischen Bewegung eine wenn auch ungewollte Unterstützung gewährt, so wurden unter Alexander VIII. entgegenstehende Sätze, die vor allem aus in Belgien erschienenen Schriften zusammengestellt waren, verurteilt. Die Sätze — ursprünglich 96 — waren bereits 1682 in Rom vorgelegt worden; ihre Prüfung war 1686 abgeschlossen, jedoch kam es zu keinem eigentlichen Dekret. Erst 1690 wurden 31 Sätze verurteilt (D 2301—32).

Im Januar 1691 erkrankte Alexander VIII. Nachdem er am 30. Januar in Gegenwart von zehn Kardinälen die Veröffentlichung des genannten Dekrets gegen die gallikanischen Artikel angeordnet und noch einen persönlichen Brief an Ludwig XIV. diktiert hatte, starb er, 81 Jahre alt, am 1. Februar.

Innozenz XII. (1691—1700)

Das am 12. Februar 1691 beginnende Konklave sollte genau fünf Monate dauern. Aussichtsreichster Kandidat war Gregorio Barbarigo, der jedoch in Wien wegen seiner Beziehungen zu Venedig als zu sehr Frankreich ergeben angesehen wurde, so daß die kaiserliche Regierung seine Wahl, allerdings unter Verzicht auf eine formelle Exklusive, zu verhindern strebte. Da aber auch die französische Gruppe die von den „Zelanti", der unpolitischen Partei des Kardinalskollegiums, betriebene Wahl Barbarigos nicht unterstützte, obwohl er persönlich Ludwig XIV. durchaus genehm war, blieb seine Kandidatur erfolglos. Nach vielen Versuchen, eine Ausweichlösung zu finden, einigte man sich schließlich auf Antonio Pignatelli, dem die verschiedenen Gruppen, zuletzt die der französischen Kardinäle, ihre Stimme gaben. Der 75jährige aus süditalienischem Adel stammende Kardinal war Nuntius in Polen und in Wien gewesen, wurde aber erst 1681 von Innozenz XI. zum Kardinalat erhoben. Seine Namenswahl sollte ein

Ausdruck der Dankbarkeit gegen diesen Papst sein. Auch in Regierungsweise, Armensorge und in der Einfachheit der persönlichen Lebensführung war er Innozenz XI. sehr ähnlich. Wichtigstes Reformdokument war die vom 22. Juni 1692 datierte Bulle gegen den Nepotismus, die nach anfänglichem Widerstreben nicht weniger Kardinäle schließlich von allen Kardinälen unterschrieben wurde und die praktisch das Ende des Nepotismus in der Papstgeschichte bedeuten sollte[1]. Innozenz XII. schränkte auch den Ämterverkauf an der Kurie ein. Die finanziellen Verluste suchte er durch Sparsamkeit in der Hofhaltung und durch den Handel fördernde Maßnahmen, vor allem durch den Ausbau der Häfen von Civitavecchia und Nettuno, auszugleichen. Bei manchen Reformmaßnahmen verlor er sich jedoch zu sehr in Einzelheiten.

Mit Ludwig XIV., der sich durch die Große Allianz zu einem Einlenken gezwungen sah, kam ein Ausgleich zustande. Zunächst erhielten die vom französischen König seit 1682 ernannten neuen Bischöfe, die nicht an der Klerusversammlung teilgenommen hatten, gegen die verpflichtende Zusage Ludwigs XIV., das Dekret aufzuheben, mit dem die vier Sätze von 1682 als Auflage vorgeschrieben waren, die päpstliche Bestätigung. Die Teilnehmer der Versammlung von 1682 unterzeichneten eine Gehorsamserklärung, die zugleich eine zwar nur verklausulierte, aber immerhin erkennbare Zurücknahme ihrer Beschlüsse war. Der König verfügte dann die zugesagte Aufhebung seines Ediktes über die Erklärung des französischen Klerus. Daraufhin wurde dieser Gruppe von Bischöfen die kanonische Institution erteilt. Ende 1693 war somit die Hierarchie in Frankreich wiederhergestellt. Das Regalienrecht des Königs blieb aber trotz des Einspruchs des Papstes praktisch weiterhin bestehen. Diese Annäherung Roms an Frankreich wurde vom Kaiser mit Mißtrauen beobachtet. Während der Papst, anfangs auch in diesem Punkt Innozenz XI. folgend, den Kaiser im Hinblick auf die Türkenabwehr weitgehend unterstützte, entwickelte sich allmählich, nicht zuletzt durch das unkluge Auftreten der kaiserlichen Gesandten Liechtenstein und Martinitz in Rom, eine zunehmende Spannung, die sich der französische Gesandte Kardinal Forbin-Janson geschickt zunutze zu machen wußte.

Mit dem Tode Sobieskis 1696 begann wiederum das Ringen um die polnische Thronfolge. Der Heilige Stuhl bemühte sich bei aller Wahrung der Neutralität um die Wahl eines katholischen Königs. Gegen die Kandidatur des französischen Prinzen Conti, die verständlicherweise von Österreich, Rußland und Preußen gemeinsam abgelehnt wurde, setzte sich der Kurfürst Friedrich August von Sachsen durch, der sich bereit erklärt hatte, im Falle einer Wahl zur katholischen Kirche überzutreten. Anfangs verhielt sich Innozenz XII. dem neuen polnischen König gegenüber zurückhaltend. Erst

[1] Text der Bulle in BullRom (ed. Taur.) 20, 441—446.

als dieser seine Herrschaft befestigt hatte, ließ der Papst ihm das Anerkennungs- und Glückwunschschreiben übergeben.

Nachdem sich Innozenz XII. vor allem seit 1696 bemüht hatte, in dem europäischen Krieg Ludwigs XIV. gegen die Große Koalition einen Friedensschluß vorzubereiten, wurde der Friede von Rijswijk 1697 vom Papst begrüßt, auch wenn der Heilige Stuhl nicht offiziell bei dem Kongreß vertreten war. Vor allem fand die sogenannte Rijswijker Klausel, wonach die katholische Religion in all den Orten, die auf Grund der Friedensbestimmungen unter protestantische Herrschaft kommen sollten, in dem Zustand zu erhalten sei, in dem sie sich zur Zeit der Übergabe befand, die volle Zustimmung des Papstes. Ursprünglich vom Pfalzgrafen Johann Wilhelm von Neuburg angeregt, wurde die Klausel von den Vertretern Ludwigs XIV., dem vom Papst diese Angelegenheit besonders empfohlen war, im letzten Augenblick der Verhandlungen eingebracht und durchgesetzt.

Am Ende seiner Regierungszeit hatte sich der Papst mit der spanischen Erbfolge zu befassen. Der von dem kinderlosen spanischen König Karl II. als Erbe bestimmte bayerische Kurprinz Joseph Ferdinand, der Enkel seiner Schwester und Gemahlin Kaiser Leopolds I., war am 6. Februar 1699 plötzlich gestorben. Der spanische König wollte einen Thronfolger aus dem österreichischen Haus, der Staatsrat unter Kardinal Portocarrero dagegen aus der französischen Dynastie. Innozenz XII., vom spanischen König um Rat angegangen, billigte die von einer Kardinalskommission zugunsten der französischen Lösung getroffene Entscheidung. Wenige Wochen nach dem Tod des Papstes (27. 9. 1700) starb auch Karl II.

Clemens XI. (1700—1721)

Die Nachricht vom Tod Karls II. führte nach längeren politisch bedingten Wahlmanipulationen zur Wahl des von der Gruppe der Zelanti vorgeschlagenen Kardinals Gian Francesco Albani, der jedoch die einstimmige Wahl erst nach mehrtägiger Überlegungsfrist und auf das Gutachten einiger Theologen hin annahm und den Namen Clemens XI., den Namen des Tagesheiligen (23. November), wählte. Von Alexander VIII. zum Kardinal ernannt, war er unter diesem Papst und unter dessen Nachfolger Innozenz XII. der wohl einflußreichste Kardinal geworden. Er hatte erst im September 1700 die Priesterweihe empfangen und wurde — nach der Wahl zum Papst — am 30. November zum Bischof konsekriert. Erst 51 Jahre alt, konnte er mit einem längeren Pontifikat rechnen.

Der neue Pontifikat stand von Anfang an unter der drohenden Gefahr eines neuen europäischen Kriegs. Während Spanien den französischen Prinzen als König Philipp V. begrüßte, der als solcher von den meisten europäischen Mächten und auch vom Papst anerkannt wurde, legte Leopold I.

gegen das Testament Karls II. von Spanien Verwahrung ein. Gegen Anerkennung des vom Kurfürsten von Brandenburg eigenmächtig angenommenen Königstitels konnte sich der Kaiser dessen Unterstützung zusichern, und es gelang ihm ferner, die Seemächte England und Holland zu gewinnen, die sich durch die expansive Politik Frankreichs gefährdet fühlten. Clemens XI., der durch die Nachbarschaft des als päpstliches Lehen betrachteten Königreichs Neapel und infolge der von beiden Seiten ihm abverlangten Belehnung unmittelbar in den Streit hineingezogen war, versuchte zunächst einer Entscheidung auszuweichen und Zeit zu gewinnen. Von kaiserlicher Seite aber wurde seine Haltung, vor allem wegen der raschen Anerkennung Philipps V. als Königs von Spanien und wegen des im April 1701 ausgesprochenen Protestes gegen die Annahme der Königskrone durch den Kurfürsten von Brandenburg, als franzosenfreundlich angesehen. Auch der Versuch des Papstes, Italien aus dem Krieg herauszuhalten und eine Defensivliga der italienischen Staaten zum Schutz der eigenen Neutralität zu bilden, schlug fehl. Nach der kampflosen Übergabe von Mantua an die französischen Truppen am 5. April 1701 wurde Italien Kriegsschauplatz, wobei auch Gebiete des Kirchenstaats besetzt wurden. Der Kaiser ersuchte Ende 1701 um freien Durchzug für seine Truppen nach Neapel, was jedoch abgelehnt wurde. Beide kriegführenden Parteien verletzten die Neutralität des Kirchenstaats in Norditalien. Die geschickte Propaganda Frankreichs, die das Bündnis des Kaisers mit den protestantischen Mächten als Gefahr für die Kirche und Frankreich sowie Spanien als einzigen Schutz der katholischen Religion hinzustellen wußte, hatte beim Papst Erfolg, zumal dessen Friedensbemühungen vom Wiener Hof brüsk abgelehnt wurden. Mit dem Regierungsantritt Josephs I. nach dem Tod seines Vaters Leopold I. am 5. Mai 1705 verschärfte sich die Spannung zwischen Papst und Kaiserhaus. Die militärische Lage änderte sich im darauffolgenden Jahr eindeutig zugunsten des Kaisers. Vor allem mußten die französischen Truppen nach dem Sieg des Prinzen Eugen bei Turin im September ganz Norditalien räumen. Das kaiserliche Heer besetzte trotz Protestes des Papstes einen Teil der Legationen. Im Mai 1707 mußte der Papst dann doch die Genehmigung zum Durchzug der kaiserlichen Truppen nach Neapel geben. In wenigen Wochen war fast das ganze Königreich in der Hand der Kaiserlichen. Entgegen den päpstlichen Ansprüchen wurden Parma und Piacenza als kaiserliche Lehen betrachtet und mit Steuern belegt. Eine Bulle vom 27. Juli 1707, mit der gegen diese Übergriffe die Exkommunikation verhängt wurde, erreichte nichts. Da Clemens XI. immer noch an Philipp V. als König von Spanien festhielt, verfügte der österreichische Prätendent Karl III. die Sperre aller Einkünfte der Kirche in der Lombardei und in Neapel (April 1708), wodurch viele Kurialen einen beträchtlichen Teil ihrer Einkünfte verloren. Ohne Kriegserklärung rückten die kaiserlichen Truppen im Kirchenstaat ein und besetzten das wegen der Salzgewinnung wichtige Comacchio (zwischen Ravenna und Ferrara an der Küste gelegen). Auf die Hilfe Ludwigs XIV. hoffend, entschloß sich Clemens XI. im Herbst 1708, dem Kaiser mit Waffen entgegenzutreten. Der Papst, tatsächlich jedoch auf sich allein gestellt, konnte den Angriff der kaiserlichen Truppen nicht aufhalten. Am 15. Januar 1709 mußte er die harten Bedingungen akzeptieren: Entwaffnung der päpstlichen Truppen, Anerkennung Karls III. als König von Spanien, Anerkennung des Vorrangs des Kaisers vor dem französischen König, gütliche Beilegung der territorialen Streitfragen um Parma, Piacenza und Comacchio. Als Gegenleistung wurden die Aufhebung des Geldausfuhrverbots sowie eine Entschädigung für die durch die Besetzung des Kirchenstaats entstandenen Schäden zugesichert.

Nachdem zuvor schon auch Philipp V. mehrfach in kirchliche Rechte eingegriffen hatte, erfolgte nach der Anerkennung des Rivalen Karl der eigentliche Bruch. Die Niederlage Ludwigs XIV. bei Malplaquet und der Abbruch der Beziehungen mit Rom durch Madrid führten zur definitiven Anerkennung Karls III. am 10. Oktober 1709. Clemens XI. verweigerte den von Philipp V. ernannten Bischöfen die kanonische Institution, nachdem die Nuntiatur in Madrid geschlossen worden war. Schließlich schlug Clemens XI. eine Vermittlung durch Ludwig XIV. vor. Trotzdem ging die staatskirchliche Entwicklung in Spanien weiter. Umgekehrt verlangte der in Barcelona residierende Karl III. die Entsendung eines eigentlichen Nuntius, der 1711 dort eintraf. Die Verhandlungen, die ab März 1710 in Rom um die Rückgabe von Comacchio und wegen der in Neapel erfolgten Übergriffe in die kirchlichen Rechte geführt wurden, zogen sich in die Länge, konnten aber nach einem Jahr mit dem Abkommen über die Rückgabe der Küstenstadt abgeschlossen werden. Mit dem unerwarteten Tod des Kaisers am 17. April 1711, der an den Blattern erkrankt war und dem nur drei Tage zuvor der französische Dauphin, von der gleichen Krankheit befallen, vorausgegangen war, trat eine völlige Wende in der spanischen Erbfrage ein. Der verstorbene Kaiser hatte nur Töchter, so daß sein Bruder Karl zur Thronfolge in Österreich berufen war. Trotz französischer Umtriebe hielt der Papst an der Kandidatur Karls für die Kaiserkrone fest. Seinem Neffen Albani, der als Legat zur Kaiserwahl nach Frankfurt entsandt wurde, wurde jedoch jede Einflußnahme verweigert, und er selbst wurde dort in jeder nur denkbaren Weise brüskiert. England wollte die Personalunion zwischen Spanien und dem Reich auf keinen Fall dulden. Deshalb sollte nun Philipp V. König von Spanien bleiben, während Österreich den spanischen Besitz in Italien und die habsburgischen Niederlande erhalten sollte.

Auf dem im Januar 1712 in Utrecht beginnenden Friedenskongreß sollte der päpstliche Vertreter Passionei, der ohne diplomatischen Rang nur als einfacher Agent wirken konnte, vor allem die Aufhebung der Rijswijker Klausel verhindern und die Lehensrechte des Papstes über Parma, Piacenza und Sizilien, das dem Herzog von Savoyen zufallen sollte, aufrechtzuerhalten suchen. Tatsächlich konnte aber nicht viel erreicht werden. Die territorialen Veränderungen schädigten den kirchlichen Besitzstand; Frankreich erkannte die protestantische Thronfolge in England an und ließ den vom Papst zuvor immer unterstützten Prätendenten Jakob III. Stuart fallen; Sizilien wurde dem Hause Savoyen ohne Befragung des Papstes zugesprochen. Die Rijswijker Klausel wurde trotz persönlicher Bemühungen des Papstes bei Ludwig XIV. zwar nicht formell aufgehoben, aber praktisch doch abgeschwächt. In dem zu Rastatt zwischen dem Kaiser und dem französischen König geschlossenen Parallelfrieden (März 1714) wurde jedoch die Klausel in den Vertrag aufgenommen. Da aber die Reichsstände bei diesen Verhandlungen nicht beteiligt waren, ergab sich die Notwendigkeit eines neuen Kongresses, der in Baden in der Schweiz stattfand und bei dem die protestantischen Stände wiederum auf die Aufhebung jener Klausel hinarbeiteten. Passionei war erneut als Agent beauftragt, die Rechte der Kirche zu verteidigen, wobei die Rijswijker Klausel wieder das vom Papst besonders geförderte Anliegen war. Tatsächlich entsprach der im September 1714 geschlossene Reichsfriede dem Frieden von Rastatt, so daß die Bemühungen des Heiligen Stuhls als einigermaßen erfolgreich anzusprechen sind.

Gegen die der katholischen Kirche abträglichen Bestimmungen, vorab gegen die globale Bestätigung des Westfälischen Friedens, die Anerkennung der protestantischen Kur für Hannover und des preußischen Königstitels sowie gegen die Zuweisung katholischer Territorien an protestantische Fürsten, mußte Passionei protestieren, und Clemens XI. ließ den Protest in dem Konsistorium vom 21. Januar 1715, in dem er über die drei Friedensverträge sprach, feierlich wiederholen.

Während der gleichzeitig mit dem spanischen Erbfolgekrieg und darüber hinaus andauernde Nordische Krieg Papsttum und Kirche nicht unmittelbar in Mitleidenschaft zog, drohte mit dem Ende des europäischen Kriegs erneut die türkische Gefahr. Die Rüstungen der Pforte richteten sich zunächst gegen Venedig. Clemens XI. bemühte sich nach dem Vorbild Pius' V. um ein Schutzbündnis gegen die Bedrohung durch die türkischen Seestreitkräfte. Indessen war der Kaiser, mißtrauisch gegen Spanien, nicht zu einem militärischen Großeinsatz bereit. Die türkische Flotte erzielte im Sommer 1715 große Erfolge. Venedig verlor den ganzen Peloponnes, und man befürchtete bereits einen Angriff auf Italien selbst. Auf Drängen des Papstes ließ Philipp V. von Spanien Ende 1715 durch Clemens XI. dem Kaiser eine formelle Garantie übermitteln, daß dieser für die Dauer des Türkenkriegs in seinen italienischen Besitzungen nicht gefährdet werde. Diese Erklärung war vor allem auf den Einfluß des aus Piacenza stammenden Abbate Giulio Alberoni zurückzuführen, der Gesandter des Herzogs von Parma in Madrid war und die zweite Ehe Philipps V. mit Elisabeth Farnese vermittelt hatte. Mit großer finanzieller Unterstützung des Papstes und auf sein beständiges Drängen hin schlossen Kaiser und Venedig im April 1716 ein Bündnis. Der Offensivkrieg in Ungarn wurde im Sommer 1716 begonnen. Der Sieg des Prinzen Eugen bei Peterwardein und die erfolgreiche Verteidigung Korfus gegen die Türken bedeuteten einen guten Auftakt der Operationen.

Um Spanien für die Beteiligung am Türkenkrieg zu gewinnen, und unter der Bedingung, daß die Nuntiatur in Madrid wieder uneingeschränkt hergestellt werde, wurde der ehrgeizige Alberoni, der sich in Spanien eine überragende Machtstellung geschaffen hatte, zum Kardinal ernannt[2]. Während man allgemein das Eingreifen der zum großen Teil mit päpstlichen Hilfsgeldern ausgerüsteten spanischen Flotte in den Seekrieg gegen die Türken erwartete, damit die Landoperationen des Kaisers, die im August zur Eroberung Belgrads führten, unterstützt würden, hatte Spanien den Plan eines Angriffs gegen die kaiserlichen Besitzungen in Italien gefaßt, um dort eine spanische Sekundogenitur zu errichten. Vier Tage nachdem Alberoni seine Ernennung zum Kardinal erfahren hatte, lief die spanische Flotte aus und entriß mitten im Frieden Sardinien dem Kaiser. Dem Papst, der die moralische Garantie für die Sicherheit der kaiserlichen Besitzungen in Italien gegeben hatte, wurde eine Mitschuld an dem Verrat und sogar ein geheimes Einverständnis mit Spanien vorgeworfen. Die vom Papst gegen Spanien getroffenen Maßnahmen wurden von Wien als ungenügend erachtet, wo man auf einem vollen Bruch mit Spanien bestand. Dazu kam, daß der Nuntius in Madrid, Aldrovandi, sich offensichtlich von der spanischen Regierung beeinflussen ließ. Madrid trieb die Spannung durch Übergriffe auf kirchlichem Gebiet und durch unerfüllbare Forderungen bis zum vollen Abbruch der Beziehungen mit Rom. Während 1718 die spanische Flotte Sizilien eroberte, einigten sich der Kaiser, Frankreich, England und Holland in der Quadrupelallianz auf eine Neuordnung Italiens. Da Spanien deren Vorschläge ablehnte, wurde die spanische Flotte von der englischen vernichtet. Daraufhin ließ König Philipp V. zur Sicherung der eigenen Interessen Alberoni fallen, dem er in der Folgezeit alle Schuld an der verfehlten Politik anzulasten versuchte. Der Kaiser erhielt Sizilien, während Sardinien an Savoyen fiel. Der Sohn Philipps V. und Elisabeths Farnese, Don Carlos, sollte in Parma und Piacenza die Nachfolge antreten. Dabei wurden die traditionellen Lehensrechte des Heiligen Stuhls auf diese Territorien nicht beachtet. Der von Clemens XI. gegen Kardinal Alberoni begonnene Prozeß, der aus politischen Gründen besonders von Philipp V. gefördert wurde, endete unter dem Nachfolger Innozenz XIII. in der Hauptsache zugunsten des Kardinals; dieser wurde, nachdem er schon am Konklave von 1721 teilgenommen hatte, endgültig in alle seine Würden wieder eingesetzt.

[2] In der neueren Forschung wird Alberoni zum guten Teil entlastet; vgl. *A. Arata,* Il processo del card. Alberoni (Piacenza 1923); *P. Castagnoli,* Il card. G. Alberoni (Piacenza - Rom 1929); *R. Quazza,* Dizionario Biografico Italiano I 662—668; *G. F. Rossi,* La bibliografia Alberoniana di Mons. Antonio Arata (Piacenza 1964).

Zu den durch die Kriegshandlungen bedingten Schwierigkeiten kam während des langen Pontifikats Clemens' XI. eine ganze Reihe Naturkatastrophen, wie Tiberüberschwemmungen, Epidemien, Erdbeben. Weitreichende Maßnahmen waren infolge der Zeitverhältnisse unmöglich. Mit dem 1703 errichteten Jugendgefängnis San Michele in Rom wurde eine für den modernen Strafvollzug bahnbrechende Einrichtung geschaffen.

Man tadelte „die furchtsame und unentschlossene Natur Clemens' XI. und sein Unvermögen, entscheidenden Entschlüssen Nachdruck zu geben" [3]. Die praktische Erfolglosigkeit seines Pontifikats in politischen und kirchenpolitischen Fragen war jedoch sicher vor allem in der ungünstigen Zeitlage begründet, der sich der Papst gegenübersah. Seit einer schweren Erkrankung Anfang 1710 hatte er sich nie mehr ganz erholt. Im Winter 1720 verschlechterte sich sein Befinden. Er selbst diktierte seinem Neffen die Aufschrift für das vorbereitete, einfache Grab. In den darauffolgenden Monaten war sein Zustand labil. Am 19. März 1721 starb er nach einem Pontifikat von über zwanzig Jahren.

[3] So *Pastor* XV 385

DRITTER ABSCHNITT

Ausgang des konfessionellen Zeitalters in Europa — Fortschritt und Stillstand der Weltmission

Univ.-Professor Dr. Heribert Raab, Fribourg (Kap. 10)
Univ.-Professor Dr. Quintín Aldea SJ, Madrid (Kap. 11)
Univ.-Professor Patrick J. Corish, Maynooth Co. Kildare/Irland (Kap. 12)
Univ.-Professor Dr. Dr. Bernhard Stasiewski, Bonn (Kap. 13 und 14)
Univ.-Professor Dr. Johannes Beckmann SMB, Fribourg (Kap. 15 und 16)

10. Kapitel

Wiederaufbau und Verfassung der Reichskirche

LITERATUR: Einzelne Bistümer: *J. Kist*, Fürst- und Erzbistum Bamberg. Leitfaden durch ihre Geschichte von 1007 bis 1955 (Bamberg [2]1958); *J. Looshorn*, Die Geschichte des Bistums Bamberg. Unveränderter Nachdr. der Ausg. von 1886/91 (Bamberg 1967/68); *W. Kern*, Die Finanzwirtschaft des Hochstifts Bamberg nach dem Dreißigjährigen Krieg 1648-83 (Phil. Diss. Erlangen 1966); *L. Vautrey*, Histoire des Évêques de Bâle, 4 Bde (Einsiedeln 1884/86); *H. R. Heyer*, Die Übersiedlung des Basler Domkapitels von seinem Exil in Freiburg i. Br. nach Arlesheim im Jahre 1678 und das Schicksal seines Archivs während der Französischen Revolution: Basler Zschr. für Gesch. u. Altertumskunde 67 (1967) 170— 183; *J. Burckle*, Les chapitres ruraux des anciens évêchés de Strasbourg et de Bâle (Colmar 1935); *G. Mayer*, Geschichte des Bistums Chur II (Stams 1914); *J. Danuser*, Die staatlichen Hoheitsrechte des Kantons Graubünden gegenüber dem Bistum Chur (Zürich 1897); *G. v. Lojewski*, Bayerns Weg nach Köln. Geschichte der bayerischen Bistumspolitik in der zweiten Hälfte des 16. Jh. (Bonn 1962); *J. Oswald*, Die baierischen Landesbistumsbestrebungen im 16. und 17. Jh.: ZSavRGkan 33 (1944) 224—264; *F. X. Seppelt*, Geschichte des Bistums Breslau (Breslau 1929); *L. Petry*, Das Haus Neuburg und die Ausläufer der Gegenreformation in Schlesien und der Pfalz: Veröff. des Vereins für pfälz. KG 4 (1952) 87—106; *A. A. Strnad*, Wahl und Informativprozeß Erzherzog Leopold Wilhelms von Österreich, Fürstbischof von Breslau (1656—62): ArSKG 26 (1968) 153—190; *K. Wolfsgruber*, Die Wahlkapitulationen der Fürstbischöfe von Brixen (1613 bis 1791): ZSavRGkan 73 (1956) 248—323; *B. Hubensteiner*, Die geistliche Stadt. Welt und Leben des Johann Eckher von Kapfing und Liechteneck, Fürstbischofs von Freising (München 1954); *J. Sax*, Geschichte des Hochstifts und der Stadt Eichstätt (Nürnberg 1885); *H. Hack*, Eine authentische Rechtsauslegung unter Papst Klemens XI. und der kirchenrechtliche Status des Stifts Fulda: Miscellanea Fuldensia. Festgabe für Dr. A. Bolte, Bischof von Fulda (Fulda 1966) 25—71; *A. Bertram*, Geschichte des Bistums Hildesheim III (Hildesheim - Leipzig 1925); *M. Braubach*, Kurkölnische Miniaturen (Münster [2]1954); *P. Harsin*, Les relations extérieures de la Principauté de Liège sous Jean Louis d'Elderen et Joseph Clément de Bavière (1688—1718) (Liège - Paris 1927); *A. Franzen*, Französische Politik und Kurkölns Beziehungen zu Frankreich unter Erzbischof Max Heinrich in französischer Sicht: RQ 52 (1957) 169—210; *G. Mentz*, Johann Philipp von Schönborn, Kurfürst von Mainz, Bischof von Würzburg und Worms, 2 Bde (Jena 1896/99); *W. Kohl*, Christoph Bernhard von Galen. Politische Geschichte des Fürstbistums Münster 1650—78 (Münster 1964); *J. Staber*, Kirchengeschichte des Bistums Regensburg (Regensburg 1966); *G. Schwaiger*, Kardinal Franz Wilhelm von Wartenberg als Bischof von Regensburg (1649—61) (München 1954); *F. Martin*, Salzburgs Fürsten in der Barockzeit (1587—1812) (Salzburg [3]1966); *A. M. Burg*, Die alte Diözese Straßburg von der bonifazischen Reform (ca 750) bis zum napoleonischen Konkordat. Ein geschichtlicher Überblick mit besonderer Berücksichtigung des elsässischen Teils: FreibDiözArch 86 (1966) 220—251; *J. Duft*, Die Glaubenssorge der Fürstäbte von St. Gallen im 17. und 18. Jh. (Luzern 1944); *J. Kögl*, La sovranità dei vescovi di Trento e di Bressanone. Diritti derivati al clero diocesano dalla sua soppressione (Trento 1964); *J. Marx*, Geschichte des Erzstifts Trier von den ältesten Zeiten bis zum Jahre 1816, 5 Bde (Trier 1858/64); *A. Wendehorst*, Das Bistum Würzburg. Ein Überblick von den Anfängen bis zur Säkularisation: FreibDiözArch 86 (1966) 9—93; *H. Hack*, Der Rechtsstreit zwischen dem Fürstbischof von Würzburg und dem Fürstabt von Fulda an der Römischen Kurie um die geistliche Hoheit im Gebiet des Stifts Fulda (1688—1717) (Fulda 1956).

Folgen des Dreißigjährigen Krieges: *G. Franz*, Der Dreißigjährige Krieg und das deutsche Volk (Stuttgart [3]1961); *K. Kollnig*, Die Pfalz nach dem Dreißigjährigen Krieg (Heidelberg 1949); *A. Ph. Brück*, Aus der Schwedenzeit Aschaffenburgs 1631—34: Aschaffenburger Jb. 4 (1957) 719—736; *H. Steinberg*, Der Dreißigjährige Krieg in Europa und der Kampf um die Vorherrschaft in Europa 1600—60 (Göttingen 1967); *J. Schmidlin*, Kirchliche Zustände und Schicksale des deutschen Katholizismus während des Dreißigjährigen Krieges nach den bischöflichen Romberichten (Freiburg 1940).

Verfassung der Reichskirche und der geistlichen Staaten. Besetzung der Reichsbistümer: *Feine RG; L. Glier*, Die Advocatia ecclesiae Romanae imperatoris in der Zeit von 1519—1648 (Diss. Erlangen 1897); *H. E. Feine*, Die Besetzung der Reichsbistümer vom Westfälischen Frieden bis zur Säkularisation 1648—1803 (Amsterdam 1964); *R. Reinhardt*, Die Beziehungen von Hochstift und Diözese Konstanz zu Habsburg-Österreich in der Neuzeit (Wiesbaden 1966). *H. E. Feine*, Papst, Erste Bitten und Regierungsantritt des Kaisers seit dem Ausgang des Mittelalters: ZSavRGkan 20 (1931) 1—101; *A. H. Benna*, Preces Primariae und Reichshofkanzlei: MÖSTA 5 (1952); *F. J. Heyen*, Die kaiserlichen Ersten Bitten für das Erzbistum Trier von Ferdinand I. bis Franz II. (1531—1792): Festschr. für Alois Thomas (Trier 1967) 175—188; *H. Czischke*, Die verfassungsrechtliche Lage der geistlichen Kurfürstentümer Mainz, Trier und Köln am Ende des alten Reiches (Jur. Diss. Mainz 1953); *R. Reinhardt*, Zur Reichskirchenpolitik der Pfalz-Neuburger: HJ 84 (1964) 118—128; *M. Braubach*, Lothringische Absichten auf den Kölner Kurstuhl 1712/13: ebd. 56 (1936) 59—66; *H. Raab*, Clemens Wenzeslaus von Sachsen und seine Zeit (1739—1812). I: Dynastie. Kirche und Reich im 18. Jh. (Freiburg 1962).

Ständische Probleme der Reichskirche: Allgemeines: *A. Schulte*, Der Adel und die deutsche Kirche im Mittelalter: KRA 63/64 (Stuttgart [2]1922); *A. L. Veit*, Geschichte und Recht der Stiftsmäßigkeit auf die ehemals adeligen Domstifte von Mainz, Würzburg und Bamberg: HJ 32 (1912) 323—358; *ders.*, Der stiftsmäßige deutsche Adel im Bilde seiner Ahnenproben (Freiburg 1935); *E. Riedenauer*, Reichsritterschaft und Konfession: Deutscher Adel 1555—1740, hrsg. von *H. Rössler* (Darmstadt 1965) 1—63; *M. Domarus*, Der Reichsadel in den geistlichen Fürstentümern ebd. 147—171; *N. v. Preradovich*, Die soziale Herkunft der österreichischen Kirchenfürsten (1648—1918): Festschr. Karl Eder (Innsbruck 1959) 223—243.

Domkapitel: *A. Haemmerle*, Die Canoniker des hohen Domstifts Augsburg bis zur Säkularisation (o. O. 1955); *J. Kist*, Das Bamberger Domkapitel 1391—1556 (Weimar 1943); *G. Zimmermann*, Das Breslauer Domkapitel im Zeitalter der Reformation und Gegenreformation (1500—1600) (Weimar 1938); *K. Wolfsgruber*, Das Brixener Domkapitel in seiner persönlichen Zusammensetzung in der Neuzeit 1500—1803 = Schlern Schriften 80 (Innsbruck 1951); *Ch. M. Tuor*, Reihenfolge der residierenden Domherren in Chur = XXXIV. Jber. der Histor. antiquarischen Gesellschaft von Graubünden (Chur 1905); *J. Obersteiner*, Die persönliche Zusammensetzung des adligen Gurker Domkapitels und Domstiftes in der Zeit von 1620—1787: Geschichtliche und volkskundliche Beiträge zur Heimatkunde Kärntens CLIV (Klagenfurt 1964) 221—256; *H. H. Kurth,* Das Kölnische Domkapitel im 18. Jh. Verfassung und Verwaltung, Wirtschaft und persönliche Zusammensetzung (Phil. Diss. masch. Bonn 1953); *M. Braubach,* Kölner Domherren im 18. Jh.: Zur Geschichte und Kunst im Erzbistum Köln. Festschr. für Wilhelm Neuss — Studien zur Kölner KG 5 (Düsseldorf 1960) 238—258; *H. H. Roth,* Das Kölner Domkapitel von 1503 bis zu seinem Erlöschen 1803 = Veröff. des Köln. Geschichtsvereins 5 (Köln 1930); *J. de Theux,* Le chapitre de Saint-Lambert à Liège, 4 Bde (Brüssel 1871/73); *A. Dubois,* Le chapitre cathédrale de Saint-Lambert de Liège au XVIIe siècle (Lüttich 1949); *L. A. Veit,* Mainzer Domherren vom Ende des 16. bis zum Anfang des 18. Jh. in Leben, Haus und Habe (Mainz 1924); *F. Keinemann,* Das Domkapitel zu Münster im 18. Jh. (Münster i. W. 1967); *ders.,* Das Domstift Mainz und der mediate Adel. Der Streit um die Zulassung von Angehörigen der landsässigen Ritterschaften zu Mainzer Domträbenden: HJ 89 (1969) 153—170; *L. H. Krick,* Das ehemalige Domstift Passau und die ehemaligen Kollegiatstifte des Bistums Passau. Chronologische Reihenfolgen ihrer Mitglieder von der Gründung der Stifte bis zu ihrer Auflösung (Passau 1922); *J. Oswald,* Das alte Passauer Domkapitel (München 1933); *H. Wagner - H. Klein,* Salzburgs Domherren 1300—1514 (Salzburg 1952); *J. Riedl,* Salzburgs Domherren 1514—1806: Mitt. der Ges. für Salzburg. Landeskunde 7 (1867) 122—286; *O. Rommel,* Das Seckauer Domkapitel in seiner persönlichen Zusammensetzung (1218—1782) (Diss. masch. Wien 1955); *M. Dohna,* Gräfin, Die ständischen Verhältnisse am Domkapitel von Trier vom 16. bis zum 18. Jh. (Trier 1960), hierzu auch die Besprechung von *P. Neu*: RhVjbl 26 (1961) 354—359; *D. Leopold,* Das Wiener Domkapitel zum hl. Stephan in seiner personellen Zusammensetzung in der Zeit von der Reformation Ferdinands I. bis zu seiner Erhebung zum Metropolitankapitel, 1554—1722 (Phil. Diss. masch. Wien 1947); *J. Embach,* Das Wormser Domkapitel in den Jahren 1789—1802 (Lic.-Arbeit masch. Mainz 1952); *A. Amrhein,* Reihenfolge der Mitglieder des adeligen Domstiftes zu Würzburg, St. Kiliansbrüder genannt, von seiner Gründung bis zur Säkularisation (742—1803): Archiv des histor. Vereins für Unterfranken u. Aschaffenburg 33 (1890) 3—380.

Einzelne stiftsfähige Familien und Domherren: *J. Kist,* Bamberger Domherren aus dem Geschlecht von Guttenberg im Zeitalter der Gegenreformation: Jb. für fränk. Landesforschung 11/12 (1953) 277—282; *P. Michels,* Ahnentafeln Paderborner Domherren (Paderborn 1966); *M. Domarus,* Die Grafen von Dernbach, Aufstieg und Ende eines reichsständischen Hauses: Mainfränkisches Jb. 16 (Würzburg 1964); *H. Gerig,* Der Kölner Dompropst Christian August Herzog von Sachsen-Zeitz, Bischof von Raab. Seine diplomatische Tätigkeit am Niederrhein zu Beginn des Spanischen Erbfolgekriegs im Dienst der Politik Kaiser Leopolds I. 1701—03 (Bonn 1930); *H. Nottarp,* Ein Mindener Dompropst des 18. Jh.: WZ 103—104 (1954) 93—106, wieder abgedruckt: *H. Nottarp,* Aus Rechtsgeschichte und Kirchenrecht. Gesammelte Abhandlungen, hrsg. von *F. Merzbacher* (Köln - Graz 1967) 96—175; *H. Rössler,* Graf Johann Philipp Stadion. Napoleons deutscher Gegenspieler, 2 Bde (Wien 1966); *H. Budenbender,* Das Familiendrama Sickingen. Sein Verlauf und sein möglicher Zusammenhang mit Schillers Räubern: Mitt. des Historischen Vereins der Pfalz 61 (1963) 161—200.

Das nichtadelige Element in der Reichskirche: *E. Krausen,* Die Herkunft der bayerischen Prälaten des 17. u. 18. Jh.: ZBLG 27 (1964) 259—285; *ders.,* Die Zusammensetzung der bayerischen Prämonstratenserkonvente: HJ 86 (1966) 157—166; *A. Lederle,* Prälaten des 17. u. 18. Jh. aus dem Kinzigtal: FreibDiözArch 74 (1954) 208 bis 214; *G. Richter,* Die bürgerlichen Benediktiner der Abtei Fulda von 1627—1802: Quellen und Abh. zur Gesch. der Abtei und Diözese Fulda 7 (1911) 73—240; *J. Salzgeber,* Die Klöster Einsiedeln und St. Gallen im Barockzeitalter. Historisch-soziologische Studie (Münster 1966).

Weihbischöfe: Allgemeines; Gesamtdarstellungen für einzelne Diözesen: *H. Hofmann*, Hilfsmittel zur Bestimmung der Titular- und Weihbischöfe in Bayern: Mitt. für die Archivpflege in Bayern 10 (1964) 6—14; *A. Schröder*, Die Augsburger Weihbischöfe: Archiv für die Gesch. des Hochstifts Augsburg V (1919); *J. Jungnitz*, Die Breslauer Weihbischöfe (Breslau 1914); *F. A. Koch*, Die Erfurter Weihbischöfe. Ein Beitrag zur thüringischen Kirchengeschichte: Zschr. des Vereins für thüring. Gesch. und Altertumskunde 6 (Jena 1865); *F. E. v. Mering*, Die hohen Würdenträger der Erzdiözese Köln, zunächst die Weihbischöfe, Generalvikare u. Offiziale (Köln 1846); *W. Haid*, Die Constanzer Weihbischöfe 1550—1803: FreibDiözArch 9 (1875) 1—24 24—31; *U. Berlière*, Les évêques auxiliaires de Liège (Brügge 1919); *A. Tibus*, Geschichtliche Nachrichten über die Weihbischöfe von Münster (Münster 1862); *J. C. Möller*, Gesch. der Weihbischöfe von Osnabrück (Lingen 1887); *J. Evelt*, Die Weihbischöfe von Paderborn (Paderborn 1869/79); *K. J. Holzer*, De proepiscopis Trevirensibus (Koblenz 1845); *J. A. J Hansen*, Die Weihbischöfe von Trier (Köln 1834); *J. Torsy*, Die Weihehandlungen der Kölner Weihbischöfe 1661—1680. Nach den weihbischöflichen Protokollen (Düsseldorf 1969).

Einzelne Weihbischöfe: *H. Enger*, Weihbischof Adam Adami und sein Wirken im Bistum Hildesheim: Unsere Diözese in Vergangenheit und Gegenwart 32 (1963) 13—31; *H. Wamper*, Das Leben der Brüder Adrian und Peter van Walenburch aus Rotterdam und ihr Wirken in der Erzdiözese Köln bis zum Jahre 1649. Ein Beitrag zur Gesch. der Gegenreformation (Köln 1968); *K. Opladen*, Johann Sternenberg gen. Düsseldorf, Dechant zu Rees, Propst zu Xanten, Weihbischof von Münster († 1662). Ein Beitrag zur Gesch. der Gegenreformation: AHVNrh 157 (1955) 98—146; *G. Scherz - J. Raeder* (Hrsg.), Nicolai Stenonis Epistolae, 2 Bde (Hafniae - Friburgi 1952); *M. Bierbaum*, Niels Stensen. Von der Anatomie zur Theologie (1638—86) (Münster i. W. o. J.); *J. Köhne*, Die Tätigkeit des Weihbischofs Nicolaus Steno im Bistum Paderborn: ThGl 34 (1942); *J. Torsy*, Die Dienstreisen des Kölner Weihbischofs Paulus Aussemius 1677—79: Festschr. Wilhelm Neuss (Düsseldorf 1960) 164—182; *G. Schwaiger*, Römische Briefe des Regensburger Weihbischofs Sebastian Denich (1654/55): ZKG 73 (1962) 299—326; *M. Barth*, Der Straßburger Weihbischof Paul Graf Aldringen 1627—44: AElsKG 7 (1932) 363—374; *ders.*, Peter Creagh, Erzbischof von Dublin und Primas von Irland, als Weihbischof von Straßburg 1694—1705: ebd. 8 (1933) 269—286; *L. Lenhart*, Zwei Mainzer Weihbischöfe des 17. Jh. als ehemalige Heppenheimer Pfarrer. Adolf Gottfried Volusius (1676—79) und Mathias Starck (1679—1708): 1200 Jahre Heppenheim a. d. Bergstraße (1955) 129—149; *H. Raab*, Der Informativprozeß des Stiftskanonikers Johann Jakob Senft anläßlich seiner Ernennung zum Weihbischof von Erfurt 1695: Aschaffenburger Jb. 4 (1957) 770—776; *O. v. Looz-Corswarem*, Eine Firmungsreise des Trierer Weihbischofs Otto v. Senheim (1633—62): Festschr. für Alois Thomas (Trier 1967) 259—266; *B. Fischer*, Pontifikalhandlungen der beiden Speyerer Weihbischöfe Johann Philipp Burckhardt († 1698) und Peter Kornel von Beywegh († 1744) im Raume des heutigen Bistums Trier in den Jahren 1685—87 und 1708—10. Nach ihrem bisher unveröffentlichten Weihetagebuch in der Bibliothek des Priesterseminars St. Peter im Schwarzwald: AMrhKG 5 (1953) 311—324; *L. Just*, Der Trierer Weihbischof Johann Mathias v. Eyss im Kampf gegen den Jansenismus (1714—29): ebd. 11 (1959) 160—189; *F. Schäfer*, Lothar Friedrich v. Nalbach. Sein Wirken für den Kurstaat Trier als Weihbischof 1691—1748 (Köln 1937); *H. Schmitt*, Die Aushilfe der Speyerer Weihbischöfe Johann Philipp Burckhardt u. Peter Kornel von Beywegh im Bistum Worms: AMrhKG 12 (1960) 237—250; *ders.*, Der Wormser Weihbischof Johann Baptist Gegg aus Eichstätt (1716—30): ebd. 15 (1963) 95—146; *ders.*, Christian Albert Anton v. Merle, Weihbischof von Worms (1734—65): ebd. 16 (1964) 200—248; *R. Haaß*, Das religiös-kirchliche Leben in Köln unter dem Einfluß der Francken-Siersdorf (1724—70): Spiegel der Geschichte, Festschr. für Max Braubach (Münster 1964) 581—589; *A. Ph. Brück*, Stephan Alexander Würdtwein: AMrhKG 2 (1950) 193—216; *H. Raab*, Valentin Heimes' Informativprozeß anläßlich seiner Ernennung zum Weihbischof von Worms (1780) und

Mainz (1782): Jb. für das Bistum Mainz 7 (1957) 172—189; *A. Bach,* Der Mainzer Weihbischof Valentin Heimes und die „Weinpredigt" in Goethes „St. Rochusfest zu Bingen": RhVjbl 27 (1962) 97—116; *A. F. Ludwig,* Weihbischof Zirkel von Würzburg in seiner Stellung zur theolog. Aufklärung und kirchl. Restauration, 2 Bde (Paderborn 1904/06).

Den Dreißigjährigen Krieg hatte der Westfälische Friede beendet, den Frieden aber vermochte er dem Reich nicht zu bringen. In einer bis in das erste Drittel des 18. Jh. kaum von einigen Friedensjahren unterbrochenen Abfolge von Kriegen waren in der „konstituierten Anarchie" des Reiches die geistlichen Staaten als wehrlose Objekte den großen Mächten ausgeliefert, immer wieder von Feldzügen und Kriegsfolgen heimgesucht, in ihrer Existenz durch Säkularisationsprojekte und auf europäischen Friedenskongressen wiederholt bedroht und in ihrem Wiederaufbau durch ihre eigene Verfassung als Wahlstaaten, Mitherrschaft der Domkapitel, Mangel an Kontinuität und die Doppelfunktion der geistlichen Fürsten stark gehemmt.

Das Erzstift Trier z. B. hatte zwischen 1500 und 1720 einhundert Kriegs-, Pest- und Besatzungsjahre zu erdulden[1]. In dem kleinen, von reformiertem kurpfälzischem Gebiet fast ganz eingeschlossenen Hochstift Worms, dessen Dom den Schweden als Garnisonskirche gedient hatte, konnten erst, nachdem die katholischen Neuburger auf das Haus Pfalz-Simmern in der Kurpfalz gefolgt waren, die furchtbaren Zerstörungen des Orléansschen Krieges unter Fürstbischof Franz Ludwig von Pfalz-Neuburg (1694—1732) einigermaßen überwunden und an eine Wiederherstellung des kirchlichen Lebens nicht zuletzt im Schutz der umstrittenen Rijswijker Klausel gedacht werden. Die Türkennot[2], bis in Motive und Gestalten volksfrommen Brauchtums hinein spürbar, wurde erst mit dem Frieden von Passarowitz (1718) gebannt, und längere Friedenszeiten im Westen leiteten erst die Friedensschlüsse von Utrecht, Rastatt, Baden (1713/14) und Aachen (1748) ein. Mit den im barocken Überschwang und ziemlich gleichförmig fast überall vorgetragenen Klagen über die Not der Zeit, das Elend der Kriege im Westen, die Türkengefahr im Osten mischt sich das Jammern über Pest, Teuerung und Sittenverfall[3]. Auch wenn die tendenziöse Übertreibung in zeitgenössischen Berichten in Rechnung gestellt und die Verhältnisse als

[1] *G. Reitz,* Die Größe des geistlichen und ritterschaftlichen Grundbesitzes im ehemaligen Kur-Trier (Koblenz 1919) 43.

[2] *H. Watzl* (Hrsg.), Flucht und Zuflucht. Das Tagebuch des Priesters Balthasar Kleinschroth aus dem Türkenjahr 1683 (Graz - Köln 1956); *L. A. Veit - L. Lenhart,* Kirche und Volksfrömmigkeit im Zeitalter des Barock (Freiburg i. Br. 1956) 64 f.

[3] Über die schweren Kriegszeiten von 1701 bis 1713 bemerkt der Luxemburger Karmelit P. Pacificus a Cruce: „Jetzo ist alles im Krieg und in einem übelen Stand: Niederland ist noch niederer geworden durch Krieg; Elsaß ist ein Elendsas worden; der Rheinstrom ein Peinstrom; Italien ist ein Ort der Bataillen . . . Allenthalben ist Krieg und Elend! . . ." Zit. nach *E. Donckel,* P. Pacificus a Cruce, Ordinis Fratrum B. M. V. de Monte Carmelo. Sein Leben — Sein Predigtwerk: Festschr. für Alois Thomas (Trier 1967) 106 Anm. 43. — Wenig später klagt ein anderer Zeitgenosse über die Zustände im Bistum Speyer: „Es war

keineswegs hoffnungslos angesetzt werden, bleibt der trotz Rückschlägen zäh weitergeführte politisch-wirtschaftliche Wiederaufbau sowie die Erneuerung und Vertiefung des religiös-kirchlichen Lebens, die in der sakralen Kunst unter den Wittelsbachern, Habsburgern, Pfalz-Neuburgern und Schönborn sinnfälligen Ausdruck fanden, eine imponierende Leistung.

Die militärisch-politisch ohnmächtigen, nur auf das Recht gestellten geistlichen Territorien des Reiches waren während des Dreißigjährigen Krieges besonders schwer heimgesucht worden. Kaum ein Fürstbischof hatte wie der glaubenseifrige Erzbischof Paris Lodron von Salzburg (1619—53) sein Land vor Krieg und Kriegsfolgen bewahren, die Universität, das Collegium Marianum (1645), das Rupertinum (1653) gründen und den Dom vollenden können [4]. Das Fürstbistum Lüttich unter Ferdinand von Bayern war auf Grund seiner Neutralität [5] ebensowenig ganz verschont geblieben wie das Hochstift Basel, wenn auch nach Kriegsende eine Abwanderung in stärker entvölkerte Gebiete des Reiches [6], etwa von Lüttich nach Seligenstadt, den gegenteiligen Eindruck erwecken mochte. Selbst in den Gebieten der Reichskirche, die Plünderung, Zerstörung nie direkt gespürt hatten, waren durch den Krieg die bereits vorhandene Verschuldung vergrößert, gewohnte Verbindungen zerrissen, Flüchtlingselend und verengte Lebensbedingungen herbeigeführt worden. Das Bistum Brixen war 1659 so stark verschuldet, daß die Annaten und Steuern an Tirol nicht gezahlt werden konnten und der größte Teil der Einnahmen für die Tilgung der Zinsen verwendet werden mußte. Im Fürstbistum Trient war nach einem Bericht des Bischofs Karl Emanuel vom Jahre 1653 die wirtschaftliche Lage kaum besser [7].

Schlimmer als in den Randbistümern der Reichskirche im Westen und südlich der Donau sah es auf politisch-wirtschaftlichem und religiös-sitt-

kein Schatten mehr von der disciplina ecclesiastica gewesen, kein Laster so groß, daß man unter der Geistlichkeit selbsten nicht ersehen. Die Lehre Christi ist erweislich an vielen Orten ein ohnbekanntes Wesen." Zit. nach O. *B. Roegele,* Damian Hugo von Schönborn und die Anfänge des Bruchsaler Priesterseminars: FreibDiözArch 71 (1951) 10.

[4] *F. Martin,* Salzburgs Fürsten in der Barockzeit (1557—1812) (Salzburg [3]1966) 85—105.

[5] *P. Harsin,* Les origines diplomatiques de la neutralité liégeoise: Revue belge de philologie et d'histoire 5 (1926) 423—452.

[6] Vgl. zu den Bevölkerungsverlusten und Kriegsschäden *G. Franz,* Der Dreißigjährige Krieg und das deutsche Volk (Stuttgart [3]1961); *J. Schmidlin,* Kirchliche Zustände und Schicksale des deutschen Katholizismus während des Dreißigjährigen Krieges nach den bischöflichen Romberichten (Freiburg i. Br. 1940); *A. Rothbauer,* Der Dreißigjährige Krieg im Spiegel der ältesten Langenloiser Matrik: Jahrbuch für Landeskunde von Niederösterreich NF 35 (1964) 357—363; *H. Steinberg,* Der Dreißigjährige Krieg und der Kampf um die Vorherrschaft in Europa 1600—60 (Göttingen 1967) versucht neuerdings wenig überzeugend das „herkömmliche" Bild von der furchtbaren Katastrophe des Dreißigjährigen Krieges zu korrigieren und seine kultur- und sittenzerstörende Wirkung herabzudrücken.

[7] *I. Ph. Dengel,* Berichte von Bischöfen über den Stand ihrer Diözesen (Relationes status ecclesiarum). Als Beitrag zur Kirchengeschichte Österreichs im 16. und 17. Jh.: Forschungen und Mitteilungen zur Geschichte Tyrols und Vorarlbergs 6 (1907) 323—326 337—340.

lichem Gebiet um die Mitte des 17. Jh. in der „Pfaffengasse“ an Rhein und Main sowie in den katholisch gebliebenen Hochstiften Norddeutschlands aus. In den meisten geistlichen Territorien mußten ganze Landstriche fast neu besiedelt, zahlreiche verödete Ortschaften, heruntergekommene Städte aufgebaut, hohe Schuldenlasten abgetragen, der Verwirrung in der Währung, den Übergriffen weltlicher Herren auf Güter und Gerechtsame von Kirchen und Geistlichen gesteuert werden. „Die uns erhaltenen Berichte über die nach Kriegsende vorgenommenen Visitationen entrollen trostlose Bilder von der Zerstörung der Kirchen, vom Tiefstand des spärlichen Klerus, von der Auflösung und Zerrüttung allen kirchlichen Lebens, von der sittlichen Verwilderung und dem wüsten Aberglauben der Bevölkerung.“ [8]

Beim Amtsantritt Johann Philipps von Schönborn in Mainz 1647 waren im sogenannten Oberstift mit der zweiten Residenzstadt Aschaffenburg von 105 Pfarreien 77 unbesetzt. Das linksrheinische Erzstift mit dem nach der schwedischen Besatzung zur Hälfte zerstörten Mainz blieb bis 1650 in den Händen der Franzosen. In dem Hochstift Bamberg war die „Bevölkerung durch Gewalttaten, Hunger und Seuchen dezimiert. Die Überlebenden waren infolge der wiederholten Kontributionen sehr verarmt.“ [9] Im Fürstbistum Münster sahen die religiösen und sittlichen Zustände bedenklicher aus als die wirtschaftlichen. Die Kirchenzucht war verfallen, seltsame Kultusformen hatten sich eingebürgert, ein großer Teil des Klerus lebte beim Regierungsantritt des Bischofs Christoph Bernhard von Galen im Konkubinat [10]. Die größte Diözese der Reichskirche, Konstanz, zählte im Jahre 1650 nach dem Rombericht ihres Bischofs Johann Franz Vogt von Altensumerau und Praßberg nur noch sechshundert besetzte Pfarreien von insgesamt mehr als tausend. Im Bistum Regensburg waren 1654 über dreihundert Seelsorgestellen vakant. Nicht besser sah es in den meisten übrigen Fürstbistümern aus, wo nicht selten außer den bekannten Kriegsfolgen fremde Besatzungstruppen, Streifzüge und beträchtliche Satisfaktionsforderungen [11] den politisch-wirtschaftlichen und religiös-kirchlichen Wiederaufbau erschwerten.

Die seit dem Spätmittelalter bestehende Verschuldung vieler Fürstbistümer konnte, soweit hierüber zuverlässige Angaben vorliegen, infolge der Kriegslasten, des Währungsverfalls, aber auch verfehlter Finanzpolitik, übertriebener Ausgaben für Hofhaltung, Bauvorhaben, Versorgung von Verwandten regierender Fürsten selbst in reichen Hochstiften nur in den

[8] *F. X. Seppelt,* Geschichte des Bistums Breslau (Breslau 1929) 71.

[9] *J. Kist,* Fürst und Erzbistum Bamberg (Bamberg ³1962) 103.

[10] *W. Kohl,* Christoph Bernhard von Galen. Politische Geschichte des Fürstbistums Münster 1650—78 (Münster 1964) 26—32.

[11] So hatten z. B. auch die Fürstabteien Murbach und Luders eine ungeheure Summe an Satisfaktionsgeldern zu zahlen, was sich bis in das 18. Jh. hinein auswirkte; *A. Gatrio,* Die Abtei Murbach im Elsaß II (Straßburg 1895) 553.

seltensten Fällen in größerem Umfange reduziert werden [12]. Als ausgesprochen arme bzw. stark verschuldete Fürstbistümer galten während des 17. und 18. Jh. Chur, Konstanz, Regensburg, Paderborn, Hildesheim, zum Teil auch Worms, Speyer, Trier und Freising. Die Kumulation von Bistümern muß auch unter wirtschaftlichen Gesichtspunkten betrachtet werden. Als wirtschaftlich gesund und relativ reich, daher auch begehrte Objekte fürstlicher und reichsritterlicher Bistumspolitik, galten in derselben Zeit die Erzstifte Mainz — mit rund 1 500 000—1 700 000 Reichstaler jährlicher Einnahmen um 1790 — und Köln, die Hochstifte Münster, Straßburg, Würzburg, Augsburg, auch Bamberg nach dem Wiederaufbau unter Bischof Philipp Valentin Voit von Rieneck. Die Jahreseinkünfte des Bischofs Wilhelm Egon von Fürstenberg (1740) aus dem Fürstbistum Straßburg, den Abteien St. Arnulf in Metz, St. Michel und anderen Pfründen werden auf 600 000—700 000 Livres geschätzt, die Gesamteinkünfte des Kurfürst-Erzbischofs Max Franz von Köln auf mehr als eine Million Reichstaler.

Die berechtigte Kritik an der Finanzpolitik [13] mancher geistlicher Fürsten sollte indessen nicht ihre Verdienste um die Förderung der Kunst, vor allem der Architektur, etwa durch die Schönborn [14], der Malerei, Musik des Barock und Rokoko, aber auch der Wissenschaft und der Caritas übersehen, die bei einem Vergleich mit den mächtigeren weltlichen Territorien durchaus bestehen können. Die Nichtentwicklung stehender Heere als ersten Machtmittels des modernen absolutistischen Staates ließ die geistlichen Territorien, auch infolge der engen Verbindung von Militare und Aerarium, in der staatlichen Organisation und als politische Faktoren zurückbleiben, hielt ihnen aber die Möglichkeit frei, in älteren Formen die Grundfrage allen staatlichen Lebens zu lösen — ein erträgliches der natürlichen Ordnung entsprechendes

[12] Nach einem Bericht des Mainzer Kurfürst-Erzbischofs Friedrich Karl v. Ostein an Maria Theresia vom 20. 3. 1763 hatte ihm der Siebenjährige Krieg „statt Unterthanen schier nichts als Bettler hinterlassen. Stifter und Klöster liegen mit ihren Einkünften völlig darnieder. Ja, es ist kein Dörflein in meinem ganzen Erzstift so klein, daß es nicht schier so viel und oft mehreres, als es werth, schuldig ist.“ Nach einer Kurmainzer Aufstellung vom 16. 10. 1763 betrugen die Verluste und Schäden durch französische, kaiserliche, preußische und alliierte Truppen, die Ausgaben für das Mainzer Kontingent in der Reichsarmee eingeschlossen, 20 156 447 Gulden und 21 Kronen. Haus-, Hof- und Staatsarchiv, Wien, MOG, 25 A, 20.

[13] Die Ausgaben-, Einnahmen- und Schuldenpolitik geistlicher Fürsten ist noch sehr wenig erforscht. Auf zwei einschlägige Untersuchungen für das 18. Jh. kann hier nur verwiesen werden: *H. Maas*, Verwaltungs- und Wirtschaftsgeschichte des Bistums Speyer während der Regierung des Fürstbischofs Franz Christoph von Hutten (1743—1770) (Diss. Göttingen 1931); *O. Schneider*, Die Finanzpolitik des Kurfürsten Clemens Wenzeslaus von Trier = Finanzwissenschaftliche Forschungsarbeiten NF Heft 19 (Berlin 1958).

[14] *M. v. Freeden*, Würzburgs Residenz und Fürstenhof zur Schönbornzeit (Würzburg 1949); *ders.*, Kunst und Künstler am Hofe des Kurfürsten Lothar Franz von Schönborn (Würzburg 1949); *J. F. Abert*, Vom Mäzenatentum der Schönborn (Würzburg 1949); *M. Braubach*, Politik und Kultur an den geistlichen Fürstenhöfen Westfalens gegen Ende des alten Reiches: WZ 105 (1955) 65—82, auch in: Bonner historische Forschungen 33 (1969)

Verhältnis zwischen Individuum und Gemeinschaft, Mensch und Staat früher und einfacher herbeizuführen, nicht zuletzt unter dem Gesichtspunkt eines künftigen, jenseitigen Heils. Der Mangel an Staatlichkeit, sosehr er auch den Territorien unter Krummstab und Inful zum Schicksal werden und die Kritik der Aufklärung provozieren mußte, konnte andererseits als Versprechen einer relativ größeren Freiheit und einer gewissen irdischen Glückseligkeit in dem Sprichwort „Unterm Krummstab ist gut ruhen" begrüßt werden. „Die höhnisch präcidirte Pfaffengasse macht die vor Deutsche Menschheit unschäzbare und ewigen Danks würdige Pyrenäen, daß nicht wie in Frankreich und Spanien Monarchenmacht alles in seine Ketten schlug und diese Alpen können bleiben", schreibt Friedrich Carl v. Moser am Vorabend der Säkularisation, und er fährt fort, nur dem geistlichen Fürsten komme „in buchstäblicher Bedeutung des Wortes der Name eines Staatsverwalters zu, weil schlechte, nachteilige Handlungen ihm nicht so wie einem weltlichen Souverain hingehen, weil er das Auge eines Capitels über und um sich hat" [15].

Nennenswerte Hilfe konnten die geistlichen Fürsten beim religiös-kirchlichen Wiederaufbau weder von Rom noch von den Nuntiaturen in Köln, Wien und Luzern erwarten. Von Reformtätigkeit der Nuntien wie im ausgehenden 16. oder in den beiden ersten Jahrzehnten des 17. Jh. wird nicht mehr allzuviel festzustellen sein [16]. Verschiedentlich wurden Reformen gegen den Widerstand der Nuntien von den Bischöfen durchgesetzt. Von dem weitgespannten Amts- und Jurisdiktionsbereich, den etwa der Kölner Nuntius Sanfelice mit dem Blick auf Metz, Toul, Verdun nicht aufzugeben mahnt und den noch der Uditore Fini 1670 in seiner Instruktion prätendiert — „si estende questa Nunziatura per tutto quel tratto di paese, che bagna il Rheno, cominciando da Basilea fino alle sue bocche dell'Oceano Britannico" [17] —, ist kaum mehr als das Herzstück, die Bistümer Köln und Lüttich, übriggeblieben, und auch dort nimmt unter Max Heinrich der

546—562; Kurfürst Clemens August, Landesherr und Mäzen des 18. Jahrhunderts. Katalog der Ausstellung in Schloß Augustusburg zu Brühl 1961 (Köln 1961).

[15] *F. C. v. Moser,* Über die Regierung der geistlichen Staaten in Deutschland (Frankfurt-Leipzig 1787) 163.

[16] *A. Franzen,* Die Finalrelation des Kölner Nuntius Sanfelice vom Jahre 1659; RQ 50 (1955) 69—88; *ders.* Französische Politik und Kurkölns Beziehungen zu Frankreich unter Erzbischof Max Heinrich (1650—1688): ebd. 52 (1957) 169—210; *H. Raab,* Die Finalrelation des Kölner Nuntius Fabrizio Paolucci: ebd. 55 (1960) 129—150; *ders.,* Die Relation des Kölner Nuntius Gaetano de' Cavalieri von 1732: ebd. 58 (1963) 71—88; *ders.,* Die Instruktion für den Kölner Nuntius Jacopo Oddi: ebd. 62 (1967) 36—69; *A. Levinson,* Nuntiaturberichte vom Kaiserhofe Leopolds I. (1657—1669): AÖG 103 (1913) 547—831; *R. Scotti,* Helvetia sacra. Relatione de Vescovati, Abbatie, et altre dignità subordinate alla Nuntiatura helvetica (Macerata 1642); *K. Haid,* Aus der Aktenmappe des Monsignore Francesco Boccapaduglio, Nuntius in der Schweiz: ZSKG 38 (1944) 121—153.

[17] *L. Just,* Die Kölner Nuntiatur nach einer Information des Uditore Fini von 1670: AHVNrh 155/156 (1954) 314.

Widerspruch gegen die Jurisdiktion und die Existenz der Nuntiatur gefährliche Formen an[18].

Die latente Existenzkrise der Reichskirche oder der drohende „Totalruin" einzelner Fürstbistümer konnten weder durch die Nuntiaturen noch das ständig schwächer werdende Papsttum, sondern allein durch Kaiser und „Reich" und dank der Politik der Wittelsbacher und Habsburger, der Pfalz-Neuburger und der großen stiftsfähigen Familien, etwa der Eltz und Schönborn, der von der Leyen, Dalberg, Stadion, Metternich, Walderdorff und ihrer reichsritterlichen Verwandtschaft, schlecht und recht im ersten Jahrhundert nach dem Westfälischen Frieden, seit der Mitte des 18. Jh. mit ständig nachlassender Kraft abgewehrt werden. Die Sicherung des konfessionellen Besitzstandes und die Rekatholisierung in der Oberpfalz, in Schlesien, Jülich und Berg, in den Diasporagebieten der Reichsbistümer ist zum großen Teil ihr Verdienst. Überschätzt werden gewöhnlich die konfessionspolitischen Folgen der Fürstenkonversionen[19].

Unverständlich wird die im Vergleich zu den romanischen Ländern mit einiger Verspätung, in größerem Umfang erst nach 1648 einsetzende Erneuerung des religiös-kirchlichen Lebens in der Reichskirche bleiben, wenn man nicht ihre besondere Verfassung und die zum Teil auch daraus erwachsenden Schwierigkeiten in Rechnung stellt[20].

Im System der Reichsverfassung waren die Bischöfe nicht nur Würdenträger der Hierarchie, Nachfolger der Apostel, sondern zugleich als Inhaber der als Zepterlehen vergebenen geistlichen Territorien Stütze des Reiches, Reichsstände mit Sitz und Stimme auf dem Reichstag, Fürsten, mit einer von dem Westfälischen Frieden ihnen zugesprochenen Souveränität, die, aus Mangel an realer Macht, nur wenige mit Recht für sich in Anspruch nehmen durften. Die geistlich-weltliche Doppelfunktion der Fürstbischöfe und Fürstäbte konnte einen Gewinn für die Kirchenreform darstellen, aber auch eine Versuchung und nicht selten die Kräfte einzelner in der höfisch-absolu-

[18] Siehe unten Kapitel: Reichskirchlicher Episkopalismus.

[19] Über Johann Ludwig von Nassau-Hadamar, der 1628 in Wien zur katholischen Kirche übertrat und sich 1650 als Witwer und Vater einer größeren Anzahl von Kindern, die zum Teil schon in den deutschen Kapiteln saßen, um das Fürstbistum Münster bewarb, vgl. *K. Wolf*, Johann Ludwig, Graf von Nassau-Hadamar: Nassauische Lebensbilder II (Wiesbaden 1943) 109—123; *W. Kohl*, Nassauische Absichten auf das Bistum Münster: Westfalen 36 (1958) 91—102; über Ernst von Hessen-Rheinfels, der in St. Goar, Bad Schwalbach, Rotenburg a. d. Fulda die Rekatholisierung förderte, vgl. *H. Raab*, Landgraf Ernst von Hessen-Rheinfels (1623—93) (St. Goar 1964). — Keine oder nur geringe konfessionspolitische Folgen hatten die Konversionen der Herzöge Alexander Heinrich von Holstein (1649), Johann Friedrich von Hannover (1651), des Pfalzgrafen Christian August von Sulzbach, des Kurfürsten Friedrich August I. von Sachsen, der Herzöge von Württemberg usw.

[20] Es versteht sich von selbst, daß hier nicht die trotz mancher Monographien noch weitgehend unerschlossene Geschichte der gegenreformatorischen und reformerischen Bestrebungen des 17. u. frühen 18. Jh. in der Reichskirche geschrieben werden kann.

tistischen Welt übersteigen, den Fürsten oder Weltmann über den Bischof siegen lassen. Der häufig in der zeitgenössischen Kritik verlangte Verzicht auf Prunk und Repräsentation oder die Forderung nach vertiefter wissenschaftlicher Bildung[21] berühren das Kernproblem der Reichskirche nur an der Oberfläche.

Eine Reichskirche im Sinne eines alle Bistümer umfassenden Verbandes mit einer geistlichen Spitze, die mit Leitungsgewalt ausgestattet gewesen wäre, hat es nicht gegeben. Die Reichskirche war, was die Geschlossenheit betraf, nicht mit der Ecclesia Gallicana zu vergleichen, stellte aber, als erst einmal die kirchenrechtliche und historische Begründung des Episkopalismus, zunächst in Anlehnung an den Gallikanismus, gewisse Fortschritte gemacht hatte, die eigenen Freiheiten — Fürstabt Martin Gerbert spricht sogar von einer „Nationalfreyheit der deutschen Kirche" — voll Stolz über die gallikanischen, die im Grunde nur Ausdruck der Herrschaft des Königs über die Kirche seien.

Formalrechtlich gründete sich das Leben der Reichskirche zunächst und ausschließlich auf das Wiener Konkordat von 1448[22], mit den wichtigsten Bestimmungen über die Besetzung der Reichsbistümer, der Pfründen und über die finanziellen Leistungen an die Römische Kurie. Im späten 17. Jh. wurde im Zusammenhang mit der zwiespältigen Kölner Wahl von 1688 und den Bemühungen von G. W. Leibniz eine Wiederbelebung des Wormser Konkordats und eine Inanspruchnahme des daraus abgeleiteten kaiserlichen Entscheidungsrechts zwiespältiger Wahlen versucht[23]. Das episkopalistische Reichskirchenrecht rückte die wiederentdeckten Concordata Principum von 1447, vor allem die darin bestätigte Mainzer Akzeptation von 1439 in den Vordergrund und wollte über deren Bestimmungen das Wiener Konkordat modifiziert wissen[24]. Die einschlägigen Bestimmungen des Augsburger Religionsfriedens, des Westfälischen Friedens, der kaiserlichen Wahlkapitula-

[21] Landgraf Ernst von Hessen-Rheinfels vertrat in seinem „Speculum pro Episcopo et simul Principi saeculari" die Auffassung, daß einem Bischof nur „propter duritiem cordis, das ist nach der heutigen Welt Zustand" die Vereinigung von geistlicher und weltlicher Macht hingehen dürfe. Kein Bischof sollte sich wie Christoph Bernhard von Galen in Münster, wie die Päpste Julius II., Innozenz X. „in Krieg und Kriegsgeschäften implicieren" dürfen. Gründliche theologische Kenntnisse, akademische Grade, seelsorgerische Erfahrung seien von jedem Bischofskandidaten zu fordern. Zugehörigkeit zu einem bestimmten Stand dürfe nicht von der Wählbarkeit ausschließen. — Für Fürstabt Bernhard Frank von Disentis ist etwa 80 Jahre später ein „ungebildeter Bischof ein stummer Herold". *L. Schmid,* Bernhard Frank von Frankenberg, Fürstabt von Disentis 1742—63 (Chur 1958) 53.

[22] *H. Raab,* Die Concordata Nationis Germanicae in der kanonistischen Diskussion des 17. bis 19. Jh. Ein Beitrag zur Geschichte der episkopalistischen Theorie in Deutschland (Wiesbaden 1956).

[23] *P. Kopfermann,* Das Wiener Konkordat im deutschen Staatsrecht (Berlin 1908).

[24] Siehe unten Kapitel: Der reichskirchliche Episkopalismus von der Mitte des 17. bis zum Ende des 18. Jahrhunderts.

tion, schließlich die Rijswijker Klausel galten, neben den großen Friedensschlüssen des 17. und 18. Jh., den Reformkonzilien von Konstanz und Basel als die Grundlagen der Reichskirche. Zu einem den Forderungen der Zeit entsprechenden neuen Konkordat hat es die Reichskirche im 17. und 18. Jh. nicht gebracht.

Als uraltes, einigendes Band der Reichsbistümer wurde die Mainzer Kirchenprovinz und die Idee eines Primas Germaniae beschworen. Den Titel eines „Primas Germaniae" konnten zwar die Erzbischöfe von Salzburg seit dem Übergang Magdeburgs zur Reformation beanspruchen, seit der Mitte des 17. Jh. mit kaiserlicher Unterstützung behaupten und 1750 sogar von der Reichskanzlei anerkannt sehen. Mehr als ein Ehrentitel ist dieser, auch als die Kurfürst-Erzbischöfe von Mainz danach zu streben begannen, zu keiner Zeit gewesen, wenn auch Mainz mit einem gewissen Recht als die Metropolis Germaniae bis zum Untergang des Reiches gelten mochte, „zunehmend in reichsverfassungsrechtlichem Sinne, abnehmend im Sinne des kirchlichen Primats und kaum im Sinne der Territorialgewalt" [25]. Als Kurerzkanzler des Reiches nahm der Mainzer Erzbischof die angesehenste Stellung unter den geistlichen Fürsten ein [26] — die Fürstbischöfe von Eichstätt legten sich den Titel eines „Sanctae Moguntinae Sedis Cancellarius" bei — und hatte über die Unversehrtheit des Reiches und die Rechte der Reichskirche zu wachen. Aber seine kirchlichen Befugnisse waren trotz des gelegentlichen Gebrauchs des Primastitels und verschiedener Versuche, sich zum Sprecher reichskirchlicher Interessen zu machen, keine anderen als die der übrigen drei Erzbischöfe.

Umfang und Grenzen der Reichskirche sind nie genau umschrieben, entsprechen auch nicht Wessenbergs späterer „deutscher Kirche" unter einem deutschen Primas [27], sondern sind vielmehr am ehesten noch nach dem Geltungsbereich des Wiener Konkordats (1448) mit dem reichskirchlichen Grundgesetz der freien Bischofswahl zu bestimmen. Fließende, unklare Grenzen, Kompetenzüberschneidungen, kuriose Rechtsverhältnisse — es sei nur erinnert an die Fürstabteien St. Gallen, Murbach-Luders, an die Salzburger Eigenbistümer, an die Abteien „nullius dioecesis" [28] und Quasibistümer, an die Alternation in Osnabrück und an die konfessionell gemischten Domkapitel und Stifte — geben der Verfassung der Reichskirche ihre besondere Note und erschweren manche Reformen. Die Zahl der Bistümer bleibt in den 150 Jahren nach dem Westfälischen Frieden konstant, sieht man von der Erhebung Fuldas und Corveys zu Bistümern in der zweiten

[25] *J. Bärmann*, Moguntiae Metropolis Germaniae (Mainz 1965) 23.

[26] *H. Mathy*, Über das Mainzer Erzkanzleramt in der Neuzeit. Stand und Aufgaben der Forschung: Geschichtl. Landeskunde II (1965) 109—149.

[27] *I. H. v. Wessenberg*, Betrachtungen über die Verhältnisse der katholischen Kirche im Umfange des deutschen Bundes (1818).

[28] *Ph. Hofmeister*, Gefreite Abteien und Prälaturen: ZSavRGkan 50 (1964) 176 ff.

Hälfte des 18. Jh. ab. Zu gegenreformatorischen Bistumsgründungen in der Reichskirche reichten Kraft und Wille nicht, obwohl nicht erst Joseph II. die Notwendigkeit empfunden hat, die fast tausend Jahre alte Bistumsorganisation neu zu ordnen. Landgraf Ernst von Hessen-Rheinfels (1623—93) verlangte für das Reich 150 Erzbistümer und Bistümer mit jeweils nicht mehr als 200 Pfarreien und nicht über 4000 Taler Jahreseinkünften. Einzelne Korrekturen kirchlicher Verwaltungsbezirke konnten nur mit beträchtlicher Mühe durchgesetzt, der jahrhundertealte Exemtionsstreit zwischen Salzburg und Passau [29] erst 1728 zugunsten des letzteren entschieden werden.

Die Reichskirche hörte praktisch an den Grenzen der kaiserlichen Hausmacht auf, griff aber andererseits über die Grenzen der Eidgenossenschaft und Frankreichs hinüber. Ihre Verhältnisse im bayerischen Machtbereich lassen sich trotz übereinstimmender Details mit denen der rheinischen geistlichen Kurstaaten nicht ohne weiteres vergleichen. In den österreichischen Erblanden war die Kirche weitgehend Landeskirche, ihre Bischöfe trotz beträchtlichem Landbesitz nur Landstände. Mit Ausnahme der adeligen Reichskleriker, die in Wien oder in Prag eine Rolle spielten (der Reichsvizekanzler Walderdorff, die beiden Erzbischöfe Manderscheid und Salm-Salm), der Bischöfe von Brixen, Trient, Seckau, Lavant konnte der Klerus der Erblande, soweit er nicht gleichzeitig in den Domkapiteln von Passau, Salzburg, Regensburg oder in Reichsstiften saß, nur ein schwaches Gefühl der Verbundenheit mit dem stiftischen Deutschland haben. Seit der Wende zum 18. Jh. begannen zudem die habsburgischen Träger der Kaiserkrone mit dem Herausbau einer österreichischen Monarchie aus dem Reich mehr und mehr sich als Herren einer Landeskirche zu fühlen.

Dennoch wird man, wenn man nach einer Spitze der Reichskirche sucht, die auf dieselbe Einfluß nehmen konnte, sie am ehesten noch im Kaiser, dem „Advocatus ecclesiae“ [30], sehen dürfen. Zwar war der Sitz der deutschen Könige und Kaiser im Chorgestühl mancher Domkirche zu einer ehrwürdigen Verlassenschaft geworden und verband sich mit der Würde eines Erzkanzlers der Kaiserin, die der Fürstabt von Fulda bekleidete, oder dem von dem Fürstabt von Kempten beanspruchten Erzmarschallamt nur ein höchst bescheidener Einfluß, doch zeigt sich darin oder in dem künstlerischen Programm stiftischer Kaisersäle, in der Historiographie sowohl als der Architektur der Germania Sacra ihre „amphibische Konstitution“ [31]. Das Kaisertum blieb, ungeachtet der konfessionellen Spaltung des Reiches,

[29] *E. M. Eder*, Beiträge zum Passauer Exemtionsstreit (Phil. Diss. Wien 1962).

[30] *L. Glier*, Die Advocatia ecclesiae Romanae imperatoris in der Zeit von 1519 bis 1648 (Diss. Erlangen 1897); *R. Müller*, Die rechtlichen Wandlungen der Advocatia Ecclesiae des römischen Kaisers deutscher Nation (Jur. Diss. Erlangen 1895).

[31] Dieser u. E. treffende Ausdruck zuerst bei *N. Lieb*, Die Stiftsanlagen des Barocks in Altbayern und Schwaben: SM 29 (1968) 120: „Die heute kaum mehr verständliche, gewissermaßen amphibisch erscheinende Konstitution der Reichsstifte hat in der Architektur ihre Selbstdarstellung und ihre Rechtfertigung. Die Synthese von Kloster und Reichsstifts-

katholisch, in Anspruch und Aufgabe halb geistlich. In den geistlichen Staaten war nicht nur aus politischem Selbsterhaltungstrieb allgemein die Reichsverbundenheit stärker als in den meisten weltlichen Territorien. Nur innerhalb des Reiches konnten diese zahlreichen größeren und kleineren Papacäsarien politisch-kulturelles Leben entfalten oder sich ihrer politischen Machtlosigkeit im Vergleich mit dem Aufstieg der modern absolutistischen Staaten bewußt werden [32].

Durch die Reichsgrundgesetze, insbesondere durch den Westfälischen Frieden und die Wahlkapitulation, war der Kaiser verpflichtet, den Status quo der Reichskirche zu sichern [33], die Concordata Nationis Germanicae aufrechtzuerhalten und die Beschwerden gegen die Römische Kurie abzustellen [34]. Die deutschen Könige bzw. die Kaiser übten seit dem 13. Jh. das Recht der „Ersten Bitten" (Jus primariarum precum) [35] auch ohne päpstliches Indult und behaupteten es unter Joseph I. in einer heftigen Auseinandersetzung mit Rom. Sie erteilten Panisbriefe, „wodurch einer frommen Stiftung oder Gemeinde, wo ein gemeinschaftlicher Tisch üblich war oder noch ist, aufgetragen wird, einer gewissen Person ohne Unterschied des Standes, Geschlechts oder der Religion lebenslänglichen Unterhalt in Natur oder Geld abzureichen" [36].

Auf die Besetzung der Reichsbistümer und damit auf die Politik der geistlichen Territorien konnte das Reichsoberhaupt bei grundsätzlicher Achtung der Wahlfreiheit der Domkapitel durch Entsendung von Wahlbotschaftern, Rekommendationen, Gnadenerweise an österreichische oder reichspatriotische Domherren, auf politischem oder finanziellem Wege ein-

staat entspricht in ihrer architekturschöpferischen Bedeutung in etwa der Verbindung von Bischofs- und Königskirche in der gotischen Kathedrale." — *G. Iller,* Die Malereien des Kaisersaales zu Fulda (1939).

[32] *Jos. v. Eichendorff,* Über die Folgen der Aufhebung der Landeshoheit der Bischöfe und Klöster in Deutschland: Sämtl. WW, hrsg. von *W. Kosch - A. Sauer,* Bd 10 (Regensburg 1911) 169: „Als die einzig übriggebliebenen Ruinen eines ungeheuren alten Tempels unterhielten (die geistlichen Territorien) mitten im Strome der Verwandlung eine beständige, fast mystische Gemeinschaft und Hinweisung auf eine große Vergangenheit, deren Erinnerung andere Staaten nicht hastig genug vernichten zu können glaubten."

[33] So ermahnte z. B. Ferdinand III. 1656 die Eidgenossenschaft, daß sie das Stift Sankt Gallen bei den „vom Heil. Röm. Reich zu Lehen habenden Regalien, Rechten und Gerechtigkeiten" unangefochten ließe. Kaiser und Reich betrachteten, wie auch ihr Verhalten während des Toggenburger Krieges zeigt, die Reichszugehörigkeit des Stiftes als durch den Westfälischen Frieden nicht angetastet.

[34] *W. Wagner,* Das Staatsrecht des Heiligen Römischen Reiches deutscher Nation. Eine Darstellung der Reichsverfassung gegen Ende des 18. Jh. nach einer Handschrift der Wiener Staatsbibliothek (Karlsruhe 1968) 58—62.

[35] *H. E. Feine,* Papst, Erste Bitten und Regierungsantritt des Kaisers seit dem Ausgang des Mittelalters: ZSavRGkan 20 (1931) 1—101; *F. J. Heyen,* Die kaiserlichen Ersten Bitten für das Erzbistum Trier von Ferdinand I. bis Franz II. (1531—1792): Festschr. für Alois Thomas (Trier 1967) 175—188.

[36] *W. Wagner,* Staatsrecht 64.

wirken. Die Anwesenheit eines kaiserlichen Wahlkommissars bei den entscheidenden Vorverhandlungen, nicht jedoch bei dem Wahlakt selbst, wurde als rechtlich notwendig erachtet[37]. Das Entscheidungsrecht zwiespältiger Bischofswahlen und das Exklusivrecht, zu deren Begründung die staatskirchlichen Fürsprecher einer verstärkten Advokatie auf das Wormser Konkordat und das Reichsherkommen zurückgriffen, konnten gegen die Domkapitel und den stiftsfähigen Adel nicht durchgesetzt werden.

In Trient, wo durch die Kompaktaten vom 18. September 1363 und die Speyerer Note von 1571 den Habsburgern weitgehende Zugeständnisse gemacht worden waren, in Brixen, Passau, Eichstätt und Salzburg, dessen „Ewiges Statut" (1606) die Wahl bayerischer Prinzen und österreichischer Erzherzöge untersagte und praktisch nur noch Tiroler und Vorderösterreicher episkopabel erscheinen ließ, gelangten in der Regel Kandidaten aus dem österreichischen Adel und kaiserlichen Diensten auf den Bischofsstuhl. Eine in der Reichskirche und in der Gesamtkirche einzigartige Stellung nahm Salzburg mit dem Privileg der Ernennung, Konfirmation und Konsekration der Bischöfe seiner vier kleinen Eigenbistümer Gurk, Seckau, Chiemsee und Lavant ein. Für Gurk war allerdings zwischen König Ferdinand I. und Erzbischof Matthäus Lang die Neuregelung getroffen worden (25. 10. 1535), daß von drei aufeinanderfolgenden Bischöfen die ersten zwei stets vom Landesherrn ernannt werden sollten.

In den geistlichen Territorien an Main und Mittelrhein, deren reichsritterliche Domkapitel wiederholt und erfolgreich fürstlichen Kandidaten ihre Unabhängigkeit demonstrierten, regierten meist gut kaiserlich und reichspatriotisch eingestellte Fürstbischöfe. Hier behauptete sich die Reichsritterschaft über Ahnenprobe und ständische oder reichskreismäßige Exklusivität sowohl gegen die großen katholischen Fürstenfamilien, die Wittelsbacher, Habsburger, Pfalz-Neuburger und die Wettiner, als auch gegen den mediaten Adel, der in den nordwestdeutschen Domkapiteln dominierte, aber bei der Abwehr fürstlicher Kandidaturen in einer ungleich schwierigeren Lage war, zumal im Zuge der Gegenreformation und dynastischer Familienpolitik die Koadjutorie immer weiter, bis zur „quasi-Erblichkeit" in einer Reihe geistlicher Staaten ausgedehnt wurde. Das Fürstbistum Freising konnte vom Münchener Hof als „unsere Pfarr" bezeichnet werden, und im Erzstift Köln konnten infolge der Wittelsbacher Koadjutorien — die Kurie hat, wenigstens in der Theorie, die Koadjutorwahl nie als eigentliche Elektion oder Postulation betrachtet — in mehr als zweihundert Jahren nur insgesamt zwei Bischofswahlen (1688 und 1763) stattfinden. Trotz beträchtlicher Nachteile hatten die Koadjutorien zum mindesten den Vor-

37 Über den Anspruch zur Entsendung Reichsvikariatischer Kommissare zu Bischofswahlen vgl. *W. Hermkes,* Das Reichsvikariat in Deutschland. Reichsvikare nach dem Tode des Kaisers von der Goldenen Bulle bis zum Ende des Reiches (Karlsruhe 1968) sowie unten Kapitel 23: Staatskirchentum.

teil, daß Interregna und domkapitularische Sedisvakanzregierungen mit ihren bekannten nachteiligen Folgen vermieden wurden.

Die geistlichen Territorien waren Wahlstaaten, daher so gut wie ohne jede Kontinuität in ihrer Außen- und Innenpolitik, aber auch bei allen kirchlichen Reformbestrebungen. Erbteilungen und Erbstreitigkeiten blieben ihnen zwar erspart, von dynastischer Rivalität, vom Ehrgeiz stiftsfähiger Familien, ihrem Nepotismus und ihren Interessengegensätzen waren sie jedoch nicht verschont. Interregnum, Sedisvakanzregierung — als „domkapitularische Ernte" nicht unzutreffend charakterisiert — stehen vielfach im Zeichen heftiger Animosität gegenüber der Person, der Familie und der Regierungstätigkeit des verstorbenen Fürstbischofs sowie seiner Ratgeber, die verschiedentlich nicht von persönlicher Verfolgung verschont blieben [38]. Das sowie die beträchtlichen Unkosten einer Bischofswahl, die außerdem aufzubringenden Summen für Annaten, Servitien, Palliengelder erschwerten jede Reform außerordentlich. Nicht wenige Fürstbischöfe standen beim Amtsantritt ohne Mittel da, folglich ohne größere Autorität, zudem gebunden durch die im Westfälischen Frieden anerkannten Wahlkapitulationen [39], die den Domkapiteln Mitregierung im Hochstift, Anteil an der geistlichen Verwaltung des Bistums sicherten, insgesamt die ständische Verfassung geistlicher Territorien garantierten [40].

Von kirchlichen Reformwünschen fanden in den Wahlkapitulationen ihren Niederschlag die Forderung auf Verzicht nach Bistumskumulationen, das Verlangen nach strengerer Beobachtung der Residenzpflicht, Regelung der geistlichen Gerichtsbarkeit und Fürsorge für ältere und arme Geistliche. Öfter wurden die Gewählten darauf verpflichtet, keinen Koadjutor zu nehmen, nicht das Kardinalat zu suchen oder nur dann, wenn das Wahlrecht des Domkapitels gesichert ist, keine Orden zuzulassen, die eine Schmälerung der bischöflichen Jurisdiktion bedeuten könnten, die Ketzerei auszurotten und die katholische Mission zu fördern. In den Fürstbistümern Würzburg, Speyer, Eichstätt kam es wegen der Wahlkapitulationen zu langwierigen Prozessen. Der Würzburger Fürstbischof Johann Gottfried II. von Guttenberg erreichte, daß er 1690 durch den Papst von der Wahl-

[38] *G. Christ,* Der Wiener Hof und die Wahl Conrad Wilhelms v. Werdenau zum Fürstbischof von Würzburg 1683: Würzburger Diözesangeschichts-Bll. 26 (1964) 298.

[39] *J. F. Abert,* Die Wahlkapitulationen der Würzburger Fürstbischöfe bis zum Ende des 17. Jh.: Archiv des Hist. Vereins für Unterfranken u. Aschaffenburg 46 (1969) 104 ff; *J. Kremer,* Studien zur Gesch. der Trierer Wahlkapitulationen (1286—1786): Westdt. Zschr. ErgH 16; *G. Weigel,* Die Wahlkapitulationen der Bamberger Bischöfe 1328—1693 (Bamberg 1909); *L. Bruggaier,* Die Wahlkapitulationen der Bischöfe und Reichsfürsten von Eichstätt. Eine historisch-kanonistische Studie (Freiburg i. Br. 1915); *N. Fuchs,* Die Wahlkapitulationen der Fürstbischöfe von Regensburg 1437—1801: Verhandlungen des Hist. Vereins für Oberpfalz u. Regensburg 101 (1960/61) 5 ff.

[40] *R. v. Oer,* Landständische Verfassungen in den geistlichen Fürstentümern Nordwestdeutschlands: Ständische Vertretungen in Europa im 17. und 18. Jh., hrsg. von *D. Gerhard* (Göttingen 1969) 94—119.

kapitulation absolviert wurde. Eine ähnliche Lösung versuchten die Fürstbischöfe von Eichstätt, Bamberg und Konstanz zu erreichen. Nach der Prüfung aller deutschen Wahlkapitulationen durch eine 1692 eingesetzte Partikularkongregation erließ Innozenz XII. auf deren Vorschlag die Konstitution „Ecclesiae catholicae" (22.9.1695) („Innocentiana"), durch welche unter Androhung strengster Strafen Verträge irgendwelcher Art vor der Wahl völlig verboten, alle nach der Wahl einzugehenden Verpflichtungen der Bestätigung des Heiligen Stuhles unterworfen wurden, bevor sie Gültigkeit erlangen sollten. Kaiser Leopold I. sprach sich in ähnlichem Sinne für die Ungültigkeit der Wahlkapitulationen aus. Diese Constitutio Innocentiana versetzte den Kapitulationen in einigen deutschen Hochstiften — Würzburg, Bamberg, Köln, Salzburg — einen entscheidenden Stoß, konnte sie jedoch in den Kapiteln, die der päpstlichen Bulle und der kaiserlichen Resolution den Gehorsam verweigerten, nicht beseitigen. Dort kam es, da die Domkapitel die Bischöfe auf Einhaltung ihrer Bestimmungen und auf Verzicht eines Rekurses nach Rom festlegten, kein Fürstbischof mit Rücksicht auf seine Familie die Auseinandersetzung um die Wahlkapitulation suchen konnte, zu einem leidlichen Modus vivendi, der nur gelegentlich gestört wurde.

Die im Spätmittelalter in der Kirche abgebauten Standesunterschiede traten im 17. Jh. wieder stärker hervor. In einem wohl nie zuvor erlebten Umfang wurde im Zug der Existenzsicherung und der katholischen Erneuerung die reichskirchliche Hierarchie und Führungsschicht von den wenigen katholischen Fürstenfamilien und dem stiftsfähigen Adel gestellt. Bis zum Tod der Erzherzöge Leopold Wilhelm (1662) und Karl Joseph (1664) und des Kölner Kurfürsten Ferdinand (13.9.1650), der es auf fünf Hochstifte, eine Fürstabtei und eine Fürstpropstei gebracht, keine höheren Weihen empfangen, aber doch um die Reform sich verdient gemacht hatte, scheint die Reichskirche zur Hälfte fast von Habsburg und Wittelsbach beherrscht. Als dann das Erzhaus Österreich aus Mangel an männlichen Sprossen keinen Bischofskandidaten mehr stellen konnte[41], traten der erbländische Adel, später die verwandten Pfalz-Neuburger, die Lothringer und Wettiner an seine Stelle.

Zwar wurden Bistumskumulationen in dem Umfang wie unter Leopold Wilhelm von Österreich und Ferdinand von Bayern nach der Mitte des

[41] Schon *A. Schulte*, Der Adel und die deutsche Kirche im Mittelalter (Stuttgart ²1922) hat wiederholt darauf hingewiesen, daß nicht wenige adelige Familien durch den Eintritt ihrer Söhne in den geistlichen Stand ihr eigenes Weiterleben in Frage stellten. — *H. L. Krick*, 212 Stammtafeln adeliger Familien, denen geistliche Würdenträger des Bistums Passau entsprossen sind (Schweiklberg 1924) bezeichnet von 212 Familien 134 als ausgestorben, davon allerdings ca. 60 durch andere Umstände als den Eintritt der männlichen Nachkommenschaft in den geistlichen Stand. Für die Schwächung einer Familie durch geistliche Berufe sei neben den Habsburgern an die Wittelsbacher, Pfalz-Neuburger, Slavata erinnert.

17. Jh. nur noch selten erreicht, doch blieb die nordwestdeutsche Germania Sacra von Lüttich bis Hildesheim noch ein weiteres Jahrhundert bis zum Tod des Kurfürst-Erzbischofs Clemens August von Köln (1761) eine fast geschlossene geistliche Sekundogenitur der Wittelsbacher; die Fürstbistümer Freising und Regensburg waren bis zum Tode des Kardinals Johann Theodor von Bayern (1763) fast durchweg von Wittelsbachern besetzt. Die Familie Thun stellte allein vier Fürstbischöfe von Passau. Das reiche Hochstift Straßburg war von 1663 bis 1704 in den Händen der Fürstenberg, dann bis zu seinem Untergang eine Pfründe der fürstlichen Familie Rohan. Das Fürstbistum Basel geriet unter die Herrschaft einer Gruppe „von zehn Familien, die rechts und links des Rheines saßen“ [42]. Die Geschichte der geistlichen Territorien an Main und Rhein wurde in drei Generationen entscheidend von der Herrschaft der Schönborn und verwandter Familien bestimmt [43].

Die dynastische Reichskirchenpolitik trug zweifellos zur Machtkonzentration, zur Sicherung des konfessionellen Besitzstandes und zur Verringerung von Säkularisationsverfahren bei, aber sie brachte auch als Mittel der Versorgungspolitik für jüngere, nicht immer für den geistlichen Stand berufener Fürstensöhne ernste Gefahren für die Kirche und erschwerte, selbst wenn man das Wirken der Weihbischöfe genügend berücksichtigt, infolge der Bistumskumulation eine von der Hierarchie getragene kirchliche Reform. An schwachen, theologisch ungebildeten Bischöfen, deren Interesse an Politik, Krieg, Kunst oder Vergnügungen größer war als an ihren kirchlichen Aufgaben, hat es der Reichskirche im ausgehenden 17. Jh. nicht gefehlt. Doch nimmt die Zahl der Bischöfe ohne höhere Weihen ab. An frommen, ja hervorragenden Oberhirten, die sich dem Ideal eines Bischofs näherten, ist weniger Mangel, als es auf den ersten Blick scheinen mag. An vorbildlichen Bischöfen, die um die Durchführung kirchlicher Reformen sich verdient gemacht haben, seien wenigstens genannt: der fast vergessene fromme Trierer Erzbischof Johann Hugo von Orsbeck, der Salzburger Erzbischof Johann Ernst von Thun († 1709), der Bischof von Passau Sebastian Graf von Pöking (1673—88), der reformeifrige Franz Wilhelm von Wartenberg, Bischof von Regensburg und Osnabrück († 1661), „einer der größten Kirchenpolitiker seines Jahrhunderts“ [44], oder J. F. Eckher von Kapfing († 1724), als Bischof von Freising „geradezu der Typ jenes barocken Kirchenfürsten, der geistig-seelisch tief im Tridentinum wurzelt“ [45].

[42] *H. Rössler*, Deutscher Adel 1555—1740 (Darmstadt 1965) 196.

[43] Ebd. 194 zitiert Rössler aus einem Bericht des kaiserlichen Gesandten an den rheinischen Kurhöfen Trauttmannsdorff von 1786, nach dem die Schönborn und Stadion immer noch zur Spitzengruppe des Kurmainzer Adels gehörten.

[44] *G. Schwaiger*, Kardinal Franz Wilhelm von Wartenberg als Bischof von Regensburg (1649—61) (München 1954) 302.

[45] *B. Hubensteiner*, Die geistliche Stadt. Welt und Leben des Johann Franz Eckher von Kapfing und Liechteneck, Fürstbischofs von Freising (München 1954) 193.

Als „Erbherren" der Hochstifte, als „condomini et conregnantes" oder „patriae et statuum protectores" (Kurtrierische Wahlkapitulation von 1729) verstanden sich die Domherrn. Über diese „Kirchenstaatsprinzen" (Sartorius) ist oft hart geurteilt worden. Man hat ihre unfähige Durchschnittlichkeit, ihren Mangel an Glaubenseifer und theologischer Bildung, ihre Pfründenjägerei, Streitlust, Spiel- und Trunksucht — ein von den päpstlichen Nuntien fast als deutsches Nationallaster beklagtes Übel — kritisiert und ihnen ein gut Teil Schuld an den Mißständen in der Kirche und den nur verspätet und zögernd durchgeführten Reformen gegeben. Es wird indessen nicht leicht sein, ihnen gerecht zu werden, zumal wenn man die bei aller Ähnlichkeit im großen doch im Detail erheblichen Unterschiede zwischen Größe, Einkünften und Struktur der einzelnen Kapitel berücksichtigt. Der stiftsfähige Adel wurzelt zutiefst in der höfischen Welt des Barock. Phlegmatisch unfähige Pfründenbesitzer, begabte Politiker, weltgewandte Kavaliere gab es in den Dom- und Stiftskapiteln, aber auch stille Beter und demütig fromme Priester. Ruhm- und Geldgier waren verbreitet, aber auch Buß- und Sühnebereitschaft. Der stiftsfähige Adel hat nicht nur für die eigene Familie gesorgt, seine Leistungen für Kirche und Reich, für Kunst und Wissenschaft verdienen bei aller Kritik, die an der „aristokratischen Reichskirche" angemeldet werden kann, Anerkennung. Die Schönborn und Eltz, die Stadion und Dalberg, die von der Leyen, Breidbach-Bürresheim, Walderdorff, Fürstenberg, Thun und Firmian — um nur ein paar Namen zu nennen — prägten das innere und äußere Gesicht der Reichskirche und setzten mit ihren kirchlichen und politischen Entscheidungen, mit ihren Höfen und Kirchenbauten, ihren Sammlungen und Stiftungen unübersehbare Akzente der deutschen Geschichte.

Mit dem Streben nach politischer, wirtschaftlicher und konfessioneller Sicherung hängen die Bemühungen um gesteigerte Exklusivität zusammen. Die Ahnenproben wurden im 17. Jh. allgemein erhöht. Das Domkapitel von Bamberg ging 1606 zur Acht-Ahnen-Probe über. Das Statut des Mainzer Domkapitels vom 19. Dezember 1654 forderte von den Bewerbern um eine Dompräbende das Zeugnis von acht immatrikulierten Reichsrittern, daß ihre Ahnen dem Herkommen der Mainzer Kirche entsprachen. Gegen Ende des 17. Jh. verlangt man in den verbrüderten Kapiteln von Mainz, Bamberg, Würzburg 16 reichsunmittelbare Ahnen. In den Domkapiteln von Eichstätt, Konstanz, Passau, Regensburg begnügte man sich mit der Vier-Ahnen-Probe. Je weiter die Stifte nach Osten und Süden des Reiches liegen, um so geringer werden die Ansprüche an die Probanten und um so weniger weist man geschenkte Ahnen zurück. Der landsässige Adel dieser Gebiete mißt sich in seinen Forderungen nicht mit der Reichsritterschaft, die mit der Erhöhung der Ahnenproben in Bamberg, Würzburg, Mainz, dann auch in Trier, Worms, Speyer eine ständische Exklusivität erreicht und eine territoriale Ausschließlichkeit trotz des von Preußen und Hannover unterstützten Widerstandes des mediaten niederrheinisch-westfälischen Adels weitgehend durchsetzen kann. Die Bischöfe dieser Diözesen stammten — wenn man die besonderen Verhältnisse in Trier nicht in Rechnung stellt — fast ausnahmslos aus reichsritterlichen Familien des fränkischen, kurrheinischen und schwäbischen Kreises.

Eine territoriale Exklusivität war für das Bistum Chur bereits 1526 mit dem Ilanzer Artikelbrief erreicht, mit dem Domkapitel und Hochstift faktisch zu einer Institution der drei Bünde wurden. Einen stark italienischen bzw. tridentinischen Charakter hatte das Domkapitel von Trient. Seit 1687 standen dem französischen Hochadel acht von 24 Straßburger Domherrenpfründen offen, und seit 1713 wurden zu seinen Gunsten die Ahnenproben beträchtlich erleichtert. Im Domkapitel von Lüttich ging die Zahl der stiftsfähigen deutschen Adeligen ständig zurück. Im 18. Jh. versuchten die Domkapitel von Paderborn, Hildesheim und Münster zu einer ständischen und reichskreismäßigen Abschließung zu gelangen, indem sie die rheinische, schwäbische und fränkische Reichsritterschaft — mit Ausnahme der Kantone Hegau, Allgäu, Bodensee —, aber auch Böhmen und Mährer zur Aufschwörung nicht mehr zulassen wollte. Durchbrochen blieb die Herrschaft des Adels im Kölner Domkapitel, dessen Domgrafen zwar schon seit dem Ende des 15. Jh. die Probe mit 16 Ahnen nachweisen mußten, durch die acht auch Bürgerlichen zugänglichen Priesterpräbenden, für die Priesterweihe und akademischer Grad — die bis ins Mittelalter zurückreichende Ranggleichheit von Doktorwürde und Adel wirkte weiter — gefordert wurden. In den Domkapiteln von Lüttich, Brixen, Chur war das bürgerliche Element nicht nur vertreten, sondern gewann im 18. Jh. sogar an Einfluß.

Von einem Gegensatz zwischen aristokratischer Reichskirche und aufsteigendem Bürgertum wird man, selbst wenn man z. B. ständisch-territorial begründete Abwehrreaktionen auf die Kandidaturen stiftsfähiger Adeliger oder Reichsfürsten in Stablo-Malmedy oder in Lüttich anführt, nicht mehr leichthin sprechen können, wenn man die Zusammensetzung oberdeutscher Stifte, ihre Abtslisten — ein Musterbeispiel wäre St. Gallen[46] —, die Herkunft der Prälaten[47] sowie der Weihbischöfe ins Auge faßt. Der Eintritt in ein Kloster erfolgte im Barockzeitalter mehr unter dem Gesichtspunkt „des

[46] St. Gallen hob bereits 1430—36 die Absperrung gegen Nichtadelige auf. Von seinen acht Äbten zwischen 1630 und 1803 stammten drei aus niedersten Verhältnissen (2 Söhne armer Bauersleute, 1 Sohn eines Schuhmachers), die Mehrzahl der anderen aus der bürgerlichen Mittelschicht. Von über 350 Konventualen zwischen 1648 und 1803 waren nur sieben eigentliche Adelige. 1723 legte der letzte adelige Konventuale seine Profeß ab. Vgl. *J. Salzgeber*, Die Klöster Einsiedeln und St. Gallen im Barockzeitalter (München 1966).

[47] *E. Krausen*, Die Zusammensetzung bayerischer Prämonstratenserkonvente: HJ 86 (1966) 166 ff; *ders.*, Die Herkunft der bayerischen Prälaten des 17. u. 18. Jh.: ZBLG 27 (1964) 259—285.

sozialen Aufstiegs als der Versorgungspolitik" [48], denn die Klöster dieser Zeit leisteten für die Reformen und kulturellen Bestrebungen, nicht zuletzt auch auf dem Gebiet des Standesausgleichs, einen hervorragenden Beitrag.

Das Tridentinum hatte die Stellung des Bischofs innerhalb der Diözese stärken, die für die vorreformatorische Entwicklung in der Reichskirche bezeichnende Trennung von bischöflichem Amt und weltlich-politischer Würde rückgängig machen wollen und die Forderung nach Abschaffung des Weihbischofs, dieser larva ecclesiae Dei, erhoben. Zwar war, vor allem seit der Mitte des 17. Jh., der Bischof wieder mehr zum Mittelpunkt des ganzen diözesanen Lebens geworden, und es gab fast keinen Sprengel der Reichskirche, der nicht zwischen dem Westfälischen Frieden und der katholischen Aufklärung zum mindesten einen, meist aber mehrere vorbildliche Bischöfe aufzuweisen hatte. Dennoch konnte es nicht, zumal wenn die Verhältnisse im reichskirchlichen Episkopat an dem tridentinischen oder frühchristlichen Ideal gemessen wurden, an Klagen über die Stellung der Weihbischöfe fehlen, über jene deutsche „bizarrerie, que l'Évêque in partibus n'est que pour les fonctions Épiscopales de l'ordre, et qu'il n'a que voir au gouvernement spirituel, celui qui en est chargé n'étant que Prêtre" [49]. „Ein Ordinarius kann alles nach seinen Plänen tun", klagt der gelehrte und tieffromme Weihbischof Niels Stensen, der aus Protest gegen die umstrittene Wahl des Kölner Kurfürsten Max Heinrich zum Fürstbischof von Münster sich aus dieser Diözese in sein Amtsgebiet der „Nordischen Missionen" zurückzog, „aber mir sind nur Pontifikalhandlungen gestattet; deshalb liegen jene anderen Funktionen, wie Visitationen, Synoden, Einfluß auf das Schulwesen und anderes, was zur Vorbereitung der Weihekandidaten notwendig ist, nicht in meiner Hand." [50]

Hinter den adeligen geistlichen Fürsten, die nicht immer höhere Weihen empfangen hatten oder ihrer Residenzpflicht nachkommen konnten, treten die meist bürgerlichen Weihbischöfe selbst in kirchengeschichtlichen Darstellungen stark zurück, da sich ihr Wirken fast nur auf Pontifikalhandlungen zu beschränken scheint und ihr Leben offensichtlich zu arm an augenfälligen Ereignissen, zu glanz- und farblos ist, um auf ein historisches Interesse rechnen zu können. Das einseitige Bild der adeligen Reichskirche in der Neuzeit müßte indessen durch eine bessere Würdigung der Weihbischöfe entzerrt werden. Die Mainzer Weihbischöfe in partibus Rheni kamen in der Zeit zwischen dem Westfälischen Frieden und der Säkularisation fast ausschließlich aus dem Bürgertum, meist aus recht einfachen Verhältnissen. In

[48] *J. Salzgeber* a. a. O. 90.

[49] Antoine Arnauld an Landgraf Ernst von Hessen-Rheinfels, 30. 9. 1683. Lettres de Messire Antoine Arnauld, Docteur de la Maison et Société de Sorbonne II (Paris-Lausanne 1775) 353.

[50] Zit. nach *M. Bierbaum*, Niels Stensen. Von der Anatomie zur Theologie (1638—1688) (Münster o. J.) 100.

Speyer war zwischen 1600 und 1800 unter 10 Weihbischöfen kein Adeliger; die sieben Baseler Weihbischöfe derselben Zeit waren Bürger und Patrizier. In Straßburg dominierte, obwohl die Fürstbischöfe und das Domkapitel ausschließlich hochadelig waren, das bürgerliche Element absolut unter den Weihbischöfen. Unter den Augsburger Weihbischöfen überwogen im 17. Jh. die Bürgerlichen, im 18. Jh. die Reichsritter, so daß in zwei Jahrhunderten beide etwa gleich stark vertreten waren. Die in Augsburg erkennbare Tendenz zum Adel tritt in Konstanz, wo unter zehn Weihbischöfen ein Bürgerlicher zwischen 1600 und 1800 nachweisbar ist, noch stärker im Übergang von den graduierten Theologen der Gegenreformation zu den Freiherrn der Barockzeit hervor.

Auf den Schultern der Weihbischöfe ruhte mehr oder weniger die geistliche Betreuung der anvertrauten Sprengel und ein gut Teil der Reformarbeit. Ihre Tätigkeit prägte das andere, innere, auch heute noch viel zuwenig bekannte Gesicht der Reichskirche, die vielleicht manchmal doch zu sehr nur als „Adelskirche", als geistliche Fürstentümer, in der Verquickung von geistlicher und weltlicher Herrschaft, als Domäne katholischer Fürsten und Adelsfamilien gesehen wird.

Im Herzogtum Berg, dann als Weihbischöfe in Mainz und Köln widmeten die Brüder Peter und Adrian van Walenburch ihre ganze Kraft der kirchlichen Reform und der Wiedervereinigung im Glauben. Ihr Freund, der Konvertit Adolf Gottfried Volusius, Mathias Starck und Christian Nebel führten als Mainzer Weihbischöfe die Bemühungen um eine Vertiefung des kirchlichen Lebens weiter. In Norddeutschland bemühte sich der außerordentlich fähige Osnabrücker Weihbischof Kaspar Münster († 5. 2. 1654), „von brennendem Reformeifer erfüllt" [51], um die Durchführung des Restitutionsedikts und die Glaubensverbreitung. Seine beträchtliche Erbschaft kam zum größten Teil der Kölner Erzbruderschaft vom Leiden unseres Herrn [52] und damit der Konvertitenseelsorge zugute. Im Fürstbistum Münster und in den Nordischen Missionen wirkte der gelehrte Niels Stensen. Der von dem Jansenisten Antoine Arnauld als „action agréable à Dieu" begrüßte Versuch, Stensen als Weihbischof in den Dienst des frommen Trierer Oberhirten Johann Hugo von Orsbeck zu ziehen, zerschlug sich [53].

[51] *G. Denzler*, Die Propagandakongregation in Rom und die Kirche in Deutschland im ersten Jahrzehnt nach dem Westfälischen Frieden (Paderborn 1969) 179.

[52] Über diese Erzbruderschaft vgl. *L. Just*, Beiträge zur Geschichte der Kölner Nuntiatur: QFIAB 36 (1956) 248—320.

[53] Stensen starb am 5. 12. 1686; bis zu seinem Tode, fast vier Monate, hatte er vergeblich auf eine Entscheidung aus Rom darüber gewartet, „sia in ordine alla licenza di ritornar in Italia, sia per veder cosa si possa far a Treveri, secondo le instanze dell'Eminentissimo Signor Elettore, sia di veder come posso trattenermi ne' vicariati". *G. Scherz - J. Raeder* (Hrsg.), Nicolai Stenonis epistolae et epistolae ad eum datae II (Hafniae - Friburgi 1952) 894 f; *H. Raab*, Landgraf Ernst von Hessen-Rheinfels und der Jansenismus: AMrhKG 19 (1967) 48—56.

Starke Reformimpulse für die Diözese Regensburg gingen aus von Bischof Wartenbergs hervorragendem Mitarbeiter beim kirchlichen Wiederaufbau, dem Titularbischof von Almira, Sebastian Denich, und unter den kaum residierenden Wittelsbacher Fürstbischöfen Joseph Clemens, Clemens August und Johann Theodor von dem heiligmäßigen Weihbischof Gottfried Johann Frh. Langwerth von Simmern, einem Konvertiten und entfernten Verwandten des Freiherrn vom Stein[54]. Um die Wiederherstellung des kirchlichen Lebens im Bistum Augsburg bemühte sich während seiner langen Amtszeit der Titularbischof von Edremit, Kaspar Zeiler (1645—81). Im Bistum Basel wirkte der gelehrte Thomas Henrici, Titularbischof von Chrysopolis (1648 bis 1660), der in seinen Veröffentlichungen auch für die Reunion der Kirchen eingetreten ist. Die Weihbischöfe Peter Verhorst und Matthias v. Eyss führten im Erzstift Trier den Abwehrkampf gegen den Jansenismus. Unter den Francken-Siersdorf blühte in Köln kirchliches Leben auf. Johannes Brunetti und Elias Daniel von Sommerfeld in Breslau, Paul Aldringen (1592—1644), aus einer armen Luxemburger Familie, als Weihbischof unter Erzherzog Leopold Wilhelm der eigentliche Oberhirte und Reformator der Diözese Straßburg[55], seine Nachfolger Gabriel Haug und Johann Peter Quentel († 1710) aus der bekannten Kölner Druckerfamilie, Titularbischof von Adrianopel, zuletzt in Münster tätig, mögen für viele andere Weihbischöfe des 17. Jh., ihre Leistungen und Reformen auf kirchlichem Gebiet stehen. Durch politisch-diplomatische Missionen, Förderung der Wissenschaft und Kunst haben aus dem 18. Jh. die Weihbischöfe Nalbach in Trier, Jacquet in Lüttich, Toussaint Duvernin in Straßburg[56], Ungelter in Augsburg[57] eine Erwähnung verdient. Übertroffen werden sie durch eigene Leistungen in der Geschichtsforschung, der Kanonistik, in den Bemühungen um eine Reform des kirchlichen Lebens und um eine katholische Aufklärung von den großen bürgerlichen Weihbischöfen des ausgehenden 18. Jh., etwa von Johann Nikolaus von Hontheim aus einem alten Trierer Patriziergeschlecht, von den Mainzer Weihbischöfen Ludwig Philipp Behlen, Sohn einer einfachen Eichsfelder Familie, und Valentin Heimes, von kleinen Weinbauern des Rheingaus

[54] *H. Frh. Langwerth v. Simmern*, Aus Krieg und Frieden. Kulturhistorische Bilder aus einem Familienarchiv (Wiesbaden 1906) 83—254.

[55] Aldringens jüngerer Bruder Johann Markus wurde Domherr in Salzburg und Olmütz und war von 1633 bis 1664 Bischof von Seckau. — Auf „bürgerliche" Bischofsfamilien sollte in der Forschung einmal geachtet werden. Ein Beispiel bietet die Familie des Löwenwirts Hans Jakob Haus von Stein am Rhein bei Säckingen. Seine beiden Söhne Johann Christoph (1652—1725) und Johann Baptist (1672—1745) wurden Weihbischöfe von Basel, deren Großneffe Johann Baptist Gobel ebenfalls Weihbischof in Basel und schließlich konstitutioneller Bischof von Paris.

[56] *J. Gass*, Straßburger Theologen im Aufklärungszeitalter (1766—90) (Straßburg 1917) 183—185.

[57] *F. Zoepfl*, Weihbischof Ungelter und Christoph Schmid: Christoph v. Schmid und seine Zeitgenossen, hrsg. von *H. Pörnbacher* (Weißenhorn 1968) 43—49.

abstammend. Sie haben zusammen mit dem Wormser Weihbischof Stephan Alexander Würdtwein, der ein gewaltiges Quellenmaterial für die Reichskirchengeschichte bereitstellte, mit Weihbischof Seelmann in Speyer, seinem Nachfolger, dem bedeutenden Kanonisten Philipp Anton Schmidt [58], dem Bruder des „Geschichtsschreibers der Deutschen", schließlich mit Dalbergs Weihbischof Kolborn [59] den letzten Versuchen einer Reform der Reichskirche im episkopalistischen Sinn, der theologischen und kirchenrechtlichen Diskussion des ausgehenden 18. Jh. ihren Namen aufgeprägt. Und Valentin Heimes hat, nachdem hie und da im stiftischen Deutschland ähnliche Forderungen laut geworden waren, auf dem Emser Kongreß die Vorrechte des Adels in der Reichskirche zugunsten einer besseren Seelsorge beschränken wollen.

Um die wirtschaftliche Lage des Seelsorgeklerus und um seine Bildung war es in der ersten Zeit nach dem Dreißigjährigen Krieg durchweg schlecht und in den nächsten von Krieg und Epidemien heimgesuchten Jahrzehnten selten spürbar besser bestellt. Bitterste Armut, Hunger, völlig unzureichende Unterkunft sind nicht selten anzutreffen. Auf das Durchschnittseinkommen vieler Pfarrer trifft die Äußerung des Dekans Dr. Vogt von Bingen über die Situation in Niederheimbach zu: „Die Einkünfte des Pfarrers sind derart, daß ein Priester nicht priesterlich leben kann, er müßte denn nur von Milch, Brot und geräuchertem Fleisch leben, ohne Wein, ausgenommen zur Herbstzeit, wo er Most trinken darf, bis der fertige Wein verkauft ist." [60]

Habgier, Spiel- und Trunksucht, Übertretung des Zölibats konnten mancherorts die Folgen bitterer Notzeiten sein. Aus den Umständen wird es verständlich, warum manche Pfarrer die Pfarrgüter in Eigenwirtschaft nahmen, unbekümmert um die Lasten und die unausbleiblichen Folgen. Patronatsrecht und Inkorporation einerseits, Stolgebühren und Oblationen andererseits, aber auch wirtschaftliche und seelische Not, schwierigste Seelsorgearbeit und heiligmäßiges Leben können nur andeutungsweise die Probleme des Seelsorgeklerus in der zweiten Hälfte des 17. und im frühen 18. Jh. bis zu den Reformversuchen der Aufklärung und der Pfarregulierung Josephs II. umschreiben.

Was Leonhard Mayr, seit 1617 Pfarrer an der Hofkirche in Neuburg, in einer seiner letzten Predigten vor seinem Tode (1665) feststellt, darf auch von vielen Seelsorgern seiner Zeit gesagt werden: „Ich bin seit 1617 bei euch verblieben in manchen Widerwärtigkeiten, betrübten Zuständen, Teuerung, in Hunger und Kummer, grassierender Pest, in Leibs- und Lebensgefahren, bin nie von euch gewichen, sondern habe durchaus ver-

[58] *W. Kratz,* Exjesuiten als Bischöfe 1773—1822: AHSI 6 (1937) 200.

[59] *H. Raab,* Aus dem Briefwechsel des Aschaffenburger Weihbischofs J. H. K. v. Kolborn mit dem Generalvikar von Konstanz Ignaz Heinrich von Wessenberg: Aschaffenburger Jb. 2 (1955) 98—135.

[60] *A. L. Veit,* Kirchliche Reformbestrebungen im ehemaligen Erzstift Mainz unter Erzbischof Johann Philipp von Schönborn 1647—73 (Freiburg i. Br. 1910) 64.

harrt. Mementote! Gedenket mein! Es sind während der Zeit 2857 gestorben, habe außer der Pest jedem eine Leichenexhortation gehalten, 2500 Kinder getauft und viele Bücher drucken lassen.“ [61]

Nicht selten war der Seelsorgeklerus hoffnungslos überlastet. Ohne die Hilfspastoration der Orden, insbesondere der Kapuziner, Karmeliter, Jesuiten, die Mithilfe auch der Stiftsgeistlichkeit wäre der Wiederaufbau des kirchlichen Lebens bei dem großen Priestermangel im 17. Jh. nicht möglich gewesen. Beträchtlich war die Zahl der Klosterpfarreien in Bayern und Österreich (das Chorherrenstift St. Florian bei Linz versah 33, Klosterneuburg bei Wien 23 Pfarreien; im kurkölnischen Dekanat Zülpich waren 30 Pfarreien in Ordenshand). Diese Expositionen führten jedoch zu manchen Unzuträglichkeiten für die Expositi, ihre Konvente und den Weltklerus. Insgesamt ist jedoch um die Wende zum 18. Jh. nicht nur eine starke Zunahme der Priesterberufe, sondern auch eine Vertiefung des geistig-religiösen Lebens im Klerus festzustellen.

Schon im Urteil zeitgenössischer Quellen des 17. Jh. erschienen die Seminarien als das beste Mittel zur Wiederherstellung und Verbesserung der Kirchenzucht. Bei dem großen Mangel an Seelsorgern konnte einer exemplarischen Lebensführung vor theologischer Bildung leicht der Vorzug gegeben werden und damit eine wenig glückliche Alternative auch in die Rivalitäten des seelsorgerisch tätigen Regularklerus hineinwirken.

Das erste Priesterseminar auf deutschem Boden war zwar schon 1564 in Eichstätt von Bischof Martin von Schaumburg gegründet worden, gegen den Widerstand seines Domkapitels, doch hatten es die Schweden 1634 zerstört, und erst 1710 konnte es wieder eröffnet werden. Das 1565 vom Domkapitel in Breslau fast gegen den Willen des Bischofs gegründete Seminar begann nach dem Dreißigjährigen Krieg unter Erzherzog Leopold I. Wilhelm von Österreich (1656—62) wieder aufzublühen. Die Diözese Ermland besaß seit 1567 ein Priesterseminar; 1651 erhielt es, nachdem zwischen 1625 und 1637 infolge des Schwedeneinfalls der Unterricht hatte ruhen müssen, ein neues Gebäude. In Würzburg wurde 1570, in Salzburg 1577/79, für Basel 1606, für Augsburg 1614 in Dillingen ein Priesterseminar eröffnet. Mit Ausnahme des Salzburgers haben sich diese Seminare infolge von Kriegswirren oder finanziellen Nöten nicht kontinuierlich entwickeln können und mußten in der zweiten Hälfte des 17. oder im 18. Jh. reformiert oder neu gegründet werden, so für Basel unter Fürstbischof Johann Konrad von Reinach im Jahre 1716 [62].

[61] *Veit-Lenhart* 217.

[62] Ein Brief des Baseler Fürstbischofs aus dem Jahre 1718 beleuchtet die Situation: „Il a passé un siècle qu'un de mes prédécesseurs put élever un bâtiment dans ma ville de Porrentrui qui devait servir de Séminaire pour le Clergé de son diocèse, mais côme les guerres ensuites en ont affligé la plus grande partie, ce dessein est demeuré sans exécution ... La première raison qui m'y a porté a esté la disposition de l'Église ... et la seconde estait le

In Münster ging das 1613 eingerichtete, nach Weihbischof Johannes Kridt († 9.7.1577) benannte Seminarium 1639 ein. Erst unter Franz von Fürstenberg wurde 1776 im aufgehobenen Benediktinerkloster Überwasser ein neues Seminar eingerichtet. Am 1. Dezember 1615 eröffnete Erzbischof Ferdinand in Köln mit 12 Alumnen ein Priesterseminar in der Marzellenstraße, doch hörte es infolge der Kriegswirren im Mai 1645 zu existieren auf. Mit einer erschreckend geringen Zahl von Alumnen 1658/60 wieder eröffnet, mußte es 15 Jahre später wegen der katastrophalen Wirtschaftslage und der Auswirkungen des Holländischen Kriegs aufgelöst werden. Kaum zwei Neupriester waren jährlich in dieser Zeit aus dem Seminar hervorgegangen[63]. Erst 1738 wurde nach schwierigen Verhandlungen das Seminarium Clementinum eröffnet. Besser war es im Erzstift Mainz bestellt, wo der „deutsche Salomo", Johann Philipp von Schönborn, nachdem er bei einem Kuraufenthalt in Gastein Bartholomäus Holzhausers Weltpriesterinstitut kennengelernt hatte, ihm 1660 die Leitung des Priesterseminars übertrug. Holzhauser selbst übernahm die schwierige Pfarrei Bingen, und über ein Jahrhundert blieben St. Emmeran zu Mainz, die Pfarreien Frankfurt, Heppenheim an der Bergstraße, Duderstadt die Domäne der Bartholomiten. Von 1655 bis 1679 wurden unter ihrer Leitung am Würzburger Priesterseminar 187 Seminaristen ausgebildet[64].

In Osnabrück ging das von dem Reformbischof Franz Wilhelm von Wartenberg gegründete Seminar nach seinem Tode (1.9.1661) während der Regierung des evangelischen Pseudobischofs Ernst August bald unter, während das von Wartenberg in seiner zweiten Diözese Regensburg den Bartholomäern 1650 anvertraute, 1665 neu gegründete und den Jesuiten übergebene Seminar trotz beträchtlicher Schwierigkeiten bestehenblieb, aber erst unter Fürstbischof Anton Ignaz von Fugger (1769—87) aufzublühen begann[65].

Für die Fürstabtei St. Gallen entwickelte sich aus dem Klerikerkollegium an der Porta Beatissimae Virginis Mariae im 17. Jh. ein Weltpriestersemi-

dérèglement, l'ignorance et le libertinage qui commençoit à se glisser dans mon Clergé, le tout fautte d'occasion à instruire les Ecclésiastiques dans leurs ministères et à donner de vives corrections à ceux qui s'écartaient à leur devoir." Zit. nach *A. Schaer*, Le clergé paroissial catholique en haute Alsace sous l'Ancien régime 1648—1789 (Paris 1966) 119.

[63] *E. Reckers*, Gesch. des Kölner Priesterseminars (Köln 1929) 93.

[64] *M. Arneth*, Bartholomäus Holzhauser und sein Weltpriesterinstitut (Würzburg 1959); *A. Werfer - H. Wildanger*, Der ehrwürdige Bartholomäus Holzhauser und sein Weltpriesterinstitut (München [4]1941); *K. Böck*, Bartholomäus Holzhauser: Lebensbilder aus dem bayerischen Schwaben 5 (1956) 221—238; *K. Braun*, Gesch. der Heranbildung des Klerus in der Diözese Würzburg seit ihrer Gründung bis zur Gegenwart, 2 Bde (Mainz 1897); *A. Ph. Brück*, Das Mainzer Priesterseminar der Bartholomisten: AMrhKG 15 (1963) 33—94.

[65] *G. Schwaiger*, Kardinal Franz Wilhelm von Wartenberg als Bischof von Regensburg (1649—61) (München 1954) 151—171; *E. Meißner*, Fürstbischof Anton Ignaz Fugger (1711—87) (Tübingen 1969) 243 f.

nar, nachdem die bereits recht weit gediehene Einrichtung eines eigenen theologischen Studiums (1642) infolge des Krieges nicht hatte verwirklicht werden können[66].

An Neugründungen war nach der Sintflut des Dreißigjährigen Krieges bei der völligen Verarmung der geistlichen Territorien und ihrer tiefen Verschuldung aus der Zeit vor dem Krieg — unter Fürstbischof Jakob Fugger (1604—26) betrug sie für Konstanz z. B. 200 000 fl. — nicht zu denken. Es war nicht etwa der „Mangel an gutem Willen bei den Bischöfen, nicht etwa ein Sträuben gegen die Seminaridee als solche, sondern ganz einfach der vornehmliche Charakter der Seminarerrichtung als einer Finanzfrage, der die meisten Schwierigkeiten machen mußte"[67].

Zwar boten die päpstlichen Seminare in Fulda und Dillingen einen gewissen Ersatz und wirkte der relativ gründlich gebildete Ordensklerus erfolgreich in der Seelsorge. Dennoch ist es für die Reichskirche recht nachteilig gewesen, daß nicht wenige Bischöfe ihre Theologen in Ordenshäusern oder an auswärtigen und oft rückständigen Hochschulen ausbilden lassen mußten. Die gedrückten, manchmal sogar kümmerlichen Verhältnisse der Priesterausbildung nehmen sich vor dem Hintergrund der oft großartigen Architektur der geistlichen Staaten, landsässigen Stifte, ja selbst mancher Dorfkirchen und der prunkvollen Klosterbibliotheken befremdend aus[68]. Bekannt sind die Schwierigkeiten der Priesterausbildung für die große Diözese Chur, die, nur auf ein kleines fürstbischöfliches Territorium und geringe Einkünfte gestützt, ungeachtet der das ganze 17. Jh. durchziehenden Bemühungen um ein Diözesanseminar, auf das Jesuitenkolleg in Feldkirch (aufgehoben 1773) und auf die Studienplätze in Rom, Mailand, Wien und Dillingen bis in das Zeitalter Napoleons angewiesen blieb.

Erst gegen Ende des 17. und in den ersten Jahrzehnten des 18. Jh. kam es, nachdem die schlimmsten Kriegsfolgen in der Germania Sacra überwunden waren, zur Wiederherstellung bereits bestehender und zur Eröffnung von neuen Seminaren. Eine neue Welle von Reformbestrebungen,

[66] *J. Duft*, Die Glaubenssorge der Fürstäbte von St. Gallen im 17. und 18. Jh. Ein Beitrag zur Seelsorgsgeschichte der katholischen Restauration als Vorgeschichte des Bistums Sankt Gallen (Luzern 1944) 103 ff.

[67] *E. Reckers*, Kölner Priesterseminar 25.

[68] Auf die Sitten der Theologiestudenten fallen, etwa von der Universität Dillingen, manche Schlaglichter. Dort herrschte, unmittelbar vor Sailers Anstellung, „besonders unter den Theologiestudierenden die unmäßigste Trunksucht, sogar im Alumnate, auch war der Eifer im Studieren erschlafft". Zit. nach *H. Schiel*, Johann Michael Sailer, Leben und Briefe I (Regensburg 1948) 84. — Sehr aufschlußreich sind die Eindrücke, die der Regens des Würzburger Priesterseminars, der spätere Weihbischof Fahrmann, auf einer „seminaristisch-literarisch-architektonischen Reise" 1787 sammelte. Am günstigsten war der Eindruck des Straßburger Seminars. „Die Zucht ist hier bei weitem nicht so strenge als zu Besançon, gleichwohl steht sie auf einem ganz guten ... Fuß. Auch sind die Seminaristen heiter und von Respekt und Liebe gegen ihre Oberen durchdrungen." Zit. nach *J. Gass*, Straßburger Theologen im Aufklärungszeitalter (Straßburg 1917) 3.

vor allem in der Schönbornzeit, der allein vier Diözesanseminare ihre Entstehung oder Förderung verdanken, läßt sich daraus ablesen. Für die Diözese Straßburg gründete Wilhelm Egon von Fürstenberg 1683 ein Seminar, das auch am Ende des 18. Jh. noch sich eines ausgezeichneten Rufes erfreute, und verlegte die katholische Universität von Molsheim in die Bischofsstadt. Das Bistum Freising erhielt, nachdem alle Anläufe seit der Salzburger Synode von 1569 ergebnislos geendet hatten, dank der energischen Forderung Papst Innozenz' XI. im Jahre 1691 schließlich ein Seminar[69].

In Königgrätz wurde 1706 und in Leitmeritz 1736 ein Priesterseminar gegründet. Unzureichend war noch um die Wende zum 18. Jh. für die Ausbildung des Klerus in Speyer und in Trier gesorgt. Das Alumnat des Speyerer Domkapitels war in den Wirren des Dreißigjährigen Krieges untergegangen. Erst 1723 konnte, da während des kriegerischen 17. Jh. stets die Mittel gefehlt hatten, von Fürstbischof Damian Hugo von Schönborn ein Pastoralseminar eingerichtet werden[70]. Trier besaß zwar das 1586/92 gegründete Bantusseminar und seit 1667 das auf einer Stiftung Ferdinands von Buchholtz errichtete adelige, reich dotierte Lambertusseminar[71], das jedoch Seelsorgeklerus kaum hervorbrachte. Die merkwürdige Gründung eines Priesterseminars in Koblenz während der Regierung des Kurfürsten Franz Ludwig von Pfalz-Neuburg, der aus dynastisch-politischen Gründen auf die Weihen verzichtete, beleuchtet die schwierigen Verhältnisse. In Koblenz sollten zwölf jüngere, aber noch nicht genügend vorgebildete Priester mit acht älteren zusammenleben und sich in Theologie und kanonischem Recht weiterbilden[72]. Erst unter dem letzten Trierer Kurfürst-Erzbischof Clemens Wenzeslaus von Sachsen wurde mit dem Seminarium Clementinum eine befriedigende Lösung gefunden. Insgesamt verbesserte sich unter dem Einfluß reformkatholischer Bemühungen und einer gemäßigt administrativen Aufklärung die Lage des Seelsorgeklerus, etwa mit der Einrichtung der Emeritenhäuser und einer besseren Ausbildung des Priesternachwuchses erheblich. Unter Fürstbischof Friedrich Karl von Schönborn (1729—46) wurde das Bamberger Priesterseminar reformiert, unter seinem Bruder Damian Hugo in Konstanz[73] das Priestersemi-

[69] *B. Hubensteiner*, Die geistliche Stadt. Welt und Leben des Johann Franz Eckher von Kapfing und Liechteneck, Fürstbischofs von Freising (München 1954) 157.

[70] *O. B. Roegele*, Damian Hugo von Schoenborn und die Anfänge des Bruchsaler Priesterseminars: FreibDiözArch 71 (1951) 5—51.

[71] *P. A. Reuß*, Gesch. des bischöflichen Priesterseminars zu Trier (Trier 1890).

[72] *P. Reitz*, Das zweite Koblenzer Priesterseminar von 1728: Pastor bonus 40 (1929) 54—58.

[73] *F. Hundsnurscher*, Die finanziellen Grundlagen für die Ausbildung des Weltklerus im Fürstbistum Konstanz vom Tridentinischen Konzil bis zur Säkularisation mit einem Ausblick auf die übrigen nachtridentinischen Bistümer Deutschlands (Theol. Diss. Freiburg i. Br. 1968).

nar eröffnet (1734/35) und von dem dritten großen Schönborn dieser Generation, dem Trierer Kurfürsten und Ellwanger Fürstpropst Franz Georg, das Priesterseminar auf dem Schönenberg gegründet. In Paderborn kam es 1776 zur Gründung des Harsewinkelschen Seminarium clericorum, und in den letzten Tagen des Fürstbistums Chur, dessen Priesterausbildung mit der Aufhebung der Gesellschaft Jesu und dem Wegfall der Studienplätze in Rom, Mailand, Wien und Dillingen gefährdet war, eröffnete Gottfried Purtscher am 9. September 1800 in Meran ein kleines Seminar, das indessen auf Grund des Preßburger Friedens nach dem Anfall Tirols von Bayern aufgehoben wurde.

11. Kapitel

Spanien und Portugal bis 1815

QUELLEN: *P. Díaz Plaja,* La vida española en el siglo XVIII (Barcelona 1946); *G. M. Jovellanos,* Obras publicadas e inéditas: Biblioteca de Autores Españoles 85—87 (Madrid 1950); *J. A. Llorente,* Colección diplomática de varios papeles antiguos y modernos sobre dispensas matrimoniales y otros puntos de disciplina eclesiástica (Madrid 1809); *A. Martínez Salazar,* Colección de memorias y noticias del gobierno general y político del Consejo de Castilla (Madrid 1764); *G. Maura Gamazo,* Documentos inéditos referentes a las postrimerías de la casa de Austria, 3 Bde (Madrid 1927/30); *G. Mayáns y Síscar,* Observaciones legales, histórico-críticas sobre el Concordato de 1753 (Madrid 1847); *A. Mercati,* Raccolta di Concordati (Rom 1954); *A. Muriel,* Historia del reinado de Carlos IV: BAE 114—115 (Madrid 1959); *ders.,* El gobierno de Carlos III o Instrucción reservada para dirección de la Junta de Estado que creó este monarca: BAE 115 (Madrid 1839); Edition: Novísima Recopilación de las leyes de España (Madrid 1805); *L. M. Portocarrero,* Sinodales de Toledo 1682 (Madrid 1682); *P. Rodríguez Campomanes,* Tratado de la regalía de España (Paris 1830); *J. Tejada y Ramiro,* Colección de Cánones y de todos los concilios de la Iglesia de España y de América VI (Madrid 1859); *A. Valladares,* Seminario Erudito, 34 Bde (in allen Bänden befinden sich wichtige historische Quellen); *R. de Vélez,* Apología del altar y del trono o historia de las llamadas Cortes e impugnaciones de algunas doctrinas publicadas en la Constitución, diarios y otros escritos contra la Religión y el Estado, 2 Bde (Madrid 1818); *José Vives,* Informe del obispo Climent sobre beneficencia (Text): Analecta Sacra Tarraconensia 30 (1957) 159—182.

LITERATUR: *A. Baudrillart,* Philippe V et la Cour de France, 5 Bde (Paris 1890/1901); *C. Corona,* Revolución y reacción en el reinado de Carlos IV (Madrid 1957); *W. Coxe,* L'Espagne sous les rois de la maison Bourbon, 5 Bde (Paris 1827); *M. Danvila,* Reinado de Carlos III, 6 Bde (Madrid 1891); *M. Defourneaux,* Pablo de Olavide ou l'afrancesado (1725—1803) (Paris 1959); *Desdevises du Desert,* Les institutions de l'Espagne au XVIIIe siècle: Revue Hispanique 70 (1927) 1—556 (Ausgabe New York - Paris 1928); *ders.,* La société espagnole au XVIIIe siècle (New York - Paris 1925); *R. Konetzke,* Gesch. des spanischen u. portugiesischen Volkes (Leipzig 1939); *A. Domínguez Ortiz,* La Sociedad española en el s. XVIII (Madrid 1955); *Conde de Fernán Núñez,* Vida de Carlos III, 2 Bde (Madrid 1898); *J. Fernández,* Un período de las relaciones entre Felipe V y la S. Sede (1707—17): Anthologica Annua 3 (1955) 9—88; *A. Ferrer del Río,* Historia del reinado de Carlos III, 4 Bde (Madrid 1858); *P. B. Gams,* Die Kirchengeschichte von Spanien, 5 Bde (Regensburg, 1862/79; Nachdr. Graz 1956) Bd III/2; *R. Heer,* The Eighteenth-Century Revolution in Spain (New Jersey 1958); *J. Gómez Arteche*, Reinado de Carlos IV, 3 Bde (Madrid 1894); *M. Jiménez Salas*, Historia de la Asistencia Social en España en la Edad Moderna (Madrid 1958); *V. Lafuente*, Historia eclesiástica de España, 6 Bde (Madrid 1875) Bd V u. VI; *Duque de Maura*, Vida y reinado de Carlos II, 3 Bde (Madrid 1942); *M. Menéndez y Pelayo*, Historia de los Heterodoxos españoles, 7 Bde (Madrid 1930/33) Bd VI u. VII; *V. Palacio Atard*, Los españoles de la Ilustración (Madrid 1964); *L. Pastor*, Gesch. der Päpste seit dem Ausgang des MA Bd XIV/1 — XVI/3 (Freiburg i. Br. 1929—1932, Neudr. 1958 ff); *V. Rodríguez Casado*, El intento español de Ilustración cristiana: Estudios Americanos 9 (1955) 141—169; *ders.*, La política y los políticos en el reinado de Carlos III (Madrid 1962); *J. Sarrailh*, L'Espagne eclairée de la seconde moitié du XVIIIe siècle (Paris 1954); spanische Ausgabe: La España ilustrada de la segunda mitad del s. XVIII (Mexiko 1957); *L. Pfandl*, Spanische Literaturgesch. (Leipzig 1923).

Episkopat: *J. Gómez Bravo*, Catálogo de los obispos de Córdoba y breve noticia histórica de su iglesia catedral y obispado, 2 Bde (Córdoba 1778) Bd II; *R. de Huesca*, Teatro histórico de las iglesias del reino de Aragón (fortgesetzt von *Lamberto de Zaragoza)* (Pamplona-Zaragoza 1796/1807) Bd IV u. VI—IX; *A. López Ferreiro*, Historia de la santa A. M. iglesia de Santiago de Compostela, 11 Bde (Santiago 1898/1909) Bd IX—XI; *J. Martín Carramolino*, Historia de Ávila, su provincia y obispado (Madrid 1873); *T. Minguella y Arnedo*, Historia de la diócesis de Sigüenza y de sus obispos, 3 Bde (Madrid 1910/13) Bd III; *E. Morera Llauradó*, Tarragona cristiana, 5 Bde (Tarragona 1898/1959) Bd IV u. V; *T. Muñoz y Soliva*, Noticia de todos los Ilmos. señores obispos que han regido la diócesis de Cuenca, aumentadas con los sucesos ... (Cuenca 1860); *L. B. Nadal*, Episcopologio de Vich, 3 Bde (Vich 1891/1904) Bd III; *V. Núñez Marqués*, Guía de la S. I. catedral del Burgo de Osma y breve historia del obispado de Osma (Madrid 1949); *E. Olmos y Canalda*, Los prelados valentinos (Madrid 1949); *D. Ortiz de Zúñiga*, Anales eclesiásticos ... de Sevilla, 5 Bde (Madrid 1795/96) Bd V; *M. R. Pazos*, El episcopado gallego a la luz de documentos romanos, 3 Bde (Madrid 1946); *J. M. Sanz y Artibucilla*, Historia de la fidelísima y vencedora ciudad de Tarazona, 2 Bde (Madrid 1929/30) Bd II; *J. Solano de Figueroa*, Historia eclesiástica de la ciudad y obispado de Badajoz, 8 Bde (Badajoz 1929/35) Bd VIII—IX; *J. A. Tapia Garrido*, Los obispos de Almería (Almería 1968).

Kirche und Staat: Q. *Aldea*, Iglesia y Estado en la España del siglo XVII (Comillas 1961); *J. de Covarruvias*, Máximas sobre recursos de fuerza y protección, 2 Bde (Madrid 1829); *L. Cuesta*, Jesuítas confesores de reyes y directores de la Biblioteca Nacional: Rev. Arch., Bibl. y Museos 69 (1961) 129—174; *C. García Martín*, El Tribunal de la Rota de la Nunciatura de España: Anthologica Annua 8 (1960) 143—278; *L. G. Alonso Getino*, Dominicos españoles confesores de Reyes: La Ciencia Tomista 14 (1916) 374—451; *A. de la Hera*, El regalismo borbónico (Madrid 1963); *V. Lafuente*, La retención de Bulas en España ante la Historia y el Derecho, 2 Bde (Madrid 1865); *R. S. de Lamadrid*, El Concordato español de 1753 ... (Jerez de la Frontera 1937); *R. Olaechea*, Las relaciones hispano-romanas en la segunda mitad del XVIII, 2 Bde (Zaragoza 1965); *V. Rodríguez Casado*, Iglesia y Estado en el reinado de Carlos III: Estudios Americanos 1 (1948—49) 5—57; *L. Sierra*, La reacción del episcopado español ante los decretos de matrimonio del ministro Urquijo de 1799 a 1813 (Bilbao 1964).

Universitäten: *C. Mª. Ajo G. Sáinz de Zúñiga*, Historia de las Universidades hispánicas ..., 6 Bde (Madrid 1957/67) Bd III—VI; *L. Sala Balust*, Reales reformas de los antiguos Colegios de Salamanca anteriores a las del reinado de Carlos III (1623—1770) (Valladolid 1956); *ders.*, Visitas y reforma de los Colegios Mayores de Salamanca en el reinado de Carlos III (Valladolid 1958).

Jesuiten: *A. Astraín*, Historia de la Compañía de Jesús en la Asistencia de España, 7 Bde (Madrid 1909/12); *F. Rodrigues*, História da Companhia de Jesus na

Assistência de Portugal, 7 Bde (Porto 1931/50); *M. Batllori*, La cultura hispano-italiana de los jesuítas expulsos (Madrid 1966); *C. Eguía*, Los jesuítas y el motin de Esquilache (Madrid 1947); *L. Frías*, Los jesuítas y el motín de Esquilache en la Historia de España por R. Altamira: RF 29 (1911) 160—174; *F. Rousseau*, Expulsion des jésuites en Espagne. Demarches de Charles III pour leur secularisation: RQH 75 (1904) I 113—179.

Personen: *Agreda, María de Jesús de*, Cartas de la Venerable Madre Sor — y del señor Rey Don Felipe IV, hrsg. *Ozcoidi y Udave*, 2 Bde (Madrid 1885/86) u. BAE 108; *P. Castagnoli*, Il cardinale Giulio Alberoni, 3 Bde (Piacenza 1929/31); *F. Tort Mitjans*, Biografía histórica de Francisco Armanyá Font OSA (Villanueva-Geltrú 1967); *C. Corona*, J. N. de Azara. Un embajador español en Roma (Zaragoza 1948); *J. Báguena*, El cardenal Belluga. Su vida y su obra (Murcia 1935); *A. Echánove SJ*, La preparación intelectual del P. Andrés Marcos Burriel SJ (1731—50): Hispania Sacra (im Druck); *S. de Ubrique*, Vida del Beato Diego José de Cádiz, 2 Bde (Sevilla 1926); *C. Gómez Rodeles*, Vida del P. Calatayud (Madrid 1882); *V. de la Fuente*, Obras escogidas del P. Fray Benito Jerónimo Feijóo y Montenegro con una noticia de su vida y juicio crítico de sus escritos: BAE 56 141 142 143; *Francisco Mendez OSA*, Noticias sobre la vida, escritos y viajes del Rmo. P. Mtro. Fr. Enrique Flórez ... (Madrid 1860); *E. Reyero*, Misiones del P. Tirso González de Santalla (Santiago 1913); *Isla, José Francisco de*, Obras escogidas, con una noticia de su vida y escritos, hrsg. von Don *Pedro Felipe Monlau*: BAE 15; *Hans Juretschke*, Vida, obra y pensamiento de Alberto Lista (Madrid, CSIC, 1951) (umfangreiche Bibliogr. 698—699); *A. Mestre*, Ilustración y reforma de la Iglesia. Pensamiento político-religioso de don Gregorio Mayáns y Siscar (Valencia 1968); *J. M. March*, El restaurador de la Compañía de Jesús, beato José Pignatelli y su tiempo, 2 Bde (Barcelona 1935/44); *C. Pérez Bustamante*, Correspondencia reservada e inédita del P. Francisco de Rávago, confesor de Fernando VI. Einleitende Studie von *Carlos Pereyra* (Madrid 1936); *A. Jiménez*, Biografía del R. Padre Fray Martín Sarmiento y notas de sus obras impresas y manuscritas (Pontevedra 1884).

Portugal: *Fortunato de Almeida*, Historia da Igreja em Portugal, 8 Bde (Matosinhos 1921); *B. J. Wenzel*, Portugal und der Heilige Stuhl (Lissabon 1958); *J. S. da Silva Dias*, Correntes de sentimento religioso em Portugal (séculos XVI a XVIII), 2 Bde (Coimbra 1960); *F. Rodrigues*, História da Companhia de Jesus na Assistência de Portugal, 7 Bde (Porto 1931/50).

Die allgemeine geistige Situation

Die Struktur der Kirche in Spanien und Portugal während der Zeit von 1650 bis 1815 wird von den Regeln und der Mentalität des Ancien Régime bestimmt: eine sozial privilegierte Kirche mit einem bedeutenden landwirtschaftlichen und städtischen Besitz und mit unbestrittener Autorität über die Gläubigen, die im religiösen Bereich gründet, aber auch im politischen Einfluß bei offiziellen Stellen des Staates. Man muß den Zeitraum unterteilen: Das Jahrhundert von 1650 bis 1750 hat noch einen gegenreformatorischen Charakter, während die Zeitspanne von 1750 bis 1815 der Aufklärung zuzuordnen ist. Dieser Begriff ist jedoch genauer zu profilieren: Ist die spanische Aufklärung katholisch oder antireligiös? Ist sie ein Importprodukt, oder entspringt sie hier einer inneren Dynamik, obwohl sie von fremden Elementen gekennzeichnet ist? Welche Beziehung hat die spanische Aufklärung zu den Enzyklopädisten und der Französischen Revolution?

Stimmt sie zeitlich mit der des übrigen Europa überein? Hier liegt eine Reihe von erregenden Problemen, die hier nicht umfassend und adäquat beantwortet werden können, aber kurz erwähnt werden müssen, um sie als Perspektive für ein besseres Verständnis dieses Zeitraumes zu haben. Die drei Grundkomponenten der menschlichen Figur des spanischen „Aufgeklärten“, wie er von nicht wenigen Geistlichen jener Epoche repräsentiert wird, sind: katholische Erziehung, europäische Kultur und sozial-wirtschaftlicher Reformismus.

Die spanische Aufklärung ist von Haus aus nicht antireligiös. Antiklerikale und sogar Ungläubige hätten sich zwar in sie eingliedern können, aber die typischen spanischen Aufklärer sind alle katholisch. Insbesondere galten die Geistlichen, die im Leben der Nation am meisten hervortraten, als große Vertreter dieser Variante der Aufklärung. Die Tatsache, daß die vordringlichste Sorge die sozial-volkswirtschaftliche Reform war, deren wichtigstes Instrument der Staat war, brachte keine Verachtung der übernatürlichen Ordnung und noch weniger eine Opposition ihr gegenüber mit sich. Und wenn die öffentliche Gewalt sich der Kirchenrechte in einer verderblichen und extrem zerstörerischen Weise bemächtigte, so war dies ein Irrtum der Gewalt, nicht aber der Aufklärung. Es gibt, ganz ähnlich wie in der Renaissance, die Aufklärung nur in ihren verschiedenen Schattierungen, je nach dem Geiste dessen, der sich ihr anpaßt.

Die Vertreter der vier Generationen der spanischen Aufklärung, auf die Vicens Vives[1] hinweist und deren Namen und Generationsstufung hier übernommen werden, sind Feijóo OSB (1676—1764), Flórez OSA (1702 bis 1783), Campomanes (1723—1802) und Jovellanos (1744—1811). Die zwei ersten waren hervorragende Persönlichkeiten aus religiösen Orden. Jovellanos empfing die geistliche Tonsur und blieb, obwohl dann nicht zum Priester geweiht, den Prinzipien des geistlichen Amtes immer treu. Campomanes, einer der großen Regalisten dieses Jahrhunderts, wurde von seinem Onkel, Domherrn von Oviedo, und von den Dominikanern aus Santillana erzogen und bekannte sich immer als Katholik.

Die geo- und soziographische und wirtschaftliche Situation

In dieser Zeit zählte man in Spanien acht Kirchenprovinzen und 56 Bistümer. Während des 17. Jh. gab es nur einen Wechsel, nämlich den Verlust des Bistums Elna, als Roussillon französisches Gebiet wurde (1659). Im 18. Jh. wurden vier neue Diözesen gegründet: Santander (1754), Tudela (1783), Ibiza und Menorca (1795); damit erhöhte sich die Zahl der Bistümer bis zum Ende des Jahrhunderts auf 59.

Die Bevölkerung der Iberischen Halbinsel belief sich Ende des 16. Jh. auf

[1] *J. Vicens Vives*, Aproximación a la Historia de España (Barcelona 1960) 175.

9 485 000 Einwohner, davon 1 250 000 in Portugal. Etwa drei Viertel, d. h. 6 910 000, entfielen auf Kastilien. Von diesen waren laut Felipe Ruiz: 33 087 Weltgeistliche, 26 297 Ordensleute und 20 369 Ordensschwestern; das waren insgesamt 11,33 Promille der Revölkerung. Diese Zahlen widerlegen die Übertreibung in einem Teil der Literatur, wo die geistliche Bevölkerung auf 200 000 beziffert wird. Die Gesamtbevölkerung Spaniens sank zum Ende des 17. Jh. hin bedeutend durch Kriege und Krankheiten, erlebte aber im 18. Jh. einen Aufschwung; 1797 zählte man 10 541 221 Einwohner. Nach Canga Argüelles waren davon 57 488 Weltgeistliche, 49 365 Ordensleute und 24 007 Ordensschwestern. In der Anzahl der Geistlichen sind auch die Träger der niederen Weihen enthalten. Die 73 372 Ordensleute und -schwestern gehörten 43 Orden an. Die männlichen Orden besaßen 2104 Häuser und die Ordensschwestern 976.

Am Anfang des 19. Jh. verfügte die Kirche in Spanien über insgesamt 59 Bistümer. Außerdem hatte sie 648 Dignitäten, 1768 Domherrnpfründen, 216 Pensionen und 200 halbe Pensionen in den Kathedralen und Stiftskirchen. Die Anzahl der Stiftskirchen belief sich auf 64, die der Pfarrer auf 16 481 [2]. Ebenso wie die Anzahl der Geistlichen hat man den Reichtum der Kirche in jener Zeit stark übertrieben. Trotzdem muß man feststellen, daß die Kirche wirtschaftlich gut versorgt war. Wie auch in der allgemeinen Gesellschaft bestand eine bedeutende Ungleichheit zwischen hohem und niederem Klerus. Die wichtigste Einnahmequelle war der „diezmo“ oder der zehnte Teil des landwirtschaftlichen Bruttoerlöses. Er schwankte je nach der Ernte. 1592 wurde das kirchliche Jahreseinkommen auf 10 400 000 Dukaten beziffert, 1638 hatte es sich auf 7 000 000 vermindert. Außerdem gab es noch die einfachen Benefizien und die frommen Stiftungen. Aber diese Einnahmen verminderten sich um eine ganze Reihe von Beiträgen, die man dem Staat oder der römischen oder der nationalen kirchlichen Administration entrichten mußte: Annaten, bischöfliche Subsidien, Pensionen, Wohltätigkeitsfonds, monatliche Abgaben usw. Es existierten auch noch kirchliche Herrschaftssitze (Señorios), die von den Bistümern, Klöstern und anderen kirchlichen Körperschaften abhängig waren. Der größte Teil dieses wirtschaftlichen Systems verschwand mit dem Ancien Régime im 19. Jh.

Portugal zählte im 18. Jh. drei kirchliche Provinzen und 16 Diözesen.

Die Entwicklung der kirchlichen Institutionen

1. Beim Stand der heutigen Forschungen ist es nicht leicht, ein vollständiges Bild der Hierarchie zu vermitteln; man kann aber auf einige allgemeine Merkmale hinweisen.

[2] Censo de población de las provincias y partidos de la Corona de Castilla en el siglo XVI (Madrid 1829); *J. Nadal*, Historia de la población española (siglos XVI a XX) (Barcelona

Trotz der politischen Dekadenz zerfällt die kirchliche Disziplin nicht. Die Translation von Prälaten war in früheren Jahren häufiger; sie konnte aus der Sicht der pastoralen Verwaltung empfehlenswert sein, so daß jeweils zu fragen ist, ob Ranghöhe oder Belohnung das Motiv war.

Ende des 17. Jh. steigt in Spanien die Zahl der Ordensleute, die zu Bischöfen ernannt werden. Die Ursachen hierfür kennen wir nicht. In Rom hatte man kein volles Vertrauen zum spanischen Episkopat, so daß einige Male der Argwohn hinsichtlich der Treue dieses Episkopats zu den disziplinarischen Normen der Kurie zum Ausdruck gebracht wurde. Man vermutete eine höfische Unterwürfigkeit des Episkopats, der sich mehr für die Erfüllung der eigenen materiellen Interessen als für die Verteidigung der kirchlichen Jurisdiktion und der Entscheidungen der römischen Kurie einsetzte. Daher lenkte die Kurie die Aufmerksamkeit der Nuntien auf diese Situation und auf die vorhandene Spannung zwischen dem Niederklerus (der in einer großen Vereinigung, genannt „Congregación del clero de Castilla y de León", organisiert war) und den residierenden Bischöfen und empfahl ihnen, soweit gerechtfertigt, die Forderungen der Domkapitel gegen die Bischöfe zu unterstützen, die so vom Willen und Schutz des Nuntius um so abhängiger wurden. War diese Beurteilung der Situation durch das Staatssekretariat gerechtfertigt? Ohne Zweifel bestand die Gefahr, daß die Abhängigkeit vom König bei der Beförderung zu besser bezahlten oder sozial angeseheneren Stellen sich in eine goldene Kette und eine sanfte Fessel verwandeln konnte. Umgekehrt urteilte man in Spanien über die Kurie und den Nepotismus von Päpsten und Angehörigen der Kurie kritisch. Aus den Quellen läßt sich nicht erschließen, daß die Ergebenheit des Episkopats gegenüber dem König oder seinen dynastischen Sorgen ein grundsätzlicher Nachteil für die Kirche war. Die Verehrung des Königs im Episkopat hatte ihre Grenzen, und jeder Bischof akzeptierte in den Fällen, die wir kennen, nach seinem Gewissen die königlichen Erlasse oder legte in geistiger Freiheit seine pastoralen Pflichten dar, wenn sie es nicht erlaubten, die Erlasse zu beachten. Umgekehrt galt die Opposition spanischer Bischöfe gegen die Kurie häufig deren Zentralismus und Fiskalismus oder der antispanischen Politik der Päpste. Einen politischen und theologischen Episkopalismus wie in Frankreich hat es im 17. Jh. in Spanien ebensowenig gegeben wie einen Hofepiskopat; niemals bildete der Episkopat einen geschlossenen und solidarischen Block mit einer mehr oder weniger einheitlichen Mentalität für oder gegen Rom oder gegen Madrid [3].

1966); *Felipe Ruiz,* La población española en los tiempos modernos: Cuadernos de Historia. Anexos de la revista Hispania 1 (1967) 189—202; *Miguel Artola,* La España del Antiguo Régimen (Salamanca 1967); *José de Canga Argüelles,* Diccionario de Hacienda (Madrid 1833).

[3] Q. *Aldea,* Iglesia y Estado en el siglo XVII (Comillas [Santander] 1961) 105—108.

Mitte des 18. Jh. beklagt der Historiker und aufgeklärte Reformist Gregorio Mayáns y Siscar (1699—1781) das Desinteresse einiger Bischöfe an Kultur und Aufklärung und ihr Übermaß an Scholastizismus. Anderseits belegen die Forschungen von J. Sarrailh die Bemühungen der meisten Bischöfe auf dem Gebiet der Wohltätigkeit und materiellen Verbesserung innerhalb ihrer Diözesen. Da sie im allgemeinen von bescheidener Herkunft waren, blieben sie in Verbindung mit ihren Gläubigen. J. Sarrailh zählt eine Liste solcher „wohltätigen" Bischöfe auf, die energisch daran arbeiteten, die Not zu mildern und das Gedeihen ihrer Sprengel zu fördern; er weist auch auf die „wirtschaftlich regen" Bischöfe hin, die die öffentlichen Bauten förderten, Schulen und Armenhäuser errichteten.

Innerhalb des Episkopats trat die Gruppe jansenistischer Bischöfe [4] hervor, die, obwohl klein, sehr aktiv und einflußreich war: Asensio Salas und José Climent, beide Bischöfe von Barcelona, Felipe Bertrán von Salamanca, Antonio Tavira, ebenfalls von Salamanca und später von Osma u. a. Als Tavira Bischof von Salamanca war, besuchte er regelmäßig, zusammen mit dem Bischof und dem Archidiakon von Cuenca sowie zwei Domherren der Stiftskirche San Isidoro, die Zusammenkünfte bei der Gräfin von Montijo, der Übersetzerin des jansenistischen Werkes „Instrucciones cristianas sobre el sacramento del matrimonio", dessen Vorwort Bischof Climent schrieb.

Ende des 18. Jh. (am 19. 11. 1799) äußerte sich allerdings der österreichische Botschafter in Madrid, Kageneck, in wenig schmeichelhafter Weise über die Bischöfe jener Zeit. Darnach übten sie trotz ihres Vermögens keinen Einfluß auf die Regierung aus und bildeten keine soziale Körperschaft innerhalb der Monarchie, während sie für die frommen Menschen in der Provinz eine hohe Autorität darstellten. Es sei eine Gepflogenheit des damaligen spanischen Kabinetts, keine sehr intelligenten Leute für die hohen kirchlichen Ämter auszuwählen, keine Leute, die eine ernste Gefahr für das Regime hätten bedeuten können. Kageneck macht dem hohen Klerus nur wenige moralische Vorwürfe, aber die Mehrzahl der Prälaten sei bedeutungslos, von niedrigem Stand, manchmal intrigant, wenn sie zu Führungsstellen gelangten, ehr- und geldsüchtig. „Die Mehrzahl der Prälaten, die eine kleine Rolle am Hof spielen und sich sehr selten in der Hauptstadt zeigen, sind sehr fromm, aber auch sehr hartherzig." So beschreibt Kageneck den spanischen Episkopat am Ende des Ancien Régime [5]. Ohne Zweifel handelt es sich hier um eine Verallgemeinerung und Übertreibung, jedenfalls kann man dieses Urteil nicht auf das gesamte Jahrhundert ausdehnen. Daß die Bischöfe nicht so untertänig waren, wie man meinen könnte, zeigte sich anläßlich des regalistischen Dekrets von Urquijo (vom 5. 9. 1799), dem von 61 Bischöfen nur 10 zustimmten, unter ihnen der Führer der Jansenisten,

[4] *A. Mestre,* Ilustración y Reforma de la Iglesia (Valencia 1968) 219—229.

[5] *R. Olaechea,* Las relaciones hispano-romanas en la segunda mitad del XVIII (Zaragoza 1965) II 586.

Antonio Tavira, Bischof von Salamanca, und Francisco Mateo Aguiriano, Bischof von Calahorra (vgl. unten). Bei allen Schwächen des Systems gab es während des Jahrhunderts große Bischofsgestalten, wie Belluga, Valero, Lorenzana.

2. Auch der Niederklerus war, wie in anderen Ländern und Epochen, zutiefst reform- und anpassungsbedürftig. Zwar waren die Forderungen der tridentinischen Reform theoretisch noch in Kraft. Aber breite Schichten des Klerus, mit Ausnahme einiger ausgewählten Gruppen, blieben weit hinter dem priesterlichen Ideal zurück. Unwissenheit, Geiz und weltlicher Geist waren die Mängel, die Kardinal Belluga, Bischof von Cartagena, in seinem langen Hirtenbrief von 1705 rügte. Um diesem Übel abzuhelfen, erließ Innozenz XIII. mit Hilfe Bellugas am 13. Mai 1723 die Bulle „Apostolici ministerii", die 26 Punkte zur Reform des Klerus enthielt. Diese Bulle ersetzte die Provinzialkonzilien, die der Erzbischof von Toledo, Francisco Valero, befürwortete, bzw. ein Nationalkonzil, das von einigen Politikern verlangt wurde. Von 1650 bis 1815 fanden keine Provinzialkonzilien statt, mit Ausnahme der Provinz Tarragona, wo 17 Versammlungen einberufen wurden, die Mehrheit davon wegen wirtschaftlicher Angelegenheiten [6].

3. Die Predigt hatte sich vom klassischen Ideal des „Goldenen Zeitalters" entfernt, das so viele Lehrmeister in Spanien hatte. Sogar Belluga beklagte die Albernheit der Reden „voller auserlesener Stimmen, überschäumender Sätze und spitzfindiger Begriffe". Pater Francisco Isla SJ kämpfte gegen diesen Zustand mit seiner Burleske „Fray Gerundio de Campazas" an, in der er die schweren Mängel der damaligen Predigt lächerlich machte; das brachte den Jesuiten wiederum den Zorn anderer religiöser Orden ein, die sich getroffen fühlten. Doch es gab eine große Schule von Volksmissionaren, die regelmäßig die Halbinsel durchzogen. Dominikaner, Franziskaner und Kapuziner wetteiferten traditionsgemäß in dieser apostolischen Aufgabe, führend waren die Jesuiten. Einer der bedeutendsten Volksmissionare dieser Epoche war Pater Jerónimo López (1589—1658), der unermüdlich Katalonien, Aragón und Valencia, die Balearischen Inseln, Navarra und viele Dörfer der beiden Kastilien durchwanderte. Er ist der Verfasser des bekannten „Acto de contrición", eines frommen Exerzitienbuches, mit dem er predigend durch die Straßen lief. Nachfolger in der pastoralen Tätigkeit von P. López war P. Tirso González (1624—1705), der später General der Gesellschaft Jesu wurde und der zusammen mit vielen anderen Helfern allein in Nordspanien innerhalb von 4 Jahren (1671—75) über 120 apostolische Reisen durchführte (manche dauerten länger als 20 Tage). Ein großer Volksmissionar war Pedro de Calatayud SJ (1689—1773) zusammen mit dem seligen Diego de Cádiz, einem Kapuziner. Die Früchte, die man von

[6] *Rafael Serra Ruiz,* El pensamiento social-político del Cardenal Belluga (Murcia 1963) 242—247.

diesen Missionen erntete, waren groß; vor allem erfuhr die sakramentale Praxis in den breiten Schichten des Volkes wieder eine neue Belebung.

Eine typische Frömmigkeitsform dieser Zeit war die Herz-Jesu-Verehrung. Sie wurde verbreitet durch die Patres Cardaveraz († 1720), Bernardo de Hoyos († 1735), Juan de Loyola († 1762) und Pedro de Calatayud. Calatayud gründete auf seinen apostolischen Fahrten Kongregationen, deren Mitglieder sich verpflichteten, sich der Herz-Jesu-Verehrung zu widmen und monatlich zu beichten und zu kommunizieren. Parallel zu den Volksmissionen ging die stillere Arbeit der Exerzitien einher, die allmählich das Leben bestimmter Gruppen von Priestern und Laien änderte.

In Portugal verdienen zwei große Gestalten besonders erwähnt zu werden: Antonio Vieira SJ (1608—97), der „der portugiesische Demosthenes" genannt wurde, und Manuel Bernardes, der mehr als Autor denn als Redner geschätzt war.

4. Die Verfolgung der Jesuiten begann im bevorzugten Land der Gesellschaft, in Portugal, wo unter dem schwachen König José I. der Minister Marquis de Pombal herrschte. Pombal ordnete zunächst die Beschlagnahme der Güter der Jesuiten an (1759), einige Monate später ihre Ausweisung: 1700 Jesuiten (außer den 900 Missionaren) wurden in der brutalsten Weise ausgewiesen, in den Kirchenstaat abgeschoben oder, was noch schlimmer war, in schmutzigen Zellen in ihrer eigenen Heimat eingesperrt. Ihre 20 Schulen wurden von Laien übernommen.

In Spanien besaßen die Jesuiten großen Einfluß und im Erziehungswesen praktisch ein Monopol: 130 Kollegien waren in ihrer Hand. Dies und die Vorurteile jener, die sich durch die Jesuiten in früheren Zeiten benachteiligt fühlten, ihr angeblicher Reichtum, die enge Verbindung der Gesellschaft Jesu mit dem Papst, die vermutete Opposition gegen die Autorität des Königs (den Jesuiten wurde der Aufstand von Esquilache zugeschrieben), die theologischen Meinungsverschiedenheiten, insbesondere der Probabilismus, den viele Orden und Bischöfe wie Lorenzana und Armañá als Laxismus bekämpften (ohne ihn wirklich zu kennen), ihr politischer und sozialer Einfluß und das Beispiel von Portugal und Frankreich, dies alles waren die Ursachen der Tragödie auch in Spanien. Das Gerichtsverfahren fand nicht wie üblich im „Consejo" von Kastilien statt, weil dort die Mehrheit den Jesuiten zugeneigt war. Aus diesem Grund bildete man den berühmten „Consejo extraordinario", von dem alle ausgeschlossen wurden, die den Jesuiten in irgendeiner Weise verbunden waren. In der Nacht vom 2. auf 3. April 1767 wurden alle spanischen Jesuiten, etwa 2700 und ebenso viele in Übersee, aus ihrer Heimat ausgewiesen, ohne daß sie angehört noch ordnungsgemäß verurteilt worden waren. Die Angst vor Repressionen des Königs verhinderte es, daß sich Proteststimmen erhoben. Die Gründe für diese Entscheidung blieben das Geheimnis Karls III., der durch seinen römischen Botschafter Monino das Breve „Dominus ac Redemptor" (21.7.

1773) von Clemens XIV. erreichte. Von 56 Berichten der 1769 vom König befragten Bischöfe stimmten 42 den Maßnahmen gegen die Gesellschaft zu, 6 versagten ihre Meinung, und 8 erklärten sich dagegen [7].

5. Dem tridentinischen Dekret „Pro Seminariis", das die Gründung eines Seminars in jeder Diözese bestimmte, versuchte man mit großer Sorgfalt zu entsprechen. Aber die aufgetretenen Schwierigkeiten erschwerten seine weitere Durchführung. Die große Zahl von Universitätskollegien, die die Elite der studierenden Jugend aufnahmen, und die großen Kosten für den Bau von neuen Gebäuden wurden als solche Hemmnisse betrachtet. Wichtiger als die Gebäudekosten waren die Seminarleitung, die Auswahl der jungen Studienanwärter und die Studienpläne, die im allgemeinen veraltet waren. Bis Ende des 16. Jh. wurden 20 Seminare gegründet, im 17. Jh. 8 und im 18. Jh. 17, insgesamt bis 1816 45. In Portugal wurden von den 13 damals bestehenden Seminaren 5 im 18. Jh. gegründet.

Die Scholastik und vor allem die theologischen Studien an den Universitäten gingen wie überall in Europa langsam zurück. Es fehlte an Originalität und Aktualität. Man begnügte sich mit der Abfassung der zweifellos nötigen „Cursus" oder Kompendien des theologischen oder philosophischen Wissens für den Schulgebrauch; andererseits aber kamen hinter dem Rücken der Scholastik die neue Philosophie, die Aufklärung und die positiven Wissenschaften empor. Trotzdem gab es noch bedeutende Persönlichkeiten, wie Kardinal Alvaro Cienfuegos SJ († 1737), Pedro Manso OSA (1736), Luis de Losada SJ, Francisco Armañá OSA und andere. Anlaß zu einer heftigen Kontroverse gab der Moraltheologe Miguel de Molinos (1628—96), aus dessen „Geistlichem Führer" (Rom 1675) 68 Lehrsätze von Innozenz XI. als quietistisch verurteilt wurden.

Die historischen Studien erlebten durch Männer wie José Sáenz de Aguirre, Enrique Flórez (Verfasser der „España sagrada"), Andrés Burriel, Jaime Villanueva einen bemerkenswerten Aufschwung. Es gab eine Plejade von Literaten großer Qualität, wie Benito Feijóo, Francisco Isla und die Gruppe ausgewiesener italienischer Jesuiten [8]. Unter den geistlichen Schriftstellern sind erwähnenswert die ehrwürdige Mutter Agreda († 1665), die von Philipp IV. öfters konsultiert wurde, Manuel de Reguera y Álvarez de Paz und die Portugiesen Luis Brandão und Alonso de Andrade.

Die Autorität der Inquisition nahm erheblich ab, wie man der Zahl der damals abgehaltenen Autodafés entnehmen kann: Unter Philipp V. 782, unter Ferdinand VI. 34 und nur ein Dutzend unter Karl III. und Karl IV. Am 7. November 1781 wurde in Sevilla die letzte Verurteilung durch die Inquisition ausgesprochen.

[7] *V. Rodríguez Casado*, Iglesia y Estado en el reinado de Carlos III: Estudios Americanos 1 (1948/49) 5—57; *F. Tort*, Francisco Armanyá (Villanueva - Geltrú 1967) 113—148.

[8] *M. Batllori*, La cultura hispano-italiana de los jesuitas expulsos (Madrid 1966).

Großes Ansehen genossen die königlichen Beichtväter, die sich nicht auf den sakramentalen Bereich beschränkten, sondern auch in Staatsprobleme eingriffen. Im Staatsrat besaß der Beichtvater Stimm- und Wahlrecht wie jedes andere Ratsmitglied.

Bei den Habsburgern hatten diese Stelle die Dominikaner betreut. Philipp IV. hatte als Beichtväter u. a. Antonio de Sotomayor, Erzbischof von Damaskus und Generalinquisitor, und Juan de Santo Tomás, einen berühmten portugiesischen Theologen. Unter Karl II. folgten wieder die Dominikaner, aber die Königin Mariana brachte, der Gewohnheit des kaiserlichen Hofes folgend, den Pater Eberhard Nidhard mit. Die spanischen Bourbonen folgten dem französischen Brauch; Philipp V. hatte als Beichtvater den Jesuiten P. Daubenton. Der letzte und wohl bekannteste der Jesuiten-Beichtväter war P. Francisco de Rávago, Professor für Theologie am römischen Kolleg und Provinzial von Kastilien.

Im 16. Jh. und zu Beginn des 17. Jh. wurden zwanzig spanische Heilige kanonisiert, während in dem hier behandelten Zeitraum bis heute nur zwei Heiligsprechungen zu verzeichnen sind: die des José Oriol (1650—1702) und des José Pignatelli (1737—1811).

Kirche und Staat

Die Beziehungen zwischen Spanien und dem Heiligen Stuhl beruhten auf dem Grundsatz der zwei Gewalten: der päpstlichen und der königlichen. Beide sind die höchsten in ihrem Bereich. Aber bei der Person des Papstes kam hinzu, daß er doppelt repräsentierte: einmal als Nachfolger Petri und zweitens als Fürst des Kirchenstaates. Für die Abgrenzung hielten sich die spanischen Politiker in Zweifelsfällen an die Formulierung von Gabriel Pereira: Immer, wenn man in Zweifel ist, ob ein bürgerliches Gesetz gegen das geistliche Wohl verstößt, muß man sich an die Entscheidung des Papstes halten; und immer, wenn man zweifelt, ob es gegen das politische Wohl verstößt, muß man sich an die Entscheidung der zivilen Gewalt halten. Nach diesen Prinzipien verstand man die Theorie der indirekten Gewalt des Papstes im Spanien der Habsburger; man folgte den großen spanischen Schriftstellern Vitoria, Molina, Mariana, Suárez usw. Erst kurz vor der Machtübernahme durch die Bourbonen formulierte Bossuet seine Auffassung vom göttlichen Ursprung der absoluten Gewalt des Monarchen, auf die die Bourbonen ihre Einmischung in kirchliche Angelegenheiten, vor allem in der zweiten Hälfte des 18. Jh. stützten[9] (vgl. Kap. 4 und 17).

Die Rechtsansprüche der königlichen Intervention gründeten außer in der allgemeinen Stellung des christlichen Fürsten in der Verpflichtung, für die

[9] Q. *Aldea*, Iglesia y Estado en el siglo XVII, 57—63.

Einhaltung der Dekrete des Konzils von Trient zu sorgen, und vor allem im Königlichen Patronat Spaniens, aus dem sich auch das Missionspatronat über Neu-Indien herleitet. Die Institution des Patronats in Spanien wurde auf den sechsten Kanon des 12. Konzils von Toledo (681) zurückgeführt und im ersten Gesetz, Abs. 6 des ersten Bandes der „Nueva recopilación", von Philipp II. (1565) wie folgt formuliert: „Rechtmäßig und auf Grund alter Sitte, gerechter Ansprüche und apostolischer Konzessionen sind wir Patrone aller Kathedralkirchen dieser Königreiche und steht uns die Ernennung der Erzbischöfe und Bischöfe, der Prälaten- und Abtswürden dieser Königreiche zu, auch wenn sie in Rom vakant werden." Die entscheidenden Schritte in der Entwicklung des Patronats waren: a) die Gewährung des universalen und ewigen Patronats über das Königreich Granada, die Kanarischen Inseln und Puerto Real (daher leitete man zum Teil auch das königliche Patronat über Neu-Indien ab), die durch die Bulle „Orthodoxae Fidei" vom 13. Dezember 1486 von Sixtus IV. bewilligt wurde; b) die Gewährung des Präsentationsrechtes bei den Kathedralkirchen und Konsistorialbenefizien für den Rest Spaniens durch eine Bulle Hadrians VI. vom 6. September 1523; c) die Gewährung des Königlichen Universalpatronats über das ganze nationale Territorium durch das Konkordat vom 11. Januar 1753. Benedikt XIV. behielt sich nur die Verleihung von 52 Pfründen vor. Damit erreichte das Präsentationsprivileg in der Geschichte Spaniens seinen Höhepunkt [10].

Seit Philipp II. waren Spanien und Portugal unter der spanischen Krone vereinigt. 1640 erhoben sich die Portugiesen gegen Philipp IV. und krönten Juan IV. (1640—70) zum König. Diese Tatsache stellte den Heiligen Stuhl vor große Probleme, nicht nur wegen der Anerkennung des neuen Königs durch den Heiligen Stuhl, sondern auch wegen der Besetzung der vakanten Bistümer in Portugal, deren Besetzung dem König vorbehalten war. Der Konflikt dauerte bis zur Konsolidierung der portugiesischen Unabhängigkeit. 1670 wurden die Beziehungen zwischen Portugal und Rom wiederaufgenommen und die Bistümer besetzt.

Eine besondere Rolle spielten die „Gravamina Ecclesiae Hispanae". Die Ständeparlamente von Kastilien und León überreichten 1632 dem König eine Bittschrift, in der die Lasten der spanischen Kirche seitens der römischen Kurie und der Madrider Nuntiatur aufgeführt wurden. Die Beschwerden, insbesonders gegen die Datarie, nahmen bis Ende des 18. Jh. zu. Mehrere spanische Kardinäle, wie Zapata und Gil de Albornoz, kritisierten die Erteilung der Ehedispensen, die Besetzung und Beurkundung der kirchlichen Pfründen und die Verteilung der Pensionen aus diesen Pfründen. Die komplizierten Gebühren bei den Ehedispensen, ihre hohen Sätze (zwei Tarife, die vom Ende des 17. bzw. aus dem 18. Jh. stammen, sind veröffentlicht) und die Willkür ihrer Anwendung führten dazu, daß Kardinal Zapata die

[10] Ebd. 63—111.

Datarie mit dem Hause eines Händlers verglich. Die Beschwerden gegen die Apostolische Kammer wegen der Spolien und der Einkünfte vakanter Bistümer hörten bis zur Verkündigung des Konkordats von 1753 nicht auf, dessen Artikel 20 diese Einkünfte den Kirchen zuspricht, aus denen sie stammten. Der Madrider Nuntiatur wurden Mißbräuche ökonomischer oder jurisdiktioneller, aber in enger Beziehung zum Ökonomischen stehender Art vorgeworfen: zu hohe Gebühren, Annahme von Prozessen erster Instanz, illegale Forderungen von Gold- und Silbergeld, Ehedispense gegen die tridentinischen Dekrete usw. Nachdem die von den Botschaftern in Rom, insbesondere von den außerordentlichen Botschaftern Pimentel und Chumacero im Jahr 1634, wiederholt vorgetragenen Beanstandungen nicht anerkannt wurden, benutzte man in Madrid den Tod des Nuntius Campeggi, um 1639 die Aktivität der Nuntiatur in Madrid für ein Jahr außer Kraft zu setzen. Die sogenannte „Übereinkunft" des Nuntius Facchinetti aus dem Jahr 1640 brachte eine neue Gebührenordnung; das Problem blieb bis zum Konkordat von 1753 und bis zum 26. März 1771, der Gründung der spanischen Rota nach dem Vorbild der Signatura iustitiae in Rom, ungelöst [11].

Der „Regalismus", d. h. der Mißbrauch der Privilegien oder Rechte des Königs in kirchlichen Dingen, ist kein eindeutiger Begriff. Man muß zwischen seiner Anwendung im Spanien der Habsburger und dem der Bourbonen unterscheiden. Auch ist die Dialektik zwischen dem modernen Staat mit seiner ständig wachsenden administrativen Verselbständigung und der innigen Verbundenheit zwischen Kirche und Staat in früheren Epochen zu berücksichtigen. Die übersteigerte kirchliche Immunität von Personen wie von Gütern hatte einen Staat im Staat geschaffen und Spannungen ausgelöst. Dadurch erklärt sich der Ursprung des Rekurses an den König, die Zurückhaltung päpstlicher Bullen und die Amortisationsgesetzgebung. Doch sind diese Vorgänge auch eine Seite in der Säkularisation der modernen Gesellschaft, die sich in der Usurpierung geistlicher Aufgaben wie auch in der Feindseligkeit gegenüber den kirchlichen Institutionen manifestierte [12].

Nach 1700, nach der Thronbesteigung des ersten Bourbonen Philipp V., verschärfte sich der monarchische Absolutismus nach französischem Vorbild; man versucht die Unabhängigkeit der Kirche einzuschränken. Der Regalismus richtete sich radikaler als zuvor gegen die päpstlichen Reservationen, die sich zu einer Art „Regalismus des Papstes" entwickelt hatten. Einer der Bischöfe, die den römischen Zentralismus bekämpften, war Francisco de Solis, Bischof von Ávila und später von Córdoba, welcher 1709 den berühmten „Dictamen sobre los abusos de la Corte Romana por lo tocante a las regalías de su M. C. y jurisdicción que reside en los obispos" verfaßte. Darin ging er so weit zu behaupten: „Auf Grund dieser Privilegien ist es

[11] Ebd. 115—185.
[12] *Alberto de la Hera,* El Regalismo Borbónico (Madrid 1963).

Ihrer Majestät erlaubt und ist sie sogar verpflichtet, ihre Königreiche und Kirchen vor der Sklaverei der römischen Kurie zu schützen und sie davon zu befreien ...“; er bezieht sich dabei auf die mißbräuchliche Beschränkung der bischöflichen Autorität, jedoch ohne ins Gegenteil zu verfallen.

Wegen der Anerkennung des Erzherzogs Karl als König von Spanien, zu der sich Papst Clemens XI. während des Krieges um die Nachfolge (1700 bis 1715) gezwungen sah, reagierte Philipp V. heftig und gründete die *Junta Magna,* die am 25. 2. 1709 die Ausweisung des Nuntius und die Schließung der Nuntiatur anordnete, die Spolien und Einkünfte vakanter Bistümer sequestrierte und die Beziehungen der Spanier mit Rom untersagte. Nachdem diese nach dem Frieden von Utrecht (1713) wiederhergestellt waren, schloß man 1717 ein provisorisches Konkordat ab, das ein Jahr später mit der erneuten Ausweisung des Nuntius zerbrach; erst im Juli 1720 konnte der Nuntius nach Madrid zurückkehren.

Mit der Inthronisation Karls III. (1759) verhärtete sich die Front der Verfechter des Regalismus. Die politisch-kirchlichen Verwicklungen durch das Mahnschreiben von Parma, die Ausweisung der Gesellschaft Jesu, das 4. Mexikanische Provinzialkonzil (1771) und die Staatsjunta (1784) mit ihrer berühmten „Instrucción reservada“ waren Erscheinungen eines extremen Regalismus. Karl IV. verfolgte weiterhin diesen Weg bis zur Veröffentlichung des Dekrets vom 5. September 1799, welches besagte, daß die spanischen Bischöfe im Falle einer Sedisvakanz des Heiligen Stuhles „im Einklang mit der alten Disziplin der Kirche Gebrauch von allen ihren Fakultäten für Ehedispensen und sonstigen Vollmachten ausüben würden“, ohne die päpstlichen Reservationen zu beachten [13]. Aus ihm sprach der extreme Geist des Ministers Urquijo, der von manchen als Schismatiker bezeichnet wurde. Der Vorgang lieferte jedoch nach einem Satz des österreichischen Botschafters Kageneck nur den Beweis, „daß in Spanien Schismen nicht möglich waren“ [14].

Mit dem Untergang des Ancien Régime, das von der Französischen Revolution weggefegt wurde, erloschen in Spanien langsam die Reste des bourbonischen Regalismus. Auch in Portugal hielten mit dem Aufstand von Porto im Jahre 1820 die neuen Ideen Einzug. In beiden Ländern wird damit die Epoche des Liberalismus eröffnet.

[13] *J. A. Llorente,* Colección Diplomática (Madrid 1809) 65—66. Hier sind einige der Antwortbriefe anläßlich des erwähnten Dekrets enthalten; *Luis Sierra,* La reacción del episcopado español ante los decretos de matrimonios del ministro Urquijo de 1799 a 1813 (Bilbao 1964).

[14] *R. Olaechea,* Las relaciones hispano-romanas en la segunda mitad del XVIII, II 585.

12. Kapitel

Die Lage der Katholiken in Großbritannien und Irland im 17. und 18. Jahrhundert

BIBLIOGRAPHIEN: Für neuere Untersuchungen siehe vor allem RHE; Recusant History (Nijmegen 1958 ff); Irish Historical Studies (Dublin 1938 ff).
QUELLEN: Catholic Record Society, 60 Bde (London 1904 ff) (siehe A Catalogue of Fifty Volumes published by the Catholic Record Society, 1904/57); Archivum Hibernicum (Journal of the Catholic Record Society of Ireland, 28 Bde (Maynooth 1912 ff); Collectanea Hibernica, 12 Bde (Dublin 1958 ff); *J. Brady* (Hrsg.), Catholics and Catholicism in the [Irish] Eighteenth-Century Press (Maynooth 1965).
LITERATUR: *W. E. H. Lecky*, History of Ireland in the Eighteenth Century, 5 Bde (London 1892); *E. H. Burton*, The Life and Times of Bishop Challoner (London 1909); *R. Bagwell*, Ireland under the Stuarts, 3 Bde (London 1909/16, Neudr. London 1963); *W. Forbes-Leith*, Memoirs of Scottish Catholics during the 17th and 18th Centuries (London 1909); *B. N. Ward*, The Dawn of the Catholic Revival in England 1781—1803, 2 Bde (London 1909); *P. Guilday*, The English Catholic Refugees on the Continent 1558—1793 (London 1914); *W. P. Burke*, Irish Priests in the Penal Times (Waterford 1914, Neudr. Shannon 1969); *D. Gwynn*, The Struggle for Catholic Emancipation 1750—1829 (London 1928); *P. Hughes*, The Catholic Question 1685—1929 (London 1929); *M. J. Hynes*, The Mission of Rinuccini (Dublin 1932); *B. Hemphill*, The Early Vicars Apostolic of England 1685—1750 (London 1954); *M. Wall*, The Penal Laws 1691—1760 (Dublin 1961, Neudr. Dublin 1968); *B. Millett*, The Irish Franciscans 1651—1665 (Rom 1964); *ders.*, Survival and Reorganization 1650—1695, und *P. J. Corish*, The Origins of Catholic Nationalism (Dublin 1968).
ZEITSCHRIFTEN: Biographical Studies (Bognor Regis [England] 1951/56, seit 1957 unter dem Titel „Recusant History" weitergeführt); Innes Review (Glasgow 1950 ff); Irish Ecclesiastical Record (Dublin 1864/1968); Proceedings of the Irish Catholic Historical Committee (Dublin 1955 ff); Irish Historical Studies (Dublin 1938 ff).

Die frühen Stuarts

Die Geschichte des englischen Katholizismus in der ersten Hälfte des 17. Jh. wurde bereits kurz behandelt[1]. Es bliebe noch hinzuzufügen, daß der englische Katholizismus zu diesem Zeitpunkt bereits die soziale Struktur annahm, die er bis zur großen irischen Einwanderung während der industriellen Revolution beibehalten sollte: der Glaube überlebte in isolierten Gruppen auf den Gütern einzelner Landadeliger, die den Klerus unterhielten und folglich auch eine gewisse Kontrolle über ihn verlangten. Die gleiche Struktur war unter den wenigen Katholiken des schottischen Tieflands vorherrschend. Auf den gälisch sprechenden Inseln und im Hochland blieb der Katholizismus in stärkeren Gruppen erhalten. Sie wurden wirksam unter-

[1] Bd IV S. 666 f.

stützt von Franziskanermissionaren aus Irland, die 1619 ins Land gekommen waren [2]. In Wales wurde der Katholizismus nach 1650, als puritanische Prediger die nonkonformistische Tradition einführten, fast völlig verdrängt.

Irland dagegen war hauptsächlich katholisch geblieben. Als Untertan der englischen Krone, jedoch mit eigenem Parlament, hatte sich die Insel nicht zu einer homogenen Nation entwickelt. Zu Beginn des 17. Jh. sind drei Gruppen deutlich zu unterscheiden: die *Altiren* gälischer Abstammung; die *Altengländer*, Nachkommen englischer Siedler aus der Zeit vor der Reformation, und die *Neuengländer*, die seit der Reformation nach Irland gekommen waren. Die letzte Gruppe war protestantisch, die beiden anderen jedoch katholisch. Die Tudors hatten das Anliegen der religiösen Konformität der politischen Eroberung untergeordnet, und die Altengländer, die in den Parlamenten der Tudors stark vertreten waren, hatten dafür gesorgt, daß die Strafgesetze in Irland nie so streng waren wie in England. Daneben hatten die Altengländer auch die lokale Verwaltung in ihren Händen, so daß die Gesetze nicht so hart gehandhabt wurden, wie die Regierung es vielleicht wünschte. Den Iren — einem von Natur aus konservativen Volk, das aus religiösen Gründen dem Protestantismus gegenüber wenig aufgeschlossen war — stand seit etwa 1570 eine steigende Zahl von Priestern zur Verfügung, die auf dem Festland, den tridentinischen Idealen entsprechend, herangebildet worden waren; um 1600 bereits war eine beträchtliche Anzahl irischer Seminare auf dem Kontinent errichtet worden. Zu den Altiren fanden die Seminarpriester zwar keinen so unmittelbaren Zugang, aber diese hatten während der Eroberung durch die Tudors so viel gelitten, daß ihr katholisches Bekenntnis zu einem Teil ihres Widerstandes gegen die neuen Herrscher geworden war. Die Altengländer dagegen blieben auch weiterhin im Besitz ihrer Reichtümer und Güter [3].

Im frühen 17. Jh. kämpften die irischen Katholiken ohne Erfolg für ein politisches Abkommen, das sowohl ihre Loyalität als auch ihren Katholizismus anerkennen sollte. Wie in England setzte Jakob I. auch hier die elisabethanische Politik der Strafgesetzgebung fort. Er führte auch ihre Kolonisationspolitik weiter; ausgedehnte Ansiedlungen brachten vor allem in Ulster ein starkes protestantisches Element in das Land, mit dessen wirtschaftlichem Scharfsinn sich die konservativen irischen Katholiken nicht messen konnten. Die Politik des Königs schloß die Katholiken darüber hinaus auch vom öffentlichen Dienst aus. Schon im Parlament von 1613 trat klar zutage, daß der katholische Einfluß auf die Gesetzgebung bedenklich gesunken war [4]. Der politische Druck gegen sie wurde aufrechterhalten,

[2] *C. Giblin*, Irish Franciscan Mission to Scotland 1619—1646 (Dublin 1964).

[3] *A. Clarke*, The Old English in Ireland 1625—42 (London 1966); *P. J. Corish*, The Origins of Catholic Nationalism (Dublin 1968).

[4] *T. W. Moody*, The Irish Parliaments under Elizabeth and James I: Proceedings of the Royal Irish Academy 45 (1938/40) 42—81.

und um 1640 hatten die altenglischen Katholiken allen Grund zu der Befürchtung, daß sie in den Augen der Verwaltung nur „Halb-Untertanen" — wie Jakob I. sie genannt hatte — waren, die, ebenso wie die Altiren, auf Grund ihrer Religion ihrer politischen Rechte beraubt wurden und deren Recht auf Eigentum in Frage gestellt war.

Dennoch bestand zu dieser Zeit in der Praxis eine ausreichende Toleranz, die es der katholischen Kirche ermöglichte, eine umfassende Reorganisierung ihrer Mission durchzuführen. Aus den Kollegien des Kontinents erhielt Irland eine genügende Anzahl von Priestern, die dazu herangebildet worden war, ein Volk zu unterweisen, dessen religiöse Formung lange Zeit vernachlässigt worden war. Auch der katholische Episkopat war erneuert worden. Nominierungen auf die irischen Bischofssitze hatten auch in der Regierungszeit Elisabeths nicht aufgehört, obschon es bisweilen lange Vakanzen gegeben hatte. Die erste Generation der Seminarpriester stellte eine hervorragende Gruppe von Bischöfen, die um 1620 ernannt worden war. Sie sahen sich vor ernste Probleme gestellt, vor allem von seiten des Ordensklerus, der auch weiterhin das Recht auf die ausgedehnten Missionsbefugnisse beanspruchte, wie sie ihm vom Heiligen Stuhl in der Zeit Elisabeths gewährt worden waren. Den Bischöfen gelang es jedoch — in Zusammenarbeit mit der neugegründeten römischen Propagandakongregation — ein Pfarrsystem zu errichten; der Ordensklerus beruhigte sich, da es ihm nun möglich wurde, eigene Ordenshäuser zu gründen. 1636 war die Lage durch eine Reihe von Dekreten der Propaganda für die irische Mission stabilisiert [5].

1641 erhoben die altirischen Katholiken die Waffen, um ihre Rechte und ihr Eigentum zurückzuerobern. Nach kurzem Zögern schlossen sich ihnen auch die Altengländer an. Vereint in der Konföderation von Kilkenny unternahmen sie es erneut, ihre Stellung als „des Königs katholische Untertanen" zurückzugewinnen. Ihre Verhandlungen mit dem König waren schwierig und wurden noch mehr erschwert, als der päpstliche Nuntius, Rinuccini, der 1645 eintraf, die Restauration des Katholizismus auf der Grundlage streng gegenreformatorischer Grundsätze forderte, die der Komplexität der irischen Lage nicht Rechnung trugen. Verschiedene Versuche, seine Ansichten durch kirchliche Zensuren durchzusetzen, spalteten schließlich die Konföderation und zwangen ihn, das Land zu verlassen [6]. Dieses geschwächte und gespaltene Irland konnte von Oliver Cromwell leicht erobert werden.

[5] Siehe *B. Jennings* (Hrsg.), Acta Sacrae Congregationis de Propaganda Fide 1622—1650: Archivum Hibernicum 22 (1959) 28—139.

[6] Vgl. Bd IV 667. Rinuccini schlug eine viel starrere Richtung in Irland ein, als der Nuntius Fabio Chigi (der spätere Papst Alexander VII.) auf der Friedenskonferenz zu Münster vertrat.

Commonwealth und Restauration

Unter der Herrschaft Cromwells in den Jahren um 1650 hatten beide Inseln nur eine einzige Verwaltung. Dies bedeutete, daß die repressiveren englischen Gesetze automatisch auch auf Irland ausgedehnt wurden. Cromwells Konzept der „Gewissensfreiheit" verurteilte den Anglikanismus der High Church Karls I. genauso wie den Katholizismus. Paradoxerweise bedeutete dies, daß die englischen Katholiken nicht der blutigen Verfolgung ausgesetzt waren, die sie vor allem deshalb befürchtet hatten, weil ihre Sympathien während des Bürgerkrieges auf royalistischer Seite gewesen waren. Sie entkamen der Verfolgung, weil sie zum einen nur eine kleine Gruppe derer waren, deren Glaubensbekenntnis verboten war, und zum anderen, weil sie sich zeitweilig erfolgreich auf das Prinzip der Gewissensfreiheit berufen konnten.

Die irischen Katholiken dagegen erlitten ein bitteres Schicksal. Zusätzlich zu der Tatsache, daß sie Katholiken waren, wurden sie auch als minderwertig und ungebildet, verbrecherisch und politisch gefährlich betrachtet. Cromwell hatte das Land in einem brutalen Ausrottungskrieg erobert. Im Verlauf dieses Krieges wurden eingekerkerte Kleriker in der Regel ohne Verhandlung hingerichtet. Darauf folgte eine umfangreiche Konfiskation: die begüterten Katholiken wurden in die Provinz Connaught verbannt. Die katholische Kontinuität in Irland mußte sich deshalb stark von jener in England unterscheiden.

Nach Kriegsende war ein Priester entsprechend dem elisabethanischen Erlaß von 1585 schon durch seine bloße Gegenwart in Irland des Verrats schuldig. Sehr viele gingen freiwillig ins Exil. Jene, die blieben, wurden unnachsichtig verfolgt; nach 1654 jedoch zog es die Regierung vor, die Gefangenen einzukerkern oder zu verbannen, statt sie hinzurichten. Nur eine verhältnismäßig geringe Zahl von Priestern konnte auch weiterhin — vermittels zahlreicher Hilfen und in verschiedenen Verkleidungen — ihren Dienst ausüben. Die Messe wurde gewöhnlich im Freien, auf dem „Mass-rock" (Messe-Felsen) gelesen. Dies war zweifellos die härteste Prüfung, die die irischen Katholiken je durchmachen mußten. Glücklicherweise dauerte sie nur kurze Zeit.

Die Reorganisationsarbeit der vorhergegangenen Generation war völlig zunichte gemacht, und wieder übten die Priester ihr Amt auf Grund missionarischer Befugnisse, soweit sie überhaupt welche hatten, aus. Um 1657 jedoch erstellte die Propaganda in Rom neue Pläne für die irische Mission. Zwei Bischöfe waren gegen Ende des Jahres 1659 zurückgekehrt. Seit dem 29. Mai 1660 nahm Karl II. wieder den Thron seines Vaters ein.

Nach der Restauration hatten England, Irland und Schottland wieder getrennte Parlamente. Das Parlament war nun bedeutend mächtiger als unter den frühen Stuarts, und der König, der seine persönliche Autorität zu sichern bestrebt war, wollte sich um die Unterstützung seines königlichen Vetters, Ludwigs XIV. von Frankreich, bemühen. Daher wurde der Kampf zwischen König und Parlament in *England* vom Mißtrauen des Parlaments gegen das Wohlwollen des Königs gegenüber den Katholiken begleitet (Karl selbst wurde auf seinem Sterbebett Katholik, und sein Bruder, der Thronanwärter, Jakob, Herzog von York, konvertierte kurz nach 1668).

1670 unterzeichnete Karl den Vertrag von Dover mit Ludwig XIV. Das Parlament konterte 1671 mit einer Akte, die den katholischen Klerus verbannte; Karl wiederum veröffentlichte 1672 die Declaration of Indulgence, die die Toleranz auf die Dissenters, also auch auf die Katholiken, ausdehnte. Das Parlament jedoch erwies sich als stärker, und die Test Acts von 1673 und 1678 bestätigten den Ausschluß der Katholiken vom öffentlichen Leben; die Machtverhältnisse zwischen König und Parlament waren jedoch genügend ausgeglichen, um den Katholiken eine praktische Tolerierung zu gewährleisten. Unter dem katholischen Landadel und damit auch dessen Pächtern und Vasallen fielen einige vom Glauben ab. Eine sehr reduzierte katholische kirchliche Autorität wurde durch ein Kanonikerkapitel aufrechterhalten, das 1623 erstmals von dem Apostolischen Vikar William Bishop errichtet wurde. Es stellte eine konservative Körperschaft mit gallikanischer Tendenz dar, in der Vakanzen durch Zuwahl wieder besetzt wurden.

In *Irland* mußte es Karl hinnehmen, daß die Macht bei jenen lag, die von den großen Landkonfiskationen profitiert hatten und die sich nun in steigendem Maße als das „Protestant Interest" verstanden. In dem Bestreben, ihre Loyalität zu beweisen, leisteten katholische Laien einer Bewegung beachtliche Unterstützung, die als „the Remonstrance" bekannt war und von der irischen Kirche eine Erklärung gallikanischer Prinzipien erreichen wollte. Der Widerstand des Klerus gegen diese Forderung — der in einem gewissen Grad als Rechtfertigung von Rinuccinis ultramontaner Haltung vor 20 Jahren gelten kann — spitzte sich in einer Synode, die 1666 in Dublin stattfand, zu; aber bereits zu diesem Zeitpunkt war es deutlich geworden, daß die große Mehrheit der enteigneten Katholiken ihre Güter nicht wieder zurückerhalten würde.

Wieder mußte die Kirche ihre Seelsorgstätigkeit neu aufbauen. Es gab nur zwei Bischöfe im Lande, und jene, die noch im Exil lebten, waren durch die Ereignisse der Religionskämpfe politisch kompromittiert und durften nicht zurückkehren. Es herrschte ein wirklicher Priestermangel. Fast ein Jahrzehnt hindurch wurden keine Bischöfe ernannt, Priester jedoch wurden in beträchtlicher Anzahl — oft nur mit ungenügender oder gar keiner Vorbereitung auf das Priesteramt — geweiht. Beide Entscheidungen scheinen von Rom getroffen worden zu sein, zweifellos waren es Fehlentscheidungen [7].

Erst 1669 kam es zu den ersten Bischofsernennungen; bereits 1671 waren

[7] *B. Millett*, Survival and Reorganization 1650—1695 (Dublin 1968) 12—22.

die meisten Sitze wieder besetzt. Die neuen Bischöfe waren wieder würdige Männer, einige von ihnen sogar hervorragend. Begünstigt durch die größere Toleranz der Jahre um 1670, begannen sie durch eine Reihe von Synoden und Visitationen mit der Wiedererrichtung des Pfarreiensystems. Die Toleranz war jedoch nur relativ — man war auch weiterhin auf den Mass-rock angewiesen. Daneben gab es einige bescheidene Kapellen oder „Mass-houses", die die Katholiken errichten konnten; aber 1673 befahl eine königliche Proklamation die Verbannung aller Ordensangehörigen und Kleriker mit Jurisdiktionsvollmacht. Diese Proklamation wurde zwar nicht streng durchgeführt, beeinträchtigte jedoch den stark bedrängten Episkopat. Einige der im letzten Jahrzehnt übereilt geweihten Kleriker erwiesen sich als ungeeignet. Der Wiederaufbau des Pfarreiensystems führte zu erneuten Divergenzen zwischen Welt- und Ordensklerus, die nun noch durch die Tatsache verschärft wurden, daß der gesamte Klerus von den Spenden des Volkes abhängig war, da die katholische Laienwelt wie auch der Klerus seinen gesamten Reichtum und Besitz verloren hatten.

Die Katholiken beider Inseln waren blutigen Verfolgungen ausgesetzt, als 1678 Titus Oates eine Verschwörung anzettelte, um den Herzog von York von der Thronfolge auszuschließen [8]. Oates war ein prinzipienloser Abenteurer und wirkte äußerst unglaubwürdig; er konnte sich jedoch infolge der damals herrschenden politischen Hysterie durchsetzen. Der Erzbischof von Dublin wurde am 11. Oktober 1678 inhaftiert, er starb im November 1680 im Gefängnis. In England begannen die Prozesse am 15. November 1678. Mehr als 25 Katholiken wurden hingerichtet und Hunderte eingekerkert. Das letzte und bekannteste Opfer war der selige Oliver Plunkett, Erzbischof von Armagh, der am 1. Juli 1681 in Tyburn hingerichtet wurde. Er war sowohl das letzte Opfer der Verschwörung als auch der letzte Priester, der unter Wirkung der Strafgesetze hingerichtet wurde.

Die Hysterie brach so plötzlich zusammen, wie sie gekommen war; Jakob II. folgte seinem Bruder nach dessen Tod im Februar 1685 auf dem Thron. Er war ein unfähiger Politiker und ignorierte die Tatsache, daß höchstens 10 Prozent seiner englischen Untertanen bereit waren, eine katholische Monarchie zu akzeptieren. Die Geburt eines katholischen Thronfolgers am 10. Juni 1686 kostete ihm seinen Thron, der auf seine protestantische Tochter Maria und deren Gemahl Wilhelm von Oranien überging. Jakob floh nach Frankreich und kehrte später nach Irland zurück, um dort den Widerstand zu leiten.

In Irland hatte die große katholische Mehrheit genügend Freiheit gehabt, um ihre Religion unbehindert auszuüben. Die Bischöfe erhielten einen staatlichen Unterhalt, und die Glaubensgemeinden wurden in aller Öffentlichkeit errichtet. Als Jakob in Irland ankam, hielt er 1689 ein Parlament, das

[8] Siehe vor allem *J. Lane*, Titus Oates (London 1949).

die Religionsfreiheit und die Rückgabe des konfiszierten Eigentums an die Katholiken versprach. Der weitere Verlauf wurde jedoch bestimmt durch Wilhelms Sieg über die irisch-jakobitischen Kräfte, der dem „Protestant interest" wieder die politische Macht einbrachte [9].

Der Strafkodex des 18. Jahrhunderts

Nach dem Sieg Oraniens wurden jene Gesetze, die die Katholiken aus dem öffentlichen Leben in *England* ausschlossen, erneut spürbar verschärft. Auf der anderen Seite erwiesen sich verschiedene Gesetze, die den Besitz betrafen, als unwirksam, und die begüterten katholischen Aristokraten wurden auf sozialer Ebene auch weiterhin akzeptiert; dennoch kam es bei ihnen im folgenden Jahrhundert immer wieder zum Glaubensabfall. In der Regierungszeit Jakobs II. hatten sich etwa 300 000 als Katholiken bekannt, um 1780 war diese Zahl auf 70 000 gesunken.

Eine bedeutende Akte von 1700 hob die 1585 gesetzlich erlassene Todesstrafe auf und setzte an ihre Stelle lebenslängliche Inhaftierung. Wilhelm neigte zu der in Holland praktizierten Lösung einer begrenzten Toleranz, und obschon der englische Protestantismus dies nicht akzeptieren konnte, herrschte in der Praxis eine zunehmende Duldsamkeit; nur wenige Priester wurden tatsächlich inhaftiert. Jene, die unter dem Schutz des katholischen Landadels standen, waren fast völlig sicher, obschon der Preis für diese Sicherheit mitunter eine demütigende Abhängigkeit gewesen sein mag. Andere Kleriker, vor allem in London, mußten ihr Amt in größerer Heimlichkeit ausüben. Bischof Giffard, der Apostolische Vikar des Londoner Distrikts, war mehrfach inhaftiert.

Die bischöfliche Jurisdiktion war in England unter der Regierung Jakobs II. wiederhergestellt worden. John Leyburn wurde 1685 zum Apostolischen Vikar ernannt, und 1688 teilte man das Land in vier Distrikte mit je einem Apostolischen Vikar ein. Alle vier Vikare wurden während der Revolution inhaftiert, darnach jedoch wieder freigelassen. Ihre Autorität über den Klerus mußte natürlich sehr behutsam ausgeübt werden, vor allem gegenüber jenen Klerikern, die Kapläne beim Landadel waren, und insbesondere dem Ordensklerus, der sich gegen die Wiederherstellung der bischöflichen Jurisdiktion stellte, bis schließlich Benedikt XIV. im Jahr 1753 eine endgültige Entscheidung zugunsten der Bischöfe fällte.

Die einzig wirklich hervorragende Figur unter den englischen Bischöfen des 18. Jh. war Richard Challoner (1691—1781), der dem Londoner Distrikt mehr als 40 Jahre vorstand. Zurückhaltend, streng, von sehr englischer Prägung, hatte er großen bildenden Einfluß auf den Katholizismus

[9] *J. G. Simms*, Jacobite Ireland 1685—91 (London 1969).

nicht nur in England, sondern in gewissem Ausmaß auch in Irland. Diese große Wirksamkeit gelang ihm durch seine zahlreichen Schriften, die er in einem mit Arbeit erfüllten seelsorglichen Leben noch zusätzlich verfaßte. Der „Garden of the Soul" (1740) wurde zusammen mit „Think well on't" (1728) und „Meditations" (1753) fast zu einem Synonym für diese Richtung der Spiritualität. Daneben war Challoner auch einflußreich durch seine Übersetzungen der „Imitatio Christi", der „Confessiones" des Augustinus und der „Introduction à la vie dévote" des Franz von Sales. Seine Überarbeitung der Bibelübersetzung von Douai-Reims blieb bis in die jüngste Zeit die meistverwendete englische Heilige Schrift.

Die *schottischen* Katholiken standen unter einer sehr ähnlichen Strafgesetzgebung wie jene Englands[10], die für sie häufig noch drückender war, da in Schottland die jakobitischen Sympathien weiter verbreitet waren. 1653 war ein Priester für die Leitung der schottischen Mission bestellt worden, und 1694 wurde Bischof Thomas Nicholson zum Apostolischen Vikar ernannt. 1731 wurden zwei Vikariate errichtet, eines für das Hochland und das andere für das Tiefland. Von dem entlegenen Flecken aus, in dem jeder der Bischöfe seine Residenz hatte, leitete er die Heranbildung der Priesterkandidaten, um das Seine zum Nachwuchs, der aus den kontinentalen schottischen Kollegien kam, beizutragen. Die Katholiken des Hochlands hatten sehr unter der Repression nach 1745 zu leiden, und es kam zu einer anhaltenden Emigrationsbewegung vor allem in jenes Land, das den Namen „Neuschottland" erhielt.

In *Irland* stand die Minderheit, die das „Protestant interest" bildete, vor sehr komplexen Problemen. Theoretisch war sie zur Ausrottung des Katholizismus verpflichtet; aber man konnte praktisch keine Massenkonversion beabsichtigen, da diese eine unmittelbare Bedrohung des Besitzes bedeutet hätte, den das „Protestant interest" durch Konfiskationen gewonnen hatte. Der Vertrag von Limerick (1691) hatte in seinen religiösen Punkten den Katholiken sogar bessere Bedingungen versprochen, als sie unter Karl II. herrschten. Wilhelm wollte diese Abmachung respektieren; nach dem Vertrag von Rijswijk (1697) war er jedoch mehr geneigt, dem protestantischen Parlament in Dublin nachzugeben.

Eine Akte von 1697 befahl die Verbannung aller Ordensangehörigen und Kleriker mit Jurisdiktionsgewalt und verhängte über jene, die zurückkehrten, die Todesstrafe. Etwa 500 Ordenskleriker wurden deportiert, und nur drei Bischöfen gelang es zu bleiben. Der Weltklerus hatte sich immer einer gewissen Immunität erfreut, die ihre Ursache in dem Widerstand der Altengländer in den elisabethanischen Parlamenten hatte. Es wurde angestrebt, den Klerus durch den Registration Act von 1703 zu überwachen

[10] Die Act of Union (1707) vereinigte England mit Schottland als Königreich Großbritannien mit einem einzigen Parlament in London.

und möglichst zu unterdrücken. Nach diesem Act wurde für jede Pfarrei ein Priester amtlich eingetragen, der hier sein Amt unter strenger Kontrolle auszuüben hatte. Es wurden keinerlei Vorkehrungen getroffen, um vakante Stellen wieder zu besetzen. 1704 trugen sich 1089 Priester gemäß dem Registration Act ein, einschließlich der drei Bischöfe und einer Anzahl weiterer Priester, die als Ordenskleriker identifiziert werden können.

Das System der Kontrolle und eventuellen Ausrottung brach mit der Abschwörungsakte von 1709 zusammen, die von jedem registrierten Priester einen Eid verlangte, in dem dieser der Sache der Stuarts abschwor. Nur 30 leisteten ihn, und obwohl für eine weitere Generation neue Strafgesetze hinzukamen, hatte die Regierung nun endgültig das Ziel einer religiösen Konformität aufgegeben und sich statt dessen einer Politik sozialer und politischer Erniedrigung verschrieben. Die Bann- und Registrierungsakte wurden nicht konsequent durchgeführt. Kein Priester wurde mehr zum Tode verurteilt. Dazu kam, daß das Parlament zwar Gesetze erließ, deren Handhabung jedoch in Händen einer Exekutive lag, die unmittelbar der englischen Krone unterstand. Der Verwaltungsapparat war schwach, besonders in entfernteren Gebieten, und selbst in Dublin mußte er stets mit Umsicht vorgehen, um nicht die katholischen Massen zum Aufruhr zu bringen.

1707 wurden, trotz der Bannakte, die Bischofsernennungen wiederaufgenommen, und 1720 waren schon fast alle Sitze besetzt. Kleriker wurden ordiniert, einige auf dem Kontinent, einige im Lande selbst, diese letzteren jedoch häufig mit nur ungenügender Vorbereitung. Der Ordensklerus fand zahlreichen Nachwuchs und konnte seit 1720 wieder ein gewisses Maß an Gemeinschaftsleben aufnehmen. Viele seiner Vertreter waren jedoch nicht persönlich engagiert und standen oft mit dem Pfarrklerus in unerfreulichem Wettbewerb um die Almosen der Gläubigen. Die Bischöfe wollten trotz großer Schwierigkeiten wieder einen Pfarrklerus einsetzen. Jedoch mußte ein Bischof, weil schon seine bloße Gegenwart unter das gesetzliche Verbot fiel, seine Funktionen sehr vorsichtig ausüben, besonders in Zeiten politischer Spannung, wie z.B. 1715 oder 1745. Er war immer von Armut bedrängt, und es war mitunter sehr schwierig für ihn, ständig in seiner Diözese zu leben.

Um 1730 jedoch bildete sich ein einigermaßen stabiles Pfarreiensystem heraus. Die Konflikte zwischen Welt- und Ordensklerus wurden durch eine Reihe römischer Entscheidungen geregelt, die 1751 von Benedikt XIV. bestätigt wurden [11]. Diese legten dem Ordensklerus Beschränkungen auf, die sogar über die Bestimmungen des allgemeinen Kanonischen Rechtes hinausgingen. Sie begrenzten anderseits auch die Zahl der Kleriker, die ein Bischof

[11] Siehe *H. Fenning*, John Kent's Report on the Irish Mission 1742: Archivum Hibernicum 28 (1966) 59—102.

weihen durfte, vielleicht zu rigoros; doch war das Gesetz durch wohlbegründete Beschwerden motiviert, vor allem wegen zahlreicher Weihen, die übereilt erteilt worden waren. Innerhalb kurzer Zeit kam es zu Klagen über einen Mangel an Klerikern zur Betreuung der wachsenden Bevölkerung; doch war diese Situation nie bedrohlich. Die kontinentalen Kollegien sorgten für den notwendigen Priesternachwuchs, bis sie durch die Französische Revolution geschlossen wurden und 1795 Maynooth ihre Funktion übernahm.

Um die Jahrhundertmitte wurde der „Mass-rock" allenthalben durch das „Mass-house" ersetzt; in Ulster jedoch dauerte dieser Prozeß länger, da dort die Mehrheit seit der großen Ansiedlung zu Beginn des 17. Jh. protestantisch war. Der Pfarrklerus hatte größtenteils eigene Häuser, und die Ordensleute konnten ihr Gemeinschaftsleben aufrechterhalten. Jede der beiden Gruppen fand das ihr gemäße Missionsgebiet. Durch die Opfergaben der Gläubigen war ein angemessenes Auskommen beider gewährleistet. Im 18. Jh. hatte Irland schließlich seinen Frieden gefunden, und es kam zu einer langsamen wirtschaftlichen Besserung. Erst als England im Gegensatz zu Irland industrialisiert wurde, verschärften sich die Probleme wieder. Die meisten Katholiken waren arm, und zwar in allen sozialen Schichten, obschon eine kleine Zahl von Landadeligen wenigstens einige ihrer Güter behalten hatte und eine Mittelschicht aus Handwerk und Handel einen gewissen Wohlstand aufzubauen vermochte. Nach dem ersten Relief Act von 1782 begann man, eigentliche Kirchen zu bauen. Ein Bericht der Bischöfe an die Regierung aus dem Jahr 1800 stellt fest, daß das durchschnittliche Jahreseinkommen eines Bischofs 300 Pfund Sterling und das eines Pfarrers 65 Pfund Sterling betrug. Dies ergab eine zwar bescheidene, jedoch ausreichende Lebensbasis.

Der lange Kampf um die Messe hatte diese fest in den Mittelpunkt des religiösen Lebens in Irland gestellt. Die Verehrung der Allerseligsten Jungfrau und vor allem der Rosenkranz waren ebenfalls tief verwurzelt. Katholische Lehrer, obschon durch das Gesetz geächtet, unterrichteten auch weiterhin und arbeiteten mit dem Klerus im Katechismusunterricht zusammen. Seit dem späten 17. Jh. waren Erbauungsschriften in englischer Sprache weit verbreitet, und im 18. Jh. entwickelte sich ein ansehnliches Verlagswesen und ein entsprechender Vertrieb. Den Verzeichnissen der Buchhändler ist zu entnehmen, daß in der zweiten Hälfte des Jahrhunderts die Werke von Richard Challoner am populärsten waren. Fast nichts wurde in irischer Sprache gedruckt, aber nicht wenige handgeschriebene Erbauungsschriften wurden durch Kopien verbreitet, ein Verfahren, das eine lange Tradition kennt. Auch diese Schriften waren zum größten Teil Übersetzungen, gelegentlich aus dem Englischen; meist jedoch waren es Übertragungen europäischer Werke aus dem Geist gegenreformatorischer Spiritualität.

Auch die traditionellen Frömmigkeitsübungen überlebten. Vor allem die großen Wallfahrten blieben auch weiterhin lebendig, obwohl die Bischöfe sie häufig wegen der damit verbundenen Gefahr des Aberglaubens verboten; auch von der Regierung wurden sie untersagt, da diese jede Ansammlung katholischer Gruppen fürchtete. Die moderne irisch-katholische Spiritualität, wie sie sich im 18. Jh. ausformte, ist eine Mischung aus Altem und Neuem. Zumindest im englischsprechenden Mittelstand war sie gekennzeichnet durch ein strenges und ängstliches Ethos. Es wird gewöhnlich dem jansenistischen Einfluß zugeschrieben; historisch ist dieser Zusammenhang jedoch nicht aufweisbar [12], und es können viele andere Ursachen dafür vermutet werden. Der irische Katholizismus ist generell von einer traditionellen Strenge gekennzeichnet; sogar heute noch gilt die immer noch populäre Wallfahrt nach Lough Derg als eine echte Bußübung. Diese Einstellung leitet sich in gewissem Ausmaß auch von der strengen Haltung Challoners her, vielleicht sogar noch mehr vom Erlebnis der Verfolgung, das sich den irischen Katholiken stark ins Bewußtsein eingeschrieben hat.

Katholische Emanzipation

Die Relief Acts, durch die die Strafgesetze aufgehoben wurden, waren hauptsächlich von der Situation in *Irland* her veranlaßt, für das die politischen Folgen der Acts äußerst schwerwiegend waren. Bei zahlreichen Anlässen unter der Regierung Georgs II. (1727—60) waren Vorschläge eingebracht worden, die auf die Bewilligung einer „angemessenen Zahl" von Pfarrern und sogar einiger Bischöfe zielten, vorausgesetzt, daß diese ein gewisses Maß an staatlicher Kontrolle akzeptierten. Diese Vorschläge waren jedoch für das Parlament unannehmbar. Die Thronbesteigung Georgs III. (1760), der Tod des ältesten Sohnes Jakobs II. (1766) und die amerikanische Declaration of Rights (1774) schufen ein gewandeltes politisches Klima, in dem nun Erleichterungen für die Katholiken möglich wurden.

Die Declaration of Rights hatte von der englischen Tradition her für die politisch Unterdrückten Stellung genommen. Ein dringlicheres Problem lag darin, daß England seine Armee vergrößern mußte und die Katholiken Irlands und des schottischen Hochlands Rekruten für die Armee versprachen. Sie zu den Waffen zu rufen, ohne ihnen ein gewisses Maß an politischer Anerkennung zu gewähren, war unmöglich. In Irland wurde daher 1774 ein Untertaneneid, der vor allem in politische Begriffe gefaßt war, vom Parlament akzeptiert und nach einigem Zögern auch von den Katholiken angenommen. 1782 hatte man weitere echte Zugeständnisse gemacht.

[12] Siehe *R. Clark*, Strangers and Sojourners at Port Royal (Cambridge 1932) 210 ff; *C. Giblin*, Catalogue of Material of Irish Interest in the Collection Nunziatura di Fiandra (Vatican Archives): Collectanea Hibernica 5 (1962) 73 ff.

In England waren die Konzessionen sogar noch leichter durchzusetzen; ein Versuch, sie auch auf Schottland auszuweiten, mußte jedoch angesichts des protestantischen Aufruhrs aufgegeben werden.

Die gallikanisch gesinnten Laien Englands gründeten 1782 den „Cisalpine Club", der einen Untertaneneid für England vorschlug, der jenem sehr ähnlich war, den Jakob I. im Jahr 1607 vorgeschrieben hatte. Dieser Eid verwarf die päpstliche Absetzungsgewalt als „häretisch" und griff damit eine fast überholte Frage wieder auf. Noch wichtiger war, daß er jegliche geistliche Autorität des Papstes zurückwies, die mit den Gesetzen und Konstitutionen des Königreiches nicht übereinstimmte. Die Apostolischen Vikare widersetzten sich, und das Parlament beschloß, diesen Vorschlag durch den irischen Eid von 1774 zu ersetzen.

Die volle religiöse Emanzipation war in England 1791 erreicht und wurde 1793 auf Schottland ausgedehnt. Auch die irischen Katholiken gewannen 1793 eine ähnliche Erleichterung, die eine Mittelschicht, in der sich die Anfänge einer katholischen Demokratie entwickelten, in einem langen Kampf dem sich sträubenden Parlament abrang.

Viele politische Mängel blieben auch weiterhin bestehen; ihre Beseitigung war schwierig, solange Irland mit seiner beträchtlichen katholischen Mehrheit sein eigenes Parlament behielt. William Pitt, der englische Premierminister, schlug ein gemeinsames Parlament für die beiden Inseln und eine gewisse staatliche Kontrolle über die Ernennungen in der katholischen Hierarchie vor. Nach dem plötzlichen Verlust all ihrer kontinentalen Seminare hatten die irischen Bischöfe einen Zuschuß seitens der Regierung angenommen, als Maynooth 1795 gegründet wurde; 1799 akzeptierten sie im Prinzip ein Veto der Regierung für bischöfliche Ernennungen.

Die Union der Parlamente fand 1801 statt; aber Georg III. weigerte sich, die katholische Emanzipation zu unterstützen. Die Frage des Veto beherrschte in der Folgezeit die öffentlichen und parlamentarischen Diskussionen. 1805 billigte der Heilige Stuhl ein gewisses Vetorecht und schuf damit annehmbare Voraussetzungen für die Führer der katholischen Laienwelt in England. In Irland jedoch lehnte die aufkeimende katholische Demokratie diese Konzession ab; im Februar 1809 erklärten die irischen Bischöfe das Veto für unannehmbar. Ein römischer Bescheid von 1813 und ein weiterer von Pius VII. im Jahr 1815 sprachen für das Veto; keiner von beiden jedoch erschien für Irland annehmbar. 1813 hatte die irische katholische Demokratie in Daniel O'Connell einen begabten Führer gefunden. Die politische Emanzipation wurde schließlich 1829 gewährt, ohne daß der Kirche irgendwelche Verpflichtungen gegenüber der Regierung entstanden. Nur die Kuratoren von Maynooth blieben dem Parlament verantwortlich mit Rücksicht auf die jährliche Beihilfe bis zum Irish Church Act von 1869.

13. Kapitel

Die orthodoxe Kirche in Rußland

QUELLEN: Polnoe sobranie zakonov rossijskoj imperii. Sobranie 1. 45 Bde (St. Petersburg 1826/30); *A. Theiner*, Monuments historiques relatifs aux règnes d'Alexis Michaélowitch, Féodor III et Pierre le Grand czars de Russie (Rom 1859); Opisanie dokumentov i del, chranjaščichsja v archive svjatejšago pravitel'stvujaščago sinoda, 22 Bde (St. Petersburg 1868/1914); *W. Regel* (Hrsg.), Analecta byzantino-russica (St. Petersburg 1891); *Ae. Herman*, De fontibus iuris ecclesiastici Russorum. Commentarius historico-canonicus (Rom 1936).

FORSCHUNGSBERICHTE: *G. Stökl*, Russische Gesch. von der Entstehung des Kiever Reiches bis zum Ende der Wirren: JGO NF 6 (1958) 201—254 468—488; *W. Leitsch*, Russische Gesch. von der Wahl Michail Romanovs bis zur Ermordung Pauls: JGO NF 9 (1961) 541—580, 10 (1962) 215—264.

LITERATUR: *J. Ch. Grot*, Bemerkungen über die Religionsfreiheit der Ausländer im Russischen Reiche, 3 Bde (St. Petersburg - Leipzig 1797/98); *T. V. Barsov*, Svjatejšij synod v ego prošlom (St. Petersburg 1896); *A. M. Ammann*, Abriß der ostslawischen Kirchengeschichte (Wien 1950; mit Lit.); *I. Smolitsch*, Russisches Mönchtum (Würzburg 1953); *E. Winter*, Rußland und das Papsttum, 2 Bde (Berlin 1960/61); *H. Koch*, Kleine Schriften zur Kirchen- und Geistesgeschichte Osteuropas (Wiesbaden 1962); *H. Neubauer*, Car und Selbstherrscher (Wiesbaden 1964); *I. Smolitsch*, Gesch. der russischen Kirche 1700—1917 (Leiden 1964; mit Lit.); *K. Onasch*, Grundzüge der russischen Kirchengeschichte: Die Kirche in ihrer Gesch. III (Göttingen 1967) M 1 — M 122.

Der Aufstieg des Moskauer Fürsten- bzw. Großfürstentums zum Zartum und die enge Verbindung der orthodoxen Kirche in Rußland mit den Herrschern in Moskau führten zur Verlagerung des Metropolitansitzes von Kiew und ganz Rußland nach Norden. Die Abhängigkeit der russischen Tochterkirche vom Patriarchat von Konstantinopel lockerte sich, wie u. a. 1393 ein Brief des Patriarchen Antonios an den Großfürsten Wasilij I. (1389 bis 1425) bezeugt [1]. Mit der vom Großfürsten Wasilij II. (1425—62) gewünschten Wahl des Bischofs Jona von Rjasan zum Metropoliten (1448 bis 1461) auf der Moskauer Synode 1448 und ihrer Bestätigung auf der Synode 1459 erreichte sie praktisch ihre Autokephalie, wenn sie auch erst nach der Erhebung zum Patriarchat aus dem jurisdiktionellen Verband von Konstantinopel entlassen wurde.

Moskau, das Dritte Rom [2]

Nach dem Fall der Kaiserstadt am Bosporus 1453 bauten die Metropoliten von Moskau gemeinsam mit den Moskauer Herrschern ihre Selbständigkeit aus und wuchsen in die zentrale Stellung hinein, die Byzanz als das Neue,

[1] *H.-G. Beck*, Die byzantinische Kirche: Hdb. der KG III/2 (1968) 619—620.

[2] *V. Malinin*, Starec Eleazarova monastyrja Filofej i ego poslanija (Kiew 1901); *N. F.*

Zweite Rom fast ein Jahrtausend lang behauptet hatte. In der Formulierung vom Dritten Rom fand die Symbiose zwischen den Moskauer Zaren und Metropoliten ein einprägsames Symbol. Iwan III. (1462—1505) heiratete 1472 in zweiter Ehe Sophia (Zoë), die Nichte des letzten Paläologenkaisers Konstantinos XI. (1448—53). Er übernahm den byzantinischen Doppeladler in sein Wappen [3], den griechischen Kaisertitel Autokrator und die byzantinische Hofetikette. Metropolit Zosima (1490—95) bezeichnete 1492 den „gotterwählten, glaubenstreuen Iwan Wasiljewitsch als Zaren und Selbstbeherrscher für ganz Rußland, als einen neuen Kaiser Konstantin für das neue Konstantinopel-Moskau" [4]. Am Anfang des 16. Jh. finden sich in den Schriften des Mönches Filofej vom Kloster des heiligen Eleasar bei Pskow die wesentlichen Elemente der Idee vom Dritten Rom. In seinem Schreiben an den Großfürsten Wasilij III. (1505—33) [5] heißt es: „Denn die Kirche des Alten Rom ist gefallen durch den Unglauben der Apollinarischen Ketzerei. Der Kirche des Zweiten Rom, der Konstantinstadt, haben die Hagar-Enkel mit Äxten und Beilen die Tore zerschmettert. Dies ist jetzt die Kirche des Dritten, Neuen Rom, Deines erhabenen Reiches Heilige Katholische (sbornaje) Apostolische Kirche, die an den Enden des Erdkreises im orthodoxen christlichen Glauben auf der ganzen Erde heller als die Sonne leuchtet. Wisse, Majestät, frommer Car, daß alle Reiche des orthodoxen christlichen Glaubens zusammen übergegangen sind in Dein einziges Reich. Du allein bist auf der ganzen Erde der Car der Christen." [6]

Diese Gedankengänge dürfen nicht überschätzt werden, zumal neben panegyrischen Sätzen auf das Dritte Rom Mahnungen an den rechtgläubigen Zaren stehen, die Orthodoxie Rußlands und den Bestand der Kirche zu schützen. Sie dürfen aber auch nicht unterschätzt werden, als ob nur Flüchtlinge aus Serbien und Byzanz im russischen Großfürstentum, in dem

Kapterev, Charakter otnošenij Rossii k pravoslavnomu vostoky v XVI i XVII stoletijach (Sergiev Posad [2]1914 = Den Haag-Paris 1968) 26—102; *N. Zernov,* Moscow the Third Rome (London 1937); *H. Rahner,* Vom ersten bis zum dritten Rom (Innsbruck 1950); *I. Smolitsch,* Mönchtum 129—134; *H. Schaeder,* Moskau das Dritte Rom (Darmstadt [2]1957); *W. Lettenbauer,* Moskau das dritte Rom (München 1961); *H.-D. Döpmann,* Der Einfluß der Kirche auf die moskowitische Staatsidee (Berlin 1967) 152—160; *K. Onasch* a. a. O. 30—34; *M. Hellmann,* Moskau und Byzanz: JGO NF 17 (1969) 338—344; *H. v. Rimscha,* Geschichte Rußlands (Darmstadt [2]1970) 152—159.

[3] Diese Übernahme wird angefochten von *M. Hellmann* a. a. O. 330—338.

[4] *A. M. Ammann* a. a. O. 164.

[5] *V. Malinin* a. a. O. Anhang 49—66a; *H. Schaeder* a. a. O. 206—209. — Vgl. auch *N. Andrejev,* Filofey and his epistle to Ivan Vasilyevich: SEER 38 (1959) 1—31.

[6] *H. Schaeder* a. a. O. 206—207. — In einem Schreiben an Michail G. Misjur'Munechin, einen Beamten des Großfürsten (*V. Malinin* a. a. O. Anhang 37—47), heißt es nach einem ähnlichen Lobpreis des Zaren: „Alle christlichen Reiche sind vergangen und sind zusammen übergegangen in das Eine Reich unseres Herrschers, gemäß den prophetischen Büchern: das ist das Russische Reich ... Denn zwei Rome sind gefallen, aber das dritte steht, und ein viertes wird es nicht geben" (*H. Schaeder* a. a. O. 204).

einzigen nicht von Ungläubigen beherrschten Land, „den Hort der Rechtgläubigkeit, die Hoffnung auf Befreiung der Heimat" erblickten [7]. Geistesgeschichtliche, politische und religiöse Motive, Rom-, Neurom-, Jerusalemideen, byzantinisches Erbe, messianisches Sendungsbewußtsein und eschatologische Vorstellungen durchdrangen einander und formten eine Konzeption, die sich als geschichtsmächtig erweisen sollte. Die Theorie von Moskau als dem Dritten Rom verlieh den orthodoxen Gläubigen und dem Zaren ein starkes Sendungsbewußtsein, das in der russischen Staats- und Reichsideologie weiterwirkte und sich noch in den ersten Jahrzehnten des neu errichteten Moskauer Patriarchats im 20. Jh. nachweisen läßt [8].

Das erste Moskauer Patriarchat

Die seit der Mitte des 15. Jh. bestehende Autokephalie der russischen Kirche stand unter der Leitung der Metropoliten von Moskau, die bei der Symbiose von Kirche und Staat im Großfürstentum Moskau und der wachsenden Macht des Moskauer Zartums immer stärker in die Abhängigkeit vom Staat gerieten. Metropolit Makarij (1542—63) publizierte gemeinsam mit Iwan IV. (1533—84) eine neue Kirchenordnung. Auf der Hundertkapitelsynode 1551 [9] wurden u. a. die Auseinandersetzungen zwischen den „Uneigennützigen", den Anhängern des Starez Nil Sorskij († 1508), der für eine völlige Trennung von Kirche und Staat eintrat, und den „Besitzenden", den nach ihrem Begründer Josif von Wolokalamsk († 1515) genannten Josifiten, die eine enge Zusammenarbeit von Kirche und Staat befürworteten und durch ein straff organisiertes Mönchtum der Kirche eine Kerntruppe zur Durchdringung der Gesellschaft zur Verfügung stellen wollten, durch einen Kompromiß gelöst. Die seit 1560 einsetzende Terrorherrschaft Iwans IV., die ihm den Beinamen des Schrecklichen (groznyj) eintrug, griff aber rigoros in die kirchlichen Verhältnisse ein. Die Nachfolger Makarijs bemühten sich vergeblich, seinem Wüten Einhalt zu gebieten. Metropolit Afanasij (1564—66) resignierte, Metropolit German (1566) wurde verjagt, Metropolit Filipp (1566—68) in ein Kloster verbannt und 1569 erdrosselt [10]. Ihre Nachfolger Kirill III. (1570—77), Antonij (1577—80) und Dionisij (1581—86) standen dem Treiben Iwans IV. ohnmächtig gegenüber, der seine Selbstherrschaft auf Gott zurückführte und den Kirchenbesitz für Staatszwecke nutzte.

Die Abhängigkeit der Kirche vom Staat blieb unter seinem schwach-

[7] *M. Hellmann* a. a. O. 342.
[8] Vgl. *H. Rahner* a. a. O. 18; *H. Koch*, Schriften 195—225 (mit Lit.).
[9] *Ae. Herman* a. a. O. 51—64.
[10] Der Martyrer-Metropolit Filipp wurde 1636 als Streiter für die Wahrheit heiliggesprochen, 1652 wurden seine Gebeine nach Moskau überführt.

sinnigen Sohn Fedor I. (1584—98) und dessen für ihn regierenden Schwager Boris Godunow bestehen, der ihm als Zar folgte (1598—1605). Als Metropolit Dionisij versuchte, den Einfluß Godunows einzuschränken, wurde er seines Amtes enthoben und durch Erzbischof Jov von Rostow ersetzt (Metropolit 1586—89, Patriarch 1589—1605). Mit einer gewissen Berechtigung läßt sich das „Ab- und Einsetzen der Hierarchen durch den Herrscher" als „russischer Gallikanismus" bezeichnen[11]. Dieses Vorgehen hinderte die unter der Oberherrschaft des Sultans leidenden Patriarchen des Orients nicht, vom Moskauer Zaren Spenden zu erbitten und zu erlangen. Verhandlungen und Besuche brachten es mit sich, daß dessen Autorität innerhalb der Gesamtorthodoxie wuchs. 1585 ließ z. B. Patriarch Silvester von Alexandrien dem Zaren mitteilen, „er möge die Heiligen Stätten von Byzanz nicht seines Schutzes entbehren lassen"[12]. Gleichzeitig prophezeite er ihm das Erbe Kaiser Konstantins. Diese und andere Verlautbarungen legten es der Regierung nahe, die Rangerhöhung der autokephalen russischen Kirche zum Patriarchat zu erstreben, um ihre Position im Sinne der orthodoxen Symphonie von Staat und Kirche zu verstärken. Als Patriarch Joachim V. von Antiochien 1586 Moskau als Bittsteller aufsuchte, erhielt er mit großzügigen Geldspenden für die anderen Patriarchen den Auftrag, für ein Moskauer Patriarchat zu werben. Nachdem 1557 die Serben die Wiederherstellung ihres Patriarchates Ipek auf Veranlassung des Großwesirs Mehmet Sokolovic erlangt hatten, wurde der ökumenische Patriarch vor die Entscheidung gestellt, ein weiteres selbständiges Patriarchat anzuerkennen.

Als Patriarch Jeremias II. von Konstantinopel 1588 in Moskau eintraf, wurde er unter Druck gesetzt, bis er in die Errichtung eines eigenen Patriarchates von Moskau und des ganzen russischen Zartums (patriaršestvo moskovskoe i vsego rossijskago carstvija) einwilligte. Die im Januar 1589 tagende Synode[13] schlug drei Kandidaten für den neuen Würdenträger vor, von denen der Zar den Metropoliten Jov von Moskau erwählte. Dieser wurde am 26. Januar 1589 als erster russischer Patriarch von Jeremias II. gesalbt und inthronisiert. Auf einer Synode wurden gleichzeitig die Eparchien von Nowgorod, Kasan, Saraj (Kruticy) und Rostow zu Metropolien erhoben. Die kirchliche Organisation umfaßte außerdem sechs Erzbistümer und acht Bistümer, deren Grenzen umschrieben wurden.

Zar Fedor I. bzw. Boris Godunow verlangten von Jeremias II. die Bestätigung des Patriarchates durch einen Synodalbeschluß der übrigen

[11] *K. Onasch* a. a. O. 57. — *K. Onasch* a. a. O. 29 Anm. 11 bezeichnet die von ihm gezogene Parallele zum Gallikanismus als „russischen Gallikanismus innerhalb der byzantinischen Orthodoxie". Die von ihm angeführten Beispiele stellen eine fruchtbare Arbeitshypothese dar.

[12] *A. I. Muravev,* Snošenija Rossiis Vostokom do dělam cerkovnym I (St. Petersburg (1858) 151. [13] *Ae. Herman* a. a. O. 57—58.

Patriarchen. Die im Mai 1590 in Konstantinopel tagende Synode [14], bei der der Patriarch von Alexandrien fehlte — Silvester war gestorben, sein Nachfolger noch nicht gewählt —, billigte das Vorgehen des Jeremias II. und teilte dem Moskauer Patriarchat den fünften Platz in der Reihe der Patriarchate zu (Konstantinopel, Alexandrien, Antiochien, Jerusalem, Moskau). Mit dieser Einordnung war der Zar nicht zufrieden, er beanspruchte den dritten Platz. Außerdem bestand er darauf, daß auch Meletios Pigas, der neue Patriarch von Alexandrien, der erst im Juni 1590 sein Amt angetreten und gegen den Beschluß protestiert hatte, sein Einverständnis gab. Fedor I. schickte Boten zu den vier Patriarchen mit drängenden Briefen und Geldspenden, um sein Anliegen durchzusetzen. Eine Synode in Konstantinopel sprach 1593 endlich die Einwilligung aller Patriarchen aus [15], ohne allerdings die Rangfolge zu ändern.

Die Errichtung des Moskauer Patriarchates 1589 und ihre Anerkennung durch die Gesamtorthodoxie beseitigte die Sonderstellung, die die russische Kirche seit der Mitte des 15. Jh. usurpiert hatte, und brachte ihre Slawisierung zum Abschluß. Die Diarchie der geistlichen und weltlichen Herrschaft, die als zusammengehörig empfunden wurde, repräsentierten nun Zar und Patriarch, die gegenseitig aufeinander angewiesen waren. Nach der Theorie des Dritten Rom standen sie nebeneinander, um gemeinsam zum Heil der ihnen anvertrauten Gläubigen zu wirken; faktisch blieben die Patriarchen aber von den Zaren abhängig, so wie es vorher bei den russischen Großfürsten und den Moskauer Metropoliten der Fall gewesen war. Nur unter besonderen Umständen gelang es einigen von den insgesamt elf Patriarchen (1589—1700), sich neben der Selbstherrschaft der Zaren zu behaupten und durch ihre kraftvolle Persönlichkeit die Autorität der Kirche zu stärken.

Patriarch Jov (1589—1605) stand völlig im Schatten von Fedor I. und Boris Godunow. Nach dem Aussterben der Dynastie der Rurikiden gab sich in der Zeit der „Wirren" (smuta) der falsche Demetrius (Dimitrij) als Sohn Iwans IV. aus. Er eroberte mit polnischer Hilfe 1605 Moskau, setzte Jov ab und ließ an seine Stelle Ignatij, bisher Erzbischof von Rjasan, zum Patriarchen (1605/06) wählen. Dieser mußte nach Ermordung Dimitrijs unter der Regierung des Zaren Wasilij IV. Schujskij (1606—10) dem Metropoliten von Kasan, Germogen, weichen, der von 1606 bis 1612 Patriarch war. Als die Polen 1610 erneut bis Moskau vorstießen, warfen sie ihn ins Gefängnis und hoben wieder Ignatij auf den Patriarchensitz. Germogen schürte den nationalen Widerstand gegen die Polen, so daß die äußeren Bedrohungen und Erschütterungen Rußlands durch die Wahl des Zaren Michail Romanow (1613—45) überwunden werden konnten [15a].

[14] *W. Regel* a. a. O. 85—91.

[15] *Ae. Herman* a. a. O. 40—41.

[15a] *H. Jedin*, Das Papsttum und die Durchführung des Tridentinums: Hdb. der KG IV (1967) 545—547.

Sein Vater Fedor Romanow, der nach dem Eintritt ins Kloster den Namen Filaret angenommen hatte und als Metropolit von Rostow von den Polen bis 1618 gefangengehalten wurde, war als Patriarch vorgesehen. Als er 1619 die Freiheit wiedererlangte, übernahm er das höchste kirchliche Amt in Rußland (1619—33), nachdem es sieben Jahre lang (1612—19) von einem Verweser verwaltet worden war. Bis zu seinem Tode ergab sich in der russischen Kirchengeschichte eine einmalige Konstellation, da Vater und Sohn — beide führten den Titel „erhabener Herrscher" (velikij gosudar) — als Patriarch und Zar gemeinsam regierten. Die orthodoxe Symphonie zwischen geistlicher und weltlicher Macht wurde in dieser Zweizarenherrschaft (dvoecarstvie) eine Realität, in der sich beide Gewalten gegenseitig stärkten und der Idee vom Dritten Rom eine eigenartige Ausprägung verliehen. Durch Gründung des Erzbistums Tobol'sk in Sibirien (1620), Neuordnung der Patriarchatsverwaltung im Staatsverband (1625) und Ablehnung aller vom Westen stammenden Infiltrationen der römisch-katholischen Kirche, der Unierten und Protestanten stabilisierte sich das Moskauer Patriarchat.

Die nächsten Patriarchen Joasaf (1634—40) und Josif (1642—52) zehrten noch von dem Erbe ihres Vorgängers Filaret, wenn sich auch seit dem Regierungsantritt des Zaren Alexej (1645—76), der 1649 eine Kodifizierung des geltenden Rechts durchführte, die Tendenz zur Unterordnung der Kirche unter die Staatsgewalt bemerkbar machte. Mit der Errichtung einer staatlichen Zentralbehörde für Kirchenangelegenheiten und dem Verbot von Gütererwerb durch die Kirche setzte der Abbau der kirchlichen Privilegien ein. Patriarch Nikon (1652—66) [16] versuchte noch einmal, den Vorrang der Kirche vor dem Staat zu erreichen. Er entwickelte ein Idealbild der kirchlichen Selbständigkeit im Anschluß an die Epanagoge, ein zwischen 879 und 886 entstandenes byzantinisches Gesetzbuch, in dem Patriarch Photios die Vormachtstellung des Kaisers in der Ostkirche bekämpfte. Nikon formulierte: „Dem Zaren sind die leiblichen Angelegenheiten anvertraut, den Geistlichen aber die Seelen ... deshalb steht das Priestertum weit höher als das Zartum." [17] Sein Rückgriff auf griechische Vorbilder zeigte sich auch in der Neuherausgabe der Kirchenrechtssammlung des Nomokanon (kormčaja kniga) [18] und in der Verbesserung liturgischer Texte nach griechischen Originalen, um die Abweichungen zu korrigieren, die sich in Rußland eingebürgert hatten. Mit dieser Maßnahme setzte er die Anschauungen gräkophiler russischer Hierarchen fort, die sich von den Kontakten mit den orientalischen Patriarchaten eine Hebung des Bildungsniveaus der Geistlichen und der Seelsorge versprachen. Nikon, der bereits 1648 den Patriarchen Paisios von Jerusalem in Moskau kennengelernt hatte, bekam vom ehe-

[16] *N. F. Kapterev*, Patriarch Nikon i car' Aleksej Michajlovič, 2 Bde (Sergiev Posad 1909/12); *M. V. Zyzykin*, Patriarch Nikon, 3 Bde (Warschau 1931/38).

[17] *A. V. Karešev*, Očerki poistorii russkoj cerkvi II (Paris 1959) 195.

[18] *Ae. Herman* a. a. O. 23—33; *H. Neubauer* a. a. O. 134—135.

maligen ökumenischen Patriarchen Athanasios III. Patellaros, der 1653/54 in Rußland weilte, Texte, u. a. „einen Ritus der bischöflichen Vollziehung der Liturgie im Osten“ [19]. 1653 sandte ihm der amtierende ökumenische Patriarch von Konstantinopel Paisios I. einen umfangreichen Sammelband, der genaue Vorschriften der Feier der griechisch-orthodoxen Liturgie und Beschreibungen der heiligen Geräte und Gewänder enthielt.

Mit Hilfe dieser und anderer Unterlagen begann Nikon sein Reformwerk. In einer Mahnung an den Moskauer Klerus ordnete er 1653 eine Reduzierung der 17 Kniebeugen bei bestimmten Gebeten auf vier an und schrieb vor, sich mit drei statt mit zwei Fingern zu bekreuzigen [20]. Schon diese ersten nach griechischem Vorbild dekretierten Reformen erregten in Moskau Verwirrung. Die Moskauer Protopopen Avvakum (1621—82) [21] und Iwan Neronow protestierten gegen die Neuerungen und appellierten an den Zaren als Beschützer der Rechtgläubigkeit. Nikon ließ auf der Moskauer Synode 1653 Neronow verurteilen, degradieren und in ein entlegenes Kloster verbannen; Avvakum wurde nach Sibirien geschickt. Auf den Moskauer Synoden 1654, 1655 und 1656 [22] erwirkte der Patriarch die Angleichung der Liturgie an die byzantinische, unterstützt vom serbischen Patriarchen Gabriel, dem Patriarchen Makarios von Antiochien und Gesandten des ökumenischen Patriarchen Paisios I. Zar Alexej bestätigte die Reformbeschlüsse, verlieh ihnen Gesetzeskraft und anerkannte die Strafbestimmungen gegen die Widerspruch erhebenden Geistlichen, die er zu mildern suchte. Die enge Verbindung des Moskauer Patriarchen mit dem von Konstantinopel eröffnete kirchenpolitische Perspektiven: Da 1654 im Vertrag von Perejaslaw der größte Teil der Ukraine mit Rußland vereinigt worden war — Nikon nannte sich seitdem Patriarch von Groß-, Klein- und Weißrußland —, schien der Weg nach Konstantinopel geöffnet. Der ehemalige ökumenische Patriarch Athanasios III. Patellaros hatte bei seinem Moskauer Aufenthalt angedeutet, daß sich die Orthodoxen im Sultanat unter den Schutz des Zaren stellen könnten, und forderte ihn auf, „Konstantinopel zu erobern und seinen Patriarchen als ökumenischen Patriarchen dort einzusetzen“ [23]. Das Dritte Rom hatte Aussichten, sich mit dem Zweiten zu vereinigen.

Nikon, der sich seit 1654 wie sein Vorgänger Filaret als „velikij gosudar“ titulieren durfte, war während des russisch-polnischen Krieges 1654/55 Reichsverweser. Sein gesteigertes Selbstbewußtsein, die Überbetonung seiner Stellung, vor allem die anschwellende Bewegung der „Altgläubigen“,

[19] *I. Smolitsch*, Mönchtum 366.

[20] *J. Chrysostomus*, Die „Pomorskie Otvety“ als Denkmal der Anschauungen der russischen Altgläubigen gegen Ende des 1. Viertels des XVIII. Jh. (Rom 1957) 174—192; *H. Koch*, Schriften 94—103.

[21] *P. Pascal*, Avvakum et les débuts du Raskol (Paris [2]1963; mit Lit.).

[22] *Ae. Herman* a. a. O. 60—61. [23] *A. M. Ammann* a. a. O. 270.

die die Reformen[24] als Einbruch in die geheiligte russische Tradition empfanden, den Kampf gegen Staat und Kirche aufnahmen und ein bis heute nicht überwundenes Schisma (raskol)[25] innerhalb der russischen Orthodoxie auslösten, trugen dazu bei, daß es 1658 zum Bruch zwischen ihm und dem Zaren kam. Nikon drohte mit Resignation, Alexej entzog ihm den Titel „velikij gosudar" und berief 1660 eine Bischofssynode, die erklären sollte, der Patriarch habe freiwillig auf sein Amt verzichtet. Als dieser Versuch scheiterte, wurden griechische Theologen eingeschaltet und Gutachten von den vier alten Patriarchaten angefordert. Auf der großen Moskauer Synode 1666/67[26], an der auch die Patriarchen Paisios von Alexandrien und Makarios von Antiochien sowie zahlreiche griechische Kirchenfürsten und Mönche teilnahmen, wurde Nikon wegen Ablehnung der gemeinsamen Stellungnahme der orthodoxen Patriarchen, Umbildung des geltenden kirchlichen Rechtes und seines ungerechtfertigten Rücktrittes abgesetzt. Er mußte sich als einfacher Mönch in ein Kloster zurückziehen, wo er die letzten 15 Jahre seines Lebens verbrachte († 1682). Der Versuch Nikons, das Patriarchenamt aufzuwerten, war gescheitert, der Zar hatte seinen Willen durchgesetzt. Ende Januar 1667 stellte die Synode eine Dreierliste für den Nachfolger auf, von denen Alexej den hochbetagten Abt des Dreifaltigkeitsklosters bei Moskau Joasaf zum Patriarchen bestimmte. Der Sturz Nikons verfestigte die Priorität der weltlichen Herrschaft in kirchlichen Angelegenheiten.

Die letzten vier Patriarchen, die mehr oder weniger direkt von der Regierung eingesetzt wurden, konnten diese Entwicklung nicht mehr aufhalten. Joasaf II. (1667—72) folgte in allem den Winken Alexejs. Er vertrat zwar am Ende der großen Synode die Rechte der Kirche und erreichte eine Milderung der 1649 eingeschränkten geistlichen Gerichtsbarkeit, mußte aber erkennen, daß die von Nikon durchgeführte Reform der liturgischen Bücher vom Zaren angeraten worden sei. Die Stellung des Zaren in der Kirche wurde nach den Aufzeichnungen des zum Jerusalemer Patriarchat gehörenden Paisios Ligarides[27] durch die Kompromißformel gelöst, „keine

[24] *P. Hauptmann,* Altrussischer Glaube. Der Kampf des Protopopen Avvakum gegen die Kirchenreform des 17. Jh. (Göttingen 1963). — Ebd. 86: Aufzählung der Hauptbestandteile der Nikonschen Kultusreform: Textrevision der Agenden, Dreifinger- statt Zweifingerkreuz, dreifaches statt zweifaches Alleluja, Schreibung und Aussprache des Jesusnamens „Jisus" statt „Isus", Reduzierung der liturgischen Verneigungen bis zum Erdboden, Änderungen im Nicänokonstantinopolitanischen Glaubensbekenntnis, Fünfzahl der Prosphoren statt Siebenzahl, Umkehrung der Prozessionsrichtung.

[25] *V. V. Andreev,* Raskol i ego značenie v narodnoj russkoj istorii (St. Petersburg 1870 = Osnabrück 1965); *J. Chrysostomus* a. a. O. 1—34; *V. Pleyer,* Das russische Altgläubigentum (München 1960); *P. Hauptmann* a. a. O.

[26] *Ae. Herman* a. a. O. 63—64. — Über die Absetzung Nikons und ihre Folgen vgl. *H. Neubauer* a. a. O. 142—198.

[27] *N. F. Kapterev,* Patriarch Nikon II 227—250.

der beiden Gewalten solle sich in die Belange der anderen einmischen. In weltlichen Dingen sollte der Car, in geistlichen der Patriarch den Vorrang haben." [28] Die Synodalbeschlüsse ehrten den Zaren als neuen Konstantin, als Eiferer für den Glauben, Verteidiger des wahren Glaubens, Richter und Rächer für Altgläubige und Ungehorsame [29]. Die Altgläubigen lehnten ihre Verurteilung als unkanonisch und parteilich ab. Die Brüderschaft des Soloweckij-Klosters am Weißen Meer begründete in mehreren Bittschriften ihre Anschauungen: sie war überzeugt, das Ende der Welt stehe unmittelbar bevor, da Zar und Hierarchen vom alten Glauben abgefallen seien und den Auftrag des Dritten Rom verraten hätten, während die Synodalen die Idee vom Dritten Rom in ihrem Sinne interpretierten. Sie nahm den vom Patriarchen Joasaf II. ernannten Archimandriten Josif nicht an und wählte eigene Vorsteher. Die Mönche verteidigten sich leidenschaftlich und widerstanden seit 1670 den gegen sie eingesetzten Truppen, bis 1676 ihr Kloster erstürmt wurde [30].

Dem nur sieben Monate amtierenden Patriarchen Pitirim (1672/73) folgte Joakim (1674—90). Er betrachtete es neben der Förderung einer straffen Kirchen- und Klosterzucht und der Abwehr aller vom Westen eindringenden Einflüsse als eine seiner Hauptaufgaben, die Beschlüsse der Synode von 1666/67 durchzuführen. Das zeigte sich schon in der Bischofssynode 1675 [31] und noch stärker auf der Synode 1682 [32], die u. a. die Reform der liturgischen Bücher weiterentwickelte und die Bestrafung der Altgläubigen erneut als Pflicht des Staates erklärte. Eines der ersten Opfer war der Protopope Avvakum, der 1682 auf dem Scheiterhaufen endete. Ein Religionsgespräch am Anfang der Regierung der Zarewna Sofija (1682—89), die nach dem Tode des Zaren Fedor II. (1676—82) für ihre minderjährigen Brüder Iwan V. und Peter I. die Regentschaft übernahm, schloß mit drakonischen Maßnahmen und Hinrichtungen der Hauptsprecher der Altgläubigen. Ein Ukas vom 7. April 1685 verfügte ihre Verfolgung und Verurteilung als Aufständische und Staatsfeinde. In den nächsten Jahren wurden Tausende von ihnen hingerichtet, viele entzogen sich den Häschern durch Selbstverbrennung. Sie verwarfen das kirchliche und staatliche Vorgehen als vom Antichristen diktiert, idealisierten die kirchliche Vergangenheit Rußlands und warben als Wanderprediger für ihre Vorstellungen; es entstanden die beiden Gruppen der Priestertreuen (popovcy) und der Priesterlosen (bezpopovcy). Die Unterdrückung des Raskol hatte für das russische Mönchtum schwerwiegende Folgen. Waren bisher viele Klöster die Mittelpunkte religiöser Innerlichkeit und literarischer Produktion gewesen, so versiegten nun die Quellen dieser Fruchtbarkeit. Die meisten Mönche

[28] *H. Neubauer* a. a. O. 176. [29] Ebd. 177—178.
[30] *I. Smolitsch*, Mönchtum 374—381.
[31] *Ae. Herman* a. a. O. 64. [32] Ebd. 64—65.

gerieten wegen ihres Anschlusses an die Altgläubigen und ihrer Ablehnung der von der Patriarchatskirche und später von der Regierung verfügten Reformen in den Verdacht der Staatsfeindlichkeit.

Die Synode 1682 beschäftigte sich ferner mit der Sitten- und Ausbildungsreform des Welt- und Ordensklerus. Neben der Neugründung von Bistümern wurde die Organisation der Metropolien gestrafft. 1685 wurde die Kiewer Metropolie dem Patriarchat einverleibt; 1686 entließ sie Patriarch Dionysios von Konstantinopel aus seiner Jurisdiktion. Mit dieser Eingliederung verstärkten sich die Spannungen innerhalb der russischen Kirche, da die vom ukrainischen Metropoliten Petrus Mogila (Mohyla) (1633—47) in Kiew gegründete Akademie sich für die Auseinandersetzung mit dem Katholizismus und der Gegenreformation aufgeschlossen zeigte, neben der Kenntnis des Griechischen auch die des Lateinischen verlangte und in der zweiten Hälfte des 17. Jh. über die Grenzen der Ukraine Einfluß gewann. Durch einen ihrer Schüler, Simeon von Polock (1629—80), der in Moskau als Prinzenerzieher gewirkt und eine Lateinschule eröffnet hatte, und den mit ihm befreundeten Mönchspriester Sil'vester Medwedew wurde die in Kiew gepflegte weitgespannte Geistigkeit auch in Moskau verbreitet[33]. Das Ringen zwischen den konservativen Kräften und den Kreisen der „Lateiner", die von der Regierung unterstützt wurden, spitzte sich bei den Verhandlungen über die Gründung einer Hohen Schule in Moskau zu[34]. Eine slawisch-griechisch-lateinische Akademie wurde zwar 1687 in Moskau geschaffen, aber Patriarch Joakim setzte auf der Moskauer Synode 1689/90[35] durch, daß die Anhänger der ukrainischen Richtung abgesetzt, Medwedew verurteilt, laisiert und hingerichtet wurde.

Die relative Geschlossenheit des kirchlichen Lebens in Rußland zur Zeit der Anfänge des Patriarchates wich am Ende des 17. Jh. beachtlichen Differenzierungen[36]: Wenn auch kirchenrechtliche, liturgische und hagiographische Veröffentlichungen überwogen, so bildete die Revision der Kultusbücher einen neuen wissenschaftlichen Beitrag. Die inneren Kämpfe mit ukrainischen und griechischen Theologen führten zur Auflockerung der Traditionsgebundenheit. Die von der Ukraine nach Rußland einströmende Barockkultur befruchtete die kirchliche Literatur, Architektur, Malerei und Musik. Der Ikonenmaler Simeon Uschakow (1626—86) bediente sich typisch barocker allegorischer Emblematik, die Ikonen zeigten Ansätze zum individuellen Porträt. In der Architektur verbanden sich traditionelle Elemente mit griechischen Anregungen und Einflüssen des Barock. Im Kirchengesang begann sich neben der Homophonie die Polyphonie auszubreiten. Die russische Kirche erhielt also zur Zeit des ersten Patri-

[33] *A. M. Ammann* a. a. O. 346—355.
[34] *H. Neubauer* a. a. O. 204—221.
[35] *Ae. Herman* a. a. O. 65.
[36] *Jugie* I 558—578. — *K. Onasch* a. a. O. 77—87.

archates zahlreiche Anregungen, die allerdings von maßgebenden konservativen Kreisen abgelehnt wurden.

Zu ihnen gehörte Patriarch Adrian (1690—1700). Er versuchte noch einmal, die Privilegien der Kirche zu schützen, aber er hatte nicht die Kraft, sich gegen Peter I.[37] durchzusetzen, der 1689—96 gemeinsam mit seinem debilen Halbbruder Iwan V. und nach dessen Tod als Selbstherrscher (1696 bis 1725) das russische Reich regierte und umbildete. Adrian war wie sein Vorgänger Joakim so der Tradition verhaftet, daß er der Vorliebe des Zaren für Ausländer und dessen Europareise (1697/98) verständnislos gegenüberstand. Als Peter I. 1698 aus dem Ausland zurückkehrte und gegen die am Strelitzenaufstand Beteiligten rücksichtslos vorging, bat der seit 1696 gelähmte Adrian vergeblich um Milde; fortan verkehrten Zar und Patriarch nur noch brieflich miteinander. Die Patriarchatskirche und die Altgläubigen waren sich in der Ablehnung neuer, vom Zaren eingeführter Bräuche einig, wie z. B. des Bartscherens und der europäischen Kleidung. Peter I. scheute sich nicht, kirchliche Zeremonien zu parodieren und zu verhöhnen. Seine Kirchenpolitik[38] war ein integrierender Bestandteil seines vom Rationalismus und der Frühaufklärung geprägten Reformwillens, der das von ihm eigenwillig interpretierte Allgemeinwohl (vsenarodnaja pol'za) im Sinne der Staatsräson im Auge hatte und die Kirche in seine Dienste spannte. Er berücksichtigte die Verbundenheit seines Volkes mit dem orthodoxen Glauben, erblickte aber in der Kirche nur eine Institution für die sittliche Erziehung, die er nicht durch religiös verankerte Gebote, sondern durch Gesetzesnormen durchsetzen wollte. Auf seiner Auslandsreise hatte er in katholischen und protestantischen Ländern die Abhängigkeit der Kirchen von der weltlichen Macht kennengelernt. Er war entschlossen, auch die Kirche in Rußland dem Staat unterzuordnen.

Die Auflösung des Patriarchates und die Errichtung des Heiligen Synods

Der Tod des Patriarchen Adrian am 16. Oktober 1700 war gleichzeitig das Ende der selbständigen Patriarchatsverwaltung. Peter I. griff eigenmächtig in die kirchlichen Verhältnisse ein. Er ließ nicht zu, daß ein neuer Patriarch gewählt wurde, er bestimmte zwei Monate später Stefan Jaworskij (1658—1722)[39], den Metropoliten von Rjasan, zum Administrator

[37] *R. Wittram*, Peter I. Czar und Kaiser. Zur Gesch. Peter des Großen in seiner Zeit, 2 Bde (Göttingen 1964).

[38] *H. Koch*, Die russische Orthodoxie im Petrinischen Zeitalter (Breslau 1929); *R. Stupperich*, Staatsgedanke und Religionspolitik Peters des Großen (Königsberg/Pr.-Berlin 1936); *R. Wittram*, Peters des Großen Verhältnis zur Religion und den Kirchen: HZ 173 (1952) 261—296; *I. Smolitsch*, Geschichte 57—75.

[39] *J. Šerech*, Stefan Yavorsky and the Conflict of Ideologies in the Age of Peter the Great: SEER 30 (1951/52) 40—62.

und Verweser des Patriarchenstuhles. Ihm wurde die Leitung der geistlichen Angelegenheiten, das Vorschlagsrecht für die Besetzung vakanter Bistümer — ihre Gesamtzahl betrug 23 — und die Aufsicht über die Kirchengegner, besonders die Altgläubigen, übertragen, während die Leitung der Kirchengüter dem Klosteramt (1701—20) übergeben und die kirchliche Gerichtsbarkeit wesentlich eingeschränkt wurden. Der Zar glaubte, in Stefan Jaworskij, dem ehemaligen Professor der Kiewer Akademie, der sich mit kontroverstheologischen Fragen beschäftigt und in der Moskauer Akademie 1697/98 Vorlesungen gehalten hatte, einen für seine Pläne aufgeschlossenen Hierarchen gefunden zu haben.

Es kam zunächst zur Zusammenarbeit beim Ausbau der Heiden- und Mohammedanermission [40] und im Kampf mit den Altgläubigen, mit denen sich Stefan Jaworskij 1703 in der Schrift „Die Anzeichen des Erscheinens des Antichristen und das Ende der Welt" auseinandersetzte [41]. Die Beschlagnahme klösterlicher Einkünfte durch den Zaren, mit denen er seine Aufrüstung finanzierte, seine Toleranzpraxis gegenüber den Protestanten, denen er Gewissensfreiheit gewährte und bei der Angliederung der Ostseeprovinzen an Rußland selbständige Rechte garantierte, die Ernennung des Pastors Barthold Vagetius zum Superintendenten der lutherischen Gemeinden in Rußland und die Unterordnung des Klosteramtes unter den 1711 geschaffenen „Regierenden Senat", der als höchstes Kontrollamt alle administrativen und richterlichen Funktionen an sich riß, verstimmten den Patriarchatsverweser. 1712 nahm er in einer Predigt gegen die Kirchenpolitik Peters I. und die Hochzeit mit Katharina Skrawronka, der späteren Kaiserin Katharina I., Stellung: „Du stürmisches Meer der Gesetzesüberschreitungen der Menschen, warum brichst du und verwüstest du die Ufer? Das Ufer ist das Gottesgesetz; es besteht seit der Erschaffung darin, nicht die Frau des Nächsten zu begehren, nicht seine eigene zu verlassen ..." [42] Der Zar hatte sich 1689 von Ewdokija Lopuchina, der Mutter des Zarewitsch Alexej, getrennt und ihren Eintritt in ein Kloster verfügt. In der gleichen Predigt brachte Stefan Jaworskij auch seine Sympathie für den Thronfolger zum Ausdruck, der mit den Regierungsmethoden seines Vaters nicht einverstanden war. Die Folge dieser Andeutungen war ein dreijähriges Predigtverbot. Seine Polemik gegen protestantische Kreise in Moskau und den Stabsarzt Dimitrij Twerentinow, der calvinistische Anschauungen vertrat, führten zur Vorladung vor den Senat. Als der Bader Foma Iwanow, ein Anhänger dieses Arztes, Ikonen zerhackte, ließ ihn der Patriarchatsverweser 1714 durch eine Bischofssynode zum Tode auf dem Scheiterhaufen verurteilen. Der über

[40] *J. Glazik,* Die russisch-orthodoxe Heidenmission seit Peter dem Großen (Münster/Westf. 1954); *ders.,* Die Islammission der russisch-orthodoxen Kirche (Münster/Westf. 1959).
[41] *I. Smolitsch,* Geschichte 80.
[42] Ebd. 87.

dieses Vorgehen empörte Zar zwang Stefan Jaworskij zu demütigenden Entschuldigungen. Fortan wagte dieser nicht mehr, offen seine Meinung zu sagen. Er legte sie in seinem „Stein des Glaubens, den Söhnen der heiligen, orthodox-katholischen östlichen Kirche zur Festigung und geistlichen Erbauung, denen aber, die sich stoßen am Stein des Anstoßes und Ärgernisses, zur Aufrichtung und Besserung“ [43] nieder. In diesem Manuskript, das er dem Zarewitsch Alexej widmete, äußerte er über das Verhältnis von Kirche und Staat, die Kirche sei dem Staat übergeordnet. „Caren sind Hüter göttlicher und kirchlicher Gesetze, aber nicht Gesetzgeber; sie haben auch nicht zu bestimmen, was zum Glauben zu gehören hat.“ [44]

Als der Konflikt zwischen Peter I. und seinem Sohn 1718 einen Prozeß gegen Alexej und seine Anhänger auslöste, erstreckte sich die Untersuchung auch auf geistliche Würdenträger, die für die verbreitete Opposition gegen den Zaren und eine angebliche Verschwörung zur Verantwortung gezogen wurden. Stefan Jaworskij trat für Begnadigung ein, konnte aber das Todesurteil nicht verhindern. Der Gegensatz zwischen Peter I., der mit der Gründung von St. Petersburg (1703) ein Symbol für das von ihm verwandelte Rußland geschaffen hatte, und dem Patriarchatsverweser war unüberbrückbar geworden. Die Eingriffe des Selbstherrschers in die Verwaltung des Patriarchates lähmten das kirchliche Leben von Jahr zu Jahr stärker. 1714 verbot er für zehn Jahre die Errichtung neuer Kirchen zugunsten des Aufbaues des 1712 zur Residenz erhobenen St. Petersburg. 1716 ordnete der Senat an, die Bischöfe hätten sich eidlich zu verpflichten, mit den Gegnern der Kirche milde umzugehen, Geistliche und Kirchendiener nur nach Bedarf einzustellen und sich nicht in weltliche Angelegenheiten einzumischen. 1717 verlangte der Zar von allen Beichtvätern, ihm persönlich mitzuteilen, wenn sie Nachrichten von staatsfeindlichen Bestrebungen erhielten. 1718 beauftragte er Feofan Prokopowitsch (1681—1736) [45] mit der Ausarbeitung einer „Beschreibung und Beurteilung eines geistlichen Kollegiums“, um auch die kirchliche Zentralgewalt in seinem Sinne zu lenken und in die Gesamtverwaltung des Staates einzubeziehen.

Feofan Prokopowitsch war einer der bedeutendsten russischen Theologen in der ersten Hälfte des 18. Jh., der zwar auf bestimmte protestantische Grundgedanken und Anliegen der Aufklärung zurückgriff, aber das byzantinische Erbe und das Moskauer Traditionsgut mit den Forderungen seiner Zeit zu verbinden suchte. Nach seinen Studien an der Kiewer Akademie war er vorübergehend unierter Basilianermönch geworden und hatte am

[43] *K. Onasch* a. a. O. 100.

[44] *R. Stupperich*, Staatsgedanke 51—52.

[45] *R. Stupperich*, Feofan Prokopovič in der neueren Lit.: Festschr. für Margarete Woltner zum 70. Geburtstag, hrsg. von *P. Brang* mit *H. Bräuer* und *H. Jablonowski* (Heidelberg 1967) 284—293; *H.-J. Härtel*, Byzantinisches Erbe und Orthodoxie bei Feofan Prokopovič (Würzburg 1970; mit Lit.).

griechischen Kolleg St. Athanasius in Rom den Kursus der katholischen scholastischen Philosophie absolviert (1698—1701). Auf seiner Rückreise hatte er in der Schweiz calvinistische und in Deutschland lutherische Theologen kennengelernt. In Kiew wurde er 1704 orthodoxer Mönchspriester und stieg in der Akademie bald zum Professor (1706) und Rektor (1711) auf. 1716 berief ihn der Zar, der ihn seit 1706 persönlich kannte, als seinen Berater nach St. Petersburg und erreichte, daß er trotz der Bedenken des Patriarchatsverwalters 1718 Bischof von Pskow wurde.

Seit seiner Predigt über die Macht und Ehre des Zaren vom 6. April 1718, deren Grundgedanken er 1722 in seiner Schrift „Recht des monarchischen Willens“ vertiefte, wurde die Zusammenarbeit zwischen ihm und dem Zaren immer enger. Aus ihr erwuchs das Geistliche Reglement (duchovnyj reglament), das die russische Kirche zum Bestandteil der Staatsordnung machte und an ihre Spitze den Heiligen Synod als staatliche Institution stellte [46]. Der von Feofan Prokopowitsch 1720 entworfene Text wurde von Peter I. korrigiert, dem Senat zur Kenntnis und allen Bischöfen zur Unterschrift vorgelegt. Er regelte die kirchliche Aufsicht, das Bildungswesen, die Gottesdienstordnung, die Besetzung der kirchlichen Ämter, das geistliche Gericht und die Verwaltung der Kirchengüter. Das Manifest des Zaren vom 25. Januar 1721 [47] erhob die im Reglement vorgesehene „konziliäre“ Regierung der Kirche zu ihrem Grundgesetz und gebot, das Geistliche Kollegium dürfe nichts ohne seine Einwilligung tun. In der ersten Sitzung am 14. Februar 1721 hielt Feofan Prokopowitsch die Eröffnungsrede, in der er von Joh 15, 16 ausging und die entscheidende Rolle des monarchischen Willens unterstrich. Auf ihr wurde die Bezeichnung Geistliches Kollegium in Heiligster Dirigierender Synod umgewandelt. Er setzte sich aus elf Mitgliedern zusammen, die fürstlich dotiert wurden. Als Sitz der Behörde wurde St. Petersburg bestimmt. Peter I. ernannte Erzbischof Stefan Jaworskij zum ersten und Bischof Feofan Prokopowitsch zum zweiten Präsidenten. Als Jaworskij, der diese Entwicklung nicht aufhalten konnte und dessen Proteste unberücksichtigt blieben, 1722 starb, bestimmte der Zar keinen neuen Präsidenten, sondern übertrug Prokopowitsch als Vizepräsidenten alle Vollmachten. Im April 1722 erließ der Heilige Synod Ergänzungen zum Reglement, die sich auf das Mönchtum bezogen. Männer durften z. B. erst nach dem 30. Lebensjahr als Mönche, Frauen erst im Alter von 50 bis 60 Jahren als Nonnen eingekleidet werden.

Am 11. Mai 1722 richtete Peter I., dem der Senat 1721 den Titel „Kaiser“ (imperator) und den Beinamen „der Große“ gab, beim Heiligen Synod die Stelle eines Oberprokurors ein, der dem Generalprokurator beim Senat entsprach. Dieser sollte nach dem Willen des Kaisers, der ihn gleichzeitig

[46] *I. Smolitsch,* Geschichte 99—132.

[47] *Mansi* XXXVII 1—99; *Ae. Herman* a. a. O. 80—83; *I. Smolitsch,* Geschichte 103—105.

zum Chef der Kanzlei der Synode berief, „als unser Auge und Verwalter der Staatsgeschäfte" die Aufsicht im Synod führen[48]. Dragonerobers J. V. Boltin amtierte 1722—25 als erster Oberprokuror, seine Nachfolger erhielten im 19. Jh. Ministerrang und wurden zu Schlüsselfiguren der russischen Staatskirche. Unter Leitung seines Vizepräsidenten bemühte sich der Heilige Synod, die Altgläubigen durch Mahnworte zur Kirche zurückzuführen, das Klosterwesen zu reformieren und dem Staate nutzbar zu machen, die Volksbildung und das Wissensniveau der Geistlichen zu heben. Feofan Prokopowitsch verfaßte eine „Erste Belehrung für Knaben" [49], einen Kinderkatechismus, der viermal im Jahre in allen Gemeinden vorgelesen werden mußte, und baute das Alexander-Newskij-Kloster in St. Petersburg zu einem Musterseminar aus.

Es war für die Mitglieder des Heiligen Synods nicht leicht, ihren Charakter als Bischofssynode, die sich auf orthodoxe Traditionen berufen konnte, und ihre Funktion als Staatsorgan der orthodoxen Geistlichkeit innerhalb und außerhalb Rußlands zu erläutern. Der Heilige Synod verfügte über die gesetzgebende, ausführende und richterliche Gewalt in der Kirchenregierung, die früher das Patriarchat Moskau besessen hatte. Er versuchte, die Bischöfe durch die Mitteilung zu beruhigen: „Dieser Synod hat die Ehre, die Macht und die Gewalt der Patriarchen, wenn nicht noch eine größere, denn er ist ein Konzil (sobor)." [50] In den Fürbittgebeten der Liturgie wurde statt des Patriarchen fortan der Heilige Synod erwähnt. Die Kommemoration der übrigen Patriarchen sollte unterbleiben, um nicht den Eindruck zu erwecken, der Heilige Synod stände unter ihnen. Als Feofan Jaworskij Einspruch erhob und das Kommemorieren durch eine Denkschrift verteidigte, wurde er überstimmt. Der Kaiser übernahm es, den Patriarchen Jeremias III. von Konstantinopel über die neue Kirchenordnung in Rußland zu informieren, der seinerseits um Mitteilung an die drei anderen Patriarchen des Ostens gebeten wurde. In seinem devot stilisierten Schreiben vom 30. September 1721 verschwieg er den Inhalt des Reglements, das er nur als Instruktion (διάταξις) bezeichnete, die Einordnung des Heiligen Synods in das Kollegiatsystem der Staatsverwaltung und die Unterordnung der Kirche unter die Aufsicht des Staates, außerdem veränderte er den Text des Manifestes vom 25. Januar 1721 an mehreren Stellen[51]. 1723 erkannten die Patriarchen von Konstantinopel, Alexandrien und Antiochien den „Heiligsten Regierenden Synod" als „heiligen Bruder in Christus" an[52], nur Patriarch Chrysanthos Notaras von Jerusalem verweigerte seine Zu-

[48] *R. Stupperich,* Staatsgedanke 86.

[49] Ebd. 92—93. — Vgl. auch die Liste der Werke des Feofan Prokopowitsch: *H.-J. Härtel* a. a. O. 13—14.

[50] *I. Smolitsch,* Geschichte 124.

[51] Ebd. 107—108; *R. Wittram,* Peter I. Czar und Kaiser II 192—193.

[52] *Kartašev* II 363—367.

stimmung. Neben der einseitigen Information gab bei dieser Anerkennung die Abhängigkeit der unter türkischer Herrschaft stehenden Patriarchen von den russischen Subsidien den Ausschlag.

Die unkanonische Einsetzung des Heiligen Synods bedeutete die vollständige Auflösung des Moskauer Patriarchates. Aus der russischen orthodoxen Kirche wurde die orthodoxe Kirche in Rußland. Sie blieb zwar in ihrem Lehrgut, der Feier der Liturgie und Sakramentenspendung mit den anderen östlichen Kirchen verbunden, erhielt aber in ihrem Verhältnis von Kirche und Staat durch Ausschaltung der früheren Doppelherrschaft von Zar und Patriarch und Unterstellung unter den Staat eine neue Struktur. Die Erlasse des Heiligen Synods wurden im Namen des Zaren bzw. auf Befehl seiner kaiserlichen Majestät veröffentlicht. Die harmonische Zusammenarbeit zwischen Staat und Kirche, die sich jahrhundertelang nach dem byzantinischen Modell der Symphonie ausgerichtet hatte, gehörte der Geschichte an. Dostojewskijs scharfes Urteil, „die Kirche liegt seit Peter dem Großen in der Paralyse“ [53], ist überspitzt formuliert, aber mit der Errichtung des Heiligen Synods begann in der russischen Kirchengeschichte die Diktatur des Staatskirchentums (gosudarstvennaja cerkovnost’).

Die russische Staatskirche unter dem Heiligen Synod

Der Heilige Synod war das Instrument des Staates, mit dem er sich im 18. Jahrhundert die Kirche unterwarf. Seine Mitglieder, deren Zahl 1730 auf vier zurückging und in den nächsten Jahrzehnten zwischen drei und acht schwankte, hatten die gesetzgeberische, administrative und gerichtliche Gewalt inne. Die Verwaltungsämter des Heiligen Synods, vor allem die Kanzlei, bereiteten alle Entscheidungen für die gewöhnlich zweimal im Jahr stattfindenden Sitzungen vor. Maßgebend waren in allem die Direktiven der Regenten, die von ihnen eingesetzten Oberprokurore waren nur Befehlsempfänger.

Unter Katharina I. (1725—27) wurde der Heilige Synod dem 1726 gegründeten „Obersten Geheimen Rat“ untergeordnet. Als Erzbischof Feodosij Janowskij von Nowgorod kurz vorher ihre Kirchenpolitik gerügt hatte, wurde er degradiert und als einfacher Mönch in ein Kloster am Weißen Meer verbannt. Der seit 1725 zum Erzbischof von Nowgorod aufgestiegene Feofan Prokopowitsch mußte unter Peter II. (1727—30), dem Sohn des Zarewitsch Alexej, um seine Führungsposition im Heiligen Synod ringen, da die den jungen Kaiser schützenden Familien wieder Moskau zur Hauptstadt Rußlands erklärten und die Diskussion über die von einigen Kirchenfürsten erhobene Wiederherstellung des Patriarchates zuließen. Erz-

[53] *F. M. Dostojevskij*, Dnevnik pisatelja. Sobranie sočinenij V (St. Petersburg 1885) 356.

bischof Feofilakt Lopatinskij von Twer veröffentlichte 1728 den von Stefan Jaworskij verfaßten „Stein des Glaubens", in dem die Grundhaltung des Feofan Prokopowitsch als lutherisch verdächtigt wurde. Die erste Auflage war rasch vergriffen, die zweite wurde 1729 an alle Bischöfe und Äbte versandt.

Nach dem Tod Peters II. erlangte Erzbischof Prokopowitsch unter der Regierung Anna Iwanownas (1730—40), einer Nichte Peters des Großen, wieder diktatorische Vollmachten. Er entfernte aus dem Heiligen Synod drei Mitglieder, die für die Nonne Ewdokija Lopuchina, die erste Gattin Peters I., als Thronfolgerin eingetreten waren, und ging gegen alle Personen vor, die sich für die Verbreitung des „Stein des Glaubens" eingesetzt hatten. Die Metropoliten Georgij Daschkow und Ignatij Smola sowie Bischof Lew Jurlow verloren ihre geistlichen Würden, sie wurden als Mönche in verschiedene Klöster eingewiesen; Erzbischof Lopatinskij wurde nach dreijähriger Untersuchungshaft seiner Bischofswürde entkleidet (1738) und auf die Festung Wyborg gebracht. Feofan Prokopowitsch verdächtigte seine Gegner als Staatsfeinde, er ergänzte den Heiligen Synod, der dem Ministerkabinett unterstellt wurde, mit Männern seines Vertrauens und verstärkte die Abhängigkeit der Kirche vom Staat. Er bestrafte Bischöfe und Äbte, wenn sie sich den staatlichen Anordnungen, z.B. der konsequenten Erfüllung der Klostergesetzgebung, widersetzten. Als er 1736 starb, griff das Willkürregiment der Kaiserin und ihres Günstlings, des Herzogs Ernst Johann von Biron, noch stärker in die kirchlichen Verhältnisse ein. 1737 wurden alle Kirchenbediensteten mit Ausnahme der Priester und Diakone vom 15. bis 40. Lebensjahr zum Heeresdienst eingezogen. In den Klöstern wurden Aushebungen vorgenommen. Durch diese und andere den Eintritt ins Kloster erschwerende Maßnahmen ging die Zahl der Mönche und Nonnen von rund 25 000 auf fast 14 000 zurück[54]. 1738 mußte der Heilige Synod das Ökonomiekollegium dem Senat übergeben, wodurch alle kirchlichen Gütererträge in die Staatskasse flossen. Nach außen zeigte sich die Kaiserin als Wohltäterin der Gesamtorthodoxie. Sie errichtete 1732 einen besonderen Etat für Liebesgaben, der dem Patriarchen von Konstantinopel jährlich 1000 und den anderen Patriarchen je 100 Rubel zuwandte; außerdem wurden die Balkanslawen, Athos-Klöster und Georgier berücksichtigt.

Die bedrückte Lage der Kirche verbesserte sich nach der kurzen Zwischenregierung des unmündigen Prinzen Iwan VI. und der Regentin Anna Leopoldowna (1740/41) vorübergehend am Anfang der Herrschaft der Kaiserin Elisabeth (1741—61), einer Tochter Peters des Großen. Sie gab mehreren Bischöfen ihre Freiheit und dem Heiligen Synod die Verwaltung der

[54] *I. Smolitsch*, Mönchtum 389: 7829 Mönche und 6543 Nonnen um 1740. — Die Zahl der Klosterinsassen ging in der zweiten Hälfte des 18. Jh. weiter zurück, vgl. *I. Smolitsch*, Geschichte 713: 1764 auf 7659 Mönche und 4733 Nonnen, 1796 auf 4160 Mönche und 1671 Nonnen.

Kirchen- und Klostergüter zurück. Grundsätzlich setzte sie aber die Kirchenpolitik ihres Vaters fort. Der Oberprokuror Fürst Schachowskoj (1742—53) und seine Nachfolger sorgten dafür, daß die Staatsinteressen gewahrt wurden, sie bereiteten die Säkularisation des gesamten Kirchenbesitzes vor. Die schon unter Anna Iwanowna unterdrückte Mission im Wolgagebiet unter den Mohammedanern wurde weiter vom Staat gefördert. Das „Neugetauftenkomtor" meldete 1743—47 z.B. 217 258 Taufen, 1748—60 weitere 192 606 [55], die nur mit Hilfe von Zwangsmaßnahmen erreicht werden konnten. So wurden an Orten, an denen Christen und Mohammedaner wohnten, bestehende Moscheen zerstört. Im Bezirk Kasan wurden 418 islamische Gebetsstellen von 536 vernichtet, im Bezirk Tobol'sk 98 von 133, in Astrachan 29 von 40 [56]. In Sibirien wurde der Übertritt zum Christentum mit dem Versprechen wirtschaftlicher Vergünstigungen gefördert. Die Erweiterung der Seelenzahl um fast eine halbe Million stärkte zwar das Selbstvertrauen einiger russischer Bischöfe, aber der Ausbau der kirchlichen Organisation — 1753 gab es 30 Bistümer mit etwa 18 000 Pfarreien — blieb in äußeren Formen stecken. Die vom Heiligen Synod 1751 veröffentlichte Ausgabe der Heiligen Schrift, die eine Überarbeitung der 1581 herausgegebenen kirchenslawischen Ostroger Bibel nach dem griechischen Urtext darstellt, und Mahnungen einiger Kirchenfürsten gegen das Vordringen aufklärerischer Ideen konnten den Prozeß des Zurückdrängens der Kirche aus dem öffentlichen Leben nicht aufhalten. Die 1755 gegründete Moskauer Universität (Kap. 18) und ihre Zweiginstitute erhielten keine theologische Fakultät.

In den nächsten Jahrzehnten verlor die Kirche die letzten Reste ihrer Selbständigkeit. Der infantile Peter III. und seine ehrgeizige Gattin Katharina II., eine geborene Prinzessin von Anhalt-Zerbst, die ihn beiseite schob und sich des Thrones bemächtigte, setzten die Unterjochung der Kirche unter den Staat fort. Peter III., der Sohn der Kaiserin Anna und des Herzogs Karl-Friedrich von Holstein-Gottorp, regierte nur ein halbes Jahr (1761/62). Er zeigte nicht das geringste Verständnis für die Eigenart der Orthodoxie. Vom Präsidenten des Heiligen Synods, Erzbischof Dimitrij Setschenow von Nowgorod, erwartete er die Beseitigung aller Ikonen außer der des Erlösers und der Muttergottes, die Kleidung der Geistlichen nach protestantischem Vorbild und die Aufhebung der Klöster. Die Wiederherstellung des staatlichen Ökonomiekollegiums und die Inventarisierung aller Klostergüter leitete die volle Verfügungsgewalt des Staates über den kirchlichen Grundbesitz ein.

Katharina II. (1762—96) bezeichnete sich zwar als „rechtgläubige Kaiserin", war aber wesentlich geprägt vom Geist der französischen Enzyklopädie, mit deren Herausgebern sie korrespondierte. Sie führte die Kirchen-

[55] *J. Glazik*, Heidenmission 79. [56] *J. Glazik*, Islammission 87.

politik Peters I. bewußt und eigenwillig zur Vollendung[57]. Schon vor ihrer Machtergreifung hatte sie sich die Maxime notiert: „Respecter la religion, mais ne la faire entrer pour rien dans les affaires d'État"[58]. Als Kaiserin nannte sie sich „chef de l'église grecque" bzw. „chef de son église"[59]. Die Bischöfe apostrophierte sie gelegentlich als „zur Staatsverwaltung gehörige Leute, welche ebenso dem Willen des Monarchen wie den Vorschriften des Evangeliums unterworfen seien"[60]. Die Oberprokurore, wie J. J. Melessino (1763—68), der die Abschaffung der Fastenzeit, Kürzung der Gottesdienste und Erleichterung der Ehescheidung vorschlug, und P. P. Tschebytschew (1768—74), der sich zum Atheismus bekannte, setzten mit wachsendem Erfolg die Wünsche und Forderungen der Kaiserin im Heiligen Synod durch.

Gleich am Anfang ihrer Regierung ließ Katharina II. eine Kommission zur Beratung des Problems der Kirchengüter bilden, diese arbeitete das Säkularisationsgesetz vom 26. Februar 1764 aus. Es verfügte die Übergabe sämtlicher Kirchengüter an die Ökonomieverwaltung; 418 Klöster wurden aufgehoben; die Etatisierung aller Bischofsstühle, Kirchen und Klöster, deren Zahl in den nächsten Jahren weiter vermindert wurde, sah drei verschiedene Einkommensklassen vor. Die Säkularisation erfaßte vorerst nur die großrussischen Klöster, 1786 und 1788 wurde sie nach Abbau der staatlichen und kirchlichen Sonderstellung der Ukraine auch auf die südwestlichen Gouvernements ausgedehnt. Neben wenigen Geistlichen wagte nur ein einziger Kirchenfürst, Metropolit Arsenij Macejewitsch von Rostow (1742—63), der schon früher seinen Mut durch eine Gegenschrift gegen die Verunglimpfung Stefan Jaworskijs bezeugt hatte, öffentlich gegen die Verstaatlichung der Kirchengüter zu protestieren. Als er außerdem in einer Eingabe an den Heiligen Synod, dessen Mitglieder er „als stumme Hunde" charakterisierte, die „zusehen, ohne zu bellen"[61], und in einer zweiten Eingabe die Vernichtung von Kirche und Frömmigkeit voraussagte, wurde er 1763 vor ein Synodalgericht gestellt, seiner Bischofs- und Priesterweihe für verlustig erklärt und in ein entlegenes Kloster verbannt. Kurz danach wurde er nach Aberkennung seines Mönchsstandes zu lebenslänglichem Festungskerker in Reval verurteilt († 1772).

Die orthodoxe Staatskirche beugte sich in allem dem Willen der Kaiserin. Das zeigte sich u. a. bei der Vorbereitung eines neuen Gesetzbuches wie beim Ausbau des höheren Schulwesens. Die kirchliche Akademie in Moskau, der der Anschluß an das Universitätsleben verwehrt wurde, und die Seminare waren nur kärglich dotiert, so daß die Kirche immer mehr auf den liturgischen Raum beschränkt wurde. Nach außen trat Katharina II. als Schutzherrin der Orthodoxie auf, sie erlangte 1774 im Friedensvertrag mit der Türkei das Schutzrecht über die orthodoxen Gläubigen in den Fürsten-

[57] *I. Smolitsch,* Geschichte 247—272 346—356. [58] Ebd. 251. [59] Ebd. 252.
[60] *A. M. Ammann* a. a. O. 405. [61] *I. Smolitsch,* Geschichte 264.

tümern Moldau und Walachei. Das „griechische Projekt“ [62], das die Wiedererrichtung des byzantinischen Reiches unter russischer Sekundogenitur ins Auge faßte, verfolgte noch weiter gespannte Pläne, die sich aber nicht realisieren ließen.

Die seit Peter I. vom Regime völlig abhängig gewordene Kirche geriet in der zweiten Hälfte des 18. Jh. durch den Einbruch des Rationalismus, der Aufklärung und der Freimaurerei in die Gefahr innerer Bedrohung. Manche Kirchenfürsten suchten die Infiltration durch Kompromisse aufzufangen, wie der Moskauer Metropolit Platon Lewschin (1773—1812). Er griff auf die Werke des Feofan Prokopowitsch zurück, dessen Auffassungen sich in der Moskauer Akademie durchsetzten, und veröffentlichte selbst Predigten und katechetische Werke. Die Zahl der Bischöfe und Mönche, die sich bewußt auf den religiösen Kern ihrer Aufgaben konzentrierten, war gering. Zu ihnen gehörten Bischof Tichon von Woronesch (1763—67), der sich in das Kloster Sadonsk zurückzog, als Klausner und religiöser Schriftsteller starke Ausstrahlungskraft besaß [63], und Metropolit Gawriil Petrow von St. Petersburg (1770—1801), der 1793 für die Drucklegung der kirchenslawischen Übersetzung der Philokalia (dobrotoljubie) sorgte. Der Übersetzer Paisij Welitschkowskij (1722—94) [64] erneuerte die „uneigennützige“ Richtung des Mönchtums, die Nil Sorskij um 1500 verkörpert hatte, und belebte das Starzentum, das die russischen Klöster aus der Krisis des ausgehenden 18. Jh. herausführte. Derart profilierte Gestalten bildeten Ausnahmen in der orthodoxen Kirche Rußlands zur Zeit Katharinas II. Ihre Situation war durch die folgenreiche Säkularisation gekennzeichnet, durch die sie den größten Teil der Eigenmittel zur Bewältigung ihrer caritativen und sozialen Aufgaben verloren hatte. Die Abspaltung der Altgläubigen war nicht überwunden. Die Regierung versuchte, die „Priestertreuen“ zur Anerkennung der Staatskirche zu bewegen, und war bereit, für dieses Zugeständnis Sonderbräuche zu dulden; sie traf allerdings auch harte Maßnahmen, als sie z. B. 20 000 Altgläubige, die sich auf der Dnjeprinsel Wjatka festgesetzt hatten, nach Sibirien abschob. Die „priesterlosen“ Altgläubigen zersplitterten sich in zahlreichen Gruppen. Daneben bildeten sich neue Sekten, wie die Chlysten, Skopzen, Milchtrinker (molokany) und Duchoborzen, die sich von der Staatskirche lösten und, wenn es sich auch nur um kleine Gruppen handelte, dem Heiligen Synod zu schaffen machten.

Paul I. (1796—1801) betrachtete die orthodoxe Kirche als Bundesgenossin in seinem Kampf gegen die Folgen der Französischen Revolution. Er erklärte die Fürsorge für ihre Diener „als eine der Hauptpflichten des kaiserlichen Regiments“ [65] und ermöglichte den Ausbau kirchlicher Bildungs-

[62] *E. Hösch*, Das sogenannte „griechische Projekt“ Katharinas II.: JGO NF 12 (1964) 168—206.

[63] *I. Kologriwow*, Das andere Rußland (München 1958) 288—326.

[64] Ebd. 326—339. [65] *I. Smolitsch*, Geschichte 274.

stätten, so daß am Ende des 18. Jh. vier Geistliche Akademien und 46 Seminare vorhanden waren, aber er behandelte die Geistlichen wie seine Mutter Katharina II. als Staatsdiener. Er verlieh erstmalig Bischöfen Ordensauszeichnungen, wodurch die an sich schon nachgiebigen Kirchenfürsten noch fester an den Staat gebunden wurden. Bereits als Thronfolger hatte er eine religiös verbrämte Vorstellung vom Alleinherrscher, den die Untertanen fürchten und ehren sollten, „weil er ein Abbild des Allerhöchsten ist“ [66]. In dem 1797 verfaßten Thronfolgegesetz ließ er sich als das „Haupt der Kirche“ [67] bezeichnen. Er führte im Heiligen Synod den Vorsitz und beanspruchte die Oberaufsicht über die Staatskirche; nach Belieben ernannte und versetzte er Bischöfe. Die Formulierung vom Kaiser als dem „Haupt der Kirche“ zog den Schlußstrich unter eine jahrhundertelange Entwicklung und besiegelte die Herrschaft des Staates über die orthodoxe Kirche Rußlands.

Protestanten und Katholiken in Rußland

Zur Zeit Peters des Großen wird die Bevölkerung Rußlands auf etwa vierzehn Millionen geschätzt [68], die sich zum größten Teil zur orthodoxen Kirche bekannten. Die Patriarchatskirche stand den lutherischen Kirchengemeinden, die sich im Laufe des 17. Jh. gebildet hatten, ablehnend gegenüber. Als die Zahl der protestantischen Einwanderer am Anfang des 18. Jh. erheblich wuchs, vor allem nach dem Werbungs- und Toleranzedikt Peters I. vom 16. April 1702 und der Eingliederung der Ostseeprovinzen, wurden für sie vom Staat Sonderregelungen getroffen [69]. Die oberste Kontrolle über alle Gemeinden erhielt 1721 automatisch der Heilige Synod, der neben der Betreuung der Orthodoxen für die Verwaltungs- und Justizfragen der Lutheraner, Calvinisten, Katholiken und Juden zuständig wurde. Die einzelnen evangelischen Gemeinden blieben auf sich selbst gestellt und verfügten über keine übergeordnete höhere Verwaltungsbehörde. Nur die kirchlichen Organisationen in Livland, Estland und Finnland besaßen eine eigene Leitung, die ihre Interessen dem Staat gegenüber wahrnahmen. Die Gemeinden mußten die Wahl ihrer Geistlichen und der Präpositen beim Heiligen Synod zur Bestätigung anzeigen. Diese hatten ihre Treue und Loyalität zum Kaiser eidlich zu bekräftigen, außerdem alle Pastoren zu

[66] Ebd. 142.

[67] Ebd. 142—144.

[68] Ebd. 9. Die Bevölkerung wuchs bis 1762 auf 19 Millionen und erreichte 1812 etwa 41 Millionen.

[69] *J. Ch. Grot* a. a. O. I—III; *R. Stupperich* (Hrsg.), Kirchenordnungen der evangelisch-lutherischen Kirche in Rußland (Ulm 1959); *G. Langer*, Zuständigkeitsabgrenzungen für die christlichen Kirchen Rußlands in der Gesetzgebung des 17. bis zum Anfang des 19. Jh.: ZSavRGkan 46 (1960) 452—470; *E. Amburger*, Geschichte des Protestantismus in Rußland (Stuttgart 1961; mit Lit.); *I. Smolitsch*, Geschichte 129—132.

vereidigen und darüber ausgefertigte Dokumente mit ihrer Unterschrift einzureichen. Beim Heiligen Synod mußte ferner die Erlaubnis für die Eröffnung neuer Kirchen und eventueller Schulgründungen eingeholt werden. Das schon 1718 geschaffene Justizkollegium mit seiner Abteilung für livländische und estnische Sachen weitete 1738 seine Befugnisse zu einem kirchlichen Aufsichtsrecht aus. Trotz äußerer Anerkennung mußten die Protestanten das mehrfach erlassene Verbot der Proselytenmacherei (1702, 1723 und 1735) beachten [70]. Wenn sie zur orthodoxen Kirche übertraten, wurden ihnen besondere Vorteile in Aussicht gestellt. Katharina II. warb in ihrem Manifest vom 22. Juli 1763 um neue Siedler für die Wolgagebiete aus Deutschland und Westeuropa, sie versprach ihnen freie Religionsausübung, ordnete aber gleichzeitig an, kein Geistlicher nichtorthodoxer christlicher Bekenntnisse dürfe Untertanen zum Übertritt zu seinem Glauben bewegen.

Während die Protestanten in Rußland trotz ihrer Unterstellung unter den Heiligen Synod und der dadurch bedingten Einschränkungen von der Regierung geduldet, zum Teil gefördert wurden, war die Lage der Katholiken des lateinischen und unierten Ritus bedrückend [71]. Seit dem Auseinanderfallen der westlichen und östlichen Hälfte der Christenheit im Mittelalter hatte sich im russischen Raum, besonders seit den Unionen von Florenz und von Brest, ein antikatholischer Affekt gebildet, der das Papsttum ablehnte und römische Unionsbestrebungen als Eingriff in die Rechte der Orthodoxie verurteilte. Die mehrfache Eroberung Moskaus am Anfang des 17. Jh. wurde mit der katholischen Gegenreformation in Zusammenhang gebracht und verstärkte den Argwohn gegen alles Katholische. Die Jesuiten, die 1684 als Begleiter ausländischer Gesandter in Moskau eingetroffen waren, wurden 1689 ausgewiesen [72]. Sie kehrten zwar nach einigen Jahren als Gesandtschaftsgeistliche Kaiser Leopolds I. wieder zurück, blieben aber in ihrer Seelsorgsarbeit unter den eingewanderten katholischen Ausländern beschränkt und wurden 1719 erneut ausgewiesen [73]. An ihre Stelle traten Kapuziner und Reformaten, die aber nur geringe Wirkungsmöglichkeiten hatten und 1721 der Spionage verdächtigt wurden.

Peter I., der nach seinem Besuch der Sorbonne 1717 von Feofan Prokopowitsch und Stefan Jaworskij Gutachten über Vereinigungsaussichten zwi-

[70] *G. Langer* a. a. O. 460 462 466.

[71] *J. Ch. Grot* I—II; *A. Theiner*, Die Neuesten Zustände der Katholischen Kirche beider Ritus in Polen und Rußland seit Katharina II. bis auf unsere Tage (Augsburg 1841); *D. Tolstoy*, Le catholicisme romain en Russie, 2 Bde (Paris 1863/64); *R. Ryšavy*, Die Reformatenmission in Rußland: AFrH 27 (1934) 179—224; *A. V. Florovský*, Čeští Jesuité na Rusi (Prag 1941); *A. M. Ammann* a. a. O. 373—375 409—410 441—447 457—463; *J. Reinhold*, Die St. Petersburger Missionspräfektur der Reformaten im 18. Jh. (Florenz 1963); *B. Stasiewski*, Die kirchliche Organisation der deutschen katholischen Siedler in Rußland: Festschr. für Margarete Woltner zum 70. Geburtstag (Heidelberg 1967) 270—283.

[72] *A. V. Florovský* a. a. O. 149—167. [73] Ebd. 320—327.

schen der russischen und katholischen Kirche erbeten hatte, hielt mit einigen in seinem Dienst stehenden Katholiken, wie Vizeadmiral Matwej Zmajewitsch und Baumeister Carlo Bartolomeo Rastrelli, gute Beziehungen aufrecht. Gegen die unierten Katholiken, auf die er während seiner Kriegszüge in Weißrußland und Litauen stieß, zeigte er aber eine deutliche Abneigung. Er war empört, daß sich von den vier orthodoxen Bischöfen im Südosten Polen-Litauens drei (Przemyśl, Lemberg und Łuck) der Union von Brest angeschlossen hatten (1691 und 1702), und ließ 1706 den unierten, früher orthodoxen Bischof Dionysius Zabokricki von Łuck nach Rußland verschleppen, wo er 1715 im Gefängnis starb. Kurz vorher war es 1705 in Polock zu einem Wortwechsel zwischen Peter I. und unierten Basilianermönchen gekommen, der mit der Erschlagung von fünf Mönchen endete.

Als dem Heiligen Synod 1721 neben allen anderen nichtorthodoxen Christen auch die Katholiken unterstellt wurden, handelte es sich bei ihnen im wesentlichen um deutsche, französische, italienische und polnische Einwanderer. Die Unterdrückung der Orthodoxen in Polen-Litauen in der ersten Hälfte des 18. Jh. verstärkte in Rußland die antikatholische Grundhaltung. Kaiserin Elisabeth erlaubte den österreichischen Hilfstruppen 1746 und 1760 nur notgedrungen freie Religionsausübung. 1747 wurden die in Astrachan missionierenden Kapuziner ausgewiesen. Auf Grund des Siedlungsmanifestes von 1763 kamen etwa 6000 deutsche Katholiken in das Wolgagebiet von Saratow. Ihnen wurde der Bau von Kirchen gestattet, aber die Errichtung von Klöstern sowie Bekehrungsversuche bei Anhängern anderer christlicher Konfessionen verboten [74]. Die in St. Petersburg unter den Katholiken, die aus verschiedenen Nationen stammten, ausgebrochenen Streitigkeiten und die Anrufung staatlicher Stellen führten dazu, daß ihnen 1766 die livländische Abteilung des Justizkollegiums als Appellationsbehörde zugewiesen wurde. Dieses arbeitete für die katholischen Gemeinden ein Regulament aus, das 1769 veröffentlicht wurde. Es ordnete die Katholiken der Staatsaufsicht unter und verlieh den Laien einen entscheidenden Einfluß auf die Wahl der Geistlichen.

Nachdem sich in Polen-Litauen die Gegenreformation durchgesetzt und in der ersten Hälfte des 18. Jh. der Katholizismus als Staatsreligion die anderen christlichen Konfessionen zurückgedrängt hatte [75], lancierte Katharina II. ihren Günstling August Poniatowski auf den polnischen Königsthron (1764—95), griff durch ihren Gesandten Nikolaj Wasiljewitsch Graf Repnin wiederholt in die kirchlichen Verhältnisse im Nachbarlande ein und verhinderte von namhaften Geistlichen begonnene Reformen. So ließ sie z. B. 1767 die Bischöfe Kajetan Sołtyk von Krakau und Józef

[74] *R. Ryšavy* a. a. O. 185.

[75] *B. Stasiewski*, Reformation und Gegenreformation in Polen (Münster/Westf. 1960); *ders.*, Tausend Jahre polnischer Kirchengeschichte: Kirche im Osten 10 (1967) 48—67, bes. 55.

Andrzej Załuski von Kiew verhaften und nach Rußland deportieren, weil sie sich ihren Forderungen widersetzten. Durch die polnischen Teilungen (1772, 1793 und 1795) kamen große katholische Bevölkerungsschichten unter russische Herrschaft. Die Kaiserin fand in dem ehemaligen Calvinisten Stanisław Siestrzencewicz-Bohusz (1731—1826)[76], der durch ihre Protektion vom Weihbischof in Wilna zum Metropoliten des von ihr ins Leben gerufenen Erzbistums Mohilew aufstieg, einen willigen Helfer. Das neue Erzbistum, dem alle katholischen Seelsorgsstellen angegliedert wurden, mußte sich nach dem Regulament von 1769 richten. Nur die Jesuiten in Weißrußland konnten nach der offiziellen Auflösung ihres Ordens durch Clemens XIV. (1773) eine gewisse Selbständigkeit bewahren, weil sie sich bereitwillig der neuen Oberherrschaft als Erzieher zur Verfügung stellten. Trotz des Protestes der Nuntien Giovanni Andrea Archetti und Lorenzo Litta wurden alle katholischen Kirchengüter in den von Rußland besetzten Gebieten säkularisiert.

Gegen die unierten Katholiken ging Katharina II. rücksichtslos vor[76a]. Mit Ausnahme des Erzbistums Polock wurden alle unierten Bistümer aufgelöst. Moralischer Zwang und polizeiliche Maßnahmen vereinigten die Unierten wieder mit der Orthodoxie. Wer sich aufzulehnen wagte, wurde als aufsässig verurteilt. Als der unierte Metropolit Theodosius Rostockyj von Kiew nach St. Petersburg reiste, um Einspruch zu erheben, durfte er nicht zurückkehren. Die Bischöfe von Chelm und Wladimir und der Koadjutor von Łuck versuchten vergeblich, von der Kurie Hilfe zu erlangen. Der Basilianerorden wurde säkularisiert, seine Klöster und Besitzungen konfisziert. Durch die kirchenpolitischen Maßnahmen Katharinas II. verlor die unierte Kirche von 1773 bis 1796 acht Millionen Gläubige mit 9316 Pfarreien und 145 Basilianerklöstern. Auch im Raum von Polock machte sich der Druck der Regierung bemerkbar. Erzbischof Heraklius Lisowskyj mußte am 3. November 1795 in einem Hirtenschreiben bekanntgeben, niemand dürfe denjenigen, die zur Orthodoxie übertreten wollten, Hindernisse in den Weg legen.

Unter Paul I. trat zunächst eine Erleichterung ein. Der ehemalige Warschauer Nuntius Lorenzo Litta, der 1797 als päpstlicher Legat an der Kaiserkrönung in St. Petersburg teilnahm, überreichte eine Denkschrift über die verzweifelte Lage der Unierten und die päpstlichen Wünsche zur Besserung der Verhältnisse der katholischen Kirche beider Riten in Rußland. Der Kaiser ließ sich auf keine Verhandlung ein, zog aber die Abhängigkeit der Katholiken von der Abteilung für livländische und estnische Sachen, die er am Anfang seiner Regierung verfügt hatte, zurück und unterstellte sie einem eigenen Departement des Justizkollegiums. Er ordnete von sich aus

[76] *A. A. Brumanis,* Aux origines de la hiérarchie latine en Russie. Mgr Stanislas Siestrzencewicz-Bohusz (Löwen 1968).

[76a] *J. Madey,* Kirche zwischen Ost und West (München 1969) 100—110.

die Eingliederung von sechs Suffraganbistümern in das Erzbistum Mohilew an, bestätigte das unierte Erzbistum Polock und errichtete die aufgehobenen unierten Bistümer Łuck und Brest wieder, um die in Wolhynien und Weißrußland ausgebrochenen Unruhen aufzufangen. Im November 1798 gab er ein Regulament für die katholische Kirche des lateinischen und unierten Ritus heraus. Nach Ausweisung Lorenzo Littas ernannte er Erzbischof Stanisław Siestrzencewicz-Bohusz zum Oberhaupt der katholischen Kirche in Rußland. Eine Ministerialinstruktion erläuterte das kaiserliche Dekret dahin, das ganze „Äußere" der Kirche werde vom Staat beansprucht und nur das „Religiöse" gehöre zur Suprematie des Papstes [77].

Parallel zu der Entwicklung in West-, Mittel- und Südeuropa, wo sich das Staatskirchentum weithin durchgesetzt hatte, war auch in Osteuropa der absolute Führungsanspruch des Staates über die Kirchen eine Realität geworden, der sich weder die orthodoxe Kirche noch die anderen christlichen Gemeinschaften entziehen konnten.

14. Kapitel

Die selbständigen und die mit Rom unierten Ostkirchen

BIBLIOGRAPHIEN: *J. T. Dorosh,* The Eastern Orthodox Church, a bibliography of publications printed in the Roman Alphabet with indication of location (Washington/D.C. 1946); *A. Salmasliam,* Bibliographie de l'Arménie (Paris 1946); *D. T. Andrews,* The Eastern Orthodox Church, a bibliography (New York 1953); *D. Attwater,* A List of Books about the Eastern Churches (Newport/R.I. 1960); *A. S. Hernández,* Iglesias de Oriente, II: Repertorio bibliográfico (Santander 1963); *I. Doens,* Bibliographie de la Sainte Montagne de l'Athos: Le millénaire du Mont Athos 963—1963 II (Chevetogne 1964) 337—495. — Vgl. auch die Bibliographien: OstKSt (1951 ff).

LITERATUR: *M. Spinka,* A History of Christianity in the Balkans (Chicago 1933); *F. Heiler,* Urkirche und Ostkirche (München 1937; Neudr. München 1969); Ekklesia X: Die Orthodoxe Kirche auf dem Balkan und in Vorderasien. Die orthodoxen Patriarchate von Konstantinopel, Alexandrien, Antiochien, Jerusalem und das Erzbistum von Cypern (Leipzig 1941); *W. de Vries,* Der christliche Osten in Gesch. und Gegenwart (Würzburg 1951); *R. Janin,* Les églises orientales et les rites orientaux (Paris [4]1955); *D. Attwater,* The Christian Churches of the East, 2 Bde (Milwaukee 1961/62); Hdb. der Orientalistik, hrsg. von *B. Spuler,* Abt. 1 VIII/2: Religionsgeschichte des Orients in der Zeit der Weltreligionen (Leiden - Köln 1961; Lit.); *A. S. Atiya,* A History of Eastern Christianity (London 1968); *A. J. Arberry,* Religion in the Middle East, Three Religions in Concord and Conflict, 2 Bde (Cambridge 1969).

Patriarchat Konstantinopel: *G. M. Drabadjeglon,* Gesch. und Verfassung des Ökumenischen Patriarchats: Ekklesia X 45—59; *G. Every,* The Byzantine Patriarchate (London 1947); *G. Zananiri,* Histoire de l'Église byzantine (Paris 1954); *F. W. Fernau,* Patriarchen am Goldenen Horn, Gegenwart und Tradition des orthodoxen Orients (Opladen 1967); *A. Th. Khoury,* Die Einstellung der Byzantinischen Kirche zur islamitischer

[77] *A. M. Ammann* a. a. O. 461.

Welt nach dem Fall von Konstantinopel: Concilium 3 (1967) 538—543; *E. v. Ivánka,* Rhomäerreich und Gottesvolk. Das Glaubens-, Staats- und Volksbewußtsein der Byzantiner und seine Auswirkung auf die ostkirchlich-osteuropäische Geisteshaltung (München 1968); *St. Runciman,* The Great Church in Captivity (Cambridge 1968), dt.: Das Patriarchat von Konstantinopel vom Vorabend der türkischen Eroberung bis zum griechischen Unabhängigkeitskrieg (München 1970).

Patriarchate Alexandrien, Antiochien, Jerusalem: *C. Korolewski,* Histoire des patriarcats melkites II—III (Rom 1910/11); *T. E. Dowling,* The Orthodox Greek Patriarchate of Jerusalem (London [2]1913); *G. Bardy,* L'Église d'Antioche (Paris 1918); Patriarch *Alexandros,* Das Patriarchat von Antiochien: Ekklesia X 80—92; *K. Meliaras,* Die Kirche von Jerusalem: Ekklesia X 106—114; *E. Michailides,* Gesch., Verfassung und Statistik des Patriarchats von Alexandrien: Ekklesia X 71—79; *T. Mosconas,* Das griechisch-orthodoxe Patriarchat von Alexandrien: Kyrios NF 1 (1960/61) 129—139; *I. Totzke,* Die alten Patriarchate Alexandrien, Antiochien und Jerusalem: Una Sancta 14 (1959) 300—307, 15 (1960) 203—212.

Unierte Kirchen: *B. Homsy,* Les capitulations et la protection des chrétiens au Proche-Orient aux XVIe, XVIIe et XVIIIe siècles (Harissa 1956); *D. Attwater,* The Christian Churches II; *I. Seggiano,* L'opera dei cappuccini per l'unione dei Cristiani nel Vicino-Oriente durante il secolo XVIII (Rom 1961); *J. Hajjar,* Les chrétiens uniates du Proche-Orient (Paris 1962); *F. Heyer,* Die katholische Kirche vom Westfälischen Frieden bis zum Ersten Vatikanischen Konzil: Die Kirche in ihrer Gesch. IV (Göttingen 1963) Lieferung N 175—195; *W. de Vries* unter Mitarbeit von O. *Bârlea, J. Gill, M. Lacko,* Rom und die Patriarchate des Ostens (Freiburg-München 1963); *J. Hajjar,* Die Kirche im Nahen Osten: Gesch. der Kirche IV (Einsiedeln-Zürich-Köln 1966) 347—390 (Lit.); *J. Madey,* Kirche zwischen Ost und West (München 1969).

Nach der Eroberung Konstantinopels durch die Türken 1453 erreichte das Reich der Osmanen unter Selim I. (1512—20) mit der Ausdehnung nach Syrien und Ägypten, unter Soliman I. (1522—66) mit Vorstößen nach Südosteuropa, in den Mittelmeerraum und nach Asien den Höhepunkt seiner Machtausdehnung, die sich von Algerien und Tunesien bis zum Persischen Golf erstreckte. Seit dem 17. Jh. setzte unter dem Druck der Republik von Venedig, der Habsburger, Polen-Litauens und des aufsteigenden Rußlands sowie durch innere Krisen ein allmählicher Niedergang ein. Es gelang den Sultanen, den Islam in den Balkanländern zu verbreiten und in ihrem drei Kontinente umspannenden Reich zu sichern [1]. Der Koran wurde nicht nur als religiöses Gesetzbuch, sondern auch für das politische und kulturelle Leben als verbindlich angesehen. Die „Ungläubigen", die sich zum Glauben Mohammeds nicht bekannten, mußten als Rajah (weidende Herde) dem Sultan Kopf- und Grundsteuer zahlen, sie wurden als minderberechtigte

[1] *G. Vismara,* Bisanzio e l'Islam, per la storia dei trattati tra cristianità orientale e le potenze musulmane (Mailand 1950); *T. Papadopoulos,* Studies and Documents Relating to the Greek Church and People under Turkish Domination (Brüssel 1952); *B. Homsy,* Les capitulations et la protection des chrétiens au Proche-Orient aux XVIe, et XVIIe et XIIIe siècles (Harissa 1956); *A. Bombaci,* Das osmanische Reich: Historia Mundi VII (Bern 1957) 439—485; *A. Fattal,* Le statut légal des nonmusulmans en pays d'Islam (Beirut 1958); *W. E. D. Allen,* Problems of Turkish Power in the XVIth Century (London 1963); *A. J. Arberry* a. a. O. II 1—362; Atlas zur Kirchengesch. (Freiburg 1970) Karten 72 u. 96 A.

Untertanen nur geduldet. Die Muslims als Vertreter der herrschenden Religion bezeichneten die andersgläubigen Religionsgemeinschaften als millet. Dieser Begriff findet sich schon im Koran für die Juden (Abrahams millet), er erfuhr später im Türkischen einen säkularisierten Bedeutungswandel zur Nation. So wurden die orthodoxen Christen im rum milleti, die monophysitischen Christen im ermeti milleti zusammengefaßt, zu dem neben Armeniern auch Kopten und Jakobiten gerechnet wurden. Verantwortlich für jede dieser Selbstverwaltungskörperschaften war das dem Sultan direkt unterstellte religiöse Oberhaupt (millet basi). Der ökumenische Patriarch, dessen Millettitel die Griechen frei mit „Ethnarch" übersetzten, war der bedeutendste. Er konnte seine kirchenpolitische Macht durch Anlehnung an das Sultanat stabilisieren. Für die kleinen Bevölkerungsgruppen der Katholiken der verschiedenen unierten Riten und der zahlenmäßig noch geringeren des lateinischen Ritus, besonders im Heiligen Land, traten Päpste, französische Diplomaten und seit dem Ende des 17. Jh. die deutschen Kaiser ein. An der russischen Regierung fanden einige orthodoxe Kirchen pekuniäre und politische Hilfe. Diese Tatsachen trugen dazu bei, daß das vom Islam geprägte Osmanische Reich einzelnen christlichen Gemeinschaften gewisse Rechte garantierte. Weithin blieben aber die von Rom getrennten wie die mit Rom verbundenen Ostkirchen der Willkür der Sultane und ihrer Beamten ausgesetzt. Zahlreiche Abfälle vom Christentum zum Islam waren die Folge.

Die selbständigen Ostkirchen

Neben den vier im christlichen Altertum entstandenen Patriarchaten des Ostens[2], den im Mittelalter errichteten Patriarchaten in Bulgarien und Serbien, dem 1589 gegründeten Moskauer Patriarchat[3], den orthodoxen Kirchen auf Zypern und dem Berge Sinai gehören zu den selbständigen Ostkirchen die morgenländischen Nationalkirchen der orthodoxen Georgier, der Nestorianer und Monophysiten; bei diesen sind die Kirchen der Jakobiten, der Thomaschristen, der Kopten, Äthiopier und Armenier zu unterscheiden.

Die orthodoxen Kirchen

Von den vier morgenländischen Patriarchaten gewann das jüngste von Konstantinopel in der Mitte des 5. Jh. eine führende Stellung, die es auch in der Neuzeit behaupten konnte. Mit der Ernennung des Patriarchen Gennadios Scholarios durch Sultan Mehmed II. 1454 verwandelte sich die Symphonie,

[2] *W. de Vries,* Die Patriarchate des Ostens, bestimmende Faktoren bei ihrer Entstehung: I patriarcati orientali nel primo millennio (Rom 1968) 13—36.
[3] Siehe oben Kap. 13.

die ein Jahrtausend lang zwischen Kaisertum und Patriarchatskirche in Byzanz bestanden hatte, in eine vom Staat diktierte Abhängigkeit. Jeder neugewählte Patriarch hatte um die Bestätigung des Sultans nachzusuchen, für die er erhebliche Summen aufbringen mußte. Seit dem Ende des 15. Jh. wurden von ihm jährlich Steuerzahlungen verlangt, die er zum großen Teil nur durch Verkauf geistlicher Würden decken konnte. Die dem Patriarchen ausgestellte staatliche Bestätigung in Form eines Investiturerlasses umriß jeweils seine kirchenpolitischen Befugnisse. Als verantwortlicher Leiter der orthodoxen Bevölkerung erhielt er durch das Milletsystem richterliche und polizeiliche Vollmachten, durch seine politische Funktion als Ethnarch galt er als Statthalter des Sultans und besaß den Rang eines Paschas mit drei Roßschweifen. Die Nachteile dieser engen Bindung an die Hohe Pforte äußerten sich in der ungesicherten Stellung der Patriarchen. Von 162 zur Zeit der Osmanen regierenden „Erzbischöfen von Konstantinopel, dem Neuen Rom, und Ökumenischen Patriarchen", wie ihr offizieller Titel seit 588 lautete, starben nur 22 in ihrem Amt[4]. Viele von ihnen, besonders im 17. Jh., wurden vom Sultan abgesetzt und wieder eingesetzt[5], einige auf seinen Befehl hingerichtet, so daß ihre durchschnittliche Regierungszeit zwischen 1453 und 1821, dem Beginn des griechischen Freiheitskampfes, nur zweieinhalb Jahre betrug. Von 1625 bis 1700 wurde das Patriarchat fünfzigmal neu besetzt, im 18. Jh. lösten sich 48 Patriarchen im Laufe von 73 Jahren ab.

Nachdem die Hagia Sophia zu einer Moschee umgestaltet worden war, bestimmten die Patriarchen das Kloster der Pammakaristos zur Patriarchatskirche und verlegten ihre Residenz in die Klostergebäude (1456—1586). Da die Umgebung fast nur von Türken bewohnt wurde, nahmen sie nach vorübergehendem Unterkommen im Palast des Fürsten der Walachei um 1600 ihren Sitz in dem griechischen Stadtteil Phanar, wo sie die Georgskirche zur Patriarchatskirche erhoben. Der Phanar ist mit dem Vatikan vergleichbar. In ihm tagten die großen Synoden, auf denen alle Probleme in Anwesenheit möglichst vieler Erzbischöfe und Bischöfe entschieden wurden und an denen häufig die anderen orthodoxen Patriarchen oder ihre Vertreter teilnahmen. Die an der Verwaltung der Kirche beteiligten Laien stiegen zu der einflußreichen Schicht der sogenannten Phanarioten auf, die in der Moldau und Walachei die osmanische Staatsverwaltung stärkten und die Gräzisierung der orthodoxen Kirche auf dem Balkan erstrebten.

Die Verselbständigung der russischen Patriarchatskirche unter dem Patriarchen Jeremias II. (1589), der Abschluß der Union von Brest (1595/96), die Aktionen der Kurie zur Gewinnung von Orthodoxen, die sich u. a. in

[4] *F. W. Fernau* a. a. O. 73.

[5] Patriarch Kyrillos Lukaris sogar siebenmal: 1612, 1621—23, 1623—30, 1630—33, 1633—34, 1634—35, 1637—38. Nach seiner letzten Absetzung wurde er auf dem Wege in die Festung Rumelī Hisārī von türkischen Soldaten erdrosselt.

der Gründung von Kollegien für Ostkirchen in Rom zeigten, das Auftauchen von Jesuiten und Kapuzinern in Konstantinopel und an anderen Orten zwangen die Orthodoxen zu Überlegungen, wie sie der römischen Propaganda für die Union und ihrer Missionspolitik begegnen sollten. Im Zeitalter der inneren Erneuerung der katholischen Kirche und der Gegenreformation suchten die Protestanten Kontakte zur Orthodoxie[6]. Der gelehrte ökumenische Patriarch Kyrillos Lukaris (1624—38 mit vier kurzen Unterbrechungen)[7], der 1596 als Vertreter des Patriarchen von Alexandrien auf der Synode von Brest anwesend und 1602—20 Patriarch von Alexandrien gewesen war, entnahm den Werken Calvins Argumente in seinem Kampf gegen Rom; er hoffte, die gemeinsame Frontstellung der Orthodoxen und Calvinisten würde eine Vereinigung im wahren Glauben herbeiführen. Seine Beziehungen zu Cornelius Haga, dem niederländischen Gesandten in Konstantinopel (1621—39), und Antoine Léger, der als Prädikant an dieser Gesandtschaft (1628—36) wirkte, vertieften seine Kenntnisse der protestantischen Bekenntnisschriften. Er wollte die orthodoxe Kirche reformieren und verfaßte eine Confessio fidei, die 1629 in Genf in lateinischer Sprache und ebendort 1633 in griechischer Übersetzung veröffentlicht wurde. Gleichzeitig erschienen eine englische und vier französische Übersetzungen[8]. In diesem Glaubensbekenntnis gab er wesentliche Dogmen der Ostkirche preis; er bekannte sich zur Lehre von der sola scriptura, leugnete die Realpräsenz Christi in der Eucharistie, bedauerte die Verehrung der Ikonen und bezeichnete die Anrufung von Heiligen als Idolatrie. Die Opposition gegen Kyrillos Lukaris wurde von dem Metropoliten Kontares von Berhoia geleitet, der ihn als Patriarch Kyrillos II. Kontares mehrfach ablöste (1633, 1635/36 und 1638/39)[9], unterstützt vom Vatikan, von französischen und kaiserlichen Diplomaten. Die Beschuldigung, Kyrillos Lukaris habe landesverräterische Verbindungen mit dem Zaren angeknüpft, führte zu seinem endgültigen Sturz, er wurde zum Tode verurteilt. Drei Monate danach am 24. September 1638[10] wurde seine Confessio fidei auf einer großen Synode in Konstantinopel abgelehnt, an der die Patriarchen von Konstantinopel, Alexandrien und Jerusalem, 21 Metropoliten und 24 andere Geistliche teilnahmen. 1640 entwarf der Metropolit Petrus Mogilas von Kiew eine Confessio orthodoxa, die gegen die calvinistischen Anschauungen des Kyrillos Lukaris Stellung nahm und den orthodoxen Standpunkt ver-

[6] *E. Benz,* Wittenberg und Byzanz. Zur Begegnung und Auseinandersetzung der Reformation mit der östlich-orthodoxen Kirche (Marburg 1949).

[7] *R. Belmont,* Le patriarche Cyrille Lukaris et l'union des églises: Irénikon 15 (1938) 342—363 535—553; *G. A. Hadjiantoniou,* Protestant Patriarch. The life of Cyril Lucaris (1572—1638), patriarch of Constantinople (London 1961); *G. Hering,* Ökumenisches Patriarchat und europäische Politik 1620—1638 (Wiesbaden 1968; Lit.).

[8] *G. Hering* a. a. O. 188. — Vgl. auch *Jugie* I 505—507.

[9] *G. Hering* a. a. O. 427. [10] *Mansi* XXXIV 1719—21.

trat. Sie wurde, durch den griechischen Theologen Meletios Syrigos aus dem Lateinischen ins Griechische übersetzt, auf der Synode in Jassy 1642 und auf der Synode in Konstantinopel 1643 [11] von allen morgenländischen Patriarchen angenommen. Die Ansätze des Kyrillos Lukaris, die Orthodoxie zu erneuern, sie von angeblichen Verfälschungen durch „papistische Neuerungen" zu reinigen und eine Annäherung an den Protestantismus herzustellen, waren gescheitert. Die Reorganisation des Patriarchates von Konstantinopel, die Einrichtung einer Druckerei und die Übersetzung des Neuen Testamentes in die griechische Volkssprache blieben in ihren Anfängen stecken; nur die Pläne zur Reform der Priesterausbildung wurden später weiterentwickelt. Sein Versuch, den Phanar in das komplizierte Ringen der europäischen Diplomatie einzuschalten, um neben der Hohen Pforte, dem Vatikan, den katholischen und protestantischen Mächten Gegenwart und Zukunft der Christenheit zu beeinflussen, mißglückte. Das ökumenische Patriarchat blieb abhängig vom Sultanat. Kyrillos II. Kontares wurde schon 1639 abgesetzt, verhaftet, nach Nordafrika deportiert und 1640 erdrosselt.

Unter der Aufsicht des Staates bemühten sich die nächsten Patriarchen, den Bestand ihres Jurisdiktionsbereiches zu bewahren und im Gebiet des heutigen Albanien, Jugoslawien, Bulgarien, Rumänien und Griechenland auszubauen. Um 1700 unterstanden ihnen 63 Metropoliten, 18 exemte Erzbischöfe und 70 Bischöfe. Während im 16. Jh. noch auf dem Balkan slawische Sprachen dominierten, förderte die neue Oberschicht das Griechische. Stellten zunächst gräzisierte Familien die höheren kirchlichen Würdenträger, so wurden seit dem Ende des 17. Jh. fast nur Griechen Bischöfe. Der Phanar zielte auf Beseitigung der Selbständigkeit der orthodoxen Balkankirchen. 1766 wurde das serbische Patriarchat von Ipek beseitigt, 1767 die Autokephalie des bulgarischen Erzbistums Achrida vom Sultan Mustafa III. aufgelöst; sie wurden dem ökumenischen Patriarchat eingegliedert, das für ihre Gräzisierung sorgte. Die türkische Bezeichnung für ihren Herrschaftsbereich in Europa Rumeli, Land der Rum (Griechen), schien gerechtfertigt. Patriarch Samuel Khanzeris (1763—68, 1773—1774), selbst ein phanariotischer Emporkömmling, dessen Bruder als Statthalter in der Walachei wegen Erpressungen vom Sultan abberufen und hingerichtet wurde, versuchte, durch die Bildung eines Ratskollegiums den Einfluß der Hohen Pforte auf die Wahl bzw. Ernennung der Patriarchen zu dämmen. Er konnte aber nicht verhindern, daß rivalisierende griechische Familien die Abhängigkeit des Patriarchates vom Sultan verstärkten, indem sie ihn als Schiedsrichter in ihrem Ringen um politische und kirchliche Positionen anriefen.

Die Anlehnung der ökumenischen Patriarchen an die Regierung des

[11] Ebd. XXXIV 1629—38; *Jugie* I 508—509; *G. Hering* a. a. O. 199 Anm. 103.

Osmanischen Reiches garantierte nur die äußere Sicherung, das innerkirchliche Leben konnte sich nicht entwickeln. Das Androhen der Todesstrafe für Übertritt zum Christentum, das Verbot der Errichtung neuer Gotteshäuser, der Abfall orthodoxer Gläubiger zum Islam waren bedrohliche Anzeichen. Demgegenüber setzten sich die Patriarchen für eine bessere Ausbildung des Klerus ein, sie gründeten, wie Kyrillos Lukaris (1627), Samuel Khanzeris (1767) und Gregor V. (1798), Druckereien. Vor allem bewahrten die Klöster das orthodoxe Erbe ihrer Vorväter. Die Mönche und Einsiedler auf dem Berge Athos [12], deren Privilegien von den Türken nicht angetastet und mit Hilfe der russischen Zaren bzw. Kaiser erweitert wurden, bildeten ein religiöses Zentrum, das von der Gesamtorthodoxie unterstützt wurde. Ihre Äbte unternahmen auch Bettelreisen im Abendland, wie z. B. Abakum Andriani, Abt des Klosters Iberon, am Anfang des 18. Jh. [13] Die 1743 entstandene Athonias-Schule beim Kloster Vatopädi war als eine Akademie gedacht; ihr Leiter, Eugenios Bulgaris (1753—57), bewährte sich als Herausgeber griechischer Autoren und Kontroversschriftsteller, die Schule konnte sich aber wegen des Widerstandes zahlreicher Mönche gegen jede höhere Bildung nicht recht entfalten.

Die Inhaber des ältesten der vier morgenländischen Patriarchatssitze trugen den Titel „Vater und Hirt, Papst und Patriarch der großen Stadt Alexandrien von Libyen, Pentapolis, Äthiopien, Vater der Väter, Hirt der Hirten, Bischof der Bischöfe, 13. Apostel und Richter des Erdkreises". Schon gegen Ende des 6. Jh. verblich der Glanz der alexandrinischen Großkirche des christlichen Altertums, da sich die meisten Gläubigen dem Monophysitismus unter einem eigenen koptischen Patriarchen anschlossen. Kopten und Melkiten (syrisch: malko; βασιλεύς), wie die Orthodoxen als Anhänger des byzantinischen Kaisers bezeichnet wurden, wurden von den Arabern in gleicher Weise unterdrückt. Die Anlehnung der melkitischen orthodoxen Patriarchen von Alexandrien, deren Anhang durch antichristliche Regierungsmaßnahmen weiter schmolz, an Byzanz brachte es mit sich, daß die altehrwürdige alexandrinische Liturgie von der byzantinischen verdrängt wurde. 1209—1316 residierten die Patriarchen in Konstantinopel und ließen sich in Alexandrien durch einen von ihnen bevollmächtigten Priester vertreten. Nach dem Fall der Kaiserstadt flohen viele Griechen nach Alexandrien. Patriarch Joachim Pany (1487—1567) stellte nach der Eroberung Ägyptens durch Sultan Selim I. gute Beziehungen zur türkischen Herrschaft her, aber seine Nachfolger gerieten in völlige Abhängigkeit von der Hohen Pforte und den ökumenischen Patriarchen. Sie nahmen ihren Wohnsitz zunächst in Konstantinopel, während ein Archimandrit die im

[12] Le millénaire du Mont Athos 963—1963, études et mélanges, 2 Bde (Chevetogne 1964); *P. Huber*, Athos. Leben, Glaube, Kunst (Zürich 1969).

[13] *H. de Greeve*, Neue Quellen zur ersten Reise des Athosabtes Abakum Andriani in Westeuropa: OstKSt 16 (1967) 325—333.

18. Jh. auf 5000 zurückgegangenen Gläubigen betreute. Im Phanar spielten einige Patriarchen von Alexandrien eine gewisse Rolle, wie Meletios I. Pegas (1590—1601), der 1597/98 auch das ökumenische Patriarchat verwaltete, der erwähnte Kyrillos Lukaris (1602—20), Gerasimos Spartaliotes (1620 bis 1639), der die ersten griechischen Schulen in Kairo und Alexandrien gründete, mit dem Moskauer Patriarchat und der anglikanischen Kirche in Verbindung stand, Paisios (1657—77), der an der Moskauer Synode 1666 gegen Nikon teilnahm, und Samuel Kapasulis (1710—23).

Auch die antiochenischen Patriarchen lehnten sich zur Zeit der Araberherrschaft und des Osmanenreiches eng an die Patriarchen von Konstantinopel an. Sie verlegten ihren Amtssitz seit dem Ende des 13. Jh. nach Damaskus, der Hauptstadt des arabischen Kalifates. 1516 mußten sie sich nach der Bezwingung Syriens durch Sultan Selim I. den Türken unterwerfen, die durch ihre Steuerforderungen die Schuldenlast des Patriarchates erhöhten. Die Patriarchen Joachim V. (1584—87) und Makarios III. (1647 bis 1672) unternahmen Reisen nach Rußland, um Geldspenden zu sammeln. Im 17. Jh. erzielten Jesuiten und Franziskaner Unionserfolge. Erzbischof Euthymios von Sidon und Tyrus bekannte sich 1683 zum Katholizismus, er leitete die Entstehung eines eigenen melkitischen unierten Patriarchates Antiochien ein (1724), dem sich viele orthodoxe Gläubige anschlossen. Erzbischof Euthymios wurde 1718 vom ökumenischen Patriarchen Jeremias III. exkommuniziert und vom Sultan verhaftet, König Ludwig XIV. erwirkte seine Freilassung. 1724—1851 sorgte der Phanar dafür, daß nur Griechen als Patriarchen amtierten, die in der arabischsprechenden Bevölkerung mit den Monophysiten und Unierten um Einfluß rangen.

Die ursprünglich dem Patriarchat Antiochien unterstellte Insel Zypern [14] bewahrte ihre vom Konzil von Ephesus bestätigte Autokephalie über ein Jahrtausend durch alle politischen und kirchenpolitischen Wirren bis ins 16. Jh. Als die Türken 1571 die Insel besetzten, führten sie auch hier das Milletsystem ein und ernannten den Erzbischof zum Ethnarchen für die dort lebenden Griechen, die vor allem im 17. Jh. unter dem Druck der neuen Herrschaft zu leiden hatten. Die Synode von Leukosia verurteilte 1668 unter Erzbischof Nikephoros die calvinistischen Anschauungen des Patriarchen Kyrillos Lukaris. In ihrer Isolierung näherten sich die Erzbischöfe wieder den Patriarchen von Antiochien, von denen sie bis 1860 den heiligen Myron empfingen.

Den Patriarchenstuhl von Jerusalem bestiegen seit 1543 ebenfalls nur Griechen, die seit der Eingliederung Palästinas in das Osmanische Reich durch Selim I. politisch und kirchlich unter dem Einfluß Konstantinopels standen. Der Sultan überließ ihnen, die der „Bruderschaft vom Heiligen

[14] *Hippolytos*, Die Autokephale Apostolische Orthodoxe Kirche Cyperns: Ekklesia X 117—129.

Grabe" vorstanden, die volle Verfügungsgewalt über die heiligen Stätten in Jerusalem und Bethlehem; sie wurde ihnen von mehreren christlichen Gemeinschaften bestritten. Patriarch Germanos Peloponnesios (1534—79) und viele seiner Nachfolger unternahmen häufig Reisen zu den Zentren des orthodoxen Christentums, um Gelder für die Wallfahrtsorte zu sammeln, für deren Erhaltung sich neben dem ökumenischen Patriarchen die geistlichen Fürsten der Walachei und Moldau einsetzten. Für den Besitz der heiligen Stätten warben besonders die Patriarchen Theophanes III. (1608—44), Paisios (1645—60), Nektarios (1660—69) und Dositheos II. (1669 bis 1707)[15], der sich in der Gesamtorthodoxie eines großen Ansehens erfreute. Er gründete eine griechische Druckerei, um dem Einfluß der römisch-katholischen und unierten Propaganda zu begegnen. 1672 ließ er auf einer Synode von Bethlehem-Jerusalem[16] die Ablehnung der Confessio fidei des Kyrillos Lukaris erneuern, die durch eine Synode in Konstantinopel im gleichen Jahre bestätigt wurde[17]. Den Kampf um die heiligen Stätten führten die Patriarchen Chrysanthos (1707—31) und Parthenios (1737—66) weiter, denen es gelang, die seit 1689 von Franziskanern verwalteten Wallfahrtsorte wiederzuerlangen. Am Anfang des 17. Jh. gehörten zum Patriarchat sechs Metropoliten, sieben Erzbischöfe und ein Bischof, die meisten wohnten in Jerusalem, vier in ihren kleinen Eparchien, einer im Kloster auf dem Berge Sinai. Unter Patriarch Anthimos (1788—1808) intensivierte die 1736 entstandene Patriarchatsschule ihre Lehrtätigkeit.

Eng verbunden mit dem Patriarchat von Jerusalem war die kleine orthodoxe Kirche auf dem Berge Sinai. An ihrer Spitze stand ein Erzbischof, der gleichzeitig Abt des St.-Katharina-Klosters war[18]. Die Mönche dieses Klosters, das, durch eine Mauer gegen die Beduineneinfälle gesichert, in seinen Anlagen neben der Kirche eine berühmte Bibliothek mit wertvollen griechischen, georgischen und slawischen Handschriften sowie eine Pinakothek mit alten Ikonen besaß, erhielten vom Sultan Selim I. und dessen Nachfolgern Schutzbriefe. Ihr Abt-Erzbischof pflegte gute Beziehungen zu den Patriarchen von Alexandrien und Jerusalem und zu den orthodoxen Griechen auf der Insel Kreta. Die Mönche vom Berge Sinai errichteten in Herakleion auf Kreta eine Schule, aus der der alexandrinische Patriarch Meletios Pegas und der unter dem Namen El Greco bekannte Maler Domenikos Theotokopoulos (1548—1614) hervorgingen. Da die Patriarchen von Alexandrien und Antiochien sich ihre Jurisdiktion über das Erzbistum Sinai gegenseitig bestritten, erklärte die Synode von Konstantinopel 1575 die Kirche für autokephal; 1782 wurde diese Regelung von allen morgenländischen Patriarchen anerkannt. Der Patriarch von Jerusalem erteilte dem jeweiligen Abt von Sinai die Bischofsweihe.

[15] *A. Palmieri*, Dositeo, Patriarca greco di Gerusalemme (Florenz 1909).

[16] *Mansi* XXXIV 1651—1776; *Jugie* I 509—510. [17] *Mansi* XXXIV 1777—90.

[18] *H. L. Rabino*, Le monastère de Saint-Catherine du Mont Sinai (Kairo 1938).

Während die Kirche auf dem Berge Sinai im Süden des Osmanischen Reiches ihre Selbständigkeit erreichte, ging sie der bulgarischen und serbischen Kirche auf dem Balkan verloren. Dort hatte die byzantinische Reichskirche seit dem frühen Mittelalter große Missionserfolge erzielt. Die orthodoxen Bulgaren besaßen 927—1018 und 1235—1393 ein eigenes Patriarchat mit dem Sitz in Achrida bzw. Trnovo. Nach der Eroberung Bulgariens durch die Türken 1393 unterstanden sie dem selbständigen Erzbistum Achrida, das in den nächsten Jahrhunderten immer stärker unter die Abhängigkeit des ökumenischen Patriarchats geriet[19]. Bulgarische Aufstände (1595 und 1688) gegen die türkische Herrschaft verschärften die Spannungen, die sich zwischen den an der nationalen Tradition festhaltenden Klöstern und dem vom Phanar eingesetzten hohen Klerus entwickelten. Auf Anordnung des Sultans Mustafa III. wurde 1767 das Erzbistum dem Patriarchat von Konstantinopel eingegliedert; die kirchenslawischen Bücher wurden entfernt und durch griechische ersetzt. Die bulgarische Sprache und Literatur wurden durch die griechische Hegemonie unterdrückt, die kirchliche Verwaltung lag völlig in Händen von Griechen. Die gleiche Entwicklung vollzog sich in den unter türkischer Oberhoheit stehenden Fürstentümern Moldau und Walachei, wo sich zwar seit 1648 die rumänische Liturgiesprache auszubreiten begann, aber der griechische Einfluß seit dem 18. Jh. maßgebend blieb.

Auch die serbische Kirche büßte ihre Selbständigkeit ein. 1219 hatte sie ein eigenes Erzbistum und 1351 ein eigenes Patriarchat in Peć (Ipek) erhalten, 1459 wurde sie dem Erzbistum Achrida untergeordnet. 1557 erneuerte der Großwesir Mehmed Sokolović, ein zum Islam übergetretener Serbe, das Patriarchat und ernannte seinen Bruder, den Mönch Makarios, zum Patriarchen von Ipek. Serben und Griechen rangen in den nächsten beiden Jahrhunderten um diese Würde, die der Sultan den Meistbietenden übertrug[20]. 1690—1765 folgten 14 Patriarchen einander und vergrößerten die Schuldenlast des Patriarchates von Jahrzehnt zu Jahrzehnt. Die Auswanderung von 30 000 serbischen Familien mit dem Patriarchen Arsenije III. 1690 in die Gebiete, die von den Habsburgern den Türken abgenommen worden waren, und von einer ähnlich großen Zahl von Serben unter Arsenije IV. 1737 erhöhte die Anstrengungen des Phanars, nur verläß-

[19] *I. Snĕgarov,* Istorija na ochridskata archiepiskopija-patriarsija ot padeneto i pod turcitĕ do nejnoto uništoženie 1394—1767 (Sofia 1931); *A. P. Péchayre,* L'archevêché d'Ochrida de 1394 à 1767: ÉO 35 (1936) 183—204 280—323; *S. Zankow,* Die Bulgarische Orthodoxe Kirche in Gesch. und Gegenwart: IKZ 48 (1958) 189—208.

[20] *N. Djordjević,* Die Selbständigkeit der Serbischen Kirche (Diss. Bern 1922); *A. Hudal,* Die serbisch-orthodoxe Nationalkirche (Graz - Leipzig 1922) 21—38; *L. Hadrovics,* Le peuple serbe et son église sous la domination turque (Paris 1947); *Ch. Jelavich,* Some aspects of Serbian Religious Development in the eighteenth Century: CH 23 (1954) 144 bis 152; *V. Pospischil,* Der Patriarch in der Serbisch-Orthodoxen Kirche (Wien 1966) 32—45.

liche Griechen auf den Patriarchenstuhl und die Bischofssitze zu lancieren. Patriarch Samuel Khanzeris von Konstantinopel erlangte schließlich 1766 von Sultan Mustafa III. die Aufhebung des serbischen Patriarchates. Es wurde mit der Metropolie Prizren vereinigt und dem ökumenischen Patriarchat eingegliedert. Einige serbische Hierarchen wandten sich hilfeflehend an die Kaiserin Katharina II., hatten aber keinen Erfolg. Alle Bischofsstühle wurden mit Griechen besetzt. Nur der Metropolit von Cetinje in Montenegro, dessen Fürsten eine gewisse Selbständigkeit unter osmanischer Herrschaft errungen und enge Beziehungen zu Rußland angeknüpft hatten, entzog sich der Eingliederung in das Patriarchat von Konstantinopel; die orthodoxe Kirche in Montenegro wurde faktisch autokephal.

Durch die Aufhebung der nationalen serbischen und bulgarischen Kirchen in den Jahren 1766 und 1767 kamen alle christlichen Untertanen des Sultanates in Europa unter eine einheitliche geistliche Verwaltung. Der ökumenische Patriarch förderte überall den Gottesdienst in griechischer Sprache, ließ griechische Schulen errichten und festigte seine Position im gesamten Osmanenreich.

Daneben gab es nur noch eine zahlenmäßig starke autokephale orthodoxe Großkirche in Georgien[21], die sich im frühen Mittelalter vom Patriarchat Antiochien gelöst und seit dem Ende des 7. Jh. ein Katholikat gebildet hatte. Die byzantinische Herrschaft im 11. Jh. brachte eine Annäherung an die byzantinische Reichskirche, die sich u. a. in der Übernahme der byzantinischen Liturgie in georgischer Landessprache ausdrückte. Nach dem Zusammenbruch der politischen Selbständigkeit im späten Mittelalter kämpften Türken und Perser um Georgien, das zum größten Teil unter persische Oberhoheit geriet. Die Mehrheit der Bewohner blieb orthodox und widerstand den Islamisierungstendenzen ihrer Herrscher, wenn auch Abfälle im Grenzgebiet zu türkischen Volksstämmen bei Batum und an der Schwarzmeerküste erfolgten und ein sogenannter dritter Glaube aus der Vermischung von christlichen, islamischen und heidnischen Vorstellungen um sich griff. Der Katholikos war vom Wohlwollen der persischen Statthalter abhängig. Als sich der Katholikos Jesse 1754, der Sohn eines Teilfürsten, den Unionsbemühungen der Kapuziner und Theatiner öffnete, wurde er 1755 von einer Synode abgesetzt. König Erekle II. von Ostgeorgien (1744—98) suchte Anschluß an das orthodoxe Rußland, um seine Abhängigkeit von Persien zu lockern. Sein Bündnis mit Katharina II. (1783) leitete den Anschluß Georgiens an Rußland ein. Kaiser Alexander I. erklärte 1801 Westgeorgien und 1803 ganz Georgien zu russischen Provinzen. Der Katholikos Antonios II. (1788—1811) mußte abdanken und sich nach Rußland begeben. Das Katho-

[21] *M. Tamarati,* L'Église Géorgienne (Rom 1910); *M. Tarchnišvili,* Die Entstehung und Entwicklung der kirchlichen Autokephalie Georgiens: Kyrios 5 (1940/41) 177—193; *C. Toumanoff,* Introduction to Christian Caucasian History: Tr 15 (1959) 1—104.

likat wurde aufgelöst und die georgische Kirche einem russischen Exarchen (1817) mit dem Sitz in Tiflis anvertraut. Die Gründung russischer Klöster in Georgien sollte die Gläubigen der russischen Orthodoxie zuführen.

Die morgenländischen Nationalkirchen der Nestorianer und Monophysiten

Die im Mittelalter durch ihre Missionstätigkeit bis nach Persien, Turkestan, Tibet, Mongolei, China und an die Malabarküste in Indien ausgreifende nestorianische Kirche [22] wurde durch die Mongolen, besonders den Großchan Timur (1360—1405), auf die Berggebiete des nördlichen Kurdistan und des persischen Aserbeidschan am Urmiasee beschränkt [23]. Der nestorianische Katholikos bzw. Patriarch, der 750—1258 in Bagdad residiert hatte, verlegte 1504 seinen Wohnsitz in das Kloster Rabban Hormuzd bei Mossul. Seit der Mitte des 15. Jh. hatte sich der Brauch eingebürgert, das Katholikat vom Oheim auf den Neffen übergehen zu lassen. Nach dem Tode des Patriarchen Simon VII. bar Mamma verweigerte ein Teil des Klerus und der Laien seinem Neffen Simon VIII. Denha (1551—59) die Anerkennung und wählte an dessen Stelle Johannes Sulaga, den Abt des Klosters Rabban Hormuzd. Dieser konnte nicht zum Bischof geweiht werden, da es damals keine dazu berechtigten nestorianischen Metropoliten gab. Johannes nahm die schon im hohen und späten Mittelalter von Nestorianern angeknüpften Beziehungen zur Kurie auf, bekannte sich in Rom zum Primat, legte das katholische Glaubensbekenntnis ab, wurde zum Bischof geweiht und von Papst Julius III. 1553 zum Patriarchen der Chaldäer proklamiert. Bei seiner Rückkehr in die Heimat wurde er von den Türken verhaftet, die seit 1534 Herren des Zweistromlandes waren; er starb 1555 im Gefängnis. Von diesem unierten Patriarchat, das seinen Sitz in Diarbekr westlich des oberen Tigris hatte, löste sich 1672 Simon XIII. Denha und begründete ein eigenes, das sogenannte bergnestorianische Patriarchat mit dem Sitz in Kotschannes in Kurdistan. Daneben blieb das alte nestorianische Patriarchat bestehen, dessen Gläubige im Gegensatz zu den unierten Chaldäern als Assyrer bezeichnet wurden. Rücktritte unierter Patriarchen zum Nestorianismus und Übertritte nestorianischer Patriarchen zur Union steigerten die verworrene Situation innerhalb der etwa 40 000 Familien umfassenden Nestorianer.

Bei den vom Monophysitismus geprägten Gemeinschaften sind die Kirchen der westsyrischen Jakobiten, der Thomaschristen, der Kopten, Äthiopier und Armenier zu berücksichtigen.

[22] Atlas zur Kirchengesch. (Freiburg 1970), Karte 27.

[23] *A. R. Vine*, The Nestorian Churches (London 1937); *B. Spuler*, Die nestorianische Kirche: Hdb. der Orientalistik. Abt. 1 VIII/2 (Leiden-Köln 1961) 120—169; *P. Kawerau*, Die nestorianischen Patriarchate in der neueren Zeit: ZKG 67 (1955/56) 119—131; *A. S. Atiya* a. a. O. 237—302.

Die syrisch-jakobitische Kirche[24], die im 12. und 13. Jh. eine Zeit der Blüte erlebt hatte, zerfiel im späten Mittelalter infolge der Aufgliederung ihres Patriarchates in vier rivalisierende Mittelpunkte und litt unter dem Druck des Mongolenchans Timur. 1495 konnte die Einheit des Patriarchates unter Ignaz XII. Noah (1483—1509) wiederhergestellt werden, aber seinen Nachfolgern, die seit 1555 in Amida und seit dem 17. Jh. in Aleppo residierten, unterstanden nur etwa 20 Bistümer, deren Gläubige 1583 auf 50 000 Familien geschätzt wurden. Ihr Hauptsiedlungsraum lag in Tur-Abdin im Izlagebirge, wo Reste von ihnen bis zur Gegenwart leben. Erfolgreiche Unionsversuche in der zweiten Hälfte des 17. Jh. schwächten weiter den Bestand der Kirche, die gleichzeitig durch den Anschluß unierter Nestorianer in Südindien an den Patriarchen Ignaz XXIII. (1662—86) einen gewissen Zuwachs erhielt. Der Mangel an Ausbildungsstätten für Priester und Mönche ließ aber keine Weiterentwicklung der syrisch-jakobitischen Kirche im 18. Jh. zu.

Die nestorianischen Gläubigen in Südindien wurden wegen ihrer syrischen Kultsprache Surjani (Syrer) genannt, sie selbst bezeichneten sich als Thomaschristen[25] nach dem Apostel Thomas. Sie empfingen ihre Bischöfe vom nestorianischen Katholikos. Die unter portugiesischer Herrschaft im 16. Jh. zustande gekommene Union[26] und die Beschlüsse der Synode von Diamper (Urdiamperur) bei Cochin 1599 stießen auf erheblichen Widerstand. Der Archidiakon Thomas Palakomot nahm, als er in Rom 1637 vergeblich gegen die Vernichtung der meisten nestorianischen liturgischen Bücher und Latinisierungsmaßnahmen protestiert hatte, mit den nestorianischen, jakobitischen und koptischen Patriarchen Verbindung auf, um von ihnen einen Bischof zu erbitten. 1653 erklärten ihn zwölf Priester nach Handauflegung zu ihrem Metropoliten Mar Thomas I., der sich nachträglich vermutlich vom jakobitischen Bischof Mar Gregorios von Jerusalem die legale Bischofsweihe erteilen ließ. In einem offenen Brief entwickelte er die Richtigkeit des syrischen Glaubens und Ritus gegenüber der katholischen Kirche. Von den etwa 200 000 Thomaschristen schlossen sich ihm die meisten an, während nur ein kleiner Prozentsatz unter der Obödienz des aus Portugal stammenden römisch-katholischen Erzbischofs Franciscus Garcia SJ (1641

[24] *P. Kawerau*, Die jakobitische Kirche im Zeitalter der syrischen Renaissance (Berlin 1955); *B. Spuler*, Die westsyrische (monophysitische/jakobitische) Kirche: Hdb. der Orientalistik. Abt. 1 VIII/2 (1961) 170—216; *A. S. Atiya* a. a. O. 167—235.

[25] *E. Tisserant*, Eastern Christianity in India. A History of the Syro-Malabar Church from the earliest time to the present day (London - New York - Toronto 1957); *B. Spuler*, Die Thomas-Christen in Süd-Indien: Hdb. der Orientalistik. Abt. 1 VIII/2 (1961) 226 bis 239; *P. J. Podipara*, Die Thomas-Christen (Würzburg 1966); *N. J. Thomas*, Die Syrisch-Orthodoxe Kirche der Südindischen Thomas-Christen (Würzburg 1967); *A. S. Atiya* a. a. O. 357—388.

[26] *J. Glazik*, Der Missionsfrühling zu Beginn der Neuzeit: Hdb. der KG IV (1967) 629—630.

bis 1659)[27] blieb. Mit Mar Thomas I. setzte die Reihe der Metropoliten der Thomaschristen ein, die sich dem westsyrischen Patriarchat unterstellten. Mar Thomas II. (1670—86) und Mar Thomas IV. (1688—93) konnten nestorianische Rückgewinnungsversuche auffangen und die monophysitische Kirchenorganisation durch die Unterstützung der westsyrischen Patriarchen verfestigen, wenn auch ihr Ringen um Autonomie und die Unionsbemühungen der Jesuiten und Karmeliten im 18. Jh. Fortschritte erzielten. 1770 umfaßte ihre Kirche etwa 50 000 Gläubige in 32 Pfarreien unter dem Metropoliten Mar Thomas VI., der nach seiner Bischofsweihe 1772 den Namen Mar Dionysios I. (1765—1808)[28] annahm. Im gleichen Jahr trennte sich von ihm im Norden des christlichen Siedlungsgebietes eine Gemeinde, die die Abhängigkeit vom westsyrischen Patriarchat nicht anerkannte und sich zur autonomen Kirche von Annur erklärte. Der Wechsel eines erheblichen Teiles der ursprünglich nestorianischen Thomaschristen zum Monophysitismus erweist, daß dieser im 17. Jh. eine stärkere Ausstrahlungskraft als die nestorianische Kirche besaß. Metropolit Mar Dionysios I., der einer vornehmen katholischen Familie entstammte, aber von seinem monophysitischen Onkel Mar Thomas V. erzogen worden war, verhandelte mehrfach mit dem Apostolischen Vikar von Malabar wegen einer Union, legte 1799 wieder ein katholisches Glaubensbekenntnis ab, kehrte aber schon nach sechs Monaten zum Monophysitismus zurück.

Die im frühen Mittelalter sechs Millionen Christen umfassende koptische Kirche Ägyptens, die von den arabischen Eroberern nach dem arabisierten griechischen Wort Αἴγυπτος kibt (Kopten) genannt wurden, verlor im Laufe des Mittelalters durch die antichristlichen Maßnahmen islamischer Herrscher, besonders der Mamluken, und innere Zwistigkeiten an Bedeutung, sie machte um 1400 nur ein knappes Zehntel der sich zum Islam bekennenden arabischen Bevölkerung aus. Unter der Herrschaft der Türken 1517 bis 1798[29], die Mamlukenstatthalter in Kairo einsetzten, konnten die in Kairo residierenden Patriarchen den Verfall theologischer Bildung und den Rückgang der Zahl ihrer Gläubigen nicht aufhalten, die um 1700 auf 150 000 geschätzt wurden. Die meisten ihrer einst blühenden Klöster waren aufgelöst oder zerfielen. Die türkische Verwaltung verhinderte die Aufnahme von Kontakten zu anderen monophysitischen Kirchen, z. B. zur äthiopischen, die als staatsgefährlich geahndet wurden. In der zweiten Hälfte des

[27] *K. Werth,* Das Schisma der Thomaschristen unter Erzbischof Franciscus Garzia (Limburg a. d. Lahn 1937).

[28] *J. Kollaparambil,* Mar Dionysius the Great of Malabar, for the One True Fold: OrChrP 30 (1964) 148—192.

[29] *R. Strothmann,* Die Koptische Kirche in der Neuzeit (Tübingen 1932); *M. Cramer,* Das christlich-koptische Ägypten einst und heute (Wiesbaden 1959); *S. Chauleur,* Histoire des Coptes d'Égypte (Paris 1960); *B. Spuler,* Die koptische Kirche: Hdb. der Orientalistik. Abt. 1 VIII/2 (1961) 269—308; *A. S. Atiya* a. a. O. 99—101; *A. J. Arberry* a. a. O. II 423—453.

18. Jh. verdankte die koptische Kirche der politisch einflußreichen und wohlhabenden Familie Gauhari großzügige Stiftungen. Ibrahim Gauhari ließ alte koptische Handschriften abschreiben und schenkte sie verschiedenen von ihm wiederhergestellten Kirchen. Unter Markus VIII. (1796—1809) zeigten sich erste Anzeichen der Erneuerung des koptischen Patriarchates, die sich im 19. Jh. vertiefte. Er verlegte seinen Wohnsitz in das ihm von Ibrahim Gauhari überlassene Gelände in der Vorstadt von Kairo Ezbikije, wo er auch die bei den Straßenkämpfen mit den Franzosen 1798 verbrannte alte Klosterkirche des heiligen Markus wieder aufbaute.

Die monophysitische Staatskirche Äthiopiens[30] war vom koptischen Patriarchen abhängig, der ihr einen Metropoliten als Abuna (unser Vater) sandte. Dieser hatte u. a. die Aufgabe, den König (Negus) zu salben. Neben ihm hatte der Abt des Klosters Dabra Libanos als Hofbeichtvater, der seit dem 15. Jh. den Titel eines Etschege (des neben dem Thronassistenten Stehenden) führte, eine starke kirchenpolitische Stellung inne; ihm unterstanden alle Klostergüter. Die Verbindungen zur koptischen Mutterkirche waren wegen der Ausbreitung des Islams in Ägypten und Nubien nur locker. Negerstämme, die von den Rändern in das Innere des Landes vordrangen, und islamische Emirate vergrößerten die Isolierung. Als am Anfang des 16. Jh. neue Angriffe islamischer Teilfürsten erfolgten und die Osmanen von Massaua in Eritrea seit 1527 das Staatsgefüge Äthiopiens zu erschüttern drohten, wandte sich Negus Lebna Denghel (1508—40) an den Papst und den König von Portugal, der zur Sicherung des Seeweges um Afrika zu den indischen Besitzungen Stützpunkte suchte. Es gelang ihm und seinen Nachfolgern, mit portugiesischer Hilfe den fanatischen islamischen Eindringling Ahmad ibn Ibrahim al Ghazi, der viele Kirchen und Klöster zerstörte, zu besiegen. Die mit den Portugiesen ins Land gekommenen Jesuiten wurden vom Negus Claudius (1540—59) ausgewiesen. Ein halbes Jahrhundert später bekehrte der Jesuitenpater Pedro Páez (1569—1622) den Negus Atnas Sagas (Za Denghel) kurz vor seinem Tode zum Katholizismus und gewann dessen Nachfolger Malak Sagad III. (Susenyos) (1607—32) für den Abschluß einer Union. Die Proteste des Abuna gegen die Union und den von König Philipp IV. von Spanien designierten und von Papst Urban VIII. bestätigten Patriarchen von Äthiopien Alonso Mendes SJ sowie Aufstände gegen die von den Portugiesen vorgenommenen Latinisierungsmaßnahmen des äthiopischen Kirchenwesens zwangen den Negus zur Abdankung. Sein Nachfolger Fasiladas (Basilides) (1632—67) hob die Union auf. Er vertrieb alle Missionare und verbot unter Todesstrafe katholischen Geistlichen, den Boden Äthiopiens zu betreten. Die Unionsansätze

[30] *H. M. Hyatt,* The Church of Abyssinia (London 1928); *B. Spuler,* Die äthiopische Kirche: Hdb. der Orientalistik. Abt. 1 VIII/2 (1961) 309—324; *E. Hammerschmidt,* Äthiopien. Christliches Reich zwischen gestern und morgen (Wiesbaden 1967); *A. S. Atiya* a. a. O. 146—166; *A. J. Arberry* a. a. O. II 454—481.

blieben für die äthiopische Kirche eine Episode, die in verschiedenen in der Umgangssprache des Amharischen verfaßten Schriften ihren Niederschlag fand. Nach der Wiederherstellung der Verbindung mit der koptischen Kirche (1632) verstärkte sich die schon früher nachweisbare Übersetzungstätigkeit theologischer und juristischer arabischer Werke, die aber im 18. Jh. wegen der Kämpfe mit dem hamitischen Hirtenvolk der Galla und Bürgerkriegen ihr Ende fand. Die bereits im Mittelalter in rivalisierenden Mönchsschulen diskutierte Frage, ob Jesus Christus seine göttliche Natur schon bei der Geburt oder erst bei der Taufe am Jordan (unctio, Salbung) erhalten habe, hatte in der Mitte des 17. Jh. die beiden Parteien der Unionisten und der Unctionisten entstehen lassen. Um 1740 behauptete eine dritte Gruppe, Jesus sei Gesalbter, Salbung und der Gesalbte zugleich. Diese und andere christologische Streitigkeiten erstreckten sich bis ins 19. Jh., wobei mit gegenseitigen Beschuldigungen arianischer, nestorianischer und kryptokatholischer Irrlehren nicht gespart wurde. Es kam zu turbulenten Disputationen und vorübergehender Vorherrschaft der einen oder anderen Richtung, die vom Abuna, von Gaufürsten oder vom Negus, mitunter nach blutigen Kämpfen, zum Siege geführt wurden. Der monophysitische Grundgedanke von der einen Natur in Christus erwies sich aber stärker als die Auseinandersetzungen um die Interpretation der einen Natur, so daß die Einheit der äthiopischen Kirche gewahrt blieb.

Die monophysitische armenische Kirche[31], nach ihrem Begründer Gregor dem Erleuchter auch die gregorianische genannt, war schon im Mittelalter in mehrere Jurisdiktionsbereiche zerfallen, deren Entstehung durch Wanderungen und Aufsplitterung des armenischen Volkes bedingt war. Neben dem Katholikat von Wagharschapat bzw. Aghtamar in ihrer eigentlichen Heimat war im Königreich Kleinarmenien während der zweiten Hälfte des 13. Jh. ein Patriarchat mit dem Sitz in Sis entstanden, das die Armenier in Kilikien, Nordsyrien und auf der Insel Zypern betreute. Außerdem gab es seit 1311 ein Patriarchat Jerusalem. 1441 bildeten einige Bischöfe, die sich mit dem zum Katholikos aufgestiegenen Patriarchen von Sis überworfen hatten, im Kloster Etschmiadzin am Berge Ararat ein neues Katholikat. 1463 ließ Sultan Mehmed II. für die Armenier im Osmanischen Reich ein Patriarchat Konstantinopel errichten. Ohne die kirchenrechtlichen Verhältnisse genau zu klären, setzte sich der Katholikos von Etschmiadzin in den nächsten Jahrzehnten und Jahrhunderten als der einflußreichste geistliche Oberhirt der Armenier durch. In der Mitte des 17. Jh. wurde er vom Sultanat als oberster armenischer Geistlicher anerkannt, wenn auch der

[31] *F. Tournebize,* Histoire politique et religieuse de l'Arménie (Paris 1910); *M. Ormanian,* The Church of Armenia (London [2]1955); *B. Spuler,* Die armenische Kirche: Hdb. der Orientalistik. Abt. 1 VIII/2 (1961) 240—268; *J. Mécérian,* Histoire et institutions de l'Église arménienne (Beirut 1965); *A. K. Sanjian,* The Armenian Communities in Syria under Ottoman Dominion (London 1965).

Patriarch von Konstantinopel seine zivile Sonderstellung behielt. Im politischen Ringen zwischen der Machtausweitung der osmanischen und persischen Herrscher erduldeten die Armenier wiederholt Verfolgungen, die einen Teil der Bevölkerung zur Auswanderung ins Heilige Land, nach Polen-Litauen und Indien veranlaßten. Die Perser zwangen die am Westrand ihres Reiches siedelnden Armenier zum Verlassen ihrer Wohnsitze und wiesen ihnen neue im Iran an. Schah Abbas I. (1587—1628) verschleppte den Katholikos in seine Hauptstadt Isfahan. Der schon während der Gefangenschaft seines Vorgängers gewählte neue Katholikos Moses III. (1629—32), der aus einem reformierten Mönchsorden hervorgegangen war, erneuerte das kirchliche Leben. Einige seiner Vorgänger und Nachfolger, wie Stephan V. (1545—64) und Nahapet (1691—1705), zeigten Bereitschaft zur Union. Während die Unionsverhandlungen im Patriarchat Sis erfolgreich waren, wurden sie im Patriarchat Konstantinopel vom Patriarchen Johannes Golod (1715—41) unterdrückt. In der zweiten Hälfte des 18. Jh. knüpften die Oberhirten von Etschmiadzin Beziehungen zum russischen Kaiserreich an, das sich in den Kaukasus vorschob. Nordarmenien wurde 1797, der größte Teil Großarmeniens mit Etschmiadzin 1828/29 Rußland einverleibt. Seit 1800 geriet das Katholikat unter russischen Einfluß.

In den ersten Jahrzehnten der Neuzeit litten alle selbständigen orthodoxen, die nestorianische und die monophysitischen Kirchen unter starkem Druck der türkischen, persischen und russischen Machthaber, die ihre Entfaltungsmöglichkeiten einengten und ihre Wirksamkeit auf den liturgischen Raum beschränkten. Die Zahl ihrer Gläubigen ging zurück, aber die ihren Kirchen Treugebliebenen bewahrten trotz aller Belastungen das Erbe ihrer Väter, ihr Glaubensgut und ihre Liturgien, die im wesentlichen bereits im christlichen Altertum entstanden waren. Ihr Durchhalten inmitten aller Drangsale und Verfolgungen legt Zeugnis von ihrer christlichen Geschichte ab.

Die unierten Kirchen

Die auf dem Konzil von Florenz 1439 unterschriebene Union mit den Griechen, der 1442—1445 Anschlüsse der Armenier, Kopten, syrischen Jakobiten sowie Gruppen der auf Zypern lebenden Nestorianer und Maroniten an Rom folgten, hatte nur kurzen Bestand. Je weiter die Osmanen ihre Herrschaft nach Westen und Süden ausdehnten, um so rascher hörten die Verbindungen zwischen dem Apostolischen Stuhl und den Unierten im Vorderen Orient, auf den Inseln des östlichen Mittelmeers und dem Balkan auf. Diesen Rückschlägen konnten die Päpste nichts entgegensetzen. Ihre Erwartung, eine militärische Überwindung der unter der Fahne ihres Propheten kämpfenden Türken könnte den Weg für eine Wiedervereinigung der getrennten Hälften des östlichen und westlichen Christentums ebnen, erwies sich als Illusion. Sie versuchten zwar noch, im 16. und 17. Jh. Koalitionen gegen die Türken zusammenzubringen, zum Teil sogar mit Erfolg, wie ihre Abwehr vor Wien 1689 bezeugt, aber ihre Gebundenheit an die Entwicklung des Abendlandes machte sich auch in den von ihnen anerkannten Unionen der Neuzeit bemerkbar. Diese Vereinigung hatte freilich einen anderen Charakter als die communio aller Teilkirchen, die im ersten Jahrtausend existiert hatte. Im Westen war eine einheitlich und straff organisierte Kirche unter Leitung der Päpste entstanden, die für die seit dem christlichen Altertum gewachsene Selbstverwaltung der Ostkirchen wenig Verständnis aufbrachten. Dazu kam, daß viele Ordensleute die lateinische Spiritualität den unierten Kirchen aufdrängten und daß in dem für die Erziehung des unierten Klerus in Rom gegründeten Griechischen (1576) und Maronitischen Kolleg (1584) u. a. die scholastische Theologie zugrunde gelegt wurde. Die Propagandakongregation gab den Auftrag, zunächst einzelne Gläubige für die katholische Kirche zu gewinnen, die vorerst in ihrer Mutterkirche bleiben sollten. Ihr Plan war, langsam an Einfluß zu gewinnen und bei einer Vakanz auf den Sitz eines Patriarchen oder Katholikos einen sich zum Katholizismus bekennenden Oberhirten einzusetzen. So wurde z. B. nach dem Tode des jakobitischen Patriarchen Georg III. von Antiochien 1783 Michael Garweh Leiter dieser Patriarchalkirche [32].

Aus verschiedenen Gründen hatten die Unionen mit Ausnahme der 1515 mit den Maroniten vollzogenen oft nur kurzen Bestand und erwiesen sich erst nach mehreren Ansätzen als dauerhaft. Während die Päpste auf die Einhaltung der den Unierten erteilten Privilegien achteten und ihre armenischen, byzantinischen, chaldäischen, koptischen, maronitischen und syrischen Riten sicherten, griffen mehrere abendländische Fürsten Unionsvorhaben zur Durchsetzung eigener Pläne auf, wie etwa die Könige Frankreichs im Vorderen Orient, die Kaiser in Siebenbürgen, die Könige Polen-Litauens und ihre Magnaten in der Ukraine.

Weithin wurden die Unionen als eine Zwischenstufe zwischen dem abzulehnenden Ostchristentum und dem lateinischen Christentum angesehen. Einwirkungen der lateinischen Liturgie und des römischen Kirchenrechtes machten sich im Laufe der Jahrhunderte immer stärker im kirchlichen Leben der Unierten bemerkbar. Diese Vermischung von ostkirchlichen Wesensbestandteilen mit lateinischem Traditionsgut, die von östlichen Theologen als „Uniatentum" scharf kritisiert wurde, erschwerte das Wachstum vieler Unionen in Ost- und Südosteuropa, im Vorderen Orient, in Nordostafrika und Vorderindien.

Die 1595 in Rom abgeschlossene und auf der Synode in Brest 1596 angenommene Union mit den Weißruthenen und Ukrainern in Polen-

[32] *W. de Vries*, Rom 245 und 356.

Litauen[33] erfaßte nur langsam die breiten Schichten der Bevölkerung[34]. Es fehlte ihr die Unterstützung der maßgebenden Magnatenschicht, die entweder orthodox blieb oder römisch-katholisch war. Polnische Theologen betrachteten die Union als Übergangserscheinung, daher waren sie um eine Reduktion der den Unierten garantierten Sonderbräuche und eine allmähliche Latinisierung ihres Kultes bemüht. Als 1620 die Orthodoxen ihre Metropolie Kiew wiederherstellten, die unter Erzbischof Petrus Mogilas (1633—45) einen raschen Aufschwung erlebte, kehrten einige unierte Bischöfe wieder zu ihr zurück. Die Abbröckelungen von der Union konnten erst zur Zeit des Königs Jan III. Sobieski (1674—96) aufgehalten werden, als die unierten Basilianer eine neue Kongregation bildeten und sich wieder mehrere orthodoxe Eparchen der Union zuwandten. Die von Erzbischof Leo II. Kiszka (1714—28) einberufene Synode von Zamosc (1720)[35] tagte unter dem Vorsitz des päpstlichen Nuntius Girolamo Grimaldi, ihre Bedeutung für die unierten Ukrainer wird mit der des Konzils von Trient für die lateinische Kirche verglichen. Sie wollte Mißstände beseitigen, Bildung und Zucht in Klerus und Volk heben und die orthodoxe Tradition mit den Erfordernissen der Zeit harmonisieren. Ihre Beschlüsse lassen gegenüber der Synode von Brest eine gewisse Angleichung an den lateinischen Ritus und die Gebräuche der römischen Kirche erkennen. Auf ihr erhielt der byzantinisch-ukrainische Ritus seine besondere Form, der bis zur Gegenwart der am weitesten verbreitete nichtlateinische Ritus der katholischen Kirche geblieben ist. Nach wenigen Jahrzehnten einer ruhigen Entwicklung, von der die Kirchenbauten in Lemberg, Polock und anderen Orten Zeugnis ablegen, setzte mit den polnischen Teilungen und der Westausdehnung Rußlands ein starker politischer Druck gegen die Unierten ein, die im russischen Herrschaftsbereich zur Orthodoxie zurückkehren mußten[36] und nur im österreichisch gewordenen Galizien ihr Kirchenwesen zur Entfaltung bringen konnten.

Nach dem Vorbild der Union von Brest kam es 1646 zum Abschluß der Union von Užhorod[37] mit den in Podkarpatien siedelnden Ruthenen (Kar-

[33] *H. Jedin,* Das Papsttum und die Durchführung des Tridentinums: Hdb. der KG IV (1967) 546.

[34] *A. M. Ammann,* Abriß der ostslawischen Kirchengeschichte (Wien 1950) 199—215 299—336 415—447; *A. G. Welykyj* (Hrsg.), Documenta Pontificum Romanorum historiam Ucrainae illustrantia (1075—1953), 2 Bde (Rom 1953/54); *G. Lužnickij,* Ukrainska cerkva miž schodom i zachodom (Philadelphia 1954); *W. de Vries,* Rom 102—107; *J. Krajcar,* The Ruthenian Patriarchate. Some remarks on the project for its establishment in the 17th century: OrChrP 30 (1964) 65—84.

[35] *J. Bilanych,* Synodus Zamostiana an. 1720 (Rom 1960); *J. Madey,* a. a. O. 78—84.

[36] Siehe oben Kap. 13 S. 206.

[37] *M. Lacko,* Unio Užhorodensis Ruthenorum Carpaticorum cum Ecclesia Catholica (Rom 1955); *ders.,* Die Užhoroder Union: OstKSt 8 (1959) 3—30; *ders.,* Die Union von Užhorod 1646: *W. de Vries,* Rom 114—131.

patoukrainern), die zu dem in der zweiten Hälfte des 16. Jh. errichteten orthodoxen Bistum Mukačevo gehörten. 1633—1711 unterstand das Gebiet den Fürsten Rakoczy, die für die Ausbreitung des Calvinismus warben. Um ihrem Drängen zu entgehen, näherten sich die Bischöfe von Mukačevo der katholischen Kirche. Bischof Basilios Tarasovič (1633—51) verhandelte mit dem lateinischen Bischof von Erlau, Georg Lippay (1637—42), der zum Erzbischof von Gran und Primas von Ungarn aufstieg (1642—66), Kaiser Ferdinand III. und dem Apostolischen Nuntius Gasparo Mattei wegen einer Union. Er legte 1642 in Wien das katholische Glaubensbekenntnis ab, wurde aber vom Fürsten Georg I. Rakoczy (1630—48) an der Rückkehr in sein Bistum gehindert. Obwohl er selbst wieder zur Orthodoxie zurückkehrte, empfahl er kurz vor seinem Tode (1651), einen unionsfreundlichen Nachfolger zu wählen. Inzwischen war auf dem Schloß von Užhorod 1646 durch den Erlauer Bischof Georg Jakušič die Union verkündet worden, zu der sich 63 von 650 Priestern bekannten. Bischof Petrus Partheneus Petrovič (1651—66) verbreitete sie. Nach seinem Tode entstand eine Krise, da neben dem durch die Unierten gewählten Nachfolger auch der Kaiser und die Fürstin Sophie Rakoczy je einen Nachfolger bestimmten. Die Zeit dieser Wirren wurde erst durch den Apostolischen Vikar von Mukačevo Johann Josef Camillis (1689—1706), einem aus Chios stammenden Griechen, der im Griechischen Kolleg in Rom ausgebildet worden war, beendet. Er hielt mehrere Synoden ab, veröffentlichte einen Katechismus und festigte die Union, zu der 1693 bereits 420 Pfarreien gehörten. In den ersten Jahrzehnten des 18. Jh. erreichten die lateinischen Bischöfe von Erlau, daß ihnen die unierten Bischöfe von Mukačevo untergeordnet wurden. Die Unierten protestierten vergeblich gegen die Beschränkungen, die ihren Bischöfen auferlegt wurden. Erst 1771 klärte Papst Clemens XIV. die gespannten Verhältnisse durch die Bulle „Eximia regalium" und gab ihren Bischöfen persönliche Jurisdiktionsrechte. Das unierte Bistum umfaßte 839 Kirchen und 675 Pfarreien, 1776 wurde es Suffragan des Erzbistums Gran.

Calvinistische Landesherren besaßen in Siebenbürgen, ähnlich wie in Podkarpatien, einen großen Einfluß. Als das Land 1688 unter kaiserliche Oberhoheit kam und der ungarischen Krone unterstellt wurde, wuchs die Gefahr der Calvinisierung und Magyasierung. Der orthodoxe Bischof Theophilos Szeremy von Alba Julia entwickelte auf einer rumänischen Synode 1697 das Vorhaben der Union. Die Synodalen neigten ihr zu, sie verlangten volle Wahrung der orthodoxen Riten und Gebräuche sowie Gleichstellung mit dem katholischen Klerus. Unter Bischof Atanas Anghel (1697—1713) wurde die Union auf den Synoden 1698 und 1700 in Alba Julia angenommen [38], nachdem der Kaiser den Unierten die gleichen Rechte

[38] *G. Patacsi,* Die unionsfeindlichen Bewegungen der orthodoxen Rumänen Siebenbürgens in den Jahren 1726—29: OrChrP 26 (1960) 349—400; *W. de Vries,* Rom 132—180 394—423.

wie den lateinischen Katholiken zugebilligt hatte. Der Wiener Hof ernannte 1701 Atanas zum Bischof der rumänischen Nation in Siebenbürgen. Kardinal Leopold Karl Kollonics, Erzbischof von Gran, wiederholte an ihm bedingungsweise die Priester- und Bischofsweihe, Maßnahmen, gegen die orthodoxe Theologen und Bischöfe auf das schärfste protestierten. Trotzdem schlossen sich dem unierten Bischof Atanas zunächst fast alle orthodoxen Rumänen, etwa eine halbe Million, an. 1721 errichtete Papst Innozenz XIII. für die Unierten das Bistum Fagaras, das Kaiser Karl VI. dem Erzbistum Gran angliederte. Trotz der Schwierigkeiten, die den Bischöfen von den Calvinisten und den Sendboten des orthodoxen Patriarchates von Ipek bereitet wurden, konnte sich die Union festigen. Der unierte Bischof Peter Paul Aron (1752—64) gründete in Blaj ein von Basilianern geleitetes Kolleg und eine Druckerei, von der liturgische Bücher und Broschüren zur religiösen Unterweisung herausgegeben wurden. Seine Nachfolger, wie Athanasios Rednik (1764—72) und Gregor Major (1773—82), breiteten mit Hilfe der Kaiserin Maria Theresia und vieler Geistlicher, die in Rom studiert hatten, die Union aus.

Die 1573 aus Bosnien nach Kroatien ausgewanderten Familien wurden von dem orthodoxen Bischof, der im Michaelkloster von Marča residierte, betreut. Bischof Simeon Vratanja legte 1611 vor Kardinal Robert Bellarmin das katholische Glaubensbekenntnis ab, konnte aber nur einen Teil der Mönche des Klosters Marča und der orthodoxen Serben zum Anschluß an die Union bewegen [39]. Spannungen mit dem lateinischen Erzbischof von Agram, der den unierten Bischof als einen ihm untergeordneten Hilfsbischof betrachtete, Bemühungen der Patriarchen von Ipek, die Unierten wieder der Orthodoxie anzuschließen, die Existenz eines unierten Vikariats für Syrmien (1688—1706), dessen Ordinarius im Kloster Hopovo wohnte, die Plünderung und Zerstörung des Klosters Marča durch die Orthodoxen (1739) veranlaßten Bischof Gabriel Palkovič (1751—59), das von innen und außen bedrohte Bistum nach Pribic zu verlegen. 1777 schuf Papst Pius VI. durch die Bulle „Charitas illa" die Diözese Kreutz für die Unierten des byzantinischen Ritus und ordnete sie dem Erzbistum Gran unter.

Die meisten der seit dem 15. Jh. aus Albanien nach Süditalien und Sizilien geflüchteten Griechen, die sogenannten Italo-Albanesen (Italo-Griechen), erlagen der Latinisierung. Nachdem sie 1716 in Piana auf Sizilien, 1732 in Ullano in Kalabrien und 1736 in Palermo die Eröffnung von Seminarien für die Ausbildung eigener Priester erreicht hatten, bestätigte Papst Benedikt XIV. 1742 in seiner Konstitution „Etsi pastoralis" die Gültigkeit des griechisch-albanischen Brauchtums, betonte aber die praestantia

[39] *J. Šimrak,* De relationibus Slavorum meridionalium cum Sancta Romana Sede Apostolica saeculis XVII—XVIII. I (Agram 1926); *G. Hofmann,* Urkunden zur Union des Bischofs Vratanja: OrChrA 8 (1927) 290—298; *M. Lacko,* Die Union in Kroatien 1611: *W. de Vries,* Rom 108—111.

des lateinischen Ritus. 1735 erhielten die Italo-Griechen einen Hilfsbischof in Kalabrien, 1784 in Sizilien. Von den zahlreichen griechischen Klöstern in Italien bewahrten nur Grottaferrata bei Rom und Piana auf Sizilien den byzantinischen Ritus, wenn auch hier Mischformen mit der lateinischen Liturgie praktiziert wurden.

Neben den bisher erwähnten Unionen verschiedener nationaler Gruppen orthodoxer Christen in Osteuropa, Südosteuropa und Italien sind noch die aus Großarmenien nach Polen-Litauen ausgewanderten Monophysiten zu nennen, die ein armenisches Bistum in Lemberg besaßen. Bischof Nikolaus Torosowič (1627—81) schloß sich 1630 Rom an. Er wurde zwar 1635 Erzbischof der unierten Armenier für Polen und die Walachei mit dem Sitz in Lemberg [40], aber erst sein Koadjutor und Nachfolger Vatan Hunanian (1686 bis 1715) brach endgültig mit dem Katholikat von Etschmiadzin und stabilisierte die Union. Die polnischen Teilungen verursachten eine Aufgliederung des Erzbistums in einen russischen und österreichischen Anteil.

Den Bemühungen eifriger Ordensmitglieder gelang es, den einen oder anderen armenischen Oberhirten in Konstantinopel, Etschmiadzin und Sis zur Union zu veranlassen. Die Dominikaner in Transkaukasien, die 1701 von Mechithar von Sebaste (1676—1749) ins Leben gerufenen Mechitharisten [41] und der am Anfang des 18. Jh. im Libanon entstandene Missionsorden der armenischen Antoniter erzielten nur geringe Erfolge. In Syrien versuchten die Katholiken, 1737 den vakanten Patriarchatsstuhl von Sis mit einem der ihren zu besetzen. Die monophysitischen Armenier wählten Michael, die Katholiken Erzbischof Abraham Ardzivian von Aleppo zum Nachfolger [42]. Als unierter Katholikos Abraham Peter I. (1740—69) empfing er 1742 von Papst Benedikt XIV. die Bestätigung seiner Würde und das Pallium. Seine Absicht, seinen Sitz nach Konstantinopel zu verlegen, scheiterte am Einspruch der monophysitischen Armenier. Er wohnte im Kloster Krim auf dem Libanon, seine Nachfolger im nahe gelegenen Bzommar, sie waren für die unierten Armenier in Kilikien, Palästina, Mesopotamien und Ägypten zuständig. Die im Norden und Westen Kleinasiens, in Konstantinopel und in der europäischen Türkei lebenden Unierten erhielten in der Mitte des 18. Jh. einen eigenen Vikarbischof, der dem lateinischen Apostolischen Vikar von Konstantinopel unterstellt wurde.

Während die Unionsbemühungen bei den orthodoxen Georgiern zunächst erfolglos blieben, zeigten sie bei den orthodoxen Melkiten Früchte, die aber wegen der Rivalität unierter Kirchenfürsten im 18. Jh. nicht ausreifen konnten, Kapuziner, Karmeliten und Jesuiten gewannen in Syrien einige Bischöfe

[40] *G. Petrowicz,* L'Unione degli armeni di Polonia con la Santa Sede 1626—86 (Rom 1950).

[41] *P. Krüger,* Die armenischen Mechitharisten und ihre Bedeutung: OstKSt 16 (1967) 3—14.

[42] *M. Terzian,* Le Patriarcat de Cilicie et les Arméniens catholiques 1740—1812 (Beirut 1955).

und Patriarchen für die Union, aber erst der Einsatz des Erzbischofs Euthymios von Sidon und Tyrus (1683—1723), seit 1701 Administrator aller katholischen Melkiten im Patriarchat Antiochien, und die von ihm 1711 gegründete, sich nach der Basilianerregel richtende Missionskongregation vom heiligsten Erlöser erfaßte weitere Kreise. Nach dem Tode des melkitischen Patriarchen Athanasios (1724), der sich auf dem Sterbebett zum Katholizismus bekannte, wählte die katholische Minderheit in Damaskus Seraphim Tanas, einen Neffen des Euthymios, zum Nachfolger, der den Namen Cyrill VI. (1724—59) annahm. Gleichzeitig wählten die Gegner der Union einen Neffen des Athanasios zum Patriarchen Jeremias III. Er sorgte auf einer Synode in Konstantinopel 1728 dafür, daß Cyrill und seine Anhänger exkommuniziert wurden. Cyrill VI. mußte Damaskus verlassen und ließ sich in Sidon nieder. Mit ihm setzte die Reihe der unierten melkitischen Patriarchen von Antiochien ein, deren Jurisdiktion 1772 über alle Katholiken des byzantinischen Ritus im Bereich der Patriarchate Jerusalem und Alexandrien erweitert wurde.

Nachdem Kapuziner und Jesuiten einzelne Jakobiten für die Kirche gewonnen hatten, wurde Bischof Andreas Akidschian von Aleppo bei der Vakanz des monophysitischen Patriarchatssitzes zum Patriarchen (1662 bis 1677) erhoben [43]. Auf Vermittlung des französischen Konsuls wurde er vom Sultan als Patriarch der syrischen Nation anerkannt. Sein Nachfolger Ignatius Petrus IV. (1677—1702) wurde wegen seines Festhaltens an der Union mehrfach verfolgt, als Agent Frankreichs hingestellt und vertrieben. Viele unierte Westsyrer fielen wieder zum Monophysitismus ab, ein Teil trat zu den Maroniten über, ihre Zahl ging im Laufe des 18. Jh. zurück; 1768 wurden in Aleppo 150 und in Damaskus 50 unierte Familien gezählt. Erst 1783 erhielten sie in der Person des Ignatius Michael Garweh einen neuen Patriarchen (1783—1800). Seine 1781 in Mardin durch vier von sechs jakobitischen Bischöfen erfolgte Wahl wurde von seinen Gegnern und den Türken nicht anerkannt. Er mußte dem jakobitischen Patriarchen Matthias weichen und begab sich in das Kloster Scharfeh im Libanon. 1783 bestätigte ihn der Papst als syrischen Patriarchen von Antiochien, deren Reihe sich bis in die Gegenwart verfolgen läßt.

Da die ostsyrischen Nestorianer in mehrere Jurisdiktionsbezirke zerfallen waren, bildeten auch die für die Union gewonnenen Gläubigen, die Chaldäer, mehrere Zentren. Das in der Mitte des 16. Jh. unter Johann Sulaqa entstandene Patriarchat der Chaldäer in Diarbekr fand durch Rückkehr Simons XIII. (1662—1700) zum Nestorianismus sein Ende. Der 1672 katholisch gewordene Erzbischof Joseph von Amida (Diarbekr) wurde zum Patriarchen Joseph I. (1681—96) [44] erhoben, der etwa 1000 Gläubige be-

[43] *W. de Fries*, Dreihundert Jahre syrisch-katholische Kirche: OstKSt 5 (1956) 137—157.
[44] *A. Lampart*, Ein Märtyrer der Union mit Rom. Joseph I. 1681—96. Patriarch der Chaldäer (Einsiedeln 1966).

treute. Sein Nachfolger Joseph II. (1696—1713) bezeichnete sich als Patriarch von Babylon und der Nation der Chaldäer. Den Dominikanern gelang es, den Neffen des 1778 verstorbenen nestorianischen Patriarchen Elias XII. Denha, der im Kloster Rabban Hormuzd bei Mossul residierte, zum Anschluß an die Union zu bewegen. Dieser Johannes Hormez wurde zum Patriarchen gewählt und von Papst Pius VI. zum Metropoliten von Mossul und Administrator des Patriarchates von Babylon ernannt. Die Rivalität zwischen den beiden chaldäischen Patriarchaten von Diarbekr und Mossul, das nur ein paar tausend Gläubige umfaßte, endete 1834, als Johannes Hormez als Patriarch von Babylon inthronisiert wurde.

Die maronitische Nationalkirche im Libanon[45] stand seit dem 5. Laterankonzil in fester Verbindung mit Rom. Die Entsendung des Jesuitenpaters Giambattista Eliano (1578 und 1580) leitete eine verstärkte Latinisierung des antiochenischen Ritus ein, gegen die mehrere Bischöfe und Mönche vergeblich protestierten. 1584 schuf Papst Gregor XIII. das Maronitische Kolleg in Rom, aus dem eine Reihe bedeutender Gelehrter, wie die Mitglieder der Familie Assemani (as-Simani), und Seelsorger hervorgingen. 1606 wurde der gregorianische Kalender bei den Maroniten eingeführt. Im Antoniusorden vom heiligen Isaias fand Patriarch Stephanus Ad-Duwaihi (1670—1704), der in Rom ausgebildet worden war, Helfer zum Ausbau des kirchlichen Lebens. Die durch Doppelwahlen von Patriarchen und Ablehnung wachsender Latinisierungsmaßnahmen entstandenen Zwistigkeiten sollten 1736 auf der Synode von Kesrowan beigelegt werden. Unter Anwesenheit des päpstlichen Legaten Joseph Simon Assemani[46] wurden das Trienter Konzil und der Catechismus Romanus, der 1786 in arabischer Übersetzung erschien, angenommen. Für die Eucharistiefeier wurden lateinische Meßgewänder vorgeschrieben. Papst Benedikt XIV. genehmigte 1741 die Beschlüsse der Synode. 1742 gliederte er das Patriarchat in acht Diözesen mit Titeln alter syrischer Metropolien auf. Fünf maronitische Mönche waren mit den Verhandlungen auf der Synode und den päpstlichen Verlautbarungen nicht einverstanden. Die Einstimmigkeit in der maronitischen Kirche konnte erst in der zweiten Hälfte des 18. Jh. unter Patriarch Joseph Estephan (1766—92) wiederhergestellt werden. Das von ihm in Ain-Warka 1789 errichtete Seminar setzte die Tätigkeit des in den Wirren der Französischen Revolution aufgelösten Armenischen Kollegs in Rom fort. Die Synode von Bkerke aus dem Jahre 1790 trug zur Festigung der maronitischen Kirche bei.

Bei den monophysitischen Kopten führten die von Jesuiten und refor-

[45] *J. B. Chabot*, Les listes patriarcales de l'Église Maronite (Paris 1938); *B. Spuler*, Die Maroniten: Hdb. der Orientalistik. Abt. 1 VIII/2 (1961) 217—225; *P. Dib*, L'Église Maronite, 2 Bde (Beirut 1962); *A. S. Atiya* a. a. O. 389—423.

[46] *P. Mahfoud*, Joseph Simon Assimani et la célébration du concil libanais maronite de 1736 (Rom 1965).

mierten Franziskanern mit dem Patriarchen Johannes XVI. (1676—1718) aufgenommenen Kontakte [47] zu keinem Erfolg. Der 1739 katholisch gewordene koptische Bischof Athanasios von Jerusalem, der dem Patriarchen in Kairo zur Seite stand, wurde 1741 von Papst Benedikt XIV. mit der Leitung der etwa 2000 unierten Kopten beauftragt. Da er aber die Beziehungen zur koptischen Kirche nicht löste, bestimmte die Propagandakongregation Justus Maraghi zum Generalvikar (1744—49), dem in gleicher Eigenschaft Präfekten der reformierten Franziskaner folgten [47a]. 1761 wurde der frühere koptische Erzbischof Antonius Fulaifil erster Apostolischer Vikar in Kairo. Er konnte nur geringe Unionsfortschritte erreichen, da von den sich zur Union bereit erklärenden Bischöfen und Priestern die bedingungsweise Wiederweihe gefordert wurde.

Auch in Äthiopien faßte die Union nach dem Zusammenbruch der von portugiesischen Missionaren am Anfang des 17. Jh. errungenen Erfolge [48] keine festen Wurzeln [49]. Kapuziner und Franziskaner, die sich in den nächsten Jahrzehnten in das Land des Negus wagten, wurden vertrieben oder starben als Martyrer. Der Versuch des Franziskaners Theodor Krump, als königlicher Leibarzt (1701/02), den Negus und Etschege für die Union zu gewinnen, war vergeblich. Pater Liberat Weiss OFM wurde 1716 mit seinen Gefährten zum Tode verurteilt und gesteinigt. Böhmische Franziskaner wurden nach kurzem Aufenthalt 1752 des Landes verwiesen. Der in Rom 1788 geweihte einheimische Bischof Tobias Georg Ghebragzer floh 1797 nach Kairo.

Die erfolgreiche im 16. Jh. mit den Thomaschristen in Indien abgeschlossene Union wurde durch das Entstehen der jakobitischen Kirche unter Mar Thomas I. in der Mitte des 17. Jh. geschwächt [50]. Die katholisch gebliebenen Thomaschristen unterstanden einerseits einem Apostolischen Vikar unter der Jurisdiktion der Propagandakongregation, andererseits dem portugiesischen Patronat, das unter jesuitischem Einfluß stand. Der Apostolische Vikar Mar Alexander Parampil (1663—94) wurde von Karmeliten erfolgreich unterstützt, die seine Nachfolger wurden. Die Aufteilung in zwei Jurisdiktionsbezirke brachte im 18. Jh. mannigfache Schwierigkeiten mit sich, die erst durch die Aufhebung des Jesuitenordens 1773 und das wachsende

[47] *J. P. Trossen,* Les relations du patriarche copte Jean XVI avec Rome 1676—1718 (Luxemburg 1948); *A. Colombo,* Le origini della gerarchia della chiesa copta cattolica nel secolo XVIII (Rom 1953); *G. Giambernardini,* I primi copti cattolici (Kairo 1958); *G. D'Albano,* Historia della missione francescana in alto-Egitto-Fungi-Etiopia 1686—1720 (Kairo 1961).

[47a] Siehe unten S. 301 ff.

[48] Siehe oben S. 244.

[49] *T. Somigli,* Etiopia francescana nei documenti dei secoli XVII e XVIII, 2 Bde (Quaracchi 1928/48); *G. Manfredi,* I minori osservanti riformati nella prefettura dell'Alto Egitto-Etiopia 1697—1792: Studia orientalia christiana 3 (Kairo 1958) 83—182.

[50] Siehe oben S. 242 f.

Übergewicht der Apostolischen Administratoren aus dem Karmelitenorden überwunden wurden.

Trotz äußerer und innerer Spannungen, denen die im 16., 17. und 18. Jahrhundert geschlossenen Unionen ausgesetzt waren, konnte der Apostolische Stuhl in dieser Zeit kleinere und größere Gemeinschaften der Ostkirchen mit sich verbinden. Rückschläge blieben nicht aus, viele Unionen beschränkten sich auf kleine Kreise. Die seit dem Mittelalter erstarrte Ostgrenze der katholischen Kirche wurde aber aufgelockert. Mehrere Volksgruppen der Ost- und Südslawen, der Maroniten, Thomaschristen und anderer fanden Anschluß an den römischen Mittelpunkt der Kirche.

DIE GLAUBENSVERBREITUNG UND DER EUROPÄISCHE ABSOLUTISMUS

Streit I—XXVI; *Ambrosius a S. Theresia,* Bio-bibliographia missionaria Ordinis Carm. Disc., 1584—1940 (Rom 1941); *Clemente da Terzorio,* Le Missioni dei Minori Capuccini I—IV (Rom 1913—38); *K. S. Latourette,* A History of the Expansion of Christianity, 7 Bde (New York - London 1937—45) Bd 3—5; *S. Delacroix,* Histoire Universelle des Missions Catholiques II (Paris 1957); Historia Missionum Ordinis Fratrum Minorum I—III (Rom 1967/68); *N. Kowalsky,* Stand der kath. Missionen um das Jahr 1765 an Hand der Übersicht des Propaganda-Sekretärs, Stefano Borgia, aus dem Jahre 1773 (Beckenried 1957); *L. Lemmens,* Gesch. der Franziskanermissionen (Münster 1929); *A. Mulders,* Missionsgeschichte (Regensburg 1960); *A. da Silva Rego,* O Ultramar Português no Sécolo XVIII (Lissabon 1967).

15 (a). Kapitel

Die Glaubensverbreitung in Amerika

QUELLEN: *F. Ajofrín OFMCap,* Diario del Viaje que por orden de la sagrada Congregación de Propaganda Fide hizo a la América Septentrional en el siglo XVIII, 2 Bde (Madrid 1958/59); *F. J. Alegre,* Historia de la Provincia de la Compañía de Jesús en la Nueva España I—IV (Rom 1956/60); *D. Basalenque OESA,* Historia de la Provincia de San Nicolás de Tolentino de Michoacán (Mexiko 1963); *A. de Egaña SJ,* Monumenta Peruana I—IV (Rom 1954/66); *F. J. Hernáez SJ,* Colección de bulas y breves y otros documentos relativos a la Iglesia de América y Filipinas, 2 Bde (Brüssel 1879/95); *O. Maas OFM,* Las Órdenes Religiosas de España y la Colonización de América en la segunda parte del siglo XVIII, 2 Bde (Barcelona 1918/29); *F. Zubillaga SJ,* Monumenta Mexicana I—III (Rom 1959/68).
LITERATUR: *L. de Aspurz OFMCap,* La aportación extranjera a las Misiones Españolas

del Patronato regio (Madrid 1946); *A. Astraín SJ*, Historia de la Campañía de Jesús en la Asistencia de España I—VII (Madrid 1902/25); *P. Borges OFM*, Métodos misionales en la cristianización de América (Madrid 1960); *M. Cuevas SJ*, Historia de la Iglesia en México I—V (El Paso 1928); *A. de Egaña SJ*, Historia de la Iglesia en la América Española. Hemisferio Sur (Madrid 1966); *N. M. Farriss*, Crown and Clergy in Colonial Mexico 1759—1821. The Crisis of Ecclesiastical Privilege (London 1968); *R. Konetzke*, Süd- und Mittelamerika (Fischer-Weltgeschichte 22) (Frankfurt a. M. 1965); *P. de Leturia SJ*, Relaciones entre la Santa Sede e Hispanoamérica 1493—1835, I: Época del Real Patronato, 1493—1800 (Rom - Caracas 1959); *A. Ybot León*, La Iglesia y los Eclesiásticos españoles en la empresa de Indias I (Barcelona 1954), II (ebd. 1962); *L. Lopetegui SJ - F. Zubillaga SJ*, Historia de la Iglesia en la América Española. México, América Central, Antillas (Madrid 1965); *R. Ricard*, La „conquête spirituelle" du Mexique. Essai sur l'apostolat et les méthodes missionnaires des Ordres mendicants en Nouvelle Espagne de 1523/24 à 1572 (Paris 1933); *G. Arcila Robledo*, La Orden Franciscana en la América Meridional (Rom 1948); *J. Specker SMB*, Die Missionsmethode in Spanisch-Amerika im 16. Jh. mit besonderer Berücksichtigung der Konzilien und Synoden (Beckenried 1953); *R. Vargas Ugarte SJ*, Historia de la Iglesia en el Perú I (Lima 1953), II (Burgos 1959).

I. Das Erlahmen des Missionsgeistes und der Niedergang der Missionen

Dem offenkundigen Rückgang des Missionsgeistes im 17. und 18. Jh. stehen mannigfache, oft heroische Taten missionarischer Entfaltung gegenüber. Schon diese Tatsache zeigt deutlich, daß die Geschichte der Glaubensverbreitung in Amerika keine einfache und durchsichtige Entwicklungslinie aufweist, sondern recht komplexer Natur ist. Das langsame Erlahmen des Missionsgeistes mit seinen entsprechenden Konsequenzen geht auf Geschehnisse des 16. Jh. zurück, welche zum Verständnis und zur gerechten Würdigung der Vorgänge des 17. und 18. Jh. hier wenigstens kurz genannt werden müssen.

Von entscheidender Bedeutung war das lange Ringen zwischen Pius V. († 1572) und Philipp II. († 1598) um die werdende und riesige Kirche in der Neuen Welt. Philipp II. forderte die Errichtung eines „indischen Patriarchates", das als mehr oder weniger selbständige Kirche neben der römischen Kirche bestehen und gelten sollte. Der Patriarch sollte vom König ernannt werden und in Madrid residieren. Diese Forderung wurde von Pius V. energisch abgelehnt, ebenso in der abgeschwächten Form eines „königlichen Vikariats" für die überseeischen Gebiete, gegen das sich später, 1634 und 1643, auch die neugegründete Kongregation der Propaganda aussprach [1]. Pius V. suchte seinerseits verschiedene Wege, um die päpstlichen Ansprüche und den päpstlichen Einfluß in Spanisch-Amerika geltend zu machen. Auf Grund der Vorschläge und unter Mitarbeit des Generals der Gesellschaft Jesu, Francisco de Borja, gründete er 1568 eine Kardinals-

[1] *P. de Leturia SJ*, El Regio Vicariato de Indias y los comienzos de la Congregación de Propaganda: Relaciones I 101—152.

Kongregation für die kirchlich-religiösen Aufgaben in den überseeischen Gebieten, welche in ihrer Ausrichtung und ihren Zielen bereits der 1622 endgültig organisierten Kongregation der Propaganda entsprach, aber sich weder entfalten konnte noch Bestand hatte [2]. Dann suchte Pius V. vergeblich durch die Sendung eines Nuntius die Machenschaften der spanischen Krone zu durchkreuzen und schließlich durch päpstliche Visitatoren, deren Zusammensetzung in ihrer Mehrheit aus spanischen und spanienfreundlichen Jesuiten bestand, sich genaue Kenntnisse der Lage in den amerikanischen Ländern zu verschaffen [3].

Nachdem der Papst alle Mittel einer offiziellen Unterordnung der amerikanischen Kirche unter die päpstliche Oberhoheit erschöpft hatte, suchte er zuletzt durch Briefe und Breven die mächtigen Persönlichkeiten der Neuen Welt im kirchlichen Sinne zu beeinflussen [4]. Aber Pius V. ahnte kaum, daß seit Ende 1568 all seine Mühen vergeblich waren, weil in diesem Jahre ein Ereignis stattfand, das, wie wir heute feststellen, von wesentlicher, ja entscheidender Bedeutung für die Entwicklung der Kirche in Amerika wurde: die Große Junta von Madrid im Jahre 1568 [5].

Die Junta Magna, die neben ausgewählten Mitgliedern des Rates von Kastilien alle Mitglieder des Indienrates und weitere Persönlichkeiten umfaßte, sollte nach den Intentionen Philipps II. vor allem zwei Ziele erreichen: 1. das Patronatsrecht so ausbauen, daß jeglicher Einfluß Roms für alle Zeiten ausgeschlossen würde. Bisher hatte sich das Patronat mehr

[2] *L. Lopetegui SJ*, San Francisco de Borja y el plan misional de San Pio V. Primeros pasos de una Congregación de Propaganda Fide: AHSI 11 (1942) 1—26.

[3] *P. Borges*, La Nunciatura Indiana. Un intento de intervención directa en Indias bajo Felipe II., 1566—88: MH 19 (1962) 169—227; *ders.*, La Santa Sede y América en el siglo XVI: Estudios Americanos 21 (Sevilla 1961) 141—168 (nennt aus den Jahren 1513—70 14 Briefe aus Amerika, in denen ein Stellvertreter des Papstes dringend gewünscht wird); *A. de Egaña SJ*, La teoría del Regio Vicariato español de Indias (Rom 1958); *J. Wicki*, Nuovi documenti attorno ai piani missionari di Pio V nel 1568: AHSI 57 (1968) 408—417 (veröffentlicht die Listen der bereits bestimmten Gruppen von Visitatoren).

[4] *M. Monica*, La gran controversia del siglo XVI acerca del dominio Español sobre América (Madrid 1952) 249 f, z. B. das Breve Pius' V. an Francisco de Toledo. Vgl. auch Card. *Grente*, Le pape des grands combats. Saint Pie V. (Paris 1956) 189 ff 199 ff.

[5] *M. Monica* a. a. O. 197—240; *P. de Leturia SJ*, Misiones hispanoamericanas según la Junta de 1568: Relaciones I 205—231. Zur Beurteilung der Junta und ihrer Auswirkungen scheinen mir auch folgende Gesichtspunkte aufschlußreich. 1566 war Las Casas, der bis zu seinem Tode unerschrockene Vorkämpfer für die Freiheit der Indianer, gestorben. Die Anhänger seiner Ideen in Spanien, zumal die Professoren von Salamanca, waren politisch einflußlos, und zudem wirkte ihnen Philipp II. durch die Ernennung seines Beichtvaters, P. Diego de Chaves OP, als Theologe entgegen. Kurz zusammenfassend, stellte *R. Ricard* in einem Vortrag 1966 fest: „C'est surtout à partir de Philippe II et davantage à partir de l'installation des Bourbons sur le Trône d'Espagne en 1700, que les progrès de l'esprit régaliste ont fait du patronage un instrument d'asservissements pour l'Église des Indes" (La „Conquête spirituelle du Mexique" revue après trente ans: La Découverte de l'Amérique. Esquisse d'une synthèse [Paris 1968] 231).

oder weniger auf die äußere Organisation der Kirche, die Errichtung und Abgrenzung der Diözesen, die Ernennung der Bischöfe und kirchlichen Würdenträger (Domkapitel) beschränkt. Von nun an sollte es auf die letzten Vertreter des Klerus (Pfarrer des Welt- und Ordensklerus) ausgedehnt werden und zudem auch innerkirchliche Angelegenheiten umfassen; 2. die werdende indianische Kirche verdrängen und einer spanisch geprägten Kirche zum Durchbruch verhelfen.

Mit der Durchführung der Beschlüsse der Junta Magna wurde der neuernannte Vizekönig von Perú, Francisco de Toledo, betraut[6], der nicht nur verschiedenen Sitzungen der Junta beiwohnte, sondern auch mit einer Reihe von Geheiminstruktionen versehen wurde. Es war sicherlich ein geschickter Schachzug Philipps II., daß er einen persönlichen Freund des Jesuitengenerals Francisco de Borja zur Ausführung seiner Pläne auswählte und gleichzeitig wiederholte Bitten desselben erfüllte und die erste größere Expedition von 24 Jesuiten für Südamerika gestattete, welche den Auftakt zur gesamten missionarischen Tätigkeit des Ordens in Spanisch-Amerika bildete[7]. Gewiß hatte Philipp II. seinem Vizekönig auch missionarisch wertvolle Instruktionen gegeben, aber eben doch so, daß er bzw. die staatlichen Instanzen die eigentlichen Garanten der Indianer-Bekehrung und die bisherigen Missionare des Welt- und Ordensklerus nur noch ausführende Organe wurden[8].

Wie für alle spanischen Gesetze in Übersee brauchte es auch für die Durchführung des Patronatsrechtes bis in die letzten Verästelungen eine geraume Zeit mit Kompromissen und Übergangslösungen. König und Indienrat fanden im Verlaufe des 17. und 18. Jh. entscheidende Hilfe sowohl von seiten der Theologen wie auch der Juristen. Bereits 1600 gab der Franziskaner Miguel Agia, Missionar in Guatemala, sein grundsätzliches Werk über die Notwendigkeit und Bedeutung des weltlichen Armes für die Missionsarbeit heraus[9], ein Werk, das in den drei Gutachten über die Zwangsarbeit der Indianer seine konkrete Anwendung fand (1604)[10]. Von den Augustinern hatte vor allem der Bischof von Santiago de Chile, Gaspar

[6] *R. Levillier,* Don Francisco de Toledo, Virrey del Perú, Supremo organizador del Perú, su vida, su obra (1515—82), 4 Bde (Madrid 1929/40).

[7] Einige Jahre voraus ging allerdings die bescheidenere Mission in Florida, vgl. *F. Zubillaga,* La Florida. La misión jesuítica (1566—72) (Rom 1941). 1572 folgten die ersten Expeditionen der Jesuiten nach Mexiko.

[8] Diese Tatsache bekamen auch die mit dem Vizekönig in Freundschaft verbundenen Jesuiten zu spüren. Als sie 1577 in der Missionsstadt Potosí, den Bedürfnissen von Seelsorge und Mission entsprechend, ohne Erlaubnis des Vizekönigs eine Niederlassung gründeten, mußte diese auf Befehl des Vizekönigs wieder aufgegeben werden. *A. de Egaña,* Monumenta Peruana II 476—484 542—554 558—569; *R. Vargas Ugarte* a. a. O. I 141.

[9] *Streit* I 116.

[10] Ebd. 125. Vgl. die Würdigung der kritischen Neuausgabe (Sevilla 1947): Hisp. Am. Hist. Rev. (1947) 300—304.

de Villaroel, in seinem umfangreichen „Govierno Eclesiástico Pacífico", das 1656 erstmals erschien und 1738 neu herausgegeben wurde, die Linie vom Patronatsrecht zum Regalismus gezogen, obwohl er mit seinem Werk eine Entschärfung der Spannungen zwischen Kirche und Staat in Amerika beabsichtigte [11]. Ein extremer Verfechter des Regalismus war gegen Ende des 18. Jh. der Karmelit José Antonio de San Alberto, der zuerst Bischof von Tucumán (Córdoba) und später Erzbischof von La Plata war. Er veröffentlichte mit seinem legalistisch gesinnten Hirtenbrief 1786 einen „Catecismo real", wie das Werk genannt wurde [12]. Der gelehrte Jesuit Pedro Murillo Velarde faßte das regalistische Kirchenrecht in seinem zweibändigen, über 1000 Seiten zählenden Werk „Cursus Juris Canonici Hispani et Indici" 1743 zusammen [13]. Sein Mitbruder Diego de Avedaño hatte in seiner „Encyclopädie für die Missionspastoral und für das Missions- und Kolonialrecht Thesaurus Indicus" (Antwerpen 1668) eine zurückhaltendere Stellung eingenommen [14].

Aber nicht Theologen und Kanonisten sollten den entscheidenden Einfluß auf die Weiterbildung des Patronatsrechtes erhalten, sondern vor allem die Kronjuristen. Dazu gehörte neben Pedro Fresso in Lima [15] Ant. Jos. Álvarez de Abreu [16], Ant. Joach. Ribadeneyra y Barrientos in Mexiko [17], vor allem Juan de Solórzano Pereira (1575—1655). Er war Professor in Salamanca, Auditor in Lima und nach seiner Rückkehr Mitglied des Indienrats. 1629 erschien der erste Band „De Indiarum Jure", 1639 der zweite [18].

[11] *Streit* 233 f 421; *A. J. González Zumariaga*, Problemas del patronato indiano a través del „Govierno Eclesiástico Pacífico" de Fr. Gaspar de Villaroel (Vitoria 1961); *J. López Ortiz OESA*, El regalismo indiano en el Govierno eclesiástico pacífico de Don Fr. Gaspar de Villaroel. Real Academia de Jurisprudencia y Legislación (Madrid 1947). (G. de Villaroel wurde 1587 in Quito geboren und starb 1665 als Bischof von Buenos Aires.)

[12] Der eigentliche Titel lautete Instrucción donde per lecciones, preguntas y respuestas se enseñan a los niños y niñas las obligaciones mas principales que un vasallo debe a su rey y señor. *R. Esquerra*, La crítica sobre América en el siglo XVIII: Revista de Indias 22 (1962) 246 ff.

[13] *Streit* I 439.

[14] Ebd. 268 f mit umfangreichen Ergänzungen aus dem Jahre 1675 (ebd. 283) und 1686 (ebd. 307 f). Vgl. *P. de Leturia*, Misioneros extranjeros en Indias según Diego de Avendaño: Relaciones I 453—467 und *A. de Egaña*, El P. Diego de Avendaño y la tesis teocrática „Papa, dominus orbis": AHSI XVIII (1949) 195—225.

[15] De regio patronatu indiano 1671, 1679; *Streit* I 287 f. Das Werk wurde 1688 indiziert.

[16] Victima real legal (Madrid 1726); *Streit* I 379.

[17] Manuel Compendio de el regio Patronato Indiano (Madrid 1755); *Streit* I 470.

[18] *Streit* I 191 262. 1648 erschien die spanische Übersetzung unter dem Titel Política Indiana (ebd. 217 f), von der 1776 die vierte Auflage herauskam (ebd. 528), während von der lateinischen 1777 die dritte Auflage vorlag (ebd. 529 f). Vgl. *F. J. de Ayala*, Ideas Canónicas de Juan de Solárzano. El Tratado „De Indiarum Jure" y su inclusión en el Índice: Anuario de Estudios Americanos 4 (Sevilla 1947) 579—614; *A. de Egaña*, La función misionera del poder civil según Juan de Solárzano Pereira (1575—1654): StMis 6 (Rom 1951) 69—113; *ders.*, La teoría del Regio Vicariato Español (Rom 1958) 106—173.

Das Werk ist eine geradlinige Fortsetzung und Entwicklung der Grundideen des großen Gegners des Bartolomé de Las Casas, Ginés de Sepúlveda. Es hat mehr als zwei Jahrhunderte die Beziehungen zwischen Staat und Kirche im Sinne des spanischen Staatsrechtes bestimmt. Es wurde zwar 1642 durch Rom verboten und auf den Index gesetzt[19]. Aber da die römische Entscheidung vom Indienrat nicht anerkannt wurde, hatte sie in Spanien und Amerika keine Geltung[20].

Theorie und Praxis führten allmählich zu einer reichen Gesetzgebung, welche die Tätigkeit der Kirche immer mehr einschnürte. Die endgültige Kodifizierung (1791) in der Recopilación de Leyes de los Reynos de las Indias[21] war gleichsam der Abschluß, den das IV. Provinzialkonzil von Mexiko von 1771 bereits nach genauen Anweisungen des Indienrats kirchlicherseits festgelegt hatte[21a].

In der missionarischen Entfaltung der amerikanischen Kirche erwies sich im 17. und 18. Jh. der Regalismus oder Staatsabsolutismus als eines der schwersten Hemmnisse. Die Tatsache, daß — von den päpstlichen Ernennungsbullen für die Bischöfe und einzelnen Privilegien abgesehen — jeder Einfluß Roms praktisch ausgeschaltet wurde, wirkte sich lähmend und niederdrückend auf das gesamte Missionswerk aus[22]. Wie negativ der Staatsabsolutismus für die einzelnen Missionen wurde, zeigt z. B. das Leben des Apostels Kaliforniens, Junípero Serra OFM, wie ungedruckte Dokumente erkennen lassen[23], denn in den gedruckten durfte solches nicht

[19] *P. de Leturia,* Antonio Lelio de Fermo y la condenación del „De Indiarum Jure" de Solórzano Pereira: Relaciones I 335—408.

[20] Tatsächlich wußte wohl kaum jemand in Spanisch-Amerika von der römischen Verurteilung. Das Werk wurde von weltlichen und kirchlichen Behörden als grundlegendes Handbuch benützt.

[21] Besonders im Lib. I, Titulo 8: Del Patronazgo Real de las Indias. Vgl. *F. J. de Ayala,* Iglesia y Estado en las Leyes de Indias: Estudios Americanos 1 (1948/49) 417—460; *R. Gomez Hoyo,* La Iglesia de América en las Leyes de Indias (Madrid 1961).

[21a] *M. Giménez Fernández,* Estudios para la Historia del Regalismo Español, I: El Concilio IV Provincial Mejicano (Sevilla 1939) (aus Anales de la Universidad Hispalense I und II).

[22] *G. Desdevises du Dezert,* L'Église espagnole des Indes à la fin du XVIIIe siècle: Revue Hispanique 39 (1917) 112—293. Anhand zahlreicher Dokumente des Indias-Archivs weist der Verfasser z. B. nach, wie alle Provinzialsynoden durch königliche Instruktionen bis in die letzten Einzelheiten bestimmt wurden (ebd. 115—120), wie kompliziert die Ernennung von Pfarrern durch die Lokalbehörden war (172 f), daß die Ordensvisitatoren vom Indienrat in Spanien ernannt wurden (221) usw. Vgl. auch *Alluto de la Hera,* El Regalismo Borbónico en su proyección indiana (Madrid 1963).

[23] *M. Geiger,* The Life and Times of Fray Junípero Serra OFM, 2 Bde (Washington 1959). Dort II 329 ff ein Beispiel für die Erschwerung der Missionsarbeit durch die Bürokratie. Es dauerte 4 Jahre, bis die in Rom ausgestellte Vollmacht zur Spendung der Firmung die einzelnen Instanzen in Spanien und Mexiko durchlief, und weitere 3 Jahre, bis die unteren Instanzen alle Unterschriften und Siegel anerkannten. Die 1774 für 10 Jahre ausgestellte Vollmacht konnte schließlich von Serra noch 3 Jahre benutzt werden.

erwähnt werden. Deshalb spricht auch die von dem langjährigen Gefährten und Nachfolger Serras, Francesco Palou, verfaßte Biographie (1787) nur von den guten Seiten der Zusammenarbeit zwischen Staat und Kirche oder von der Notwendigkeit militärischen Schutzes der Missionsstationen sowohl in Mexiko wie in Kalifornien [24].

War schon der Regalismus eine schwere Schädigung der religiösen Interessen in den amerikanischen Ländern, so wurde die Situation geradezu katastrophal durch die brutale Verhinderung einer indianischen Kirche; denn eine indianische Kirche und nicht eine Kirche nach spanischem Muster schwebte den Missionaren, zumal den Franziskanern, schon bald nach den Anfängen der Glaubensverkündigung vor Augen [25], wenn auch Ziel und Mittel gewiß noch nicht vollkommen erkannt waren [26].

Die Verhinderung der indianischen Kirche durch die Junta Magna von 1568 läßt sich durch mehrere negative Züge erweisen, welche nach der Junta klar hervortraten. An erster Stelle steht die Unterdrückung aller Veröffentlichungen über die Glaubensverbreitung, in welchen die großen Fähigkeiten und guten Eigenschaften der Indianer hervorgehoben wurden. Von den franziskanischen Schriften seien genannt „Motolinia" (Toribio de Benavente), „Historia de los Indios de la Nueva España", eine grundlegende Quellenschrift, welche erst der mexikanische Historiker J. García Icazbalceta entdeckte und 1858 herausgab [27], dann Gerónimo de Mendieta, „Historia Eclesiástica Indiana", vom gleichen Gelehrten aufgefunden und 1870 gedruckt [28], und nicht zuletzt das Lebenswerk des Gelehrten Bernardino de Sahagún. Zu seinen Lebzeiten wurde nur eine seiner vielen Arbeiten veröffentlicht, die „Psalmodia christiana" (Mexiko 1583), während die Manuskripte der andern Werke, zumal seiner umfangreichen „Historia general de las cosas de Nueva España", beschlagnahmt und nach Spanien zur Prüfung gesandt wurden, um dann in den staatlichen Archiven zu verschwinden und erst im 19. Jh. neu entdeckt zu werden [29].

Während Bartolomé de Las Casas OP noch 1552 eine Reihe seiner Schriften, darunter auch die virulente „Brevísima Relación de la destrucción de las Indias", im Druck veröffentlichen konnte, mußten seine andern Werke, vor allem die umfangreiche „Historia General de las Indias", bis

[24] Vgl. besonders die englischen Übersetzungen mit den wertvollen Anmerkungen von *M. Geiger,* Palous Life of Fray Junípero Serra (Washington 1955). — Ohne diese nationale Ausrichtung hätte Palou kaum die notwendigen staatlichen und kirchlichen Druckerlaubnisse erhalten.

[25] *R. Ricard,* La „Conquête spirituelle". Allein die eindrucksvollen Listen (S. 345—352) der in Indianersprachen herausgegebenen Werke zeigen deutlich diese Ausrichtung; *P. Borges OFM,* Métodos.

[26] *J. L. Phelan,* The Millenial Kingdom of the Franciscans in the New World. A Study of the Writings of Gerónimo de Mendieta (1525—1604) (Berkeley - Los Angeles 1956), der die eschatologisch-utopischen Züge im Werke der Franziskaner Mexikos hervorhebt.

[27] *Streit* III 581. [28] Ebd. III 605—607. [29] Ebd. II 216—222.

zum 19. und 20. Jh. warten [30]. Seinem Mitbruder Diego Durán ging es nicht besser mit seiner „Historia de la Indias de la Nueva España", die 1581 vollendet war [31]. Wie in Mexiko waren die Verhältnisse auch in andern Ländern, vor allem in Perú und Kolumbien.

Das Lebenswerk des Franziskaners Pedro Aguado, des ersten Chronisten von Kolumbien, das erst im 20. Jh. weiteren Kreisen bekannt wurde, hat der kolumbianische Historiker Juan Friede durch Handschriften-Vergleiche erhellt und dabei die Grundsätze der staatlichen Zensur (die kirchlichen mußten stets vorher eingeholt werden) herausgeschält [32]. Es waren folgende: 1. alles, was den guten Ruf der Conquista oder Conquistadoren schmälerte, mußte unterdrückt werden; 2. bei Behandlung der Missionen mußten alle Hinweise auf Konflikte, vor allem mit den staatlichen Behörden, weggelassen werden; 3. die Indianer mußten als tiefstehende Menschenrasse ohne Kultur dargestellt werden [33]. Autoren, auch die Chronisten der Orden, welche Aussicht auf die erforderliche Druckerlaubnis haben wollten, mußten sich nach diesen ungeschriebenen, aber genau beachteten Gesetzen richten.

Die nach J. Friede von der staatlichen Zensurbehörde betriebene Diskriminierung der Indianer zeigt deutlich, daß damit gerade ein wesentliches Moment im Aufbau einer indianischen Kirche getroffen werden sollte: die Ausbildung eines volkseigenen Klerus [34]. Wohl hatte schon das Konzil von Mexiko 1555 das Verbot der Priesterweihe für Indianer ausgesprochen, aber doch mehr allgemein (im Zusammenhang mit Muslims [moros], Mestizen und Mulatten) [35], während das 3. Konzil von Lima 1567/68 das Verbot bereits einzig auf die neu bekehrten Indianer bezog [36].

Dem Wortlaut des Konzilstextes nach schien die Verhinderung des Indianerpriestertums eine vorübergehende Maßnahme gewesen zu sein (hoc tempore). Tatsächlich sollte sie aber bis zum 18. Jh. weiterdauern. Das bekamen die Franziskaner in ihrem Kolleg von Tlaltelolco (Mexiko) zu spüren, das ja in erster Linie von Bischof Zumárraga 1536 für die Bildung

[30] Ebd. II 27—32.

[31] Ebd. II 226.

[32] La Censura Española del Siglo XVI y los libros de Historia de América: Revista de Historia de América 47 (Mexiko 1959) 45—94.

[33] Aguado beschrieb den bedeutenden Stamm der Muiscas-Indianer und hatte nach Ausweis des Inhaltsverzeichnisses dafür 28 Kapitel (a. a. O. 88—90) vorgesehen, die aber alle aus den genannten Gründen von der Zensur gestrichen wurden.

[34] *J. Specker*, Der einheimische Klerus in Spanisch-Amerika im 16. Jh. Mit besonderer Berücksichtigung der Konzilien und Synoden: *J. Beckmann*, Der Einheimische Klerus in Gesch. und Gegenwart (Festschr. L. Kilger) (Beckenried 1950) 73—97; *A. Pott*, Das Weihehindernis für Indianer im 3. Konzil von Lima: NZM 12 (1956) 108—118.

[35] *J. Specker* a. a. O. 78 f.

[36] „Sentit sancta Synodus, et ita servandum statuit, hos noviter ad fidem conversos, hoc tempore non debere aliquo ordine initiari..." *R. Vargas Ugarte*, Concilios Limenses (1551—1772) I (Lima 1951) 192.

eines einheimischen Klerus gegründet worden war. Die indianerfeindliche Partei, Laien, Weltpriester, Ordensleute — selbst unter den Franziskanern —, behielt die Oberhand, und nach den 60er Jahren vegetierte die ehemals blühende Schule nur noch dahin [37]. Die gleiche Erfahrung mußten auch die Jesuiten, welche seit 1572 im Lande wirkten, machen. Unter der geistigen Führung des in Mexiko geborenen P. Juan de Tobar suchten sie vom General die Erlaubnis zu erwirken, ein Kolleg für die Heranbildung indianischer Priester zu gründen. Nach 15jährigen Bemühungen wurde das Vorhaben endgültig abgelehnt [38]. Die vom General Claudius Acquaviva gefällte letzte Entscheidung war durch die Richtlinien der Junta von 1568 vorgezeichnet [39].

Geradezu erschütternd wirken in diesem Zusammenhang die Bemühungen der Propaganda-Kongregation bzw. ihres ersten Sekretärs Francesco Ingoli, der in Briefen und Eingaben an Päpste, Kardinäle und Ordensgeneräle mit zwingenden Gründen für die Weihe von Indianerpriestern in Amerika eintrat, aber die Macht des Indienrates konnte auch von den Päpsten nicht gebrochen werden [40].

In diesem Regalismus ließ sich Philipp II. keineswegs von antikirchlichen Tendenzen leiten. Er war zutiefst von der göttlichen Sendung überzeugt, welche er gerade für den Aufbau der amerikanischen Kirche zu haben glaubte. Die von ihm vorgeschlagenen Bischöfe waren durchwegs gebildete, fromme und apostolische Männer, ebenso die Ordens-Visitatoren. Kirchen- und Klosterbauten, Spitäler und Schulen, aber auch die Indianermission wurden unterstützt. Darüber hinaus suchte er die Verehrung und Ehrerbie-

[37] *R. Ricard,* La „Conquête spirituelle" 260—284.

[38] Neben verschiedenen Hinweisen in den Monumenta Mexicana (I—IV) und bei *F. J. Alegre* a. a. O. vgl. die zusammenfassende Studie von *J. Lafaye,* Une lettre inédite du XVIe siècle, relative aux collèges indiens de la Compagnie de Jésus en Nouvelle-Espagne: Annales de la Faculté des lettres et Sciences humaines d'Aix, t. 38 (2e fasc.). (Gap 1964) 9—21 (19—21 findet sich der Brief von P. Pedro Díaz vom 21. 6. 1592 an den General der Gesellschaft Jesu).

[39] Klar und deutlich hatte bereits *P. Juan de Tobar* gesehen, wenn er schrieb: „se perdieron las mejores ocasiones que jamás tendremos moralmente hablando" (*F. J. Alegre* a. a. O. I 546). — Deshalb blieb auch die Bildung eines einheimischen Klerus in Paraguay grundsätzlich ausgeschlossen.

[40] *J. Metzler,* Francesco Ingoli und die Indianerweihen: NZM 25 (1969), 262—272. Wie scharf auch Ingoli sah, zeigt sein zusammenfassendes Urteil von 1638 an den General des Augustinerordens: „Wenn die spanischen Ordensleute keine Indianer weihen, wird die Kirche in beiden Indien immer ein kleines Kind bleiben und nie innerlich erstarken" (a. a. O.). *R. Ricard,* der diese Tatsachen in einem Vortrag von 1966 zur Erklärung einzelner Ausführungen seines klassischen Werkes von 1933 vorlegt (La „Conquête spirituelle du Mexique" revue après trente ans: La Découverte de l'Amérique. Esquisse d'une synthèse [Paris 1968] 236), sucht darin noch ein Verständnis für diese Haltung gegen einen einheimischen Klerus aufzubringen. Als ihre Motive nennt er: die totale Fremdheit der indianischen Rassen und Kulturen für die Spanier und auch eine gewisse Furcht vor einem „Luther", der aus einer „indianischen Kirche" hervorgehen könnte. Zwar besteht durchaus

tung gegenüber dem Heiligen Stuhl und den Päpsten überall zu fördern. So sehen wir die paradoxe Erscheinung, daß die Verehrung des Papstes nirgends so groß war wie in den amerikanischen Ländern, wo praktisch jeder päpstliche Einfluß ausgeschaltet blieb [41]. Um seinen Gegenspieler, Pius V., dem ja die Durchführung des Konzils von Trient ein Herzensanliegen war, von seinen Forderungen hinsichtlich der amerikanischen Kirche abzuhalten, hatte Philipp II. schon durch Schreiben vom 12. Juli 1564 die Ausführung der tridentinischen Bestimmungen angeordnet; Erzbischof Alonso de Montúfar berief für 1565 bereits das zweite Konzil von Mexiko, welches das Tridentinum promulgieren, anpassen und neu bestätigen sollte. Für Südamerika diente dem gleichen Ziel das 3. Konzil von Lima von 1567/68 [42].

Das Konzil von Trient hatte eine segensreiche Bedeutung für die Kirche Europas, aber für die werdende indianische Kirche sollte es sich als ein zweischneidiges Schwert auswirken. Ganz abgesehen davon, daß Amerika zufolge der Maßnahmen Karls V. und Philipps II., trotz aller Bemühungen einzelner Bischöfe, in Trient nicht vertreten war und seine Probleme nirgends zur Sprache kamen [43], mußten sich die nun aufkommenden zentralistischen Tendenzen hemmend und schließlich unheilvoll auswirken [43a]. Der schwerste Schaden lag wohl im Abbruch des bereits in die Wege geleiteten organischen Wachstums einer indianischen Kirche; auffallend schnell wurden die ursprünglichen missionarischen Leitideen aufgegeben. Der ersten Generation der Missionare stand das Beispiel der Urkirche vor Augen; die Lehre von der Kirche als mystischem Leib Christi wurde ihren Christen

die Möglichkeit, daß solche Gründe in kleineren Kreisen ein gewisses Gewicht besaßen, aber entscheidend für die Krone waren politische und wirtschaftliche Gesichtspunkte. Eine indianische Kirche, wie es auch *R. Ricard* (a. a. O. 235 f) genau sieht, wurde abgelehnt, einmal weil mit der kirchlichen Selbständigkeit auch die Gefahr einer politischen Verselbständigung gegeben war, und andererseits weil die spanische Erobererkaste sowie ihre Nachfolger jede körperliche Arbeit derart verachteten, daß sie ohne Sklaven bzw. Zwangsarbeit der Indianer überhaupt nicht existieren zu können glaubten. Diese Zusammenhänge haben doch Las Casas und Mendieta scharf durchschaut. Vgl. dazu *R. Konetzke*, Einige Grundzüge der geschichtlichen Besonderheit Lateinamerikas in der westlichen Hemisphäre: HZ 204 (München 1957), besonders über die Arbeitsscheu S. 29 ff.

[41] So illustriert z. B. *A. Ybot León* gerade das Kapitel über das Patriarchat in Indien, das doch nach den Intentionen der spanischen Herrscher das Papsttum auch äußerlich hätte entmachten sollen, mit den Bildnissen von 12 Päpsten von Leo X. bis Pius VI. (a. a. O. II 1—23).

[42] *J. Specker*, Die Missionsmethode 36 f. Die weitgreifenden und in die Einzelheiten gehenden Aufnahmen der tridentinischen Bestimmungen brachten dann die großen Konzilien von Lima 1583 und Mexiko 1585.

[43] *P. de Leturia*, Perchè la nascente chiesa ispano-americana non fu rappresentata a Trento?: Relaciones I 495—509. *F. Mateos*, Ecos de América en Trento: Revista de Indias VI (1945) 559—605.

[43a] Über die Auswirkungen der Trienter Konzilsbestimmungen in Amerika vgl. *R. Lebroc*, Proyección tridentina en América: MH 26 (1969) 129—207.

sehr früh nahegebracht [44]. Die Glaubensverkündigung war sehr stark in der Heiligen Schrift und den Lehren der Väter verwurzelt [45]. Daß die Glaubenslehre speziell auf die geistige Fassungskraft der Indianer ausgerichtet war, bezeugt der Ausdruck *Theologia Indiana* [46]. Darunter verstand man im 16. Jh. die Lehrbücher und Traktate in den einheimischen Sprachen. Diese Geisteshaltung geht nach dem 16. Jh. immer mehr zurück und macht einer rein europäisch-spanischen Ausrichtung, z. B. durch Übersetzung europäischer Katechismen (etwa von Bellarmin) und Zurückdrängung der Heiligen Schrift und der Väter, Platz [47].

Im äußeren Bereich hatte besonders die Durchführung der tridentinischen Bestimmungen über die Seelsorge der Ordensleute und ihr Verhältnis zu den Bischöfen verheerende Folgen, zumal beide Seiten, Bischöfe und Orden, irgendwie im Recht waren. Für die Bischöfe sprachen die Bestimmungen des Tridentinums, bei deren Aufstellung allerdings niemand an Missionsverhältnisse gedacht hatte, für die Bettelorden sprachen die Erfahrungen der missionarischen Praxis und die riesigen Entfernungen von den Bischofssitzen [48]. Daß beim Zunehmen der Weltpriester die regelmäßige

[44] Neben der Doctrina des Pedro de Córdoba sind hier vor allem die Werke des ersten Bischofs von Mexiko, Juan de Zumárraga, zu nennen. Vgl. *J. Beckmann,* Die Erziehung der Christen zum kirchlichen Denken in der jungen Kirche Mexikos: Novella Ecclesiae Germina (Nijmegen 1963) 45—60; *P. Borges,* Métodos 31—44.

[45] *J. Specker,* Die Einschätzung der Heiligen Schrift in den spanisch-amerikanischen Missionen: *J. Beckmann,* Die Heilige Schrift in den katholischen Missionen (Beckenried 1966) 37—71. Für die Berücksichtigung der Väter vgl. z. B. *A. Etchegaray,* Saint Augustin et le contenu de la catechèse pré-tridentine en Amérique latine: RevÉAug 11 (Paris 1965) 277—290.

[46] So nannte Dom. de Vico OP, ein Gefährte des B. de Las Casas, einige Bändchen in einer Indianersprache Guatemalas. *Streit* II 325: ebenso nannte auch der Franziskaner Franc. Maldonado seinen religiösen Traktat in drei Sprachen Guatemalas (bis zu seinem Tode waren es 13 Bände) „teología indiana muy útil a los ministros evangélicos de aquellas provincias, y muy provechosa a los neófitos" (*Beristain de Souza,* Bibliotheca Americana Septentrionalis, III: Mexiko [1947] 178). Eines der schönsten Beispiele feinsinniger und taktvoller Anpassung sind die von Sahagún im aztekischen Text überlieferten Predigten der ersten Franziskaner Mexikos. *W. Lehmann - K. Kutscher,* Sterbende Götter und christliche Heilsbotschaft. Wechselreden indianischer Vornehmer und spanischer Glaubensboten in Mexiko 1524 (Stuttgart 1949).

[47] In diesem Zusammenhang muß auch die Geschichte der Inquisition in den einzelnen Ländern gesehen werden. Während zuerst nur einzelne Inquisitoren für gewisse Länder und Zeiten als Organe der spanischen Inquisition ernannt wurden, kam es gegen Ende des 16. Jh. zur Organisation selbständiger und ausgebauter Inquisitionstribunale: 1569 in Lima, 1571 in Mexiko und 1610 in Cartagena. Sie wachten über Glauben und Sitten nicht nur der Spanier, sondern bald auch der Indianer, welche in Mexiko z. B. schon 1573 der Inquisition unterstellt wurden. Vgl. die verschiedenen Quellen-Ausgaben und Geschichten von *J. Toribio Medina.* In Brasilien wurde kein eigenes Tribunal errichtet, sondern die portugiesische Krone bestimmte von Fall zu Fall Inquisitions-Kommissare für einzelne Fälle. Für Mexiko vgl. auch *Lopetegui-Zubillaga,* Historia 438—447.

[48] *J. Specker,* Die Missionsmethode 25—29; *P. Borges,* Métodos passim.

spanische Seelsorge deren Sache würde, war allen selbstverständlich. Anders aber lagen die Verhältnisse in den vielfach entlegenen und weitausgedehnten Doctrinas (= Missionsstationen) der Indianer. Deren Aufbau und Ausbau war durchwegs das Werk der Bettelorden, welche auf Grund päpstlicher Privilegien, vor allem durch die Bulle Hadrians VI. (1522), kurz „Omnimoda" genannt[48a], ihre priesterlichen Funktionen ausübten. Diese Privilegien wurden durch spätere Päpste immer wieder bestätigt, so noch 1567 durch Pius V.

Als die Zahl der Weltpriester seit der zweiten Hälfte des 16. Jh. durch die Bemühungen der Bischöfe zunahm und von ihnen die Stellen der Domkapitel und Pfarreien, bisher von Missionaren verwaltet, besetzt waren, drängte der Weltklerus immer stärker in die wohl ausgebauten Doctrinas der Indianer. Die Übertragung der Doctrinas an die Weltpriester begann bereits im 16. Jh. Trotz des Widerstandes mancher Orden vollzog sich zunächst der Wechsel ohne größere Schäden, zumal von Anfang an die Kenntnis der einheimischen Sprache und Befähigung zum Dienst in den Doctrinas auch von den Weltpriestern verlangt wurden. Erst nach den großen Konzilien von Lima und Mexiko wurden die Doctrinas in vermehrtem Maße dem Weltklerus übergeben und die früheren Missionare mit all ihrer Erfahrung und ihren Sprachkenntnissen in die großen Stadtkonvente verdrängt. Im 17. Jh. wirkten sich dann bereits die großen Nachteile dieses Vorgehens aus. Am verhängnisvollsten war diesbezüglich wohl das Vorgehen des Bischofs Juan de Palafox y Mendoza (1600—59), seit 1639 Bischof von Puebla und Visitador General de México (1642 Vizekönig von Mexiko bis zur Ankunft des neuernannten, lehnte das Erzbistum Mexiko ab und kehrte 1646 nach Spanien zurück, wo er als Bischof von Osma starb). Kaum in Mexiko angekommen, richtete er bereits eine Anklageschrift gegen die Franziskaner an den König (1640) wegen fälschlich angemaßter Jurisdiktion. Im gleichen Jahr erging sein erster Hirtenbrief an den Klerus von Puebla, in welchem er das Recht der Seelsorge des Weltklerus auf die gesamte Seelsorge betonte; dagegen schrieb 1642 der Dominikaner Luis de Orduna eine Verteidigungsschrift an den König. Doch infolge der bischöflichen Machtbefugnisse gingen bald im ganzen Bistum Puebla alle Doctrinas der Franziskaner an den Weltklerus über. Weitere Bischöfe in Mexiko und Südamerika folgten diesem Beispiel. Damit hatte Palafox der amerikanischen Kirche wohl den schwersten Schaden zugefügt, der in der Folgezeit nicht wiedergutgemacht werden konnte[49]. Dieser wird sichtbar, wenn man bedenkt, daß die Bettelorden, zumal die Franziskaner,

[48a] *P. Torres*, La Bula „Omnimoda" de Adriano VI (9. 5. 1522) (Madrid 1946).

[49] *F. Sánchez-Castañer*, Don Juan de Palafox, Virrey de Nueva España (Zaragoza 1964) 67—72 (Las doctrinas o Parroquias rurales); *ders.*, ausführliche Einleitung zu der neuen Ausgabe der Werke von Juan de Palafox y Mendoza, Tratados Mejicanos, 2 Bde (Madrid 1968); *L. Lopetegui - F. Zubillaga*, Historia 729—732.

in den Doctrinas, in denen sie ja oft mehr als 20 000 Indianer zu betreuen hatten, kleinere Konvente mit 3—5 Patres unterhielten, von denen nur einer, der Doctrinero, von der Staatskasse bezahlt wurde, während die andern als Hilfskräfte von der Unterstützung der Indianer lebten. Die Weltpriester benützten zwar die Konvente als Pfarrhäuser, ohne jedoch weitere Hilfskräfte heranziehen zu können [50].

Die Auseinandersetzungen des Bischofs mit den Jesuiten, welche ein weltweites Echo fanden, gingen zwar auch um Jurisdiktionsfragen, aber in erster Linie um die Frage des Kirchenzehnten, mit denen der Bischof auch die Missionsgüter belasten wollte [51].

Im Lichte der tridentinischen Reformbestimmungen und des spanischen Staatsabsolutismus handelte Palafox korrekt. Persönlich hegte er eine große Hochachtung vor den Indianern und ihren Fähigkeiten [52], sorgte auch für eine gründliche Ausbildung des Klerus durch die Gründung des ersten tridentinischen Seminars der Neuen Welt, womit er zudem die erste öffentliche Bibliothek in Mexiko verband [53]. Doch überschätzte Palafox seinen Weltklerus, den er in seinem ersten Hirtenbrief ehrfurchtsvoll die „Venerable Congregación de San Pedro" nannte [54], der aber die Missionare der Bettelorden in den Doctrinas, zumal in den schwer zugänglichen, nicht zu ersetzen vermochte. Manche Pfarrei wurde bald als solche aufgehoben oder nur noch selten von einem Priester besucht, und die schlichten, aber schönen Konvente bzw. Pfarrhäuser zerfielen [55].

Der Prozeß läßt sich aus folgenden Zahlen erschließen: im 16. Jh. zählte der Ordensklerus 63,16 Prozent der ernannten Bischöfe; im 17. Jh. noch 50,81 Prozent, im 18. Jh. nur noch 24,25 Prozent [56]. Die Entwicklung er-

[50] Schon die vereinzelten Statistiken aus dem Jahre 1565 zeigen diese Erscheinung (statt 2—3 Franziskaner, mehr als 3 Augustiner, 5—6 Dominikaner usw. heißt es stets nur „1 clérigo"): *P. Borges*, Métodos 532—534.

[51] Die ausführlichste Darstellung des Jesuitenstandpunktes findet sich bei *Astraín* V 356 bis 411; *Ch. E. P. Simmens*, Palafox and his Critics. Reappraising a Controversy: Hisp. Am. Hist. Rev. (1966) 394—408 sucht das Vorgehen des Bischofs von Puebla gegen die Ordensleute, speziell gegen die Jesuiten, zu verteidigen und glaubt, wenn der Bischof seine Reformideen hätte durchsetzen können, wäre es nicht zur Vertreibung der Jesuiten gekommen. Über den Großgrundbesitz der Orden, speziell der Jesuiten, vgl. *F. Chevalier*, La formation des grandes domaines au Mexique (Paris 1952).

[52] Er schrieb Virtudes del Indio (1650), eine kleine Schrift, welche verschiedene Ausgaben erlebte; *Streit* II 515.

[53] Es handelt sich um das „Seminario Palafoxiano" und die „Bibliotheca Palafoxiana" in Puebla. *J. Specker*, Die „Bibliotheca Palafoxiana" in Puebla: ED 21 (Rom 1968) (Festschr. Rommerskirchen) 487—509.

[54] *Streit* II 472. — Über Werden und Bedeutung dieser Bezeichnung vgl. *R. Ricard*, El hábito de San Pedro: Bulletin Hispanique 59 (1957) 304—308.

[55] Verschiedene Abbildungen bei *G. Kubler*, Mexican Architecture of the Sixteenth Century, 2 Bde (New Haven 1948).

[56] *A. Ybot León*, La Iglesia II 168.

reichte unter Bischof Palafox einen gewissen Höhepunkt, wenn sie sich auch in weiter entlegenen Gebieten nicht durchsetzte. Noch im Jahre 1722 sandte Rom eine Instruktion an den Nuntius in Madrid für den Erzbischof von Mexiko betreffs der Übertragung von Indianerpfarreien an den Weltklerus [57].

Die Ziffern bedeuten kein Werturteil. Es gab hier wie dort hervorragende Missionare. Von den Bischöfen des Weltklerus sei hier der Zeitgenosse des Bischofs Palafox in Südamerika genannt: Alonso de la Peña Montenegro (1596—1687, Bischof von Quito) [58]. Auch er vertrat seine bischöflichen Rechte gegenüber den Ordensleuten, den Franziskanern und Jesuiten [59], aber ohne Einseitigkeit und Unklugheiten. Sein „Itinerario para parochos de Indios" (Madrid 1668) [60] übte während der ganzen spanischen Kolonialzeit einen nachhaltigen Einfluß aus und ist getragen von missionarischem Verantwortungsbewußtsein und großer Hochachtung der Indianer, wenn auch die stark kanonistisch-kasuistische Ausrichtung und die enge Anwendung der Trienter Bestimmungen für die Indianerseelsorge auffallen.

In den Anfängen der weltpriesterlichen Missionsarbeit wirkte sich vor allem der Mangel an Sprachkenntnissen negativ aus. Doch besserten sich die Verhältnisse durch die Errichtung von Lehrstühlen für einheimische Sprachen an den großen Universitäten von Mexiko und Lima, später auch in Guatemala und an andern Orten, ja aus den Kreisen der Weltpriestermissionare gingen sogar hervorragende Sprachkenner hervor [61]. Gerade die Sprachkenntnisse und die Volksverbundenheit befähigten sie, in besonderem Maße an der missionarischen Arbeit teilzunehmen und den Bischöfen als Visitatoren bzw. Dolmetscher zu dienen [62]. Auch schriftstellerisch haben sich einige im Kampf gegen das Heidentum betätigt. Für Perú sind die Werke des Mestizen-Weltpriesters Dr. Francisco de Ávila zu nennen, ferner die Arbeiten von Hernando de Avendaño, Pablo José de Arriaga [63] und Juan Pérez Bocanegro [64].

57 *A. de Egaña,* La teoría del Regio Vicariato Español (Rom 1958) 302 f.

58 *M. Bandin Hermo,* El Obispo de Quito Don Alonso de la Peña Montenegro (Madrid 1951).

59 Ebd. 189—196 Verhältnis zu den Franziskanern, 197—222 Verhältnis zu den Jesuiten.

60 *Streit* I 271 f. Das Werk erlebte 5 Auflagen, die letzte noch 1771.

61 *C. Bayle,* El Clero Secular y la Evangelización de América (Madrid 1950) 197—220.

62 Ebd. 223—291, dazu die Einleitung zu den „Crónicas peruanas de interés indígena": Biblioteca de Autores Españoles 209 (Madrid 1968); *L. Millones,* Introducción al estudio de las idolatrías. Análises del proceso de aculturación religiosa en la área andina: Aportes (Paris 1967) 47—82.

63 Die spanischen Werke der drei genannten Autoren finden sich in neuer Ausg. im Bd 209 der Biblioteca de Autores Españoles. Über Francisco de Ávila vgl. *H. Trimborn* und *Klelm Antje,* Francisco de Ávila (Berlin 1967), über Arriaga und die Problematik des ganzen Fragenkomplexes *J. Specker,* Das Weiterleben des Heidentums in den peruanischen Missionen des 17. Jh.: Jb. für Gesch. von Staat, Wirtschaft und Gesellschaft Lateinamerikas 3 (Köln

Die Verdrängung des Ordensklerus gab zu manchen Streitigkeiten Anlaß, besonders in der Sprachenfrage. Die hispanisierenden Verfügungen des Indienrates auch für die Indianersiedlungen waren allerdings weithin wirkungslos, weil keine finanziellen Mittel zur Durchführung gegeben wurden, dann aber besonders deshalb, weil die Pfarrer in den Indianerpfarreien, vor allem diejenigen aus den Orden, aber auch die Weltpriester, zumal die Mestizen, heftigen Widerstand leisteten. Es blieb dem Erzbischof von Mexiko Antonio de Lorenzana († 1804 als Kardinal-Erzbischof von Toledo) vorbehalten, in einem Hirtenbrief für die Förderung der Indianer und die Hebung des gesamten wirtschaftlichen, kulturellen und religiösen Lebens Mexikos die Erlernung der spanischen Sprache zu verlangen [65].

Im Gegensatz zu den spanischen Gebieten wies das portugiesische *Brasilien* einen ganz verschiedenen Charakter auf [66]. Die Spanier hatten ganze Länder besetzt und besiedelt, während die Portugiesen sich lange Zeit auf einzelne Küstengebiete beschränkten. Erst im 17. Jh. drangen sie allmählich weiter ins Innere des Landes vor. Die Errichtung der Bistümer widerspiegelt sowohl die koloniale wie die kirchliche Ausweitung. Bahia blieb seit 1551 über ein Jahrhundert lang das einzige Bistum des Landes. Erst 1676 folgten Rio de Janeiro, Olinda-Recife und Maranhão, 1745 São Paulo und Marianna (Minas Gerais), 1781 Goiaz und Cuibá. Auch die Missionierung hatte sich zunächst auf die Küstengebiete beschränkt. Hier wirkten wie im 17. und 18. Jh. Franziskaner und Dominikaner, Jesuiten und Kapuziner, aber auch Benediktiner und Karmeliten. Um die Ordenskonflikte zu mildern, wurde 1693 eine gewisse Gebietsverteilung zwischen Jesuiten, Franziskanern, Kapuzinern und Karmeliten vorgenommen. In den größeren

1966) 118—140; *C. Bayle*, Los Clérigos y la extirpación de la idolatría en los neófitos americanos: MH 1 (1944) 53—94. — Der Kampf gegen das weiterlebende Heidentum wurde natürlich auch von den Missionaren der Orden geführt. Für das 16. Jh. vgl. *P. Borges*, Métodos 247—306. *L. Clark Keating*, The Extirpation of Idololatry in Peru (Lexington 1968).

[64] Ritual, formular e institución de cura para administrar a los naturales de este reino (Lima 1631). Auch Bischof Peña Montenegro behandelt die Frage ausführlich in seinem Itinerario para parochos de Indios, Lib. II, Tratado IV (Ed. 1754) 219—235. Bei allen diesen Werken der peruanischen Weltpriester darf allerdings nicht die oft starke Abneigung gegen den Ordensklerus übersehen werden. Sie sollten neben dem Nachweis des tatsächlichen Weiterlebens des Heidentums, das einsichtige Indianermissionare niemals geleugnet haben, auch den Beweis für die mangelhafte Missionsarbeit des Ordensklerus erbringen.

[65] *R. Konetzke*, Die Bedeutung der Sprachenfrage in der Kolonisation Amerikas: Jb. für Gesch. von Staat, Wirtschaft und Gesellschaft Lateinamerikas 1 (Köln 1964) 72—116; *R. Ricard*, Le problème de l'enseignement du castillan aux Indiens d'Amérique durant la période coloniale: Bulletin de la Faculté des Lettres de Strasbourg 39 (1961) 281—296.

[66] *R. Ricard*, La Dualité de la civilisation hispanique et l'histoire réligieuse du Portugal: RH 216 (1956) 1—17; *ders.*, Comparison of Evangelization in Portuguese and Spanish America: The Americas 14 (Washington 1957/58) 444—453.

Konventen und Kollegien der Küstengebiete bildeten die Orden auch einheimische Priester heran, Söhne der portugiesischen Siedler, Mestizen und vereinzelte Neger (aber keine Indianer), die sich durchwegs als anpassungsfähiger und sprachkundiger erwiesen als europäische Missionare [67].

Neben den auch in Brasilien schädlichen Auswirkungen des Padroado [68] hemmten dort im 17. Jh. die holländische Besetzung im Norden und die französische im Süden die Missionsarbeit. Das größte Verhängnis jedoch war die Sklaverei. Während die holländische Besetzung (mit dem Zentrum in Pernambuco) alle Kräfte des Landes, die staatlichen und kirchlichen, die portugiesischen und einheimischen, zur Abwehr zusammenschloß, sollte die Stellung zur Sklaverei ein wichtiger Trennungsfaktor in der Missionsarbeit werden. Die Franziskaner suchten die von ihnen seelsorglich betreuten Indianer-Dörfer (Aldeias) gegen die portugiesischen Sklavenhalter zu schützen, während die Jesuiten unter Leitung des sprachgewaltigen P. Antonio Vieira († 1697) den Kampf gegen die Sklaverei vor allem in der weiten Öffentlichkeit, sowohl in Brasilien wie auch in Portugal führten [68]. Beide Orden hatten keinen nachhaltigen Erfolg. Die Jesuiten wurden sogar 1640 aus São Paulo vertrieben und konnten erst 1653 zurückkehren, nachdem sie versprochen hatten, sich nicht mehr gegen die Sklavenjagden der Paulistaner oder Bandeirantes zu stellen, da diese sich vor allem auf die Indianer der Reduktionen in der Provinz Guaira, welche zur Jesuitenprovinz von Paraguay gehörte, konzentrierten. Eine endgültige Abschaffung der Indianer-Sklaverei suchte erst ein königlicher Erlaß von 1758 durchzuführen, während die Negersklaverei bis gegen Ende des 19. Jh. andauerte.

Bei diesen Verhältnissen überrascht es nicht, daß erst 1707 eine Synode in Brasilien abgehalten werden konnte. Dabei wurden die ersten Kon-

[67] Ein Beispiel für die zunehmende Zahl der im Lande geborenen Priester bietet die Statistik bei *S. Leite,* Suma Histórica da Companhia de Jesus no Brasil (1549—1760) (Lissabon 1965) 257. Danach zählt z. B. die brasilianische Provinz 1757 bei 474 Mitgliedern 210 im Lande Geborene, während die Vize-Provinz Maranhão nur 13 Brasilianer von insgesamt 155 Mitgliedern aufwies. Für die Geschichte der Jesuiten in Brasilien *S. Leite,* Historia da Companhia de Jesus no Brasil, 10 Bde (Lissabon 1938/50), für die der Franziskaner *V. Willeke OFM,* Franziskanermission in Brasilien 1500—1966: NZM 1967 ff, für die Kapuziner *Metodio da Nembro OFMCap,* Storia dell'attività missionaria dei Missioni Cappuccini nel Brasile (1538?—1889) (Rom 1958), zum Ganzen *A. L. Farinha,* A expansão da fé na Africa e no Brasil (Lissabon 1942) 419—542. Eine zusammenfassende Missionsgeschichte Brasiliens fehlt noch.

[68] *B. Biermann OP,* Die Sklaverei in Maranhão — Brasilien im 17. Jh. Ein unveröffentlichtes Dokument aus der Tätigkeit des P. Ant. Vieira: NZM 13 (1957) 103—118 217—225; *G. Freyre,* Casa-Grande e senzala, 2 Bde (Rio de Janeiro 1954), engl.: The Masters and the Slaves (New York 1946), frz.: Maîtres et Esclaves (Paris 1952). Über die unablässigen Bemühungen der Missionare für die Menschenrechte der Indianer vgl. *M. Kiemen OFM,* The Indian Policy of Portugal in the Amazonas Region 1619—1693 (Washington 1954).

stitutionen der Erzdiözese Bahia vom Erzbischof Sebastian da Vida veröffentlicht, nachdem er vorher auf beschwerlichen Visitationsreisen die kirchliche Lage des Landes persönlich kennengelernt hatte[69]. Erst 1888 sollte die 2. Synode Brasiliens folgen. Die große Bedeutung der „Constitutiones" von 1707 liegt darin, daß für Brasilien erstmals das gesamte religiöse Leben bis in die letzten Einzelheiten, in 1318 Abschnitten, behandelt und geregelt wird, wobei an den entsprechenden Orten auch der Indianer und Neger gedacht wird und vor allem ihr religiöses Leben sichergestellt werden soll[70]. Die Konstitutionen wurden in den Jahren 1719 in Lissabon und 1720 in Coimbra gedruckt, aber schon im Jahre 1750 begann die Tätigkeit des Marquis de Pombal, welche sich auch für Brasilien verhängnisvoll auswirken sollte.

II. Die Wiederbelebung des Missionsgeistes und Ausweitung des Missionsfeldes

Aus den bestehenden Ordensniederlassungen in Amerika gingen auch im 17. und 18. Jh. immer wieder bedeutende Männer hervor, so daß man nicht von einer Dekadenz der Orden sprechen kann[71]; der ursprüngliche Missionsgeist wurde durch Neugründungen und neue Orientierungen wieder lebendig.

1. Die Franziskaner

Die Ablehnung einer Indianerkirche durch Philipp II. und den Indienrat hatte die Franziskanermission am schwersten getroffen, ebenso der allmähliche Übergang der bereits ausgebauten Doctrinas an den Weltklerus. Wohl blieb den Franziskanern nach der Tätigkeit eines Bischofs Palafox immer noch eine Reihe Doctrinas, selbst in Mexiko[72]. Auch wurde die eigentliche Glaubensverbreitung unter noch heidnischen Indianern mit größten Opfern begonnen und fortgesetzt. Aber die eigentliche neue Orientierung brachte

[69] O. *Schulte OFM,* De primis Archidiocesis Bahiae constitutionibus anno 1707 promulgatis (Rom 1962).

[70] Ebd. 140—166.

[71] Für die Gesamtheit der Orden bietet wohl *A. Ybot León,* Iglesia II, die beste Übersicht: für die Franziskaner 243—510, für die Dominikaner 511—631, für die Merzedarier 632—688, für die Augustiner-Eremiten 689—794, für die Augustiner-Rekollekten 795 bis 840, für die Jesuiten 841—994 und für die Kapuziner 995—1028 mit einer reichen Bibliographie für jeden Abschnitt.

[72] Nach einem Bericht des Erzbischofs von Mexiko von 1691 wurden 147 Pfarreien und Doctrinas von Ordensleuten und erst 79 von Weltpriestern versehen. *L. Lemmens* a. a. O. 226.

doch erst P. Antonio Llinás[73]. 1635 auf Mallorca geboren, schloß er sich dort dem Franziskanerorden der strengen Observanz an und kam 1664 nach Mexiko. Nachdem er 10 Jahre als Lektor der Philosophie und Theologie gewirkt hatte, wurde er 1674 Guardian in Valladolid. Er tat seine Pflicht und pflegte in der Freizeit die Musik. Doch die strengere Beobachtung der Ordensregeln und die Zuwendung zur apostolischen Tätigkeit (Volksmissionen) führte dazu, daß er 1679 als Vertreter für das kommende Generalkapitel gewählt wurde. Anfangs 1680 traf er in Spanien ein und benützte die Zeit bis zum Kapitel von Toledo zur Vorbereitung seines Lebenswerkes, der Gründung der Missionskollegien; denn schon bald nach Beginn seiner apostolischen Tätigkeit hatte P. Llinás erkannt, daß aus den großen Konventen, die in den Städten Mexikos meist schon über 100 Jahre bestanden, die notwendigen apostolischen Kräfte nicht mehr gewonnen werden konnten. 1682 stimmte der Ordensgeneral den Statuten dieser Missionskollegien zu und bestimmte das Kloster vom Heiligen Kreuz in Querétaro in Mexiko für die vorgesehene neue Gründung; er erlaubte P. Llinás die Rekrutierung von 24 Missionaren in den spanischen Provinzen. Innozenz XI. bestätigte durch Breve vom 8. Mai 1682, die Propaganda-Kongregation durch Dekret vom 15. Juni 1682 die Statuten. Auch das Heilige Offizium erteilte die notwendigen Fakultäten für die apostolischen Arbeiten[74].

Die Konstitutionen der Missionskollegien, welche wohl den General des Ordens, José Ximénez Samaniego zum Verfasser haben[75], aber auf die Erfahrungen des P. Llinás zurückgehen, fußen auf der Erkenntnis, daß wahre apostolische Tätigkeit nur in Verbindung mit der Beobachtung strengster Observanz möglich ist[76]. Das Kloster vom Heiligen Kreuz in Querétaro, die Wiege der Missionskollegien, war bereits ein Kloster der Sammlung (Recolección) und strenger Observanz[77]. Es wurde, wie auch die späteren Missionskollegien, aus dem Verband der Provinz herausgelöst und direkt den Ordenskommissaren in Mexiko unterstellt. Das Kolleg sollte gleichzeitig eine Stätte der Ausbildung in der Missionspastoral und

[73] *E. R. Pazos,* De Patre Antonio Llinás Collegiorum Missionarum in Hispania et America Fundatore 1635—93 (Vich 1936); ausführlich handelt über ihn auch der Chronist *F. de Espinosa OFM,* Crónica de los Colegios de Propaganda Fide de la Nueva España, hrsg. von *Lino G. Cañedo* (Washington 1964), im 2. und 3. Buch, S. 233—443. Eine gute zusammenfassende Darstellung bietet *F. Saiz Diez OFM,* Los Colegios de Propaganda Fide en Hispanoamérica: MH 25 (1968) 257—318, 26 (1969) 5—113.

[74] Die drei Dokumente wurden 1683 vom Indienrat ratifiziert und gutgeheißen, vgl. *R. Pazos* a. a. O. 72.

[75] *V. Añibarro OFM,* El P. José Ximénez Samaniego Ministro General OFM y Obispo de Placencia: Archivo Ibero-Americano 3 (Madrid 1943), vor allem 292—309.

[76] *F. de Espinosa,* Crónica in der Einführung von P. L. G. Cañedo XXV ff.

[77] *M. B. McCloskey,* The Formative Years of the Missionary College of Santa Cruz of Queretaro 1683—1733 (Washington 1955).

in den Sprachen sein. Vorgesehen war, daß sich die Missionare für kürzere oder längere Zeit zur Besinnung in das Kloster zurückziehen können. Für neu zu gründende Indianermissionen wurde bestimmt, daß die Missionare nur so lange dort wirken sollten, bis die Indianer wirklich bekehrt und den Weltpriestern überlassen werden könnten [78]. Wegen der Streitigkeiten zwischen den aus Spanien kommenden Ordensmitgliedern und den Kreolen suchten die Missionskollegien ihre gelichteten Reihen stets mit neuen Kräften aus Spanien zu füllen, wenn auch grundsätzlich die Aufnahme von Kreolen und Angehörigen der im Lande bestehenden Provinzen nicht ausgeschlossen wurde [79]. Gerade diese Haltung mit ihren Folgen veranlaßte den Gründer des Kollegs von Querétaro, bereits Ende 1684 wieder nach Spanien zu reisen, um dort die bedrohte Gründung zu retten [80]. Sowohl die Ordens- wie die kirchlichen Obern gaben erneut ihre Approbation. P. Llinás kehrte jedoch nicht nach Mexiko zurück, weil ihm, wohl außerhalb seiner Berechnungen, in Spanien eine neue Aufgabe erwuchs, die er gerne übernahm: die Gründung ähnlicher Missionskollegien in Spanien, die vor allem einen bereits in der missionarischen Spiritualität der überseeischen Kollegien aufgewachsenen und geschulten Nachwuchs sichern sollten, überdies aber Volksmissionen in Spanien selbst übernahmen [81]. Der Titel Colegios de Propaganda Fide ist überraschend und geht auf die Anerkennung der Gründung in Querétaro durch die Propaganda-Kongregation zurück. Es gab zwar weitgehendes Ansehen, aber nicht mehr. Auch die Missionskollegien blieben dem spanischen Patronatsrecht unterworfen. Als P. Llinás 1685/86 in Rom verhandelte, erhielt der spanische Vertreter ein Schreiben des Indienrates, daß ja darauf geachtet werde, keine Patronatsrechte zu ver-

[78] Der General suchte mit dieser Bestimmung allen Konflikten mit den Weltpriestern vorzubeugen. So hatte z. B. das Kolleg S. Fernando in Mexiko die blühende Mission in der Sierra Gorda nach Ausbau an den Weltklerus abgetreten. Vgl. *M. Geiger*, Palou's Life of Fray Junípero Serra (Washington 1955) 35 f. Grundlage war die gegenseitige Hochschätzung, wie sie vor allem im Verbrüderungsabkommen zwischen dem Weltklerus von Querétaro und dem Kolleg vom Heiligen Kreuz zum Ausdruck kam. Vgl. *F. de Espinosa*, Crónica 217—221 (Hermandad ejemplar que hizo la muy ilustre y venerable congregación de Nra. Sra. de Guadalupe con el colegio, ein Kapitel, das in einzigartiger Weise den neuen Geist der Kollegien zeigt).

[79] P. Lino Gómez Cañedo bietet für Querétaro von 1683 bis 1750 folgende Zahlenangaben: 142 Priester und 14 Laienbrüder, welche aus Spanien kamen, 58 Priester und 36 Brüder, welche aus den Kreolen ins Noviziat aufgenommen wurden, und 11 Priester und 4 Laien, die aus anderen Provinzen in das Missionskolleg übertraten (*F. de Espinosa*, Crónica XXVIII).

[80] *R. Pazos* a. a. O. 104 ff.

[81] Die Sorgfalt der Auswahl für die Missionskollegien zeigen die Anweisungen, die P. M. Mingo de la Concepción OFM, der im Auftrag des Missionskollegs von Tarija (Bolivien) in Spanien tätig war, für etwaige Nachfolger der Berufswerbung hinterließ, *P. Borges*, Trámites para la organización de las Expediciones misioneras a América (1780): Archivo Ibero-Americano 26 (Madrid 1966) 405—472.

letzen; P. Llinás dürfe in Rom keine Besprechungen über die Bekehrung der Indianer führen, weil der König selbst, entgegen römischer Meinung, die größte Sorge für die Mission an den Tag gelegt habe. Alle früher und jetzt in Rom ausgestellten Schreiben mußten dem Indienrat erneut zur Begutachtung vorgelegt werden[82].

Die bedeutendsten Missionskollegien wurden in Mexiko gegründet. Das Kloster vom Heiligen Kreuz in Querétaro blieb gleichsam das Mutterkloster. Die Missionare arbeiteten zunächst in den noch nicht christlichen Enklaven des Landes, so unter den Otomis bei Querétaro, unter den Tlaxcalteken bei Puebla, den Coles und Lacadones in der Verapaz und unter den Licques-Indianern von Honduras. Dazu kam bald die Arbeit in der Talamanca-Mission im Südosten von Costa Rica und nicht zuletzt in Texas (heute USA). Die Missionen in der Verapaz und unter andern Indianerstämmen Guatemalas veranlaßten die Gründung des 2. Missionskollegs vom „Gekreuzigten Christus" in der Stadt Guatemala. Eine weitere Gründung „Unserer Lieben Frau von Guadalupe" in Zacatecas erhielt 1704 die königliche Bestätigung. Von Zacatecas aus wurde das Gebiet von Neu-Santander, der südliche Landstrich im Golf von Mexiko, erfolgreich missioniert[83]. 1731 folgte in der Hauptstadt die Gründung des Kollegs S. Fernando, 1733 königlich bestätigt. Da auch die Diskalzeaten oder Alkantaristen in Pachuca ein gleiches Missionskolleg ihres Ordenszweigs eröffneten (1733), das vor allem die Missionsarbeit in den schwer zugänglichen Gebirgen von Zimapán übernahm, zählte Mexiko fünf Kollegien der Glaubensverbreitung.

Mexiko sollte auch der Ausgangspunkt weiterer Kollegien in Südamerika werden. Im Süden des Erzbistums Lima wurde 1724 in Ocopa das Colegio di Santa Rosa gegründet, das 1779—83 die Missionen auf der Insel Chiloë erhielt und dem später weitere Missionen, zumal solche der ausgewiesenen Jesuiten, zugewiesen werden[84]. In Kolumbien bildeten sich die Missionskollegien von Popayán (1747 in Quito gegründet, seit 1749 in Popayán) und Cali (1756). In Tarija (Bolivien) übernahm 1754 das Kolleg die seit

[82] *R. Pazos* a. a. O. 112 f.

[83] *F. de Lejarza OFM*, Conquista espiritual del Nuevo Santander (Madrid 1947). Die Missionare haben auch hier 23 Indianerdörfer errichtet (vgl. S. 187—295). Später konnten die Missionare von Zacatecas nach Ausweisung der Jesuiten auch deren Missionen unter den Tarahumara-Indianern übernehmen. *J. A. Alcocer OFM*, Bosquejo de la historia del Colegio de Nuestra Señora de Guadalupe y sus misiones. Año de 1788 (Mexiko 1958) (P. Alcocer lebte 1749—1802 und hat vor allem ausführlich die Ablösung der Jesuiten durch die Franziskaner in der Tarahumara-Mission dargestellt); *A. M. Carreño*, The Missionary Influence of the College of Zacatecas: The Americas 7 (Washington 1950/51) 297—320.

[84] Eine Reihe aufschlußreicher Dokumente gerade über die Tätigkeit dieses Kollegs veröffentlichte O. *Maas OFM*, Las Órdenes religiosas.

bald 200 Jahren unfruchtbare Mission unter den Chiriguanos im Chaco. Ihr Apostel wurde der heiligmäßige P. Franziskus del Pilar, der von 1765 bis zu seinem Tode 1803 unter ihnen als Diener und Helfer aller lebte und ihren Widerstand langsam besiegte. Die Mission zählte 1810 22 Stationen mit 16 425 Christen [85]. In Chile konnte 1756 das Kolleg von Chillán gegründet werden und nach 1767 bereits den größten Teil der Missionsstationen der ausgewiesenen Jesuiten übernehmen [86]. Als letztes Kolleg des 18. Jh. wurde 1784 San Carlos am Paraná speziell für die Bekehrung der Indianer im südlichen Chaco und in Paraguay errichtet [87]. Mit Recht spricht der Franziskaner-Historiker P. Leonhard Lemmens von „jener ruhmreichen neuen Epoche des 18. Jh., die mit dem Eintritt der apostolischen Kollegien in den Weinberg des Herrn anhebt“ [88]. Das Leben besonders zweier Männer spiegelt die neue missionarische Spiritualität.

Einer der Gründer der mexikanischen Kollegien war P. Antonio Margil (1657—1726). Er verbrachte 43 Jahre in Mittelamerika und hat nicht nur die Kollegien von Guatemala und Zacatecas gegründet, sondern auch weitgehend den Geist der Kollegien geprägt. Als Missionar war er in sämtlichen Landstrichen Mittelamerikas tätig, auf der einen Seite bis zu Talamancas in Costa Rica und auf der andern bis nach Texas, wo er von 1716 bis 1722 weilte. Hatte er mit seinen Predigten irgendwo festen Fuß gefaßt, so eilte er weiter, um seinen Nachfolgern den Ausbau zu überlassen [89]. — Dem Missionskolleg S. Fernando in Mexiko gehörte der Apostel Kaliforniens, Junípero Serra (1713—84), an. Er verließ 1750 den Lehrstuhl an der Universität seiner Heimat (Palma de Mallorca) und wirkte zuerst unter den Indianern der Sierra Gorda und seit 1767 als Oberer der Franziskanermission in Kalifornien, zunächst in Niederkalifornien, wo die Franziskaner des Missionskollegs die Missionsstationen der ausgewiesenen Jesuiten übernahmen, und schließlich als Bahnbrecher der Mission in Oberkalifornien in den heutigen Vereinigten Staaten, wo heute noch eine Reihe franziskanischer Namen bedeutender Städte an die bescheidenen Anfänge von India-

[85] *L. Lemmens* a. a. O. 319—323. Ein weiteres Kolleg in Bolivien entstand noch Ende des 18. Jh. in Tarate.

[86] *L. Lemmens* a. a. O. 312—316. Dieses Kolleg begann auch 1777 mit der Gründung eines Kollegs für Indianerpriester, von denen 1794 die ersten 3 geweiht werden konnten (ebd. 313). Es wurde 1811 geschlossen, da sich die neue Nationalregierung als eine noch schärfere Gegnerin der Indianer zeigte als die vormals spanische.

[87] Ebd. 332. Lemmens bietet in seiner Geschichte noch weitere Hinweise auf kleinere Kollegien.

[88] Ebd. 239. Über die ersten 60 Jahre der Kollegien in Mexiko und ihre eigentliche Missionsarbeit bietet der Chronist P. *F. de Espinosa,* Crónica de los Colegios 783—788 eine gute Zusammenfassung.

[89] Die erste Lebensbeschreibung stammt von seinem Zeitgenossen P. *F. de Espinosa,* El pelegrino Septentrional Atlante ... (Valencia 1742); *Streit* III 130; kritische Biographie von *Rios - Leutenegger,* Life of Fray A. Margil OFM (Washington 1959).

ner-Missionsstationen erinnern. — Beide Männer, Serra wie Margil, folgten klugen missionsmethodischen Überlegungen. Margil zeichnet sich durch seine oft übermenschlich anmutende Askese aus, während Serra durch seine nicht zu brechende Geduld beeindruckt. Nur im Kampf mit dem Regalismus in Spanien und Mexiko, der selbst bei den letzten staatlichen Instanzen in Kalifornien herrschte, gelang Serra die Gründung der Kette von Missionsstationen bis hinauf nach San Francisco. Der Staat Kalifornien errichtete dem eigentlichen Kolonisator des Landes im Kapitol von Washington eine Statue [90].

Mit geringen Ausnahmen hatten die Missionskollegien Mexikos die bisherigen Missionare der Franziskaner-Provinzen in den neuerschlossenen Missionen im Norden des Landes, in den später von Nordamerika annektierten Staaten von Neu-Mexiko, Texas, Arizona und Kalifornien, in der zweiten Hälfte des 18. Jh. bis zur Vertreibung der Spanier durch die Amerikaner abgelöst. Der Geist dieser Kollegien konnte nur durch Gewalt erstickt werden [91], in Mexiko durch die Aufhebung seit 1827, in den andern Staaten etwas später. Nur einzelne von ihnen bestanden bis in die Neuzeit weiter und wurden in die reorganisierten Franziskaner-Provinzen eingegliedert.

2. Die Jesuiten

Ein neuer Aufschwung des Missionsgeistes durfte von der Gesellschaft Jesu, die erst verhältnismäßig spät nach Amerika kam, erwartet werden. Aber die staatlichen und kirchlichen Behörden wünschten den Einsatz der Jesuiten vor allem im Dienste der Spanier bzw. der Kreolen, besonders in der Erziehung und im Unterricht, wo sie tatsächlich ihre größten Verdienste erwarben, die indirekt auch der Indianermission zugute kamen. Durch ihre Schulen gingen die untergeordneten Beamten und der Weltklerus [92]. Die

[90] Erste Biographie von seinem Landsmann und Nachfolger *F. Palóu*, Relación Histórica (Mexiko 1787) (engl. Übersetzung mit kritischem Kommentar von *M. Geiger* [Washington 1955]); The Writings of J. S., übers. und hrsg. von *A. Tibesar*, 3 Bde (Washington 1955/56); grundlegende Biographie von *M. Geiger OFM*, The Life and Time of Fr. J. S., 2 Bde (Washington 1959).

[91] Eine Fülle von Einzelheiten bieten die beiden Bände von O. *Maas* a. a. O. — Ca 80 Jahre nach Gründung des Kollegs von Querétaro pries der Kapuziner P. Franc. de Ajofrín den dortigen apostolischen Geist. *B. de Carrocera*, Noticias Misionales de Méjico en los años 1763—1767: MH 11 (1954) 221 ff. Dieselbe Gesinnung war auch in Spanien selbst noch weithin lebendig, wie ein Bericht des Comisario Collector für das Jahr 1811 feststellt. *F. de Lejarza*, Las Levas misioneras en el siglo XIX: ebd. 13 (1956) 179—190.

[92] Durch die Jesuiten wurde die Bildung und soziale Stellung des Weltklerus stark gehoben, so daß sie mit diesem gleichsam die dritte Partei ausmachten (neben den Bischöfen und den Bettelorden). Vgl. *R. Ch. Padden*, The Ordenanza del Patronasgo 1574. An Interpretative Essay: The Americas 12 (Washington 1955/56) 333—354, bes. 353 f.

Sendung der Jesuiten nach Amerika stieß schon in Spanien, und zwar gerade auch im eigenen Orden, auf starken Widerspruch [93]. So wuchsen die Jesuiten nur langsam in die eigentliche Indianermission hinein. Selbst im Vizekönigtum von Perú, wo sie 1568 angekommen waren und wo sich die Glaubensverbreitung am intensivsten entfaltet hatte, übernahm erst das Provinzialkapitel von Cuzco 1576 das große Missionszentrum von Juli am Titicacasee und schickte noch im gleichen Jahre die ersten Missionare dorthin [94]. Doch hatten die Jesuiten schon vorher von den Kollegien in Lima und Cuzco aus erfolgreich unter den Indianern der Umgebung gewirkt. Der Weigerung, eigene Doctrinas bzw. Indianerpfarreien zu übernehmen, lag wohl die Furcht zugrunde, dadurch zu stark an die staatlichen und kirchlichen Autoritäten gebunden zu werden [95].

Juli wurde in der Folgezeit nicht nur ein Modell jesuitischer Missionsarbeit am Titicacasee, sondern ein universales Zentrum Perús. Hier hatten die Missionsgebiete der Maynas (am oberen Amazonas im östlichen Ecuador), unter den Moxos (im heutigen Bolivien) und ganz besonders in Paraguay ihre Wurzeln. Auch die Chiquitos-Mission in Bolivien war indirekt mit Juli verbunden [96].

Diese Ausweitung der Kollegien und Missionen der Jesuiten in Südamerika brachte es mit sich, daß sich immer wieder neue Provinzen bildeten [97]. Was allen diesen Gebieten, speziell den Missionen unter den Indianern im 17. und 18. Jh. ihr eigenes Gepräge gibt, ist die ständige Zunahme nichtspanischer Missionare. Zunächst wurden Jesuiten aus den spanischen Untertanenländern, wie Italiener, Flamen, Wallonen, zugelassen [98]. Dann erhielten gegen Ende des 17. Jh. auch Untertanen der Habsburgerlande die

[93] *Astraín* II 284 ff; *F. Mateos,* Antecedentes de la entrada de los jesuitos españoles en las Misiones de América (1538—63): MH 1 (1944) 109—166.

[94] *A. Echánovo,* Origen y evolución de la idea jesuítica de „Reducciones" en las Misiones del Virreinato del Perú: MH 12 (1955) 95—144, 13 (1956) 497—540; *A. de Egaña,* Monumenta Peruana II (Rom 1958), vgl. Register S. 875. Aber auch später kamen noch Klagen nach Rom, die den General Claudio Acquaviva zu seinem Missionsrundschreiben vom 15. Juni 1584 veranlaßten, das Egaña die „Carta Magna Misional" des Ordens nennt (ebd. III, Doc. 100).

[95] 1576 war der große Missionstheoretiker José de Acosta Provinzial der peruanischen Provinz. Ihm dürfte wohl der Entscheid für die Übernahmen von Doctrinas zu danken sein. *L. Kilger,* Die Peru-Relation des José de Acosta 1576 und seine Missionstheorie: NZM 1 (1945) 24—38.

[96] In Juli bestand z. B. die Bestimmung, daß Missionare grundsätzlich nach 20 Tagen ihrer Arbeit in den Doctrinas für 8 Tage in das Ordenshaus für eine geistliche Erneuerung und das gemeinschaftliche Leben zurückkehren mußten (*A. Echánovo,* Origen y evolución . . .: MH 12 [1955] 117 f).

[97] Einzelangaben bei *Streit* II und III, ferner in den Ergänzungsbänden XXIV—XXVI; *E. Cardozo,* Historiografía Paraguaya (Mexiko 1959).

[98] *P. Delattre - E. Lamalle,* Jésuites wallons, flamands, français, missionaires du Paraguay 1608—1767: AHSI 16 (Rom 1947) 98—176.

Reiseerlaubnis (1678)[99], schließlich auch andere, Deutsche und Schweizer. Den Hauptanteil der nichtspanischen Missionskräfte erhielten die Reduktionen von Paraguay. Nach den Angaben von A. Huonder wies die 1606 von Perú getrennte Provinz von Paraguay etwa 125 deutschsprechende Missionare auf, großteils in den Reduktionen[100]. Der Grund hierfür liegt nicht nur darin, daß die ausländischen Jesuiten in dem weitentfernten Paraguay von den spanischen Behörden weniger beaufsichtigt werden konnten, sondern eher darin, daß ihre Arbeitskräfte und Fähigkeiten hoch geschätzt waren. Sie taten sich hervor als bedeutende Architekten und Musiker, wie z. B. der Österreicher Anton Sepp von Reinegg oder der Schweizer Martin Schmid[101], als Ethnologen wie Martin Dobritzhoffer, dessen Werk über die Abiponen noch heute geachtet ist, oder wie der Schlesier Florian Paucke, dessen Beobachtungen erst in neuester Zeit herausgegeben wurden[102]. Besonders begehrt waren die handwerklich gut geschulten, aber auch als Künstler und Apotheker tätigen deutschen und flämischen Brüder. All dies bedeutete zwar einen großen Nutzen für die Reduktionen selbst, weckte aber die immer größer werdende Abneigung der spanischen Bevölkerung in den umliegenden Landstrichen[103]. Riesige Herden von Maultieren und Kühen erregten den Neid der Spanier in den Städten[104]. Hauptausfuhrgegenstände waren der Paraguay-Tee, wozu die Indianer durch eine königliche Cedula von 1645 ermächtigt wurden[105], und Webereiprodukte[106].

Das tragische Ende des mutigen Kampfes gegen die Sklavenjäger von

[99] *F. A. Plattner,* Die erste Groß-Expedition von Jesuiten deutscher Zunge: NZM 1 (1945) 169—183. Es handelt sich um die Expeditionen von 1680.

[100] Deutsche Jesuitenmissionare des 17. und 18. Jh. (Freiburg 1899) 139—151; *A. Blankenburg,* German Missionary Writers in Paraguay: Mid-America 29 (Chicago 1947) 34—68 122—131.

[101] *F. A. Plattner,* Ein Reisläufer Gottes. Das abenteuerliche Leben eines Schweizer Jesuiten P. Martin Schmid aus Baar (1694—1772) (Luzern 1944); *ders.,* Genie im Urwald. Das Werk des Auslandschweizers M. Schmid (Zürich 1959); *ders.,* Deutsche Meister des Barock in Südamerika im 17. und 18. Jh. (Freiburg 1960).

[102] Zwettler Codex 420 des P. Florian Paucke. Jesuiten-Mission in Paraguay I (Wien 1959), II (ebd. 1966); *H. Hoffmann,* Der Indianermissionar Florian Paucke SJ aus Winzig in Schlesien: Beiträge z. schles. Kirchengeschichte. Gedenkschrift für Kurt Engelbert (Köln - Wien 1969) 376—381.

[103] Darüber vor allem *M. Mörner,* The Political and Economic Activities of the Jesuits in the La Plata Region (Stockholm 1953) (bietet 6—21 eine sorgfältige Einführung in die gedruckten und ungedruckten Quellen gerade der Reduktionen und 229—241 eine ausgezeichnete Bibliographie).

[104] Schon um 1680 wurden jährlich 3500 Stück Maultiere von Córdoba nach Perú verkauft (*M. Mörner* a. a. O. 167). Neben den Maultieren führte das Kolleg von Buenos Aires, wo die Obern der Paraguay-Provinz meist residierten, jährlich regelmäßig ca 20 000 Stück Vieh aus (ebd.).

[105] *M. Mörner* a. a. O. 100. Über den Anbau der Yerba, wie der Tee kurz im Handel genannt wurde, über den erweiterten Anbau und die dadurch bewirkte Preissenkung auf dem Weltmarkt ebd. 150 f.

[106] *M. Mörner* a. a. O. 163.

São Paulo, der schließlich zum Anspruch Portugals auf eine Reihe von Reduktionen im heutigen brasilianischen Bundesstaat Paraná führte, trug wesentlich zum Untergang des großangelegten „Indianerstaates" der Jesuiten bei. Der Befehl der Ordensleitung, sich allen Anordnungen der spanischen Regierung zu fügen, und die schließlich im Vertrag von Madrid 1750 vollzogene Abtretung von 7 Reduktionen mit ihrem ganzen Gebiet an Portugal wirkten sich verheerend aus. Die Missionare mußten die Indianer schutzlos preisgeben, da diese einem gemeinsamen spanisch-portugiesischen Krieg ohne Hilfe der Patres und der andern Reduktionen unterlagen. Damit wurde das Vertrauen der Indianer zu ihren Missionaren restlos untergraben. Die Jesuiten hatten, oft in feierlicher Form, den Rechtsschutz der Indianer übernommen, weil sie nur allzu gut wußten, daß ihre Christen unbarmherzig auf den Sklavenmärkten Brasiliens verkauft wurden, um so mehr, als sie ihren Verkäufern wegen ihrer landwirtschaftlichen und handwerklichen Bildung wertvoller waren als die anderen Indianer. Als dann die Jesuiten 1768 aus den ihnen verbliebenen 30 Reduktionen (mit zusammen ca. 100 000 Indianern) vertrieben wurden, regte sich kein Widerstand seitens der Indianer [107].

In engster Verbindung mit diesen Vorgängen steht wohl der Zusammenbruch der sozialen Utopien, die, zunächst von den älteren Jesuiten genährt, auf die Indianer übergegriffen und bei ihnen zu einigen synkretistischen Bewegungen geführt hatten [108]. Dies alles hat schließlich auch den Lebensmut der Indianer Paraguays und der Reduktionen in den umgebenden Ländern untergraben. Nimmt man dazu die gesamte paternalistische Ausrichtung der Missionare, die doch 150 Jahre lebendig blieb [109], dann versteht man historisch das tragische Ende dieses so idealen Unternehmens. Man versteht aber auch, daß den Missionaren anderer Orden, zumal den Franziskanern, kein größerer Erfolg beschieden war. 1802 zählte man in den ehemals 30 Reduktionen der Jesuiten nur noch 30 116 Bewohner. Ein großer Teil hatte sich wieder in die Wälder zurückgezogen.

In die weiten Gebiete Neugranadas (Kolumbien) und Venezuelas kamen die Jesuiten erst später, und sie hatten dort auch nur wenige Missionen. Doch bauten sie schon früh in der Hafenstadt Cartagena, welche das Einfallstor für weite Länder Südamerikas und gleichzeitig den größten Umschlagsmarkt für den Negerhandel bildete, ein großes Kolleg. Von den Missionaren dieses Kollegs sollen hier wenigstens zwei Namen als Beispiel

107 *R. Lacombe,* Problème et mystère des Jésuites du Paraguay: Sciences Ecclésiastiques 17 (Montréal 1965) 89—109 283—295. Über Krieg und Hintergründe unterrichtet am besten *G. Kratz SJ,* El Tratado Hispano-Portugues de Límites de 1750 y sus consecuencias. Estudio sobre la abolición de la Compañía de Jesús (Rom 1954).

108 *M. Humbert,* Indiens et Jésuites au Paraguay. Rencontre de deux messianismes: Archives de Sociologie des Religions 27 (Paris 1969) 119—133.

109 *Ders.,* La vie quotidienne du Paraguay sous les Jésuites (Paris 1967).

für das Apostolat unter den schwarzen Sklaven genannt werden. P. Alonso de Sandoval (1571—1652) war nicht nur der eigentliche Organisator dieser Seelsorge, sondern auch der erste und einzige Theoretiker der Negermissionen Amerikas. Sein Werk „De Instauranda Aethiopum salute" erschien erstmals 1627 in spanischer Sprache in Sevilla [110]. Im ersten Buch befaßt er sich in 32 Kapiteln mit Afrika und seinen Kulturen, vor allem mit denen zwischen den Kapverdischen Inseln und Angola, woher die meisten Sklaven stammten; das 2. Buch beschreibt die erbarmungswürdige Lage der Negersklaven; das 3. Buch spricht von den Eigenschaften der Neger-Missionare und den für diese spezielle Seelsorge nötigen Methoden [111]; das 4. Buch begründet, warum gerade die Jesuiten sich dieser Aufgabe widmen müssen [112]. Schüler und Nachfolger Sandovals wurde der Katalane Pedro Claver (1581—1659), der die sozialen Bedingungen seiner Pflegebefohlenen soweit als möglich zu mildern suchte. So erreichte er, daß die Neger dem Gottesdienste in der Kollegskirche der Jesuiten beiwohnen durften. Er verteidigte sie vor den Gerichten des Staates und der Inquisition. Indem er sich Tag für Tag „zum Sklaven der Sklaven" machte, protestierte er gegen die Sklaverei [113].

Im Vizekönigtum Mexiko trafen die Jesuiten erst 1572 ein. Auch hier mußten sie sich zuerst vor allem der weißen Bevölkerung widmen. Nach und nach entstanden die Kollegien in Mexiko, Puebla, Oaxaca und Valladolid, das große Noviziat von Tapozotlán, das Seminar S. Ildofonso in Mexiko und die Residenzen in Guadalajara, Pátzcuaro und Vera Cruz. Längere Zeit konnte von einer eigentlichen Indianermission nicht die Rede sein. In den zeitgenössischen Dokumenten wird dies gerade aus den Reihen der missionseifrigen Jesuiten beklagt, und es bedurfte der Befehle des Generals Acquaviva, bis endlich Indianermissionen größeren Stils übernommen

[110] *Streit* I 188. Der spanische Titel lautet: Naturaleza, Policia sagrada i profana, Costumbres, Ritos, Disciplina — Catechismo Evangélico de todos Etíopes. Ursprünglich sollte das Werk wohl den lateinischen Titel De instauranda Aethiopum salute haben. Das geht sowohl aus der Vorrede wie auch aus Gleitzeilen der einzelnen Blätter hervor. Eine 2. Auflage (Madrid 1647) umfaßt nur die ersten 3 Bücher (*Streit* I 217). Ein Neudruck der Ausgabe von Sevilla erschien 1956 in Bogotá mit dem Titel De instauranda Aethiopum salute. El mundo de la esclavitud negra en América.

[111] Hier sei auch auf den Abdruck der kaum bekannten Instruktionen des Erzbischofs von Sevilla, Pedro de Castro y Quiñones, von 1614 für die Bekehrung und seelsorgliche Betreuung der Negersklaven hingewiesen (Ed. 1956, 463—475).

[112] Trotz Eifer für die religiöse Betreuung der Negersklaven findet sich kein einziges Kapitel, das die Negersklaverei in Frage stellt, entweder, weil der Verfasser als Kind seiner Zeit darin kein Problem sah, oder aber, weil er darüber wegen der Zensur nicht schreiben durfte. Leider fehlt noch eine kritische Untersuchung des Werkes P. Sandovals wie überhaupt der religiös-missionarischen Fragen der Negersklaven in Amerika.

[113] Für die zahlreichen Lebensbeschreibungen vgl. die Angaben bei *Streit* II, III, XXIV und XXVI. Die letzte kritische Bibliographie schrieb *A. Valtierra SJ*, El santo que libertó una raza (Bogotá 1959), engl.: Peter Claver Saint of the Slaves (London 1960).

wurden[114], die 1584 im Nordwesten des Landes begannen. Diese Arbeit entfaltet sich nicht bloß unter den Tarahumara-Indianern[115], sondern auch unter den Stämmen von Sonora und der Pimeria Alta und von dort aus über das Gebiet des heutigen Staates Arizona nach Niederkalifornien. Die überragende Gestalt dieser Jesuitenmissionare war der Trienter P. Eusebio Francisco Kino (1645—1711)[116], der in der oberdeutschen Provinz nicht nur zu einem der größten Missionare, sondern auch zu einem überragenden Forscher und Kartographen ausgebildet wurde. Ihm dankt die Mitwelt die erste genaue Kenntnis Kaliforniens[117]. Aber P. Kino war in erster Linie Missionar, Organisator der weiten nordöstlichen Missionen, Architekt und Erbauer von Stationen und Kirchen. Seine Missionstheorie hat er so bescheiden verborgen, daß sie erst in neuester Zeit entdeckt und bis heute noch nicht ausgewertet wurde[118]. Seine größte Sorge war der Mangel an geeigneten Missionaren; die Bitte um Nachschub, besonders aus den deutschsprechenden Ländern, wurde erfüllt; H. E. Bolton bemerkt, daß in den Jahresberichten von Pimeria Alta, Sonora und Kalifornien im 18. Jh. immer mehr „Schwarzröcke" mit durchwegs unspanischen Namen auftauchen[119]. Doch der große Mangel blieb. In seinem Jahresbericht vom 1. Dezem-

[114] *F. Zubillaga* a. a. O. III (1585—90) (Rom 1968). Noch 1589 wird berichtet, daß von 180 Jesuiten sich höchstens 12 oder 13 in der Indianermission befanden (S. 384).

[115] *P. Master Dunne SJ,* Early Jesuit Missions in Tarahumara (Berkeley 1948).

[116] Die beste Biographie schrieb der amerikanische Forscher der „Grenzmission" *H. E. Bolton,* Rim of Christendom. A Biography of Eusebio Francisco Kino, Pacific Coast Pioneer (New York [1]1936, 1960). Als bedeutendste Quelle für die Kenntnis seines Lebenswerks gelten die „Favores Celestiales", 1699—1710 geschrieben mit biographischem Charakter, hrsg. mit wissenschaftlichem Kommentar von *H. E. Bolton,* Kino's Historical Memoir of Pimeria Alta, 2 Bde (Cleveland 1919). *E. J. Burrus SJ,* Kino Reports to Headquarters (Rom 1954) (Briefe Kinos an die Generale der Gesellschaft Jesu); *ders.,* Kino writes to the Duchess (Rom 1965), span. (Madrid 1964) (Briefe an die große Missionswohltäterin, die Herzogin von Aveiro); *ders.,* Kino's Plan to the Development of Pimeria Alta, Arizona and Upper California (Tucson, Arizona 1961) (der große Rechenschaftsbericht an den Vizekönig von Mexiko [1703]).

[117] *E. J. Burrus,* La obra cartográfica de la provincia mexicana de la Compañía de Jesús (1567—1967), 2 Bde (Madrid 1967), bes. I 15—26 (führt 31 Karten der von Kino erforschten und kartographisch erfaßten Gebiete an, wovon 10 im 2. Bd veröffentlicht sind!).

[118] *E. F. Kino SJ,* Vida del P. Francesco J. Saeta SJ Sangre Misionera en Sonora, hrsg. von *E. J. Burrus* (Mexiko 1961). Das 8. Buch dieser Bibliographie ist betitelt: Dictámenes de Misionero Apostólico del Venerable Padre Francisco Javier Saeta, sacados de sus cartas y de su religiosa conversación, 159—183.

[119] Rim of Christendom 594. — Er nennt für die beiden ersteren Gebiete: Benz, Fraidenegg, Gerstner, Gratzhoffer (= Kratzhoffer), Hoffenrichter, Hlava, Keller, Klever, Kolub, Kürtzel, Middendorff, Miner, Mentwich, Och, Pauer, Rhuen, Sedelmayr, Segesser, Slerag, Steb, Stiger, Wazet und Weiß, für Kalifornien: Baegert, Bischoff, Consag, Ducrue, Gasteiger, Gordon, Helen, Link, Neumayr, Retz, Tempis, Tuersch und Wagner. Über die Missionen in Kalifornien vgl. *P. M. Dunne,* Black Robes in Lower California (Berkeley 1968).

ber 1751 an den General zählt der Schweizer Provinzial Joh. Ant. Balthasar von 624 Mitgliedern in der mexikanischen Provinz nur 111 Missionare in den Gebieten des Nordwestens und Kaliforniens [120].

Die Mission der Jesuiten in den brasilianischen Provinzen — Brasilien (seit 1503) und Maranhão (seit 1627) — konnte sich im 17. und 18. Jh. im Gegensatz zum spanischen Amerika weniger entfalten, obwohl es nicht an Kräften fehlte. Die portugiesische Heimat erlaubte weder die Gründung einer Universität noch die einer Druckerei. Industrien, bei deren Entwicklung die Jesuiten mithalfen, wurden eingeschränkt oder verboten, um die Kolonie nicht allzu mächtig werden zu lassen. Die alle überragende Gestalt der Jesuiten des 17. Jh. ist der bereits oben erwähnte P. Antonio Vieira (1608—97) [121]. Schon als Knabe war er mit seinen Eltern nach Brasilien gekommen; 1623 trat er in die Gesellschaft Jesu ein. Zunächst als portugiesischer Gesandter in verschiedenen Ländern tätig, kehrte er 1652 als Missionar nach Brasilien zurück. Wegen seiner gerechten und menschlichen Stellungnahme zugunsten der Indianer deportierten ihn die portugiesischen Kolonisten mit den anderen Jesuiten des Kollegs von Belem nach Portugal, wo er wegen einzelner Lehren in seinen prophetisch-utopischen Werken, zumal der „Esperanças de Portugal", „Quinto Imperio do Mundo" und der „Historia de futuro", nach einem 4jährigen Prozeß von der Inquisition eingekerkert wurde. Ein Regierungswechsel 1669 befreite ihn [122]. Vieira sieht im weithin ausgebauten Padroado das von Gott gewollte Instrument für das endgültige Reich des Messias, das fünfte Reich der Eschatologie, das mit der Weltherrschaft Portugals zusammenfällt [123]. Zu seiner Rechtfertigung 1669—75 in Rom, wurde er der Jurisdiktion der portugiesischen Inquisition entzogen. Alle angebotenen kirchlichen Würden schlug er aus und begab sich nach 20jähriger Verbannung wieder in die Maranhão-Mission, wo er im Kolleg von Bahia 1697 im Alter von 89 Jahren starb. Danach schien die Kraft der Gesellschaft Jesu in Brasilien erschöpft. Die Entdeckung der Goldminen von Minas Geraes und die Kaffeeplantagen von São Paulo boten

[120] Handschrift im Archiv Al Gesù „Fondo Jesuitico" (jetzt Generalarchiv der SJ), 630 C.

[121] *R. Ricard*, Antonio Vieira et les missions du Brésil septentrional au XVIIe siècle (Löwen 1927) (auch in Études et documents [Löwen 1930] 189—203); *C. R. Boxer*, A Great Luso-Brazilian figure: Padre Ant. Vieira (London 1957); *R. Cantel*, Prophétisme et Messianisme dans l'œuvre d'Antonio Vieira (Paris 1960); *M. Haubert*, L'Église et la défense des „sauvages": Le Père Ant. Vieira au Brésil (Brüssel 1964). In diesen neueren Werken werden überall auch die Quellensammlungen, zumal seine Schriften und 15 Bände seiner Predigten, angegeben.

[122] Den Prozeß behandelt das 2bändige Werk von *Hernani Cidade*, Ant. Vieira, Defesa Perante o Tribunal do Santo Oficio (Bahia 1957).

[123] *R. Ricard*, Prophecy and Messianism in the Works of Antonio Vieira: The Americas 17 (April 1961) 357—368 (vor allem im Anschluß an *R. Cantel* a. a. O.), weist auf die Nachwirkungen des Joachim von Fiore hin und zeigt S. 365—367 die Übereinstimmung mit dem Gedankengut des Franziskaners Gonzalo Tenerio in Perú.

nicht mehr die Möglichkeiten einer Missionierung wie früher. 1759 erfolgte die Ausweisung der Jesuiten durch Pombal.

Im französischen Kolonialgebiet hatten die Kriege zwischen Irokesen und Huronen und die Ermordung der unter letzteren tätigen Jesuiten (1642—49) den Zusammenbruch der erfolgreich begonnenen Mission bedeutet. Erst seit 1665, als Carignan Kanada vorerst für Frankreich gesichert hatte, konnten auch die Missionen nach einzelnen früheren Versuchen wieder angefangen werden, in denen die Jesuiten bis zum Pariser Frieden von 1763, in dem Kanada an England verlorenging, tätig waren. In diesen 100 Jahren stellten sie 320 Missionare, meist für die fünf nach dem Muster von Paraguay aufgebauten Indianerdörfer[124]. Neben den Jesuiten wirkten nach einer Abmachung (1632) mit den französischen Kapuzinern diese in Akadien, während in Kanada selbst Sulpizianer, Pariser Missionare und Franziskaner-Rekollekten die Arbeit der Jesuiten unterstützten.

In den Indianerkriegen waren zahlreiche katholische Indianer nach Süden und Südosten abgedrängt worden. Das veranlaßte die großen Forschungsreisen der Jesuiten, zumal des P. Jacques Marquette (1637—75), der 1673 zum Mississippi gelangte und hier unter den Illinois- und Miami-Indianern missionierte. Anderen Franzosen, wie de la Salle (und in seiner Begleitung der Franziskaner Louis Hennepin, † 1701), gelang schließlich die Erforschung des gesamten Stroms bis zu seiner Mündung. Die Missionstätigkeit der Jesuiten beschränkte sich auf die ihnen bekannten Indianerstämme im nördlichen Gebiet, während andere Missionare, zumal der Auswärtigen Missionen von Paris, weiter im Süden tätig waren. Keiner Gruppe war wirklicher Erfolg beschieden. Trotz aller Bemühungen erhielt Louisiana auch keine kirchliche Organisation, sondern stand bis zum 18. Jh. unter Québec.

3. Andere Orden

Die Dominikaner waren die ersten Missionare Perús, und sie haben sich von dort aus über ganz Südamerika ausgebreitet. Gleichsam als programmatische Symbole dürfen die beiden Heiligen des Ordens in Perú angesehen werden: Rosa von Lima (1586—1617), die Kreolin, Mitglied des Dritten Ordens und Beispiel des kontemplativ-mystischen Lebens[125], und Martín de Porras

[124] Für Quellen und Lit. *Streit* II und III. *F. B. Steck OFM*, Marquette Legends (New York 1960). (Versucht den Nachweis, daß nicht Marquette der Entdecker des Mississippi war, sondern 2 seiner jüngeren Mitbrüder, die aber das große Ansehen des älteren Mitbruders benutzten, um die Berichte darüber in seinem Namen herauszugeben!) Ferner *C. de Rochemonteix*, Les Jésuites et la Nouvelle France au XVIIIe siècle, 2 Bde (Paris 1906); *S. Delacroix* a. a. O. II 281—299. — *C. C. O'Neill*, Church and State in French Louisiana (New Haven 1966).

[125] Die erste Biographie erschien 1654 (*Streit* II 536), eine zweite 1659 (ebd. 550), und danach folgten fast jährlich Biographien in den verschiedensten Sprachen.

(oder Porres, 1569—1639), der Mulatte aus Lima, in der Heilkunde ausgebildet und Dominikanerbruder, der allen Kreisen und Rassen in hingebender Nächstenliebe sich verschenkte[126].

Auch die Dominikaner haben im 17. und 18. Jh. die im 16. Jh. grundgelegten Missionen unter den Indianern beibehalten und weiter ausgebaut. Besondere Verdienste erwarben sie sich in der Förderung der höheren Studien. Neben den im 16. Jh. errichteten Staatsuniversitäten in Lima und Mexiko hatten sie bereits seit 1538 die Universität von Santo Domingo inne, die bis zum 18. Jh. weiterbestand. 1620 begannen sie ein Studium generale in Guatemala, das aber erst 1676 als Real y Pontificia Universidad de San Carlos als volle Universität ausgebaut und anerkannt wurde. 1685 folgte die Gründung der Universität von Santiago de Chile, dann 1688 die von Quito. Im 17. Jh. begann an den meisten Orten eine mit heftigen Kämpfen verbundene Konkurrenz durch die Jesuiten, die sich auf ähnliche Breven der Päpste stützen konnten wie die Dominikaner, so daß z. B. in Bogotá, Quito und Santiago de Chile je eine Universität der Dominikaner und Jesuiten erstand. Im 18. Jh. wurde das Dominikanerkloster San Juan de Letrán auf Kuba zur Universität ausgebaut, 1721 ebenso ihr Colegio Seminario von Caracas[127]. Alle diese Anstalten standen irgendwie im Dienste der Mission unter den Indianern, weil Welt- wie Ordensklerus und die staatlichen Beamten hier ihre Bildung erhielten, auch an Lehrstühlen für die einheimischen Sprachen.

Die humanistisch-wissenschaftliche Ausrichtung der Missionsarbeit hatten im 16. Jh. vor allem die Augustiner-Eremiten vertreten. Alonso de la Vera Cruz war der erste Theologieprofessor in der Neuen Welt (Universität von Mexiko); bereits in seinen ersten Vorlesungen 1553/54 behandelte er im Geiste eines Las Casas und mit dem Rüstzeug eines in Salamanca geschulten Theologen das Indianer-Problem[128]. Daß von seinem Geiste auch die Augustiner-Eremiten der Folgezeit beseelt waren, zeigt für die erste Hälfte des 17. Jh. die Chronik des Fray Antonio de la Calancha[129] und für das ausgehende Jahrhundert der Kreole Francisco Romero. Diesem aus Lima stammenden Augustiner, Wandermissionar Südamerikas, verdanken wir das erschütternde Werk „llanto Sagrado de la América Meridional", das — 1693 in Mailand gedruckt — sofort von der spanischen Inquisition ein-

[126] Heiligsprechung 1962. Neuere Biographien von *Vargas Ugarte* (Buenos Aires 1949), *John Jordan* (Dublin 1957) und *E. Romero* (Lima 1959).

[127] *R. Konetzke*, Spanische Universitätsgründungen in Amerika und ihre Motive: Jb für Gesch. von Staat, Wirtschaft und Gesellschaft Lateinamerikas 5 (Köln 1968) 111—159.

[128] *E. J. Burrus*, Las Casas and Veracruz: their Defense of the American Indians Compared: NZM 22 (1966) 201—212; *ders.*, The Writings of Alonso de la Vera Cruz, II: The Defense of the Indians: Their Rights. Latin Text and English Translation (Rom - St. Louis 1968).

[129] Cronica Moralizada del Orden de San Agustín en el Perú I (Barcelona 1639), II (Lima 1653).

gezogen wurde und eine furchtlose Anklage der spanischen Ausbeutungspolitik der Indianer darstellt [130]. Trotz aller Bemühungen Romeros und der von ihm geworbenen Missionare gelang es nicht, die heidnischen Tames-Indianer der Provinz Popayán im heutigen Kolumbien zu gewinnen [131]. — Die Reformbewegung der Unbeschuhten Augustiner (Augustiner-Rekollekten) gründete zu Beginn des 17. Jh. in der Einöde von Raquira, nördlich von Santa Fé de Bogotá, die erste Einsiedelei U. L. Frau de la Candelaria, Ausgangspunkt einer religiösen Erneuerung in Kolumbien, Venezuela und Mittelamerika, später auch in Perú und Mexiko und gleichzeitig Zentrum neuen missionarischen Eifers. Das fruchtbarste Missionsfeld sollte sich ihnen allerdings auf den Philippinen eröffnen [132].

Als letzte spanische Missionare trafen um die Mitte des 17. Jh. die Kapuziner in Amerika ein, im heutigen Venezuela. Der Indienrat war zwar nicht bereit gewesen, einen neuen Orden in Amerika zuzulassen; aber der Laienbruder Francisco de Pamplona, der als ehemaliger General Don Tiburcio de Redín gute Beziehungen zu Philipp IV. hatte, setzte es durch, daß 1648 mit der Missionsarbeit in Darien und 1650 in Venezuela selbst begonnen werden konnte [133]. Die ersten Kapuziner gründeten keine großen Konvente und nahmen keine Novizen aus den Reihen der Kreolen auf. Sie blieben so mehr als die übrigen Orden mit ihren spanischen Heimatprovinzen verbunden [134]. Auch missionsmethodisch suchten die Kapuziner einen neuen Typ zu verwirklichen. Sie stießen vom Norden zu den noch heidnischen Indianern vor, wo sie kleine Konvente errichteten, und allmählich immer weiter nach Süden und Südosten. Dank dieser unauffälligen Tätigkeit gelang es ihnen, alle Zeitwirren zu überdauern [135].

Es fällt auf, daß von der Teilnahme der Frauenorden am Bekehrungswerk in Amerika entweder gar nichts oder nur beiläufig etwas geschrieben

[130] Den langen Titel der Mailänder Ausgabe *Streit* II 655.

[131] *J. Metzler,* Das Missionsunternehmen des Francisco Romero OESA Ende des 17. Jh.: NZM 21 (1965) 1—17.

[132] Neben *A. Ybot León* a. a. O. II 795 ff vgl. vor allem *J. A. Salazar,* Los Estudios eclesiásticos superiores en el Nuevo Reino de Granada 1563—1810 (Madrid 1946) 123 ff; dazu das Bullarium Ordinis Recollectorum S. Augustini I (Rom 1954), II (1961).

[133] Die erste Biographie schrieb der Kapuziner-Chronist *Mateo de Anguiano,* Vida y virtudes del Capuchino Español, el Venerable Servo de Dios Fray Francisco de Pamplona (Madrid 1686); eine moderne kritische: *L. de Aspurz* (Madrid 1951). Vgl. auch *B. de Carocera,* F. Francisco de Pamplona, organisador de Misiones y conductor de Misioneros: MH 9 (1952) 5—51.

[134] Über die amerikanische Kapuzinermission unterrichtet *Froilán de Rionegro,* Relaciones de las Misiones de los PP. Capuchinos en las Provincias españoles hoy República de Venezuela (1650—1817), 2 Bde (Sevilla 1918). Weitere Quellen und Lit. bei *A. Ybot-León* a. a. O. 1021 ff.

[135] Aufschlüsse über die ethnologisch-linguistischen Arbeiten der Kapuziner bietet deren Zschr. Venezuela Misionero I (Caracas 1938) ff.

wird[136]. Aus den Angaben älterer Schriftsteller können wir aber schließen, daß seit den Zeiten eines Bischofs Juan de Zumárraga, dem die Königin Isabella 1531 und 1535 Tertiarinnen („Beatas") zur Unterstützung gesandt hatte, das Problem der Frauenerziehung und -bildung von den Missionaren angegangen wurde. Gegen Ende des 17. Jh. zählt man z. B. in der Stadt Mexiko allein 22 Frauenklöster und in Puebla 10[137]; alle diese Klöster hatten Spanierinnen, Kreolinnen wie Indianerinnen als Schülerinnen[138]. Solche Klöster wurden auch für Indianerinnen, Töchter der Kaziken, gegründet, so 1724 das Kloster Corpus Christi in Mexiko[139]. Von hier aus wurden die Indianerinnenklöster von Cosamalsapán (1737) und Oaxaca (1782) ins Leben gerufen, und zwar gerade um unliebsame Spannungen unter den Rassen zu vermeiden. Den Indianerinnen war der Zugang zu den Orden niemals abgesprochen worden[140]. Die Provinzialsynode von Charcas (= Sucre, Bolivien) von 1629 bestimmt ausdrücklich, daß in den Klöstern allen Schwestern gleiche Rechte zuständen. Sie betont besonders, daß auch die Mischlinge unter die Chorschwestern aufgenommen werden mußten, „cum apud Deum fides non genus in pretio sit"[141]. In den weiter entfernten Provinzen haben Missionare wohl vielfach das Beispiel der Beatas des 16. Jh. nachgeahmt und mit Indianertöchtern Beaterios gegrün-

136 Es ist mir keine zusammenfassende Arbeit über dieses Thema bekannt, obwohl in einzelnen Quellen und in Monographien einzelner Frauenklöster darauf hingewiesen wird.

137 *F. Chevalier,* La formation des grands domaines au Mexique (Paris 1952) 330 f.

138 Ebd. 331. Über die Klöster der Stadt Mexiko vgl. die Monographie von *J. Muriel,* Conventos de monjas en la Nueva España (Mexiko 1946). In Lima zählte man zu Beginn des 17. Jh. sechs Frauenklöster. *B. Cobo SJ,* Fundación de Lima (Ed. F. Mateos) (Madrid 1956) 428—433; von besonderem Interesse ist das Kapitel über die Karmelitinnen, Del colegio de Nuestra Señora del Carmen, ebd. 434—436, das gleichzeitig eine Mädchenschule und ein Mädchenwaisenhaus unterhielt. Über die Erziehungsarbeit eines Dominikanerinnenklosters in Oaxaca vgl. *J. Muriel,* Notas para la Historia de la educación de la mujer durante el Virreynato. Estudios de Historia Novohispana II (1968) 25—33.

139 *J. Muriel,* Las indias caciques de Corpus Christi (Mexiko 1963). Das Werk enthält nebst einer gründlichen Einleitung 8 Biographien von Indianerinnen-Schwestern.

140 *F. de Lejarza OFM,* Expansión de la Clarisas en América y Extremo Oriente: Archivo Ibero-Americano 14 (1954) 446 f 450 f. Ein anderes Kloster wurde in der Provinz Michoacán (in Valladolid) 1743 eingeweiht. Die Einweihungspredigt hielt der Weltpriester *Juan Wallo Anguita.* Sie erschien im Druck: Oración panegírico de la dedicación del convento de indias capuchinas de Valladolid de Michoacán (Mexiko 1743). *Beristain de Sousa,* Bibliografía Hisp. Am. Sept. (Ed. Mexiko 1947) I 144.

141 MH 21 (1964) 120. — Daß auch Negerinnen aufgenommen wurden, zeigt eine beiläufige Bemerkung des Franziskaner-Chronisten Diego de Córdova Salinas, Crónica Franciscana de las Provincias del Perú, hrsg. von *L. G. Cañedo* (Washington 1957) 950. Er spricht von einer Negerin, die mit ihrer Tochter nach ihrer Freilassung aus der Sklaverei ins Klarissinnenkloster von Cuzco eintrat. — Arme Indianerinnen, welche die geforderte Mitgift nicht aufbringen konnten, kamen vielfach als Dienerinnen mit ihren vornehmen kreolischen Herrinnen, denen sie auch im Kloster weiter dienten und in deren Zellen sie auch meistens wohnten. (Vgl. den Hinweis bei *J. de Palafox y Mendoza,* Virtudes del Indio [Ed. Madrid 1893] 58.)

det. Zwei dieser Klöster hebt der Kapuziner Fr. Francisco de Ajofrín in seinen Erinnerungen über seine Bettelreise in Mexiko hervor[142]. Der Chronist der Dominikaner-Provinz von Guatemala berichtet von Fr. Benito de Villacañas OP, daß er solche Beaterios in Guatemala und San Juan Sueatepequez gründete und für die Schwestern die Lebensgeschichte Christi und das Leben der heiligen Katharina von Siena in ihrer Sprache (= Cacchiquel) verfaßte[143]. Welchen Beitrag die Frauenklöster zum kulturellen Leben der einzelnen Länder geleistet haben, kann erst eine gründliche Einzelforschung aufzeigen. Es genüge hier der Hinweis auf die Lyrikerin, Dramatikerin und Essayistin Sor Juana Inés de la Cruz (1648—95), die als Kreolin und Karmelitin durch alle Wirren ihres Heimatlandes Mexiko hindurch bis heute als „bedeutendster Schriftsteller, der je in Mexiko geboren wurde", anerkannt ist[144].

Der Linderung von Not und Krankheit dienten neben allen Orden auch die auf eigenem Boden entstandenen Sozietäten, so die zahlreichen Bruderschaften, die für Spanier, Indianer und Neger ins Leben gerufen wurden. In Brasilien übernahm vor allem die Bruderschaft der „Misericordia", deren Vorbild bereits 1498 in Lissabon entstand, die gesamte soziale Hilfeleistung. Speziell in der Krankenpflege taten sich die Barmherzigen Brüder des heiligen Johannes von Gott hervor, welche seit 1603 in Mexiko tätig waren. Von hier aus errichteten sie ihre Spitäler in den mittel- und südamerikanischen Ländern und gewannen, besonders auch im Dienste der Pestkranken und Aussätzigen — im Pestjahr 1736 verloren sie allein in Mexiko 16 ihrer Mitglieder —, in allen Kreisen der Bevölkerung Anerkennung[145]. Schon vorher, 1594, hatte Clemens VIII. einer durch Bernardino Álvarez in Mexiko gegründeten Gemeinschaft die Privilegien der Barmherzigen Brüder verliehen. Sie wurden nach dem ersten von ihnen in Mexiko errichteten Spital, das dem heiligen Hippolyt geweiht war, Hippolitaner genannt. Ihre Mitglieder legten nach dem ersten Gelübde, sich der Pflege aller Kranken zu widmen, auch die Gelübde des Gehorsams und seit 1700 auch der Keuschheit ab[146].

[142] *B. de Carrocera OFMCap*, Noticias Misionales de Méjico en los años 1763 à 1767: MH 11 (1954) 218 (Xalapa), 227 in Salvatierra. Über die Beaterios von Indianer-Schwestern im 16. Jh. vgl. vor allem *G. de Mendieta OFM*, Historia Eclesiástica Indiana (Ed. Mexiko 1870) 420—424.

[143] *F. Ximénez OP*, Historia de la Provincia de San Vicente de Chiapa y Guatemala II (Ed. Guatemala 1930) 49. Ebd. 282 erwähnt er die Calle de las Beatas Indias in Guatemala.

[144] Letzte Gesamtausgabe in Mexiko 1969. — *R. Ricard* zeigt in einer Einzeluntersuchung wie im Lebenswerk der Dichterin spanisch-kreolische und indianisch-einheimische Elemente zu einer natürlichen Einheit verwoben sind. (Sur „El Divino" Narciso de Sor Juana Iñés de la Cruz. Mélanges de la Casa de Velazquez, 5 (Paris 1969) 309—329.

[145] *L. Lopetegui - F. Zubillaga*, Historia 736—738.

[146] Ebd. 736; *Heimbucher* I 607 f.

Einen eigenen Charakter bewahrte jedoch der in Guatemala entstandene Orden der Bethlehemiten. Er geht zurück auf Pedro de San José Betancur (1616—67), der sich zunächst dem Unterricht der Kinder, aber bald auch der Pflege der Rekonvaleszenten, zumal der Fremden und Durchreisenden, annahm. Die Helfer Betancurs führten nach seinem frühen Tod das Werk weiter und gründeten einen Orden von Laienbrüdern (1672 päpstlich anerkannt). Er verbreitete sich überraschend schnell nach Mexiko und Südamerika. Gegen Ende des 18. Jh. kam es zur inneren Auflösung, so daß der Orden 1820 aufgehoben wurde. Noch zu dieser Zeit zählte er 10 Spitäler in der mexikanischen und 22 in der peruanischen Provinz [147]. Eine ähnliche Gründung für die Frauen, welche Maria Anna del Galdo 1688 in Guatemala ins Leben rief, fand eine nur schwache Verbreitung (1820 aufgelöst) [148].

Jeder der genannten Spitalorden zählte in seinen Reihen im Lande selbst ausgebildete Ärzte. Daß jede Rassendiskriminierung bei Behandlung der Kranken ausgeschlossen war, macht zu einem guten Teil ihre große missionarische Bedeutung aus.

III. Die Aufklärung und ihre Folgen

Eine gerechte Würdigung der Aufklärung in Lateinamerika ist immer noch äußerst schwierig. Wenn schon die spanisch-portugiesische Geistesgeschichte des 18. Jh. bis in die jüngste Vergangenheit als Zeit des Obskurantismus und der scholastischen Erstarrung kaum beachtet wurde, so gilt das erst recht von Amerika, von dessen Geistesleben in der Kolonialzeit in Europa wenig bekannt ist. Die Folge davon war, daß sich die historische Forschung in nur geringem Maße mit diesen kulturellen Erscheinungen, an denen die Missionare bedeutenden Anteil haben, befaßt hat [149]. Die erste Generation der Missionare in Mexiko, etwa die Bischöfe Juan de Zumárraga und Vasco de Quiroga, waren geprägt vom zeitgenössischen Humanismus, Zumárraga

[147] *J. Specker,* Der Spiritualorden der Bethlehemiten in Lateinamerika (1667—1820): Das Laien-Apostolat in den Missionen (Festschr. Joh. Beckmann) (Schöneck/Beckenried 1960) 181—199.

[148] *Heimbucher* I 609.

[149] „Die Geschichte des Rationalismus und der Aufklärung in Brasilien ist noch fast völlig unerforscht, und ihre Einwirkungen auf das religiöse Leben Brasiliens lassen sich noch nicht abschätzen." *R. Konetzke,* Forschungsproblem zur Gesch. der Religionen und ihrer Bedeutung in den Kolonisationen Amerikas: Saeculum 10 (1959) 95. — Diese Feststellung gilt mit gewissen Gradunterschieden auch für Spanisch-Amerika, für das wir ebenfalls keine zusammenfassende Darstellung besitzen. Das gründliche Werk von *J. Sarrailh,* L'Espagne éclairée de la seconde moitié du XVIIIe siècle (Paris 1954) beschränkt sich grundsätzlich auf das spanische Mutterland, erlaubt jedoch manche Rückschlüsse auf die Neue Welt. Zur Aufklärung vgl. Kap. 18 in diesem Handbuch.

durch Erasmus[150], Quiroga durch Thomas Morus[151]. Diese geistige Haltung blieb irgendwie bestimmend, gerade auch für die Missionsarbeit. Zwei Einrichtungen verbanden immer mit dem europäischen Geistesleben: die Bibliotheken, zumal die der Klöster, und die Universitäten.

Hinsichtlich der Bibliotheken lassen sich, wenn auch nur einige Monographien darüber vorliegen und wenige Angaben oder gar Bücherlisten aus den ersten Zeiten veröffentlicht sind, aus den vorhandenen Hinweisen in Briefen, Chroniken und Büchern[152] zwei Tatsachen feststellen: 1) Die Büchersammlungen waren umfassend; gewiß hatten die theologischen Werke das Übergewicht, doch fehlten nicht die Werke aus der klassischen und modernen Literatur; 2) Neuerscheinungen in Europa, selbst aus entfernten und protestantischen Städten erreichten verhältnismäßig schnell die spanisch-amerikanischen Länder[153].

Entscheidende Elemente des Geisteslebens waren die Universitäten. Gegen Ende der Kolonialzeit besaß Spanisch-Amerika 23 Universitäten. Davon waren 7 vollausgebaute staatliche Universitäten, die wohl auch eine theologische Fakultät besaßen, die aber, wie in der Heimat, von Welt- und Ordenspriestern versehen wurden. Neben den staatlichen Universitäten bestanden noch 16 weitere, ebenfalls staatlich anerkannte Hochschulen mit

[150] *M. Bataillon,* Erasmo y España, 2 Bde (Mexiko - Buenos Aires 1950), zumal das letzte Kap. des 2. Bandes über die Auswirkungen des Erasmus in Mexiko, das in der französischen Ausgabe fehlt.

[151] *S. Zavala,* La „Utopia" de Tomás More en la Nueva España (Mexiko 1937); neu mit weiteren ergänzenden Studien hrsg. in „Recuerdo de Vasco de Quiroga" (Mexiko 1965).

[152] *F. Fernández de Castillo,* Libros y Libreros del siglo XVI (Mexiko 1914) (meist Bücherlisten, welche durch Beamte der Inquisition bei der Ankunft der Schiffe in Veracruz angefertigt wurden). Der argentinische Jesuit und Historiker *G. Furlong* weist auf eine entsprechende Arbeit mit dem ironischen Wort hin: „A los pobres de espíritu que creen y propagan que el Nuevo Mundo no llegaban sino novenas y trisagios, les recomendamos nuestra monografía sobre las ‚Bibliotecas Argentinas durante la Dominación Hispánica. Buenos Aires 1944'": Nacimiento y desarrollo de la Filosofía en el Río de la Plata 1536—1810 (Buenos Aires 1952) 52.

[153] Vgl. z. B. *J. Beckmann,* Alte Basler Drucke im Dienste der Christianisierung Mexikos: ZSKG 59 (1965) 107—112. Wenn gegen den lebendigen Geistesaustausch mit den europäischen Zentren der Kultur die Tätigkeit der Inquisition ins Feld geführt wird, so übersieht man dabei den großen Unterschied zwischen Theorie und Praxis. Wohl bestanden für die Ausfuhr und für die Einfuhr verdächtiger oder gar häretischer Bücher strengste Vorschriften. Die Feststellung, welche *M. Defourneaux* (L'inquisition espagnole et les livres français au XVIIIe siècle [Paris 1963] für das 18. Jh. machen konnte, daß die Buchhandlungen von Sevilla nicht nur jahrelang, sondern sogar jahrzehntelang von den Angestellten der Inquisition nicht kontrolliert wurden, gilt auch für das 17. und 16. Jh. Für die Einfuhr sprechen die von *F. Fernández de Castillo* (a. a. O.) veröffentlichten Listen, wobei immer wieder bemerkt wird, daß so und so viele Kisten Bücher für Ordensmitglieder bestimmt waren, welche nicht der Kontrolle der Inquisition unterworfen waren. Der ziemlich oberflächlich katalogisierte Rest war wohl einzig für den Vertrieb durch den Buchhandel bestimmt.

nur philosophischen und theologischen Fakultäten. 14 davon wurden von den verschiedenen Orden, 2 von Bischöfen geführt. Das Schwergewicht des höheren Unterrichtes lag unbestritten bei den Staatsuniversitäten, in denen der Einfluß der Laien vorherrschte [154].

Bibliotheken und Universitäten haben das Eindringen neuer Ideen und auch das Einströmen der Aufklärung mit ihren positiven und negativen Elementen vorbereitet. Das Jesuitenkolleg vom Heiligen Paulus in Lima besaß bereits die Opera omnia von Isaac Newton, ferner Geschichten und Veröffentlichungen der Académie des sciences und der Preußischen Akademie in Berlin. Die Hauptwerke eines der bedeutendsten Vorkämpfers der positiven Aufklärung, des Benediktiners Fr. Benito Gerónimo Feijóo y Montenegro († 1764), das „Teatro crítico universal" in 8 Bänden und die „Cartas Eruditas" in 6 Bänden fanden sich nicht nur in der Kollegsbibliothek, sondern auch in den persönlichen Bibliotheken der Professoren [155]. Sogar Werke der englischen Deisten waren neben denen der Naturwissenschafter weithin in den Bibliotheken vertreten, während den französischen Deisten Bayle, Voltaire, Rousseau und den Enzyklopädisten erst durch den spanischen Minister Graf von Aranda der Zugang zu den überseeischen Gebieten geöffnet wurde; er ordnete sogar ihre Einfuhr an [156]. Die in Mittel- und Osteuropa weitverbreiteten lateinischen Werke des deutschen Philosophen Christian Wolff waren in verschiedenen Bibliotheken Amerikas zu finden [157] (vgl. Kap. 18).

Diese Bücher wurden allerorts eifrig studiert und in den Vorlesungen der Universitäten und Kollegien benützt. Wenn die gebildeten Kreolen, selbst Missionare auf entlegenen Posten, sich mit dem Geistesleben Europas vertraut zeigten, so dankten sie es der Bildung, die sie an den Universitäten bzw. in ihren Klöstern erhalten hatten [158]. Für die Aufnahme des modernen europäischen Geisteslebens sei hier nur auf zwei Beispiele der Jesuitenuniversitäten von Quito und Córdoba hingewiesen. In Quito war der Schweizer Jesuit Jean Magnin wohl der erste, welcher sich nach 1746 systematisch mit René Descartes auseinandersetzte [159]. Der englische Jesuit Tho-

[154] So wurden von 150 000 zwischen 1550 und 1821 erteilten akademischen Graden allein 39 367 von der Universität Mexiko verliehen. *J. T. Lanning*, The Church and the Enlightenment in the Universities: The Americas 15 (1958/59) 334.

[155] *L. Martín*, The Intellectual Conquest of Peru, The Jesuit College of San Pablo (New York 1968) 93—96. Die Werke Feiyóos in spanischer und lateinischer Sprache waren nach *G. Furlong* a. a. O. 64 „von Mexiko bis Tucumán" in allen Bibliotheken vorhanden.

[156] *G. Furlong* a. a. O. 47.

[157] *G. Furlong* a. a. O. Register (S. 751).

[158] Wenn auch die einzelnen Orden in ihren Studienzentren den höheren Unterricht in Philosophie und Theologie durch ordenseigene Kräfte versahen, so mußten diese doch die notwendigen Grade für das Lektorat an den Universitäten erwerben.

[159] Bereits 1747 hatte er eine Arbeit über Descartes aus dem Französischen ins Lateinische übersetzt, ein Manuskript von 262 Blättern, das sich heute in der Nationalbibliothek von

mas Falkner, ein Schüler Newtons, führte in Córdoba die naturwissenschaftlichen Experimente ein und schloß sich in seinen philosophischen Vorlesungen eng an Christian Wolff an [160]. Vor ihm hatte allerdings schon sein Mitbruder Domingo Muriel die moderne Philosophie in seine Vorlesungen eingebaut. 1749 schrieb einer seiner Schüler über ihn: „Er fügte zum Verständnis der alten scholastischen Philosophie eine genaue Kenntnis der modernen hinzu." [161] Daher kann entgegen falschen Auffassungen Richard Konetzke feststellen, „daß Rationalismus und Aufklärung früh und schnell auch im spanischen Amerika Verbreitung gefunden haben und daß man dort die zeitgenössischen Strömungen Europas fast unmittelbar miterlebte... gerade Geistliche, Mönche und Domherren sind die Wegbereiter der Aufklärung im spanischen Amerika gewesen..., vor allem haben die Jesuiten die modernen Ideen bekannt gemacht..." [162] So konnten die Ideen der Aufklärung durch Universitäten, Kollegien und Seminarien alle Bildungsschichten der einzelnen amerikanischen Länder erfassen. Sie wirkten sich zunächst durchwegs positiv aus. Die Studien wurden allenthalben gehoben und ausgeweitet, und ein frischer Wind ging durch die etwas erstarrten Institutionen [163]. Es entstanden Zentren naturwissenschaftlicher Forschung und Gesellschaften von Gelehrten. Eine erste Welle der periodischen Presse zeigte sich, starb aber selbst in den großen Ländern wie Mexiko und Perú nach einigen Jahren wieder ab. In allen diesen Bewegungen stellte der Klerus die ersten Mitarbeiter; der Episkopat förderte diese Beteiligung oder stellte sich jedenfalls nicht direkt dagegen. Die Inquisition erteilte großzügig die Erlaubnis für die Lesung verbotener Bücher oder sah über Verstöße gegen das Indexgebot hinweg [164]. Im ganzen konnte sich die Auf-

Quito befindet. *J. Beckmann*, La première Traversée de la Colombie par un missionnaire suisse (1725). Le Père Jean Magnin SJ: Annales Fribourgeoises 46 (1964) 33—65. — *G. Furlong*, Filosofía, gibt seinem zweiten Teil, der vor allem die Philosophie nach der Vertreibung der Jesuiten bis Ende des 18. Jh. behandelt, den Untertitel „Cartesianismo" (223—483).

160 *G. Furlong* a. a. O. 177 f.

161 „añadiendo a la comprensión de la antigua filosofía escolástica, el conocimiento puntual de la moderna" (*G. Furlong* a. a. O. 178).

162 Forschungsproblem 95. Allerdings war das Verhältnis der einzelnen Orden zur Aufklärung nicht gleich. Während die Franziskaner nach den eindeutigen Anweisungen ihres Ordenskommissars überall den „modernen" Richtungen folgten und mancherorts, wie vor allem in Guatemala, zu den führenden Kreisen gehörten, hatten die Dominikaner keine einheitliche Linie. Je nach den Verhältnissen und dem Gegendruck verteidigten sie die altscholastischen Methoden oder übernahmen die neuen (*J. T. Lanning* a. a. O. 343 ff).

163 In der eher bescheidenen San-Carlos-Universität von Guatemala belief sich die Zahl der Abschlußexamen für das Bakkalaureat in der Philosophie im ersten Viertel des 18. Jh. auf 108, im letzten Viertel dagegen auf 538; für die Theologie betrugen die entsprechenden Ziffern 22 und 79. An der Universität Mexiko stiegen die Zahlen der Lizentiaten und Doktoren der Theologie von 107 auf 184 (*J. T. Lanning* a. a. O. 339).

164 *K. Schmitt*, The Clergy and the Enlightenment in Latin America: The Americas 15 (1958/59) 381—391.

klärung in der spanisch-portugiesischen Übersee ungehemmter entfalten als zunächst in Europa.

Als negative Momente der Aufklärung wirkten sich zunächst weniger die geistigen aus als die immer stärkeren Auswüchse des Regalismus (Kap. 11), dessen antirömische Tendenzen durch geschickte Förderungen gallikanischer und febronianischer Ideen noch verstärkt wurden [165]. Am verhängnisvollsten waren, gerade auch in der Übersee, die diskussionslos hingenommenen und immer selbstverständlicher werdenden Entscheidungen des Staates in religiösen Angelegenheiten. Zwei Ereignisse hatten weittragende Folgen. Die Ausweisung der Jesuiten, 1759/60 durch Marquis de Pombal in Portugal wie auch in den Kolonien begonnen, wurde 1767 in den spanischen Kolonien reibungslos, aber auch erbarmungslos durchgeführt und endete 1768 mit der Vertreibung der Missionare aus den Reduktionen Paraguays (vgl. S. 279). Die zur Vertreibung der Jesuiten vorgebrachten Gründe waren für Brasilien und die spanischen Kolonien durchaus verschieden. Die Hauptursache war, daß die Jesuiten ihrer ganzen inneren Struktur nach sich nicht in das regalistische Staatsgefüge eines aufgeklärten Absolutismus eingliedern ließen [166]. Wie stark die regalistische Haltung gerade mancher Bischöfe jede realistische Sehweise verhinderte, zeigt z. B. der Hirtenbrief des Bischofs von Puebla, Fabián y Fuero, vom 28. Oktober 1767, wo es heißt, daß die Vertreibung der Jesuiten zu dem „rechtmäßigen Gebrauch der Rechte, welche Gott dem König mit der Krone verliehen hat", gehöre [167]. — Das andere, ebenso so folgenreiche Ereignis waren die Provinzialsynoden von 1771, durch den spanischen König einberufen. Den Synoden wurden bereits durch den Indienrat die genauen Traktandenlisten, der *tomo regio*, vor-

[165] Typisch ist die Tatsache, daß die Werke des französischen Oratorianers Fleury, des Löwener Professors Bernhard Zeger van Espen und des Weihbischofs von Trier Hontheim (= Febronius) zwar durch den römischen Index verboten wurden, nicht aber durch den spanischen (*N. M. Farriss* a. a. O. 102).

[166] *M. Mörner*, The Expulsion of the Jesuits from Latin America (New York 1965) (eine Sammlung von Stellungnahmen hervorragender Historiker aller Richtungen); *ders.*, The Expulsion of the Jesuits from Spain and Spanish America 1767 in the Light of 18th Century Regalism: The Americas 23 (1966/67) 156—164. Ein jüngerer französischer Amerikanist, *P. Chaunu*, faßt das heute geltende Urteil der Historiker in die Worte: „Il est incontestable que l'acte de l'expulsion des Jésuites de 1767 a porté un coup extrêmement dur à l'œuvre de l'Espagne dans le nouveau monde. Sur ce point, adversaires et amis sont définitivement d'accord: puisque, dans leur œuvre civilisatrice, dans l'aide qu'ils apportèrent à la colonisation, les milliers des Jésuites expulsés n'ont pu être remplacés": RH 214 (1955) 159. Dieselbe Feststellung macht auch der Londoner Professor *C. R. Boxer* für die portugiesischen Gebiete: „Whatever the failings of the Jesuits, the fact remains that they were the best educators, teachers, and missionaries in the Portuguese colonial world. Their sudden and the drastic removal left gaps which were not filled for centuries, if indead they have all been filled at the present day" (Four Centuries of Portuguese Expansion, 1415—1825. A Succinct Survey [Johannesburg 1963] 84).

[167] *N. M. Farriss* a. a. O. 52.

gelegt. In Mexiko fand die Synode unter dem Vorsitz des Erzbischofs Franc. Ant. de Loranzana statt, 1772 folgten jene von Lima und La Plata. Loranzana legte der Bischofsversammlung die von ihm und dem Bischof von Puebla, Fabián y Fuero, ausgearbeiteten Dekrete einfach zur Abstimmung vor, so daß eine Diskussion überhaupt nicht zustande kommen konnte. Um dem Vertreter des Vizekönigs zu beweisen, wie loyal ihre Haltung gegenüber dem König war, fügten sie zwei Bestimmungen hinzu, nach welchen jeder Widerstand gegen eine königliche Verfügung oder jede Beleidigung des Königs mit der Strafe der Exkommunikation bedroht wurde [168]. Als der Bischof von Durango, José Vicente Díaz Bravo, ein solches Vorgehen der Synodenvorsteher tyrannisch nannte, machte man ihm den Prozeß. Er wurde seines Bistums beraubt und sollte sich zur Verantwortung nach Madrid begeben. Auf der Reise starb er [169]. Dagegen wurden Loranzana und sein Kollege von Puebla befördert, der erstere zum Erzbischof von Toledo (1789) und Kardinal, der andere zum Bischof von Valencia [170]. Diese regalistischen Synoden wurden in Rom nie anerkannt, und selbst Loranzana wagte nicht, die Akten zur Bestätigung vorzulegen.

Die negativen Momente der Aufklärung als Geistesbewegung machten sich in Amerika nur langsam bemerkbar und waren ganz anderer Natur als in Europa (Kap. 18). Es zeigt sich auch für das 18. Jh., daß Amerika keineswegs eine Kopie europäischer Geisteswelt war. Noch in der Übergangszeit zum 19. Jh. fanden sich in Amerika die verschiedensten Auffassungen vom streng kirchlichen bis zu rationalistischen Gedankengängen nebeneinander. Für das heutige Argentinien überschreibt G. Furlong diesen Zeitabschnitt mit „Eclecticismo“ [171]. Eine eigentlich antiklerikale, radikal rationalistische Richtung setzte erst später ein, als Kreolen, die ihre Universitätsbildung in dem von Pombal beherrschten Coimbra [172] oder bereits auf französischen Hochschulen — weniger in Spanien — geholt hatten, die Lehrstühle besetzten. Doch bildete um die Wende des 18. und 19. Jh. noch die politische Freiheit das alle Richtungen einigende Element.

Das Paradoxe der spanischen Freiheits- und Unabhängigkeitsbewegung liegt darin, daß sie vor allem vom aufgeklärten Absolutismus des Mutterlandes ausgelöst wurde, und zwar gerade durch die vielfach weitblickenden und gerechten Reformvorschriften. Mögen auch manche utopische Vorstel-

[168] Ebd. 32—38. [169] Ebd. 26 f.
[170] Ebd. 35.
[171] *G. Furlong* a. a. O. 487—717.
[172] Ein typisches Beispiel ist das Leben des späteren Bischofs José Joaquino de Cunha de Azeredo Coutinho (1742—1821), der in Rio de Janeiro geboren, seine theologischen Studien in Coimbra machte, 1794 Bischof von Pernambuco wurde und im Geiste von Coimbra das Seminar von Olinda gründete. Später wurde er zum Bischof von Braganza und Miranda befördert (*E. Bradford Burns,* The Role of Azeredo Coutinho in the Enlightenment of Brasil: Hisp. Am. Hist. Rev. [Mai 1964] 145—160).

lungen damit verbunden gewesen sein[173], so lag doch die Verbesserung der Lebensbedingungen gerade für die Indianer und die Beseitigung aller Reste von Sklaverei und Zwangsarbeit diesen Vorschriften zugrunde[174]. Die oben erwähnte Rolle der Kreolen in der Aufklärung ist sehr zwiespältig. Denn die für alle Menschen geltenden Freiheitsideale widersprachen ihrer überlieferten wirtschaftlich-politischen Welt. Sie beanspruchten zwar diese Freiheit für sich, verweigerten sie jedoch den Indianern. Aus diesen Kreisen der Kreolen ging auch der spanischsprechende Klerus hervor, welcher in den Freiheitskämpfen durchwegs in der ersten Linie stand[175].

Die Leidtragenden dieser Auseinandersetzungen waren jedoch die Indianer. Die Spanier hatten sie unterdrückt und ausgenützt, aber doch langsam ein immerhin paternalistisches Verhältnis geschaffen, das die aufgeklärten Monarchen und ihre Minister noch weiter zu verbessern suchten. Obwohl die Indianer meist auf Seite der Kreolen gegen die Spanier gekämpft hatten, wurden sie von den Siegern bald einmal ignoriert, ja als nicht existent betrachtet[176]. Ihre speziellen Probleme blieben wie die der Mestizen, Neger und Mulatten bis heute ungelöst. Richard Konetzke nennt unter diesem Gesichtspunkt die Unabhängigkeitsbewegung sogar eine „Reaktion gegen den geschichtlichen Fortschritt. Auf jeden Fall ist in dieser Hinsicht die Ära der ausgehenden spanischen Kolonialherrschaft moderner gewesen als die darauffolgende Epoche der unabhängigen Staaten im 19. Jahrhundert.“[177]

[173] So plante der Graf von Aranda ernstlich die Aufteilung von Spanisch-Amerika in 3 Königreiche für die 3 Söhne Karls III., der selbst dann den Kaisertitel annehmen sollte (*J. Sarrailh,* L'Espagne éclairée [Paris 1954] 58).

[174] Der Graf Aranda schrieb: „Ich begreife nicht, wie es einen Unterschied machen soll, nicht nur zwischen den Kreolen und den in Spanien Geborenen, sondern auch gegenüber den Indianern, denn allein die Umstände der persönlichen Geeignetheit soll man berücksichtigen.“ Und *R. Konetzke* fügt dazu die Bemerkung: „Man kann diesen spanischen Staatsmännern der zweiten Hälfte des 18. Jh. nicht den Vorwurf des europäischen Dünkels gegenüber den überseeischen Besitzungen und rassischer Überheblichkeit gegenüber den eingeborenen Bevölkerungen machen“ (Staat und Gesellschaft in Hispano-Amerika am Vorabend der Unabhängigkeit: Saeculum 12 [1961] 165).

[175] *N. M. Farriss* bietet im Anhang für Mexiko die Liste aller in den Quellen genannten Priester, welche „subversive“, „insurgent“, „conspirator“, „collaborator“ usw. genannt werden. Er führt namentlich ca. 250 Weltpriester und 160 Ordenspriester aus den verschiedenen Orden auf (a. a. O. 254—265).

[176] Geradezu ein Spiegelbild dieses langsamen „nicht mehr Existierens“ bietet der Rückgang der Sprachstudien in den neuen Staaten und besonders die Aufhebung der Lehrstühle für einheimische Sprachen an den staatlichen Universitäten.

[177] Staat und Gesellschaft a. a. O. 164.

15(b). Kapitel

Die Glaubensverbreitung in Afrika

QUELLEN: *A. Brásio CSp*, Monumenta Missionaria. Africa Ocidental 6—10 (Lissabon 1955/65); *G. A. Cavazzi de Montecuccolo*, Istoria Descrittione de' tre Regni Congo, Matamba et Angola (Mailand 1690) (portug. Ausg. 2 Bde [Lissabon 1965]; Relations sur le Congo du *P. Laurent de Lucques* (1700—17), hrsg. von *J. Cuvelier* (Brüssel 1953); *G. M. Theal*, Records of South-Eastern Africa, 9 Bde (London 1898/1903); *C. Beccari SJ*, Rerum Aethiopicarum Scriptores Occidentales inediti, 15 Bde (Rom 1903/17); *T. Somigli di S. Detole OFM*, Etiopia Franciscana, 2 Bde (Quaracchi 1928/48).

LITERATUR: *C. P. Groves*, The Planting of Christianity in Africa I (to 1840) (London 1948); *L. Jadin*, L'Afrique et Rome depuis l'époque des découvertes jusqu'au XVIIe siècle. XIIe Congrès International des Sciences Historiques. Rapports, II: Histoire des Continents (Louvain 1965) 33—69; *J. Cuvelier*, L'ancien royaume du Congo (Brüssel 1946); *Durval Piros de Lima*, O Oriente e a Africa desde a Restauração a Pombal (Lissabon 1946); *A. L. Farinha*, A expansão da Fé na Africa e no Brasil (Lissabon 1942); *J. Janin*, La Religion aux Colonies Françaises sous l'ancien régime (de 1626 à la Révolution) (Paris 1942); *Sidney R. Welch*, Portuguese and Dutch in South Africa 1641—1806 (Kapstadt 1951); *G. M. Theal*, History of Africa South of the Zambesi from the Settlement of the Portuguese at Sofala in Sept. 1505 to the Conquest of the Cape Colony by the British in Sept. 1795, 3 Bde (London 1910).

Während die Kirche in Amerika weite geschlossene Gebiete umfaßte und das Heidentum an die Ränder oder in schwer zugängliche Gebiete der Staaten verdrängt wurde, konnten in Afrika, abgesehen vom Kongo und Angola, nur wenige Küstengebiete, und davon die meisten nur vorübergehend, missioniert werden.

Der Norden Afrikas kann zwar nicht zu den Missionsgebieten im engeren Sinne gezählt werden. Hier standen sich seit dem Mittelalter Islam und Christentum als unversöhnliche Feinde gegenüber. Und doch entfaltete sich gerade in den Landstrichen von Marokko bis Ägypten ein christlicher Idealismus und Heroismus, der vielfach dem in den eigentlichen Missionsländern überlegen war. Durch Verträge wurde die Kultfreiheit und damit auch die Tätigkeit der Missionare gesichert[1]. Seit dem Mittelalter wirkten hier Franziskaner, Mercedarier und Trinitarier. Als erstes Ziel ihrer Tätigkeit wurde ihnen durch die Verträge und ihre Ordensregeln die Seelsorge der christlichen Kaufleute und der Loskauf christlicher Sklaven vorgeschrieben. Bei Vinzenz von Paul rückt bereits in den ersten Briefen von 1643, da die großen Nöte der Berberei (Algeriens und Tunis) auftauchen, die seelsorgliche Betreuung der christlichen Sklaven und die eigentliche Missionstätigkeit, die sich vorab in der Rückführung der Renegaten zeigte, in den Vordergrund seiner Interessen. Zu diesem Zwecke erwarb er durch

[1] Eine Übersicht über diese Verträge bietet *Th. Grentrup*, Jus Missionarium (Steyl 1925) 361—369; danach auch *Streit* XV 74—79.

die große Missionswohltäterin, die Duchesse d'Aiguillon, das französische Konsulat in Algier, dessen Geschäfte er seit 1646 durch seine Mitbrüder, die Lazaristen, besorgen ließ. Unter ihrem Schutz konnten andere ihren priesterlich-seelsorglichen Aufgaben nachgehen [2]. Die Mission der Lazaristen konnte sich mit wachsendem Geschick bis zur Eroberung von Tunis und Algier durch Frankreich erhalten.

Eine Tätigkeit der katholischen Missionare unter den Anhängern des Islams selbst war nicht gestattet. Doch kam es immer wieder zu Übertritten von Muslimen zum Christentum, von denen die meisten geheimgehalten werden konnten, während einzelne, die vielfach im Ausland, meist in Spanien oder Italien, erfolgten, bekannt wurden und vielfach eine Verfolgung der Christen und den Tod der Missionare in den entsprechenden nordafrikanischen Ländern zur Folge hatten [3]. Gerade die Franziskaner waren durch ihre guten Kenntnisse des Arabischen für dieses Apostolat gut vorbereitet [4].

Abgesehen von den spanisch-portugiesischen Enklaven im westlichen Nordafrika mit ihren vielfach verwaisten Diözesen [5], unterstanden die übrigen Missionen seit Mitte des 17. Jh. der Propaganda-Kongregation. Dasselbe kann weder von West- noch Ostafrika gesagt werden. Ganz Westafrika unterstand den beiden 1534 errichteten Bistümern der Kapverdischen Inseln und São Tomé, Ostafrika dem gleichzeitig von Funchal abgezweigten Bistum Goa. Schon während des 16. Jh. hatten portugiesische Missionare (Jesuiten, Augustiner, Dominikaner) in verschiedenen westafrikanischen Ländern die Missionsarbeit begonnen und vor allem an der Küste von Guinea (im heutigen Bogen von Portugiesisch-Guinea bis Nigeria), zumal an ihrem Anfangspunkt, in Sierra Leone, und ihrem Endpunkt, im alten Königreich Benin, verschiedentlich kürzer oder länger andauernde Erfolge erzielt. Aber bereits gegen Ende des Jahrhunderts und noch mehr im 17. Jh. erlahmte mit der militärischen auch die missionarische Stoßkraft der Portugiesen. Besonders Engländer und Holländer setzten sich erfolgreich in diesen Gebieten fest. Einen Höhepunkt erreichte der holländische Erfolg durch die Besetzung von Luanda in Angola (1640) und São Tomé (1641). Wenn auch die Holländer wieder vertrieben werden

[2] Zu den bedeutendsten Vertretern zählt der zunächst in Tunis und Algier tätige, seit 1650 zum Apostolischen Vikar und seit 1677 zum französischen Konsul ernannte Jean Le Vacher, der 1683 von den Mohammedanern erschossen wurde; *Streit* XVI 728—733.

[3] Eine der aufsehenerregendsten Konversionen war jene des jungen Marokkaners Sidi Mohammed ben Mohammed el Haiji ed Dilaï (1654), der später Jesuit und Priester wurde und 1667 die Bestimmung für die Missionen im Großmogulreich in Indien erhielt, aber noch vor der Abfahrt in Lissabon starb. *J. Henninger:* NZM 10 (1954) 207; *Streit* XVI 653 f.

[4] *A. Kleinhans,* Historia Studii Linguae Arabicae et Collegii Missionum OFM in Conventu ad S. Petrum in Monte Aureo Romae erecti (Quaracchi 1930).

[5] *A. López OFM,* Obispos en el África Septentrional desde el siglo XIII (Tanger 1941).

konnten (1645), so zählte man doch um 1700 auf einer Küstenstrecke von ca 400 km mehr als 30 Festungen der verschiedenen Nationen, Portugiesen, Spanier, Franzosen, Holländer, Dänen, Schweden und Preußen, die einander ablösten und den gewinnreichen Sklavenhandel an sich zu reißen suchten.

In diesen Gebieten gelang es der Propaganda-Kongregation auch, erstmals die starren Schranken des portugiesischen Padroado zu durchbrechen. Kapuziner aus der Bretagne wurden nach vorausgegangenen Erkundigungsfahrten 1634 mit Missionsarbeiten an der Westküste, zumal in Benin, beauftragt. Doch alle Versuche scheiterten, und als 1651 der Provinzial der Bretagne der Propaganda darüber berichtete, konnte er nur feststellen, daß bereits neun bretonische Kapuziner an der Guineaküste gestorben waren. Ihre Nachfolge traten die spanischen Kapuziner an; sie konnten bis etwa um 1700 mit großen Opfern und schwachen Erfolgen die Missionsarbeit in Sierra Leone und Benin immer wiederaufnehmen[6]. Auch im heutigen Dahomey, dem damaligen Königreich Arda, begann eine spanische Kapuzinergruppe 1660 die Missionsarbeit, welche trotz immer wieder erneuter Bemühungen erfolglos blieb[7]. Im 18. Jh. suchten französische Dominikaner die Mission in Guinea zu erneuern. P. Gottfried Loyer wurde von der Propaganda zum Apostolischen Präfekten ernannt, aber die Schwierigkeiten waren indessen so groß, daß die Dominikaner wieder nach Frankreich zurückkehrten[8].

Das Hauptgewicht portugiesischer Missionsarbeit im 16. Jh. lag jedoch in den weiten Gebieten der Kongoreiche und in Angola. Trotz mancher Anfangserfolge ging aber auch hier wegen des Mangels an Missionaren das Christentum wieder zurück. Die Kongokönige bemühten sich, durch eigene Gesandtschaften direkten Kontakt mit Rom aufzunehmen, um auch auf religiösem Gebiet ihre politische Selbständigkeit und durch den Papst und die später gegründete Propaganda-Kongregation nichtportugiesische Missionare zu erhalten. Dank der unermüdlichen Bemühungen des Kapuzinerbruders Francisco de Pamplona, des ehemaligen spanischen Generals Tiburcio de Redín[9], konnten allmählich die spanisch-portugiesischen Widerstände

[6] *L. Kilger OSB,* Die Missionen in Oberguinea und Ostafrika nach den ersten Propaganda-Materialien 1622—1670: ZMR 20 (1930) 297—311; *ders.,* Die Missionsversuche in Benin: ebd. 22 (1932) 305—319. Fast gleichzeitig wurden auch in Oeri oder Overo, dem heutigen Owerri in Nigerien, verschiedene Missionsversuche unternommen.

[7] *H. Labouret - P. Rivet,* Le Royaume d'Arda et son Evangélisation au XVIIIe siècle (Paris 1929; Faksimiledruck des Arda-Katechismus von 1658); *B. de Carrocera OFMCap,* Misión Capuchina al Reino de Arda: MH 6 (Madrid 1949) 523—546.

[8] *G. Loyer OP,* Relation du Voyage du Royaume d'Issing ... (Paris 1714); *J. Schmidlin,* Die Afrikamission nach Fortiguerra (1707): ZMR 16 (1926) 125.

[9] *L. de Aspurz,* Redín, soldado y misionero 1597—1651 (Madrid 1951); *ders.,* Un momento de contacto entre el Consejo de Indias y la Congregación de Propaganda Fide (1644—51): MH 8 (1951) 505—524; *B. de Carrocera,* Fray Francisco de Pamplona,

überwunden und 1645 die erste Gruppe von Kapuzinermissionaren, sieben spanische und fünf italienische, an den Hof des Kongokönigs Garcia II. gesandt werden [10]. Weitere Expeditionen gelangten auch in den folgenden Jahren auf spanischen Schiffen in den Kongo. Aber nach dem Sieg der Portugiesen über die Holländer 1648 erstarkte der portugiesische Einfluß von neuem. Die spanischen Missionare mußten das Land verlassen, und die Italiener wurden genötigt, via Lissabon mit portugiesischen Pässen zu reisen, was immer wieder mit langwierigen Verhandlungen verbunden war.

Ein erster bedeutender Erfolg der Kapuzinermissionare war die Rückführung der Herrscherin Anna Nzinga von Matamba zum christlichen Glauben. Diese war bereits 1622 in Luanda getauft worden, aber später wieder abgefallen. Nach ihrer Wiederaufnahme in die Kirche 1656 bemühte sie sich mit Eifer, an ihrem Hofe und im ganzen Reiche das Christentum auszubreiten. Mit Hilfe der Kapuziner baute sie Kirchen, legte Städte an und suchte durch Unterricht und Erziehung das Leben ihrer Untertanen zu verchristlichen [11]. Ihre Schwester, welche ihr 1663 in der Herrschaft folgte, suchte weiterhin das Werk der Missionare zu unterstützen und zu festigen. Nach einem kurzen Sieg des Heidentums gelang es den Kapuzinern nach 1684 erneut, in Matamba das Christentum zu verstärken. Gegen Ende des Jahrhunderts nötigten jedoch innere Kriege und Unsicherheit der Verbindungswege die Kapuziner, ihre Tätigkeit immer mehr in das Königreich Kongo und Angola mit Luanda als Zentrum zu verlegen.

Die Propaganda hatte die Kapuzinermission von Anfang an zu einer Apostolischen Präfektur erhoben, allerdings mit einer gewissen Unterordnung unter die Bischöfe von Kongo und Angola. Letztere residierten seit dem 17. Jh. in Luanda. Leider wurde diese jurisdiktionelle Regelung infolge der Padroado-Ansprüche und des Gegensatzes zum Weltklerus (der aus Portugiesen, Goanesen und Afrikanern bestand) immer wieder Anlaß zu inneren Auseinandersetzungen und Streitigkeiten [12].

Mit welchem Ernst die italienischen Kapuziner in Kongo und Angola ihre Missionsarbeit durchzuführen suchten, zeigen ihre sprachwissenschaft-

organizador de Misiones y conductor de Misioneros: ebd. 9 (1952) 5—51; *F. Bontinck*, Répercussion du conflit entre le Saint Siège et le „Padroado“ sur l'évangélisation de l'Ancien Royaume du Congo: AHPont 4 (1966) 197—218.

[10] *Jean-François de Rome OFMCap*, La fondation de la mission des Capucins au Royaume du Congo (1648), hrsg. von *F. Bontinck* (Löwen 1964).

[11] *F. M. Gioia*, La maravigliosa conversione alla Santa Fe della regina Singa e del suo regno di Matamba (Neapel 1669).

[12] *L. Jadin*, Le clergé séculier et les Capucins du Congo et d'Angola aux XVIe et XVIIe siècles: Bulletin de l'Institut hist. Belge de Rome 36 (Rom - Brüssel 1964) 185—483. Erst 1726 kam die abgewogene Rechtsordnung zwischen Portugal und der Propaganda zustande, welche bis zum Missionsvertrag von 1940 in Kraft blieb; der Text findet sich bei *A. Brásio*, Spiritana Monumenta Historica. Series Africana I/1 (Pittsburgh - Löwen 1966) 16—20.

lichen Arbeiten (Grammatiken, Wörterbücher, Katechismen)[13], ihre mannigfachen Anfragen an die Propaganda und vor allem das Handbuch ihres missionarischen Verhaltens und Arbeitens aus dem 18. Jh.[14] Wie grundlos die oft wiederholten Vorwürfe vorschnellen Taufens waren, hat der verstorbene Kenner afrikanischer Missionsgeschichte, P. L. Kilger OSB, anhand erster Quellen erst vor einigen Jahrzehnten aufgezeigt[15].

Dabei vollzog sich die Missionsarbeit der Kapuziner durch 150 Jahre unter durchwegs ungünstigen Bedingungen. Das Tropenklima raffte die glücklich angekommenen Missionare oft schon nach kürzester Zeit hinweg, unter Umständen auch ein gewalttätiger Tod, wie das Beispiel ihres flämischen Mitbruders Georg von Geel († 1652) zeigte[16]. Eine eindrucksvolle Liste von 230 Namen bietet für die Zeit von 1645 bis 1705 der spanische Chronist P. Mateo de Anguiano[17]. Bis zum Ende der Kapuzinermission im Kongo 1835 hatten ca. 400 Mitglieder des Ordens ihr Leben in den Dienst dieser unfruchtbaren Missionen gestellt[18].

Während eines Jahrzehntes versuchten gegen Ende des 18. Jh. auch französische Weltpriester einen Teil des bereits weithin priesterlosen Kongoreiches[19] zu missionieren. Für sie errichtete die Propaganda die Apostolische

[13] *B. de Carrocera*, Los capuchinos españoles en el Congo y el primer Diccionario congolés: MH 2 (Madrid 1949) 209—230.

[14] Pratique missionnaire des PP. Capucins italiens (Löwen 1931). Eine Zusammenstellung missionsmethodischer Anweisungen aus dem Jahre 1747 vom Missionspräfekten P. Giacinto da Bologna. Daß dieses Werk mit seinen scharfen Beobachtungen und kritischen Beurteilungen von Sitten und Gebräuchen nicht einzig dastand, zeigen die noch ungedruckten „Avvertimenti salutevoli alli apostolici Missionari nè Regni del Congo, Angola e circunvicini" des P. Giovanni di Roma von 1681 (vgl. NZM 24 [1968] 210).

[15] *L. Kilger*, Die Taufpraxis in der alten Kapuzinermission im Kongo und in Angola: NZM 5 (1949) 30—40 203—216 (Schriftenreihe NZM 7) (Schöneck/Beckenried 1949). Aber alle Mühe der Missionare konnte bei deren stets geringer Zahl nicht verhindern, daß sich schon gegen Ende des 17. Jh. die synkretistische Sekte der Antoniter (so genannt nach einer christlichen Negerin, welche vorgab, der heilige Antonius habe von ihr Besitz ergriffen) bildete, die bereits die in der modernen Zeit immer zahlreicher werdenden Schwarmgeisterbewegungen in Afrika in ihren wesentlichen Zügen vorwegnahm. *L. Jadin*, Le Congo et la secte des Antoniens 1694—1718: Bulletin de l'Institut hist. Belge de Rome 33 (Brüssel - Rom 1961) 411—615.

[16] *P. Hildebrand*, Le Martyr Georges de Geel et les débuts de la Mission du Congo (1645—52) (Antwerpen 1940).

[17] Misiones Capuchinas en África I (Madrid 1950) 468—479.

[18] *L. Jadin*, L'Afrique et Rome 53; über das langsame Erlöschen der alten Kongo-Angola-Mission vgl. *L. Jadin*, Les Missionnaires du Congo à la fin du XVIIIe siècle (Lissabon 1961) für die Zeit von 1746 bis 1761 vgl. die genauen Angaben bei *J. Cuvelier*, Le Vén. André de Burgio: CollFr 22 (1952) 85—115. Sie weisen bereits einen starken Rückgang der Missionare auf.

[19] Die Jesuiten hatten ihr Kolleg in San Salvador, der Hauptstadt des Königreiches Kongo, bereits 1669 aufgehoben, die Kapuziner entfalteten ihre Tätigkeit zunächst im Nachbarreich Matamba und konnten in der Folge nur noch einzelne Missionare für den Kongo zur Verfügung stellen.

Präfektur Loango, in der zwischen 1766 und 1776 neun Priester und sechs Laienhelfer tätig waren[20].

Das größte Hemmnis nicht nur der Kapuzinermission, sondern aller Missionen in Westafrika war der gerade vom 17. Jh. an weiter um sich greifende Sklavenhandel, an dem sich fast alle Länder Europas beteiligten[21]. Das Verhängnis war, daß auch die Missionare sich in den Anschauungen ihrer Zeit bewegten, die Sklaven zwar wohlwollend behandelten, aber die Sklaverei als soziale Institution nicht in Frage stellten. Sowohl Jesuiten wie auch Kapuziner hatten Sklaven, die sogenannten „esclaves de l'église", und Weltpriester stellten vielfach wegen der ausbleibenden Bezahlung aus Portugal durch Beteiligung am Sklavenhandel ihren Lebensunterhalt sicher. Andere beteiligten sich ohne alle Bedenken grundsätzlich am Handel, einschließlich einzelner von São Tomé[22]. Diese Billigung des Sklavenhandels wurde auch nicht durch weitschauendes, missionsmethodisches Vorgehen, etwa in der Frage des einheimischen Klerus, gutgemacht[23].

In Südafrika war jede Seelsorge- und Missionsarbeit unmöglich. Erst nach Eroberung des Kaps durch die Engländer schien sich die Lage zu bes-

[20] *J. Cuvelier,* Documents sur une Mission Française au Kakongo 1766—76 (Brüssel 1953) 14 f. Über frühere Missionsversuche der flämischen Franziskaner handelt ausführlich *L. Jadin,* Rivalités luso-néerlandaises au Sohio, Congo 1600—75: Bulletin de l'Institut hist. Belge de Rome 37 (Brüssel - Rom 1966) 137—360.

[21] Die große weltwirtschaftliche Bedeutung des afrikanischen Sklavenhandels zeigt schlaglichtartig das Werk von *C. R. Boxer,* Salvador de Sá and the Struggle for Brazil and Angola 1602—86 (London 1952). Für den Sklavenhandel als Hindernis der Mission vgl. *C. P. Groves* a. a. O. I 160—164; *R. M. Wiltgen SVD,* Gold Coast Mission History 1471—1880 (Techny 1956) 93—105.

[22] Um 1760 zählte z. B. das Jesuitenkolleg in Luanda auf seinen Besitztümern mehr als 1000 Sklaven: DHGE 15, 426; *J. Cuvelier - L. Jadin,* L'ancien Congo d'après les archives romaines, 1518—1640 (Brüssel 1954) (in verschiedenen Dokumenten, besonders 85—92, eine zusammenfassende Darstellung über den Sklavenhandel und die Beteiligung der Missionare). Unter den Kapuzinermissionaren scheinen vor allem die Spanier Gegner des Sklavenhandels gewesen zu sein. Dies zeigen nach Angaben ihres Chronisten Mateo de Anguiano nicht nur ihre Eingaben an den König von Portugal und den Papst, sondern noch mehr die Tatsache, daß sie gerade „wegen Schädigung des portugiesischen Handels" (= Sklavenhandel) aus dem Kongo und westafrikanischen Gebieten ausgewiesen wurden (Misiones Capuchinas en Africa II [1957] 199 f; S. 131—146 enthält eine einläßliche Schilderung des Sklavenhandels). Natürlich gab es auch einzelne Missionare und Bischöfe, welche sich für die Sklaven und besonders gegen die auch nach den zeitgenössischen Rechtsanschauungen ungerechten Sklavenjagden wandten, aber nur die neubekehrte Königin Nzinga wandte sich in einem Brief 1660 an die Propaganda mit der Bitte um einen Erlaß, der den Verkauf von getauften Negern als Sklaven verbieten sollte (bei *Mateo de Anguiano* a. a. O. II, S. XIII).

[23] *L. Kilger,* Der erste einheimische Ordenspriester in der alten Kongo-Mission: NZM 14 (1958) 50—52; *B. de Carrocera,* Los capuchinos españoles en el Congo y sus trabajos en pro la formación del clero indígena: España Misionera 2 (Madrid 1945) 183—206. — Wie stark auch portugiesische Kreise von der Erkenntnis der Notwendigkeit eines einheimischen Klerus getragen waren, zeigt der portugiesische Polyhistor Manuel Severino de

sern. Doch durch den Vertrag von Amiens 1802 wurde das Kap der Guten Hoffnung wieder den Holländern zugesprochen, die sich jetzt aufgeschlossener für die Seelsorge der katholischen Soldaten und Bewohner zeigten. 1804 wurde Jan Lansink Apostolischer Präfekt, und er begann mit zwei Weltpriestern die Arbeit. Doch als die Engländer 1806 erneut das Kap eroberten und endgültig besetzten, wurden die holländischen Priester vertrieben [24].

In der östlichen Hälfte Afrikas zeichnen sich deutlich drei Missionsgebiete ab: im Südosten Moçambique und das daran grenzende Land des Monomotapa (Rhodesien), Mombasa mit der gewaltigen Jesus-Festung, welche den portugiesischen Seeweg nach Indien sicherte, und im Nordosten Äthiopien.

Nach den Fehlschlägen der Jesuitenmission im 16. Jh. hatten die Dominikaner 1577 die Missionsarbeit auf dem südostafrikanischen Festland wieder aufgenommen. Ihnen folgten 1607 von neuem die Jesuiten. Die mangelnden Grenzen zwischen den Missionen der beiden Orden führten zu manchen Zwistigkeiten. Nachdem den Dominikanern durch die Bekehrung des Monomotapa und seiner Söhne 1629 ein großer Erfolg beschieden war, ging allmählich die gesamte Mission in den Reichen des „Goldkaisers“ an sie über, während sich die Jesuiten für die Bekehrung der Völkerschaften am unteren Sambesi einsetzten. 1612 wurde Moçambique mit allen umliegenden Ländern zur Freien Prälatur erhoben und behielt diesen Stand bis ins 20. Jh. Nach einem Bericht an die Propaganda aus den dreißiger Jahren des 17. Jh. zählte man 11 Missionsstationen mit 11 Weltpriestern, 1 Augustiner, 25 Dominikanern und 18 Jesuiten [25]. Besonders die Dominikaner, meist Goanesen, suchten einen guten und zahlreichen einheimischen Klerus heranzubilden. Zwei ihrer afrikanischen Ordensbrüder sind uns als Lektoren der Theologie in Goa bekannt, Frei Manuel um 1670 und Frei Constantino de Rosario um 1712 [26].

Durch Kriege und politische Machtkämpfe brach im 18. Jh. das Monomotapareich und damit auch die Mission der Dominikaner zusammen, die sich in der Folgezeit auf Moçambique beschränkte. Die Jesuitenmission am Sambesi konnte sich bis zur Vertreibung durch Pombal 1759 weiter entwickeln. Die Jesuiten wurden dann durch Franziskaner- und Dominikanermissionare ersetzt. Seit dem Ende des 18. Jh. scheinen neben einigen Welt-

Feria († 1655), der in einem Memorandum 1622 betonte, daß ein wirklicher Erfolg in der Christianisierung Guineas nur durch die Bildung und Erziehung eines schwarzen Klerus zu erreichen sei. *J. Faro*, Manuel Severino de Feria e a evangelização da Guiné: Boletim Cultural de Guinea Portuguesa 14 (Bissau 1959) 459—497.

[24] *J. Rommerskirchen*, Die Afrikamission um das Jahr 1805: 50 Jahre katholische Missionswissenschaft (Münster 1961) 157 f.

[25] *L. Kilger*, Die Mission in Oberguinea und in Ostafrika nach den ersten Propaganda-Materialien (1622—70): ZMR 20 (1930) 307.

[26] *L. Jadin*, L'Afrique et Rome (Löwen 1965) 62.

priestern nur noch Dominikaner in Moçambique tätig gewesen zu sein[27], bis die Aufhebung aller Orden in den portugiesischen Gebieten, 1835, die Missionen jahrzehntelang lahmlegte[28].

Die entscheidende Großtat der Portugiesen in der östlichen Hälfte Afrikas war die Zurückdrängung und Schwächung des Islams über Mombasa hinaus. L. Kilger charakterisiert die zwei Jahrzehnte währende Überlegenheit der portugiesischen Herrschaft an den Ostküsten Afrikas so: „Die portugiesische Islam-Politik hatte den Erfolg, die Mohammedaner im Süden gänzlich niederzuhalten, im Norden sie zu keiner großen und übermächtigen Stellung gelangen zu lassen." [29] 1592 wurde Mombasa mit einer Festung Sitz eines portugiesischen Gouverneurs, und um diese Zeit begannen auch die portugiesischen Augustinereremiten hier ihre Missionsarbeit. 1630 erhielt ein von den Augustinern in Goa erzogener christlicher Fürst, Jussuf ben Hassani, die Herrschaft in Mombasa und wandte sich in seinem ersten Eifer heftig gegen seine früheren Glaubensgenossen. Er mußte aber bald erkennen, daß auf diesem Wege seine Regierung nicht beliebt wurde. Kurz entschlossen bekannte er sich wieder zum Islam, nahm überraschend die Festung der Portugiesen ein und richtete unter den Christen, den Portugiesen und Einheimischen, ein furchtbares Blutbad an. Doch 1631 wurde Mombasa von neuem von den Portugiesen erobert, und die Missionsarbeit der Augustiner setzte wieder ein. Mit wachsenden Erfolgen erhielten sich portugiesische Herrschaft und Mission bis zum Jahre 1729, als beide geschwächt dem stärkeren Islam weichen mußten. Die Augustiner konnten ihre Arbeit von ihrem stattlichen Konvikt in Mombasa aus weiter nach Süden bis auf die Inseln Pemba und Sansibar ausdehnen. Unter den Muslimen erzielten sie nur einzelne Bekehrungen erzielen, während die Erfolge unter der Negerbevölkerung zahlreicher waren[30].

In dem schwer zugänglichen Äthiopien hatte Portugal von Goa aus dem Islam einen entscheidenden Widerstand geleistet und das Land durch seine

[27] *J. Rommerskirchen*, Die Afrikamission um das Jahr 1805: a. a. O. 154.

[28] Über die Gesamtmission in Südostafrika unterrichtet am besten *Harald v. Sicard*, Karangafolkets äldsta Missions-Historia (Stockholm 1943); ferner *P. Schebesta*, Portugals Conquistamission in Südostafrika. Missionsgeschichte Sambesiens und des Monomotapareiches (1560—1920) (St. Augustin 1966) 54—292; *F. Hoppe*, Portugiesisch-Ostafrika in der Zeit des Marquês de Pombal (1750—77) (Berlin 1965).

[29] Christliche Islam-Mission und Islam-Politik in Ostafrika: ZMR 7 (1917) 16—36. Das Urteil wird unterstützt vom deutschen Kolonialhistoriker *J. Strandes*, Die Portugiesen-Zeit in Deutsch- und Englisch-Ostafrika (Berlin 1899) 314, der vom Dank spricht, „der den Portugiesen gebührt", weil sie verhindert haben, daß türkisch-mohammedanische Herrschaft in Ostafrika und Indien Fuß faßte (*L. Kilger* a. a. O. 36). Die vorzügliche Arbeit von Justus Strandes wird durch neue Quellen ergänzt in *C. R. Boxer - C. de Azevedo*, A Fortaleza de Jesus e os Portugueses em Mombaça (Lissabon 1960).

[30] Die bedeutendste Quelle der Augustinermission bietet das „Manual Eremitico da Congregação da India Oriental ... pelo Fr. Manuel da Ave Maria" aus dem Jahre 1817, veröffentlicht von *A. da Silva Rego* in Documentação para a Historia das Missões do

heroisch kämpfenden Fidalgos (1541 ff) dem Christentum erhalten. Die Folge davon war die Ansiedlung der restlichen Truppe im Lande und ihre seelsorgliche Betreuung durch die Jesuiten von Goa, die gleichzeitig unablässig an der Union der Äthiopischen Kirche mit Rom arbeiteten. Diese kam 1622 zustande. Im gleichen Jahre starb P. Pêro Pais SJ, einer der großen Missionare des Landes und Förderer der Union [31]. 1625 traf der von Rom ernannte neue Patriarch Alonso Mendes SJ im äthiopischen Hochland ein. Aber die Union war nicht von langer Dauer. Schon 1632 brachten ein Regierungswechsel und die stark latinisierenden Tendenzen der Jesuiten die monophysitische Form des Christentums wieder zur Macht. Der Patriarch und die übrigen Jesuiten wurden des Landes verwiesen und später ankommende 1638 ermordet. Nach diesem Mißerfolg übernahm die neugegründete Propaganda-Kongregation die Mission in Äthiopien. Leider hatte sie von Anfang an eine unglückliche Hand. Sie ließ sich von dem Hochstapler Zaga Christos dazu überreden, daß die Aufhebung der Union in seiner Heimat nur auf die Abneigung der Bevölkerung gegen die Jesuiten zurückgehe; er ruhte nicht, bis die Mission den Franziskanern übertragen wurde. Diese nahmen mit großer Freude und Begeisterung die neue Aufgabe an, wurden aber schon bald in ihren Erwartungen enttäuscht [32].

Von Ägypten aus suchten auch französische Kapuziner und via Mombasa und anderen Orten am Roten Meer Jesuiten von Goa nach Äthiopien vorzudringen. Aber jeder kleinste Erfolg mußte unter größten Gefahren und Leiden errungen werden: 1638 wurden die beiden Kapuziner Agathangelus von Vendôme und Cassian Vaz ermordet, 1668 die Franziskaner Francisco de Mistrella und Ludovico de Laurenzana, 1716 die Franziskaner Liberatus Weiss und Gefährten [33].

Einen neuen Weg versuchte 1788 die Propaganda, indem sie den äthiopischen Priester Tobias Georg Ghebragzer zum Bischof weihen ließ und mit andern Priestern seines Landes in ihre Heimat sandte. Aber schon nach kurzem Aufenthalt begann sein schwerer Leidensweg, denn bisher war noch nie ein Äthiopier Bischof des Landes gewesen. Der Patriarch von Alexandrien exkommunizierte ihn. Durch eine mehrere Jahre dauernde Flucht

Padroado Português do Oriente: India 11 (Lissabon 1955) 95—833; ferner die „Memorias da Congregacão Agostiniana na India Oriental“ von P. Manuel da Purificação: ebd. 12 (Lissabon 1958) 3—98; *A. Hartmann*, The Augustinians in the Land of the Swahili: AAug 25 (Rom 1962) 326—339.

[31] Dieser spanische Jesuit Pedro Páez verfaßte die Historia Ethiopiae, welche *Beccari* im II. und III. Bd. seiner Quellensammlung 1905/06 herausgab. Eine kritische portugiesische Ausgabe besorgte *Lopez Teixeira*, Pêro Pais, Historia da Etiopia I—III (Pôrto 1945/46).

[32] *T. Somigli de Detole*, Etiopia Francescana (1928/48); *J. Dindinger*, Bemerkungen zu den ersten Missionsversuchen der Franziskaner in Äthiopien: Antonianum 20 (Rom 1945) 97—126.

[33] Vgl. die bio-bibliographischen Angaben über die einzelnen Missionare bei *Streit* XVI 219—221 627, XVII 137—138.

konnte Bischof Tobias wohl sein Leben retten, aber er starb bald darauf 1801 in Kairo [34].

Kairo hätte Zentrum und Tor der Äthiopienmission werden sollen, wurde aber tatsächlich durch die Lage der Verhältnisse immer mehr Ausgangspunkt der Koptenmission in Unterägypten, die in einem andern Zusammenhang behandelt wird. Von Ägypten aus suchten zu Beginn des 18. Jh. Franziskaner in Zentralsudan (in Boznu) eine Mission zu eröffnen, die aber wegen der großen Reiseschwierigkeiten keine Erfolge hatte [35].

Vielfältig waren auch die Bemühungen der Propaganda um eine Missionierung der großen Insel Madagaskar. Nach vergeblichen Bemühungen der portugiesischen Dominikaner im 16. und der Jesuiten zu Beginn des 17. Jh. legte der italienische Jesuit Cristoforo Borri 1631 der Propaganda eine Denkschrift über die Gründung einer Mission auf der Insel vor, die gleichzeitig als Zentrum für weitere Missionen in den neuentdeckten Ländern der Südsee ausgebaut werden könnte. Tatsächlich errichtete die Propaganda 1640 eine Apostolische Präfektur für die Unbeschuhten Karmeliter. Da aber fast gleichzeitig Frankreich auf der Insel Fuß gefaßt hatte, mußte die Sendung der italienischen Karmeliter aufgehoben und das Angebot des heiligen Vinzenz von Paul, den Lazaristen diese neue Mission zu übertragen, angenommen werden [36]. 1648 trafen die beiden ersten Lazaristen auf Madagaskar ein. Das mörderische Küstenklima forderte viele Opfer, welche die Heimat immer wieder zu ersetzen suchte, bis 1674 die französische Niederlassung und damit auch der Rückhalt der Mission aufgehoben wurde [37].

Im 17. und 18. Jh. hatten die Franzosen auch die Maskarenen-Inseln (Mauritius, Réunion) besetzt und besiedelt. Mit der Seelsorge wurden die Lazaristen beauftragt, die hofften, von hier aus leichter ihre alte Mission auf Madagaskar zu erneuern. Gegen Ende des 18. Jh. konnten sie einige, wenn auch erfolglose Versuche unternehmen [38].

[34] *N. Kowalsky*, Tobias Georg Ghebragzer. Ein „schwarzer" Bischof im 18. Jh.: NZM 15 (1959) 198—204.

[35] *Streit* XVII (Register „Bornu").

[36] *J. Schmidlin*, Die ersten Madagaskarmissionen im Lichte der Propagandamaterialien: ZMR 12 (1922) 193—205.

[37] *Streit* XVI 421 ff 547 ff, über die ersten sprachwissenschaftlichen Werke und den ersten Katechismus der Lazaristen.

[38] *J. Rommerskirchen*, Die Afrikamission um das Jahr 1815: 50 Jahre katholische Missionswissenschaft (Münster 1961) 154—157; *F. Combaluzier*, François-Marie Halnat (1760 bis 1808): NZM 10 (1954) 208—223 264—278, 11 (1955) 42—55.

16. Kapitel

Die Glaubensverbreitung in Asien

QUELLEN: *Streit* V, VI; Collectanea S. Congregationis de Propaganda Fide (1622 bis 1866) (Rom 1907); Juris Pontificii de Propaganda Fide, Pars prima I—VII (Rom 1888/97), Pars secunda I (Rom 1909).

LITERATUR: *H. Chappoulie,* Aux origines d'une église. Rome et les Missions d'Indochine au XVIIe siècle, 2 Bde (Paris 1943/48); *K. S. Latourette,* Gesch. der Ausbreitung des Christentums (Göttingen 1956); *A. Jann,* Die katholischen Missionen in Indien, China und Japan. Ihre Organisation und das portugiesische Patronat vom 15. bis 18. Jh. (Paderborn 1915); *A. Launay,* Histoire générale de la Société des Missions Étrangères I (Paris 1912); *ders.,* Mémorial de la Société des Missions Étrangères II (Paris 1916); *A. da Silva Rêgo,* Curso de Missionologia (Lisboa (1956/61); *G. de Vaumas,* L'éveil missionnaire de la France (Lyon 1942).

Während sich die kirchliche Tätigkeit in Amerika in einem relativ einheitlichen Rahmen entfalten konnte, wies der asiatische Kontinent eine Fülle von Kontrasten auf. Es gab die islamisch geprägten Reiche des Westens, von denen das der Großmogulen tief in die hinduistischen Staaten hineinreichte, die hinduistischen und buddhistischen Staaten und schließlich China, das auch die tributpflichtigen Randstaaten konfuzianisch geprägt hatte. Nach den Portugiesen, die sich seit Ende des 15. Jh. an strategischen Punkten Asiens festgehakt und ihren Handel mit der Mission verbunden hatten, gelangten die Spanier nach verschiedenen Vorstößen in das Gebiet der Gewürzinseln, seit 1565 endgültig auf die Philippinen. Die Eroberung Portugals brachte ihnen von 1580 bis 1640 auch nominell die Herrschaft über die portugiesische Übersee. Nach dem Umsturz durch das neue Herrscherhaus der Braganza 1640 konnte Rom unter spanischem Druck keine portugiesischen Bischöfe ernennen. Erst seit 1670 residierte wieder ein päpstlicher Nuntius in Lissabon, so daß sich auch im weiten Kolonialreich die römisch-portugiesischen Beziehungen besserten. Im Jahre 1600 wurden sowohl in England wie in Holland Ostindien-Kompagnien gegründet. Die Holländer, antikatholisch und an der Mission nicht interessiert, verdrängten die Portugiesen aus dem japanischen Handel, eroberten 1641 die Festung von Malakka und damit eine Schlüsselstellung für Indonesien und weite Küstenstriche Vorderindiens, die sie allerdings später teils an die Dänen, teils an die Engländer verloren. 1664 wurde die französische Ostindien-Kompagnie gegründet, welche sich zunächst in Surat festsetzte und 1674 in Pondichéry.

Durch diese meist blutigen Auseinandersetzungen der europäischen Mächte, die sich vielfach mit einheimischen Kräften verbanden, wurde die Mission immer mehr erschwert. Weitere Hemmnisse kamen aus den eigenen Kreisen, vor allem durch den Zusammenstoß der 1622 errichteten Kongregation zur Verbreitung des Glaubens, kurz Propaganda genannt, mit dem portugiesischen Padroado, der so wichtig für die gesamte Missionsperiode des 17. und 18. Jh. ist, daß er zunächst eigens dargestellt werden soll, ehe die Mission in den einzelnen Ländern behandelt wird.

I. Propaganda-Kongregation und portugiesisches Padroado

Die Päpste und die Propaganda hatten in Amerika die staatskirchliche Ordnung hingenommen, weil die dortigen Gebiete Amerikas wirklich von Spanien und Portugal beherrscht und zu Siedlungskolonien wurden, während die Handelskolonisation in Asien sich mit Stützpunkten begnügte.

Die Propaganda war der Auffassung, daß zwar diese Stützpunkte und das von Portugal beherrschte Hinterland dem Padroado unterstehen sollten, nicht aber die von Portugal unabhängigen Länder. Demgegenüber beanspruchte Portugal das universale Padroado. Dieser schroffe Gegensatz konnte nur langsam, mit manchen Rückschlägen für die Propaganda oder für Portugal, zu einem erträglichen modus vivendi umgestaltet werden. Bis dahin hatte die Mission sowohl in den portugiesischen wie in den Propaganda-Gebieten erheblich zu leiden[1]. Wie vergiftend das Nebeneinanderarbeiten von Missionaren der Propaganda und des Padroado war, zeigt z. B. die bescheidene Tätigkeit der meist italienischen Franziskaner in der nordchinesischen Provinz Hope während des 18. Jh. Weder römische Verfügungen noch bischöfliche Vorschriften, ja nicht einmal blutige Verfolgungen führten zu einer einträchtigen Glaubensverkündigung[2].

Den ersten und nachhaltigsten Erfolg der Propaganda brachte die Sendung der ersten Apostolischen Vikare nach Ostasien[3]. Der Anreger dieses Unternehmens war ein Missionar des Padroado, der aus Avignon stammende Jesuit Alexandre de Rhodes (1591—1660)[4]. Er hatte mit seinen Mitbrüdern der japanischen Provinz infolge der in Japan herrschenden Verfolgungen in Tongking eine blühende Christengemeinde aufgebaut. Ihr Rückgrat bildete die „domus dei" mit sorgfältig gebildeten Katecheten, religiöse Hausgemeinschaften, welche in Anpassung an die lokalen Verhältnisse der gesamten Mission Hinterindiens durch Jahrhunderte ihr eige-

[1] *A. Jann* a. a. O.; *B. J. Wenzel*, Portugal und der Heilige Stuhl (Lissabon 1958); *A. da Silva Rêgo*, O Padroado Português do Oriente. Esboco Historico (Lissabon 1940) (fr. Lissabon 1957); *J. Wicki*, Il patronato portoghese d'Oriente: CivCatt 1955, III 527—529.

[2] *G. Mensaert OFM*, Les Franciscains au service de la Propagande dans la Province de Pékin 1705—1784: AFrH 51 (1958) 161—200 273—311.

[3] *H. Chappoulie* a. a. O.; *A. Launay*, Histoire générale I (Paris 1912); *ders.*, Mémorial; *G. Goyau*, Les prêtres des Missions étrangères (Paris 1925); *L. Baudiment*, François Pallu, principal fondateur de la Société des Missions Étrangères (1626—84) (Paris 1934).

[4] *H. Chappoulie* a. a. O. I 3—41 102—113; *A. Launay*, Histoire de la Mission du Tonkin (Paris 1927).

nes Gepräge verliehen [5]. Wohl hatte de Rhodes für die Bildung dieser Katecheten eine christliche Glaubenslehre geschrieben [6], aber was fehlte, waren Priester und vor allem Bischöfe, welche sie hätten weihen können. 1649 traf er in Rom ein und erhielt den Auftrag, selbst nach geeigneten Kandidaten Ausschau zu halten. Nach vergeblichen Bemühungen in Italien kam er 1653 nach Paris, wo er in der von seinen Mitbrüdern geleiteten Gemeinschaft junger Priester („Les Bons Amis") die Männer traf, die künftig Apostolische Vikare werden sollten. Doch mußte er selbst 1654 (wohl auf Betreiben Portugals) ein neues Arbeitsfeld übernehmen und starb 1660 als Oberer der Mission in Ispahan. Während P. de Rhodes in Frankreich eine lebendige Missionsgesinnung weckte, zögerte Rom immer noch zu handeln. Erst im Juli 1658 erhielten zwei Mitglieder der „Bons Amis" die Würde von Bischöfen und Apostolischen Vikaren, François Pallu (1626 bis 1684) und Pierre Lambert de la Motte (1624—79). Der dritte, Ignatius Cotolendi, starb 1662 auf der Reise. Die Bischöfe mit ihren Gefährten aus dem neugegründeten Missionsseminar von Paris (vgl. unten) mußten den beschwerlichen Landweg durch Syrien, Persien und Nordindien nehmen [7] und trafen 1662 und 1664 in Ajuthia, der Hauptstadt Siams, ein, wo sie wegen eines Krieges blieben und das Zentrum ihrer ostasiatischen Missionen, in Verbindung mit dem Zentralseminar für die Heranbildung des einheimischen Klerus, errichteten [8].

Die Ankunft der ersten Apostolischen Vikare in Siam bedeutete unbestritten die entscheidendste Maßnahme der Propaganda im Verlauf der Missionsgeschichte und die bedeutendste für die junge Kirche des Fernen Ostens überhaupt [9]. Am wichtigsten war der römische Einbruch in die bis dahin exklusiv portugiesische Jurisdiktionssphäre, der sich freilich mit der bloßen Entsendung der Apostolischen Vikare nicht erreichen ließ. Zunächst hatten die Vikare nicht einmal für Siam die notwendige päpstliche

[5] *N. Kowalsky*, Die Anfänge der „Domus Dei" in Tongking und Cochinchina: *J. Specker - W. Bühlmann*, Das Laienapostolat in den Missionen (Festschr. Beckmann) (Beckenried 1961) 155—160.

[6] Catechismus pro ijs qui volunt suscipere Baptismum (Rom [Propaganda-Druckerei] 1651), neue Ausgabe mit vietnamesischem Text, Einleitung und Erklärung von *A. Marillier - CC. Larre - Pham Dink* (Saigon 1961); eine französische Übersetzung bietet *H. Chappoulie* a. a. O. II 147—261.

[7] Vgl. die ausführliche Reiseschilderung von Pallu anhand seiner Tagebücher und Briefe bei *L. Baudiment* a. a. O. 99—161.

[8] *P. Destombes MEP*, Le Collège Général de la Société des Missions Étrangères (Paris 1934).

[9] Das Neue der 1659 ernannten Apostolischen Vikare, die ursprünglich nur die Funktion hatten, einen an der Amtsausübung verhinderten Bischof zu vertreten, bestand darin, daß sie für weite Gebiete die volle Jurisdiktion erhielten und gleichzeitig Titularbischöfe waren. Diese für eine kurze Übergangszeit gedachte Einrichtung sollte sich über 300 Jahre erhalten. *N. Kowalsky*, Zur Entwicklungsgeschichte der apostolischen Vikare: NZM 13 (1957) 271—286.

Jurisdiktion, die Louis Laneau (1637—96) erst im Jahre 1673 erhielt. Aber die fremde Jurisdiktion in portugiesischem Gebiet war etwas so Ungewohntes, daß sie von den Missionaren zunächst kaum beachtet wurde, abgesehen von den Schwierigkeiten, welche von Goa aus durch die Inquisition und seit 1670 durch die neuernannten Erzbischöfe gemacht wurden. Dies veranlaßte Pallu zu einer Reise nach Rom, wo er durchgreifende Maßnahmen der Propaganda und die entsprechenden Breven Clemens' IX. von 1669 erreichte. Aber dessen Nachfolger, Clemens X., ließ sich zunächst wieder von den portugiesischen Gesandten umstimmen, bis neue Vorstellungen der Apostolischen Vikare erfolgten und 1673 die Breven an die Inquisition und das Domkapitel von Goa ergingen, die diesen Stellen jede Jurisdiktion außerhalb der portugiesischen Gebiete entzogen[10]. 1677 verfügte die Propaganda, daß alle Jesuitenmissionare den Apostolischen Vikaren einen Gehorsamseid zu leisten hätten, den Rom 1678 auf alle Missionare des Fernen Ostens ausdehnte. Diese Bestimmung wurde 1680 durch ein neues Dekret bestätigt. Portugal forderte daraufhin von allen aus Lissabon abfahrenden Missionaren den Treueid gegenüber dem Padroado, der auch die politischen Interessen Portugals umfaßte[11]. Es stand also Eid gegen Eid.

Während in Hinterindien die Angelegenheit, wohl infolge der blutigen Verfolgungen und der Weite der Länder verhältnismäßig bald beigelegt werden konnte, kam es in der Chinamission geradezu zu einem Sturm der Entrüstung und Ablehnung. Pallu war im Januar 1684 als Apostolischer Vikar von Fukien und Administrator Chinas nach China gekommen und veröffentlichte das Dekret von 1680. Er konnte gleichzeitig eine Verfügung des Generals der Gesellschaft Jesu an die Missionare des Padroado vorlegen, so daß bald alle bis auf einen spanischen Missionar den Eid leisteten. Da spanische Franziskaner, Dominikaner und Augustiner jedoch bisher nur von ihren Ordensobern in Manila abhängig waren, widersetzten sie sich der Eidesleistung[12]. Den unter Ludwig XIV. nach Siam und China geschickten Jesuiten wurde vom Staat die Eidesleistung untersagt. Die Schließung des Seminars der Pariser Missionare und die Abberufung der Apostolischen Vikare stand bevor. Durch Kompromisse und Neuordnung der jurisdiktionellen Verhältnisse wurde so der römische Eid indirekt aufgehoben. Doch hielt Lissabon an der für das Padroado geforderten Eidesleistung fest, so daß auch im 18. Jh. die Verhältnisse vergiftet blieben. Angesichts dieser Haltung Portugals, die sich seit der neuen Selbständigkeit (1640) noch

[10] *H. Chappoulie* a. a. O. I 233 ff.

[11] *Delacroix* a. a. O. II 190 f.

[12] *A. van de Wyngaert*, Mgr. Fr. Pallu et Mgr. Bernardino della Chiesa, Le Serment de fidélité aux Vicaires Apostoliques, 1680—88: AFrH 31 (1938) 17—47; O. *Maas*, Zum Konflikt der spanischen Missionare mit den französischen Bischöfen in der Chinamission des 17. Jh.: Spanische Forschungen der Görres-Gesellschaft III (Münster 1930) 185—195.

weiter versteifte, mußten die Missionare auch nach neuen Wegen suchen, um in den Fernen Osten zu gelangen. Schon früher hatten Jesuiten an einen Landweg über Rußland nach China gedacht und sich durch Expeditionen genaue Kenntnisse zu verschaffen gesucht [13]. Leider waren alle Anstrengungen vergeblich. Die Propaganda empfahl den Landweg über Persien und Mesopotamien und bat nachdrücklich, alle portugiesischen Gebiete zu meiden [14]. Pallu hatte schon für seine erste Reise den Gedanken an den Landweg durch Rußland wiederaufgegriffen und für seine letzte Reise nach China (1679) durch den französischen König vom russischen Zaren die Erlaubnis für den Landweg zu erwirken gesucht [15]. Gegen Ende des 17. Jh. verlor die portugiesische Vorschrift, nur über Makao einzureisen, jede Bedeutung, da Engländer und Franzosen die Missionare gerne auf ihren Schiffen beförderten.

Schwieriger als die Erschließung neuer Reisewege sollte bald die Frage neuer Missionare werden. Die Kardinäle der Propaganda waren wohl der unausgesprochenen Meinung, daß die bereits überall unter dem Padroado wirkenden Missionare, wenigstens außerhalb der portugiesischen Gebiete, sich ohne weiteres der neuen Jurisdiktion der französischen Bischöfe unterstellen würden. Nun dachten aber die großen Orden, zumal die Jesuiten, welche den Hauptanteil der Missionsarbeit in den Gebieten der Apostolischen Vikare leisteten, nicht daran, das über 150 Jahre vielfach vorzügliche Padroado gegen eine noch unbewährte neue Institution einzutauschen.

Schon 1658 hatten die Apostolischen Vikare — zu Pallu und Lambert de la Motte gehörte auch der erste Apostolische Vikar von Quebec, de Laval — eine Bittschrift an die Propaganda gerichtet, in welcher erstmals der Gedanke einer Seminargründung ausgesprochen wird (vgl. oben S. 307); die Heranbildung eines einheimischen Klerus in Kanada, China und Tongking verlange Helfer, die in einem eigenen Seminar vorbereitet werden

[13] *B. Zimmel*, Bemühungen um den Landweg nach China. Die Expedition P. Aimé Chezauds SJ nach Chorassan 1659: NZM 25 (1968) 102—108 (mit Hinweisen auf frühere Bemühungen).

[14] In der Instruktion der Propaganda von 1659. Bei *H. Chappoulie* a. a. O. I 394. Eine früher einmal ins Auge gefaßte Möglichkeit, nämlich quer durch Amerika nach Ostasien zu gelangen, mußte als zu utopisch aufgegeben werden. *J. Schmidlin*, Projekt eines nordamerikanischen Missionsweges nach China in der Frühzeit der Propaganda: ZMR 15 (1925) 147—149.

[15] *L. Baudiment*, Pallu 88 360 f. — Es ist überraschend, daß Missionare schon früher für das Scheitern des Landweges nach China nicht so sehr Rußland, sondern Lissabon verantwortlich machten. Auch der französische Sinologe *P. Pelliot* bemerkt ausdrücklich, daß alle Bemühungen um den Landweg nach China am Widerstande Portugals scheiterten, das unbedingt Makao als Tor für die katholischen Missionare für sich zu sichern suchte: T'oung Pao 26 (Leiden 1929) 192 f. Tatsächlich hatte schon 1707 Peter der Große Papst Clemens XI. wissen lassen, daß er den katholischen Missionaren den Weg nach China durch Rußland gestatte: AFrH 27 (1934) 181.

müßten. Der Sekretär der Propaganda vermerkte: „Wird beachtet!" Realisiert jedoch wurde der Plan von den Prokuratoren der Missionsbischöfe. 1663 gründeten sie das Seminar in der Rue du Bac, wo es bis heute besteht, und noch im gleichen Jahr erhielt es die königliche Bestätigung als „Séminaire pour la conversion des Infidèles dans les pays étrangers". 1664 folgte die römische Anerkennung [16].

Die zweite religiöse Gemeinschaft, welche der Propaganda ihre Mitglieder zur Verfügung stellte, war der Kapuzinerorden. Ihr erster Apostolischer Präfekt wurde die berühmte „graue Eminenz" des Kardinals Richelieu, P. Joseph Leclerc du Tremblay oder P. Josef von Paris. Aus der französischen Provinz stammten auch Missionare für Kanada und Brasilien und für die französischen Stützpunkte in Indien (Surat, Madras) [17]. Ferner stellten sich die Mitglieder der italienischen Provinz der Karmeliten in den Dienst der Propaganda. Schon die Gründung war zu einem guten Teil einigen ihrer Mitglieder zu danken. Seit Beginn des 17. Jh. hatten sie eine Mission in Persien und dehnten sich von dort auf verschiedene Länder Vorderasiens und schließlich auch nach Indien aus. P. Leandro de la Anunciación — allerdings ein gebürtiger Spanier — gelang es sogar, 1620 in Goa eine erste Niederlassung zu gründen und 1630 eine zweite, ein eigentliches Missionsseminar. Sie wurden bald die Missionare für die von den Engländern besetzten Teile Indiens [18]. Auch die italienische Provinz der Franziskaner überließ der Propaganda Missionare, welche in erster Linie in China wirkten. 1687 konnte Mgr. Pallu noch den ersten der in Kanton eingetroffenen Italiener, Bernardino della Chiesa, zum Bischof weihen. Die italienischen Franziskaner waren in der Folge besonders in den Nordprovinzen Chinas tätig.

Die Propaganda selbst, zumal ihr erster Sekretär Francesco Ingoli, gab aber Weltpriestern, zumal für das Amt eines Apostolischen Vikars, den Vorzug. Die 1646 in Neapel als Congregazione delle Apostoliche Missioni gegründete Vereinigung entwickelte sich gut, aber innen- und außenpolitische Ereignisse vereitelten jede aktive Missionsarbeit [19]. Als 1639 die

[16] *J. Guennou MEP,* Les Missions Étrangères (Paris 1963) 67 (der Verfasser behandelt auch den entsprechenden französischen Hintergrund, zumal die Compagnie du Saint-Sacrement); *ders.,* Le troisième centenaire du Séminaire des Missions Étrangères de Paris: NZM 19 (1963) 290—299.

[17] *G. de Vaumas,* L'éveil missionnaire de la France (Lyon 1942); *ders.,* Lettres et Documents du Père Joseph de Paris concernant les Missions Étrangères (1619—38) (Lyon 1942); *ders.,* L'activité missionnaire du P. Joseph de Paris: RHM 15 (Paris 1938) 336—359; *O. M. Jouve,* Le Père Joseph Leclerc du Tremblay, Capucin, et les Missions de la Nouvelle France (1632—33): ebd. 16 (Paris 1939) 206—232; *G. Goyau,* Le Père Joseph et les Missions Capucines: L'Église en Marche V (Paris 1936) 63—93.

[18] *Florencio del Niño Jesús,* La Orden de Santa Teresa, la fundación de la Propaganda Fide y la Misiones Carmelitas (Madrid 1923) 91 ff.

[19] *J. Metzler,* Das erste Weltpriesterinstitut im Dienste der Propaganda: NZM 17 (1961) 161—174.

Augustinerrekollekten (oder Barfüßer), ein in Spanien entstandener Reformzweig der Augustinereremiten, sich nach den Erfahrungen auf den Philippinen für China zur Verfügung stellten, nahm die Propaganda das Angebot nicht an [20]; nur Mitglieder der italienischen Provinz konnten vereinzelt in Hinterindien und China tätig sein [21]. Dagegen wurde die italienische Vereinigung der Weltpriesterkongregation der Battistini, 1753 von Benedikt XIV. bestätigt, bereitwillig für die Chinamission eingesetzt. Aus der Reihe der Orden wurden von der Propaganda noch die italienischen Barnabiten gewonnen, und zwar für die Mission in Birma [22].

Welche Konflikte bei dieser Vielfalt der missionarischen Organisation auftreten konnten, zeigt z. B. eine päpstliche Visitation in Cochinchina durch den Franzosen Mgr. E. F. des Achards de la Beaume († 1741), der den Wirrwarr eher steigerte statt beseitigte [23]. Eine gewisse Schuld an diesen Schwierigkeiten trug die Propaganda selbst. Während die Missionare des Padroado durchwegs unter dem Gehorsam ihrer Ordensobern standen, wollte die Propaganda von Anfang an die Ordensleute aus ihrem Verband lösen und sich selbst eingliedern [24]. Den Vertretern der Propaganda fehlte weithin das Verständnis für Ideal und Lebensform der Ordensleute [25]. So drängte sich im 17. Jh. und noch stärker im 18. Jh. die Notwendigkeit auf, die Missionssprengel der Propaganda nach Orden und Gemeinschaften zu trennen und eigene Apostolische Vikare für Franziskaner, Dominikaner und Pariser Missionare zu ernennen.

Entscheidend jedoch für die Beurteilung der Propaganda im Fernen Osten ist der neue Geist, der sich in grundsätzlichen Dokumenten und im Wirken ihrer Missionare äußerte. In immer neuen Wendungen wird der rein religiöse Charakter der Mission betont und die Verkündigung des Wortes Gottes in den Mittelpunkt gestellt [26]. Besonders nachdrücklich zeigt sich dieser Grundzug der Mission in der Instruktion von 1659 an die neuernannten Apo-

[20] Das zeigt vor allem das Bullarium Ordinis Recollectorum S. Augustini II (1623—83) (Rom 1961).

[21] *J. Beckmann,* Zur Missionstätigkeit der italienischen Unbeschuhten Augustiner im Fernen Osten: NZM 22 (1961) 62—65.

[22] *L. Gallo,* Storia del Cristianesimo nell'Impero Barmano, 3 Bde (Mailand 1862).

[23] *Streit* VI (Aachen 1931) 454.

[24] Die Folge war u. a., daß die Heimatprovinzen und -klöster wenig Interesse an den Geschicken ihrer Propagandamitbrüder zeigten. Als z. B. Kapuziner sich bei der Propaganda beschwerten, daß sie nicht nach ihren Ordensregeln leben könnten, bat die Kongregation P. Joseph de Paris als Missionspräfekten, diese abzuberufen, „de peur qu'ils se fissent turcs". *G. de Vaumas,* L'éveil missionnaire de la France (Lyon 1942) 121.

[25] Das ergibt sich aus vielen Briefen von Missionaren im Archiv der Propaganda, die noch näher zu untersuchen sind.

[26] *K. Pieper,* Ein Blick in die missionsmethodischen Erlasse der Propaganda: ZMR 12 (1922) 31—51; *J. Beckmann,* Der religiöse Charakter von Mission und Missionar nach den Bestimmungen der Propaganda-Kongregation: Kath. Missionsjahrbuch der Schweiz 1946, 13—23.

stolischen Vikare[27]. Im 1. Teil werden die ausreisenden Bischöfe ermahnt, bei der Auswahl ihrer Missionare neben den körperlichen Voraussetzungen vor allem auf die geistig-religiösen und charakterlichen Eigenschaften zu achten. Der 2. Teil beschäftigt sich mit dem Reiseweg (vgl. S. 309). Der dritte und sorgfältigste Teil enthält das grundlegende missionarische Programm: „Mutet jenen Völkern in keiner Weise zu, daß sie ihre Zeremonien, Gewohnheiten und Sitten ändern, wenn sie nicht ganz offensichtlich der Religion und guten Sitte widersprechen, denn was könnte es Ungereimteres geben, als Frankreich, Spanien oder Italien oder irgendein anderes Land nach China einführen zu wollen? Nicht dieses, sondern den Glauben sollt ihr bringen, der keines Volkes Gewohnheiten und Gebräuche, wenn sie nicht schlecht sind, verwirft oder bekämpft, sondern unverletzt zu erhalten sucht."[28] Handel und politische Tätigkeit werden den Missionen verboten, die Heranbildung des landeseigenen Klerus gefordert. Aus der Konfrontation dieser Instruktion mit der Missionspraxis entstanden in Siam die Instructiones ad munera apostolica rite obeunda[29] in zehn Kapiteln und einigen praktischen Appendices.

Ziel und Mittel der Mission sind aufeinander abgestimmt. Die besonders wichtigen elf Artikel über das Katechumenat sind die erste systematische und wohl bewußte Erneuerung einer altchristlichen Einrichtung. Hier wird erstmals grundsätzlich mit der mittelalterlichen Missionsmethode gebrochen: Nicht mehr das „von oben nach unten", d. h. die Bekehrung der Völker durch ihre politischen Führer, wie es auch die Jesuiten in Ostasien erstrebten, ist die Leitidee der Bekehrung, sondern das umgekehrte Verfahren, „von unten nach oben", d. h. die Bekehrung des Volkes und die Gründung von Gemeinden[30]. Von zunächst entscheidender Bedeutung war jedoch das 3. Kapitel „De recto mediorum humanorum usu"[31], eine Kampfansage an die Missionare des Padroado und — wenn auch wohl noch unbewußt — an die Jesuiten, welche ja die meisten und bedeutendsten Missionare des Padroado stellten[32]. Der Kampf richtete sich vor allem gegen

[27] Eine textkritische Ausgabe Instructio Vicariorum Apostolicorum ad Regna Sinarum Tunchini et Cocincinae profiscentium 1659 bietet *H. Chappoulie* a. a. O. I 392—402; vgl. dazu den Kommentar bei *L. Baudiment*, Pallu 61 ff.

[28] *H. Chappoulie* a. a. O. I 400.

[29] Das Werk wurde 1669 in der Druckerei der Propaganda in Rom erstmals gedruckt (*Streit* I 275). Die Instructiones wurden immer wieder neu herausgegeben, seit 1840 unter dem Titel Monita ad Missionarios. Im folgenden stütze ich mich auf die Ausgabe von Hongkong, 1893.

[30] Das Kapitel De regimine cuiuscumque particularis Ecclesiae, maxime ubi Sacerdos deficit, a. a. O. 130—135, trug wohl entscheidend dazu bei, daß sich die von den Pariser Missionaren gegründeten Gemeinden in den blutigsten Verfolgungen gerettet haben.

[31] A. a. O. 21—35.

[32] Es fehlt noch eine gründlichere Untersuchung über die Monita ad Missionarios. — Pallu und seine Gefährten waren sicher nicht grundsätzlich Gegner der Jesuiten. Sie waren durch die geistlich-aszetische Schule des P. Bagot in Paris gegangen, der Jesuit de Rhodes

die enge Verbindung von Mission und Politik der portugiesischen Weltmacht und den Handel der Missionare. Allein schon die Zahl der von Lissabon ausgereisten und von Portugal unterstützten Jesuitenmissionare machte eine brüske Lösung unmöglich[33]. Überdies vergaß man in der Propaganda, welche ungeheuren Opfer das kleine Portugal für alle Missionen von Goa bis nach Japan gebracht hatte, wenn es auch nach 1600 nicht mehr imstande war, seine Stützpunkte und damit die Missionare zu schützen[34]. — Die Verbissenheit Portugals in seine Machtansprüche gegenüber der Mission erfuhren freilich nicht nur einzelne Pariser Missionare, welche abgefangen wurden und in den Gefängnissen der Inquisition in Goa schmachteten, sondern selbst der päpstliche Legat Maillard de Tournon († 1710), der nach erfolgloser Mission von den Chinesen nach Makao abgeschoben und hier bis zu seinem Tod von den Portugiesen gefangengehalten wurde[35].

Aber auch Pallu selbst blieb nicht frei von politischen Ambitionen, welche er den Missionaren des Padroado vorwarf. Er beriet die französische Ostindien-Kompagnie und suchte besonders den Minister Colbert für den französischen Einfluß in Indien und Hinterindien zu gewinnen[36], er gab damit den Auftakt zu einer Politik, die 1685/86 zum Austausch von Gesandtschaften zwischen Frankreich und Siam und 100 Jahre später mit Hilfe des Apostolischen Vikars von Cochinchina, Mgr. Pierre Pigneaux de Béhaine († 1799), zur Festsetzung der Franzosen in Hinterindien führte[37].

Das Problem der Beteiligung der Missionare am Handel stellte sich zuerst und vor allem für die Jesuitenmission in Japan, teils wegen der außergewöhnlichen Kosten, teils wegen der ungenügenden Zuschüsse aus Portugal oder aus andern europäischen Quellen. Der Visitator des Fernen Ostens, A. Valignano, verfocht gegenüber dem Ordensgeneral Claudio Acquaviva († 1615) den Standpunkt, daß allein durch die Beteiligung des Ordens am Makao-Japan-Handel die Mission aufrechterhalten werden

hatte sie ausgewählt, zwei Brüder Pallus waren selbst Jesuiten, und der Jesuitengeneral Paul Oliva rettete gar die junge Pflanzung vor der Aufhebung durch Ludwig XIV. In den ersten Zeiten hält Pallu eine harmonische Zusammenarbeit mit den Jesuiten für selbstverständlich. Für einzelne Hinweise vgl. vor allem *H. Chappoulie* a. a. O. I (Register!).

[33] *J. Wicki SJ*, Liste der Jesuiten-Indienfahrer 1541—1758: Aufsätze zur portugiesischen Kulturgeschichte VII (Münster 1967) 252—450. Von 1541 bis 1658 reisten 1047 Jesuitenmissionare von Lissabon ab, von 1658 bis 1758 betrug die Zahl 1073.

[34] *B. Biermann OP*, Das Spanisch-portugiesische Patronat als Laienhilfe für die Missionen: Das Laienapostolat in den Missionen (Festschr. Beckmann) (Beckenried 1961) 161—179.

[35] Die Hauptaufgabe des Kardinals de Tournon war nicht die Beilegung des Ritenstreits, sondern die Herstellung direkter Beziehungen zwischen Rom und Peking (auf der Basis einer Nuntiatur). Damit wäre der portugiesische Einfluß in Peking beendet gewesen. *F.-A. Rouleau*, Maillard de Tournon: AHSI 31 (1962) 264—323.

[36] *H. Chappoulie* a. a. O. I 278—282.

[37] *G. Taboulet*, La geste française en Indochine I (Paris 1955) (161—239 über Mgr. Pigneaux de Béhaine).

könne[38]. Nach dem Zusammenbruch der japanischen Mission wurden die ausgewiesenen oder die für Japan neubestimmten Missionare nach Hinterindien gesandt, wo sich die Beteiligung am Handel als ein gewisses Gewohnheitsrecht erhalten haben dürfte. Auf den Bericht der Apostolischen Vikare in Ajuthia folgte jedenfalls das scharfe Breve Clemens' IX. „Sollicitudo Pastoralis officii" vom 17. Juni 1669, das alle früheren päpstlichen Bestimmungen und Verbote des Handels der Missionare wiederholte[39]. Im gleichen Jahre wurden die Instructiones der Pariser Missionare gedruckt, die den Handel bekämpften[40]. Daß die Jesuiten trotz aller Verbote und gegenteiligen Beteuerungen der Obern (und späteren Autoren) nicht vom Handel abließen, zeigt eine Anfrage in Madrid des Ángel de la Fuente vom 23. Juni 1797, der die Verwaltung des Vermögens der aufgehobenen Gesellschaft Jesu auf den Philippinen innehatte, was mit den 254 320 Pesos zu geschehen habe, welche die Jesuiten im China-Mexiko-Handel investiert hatten. Diese Summe betrug 1775 306 341 und 1793 bereits 393 454 Pesos[41].

Die Neuorientierung der Missionsarbeit mußte sich auch auf die Missionsmethode auswirken, vorab in der Abkehr von der Methode „von oben nach unten" [42]. Dazu gehörte der Aufbau der Einzelgemeinden mit Kate-

[38] *A. Valignano,* Sumario de las Cosas de Japón (1583), hrsg. von *J. L. Álvarez - Taladriz* (Tokio 1954) 334—339, nebst der Einleitung des Hrsg. 41*—50*. — Nach der ungedruckten Dissertation von *L. Bourdon,* La Compagnie de Jésus et le Japon (Paris) gibt Pierre Chaunu die Auslagen der Japanmission für 1579 mit 6000 Cruzados an, die bis 1582 auf 12 000 stiegen. 1581/82 brauchte die Japanmission für den Unterhalt des Personals, für Bauten, Geschenke usw. 8650 und für notwendige Einkäufe in Indien und Europa 2100 Cruzados. 4000 zahlte die portugiesische Staatskasse, dazu kamen die Gelder einzelner Wohltäter (wie Pius' V.), ferner die Einnahmen des den Jesuiten überlassenen Hafens von Nagasaki und ihrer Besitzungen in Makao und Bazain. 4000 Cruzados brachte ihnen der Seidehandel ein, während der Rest durch den Privathandel einzelner Missionare aufgebracht wurde. *P. Chaunu,* Une grande puissance économique et financière: les débuts de la Compagnie de Jésus au Japon (1547—83). Annales — Economies. Sociétés. Civilisations V (Paris 1950) 198—212.

[39] Daß betont wurde, die Bestimmung gelte auch für die Gesellschaft Jesu und auch dann, wenn allein der Handel die Missionen erhalte, zeigt deutlich die Zusammenhänge. *T. Grentrup,* Das kirchliche Handelsverbot für Missionare: ZMR 15 (1925) 257—268.

[40] De illicita et indigna Viro Apostolico negotiatione: Monita a. a. O. 23—25. Um die gleiche Zeit hatten aber auch die Generale der Gesellschaft Jesu das Handelsverbot erneuert. *J. Humbert,* Some Answers of the Generals of the Society of Jesus to the Province of Goa: AHSI 36 (1967) 72—103.

[41] *P. S. Lietz,* Calendar of Philippine Documents in the Ayer Collection of the Newberry Library (Chicago 1956) Doc. 256 S. 129. — Der Schreiber erklärt, daß die Jesuiten (auf den Philippinen) ihre Investierungen zu je einem Drittel im Mexikohandel, im Handel mit China und der Koromandelküste (in Vorderindien) und als Reserve anlegten: ebd. Doc. 257, S. 130.

[42] Das Kapitel von *H. Bernard - Maître,* La Rencontre du Padroado et du Patronat: l'affrontement des méthodes: *Delacroix* a. a. O. II 323—336, ist mit seiner These von der *tabula rasa* auf seiten der Spanier und der fortschrittlichen Akkommodationsmethode bei den Padroado-Missionaren (d. h. Jesuiten) geschichtlich unhaltbar.

chisten, Priestern und Schwestern und einem einheimischen Episkopat. Bei der folgenden Behandlung der einzelnen Länder soll auf diese Gesichtspunkte näher eingegangen werden. Allgemein ist zu sagen, daß die speziell von den Jesuiten des Padroado vertretene Methode, von den Fürstenhöfen auszugehen, letztlich missionarisch unwirksam blieb. Die Propaganda ihrerseits mußte das hohe Programm einer Volkskirche mit landgeborenen Bischöfen an der Spitze immer mehr zurückstellen, weil die Grundlegung der einzelnen Gemeinden zunächst alle Kräfte beanspruchte.

In Zusammenhang mit der neuen methodischen Ausrichtung steht auch die Stellung der Propaganda bzw. ihrer Missionare zur chinesischen und malabarischen Ritenfrage [43]. Aus dem dritten Kapitel der Monita ad Missionarios [44], läßt sich unschwer die spätere Haltung der Pariser Missionare erkennen, wenn auch bei der Abfassung das Problem der Ritenfrage nicht bedacht wurde, das damals kaum über einen kleinen Kreis hinaus bekannt geworden war.

II. Entfaltung und Niedergang der Missionsarbeit in den asiatischen Ländern

Die Entwicklung der Propagandamissionen in Asien brachte es mit sich, daß sich ihre Gebiete in den Ländern des Padroado ausdehnten. Beide Seiten hielten zunächst mit allen Mitteln an je ihrem Recht zur Glaubensverbreitung fest. Erst im 18. Jh. wich diese Haltung einem stillschweigend anerkannten, manchmal geographisch getrennten Nebeneinanderarbeiten. Das war von Land zu Land verschieden.

1. Indien

QUELLEN: Documenta Indica, hrsg. von *J. Wicki SJ*, I—XI (Rom 1948/70); *Paulo da Trindade OFM*, Historia espiritual do Oriente, hrsg. von *F. Lopes*, I—III (Lissabon 1962/1967); *A. Meersman OFM*, The Chapter-Lists of the Madre de Deus Province in India: Studia VI (Lissabon 1960) 121—350.

LITERATUR: *Ambrosius a S. Theresia*, Hierarchia Carmelitana, III: De Praesulibus Ecclesiae Magni Mogolis seu Bombayensis (Rom 1936), IV: De Praesulibus Missionis Malabaricae. Pars Prior. Ecclesia Verapolitana (Rom 1939); *F. Coutinho*, Le régime paroissial des

[43] Quellen- und Literaturangaben finden sich vor allem bei *Streit* V, VI und VII (mit den Erg. in Bd XII—XIV). Dazu neuere Lit.: DHGE XII 741 und LThK² VIII 1324. — Sowohl bei den Ritenfragen wie bei andern Entscheidungen ist zu beachten, daß der Propagandakongregation keine eigenen Theologen zur Verfügung standen, sondern alle Entscheidungen vom Heiligen Offizium getroffen wurden. *J. Metzler*, Controversia tra Propaganda e S. Officio circa una commissione teologica (1622—1658): Annales Pont. Univ. Urbaniana (Rom 1968/69) 47—62.

[44] De recto mediorum humanorum usu (a. a. O. 21—35).

Diocèses de rite latin de l'Inde (Louvain 1965); *A. L. Farinha,* A expansão da fé no Estremo Oriente (Lissabon 1946); *D. Ferroli SJ,* The Jesuits in Malabar I/II (Bangalore 1939/51); *P. Thomas,* Christians and Christianity in India and Pakistan (London 1954).

Das Herzstück portugiesischer Herrschaft und damit der Mission blieb auch im 17. und 18. Jh. Indien. Die Stadt Goa war immer noch reich und mächtig, Sitz des Vizekönigs und der großen Konvente und Klöster der einzelnen Orden. Von hier aus gingen Impulse für die Mission und Seelsorge in alle Länder von Ostafrika bis Japan. Der Erzbischof von Goa war die oberste kirchliche Autorität all dieser Gebiete. Es wirkte sich verhängnisvoll aus, daß in den schweren Jahren politischer und jurisdiktioneller Krisen die Bischofssitze jahrzehntelang unbesetzt blieben. 1640 hatte Portugal seine politische Selbständigkeit errungen. Aber Rom gegenüber war Spanien immer noch mächtig genug, um jede Verbindung mit Portugal zwischen 1640 und 1668 zu unterdrücken. Erst nach 1670 konnten neue Bischöfe für Indien ernannt werden.

In Goa selbst blieb auch im 17. und bis zur Mitte des 18. Jh. das Jesuitenkolleg das Rückgrat aller Missionen des Ordens in den Padroado-Ländern. Die seit 1556 tätige Druckerei der Jesuiten sorgte als einzige in Indien weiterhin für den Druck der notwendigen Bücher in den verschiedenen Sprachen[45]. Von den Bettelorden waren seit 1572 speziell die Augustinereremiten am stärksten vertreten, die in Goa eigene Missionare für die muslimischen Gebiete von Afrika über Vorderasien bis nach Bengalen ausbildeten. Aus diesen Kreisen wählten die Vizekönige mit Vorliebe ihre Gesandten an die Höfe der Mongolenherrscher[46].

Die fünf Konzilien von Goa (1567, 1575, 1585, 1592, 1606) suchten vor allem die tridentinischen Reformvorschriften den Landesverhältnissen anzupassen[47]. Allerdings blieben gerade in Goa die wirklichen Zustände hinter den aufgestellten Idealen zurück, zumal auf sozialem Gebiet. Wie zur Zeit Franz Xavers[48] war auch im 17. und 18. Jh. die Sklaverei weit verbreitet. Man berechnete, daß ein portugiesischer Durchschnittsbeamter 15—20 Sklaven und Sklavinnen brauchte. Selbst dem 1606 gegründeten Augustinerinnen-Kloster St. Monica, dem einzigen Frauenkloster in Indien,

[45] Impresa em Goa. Boletim do Instituto Vasco da Gama (Bastora - Goa 1956). Gedenkband zum 400jährigen Jubiläum.

[46] *A. da Silva Rêgo,* Documentação, India XI, IX—XIII hebt besonders die Bedeutung der Augustiner für die Missionen des Ostens hervor und veröffentlicht das Manual Eremitico da Congregação da India, das P. Manuel da Ave-Maria 1815 abschloß, S. 95—833. Der Chronist führt für die Jahre 1572—1831 69 Aussendungen von Missionaren an.

[47] *J. Wicki SJ,* Die ältere katholische Mission in der Begegnung mit Indien: Saeculum VI (1955) 345—367 (335—360: die goanesischen Konzilien und die indische Welt); *ders.,* Die unmittelbaren Auswirkungen des Konzils von Trient auf Indien (ca 1565—85): AHPont I (1963) 241—263.

[48] *G. Schurhammer,* Franz Xaver, sein Leben und seine Zeit II/1 (Freiburg i. Br. 1964, Register).

wurden durch königliche Order 120 Dienerinnen und Sklavinnen zugestanden. Besonders geschätzt waren schwarze Sklavinnen und Sklaven wegen ihrer größeren Arbeitsfähigkeiten [49]. Daß die männlichen Orden Sklaven hielten, wissen wir nicht nur aus zahlreichen Verboten der heimatlichen Instanzen, sondern auch aus positiven Berichten [50]. Den Sklaven, Indern und Brahmanen wurde zwar nicht grundsätzlich, aber doch praktisch der Empfang der Kommunion verweigert. Der italienische Theatiner P. Antonio Ardizone Spinola hielt dagegen erstmals am 21. Mai 1645 eine Predigt mit dem Titel: „Seufzer der christlichen Brahmanen und Canarins und vieler anderer Kasten und Völker Indiens, weil sie niemals im Leben ... kommunizieren dürfen." [51]

Verhängnisvoll wirkte ferner die Inquisition, welche von 1560 bis 1812 in Goa tätig war und als Strafen Auspeitschungen oder gar öffentliche Verbrennung anordnete. Wie in Amerika war die Inquisition vor allem die höchste Instanz, welche die Wahrung der Patronatsrechte wahrnahm. Verschiedene Propagandamissionare wurden mit den Gefängnissen der Inquisition in Goa vertraut [52] (vgl. S. 306). Eine wertvolle Hilfe für die Christengemeinden war hingegen der „Pai dos Cristãos". Das Amt eines „Vaters der Christen" wurde meist Missionaren übertragen, die in den Gemeinden der Neuchristen, gerade in der Nähe von Goa oder anderer Stützpunkte, zur sozialen Fürsorge und gegen die Ausbeutung der Neuchristen wirken konnten [53].

Das Gebiet um Goa wurde den drei Hauptorden, welche zunächst in Indien wirkten, zugeteilt: den Franziskanern die Provinz Bardez, den Dominikanern ein Teil der Goa vorgelagerten Inseln und den Jesuiten die Halbinsel Salsette. Eine immer stärkere Bedeutung gewann vom 17. Jh. an der goanesische Klerus. Es gehört zu den Vorzügen des Padroado, daß es von Anfang an der Erziehung des landgeborenen Klerus seine besondere

[49] *L. Kilger,* Das erste Frauenkloster in Portugiesisch-Indien. St. Monika 1606—1834: NZM 7 (1951) 119—123, speziell 121 ff.

[50] Wenn ein portugiesischer Ordensmann oder Adeliger reise, lasse er sich von Caffern in Sänften tragen. *A. Zerlik,* P. Xav. Ernbert Fridelli SJ, Chinamissionar und Kartograph (Linz 1962) 13. — Daß Missionare der Propaganda nicht anders dachten, zeigt ein Brief von Fr. Pallu nach Paris vom 20. 12. 1683; er zählt darin die Personen auf, für welche er sorgen müsse, „sans compter un grand nombre d'esclaves": Lettres de Mgr. Pallu, hrsg. von *A. Launay* I (Angoulême 1914) 378.

[51] *R. Cantel,* Le Père Ardizone Spinola et son *Cordal Triplicado de Amor a Jesus Sacramentado*: Mélanges Marcel Bataillon = Bulletin Hispanique 54 bis (Bordeaux 1962) 347—357. Weitere Predigten über das gleiche Thema folgten 1645, 1646, 1647, 1648. Der Prediger, der wenigstens die Osterkommunion und das Viaticum forderte, war 1643 mit seinen Mitbrüdern aus Goa ausgewiesen worden.

[52] *A. Baião,* A Inquisição de Goa, 2 Bde (Coimbra 1930/49). — Vgl. auch den Exkurs bei *A. D'Costa SJ,* The Christianisation of Goa Islands (Bombay 1965) 193—200, der den Nachweis führt, daß die Inquisition die Missionare nicht zu Zwangsbekehrungen nötigte.

[53] *J. Wicki SJ,* O Livro do „Pai dos Cristãos" (Lissabon 1969).

Aufmerksamkeit schenkte[54]. Gewiß hatten die Portugiesen in Indien ihre rassischen Vorurteile[55], und die Priesterweihe erhielten in den ersten Zeiten nur Angehörige der Brahmanenkaste. Die religiösen Orden nahmen bis zum 18. Jh. nur vereinzelt Inder auf[56]. Doch wurde am „Kolleg vom heiligen Paulus" der Jesuiten zu Goa wie auch in den Seminarien der Franziskaner in Reis Magos (Bardez) und Kranganore, in der Thomas-Akademie der Dominikaner von Goa, dazu später am Erzbischöflichen Seminar von Goa und am Großen Seminar von Rachol eine große Anzahl von Weltpriestern ausgebildet[57]. Dieser Klerus war nicht nur fähig, nach und nach die von den einzelnen Orden gegründeten Pfarreien zu übernehmen, sondern selbst als aktive Missionare in den Ländern des Padroado tätig zu sein[58]. Es waren die goanesischen Priester, welche in den Gebieten, die im Verlauf der Jahrhunderte Portugal verlorengingen, die Christengemeinden retteten. So schreibt einer von ihnen: „Obwohl diese Priester seit 1760 die Hilfe der Jesuiten und seit 1834 auch jene aller andern Orden entbehrten und seit der Mitte des 19. Jh. auch von einer ehemals missionsfreundlichen Regierung im Stich gelassen wurden, hat sich der goanesische Klerus, besonders seit dem 18. Jh., voll Hingabe der Erhaltung der einst von europäischen Missionaren des Padroado gegründeten und aufgebauten Gemeinden gewidmet."[59] Im Gegensatz zu der weitverbreiteten Auffassung, als ob das Padroado bzw. die Staatskasse für alle Ausgaben der Gemeinden aufgekommen sei, steht fest, daß diese auch von den Gläubigen selbst getragen wurden. Einen gewissen Grundstock boten die Ländereien der aufgehobenen hinduistischen Tempel[60]. Für weitere Ausgaben, speziell für die Feier der kirchlichen Hochfeste, kamen die zahl-

[54] *C. Merces de Melo,* The Recruitment and Formation of the Native Clergy in India (Lissabon 1955) 65—205; *J. Wicki SJ,* Der einheimische Klerus in Indien (16. Jh.): *J. Beckmann,* Der einheimische Klerus in Gesch. und Gegenwart (Festschr. Kilger) (Schöneck/Beckenried 1950) 17—72.

[55] *C. R. Boxer,* Race Relations in the Portuguese Empire 1415—1825 (Oxford 1963) 57—85.

[56] *A. Meersman,* The Question of Admitting Indians to the Franciscan Order: NZM 13 (1957) 29—34; *J. Wicki SJ,* Pedro Luis, Brahmane und erster indischer Jesuit: NZM 5 (1950) 115—126.

[57] Bereits im Jahresbericht von 1646 schreibt der Provinzial, daß in den Kollegien von Goa, Rachol und Bassein den Brahmanen auch Latein, Philosophie, Moral und spekulative Theologie auf Kosten der S. J. gelehrt würden, bis sie zu Priestern geweiht würden. Bei *M. de Melo,* The Recruitment 183 f.

[58] Im weitentfernten Äthiopien wirkte der Goanese Belchior da Silva von 1598 bis 1613 (*Streit* XV 621 637 f, XVI 2), und in Madagaskar versuchten 1726 3 goanesische Oratorianer eine Mission zu gründen (AHSI 41 [1962] 244).

[59] *F. Coutinho,* Le régime paroissial 24/25. Vgl. auch die zusammenfassende Würdigung S. 282.

[60] *A. D'Costa SJ,* Demolition of the Temples in the Islands of Goa and the Disposal of the Temple Lands: NZM 18 (1962) 161—176.

reichen Bruderschaften auf, die in fast jeder Gemeinde bestanden, ein wichtiger Faktor christlich-sozialen Lebens, durchwegs von Laien geleitet [61].

Der Gründung des Oratoriums vom Heiligen Kreuz in Goa [62], nach dem Ideal des heiligen Philipp Neri ausgerichtet, verdankt der Klerus einen besonderen apostolischen Impuls und die Kirche von *Ceylon* ihre Rettung. Die Seele der Gründung wurde Joseph Vaz (1651—1711), „der Apostel von Ceylon" [63]. 1687 gelangte er, als Bettler verkleidet, nach Ceylon, seit 1696 regelmäßig durch weitere Priester des Oratoriums von Goa unterstützt, das 150 Jahre lang allein die Bürde für die hartbedrängte Kirche in Ceylon trug [64]. Die Organisation dieser Mission ging in den wesentlichen Zügen auf P. J. Vaz zurück [65]. In besonders gefahrvollen Zeiten bot meist das von den Holländern unabhängige Königreich Kandy eine Zuflucht. Hier entstand auch der größte Teil der katholischen singhalesischen Literatur. P. Vaz selbst erwarb sich vorzügliche Kenntnisse des Singhalesischen; doch veranlaßte er seinen jüngeren Mitbruder Jacome Gonçalvez († 1742), sich vor allem dem Apostolat des Buches zu widmen [66]. Daß der missionarische Geist der Oratorianer lebendig blieb, bezeugt der durchreisende Kapuziner P. Marco della Tomba, der 1783 von 14 Oratorianern berichtet, welche in 400 kleinen oder größeren Gemeinden 90 000 Katholiken betreuten [67]. 1796 wurden die Holländer durch die Engländer vertrieben, aber erst 1806 erhielten auch die Katholiken völlige Religionsfreiheit. Die Oratorianer mußten später durch europäische Missionare der Propaganda ersetzt werden [68].

Das Eingreifen der Propaganda in Indien kam durch einen persönlichen Fall zustande. 1625 traf in Rom der junge Brahmane Matthäus de Castro ein, um hier 1630 die Priesterweihe zu empfangen [69]. 1633 wurde er als

[61] *F. Coutinho* a. a. O. 130—138.

[62] *M. da Costa Nuñes*, Documentação para a historia da congregação do Oratorio de Santa Cruz del Clero natural de Goa I (1681—1727) (Lissabon 1966).

[63] *S. G. Perera*, Life of the Venerable Father Joseph Vaz, Apostle of Ceylon (Galle 1953).

[64] Als 1638—58 die Holländer die portugiesischen Gebiete Ceylons erobert hatten, wurde am 19. 9. 1658 den Katholiken jede Kulthandlung verboten und Zwangscalvinisierung verordnet. *R. Boudens OMI*, Negombo. Un centre de résistance catholique à Ceylon sous l'occupation hollandaise (1658—1796): NZM 11 (1955) 81—91; *ders.*, The Catholic Church in Ceylon under Dutch Rule (Rom 1957).

[65] Ebd. 89—115; über die Methode der Oratorianer ebd. 173—188.

[66] *R. Boudens*, Catholic Church (Register); *Streit* VI 217—219 (Aufzählung seiner Werke in Singhalesisch, Tamil und Portugiesisch); *E. Peiris OMI*, Singhalese Christian Literature of the XVIIth and XVIIIth Centuries (Colombo o. J.).

[67] *R. Boudens*, Catholic Church 169 f.

[68] An die Heranbildung eines ceylonesischen Klerus konnten die Oratorianer wegen der Widerstände der Holländer und der einheimischen Bevölkerung erst in der zweiten Hälfte des 18. Jh. denken, aber ohne jeden Erfolg. Vgl. *R. Boudens*, Catholic Church 186—188.

[69] *Th. Ghesquière*, Mathieu de Castro, Premier Vicaire Apostolique aux Indes (Louvain 1937); *J. Metzler*, Der Brahmanenspiegel des Matthäus de Castro: NZM 23 (1967) 252 bis 265.

Missionarius Apostolicus wieder nach Indien gesandt. Seine Fakultäten fanden aber weder bei der weltlichen noch bei der kirchlichen Behörde Anerkennung, so daß er ein zweites Mal nach Rom reiste, wo er jetzt zum Apostolischen Vikar im Gebiet des Idalcan[70] ernannt und 1637 zum Bischof geweiht wurde. Bevor er sein Amt antrat, sollte er den neuernannten Bischof Francesco Antonio de S. Felice Frasella OFMConv. nach Japan begleiten[71]. Da dieser damals nicht mehr nach Japan reisen konnte, begann M. de Castro seine Tätigkeit als Apostolischer Vikar. Sein unkluges Vorgehen und Bemühen, die Gemeinden der Dominikaner, Augustiner, Franziskaner und Jesuiten für die von ihm geweihten Brahmanen-Priester zu erhalten, veranlaßte Lissabon zu harten Maßnahmen, denen sich de Castro nur durch die Flucht nach Rom (1644) entziehen konnte. Nach einem Zwischenspiel als Apostolischer Vikar von Äthiopien kehrte er 1653 nach Indien zurück. Hier hatte unterdessen der Sultan mit den Portugiesen gute Beziehungen aufgenommen, so daß die portugiesischen Jesuiten wieder in seinem Reiche wirken konnten und M. de Castro seinen Sprengel besetzt fand. In dieser Zeit verfaßte er das gegen Portugiesen und Jesuiten gerichtete Pamphlet „Der Brahmanen Spiegel". 1658 trat er seine letzte Romreise an, fand aber dieses Mal kein Entgegenkommen und starb 1677 im Kolleg der Propaganda. Sein Nachfolger, Custodio de Pinho († 1697), ebenfalls ein Brahmane, lebte zwar mit den Vertretern des Padroado in Frieden, aber es gelang ihm nicht mehr, die Schäden seines Vorgängers gutzumachen[72], obwohl er von Rom sogar zum Apostolischen Visitator für Malabar ernannt wurde, wo seit 1656 die italienischen Karmeliter die Jesuiten abgelöst hatten[73].

Schon 1669 wurde das Vikariat Bijapur (Gebiet des Idalcan) um das muslimische Reich Golconda im Osten des Landes, 1697 um das gesamte Reich des Großmoguls vergrößert, so daß der Missionssprengel über 90 Prozent des indischen Kontinentes umfaßte. Die Errichtung einer einheimisch-indischen Hierarchie, wie sie schon dem Sekretär F. Ingoli bei der Ernennung des Matthäus de Castro vor Augen stand, wurde 1696 mit der Ernennung des päpstlichen Nepoten Petrus Palma-Pignatelli durch Innozenz XIII. zum Apostolischen Vikar jäh unterbrochen und um Jahrhunderte verzögert. Dieser war als Missionar in Malabar tätig gewesen und starb bereits 1701 in

[70] Bijapur war ein muslimisches Sultanat östlich von Goa, in das der dortige Erzbischof nicht gelangen konnte.

[71] *A. Meersman*, A Few Notes Concerning Archbishop Franc. Ant. Frascella OFMConv in Goa 1640—1653: MF 59 (1959) 346—351.

[72] *G. Radaelli*, Mons. Custodio de Pinho e la sua opera Missionaria: Pensiero Missionario 1942, 23—37; *ders.*, Le Missioni Cattoliche di Mogul, Golcanda e Idalcan alla metà del secolo XVII: ebd. 1941, 214—226.

[73] *Ders.*, Un Visitatore Apostolico indigeno nel Malabar: ebd. 1942, 122—135. — Mgr. de Pinho war vom Apostolischen Vikar der Komorinküste, dem Brahmanen Thomas de Castro, einem Vetter des M. de Castro, zum Bischof geweiht worden.

Surat[74]. Auch die Nachfolger wurden weiterhin aus dem Orden der Karmeliter gewählt.

Während Goa auf die Ernennung der indischen Apostolischen Vikare, abgesehen von M. de Castro, kaum heftig reagierte, begann nun der eigentliche Kampf zwischen Padroado und Propaganda, in dem Rom übersah, daß Portugals Einfluß in Asien immer noch stark war. Die portugiesischen Bischöfe erhoben Anspruch auf die Gebiete der Propaganda, und der Vizekönig von Goa vertrieb 1709 die seit 1620 in Goa segensreich wirkenden Karmeliter[75].

Als 1661 bei der Heirat Karls II. von England und Katharinas von Braganza im Vertrag das noch unbedeutende *Bombay* an England abgetreten wurde, konnten die portugiesischen Franziskaner weiterhin in voller Freiheit ihrer Missionsarbeit nachgehen. Erst 1720 wurden sie vertrieben und durch italienische Karmeliter ersetzt[76]. Von 1789 bis 1791 konnte Goa wieder die Jurisdiktion in Bombay ausüben, das die Karmeliter verlassen mußten. Danach kam es zu dem unheilvollen Kompromiß der doppelten Jurisdiktion, d. h., die Pfarreien wurden unter die Padroado- und Propagandamissionare aufgeteilt, wie es dann in verschiedenen Orten von Britisch-Indien geschah[77]. Dies wirkte sich besonders nachteilig unter den sogenannten Thomaschristen der *Malabarküste* aus. In diesen Gemeinden des orientalischen Ritus, die schon durch andere Spaltungen heimgesucht waren und sich nur schwer der Latinisierung fügten, waren seit 1704 Padroado- und Propagandabischöfe nebeneinander tätig[78]. Nach einem Bericht des Karmelitermissionars Paulinus a S. Bartholomeo, der 1775—1789 an der Malabarküste wirkte[79], gab es damals 84 mit Rom vereinte Gemeinden der Thomaschristen und 32 getrennte. Die mit Rom vereinten Gemeinden verteilten sich unter die Bischöfe von Kranganore (20 Gemeinden) und die Apostolischen Vikare in Verapoly (64 Gemeinden)[80].

[74] *Ambrosius a S. Theresia,* Hierarchia Carmelitana III 101—108.

[75] Die Karmeliter waren im Missionskolleg in Rom gut vorbereitet. Vgl. *L. Kilger,* Eine alte Hochschule missionarischer Fachbildung: ZMR 5 (1915) 207—224. Auch in Goa hatten sie schon 1633 ein eigenes Missionskolleg errichtet.

[76] *A. Meersman,* The Franciscans in Bombay (Bangalore 1957) 81—102; *J. H. Gense,* The Church at the Gateway of India 1720—1960 (Bombay 1960) 32—69.

[77] Über die rechtliche Stellung der Katholiken in den englischen Gebieten vgl. *M. Arputhasamy,* L'Église catholique dans l'Inde. Étude Historico-juridique (Diss. jur. Fribourg 1948).

[78] *K. Werth,* Das Schisma der Thomas-Christen unter Erzbischof Franciscus Garzia (Limburg 1937); *E. Tisserant - E. R. Hambye,* Eastern Christianity in India (London 1957), vor allem 69—97; *Placid J. Podipara,* Die Thomas-Christen (Würzburg 1966).

[79] Über seine Werke *Ambrosius a S. Theresia,* Bio-Bibliographia Missionaria omnis Carmelitarum Discalceatorum (Rom 1940; Register); *L. Wetzel,* Der österreichische Karmelit Paulinus a S. Bartholomaeo, Persönlichkeit und Werk (Wien 1936); *Streit* VI 187—191.

[80] Bei *E. Tisserant - E. R. Hambye* a. a. O. 97; *P. Placid,* ein indischer Karmelit, schreibt: „Bei der Durchsicht der Dokumente und Arbeiten des 16., 17. und 18. Jh. ist man höchst

Im Schrifttum der Jesuiten umfaßt die Malabarmission nicht nur die eigentliche Malabarküste, sondern das gesamte Gebiet der früheren, 1610 errichteten Malabarprovinz. Dazu gehörte die im 17. und 18. Jh. wohl blühendste Mission von *Madura* [81]. Außerhalb des portugiesischen Gebietes gelegen, war sie nicht nur den Kriegen der einheimischen Fürsten, Muslimen und Hindus ausgesetzt, sondern auch der Willkür der einheimischen Despoten. Der Portugiese João de Britto SJ. (1647—93) starb als Martyrer und wurde 1947 heiliggesprochen [82]. Gerade die Missionare dieser von P. Nobili gegründeten Mission haben durch ihr Bemühen, auch die Weisheitslehren Indiens und ihre Sprachen der Glaubensverkündigung dienstbar zu machen, Werte geschaffen, die bis heute lebendig geblieben sind.

In engem Zusammenhang mit der Missionsmethode des P. Rob. Nobili und seiner Nachfolger standen die sogenannten malabarischen Riten in Indien. Widerspruch gegen gewisse Gebräuche kam vor allem aus den Reihen seiner Mitbrüder, der portugiesischen Jesuiten. 1623 hatte Gregor XV. die Praxis Nobilis gutgeheißen. Erst 1704 wurden durch die Missionare der Propaganda, speziell durch den Kapuziner P. M. de Tours, die Zugeständnisse wieder ernstlich in Frage gestellt. Da Mgr. Maillard de Tournon bereits 1701 als Apostolischer Legat für Ostasien und China ernannt worden war (vgl. S. 337), erhielt dieser den Auftrag, an Ort und Stelle auch die Frage der indischen Gebräuche abzuklären. Im Juni 1704 erließ de Tournon in Pondichéry ein Dekret, das die malabarischen Riten verbot. Dagegen erhob vor allem der Erzbischof von Goa Protest, so daß erst 1734 und dann nochmals 1739 das Dekret des Legaten die päpstliche Bestätigung erhielt. Die endgültige Verurteilung der Bräuche erfolgte auch wie in China durch Benedikt XIV. in seiner Bulle „Omnium sollicitudo" von 1744. Modernisierung und Säkularisierung der Bräuche veranlaßten die Propaganda 1940, ein Dekret über die Duldung dieser Gebräuche herauszugeben [83].

Zu den großen Nachfolgern Nobilis gehören der Italiener P. G. C. Beschi (1680—1747) [84] und der Deutsche E. Hanxleden (1681—1732) [85]. G. Con-

erstaunt, zu sehen, wie die Thomaschristen das Opfer wurden von Konflikten zwischen Franziskanern und Jesuiten, zwischen Jesuiten und Karmeliten, zwischen den Diözesen Cochin und Angamale (Cranganore), zwischen den Jurisdiktionen des Patronates und der Propaganda-Congregation" (a. a. O. 137).

[81] *D. Ferroli*, The Jesuits in Malabar II (Bangalore 1951).

[82] Die erste und grundlegende Biographie schrieb sein eigener Bruder *Pereyra de Britto* (Coimbra 1722).

[83] AAS 32 (1940) 379.

[84] Die Liste seiner Werke vor allem bei *Streit* VI 30—41; *M. Ledrus*, Beschi (Louvain 1931); *D. Ferroli* a. a. O. 298—314.

[85] *D. Ferroli* a. a. O. 315—332; *A. Huonder*, Deutsche Jesuiten-Missionare (Freiburg i. Br. 1899) 175. Zur gesamten christlichen Tamilliteratur *Devanesan Rayarigam*, Christliche Literatur in der Tamilsprache (Gütersloh 1961) (dazu die kritische Besprechung von *A. Lehmann:* ThLZ [1962] 306 f).

stancio Beschi wirkte ca 20 Jahre in dem von den Dänen beherrschten Gebiet von Travancore, wo mit den deutschen Lutheranern unter Ziegenbalg auch die protestantische Mission Fuß gefaßt hatte. Die Verhältnisse und der Auftrag seines Obern Dom. Madeira machten ihn zum ersten Kontroverstheologen in der Tamilsprache [86]. Im Jahresbericht von 1731 über die Maduramission, zu der auch Tanjore gehörte, schreibt Beschi, daß jeder Pater die Sorge für 5000—20 000 Christen habe [87]. Die Missionare hielten durchwegs an den Richtlinien P. Nobilis fest: bei Brahmanen und höheren Kasten wirkten die Missionare als Sannyasi; und die Parias hatten ihre eigenen Padres. Der Streit um die malabarischen Riten, der um 1700 im weiter entfernten Madras wieder entfacht wurde — in Travancore selbst wurden die geduldeten Riten von den Lutheranern als Götzendienst bekämpft —, hatte eigentlich wenig Einfluß auf die Missionen selbst, denn die letzte Verurteilung durch Benedikt XIV. von 1744 wurde kaum vor der Vertreibung der Jesuiten durch Pombal bekannt (vgl. S. 322).

Im tamilsprechenden Teil der Jesuitenprovinz von Malabar wirkten aber auch, in verschiedenen Orten schon seit dem 16. Jh., die portugiesischen Franziskaner, welche auch in Travancore und an der Fischerküste nach Vertreibung der Jesuiten deren Stationen übernehmen konnten [88]. Im Unterschied zu anderen Ländern war in Indien, abgesehen von kleineren Auseinandersetzungen, die Zusammenarbeit der Bettelorden, Jesuiten und Weltpriester des Padroado harmonischer.

Zur Malabarprovinz der Jesuiten gehörten auch die Missionen im weiten *Reiche des Großmoguls.* Diese hatten unter den Herrschern Akbar und Jahangir verheißungsvoll begonnen, schrumpften jedoch im 17. Jh. und 18. Jh. eigentlich auf die Betreuung der bereits gewonnenen und vielfach zugewanderten Christen zusammen. Unter den bedeutendsten Jesuitenmissionaren verdienen die Deutschen Heinrich Roth (1620—88), der Verfasser der ersten Sanskrit-Grammatik [89], und Andreas Strobl (1703—70), der als hervorragender Naturwissenschaftler an den muslimischen Fürstenhöfen Nordindiens wirkte, und der Tiroler Jos. Tieffenthaler (1710—85), der wohl bedeutendste Geograph Indiens, besonders genannt zu werden [90].

[86] Im Gegensatz zu den calvinistischen Holländern waren die Dänen toleranter, so daß in ihren Gebieten auch die katholische Missionsarbeit fortgeführt werden konnte. *A. Meersman,* The Catholic Church in Tranquebar and Tangore During the Formative Years of the Lutheran Mission: Indian Church History Review 1 (1967) 93—112 (über Beschi 110—112).

[87] *A. Meersman* a. a. O. 111.

[88] *A. Meersman,* The Franciscans in Tamilnad (Schöneck/Beckenried 1962).

[89] *A. Camps,* Fr. Heinrich Roth SJ (1620—68) and the History of his Sanscrit Manuskripts: ZMR 53 (1969) 185—195.

[90] Über die kulturell-wissenschaftlichen Leistungen der Indienmissionare vgl. *A. Ballini,* Il contributo delle Missioni alle conoscenza delle lingue e della cultura dell'India: Le Missioni Cattoliche e la Cultura dell'Oriente (Rom 1943) 233—260; *L. Ambruzzi* SJ, Il

Die portugiesischen Franziskaner, welche zwei größere Expeditionen nach Nordindien organisierten, hatten keine bleibenden Erfolge[91]. Auch den Karmelitern der italienischen Provinz, welche 1607 die Missionsarbeit in Persien begannen und von dort 1618 in die nordindische Provinz *Sind* vorstießen, mußten sich in der großen Hafenstadt Tatta, wo sie bis 1672 tätig waren, auf die Seelsorge portugiesischer und anderer Christen beschränken[92]. Das gleiche galt für die Augustinereremiten, welche 1624 in Tatta sich neben den Karmelitern festsetzten, um wichtige portugiesische Stützpunkte für die Jurisdiktion des Erzbischofs von Goa und damit für das Padroado zu halten[93].

Selbst in *Tibet* stießen die Interessen der Propaganda und des Padroado aufeinander. Dem portugiesischen Missionar Ant. d'Andrade gelang es 1624, sich in Tsaparang niederzulassen, aber schon 1630/31 wurden die Missionare durch die kriegerischen Wirren des Landes genötigt, Tibet zu verlassen[94]. Dann übertrug 1704 die Propaganda die Tibetmission den Kapuzinern von Piceno, die 1707 in Lhasa eintrafen, aber schon 1712 nach Bengalen zurückkehren mußten[95]. Unterdessen war P. Ippolito Desideri vom Jesuitenprovinzial in Goa für die Tibetmissionen bestimmt worden. Er traf 1716 in Lhasa ein, stieß auf die neue Kapuzinermission, glaubte aber nicht, dieser seinen Auftrag abtreten zu dürfen. So war Rom genötigt, 1718 ein zweites Mal die Tibetmission den Kapuzinern zu übertragen. P. Desideri verließ darauf Lhasa und begab sich zur Berichterstattung nach Rom († 1733)[96].

Die Anfänge der Kapuzinermission in Lhasa waren bescheiden, aber dank der Sprach- und Religionskenntnisse konnten die Missionare, zumal unter dem Präfekten Franc. Orazio Oliverio della Penna di Billi († 1745) mit den Mongolen ein verträgliches Verhältnis finden[97]. 1742 mußten die Kapu-

contributo dei Missionari cattolici alla conoscenza delle religioni, dei costumi e della geografia dell'India: ebd. 261—292.

91 *A. Camps*, Franciscan Missions to the Mogul Court: NZM 15 (1959) 259—270.

92 *E. Berden*, The Carmel in Sind: ebd. 11 (1955) 169—178 241—250.

93 *J. Beckmann*, Die Augustiner-Eremiten in Sind: ebd. 13 (1957) 191.

94 *G. Toscano*, La Prima Missione Cattolica nel Tibet (Hongkong 1951). Die Berichterstattung P. d'Andrades wird in den tibetanischen Geschichtsquellen bestätigt und neu beleuchtet; *A. H. Francke*, Die Jesuitenmission in Tsaparang im Lichte der tibetanischen Urkunden: ZMR 15 (1925) 269—276.

95 *L. Petech*, I Missionari Italiani nel Tibet et nel Nepal. I Cappuccini Marchigiani, Bd I—IV (Rom 1953).

96 *L. Petech* a. a. O.; Ippolito Desideri SJ Bd V, VI (Rom 1954/55); *G. Castellani*, Un trattato di Missionologia del sec. XVIII: CivCatt 1933, III 127—140; DHGE XIV 1503—05.

97 *A. Jann*, Zur Kulturarbeit der katholischen Kirche in Innerasien. Die missionarische und literarische Tätigkeit des Apostolischen Präfekten von Tibet, P. Franz. Horatius Oliverius della Penna di Billi 1712—45: Studien aus dem Gebiet von Kirche und Kultur (Festschr. Gustav Schnürer) (Paderborn 1930) 128—207; *Streit* VI 96—100.

ziner allerdings der Verfolgung durch die Führer der Lama weichen; sie zogen sich nach Nepal zurück, bis sie 1771 auch von hier vertrieben wurden. In Hindustan setzten sie sodann ihre stets entsagungsvolle Arbeit fort [98].

Die Ostküste Indiens um den weiten Golf von *Bengalen* gehörte kirchlich zur Diözese S. Tomé Meliapur und war der Bereich, in welchem sich das Ringen der europäischen Mächte zugunsten Englands entscheiden sollte.

In diesen Gebieten wurde der kirchliche Kampf vermieden: die Kapuziner, Missionare der Propaganda, erhielten nur Jurisdiktion für die französischen Niederlassungen, zuerst in Madras und später in Pondichéry; die Missionsarbeit unter den Eingeborenen blieb den Padroado-Missionaren vorbehalten. Bengalen war ein altes Missionsfeld der Augustinereremiten und der portugiesischen Jesuiten. In den benachbarten Provinzen, vor allem in dem entfernteren Carnate, unterhielten die französischen Jesuiten eine eigene Mission. Sie unterstanden einem eigenen Obern und erfreuten sich einer gewissen Unabhängigkeit. Ihre Zahl betrug im 18. Jh. durchschnittlich 20. Pombals antijesuitische Politik konnte ihre Tätigkeit nicht beeinträchtigen. Erst nach der Aufhebung der Gesellschaft Jesu wurde 1776 ihre Mission den Pariser Missionaren anvertraut [99]. Der Sieg der Engländer und die Auswirkung der Revolution auf das französisch gebliebene Pondichéry behinderten die Mission. Einer ihrer bedeutendsten Vertreter war Jean Antoine Dubois (1766—1848), dessen etwas pessimistisches Werk über die indischen Sitten und Gebräuche für die europäische Haltung gegenüber Indien im 19. Jh. grundlegend wurde [100].

Zur Diözese von Meliapur gehörte auch *Birma* bzw. die Königreiche Ava und Pegu. Seit dem 16. Jh. wirkten hier, speziell in Pegu, die portugiesischen Franziskaner [101]. Als 1721 die Missionare der Propaganda (Barnabiten) eintrafen, stießen sie auf heftigsten Widerstand, dem sie dadurch auszuweichen suchten, daß sie ihre Tätigkeit vor allem auf das Reich Ava

[98] Ein reiches Quellenmaterial für diese Zeit bietet *A. Jann:* Monumenta Anastasiana I (Luzern 1939) 970—1152. — Wohl das größte Hemmnis war die große Armut der Mission. Deshalb durften die Missionare in Mexiko von 1763 bis 1767 eine Sammlung für die Mission durchführen. Vgl. *F. de Aljofrén,* Diario del Viaje ... a la América Septentrional en el siglo XVIII, 2 Bde (Madrid 1958/59).

[99] *A. Launay,* Histoire des Missions de l'Inde I (Paris 1898); *J. Lafrenz,* Précis de l'Histoire de la Mission de Pondichéry (Pondichéry 1953). In Pondichéry wirkte 1736—41 auch der Kapuziner P. Norbert de Bar-le-Duc (1697—1769), der durch seine Werke über den malabarischen Ritenstreit die Mission vergiftete; er hat auch das Wirken der ersten europäischen Schwestern in Indien, französischen Ursulinen, welche sich 1738 in Pondichéry niederließen, unmöglich gemacht. *J. Lafrenz* a. a. O. 4 f.

[100] Die Englisch-Ostindische Kompagnie veröffentlichte das Manuskript 1817 in London. *Streit* VIII 27 f.

[101] *A. Meersman,* The Franciscans in the Burmese Kingdoms of Ava and Pegu 1557—1818: AFrH 31 (1938) 356—386.

beschränkten, während Pegu stets das Vorzugsgebiet der Franziskaner blieb. 1766 wurde Giovanni M. Percoto zum Apostolischen Vikar von Ava und Bischof von Maxula ernannt. Ihm dankt das Abendland die ersten buddhistischen Handschriften in der Palisprache (auf Palmblättern); als Kenner des birmanischen Buddhismus erwies er sich in verschiedenen ungedruckten oder erst im 19. Jh. gedruckten Werken [102].

Weit von Indien entfernt, aber doch zu Portugiesisch-Indien gehörend, befand sich in *Indonesien* eine Reihe christlicher Zentren. Nach der Eroberung von Malakka (1640) durch die Holländer wurde Makassar (auf Celebes) für kurze Zeit das Zentrum der Padroado-Missionen in Indonesien. Aber den Holländern gelang es, den Landesherrn, den Sultan Hassan Udin, im Vertrag von Batavia von 1660 zu nötigen, alle Portugiesen und ihre Anhänger, d. h. Katholiken, auszuweisen [103]. Doch konnten die Dominikaner ihre bereits im 16. Jh. begonnene Solor-Mission mit vielen Opfern bis ins 19. Jh. retten [104]. Es gelang ihren stets schwachen Kräften, auch im benachbarten Flores Reste katholischer Gemeinden zu erhalten [105]. Auch die Franziskaner haben immer wieder einzelne Missionare nach Indonesien gesandt. Manche von ihnen konnten in Verkleidung nach Malakka gelangen, um die einheimischen Christen zu betreuen [106]. Es öffnete sich ihnen sogar ein neues Missionsfeld im Norden von Sumatra, wo die gefürchteten Atjehr (oder Achin) sich wieder den Portugiesen zuwandten, so daß portugiesische Franziskaner hier von 1688 bis 1775 wirken konnten [107].

2. Hinterindien

Nachdem die Missionare des Pariser Seminars 1662 in Ajuthia, der Hauptstadt *Siams*, angekommen waren, gründeten sie bereits 1664 ein Seminar für die Heranbildung eines einheimischen Klerus, das zu einem Zentralseminar für ganz Hinterindien und Südchina werden sollte. Beim Einfall der Birmanen wurde es 1769 zerstört, fand jedoch eine neue Heimstatt in der Nähe von Pondichéry, wo es einige Jahrzehnte später der Französischen Revolution zum Opfer fiel. 1808 wurde es im englischen Pulo-Penang neu

[102] *P. Anatriello,* I Cattolici ed il Buddismo Birmano: NZM 22 (1966) 260—269.

[103] *B. Biermann OP,* Frei Luis de Andrade und die Solormission: ZMR 43 (1959) 176—187 261—275 (über Makassar 274 f). Für den Aufenthalt der Franziskaner in Makassar vgl. *A. Meersman OFM,* The Franciscans in the Indonesian Archipelago (Louvain - Paris 1967) 115—122.

[104] *B. Biermann,* Die alten Dominikanermissionen auf den Solorinseln: ZMR 14 (1924) 12—48 269—273.

[105] *Ders.,* „Lieder der Florinesen": NZM 10 (1954) 141—145.

[106] *A. Meersman* a. a. O. 184 ff.

[107] Ebd. 123—144.

eröffnet[108]. Darüber hinaus aber entfalteten die neuen Missionare auch in Siam eine direkte apostolische Tätigkeit. Im Portugiesen-Quartier von Ajuthia besaßen die Dominikaner seit 100 Jahren Kloster und Kirche für die Seelsorge der Portugiesen. Die durch die Verfolgung in Japan vertriebenen Jesuiten fanden im Japan-Quartier ein Wirkungsfeld und die Pariser Missionare im Wohnviertel der Chinesen. Der erste Apostolische Vikar, Louis Laneau (1674—96), verlegte seine Residenz nach Bangkok und erreichte via Rom und Goa die Unterwerfung aller Ordensleute unter seine Jurisdiktion. Trotz seiner vorzüglichen Sprachkenntnisse[109] gelang es ihm und seinen Missionaren aber nicht, unter der buddhistischen Bevölkerung der Thai Fuß zu fassen, trotz guter Beziehungen zwischen Frankreich und Siam. Die Eröffnung einer Mission in Birma mißlang, und 1693 wurden die ersten beiden Missionare des Seminars von Paris ermordet. Doch hatte Laneau durch die Bildung des einheimischen Klerus ein ruhiges und sicheres Zentrum geschaffen.

In *Cochinchina*[110], zu dem missionarisch auch das benachbarte Kambodscha gehörte, konnte der erste Apostolische Vikar, Lambert de la Motte, nur zweimal für kurze Zeit wirken: 1671/72, bis zur Hafenstadt Faifo, wo er mit drei seiner Priester und einigen Katechisten eine Synode abhielt, die trotz ihres bescheidenen Charakters die rechtliche Grundlage für die Mission der Propaganda werden sollte; 1675/76 als „Schiffskaplan" auf einem französischen Schiff. Später wirkte hier als Apostolischer Vikar der einheimische Franz Pérez (1687—1728). Trotz heftiger Verfolgungen, speziell 1698 und 1700, gelang es ihm, wohl wegen seines einheimischen und unabhängigen Charakters, die Missionare unter der Jurisdiktion der Propaganda zu einigen. Später kam es zu schweren Zerwürfnissen, vor allem zwischen den spanischen Franziskanern von den Philippinen und den französischen Missionaren. Zwei römische Visitationen 1740 und 1744 scheiterten. 1750 wurden alle Missionare mit ihren Christen durch eine allgemeine Verfolgung getroffen[111], von der sich die Gemeinden nur schwer erholen

[108] *A. Launay*, Histoire de la Mission de Siam 1662—1811 (Paris 1920); *ders.*, Documents Historiques, 2 Bde (Paris 1920); *H. Chappoulie* a. a. O. I 131 ff; *T. Destombes*, Le Collège Général de la Société des Missions Étrangères de Paris (Hongkong 1934); *G. Cussac*, Les Missions d'Indochine après l'arrivée des Vicaires Apostoliques (1658—1799); *Delacroix* II 213—226; *H. Bernard-Maître*, Pour la compréhension de l'Indochine et de l'Occident (Paris o. J.).

[109] *A. Launay*, Mémorial 356—359. Laneau übersetzte als erster die Evangelien in die thailändische Sprache.

[110] *A. Launay*, Histoire de la Mission de Cochinchine (1658—1823), 3 Bde (Paris 1923/25).

[111] Es fielen den Häschern in die Hände: die beiden Bischöfe und 7 Missionare aus dem Pariser Missionsseminar, 2 italienische Dominikaner und ein Priester aus Neapel, ferner 9 spanische Franziskaner von den Philippinen und 8 Jesuiten des Padroado, 5 Portugiesen und 3 Deutsche. Nur Johannes Koffler SJ konnte als Arzt im Königshof von Hué zurückbleiben.

konnten; meist wurden sie von chinesischen und einheimischen Priestern betreut.

Im Auftrag Mgr. Pallus stieß als erster Missionar des Pariser Seminars François Deydier (1637—93) 1666 in die weiten Gebiete des Nordens, nach *Tongking*[112] vor, seit 1670 von seinem Mitbruder Jacques de Bourges (1630—1714) unterstützt. Als Pallu das Gebiet in zwei Apostolische Vikariate zu teilen vorschlug, wurde letzterer Apostolischer Vikar von Westtongking und weihte noch im gleichen Jahr 1679 seinen Mitbruder Fr. Deydier zum Bischof für Osttongking. Um diese Zeit zählten beide Vikariate bereits ca 300 000 Christen. Wenn auch der erste Aufbau der tongkinesischen Kirche durch Al. de Rhodes und die aus Japan vertriebenen Jesuiten, also Missionare des portugiesischen Padroado, erfolgt war, so sollte doch Tongking das Missionsfeld werden, wo die Pariser Missionare die Grundsätze der Propaganda und ihr Programm durchführen konnten. Darüber hinaus bildete Tongking das erste größere Wirkungsfeld des einheimischen Klerus, der zum Teil an Ort und Stelle (wegen der Verfolgungen meist auf Fischerbarken), zum Teil in Siam ausgebildet wurde. Der spätere Apostolische Vikar Louis Néez (1680—1764), der in 52 Jahren aktiver Missionsarbeit die meisten von ihnen persönlich kennenlernte, widmete 53 aus ihnen biographische Skizzen, welche die persönlichen Verdienste dieser Priester während der Verfolgungszeiten hervorhoben[113]. Mgr. de Bourges schlug einen von ihnen 1694 zu seinem Nachfolger als Bischof und Apostolischen Vikar vor. Hand in Hand mit der Ausbildung des landgeborenen Klerus ging auch die Organisation der Katechisten und der ersten einheimischen Schwesternkongregation, der „Liebhaberinnen des Kreuzes", die sich für den Unterricht der Frauen und Mädchen einsetzten. Um 1765 gab es allein für Westtongking 20 Niederlassungen mit je 20—30 Schwestern[114]. Aber im 17. und 18. Jh. waren die Zeiten der Duldung und Ruhe sehr selten[115] und blutige Verfolgungen häufig. Trotzdem bestanden Gegensätze zwischen den Missionaren der verschiedenen Orden und Nationen, wenn auch das gemeinsame Ziel schwerwiegende Zerwürfnisse verhinderte. Durch die Übergabe des Vikariats von Osttongking an die spanischen Dominikaner der Philippinen (1679), welche seit 1675 im Lande wirkten, schien eine erste grundsätzliche Lösung gefunden worden zu sein. Aber neben den Dominikanern wirkten dort auch die von der Propaganda gesandten italienischen Unbeschuhten Augustiner, die den Dominikanern einen Teil ihres Gebiets

[112] *A. Launay*, Histoire de la Mission du Tonkin. Documents Historiques I (Paris 1927).

[113] Documents sur le Clergé tonkinois au XVIIe et XVIIIe siècle, hrsg. von *A. Launay* (Paris 1925).

[114] *N. Kowalsky*, Stand der katholischen Missionen 1765 (1957) 26.

[115] Zu den wissenschaftlichen Arbeiten *Streit* VI, XI und danach *G. Dindinger*, Il contributo dei Missionari cattolici alla conoscenza del Siam e dell'Indochina: Le Missioni cattoliche e la cultura dell'Oriente (Rom 1943) 293—338.

streitig machten, bis sie, 1757 von der Propaganda abberufen, ihre Station den Spaniern übergaben. In West- und Osttongking arbeiteten indessen an verschiedenen Orten Jesuitenmissionare des Padroado, die sich über die Apostolischen Vikare in beiden Gebieten hinwegsetzten. Diese Haltung verhärtete sich, als nach Jahrzehnten der Sedisvakanz seit 1692 wieder ein Bischof in Makao residierte, der als nächster Padroado-Bischof auch die Jurisdiktion in Tongking beanspruchte. Die enge Bindung der einzelnen Missionare an ihre Gemeinden, die in den Verfolgungszeiten verstärkt wurde, machte Gebietsabgrenzungen unmöglich, so daß es immer wieder via Lissabon oder Rom bis zur Aufhebung der Gesellschaft Jesu zu Konflikten kam.

3. China

LITERATUR: *Streit* VI, VII, XII, XIII, XIV, 1—3; *J. Beckmann,* Neuerscheinungen zur chinesischen Missionsgeschichte von 1945—1955; Monumenta Serica XV (Tokio 1956) 378—462; *J. M. González,* Historia de las Misiones de China V. Bibliografías (Madrid 1967); *Toung-Li Yuan,* China in Western Literature (New Haven/Conn. 1958); *K. S. Latourette,* A History of Christian Missions in China (New York 1929); *O. Ferreux,* Histoire de la Mission en Chine (1699—1950): Annales de la Congrégation de la Mission 127 (Paris 1963) 3—530; *J. de Moidrey,* La Hiérarchie Catholique en Chine, en Corée et au Japon (1307—1914) (Shanghai 1914); *N. Gubbels,* Trois siècles d'apostolat. Histoire du Catholicisme au Hukwang (1587—1870) (Wuchang - Paris 1934); *F. Margiotti,* Il cattolicismo nello Shansi delle origini al 1738 (Rom 1958); *L. Pfister,* Notices biographiques et bibliographiques sur les Jésuites de l'ancienne Mission de Chine (1552—1773) I, II (Shanghai 1932/34); *K. Menz,* Necrologium Fratrum Minorum in Sinis (Peiping 1948); *J. van den Brandt,* Les Lazaristes en Chine 1667—1935 (Peiping 1936).

Dank der einflußreichen Stellung des Kölner Jesuiten Joh. A. Schall von Bell (1592—1666) sowohl unter den Mingo wie den Mandschus (seit 1644) hatten die innerpolitischen Wirren zunächst keine besonders schädlichen Folgen für das Christentum. Die Verfolgung von 1664 kam daher wie ein verheerender Sturm über die junge Kirche. Der bereits über 70jährige P. Schall wurde aus seinen staatlichen Stellungen entfernt, zum Tode verurteilt und dann zur Gefängnisstrafe begnadigt[116]. Alle Kirchen wurden zerstört und 25 Missionare der Jesuiten und Bettelorden in die Gefangenschaft nach Kanton abgeführt.

Der belgische Jesuit Ferd. Verbiest (1623—88)[117], mit zwei anderen Mitbrüdern nicht nach Kanton verbannt, wurde dank seiner astronomischen Kenntnisse, die er schon als Mitarbeiter P. Schalls bewiesen hatte, zum Ret-

[116] *A. Väth SJ,* Joh. A. Schall v. Bell (Köln 1933) 295 ff; über die Jesuiten-Missionare in China *L. Pfister SJ* a. a. O.

[117] *H. Josson - L. Willaert,* Correspondance de Ferdinand Verbiest de la Comp. de Jésus (1623—88) (Brüssel 1938).

ter der Mission. Bald wieder zur Mitarbeit im mathematischen Institut des Hofes herangezogen, wurde er 1670 dessen Vorsteher. Es gelang ihm zunächst, P. Schall zu befreien, der 1666 in Freiheit sterben konnte. Nachdem der bedeutende Mandschu-Herrscher Kanghsi 1667 den Thron bestiegen hatte [118], gewann Verbiest bald sein Vertrauen und wurde sein Lehrer für Mathematik und Astronomie. 1671 konnten die in Kanton gefangenen Missionare wieder auf ihre Stationen zurückkehren [119]. Verbiest wurde Dolmetscher für den Verkehr mit ausländischen Gesandten, eine Stellung, welche katholische Missionare bis ins 19. Jh. bekleiden sollten. 1677 zum Vizeprovinzial ernannt, suchte er mit allen Mitteln die Zahl der Missionare zu vermehren, so durch Briefe an Ordensgeneral und Papst, vor allem aber durch den Aufruf vom 15. August 1678 an seine Ordensbrüder in Europa [120]. Den größten Erfolg erzielte er, unterstützt von Philipp Couplet (1624—92), in Frankreich, wo sich nicht nur viele Jesuiten für China meldeten, sondern Ludwig XIV. auch die Reisespesen und den Unterhalt der Missionare übernahm. Zehn Tage nach dem Tode Verbiests kamen die ersten fünf französischen Jesuiten am 7. Februar 1688 in Peking an [121].

Die französischen Jesuiten haben der chinesischen Mission einen großen Aufschwung gegeben. Der Mandschu-Herrscher unterhielt gute Beziehungen zu ihnen, zumal zu P. Joachim Bouvet (1656—1730), der sein Gesandter an Ludwig XIV. und sein Biograph werden sollte [122]. Er überließ den Franzosen in der Nähe seines Palastes ein Grundstück für Kirche und Niederlassung, wo eine bedeutende Bibliothek eingerichtet wurde [123]. In Europa wurden die französischen Jesuiten die eifrigsten Vermittler chinesischer Kultur, zumal durch die 17 Bände der „Lettres Édifiantes et Curieuses", welche von 1702 bis 1726 erschienen [124], und durch die umfangreichen Foliobände

118 *L. Wei Tsing-sing,* Louis XIV et K'ang-Hi. L'épopée des missionnaires français du Grand Siècle en Chine: NZM 19 (1963) 93—109 182—204.

119 Der Brief Verbiests an Innozenz XI. von 1678 preist die missionarische Bedeutung der Astronomie (Correspondance a. a. O. 227—228). — *H. Bernard-Maître SJ,* La science européenne au tribunal astronomique de Pékin (Paris 1952).

120 Correspondance 230—253. Zum Erfolg dieses Aufrufes durch Ferd. von Fürstenberg, Bischof von Münster und Paderborn (1682) O. *Maas,* Die Stiftung Ferd. von Fürstenbergs zum Besten der ostasiatischen Missionen: ThGl 25 (1933) 701—710.

121 *P. Bornet,* La Mission Française à Pékin (1688—1775). Notes sur son origine et son personnel: Bull. Cath. de Pékin 25 (1938) 555—563 609—616; *C. de Rochemonteix,* Jos. Amiot et les derniers survivants de la Mission Française à Pékin (Paris 1915).

122 *J. C. Gatty,* Voiage du Siam du P. Bouvet (Leiden 1963), bes. die Einleitung und Bibliogr. seiner Werke; *L. Wei Tsing-sing* a. a. O. 185—187. In Paris veröffentlichte Bouvet die „Histoire de l'Empereur de la Chine 1699".

123 Zu dieser Bibliothek vgl. vor allem die Einleitung von *H. Verhaeren CM,* Catalogue of the Pei-tang Library (Peking 1949) I—XXVII. Ein photomechanischer Neudruck erschien 1969 in Paris.

124 *A. Rétif,* Brève histoire des Lettres édifiantes et curieuses: NZM 7 (1951) 37—50.

des Chinawerkes von P. J. B. du Halde [125]. Diese Werke spielten dann eine wichtige Rolle für die Kritik der Aufklärer am christlichen Offenbarungsglauben und Geschichtsbild [126].

Die französischen Jesuiten dachten nicht daran, sich den Gesetzen des Padroado zu unterwerfen. Ludwig XIV. verlangte kategorisch, daß seine Missionare keinem ausländischen, nichtfranzösischen Obern unterstellt werden dürften, was im Widerspruch stand mit den Grundregeln des Ordens. Es kam daher zu langwierigen Verhandlungen zwischen dem General des Ordens, Tirso González, und Ludwig XIV. bzw. seinem Beichtvater P. de la Chaise. Die französischen Jesuiten erhielten ihren eigenen Superior, blieben aber rechtlich der Vizeprovinz von China eingegliedert [127]. Nicht einmal in der Ritenfrage standen sie geschlossen in der Front der Riccianer.

Während sich so in China nach der Verfolgung ein ruhiger Neuaufbau der Missionen vollzog, suchte König Pedro II. von Portugal (1667—1706) wieder alles in Frage zu stellen. Er erreichte von Papst Alexander VIII. (1689—91) die Errichtung zweier neuer Patronatsbistümer, Nanking und Peking, was der Papst 1690 bewilligte, als ob überhaupt kein Apostolisches Vikariat vorhanden gewesen wäre. Die Einwände der Propaganda suchte Portugal dadurch abzuschwächen, daß es die beiden Apostolischen Vikare für diese Padroado-Bistümer vorschlug. Aber die Propaganda konnte sich damit nicht zufriedengeben. Bereits Innozenz XII. (1691—1700) suchte das allzu nachgiebige Verhalten seines Vorgängers wiedergutzumachen. Durch Breve vom 15. Oktober 1696 beschränkte er die portugiesischen Bistümer Makao, Nanking und Peking auf je zwei Provinzen, während in den übrigen Provinzen Apostolische Vikariate errichtet werden sollten. Im Verlaufe der Jahre wurden einzelne Vikariate in Administrationsgebiete umgewandelt, so daß praktisch für ca. 100 Jahre neben den drei Padroado-Bistümern die drei apostolischen Vikariate von Fukien, Szetschwan und Schansi bestanden [128].

Die Grenzen der Bistümer und Vikariate waren zwar genau den chinesischen Provinzen angepaßt, aber personell nicht beachtet. So wirkten z. B. die spanischen Franziskaner von den Philippinen sowohl in Gebieten der Padroado-Bischöfe wie der Apostolischen Vikare. Erst nach und nach wur-

[125] Description géographique, historique, chronologique, politique et physique de l'Empire de la Chine (Paris 1735). — Vgl. dazu *A. Brou SJ*, Les Jésuites sinologues de Pékin et leurs éditeurs à Paris: RHM 11 (1934) 551—566.

[126] *B. Guy*, The French Image of China before and after Voltaire (Genf 1963). Vgl. Kap. 18 dieses Handbuches.

[127] *G. Guitton SJ*, Le Père de la Chaise, confesseur de Louis XIV, 2 Bde (Paris 1959).

[128] *P. d'Elia*, L'Istituzione della Gerarchia Episcopale e dell'Internunziatura in Cina: StMis II (1946) 1—31; *J. Beckmann*, Die hierarchische Neuordnung in China: NZM 3 (1947) 9—24

den die Missionsgebiete unter den Orden abgegrenzt. In Peking gab es bis ins 19. Jh. vier Niederlassungen und Kirchen, zwei der Jesuiten des Padroado, eine der französischen Jesuiten und eine der Missionare der Propaganda. Die jurisdiktionelle Lage der gesamten Chinamission war seit Ende des 17. Jh. folgende: Die Missionare des Padroado, meist Jesuiten, versahen einen breiten Gebietsstreifen, welcher von Makao über Nanking bis über Peking hinaufreichte [129]. In den Küstenprovinzen waren, zuerst mit den Pariser Missionaren, später allein, die Dominikaner der Rosenkranz-Provinz von den Philippinen tätig. Sie versahen seit Anfang des 18. Jh. das Vikariat Fukien, zu welchem seit 1718 auch die Provinzen Kiangsi und Tschekiang gehörten [130]. Die Pariser Missionare konzentrierten ihre Wirksamkeit immer mehr auf die riesigen Provinzen von Westchina, welche das Vikariat Szetschwan mit den Provinzen Kweitschu, Kwangsi und Yünnan umfaßten [131]. Im Nordwesten fanden die italienischen Franziskaner ein wohl schon vorbereitetes, aber doch schon lange von den Jesuiten verlassenes Arbeitsfeld. Es war das Vikariat Schansi mit Schensi und Kansu, zu welchem seit 1792 auch die Doppelprovinz Hukuang (Hunan und Hupe) gehörte [132].

Trotz der national und ordenseigenen Verschiedenheiten der Missionare war ihr Wirken doch gleichartig ausgerichtet. Eine Ausnahme machten nur die Missionare in *Peking*, welche in kaiserlichen Diensten standen und sowohl Padroado- wie auch Propaganda-Missionare als Maler und Musiker, als Ärzte oder Ingenieure, vor allem aber als Astronomen und Mathematiker tätig waren. Selbst in den grausamsten Verfolgungen des 18. Jh. waren sie geschützt, aber ihre geistliche Tätigkeit wurde immer mehr auf die Seelsorge der Christen in der Hauptstadt eingeschränkt, während die Missionsstationen auf dem Lande andern Missionaren und einheimischen Priestern überlassen blieben, die vergeblich auf die Hilfe ihrer in Wirklichkeit nicht mehr einflußreichen Pekinger Mitbrüder warteten. Schon Kaiser Kanghsi, der noch 1692 ein Toleranzedikt für das Christentum erlassen hatte, nahm bereits 1717 ein radikal christenfeindliches Memorandum seiner Ministerien günstig auf. Es war der Auftakt für lokale Verfolgungen in den Provinzen, die dann unter den Kaisern Yung tscheh (1722—35) und Kienlung (1735 bis 1796) immer umfassender und grausamer wurden. Wie die Lage sogar in Peking um die Mitte des 18. Jh. war, zeigt ein Brief von 1753 von P. Ant.

[129] Die beste Angabe darüber bietet immer noch *L. Pfister*, ferner die Anm. 158 genannten Übersichten von *J. Dehergne*.

[130] *J. M. González OP*, Historia de la Misiones Dominicanas de China, 5 Bde (Madrid 1964/67).

[131] *A. Launay*, Histoire des Missions de Chine. Mission du Se Tchoan, 2 Bde (Paris 1920); *ders.*, Mission du Kouy-Tchéou, 3 Bde (Vannes-Paris 1907); *ders.*, Mission du Kouangsi (Paris 1903); *ders.*, Missions du Kouang-Tong (Paris 1907).

[132] Sinica Franciscana, hrsg. von *A. von den Wyngaert - G. Mensaert - F. Margiotti - S. Rossa*, Bd II—VII (Quaracchi - Rom 1933/65).

Gaubil SJ (1689—1759) an den Ordensgeneral: „Der Kaiser duldet in Peking noch eine gewisse Religionsfreiheit, aber alle Chinesen und Tartaren (= Mandschus) wissen genau, daß er den christlichen Namen haßt, und kennen seine Entschlossenheit, keine Missionare in den Provinzen zu dulden und keinem Mandarin zu gestatten, Christ zu werden... Der Kaiser glaubt, genug für uns getan zu haben, wenn er vier aus unsern Reihen zu Mandarinen erhoben hat..." [133]

Doch nicht alle Pekinger Missionare zeigten diese Einsicht. Die meisten lebten während der schweren Verfolgungszeiten in den Provinzen wie auf einer Insel und erschwerten sich ihr Leben durch national- und kirchenrechtliche Streitigkeiten. Die verhängnisvollste davon war das sog. Pekinger Schisma [134]. Nach dem Tode des Bischofs Polykarp de Souza († 1757), des bisher einzigen Bischofs, der in Peking residieren konnte, entstanden schon über die Verwaltung des Bistums durch den Nachbarbischof Gottfried von Laimbeckhoven (1787) von Nanking Auseinandersetzungen unter den Pekinger Missionaren, welche durch die Ernennung und Weihe des italienischen Augustiners Joh. Damasc. Salusti 1780 noch vermehrt wurden. Erst der neue Bischof Alexander de Gouvea, seit 1785 in Peking, konnte die Spaltungen beseitigen und die letzte Neubelebung des Katholizismus in Peking im 18. Jh. verwirklichen [135].

Während sich die Lage der Kirche in Peking vielfach in einem bedenklichen Lichte zeigte, boten die Gemeinden der Provinzen zwar auch das Bild einer dahinsiechenden, aber doch durchwegs heroisch kämpfenden Kirche. Der Sturm brach in der Provinz Fukien 1723 los. Das harte Dekret des dortigen Vizekönigs gegen die Christen wurde sofort vom Kaiser gutgeheißen und daher auch in den andern Provinzen angewandt. In kurzer Zeit trafen ca. 30 Missionare als Verbannte in Kanton ein, und da es einigen von ihnen gelungen war, heimlich in ihre Missionen zurückzukehren, wurden später alle verbannten Missionare nach Makao übergeführt. Noch härter trafen die Verfolgungsgesetze die einzelnen Christengemeinden [136], von

[133] Bei *C. de Rochemonteix*, Jos. Amiot (Paris 1915) 35.

[134] *R. Primon OSM*, L'atteggiamento della Congregazione di Propaganda Fide nello scisma di Pechino: Missionswissenschaftliche Studien (Festgabe Dindinger) (Aachen 1951) 315—331; *G. Mensaert OFM*, Nouveaux documents sur le soi-disant Schisme de Pékin: ebd. 332—346.

[135] *J. Beckmann*, Bischof Alexander de Gouvea von Peking (1771—1808) im Lichte seiner Bibliothek (Festschr. Rommerskirchen): ED 21 (1968) 457—479. In einem Bericht an die Propaganda schreibt der neue Bischof 1785: „Pekini omnia erant calumniae, rixae, murmurationes et charitatis fraternae violationes", und dann beschwert er sich vor allem darüber, daß die seelsorglich-missionarische Tätigkeit seiner Priester geradezu auf einen Nullpunkt herabgesunken sei. „Non loquor de omnibus, sed de maxima parte." Bei *C. de Rochemonteix*, Jos. Amiot (Paris 1915) 542 547.

[136] Nach einem kurz vor der Verfolgung entstandenen Catalogus omnium missionariorum qui Sinarum imperium ad haec usque tempora ad praedicandum Jesu Xi Evangelium

denen die meisten jahrzehntelang ohne residierenden Priester bleiben mußten. Von den aus Kanton zurückgekehrten Missionaren wurden der sel. Pedro Martyr Sanz OP mit vier Gefährten seines Ordens zum Tode verurteilt [137]. Doch erst die Verfolgung von 1784/85 sollte das gesamte chinesische Reich erfassen. Am 27. August 1784 wurden in der Provinz Hukuang vier neue Franziskanermissionare, welche für die Mission Schansi/Schensi bestimmt waren, gefangengenommen. Da in den westlichen Grenzgebieten ein gefährlicher Mohammedaneraufstand ausgebrochen war, standen die Gefangenen von Anfang an im Verdacht des geheimen Einverständnisses mit dem Landesfeind (nach landläufiger Auffassung galten Islam und Christentum als eine Religion). Zwar ergab die Gerichtsverhandlung in Peking eindeutig die Schuldlosigkeit der Missionare, aber sie sollte doch schwerwiegende Folgen haben. Die Pekinger Behörden waren überrascht, daß trotz aller kaiserlichen Verbote sich noch so viele Christen im Lande befanden. Schließlich konnten 40 Priester gefangen und nach Peking übergeführt werden. Sieben europäische Missionare starben an den Folgen der Strapazen. Die übrigen Europäer wurden nach Makao ausgewiesen, die einheimischen Priester und Christen zur Verbannung jenseits der Chinesischen Mauer verurteilt [138]. Der Fortbestand des Christentums und der Aufenthalt ausländischer Missionare wurden den untergeordneten Behörden zur Last gelegt, so daß diese sich jetzt nicht genug darin tun konnten, Christen aufzuspüren [139]. Trotzdem konnten immer wieder neue Missionare auf Schleichwegen ihre Stationen erreichen. Natürlich brachten die Verfolgungen für die christlichen Gemeinden manche Einbußen. Das Problem der Apostaten sollte für Jahrzehnte in der Chinamission lebendig bleiben. Aber auch Heroismus zeigt das Beispiel vieler Missionare und Christen dieser Zeit [140].

ingressi sunt (Revue de l'Extrême-Orient 2 [Paris 1883] 58—71), gab es in den Provinzen 88 Kirchen und Missionsstationen. Dazu kamen in den 4 Kirchen und Residenzen Pekings 60 Missionare.

137 *J. M. González OP*, Misiones Dominicanes en China (1700—1750) (Madrid 1952).

138 *B. Willeke OFM*, Imperial Government and Catholic Mission in China During the Years 1784/85 (New York 1948).

139 Nach der Verfolgung konnte der Prokurator der Propaganda J. B. Marchini am 10. 12. 1785 berichten, daß noch folgende Missionare auf ihren Posten seien: der Bischof Gottfried von Laimbeckhoven (Nanking) mit einem europäischen und einem chinesischen Priester, der Apostolische Vikar von Szetschwan, Mgr. Pottier, mit 3 europäischen und 6 chinesischen Priestern, in Fukien 4 spanische Dominikaner und 3 chinesische Priester, in Schantung 1 spanischer Franziskaner, in Kwangsi und Kwantung je ein einheimischer Priester, in Schansi 3 einheimische Priester, in den Pekinger Außenmissionen 7 chinesische Priester. Dazu kamen noch Bischof A. de Gouvea in Peking mit 16 europäischen Missionaren (Propaganda-Archiv, Rom, Scritture riferite nei Congressi, Bd 38, fol. 255/256).

140 Es sei hier nur auf den österreichischen Jesuiten Gottfried von Laimbeckhoven hingewiesen, der 1752 zum Bischof von Nanking ernannt wurde, aber wegen der Angst seiner Christen erst 1768 sein Bistum betreten konnte. Bis zu seinem Tode 1787 hatte er keinen festen Amtssitz, sondern irrte umher. Nach Aufhebung des Ordens zahlte ihm

Die Ursachen der Verfolgung sind vielfältig. Die Verfolgung von 1784/85 zeigt klar, daß man in den Christen wie in den Muslimen potentielle Verbündete äußerer oder innerer Gegner des Regimes sah. Daß Kanghsi seinen Nachfolger Yung tscheh ermahnte, die Missionare wohl in Peking für den Staatsdienst, nie aber in den Provinzen zu dulden, zeigte die Bedingtheit schon der Haltung dieses Kaisers. Ein besonderes Problem waren die Mandarine. Viele konnten es schwer ertragen, daß ihnen Ausländer gleichgestellt oder gar ihre Vorgesetzten wurden. Dazu kam, daß die Jesuiten Buddhismus und Taoismus verkannten und ihre Angriffe auf buddhistischen oder taoistischen Aberglauben vielfach auch die konfuzianischen Kreise der Mandarine trafen, weil sich dort seit langem ein Synkretismus ausgebildet hatte [141]. Von den Missionaren in Peking und noch mehr von ihren Verteidigern in Europa wurde die päpstliche Verurteilung der chinesischen Riten als Hauptursache bezeichnet. Ein Zusammenhang ist unbestreitbar. Doch bedürfen die Ritenfrage und ihre Bedeutung einer differenzierten Darstellung.

Unter der Ritenfrage (oder, wie man meist übertreibend sagt, dem Ritenstreit) versteht man die vielfach heftigen Auseinandersetzungen um die Erlaubtheit chinesischer Zeremonien und Handlungen für die Christen. Eng damit verbunden waren Fragen der christlichen Terminologie und Moral, vorab der Verkündigung und Verpflichtung der positiven Kirchengebote [142]. In China kann man vier Etappen der Ritenfrage unterscheiden. 1. In den Anfängen war dank der Autorität des Gründers der Mission, M. Ricci († 1610), das Vorgehen der Jesuiten nach außen hin einheitlich [143]. Erst nach seinem Tod traten die inneren Schwierigkeiten zutage. Sein Nachfolger, Nic. Langobardi († 1654), verfocht die Unerlaubtheit der bisher geduldeten Riten und Termini. Er dürfte wohl noch gewußt haben, daß

Portugal jahrelang kein Gehalt mehr. Trotzdem hielt er sich an den Eid als Padroado-Bischof gebunden, wodurch er wieder mit den römischen Instanzen in Konflikt geriet. *J. Krahl SJ*, China Missions in Crisis. Bishop Laimbeckhoven and His Times 1738—87 (Rom 1964).

[141] Der Dominikaner Dom. Fern. Navarrete schrieb von dieser Erscheinung schon nach seinem Chinaaufenthalt (1658—69) und fügt diesem Bericht die Bemerkung hinzu, daß er von einem Christen in Peking gehört habe, der auch das Christentum mit diesen 3 Religionen zusammenschweißen wollte. *J. S. Cummins*, The Travels and Controversies of Friar Domingo Navarrete (1618—86) II (London 1962) 249 (vgl. auch I, LXIX).

[142] Über diese Randfragen vgl. *X. Bürkler*, Die Sonn- und Festtagsfeier in der katholischen China-Mission (Rom - Immensee 1942); *ders.*, Die Fasten- und Abstinenzpraxis in der chinesischen Mission: NZM 1 (1945) 258—271.

[143] Bei den neueren Historikern der Gesellschaft Jesu hat vor allem *H. Bernard-Maître* zu beweisen versucht, daß für Matteo Ricci die Erlaubtheit nicht sicher, aber doch wohl wahrscheinlich war. Außer einem knappen Hinweis in seiner Storia findet sich bei Ricci nichts über die Ritenfrage. Die letzte Darstellung des Jesuitenstandpunktes bietet *G. H. Dunne*, Generation of Giants (Notre Dame 1962) (dagegen *B. Biermann OP:* ZMR 46 [1962] 296—302; *B. H. Willeke OFM:* NZM 22 [1966] 144—146).

der Vorläufer Riccis, Michele Ruggieri († 1607), nicht an eine Anpassung an die konfuzianische Welt der Gebildeten, sondern an die religiösen Kräfte des Volkes im Buddhismus und Taoismus gedacht hatte [144]. Auch die entschiedene Ablehnung der Akkommodation durch die Japanmissionare wird ihn in seiner Haltung bestärkt haben [145]. Wie ernst diese Frage im Orden genommen wurde, zeigt die Tatsache, daß bis 1665 allein 74 Beratungen stattfanden. Während dabei, wie es scheint, die Anhänger Riccis wie dieser selbst sich auf den ursprünglichen Konfuzianismus beriefen, glaubten die Gegner, sich an die Lehre der zu ihrer Zeit verbreiteten Kommentare halten zu müssen. 2. Mitten in diesen Verhandlungen kam es durch die Ankunft der spanischen Bettelorden von den Philippinen (OFM und OP) zu einer Ausweitung des Konfliktes. Diese gingen für ihre Urteilsbildung von den konkreten Verhältnissen aus. Da es zu keiner Verständigung mit den Anhängern der ritenfreundlichen Jesuiten kommen konnte, sandten sie den Dominikaner J. B. de Morales nach Rom, das die strittigen Fragen 1645 in ihrem Sinn entschied. Als kurz darauf der Triester Jesuit Martin Martini († 1661) vor den römischen Behörden den rein zivilen Charakter dieser Riten darlegte, wurden sie von Alexander VII. 1656 erlaubt. So standen sich vorderhand beide Anschauungen diametral gegenüber. Daran konnten weder die Beratungen der während der Verfolgung in Kanton internierten Missionare (1664—70) noch die rührige Tätigkeit des spanischen Dominikaners D. F. Navarrete († 1688) [146] oder gar der Einsatz des sonst angesehenen und einflußreichen Bischofs von Puebla in Mexiko, Juan de Palafox y Mendoza, mit seinem Brief an Philipp V. (1647) und Papst Innozenz X. (1649) zugunsten der Bettelorden etwas ändern [147]. Neben den sachlichen Differenzen standen sich auch die politischen Gegensätze Spaniens und Portugals gegenüber. 3. Mit dem Eintritt der Pariser Missionare (1684) veränderte sich die Lage. Portugiesen und Spanier wandten sich gemeinsam gegen die Apostolischen Vikare. Der Nachfolger Pallus, Charles Maigrot (1652—1730), entschied durch seinen Brief von 1693 gegen die Erlaubtheit der Riten. Er war nicht nur Apostolischer Vikar von Fukien, sondern von Pallu vor seinem Tode auch zu seinem Nachfolger als Apostolischer Administrator von ganz China ernannt worden. Nach langjährigen Verhandlungen, welche die bisher immer noch sachlich geführten Auseinandersetzungen erst hochspielten, verurteilte Clemens XI. 1704 die chinesischen Riten. 4. In China selbst hatten sich durch den Hirtenbrief

[144] *J. Shih SJ*, Le Père Ruggieri et le problème de l'évangélisation en Chine (Rom 1964).
[145] *G. Schurhammer SJ*, Das kirchliche Sprachproblem in der japanischen Jesuitenmission des 16. und 17. Jh. (Tokio 1928).
[146] *J. S. Cummins*, The Travels and Controversies of Friar Domingo de Navarrete 1618—88, 2 Bde (London 1962).
[147] *Ders.*, Palafox, China and the Chinese Rites Controversy: Revista de Historia de América 51 (Mexico 1961) 395—427.

Maigrots deutlich zwei verschiedene Lager gebildet: die Propagandamissionare, denen sich die spanischen Missionare von den Philippinen anschlossen, und die Missionare des Padroado, meist Jesuiten. Seit 1687 weilten aber auch die französischen Jesuiten, die „mathématiciens du Roi" (Ludwig XIV.), in China. Diese zeigten sich nicht von vornherein geneigt, den Ansprüchen des Padroado zu gehorchen. Aus diesen Kreisen gingen die Männer hervor, welche man später die Figuristen oder Symbolisten nannte und die bezüglich der Riten gleichsam einen dritten Weg anbahnten. Sie suchten in den klassischen Werken der Chinesen nach prophetischen Zeichen, Bildern und Aussagen, welche gewisse Lehren des Christentums vorwegnahmen, so besonders im „Taoteking". Mit dem vieldeutigen Ausdruck „Tao" glaubten sie auch, am besten den christlichen Gottesnamen wiedergeben zu können. Doch die Obern weder in China noch in Europa waren mit ihren Gedankengängen einverstanden [148].

Der Ritenstreit war ein, wenn auch nicht der wichtigste Grund für die Sendung des ersten päpstlichen Legaten nach China, Maillard de Tournon. Am 31. Dezember 1705 hatte er Audienz bei Kaiser Kanghsi — für chinesische Verhältnisse ein außerordentlicher Erfolg —, doch die Herstellung direkter Beziehungen zwischen Rom und Peking und damit die Ausschaltung des Padroado konnte nicht erreicht werden [149]. Bei prekärer Gesundheit mußte der Legat, entsprechend den chinesischen Gepflogenheiten, die Hauptstadt im August 1706 verlassen und konnte den zweiten Teil seiner Sendung, nämlich die Visitation der chinesischen Mission, nicht ausführen, zumal nach seiner Abreise aus Peking die kaiserliche Gunst in schärfste Ablehnung umschlug. 1707 veröffentlichte de Tournon in einem Hirtenbrief in China die Entscheidungen Papst Clemens' XI. von 1704 gegen die Riten. 22 Jesuitenmissionare und der spanische Augustiner de Benavente [150] appellierten nach Rom, machten aber den Fehler, diese innerkirchliche Angelegenheit auch Kaiser Kanghsi vorzulegen, der in ihrem Sinne entschied [151]. Der Legat wurde nach Veröffentlichung dieses Hirtenbriefes nach Kanton verbannt, wo er die Prokur der Propaganda für die chinesischen und hinterindischen Missionen gründete, die etwa 150 Jahre lang das Rückgrat der Propagandamission in Ostasien war [152]. Er erreichte durch seine Bemühungen die grundsätzliche Unterwerfung aller Missionare unter die Jurisdiktion

[148] *J. Beckmann*, Die katholischen Missionare und der Taoismus vom 16. Jh. bis zur Gegenwart: NZM 26 (1970) 1—17.

[149] *F.-A. Rouleau SJ*, Maillard de Tournon. Papal Legate at the Court of Peking: AHSI 31 (1962) 264—323.

[150] Gegen diese Appellation schrieb ein Augustiner in Kolumbien ein eigenes lateinisches Werk, das 1712 in Bogotá erschien. Vgl. NZM 15 (1959) 180.

[151] Die Apostolischen Vikare Maigrot und Mezzafalce wurden ausgewiesen, der Lazarist Appiani, der den Legaten begleitete, verhaftet und 20 Jahre eingekerkert.

[152] *S. de Munter OFM*, De S. Congr. de Prop. Fide Procurae Cantonensis Primordiis (Rom 1957).

der Bischöfe des Padroado bzw. der Apostolischen Vikare[153]. Gegen den Rekurs der Ritenanhänger erließ der Papst nach weiteren Prüfungen das Breve von 1715, das den Erlaß von 1704 bestätigte. Ein neuer Legat, A. Mezzabarba (1719—21), war ebenso erfolglos wie sein Vorgänger, hatte aber durch seine „Permissiones" von 1721 neue Schwierigkeiten verursacht. Seine Anordnungen veranlaßten Rom, den gesamten Fragenkomplex nochmals zu überprüfen, bis Benedikt XIV. durch die Bulle „Ex quo singulari" von 1742 die Riten endgültig verwarf[154]. Die Anerkennung der päpstlichen Bulle stieß angesichts der Verfolgungen durch die chinesischen Behörden auf keinen wesentlichen Widerstand. Gegen Ende des Jahrhunderts blitzte die Ritenfrage nochmals auf zwischen den beiden Apostolischen Vikaren des Pariser Missionsseminars, Pigneaux de Béhaine von Cochinchina und de Saint-Martin von Szetschwan in Westchina. Es ging dieses Mal um bestimmte Riten bei den chinesischen Begräbnissen, die ersterer für erlaubt, letzterer für verboten hielt[155]. 1939 wurden die verbotenen Riten unter gewissen Vorbehalten infolge der veränderten Bedeutung und Zeitverhältnisse gestattet[156].

Es dürfte für den Geschichtsschreiber schwer sein, ein ausgeglichenes Urteil über die Ritenfrage in China zu fällen. Beiden Seiten waren der gute Wille und das Ziel, eine chinesische Kirche aufzubauen, gemeinsam. Erschwert wird das Urteil dadurch, daß infolge der Verfolgungen die beiden Theorien in der missionarischen Praxis nicht ausgewertet werden konnten[157].

Die Verfolgungen und sogar der Ritenstreit haben zu einer wesentlichen Neuorientierung der chinesischen Missionsmethode geführt. Seit dem Ende des 17. Jh. lag das Schwergewicht der Missionsarbeit unbestritten in den einzelnen Gemeinden der Provinzen[158]. Voraussetzung einer fruchtbaren

153 Der Legat selbst wurde später von den Portugiesen in Makao bis zu seinem Tode gefangengehalten. Der Papst billigte sein Verhalten und erhob ihn 1707 zum Kardinal.

154 Die Auseinandersetzungen in Europa wurden durch das an sich berechtigte Eingreifen der Sorbonne — Charles Maigrot war Dr. theol. der Pariser Universität — 1700 verschärft. *J. Davy*, La condamnation en Sorbonne des Nouveaux Mémoires sur la Chine du P. Le Compte: RSR 37 (Paris 1950) 366—397.

155 Die Korrespondenz der beiden Bischöfe bei *A. Launay*, Histoire des Missions de Chine, Mission du Se-tchoan II (Paris 1920) Appendix 21—82.

156 AAS 32 (1940) 24 ff.

157 Wie schwer die Beurteilung der Ritenfrage auch für einen objektiven Historiker ist, zeigt der Beitrag von *H. Bernard-Maître*, La correspondance Becker—Brucker sur la question des rites chinois (1885—1907): RSR 54 (Paris 1966) 417—425. J. Brucker SJ hatte den Artikel im DThC über die Riten geschrieben, auf den sich in der Folge vor allem Pastor und die meisten andern Historiker stützten. P. Émile Becker war Oberer der China-Mission in der Provinz Hopeh (früher Süd-Ost-Tschely); zur Ritenfrage schrieb er: „Quand on veut justifier la Compagnie dans la question des rites chinois, il ne faut pas chercher à rejeter sur les autres tous les torts" (a. a. O. 419).

158 Die Einzeluntersuchungen von J. Dehergne SJ über den Stand der Missionen um 1700 geben darüber einen äußerst wertvollen Überblick. Vgl. AHSI 22 (1953) 314—338, 24

Tätigkeit war die Kenntnis der Sprache, worum sich alle Orden bemühten. Die erste chinesische Grammatik gab 1703 der spanische Dominikaner Franc. Varo (1627—87) heraus[159]. Sie wurde durch P. de Prémares SJ „Notitia Linguae Sinicae", welche dieser 1728 in Kanton vollendete, übertroffen[160]. Das erste umfangreiche chinesisch-lateinische Lexikon schuf der italienische Franziskaner Basilio Brollo de Gemona (1648—1719), der seit 1700 Apostolischer Vikar von Schensi war[161]. Die Missionare waren auch die Bahnbrecher der chinesischen Dialektforschung[162].

Abgesehen von den Punkten der Ritenfrage, waren sich alle Missionare in der äußeren Anpassung an die chinesische Lebens- und Denkweise durchaus einig. Alle begnügten sich mit chinesischer Kost, alle kleideten sich chinesisch und wohnten chinesisch[163]. Wohl das tiefste Verständnis zeigte sich in der hohen Achtung der gesamten Gesellschaftsstruktur, des Gemeinschaftscharakters und des Geistes der Großfamilie. Ein Beispiel einer echten Sinisierung katholischen Gebetslebens bildeten die überall in China lebendigen Formen des gesungenen öffentlichen Gebetes. Ein Privatgebet im europäischen Sinne entwickelte sich, soweit wir wissen, nicht[164].

Da in China, abgesehen von Makao, keine Möglichkeit bestand, eigentliche Frauenklöster zu errichten, griffen die Dominikanermissionare auf die Form der in Spanien bekannten Beatas zurück. Die chinesischen Jungfrauen legten wohl Gelübde ab, lebten aber in ihren Familien, wo sie Frauen und Kinder unterrichteten und in den Zeiten der Verfolgung die eigentliche Stütze des Glaubens in den Großfamilien wurden[165]. Die Pariser Missionare führten dieses Institut in ihren Missionen in Szetschwan ein. 1744 veröffentlichte der Apostolische Vikar de Martillac in einem Hirten-

(1955) 251—294, 28 (1959) 289—330, 30 (1961) 307—366, 36 (1967) 32—71 221—246; *ders.*, La Mission de Pékin à la veille de la condemnation des rites: NZM 9 (1953) 91—108.

[159] *J. M. González OP*, Semblanzas Misioneras: P. Francisco Varo OP: MH 12 (Madrid 1954) 145—191.

[160] De Prémare schickte das Manuskript seinem „Freunde" Fourmont nach Paris, der aber gerade eine eigene Grammatik geschrieben bzw. die des P. Varo aus dem Spanischen übersetzt hatte; deshalb verschwand das Manuskript, das erst 1831 durch die protestantischen Missionare in Malakka gedruckt wurde (1666—1736). *Streit* V 958.

[161] *Streit* V 874 f; Sinica Franciscana VI 789—802.

[162] *Yang Fu-mien SJ*, The Catholic Missionary Contribution to the Study of Chinese Dialects: Orbis 9 (Löwen 1960) 158—185.

[163] Erst im 19. Jh. tauchen die ersten Zweifel auf, ob z. B. die chinesische Kost für Europäer genüge, welche dann immer mehr bejaht wurden.

[164] Für die Gebetstexte vgl. *Paul Brunner SJ*, L'Euchologe de la Mission de Chine (Münster 1964). Die inhaltsreiche Meßerklärung des elsässischen Jesuiten R. Hinderer (1669—1744) wurde von den Christen gesungen. *P. Brunner SJ*, La Messe Chinoise du Père Hinderer: NZM 15 (1959) 271—284.

[165] *B. Biermann OP*, Die Anfänge der neueren Dominikanermission in China (Münster 1927) 163—165.

brief die ersten Lebensregeln für sie. Diese wurden später, besonders vom seligen Jean-Martin Moyë (1730—93), der das Institut auch außerhalb der Familien einsetzte, weiter den Verhältnissen angepaßt und durch die Synode von Szetschwan von 1803 auf Gesamtchina ausgedehnt. Eines der schönsten Dokumente einer selbstverständlichen und weitherzigen Anpassung sind die sog. „Ordonnances de la Sainte Église", welche während der Verfolgungszeit nach 1664 entstanden und den priesterlosen Gemeinden als Richtschnur dienten [166]. Darin werden die Katechisten und Christen auch unterwiesen, wie sie den Glauben ohne Polemik gegen chinesische Vorstellungen weiterverbreiten sollten [167].

Eine Konsequenz aus der Verfolgung von 1664 bis 1670 war wohl bei allen Missionaren die Einsicht in die Notwendigkeit eines einheimischen Klerus. Sie konnten nach der Rückkehr auf ihre Stationen feststellen, was der erste chinesische Priester — es war der Dominikaner Lo Wen tsao (1617—91) [168] — für die Rettung der Gemeinden getan hatte. Aber hinsichtlich der Methoden der Ausbildung schieden sich die Geister. Paul V. hatte bereits durch das Breve „Romanae Sedis Antistes" vom 27. Juni 1615 das Chinesisch als liturgische Sprache gestattet, und während der Verfolgung hatte P. Lud. Buglio begonnen, die dafür notwendigen Übersetzungen zu schaffen, aber die Jesuitenobern in Makao hatten das Breve nicht für die praktische Missionsarbeit freigegeben [169]. Die Missionare des Ordens jedoch und später vor allem die Missionare des Pariser Seminars suchten die päpstliche Erlaubnis anzuwenden, fanden jedoch, je weiter die Zeit voranschritt, immer weniger Verständnis für ihr Anliegen in Rom. So kam es zunächst zu einem Kompromiß. Die Apostolischen Vikare erhielten bereits 1659 das Privileg, Chinesen zu Priestern zu weihen, wenn sie nur lateinisch lesen konnten, selbst wenn sie es nicht verständen. In diesem Sinne weihte der erste chinesische Bischof, der obengenannte Lo Wen tsao, am 1. August 1688 die ersten chinesischen Priester in China [170]. Es war eine Notlösung, und alle Orden suchten, ihrem chinesischen Klerus eine gründliche lateinische Bildung zu vermitteln, die Jesuiten in Makao, die Dominikaner in Manila

[166] *H. Verhaeren CM,* Ordonnances de la Sainte Église: Monumenta Serica 4 (Peking 1939/46) 451—477 (chinesischer Text mit französischer Übersetzung).

[167] A. a. O. 456 f. Es sei hingewiesen auf die Gebiete christlicher Kunst, die Kirchenbauten (noch 1936 durfte ich die von P. Brancati 1640 in Shanghai erbaute Kirche besuchen, die ganz die Form eines chinesischen Tempels hatte), die liturgischen Gewänder. *S. Schüller,* Die Gesch. der christlichen Kunst in China (Berlin 1940).

[168] *J. M. González OP,* El primer Obispo Chino (Villalva 1967).

[169] *J. Jennes,* A propos de la liturgie chinoise. Le Bref Romanae Sedis Antistes de Paul V (1615): NZM 2 (1946) 241—254; für den gesamten Fragenkomplex bis zum Ende des 18. J.i. vgl. *F. Bontinck,* La lutte autour de la liturgie chinoise au XVIe et XVIIIe siècles (Löwen 1962).

[170] *J. Beckmann,* Die lateinische Bildung des chinesischen Klerus im 17. und 18. Jh.: *J. Beckmann,* Der einheimische Klerus in Gesch. und Gegenwart (Festschr. L. Kilger) (Schöneck/Beckenried 1950) 163—187.

und die Pariser Missionare in ihrem Generalseminar in Siam. Der deutsche Lazarist Johannes Müllener (1673—1742), seit 1715 erster Apostolischer Vikar von Szetschwan, hatte dort persönlich seine Priester herangebildet und konnte vier davon vor seinem Tode weihen[171]. In der Kaiserstadt Peking versuchte der Propagandamissionar Mateo Ripa (1682—1746) ebenfalls, Seminaristen auszubilden, mußte aber wegen Verleumdungen sein Unternehmen aufgeben. Doch erhielt er als einer der wenigen europäischen Missionare die Erlaubnis, mit seinen chinesischen Schülern 1723 nach Europa zu reisen. In Neapel gründete er ein Kolleg und eine Weltpriestergesellschaft von der Heiligen Familie. Da die Missionare der Propaganda, zumal aus dem Vikariat Schensi, regelmäßig bereits vorbereitete Kandidaten sandten, konnten immer wieder neue Missionare von Neapel nach China geschickt werden[172]. Die Gefährlichkeit der Reise und die Nachteile eines langen und entfremdenden Aufenthaltes im Ausland veranlaßten jedoch die Missionare, die chinesischen Priester im Lande selbst heranzubilden. Zuerst nahm sich der selige J. M. Moyë, einer der eifrigsten Verfechter dieser Idee, dieser Aufgabe an, um sie dann einem Mitbruder, Thomas Hamel (1745—1812), zu übertragen. 35 Jahre leitete dieser in einem schwer zugänglichen Grenzgebiet zwischen Szetschwan und Yünan diese Arbeit. 20 Priester gingen bis zu seinem Tode aus dem Seminar hervor[173]. Alle diese chinesischen Priester haben in der Verfolgungszeit des 18. Jh. ihre apostolische Tätigkeit entfaltet[174]. Einer von ihnen bietet durch ein nicht für die Veröffentlichung bestimmtes Tagebuch einen bis ins einzelne gehenden Einblick in Arbeit und Probleme des chinesischen Klerus: Andreas Ly (1692—1775), lange Zeit einziger Priester der Provinz Szetschwan[175]. Die Bischofswürde, welche ihm auch seine europäischen Mitbrüder zudachten, lehnte er ab; aber von der Propaganda wurde angesichts dieser Haltung während der Verfolgungszeit ernstlich die Weihe von chinesischen Priestern zu Bischöfen erwogen[176], wenn es auch in weiteren Kreisen an der notwendigen Einsicht fehlte.

[171] *J. v. den Brandt* a. a. O. 17.

[172] *M. Ripa,* Storia della Fondazione della Congregazione et del Collegio dei Cinesi, 3 Bde (Neapel 1832). Bis zur Aufhebung des Kollegs durch die italienische Regierung 1869 gingen 106 chinesische Priester aus demselben hervor. Elenchus Alumnorum, Decreta et Documenta quae spectant ad Collegium S. Familiae Neapolis (Shanghai 1917) 1—10

[173] *A. Launay,* Mémorial 307.

[174] *X. Bürkler,* Die Bewährungsgeschichte des chinesischen Klerus im 17. und 18. Jh.: *J. Beckmann,* Der einheimische Klerus in Gesch. und Gegenwart (Festschr. Kilger) (Schöneck/Beckenried 1950) 119—142.

[175] Journal d'André Ly, 1746—1763, hrsg. von *A. Launay* (Paris 1906). Das fast 700 S. umfassende Tagebuch setzt sich aus den Jahresberichten zusammen.

[176] *J. Beckmann,* Beratungen der Propaganda-Kongregation über die Weihe chinesischer Bischöfe (1787—1819): Missionswissenschaft und Religionswissenschaft 3 (Münster 1940) 199—217.

Mitten in die Verfolgungen und inneren Zwistigkeiten traf 1762 der Befehl Pombals, die Jesuiten gefangenzunehmen; 24 Patres und Brüder wurden nach Lissabon übergeführt. Im Innern Chinas wirkte sich erst die päpstliche Aufhebung des Ordens von 1773 verhängnisvoll aus, die 1775 eintraf und vom Bischof von Laimbeckhoven als Bischof von Nanking und Administrator von Peking verkündet werden mußte. Die wenigen Jesuiten im Innern Chinas konnten weiterwirken, da sie Portugals Macht nicht erreichte. In Peking kam es darüber zum Schisma (vgl. S. 333). Nach fast zehnjährigen Verhandlungen waren endlich die Lazaristen, portugiesische und französische, bereit, die Arbeit der Jesuiten weiterzuführen [177]. Die Vorstöße von französischer und spanischer Seite, ein französisches Patronatsbistum in Mukden (Mandschurei) [178] und ein spanisches in Fukien [179] zu errichten, wurden von Rom zurückgewiesen. Als am 29. April 1785 die ersten französischen Lazaristen zusammen mit dem neuen Bischof von Peking, Al. de Gouvea, in Peking eintrafen, gelang diesem die Beilegung des Schismas. Der neue Obere der französischen Lazaristen und damit des Peitang, P. Jos. Raux (1754—1801), war nicht nur ein hervorragender Mathematiker (1795 zum Mandarin des mathematischen Instituts ernannt), sondern vor allem eine ausgeglichene Persönlichkeit, so daß er die französischen Jesuiten zu gewinnen verstand, obwohl er allen Bemühungen um Verselbständigung der französischen Mission entgegentrat.

In die letzten Jahrzehnte des 18. Jh. fällt auch die Entstehung der Kirche in *Korea*. Nach ersten vorübergehenden Kontakten und einzelnen Bekehrungen im Verlaufe der japanischen Eroberungskriege des 16. Jh. [180] wurde christliches Gedankengut im Korea des 17. und 18. Jh. durch die von den Pekinger Missionaren geschaffene religiöse Literatur bekannt. Sicher ist, daß der erste Koreaner, welcher 1784 in der Kirche des Peitang getauft wurde, bereits von der Notwendigkeit der Taufe wußte, er wurde der erste Apostel einer noch priesterlosen Kirche in seiner Heimat. Die koreanischen Gesandtschaften nach Peking waren ein Weg, festere Verbindungen mit der jungen Laienkirche zu schaffen. Erst 1793 gelang es Bischof Al. de Gouvea, dem ausdrücklich von der Propaganda die Leitung der koreanischen Kirche

177 *H. Cordier*, La suppression de la Compagnie de Jésus et la Mission de Péking: T'oung Pao 17 (Leiden 1916) 217—347 561—623; Mémoires de la Congrégation de la Mission. La Chine II (Paris 1912); *C. de Rochemonteix*, Jos. Amiot (Paris 1915) 258 ff 379 ff.

178 *C. de Rochemonteix* a. a. O. 437—453. Memorandum von P. Jos. Amiot vom 1. 10. 1774, dieses wurde durch ein weiteres des Grafen de Vergennes in Paris vom 1. 3. 1779 unterstützt (Text im Propaganda-Archiv, Rom, Scritture riferite nei Congressi, Bd 36, fol. 35 ff).

179 *J. Beckmann*, Ein spanischer Versuch zur Errichtung von Patronatsbistümern in China und Hinterindien (1778—82): ZMR 27 (1937) 164—172.

180 *J. Laures*, Koreas erste Berührung mit dem Christentum: ZMR (1956) 177—189 282—287.

unterstellt wurde, einen seiner chinesischen Priester nach Korea zu senden, der 1801 als Opfer der Verfolgung hingerichtet wurde. Bereits seit 1791 waren da und dort Verfolgungen aufgeflammt, und die Martyrien zeigen, daß die Kirche fest verankert war. 1797 konnte Bischof de Gouvea der Propaganda von 4000 Christen in Korea berichten [181].

4. Japan

In den meisten Werken der Missionsgeschichte hört die Darstellung der Kirishitan-Zeit mit dem Hinweis auf die Verfolgungen auf. Tatsächlich aber begann die eigentliche Leidenszeit der japanischen Christen erst mit der allgemeinen Abriegelung von der Außenwelt [182]. Doch hörten die Bemühungen der Christenheit, der japanischen Kirche zu Hilfe zu kommen, keineswegs auf. Nach dem Bauernaufstand von Shimabara von 1637/38, der als Verzweiflungsakt der ausgebeuteten Bevölkerung zunächst sozialer Natur war, hatten die Christen einen hohen Blutzoll zu entrichten. 30 000 Männer, Frauen und Kinder wurden hingerichtet. Schärfste Bestimmungen unterbanden alle Beziehungen mit dem Ausland, den Philippinen und Makao. Als Makao, durch das Handelsverbot schwer getroffen, 1640 durch eine eigene Gesandtschaft versuchte, die Japaner umzustimmen, wurden die vier Gesandten mit 57 weiteren Leuten der Schiffsbesatzung hingerichtet. Dreizehn durften nach Makao zurückkehren, um die Schreckenskunde zu verbreiten [183]. Deshima, eine kleine, Nagasaki vorgelagerte Insel, die zuletzt noch den portugiesischen Kaufleuten als Aufenthalt diente, wurde 1640 den Holländern zugewiesen, die von hier aus ihr Handelsmonopol mit Japan bis 1854 mühsam aufrechterhielten [184]. Der Abriegelung nach außen, die natürlich auch für Reisen der Japaner ins Ausland galt, entsprach das rücksichtslose Vorgehen gegen die Christen im Lande. 1640 wurde das „Inquisitionsamt für Christenangelegenheiten" in Edo (= Tokio) mit eigenen Gebäuden, Gefängnissen, Gerichtsverfahren und Richtern gegründet; unter dem ersten Inquisitor, Inoue Masashige (1585—1661), konnten ca. 2000 Christenprozesse durchgeführt werden [185]. Die Christenüberwachung schloß sich eng an das Sozialsystem der „Fünf Familien" an, welche fürein-

[181] *A. Choi,* L'Érection du premier Vicariat Apostolique et les origines du catholicisme en Corée (Schöneck/Beckenried 1961) 1—60.

[182] *Arimichi Ebisawa,* The Jesuits and their Cultural Activities in the Far East: Cahiers de l'Histoire Mondiale 5 (Neuchâtel 1959) 345—374.

[183] *C. R. Boxer,* The Great Ship from Amacon, Annals of Macao and the old Japan Trade, 1555—1640 (Lissabon 1959) 163 ff 331 ff.

[184] Daß von den Holländern auch das „Bildtreten" verlangt wurde, stimmt nicht.

[185] Darüber berichten vor allem die offiziellen Angaben über seine Tätigkeit, seine Richtlinien für die Prozeßführung usw. im: Kirishito-Ki. Deutsch von *G. Voss - H. Cieslik,* Kirishito-Ki und Sayoyo-roku. Japanische Dokumente zur Missionsgeschichte des 17. Jh.

ander haftbar gemacht wurden[186]. Besonders raffiniert war das E-Fumi[187]: meist in der Neujahrszeit mußten alle Bewohner der Insel Kiushu, aber auch anderer Gebiete, ein christliches Bild oder Kreuz mit Füßen treten, was von den Behörden genau protokolliert wurde. Selbst ausländische Kaufleute, mit Ausnahme der Holländer, mußten sich bei ihrer Ankunft in japanischen Häfen dieser Prüfung unterziehen (sie wurde erst im Jahre 1857 abgeschafft). Dazu kamen behördliche Belohnungen für die Anzeige von Christen, welche nach dem innerkirchlichen Stand der Betroffenen abgestuft waren[188]. Die entdeckten Christen wurden nach Edo in das Gefängnis der Inquisition überführt und meist den furchtbarsten Foltern unterworfen (beim „Tsurushi" wurden die Gefolterten an den Füßen über einer Grube aufgehängt; die geringste Bewegung galt als Zeichen der Apostasie). Bereits 1633 hatte der Provinzial der Jesuiten, P. Cristovão Ferreira, dieser Tortur nachgegeben, verheiratete sich und wurde Spion und Dolmetscher der japanischen Inquisition[189]. Den Apostaten machte man es allerdings nicht leicht; sie blieben mit ihren Nachkommen durch Generationen hindurch demütigenden Ausnahmebestimmungen unterworfen. Als die Verfolgung ihren Höhepunkt erreichte (ca. 1680—1700), war zwar ein sichtbares Christentum nicht mehr vorhanden, aber die japanischen Behörden kannten ihre Landsleute, und die Entdeckung der Altchristen von Nagasaki im 19. Jh. bestätigt den christlichen Untergrund. Daß immer noch vereinzelte Missionare eintrafen, zeigt 1643 die zweite Rubino-Gruppe mit vier Patres, einem Bruder und fünf Katechisten, die allerdings gleich nach der Landung gefangen wurden. Wenn später der Inquisitor Inoue den Holländern mitteilte, sie seien im „Tsurushi" abgefallen, so dürfte dies schon deshalb nicht stimmen, weil keiner von ihnen wie Ferreira die Freiheit erhielt; alle starben im Gefängnis.

Auch auf literarischen Wegen suchten vor allem die ehemaligen Missionare von Makao den Christen Japans zu helfen; doch schon bald ließen die Behörden Listen verbotener Bücher herstellen[190]. Noch gegen Ende des Jahrhunderts heißt es: „Wer christliche Schriften oder Gegenstände heimlich

(Tokio 1940); *H. Cieslik,* Das Christen-Verbot in Japan unter dem Tokugawa-Regime: NZM 6 (1950) 175—192 256—272, 7 (1951) 24—36.

186 *H. Cieslik,* Die Fünferschaft im Dienste der Christenüberwachung: Monumenta Nipponica 7 (Tokio 1951) 102—155.

187 *M. Marega,* E-Fumi: ebd. 2 (Tokio 1939) 281—286; *ders.,* Memorie cristiane della Regione di Oita: Annali Lateranensi 3 (1939) 9—59.

188 Einzel-Angaben bei *H. Cieslik:* NZM 6 (1950) 188 f.

189 Ebd. 259; Ferreira starb 1650, ob als reuiger Martyrer, wie ein Gerücht in Hinterindien lautete, wird kaum zu klären sein. Daneben kamen aber auch örtliche Christenverfolgungen vor, wo die Christen an Ort und Stelle getötet wurden: Cieslik führt eine Reihe solcher Verfolgungen mit Martyrien Hunderter von Christen aus den Jahren 1657—80 auf der Insel Kiushu auf (ebd. 262).

190 Auf solche Listen stützt sich die Arbeit von *H. Bernard,* Traductions chinoises d'ouvrages européens au Japon durant la période de fermeture (1614—1853): Monumenta Nipponica 3 (1940) 40—60.

nach Japan einführt, wird bedingungslos hingerichtet." [191] Doch sickerte immer wieder europäisches Geistesgut, zumal der Naturwissenschaften und Medizin, aber auch auf religiösem Gebiet, in das japanische Schrifttum ein. So kam es auch in dieser Zeit zu heftigen Auseinandersetzungen von buddhistischer und anderer Seite mit dem Christentum [192]. Anderseits veröffentlichten gelehrte Japaner, die sich von den europäischen Wissenschaften nicht mehr trennen wollten, unter holländischem Namen, unter der geduldeten „holländischen Flagge", ihre Werke. Es gelang ihnen sogar, aus China importierte Werke der Jesuiten als Arbeiten holländischer Gelehrter auszugeben [193].

Von Anfang ihrer Gründung an schenkte auch die Propaganda der japanischen Mission eine große Aufmerksamkeit, welche vor allem durch die Ankunft des Dominikaners P. Diego Collado 1622 in Rom erhöht wurde. Die langen Verhandlungen führten 1633 zur Bulle „Ex debito Pastoralis officii", welche den Missionaren aller Orden den Zugang nach Japan, und zwar auf allen Wegen, sicherte [194]. Die mangelhaften Kenntnisse der japanischen Verhältnisse und die römischen Bemühungen, Japan aus dem portugiesischen Padroado auszuklammern, erschwerten und verzögerten die Ernennung neuer Bischöfe [195]. Die Kongregation verlor die Japanmission nicht mehr aus den Augen und ließ sich von Missionaren in China unterrichten [196]. Bemerkenswert ist das Unternehmen des italienischen Weltpriesters Giovanni B. Sidotti (1668—1715), der 1704 mit dem Legaten Maillard de Tournon in Manila eintraf und sich 1708 heimlich an der japanischen Küste aussetzen ließ, aber nach drei Tagen in das Inquisitionsgefängnis von Edo gebracht wurde, wo er 1715, wahrscheinlich als Martyrer, starb [197]. Hier begegnete er dem japanischen Philosophen und Staatsmann Arai Hakuseki (1657—1725), der ihn drei Jahre lang verhörte und einen vorzüglichen Einblick in die Lehren der christlichen Religion erhielt, die

[191] Bei *H. Cieslik:* NZM 6 (1950) 185.

[192] *J. van Hecken,* Le problème du dialogue chrétien avec les Bouddhistes du Japon: NZM 23 (1967) 3 ff; *H. Cieslik,* Nambanzi-Romane der Tokugawa-Zeit: Monumenta Nipponica 6 (1943) 13—51. Gerade diese antichristlichen Romane, von denen einige erst in der Meji-Zeit gedruckt wurden, zeigen, daß christliche Anschauungen jahrhundertelang im Volke lebendig blieben.

[193] Vgl. *Arimichi Ebisawa* a. a. O., vor allem 369 ff.

[194] *L. M. Pedot,* La S. C. de Propaganda Fide e le Missioni del Giappone (1622—1838) (Vicenza 1946); Text der Bulle bei *L. Magnino,* Pontificia Nipponica I (Rom 1947) 160—164.

[195] *H. Cieslik,* Zur Gesch. der kirchlichen Hierarchie in der alten Japanmission: NZM 18 (1962) 42—58 81—107 177—195 (vor allem 188—195); auch *L. M. Pedot* a. a. O. 163—221.

[196] *L. M. Pedot* a. a. O. 314—341.

[197] Eine bio-bibliographische Skizze bei *Streit* VI 403—405; über die Jahre in Edo vgl. *R. Tassinari,* The End of Padre Sidotti. Some New Discoveries: Monumenta Nipponica 5 (1942) 246—253.

er in zwei Werken niederlegte. Obwohl er das Christentum als absurd ablehnt, war seine Darstellung eine der besten in japanischer Sprache, zumal er als überzeugter Konfuzianer aus der Ablehnung des Buddhismus und des Schintoismus keinen Hehl machte. So hat Sidotti durch ihn auf die japanischen Gebildeten bis ins 19. Jh. eingewirkt [198].

Die immer weiter um sich greifenden Verfolgungen seit den zwanziger Jahren des 17. Jh. veranlaßten viele christliche Japaner zur Flucht ins Ausland, solange ihnen eine solche noch möglich war. So entstanden vor allem Gemeinden im Japanerviertel des großen Hafens und Marktes von Faifo in Cochinchina, wo auch die vertriebenen Missionare ihr neues Wirkungsfeld fanden [199]. Eine andere Zufluchtsstätte wurde Ajuthia, die Hauptstadt Siams, in welcher die japanischen Kaufleute bereits eine Niederlassung besaßen. Auch hier waren es die Jesuiten, die sich der Christen annahmen und weitere gewannen [200]. Für viele Christen aus den Missionen der spanischen Bettelorden wurde Manila eine neue Heimat. Japanische Seminaristen und Ordensleute konnten teils in Makao, teils in Manila die Priesterweihe empfangen und zum Teil wieder als Missionare in ihre Heimat zurückkehren [201]. Die Auslandsgemeinden der Japaner hatten allerdings keinen allzu langen Bestand, vor allem weil die Japaner sich immer mehr ihren Gastländern assimilierten. Unter den Missionaren jedoch blieb das Interesse an Japan recht lebendig. Selbst im entfernten Mexiko wurde noch 1738 eine japanische Grammatik gedruckt in der festen Hoffnung, daß sie neuen Missionaren für Japan gute Dienste leisten könne [202].

5. Philippinen und Südsee

LITERATUR: *Streit* V, VI; *G. H. Anderson* (Hrsg.), Studies in Philippine Church History (Ithaca-London 1969); IV Centenario de la Evangelización de Filipinas 1565—1965; Boletim de la Provincia de San Nicolás de Tolentino de Filipinas 55 (Marcillo/Navarra 1965) 49—303; *H. de la Costa,* The Jesuits in the Philippines 1581—1768 (Cambridge/Mass. 1961); *P. Fernández,* Domínicos donde nace el sol (Barcelona 1958); *M. Valentin,* Ensayo de una Síntesis de los trabajos realizados por las Corporaziones religiosas Filipinas I (Manila 1901); *M. Merino,* Agustinos Evangelizadores de Filipinas 1565—1965 (Madrid 1965).

198 *Furukawa Tetsushi,* The Growth of Anti-Religious Rationalism and the Development of the Scientific Method in Japan: Cahiers de l'Histoire Mondiale 7 (1963) 739—755.

199 *H. Chappoulie* a. a. O. I 170 180.

200 *H. Cieslik,* Die erste Jesuitenmission in Siam 1626—30: NZM 26 (1970).

201 *H. Cieslik,* Das Schicksal der letzten Japan-Missionare im 17. Jh.: NZM 13 (1957) 9—28 119—138; *ders.,* The Training of a Japanese Clergy in the Seventeenth Century: Studies in Japanese Culture (Tokio 1963) 41—73.

202 *J. Laures,* Kirishitan Bunko (Tokio ³1957) 125—126.

Über die Kirche auf den Philippinen im 17. und 18. Jh. besteht zwar ein reiches Quellenmaterial [203], das jedoch kaum ausgewertet ist [204]; und doch waren die beiden Jahrhunderte entscheidend für die Christianisierung der Philippinen. Seit 1595 war Manila Erzbistum mit den Suffraganbistümern Nueva Segovia, Nueva Cáceres und Cebú. Fünf Orden hatten sich in eigenen Provinzen organisiert: die Augustinereremiten, die Jesuiten, Dominikaner, Franziskaner und Augustinerrekollekten. Schon 1594 hatte Philipp II. die weite Inselwelt unter die Orden aufgeteilt. Die bedeutendsten Inseln wurden fast ohne Blutvergießen von den Spaniern erobert, und die Eingeborenen folgten widerstandslos der christlichen Predigt. Wohl kam es da und dort, meist wegen Gewalttätigkeiten der Spanier, welche zunächst glaubten, ihre amerikanischen Kolonialmethoden auch auf den Philippinen fortsetzen zu können, zu blutigen Aufständen und zur Ermordung von Missionaren, doch im großen ganzen erfreute sich die Inselwelt einer meist ruhigen politischen und kirchlichen Entwicklung.

Bis zum Ende des 17. Jh. war der Islam, der gerade zur Zeit, da die Spanier kamen, vor allem auf Mindanao, aber auch auf Luzón missionarisch unter den malaiischen Stämmen tätig war, zurückgedrängt, so daß er seitdem überhaupt keinen Fortschritt nach Osten hin gemacht hat. Das wurde nur ermöglicht durch die Christianisierung der philippinischen Bevölkerung, und zwar durch die feste Organisation ihrer Gemeinden. Diese bildeten sich teils in den Städten um einen mehr oder weniger großen Kern einer spanischen Bevölkerung oder in größeren Dörfern mit den Klöstern und Kirchen der Missionare im Zentrum. Der versuchten Versklavung von Filipinos, als Fortsetzung der amerikanischen Methode, wurde bald durch Staat und Kirche ein Riegel vorgestoßen. Das Land war arm, so daß die Kolonisten besonders vom Handel zwischen China und Mexiko lebten und sich weniger ansiedelten. Auch auf die Missionare übte die so tiefstehende Bevölkerung keine besondere Anziehungskraft aus; die erste Generation betrachtete die Philippinen meist als Durchgangsstation nach China [205]. Tatsächlich haben die Bettelorden sowohl in China wie in Hinterindien und vorher auch in Japan stets Missionen unterhalten, während den Jesuiten von den Ordensobern jede Tätigkeit in den Gebieten ihrer Mitbrüder des portugie-

[203] *Streit* V 237—361 für das 17. Jh. und VI 239—400 für das 18. Jh. Die bedeutendste Quellensammlung von *Blair-Robertson*, The Philippine Island umfaßt 55 Bände von Dokumenten, die meist aus dem Spanischen übersetzt sind (Cleveland 1903/09), jene von *Torres y Lanzas*, Catálogo de los documentos relativos a las islas Filipinas (Barcelona 1925/36) erreichte 9 Bände.

[204] So z. B. das 4bändige Werk von *S. Delacroix* II. Auch die neueste katholische Missionsgesch. von *A. Mulders* (1960) behandelt kurz die Anfänge im 16. und 17. Jh., 221—223, um dann 387/388 die Gesch. des 19. Jh. darzustellen. Nur *K. S. Latourette*, Bd. III 307—321 führt die Gesch. bis Ende des 18. Jh.

[205] *J. Beckmann*, China im Blickfeld der mexikanischen Bettelorden im 16. Jh. (Schöneck/Beckenried 1964) 46—65.

sischen Padroado verboten war[206]. Im Verlaufe des 17. Jh. scheint sich die missionarische Ausrichtung verändert und auf die Philippinen konzentriert zu haben. Immer zahlreicher wurden die Verstärkungen aus Mexiko und Spanien. Die Missionierung der Bevölkerung im Umkreis der ersten Niederlassungen auf den größeren Inseln war um 1650 abgeschlossen; dann dehnte sie sich auf die schwerer zugänglichen aus. Die Augustinereremiten, die seit 1565 die Hauptlast der Missionierung und Seelsorge trugen, mußten sich durch königliche Gesetze dagegen schützen lassen, daß ihre für die Philippinen bestimmte Verstärkung nicht schon in Mexiko abgefangen wurde[207]; als die Lokalobern in Spanien selbst immer mehr Hindernisse in den Weg legten, gründete ihre Provinz vom Namen Jesu auf den Philippinen das Real Colegio Seminario von Valladolid (1743), welches bis zur Gegenwart das Nachschubzentrum blieb[208].

Dieser anhaltende Zustrom von Missionaren ist um so höher zu achten[209], als die Tätigkeit außerhalb der städtischen Zentren größte körperliche Strapazen verlangte[210]. Hier wurde ein realistisches Gegengewicht zur Chinaschwärmerei in der Mission geschaffen, das auch den Vergleich mit den Martyrien in Japan standhielt[211].

Die ruhige kirchliche Entwicklung auf den Philippinen wurde durch Auseinandersetzungen der Bischöfe mit dem Ordensklerus gestört[212]. Im Jahre 1567 machte Pius V. auf Bitten Philipps II. für die Missionsländer mit ihren riesigen Entfernungen und wenigen Bischöfen eine Ausnahme von den tridentinischen Bestimmungen und gestattete den Orden die Seelsorge unabhängig von jeder bischöflichen Gewalt. Doch 1585 bestimmte der spanische König, zuerst für das Konzil von Mexiko, dann für alle spanischen Länder, daß die Orden der bischöflichen Visitation unterstellt seien. Auf den Philippinen kam es deshalb zu manchen Zusammenstößen. Praktisch mußten die Bischöfe des 17. und 18. Jh. nachgeben, zumal die entbehrungsreichen Reisen die Visitationen nicht gerade anziehend machten. Erzbischof Felipe Pardo OP (1611—89) suchte daher seine Rechte vor allem in Manila sowohl gegen die weltlichen Autoritäten wie gegen die Jesuiten

[206] Manche Jesuiten betrachteten sogar dieses Verbot als Ursache mancher Depressionen jüngerer Missionare und ihres frühzeitigen Todes. *H. de la Costa* a. a. O. 244—245.

[207] *J. Beckmann:* NZM 23 (1967) 148.

[208] *M. Merino* a. a. O. XVIII—XX.

[209] Die Zahl der Augustinereremiten dürfte bis gegen Ende des 18. Jh. nach dem Necrologio, das P. *M. Merino* zur 400-Jahr-Feier der Christianisierung der Philippinen zusammenstellte, über 1500 betragen haben (a. a. O.). Die Zahl der Jesuiten betrug im 18. Jh. bis zur Aufhebung durchschnittlich 150. *H. de la Costa* a. a. O. 553.

[210] Ein anschauliches Bild vermittelt *J. Schmitz,* Die Abra-Mission auf Nordluzón, Philippinen (1598—1955) (St. Augustin 1964).

[211] Martyrien auf den Philippinen bildeten vereinzelte Ausnahmen.

[212] *H. de la Costa,* Episcopal Jurisdiction in the Philippines During the Spanish Regime: *G. H. Anderson* a. a. O. 44—64.

durchzusetzen[213], die jedoch politische Unterstützung fanden, so daß der Erzbischof die Prozesse verlor[214]. Im engen Zusammenhang damit stand auch die Frage nach der Befugnis des Weltklerus, dem nach den Bestimmungen Philipps III. von 1603 die organisierten Pfarreien übergeben werden sollten. Aber die spanischen Weltpriester lebten durchweg in den Städten und besetzten meist die Stellungen des Domkapitels, so daß jedesmal, wenn ein Orden im Konflikt mit dem Bischof drohte, alle Mitglieder von den Stationen zurückzuziehen, dieser nachgeben mußte. Ein einheimischer Klerus wurde noch abgelehnt, so auch von Erzbischof Pardo, der jedoch wenige Monate vor seinem Tode (1689) seine Meinung änderte[215]. Es scheint, daß Pallu, als er 1672 von den Behörden der Philippinen festgehalten wurde, erstmals einen einheimischen Klerus plante[216]. Höhere Beamte richteten 1680 ein Schreiben in diesem Sinne nach Madrid. 1702 befahl Philipp V. die Gründung eines Seminars für acht Seminaristen. 1704 traf Sidotti (vgl. S. 345) in Manila ein und gründete mit Hilfe der Bürger von Manila das Seminar, jedoch für 72 Seminaristen. Es wurde auf königlichen Befehl des Königs wieder abgerissen und durch ein Seminar für acht Mann, wie er bestimmt hatte, ersetzt. In Manila regten sich nun die Geister der Opposition. Wenn auch erst 1772 das Seminar von Manila errichtet wurde, so müssen doch vorher bereits die Dominikaner und Jesuiten in edlem Wettstreit die Filipinos zur Theologie zugelassen haben. Jedenfalls bestand schon um die Mitte des Jahrhunderts ein verhältnismäßig starker einheimischer Klerus, der nicht nur Hilfspriesterdienste leistete, wie Philipp V. es vorgeschrieben hatte.

Die sich hier abzeichnende Opposition[217] läßt sich auch hinsichtlich der von Madrid immer wieder geforderten Hispanisierung der Inselwelt feststellen. Der Staat wollte die einheimischen Sprachen mit Gewalt verdrängen. Aber — abgesehen von Manila — wurde nirgends so wenig für die Pflege des Spanischen getan wie auf den Philippinen. Die Missionare verkündeten den Glauben überall in den einheimischen Sprachen, und die Orden forderten die nötigen Sprachkenntnisse[218]. Paradoxerweise verdankt Spanien

[213] *H. de la Costa,* The Jesuits, vor allem 489—502 und passim; *P. Fernández* a. a. O. 189—193.

[214] Bei den antijesuitischen Auseinandersetzungen wurde dieser Prozeß vor allem in Europa hochgespielt. Vgl. z. B. das Werk über ihn, das 1760 in Lugano herausgegeben wurde (*Streit* VI 308).

[215] *J. S. Cummins,* Archbishop Felipo Pardo's "Last Will": *G. H. Anderson* a. a. O. 105—112.

[216] *H. de la Costa,* The Development of the Native Clergy in the Philippines: ebd. 65—104.

[217] *H. de la Costa,* The Development 86 ff.

[218] Die Augustinerrekollekten planten sogar die Errichtung eines Konventes in Salamanca zum Studium der Hauptsprache, des Tagalok, 1626 von der Propaganda anerkannt, aber von Madrid wohl nicht erlaubt. Vgl. Bullarium Ordinis Recollectorum S. Augustini II (Rom 1961) 77 78 82.

der Opposition der niederen Provinzbehörden und der Missionare seinen großen Erfolg auf den Philippinen [219]. Die Missionare schufen nicht nur die linguistische Grundlage (Grammatiken, Wörterbücher) für die Erforschung der wichtigsten Sprachen der Philippinen [220], sondern auch eine reiche christliche Literatur [221].

Die ruhige Entwicklung der Kirche auf den Philippinen wurde schrill unterbrochen durch die Ausweisung der Jesuiten durch Karl III. 1767. 148 Jesuiten, 6 Kollegien, 9 Residenzen und 3 Missionen wurden davon betroffen [222]. Da die Gesellschaft Jesu hier keinen überragenden Anteil an der Seelsorge hatte, konnte ihre Vertreibung von den Philippinen schneller ausgeglichen werden als in andern Ländern. Folgenreich war jedoch der Staatsabsolutismus, der sich hier bekundete [223].

Da den Jesuiten durch ihren General jede Tätigkeit im Gebiet des portugiesischen Padroado verboten war, suchten sie andere Missionsfelder im Pazifik, so vor allem auf den Inseln der Marianen und Karolinen. Der Gründer der ersten festen Mission auf Guam war P. Diego Luis Sanvitore (1627—72); nur wenige Jahre später wurde er von einem Apostaten ermordet. In den folgenden Aufständen der Einheimischen 1674—76 und 1684/85 fanden noch weitere zwölf Jesuitenmissionare den Tod. Trotzdem konnten die Hauptinseln um 1740 bereits als christlich gelten. Die Marianen und Karolinen wurden jedoch immer mehr zu Durchgangsstationen und waren nicht mehr regelmäßig von Missionaren betreut [224].

Im Südpazifik hatten bereits Ende des 16. und zu Beginn des 17. Jh. Franziskaner aus Peru, welche in Begleitung des Entdeckers Pedro Fern. de Quirós in der Südsee weilten, die Salomonen und Neu-Hebriden erforscht.

Ihre danach ausgearbeiteten Missionspläne wurden durch den frühen Tod des Entdeckers illusorisch [225]. Auch die späteren Bemühungen des Fray Juan de Silva OFM (1617—94) blieben erfolglos. Ebenfalls führte eine Expedition nach Tahiti 1774/75 zu keiner dauernden Missionsniederlassung. Aber Erfolge sind kein Maßstab christlichen Missionsgeistes.

[219] *J. L. Phelan,* The Hispanization of the Philippines. Spanisch Aims and Filipino Responses 1565—1700 (Madison 1959). Danach muß wohl das Urteil in diesem Handbuch IV 620 modifiziert werden.

[220] *J. L. Phelan* a. a. O. 51 f; *ders.,* Philippine Linguistics and Spanish Missionaries 1565—1700: Mid-America 37 (Chicago 1955) 153—170; *N. Cushner,* A Note on Jesuits, Linguistics and the Philippine Missions: NZM 19 (1963) 116—121.

[221] Allein die Angaben in den Bänden bei *Streit* bieten reiches Material für die noch nicht geschriebene Gesch. dieser christlichen Lit.

[222] *N. Cushner,* Philippine Jesuits in Exile. The Journal of Francisco Puig SJ 1768—1770 (Rom 1964).

[223] *K. S. Latourette,* History III 313.

[224] *E. J. Burrus,* Jesuits and Terra Australis: NZM 22 (1966) 89—97; *ders.,* Sanvitores' Grammar and Catechism in the Mariana (or Chamorro) Language (1668): Anthropos 49 (Fribourg 1954) 934—960; *Streit* XXI 1—82.

[225] *C. Kelly,* La Austrialia del Espíritu Santo, 2 Bde (Cambridge 1966).

ZWEITER TEIL

Staatskirchentum und Aufklärung

ERSTER ABSCHNITT

Die Begriffe

Univ.-Professor Dr. Heribert Raab, Fribourg (Kap. 17)
Univ.-Professor Dr. Oskar Köhler, Freiburg (Kap. 18)

17. Kapitel

Grundlagen und Formen des Staatskirchentums besonders in den Bourbonenstaaten des 17. und 18. Jahrhunderts

LITERATUR: Allgemein: *Hinschius; E. Friedberg,* Die Gränzen zwischen Staat und Kirche und die Garantien gegen deren Verletzung (Tübingen 1872); *E. H. Feine; G. Schnürer,* Katholische Kirche und Kultur in der Barockzeit (Paderborn 1937); *ders.,* Katholische Kirche und Kultur im 18. Jh. (Paderborn 1941); *Seppelt-Schwaiger V; L. A. Veit,* Die Kirche im Zeitalter des Individualismus I (1648—1800) (Freiburg i. Br. 1931); *Pastor* XIII—XVI; *H. Raab,* Kirche und Staat. Von der Mitte des 15. Jh. bis zur Gegenwart (München 1966); *P. Brezzi,* Stato e Chiesa nel Ottocento (Turin 1964). — *J. F. le Bret,* Gesch. der so verrufenen Bulle In Coena Domini (Frankfurt a. M. 1769); *K. Pfaff,* Beiträge zur Gesch. der Abendmahlsbulle vom 16.—18. Jh.: RQ 38 (1930) 23—76; *R. Giura Longo,* La bolla In Coena Domini et le franchigie al clero meridionale: Archivio storico per la Calabria e la Lucania 32 (Rom 1963) 275—296, 33 (Rom 1964) 81—128; *P. G. Caron,* L'Appello per abuso (Mailand 1954).

Frankreich: *R. Holtzmann,* Französische Verfassungsgeschichte von der Mitte des 9. Jh. bis zur Revolution (München-Berlin 1910); *G. J. Phillips,* Das Regalienrecht in Frankreich (Halle 1873; Neudr. Aalen 1967); *V. Martin,* Les origines du gallicanisme, 2 Bde (Paris 1939); *J. Thomas,* Le concordat de 1516. Les origines, son histoire, 3 Bde (Paris 1910); *R. Folz,* Le concordat germanique et l'élection des évêques de Metz: Annuaire de la société d'histoire et d'archéologie de la Lorraine 40 (1931) 157—305; *R. Metz,* La Monarchie française et la provision des bénéfices ecclésiastiques en Alsace de la paix de Westphalie à la fin de l'ancien Régime (1648—1789) (Straßburg-Paris 1947); *H. G. Judge,* Church and State under Louis XIV: History 45 (1960) 217—233; *R. Darricau,* Louis XIV et le Saint-Siège, les indultes de nominations aux bénéfices consistoriaux 1643—1670: BLE 65 (1965) 16—34 107—131; *ders.,* Louis XIV et le Saint-Siège. La négociation du Traité de Pise (1664): Annuaire-Bulletin de la Société de l'Histoire de France (1964/65) 81—156; *A. G. Martimort,* Le gallicanisme de Bossuet (Paris 1953); *J. Orcibal,* Louis XIV contre Innocent XI, les appels au futur concile de 1688 et l'opinion française (Paris 1949); *N. Ravitch,* The Taxing of the Clergy in 18th Century France: CH 33 (1964) 157—174; *A. Guth,* Le don gratuit du clergé d'Alsace sous l'Ancien régime (Straßburg 1960); *ders.,* Les dernières impositions royales du clergé d'Alsace: Archives d'histoire et l'Église d'Alsace 30 (1964) 205—272; *B. Wunder,* Ludwig XIV. und die Konstanzer Bischofswahl 1689: ZGObrh 114 (1966) 381—391; *P. Blet,* Le clergé de France et la monarchie, 2 Bde (Paris 1959).

Königreich beider Sizilien: *F. J. Sentis,* Die „Monarchia Sicula". Eine historisch-canonistische Untersuchung (Freiburg i. Br. 1869); *E. Papa,* Politica ecclesiastica nel regno di Napoli tra il 1708 e il 1710: Gregorianum 36 (1955) 626—668, 37 (1956) 55—87; *ders.,* Il regno di Napoli tra Roma e Vienna nei primi decenni del settecento (Diss. Rom 1955); *M. Schipa,* Il Regno di Napoli al tempo di Carlo Borbone (Mailand-Rom 1923); *G. Falzone,* Il regno di Carlo di Borbone in Sicilia 1734—1759 (Rom 1964); *R. Moscatti,* Nella Sicilia di Carlo VI. Studi storici in onore di Gioacchino II (Florenz 1958); *G. Catalano,* Le ultimi vicente della Legazia apostolica di Sicilia nella controversia Liparitana alle legge quarentigie (1711—1871) (Catania 1950); *P. Onnis,* Bernardo Tanucci nel moto anticurialista del '700: Nuova Rivista storica 10 (1926) 328—365; *ders.,* L'abolizione della Compagnia di Gesù nel Regno di Napoli: Rassegna storica del Risorgimento 15 (1938) 759—822; *E. Viviani della Robbia,* Bernardo Tanucci e il suo più importante carteggio, 2 Bde (Florenz 1942); *A. Melpignano,* L'anticurialismo napoletano sotto Carlo III di Borbone (Rom 1965); *M. Rosa,* Politica concordataria, giurisdizionalismo e organizzazione ecclesiastica nel Regno di Napoli sotto Carlo di Borbone: Critica storica 4 (1967) 494—531; *L. Spinelli,* La politica ecclesiastica di Bernardo Tanucci in tema di provista dei benefici maggiori: Raccolta di scritti in onore di Arturo Carlo Jemolo I (Mailand 1963) 1187—1236; *R. Mincuzzi,* Bernardo Tanucci, ministro di Ferdinando di Borbone 1759—76 (Bari 1967).

Toskana: *N. Rodolico,* Stato e Chiesa in Toscana durante la Regenza lorenese (1737—65) (Florenz 1910); *F. Scaduto,* Stato e Chiesa sotto Leopoldo I granduca di Toscana (1765—90) (Florenz 1885); *A. Wandruszka,* Leopold II., 2 Bde (Wien 1963/65); *G. König,* Rom und die toskanische Kirchenpolitik (1765—90) (Phil. Diss. Köln 1964); *M. Rosa,* Giurisdizionalismo e riforma religiosa nella politica ecclesiastica leopoldina: Rassegna storica toscana 11 (1965) 257—300; *E. Passerin d'Entrèves,* L'istruzione dei patrimoni ecclesiastici e il dissidio fra il vescovo Scipione de' Ricci e i funzionari leopoldini 1783—89: ebd. 1 (1955); *ders.,* La riforma „giansenista" della Chiesa e la lotta anticuriale in Italia nella seconda metà del Settecento: RSIt 71 (1959) 209—34.

Parma und Piacenza. Piemont: *P. A. Kirsch,* Ein päpstliches Lehensprojekt für Parma und Piacenza unter Benedikt XIV.: HJ 24 (1903) 517—552; *U. Benassi,* Guglielmo Du Tillot, un ministro riformatore del sec. XVIII. (1759—71): La politica eccles.: Arch. Stor. per le prov. Parmensi NS 24 (1924); *P. C. Broglio,* Stato e Chiesa in Piemonte dal sec. XVIII al 1854 (Rom 1965); *C. Caristia,* Riflessi politici del giansenismo italiano. La republica democratica in Piemonte 1798—1800: Raccolta di scritti in onore di Arturo Carlo Jemolo I (Mailand 1963) 95—110; *P. Stella,* Giurisdizionalismo e giansenismo all'Università di Torino nel secolo XVIII (Turin 1958); *ders.,* La bolla „Unigenitus" e i nuovi orientamenti religiosi e politici in Piemonte sotto Vittorio Emanuele II, 1713—20: RSTI 15 (1961); *R. Ciasca,* Contrasti giurisdizionali a Genova nel secolo XVII: Raccolta di scritti in onore di Arturo Carlo Jemolo I (Mailand 1963) 195—213.

Venedig: *B. Cechetti,* La Repubblica di Venezia e la corte di Roma nei rapporti di religione, 2 Bde (Venedig [2]1890); *A. Battistella,* La politica ecclesiastica della Repubblica di Venezia (Venedig 1898); *A. Stella,* La proprietà ecclesiastica nella Repubblica di Venezia dal sec. XV al XVII: Nuova Rivista storica 42 (1958) 4—30; *ders.,* Chiesa e stato nelle relazioni dei nunzie pontifici a Venezia (Città del Vaticano 1964); *A. M. Bettanini,* Benedetto XIV e la Repubblica di Venezia. Storia delle trattative diplomatiche per la difesa dei diritti giurisdizionali ecclesiastici (Padua 1966).

Spanien und Portugal: Q. *Aldea,* Iglesia y Estado en la España del siglo XVII. Ideario político eclesiástico: MCom 36 (1961) 134—539; *ders.,* Iglesia y Estado en la España del siglo XVII (Comillas 1961); *P. A. Kirsch,* Das durch Benedikt XIV. i. J. 1753 mit Spanien abgeschlossene Konkordat: AkathKR 80 (1900); *R. S. Lamadrid,* El concordato español de 1753 según los documentos de su negociación (Jerez de la Frontera 1938); *B. Duhr*, Pombal. Sein Charakter und seine Politik (Freiburg 1891); *A. de la Hera*, El Regalismo Borbónico en su proyección indiana (Madrid 1963); *M. F. Miguélez*, Jansenismo y Regalismo en España (Madrid 1895); *V. Rodríguez*, Iglesia y Estado en el reinado de Carlos III = Estudios americanos 1 (1948); *R. Olachea*, Las relaciones hispano-romanas en la segunda mitad del XVIII, 2 Bde (Zaragoza 1965).

Den mit der geistig-geistlichen Blüte des Barockkatholizismus und der Entfaltung des fürstlichen Absolutismus kontrastierenden Niedergang der päpstlichen Macht seit der Mitte des 17. Jh. lassen nicht nur die europäischen Friedenskongresse[1] deutlich werden oder die erfolglosen Proteste gegen den preußischen Königstitel (1701) und die Errichtung der neunten Kur zugunsten des Hauses Hannover (1707). Schärfer noch tritt bei den Papstwahlen und den Exklusionen, die katholische Mächte dabei erteilten[2], der Verfall des internationalen Ansehens des Papsttums[3] und das Erstarken des Staatskirchentums hervor. Zwar wurden die Papstwahlen des 17. und 18. Jh. fast ausnahmslos auf würdige, jedoch betagte Kandidaten gelenkt. Den Aufgaben ihres Amtes waren sie infolge von Alter und Krankheit oft nicht mehr gewachsen. Vgl. zum folgenden: Kap. 7—9, 28—30.

Staatsräson und absolutistisches Herrschaftsstreben über die Kirche machten beinahe jedes Konklave zu einem Kampffeld, auf dem die Gegensätze zwischen Frankreich und Spanien-Österreich vor allem aufeinandertrafen und eine Vorentscheidung in staats- und nationalkirchlichen Bestrebungen gesucht wurde. Bis zur Mitte des 18. Jh. wuchs von einem Pontifikat zum anderen der Druck Spaniens, Frankreichs, Österreichs, der bourbonischen Sekundogenituren der Apenninenhalbinsel auf das Papsttum. Zudem zog der militärisch ohnmächtige, heillos verschuldete Kirchenstaat, der seinen ursprünglichen Zweck, dem Oberhaupt der Kirche die Freiheit des Handelns zu sichern, nicht mehr erfüllen konnte, die Päpste unentrinnbar in die Wirren der Italienpolitik der Großmächte hinein. Das starre Festhalten an überholten Rechtsansprüchen, etwa an der Oberlehnsherrlichkeit über das

[1] *J. Müller*, Das Friedenswerk der Kirche (1927) (unzureichend). Über die Rolle der Päpste bei den europäischen Kongressen nach 1648 und die Friedensnuntiaturen liegen außer den Hinweisen bei *Pastor* XIV—XVI nur Einzeluntersuchungen vor, z. B. *A. v. Reumont*, Mons. Agostino Franciotti und der Aachener Friede von 1668: Zschr. des Aachener Geschichtsvereins 5 (1883) 53—74; *Ch. Terlinden*, La diplomatie pontificale et la paix d'Aix-la-Chapelle de 1668: Bulletin de l'Institut Historique Belge de Rome 27 (1952) 249—268; *S. v. Lengefeld*, Graf Domenico Passionei, päpstlicher Legat in der Schweiz 1714—16 (Zürich 1900) (sehr ergänzungsbedürftig); *G. V. Vella*, Il Passionei e la politica di Clemente IX, 1708—16 (Rom 1953); *I. Ph. Dengel*, Die politische und kirchliche Tätigkeit des Monsignor Josef Garampi in Deutschland 1761—63. Geheime Sendung zum geplanten Friedenskongreß in Augsburg und Visitation des Reichsstiftes Salem (Rom 1905).

[2] *E. H. Feine*, *RG* 575 f, mit Lit.

[3] „Die Zustände unter Benedikt XIII. ließen den Papst zum Gespött der europäischen Regierungen werden, wie die Gesandtschaftsberichte deutlich erkennen lassen." *Seppelt-Schwaiger* V 424.

Königreich beider Sizilien, das Herzogtum Parma-Piacenza, forderte Gegenmaßnahmen der sich integrierenden Staaten geradezu heraus und verschärfte ihre Maßnahmen gegen päpstliche Kirchenhoheit, „pirateria beneficiale", Nuntiaturen und geistliche Jurisdiktion.

In dem Maße, wie die Apenninenhalbinsel zum Kampfplatz der europäischen Großmächte geworden war und die Unverletzlichkeit des Kirchenstaates weniger durch das Oberhaupt der Christenheit als durch einen italienischen Fürsten gesichert erscheinen mochte, war der Wunsch nach Beeinflussung der Papstwahlen stärker geworden. Die Exklusive der Könige von Spanien, Frankreich und des Kaisers, seit der Mitte des 17. Jh. immer häufiger angewandt und staatskirchenrechtlich begründet, ist „eigentlich eine Aufforderung an die Wähler, ihre Stimme im Interesse des Friedens zwischen Staat und Kirche einem bestimmten Kandidaten nicht zu geben" [4], ihn von der Wahl rechtswirksam auszuschließen.

Spanien schaltete gleich zu Beginn des Konklaves nach dem Tod Urbans VIII. († 29. 7. 1644) den Kandidaten der Barberini-Partei, Kardinal Giulio Sacchetti, mit der Exklusive aus und richtete sie erneut gegen denselben Kandidaten im Konklave von 1655. Ein Einspruch Mazarins gegen den Kardinal Giambattista Pamfili kam indessen 1644 zu spät, um seine Wahl (Innozenz X., 1644—55) verhindern zu können, und auch bei der folgenden Papstwahl 1655 vermochte Mazarin mit seinem Widerstand gegen Fabio Chigi (Alexander VII., 1655—67) nicht durchzudringen. Keineswegs allein der Protektion Ludwigs XIV., wenn es auch später von französischer Seite so dargestellt wurde, war die Wahl Giulio Rospigliosis zu verdanken. Auch die Spanier, die von den Sympathien Frankreichs für ihn nichts wußten, hatten Rospigliosi unterstützt, und dem „Squadrone volante" war er als der geeignetste Kandidat erschienen. Clemens IX. (1667—69), dessen Wahl also keine Exklusion überschattet hatte, war es vergönnt, an der Beilegung des spanisch-französischen Krieges und dem Zustandekommen des Friedens von Aachen (2. 5. 1668) einigen Anteil zu haben und damit auch die Demütigung des Papsttums durch den Pisaner Frieden (1664) und das französische Staatskirchentum abschwächen zu können [5].

Das Konklave nach seinem Tod war indessen wieder von dem Gegensatz zwischen Spanien und Frankreich und einem bisher unbekannten Einfluß der Gesandten bestimmt. Der französische Gesandte Chaulnes erteilte dem Kardinal d'Elce die förmliche Exklusion, während der spanische Ge-

[4] *Wahrmund*, Die kaiserliche Exklusive im Konklave Innozenz' XIII. 15.

[5] Vgl. S. 129 f. — Zur Absicht Franz Egons von Fürstenberg, in Aachen die Rolle eines Friedensvermittlers zu spielen, vgl. *A. Franzen*, Französische Politik und Kurkölns Beziehungen zu Frankreich unter Erzbischof Max Heinrich (1650—88) in römischer Sicht: RQ 52 (1957) 200.

sandte Astorga die Bedenken seiner Königin-Regentin gegen Kardinal Vidoni vortrug und eine Kandidatur des Kardinals Brancaccio an der Exklusive scheitern ließ. Mit venezianischer Vermittlung wurde schließlich die Wahl auf den bereits achtzigjährigen, gütigen, aber unbedeutenden Emilio Altieri gelenkt (29. 4. 1670, Clemens X., 1670—76). Die Wahl seines Nachfolgers Innozenz XI. (Benedetto Odescalchi) kam erst zustande, nachdem am 20. September 1676 die Einwilligung Ludwigs XIV. am Eingang des Konklaves abgegeben worden war. Während auf die Wahl Alexanders VIII. (1689—91) trotz der im Hinblick auf den Spanischen Erbfolgekrieg gemachten Anstrengungen weder Ludwig XIV. noch Leopold I. einen entscheidenden Einfluß auszuüben vermochten, beherrschte der Gegensatz zwischen der französischen und der spanisch-kaiserlichen Partei wiederum das folgende, sehr lange Konklave (12. 2.—12. 7. 1691). Die aussichtsreiche Kandidatur des später seliggesprochenen Gregorio Barbarigo scheiterte daran, daß Kaiser Leopold I. unter Verzicht auf eine formelle Exklusion seine Wahl als unerwünscht bezeichnen ließ, der spanische Gesandte gegen sie intrigierte und Ludwig XIV. aus Rücksicht auf seine Verbündeten ihr widerstrebte. Der schließlich gewählte Kardinal Antonio Pignatelli (Innozenz XII., 1691—1700) war ein Kompromißkandidat und bereits 75 Jahre alt.

Die spanische Erbfolge — Karl II., der letzte Habsburger auf dem spanischen Thron, war nur etwas mehr als einen Monat nach Innozenz XII. († 27. 9. 1700) gestorben — und die Aussicht, daß der Apostolische Stuhl wegen der Parteinahme des verstorbenen Papstes für die französische Thronfolge, der Oberlehensherrschaft über das Königreich beider Sizilien und der Lage des militärisch ohnmächtigen Kirchenstaates in diesen europäischen Konflikt hineingezogen werden würde, überschatteten das Konklave (9. 10.—20. 11. 1700), in dem schließlich doch die Zelanti ihren Kandidaten, Gian Francesco Albani (Clemens XI.[6], 1700—21), durchsetzen konnten. Am 2. April 1721 verhinderte während des Skrutiniums, noch vor erreichter Zweidrittelmajorität Kardinal Althan mit der Bekanntgabe der kaiserlichen Exklusive die Wahl des Kandidaten der Nepotenpartei, Fabrizio Paolucci[7]. Nach der Verständigung der kaiserlichen und der französischen Partei fiel die Wahl auf Kardinal Conti (Innozenz XIII., 1721—24). Neun

[6] „Clemens XI. war der letzte der Päpste, der die großen Ideen und Prinzipien Gregors VII. noch einmal mit der Energie und Festigkeit dieses seines großen Vorgängers nach allen Seiten hin vertrat. Eine edle, würdige Persönlichkeit von zartestem Gewissen und voll von Gottesfurcht, erfüllt von dem Verlangen, den gestörten Frieden zwischen Kirche und Staat wiederherzustellen, hat er diesen durch zwanzig Jahre hindurch mit den größten Opfern persönlicher Tätigkeit gesucht, aber niemals verkostet." *F. J. Sentis*, Monarchia Sicula 157 f.

[7] Über Paolucci, der von 1696 bis 1698 Nuntius in Köln und unter Clemens XI. Kardinalstaatssekretär gewesen war, vgl. *H. Raab*, Die Finalrelation des Kölner Nuntius Fabrizio Paolucci: RQ 55 (1960) 129—150; *L. Jadin*, L'Europe au début du XVIIIe siècle. Cor-

Jahre später scheiterte der Kandidat der Zelanti, Lorenzo Imperiali, am Protest der bourbonischen Höfe und Paolucci an der Exklusive des vorausgegangenen Konklaves. Erstmals trat bei der Papstwahl von 1730 auch eine savoyische Partei auf. Die letzte öffentliche Exklusion des 18. Jh. wurde am 24. Juni 1758 von Frankreich gegen Kardinal Cavalchini ausgesprochen wegen dessen Haltung im Seligsprechungsprozeß Bellarmins und in der Frage der Konstitution „Unigenitus".

Während die Exklusive der Durchsetzung national- und staatskirchlicher Ziele bei den Papstwahlen und auf lange Sicht dienen sollte, wurden für die täglichen Auseinandersetzungen mit der Kirche andere bereits vorhandene Einrichtungen des vortridentinischen Staatskirchentums weiter ausgebaut oder neue Instrumente geschaffen. Die vom Staatskirchentum im Bunde mit dem Episkopalismus durchgeführte Zurückdrängung der Nuntiaturen auf die Position von diplomatischen Vertretungen des Kirchenstaats [8] wurde durch die in Spanien und Frankreich ausgebildete, 1714—17 von Karl VI. zunächst für seine niederländisch-italienischen Besitzungen, dann auch für die Erblande und das Reich übernommene Institution der Agenzie ergänzt [9]. Die Ordinariate der Habsburgermonarchie wurden 1759 angewiesen, sich der römischen Agenzie zu bedienen, und seit 1767 durfte jeder Geschäftsverkehr mit Rom, das forum internum ausgenommen, nur noch über diese staatliche Institution abgewickelt werden. Vor allem aber hat sich das Staatskirchentum der Appellatio tanquam ab abusu und des Plazets in den Auseinandersetzungen mit der Hierarchie zu bedienen gewußt.

Die Appellatio ab abusu, auch recursus ab abusu, recursus ad principem, appel comme d'abus, recurso de fuerza genannt, ist die Anrufung der Staatsgewalt gegen einen angeblichen Mißbrauch der Kirchengewalt, insbesondere in der Rechtsprechung und Verwaltung [10]. Schon in den Anfängen dieser aus unterschiedlichen Wurzeln in den mittelalterlichen Kommunen und Fürstentümern Italiens, in Spanien und Frankreich erwachsenen Einrichtung wird der absolutistische Herrschaftsanspruch über die Kirche an-

respondance du Baron Karg de Bebenbourg, Chancellier du Prince-Évêque de Liège Joseph Clément de Bavière, Archevêque Électeur de Cologne avec le Cardinal Paolucci, Secrétaire d'État (1700—19) (Brüssel - Rom 1968). — *Wahrmund*, Die kaiserliche Exklusive im Konklave Innozenz' XIII. 23 sieht in der Exklusion Paoluccis das vielleicht „etwas überstürzte Vorgehen eines in den römischen Wahlpraktiken noch minder erfahrenen Kardinals".

[8] Siehe unten Kapitel 22, Seite 477 ff; *K. Walf*, Die Entwicklung des päpstlichen Gesandtschaftswesens in dem Abschnitt zwischen Dekretalenrecht und Wiener Konkordat (1159 bis 1815) (München 1966) 219 f.

[9] *R. Blaas*, Die k. k. Agenzie für geistliche Angelegenheiten: MOESTA 7 (1954) 47—98; *H. Herrmann*, Die Römische Agenzie für kirchliche Angelegenheiten Deutschlands und Österreichs: RömHM 11 (1968) 188.

[10] *E. Eichmann*, Der Recursus ab abusu nach deutschem Recht (Breslau 1903); *P. G. Caron*, L'appello per abuso (Mailand 1954).

gemeldet. Jede mit der staatlichen konkurrierende Gerichtsbarkeit soll nach Möglichkeit ausgeschaltet werden. Im Anschluß an die Pragmatische Sanktion von Bourges (1438) war der Appel comme d'abus in Frankreich ausgebaut, von Leo X. mit dem Konkordat von 1516 bestätigt und in der Ordonanz von Villers Cotterêts 1539 gesetzlich geregelt worden. Im 17. und 18. Jh. ist der Recursus ab abusu, obwohl durch die Bulle „In Coena Domini" seit 1581 verurteilt und mit kirchlichen Zensuren belegt, in allen katholischen Staaten „als Kampfmittel des Territorialismus gegen das hierokratische System" [11] ausgebildet. In Lothringen, wo der Konflikt um den Code Léopold (1701—10) sich fast ausschließlich auf den Recursus ab abusu konzentriert [12], stellt er ein Verteidigungsmittel der nationalen Selbständigkeit dar. Der Recursus ab abusu will die territoriale Souveränität des Staates zum Ausdruck bringen und jene mit dem Privilegium de non evocando eingeleitete Entwicklung mit der staatlichen Kontrolle der kirchlichen Jurisdiktion zum Abschluß bringen, aber auch die Kompetenzbereiche zwischen Staat und Kirche abgrenzen. Sosehr er ein Instrument des Staatskirchentums gewesen ist, hat er auch dazu beigetragen, den Rekurs vom Papst an ein allgemeines Konzil außer Gebrauch zu bringen.

Die schärfste Waffe des Staatskirchentums, „die Hauptgarantie für die Rechte des Staates" [13], war das Plazet (Placetum regium, Exequatur, oder Jus retentionis, in Lothringen Pareatis genannt). Am frühesten in England nachweisbar und seit den Obödienzwirren des Abendländischen Schismas als Gewohnheitsrecht von den Landesfürsten geübt, stellt es das Recht des Staatsoberhauptes oder der von ihm besonders beauftragten Organe, in Spanien etwa des Inquisitionstribunals, dar, vom Standpunkt des Staatsinteresses bestimmte kirchliche Erlasse, hauptsächlich auswärtiger Oberer, zu prüfen, ihre Veröffentlichung und Durchführung zuzulassen oder unter Strafen zu verbieten, von denen die von Philipp II. 1569 vorgeschriebenen besonders hart, ja Verbannung und selbst Todesstrafe nicht ausgeschlossen waren. Das Plazet gehört im System des Staatskirchentums zu den Iura circa sacra und zur Souveränität. Es wurde aus Konzilsbeschlüssen, der katholischen Auffassung vom Staat, den Aufgaben des Fürsten, im 18. Jh. zunehmend aus dem Naturrecht begründet. Der Staat hat das Plazet gegenüber der Kirche, diese jedoch kein Plazet gegenüber dem Staat, da die Kirche im Staate sei, der Staat jedoch nicht in der Kirche. Das Plazet findet im 17. und 18. Jh. Anwendung gegen päpstliche und bischöfliche Erlasse, sowohl disziplinären wie dogmatischen Inhalts, wenn auch z. B. noch Philipp IV. (10. 6. 1659) betont hatte, daß es nicht für lehramtliche Verlautbarungen notwendig sei und jede Neuerung für die Niederlande hierin ver-

[11] *E. Eichmann* a. a. O. 58.

[12] *L. Just*, Clemens XI. und der Code Léopold (1701—10). Die kuriale Politik im Kampf mit dem lothringischen Staatskirchentum (Frankfurt a. M. 1935).

[13] *E. Friedberg*, Die Gränzen zwischen Staat und Kirche 799.

bot. Der reichskirchliche Episkopalismus des 18. Jh. forderte auch für die Fürstbischöfe das Plazet. Der Verurteilung der Synode von Pistoia durch Pius VI. in der Bulle „Auctorem Fidei“ (28. 8. 1794) wurde im Großherzogtum Toskana sowie in Spanien, Frankreich, Venedig, Neapel und Wien das Exequatur verweigert.

Der Zweck des Plazets zielt auf die Erhaltung der Ruhe und Ordnung des Staates, die Unterbindung von Einmischungen oder Übergriffen der römischen Kurie in den Bereich des Staates oder der zuständigen Bischöfe. Seit Innozenz VIII. wurde das Plazet in der Bulle „In Coena Domini“ zensuriert, ausdrücklich verworfen wurde aber das „ius, quod vocant ‚exequatur‘“, erst um die Mitte des 19. Jh.[14] In Frankreich hatte eine Ordonanz Ludwigs XI. 1475 das Plazet für päpstliche Erlasse angeordnet. Es zählte zu den Freiheiten der gallikanischen Kirche. In Lothringen existierte seit 1484 ein Inspektionsplazet. Von Kardinal Ximenes empfohlen und Ferdinand dem Katholischen energisch vorgeschrieben (1509), war es ein Fundament des spanischen Staatskirchentums und wurde über die Niederlande und Oberitalien für das habsburgische Staatskirchentum, das bereits unter Leopold I. stärker von dem Plazet Gebrauch zu machen begann, vorbildlich.

Für die theoretische Begründung des Plazets erlangte eine von dem bekannten Löwener Kanonisten Van Espen im Jahre 1712 veröffentlichte Abhandlung[15] besondere Bedeutung. Nicht als Mittel, die Unabhängigkeit der Kirche einzuschränken, wertet Van Espen das Plazet, sondern als ein Mittel der von Gott eingesetzten Obrigkeit, die kirchlich-politische Ordnung aufrechtzuerhalten. Van Espens Anschauungen haben in der Folgezeit die Kirchenrechtswissenschaft des Josephinismus nachhaltig beeinflußt. Schlaglichtartig beleuchtet in den letzten Jahren Karls VI. die Diskussion um die Besetzung des Lehrstuhls für Kirchenrecht an der Universität in Innsbruck, der den Jesuiten genommen und an Paul Josef Riegger gegeben werden sollte, die Situation, ging es doch dabei — wie von seiten der Regierung zugegeben wurde — darum, die Studenten vor „sehr schädlichen und nur auf die Prädomination des Cleri“ abzielenden Grundsätzen zu bewahren und ihnen „die wahre Lehr, wie sie im Covarruvias, Van Espen et similibus zu sehen“, beizubringen[16].

Vergeblich wandten sich Innozenz X. und Clemens XI. in der Bulle „Nova semper“ vom 9. November 1714 gegen das Plazet. Den Kampf mit

[14] Litt. Apost. Ad. Apostolicae, 22. 8. 1851; Syllabus 8. 12. 1864, § 6, Art. 41.

[15] *E. Von Espen,* Tractatus de promulgatione legum ecclesiasticarum, ac speciatim bullarum et rescriptorum Curiae Romanae ubi et de placito regeo, quod ante earum publicationem et executionem in provinciis requiritur (1712); vgl. auch *L. Willaert,* Le Placet royal aux Pays-Bas: Revue belge de philologie et d’histoire 32 (1954) 466—506; 1075—1117.

[16] *G. Mraz,* Geschichte der Theologischen Fakultät der Universität Innsbruck von ihrer Gründung bis zum Jahre 1740 (Innsbruck 1968) 193.

dem seit der Gegenreformation erstarkten, im 17. und 18. Jh. immer mächtiger aufstrebenden Staatskirchentum spiegelt die Geschichte der Abendmahlsbulle sowohl in der Textgestaltung der Bulle wie auch in den Maßnahmen der Fürsten. In Spanien hatte bereits unter Karl V. und Philipp II. die Veröffentlichung zu schweren Konflikten geführt. 1763 erfolgte ein neues Verbot in Spanien; als Repressalie auf das päpstliche Monitorium gegen Parma wurde die Abendmahlsbulle 1768 in Parma, Venedig, Neapel, Spanien, der österreichischen Lombardei (9. 8. 1768) und Böhmen verboten. Seit 1770 unterblieb ihre Verkündigung. Über den römischen Index librorum prohibitorum setzte sich das Staatskirchentum hinweg. Das „Ius, proscribendi libros perniciosos" wurde unter der Advokatie für den Staat reklamiert, der auf diese Weise den Wunsch der Kirche nach einem Eingreifen abschlagen oder auch gegen ihren Willen tätig werden konnte. Die bekanntesten Niederlagen auf diesem Kampffeld mußte die Kirche im 18. Jh. mit der Ablehnung wiederholter Versuche, den „Febronius" oder Osterwalds Schrift „Wider die geistliche Immunität in zeitlichen Dingen" verbieten zu lassen, und dem Ende des Apostolischen Bücherkommissariats in Frankfurt a. M.[17] hinnehmen.

Das während der Gegenreformation von der Kirche um der Selbsterhaltung und der Reform willen geförderte Staatskirchentum unterscheidet sich in seiner im 17. und 18. Jh. erreichten Ausgestaltung von dem älteren vortridentinischen in der konsequenten Systematik und im Doktrinarismus. Es hat seine Blüte in den absolutistischen katholischen Staaten, in Spanien und Frankreich, in den Bourbonenstaaten der Apenninenhalbinsel, in den spanischen Niederlanden, in Lothringen, der Republik Venedig, einigen katholischen Kantonen der Eidgenossenschaft, schließlich in Kurbayern und in Österreich[18]. Dieses Staatskirchentum ist ein komplexes kirchenrechtliches System mit nach den einzelnen Staaten verschieden starkem episkopalistischem, nationalkirchlichem und antikurialem Einschlag. Der Gallikanismus, tief in der französischen Geschichte verwurzelt und mit dem Erstarken des nationalen Königtums, der Schwäche des Papsttums während des Avignoneser Exils und des Abendländischen Schismas eng verbunden und nach der Reformation auf die Erhaltung der nationalen kirchlichen Einheit festgelegt, will gegen den Papalismus eine Reform der Kirchenverfassung in episkopalistischem oder richeristischem Sinn, vor allem aber die Vorherrschaft des Staates über die Kirche. Er stützt sich dabei auf die Pragmatische Sanktion von Bourges (1438) und nach deren Abschaffung durch das Kon-

[17] Das Ende des Apostolischen mit dem Kaiserlichen in Personalunion verbundenen Bücherkommissariats trat ein, als nach dem Tode des Wormser Weihbischofs Franz Xaver Anton v. Scheben (19. 11. 1779) Kaiser Joseph II. am 28. 2. 1780 den reformierten Buchhändler Johann Konrad Deinet auf diese Stelle ernannte. *H. Raab*, Apostolische Bücherkommissare in Frankfurt a. M.: HJ 87 (1967) 326—354.

[18] Siehe unten Kap. 23a, Seite 508 ff.

kordat von 1516 auf dessen Bestimmungen, wonach dem König die Ernennung auf fast sämtliche Bistümer und Abteien, damit die faktische Herrschaft über die Kirche Frankreichs zugestanden worden war. Die Einführung des Plazets für päpstliche Erlasse (1475) und die Regelung des Appel comme d'abus (1539) sowie gegen Ende des 16. und zu Anfang des 17. Jh. die Schriften von Pierre Pithou, Dupuy, de Marca, Richer[19] festigten das Staatskirchentum und die Vorstellung von den sog. „Freiheiten der gallikanischen Kirche", die, nach Pithous maßgebender Deutung, nur eine Umschreibung der Herrschaft des Königs über die Kirche in Frankreich sind.

Der Gallikanismus erreichte nach dem Streit wegen der Quartierfreiheit und dem für das Papsttum demütigenden Frieden von Pisa (1664) seinen Höhepunkt in dem Regalienstreit und in der Declaratio cleri gallicani vom 19. März 1682. Als Ludwig XIV. das Regalienrecht als wesentliches Kronrecht behandelte, das Nominationsrecht des Konkordats von 1516 auf sämtliche Bistümer und Abteien ausdehnte, auch die geistliche Regalie beanspruchte, durch die er alle einem Bischofssitz zugehörigen Benefizien während dessen Vakanz besetzen konnte, Innozenz XI. jedoch die Zurücknahme des Edikts forderte, entschloß sich die vom König beeinflußte Klerusversammlung unter maßgeblicher Mitwirkung des zum Bischof von Meaux ernannten Bossuet zur Annahme des erweiterten Regalienrechts und der Declaratio cleri gallicani de potestate ecclesiastica. Nach diesen vier gallikanischen Artikeln (19. 3. 1682), die ein Wiederaufleben der Pragmatischen Sanktion von Bourges bedeuten, erstreckt sich die Gewalt des Papstes nicht auf die bürgerlichen und zeitlichen Dinge (Jo 18, 36; Lk 20, 25; Röm 13, 1.2). Die Könige und Fürsten sind nach göttlicher Anordnung in weltlichen Dingen der kirchlichen Gewalt nicht unterworfen, können also weder von ihr unmittelbar abgesetzt werden noch mittelbar durch die Entbindung ihrer Untertanen vom Treueid. Auch in geistlichen Dingen ist die Gewalt des Apostolischen Stuhles in Frankreich beschränkt durch die Dekrete des Konstanzer Konzils über die Konzilssuperiorität, die vom Apostolischen Stuhl genehmigt, durch den Gebrauch der ganzen Kirche bestätigt und insbesondere von der Gallikanischen Kirche aufs gewissenhafteste beobachtet worden sind. Die Ausübung der päpstlichen Gewalt ist geregelt durch die Canones, die Satzungen der Väter, das Herkommen und das Gewohnheitsrecht Frankreichs und der Gallikanischen Kirche. In Fragen des Glaubens hat der Papst den vorzüglichsten Anteil, doch ist sein Urteil ohne die Zustimmung der Gesamtkirche nicht unabänderlich (vgl. Kap. 4).

Die vier Artikel wurden als Staatsgesetz veröffentlicht und an den Universitäten gelehrt. Eine Nichtigerklärung sprach erst Alexander VIII. 1690 aus. Der Konflikt um die Quartierfreiheit verschärfte die Spannungen mit Rom wegen des Regalienrechts und der Declaratio, doch konnte ein Schisma

[19] Siehe Kapitel 4, Seite 64 ff.

vermieden werden. Unter Innozenz XII. kam ein Kompromiß zustande (1693), indem Ludwig XIV. auf die Durchführung der vier Artikel verzichtete gegen Duldung seines Regalienrechts und Anerkennung der von ihm ernannten Bischöfe. Das Staatskirchenrecht Frankreichs blieb jedoch bis in das 19. Jh. weitgehend von der Declaratio cleri gallicani bestimmt. Gegen den Grunderwerb der Kirche erging 1749 ein Amortisationsgesetz, und in Anwendung des Appel comme d'abus erfolgte 1762 die Auflösung der französischen Ordensprovinz der Gesellschaft Jesu.

Straff ausgebildet war das Staatskirchentum in Spanien. Die spanische Kirche, die über einen ungesund hohen Anteil am Grundbesitz und Volkseinkommen verfügte, befand sich ganz in der Hand des Staates. Ihr Aufstieg und ihr Verfall gehen der staatlichen Entwicklung parallel. Der König besaß das Nominationsrecht auf die Bistümer, und wie schon in der Zeit Philipps II. wurden unter den schwachen Habsburgern des 17. und den Bourbonen des 18. Jh. manche Unwürdige ernannt. Das fürstliche Einkommen vieler Bischöfe stand in schreiendem Mißverhältnis zur Lage des Seelsorgeklerus, zur Armut der unteren Volksschichten und der geringen theologischen Bildung in weiten Kreisen der Regular- und Säkulargeistlichkeit. Reformversuche des Jesuiten Eberhard Nidhard († 1681 als Kardinal), den die Königin-Regentin Maria Anna zum Großinquisitor und Mitglied des Geheimen Staatsrats ernannt hatte, scheiterten. Der Ausbau des Absolutismus unter Philipp V. begann auch auf das Verhältnis zur Kirche zu wirken. Wegen der Anerkennung des habsburgischen Thronprätendenten Karls III. durch Clemens XI. (1709) kam es zum Abbruch der diplomatischen Beziehungen zu Rom, zur Schließung der Nuntiatur in Madrid, zur Temporaliensperre und, als Gegenmaßnahme, zur Verweigerung der päpstlichen Bestätigung für die von Philipp V. ernannten Bischöfe. Melchior Raphael de Macanaz, Fiskal des Rates von Kastilien, faßte 1713 die Lehren und Forderungen der Regalisten zusammen: Abschaffung der Bulle „In Coena Domini", der Oberhoheit des Papstes über die Könige, Universalpatronat über alle kirchlichen Pfründen. Die Konkordate von 1717 und 1732 konnten die Streitigkeiten nicht ausräumen, sie befriedigten im Grunde keine Partei. Das von Benedikt XIV. in einer Zwangslage abgeschlossene Konkordat verlieh dem spanischen König den beanspruchten Universalpatronat mit Ausnahme von 52 Benefizien und „brachte eine fast vollständige Umgestaltung in der Disziplin der Kirche Spaniens hervor" [20]. Dennoch kam es unter Karl III. durch P. R. Conde de Campomanes (1723—1802) mit der Verschärfung des Plazets (1761) und der Vertreibung der Jesuiten zu neuen Konflikten (vgl. Kap. 11).

Auf Grund des von Urban II. am 5. Juli 1098 dem Großgrafen Roger

[20] *P. A. Kirsch,* Das durch Benedikt XIV. im Jahre 1753 mit Spanien geschlossene Konkordat: AkathKR 80 (1900) 320.

gewährten Privilegs „Quia propter prudentiam tuam" beanspruchten die Könige beider Sizilien seit dem Ausgang des Mittelalters Titel und Rechte eines „legatus natus papae" oder eines „legatus a latere" und damit alle Rechte, die dem Papst nicht besonders vorbehalten waren. Dieser fürstlichen Legatengewalt gab man seit dem 16. Jh. den bezeichnenden Namen „Monarchia Sicula", und Ferdinand I. der „Katholische" († 1516) ließ sich als Inhaber auch der kirchlichen Jurisdiktion „Monarca" nennen. Mit der „Monarchia Sicula" verband sich der Anspruch auf das Visitationsrecht über Diözesen und Klöster, ein Entscheidungsrecht bei Wahlen kirchlicher Oberer, das Recht der Exkommunikation sowie der Absolution selbst von päpstlichen Reservatfällen, das Strafrecht gegenüber Bischöfen, Nuntien und Kardinälen und das Recht der Degradation von Welt- und Ordensgeistlichen. Als Philipp II. eine Bestätigung der „Monarchia Sicula" von Rom nicht erlangen konnte, ernannte er am 13. Juli 1579 Nicolaus Stizzia zum ersten ständigen Richter der „Monarchie" (Judex Monarchiae Siculae) und schuf damit „eine Zentralbehörde, welche systematisch alle höchste kirchliche Jurisdiktion in einer Hand vereinigte" [21]. Die bei dem Tribunal der Monarchie anhängigen Prozesse durften in keinem Falle vom Papst avociert oder durch Rekurs nach Rom gebracht werden.

Die ständigen Konflikte mit der von extrem staatskirchlichen und „schismatischen Prinzipien" [22] getragenen „Monarchia Sicula" erreichten unter Papst Clemens XI. während des Spanischen Erbfolgekriegs und der Auseinandersetzungen mit den staatskirchlichen Bestrebungen Josephs I. und Karls VI. einen Höhepunkt. Den äußeren unbedeutenden Anlaß bot, anläßlich der Besetzung des Bischofsstuhls der Liparischen Inseln, die Erhebung einer kleinen steuerlichen Abgabe, die dem Bischof Tedeschi, dem bisherigen Sekretär der Ritenkongregation, als eine Verletzung der geistlichen Immunität im Sinne von „Coena Domini" [23] erscheinen wollte. Als Bischof Tedeschi darauf mit der großen Exkommunikation der zuständigen Beamten antwortete, der Richter der „Monarchie" jedoch die Absolution aussprach und der Streit durch Rekurs bei der Kongregation der Immunitäten in Rom anhängig wurde, verquickte er sich bald mit den heftigen Auseinandersetzungen zwischen Clemens XI. und Philipp V.

Die Anerkennung des habsburgischen Thronprätendenten Karls III. als „Katholischen Königs von Spanien" (10. 10. 1709) hatte Clemens XI. zwar einige Zugeständnisse in der kaiserlichen Italienpolitik eingetragen, ihm aber auch harte Vergeltungsmaßnahmen Philipps V. gebracht: die Ausweisung des Nuntius Zondadari aus Madrid, das Verbot jedes Verkehrs zwischen Spanien und Rom, die Sperrung sämtlicher Einkünfte des Aposto-

[21] *F. J. Sentis* a. a. O. 130.

[22] Ebd. 139.

[23] *K. Pfaff*, Beiträge zur Gesch. der Abendmahlsbulle 51: Zensur gegen Belastung kirchlicher Personen und Anstalten ohne päpstliche Erlaubnis.

lischen Stuhles aus Spanien, Angriffe auf kirchliche Immunität und Jurisdiktion. Clemens XI. erklärte am 11. Oktober 1711 alle gegen kirchliche Jurisdiktion und Immunität gerichteten Dekrete für nichtig, die Urheber derselben den kirchlichen Zensuren verfallen und verweigerte den von Philipp V. vorgeschlagenen Bischofskandidaten die Bestätigung.

Dieser Konflikt verschärfte den Streit um die Monarchia Sicula. Ein Erlaß der Kongregation der Immunitäten (26. 1. 1712) und ein Breve Clemens' XI. (12. 6. 1712) erklärten die von dem Richter der „Monarchie" vorgenommene Absolution der Gebannten für ungültig und bestätigten deren Exkommunikation. Die Antwort war ein vizekönigliches Dekret: alle päpstlichen Erlasse und Dekrete seien nichtig, weil sie gegen die Munizipalgesetze, Privilegien, Gewohnheiten und Regalien des Reiches verstießen. Mit Exkommunikationen und Lokalinterdikten auf der einen Seite, auf der anderen Seite mit Absolution von den kirchlichen Zensuren durch die Delegierten des „Richters der Monarchie", Temporaliensperre und der Vertreibung der Bischöfe von Catania, Girgenti sowie des Erzbischofs von Messina trieb der Kampf einem Höhepunkt zu.

Nachdem dann ohne Rücksicht auf die oberlehensherrlichen Ansprüche des Papstes im Utrechter Frieden (1713) die Abtretung Siziliens von Spanien an Herzog Viktor Amadeus II. von Savoyen ausgesprochen worden war und die ohnehin gespannten Beziehungen zwischen der Kurie und Piemont durch härteste staatskirchliche Maßnahmen auf Sizilien aufs äußerste belastet wurden, hob Clemens XI. am 20. Februar 1715 mit der von demselben Tag des vorhergehenden Jahres datierten Bulle „Romanus Pontifex" die Institution der „Monarchia Sicula" auf.

An der Aufhebung störte man sich nur insofern, als der königliche Fiskalprokurator auf Sizilien von dem schlecht informierten Papst an den besser zu informierenden Papst appellierte und Philipp V. von Spanien sich in einem förmlichen Protest (23. 12. 1715) seine Rechte vorbehielt. Knapp drei Jahre später kam unter Übergehung päpstlicher Lehensrechte durch die Quadrupelallianz (2. 8. 1718) Sizilien im Austausch für Sardinien von Savoyen an Österreich. Nun gelang es, nachdem in schwierigen Verhandlungen die Rückgabe Comacchios an den Kirchenstaat durch Kaiser Karl VI. erreicht worden war (1725), unter Mitarbeit Prosper Lambertinis, des späteren Papstes Benedikt XIV., auch einen Kompromiß über die Monarchia Sicula zu erzielen. Benedikt XIII. nahm die Abolitionsbulle Clemens' XI. nicht ausdrücklich zurück, wollte aber in der Bulle „Fideli" (30. 8. 1728; ratifiziert in Wien 10. 11. 1728) die „causae vere maiores" der römischen Kurie oder einer besonderen päpstlichen Delegation in Sizilien vorbehalten und eine Namensänderung des „Richters der königlichen Monarchie" in „iudex ecclesiasticus delegatus" durchgeführt wissen. Der König erhielt das Privileg, als höchste richterliche Instanz einen „Iudex delegatus in partibus" zu ernennen.

Mit dem Wiener Präliminar (3. 10. 1735) kamen, wiederum unter völliger Mißachtung der päpstlichen Lehensrechte, Neapel und Sizilien als spanisch-bourbonische Sekundogenitur an Don Carlos. Unter ihm, dem mit dem Tode seines Stiefbruders die spanische Krone zufiel (1759), vor allem unter seinem minderjährigen Sohn Ferdinand IV., brachte der Minister und Vorsitzende im Regentschaftsrat, Bernardo Tanucci [24], mit leidenschaftlichen Angriffen auf die Kirche, harten Reformmaßnahmen und endlosen Schikanen den Herrschaftsanspruch des aufgeklärt-absolutistischen Staates voll zur Geltung. Die von Clemens XIII. über den Herzog von Parma verhängte Exkommunikation (30. 1. 1768) lieferte ihm den Vorwand, im Zug von Repressalien der bourbonischen Familienallianz gegen „die lächerlichen und scandalösen Prätensionen" der römischen Kurie die zum Kirchenstaat gehörigen Enklaven Benevent und Pontecorvo zu besetzen. Erst nach der Aufhebung der Gesellschaft Jesu, die Clemens XIII. damals noch verweigerte, wurden die Gebiete 1774 zurückgegeben.

Tanucci stützte sich bei seinen kirchlichen Reformmaßnahmen, von denen viele innerer Berechtigung nicht entbehrten, auf die „Monarchia Sicula" und die von dem unglücklichen Pietro Giannone (1676—1748) [25] geschaffenen Voraussetzungen, dessen „Istoria civile del Regno di Napoli" (4 Bde, 1723) „als Bibel des Antikurialismus" angesehen worden ist [26], sowie auf jansenistische und aufgeklärt-freimaurerische Gesinnungsverwandte. Eine italienische Übersetzung von Mésenguys „Exposition de la doctrine chrétienne" erschien zwischen 1758 und 1760 [27]. Aufklärung, Etatismus der Regalisten spanischer Art, jansenistische und freimaurerische Einflüsse verquickten sich unter Tanucci zu einem System, dessen Antiklerikalismus weit über seinen von Maria Carolina herbeigeführten Sturz (1776) fortgewirkt hat.

Eine Besserung in den gespannten Beziehungen zwischen Rom und Neapel trat nach der von Clemens XII. ausgesprochenen Belehnung mit dem Königreich beider Sizilien (10. 5. 1738) nicht ein. Auch das Konkordat [28], von Benedikt XIV. nach schwierigen Verhandlungen abgeschlossen (2. 6. 1741), führte nicht zu einem Modus vivendi, sondern nur zu neuen Konflikten, obwohl der Papst, zum Unwillen einiger Kardinäle, darin beträchtliche Zugeständnisse machte. Bezüglich des umstrittenen „Tribunals der Monarchie" einigte man sich dahin, daß ein aus drei Geistlichen und zwei

[24] Über ihn zuletzt *R. Mincuzzi*, Bernardo Tanucci, ministro di Ferdinando di Borbone 1759—76 (Bari 1967).

[25] *L. Marini*, Pietro Giannone e il giannonesimo a Napoli nel Settecento (Bari 1950).

[26] *G. Schnürer*, Katholische Kirche und Kultur im 18. Jh. (Paderborn 1941) 13.

[27] *E. Passerin d'Entrèves*, La riforma „giansenista" della Chiesa e la lotta anticuriale in Italia nella seconda metà del Settecento: RSIt 71 (1959) 210 sieht darin den Anfang einer engen „collaborazione fra riformatori ... giansenisti e filogiansenisti e campioni della lotta anticuriale".

[28] *A. Mercati*, Raccolta di Concordati 338—364.

vom König ernannten Laien gebildeter Gerichtshof die kirchliche Jurisdiktion auch in höherer Instanz ausüben sollte. In der Frage der Personal-, Lokal- und Realimmunität machte Rom Konzessionen; das Asylrecht wurde beschränkt; Ausländer wurden von Benefizien im Königreich ausgeschlossen und einige kleinere Bistümer unterdrückt. Dafür sollte das Plazet beseitigt, der Recursus ad principem modifiziert werden.

Bald jedoch kam es wegen der Auslegung der Konkordatsbestimmungen und des unverändert staatskirchlich-antiklerikalen Kurses, den Tanucci in Neapel steuerte, zu neuen endlosen Streitigkeiten. Tanucci, der die Kirche auch für die wirtschaftliche Notlage im Königreich verantwortlich machte, setzte sich über das benediktinische Konkordat hinweg, reduzierte die Klöster, stellte die Amortisationsvorschriften wieder her, beseitigte das päpstliche Spolienrecht und beanspruchte die Besetzung aller Bischofsstühle, die Vergebung sämtlicher Benefizien. Die rücksichtslose Ausdehnung des im „Völkerrecht und im friedlichen Geist der Religion“ begründeten Plazets selbst auf das forum internum, die Beschränkung der Kirche auf Sakramentenverwaltung und Liturgie, schließlich die Vertreibung der Jesuiten aus dem Königreich (1769) sind Ausdruck jenes harten Staatskirchentums und radikalen Antiklerikalismus, der Tanucci für den Verkehr mit Rom das Rezept finden ließ: „Stock hoch! Mund zu! So bändigt man den römischen Tiger.“ [29]

Tanuccis Sturz bedeutete das Ende des Reformwerks, nicht jedoch das Ende des Antiklerikalismus und schikanöser Bedrückung der Kirche. 1778 wurde die Verbindung aller Klöster mit Rom unterbrochen. Das Plazet wurde allen Breven und Dispensen versagt, wenn vorher nicht die königliche Erlaubnis zum Rekurse nach Rom, das sogenannte Liceat scribere, eingeholt war. Faktisch war damit jeder Verkehr mit dem Oberhaupt der Kirche abgeschnitten. Der Anspruch auf ein königliches Präsentationsrecht auf alle Bistümer führte dazu, daß 1784 allein im Königreich Neapel über 30 Diözesen ohne Bischof und 1798 mehr als sechzig vakant waren [30]. 1787 verweigerte der König beider Sizilien förmlich die Anerkennung der päpstlichen Lehenshoheit, indem er die seit der Investitur Karls von Anjou übliche Präsentation des Weißen Zelters (Chinea) und der 7000 Golddukaten unter Berufung auf völkerrechtliche und historische Gründe ablehnte. Der feierliche päpstliche Protest dagegen, am 29. Juni 1788 in der Peterskirche verlesen, verhallte wirkungslos.

In der Republik Venedig blühten die antikurialistische Politik und ein straffes Staatskirchentum auch in der zweiten Hälfte des 17. und im 18. Jh. weiter, nachdem der härteste Konflikt mit dem Streit um Paolo Sarpi überstanden war. Den Verkehr ihrer Untertanen mit Rom und die Ausführung

[29] Tanucci an Galiani 30. 4. 1768. Zitiert nach *Pastor* XVI, I 875.
[30] *F. J. Sentis* 195.

päpstlicher Bullen und Erlasse machte die Republik 1754 von staatlicher Genehmigung abhängig. Schenkungen an die Tote Hand wurden verboten, Klosteraufhebungen durchgeführt, die Orden den Bischöfen unterstellt. Bischöfe durften ohne staatliche Erlaubnis ihre Diözesen nicht mehr verlassen.

In Parma nahm das Staatskirchentum unter Guglielmo Du Tillot und nach der Exkommunikation des Herzogs (30. 1. 1768) schärfere Formen an, doch lenkte nach dem Sturz des Premierministers dessen Nachfolger wieder in gemäßigte Bahnen zurück (1771). In Sardinien blieb auch nach den Konkordaten von 1727 und 1742 der Appel comme d'abus bestehen und wurde durch Verordnungen von 1770 und 1771 weiter ausgebaut. Das Asylrecht wurde modifiziert, jedoch sollte der weltliche Arm dem Bischof gegen die Geistlichkeit auf Wunsch zu Hilfe kommen. Erst die lothringischen Herzöge haben in Toskana das Staatskirchentum entwickelt. Franz I. übertrug die Bücherzensur den weltlichen Behörden, erließ ein Amortisationsgesetz und hob einige Klöster auf. Die kirchenrechtlichen Reformen seines Sohnes Leopold, denen Pompeo Nero und Giulio Rucellai vorgearbeitet hatten, decken sich, von einigen Modifikationen abgesehen, in den Grundzügen mit den staatskirchlichen Bestrebungen in der österreichischen Lombardei, im Königreich beider Sizilien, in Parma und Piacenza, zielen aber darüber und über das Staatskirchentum des Josephinismus weit hinaus. Auf das habsburgische Staatskirchentum, das mit der Festigung der kaiserlichen Gewalt und der staatlichen Integration unter Leopold I., Joseph I. — Streit um Comacchio und Rekuperationspolitik in Italien — sowie unter Karl VI. sich auszubilden beginnt, haben das venezianische und spanisch-niederländische Staatskirchentum sowie das Vorbild Lothringens eingewirkt.

18. Kapitel

*Die Aufklärung**

LITERATUR: 1. Allgemein: *W. Dilthey,* Weltanschauung u. Analyse des Menschen seit Renaissance u. Reformation [= Ges. Schr. 2] (Göttingen ⁶1960); *P. Hazard,* La crise de la conscience Européenne. 1680—1715 (Paris 1935), dt.: Die Krise des europäischen Geistes (Hamburg 1939); *ders.,* La pensée Européenne aux XVIIIe siècle de Montesquieu à Lessing (Paris 1946), dt.: Die Herrschaft der Vernunft. Das europäische Denken im 18. Jh. (Hamburg 1949); *R. Mousnier - E. Labrousse - M. Boulòiseau,* Le XVIIIe siècle. 1715—1815. L'époque des „lumières" (Paris ⁵1967); *R. Kosellek,* Kritik und Krise. Ein Beitrag zur Pathogenese der bürgerlichen Welt [= Orbis Academicus] (Freiburg - Mün-

* Dieses Kapitel will keine umfassende Darstellung der Aufklärung sein, sie vielmehr nur im Hinblick auf das Ziel dieses „Handbuches der Kirchengeschichte" vorführen. Die dogmatische und historische Theologie der Aufklärung wird an den jeweils zugehörigen Stellen dieses Bandes behandelt.

chen 1959); *J. L. Talmon,* The Origins of Totalitarian Democracy (New York 1960); *H. Nicolson,* The Age of Reason, 1700—1789 (London 1961); *A. Cobban,* In Search of Humanity. The Role of the Enlightenment in Modern History (London 1960); *L. I. Brevold,* The Brave New World of Enlightenment (Ann Arbor, Mich. 1961); *F. Valjavec,* Geschichte der abendländischen Aufklärung (Wien-München 1961); *A. Wolf,* A History of Science, Technology and Philosophy in the 18th Century, 2 Bde (New York ^{2}1961); *G. Funke,* Die Aufklärung. In ausgewählten Texten dargestellt und eingeleitet (Stuttgart 1963); *P. Chaunu,* La civilisation de l'Europe classique, restituée dans son unité profonde et sa diversité (Paris 1966); *F. Wagner* (Hrsg.), Europa im Zeitalter des Absolutismus und der Aufklärung [= Hdb. der europäischen Geschichte IV] (Stuttgart 1968). Darin besonders: *F. Wagner,* Die Einheit der Epoche, 1—163 (die einzelnen Länderartikel geben der Geistesgeschichte sehr unterschiedlichen Raum); *B. Willey,* The 17th Century Background. Studies in the Thought of the Age in Relation to Poetry and Religion (Garden City, N. Y. 1953); *R. Mousnier,* Les XVIe et XVIIe Siècles. La grande mutation intellectuelle de l'humanité (Paris 1965); *B. Willey,* The 18th Century Background. Studies on the Idea of Nature in the Thought of the Period (London 1961); Transactions of the First International Congress on the Enlightenment, 4 Bde (Genf 1963) [= Studies on Voltaire and the 18th Century, hrsg. von *T. Besterman,* Bd 24—27]; Transactions of the Second International Congress on the Enlightenment, 4 Bde (Genf 1967) [= ebd., Bd 55—58]; *W. Andreas,* Literaturberichte. Absolutismus u. Aufklärung: Geschichte in Wissenschaft und Unterricht 5 (1954) 494—501; *ders.:* ebd. 9 (1958) 107—114; *ders.:* ebd. 16 (1965) 51—59.

2. Philosophie: *J. Kremer,* Das Problem der Theodizee in der Philosophie und Literatur des 18. Jh. (Berlin 1909); *E. Cassirer,* Die Philosophie der Aufklärung (1912) [= Grundriß der philosophischen Wissenschaften] (Tübingen 1932); *St. Hampshire* (Hrsg.), The Age of Reason. The 17th Century Philosophers, Selected, with Introduction and Interpretative Commentary (Boston 1956); *M. Wundt,* Die deutsche Schulphilosophie im Zeitalter der Aufklärung (Tübingen 1945); *C. L. Becker,* The Heavenly City of the 18th Century Philosophers (New Haven, Conn. 1932, ^{9}1952); hier bes. 33—70 das Kapitel „The Laws of Nature and of Nature's God".

3. Pädagogik: *L. Weber,* Pädagogik der Aufklärungszeit (Frauenfeld-Leipzig 1941); *H. Weimer,* Geschichte der Pädagogik (Berlin ^{17}1967) [= Sammlung Göschen 145/145a]; *A. Reble,* Geschichte der Pädagogik (Stuttgart ^{6}1962), hier bes. 123—159.

4. Staat und Völkerrecht: *F. Meinecke,* Die Idee der Staatsräson in der neueren Geschichte (1924) [= Werke I] (München 1957) 245—400; *L. Strauss - J. Cropsey* (Hrsg.), History of Political Philosophy (Chicago 1963); *G. Möbus,* Die politischen Theorien im Zeitalter der absoluten Monarchie bis zur Französischen Revolution (Köln ^{2}1966); *Th. Ramm,* Die großen Sozialisten als Rechts- und Sozialphilosophen I, 1 und I, 2 (Stuttgart 1955); *E. Reibstein,* Völkerrecht. Eine Geschichte seiner Ideen in Lehre und Praxis I [= Orbis Academicus I, 5] (Freiburg-München 1957) 237—609; *A. Geouffre de Lapradelle,* Maîtres et doctrines du droit des gens (Paris ^{2}1950); *J. J. Chévallier,* Les grandes œuvres politiques; de Machiavel à nos jours (Paris ^{5}1957); *K. v. Raumer,* Ewiger Friede. Friedensrufe und Friedenspläne seit der Renaissance [= Orbis Academicus] (Freiburg-München 1953); *H. J. Schlochauer,* Die Idee des Ewigen Friedens. Ein Überblick über Entwicklung und Gestaltung des Friedenssicherungsgedankens auf der Grundlage einer Quellenauswahl (Bonn 1953) 76—129.

5. Geschichtsverhältnis: *W. Dilthey,* Das 18. Jh. u. die geschichtliche Welt: Deutsche Rundschau (Aug./Sept. 1901) [= Ges. Schriften 3] (Göttingen ^{2}1959) 209—268; *B. Croce,* Theorie u. Geschichte der Historiographie u. Betrachtungen zur Philosophie der Politik [= Gesammelte philosoph. Schriften in dt. Übertragung, I. Reihe, 4. Bd] (Tübingen 1930) 3—136 188—220; *F. Meinecke,* Die Entstehung des Historismus (München 1936, ^{2}1946); *K. Löwith,* Meaning in History (Chicago 1949), dt.: Weltgeschichte u. Heils-

geschehen. Die theologischen Voraussetzungen der Geschichtsphilosophie [= Urban-Bücher 2] (Stuttgart ²1953) 62—135; *F. Wagner*, Geschichtswissenschaft [= Orbis Academicus I, 1] (Freiburg-München 1951, ²1966) 63—140 (mit Lit.); *H. Gollwitzer*, Europabild u. Europagedanke. Beiträge zur deutschen Geistesgeschichte des 18. u. 19. Jh. (München 1951) 54—118; *H. v. Srbik*, Geist u. Geschichte vom deutschen Humanismus bis zur Gegenwart I (München-Salzburg 1950) 69—166; *A. Kraus*, Vernunft und Geschichte (Freiburg i. Br. 1963) gibt im Teil I „Das Jahrhundert und seine Geschichte" einen weit über sein engeres Thema hinausgreifenden Aspekt auf das Geschichtsverhältnis der Aufklärung; *F. Günther*, Die Wissenschaft vom Menschen. Ein Beitrag zum deutschen Geistesleben im Zeitalter des Rationalismus mit besonderer Rücksicht auf die Entwicklung der deutschen Geschichtsphilosophie im 18. Jh. (Philos. Diss. Leipzig 1906) (Gotha 1906); *A. Schreiber*, Das Mittelalter, universalhistorisches Problem vor der Romantik: AKG 31 (1943) 93—120.

6. Mathematik und Naturwissenschaften: *F. Dannemann*, Die Naturwissenschaften in ihrer Entwicklung und in ihrem Zusammenhang, 4 Bde (Leipzig ²1920/23), I: Von den Anfängen bis zum Wiederaufleben der Wissenschaften (403 ff); II: Von Galilei bis zur Mitte des 18. Jh.; III: Das Emporblühen der modernen Naturwissenschaften bis zur Aufstellung des Energieprinzips (führt ab Mitte des 18. Jh.); *W. C. Dampier*, Geschichte der Naturwissenschaft in ihrer Beziehung zu Philosophie und Weltanschauung (Wien-Stuttgart 1952) 179—239; *A. Meier*, Die Mechanisierung des Weltbilds im 17. Jh. [= Forsch. zur Gesch. der Philosophie u. Pädagogik 18] (Leipzig 1938); *J. Krüger*, Das Weltbild der Naturwissenschaft im Wandel der Zeiten. Eine Geschichte der Naturforschung von den Anfängen bis zur Gegenwart (Paderborn 1953); *E. J. Dijksterhuis*, Die Mechanisierung des Weltbildes (Berlin-Göttingen-Heidelberg 1956), ab 319 bis Schluß, bes. Schlußwort; berücksichtigt stark religiöse Fragen; *H. Butterfield*, The Origins of Modern Science 1300—1800 (London 1958), hier ab 96; *R. A. Hall*, Die Geburt der naturwissenschaftlichen Methode 1630—1720 von Galilei bis Newton (Gütersloh 1965); *L. Roule*, L'histoire de la nature vivante d'après l'œuvre des grand naturalistes français, 6 Bde (Paris 1924/32); *O. Becker*, Die Grundlagen der Mathematik in geschichtl. Entwicklung [= Orbis Academicus II, 6] (Freiburg-München 1964) 131—167; *H. Weyl*, Philosophie der Mathematik und der Naturwissenschaft [= Hdb. der Philosophie, neu hrsg. von *M. Schröder*] (München ²o. J. [1948]); *M. v. Laue*, Geschichte der Physik (Bonn ²1947); *H. Lange*, Geschichte der Grundlagen der Physik, 2 Bde [= Orbis Academicus II, 7 und II, 13] (Freiburg-München 1954/61), I 165—239, II 258—297; *E. Zinner*, Astronomie. Geschichte ihrer Probleme [= Orbis Academicus II, 1] (Freiburg-München 1951); *J. Anker-S. Dahl*, Werdegang der Biologie (Leipzig 1938) 67—180; *E. Ungerer*, Die Erkenntnisgrundlagen der Biologie. Ihre Geschichte und ihr gegenwärtiger Stand: Hdb. der Biologie, begr. von L. von Bertalanffy, hrsg. von *F. Gessner*, I/1 (Konstanz 1965), hier 26—42; *E. Uhlmann*, Entwicklungsgedanke und Artbegriff in ihrer geschichtlichen Entstehung und sachlichen Beziehung: Jenaische Zschr. für Naturwiss. 59, N. F. 52 (Jena 1923), hier 14—31; *P. G. Hesse*, Der Lebensbegriff bei den Klassikern der Naturforschung. Seine Entwicklung bei 60 Denkern und Forschern bis zur Goethezeit (Jena 1943) 30—79; *E. Guyénot*, Les sciences de la vie aux XVIIe et XVIIIe siècles. L'idée d'évolution (Paris 1941); *A. Barthelmess*, Vererbungswissenschaft [= Orbis Academicus II, 2] (Freiburg-München 1952) 21—43; *W. Zimmermann*, Evolution, Die Geschichte ihrer Probleme und Erkenntnisse [= Orbis Academicus II, 3] (Freiburg-München 1953) 158—336; *Th. Ballauff*, Die Wissenschaft vom Leben I [= Orbis Academicus II, 8] (Freiburg-München 1954) 121—343; *J. Roger*, Les sciences de la vie dans la pensée française du XVIIIe siècle (Paris 1963).

7. Zum Verhältnis zwischen Theologie und Wissenschaften: *O. Zöckler*, Geschichte der Beziehungen zwischen Theologie und Naturwissenschaft mit besonderer Rücksicht auf die Schöpfungsgeschichte, 2 Bde (Gütersloh 1877/79), I: Von den

Anfängen der christlichen Kirchen bis auf Newton und Leibniz (hier ab 517); II: Von Newton und Leibniz bis zur Gegenwart (hier bis 580); *L. A. Veit*, Das Aufklärungsschrifttum des 18. Jh. und die deutsche Kirche. Ein Zeitbild aus der deutschen Geistesgeschichte [= Görres-Ges. zur Pflege der Wiss. im kath. Dtl., Zweite Vereinsschrift] (Köln 1937); *W. Philipp*, Das Werden der Aufklärung in theologiegeschichtlicher Sicht (Göttingen 1957), untersucht die „Physikotheologie" des 17. und frühen 18. Jh. Betont auf die „Frühaufklärung" gerichtet; *W. Philipp* (Hrsg.), Das Zeitalter der Aufklärung [= Sammlung Dieterich 272, Reihe: Klassiker des Protestantismus VII] (Bremen 1963); aus der Intention dieser Reihe ist das Prinzip der hier vorgelegten Auswahl von Gestalten und Textteilen zu verstehen, zu der auch J. G. Hamann, J. K. Lavater, M. Claudius gehören, während z. B. J. Locke, D. Hume, Voltaire u. a. fehlen; vgl. *ders.*, Das Werden der Aufklärung; *P. Althaus*, Die christliche Wahrheit. Lehrbuch der Dogmatik, 2 Bde (Gütersloh 1947/48), eine ev. Dogmatik, die besonders auch historische Fragen zwischen Naturwissenschaft und Theologie berücksichtigt; *M. Scheele*, Wissen u. Glauben in der Geschichtswissenschaft. Studien zum historischen Pyrrhonismus in Frankreich und Dtl. (Heidelberg 1930); *R. S. Westfall*, Science and Religion in 17th Century England [= Yale Historical Publications. Miscellany 67] (New Haven, Conn. 1958).

Begriff

Die geistesgeschichtliche Epoche, die als „La crise de la conscience européenne"[1] bezeichnet wurde, zeigt in ihren Namen „Lumières" (frz.), „enlightenment" (engl.), „illuminismo" (ital.) weniger eine solche Krisenhaftigkeit als ihre weit zurückreichende Herkunft aus der von Augustinus dem werdenden Abendland vermachten Lichtmetaphysik[2] an (der seit der Mitte des 18. Jh. für den geistigen Fortschritt angewandte Ausdruck „Aufklärung" [Ch. M. Wieland] entspricht der älteren frz. Bezeichnung „éclaircissement")[3]. Aber die augustinische „illuminatio" Gottes im Menschen wird nunmehr als die Selbsterleuchtung im Lichte der autonomen Vernunft verstanden, welche Ermächtigung des menschlichen Geistes ihre Vorgeschichte hat in der vom Thomismus behaupteten Kraft, im Wissen von der Schöpfung zum analogen Wissen von Gott aufzusteigen, nur daß freilich jetzt die nach der scholastischen Philosophie mit dem Offenbarungsglauben zu verbindende, ihm voraussetzbare Rationalität ihren Grund in sich selbst sucht. Wie der Rationalismus der Aufklärung geschichtlich nicht denkbar ist ohne die Philosophie der Scholastik[3a], so wurzelt auch der zunächst gegen die verfaßte Kirche gerichtete, den absolutistischen Staat, der ja seine ideologische Begründung aus dem rationalistischen Naturrecht bezog, vorerst hinnehmende, aber schließlich in die Revolution mündende Anti-Institutionalismus der Aufklärung, in dem sie mit der religiösen

[1] *P. Hazard*, Krise (1939).

[2] *L. Oeing-Hanhoff*, Licht, II. Philosophisch: LThK[2] VI (1961) 1024.

[3] Zum Begriff der Epoche „Aufklärung", „Absolutismus", „Barock" vgl. *F. Wagner*, Handbuch 2—5 (mit Lit.).

[3a] „Die tiefsten Wurzeln der Aufklärung reichen bis in das Hochmittelalter zurück" (*F. Valjavec* a. a. O. 16).

Innerlichkeit des Pietismus[4] verbunden ist, in der christlichen Auffassung von der Person in ihrer Einmaligkeit und Freiheit. Der Rationalismus und der sich von der eigenen Überlieferung emanzipierende Anti-Institutionalismus bilden die Voraussetzung für die universale Auffassung der Aufklärung von der einen Humanität, die jedoch ihrerseits wiederum nicht vorstellbar ist ohne die ihrem ursprünglichen Wesen nach universal („Juden und Heiden" bei Paulus, Röm 11, 25; 1, 16; 10, 12), dann aber historisch partikulär (gesta Dei per Francos) aufgefaßte christliche Heilsgeschichte. Doch wenn so auch die Aufklärung als Ergebnis der jahrhundertelangen „Diastase" der mittelalterlichen Geschichte (Mayer-Pfannholz)[5], der Diastase zwischen geistlichem und politischem Bereich, zwischen Innerlichkeit und Institution, zwischen Freiheit und Autorität, zwischen Welt und Gott, betrachtet werden kann, so ist sie doch gerade als das Ergebnis dieser Diastase zugleich die Krise des europäischen Geistes, die institutionell dadurch charakterisiert ist, daß nunmehr die Kirche „die Führung verlor"[6] und dem Christentum, dem die Aufklärung entstammt, in freilich nach Personen und Ländern verschiedenem Maße der Heftigkeit „der öffentliche Prozeß gemacht wird"[7], ohne daß sich freilich — bevor das zeitliche Ende der Epoche bezeichnet ist — der Ankläger von dem Angeklagten trennen kann. Es ist in der Charakteristik dieser Krise nicht nur ihre Herkunft aus der Bewegung des abendländischen Denkens[8], sondern auch ihre Komplexität, ja ihre innere Widersprüchlichkeit zu beachten. Die Skepsis richtet sich nicht nur gegen die Dogmen des christlichen Glaubens, sondern war das innerste Moment der menschlichen Vernunft selbst, die enthusiastisch gefeiert, der Kritik unterworfen und, wenn auch zunächst nur am Rande, zynisch diskreditiert werden konnte. Gegen die Gewißheit des cartesianischen Bewußtseins und seine „angeborenen Ideen" erhebt sich der psychologische Empirismus des J. Locke, für den die Seele ein ursprünglich weißes Blatt ist, mit seiner breiten Nachwirkung (so auf Montesquieu, Voltaire, Rousseau) und seiner Einmündung in den Sensualismus. Von J. Locke herkommend, greift D. Hume dessen Deismus als neues Dogma an und kritisiert den Begriff der „natürlichen Religion", mit dem die historischen Offenbarungsreligionen hatten überwölbt werden sollen, als eine leere Konstruk-

[4] Vgl. diesen Bd S. 587.

[5] *A. Mayer-Pfannholz*, Phasen des Mittelalters: Hochland 36 (1938/39) 188.

[6] *H. Jedin*, dieses Hdb. IV 682.

[7] *P. Hazard*, Vernunft 25.

[8] Dieses Moment wird in der kath. Literatur über die Aufklärung zumeist wenig beachtet. Das undifferenziert negative Klischee „Indifferentismus, Rationalismus, Agnostizismus, Naturalismus, Materialismus" (*Funk-Bihlmeyer* III [1934] 217 f; in der von *H. Tüchle* hrsg. 17. Aufl. [1961] 249 ist das Bild verfeinert) tritt regelmäßig zusammen mit dem positiven Klischee „Humanisierung der Rechtspflege, Bekämpfung des Aberglaubens, bes. des Hexenwahns, Interesse für die Pädagogik, bürgerliche Toleranz" (diese mit Vorbehalt); so auch *A. Schwarz*, Aufklärung: LThK² I (1957) 1058 mit dem Zusatz, das Positive sei „freilich im Grunde nur auf verwässerte christliche Ideale" bezogen.

tion, an deren Stelle er im Sinne der Psychologie das religiöse Bedürfnis, wurzelnd in Furcht und Hoffnung, als eines aller anderen Bedürfnisse setzt. Viel stärker als im Verlaufe der englischen Aufklärung blieb die Theologie der ständig anwesende, wenn auch in der kritischen Abgrenzung an die andere Seite des Tisches verwiesene Gesprächspartner in der deutschen Philosophie der Aufklärung von Leibniz bis Kant, womit hier am deutlichsten dokumentiert wird, was vom europäischen Willen zur Aufklärung insgesamt gilt, daß nämlich „der unendliche Gegenstand, an dem er sich in den neuzeitlichen Jahrhunderten abarbeitet, das Christentum ist“ [9]. Und läßt man sich nicht täuschen von der ätzenden Schärfe der Sprache, dann spürt man diese Partnerschaft auch in der französischen Aufklärung, im Pastorensohn Pierre Bayle, dessen Verhältnis zum Calvinismus umstritten ist, und im antiklerikalen Haß des „Ecrasez l'Infame“ bei Voltaire. Nimmt man die Aufklärung als Gesamtphänomen und trennt man nicht unzulässig die großen Gestalten von den Multiplikatoren, die tief in die breite Schicht der „Gebildeten“ einwirken, zu denen sich auch Leute zählten, die zwar nicht selbst lesen konnten, aber sich vorlesen ließen, dann reicht die Spannweite vom „platten Glückseligkeitsstreben bis zu sublimer Mystik bei Spinoza und Malebranche“ [10].

Zusammen mit der Auffassung von der Philosophie als dem „universellen Prozeß des Philosophierens“, der eine neue Ordnung heraufführen will [11], waren die „sciences“, die Naturwissenschaften, das prägende Moment des Zeitalters, vermittelten ihre Beobachtungen und Experimente ein immer mehr anwachsendes Bewußtsein menschlicher Souveränität. Obwohl zwar die Mathematik und Physik Newtons bleibende Erkenntnisse hervorbrachte, während die Biologie des 17. und 18. Jh. heute zum guten Teil nur noch problemgeschichtlich bedeutsam ist, so war doch in einer epochalen Wende die gesamte Natur einschließlich des Menschen zum Gegenstand empirischer Forschung geworden, deren Ergebnisse dem überlieferten Weltbild der Schöpfung konfrontiert wurden, bei den bedeutenden Naturwissenschaftlern keineswegs leichten Sinnes [12].

[9] *H. Freyer,* Weltgeschichte Europas (Stuttgart [2]1954) 527. — „Too credulous and too sceptical“ in einem nennt *C. L. Becker* (a. a. O. 30 f) die Aufklärung und meint, „there is more of Christian philosophy in the writings of the ‚Philosophes‘ than has yet been dreamt in our histories“. Kritisch gegen diese „brillante“ Arbeit, setzt *A. Cobban* (a. a. O. 228) den Akzent seiner Charakteristik darauf, daß „the enlightenment is correctly identified as the source of the current conflict in ethical values and the consequent pessimism“.
[10] *F. Wagner,* Handbuch 129. — „Not only was there in some of the intellectual leaders a great aspiration to demonstrate that the universe ran like a piece of clockwork, but this was itself initially a religious aspiration“ (*H. Butterfield,* Origins 119).
[11] *E. Cassirer* a. a. O., Vorrede X.
[12] Vgl. in der Kapitels-Lit. 6) die Problemgeschichten der Naturwissenschaften (besonders *E. J. Dijksterhuis, H. Butterfield, H. Lange, E. Ungerer*), ferner 7) O. *Zöckler, W. Philipp, P. Althaus, R. S. Westfall* und im folgenden die einzelnen Forscher des Zeitalters.

Diesem endogenen Prozeß der europäischen Aufklärung korrespondiert die aus der Rückwirkung der Weltentdeckung stammende Kritik an der abendländischen Überlieferung, am Christentum oder mindestens seiner Praxis in Europa, vorgetragen im Vergleich mit asiatischen Hochkulturen oder amerikanischen Naturvölkern. Es hat seine zeitgenössisch unbewußte, aber in der Sache selbst liegende Bedeutung, daß es vor allem die Berichte der Missionare aus Asien, besonders aus China, und aus Amerika waren, die eine „Kulturkritik“ hervorriefen, zunächst in der Absicht, der Heimat einen taciteischen Spiegel vorzuhalten (schon bei Franz Xaver), dann aber mit der Folge, daß gerade die Männer, die um des christlichen Glaubens und seiner Verkündigung willen in die Welt ausgegriffen hatten, ungewollt den Grund zum Zweifel am komplexen Absolutheitsanspruch des Christentums legten, gewollt gegenüber jener Form dieses Anspruches, der sich in einer Identifizierung der christianitas mit der abendländischen Kultur dargestellt hatte [13]. Der christliche Glaube erwies sich so als eine „Aufklärung“ insofern, als er seine geschichtliche Verkörperung selbst in Frage stellte, damit aber inklusive die europazentrische Auffassung der geschichtlichen Welt. Wie der Erfahrung der Natur die Schöpfungslehre zum Problem wurde, so auch der Erfahrung eines bei aller Undeutlichkeit des positiven Wissens durchaus universalen Geschichtsbildes die christliche Heilsgeschichte (vgl. dazu unten).

Der „Rationalismus“ der Aufklärung ist sowohl Radikalisierung der abendländischen Rationalität wie Verkennung des Geheimnisses, das der Mensch immer bleibt; der „Naturalismus“ sowohl Entdeckung der Welt wie Verlust ihrer ganzen Dimension in der Verkürzung der materialistischen Deutung; die von Grotius zu Pufendorf und Thomasius laufende Enttheologisierung des Naturrechts sowohl Begründung des toleranten Staates wie seine Verabsolutierung als das praktische primum principium des politischen und gesellschaftlichen Lebens; der „Indifferentismus“ in Wirklichkeit sowohl die Toleranz, die intellektuell und politisch nach der Auflösung des mittelalterlichen Universalismus (der seine eigene Problematik hatte) geboten war und nach einer neuen Universalität der Wahrheit auslangte, wie nihilistischer Skeptizismus. Die Aufklärung kann nur in dieser ihrer Ambivalenz verstanden werden, die sich besonders deutlich zeigt in ihrem durchaus gebrochenen Verhältnis zur Idee des Fortschrittes, die an die Stelle der Verheißung im überlieferten Heilsglauben getreten war.

Die Auseinandersetzung mit der Tradition spiegelte sich auch im Bildungswesen. Die alten Institute, die Universitäten und die geistlichen und städtischen Schulen, blieben lange Zeit der Aufklärung verschlossen. Die wichtigste Wirkung ging von den Akademien und wissenschaftlichen Gesellschaften, dann aber vor allem von den Hauslehrern der aristokratischen

[13] Vgl. diesen Bd S. 330 f.

Familien und den gesellschaftlichen Zirkeln aus. Fast alle Aufklärer beschäftigten sich mit pädagogischen Fragen. Die bedeutendsten Pädagogiker der Zeit waren Johann Amos Comenius (1592—1670 [Amsterdam]) mit seinem „Orbis sensualium pictus" (1654) und seiner „Didactica magna" (1672)[14] sowie J.-J. Rousseau (vgl. unten). Die Erfassung der breiten Volksschichten durch den Geist der Aufklärung ist jedoch ein langer Prozeß, der — in sich selbst dynamisiert durch die „zweite Aufklärung" — bis in unser Jahrhundert andauert. Eine große Bedeutung kam dabei den Medien der öffentlichen Meinungsbildung zu[15].

Wenn man die Aufklärung in ihrer geschichtlichen Einbettung beläßt, so ist es nicht leicht, ihren Anfang auszumachen. Der Unterschied gegenüber dem Humanismus besteht darin, daß dieser trotz seiner starken paganistischen Züge zu einem beträchtlichen Teil noch innerkirchlicher Kritik und Reform zuzuordnen ist[16] und dort, wo er die Säkularisierung einleitet, weithin den theologischen Bereich auszusparen pflegte. Am deutlichsten ist dies zu erkennen in der Entwicklung des Geschichtsverhältnisses; die humanistische Geschichtsschreibung hat regionale Bereiche zum Gegenstand, grenzt sie aus dem heilsgeschichtlichen Horizont des Mittelalters aus, wendet die historische Kritik auf ihre Gegenstände an, läßt aber — im Gegensatz zu Voltaire — die Historia Divina von der Kritik unberührt. Wenn man auch kaum sagen kann, daß „erst ein neues Sichbesinnen auf die christlich bedingte Lebensbasis" nach dem Humanismus zu einer Überwindung des „antiken statischen Denkens" (das so statisch gar nicht war) geführt habe[17], so ist daran doch richtig, daß die radikale Auseinandersetzung der Aufklärung mit dem christlichen Glauben sowohl aus diesem Konflikt wie aus der säkular umgedeuteten christlichen Eschatologie jene Dynamik bezog, von der das neue Zeitalter bestimmt ist. Auch in ihrem Selbstverständnis setzte sich die Aufklärung von Renaissance und Humanismus ab, neigte der seit dem 17. Jh. in der französischen Literatur geführte Streit der „Alten" und „Modernen" progressiv der Emanzipation von der Antike zu (Fontenelle [1657—1757] spricht von den „Absurditäten" der griechischen Mythologie[18], Voltaire kritisiert die „blinde Verehrung der Antike"[19], wenn auch gleichzeitig für den Neuplatonismus des A. Shaftes-

[14] *K. Schaller,* Die Pädagogik des J. A. Comenius (Heidelberg 1962). — Vgl. die Kapitels-Literatur. Als das „pädagogische Jahrhundert" wurde das Saeculum von *Niethammer* (1795) deklariert (vgl. *A. Reble* a. a. O. 129).

[15] *C. Ledré,* Histoire de la Presse (Paris 1958). — Vgl. die Lit. bei den einzelnen Ländern.

[16] *K. A. Fink,* dieses Hdb. III/2 626 ff; Humanismus und Reformation haben „die bestimmende Geltung der Überlieferung nur gelockert" (*F. Valjavec* a. a. O. 9). Die „Sprengung des Universalismus" in den politisch-wirtschaftlichen Großräumen des Absolutismus erst bezeichnet *F. Wagner,* Europa im Zeitalter des Absolutismus (München 1948) 3 f als das Ende des Mittelalters.

[17] *H. Lange,* Physik I 166. [18] Zit. nach *P. Hazard,* Vernunft 79.

[19] L'Histoire du Parlement de Paris, cap. 50.

bury [1671—1713] die antike Kunst absolutes Vorbild bleibt). Die Kritik an der Antike und dem Verhältnis des Humanismus zu ihr gehört mit in die aufklärerische Kritik an der Überlieferung. Benedetto Croce sieht das Zeitbewußtsein darin bezeichnet, daß man nicht nur aus der „Finsternis" des Mittelalters, sondern nunmehr auch aus der „Morgendämmerung" des Humanismus und der Renaissance in das volle Licht der Vernunft herausgetreten sei [20]. Nicht nur im Zusammenhang der Kirchengeschichte ist die Veränderung im Verhältnis zum christlichen Glauben das wesentliche Moment sowohl des Zusammenhanges wie der Differenz zwischen Humanismus und Aufklärung.

Die Aufklärung in den politischen und gesellschaftlichen Bedingungen der Länder

Der Prozeß der Aufklärung verläuft in mehreren Phasen, in nach Ländern unterschiedenen geistigen Klimaten, in sehr gegensätzlichen Positionen der einzelnen Aufklärer, deren persönliche Verbindungen sich in entschiedene Feindschaften verwandeln konnten. Wie immer auch die Aufklärung eine Konsequenz in der Geschichte des abendländischen Denkens war, sie hatte ihre Bedingungen in der allgemeinen Geschichte, im rasanten Verbrauch der religiösen Anschauungen während der Konfessionskriege zur ideologischen Begründung politischer Machtpositionen, ein Verbrauch, der in der Indifferenz rein politischer Toleranzakte noch gesteigert werden konnte, im Stauungseffekt staatskirchlicher Zensur im französischen Absolutismus ebenso wie in der Aufhebung der Vorzensur und der Kontrolle der Büchereinfuhr 1695 in England, sozialgeschichtlich vor allem im Aufstieg einer bürgerlichen Bildungsschicht [21], die den orthodoxen Klerus in die Rückständigkeit verwies, zwar vom gemeinen Volk isoliert war, aber das Monopol der Bildung beanspruchte.

In *England* [22] war nach der Verbindung der religiösen Opposition der Puritaner und der politisch-parlamentarischen Opposition gegen den anglikanischen Absolutismus Jakobs I. (1603—25) und nach dem „heiligen

[20] *B. Croce,* Theorie 205; *E. Cassirer* betont dagegen, daß die Aufklärung bei aller Lösung von der Tradition „doch mit Vorliebe immer wieder zu antiken Gedankenmotiven und zu antiken Problemstellungen zurückgeht" (a. a. O. 314).

[21] *E. Labrousse,* Voies nouvelles vers une histoire de la bourgeoisie occidentale aux XVIIIe et XIXe siècles (1700—1850): Relazioni del X Congresso Int. di Scienze Storiche IV (Florenz 1955) 365—396; *O. Brunner,* „Bürgertum" und „Feudalwelt" in der europ. Sozialgeschichte: Gesch. in Wiss. u. Unterricht 7 (1956) 599—614.

[22] *C. R. Cragg,* From Puritanism to the Age of Reason 1660 to 1700 (Cambridge 1950, 1966); *L. Stephen,* English Literature and Society in the 18th Century (London 1904, 1963); *H. M. Carré,* Phases of Thought in England (Oxford 1949); *W. K. L. Clarke,* 18th Century Piety (London 1944).

Krieg" der Independence Oliver Cromwells, dem nicht nur Karl I. (1649) zum Opfer fiel, sondern auch die Presbyterianer des Parlaments, in der Zeit der Restauration (Karl II., 1660—85) zwar das religiöse Engagement der Öffentlichkeit noch immer so stark geblieben, daß bei den Kämpfen um Parlamentssitze religiöse Sätze zu den wichtigsten Argumenten zählten. Aber im Parlament selbst wurde „der genuine Protestantismus von denen verteidigt, die die Testakte (1673; Vorschrift des anglikanischen Abendmahles und kirchlichen Suprematseides für alle Inhaber von Staatsämtern) ohne Skrupel erfüllten, weil sie größtenteils Freigeister waren" [23]. Nach der Glorious Revolution ließ die Toleranzakte von 1689 das anglikanische Bekenntnis zwar noch immer als das allein reguläre gelten und Nonkonformisten vorerst nicht zu Staatsämtern zu, eröffnete aber doch einen gesellschaftlich freien Raum [24], innerhalb dessen sich die Aufklärung zwar nicht ungehindert, aber ungehinderter entfalten konnte, noch mehr seit der Thronfolge Georgs I. (1714) aus dem lutheranischen Haus Hannover. 1662 war in London die Royal Society [25] gegründet worden, die zehn Jahre später Isaac Newton als prominentestes Mitglied zählte, ferner den Begründer der wissenschaftlichen Chemie, Robert Boyle, den Mathematiker John Wallis, den Physiker, Astronomen und späteren Architekten Christopher Wren u. a. und in ganz Europa zur Gründung von Akademien, den gegenüber den Universitäten fortschrittlichen wissenschaftlichen Instituten, anregte. 1709 begann der „Tatler", 1711 der „Spectator" zu erscheinen, Modell der „Moralischen Wochenschriften", von denen die große geistige Bewegung für den fortschrittlich gesinnten Leser umgesetzt wurde. Nach der unperiodischen „London Gazette" (1665) kam 1712 der „Daily Courant" heraus, an dem die führenden Intellektuellen Englands mitarbeiteten [26].

Im „Discourse on freethinking" (London 1713) wurde von Anthony Collins (1676—1729) die zeitgenössisch erstmals auf John Toland (vgl. unten) angewandte Bezeichnung „Freidenker" allgemein eingeführt für deistische Gesinnungsgenossen, während man in Frankreich unter „libres penseurs" vor allem Atheisten wie Helvetius und Holbach verstand. In England auch entspringt die Freimaurerei, diese „Selbstdemonstration einer europäischen ‚Gesellschaft', die sich von den althergebrachten ständischen

[23] *K. Kluxen: F. Wagner,* Handbuch 319.

[24] *R. B. Barlow,* Citizenship and Conscience. A Study in the Theory and Practice of Religious Toleration in England during the 18th Century (Philadelphia 1963).

[25] *M. Purver,* The Royal Society. Concept and Creation (London 1967); *M. Ornstein,* The Rôle of the Scientific Societies in the 17th Century (Chicago 1928).

[26] *K. K. Weed - R. P. Bond,* Studies of British Newspapers and Periodicals from their Beginning to 1800. A Bibliography (Chapel Hill 1946); *F. S. Siebert,* Freedom of the Press in England. 1476—1776; the Rise and Decline of Government Controls (Urbana, Ill. 1952); *J. Frank,* The Beginnings of the English Newspapers, 1620—1660 (Cambridge, Mass. 1961).

Bindungen, politischen Autoritäten und kirchlichen Lehren löste"[27]. Im Laufe des 17. Jh. waren die Bauhütten, denen als Ehrenmitglieder („Free-Masons") auch Techniker und Naturwissenschaftler angehörten, zu intellektuellen Gruppen geworden, zu „Logen"; die Vereinigung der „Großloge von England" (1717), deren Satzung 1723 der anglikanische Geistliche James Anderson an der Londoner St.-Pauls-Kirche entwarf, wurde zum Startzeichen ähnlicher Gründungen in fast allen europäischen Ländern, mit freilich verschiedener geistiger Tendenz, die auch zu Spaltungen führte[28]. Die englische Freimaurerei huldigte dem moralistischen Ideal des „Men of Honour and Honesty", den auch eine deistische Frömmigkeit zu schmücken hatte.

Dies war die politische und gesellschaftliche Landschaft, in der sich in England am frühesten, aber auch mit kühler Mäßigung die Aufklärung entfalten konnte, die dort auch auf einen jahrhundertealten Empirismus als geistige Nationaleigenschaft zurückgreifen konnte. Francis Bacon (1561—1626)[29] hatte versucht, in seinem „Novum organum scientiarum sive indicia vera de interpretatione naturae" (1620) durch eine scharfe Trennung der theologia naturalis von der theologia revelata den Atheismus zu widerlegen und als einer, der wie die Biene nicht nur (empirisch) sammelt, sondern (interpretativ) verändert, eine philosophisch begründete Theorie der empirisch-induktiven Wissenschaften vorzulegen. Von diesem Ansatz trennen sich ebenso wie vom Cartesianismus die auf der Strenge absolut induktiver Methode bestehenden „Philosophiae naturalis principia mathematica" (1687) des Isaac Newton (1643—1727), der im Vorwort dieses Werkes die Methode definierte, nach der mittels mathematisch bewiesener Sätze aus den „Erscheinungen des Himmels" die „Kraft der Schwere" abgeleitet wird und möglichst auch „die übrigen Erscheinungen in der Natur aus mathematischen Prinzipien" abgeleitet werden sollen. Verfasser theologischer Arbeiten über das AT, war der Entdecker der Infinitesimalrechnung „immer beflissen, die geistige Gesamtstruktur der Erfahrungswelt, die den Rückschluß auf den christlichen Schöpfergott zuließ,

[27] *F. Wagner*, Handbuch 123.

[28] *J. Anderson*, The Constitutions of the Free-Masons (London 1723; Reproduction Twickenham 1952); *G. Martin*, Manuel d'histoire de la Franc-Maçonnerie française (Paris [3]1934); *H. Boos*, Gesch. der Freimaurerei. Ein Beitrag zur Kultur- und Literaturgeschichte des 18. Jh. (Aarau [2]1906; Reprint 1967); *B. Fay*, La Franc-Maçonnerie et la révolution intellectuelle du XVIIIe Siècle (Paris 1935, 1942); *R. F. Gould*, The History of Freemasonry, 6 Bde (London 1884/87; revised ed. by *H. Poole*, 4 Bde, London 1951); *G. Serbanesco*, Histoire de la Franc-Maçonnerie universelle, 6 Bde (Paris 1963 ff), Bd I; *P. Naudon*, La Franc-Maçonnerie (Paris 1963); *ders.*, La Franc-Maçonnerie et le divin (Paris 1960). — Vgl. die Lit. bei den einzelnen Ländern.

[29] The Works, Coll. and ed. by *J. Spedding - R. L. Ellis - D. D. Heath*, 14 Bde (London 1858/74, Reprint Stuttgart 1963). — Lit.: *P. Hossfeld*, Francis Bacon und die naturwissenschaftl. Begriffe seiner Zeit (Phil. Diss. masch. Bonn 1951).

zu ergründen" [30], zugleich freilich von der 1. zur 3. Auflage seiner „Principia" auf dem Wege zur absoluten Voraussetzungslosigkeitstheorie der Naturwissenschaft. Bereits um die Mitte des 17. Jh. hatte der Arzt William Harvey (1578—1657), der in Padua studiert hatte und 1615 in London Professor der Anatomie geworden war — berühmt geworden als Entdecker des Blutkreislaufes und deshalb von der Sorbonne zensiert —, in seinen „Exercitationes de generatione animalium" (London und Amsterdam, 1651) die kausal-induzierende Methode angewendet, hatte freilich den Satz ovum esse primordium commune omnibus animalibus (Exc. p. 210) formuliert, ohne jemals ein Säugetier-Ei gesehen zu haben. Die Wende vom 17. zum 18. Jh. bringt dann die englische Form der Erkenntniskritik, den systematischen Empirismus. John Locke (1632—1704) [31], sicher keiner der tieferen, aber einer der erfolgreichsten Denker seiner Zeit, insbesondere mit seinen politischen Schriften, hat in seinem „Essay Concerning Human Understanding" (1690) das die Natur erforschende Subjekt selbst zum Gegenstand gemacht. Dieser Empirismus, und nicht die „angeborenen Ideen" des Descartes, beherrscht dann das Zeitalter (wenn auch der J. Locke weiterführende George Berkeley [1685—1753] die Vorstellungen im menschlichen Geist von Gott geordnet sieht [„Treatise Concerning the Principles of Human Understanding", 1710]). Nicht weniger wichtig als Lockes Einwirkung auf die politische Theorie (Staatsvertrag, Gewaltenteilung) ist die auch in den „Letters Concerning Toleration" (1689/92) vorgetragene Begründung des Deismus, der die geschichtliche Offenbarung mit dem Nachweis ihrer Vernünftigkeit („The Reasonableness of Christianity" [1695]) in die allgemeine Rationalität einbringen will. Die Lehre von der „Natürlichen Religion" war bereits von Herbert of Cherbury (1582—1648) unter dem bezeichnenden Titel „De veritate, prout distinguitur a revelatione, a verosimili, a possibili et a falso" (1624) vorgetragen worden. Radikalere Konsequenzen als John Locke zog der zunächst katholisch erzogene John Toland (1670—1722), der auf Materialisten wie Holbach einwirkte, aus der Rationalisierung des Offenbarungsglaubens in seiner öffentlich verbrannten Schrift „Christianity not mysterious" (1696; Reprint 1969) mit der These, daß der Glaube der Vernunft nicht widerspreche, umgekehrt aber auch nichts darüber hinaus enthalte, während Matthew Tindal (1656

[30] *F. Wagner*, Handbuch 137; *ders.*, Kirchengeschichte und Profanhistorie im Spiegel Newtons und seiner Zeit: Saeculum 17 (1966) 193—204; *F. Dessauer*, Weltfahrt der Erkenntnis. Leben und Werk Isaac Newtons (Zürich 1945); Isaac Newton. Theological Manuscripts, selected and ed. with an Introduction by *H. McLachlan* (Liverpool 1950); *L. T. More*, Isaac Newton. A Biography (London/New York 1934); *F. E. Manuel*, Isaac Newton as Historian (Harvard 1963); *A. Koyré*, Newtonian Studies (London 1965); *M. C. Jacob*, John Toland and the Newtonian Ideology: Journal of the Warburg 32 (1969) 307—331.

[31] The Works of John Locke. A new ed. Corrected. 10 Bde (London 1823; Reprint Aalen 1963); *M. W. Cranston*, John Locke. A Biography (London 1957).

bis 1733) das Evangelium als eine Wiederherstellung der natürlichen Religion („Republication of the Religion of Nature") deutete („Christianity as old as the creation" [1730], deutsch 1741). Eine entschiedene Kritik der „natürlichen Religion" und des Deismus hat der wohl bedeutendste Geist der englischen Aufklärung, David Hume (1711—76), nach seinen psychologischen („Enquiry Concerning Human Understanding" [1758], deutsch 1793), moralphilosophischen („Enquiry Concerning the Principles of Morals", 1751) und politologischen („Political Discourses", 1752) Schriften vorgetragen in seiner „Natural History of Religion" (1755) und in den „Dialogues Concerning Natural Religion" (posthum 1779), von Einfluß auf Rousseau, J. G. Herder und besonders folgenreich auf I. Kant. Nicht die Vorstellungen, zu denen auch die „natürliche Religion" gehört, sondern die von der Psychologie zu analysierenden Verhaltensweisen, bei der Religion die Furcht und die Hoffnung, bestimmen den Menschen. Die Theologen wollen den größten Widersinn beweisen; statt dessen soll man einsehen, daß „das Ganze der Welt ein Rätsel ist, ein unerklärliches Mysterium" (History of Religion, sect. XV)[32]. In seinem wichtigen Frühwerk „A Treatise of Human Nature" hatte D. Hume zukunftsweisend alle Wissenschaften auf die Lehre vom Menschen bezogen, von der aus ein „vollständiges System" zu entwickeln sei (Einleitung). Eines der wichtigsten Momente der Aufklärung, die vor allem von christlichen Missionaren vermittelte Kenntnis außerchristlicher Religionen, bestimmt die Schrift des Sozinianers J. Priestley (1733—1804)[33] „A Comparison of the Institutes of Moses with those of the Hindoos and other Ancient Nations" (1799). Seine „History of the Corruption of Christianity" (1782), Thema auch des Pietisten J. G. Arnold, ist ein Beispiel für die Kritik, der auch die christliche Moral ausgesetzt wurde. Soziologische und politologische Theorien sind, wenn auch für die gesamte Aufklärung und ihre Rationalisierung des Naturrechts charakteristisch, ein besonderes Merkmal ihrer englischen Variante. Während aus der Psychologie des liberalen David Hume ein individueller und sozialer Tugendkatalog abzuleiten war, hatte H. Bolingbrocke (1678—1751)[34], der politisch ein Tory war (er mußte 1714 nach Frankreich fliehen), intellektuell aber ein extremer Freigeist, an die Stelle der moralischen Idee seine sensualistische Trieblehre (Einfluß auf Voltaire) gesetzt, der auch der in Holland als Sohn französischer Eltern geborene Bernard de Mandeville (1670—1733) mit der These, der Egoismus sei das einzige reale gesellschaftliche Prinzip, folgte („The Table of the Bees",

[32] Zitat nach *Cassirer* a. a. O. 244 f. — Ausg. D. Humes: The Philosophical Works, hrsg. von *H. Green - T. H. Grose*, 4 Bde (1882/86, Reprint Aalen 1964). — Lit.: *F. H. Heinemann*, David Hume. The man and his Science of Man (Paris 1940).

[33] *A. Holt*, A Life of Joseph Priestley (London 1931).

[34] *Ch. A. Petrie*, Bolingbroke (London 1937).

1714). Adam Ferguson (1723—1816)[35] versuchte dann, den Sensualismus in einer soziologisch-geschichtlichen Auffassung zu überhöhen, in der die von der Gattung Mensch bewirkte Geschichte zur wesentlichen Unterscheidung gegenüber der Tierwelt wird („Essay on the History of Civil Society" [1766], deutsch 1768). Der Egoismus wurde als das zentrale Prinzip des gesellschaftlichen Lebens gesehen, ob nun Th. Hobbes (1588—1679)[36] aus der Formel „Homo homini lupus" eine Theorie des Absolutismus entwickelt hatte („Leviathan sive de materia, forma et potestate civitatis ecclesiasticae et civilis" [1651]; „De homine" [1658]) oder Adam Smith (1723 bis 1790) ein Jahrhundert später eine Theorie des Liberalismus („Inquiry into the Nature and Causes of the Wealth of Nations" [1776]) vortrug.

In *Frankreich*[37] hatte die politisch motivierte konfessionelle Toleranz unter Heinrich IV. (Edikt von Nantes 1598) ein Klima geschaffen, in dem neben der katholischen Erneuerung in der ersten Hälfte des 17. Jh. die Indifferenz in kirchlich-religiösen Dingen bis zum Atheismus gedeihen konnte. Diese Indifferenz wurde indirekt gefördert durch die Auseinandersetzung mit dem Jansenismus, dessen politische Verfolgung (neben der kirchlichen) schließlich zu seiner eigenen Politisierung führte, wie auch sein religiöser Spiritualismus allmählich mit der Aufklärung zusammengehen konnte. Das wichtigste Moment aber war die mit Richelieu einsetzende radikale Funktionalisierung der katholischen Kirche für den Staat, ob sie nun antipäpstlich war (Deklaration der „gallikanischen Freiheiten", 1682) oder nach der Verständigung mit der Kurie die Bischöfe gegenüber den Parlamenten und dem niederen Klerus privilegierte (Edikt von 1695).

[35] *W. C. Lehmann*, A. Ferguson and the Beginnings of Modern Sociology (New York 1930).

[36] Ausg.: Opera philosophica quae latine scripsit omnia, 5 Bde (1839/45; Reprint Aalen 1961); — English Works. Ed. by *W. Molesworth*, 11 Bde (1839/45; Reprint Aalen 1966); Leviathan, hrsg. mit Einleitung von *M. Oakeshott* (Oxford 1957), dt. hrsg. u. eingel. von *I. Fetscher*, übers. von *W. Euchner* (Neuwied-Berlin 1966). — Lit.: *F. C. Hood*, The Divine Politics of Thomas Hobbes. An Interpretation of Leviathan (Oxford 1964); *M. M. Goldsmith*, Hobbes's Science of Politics (New York 1966).

[37] *P. Sagnac*, La Révolution des idées et des mœurs et le déclin de l'Ancien Régime (1715—1788): La formation de la société française moderne 2 (Paris 1946); *B. Benichou*, Morales du Grand siècle (Paris 1948); *L. G. Crocker*, An Age of Crisis. Man and World in the eighteenth Century French Thought (Baltimore 1959); *H. Kirkinen*, Les origines et la conception moderne de l'homme-machine. Le problème de l'âme en France à la fin du règne de Louis XIV sur l'histoire des idées (Helsinki 1960); *P. Gay*, The Party of Humanity. Essays in the French Enlightenment (New York 1964); *L. G. Crocker*, Recent Interpretations of the French Enlightenment: Cahiers d'histoire mondiale (1964) 426—456; *R. R. Palmer*, Catholics and Unbelievers in 18th Century France (Princeton 1939); *G. Le Bras*, Introduction à l'histoire de la pratique réligieuse en France, 2 Bde (Paris 1942/45); *ders.*, Etudes de sociologie religieuse, 2 Bde (Paris 1955/56); *R. L. Bach*, Die Entwicklung der frz. Geschichtsauffassung im 18. Jh. (Diss. Freiburg i. Br. 1932, gedr. Bruchsal 1932); *H. Vyverberg*, Historical Pessimism in the French Enlightenment (Harvard 1958); *G. Snyders*, La pédagogie en France aux XVIIe et XVIIIe siècles (Paris 1965).

Die aus diesem Staatskirchentum und dem persönlichen Herrschaftsbewußtsein Ludwigs XIV. folgende Aufhebung des Edikts von Nantes (1685) hatte neben innerfranzösischen Auswirkungen zufolge der Emigration von ca einer halben Million Hugenotten vor allem Bedeutung für die europäische Intelligenz, weil neben den Freimaurerlogen diese Flüchtlinge ein „Bindemittel europäischen Bewußtseins" darstellten und ihre jüngere, der eigenen kirchlichen Bindung entwachsende Elitengeneration „die Pfarrgemeinde durch die internationale Gelehrtenrepublik ersetzte" (F. Wagner) [38]. Neben den sich untereinander bekämpfenden religiösen „Nonkonformisten" Frankreichs, den Calvinisten und den Jansenisten, wurden zunehmend auch die Rationalisten dem absolutistischen Staat verdächtig, der 1666 in Paris die „Académie des Sciences" gegründet hatte (Colbert), aber im Rahmen seiner merkantilistischen Politik auch das Verlags- und Druckereiwesen unter strengster Kontrolle hielt. Anderseits aber war das Bürgertum [39], das unter Ludwig XIV. einen mächtigen Aufstieg erlebte, Träger und Publikum der geistigen Bewegung, die nach Ludwigs Tod (1715) im politischen und wirtschaftlichen Niedergang und trotz fortbestehender Zensurvorschriften [40] sich kräftig entfalten und auch zu Extremen versteigen konnte. Die Lesezirkel und Salons, denen seit der Mitte des Jahrhunderts adlige und bürgerliche Mitglieder gleichberechtigt angehörten, waren ihre Szenerie, der wichtigste Multiplikator aber die „Enzyklopädie", eingeleitet von Jean-Lérond d'Alembert (1717—83; Jean-Lérond nach einer Pariser Kirche, wo das uneheliche Kind ausgesetzt worden war) [41], beherrscht aber von Denis Diderot (1713—84, Sohn eines Messerschmieds und Jesuitenschüler) [42], dessen „Pensées philosophiques" (Paris 1746), als antichristlich öffentlich verbrannt, in die „Promenade d'un sceptique" und in eine materialistische Naturphilosophie ausmünden. Die Enzyklopädie [43] dokumentiert in den unterschiedlichen Positionen ihrer Autoren, in der Vorherrschaft empirischer Wissenschaften und in ihrer Geschichte (1751

[38] *F. Wagner*, Handbuch 118 120; *ders.*, Die Hugenotten — ein europäisches Schicksal: Der deutsche Hugenott 27 (1963) 103—116; *E. Haase*, Einführung in die Literatur des Refuge. Der Beitrag der frz. Protestanten zur Entwicklung analytischer Denkformen am Ende des 17. Jh. (Berlin 1959).

[39] *B. Groethuysen*, Die Entstehung der bürgerlichen Welt- und Lebensanschauung in Frankreich, 2 Bde (Halle 1927/30); *C. Morazé*, La France bourgeoise. XVIIIe—XXe siècles (Paris 1946).

[40] *D. T. Pottinger*, The French Book Trade in the Ancien Régime. 1500—1791 (Cambridge 1958).

[41] *R. Grimsley*, Jean d'Alembert, 1717—83 (Oxford 1963).

[42] *A. M. Wilson*, Diderot. The Testing Years 1713—1759 (New York 1957); *J. Proust*, Diderot et l'«Encyclopédie» (Paris 1963); *L. G. Crocker*, Diderot. The Embattled Philosopher (New York 1966); *P. Altari*, Voltaire, Diderot e il Partito filosofico (1965).

[43] *F. Venturi*, Le origini dell'Enciclopedia (Turin [2]1963); *J. Proust*, L'Encyclopédie (Paris 1965).

bis 1772: 24 Bde, bis 1780: 7 ErgBde) — zunächst mit dem Imprimatur der Sorbonne versehen, 1752 vergeblich verboten, von Clemens XIII. indiziert — die zweite Hälfte des Jahrhunderts in Frankreich. Etwa ein Jahrzehnt vor der Revolution, fast ein Jahrhundert später als in England, waren die Zensurgesetze praktisch überholt. 1771 begann das „Journal de Paris" zu erscheinen. Zusammen mit den literarischen Salons waren die Freimaurerlogen [44] gesellschaftliche Grundlagen der Aufklärung; die schottische Richtung war konservativ, der Zusammenschluß vieler Logen im „Grand Orient de France" (1773) radikal und betont antiklerikal. 1738 und 1751 ergingen päpstliche Verbote.

Zwanzig Jahre nach dem Tod des René Descartes (1596—1650) [45] wurde seine Philosophie in Frankreich verboten, weil man, ihren methodischen Zweifel als absolute Skepsis auffassend, von ihr eine Auflösung der staatlichen und gesellschaftlichen Autorität befürchtete. Der Jesuitenschüler Descartes (1606—14 am Kolleg von La Flèche), der sich zeitlebens als gläubiger Katholik verstand (vgl. S. 115 f), aber meist außerhalb Frankreichs leben mußte, hatte die alltägliche Erfahrung ebenso wie die allgemeinen Begriffe in Frage gestellt und in diesem Prozeß kritischen Denkens „klare und deutliche" Gewißheit nur im Erkennenden selbst, in der res cogitans, gefunden; klar und deutlich ist ihm auch der Begriff Gottes, von dem als dem Vollkommenen aber die menschliche cogitatio nur einen Aspekt hat (Hauptwerke: „Meditationes de prima philosophia", 1641; „Principia philosophiae", 1644). Daß man bei Descartes nur eingeschränkt von einer Emanzipation der Philosophie von der Theologie sprechen kann, ergibt sich daraus, daß allein mit der theologischen Implikation der Wahrhaftigkeit Gottes die res extensa der teilbaren Materie der körperlichen Dinge für gewiß gelten kann, freilich einen einzigen geometrischen Mechanismus darstellt. Im „Discours de la méthode" (1637) wird jedoch innerhalb dieses Mechanismus der welterhaltende Beistand Gottes beim Vollzug der für das Chaos geschaffenen Naturgesetze dem Schöpfungsakt selbst qualitativ gleichgesetzt. Hier besteht eine tiefe Differenz zu dem Physiker Pierre Gassendi (1592—1655), der nicht nur gegen die aristotelische, sondern auch die cartesianische Philosophie alle Vorgänge in der Natur von den in den Atomen enthaltenen Kräften bewirkt sieht [46]. Man kann die Philosophie des Descartes interpretieren als das Unternehmen, die in der Auslegung des kopernikanischen

[44] *D. Ligou*, La Franc-Maçonnerie française au XVIIIe siècle: L'Information historique (Paris 1955); *G.-H. Luquet*, La Franc-Maçonnerie et l'Église en France au XVIIIe siècle (o. O. 1955); zur Frage des Zusammenhanges von Freimaurern u. Frz. Revolution vgl. *E. Weis: F. Wagner*, Handbuch 297 Anm. 29—33.

[45] Œuvres complètes, hrsg. von *Ch. Adam - P. Tannéry*, 12 Bde (Paris 1897/1910); Prinzipien der Philosophie, dt. übers. von *A. Buchenau* (Leipzig [4]1922). — Lit.: *R. Lefèvre*, La vocation de Descartes (Paris 1956); *ders.*, L'humanisme de Descartes (Paris 1957).

[46] *J. S. Spink*, French Free-Thought from Gassendi to Voltaire (London 1960).

Weltbildes durch Galilei[47] herbeigeführte Emanzipation nicht nur von der Theologie, sondern auch von der überlieferten Philosophie zu überholen in dem Bestreben, „die Mathematik auf die Philosophie zurückzuführen“[48], und zwar mittels der Logik und ihrem Gang vom allgemeinen zum Besonderen, der dann zur antikartesianischen Reaktion des empirisch orientierten 18. Jh. führte. Von Descartes ausgehend, will der Oratorianer Nicole Malebranche (1638—1715)[49] mit seinem Begriff der „Vision en Dieu“, zu der die sinnliche Erfahrung nur anregt und in der alle Ideen unmittelbar angeschaut werden (im Unterschied zu den „angeborenen Ideen“ bei Descartes), auf die augustinische Lichtmetaphysik zurückgreifen und in Gott die alleinige causa activa seu efficiens sehen, die sich des menschlichen Handelns als der „causes occasionelles“ bedient („Recherche de la verité“, 1674), von großem Einfluß auf Leibniz. Aber diese Versuche, im Zeitalter der autonomen Vernunft und des mathematisch-naturwissenschaftlichen Denkens der Theologie eine neue zentrale Stellung zu gewinnen, wurden ebenso von der Sorbonne, den traditionellen Theologen (insbesondere den Jesuiten) und teilweise den Jansenisten wie anderseits von den Intellektuellen der Aufklärung abgelehnt, deren Philosoph nicht Descartes, sondern J. Locke war. In Pierre Bayle (1647—1706)[50], hugenottischem Pastorensohn, 1669 in der Jesuitenschule von Toulouse und für 17 Monate katholisch, seit 1681 in Rotterdam Philosophieprofessor, brachte Frankreich jenen Mann hervor, der mit seiner schonungslosen und überaus wirksamen Kritik der Überlieferung, mit der kategorialen Trennung von Glauben und Wissen (vgl. unten), mit seiner Kritik an der moralischen Diskriminierung der Atheisten, aber auch mit seiner Skepsis gegenüber der Vernunft (die er für stärker im Entdecken von Irrtümern als in der positiven Erkenntnis hielt) das geistige Klima des Jahrhunderts weithin bestimmte, Gegner von Descartes und Leibniz, nicht weniger von Spinoza, freilich auch der Folgen des „Pyrrhonisme“ genügend bewußt, um an der natürlichen Idee der Billigkeit als der Grundlage eines autonomen Sittengesetzes festzuhalten. Das „Dictionnaire historique et critique“ (1697, dt. von Gottsched, 1741/44) knüpft an oft belanglose Stichwörter lange Anmerkungen an, in denen die eigentliche

[47] Während Gassendi es verstand, das Weltbild des Galilei zu verteidigen, ohne der Zensur eine Blöße zu geben, hat Descartes in seiner Abhandlung über die Methode die Möglichkeit eines Irrtums offengelassen. Zum „Fall Galilei“ vgl. *H. Jedin*, dieses Hdb. IV 681 f. Daß Galilei sein Schicksal dadurch bestimmte, daß er selbst seine Frage als eine auch theologische behandelte, „statt sie den Theologen zu überlassen“, dies nun ist das Problem der Aufklärung geworden, die eine solche Überlassung nicht mehr für möglich hielt.

[48] *H. Lange*, Physik I 193. — Zu Pascal vgl. S. 49 ff, 116 f.

[49] *G. Sebba*, Nicolas Malebranche, 1638—1715. A preliminary Bibliography (Athens, Georgia 1959); *G. Stieler*, Leibniz und Malebranche und das Theodiceeproblem (Darmstadt 1930). Vgl. Cognet, in diesem Band S. 118 f.

[50] *E. Beyreuther*, Zinzendorf und Pierre Bayle: Herrnhuter Hefte 8 (Hamburg 1955); *J.-P. Jossua*, P. Bayle précurseur des théologies modernes ...: RevSR 39, 2 (1965) 113—157.

Substanz des Werkes enthalten ist. Aber während Bayle noch engagiert sagen konnte, er wolle lieber gottlos als ein Götzendiener sein, betrachtet der Aristokrat Montesquieu (1698—1755)[51] im „Esprit des lois" (1748) die Religionen nach dem Gesichtspunkt des Nutzens für den Staat, in seiner konservativen Kritik am Absolutismus nach ihrer Funktion als einzige Einschränkung für jene, die sich an menschliche Gesetze nicht halten. Das zuerst in Genf und anonym erschienene Werk wirkte in vielen Auflagen und Übersetzungen und stellt eine biologisch (Klima) und soziologisch begründete vergleichende Verfassungslehre dar; aber es gibt einen „ursprünglichen Grund", zu dem die Gesetze in Beziehung stehen, da die Absurdität eines blinden Fatums keine intelligenten Wesen hätte hervorbringen können. Von Montesquieu stammt eines der charakteristischsten Urteile über Voltaire (1694—1778; Sohn eines Notars)[52]: Wie Mönche für den Ruhm ihres Ordens habe er zum Ruhme „seines Klosters" Geschichte geschrieben, eine schlechte Geschichte. Voltaires Engagement für sein „Kloster" ruheloser Geister ist das Pendant zu seinem fanatischen Haß gegen die katholische Kirche („Sermon des Cinquantes" [1761], „Le philosophe ignorant" [1766], „Profession de foi des Théistes" [1768], „Dieu et les hommes" [1769]). Das Leben und das umfangreiche literarische Werk dieses Mannes sind auf keine Formel zu bringen. Seine aus England bezogene deistische Philosophie ist dürftig; aber die „Éléments de la philosophie de Newton" (1738)[53] waren tödlicher für den Cartesianismus in Frankreich als das staatskirchliche Verbot. Wie alle, die sich in Frankreich „philosophes" nennen, ist Voltaire der Prototyp des écrivain, der ebenso das zynische Epos „La pucelle d'Orléans" (1739) wie das erschütternde „Poème sur le désastre de Lisbonne" (1755) schreiben konnte, 1704—10 im Jesuiten-

[51] Ausg.: Œuvres complètes, hrsg. von *A. Masson*, 3 Bde (Paris 1950/55); dt. Übers. des „Esprit des lois" von *E. Forsthoff*, mit wichtiger Einleitung, 2 Bde (Tübingen 1951). — Lit.: *J. Mailhol*, Die Methode des Kulturkritikers u. Geschichtsdenkers Montesquieu (Phil. Diss. masch. Mainz 1955); *M. Göhring*, Montesquieu. Historismus und moderner Verfassungsstaat (Wiesbaden 1956); *R. Shackleton*, Montesquieu. A Critical Biography (London 1961, mit Bibliogr.).

[52] Ausg.: Œuvres complètes de Voltaire. Nouvelle éd., 52 Bde, hrsg. von *A. Beuchot-L. Moland* (Paris 1877/85); Voltaire. Correspondance, hrsg. von *Th. Besterman*, 2 Bde (Paris 1964/65). — Lit.: *W. Kaegi*, Voltaire u. der Zerfall des Geschichtsbildes: Historische Meditationen (Zürich 1942); *R. Naves* (Hrsg.), Voltaire. Dialogues et anecdotes philosophiques (Paris 1955, mit Bibliogr.); *J. H. Brumfitt*, Voltaire Historian (London 1958); *A. Noyes*, Voltaire (Paris 1936, dt. München 1958; will den christl. Voltaire zeigen); *R. P. Pomeau*, La religion de Voltaire (Paris 1956); *W. Weischedel*, Voltaire: Große Geschichtsdenker. Ein Zyklus Tübinger Vorlesungen von K. A. Fink u. a., hrsg. von *K. Stadelmann* (Tübingen-Stuttgart 1949); *H. T. Mason*, Pierre Bayle et Voltaire (London 1963); *R. A. Brooks*, Voltaire and Leibniz (Genf 1964); Studies on Voltaire and the 18th Century, hrsg. von *Th. Besterman* (Genf 1955).

[53] *P. Brunet*, L'introduction des théories de Newton en France au XVIIIe siècle. Avant 1738 (Paris 1931), zeigt die Rezeption Newtons bis dahin.

kolleg Louis-le-Grand, 1717 für elf Monate in der Bastille, als erfolgreicher Schriftsteller in die aristokratische Gesellschaft aufgenommen, was ihm die heimliche Rückkehr aus der Verbannung (1726—28 in England) erlaubte, erfolgreicher Finanzspekulant, 1746 Mitglied der Akademie, nach 1750 ein intellektueller Vagabund, die letzten 20 Jahre in Fernay (bei Genf), von wo aus er, auch ein großer Briefschreiber, seinen geistigen Einfluß auf ganz Europa ausübte, neben der „Enzyklopädie" der wichtigste Faktor in der Ausbreitung aufklärerischen Denkens. „Candide ou l'optimisme" (1759) dokumentiert beispielhaft den immer möglichen Umschlag der Aufklärung zum Pessimismus. Der in mehreren Bruchstücken seit 1745 erschienene „Essai sur les mœurs et l'esprit des nations" (1756)[54] ist durch seine 1765 zugefügte Einleitung mit dem Titel „Philosophie de l'histoire" berühmt geworden und stellt einen fundamentalen Angriff auf die Deutung der Weltgeschichte nach den Daten der christlichen Heilsgeschichte dar. Neben Bayle, Montesquieu und Voltaire ist — diesem in seinem Lebenslauf vielfach vergleichbar, in seiner geistigen Existenz aber ein Gegenbild — Jean-Jacques Rousseau (1712—78)[55], Sohn eines aus hugenottischer Buchhändlerfamilie stammenden, nach Genf emigrierten Uhrmachers, die bedeutendste Gestalt der französischen Aufklärung. Unter der Direktive der Konvertitin Frau von Warens in Annecy (Savoyen), seiner späteren Geliebten, wurde er 1728 katholisch; aber weder dies noch seine Rückkehr zur reformierten Kirche 1754 in Genf gehört zu den wesentlichen inneren Lebensstationen, denen auch das literarische Werk korrespondiert. Bei aller Selbststilisierung darf man der in den „Confessions" („en remontant aux traces de mon être sensible"; 1770 beendet) geschilderten „Inspiration von Vincennes" (1749 beim Gang zum Staatsgefängnis, um Diderot zu besuchen) die Bedeutung einer Wende zusprechen. Daß es allein die Institutionen sind, die die Menschen böse machen, wie es in den „Confessions" heißt, dies ist auch — nach dem kulturkritischen „Discours sur les sciences et les arts" (1750) — die These des zweiten Discours („Sur l'origine et les fondements de l'inégalité parmi les hommes") aus dem Jahre 1754 gewesen; darin, in dieser radikalen Innerlichkeit, in diesem entschiedenen Anti-Institutionalismus, der sein pietistisches Pendant bei J. G. Arnold hat und auch Rousseaus Programm einer Pädagogik der Selbstentwicklung bestimmt („Émile ou sur l'éducation", 1762; als atheistisch verbrannt), besteht die unmittelbare revolutionäre Wirkung Rousseaus. Der „Contrat sociale"

[54] Bd. 11 der Ausg. von *A. Beuchot - L. Moland.*

[55] *Jean-Jacques Rousseau,* Œuvres complètes, hrsg. von *B. Gagnebin - M. Raymond* (Paris 1959/64). — Lit.: *E. Hirsch,* Rousseaus Geschichtsphilosophie: Rechtsidee u. Staatsgedanke. Festgabe für Julius Binder (Berlin 1930); *F. C. Green,* Jean-Jacques Rousseau. A Critical Study of his Life and Writings (Cambridge 1955); *M. Rang,* Rousseaus Lehre vom Menschen (Göttingen 1959); *F. Jost,* Jean-Jacques Rousseau suisse, 2 Bde (Freiburg i. Ue. 1961); *O. Vossler,* Rousseaus Freiheitslehre (Göttingen 1963).

(1762) wird in *einer* seiner möglichen Interpretationen bedeutsam erst in der Französischen Revolution selbst. Daß Rousseau 1758 die Verbindung zu Diderot, der ihn stark beeinflußt hatte, abbrach, daß er zu Voltaire in Gegensatz stand und daß er sich D. Hume, mit dem er 1765 nach England gegangen war, entfremdete, hat individuelle Gründe, zeigt aber zugleich den Übergang von der Aufklärung der Vernunft zur Aufklärung des „Herzens" an, deren Sprengkraft in der Geistes- und Sozialgeschichte des 19. Jh. freilich nicht geringer ist. Wie auch Voltaire hatte Rousseaus zeitweiliger Weggefährte Diderot, dieser wenigstens zunächst, moralische Bedenken gegen den Atheismus. Sie entfallen bei dem Mediziner Julien Offroy de La Mettrie (1709—51)[56], der die menschlichen Geisteskräfte als rein körperliche Funktionen auffaßt („Histoire naturelle de l'âme", 1745) und in den Niederlanden, wohin er nach der Verurteilung dieses Werkes ging, die radikal materialistische und atheistische Schrift „L'homme machine" (Leiden 1748) veröffentlichte, den von Descartes behaupteten Mechanismus der Körperwelt auch auf den Menschen als Geistwesen übertragend. Die gleiche Anthropologie vertritt Claude Helvétius (1715—71)[57], Sohn eines niederländischen Arztes, in „De l'esprit" (1758), von der Sorbonne indiziert. Anders als Helvétius läßt Étienne Condillac (1715—80)[58] in seinem auf J. Locke basierenden Sensualismus („Traité des sensations", 1754) die Unsterblichkeit einer immateriellen Seele und einen deistischen Gottesglauben unberührt, wie viele Schriftsteller der Aufklärung darum besorgt, die moralischen Grundlagen der Gesellschaft noch zu sichern. Der extreme Repräsentant des materialistischen Atheismus in Frankreich ist P. H. D. v. Holbach (1723—89)[59], Sohn eines reichen Emporkömmlings aus der Pfalz, in Frankreich aufgewachsen, dessen vulgärmaterialistisches „Système de la nature" (1770) auch deutsch erschien (1783). Das Pamphlet „Les Prêtres démasqués" (1768) wird selbst von einem Diderot als geschmacklos abgelehnt. Aus dem Kreis, den Holbach um sich versammelte, zogen sich Voltaire, Rousseau und Georges-Louis de Buffon (1707—88), der berühmte Verfasser der „Histoire naturelle" (1749/88: 36 Bde; 1804: insges. 44 Bde), zurück. Im Unterschied zum Materialismus der Literaten sind die bedeutenden Naturwissenschaftler des 18. Jh. bei aller radikalen Abgrenzung ihrer empirischen Methode von der Theologie und der Metaphysik gegenüber Generalisierungen zumeist reserviert. So hielt G.-L. Buffon[60], seit 1739

[56] *G.-F. Tuloup*, Julien Offroy de La Mettrie. Un précurseur méconnu (Paris 1938).

[57] *J. Cumming*, Helvetius: his Life and Place in the History of Educational Thought (London 1955).

[58] *R. Bizzarri*, Condillac (Brescia 1945).

[59] *P. Naville*, Paul Thiry d'Holbach et la philosophie scientifique au XVIIIe siècle (Paris 1943); *V. W. Topazio*, D'Holbach's Moral Philosophy (Genf 1956).

[60] Georges Louis Leclerc Buffon, Œuvres complètes, nouvelle éd. par *H. R. Duthilloeul*, 12 Bde (Paris 1822); G. L. L. Buffon, Œuvres complètes avec la nomenclature Linnéenne

Intendant des königlichen Gartens in Paris, dem noch zu Lebzeiten von Ludwig XVI. eine Büste mit der Inschrift „Majestati naturae par ingenium" gewidmet wurde, am „unendlichen Unterschied" zwischen dem Menschen und dem „vollkommensten Tier" fest und sah die „unmerklichen Grade" der Abstufung in der Natur beim Menschen durch die Differenz von denkendem und materiellem Wesen „plötzlich ungültig" werden[61]. Seine ursprüngliche Anschauung von der Konstanz der Arten, die man im Hinblick auf die Schöpfungslehre (vgl. unten) lange nicht aufgeben zu können glaubte, korrigierte Buffon nach 1753. Entschiedener noch polemisierte gegen diese Theorie Buffons Freund und Schützling Jean-Baptiste de Lamarck (1744—1829)[62], der eine erste Theorie der Evolution vorlegte („Philosophie zoologique", 2 Bde, Paris 1809; „Histoire naturelle des Animaux sans vertèbres", 7 Bde, 1815/22). Aber der offene Atheismus ist mehr eine Sache der Literaten als der wirklich forschenden Naturwissenschaftler. Wie der Atheismus, so ist auch die Idee des Fortschrittes[63] in ihrer enthusiastischen Ausprägung vornehmlich eine Erscheinung der französischen Aufklärung, die freilich, wie nirgends deutlicher wird als bei Voltaire, die Skepsis auch gegenüber diesem Glauben in sich enthält. Robert-Jacques Turgot (1727—81)[64], der erst Theologie studierte und sich dann der Nationalökonomie zuwandte (1774/76 Finanzminister), trug 1750 in der Sorbonne zwei Abhandlungen „Sur les progrès successifs de l'esprit humain" (erst 1809 veröffentlicht) vor, in denen die menschheitsgeschichtliche Entwicklung der Produktionsstufen und des globalen Handels in Korrespondenz zur Entwicklung der moralischen Kräfte in Richtung auf eine Milderung der Sitten und eine friedliche Annäherung der Völker gesetzt und darin auch die Einwirkung des Christentums einbezogen wird. Mit Turgot befreundet war Antoine de Condorcet (1743—94)[65]; aber die „Esquisse

et la classification de Cuvier, par *M. Florens,* 12 Bde (Paris 1853/55). — Lit.: *L. Roule,* L'histoire de la nature vivante d'après l'œuvre des grands naturalistes français, 6 Bde (Paris 1924/32), Bd I über Buffon; O. *Fellows,* Buffon's Place in the Enlightenment: *Th. Besterman* (Hrsg.), Studies on Voltaire and the 18th Century (Genf 1955 ff); *E. Genet-Varcin - J. Roger,* Bibliographie de Buffon (Paris 1955).

[61] *G. L. L. de Buffon,* Histoire naturelle de l'homme (Paris 1749) II, 8.

[62] *L. Roule,* L'histoire ... IV; *G. Wiehler,* Lamarck: Der Biologe 9 (1940).

[63] *C. Frankel,* The Faith of Reason; the Idea of Progress in the French Enlightenment (New York 1948); *M. Ghio,* L'Idea di progresso nell'illuminismo francese e tedesco (Turin 1962); *G. Iggers,* Der Fortschrittsgedanke noch einmal kritisch betrachtet: Saeculum 16 (1965) 409—422.

[64] Œuvres de Turgot et documents le concernant, hrsg. von *G. Schelle,* 5 Bde (Paris 1913/23); *F. Alenguy,* Turgot (1727—1781). Homme privé, homme d'État (Paris 1942); *P. Jolly,* Turgot (Paris 1944); *C.-J. Gignoux,* Turgot (Paris [2]1946).

[65] Œuvres de Condorcet, ed. par *A. Condorcet O'Conor - M. F. Arago,* 12 Bde (Paris 1847/49); *E. Kohn-Bramstedt,* Condorcet u. das Geschichtsbild der späten Aufklärung: AKG 20 (1930) 52 f; *A. Cento,* Condorcet e l'idea di progresso (Florenz 1956); *J. Bouissounouse,* Condorcet. Le philosophe dans la révolution (Paris 1962).

d'un tableau historique des progrès de l'esprit humain", von dem Girondisten 1794 angesichts des Todes aus der Hand der Revolution geschrieben, muß in solcher Situation über die Vervollkommnung der Bedürfnisbefriedigung hinaus nach dem fundamentalen Widerspruch gegen den Fortschrittsglauben, nach dem von keiner kollektiven Perfektibilität der Menschheit auszulöschenden individuellen Tod fragen. Die Antwort ist die Hoffnung auf eine Zeit, in der die durchschnittliche Lebensdauer so weit hinausgeschoben ist, daß der Mensch ganz langsam seine Lebensenergien und seine Lebenslust verliert, zwar nicht unsterblich wird, aber satt vom Leben stirbt. Freilich, der „ungewöhnliche Zufall" kann in einer solchen Meditation angesichts des eigenen gewaltsamen Todes nicht ausgeklammert werden.

Die 1588 nach dem Kampf gegen politische und religiöse Unterdrückung gegründete *Republik der Vereinigten Niederlande* hatte 1621, nach der Synode von Dordrecht (1619), Hugo Grotius[66] als Remonstranten zur abenteuerlichen Flucht nach Frankreich gezwungen und 1632 nach seiner Rückkehr wieder verbannt. Descartes hatte, wie in Frankreich die Gegnerschaft der Sorbonne und der Jesuiten, in seinem holländischen Reduit die Gegnerschaft der Calvinisten gefunden. Aber 1638 konnte Galileis Hauptwerk, die „Discorsi e dimostrazioni", in Leiden erscheinen, und für die 1658 aus Polen vertriebenen Trinitarier wurde die Föderation jenes Zufluchtsland, das sie dann für die Hugenotten darstellte, von Pierre Bayle (seit 1681 in Rotterdam, wo er mit John Locke zusammentraf)[67] gefeiert als „l'arche des fugitifs". Dort gründete Bayle die „Nouvelles de la République des Lettres", eine von den Anhängern der geistigen Moderne in ganz Europa gelesene Zeitschrift (Amsterdam 1684/89 mit 6 Bänden; von Bayle selbst bis Februar 1687). Er mußte freilich 1693 seinen philosophischen Lehrstuhl aufgeben. Aber die vom städtischen Bürgertum bestimmten Niederlande, wo in Leiden und Utrecht avantgardistische Gazetten[68] erschienen, wurden mit ihren Druckereien, deren Namen in den bekanntesten Werken der Aufklärung stehen, und in ihrem Buchhandel zu einem intellektuellen Umschlagsplatz. Auch die botanischen Sammlungen in Leiden waren ein Anziehungspunkt der kritischen Geister, so für Carl v. Linné.

Nur geographisch den Niederlanden zuzuordnen ist der von portugiesisch-jüdischen Eltern stammende Philosoph Baruch (in eigener Latinisierung Benedictus) de Spinoza (1632—77)[69], der 1656 feierlich aus der

[66] Vgl. *H. Jedin*, dieses Hdb. IV 673.

[67] *P. Dibon* (Hrsg.), Pierre Bayle le philosophe de Rotterdam (Amsterdam-Paris 1959); nach *Ivo Schöffer: F. Wagner*, Handbuch 654 Anm. 3 ist die Lit. über die Hugenotten in den Niederlanden stark veraltet.

[68] *E. Hatin*, Les gazettes de Hollande et la presse clandestine aux XVIIe et XVIIIe siècles (Paris 1865).

[69] *K. Fischer*, Geschichte der neueren Philosophie, 2: Spinozas Leben, Werke und Lehre (Heidelberg [6]1946); *L. Strauss*, Die Religionsphilosophie Spinozas als Grundlage seiner

Synagoge ausgeschlossen wurde und seit 1670 in Den Haag als Schleifer für optische Geräte in einsamer Armut lebte. Seine Philosophie (Hauptwerk: „Ethica ordine geometrico demonstrata" [posthum 1677]), in der er, das Grundproblem des cartesianischen Dualismus aufgreifend, die res cogitans und die res extensa als die zwei uns erkennbaren unter den unendlichen Attributen des deus omnium rerum causa immanens, non transiens der natura naturans begreift, wurde von Leibniz abgelehnt und kam erst in der nachkantischen Identitätsphilosophie in Deutschland zur vollen Wirkung, wenngleich sie Einfluß bereits auf G. E. Lessing und auf J. G. Herder hatte.

Im deutschen *Reich und seinen Ländern*[70] war 1648 zwar das Prinzip des Augsburger Religionsfriedens bei der Bestimmung des Normaljahres 1624 insofern modifiziert worden, als zwischen 1624 und 1648 erfolgter Konfessionswechsel, wenn auch mit Ausnahmen, toleriert wurde, hatte die Ausbildung größerer Territorien zu konfessionellen Mischverhältnissen geführt (Anerkennung auch der reformierten Kirche), war in einzelnen Fällen auch die Einwanderung neuer Bevölkerungselemente gefördert worden (insbesondere auch durch die Zulassung von Hugenotten), hatte sich — wenn auch mit zeitlichen Differenzen zwischen den einzelnen Ländern — der von der Naturrechtslehre Pufendorfs und des Thomasius theoretisch begründete „aufgeklärte Absolutismus" entwickelt; aber im ganzen waren die Verhältnisse trotz der Ausbildung moderner Züge in der staatlichen Verwaltung im Vergleich zu Westeuropa doch konservativ geblieben. Dies zeigt sich vor allem auch darin, daß selbst unter aufgeklärten Regimen das Bürgertum bei weitem nicht die Rolle wie in England und Frankreich spielte. Dazu kommt, daß die Reformation im Reich viel stärker als in Westeuropa ein genuin religiöses und theologisches Problem geblieben war, Ursache auch dafür, daß die Kirchengeschichtsschreibung, wie an anderer Stelle dieses Bandes dargestellt wird, hier ein spezifischer Ort für den Prozeß der Aufklärung war. Der in seinem mathematischen Geist durchaus der Aufklärung korrespondierende Barock hat, wenn auch nicht nur in den

Bibelwissenschaft (Berlin 1930); *P. Vernière,* Spinoza et la pensée française avant la Révolution, 2 Bde (Paris 1954); *H. M. Wolff,* Spinozas Ethik. Eine kritische Einführung (Bern 1958); *G. Friedmann,* Leibniz et Spinoza (Paris 1962); *A. S. Oko,* The Spinoza Bibliography (Boston 1964).

[70] *F. Brüggemann* (Hrsg.), Das Weltbild der deutschen Aufklärung. Philosophische Grundlagen und literarische Auswirkung (Leipzig 1930); *E. Ermatinger,* Deutsche Kultur im Zeitalter der Aufklärung: Hdb. der Kulturgeschichte, hrsg. von *H. Kindermann,* Abt. 1 (Potsdam 1934/35); *H. M. Wolff,* Die Weltanschauung der deutschen Aufklärung in geschichtlicher Entwicklung (Bern 1949); *H. Schöffler,* Deutscher Geist im 18. Jh. Essays zur Geistes- und Religionsgeschichte (Göttingen 1956); *W. Krauss,* Studien zur deutschen und französischen Aufklärung (Berlin 1963); *F. Valjavec,* Der Josephinismus. Zur geistigen Entwicklung Österreichs im 18. und 19. Jh. (München [2]1945); *E. Winter,* Der Josefinismus und seine Geschichte. Beiträge zur Geistesgesch. Österreichs 1740—1848: Prager Studien ... zur Geistes- u. Gesinnungsgeschichte Ostmitteleuropas (Brünn - München 1943).

deutschen Ländern, so doch hier neben Italien mit besonderer Großartigkeit, in der Musik und der Architektur bei aller Weltlichkeit Denkmäler der religiösen Überlieferung geschaffen. Die sich aus solchen geschichtlichen Bedingungen ergebende zeitliche Differenz der deutschen Aufklärung gegenüber der westeuropäischen hatte zur Folge, daß die geistige Bewegung sich mit den Extremen der westlichen Spätaufklärung und vor allem mit der terroristischen Phase der Französischen Revolution konfrontiert sah und dem restaurativen Denken zugänglich wurde, freilich in der Romantik dann auch revolutionäre Momente eigener Art hervorbrachte.

Wichtige Zentren der deutschen Aufklärung wurden die Universitäten in dem seit 1680 brandenburgischen Halle (1694) und in Göttingen (1737)[71], dessen welfische Herrscher seit 1714 in Personalunion Könige von England waren, was nicht ohne Einfluß auf die an der Universität gelehrte Staats- und Geschichtswissenschaft blieb. 1751 wurde die Göttinger Akademie gegründet, eine der bedeutendsten unter den deutschen Gründungen, die nach der unter Mitwirkung von Leibniz entstandenen Berliner Akademie (1700) geschaffen wurden[72]. Seit 1732 erschienen die „Göttingische Zeitungen von Gelehrten Sachen", die als „Göttingische Gelehrte Anzeigen" das führende Organ der liberalen Wissenschaft in Deutschland wurden. Unter den zahlreichen, sich besonders an die bildungseifrige Frauenwelt wendenden „Moralischen Wochenschriften" in Deutschland hatten „Die vernünftigen Tadlerinnen" (seit 1725) J. Ch. Gottscheds (1700—66) mit ihrem der Wolffschen Philosophie verpflichteten Rationalismus großen Erfolg, unter Konkurrenz der von den Schweizern J. J. Bodmer (1698—1783) und J. J. Breitinger (1701—76) herausgegebenen „Discourse der Mahlern" (seit 1721), die Gottscheds rationalistische Poetik kritisierten. 1773 begann der von Ch. M. Wieland (1733—1813) herausgegebene „Teutsche Merkur" als Organ dezidierter Aufklärung zu erscheinen[73]. Nach dem „Lexicon universale" (1697) des Baselers J. J. Hofmann repräsentierte „der Zedler", das „Große Vollständige Universallexikon aller Wissenschaften und Künste" (1732/50), den Stand der Allgemeinbildung und zugleich den Unterschied zum Geist der allerdings erst in den beiden folgenden Jahrzehnten publizierten französischen Enzyklopädie. Der wichtigste Propagandist aufkläre-

[71] *K. Hunger*, Die Bedeutung der Universität Göttingen für die Geschichtsforschung am Ausgang des 18. Jh. (phil. Diss. Leipzig 1933); *G. v. Selle*, Die Georg-August-Universität zu Göttingen. 1737—1937 (Göttingen 1937).

[72] *A. Kraus*, Vernunft u. Geschichte — Die Bedeutung der deutschen Akademien für die Entwicklung der Geschichtswissenschaft im späten 18. Jh. (Freiburg i. Br. 1963).

[73] *L. Salomon*, Geschichte des dt. Zeitungswesens, 3 Bde (Oldenburg 1900/06), Bd I; *J. Kirchner*, Die Grundlagen des dt. Zeitschriftenwesens mit einer Gesamtbibliographie der dt. Zeitschriften (Leipzig 1931); *ders.*, Das dt. Zeitschriftenwesen, seine Geschichte und seine Probleme, 2 Tle (²1958/62), Tl 1; *F. Hertz*, The Development of the German Public Mind, 2 Bde, II: The Age of Enlightenment (London - New York 1957); *D. Freiberg*, Der Wiener literarische Journalismus im 18. Jh. (phil. Diss. masch. Wien 1954).

rischen Geistes in Deutschland war jedoch der Berliner Verlags-Buchhändler Friedrich Nicolai, der seit 1765 die Zeitschrift „Allgemeine deutsche Bibliothek" (106 Bde) herausgab, seit 1761 die „Briefe, die neueste Literatur betreffend", woran unter anderem auch G. E. Lessing mitarbeitete. 1788 erschien seine „Öffentliche Erklärung über seine geheime Verbindung mit dem Illuminatenorden", der 1776 von dem Ingolstädter Professor A. Weishaupt gegründet worden war, aber 1783 verboten wurde.

Zusammen mit Descartes und Spinoza ist Gottfried Wilhelm Leibniz (1646—1716)[74], nach seiner Mainzer Zeit und Reisen (ab 1672) nach Paris und London Bibliothekar in Hannover (1676), der bedeutendste Philosoph der vorkantischen Zeit. Selbst Naturwissenschaftler und wie Descartes Mathematiker, setzte er sich kritisch mit dem anticartesianischen Empirismus des J. Locke auseinander („Nouveaux essais sur l'entendement humain", posthum 1765) und versuchte, in seiner „Monadologie" (1714) sowohl den Dualismus des Descartes wie den Monismus Spinozas zu überwinden, indem er das Universum als in „prästabilierter Harmonie" verbundene, aber je „fensterlose" immaterielle Monaden auffaßte, die als nicht zusammengesetzte Einheiten „nur mit einem Schlag entstehen oder vergehen", das heißt nur durch Schöpfung entstehen oder durch Vernichtung untergehen können[75], und in aufsteigender cartesianischer „Deutlichkeit und Klarheit" — der Mensch auf einer Mittelstufe ist undeutlich im Sinnlichen, daher nur bedingt klar im Vernünftigen — bis hinaus zu Gott als der ungeschaffenen „Zentralmonade" geordnet sind. Während Gott für die „Werke der Natur" der „Erfinder und Baumeister" genannt wird, „zeigt sich Gott auf der anderen Seite als König und Vater der verstandesbegabten Substanzen, deren Seele nach seinem Bild geformt ist"[76]. Einem Hauptproblem der ganzen Epoche, der Frage nach der Herkunft des Übels in der Welt (so bei Shaftesbury, Pope, Rousseau, in seiner Weise auch bei Voltaire), hat sich vor allem Leibniz in seinem gegen P. Bayle gerichteten „Essai de Théodicée sur la bonté de Dieu, la liberté de l'homme et l'origine du mal" (Amsterdam 1710) gewidmet: Die Welt ist notwendig unvollkommen, weil sie notwendig begrenzt ist. Wie die Monadologie und die Theodizee an den entscheidenden Stellen theologisch operieren, so ist auch Leibnizens Verhältnis zur

[74] Ausg.: *Leibniz,* Sämtl. Schr. u. Briefe, hrsg. von der Preuß. Akad. d. Wiss., 40 Bde (Darmstadt 1924 ff); *Leibniz,* Philosophische Werke, hrsg. von *A. Buchenau - E. Cassirer:* Philos. Bibliothek (Leipzig 1924 ff); „Apokatastasis panton" vgl. *M. Ettlinger.* — Lit.: *W. Dilthey,* Leibniz und sein Zeitalter: Ges. Schriften III (Stuttgart - Göttingen [2]1959) 1—80; *M. Ettlinger,* Leibniz als Geschichtsphilosoph (München 1921); *W. Conze,* Leibniz als Historiker (Berlin 1951); *J. O. Fleckenstein,* G. W. Leibniz. Barock und Universalismus (Thun - München 1958); *H. H. Holz,* Leibniz: Urban-Bücher 34 (Stuttgart 1958); *R. Wisser,* Leibniz u. Vico (Phil. Diss. masch. Mainz 1954); *W. H. Barber,* Leibniz in France, from Arnauld to Voltaire; a Study in French Reactions to Leibnizianism (Oxford 1955).

[75] Ausg.: *E. Cassirer* II 435.

[76] Ebd. II 63.

Geschichte religiös begründet. Sein Vertrauen auf den Fortschritt der Menschheit im Sinne eines unendlichen Prozesses gründet letztlich im Glauben an einen göttlichen Weltplan: „Es ist der göttlichen Harmonie unangemessen, öfters auf der gleichen Saite fehlzugreifen." [77] So rationalistisch diese philosophische Theologie ist, die Unterscheidung der beiden Weisen der Wahrheit, der „vérités de fait" und der „vérités de raison", verhindert eine Rationalisierung des Glaubens im Sinne Tolands oder Tindals; entgegen dem historischen Pyrrhonismus sind die vérités de fait wirkliche Wahrheiten, zu denen auch die Glaubenswahrheiten der Offenbarungsgeschichte gehören. Nicht mehr in die Tiefe der Fragestellung Leibnizens reicht der an diesen anknüpfende und 1706 an der Universität Halle von ihm favorisierte Christian Wolff (1679—1754), der in Reaktion auf den Psychologismus wieder Elemente „der zuvor ganz zurückgedrängten Scholastik" aufgriff [78]. Er stieß wegen einer Rede über die chinesische Moralphilosophie mit der Orthodoxie zusammen und wurde zufolge ihrer Hetze 1723 von Friedrich Wilhelm I. aus Halle verbannt, wohin er 1740 dank Friedrich II. aus Marburg zurückkehren konnte. Nicht zuletzt wegen dieses Konfliktes, vor allem aber wegen seiner in die deutsche Geisteslandschaft passenden versöhnlerischen Haltung gewann Wolff großen Einfluß, der insbesondere auch nach Rußland ausstrahlte („Vernünftige Gedanken von Gott, der Welt und der Seele des Menschen, auch allen Dingen überhaupt" [1719]). Sein Kollege in Halle, dorthin vor der Leipziger Orthodoxie geflüchtet, war der Jurist Christian Thomasius (1655—1728) [79], dessen Naturrechtslehre den seit Hugo Grotius in Gang gekommenen Prozeß der Rationalisierung fortsetzte und von den inneren moralischen Pflichten die juristischen absonderte. Der seinen Schüler weit überragende Lehrer des Thomasius, Samuel Pufendorf (1632—94; 1661 erster deutscher Professor des Natur- und Völkerrechts in Heidelberg, 1668 in Lund, 1677 Hofhistoriograph in Stockholm, 1688 in Berlin) [80], hatte in seinem Hauptwerk „De Jure Naturae et Gentium" (1672) in europäischer Wirksamkeit bereits die Trennung von der Theologie begründet, das primum principium zwar als den göttlichen Willen, praktisch aber als den absoluten Staat definiert (es ist „der Gipfel menschlicher Leistung, wenn man, gestützt auf die Kräfte eines ganzen Staates, sagen kann, daß man keinen Höheren anerkennt") [81], aber in seiner Pflichtenlehre eine konservative Haltung gezeigt. Doch immer noch behalten in den deutschen Ländern die theologischen Fragen einen Vorrang. Daß Leibnizens auf die Theologie hin orientierte

[77] Fragment „Apokatástasis panton" (1715); vgl. Anm. 74. [78] *M. Wundt* a. a. O. 124.

[79] *E. Wolf*, Große Rechtsdenker der deutschen Geistesgeschichte (Tübingen ^{4}1963) 371—423 (mit Lit.).

[80] Ebd. 311—370 (mit Lit.); *H. Rabe*, Naturrecht u. Kirche bei Samuel von Pufendorf (Tübingen 1958); *H. Welzel*, Die Naturrechtslehre Samuel Pufendorfs (Berlin 1958).

[81] De Jure Nat. et Gent. II 2 § 4.

Philosophie bis auf Kant hier beherrschend blieb, zeigt sich noch in Gotthold Ephraim Lessings (1729—81)[82] Schrift „Das Christentum der Vernunft" (1753); aber der lutheranische Pastorensohn, der einen beträchtlichen Teil seiner literarischen Arbeit der Auseinandersetzung mit dem christlichen Offenbarungsglauben widmete, stand im Schnittpunkt sehr verschiedenartiger Strömungen, beeindruckt von P. Bayle und zeitweise auch Voltaire, anderseits von der Philosophie Spinozas. Obwohl er in der Schrift „Über die Entstehung der geoffenbarten Religionen" (1755) die Übereinstimmung mit der „Natürlichen Religion" als Maßstab setzte, hielt er, sich hier vom französischen Deismus unterscheidend, an der geschichtlichen Notwendigkeit der in seinem Sinne zugleich wahren und falschen positiven Religionen fest — Gedanken, die er dann in der „Erziehung des Menschengeschlechts" (1780) vertiefte. Mehr hier als in der Polemik mit dem Hamburger Pastor J. M. Göze, veranlaßt durch Lessings Edition der radikal rationalistischen „Wolfenbütteler Fragmente eines Ungenannten" (des Orientalisten H. S. Reimarus [† 1768]; 1774/78), drückt sich Lessings spezifisches Verhältnis zum Christentum aus. Es geht ihm nicht darum, abstrakt-spekulativ die Offenbarungswahrheit in den vernünftigen Begriff zu bringen, sondern um die in der Analogie zur Heilsgeschichte gesehene Erziehung der Menschheit durch die Stadien der Offenbarung hindurch (vor deren unzeitiger Preisgabe Lessing warnt) hin zur gottgegebenen Vernunft, die eine Kategorie der Zukunft ist, das „neue ewige Evangelium"[83], das Lessing unter Hinweis auf Joachim von Fiore beschwört. Wie Lessings „Natürliche Religion" unterscheidet sich auch sein Begriff der Toleranz von der Indifferenz der französischen Spätaufklärung; das Modell für „Nathan den Weisen" ist der dem jüdischen Glauben treu gebliebene philosophische Schriftsteller Moses Mendelssohn (1728—86)[83a]. Aufklärung als Geschichte, wie in der „Erziehung des Menschengeschlechts", war das Lebensthema Johann Gottfried Herders (1744—1803)[84], nur daß der Bückeburger Konsistorialrat (1771/76) christlicher zu sprechen schien, wenn er in der „Ältesten Urkunde des Menschengeschlechts" (1774) die Differenz

[82] *A. v. Arx,* Lessing und die geschichtliche Welt (Frauenfeld 1944).

[83] Erziehung des Menschengeschlechtes, § 86. — So übersteigt Lessing den Gegensatz von Vernunft und Geschichte, eines der Hauptprobleme der Epoche. „Die Form der Zeitlichkeit als solche ist kein Gegensatz zum Sein" (*E. Cassirer* a. a. O. 256).

[83a] Lessing ist das beste Beispiel für die Bemerkung Cassirers (a. a. O. 218 f), daß die Toleranz nur bei den kleinen Geistern Indifferentismus war, bei den bedeutenden aber das Pathos der Wahrheit, die von jeder nur partiellen Orthodoxie abgesetzt werden sollte.

[84] Sämtliche Werke, hrsg. von *B. Suphan,* 33 Bde (Berlin 1877/1913). — Lit.: *Th. Litt,* Die Befreiung des geschichtl. Bewußtseins durch J. G. Herder (Leipzig 1943); *A. Gillies,* Herder. Der Mensch und sein Werk (dt. Hamburg 1949); *D. W. Joens,* Begriff u. Problem der histor. Zeit bei J. G. Herder: Göteborgs Universitets Arskrift 62.5 (1956); *J. G. Herder,* Mensch und Geschichte. Sein Werk im Grundriß, hrsg. von *W. A. Koch* (Stuttgart 1957).

zwischen der biblischen und der allgemeinen Offenbarung Gottes in der Natur ermitteln will oder wenn er in „Auch eine Philosophie der Geschichte zur Bildung der Menschheit" (1774) diese mit der Theologie vermischt (der geplante zweite Teil dieser Schrift „Religion, Christus, Ende der Welt mit einer glorreichen seligen Entwicklung" wurde nicht ausgeführt). Aber wenn auch erst in den „Ideen zur Philosophie der Geschichte der Menschheit" (1784/91) des Generalsuperintendenten in Weimar (seit 1776) die christliche Religiosität hinter einem die Romantik einleitenden Begriff der Allnatur zurücktritt, wie F. Meinecke hervorhebt, und nun Jesus als Lehrer der „echtesten Humanität" bezeichnet wird, so gilt doch für das ganze Unternehmen J. G. Herders, was Kant in seiner Kritik der „Ideen" vermerkt: „... eine in Auffindung von Analogien fertige Sagazität ... verbunden mit der Geschicklichkeit, für seinen immer in dunkler Ferne gehaltenen Gegenstand durch Gefühle und Empfindungen einzunehmen" [85]. Immanuel Kant (1724—1804) [86] selbst, dessen Kritik der Metaphysik und der Erkenntnisgrundlagen von der Aufklärung (D. Hume) herausgefordert ist, diese *insofern* „überwindet", als sie ihr auf den Grund zu gehen versucht und sie mit der berühmten Definition „Aufklärung ist der Ausgang des Menschen aus seiner selbstverschuldeten Unmündigkeit" (1784) zum universalen Prinzip erhebt, hat mit dem Essay „Mutmaßlicher Anfang der Menschengeschichte" (1786 in der „Berlinischen Monatsschrift") die Lessingsche Methode der Interpretation auf die Kapitel 2—4 der Genesis angewendet, ohne Herders Gefühligkeit, aber auch ohne den geschichtlichen Sinn, mit dem Lessing in der „Erziehung des Menschengeschlechtes" die Offenbarungsgeschichte gelten läßt. Indem Kant freilich die Übertretung des Gebotes als „ersten Versuch einer freien Wahl" deutet, der mit der „Entlassung aus dem Mutterschoße der Natur" verbunden ist, hat er gründlicher als Voltaire und Herder den Menschen in seiner Geschichtlichkeit definiert. Mit dem Sündenfall tritt der Mensch „aus dem Zeitabschnitt ... des Friedens in den der Arbeit und der Zwietracht, als das Vorspiel der Vereinigung der Gesellschaft"; aber das Ziel, der Gebrauch der Vernunft, wird (wie es in der 1784 ebd. erschienenen Schrift „Idee zu einer allgemeinen Geschichte in weltbürgerlicher Absicht" ausgedrückt ist) nicht im einzelnen, ja gegen den einzelnen in der Gattung erreicht, im „Antagonismus der ungeselligen Geselligkeit der Menschen", der aus der Geschichte „die Aufklärung als ein großes Gut" „entspringen" läßt. Die Enttheologisierung der Geschichte ist hier radikal. Aber zugleich will Kants „Idee zu einer allgemeinen Ge-

[85] Insel-Ausgabe 1, S. 243.

[86] Ausg.: Außer der Berliner Akademie-Ausg.: Philos. Bibliothek, hrsg. von *K. Vorländer* u. a., 10 Bde (Leipzig 1903 ff); Ausg. von *E. Cassirer*, 11 Bde (Berlin 1912/22); Ausg. von *W. Weischedel*, 6 Bde (Frankfurt 1956 ff). — Lit.: *Th. Litt*, Kant und Herder als Deuter der geistigen Welt (Heidelberg ²1949); *G. Söhngen*, Die Theologie im „Streit der Fakultäten": Die Einheit in der Theologie (München 1952).

schichte..." verhindern, daß die Geschichte als „ein planloses Aggregat menschlicher Handlungen" aufgefaßt wird, ein nicht nur historiographisches Problem, das von dem mit J. G. Herder verfeindeten Göttinger Historiker August Ludwig Schlözer (1735—1809)[87] ausdrücklich erörtert wurde (vgl. unten). Stärker als in dem moralischen Werk „Die Religion innerhalb der Grenzen der bloßen Vernunft" (1793) — durch preußische Kabinettsordre als „Herabwürdigung des Christentums" unterdrückt — wird in den beiden oben genannten Schriften Kants aus den Jahren 1784 und 1786 die Auseinandersetzung mit der religiösen Überlieferung deutlich, deren abendländische Themen freilich die leitenden Ideen des kritischen Denkens in den großen Werken Kants bleiben: Seele, Welt, Gott — Unsterblichkeit, Freiheit, Gott (G. Söhngen).

Eher noch konservativer als in den Ländern des Reiches stellt sich die Aufklärung in der *Schweiz* dar, wobei das unterschiedliche geistige Klima in den Städten eine Rolle spielt; insbesondere die deutschsprachige Schweiz war mehr praktisch als spekulativ orientiert[88]. Zuerst entstanden Freimaurerlogen in der französischen Schweiz, in Genf und Lausanne, dann in Basel und Zürich, während Bern den Orden verbot. In allen diesen Städten (außer Basel) werden Akademien gegründet. Daß der „Helvetischen Gesellschaft" (1761)[89] Mitglieder aus beiden Bekenntnissen angehören konnten, war ein erster Schritt über den noch lange anhaltenden schweizerischen Konfessionalismus hinaus. Zu den bedeutendsten Gestalten der modernen Wissenschaft in der Schweiz gehören die Brüder Jakob (1654—1705) und Johann Bernoulli (1667—1748), Mathematiker in Basel. Jakob Bernoulli, zuerst Pfarrer, in Frankreich, den Niederlanden und England gereist, trug das bislang unterdrückte kopernikanische Weltbild vor, betrachtet jedoch, ganz im Geiste I. Newtons, die mathematischen Gesetze als eine natürliche Offenbarung Gottes. Als repräsentativ für die französische Schweiz darf Jean-Alphonse Turretini (1671—1733) gelten, Theologe und Naturwissenschaftler in Genf, der eine orthodox gemäßigte, auf die Begründung der Sittlichkeit bedachte Aufklärung vertrat. Ein Schüler Johann Bernoullis wurde nach seinem medizinischen Studium in Tübingen und Leiden der

[87] *T. Benz*, Die Anthropologie in der Geschichtsschreibung des 18. Jh. An Hand einer Auswahl (Wuppertal-Elberfeld 1932, auch Phil. Diss. Bonn 1932).

[88] *P. Wernle*, Der schweizerische Protestantismus im 18. Jh., 3 Bde (Tübingen 1923/25; behandelt auch die Aufklärung); *H. Hubschmid*, Gott, Mensch u. Welt in der schweizerischen Aufklärung (Affoltern 1950, auch Phil. Diss. Bern 1950); *E. Fueter*, Geschichte der exakten Wissenschaften in der schweizerischen Aufklärung, 1680—1780 (Aarau 1941); *R. Feller*, Geschichte Berns III (Bern 1955) 575 f; *M. Wehrli*, Das geistige Zürich im 18. Jh. (Zürich 1943); *P. Kälin*, Die Aufklärung in Uri, Schwyz und Unterwalden im 18. Jh. (Schwyz 1945, auch Phil. Diss. Freiburg i. Ue. 1945); *L. Weber*, Pädagogik der Aufklärungszeit (Frauenfeld 1941), behandelt vor allem J. Locke und Rousseau; er bringt ein besonderes Kapitel über „Die Aufklärung in der Schweiz" (52—103).

[89] *H. Nabholz*, Die Helvetische Gesellschaft 1761—1848 (Zürich 1961).

Berner Patrizier Albrecht v. Haller (1709—77), der seine naturforscherlichen Beobachtungen zugleich als dichterischen Eindruck schilderte (Lehrgedicht „Die Alpen"), mit seinen anatomischen Forschungen in Schwierigkeiten kam, 1738 Professor in Göttingen wurde und sich erst 1753, international berühmt, in seine Heimatstadt zurückzog. Er gehört zu den Präformationisten, für die in der Keimzelle das Tier en miniature vorgebildet ist („Elementa physiologiae corporis humani", 8 Bde [Bern 1757/66]), und polemisierte gegen die „gottlose Meinung" des La Mettrie von der Seele („De partibus corporis humani, sensibilibus et irritabilibus"). Lockeschen Empirismus mit der Präformationstheorie zu verbinden verstand der Genfer Charles Bonnet (1720—93), der wegen seiner „Palingénésie philosophique" (1769) und der darin erstrebten Verbindung von Offenbarungsglauben und Empirie von Voltaire kritisiert wurde. Der als Zwanzigjähriger wegen seiner Forschung über die Vermehrung der Blattläuse zum korrespondierenden Mitglied der Pariser Akademie berufene Biologe entwarf eine Theorie von den Stufen der Natur, geordnet nach der Vollkommenheit der Organisation, dabei auch die Engel nicht ausschließend („Idée d'une échelle des êtres naturels" [1745]), und hielt einen „immerwährenden Fortschritt aller Arten auf eine höhere Vollkommenheit hin" [90] für möglich. In der Tradition des Baseler Humanismus lebte der Naturrechtler und Historiker Isaac Iselin (1728—82) [91], 1747 in Göttingen, 1752 in Paris, wo er J.-J. Rousseau kennenlernte, dessen Kulturkritik er ablehnte. Aufgewachsen in der Philosophie Christian Wolffs, vertrat er eine Nützlichkeitsethik, tief beeindruckt vom „Esprit des lois". In den dreißiger Lebensjahren wandelte sich nach einer Erkrankung sein Verhältnis zur Aufklärung: Voltaire erschien ihm als „geistreicher Vergifter der menschlichen Herzen" (1764 kam nach langen Vorarbeiten die „Geschichte der Menschheit" heraus).

Die südeuropäischen Länder sind das Ausstrahlungsfeld der französischen Aufklärung, die jedoch dort nur eine gesellschaftlich begrenzte Wirkung hat, am ungehemmtesten in *Portugal* [92] unter der Herrschaft Pombals (1699—1782; seit 1756 Premierminister). In *Spanien* [93] wird unter Karl III. (1759/88) die Lektüre der Werke von Montesquieu, Voltaire und Rousseau

[90] Palingénésie III 3; *R. Savioz,* La philosophie de Charles Bonnet (Paris 1948).

[91] *U. Im Hof,* I. Iselin. Sein Leben und die Entwicklung seines Denkens bis zur Abfassung der „Geschichte der Menschheit" von 1764 (Basel 1947); *ders.,* I. Iselin u. die Spätaufklärung (Basel - München 1967).

[92] *H. Juretschke,* Die Aufklärung und innere Entwicklung in Spanien und Portugal von 1700—1808: Historia Mundi IX (Bern - München 1960) 135—157.

[93] Vgl. ebd.; *O. V. Quiroz-Martínez,* La introducción de la filosofía moderna en España; el eclecticismo español de los siglos XVII y XVIII (México 1949); *R. Ceñal,* Cartesianismo en España: Revista Universidad de Oviedo (1945) 5—17; *P. Mérimée,* L'influence française en Espagne au XVIIIe siècle (Paris 1936); *L. Rodríguez,* La recepción e influjo de la Filosofía de Locke en España: Revista de Filosofía 14 (1944) 359—381; *M. Defourneaux,* L'inquisition espagnole et les livres français au XVIIIe siècle (Paris 1963).

zum Ausweis fortschrittlicher Gesinnung; englische Aufklärer wurden übersetzt (zu Lateinamerika: S. 288—294). Aus den gleichen Quellen schöpft der Import aufklärerischen Geistes nach *Italien*[94], wo aber der Jansenismus das eigentliche kritische Element darstellt. Die eigene der Moderne zugewandte Literatur der südeuropäischen Länder befindet sich auf der Skala von einer kritischen katholischen Reform bis zu einem mit Ausnahme Portugals gemäßigten Rationalismus. Epoche in der naturwissenschaftlichen Entwicklungslehre machte der italienische Arzt und Physiologe Mariello Malpighi (1628—94, 1691 von Innozenz XII. zum Leibarzt ernannt), indem er mikroskopisch das Ei des Huhns und der Seidenraupe untersuchte, die Hypothese von der universalen Einheit der Entwicklungsgesetze in Pflanzen- und Tierwelt aufstellte, aber dafürhielt, daß man, da „das Wesen der Dinge in Dunkel gehüllt ist", empirisch die „ganze Reihe der Erscheinungen durchlaufen" müsse („Anatome plantarum", 2 Bde, London 1675/79)[94a]. Eine einsame Gestalt in seinem Jahrhundert, mißverstanden auch von vielen seiner späteren Entdecker, ist der geniale Geschichtsdenker Gianbattista Vico (1670—1744)[95], geringgeachteter Professor der Rhetorik in seiner Heimatstadt Neapel, der in seiner „Scienza nuova" (1725, verändert 1744) gegen das geometrische Denken des Cartesianismus und in Anknüpfung an Augustinus versuchte, die „eine ideale, ewige Geschichte, nach der die Geschichten aller Völker zeitlich ablaufen", zu entdecken. Während der Mensch die Ordnung der Natur, in der Gott „frei und schrankenlos" herrscht, nicht erkennen kann, kann er die Welt

[94] *C. Ottaviano,* L'unità del pensiero cartesiano e il Cartesianismo in Italia (Padua 1943); *H. Bedarida - P. Hazard,* L'influence française en Italie au XVIIIe siècle (Paris 1934); *E. Codignola,* Illuministi, giansenisti, giacobini nell'Italia del settecento (Florenz 1947); *M. Fubini* (Hrsg.), La cultura illuministica in Italia (Turin 1957); *F. Catalano,* Illuministi et Giacobini del Settecento italiano (Mailand 1959); *F. Venturi,* Le siècle des lumières en Italie: Cahiers d'Histoire mondiales 8 (Paris 1960); *A. Noyer-Weidner,* Die Aufklärung in Oberitalien (München 1957); *E. W. Cochrane,* Tradition and Enlightenment in the Tuscan Academies. 1690—1800 (Rom 1961); *ders.,* French Literature and the Italian Tradition in 18th Century Tuscany: J. of the History of Ideas 22 (Lancaster, Pa. 1962).

[94a] *M. Cardini,* La vita e l'opera di Marcello Malpighi (Rom 1927).

[95] Ausg.: Opere, ed. *B. Croce - G. Gentile - F. Nicolini,* 11 Bde (Bari 1911/41); Scienza nuova, dt.: Die neue Wissenschaft über die gemeinschaftliche Natur der Völker. Nach der Ausg. v. 1744 übers. von *E. Auerbach* (München 1924; Nachdr. Berlin 1965). — Lit.: *B. Croce,* La filosofia di G. Vico (Bari 1911, [5]1953), dt.: Die Philosophie G. Vicos. Nach der 2. Aufl. übers. von *E. Auerbach - Th. Lücke* (Tübingen 1927, Reprint Aalen 1965); *R. Stadelmann,* Die Geschichtsphilosophie G. B. Vicos: Geistige Welt, Vjschr. für Kultur- u. Geisteswiss. (München 1947; beste Arbeit über Vicos Christentum); *E. de Negri,* Theologien des Historismus [Vico u. Hegel]: Roman. Forschungen 62 (1950) 277—293; *G. B. Vico,* La scienza nuova e opere scelte. A cura di *N. Abbagnano* (Turin 1952); *H. J. Daus,* Selbstverständnis u. Menschenbild in den Selbstdarstellungen G. B. Vicos u. P. Giannones; ein Beitrag zur Gesch. der italienischen Autobiographie (Genf 1962, auch Phil. Diss. Köln); *B. Croce,* Bibliografia vichiana (Neapel 1904); *ders.,* Bibliografia vichiana, accresciuta e rielaborata da F. Nicolini, 2 Bde (Neapel 1947/48).

der Geschichte, die er selbst gemacht hat, erkennen; da aber die Menschen, „Gegenteiliges beabsichtigend", erst durch die Vorsehung zur gerechten Gesellschaft geführt wurden, muß der Gegenstand der „Neuen Wissenschaft" eine „vernünftige Theologie der göttlichen Vorsehung in der Geschichte" sein [96].

Vorwiegend rezeptiv gegenüber der Aufklärung waren auch die *skandinavischen Länder*. Stockholm hat den Ruf, für große Ausländer eine (wenn auch nicht immer glückbringende) Stätte der Zuflucht (so für Descartes) oder der Wirksamkeit (so für Pufendorf) gewesen zu sein. Der Sohn eines schwedischen Landpfarrers, der Arzt Carl v. Linné (1707—78) [97], den während seines Studiums in Uppsala der Theologe Olaf Celsius zu einem Werk über die biblischen Pflanzen heranzog, hat seine Heimat an hervorragender Stelle in die Geschichte der Naturwissenschaften eingetragen, wenn auch viele seiner Werke in den Niederlanden erschienen, wo er in Leiden die botanischen Sammlungen studiert hatte. Er versuchte ein natürliches System der Lebewesen zu entdecken, in dem ihre „vernünftige Ordnung" sichtbar wird, und wählte für die Pflanzenwelt, wenn auch nicht exklusiv, die Fortpflanzungsorgane als Prinzip der Einteilung. In den „Fundamenta botanica" (1736) findet sich als These 157 der für die Theorie der Artkonstanz klassische Satz: „Species tot sunt, quot diversas formas ab initio produxit infinitum Ens, quae formae produxere plures et sibi semper similes." Später hat Linné ähnlich wie Buffon diese Theorie aufgegeben und die Neuentstehung von Arten für möglich gehalten. Bezeichnend für den aufklärerischen Optimismus ist die Übertragung absolutistischer Vorstellungen in die Natur, wo Gottes „Polizeiaufsicht" herrscht und die Tiere die Pflicht haben, das „Gleichgewicht unter den Pflanzen zu erhalten", „so daß die Vollkommenheit des Schöpfers überall in ihrem vollen Glanz erstrahlen kann" („Politia naturae", Uppsala 1760).

Ein ähnliches Bild wie Nord- und Südeuropa bietet auch Osteuropa in der Geschichte der Aufklärung. In *Polen* kam es zufolge der politischen Geschichte erst gegen Ende des 18. Jh. zu einem stärkeren Einfluß der französischen Aufklärung, insbesondere Rousseaus. Früher und stärker wurde die Aufklärung, freilich in angepaßter Form, in *Rußland* [98] rezipiert und auch zu einem Moment in der eigenen Literatur. Sie war in einem

[96] Übers. von *E. Auerbach* (vgl. Anm. 95) 44.

[97] *K. Hagberg,* Carl Linnaeus (Stockholm 1939), dt. C. Linné, Ein großes Leben aus dem Barock, übers. von *Th. Dorenburg* (Hamburg [2]1946); *E. Malmeström,* Die relig. Entwicklung und die Weltanschauung C. von Linnés: ZSTh 19 (1943) 31—58.

[98] *R. Wittram,* Peter I., Czar und Kaiser. Zur Geschichte Peters des Großen in seiner Zeit II (Göttingen 1964); *H. Jablonowski,* Die geistige Bewegung in Rußland in der 2. Hälfte des 18. Jh.: Collana di Ricerche Slavistiche 2 (1962); *A. S. Vucinich,* Science in Russian Culture, I: A history to 1860 (Stanford, Calif. 1963); *M. Raeff,* Origins of the Russian Intelligentsia, the 18th Century Nobility (New York 1966); *E. Haumant,* La culture française en Russie, 1700—1900 (Paris [2]1910).

Land ohne Bürgertum ein von oben her initiierter Prozeß. Im Geiste Peters d. Gr. (1689/1725) wurde die Akademie der Wissenschaften in Petersburg [99] gegründet, die jedoch lange auf ausländische Gelehrte angewiesen war. Eine bedeutende Rolle spielte die westliche Naturrechtslehre, der jedoch durch die sakrale Herrschaftsauffassung in Rußland Grenzen gesetzt waren. Suvalov, der Minister Elisabeths (1741/62), der Tochter Peters d. Gr., die in Moskau die erste russische Universität gründete (1755), beauftragte Voltaire mit der „Histoire de l'empire de Russie sous Pierre le Grand" (1759/63). Unter dieser Zarin wurde M. V. Lomonosov (1711—65) [100], der als Anhänger der auch sonst in Rußland verbreiteten Philosophie Christian Wolffs eine unorthodoxe Religiosität mit einem optimistischen Rationalismus verband, Professor der Akademie in Petersburg. Prinzessin Sophie Auguste von Anhalt-Zerbst, als Zarin Katharina II. (1762/96), öffnete den Hof der französischen Aufklärung. Erst in ihrer Zeit konnte die von V. N. Tatiscev 1686/1705 verfaßte fünfbändige „Geschichte Rußlands von den ältesten Zeiten an" (1768 ff) erscheinen, deren theologisch-philosophische Einsprengungen eine antikirchliche Kritik und die Prinzipien der „Natürlichen Religion" vertreten. Katharina las Pierre Bayle und Montesquieu, korrespondierte mit Voltaire, Diderot, d'Alembert und ließ Freimaurerlogen zu. Gewiß waren die Auswirkungen dieser Literatur eingeschränkt. Aber was französische Hauslehrer mit der durch die Aufklärung zum europäischen Bildungsmedium gewordenen französischen Sprache in die aristokratische Bildungsschicht trugen, läßt sich in der neueren Geschichte Rußlands als wirksames Moment weiterverfolgen.

Schöpfung und Naturgesetz — Heilsgeschichte und Welt der Geschichte

Die anstößigen Sätze des christlichen Glaubens sind für die Aufklärung die gleichen wie für die antiken Gegner des Christentums und für die theologische Diskussion der Gegenwart: die Erbsünde, die Inkarnation und die Auferstehung. Der deistische Gottesbegriff läßt sich nicht auf eine einfache Formel bringen. Er ist von zwei geistesgeschichtlichen Momenten umschrieben: von der Erkenntnis der universalen Gesetzlichkeit der Welt als Natur und von der Erfahrung einer pluralen, in ihren Gesetzen (dem ricorso Vicos oder dem verschieden vorgestellten Fortschritt) erkennbaren oder in ihrem Zusammenhang unerkennbaren (so P. Bayle) Welt der Geschichte, die sich nicht mehr deckt mit der Welt der christlichen Heilsgeschichte. Der Begriff der providentia divina, auch wenn er, nament-

[99] *E. Amburger,* Beiträge zur Geschichte der deutsch-russ. kulturellen Beziehungen (Gießen 1961).

[100] *M. V. Lomonosov - A. L. v. Schlözer - P. S. Pallas,* Deutsch-russ. Wissenschaftsbeziehungen im 18. Jh. Hrsg. von *E. Winter* u. a. (Berlin 1962).

lich in der Spätaufklärung, vielfach als eine moralistisch abgezweckte Leerformel gebraucht wird, bleibt bei bedeutenden Denkern wie Descartes, Newton, Leibniz oder Vico als Problem gestellt, das eine monistische Weltformel verhindert. An der Differenz des Menschen gegenüber der Welt wird, abgesehen von den Vertretern eines radikalen Materialismus, festgehalten, wie verschieden auch die Auffassungen von der „Seele" sind. Die Einheit der Menschheit wird, auch wenn die durch die Natur oder die Geschichte bedingten Unterschiede der Sitten, Gesetze und Sittlichkeit hervorgehoben werden (so bei Montesquieu), nicht in Frage gestellt, soll vielmehr über alle historischen Besonderungen hinweg neu begriffen werden.

Beide idealtypischen Formen, in denen ein fundamentaler Konflikt zwischen Überlieferung und Gegenwart ausgetragen werden kann, sind in der Aufklärung dargestellt: die Harmonisierung und die Polemisierung des Gegensatzes, beide auf hohem oder niedrigem Niveau. Berühmt geworden ist der anglikanische Bischof J. Butler mit seiner versöhnlichen Schrift „The Analogy of Religion, Natural and Revealed, to the Constitution and Course of Nature" (1736)[101]. Ein klassischer Repräsentant entschiedener Trennung der Bereiche ist Pierre Bayle, dessen calvinistische Tradition aber bislang wohl unterschätzt worden ist. Er verlangt, daß die difficultés de la raison allein von der raison ausgetragen werden. Den Christen aber sagt er, und es besteht kein Grund, dies als eine Verhöhnung zu interpretieren: „C'est aux Métaphysiciens à examiner s'il y a un Dieu et s'il est infaillible; mais les Chrétiens, en tant que chrétiens, doivent supposer que c'est une chose déjà jugée." Und in paulinischer Sprache schreibt er, gar nicht so weit entfernt von Pascal, über Jesus: „Il a voulu que son Évangile choquât", die Religion und nicht weniger die Aphorismen der Heiden[102]. Einem, der den trinitarischen Glauben retten, aber die Erbsünde preisgeben will, gilt Bayles hartes „Alles oder nichts". Dennoch wird man von oberflächlicher Verharmlosung des Konfliktes die geistige Anstrengung der Epoche unterscheiden müssen, mit der sie die Kontinuität der Überlieferung im Austrag der Krise bewahren wollte. Diese Anstrengung läßt sich in zwei entscheidenden Problemkreisen andeuten.

Die Gesetze der Mathematik und Physik konnten als das Werk des factor coeli et terrae, des Weltbaumeisters, verstanden werden, und wie sich Leibniz ausdrücklich als „christlicher Mathematiker" bezeichnete, so hat Newton den „an allen Orten gegenwärtigen" Gott als den genannt, der „alle Dinge lenkt und alle Dinge kennt, die sind oder geschaffen werden können"[103]. Das Problem bestand jedoch in der Mathematisierbarkeit des

[101] *J. L. Murphy*, The Influence of Bishop Butler on Religious Thought: ThSt 24 (1963) 361—401.

[102] Im Eclaircissement zum Art. „Pyrrhonisme": DHGE.

[103] Vgl. *H. Lange*, Physik II, 212, nach *W. C. Dampier* a. a. O. 210: „Er lenkt alle Dinge und kennt alle Dinge, die sind oder geschaffen werden können ..., der, an allen Orten gegenwärtig, leichter imstande ist ..."

göttlichen Willens, aus der sich nicht bei Newton selbst, aber im Verständnis des 18. Jh. der absolut gesetzmäßige Ablauf der einmal in Gang gebrachten Welt ergab, ohne daß es der weiteren Anwesenheit Gottes bedurfte. Das Thema ist jedoch bereits gestellt, wenn Newton von Gottes „grenzenlosem, gleichförmigem Sensorium" spricht, in dem Gott die Körper bewegt „und dadurch die Teile des Universums zu schaffen und neu zu schaffen" imstande ist[104], gleichzeitig aber eben dieses Sensorium, nämlich den absoluten Raum, physikalisch feststellt, während Leibniz diesen dem „Sitze" Gottes vorbehält. Von nun an tut sich das Dilemma zwischen dem der Ratio offenen Gesetz der Welt und dem Geheimnis der Welt auf, ein Dilemma, das G. Berkeley im „Analyst" (1734) nur benennen, aber nicht lösen kann, wenn er in der Polemik gegen den Astronomen Edmond Halley (1656 bis 1742), der erstmals die Eigenbewegungen von Fixsternen erkannte, und gegen die Infinitesimalrechnung fragte, ob solche Erkenntnisse einleuchtender als „die religiösen Geheimnisse und Glaubenspunkte" seien. Denn der Gang der Ratio war nicht mehr aufzuhalten, und es ist ein weiter Weg bis zur Wiederentdeckung des Geheimnisses. Aber die Gottesfrage hatte auch für Mathematiker und Physiker wie Newton und Leibniz noch einen anderen Aspekt. Mit dem factor coeli et terrae wird auch das Bekenntnis zum pater omnipotens abgelegt, zum Gott der Geschichte, der Israel aus Ägypten herausgeführt hat. Newtons bibeltheologische Schriften, lange als Absonderlichkeiten aus seiner Biographie ausgeklammert, werden heute in ihrem bedeutenden Stellenwert erkannt[105], und auch Leibnizens Arbeiten über die Sprache, über die Geschichte und sein geschichtstheologisches Fragment (vgl. oben S. 378 f) sind mehr als ein Ausweis des „Polyhistors".

Hatte man Newtons theologische Schriften in der Geschichtsschreibung ganz beiseite gelassen, so erscheinen in der Darstellung der Problemgeschichte der Biologie des 17. und 18. Jh. theologisch motivierte Theorien nur als lästig retardierende Momente der Forschung, wenn man sie ausschließlich in der Perspektive moderner Ergebnisse der Biologie betrachtet. In der geschichtlichen Perspektive sind sie eine bewundernswerte Anstrengung im Konflikt zwischen empirischer Forschung und religiöser Sinnfrage[105a]. Es handelt sich hauptsächlich um zwei Theorien, um die Lehre

[104] Ebd. 210.

[105] *F. Wagner:* Saeculum 17 (1966) 202 f.

[105a] In unreflektierter Naivität, die noch den Anfang unseres Jahrhunderts charakterisiert, kann *F. Dannemann* (a. a. O. III 3) behaupten, allein die empirische Methode könne „Wahrheit vom Irrtum unterscheiden", während die „dem Jenseits zugewandte Religion" der Kirche mangels empirischer Mittel nur an ihrer antiwissenschaftlichen Autorität festhalte. Damit wird zweifellos ein historischer Sachverhalt angesprochen. Aber das Problem ist differenzierter; *E. Ungerer* (a. a. O. I/1 6) bemerkt, die „weltanschaulichen Gegensätze" in der Geschichte der Naturwissenschaften kämen uns heute zwar „wie vorläufige Ablenkungen" vor, seien aber zu respektieren, weil auch „die ‚existentielle' Betrachtungsweise" ihr Recht habe. Spricht O. *Zöckler* (a. a. O. II 3) allzu versöhnlerisch von den „innigen

von der Präformation des Lebewesens im Keim und um die Lehre von der Konstanz der Arten. Jan Swammerdam (1637—80), der neben Malpighi die mikroskopische Anatomie begründete, versuchte die These, daß alle Teile en miniature im Keim vorgebildet sind, an Insekten und der Anlage ihrer Gliedmaßen nachzuweisen. Bis auf Caspar Friedrich Wolff (1733—94), der nichts wissen will von „der Idee, die dem Uterus innewohnt“ [106] und dessen epigenetische Theorie sich bereits bei W. Harvey angedeutet findet, wurde an der Präformationslehre festgehalten, religiös begründet insbesondere bei A. v. Haller und Ch. Bonnet, dessen „Palingenesis“ Lavater unter dem Titel „Philosophische Untersuchung der Beweise für das Christentum“ übersetzte (Zürich 1771). Die These, daß im Keim auch alle nachfolgenden Generationen enthalten sind, faßte Leibniz in die Theorie von den seit der Schöpfung lückenlos gegebenen präformierten Keimen.

Daß die Arten „äußerst konstant“ sind, weil ihre Fortpflanzung „vera continuatio“ ist, wie es der frühe Linné in der „Philosophia botanica“ (1751) formuliert, gründet in der Lehre von der anfänglichen Vollkommenheit der Schöpfung, die Descartes grundsätzlich akzeptiert, wenn er auch hinzufügt, es sei für das Verständnis besser, „die allmähliche Entstehung aus dem Samen zu beobachten“ [107]. Linné hat die Theorie von der Artkonstanz selbst modifiziert. Sein zeitgenössischer Gegner, G.-L. Buffon, bezeichnet die Klassifizierung als eine konstruierende Erfindung und hält „das Wesen der Arten“ für beständig, „ebenso alt und bleibend wie die Natur“, wenn es auch Variabilitäten zufolge klimatischer Einwirkungen gibt, aber alles innerhalb der „Idee eines ersten Planes“. Gegen die „leichtfertige“ Klassifizierung, mit der die „Allmacht der Natur“ postuliert wird, die aus einem einzigen Wesen alle organisierten Wesen „herauszuziehen wußte“, beruft er sich ausdrücklich auf die Genesis [108]. Aber auch Buffon kam zu einer Modifizierung seiner These. Für Lamarck ist die Artkonstanz über viele Generationen hinweg nur seltener Sonderfall. Wenn alle Organismen Erzeugnisse der Natur sind, dann beginnt ihre nach und nach folgende Entstehung bei den einfachsten Organisationen, ohne daß — entgegen dem Weltbild Leibnizens — von einem Ziel gesprochen werden könne. Was uns

Beziehungen zwischen Theologie und Naturwissenschaft“, so macht *W. Philipp* (Zeitalter der Aufklärung S. LIX) am Beispiel Newtons deutlich, „daß hier der geistliche Impuls die Forschung trägt“, was zuwenig gewürdigt sei, wenn man nur mit Erstaunen die „‚religiösen Rückfälle‘ bei Heroen des Fortschritts und der Aufklärung“ registriere. Vielleicht etwas übertrieben, aber nicht ohne Grund hält er dafür, daß „die geistes- und theologiegeschichtliche Erforschung des Zeitalters der Aufklärung in den Anfängen steht“ (ebd. S. XI). — Vgl. *F. Wagner*: Saeculum 17 (1966) 193—204.

[106] Theoria generationis (1759), zit. nach „Ostwalds Klassikern der exakten Wissenschaften“ Nr. 84 (Leipzig 1896) Bd. II 84.

[107] Principia III 45.

[108] Œuvres complètes (Ed. von *Florens*, vgl. Anm. 60) II 412—416.

als ein solches erscheint, „ist in Wirklichkeit nur eine Notwendigkeit“ [109]. Sein Gegner ist Erasmus (sic!) Darwin (1731—1802), der in seiner „Zoonomia“ (1794) die Veränderung der Art mit dem Schöpfungsglauben verbindet durch die Annahme einer „first great cause“, die der Veränderlichkeit die Richtung auf Vervollkommnung gegeben hat. Joseph Gottlieb Koelreuter (1733—1806) macht insofern eine Zäsur in der Problemgeschichte aus, als er gegen das Tabu der „widernatürlichen Zeugung“ Artkreuzungen versucht [110].

Bei allen Konsequenzen, die sich aus der totalen Verwissenschaftlichung der Weltauffassung bis zur Weltraumfahrt unserer Zeit ergaben, war entscheidend die Frage nach dem Menschen. Daß es in der Welt vieles vor dem Menschen gab, wie Descartes kritisch hervorhebt [111], ließ sich mit dem Schöpfungsbericht vereinbaren. Aber ist die Welt auf den Menschen hin geschaffen? Leibniz hat dies, wenn auch mit Vorbehalten, bejaht. Ch. Bonnet hat 1745 auf seiner „échelle des êtres naturels“ den Menschen wegen seiner höchsten Organisation an die natürliche Spitze gestellt, über ihn die Engel. Aber auch er hat, wie die meisten Naturwissenschaftler, eine Entwicklung seines Weltbildes durchgemacht, wenn er auch noch an den „fins“ der Schöpfung festhält. Noch versteckt, aber wirksam ist der Masochismus dokumentiert, mit dem der Mensch, der eben nach seiner gotthaften Menschlichkeit ausgreift, sich selbst vom Thron der Schöpfung stößt, wenn ein unreflektierter Evolutionismus verkündet und der Mensch von den Fischen hergeleitet wird, wie es die Schuppen seiner Haut beweisen [112]. Für Holbachs materialistische Anthropologie ist die Frage, woher der Mensch stammt, im Grunde unwesentlich, und La Mettrie leitet den vorläufigen Abschied von der Philosophie ein mit der Bemerkung, es fänden sich „Erfahrung und Beobachtung ... ohne Zahl in den Annalen der Mediziner, die Philosophen gewesen sind, und nirgends bei den Philosophen, die nicht Mediziner gewesen sind“.

Die Auseinandersetzung der Neuscholastik mit der kantischen Kritik der Gottesbeweise ließ vielleicht den Problemkreis „Schöpfung und Naturgesetz“ im Prozeß der Aufklärung allzu stark in den Vordergrund treten

[109] Philosophie zoologique, 2 Bde (Paris 1809) Bd I 271; Hist. nat. des animaux sans vertèbres (Paris 1815/22) I 323. — Diese „Notwendigkeit“ wird jedoch, wie *Dijkerhuis* (a. a. O. 551) betont, nicht nach dem literarischen Bild der Aufklärung vom mechanischen Uhrwerk vorgestellt, da die klassische Naturwissenschaft die Frage nach Anfang und Zweck nicht stellt.

[110] *J. G. Koelreuter*, Vorläufige Nachrichten von einigen das Geschlecht der Pflanzen betreffenden Versuchen ... (Leipzig 1761/66).

[111] Principia III 3.

[112] *B. de Maillet* (1656—1738), frz. Generalkonsul in Ägypten, in der Schrift: Telliamed, ou entretiens d'un Philosophe Indien avec un Missionnaire François, sur la diminution de la mer, la formation de la terre, l'origine de l'homme ..., 2 Bde (Amsterdam 1748, Den Haag [2]1755, engl. London 1750); „Telliamed“ ist ein Anagramm zu Maillet.

gegenüber dem anderen Vorgang, der den christlichen Glauben eher tiefer berührt, weil dieser ein wesentlich geschichtlicher Glaube ist: der „Aufklärung" der christlichen Heilsgeschichte. Die exakte Formulierung dessen, was da geschah, stammt von Voltaire. Er nennt es in seiner Polemik gegen Bossuet lächerlich, „wenn man beweisen wollte, daß der Gott aller Völker der Erde und aller Geschöpfe anderer Gestirne sich nicht mit den Revolutionen Asiens beschäftigte und daß er nur im Hinblick auf das kleine jüdische Volk so viele Eroberer nacheinander schickte, bald um es zu demütigen, bald um es wieder zu erheben ..., und daß diese kleine eigensinnige und aufrührerische Horde der Mittelpunkt und der Gegenstand der Weltrevolutionen wäre" [113]. Damit wird zweierlei bezeichnet: Mit der Leugnung der speziellen Heilsgeschichte wird die mittelalterliche Kongruenz von Weltgeschichte und Heilsgeschichte gesprengt, und es wird zugleich die Frage nach einer alle Kulturen einbeziehenden universalen Auffassung der Geschichte gestellt. Dem ist freilich hinzuzufügen, daß der gleiche Voltaire, für den „die wahre Geschichte" „die Geschichte der Fortschritte des menschlichen Geistes" ist, die tiefe Skepsis des Zeitalters gegenüber der Geschichte ausdrückt: „Les temps passés sont comme s'ils n'avaient jamais été. Il faut toujours partir du point où l'on est ..." [114] Wie immer es um den Punkt der Gegenwart steht, die gefeiert und zugleich beschimpft werden kann: dieses Wort markiert in brillanter Schärfe, was man im 20. Jh. den „Verlust der Geschichte" nennen wird, den Bruch mit der Überlieferung. Was zumeist als Zeugnis für die heraufkommende historistische Objektivität zitiert wird, ist wesentlicher erfaßt als ein Zeugnis eben dieses Bruches, das Wort von P. Bayle: „Ein Historiker als solcher ist wie Melchisedek ohne Vater, ohne Mutter und ohne Abstammung." [115] Die von der christlichen Heilsgeschichte benannte Herkunft und Zukunft ist verloren. Alle diese oder ähnliche Äußerungen aber muß man zusammenhalten, wenn man das Verhältnis der Aufklärung zur Geschichte (und das darin enthaltene Problem der Heilsgeschichte) sich nicht durch die Schelte der Romantik verstellen lassen will. W. Dilthey hat sie als erster zurückgewiesen: „Die Aufklärung ... hat eine neue Auffassung der Geschichte hervorgebracht ... In diesen Werken verbreitete die Anschauung von der Solidarität und dem Fortschritt des Menschengeschlechtes ihr Licht über alle Völker und Zeiten." [116] Man wird dieses Wort angesichts der fortdauernden Europazentrik der Aufklärung nicht ohne Einschränkung hinnehmen können, anderseits aber auch die Bemerkung von B. Croce, die asiatischen Kulturen hätten der Aufklärung nur dazu gedient, „die Liebe zur Toleranz oder vielmehr zur religiösen Gleichgültigkeit auszudrücken", ohne daß man die „geschicht-

[113] Essai sur les mœurs ..., a. a. O. (Anm. 54) XI 158.
[114] Zit. nach *E. Cassirer* a. a. O. 224.
[115] Art. „Usson", Anmerkung F: DHGE.
[116] *W. Dilthey*, 18. Jahrhundert 209.

lichen Realitäten" ernst genommen hätte [117], dahingehend ergänzen müssen, daß zwar die Orientalistik im strengen Sinne einer späteren Zeit angehört, daß aber die Idee, alle Völker und Zeiten in der Perspektive des Menschengeschlechtes zu sehen, eine Frucht der Aufklärung ist. Daß das Problem der Darstellung der universalen Geschichte, sollte sie nicht ein bloßes „Aggregat" sein, ein Problem der Sache selbst ist, hat der Göttinger August Wilhelm Schlözer mit erstaunlichem Weitblick in der „Vorstellung einer Universalhistorie" (1772) gezeigt. Er bezieht sich offenbar auf Bayles Wort, wenn er von der Universalgeschichte fordert, sie habe sich „ohne Vaterland" über alle Gegenden zu verbreiten, und auf Voltaire, wenn er fordert, „nicht Volk Gottes, nicht Griechen und Römer" hätten sie „mit Prädilection" zu beschäftigen, sondern alles „so gut am Hoangho und Nil als an Tiber und Weichsel". Das Kriterium der Auswahl könne nicht aus den „Specialgeschichten" gewonnen werden, sondern nur im Blick auf den „Einfluß in das Ganze oder in große Teile der Welt", von woher dann die Welthistorie die „Specialgeschichten" in ein „lichtes Ganzes" ordnet. Angesichts der Tatsache, daß ein universaler Geschehenszusammenhang erst in der Neuzeit auftritt, „verbindet die Universalhistorie Völker, die vorher keine oder keine sichtbare Verbindung hatten, und erschaffet ein System, vermittelst dessen sich die Mannigfaltigkeit auf einmal fassen läßt", aber nicht — dies gegen J. G. Herder — ein System des Philosophen, sondern des Historikers. Zu zeigen ist, wie der Mensch, „dieser mächtige Untergott", die Erde zu seiner Wohnung umschafft, dieser Mensch, den freilich das höchste Wesen „in langen Ketten hält" [118]. Schlözer hat *diese* Weltgeschichte nicht geschrieben, aber er hat wie kaum ein anderer, wenn man von der rational-theologischen Konzeption Vicos absieht, ihr Problem formuliert, wie ja insgesamt die Aufklärung nur Entwürfe zu einer universalen Geschichte hervorgebracht hat, keine Weltgeschichte, die diesen Namen verdient. Aber sie hat erkannt, daß sie in der Identität mit der Heilsgeschichte nicht mehr zu fassen war, Hauptproblem bei Vico. Ohne Zweifel schlägt sich dies auch nieder in der Staatslehre der Aufklärung, in der Rationalisierung des Völkerrechtes von Grotius zu Thomasius, in der Rationalisierung der Verwaltung und der Politik, und es ist wohl auch zu fragen, was die sakrale Begründung des absolutistischen Königtums von der Sakralität des mittelalterlichen Herrschers unterscheidet, bis schließlich „der theokratische Auftrag immer konventioneller verstanden wird" [119].

Die Ursachen dieser tiefen Wandlung im Geschichtsverhältnis liegen teils im endogenen Prozeß der europäischen Aufklärung — teils in der konkre-

[117] *B. Croce*, Theorie 216.

[118] *A. W. Schlözer*, Vorstellung einer Universalhistorie, 2 Tle (Göttingen 1772/73) Tl 1, S. 28 20 34 22 10 38.

[119] *F. Wagner*, Handbuch 87.

ten Erfahrung der außereuropäischen Welt, wobei sich beide Momente wechselseitig steigern. Den stärksten Eindruck machten die Berichte der Missionare seit dem späteren 16. Jh., auf die sich der Augustiner Juan González de Mendoza in seiner Darstellung Chinas stützte, insbesondere die Berichte der Jesuiten, vorab die des Matteo Ricci (1552—1610)[120], dann die „Nouveaux mémoires sur l'état présent de la Chine" (1696) von Louis Le Comte[121], der über die Relativität der herkömmlichen Sitten reflektierte, und die „Description ... de la Chine et de la Tartarie chinoise" (1735) des Pater Du Halde. Auf die anderen echten oder fingierten Reiseberichte kann hier nur verwiesen werden[122]. Daß bereits François de la Mothe Le Vayer (1588—1672), Erzieher Ludwigs XIV., in seiner Schrift „De la vertu des payens" (1642) versucht war auszurufen: „Sancte Confuci, ora pro nobis" — Arnold Toynbees synkretistische Litanei vorwegnehmend —, bezeichnet den tiefen Eindruck, den diese Gestalt machte, um derentwillen es hauptsächlich zu der bis gegen Ende des 18. Jh. anhaltenden Chinaschwärmerei gekommen ist, neben der freilich die Kritik am chinesischen Absolutismus immer stärker wurde (als Vehikel der Kritik am europäischen Absolutismus). Was an China faszinierte, war die Hochkultur ohne religiöse Offenbarungslehre, war die rein natürlich-gesellschaftlich begründete Pflichtenlehre und die darauf aufbauende hohe Zivilisation. In einer erstaunlichen Intuition hat Leibniz in seiner „Novissima Sinica historiam nostri temporis illustratura" (1697) China „orientalis quaedam Europa" genannt, damit die einzige Hochkultur visierend, die eine Welt-Chance wie Europa gehabt hat; seiner harmonisierenden Denkweise entspricht die Vorstellung, China sollte den verdorbenen Europäern Missionare der natürlichen Theologie, wie umgekehrt die Christen Missionare der geoffenbarten Theologie nach China senden. Der irrigen Meinung folgend, die chinesische Philosophie sei lange vor der griechischen entstanden, verurteilte er es als unkluge Voreingenommenheit, daß „nous autres nouveaux vénus après eux, et sortis à peine de la barbarie" die chinesische Philosophie verurteilen, weil sie nicht mit den scholastischen Begriffen übereinstimmt[123].

Vielleicht noch tiefer als die Vorstellungen von der Hochkultur China wirkte die Begegnung mit den Primitiven Amerikas[124] auf das europäische

[120] *H. Jedin*, dieses Hdb. IV 636 f.

[121] *J. Davy*, La condamnation en Sorbonne des „Nouveaux ...": RSR 37 (1950) 366—397.

[122] *W. Franke*, China und das Abendland (Göttingen 1962, = Kleine Vandenhoeck-Reihe 146—148).

[123] Leibniz an de Remond, Ausg. *Dutens*, Bd IV/1, 171. Vgl. *A. Hildemann*, Leibniz und die Pluralität der Kulturen: Saeculum 18 (1967) 317—321; *U. Aurich*, China im Spiegel der dt. Lit. des 18. Jh.: Germanist. Studien 169 (1935); *A. H. Powbotham*, China in the Esprit des lois: Comparative literature 2, 4 (1950) 354—359; *D. F. Flach*, The Sinophilism of Christian Wolff: Journal of the History of Ideas 14, 4 (1953) 561—574.

[124] *G. Chinard*, L'Amérique et le rêve exotique dans la littérature française au dix-septième et au dix-huitième siècle (Paris 1913 [2]1934).

Geschichtsbewußtsein ein, vor allem deshalb, weil der langlebige, bereits im 16. Jh. ansetzende Topos des „edlen Wilden“ ein Mittel der Kulturkritik war. Auch hier spielten die Missionsberichte eine große Rolle. Der Dominikaner Du Tertre weiß in seiner „Allgemeinen Geschichte der Antillen“ (1654, erweitert 1667) die natürliche Sittlichkeit und Einfachheit der fälschlich „Wilde“ genannten Menschen nicht genug gegenüber den Übeln der europäischen Zivilisation zu kontrastieren. Schon im Titel programmatisch sind die zwei Bände „Mœurs des Sauvages Amériquains comparées aux Mœurs des Prémiers temps“ (1724) des Jesuiten Lafiteau, in denen die Irokesen und Huronen Kanadas als Zeugen der Uroffenbarung und als Gegenzeugen zu Bayles Behauptung vom Atheismus bei Primitiven geschildert werden. Hatten die Darstellungen der Missionare erst indirekt eine Kritik der christlichen Überlieferung zur Folge, so greift der Baron de La Hontan, der in der französischen Armee in Kanada gedient hatte, zu den Indianern übergegangen und 1715 zurückgekehrt war, in seinen „Reisen, Memoiren und Dialogen“ (1703) im Schutz eines fingierten Streitgespräches mit einem Indianer den christlichen Glauben unmittelbar an, indem er die „Natürliche Religion“ des Primitiven den Sieg davontragen läßt. Die Aufklärung selbst hat die Legende vom „edlen Wilden“ attackiert, Voltaire in bissigem Hohn, Kant von seinem Prinzip des gesellschaftlichen Antagonismus her. Rousseaus „homme naturel“ ist nicht der Primitive, der vielmehr bereits Repräsentant der heranwachsenden Gesellschaft ist, sondern die ideale Konstruktion des Menschen *vor* der Geschichte; aber eben dieser Rückgriff hinter alle Geschichte auf den „Anfang“, von woher man die Geschichte im ganzen kritisch zu beurteilen und die Zukunft zu gewinnen hoffte, war das revolutionäre Moment. Ob nun der „edle Wilde“ mit seiner der Offenbarung überlegenen „Natürlichen Religion“ in seiner paradiesisch vorgestellten Landschaft gepriesen wurde oder ob man sich die Anfänge des Menschengeschlechtes in einem bereits programmatischen Evolutionismus nicht tierhaft genug vorstellen konnte, immer wurde der Anfang der Menschheitsgeschichte zum Problem, das man von der Bibel nicht mehr beantwortet sah.

Dieser Verlust der heilsgeschichtlichen Antwort auf die Frage nach der Herkunft und auf die Frage nach der — nun pessimistisch vorgestellten oder optimistisch als Fortschritt erdachten — Zukunft ist generell die geschichtliche Situation der Aufklärung, deren Versuche, neue Antworten zu finden, man gerecht nur dann würdigt, wenn man diese Situation zwar nicht als ein zwangsläufiges, aber als ein sinngerechtes Ergebnis der abendländischen Geschichte betrachtet, und wenn man bedenkt, aus welchen Gründen die Kirche „die Führung verlor“.

ZWEITER ABSCHNITT

Das kirchliche Leben unter dem Einfluß des Staatskirchentums und der Aufklärung

Univ.-Professor Dr. Louis Cognet, Dammartin-en-Goële (Kap. 19—21)
Univ.-Professor Dr. Heribert Raab, Fribourg (Kap. 22, 23 a, 24 und 25)
Univ.-Professor Dr. Dr. Bernhard Stasiewski, Bonn (Kap. 23 b)
Univ.-Professor Dr. Wolfgang Müller, Freiburg (Kap. 26 und 27)

19. Kapitel

Der Jansenismus im Frankreich des 18. Jahrhunderts

BIBLIOGRAPHIEN: Die Bibliographie über das jansenistische 18. Jh. ist sehr umfangreich, es existiert jedoch keine zufriedenstellende Zusammenfassung. Nützliche Angaben sind in folgenden Werken zu finden: *L. Willaert,* Bibliotheca janseniana belgica, 3 Bde (Namur - Paris 1949/51); *J. Carreyre,* Les luttes du jansénisme: RHEF 10 (1924) 441—460; *J. Dedieu,* L'agonie du jansénisme, essai de bio-bibliographie: RHEF 14 (1928) 161—214; *V. Carrière,* Introduction aux études d'histoire ecclésiastique locale III (Paris 1936).

QUELLEN: *J. Louail - J. B. Cadry,* Histoire du livre des Réflexions morales sur le Nouveau Testament et de la Constitution Unigenitus, 4 Bde (Amsterdam 1726/34); *P. F. Lafitau,* Histoire de la Constitution Unigenitus, 2 Bde (Avignon 1737); *A. Dorsanne,* Journal de M. l'abbé Dorsanne, 2 Bde (Rom 1753); Dom *V. Thuillier,* Histoire de la Constitution Unigenitus, Bibl. Nat. Mss. F. Fr. 17731—17737, Teilausgabe von *A. Ingold,* Rome et la France, la deuxième phase du jansénisme (Paris 1901); *F. Bourgoin de Villefore,* Anecdotes ou mémoires secrets sur la Constitution Unigenitus, 3 Bde (o. O. 1730); *Louis de Saint-Simon,* Mémoires, hrsg. von *A. de Boislisle,* 41 Bde (Paris 1879/1927); *Dangeau,* Journal, hrsg. von *Soulié - Dussieux,* mit dem Nachtrag von Saint-Simon, 19 Bde (Paris 1860); *H. F. Daguesseau,* Œuvres, 13 Bde (Paris 1780/89); *Louis Le Gendre,* Mémoires, hrsg. von *M. Roux* (Paris 1865); *J. Buvat,* Journal de la Régence, hrsg. von *E. Campardon,* 2 Bde (Paris 1865); *N. Lenglet du Fresnoy,* Mémoires de la Régence, 5 Bde (Amsterdam 1749); *R. L. Voyer d'Argenson,* Mémoires, hrsg. von *Rathery,* 9 Bde (Paris 1859/67); *E. Barbier,* Journal du règne de Louis XV, hrsg. von *De la Villegille,* 4 Bde (Paris 1847/49); *M. Marais,* Journal et mémoires, hrsg. von *Lescure,* 4 Bde (Paris 1863); *N. de Lamoignon de Basville,* Journal historique, hrsg. von *H. Courteault* (Paris 1910); *F. de Fénelon,* Œuvres, 10 Bde (Paris 1851/52); *H. Robillard d'Avrigny,* Mémoires chronologiques et dogmatiques (1600—1716), 2 Bde (Nîmes [2]1781); *M. J. Picot,* Mémoires pour servir à l'histoire ecclésiastique pendant le XVIIIe siècle, 7 Bde (Paris 1855/57); *J. Tans,* Pasquier Quesnel et les Pays-Bas (Korrespondenz Quesnels) (Groningen - Paris 1960); Mme *A. Le Roy,* Un janséniste en exil, correspondance de Pasquier Quesnel, 2 Bde (Paris 1900); *R. Cerveau,* Nécrologe des plus célèbres défenseurs et confesseurs de la vérité, 7 Bde (o. O. 1760/78); *J. Soanen,* Lettres, 7 Bde (Köln 1750); *J. B. Gautier,* La vie de Messire Jean Soanen (Köln 1750); *C. J. Colbert de Croissy,* Œuvres, 3 Bde (Köln 1740); *G. N. Nivelle,* Le cri de la foi (actes d'appel), 3 Bde (o. O. 1719); *ders.,* La Constitution Unigenitus déférée à l'Église universelle ou recueil des actes d'appel, 3 Bde

(Köln 1757); *Dettey*, Vie de M. de Caylus, 2 Bde (Amsterdam 1765); *Ch. G. de Caylus*, Œuvres, 4 Bde (Köln 1751); *R. de Fourquevaux*, Catéchisme historique et dogmatique, 5 Bde (Nancy 1750/58); Nouvelles ecclésiastiques ou mémoires pour servir à l'histoire de la Constitution Unigenitus (1728—1803).

LITERATUR: *E. Préclin*, Les jansénistes du XVIIIe siècle et la Constitution civile du clergé (Paris 1929); *J. Carreyre*, Le jansénisme durant la Régence, 3 Bde (Löwen 1929/33); *J. F. Thomas*, La querelle de l'Unigenitus (Paris 1950); *E. Préclin - E. Jarry*, Les luttes politiques et doctrinales aux XVIIe et XVIIIe siècles: *Fliche-Martin* XIX/2 (Paris 1955); *A. Gazier*, Histoire générale du mouvement janséniste, 2 Bde (Paris 1924); *I. Bourlon*, Les Assemblées du Clergé et le jansénisme (Paris 1909); *L. Cognet*, Le jansénisme (Paris 1961); *J. Orcibal*, Fénelon et la Cour romaine (1700—1715): MAH 57 (1940) 235—348; *A. Le Roy*, Le gallicanisme au XVIIIe siècle, la France et Rome de 1700 à 1715 (Paris 1892); Dom *H. Leclercq*, Histoire de la Régence pendant la minorité de Louis XV, 3 Bde (Paris 1921); *L. Cahen*, Les querelles religieuses et parlamentaires sous Louis XV (Paris 1913); *G. Hardy*, Le cardinal de Fleury et le mouvement janséniste (Paris 1925); *E. Bourgeois*, Le secret du Régent et la politique de Dubois (Paris 1909); *ders.*, Le secret de Dubois cardinal et premier ministre (Paris 1912); *E. Appolis*, La collaboration de Soanen aux Nouvelles ecclésiastiques: RHEF 30 (1944); *H. Blanc*, Le merveilleux dans le jansénisme (Paris 1865).

Die Bulle „Unigenitus"

Am Freitag, dem 8. September 1713, unterzeichnete Clemens XI. die Bulle „Unigenitus Dei Filius", die 101 Sätze aus den „Réflexions morales sur le Nouveau Testament" des P. Quesnel verurteilte[1]. Dies war die erste offizielle Verurteilung Quesnels — der seit dem Tode des Grand Arnauld gemeinhin als das Haupt der Jansenistenpartei galt —, da in Frankreich das Breve von 1708 nicht angenommen worden war, obwohl man glauben sollte, daß dieses vom König selbst erbetene Dokument stärksten Widerhall finden würde. Trotz der vom Heiligen Stuhl unternommenen Initiativen jedoch wurde Frankreich vom Text der Bulle noch nicht in Kenntnis gesetzt; sie wurde lediglich dem Kardinal de La Trémoille am 9. September überreicht, während ihre Veröffentlichung erst am 11. September erfolgte. Ludwig XIV. erhielt sie am 24. September in Fontainebleau und zeigte sich darüber sofort äußerst befriedigt, da er damit das zur Liquidierung des Jansenismus notwendige Argument gefunden zu haben glaubte. Nach gallikanischem Gewohnheitsrecht mußte die Bulle, um rechtskräftig zu werden, mit Patentbriefen versehen, von den Bischöfen akzeptiert und von den Kammern des Parlaments registriert werden. Der Text war im übrigen sorgfältig kalkuliert, um den Gallikanismus in keiner seiner empfindlichen Stellen zu treffen; die Schwierigkeiten sollten jedoch von einer anderen Seite kommen. Die 101 Artikel, die man aus einer Liste von 155 zur Verurteilung festgehalten hatte, sollten in ihrer Auswahl und Anordnung eine Art Zusammenfassung der jansenistischen Lehre geben. Nun konnte jedoch

[1] Text: BullRom XXI 568 ff.

eine Anzahl dieser Artikel mit patristischen Texten autorisiert werden, einige schienen sogar nur Zitate der am meisten geschätzten Väter zu sein. Darüber hinaus schienen einige bei erstem Durchlesen die traditionellen augustinischen Lehren — vor allem jene über die ungeschuldete Prädestination und die wirksame Gnade — auszudrücken, und es bedurfte offensichtlich einer interpretatorischen Bemühung, um aus ihnen eine häretische Bedeutung herauszulesen. Daß Quesnel der Verfasser dieser Texte war, stand außer Zweifel: die lateinische Übersetzung war eine getreue Wiedergabe von Sätzen aus den „Réflexions morales". Im Gegensatz zu dem, was sich bei Jansenius ereignet hatte, gab es hier kein Problem hinsichtlich der quaestio facti. Aber in den Augen vieler Leser schien die Bulle über Quesnel hinweg den Augustinismus zu verurteilen, dem auch weiterhin viele Theologen und Gläubige leidenschaftlich anhingen und den sie als eines der Fundamente des christlichen Denkens ansahen. Für sie war die Bulle hinsichtlich der quaestio juris vollkommen irrig. Daneben darf nicht vergessen werden, daß die persönliche Unfehlbarkeit des Papstes zu diesem Zeitpunkt noch von fast keinem der französischen Theologen vertreten wurde und man darüber hinaus nicht der Meinung war, daß sich dieses Privileg auch auf eine einfache Bulle erstreckte. Hier befand man sich also auf ganz anderem Boden als zur Zeit des jansenistischen Konfliktes.

Zunächst rechnete Ludwig XIV. nicht mit Schwierigkeiten für die Annahme der neuen Bulle. Seit langer Zeit an absolute Unterwürfigkeit gewöhnt, hatte er nicht bedacht, daß er gealtert war und daß das Ende seiner Regierungszeit sich abzuzeichnen begann und seine Gegner nunmehr offener aufzutreten wagten; es kann als fast sicher angenommen werden, daß er Clemens XI. eine Annahme der Bulle ohne vorhergehende Diskussion zugesichert hatte. Die Ereignisse schienen ihm zunächst recht zu geben. Durch einen Hirtenbrief vom 28. September zog der lavierende Erzbischof von Paris, Noailles, seine Approbation der „Réflexions morales" zurück, ohne jedoch die Bulle ausdrücklich anzuerkennen. Diese wurde jedoch am 27. und 28. September einer Parlamentariergruppe vorgetragen, und der Generalprokurator Daguesseau setzte mit seiner Erklärung, in ihr einen Beweis der Fehlbarkeit der Päpste zu sehen, den zentralen Punkt der Debatte fest. Indes anerkannten die Parlamentarier, daß die Bulle nichts den gallikanischen Freiheiten Widersprechendes enthielt, und verlangten die Abhaltung von Provinzialsynoden, in denen sie vor ihrer Registrierung akzeptiert werden sollte. Ludwig XIV. und P. Le Tellier SJ., sein Beichtvater und Ratgeber, erkannten nun, daß sich die Durchführung ihrer Pläne schwieriger gestalten würde, als sie erwartet hatten. Da die Lösung durch Provinzialsynoden zu schwierig erschien, entschied der Hof, die Bulle durch eine Synode akzeptieren zu lassen, die so schnell wie möglich abgehalten werden und alle in Paris anwesenden oder ohne Verzögerung erreichbaren Bischöfe zusammenfassen sollte. Ein Schreiben vom 5. Oktober berief diese

Synode für den 16. des Monats ein. An diesem Tag fanden sich 29 Prälaten unter dem Vorsitz von Noailles am Erzbischofssitz in Paris ein, denen sich in den folgenden Wochen noch etwa 20 weitere zugesellten. Der Vorschlag einer einfachen und unmittelbaren Annahme der Bulle wurde trotz der Bemühungen einer schwachen Minderheit sofort zurückgewiesen, da die Bischöfe das Recht eines Examens der päpstlichen Entscheidung in Anspruch nahmen. Eine Kommission von sechs Mitgliedern unter dem Vorsitz des Kardinals de Rohan wurde mit der Untersuchung der Bulle betraut; Msgr. Bissy, der Bischof von Meaux, nahm auf Grund des Vertrauens, das ihm der König und P. Le Tellier entgegenbrachten, darin schon bald eine bedeutende Stellung ein. Wie vorauszusehen war, zeigte sich Clemens XI. gekränkt und beklagte sich über den Nuntius, daß seine Entscheidung dem Urteil der Bischöfe unterworfen werde.

Eine der ersten Handlungen der Kommission war die — auf Aufforderung des Hofes — um den 4. November erfolgte Verbreitung einer französischen Übersetzung der Bulle[2], was sich im übrigen als Fehlschlag erwies, da sich fortan im Klerus und in der Öffentlichkeit eine lebhafte Oppositionsbewegung abzeichnete. Die Diskussionen der Kommissionsmitglieder über die 101 Sätze zogen sich lange hin; schließlich trat gegen Ende Dezember klar zutage, daß die Mehrheit der Versammlung trotz des vom König ausgeübten Druckes eine einfache Annahme verweigerte und Erläuterungen, durch die die augustinische Lehre bewahrt werden sollte, zur Vorbedingung einer Annahme der Bulle machte. Auf der anderen Seite kamen verschiedene Schriften für und vor allem gegen die Bulle in Umlauf und wurden einige von Quesnel selbst verfaßte Memoranden der Kommission zugesandt[3]. Schließlich unterbreitete Clermont-Tonnerre, der Bischof von Langres, unter Mithilfe Rohans im Verlauf des Januar 1714 den Vorschlag einer Pastoralinstruktion des Episkopats zur Annahme der mit Erläuterungen versehenen Bulle. Noailles schien diesen zunächst zu akzeptieren, seine Freunde jedoch bewegten ihn, auf seine frühere Entscheidung zurückzukommen. Am 12. Januar versammelten sich acht Bischöfe — unter ihnen auch der Bruder Noailles' — um ihn und entschlossen sich, an der für den 15. vorgesehenen Versammlung nicht teilzunehmen; der König jedoch, der von ihrem Vorhaben unterrichtet worden war, befahl ihre Anwesenheit, so daß die Versammlung schließlich alle 49 in Paris anwesenden Prälaten umfaßte. Die Sitzungen waren lang und stürmisch. Schließlich erklärten am 1. Februar Noailles und die acht Gegner, daß sie nichts unternehmen wollten, ehe sie nicht vom Papst selbst die Erläuterungen gefordert hätten, die sie zur Erhaltung der unversehrten Lehre als notwendig erach-

[2] Text: *C. du Plessis d'Argentré,* Collectio judiciorum de novis erroribus (Paris 1728) 3 Bde, 3/II 462 ff.

[3] Liste und Analyse: *Louail-Cadry* I 80—105.

teten. Die Versammlung löste sich am 5. Februar auf, nachdem 40 Bischöfe die Konstitution akzeptiert und die neun Gegner die Unterzeichnung des Protokolls verweigert hatten. Ludwig XIV. verweigerte ihnen die Erlaubnis, einen gemeinsamen Brief an den Papst zu senden. Am 8. Februar erhielt Noailles den Befehl, nicht bei Hof zu erscheinen, die anderen acht wurden durch einen Geheimbrief aufgefordert, in ihre Diözesen zurückzukehren. Von diesem Zeitpunkt an wurde die Spaltung des Episkopats bekannt.

Indessen hielt der König die Annahme durch die 40 Bischöfe für ausreichend, um die Bulle im Parlament registrieren zu lassen. Die Patentbriefe wurden unverzüglich ausgefertigt, trotz der heftigen Opposition zahlreicher Parlamentsräte, die die Formel „wir machen es den Bischöfen zur Pflicht, die Bulle anzunehmen“ zurückwiesen; gerade auf dieser Formulierung bestand jedoch der König, da sie ihm ein strenges Vorgehen gegen die Opponenten möglich machen sollte. Die Registrierung fand am 15. Februar in einer Parlamentssitzung statt; einige Räte verweigerten die Teilnahme, Daguesseau und Pucelle zeichneten sich durch ihre Opposition aus. Dieser Widerstand im Parlament erzürnte den König solchermaßen, daß er sich in Versailles vor Daguesseau und dem Generaladvokaten Joly de Fleury heftigen Zornesausbrüchen hingab [4]. In der Zwischenzeit hatte man die Annahmeerklärung der 40 Bischöfe nach Rom gesandt, und Clemens XI. dankte diesen in einem sehr lobend gehaltenen Breve, das jedoch die gallikanische Öffentlichkeit durch die Bedeutung, die es der Unterwerfung unter den Heiligen Stuhl beimaß, schockierte. Noailles reagierte darauf, indem er am 28. Februar eine vom 25. datierte Pastoralinstruktion in Umlauf setzte, in der er allen Klerikern seiner Diözese bis auf Erhalt weiterer Weisungen verbot, die Bulle anzunehmen, und seinem Beispiel folgten einige der Opponenten. Der König beschloß indessen, der Sorbonne die Annahme der Bulle aufzuzwingen, die ihr in ihrer ordentlichen Versammlung vom 1. März vorgelegt und in einer unter sehr zweifelhaften Bedingungen vorgenommenen Abstimmung, der eine sehr heftige Opposition Dr. Witasses vorausging, angenommen wurde: eine Anzahl Doktoren protestierten, fünf von ihnen wurden durch Geheimschreiben exiliert [5]. Kurz darauf wurde die von der Versammlung verfaßte und von Bissy, dem Bischof von Meaux, verbesserte Pastoralinstruktion dem gesamten Episkopat zugesandt. In den darauffolgenden Monaten erfolgte die Veröffentlichung der Bulle in 112 der 126 Diözesen Frankreichs. Dies war zweifellos eine große Mehrheit, jedoch nicht die Einstimmigkeit, die der König wünschte.

Der schwerwiegendste Umstand war, daß jene Bischöfe, die die Bulle angenommen hatten, de facto von einem Großteil ihres Klerus nicht unter-

[4] Vgl. Fragment inédit des mémoires du chancelier Daguesseau, hrsg. von *A. Gazier:* Bulletin philologique et historique 1918.

[5] Vgl. *(Witasse),* Relation des délibérations de la Faculté de Théologie de Paris au sujet de l'acceptation de la bulle Unigenitus (o. O. 1714).

stützt wurden: zahlreiche Pfarrer weigerten sich, die Pastoralinstruktion ihres Bischofs auf der Kanzel zu verlesen, oder taten es nur unter Vorbehalt. Die gleiche Spaltung zeigte sich innerhalb der Orden und Klöster. Auf der anderen Seite veröffentlichten die opponierenden Bischöfe ihrerseits Hirtenbriefe, in denen sie ihrem Wunsch, vom Heiligen Stuhl eine Interpretation der Bulle zu erhalten, Ausdruck verliehen; die meisten akzeptierten übrigens eine vorläufige Verurteilung des Werkes Quesnels in ihren Diözesen, nur Jean Soanen, der Bischof von Senez, ein ehemaliger Oratorianer, der schon bald eine zentrale Stellung im jansenistischen Widerstand einnehmen sollte, fand sich nicht dazu bereit. Jedenfalls wurde die Debatte nun vor der breiten Öffentlichkeit ausgetragen und bewirkte das Erscheinen einer unglaublichen Anzahl von Werken jeden Formats, die von der einfachen, nur einige Seiten umfassenden Broschüre bis zu umfangreichen Folianten reichten: allein im Jahr 1714 führen die zeitgenössischen Kataloge mehr als 180 Titel auf. Dieses umfangreiche Schrifttum bedient sich faktisch nur einer sehr begrenzten Zahl grundlegender Argumente. Die der Bulle günstig gestimmten Schriften, die bei weitem in der Minderheit sind, heben die dem König wie auch dem Papst schuldige Unterwerfung hervor und sind bestrebt, die Identität des Augustinismus Quesnels mit jenem des Jansenius aufzuzeigen. Dies ist vor allem der Grundgedanke eines Mémoire (où l'on prouve que les évêques de France doivent accepter la Constitution par voie de soumission et d'obéissance), das als Manuskript weit verbreitet war und das, zweifellos mit gutem Grund, dem Doktor der Sorbonne, Honoré Tournély (1658—1729), einem zu dieser Zeit sehr geachteten Professor, zugeschrieben wird. Auch auf der Seite der Opposition situiert sich der Kampf auf doppelter Ebene. Zunächst geht es darum, die grundlegende Orthodoxie Quesnels, seine absolute Konformität mit den Vätern und vor allem mit Augustinus darzulegen. Unter den diesbezüglichen Werken ist das bedeutendste „Les Hexaples ou les six colonnes sur la Constitution Unigenitus" (Amsterdam 1714), in dem die 101 verurteilten Sätze der Heiligen Schrift und der Tradition gegenübergestellt und durch andere Passagen aus dem Werk Quesnels sowie lange Abhandlungen gerechtfertigt werden. Alle großen Theologen der jansenistischen Partei: Fouillou, Louail, Cadry, Boursier, Le Sesne d'Étemare, hatten dazu beigetragen, und das Werk, das ursprünglich nur einen Quartband umfaßte, wurde bei jeder folgenden Edition erweitert und erreichte schließlich im Jahr 1721 den beachtlichen Umfang von sechs Bänden, dem die gleiche Gruppe von Mitarbeitern noch eine „Histoire du livre des Réflexions morales" in vier Bänden hinzufügte, die zwar parteiisch, aber bewundernswert dokumentiert war und für uns eine bedeutende Quelle darstellt. Darüber hinaus mußten die Opponenten ihre Haltung gegenüber einer feierlichen Entscheidung des Papstes über eine Frage rechtfertigen, die nicht mehr, wie für Jansenius die quaestio facti, sondern nunmehr die quaestio juris betraf. Eine der in dieser Hinsicht charakteristischen Abhandlungen wurde von dem Oratorianer Vivien de la Borde (1680—1748) unter dem Titel „Du témoignage de la vérité dans l'Église" (o. O. 1714) verfaßt. P. de la Borde will hierin aufzeigen, daß in der Kirche die Gesamtheit der Gläubigen und Seelsorger und nicht ausschließlich der Heilige Stuhl oder die Hierarchie Verwahrer der Offenbarungswahrheit ist. Folglich können sich die Bischöfe und auch der Papst täuschen, und es kann sogar vorkommen, daß sich die Mehrzahl der Bischöfe im Irrtum befindet. In diesem Fall ist also die Reaktion des christlichen Gewissens der Gläubigen das Zeichen der Wahrheit. Aber der Autor zögert nicht, seine Grundsätze bis in die extremsten Konsequenzen voranzutreiben, indem er seine Leser auffordert, sich alle, mit dem gleichen Recht wie die Hierarchie, als Richter der Lehre zu betrachten, und sie damit praktisch zur freien Prüfung ermuntert. Hier sind Impulse E. Richers erkennbar, auf deren Präsenz im Denken Quesnels wir bereits hingewiesen haben. Im allgemeinen verrät die Gesamtheit der jansenistischen Literatur dieser Zeit eine steigende Rezeption der Ideen E. Richers, akzentuiert durch die Forderungen des niederen Klerus, der den Absolutismus des Episkopats nur schwer erträgt. Hier werden die ersten Entwürfe des politischen Jansenismus und sein Einverständnis mit dem Gallikanismus greifbar.

Ludwig XIV. und seine Umgebung scheinen den Ernst des Problems nicht wirklich erfaßt zu haben und sahen in der Feindseligkeit gegen die Bulle nur einen Widerstand, der gebrochen werden mußte. Außerdem rief ein Breve Clemens' XI. vom 8. Mai 1714 dem König in verschlüsselten Worten die eingegangenen Verpflichtungen ins Gedächtnis[6]. Die richtige Methode dafür zu finden war jedoch nicht leicht. Da es evident war, daß der Heilige Stuhl die von der Opposition geforderten Erklärungen zur Bulle niemals geben würde, versuchten die Kardinäle d'Estrées und de Polignac als Mittler aufzutreten und den König zur Annahme folgender Lösung zu bewegen: Noailles sollte in einer Pastoralinstruktion seine eigenen Erläuterungen geben und unter diesen Bedingungen die Bulle akzeptieren. Im Verlauf des Sommers 1714 schien der zögernde Noailles auf diesen Vorschlag einzugehen; aber Rohan und Bissy gelang es, sich in die Verhandlungen einzuschalten und Klauseln einzubringen, die Noailles für unannehmbar hielt, so daß es Ende Oktober erneut zum Bruch kam. Irritiert durch diese Verzögerungen, scheint der Papst manchmal davon gesprochen zu haben, die französischen Bischöfe sich gegenseitig zerfleischen zu lassen, ohne zu intervenieren. An diesem Punkt der Operationen wurde jedoch das Eingreifen Fénelons entscheidend. Die antijansenistischen Gefühle dieses letzteren waren nun lebhafter denn je, zumal er die Gelegenheit für eine Revanche an Noailles gekommen sah. Zur Veröffentlichung

[6] Text: *Louail-Cadry* I 238.

der Bulle „Unigenitus“ im französischen Teil seiner Diözese von Cambrai hatte er sich — mit einigen Abänderungen — des von der Februarversammlung festgelegten Modells der Pastoralinstruktion bedient. Für den flämischen Teil verfaßte er einen besonderen Hirtenbrief, datiert vom 29. Juni, der eine energische Verteidigung der Bulle darstellte. Daneben ließ er im Verlauf des Sommers seine umfangreiche „Instruction pastorale en forme de dialogue sur le système de Jansénius“ erscheinen. Auf der anderen Seite hatten sich die vorübergehend abgekühlten Beziehungen des Prälaten zum römischen Hof und zu Clemens XI. seit 1709 wieder verbessert. Fénelon war also der gegebene Unterhändler, und es ist sicher, daß P. Le Tellier mehr als einmal seinen Rat erbeten hatte. Man wußte schließlich, daß Fénelon an der Versendung des Breve vom 8. Mai 1714 nicht unbeteiligt gewesen war. Im Oktober 1714 nun, nach dem Scheitern der Vergleichsversuche, entschloß sich Ludwig XIV., gegen Noailles vorzugehen; es war jedoch schwierig, dies durchzuführen, ohne die Opposition seiner Kollegen im Episkopat zu erregen. Schließlich entschied man sich um den 25. Oktober für ein System, das Fénelon propagiert hatte: die Einberufung eines Nationalkonzils, das die Opponenten verurteilen und ihre Absetzung aussprechen sollte. Dieses Vorgehen war nicht ohne Gefahr. Auf der einen Seite war es trotz des Gewichts der königlichen Autorität nicht absolut sicher, daß die versammelten Bischöfe sich bereit finden würden, diese kränkenden Maßnahmen gegen ihre Kollegen im Episkopat zu ergreifen. Auf der anderen Seite war es sicher, daß Rom — mißtrauisch gegen Nationalkonzile, vor allem in der gallikanischen Kirche — auf diesen Plan nur sehr ungern eingehen würde. Fénelon ließ sich jedoch durch diese Hindernisse nicht beirren. Er blieb davon überzeugt, daß die Gewaltmaßnahmen nun mehr denn je notwendig waren und jeder Schlichtungsversuch mit Noailles sich zum Vorteil des Jansenismus wenden würde. Außerdem begann man von ihm als dem möglichen Präsidenten des zukünftigen Konzils zu sprechen, was ihm weitreichende Möglichkeiten zum Vorgehen gegen Noailles und die Opponenten gegeben hätte. Andererseits wiederum hatte die Wertschätzung des Papstes und der römischen Kreise für ihn ihren Höhepunkt erreicht, und kurz vor Weihnachten 1714 ließ Clemens XI. seine Absicht, ihn bald zum Kardinal zu ernennen, offen durchblicken. Zu diesem Zeitpunkt machte Fénelon von seinem Einfluß Gebrauch und sandte dem Heiligen Stuhl zwei Memoranden über die Notwendigkeit eines Nationalkonzils und der Bekanntmachung der Bulle in jeder einzelnen Kirche[7]. Zur gleichen Zeit entsandte Ludwig XIV. seinen Minister Amelot als Unterhändler zur Behandlung dieser Angelegenheit nach Rom, wo er nach seiner Abreise am 10. Dezember am 2. Januar 1715 ankam. Der König vertraute sehr auf die Interventionen Fénelons im Blick auf ein Gelingen des Unternehmens, und

[7] *Fénelon,* Œuvres complètes, 10 Bde (Paris 1851) VIII 269—281.

der Erzbischof von Cambrai war sehr wohl dazu bereit, als sein allzu früher Tod am 6. Januar 1715 den Papst wie auch den König eines unersetzbaren Vermittlers beraubte.

Von dieser Situation her gestalteten sich die Verhandlungen Amelots in Rom sehr schwierig, während in Paris alle neuen Kompromißversuche scheiterten und Bissy, der Bischof von Meaux, auf Verlangen des Königs zum Kardinal ernannt wurde (Juni 1715). Im Juli 1715 gab der König bekannt, daß das Konzil auch ohne die Zustimmung des Papstes stattfinden würde. Das Parlament hielt sich zurück, und mehrere den Opponenten günstig gestimmte Memoranden sprachen schon von einem möglichen Appell an das Generalkonzil — eine Idee, die bald weitere Kreise erfassen sollte. Kurz darauf gab der König seine Absicht bekannt, im Parlament eine Erklärung protokollieren zu lassen, durch die die Opponenten vom künftigen Konzil ausgeschlossen sein sollten. Dieser Gedanke stieß jedoch auf den heftigen Widerstand mehrerer Parlamentsräte, insbesondere des Generalprokurators Daguesseau und des Generaladvokaten Joly de Fleury. Der König plante daraufhin die Abhaltung eines großen Gerichtstages im Parlament, um seinen Willen durchzusetzen. Es war jedoch weder in Rom noch in Paris irgendeine Entscheidung gefallen, als Ludwig XIV. am 1. September 1715 starb. Mit seinem Tod verschwand auch der Plan des Nationalkonzils.

In seinen an Rom gerichteten Memoranden und seiner Korrespondenz mit P. Le Tellier hatte Fénelon immer wieder die Tatsache hervorgehoben, daß die öffentliche Meinung trotz einer äußeren Unterwerfung, die auf die Furcht vor der Autorität zurückzuführen war, in Wirklichkeit zum größten Teil dem Jansenismus anhing. Die Ereignisse nach dem Tode Ludwigs XIV. bewiesen die Richtigkeit dieser Feststellung. Der Regent, der in religiösen Dingen fast ungläubige Philipp von Orléans, wandte sich zunächst gegen die Politik des verstorbenen Königs und begünstigte die Jansenisten um so williger, als er unter den Akzeptanten zahlreiche persönliche Feinde hatte. Nachdem er das Testament Ludwigs XIV., der ihm nur den Vorsitz im Regentschaftsrat zuerkannt hatte, für ungültig erklären und sich zum alleinigen Regenten des Königreiches hatte ernennen lassen, belohnte er das Parlament durch die Schaffung von sechs Räten, denen die Führung der öffentlichen Angelegenheiten oblag und in denen die Parlamentsräte einen bedeutenden Platz einnahmen. Einer von ihnen war der Conseil de Conscience, der — unter Ludwig XIV. sehr eingeschränkt — erweitert wurde und Noailles zum Präsidenten erhielt: der Erzbischof von Paris wurde also wieder eine der bedeutendsten Persönlichkeiten des Hofes; Daguesseau und Pucelle, die für ihre Opposition gegen die Bulle bekannt waren, waren ebenfalls vertreten, während Bissy und Rohan ausgeschlossen blieben. P. Le Tellier wurde zunächst nach Amiens, dann nach La Flèche exiliert. Anfang Oktober drückte ein Breve Clemens' XI. dessen Unzufriedenheit aus. Die Mehrzahl der auf Grund des Jansenismus exilierten oder inhaftierten Personen gewann ihre Freiheit wieder. Einen Augenblick dachte man daran, auch Quesnel wieder nach Frankreich zurückzuholen, aber durch ein Schreiben Pouillons rieten ihm einige seiner Freunde, „sich nicht so gedrängt zu zeigen, einen Zustand aufzugeben, der ihm zu seinem Ruhm gereichte“ [8], und der Greis zog es also vor, in seiner Abgeschiedenheit zu verbleiben. Die ersten Bischofsernennungen durch den Regenten begünstigten Personen, die offen jansenistische Sympathien zeigten; dies galt für den Neffen Bossuets, Jacques-Bénigne, der zum Bischof von Troyes ernannt wurde — einer Erscheinung von mehr als zweifelhafter Moral, dem jedoch der Ruhm seines Onkels als Deckmantel diente. Clemens XI. verweigerte seine Institutionsbullen für die Kandidaten des Regenten. Eine Klerikerversammlung, die am 25. Mai 1715 zusammengetreten war, war auch durch den Tod des Königs nicht unterbrochen worden. Eine ihrer markantesten Entscheidungen war die Verurteilung der „Hexaples“ (15. 10.) und des „Témoignage de la vérité“ (29. 10.), woraus deutlich hervorgeht, daß diese beiden Werke als die wichtigsten der gegen die Bulle veröffentlichten Literatur galten; der Regent jedoch verbot die Veröffentlichung dieser Zensuren [9]. Die Frage der Verurteilung machte auch dadurch keinerlei weitere Fortschritte.

Indessen sah die öffentliche Meinung in der projansenistischen Haltung des Regenten eine echte Befreiung, und zahlreiche Einzelpersonen oder Körperschaften machten nun ihre gegebene Zustimmung unter Hinweis auf den Druck, dem sie unterlegen waren, rückgängig. Dies traf zu für die Sorbonne, die sich am 1. Oktober in der Person Ravechets einen Syndikus gab, der den Jansenismus offen begünstigte. Es folgte darauf eine Reihe stürmischer Sitzungen, gekennzeichnet durch heftige Zwistigkeiten mit den Akzeptanten unter den Bischöfen, ohne daß die Sorbonne jedoch ihre Annahme der Bulle ausdrücklich widerrief. Andere theologische Fakultäten jedoch taten es, so z. B. jene von Nantes (2. 1. 1716) und Reims (1. 7. 1716). Das Problem der opponierenden Bischöfe bestand jedoch auch weiterhin. Zunächst hoffte der Regent, die Frage durch einen Ausweg lösen zu können, dem Noailles im Prinzip zugestimmt hatte: eine Annahme der Bulle in Verbindung mit einer Pastoralinstruktion, die gegenüber jener von 1714 eine ausführlichere Erläuterung enthalten sollte. Im Dezember 1715 unterzeichneten 18 Bischöfe aus den Reihen der Akzeptanten einen Brief an den Regenten, in dem sie ihn aufforderten, vom Papst Erläuterungen zur Bulle zu erbitten; ein neuer, stärker zufriedenstellender Text erhöhte die Zahl der Unterzeichner auf 32 [10], die übrigen Akzeptanten jedoch beharrten auf ihrer Haltung trotz der Aufforderungen des Regenten, dem eine Mehrheit des Episkopats bei der Forderung nach Erläuterungen an Rom zustatten gekommen wäre. Wenig später gab Clemens XI. bekannt, daß er keinerlei Erläuterungen geben werde, ehe die Bulle nicht einstimmig angenom-

[8] *J. Tans,* Quesnel 491. [9] Text: *Louail-Cadry* I 458. [10] Ebd. 490—497.

men sei, und sandte im Mai 1716 ein Breve mit Drohungen gegen die Opponenten, dessen Annahme der Regent jedoch verweigerte. Nun plante man ein anderes Vorgehen. Seit dem Herbst 1715 hatten sich die opponierenden Bischöfe mit der Zustimmung des Regenten in Paris um Noailles versammelt. Sie waren übereingekommen, einen „corps des difficultés", der ihre Einwände zur Bulle beinhalten, sowie einen „corps de doctrine" zu verfassen, der ihre Auffassung über die umstrittenen Punkte darlegen sollte. Eine Übereinstimmung war im übrigen keineswegs leicht zu erreichen, und von diesem Zeitpunkt an separierten sich vier der Bischöfe als Protagonisten eines extremen Widerstandes gegen eine Bulle, die sie für unabänderlich schlecht hielten; es waren dies Jean Soanen, Bischof von Senez, Joachim Colbert de Croissy, Bischof von Montpellier, Pierre de la Broue, Bischof von Mirepoix, und Pierre de Langle, Bischof von Boulogne. Schließlich wurden die Dokumente — nicht ohne Schwierigkeiten — im Mai 1716 veröffentlicht. Es blieb die Aufgabe, Rom zur Annahme dieser Lösung zu bewegen. Der Regent beschloß, die Verhandlung einem Mann anzuvertrauen, dem er voll und ganz vertraute, dem Abbé Chevalier, dem Generalvikar Bissys, der jedoch mehr dem Jansenismus zuneigte. Diese Sympathie wurde greifbar, als er P. de la Borde, den Verfasser der „Témoignage de la vérité", zum Reisebegleiter wählte. Dies konnte auf Clemens XI. nicht sehr überzeugend wirken. Chevalier reiste, versehen mit Instruktionen Noailles', am 14. Mai ab.

Die Verhandlung erwies sich von Anfang an als sehr schwierig: Chevalier wurde vom Papst nicht empfangen und erhielt erst am 25. Juni eine wenig ermutigende Audienz beim Staatssekretär Paolucci. Am 26. Juni berief Clemens XI. eine Generalkongregation der in Rom anwesenden Kardinäle ein, was völlig außergewöhnlich war. In einer langen Ansprache von zweieinhalb Stunden legte er die Geschichte der Bulle dar und kündigte die Entsendung zweier Breven an, die Noailles und die Opponenten auffordern sollten, die Konstitution innerhalb von zwei Monaten anzunehmen. Darauf befragte er die Kardinäle um ihre Meinung über die Art und Weise des Vorgehens gegen die Opponenten. Indessen akzeptierte der Papst jedoch, daß Chevalier die 38 anwesenden Kardinäle getrennt sehen könne, und ernannte dann — da er ihn nicht in Audienz empfangen wollte — zwei Kardinäle, die ihn anhören und ihm Rechenschaft ablegen sollten. Aus den Briefen Chevaliers geht hervor, daß er sich über die Wirksamkeit seiner Gespräche mit den Kardinälen Illusionen machte. Diese letzteren legten ihre Meinung Mitte Juli vor; sie waren im ganzen streng gegen Noailles und die Opponenten; die Gemäßigteren begnügten sich damit, den Versuch eines neuerlichen Schrittes zur Versöhnung zu verlangen, ehe man streng vorging. Mittlerweile setzte Chevalier seine Verhandlungen bis Mitte August fort; zu diesem Zeitpunkt gab Clemens XI. dem Vertreter Frankreichs, Kardinal de la Trémoille, klar zu verstehen, daß er keine Erklärung zur Bulle „Unigenitus" geben werde, da er annehme, daß seine Erläuterungen nicht besser aufgenommen würden als das Dokument selbst. Obschon Chevalier bis zum Herbst 1717 in Rom blieb, war seine Mission nun eigentlich — und zwar ohne Erfolg — beendet. Rom und Paris einigten sich auf einen anderen Unterhändler, den Jesuiten Pierre-François Lafitau, dessen Verdienste 1719 mit dem Bistum Sisteron belohnt wurden. Er lebte damals in Rom und weilte im September 1716 — ohne offiziellen Titel — etwa drei Wochen in Paris. Auch er sollte die von Noailles und den Opponenten verfaßten „corps des difficultés" und den „corps de doctrine" weiterleiten und ihre Annahme zu erreichen suchen. Diese Dokumente wurden ihm kurz nach seiner Abreise nach Rom von Paris aus zugesandt. Lafitau konnte jedoch nicht mehr erreichen als Chevalier und wurde nicht einmal von Clemens XI. empfangen. Dieser verhärtete im Verlauf des Novembers seine Position: am 6. Dezember 1716 traf ein außerordentlicher Kurier aus Rom in Paris ein mit einem Brief des Heiligen Kollegiums an Noailles, der ihn ermahnte, die Konstitution anzunehmen, einem Breve des Papstes an den Regenten, das ihn aufforderte, gegen den Jansenismus vorzugehen, einem Zirkularbreve für die Akzeptanten, das sie aufforderte, jeden Kompromiß abzulehnen und Maßnahmen gegen die Opponenten anzukündigen, und schließlich einem Breve für die Sorbonne, das ihre Privilegien aufhob [11].

Der Regent und seine Umgebung zeigten sich enttäuscht und verwirrt von dieser neuerlichen Eröffnung der Feindseligkeiten. Auf der anderen Seite hatte sich Noailles, der sich vom Hof unterstützt fühlte, in den vergangenen Monaten mehr denn je im Widerstand versteift. Am 17. August 1716 hatte er den Jesuiten seiner Diözese eröffnet, daß er das ihnen zugestandene Recht der Predigt und die Beichtjurisdiktion nicht erneuern werde, mit der einzigen Ausnahme der fünf am Hof tätigen Jesuiten. Nun hatte Kardinal de Rohan, Groß-Almosenier von Frankreich, noch vor Ablauf seiner Vollmacht einen Jesuiten, P. de La Ferté, zum Adventsprediger bei Hofe bestimmt. Der Ordensmann glaubte sich autorisiert, an Allerheiligen ohne weitere Formalität, entsprechend dem Brauch und mit der Zustimmung des Regenten, seine Predigten zu beginnen. Noailles jedoch, aufgestachelt durch einen Teil seines Klerus, erreichte vom Regenten eine Änderung und entzog den Jesuiten nun definitiv alle Vollmachten. Auf der anderen Seite wuchs die Agitation im niederen Klerus, der eine heftige Opposition gegenüber der Bulle an den Tag legte, und Noailles selbst fühlte sich überrannt von den Briefen und Solidaritätsbezeigungen, mit denen ihn seine Pfarrer überhäuften [12]. Veröffentlichungen für und gegen die Bulle erschienen auch weiterhin in rascher Folge. Sie sind im Jahr 1716 nicht ganz so zahlreich

[11] Text der Breven: Suite de la relation des délibérations de la Faculté de Théologie de Paris, 3 Bde (o. O. 1718) II 1—39.

[12] Texte der Briefe an Noailles, gesammelt: Témoignage de MM. les curés de Paris (o. O. 1717) und: Cri de la foi I.

wie 1715; die Schriften, die sich den Zwistigkeiten der Sorbonne widmen, nehmen einen großen Platz darin ein, aber das Aufsteigen der Ideen E. Richers wird in allen deutlich greifbar. In einem solchen Klima wird es verständlich, daß die neuen päpstlichen Verlautbarungen eine sehr schlechte Aufnahme fanden. Der Regent verweigerte die Annahme des ihm bestimmten Breves und verbot, Noailles den Kardinalsbrief auszuhändigen. Am 9. Dezember verbot er ferner in einem von Maupéou, dem Generalvertreter des Klerus, verfaßten Schreiben den Akzeptanten unter den Bischöfen, das an sie gerichtete Breve anzunehmen. Ein Erlaß des Parlaments von Paris vom 16. Dezember, dem zahlreiche Provinzparlamente folgten, verbot die Annahme des Breve gegen die Sorbonne. Noch einmal ermöglichte der Rückgriff auf die gallikanischen Positionen eine völlige Ausschaltung der römischen Intervention.

Obschon für den 20. November eine Klerusversammlung vorgesehen war, zog der Regent es vor, sie unter diesen unruhigen Umständen abzusagen und nur partielle, auf privater Ebene abgehaltene Konferenzen zu autorisieren. Man behandelte hier erneut die Frage eines „corps de doctrine“ als Vorbedingung für die Annahme der Bulle; die Positionen der gegnerischen Parteien erwiesen sich nun — trotz der Bemühungen des Regenten um einen Kompromiß — mehr denn je als unvereinbar, zumal Colbert und Soanen mit Heftigkeit ihre Bereitschaft zu einem bis zum äußersten gehenden Widerstand bekundeten. Gleichzeitig gelangte die Sorbonne in einer außerordentlichen Versammlung am 12. Januar 1717 zu einer Klärung ihrer Position und bezeichnete die Bulle als unannehmbar, indem sie gleichzeitig Noailles ihre Verbundenheit versicherte. Die Verhandlungen wurden indessen fortgesetzt. Am 1. Februar 1717 wurde Daguesseau Kanzler und Justizminister. Er unterstützte energisch die Bemühungen des Regenten um eine Schlichtung, und seine Autorität auf diesem Gebiet war sehr groß. Noailles lavierte unausgesetzt und brachte immer neue Schwierigkeiten vor. Trotz einer Verwarnung des Staatssekretärs Paolucci vom 26. Januar schienen Rohan und die Akzeptanten zu einigen Konzessionen bereit zu sein, und der Regent zeigte ihnen gegenüber ein gewisses Wohlwollen. Eine letzte Zusammenkunft am 26. Februar 1717 zeitigte — ohne zu einem Ziel zu gelangen — doch einen gewissen Fortschritt. Man konnte für einen Augenblick glauben, daß die Übereinkunft nahe bevorstehe, aber ein Vorfall sollte wieder alles in Frage stellen.

Die Appellation

Seit der Eröffnung der neuen Versammlungen im November 1716 bildete sich innerhalb der Opponenten nach und nach eine extremistische Gruppe, die sehr schnell zu großer Wirksamkeit gelangte. Die Initiative scheint von

Jean Soanen (1646—1740) ausgegangen zu sein. Dieser Oratorianer aus der Auvergne hatte mit einer brillanten Karriere als Hofprediger begonnen; die jansenistischen Korrespondenzen werfen ihm Ehrgeiz vor und behaupten, daß er das bescheidene Bistum Senez 1695 nur durch seine Gefälligkeit P. de la Chaise gegenüber bekommen habe. Fromm und mildtätig, war er ein ausgezeichneter Bischof [13] und trat erst bei der Veröffentlichung der Bulle „Unigenitus" in die Kontroverse ein. Als solider, dem Augustinismus tief verbundener Theologe zeigte er von Anfang an eine Opposition, die immer heftiger wurde und ihm nach und nach jeden Versuch eines Vergleiches als gefährlich erscheinen ließ. Der Tod Ludwigs XIV. verstärkte seine Hoffnungen, er beschloß, einige Zeit in Paris zu verbringen, um die Entwicklung der Dinge verfolgen zu können. Die Unentschlossenheit Noailles' irritierte ihn, und es kam zu Reibungen zwischen beiden. Er scheint sich im Herbst 1714 zu einer Methode entschlossen zu haben, die jeden Kompromiß praktisch unmöglich machte: der Appell an ein Generalkonzil. In seiner radikalen Opposition zur Bulle hatte er in der Person Joachim Colberts de Croissy (1667—1738), dem Sohn des Ministers Ludwigs XIV., der seit 1696 Bischof von Montpellier war, Unterstützung gefunden. Hervorgegangen aus einer mächtigen und reichen Familie, war er zweifellos etwas zu sehr an Gepränge und Luxus gewöhnt; dennoch war er ein rechtschaffener Bischof, der treu seine Pflichten erfüllte. Schon zu Beginn seines Episkopats hatte er einige Zwischenfälle mit den Jesuiten seiner Diözese gehabt, hatte sich jedoch nicht offiziell in die jansenistischen Angelegenheiten eingemischt und erklärte seine Ansichten erst nach 1713. Er schloß sich sehr schnell Soanen in dessen nachdrücklicher Opposition an [14].

Der feste Entschluß zu einer Appellation an das Generalkonzil wurde im November 1716 gemeinsam von Soanen und Colbert gefaßt, und es ist nicht bekannt, wodurch seine Realisierung damals verhindert wurde. In den folgenden Wochen gewannen Soanen und Colbert zwei Anhänger für ihre Appellation: Pierre de Langle (1644—1724), Bischof von Boulogne, und Pierre de la Broue (1643—1720), Bischof von Mirepoix, beide tugendhafte und geschätzte Prälaten, die in dieser Angelegenheit übrigens nur eine untergeordnete Rolle spielten. Die Beratungen zwischen den vier Bischöfen blieben geheim, und es scheint nichts in die Öffentlichkeit gedrungen zu sein. Es ist sicher, daß Noailles in Kenntnis gesetzt wurde und daß er die Appellanten ermutigte, sich jedoch nicht persönlich kompromittieren wollte. Nach einigen von La Broue geforderten Korrekturen wurde die von dem Theologen Boursier verfaßte Appellationsakte am 1. März 1717 in Gegenwart eines Notars aus Paris, Chouvenot, unterzeichnet [15]. Der Text war

[13] Vgl. *M. Laurent,* Jean Soanen évêque de Senez devant le concile d'Embrun: Revue d'Auvergne (Clermont 1968) 82 n. 2 95—112.

[14] Vgl. *V. Durand,* Le jansénisme au XVIIIe siècle et Joachim Colbert (Toulouse 1907).

[15] Text: *Louail-Cadry* I 764—770.

zum großen Teil dem „corps des difficultés" der Opponenten entnommen. Nun war noch über die kanonische Bedeutung der Appellation zu verhandeln. Die vier Bischöfe hielten die theologische Fakultät für den geeigneten Organismus zur Durchführung ihres Vorhabens: der Syndikus Ravechet war ganz für sie gewonnen und die Fakultät äußerst befremdet über eine eben erhaltene lettre de cachet des Regenten, der die Streichung der Akte vom 12. Januar, die sich gegen die Bulle aussprach, aus den Registern verlangte. Ravechet wurde ins Vertrauen gezogen, aber für den größten Teil der Öffentlichkeit war die Überraschung vollkommen, als die vier Bischöfe am Morgen des 5. März 1717 Zulaß zu der außerordentlichen Fakultätssitzung verlangten, die eben beginnen sollte. La Broue verlas eine Präambel, Soanen die Appellationsakte, die in der Kanzlei der Sorbonne hinterlegt wurde. Von den 110 anwesenden Doktoren stimmten 97 der Appellation sofort zu. Zu Beginn der Sitzung hatte sich ein die Bulle bejahender Gelehrter entfernt, um Rohan und den Regenten benachrichtigen zu lassen, der unmittelbar Noailles verständigte. Schon am nächsten Tag bekundete der Erzbischof seine Sympathie für die vier Bischöfe, indem er ihre Appellation durch seine Dienststelle registrieren ließ. Fortan trat die Angelegenheit in eine neue Phase ein.

Eine der ersten Wirkungen der Appellation bestand darin, daß der Regent zur Partei der Antijansenisten überwechselte. Am Abend des 5. März wurde in einem Rat, dem Rohan und Bissy angehörten, beschlossen, die vier Bischöfe in ihre Diözesen zu verbannen, den Syndikus Ravechet durch eine lettre de cachet zu exilieren und den Notar Thouvenot in die Bastille zu werfen, wo er vom 15. bis zum 24. März verblieb. Ravechet starb auf dem Weg ins Exil am 24. April 1717 in Rennes und wurde von der gesamten Partei als Martyrer betrachtet. Aber es war zu spät, um die Bewegung aufzuhalten: fast zwei Jahre jansenismusfreundlicher Politik trugen nun ihre Früchte, und der Regent sollte sich dessen bald bewußt werden. Die Appellation griff rasch um sich, indem sie bei vielen Klerikern eine Art Begeisterung hervorrief. In diesem Punkt ist eine genaue Vorstellung von der Situation, die durch die zeitgenössischen Werke nicht objektiv dargestellt wird und für die wir keine genauen Statistiken besitzen, nur sehr schwer möglich. Es scheint, daß die für die Appellation aufgeschlossenen Priester vor allem in universitären Kreisen und unter dem Stadtklerus besonders zahlreich waren. In Paris befaßte sich der Rektor der Universität, Montempuys, seit dem 6. März damit, den Anschluß der anderen Fakultäten an die Appellation zu erreichen; der Regent verbot, die Angelegenheit zur Beratung zu bringen, jedoch ohne großen Erfolg. Kurz darauf schlossen sich die theologischen Fakultäten von Nantes und Reims der Appellation an. Die vier Bischöfe veröffentlichten sofort nach der Rückkehr in ihre Diözesen Hirtenbriefe, die ihre Appellation enthielten. In den darauffolgenden Monaten schlossen sich ihnen vierzehn Kollegen im

Episkopat an; Noailles unterzeichnete ebenfalls am 3. April 1717 eine Appellationsakte, hielt dies aber, zum großen Bedauern der übrigen Appellanten, lange Zeit geheim. Tatsächlich offenbarten einige unter ihnen erst sehr spät ihre Position. Dies gilt im besonderen für den Bischof von Auxerre, Charles de Caylus, der seine Appellation schon am 14. Mai 1717 unterzeichnet hatte, sie jedoch erst in einem Hirtenbrief vom 4. Oktober 1718 veröffentlichte; dennoch nahm er später eine sehr wichtige Stellung innerhalb der Partei ein. Auch im niederen Klerus vermehrten sich die Appellationen. Es ist unmöglich, sie im einzelnen aufzuführen, und bei dem gegenwärtigen Stand der Dokumentation bleiben selbst die zahlenmäßigen Schätzungen recht ungenau, da manche ihre Appellation geheimhielten, andere wieder sie sehr rasch zurückzogen. Auf der anderen Seite muß die geschlossene Beipflichtung zahlreicher Gemeinden durch die Tatsache nuanciert werden, daß ihre Glieder niemals wirklich einstimmig dafür waren. Nimmt man als Schätzungsgrundlage das sehr gut dokumentierte, etwas später von dem Jansenisten Nivelle zusammengestellte Sammelwerk „La Constitution Unigenitus déférée à l'Église universelle" (Köln 1757), so kann billigerweise angenommen werden, daß die Zahl der Appellanten zwischen 3000 und 4000 beträgt, während der Klerus Frankreichs zu dieser Zeit etwa 100 000 Mitglieder zählte. Diese Zahl muß jedoch unter Berücksichtigung der Tatsache interpretiert werden, daß es einerseits Appellationen aus bloßer Gefälligkeit gab, die sogar, wenn man den Akzeptanten Glauben schenkt, mit Geld gekauft waren, daß aber andererseits unter den Nicht-Appellanten viele die Bulle nur widerwillig annahmen und — da sie nicht wagten, sich zu kompromittieren — in ihrem Herzen auf Seite der Appellanten standen. Daneben kamen zu den Appellationen des Klerus jene der zahlreichen Ordensfrauen und Laien. Im ganzen bildeten die Appellanten eine zahlenmäßig relativ geringe Minderheit, die jedoch sehr aktiv und von der Sympathie einer breiten Öffentlichkeit getragen war. Die Tat der vier appellierenden Bischöfe war von hoher Effektivität, da sie in dem gallikanischen Klima das Problem auf gesicherten Boden stellte. Sie konnte sich in der Tat auf einen bekannten Präzedenzfall berufen: die Appellation Ludwigs XIV. an das Konzil gegen Innozenz XI. im Januar 1688, von der bereits oben die Rede war; die Appellation war zwar ohne Folgen geblieben, war jedoch vom Papst nicht verurteilt worden. Am 22. Juni 1716 hatte der Rektor Montempuys in einer Rede an die Generalversammlung der Universität daran erinnert, daß im Jahr 1688 der Generalprokurator Harlay nur eine einzige Beitrittserklärung zur Appellation, nämlich jene der Universität, verlangt hatte [16]. Der Präzedenzfall war also nicht vergessen. Das Parlament als Ganzes betrachtete die Appellation als kanonisch einwandfrei; aber auch der Regent war dieser Meinung und

[16] Ebd. 726.

erklärte dies Noailles und den Opponenten in einer Audienz vom 10. März 1717, wobei er sich nur darüber beschwerte, daß die Appellation ohne sein Wissen geschehen war. Daneben bejahten sogar einige der Akzeptanten unter den Bischöfen die Kanonizität der Appellation. Mehrere Memoranden über diese Frage zirkulierten in Form von Broschüren, und von seiten der Akzeptanten begnügte man sich mit der Antwort, daß die Appellation nichtig und nicht zu unterstützen sei, da die Bulle implizit bereits von der ganzen Kirche akzeptiert sei. So bildeten die gallikanischen Prinzipien, die den Klerus seit mehr als 30 Jahren prägten, eine solide Grundlage für die Appellanten. Unter diesen Bedingungen führte die Veröffentlichung der Appellation die Angelegenheit in eine neue Phase und veränderte die Situation. Es wird nun verständlich, warum sich unter den Appellanten sieben Bischöfe befinden, die zunächst die Bulle akzeptiert hatten; dies ist z. B. der Fall bei Caylus, der sie am 28. März 1714 in seiner Diözese veröffentlicht hatte. Darüber hinaus ist festzustellen, daß alle appellierenden Bischöfe von Ludwig XIV., der dem Jansenismus freundliche Kleriker unbedingt dem Episkopat fernhalten wollte, ernannt worden waren, daß sie alle das Formular gegen Jansenius unterzeichnet hatten, daß fast alle von ihnen auch weiterhin dessen Unterzeichnung in ihrer Diözese verlangten und daß einige sogar behaupteten, das Buch Quesnels erneuere die Irrtümer des Jansenius: aus dieser Tatsache geht hervor, in welchem Maß für sie die Frage des Jansenius unabhängig von jener der Bulle „Unigenitus" war. Schließlich offenbarte die Appellation in ihrer ganzen Breite den Richerismus, der nach und nach den niederen Klerus und sogar die einfachen Gläubigen erfaßt hatte, die sich nun vielfach zum Richter über die Lehre betrachteten. In dieser Hinsicht ist die Lektüre der Appellationsakte wichtig. Auch hier bildeten die Ereignisse von 1688 einen Präzedenzfall, da Ludwig XIV. durch Harlay die Zustimmung des Klerus von Paris fordern ließ; in der Folge hatten sich die theoretischen Positionen präzisiert. Die unverhohlen von Richer her inspirierten Veröffentlichungen mehrten sich. Wir haben bereits auf die „Témoignage de la vérité" des P. de la Borde hingewiesen. Im Juni 1716 veröffentlicht Nicolas Le Gros, Kanonikus von Reims, der wegen seines Jansenismus exiliert wurde und nach dem Tode Ludwigs XIV. nach Frankreich zurückkehrte, seinen Traktat „Du renversement des libertés de l'Église gallicane" (o. O. 1716), dem unmittelbar ein großer Erfolg beschieden war. Das Werk ist gemäßigter als jenes des P. de la Borde. Ihm liegt jedoch das Prinzip zugrunde, daß in der Kirche die Autorität der Körperschaft der Gläubigen eignet und die Glieder der Hierarchie nur deren Delegierte sind. Er bezeichnet die Pfarrer als Nachfolger der 72 Jünger Christi und fordert für sie eine besondere Stellung. Schließlich gesteht er dem Urteil der Bischöfe nur insofern Wert zu, als es jenem ihrer Herde und insbesondere der Körperschaft der Pfarrer Ausdruck verleiht. So begann eine Art kirchlicher Demokratie Gestalt anzunehmen, die sich durch das ganze Jahrhundert hindurch weiterentwickeln sollte. Ihre erste Wirkung bestand darin, die Kirche Frankreichs in den Kriegszustand zu versetzen, da die Diözesen fast alle in Appellanten und Akzeptanten geteilt waren und die bischöfliche Autorität im allgemeinen von den Anhängern der dem Bischof entgegenstehenden Partei mißachtet wurde. Fortan war der Katholizismus in Frankreich viele Jahre hindurch einer Anzahl von Konflikten wegen gespalten, die an ihm zehrten, ohne daß man es sich eingestehen wollte. Der Regent jedoch erkannte dies unmittelbar und versuchte die Appellationen der Priester und Laien zu verhindern; für eine Reaktion war es jedoch bereits zu spät, so daß sie ohne Erfolg blieb.

Dem Wunsch der vier Bischöfe entsprechend setzte die Appellation jedem Versuch eines Vergleiches ein vorläufiges Ende. Die Unruhe, in die sie Rom versetzt hatte, wurde zum Teil wieder gemildert durch die Nachricht, daß der Regent sich der antijansenistischen Partei angeschlossen hatte. Indessen war man sich in Rom wie auch in Paris über die anzuwendende Methode auch weiterhin im unklaren. Am 21. April sandte Clemens XI. einen vom 25. März datierten persönlichen Brief an Noailles, dessen Ton väterlich wie auch bittend gehalten war [17]. Dieser Brief verstimmte jedoch den Nuntius und Rohan und blieb ohne jede Wirkung auf Noailles, der, wie bekannt, seine Appellation am 3. April unterzeichnet hatte und auf vertraulicher Ebene davon zu sprechen begann; Ende Mai war man davon sogar in Rom unterrichtet. Der Regent sandte den Herzog de La Feuillade nach Rom, um neuerliche Verhandlungen anzubahnen, während er den Bischöfen ein Rundschreiben sandte, das die Appellationen „ohne Notwendigkeit und solange die Verhandlungen andauerten" verbot. Um den 6. Juli beantwortete Noailles die Briefe der Kardinäle und des Papstes, in denen er vor Methoden der Gewalt und der Strenge warnte, die die Geister nur verbittern und Unruhen hervorrufen könnten. Diese Briefe erreichten Rom am 23. Juli und wirkten in höchstem Maße enttäuschend. In dieser Zeit machte der Regent verzweifelte Versuche, wieder Herr der Lage zu werden. Am 7. Oktober veröffentlichte er einen königlichen Erlaß, der den beiden Parteien Stillschweigen gebot. In der Tat mißtraute er allen, einschließlich Clemens XI., der am 19. Oktober davon erfuhr und über die Tatsache gekränkt war, Akzeptanten und Appellanten auf die gleiche Stufe gestellt zu sehen. Dann ließ der Regent ihm einen von den Akzeptanten verfaßten Abriß der Lehre senden, um zu versuchen, die Approbation des Heiligen Stuhles zu erhalten, immer in der Hoffnung, daraufhin Noailles und seine Partei zur Annahme bewegen zu können. Am 9. November gab Clemens XI. eine sehr streng gehaltene negative Antwort. In der Zwischenzeit hatten die Appellanten, um erneut jeden Kompromißversuch zu stören, die Appellationsakte Noailles', von der man wahrscheinlich eine Kopie in den Papieren des

[17] Text: *Dorsanne* I 337.

verstorbenen Bischofs von Lectoure gefunden hatte, als Privatdruck drucken lassen und in Umlauf gesetzt. Noailles war darüber sehr verärgert, weigerte sich jedoch ausdrücklich, trotz des Drängens des Hofes, seinen Text zu verleugnen. Der Regent erreichte jedoch Anfang Dezember verschiedene Erlasse des Parlaments, die die Appellation Noailles' unterdrückten und eine Schrift gegen den königlichen Erlaß verurteilten. Das in Rom erreichte Ergebnis ließ ihn einige Zeit ein Übereinkommen erhoffen, aber er traf sowohl auf den mangelnden Willen der Appellanten als auch auf die mangelnde Bereitschaft des Nuntius Bentivoglio, der jedem Kompromiß feindlich gegenüberstand. Der Regent versuchte, dem Heiligen Stuhl noch einmal einen Beweis seiner Bereitschaft zu geben, indem er Daguesseau entließ und ihn als Kanzler durch Voyer d'Argenson, den damaligen Generalleutnant der Polizei, ersetzte, der als Freund der Jesuiten bekannt war. Dies führte jedoch de facto zu keinem Ergebnis: in Frankreich wurde das Stillhaltegebot nicht eingehalten, und in Rom schritt man zu Gewaltmaßnahmen.

Am 8. März erschien ein Inquisitionsdekret, das die Appellation der vier Bischöfe wie auch jene Noailles' verurteilte. Als Gegenmaßnahme verurteilte ein Parlamentserlaß vom 28. März dieses Dekret. Zur gleichen Zeit versuchte der Regent ein anderes Mittel zur Druckausübung auf den Heiligen Stuhl. Da der Papst bisher hartnäckig die Institutionsbullen für die vom Regenten ernannten Bischöfe verweigert hatte, berief dieser Anfang Mai 1718 eine Kommission, die eine Lösung dieses Problems finden sollte. Saint-Simon, der ihr angehörte, forderte Memoranden über diese Frage von verschiedenen Spezialisten an, unter denen sich auch einige der großen jansenistischen Theologen befinden: Du Guet, Petitpied, Boursier, Le Gros [18]. Die größte Zahl der Antworten fordert das Recht der Kapitel auf die Wahl des Bischofs, einige unter der zusätzlichen Voraussetzung, daß diese auf Vorschlag des Königs zu geschehen habe. Der Gewählte könnte sich also unabhängig von der römischen Bulle weihen lassen. Im französischen Milieu fanden diese Auffassungen ein günstiges Echo. Es wurde in der Öffentlichkeit darüber gesprochen, und der Nuntius informierte den Heiligen Stuhl. Daneben sprach man im Regentschaftsrat davon, beim Konzil im Namen der französischen Nation Berufung einzulegen. In einem Einschüchterungsbrief an Rom sprach der Regent davon, zu den alten Gebräuchen zurückzukehren. Dieses Mal wich Clemens XI. zurück, und am 15. Mai 1718 trafen die Ernennungsbullen ein. Der Regent scheint nicht daran gedacht zu haben, die Bischofswahlen wieder einzuführen: er wollte nur Rom erschrecken. Aber die Idee ging ihren Weg und sollte bald in der holländischen Kirche ihre Realisation finden. Aber die Übersendung der Bullen bewies keineswegs eine Entspannung der Lage in Rom. Clemens XI. schien in der

[18] Ihre Ansichten sind nachzuschlagen: *(L. Th. Hérissant)* Avis aux princes catholiques, 2 Bde (o. O. 1768).

Tat immer weniger zum Kompromiß geneigt, und im Verlauf des Sommers 1718 spielten die Korrespondenzen Roms immer wieder auf neue Gewaltmaßnahmen an. In Paris wurden laufend Bischofskonferenzen abgehalten, die allmählich einschliefen, bei denen jedoch eine neue Persönlichkeit eine immer bedeutendere Rolle spielte: es handelt sich um Jean-Joseph Languet de Gergy (1677—1753), seit 1715 für das Bistum Soissons ernannt, dem die kürzlich eingetroffenen Bullen die Weihe ermöglicht hatten und der im Jahr 1730 Erzbischof von Sens werden sollte. Da die Situation auch weiterhin stagnierte, hoffte Clemens XI. den entscheidenden Schlag zu tun, indem er am 8. September 1718 „Pastoralis officii" veröffentlichte, ein an alle Gläubigen gerichtetes Schreiben, das jene exkommunizierte, die die Bulle nicht akzeptierten, ohne jedoch von der Appellation zu sprechen. Wie vorauszusehen war, verhärteten die Opponenten ihre Position. Am 24. November veröffentlichte Noailles seine Appellationsakte offiziell [19] und rief damit eine neue Welle der Zustimmung hervor. Am 3. Oktober ließ er einen weiteren Hirtenbrief erscheinen, um sich gegen „Pastoralis officii" zu verwahren; auch hierin folgte ihm ein Großteil seines Klerus, während sich in den Diözesen Spannungen und Unordnung vermehrten. Ebenfalls am 3. Oktober verfügte das Parlament von Paris einen Appellationserlaß gegen „Pastoralis officii", die Provinzparlamente folgten unmittelbar. Dies entzog praktisch der Exkommunikation jede reelle Wirkung, und so blieb sie de facto ohne Folgen.

In der Zwischenzeit war auf der Seite des Regenten eine neue Persönlichkeit auf den Plan getreten: Abbé Dubois, der ein Richelieu seiner Zeit sein wollte. Die Akzeptanten waren in der großen Mehrheit, und so glaubte er, auf sie setzen zu müssen; sein Einfluß auf den Regenten war in diesem Sinne gehalten; auf der anderen Seite hoffte er, zur Belohnung den Kardinalshut zu erhalten, auf den ihn Rom jedoch bis zum Beginn des folgenden Pontifikats, im Juli 1721, warten ließ. Dubois gelang es jedoch keineswegs, die Ereignisse zu meistern. Im Verlauf des Sommers 1718 hatten Bissy und der akzeptierende Bischof von Nîmes, Laparisière, unter dem Titel „Témoignage de l'Église universelle en faveur de la bulle Unigenitus" eine Sammlung von Hirtenbriefen französischer und ausländischer Bischöfe zugunsten der Konstitution erscheinen lassen. Noailles antwortete darauf mit einer Pastoralinstruktion vom 14. Januar 1719, die äußerst heftig gehalten war. In Rom wie in Paris erkannte man immer klarer, daß Noailles die Bulle niemals akzeptieren würde. Languet de Gergy war im Verlauf des Jahres 1718 bereits durch die Veröffentlichung der „Avertissements de Msgr. l'évêque de Soissons à ceux qui dans son diocèse se sont déclarés appelants de la Constitution" hervorgetreten, die ihm die nicht weniger heftigen Antworten Guillaume Dagoumers und Nicolas Petitpieds eingetragen hatten;

[19] Text: *Louail-Cadry* II 149—156.

es war auch Languet de Gergy, der sich damit befaßte, in einer Pastoralinstruktion vom 2. Februar 1719, die von einer weiteren vom 25. März gefolgt wurde, Noailles wie auch einem Hirtenbrief des appellierenden Bischofs von Angoulême zu antworten. Auch Bissy antwortete in einem Hirtenbrief vom 22. Februar. Auf der anderen Seite schien Noailles in seiner Pastoralinstruktion vom Januar einige Konzessionen zu machen, die die Appellanten beunruhigten; sie legten die Dinge durch einen vom 25. Mai 1719 datierten Hirtenbrief Langles klar, der die Appellation der vier Bischöfe gegen „Pastoralis officii" veröffentlichte. Zur weiteren Komplizierung der Lage veröffentlichte der akzeptierende Erzbischof von Reims, der hitzige Mailly, am 14. Mai einen Brief an die Kardinäle, Erzbischöfe und Bischöfe, der sich energisch für die Bulle einsetzte und am 22. Juni vom Parlament verworfen wurde. Kurze Zeit davor, am 5. Juni, hatte ein neuerlicher königlicher Erlaß noch einmal versucht, den beiden Parteien Ruhe für die Dauer eines Jahres aufzuerlegen. Er wurde in Rom wie auch in Paris nicht besser aufgenommen als der letzte und war nicht wirkungsvoller als jener. Er konnte übrigens das Parlament nicht daran hindern, in den folgenden Wochen streng gegen Languet de Gergy vorzugehen.

Während er in Rom vermittels Lafitaus intrigierte und sich gleichzeitig das Erzbistum Cambrai und den Kardinalshut zu sichern versuchte, ging es Dubois tatsächlich auch weiterhin um die Erringung des religiösen Friedens. Aus seiner Retraite von Fresnes nahm auch der in Ungnade gefallene Daguesseau weiterhin aktiven Anteil an den religiösen Angelegenheiten; er mäßigte jedoch seine Positionen. Drei von ihm im Dezember 1719 und Januar 1720 verfaßte Memoranden lassen erkennen, daß er die Appellation für einen Mißerfolg hielt, weil die Zahl der Appellanten zu gering gewesen war, und daß er zur Idee der Interpretation der Bulle durch einen „corps de doctrine" zurückkehrte. Ein neuer, unter den Augen des Regenten von einem Theologen Noailles', dem Abbé Couet, verfaßter Text wurde im Januar 1719 Noailles, Rohan und Bissy vorgelegt. Diese letzteren hatten von Noailles verlangt, daß er seine Appellation und seine Instruktion vom Januar 1719 zurückziehe, und der Prälat schien bereit zu sein nachzugeben. Im März erklärten sich 38 in Paris weilende Bischöfe zur Unterzeichnung der „Explications sur la bulle Unigenitus" bereit; auch Mailly selbst akzeptierte nach einer Intervention Languets de Gergy die Unterzeichnung. Emissäre des Regenten sollten in den Provinzen die Unterschriften der anderen Bischöfe einholen. Am 10. Mai 1720 hatten im ganzen 94 Prälaten dem Abkommen zugestimmt, und man glaubte auch auf die Zustimmung Noailles' rechnen zu können, die zweifellos auch die Zustimmung eines großen Teiles der Opponenten mit sich gebracht hätte. In der Zwischenzeit jedoch war die Öffentlichkeit trotz der zur Bewahrung des Geheimnisses getroffenen Vorsichtsmaßnahmen informiert worden. Eine heftige Opposition gegen jeden Kompromiß bildete sich unter vielen der Appellanten aus dem Priester- wie auch Laienstand, und die vier Bischöfe, zu denen sich auch Caylus gesellt hatte, kritisierten den „Abfall" Noailles' äußerst heftig. In Rom dagegen schien Clemens XI. einem Kompromiß wenig geneigt, in dem er eine Beeinträchtigung der Rechte des Heiligen Stuhls erblickte. Ein vom 18. März datierter Brief Noailles' an seine Priester zur Erklärung seines Verhaltens wurde in der Diözese scharf verurteilt. Parallel dazu warfen viele Akzeptanten Languet de Gergy vor, schwach geworden zu sein. Darüber hinaus weigerte sich das nach der Affäre Law nach Pontoise exilierte Parlament, eine königliche Erklärung vom 4. August zur Sanktionierung der Übereinkunft zu registrieren, obwohl sich Daguesseau, der seit einigen Wochen wieder Kanzler war und seine Positionen geändert hatte, sehr dafür einsetzte. Nachdem Noailles den ganzen Sommer des Jahres 1720 hindurch von Woche zu Woche auf seine Annahme warten ließ, gab er schließlich nach und veröffentlichte am 19. November einen Hirtenbrief, der die Annahme mit Erläuterungen enthielt. Gleichzeitig traf auch das Parlament einen Vergleich und wurde am 16. Dezember nach Paris zurückgerufen. Auch die Sorbonne unterwarf sich. Dubois und der Regent glaubten den Sieg in Händen zu halten. La Broue war am 20. September gestorben, hatte jedoch noch, zusammen mit den drei anderen Bischöfen, am 12. September eine von Laurent Boursier verfaßte Reappellationsakte unterzeichnet, in der Noailles heftig zurechtgewiesen wurde[20] und die von den drei Überlebenden fast gleichzeitig mit dem Erscheinen des Akzeptationshirtenbriefes Noailles' veröffentlicht wurde; ein Erlaß des Rates vom 31. Dezember verbot diese Reappellationsakte. In der Zwischenzeit war eine Reappellationsakte für den niederen Klerus mit dem Datum vom 19. November erschienen[21]. Sie umfaßte die Unterschriften einer sehr großen Zahl von Reappellanten, etwa 1500; diese Zahl liegt jedoch weit unter jener der Appellationen von 1717, weshalb der Hof sich auch nicht sehr bewegt davon zeigte. Eine handgeschriebene Liste der Reappellanten zirkulierte kurze Zeit darauf und wurde im Februar 1721 gedruckt; die Reappellanten waren damit für die Gerichtsbarkeit greifbar. An der Spitze dieser Liste befand sich der Abbé Jacques de Bidal d'Asfeld, ein Freund Du Guets, der vor dem Polizeileutnant erscheinen mußte und nach Villeneuve-le-Roi exiliert wurde. Zur gleichen Zeit schrieben die drei reappellierenden Bischöfe an den Regenten, um ihre Haltung zu erklären; keiner ihrer Kollegen im Episkopat folgte ihnen. Languet verdoppelte seine polemische Aktivität. Der Tod Clemens' XI. am 19. März 1721 rief einen Augenblick der Verwirrung hervor, aber es war bald deutlich, daß sein Nachfolger, Innozenz XIII., in etwa die gleiche Politik fortsetzen werde. Die wirren Polemiken, die die drei Jahre seines kurzen Pontifikats erfüllten, veränderten kaum

[20] Text: *Colbert,* Œuvres I 265.
[21] Text: *Louail-Cadry* II 518.

die Gegebenheiten des Problems. Eingeleitet am 9. Juni durch einen Brief an den Papst, der von sieben appellierenden Bischöfen unterzeichnet war [22], bewirkten diese Konflikte eine Vielzahl von Veröffentlichungen, in denen Languet de Gergy im Vordergrund der Akzeptanten blieb, während Caylus neben Colbert eine immer bedeutender werdende Rolle unter den Appellanten einnahm. Bissy seinerseits griff durch eine heftige und umfangreiche Pastoralinstruktion vom 17. Juni 1722 ein, die im Februar 1723 eine im selben Ton gehaltene Antwort der sechs Appellanten herausforderte [23]. Dubois und der Regent versuchten, ihrer Gegner Herr zu werden, indem sie erneut zur Erlangung kirchlicher Benefizien und universitärer Titel die Unterzeichnung des Formblatts, in dem Jansenius verurteilt wird, verlangten; diese Übung war in vielen Fakultäten und Diözesen aus der Gewohnheit gekommen. Das Ergebnis dieser am 11. Juli 1722 ergriffenen Maßnahme waren jedoch nur neue Unruhen, vor allem in universitären Kreisen. Die Mehrzahl der Appellanten gehorchte, da für sie die Frage des Jansenius nicht an jene der Bulle gebunden war. Aber Colbert signalisierte diesen Zusammenhang, indem er die Unterzeichnung mit der Unterscheidung der quaestio juris und der quaestio facti und mit den Worten Clemens' IX. über die Einhaltung des Friedens vorschrieb. Er brachte sich damit in eine lange und peinliche Affäre, von der noch später die Rede sein wird. Das Jahr 1723 war von tiefgreifenden Veränderungen unter den agierenden Personen gekennzeichnet. Am 15. Februar wurde Ludwig XV. für volljährig erklärt; am 10. August starb Dubois, am 2. Dezember der Regent. Wenig später, am 7. März 1724, starb auch Innozenz XIII. Zur gleichen Zeit tritt ein neuer Protagonist in der Gestalt André de Fleurys auf, Bischof von Fréjus und ehemaliger Lehrer des Königs, der dessen volles Vertauen besaß.

Der neue Papst, Benedikt XIII., ein ehemaliger Dominikaner, war sehr aufgeschlossen für die Lehren des Augustinus und Thomas, aber auch er konnte das Problem der Bulle nicht mehr rückgängig machen. Doch verfaßte das an den General der Dominikaner gerichtete Breve „Demissa preces" vom 6. November 1724 [24], in dem er sich dem Augustinismus und Thomismus äußerst zugetan zeigte und damit den Gegnern der Bulle wieder Hoffnung gab. Noailles weigerte sich jedoch trotz des Entgegenkommens von seiten des Papstes beharrlich, seine Appellation zurückzuziehen. Nach einer sehr enttäuschenden Korrespondenz mit Rom sandte er Anfang Januar eine Sammlung von zwölf stark augustinisch geprägten Lehrartikeln, die wahrscheinlich von Boursier redigiert waren, nach Rom und erbat deren Approbation durch den Heiligen Stuhl [25]. Einige dieser Artikel schienen

[22] Text: *Colbert* I 303—354. [23] Ebd. I 381—580.
[24] Vgl. *Louail-Cadry* IV 165—167.
[25] Vgl. *Colbert* I 635; *Louail-Cadry* IV 341.

den Jansenismus offen zu begünstigen, die römischen Kreise zeigten sich wenig geneigt, sie zu akzeptieren. In Frankreich stellten sich Rohan und Bissy, unterstützt von Fleury, gegen Verhandlungen, von denen sie glaubten, sie könnten die Akzeptanten abtrünnig machen, und die Bischöfe von Saintes und Marseille verurteilten in Hirtenbriefen die zwölf Artikel. Schließlich ließ Colbert durch ein Rundschreiben vom 20. Juni 1725 die Opponenten wissen, daß er nicht der Meinung sei, die zwölf Artikel würden die Bulle annehmbarer machen. Unter diesen Bedingungen war an eine Weiterführung der Verhandlungen nicht zu denken. Kurze Zeit darauf, im Juni des Jahres 1726, fiel der Herzog von Bourbon in Ungnade und wurde durch Fleury ersetzt, der diesen Posten bis 1743 innehatte. Geschmeidig und gewandt, aber von eiserner Beharrlichkeit, war Fleury fest entschlossen, die jansenistische Opposition zu schwächen. Gestützt auf die Gemäßigten und die einer Versöhnung Aufgeschlossenen zögerte er nicht, hart gegen die Extremisten vorzugehen, und griff immer häufiger zum Mittel der lettres de cachet; diese seine Politik sollte sich schließlich auch als wirksam erweisen.

Er mußte zunächst ein Exempel statuieren an einem der appellierenden Bischöfe, um dadurch die anderen zu schrecken. Der aufsässigste unter ihnen war zweifellos Colbert, der sich seit 1722 heftig um die Unterzeichnung des Formulars bemühte. Am 21. September 1724 hatte ihn ein Erlaß des Staatsrates sogar seiner weltlichen Einkünfte beraubt. Aber Colbert fand breite Zustimmung, und der greise Du Guet ließ einen Brief drucken, den er am 25. Juli 1724 an den Bischof geschrieben hatte und der die öffentliche Meinung stark beeindruckte; dieser Brief wurde übrigens am 13. Februar 1725 zusammen mit den Veröffentlichungen Colberts über das gleiche Thema vom Heiligen Offizium verurteilt. Die Klerikerversammlung von 1726 verlangte die Abhaltung von Provinzialkonzilen zur Bekämpfung der Unruhen und schloß sich hierin den Ansichten Fleurys an. Dieser wagte jedoch nicht, Colbert anzugreifen, der von seiner mächtigen Familie gedeckt wurde. Dagegen war Soanen, der Bischof der winzigen Diözese Senez, der von niemandem verteidigt wurde, ein geeignetes Opfer. Dieser lieferte übrigens selbst die Waffen gegen sich. Gegen Ende Januar 1727 ließ er — da er glaubte, nur noch kurze Zeit zu leben — eine vom 28. August 1726 datierte Pastoralinstruktion erscheinen, die sein geistiges Vermächtnis darstellen sollte. Hierin nahm er energisch Partei für Colbert und griff, indem er die Geschichte der Bulle erneut aufrollte, die Akzeptanten mit ungewöhnlicher Heftigkeit an. Der Vorwand schien ausreichend. Mit Datum des 24. Mai 1727 wurden allen Bischöfen der Provinz Embrun, zu der die Diözese Senez gehörte, lettres de cachet zugesandt. Ihr Metropolit war Pierre Guérin de Tencin (1680—1758), vormals enger Mitarbeiter Dubois' und dessen Vertreter in Rom, ein Prälat von mehr als zweifelhafter Moral. Tencin berief das Provinzialkonzil für den 16. August 1727 ein. Soanen begab sich persönlich zum Konzil, das durch komplizierte und stürmische Episoden gekennzeichnet war und in dem irreguläre Handlungen an der Tagesordnung waren. Am 18. August hatte Soanen die Kompetenz seiner Richter zurückgewiesen, deren Parteilichkeit und Feindseligkeit tatsächlich außer Zweifel standen, aber man setzte sich trotz einer Berufung wegen Gewaltmißbrauch, die Soanen am 26. August eingelegt hatte, darüber hinweg. Am 27. August protestierte er in einem Rundschreiben an die Bischöfe gegen die Regelwidrigkeiten des Verfahrens. Der Urteilsspruch war vom 20. September datiert und wurde Soanen am 22. eröffnet. Er enthob ihn jeder Ausübung bischöflicher und priesterlicher Funktionen, bis er seine Pastoralinstruktion zurückgezogen habe. Kurze Zeit darauf exilierte ihn eine lettre de cachet in die Abtei von La Chaise-Dieu. Er verließ Embrun am 13. Oktober und erreichte die Abtei am 23. Trotz seines hohen Alters lebte er dort noch 13 Jahre und starb am 25. Dezember 1740 im Alter von 93 Jahren, von der gesamten jansenistischen Partei als Heiliger und Martyrer verehrt; er hatte eine umfangreiche Korrespondenz unterhalten und in die meisten Angelegenheiten, die die öffentliche Meinung bewegten, eingegriffen. Nach seinem Tode wurden selbst die kleinsten Gegenstände, die in seinem Gebrauch waren, als Reliquien aufbewahrt. Das Konzil von Embrun, das von den Opponenten als „Räubersynode" qualifiziert wurde, erwies sich als nicht ganz so wirkungsvoll, wie Fleury erhofft hatte. Es wurde vom Heiligen Stuhl durch ein Breve vom 17. Dezember 1727 approbiert und konnte etwa zehn Opponenten zum Abfall bewegen. Aber die Unruhen, die es in der öffentlichen Meinung hervorrief, waren heftig und langanhaltend. Am 28. Oktober 1727 richteten zwölf Bischöfe, darunter Noailles, Colbert und Caylus ein von Petitpied ausgefertigtes Protestschreiben an den König, das ihnen am 15. März 1728 mit einem Rechtsbescheid zurückgesandt wurde, der einige der Unterzeichner in Unruhe versetzte. Boursier vereinigte und veröffentlichte eine „Consultation de 50 avocats", die die Nichtigkeit des Konzils von Embrun darlegte und gegen die eine „Lettre des 26 évêques au roi" der Akzeptanten protestierte (4. 5. 1728), der seinerseits eine Polemik des niederen Klerus hervorrief, der auf seine Rechte hinwies. Da Soanen über das Provinzialkonzil hinaus ein Generalkonzil gefordert hatte, zirkulierten Listen in den Diözesen, um Anhänger für seine Appellation zu sammeln, die etwas weniger als 2000 Unterschriften erhielten. Zahllose Streitschriften erschienen; das Porträt Soanens, des „Gefangenen Jesu Christi", wurde in Kupferstichen verbreitet; zahlreichen Anhängern gelang es, ihn in La Chaise-Dieu aufzusuchen. Die Zwistigkeiten, die die Diözese Senez zerrissen, wurden leidenschaftlich kommentiert. Das Gesamtergebnis war schließlich sehr ungewiß. Der Versuch wurde nicht wiederholt, und der einen Augenblick gehegte Plan eines Provinzialkonzils in Narbonne zur Verurteilung Colberts, der heftig Partei für Soanen ergriffen hatte, blieb ohne Folgen.

Eines der Hauptziele Fleurys war auch weiterhin die Neutralisierung Noailles'. Ende des Jahres 1726 tauchte das Gerücht auf, Noailles werde auf Druck des Ministers einen Hirtenbrief veröffentlichen mit der uneingeschränkten Zusage zur Annahme; ein Großteil des Klerus von Paris erhob sich dagegen. Am 3. Februar 1727 erschien ein von Petitpied redigierter Brief an Noailles, in dem 30 Pfarrer, die sich als Nachfolger der 72 Jünger betrachteten, sich weigerten, jeglicher Unterwerfung des Erzbischofs zu folgen, und die Einberufung einer Generalsynode der Diözese verlangten. An der Spitze der Bewegung standen Goy, der appellierende Pfarrer von Sainte-Marguerite, und Feu, der appellierende Pfarrer von Saint-Gervais. Ein Erlaß vom 14. Juni verbot diesen Brief, aber Petitpied griff in den „Très humbles remontrances des curés de Paris" vom 5. September erneut auf dieses Thema zurück. Mittlerweile hatte — wie bereits gezeigt wurde — die Affäre von Embrun Noailles wieder der Opposition zugeführt: nach seiner Unterzeichnung des Briefes der zwölf Bischöfe signierte er am 7. Mai 1728 eine Akte, durch die er sich der Registrierung des päpstlichen Breves, das das Konzil von Embrun approbierte, widersetzte. Schon bald jedoch veränderte sich die Lage. Noailles war zu diesem Zeitpunkt schon sichtlich durch das Alter geschwächt, und seine Ideen wurden mehr und mehr unklar. Gegen Ende Februar 1718 hatte eine Krankheit ihn eines seines geschätztesten Ratgebers beraubt, der ihn stets zum Widerstand angeeifert hatte: Antoine Dorsanne, Offizial von Paris und Autor eines „Journals", das erst posthum im Jahre 1753 veröffentlicht wurde. Auf der anderen Seite fand Fleury in der Umgebung des Kardinals im Kanzler Daguesseau und vor allem in der Nichte des Prälaten, der Marschallin de Grammont, Verbündete. Diese erreichten von ihm am 19. Mai die Unterzeichnung einer Akte, in der er seine Akte vom 7. widerrief. Am 19. Juli unterzeichnete er gleicherweise einen Brief an Benedikt XIII., in dem er ihn seiner Unterwerfung und seines absoluten Gehorsams versicherte[26]. Zu diesem Zeitpunkt scheinen mehrere Appellanten aus der Umgebung des Erzbischofs wieder Einfluß auf ihn gewonnen zu haben und konnten ihn zur Unterzeichnung einer Erklärung bewegen (22. 8.), deren Originalfassung Soanen zugesandt wurde und in der Noailles die Akte vom 19. Mai widerrief und im vorhinein jede ihm in Zukunft möglicherweise entrissene öffentliche Akte widerrief, die eine Akzeptierung der Bulle enthalten sollte. Darüber hinaus unterzeichnete er am 24. September eine andere Akte, in der er im voraus gegen jede möglicherweise erzwungene Demission von seinen Erzbistum protestierte. Dies verhinderte jedoch nicht, daß am 23. Oktober in Paris ein von Noailles unterzeichneter Hirtenbrief angeschlagen wurde, der vom 11. datiert war und eine uneingeschränkte Annahme der Bulle „Unigenitus" beinhaltete. Daraufhin ließen die Appellanten die Revokationsakte vom

[26] Text: *Dorsanne* II 463—466, wie auch für die folgenden Akten.

22. August aushängen. Dem Herzog von Noailles, Neffen des Erzbischofs, gelang es, ihn zu einem Brief an Fleury zu bewegen, in dem er diese Akte vom 22. August widerrief. Einige Wochen später jedoch, am 17. Dezember, bestätigte Noailles seine Erklärung vom 22. August. Darüber hinaus unterzeichnete er am 26. Februar 1729 eine neuerliche Erklärung, in der er seinen Hirtenbrief vom 11. Oktober widerrief; das Autograph dieser Erklärung wurde ebenfalls Soanen zugesandt. Der Tod des unglückseligen Kardinals am 4. Mai 1729 setzte diesen peinlichen Konflikten um einen Greis, dessen Schwäche und Unbeständigkeit seines Charakters man in grausamer Weise ausgenutzt hatte, ein Ende.

Die Niederlage des Jansenismus

Der Tod Noailles' kennzeichnet einen Wendepunkt in der Geschichte des Jansenismus. Mit ihm verschwindet der wichtigste Mann der Partei, dessen persönliche Unzulänglichkeiten mit dem Glanz des Purpurs verbunden waren. Es folgten noch weitere Todesfälle und Austritte aus den Reihen der Appellanten, so daß kurze Zeit später nur noch vier übrigblieben: neben Soanen, der in seine fernen Berge exiliert und jeder Autorität beraubt war, blieben noch Colbert in Montpellier, der im Jahr 1738 stirbt, Bossuet in Troyes, gestorben 1743, und Caylus in Auxerre, der alle bis 1754 überlebt. Obschon der von Quesnel inspirierte Jansenismus sich mehr und mehr zum Parochismus hin entwickelt und den Pfarrern und dem niederen Klerus eine wachsende Bedeutung zuerkennt, findet er keinen Anführer, nichts vermag das Fehlen einer bischöflichen Leitung ersetzen, für die sich keiner der drei in Tätigkeit gebliebenen appellierenden Bischöfe anbietet. Niemand hat den Platz Quesnels eingenommen, der am 2. Dezember 1719 in Amsterdam im Alter von 85 Jahren verstorben ist. Die jansenistische Partei bewahrt zwar, trotz einiger interner Uneinigkeiten, einen reellen Zusammenhalt, aber sie ist fortan eine Armee ohne General.

Der Nachfolger Noailles' war Charles-Gaspard de Vintimille du Luc, der bisher Erzbischof von Aix gewesen war; ein gemäßigter Charakter, aber überzeugter Akzeptant, stimmte er voll mit den Ansichten Fleurys überein. Nun stellte sich hinsichtlich der „Unigenitus" keinerlei Kompromißproblem mehr: der französische Hof und der Heilige Stuhl stimmen in der Forderung einer uneingeschränkten Akzeptierung überein. Vintimille war fest entschlossen, die jansenistischen Widerstände in seiner Diözese von Paris zu brechen, und es scheint im übrigen, als habe er zu Beginn die Schwierigkeiten des Unternehmens und die Unmöglichkeit, eine Opposition zu vernichten, die in gewissem Maße bis zur Revolution fortdauern sollte, nicht richtig eingeschätzt. Nach der Inbesitznahme seines Bischofsstuhls am 6. September 1729 erlangte er in den folgenden Tagen von 25 Kanonikern von Notre-Dame die Beipflichtung zur Bulle, stieß jedoch beim Klerus auf Widerstand, der ihn aber nicht daran hinderte, die Unterzeichnung der Bulle durch eine Pastoralinstruktion vom 29. September zu erzwingen. Anfang November erklärte eine lettre de cachet die appellierenden Doktoren für von der Sorbonne ausgeschlossen und beraubte diese letztere damit einer Anzahl berühmter Theologen; bei dieser Gelegenheit qualifizierte Pucelle den noch verbliebenen Rest der Fakultät als „Rumpf". Weitere lettres de cachet liquidierten unverzüglich andere Opponenten, vor allem unter dem Pfarrklerus. Eine Anordnung vom 29. Oktober befahl den Beichtvätern und Predigern, sich innerhalb von vier Monaten zur Entgegennahme der Erneuerung der Vollmachten am Erzbischofssitz einzufinden; dies ermöglichte Vintimille, von etwa 1100 Priestern etwa 30 bekannten Appellanten die Vollmacht zu verweigern. Die übrigen mußten die Bulle akzeptieren.

Wahrscheinlich entschied sich Fleury auf Verlangen Vintimilles, noch härter durchzugreifen. Eine königliche Erklärung vom 24. März 1730 erhob die Bulle „Unigenitus" zum Staatsgesetz, befahl erneut die Unterzeichnung des Formulars Alexanders VII. und erklärte die Benefizien aller jener, die nicht unterzeichneten, für „vakant und mit vollem Recht wieder besetzbar" [27]. Durch ihre ökonomischen und finanziellen Auswirkungen blieb sie nicht ohne Erfolg: da das kirchliche Leben unter dem Ancien régime auf das Benefizienwesen gegründet war, stellte eine solche Maßnahme die Jansenisten außerhalb der bestehenden Ordnung. Auf der andren Seite war der Text dieser Erklärung, die eine Akte des Heiligen Stuhles als Staatsgesetz anerkannte, eindeutig ultramontaner Inspiration: hier tritt klar eine neue vor allem der Geschicklichkeit Fleurys zu verdankende Position zutage, in der Frankreich und Rom einen „Modus vivendi" gefunden hatten, der die heiklen Probleme in den Beziehungen zwischen den beiden Höfen für lange Zeit ausschaltete. Naturgemäß kam der lebhafteste Widerstand aus parlamentarischen Kreisen, die in langer Tradition den gallikanischen Prinzipien verbunden waren: die Parlamente lösten im Widerstand die Kleriker ab, die sich in ihrer allzu unsicheren Lage nun kaum mehr äußern konnten. Dies erklärt die immer engere Verbindung des Jansenismus mit dem Parlamentarismus, eine Verbindung, die um so paradoxer erscheint, als ein großer Teil der Parlamentarier mehr und mehr dem Unglauben verfällt und sich der Aufklärung zuwendet. Das Parlament verweigerte die Registrierung der Erklärung vom 24. März, und erst ein am 3. April 1730 abgehaltener großer Gerichtstag konnte es dazu verpflichten. Die Erklärungen der kirchlichen Räte über den Gegenstand sind stark inspiriert von E. Richer, sie setzen sich lebhaft für die Forderungen der Pfarrer ein. In Anwendung der gleichen Prinzipien unterstützte das Parlament kurze Zeit

[27] Vgl. *Cerveau*, Nécrologe V 270—279.

später drei Pfarrer der Diözese Orléans gegen den Bischof Fleuriau d'Armenonville. Hierdurch wird verständlich, warum die Klerikerversammlung von 1730 sich lebhaft über die Aufsässigkeit des niederen Klerus und die Übergriffe des Parlaments beklagt. Die wachsende Bedeutung der Parlamentarier führte die jansenistischen Theologen mehr und mehr zu einer stärkeren Hervorhebung eines von Quesnel und P. de la Borde übernommenen Arguments: jenem des Zeugniswertes der Laien. Zahllose Streitschriften entwickelten dieses weiter und verteidigten es gegen die Angriffe der Verteidiger der Bulle.

Als Daguesseau und Joly de Fleury die königliche Erklärung dem Parlament vorlegten, hatten sie angenommen, daß sie rein theoretisch bleibe und keine praktische Anwendung finden würde. Tatsächlich aber eröffnete diese Erklärung geradezu eine Ära der Verfolgungen gegen die Jansenisten. Durch die Blätter der „Nouvelles ecclésiastiques", zahllose Streitschriften sowie eine ungeheure Anzahl von Archivunterlagen wissen wir von zahlreichen unerfreulichen Vorkommnissen, die Priester, Laien, Gemeinden und ganze Kongregationen betrafen. Durch das einfache Mittel der lettres de cachet, das von jedem ordentlichen Prozeß dispensierte, wanderte eine große Zahl von Opponenten ins Gefängnis oder ins Exil. Da wir über keine statistischen Aufzeichnungen verfügen, ist die Angabe einer genauen Zahl unmöglich, aber es kann als sicher angenommen werden, daß praktisch alle Diözesen und alle Orden davon betroffen wurden, einschließlich der Frauenkongregationen, der Benediktiner wie auch der Oratorianer, der Karmelitinnen und der Visitantinnen, ja sogar der Kartäuser. Im Herbst 1725 hielten es etwa dreißig Kartäuser und etwa 15 Zisterzienser von Orval für klüger, Frankreich zu verlassen und in Holland Zuflucht zu suchen. Um den Widerstand zu vermindern, griff man skrupellos zu Gewaltmaßnahmen: mehrere Häuser wurden geschlossen und ihre Mitglieder deportiert oder zerstreut. Einige Episoden, wie z. B. die um die Soanen verbundenen Visitantinnen von Castellane oder die Karmelitinnen der Rue Saint-Jacques in Paris oder auch um die Abtei von Saint-Polycarpe in der Diözese Narbonne, bewegten die öffentliche Meinung in besonderem Maße. Alles das trug stark dazu bei, im jansenistischen Milieu eine Mentalität des Martyrertums zu schaffen. Die Maßnahmen erwiesen sich jedoch als wirksam, und nach und nach nahmen die verschiedenen Kongregationen — im allgemeinen jedoch ohne Begeisterung — offiziell die Bulle an. Die Dominikaner hatten dies schon 1728 getan; ihnen folgten die Benediktiner und etwas später die Doktrinarier (1744), die Genovefianer (1745) und die Oratorianer (1746). Es muß jedoch auch hier festgestellt werden, daß diese Annahme de facto niemals allgemein war und in den religiösen Familien auch weiterhin nicht wenige Mitglieder — mehr oder weniger eingestandene — dem Jansenismus Sympathien entgegenbringen: dies gilt im besonderen für die Oratorianer und die Benediktiner von Saint-Maur, von denen viele auch weiterhin in den Reihen der jansenistischen Partei stehen. Die Diözesen der appellierenden Bischöfe waren der naturgegebene Zufluchtsort der Flüchtlinge, denen es gelungen war, dem Exil oder dem Gefängnis zu entkommen: Montpellier, Troyes, Auxerre nahmen viele Flüchtlinge auf. Andere suchten in Holland Asyl. Einige Gemeinschaften nahmen die Geächteten heimlich, oft unter anderem Namen auf. Schließlich stellten zahlreiche Laien sich selbst, ihr Vermögen und ihre Häuser in den Dienst der Verfolgten. Nach dem Tode Nicoles im Jahr 1695 war sein Erbe dem Oratorianer P. Fouquet und dem Abbé d'Eau übergeben worden; es wurde zum Grundfonds seiner Kasse, die als Hilfe für die verfolgten Kleriker bestimmt war und die sich im Verlauf des ganzen 18. Jh. durch zahlreiche Privatspenden vermehrte.

Die Amtszeit Vintimilles war darüber hinaus reich an parlamentarischen Zwistigkeiten. Der erste Streit entstand, als ein Ratserlaß ein von 40 Advokaten aus Paris zugunsten der opponierenden Priester von Orléans veröffentlichtes Memorandum verbot. Die anderen Advokaten reagierten zunächst heftig, beruhigten sich jedoch später nach einer abschwächenden Intervention Daguesseaus. Aber die 40 Advokaten wurden von einigen Bischöfen, darunter auch Vintimille, zur Verantwortung gezogen. Sie wollten eine Entgegnung verfassen, ein neuer Ratserlaß jedoch versetzte sie erneut ins Unrecht. Daraufhin traten sie in den Streik. Als Repressalie wurden zehn von ihnen exiliert, die übrigen jedoch gaben nicht nach, und so mußte man im November des Jahres 1731 die Exilierten wieder zurückrufen. Die verwickelten und mehr oder weniger emotionalen Feindseligkeiten setzten sich auch weiter fort, und das Parlament mußte ein Verbot jeglicher Erörterung über die Angelegenheiten der Bulle durch eine lettre de cachet hinnehmen. Vintimille leitete durch die Veröffentlichung eines Hirtenbriefs vom 27. April 1732, der das Parteiorgan „Nouvelles ecclésiastiques" schonungslos verbot, eine neue Episode ein. 21 Pfarrer von Paris verweigerten die Veröffentlichung dieses Hirtenbriefes, und in anderen Pfarreien verließen Gläubige die Kirche, während er verlesen wurde. Eine königliche Erklärung vom 10. Mai 1732 untersagte dem Parlament, sich mit dieser Affäre zu befassen. Der kirchliche Rat Pucelle und ein anderer, namens Titon, protestierten heftig und wurden daraufhin festgenommen. Ein durch königliche Anordnung gebrochener Streik provozierte neue Vorfälle, und schließlich demissionierten am 20. Juni 158 Magistratsbeamte. Auf Vorstellungen des Parlaments hin wurden die Demissionen durch den Hof wieder rückgängig gemacht. Die Vorstellungen des Parlaments waren sehr ernst, und der Hof antwortete darauf am 18. August durch eine sehr harte Erklärung, die erst durch einen großen Gerichtstag am 1. September registriert werden konnte. Dies führte zu neuerlichen Protesten, die die Exilierung von 140 Parlamentariern zur Folge hatten. Nun war jedoch die Entrüstung der öffentlichen Meinung so groß, daß die Regierung nachgeben, Vintimille tadeln und darauf verzichten mußte, gegen 21 protestierende Pfarrer streng vorzugehen. Hier haben wir ein gutes Beispiel für die Art und Weise, in der die kirchlichen Angelegenheiten nun von parlamentarischen Kreisen wiederaufgegriffen werden.

In der Folge vermied es Vintimille, sich neue Schwierigkeiten aufzuladen. Er ging jedem Konflikt mit den unverdrossen appellierenden Pfarrern aus dem Wege und unterhielt sogar mit einigen von ihnen freundschaftliche Beziehungen. Er ließ einigen Opponenten die Beichtvollmachten verlängern oder wieder aushändigen und ersuchte bekannte Jansenisten um verschiedene Dienste. Er starb im Jahr 1746, nachdem es ihm gelungen war, in seiner unmittelbaren Umgebung einen relativen Frieden zu bewahren. Die Kirchenpolitik Fleurys unterlag sehr unterschiedlichen Beurteilungen. Man konnte sie für gewalttätig und schikanös halten, und es ist sicher, daß er alles tat, um die Zahl der Appellanten zu vermindern. Die von einigen Historikern angeführte Zahl von 40 000 lettres de cachet, die unter seiner Regierung verschickt worden sein sollen, bedarf jedoch noch einer näheren Untersuchung. Es steht jedoch immerhin außer Zweifel, daß ihm an einer friedlichen Regelung der Situation sehr gelegen war. Die durch ihn erfolgten Bischofsernennungen bringen gemäßigte Prälaten an die Spitze der Diözesen; er vermied es jedoch, jene Prälaten zu schikanieren, die jansenistischer Sympathien verdächtig waren. 1735 reicht der Bischof der kleinen Diözese Saint-Papoul, Jean-Charles de Ségur, seine Demission ein, nachdem er einen Hirtenbrief veröffentlicht hatte, in dem er seine Gewissenszweifel ausführlich darlegt und sich zu der Appellation von 1717 bekennt. Der Hirtenbrief wurde durch einen Ratserlaß verboten, den Prälaten selbst ließ man jedoch unbehelligt, er starb friedlich in Paris in der Pfarrei Saint-Gervais, deren appellierender Pfarrer François Feu die Totenrede hielt. Fleury starb im Jahr 1743; sein Nachfolger im Kultusministerium wurde der Theatiner Jean-François Boyer, der 1730 Bischof von Mirepoix und 1736 Erzieher des Dauphin geworden war. Boyer erwies sich als viel unnachgiebiger als Fleury, häufig auch als brutal, und wenn er auch, wie aus den zahlreichen ihm gewidmeten Artikeln in den „Nouvelles ecclésiastiques" deutlich wird, das schwarze Schaf der Jansenisten war, so wurde er nicht einmal von deren Gegnern geschätzt. Sein Tod im Jahre 1755 wurde allgemein als ein befreiendes Ereignis empfunden.

Boyer mußte eine der letzten peinlichen Affären des Jansenistenkonfliktes, nämlich die Beichtzettelfrage, bestehen. Vorzeichen hatten sich schon lange in der Tatsache gezeigt, daß einige Akzeptanten unter den Bischöfen notorischen und obstinaten Appellanten die Sterbesakramente verweigert hatten. Gegen Ende 1739 ließ der Bischof von Laon, La Fare, eine Pastoralinstruktion erscheinen, die verbot, den Appellanten die Sakramente zu spenden und ihnen ein kirchliches Begräbnis zu gewähren. 1746 veröffentlichte der Bischof von Amiens, La Motte, eine Bekanntmachung, die ähnliche Vorschriften enthielt. Ihren Höhepunkt erreichte die Affäre jedoch erst mit der Intervention des Erzbischofs von Paris, Christophe de Beaumont, des Nachfolgers Vintimilles 1746, der den Kampf gegen den Jansenismus mit voller Kraft wiederaufgenommen und den Priestern, die sich der Sterbenden annahmen, befohlen hatte, von diesen einen von einem regulär approbierten Priester ausgefertigten Beichtzettel zu verlangen, in dem sie die Bulle „Unigenitus" akzeptierten. Das überraschendste an der Sache ist, daß diese Maßnahme allgemein und sogar bei armen, vollkommen ungebildeten Menschen Anwendung fand. Ein erster Zwischenfall ereignete sich anläßlich des Todes des jansenistischen Theologen Boursier am 17. Februar 1749, dem der Pfarrer von Saint-Nicolas du Chardonnet, Garnot, die Sterbesakramente spendete und den er feierlich in seiner Kirche bestattete, ohne einen Widerruf verlangt zu haben; Garnot wurde nach Senlis exiliert. Am 21. Juni 1749 verstarb der ehemalige Rektor der Universität, Charles Coffin, ohne Empfang der heiligen Sakramente, weil er sich nicht bereit gefunden hatte, einen entsprechenden Beichtzettel vorzuweisen; er erhielt jedoch ein kirchliches Begräbnis in Saint-Eustache. In den darauffolgenden Monaten kam es zu weiteren Zwischenfällen, und das Problem stellte sich gleichermaßen in einigen Diözesen der Provinz, deren Bischöfe ähnliche Maßnahmen ergriffen hatten. Selbstverständlich griff das Parlament wiederholt zugunsten der Opponenten ein, die Beziehungen zum Hof spitzten sich demzufolge sehr schnell zu. Die Dinge gingen so weit, daß das Parlament schließlich vom Mai 1753 bis September 1754 exiliert wurde.

Zu diesem Zeitpunkt war Ludwig XV. fest entschlossen, diesem Konflikt, der letztlich die königliche Autorität schwächte und sogar die Institutionen selbst in Frage stellen konnte, ein Ende zu setzen. Bei der Rückkehr des Parlaments gab er eine vom 2. September 1754 datierte und am 5. September registrierte Erklärung ab, die den beiden Parteien Schweigen auferlegte [28]. Diese wichtige Erklärung kennzeichnet den Beginn einer neuen Phase, da der König, vor allem von 1756 an, großen Wert auf deren Respektierung legte. Einige Bischöfe, die ihr zuwidergehandelt hatten — darunter auch Beaumont selbst — wurden, um ein Exempel zu statuieren, für einige Zeit exiliert. Auf der anderen Seite war der Heilige Stuhl zu dieser Zeit in der Person Benedikts XIV. mit einem gebildeten und gemäßigten Papst besetzt. Die in sich gespaltene Klerikerversammlung von 1755 wandte sich an ihn und erhielt als Antwort das Breve „Ex omnibus" vom 16. Oktober 1755, in dem das Gesetz des Schweigens gebilligt und das Problem der Beichtzettel in befriedigender Weise behandelt wurde. Boyer starb im Jahre 1755; seine Nachfolger, der Kardinal de La Rochefoucauld, dann Jarente de la Bruyère, waren um eine Befriedung bemüht und verschafften dem Gesetz des Schweigens Respektierung; immer mehr Bischöfe

[28] Vgl. ebd. 363.

schlossen sich ihren Ansichten an. Diese Haltung, zusammen mit dem fortschreitenden Verfall der jansenistischen Partei, veränderte nach und nach die Gegebenheiten des Problems.

In der Tat wechselte der Schauplatz des Geschehens. Obgleich die Gesellschaft Jesu im politischen Jansenismus eine relativ untergeordnete Rolle gespielt hatte, setzte sie sich heftigen Feindseligkeiten aus, und zwar nicht nur von seiten der Jansenisten, sondern auch von seiten mehrerer Akzeptanten unter den Bischöfen. Mehrere Vorfälle ereigneten sich in rascher Folge. Der erste betrifft ein Werk des P. Jean Pichon, SJ., das im Jahr 1745 unter dem Titel „L'esprit de Jésus-Christ et de l'Église sur la fréquente communion" erschienen war. Pichon nahm darin das ein Jahrhundert vorher in dem berühmten Werk Arnaulds behandelte Problem wieder auf. Er bekämpfte jeden Aufschub der Absolution, vertrat die Kommunion unmittelbar nach der Beichte der schwersten Sünden und reduzierte nach einer Formel des P. Sirmond, die Pascal in den „Provinciales" angegriffen hatte, die Gottesliebe auf das Faktum, Gott in keiner Weise zu hassen. 1747 wurde in den „Nouvelles ecclésiastiques" über das Buch Gericht gehalten. Dann verurteilten verschiedene Pastoralinstruktionen der Bischöfe das Werk, deren erste von bekanntermaßen jansenistischen oder sympathisierenden Prälaten ausgingen: Caylus, Rastignac, Bischof von Tours, Fitz-James, Bischof von Soissons. Languet de Gergy sprach das Verbot aus; dann mußte Beaumont in der Diözese Paris einen Widerruf Pichons, datiert vom 24. Januar 1748, veröffentlichen. Er konnte jedoch die Verurteilung nicht aufhalten; in den folgenden Monaten erschienen 27 neuerliche bischöfliche Zensuren gegen das Werk, so daß im August 1748 schließlich eine lettre de cachet P. Pichon nach Mauriac exilierte. Sein Buch wurde am 11. Dezember 1748 durch das Heilige Offizium verurteilt. Parallel dazu hatte eine andere Affäre begonnen, die ihren Höhepunkt erst etwas später erreichen sollte: 1738 veröffentlichte Isaac-Joseph Berruyer, ein Jesuit, den ersten Teil einer umfangreichen „Histoire du peuple de Dieu", die in der Form und nach Art eines Romans die Heilsgeschichte zur Darstellung bringt und die von Colbert verurteilt wurde, so daß sich Daguesseau der Veröffentlichung der folgenden Bände widersetzen konnte. Erst im Juni 1753 erschienen die acht Bände des zweiten Teiles, die im übrigen von den Oberen der Jesuiten nicht gebilligt wurden, eine Tatsache, die ihnen den Vorwurf der Doppelzüngigkeit eintrug. Der Skandal war groß. Im Dezember 1753 verurteilten 27 Bischöfe das Werk. Berruyer verteidigte sich jedoch, und eine von Benedikt XIV. am 16. Februar 1758 ausgesprochene Verurteilung hinderte ihn nicht daran, auch die fünf Bände des dritten Teiles zu veröffentlichen, die am 2. Dezember 1758 verurteilt wurden. Zahlreiche Streitschriften gegen Berruyer erschienen, deren bemerkenswerteste ein ehemaliger Theologe Colberts, Jean-Baptiste Gaultier, verfaßte; seine „Lettres théologiques" griffen auch einen anderen Jesuiten, Jean Hardouin, an, der bereits 1729 gestorben war, den man jedoch für den Inspirator Berruyers hielt. Schließlich trat am 1. August 1759 Fitz-James seinerseits in die Schranken mit einer umfangreichen Pastoralinstruktion von einigen tausend Seiten, die von einem notorisch bekannten jansenistischen Theologen, Étienne Gourlin, verfaßt worden war und eine Widerlegung Hardouins und Berruyers im strengen Sinne enthielt. Weitere Zensuren folgten, darunter jene der Sorbonne.

All dies schuf eine Atmosphäre, die weitere Kämpfe gegen die Gesellschaft Jesu begünstigte, deren Ansehen allgemein — selbst in Rom — seit dem Ende des 17. Jh. zurückgegangen war und die nun von fast allen Seiten angegriffen wurde. Zu einem Zeitpunkt, da sich die politische Macht in zunehmendem Maße auf das wachsende Nationalitätsgefühl stützt, wirft man ihr vor, sich mit einer ausländischen Macht, der weltlichen Macht des Papsttums, zu verbinden; auf der anderen Seite sieht die zeitgenössische Philosophie in ihr mit Recht die stärkste Barriere, an der sich der Deismus Voltaires stößt. Fortan wurden die geringsten Vorfälle aufgegriffen; eine bedauerliche Finanzaffäre, die 1756 um einen Jesuiten, P. de la Valette, ausbrach, lieferte den gesuchten Vorwand. Die Parlamente gingen zum Angriff auf die Gesellschaft Jesu über, und ein Erlaß vom 8. August 1761, dem andere ähnliche folgten, erklärte ihre Konstitutionen als unvereinbar mit den Gesetzen des Königreiches. Nach verschiedenen Wechselfällen gab Ludwig XV. dem Druck der Mme de Pompadour und des Ministers Choiseul nach, ein Erlaß vom 18. November 1764 verbot die Gesellschaft Jesu in Frankreich. Eine ähnliche Kampagne war bekanntermaßen in einer Anzahl europäischer Länder im Gange und führte zu dem Breve „Dominus ac Redemptor“ Clemens' XIV. (vgl. Kap. 30), das den Jesuitenorden aufhob. Diese verschiedenen Maßnahmen wurden natürlich von der jansenistischen Partei, die nicht fähig war, zu unterscheiden, daß es der Unglaube war, der triumphierte, und nicht der heilige Augustinus, als Siege gefeiert. Der Konflikt führte auf beiden Seiten zu einer Veröffentlichung einer Vielzahl von Werken, deren interessantestes nach wie vor die „Annales de la Société des soi-disant jésuites“ ist, eine aufwendige Publikation, die wahrscheinlich von Choiseul selbst finanziert und von dem Jansenisten Gazaignes kompiliert wurde. Sie blieb unvollendet, aber die fünf Bände (1764/71) enthalten eine Fülle wertvoller Einzelheiten.

Diese Polemiken um die Gesellschaft Jesu enthielten sich einer neuerlichen Behandlung der jansenistischen Frage, da der Hof fest entschlossen war, das Gesetz des Schweigens aufrechtzuerhalten und jedes Wiedererwachen des Konfliktes zu vermeiden. Einen Beweis dafür lieferte 1761 ein Vorfall, der den Appellanten François-Philippe Mésenguy (1677—1763) betraf, der aus Bescheidenheit einfacher Akolyth geblieben war und den seine Auffassungen 1728 gezwungen hatten, seine Funktion als Oberer im Collège de Dormans-Beauvais zu quittieren. Mésenguy war ein angesehener

Theologe; ungeachtet seiner Ansichten hatte ihn Vintimille zur Verbesserung der 1736 erschienenen 2. Ausgabe des „Bréviaire de Paris" herangezogen, und er hatte ihm die Redaktion des „Missel de Paris", erschienen 1738, anvertraut. 1744 hatte Mésenguy seine Vorlesungen unter dem Titel „Exposition de la doctrine chrétienne"[29] herausgebracht. Das Buch war im Jahr 1752 durch das „Dictionnaire des livres jansénistes" des Jesuiten Patouillet angekündigt worden, seine Indizierung 1757 beruht jedoch ausschließlich auf seinen gallikanischen Tendenzen. Das Werk wurde 1758 ins Italienische übertragen, und diese Übersetzung wurde des Jansenismus bezichtigt, so daß es am 14. Juni 1761 durch das Breve „Dum inter gravissima" Clemens' XIII. verurteilt wurde. Die Höfe Frankreichs, Spaniens, Neapels, Wiens wie auch die Republik Venedig verweigerten jedoch die Annahme dieses Breves, Ludwig XV. untersagte dem Nuntius jedwede Verbreitung in Frankreich, und Choiseul richtete an Clemens XIII. ein äußerst strenges offizielles Schreiben. In Rom selbst begriff man nun, daß es besser sei, den Konflikt nicht wiederaufleben zu lassen; die Regierungszeit Clemens' XIV. war von der Bereitschaft geprägt, die Dinge ruhen zu lassen, und Pius VI. erklärte bei seiner Reise nach Wien am 20. April 1782 den Bischöfen Ungarns öffentlich, daß von der Bulle „Unigenitus" historisch und nicht dogmatisch, *historice, non dogmatice*, zu sprechen sei. Einige Jahre später, mit der Französischen Revolution, sollte der politische Aspekt des Problems in eine ganz neue Phase eintreten.

In der Zwischenzeit hatte — im Unterschied zum religiösen Jansenismus des 17. Jh., der auf Frankreich und Löwen begrenzt war — der politische Jansenismus breiten Boden gewonnen. Im übrigen spitzte sich in den Niederlanden, in denen die jansenistische Gruppe über einen festen Rückhalt verfügte, die Lage sehr schnell zu. Die acht Diözesen hatten die Bulle „Unigenitus" fast unmittelbar nach Erscheinen angenommen, nachdem die Fakultät von Löwen sie 1715 nicht ohne heftigen Widerstand eines Teiles ihrer Mitglieder akzeptiert hatte. 1716 wurde Thomas-Philippe d'Alsace de Bossu, der dem Jansenismus feindlich gegenüberstand, Erzbischof von Mecheln. Am 17. Oktober 1718 veröffentlichte er einen Hirtenbrief, der die Opponenten exkommunizierte; die sieben anderen Diözesen wie auch die Löwener Fakultät folgten ihm. Unterstützt von offiziellen Kreisen, leitete der Erzbischof eine Reihe von Gewaltmaßnahmen gegen die Opponenten ein. Ende 1727 mußte der berühmte Kanonist Zeger-Bernard Van Espen (1646—1728) nach Holland fliehen, wo er sechs Monate später starb[30]. In

[29] Mésenguy selbst hat über diese Affäre ein „Mémoire justificatif" verfaßt, das kurze Zeit nach seinem Tode veröffentlicht wurde (o. O. 1763).

[30] Vgl. *(G. Dupac de Bellegarde)* Mémoires historiques sur l'affaire de la bulle Unigenitus dans les Pays-Bas, 4 Bde (Brüssel 1755); *G. Leclerc*, Zeger Bernard van Espen (1646—1728), un canoniste janséniste: Miscellanea jansenistica offerts à Lucien Ceyssens (Heverlee-Löwen 1963) 174—200.

der Zwischenzeit hatte Van Espen durch seine Ratschläge nicht wenig zum Entstehen des Schismas der holländischen Kirche beigetragen[31]. Diese wurde seit dem Ende des 16. Jh. durch Apostolische Vikare mit dem Titel „in partibus infidelium" regiert. Jean de Néercassel, Apostolischer Vikar von Utrecht, war ein enger Freund Arnaulds gewesen und hatte die jansenistischen Infiltrationen in Holland begünstigt. Sein Nachfolger wurde 1688 Pierre Codde, Erzbischof von Sebaste, der die Unterzeichnung des Formulars rundweg abgelehnt hatte; er wurde nach Rom vorgeladen, aber auch hier hielt er an seiner Position fest und wurde daher gebannt (Mai 1702). Die Kapitel von Utrecht und Harlem setzten sich für ihn ein; jenes von Harlem gab sehr schnell nach, aber das Kapitel von Utrecht blieb in der Opposition zum Heiligen Stuhl standhaft, gefolgt von einer großen Zahl von Gläubigen, und weigerte sich, jene Apostolischen Vikare anzuerkennen, die Pierre Codde nachfolgten. Mehrere französische Prälaten waren bereit, Priester zu weihen, die mit Dimissorien ausgestattet waren, die das als Administrator des Erzbistums fungierende Kapitel ausgestellt hatte, aber der Regent verbot den Bischöfen die Fortführung dieser Weihehandlungen. Das Kapitel von Utrecht und seine Gläubigen, die sich der Appellation der Bulle „Unigenitus" angeschlossen hatten, konsultierten daraufhin mehrere Kanonisten, darunter Van Espen, der ohnehin immer die Legitimität der Rechte des Kapitels unterstützt hatte. Die Mehrzahl der Antworten erkannte dem Kapitel das Recht zu, einen Bischof zu wählen und ihn weihen zu lassen. Ein Priester der Auslandsmissionen, Dominikus Varlet, geweihter Bischof „in partibus" von Babylon, hatte sich bereit erklärt, auf Verlangen des Kapitels in Holland die Firmung zu erteilen, und war daher im März 1720 für suspendiert erklärt worden. Er ließ sich in den Vereinigten Provinzen nieder und weihte kurze Zeit später, am 15. Oktober 1724, Cornelius Steenoven, den gewählten Kandidaten des Kapitels von Utrecht; dieser sollte übrigens in der Folge seine drei ersten Nachfolger weihen. Darüber hinaus schuf das Erzbistum Utrecht Suffragansitze in Harlem (1742) und Deventer (1758) und sicherte damit die Weitergabe der apostolischen Nachfolge. Obschon von der holländischen Regierung unterstützt, sah die Kirche von Utrecht die Zahl ihrer Mitglieder sehr rasch zusammenschmelzen: um 1750 zählte sie weniger als 10 000 Gläubige gegenüber 200 000 Katholiken in Holland. Mehrere Versuche einer Annäherung an Rom wurden unternommen, sie scheiterten jedoch an der unerschütterlichen Weigerung des Kapitels, die Bulle „Unigenitus" anzuerkennen. Während des ganzen 18. Jh. diente die Kirche von Holland zahlreichen Appellanten als Zufluchtsort; ihre Archive, bereichert durch zahlreiche Dokumente aus Frankreich, bilden auch heute noch eine der bedeutendsten Quellen für

31 Vgl. *(G. Dupac de Bellegarde)* Histoire abrégée de l'Église d'Utrecht (Utrecht 1755); *B. Van Bilsen*, Het schisma van Utrecht (Utrecht-Brüssel 1949); *J. Tans-M. Kok*, Rome-Utrecht (Hilversum-Antwerpen 1966).

die Geschichte des Jansenismus. Diese französischen Emigranten, von denen einige, wie Leclerc oder Le Sesne d'Étemare, anerkannte Theologen waren, trugen dazu bei, in dem Schisma von Utrecht, trotz seiner zahlenmäßigen Minderheit, eine unleugbare intellektuelle Vitalität aufrechtzuerhalten. Die jansenistischen Infiltrationen in Irland, England, Deutschland, Österreich und Spanien sind nur von geringer Bedeutung, nicht so jedoch in Italien. Dort gewinnt das Problem einen besonderen Aspekt, der später untersucht werden soll (Kap. 26).

Der Jansenismus und die religiöse Mentalität im 18. Jahrhundert

Zu dem Zeitpunkt, da der Konflikt um die Bulle „Unigenitus" ausbricht, verfügt der Jansenismus noch über eine große Zahl erstrangiger Theologen. Mehrere von ihnen gehören altersmäßig noch zum Jansenismus des 17. Jh. Pasquier Quesnel, dem, wie gezeigt wurde, eine so große Bedeutung zukam, ist trotz seiner achtzig Jahre noch von einer außerordentlichen Vitalität: erstaunlich ist die unglaubliche Zahl an Memoranden, Streitschriften und Erwiderungen, die er bis unmittelbar vor seinem Tode am 2. Dezember 1719 in Amsterdam verfaßt. Diese reichhaltige Literatur bedeutet jedoch keine Erweiterung seines Systems. Er verteidigt darin auch ferner einen gemäßigten, von Bérulle geprägten Augustinismus. Die von ihm vertretenen Ideen Richers, zusammen mit der Tatsache, daß das Heer der Appellanten sich vor allem aus Priestern und Gläubigen zusammensetzt, führen ihn dazu, den Rechten des niederen Klerus und der Laien einen steigenden Wert zuzuerkennen, ohne jedoch bis zu den fast protestantischen Übertreibungen des P. de la Borde zu gehen. Tatsächlich bleibt er zwar in der jansenistischen Gruppe eine verehrte Figur, wird jedoch von seinen jüngeren Streitgenossen überspielt, über die er nicht mehr wie in den Jahren zwischen 1690 und 1710 die unbestrittene Autorität besitzt. Anders verhält es sich mit Jacques-Joseph Du Guet (1649—1733), seinem jüngeren Mitbruder, der ihn 1685 in seinen Zufluchtsort zu Arnauld begleitet hatte, jedoch schon bald wieder nach Frankreich zurückkehren mußte[32]. Obschon er in der Folgezeit in vorsichtiger Zurückgezogenheit lebte, hatte seine umfangreiche Korrespondenz mit zahlreichen Freunden auch außerhalb jansenistischer Kreise seine außerordentlichen intellektuellen und literarischen Fähigkeiten erwiesen und ihm hohes Ansehen verschafft; seine Freunde gaben ihm den Beinamen „der Seher". Obwohl Du Guet ursprünglich der Schriftstellerei wenig zuneigte, hatte er 1717 zwei kleinere Schriften, „Traité de la prière publique" und „Traité des saints mystéres", drucken lassen, die großen Erfolg hatten und ihm als Schriftsteller einen Namen machten.

[32] Vgl. *P. Chételat,* Étude sur Du Guet (Paris 1877).

Daneben setzte er seine Laufbahn als Moralist fort, insbesondere durch die zehn Bände seiner „Lettres de Morale et de piété“, von denen einige 1707 ohne seine Zustimmung gedruckt worden waren und die er dann seit 1718 selbst herausgab; die letzten Bände sind posthum erschienen. Darüber hinaus schuf er ein umfangreiches exegetisches Schrifttum. Er war ein liebenswürdiger und stiller Mensch, eine schüchterne Natur, die jedes Auftreten in der Öffentlichkeit scheute. So weigerte er sich, in den Kontroversen um die Bulle eine führende Rolle zu übernehmen. Man befragte ihn jedoch sehr häufig um seinen Rat, und er überprüfte und korrigierte zahlreiche Schriften seiner Freunde. Selbst Appellant und Reappellant, hatte er die vier Bischöfe zum Zeitpunkt der Appellation beraten. Die Zahl der von ihm veröffentlichten Polemiken ist jedoch äußerst klein; die bedeutendste ist sein Brief an Colbert vom 25. Juli 1724 über die Unterzeichnung des Formulars, den er im darauffolgenden November drucken ließ. Sein eigentlich theologisches Werk begrenzt sich auf einen kleinen Band mit dem Titel „Dissertation théologique“, den er 1727 herausbrachte und der sich vor allem mit der Taufe und der Eucharistie befaßt; dieser Schrift hinzuzufügen sind noch die beiden posthum erschienenen Bände der „Conférences ecclésiastiques“ (1742), eigentlich ein Jugendwerk, um 1678 verfaßt, in dem der Einfluß der von Quesnel vertretenen Doktrin Richers noch spürbar ist. Im allgemeinen jedoch ist das vom Augustinismus geprägte Denken Du Guets scharf, durchdringend, sehr nuanciert und solide, seine Moral von einem relativ gemäßigten Rigorismus bestimmt. Zahllose Neuauflagen haben durch das ganze 18. Jh. hindurch diesen bewundernswert begabten Schriftsteller popularisiert, der Besseres verdient als das Vergessen, dem er anheimfiel.

In dem Doktor der Sorbonne François-Laurent Boursier (1679—1748) treffen wir auf eine sehr viel stärkere und aggressivere Persönlichkeit. Ein von seinesgleichen aufrichtig geschätzter Theologe, wurde er 1713 durch sein Buch „De l'action de Dieu sur les créatures, traité dans lequel on prouve la prémotion physique par le raisonnement“, eine kraftvolle Verteidigung der augustinisch-thomistischen Ideen, bekannt. Malebranche, der sich darin in seinem „Traité de la nature et de la grâce“ anvisiert fühlte, hielt das Werk einer Antwort würdig und erwiderte in seinen „Réflexions sur la prémotion physique“ (1715). Leider absorbierte die Polemik in der Folge die ganze Kraft Boursiers, so daß er nicht die Zeit fand, ein von ihm geplantes umfassendes Werk über die gratia efficax zu schreiben. Als Vertrauensmann Noailles' und der Appellanten verfaßte er für sie eine beachtliche Anzahl von Texten, darunter die Appellationsakte von 1717, 1719 und 1720 wie auch mehrere Pastoralinstruktionen Soanens. Auch als zentrale Figur der Verhandlungen, die 1717 unter Mitarbeit von Jubé, dem Pfarrer von Asnières, und achtzehn anderen Doktoren eingeleitet wurden, um eine Annäherung mit der russisch-orthodoxen Kirche herbeizuführen, erwarb er sich Verdienste[33]. Wie vorauszusehen war, wurde er aus der Sorbonne ausgeschlossen (1730), und sein Tod 1749 führte in der Pfarrei Saint-Nicolas du Chardonnet, wie bereits oben berichtet, zu einem Zwischenfall. Als bedeutender Theologe mit umfassender patristischer wie auch scholastischer Bildung, mutig und selbstlos, besaß Boursier in der jansenistischen Partei unbestrittene Autorität, und seine Intervention war meist ausschlaggebend. Mit ihm zu vergleichen ist ein anderer Doktor der Sorbonne, Nicolas Petitpied (1665—1747), der sich zu Beginn des Jahrhunderts zur Gewissensfrage geäußert hatte und aus diesem Grund nach Holland flüchten mußte. Seine Kompetenzen als Kanonist waren besonders geschätzt, 1718 ließ ihn Saint-Simon nach Frankreich zurückkommen, um in der Angelegenheit der von Rom zurückgewiesenen (Erneuerungs-)Bullen seinen Rat einzuholen. Am 1. Juni 1719 wurde er erneut in die Sorbonne inkorporiert. Die antijansenistische Reaktion zwang ihn, sich zunächst zu verbergen und dann, im Jahr 1728, wiederum nach Utrecht ins Exil zu gehen. Als gemäßigter, aber unnachgiebiger Geist wandte er sich gegen die Abweichungen der jansenistischen Partei und ihre Gewalttätigkeit gegen die Hierarchie und wurde deshalb der Schwachheit beschuldigt. Sein Charakter sicherte ihm jedoch die Wertschätzung aller, auch seiner Gegner, und der Hof gewährte ihm 1734 das Recht, nach Frankreich zurückzukehren. Sein Ansehen innerhalb seiner Partei nahm jedoch in zunehmendem Maße ab, und seine Interventionen gegen verschiedene Polemiken stießen auf heftige Kritik. Nur Soanen entzog ihm niemals sein Vertrauen, und Bossuet von Troyes bat ihn bis an sein Ende, seine Pastoralinstruktionen zu verfassen. Sein Werk ist beträchtlich: es umfaßt mehr als 80 Titel; aber es geht völlig in der Polemik auf. Drei Hauptwerke ragen heraus: zwei Bände mit dem Titel „Oboedientiae credulae vana religio“ (1708), die das silentium respectuosum verteidigen, die fünf Bände seiner „Réponses aux avertissements de M. l'évêque de Soissons“ (1719/24), eine machtvolle Widerlegung Languet de Gergys, und das posthum erschienene „Examen pacifique de l'acceptation de la bulle“. Zu einer Anzahl immer wieder vorgelegter Probleme konnte die klare und fruchtbare Intelligenz Petitpieds neue und stichhaltige Argumente beitragen, und viele seiner Schriften verdienten auch heute noch gelesen zu werden. In der gleichen Linie muß — wenngleich es sich um einen Geist weit geringerer Qualität handelt — auch der Diakon und Lizentiat der Sorbonne Jacques Fouillou (1670—1736) genannt werden, der ebenfalls in der Affäre der Gewissensfrage hervortrat und sich 1705 Quesnel in Holland anschloß. Erst 1720 kehrte er wieder zurück. Er trug zur Abfassung der „Prémotion physique“ Boursiers bei und lieferte einen bedeutenden Beitrag zu den berühmten „Hexaples“ über die Bulle „Unigenitus“, aber sein

[33] Die Dokumente über diese Affäre sind zusammengefaßt: Histoire et analyse du livre de l'action de Dieu, 3 Bde (o. O. 1753) III.

Hauptwerk bleiben die drei Bände „Justification du silence respectueux" (1707). Jean-Baptiste Louail († 1724), Prior von Auzay, ist vor allem bekannt als Autor des ersten Teiles der „Histoire du livre des Réflexions morales", von dem bereits die Rede war. Der Hauptautor des restlichen Werkes ist Jean-Baptiste Cadry (1680—1756), ehemaliger Lehrer der Theologie am Domstift von Laon, der zahlreiche andere Streitschriften von geringerem Interesse verfaßte.

In Nicolas Le Gros (1675—1751), Doktor der Theologie und Kanonikus von Reims, den seine Streitigkeiten mit dem Bischof Mailly im Jahr 1714 zwangen, zu Quesnel zu flüchten, treffen wir auf eine Persönlichkeit anderer Geistesart. Er kehrte nach weniger als einem Jahr aus seinem Exil zurück und nahm den Kampf wieder auf. Im Jahr 1716 brachte er das bekannteste seiner Werke, „Du renversement des libertés de l'Église gallicane dans l'affaire de la Constitution Unigenitus" heraus. Hier vertritt er einen sehr traditionellen Gallikanismus, der durch einige Thesen Richers über die Rechte der Pfarrer nuanciert ist, die unter seiner Feder „Hirten" wie die Bischöfe sind, die daher verpflichtet sind, in Gemeinschaft mit ihren Priestern zu handeln und ihren Rat anzuhören. Er hält jedoch die Rechte der Hierarchie aufrecht, denn wenn er auch dem christlichen Volk das Recht zuerkennt, seine Bischöfe und Pfarrer zu wählen, so präzisiert er doch dahin, daß diese Wahl ihnen weder die Weihe- noch die Jurisdiktionsgewalt verleiht, die sie von Gott durch die Vermittlung der etablierten Hierarchie erhalten müssen. Von diesem Ansatz her gelangt er zu einer sehr nuancierten Theorie, die den Gallikanismus und die Position Richers miteinander verband und großen Erfolg hatte. Als Appellant und Reappellant entging er mit knapper Not einer lettre de cachet und kehrte nach einem Aufenthalt in Rom und England nach Holland zurück. Hier schloß er sich der Kirche von Utrecht an, der er in den Jahren zwischen 1726 und seinem Tode große Dienste erwies. Er war also einer der ersten, der zwischen dem französischen jansenistischen Milieu und dem holländischen Schisma sehr enge Bindungen schuf. In Holland arbeitete er an einem umfangreichen Werk, in dem ein Teil einem Kommentarwerk zur Heiligen Schrift unter Anwendung der in jansenistischen Kreisen beliebten allegorischen Exegese gewidmet ist. Um 1745 erhielt die Kirche von Utrecht einen eher lästigen Gast in der Person Pierre Leclercs (1706 bis um 1781), Subdiakon der Diözese Rouen, eine seltsame, teilweise überspannte Persönlichkeit mit dunkler Vergangenheit. 1756 äußert er sich in zwei kleinen Bänden mit dem Titel „Renversement de la religion et des lois divines et humaines par toutes les bulles et brefs donnés depuis près de 200 ans contre Baius, Jansénius, les cinq propositions, pour le formulaire et contre le P. Quesnel". Er entfaltet hier einen übertriebenen Presbyterialismus, indem er die Priester den Bischöfen gleichstellt und Beleidigungen gegen den Papst und die Hierarchie vorträgt. Dieselben Ideen wiederholt er in anderen Werken, in denen er sich unter den Schutz Gilles de Wittes stellt, des ehemaligen Pfarrers von Mecheln, der selbst stark presbyterianischen Tendenzen verpflichtet war. Er fand in der Kirche von Utrecht Anhänger und schuf sich in ihr Schüler, er rief jedoch im jansenistischen Milieu sowohl Frankreichs als auch Hollands heftige Erregung hervor. Der Erzbischof von Utrecht berief im September 1763 ein Provinzkonzil ein, in dem die Pfarrer gleiches Stimmrecht wie die Bischöfe hatten und das Leclerc streng verurteilte. Obwohl er noch einige Broschüren von außerordentlicher Heftigkeit veröffentlichte, verliert sich seine Spur.

Trotz seiner Übertreibungen zeigt die Persönlichkeit Pierre Leclercs das Problem der Verbreitung der Ideen Richers im jansenistischen Milieu in seinem ganzen Ausmaß. In der Zwischenzeit jedoch hatte ein Kanonist, der über die notwendige Gelehrsamkeit verfügte, die Leclerc nicht besaß, den gewagtesten Forderungen des niederen Klerus Ausdruck verliehen. Es handelt sich um Nicolas Travers (1674—1750) aus Nantes, einen Vielschreiber und Lokalhistoriker. Er wurde 1734 durch sein Werk „Consultation sur la juridiction et approbation nécessaires pour confesser" bekannt, dem 1744 „Pouvoirs légitimes du second ordre dans l'administration des sacrements et le gouvernement de l'Église" folgten. Er spricht den Bischöfen jeden Vorrang des göttlichen Rechts ab und sieht darin eine rein menschliche Tradition, verweigert ihnen jede besondere Weihegewalt und hält dafür, daß alle den Bischöfen vorbehaltenen Funktionen auch einfachen Priestern delegiert werden können. Er schließt daraus gleichermaßen, daß alle Priester durch ihre Weihe sowohl die Weihe- als auch die Jurisdiktionsgewalt erhalten und folglich der Bevollmächtigung zur gültigen und erlaubten Beichtabnahme und Absolution durch den Ortsordinarius ihrer Diözese nicht bedürfen. Die Ideen Travers' riefen sogar im jansenistischen Milieu, wo sie praktisch auf den Index gesetzt wurden, heftigen Widerspruch hervor: die „Nouvelles ecclésiastiques" sprechen mit Verachtung von diesem Werk, und in keinem Nekrolog der Partei findet es auch nur eine Erwähnung. Es ist jedoch möglich, daß seine Ideen sich verbreiteten und einige jansenistische Priester sie in die Praxis umgesetzt haben; ihre Gegner zumindest werfen ihnen solches mit Nachdruck vor. Ähnliche Thesen, jedoch gestützt auf die Fülle außerordentlicher Gelehrsamkeit, finden sich in dem umfangreichen Werk eines Laienkanonisten, des Advokaten Guillaume-Nicolas Maultrot (1714—1803); als Spezialist des kurialen Rechts versuchte er, in einer Serie von 29 Bänden die kühnsten Positionen Richers und das Recht der Pfarrer auf die Jurisdiktionsvollmacht auf Grund ihrer Weihe zu beweisen. Im Verlauf der zweiten Hälfte des 18. Jh. traf Maultrot in jansenistischen Kreisen auf ein relativ günstiges Echo und wurde von einem anderen sehr renommierten Advokaten und Kanonisten, Adrien Le Paige, unterstützt.

Unter den letzten großen Theologen des Jansenismus verdienen mindestens drei besonderer Erwähnung. Der erste von ihnen ist Jean-Baptiste Le

Sesne de Ménilles d'Étemare (1682—1770). Er war auf Anraten Du Guets Kleriker geworden und wurde im Jahr 1709 zum Priester geweiht. Er las eine seiner ersten Messen in Port-Royal, kurze Zeit vor der Vertreibung der Nonnen. Von seinem überreichen Werk ist ein Teil noch unveröffentlicht, ein bedeutender Teil, von dem später die Rede sein wird, ist der allegorischen Exegese gewidmet. Er mischte sich in alle Kontroversen ein und unterhielt mit der gesamten jansenistischen Gruppe eine intensive Korrespondenz. Um seine Unabhängigkeit zu bewahren, vermied er sorgfältig offizielle Titel und Funktionen. Er liebte Reisen, hielt sich gern in Rom, in England und sehr häufig in Holland auf, wo er sich schließlich 1754 endgültig niederließ. Dort starb er auch, nachdem er in Rhynwick eine Art französischen Seminars gegründet hatte, das von der Kirche von Utrecht abhängig war; diesem Seminar war er sehr verbunden und hinterließ ihm eine bewundernswerte Sammlung von Dokumenten. D'Étemare ist ein bedeutender Geist, der über eine tiefgreifende und umfassende Bildung verfügt und dessen Schriften in allem interessant sind, durch seine allegorische Exegese jedoch wieder an Wert einbüßen. Ein weiterer Theologe, der aufgeführt zu werden verdient, ist ein Freund D'Étemares, Jean-Baptiste Raymond de Beccarie de Pavie de Fourquevaux (1693—1767), ein ehemaliger Offizier, der aus Bescheidenheit einfacher Akolyth geblieben war; die regelmäßige Korrespondenz, die er mit D'Étemare unterhielt, bildet eine äußerst fruchtbare Informationsquelle, die eine Veröffentlichung verdiente. Als überzeugter Appellant veröffentlichte er mehrere polemische Schriften, deren interessanteste sein „Catéchisme historique et dogmatique" ist. Die beiden ersten Bände erschienen im Jahr 1729; eine Neuauflage vom Jahr 1758 erweiterte das Werk auf fünf Bände; es ist dies eine historische Darlegung der Kontroversen um die Bulle „Unigenitus", die auf Grund ihrer bewundernswerten Dokumentation für uns in vielen Fällen den Wert einer Quelle hat. Der Horizont, unter dem Fourquevaux diese Dinge darstellt, ist jedoch sehr eng begrenzt. Von dem dritten Theologen, der in diesem Zusammenhang zu erwähnen ist, kann man solches nicht behaupten: Pierre-Étienne Gourlin (1695—1775), Bakkalaureus der Theologie, Vikar an Saint-Benoît, Appellant, im Jahr 1730 von Vintimille mit dem Interdikt belegt, das ihn zu einem Leben in Zurückgezogenheit zwang. Er verfaßte mehrere äußerst wichtige polemische Schriften, deren beste sein umfangreiches „Mémoire justificatif" für die Appellation der Pfarrer von Sens gegen Languet de Gergy (1742) ist. Er stellte seine Feder in den Dienst mehrerer Bischöfe und ist, wie bereits erwähnt, der Verfasser der Pastoralinstruktion von Fitz-James gegen Berruyer. Daneben hinterließ er bei seinem Tode eine beträchtliche Anzahl theologischer Abhandlungen im Manuskript, die bedauerlicherweise nicht alle veröffentlicht wurden. Zwei der bedeutendsten wurden jedoch herausgegeben: „Tractatus theologicus de gratia Christi salvatoris" (1781) und „De Jansenio et de Jansenismo"

(1790). Zu einer Zeit, da sich niemand mehr mit Jansenius beschäftigte und sogar der Augustinismus in den Hintergrund getreten war, bezeugen diese beiden Werke eine ungewöhnliche Bildung und ein Denken von seltener Tiefe. Gourlin ist wahrscheinlich im Frankreich dieser Epoche der letzte Erbe der großen theologischen Tradition. Man muß übrigens anerkennen, daß die jansenistische Gruppe damals der einzige Kreis ist, in dem das religiöse Denken tatsächlich aktiv bleibt. Unabhängig von den großen Konflikten war sie der Schauplatz einiger interessanter Kontroversen. Die erste — über die Beziehungen zwischen dem timor servilis und der fiducia filialis — wurde 1728 durch die Veröffentlichung des „Traité de la confiance chrétienne" von Fourquevaux hervorgerufen, den Petitpied 1734 in neun aufeinanderfolgenden Briefen angriff und den D'Étemare verteidigte, damit jedoch wiederum auf den Widerstand seines Mitbruders im Oratorium Mariette stieß. Andere Kontroversisten intervenierten, und schließlich setzte 1739 eine „Lettre sur l'espérance et la confiance chrétiennes" von Boursier dem Kampf in bemerkenswerter Weise ein Ende. Petitpied und Boursier waren auch Protagonisten einer Kontroverse über die theologischen Tugenden (1742—46), in deren Verlauf Boursier 1744 eine sehr interessante „Dissertation sur les vertus théologales" verfaßte, die vor allem gegen eine neue Schrift seines Mitbruders Mariette gerichtet war. Leider waren bereits alle großen Köpfe des Jansenismus tot, als im Jahr 1778 eine letzte Lehr-Kontroverse um den „Traité du sacrifice de Jésus-Christ" des Abbé François Plowden ausbrach, eines Klerikers englischer Abstammung, der mit den Jansenisten sympathisierte und der das Wesen des Meßopfers nicht in der zerstörenden Veränderung der Opfergabe, sondern in der Darbringung der ein für allemal geopferten Opfergabe sah; die gesamte jansenistische Gruppe trat in die Kontroverse ein; die in diesem Zusammenhang verfaßten Schriften würden wohl eine aufmerksame Untersuchung verdienen.

Tatsächlich ist die jansenistische Partei nach 1730 unheilbar verurteilt, sie ist sich dessen auch bewußt. Von Anfang an in der Minderheit, sieht sie nun ihren Effektivbestand nach und nach dahinschmelzen, ohne sich erneuern zu können, auch die Aktivität ihrer Mitglieder kann über das fatale Ende nicht hinwegtäuschen. In zunehmendem Maße verändert sich die Mentalität der Gruppe: sie nimmt die Haltung eines in sich selbst zurückgezogenen Clans an, verbittert, voller Groll, zänkisch, engstirnig, mißtrauisch, der Ton der jansenistischen Streitschriften wird immer unangenehmer. Das bedeutendste Dokument in dieser Hinsicht bilden die berühmten „Nouvelles ecclésiastiques". In der Zeit des Konzils von Embrun 1727 hatte die Partei die Gründung eines Informationsblattes geplant, das die von Hand kopierten „Nouvelles ecclésiastiques", die im 17. Jh. erschienen waren, ablösen sollte. Dieser Plan scheint hauptsächlich auf D'Étemare und zwei sehr begüterte jansenistische Kleriker, Jean-Baptiste und Alexis

Desessarts, zurückzugehen. Du Guet, den man zu Rate gezogen hatte, äußerte sich wohlwollend. Die Redaktion wurde anfänglich einem Diakon, Boucher, und einem Kaplan von Bicêtre, de Troya, anvertraut; dieser letztere wurde kurze Zeit darauf inhaftiert. Nach einigen Monaten übergab Boucher, der jedoch auch weiterhin an der Zeitschrift mitarbeitete, deren Leitung einem Pfarrer der Diözese Tours, den seine Zugehörigkeit zum Jansenismus ins Exil gezwungen hatte, Jacques Fontaine de la Roche (1688—1771). Dieser bewies sehr schnell außerordentliche organisatorische Fähigkeiten und baute ein Informations- und Verteilernetz von solcher Perfektion auf, daß er das ganze Jahrhundert hindurch die Nachforschungen der Polizei hintertreiben konnte. Die erste Nummer der „Nouvelles" erschien am 23. Februar 1728, die Verfasser veröffentlichten jedoch einen rückblickenden Faszikel, der die Folge der Ereignisse seit dem Erscheinen der Bulle wiederaufgriff. Ungeachtet aller Schwierigkeiten gelang es Fontaine, den wöchentlichen Erscheinungsrhythmus der Veröffentlichung fast ohne Unterbrechung einzuhalten. D'Étemare, die Brüder Desessarts und Fourquevaux waren regelmäßige Mitarbeiter, vor allem für den Besprechungsteil und die doktrinalen Artikel. Nach dem Tode Fontaines übernahm Marc-Claude Guénin de Saint-Marc, unterstützt von einer Gruppe, der Gourlin und Maultrot angehörten, dessen Funktionen. Nach 1794 wurden die „Nouvelles" in Utrecht von einem geflüchteten Priester, Jean-Baptiste-Sylvain Mouton, weitergeführt, der ihre Erscheinungsfrequenz auf zwei Nummern monatlich reduzierte. Das letzte Blatt erschien am 24. Mai 1803, Mouton starb am darauffolgenden 13. Juni. Der Grundton der „Nouvelles" ist von unglaublicher Heftigkeit. Alles, was von den Appellanten kommt, wird darin mit Lob überhäuft, die geringsten Äußerungen der Akzeptanten oder der Jesuiten jedoch werden gnadenlos verrissen. Ihre Lektüre ist schlichtweg unangenehm, man muß jedoch die außerordentliche Exaktheit aller darin verwendeten Informationen anerkennen, die sie für uns zu einer äußerst wertvollen Quelle machen. Wie vorauszusehen, waren die „Nouvelles" Objekt verschiedener Verurteilungen; darunter ein Parlamentserlaß vom Februar 1731, ein Hirtenbrief Noailles' vom April 1732, ein Dekret des Heiligen Offiziums vom April 1740. Seit 1734 versuchten die Jesuiten ihm ein „Supplément" entgegenzustellen, das keineswegs objektiver war und dessen Erscheinen sie 1748 einstellen mußten. Daneben spiegeln die „Nouvelles" die Kontroversen, die das jansenistische Milieu spalten. Ihr heftiger Ton erbrachte ihnen die Verurteilung durch einige der berühmtesten jansenistischen Theologen. Dies war der Fall bei Du Guet, der sie in einem offenen Brief an einen jungen Oratorianer des Collège de Juilly, den Mitbruder Pinel, vom 9. Februar 1732 verurteilte. Dieses Dokument wurde auf Betreiben der Nichte Du Guets, Mme. Mol veröffentlicht, die der jansenistischen Gruppe feindlich gegenüberstand und die in der Folge mit D'Étemare und Le Gros eine lange Polemik führte. Dies war auch der Fall bei Petitpied in einem 1735 gedruckten Brief. Als Gegenzug begrüßte Fontaine die ergreifenden Approbationen Soanens und verschaffte ihnen jede nur wünschenswerte Publizität. Zu den „Nouvelles“ trat eine Fülle von Veröffentlichungen, deren Mehrzahl Pamphlete bedauerlichster satirischer Art, deren einige jedoch Veröffentlichungen wertvoller Dokumente sind, vor allem jene des unersetzbaren „Journal“ von Dorsanne (1753) und der „Anecdotes ou mémoires secrets sur la Constitution Unigenitus“ des Akademiemitgliedes Joseph Bourgoin de Villefore (1744).

Im ganzen bleibt die Spiritualität des jansenistischen Milieus im 18. Jh. im wesentlichen intellektueller, psychologischer und rationaler Art. Die doktrinale Zuverlässigkeit der Werke, die sie hervorbringt, kann jedoch nicht das fortschreitende Verdorren verbergen, das sich als Folge ihres Bruches mit den lebendigen Quellen der inneren Erfahrung einstellt. Die literarische Produktion ist überreich. Jérôme Besoigne (1686—1763) und René Cerveau (1700—80), die vor allem durch ihr Werk als Geschichtsschreiber bekannt geworden sind, veröffentlichen eine beträchtliche Anzahl von Erbauungsbüchern. Noch häufiger jedoch sind Neuauflagen oder die Herausgabe bisher unveröffentlichter Werke des 17. Jh. Jene der vierzehn Bände der „Essays de morale“ von Nicole folgen in unglaublich schnellem Rhythmus aufeinander und finden sogar Aufnahme in nichtjansenistischen Bibliotheken. Zu ihnen gesellen sich die „Instructions chrétiennes“ von Singlin (1744), etwa 20 Werke des Arztes von Port-Royal Jean Hamon, darunter einige unveröffentlichte, die interessanten „Lettres chrétiennes et spirituelles“ von Saint-Cyran, die ebenfalls unveröffentlicht blieben (1744), die „Exercices de piété“ von Port-Royal (1787) und zahlreiche andere. Naturgegebenermaßen ist das jansenistische Milieu betont antimystisch orientiert: man beachte, mit welcher Ironie die „Nouvelles ecclésiastiques“ von 1752 die Veröffentlichung der bewundernswerten „Instructions spirituelles en forme de dialogue“ des P. de Caussade ankündigt. Der Hauptangriffspunkt der Jansenisten ist jedoch die Verehrung des heiligsten Herzens Jesu [34]. Seltsamerweise hatten die Leute von Port-Royal in ihren Erbauungswerken häufig von der Herz-Jesu-Verehrung gesprochen. Als jedoch Languet de Gergy im Jahr 1729 eine umfangreiche „Vie de la Vénérable Mère Marguerite Alacoque“ veröffentlicht, bringen die „Nouvelles“ im Januar 1730 eine hämische Besprechung, in der das Herz Jesu kaum erwähnt wird. Die Opposition tritt erst ab 1758 deutlich zutage. Sie bricht in dem Augenblick aus, da im Jahr 1765 ein Breve Clemens' XIII. die Verehrung des heiligsten Herzens Jesu offiziell anerkennt; die „Nouvelles“ vermehren daraufhin ihre ablehnenden Artikel. Erst 1781 tritt der heftigste Polemiker in der Gestalt Marc-Antoine Raynauds, des Pfarrers von

[34] Vgl. *L. Cognet,* Les jansénistes et le Sacré-Cœur: Le cœur, Études carmélitaines (Paris 1950) 234—253.

Vaux (1717—96), in den Streit ein, überhäuft jene, die er „cordicoles" nennt, mit Beleidigungen und Sarkasmen.

Dennoch mußte auch das jansenistische Milieu die Faszination des Wunderbaren und des Irrationalen kennen. Seit dem berühmten Wunder des heiligen Dornes im Jahr 1656 zwang sich den meisten ihrer Vertreter die Vorstellung auf, daß Gott sich durch Wunder zugunsten seiner Sache kundtun müsse. Dennoch begannen Wundervorkommnisse in der Gruppe der Appellanten erst relativ spät. Am 31. Mai 1725 wurde Anne Charlier, die Frau des Lafosse, während einer Sakramentsprozession, bei der der appellierende Pfarrer von Sainte-Marguerite, Jean-Baptiste Goy, das Allerheiligste trug, plötzlich von einer chronischen Gebärmutterblutung geheilt. Noailles anerkannte in einem Hirtenbrief die Realität des Wunders, und man führte in der Pfarrei Sainte-Marguerite ein Gedenkfest ein. Die Appellanten sahen darin natürlich ein Zeichen, das für sie sprach, und beeilten sich, dies auch bekanntzumachen. Noch mehr taten sie es, als 1727 am Grabe eines bekannten Appellanten, des Kanonikus von Avenay in der Diözese Reims, Gérard Rousse, plötzlich Wunder geschahen. Diese ständigen Hinweise der Appellanten führten zu einer heftigen Polemik zwischen Languet de Gergy und Colbert, die zumindest eine positive Folge hatte: in einem gedruckten Brief vom 5. Februar 1727 veröffentlichte Colbert die Gedanken Pascals über Wunder, bisher nicht veröffentlichte Fragmente seines unvollendeten Briefes über das Wunder des heiligen Dornes, von dem Kopien im jansenistischen Kreis zirkulierten. Die spektakulärsten Vorfälle jedoch ereigneten sich in Paris auf dem kleinen Friedhof, der die Kirche von Saint-Médard umgab, am Grabe eines Appellanten und Reappellanten: François de Paris (1680—1727), des ältesten Sohnes eines reichen Parlamentsrates, der aus Bescheidenheit einfacher Diakon geblieben war. Er lebte in arbeitsamer Zurückgezogenheit und hatte einige Kommentare zur Heiligen Schrift sowie einige Erbauungsschriften, die nichts spezifisch Jansenistisches an sich haben, verfaßt. Die manchmal erschreckende Strenge seiner Lebensweise wie auch seine unerschöpfliche Mildtätigkeit den Armen gegenüber hatten ihn berühmt gemacht; seine persönliche Heiligkeit kann im übrigen nicht angezweifelt werden. Sein Begräbnis am 3. Mai 1727 war triumphal, und man begann von Wundern zu sprechen, die dabei geschehen sein sollen, so daß Noailles schließlich die Einleitung einer diesbezüglichen Untersuchung autorisierte, die jedoch sein Tod unterbrach und die sein Nachfolger nicht wiederaufnehmen wollte. Die Menge kam auch weiterhin, um am Grabe von F. de Paris zu beten. Immer wieder sprach man von Wundern. Aber am 3. November 1730 ereignete sich die aufsehenerregende Heilung einer gewissen Anne Lefranc, die angezweifelt und durch einen Hirtenbrief Vintimilles vom 15. Juli 1731 als falsch erklärt wurde. Weitere Wunder folgten und bewirkten in der Öffentlichkeit, die nun den kleinen Friedhof von Saint-Médard überschwemmte, heftige Erregung.

Kurze Zeit darauf begann eine andere Episode[35]. Am 21. Juli 1731 wurde eine arme, fast völlig gelähmte Dienerin, Aimée Pivert, am Grabe des Diakons geheilt und zur gleichen Zeit von heftigen Nervenkrämpfen erfaßt. In den folgenden Wochen wiederholte sich das Phänomen bei anderen Kranken. Anfang September erfaßte es einen Kleriker namens Abbé de Bescherand, der bei jedem seiner Besuche auf dem Friedhof in Krämpfe verfiel und wahre Schaustellungen gab. Das Phänomen erwies sich immer mehr als ansteckend, und es gab ganze Gruppen, die von Krämpfen befallen wurden, so daß der Friedhof im Verlauf des Herbstes 1732 zum Schauplatz außerordentlicher Szenen von Massenhysterie wurde und die Diskussionen der Zuschauer in Schlägereien ausarteten. Mehrere Interventionen der Polizei führten schließlich zu einem königlichen Erlaß vom 27. Januar 1732, der die Schließung des Friedhofes anordnete und ihn unter Polizeiaufsicht stellte. Die Konvulsionen hörten jedoch keineswegs auf[36], nahmen jedoch einen anderen Charakter an. Bis zu diesem Zeitpunkt waren sie ein Heilungsprozeß gewesen, nun wurden sie zu einer prophetischen Manifestation. Einzelne Personen, die in der Regel der besten Gesellschaft angehörten und unter denen sich sogar der Bruder Voltaires befand[37], vereinigten in ihren Häusern seltsame Versammlungen, die sich um ein Kruzifix oder eine jansenistische Reliquie, meist einer des Diakons F. de Paris, zusammenfanden. Nach einer Zeit des Gebetes geriet ein besonders mit dieser Gabe ausgezeichneter Teilnehmer in Trance und begann zugunsten der Appellation zu prophezeien, während die übrigen Teilnehmer seine Worte andächtig sammelten und aufzeichneten. Unter ihnen gab es einige privilegierte Wesen, denen man kriegerische Namen gab, wie z. B. die berühmte Sœur Holda, und die für echte Orakel gehalten wurden. Die Fülle der Handschriften, in denen ihre Offenbarungen niedergelegt wurden, enthält neben langweiligem Wortkram einige schöne Seiten[38]. Einige Teilnehmer vollbrachten prophetische Taten, andere fielen in kindliche Zustände zurück. Die ganze Teilnehmerschaft sah darin natürlich ein göttliches Zeichen zugunsten der Appellation. Dann traten Phänomene neuer Art auf. Ende 1732 legten sich mehrere unter ihnen, bewegt durch ihre Inspiration, harte Bußen und lange Fasten auf. Seit Anfang 1732 baten einige in ihrem Trancezustand die übrigen Teilnehmer, sie zu schlagen oder zu verwunden, da ihnen dies Erleichterung verschaffe. Diese Praxis verbreitete sich schnell

[35] Vgl. *P. F. Mathieu,* Histoire des miraculés et des convulsionnaires de Saint-Médard (Paris 1864).

[36] Vgl. *P. Gagnol,* Le jansénisme convulsionnaire et l'affaire de la Planchette d'après les archives de la Bastille (Paris 1911).

[37] Vgl. *A. Gazier,* Le frère de Voltaire: Revue des Deux-Mondes, 1. 4. 1906.

[38] Interessante Texte der Marie-Anne Fronteau, genannt Sœur Holda, sind von *L. Silvy:* Extraits d'un recueil de discours de piété sur nos derniers temps, 5 Bde (Paris 1822) zusammengefaßt.

und wurde unter den Konvulsionären üblich. Es kam zu wahren sadistischen Zusammenkünften. Man unterschied die „kleine Hilfe" — Schläge mit Peitschen, Holzstöcken oder Holzböcken — und die „Große Hilfe" oder „mörderische Hilfe", bei der man Nägel, Dolche und Schwerter gebrauchte; es gab Frauen, denen man die Brüste oder die Glieder durchstieß, andere, die man über mehrere Stunden hinweg kreuzigte. Was zu Beginn eine Bußpraxis war, wurde zum Wunderwerk der Unempfindlichkeit, der Unverwundbarkeit und der plötzlichen Heilung von Verwundungen. Die Teilnehmer verfaßten peinlich genaue Berichte, die uns in großer Zahl überkommen, so lange nach den Ereignissen jedoch schwer zu beurteilen sind. In vielen Fällen sind Betrug oder Hysterie leicht zu unterscheiden, in einigen Fällen jedoch scheint man tatsächlich vor eigenartigen außernatürlichen Phänomenen zu stehen, die nur schwer verständlich sind. In all diesem sahen die Teilnehmer natürlich ebenfalls Wunder zugunsten des Jansenismus. Es ist andererseits sicher, daß dieses „Helfertum", das sich nach und nach in einem Großteil Frankreichs verbreitete, eine Anzahl moralischer Verirrungen und sexueller Ausschweifungen ermöglichte. Die Schändlichkeiten, die unter den Schülern eines gewissen Abbé Causse, Frère Augustin genannt, und eines gewissen Vaillant geschahen, erregten einen ungeheuren Skandal.

Die staatliche Gewalt versuchte die Konvulsionisten auf ihre Häuser zu beschränken. Ein königlicher Erlaß vom 17. Februar 1733 sprach sich gegen sie aus, und ihre Zusammenkünfte wurden polizeilich geahndet. Seit 1732 kam es zu zahllosen Verhaftungen, und die in den Archiven der Bastille aufbewahrten Fragebögen liefern eine Anzahl interessanter Details zu dieser Angelegenheit. Dennoch setzten sich die Versammlungen der Konvulsionisten bis ins 19. Jh. fort. Wie vorauszusehen war, führte ein solch beunruhigendes Phänomen in der jansenistischen Partei zu heftigen Konflikten. Die Positionen waren übrigens sehr unterschiedlich. Es gab absolute Gegner sowohl der Konvulsionen als auch der Hilfen. Deren bekanntester ist zweifellos Du Guet, der schon 1733 starb und daher nur die Anfänge erlebt hatte. Seine Nichte, Mme Mol, jedoch setzte den Kampf in seinem Namen fort. In diesem Punkt folgte ihm eine Anzahl der großen Theologen der Partei: Fouillou, Boursier, Petitpied, Gourlin. In einem Gutachten, das 30 Doktoren am 7. Februar 1735 gegen die Konvulsionen unterzeichnet hatten, finden sich auch viele Namen von Jansenisten. Der heftigste Gegner ist zweifellos Debonnaire, der in einer Anzahl von Pamphleten gegen die Konvulsionen wetterte. Der vernünftigste unter ihnen ist anerkanntermaßen der Arzt Pierre Hécquet, der in seinem Werk „Naturalisme des convulsions" (1733) diese als Betrug oder als Krankheit kennzeichnete. Am charakteristischsten ist zweifellos der Fall des Bischofs von Auxerre, Caylus, der zwar zunächst die Wunder des Diakons F. de Paris anerkannt hatte, sich jedoch heftig gegen die Bewegung der Konvulsionisten wandte. Den Verteidigern der Bulle, vor allem dem Benediktiner Dom Lataste, bot die Haltung der jansenistischen Gegner natürlich einen willkommenen Anknüpfungspunkt. Andere billigten zwar die Konvulsionen als eine prophetische Manifestation, verurteilten jedoch die sog. Hilfeleistungen als höchst unmoralisch. Dies ist die Position von Colbert, Soanen, D'Étemare und der „Nouvelles ecclésiastiques". Schließlich gab es auch leidenschaftliche Vertreter sowohl der sog. Hilfeleistungen als auch der Konvulsionen, deren Führer offensichtlich der Parlamentsrat Louis Carré de Montgeron (1686—1754) war, ein Ungläubiger, der sich am 7. September 1731 am Grabe des Diakons F. de Paris bekehrt hatte. Zur Manifestation seiner Überzeugungen verfaßte er ein umfangreiches, von Restout verschwenderisch illustriertes Werk: „La vérité des miracles opérés à l'intercession de M. de Paris" (1737). Er wagte es, nach Versailles zu gehen und den ersten Band dem König vorzulegen, worauf er bis an sein Lebensende interniert wurde. Er konnte jedoch auch die zwei anderen Bände seines Werkes veröffentlichen, die einer leidenschaftlichen Verteidigung der Konvulsionen und der Hilfeleistungen gewidmet waren. Diese seltsame Persönlichkeit fand Anhänger, wie z. B. die Brüder Desessarts, die Oratorianer Pierre Boyer und Julien de Gennes. Erstaunlich ist die Fülle der Literatur, die diese bis zur großen Revolution sich hinziehende Kontroverse hervorgebracht hat.

Die Bulle „Unigenitus" stellte der jansenistischen Partei ein schwieriges Problem. Sie betrachteten sie als völlig irrig auf dem Gebiet des Glaubens, mußten jedoch zugeben, daß der größte Teil der Kirche sie anerkannt hatte; wie stand es also um die Verheißung der Unfehlbarkeit, die Christus seiner Kirche gegeben hatte? Schon sehr bald, noch vor 1720, zeichnen sich die Grundzüge der Antwort ab, die vor allem nach 1730 eine klare Form annehmen wird: diese fast allgemeine Apostasie der Kirche ist das Zeichen, daß das Ende der Zeiten nahe ist. Dieses wurde in der Heiligen Schrift vorausgesagt, und die Appellanten sind der kleine Rest der Getreuen, von dem die Prophezeiungen sprechen. Hier liegt die Ursache für das Aufkommen einer eigenartigen eschatologischen Mentalität im jansenistischen Milieu, die Erwartung der nahen und siegreichen Wiederkehr Jesu Christi. Viele Theologen der Gruppe suchen ihre Rechtfertigung in der Heiligen Schrift, die sie nach den Prinzipien einer sehr speziellen allegorischen Exegese interpretieren, wie sie weder die großen Autoren des 17. Jh. noch Quesnel praktiziert hatten, deren erste Grundzüge jedoch schon bei Pascal anzutreffen sind. Das System Du Guets, das man als Figurismus bezeichnet hat, besteht darin, in allem, was dem jüdischen Volke widerfahren ist, ein Gleichnis, eine Figur dessen zu sehen, was der Kirche bestimmt ist. In dieser Perspektive kommt er zu der Überzeugung, daß dem Ende der Zeiten eine allgemeine Bekehrung Israels vorhergehen müsse; möglicherweise ist es ihm sogar gelungen, um 1682 Bossuet zu seinen Ansichten zu bekehren[39]. Die exegetischen Prinzipien Du Guets wurden jedoch erst später, im Jahr 1716, in seinen „Règles pour l'intelligence des Saintes Écritures", an denen sein Freund D'Asfeld mitgearbeitet hat, veröffentlicht. Die kleine Schrift enthält einen (wichtigen) Anhang über die Bekehrung der Juden. Im Verlauf seiner langen Karriere wandte Du Guet seine Methode in umfangreichen Kommentaren auf einen Teil der Bibel an. Sie wurden größtenteils gegen Ende seines Lebens oder nach seinem Tod veröffentlicht — das gesamte Werk umfaßt etwa 50 Bände; der Text wurde jedoch mehrfach verbessert. Diese Kommentare, in denen die spirituellen Aspekte oft bewundernswerte Perspektiven ergeben, waren, auch außerhalb des jansenistischen Milieus, sehr erfolgreich. In der Zwischenzeit war Du Guet jedoch von seinen Schülern überrundet worden. Am 8. April 1722 hatte D'Étemare einer Unterredung zwischen Du Guet und Charles de Sévigné, dem Sohn der berühmten Marquise de Sévigné, über dieses Thema beigewohnt, und dieses Gespräch, das ihn zum Figurismus bekehrte, hatte ihm weite Horizonte eröffnet. Er hatte das System Du Guets bis zu seiner Grenze weitergeführt und war dazu gelangt, die gesamte Heilige Schrift als Verkettung von Symbolen zu verstehen, die die Kirche, die Zukunft des jüdischen Volkes und das Ende der Zeiten betrafen, und er glaubte darin den Beweis zu finden, daß auf die Apostasie fast der gesamten Kirche unmittelbar die Bekehrung der Juden folgen müsse. Seit 1723 begann er, seine Ansichten in mehreren Werken, vor allem in „Tradition sur la conversion des Juifs" (1724), zu entwickeln. Du Guet, der diese Auffassung für überzeichnet hielt, zeigte sich irritiert und kritisierte sie in seinen Konferenzen. Aber D'Étemare machte Schule und fand zahlreiche Anhänger, darunter Le Gros, Fourquevaux und viele andere. Die Erwartung der Bekehrung der Juden zum christlichen Glauben, dann jene der Ankunft des Elias als Zeichen für das Ende der Zeiten spielt eine bedeutende Rolle im jansenistischen Milieu. Die Konvulsionisten sprechen davon in ihren Weissagungen, und der berühmt-berüchtigte Vaillant bezeichnet sich selbst als Elias. Die Apokalypse bietet die ideale Materie für solche Kommentare, aber sie sind im allgemeinen so kühn, daß man nicht wagt, sie zu veröffentlichen. Jener D'Étemares erscheint erst im 19. Jh. (1866), jener von Le Gros bleibt unveröffentlicht. D'Étemare gibt eindeutig zu verstehen, daß die Heuschrecken identisch sind mit der Gesellschaft Jesu, und Le Gros glaubt, daß Babylon das christliche und korrumpierte Rom darstellt. Daneben vertritt D'Étemare die Idee eines „Millennium", einer geistigen Herrschaft Christi auf Erden vor dem Ende der Welt. Andere nach ihm glauben an ein zeitliches „Millennium". Einige Exegeten wollen durch Berechnungen, deren Scharfsinnigkeit jedoch immer wieder getäuscht wird,

[39] Vgl. *A. F. Vaucher,* Une célébrité oubliée, le P. Manuel de Lacunza y Diaz (Collonges-sous-Salève 1941); *ders.,* Lacunziana I (Collonges-sous-Salève 1949).

das Datum der Bekehrung der Juden bestimmen. Wir können uns heute nur schwer die seltsame Atmosphäre dieser eschatologischen Erwartung vorstellen, die eine unglaubliche Anzahl von Schriften hervorbrachte.

Ein letzter Zug schließlich kennzeichnet das jansenistische Milieu, ein Wesenszug übrigens, der seiner Mentalität als einer Gruppe mit zahlenmäßiger Minderheit entspringt: sein Heroenkult. Seine Heroen sind zunächst im wesentlichen die großen Männer von Port-Royal, die Nonnen, die Freunde; dann, je mehr das Jahrhundert sich seinem Ende nähert, werden auch die berühmten Appellanten Gegenstand der Verehrung. Einige Jansenisten gedenken ihrer in den Gottesdiensten gleichrangig neben den kanonisierten Heiligen. Um ihre Reliquien entwickelt sich ein wahrer Kult, und die geringsten Knochen- und Kleiderreste werden in köstlichen Reliquiaren aufbewahrt. Aber diese Verehrung ist für uns vor allem interessant durch die Konservierung oder die Veröffentlichung wertvoller Dokumente. Sammlungen entstehen, die uns glücklicherweise überkommen sind und für uns unersetzliche Quellen darstellen. Die Kirche von Utrecht verwahrt eine Sammlung von Dokumenten von verschwenderischem Reichtum, deren bedeutendster Teil im Seminar von Amersfoort aufbewahrt wird und ihm auch heute noch gehört. Eine andere Sammlung wurde von Françoise-Marguerite de Joncoux (1668—1715), der treuen Freundin der letzten Nonnen von Port-Royal, zusammengetragen, der es gelang, durch die Hilfe des Zivilleutnants Voyer d'Argenson die bei der Zerstörung des Klosters beschlagnahmten Papiere zu retten, die außerdem eine Fülle anderer Stücke sammelte oder kopieren ließ. Mlle de Joncoux, die eine außerordentliche theologische Bildung besaß, nahm an den Kontroversen aktiv teil und hatte 1699 die Idee, die „Provinciales" zu veröffentlichen, in der sie die lateinischen Anmerkungen von Nicole ins Französische übertrug; ihr Werk erlebte im 18. Jh. etwa 15 Neuauflagen. Nach ihrem Tode ging ihre Sammlung in den Besitz der Abtei Saint-Germain-des-Prés über und befindet sich nun in der Nationalbibliothek. Eine weitere, sehr viel umfangreichere und vollständigere Sammlung trug Marie-Scholastique de Ménilles de Thémericourt (1671—1745) zusammen, die in ihrer Kindheit Schülerin in Port-Royal gewesen war und eng mit den Nonnen und deren Freunden verbunden war. Sie unternahm um 1715 eine systematische Aufstellung der Gesamtheit aller historischen Dokumente über das aufgelöste Kloster und wurde dabei von einigen ergebenen Freunden, wie z. B. der Mme de Bourdun, der Mutter D'Étemares, ihrer Kusine, unterstützt. Sie konnte zwar nur wenige Originalstücke sammeln, aber sie stellte einige Berufskopisten an, die ihr alle Dokumente, die sie sich ausleihen konnte, kopierten und sie gleichzeitig sorgfältig miteinander verglichen; sie faßte sie zu methodisch geordneten Sammlungen zusammen, die sie mit Anmerkungen versah. Außerdem regte sie einige Veröffentlichungen an. Später fügte sie ihre Manuskripte der reichen Sammlung von Dokumenten über die

Kontroversen an, die Adrien Le Paige zusammengetragen hatte; die ganze Sammlung verblieb im Besitz der Gesellschaft von Port-Royal. Mehrere andere wichtige Depots sind ohne größere Verluste in die öffentlichen Bibliotheken übergegangen.

Diese Archive konnten das Bedürfnis der jansenistischen Kreise nach Verehrung befriedigen, da sie ihnen Werke ihrer Heroen und die Erinnerungen der Verfasser der Mémoiren zur Verfügung stellten. Dem Brauch der Zeit entsprechend verändern diese Veröffentlichungen den Text mehr oder weniger stark und lassen alles aus, was störend oder überflüssig erscheinen könnte, dennoch sind sie für uns sehr aufschlußreich. Eine nähere Bestimmung der Bedingungen, unter denen diese Ausgaben entstanden, ist sehr schwierig. Einige der Mitarbeiter können identifiziert werden, wie z.B. Michel Tronchay (1666—1733), der ehemalige Sekretär Tillemonts, Claude Goujet (1697—1767), Literat, Historiker und Mitarbeiter der „Nouvelles", Favret de Fontette und Barbeau de la Bruyère. Pierre Leclerc zeichnet verantwortlich für die „Vies intéressantes et édifiantes des religieuses de Port-Royal" (1750/52), die „Vies des amis de Port-Royal" (1751) und den eigenartigen „Recueil de pièces sur le formulaire" (1754). Um die Jahrhundertmitte war die Produktion besonders intensiv, in der Folgezeit kam es jedoch kaum zu Neuauflagen — ein Beweis dafür, daß das Interesse immer mehr zurückging. Nun erschienen unter anderem die „Lettres" der Mère Angélique (1742), die von den Nonnen verfaßten „Mémoires" über sie, die unter dem Titel „Mémoires d'Utrecht" (1742) bekannt sind, zahlreiche Erbauungsschriften ihrer Nichte Angélique de Saint-Jean, der berühmte „Recueil d'Utrecht", der eine umfassende Dokumentation über Pascal enthält (1740). Die großen Verfasser der Mémoiren von Port-Royal wurden der Öffentlichkeit zugänglich gemacht: Lancelot und Fontaine im Jahr 1738, Thomas du Fossé im Jahr 1739. Es erschienen einige Versuche historischer Synthesen, die, obzwar tendenziös im jansenistischen Sinne, aber dennoch interessant sind. Die beste Veröffentlichung ist die „Histoire générale de Port-Royal" (1757) des Benediktiners Dom Clémencet; es ist aber auch auf die mehr anekdotisch aufgebaute Arbeit des Jérôme Besoigne, „Histoire de l'abbaye de Port-Royal" (1752), hinzuweisen wie auch vor allem auf die eigenartigen „Mémoires historiques" (1759) des Pierre Guilbert, die reich an bisher unveröffentlichten und leider unvollendeten Schriften sind. Im Jahr 1737 brachte Fouillou die „Lettres" von Arnauld heraus, seine Arbeit wurde jedoch später völlig in den Hintergrund gedrängt durch die monumentale Edition der „Œuvres complètes" Arnaulds in 43 Bänden, die Dupac de Bellegarde, Larrière und Hautefage 1775 bis 1783 herausgaben und die in Lausanne mit historisch wertvollen Einleitungen gedruckt wurden. Diese bemerkenswerte Arbeit, zweifellos die wichtigste, die das 18. Jh. auf diesem Gebiet hervorbrachte, und die ähnliche, Fénelon oder Bossuet gewidmete Versuche weit hinter sich läßt, erscheint wie das Testament des seinem Ende entgegengehenden Jansenismus.

20. Kapitel

Die Spiritualität und ihre Entwicklung im Frankreich des 18. Jahrhunderts

LITERATUR: Gesamtdarstellungen: *P. Pourrat,* La spiritualité chrétienne, 4 Bde (Paris 1926/28); *L. Cognet,* De la Dévotion moderne à la spiritualité française (Paris 1958); *J. Le Brun,* Le Grand Siècle de la spiritualité française et ses lendemains: Histoire spirituelle de la France (Paris 1964) 227—286; *G. Le Bras,* Introduction à l'histoire de la pratique religieuse en France, 2 Bde (Paris 1942/45); *J. de Guibert,* La spiritualité de la Compagnie de Jésus, esquisse historique (Rom 1953); *H. du Manoir* u. a., Maria, 6 Bde (Paris 1949/61); *A. Hamon,* Histoire de la dévotion au Sacré-Cœur, 5 Bde (Paris 1923/40); Cor Jesu (Ausgewählte Sammlung), 2 Bde (Rom 1959).

Das christliche Leben

Im Frankreich des 18. Jh. verzehren der Jansenistenstreit und seine Nachwirkungen den größten Teil der religiösen Energien und führen so zu einer Verarmung in allen anderen Bereichen. In den täglichen Kampf verstrickt, der nur Raum für die unmittelbaren Fragen läßt, können selbst die besten Geister nicht mehr erkennen, daß die eigentliche Gefahr im wachsenden Einfluß der deistischen Philosophie liegt. Am 18. November 1751 legte ein Mitarbeiter der „Enzyklopädie", der Abbé Jean Martin de Prades (1720 bis 1782), der Sorbonne einige vom philosophischen Deismus inspirierte Thesen vor, die der Syndikus Dugard in naiver Weise als „voll schöner Gefühle zugunsten der Religion" beurteilte; wenn auch das Parlament wenig später reagierte, so nur gegen eine aufwieglerische These über die Ungleichheit der Klassen. Nur der Jansenist Étienne Gourlin griff das Problem in einer Streitschrift gegen Prades von seinem Kern her an und machte in klarer Sicht der Zusammenhänge die Bulle „Unigenitus" für diese allgemeine Blindheit verantwortlich. Von hier aus erklärt sich zu einem großen Teil die Schwäche der katholischen Apologetik im Jahrhundert der Aufklärung [1].

Das geistliche Leben selbst ist infolge der Krise des Quietismus, die auf lange Zeit jegliches mystische Element in Mißkredit bringt und die christliche Frömmigkeit von ihren lebendigen Quellen der inneren Erfahrung abschneidet, verarmt. Fortan triumphiert der psychologisierende Moralismus, dessen allmähliches Vordringen im 17. Jh. wir schon früher untersucht haben. Einige Autoren, die noch dem 17. Jh. angehören, finden dann

[1] Vgl. *F. Bouillier,* L'abbé de Prades: Revue politique et littéraire, 11 octobre 1884; *A. Gazier,* Mélanges d'histoire et de littérature (Paris 1903).

erst im 18. Jh. ihre größte Verbreitung. Wie bereits oben erwähnt, gilt dies für die großen jansenistischen Moralisten: Nicole, Du Guet und Quesnel; auch Jean-Jacques Boileau (1649—1735), der mit den Jansenisten sympathisierte, jedoch klug genug war, sich niemals allzusehr bloßzustellen, gehört in diese Gruppe. Er ist der Verfasser einiger sehr konventioneller Erbauungsbücher, vor allem jedoch war er als Seelenführer geschätzt. Nach seinem Tod wurden zwei Bände „Lettres sur différents sujets de morale et de piété“ (1737/47) veröffentlicht, die wirklich Interesse verdienen: sie sind die Quelle der berühmten Geschichte vom Abgrund, den Pascal ständig an seiner linken Seite zu sehen glaubte[2]. Schließlich darf man nicht vergessen, daß Bossuet als geistlicher Schriftsteller erst im 18. Jh. berühmt wurde, da erst jetzt seine großen Werke auf diesem Gebiet veröffentlicht wurden: „Élévations sur les mystères“ (1727), „Méditations sur l'Évangile“ (1731) und „Lettres et opuscules“ (1748).

Die jansenistische Tradition wird weitergeführt von zahlreichen Autoren, deren Mehrheit gerechterweise dem Vergessen anheimgefallen ist. Einer der interessantesten unter ihnen war zweifellos Paul Collard (1698—1775), Superior des kleinen Seminars von Troyes zu jener Zeit, da der Neffe Bossuets dort Bischof war: ein scharfsinniger Seelenführer, beseelt von einem Rigorismus ohne jedes Zugeständnis, Verfasser der — posthum veröffentlichten — „Lettres spirituelles“ (1784), in denen er eine strenge und in ihren Ansprüchen ins Extrem gesteigerte Spiritualität entwickelt. Ähnliche Qualitäten finden sich bei den Historikern Jérôme Besoigne (1686—1763) und René Cerveau (1700—80), aus deren Feder auch Werke der Erbauungsliteratur stammen. Ihre Arbeiten sind in doktrinaler Sicht gediegen, und ihre Verehrung für das fleischgewordene Wort stellt sie in die Reihe der Nachfolger Bérulles; in der Form jedoch sind sie trocken und gekünstelt, ihre Psychologie ist unzureichend und konventionell, sie lohnen daher heute kaum mehr die Lektüre. Ähnliche Eigenschaften sind bei mehreren ihrer nicht-jansenistischen Zeitgenossen auszumachen.

Diese Gegebenheiten bezeugen einen unleugbaren Verfall des intellektuellen Niveaus; das der christlichen Praxis hält sich jedoch — zumindest dem Anschein nach — während des ganzen Jahrhunderts. Es gibt Dörfer, in denen man noch 1788 die Einwohnerzahl nach den Osterkommunionen bestimmte und wo diese Zahl dann im Jahr 1804, nach dem Konkordat, fast auf den Nullpunkt sinken wird. Die Kongregationen, vor allem die kontemplativ orientierten, gewinnen immer weniger Mitglieder; der Tiefpunkt scheint um 1765 erreicht zu sein, zu dem Zeitpunkt, da die Regierung das Problem durch die berühmte Commission des Réguliers[3] auf-

[2] Vgl. *A. Durengues,* Monsieur Boileau de l'Archevêché (Agen 1907).

[3] Vgl. *P. Chevallier,* Loménie de Brienne et l'ordre monastique 1766—1789, 2 Bde (Paris 1959).

rollt; später erhalten die Häuser wieder stärkeren Nachwuchs, und dieser Aufstieg hält bis zur Revolution an[4]. In dieser Atmosphäre sind Neugründungen selten, und wo sie dennoch geschehen, handelt es sich stets um solche, die sich dem Unterricht oder der Krankenpflege widmen. Die caritativen Organisationen der Laien bleiben jedoch aktiv, allenthalben entstehen die Aa(= Associatio amicorum)-Geheimverbände. Das Werk der Volksmissionen wird weitergeführt und sichert eine periodische Erneuerung des Pfarrlebens. Der religiöse Eifer bleibt überall so weit erhalten, daß er den katholischen Widerstand in der Revolution und die darauffolgende Erneuerung ermöglicht[5].

Daneben ist auch auf die liturgischen Bemühungen, die im Frankreich des 18. Jh. unternommen wurden, hinzuweisen. Das beste Beispiel dafür bietet die Initiative Vintimilles, des Erzbischofs von Paris, durch die seine Diözese ein neues Missale (1736) und ein neues Brevier (1738), das besonderen Erfolg hatte, erhielt. Das Missale war das Werk Mésenguys, Appellant und Reappellant; das Brevier hatte der jansenistenfreundliche Oratorianer Vigier bearbeitet. Beide Bücher enthielten in der Form von Hymnen, Prosatexten und Sequenzen bewundernswerte lateinische Dichtungen, darunter die älteren Schöpfungen des Kanonikus von Saint-Victor, Santeul, dann die besonders schönen des Rektors der Universität, Charles Coffin (1676—1749), und solche einiger anderer Hymnendichter. Das Brevier bot eine neue Anordnung des Psalters, durch die seine wöchentliche Rezitation ermöglicht wurde, da man die zu langen Psalmen gekürzt hatte; bekanntlich war diese Anordnung das Modell für jene im Brevier Pius' X. Obwohl Brevier und Missale Vintimilles sehr umstritten waren, vermochten sie doch, sich sehr rasch durchzusetzen, und wurden von zahlreichen anderen Diözesen übernommen oder nachgeahmt.

Das Fortbestehen der mystischen Strömung

Es wäre falsch, anzunehmen, daß die Krise des Quietismus die Mystik ausgelöscht habe; sie hatte sie nur an den Rand gedrängt und fast zu einer Geheimbewegung gemacht. Eine genauere Untersuchung der Dokumente zeigt z. B., daß in den Frauenklöstern die Zahl jener Nonnen, die mystische Gnaden empfingen, fast genauso hoch blieb wie im vorhergehenden Jahrhundert. Aber während sie einst von einem interessierten Milieu umgeben waren und nach ihrem Tod fast immer einen Biographen fanden, umgibt man sie nun mit Schweigen und einem Geheimnis, das nur einige Eingeweihte durchdringen. Dies gilt für die Marseiller Visitantin

[4] Vgl. *B. Plongeron*, Les réguliers de Paris et les serments révolutionnaires (Paris 1963).

[5] Vgl. *P. Mouly*, L'association secrète dénommée Aa (Montgeron o. J.).

Anne-Madeleine de Rémusat[6], eine Vorkämpferin der Herz-Jesu-Verehrung. Ihr Seelenführer war der Jesuit Claude-François Milley (1668 bis 1720), der infolge der Pflege der Pestkranken in Marseille starb; er veröffentlichte nichts zu seinen Lebzeiten, aber seine sehr schöne geistliche Korrespondenz wurde in unseren Tagen publiziert[7]. Seinen Schützlingen predigt Milley die uneingeschränkte Selbstaufgabe, die Loslösung von jeder weltlichen Bindung, das verborgene Leben in Gott und die reine Liebe; so setzt er die große mystische Tradition der Gesellschaft aus dem 17. Jahrhundert fort; er ist zweifellos auch von Guilloré und Surin beeinflußt. In seine Nähe zu situieren wäre — obschon seine Lehre nicht auf dieser Höhe steht und weniger zusammenhängend ist — P. Claude Judde (1661—1735), dessen „Œuvres spirituelles" posthum im Jahr 1781 veröffentlicht wurden[8]; auch er steht in jener Tradition, die von Lallemant und Surin ihren Ausgang nahm.

Andere Kongregationen liefern einen nicht weniger interessanten Beitrag. Der nach der quietistischen Krise erschienene „Avis sur différents états de l'oraison mentale" des Dominikaners Jean-Baptiste Rousseau († 1756) verficht mutig die Legitimität, ja Notwendigkeit des kontemplativen Gebets und zeigt den Einfluß der großen mystischen Tradition der rheinisch-flämischen Mystik bis hin zur heiligen Theresia und dem heiligen Johannes vom Kreuz. Dieses kleine, sehr wertvolle Werk scheint leider fast unbemerkt geblieben zu sein. Der Paulinermönch Jean-Baptiste-Élie Avrillon (1652 bis 1729) dagegen war ein bekannter Prediger, berühmter Seelenführer und Verfasser zahlreicher Werke. Seine Mystik ist vor allem bestimmt durch die Betonung der affektiven Elemente der Spiritualität, aber er spricht offen, wenn auch mit Zurückhaltung, von den passiven Stadien und dem vereinigenden Leben. Sein am meisten charakteristisches Werk in dieser Hinsicht ist das „Année affective ou sentiments de l'amour de Dieu sur le Cantique des Cantiques" (1707).

Der beste geistliche Autor des 18. Jh. ist aber zweifellos der Jesuit Jean-Pierre de Caussade (1675—1751), der übrigens viel den Visitantinnen von Nancy zu verdanken scheint, bei denen er von 1729 bis 1731 und dann wieder von 1733 bis 1739 wohnte[9]. Er selbst veröffentlichte nur ein Werk, seine „Instruction spirituelle en forme de dialogues sur les divers états d'oraison suivant la doctrine de M. Bossuet" (Perpignan 1741)[10]. Er unter-

[6] Vgl. *G. van den Berghe,* Anne-Madeleine de Rémusat (Paris 1877).
[7] Vgl. *J. Bremond,* Le courant mystique au XVIIIe siècle, l'abandon dans les lettres du P. Milley (Paris 1943).
[8] Vgl. *R. Daeschler,* Le P. Judde et la „tradition mystique": RAM 11 (1930) 17—36.
[9] Vgl. *Madeleine Huillet d'Istria,* Le P. de Caussade et la querelle du Pur amour (Paris 1964).
[10] Wieder herausgegeben von *H. Bremond* unter dem Titel: Bossuet maître d'oraison (Paris 1931).

nimmt darin die schwierige Aufgabe, aufzuzeigen, daß Fénelon und Bossuet in den wesentlichen Punkten übereinstimmen und daß Bossuet im Grunde ein Verteidiger der Mystik ist. Als Beweis zog er einen Text mit folgender Überschrift heran: „Manière courte et facile pour faire l'oraison en foi et de simple présence de Dieu", den die Visitantinnen von Meaux als ein Werk Bossuets ausgegeben hatten und das er im Anhang veröffentlicht; es scheint jedoch — welche Ironie! —, daß dieses ursprünglich anonyme kleine Werk in Wirklichkeit von Mme Guyon stammt. Wenn die Beweisführung Caussades also auch nicht völlig überzeugend ist, so sind seine Abhandlungen über das kontemplative Gebet und das vereinigende Leben dennoch von höchstem Interesse. Seine Korrespondenten und vor allem die Visitantinnen hatten mehrere Sammlungen seiner Briefe aus dem Bereich der Seelenführung zusammengetragen. Im 19. Jh. stellte P. Ramière daraus das Buch „L'abandon à la Providence divine" (1861) zusammen, das P. Caussade einen posthumen Ruhm einbrachte, der durch zahlreiche Neuauflagen und eine in jüngster Zeit erschienene kritische Ausgabe bestätigt wurde[11]. Caussade erweist sich hier als Erbe der großen authentisch mystischen ignatianischen Tradition wie auch salesianischer Einflüsse. Wie leicht feststellbar, ist er in dieser Hinsicht auch Surin und den Jesuiten des 17. Jh. verpflichtet, Fénelon bleibt in mancher Hinsicht sein wichtigster Anreger. Wie dieser will er den Menschen zum reinen Glauben und zur reinen Liebe führen, ihn in einer heiligen Indifferenz zur totalen Hingabe an Gott und sein Wirken leiten und ihn in die Beschauung jenseits aller begrifflichen und dialektischen Wege einführen. Das bemerkenswerte literarische Talent Caussades reiht ihn unter die ersten der geistlichen Schriftsteller ein, und unsere Zeit hat ihm diesen Platz auch eingeräumt, während er in seiner Zeit kaum über den engsten Kreis seiner Schützlinge hinaus bekannt war.

Neben ihm — wenngleich auf niedrigerer Ebene — verdienen noch einige andere Namen genannt zu werden. Der Kapuziner Ambroise de Lombez (1708—78) ist der Verfasser eines kleinen „Traité de la paix intérieure" (1757), der bis in unsere Zeit häufig neu aufgelegt wurde und dessen feinem differenziertem und ausgeglichenem Moralismus ein diskreter mystischer Zug anhaftet. Der Jesuit Guillaume Berthier (1704—82) machte sich in vielen, unter dem Titel „Réflexions spirituelles" (1790) gesammelten Traktaten zum Verteidiger der großen Mystiker und vor allem des Johannes vom Kreuz und des Jean de Bernières. Das Werk eines anderen Jesuiten dieser Zeit, Barthélémy Baudrand (1701—87), dagegen, das einen großen Reichtum an spirituellen Themen aufweist, verliert sehr durch seine Weitschweifigkeit. Einen sehr großen Schriftsteller treffen wir jedoch gegen Ende

[11] *J. P. de Caussade,* Lettres spirituelles, hrsg. von *M. Olphe-Gaillard,* 2 Bde (Paris 1961/64); L'abandon à la Providence divine, hrsg. von *M. Olphe-Gaillard* (Paris 1966).

des Jahrhunderts in dem Jesuiten Jean-Nicolas Grou (1731—1803), der ebenfalls unter dem Einfluß der Visitantinnen stand. In England, wohin er 1792 geflohen war, verfaßte er den größten Teil seines sehr umfangreichen Werkes, das erst im 19. Jh. veröffentlicht wurde und noch heute seine Leser findet: eine sehr tiefe, mystisch orientierte Lehre des inneren Lebens wird hier in einer bewundernswerten Form dargelegt. Obwohl seine Tätigkeit ihn der folgenden Periode zuordnet, ist in diesem Zusammenhang Pierre-Joseph Picot de Clorivière (1735—20) zu nennen, der beim Wiederaufbau der Gesellschaft Jesu eine bedeutende Rolle spielte [12].

Das Andachtswesen

Wir haben bereits erwähnt, daß im 17. Jh. die Andachten beim Volk auch weiterhin populär bleiben, die gebildete Öffentlichkeit ihnen jedoch kritisch gegenübersteht und auf diesem Gebiet Mäßigung und theologische Präzision verlangt. Besonders einige Aspekte der Marienverehrung werden in Frage gestellt. Die heftige Kontroverse jedoch, die 1673 durch Widenfelds „Monita salutaria" ausgelöst und 1693 durch den Traktat des jansenistenfreundlichen Andrien Baillet „De la vraie dévotion à la Sainte Vierge et du culte qui lui est dû" weitergeführt wurde, reicht jedoch kaum in das 18. Jh. hinein. Man verhält sich in diesem Punkt lediglich besonders vorsichtig. Gerade in diese Epoche jedoch fällt das Wirken des heiligen Louis-Marie Grignion de Montfort (1673—1716) [13], den die Nachwelt als einen der großen Apostel der Marienverehrung betrachtet. Es erhebt sich die Frage, ob hier nicht in gewissem Maß eine optische Täuschung vorliegt. Sein Werk wurde uns unter sehr unsicheren Umständen überliefert. Seine so kurze wie bewegte Laufbahn war vor allem von seiner missionarischen Tätigkeit erfüllt, in der die Marienverehrung einen bedeutenden, aber nicht ausschließlichen Platz einnahm. Das einzige, von ihm selbst veröffentlichte Werk, die „Lettre aux amis de la Croix" hält sich auf derselben Linie. Die beste seiner Schriften ist zweifellos „L'amour de la Sagesse éternelle", die er unveröffentlicht hinterließ und deren genauer Text erst 1929 publiziert wurde. In ihr verbindet sich der Einfluß Seuses mit jenem der bérulleianischen Schule, der ihm durch seine Ausbildung in Saint-Sulpice vermittelt wurde. Die Bedeutung seines „Traité de la vraie dévotion à la Sainte Vierge", der heute sein bestbekanntes Werk ist, darf jedoch nicht überzeichnet werden. Zwar ist die von ihm vertretene Idee der marianischen Knechtschaft von höchstem Interesse; sie nimmt in einer sehr persönlichen Form eine Praxis wieder auf, die in das 16. Jh. zurückreicht und von

[12] Vgl. *P. de Clorivière,* Prière et oraison, hrsg. von *A. Rayez* (Paris 1961).

[13] Vgl. *Saint Louis-Marie Grignion de Montfort,* Œuvres complètes, hrsg. von *M. Gendrot* u. a. (Paris 1966).

Bérulle angewendet wurde. Man kann sich jedoch fragen, in welchem Maß Montfort sie tatsächlich über einen kleinen Zirkel Eingeweihter hinaus verbreitet hat. Sicher ist, daß das Manuskript der „Vraie dévotion" nach dem Tod ihres Autors in Vergessenheit geriet, erst 1842 wiederentdeckt, 1843 veröffentlicht wurde und erst im 19. Jh. ein Echo fand. Obwohl an der in dem Traktat vertretenen Lehre nichts zu beanstanden ist, hätten einige Formulierungen kaum ihre Veröffentlichung im 18. Jh. zugelassen.

In der Tat bleibt die Verbreitung der Herz-Jesu-Verehrung in dem hier zu behandelnden Rahmen eines der bedeutendsten Fakten, die das 18. Jh. geprägt haben; ihrer endgültigen Durchsetzung gingen jedoch lange Kontroversen voran. Wir haben gesehen, daß am Ende des vorhergehenden Jahrhunderts diese Verehrung sich in zwei Formen darbot: jener des heiligen Jean Eudes, die mehr theologisch orientiert war, und der gefühlsbetonteren der heiligen Marguerite-Marie Alacoque, deren zentrale Idee die Sühne war. Tatsächlich konnte sich vor allem diese letztere Form sehr rasch durchsetzen, die von den Visitantinnen und der Gesellschaft Jesu propagiert wurde und die damit den Offenbarungen der heiligen Marguerite-Marie einen zentralen Platz einräumten und den schmerzhaften und menschlichen Aspekt betonten, wie ihn das menschliche Herz Jesu symbolisiert. Diese Merkmale treten schon sehr deutlich in der ersten bedeutenden Arbeit, die sich der neuen Verehrung widmet, hervor: das Werk des Jesuiten Jean Croiset (1656—1738), 1691 in Lyon veröffentlicht, hatte großen Erfolg, traf jedoch gleichermaßen auf lebhaften Widerstand gerade aus den Reihen der Jesuiten und wurde schließlich 1704 auf den Index gesetzt. In der Zwischenzeit hatte ein anderer Jesuit, François Froment (1649—1702), seine „Véritable dévotion au Sacré-Cœur" (1699) herausgebracht, in der die theologischen Begründungen stärker ausgearbeitet sind. Das entscheidende Werk kam jedoch von P. Joseph de Gallifet (1663—1749), der durch sein Amt als Assistent des Generals in Rom an besonders einflußreicher Stelle stand. 1726 übersandte er der Ritenkongregation ein sehr wichtiges Memorandum „De cultu sacrosancti Cordis", in dem er die theologischen Gründe für die Verehrung entwickelte, dabei jedoch vielleicht allzusehr auf dem fleischlichen Herzen als dem Sitz der Gefühle und auf den Offenbarungen der Marguerite-Marie bestand. Prosper Lambertini, der spätere Papst Benedikt XIV., wandte sich gegen ihn, und die Kongregation erteilte ihm am 12. Juli 1727 hinsichtlich der Einführung des Festes eine negative Antwort, die sie 1729 erneuerte. Gallifet war dadurch jedoch nicht entmutigt und ließ 1733 eine französische Übersetzung seiner Arbeit unter dem Titel „L'excellence de la dévotion au Cœur adorable de Jésus-Christ" erscheinen, in der zum ersten Mal der größte Teil der Autobiographie Marguerite-Maries veröffentlicht wurde.

Zu diesem Zeitpunkt hatte sich eine in diesem Zusammenhang nicht unwichtige Episode ereignet. 1729 hatte Languet de Gergy, Bischof von

Soissons und später Erzbischof von Sens, seine „Vie de la Vénérable Mère Marguerite Alacoque" herausgebracht. Obwohl man zu dieser Zeit das Werk den Jesuiten zuschrieb, denen Languet nur seinen Namen geliehen hätte, scheint dieser doch der tatsächliche Autor gewesen zu sein, der die vom Kloster Paray-le-Monial zur Verfügung gestellten Dokumente bearbeitet hat. Nach den Maßstäben seiner Zeit ist das Werk nicht schlecht. Aber Languet war damals eine der Koryphäen des Antijansenismus, und sein Buch mußte den Widerstand der Jansenisten gegen die Herz-Jesu-Verehrung hervorrufen, der sie bislang indifferent gegenübergestanden waren. Wir haben schon früher auf diese Feindschaft hingewiesen, die nach 1765 besonders heftig wurde. Angesichts der zunehmenden Schwächung der Jansenistenpartei in dieser Zeit, kam ihr jedoch nur eine begrenzte Bedeutung zu, und sie stellte kein Hindernis für die Weiterentwicklung der Verehrung dar, die sich fast überall ausbreiten konnte[14].

Am 26. Januar 1765 approbierte schließlich ein Breve Clemens' XIII. eine Messe und ein Offizium vom Heiligen Herzen Jesu für Polen und die römische Erzbruderschaft. Fortan wurde also die liturgische Verehrung überall dort möglich, wo man sie einführen wollte. Im Jahr 1748 war in Paris dem Heiligen Herzen Jesu in der Kirche Saint-Sulpice ein Altar geweiht worden. Am 22. Juni 1767 ordnete ein Hirtenbrief des Erzbischofs von Paris, Christophe de Beaumont, das Herz-Jesu-Fest für seine Diözese an, und mehrere weitere Diözesen taten es ihm gleich. Die Polemik erreichte nun ihren Höhepunkt. Desungeachtet veröffentlichte Fumel, der Bischof von Lodève, 1774 eine Schrift über „Le culte de l'amour divin ou la dévotion au Sacré-Cœur de Jésus", die von jansenistischer Seite heftig angegriffen wurde. Dennoch vermehrten sich die dem Heiligen Herzen geweihten Bruderschaften fast überall und fanden sogar in jenem Teil der Aristokratie Anhänger, der der traditionellen Religion auch weiterhin verbunden blieb, was die Tatsache erklärt, daß diese Verehrung auch während der Revolution unvermindert weiterbestand.

21. Kapitel

Die anglikanische Spiritualität im 18. Jahrhundert

LITERATUR: Gesamtdarstellungen: *L. Bouyer,* La spiritualité orthodoxe et la spiritualité protestante et anglicane (Paris 1965); *R. W. Church,* Masters of English Theology (London 1877); *E. J. Watkin,* Poets and Mystics (London 1953); *G. D. Henderson,* Mystics of the North-East (Aberdeen 1934); *R. Knox,* Enthusiasm (London 1951); *C. W. Towlson,* Moravian and Methodist, Relationships and Influence in the Eighteenth

[14] Vgl. *L. Gognet,* Les jansénistes et le Sacré-Cœur: Le Cœur, Études carmélitaines (Paris 1950) 234—253.

Century (London 1957); *U. Lee*, The Historical Backgrounds of the Early Methodist Enthusiasm (New York 1931); *R. Green*, Antimethodist Publications (London 1902); *W. R. Inge*, Studies of the English Mystics (London 1906); *A. de la Gorce*, Wesley maître d'un peuple (Paris 1940).

Die anglikanische Spiritualität des 17. Jh. brachte fruchtbare und mannigfache Ansätze hervor. In ihnen findet sich der Niederschlag einer tiefen, aber auch sehr intellektuellen, streng schriftgebundenen Frömmigkeit. Das beste Beispiel dafür ist Bischof Lancelot Andrewes (1555—1626)[1]. Seine „Preces privatae" sind eine bewundernswerte, aus biblischen Texten zusammengestellte und fast ausschließlich in griechischer Sprache verfaßte Gedichtsammlung; bekanntlich veröffentlichte Newman — ein großer Bewunderer dieses Werkes — ihre Übersetzung in der Reihe der Traktate der Oxford-Bewegung. Andere Autoren geben dieser Frömmigkeit durch eine Dichtung von zarter mystischer Lyrik Ausdruck. Dies gilt für John Donne (1572 bis 1631), einen leidenschaftlichen und komplexen Charakter, und mehr noch für den bewundernswerten Henry Vaughan (1622—95); einige seiner Gedichte, wie z. B. „The Night", erinnern an Johannes vom Kreuz[2]. Bei anderen wieder finden wir eine Vorwegnahme des Pietismus, so vor allem bei dem eigenartigen Nicholas Ferrar und insbesondere bei dem Puritaner Thomas Goodwin (1600—80), dessen Werk „The Heart of Christ in Heaven towards Sinners on Earth" (1642) schon die Herz-Jesu-Verehrung ankündigt[3]. Die platonisierende Tendenz, die vor allem in den gebildeten Kreisen Oxfords sehr entwickelt war, brachte interessante und eigenartige Werke hervor, insbesondere jenes Henry Mores (1614—87), der unter dem Einfluß der esoterischen Mystik Jakob Böhmes stand. Böhme genoß im England des 17. Jh. ein hohes Ansehen. Karl I. persönlich interessierte sich für ihn und ließ seine Werke übersetzen. Eine der interessantesten Veröffentlichungen aus dem puritanischen Kreis bleibt jene John Bunyans (1628 bis 1688), eines Kesselflickers, der Volksprediger geworden war und durch seinen Traktat „Grace abounding to the Chief of Sinners" (1666), vor allem aber durch seinen „Pilgrim's Progress" (1678)[4], in denen eine in intellektueller Hinsicht zwar dürftige, jedoch pragmatische und gemütvolle Spiritualität zum Ausdruck kommt, eine bleibende Berühmtheit erlangt hat. Noch interessanter — durch seine Stellung am Rande jeder offiziellen Kirchlichkeit — ist der Fall des Gründers der Quäkerbewegung, George Fox (1624—91)[5]. Sein interessantes Tagebuch bietet ein sehr schönes Itinerarium seiner Berufungsgeschichte; die zahlreichen geistlichen Traktate aus seiner

[1] Vgl. *P. A. Welsby*, Lancelot Andrewes (London 1958).
[2] Vgl. *F. E. Huntchinson*, Henry Vaughan, a Life and Interpretation (Oxford 1947).
[3] Vgl. *M. Kyne*, Goodwin: DSAM 6 (1966) 601.
[4] Vgl. *A. Talon*, John Bunyan, l'homme et l'œuvre (Paris 1948).
[5] Vgl. *P. Held*, Der Quäker George Fox, sein Leben, Wirken, Kämpfen, Leiden, Siegen (Basel 1953).

Hand entwickeln eine Erleuchtungstheorie in einer scharfen Frontstellung gegen jede institutionelle Kirche, vor allem aber gegen den Katholizismus [6]. Sein auserwählter Schüler dagegen, William Penn (1644—1719), der Gründer des Quäkerstaates Pennsylvania, zeigt sich sehr viel toleranter. In seinem berühmten Traktat „No Cross, no Crown" (1669) verteidigt er die Lebensauffassungen der Quäker und zögert nicht, einen Auszug der Lebensbeschreibung des Baron de Renty von dem Jesuiten Saint-Jure zum Beweis seiner These zu zitieren, daß die Seele sich auf einen Punkt in dem Meer der Vernichtung konzentrieren müsse.

Dieses Zitat stellt uns vor die Frage nach dem Einfluß der Spiritualität des Kontinents auf den Anglikanismus. Eine Untersuchung des Gesamtbildes zeigt, daß er im 17. Jh. bereits sehr bedeutend war und sich im folgenden Jahrhundert noch weiter vertiefte. Die englische Öffentlichkeit verfolgte mit Interesse die religiösen Kontroversen, die Frankreich bewegten, und interpretierte sie häufig in einem antipäpstlichen Sinn. Im allgemeinen galten die Sympathien Port-Royal und den Jansenisten, in denen man die am wenigsten korrumpierte Partei des römischen Katholizismus sah. Zahlreiche Texte jansenistischen Ursprungs, darunter die „Provinciales" (1657) und die „Pensées" (1704) von Pascal wurden schon bald ins Englische übertragen. 1669 veröffentlichte Theophile Gale „The true Idea of Jansenism"; er hatte in Frankreich gelebt, und sein Werk zeigt sich bemerkenswert gut informiert und hellsichtig. Aber auch andere Vertreter der französischen Spiritualität waren sehr geschätzt. Wie Penn berief sich auch der Puritaner J. Alleine auf de Renty. Der berühmte Historiker G. Burnet (1643—1715), Bischof mit latitudinaristischer Tendenz, tat desgleichen. R. Roach, der zunächst der von Böhme inspirierten Sekte der Philadelphier angehört hatte und dann Millenarist geworden war, bekundete um 1725 seine Bewunderung für die Mystiker von Franz von Sales bis hin zu Fénelon.

In den ersten Jahren des 18. Jh. ist der Einfluß Fénelons und Mme Guyons in England tatsächlich besonders groß [7]. Häufig tritt dazu noch jener einer sehr viel weniger überzeugenden Mystikerin, Antoinette Bourignons (1616—80), die offiziell dem Katholizismus angehörte, sich jedoch einer Spielart des Illuminatentums — jenem der Quäker ähnlich — anschloß. Wenn übrigens die englischen Publizisten die Quäker ironisch mit den Quietisten des Kontinents vergleichen, so berufen sich die Quäker selbst mit Verehrung auf Fénelon, Mme Guyon und Antoinette Bourignon. Einer von ihnen, Josiah Martin, veröffentlichte von 1727 bis 1738 Übersetzungen von Fénelon und Mme Guyon, während der mit dem Katholizismus sympathisierende Nathanael Hooke, ein Freund Popes, die „Vie de Féne-

[6] Vgl. *P. Janelle*, Fox: DSAM 5 (1963) 770—779.

[7] Vgl. *J. Orcibal*, L'influence spirituelle de Fénelon dans les pays anglo-saxons au XVIIIe siècle: XVIIe siècle 12—14 (1951/52) 276—287.

lon" von Ramsay übersetzte. Schon bald knüpfte man persönliche Beziehungen an. Zahlreiche Mitglieder der englischen Aristokratie besuchten den nach Cambrai verbannten Fénelon und die nach ihrer Befreiung nach Blois exilierte Mme Guyon. Beide übten daher einen tiefen Einfluß auf die protestantischen Kreise Englands aus, insbesondere auf die Anhänger Jakobs II. in Schottland, wo mehrere ihrer Freunde inhaftiert und bei dem Aufstand von 1715 hingerichtet wurden. Die bedeutendste Persönlichkeit dieser Gruppe war André Michel Ramsay (1686—1743), der bei Fénelon zum Katholizismus konvertierte und dann bis zum Tode Mme Guyons deren Sekretär war [8]. Daneben diente ein bekannter Arzt aus London, John Keith, der ganzen Gruppe als Mittlerpersönlichkeit, da bei ihm die gesamte Korrespondenz zusammenlief. Durch ihn sandte Mme Guyon ein Exemplar ihrer Autobiographie nach England. Auf der anderen Seite bezeugte diese ganze Gruppe eine große Wertschätzung für Pierre Poiret (1646—1719), einen pietistischen Pastor calvinistischer Herkunft, den Herausgeber der Werke Mme Guyons, Antoinette Bourignons und zahlreicher anderer mystischer Texte. Ihre Bewunderung war im übrigen sehr eklektisch, sie dehnte diese auch auf Franz von Sales, Pascal, Renty, Olier, Surin, Laurent de la Résurrection, einen von Fénelon sehr geschätzten Karmeliterbruder, wie auch auf eine einfache bretonische Magd, Armelle Nicolas (1606—71), die Bonne Armelle genannt, aus [9].

Tatsächlich wurde das episkopalistische Milieu Schottlands stark von der Mystik des Kontinents beeinflußt, zumal die Kenntnis der französischen Sprache hier in der gebildeten Schicht sehr verbreitet war. Robert Leighton, ursprünglich Presbyterianer, dann Erzbischof von Glasgow, hatte lange auf dem Kontinent gelebt und dort engen Kontakt mit dem jansenistischen Milieu; er war mit ihnen eins in der Parteinahme für den Augustinismus und in einer gewissen Vorliebe für die Urkirche. Auf der Ebene der Spiritualität wandten sich seine tiefsten Sympathien jedoch Franz von Sales zu, in dem er die Idee einer vorrangig innerlichen Religion jenseits aller dogmatischen Kontroversen suchte. Sein Schüler Henry Scongal, der sehr jung starb, konnte noch ein kleines, ähnlich orientiertes Buch, „The Life of God in the Soul of Man", veröffentlichen, dessen Erfolg durch zahlreiche Neuauflagen bestätigt wurde. Zwei seiner Freunde, James und George Garden, Episkopalisten und Prediger in Aberdeen, setzten sein Werk fort. James griff 1699 den intransigenten Dogmatismus der Presbyterianer in seiner „Theologia comparativa" an, die Poiret in einer Übersetzung veröffentlichte. George war zunächst Schüler der Antoinette Bourignon, die ihn jedoch durch ihre seltsame Art etwas beunruhigte, und entdeckte um 1710 sein Ideal in Mme Guyon, deren Sache er mit großem Eifer vertrat.

[8] Vgl. *A. Chérel,* Histoire de l'idée de tolérance: un aventurier religieux au XVIIIe siècle, A. M. Ramsay (Paris 1926); *G. D. Henderson,* Chevalier Ramsay (London 1952).
[9] Vgl. *Le Gouvello,* Armelle Nicolas dite la Bonne Armelle (Paris 1913).

Ähnliche Einflüsse wirkten auf den Kreis der Eidverweigerer, das heißt jener Kleriker, die sich geweigert hatten, Wilhelm von Oranien nach der Revolution von 1688 den Treueid zu leisten: sie bildeten eine in spiritueller und liturgischer Sicht sehr interessante Gruppe, die sich bis in die ersten Jahre des 18. Jh. behauptet. Sie standen dem französischen Gallikanismus nahe, und Bossuet genoß ihre Sympathien. 1712 und 1718 kam es sogar zu Verhandlungen mit den französischen Gallikanern im Blick auf eine Union. Der fromme Bischof von Bath und Wells, Thomas Ken, der im Ruf der Heiligkeit stand, suchte in dem Jansenisten Nicolas Pavillon sein Vorbild und inspirierte sich an Pascal und Saint-Cyran. Ein Anhänger der Gruppe, Francis Lee, übersetzte 1715 den Hirtenbrief Fénelons über die Gottesliebe. So hat sie also ihre ritualistische Tendenz keineswegs daran gehindert, das persönliche innere Leben zum ersten und bedeutendsten Ziel ihrer Bemühungen zu machen.

Die Gruppe der Eidverweigerer schenkte England in William Law (1686—1781) eine interessante Persönlichkeit und gleichzeitig einen großen Schriftsteller; seine Ansichten hatten ihn gezwungen, Cambridge zu verlassen, er zog sich in die Familie des Historikers Gibbon als Hauslehrer zurück. Als Verfasser von Erbauungsschriften steht er stark unter dem Einfluß Franz von Sales', wenn er behauptet, daß Gott zwar das einzige Objekt der menschlichen Tätigkeit sein muß, der Christ jedoch unter allen Bedingungen zur Heiligkeit gelangen kann. Als großer Kenner des deutschen Denkens stand er daneben auch stark unter der Einwirkung Taulers und der „Theologia teutsch". Diese gleichzeitig fordernde und doch elastische Konzeption der christlichen Vollkommenheit kommt in seinen zwei besten Werken zum Ausdruck, „Treatise of Christian Perfection" (1726) und „Serious Call to a Holy Life" (1728), die — vor allem das zweite — Klassiker der anglikanischen spirituellen Literatur geblieben sind. Um 1733 lernte er George Cheyne kennen, einen Modearzt, der leidenschaftlich an der Mystik interessiert war, einen Freund Popes und Schüler der Brüder Garden, wie auch eines französischen Esoterikers, Saint-Georges de Marsay. Unter seinem Einfluß entdeckte Law Böhme, den er bewunderte und durch den auch er zu einer eigenartigen esoterischen Position gelangte. Antoinette Bourignon und Marsay dagegen beurteilte er streng, Fénelon und Mme Guyon bewahrte er seine Hochachtung[10]. Unter den Freunden Laws verdient John Heylin eigens genannt zu werden. Er war Lehrer an der Domschule der Westminsterabtei und hatte sich längere Zeit in Frankreich aufgehalten. Heylin veröffentlichte 1724 „Devotional Tracts concerning the Presence of God and other religious subjects", in denen sich Texte von Fénelon, Mme Guyon und vor allem Laurents de la Résurrection finden.

[10] Vgl. *M. Grainger*, William Law and the Life of the Spirit (London 1948); *A. W. Hopkinson*, About William Law (London 1948).

Daneben hatte Heylin 1721 unter dem Titel „Primitive Morality“ eine Übersetzung der Homilien des Pseudo-Makarius herausgebracht. Diese Werke hatten großen Einfluß auf Wesley, der ein Freund Heylins war. Schließlich dürfen wir das Milieu der High Church nicht verlassen, ohne Joseph Butler (1692—1752), den Bischof von Bristol und später von Durham, zu erwähnen, den Verfasser eines Werkes mit dem Titel „The Analogy of Religion natural and revealed“ (1736), das durch seine Auffassung des Gewissens und des Übernatürlichen bemerkenswert ist und auf Newman in seiner Jugend einen starken Einfluß ausgeübt hat.

John Wesley (1703—91) und der Methodismus

Von allen Strömungen, die das religiöse England des 18. Jh. bestimmen, zeigt der Methodismus die größte Vitalität. Die Familie seines Gründers, John Wesley, war puritanischer Herkunft, seine Eltern, Samuel und Susanna Wesley, hatten jedoch der High Church angehört und treu an deren Prinzipien in ihrer kleinen Pfarrei Epworth festgehalten. Die Eltern gaben ihrer zahlreichen Nachkommenschaft — 19 Kindern — das Beispiel von Frömmigkeit und Gelehrsamkeit. Samuel begeisterte sich für die Urkirche und beschäftigte sich mit den Werken Bossuets und Arnaulds; Susanna kannte fast die gesamte Übersetzung der „Pensées“ Pascals von B. Kenneth (1704) auswendig. Dieses Beispiel, das ihm in seiner Familie geboten wurde, mußte John Wesley, der bis 1737 der Hochkirche angehörte, tief beeinflussen. Später beschuldigte er sich, hinsichtlich seines geistlichen Lebens bis 1725 in Lauheit gelebt zu haben. Zu diesem Zeitpunkt erlebte er eine erste Bekehrung, in die er seinen Bruder Charles mit hineinzog, der bei den folgenden Ereignissen eine erstrangige Rolle gespielt zu haben scheint. Diese erste Bewegung, die Wesley dazu führte, sich ganz Gott hinzugeben, war durch die Lektüre der „Imitation“ von Jeremy Taylor und der Werke Scongals und Laws beeinflußt worden. Bekanntlich waren diese letzteren stark den Mystikern des Kontinents verhaftet. Wesley suchte nun zu den Quellen zurückzugehen. Um 1730 las er Franz von Sales, Pascal, Quesnel und Fénelon. Daneben stand er zu diesem Zeitpunkt auch unter dem Einfluß Heylins, der ihn in einem eindeutig mystischen Sinn beeinflußte. 1732 bot sich ihm die Möglichkeit einer persönlichen Begegnung mit William Law, der ihn jedoch als Mensch enttäuschte[11]. Auf der anderen Seite faszinierte ihn noch immer das Traumbild der Urkirche. Er las nun „Les mœurs des chrétiens“ des stark gallikanistisch orientierten französischen Historikers Claude Fleury (1640—1723), der mit Fénelon und Bossuet befreundet war. Auch Tillemont las er zu dieser Zeit und nahm sogar 1733 Beziehungen mit des-

[11] Vgl. *J. B. Green,* John Wesley and William Law (London 1948).

sen Übersetzer Thomas Deacon auf. Zusammen mit seinem Bruder und einigen Kommilitonen gründete er in Oxford eine studentische Vereinigung, den „Holy Club", dem er seine Ideen vortrug. Zur gleichen Zeit entdeckte er das Werk „Vie de Renty" Saint-Jures, den übrigens sein Vater sehr verehrte, dann auch Mme Guyon, Tauler und Molinos.

Tatsächlich machte Wesley in den Jahren 1731—36 eine schwere innere Krise durch, in der er bei den katholischen Mystikern Hilfe suchte. Gegen Ende dieser Krise, 1735, nahm er an einer Missionsexpedition nach Georgien teil. Der nur sehr mäßige Erfolg dieser Expedition bereitete ihm jedoch eine große seelische Enttäuschung, die ihn tief erschütterte. Im Verlauf dieser Mission lernte er die Böhmischen Brüder, Schüler Zinzendorfs, kennen, der ein eigenartiger Mystiker illuministischer Prägung war und mit dem Wesley wenig später, nach seiner Rückkehr nach England, persönliche Beziehungen aufnahm. Die lutheranisch inspirierten Böhmischen Brüder brachten ihn dazu, für eine Zeit der Idee der Rechtfertigung allein aus dem Glauben und dem Gedanken, daß die Rechtfertigung des Menschen nur die ihm angerechnete Gerechtigkeit Christi sei, erstrangige Bedeutung beizumessen [12]. Anläßlich einer Zusammenkunft der Böhmischen Brüder am 24. Mai 1738 hörte Wesley die Verlesung von Luthers Vorrede zum Römerbrief, die für ihn zu einer entscheidenden Erfahrung wurde und seine zweite, seine „evangelische" Bekehrung auslöste. Er fühlte sein Herz „seltsam erwärmt" und erhielt die innere Gewißheit, daß Christus ihm seine Sünden vergeben und ihn vom Gesetz der Sünde und des Todes erlöst habe. Nach einem kurzen Aufenthalt in Deutschland, bei dem er die Gemeinden der Böhmischen Brüder besuchte, begann Wesley, unterstützt von seinem Bruder Charles und einigen seiner Schüler, seine Ideen durch die Volkspredigt unter freiem Himmel zu verkünden. Dieser Aufgabe sollte er sich bis an sein Lebensende mit einem Mut und einer Ausdauer widmen, die vor nichts zurückschreckten. Er hielt etwa 40 000 Predigten, und wir besitzen eine beträchtliche Zahl von Gesängen, die sein Bruder Charles für diese Zusammenkünfte komponiert hatte. Aber John Wesley wollte in keiner Weise ein „Dissenter" sein; was er tatsächlich anstrebte, war, den Menschen ein persönliches religiöses Leben im Rahmen der etablierten Kirche zu vermitteln, und er weigerte sich stets, jene Bindungen aufzugeben, die ihn mit dem offiziellen Anglikanismus verbanden. Er wurde des „Enthusiasmus", das heißt eines vernunftlosen Illuminatentums, beschuldigt und stieß aus diesem Grund auf lebhaften Widerstand, vor allem von seiten Joseph Butlers. Aber er änderte seine Haltung keineswegs. Tatsächlich verstand Wesley sowohl zu organisieren wie auch seine Zuhörer mitzureißen. Schon bald hingen ihm sehr starke Gruppen an. Er teilte sie in *Klassen* von je zwölf Gläubigen auf, die unter der Leitung eines *leader* standen, der für ihren geistlichen

[12] Vgl. *J. E. Rattenbury*, The Conversion of the Wesleys (London 1937).

Fortschritt verantwortlich war. Diese festen und klar umrissenen Strukturen beeindruckten die öffentliche Meinung, die der Bewegung — etwas spöttisch — den Namen Methodismus gab. In der Tat bewirkte die Tätigkeit Wesleys und seiner Gruppe im allgemeinen eine Anhebung des sozialen und menschlichen Niveaus seiner Anhänger und übte auf die englische Gesellschaft einen positiven und segensreichen Einfluß aus.

Wesley scheint schon sehr früh ein Tagebuch geführt zu haben, dessen Eintragungen wir ab 1735 besitzen und das noch zum Teil unveröffentlicht ist: neben einem fesselnden Dokument über seine Reisen und Predigten übermittelt es uns eine geistliche Erfahrung von seltener Qualität, in der jedoch einige Punkte im dunklen bleiben. Es ist zum Beispiel nicht leicht, zu erkennen, warum Wesley sich gegen Ende seiner inneren Krise im Jahr 1736 gegen die Mystiker wandte, bei denen er bisher Hilfe und Tröstung gesucht hatte. Er wirft ihnen vor, den Christen zu sehr in der Einsamkeit isolieren und die inneren Prüfungen in Gnade umdeuten zu wollen, während er darin nur ein Zeichen des göttlichen Zornes erblicken könne. Sein Bruder Charles, obschon sein Vertrauter auf diesem Gebiet, folgte ihm jedoch hierin nicht. Späterhin änderte Wesley, wie wir sehen werden, seine Haltung, ohne jedoch ausdrücklich zu widerrufen, und nahm die Mystiker in seine verschiedenen Anthologien auf. Jedenfalls ist es sicher, daß sein Erlebnis vom 24. Mai 1728 nicht die letzte seiner geistlichen Prüfungen war und sein Zustand der Depression einige Monate andauerte, ehe er seinen inneren Frieden wiederfand. Einige Kommentatoren meinen, darin den Beweis gefunden zu haben, um die tatsächliche Bedeutung dieser Erfahrung in Frage zu stellen. Der Wert jedoch, den ihr Wesley in der Folgezeit zuschreibt, widerspricht dieser Interpretation; aber es steht außer Zweifel, daß er durch die Analyse seines eigenen Falls dazu geführt wurde, die „evangelische" Bekehrung auf eine weit weniger sentimentale Ebene zu stellen, als es einige seiner Nachfolger taten, und sie dem Bereich der moralischen Entscheidung zuzuordnen, die sich in der Tat manifestiert.

Wesley gelangte somit in bezug auf gewisse protestantische Positionen zu sehr komplexen Stellungnahmen. Er war schon immer ein Gegner der calvinistischen Idee der Prädestination und wandte sich in diesem Punkt schon sehr bald gegen seinen Schüler Whitefield. Aber im Maße, in dem er sich immer mehr bewußt wurde, daß die Bekehrung sich übersetzen müsse in eine Forderung innerhalb des praktischen Lebens, wandte er sich auch von der lutheranischen Idee der Rechtfertigung allein durch den Glauben und ohne Werke ab. Zweifellos war er der Auffassung, daß Christus der einzige Erlöser sei und man nur durch den Glauben an ihn zum Heil gelangen könne: hier teilte er voll und ganz die Christozentrik der Böhmischen Brüder, ohne jedoch alle ihre sentimentalen und frommen Seiten zu akzeptieren. Er gelangte immer mehr zu der Überzeugung, daß der Glaube nur durch die Werke gültigen Ausdruck erhalten könne. Schon bald erschien ihm der Kommentar Luthers zum Galaterbrief und seine Reflexion über den Jakobusbrief, den Luther als „Stroherne Epistel" qualifizierte, als blasphemisch. Zur gleichen Zeit begann er, die Auffassung der imputierten Gerechtigkeit als absurd zurückzuweisen. Hier traf er auf den Widerstand der Böhmischen Brüder und Zinzendorfs; mit diesem letzteren traf er am 3. September 1741 zusammen; das Gespräch war jedoch enttäuschend, da jeder auf seinen Positionen beharrte. Kurz später traf Wesley bei einigen Mitgliedern seiner eigenen Bewegung auf einen ähnlichen Widerstand.

Dennoch entwickelte sich sein Denken auch weiterhin in diesem Sinne. Immer mehr gelangte er zu der Überzeugung, daß die Rechtfertigung mit einer fortschreitenden Heiligung durch den Menschen verbunden sein müsse, und zwar durch eine Heiligung, die durch eigenes Bemühen unter der göttlichen Gnade erreicht wird und den Menschen zu einem echten moralischen Fortschritt führt; in seinen Augen handelt der Glaube durch die Liebe, und die Liebe entwickelt sich in der Tat. Faktisch entwickelt er sich immer weiter weg von den Positionen des Protestantismus und nähert sich der traditionellen katholischen Ethik an, und er zieht daraus, ohne zu zögern, alle für die seelsorgliche Praxis notwendigen moralischen Konsequenzen. Nun stand er vor dem Problem, seinen Gläubigen das Instrumentarium und die Hilfe, deren sie auf diesem Wege zur Vollkommenheit bedurften, zur Verfügung zu stellen. In diesem Geist ließ er zwischen 1750 und 1756 die 50 Bände seiner „Christian Library", einer Sammlung von geistlichen Anthologien, erscheinen, denen später weitere Werke der gleichen Gattung folgten[13]. Die sehr eklektische Auswahl ist im höchsten Maße signifikant. Naturgemäß sind die Engländer und hier wiederum die Anglikaner am häufigsten vertreten; unter ihnen finden sich übrigens auch viele Puritaner, deren Ernst und Christozentrik Wesley schätzte. Auch einige deutsche Pietisten und vor allem Arndt gehören dazu. Die Spanier sind mit Johannes von Ávila, Gregor López und Molinos vertreten. Die heilige Teresa und den heiligen Johannes vom Kreuz hat Wesley wegen ihrer zu ausschließlich mystischen Orientierung bewußt nicht in seine Reihe aufgenommen. Die Franzosen sind mit Laurent de la Résurrection, Fénelon, Mme Guyon, Antoinette Bourignon und Saint-Cyran, Pascal, Du Guet, de Renty, Armelle Nicolas sehr stark vertreten. Wesley scheint sich bei dieser Auswahl an ähnlichen Anthologien von Pierre Poiret inspiriert zu haben, wobei er jedoch den Anteil der Mystiker eingeschränkt hat.

In einer solchen Perspektive nahm die Spiritualität Wesleys, ohne an Spannkraft zu verlieren, nach und nach die moralischen und sogar pragmatischen Schattierungen wieder auf, denen seine Beredsamkeit einen sel-

[13] Vgl. *J. Orcibal*, Les spirituels français et espagnols chez John Wesley et ses contemporains: RHR (1951) 50—109; *ders.*, L'originalité théologique de John Wesley et les spiritualités du continent: RH (1959) 51—80.

tenen kommunikativen Wert verlieh. Natürlich traf er auf den lebhaften Widerstand nicht nur der Calvinisten, die ihm vorwarfen, dem Menschen die Möglichkeit zuzuschreiben, sich aus eigener Kraft zu retten, sondern auch der etablierten Kirche, die er aus ihrer Lethargie aufrüttelte, indem er ihr die Dringlichkeit der apostolischen Aufgabe mit Nachdruck ins Gedächtnis rief. Es muß jedoch auch zugegeben werden, daß er, vor allem gegen Ende seines Lebens, zu einem gewissen Indifferentismus gegenüber den eigentlich dogmatischen Aspekten gelangte, deren Schärfen er milderte und deren Bedeutung er verringerte. Von hier aus konnte er eine zwar gebrechliche, jedoch sehr anziehende Synthese zwischen der protestantischen Gnadenlehre und der katholischen Ethik der Heiligung herstellen. Die beachtliche Verbreitung des Methodismus nach dem Tode Wesleys bezeugt die Lebenskraft, die er der von ihm ausgegangenen spirituellen Begeisterung mitgeteilt hatte; die calvinistischen Orientierungen vieler seiner Schüler zeigen jedoch auch, wie schwierig es war, jenes doktrinale Gleichgewicht zu bewahren, das Wesley erhofft hatte [14].

22. Kapitel

Der reichskirchliche Episkopalismus von der Mitte des 17. bis zum Ende des 18. Jahrhunderts

LITERATUR: Der reichskirchliche Episkopalismus von der Mitte des 17. bis zum Ende des 18. Jahrhunderts: *A. v. Roskovány,* Romanus Pontifex tamquam Primas ecclesiae et princeps civilis, 16 Bde (Nitriae et Comaronii 1867 ff); *A. Werminghoff,* Nationalkirchliche Bestrebungen im deutschen Mittelalter (Stuttgart 1910); *B. Gebhardt,* Die Gravamina der deutschen Nation gegen den römischen Hof (Breslau ²1895); *K. Hofmann,* Die kirchenrechtliche Bedeutung des Konzils von Trient: *G. Schreiber* (Hrsg.), Das Weltkonzil von Trient I 281—296; *L. Mergentheim,* Die Wurzeln des deutschen Febronianismus: HPBl 139 (1907) 180—192; *ders.,* Die Quinquennalfakultäten pro foro externo. Ihre Entstehung und Einführung in den deutschen Bistümern = KRA 52—55 (Stuttgart 1908); *F. Vigener,* Gallikanismus und episkopalistische Strömungen im deutschen Katholizismus zwischen Tridentinum und Vaticanum: HZ 111 (1913) 495—581; *ders.,* Bischofsamt und Papstgewalt. Zur Diskussion um Universalepiskopat und Unfehlbarkeit des Papstes im deutschen Katholizismus zwischen Tridentinum und Vatikanum (Göttingen 1964); *H. Jedin,* Die Reichskirche der Schönbornzeit: TThZ 65 (1956) 202—216; *H. Hantsch,* Reichsvizekanzler Friedrich Karl von Schönborn (1674—1746). Einige Kapitel zur politischen Geschichte Kaiser Josefs I. und Karls VI. (Augsburg 1929); *A. Rösch,* Das Kirchenrecht im Zeitalter der Aufklärung: AkathKR 83 (1903) 446—482 620—652, 84 (1904) 56—82 244—262 465—526, 85 (1905) 29—63; *P. Muschard,* Das Kirchenrecht bei den deutschen Benediktinern und Zisterziensern des 18. Jh.: SM, NF 16 (47) (1929) 255—315 477—596; *ders.,* Die kanonistischen Schulen des deutschen Katholizismus im 18. Jh. außerhalb des Benediktinerordens: ThQ 112 (1931) 350—400; *P. Kopfer-*

[14] Vgl. *H. Lindeström,* John Wesley and Sanctification (Uppsala 1946); *C. G. Cell,* John Wesley's Theology (Cokesbury 1950).

mann, Das Wormser Konkordat im deutschen Staatsrecht (Diss. Berlin 1908); *H. F. Hürten,* Die Mainzer Akzeptation (Diss. masch. Münster 1955); *ders.,* Die Mainzer Akzeptation: AMrhKG 11 (1959) 42—75; *H. Raab,* Johann Kaspar Barthels Stellung in der Diskussion um die Concordata Nationis Germanicae. Ein Beitrag zur Würzburger Kanonistik im 18. Jh.: Herbipolis jubilans (1952) 599—616; *ders.,* Die Concordata Nationis Germanicae in der kanonistischen Diskussion des 17. bis 19. Jh. Ein Beitrag zur Gesch. der episkopalistischen Theorie in Deutschland (Wiesbaden 1956); *J. Hemmerle,* Wessobrunn und seine geistige Stellung im 18. Jh.: SM 64 (1952) 13—71; *E. Plassmann,* Staatskirchenrechtliche Grundgedanken der deutschen Kanonisten an der Wende vom 18. zum 19. Jh. (Freiburg 1968); hierzu: *H. Raab,* Kirche und Staat im Urteil deutscher Kanonisten 1780—1830: ZSKG 63 (1969) 188—202.

Hontheim. — Febronius. — Febronianismus: QUELLEN: *Joh. Nic. v. Hontheim - Joh. Wolfg. v. Hontheim,* Dissertatio juridica inauguralis de jurisprudentia naturali et summo imperio (Aug. Trevir. 1724); *J. N. v. Hontheim,* Historia Trevirensis diplomatica et pragmatica ..., 3 t. (Aug. Vindelic. et Herbipoli 1750); *ders.,* Prodromus historiae Trevirensis diplomaticae et pragmaticae ..., 2 t. (Aug. Vindelic. 1757); *ders.,* De statu Ecclesiae et legitima potestate Romani Pontificis liber singularis, ad reuniendos dissidentes in religione christianos compositus (Bullioni [Francofurti] 1763); *ders.,* Editio altera, priore emendatior, et multo auctior 5 in 4 t. (Francofurti et Lipsiae 1765/74); Justini Febronii Buch von dem Zustand der Kirche und der rechtmässigen Gewalt des Römischen Papstes, die in der Religion widriggesinnten Christen zu vereinigen. Aus dem Lateinischen in einem getreuen Auszug übersetzt (Wardingen 1764); *J. N. v. Hontheim,* Justinus Febronius abbreviatus et emendatus id est, de statu Ecclesiae Tractatus ex Sacra Scriptura, traditione, et melioris novae Catholicis scriptoribus adornatus ab auctore in compendium redactus (Coloniae et Francofurti 1777); *ders.,* Justini Febronii Commentarius in suam retractationem Pio VI. Pont. Max. Kalendis Novemb. An. 1778 submissam (Francofurti 1781); *L. Just,* Justini Febronii epistola ad Th. Mamachium: QFIAB 22 (1930/31) 256—288; *(N. Vogt),* Briefwechsel zwischen weiland Ihrer Durchlaucht, dem Herren Kurfürsten von Trier, Clemens Wenzeslaus und dem Herrn Weihbischof Niklas von Hontheim über das Buch Justini Febronii de statu Ecclesiae et legitima Romani Pontificis potestate (Frankfurt a. M. 1813); Einiges über Justinus Febronius und seine Meinungen (Frankfurt - Leipzig 1779); *L. Just,* Der Widerruf des Febronius in der Korrespondenz des Abbé Franz Heinrich Beck mit dem Wiener Nuntius Giuseppe Garampi (Wiesbaden 1960). LITERATUR: Die Art. Febronianismus u. Hontheim: DThC V, 2 (Paris 1939) 2115—24; StL[6] III (1959) 233—235; LThK[2] V (1960) 479—480; Evangelisches Staatslexikon 499—500; *Feine,* RG (1964); *W. Wyttenbach - Baur,* Febronius: *J. S. Ersch - J. G. Gruber,* Allgemeine Enzyklopädie der Wissenschaften und Künste, 2. Section (Bd H-N), 10. Teil (Leipzig 1833) 382—390; *Ch. W. F. Walch,* Neueste Religions Geschichte I (Lemgo 1771) 145—198, VI 175, VII 193 ff 453 ff, VII 529 ff; *G. Leclerc,* Zeger Bernard van Espen (1648—1748) et l'autorité ecclésiastique. Contribution à l'histoire des théories gallicanes et du jansénisme (Zürich 1964); *O. Mejer,* Febronius. Weihbischof Johann Nicolaus von Hontheim und sein Widerruf (Tübingen [2]1885); *L. Just,* Das Erzbistum Trier und die luxemburgische Kirchenpolitik von Philipp II. bis Joseph II. (Leipzig 1931); *ders.,* Zur Entstehungsgeschichte des Febronius: Jb. für das Bistum Mainz 5 (1950) 369—382; *ders.,* Hontheim. Ein Gedenkblatt zum 250. Geburtstag: AMrhKG 4 (1952) 204—216; *F. Kenninck,* Les idées religieuses en Autriche de 1767 à 1787. Correspondance du Dr. Wittola avec le Comte Dupac de Bellegarde = Revue internationale de Théologie 6 (Bern 1898); *H. Keussen,* Weihbischof Hontheim und die Universität Köln: Trierer Zschr. 5 (1930); *J. Kuntziger,* Fébronius et le Fébronianisme = Mémoires de l'Académie royale des sciences, des lettres et des beaux-arts de Bruxelles, Bd 44 (Brüssel 1891); *L. Rechenmacher,* Der Episkopalismus des 18. Jh. in Deutschland und seine Lehren über das Verhältnis von Kirche und Staat (Würzburg 1908); *F. Stümper,* Die kirchenrechtlichen Ideen des Febronius

(Aschaffenburg 1908); *H. Petersen*, Febronianismus und Nationalkirche (Jur. Diss. masch. Straßburg 1942); *E. Reifart*, Der Kirchenstaat Trier und das Staatskirchentum. Ein Beitrag zur Geschichte der Säkularisation (Jur. Diss. masch. Freiburg 1950); *H. Raab*, Damian Friedrich Dumeiz und Kardinal Oddi. Zur Entdeckung des Febronius und zur Aufklärung in Erzstift Mainz und in der Reichsstadt Frankfurt: AMrhKG 10 (1958) 217—240; *ders.*, Neller und Febronius: ebd. 11 (1959) 185—206; *ders.*, Clemens Wenzeslaus von Sachsen und seine Zeit (1739—1812), I: Dynastie, Kirche und Reich im 18. Jh. (Freiburg 1962) (Bd II, ausführlicher über Hontheim, erscheint demnächst); *ders.*, Der Augsburger Domdekan und Kurtrierische Konferenzminister Franz Eustach von Hornstein. Ein Beitrag zum Problem der „katholischen Aufklärung" und zum Kampf um Febronius: HJ 83 (1964) 113—134; *P. Fuchs*, Der Pfalzbesuch des Kölner Nuntius Bellisomi und die Affäre Seelmann in der Korrespondenz des Kurpfälzischen Gesandten in Rom, Tommaso Marchese Antici: AMrhKG 20 (1968) 167—226; *V. Conzemius*, Le testament de Mgr. de Hontheim: T'Hémecht 11 (1958) H. 4, S. 85—99; *F. R. Reichert*, Johann Gertz (1744—1824). Ein katholischer Bibelwissenschaftler der Aufklärungszeit im Spiegel seiner Bibliothek: AMrhKG 18 (1966) 41—104.

Wirkungen des Febronianismus: *G. Pfeilschifter*, Korrespondenz des Fürstabtes Martin II. Gerbert von St. Blasien, 2 Bde (Karlsruhe 1931—43); *W. Müller*, Briefe u. Akten des Fürstabtes Martin II. Gerbert von St. Blasien, 2 Bde (Karlsruhe 1957—62); *A. Cloer*, Fürstabt Martin Gerbert und der Streit um die Verfassung der römisch-katholischen Kirche in der zweiten Hälfte des 18. Jh. (Diss. masch. Münster 1949); *H. Raab*, Der Mainzer Weihbischof Ludwig Philipp Behlen (1714—77): Mainzer Almanach (1968) 59—79; *ders.*, Valentin Heimes' Informativprozesse anläßlich seiner Ernennung zum Weihbischof von Worms (1780) und Mainz (1782): Jb. für das Bistum Mainz 7 (1957); *A. Bach*, Der Mainzer Weihbischof Valentin Heimes und die „Weinpredigt" in Goethes „St. Rochusfest zu Bingen": RhVjBl 27 (1962) 97—116; *A. Ph. Brück*, Stephan Alexander Würdtwein, eine Lebensskizze: AMrhKG 2 (1950) 193—216; *H. Sturmberger*, Studien zur Gesch. der Aufklärung in Kremsmünster: MIÖG 53 (1939) 423—480; *B. Laube*, Joseph Anton Balthasar (Basel 1956); *J. Friedrich*, Beiträge zur Kirchengeschichte des 18. Jh. Aus dem handschriftlichen Nachlaß des regul. Chorherrn Eusebius Amort = AAM 13, II (München 1876) 1—142; *M. Braubach*, Die erste Bonner Hochschule (Bonn 1965); *H. Becker*, Der nassauische Kirchen- und Oberschulrat Dr. Johannes Ludwig Koch (1772 bis 1853). Ein Exponent der episkopalistisch-staatskirchlichen und antizölibatären Bewegung: AMrhKG 15 (1963) 147—179; *A. Müller*, Febronius der Neue oder Grundlagen für die Reformangelegenheiten der deutschen Kirchenverfassung im Geiste der Baseler Beschlüsse, der Fürstenkonkordate, der Emser Punktationen und der Frankfurter Grundzüge (Karlsruhe 1838); *C. Radlspeck*, Die nationalkirchliche Idee I. H. v. Wessenbergs im Urteil der Flugschriftenliteratur 1803—21. Ein Beitrag zur Geistesgeschichte und Restauration (Phil. Diss. München) (Kallmünz 1930); *H. Raab*, Aus dem Briefwechsel des Aschaffenburger Weihbischofs Joseph Hieronymus Karl von Kolborn mit dem Generalvikar von Konstanz Ignaz Heinrich von Wessenberg: Aschaffenburger Jb. 2 (1955) 98—133.

Koblenzer Gravamina (1769): QUELLEN: *M. Höhler* (Hrsg.), Des kurtrierischen Geistlichen Rats Heinrich Aloys Arnoldi Tagebuch über die zu Ems gehaltene Zusammenkunft der vier Erzbischöflichen deutschen Herrn Deputierten, die Beschwerde der deutschen Nation gegen den Römischen Stuhl und sonstige Gerechtsame betreffend 1786 (Mainz 1915); *B. Pacca*, Memorie storiche sul soggiorno del Cardinale Pacca in Germania 1785—94 (Rom 1832), dt. Übers. (Augsburg 1832); *G. Eilers*, Der Kardinal B. Pacca und der Nuntiaturstreit: Deutsche Bl. für Protestanten u. Katholiken 5 (Heidelberg 1840); (anonym) Mittheilungen aus dem Erzbischöflich-Trier'schen Geheimen Kabinetts-Archiv zur Charakteristik teutscher geistlicher Fürsten zum päbstlichen Stuhl: ebd. 6 (Heidelberg 1840) 69—107.

LITERATUR: *H. Nottarp*, Der Koblenzer Kongreß von 1769 und Arnoldis Tagebuch vom Emser Kongreß: ThGl 7 (1915) 812—821; *I. Ph. Dengel*, Die politische und kirchliche Tätigkeit des Monsignor Josef Garampi in Deutschland (1761—63) (Rom 1905); *L. Just*, Die westdeutschen Höfe um die Mitte des 18. Jh. im Blick der Kölner Nuntiatur: AHVNrh 134 (1939) 50—91; *A. Schnütgen*, Ein Kölner Nuntius der Aufklärungszeit und die rheinischen Kurfürsten und Bischöfe. Nach vatikanischen Nuntiaturakten von 1770: Ehrengabe der deutschen Wissenschaft, hrsg. von *F. Feßler* (Freiburg i. Br. 1920) 743—766; *ders.*, Aus der Kölner Nuntiatur um den Regierungsantritt von Clemens Wenzeslaus in Trier: AHVNrh 142/143 (1943) 207—41; *C. Löffler*, Das Fraterhaus Weidenbach in Köln: ebd. 102 (1918) 125 ff; *E. Hegel*, Febronianismus und Aufklärung im Erzbistum Köln: ebd. 142/143 (1943) 147—206; *H. Raab*, Die Concordata Nationis Germanicae (Wiesbaden 1956); *ders.*, Die Finalrelation des Kölner Nuntius Giovanni Battista Caprara: RQ 50 (1955) 207—229; *ders.*, Die Finalrelation des Kölner Nuntius Carlo Bellisomi 1785—86: ebd. 51 (1956) 70—124; *H.-W. Jung*, Anselm Franz von Bentzel im Dienste der Kurfürsten von Mainz (Wiesbaden 1966); *K. J. Krüger*, Karl Friedrich Willibald von Groschlag (1729—99). Ein Beitrag zur Kurmainzer Politik und zur Aufklärung im Rhein-Main-Gebiet (Phil. Diss. München 1967); *A. Stelzmann*, Franz Carl J. von Hillesheim. Ein Beitrag zur rheinischen Geistesgeschichte des 18. Jh.: AHVNrh 149/150 (1950/51) 181—232; *A. Schulte*, Ein englischer Gesandter am Rhein. Georg Cressener als Bevollmächtigter Gesandter an den Höfen der geistlichen Kurfürsten und beim Niederrheinisch-Westfälischen Kreis (1763—1781) (Phil. Diss. masch. Bonn 1954); *K. O. v. Aretin*, Heiliges Römisches Reich 1776—1806. Reichsverfassung und Souveränität, Tl I (Wiesbaden 1967); *ders.*, Die Konfessionen als politische Kräfte am Ausgang des alten Reiches: Festschr. Lortz II 181—184; *A. Hanschmidt*, Franz von Fürstenberg als Staatsmann. Die Politik des münsterschen Ministers 1762—80 (Münster 1969).

Salzburger Kongreß: *G. Pfeilschifter-Baumeister*, Der Salzburger Kongreß und seine Auswirkung 1770—77. Der Kampf des bayr. Episkopats gegen die staatskirchenrechtliche Aufklärung unter Kurfürst Max III. Joseph (1745—77), Verhandlungen zu einem ersten bayr. Einheitskonkordat (Paderborn 1929); *J. W. Weber*, Die Kirchenrechtswissenschaft in Bayern im Zeitalter der Aufklärung (Diss. Würzburg 1904).

Emser Kongreß: Sanctissimi Domini nostri PII Papae Sexti Responsio ad Metropolitanos Mogunt., Trevir., Colonien. et Salisburgensem super Nuntiaturis Apostolicis (Romae 1789) (Verfasser sind: Kardinal Garampi u. Zaccaria; Material lieferte hierzu u. a. der Kölner Nuntius B. Pacca; hrsg. wurde die Responsio von Kardinal Campanelli); (anonym) Brief Sr. Päpstlichen Heiligkeit Pius VI. an den Erzbischof von Köln als ein Nachtrag eben seiner Heiligkeit an die Metropoliten von Maynz, Trier, Köln und Salzburg mit der Widerlegung der Vredensischen Bemerkungen (Düsseldorf 1790); Aus der zeitgenössischen Literatur über den Emser Kongreß (vgl. *Habenschaden*, Publizistik [s. u.] u. *Raab*, Concordata) sei nur erwähnt: *F. X. Feller*, Coup d'œil oder Blick auf den Congress, der im Jahr 1786 von den vier Abgeordneten der vier Metropoliten Deutschlands zu Ems gehalten wurde, 2 Bde (Düsseldorf 1789); *K. J. Wreden*, Gesch. der Appellationen von geistlichen Gerichtshöfen zur Erläuterung des Art. XXII des Embser Kongresses (1788); *ders.*, Kurze Beleuchtung der Fakultäten päpstlicher Nunzien in Deutschland. Zur Erläuterung des in der Nunziatursache erlassenen kaiserlichen Hofdekrets und Art. IV des Embser Kongresses (Köln 1789); *E. v. Münch*, Geschichte des Emser Kongresses und seiner Punktate, sowie der damit zusammenhängenden Nuntiatur- und Dispenzstreitigkeiten, Reformen und Fortschritte der teutschen katholischen Kirche zu Ende des 18. Jh. (Karlsruhe 1840) (tendenziös, aber aufschlußreich für das Weiterleben des Emser Programms); *A. Coulin*, Der Emser Kongreß des Jahres 1786. Ein Beitrag zur Gesch. des Kirchenrechts der Aufklärungszeit: DZKR 3. F. XXV (Tübingen 1916/17) 1—79; *H. Schotte*, Zur Gesch. des Emser Kongresses: HJ 35 (1914) 86—109 319—348 781—820; *F. X. Münch*, Der Kölner Stadtpfarrer Peter Anth (Theodolph Joseph van den Elsken). Ein Beitrag zur Kölner Kirchengeschichte an der Wende des 18. u. 19. Jh.:

AHVNrh 82 (1907) 92—118, 84 (1909) 181—208; *H. Raab*, Briefe von Karl Joseph Wreden an Stephan Alexander Würdtwein 1785—87; AHVNrh 153/154 (1953) 170—200; *A. Wandruszka*, Ems und Pistoia: Festschr. Max Braubach (Bonn 1964) 627—34.

Nuntiaturstreit: *H. Raab*, Nuntiaturstreit: LThK² VII (1962) 1072—73; *K. Walf*, Die Entwicklung des päpstlichen Gesandtschaftswesens in dem Zeitabschnitt zwischen Dekretalenrecht und Wiener Kongreß (1159—1815) (München 1966); vgl. hierzu *H. Raab*, Sieben Jahrhunderte päpstlichen Gesandtschaftswesens: HJ 89 (1969) 409—419; *L. Just*, Die Erforschung der päpstlichen Nuntiaturen. Stand und Aufgaben, besonders in Deutschland: QFIAB 24 (1933) 244—277; *ders.*, Die Quellen zur Geschichte der Kölner Nuntiatur in Archiv und Bibliothek des Vatikans: ebd. 29 (1938/39) 249—296; *L. E. Halkin*, Les archives des Nonciatures (Brüssel-Rom 1968); *A. Veit*, Die Kölner Nuntiatur und der Mainzer Hof: HPBl 157 (1921) 208—216; *M. Stigloher*, Die Errichtung der päpstlichen Nuntiatur in München und der Emser Kongreß (Regensburg 1867); *F. Endres*, Die Errichtung der Münchener Nuntiatur und der Nuntiaturstreit bis zum Emser Kongress: Beitr. zur bayer. KG 14/15 (Erlangen 1908/09); *K. Habenschaden*, Der Münchener Nuntiaturstreit in der Publizistik (München 1933); *ders.*, Die Kirchenpolitik Bayerns unter Kurfürst Karl Theodor und ihr Verhältnis zum Emser Kongreß: ZSavRGkan 28 (1939) 333—417; *B. Zittel*, Die Vertretung des Heiligen Stuhles in München 1785—1934: Der Mönch im Wappen. Aus Geschichte und Gegenwart des katholischen München (München 1960) 419—494; *G. Schwaiger*, Die altbayerischen Bistümer Freising, Passau und Regensburg zwischen Säkularisation und Konkordat 1803—1817 (München 1959); *A. Wandruszka*, Leopold II., Erzherzog von Österreich, Großherzog von Toskana, König von Ungarn und Böhmen, Römischer Kaiser, 2 Bde (Wien-München 1963/65); *F. W. Becker*, Die Kaiserwahl Leopolds II. 1790. Eine Untersuchung zur Gesch. des alten Reiches und der Nachwirkung des Fürstenbundes (Phil. Diss. masch. Bonn 1943); *G. J. Jansen*, Kurfürst Erzbischof Max Franz von Köln und die episkopalistischen Bestrebungen seiner Zeit. Nuntiaturstreit und Emser Kongreß (Essen 1933); *M. Braubach*, Maria Theresias jüngster Sohn Max Franz. Letzter Kurfürst von Köln und Fürstbischof von Münster (Wien 1961); *K. Schottenloher*, Der bayerische Gesandte Kasimir Haeffelin in Malta, Rom und Neapel, 1796—1827: ZBLG 5 (1932) 380—415; *L. Litzenburger*, Der bischöfliche Informativprozeß des Münchener Hofbibliothekars C. Haeffelin: RQ 50 (1955) 230—247; *J. Angermeier*, Das Bistum Freising im Nuntiaturstreit (München 1921); *A. Hoffmann*, Beda Aschenbrenner, letzter Abt von Oberaltaich (Theol. Diss. München 1964); *R. v. Dülmen*, Propst Franziskus Töpsl (1711—96) und das Augustinerchorherrenstift Polling (Kallmünz 1967); *J. Mack*, Die Reformen und Aufklärungsbestrebungen Erzbischof Colloredos (Diss. München 1912); *J. Schöttl*, Kirchliche Reformen des Salzburger Erzbischofs Hieronymus von Colloredo im Zeitalter der Aufklärung (Passau 1939); *H. Schlapp*, Dionys Reichsgraf von Rost, Reichsgraf und Bischof von Chur 1777—1793. Ein Beitrag zur Geschichte des Bistums Chur im Zeitalter des Josephinismus = 93. Jahresbericht der Histor.-Antiquar. Gesellschaft von Graubünden (Chur 1965).

Der praktische Episkopalismus des ausgehenden 17. und frühen 18. Jahrhunderts

Der reichskirchliche Episkopalismus des 17. und 18. Jh. reicht mit seinen Wurzeln in das Spätmittelalter zurück[1]. Über das Tridentinum und die

[1] *L. Mergentheim*, Die Wurzeln des deutschen Febronianismus: HPBl 139 (1907) 180—192; *H. Raab*, Die Concordata Nationis Germanicae (Wiesbaden 1956); *A. Werminghoff*, Nationalkirchliche Bestrebungen (Stuttgart 1910); *F. Vigener*, Gallikanismus und episkopalistische Strömungen: HZ 111 (1913) 495—581.

Reformation hinweg knüpft er an die spätmittelalterliche Reaktion gegen die päpstlichen Ansprüche, an die kirchliche Reformbewegung des 14. und 15. Jh., die Konzilien von Konstanz und Basel und die vorreformatorischen Gravamina an. Als praktischer Episkopalismus gründet er zunächst seine Forderungen, das Benefizialrecht, die bischöfliche Jurisdiktion und die finanziellen Leistungen an die Kurie betreffend, auf das allein bekannte Wiener Konkordat von 1448, um dann von dessen umstrittener Klausel „In aliis autem" mit Hilfe der historischen Forschung zu den darin bestätigten, der Reichskirche weit vorteilhafteren Fürstenkonkordaten von 1447 und schließlich der mit der Pragmatischen Sanktion von Bourges, dem Grundgesetz der Ecclesia Gallicana, vergleichbaren Mainzer Akzeptation von 1439 vorzustoßen. In den in Mainz akzeptierten Baseler Dekreten erblickt seit 1762 der reichskirchliche Episkopalismus sein Grundgesetz und sein Programm [2]. Der Versuch einer Reform der Kirchenverfassung im episkopalistischen Sinne und die damit gleichzeitig angestrebte Umwandlung der geistlichen Fürstentümer in moderne, aufgeklärt-absolutistische Staaten auf katholischem Boden durch eine Wiederbelebung der Baseler Konzilsbeschlüsse — als Nebenergebnis hat man hie und da auch an eine Überwindung der konfessionellen Spaltung gedacht — ist von vorneherein mit der Hypothek von mehr als dreihundert Jahren Kirchen- und Reichsgeschichte belastet, in sich voller Widersprüche und durch die zugrunde liegende empirisch-historische Methode zum Scheitern verurteilt.

Für den um die Mitte des 17. Jh. wieder auflebenden reichskirchlichen Episkopalismus waren entscheidende positive wie negative Voraussetzungen mit dem Konzil von Trient geschaffen worden. Je geringer dann die direkte Existenzbedrohung der geistlichen Territorien wurde, je mehr sich die Fürstbischöfe auf ihre kirchlichen und politischen Aufgaben zu besinnen begannen [3], um so häufiger kam es zu Streitigkeiten mit den Nuntien in Köln, Wien, Luzern und mit der Römischen Kurie wegen Verletzungen des Wiener Konkordats, der erzbischöflichen Indulte für die päpstlichen Monate, der Quinquennalfakultäten, der Gerichtsbarkeit der Nuntien, wegen Annaten, Konfirmationsgebühren, Palliengeldern, Exemtionen und Dezimationen [4].

An der Spitze der reichskirchlichen Opposition standen in den ersten

[2] *H. F. Hürten,* Die Mainzer Akzeptation (Diss. Münster 1955); *H. Raab,* Concordata 125 ff.

[3] Der Salzburger Erzbischof Wolf Dietrich hatte sich bereits die Theorie zurechtgelegt, er sei Reichsfürst, der das Erzstift als Vasall des Kaisers habe. Als Fürst sei er dem Papst nicht unterworfen. Er bleibe Fürst, auch wenn er seine Bischofswürde resigniert habe. *F. Martin,* Salzburgs Fürsten in der Barockzeit (Salzburg 1966) 36.

[4] *W. Michel,* Das Wiener Konkordat vom Jahre 1448 und die nachfolgenden Gravamina des Primarklerus der Mainzer Kirchenprovinz (Diss. Heidelberg 1929); *L. Mergentheim,* Die Quinquennalfakultäten pro foro externo (Stuttgart 1908); *A. Franzen,* Eine Krise der deutschen Kirche im 17. Jh.?: RQ 49 (1954) 56—111.

Jahrzehnten nach dem Westfälischen Frieden die Kurfürst-Erzbischöfe von Mainz und Köln, Johann Philipp von Schönborn[5] und Max Heinrich von Bayern. Als Reichserzkanzler sah Johann Philipp seine vornehmste Aufgabe darin, über die Freiheiten und Rechte der deutschen Nation zu wachen, und als Erzbischof der Metropolis Germaniae brachte er, besorgt um die Reform von Primar- und Sekundarklerus, bereits 1648 Klagen über die Minderung seiner Ordinariatsrechte durch die Kölner Nuntiatur vor. In seiner Nuntiaturfeindschaft wurde er durch seine politischen und gallikanischen Vorstellungen sowie durch die unionistischen Absichten und antirömischen Affekte mancher seiner Ratgeber, insbesondere des Konvertiten Johann Christian von Boineburg[6], gestärkt. Bei dem Kölner Kurfürsten Max Heinrich, der nach heftigen Auseinandersetzungen über das Krönungsrecht im Jahre 1657 mit Johann Philipp sich in dem sogenannten Krönungstraktat[7] verständigt hatte, war neben theologisch-kirchenrechtlichen Bedenken gegen die direkten Eingriffe der Nuntien vor allem in Köln und Lüttich, der Vorstellung von den besonderen Rechten eines „geborenen Legaten des Heiligen Stuhles" und dem Einfluß seines an dem gallikanischen Vorbild orientierten Günstlings Franz Egon von Fürstenberg die Wittelsbacher Reichskirchenpolitik die wichtigste Ursache für den offenen Ausbruch der Spannungen mit Rom im Jahre 1659.

Es verdient in diesem Zusammenhang hervorgehoben zu werden, daß neun Jahre vorher, 1650, die Wahl des persönlich frommen, jedoch schwachen Max Heinrich in Münster von Christoph Bernhard von Galen abgelehnt worden war, weil er „zu sehr Geistlicher war, als daß er ein guter Herrscher und Feldherr, wie ihn die Zeit forderte, sein konnte"[8]. Jetzt bewarb er sich wegen der beabsichtigten Resignation seines Bruders Albrecht Sigismund[9] auf das Bistum Freising, obschon selbst bereits im Besitz von Kurköln und der Fürstbistümer Hildesheim und Lüttich, um dessen Nach-

[5] *G. Mentz*, Johann Philipp v. Schönborn. Kurfürst von Mainz, Bischof von Würzburg u. Worms 1605—73 (Jena 1899) 172 f; über Johann Philipp vgl. außerdem LThK² IX (1964) 451 u. die dort angegebene Lit.

[6] NDB 2 (1955) 424 f; *St. v. Dunin Borkowski*, Aus der Briefmappe eines berühmten Konvertiten des 17. Jh.: StdZ 105 (1923) 132—147. Bezeichnend folgende Stelle aus einem Brief Boineburgs an Hermann Conring vom 23. 1. 1659: „Mögen die Römer uns hassen, wenn sie uns nur fürchten."

[7] *G. Mentz*, Johann Philipp II 20 f; *A. M. Reitzel*, Das Mainzer Krönungsrecht und die politische Problematik (Mainz 1963); *G. Wallner*, Der Krönungsstreit zwischen Kurköln und Kurmainz (1653—57) (Jur. Diss. Mainz 1967).

[8] *W. Kohl*, Christoph Bernhard von Galen. Politische Geschichte des Fürstbistums Münster 1650—1678 (Münster 1964) 3.

[9] Albrecht Sigismund war mit 16 Jahren zum Koadjutor von Freising gewählt worden, persönlich fromm und untadelig. Nach seinem Regierungsantritt suchte er um Dispens vom Empfang der höheren Weihen nach. *H. E. Feine*, Die Besetzung der Reichsbistümer vom Westfälischen Frieden bis zur Säkularisation (Stuttgart 1921; Nachdruck Amsterdam 1964) 35 38 f.

folge in jenem machtpolitisch unbedeutenden Hochstift. Als „unsere Pfarr" hat es Kurfürst Max Emanuel später mit einem gewissen Recht bezeichnet [10]. Von der Mitte des 16. bis zur Mitte des 18. Jh. haben, mit zwei Unterbrechungen, Wittelsbacher über das Fürstbistum regiert. Als ein „Arcanum" der Freisinger Politik aber galt es, sich auf keinen Fall von Kaiser und Reich zu trennen. Ein Ziel der Wittelsbacher Reichskirchenpolitik war es stets, Freising mit dem altbayerischen Bistum Regensburg oder der von Herzog Ernst begründeten geistlichen Sekundogenitur in der nordwestdeutschen Germania Sacra in Personalunion zu verbinden. Neben Max Heinrich traten als weitere Kandidaten für Freising auf Kardinal Friedrich von Hessen [11], Franz Egon von Fürstenberg und der aus unebenbürtiger Ehe des Herzogs Ferdinand von Bayern stammende Fürstbischof von Osnabrück und Regensburg, Franz Wilhelm von Wartenberg.

Papst Alexander VII. weigerte sich jedoch, die Resignation Albrecht Sigismunds anzunehmen, wenn die Neubesetzung nicht bedingungslos an den Heiligen Stuhl falle, entzog dem Freisinger Kapitel das Wahlrecht und wies den Nuntius an, eine Wahl des Kölner Kurfürsten zu hintertreiben [12]. Verschärft wurden diese aus der Wittelsbacher Reichskirchenpolitik erwachsenden Differenzen durch das Scheitern der Absichten Max Heinrichs auf Paderborn, durch die Streitigkeiten wegen der Quinquennalfakultäten und der erzbischöflichen Indulte, die in den päpstlichen Monaten frei werdenden Benefizien zu besetzen. Im Herbst 1660 schlug Max Heinrich wahrscheinlich auf Anraten seines romfeindlich gesinnten Ministers Franz Egon von Fürstenberg die Einberufung eines Nationalkonzils vor, um den Anmaßungen des Römischen Stuhls und den Mißständen in der Reichskirche zu begegnen.

Ein Gegenstück hierzu war nach der Meinung des Wiener Nuntius das im September 1660 von Frankfurt aus in die Welt gesetzte Reunionsprojekt, der sogenannte „Mainzer Plan" [13]. Durch weitgehende Zugeständnisse an die Protestanten sollte auf nationalkirchlicher Basis eine Wiedervereinigung zustande gebracht werden. Ein Jahr später, im November 1661, wollte der Kölner Nuntius Marco Gallio von einem geplanten Zusammenschluß der drei geistlichen Kurfürsten wissen, um eine „absolute und von Rom unabhängige Verfügungsgewalt über sämtliche kirchlichen Benefizien durchzusetzen" [14].

[10] *B. Hubensteiner*, Vom Geist des Barock. Kultur und Frömmigkeit im alten Bayern (München 1967) 37.

[11] *F. Noack*, Kardinal Friedrich von Hessen. Großprior in Heitersheim: ZGObRh 80 (1928) 341—386.

[12] *A. Franzen*, Krise der deutschen Kirche 87 f; *A. Levinson*, Nuntiaturberichte vom Kaiserhofe Leopolds I.: AÖG 103 (1913) 667 ff.

[13] Siehe Kap. 25: Die kirchlichen Reunionsversuche.

[14] *A. Franzen*, Krise der deutschen Kirche 103.

Heftigste Angriffe gegen Rom erwartete man auf dem Reichstag zu Regensburg. Nach einem späteren Zeugnis des Salzburger Erzbischofs Guidobald von Thun beabsichtigte der Kölner Kurfürst-Erzbischof, „di costituire un patriarca in Germania e di costituire o almeno d'introdurre nel clero dell'imperio la prattica e lo stilo della chiesa Gallicana“ [15]. Der Ausgleich, der durch Entgegenkommen des Papstes erreicht werden konnte, war nur von kurzer Dauer. Gegen die Appellationen an Papst und Nuntius in Prozessen, die sich mit Fragen weltlicher Art befaßten, sprachen sich Reichstag und Reichskammergericht zu Speyer im Jahre 1665 mit aller Entschiedenheit aus.

Einen ersten Höhepunkt der reichskirchlichen Opposition stellen die Gravamina der drei rheinischen Kurfürst-Erzbischöfe von 1673 dar [16]. Feierlich protestierten Max Heinrich, Kurfürst-Erzbischof von Köln, zugleich Fürstbischof von Lüttich und Hildesheim, Lothar Friedrich von Metternich, Kurfürst-Erzbischof von Mainz, zugleich Fürstbischof von Speyer und Worms, und Karl Kaspar von der Leyen, Kurfürst-Erzbischof von Trier, gegen die Verletzungen der Bestimmungen des Wiener Konkordats betreffend die Freiheit der Bischofswahlen, die Annaten, Pfründenverleihungen. Sie forderten, daß die Kurie die den Erzbischöfen bei der Annahme des Wiener Konkordats gewährten Indulte beachte und die deutsche Kirche nicht gegenüber der französischen und spanischen benachteilige.

An zahlreichen weiteren Beschwerden über Konkordatsverletzungen und Eingriffen der Nuntien in die ordentliche bischöfliche Jurisdiktion fehlte es auch in den folgenden Jahren nicht. Anläßlich der Wahl des Erzherzogs Joseph zum Römischen König (1690) stellte Kurtrier den Antrag, die Gravamina wider den Apostolischen Stuhl erneut zu formulieren. Der ein-

[15] Caraffa, Regensburg 26. 12. 1663. Zit. nach *A. Levinson,* Nuntiaturberichte 763. — Von Forderungen, um 1662 ein gemeinsames deutsch-französisches Konzil „zu gemeinsamem Widerstand gegen die Anmaßungen des Heiligen Stuhles zu berufen“, berichtet *G. Mentz,* Johann Philipp 184.

[16] Die Gravamina von 1673 bei *Gärtner,* Corp. jur. II (1799) 322 f; *F. J. Buß,* Urkundliche Gesch. des National- und Territorialkirchentums in der kath. Kirche Deutschlands (Schaffhausen 1851) 702—710; *H. Raab,* Concordata 67; über Lothar Friedrich, den mit französischer Hilfe gewählten Nachfolger Johann Philipps von Schönborn, vgl. *M. Braubach,* Politische Hintergründe der Mainzer Koadjutorwahl von 1670: RhVjBl. 15/16 (1951) 313—338; auch in *M. Braubach,* Diplomatie und geistiges Leben im 17. u. 18. Jh. (Bonn 1969) 54—77; über Max Heinrich vgl. außer *A. Franzen,* Krise der deutschen Kirche (mit Lit.) die biographische Würdigung von *M. Braubach,* Kurkölnische Miniaturen (Münster [2]1954) 1—24; über Karl Kaspar von der Leyen vgl. *P. Pillorget,* La France et l'Électorat de Trèves au temps de Charles Gaspard de la Leyen (1652—76): Revue d'histoire diplom. 78 (1964). — Es fällt auf, daß keiner der Kurfürst-Erzbischöfe politisch die gleiche Linie vertrat. Der Kurfürst von Trier war einer der zuverlässigsten Gefolgsleute des Kaisers. Von Metternich erwartete man, daß er Mainz fester in das französische System einfüge. Max Heinrich war schwach und unzuverlässig; unter Fürstenbergs Einfluß neigte er nach Frankreich.

schlägige, immer wieder erörterte Artikel der Wahlkapitulation [17], durch den schon Ferdinand III. 1654 verpflichtet worden war, den Nuntien und der Römischen Kurie die Rechtsprechung in weltlichen Dingen zu nehmen und auf der Beachtung der Konkordatsbestimmungen zu bestehen, erhielt 1711 bei der Wahl Karls VI. dann jene Fassung, in der er, fortan Artikel XIV, bis auf Leopold II. in Geltung blieb. Eine den Emser Beschlüssen des Jahres 1786 „ganz gleichlautende Sprache" [18] führte schon eine Beschwerde des Corpus Evangelicorum aus dem Jahre 1703, als es in den seit 1699 zwischen der Römischen Kurie und dem Domkapitel zu Münster währenden Streit um die Besetzung der Dompropstei eingriff. Zu ähnlichen Konflikten kam es zwischen der Kurie und den Domkapiteln von Worms und Konstanz [19]. Die episkopalistisch-nuntiaturfeindliche Einstellung des Mainzer Domkapitels im ausgehenden 17. Jh. charakterisiert hinreichend die Bemerkung des Kölner Nuntius Buonvisi: „Non essendoci niuno provisto dalla Santa Sede, non vi è chi voglia havere corrispondenza col Nuntio." [20] Allen Bemühungen der Kölner Nuntiatur, sich amtlich mit Mainz oder Bamberg in Verbindung zu setzen, trat Kurfürst-Erzbischof Lothar Franz von Schönborn entschieden entgegen, da „weder das hohe Erzstift Mainz noch allhiesiges Hochstift (Bamberg) in den Grenzen seiner Legation sich befinden, sondern beyde ab omni nuntiatura frei und unmittelbar dem heiligen Stuhl untergeordnet seien" [21].

[17] *F. Hartung,* Die Wahlkapitulationen der deutschen Kaiser und Könige: HZ 107 (1911) 306—344; auch *ders.,* Volk und Staat in der deutschen Gesch. (Leipzig 1940); *G. Kleinheyer,* Die kaiserliche Wahlkapitulation. Gesch., Wesen und Funktionen (Karlsruhe 1968) geht auf dieses Problem nicht ein.

[18] Mainzer Monatsschrift von geistlichen Sachen IV (1788) 420—423; *H. Raab,* Concordata 68; *F. Keinemann,* Das Domkapitel zu Münster im 18. Jh. (Münster 1967) 85 ff.

[19] *K. Wild,* Lothar Franz von Schönborn, Bischof von Bamberg u. Erzbischof von Mainz 1693—1729 (Heidelberg 1904) 154. — Über die Provision des Schweizers A. S. Reding, die zu einem längeren Konflikt zwischen Bischof und Domkapitel von Konstanz einerseits, der römischen Kurie, der Nuntiatur in Luzern und der Eidgenossenschaft andererseits führte, vgl. *R. Reinhardt,* Die Beziehungen von Hochstift und Diözese Konstanz zu Habsburg-Österreich in der Neuzeit (Wiesbaden 1966) 75 f. Die deutsche Partei drängte auf einen Austrag in Mainz, wo man die „Gebräuche" der deutschen Kirche kenne, und suchte „grundsätzlich als Gerichtsstand für alle Streitsachen um die adelige Herkunft in der Reichskirche den kaiserlichen Hof oder wenigstens ein kirchliches Gericht in Deutschland durchzusetzen". Kaiser Leopold trat, um die österreichisch-kaiserliche Position im Bodenseegebiet gegen französischen und eidgenössischen Einfluß abzuschirmen, mit allem Nachdruck für das Domkapitel ein.

[20] Buonvisi an Paluzzo-Altieri, Köln 2. 11. 1670. *F. Diaz* (Hrsg.), Francesco Buonvisi. Nuntiatura a Colonia I (Roma 1959) 86.

[21] *H. Weber,* Die Privilegien des alten Bistums Bamberg: HJ 20 (1899) 40, 634; *A. Veit,* Die Kölner Nuntiatur und der Mainzer Hof: HPBl 167 (1921) 208—216.

Eine Zeitlang mochte es scheinen, als werde sich Lothar Franz von Schönborn [22], nach seinem Oheim Johann Philipp der zweite bedeutende Reichserzkanzler aus diesem Geschlecht, das für drei Generationen die Geschichte des stiftischen Deutschland entscheidend bestimmte, an die Spitze nationalkirchlicher Bestrebungen stellen. Das Verhältnis der rheinischen Erzbischöfe zur Kölner Nuntiatur verschlechterte sich infolge der Ächtung des Kurfürsten Joseph Clemens von Bayern, der letzten kriegerischen Auseinandersetzung zwischen Kaiser und Papst um Comacchio, der Exekution der umstrittenen preces primariae und des Kurtrier gewährten Privilegium illimitatum de non appellando „bis an die äußerste Grenze der Erträglichkeit" [23]. Als Exekutor der „Ersten Bitten" und Oheim des Reichsvizekanzlers Friedrich Karl von Schönborn [24], der für die antirömische, von spezifisch habsburgischen Interessen diktierte Politik Josephs I. mitverantwortlich gemacht wurde und die Verärgerung Roms bei seiner Koadjutorwahl in Bamberg und dem geforderten Widerruf zu spüren bekam, geriet Lothar Franz in eine sehr heikle Situation zwischen Kaiser und Papst. Doch ließ er sich trotz episkopalistischer Abneigung gegen Rom und reichspatriotischer Einstellung nicht zum Werkzeug josephinischer Kirchenpolitik machen. Das hier auftauchende Dilemma des stiftischen Deutschland zwischen Papst und Kaiser oder, besser, zwischen Rom und Wien wurde fast gleichzeitig vergrößert durch die aufkommenden Differenzen mit katholischen Laienfürsten, die, wie z. B. der Pfälzer Kurfürst Karl Philipp 1731—34 [25], dank päpstlicher Indulte, drückende Steuerlasten gegen den Widerstand der Fürstbischöfe auf die Kirche abwälzen konnten. So sieht sich der praktische Episkopalismus, noch bevor er theoretisch hinreichend begründet ist, zu Beginn des 18. Jh. der gleichen Konstellation von Kräften gegenüber, an der er bereits im 15. Jh. gescheitert war.

[22] Vgl. LThK² IX (1964) 452; *H. Reifenberg,* Lothar Franz von Schönborn und die Liturgie im Bistum Bamberg: 103. Bericht des Histor. Vereins für die Pflege der Gesch. des ehemaligen Fürstbistums Bamberg (Bamberg 1967) 419—466. — Auf dem Hochaltar der Gaibacher Kirche hat später Fürstbischof Friedrich Karl von Schönborn mit dem Gemälde der zur Verehrung der Allerheiligsten Dreifaltigkeit versammelten lebenden und verstorbenen männlichen Mitglieder seiner Familie der Schönbornherrschaft in der Reichskirche ein Denkmal gesetzt.

[23] *K. Walf,* Entwicklung des päpstlichen Gesandtschaftswesens 151.

[24] *H. Hantsch,* Reichsvizekanzler Friedrich Karl von Schönborn; *M. Braubach,* Friedrich Karl von Schönborn und Prinz Eugen: Festgabe für H. Hantsch (Graz - Wien - Köln 1965) 111—131; auch *M. Braubach,* Diplomatie und geistiges Leben im 17. und 18. Jh. (Bonn 1969) 301—320.

[25] *H. Duchhardt,* Philipp Karl von Eltz. Kurfürst von Mainz, Erzkanzler des Reiches (1732—1743) (Mainz 1969) 119 f.

Die kirchenrechtlich-theologische Begründung des reichskirchlichen Episkopalismus. — J. K. Barthel und G. Chr. Neller

Die politisch-kirchliche Opposition in der Reichskirche gegen Rom, so scharf sie auch im ersten Drittel des 18. Jh. gewesen sein mag, war theologisch-kirchenrechtlich wenig fundiert, von der Aufklärung nur am Rande, vom theologischen Rationalismus überhaupt nicht berührt. Sie brach nur gelegentlich hervor aus dem Streben der geistlichen Fürstentümer um eine ihrer Doppelfunktion in Kirche und Reich angemessene Ordnung. Auf den Kaiser als Advocatus Ecclesiae, als Vindex canonum konnte sie seit dem „Herausbau Österreichs aus dem Reich" und dem Erstarken des Staatskirchentums in der Monarchie nur gelegentlich rechnen. Eine Resonanz im Kirchenvolk kann, abgesehen von der Ablehnung des Offiziums Gregors VII., des falschen „Hildebrandismus" und allzu offen praktizierter „ultramontaner" [26] Grundsätze nur während des Münchener Nuntiaturstreits oder des Udligenschwyler Handels in einigem Umfang angenommen werden. Mit dem Gallikanismus ist der reichskirchliche Episkopalismus nur entfernt zu vergleichen. Die Einheit der Kirche hat er selbst in seinen radikalsten Äußerungen nicht in Frage gestellt; er erstrebte keine deutsche Nationalkirche, sondern lediglich die Sicherung reichskirchlicher Rechte und Freiheiten.

Bemühungen um eine kirchenrechtlich-theologische Begründung des praktischen Episkopalismus setzten in der Reichskirche erst im ausgehenden 17. Jh. unter dem Eindruck der Kämpfe Ludwigs XIV. mit Innozenz XI., wachsender eigener Differenzen mit den Nuntien und Rom und mit der Übernahme gallikanischer, jansenistischer und aufklärerisch-staatskirchlicher Gedanken ein [27]. An Petrus de Marca lehnte sich einer der ersten Vorkämpfer deutscher Kirchenfreiheit, der protestantische Kanonist Johan-

[26] *H. Raab*, Zur Gesch. und Bedeutung des Schlagwortes „ultramontan" im 18. und im frühen 19. Jh.: HJ 81 (1962) 159—173.

[27] Über Bossuets Einfluß auf Febronius vgl. *J. Kuntziger* a. a. O. 30 40 f. Die Geschichte der Bossuet-Rezeption in der Reichskirche ist noch nicht geschrieben. Einige Angaben hierzu *H. Raab*, Concordata 64 157. In der Ankündigung von Bossuets Defensio in der Mainzer Monatsschrift IV (1788) 496 f heißt es: „... daß dieses treffliche Buch an recht vielen Orten seine gesunden und wahren Grundsätze verbreite, curialistische Maßnahmen und den gesamten Isidorischen Sauerteig verbannen helfe." — Über den Jansenismus in Deutschland vgl. die sehr ergänzungsbedürftige, aber noch immer unentbehrliche Arbeit von *W. Deinhardt*, Der Jansenismus in deutschen Landen (München 1929); ferner *L. Just*, Die Bekämpfung des Jansenismus in der Erzdiözese Köln unter Josef Clemens (1703): AHVNrh 136 (1940) 131—138; *ders.*, Der Trierer Weihbischof Johann Mathias v. Eyss im Kampf gegen den Jansenismus (1714—1729): AMrhKG 11 (1959) 160—189; *H. Tüchle*, Die Bulle Unigenitus und die süddeutschen Prämonstratenser: HJ 74 (1955) 342—350; *H. Raab*, Landgraf Ernst von Hessen-Rheinfels und der Jansenismus: AMrhKG 19 (1967) 41—60.

nes Schilter, in seinem ein Jahr nach der Declaratio Cleri Gallicani verfaßten Werk „De libertate ecclesiarum Germaniae" an[28], das keimhaft die Lehren des Febronius enthält, den Weg für eine Wiedervereinigung der Konfessionen mit einer Reduktion des päpstlichen Jurisdiktionsprimats und dem Verzicht auf die Lehre über die päpstliche Infallibilität ebnen will und mit der Verherrlichung mittelalterlicher Kaisermacht die antirömischen Tendenzen in der Reichskirche stärkt. Aus der Schultradition Zeger-Bernard Van Espens[29], der im Jahre 1700 sein bahnbrechendes „Jus ecclesiasticum" veröffentlichte, wurden episkopalistische, staatskirchliche und jansenistische Vorstellungen in die Reichskirche übernommen. Die entscheidenden Impulse für das Reichskirchenrecht und für die theoretische Begründung des deutschen Episkopalismus gingen, wenn auch schon der spätere Mainzer Weihbischof Schnernauer in den jahrelangen Fehden zwischen dem Kardinal Damian Hugo von Schönborn und seinem Metropoliten Gedanken entwickelte, die fast eine Vorwegnahme der Koblenzer und Emser Punkte bedeuten, während des zweiten Drittels des 18. Jh. von dem Schönbornschen Machtbereich aus.

In Würzburg, wo seit 1734 der ehemalige Reichsvizekanzler Friedrich Karl von Schönborn regierte, dozierte der Lambertini-Schüler Johann Kaspar Barthel[30], von seinen Zeitgenossen als Fürst der Kanonisten und Orakel seines Jahrhunderts gefeiert, im Seminar und an der Universität, gemäß dem Auftrag seines Bischofs und Landesfürsten ein an die besonderen deutschen Verhältnisse angepaßtes Kirchenrecht, das von dem in Rom gelehrten stark abwich. Barthel lehrte, wie der spätere Würzburger Weihbischof Gregor Zirkel 1794 schreibt, „die deutsche Kirche ihre Rechte und Selbständigkeit fühlen"[31]. Mit „deutscher Freimütigkeit" widersprach er den Jesuiten und der römischen Kurie; die Grundsätze der französischen Kanonisten verpflanzte er nach Deutschland; aus der Geschichte enthüllte er die römische Politik und schuf so viele Widersacher Roms, als er Zuhörer hatte. Eine absolutistische Regierungsform der Kirche lehnte Barthel mit theologischen, historischen und kirchenpolitischen Gründen ab. Zwischen Essentialia, die auf göttlichem Recht beruhen, und Accessoria, die durch Gewohnheitsrecht und geschichtliche Entwicklung erworben wurden („Olim non erat sic"), müsse in der Lehre vom päpstlichen Primat unter-

[28] *J. Schilter*, De libertate ecclesiarum Germaniae libri VII (Jena 1683); *H. Raab*, Concordata 71 ff sowie unten Kap. 25.

[29] *G. Leclerc*, Zeger-Bernard van Espen (1648—1728) et l'autorité ecclésiastique. Contribution à l'histoire des théories gallicanes et du jansénisme (Zürich 1964).

[30] *H. Raab*, Johann Kaspar Barthels Stellung in der Diskussion um die Concordata Nationis Germanicae: Heripolis jubilans (Würzburg 1953) 599—616; *ders.*, Die Concordata Nationis Germanicae 79—96; *ders.*, Neller und Febronius.

[31] *A. F. Ludwig*, Weihbischof Zirkel von Würzburg in seiner Stellung zur theologischen Aufklärung und zur kirchlichen Restauration I (Paderborn 1904) 91.

schieden werden. Nicht „in destructionem sed in aedificationem ecclesiae" sei er verliehen worden und könne im Interesse der Eintracht zwischen Imperium und Sacerdotium eingeschränkt werden. Die Independenz, Koexistenz, Hinordnung von geistlicher und weltlicher Gewalt auf ein gemeinsames Ziel mache es schwierig, die Kompetenzen und Rechte beider abzugrenzen, erwachse doch aus der Erfüllung eines gemeinsamen göttlichen Auftrags die „quasi confusio" geistlicher und weltlicher Gesetze, aus der notwendigen gegenseitigen Subordination die Verpflichtung zur Eintracht zwischen Kirche und Staat.

Von Würzburg aus wurde der Episkopalismus der Barthel-Schule [32], dem Schönbornschen Machtbereich folgend, in die geistlichen Staaten an Main und Mittelrhein, dann weiter nach Bonn, Köln und Salzburg und an fast alle katholischen Hochschulen getragen. Die Berufung von Georg Christoph Neller [33], dem bedeutendsten Barthel-Schüler, durch Franz Georg von Schönborn [34] gegen den Widerstand der Jesuiten auf den Lehrstuhl für Kirchenrecht an der Universität Trier leitete die Verbindung ein zwischen der mainfränkischen katholischen Aufklärung und den aus der Grenzsituation des Erzstifts, aus den Differenzen mit den österreichischen Niederlanden und Frankreich erwachsenden, durch das Eindringen staatskirchlicher und jansenistischer Ideen geförderten kirchenpolitischen und kirchenrechtlichen Vorstellungen, wie sie am Hof zu Ehrenbreitstein vor allem seit den Verhandlungen um die Wahlkapitulation Kaiser Karls VII. (1742) von dem Konvertiten Jakob Georg von Spangenberg und seinem Freund, dem damaligen Offizial und nunmehrigen Weihbischof Johann Nikolaus von Hontheim, vertreten wurden. Nellers Lehrtätigkeit in Trier, seine Freundschaft und Zusammenarbeit mit Hontheim bezeichnen die Wende

[32] Schüler Barthels und Mainfranken waren die Brüder Georg Christoph und Georg Franz Neller sowie ihr Neffe Georg Philipp Leuxner, der in Trier die Nachfolge seines Oheims antreten sollte, ferner der geistliche Berater des Erzbischofs Hieronymus von Colloredo und Vertreter Salzburgs auf dem Emser Kongreß, Johann Michael Bönicke, der Kanonist und spätere Weihbischof von Speyer Philipp Anton Schmidt, sein Bruder Michael Ignaz, „der Geschichtsschreiber der Deutschen", die Kanonisten Johann Nepomuk Endres und Johann Josef Sündermahler. Auch Franz Carl Joseph von Hillesheim (1731 bis 1803), der als Vertreter episkopalistischer Auffassungen in Köln eine hervorragende Rolle spielte, hatte bei Barthel studiert. Neller wiederum „ward der Vater der Gelehrsamkeit" in Trier. Durch seine Schule gingen die meisten rheinischen Episkopalisten der zweiten Hälfte des 18. Jh.

[33] *H. Raab*, Neller u. Febronius 185—206.

[34] NDB V (1961) 370—71; LThK² IX (1964) 453; *E. H. Fischer*, Ellwangen, Augsburg, Rom. Die Exemtion des Ellwanger Stifts und seine Exemtionspolitik unter Fürstpropst Franz Georg von Schönborn in den Jahren 1732—1749: Ellwangen 764—1964 (1964) 423, hebt hervor, daß Franz Georg „durch seine kluge und zielbewußte Exemtionspolitik sein Stift Ellwangen eng mit dem Heiligen Stuhl" verband; *A. Loos*, Die Politik des Kurfürsten von Trier, Franz Georg von Schönborn (1729—56) (Phil. Diss. Bonn 1969) ist für die Kirchenpolitik unergiebig.

des Episkopalismus zum Febronianismus. Mit seinen 1746 anonym bei Eßlinger in Frankfurt a. M. herausgebrachten, weitgehend aus gallikanischen Autoren kompilierten „Principia juris ecclesiastici ad statum Germaniae accommodata" hatte er sich nicht nur wissenschaftlich einen Namen gemacht, sondern die herkömmliche Kirchenverfassungslehre der jesuitischen Kanonistik scharf attackiert und die episkopalistischen Thesen verschärft. Spangenbergs bereits 1742 während der Wahlverhandlungen in Frankfurt geäußerter Wunsch — es ist ziemlich wahrscheinlich, daß Neller damals schon die Bekanntschaft Hontheims machte — nach einem Kanonisten, der zwischen der gegründeten Macht des Papstes in kirchlichen Dingen und den bloßen Anmaßungen der Kurie zu unterscheiden wisse, schien mit dieser Berufung in Erfüllung zu gehen. Neller hat in seiner mehr denn dreißigjährigen Lehrtätigkeit, in zahlreichen Veröffentlichungen dem episkopalistischen Reichskirchenrecht zum Durchbruch verholfen und als Freund und Mitarbeiter Hontheims einen hervorragenden Platz in der Geschichte des Febronianismus.

Febronius und der Febronianismus

Den unmittelbaren Anlaß für die Entstehung des Febronius[35] gaben nach dem übereinstimmenden Zeugnis von Hontheim und Spangenberg bei den Verhandlungen zur Kaiserwahl Karls VII. 1742 die Diskussion um Artikel XIV der kaiserlichen Wahlkapitulation über die deutschen Konkordate, die Gravamina contra Curiam Romanam und das Kurtrierische Verlangen nach Abschaffung der Nuntiaturgerichtsbarkeit in Deutschland. Wie Spangenberg damals aus der Beschäftigung mit den Gravamina und den Reformkonzilien heraus anregte, sollten in einem künftigen Werk die Rechte und Freiheiten der Reichskirche nach dem Vorbild der Gallikaner Pithou, Dupuy, de Marca sowie des protestantischen Kanonisten Johannes Schilter zusammengefaßt und durch eine weitgehende Reduktion päpstlicher Ansprüche bessere Voraussetzungen zur Überwindung der „Calamitas Imperii", zur Wiedervereinigung der Konfessionen, geschaffen werden. Dem gelehrten, persönlich untadeligen, in der Schultradition Van Espens stehenden Weihbischof Hontheim[36] wuchsen in zwei Jahrzehnten seelsorgerischen

[35] *L. Just*, Zur Entstehungsgeschichte des Febronius; *ders.*, Die römische Kurie und das Reich unter Karl VII. (1742—45): HJ 52 (1932). Von einer Bearbeitung der Wahlnuntiatur sind noch reiche Aufschlüsse zu erwarten.

[36] Eine Hontheim-Biographie fehlt. Einseitig, in vielem überholt, aber immer noch unentbehrlich: O. *Mejer*, Febronius; ferner *L. Just*, Hontheim. Ein Gedenkblatt; *H. Raab*, Neller u. Febronius; *L. Rechenmacher*, Episkopalismus; *F. Stümper*, Kirchenrechtl. Ideen des Febronius; *E. Reifart*, Kirchenstaat Trier; *H. Petersen*, Febronianismus u. Nationalkirche fragt, von den kirchenpolitischen Bestrebungen und völkisch-biologistischen Auffassungen der nationalsozialistischen Zeit bestimmt, ob Febronius eine Nationalkirche er-

Wirkens für eine große Diözese, in historischen Untersuchungen, kirchlichen und universitären Reformbemühungen, vor allem aber in wissenschaftlicher Zusammenarbeit mit seinem Freund Neller diese Probleme, aber auch Ideen zu ihrer Überwindung zu. Mit Rücksicht auf den niederländischen und französischen Teil des Erzbistums Trier mußte ein Modus vivendi mit staatskirchlich orientierten Regierungen gesucht werden. Den Schönbornschen Episkopalismus galt es aus kirchlichen und politischen Gründen gegen die römischen Ansprüche zu verteidigen. Religiös-kirchliches Reformstreben und kirchenpolitische Praxis begannen, sich an dem Ideal der „Ecclesia primitiva" zu orientieren — der Exjesuit F. X. Feller nannte es eine Marotte neuerungssüchtiger Geister — und die Wiederherstellung einer historisch verklärten ursprünglichen Kirchenverfassung, die durch Pseudoisidor und den „Hildebrandismus" verdorben worden sei, recht einseitig nur von römischer Seite zu fordern, damit die Entwicklung geistlicher Territorien zu aufgeklärt-absolutistischen Staaten nicht unmöglich gemacht werde. Diesen Zielen und einer den Interessen der Reichskirche besser entsprechenden Abgrenzung fürstbischöflicher und päpstlicher Rechte wollte das unter dem Pseudonym Justinus Febronius herausgegebene Werk „De statu ecclesiae et legitima potestate Romani Pontificis liber singularis ad reuniendos dissidentes in religione christianos compositus" [37] (Frankfurt 1763; in neuen Auflagen und Fortsetzungen 1765/70; 1770/74 auf fünf Bände erweitert) näherkommen mit einer Wiederbelebung der Concordata Nationis Germanica integra, der Mainzer Akzeptation von 1439, der Dekrete des Reformkonzils von Basel. Von dem aktivierten Gegenbild einer idealisierten vorhildebrandischen bzw. vorpseudoisidorischen Kirchenverfassung sollten Impulse

strebt habe, in der das „völkische Lebensgesetz" der Nation sich ausgewirkt und jeder „fremdvölkisch geistige Führungsanspruch ausgeschaltet ist", kommt jedoch zu dem resignierenden Schluß, „daß der tragende Grund einer völkischen Weltanschauung Hontheim fehlt, die es allein vermocht hätte, die universalistischen Übertreibungen des papalistischen Systems glaubensmäßig und endgültig zu überwinden" (154). Wieweit man mit *Petersen, Mejer, Zillich* das „Nationalgefühl" als treibendes Motiv des Febronius und des gesamten Episkopalismus bezeichnen kann, bleibt noch zu untersuchen. Mir scheint die Bezeichnung „Nationalgefühl", aber auch „Nationalkirche" fehl am Platze. Hontheim und die Episkopalisten des 18. Jh. traten für „Freiheiten" der Reichskirche ein. Reichspatriotismus, antirömischer Affekt sind treibende Kräfte bei ihren Bemühungen, nicht aber „Nationalgefühl" oder „völkische Weltanschauung".

[37] Der ursprüngliche Titel des Febronius war: „Symbola quam(!) ad reuniendos in Religione dissidentes Christianos . . . in qua primario agitur de genuino statu et forma regiminis Ecclesiastici nec non legitima potestate Rom. Pontificis". *L. Just*, Entstehung des Febronius 377. — Als ursprünglicher Druckort war, wahrscheinlich unter dem Einfluß Spangenbergs, Göttingen vorgesehen, doch dann erschien der Febronius, genau wie Nellers Erstlingsschrift, bei Eßlinger in Frankfurt, offensichtlich weil dessen Diskretion den Trierer Episkopalisten seit dem Streit um Nellers Principia hinreichend bekannt war und Hontheims Freund Krufft dort in Damian Friedrich Dumeiz einen alten Bekannten wußte, der den Druck überwachen konnte.

für eine religiös-kirchliche Reform im Zusammenhang mit einer gemäßigten Aufklärung ausgehen [38]. Mit Hilfe der empirisch-historischen Methode, gestützt auf die Gallikaner, Van Espen, die Würzburger Kanonistenschule, reduzierte Febronius über die bekannte Unterscheidung von jura essentialia, quae tendunt ad unitatis ecclesiae conservationem, und jura accessoria den Primat nach dem Leitbild der acht ersten christlichen Jahrhunderte auf einen Ehrenvorrang. Eine mit der bischöflichen konkurrierende Jurisdiktion stehe dem Papst nicht zu, da die Bischöfe nicht seine vicarii seien, sondern als Nachfolger der Apostel kraft göttlichen Rechts regieren. Unfehlbar sind nur die Kirche und das Allgemeine Konzil als Vertretung des Corpus ecclesiasticum mit dem Beistand des Heiligen Geistes. Centrum unitatis sei der Papst nur insoweit, als es die Repräsentation eines föderalistischen Systems gestatte. Die Analogia Ecclesiae cum Imperio hat, wie der aus Pufendorf entlehnte Titel des Febronius bereits zeigt, bei seiner Lehre vom Status mixtus der Kirchenverfassung Pate gestanden. Auch im Interesse des Staates hält Febronius eine Reduzierung der päpstlichen Rechte und eine Kontrolle aller Unternehmungen der römischen Kurie für notwendig. Seine Auffassung von dem Verhältnis von Kirche und Staat läuft, trotz grundsätzlicher Anerkennung der Independenz, Koexistenz und Hinordnung auf ein gemeinsames Endziel in der Praxis auf eine Superiorität des Staates hinaus und geht mit den Zugeständnissen an die weltlichen Fürsten — nach göttlichem Recht seien sie die geborenen Verteidiger der Kirche — mit der Lehre vom Jus circa sacra (jus advocatiae, jus cavendi) in den Josephinismus über. Die entsprechende Theorie über ein Jus circa civilia fehlt bezeichnenderweise.

Trotz des kompilativen Charakters und innerer Widersprüche übte Febronius auf die Kirchen- und Geistesgeschichte des 18. und frühen 19. Jh. einen sehr starken Einfluß aus. Der Febronianismus als extreme Richtung innerhalb des reichskirchlichen Episkopalismus wurde jedoch, seit 1774 zunehmend, von aufklärerischen und jansenistischen Unterströmungen beeinflußt, vom Staatskirchentum teils bekämpft, teils in radikalisierter Form aufgenommen und von vielen gemäßigten Episkopalisten (Abt Martin II. Gerbert) abgelehnt.

Im großen Stil und in zahllosen Gegenschriften — auf die Arbeiten der Brüder Ballerini, der Joh. Gottfried Kauffmanns, Tomaso Maria Mamachi, Ladislaus Sappel, Francesco Antonio Zaccaria sei wenigstens hingewiesen — wurde der Kampf gegen Febronius literarisch-wissenschaftlich und seit ca 1770 auch auf anderen Ebenen als Ringen um und gegen einen Widerruf des betagten Verfassers geführt. Als Verfasser des Febronius konnte Weih-

[38] Es sei hier daran erinnert, daß Hontheim 1748 eine Neuausgabe des Breviarium Trevirense besorgte, 1767, dem Straßburger Vorbild weitgehend folgend, ein neues Rituale für die Erzdiözese herausgab und sich eifrig um eine Verbesserung der Universitätsstudien bemühte.

bischof Hontheim, nachdem der Autorschaft Barthel, Neller[39], der aufgeklärte Mainzer Jurist Johann Baptist Horix, der spätere Weihbischof Ludwig Philipp Behlen und der Kanonist Benedikt Oberhauser[40] in Fulda verdächtigt worden waren, von dem Wahlnuntius Niccolò Oddi mit Unterstützung des Frankfurter Kanonikus Damian Friedrich Dumeiz erst im April 1764 entdeckt werden[41]. Nach längerer hartnäckiger Verleugnung seiner Autorschaft, die ihm durch den kompilativen Charakter des Febronius, die Belastung seines Mitarbeiters Neller, die wohlwollende Einstellung des Kaiserhofes und eines beträchtlichen Teils des Reichsepiskopats erleichtert wurde, mit Charakterschwäche, „Zweiseelenwirtschaft", jansenistischer Unaufrichtigkeit hinreichend nicht erklärt werden kann, verstand sich Hontheim schweren Herzens auf Drängen seines Kurfürst-Erzbischofs Clemens Wenzeslaus und dessen „Gewissensrats", des Elsässers Franz Heinrich Beck, 1778 zu einem förmlichen Widerruf[42]. Unter dem Druck seiner Freunde, der um die Revokation entfesselten Diskussion, insbesondere der Pressekampagne um die Freiwilligkeit und Aufrichtigkeit seiner Äußerungen, schwächte Hontheim durch seinen auf den gallikanischen Sätzen von

[39] Die Frage nach der Mitautorschaft bzw. dem Anteil Nellers an Febronius, die bereits der berühmte Salzburger Episkopalist Gregorius Zallwein 1763 stellte, ist im einzelnen noch nicht geklärt, insgesamt aber positiv zu beantworten. P. Ferdinand Söhr, der Beichtvater des zum Kurfürsten von Trier gewählten Clemens Wenzeslaus von Sachsen, bestätigte am 27. 10. 1768 dem Sekretär des Kölner Nuntius Caprara, „che il maledetto Febronio è veramente opere del Neller, e che il Suffraganeo non ha fatto altro che mettere la materia in buon stile, e ha di più avute l'imprudenza di mandare il manuscritto come suo allo stampatore". Andere Zeugnisse lauten ähnlich. — Ein Vergleich der „Principia" und älterer Dissertationen Nellers mit dem „Febronius" läßt keinen Zweifel darüber, daß ganze Partien des Febronius Nellers geistiges Eigentum sind und er als Mitarbeiter angesprochen werden kann, obwohl er, von seinen Gegnern bedrängt, sich von Febronius distanzierte und ihn sogar zu widerlegen sich anbot. Hierzu *H. Raab*, Neller und Febronius 200 f.

[40] *W. A. Mühl*, Die Aufklärung an der Universität Fulda mit besonderer Berücksichtigung der philosophischen und juristischen Fakultät (1734—1805) (Fulda 1961) 46—49.

[41] *H. Raab*, Damian Friedrich Dumeiz und Kardinal Oddi. Zur Entdeckung des Febronius und zur Aufklärung im Erzstift Mainz und in der Reichsstadt Frankfurt: AMrhKG 10 (1958) 217—240; *A. Bach*, Goethes Dechant Dumeiz, Ein rheinischer Prälat der Aufklärungszeit (Heidelberg 1964); berichtigend und ergänzend hierzu *H. Raab*, Zur Geschichte der Aufklärung im Rhein-Main-Gebiet: HJ 88 (1968) 423—433 442—443.

[42] *L. Just*, Widerruf des Febronius; über ältere Versuche, die Febronius-Angelegenheit aus der Welt zu schaffen, vgl. *H. Raab*, Franz Eustach von Hornstein 124—129 (Vorhaben von Giacomelli - Maillot de la Treille - Weihbischof Scheben). — Der Kreis der Hontheim-Gegner reicht von dem Wormser Weihbischof und Apostolischen Bücherkommissar Franz Xaver Anton v. Scheben (s. *H. Raab*, Apostolische Bücherkommissare in Frankfurt am Main: HJ 87 [1967] 345—351) über den Elsässer Beck, den zum Koadjutor für den belasteten Hontheim berufenen Weihbischof Jean Marie Cuchot d'Herbain, den Kanzler der bischöflichen Universität Straßburg, François Philippe Louis, den Mannheimer Hofbibliothekar Maillot de la Treille bis zu Jean Pey, dessen „Traité de l'autorité des deux puissances" Fürstabt Martin Gerbert von St. Blasien eine eherne Mauer gegen die Flut

1682 aufgebauten „Commentarius in suam retractationem“ [43] und seine Korrespondenz den Widerruf weitgehend ab. Sein zweideutiges wenig aufrichtiges Verhalten, dessen Motive noch nicht geklärt sind, aber auch ungeschickte Schritte der Römischen Kurie leisteten den Bemühungen Vorschub, ihn zu einem Martyrer deutscher Kirchenfreiheit gegen „ultramontane“ Gesinnung, kurialistische Umtriebe und kirchlichen Obskurantismus zu machen. Gegen die Vermutung, Hontheim habe „seinen Widerruf noch vor seinem Tode (2. 9. 1790) widerrufen“, wiesen bereits Zeitgenossen mit seinem Briefwechsel mit Fürstabt Martin Gerbert von St. Blasien und dem Zeugnis des Luxemburger Exjesuiten Jardin auf seinen „wahren katholischen und apostolisch-romanischen Glauben“ hin [44]. Dennoch bleibt die Geschichte seiner Revokation in vielen Punkten unklar und ergänzungsbedürftig.

Der Episkopalismus-Febronianismus fand, wenn auch die traditionelle Kirchenverfassungslehre von Joseph Kleiner, Johann Matthias Carrich, Hartzheim, Eusebius Amort, Kauffmanns und anderen nicht ungeschickt verteidigt wurde, mit dem Fortschreiten der „katholischen Ideenrevolution“ [45] an den deutschen Universitäten und fürstbischöflichen Residenzen immer stärkere Verbreitung. In Mainz hatte bereits 1758 Johann Baptist Horix das Interesse auf die Akzeptation der Baseler Dekrete von 1439 gelenkt und damit der Opposition der Reichskirche gegen Rom neuen Auftrieb gegeben. 1763 erschien das Akzeptationsinstrument erstmals im Druck und wurde sogleich zur Charta des deutschen Episkopalismus. Die späteren Weihbischöfe Behlen und Würdtwein unterstützten mit ihren historischen

febronianischer Ideen genannt hatte, und den Nuntien Carlo Bellisomi und Giuseppe Garampi. Auffallend stark vertreten sind unter den Gegnern Hontheims elsässische Theologen. Das Elsaß, weder vom Jansenismus noch vom Gallikanismus in nennenswertem Umfang berührt, bereitet schon im 18. Jh. eine kirchliche Restauration vor. — Aufgerollt wurde die Febronius-Affäre recht eigentlich erst wieder im Zusammenhang mit Johann Lorenz Isenbiehls Versuch über die Weissagung vom Emmanuel. An Hontheims Gutachten über Isenbiehl entzündete sich die Forderung nach seinem Widerruf. Vgl. hierzu: *F. R. Reichert*, Johann Gertz (1744—1824): AMrhKG 16 (1966) 96 f; *P. Fuchs*, Der Pfalzbesuch des Kölner Nuntius Bellisomi von 1778 und die Affäre Seelmann in der Korrespondenz des Kurpfälzischen Gesandten in Rom: ebd. 20 (1968) 170 f.

[43] Justini Febroni ICti commentarius in suam retractationem Pio VI Pont. Max. Kalend. Novemb. a. 1778 submissam (Frankfurt a. M., Eßlinger 1781).

[44] Hontheim erklärte im Zusammenhang mit der Isenbiehl-Affäre seinem Kurfürst-Erzbischof Clemens Wenzeslaus, Trier, 9. 4. 1778, er sei „bereit, Blut und Leben für die Römisch-Catholische Kirche hinzugeben ... Allein ich mache einen großen Unterschied zwischen der Römischen Kirche, und denen übertriebene Forderungen des Römischen Hofes, durch welche so viel Übels angestellet, die heilige Religion bey unseren Gegnern verunglimpfet und diese sehr gewünschte, auch in den Reichssatzungen selbst angehoffte Religions-Vereinigung unmöglich gemacht wird.“

[45] *L. Th. Spittler*, Sämtl. Werke VIII (1835) 473 datiert die „katholische Ideenrevolution“ von der Veröffentlichung des Febronius, der Mainzer Akzeptation der Lütticher Doppelwahl von 1763.

und kirchenrechtlichen Arbeiten die Mainzer Kirchenpolitik. In Salzburg trat der berühmte Kanonist Gregorius Zallwein[46] für eine quasi-monarchische Kirchenverfassung, die Freiheiten der Reichskirche, die den Libertés de l'Église Gallicane bei weitem vorzuziehen seien, und für die Sonderrechte des Salzburger Erzbischofs ein. Zu einem Großangriff des deutschen Episkopalismus auf die Appellationen, die Nuntiaturen und jede Einmischung in die bischöfliche Jurisdiktion drohte der Prozeß des streitbaren Domdekans August von Limburg-Styrum mit dem Speyerer Domkapitel (1760 bis 1764) auszuwachsen, nachdem Kurpfalz und der Erzbischof von Mainz sich dieser Angelegenheit angenommen hatten, doch blieb das Kurpfälzische Monitum bei den Verhandlungen zur Wahlkapitulation Josephs II. genauso erfolglos wie der Kurtrierische Antrag von 1742 auf Beschränkung der Nuntiaturgerichtsbarkeit. Febronianische und staatskirchliche Anschauungen verquickten sich in der aus einem Dezimationskonflikt der Republik Luzern mit der Kurie hervorgegangenen Schrift Joseph Anton Felix Balthasars: „De Helvetiorum juribus circa sacra". Sie wurde von dem Bischof von Konstanz bekämpft und von Rom am 1. Februar 1769 indiziert, bildete jedoch das Fundament, auf dem „das ganze System des neuzeitlich luzernischen Staatskirchentums, angefangen bei der Klosterreform zu Ende des 18. Jh. bis zu den Badener Konferenzartikeln", ja bis zum Kampf gegen die vatikanischen Dekrete vom Jahre 1870/71, ruhte[47].

Die Koblenzer Gravamina von 1769

Zu den Höhepunkten der episkopalistischen Bestrebungen in der Reichskirche gehört die Aufstellung der Koblenzer Gravamina. Sie kam zustande unter dem Einfluß der Konkordatenliteratur, der kirchenrechtlichen Arbeiten der Episkopalisten in Würzburg, Trier, Mainz und Köln sowie der aufgeklärten Minister in den geistlichen Kurstaaten. Einerseits sind diese Gravamina das Resultat des aufgeklärt-absolutistischen Denkens[48], das in den Friedensjahren nach Hubertusburg an den geistlichen Höfen vorzudringen beginnt und hauptsächlich aus politischen und wirtschaftlichen Motiven an einer Neuordnung des Verhältnisses von Kirche und Staat interessiert ist. Anderseits stellen diese Gravamina eine Reaktion des reichskirchlichen

[46] Sein Hauptwerk, die Principia juris ecclesiastici universalis et particularis Germaniae, 4 Bde (Augsburg 1763); *H. Raab*, Concordata 117 f; *M. Spindler*, Electoralis Academiae Scientiarum Boicae Primordia (München 1959) pass.

[47] So das Urteil von Joh. Schwendimann, zit. nach *B. Laube*, Joseph Anton Balthasar (Basel 1956) 87. Ferner *U. Im Hof*, Isaak Iselin (Bern 1967) 191 f.

[48] Aufschlußreich ist in diesem Zusammenhang die Rechtfertigungsschrift des Mainzer Ministers Groschlag für Pergen vom Frühjahr 1769 (*K. J. Krüger*, Groschlag 128); *H. W. Jung*, Anselm Franz v. Bentzel 15 vertritt die Auffassung, daß in Kurmainz damals

Episkopalismus dar auf die ständigen Nuntiaturstreitigkeiten sowie auf die päpstliche Verweigerung der Retention der Fürstbistümer Regensburg und Freising für den in Trier zum Kurfürst-Erzbischof gewählten, in Augsburg als Koadjutor dem verstorbenen Fürstbischof Joseph v. Hessen-Darmstadt († 20. 8. 1768) folgenden Clemens Wenzeslaus von Sachsen und den in diesem Zusammenhang erhobenen Anspruch des Apostolischen Stuhles auf Besetzung der beiden vakanten bayerischen Bistümer unter Ausschluß einer kanonischen, konkordats- und reichsrechtlich garantierten Bischofswahl[49]. Die von Papst Clemens XIII. den Domkapiteln von Freising und Regensburg schließlich angesichts der reichskirchlichen Opposition gewährte Freigabe der Wahl wurde als Angriff auf die deutsche Kirchenfreiheit gedeutet[50] und von Kurmainz im März 1769 mit der Aufforderung zu einem vertraulichen Meinungsaustausch geistlicher Fürsten gegen ultramontane Herrschaftsansprüche beantwortet. In Mainz hatte während der Streitigkeiten des Speyrer Domdekans Damian August Philipp von Limburg-Styrum mit seinem Kapitel und wegen der Exemtion des neuen Bistums Fulda die traditionell wenig romfreundliche, nuntiaturfeindliche Einstellung sich verhärtet. Der reformeifrige, gemäßigt aufklärerisch gesinnte Kurfürst-Erzbischof Emmerich Joseph von Breidbach-Bürresheim[51],

„Forderungen des absoluten Staates unter dem Deckmantel kirchenpolitischer Reformvorschläge vorgebracht wurden". Die wirtschaftliche Seite unterstreicht in seinem viel zuwenig beachteten Aufsatz *H. Illich,* Maßnahmen der Mainzer Erzbischöfe gegen kirchlichen Gütererwerb 1462—1792. Ein Beitrag zur Geschichte der Aufklärungszeit: Mainzer Zeitschrift 34 (1939) 53—82; *E. Hegel,* Febronianismus 156 betont die „tief begründete religiöse Sorge der deutschen Erzbischöfe" bei dem Vorgehen; Emmerich Joseph fühlte sich, wie hoch man auch immer andere Motive bei ihm in Rechnung stellen mag, nach eigenen Äußerungen im Gewissen verpflichtet, die bischöfliche Gewalt gegenüber den Eingriffen Roms wieder auf den Stand zurückzuführen, der ihr nach dem Willen des Stifters der Kirche zukam.

[49] *H. Raab,* Clemens Wenzeslaus von Sachsen 286 ff. — In Mainz erhielt damals bezeichnenderweise Joh. Baptist v. Horix, der als Schützling des aufgeklärten Ministers Friedrich v. Stadion angesehen werden muß, den Auftrag, die Regensburger-Freisinger Frage zu untersuchen. *Horix,* Betrachtungen, welche zur Erörterung der Frage dienen, ob den Domkapiteln in Teutschland das Recht zustehe, in die Stelle des zu einem sonstigen Bisthum gewählten oder postulierten Bischofs einen anderen zu wählen (1769): Concordata Nationis Germanicae integra III 83—109. — Das Regensburger Domkapitel wählte 1769 Anton Ignaz Fugger zum Bischof, der nun seinerseits wieder für die Fürstpropstei Ellwangen Clemens Wenzeslaus zum Koadjutor nahm. Über Fugger vgl. *E. Meissner,* Fürstbischof Anton Ignaz Fugger (1711—87) (Tübingen 1969).

[50] Vgl. in diesem Zusammenhang auch das Kaiserliche Reskript an das Domkapitel zu Regensburg, Wien, 30. 9. 1768. Der Kaiser wendet sich als „Obrister Vogt und Schirmer der Teutschen Kirchen" gegen den römischen Anspruch, „die in solchen Fällen erledigt werdenden Bistümer dem päpstlichen Stuhl mit Ausschluß der Kanonischen Wahl und Postulation zur alleinigen Benennung und Disposition zu reservieren" [(*J. B. Horix),* Concordata Nationis Germ. III (1773) 110—113].

[51] Der Kölner Nuntius Lucini berichtet schon unterm 3. 7. 1763 an Kardinalstaatssekretär Torregiani: „La di lui famiglia è di massime contrarie alla giurisdizione Apostolica in

in einen heftigen Streit mit Rom wegen der Annaten, Taxen und Konfirmationsgebühren für Worms und Mainz verstrickt, strebte, von seinem Minister Groschlag, seinem Offizial und späteren Weihbischof Ludwig Philipp Behlen [52] beraten, danach, die geistlichen Fürsten gegen die römischen Anmaßungen zu einer gemeinsamen Aktion zusammenzuschließen, „Patriarca in Germania" zu werden [53].

Zwei andere kirchenrechtliche Konflikte trieben den Kölner Kurfürst-Erzbischof Max Friedrich von Königsegg-Rothenfels an die Seite von Kurmainz. Max Friedrich, dessen Generalvikar Johann Philipp von Horn-Goldschmidt und dessen Berater Franz C. J. von Hillesheim febronianische Auffassungen vertraten, hatte mit der Kölner Nuntiatur wegen der Visitation des Augustiner-Fraterhauses St. Michael am Weidenbach [54] und mit der römischen Kurie wegen der geplanten Aufhebung des Benediktinerinnenstiftes Überwasser [55] zugunsten einer Universität in Münster Differenzen. Trotz grundsätzlicher Zustimmung zeigte man sich in Köln, vor allem aber in Münster, wo Fürstenberg ausdrücklich betonte, daß er kein Febronianer sei [56], von den weitreichenden Mainzer Plänen nicht sehr begeistert und ließ

questi parti." Der französische Gesandte Entraiques bestätigt unterm 8. 3. 1768 die nuntiaturfeindliche Einstellung des Mainzers: „Il ne reconnait en rien la jurisdiction du Nonce, il employe tous les moyens légaux pour prevenir les appels en Cour de Rome." — Eine Biographie Emmerich Josephs liegt noch nicht vor. Vgl. vorerst *L. A. Veit,* Emmerich Joseph v. Breidbach-Bürresheim und die Verminderung der Feiertage: Festschr. für Sebastian Merkle (1922) 348—369; *H. Illich* a. a. O.; *H. Raab,* Die Breidbach-Bürresheim in der Germania-Sacra: Mainzer Almanach (1961) 91—106; *ders.,* Clemens Wenzeslaus pass.

[52] Groschlag war nach der Meinung des französischen Gesandten in Mainz „le premier auteur d'un nouveau sisteme ecclésiastique" (Entraiques an Choiseul, Mainz, 12. 12. 1768). — Zu Behlen vgl. *H. Raab,* Der Mainzer Weihbischof Ludwig Philipp Behlen (1714—77): Mainzer Almanach (1968) 59—79.

[53] So das Urteil des Nuntius Caprara in seiner Finalrelation über die „da tempo immemorabile" vertretenen Ziele der Mainzer Erzbischöfe. Am 18. 2. 1770 berichtet Caprara über Emmerich Joseph, dieser „bekenne sich bis in alle Folgerungen hinein zum System des Febronius. Vor allem komme es ihm auf seine eigenen Rechte als deutscher Primas an. Aber das volle Vertrauen seiner geistlichen Mitbrüder genieße er nicht" (*A. Schnütgen,* Ein Kölner Nuntius 751); zu dieser Frage auch *H. Becher,* Der deutsche Primas (Colmar o. J. [1944]).

[54] *C. Löffler,* Das Fraterhaus Weidenbach in Köln: AHVNrh 102 (1918) 174 ff; *E. Hegel,* Febronianismus 147—286; *A. Schnütgen,* Kölner Nuntiatur 207—241; *H. Hinsen,* Kaspar Anton von Belderbusch und der Einbruch der Aufklärung in Kurköln (Phil. Diss. Bonn 1952) 140 ff.

[55] *R. Schulze,* Das adelige Frauen-(Kanonissen-)Stift der hl. Maria (1043/1773) und die Pfarre Liebfrauen-Überwasser zu Münster/Westfalen. Ihre Verhältnisse und Schicksale (Münster [2]1952).

[56] In diesem Zusammenhang sei auch auf Fürstenbergs Feststellung in einem Brief an Friedrich Heinrich Jacobi vom 20. 6. 1779 verwiesen: „Wir sind niemals weder Febronianer noch Antifebronianer gewesen. Wir sind, kurz gesagt, orthodox ohne jeden Parteiunterschied" (*A. Hanschmidt,* Fürstenberg 199).

die von dem Referendar Bentzel ausgearbeiteten Vorschläge durch den Generalvikariatsrat Heinrich Tautphäus entschärfen. Auf Bedenken stieß die Mainzer Initiative bei den Fürstbischöfen von Hildesheim, Paderborn und Würzburg-Bamberg, da man dort von einer Verwirklichung des febronianischen Programms keine Vorteile für die Bischöfe, sondern nur eine Erweiterung der Metropolitanrechte und am Ende an Stelle der Abhängigkeit von Rom lediglich eine größere Abhängigkeit von deutschen Erzbischöfen befürchtete. Die Initiative zu einer Union und gemeinsamen Aktion der geistlichen Fürsten, vorerst der rheinischen Kurfürsten, ging eindeutig von Kurmainz aus, das mit einem Nationalkonzil, einer Versammlung katholischer Reichsstände nach dem Muster von 1523, einem neuen Konkordat drohen ließ, ja für den äußersten Fall mit dem Gedanken spielte, „daß wohl gar die Trennung der Eintracht und Zusammensicht zwischen der Kirche und dem Staat erfolgen und die durch göttliche Gnade den Souveränen unmittelbar verliehenen Rechte durchgreifen müßten“ [57].

Nach mühsamen Verhandlungen wurde am 27. Januar 1769 eine acht Punkte umfassende Präliminarkonvention [58] zwischen Kurmainz und Kurköln unterzeichnet, womit beide Parteien sich verpflichteten, eine Liste der „alt-ursprünglichen“ bischöflichen Rechte aufzustellen, nicht einseitig von der Aktion zurückzutreten sowie den Kaiser und den Kurfürst-Erzbischof von Trier zum Beitritt zu gewinnen. Allerdings bedurfte es beträchtlicher Mühe und der diplomatischen Kunst des Ministers C. W. v. Groschlag und seines Referendars Ph. K. v. Deel, um zunächst den Weihbischof Hontheim für die Mainzer Pläne zu gewinnen und dann mit seiner Hilfe nach längeren Verhandlungen gegen Ende des Jahres 1769 den Kurfürst-Erzbischof Clemens Wenzeslaus aus seiner von kirchenpolitischen Erwägungen und persönlicher Vorsicht bestimmten Reserve herauszuführen. Clemens Wenzeslaus scheint der Mainzer Partei um Emmerich Joseph, die ihm bei der Wahl in Trier mit dem Bruder des Kurfürsten Ernst von Breidbach-Bürresheim entgegengetreten war und seine Absichten auf das Hochstift Worms durchkreuzt hatte, einiges nachgetragen zu haben. Vor allem aber bestimmten ihn seine immer noch bestehenden Absichten auf das erste geistliche Kurstift des Reiches und auf die Errichtung eines von Trier über Lüttich, Köln, Münster nach Paderborn und Hildesheim reichenden Wettiner Bischofsreiches zur äußersten Behutsamkeit gegenüber Rom, der Kölner Nuntiatur und dem Kaiserhof. Mit febronianisch-metropolitanen Aktionen wollte er der Wettiner Reichskirchenpolitik weder in Rom noch in Wien schaden lassen [59].

Eine feste Union der drei geistlichen Kurfürsten war nicht erreicht, das

[57] Aus der Denkschrift Bentzels vom 30. 10. 1788 (*H. W. Jung*, Anselm Franz von Bentzel 15).
[58] Präliminar-Convention, abgedruckt bei *M. Höhler*, Arnoldis Tagebuch 317—320.
[59] *H. Raab*, Clemens Wenzeslaus 307 ff.

Widerstreben der Suffragane von Köln und Mainz [60] gegen die erzbischöfliche Aktion nicht überwunden, als am 2. Dezember 1769 in Koblenz der Mainzer Referendar Deel, der kurkölnische geistliche Rat Hillesheim [61] und der 68jährige Trierer Weihbischof Hontheim zu der geplanten Konferenz zusammentraten, um die endgültige Redaktion der Beschwerden gegen Rom vorzunehmen und sich über die Art und Weise zu verständigen, wie man den Kaiser, den defensor ecclesiae, um Unterstützung für dieses Vorhaben bitten könnte. Nach Kurmainzer Auffassung waren die Hilfe des Kaisers und eine feste Union der drei geistlichen Kurfürsten unerläßliche Voraussetzungen für eine Verwirklichung der febronianisch-metropolitanen Vorstellungen.

Schon am 13. Dezember 1769 einigten sich Deel, Hillesheim, Hontheim, da in langen Vorverhandlungen bereits eine Übereinstimmung in den wichtigsten Fragen erzielt worden war, auf 31 Gravamina und den Text eines Schreibens, mit dem die Beschwerden dem Kaiser vorgelegt werden sollten [62]. Unter „kaiserlichem Schutz" sollten die deutschen Kirchen „ihre angestammte Freiheit wieder erhalten, damit sie nicht hinter denen anderer Länder zurückstünden" und damit das deutsche Kirchenwesen nach den Bedürfnissen des modernen Staatslebens neu geordnet [63] werden könne. Die Gebrechen der Kirchenverfassung, die Nichtbeobachtung der Gravamina durch Rom galten allgemein als „eine der Hauptursachen der Schwäche und Entkräftigung der katholischen Reichslande". Die Koblenzer Desiderata greifen zurück und stützen sich auf die Konzilien von Konstanz und Basel, die Mainzer Akzeptation von 1439, die Concordata Nationis Germanicae, insbesondere auf die Konkordate mit Eugen IV. (1447). Alles, was aus

[60] Wie Nuntius Caprara unterm 18. 2. 1770 dem Kardinalstaatssekretär mitteilte, „sähen diese (die Suffraganbischöfe von Mainz) keinen Weg, der Vorzüge teilhaftig zu werden, die ihnen das febronianische System verspreche. Sie fürchteten, im Fall seiner Einführung trotz des Regiewechsels im Grunde in der bisherigen Abhängigkeit zu bleiben, des römischen Jochs ledig zu werden, dafür aber ein neues Mainzer Joch vor sich aufgerichtet zu bekommen" (*A. Schnütgen,* Ein Kölner Nuntius 751).

[61] Franz Carl Joseph v. Hillesheim, geb. 11. 4. 1731 in Köln, hörte in Würzburg Joh. Kaspar Barthel, war 1760—66 Rektor der Universität Köln, hat bei der Vorbereitung der Koblenzer Gravamina eine wichtige, jedoch noch nicht hinreichend geklärte Rolle gespielt, sich dann aber bald vom Febronianismus abgewandt und gegen Isenbiehl Stellung genommen. 1803 ist er auf seinem Landsitz zu Niehl bei Köln gestorben (vgl. *A. Stelzmann,* Hillesheim); *H. H. Kurth,* Das kölnische Domkapitel im 18. Jh. (Phil. Diss. masch. Bonn 1953).

[62] *M. Höhler,* Arnoldis Tagebuch 25—30 253—265; ältere Drucke bei *Le Bret,* Magazin VIII (1783) 1—21; *Gärtner,* Corpus jur. eccl. cath. (Salzburg 1799) II 330—346; reiches Material auch in den Deutschen Blättern für Protestanten und Katholiken 1 (1839) 38 ff: „Die Koblenzer Artikel vom Jahre 1769 nebst historischen Anmerkungen derselben": ebd. 6 (Heidelberg 1840) 1—40; auch: „Gutachten der churfürstlich-erzbischöflichen Rechtsgelehrten und Staatsmänner über die Rechtmäßigkeit und Ausführbarkeit der Koblenzer Artikel vom Jahre 1769".

[63] *M. Höhler,* Arnoldis Tagebuch 253 f.

den akzeptierten Baseler Dekreten „in favorem atque utilitatem Ecclesiarum Germaniae promanare possunt“, müsse zur Ausführung gebracht werden. Die bischöfliche Autorität, die „Freiheit der teutschen Kirche“ [64] sollen im ursprünglichen Umfang wiederhergestellt, die Reformen in einer den Forderungen der Zeit entsprechenden Weise durchgeführt werden. Die ersten Gravamina befassen sich mit den Mißständen bei der Vergebung von Benefizien. Künftig soll das erzbischöfliche Indult, die in den päpstlichen Monaten erledigten Benefizien zu besetzen, nicht mehr auf fünf Jahre beschränkt, sondern auf Lebenszeit ausgedehnt oder abgeschafft werden [65]. Die höheren nichtpontifikalen Dignitäten an Kathedral- und Kollegiatkirchen unterliegen keiner päpstlichen Reservation mehr, sondern werden in Zukunft von den ordentlichen Kollatoren frei vergeben. Die Reservationen der Extravaganten, Execrabilis und Ad regimen sollen aufhören und alle Kanzleiregeln [66] mit Ausnahme von de idiomate, de viginti, de triennali possessione in der Reichskirche ihre Gültigkeit verlieren. Die Annaten sollen abgeschafft, die Klosterexemtionen beseitigt werden. Der bischöfliche Informativprozeß soll gemäß den Bestimmungen des Konzils von Trient durchgeführt, der seit Gregor VII. übliche „vasallitische Eid“ der Bischöfe durch die ursprüngliche Form abgelöst werden. Päpstliche Verordnungen und Erlasse römischer Kongregationen dürfen nicht ohne Vorwissen und Zustimmung der Ordinarien veröffentlicht werden. Die Binde- und Lösegewalt der Bischöfe in ihren Sprengeln ist unbeschränkt. Bei Gerichtsverfahren muß der Instanzenzug genau eingehalten werden; die Nuntiaturen sind abzuschaffen. Die akzeptierten Baseler Dekrete sind, durch die Concordata Nationis Germanicae bestätigt, Grundgesetze der Reichskirche.

Versuche, die Union der rheinischen Erzbischöfe durch den Beitritt des Erzbischofs von Salzburg, des Kardinalbischofs Franz Konrad Kasimir von Rodt von Konstanz sowie des Kardinalbischofs Franz Christoph von Hutten in Speyer zu stärken, zerschlugen sich. In Wien, wo erst im Juli 1770 die Koblenzer Gravamina überreicht wurden, fand man, wie der kurmain-

[64] Unter der „Freiheit der teutschen Kirche“ wird, wie aus dem gleichlautenden Begleitschreiben von Clemens Wenzeslaus und Max Friedrich an Joseph II. hervorgeht, „eine Unabhängigkeit nicht verstanden, die dem allgemeinen Verbande hierarchischer Verfassung entgegensteht. Das Ziel redlicher Gesinnungen und des diesseitigen Bestrebens ist die Aufrechterhaltung der Kirche und deren ursprünglichen unveräußerlichen Rechte und die billige Abwendung gegründeter Beschwerden einer ganzen Nation“ (*M. Höhler*, Arnoldis Tagebuch 266; *E. Hegel*, Febronianismus 156—157).

[65] Einen besonderen Aspekt dieses Desiderats für Kurtrier unterstreicht der Hinweis des dortigen Generalvikariats auf die hohen Kosten, die durch die jeweils notwendige Eintragung des gewährten Indults durch die französischen Parlamente verursacht würden. „Es wäre deshalb zu beantragen, daß dieses (Indult) auf Lebenszeit des jeweiligen Erzbischofs erteilt würde“ (*E. Reifart*, Der Kirchenstaat Trier und das Staatskirchentum [Diss. masch. Freiburg 1950] 84).

[66] *L. Jackowski*, Die päpstlichen Kanzleiregeln und ihre Bedeutung für Deutschland: AkathKR 90 (1910) 1—47 147—235 432—463.

zische Gesandte J. G. v. Brée richtig vorausgesagt hatte[67], nicht die erhoffte Unterstützung, „zum ungeheuren Schaden der deutschen Kirche und der deutschen Nation“, wie Hontheims Freund und Biograph Krufft meinte. Joseph II. ließ die erzbischöfliche Aktion im Sande verlaufen, nicht weil eine „Los-von-Rom-Bewegung zugleich eine Los-vom-Reich-Bewegung“ [68] gewesen wäre, sondern, wie aus der Motivation des Reichsvizekanzlers Colloredo hervorgeht, weil eine Verwirklichung des episkopalistischen Reformprogramms die dem territorialistischen Staatskirchentum widerstrebenden Kräfte gestärkt, die Stellung der geistlichen Fürsten im Reich auch gegenüber dem Kaiser gefestigt hätte. Joseph II. wollte, um seine eigenen staatskirchlichen Pläne nicht zu gefährden, sich Rom gegenüber nicht mit Beschwerden der deutschen Erzbischöfe belasten. Sicher haben auch die von kirchenpolitischen Fernzielen bestimmte Verschleppungstaktik und die negative Einstellung des damaligen Kurmainzer Gesandten in Wien, Friedrich Karl von Erthal, gegenüber der Aktion der rheinischen Erzbischöfe zu ihrem Scheitern beigetragen[69]. Die Wiener Reaktion veranlaßte zunächst Clemens Wenzeslaus, sich mit Rücksicht auf die Wettiner Reichskirchenpolitik von der Union der drei geistlichen Kurfürsten zu distanzieren. Vorschläge des Mainzer Erzbischofs für eine zweite Zusammenkunft in Koblenz und einen Kongreß in Frankfurt a. M., der Ende August 1771 stattfinden sollte, ja selbst für die Entsendung eines gemeinsamen Unterhändlers nach Wien scheiterten an den Interessengegensätzen zwischen den rheinischen Kurhöfen[70]. Der großangelegte Versuch, episkopalistische Ideen und Theorien in die Wirklichkeit umzusetzen, verlief im Sande. In Kurmainz gewann die aufklärerisch-episkopalistische Richtung mit der Klosterverordnung

[67] Aus dreißigjähriger Erfahrung hatte v. Brée schon unterm 8. 10. 1769 vor falschen Hoffnungen auf die Hilfe des Kaisers gewarnt. Der Wiener Hof nehme sich der Gravamina der deutschen Kirchen nur dann an, wenn er vom Papst Vorteile für sich selbst (Dezimation, Türkensteuer usw.) erreichen wolle; Wien sei mit Papst Clemens XIV. sehr zufrieden, der „denen Potentaten Europae alles, was immer in seinem Vermögen stehet, zu gefallen thuet“ (*M. Höhler,* Arnoldis Tagebuch 339—341); *E. Hegel,* Febronianismus 187—188 über die ablehnende Haltung des Kaisers.

[68] *E. Hegel,* Febronianismus 157.

[69] Erthals Anschauungen haben sich in den nächsten zwei Jahrzehnten von Grund auf gewandelt. 1774 als Kandidat der „Anti-Emmerichianer“, d. h. einer eher konservativen Gruppe im Domkapitel, zum Kurfürst-Erzbischof von Mainz gewählt, setzte er bald die Politik seines Vorgängers Emmerich Joseph fort und wurde zur Zeit des Emser Kongresses und des Münchener Nuntiaturstreits mit seinen Weihbischöfen Valentin Heimes und Stephan Alexander Würdtwein zum Wortführer der reichskirchlichen Opposition gegen Rom (s. u.).

[70] Die komplizierte Begründung, die *M. Höhler,* Arnoldis Tagebuch 46 für das Verhalten des Kurfürsten von Trier gibt, kann nicht überzeugen. *H. Schotte,* Emser Kongreß 90 führt die in Trier herrschende kirchenpolitische Vorsicht ins Feld. *O. Mejer,* Zur römisch-deutschen Frage I (1871) 38 unterstreicht bereits, daß nicht geistliche, sondern weltliche Erwägungen den Ausschlag gegeben hätten; *E. Reifart* a. a. O. 71 macht „weltlich politische Zweckmäßigkeitserwägungen“ für das Abrücken Clemens Wenzeslaus' von der Union der rheinischen Kurfürsten verantwortlich.

(30.7.1771), dem Amortisationsgesetz (6.6.1772), der Schul- und Universitätsreform und der weitgehenden Ausschaltung des Domkapitels aus der Regierung bis zum Tode Emmerich Josephs (1774) ständig an Boden und löste während des Interregnums und der ersten Regierungsjahre Friedrich Karls von Erthal eine Gegenbewegung aus.

Nuntiaturstreit und Emser Kongreß

Schon nach kurzer Zeit gewann in Mainz eine antirömische Strömung wieder die Oberhand. Episkopalistische Auffassungen wurden von Stephan Alexander Würdtwein, Franz Anton Dürr, Johann Georg Schlör, Johann Jung [71] in zahlreichen Thesen und in den meisten Zeitschriften vertreten. Immer wieder versuchten nicht nur der Kurfürst-Erzbischof von Mainz, sondern auch die geistlichen Kurfürsten in Koblenz und Bonn bei der Erteilung von Ehedispensen, benefizialrechtlichen Streitigkeiten, Visitationen — auf die Visitation des Armenhospitals zum heiligen Nikolaus in Kues und auf die Schwarzacher Klostersache sei hingewiesen — in der Frage der erzbischöflichen „Ersten Bitten" und der geistlichen Gerichtsbarkeit febronianische Grundsätze durchzusetzen [72]. Insgesamt häuften sich die Konflikte zwischen der Reichskirche und Rom, und einige süddeutsche Fürstbischöfe hatten einen mühsamen Abwehrkampf gegen das bayerische Staatskirchentum zu führen [73]. Aus den Bemühungen des pfalz-bayerischen Kurfürsten Karl Theodor um eine den politischen Grenzen angepaßte Korrektur der reichskirchlichen Organisation Süddeutschlands und die Ablösung von Fürstbistümern durch Landesbistümer ist dann der letzte große Konflikt der Reichskirche mit Rom und dem Staatskirchentum hervorgebrochen. Für die seit 1777 vereinigten pfalz-bayerischen Territorien waren 18 auswärtige Bischöfe und Erzbischöfe zuständig, von denen jeder außerhalb der Grenzen dieser Territorien residierte und in seinem eigenen reichsunmittelbaren Gebiet einen letzten kirchlich-politischen Freiheitsraum gegen die absolutistischen Herrschaftsansprüche mächtiger weltlicher Nachbarn besaß.

Die Bestrebungen zur Errichtung bayerischer Landesbistümer waren ungefähr zweihundert Jahre lang, bis zu dem 1763 erfolgten Tod des Kardinals Johann Theodor [74], in gewissem Umfang durch die Wittelsbacher geist-

[71] *H. Raab,* Concordata 143 ff; *A. Ph. Brück,* Die Mainzer theologische Fakultät im 18. Jh. (Wiesbaden 1961); *F. G. Dreyfus,* Sociétés et mentalités à Mayence dans la seconde moitié du dix-huitième siècle (Paris 1968) 403—441.

[72] *H. Raab,* Die Finalrelation des Kölner Nuntius Carlo Bellisomi (1785—86): RQ 51 (1956) 70—124.

[73] *G. Pfeilschifter,* Salzburger Kongreß; *K. O. v. Aretin,* Heiliges Römisches Reich I 379.

[74] *H. Raab,* Clemens Wenzeslaus 130—133 135—149 160—166 216—222; *Reinhardt,* Hochstift Konstanz 103—106 127—130 f.

lichen Sekundogenituren, vor allem in den altbayerischen Bistümern Freising und Regensburg, kompensiert worden. Seitdem mußte, da die Dynastie Bischofskandidaten nicht mehr zu präsentieren vermochte, die Herrschaft über die Fürstbistümer und die Kirche in Bayern auf eine andere, dem aufgeklärt-absolutistischen Staatsdenken besser entsprechende Grundlage gestellt werden, zumal auch die Wahlen, wie es am Beispiel des verwandten Wettiners Clemens Wenzeslaus in Freising, Regensburg (1763, 1768) und Augsburg (1765) deutlich wurde, nur mit Mühe auf stiftsfähige Adelige gelenkt werden konnten, von denen kein oder nur geringer Widerstand gegen das bayerische Staatskirchentum zu erwarten war. Die gegen die adelige Reichskirchenfreiheit gerichteten Vorstöße zugunsten eines Münchener Landesbistums (1780—83) scheiterten zwar, doch erwuchs aus dem durch persönliche Begegnungen zwischen Kurfürst Karl Theodor und Papst Pius VI. gestärkten Zweckbündnis gegen den gemeinsamen Gegner, den Episkopalismus, der Kompromiß der römischen Zustimmung für die Errichtung der Nuntiatur in München (7. 6. 1784). Die neue, weder mit der Reichsverfassung noch mit dem Herkommen zu vereinbarende Nuntiatur sollte offensichtlich die päpstliche Autorität in der Germania Sacra stärken, dem bayerischen Staatskirchentum auf halbem Wege entgegenkommen und ein Gegengewicht gegen den Josephinismus bilden. Die außerordentlichen mit der bischöflichen Jurisdiktion konkurrierenden Vollmachten des neuen Nuntius Cesare Zoglio[75], dem zugleich die Stellung eines Landes-Erzbischofs zugedacht war, konnten im Sinne des Staatskirchentums die weit auseinanderliegenden kurpfalz-bayerischen Territorien wie eine Klammer umfassen und den Episkopalismus zurückdrängen. Anderseits mußte dadurch der Reichsepiskopat zur Abwehr „kurialistischer Prätensionen" und des territorialen Staatskirchentums herausgefordert werden.

Der schon lange, mehr oder weniger latent in der Reichskirche schwelende Nuntiaturstreit brach noch vor der Ankunft Zoglios in München mit den Beschwerden der zunächst betroffenen Metropoliten von Salzburg und Mainz und des Freisinger Fürstbischofs Ludwig Joseph von Welden[76] offen aus, um dann in seiner zweiten Phase vor allem von Kurfürst-Erzbischof Max Franz von Köln, dem Bruder Kaiser Josephs II., geführt zu werden[77]. Max Franz, dessen Wunsch nach Aufstellung von Judices in partibus von Rom zurückgewiesen worden war, sah sich außer der Kölner Nuntiatur nun auch durch die für die pfalz-bayerischen Gebiete seines Sprengels zuständige Münchener Nuntiatur in seinen bischöflichen Rechten beeinträch-

[75] *B. Zittel*, Vertretung des Heiligen Stuhls in München 419 f.

[76] Über Welden informiert *J. Angermeier*, Das Bistum Freising im Nuntiaturstreit (1921); vgl. ferner *H. Raab*, Clemens Wenzeslaus (Reg.).

[77] *G. J. Jansen*, Kurfürst-Erzbischof Max Franz von Köln und die episkopalistischen Bestrebungen seiner Zeit; *M. Braubach*, Maria Theresias jüngster Sohn Max Franz.

tigt. Vor allem aber mußte sich der Abwehrkampf der Reichskirche gegen das territoriale Staatskirchentum richten. Machte das Vorgehen Karl Theodors Schule, „so war vorauszusehen, daß die Fürstbischöfe des Reiches eines Tages mit ihren Diözesen auf ihre Territorien beschränkt werden und damit ihre Daseinsberechtigung verlieren würden“ [78]. In ihrem vor dem Hintergrund wachsender Säkularisationsgefahr geführten Zweifrontenkampf gegen Rom und das Staatskirchentum sahen sich die deutschen Erzbischöfe durch Kaiser Joseph II. zwar grundsätzlich ermutigt, aber nur unzureichend unterstützt. Der Wechsel in der gefährdeten Nunziatura ad tractum Rheni mit der Versetzung des kirchlich gemäßigten Titularerzbischofs Carlo Bellisomi nach Lissabon und der Ernennung des erst 28jährigen, mit den deutschen Verhältnissen nicht vertrauten Bartolomeo Pacca [79] verschärfte die Spannungen.

Auf einer nach längeren Vorverhandlungen eröffneten, von beträchtlichen Meinungsverschiedenheiten beherrschten Konferenz der Vertreter der vier deutschen Erzbischöfe in Bad Ems (Juli/August 1786) wurde in 22 Artikeln ein reichskirchliches Reformprogramm und eine Kampfansage gegen die Nuntiaturen formuliert [80]. Die Emser Punktation (25. 8. 1786) knüpfte an die Gravamina der rheinischen Kurfürst-Erzbischöfe von 1673, die Koblenzer Desiderata von 1769, an Febronius und die weiterführenden „Massime moguntine“ an [81]. Nachdrücklichst wurde in Ems die Unabhängigkeit der bischöflichen Gewalt von der päpstlichen be-

[78] *K. O. v. Aretin*, Heiliges Römisches Reich I 385.

[79] LThK² VII (1962) 1329.

[80] Text bei *M. Höhler*, Arnoldis Tagebuch 171—183. Auf die Bedeutung der gleichzeitig durchgeführten Synode von Pistoia für die Reichskirche weist *F. G. Dreyfus* a. a. O. 435 hin; vergleichende Betrachtungen stellt an *A. Wandruszka*, Ems und Pistoia: Spiegel der Geschichte. Festgabe für *M. Braubach* (Münster 1964) 627—634. — Die markanteste Gestalt unter den erzbischöflichen Deputierten war zweifellos der Mainzer Weihbischof Valentin Heimes. Durch sein starres Verhalten und sein radikales Programm brachte er den Kongreß mehr als einmal in Gefahr. Über Heimes vgl. *H. Raab:* Jb. für das Bistum Mainz 7 (Mainz 1955/57) 172—189; *A. Bach:* RhVjBl 27 (1962) 97—116, wieder abgedruckt; *ders.*, Germ.-Histor. Studien (Bonn 1964) 475—492, sowie *ders.*, Aus Goethes rheinischem Lebensraum (Neuß 1968) 329—349; der Vertreter Salzburgs, Johann Michael Bönike, hielt sich völlig zurück. Der kurtrierische Vertreter war der geschickte Generalvikar Beck. Er wurde unterstützt von dem Geistlichen Rat Arnoldi, dessen Tagebuch eine der wichtigsten Quellen für den Konferenzverlauf ist. Kurköln war vertreten durch den schwerhörigen, gemäßigten Vikariatsadministrator Tautphäus und den Lektor des Kurfürsten Karl Joseph v. Wreden, der zwar offiziell nicht in Erscheinung trat, aber der eigentliche Vertreter Kurkölns gewesen ist. *H. Raab*, Briefe von K. J. v. Wreden an Stephan Alexander Würdtwein (1785—1787): AHVNrh 153—154 170—200.

[81] Über die Mainzer Absichten berichtet der französische Botschafter O'Kelli: „L'électeur de Mayence en proposant le congrès d'Ems avait le projet de séparer l'Église germanique du Saint-Siège et d'établir un concile national permanent qu'il aurait dirigé plus particulièrement que la Diète (*F. G. Dreyfus* a. a. O. 435).

tont[82], die Aufhebung der Exemtionen und der Quinquennalfakultäten, die Beseitigung der Nuntiaturen überhaupt, zum mindesten aber ihrer konkurrierenden Jurisdiktion[83] gefordert sowie das Verfügungsrecht der Bischöfe über milde Stiftungen[84], das bischöfliche Plazet für römische Bullen und Breven und die Erledigung kirchlicher Prozesse durch einheimische Richter. Das vorreformatorische Verlangen nach Herabsetzung der Annaten und Palliengelder wurde erneuert. Nicht mehr das Wiener Konkordat (1448), sondern die Mainzer Akzeptation (1439) und die Concordata Principum (1447) sollten die Grundlage der Reichskirchenverfassung bilden. Schließlich wurde der Kaiser aufgefordert, die erzbischöflichen Rechte wiederherzustellen und das in den deutschen Konkordaten „als eine wesentliche Bedingnis versprochene Concilium wenigstens nationale durch allerhöchste Verwendung längstens in zween Jahren zur endlichen Hebung all dieser Beschwerden zu stand (zu) bringen" und, falls dem unüberwindliche Hindernisse entgegenstehen sollten, durch reichsverfassungsmäßige Mittel die Abstellung der Beschwerden herbeizuführen[85].

Die Schwierigkeiten, das Emser Programm trotz positiver Zustimmung eines Teils der aufgeklärten Öffentlichkeit durchzusetzen, und die Schwäche der erzbischöflichen Position im Kampf gegen das Zweckbündnis zwischen Rom und München zeigten sich bald. Zwar hatte Kaiser Joseph II. „eine Jurisdictionsausübung in geistlichen Sachen" durch die Nuntien als unzulässig erklärt[86], auch ein Rundschreiben Paccas kassiert, doch konnte er sich nicht zu den weitreichenden, von seinem Bruder Leopold angeratenen kirchenpolitischen Plänen entschließen, „in Deutschland für immer das eigennützige und despotische Joch des römischen Hofes abzuschütteln, indem man die deutschen Bischöfe ermuntert und mit aller Kraft unterstützt, indem man für immer alle Nuntiaturen in Deutschland ... abschafft ... und die Bischöfe und geistlichen Fürsten Deutschlands dahin bringt, sich zu versammeln und ein Nationalkonzil zu bilden"[87]. Das Mißtrauen, schließlich der Widerstand der Suffraganbischöfe gegen eine Steigerung der Metropolitangewalt und die Macht der geistlichen Kurfürsten nahm in den Be-

[82] „Christus ... hat den Aposteln und ihren Nachfolgern, den Bischöfen, eine *unbeschränkte* Gewalt zu binden und zu lösen für alle jene Fälle gegeben, wo es die Notwendig- oder Nutzbarkeit ihrer Kirchen oder der zu denselben angehörigen Gläubigen immer befördern mag" (Art. I) (*M. Höhler* a. a. O. 172).

[83] „... ebenso hören d) die Nuntziaturen in Zukunft völlig auf. Die Nuntien können nichts anders als päbstliche Gesandte sein und dörfen ... keine actus jurisdictionis voluntariae oder contentiosae mehr ausüben" (Art. IV) (*M. Höhler* a. a. O. 174).

[84] Art. III (*M. Höhler* a. a. O. 174).

[85] Art. XXII (*M. Höhler* a. a. O. 183); *G. J. Jansen* a. a. O. 68: Die Zwei-Jahres-Frist wurde von Köln und Trier gegen Mainz durchgesetzt.

[86] Reskript Josephs II. vom 12. 10. 1785 (*M. Höhler* a. a. O. 277).

[87] Leopold an Joseph, 5. 12. 1786. *A. v. Arneth*, Joseph II. und Leopold von Toscana. Ihr Briefwechsel II (1869) 48 f.

mühungen des Speyerer Fürstbischofs August von Limburg-Styrum und in den Vorschlägen zu einer Zusammenkunft in Waghäusel oder Bruchsal fast den Charakter einer Anti-Ems-Bewegung an. Relativ schnell begann sich die Union der vier Erzbischöfe zu lockern. Kurmainz wurde über Preußen, mit dem es im Fürstenbund vereinigt war, und im Zusammenhang mit der Wahl Karl Theodors von Dalberg zum Koadjutor des Kurfürst-Erzbischofs Friedrich Karl aus der Front der Nuntiaturgegner herausmanövriert. Preußen konnte es im Hinblick auf eine erstrebte kirchliche Sonderstellung seiner nordwestdeutschen Besitzungen nicht an einer Stärkung der Metropolitangewalt gelegen sein[88]. Es erkannte die Jurisdiktion des Kölner Nuntius an. Theologisch-kirchenrechtliche Bedenken, persönliche Unsicherheit, vor allem aber die Rücksicht auf sein zweites, auf bayerisches Territorium hinübergreifendes Bistum Augsburg und wachsende Schwierigkeiten in den französischen Teilen des Erzstifts Trier ließen Clemens Wenzeslaus von dem Emser Programm abrücken. Der frühe Tod Kaiser Josephs II. verhinderte eine Verhandlung über den Nuntiaturstreit vor dem Reichstag. Fast allein führte Max Franz von Köln den Kampf gegen die Nuntiaturen und das Staatskirchentum weiter. Das einzige konkrete Resultat der erzbischöflichen Anstrengungen war die Erweiterung des Artikels XIV der Kaiserlichen Wahlkapitulation 1790 um eine auf die Beseitigung der geistlichen Gerichtsbarkeit der Nuntien abzielende Bestimmung[89]. Die Emser Punktation blieb „die bloße Ansage einer Fehde wider Rom, der die Fehde selbst nicht folgte“ (Werminghoff). Unter den drohenden Vorzeichen der Französischen Revolution, der Ereignisse in den Niederlanden und deren Auswirkungen auf Westdeutschland brach die erzbischöfliche Opposition gegen Rom und das moderne Staatskirchentum in sich zusammen. Aber noch tief in das 19. Jh., als sich das Staatskirchentum schon längst gegen seinen ehemaligen Verbündeten, die päpstliche Zentralgewalt, gewendet hatte und die Kirche sich anschickte, gegen den spätabsolutistischen Staat einen bescheidenen Freiheitsraum zu erkämpfen, wirkten die Ideen von Ems weiter und wurden, allerdings in Verkennung historischer Zusammenhänge, von manchen Regierungen wider Rom erneut aufgeboten.

[88] Hier nur das Urteil von *Dreyfus:* „Les princes protestants, à leur tête le roi de Prusse, défendaient le Saint-Père, car ils craignaient que tout ce que le Saint-Siège perdrait en Allemagne ne fut gagné par l'Empereur“ (*F. G. Dreyfus* a. a. O. 435).

[89] *F. W. Becker,* Die Kaiserwahl Leopolds II. 1790. Eine Untersuchung zur Geschichte des alten Reiches und der Nachwirkungen des Fürstenbundes (Phil. Diss. masch. Bonn 1943).

23(a). Kapitel

Staatskirchentum und Aufklärung in den weltlichen Territorien des Reiches. — Theresianismus und Josephinismus

LITERATUR: Allgemein: *L. A. Veit,* Die Kirche im Zeitalter des Individualismus (Freiburg 1931); *Seppelt-Schwaiger* V² (1959); *E. Préclin - E. Jarry: Fliche-Martin* XIX/1 (1956); *F. Heyer,* Die katholische Kirche: *K. D. Schmidt - E. Wolf,* Die Kirche in ihrer Geschichte; *H. E. Feine,* Kirchliche Rechtsgeschichte (Weimar ³1955) (dazu ergänzend *H. F. Schmid:* MIÖG 63 [1955] 67—79); *W. M. Plöchl,* Geschichte des Kirchenrechts III (Wien - München 1959); *H. Conrad,* Deutsche Rechtsgeschichte, Neuzeit bis 1806 (Karlsruhe 1966); *K. u. M. Uhlirz,* Handbuch der Geschichte Österreich-Ungarns II; *H. Hantsch,* Die Geschichte Österreichs II (Graz - Wien ²1954); *J. Wodka,* Kirche in Österreich. Wegweiser durch ihre Geschichte (Wien 1959); *M. Spindler,* Handbuch der bayerischen Geschichte II (München 1969) 1090 ff; *H. Raab,* Kirche und Staat von der Mitte des 15. Jahrhunderts bis zur Gegenwart (München 1966); *H. Conrad,* Religionsbann, Toleranz und Parität am Ende des Alten Reiches: RQ 56 (1961) 167—199; *R. Reinhardt,* Bemerkungen zum geschichtlichen Verhältnis von Kirche und Staat: Theologie im Wandel. Festschrift zum 150jährigen Bestehen der katholisch-theologischen Fakultät an der Universität Tübingen 1817—1967 (München - Freiburg 1967) 155—178; *E. Zöllner,* Bemerkungen zum Problem der Beziehungen zwischen Aufklärung und Josephinismus: Österreich und Europa. Festgabe für Hugo Hantsch (Graz - Wien - Köln 1965) 203—219; *K. Schlaich,* Der rationale Territorialismus. Die Kirche unter dem staatsrechtlichen Absolutismus um die Wende vom 17. zum 18. Jahrhundert: ZSavRGkan 54 (1968) 269—340; *P. Muschard,* Das Kirchenrecht bei den deutschen Benediktinern und Zisterziensern des 18. Jahrhunderts: SM NF 16 (1929) 225—315 477—596; *ders.,* Die kanonistischen Schulen des deutschen Katholizismus im 18. Jahrhundert außerhalb des Benediktinerordens: ThQ 112 (1931) 350—400.

Österreich bis 1740: *I. Höss,* Die konfessionelle Lage in Brandenburg-Preußen und Österreich im Zeitalter des Absolutismus: GWU 15 (1964); *R. A. Kann,* Kanzel und Katheder. Studien zur österreichischen Geistesgeschichte vom Spätbarock zur Frühromantik (Wien - Freiburg - Basel 1962); *F. Wessely,* Beitrag zur Kirchenpolitik unter Kaiser Josef I. (ungedruckte Institutsarbeit im Rahmen des Österreichischen Instituts für Geschichtsforschung, Wien 1925); *H. Kühnel,* Staat und Kirche in den Jahren 1700—1740. Ein Beitrag zur Geschichte des Staatskirchentums in Österreich (Diss. Wien 1951); *N. Miko,* Kirche und Staat im alten Österreich: Linzer prakt. Quartalschrift 104 (1956) 42—60; *J. Sattek,* Der niederösterreichische Klosterrat. Ein Beitrag zur Geschichte des Staatskirchentums in Österreich im 16. und 17. Jahrhundert (Diss. Wien 1949); *S. Santoli,* Wirtschaftliche Grundlagen des Josephinismus: ÖAKR 17 (1962) 213—233; *H. Kramer,* Habsburg und Rom in den Jahren 1708—1709 (Innsbruck 1936); *N. Huber,* Österreich und der Heilige Stuhl vom Ende des spanischen Erbfolgekrieges bis zum Tode Klemens' XI. (1714—1721) (Graz - Wien - Köln 1967).

Der Josephinismus. Maria Theresia. Joseph II. Leopold II.; Spätjosephinismus: *A. Coreth,* Pietas Austriaca. Ursprung und Entwicklung barocker Frömmigkeit in Österreich (Wien 1957); *P. Meinhold,* Maria Theresia (Wiesbaden 1957); O. *Wormser,* Marie-Thérèse impératrice (Paris 1960); *F. Walter,* Die Theresianische Staatsreform von 1749 (Wien 1958); *ders.,* Die religiöse Stellung Maria Theresias: ThPQ 105 (1957) 34—47; *A. Wandruszka,* Maria Theresia und der oesterreichische Staatsgedanke: MIÖG 76 (1968) 174—188; *R. Reinhardt,* Zur Kirchenreform unter Maria Theresia: ZKG 77 (1966); *A. Wandruszka,* Die Religiosität Franz Stephans von Lothringen. Ein Beitrag zur Geschichte der „Pietas Austriaca" und zur Vorgeschichte des Josephinismus in Österreich. In: MÖSTA 12 (1959); *J. Mössner*, Sonn- und Feiertage in Österreich, Preußen und Bayern im Zeitalter der Aufklärung (1915); *H. Benedikt*, Der Josephinismus vor Joseph II: Österreich und Europa. Festgabe für Hugo Hantsch (Graz - Wien - Köln 1965) 183—201; *P. Bernard*, The Origins of Josephinism. Two Studies (Colorado Springs 1964); *F. Maaß*, Der Frühjosephinismus (Wien 1969); *ders.*, Der Josephinismus. Quellen zu seiner Geschichte in Österreich 1760—1850, 5 Bde (Wien 1951—61); *F. Valjavec*, Der Josephinismus (München ²1945); *ders.*, Die josephinischen Wurzeln des österreichischen Konservativismus: F. Valjavec, Ausgewählte Aufsätze, hrsg. von K. A. Fischer - M. Bernath (München 1963) 323—330; *ders.*, Der Josephinismus als politische und weltanschauliche Strömung: F. Valjavec, Ausgewählte Aufsätze 307—322; *F. Walter*, Die Geschichte der österreichischen Zentralverwaltung, Tl. 1 u. 2 (Wien 1950—56); *E. Winter*, Der Josefinismus. Die Geschichte des österreichischen Reformkatholizismus 1740—1748 (Berlin 1962) (überarbeitete Fassung von: E. Winter, Der Josefinismus [1943]); *ders.*, Romantismus, Restauration und Frühliberalismus im österreichischen Vormärz (Wien 1968); *H. Rieser*, Der Geist des Josephinismus und sein Fortleben. Der Kampf der Kirche um ihre Freiheit (Wien 1963); *E. Schenner*, Der Postjosephinismus und die frühfranziskische Reaktion (Diss. Wien 1949); *G. Holzknecht*, Herkunft und Ursprung der Reformideen Kaiser Josefs (Innsbruck 1914); *H. Franz*, Studien zur kirchlichen Reform Josephs II. (Freiburg 1908); *H. v. Voltelini*, Die naturrechtlichen Lehren und die Reformen des 18. Jahrhunderts: HZ 105 (1910) 65—104; *F. Fejtö*, Joseph II. Kaiser und Revolutionäre (Stuttgart 1956); *P. Bernard*, Joseph II (New York 1968); *E. Winter*, Josef II. Von den geistigen Quellen und letzten Beweggründen seiner Reformideen (Wien 1946); *H. Conrad*, Recht und Verfassung des Reiches in der Zeit Maria Theresias. Aus den Erziehungsvorträgen für den Erzherzog Joseph: HJ 82 (1962) 163—186; *ders.*, Recht und Verfassung des Reiches in der Zeit Maria Theresias. Die Vorträge zum Unterricht des Erzherzogs Joseph in Natur- und Völkerrecht sowie im Deutschen Staats- und Lehnrecht (Köln - Opladen 1964); *E. Zlabinger*, Lodovico Antonio Muratori und Österreich (Innsbruck 1970); *A. Novotny*, Staatskanzler Kaunitz als geistige Persönlichkeit (Wien 1947); *F. Maaß*, Die Stellungnahme des Fürsten Kaunitz zur staatlichen Festsetzung der Altersgrenze für die Ablegung der Ordensgelübde in Österreich im Jahre 1770/71: MIÖG 58 (1950) 656—667; *W. Högl*, Bartenstein als Erzieher Josephs II. (Phil. Diss. masch. Wien 1959); *E. Winter*, Kaiser Joseph II. und der Kardinalprotektor der deutschen Reichskirche, F. Herzan Reichsgraf v. Harras: Prager Festgabe für Theodor Mayer (Freilassing - Salzburg 1953) 148—155; *F. Klein-Bruckschwaiger*, Franz Anton von Martini in der Zeit des späten Naturrechts: Festschrift für Karl Haff, hrsg. von K. Bussmann - N. Grass (Innsbruck 1950) 120—129; *H. Conrad*, Joseph von Sonnenfels (1733—1817). Zum 150. Todestag eines Vorkämpfers gegen die Folter. In: Juristen-Jahrbuch 8 (1967/68) (Köln 1968) 1—16; *H. Lentze*, Joseph von Spergs und der Josephinismus: MÖSTA ErgBd III (1951) 392—412; *F. Pascher*, Joseph Freiherr von Sperges auf Palens und Reisdorf (phil. Diss. Wien 1965).

F. Dörrer, Der Schriftverkehr zwischen dem päpstlichen Staatssekretariat und der apostolischen Nuntiatur Wien in der zweiten Hälfte des 18. Jahrhunderts: Römische historische Mitteilungen 4 (1960/61) 63—246; *ders.*, Römische Stimmen zum Frühjosephinismus: MIÖG 63 (1965) 460—483; *A. Ellemunter*, Antonio Eugenio Visconti und die Anfänge des Josephinismus (Graz - Köln 1963); *H. Schlitter*, Die Reise des Papstes Pius VI. nach Wien und sein Aufenthalt daselbst (Wien 1892); *G. Soranzo*, Peregrinus Apostolicus. Lo spirito pubblico e il viaggio di Pio VI a Vienna (Milano 1937); *M. Ch. Goodwin*, The Papal Conflict with Josephinism (New York 1938); *L. Just*, Zur kirchenpolitischen Lage in Österreich bei Regierungsantritt Franz' II.: QFIAB 23 (1931/32) 242—266; *F. Sissulak*, Das Christentum des Josefinismus. Die josefinische Pastoraltheologie in dogmatischer Sicht: ZKTh 71 (1949) 54—88; *E. Glas*, Studien über den Einfluß Josephs II. auf die deutschen Bischofswahlen (phil. Diss. Wien 1949); *J. A. K. Haas*, De Roermondse bisschopbenoemingen in de eerste helft van de Oostenrijkse periode, 1717—1749: Archief voor de geschiedenis van de katholieke kerk in Nederland 11 (1969); *G. de Schepper,* La réorganisation des paroisses et la suppression des couvents dans les Pays-Bas autrichiens sous le règne de Joseph II (Löwen - Brüssel 1942); *G. Winner,* Die Klosteraufhebungen in Niederösterreich und Wien (Wien - München 1967); *N. Grass,* Österreichische Kanonistenschulen aus drei Jahrhunderten: ZSavRGkan 85 (1955) 290—411; *J. Müller,* Zu den theologiegeschichtlichen Grundlagen der Studienreform Rautenstrauchs: ThQ 146 (1966) 62—97; *F. Wehrl,* Der „Neue Geist". Eine Untersuchung der Geistesrichtungen des Klerus in Wien von 1750—1790: MÖSTA 20 (1967) 36—114; *R. Reinhardt,* Die Beziehungen von Hochstift und Diözese Konstanz zu Habsburg-Österreich in der Neuzeit. Gleichzeitig ein Beitrag zur archivalischen Erforschung des Problems „Staat und Kirche" (Wiesbaden 1966); *F. Geier,* Die Durchführung der kirchlichen Reformen Josephs II. im vorderösterreichischen Breisgau (Stuttgart 1905); *J. R. Kušej,* Joseph II. und die äußere Kirchenverfassung Innerösterreichs (Stuttgart 1908); *F. Dörrer,* Zur sog. Pfarregulierung Josephs II. in Deutschtirol (Diss. Innsbruck 1950); *ders.,* Der Wandel der Diözesaneinteilung Tirols und Vorarlbergs: Tiroler Heimat. Jahrbuch für Geschichte und Volkskunde 17 (1953) 41—74; *H. Kröll,* Beiträge zur Geschichte der Aufhebung der Gesellschaft Jesu in Wien und in Niederösterreich (phil. Diss. masch. Wien 1964); *A. Wandruszka,* Leopold II. Erzherzog von Österreich, Großherzog von Toskana, König von Ungarn und Böhmen, Römischer Kaiser, 2 Bde (Wien - München 1963—65); *ders.,* Geheimprotestantismus, Josephinismus und Volksliturgie in Österreich: Zeitschrift für Kirchengeschichte 78 (1967) 94—101; *H. Ferihumer,* Kaiser Leopold II. und der Episkopat der Erbländer. Die Rolle des Linzer Bischofs J. G. Gall: Festschrift K. Eder (Innsbruck 1959) 181—196; *A. Ernstberger,* Zur Wiederherstellung des Jesuitenordens. Vorschläge an Kaiser Franz II. 1794, 1799, 1800 = Sb. Bayer. Akad. der Wissenschaften, Phil.-Hist. Klasse, Fasz. 7 (München 1962); *E. Weinzierl-Fischer,* Der Toleranzbegriff in der österreichischen Kirchenpolitik. XIIe Congrès international des sciences historiques. Rapports I (Wien 1965) 135—150; *D. Appelt,* Die Idee der Toleranz unter Kaiser Josef II. (Diss. Wien 1950); *Ch. H. O'Brien,* Ideas of religious toleration at the time of Joseph II. A study of the enlightenment among catholics in Austria (Philadelphia 1969); *H. Conrad,* Staatliche Theorie und kirchliche Dogmatik im Ringen um die Ehegesetzgebung Josephs II: Wahrheit und Verkündigung, Michael Schmaus zum 70. Geburtstag (Paderborn 1967) 1171—1190; *J. Mühlsteiger,* Der Geist des josephinischen Eherechts (Wien 1967); *B. Primetshofer,* Rechtsgeschichte der gemischten Ehen in Oesterreich und Ungarn (1781—1841). Ein Beitrag zur Geschichte der Beziehungen zwischen Kirche und Recht (Wien 1967); *D. Schwab,* Grundlagen und Gestalt der staatlichen Ehegesetzgebung in der Neuzeit bis zum Beginn des 19. Jahrhunderts (Bielefeld 1967); *F. Maaß,* Der Wiener Nuntius Severoli und der Spätjosephinismus: MIÖG 63 (1955) 484—499; *E. Plaßmann,* Staatskirchenrechtliche Grundgedanken der deutschen Kanonisten an der Wende vom 18. zum 19. Jahrhundert (Freiburg 1968); *H. Raab,* Kirche und Staat im Urteil deutscher Kanonisten 1780—1830: ZSKG 63 (1969) 188—202; *K. Reitbauer,* Erzbischof Johann Josef Trautson (Diss. Graz 1955); *V. Einspieler,* Johann Karl Graf von Herberstein, Bischof von Laibach. Sein Leben, Wirken und seine Stellung in der Geschichte des Josephinismus (Diss. Wien 1951); *E. Hosp,* Bischof Gregorius Thomas Ziegler. Ein Vorkämpfer gegen den Josephinismus (Linz a. D. 1956); *C. Wolfsgruber,* Christian Anton Kardinal Migazzi (Saulgau 1890); *J. Obersteiner,* Die Bischöfe von Gurk (1072—1822) (Klagenfurt 1969); *H. Ferihumer,* Die kirchliche Gliederung des Landes ob der Enns im Zeitalter Kaiser Josefs II. (Linz 1952); *J. B. Lehner,* Beiträge zur Kirchengeschichte des Egerlands: Jahresbericht zur Erforschung der Regensburger Diözesangeschichte 13 (1939) 79—211; *G. Prichan,* Über die Beziehungen Österreichs zur katholischen Kirche in Schlesien: Jahrbuch des Vereins für Geschichte der Deutschen in Böhmen 1 (1926); *W. Sponner,* Kirchenpolitik im Banat von 1717—1778 (phil. Diss. Wien 1941); *G. Prokoptschuk,* Die österreichische Kirchenpolitik in der Westukraine unter der Regierung Maria Theresias von 1772—1780 (phil. Diss. München 1942);

J. Tomko, Die Errichtung der Diözesen Zips, Neusohl und Rosenau (1776) und das königliche Patronatsrecht in Ungarn = Kirche und Recht 8 (Freiburg - Wien - Basel 1968).

Bayern: *M. Spindler*, Handbuch der bayer. Geschichte II (München 1969); *M. Doeberl*, Der Ursprung der Amortisationsgesetzgebung in Bayern. Ein Beitrag zur Kulturgeschichte des 17. und 18. Jahrhunderts. In: Forschungen zur Geschichte Bayerns X (München 1902) 186—262; *H. Rall*, Kurbayern in der letzten Epoche der alten Reichsverfassung (1745—1801) (München 1951); *P. Krinner*, Die Quellen des bayerischen Staatskirchenrechts in der Zeit von 1583 bis 1799 (Diss. Würzburg 1907); *J. Weber*, Die Kirchenrechtswissenschaft in Bayern im Zeitalter der Aufklärung (Würzburg 1907); *K. Habenschaden*, Die Kirchenpolitik Bayerns unter Kurfürst Karl Theodor: ZSavRGkan 28 (1939) 333—417; *H. Lazik*, Die Entwicklung der geistlichen Gerichtsbarkeit im Kurfürstentum Bayern (jur. Diss. München 1953); *G. Pfeilschifter-Baumeister*, Der Salzburger Kongreß und seine Auswirkungen 1770—1777 (Paderborn 1929); *W. Fichtl*, Das bayerische Bücherzensurkollegium (1769—1797) (phil. Diss. masch. München 1941); *B. Wacher*, Beiträge zur Geschichte der bayerischen Abtswahlen mit besonderer Berücksichtigung der Benediktinerklöster (München 1930); *E. Krausen*, Am Vorabend der Säkularisation. Die Abtwahl vom 1. Oktober 1801 im Kloster Raitenhaslach: HJ 80 (1961) 160—173; *G. Schwaiger*, Die altbayerischen Bistümer Freising, Passau und Regensburg zwischen Säkularisation und Konkordat (1803—1817) (München 1959); *H. Raab*, Clemens Wenzeslaus von Sachsen und seine Zeit. Dynastie, Kirche und Reich im 18. Jahrhundert (Freiburg 1962); *E. M. Eder*, Beiträge zum Passauer Exemtionsstreit (Diss. masch. Wien 1962); *A. Leidl*, Kardinal Leopold Ernst von Firmian (1708—83) (München 1968); *E. Meissner*, Fürstbischof Anton Ignaz Fugger (1711—1787) (Tübingen 1969); *G. Schwaiger*, Pius VI. in München (1782): MThZ (1959) 122—136.

Lothringen und andere Territorien: *P. le Sourd*, La Lorraine, le Barrois, les Trois-Évêchés dans l'histoire de la France et, demain, de l'Europe (Paris 1966); *E. Dursy*, Das Staatskirchenrecht in Elsaß-Lothringen (Straßburg 1876); *R. Folz*, Le concordat germanique et l'élection des évêques de Metz (Metz 1931); *L. Just*, Clemens XI. und der Code Léopold (1701—1710). Die kuriale Politik im Kampf mit dem lothringischen Staatskirchentum zu Beginn des 18. Jahrhunderts (Frankfurt a. M. 1935); *ders.*, Das Staatskirchentum der Herzöge von Lothringen-Bar von 1445—1633: AMrhKG 5 (1953) 223—266; *J. Krisinger*, Die Religionspolitik des Kurfürsten Johann Wilhelm von der Pfalz: Düsseldorfer Jahrbuch 47 (1955); *H. Tüchle*, Die Kirchenpolitik des Herzogs Karl Alexander von Württemberg (1733—1737) (Würzburg 1937); *H. Krezdorn*, Das Kirchenpatronat über katholische Pfarreien in Hohenzollern. Geschichte und Rechtsentwicklung: Hohenzollerische Jahreshefte 16 (1956) 5—109; *W. Thoma*, Die Kirchenpolitik der Grafen von Fürstenberg im Zeitalter der Glaubenskämpfe (1520—1660) (Münster 1963).

Der staatskirchenrechtlichen Umwälzung des 18. Jh. wird man mit einer Verurteilung als Übergriff in den geistlichen Bereich oder absolutistischer, auf Staatsallmacht zielende Auswucherung landesfürstlicher Kirchenhoheit kaum gerecht werden können. Auch als Ausfluß des von der Vorstellung vom „Wohlfahrtsstaat" beherrschten aufgeklärten Absolutismus bleibt sie unzureichend charakterisiert. Sicher kam, wie sich am Beispiel der Klosterreduktionen und der josephinischen Caritas deutlich machen ließe, der verstärkten Heranziehung der Kirche zum Dienst am aufgeklärten Wohlfahrtsstaat, bei der Verwirklichung des rationalistischen Postulats „größtmöglicher Glückseligkeit aller", besondere Bedeutung zu. Dabei ging es aber auch um die Verwirklichung von bisher zum Teil vernachlässigten genuinen

Anliegen christlicher Ethik, um eine staatlich gelenkte Ethisierung, um die Hebung der Sittlichkeit, um eine im jansenistisch-aufgeklärten Sinne reformierte, barocken Mißbräuchen entsagende Kirche im Interesse einer besseren diesseitigen Ordnung und des jenseitigen Heils.

Im Reich trat das Problem „Staat und Kirche" weniger in den Beziehungen zwischen dem Papst als Oberhaupt der Gesamtkirche und dem Kaiser als Schutzherr der Reichskirche hervor als in den Auseinandersetzungen der größeren, zu modernen Staaten aufsteigenden Territorien mit den zuständigen Bischöfen, Nuntiaturen und der römischen Kurie. Die geistlichen Fürstentümer erfuhren infolge der Identität von Bischof und Landesherr, der hier nicht vollziehbaren Integration zum „Staat" und mangelnder Selbstreform, das Problem mehr als „interne Angelegenheit", als episkopalistische Opposition [1] gegen die Nuntiaturen und gegen die römische Kurie, oder als gemäßigte administrative Aufklärung auf den bekannten staatskirchenrechtlichen Kampffeldern der Klosterreform, Feiertagsreduktion, Amortisationsgesetzgebung, des Sponsalienrechts und der Erziehungspolitik [2].

In den katholischen weltlichen Territorien unterschied sich die Entwicklung der Rechtsverhältnisse von Kirche und Staat kaum von der in den protestantischen Staaten. Die Notwendigkeit von Reformen wurde auch hier weitgehend und für viele Bereiche anerkannt. Die Erkenntnis, daß der im Werden begriffene aufgeklärte Wohlfahrtsstaat, wollte er seinen umfassenden Aufgaben gerecht werden, einer erweiterten materiellen Basis bedurfte und mit der traditionellen Bevorzugung und Privilegierung der Kirche brechen mußte, blieb nicht auf kirchenfeindliche Aufklärer beschränkt. Die Verquickung von Geistlichem und Weltlichem hatte im späten 17. Jh. einen Höhepunkt erreicht. Dank weitgehender Privilegierungen und der von der Kirche in gegenreformatorischer Absicht gewährten Unterstützung hatte sich der Aufstieg zum absolutistischen Fürstenstaat vollzogen. Die Kirche blieb auch noch in der Zeit der Aufklärung, vor

[1] Siehe oben S. 477 ff.

[2] Aus der reichen Lit. zu diesen Problemen der geistlichen Fürstentümer vgl. etwa *L. A. Veit*, Emmerich Joseph von Breidbach-Bürresheim und die Verminderung der Feiertage: Festschr. für Sebastian Merkle (1922) 348—369; *H. Illich*, Maßnahmen der Mainzer Erzbischöfe gegen kirchlichen Gütererwerb 1462—1792. Ein Beitrag zur Gesch. der Aufklärungszeit: Mainzer Zschr. 34 (1939) 53—82; *H. W. Jung*, Anselm Franz von Bentzel im Dienst der Kurfürsten von Mainz (Wiesbaden 1966); *J. Mack*, Die Reform- und Aufklärungsbestrebungen im Erzstift Salzburg unter Hieronymus von Colloredo (München 1912); *M. Schmidt*, Die Aufklärung im Fürstbistum Passau (München 1933); *M. Braubach*, Maria Theresias jüngster Sohn Max Franz, letzter Kurfürst von Köln und Bischof von Münster; *K. J. Krüger*, Carl Willibald Frh. von Groschlag (phil. Diss. masch. München 1967, Köln 1970); *R. Reinhardt*, Die Beziehungen von Hochstift und Diözese Konstanz zu Habsburg-Österreich in der Neuzeit. Zugleich ein Beitrag zur archivalischen Erforschung des Problems „Kirche und Staat" (Wiesbaden 1966).

allem in den wirtschaftlichen Not- und Wiederaufbaujahren nach dem Österreichischen Erbfolgekrieg und dem Siebenjährigen Krieg, mit ihrem Besitz, ihren Einkünften ein Reservoir staatlicher Macht. Den katholischen Dynastien bot sie über geistliche Sekundogenituren die Möglichkeit, nachgeborene Söhne zu versorgen, Ansehen und Macht zu steigern, ihre Außen- und Reichspolitik zu fördern. Dem landsässigen und reichsritterlichen Adel sicherte sie in ihren Domkapiteln und Stiftern einen Freiheitsraum gegenüber dem absolutistischen Fürstenstaat. Das Territorium, die Staatwerdung, die Jurisdiktion, die Finanzen und die Wirtschaft blieben überall, für Reformer und Aufklärer störend, durchbrochen durch die Kirche. All dies ließ es den katholischen Fürsten, die sich noch zur Zeit der Aufklärung als Schirmherren der beiden Gesetzestafeln fühlten, geraten erscheinen, die Kirche in staatsegoistischem Interesse, aber auch um der eigenen notwendigen Reformen willen besser kontrollieren zu können. Die beiderseitigen Grenzen sollten aus dem Vernunftrecht und dem vertieften Verständnis der jeweiligen Eigenart und Aufgaben neu bestimmt werden.

Vom Schutz der Kirche (ius advocatiae, sive protectionis) zur Schutzherrschaft oder Bevormundung kraft Aufklärung war es, als die Staaten auf katholischem Boden sich innerlich zu festigen und neue Aufgaben zu übernehmen begannen, kein weiter Schritt. Vielfach konnte dieser Übergang fast als Notwehr der Landesfürsten gegen übertriebene kirchliche Vorstellungen und drückende Kirchenmacht erscheinen [3]. Steuerfreiheit und Lokalimmunität waren geeignet, der Vorstellung von einem Staat im Staate Vorschub zu leisten. Der Besitz der Toten Hand, die große Zahl der Mendikantenklöster, die vielen Feiertage, Prozessionen, Wallfahrten konnten als Ursachen für die geringe Wirtschafts- und Finanzkraft angesehen, damit für die politische Schwäche der katholischen Staaten verantwortlich gemacht, zudem als unvereinbar mit echter Frömmigkeit angegriffen werden.

Zweifellos zielte die als Staatskirchentum und in ihrer spezifisch österreichischen Ausprägung als Josephinismus unzureichend umschriebene, seit der Mitte des 18. Jh. stärker einsetzende Bewegung auf eine Reduzierung der kirchlichen Macht, letztlich auf eine staatliche Kirchenhoheit. Sie war aber in sich weder kirchenfeindlich noch ihrer Natur nach aufklärerisch. Max III. Joseph von Bayern ging relativ weit im Bunde mit der Aufklärung; Joseph II. wollte ihr nur einen bestimmten, genau umgrenzten Raum zuweisen, und Karl Theodor, der sein staatskirchliches Programm im Bunde mit Rom durchsetzte, bekämpfte die Aufklärung mit manchen Maßnahmen. Unbestritten sind nicht wenige Verordnungen des Staatskirchentums aus der zweiten Hälfte des 18. Jh. in geistlichen und weltlichen Staaten auf die Abstellung von Mißständen in der Kirche gerichtet, auf eine Kirchenreform, der vom Staatsegoismus, von jansenistischen, episkopalisti-

[3] *R. Reinhardt*, Verhältnis von Kirche und Staat 173.

schen und reformkatholischen Strömungen — es sei nur an den Einfluß Muratoris erinnert — die Annäherung an das Ideal der Ecclesia primitiva als Ziel vorgezeichnet war.

Der Josephinismus hebt sich scharf ab von dem älteren bis ins Spätmittelalter zurückreichenden, seit dem 16. Jh. deutlicher hervortretenden österreichischen Staatskirchentum. Er ist „ein — in sich selbst unausgeglichener — ‚Ausgleich' disparater Spannungsmomente" und entstand „durch die wechselseitige Durchdringung aller zur Regierungszeit Maria Theresias wirksamen, den Barockkatholizismus nicht vorbehaltlos unterstützenden Bewegungen und Tendenzen" [4].

Theresianismus und Josephinismus

Eine annähernd genaue Begriffsbestimmung des Josephinismus stößt einmal wegen seiner durch die Verschiedenheit der Habsburger Länder, ihrer Herrscher und der maßgeblichen Persönlichkeiten bedingten Variationsbreite, zum anderen wegen des Zusammenwirkens disparater Entwicklungsreihen bei seiner Ausformung auf beträchtliche Schwierigkeiten. Während E. Winter, beschränkt auf das dem Protestantismus nahestehende Böhmen sowie Mähren, den Josephinismus provozierend als Reformkatholizismus und als Ergebnis bürgerlichen Denkens im werdenden Nationalstaat herausstellt, ihn auch, das harte Staatskirchentum verharmlosend, als „Versuch einer grundlegenden Reform der römisch-katholischen Kirche im Sinne der Urkirche" [5] zu deuten sich bemüht, wertet ihn F. Maaß in einer verengten kirchenrechtlichen Betrachtung als aufgeklärtes österreichisches Staatskirchentum [6]. Nicht in der Kirchenreform, sondern in der Allmacht des Staates sei das letzte Ziel des Josephinismus zu sehen. Valjavec dagegen will den Josephinismus verstehen als geistig-geistlich-politisch-wirtschaftliches Gesamtphänomen, das Österreichs Geschichte weniger im 18. als im frühen 19. Jh. bestimmt habe und am typischsten nicht während der Regierung Josephs II. in Erscheinung getreten sei. Der Josephinismus sei das Ergebnis von Bestrebungen, einen Ausgleich herbeizuführen zwischen den Anschauungen der vorausgehenden Zeit auf politischem und kirchlich-kulturellem Gebiet auf der einen und dem Geist der Aufklärung auf

[4] *P. F. Barton,* Ignatius Aurelius Fessler. Vom Barockkatholizismus zur Erweckungsbewegung (Wien - Graz - Köln 1969) 36. Über die Ursprünge des Josephinismus vgl. auch *P. Bernard,* The Origins of Josephinism: Two Studies (Colorado Springs 1964).

[5] *E. Winter,* Der Josephinismus u. seine Geschichte (Brünn - München - Wien 1943) VII; *ders.,* Der Josephinismus. Die Gesch. des österreichischen Reformkatholizismus (Berlin 1962) 7. Gegen Winter vgl. *Sissulak,* Das Christentum des Josephinismus 89; *Maaß* I, S. XIX.

[6] *Maaß* I, 71—73; *F. Maaß,* Frühjosephinismus 8.

der anderen Seite[7]. Kann veranschlagt die Bedeutung der kirchenpolitischen Reformen gering, hebt aber die totalitären Züge und die nationale Komponente im Josephinismus hervor[8]. „Die Liquidierung des staatlich-kirchlichen Machtbereichs" stellt nach Rieser das Mittel dar, den Endzweck des Josephinismus, „die Staatsallmacht", zu erreichen[9]. Der Josephinismus wird darüber hinaus als „latenter Abstieg von der Offenbarungsreligion zur Naturreligion" gewertet[10]. Nicht nach vorne in die Zukunft gerichtet, sondern im Grunde „Reaktion" ist nach Reinhardt der Josephinismus. Er wollte die Herrschaft über eine Kirche, die sich längst, wenigstens in Anspruch und Doktrin, emanzipiert hatte. Er wollte Bereiche wieder zusammenkitten, die auseinandergefallen waren[11].

Seine engere Vorgeschichte hat der Josephinismus, zu dessen Wegbereitern auch der „ultrakatholische"[12] Ferdinand II. gerechnet wird, im staatskirchlichen System Maria Theresias. Die impulsive, ehrgeizige Tochter des frommen, intoleranten Karl VI., der in Schlesien die Rekatholisierung gefördert, in Kärnten und Steiermark der wieder aufkommenden Ketzerei gewehrt, aber gegen die römische Kurie den harten, staatskirchlichen Kurs der Bourbonen zu steuern versucht hatte, steht in der Tradition zerbrechender habsburgischer Barockfrömmigkeit und antikurialistischer Vorstellungen[13], von denen selbst Jesuiten am Wiener Hof des 17. Jh. nicht frei gewesen sind. Typische Züge barocker Frömmigkeit treten bei ihrem Gemahl, Franz Stephan von Lothringen, der in der Ehe der religiös-geistig führende Teil gewesen zu sein scheint[14], kaum hervor. Maria Theresia selbst zeigt sich in ihrer Witwenzeit (seit 1765) der asketischen Art des Jansenismus und reformkatholischen Tendenzen nicht verschlossen. Wie der Ausgleich zwischen frommer Rechtgläubigkeit und neuem aufklärerischem Staatskirchentum zu finden sei, hat der Hofrat Heinke, einer der bedeutendsten Vertreter des Josephinismus, gezeigt: „Dem Fürsten ist seine Gewalt von Gott allein vertraut, mit welcher das Schutzrecht der Religion und Kirche so unzertrennlich verbunden ist, daß er sich dieser Schuldigkeit niemals entäußern darf, denn nicht ohne Ursache ist ihm von Gott dieses Recht verlie-

[7] *Valjavec*, Der Josephinismus², 7.

[8] *Kann*, Kanzel und Katheder 136.

[9] *H. Rieser*, Der Geist des Josephinismus und sein Fortleben (Wien 1963) 81.

[10] Ebd. 77.

[11] *R. Reinhardt*, Verhältnis von Kirche und Staat 178.

[12] *A. v. Luschin*, Grundriß der österreichischen Reichsgeschichte (²1918) 264; *H. v. Srbik*, Wallensteins Ende (Salzburg ²1952) 116.

[13] *F. Maaß*, Frühjosephinismus 13 unterstreicht, daß sie „keine tiefere theologische Bildung besaß und außerdem noch einen papstfeindlichen Geschichtsunterricht in ihrer Jugend erhalten hatte". — Zur „Pietas Austriaca" vgl. *A. Coreth* (Wien 1959).

[14] *A. Wandruszka*, Die Religiosität Franz Stephans von Lothringen. Ein Beitrag zur Gesch. der „Pietas Austriaca" und zur Vorgeschichte des Josephinismus in Österreich: Mitteilungen des österreichischen Staatsarchivs 12 (1959) 172.

hen worden. Er beschirmet aber das Heiligtum des Herrn am kräftigsten, wenn er selber dasjenige abstellt, was an sich selbst den Anlaß zu unheilbaren Wunden für den seligmachenden Glauben geben kann und wirklich gegeben hat."

Die Verschärfung des österreichischen Staatskirchentums, das auch unter Maria Theresia und Joseph II. nach wie vor kirchlich zu sein vorgibt, darf zu einem Teil auf die wirtschaftlich-politische Notlage nach dem Erbfolgekrieg und den Schlesischen Kriegen zurückgeführt werden. Als Mitbegründer des „Theresianismus" galten schon den Zeitgenossen die „Großen Vier" in Wien: der ungestüme, von jansenistischen Reformvorstellungen und Jesuitenhaß geprägte, persönlich sehr fromme Leibarzt der Kaiserin, Gerard van Swieten, der als Bücherzensor die Freigabe des Febronius erreichte und die Universitätsreform in die Wege leitete; dann der ebenfalls zum Jansenismus neigende Beichtvater der Kaiserin, Ignaz Müller, Propst der Augustinerchorherren von St. Dorothea, sowie der Naturrechtler Karl Anton von Martini, der nicht zuletzt als Gegner der Folter sich einen Namen gemacht hat, und Ambros von Stock, Domherr von St. Stephan und später Weihbischof. Als eigentlich treibende Kraft der theresianischen Reformen und Schöpfer des neuen, auf den Grundsätzen des Vernunftrechts aufbauenden staatskirchlichen Systems wird der an Voltaire orientierte Freigeist und kühle Machtpolitiker Wenzel Anton Graf (seit 1764 Reichsfürst) von Kaunitz-Rietberg, unterstützt von dem Hofrat Franz Joseph Ritter von Heinke, angesehen. Kaunitz' Programm, die Länder der Habsburgermonarchie zu einem absolutistisch-modernen Staat umzugestalten, diesem die Kirche dienstbar zu machen, enthält die Grundzüge des „Theresianismus" und „Josephinismus", dessen radikalste Äußerungen er indessen abgelehnt hat. Dennoch geht der Vorschlag, den Josephinismus in „Kaunitzianismus" umzubenennen [15], von einer Überschätzung seines Einflusses und der falschen Vorstellung aus, dieses staatskirchliche System könne auf eine große Persönlichkeit reduziert werden.

Als Experimentierfeld für das neue staatskirchliche System ergab sich für Kaunitz die österreichische Lombardei. 1765 wurde in Mailand die Giunta Economale als oberste Instanz für kirchliche Angelegenheiten eingerichtet. Der mailändische Statthalter Karl Graf von Firmian war durch seinen Aufenthalt an der Ritterakademie Ettal und über den Salzburger Muratorikreis mit reformkatholischen Vorstellungen bereits vertraut. Nach spanischem, venezianischem und sizilischem Vorbild wurde, als es wegen der Besetzung der Bischofsstühle von Como und Mantua durch Clemens XIII. zu Differenzen gekommen war, in der Lombardei das Plazet eingeführt. Dann sollten im staatskirchlichen Sinne die Fragen der Kirchengüter, der Besteuerung des Klerus, der kirchlichen Zensur und der Beschränkung der Autorität der

[15] *Ellemunter*, Antonio Eugenio Visconti und die Anfänge des Josephinismus 179.

Ordensoberen gelöst werden. Die Unterdrückung kleinerer Ordensgemeinschaften, die verschiedentlich von den Mönchen selbst gewünscht wurde, begann 1769 nach Kompromissen mit dem Papst. Die Exkommunikation des Herzogs Ferdinand von Parma (30. 1. 1768), des künftigen Schwiegersohnes der Kaiserin, gab den staatskirchlichen Bestrebungen in der Habsburgermonarchie Auftrieb. 1771 schränkte Maria Theresia, nachdem sie bereits 1750 einer Hofkommission die Überwachung der finanziellen Verwaltung aller kirchlichen Einrichtungen zur Aufgabe gemacht hatte, mit einem Amortisationsgesetz das Vermögen der Toten Hand radikal ein. Der Reform des Ordensklerus sollten Verordnungen über die Ablegung der feierlichen Gelübde nicht vor dem 24. Lebensjahr, über das Terminieren, den Aufenthalt von Regularen außerhalb ihrer Klöster, die Abschaffung der Klosterkerker dienen. Unter dem Einfluß reformkatholischer und aufklärerischer Vorstellungen ging Maria Theresia gegen den Gebrauch des Exorzismus und gegen die Prozessionen vor. Die mit päpstlichem Einverständnis durchgeführte Reduktion der kirchlichen Feiertage war nach der Meinung des von der Kaiserin sehr geschätzten Kanonisten P. J. von Riegger ein ausgezeichnetes Mittel, die Frömmigkeit zu fördern, dem Müßiggang zu steuern, billige Achtung für das Nützliche und verdiente Geringschätzung unnützer Beschäftigung zu bewirken.

Grundsätzlich nahm bereits Maria Theresia alle Iura circa sacra in Anspruch, so daß sich das „theresianische“ Staatskirchentum vom „Josephinismus“ nur durch Nuancen und den stärkeren Einfluß der Aufklärung unterscheidet. Von einer ungebrochen kirchlich-katholischen Haltung Maria Theresias wird man nicht mehr sprechen können, sie vielmehr als „Mutter des Josephinismus“ [16] ansehen müssen. Als oberster Schutzherr und Kirchenvogt hat Joseph II., unterstützt von Kaunitz, Joseph von Sonnenfels, Marc Anton Wittola, Abt Rautenstrauch, der 1774 den Plan für die philosophisch-theologischen Studien vorlegte, schon während seiner Mitregierung den Anspruch auf vollständige Unterwerfung der Kirche unter sein staatskirchenrechtlich-aufklärerisches Programm erhoben und während seiner Selbstregierung mit oft despotischen und kleinlichen Maßnahmen [17] durchzusetzen versucht. Mehr als 6000 Dekrete wurden in einem Jahrzehnt erlassen mit dem Ziel, jedes Mitspracherecht der Kirche in gemischten Dingen auszuschalten, die Kirche auf Sakramentenverwaltung, innerkirchliche Fragen und auf eine dienende Funktion im aufgeklärten Wohlfahrtsstaat zu beschränken. Nach Sonnenfels ist die Kirche eine Polizeianstalt, die den Zielen des Staates dienen müsse bis zu dem Zeitpunkt, wo die Aufklärung des Volkes ihren Ersatz durch die weltliche Polizei erlauben mag. Als Triumph der Aufklärung

[16] *F. Maaß*, Vorbereitung und Anfänge des Josephinismus 297.

[17] Verordnungen über den Gottesdienst schrieben die Zahl der Kerzen, die Länge der Predigten vor. Mehr als drei Altäre sollten in keiner Kirche sein. Diese kleinliche Einmischung hat Joseph II. den Spottnamen „Bruder Sakristan“ eingetragen.

wurde die von Clemens XIII. unter dem Druck der bourbonischen Höfe ausgesprochene Aufhebung der Gesellschaft Jesu (21. 7. 1773) gefeiert. Der Heranbildung eines neuen Pfarrerstandes nach dem Ideal des „pastor bonus" sollten die „Generalseminarien" dienen (1783), deren Einrichtung dem Abt Rautenstrauch anvertraut war. Das gesamte kirchliche Vermögen wollte Joseph II. als ein „für das Beste des Seelenheils und der Natur bestimmtes Patrimonium" ansehen, „wovon die geistlichen Individuen und Gemeinden nur für die standesmäßige Nothdurft Fruchtnießer sind und die sichere Verwendung des Überflusses für ersterwähnte Hauptbestimmung dem Landesherrn als oberstem Kirchenvogt und Wächter der Canones gebührt".

Die Beurteilung des Josephinismus ist vielfach geradezu von seiner Kloster- und Ordensfeindschaft bestimmt gewesen und verschiedentlich auch heute noch mitbestimmt. Einseitig werden muß das Bild, wenn der „Klosterfreundlichkeit" des Barock die monachomachische Tendenz der Aufklärung entgegengesetzt oder die Klosterreduktion nur aus den sicher vorhandenen, meist aber in der zeitgenössischen Publizistik tendenziös übertriebenen Mißständen begründet wird. Der Erlaß vom 29. November 1781 hat die Aufhebung aller Klöster beschaulicher Orden, die weder caritative noch pädagogische oder seelsorgerische Aufgaben erfüllten, in die Wege geleitet, da sie nach der maßgeblichen Meinung von Kaunitz „zur Beförderung des Besten des Nebenmenschen unfähig, folglich für die bürgerliche Gesellschaft unnütz waren". Die Klosterreduktionen wurden in der Folgezeit auch auf nichtbeschauliche Orden ausgedehnt. Unermeßlich waren dabei die Verluste an Kulturgütern, zweifellos beträchtlich der Schaden für die Wissenschaft und sicher recht groß die finanziellen Einbußen. Die eingezogenen Klostergüter sollten einem „Religionsfonds" für kirchliche, caritative und schulische Zwecke zugeleitet werden. Das ist indessen nur zum Teil geschehen. Klosteraufhebung und Pfarregulierung sind schon von der finanziellen Seite her „kausal innigst verbunden" [18], doch bleibt umstritten, ob die schädlichen Wirkungen der Klosteraufhebungen auf Seelsorge und religiöses Leben mit der Errichtung neuer Pfarreien aus dem Religionsfonds und der Intensivierung der Pfarrseelsorge nach jansenistisch-reformkatholischem Wunsch aufgefangen werden konnten, zumal die Pfarre zunehmend in dem staatskirchlichen System Verwaltungsaufgaben übernehmen mußte „bis zur Gesundheits- und Veterinärpolizei" [19]. Für die Finanzpolitik, die eine Haupttriebfeder auch der Klosteraufhebungen gewesen ist, scheint der Ertrag nicht den Erwartungen entsprochen zu haben. Aufgehoben wurden 1783 die zahlreichen z. T. mit dem Zunftwesen eng verbundenen Bruderschaften, deren Brauchtum und Privatfrömmigkeit als „abergläubisch und fanatisch",

[18] *G. Winner,* Die Klosteraufhebungen in Niederösterreich und Wien (Wien - München 1967) 147.
[19] Ebd. 70.

sich mit reformkatholischen Vorstellungen nicht verbinden ließ. Sie sollten mit „allen kirchlichen Privilegien, Indulgenzien und Gnaden" zu einer neuen „Einzigen charitativen Vereinigung" verschmolzen werden, deren Aufgabe es war, der sozialen Misere der Zeit zu steuern.

Die Diözesanregulierung Josephs II. wurzelt in der alten staatskirchlichen Forderung nach Gleichsetzung von Diözesan- und Landesgrenzen, in wirtschaftlichen und religiösen Motiven. Die zweifelsohne reformbedürftige Bistumsorganisation der Erblande sollte von auswärtigen, fremdländischen Ordinarien unabhängig gemacht, die Herauslösung Österreichs aus dem Reich auf diesem Gebiet nachvollzogen und eine zweckmäßige Neueinteilung der bestehenden inländischen Bistumssprengel durchgeführt werden. Die Neuumschreibung der Diözesen war ein weiterer Schritt zur Unterwerfung der Kirche unter den Staat, aber doch eine Reformmaßnahme, von der, zum mindesten der inländische Episkopat, sich eine Intensivierung der Seelsorge, „größtmögliche Freistellung von Rom und im Einzelfall eine Vergrößerung der Diözese" [20] versprechen durfte. Für die betroffenen Fürstbischöfe mußte die Diözesanregulierung einen Angriff auf die Verfassung der Reichskirche darstellen und als Verletzung ihrer „Libertät" auch politische Konsequenzen haben. Die Diözesanregulierung verstieß gegen das Reichsrecht, gegen jedes Herkommen, sie lief auf eine Umstürzung der Reichskirchenverfassung hinaus. In Rom traf sie auf Widerstand; die Reaktion der betroffenen Reichsbischöfe reichte von schwächlichen Gegenvorstellungen über energische Proteste, die beim Reichstag Rückhalt fanden, bis zur Annäherung an den Fürstenbund. Der Mainzer Metropolit und Erzkanzler Friedrich Karl von Erthal dachte auf Grund der Klagen seiner oberdeutschen Suffragane als „erster Erzbischof und Primas der deutschen Kirche" an eine gemeinsame Aktion des Reichsepiskopats, „um die so innigst miteinander verwebte Reichs- und Kirchenverfassung bei ihrem zeitherigen Zustand zu erhalten".

Für Tirol, Ober- und Niederösterreich nahm Joseph unmittelbar nach dem Beginn seiner Selbstregierung die Neuordnung der Diözesen in Angriff. Von der Diözese Passau wurde nach dem Tod des Bischofs Leopold Ernst Kardinal von Firmian (13. 2. 1783) der österreichische Teil abgetrennt und auf das neugeschaffene Bistum Linz und das ehemalige Bistum Wiener Neustadt, das nach St. Pölten transferiert wurde, verteilt. Eine Behandlung des Passauer Konflikts am Reichstag unterblieb, da das hauptsächlich aus österreichischen Adeligen bestehende Domkapitel vor diesem Schritt zurückschreckte und der neue Fürstbischof Graf Auersperg sich mit der Rückgabe

[20] *Aretin,* Heiliges Römisches Reich I 138; ebd. 139: „Von dem eigenen Episkopat, der sich von dem energischen Kaiser Schutz gegen Rom versprach und überzeugt war, daß die kaiserlichen Reformen zum Segen der Seelsorge ausfallen würden, wurde Joseph beflügelt." *Kušej* 26 betont, daß mit „Rücksicht auf den österreichischen, zumal den innerösterreichischen Klerus für Joseph II. das Reformwerk kein Wagnis" darstellte.

der beschlagnahmten passauischen Güter begnügte. Den Erzbischof von Salzburg, Colloredo, zwang Joseph II. (19. 4. 1786), auf seine Diözesanrechte in der Steiermark und in Kärnten zu verzichten; Salzburg behielt jedoch die Diözesanrechte in Tirol sowie die Metropolitan-, Konfirmations- und Konsekrationsrechte für die vergrößerten Bistümer Seckau, Lavant, Gurk und für das neuerrichtete, kurzlebige Bistum Leoben, die Nominationsrechte jedoch nur für die drei ersten Bistümer, da dem Kaiser, der Leoben dotierte, dort das Ernennungsrecht vorbehalten blieb[20a]. Den Tod des Regensburger Fürstbischofs Anton Ignaz von Fugger (15. 2. 1787)[21] nutzte Joseph II. „nach altem Rezept“[22] aus, um während der Sedisvakanz von der Diözese Regensburg den Bezirk von Eger abzutrennen und dem Erzbistum Prag anzugliedern (6. 3. 1787). Gegen die Lostrennung des Egerlandes — es war verpfändetes Reichslehen und hatte niemals zur Krone Böhmen gehört — suchte der 1787 neugewählte Fürstbischof von Regensburg, Max Prokop von Törring-Tettenbach, beim Reichserzkanzler in Mainz sowie in Rom um Hilfe nach. Mit der Einsetzung eines bischöflichen Kommissars für den Bezirk Eger fand sich Joseph II. schließlich 1789 ab, und sein Tod (1790) verzögerte die endgültige Abtrennung dieses Bezirks bis nach dem Untergang des Reiches (1807—18). Wenig Aufsehen erregte die Abtrennung der in der Steiermark gelegenen Bezirke von Freising sowie der in die österreichischen Niederlande hineinragenden Diözesanteile von Lüttich. Eine Regulierung der Grenzen gegenüber Trier unterblieb aus politischen Rücksichten, so scharf Joseph II. auch hier die Rechte des verwandten Erzbischofs Clemens Wenzeslaus beschnitt. Die eigentümlichen Vorschläge für eine Angleichung der Bistumsgrenzen an die Landesgrenzen in Schlesien — der österreichische Teil der Breslauer Diözese sollte abgetrennt werden im Austausch gegen den Verzicht von Prag und Olmütz auf ihre preußischen Anteile — zerschlugen sich an der ablehnenden Haltung Berlins. Erfolglos blieben auch die Bemühungen um eine Regelung der Diözesangrenzen von Augsburg, Chur und Konstanz. Nicht verwirklicht werden konnten die Pläne, ein landeseigenes Bistum Bregenz zu schaffen[23] oder die Fürstabtei St. Blasien zum Bistum für Vorderösterreich zu erheben. Die An-

[20a] Österreich hatte damit den Vorteil, „ohne Beispiel anderer Staaten, vier unabhängige eigene Bischöfe und Bistümer zu besitzen, die in Ansehung aller etwa erforderlichen Bistumsveränderungen, Translation der Sitze, Bestätigung und Weihe der Bischöfe und aller übrigen hierarchischen Einrichtungen vom Salzburger Metropoliten nach Wunsch und Absicht des Staates abhängig waren und nicht von Rom“. *Kušej* 175 ff; *Seidenschnur* 280.

[21] *E. Meissner*, Fürstbischof Anton Ignaz Fugger (1711—87) (Tübingen 1969) 268.

[22] *Aretin* I 145.

[23] *G. Karlinger - C. Holböck*, Die Vorarlberger Bistumsfrage. Geschichtliche Entwicklung und kirchenrechtliche Bedeutung (Köln 1963). Vgl. auch *F. Dörrer*, Bistumsfragen Tirols nach der Grenzziehung von 1918 (Innsbruck 1955); *ders.*, Der Wandel der Diözesaneinteilung Tirols und Vorarlbergs: Tiroler Heimat, Jb. f. Gesch. und Volkskunde 17 (1953) 41—74.

teile der venezianischen Bistümer Udine und Pola konnten indessen beseitigt, die Diözesangrenzen in Böhmen, Mähren und Galizien neu umschrieben werden.

Die Bischöfe der von Joseph II. neu errichteten Diözesen waren „in einem gewissen Sinn landesfürstliche Beamte und eng mit der josephinischen Staatsauffassung und Kirchenpolitik verbunden" (Hugo Hantsch). Noch heute erinnern die Initialen auf dem Brustkreuz der Domkapitulare von Linz und St. Pölten an den staatskirchlichen Ursprung dieser Diözesen. Mit der Diözesanregulierung Josephs II. wurde eine letzte Verbindung zwischen Österreich und dem Reich zerrissen, das Ansehen des Kaisers in den geistlichen Territorien, ja im katholischen Europa schwer geschädigt, so daß König Peter III. von Portugal „öffentliche Gebetsstunden für den vom Teufel verblendeten Kaiser" [24] einrichten ließ.

Während Maria Theresia aus religiösen und politischen Gründen die freie Religionsausübung ablehnte und in der katholischen Kirche ein einigendes Band der Monarchia Austriaca sah, begann sich in der zweiten Hälfte des 18. Jh. unter dem Einfluß der Aufklärung, politischer und wirtschaftlicher Erwägungen in verschiedenen deutschen Territorien die Entwicklung auf eine Toleranz-Gesetzgebung zu verstärken, die keine Rücksicht mehr auf das geltende Reichsrecht [25] nehmen wollte.

Das von Vorstellungen des Staatsrechtlers Martini [26] und des Hofrats Beck beeinflußte Toleranzpatent Josephs II. (13. 10. 1781) gewährte den Augsburgischen und Helvetischen Religionsverwandten (Lutheranern und Reformierten) sowie den nichtunierten Griechen ohne Rücksicht auf den bisherigen Rechtsstand ein ihrer Religion gemäßes Privatexercitium und gewisse bürgerliche Rechte, die auf beschränkte bürgerliche Gleichberechtigung mit den Katholiken hinausliefen [27]. Soweit die Nichtkatholischen bereits im Besitz der öffentlichen Religionsausübung waren, sollte es damit sein Bewenden haben. Die Vorzugsstellung der römisch-katholischen Kirche

[24] *Aretin* I 147.

[25] IPO Art. VII § 2. Gegen das Reichsrecht verstieß z. B. die Toleranzgesetzgebung in Österreich, da die nichtunierten Griechen als geduldete Religionsgemeinschaft anerkannt wurden. Zur Toleranzgesetzgebung Josephs II. zuletzt: *Ch. H. O'Brien*, Ideas of religious toleration at the time of Joseph II. A study of the enlightenment among catholics in Austria (Philadelphia 1969).

[26] Karl Anton Frh. von Martini, der zwar nicht wie Christian August Frh. von Beck als Lehrer Josephs II. in Frage kommt, kannte eine den Eingriffen des Fürsten entzogene Gewissensfreiheit, aber auch den Unterschied zwischen der wahren und herrschenden Religion einerseits und der falschen und nur geduldeten Religion andererseits, zwischen öffentlichem Gottesdienst und privater Religionsübung. Beck steht in seinem Natur- und Völkerrecht auf dem Boden der Toleranz, ohne im einzelnen etwas über die rechtliche Gestaltung der Toleranz zu sagen.

[27] *G. Frank*, Das Toleranz-Patent Kaiser Josephs II. (Wien 1882) 37; *G. Mecenseffy*, Gesch. des Protestantismus in Österreich (Graz 1956) 208.

— grundsätzlich hatte nur sie das öffentliche Religionsexercitium — sollte durch das Religionspatent nicht beeinträchtigt werden, nichtkatholische Gotteshäuser weder Turm, Geläut noch Zugang von der Hauptstraße haben dürfen und die Stolgebühren dem zuständigen Pfarrer vorbehalten bleiben. Über die zugelassenen Religionsgemeinschaften hinaus wurden Sekten und Deisten nicht toleriert, die Emanzipation der Juden trotz der Abneigung des Kaisers gegen sie in die Wege geleitet [28].

Das Toleranzpatent Josephs II. machte bald, trotz der Einwände von seiten der Kurie und der Nuntiaturen [29], in den geistlichen Territorien des Reiches Schule, im Fürsterzbistum Salzburg unter dem aufgeklärten Hieronymus Colloredo, in Kurköln unter dem jüngsten Bruder des Kaisers, Max Franz, und in Kurtrier unter Clemens Wenzeslaus von Sachsen, ohne daß dadurch die dominierende Stellung der katholischen Kirche eingeschränkt oder einer religiösen Indifferenz der Weg geebnet worden wäre.

Die hektischen, oft rücksichtslosen Reformen, die kleinlichen Eingriffe in kirchliches Leben und volksfrommes Brauchtum, die „unerträgliche Bevormundung" (H. Tüchle) der Kirche durch den Staat haben den Josephinismus trotz der Abstellung mancher Mißstände und der Einführung begrüßenswerter Neuerungen schließlich als Reformbewegung unglaubwürdig gemacht und die Fundamente lebendigen Glaubens in einer auch für den Staat bedrohlichen Weise erschüttert.

Wirkungslos blieben die Vorstellungen der Kurie, der Wiener Nuntien Giuseppe Garampi und G. B. Caprara gegen das josephinische Staatskirchentum. Nur unbedeutende, mehr aus Höflichkeit denn aus einer Verständigung über die wesentlichen Probleme gemachte Konzessionen brachte die „apostolische" Reise Pius' VI. nach Wien (1782) ein, wo zunächst in konzilianter Form, aber unverbindlich über das Toleranzpatent, die Aufhebung der Bullen „In coena Domini" und „Unigenitus", dann mit wachsender Entfremdung zwischen Kaiser und Papst über fast alle kirchenpolitischen Fragen gesprochen wurde. Ein offener Bruch wurde nur durch den fast überfallartigen, genau berechneten Gegenbesuch Josephs II. in Rom (Dezember 1783) vermieden. Ein weiteres Ergebnis des Rombesuchs war das Konkordat (20. 1. 1784) über das bisher vom Heiligen Stuhl ausgeübte Besetzungsrecht in den Herzogtümern Mailand und Mantua.

An die Spitze der insgesamt schwachen kirchlichen Opposition gegen den

[28] Unterm 2. 1. 1782 wurde die Leibmaut für fremde Juden aufgehoben, am 29. 3. 1788 die Kleiderordnungen in Galizien abgeschafft. Ferner erhielten die Juden das Recht, ein Handwerk zu lernen, die Universität zu besuchen, Fabriken zu eröffnen. Patente schrieben „die zum Gebrauch der iüdischen Nazion" fortan gestatteten Männer- und Frauennamen vor.

[29] *H. Stevens,* Toleranzbestrebungen im Rheinland während der Zeit der Aufklärung (Diss. Bonn 1938); *H. Raab,* Die Finalrelation des Kölner Nuntius Carlo Bellisomi: RQ 51 (1956) 88 f 114 f.

Josephinismus in den Erbländern trat der Erzbischof von Wien, Kardinal Christoph Anton Migazzi. In Ungarn, wo man „keinen aufgeklärten Despotismus, sondern eine aristokratische Monarchie wünschte“ [30], war der Primas Kardinal Josef Batthyány von Gran ein konsequenter Gegner des Staatskirchentums. Nach dem wenig ruhmreichen Türkenfeldzug kam es in dem Königreich zu offenem Widerstand, und Joseph II. widerrief bis auf das Toleranzpatent seine Reformmaßnahmen. Aus dem Reich meldeten die Kurfürst-Erzbischöfe von Köln und Trier ihre Bedenken gegen manche Reformen an [31]. Auf die heftigste Opposition trafen jedoch das josephinische Staatskirchentum und das zentralistisch-bürokratische System bei dem Klerus der österreichischen Niederlande, an der Spitze der Erzbischof von Mecheln Johann Heinrich Ferdinand Graf von Franckenberg, und bei den Städten und Ständen dieser Provinz. Als Joseph II. die Joyeuse Entrée aufhob, brach die österreichische Herrschaft bis auf das Gebiet um Luxemburg in der brabantischen Revolution zusammen [32].

Mit dem „physisch-psychischen und moralischen Verfall des vereinsamten und verbitterten Kaisers“ [33] und dem Regierungsantritt seines nicht weniger staatskirchlich gesinnten, jedoch bedächtigeren Bruders Leopold II. setzte eine Milderung des josephinischen Systems ein. Die in der Wiederherstellung von einigen Stiftern und Klöstern und der Änderung der bisherigen Gottesdienstordnung sich abzeichnende Lockerung darf allerdings nicht als Abbau des Staatskirchentums verstanden werden, sondern als Beitrag zur Friedensherstellung, ging doch letztlich das staatskirchliche Programm Leopolds weit über die Reformen seines älteren Bruders hinaus. Zu einem Abbau des Staatskirchentums konnte es wegen des Widerstandes der noch ganz vom josephinischen Geist beherrschten Bürokratie auch in der Folgezeit nicht kommen. Selbst nach 1815, als mit der Wiener Romantik und kirchlichen Restauration um Friedrich Schlegel, Adam Müller, Zacharias Werner, Clemens Maria Hofbauer eine Gegenbewegung gegen Aufklärung und Josephinismus einsetzte, blieb es bei einem Anlauf zu ihrer Überwindung. Der Josephinismus stellte, nach der Julirevolution weltanschaulich und politisch radikalisiert, dann langsam schwächer werdend, bis 1859 eine bestimmende Kraft der österreichischen Geschichte dar [34]. Seine Nachwirkungen sind noch in der Gegenwart auf vielen Gebieten präsent.

[30] *H. L. Mikoletzky,* Österreich. Das große 18. Jh. Von Leopold I. bis Leopold II. (Wien 1967) 367.

[31] *G. Mohnike,* Briefwechsel zwischen Kaiser Joseph II. und Clemens Wenzel, Churfürsten von Trier: ZHTh 4 (Leipzig 1834) 241—290.

[32] *H. Stradal,* Die brabantische Revolution des Jahres 1789 aus Wiener Sicht: Anciens Pays et Assemblées d'État 47 (Brüssel 1968) 273—317.

[33] *A. Wandruszka,* Leopold II., II 97.

[34] *E. Winter,* Romantismus, Restauration und Frühliberalismus im österreichischen Vormärz (Wien 1968).

Das Staatskirchentum in Kurbayern

Der Übergang von der zur Zeit der Gegenreformation und des konfessionellen Absolutismus oft rigoros gehandhabten, durch die Tradition verfestigten Kirchenhoheit der Bavaria Sacra zum Staatskirchentum aufgeklärter Prägung wurde seit der Mitte des 18. Jh. in die Wege geleitet. Zwar trat Kurfürst Max III. Joseph (1745/77) noch wie seine Vorgänger „als katholischer Landesherr an vielen Tagen des Jahres vor die Öffentlichkeit seines Volkes“ [35] und hielt an der ausschließlichen Katholizität des Landes fest, doch wurde unter ihm das Staatskirchentum in Theorie und Praxis schärfer, für fromme Rechtgläubigkeit ärgerlicher. Die katholischen Territorien des Reiches hat die Aufklärung später, der Rationalismus im allgemeinen weniger erfaßt als die protestantischen Territorien. Von der Aufklärung haben die älteren staatskirchenrechtlichen Bestrebungen insgesamt keine völlige Umbildung, sondern nur neue Akzente und eine als religiösen Substanzverlust mißverstandene, aus dem Vernunftrecht, weniger aus der Geschichte, vor allem aber aus der Idee von dem umfassenden aufgeklärten Wohlfahrtsstaat abgeleitete Begründung erfahren.

Die Kernfrage der bayerischen Kirchenpolitik blieb vom 16. bis zum 19. Jh. die Lösung des bayerischen Staatsgebiets aus der alten, reichsverfassungsmäßig garantierten Diözesan- und Metropolitanordnung. Das Säkularisationsprojekt unter Karl VII., das mit einem Schlage in dieser Kernfrage eine Entscheidung hätte bringen und den Weg zu einer Neuordnung freigeben können, konnte nicht verwirklicht werden [36]. Bemühungen um die Errichtung eigener Landesbistümer scheiterten.

Eine maßvolle, von der Würzburger Kanonistenschule Barthels, den Auffassungen Christian Wolffs (1679—1754) und Christian Thomasius' (1655 bis 1728) bestimmte Aufklärung begann unter dem Einfluß Johann Adam von Ickstatts [37] (1702—66), der 1741 als Erzieher des späteren Kurfürsten Max III. Joseph von Würzburg nach München berufen wurde und 1746 an der Landesuniversität Ingolstadt den ersten Lehrstuhl der Juristischen Fakultät und das Amt des Universitätsdirektors übernahm. Ickstatts Schüler Johann Georg von Lori, wie sein Lehrer ein entschiedener Gegner der Jesuiten [38], setzte die Entwicklung fort und legte den Grund für die „Chur-

[35] *Rall*, Kurbayern 255.

[36] Siehe u. S. 539.

[37] *A. Kluckhohn*, Der Freiherr von Ickstatt und das Unterrichtswesen in Bayern unter dem Churfürsten Maximilian Joseph (München 1869); *M. Spindler*, Electoralis Academiae Primordia (München 1959) Reg.; *L. Hammermayer*, Gründungs- und Frühgeschichte der Bayerischen Akademie (Kallmünz 1959) Reg.

[38] *R. v. Dülmen*, Antijesuitismus und Aufklärung in Deutschland: HJ 89 (1969) 52—80. — Für den Antijesuitismus des reichskirchlichen Klerus, insbesondere der Kanonisten der Barthel-Schule, vgl. *H. Raab*, Georg Christoph Neller und Febronius: AMrhKG 11 (1959) 186 ff.

bayerische Akademie"[39]. Die staatskirchliche Reform und neue Begründung der Iura circa sacra, auf die nicht zuletzt die wirtschaftliche und politische Notsituation nach dem Österreichischen Erbfolgekrieg und zur Zeit des Siebenjährigen Krieges drängte, greift weniger auf Ickstatts Lehrer Wolff, eher auf Pufendorf, Thomasius[40], das Kirchenrecht der Würzburger Kanonistenschule zurück und stützt sich auf das ältere bayerische Staatskirchenrecht. Die Hofratsordnung von 1750 stellte, im Sinne der territorialistischen Kirchenpolitik des 18. Jh., wonach die Kirche nur eine Staatsanstalt war, es als die landesfürstliche Pflicht dar, „auf die Vermehrung der Ehre Gottes, Fortpflanzung der wahren katholischen Religion und Verhütung alles Aberglaubens, Ketzerei und schädlichen Irrtums zu sehen".

Zum eigentlichen Initiator der 1761 einsetzenden, nicht mehr wie bisher auf Privilegierungen oder Konkordaten, sondern auf eigenem Recht des Staates beruhenden staatskirchlichen Maßnahmen wurde Peter von Osterwald[41] (1717—77), Konvertit aus Weilburg, Schüler Wolffs und seit 1761 weltlicher Direktor des Geistlichen Rates. In seiner aus Dezimationsstreitigkeiten mit bayerischen Klöstern hervorgegangenen, auf Van Espen, Giannone, Grotius und Pufendorf aufbauenden Programmschrift „Veremund von Lochsteins Gründe sowohl für als wider die geistliche Immunität in zeitlichen Dingen" (Straßburg 1766)[42], lehnte er die bisher von der geistlichen Gewalt beanspruchte Immunität als Anmaßung, die Theorie der Kurialisten über das Verhältnis von Kirche und Staat als „monströse Lehre" und „Sprache aller Majestätsbrecher" ab. Gegen die bisher herrschende Auffassung von der Personal- und Realimmunität der Geistlichkeit, wodurch diese aus dem Untertanenverband herausgehoben wurde, wies Osterwald

[39] *L. Hammermayer*, Gründungs- und Frühgeschichte 44 f; der Lori-Schüler *M. A. v. Bergmann*, De Ducum Boioariae Jure regio praesertim succedendi in Nobilium Patriae feuda activa gentilitia exstinctis Masculis (München 1754), begründete die bayerische Staatskirchenhoheit aus der Geschichte und führte sie bis auf die Agilolfinger zurück.

[40] *Habenschaden*, Die Kirchenpolitik Bayerns unter Kurfürst Karl Theodor 335 Anm. 3 führt gegen *Pfeilschifter-Baumeister*, der den Einfluß Wolffs unterstreicht, die „ganze staatskirchliche Reform, die unter Ickstatts Einfluß erfolgte", auf Pufendorf und Thomasius zurück. *Rall* 260 weist für die Entstehung der Reformbewegung auch auf die „Orientierung an der englischen Naturrechtslehre" hin.

[41] *H. Raab:* LThK² VII (1962) 1284; grundlegend *Pfeilschifter-Baumeister* 101 ff; Osterwald bewahrte sich „zeitlebens etwas von der typischen Konvertitenstrenge". Für ihn blieb „der ausschließlich katholische Staat das zentrale Axiom seines staatskirchenrechtlichen Denkens. Die josephinische Toleranz oder das Maurerische der Montgelasepoche ist dem Reformsystem Osterwalds durchaus wesensfremd" (*Pfeilschifter-Baumeister* 103). *J. Gebele*, Peter von Osterwald, ein Beitrag zur Gesch. der Aufklärung unter Kurfürst Max III. Joseph (München 1891); *Rall*, Kurbayern pass.; *M. Spindler* a. a. O., bes. 521; *L. Hammermayer* a. a. O. pass.

[42] Als der Freisinger Fürstbischof Clemens Wenzeslaus von Sachsen Osterwalds Buch, das bis 1770 vier Auflagen erreichte, verbot, erließ der Kurfürst ein Mandat gegen den Fürstbischof (29. 8. 1766).

darauf hin, daß die Immunität des Klerus und seine Unterordnung unter eine andere souveräne Macht der Souveränität des Staates widerspreche. Geistliche Immunität in zeitlichen Dingen sei ein staatliches Privileg, könne daher jederzeit eingeschränkt oder widerrufen werden. Die Lokalimmunität (Asylrecht) müsse abgeschafft werden. Alle gemischten Dinge, die den Spiritualia nur annektiert seien, wie Eheschließung, milde Stiftungen, Exemtion des Klerus, Spiritualien, die zur Seligkeit des Menschen nicht notwendig seien (z. B. Wallfahrten, Prozessionen usw.), wies er ihrer Natur nach im wesentlichen in den Zuständigkeitsbereich des Staates.

Das Ziel Osterwalds war die Ablösung der zahlreichen, in ihren Bestimmungen oft unklaren, in ihren Grundauffassungen recht unterschiedlichen Rezesse mit den einzelnen Fürstbischöfen aus den letzten 150 Jahren durch ein Einheitskonkordat, die Weiterentwicklung der landesherrlichen Kirchenhoheitsrechte, die Verwirklichung eines gemäßigt aufgeklärten Wohlfahrtsstaates. Unter dem Eindruck seiner Schrift, die dem Staat weitgehende Eingriffsmöglichkeiten auch im eigentlich kirchlichen Bereich eröffnete, andererseits aber jede Einmischung der Kirche in weltliche Angelegenheiten ablehnte, besteuerte die bayerische Regierung den Klerus „zu den Landesnotdürften“ kraft landesherrlichen Rechts (1769, 1770), suchte aber bald wieder, wegen zunehmender Schwierigkeiten mit der eigenen Geistlichkeit und aus finanziellen Erwägungen, um päpstliche Dezimationsbewilligungen nach, die schon unterm 21. September 1771 wieder gewährt wurden.

Aus wirtschaftlichen Erwägungen hervorgegangen ist das aufsehenerregende Amortisationsgesetz vom 13. Oktober 1764. Nachdem ältere Amortisationsgesetze (1672, 1704, 1730) wirkungslos geblieben waren, sollte der bis ins Spätmittelalter zurückreichende Kampf gegen die Tote Hand [43] in Bayern energischer geführt werden. Die Reorganisation des Geistlichen Rates (20. 8. 1768) mit der Wiederherstellung des Laieneinflusses, wie er vor dem Konkordat von 1583 bestanden hatte, verbesserte die Möglichkeiten, die staatskirchlich-territorialistischen Ideen in die Tat umzusetzen. Ein erstes Klostermandat (29. 9. 1768) verlangte genaue Angaben über die Konventsstärke und die Einsendung der Stiftungsbriefe. Die Gründung von Bruderschaften wurde der landesherrlichen Genehmigungspflicht unterworfen (9. 12. 1768); bereits bestehende Bruderschaften hatten über Ursprung und Stifter, Statuten, Veranstaltungen und Vermögen genauesten Bericht zu erstatten (7. 4. 1769). Das Indigenatsmandat (20. 12. 1768) schloß Ausländer oder nicht mit dem Indigenat begabte Personen von sämtlichen Benefizien aus [44].

[43] *M. Doeberl,* Der Ursprung der Amortisationsgesetzgebung in Bayern = Forschungen zur Gesch. Bayerns 10 (1902). — Zum Vergleich sei für die bis auf Adolf II. von Nassau (1462) zurückreichende Kurmainzer Amortisationsgesetzgebung verwiesen. Hierzu die gründliche Untersuchung von *H. Illich.*

[44] Über die aus dem Indigenatsmandat zwischen Bayern und Österreich entstehenden Differenzen vgl. *Pfeilschifter-Baumeister* 120 f.

Auf die von Gott dem Kurfürsten „anvertraute Schutz- und Schirmgewalt über das Religions- und Kirchenwesen“ beriefen sich die Reformmandate des folgenden Jahres. Am 16. Februar 1769 wurde eine staatliche, von jeder geistlichen Zensur unabhängige Bücherzensurbehörde geschaffen. Aus „dem besonders drängenden Bedürfnis nach einer Reform des kirchlichen Verlöbnisrechtes“ [45] heraus ergingen mit dem Sponsalienmandat (24.7.1769) strenge Formvorschriften: Eheverlöbnisse sollten nur mehr in Gegenwart von zwei Zeugen, bei jungen oder unversorgten Personen mit elterlicher, vormundschaftlicher oder obrigkeitlicher Einwilligung geschlossen werden dürfen, Verlöbnisstreitigkeiten selbst der weltlichen Gerichtsbarkeit unterstehen. Die zum Teil berechtigten, auf den Zustand der „ersten Einsetzung“ zielenden Mandate in Klostersachen wurden durch die Aufdeckung und publizistische Auswertung von Mißständen und die monachomachische Tendenz der Aufklärung beschleunigt. Ein Ordensreformmandat (2.11.1769) verbot die Ablegung der feierlichen Gelübde vor dem vollendeten 21. Lebensjahr, engte die Strafgewalt der Ordensoberen weitgehend ein, schaffte die Klosterkerker ab, gestattete in bestimmten Fällen den schon seit dem Ende des 16. Jh. gegen Übergriffe der geistlichen Gewalt angewendeten Recursus ad principem und untersagte allgemein Mönchskollekten. Nachdem schon 1763 Visitationen und Wahlaufsicht durch auswärtige Prälaten in Bayern verboten worden waren, strebte ein Mandat vom 30. Dezember 1769 die völlige Loslösung der bayerischen Klöster von ausländischen Oberen und Provinzen an. Sofern mehr als drei Klöster desselben Ordens in Bayern bestünden, sollte eine selbständige bayerische Provinz errichtet werden. Die Zahl der Ausländer in klösterlichen Gemeinschaften durfte jeweils nicht mehr als ein Sechstel der Insassen ausmachen; passives Wahlrecht sollte nur den Landeskindern zustehen. Zu den Bischofswahlen in Freising, Regensburg, Passau und Chiemsee sollten künftig neben den kaiserlichen auch bayerische Wahlkommissare entsandt und die Rechte der kurfürstlichen Kommissare bei den Prälatenwahlen wesentlich erweitert werden. Das bisher gelegentlich schon geübte Plazet wurde am 3. April 1770 für alle geistlichen Verordnungen vorgeschrieben und die Rekurspraxis ausgedehnt.

Eine episkopalistisch-febronianische Reaktion auf dieses aufgeklärt-staatskirchliche Programm, das in dem Verlangen nach Errichtung eines oder mehrerer Landesbistümer gipfelte, stellte der Delegiertenkongreß der kurbayerischen Bischöfe in Salzburg (1770/71) dar [46]. Die Verwirklichung der hauptsächlich von dem Salzburger Domdekan und späteren Bischof von Chiemsee Graf Ferdinand Christoph zu Zeil entwickelten Vorschläge schei-

[45] *Pfeilschifter-Baumeister* 125.

[46] *L. Hammermayer: M. Spindler* (Hrsg.), Handbuch der bayerischen Geschichte II (München 1966) 1096, wertet den Salzburger Kongreß „als gefährlichsten Angriff der episkopalistischen Reichskirche gegen den bayerischen Territorialismus“.

terte an der schwierigen Rechtslage, der mangelnden Geschlossenheit des bayerischen Episkopats sowie an der auf eine Verständigung mit der Kurie ausweichenden bayerischen Kirchenpolitik. Zeil brachte in München einen ausgleichenden Vertrag über die Prälatenwahlen (1774) zustande, doch die Verhandlungen um ein Einheitskonkordat waren beim Tode des Kurfürsten Max III. Joseph (1777) festgefahren. Die staatskirchlichen Ziele Bayerns sollten, das ließ sich an den bereits 1776 in München geführten Gesprächen um die Errichtung einer Nuntiatur erkennen, gegen den Reichsepiskopat im Bunde mit Rom durchgesetzt werden.

Unter dem „von der Aufklärung zu ihrem Gegenteil und 1790 noch einmal von dem einen Pol zum andern“ [47] wechselnden, empfindsamen, werkgläubigen Karl Theodor (1742/77—99), der nach dem Aussterben der wilhelminischen Linie der Wittelsbacher Kurpfalz und Bayern in seiner Hand vereinigte, wurde das bayerische Staatskirchentum nicht nur grundsätzlich aufrechterhalten, sondern durch einzelne Verordnungen weitergebildet bis zur Ausweitung des landesherrlichen Kirchenschutzes in eine Art Kirchenverwaltung [48], bis zur „völligen Knebelung der Kirche“ (Schwaiger). Bei der Neuordnung des Geistlichen Rates (1779) wurden der Recursus ab abusu erweitert, gesetzlich geregelt und das Plazet erneut eingeschärft. Die höfische Gründung einer selbständigen bayerischen Zunge des Malteserordens (1781), für die zur Versorgung fürstlicher Günstlinge zunächst eine Teilsäkularisation geplant war, dann jedoch auf das beträchtliche Vermögen der aufgehobenen Gesellschaft Jesu zurückgegriffen wurde, löste zwar eine schnell wieder zusammenbrechende Reaktion des bayerischen Prälatenstandes, jedoch keinen Einwand Roms aus. Das gute, durch die staatskirchlichen Maßnahmen Karl Theodors nicht getrübte, seit der persönlichen Begegnung mit Pius VI. in München (1782) gefestigte Einvernehmen mit der Kurie bestand während des Nuntiaturstreits [49] die Belastungsprobe der reichskirchlichen Opposition. Zwar erreichte Karl Theodor nicht sein letztes, aus der kirchenpolitischen Tradition der Wittelsbacher übernommenes, im Territorialitätsprinzip begründetes Ziel, die Herauslösung Bayerns aus der Reichskirche und die Gründung eines oder mehrerer Landesbistümer [50], doch konnte er von Pius VI. die Kompromißlösung einer ständigen Nuntiatur in München erlangen (1785) und sich während des Nuntiaturstreites im Zweckbündnis mit Rom die Bavaria Sacra weitgehend unterwerfen [51]. Der Gründung eines vom Freisinger Diözesan- wie vom Salzburger Metropoli-

[47] *Rall*, Kurbayern 256. [48] *Rall*, Kurbayern 270. [49] Siehe oben S. 503 f.

[50] *Habenschaden*, Die Kirchenpolitik Bayerns 339.

[51] Siehe oben S. 503—507. Auf die passive Rolle des Fürstbischofs von Regensburg im Nuntiaturstreit weist jetzt auch hin *E. Meissner*, Fürstbischof Anton Ignaz Fugger (1711 bis 1787) (Tübingen 1969) 225 f. Fugger sah nicht so sehr in den Rechten des Münchener Nuntius, „sondern vielmehr in den Ansprüchen der vier Erzbischöfe vom Emser Kongreß die Hauptgefahr für die Jurisdiktion der Ordinarien“.

tanverband exemten, jedoch auf das neuorganisierte Kollegiatstift U.L.F. und die Hofkirchen beschränkten Hofbistums nach dem Vorbild Sardiniens und Neapels stimmte Rom mit dem Breve „Convenit provide" (15.12. 1789) zu. Die Verbindung des Hofbischofsamtes mit dem Präsidium des Geistlichen Rates unterstrich die kirchenpolitischen Absichten der bayerischen Regierung gegenüber dem Episkopat. Es war, wie schon die Änderung der Wahlkapitulation durch das Domkapitel für den am meisten betroffenen Freisinger Bischof erkennen ließ, ein revolutionärer Eingriff in die tausend Jahre alte deutsche Kirchenverfassung und der vorerst bescheidene Anfang einer neuen bayerischen Bistumsorganisation.

Aus den Spannungen zwischen dem Münchener Hofbistum und dem Freisinger Ordinariat erklärt sich auch zum Teil die Einmischung Karl Theodors in die während des Interregnums von 1790 durchgeführte, von der episkopalistischen Publizistik heftig attackierte Freisinger Bischofswahl. Im Widerspruch zu den Statuten des Domkapitels setzte Karl Theodor unter Ausnutzung seiner pfälzischen Reichsvikariatsrechte [52] und praktischer Ausschließung des freien Wahlrechts den als Gegner des Episkopalismus bekannten Fürstpropst von Berchtesgaden Joseph Conrad von Schroffenberg durch. Reichsvikariatskommissare sandte er, trotz der Proteste der Domkapitel und des Mainzer Kurfürsten Friedrich Karl von Erthal als Erzkanzler und als „erster Bischof der teutschen Kirche", zu den Bischofswahlen nach Regensburg und Eichstätt. Wenn auch nur in Regensburg die Wahl auf seinen Kandidaten, es war wiederum Schroffenberg, gelenkt werden konnte, der 1795 in einen einer Säkularisation gleichkommenden Anschluß seiner Fürstpropstei Berchtesgaden an Bayern einwilligte, und die Erteilung Erster Bitten während des Reichsvikariats erfolglos geblieben war [53], hatte Karl Theodor doch bei diesen Bischofswahlen „einen Grundsatz durchgesetzt, der dem bayerischen Staatskirchentum bei künftigen Interregnen neue Möglichkeiten eröffnete" [54].

Die schon unter Max III. Joseph ausgebauten Rechte bayerischer Wahl-

[52] *W. Hermkes,* Das Reichsvikariat in Deutschland. Reichsvikare nach dem Tode des Kaisers von der Goldenen Bulle bis zum Ende des Reiches (Karlsruhe 1968) 110 ff; ferner *J. R. v. Roth,* Von dem anmaßlichen Rechte eines Reichsverwesers, Reichsvikariatskommissarien zu den teutschen Bischofswahlen zu schicken (1780); *ders.,* Einige staatrechtliche Betrachtungen ueber die in den zwischen Kurmainz und Kurpfalz gewechselten Staatsschriften aufgestellten Grundsaetze die kurpfaelzischen Reichsvikariats und kurmainzischen Erzkanzlariats-Gerechtsamen, waehrenden Zwischenreiche betreffend (1790).

[53] Zu dem auch von Kursachsen als Reichsvikar angemeldeten Recht der Ersten Bitten vgl. den Hinweis bei *H. Bauer,* Das Recht der ersten Bitte bei den deutschen Königen bis auf Karl IV. (Stuttgart 1919) 128. Zu den Ansprüchen von Kurpfalz ferner die Hinweise bei *L. Jadin,* L'Europe au début du XVIIIe siècle. Correspondance du Baron Karg de Bebenbourg, Chancellier du Prince-Évêque de Liège, Joseph Clément de Bavière, Archevêque Électeur de Cologne, avec le Cardinal Paolucci I (Rom - Brüssel 1968) 476 486.

[54] *Aretin* I 420.

kommissare bei Wahlen in landsässigen Klöstern wurden durch ein Dekret vom 5. Februar 1791 zwecks „Aufrechterhaltung der kanonischen Freiheit" nochmals erweitert [55]. Die staatskirchlichen Maßnahmen gegen die Klöster erhielten 1793 mit der Verordnung über Einkleidungs- und Profeßexamina eine aufklärerische Zuspitzung. Eine reformkatholische, auf Abstellung von Mißbräuchen zielende Tendenz scheint bei der Reduktion der Prozessionen und Wallfahrten, beim Verbot von Passionsspielen und bei der milderen Handhabung der Bestimmung über die Feiertage zu dominieren. Als Ergebnis des Kampfbündnisses zwischen Rom und dem bayerischen Staatskirchentum gegen den Episkopalismus sind die 1787 und 1798 zur Behebung des Staatsnotstands von Pius VI. bewilligten Dezimationen zu werten. Ihre Durchführung demonstrierte die absolute Steuerhoheit des Staates, festigte seine Herrschaft über die von der allgemeinen Säkularisation schon überschattete Kirche, zu deren Vorbereitung Nuntius Ziucci um persönlicher Vorteile willen die Hand bot, und ließ ein noch drückenderes Staatskirchentum für die von politischer Unruhe und Kriegen bedrohte Zukunft fürchten. Die Säkularisation von 1803 beseitigte die geistlichen Staaten, die als ärgerliche Fremdkörper im bayerischen Territorium die eigentlichen Gegner des Staatskirchentums gewesen waren, und eröffnete die Möglichkeit zu der seit dem 16. Jh. angestrebten kirchlichen Neuorganisation.

[55] *M. Doeberl,* Entwicklungsgeschichte Bayerns II (München 1928) 363; *B. Walcher,* Beiträge zur Gesch. der bayerischen Abtswahlen mit besonderer Berücksichtigung der Benediktinerklöster (1930) 26. — Zu der Entsendung bayerischer Wahlkommissare zu Bischofswahlen vgl. *H. Raab,* Clemens Wenzeslaus I (Freiburg i. Br. 1962) 355—359. Sie wurde u. a. begründet mit „der Landsasserey, mit welcher diese Bischöfe (Freising, Regensburg, Eichstätt, Passau) denen Hertzögen seit den ältesten Zeiten bis weit in das 14. Jh. hinein zugetan waren".

23(b). Kapitel

Staat und Kirche in Polen-Litauen bis zum Ende der Adelsrepublik

LITERATUR: *A. Theiner*, Vetera Monumenta Poloniae et Lithuaniae gentiumque finitorum historiam illustrantia IV (Rom 1864); *K. Völker*, Kirchengeschichte Polens (Berlin-Leipzig 1930); *A. Klawek*, Zarys dziejów teologii katolickiej w Polsce (Krakau 1948); *A. M. Ammann*, Abriß der ostslawischen Kirchengeschichte (Wien 1950); The Cambridge History of Poland, hrsg. von *W. F. Reddaway - J. H. Penson - O. Halecki - R. Dyboski*, 2 Bde (Cambridge 1950/51); *Z. Szostkiewicz*, Katalog biskupów obrz. łac. przedrozbiorowej Polski: Sacrum Poloniae Millennium I (Rom 1954) 391—608; *J. Umiński*, Historia Kościoła, hrsg. von *W. Urban*, II (Oppeln 1960); *K. Górski*, Od religijności do mistyki, zarys dziejów życia wewnętrznego w Polsce I (Lublin 1962); *G. Rhode*, Kleine Geschichte Polens (Darmstadt 1965); *J. Tazbir*, Historia kościoła katolickiego w Polsce 1460—1795 (Warschau 1966); History of Poland (Warschau 1968); *B. Stasiewski*, Tausend Jahre polnischer Kirchengeschichte: Kirche im Osten 10 (1967) 48—67; Le millénaire du catholicisme en Pologne (Lublin 1969).

Unter Zygmunt III. (1587—1632) und Władysław IV. (1632—48) hatte sich in Polen-Litauen die Gegenreformation durchgesetzt[1]. Die Römische Kurie erwartete von den polnischen Königen Unterstützung ihrer Diplomatie in Osteuropa, sie spannte sie in die von ihr geförderten Koalitionen zur Abwehr der Türkengefahr und in ihre Bemühungen um die Gewinnung der Orthodoxen für die Union ein. Als 1648 Kardinal Jan Kazimierz S.J. zum König gewählt worden war, wurde er von Papst Innozenz X. von den Gelübden dispensiert und laisiert. Es gelang ihm, das von Schweden-, Russen-, Türkeneinfällen und Kosakenaufständen bedrängte Land vorübergehend zu beruhigen. Die heldenhafte Verteidigung des Paulinerklosters auf der Jasna Góra bei Czestochowa 1655 war Anlaß, daß diese Marienwallfahrtsstätte zu einem polnischen Nationalheiligtum wurde. 1656 erklärte der König Maria zur Königin Polens (Regina Poloniae). Das Ringen des französischen und habsburgischen Hofes um Einfluß in Polen, innere und äußere Schwierigkeiten bewogen ihn, die Krone niederzulegen. Erst Jan III. Sobieski (1674—96) erzielte Erfolge gegen die Türken, er trug wesentlich zum Entsatz des von den Türken belagerten Wien 1683 bei — Polen galt aufs neue als „Vormauer des Abendlandes“ (antemurale christianitatis) —, aber gegen das Pochen der Adligen auf ihre Vorrechte konnte er sich nicht durchsetzen. Der polnisch-litauische Staat litt unter der schrankenlosen Freiheit des Adels (szlachta) und dem verhängnisvollen Einspruchsrecht jedes Landboten auf dem Sejm (liberum veto).

Während des Interregnums warb Primas Michał Kardinal Radziejowski für den französischen Kandidaten, den Prinzen François Louis Conti, die

[1] *H. Jedin*, Das Papsttum und die Durchführung des Tridentinums: Hdb. der KG IV (1967) 543—47: Polen, Schweden und Rußland.

vom Habsburger-Kaiserhof unterstützte Gruppe der Adligen trat für den Wettiner Kurfürsten Friedrich August den Starken ein, der vor der Wahl insgeheim zum katholischen Glauben konvertierte[2] und sich als König von Polen August II. (1697—1733) nannte. Der von den Schweden und später von seinem Schwiegervater Ludwig XIV. unterstützte Gegenkönig Stanisław Leszczyński[3] konnte sich nur zur Zeit des Nordischen Krieges (1704—09) und des polnischen Thronfolgekrieges (1733—35) behaupten. Nach dem Tode Augusts II. sorgten Kaiser Karl VI. und die Zarin Anna Iwanowna dafür, daß dessen Sohn als August III. (1735—63) auf den polnischen Thron gehoben wurde.

Die Gegenreformation hatte die kirchenpolitische Macht des Katholizismus übersteigert. Die Protestanten wurden unterdrückt, seit 1717 durften sie keine neuen Kirchen bauen; 1724 kam es in Thorn nach einem Sturm der protestantischen Bevölkerung auf das Jesuitengymnasium zur Hinrichtung des Bürgermeisters und neun anderer Protestanten. Die Unierten, schon im 17. Jh. als Katholiken zweiter Klasse behandelt, mußten gewisse Formen und Gewohnheiten der römisch-katholischen Staatskirche übernehmen[4]. Auch die Rechte der orthodoxen Gläubigen wurden eingeschränkt. Die Könige von Preußen nahmen sich der Protestanten, die Zaren der Orthodoxen an. Bereits im Zeitalter der Sachsenkönige griffen die Russen wiederholt in polnische Verhältnisse ein, ihre Truppen standen seit 1717 im Land, um jede sich ihren Wünschen widersetzende Opposition zu brechen. Katharina II.[5] verhalf nach dem Tode Augusts III. ihrem Günstling Stanisław August Poniatowski zur polnischen Königswürde, er regierte 1764—95[6]. Die Expansionstendenzen der benachbarten Großmächte bewirkten neben der Vorherrschaft und Zwietracht des Adels die Auflösung Polens am Ende des 18. Jahrhunderts[7].

Die katholisch-patriotische Opposition, die unter Bischof Adam Stanisław Krašinski von Kamieniec 1768 die Konföderation von Bar gebildet hatte, vermochte das russische Übergewicht nicht einzudämmen; die Aufständischen wurden nach vierjährigem Kampf von den Russen aufgerieben. Durch die erste 1772 von Rußland, Österreich und Preußen dekretierte Teilung verlor Polen rund 30 Prozent seines Territoriums und fast die Hälfte seiner Bewohner. Bei den Versuchen, die Verhältnisse durch Reformen im Inneren zu stabilisieren, beteiligten sich namhafte Geistliche, wie der als Prediger und Politiker berühmte Piarist Stanisław Konarski (1700—73)[8], Bischof Adam

[2] *P. Hildebrand,* Die polnische Königswahl von 1697 und die Konversion Augusts I. des Starken (Rom 1907).

[3] *J. Staszewski,* Stosunki Augusta II z kuria rzymska w latach 1704—06 (Thorn 1965).

[4] Siehe oben Kap. 14 S. 248. [5] Siehe oben Kap. 13 S. 229.

[6] *K. Zernack,* Stanislaus August Poniatowski: JGO NF 15 (1967) 391—392.

[7] *Lord Eversley,* The Partitions of Poland (London 1915); *H. H. Kaplan,* The First Partition of Poland (New York — London 1962).

[8] *W. Konopczyński,* Stanisław Konarski (Warschau 1926); *M. Plezia,* Dookoła reformy

Stanisław Naruszewicz von Łuck (1733—96), der als Begründer der modernen polnischen Historiographie gilt, und Domherr Hugo Kołłatej (1750 bis 1812), der die Krakauer Akademie erneuerte. Sie waren auch an der Formulierung der Konstitution vom 3. Mai 1791 beteiligt, in der die katholische Religion als die im Staat herrschende anerkannt und die freie Religionsausübung für alle Dissidenten garantiert wurden. Die zweite Teilung Polens 1793 durch Rußland und Preußen und die dritte Teilung 1795, in der die drei Nachbarmächte den Rest Polens besetzten, bereiteten den Anstrengungen innerer Erneuerung ein abruptes Ende. Die Bezeichnung Polen wurde auf den Landkarten ausgelöscht. Nuntius Lorenzo Litta (1793—95) legte umsonst feierlich Protest gegen die Zerstückelung Polen-Litauens ein, von dem Rußland 465 000 qkm, Preußen 145 000 qkm und Österreich 115 000 qkm an sich gerissen hatten.

Die Kirche wurde durch Konfiskationen und Säkularisationen materiell erheblich geschwächt. Ihre Organisation mit den beiden Kirchenprovinzen Gnesen und Lemberg geriet in den Sog kirchenpolitischer Auseinandersetzungen. Die Orden, die nach dem Tridentinum zunächst unter spanischem, dann französischem Einfluß die Spiritualität des polnischen Katholizismus geformt hatten, verloren zahlreiche Klöster. Trotz der Bedrohung durch das orthodoxe Rußland, das josephinistische Staatskirchentum Österreichs und das protestantisch ausgerichtete Preußen stellte die Zugehörigkeit zur katholischen Kirche für die meisten Polen in den nächsten Jahrzehnten eine Klammer dar, die sie über die Grenzen der Teilgebiete einte.

24. Kapitel

Der Untergang der Reichskirche in der großen Säkularisation

QUELLEN: Protokoll der außerordentlichen Reichsdeputation zu Regensburg, 6 Bde (2 Bde Protokolle, 4 Bde Beilagen) (Regensburg 1803); *A. Ch. Gaspari*, Der Deputations-Rezeß mit histor., geograph. und statist. Erläuterungen und einer Vergleichungstafel, 2 Bde (Hamburg 1803); *ders.*, Der französisch-russische Entschädigungsplan mit histor., geograph. und statist. Erläuterungen (Hamburg 1802); *Th. v. Traitteur*, Der deutschen Reichsstände Verlust auf dem linken Rheinufer und der Besitzungen der katholischen Geistlichkeit auf dem rechten, nach Größe, Bevölkerung und Einkünften geschätzt (Mannheim 1799); *G. F. Martens*, Recueil des principaux traités ... conclus par les puissances de l'Europe ... depuis 1761 jusqu'à present, 8 Bde (Göttingen [2]1817/35); *C. W. v. Lancizolle*, Übersicht der deutschen Reichsstandschafts- u. Territorial-Verhältnisse vor dem frz. Religionskriege, der seitdem eingetretenen Veränderungen und der gegenwärtigen Bestandtheile des deutschen Bundes und der deutschen Bundesstaaten (Berlin 1830); *A. Mercati*, Raccolta di Concordati su materie ecclesiastiche tra la Santa Sede e le Autorità Civili (Rom 1954); *A. v. Vivenot - H. v. Zeissberg*, Quellen zur Gesch. der deutschen Kaiserpolitik Österreichs während der frz. Revolutionskriege 1789—1801, 2 Bde (Wien 1873/74); *H. Granier*,

szkolnej St. Konarskiego (Lublin 1953); *Ł. Kurdybacha*, Działalność pedagogiczna Stanisława Konarskiego (Breslau - Warschau 1957).

Preußen und die kathol. Kirche seit 1640, Bd 8 u. 9 (1797—1803, 1803—1807) (Leipzig 1902); *J. Hansen,* Quellen zur Geschichte des Rheinlandes im Zeitalter der Frz. Revolution, 1780—1801, Bd 1—4 (Bonn 1931/38); *E. R. Huber,* Dokumente zur deutschen Verfassungsgeschichte I (Stuttgart 1961); *K. O. v. Aretin,* Heiliges Römisches Reich 1776 bis 1806, Bd II (Ausgewählte Aktenstücke) (Wiesbaden 1967); *R. Freiin v. Oer,* Die Säkularisation 1803 (Göttingen 1970); *U. Engelmann* (Hrsg.), Das Tagebuch von Ignaz Speckle, Abt von St. Peter im Schwarzwald, 2 Bde (Stuttgart 1966); *A. Kraus* (Hrsg.), Die Briefe Roman Zirngibls von St. Emmeram in Regensburg (Regensburg 1965).

LITERATUR: Zur Geschichte der Säkularisationsbestrebungen bis gegen Ende des 18. Jh.: *Pastor* XIV—XVI, 3; *P. Volk,* Die kirchlichen Fragen auf dem Westfälischen Frieden: Pax optima rerum, hrsg. von *E. Hövel* (Münster 1948) 99—138; *Ph. Hiltebrandt,* Die kirchlichen Reunionsverhandlungen in der zweiten Hälfte des 17. Jh. (Rom 1922); *A. M. Trivellini,* Il cardinale Francesco Buonvisi, nunzio a Vienna (1675—89) (Florenz 1958); *F. Díaz,* Francesco Buonvisi. Nunziatura a Colonia (1670—72), 2 Bde (Rom 1959); *Th. Vollbehr,* Der Ursprung der Säkularisationsprojekte in den Jahren 1742/43: FDG 26 (1886); *W. v. Hofmann,* Das Säkularisationsprojekt von 1743, Kaiser Karl VII. und die röm. Kurie: Festschr. S. Riezler (1913); *L. Just,* Die römische Kurie und das Reich unter Kaiser Karl VII.: HJ 52 (1932); *I. Ph. Dengel,* Die politische und kirchliche Tätigkeit des Monsignor Josef Garampi in Deutschland, 1761—63 (Rom 1905); *Maaß; A. Ellemunter,* Antonio Eugenio Visconti und die Anfänge des Josephinismus (Graz - Köln 1963); *L. Ph. Behlen,* Diss. de causis secularisationum illegitimis et legitimis (Moguntiae 1746); *(P. v. Osterwald),* Veremund von Lochsteins Gründe sowohl für als wider die geistliche Immunität in zeitlichen Dingen (Straßburg 1766); *A. Desing,* Staatsfrage: Sind die Güter und Einkünfte der Geistlichkeit dem Staate schädlich oder nicht? 2 Theile (München 1768); *A. Molitor,* Theologische Abhandlung von der Macht der Kirche über die Kirchengüter (Freysing 1768); *B. Wöhrmüller,* Literarische Sturmzeichen vor der Säkularisation: SM NF 14 (1927); *H. Raab,* Clemens Wenzeslaus von Sachsen und seine Zeit, I: Dynastie, Kirche und Reich im 18. Jh. (Freiburg 1962); *G. Winner,* Die Klosteraufhebungen in Niederösterreich und Wien (Wien - München 1967); *H. v. Voltelini,* Ein Antrag des Bischofs von Trient auf Säkularisierung und Einverleibung seines Fürstentums in die Grafschaft Tirol vom Jahre 1781/82: Veröff. des Museum Ferdinandeum 16, Jg. 1936 (1938); *P. Wende,* Die geistlichen Staaten u. ihre Auflösung im Urteil der zeitgenöss. Publizistik (Lübeck - Hamburg 1966).

Die Französische Revolution und ihre Auswirkungen auf die Reichskirche: *a) Vorrevolutionäre Unruhen. Die Exekution gegen Lüttich: P. Harsin,* La révolution liègeoise de 1789 (Brüssel 1954); *J. Kühn,* Wie Lüttich dem Reich verlorenging. Rückblick auf die Reichsexekution 1790/91 (1914); *E. Schulte,* Der Krieg Münsters gegen Lüttich, 1789—92 = Quellen und Forschungen zur Gesch. der Stadt Münster 3 (1927); *P. Strothotte,* Die Exekution gegen Lüttich 1789—92. Ein Beitrag zur Gesch. des Heiligen Römischen Reiches deutscher Nation (Bonn 1936); *H. Stradal,* Die brabantische Revolution des Jahres 1789 aus Wiener Sicht. In: Anciens Pays et Assemblées d'États 47 (1968) 273—317; *A. Sprunck,* Die Lage in den österreichischen Niederlanden 1790 nach den Berichten der Statthalterin Marie Christine an die Wiener Regierung: Mitteilungen des österreichischen Staatsarchivs 11 (1958); *K. Julku,* Die revolutionäre Bewegung im Rheinland am Ende des 18. Jh. (Helsinki 1965); *L. Vautrey,* Histoire des évêques de Bâle II (Einsiedeln 1886); *J. Rebetez,* Les relations de l'Évêché de Bâle avec la France au XVIIIe siècle (St-Maurice 1943); *M. Braubach,* Bischof Gobel, Kurfürst Max Franz von Köln und das Bistum Basel: HJ 60 (1940) 300—311; *R. Bohlender,* Dom und Bistum Speyer. Eine Bibliographie (Speyer 1962); *L. Litzenburger,* Stadt und Bistum Speyer im frz. Revolutionsradius im Jahre 1794: RQ 52 (1957) 240—249; *L. Vezin,* Die Politik des Mainzer Kurfürsten Friedrich Karl v. Erthal 1789—92 (Bonn 1932); *F. G. Dreyfus,* Sociétés et mentalités à Mayence dans la seconde moitié du 18e siècle (Paris 1968); *H. Te-*

löken, Kurtrierische Politik zur Zeit der Französischen Revolution (Diss. masch. Bonn 1951); *E. Zenz*, Die kirchenpolitischen Beziehungen zwischen dem Erzstift Trier und Frankreich nach Ausbruch der Französischen Revolution: AMrhKG 4 (1952); *W. Lüdtke*, Kurtrier und die revolutionären Unruhen in den Jahren 1789—1790: Trierer Zsch. 5 (1930); *M. Braubach*, Die kath. Universitäten Deutschlands und die Frz. Revolution: HJ 49 (1929); *ders.*, Maria Theresias jüngster Sohn Max Franz. Letzter Kurfürst von Köln und Fürstbischof von Münster (Wien-München 1961); *H. Flurschütz*, Die Verwaltung des Hochstifts Würzburg unter Franz Ludwig v. Erthal (1779—95) (Würzburg 1965).

b) Die Revolution und ihre Auswirkungen: K. Th. Heigel, Deutsche Gesch. vom Tode Friedrichs d. Gr. bis zur Auflösung des alten Reiches, 2 Bde (Stuttgart-Berlin 1911); *B. Gebhardt*, Handbuch der deutschen Geschichte. Bd. III: Von der Französischen Revolution bis zum Ersten Weltkrieg, hrsg. von H. Grundmann (Stuttgart [9]1969); *K. v. Raumer*, Deutschland um 1800 = Hdb. der deutschen Gesch., hrsg. von *L. Just* (o. J.); *F. Schnabel*, Deutsche Geschichte im 19. Jahrhundert, 4 Bde (Freiburg i. Br. [2-5]1949—59); *E. R. Huber*, Deutsche Verfassungsgeschichte I (Berlin-Köln-Mainz 1957); *Seppelt-Schwaiger* V; *A. Latreille*, L'église catholique et la Révolution Française, 2 Bde (Paris 1946/50); *J. Droz*, L'Allemagne et la Révolution française (Paris 1949); *K. D. Erdmann*, Volkssouveränität und Kirche 1789—91. Studien über das Verhältnis von Staat und Kirche in Frankreich vom Zusammentritt der Generalstände bis zum Schisma (Köln 1949); *S. S. Biro*, The German Policy of Revolutionary France, 2 Bde (Cambridge, Mass. 1957); *A. Ernstberger*, Österreich und Preußen von Basel bis Campoformio 1795—97 (Reichenberg 1932); *A. Wandruszka*, Leopold II. Erzherzog von Österreich, Großherzog von Toskana, König von Ungarn und Böhmen, Römischer Kaiser, 2 Bde (1963/65). — Emigration: *W. Wühr*, Die Emigranten der Frz. Revolution im bayerischen und fränkischen Kreis (München 1938); *ders.*, Emigranten der Frz. Revolution im Kurfürstentum Mainz: Aschaffenburger Jb. 2 (1955); *ders.*, Emigranten der Frz. Revolution im Erzstift Salzburg: Mitt. der Gesellschaft für Salzburgische Landeskunde 79 (1939) 33—64; *A. Gain*, Liste des émigrés, deportés, condamnés pour cause révolutionnaire du département de la Moselle, 2 Bde (1925/29); *M. Barth*, Seminaristen und Benediktiner des Elsaß als Flüchtlinge im Kloster Ettenheimmünster während der Frz. Revolution: FreibDiözArch 71 (1951); *J. Vidalenc*, Les émigrés français 1789—1825 (Caen 1963); *P. de Vaissière*, A Coblence ou les Émigrés français dans les pays Rhénans de 1789 à 1792 (Paris 1924); *F. Baldensperger*, Le mouvement des idées dans l'émigration française, 2 Bde (Paris 1924); *M. Pawlik*, Emigranten der frz. Revolution in Österreich (1789—1814): MIÖG 77 (1969) 78—127. — Die linksrheinischen Gebiete: *A. Quiquerrez*, Histoire de la révolution dans l'évêché de Bâle en 1791 (Porrentruy 1881); *R. Reuss*, La constitution civile du clergé et la crise religieuse en Alsace (1790—95), 2 Bde (Straßburg 1922/23); *L. Stamer*, Kirchengeschichte der Pfalz IV (Speyer 1964); *E. Isele*, Die Säkularisation des Bistums Konstanz und die Reorganisation des Bistums Basel (Basel-Freiburg 1933); *L. A. Veit*, Der Zusammenbruch des Mainzer Erzstuhls infolge der frz. Revolution (Mainz 1927); *R. Usinger*, Das Bistum Mainz unter frz. Herrschaft (Mainz 1912); *R. Werner*, Die Nationalgüter im Department Donnersberg (Heidelberg 1922); *J. Marx*, Gesch. des Erzstifts Trier V (Trier 1867); *A. Eismann*, Umschreibung der Diözese Trier und ihrer Pfarreien 1802—21 (Saarbrücken 1941); *G. Groß*, Trierer Geistesleben unter dem Einfluß von Aufklärung und Romantik (1750—1850) (Trier 1956); *M. Höhler*, Gesch. des Bistums Limburg (Limburg 1908); *G. Kliesing*, Die Säkularisation in den kurköln. Ämtern Bonn Brühl, Lechenich und Zülpich in der Zeit der frz. Fremdherrschaft (Bonn 1933); *W. Klompen*, Die Säkularisation im Arrondissement Krefeld 1794—1814 (Kempen 1962); *H. Mosler*, Die Cistercienserabtei Kamp in ihrem letzten Jahrhundert: AHVNrh 170 (1968) 22—119.

Der Reichsdeputationshauptschluß und die große Säkularisation von 1803: *I. Rinieri*, Le secolarizzazione degli stati ecclesiastici in Germania (Rom 1906); *H. Bastgen*, Dalberg und Napoleons Kirchenpolitik in Deutschland (Paderborn 1917); *ders.*, Die Ursachen der Säkularisation der Bistümer und Domkapitel von Trient und Brixen und ihr Verhältnis zur Grafschaft Tirol: HJ 34 (1913); *ders.*, Bayern und der Heilige Stuhl in der ersten Hälfte des 19. Jh., 2 Bde (München 1940); *E. Bauernfeind*, Die Säkularisationsperiode im Hochstift Eichstätt bis zum endgültigen Übergang an Bayern 1790—1806 (1927); *J. A. Bornewasser*, Kirche und Staat in Fulda unter Wilhelm Friedrich von Oranien 1802—06 (Nijmegen 1956); *E. Buchholtz*, Die Einwirkungen des Reichsdeputationshauptschlusses zu Regensburg im Jahre 1803 und die Bulle „Impensa Romanorum Pontificum“ auf das Bistum Osnabrück (Osnabrück 1930); *E. Deuerlein*, Die reichsständische Säkularisation des Hochstifts Würzburg (Würzburg 1958); *H. H. Dunkhase*, Das Fürstentum Krautheim. Eine Staatsgründung um Jagst und Tauber 1802—1806 (1839) (Nürnberg 1968); *N. Enneking*, Das Hochstift Fulda unter seinem letzten Fürstbischof Adalbert III. von Harstall 1788—1802 (Fulda 1935); *W. Engel*, Aus den letzten Tagen des Hochstifts Würzburg: Mainfränk. Hefte 6 (1954); *M. Erzberger*, Die Säkularisation in Württemberg von 1802 bis 1810 (Stuttgart 1902); *E. Fleig*, K. Th. v. Dalberg und die Säkularisation des Fürstbistums Konstanz: FreibDiözArch 29 (1928); *M. Fleischhauer*, Das geistliche Fürstentum Konstanz beim Übergang an Baden (Heidelberg 1934); *D. Froitzheim*, Das Staatskirchenrecht im ehemaligen Großherzogtum Berg (Amsterdam 1967); *E. G. Gerhard*, Gesch. der Säkularisation in Frankfurt a. M. (Paderborn 1935); *L. Günther*, Der Übergang des Fürstbistums Würzburg an Bayern (Leipzig 1910); *L. Hammermayer*, Die europäischen Mächte und die Bewahrung von Abtei und Seminar der Schotten in Regensburg (1802/03): Verhandlungen d. Histor. Vereins f. Oberpfalz u. Regensburg 106 (1966) 291—306; *L. Hoffmann*, Die Säkularisation Salzburgs (Phil. Diss. Wien 1943); *Ph. Hofmeister*, Die Reorganisation des Malteserordens nach 1798: AkathKR 137 (1968) 463—523; *R. Haderstorfer*, Die Säkularisation der oberbayerischen Klöster Baumburg und Seeon (Stuttgart 1967); *E. Isele*, Die Säkularisation des Bistums Konstanz und die Reorganisation des Bistums Basel (Basel - Freiburg 1933); *F. Köppel*, Dalberg und die Säkularisation des Bistums Konstanz: ZGObrh 102 (1954); *L. Körholz*, Die Säkularisation und Organisation in den preußischen Entschädigungsländern Essen, Werden und Elten 1802—06 (Münster 1907); *F. Keinemann*, Das Domkapitel zu Münster im 18. Jh. (Münster 1967); *A. Meier*, Abt Pankraz Vorster und die Aufhebung der Fürstabtei St. Gallen (Freiburg/Schw. 1954); *R. Morsey*, Wirtschaftliche und soziale Auswirkungen der Säkularisation in Deutschland: Festgabe für K. v. Raumer (Münster 1968) 361—383; *W. G. Neukam*, Der Übergang des Hochstifts Bamberg an die Krone Bayern 1802/03: Bayern-Staat und Kirche, Land und Reich. Wilh. Winkler zum Gedächtnis (München 1961); *H. Raab*, K. Th. v. Dalberg. Das Ende der Reichskirche und das Ringen um den Wiederaufbau des kirchlichen Lebens 1802—15: AMrhKG 18 (1966) 27—39; *H. Reich*, Die Säkularisation des rechtsrheinischen Teiles des Hochstifts Speyer (Bottrop 1935); *H. Reichert*, Studien zur Säkularisation in Hessen-Darmstadt (Mainz 1927); *E. Ringelmann*, Die Säkularisation des Hochstifts und des Domkapitels Passau (Passau 1939); *E. Probst*, Würzburg — vom Hochstift zum Rheinbundstaat: Mainfränk. Jb. für Gesch. und Kunst 9 (1957) 70—102; *J. Chr. Nattermann*, Das Ende des alten Kölner Domstiftes (Köln 1953); *R. Reinhardt*, Die Beziehungen von Hochstift und Diözese Konstanz zu Habsburg-Österreich (Wiesbaden 1966); *P. Ruf*, Säkularisation und Bayerische Staatsbibliothek (Wiesbaden 1962); *H. W. Schlaich*, Das Ende der Regensburger Reichsstifte St. Emmeram, Ober- und Niedermünster: Vhh. des Hist. Vereins für Oberpfalz 97 (1956) 163—376; *A. Scharnagl*, Zur Gesch. des Reichsdeputationshauptschlusses vom Jahre 1803: HJ 70 (1950); *A. M. Scheglmann*, Gesch. der Säkularisation im rechtsrhein. Bayern, 3 Bde (Regensburg 1903/08); *A. Schlittmeier*, Die wirtschaftl. Auswirkungen der Säkularisation in Niederbayern, untersucht am Beispiel der Abtei Niederaltaich und seiner Propsteien Rinchnach und St. Oswald (Phil. Diss. München 1962); *G. Schwaiger*, Die altbayerischen Bistümer Freising, Passau und Regensburg zwischen Säkularisation und Konkordat (München 1959); *ders.*, Das dalbergische Fürstentum Regensburg 1803—1810:

Zeitschrift für bayr. Landesgeschichte 23 (1960) 42—65; *ders.*, Die Kirchenpläne des Fürstprimas K. Th. von Dalberg: Münchener Theol. Zeitschrift 9 (1958) 186—204; *ders.*, Das Ende der Reichskirche und seine unmittelbaren Folgen: SM 79 (1968) 136—148; *W. Steffen,* Rheingrenze und territoriale Entschädigungsfrage in der preuß. Politik der Jahre 1795—1798: Westfäl. Forschungen 6 (1943/52) 149—181; *P. E. Stellwag,* Beiträge zur Gesch. der Abtei Münster Schwarzach a. M. um die Zeit ihrer Auflösung 1803 (Phil. Diss. Würzburg 1946); *G. Seith,* Die rechtsrhein. Gebiete des Bistums Basel und ihr Übergang an Baden (Phil. Diss. masch. Freiburg i. Br. 1951); *W. H. Struck,* Zur Säkularisation im Lande Nassau: Hess. Jb. für Landesgesch. 18 (1963); *M. Schöne,* Das Herzogtum Westfalen unter hessen-darmstädtischer Herrschaft 1802—16 (Olpe 1966); *F. Täubl,* Der Deutsche Orden im Zeitalter Napoleons (Bonn 1966); *H. Tremel,* Die säkularisierten Klosterwaldungen in Altbayern (1924); *L. A. Veit,* Die Säkularisierung in Nassau-Usingen: ZGObrh 80 (1928); *B. Wagner,* Die Säkularisation der Klöster im Gebiet der heutigen Stadt Passau, 1802—03 (Passau 1935); *A. Wendehorst,* Der Untergang der alten Abteikirche Münsterschwarzach 1803/04: Mainfränk. Hefte 17 (Würzburg 1953); *B. Wenisch,* Der Kampf um den Bestand des Erzbistums Salzburg, 1743—1825: Mitt. der Gesellschaft für Salzburgische Landeskunde 106 (1966) 303—346; *A. Schneider,* Der Gewinn des bayerischen Staates von den säkularisierten landständischen Klöstern in Altbayern (München 1970).

Die Suspendierung des Restitutionsedikts, das kaiserliche Angebot an Brandenburg vom 1. Februar 1647, dessen Entschädigungsforderungen mit Säkularisationen zu erfüllen, bedeuten den Anfang vom Ende der geistlichen Staaten und damit die Einleitung der eineinhalb Jahrhunderte später mit der Totalsäkularisation von 1803 abschließenden Reichsauflösung. Säkularisation, Reichsverfall und Aufstieg des modernen, absolutistischen deutschen Fürstenstaates im 17. und 18. Jh. sind in einem sehr komplexen Prozeß miteinander verbunden. Die Publizistik, die Staatstheorie, die Friedensverhandlungen zu Osnabrück und Münster, zu Nijmegen, Rijswijk und Baden, die Säkularisationsprojekte zwischen 1648 und 1789 machen das deutlich. Als Restitution nach dem Normaljahr 1624, als Kompensation und Satisfaktion bestätigte der Westfälische Friede die Säkularisationen, indem er dem tatsächlichen Konfessionsstand und politischen Notwendigkeiten mit der Zuweisung geistlicher Fürstentümer an weltliche Territorien bis in den Kompromiß einer Teilsäkularisation des Fürstbistums Osnabrück mit der Alternation zwischen einem katholischen Bischof und einem evangelischen Welfenprinzen („Pseudobischof") Rechnung trug. Normaljahr, Normaltag und Kaiserliche Wahlkapitulation boten den überlebenden geistlichen Reichsständen und für den Besitz an Kirchengut zwar eine gewisse Garantie, an landesherrschaftlichen Säkularisationsprojekten und Kirchengut-Säkularisationen hat es indessen im 17. und 18. Jh. nicht gefehlt. Die unterlassene vollständige Säkularisation im Westfälischen Frieden nach schwedischem oder dänischem Vorbild war nach Pufendorf das große politische Versäumnis des Reiches. Das Säkularisationsstreben vorerst der protestantischen Fürsten, die Säkularisationsfurcht und der Wunsch nach

Existenzsicherung in der Reichskirche durch Rücksichtnahme auf die dynastische Kirchenpolitik der Habsburger, Wittelsbacher, Lothringer und Wettiner und die Pfründenkumulation des stiftsfähigen Adels bestimmten entscheidend die Kirchengeschichte zwischen Westfälischem Frieden und Reichsdeputationshauptschluß.

Die verschieden weit gediehenen Säkularisationsbestrebungen des 17. und 18. Jh., die hier als Kampf um Existenz oder Auflösung des Reiches, um eine katholische oder protestantische Vormachtstellung und als Vorgefechte zur Totalsäkularisation von 1803 betrachtet werden müssen, gingen zunächst von jenen Territorien und Dynastien aus, die bei dem großen Arrondierungs- und Kompensationsgeschäft des Westfälischen Friedens ihre Interessen oder Rechte unzureichend berücksichtigt wähnten und die teils durch ihre territoriale Gemengelage mit geistlichen Staaten, teils auf Grund der Friedensbestimmungen Ansprüche auf geistliches Gut anmelden konnten. Vorzügliche Säkularisationsobjekte waren das durch den Quedlinburger Rezeß zur Ohnmacht verurteilte Hochstift Hildesheim, die katholische Insel im protestantischen Welfengebiet, das durch die fatale Alternation teilsäkularisierte Hochstift Osnabrück sowie das kleine, im Spannungsfeld zwischen Kurmainz und Kurpfalz liegende Hochstift Worms. Nur die Personalunion mit mächtigeren Reichsstiftern (Kurköln, Kurmainz, Kurtrier) und die Kirchenpolitik der großen katholischen Dynastien haben unter Ausnutzung territorialer und politischer Gegensätze zwischen den protestantischen Fürsten diese geistlichen Staaten vor der Säkularisation im 17. und 18. Jh. retten können.

Durch die Säkularisationspläne des 17. Jh. ziehen sich, insbesondere bei Ernst August von Braunschweig-Lüneburg noch als „Pseudobischof" von Osnabrück, dann als Herzog von Hannover, sowie bei Kurfürst Karl Ludwig von der Pfalz vage formulierte Konversionsabsichten und kirchliche Reunionsverhandlungen. Die dynastische Reichskirchenpolitik mit der Aussicht auf Verfestigung geistlicher Sekundogenituren hat insgesamt im katholischen Reichsteil hemmend auf Säkularisationspläne gewirkt, während andererseits Kirchen- und Reichsreformer, wie z. B. Antoine Arnauld oder der gelehrte, zur katholischen Kirche konvertierte Landgraf Ernst von Hessen-Rheinfels, aus säkularisiertem Reichskirchengut insgesamt sechzig neue deutsche Bistümer errichten, eine dem Kaiser reservierte Kur schaffen und protestantischen Fürsten ein Angebot für die Wiedervereinigung mit einer reformierten katholischen Kirche machen wollten.

Verwirklicht wurde von den revolutionären, auf eine vollständige Säkularisation hinauslaufenden Reformplänen — wahrscheinlich zum Schaden der Kirche — nichts. Sehr viel mehr als sie war der Expansions- und Arrondierungswille der weltlichen Territorien, verbunden mit innerem Reformstreben, eine Gefahr für die geistlichen Staaten. Nicht nur Preußen war, nach Rankes bekanntem Wort, seit dem Großen Kurfürsten auf das

Prinzip der Säkularisation gegründet. Mit der Abwertung geistlicher Staaten zu politischen Brandsalben etwa in den Verhandlungen des Nijmegener Friedens, zur Zeit des Österreichischen Erbfolgekrieges und des dritten Schlesischen Krieges läßt der Wille des katholischen Reichsoberhauptes, aber auch des Papsttums, nach, die „Erbschaft Gottes" im Reich zu verteidigen. Pläne zur Rückgängigmachung schon vollzogener Säkularisationen in Verbindung mit territorialen Neugliederungen des Reiches, wie sie von Nuntius Bevilacqua bei den Friedensverhandlungen zu Nijmegen und von Passionei in Baden vorgebracht wurden, drangen bei der Schwäche der katholischen Mächte gegen die bestehenden Interessen und Bündnisse nicht durch.

Als Kampfmittel Wittelsbacher und Habsburger Reichskirchenpolitik wurde die Säkularisationsfurcht der Germania Sacra im 18. Jh. wiederholt mobilisiert, vor allem von Maria Theresia im Kampf gegen das Kaisertum des Wittelsbachers Karl VII., bei den Bischofswahlen um die Jahrhundertmitte und in dem siebenjährigen Ringen mit Friedrich dem Großen um Schlesien und die Führung im Reich. Zur Zeit des Österreichischen Erbfolgekrieges und der Reichskrise, da der Plan eines schwäbischen Königtums für Karl VII. und eines oberdeutschen Barrierestaates zwischen Österreich und Frankreich auftauchen konnte, wurde von Berlin ein Säkularisationsprojekt in die Welt gesetzt, nach dem die süddeutschen Hochstifte Freising, Regensburg, Salzburg und Eichstätt als Reichsreserven zur Bildung einer ausreichenden Hausmacht für den Wittelsbacher Kaiser Karl VII. herangezogen, Preußen durch die geistlichen Territorien Breslau-Neiße und Münster vergrößert, Österreich mit dem Fürstbistum Passau entschädigt werden sollten. In den herkömmlichen Bahnen der Reichskirchenpolitik versuchte gleichzeitig der schwache Karl VII., der dem verlockenden, von seinem preußischen Verbündeten propagierten Säkularisationsprojekt keine eindeutige Absage erteilt hatte, seinem Bruder Johann Theodor zu den Hochstiften Regensburg und Freising auch die Fürstbistümer Eichstätt, Speyer, Worms, Lüttich, das Erzstift Trier, die Fürstpropstei Ellwangen zu sichern, um auf diese Weise mit einem zweiten Wittelsbacher Bischofsreich den erforderlichen Machtzuwachs für sein Haus durch eine halbe, „katholische" Säkularisation zu schaffen.

Der Gegensatz zu Bayern und Preußen, in erster Linie politische Motive, bestimmte Maria Theresia, mit allen Mitteln gegen dieses Säkularisationsprojekt zu arbeiten und den macht- und landlosen Wittelsbacher Kaiser im katholischen Reichsteil in Mißkredit zu bringen. Unzufrieden war man im stiftischen Deutschland nicht nur mit der Reichskirchenpolitik des Defensor ecclesiae, sondern auch mit der Einstellung des frankreichfreundlichen, den pragmatischen Mächten mißtrauenden Papstes Benedikt XIV. gegenüber den geistlichen Fürsten. Im stiftischen Deutschland spürte man das wachsende. aus verschiedenen Quellen genährte Unbehagen Roms über die Verbindung von Hirtenstab und Schwert, von Bischofsamt und landesherrlicher Macht, glaubte aber im Interesse der Kirche diese Verbindung nicht aufgeben zu dürfen, zumal Wille und Kraft, die geistlichen Staaten zu schützen, fast in demselben Maße nachzulassen schienen, je selbstherrlicher die Fürstbischöfe gegenüber den Nuntiaturen, den römischen Behörden auftraten, episkopalistische Vorstellungen von der Verfassung der Kirche zu verwirklichen und den Übergang vom spätmittelalterlichen Territorium zum modernen, absolutistischen Staat zu vollziehen suchten.

Die große Gefahr für die geistlichen Fürstentümer war Ende 1743 vorbei, wenn auch 1744 Wilhelm VIII. von Hessen-Kassel die Forderung auf eine Säkularisation des Fürstbistums Paderborn, der Abteien Fulda und Corvey anmeldete und in den Verhandlungen des Aachener Friedenskongresses noch einmal das Projekt einer Säkularisation der westfälischen geistlichen Territorien zugunsten eines neuen Kurfürstentums Hessen-Kassel auftauchen konnte. In ein neues Stadium traten die Säkularisationspläne mit dem Beginn des Siebenjährigen Krieges, von dem Ranke meinte, daß er ein Kampf der Religionen gewesen sei, „nicht ein ausgesprochener, aber ein solcher, der in der Sache lag und den jedermann durchfühlte“ [1]. Die Beendigung der Alternation im Hochstift Osnabrück, die Säkularisation von Paderborn, Hildesheim und Münster zugunsten von England-Hannover, des kurmainzischen Erfurt und Eichsfeld zugunsten von Hessen-Kassel, Hannover oder anderer protestantischer Staaten spielten in den Projekten Friedrichs des Großen bis 1759 eine hervorragende Rolle und hätten es, zusammen mit weiteren vorgesehenen Veränderungen, in die Hände von Preußen und Hannover gelegt, „Niederdeutschland von dem Heiligen Römischen Reich loszureißen und selbständige Reiche für sich zu bilden“ [2]. In den letzten Jahren des Siebenjährigen Krieges bieten sich nach dem Tod des Kurfürst-Erzbischofs Clemens August († 6. 2. 1761) die vakanten Hochstifte der Wittelsbacher geistlichen Sekundogenitur in Nordwestdeutschland als Arrondierungs- und Kompensationsmasse geradezu an, nicht nur für Preußen, England-Hannover, Hessen-Kassel, sondern auch mehr oder weniger für eine Reihe katholischer Mächte, um die Wunden des verbündeten Kursachsen mit geistlichen Brandsalben zu kühlen und den katholischen Wettinern mit den Wahlentscheidungen für Clemens Wenzeslaus ein Bischofsreich in Nordwestdeutschland zu verschaffen. Weniger die Anstrengungen des Kaisers, der katholischen Reichsstände und Frankreichs als die aufkommenden Interessengegensätze zwischen Preußen und England-Hannover und die holländische Politik gegenüber dem Fürstbistum Münster verhinderten schließlich das Schlimmste für die nordwestdeutsche Germania Sacra.

[1] *L. v. Ranke,* Zur Gesch. von Österreich und Preußen zwischen den Friedensschlüssen von Aachen und Hubertusburg (Leipzig 1875) 316.

[2] *G. Volz,* Friedrichs des Großen Plan einer Losreißung Preußens von Deutschland: HZ 122 (1920) 272.

Sogar eine Wettiner geistliche Sekundogenitur, die auf Kosten des stiftsfähigen Adels gegangen wäre, konnte mit den Wahlen ex gremio in Köln, Münster, Hildesheim und Paderborn abgewehrt werden. In Osnabrück jedoch wurde mit der Wahl des erst sechs Monate alten Friedrich von York, für den sein Vater, Georg III. von England, die Regierungsgeschäfte durch zwei Räte führen ließ, ein Schritt zur Korrektur des Westfälischen Friedens getan.

Die Diskrepanz zwischen Wollen und Können in den militärisch ohnmächtigen, nur auf das Recht gestellten, mit dem Reich auf Gedeih und Verderb verbundenen geistlichen Staaten selbst und zwischen Wollen und Sollen in der kaiserlichen, aber auch der päpstlichen Politik wurde während des kriegserfüllten zweiten Drittels des 18. Jh. immer deutlicher. Die drei Friedensjahrzehnte zwischen dem Hubertusburger Frieden und dem Ausbruch der Revolutionskriege waren für die Lande unter Krummstab und Inful indessen nicht jene sterbensmüde, dumpfe, aber auch nicht jene halkyonische Zeit, wie sie in zeitgenössischen Quellen und historischen Darstellungen mit einer gewissen Vorliebe gezeichnet wird. Zwar blühten fast alle geistlichen Territorien unter einer gemäßigten Aufklärung hier mehr, dort weniger empor; zwar entfaltete sich an vielen katholischen Universitäten und in zahlreichen Konventen ein beachtliches wissenschaftliches Leben, das einen Vergleich mit der Entwicklung im protestantischen Reichsteil nicht zu scheuen braucht; zwar trifft vielleicht auf keine Zeit das Sprichwort mehr zu, daß unterm Krummstab gut wohnen sei, doch gingen diese Blüte in Stiftern und Abteien und der Eudämonismus der katholischen Aufklärung nicht selten auf Kosten der eigentlich religiös-kirchlichen Grundgedanken, und gleichzeitig wurde von der kirchenfeindlichen Belletristik und dem aufklärerischen Staatsrecht die Frage nach der Existenzberechtigung geistlicher Staaten, nach der Verfügungsgewalt über das Kirchengut immer schärfer gestellt.

Es wird schwer sein, die Bedeutung der Publizistik bis hin zu der Preisfrage des Fuldaer Domherrn Philipp Anton v. Bibra, den Schriften von Fr. K. v. Moser, Schnaubert und Weiße für die Vorbereitung der Säkularisation annähernd genau zu bestimmen. Sicher war diese Papierflut nicht so ungefährlich für die Existenz geistlicher Staaten, wie selbst zeitgenössische bischöfliche Zensoren, etwa Turin in Mainz, hie und da oder spätere Historiker angenommen haben; sie war eher ein Sturmzeichen der Säkularisation und, soweit sie aus den geistlichen Staaten selbst kam, Ausdruck für ein ständig stärker werdendes „Abendgefühl vom bevorstehenden Untergang“ (Fr. Schlegel). Die Zeichen innerer Säkularisationsbereitschaft geistlicher Institutionen und Territorien mehren sich mit den Umwandlungen von Abteien und Klöstern in weltliche Ritter- und Damenstifte oder Weltpriesterinstitute, mit den auch von geistlichen Fürsten vollzogenen Klosteraufhebungen mit oder ohne päpstliche Genehmigung, mit der verschärften

Amortisationsgesetzgebung. Der Säkularisationsantrag des Trienter Fürstbischofs Peter Vigil v. Thun 1781/82 ist ein Zeugnis dafür, daß eine sichere Pension einem geistlichen Fürsten verlockender sein konnte als die Herrschaft über ein kleines, wenig ertragreiches, von mächtigen Nachbarn bedrängtes Territorium. Zweifellos ist die Neigung zu Säkularisationen im letzten Drittel des 18. Jh. auch durch die alte Rivalität zwischen Welt- und Ordensklerus, durch vergleichende Betrachtungen über die ökonomische Rückständigkeit katholischer und die Prosperität protestantischer Staaten und starke immanente Tendenzen innerhalb der katholischen Reformbewegung, von Vorstellungen Muratoris, der Jansenisten, katholischer Aufklärer gefördert worden.

Nach der Vertreibung der Gesellschaft Jesu aus den Bourbonenstaaten und ihrer Aufhebung 1773 wurden deren Güter von den Staaten beansprucht und entsprechend den staatsrechtlichen Lehren der Aufklärung, nach denen es in die Kompetenz des Staates fiel, über den für das Gemeinwesen nützlichsten Gebrauch des Kirchengutes zu befinden, verwendet. Die Finanzpolitik und das Argument vom Gemeinnutzen spielte bei den Säkularisationen eine entscheidende Rolle, nicht zuletzt bei den zur Reform oder zur Neugründung katholischer Universitäten (z. B. Mainz, Münster) durchgeführten Klosteraufhebungen. Aufschlußreich ist, daß bei den Kurmainzer Klostersäkularisationen Hessen-Darmstadt sich eines Teils der Klostergüter bemächtigte mit der Begründung, es handele sich dabei um herrenloses Gut, und trotz eines heftigen literarischen Streits und einer Mainzer Klage in ihrem Besitz blieb. Neben der Finanzpolitik ist das Streben nach kirchlicher Reform, insbesondere die Pfarregulierung, eine der Haupttriebfedern des josephinischen Klostersturms, dem 1781 in Österreich über 700 Klöster zum Opfer fielen. Disziplinäre oder wirtschaftliche Mißstände boten nur in wenigen Fällen einen Anlaß zur Aufhebung. Unermeßlich waren die Verluste an Kulturgütern, beträchtlich auch der Schaden für die Wissenschaft, am größten jedoch, und sicher nicht durch die erreichten Reformen wettgemacht, die nachteiligen Auswirkungen auf die Seelsorge und das religiöse Leben.

Im Zusammenhang mit der bayerischen Erbfolge einerseits und dem auf die Reichskirche übergreifenden josephinischen Staatskirchentum andererseits sahen sich die geistlichen Territorien nicht nur von dem „nördlichen Despotismus" (Franz v. Fürstenberg), sondern auch von der katholischen Großmacht Österreich bedroht. Neben den nordwestdeutschen Hochstiften spielten in den Tausch- und Entschädigungsprojekten der Zeit auch Fulda, Bamberg (für Kursachsen) und Würzburg eine Rolle; selbst von einer Säkularisation von Kurköln zugunsten Preußens war die Rede, und Befürchtungen um den Bestand der beiden anderen rheinischen Erzstifte entbehrten keineswegs der Grundlage. „Das Bequemste wäre", wie der münstersche Minister Franz v. Fürstenberg im April 1778 bitter bemerkte, „einige Bistümer aufzuheben und zur Rechtfertigung zu sagen, daß die Güter der

Kirche niemals besser verwendet werden könnten als zur Verhütung von Blutvergießen."[3] Die auf die Konzeption eines dritten, neutralen Deutschland neben den Großmächten Preußen und Österreich hinauslaufenden Versuche, den Fortbestand der geistlichen Fürstentümer in einer interkonfessionellen, reichsständischen Union zu sichern, blieben ebenso ergebnislos wie Versuche, den Episkopat auf der Basis der alten Reichskirchenverfassung zu einer Gegenaktion gegen die territorialen, staatskirchlichen Ansprüche der Fürsten und deren Säkularisationspläne zusammenzufassen. Sie stießen nicht nur auf den Widerstand Österreichs, dessen Reichspolitik zum guten Teil auf den geistlichen Fürsten ruhte, seit der bayerischen Erbfrage aber mit der Unvermeidbarkeit von Säkularisationen rechnete, sondern auch des „erobernden" Preußen, des staatskirchlich orientierten Bayern.

Die Gefahr reichsständischer Säkularisationen tauchte anläßlich der Wahl des Erzherzogs Max Franz zum Fürstbischof von Münster, in der Fürstenbundszeit, bei dem Überfall Josephs II. auf das Fürstbistum Passau nach dem Tod des Bischofs Leopold Ernst v. Firmian († 11. 3. 1783) und mit dem phantastischen Plan des Kaisers auf, das Erzbistum Salzburg nach Lüttich zu transferieren, das Fürsterzbistum selbst aber zusammen mit der Propstei Berchtesgaden zugunsten Österreichs zu säkularisieren. Dieses Projekt, fünf Jahre vor dem Ausbruch der Französischen Revolution vom Kaiser, dem Defensor ecclesiae, vorgebracht, ließ zusammen mit den von Kurbayern erörterten Plänen und durchgeführten „kalten Säkularisationen"[4] deutlich genug werden, wie es um die Existenz der geistlichen Staaten bestellt sein würde, wenn das morsche Reich über staatsegoistischen Interessen zerbrechen oder ein europäischer Konflikt die „erobernden" Staaten in die Lage versetzen sollte, aus den letzten Stücken des geistlichen „Staats-Mantels des Alten Reiches" (J. J. Moser) Äquivalente schneiden zu können.

Die stärksten Impulse zu umfassenden Säkularisationen gingen nach den Sturmzeichen des späten 18. Jh. von der Französischen Revolution aus. Auf Antrag Talleyrands erfolgte am 2. November 1789 das Dekret zur Verstaatlichung des Kirchenguts. Die Zivilkonstitution (12. 7. 1790) zerschlug die hierarchische Ordnung des alten Frankreich. Mehr als fünfzig Bistümer, alle Kirchenstellen ohne Seelsorge, sämtliche Orden und Kongregationen wurden aufgehoben, 1792 wurde das päpstliche Avignon und Venaissin, 1798 bzw. 1808 der Kirchenstaat säkularisiert (vgl. Band VI).

Die ursprünglich keineswegs ablehnende, allerdings von völlig verschie-

[3] Zitiert nach *A. Hanschmidt*, Franz v. Fürstenberg als Staatsmann. Die Politik des münsterschen Ministers 1762—80 (Münster 1969) 211.

[4] Der Begriff der kalten Säkularisation bei *H. Liermann*, Deutsches Evangelisches Kirchenrecht (Stuttgart 1933) 214. — Über Säkularisationspläne und Säkularisationen in Bayern vgl. *G. Pfeilschifter-Baumeister*, Der Salzburger Kongreß und seine Auswirkung 1770—77 (Paderborn 1929) pass.; *L. Hammermayer*, Das Ende des alten Bayern: *M. Spindler* (Hrsg.), Hdb. der Bayerischen Gesch. II (München 1966) 1101 f.

denen Motiven bestimmte, unterschiedliche Auffassungen spiegelnde Haltung der geistlichen Fürsten gegenüber der Französischen Revolution wurde seit der Zivilkonstitution zusehends negativer. In den ersten direkten Konflikt mit dem revolutionären Frankreich wurden die geistlichen Fürsten der westdeutschen Grenzgebiete mit der Abschaffung der reichsständischen grundherrlichen und kirchlichen Rechte im Elsaß verwickelt. Die Zivilkonstitution beseitigte die Abhängigkeit der Diözesen Metz, Toul, Verdun, Nancy und St-Dié vom Erzbistum Trier, die Abhängigkeit des Bistums Straßburg vom Erzbistum Mainz, die Jurisdiktion des Bischofs von Speyer in seinem elsässischen Diözesananteil und fügte das trierische Dekanat Carignan dem neuerrichteten Bistum Sedan zu. Die Forderung der Reichsbischöfe[5] auf Wiederherstellung des reichs- und kirchenrechtlichen Status quo im Elsaß, in Lothringen, in der zum Bistum Trier gehörenden Terra Gallica hatten ebensowenig greifbare Erfolge wie der Hilferuf an Rußland als Garantiemacht des Westfälischen Friedens oder die Verurteilung der Zivilkonstitution durch Papst Pius VI. Leopold II. wollte die Beeinträchtigung der Rechte deutscher Fürsten und Bischöfe durch das revolutionäre Frankreich nicht zum Anlaß einer Intervention machen und warnte vor allem die rheinischen Kurfürst-Erzbischöfe im Zusammenhang mit ihrer Emigrantenpolitik energisch vor jedem unvorsichtigen Schritt.

Überschattet wurde der direkte Konflikt mit Frankreich durch den aus dem ständischen und kirchlichen Widerstand gegen die Politik Josephs II. erwachsenden Aufstand in den österreichischen Niederlanden und die ständische Empörung gegen den Fürstbischof von Lüttich, Konstantin Franz v. Hoensbroech. Die Kurfürsten von Köln, Trier, Mainz mußten zusammen mit benachbarten Reichsständen den im Auftrag des Reichskammergerichts unternommenen Versuch einer Rückführung des Lütticher Fürstbischofs mit einer Niederlage bezahlen. Dann erst, nachdem die Lüttischer Frage sich zu einer Reichskrise ausgeweitet hatte und mühsam genug eine Einigung zwischen den beiden deutschen Großmächten erzielt worden war, übernahm Österreich die Reichsexekution und stellte mit Truppenmacht den alten Zustand im Hochstift Lüttich wieder her.

Unter dem Eindruck der Vorgänge an der Westgrenze des Reiches und vereinzelter Unruhen in deutschen Territorien begann der obrigkeitliche Abbau aufklärerischer Reformen, das „Blinzeln gegen die Sonne" (J. Görres), die Distanzierung von Febronianismus und Emser Kongreß, die Entwicklung von einer gemäßigten katholischen Aufklärung zur kirchlichen Restauration, vom Indifferentismus zu vertiefter Religiosität[6]. Aus der

[5] Am entschiedensten vorgetragen von dem Speyrer Fürstbischof August v. Limburg-Styrum, von dem Frau v. Coudenhoven in Mainz sehr mokant sagte, daß er mit sich allein die Gegenrevolution herumtrüge. *J. Wille*, August Graf von Limburg-Stirum, Fürstbischof von Speier (Heidelberg 1913) 93.

[6] Die katholische Restauration als bloßen Rückfall gegenüber der kirchlichen Auf-

„Züchtigung durch weltliche Potentaten" schien der deutschen Kirche nur die Flucht in das bedrängte Schiff Petri übrigzubleiben.

Kompliziert wurde das Verhältnis mancher geistlicher Staaten (Speyer, Kurmainz, Kurtrier) zum revolutionären Frankreich durch ihre Politik gegenüber der royalistisch-aristokratischen und der geistlichen Emigration. Wie ein kleines ausländisches Versailles, ein Versailles in partibus mit Günstlings- und Maitressenwirtschaft, konnte sich Worms oder Mainz, Koblenz oder Schönbornslust unter den königlichen und adeligen Emigranten ausnehmen. Zwar stellte diese Emigration trotz politischer und militärischer Tätigkeit eine Gefahr für Frankreich nicht dar, solange die Unterstützung der europäischen Mächte fehlte, doch bot über ihre Duldung hinaus ihre unkluge, provokative Politik den Girondisten hinreichend Ursache zu Gegenprovokationen und Warnungen an die geistlichen Staaten. Von der aristokratischen Emigration, die als wirtschaftliche Belastung und in der kirchlich gesinnten Bevölkerung nicht selten als Stein des Anstoßes empfunden wurde, ist die geistliche Emigration durch das insgesamt vorbildlich religiöse Wirken, die seelsorgerische Leistung und die durchweg gastfreundliche Aufnahme seitens der Bevölkerung und der Geistlichkeit abzuheben. Sie ergoß sich zunächst in die rechtsrheinischen Teile der Hochstifte Basel und Straßburg, dann in die Kurstaaten Trier und Mainz sowie durch die Schweiz und den äußersten Südwesten des Reiches nach Konstanz, Feldkirch, weiter in die rechtsrheinischen geistlichen Fürstentümer, nach Bayern und Österreich. Ihr kirchliches Wirken sollte für die letzten Jahre der Reichskirche und die napoleonische Zeit besser als bisher untersucht werden.

Zur Abwehr angeblicher ungerechter Angriffe, zur Aufrechterhaltung der Freiheit und mit dem Willen zu neuer Machtentfaltung Frankreichs setzten die Girondisten gegen den Widerstand der Gruppe um Robespierre am 20. April 1792 die Kriegserklärung Ludwigs XVI. an den König von Ungarn und Böhmen durch. Der österreichisch-preußische Feldzug, an dem die geistlichen Kurfürsten bezeichnenderweise nicht teilnahmen, brachte keineswegs die in der Reichskirche erhoffte Wiederherstellung des kirchlichen Zustands von 1789 oder 1782, sondern wenige Tage nach der Kanonade von Valmy (20. 9. 1792) die Besetzung der Bischofsstädte Speyer und Mainz, des Hochstifts Lüttich, der linksrheinischen Gebiete bis zur Erft und Roer. Das Hochstift Basel wurde zur Raurachischen Republik erklärt (18. 12. 1792) und als Departement Mont-Terrible mit Frankreich ver-

klärung deuten zu wollen wäre völlig verfehlt. Wieviel in die kirchliche Wiedergeburt im frühen 19. Jh. aus dem reichen geistigen Erbe der Aufklärung, insbesondere der gemäßigten kirchlichen Aufklärung eingeströmt ist, wäre am Beispiel der Sailer, Fürstenberg, Stolberg, Dießbach, Beroldingen usw. zu zeigen, in deren Biographien die Frage nach dem Zusammenhang von Aufklärung und kirchlicher Wiedergeburt sich jeweils in anderer Form stellt.

einigt. In allen eroberten Gebieten sollte die Konfiskation der Kirchengüter durchgeführt und mit dem Eid auf die Zivilkonstitution der Abfall zur schismatischen Nationalkirche verlangt werden. Zwar konnten nach der Erklärung des Reichskriegs (22. 3. 1793) die österreichischen Niederlande und die linksrheinischen geistlichen Territorien des Mittelrheingebiets vorübergehend zurückerobert werden, doch führte die Uneinigkeit der Verbündeten, die allgemeine Kriegsmüdigkeit, insbesondere das politisch-militärische Desinteresse Preußens, dazu, daß der Erzkanzler des Reiches, der Kurfürst-Erzbischof von Mainz, beim Reichstag in Regensburg den Antrag stellte (24. 10. 1794), das Reich möge sich um Frieden mit Frankreich bemühen.

Inzwischen waren in Wien und Berlin neue Säkularisationspläne erörtert worden. Preußen, der „natürliche Gegner der geistlichen Staaten" (H. v. Treitschke), meldete zur Bestreitung seiner Kriegskosten die Forderung auf Säkularisation einiger Fürstbistümer an, zumal dies „durch die Geschichte schon hinlänglich gerechtfertigt" sei und keinen „wahren Nachteil, keine Unzufriedenheit hervorbringen könne". Agentenberichte wußten, daß man auch in Rom einer Säkularisation nicht ganz abgeneigt sei. Im Separatfrieden von Basel (5. 4. 1795) und in den geheimen Zusatzverträgen (5. 8. 1795) ließ sich Preußen gegen die Verpflichtung zu strikter Neutralität rechtsrheinische Entschädigungen (Teile des Hochstifts Münster und das kurkölnische Vest Recklinghausen) zusichern, mit dem Vorbehalt, noch dasjenige hinzuzufügen, was am schicklichsten scheinen werde. Dem preußischen Vorbild folgten Hessen-Kassel (28. 8. 1795), dessen Dynastie mit den Hohenzollern verwandt war, Württemberg (7. 8. 1796), Baden (22. 8. 1796) und Bayern (7. 9. 1796). Daß man die Entschädigungen durch Säkularisation damals schon recht weit ausdehnen und nicht auf die Reichslehen beschränken wollte, zeigt der Geheimvertrag zwischen Preußen und Frankreich zugunsten des Erbstatthalters der Niederlande, der, ein Schwager des preußischen Königs, mit den Fürstbistümern Würzburg und Bamberg entschädigt werden sollte gegen die Verpflichtung, daß diese Gebiete beim Aussterben des Hauses Oranien an Preußen fallen sollten.

Militärische Erfolge der Österreicher auf dem süddeutschen Kriegsschauplatz änderten an der mit diesen Verträgen vorgezeichneten Entwicklung nichts mehr, da Napoleon mit dem Vormarsch durch Oberitalien ins Herz der Erblande Österreich zum Waffenstillstand von Leoben (18. 4. 1797) und Frieden von Campoformio (17. 11. 1797) zwingen konnte. Über die einander widersprechenden Leobener Absprachen über die Anerkennung der konstitutionellen Grenzen Frankreichs und der Integrität des Reiches gehen die Abmachungen von Campoformio hinweg, indem Franz II. als König von Ungarn und Böhmen versprach, an der Abtretung der linksrheinischen Gebiete von Basel bis zur Nette-Roer-Linie mitzuwirken. Bei dieser Regelung wären Kurköln und die preußischen Herzogtümer Kleve und Geldern nicht an Frankreich gefallen, preußische Entschädigungen rechts des Rheins verhindert worden. Alle geistlichen Staaten westlich der Linie Basel-Andernach-Venlo kamen an Frankreich und wurden säkularisiert (Speyer, Worms, Mainz, Trier, Stablo-Malmedy, Prüm, Lüttich usw.). Österreich sollte mit dem Erzstift Salzburg für den Verlust der Niederlande, Oberitaliens sowie zum Ausgleich der preußischen Gebietsgewinne in Polen entschädigt werden. Zwar war Österreich seit der josephinischen Zeit kein grundsätzlicher Gegner der Säkularisation, dennoch wollte es verhindern, daß geistliche Staaten in größerem Umfang beseitigt würden. Den geistlichen Kurfürsten sollte daher nach den Bestimmungen des Friedens von Campoformio für linksrheinische Verluste rechtsrheinisch eine Entschädigung zugesichert werden. Nähere Regelungen sollten auf einem Kongreß im Einverständnis mit der Französischen Republik erfolgen.

Trotz feierlicher Verkündung der Reichsintegrität und gegen die Bedenken einiger Reichsstände (vor allem Kursachsens und Würzburgs) nahm unter französischem Druck die Reichsdeputation in Rastatt das Prinzip der Indemnisation durch Säkularisation als Friedensbasis an. Nun „drängten sich in wilder Gier die reichsfürstlichen Gesandten an die Bevollmächtigten des Direktoriums heran, um durch die Gunst des Reichsfeindes ein reiches Stück aus den Gebieten ihrer geistlichen Mitstände zu gewinnen" (Treitschke). Für eine Entschädigung hätte eine Teilsäkularisation ausgereicht, doch tendierte die durch die Siege der zweiten Koalition nur vorübergehend gebremste Entwicklung auf eine Total-Säkularisation. Seit der Räumung von Mainz durch die Österreicher wurde in den geistlichen Gebieten rechts des Rheins die Furcht vor einer Total-Säkularisation ständig größer, nicht nur weil infolge der Kriegslasten der Rückgriff auf geistliches Gut sich finanzpolitisch aufdrängte, sondern auch weil mit Zutun des Papstes, als er sich schon auf dem Wege in die napoleonische Gefangenschaft befand, in Bayern eine Situation herbeigeführt worden war, „welche unmittelbar die Säkularisation auslösen mußte" [7].

Nach den Niederlagen des zweiten Koalitionskrieges (Marengo, Hohenlinden) wurde das Reich im Frieden von Lunéville gezwungen (7. 3. 1801; 16. 3. 1801), der Abtretung der linksrheinischen Gebiete und der eine Säkularisation geistlicher Staaten implizierenden Entschädigung depossedierter Erbfürsten „aus dem Schoß des Reiches" (dans le sein de l'Empire) zuzustimmen. Für die Entschädigung, die vom Reich in seiner Gesamtheit (collectivement) getragen werden sollte, wurde auf die ungenauen Richtlinien des Rastatter Kongresses verwiesen. In den abgetretenen linksrheinischen Gebieten — die vier rheinischen Departements wurden durch Gesetz vom 9. März 1801 als Teile der Französischen Republik erklärt — fand die Reichskirche mit dem napoleonischen Konkordat (15. 7. 1801; 8. 4. 1802)

[7] *L. Hammermayer: M. Spindler* (Hrsg.), Hdb. der Bayerischen Gesch. II 1102.

ihr Ende. Im Anschluß an die Ratifikationsbulle „Ecclesia Christi" (15. 8. 1801) forderte Pius VII. sämtliche Bischöfe Frankreichs, desgleichen auch die Bischöfe der abgetretenen Gebiete des Reiches zur Demission auf. Bei der folgenden Neuzirkumskription verloren Mainz und Trier ihre Metropolitanstellung; Köln behielt nicht einmal einen Bischofssitz; das Roer- und Rhein-Mosel-Departement wurden zu einem neuen Bistum mit dem Sitz in Aachen vereinigt. Es bildete zusammen mit den neu umschriebenen Bistümern Gent, Lüttich, Mainz, Namur, Tournai die Erzdiözese Mecheln. Mit bestimmten Ausnahmen wurden, um die linksrheinischen Gebietsteile der Reichskirche dem übrigen Frankreich gleichzustellen, die Säkularisation des gesamten geistlichen Besitzes und die Aufhebung der Klöster verfügt (9. 6. 1802). Die rechtsrheinischen Liegenschaften und Gefälle der linksrheinisch aufgehobenen Stifte wurden vielfach sofort mit Arrest belegt (z. B. in Hessen-Darmstadt, Hessen-Kassel) und schon vor der Ratifikation des Reichsdeputationshauptschlusses in den Besitz der Territorien überführt.

Mit dem Konkordat von 1801 hatte Rom die Säkularisation in Frankreich sowie in den abgetretenen linksrheinischen Gebieten anerkannt, der Säkularisation im Reich im voraus weitgehend zugestimmt, wenn auch verschiedene Verlautbarungen, für die deutsche Kirche bestimmt, einen anderen Eindruck erwecken sollten. Die Abtrennung linksrheinischer Diözesanteile bzw. die Aufhebung linksrheinischer Bistümer und die von Caprara dort vorgenommene Zirkumskription legte praktisch die Reichskirche in Trümmer, wenn auch die Bulle „Qui Christi Domini" die Reste der Erzbistümer und Bistümer außerhalb des französischen Herrschaftsgebietes ausdrücklich von der Neuordnung ausnahm und ihnen die Aufrechterhaltung ihres kirchenrechtlichen Status quo garantierte. Daß Frankreich die Bischöfe der aufgehobenen Bistümer von Basel und Lüttich auf rechtsrheinisch vakante Bistümer zu transferieren suchte — Franz Xaver v. Neveu, Bischof von Basel, bemühte sich selbst um ein künftiges neubadisches Bistum —, um auf diese Weise Pensionszahlungen abzuwälzen, wirft auf die letzten Tage der Reichskirche ein ebenso bezeichnendes Licht wie die seltsam abwartende Haltung Roms anläßlich der Wahl des Erzherzogs Anton Viktor zum Bischof von Münster.

Da die Reichsdeputation völlig außerstande war, die Entschädigungsfrage zu lösen, fiel Frankreich ein im Lunéviller Vertrag angedeutetes, aber nicht ausgesprochenes Schiedsrichteramt zu. Die außenpolitischen Voraussetzungen zur territorialen Umgestaltung und Auflösung des Reiches schuf es mit den Friedensschlüssen mit England (Präliminarien 1. 10. 1801; Definitivfriede zu Amiens 27. 3. 1802) und der Verständigung mit Rußland (8. 10. 1801; 11. 10. 1801), das als Garantiemacht des Westfälischen Friedens ein Mitspracherecht anmeldete. Den von den vermittelnden Großmächten Frankreich und Rußland vorgelegten Entschädigungsplan nahm die Reichsdeputation am 23. November 1802 mit einigen Änderungen an. Das kaiserliche, durch russische Drohung herbeigeführte Ratifikations-Kommissions-Dekret (27. 4. 1803) erhob den Hauptschluß zum verbindlichen Reichsgrundgesetz, besiegelte damit das Schicksal der geistlichen Staaten, indem es die Entschädigung auf sie abwälzte und die Säkularisationen sanktionierte. Die Säkularisation, einschneidender in den Auswirkungen als die Reformation und der Westfälische Friede, „erschütterte den letzten Rest kaiserlicher Autorität, die stand und fiel mit den geistlichen Herrschaften, aus deren Emporkommen das Heilige Römische Reich nun einmal erwachsen und von deren Dasein es nicht zu lösen war“ [8]. Die Vereinigung von Schwert und Bischofsstab ist unmöglich gemacht, die Verflechtung von Kirche und Imperium getrennt, die Verfassung der deutschen Kirche zerschlagen bzw. in ein Provisorium überführt.

An einem nennenswerten Widerstand Roms und der geistlichen Fürsten gegen die Säkularisation hat es aus Ohnmacht und politischer Rücksichtnahme, aus Gleichgültigkeit und kurialistischer Antipathie gegen die Reichskirche fast gänzlich gefehlt. Rom konnte und wollte im Ernst die Säkularisation nicht verhindern, sie lediglich eingeschränkt wissen. Es verurteilte sie als Ungerechtigkeit und Gewaltakt, betrachtete sie jedoch nicht als Unglück für die Kirche und betonte gelegentlich ihre heilsamen Wirkungen. Geistlicherseits schreckte man vielfach vor Entschädigungsforderungen aus Kirchengut und Säkularisationen nicht zurück. Kurfürst-Erzbischof Clemens Wenzeslaus von Trier hatte Absichten auf das Fürstbistum Konstanz und die Fürstabtei Kempten; der Mainzer Kurfürst Friedrich Karl von Erthal forderte als Entschädigung das Fürstbistum Fulda; Dalberg erklärte sich grundsätzlich mit der Säkularisation einverstanden; Wessenberg befürwortete eine Teilsäkularisation, die Malteser suchten sich an säkularisiertem Kirchengut schadlos zu halten. Die bittere Bemerkung des Ritters v. Lang trifft wohl nicht allzusehr daneben: „Die Bischöfe fanden sich geneigt, gleichwohl die Güter der Klöster preiszugeben; die Erzbischöfe glaubten, es könne zureichen, wenn man höchstens nur die Bistümer angreife und davon den geistlichen Kurfürsten zu einigem Trost auch eine kleine Vergrößerung zukommen lasse...; unter diesen endlich wollte Mainz in Gottes Namen zu allem ja sagen, wofern man dafür sorge, daß Mainz als ein deutscher Patriarch und Primas übrigbleibe, denn ohne einen Archicancellarius Imperii per Germaniam werde man das liebe deutsche Vaterland doch nicht wollen bestehen lassen.“

Bei den Bestimmungen des Reichsdeputationshauptschlusses (RDHS) ist zu unterscheiden 1. die politische oder reichsständische Säkularisation, die in der Zusprechung von geistlichen Entschädigungsterritorien als Landeshoheitsgebiete an neue, weltliche Landesherren besteht, aus der Oberlehens-

[8] *D. Schäfer*, Deutsche Gesch. II (Jena 1916) 271.

herrschaft des Kaisers begründet werden kann und den deutschen Mittelstaaten in erster Linie zugute kommt; 2. die vermögensrechtliche oder Güter-Säkularisation (§§ 34—36 RDHS), wonach „alle Güter der Domkapitel und ihrer Dignitarien zugleich mit den bischöflichen Domänen, alle Güter der fundierten Stifter, Abteien und Klöster ... der freien und vollen Disposition des respektiven Landesherrn sowohl zum Behufe des Aufwandes für Gottesdienst, Unterrichts- und andere gemeinnützige Anstalten, als zur Erleichterung ihrer Finanzen überlassen" wurden, „unter dem bestimmten Vorbehalt der festen und bleibenden Ausstattung der Domkirchen ... und der Pensionen für die aufgehobene Geistlichkeit".

Von Reichs wegen wurden durch den Reichsdeputationshauptschluß rechtsrheinisch säkularisiert sämtliche reichsunmittelbaren geistlichen Territorien (2 geistl. Kurstaaten, 1 Fürsterzbistum, 19 Fürstbistümer, zahlreiche Reichsabteien) mit Ausnahme der Territorien der Malteser und des Deutschen Ritterordens (aufgehoben 1809) sowie des aus geistlichen Restgebieten neugeschaffenen Kurerzkanzlerstaates unter K. Th. v. Dalberg, der eine Enklave vor allem im erweiterten bayerischen Staatsgebiet darstellte und nach der Ratifizierung des Pariser Friedens im wesentlichen dem Königreich Bayern einverleibt wurde. Der Reichsdeputationshauptschluß übertrug den Mainzer Erzstuhl nach Regensburg und vereinigte damit die Würden eines Kurfürsten, Reichserzkanzlers, Metropolitan-Erzbischofs und Primas von Deutschland. Säkularisiert würden über 200 Klöster. Im Habsburgerreich ließ Franz II., unter dem sich eine gewisse kirchlich-politische Restauration abzuzeichnen begann, die der Säkularisation von 1781 entgangenen Klöster bestehen.

Bestehenbleiben sollte die bisherige Diözesaneinrichtung, bis „eine andere auf reichsgesetzlicher Art getroffen sey" (§ 62 RDHS). Bischöfe und Domkapitel sollten mit Pensionen bedacht, die geistliche Amtsausübung nicht behindert, die bisherige Religionsausübung, das heißt der konfessionelle Besitzstand „gegen Aufhebung und Kränkung aller Art geschützt" werden (§ 63 RDHS), doch war die konfessionspolitische Status-quo-Garantie eingeschränkt durch den Vorbehalt, daß es dem Landesherrn freistehe, bisher nicht zugelassene Bekenntnisse in seinem Land zu dulden und ihren Anhängern „den vollen Genuß bürgerlicher Rechte zu gestatten".

Das Entschädigungsgeschäft der Säkularisation war, aufs Ganze gesehen, ein Politikum, kein Rechtsgeschäft, wenn es auch durch den Reichsdeputationshauptschluß in ein reichsgrundgesetzliches Gewand gehüllt wurde. „Wenige unter den großen Staatsumwälzungen der neuen Geschichte erscheinen so häßlich, so gemein, so niedrig wie diese Fürstenrevolution von 1803" (Treitschke). Mit Entschädigungen durch Säkularisation bedacht wurden auch solche Fürsten, die linksrheinisch keine territorialen Verluste erlitten hatten, wie z. B. der Erzherzog von Toskana, der Herzog von Modena, der Erbstatthalter der Niederlande. Säkularisiertes geistliches Gebiet und Kirchengut kam außerdem an die Eidgenossenschaft, an die Reichsstadt Frankfurt u. a. Die Verluste standen häufig in keinem Verhältnis zu den Entschädigungen. Preußen z. B. erhielt durch die Säkularisation fünffachen Ersatz, Hessen-Darmstadt wurde achtfach, Baden zehnfach entschädigt.

Eine unmittelbare politische Folge der Säkularisation war, daß sich das Verhältnis von Katholiken und Protestanten im Reichstag zuungunsten der Katholiken verschob, zur Verdrängung Österreichs aus dem Reich ein entscheidender Schritt getan und mit der Vergrößerung Preußens, Bayerns, Württembergs, Badens sowie der beiden Hessen die künftige politische Entwicklung vorgezeichnet war. Mit der Säkularisation kamen die meisten der fast geschlossen katholischen geistlichen Staaten unter andersgläubige Herrschaft. Die protestantischen Mächte und der nichtkatholische Volksteil erhielten in Deutschland einen zahlenmäßigen, politischen und wirtschaftlichen Vorrang. Die typische Diasporasituation des katholischen Volksteils wurde begründet. Der Übergang zum paritätischen Staat vollzog sich nicht ohne starke Spannungen und harte Auseinandersetzungen.

Als Fürstenrevolution und staatliche Reformbestrebung führte die Säkularisation zur Beseitigung der Reichskirche, zum Ende des Reiches und des deutschen Mittelalters. Das Streben der überlebenden, in ihrem Umfang vergrößerten weltlichen Territorien ging auf Assimilierung der Grenzen der kirchlichen Organisation an die Staatsgrenzen, sei es durch Anschluß der säkularisierten Gebiete an die bereits bestehenden Landesbistümer, sei es durch Gründung eigener Landes- oder „Nationalbistümer". Nach dem RDHS sollte zwar eine neue Diözesaneinteilung durch Reichsgesetz geschaffen werden, aber ehe eine reichsgesetzlich-konkordatäre Grundlage geschaffen werden konnte, hörte das Reich mit Napoleons Machtspruch und der Niederlegung der Kaiserkrone durch Kaiser Franz II. zu bestehen auf. Die Neuordnung der deutschen Kirchenorganisation war damit, wenn nicht in Frage gestellt, so doch auf eine ferne Zukunft verschoben und in die Hand der einzelnen Territorien gelegt, denen die Verwaisung der Bischofsstühle und der Domkapitel nur in ihr spätabsolutistisch-bürokratisches Staatskirchentum passen konnte.

Bis zur Säkularisation hatten die Mittelpunkte der kirchlichen Verwaltung in reichsunmittelbarem, fürstbischöflichem Gebiet gelegen. Das Staatskirchentum weltlicher Regierungen hatte in der staatlichen Unabhängigkeit des Reichsepiskopats eine letzte Schranke. Nach der Säkularisation der geistlichen Staaten konnte in der bischofslosen Zeit der spätabsolutistische Staat seine Herrschaftsansprüche gegenüber der macht- und besitzlosen, in ihrer Organisation erschütterten Kirche leichter durchsetzen. Die fünfzehn Jahre zwischen dem Frieden von Lunéville und dem Beginn der großen Zirkumskriptionen sind die konkordatslose, bischofslose Zeit der neueren deutschen Kirchengeschichte. 1811 gab es in der deutschen Kirche insgesamt noch neun Bischöfe, die nicht residierenden, im Exil lebenden mitgerechnet, fünf davon tief in den Siebenzig, Dalberg mit seinen 67 Jahren einer der jüngsten. „Wie lange noch“, fragt Weihbischof Kolborn in einem Brief an Wessenberg zu Beginn des Jahres 1811, „können wir noch warten, ohne ganz ohne Bischöfe zu sein?“ Die Domkapitel, ihrer Einkünfte weitgehend beraubt, lebten zerstreut in Stadt und Land. Nicht wenige Kapitulare hatten sich in die Stille und in das Dunkel des Privatlebens zurückgezogen, von den Zeitereignissen zermürbt und gedemütigt. Eine Regeneration der durchweg vergreisten Kapitel fand nicht statt, da die Sustentations- und Pensionsverpflichtungen der Staaten sich nur auf die ihrer reichsgesetzmäßigen Stellung enthobene Geistlichkeit, nicht aber auf deren Amtsnachfolger bezogen. Der deutschen Kirche drohte die Anarchie. Die kirchliche Führungsschicht des stiftsfähigen Adels hatten die Stürme der Zeit entwurzelt, in alle Winde zerstreut. Das Gefühl der Erniedrigung, das ärgerliche Mißtrauen Roms gegenüber den Aufklärern und Febronianern, Furcht und die Aussicht auf eine dunkle Zukunft führten zu Untätigkeit und Resignation. Was sich in die Konsistorien drängte, der Verwaltung der Restdiözesen sich bemächtigte, duckte sich gewöhnlich wie stumme Hunde unter dem Staatskirchentum [9]. Für einen beträchtlichen Teil der Ordensgeistlichkeit war die Überweisung in Sammelklöster („Krepierinstitute“) keine gute Lösung. Die Vakanz der Bischofsstühle, das lässige oder vom Wunsch zur „Splendeur“ der Fürsten bestimmte Suchen nach einem eigenen, möglichst einem „billigen“ Bischof — um das Wort eines nassauisch-weilburgischen Ministers zu zitieren —, die Usurpationen der bischöflichen Rechte durch die Fürsten, die Ausdehnung der Souveränitätsrechte nicht bloß circa sacra, sondern in sacra waren nach dem Urteil des milden Augsburger Bischofs Clemens Wenzeslaus eine tödliche Gefahr für die Kirche. Sie abgewendet zu haben ist nicht zuletzt mit ein Verdienst des Fürstprimas K. Th. v. Dalberg.

Die Aufhebung der katholischen Universitäten, Bildungsanstalten und Orden wirkte sich äußerst nachteilig auf das Geistesleben des katholischen Volksteils aus. Nicht nur waren die Heranbildung des Priesternachwuchses und eine geordnete Seelsorge in Frage gestellt, auch die Verödung der stiftischen Kulturlandschaft Süddeutschlands und das „katholische Bildungsdefizit“ nahmen hier ihren Anfang. Es fehlte fortan das Mäzenatentum des stiftsfähigen Adels, es fehlte die Möglichkeit zu sozialem, wirtschaftlichem und geistigem Aufstieg, die bisher mit dem Eintreten in die großen Klöster und reichen Abteien dem katholischen Volksteil gegeben war [10]. Eine bedauerliche Begleiterscheinung der Säkularisation stellten die Verschleuderung

[9] Selbst *I. H. v. Wessenberg,* dessen Schwäche gegenüber dem Staatskirchentum bekannt ist, spricht von der „Kriecherei“, zu der ein abhängiger Klerus verleitet werde.

[10] Der gelehrte *Roman Zirngibl* aus St. Emmeram in Regensburg klagt: „Es hat ein französischer, preußisch-russischer Wink alle Stifter und Klöster Deutschlands zu Boden gestürzt. Die Kinder der gemeinen Älteren haben nur mehr allein eine Aussicht zum

von Kunstwerken, Bibliotheken, Handschriften und Archiven, die Zweckentfremdung und Profanierung kirchlicher Bauten dar. In Köln wurde über ein halbes Hundert Kirchen und Kapellen niedergerissen; in Trier wurden wertvollste Bibliotheksbestände als Heizmaterial verwendet [11]; überall wurde jählings die Tradition eines reichen künstlerischen Schaffens, einer beachtlichen wissenschaftlichen Leistung im katholischen Volksteil unterbrochen. Beachtlich waren auch die wirtschaftlichen Folgen der Säkularisation. Eine schon vor der Säkularisation einsetzende Vermögensumschichtung erreichte mit dem Verkauf der Kirchengüter ihren Höhepunkt.

Seit der Säkularisation hat die Kirche bis zur mühsam erkämpften Rechtsstellung und relativen Freiheit „statt des Zepters verlorener Landesherrlichkeit den Rohrstengel der Ohnmacht und die Dornenkrone der Dienstbarkeit“ getragen (J. Görres). Heilsam indessen hat sie den Verlust eines fast tausendjährigen Ballasts, feudaler Mißstände, aristokratischer Exklusivität der Domkapitel und des Episkopats [12], eines zum Teil üppigen Nepotismus und des mit der reichskirchlichen Sonderstellung verbundenen Febronianismus erfahren. Fruchtbare Impulse und Kräfte aus religiös-kirchlicher Wurzel wurden frei in den bitteren Jahren nach der Säkularisation. Dem Bündnis von „Kirche und Volk“ wurde der Boden bereitet. Nicht nur unter den napoleonischen Bischöfen, dem glaubenseifrigen Colmar in Mainz, unter Mannay in Trier, Berdolet in Aachen, begann neues kirchliches Leben emporzublühen, sondern auch in den schein-konstitutionellen Rheinbundstaaten. Die Vorstellung der kirchlichen Einheit und der päpstlichen Autorität wurde in der machtlosen, armen, vom Staatskirchentum bedrängten Kirche stärker. Der neuheranwachsende Klerus hatte „keine Heimat als die Kirche“ (Treitschke). Der Kampf gegen Episkopalismus, Febronianismus, Staatskirchentum, Wessenbergianismus nahm schärfere Formen an. Der kirchliche Raum wurde sozusagen enger, von innen her in einer Kampfsituation aufgefüllt; sehr viel karger nimmt er sich im Vergleich zur alten Reichskirche aus. Die „Kirche war aber infolge der Säkulari-

Soldatenstand. Die gründliche Litteratur wird sich nach und nah verliehren, die nach den evangelischen Grundsätzen aufgeklärte Priester, und mit denselben die positive Religion wird abnehmen und am Ende wird aus unserm Vaterlande ein militärischer Staat nach dem Modell der altpreußischen und heßischen Staaten werden“: *A. Kraus*, Die Briefe Roman Zirngibls von St. Emmeram in Regensburg (Regensburg 1965) 104. — Zur Frage des wirtschaftlichen und sozialen Aufstiegs vgl. neben den Arbeiten von *E. Krausen* die Untersuchung von *J. Salzgeber OSB*, Die Klöster Einsiedeln und St. Gallen im Barockzeitalter. Historisch-soziologische Studie (Münster 1967).

[11] *H. Raab*, Clemens Wenzeslaus und seine Zeit (1739—1812), I: Dynastie, Kirche und Reich im 18. Jh. (Freiburg 1962) 14 f; „Die Tatsache, daß die Säkularisation letztlich einen segensreichen geistig-religiösen Erneuerungsprozeß innerhalb der katholischen Kirche des 19. Jh. einleitet, wiegt jene (kulturellen) Verluste nicht auf“ (*S. Reicke:* RGG [3]V [1961] 1286).

[12] Beträchtlich war die Anzahl Bürgerlicher unter den Weihbischöfen. Das Bild der aristokratischen Reichskirche müßte differenziert und entzerrt werden.

sation moderner als der sie beherbergende Staat". Sie „konnte im 19. Jh. zum führenden Vorkämpfer eines außerstaatlichen und nicht auf Tageserfolge ausgerichteten Freiheitsraumes gegenüber der Staatsomnipotenz werden." [13]

25. Kapitel

Kirchliche Reunionsversuche

LITERATUR: *J. Beumer,* Auf dem Wege zur christlichen Einheit. Vorläufer der ökumenischen Bewegung von den Anfängen des Humanismus bis zum Ende des 19. Jh. Ausgewählte Texte (Bremen 1966); *C. W. Hering,* Geschichte der kirchlichen Unionsversuche seit der Reformation bis auf unsere Zeit, 2 Bde (Leipzig 1836/38); *L. Cardauns,* Zur Geschichte der kirchlichen Unions- u. Reformbestrebungen von 1538—1542 (Rom 1910); *Th. Schieder,* Kirchenspaltungen und Kirchenunionspläne: Wissenschaft in Geschichte und Unterricht 3 (1952) 591—605; *G. Menge,* Versuche zur Wiedervereinigung Deutschlands im Glauben (Steyl 1921); *H. Weidemann,* Gerard Wolter Molanus, Abt zu Loccum (Göttingen 1925/29); *F. Ranft,* Das katholisch-protestantische Problem (Fulda 1947); *M. P. Fleischer,* Katholische und lutherische Ireniker, unter besonderer Berücksichtigung des 19. Jh. (Göttingen - Frankfurt - Zürich 1968); *J. Müller,* Karl Ludwig und die Wiedervereinigung der Konfessionen: Blätter für Pfälzische Kirchengeschichte 29 (1962) 130—179; *E. W. Zeeden,* Der ökumenische Gedanke in Veit Ludwig von Seckendorffs Historia Lutheranismi. Über die Idee einer religiösen Überwindung des intoleranten Konfessionalismus im späten 17. Jh.: Festschr. für Gerhard Ritter zu seinem 60. Geburtstag (Tübingen 1950); *H. Schüßler,* Georg Calixt. Theologie und Kirchenpolitik. Eine Studie zur Ökumenizität des Luthertums (Wiesbaden 1961); *A. L. Veit,* Kirchliche Reunionsbestrebungen im ehemaligen Erzstift Mainz unter Erzbischof Johann Philipp von Schönborn 1647—1673 (Freiburg 1910); *A. Ph. Brück,* Der Mainzer „Unionsplan" aus dem Jahre 1660: Jb. für das Bistum Mainz 8 (1960) 148—162; *H. Raab,* der „Discrete Catholische" des Landgrafen Ernst von Hessen-Rheinfels (1623—1693). Ein Beitrag zur Geschichte der Reunionsbemühungen und Toleranzbestrebungen im 17. Jh.: AMrhKG 12 (1960) 175—198; *ders.:* Landgraf Ernst v. Hessen-Rheinfels (St. Goar 1964); *ders.,* Ernest, landgrave de Hesse-Rhinfels: DHGE XV (1963) 800—806; *H. Wamper,* Das Leben der Brüder Adrian u. Peter van Walenburch aus Rotterdam und ihr Wirken in der Erzdiözese Köln bis zum Jahre 1649 (Köln 1968); *P. Wiedeburg,* Der junge Leibniz, das Reich und Europa, 1. Tl: Mainz (Wiesbaden 1962); *F. X. Kiefl,* Leibniz und die religiöse Wiedervereinigung Deutschlands (Regensburg ²1925); *E. Benz,* Leibniz u. d. Wiedervereinigung der christlichen Kirchen: ZRGG 2 (1950) 97—113; *L. Winterswyl,* Gottfried Wilhelm Leibniz. Über die Reunion der Kirchen. Auswahl und Übersetzung (Freiburg 1939); *F. Gaquère,* Le dialoque irénique Bossuet - Leibniz. La réunion des Églises en échec (1691—1702) (Paris 1966); *M. Prechtl,* Friedens-Benehmen zwischen Bossuet, Leibniz und Molanus (1815); *Ph. Hiltebrandt,* Die kirchlichen Reunionsverhandlungen in der zweiten Hälfte des 17. Jh. (Rom 1922); *H. Nottarp,* Zur „Communicatio in sacris cum haereticis" (Halle 1933); *S. J. T. Miller - J. P. Spielman jr.,* Cristóbal Rojas y Spinola, Cameralist and Irenicist (Philadelphia 1962); *H. Tüchle,* Neue Quellen zu den Reunionsverhandlungen des Bischofs Spinola und seines Nachfolgers: Einsicht und Glaube,

[13] *W. H. Struck,* Zur Säkularisation im Lande Nassau: Hess. Jb. für Landesgesch. 13 (1963) 309.

Festschr. für Gottlieb Söhngen (Freiburg 1962) 405—437; *H. Raab*, „De negotio Hannoveriano Religionis". Die Reunionsbemühungen des Bischofs Christoph de Rojas y Spinola im Urteil des Landgrafen Ernst von Hessen-Rheinfels: Volk Gottes. Festschr. für Joseph Höfer (Freiburg - Basel - Wien 1967) 395—417; *ders.*, „Ad reuniendos dissidentes". Zur Gesch. der kirchlichen Reunionsbestrebungen im ausgehenden 18. und im beginnenden 19. Jh.: Jb. für das Bistum Mainz 8 (1960) 128—147; *G. Richter*, Ein Fuldaer Plan zur Wiedervereinigung der christlichen Konfessionen in Deutschland: Fuldaer Geschichtsblätter 9 (1911) 1—7 17—32 57—64 184—252; *B. Menzel*, Der „Fuldaer Plan" zur Kirchenunion und der Braunauer Abt Stefan Rautenstrauch (1779—1783): Heimat und Volk. Festschr. für Prof. Wilhelm Wostry (Brünn 1937); *G. Pfeilschifter* (Hrsg.), Korrespondenz des Fürstabtes Martin II. Gerbert von St. Blasien, 2 Bde (Karlsruhe 1931—37); *J. Hörmann*, Beda Mayer von Donauwörth, ein Ireniker der Aufklärungszeit: Festgabe H. Knöpfler zur Vollendung des 70. Lebensjahres (Freiburg 1917) 188—209; *J. B. Blößner*, Maximilian Prechtl, der letzte Abt des Benediktinerklosters Michelfeld (Kallmünz 1938). Die Oberpfalz 32, H. 6—7; *H. Graßl*, Ökumenisches Bayern: Festschr. für M. Spindler (München 1969) 529—552; *U. im Hof*, Die Helvetische Überbrückung des konfessionellen Gegensatzes. Zur Frage der Begegnung zwischen katholischer und reformierter Schweiz im 18. Jh.: Gottesreich und Menschenreich. Ernst Staehelin zum 80. Geburtstag (Basel - Stuttgart 1969) 345—360; *G. A. Benrath*, Die konfessionellen Unionsbestrebungen des Kurfürsten Karl Ludwig von der Pfalz († 1680): ZGObrh 116 (1968) 187—252; *G. May*, Interkonfessionalismus in der ersten Hälfte des 19. Jahrhunderts (Paderborn 1969).

Die Aussicht auf eine Wiederherstellung der kirchlichen Einheit des Reiches war mit dem Ausgang des Dreißigjährigen Krieges, der zum Teil wenigstens als Konfessionskrieg geführt worden war, und mit den Bestimmungen des Westfälischen Friedens geschwunden [1]. Das Ärgernis der gespaltenen Christenheit war mit der Ausbildung des Konfessionsbewußtseins und der konfessionell geschlossenen Territorien größer geworden, doch gleichzeitig weniger anstößig mit dem Triumph der Politik im weitesten Sinne über die Theologie, mit dem Sieg der Staatsräson und der beginnenden Besinnung auch der deutschen Territorien von jenseitigen Zielen auf diesseitige Aufgaben. Die Distanzierung von den spezifisch religiös-kirchlichen Aufgaben begann im frühabsolutistischen Territorium im Zuge eines allgemeinen Säkularisierungsprozesses, in den führenden Schichten als Abkehr von dem theologischen Zank- und Streitgeist, als Indifferentismus und Skeptizismus. Rationalistische und materialistische Auffassungen gewannen an Boden. Friedrich von Logau brachte in seinem bekannten Distichon die Erfahrungen seiner Generation zum Ausdruck: „Luthrisch, Päbstisch und Calvinisch, diese Glauben alle drey / sind vorhanden; doch ist Zweiffel, wo das Christentum dann sey." [2] Das bittere Wort von der „Augsburgischen Confusion" ging um. Mühsam genug mußten die Religionsparteien ein friedliches Nebeneinander im Reich erst lernen. An Streitigkeiten der konfessionsverschiedenen Territorien untereinander, an Kon-

[1] IPO V, § 14: „Si vero, quod Deus prohibeat, de religionis dissidiis conveniri non possit, nihilominus haec conventio perpetua sit et pax duratura."

[2] *Fr. v. Logau*, Sämtliche Sinngedichte, hrsg. von *G. Eitner* (Tübingen 1872) 246.

fessionshaß fehlte es nicht. Die politisch-militärische Ohnmacht gegenüber dem Feind der Christenheit im Osten, den Feinden des Reiches im Norden und Westen, die Calamitas Imperii, wurde nicht zuletzt als Folge der konfessionellen Zerrissenheit empfunden. Reunionsprojekte und Reichsreformbestrebungen stehen daher seit der Mitte des 17. Jh. in gewisser Beziehung. Das trifft auch für die Opposition der Reichskirche gegen Rom sowie für den Pietismus und die Aufklärung zu. Reichspatriotische und episkopalistische, pietistische und aufklärerische Motive spielen neben- und nacheinander in der Geschichte der Reunionsversuche ebenso eine Rolle wie Indifferentismus, Leichtgläubigkeit, theologische Unkenntnis und materiell-politische Interessen.

„Alle dogmatische Fragen", gesteht die philosophische Frau Bischofin von Osnabrück, Sophie von der Pfalz, „berühren mein Herz wenig." Religion ist ihr Gottes- und Nächstenliebe, alles andere „ein Haufen Pfapfengezänk, das bei den Fürsten stehet zu accordieren" [3]. Räsonable Leute stören sich nicht daran. Dennoch hat Sophie wie ihr religiös indifferenter Bruder, Kurfürst Karl Ludwig, der in Mannheim die Konkordienkirche baute und in der Kurpfalz „allerlei Religionen passieren" lassen wollte, Konversionsmöglichkeiten erörtert, z. B. mit ihrer Schwester Louise Hollandine, der Äbtissin von Maubuisson, und an Reunionsgeschäften ein massiv materiell-politisches Interesse gezeigt [4].

Indifferentismus, Rationalismus, Materialismus einerseits, andererseits eine durch die Not des Dreißigjährigen Krieges vertiefte Religiosität,

[3] *E. Bodemann,* Briefe der Kurfürstin Sophie von Hannover an die Raugräfinnen und Raugrafen zu Pfalz = Publicationen aus den preuss. Staatsarchiven 37 (Leipzig 1888) 91; über Sophie von der Pfalz vgl. außer *Ph. Hiltebrandt,* Die kirchlichen Reunionsverhandlungen pass. auch *M. Knoop,* Kurfürstin Sophie von Hannover (Hildesheim 1964).

[4] Die Familie des „Winterkönigs", des Kurfürsten Friedrich V. von der Pfalz, war konfessionell völlig zerrissen und nicht zuletzt aus diesem Grunde an den Religionsgesprächen beteiligt. Der älteste Sohn, der Kurfürst Karl Ludwig, war wie seine Schwester Elisabeth, die Fürstäbtissin von Herford, Freundin von Descartes, Labadie und William Penn, dem Namen nach reformiert, persönlich völlig indifferent und einer Konversion gegen den entsprechenden Gewinn (Säkularisation der Hochstifte Worms und Speyer) nicht abgeneigt. Seine Schwester Louise Hollandine war katholisch geworden und Äbtissin des Klosters Maubuisson bei Paris, wo Madame de Brinon den Briefwechsel zwischen Leibniz und Bossuet vermittelte. Sophie, die „philosophische" Tochter des Winterkönigs, Gemahlin des „Pseudobischofs" Ernst August von Osnabrück, war dem Namen nach noch lutherisch, aber gegen entsprechende Vorteile zur Konversion bereit. „Ich hoffe, alle Christen werden bald eins sein", schrieb sie der Raugräfin Louise. Zwei jüngere Brüder, Eduard, der 1645 Anna von Gonzaga heiratete, und Gustav Adolf, waren zur katholischen Kirche übergetreten. Anna von Gonzaga konnte ihre Tochter Benedicta Henriette mit dem zur katholischen Kirche konvertierten Herzog Johann Friedrich von Hannover verheiraten (1668) und auch die Ehe zwischen Elisabeth Charlotte von der Pfalz (Liselotte) und Herzog Philipp von Orléans vermitteln. Liselotte konvertierte nach der Unterzeichnung des Ehevertrags 1671 in Metz.

eschatologische und pietistische Strömungen, religiös-kirchliche und politische Motive sind bei den irenischen Bemühungen und Reunionsbestrebungen miteinander im Bunde. Toleranz wurde zu einem Gebot der Staatsklugheit in den konfessionell gemischten Territorien und im aufblühenden merkantilistischen Denken. Die Staatsräson begann sich über konfessionelle Grenzen und Vorurteile hinwegzusetzen. Die Frage nach dem Zusammenhang von Glaubensspaltung und Reichsverfall, von kirchlicher Reunion, Reichsreform und europäischer Friedensordnung wurde gestellt.

Eine Brücke für die Reunion bildeten die im Luthertum weiterlebenden „Mitteldinge" (lateinischer Gesang, liturgische Gewänder, Kruzifixe, Ohrenbeichte, Stundengebet), vor allem aber das katholische Kirchenrecht, an dem in evangelischen Dom- und Kollegiatstiftern mit „bewundernswerter Zähigkeit" [5] festgehalten wurde. Zahlreiche historische Relikte wiesen ebenfalls auf eine Wiedervereinigung, wie etwa die Existenz konfessionell gemischter Kapitel in Straßburg, Lübeck, Osnabrück, die Beobachtung von Zölibatsbestimmungen in evangelischen Stiften, die Alternation im Hochstift Osnabrück und die Auswirkung der Volmarischen Liste etwa im Kirchspiel Goldenstedt, wo der Pastor katholisch, der Küster evangelisch war und die Evangelischen den katholischen Gottesdienst besuchten, bei dem die Lieder aus dem lutherischen Gesangbuch angestimmt wurden.

Die verschiedenen nach dem Westfälischen Frieden auf eine Wiedervereinigung tendierenden Strömungen flossen an dem durch Natur und Geschichte für eine Vermittlerrolle begünstigten Hof des ersten geistlichen Kurfürsten, des Reichserzkanzlers und Primas Germaniae, in Mainz zusammen. Johann Philipp von Schönborn, „der deutsche Salomo", sein aus Rotterdam stammender Weihbischof Peter van Walenburch, sein Minister Johann Christian von Boineburg, der die Rechte der Natio Germanica gegen die römische Kurie verteidigte, arbeiteten zusammen mit Irenikern und Reunionswilligen an Projekten für die Wiedervereinigung und förderten den Abbau der konfessionellen Gegensätze. Der sogenannte Mainzer Unionsplan von 1660 kann indessen weder von dem Kurfürsten noch von Boineburg oder Leibniz stammen [6], eher vielleicht ein Produkt des Landgrafen Ernst von Hessen-Rheinfels sein. Als geistiger Makler seiner Zeit, als Freund Boineburgs sowie der Brüder Adrian und Peter van Walenburch schon aus ihrer Düsseldorfer Zeit hat dieser Fürst im innersten Kreis der Mainzer Reunionspolitiker gestanden und mit seinem weltweiten Briefwechsel, insbesondere mit Georg Calixt, Leibniz, Spener, Antoine Arnauld, Johannes Neercassel, dem Administrator der Diözese Utrecht, den reunions-

[5] *H. Nottarp*, Zur „Communicatio in sacris cum haereticis" (Halle 1933) 116; zu dem Problem auch *ders.*, Das katholische Kirchenwesen in der Grafschaft Ravensberg im 17. u. 18. Jh. (Paderborn 1961).

[6] *A. Ph. Brück*, Der Mainzer „Unionsplan" aus dem Jahre 1660: Jb. für das Bistum Mainz 8 (1960) 148—162.

willigen Welfenherzögen, den Nuntien in Köln, sowie durch zahlreiche eigene Schriften die Wiedervereinigungsbestrebungen seiner Zeit unterstützt[7].

Im Zusammenhang mit der eigenen Konversion brachte Landgraf Ernst, der in Wien die Vermittlungstheologie des Georg Witzel kennengelernt hatte, im Dezember 1651 auf seinem Schloß Rheinfels über St. Goar ein Religionsgespräch zustande zwischen den hessisch-darmstädtischen Theologen Eberhard Happel, Peter Haberkorn, Balthasar Menzer, einem Studienfreund Boineburgs, und dem berühmten Kapuziner Valerian Magni[8]. Als Fortsetzung ließ er 1652 Religionsgespräche zwischen seinem Beichtvater, dem Jesuiten Johannes Rosenthal, und Johannes Crocius in Kassel und im nächsten Jahr zwischen Rosenthal und Haberkorn in Gießen führen. Obwohl diese drei Religionsgespräche ergebnislos verliefen, ja unerquickliche literarische Fehden für den Landgrafen und eine Kampagne der Jesuiten gegen Valerian Magni nach sich zogen, weil dieser in Rheinfels die Unfehlbarkeit des Papstes als „ex solo sancto textu" nicht beweisbar erklärt habe, blieb die Wiedervereinigung der getrennten Christenheit sein erstes und wichtigstes Anliegen.

Der Zusammenhang mit erasmischem Geist und den Mainzer Reunionsbemühungen wird deutlich in den von den Brüdern Adrian und Peter van Walenburch verfaßten „Motiva Conversionis Ernesti Landgravii", vor allem aber in dem bekanntesten Werk des Landgrafen von Hessen-Rheinfels, dem „Discreten Catholischen"[9], das er nach seinem eigenen Zeugnis für alle Katholiken und Protestanten geschrieben hat, denen „der leidige Spalt der Christenheit rechtschaffen zu Herzen gehet". Leibniz, der den „Discreten Catholischen" schon in seiner Mainzer Zeit kennenlernte und entscheidende Anregungen für die eigenen Reunionsbemühungen daraus empfing, glaubte den Inhalt des Buches sehen zu dürfen einmal in der Mahnung an die Protestanten, daß sie verpflichtet seien, mit allen Kräften die Wiedervereinigung mit der römisch-katholischen Kirche zu suchen, zum anderen in der Aufforderung an die Katholiken, den Weg zur Reunion durch die Beseitigung von Mißbräuchen, durch eine wahre Reform zu ebnen.

Die Discretio, die kluge Unterscheidung im Sinne des rechten Maßes,

[7] Der Wiedervereinigung sollte u. a. auch das von Ernst herausgegebene „Christlich Catholische zu S. Goar uebliche Gesang-Buch" dienen. In den Pia vota et recta desideria nimmt die Bitte einen zentralen Platz ein: „Dass alle sowohl Orientalische, als auch den Protestierenden Secten zugethane Christen Menschen sich wieder zur Einigkeit der Catholischen Apostolischen Römischen Kirche begeben, und durch bessern Unterricht ihren Irrthumb erkennen."

[8] Zuletzt *G. Denzler,* Die Propagandakongregation in Rom und die Kirche in Deutschland im ersten Jahrzehnt nach dem Westfälischen Frieden (Paderborn 1969) 185—212.

[9] *H. Raab,* Der „Discrete Catholische" 175—198.

damit verbunden die Abstellung „mißständischer Unordnung", der Consensus quinquesaecularis, besonders die „discrete" Auffassung des päpstlichen Primats sind für Landgraf Ernst, für seine Mainzer Freunde, für seinen „mehr als lieben Leibniz", auf dessen Konversion er hofft, die Voraussetzungen der Wiedervereinigung. „Salomonis Witz und Jobs Geduld", Toleranz und brüderliche Liebe, Gottes Hilfe in einer „desperaten Sach" seien erforderlich, um sie herbeizuführen. Mit der kirchlichen Reform und der Wiedervereinigung werden dann — ein erster Schritt dazu wäre die Errichtung eines europäischen Schiedsgerichts in Luzern — eine neue, bessere politische Ordnung in Europa, der Friede in der Christianitas gesichert aufgerichtet werden können. Daß Landgraf Ernst indessen welterfahren und in der Geschichte der Reunionsversuche bewandert genug war, um die geringen Erfolgsaussichten der unionistischen Bemühungen richtig einzuschätzen, zeigt seine Stellungnahme zu den Plänen des Bischofs von Tina, Christoph de Rojas y Spinola.

Nach Mainz unter Johann Philipp von Schönborn waren im letzten Drittel des 17. Jh. die braunschweigisch-lüneburgischen Höfe aus politischen sowohl als konfessionellen, persönlichen wie weltanschaulichen Gründen der günstigste und empfänglichste Boden für Reunionsbemühungen. Herzog Johann Friedrich von Hannover († 1679), der 1650 in Rom zur katholischen Kirche übergetreten war — zu Unrecht will man darin einen Erfolg des späteren Kölner Weihbischofs Adrian van Walenburch sehen —, stand in engen Beziehungen zu den Konvertiten der reunionswilligen aula laboriosa des Mainzer Kurfürsten Johann Philipp. Der Übertritt von Leibniz in die Dienste des Herzogs von Hannover ist nicht ohne Mitwirkung des befreundeten Landgrafen von Hessen-Rheinfels erfolgt. Darüber hinaus hat dieser die Bemühungen um eine katholische Sukzession in Hannover unterstützt, damit man nicht die an Fürstenkonversionen anknüpfende Hoffnung auch dieses Mal in Rom aufgeben müsse, „di vedere un giorno ritornato al grembo della chiesa quella numerosissima e nobilissima Natione" [10].

Die Erfolgsaussichten für Reunionsverhandlungen in Hannover hat man jedoch, als auf den katholischen Herzog Johann Friedrich sein konfessionell indifferenter, nur an Machterweiterung interessierter jüngster Bruder Ernst August gefolgt war, weit überschätzt. Noch als Pseudobischof von Osnabrück, dann seit 1679 wiederholt als Herzog von Hannover stellte Ernst August in vage formulierten Angeboten seinen oder seiner Söhne Übertritt zum Katholizismus in Aussicht gegen die Säkularisation von Hildesheim und die Aufhebung der Alternation im Hochstift Osnabrück zugunsten seines Hauses. In den von Kaiser Leopold hauptsächlich aus politischen Gründen unterstützten, von Clemens X. und Innozenz XI. ermutigten

[10] Ernst von Hessen-Rheinfels an den Papst 13. 2. 1665; *H. Raab*, „De negotio Hannoveriano Religionis" 404.

Reunionsversuchen des Bischofs von Tina, Christoph de Rojas y Spinola, nahmen die Verhandlungen in Hannover 1683 einen besonderen Platz ein. Es kam dort in derselben Zeit, da im Osten die Türkengefahr bedrohlich anwuchs und im Westen immer wieder Gebiete durch die Reunionen verlorengingen, zu Begegnungen zwischen Spinola und dem Abt zu Loccum, Walter Molanus, dem jüngeren Calixt und Theodor Mayer. Ein fester Programmentwurf konnte erreicht werden. Von evangelischer Seite wurde zugestanden: Priesterzölibat unter Aufrechterhaltung der bestehenden Pastorenehen, Unfehlbarkeit der Konzilien, Anerkennung des Papstes als sichtbares Oberhaupt der Kirche, Gegenwart Christi in der Eucharistie, Unterwerfung unter ein künftiges Universalkonzil. Die von Molanus noch 1683 weiter angemeldeten Forderungen, der Widerstand der französischen Partei in Rom, die von einer kirchlichen Reunion eine Stärkung des Reiches befürchtete, schließlich die Unterordnung des „heiligen Anliegens" unter die welfische Machtpolitik ließen Spinolas Versuche scheitern. Man war, wie Landgraf Ernst in einem Brief an Spener und in seinen für Herzog Anton Ulrich von Wolfenbüttel und Leibniz bestimmten Denkschriften ausführte, „in principiis et suppositis noch viel und gar zu weit von einander", durch politische Interessen — theologische Fragen waren nach der Meinung des Hofes von Hannover nur Kleinigkeiten — noch allzusehr getrennt.

Erfolglos blieben die Bemühungen Spinolas, in Ungarn die konfessionellen Spannungen zu beseitigen [11], und auch die Hoffnungen, die sich an das zwischen seinem Nachfolger als Bischof von Wiener Neustadt, Franz Anton von Buchheim, Leibniz und Molanus 1698 ausgehandelte Unionsprojekt knüpften, gingen nicht in Erfüllung. Die Zurückhaltung Roms wurde deutlicher. Die von der Vertreibung der Hugenotten, der Religionsklausel des Rijswijker Friedens (1697) und der Aussicht auf die englische Thronfolge für Hannover mitbestimmte politische Situation war einer Wiedervereinigung nicht günstig [12].

Keinen nennenswerten Widerhall hatten die 1679 von Johann Friedrich Ignaz Karg von Bebenburg, dem späteren Kurkölnischen Obristkanzler und

[11] Beim Tod von Spinola dichtete Molanus: „In Te renatos vidimus pios Fratres / Doctosque Walenburgicos, decora aeterna / Germaniae nomenque dulce Cassandri, / Et quotquot uspiam fuere fautores / Concordiae sacrae Deoque dilectae" (*H. Weidemann*, Molanus II 173).

[12] *S. J. T. Miller - J. P. Spielman*, Cristóbal Rojas y Spinola 79: „Wenn alle Fürsten der Christenheit oder wenigstens so viele, wie Rojas 1683 unterstützten, ein paar Jahre lang dem Gedanken der kirchlichen Einheit treu geblieben wären und wenn vor allem Ludwig XIV. seinen dynastischen Eigennutz, seine verschlagene Außenpolitik, seine unersättliche Ruhmsucht und seine brutale Behandlung der Hugenotten dem Wohl der christlichen Welt untergeordnet hätte, dann wäre mit größter Wahrscheinlichkeit ein irenisches Klima, besonders in Deutschland, geschaffen worden, das zu einer Wiederherstellung der Einheit zwischen Rom und großen Gruppen deutscher Protestanten geführt hätte."

Abt von Saint-Michel au Péril de la Mer (Diözese Avranches), veröffentlichten „Friedreichen Gedanken über die Religionsvereinigung in Teutschland“ [13]. Irenisches und Polemisches verquickte sich bei dem Kapuziner Dionysius aus Werl, der 1686 seine „Via pacis“ herausbrachte [14]. Libertas ecclesiae Germanicae und Wiedervereinigung im Glauben durch die Restauration der „ursprünglichen“, vorhildebrandischen Kirchenverfassung waren die Ziele des protestantischen Kanonisten Johannes Schilter in seinen an die Declaratio Cleri Gallicani angelehnten sieben Büchern über die Freiheit der deutschen Kirche. Nach dem Zeugnis des Kurtrierischen Ministers J. G. v. Spangenberg, des Freundes und Mitarbeiters von Hontheim, sowie des Marschalls B. F. v. Zurlauben sind die febronianischen Ideen zum Teil wenigstens aus Schilters Werk geschöpft [15].

In Straßburg versuchte der Jesuit Jean Dez in seinen Predigten, vor allem aber in seinem von dem Konvertiten Ulrich Obrecht ins Deutsche übersetzten Werk „La Réunion des Protestants de Strasbourg à l'Église Romaine“ zu zeigen, daß der Wiedervereinigung nichts entgegenstehe und in der Confessio Augustana nichts Unkatholisches zu entdecken sei. Auf Widerstand im protestantischen Deutschland stießen die Reunionsvorschläge des Königsberger Professors Praetorius, insbesondere die Anerkennung des päpstlichen Primats, die er nach seinem Übertritt zur katholischen Kirche in einem Vorwort seiner „Tuba pacis“ (1685) aussprach [15a]. Wie Praetorius verlor auch der Helmstedter Theologe Johann Fabricius seinen Lehrstuhl, da man ihn für das anläßlich der Konversion der Elisabeth Christine von Braunschweig-Wolfenbüttel und ihrer Ehe mit Erzherzog Karl, dem

[13] Friedreiche Gedanken über die Religions Vereinigung in Teutschland aus dem Worte Gottes, Conciliis, Patribus, Kirchenhistorie zusammengetragen (Würzburg 1679). Das Buch war dem Fürstbischof Peter Philipp von Dernbach gewidmet. — Eine biographische Skizze Kargs (1648—1719), der eine rege, allerdings umstrittene politische Aktivität entfaltete und dem Jansenismus zum mindesten nahestand, bei *M. Braubach*, Kurkölnische Miniaturen (Münster 1954) 78—104; *L. Jadin*, L'Europe au début du XVIIIe siècle. Correspondance du Baron Karg de Bebenbourg, Chancelier du Prince-Évêque de Liège Joseph Clément de Bavière, Archevêque Électeur de Cologne avec le Cardinal Paolucci, Secrétaire d'État (1700—1719), 2 Bde (Brüssel - Rom 1968).

[14] *Dionysius aus Werl*, Via pacis inter homines per Germaniam in fide dissidentes... (Hildesii Saxonum 1686). — *A. Jacobs*, Die Rheinischen Kapuziner 1611—1725. Ein Beitrag zur Geschichte der katholischen Reform (Münster i. W. 1933) 68 ff.

[15] *J. Schilter*, De libertate ecclesiarum Germaniae libri VII (Jena 1683). Vgl. *H. Raab*, Die Concordata Nationis Germanicae in der kanonistischen Diskussion des 17.—19. Jh. (Wiesbaden 1957); *ders.*, „Ad reuniendos dissidentes“ 129 ff; Zurlauben an Martin Gerbert 19. 2. 1779: „Je sais de bonne source, que M. de Hontheim avoit puisé ses opinions „febroniennes“ dans l'ouvrage de Schilter sur „la puissance ecclésiastique d'Allemagne“ (*G. Pfeilschifter*, Korrespondenz II 411).

[15a] Vgl. hierzu auch die von dem streng kirchlichen Anton Josef Binterim (1779—1855) besorgte und kommentierte Übersetzung: „Des Matthäus Prätorius aus preußisch Memel, der lutherischen Gemeinde zu Nibbudz Predigers Aufruf zur Vereinigung an alle in Glaubenssachen im Occident von einander abweichende Kirchen (Aachen 1822).

späteren Kaiser, 1707 angefertigte Gutachten verantwortlich machte. Die Helmstedter Theologische Fakultät hatte darin festgestellt: „Wir sind überzeugt, daß die Katholiken mit den Protestanten übereinstimmen und daß die Streitigkeiten, die es unter ihnen gibt, nur auf Wortstreitigkeiten hinauslaufen. Der Grund der Religion befindet sich auch in der römisch-katholischen Kirche, und man kann dort rechtgläubig sein, rechtschaffen leben, gut sterben und die Seligkeit erlangen. Die Prinzessin von Wolfenbüttel kann deshalb zur Beförderung der beabsichtigten Ehe die katholische Religion annehmen." [16] Als „Abt von Königslutter" wirkte Fabricius jedoch weiter für den Gedanken einer kirchlichen Wiedervereinigung. Eine „Via ad pacem ecclesiasticam" veröffentlichte er 1704, und unter Berufung auf Cassander, Witzel und Bossuet stellte er die Unterschiede in den Lehrmeinungen zwischen Katholiken, Lutheranern und Reformierten als geringfügig dar.

Bossuets „Exposition de la doctrine chrétienne" (1671), die zunächst der Zurückgewinnung der Hugenotten dienen sollte (vgl. Kap. 4), war ein Impuls für die Kontroverstheologie. Sieben Jahre später, 1678 begann er seine Korrespondenz mit Leibniz über die Wiedervereinigung. Als der Gedankenaustausch bald abriß, wurde er wieder angeknüpft von der Herzogin Sophie von Hannover, ihrer Schwester Louise Hollandine, der Äbtissin von Maubuisson, deren Sekretärin Mme de Brinon und ihrer Nichte Benedicta Henrietta, die nach dem Tod ihres Gemahls, des Herzogs Johann Friedrich von Hannover, sich nach Maubuisson zurückgezogen hatte. Parallel zu dem Gedankenaustausch mit Bossuet liefen Leibniz' Briefwechsel mit dem Konvertiten und Hofhistoriographen Ludwigs XIV., Pellisson, und, durch Ernst von Hessen-Rheinfels vermittelt, mit dem großen Jansenisten Antoine Arnauld. Pellissons „Réflexions sur les différends en matière de religion", Bossuets monumentale „Histoire des variations des Églises protestantes" (1688) und Arnaulds eiferndes Reformstreben konnten eine erfolgversprechende Ausgangsposition für Religionsgespräche markieren. Die Schwierigkeiten, denen sie begegnen mußten, waren dabei allein schon durch die Ambivalenz im Verhalten der wichtigsten Gesprächspartner hinreichend charakterisiert.

Im Grunde wollte Leibniz zuerst die religiöse Einheit als Voraussetzung einer auf das Christentum gegründeten europäischen Union hergestellt und dann erst, ähnlich wie in Basel, die dogmatischen Fragen durch ein zukünftiges rechtmäßiges Konzil gelöst wissen. Bossuet schlug den umgekehrten Weg vor. In den Mittelpunkt der Diskussion rückte zwangsläufig das Konzil von Trient. Leibniz sah darin das eigentliche Hindernis einer Reunion, Bossuet eine unaufgebbare Position. Vergeblich versuchte Leibniz, an-

[16] *C. W. Hering* a. a. O. II 303; *M. P. Fleischer* a. a. O. 53; hierzu auch Maximilian Prechtl, Abt von Michelfeld, s. unten Anm. 38.

knüpfend an die gallikanischen Vorbehalte, an die Verweigerung der Konzilsbestätigung von seiten Katharinas von Medici, Heinrichs IV. und an eine weitverbreitete Einstellung in der Reichskirche, vor allem im Erzstift Mainz, zu einer Ignorierung, wenn nicht gar Überprüfung und Verwerfung des Tridentinums, schließlich mit patriotischen Motiven vorzustoßen. Der Versuch scheiterte am Widerstand Bossuets, der mit dem Konzil von Trient zugleich die Unfehlbarkeit der Kirche verteidigte.

Die traditionelle Linie der konfessionellen Machtkämpfe tritt im ausgehenden 17. und im frühen 18. Jh. offensichtlich wieder stärker hervor, in England unter Wilhelm von Oranien, in Frankreich mit der Verfolgung der Hugenotten, im Reich mit dem pfälzischen Religionsstreit [17] und den „Vergeltungsmaßnahmen" protestantischer Territorien, in Schlesien mit den gegenreformatorischen Maßnahmen der Habsburger, schließlich auch in der Eidgenossenschaft mit den Toggenburger Wirren und dem zweiten Villmerger Krieg. In ihrer Ambivalenz zeigen diese Ereignisse auf der einen Seite ein erneutes Aufleben konfessioneller Gegensätze, auf der andern lassen sie jedoch eine auf Pazifikation, Toleranz und Parität gerichtete Entwicklung erkennen. Abbau des Konfessionalismus durch Aufklärung und Toleranz allein konnte jedoch keinen neuen Antrieb für die seit dem Scheitern der Gespräche zwischen Leibniz und Bossuet merklich schwächer gewordenen Reunionsbemühungen darstellen.

Einige Hoffnung knüpfte sich auf katholischer Seite immer wieder an die Konversionen protestantischer Fürsten, so bei Hontheim-Febronius, bei dem Benediktiner Karl von Piesport, der an den Reunionsbemühungen mit den Ostkirchen um die Jahrhundertmitte größtes Interesse bekundete und an dem Fuldaer Wiedervereinigungsplan maßgeblich beteiligt war.

Papst Benedikt XIV. brachte in seiner Jubiläumsbulle vom 5. Mai 1749 den Wunsch nach der Wiedervereinigung der getrennten Christenheit erneut zum Ausdruck. Kardinal Angelo Maria Quirini erörterte mit Johann Georg Schelhorn die Ansichten des Kardinals Reginald Pole zur Einheit der Kirche und mit Johann Rudolf Kiesling die Rechtfertigungslehre des Kardinals Contarini. Der Erzbischof von Wien, Johann Joseph von Trautson, unternahm bei seinem Amtsantritt Schritte für die Annäherung zwischen den Konfessionen.

Die Bemühungen um die Überwindung der „widernatürlichen Trennung" der Kleinen Kirche erreichten nach dem Utrechter Konzil von 1763 vor allem mit den Anstrengungen des Akolythen Gabriel Dupac de Bellegarde (1717—89) [18] bei den deutschen Fürstbischöfen, am Wiener Hof und in

[17] *H. Schmidt,* Kurfürst Karl Philipp von der Pfalz als Reichsfürst (Mannheim 1963) 114 ff; *M. Schaab,* Die Wiederherstellung des Katholizismus in der Kurpfalz im 17. und 18. Jh.: ZGObrh 114 (1966) 147—205.

[18] *E. Winter,* Der Josephinismus und seine Geschichte. Beiträge zur Geistesgeschichte Öster-

Rom einen Höhepunkt. Von Dupac de Bellegarde, der in der kanonistischen Tradition Van Espens stand — 1767 gab er dessen Lebensbeschreibung heraus — und von Antoine Arnauld zutiefst beeinflußt war, wurde die verklärte Vorstellung der Ecclesia primitiva, verbunden mit einem starken antirömischen Affekt, erneut reichskirchlichen Episkopalisten, Reformern und Reunionswilligen nahegebracht. Dupac de Bellegarde konnte die Unterstützung des hervorragenden Würzburger Kanonisten Johann Kaspar Barthel, des Fuldaer Benediktiners Karl von Piesport, den Beifall der Reformer in Mainz, Passau, Laibach und der jansenistisch-josephinisch gesinnten de Haën, Wittola, van Swieten in Wien finden.

Ob oder wieweit die Utrechter Auffassungen auf die Wiedervereinigungsgedanken von Febronius einen Einfluß ausgeübt haben, läßt sich mit einiger Sicherheit noch nicht sagen. Es liegt nahe, von Hontheims Studiengang, von älteren jansenistischen Verbindungen zwischen dem Erzstift Trier und den Niederlanden her sowie angesichts der recht starken Propaganda der Utrechter Kirche solche Einflüsse vorauszusetzen, doch ist ein Nachweis wegen der allgemeinen Verbreitung der wichtigsten Argumente für eine Reunion und der bisher unzulänglichen Erforschung von Dupacs weltweitem Briefwechsel schwierig. Der Utrechter Kleriker hat jedenfalls die febronianischen Streitigkeiten sowie die Widerrufsaffäre mit größtem Interesse verfolgt und ist von seinen Zeitgenossen immer wieder in den Zusammenhang mit dem Febronianismus und seinen Auswirkungen gerückt worden.

Die Wiedervereinigung, in der ursprünglichen Konzeption des Febronius das ausschließliche, dominierende Anliegen, in dem schließlich veröffentlichten Buch durch reichskirchenrechtliche Probleme merklich zurückgedrängt, sollte herbeigeführt werden durch die Abstellung der Gravamina und die Reduktion des päpstlichen Primats in die von der ursprünglichen Kirchenverfassung gezogenen, durch die Konzilien von Konstanz und Basel, die Concordata Nationis Germanicae neu umschriebenen Grenzen. Aus zwei Wurzeln läßt sich, von den Utrechter Einflüssen abgesehen, Hontheims Reunionsidee erklären: aus der reichskirchlich-reichspatriotischen Tradition und den persönlichen Anregungen, die er von seinem Freund und Mitarbei-

reichs 1740—1848 (Wien 1943) 112 ff; *W. Deinhardt,* Der Jansenismus in deutschen Landen (München 1929) 84 f; *V. Rodolico,* Gli amici e i tempi di Scipione di Ricci (Florenz 1920) 54—113; *G. Leclerc,* Zeger-Bernhard van Espen (1646—1728) et l'autorité ecclésiastique (Zürich 1964); *A. Ellemunter,* Antonio Eugenio Visconti (Graz - Köln 1963) 173 f; *L. Ceyssens,* L'affaire du Séminaire de Liège d'après l'historien janséniste G. du Pac de Bellegarde: Annales de la Commission communale de l'histoire de Liège 3 (1947) 603—762; *F. Kenninck,* Les idées religieuses en Autriche de 1767 à 1787. Correspondance du Dr. Wittola avec le Comte Dupac de Bellegarde: Revue internationale de Théologie 6 (1898) 308 ff 584 ff; *M. Vaussard,* L'epistolaria di G. M. Pujati con canonico Dupac de Bellegarde: Studi Veneziani 7 (1965) 443—488.

ter, dem Konvertiten Jakob Georg von Spangenberg [19], empfangen hat. Spangenberg blieb auch nach seinem Übertritt zur katholischen Kirche von der spätmittelalterlich-pietistischen Christusmystik, vom Pietismus und der Brüderkirche, der sein jüngster Bruder August Gottlieb als Bischof vorstand, in seiner ganz persönlichen Frömmigkeit nachhaltig bestimmt. Als eine eigene Kreatur Gottes von Kindheit auf hat ihn der schwäbische Pietist Moser charakterisiert, und der Wiener Hofrat Adolf von Krufft hat ihn den einzigen Mitwisser der febronianischen Geheimnisse genannt. Spangenbergs eigene Lebenserfahrung und sein Reichspatriotismus, der die Mißstände in der Kirchenverfassung und die Calamitas Imperii schmerzlich empfinden mußte, ließen ihn eine Überbrückung der Konfessionsgegensätze wünschen und doch, zwei Jahrzehnte nach dem Erscheinen des „Febronius", den Fuldaer Wiedervereinigungsplan ablehnen.

Zweifellos hat Febronius, wie ihm auch die protestantischen Gegner seiner Reunionsidee, Walch, Bahrdt, C. G. Hofmann, aber auch der Heidelberger Jesuit J. Kleiner deutlich machten [20], das Trennende zwischen den Konfessionen viel zuwenig gesehen und das Gemeinsame aus einem antirömischen Affekt und einem ausgeprägten Reichspatriotismus heraus überschätzt. Hinzu kam seine „romantische", durch intensive historische Studien gestärkte Einstellung, die sich von dem Gegenbild einer abgelaufenen historischen Epoche idealisierter frühchristlicher und mittelalterlicher Verhältnisse die Lösung der Probleme der eigenen Zeit erhoffte. Aber selbst „wenn die römische Kirche die Gestalt bekommen sollte, welche Febronius (ihr) so mühsam verschaffen will und dabei der römisch-katholische Lehrbegriff und dessen ächte Quelle, die von Febronius so hoch gepriesene Tradition, unverändert bleiben" [21], ist die Vereinigung der getrennten Christen unmöglich. Nicht ganz so negativ beurteilte der Abt Jerusalem die Vorschläge des Febronius, und Friedrich Karl v. Moser, der in seinem „Patriotischen Archiv" die Reunionsprojekte von 1614 und 1640 sowie das Glaubens-

[19] *G. Reichel,* August Gottlieb Spangenberg, Bischof der Brüderkirche (Tübingen 1908). — Nuntius Oddi charakterisiert ihn in seiner Instruktion für Lucini, März 1760, als „di grandissima abilità, condotta e politica ed allievo del defonto Elettore di Treveri (Franz Georg von Schönborn) da cui ha succhiato tutte le massime. Questo è uomo difficile, per ottenersi la menoma cosa che riquardi la corte di Roma"; *L. Just,* Die westdeutschen Höfe um die Mitte des 18. Jahrhunderts im Blick der Kölner Nuntiatur: AHVNrh 135 (1939) 64; *R. Reichert,* Johann Gertz (1744—1824). Ein katholischer Bibelwissenschaftler der Aufklärungszeit im Spiegel seiner Bibliothek: AMrhKG 18 (1966) 98; *H. Faas,* J. G. von Spangenberg: Kurtrierisches Jb. 8 (1968) 153—165.

[20] *H. Raab,* „Ad reuniendos dissidentes" 136 f.

[21] GGA 1765, 531; vgl. auch *Chr. W. F. Walch,* Geschichte des von Justino Febroni herausgegebenen Buchs und der darüber entstandenen Streitigkeiten: Neueste Religions-Geschichte I (Lemgo 1771) 189/190. — Negativ auch das Urteil von Christoph Birkmann, Senior bei St. Egidien in Nürnberg. *P. Schattenmann,* Georg Adam Michel, Generalsuperintendent in Oettingen und sein gelehrter Briefwechsel (Nürnberg 1962) 69 f.

bekenntnis Spangenbergs bekanntmachte, verteidigte den ehrlichen Reunionswillen Hontheims gegen Verdächtigungen. „Seine Unionsvorschläge aber werden so lange Träume bleiben, als er unseren cameralistisch-religiösen Protestantischen Fürsten nicht zeigen kann, daß sie dabey gewinnen. Eine Lotterie von hundert Abteyen würde eher ihren Beyfall finden." [22]

Ob der Reunionsplan für Febronius nur von nebensächlicher Bedeutung gewesen ist oder ob er nach einem Zeugnis Martin Gerberts „geglaubt, dem Frieden und der christlichen Einigkeit alles nur mögliche aufzuopfern" [23], ist noch nicht geklärt. Der Gedanke des Febronius, eine Reunion auf der Grundlage eines geläuterten Kirchenrechts und einer reformierten Kirchenverfassung anzustreben, begegnet am Kurtrierischen Hof 1771 in den Thesen des Referendars Betzel [24], bei dem Fuldaer Kanonisten Benedikt Oberhauser [25], Ulrich Mayr OSB aus Kaisheim und in der Programmschrift zu einer Kirchenvereinigung des P. Beda Mayr OSB von Donauwörth [26]. Zwar verurteilte der Trierer Kurfürst Clemens Wenzeslaus, den in Gesprächen mit den Kölner Nuntien die Beseitigung des Utrechter Schismas wiederholt beschäftigte, als Bischof von Augsburg Mayrs „scrittura scandalosa sul pretesto della reunione coi Protestanti", doch bezeichnete er selbst kurz darauf als eines der wichtigsten Anliegen in seinem berühmten, von Johann Michael Sailer mitverfaßten Hirtenbrief von 1780 die Rückführung der im „Glauben Getrennten in den einen Schafstall Christi" [27]. Er ist allerdings in diesem Hirtenbrief weit davon entfernt, einer Reunion durch eine Kompromißdogmatik oder einen Rückgriff auf febronianisches oder jansenistisch-reformkatholisches Gedankengut den Weg zu bereiten. „Die Lehre der Kirche ist immer ein und dieselbe gewesen", und der Papst hat als Stellvertreter Christi die Sorge für die Einheit der Kirche, für die Reinheit der Lehre. Bedenken gegen die Wiedervereinigung brachten in derselben Zeit vor das Religionsjournal des Exjesuiten Hermann Goldhagen, der Mainzer

[22] *F. K. v. Moser*, Patriotisches Archiv VI (1787) 361—389, VII (1787) 193—372; Von der Kirchenvereinigung. Ein Bedenken des Herrn Abts Jerusalem. Mit einem Vorbericht (o. O. 1772) 42.

[23] Gerbert an Petrus Böhm in Fulda, 6. 3. 1780 (*G. Pfeilschifter*, Korrespondenz II 500).

[24] *H. Raab*, „Ad reuniendos dissidentes" 138.

[25] Oberhauser, ein extremer Episkopalist, der sich in seiner Grabinschrift als „malleus Ultramontanorum" feiern ließ, war jedoch „nicht bereit wie einige Fuldaer Benediktiner zwei Jahrzehnte später, auch nur scheinbare Konzessionen auf Kosten des Glaubensgutes der Kirche einzuräumen". *W. A. Mühl*, Die Aufklärung an der Universität Fulda mit besonderer Berücksichtigung der philosophischen und juristischen Fakultät (1734—1805) (Fulda 1961) 49; dasselbe gilt für den Salzburger Kanonisten Gregor Zallwein, einen führenden Episkopalisten der Reichskirche.

[26] *J. Hörmann*, Beda Mayr; *J. Beumer*, Auf dem Wege zur christlichen Einheit 203 f.

[27] Der Augsburger Hirtenbrief wurde ins Französische, Italienische und Lateinische übersetzt. 1843 erschien er nochmals unter dem Titel „Beweise der wahren Kirche. In zwei Theilen" im Verlag von Georg Joseph Manz, Regensburg.

Gymnasialprofessor Johann Kaspar Müller, schließlich auch die aufgeklärte Zeitschrift der Banzer Benediktiner, die stets ausführlich und durchaus wohlwollend über die Reunionsliteratur berichtete, nun aber mit Martin Gerbert von St. Blasien zu dem Schluß kam: eine Reunion der Kirchen ist nur möglich durch Rückkehr zur katholischen Kirche. Alle drei Teile katholisch oder ewig getrennt [28].

Von den zahlreichen mehr oder weniger erfolgreichen Reunionsversuchen aus dem letzten Drittel des 18. Jh. ist der Fuldaer Plan der bekannteste und eigenartigste. In dem aus Anlaß einer Konversion zur katholischen Kirche zwischen dem Fuldaer Benediktiner Karl von Piesport und Rudolph Wedekind, Professor in Göttingen und Pfarrer an der dortigen Liebfrauenkirche, geführten Briefwechsel ist schon 1768 die Gründung einer Gesellschaft „für die Vereinigung der streitenden Glaubensparteien" [29] vorgeschlagen worden. Obwohl Piesport als Episkopalist bereit war, in der Frage der päpstlichen Infallibilität „mit gutem Gewissen" nachzugeben, und Wedekind fast beschwor: „Wir wollen uns vergleichen; wir wollen transigieren", schlug dieser vor, den unfruchtbaren Gedankenaustausch abzubrechen, denn: „Schrift, Vernunft und Kirchenhistorie müssen nothwendig über Pabst und Concilium gehen" [30].

Ein Jahrzehnt später war jedoch durch die allgemeinen Toleranzbestrebungen der Zeit und die von der offenbarungsfeindlichen Aufklärung, der „haufenweise einreißenden Naturalisterei", drohende Gefahr die Situation für Reunionsgespräche günstiger geworden. Die Fermente einer „negativen" Einigung, die sich in der zunehmenden Angst vor weiteren von dem mißbrauchten „protestantischen Prinzip" drohenden Spaltungen und in der wachsenden Bewunderung der Widerstandskraft und Geschlossenheit der katholischen Kirche erkennen lassen, haben die Reunionsversuche im letzten Drittel des 18. Jh. sicher mitbestimmt. Schon beginnt sich, etwa in der Einleitung eines Fuldaer Benediktiners zu „Aurelius Augustinus, Von der Nutzbarkeit des Glaubens" (1771), jene Frontstellung abzuzeichnen, die ein Menschenalter später Adam Müller, Carl Ludwig v. Haller, dann in ihrem Gefolge Ludwig v. Gerlach oder Carl Maria v. Radowitz durch eine Wiedervereinigung oder Annäherung gläubiger Katholiken und Protestanten zur Verteidigung „der heiligsten Güter" gegen Revolution und Radikalismus zu errichten hoffen.

Aus der Zusammenarbeit von fünf Fuldaer Benediktinern unter dem Vorsitz von Petrus Böhm mit dem Professor am Carolinum zu Kassel, Johann Rudolph Piderit, ist 1778/79 der Plan zur Gründung einer privaten

[28] *W. Forster,* Die kirchliche Aufklärung bei den Benediktinern der Abtei Banz im Spiegel ihrer von 1772—1798 herausgegebenen Zeitschrift: SM 64 (1952) 184 f.

[29] Piesport an Wedekind, 1768 (*Mühl,* Aufklärung in Fulda 70, Anm. 41).

[30] Wedekind an Piesport, 11. 11. 1768 (*H. Raab,* „Ad reuniendos dissidentes" 134).

Gesellschaft entstanden, mit der Aufgabe, einen Beitrag zur Reunion der getrennten Konfessionen zu leisten. Nach den von Piderit ausgearbeiteten Statuten [31] sollten in einem Kreis von zwölf Mitgliedern — sechs katholischen, drei reformierten, drei lutherischen Theologen — die Glaubenswahrheiten „in Aufrichtigkeit und christlicher Liebe diskutiert, Unterschiede festgestellt und die Möglichkeiten einer Annäherung untersucht werden.

Bedenken gegen den Fuldaer Plan meldete bereits früh der Mainzer Theologieprofessor Johann Schmitt an. Ablehnend reagierte in Mannheim der einflußreiche Kasimir Haeffelin. Sein Freund, der Abbé und Bibliothekar Maillot de la Treille, der als Gegner des Febronius und durch seine guten Beziehungen zu den Ultramontanen im Elsaß die kirchliche Abwehrfront von Straßburg bis Trier gegen die Neuerungen seiner Zeit festigen half, alarmierte Nuntius Garampi in Wien. Die Werbung der Reunionsgesellschaft in Trier, Koblenz, Köln, Erfurt hatte angesichts der negativen Reaktion der Höfe von Mannheim und Mainz keinen Erfolg. Selbst Spangenberg, von dem Hontheims Reunionsversuch stärkste Impulse erhalten hatte, lehnte den Plan ab, und der Trierer Bibelwissenschaftler Johann Gertz, dessen Zweifel an der Wirksamkeit einer so heterogen zusammengesetzten Gesellschaft immer stärker wurden [32], kündigte seine Mitarbeit im Januar 1782. An Stelle des Mainzer Theologen Schmitt konnte angeblich Stephan Alexander Würdtwein, der spätere Weihbischof von Worms, gewonnen werden. Der Fürstabt von St. Blasien, Martin II. Gerbert, lehnte eine Mitarbeit ab [33], und auch der aufgeklärte Braunauer Abt Stefan Rautenstrauch distanzierte sich von dem Plan, nachdem in der Wiener Realzeitung eine negative Rezension erschienen war und Kaiser Joseph II., Kaunitz und Kardinal Herzan nicht auf das Reunionsprojekt reagierten. Es bedurfte kaum noch eines päpstlichen Schreibens an Fürstbischof Heinrich VIII. von Bibra, um die Bestrebungen der Fuldaer Benediktiner zum Scheitern zu bringen. Zwar blieben diese, entgegen den Weisungen ihres Bischofs, mit ihren protestantischen Gesprächspartnern in Verbindung, doch konnten sich Lutheraner und Reformierte nicht auf gemeinsame Glaubenssätze einigen, und so verstummen seit Herbst 1782 die Nachrichten über den „Fuldaer Plan".

Gefördert wurde die Reunionsbereitschaft im letzten Drittel des 18. Jh. durch die Toleranzbestrebungen der Aufklärung und ihre Vorstellung einer verstehenden, verzeihenden Menschlichkeit. Mit den Mitteln einer mehr und mehr säkularisierten Bildung sollten die Unterschiede der Konfessionen

[31] Einleitung und Entwurf zum Versuch einer zwischen den streitigen Theilen im Römischen Reich vorzunehmenden Religionsvereinigung von verschiedenen Katholischen und Evangelischen Personen, welche sich zu dieser Absicht in eine Gesellschaft verabredet haben (Frankfurt-Leipzig 1781).

[32] *R. Reichert,* Johann Gertz 98 f.

[33] *G. Pfeilschifter,* Korrespondenz II 483 f 500 f 506 f; *G. Richter,* Wiedervereinigung 27 f.

auf die einfachen Grundzüge einer natürlichen Religion zurückgeführt werden. In seinen „Betrachtungen über das Universum“ [34] stellte Carl Theodor von Dalberg die Frage, ob nicht der Zeitpunkt gekommen sei, sich „der ursprünglichen Kirche“, der Vereinigung der „verschiedenen christlichen Religionspartheyen“ zu nähern. Christoph v. Schmid wünschte die Kontroverspredigten — nach josephinischem Vorbild wurden sie 1786 in den Erzstiftern Köln und Trier verboten — durch „Einigungspredigten“ ersetzt zu sehen, „um das christliche Volk zu überzeugen, daß wir in allen wesentlichen Stücken des Christentums einig sind“ [35].

Die interkonfessionelle Irenik des ausgehenden 18. Jh. erhielt vor allem durch den Exjesuiten Benedikt Stattler starke Impulse. In seiner „Demonstratio catholica“, die von Johann Michael Sailer mehrfach bearbeitet und herausgegeben wurde, vor allem aber in seinem 1781 veröffentlichten „Plan“ [36] trat er nachdrücklich für die Wiedervereinigung ein; nicht in der „Hitze der Disputation“, sondern nur „in Liebe“ sei dieses Ziel „der gemeinsamen Sehnsucht“ zu erreichen. Nur was Dogma ist, soll zur Annahme verpflichten, Schulmeinungen sollten zur Annahme freigestellt sein. Eine Bedingung allerdings stellte Stattler den Protestanten für den Fall einer Wiedervereinigung: „die demütige Unterwerfung unter das untrügliche Urteil der Kirche in jeder Glaubensfrage“. Stattlers „Kanones der Union“ wurden in Rom verurteilt, doch zog sich das Verfahren und die Veröffentlichung des Urteils bis 1796 hin, zumal der Bischof von Eichstätt sich für Stattler einsetzte.

In Stattlers Schüler Johann Michael Sailer (1751—1832) und unter seinen Anhängern in Dillingen und Augsburg, in der Schweiz und in Norddeutschland erreichte die irenische Stimmung einen Höhepunkt [36a]. In der umfassenden, aufopfernden, Christus nachahmenden Liebe sah Sailer den Weg zur Einheit der Kirche. Nur als Durchgangsstadien zu einer höheren Einheit deutete der romantische Philosoph Franz v. Baader die konfessionellen Spaltungen und brachte damit einen Gedanken in das Gespräch zwischen den Konfessionen, der bei Joseph Görres bis tief in seine Straßburger Zeit und vor allem bei Sebastian Drey wirksam gewesen ist. Mit Hilfe der „landesherrlichen Reformationsgewalt“ versuchte in Baden Johann Nikolaus Friedrich Bauer († 1813) einen Schritt zur Vereinigung

[34] *C. Th. v. Dalberg,* Betrachtungen über das Universum (Erfurt 1777).

[35] *Chr. v. Schmid,* Erinnerungen aus meinem Leben I, 6.

[36] *B. Stattler,* Plan zu der allein möglichen Vereinigung der Protestanten mit der katholischen Kirche und von den Grenzen dieser Möglichkeiten (München-Augsburg 1781); *F. X. Haimerl,* Die irenische Beeinflussung Johann Michael Sailers durch Benedikt Stattler: Jb. des Historischen Vereins Dillingen 52 (1950) 78—94; *H. Graßl,* Aufbruch zur Romantik. Bayerns Beitrag zur deutschen Geistesgeschichte 1765—1785 (München 1968) 84 ff.

[36a] *F. W. Kantzenbach,* Johann Michael Sailer und der ökumenische Gedanke (Nürnberg 1955).

der Konfessionen zu tun. An der Universität Heidelberg errichtete er eine Theologische Fakultät mit neun Professoren aller drei Konfessionen, doch schieden die Katholiken 1807 aus dieser Fakultät aus, um an die Universität Freiburg übernommen zu werden[37]. Aufklärerisch-nivellierende und irenische Vorstellungen verquicken sich in dem Wunsch nach Wiedervereinigung der getrennten Christenheit bei dem Fürstprimas Carl Theodor von Dalberg, seinem Konstanzer Generalvikar Ignaz Heinrich von Wessenberg und ihren Freunden.

Politische und nationale Motive sind dagegen bei dem Versuch des Erzbischofs von Besançon im Spiel, die Kaiserkrönung Napoleons durch eine Reunion der Konfessionen zu verherrlichen. Wie sehr sie sich auch in Deutschland mit den aus der Aufklärung und älteren Wurzeln genährten Unionswünschen zu Beginn des 19. Jh. verbinden, zeigt nicht nur die leidenschaftliche Diskussion der Schriften von Claude Le Coz und Beaufort oder die Aufnahme der Geschichte der Wiedervereinigungsversuche von Mathieu Tabaraud (1808), sondern auch der Beitrag des letzten Abtes von Michelfeld, Maximilian Prechtl OSB, zur Überwindung der konfessionellen Spaltung[38]. „Aus der subjektiven Überzeugung, daß die Religionsumwälzung des 16. Jh. die nächste oder entferntere Ursache der meisten politischen und kirchlichen Stürme, einschlüssig (!) der letzten Säkularisation gewesen sei", versuchte er, „in der religiösen Vereinigung Deutschlands das vorzüglichste, wenn auch nicht das einzige Mittel und die Hauptbedingungen kräftigen Widerstandes gegen die erst im Werden begriffene Napoleonische Universalherrschaft" zu finden. Bei den Irenikern im preußisch konservativen Lager, im christlich germanischen Kreis, aber nicht nur dort allein, war das Streben nach konfessioneller Einigkeit hinfort aufs engste verbunden mit dem Streben nach nationaler Einheit. Schärfer als Radowitz und Diepenbrock hat der Historiker und konservative Politiker Heinrich Leo die Verquickung von religiöser Wiedervereinigung und nationaler Einheit im 19. Jh. gesehen: „Wer ein deutsches Reich will, der muß zuerst wieder eine einige feste Deutsche Kirche haben — das predigt die Geschichte nun seit sechs Jahrhunderten." [39]

[37] *G. A. Benrath,* Drei theologische Fakultäten in Heidelberg (1805—1807) und Karl Friedrichs Unionspolitik: Neue Heidelberger Jahrbücher NF 1952/53, 85—97.

[38] *M. Prechtl,* Friedensworte an die katholische und protestantische Kirche für ihre Wiedervereinigung (Sulzbach 1810); *ders.,* Gutachten der Helmstedter Universität bei der einer protestantischen Prinzessin angenommenen Annahme der katholischen Religion, beleuchtet von dem Verfasser der Friedensworte (Salzburg 1815); *ders.,* Friedensbenehmen zwischen Bossuet, Leibnitz und Molan für die Wiedervereinigung der Katholiken und Protestanten (Sulzbach 1815); vgl. *H. Raab,* „Ad reuniendos dissidentes" 145.

[39] *H.-J. Schoeps,* Das andere Preußen. Konservative Gestalten und Probleme im Zeitalter Friedrich Wilhelms IV. (Honnef ²1957) 199; zum Problem auch *E. Hannay,* Der Gedanke der Wiedervereinigung der Konfessionen in den Anfängen der konservativen Bewegung (Düsseldorf 1936).

26. Kapitel

Kirchliche Wissenschaft im 18. Jahrhundert — Aufklärungstheologie und Pietismus

Katholische Theologie: ALLGEMEINE LITERATUR: *Grabmann G* 179—212; *Werner; Hurter* IV—V; *F. Stegmüller,* Barock, II. Theologie: LThK² I 1260—65; *L. Scheffczyk,* Aufklärung, III. Theologie: ebd. I 1063—66.

LITERATUR vgl. auch Lit. zu Kap. 18: *A. Anwander,* Die allgemeine Religionsgesch. im kath. Deutschland während der Aufklärung und der Romantik (Salzburg 1932); *M. Braubach,* Die kirchliche Aufklärung im kath. Deutschland im Spiegel des Journal von und für Deutschland: HJ 54 (1934) 1—63 178—220; *W. Forster,* Die kirchliche Aufklärung der Abtei Banz im Spiegel ihrer von 1772—98 herausgegebenen Zeitschrift: SM 63 (1951) 172—233, 64 (1952) 110—233; *E. Tomek,* Kirchengesch. Österreichs, III: Die Zeit der Aufklärung und des Absolutismus (Innsbruck 1959); Laurens. Ein Beitrag zur deutschen und französischen Aufklärung (Berlin 1963); *E. Winter,* Frühaufklärung. Der Kampf gegen den Konfessionalismus in Mittel- und Osteuropa und die deutsch-slawische Begegnung (Berlin 1966); *G. Otruba,* Kirche und Kultur in Aufklärung und Barock: Jb. f. Landeskunde von Niederösterreich, NF 31 (1934) 238—266; *P. Kälin,* Die Aufklärung in Uri, Schwyz und Unterwalden im 18. Jahrhundert (Diss. Fribourg 1946); *H. Wagner,* Die Aufklärung im Erzstift Salzburg: Salzburger Universitätsreden 26 (Salzburg - München 1968); *A. Kraus,* Bürgerlicher Geist und Wissenschaft. Wissenschaftliches Leben im Zeitalter des Barock und der Aufklärung in Augsburg, Regensburg und Nürnberg: Arch. f. Kulturgesch. 49 (1967) 340—390; *G. Groß,* Trierer Geistesleben unter dem Einfluß von Aufklärung und Romantik 1750—1850 (Trier 1956) 15—110; *F. Wetzel,* Geschichte der kath. Presse Deutschlands im 18. Jahrhundert (Phil. Diss. Heidelberg 1913); *L. A. Veit,* Das Aufklärungsschrifttum des 18. Jahrhunderts und die deutsche Kirche (Görres-Gesellschaft Vereinsschrift) (Köln 1937); *G. Schwaiger,* Die Aufklärung in kath. Sicht: Concilium 3 (1967) 559—566. *B. Plongeron,* Recherches sur l'„Aufklärung" catholique en Europe occidentale (1770—1830): RHMC 16 (1969) 555—605; *R. van Dülmen,* Antijesuitismus und kath. Aufklärung in Deutschland: HJ 89 (1969) 52—80. Die Lit. zu einzelnen Theologen siehe: LThK² und in den ergänzenden hier folgenden Anmerkungen. — Systematische Theologie: *I. Müller,* Die Disentiser Barockscholastik: ZSKG 52 (1958) 1—26 150—182. — Moral: *J. Klein,* Ursprung und Grenzen der Kasuistik: Festschr. Fritz Tillmann (Düsseldorf 1950) 229—245; *H. Klomps,* Tradition und Fortschritt in der Moraltheologie. Die grundsätzliche Bedeutung der Kontroverse zwischen Jansenismus und Probabilismus (Köln 1963); *W. Martens,* Die Botschaft der Tugend. Die Aufklärung im Spiegel der deutschen moralischen Wochenschriften (Stuttgart 1968). — Pastoral: *A. Schrott,* Seelsorge im Wandel der Zeit (Graz 1949); *F. Dorfmann,* Die Ausgestaltung der Pastoraltheologie zur Universitätsdisziplin (Wien-Leipzig 1910; Lit.); *R. Füglister,* Die Pastoraltheologie als Universitätsdisziplin (Basel 1951); *H. Schuster,* Die Gesch. der Pastoraltheologie: Hdb. der Pastoraltheologie I (Freiburg i. Br. 1964) 40—92; *F. X. Arnold,* Grundsätzliches und Geschichtliches zur Theologie der Seelsorge (Freiburg i. Br. 1949). — Katechetik: *J. Schmitt,* Der Kampf um den Katechismus in der Aufklärungsperiode Deutschlands (Diss. masch. München 1935); *L. Leutner,* Katechetik und Religionsunterricht in Österreich, 2 Bde (Wien 1955/59); *J. Rabas,* Katechetisches Erbe der Aufklärungszeit, kritisch dargestellt am Lehrbuch der christkathol. Religion von J. F. Batz. Bamberg 1799 (Freiburg i. Br. 1963). — Kirchengeschichte: *E. C. Scherer,* Gesch. und Kirchengesch. an den deutschen Universitäten. Ihre Anfänge im Zeitalter des Humanismus und ihre Ausbildung zur selbständigen Disziplin (Freiburg i. Br. 1927); *L. Scheffczyk,* F. L. Stolbergs „Gesch. der Religion Jesu Christi". Die Abwendung der kath. Kirchengeschichtsschreibung von der Aufklärung ... (München 1952); *I. A. En-*

dres, Korrespondenz der Mauriner mit den Emmeramern (Stuttgart - Wien 1899); *G. Pfeilschifter,* Die sanktblasische Germania sacra (Kempten 1921); *A. Pérez Goyena,* Los orígines del estudio de la Historia eclesiástica en España: RF 79 (1927); *K. Zinke,* Zustände und Strömungen in der kath. Kirchengeschichtsschreibung des Aufklärungs-Zeitalters im deutschen Sprachgebiet (Diss. theol. Breslau 1933); *G. Heer,* Mabillon und die Schweizer Benediktinerklöster (St. Gallen 1938); *A. Walz,* Studi storiografici (Rom 1940) 40—72; O. *Köhler,* Der Gegenstand der Kirchengesch.: HJ 77 (1958) 254—269; *T. Stowikowski,* Les opinions sur l'enseignement de l'histoire en Pologne au XVIIIe siècle et les conceptions didactiques de Joachim Lelcwel (poln.) (Krakau 1960); *A. Kraus,* Grundzüge barocker Geschichtsschreibung: HJ 88 (1968) 54—77.

Das gelehrte Italien: *F. Venturi,* Le siècle des lumières en Italie. Cahiers d'histoire 5 (1960) 225—239; *ders.,* Settecento riformatore. Da Muratori a Beccaria (Turin 1969); *A. Prandi,* Religiosità e cultura nel '700 italiano (Bologna 1966).

Jansenismus in Italien. Synode von Pistoja 1786: QUELLEN: *E. Codignola,* Carsteggi di giansenisti liguri, 3 Bde (Florenz 1941/42). LITERATUR: *A. C. Jemolo,* Il giansenismo in Italia prima delle rivoluzioni (Bari 1928); *B. Matteucci,* Scipione de' Ricci (Brescia 1941); *E. Dammig,* Il movimento giansenista a Roma nella seconda metà del sec. XVIII (Città del Vaticano 1945); *E. Codignola,* Il giansenismo toscano, 2 Bde (Florenz 1944); *ders.,* Illuministi, giacobini e giansenisti nell'Italia del '700 (Florenz 1947); *F. Valsecchi,* Le riforme dell'assolutismo illuminato negli Stati italiani 1748—1789 (Mailand 1953); *G. Quazza,* Il problema italiano alla vigilia della riforme 1720—1738 (Rom 1954); *P. de Leturia,* Il concetto di nazione italiana nel grande antigiansenista F. A. Zaccaria (1714—1795), secondo fonti dell'archivio di Loyola: Analecta Gregoriana 71 (1954) 231—257; *ders.,* Nuove ricerche sul giansenismo (Rom 1954); *B. Matteucci,* Il giansenismo (Rom 1954); *G. Candelero,* Storia dell'Italia moderna I. Le origini del Risorgimento 1700—1815 (Mailand 1956); *G. Quazza,* Le riforme in Piemonte nella prima metà del Settecento, 2 Bde (Modena 1957); *E. W. Cochrane,* Le riforme Leopoldine in Toscana nella corrispondenza degli invitati francesi 1766—1791, RSRis 45 (1958) 199—218; *M. Vaussard,* Jansénisme et gallicanisme aux origines religieuses du Risorgimento (Paris 1959); *E. Passarin d'Entrèves,* La riforma „giansenista" della Chiesa e la lotta anticuriale in Italia nella seconda metà del Settecento: Riv. Storica Italiana 71 (1959) 209—234; *F. Catalano,* Illuministi e giacobini del '700 italiano (Mailand 1959); *M. Vaussard,* Correspondance Scipione de' Ricci - Henri Grégoire (1796—1807) (Florenz - Paris 1963); *A. Wandruszka,* Leopold II., 2 Bde (Wien 1963/65); *G. König,* Rom und die toskanische Kirchenpolitik 1765—1790 (Phil. Diss. Köln 1964); *A. Wandruszka - F. Diaz - L. Dal Pane - M. Rosa,* L'opera di Pietro Leopoldo, granduca di Toscana: Rassegna storica toscana 11 (1965) 179—300; *C. Caristia,* Riflessi politici di giansenismo italiano (Neapel 1965); *P. C. Cannarozzi,* I collaboratori giansenisti di Pietro Leopoldo, granduca di Toscana: Rassegna storica toscana 12 (1966) 5—59; *F. Diaz,* Francesco Maria Gianni. Dalla burocrazia alla politica sotto Pietro Leopoldo di Toscana (Mailand 1966); *M. Rosa,* Riformatori e ribelli nell '700 religioso italiano (Bari 1969); *Ch. A. Belton,* Church Reform in 18th Century Italy (The Synod of Pistoia, 1786) (Den Haag 1969).

Evangelische Theologie: QUELLEN: *W. Philipp,* Das Werden der Aufklärung in theologiegeschichtlicher Sicht (Göttingen 1957) [Texte].

LITERATUR: *E. Hirsch,* Gesch. der neueren evangelischen Theologie, 5 Bde (Gütersloh [3]1964); *W. Kantzenbach,* Protestantisches Christentum im Zeitalter der Aufklärung (Gütersloh 1965); *A. Schlingensiepe-Pogge,* Das Sozialethos der lutherischen Aufklärungstheologie am Vorabend der industriellen Revolution (Göttingen - Berlin - Frankfurt 1967); *H. Hubschmid,* Gott, Mensch und Welt in der schweizerischen Aufklärung. Eine Untersuchung über Optimismus und Fortschrittsgedanken bei Joh. Jak. Scheuchzer, Joh. Heinrich Tschudi, Joh. Jak. Bodmer und Jakob Iselin (Diss. Phil. I Bern, Affoltern a. A. 1950); *R. Bruch,* Das Verhältnis zwischen der kath. und prot. Moraltheologie zur Zeit der Aufklärung: Festschrift Lorenz Jäger (Paderborn 1962) 278—292; *W. Nigg*, Die Kirchengeschichtsschreibung (München 1934) [Der Titel ist irreführend, weil die kath. Kirchengeschichtsschreibung bewußt außer acht gelassen wird, weil sie zum modernen Problem nichts beitrage]; *A. Klempt*, Die Säkularisierung der universalhistorischen Auffassung. Zum Wandel des Geschichtsdenkens im 16. und 17. Jh. (Göttingen 1960) [wichtig wegen der Beachtung der prot. Theologie]; *P. Meinhold*, Gesch. der kirchlichen Historiographie, 2 Bde (Freiburg - München 1967) [Quellen und Darstellung].

Universitäten: LITERATUR: *K. Goldmann*, Verzeichnis der Hochschulen (Neustadt an der Aisch 1967; enthält genaues Verzeichnis aller Matrikel und Matrikelausgaben); Les universités européennes du XIVe au XVIIIe siècle. Aspects et problèmes. Actes du colloque int. à l'occasion du 6. centenaire de l'Univ. Jagelonne de Cracovie 6—8 mai 1964 (Genf 1967); *E. C. Scherer*, Gesch. und Kirchengesch. an den deutschen Universitäten (Freiburg i. Br. 1927); *R. Haaß*, Die geistige Haltung der katholischen Universitäten Deutschlands im 18. Jh. (Freiburg i. Br. 1952) (berücksichtigt nur Deutschland in den Grenzen von 1919 und untersucht die Stellung zur aufkommenden neuen Philosophie). Lit. unter den einzelnen Universitäten; *M. Andrés*, Las facultades de teología en las universidades españolas (1396—1868): RET 28 (1968) 319—358; *H. Jedin*, Ein nicht realisierter Universitätsgründungsplan im 16. Jh.: Festschr. L. Brandt (Köln 1969) 405—415 (Beginn der Konfessionalisierung). — Bonn: *M. Braubach*, Die erste Bonner Universität (Bonn 1947); *ders.*, Rheinische Aufklärung. Neue Funde zur Gesch. der 1. Bonner Universität: AHVNrh 149/150 (1950/51) 74—180, 151/152 (1952) 257—348. — Dillingen: *A. Biglmaier - F. Zoepfl*, Stadt und Universität Dillingen (Dillingen 1950). — Freiburg: *E. Säger*, Die Vertretung der Kirchengesch. in Freiburg von den Anfängen bis zur Mitte des 19. Jh.: Beiträge zur Freiburger Wissenschafts- und Universitätsgeschichte 1 (1952); *P. Diepgen - E. Th. Nauck*, Die Freiburger Medizinische Fakultät in der österreichischen Zeit: ebd. 16 (1957); *E. W. Zeeden*, Die Freiburger Philosophische Fakultät im Umbruch des 18. Jh.: ebd. 17 (1957) 9—139; *E. Zentgraf* (Hrsg.), Aus der Geschichte der Naturwissenschaften an der Universität Freiburg: ebd. 18 (1957); *W. Müller*, Fünfhundert Jahre theologische Promotion an der Universität Freiburg: ebd. 19 (1957); *Th. Kurrus*, Die Jesuiten an der Universität Freiburg 1620—1773, I: ebd. 21 (1963); *C. Schott*, Rat und Spruch der Juristenfakultät Freiburg i. Br.: ebd. 30 (1965); *Th. Kurrus*, Zur Einführung der Experimentalphysik durch die Jesuiten an der Universität Freiburg: ebd. 33 (1966) 119—124; *F. Biesenbach*, Die Entwicklung der Nationalökonomie an der Universität Freiburg 1768—1896: ebd. 36 (1969). — Fulda: *W. A. Mühl*, Die Aufklärung an der Universität Fulda mit besonderer Berücksichtigung der philosophischen und juristischen Fakultät (1734—1805) (Fulda 1961). — Graz: *J. Matl*, Die Bedeutung der Universität Graz für die kulturelle Entwicklung des europäischen Ostens: Festschr. Universität Graz (Graz 1936) 167—226; *A. Posch*, Die Bedeutung der Grazer theologischen Fakultät für den Südosten der ehemaligen Monarchie in der Zeit von 1773 bis 1827: ebd. 105—119; *ders.*, Die kirchliche Aufklärung in Graz und an der Grazer Hochschule: Festschrift der Universität Graz (1937). — Ingolstadt: *R. Obermeier*, Die Universität Ingolstadt (Ingolstadt 1959). — Innsbruck: Forschungen zur Innsbrucker Universitätsgesch. (Innsbruck 1960 ff); *A. Haidacher*, Ein Gnadenstreit zwischen dem Stifte Wilten und der Universität Innsbruck aus dem Beginn des 18. Jh.: APraem 31 (1955) 100—135 193—226; *A. Mitterbacher*, Der Einfluß der Aufklärung an der theologischen Fakultät der Universität Innsbruck (1790—1823) (Innsbruck 1962); *F. Huter*, Die Anfänge der Innsbrucker Juristenfakultät (1671—1686): ZSavRGgerm 85 (1968) 223—247; *G. Mraz*, Gesch. der Theologischen Fakultät der Universität Innsbruck von ihrer Gründung bis zum Jahre 1740 (Innsbruck 1968); Die Matrikel der Universität Innsbruck 3. Teil Matricula Universitatis I 1755/56—1763/64, bearb. v. *E. Weiler* (Innsbruck 1968). — Löwen: *J. Wils*, L'université de Louvain à travers 5 siècles (Brüssel 1927); *R. Guelluye*, L'évolution des méthodes de théologie à Louvain d'Érasme à Jansenius: RHE 37 (1941)

31—144; *L. van der Essen,* L'université de Louvain 1425—1940 (Brüssel 1945); *F. Claeys Bouuaert,* L'ancienne université de Louvain (Löwen 1956). — M a i n z : Beiträge zur Gesch. der Universität Mainz (Wiesbaden 1955 ff); *A. Ph. Brück,* Die Mainzer Theologische Fakultät im 18. Jh. (Wiesbaden 1955); *L. Just,* Die alte Universität Mainz 1477—1798 (Wiesbaden 1957); *L. Just - H. Mathy,* Die Universität Mainz (Mainz 1965). — M ü n s t e r : *E. Hegel,* Die katholisch-theologische Fakultät Münster in ihrer geschichtlichen Entwicklung 1773 bis 1961 (Münster 1961). — O l m ü t z : *G. Deutsch,* Die theologische Fakultät Olmütz (Brünn 1885). — O s n a b r ü c k : *Ch. Riepe,* Gesch. der Universität Osnabrück (Osnabrück 1965). — P a d e r b o r n : *K. Honselmann,* Die philosophisch-theologische Akademie in Paderborn und ihr Stiftungsvermögen (Paderborn 1954). — P r a g : *R. Schreiber,* Studien zur Gesch. der Karls-Universität zu Prag (Freilassing - Salzburg 1954). — S a l z b u r g : *A. Kalb,* Präsidium und Professorenkolleg der Benediktineruniv. Salzburg 1617—1743: Mitt. der Ges. für Salzburger Landeskunde 102 (1962) 117—166; *M. Kaindl-Hoenig - K. H. Ritschel,* Die Salzburger Universität 1622—1964 (Salzburg 1964). — W i e n : *A. Wappler,* Gesch. der theologischen Fakultät der k. k. Universität zu Wien (Wien 1884); *R. Meister,* Entwicklung und Reformen des österreichischen Studienwesens, 2 Bde (Wien 1963).

A k a d e m i e n : LITERATUR: Vor allem: *A. Kraus,* Vernunft und Geschichte. Die Bedeutung der deutschen Akademien für die Entwicklung der Geschichtswissenschaft im späten 18. Jh. (Freiburg - Basel - Wien 1963; mit ausführlicher Lit.); *M. Maylender,* Storia delle Accademie d'Italia, 5 Bde (Bologna - Turin 1926/30); *V. Castañada y Alcover,* La Real Academia de la Historia 1735—1930 (Madrid 1930); *E. W. Cochrane,* Tradition and Enlightenment in the Tuscan Academies (Rom 1961); *L. Hammermayer,* Die Benediktiner und die Akademiebewegung im katholischen Deutschland (1720—1770): SM 70 (1959) 45—146; *ders.,* Europäische Akademiebewegung und italienische Aufklärung: HJ 81 (1962) 247—263; *P. Fuchs,* Palatinus Illustratus. Die historische Forschung an der kurpfälzischen Akademie der Wissenschaften (Mannheim 1963); *R. Rurup,* Die deutsche Geschichtswissenschaft im 18. Jh.: ZGObrh 113 (1965) 231—261.

S c h u l w e s e n : LITERATUR: *J. Rößler,* Die kirchliche Aufklärung unter dem Speierer Fürstbischof August von Limburg-Stirum: Mitt. des hist. Vereins der Pfalz 34/35 (1915) 1—160; *A. Messer,* Die Reform des Schulwesens im Kurfürstentum Mainz unter Emmerich Joseph 1763—1774 (Mainz 1897); *P. Mauel,* Das Volksschulwesen des Hochstiftes Speyer im 18. Jh. 3.—4. Jahrb. des Vereins für christl. Erziehungswissenschaft 1910/11; *H. Hardewig,* Die Tätigkeit des Freiherrn Franz von Fürstenberg für die Schulen des Fürstbistums Münster (Hildesheim 1912); *E. Jehle,* Das niedere Schulwesen unter Limburg-Stirum (Freiburg i. Br. 1923); *N. Konrad,* Franz Ludwig von Erthal. Ein Organisator der Volksschule der Aufklärung (Düsseldorf 1932); *M. Schmidt,* Die Aufklärung im Fürstbistum Passau (Diss. München 1933): Vh. des hist. Vereins für Nordbayern 67/68 (1934, 1935); *W. Roeßler,* Die Entstehung des modernen Erziehungswesens in Deutschland (Stuttgart 1961); *E. Schumacher,* Das kölnische Westfalen im Zeitalter der Aufklärung (Phil. Diss. masch. Bonn 1952); *A. Ph. Brück,* Kurmainzer Schulgeschichte. Texte. Berichte. Memoranden (Wiesbaden 1960); *M. Renner,* Fuldaer Einfluß auf die Würzburger Schulreform Fürstbischofs Franz Ludwig von Erthal: ZBLG 28 (1965) 368—391; *H. Flurschütz,* Die Verwaltung des Hochstiftes Würzburg unter Franz Ludwig von Erthal 1779—95 (Würzburg 1965); *H. M. Elzer* (Hrsg.), Zwei Schriften der Kurmainzer Schulreform von 1770—1784 (Frankfurt - Berlin - Bonn - München 1967).

Katholische Theologie

In der Theologiegeschichte wird die Zeit von der Mitte des 17. bis zur Mitte des 18. Jh. als eine Zeit des Niedergangs der Scholastik angesehen; Grabmann (192) spricht von einer Epigonenzeit. Das von früheren Generationen Erarbeitete wird fleißig in Kompendien und Lehrbüchern gesammelt und vorgetragen, aber wenig Neues hinzugefügt. Und doch ist die Zeit für einen weitgespannten Blick auf die Theologie nicht ohne Eigenart. Schon die Tatsache, daß sich die Moral von der Dogmatik getrennt hat, deutet auf ein Wachstum hin. Sie steht stark unter den Erfordernissen seelsorgerlicher Praxis und baut — anknüpfend an mittelalterliche Beichthandbücher und nicht ohne Einfluß kanonistischer Tendenzen — eine Kasuslehre aus, die die Entscheidungen in konkreten Fällen erleichtern will. Dadurch wird die Verwirklichung des Christlichen zwar weithin entpersonalisiert, und man mag bedauern, daß es zu solchen Erscheinungen wie dem Laxismus, dem Moralstreit um Probabilismus und Probabiliorismus gekommen ist; und doch steht ein mächtiger Versuch dahinter, mit Problemen des Alltags fertig zu werden. Auch wird mögliche Weiterentwicklung ethischer Normen sichtbar. Daneben läuft der große Aufbruch zur historischen Forschung, der grundlegend gerade im Bereich der katholischen Theologie geleistet wird. Es wurden durch die barocken Geschichtsschreiber, weil ihnen alle Fakten von Bedeutung sind, eine ungeheuere Materialfülle ausgebreitet, aber eben doch auch jene Methoden gefunden, von denen noch heute die Geschichtswissenschaft lebt. Und schließlich ist die Aufklärung im Feld der Theologie Anregerin für neue Zweige theologischer Wissenschaft, wie der der Bibelwissenschaften, der Religionswissenschaft und der Pastoraltheologie mit ihren Untergliederungen, der Liturgik, der Katechetik und der Homiletik. Es fällt nicht schwer, hinter diesen Erscheinungen ein Gemeinsames zu sehen: es nimmt die theologische Spekulation ab, aber das konkrete kirchliche Leben wird entschlossener in die theologische Erkenntnis aufgenommen. Die gesamte Situation führt darüber hinaus vor neue Möglichkeiten theologischen Ansatzes, der sich nicht mehr auf jene Grundlagen beschränkt, die aus der Antike oder den Gedanken des Mittelalters kommen.

Natürlich ist die spekulative Theologie nicht ganz erloschen; es sind noch manche Namen nennenswert. Aber keiner läßt sich mehr mit den großen Theologen des Mittelalters oder den Spaniern des späten 16. oder beginnenden 17. Jh. (s. Bd IV 562—573) vergleichen. Noch standen die alten theologischen Schulen einander gegenüber. Den Thomismus vertraten die Benediktiner von Salzburg wie Paul Mezger (1637—1702) oder Ludwig Babenstuber (1660—1715), Dominikaner wie Kard. Vincenzo Ludovico Gotti (1664—1742), Hyacinth Drouin (1680—1740) oder Bernardo Maria de Rossi (1687—1775); unter den Jesuiten wäre vor allem der Spanier Kard. Álvaro Cienfuegos (1657—1739) wegen seiner besonderen Meßopferlehre zu nennen; vier Mitglieder der Gesellschaft Jesu, Professoren der Universität Würzburg, schrieben unter Berücksichtigung der positiv-theologischen und der spekulativen Elemente 1766—77 eine beachtliche „Theologia Wirceburgensis", deren Anliegen in ähnlicher Weise auch der Spanier Joh. Bapt. Genér SJ (1711—81) in seinem fast gleichzeitig erscheinenden Werk vertrat. In etwa eine augustinische Theologie trug in Salzburg August Reding (1625—92), der spätere Abt von Einsiedeln, vor, während Enrico Noris und Giovanni Laurenzio Berti (1696—1766) als Hauptvertreter der jüngeren Augustinerschule zu gelten haben. Der Franziskaner Claude Frasien (1620—1711) war, sosehr er auf Aristoteles fußte, Skotist. Die Kapuzinertheologen gingen im allgemeinen auf Bonaventura zurück. Erneut flammte das Interesse an Raimundus Lullus auf: Ivo Salzinger (1669 bis 1728) in Mainz regte die Neuausgabe seiner Werke an (1721—42)[1]; in Mainz verweilte zuerst auch der bedeutendste Lullist des Jahrhunderts, Antonio Raymundo Pascual y Flexas (1708—91), bevor er Jahrzehnte hindurch in Palma di Mallorca wirkte. Aus der in vielen Werken vertretenen Kontroverstheologie mag auf des Konvertiten Johannes Scheffler, der als Angelus Silesius ein unvergängliches dichterisches religiöses Werk schuf, „Ecclesiologia" (1677) hingewiesen sein. Eine erste Apologie in deutscher Sprache brachte Beda Mayr OSB 1787—89 heraus: „Verteidigung der natürlichen, christlichen und katholischen Religion nach den Bedürfnissen unserer Zeit". Schon der Titel zeigt, daß Apologie längst nicht mehr allein im Kampf der Konfessionen erfüllt werden konnte.

Eine moraltheologische Frage hat teilweise das 17. Jh. sehr aufgewühlt: Der Probabilismus bietet für den Fall, daß dem Bestehen eines Moralgesetzes ein ernsthafter Zweifel begegnet, die Möglichkeit der freien Entscheidung an, wenn für diese probable Gründe sprechen. Eine strengere Auffassung verlangt probablere Gründe (Probabiliorismus, Tutiorismus), eine weiche läßt auch schwache Gründe zu (Laxismus). Die systematische Grundlage des Probabilismus geht auf Bartholomäus de Medina OP (1577) zurück (vgl. Bd IV 565). Er wurde viel von Dominikanern und Jesuiten vertreten. Gegen ihn und alle Weisen des Laxismus kämpften die Jansenisten, besonders auch Blaise Pascal (vgl. Kap. 3 und 6). Wenn 1665 und 1666 Alexander VII. den Laxismus verurteilte und ebenso 1679 Innozenz XI. (vgl. Kap. 3), so wandte sich Alexander VIII. 1690 gegen den Tutiorismus.

Schon das praktische Bedürfnis hat die Schriften zur neu herauskristallisierten Moraltheologie zahlenmäßig sehr anwachsen lassen: sowohl die Zahl der Autoren wie auch manche unter ihnen in der Zahl der Auflagen. Nur wenige seien genannt[2], so die Moraltheologie des Martin Bonacina (1624) oder des Jesuiten Paul Laymann (1625, vgl. Bd IV 580); die „Resolutiones

[1] Zum Mainzer Lullismus vgl. *A. Th. Brück:* Jb. des Bistums Mainz 4 (1949) 314—338.
[2] Zu den französischen Moralisten vgl. Kap. 6.

morales" des Theatiners Antonio Diana (1629—59) boten etwa 6000 Rechts- und Gewissensfälle und wurden in späteren Auflagen je nachdem systematisch oder alphabetisch durchgeordnet, um den Benutzern leichter zu dienen. Der Zisterzienser Juan Caramuel y Lobkowitz (1641) und der Jesuit Ambrosio de Escobar Mendoza (1644 und 1652) brachten besonders laxe Auffassungen in ihren Moraltheologien vor und wurden entsprechend namentlich von Pascal angegriffen (vgl. Kap. 3 und 6). Hermann Busenbaums SJ „Medulla theologiae moralis" (1645) war ganz der Praxis zugewandt, während das weitverbreitete Werk (1692) des Franziskaners Anaklet Reiffenstuel, des „Klassikers der praktischen Theologie", klar auf die Trennung von Recht und Moral achtete. Der angesehenste und auch noch für eineinhalb Jahrhunderte wirksame Moraltheologe wurde Alfons von Liguori (1696—1787), dessen „Theologia moralis" (1748) sich an Busenbaum anschließt; er war ausgleichend, Äquiprobabilist, ganz erfüllt von dem Gedanken an die göttliche Barmherzigkeit; sein „Homo apostolicus" (1757) ist vorwiegend nach der kasuistischen Methode aufgebaut. Zur Entwicklung eines episkopalistischen Kirchenrechtes vgl. Kap. 22.

Obgleich auch die große Zeit ergriffener Mystik vorüber war und niemand mehr wirkte wie eine Teresa von Ávila oder ein Johannes vom Kreuz, so ist das Jahrhundert einer in barocken Formen bewegten Religiosität, in dem im protestantischen Bereich sich ein umfassender Pietismus ausgebildet hat, nicht ohne Zeugnis tiefen religiösen Lebens und aszetischer Disziplin. Von Jean Eudes (1601—80) und Jean Jacques Olier (1608—57) war schon die Rede (Kap. 1). Die aszetischen Schriften des Zisterzienserkardinals Johannes Bona (1609—74), der auch ein bedeutender Liturgieforscher war, wie „De sacrificio missae" (1658) und „Cursus vitae spiritualis" (1674) und andere, erfuhren weite Verbreitung. Der heilige Louis Marie Grignion de Montfort (1673—1716) war selbst einer der ganz großen und weit wirkenden Missionare; unter seinen aszetischen Schriften war der „Traité de la vraie dévotion à la Sainte Vierge" der tiefste und verbreitetste. Die Schriften des Jesuiten Jean-Pierre Caussade (1675—1751), so die „Instructions spirituelles" (1741), wurden gerade im 20. Jh. erneut beachtet. Dominik Schramms OSB (1723—97) „Institutiones theologiae mysticae" (1774) suchen den Anschluß an die Aufklärung.

Die einschneidende Veränderung des geistigen Lebens, die wir mit dem Wort „Aufklärung" kennzeichnen (vgl. Kap. 18)[3], konnte natürlich auch nicht an der Konzeption der systematischen Theologie ohne Wirkung vorübergehen. Die cartesianischen Gedanken und die eines Leibniz, dargeboten in der rationalistischen Form des Christian Wolff, dessen Philosophie bis

[3] Die Beurteilung der katholischen Aufklärung in Deutschland hat Anfang des 20. Jh. durch Sebastian Merkle eine bemerkenswerte Wende zum Positiven und zu einer genaueren Differenzierung erfahren; vgl. *S. Merkle*, Ausgewählte Reden und Aufsätze (Würzburg 1965) bes. 361—441.

Kant bei den protestantischen Denkern der Zeit vorherrschend war, aber auch ab 1740 in katholischen Kreisen immer wieder eklektizistisch benutzt wurde, mußten der überlieferten spekulativen Theologie konfrontiert werden. Verhältnismäßig radikal unternahm dies Ulrich Weiß OSB (1713—63, „Liber de emendatione intellectus humani" 1747). Der Augustiner Eusebius Amort (1692—1775)[4], ein fruchtbarer Schriftsteller, auch naturwissenschaftlich interessiert, historisch kritisch arbeitend, benützte intensiv die Schrift; Tradition mit Neuem verbindend, gebrauchte er eine vereinfachte scholastische Methode. Als Moraltheologe war er Äquiprobabilist und stand Alfons von Liguori nahe. Simpert Schwarzhueber OSB (1727—95)[5] schrieb noch 1768 seine thomistische „Ethica"; im „Praktisch-katholischen Religionshandbuch für nachdenkende Christen" (1784/85) versuchte er, weniger glücklich als Amort, Altes mit Neuem zu verbinden. Sehr fruchtbar und von universaler Konzeption war das Werk des Ingolstädter Jesuiten Benedikt Stattler (1728—97)[6], des Lehrers Johann Michael Sailers. Trotz seines schwerfälligen Stils sind seine „Demonstratio evangelica" (1770) und „Demonstratio catholica" (1775) schon ihrer strengen Methode wegen hervorzuheben. 1788 schrieb er einen „Anti-Kant". Am Ende kirchlichen Zensuren verfallen, blieb er wenig mehr beachtet und ist erst wieder neuerdings besonders geschätzt. Engelbert Klüpfel OESA (1733—1811), Dogmatiker in Freiburg, war in seinen unscholastischen „Institutiones theologiae dogmaticae" (1789) kein Rationalist, aber ein Vorkämpfer der geschichtlichen Theologie. Es gab aber auch ausgesprochene Rationalisten, wie die Mainzer Professoren Johann Lorenz Isenbiehl (1744—1818, Exeget, „Neuer Versuch über die Weissagung von Emmanuel", 1778), und Felix Anton Blau (1754—1798, Dogmatiker) und den Würzburger Franz Berg (1753—1821), voll Skeptizismus, trotz seiner antikantianischen Haltung.

In einer Verbindung des kantianischen kategorischen Imperativs mit dem biblischen Liebesgebot suchte hingegen Sebastian Mutschelle SJ (1749—1800) eine spekulative Neubegründung der Moraltheologie. Nach der Verurteilung des Jakob Danzer OSB (1743—96) wegen seiner „Anleitung zur christlichen Moral" (1787) wurde an der Salzburger Universität noch einmal die Scholastik herrschend. Der Exeget Thaddäus Anton Dereser (1757—1827)[7] wirkte in die Breite durch sein „Erbauungsbuch für alle Christen auf alle Tage des Kirchenjahres" (1792). Der Liturgiker Vitus

[4] *G. Rückert*, Eusebius Amort und das bayer. Geistesleben im 18. Jh. (München 1956); *O. Schaffner*, Eusebius Amort 1692—1775 als Moraltheologe (Paderborn 1963).

[5] *A. Teleman*, Der Benediktiner Simpert Schwarzhueber 1727—1795, Prof. in Salzburg, als Moraltheologe. Seine Beziehungen zur Moraltheologie des Protestanten Gottfried Leß, zum Salzburger Moraltheologen Jakob Dauser und Ignaz von Fellani (Regensburg 1961).

[6] *F. Scholz*, Benedikt Stattler und die Grundzüge seiner Sittlichkeitslehre (Freiburg i. Br. 1957).

[7] *E. Hegel*, Thaddäus Anton Dereser und sein Verhältnis zum Karmeliterorden: JKölGV 36/37 (1961/62) 157—172.

Anton Winter (1754—1814)[8] brachte 1813 ein „Deutsches kath. ausübendes Ritual" heraus, das wohl am meisten den rationalistischen Geist der Zeit offenbart. Es gab aber auch wirksame Gegner des eingedrungenen Rationalismus, so Hermann Goldhagen SJ (1718—94) mit dem von den Mainzer Professoren herausgegebenen „Religionsjournal" (1776/94); der Würzburger Franz Oberthür (1745—1831)[9] war zwar ein Gegner der Scholastik, aber sehr für eine biblische Theologie. Gregor Zirkel (1762 bis 1817), zuerst Kantianer, wird zum Vertreter eines positiven Katholizismus (seit 1802 Weihbischof von Würzburg). Aegidius Jais OSB (1750 bis 1822)[10] bot in „Das Wichtigste für Eltern, Lehrer und Seelsorger" (1786) die beste Sexualpädagogik der Aufklärungszeit. Er sollte mit Johann Michael Sailer den Rationalismus der Aufklärung überwinden helfen.

Der Aufbruch zu neuen Bereichen theologischer Wissenschaft, zum Ausbau der Kirchengeschichte[11], hat schon an der Wende vom 16. zum 17. Jh. begonnen (Bd IV 573—582). Es war vor allem Frankreich, das in der Maurinerkongregation die führenden Kräfte auf dem Weg zum historischen Forschen überhaupt zur Verfügung stellte, allen voran Mabillon (s. Kap. 6). Auch im 18. Jh. blühte in Frankreich die Kirchengeschichte unvermindert. Während die „Selecta historiae ecclesiasticae capita" (1676/86) des Dominikaners Alexander Natalis[12], die erste umfassende Kirchengeschichte der Neuzeit, noch teilweise in polemischen und apologetischen Gedanken geschrieben wurde, war die vielübersetzte „Histoire ecclésiastique" (1691/1720) des Weltpriesters Claude Fleury (1640—1723) unter dem Einfluß Mabillons und Tillemonts quellennah und in gefälligem Stil verfaßt; sie war von weitreichender historiographischer Wirkung, ihrer gallikanischen Tendenz wegen nicht ohne Widerspruch aufgenommen. Neben diesen Werken kirchengeschichtlicher Darstellung ging die Arbeit an den Quellen weiter: Nachdem schon 1671—72 der Jesuit Philippe Labbé (1607—67) „Sacrosancta Concilia" mit wertvollen Anmerkungen herausgegeben hatte, war es sein Ordensbruder Jean Hardouin (1646—1729), der in seiner „Conciliorum collectio regia maxima" (1714/15) eine zuverlässigere Konzilienedition vorlegte als Mansi. Schon Jacques Goar OP (1601—53) hat die Byzantinistik begründen helfen, der sich auch Charles Dufresne Sieur Du Cange (1610—88) verschrieb, dem wir allerdings vor allem das heute noch auch für die Kirchengeschichte unentbehrliche „Glossarium ad scriptores mediae et infimae latinitatis" (1678) verdanken. Der Kleriker Eusèbe Renaudot (1648—1720) veröffentlichte 1715/16 seine „Liturgiarum Orien-

[8] *A. Vierbach*, Die liturgischen Anschauungen des Vitus Anton Winter (München 1929).

[9] *O. Volk* u. a., Professor Franz Oberthür. Persönlichkeit und Werk (Neustadt a. d. Aisch 1966).

[10] *H. Dussler*, P. Aegidius Jais von Benediktbeuren 1750—1822: SM 69 (1958) 214—235.

[11] Zur Geschichtsauffassung vgl. Kap. 18.

[12] *A. Hänggi*, Der Kirchenhistoriker Natalis Alexander (Fribourg 1955).

talium Collectio". Unter den Maurinern wären aber besonders noch folgende Namen zu nennen: Gabriel Gerberon (1628—1711) als Anreger der so umstrittenen Augustinusausgabe, Acherys und Mabillons Schüler Edmond Martène (1654—1739) mit seinem „Commentar zur Regel des heiligen Benedikt" (1690) und Arbeiten zur Liturgik. Auf exegetischem Gebiet ist Augustin Calmets (1672—1757) „Dictionnaire historique... de la Bible" (1719) und vor allem Pierre Sabatiers (1683—1742) grundlegende Arbeit zur Vetus Latina zu nennen: „Bibliorum sacrorum versiones antiquae" (1743/49). In der Patristik legte Pierre Coustant (1654—1721) eine Hilariusausgabe (1693) vor, Remy Ceillier (1688—1761)[13] schuf aber eine umfassende „Histoire générale des auteurs sacrés et ecclésiastiques (1729/63).

In den Niederlanden arbeitete Daniel Papebroch SJ (1628—1714) an den „Acta Sanctorum" des Johannes Bollandus (Bd IV 579) beharrlich weiter. In ihnen wurden ältere und jüngere Quellen unterschieden. Papebroch gab der Hagiographie Prinzipien und Methoden und der gesamten Diplomatik äußerst kritische Regeln, die sich in ihrer Schärfe nicht voll behaupten konnten. Der Löwener Augustinereremit Christian Lupus (1612 bis 81) wandte sich auch den Provinzialkonzilien zu: „Synodorum Generalium ac Provincialium decreta et canones" (1665). Die Mauriner wirkten äußerst intensiv auf die wissenschaftlichen Bestrebungen der süddeutschen Benediktiner. Der erste große Vermittler war Bernhard Pez[14] (1683—1735, Melk, unter Mithilfe seines Bruders Hieronymus [1685—1762]). Seine grundlegenden Werke sind: „Bibliotheca Benedictino-Mauriana" (1716), „Bibliotheca ascetica antiquo-nova" (1723/40) und „Thesaurus anecdotorum novissimus" (1721/29). Wissenschaftsgeschichtlich bedeutsamer war die Bemühung des Abtes von Göttweig Gottfried Bessel (1672—1749); sein Prodromus zum „Chronicon Gottwicense" (1732) bietet eine erste allgemeine deutsche Diplomatik. Mit Pez und Bessel arbeitete Magnoald Ziegelbauer[15] (1689—1750) aus Zwiefalten an einer Quellenedition zur Geschichte des Benediktinerordens. Anselm Desing (1699—1772), später Abt von Ensdorf, wirkt an der Salzburger Benediktineruniversität im Sinne der Mauriner; dort las auch Frobenius Forster (1709—91), der als Abt von St. Emmeram in Regensburg dieses Kloster zu einer hohen Blüte in den Wissenschaften führte; seine „Alkuin"-Ausgabe (1777) erlangte europäisches Ansehen. Der St. Blasianer Marquart Herrgott (1694—1762) war persönlich zur Schulung bei den Maurinern; nach seiner „Vetus disciplina Monastica" (1726) wid-

[13] *J. Villerot-Reboul,* Dom Remi Ceillier et le prieur de Flavigny-sur-Moselle 1733—61: AE 1959 5ᵉ sér X 161—172.

[14] *H. Hantsch,* Bernhard Pez und Abt Berthold Dietmayr: MIÖG 71 (1963) 128—139; *G. Heer,* Bernhard Pez von Melk OSB (1683—1735) in seinen Beziehungen zu den Schweizer Klöstern: Festschr. Vasella (Freiburg/Schweiz 1964) 403—455.

[15] *I. Stricher,* Les rétractions du mariologue bénédictin Dom Magnoald Ziegelbauer: EThL 35 (1959) 59—76.

mete er sich Arbeiten zur Geschichte des Erzhauses Österreich. Aber durch ihn wurde St. Blasien ein Mittelpunkt historischer Studien. Martin Gerbert (1720—93), seit 1764 Abt, wurde durch seine liturgischen und musikgeschichtlichen Arbeiten der angesehenste dieser Schwarzwälder Benediktiner; seine Werke sind heute noch unentbehrlich: „Iter alemannicum" (1765), „De cantu et musica sacra" (1774), „Monumenta veteris liturgicae Alemanniae" (1777—79), „Scriptores ecclesiastici de musica sacra" (1784). Sein bedeutendster Wurf war aber die Organisierung der Herausgabe einer „Germania sacra", das Anliegen des Wiener Jesuiten Markus Hansiz (1683—1766, „Germania sacra" 1727/58) aufnehmend, das für den Bereich der Konzilien der Kölner Jesuit Joseph Hartzheim (1694—1762) durch die Edition der „Concilia Germaniae" (1759/63) bedient hatte. Die sanktblasische „Germania sacra" erschien 1790/1803 in acht Bänden[16], das so verheißungsvolle Werk wurde durch die Säkularisation erstickt. — Aus dem rheinischen Raum sind vor anderen zu nennen der Luxemburger Johann Friedrich Schannat (1683—1739), der enge Beziehungen zu den Maurinern unterhielt und seinerseits zu den „Concilia Germaniae" Vorarbeiten geleistet hat, und Stephan Alexander Würdtwein[17] (1722—96), der in zwei Reihen „Subsidia diplomatica" eine Fülle von Quellenmaterial zugänglich machte. Zu Italien vgl. S. 582—584.

Die neue theologische Disziplin der Pastoraltheologie, die auch zunächst praktische Theologie hieß — zum Teil übernahm die Pastoraltheologie praktische Gebiete, denen bisher die Moraltheologie zu Diensten war —, entstand aus wenig eigentlich theologischen Gedanken: sie war vom Welt- und Menschenbild des gesunden Menschenverstandes geformt und verwendete Bibel und Väter zu „nützlichen Bemerkungen über die uneigennützige Amtsversehung eines Seelsorgers". Ihr fehlte ein pneumatischer Kirchenbegriff. Erst Sailer griff nach biblischen Grundlagen und suchte echte Christozentrik. Die ersten Pastoraltheologien (F. Chr. Pitroff 1778, Franz Giftschütz 1785, Carl Schwarzel 1799, Dominik Gollowitz 1803, A. Reichenberger, M. Fingerlos 1805) sind ohne wirkliche Theologie. Schon der Grundgedanke des Hirten, der einer zu führenden Herde gegenübersteht, war unzulänglich, erst recht, wenn der Seelsorger nur als „Religionsdiener" und die Pastoral als Beschreibung seiner Amtspflichten verstanden wurde. Dieser zu schwache Ansatz konnte erst von dem echteren Kirchenbegriff der Tübinger Schule her (Anton Graf 1841) überwunden werden.

Auch die der Pastoral zugeordneten Einzeldisziplinen kamen nicht zu einer wirklich wissenschaftlichen Theologie. Die älteste, die Liturgik, war zwar seit dem 17. Jh. mit einer Fülle von Quellen beschenkt (s. oben), ohne sie

[16] 1862 wurde noch einmal ein vorbereiteter Band in Druck gebracht.

[17] *H. Raab*, Christian Frh. v. Eberstein und Stephan Alex. Würdtwein: AMrhKG (1955) 378—387.

entsprechend zu verwerten. Die Katechetik, die radikal gegen die bisherige reine Memoriermethode der Christenlehre vorging, hat trotz der verhältnismäßig guten Ansätze bei Johann Ignaz v. Felbiger (1724—88; er gab auch 1767 eine erste deutsche kath. Schulbibel heraus) und Michael Ignaz Schmidt (1736—94, „Methodus tradendi prima elementa religionis..." 1769) auch erst durch Johann Joseph Augustin Gruber 1832 eine theologische Grundlage erhalten. In der Homiletik wurde der Exjesuit Ignaz Wurz (1727—84) mit seiner „Anleitung zur geistlichen Beredsamkeit" (Wien 1775) der bedeutendste Homiletiker in deutscher Sprache; er fußte ganz auf den großen französischen Vorbildern Bossuet, Bourdaloue, Massillon und de la Rue. Zur Wissenschaft wurde die Homiletik aber erst im 19. Jahrhundert.

Das 18. Jh. hat übrigens auch zeitweise den Gedanken einer Pastoralmedizin ausgebildet (im protestantischen Bereich M. A. Alberti 1732 [Halle] und G. M. Matthiae 1734 [Göttingen], im katholischen F. E. Cangiamilia 1751 [Mailand]); gegen Ende des Jahrhunderts wurde sie aber durch die Vorstellung einer medicina ruralis überdeckt, nach der der Landgeistliche auch für ein notwendiges Aushelfen als Arzt auf dem Lande vorgebildet werden müsse, soweit es dort an einem solchen mangelt.

Das gelehrte Italien

Während in der nachtridentinischen Theologie die große spekulative Potenz in Spanien lag, hat man die ersten Schritte zu einer historischen Theologie in Italien vollzogen. Die Herausforderung der Magdeburger Centurien hat Baronius (Bd I 34, IV 578) beantwortet und auch in Italien seine wichtigsten Fortsetzer (Raynald und Laderchi) gefunden. Der Venezianer Sarpi wandte sich jüngsten Ereignissen zu: seine Geschichte des Tridentinums gibt sich sehr nüchtern, ist aber voll antipäpstlicher Tendenz (Bd IV 578); Pallavicino bemühte sich, das Gegenbild herauszuschälen. In Bosio (Bd I 35, IV 576) erstand ein erster christlicher Archäologe; Lippomani (Bd IV 579) schuf einen Vorläufer der „Acta Sanctorum". Der Franziskaner Lucas Wadding (1588—1657) war zwar ein Ire, doch lebte er 40 Jahre in Rom; in seinen „Annales" (1627/54) und „Scriptores Ordinis Minorum" (1650) legte er erstmals eine wissenschaftlich fundierte Ordensgeschichte vor. Des Zisterziensers Ferdinando Ughellis (1594—1670) „Italia sacra" (1644/62), die nach Diözesen aufgegliedert wurde, war die erste Kirchengeschichte dieser Art und Vorbild u. a. für die „Gallia christiana" und Gerberts „Germania sacra". Diese Form der Historiographie ist ein besonders eindrückliches Zeugnis dafür, wie gerade die katholische Kirchengeschichtsschreibung sich der Geschichte der Institutionen verpflichtet weiß. Kardinal Enrico Noris, Augustinereremit (1631—1704), gilt als Vater der jüngeren Augustinerschule; er war nicht nur Historiker, sondern auch in den erregten Fragen seiner Tage um die Auslegung der augustinischen Gnadenlehre sehr engagiert; doch ist seine „Historia Pelagiana" (1673) für die Dogmengeschichte eine hervorragende Leistung. Der Theatinerkardinal Joseph Maria Tommasi (1649—1713) hat im Gebiet der Patristik und Liturgiegeschichte umfangreiche Quellensammlungen vorgelegt: „Codices Sacramentorum" 1680, „Responsalia et Antiphonaria" 1686, „Antiqui libri Missarum" 1691 und „Institutiones theologicae antiquorum Patrum" 1709/12. Mit dem Syrer Josef Simonius Assemani (1687—1768) öffnete sich ein fruchtbarer Zugang nach dem christlichen Osten; er machte die Vaticana zum Sammelbecken orientalischer Quellen und erschloß diese Schätze in seiner „Bibliotheca Orientalis" (1719/28) und der „Bibliotheca juris Orientalis" (1762/66). Wichtig war auch seine Ephräm-Edition (1732/46). Von höchstem Ansehen — und dies nicht nur auf dem Boden der Geschichtsschreibung — war Ludovico Antonio Muratori[18] (1672—1750); seine Quellenveröffentlichungen zur Geschichte des italienischen Mittelalters („Rerum italicarum scriptores" 1723/51 und „Antiquitates italici medii aevi" 1738/43) sind unentbehrlich für Italien wie die hundert Jahre später beginnenden „Monumenta Germaniae Historica" für Deutschland. Die Brüder Pietro (1698—1769) und Girolamo (1702—81) Ballerini veröffentlichten neben anderem die Werke Leos des Großen (1753/57). Der gelehrte Kanonist Prosper Lambertini (1675—1758), der als Benedikt XIV. den Papstthron einnahm und begreiflicherweise wissenschaftliche Unternehmen gerne ermunterte, war zu den Themen seiner beiden Hauptwerke aus der eigenen Praxis gekommen: als Promotor fidei in Kanonisationsprozessen zu „De servorum Dei beatificatione" 1734/38 und als Erzbischof von Bologna zu „De Synodo dioecesana" 1755. Der mit gar vielem beschäftigte Scipio Maffei (1675—1755) edierte 1730 die Werke des Hilarius. In Giuseppe Bianchini (1704—64) treffen wir wieder einen Editor liturgischer Quellen: er gab 1735 das „Sacramentarium Leonianum" heraus; in seinem „Evangeliarium quadruplex" 1749 ergänzte er aber Sabatiers Arbeiten zur Itala. Der Kanonist Lucius Ferraris (OMin, † 1763) schuf ein vielgebrauchtes Lexikon: „Prompta bibliotheca canonica" (1746). Der Dominikanerkardinal Giuseppe Agostino Orsi (1692—1761) gab für die ersten sechs Jahrhunderte der Kirchengeschichte eine zusammenfassende Darstellung in seiner sich von Fleury absetzenden „Istoria ecclesiastica" (1747/62), während Giovanni Domenico Mansi (1692—1769) wieder zu den großen Editoren gehörte: seine Konziliensammlung in zwei Reihen (1748—1752 und 1759 bis 1798) ist bis heute unentbehrlich. Der Dominikaner Thomas M. Mamachi (1713—92) wurde bahnbrechend für die Erforschung des christlichen Altertums: „Origines et antiquitates christianae" (1749/55); doch begann er auch Arbeiten zur Ordensgeschichte: „Annales Ordinis Praedicatorum" 1756. Von den beiden jüngeren Assemani gab Joseph Alois (1710—82) den

[18] *S. Bertelli,* Erudizione e storia in Ludovico Antonio Muratori (Neapel 1960).

„Codex liturgicus ecclesiae universae“ (1749/66) heraus, während Stefan Evodius (1711—82) mit seinem Onkel den vatikanischen Manuskriptenkatalog edierte (1756/59). Der auch in der Archäologie bewanderte Jesuit Francesco Antonio Zaccaria (1714—92) schrieb eine „Storia letteraria d'Italia“ (1750/59); ähnlich zwanzig Jahre später sein Ordensbruder Girolamo Tiraboschi (1731—94) eine „Storia della letteratura italiana“, die aber zugleich eine Kulturgeschichte bot. Nicht unerwähnt sein darf die geduldige Arbeit des hochsinnigen Präfekten des Vatikanischen Archivs, Kardinals Giuseppe Garampi, dessen 124 Bände „Schedulae“ heute noch die Schätze dieses Archivs erschließen. Nimmt man hinzu, daß in Giambattista Vico (s. Kap. 18) der größte Geschichtsphilosoph dieses Jahrhunderts gefunden werden muß, so sieht man wohl, daß neben dem namentlich für die Entwicklung der Geschichtswissenschaft so wichtigen, hell aufleuchtenden französischen Licht (Seite 109—114) die italienische Leistung bestehen kann. Sie zeichnet sich besonders durch eine breite Fächerung ihrer Ansätze aus[19].

Jansenismus in Italien. Die Synode von Pistoja 1786

Während Italien besonders im Bereich der historischen Theologie viel eigene Initiative entwickelte, empfing der in Italien nicht wenig verbreitete Jansenismus eindeutig allen Anstoß von außen, aus Frankreich und aus Utrecht. Es waren aber nur kleine Gruppen Gebildeter, die sich solchen Gedanken öffneten, in den einzelnen Städten oft mit charakteristischen Unterschieden, so im päpstlichen Rom Vertreter augustinischer Gedanken mit scharf antijesuitischer Tendenz, in Pavia (Pietro Tamburini), in Genua (Vincenzo Palmieri), in Turin, Mailand, Venedig und Neapel. Eine besondere Ausprägung erfuhr der Jansenismus in einer überraschenden Spätphase in der habsburgisch regierten Toskana und verband sich dort mit gallikanischen und regalistischen Vorstellungen zu einer Aufsehen erregenden Aktivität. Großherzog Peter Leopold (1765—1790), der jüngere Bruder Kaiser Josephs II. und sein Nachfolger auf dem Kaiserthron (Leopold II. 1790—1792), reformierte, ähnlich wie sein Bruder, im Bereich der Verwaltung, der Wirtschaft, der Universität und des Strafrechtes. Eine besondere Sorge wandte er dem kirchlichen Bereich zu, in dem ihm vor allem der Jansenist Scipione de' Ricci beistand. 1780 verschaffte er diesem die vereinigten Bistümer Prato und Pistoja, so daß nun auch ein Bischof entschlossen die Reformaktionen unterstützte. Sie ruhten auf einer geringen theologischen Basis, die am ehesten bei Quesnel zu suchen ist, griffen aber um so mehr ins Praktische: Aufhebung der Inquisition, Konzentration der Stiftungsmessen zugunsten armer Priester, Pfründeausgleich, Pfarrkonkurs, Residenzpflicht der Pfarrer, Studium in bischöflichen Seminarien statt in Ordensschulen, Predigtgebot, Unterricht

[19] Zur interpretierenden Kirchengesch. in Italien vgl. *A. Noger-Weidner*, Die Aufklärung in Oberitalien (München 1957).

der Jugend, Übersetzung des Missale, Kommunion in der Messe, Brevierreform, Revision der Heiligenviten, Profeßalter erst mit 24 Jahren, Ablehnung der Privatmessen, des Herz-Jesu-Kultes, der Ablässe, der Exerzitien und der Volksmissionen, aber Stärkung des Pfarrbewußtseins. Die Urkirche wurde als Vorbild empfunden, die Unfehlbarkeit der Kirche ruhe auf der Gesamtheit der Gläubigen, nicht beim Papsttum, hingegen komme die Jurisdiktion der Bischöfe von Jesus selbst. Die gallikanischen Artikel wurden wie Glaubenssätze angesehen. Durch eine auf den 18. 9. 1786 nach Pistoja einberufene Diözesansynode wurden von den Geistlichen entsprechende Artikel bestätigt. Man edierte die Akten der Synode sofort und ließ sie international verbreiten. Aber nur drei weitere toskanische Bischöfe bekannten sich zu gleichen Grundsätzen, so daß sich die 1787 in Florenz tagende Nationalsynode mit überwiegender Mehrheit ablehnend verhielt. Auch war der Widerstand im Volke groß. Der Weggang des Großherzogs brachte die Reformen rasch zum Erliegen; Ricci mußte 1791 auf sein Bischofsamt verzichten. Pius VI. verurteilte am 28. 8. 1794 in der Bulle „Auctorem fidei" 85 der auf der Synode aufgestellten Sätze, im Grade der Verurteilung sehr differenzierend. Ricci unterwarf sich 1805. Trotz des raschen Sieges des Papsttums über diese letzte Auswirkung des Jansenismus sieht man heute die Bedeutung dieser Bewegung gerade für Italien in neuem Licht: sie bereitete in dem völlig katholischen Land dem Risorgimento einen Weg, in dem sich viele daran gewöhnten, trotz einer antikurialen Haltung ernst religiöse Wege zu suchen, die katholischer zu sein schienen als die von der Kurie proklamierten.

Evangelische Theologie

Die protestantische Theologie und durch sie die Universitäten bzw. Hohen Schulen hatten nach dem Wegfall einer lehramtlichen Funktion der Kirchenleitungen eine tiefreichende Bedeutung, die im Rahmen dieses Werkes nur kurz angesprochen werden kann (vgl. vor allem das Standardwerk von E. Hirsch). Sie wurde zunächst geformt von der altprotestantischen Orthodoxie, die in ihren beiden Strömungen, der lutherischen und der reformierten, die durch Luther vollzogene Abkehr von der Philosophie überwand. Nach dem Vorgang Melanchthons wurde Aristoteles erneut Grundlage des Denkens und dadurch auch viele Querverbindungen zu Thomas und auch Suárez möglich. Bei allen Richtungskämpfen im einzelnen und der Kanonisierung der Reformatoren wurde die Wichtigkeit der Heiligen Schrift schon durch die Ausbildung des Gedankens der Verbalinspiration — in dem Bestreben, die Schrift gegenüber der Tradition herauszuheben — betont. Zugleich verlieh aber die seit Gerhard (1582—1637) angewandte analytische Methode dem systematischen Denken größeres Gewicht im Vergleich zur Schrift. Auch haben Konzeptionen wie die Föderaltheologie (Coccius) oder die Theologie des Reiches Gottes vom Einzelwort der Schrift den

Blick auf den Gesamtsinn göttlicher Offenbarung und göttlichen Erbarmens gelenkt. Zudem gewann die Schätzung einer natürlichen Theologie Raum. Die Sicherheit der Orthodoxie wurde von zwei geistigen Bewegungen erschüttert: vom Pietismus und von der Aufklärung. Für diese war grundlegend die philosophische Entwicklung in England, durch die der sogenannte Deismus entwickelt wurde. Die namhaftesten Vertreter bekämpften zwar überlieferte Kirchenlehre und Kirchentum, hielten aber an der Einheit von Vernunft und Offenbarung fest. Deren Aussage wurde aber auf einige Grundwahrheiten zusammengezogen. Herbert of Cherbury erhoffte sich davon eine neue Begründung des Glaubens, den er aber nun ausschließlich anthropologisch sah. Locke hat in einem gemäßigten theologischen Rationalismus noch die Messiaswürde Jesu anerkannt und Beglaubigung durch Wunder zum Erweis göttlicher Offenbarung akzeptiert. Offenbarung ist ihm nicht widervernünftig, sondern übervernünftig. Sie gibt bessere Sehschärfe. Für den einzelnen begründet Locke vor allem das Recht, selbst zu denken und selbst zu handeln. Das Christentum wird ihm vielfach zur Ethik. Ein kämpferischer Deismus wurde von John Toland vertreten, der den Kanon der Schrift angreift und die Offenbarung nicht durch Wunder, sondern durch die Vernünftigkeit ihres Inhaltes erwiesen sieht; ebenso Anthony Collins, Thomas Woolston und der ausgereifteste Deist, Matthew Tindal (1730), für den die Offenbarung Bekanntmachung der natürlichen Religion ist. Die deistische „Sturmflut“ (Hirsch) hatte scharfe Reaktionen zur Folge, die aber bei den besten Vertretern Samuel Clarke und Joseph Butler nur vom Boden eines rationalen Supranaturalismus aus erfolgen konnten. David Hume kritisiert auch die Sicherheit des Deismus. Dessen Wirkung war in Frankreich oder Deutschland größer als in seiner Heimat (vgl. Kap. 18).

In Deutschland begann eine noch auf bisherigen Grundlagen beharrende Übergangstheologie (Baumgarten, Buddeus, Mosheim u. a.) das Moralisch-Praktische hervorzuheben. Bei vielen wird die von Wolff vorgetragene Philosophie wichtige Grundlage. Bedeutung gewinnt die von dem Engländer Robert Boyle zuerst vertretene Physikotheologie, in der das Wirken Gottes in der weiten Schöpfung für die theologischen Überlegungen bereitet wird — ein Versuch, die von Kopernikus bewirkte Ablösung der diesseitigen Welt vom theologischen Denken aufzufangen. Entschieden unter dem Einfluß der Aufklärung stehen die sogenannten Neologen (Ernesti, Spalding u. a.). Glaube und Religion werden von der Theologie geschieden (Semler), Bibel und Dogma voneinander abgegrenzt. Die Schrift wird als menschlich-geschichtliches Zeugnis der Offenbarung begriffen und ist wichtig, wo sie zur geistlichen Förderung dient. Michaelis († 1791) vertritt eine dogmenfreie Bibelerklärung und bahnt damit der historisch-kritischen Behandlung der Bibel den Weg. Der christliche Glaube wird auf das für wesentlich Gehaltene reduziert, wobei Offenbarung und Wundercharakter noch anerkannt werden. Die bisher sehr scharf betriebene konfessionelle Polemik tritt zurück.

Gegen Ende des 18. Jh. gewann ein extremer Rationalismus in der protestantischen Theologie bei einigen immer größeren Raum. Der radikale Bibelkritiker Reimarus ist durch G. E. Lessings[20] Verteidigung besonders bekannt geworden. Lessing selbst löste bei seiner Verteidigung der natürlichen Religion den Glauben an Offenbarung und Wunder auf, so daß die dogmatischen Grundlagen verlorengingen, Sündenfall und Erlösung als Heilstatsachen aus dem Blick verschwinden. Aber für ihn führt die Offenbarung über die Natur hinaus; die Bibel ist zwar nicht Offenbarung, jedoch Bekenntnis der Offenbarung, die als Wirken Gottes in der „Erziehung des Menschengeschlechtes" immer deutlicher begriffen werden kann. Ein Grenzfall ist etwa Bahrdt, wo das Christentum nur noch als ein großangelegter Betrug erscheint.

Durchaus verbunden mit der Aufklärung, aber in seiner überwiegenden Innerkirchlichkeit eher wirksamer in der evangelischen Theologie und Spiritualität war der Pietismus. Im Luthertum ging er aus von Ph. I. Spener (1635—1705) und dessen Hauptwerk, den „Pia Desideria" (1675), seit denen die Orthodoxie und die Kirchenleitungen der zunehmenden Kritik religiös-individueller Innerlichkeit ausgesetzt waren. Daß die im Pietismus ausgebildete Subjektivität keinen Widerspruch zur gesellschaftlichen Wirksamkeit bedeutete, sie vielmehr nachhaltig förderte, zeigt Speners Schüler A. H. Francke (1663—1727), der Halle zu einem Zentrum des Pietismus machte. Seine „Stiftungen" (u. a. Waisenhaus, Paedagogicum) und seine Zuwendung zur christlichen Mission in Indien sowie zur Diasporaseelsorge charakterisieren sein Lebenswerk. Der gleiche missionarische Geist beseelte N. L. Zinzendorf (1700—1760), der vom Halleschen Pietismus herkommt und 1722 die „Herrnhuter Brüdergemeine" gründete, eine selbständige, aber dem Augsburger Bekenntnis folgende Gemeinschaft. Radikaler als Zinzendorfs Ekklesiologie (die Kirchen als „Tropen") ist der geschichtliche Kirchenbegriff G. Arnolds (vgl. unten). Der Pietismus des 18. Jahrhunderts lebte in der „Erweckungsbewegung" weiter. Der reformierte Pietismus entstammt dem Puritanismus des 17. Jahrhunderts und entwickelte in den Niederlanden eigene Gemeinden. Am Niederrhein schrieb G. Tersteegen (1697—1769) seine Kirchenlieder und Predigten[21] (vgl. S. 596).

Die Entwicklung der evangelischen Kirchengeschichte, die zwar nicht nur im deutschen Raum, hier aber besonders nachdrücklich erfolgt, war nicht

[20] Lessing griff seit 1774 in die theologische Auseinandersetzung ein. Für ihn führt die Offenbarung über die Natur hinaus; aber die Bibel ist nicht Offenbarung, sondern Bekenntnis der Offenbarung; das Christentum sei älter als die Bibel. Es ist ihm besonders angelegen, das Wirken Gottes zur Erziehung des Menschengeschlechtes zu erkennen (vgl. Kap. 18).

[21] *A. Ritschl*, Gesch. des Pietismus, 3 Bände (Bonn 1880—1886); *H. Bornkamm*, Mystik, Spiritualismus und die Anfänge des Pietismus im Luthertum (Gießen 1926); *M. Beyer-Fröhlich* (Hrsg.), Pietismus und Rationalismus (Leipzig 1933); O. *Söhngen* (Hrsg.), Die bleibende Bedeutung des Pietismus (Berlin 1960).

so sehr akzentuiert in der Erarbeitung neuer Methoden und dem Aufbau der Quellenkritik oder in der Bereitstellung großer Materialfülle wie auf katholischer Seite, sondern in neuen Ansätzen zur Gesamtkonzeption. Die Verfallsidee als Grundlage der Kirchengeschichte, die die Magdeburger Centurien (Bd IV 577) beherrscht hatte, war natürlich auch bei den Täufern und in allem mystischen Spiritualismus herrschend und konnte sich so weit steigern, daß alle Kirchen, auch die protestantischen, nichts anderem als dem sündigen Babel glichen. Auch des altorthodoxen Adam Rechenbergs „Summarium" (1697) ist noch von der Theorie des Verfalls geprägt, der allerdings bei ihm mit der Reformation sich in die Umkehr wendet. Von höchster Bedeutung wurde Gottfried Arnolds „Unpartheische Kirchen- und Ketzerhistorie" (1699). Dieses Pietisten quellenmäßig sehr sorgfältig erarbeitetes Werk entinstitutionalisiert die Kirchengeschichte und fragt vor allem nach dem aus der Wiedergeburt erwachsenen christlichen Glauben. Von hier aus wird die Form alles Gegebenen in ständiger Bewegung gesehen, so daß die Auffassung der Geschichte als Geschichte der Menschenbildung von seinem Ansatz aus möglich wird. Johann Lorenz von Mosheim, der ohne Arnold nicht denkbar ist, erstrebt eine „pragmatische", das heißt den Tatsachen entsprechende, undogmatische Kirchengeschichtsdarstellung (1726) und gliedert die Kirchengeschichte aus der Theologie aus. Johann Salomo Semler öffnet den aufklärerischen Vorstellungen entsprechend die Kirchengeschichte der Idee des Fortschritts (1667—69), während der rationalistische Ludwig Spittler seine Kirchengeschichte (1782) wie die Geschichte eines Staates schreibt, radikal säkularisiert. Weithin wirksame Werke verfaßten die rationalen Supernaturalisten Johann Matthias Schöckh (1768/1812, 45 Bände, viel auch auf katholischen Universitäten gebraucht) und Gottlieb Jakob Planck (1803/09).

Die ersten Ansätze zur Dogmengeschichte führten um 1800 zu mehreren ersten Darstellungen dieses Themas. Auch noch andere neue theologische Disziplinen verdanken der Aufklärung ihre Konsolidierung: so die Konfessionskunde (besonders durch Planck 1796) und die Biblische Theologie, die durch die Forderung Philipp Gablers (1787), es sei die Entwicklung der biblischen Ideen zu beachten, einen wesentlichen Anstoß empfing. Die Bibelwissenschaft überhaupt hat am frühesten im Bereich des Alten Testaments einen Auftrieb erfahren (schon durch den Oratorianer Richard Simon 1678; vgl. S. 112). Zur Einleitungswissenschaft ist auf Michaelis (1750) zu verweisen; Semlers Kanongeschichte (1771/75) wurde grundlegend.

Eine hier nicht zu leistende Würdigung der protestantischen Theologie in diesem Zeitraum wird zu beachten haben, daß neben Platitüden, die es in Menge auch innerhalb der zeitgenössischen katholischen, der konservativen wie der aufklärerischen Theologie gibt, der redliche Versuch unternommen wird, den christlichen Glauben und die moderne Rationalität nicht auseinanderfallen zu lassen.

Katholische Universitäten

Gewöhnlich sieht man in der Geschichte der Universitäten nach ihren ersten großen Anfängen im 13. Jh. eine fruchtbare Wiederbelebung durch den Geist des Humanismus und ein Aufblühen in Spanien, dann aber eine lange Zeit der Sterilität, bis im 19. Jh. ein neuer Aufschwung einsetzt. Daß aber in der Zwischenzeit die Universität ihre eigene Entwicklung hat, wird meist nicht bedacht. Dem Charakter des konfessionellen Zeitalters entsprechend, von Fürsten bzw. Bischöfen mit klarer Zweckbestimmung gegründet oder wiederbelebt, standen sie zumeist, geprägt von der ihnen aufgetragenen Zielsetzung, im Kampfe der Konfessionen, gleich ob es sich um Neugründungen handelte oder nicht. Dies galt für die Protestanten in gleicher Weise (so die sächsischen Universitäten Wittenberg und Leipzig, die pfälzische Universität in Heidelberg, die württembergische in Tübingen oder die schweizerische in Basel, die Neugründung Philipps von Hessen 1527 in Marburg, die 1605 reformiert wurde, worauf Hessen-Darmstadt 1607 eine lutherische Universität in Gießen eröffnete, oder die Neugründung Calvins in Genf 1559) wie für die Katholiken (die österreichischen Universitäten in Wien und Freiburg, die bayerische in Ingolstadt, die niederländische in Löwen, die bischöfliche in Trier und Mainz und die städtische Universität in Köln).

Katholische Neugründungen und Wiederbelebungen vollziehen sich im allgemeinen immer in der Art, daß dem neuen und nun so wirksamen Lehr- und Erziehungsorden (vgl. Bd IV 476 598), der Gesellschaft Jesu, ein großer Teil, wenn nicht alle Lehrstühle der theologischen Fakultät übergeben wurden, doch aber auch die der philosophischen Fakultät; denn bei dieser lag immer noch die grundlegende Bildung aller Studenten, auch wenn sie nach Absolvierung dieser Vorbereitung eines der „höheren" Studien in Theologie, Jura oder Medizin wählten. Oft wurde eine Universität nur mit Philosophie und Theologie begonnen und erst nach Jahrzehnten oder in viel späteren Zeiten durch die anderen beiden Fakultäten ergänzt. Seit der Mitte des 16. Jh. laufen solche Übergaben an den Jesuitenorden, zuerst 1548 in Ingolstadt, 1551 in Wien (zunächst nur wenige Lehrstühle, in größerer Zahl 1623), 1561 in Trier und im Jahre danach in Mainz. An die vom Augsburger Bischof in Dillingen jüngst (1551) gegründete Universität wurden 1563 Jesuiten berufen. Dillingen erlangte weit über die Grenzen des Bistums hinaus Bedeutung, eine viel größere aber Ingolstadt. Die vom Bischof in Olmütz 1581 gegründete Universität stand von vornherein in klarer gegenreformatorischer Zweckbestimmung, ebenso die 1585 errichtete österreichische Landesuniversität in Graz, die auch für Kärnten, ja in den Auswirkungen bis nach Belgrad und Polen Bedeutung gewann. In beiden Universitäten waren von Anfang an die Jesuiten als Professoren. Auch für den Bischof von Würzburg, Julius Echter von Mespelbrunn, der nicht in allem mit den Jesuiten konform war, kam bei der Neugründung seiner Universität (1582) nur die Gesellschaft Jesu in Frage. Ähnlich ging es bei der Gründung der Universität Paderborn 1614 und der von der Kriegssituation begünstigten Gründung in Osnabrück 1629, die aber durch die Wende des Krieges schon nach vier Jahren wieder zerschlagen wurde. 1620 hatte der österreichische Landesherr auch nach Freiburg im Breisgau den Jesuitenorden gebracht und ihm die philosophische Fakultät und die Hälfte der theologischen Lehrstühle eingeräumt. Als 1654 die Landesherrschaft in Prag die Gewalt über die bis dahin protestantische Universität gewann, wurden auch hier Jesuiten eingesetzt. Eine weitere österreichische Universitätsgründung mit dem nach dem Schulmonopol strebenden Orden war 1669 in Innsbruck möglich, eine letzte 1702 in Breslau, wo ein seit 1635 bestehendes Jesuitengymnasium in eine Hohe Schule verändert wurde. In Erfurt, einer kurmainzischen Universität, die aber auch protestantische Professoren zulassen mußte, war es nur möglich, einen einzigen Lehrstuhl der Gesellschaft Jesu vorzubehalten. Als die wittelsbachsche Pfalz-Neuburger Linie 1685 die Kurpfalz übernahm, konnte sie zwar das reformierte Bekenntnis des Landes nicht verändern, begünstigte aber den Katholizismus allenthalben. Auch die Universität Heidelberg machte dabei keine Ausnahme: seit 1706 sind auch Jesuiten im Lehrkörper vertreten, und neben der calvinischen wird auch katholische Theologie gelesen. Von Jesuiten frei blieben nur wenige katholische Universitäten: Köln, die aber trotzdem immer eine ausgesprochen konservative Richtung behielt, und Löwen; an dieser Universität waren die Auseinandersetzungen um den Jansenismus besonders heftig, und im beginnenden 18. Jh. wurde der Episkopalismus hervorragend vertreten (van Espen). Eine ganz eigene Prägung erhielt die bischöfliche Gründung in Salzburg (1617); sie wurde dem Benediktinerorden übergeben (vgl. Bd IV 602), der seine besten Kräfte aus süddeutschen Klöstern als Professoren dieser Universität zur Verfügung stellte und selbst nicht wenige seiner jungen Mönche dort bilden ließ. Bestens wurden an ihr die thomistischen und kanonistischen Fächer gepflegt; schon im 17. Jh. wurde in Salzburg Geschichte besonders gut vorgetragen. Als der Abt von Fulda 1734 eine neue Universität gründete und als Lehrer zur Hälfte Benediktiner, die meist in Salzburg gebildet waren, zur anderen Hälfte aber Jesuiten bestellte, zeigte sich in den auftretenden Spannungen, wie wenig die Haltung der einen und die der anderen einander glichen.

Nun waren aber inzwischen auch geistige Veränderungen vor sich gegangen, denen das starre System der Jesuiten, die nach der unveränderten Ratio studiorum von 1599 (Bd IV 580 598) unterrichteten, wenig entgegenkam. Zunächst war das Verlangen nach Einführung der Geschichte, die an den evangelischen Universitäten schon längst gelehrt wurde und in deren Erforschung nun gerade der Benediktinerorden, aber auch der Jesuitenorden so Grundlegendes geleistet hatte (s. o.), nicht mehr abzuwehren. Da die

Jesuiten meist Inhaber aller Lehrstühle der philosophischen Fakultäten waren, mußten sie sich schließlich Anfang des 18. Jh. nolens volens diesem Fache widmen. Wichtig wurde aber auch die Aufnahme der neugestellten naturwissenschaftlichen Probleme und der neuen Methoden experimentaler Praxis. Es benötigte eine Zeit, bis man sich von der Vorstellung löste, als ob über Aristoteles hinaus keine neue Erkenntnis möglich wäre. Aber schließlich haben um die Jahrhundertmitte gerade im Jesuitenorden die unmittelbare Beobachtung und das Experiment auch genügend Raum gewonnen. In der Astronomie sind Jesuiten sogar führend geworden. Das Festhalten an der aristotelisch-thomistischen Philosophie, die zwar schon durch Suárez und, ihm folgend, durch Gregor von Valencia gewandelt war, bildete auch das große Hindernis, sich den cartesianischen Gedanken zu öffnen oder sich gar mit einer Leibnizschen oder einer Wolffschen Philosophie auseinanderzusetzen. Aber um 1740 ist allenthalben zu beobachten, daß das unbeirrte Festhalten an der bisherigen Tradition nicht mehr angeht. Zunächst hilft man sich mit einer Art Eklektizismus, bis schließlich die modernen Gedanken nach 30 Jahren allgemein beherrschend werden. Um die Mitte der fünfziger Jahre versucht doch auch ein Bertold Hauser SJ (Dillingen) mit scholastischen Prinzipien ein neues Weltbild zu gewinnen; ähnlich in anderer Art Joseph Mangold SJ (Ingolstadt). In der bedeutendsten Weise knüpft Benedikt Stattler SJ, der Lehrer Sailers, an Leibniz und Wolff an. Lange bildete die Praxis der Gesellschaft Jesu, ihre Patres in raschem Wechsel von einer Universität, Kolleg oder Seminar zum anderen zu versetzen und den Vortrag der Philosophie — in ganz mittelalterlicher Art — nur als Durchgangsstation der jeweils eigenen Ausbildung anzusehen, das größte Hindernis dafür, daß sich ernst zu nehmende Vertreter eines bestimmten Faches entwickeln konnten. Die in Würzburg 1731 erstrebte Ausbildung von Fachprofessoren war zunächst nur in der Jurisprudenz und der Medizin möglich.

In den letzten Jahren vor der großen durch die Französische Revolution markierten Wende ist es deutschen Bischöfen noch einmal in drei Fällen gelungen, eine Universität in ihren Hochstiften zu eröffnen: Als der Jesuitenorden 1773 aufgelöst wurde, hat man für die beiden in Bamberg seit 1648 von ihm eingerichteten Fakultäten die Erweiterung zu einer Universität erreicht. 1780 wurde in Münster auf Betreiben des überragenden Generalvikars Franz von Fürstenberg eine neue Universität eröffnet, die sowohl den aufgeschlossenen wie auch tiefreligiösen Geist des Initiators auf den Weg mitbekam. Die Stiftung einer Akademie in Bonn (1777), der Residenzstadt des Kölner Erzbischofs, die 1786 den Universitätsrang erhielt, war schon aufs klarste im Gedanken an eine tüchtige Heranbildung der Staatsbeamten vollzogen, eindeutig in der durch die Aufklärung nahegelegten Abzweckung.

Die Universitäten, auch die in bischöflichen Territorien, waren immer mehr zu Landesuniversitäten geworden und hatten den Zwecken der Beamtenbildung zu dienen, in deren Umkreis auch der den Staatszwecken immer mehr verpflichtete Klerus gehörte. Der sprechendste Ausdruck dieser Situation ist in der theresianisch-josephinischen Universitätsreform zu finden, die die Universität ihres Charakters einer freien Stiftung in aller Form beraubt und sie zur Staatsanstalt verändert. Jetzt erst wird von allen, die in österreichischen Landen eine Pfarrei erlangen wollen, ein volles theologisches Studium verlangt, das im einzelnen nachgewiesen werden muß und über dessen Erfolg im Examen geprüft wird. Der Josephinismus dehnt diese Vorschriften auch auf den Regularklerus aus, dessen Klosterstudien aufgehoben werden. Alle haben an den Universitäten zu studieren und werden während ihrer Studienzeit in den neu errichteten Generalseminaren aufgenommen. Diese haben sich allerdings nicht halten können (1783—90). Auch inhaltlich erfuhr das theologische Studium eine wesentliche Bereicherung. Waren bisher die Dogmatik, seit dem 17. Jh. auch die Kasuslehre der Moral, Kontroverstheologie und Heilige Schrift gelehrt worden, so fügte der Rautenstrauchsche Studienplan [22] der österreichischen Regierung (1774) eine Ausweitung der Skripturavorlesung durch Einführung in die orientalischen Sprachen hinzu, als neue Fächer Kirchengeschichte (mit Patristik) und Pastoral. Daß Kirchenrecht nur im Sinne eines Staatskirchenrechts vorgetragen wurde, versteht sich von selbst. Dieser Studienplan mit seiner Hinwendung zu biblischen, historischen und praktischen Fächern hat sich im ganzen deutschen Sprachgebiet durchgesetzt und ist in seiner Grundstruktur bis in unsere Tage gültig geblieben. Auch die Methoden des Unterrichts haben sich geändert: von dem ermüdenden Diktieren ging man zum Gebrauch von Lehrbüchern über, wobei man sich nicht scheute, gelegentlich protestantische zu verwenden, wenn noch keine katholischen zur Hand waren. Die Unterrichtssprache wurde im allgemeinen Deutsch statt des überlieferten Lateins. Der strenge Konfessionalismus der Universitäten lockerte sich da und dort — in Erfurt und Heidelberg war er sowieso nicht möglich —, seit 1746 gab es in Mainz auch protestantische Studenten (ähnlich in Würzburg), seit der Mainzer Universitätsreform von 1784 unter Kurfürst Friedrich Karl von Erthal (Kurator Benzel-Sternau [23]) auch protestantische Professoren, die nun in Freiburg seit dem Toleranzedikt Josephs II. ebenfalls möglich wurden.

Hatte diese ausgeprägte Staatsuniversität ihren stärksten Ausdruck in der 1694 gegründeten Universität Halle gewonnen, so ist die 1737 begon-

[22] *J. Müller*, Der pastoraltheologisch-didaktische Ansatz in Franz Stephan Rautenstrauchs „Entwurf zur Einrichtung der theologischen Schulen" (Wien 1969; Lit.); *Beda Franz Menzel*, Abt Franz Stephan Rautenstrauch von Brevna-Braunau. Herkunft, Umwelt und Wirkungskreis. Königstein/Taunus. 1969.

[23] *H. W. Jung*, Anselm Franz von Benzel im Dienst der Kurfürsten von Mainz (Wiesbaden 1966).

nene Universität Göttingen die Trägerin des zukunftsträchtigen Geistes geworden (Kap. 18). An ihr war es möglich, das Ideal einer freien, keiner Weisung und keinem Zweck verpflichteten Wissenschaft zu entwickeln, die sich nur durch die Frage nach der Wahrheit bestimmen läßt und sich an keine Tradition mehr bindet. Von hier aus mußten viele Anstöße zu mehr oder weniger radikaler „Aufklärung" ausgehen, die auch auf die katholischen Universitäten wirkten. Oft hat sich ein neuer Geist in Zeitschriften manifestiert, so in den ausgesprochen aufgeklärten „Religionsjournal" (Mainz) und „Der Freimütige" (Freiburg) oder dem gemäßigten „Journal von und für Deutschland" (Fulda) und der „Mainzer Monatsschrift". Um 1790 ist nicht selten die kantische Philosophie vertreten worden, so in Fulda, Bamberg und Heidelberg. Aus den Schrecken der Revolution heraus kamen auch Gegenströmungen zum Zug, die Maßnahmen gegen zu rationalistische Professoren veranlaßten. Am bekanntesten sind die Dillinger Ereignisse, Aktionen gegen Sailer und Zimmer; ähnliches geschah in Mainz und auch in Freiburg. In Würzburg gelang eine sehr angesehene Form aufgeschlossenen Universitätslebens unter tatkräftiger Förderung des Fürstbischofs Franz Ludwig von Erthal.

Akademien

Während die Universitäten durch die Umwandlung in Staatsanstalten immer eindeutiger auf die Ausbildung von Staatsdienern (in Deutschland einschließlich des Klerus) festgelegt wurden, bildeten sich neue Zusammenschlüsse zur Förderung der Forschung, die *Akademien*. Schon die italienische Renaissance hat solche meist verhältnismäßig lose Zusammenschlüsse, „Akademien" für Literatur und Künste, gekannt. Jetzt benützten die Bestrebungen, ernstem Forschen im Bereich der Naturwissenschaften, der Geschichte oder der Philosophie — nicht der Theologie — den Weg zu bahnen, die Formen des Vortrags vor Sachkennern, der Themenstellung durch Ausbreitung von Prüfungen, der Kritik eingegangener Arbeiten, der Veröffentlichungen der Verhandlungen und Abhandlungen, der Herausgabe historischer Quellen unter jeweils abgegrenzter Thematik. Eine erste Erscheinung dieser Art war schon die römische Accademia dei Lincei (1603), deren Forschungen beispielgebend waren. 1635 nimmt Richelieu den Akademiegedanken auf (vgl. Kap. 18): die Akademie wird Staatsanstalt mit nationaler Akzentuierung. Colberts Gründung von 1662 (Académie des Inscriptions et des Belles-Lettres) wird von größter Bedeutung, da sie sehr stark historisch ausgerichtet ist und — nicht zuletzt in intensiver Zusammenarbeit mit den Maurinern — zu einer Fülle von Publikationen kommt, während die meisten provinzialen französischen Akademien, die sich im Laufe des 18. Jh. bilden, die gefertigten Arbeiten ungedruckt in den Bibliotheken unwirksam ließen. Eine private Akademiegründung 1645 in London, die 1663 als Royal Society eröffnet wurde (vgl. Kap. 18), war naturwissenschaftlichem Forschen gewidmet; in ihr publizierte Newton seine Entdeckungen. Den Akademiegedanken griff Leibniz früh auf, konnte aber erst 1700 zur Gründung einer Akademie im preußischen Berlin verhelfen. Erst nach der Jahrhundertmitte fanden solche staatlichen Institutionen Nachfolger: 1752 im hannoverschen Göttingen, 1753 in Erfurt, jenem Außenposten des mainzischen Kurstaates in protestantischer Umgebung, 1759 in München, der Hauptstadt des katholischen Kurbayern, am meisten betrieben von dem italienische Vorbilder kennenden Juristen Johann Georg Lori, 1763 im kurpfälzischen Mannheim, dessen Fürstenhaus katholisch war, dessen Lande aber meist den calvinischen Glauben bekannten, wo vor allem der angesehenste protestantische Historiker, der Straßburger Schöpflin, zur Verwirklichung half. Im habsburgischen Bereich hat sich auf die Dauer nur eine Akademiegründung behaupten können [24], die von Prag (1770 privat eröffnet, 1784 staatlich anerkannt); sie widmete sich besonders jenen Fragen, die sich durch das sich mehr und mehr konsolidierende Selbstbewußtsein der Tschechen aufdrängten: der eigenen Frühgeschichte und der slawischen Sprache. Während in den norddeutschen Akademien die Pflege der Naturwissenschaften prävalierte, kamen die geschichtlichen Forschungen vor allem in der Mannheimer und der Münchener Akademie zum Zuge, die beide gerade dadurch zu großem Ansehen gelangten. In Mannheim, unter der Leitung des Sekretärs und Schöpflinschülers Andreas Lamey, konzentrierte man sich besonders auf vier Themen, in München, wo eine besonders lebhafte Mitarbeit aus dem Lande auffällt und wo die Akademie als außerordentlich lebendig charakterisiert werden kann, gelang seit der Gewinnung des protestantischen Elsässers Christian Friedrich Pfeffel (in den Jahren 1763—68) die beste Arbeitsorganisation: Es begann die Herausgabe der „Monumenta Boica“, die, wenn auch zunächst noch nicht recht befriedigend, aber schließlich mit steigender Zuverlässigkeit eine Fülle von Material zugänglich machten, bis zum heutigen Tag fortgesetzt.

Die Themen dieser historischen Arbeiten waren vorwiegend aus der mittelalterlichen Geschichte und hatten schon dadurch ein Gegengewicht gegen die gängige Zeitauffassung geschaffen, die gerne im Mittelalter nur Finsternis, in der lichtvollen Zeit der Aufklärung aber nur Helle sehen wollte. Die sich von landesherrlicher Abhängigkeit aufdrängende Neigung zu einer tendenziösen Geschichtsauffassung wurde bald überwunden und rücksichtslose Kritik angesetzt und so schon eine Reihe von höchst wirksamen und lange hingeschleppten mittelalterlichen Fälschungen aufgedeckt. Wenn auch die Kirchengeschichte thematisch nicht gesucht war, wurden doch die

[24] Zur Akademie von Olmütz (1746—51) vgl. *J. Hemmerle:* Stifter-Jahrbuch 5 (1957) 79—101.

namentlich im kirchlichen Bereich geborgenen frühen Quellen zugänglich gemacht und so viel Vorarbeit zur Geschichte kirchlicher Institutionen geleistet. Das entscheidendste war die Verbreitung und Vertiefung der von den Maurinern übernommenen Methode. Nicht die Universitäten des 18. Jh. haben historische Methode gelehrt, sondern die Arbeit der Akademien hat zu ihrer Einbürgerung geholfen. Das ist vornehmlich in Frankreich durch die Académie des Inscriptions und in Deutschland geschehen, da durch die Drucklegung nicht nur das Material zugänglich wurde, sondern auch die Methode seiner Bearbeitung sichtbar und wirksam blieb. Dadurch wurde die der Vereinigung mögliche Zusammenarbeit und die damit gegebene Befruchtung über den unmittelbaren Kreis der Akademiemitglieder hinausgetragen. Man mag vermissen, daß die Akademien die ihnen gegebene Kohärenz einer größeren Zahl von Forschern nicht zu umfassenderen Unternehmungen nützten. Nur München hat in dieser Richtung Ansätze entwickelt. Doch fehlte im allgemeinen eine zielstrebige Planung.

Man spricht heute gelegentlich von Akademiebewegung des 17. und 18. Jh. und begreift darunter auch all die lockeren Formen wissenschaftlicher Gesellschaften und Verbindungen, die der Zeit eigen sind. Solche kennt auch die Schweiz [25]. Man darf aber dann auch die vielfältige Zusammenarbeit im Kreise der Benediktinerklöster, unter denen das Bestreben, eine eigene Akademie zu bilden, eine Zeitlang angelaufen war, dahin rechnen, namentlich wenn sie sich nach dem Vorbild der Mauriner zu einem solch umfassenden Arbeitsprogramm wie der sanktblasischen „Germania sacra" Martin Gerberts zusammenfanden, die über ganz Deutschland hinweg eine urkundlich genau begründete Geschichte der einzelnen Diözesen intendierte.

In Italien hat das Istituto delle Scienze im päpstlichen Bologna (gegr. 1712) die Naturwissenschaften sehr gut gepflegt, vergleichbar mit den toskanischen Akademien; Rom erhielt durch den gelehrten Benedikt XIV. leistungsfähige Akademien für Kirchengeschichte (1741), für Geschichte des alten Rom (1744) und für Liturgiegeschichte (1748). Für Spanien maßgebend wurde die Akademie in Madrid (gegr. 1735), die sich nur historischen Forschungen widmete; ihr Ziel war die Erarbeitung eines geographisch-historischen Lexikons, das tatsächlich seit 1802 erscheinen konnte; daneben war ihr größtes Unternehmen die España Sagrada, deren erste Bände der Augustiner Enrique Flórez herausgab. Die Madrider Akademie war beherrschender Mittelpunkt einer sich weit ausbreitenden, vielfältigen Forschung.

[25] *R. Reinhardt:* ZSKG 61 (1967) 341—350.

Schulwesen

Die durch den Buchdruck angebotene Möglichkeit, die Kenntnis des Lesens (und Schreibens) weit zu verbreiten, hat die Reformation von der Forderung einer persönlichen Begegnung mit der Heiligen Schrift her vor allem genutzt. Wenn anfänglich der Küster angehalten war, dem Pfarrer im Unterricht des Katechismus beizustehen, war schon ein Keim zu einem weitgestreuten Aufbau der Schulen gelegt. Erste Schulordnungen liegen in Württemberg (1558) und Kursachsen (1580) vor. Der Gedanke, Schulen überall einzuführen, wird 1612 in Frankfurt formuliert; Schulpflicht für alle ist schon 1598 in Straßburg vorgesehen und wird 1607 in Anhalt, 1619 in Weimar, 1642 in Gotha, 1647 in Braunschweig, 1649 in Württemberg gefordert. Dabei war immer die Schwierigkeit, auf dem Lande auch in dem Sommerhalbjahr Unterricht durchführen zu können. Der Pietismus half nicht nur zu einem Katechismusverständnis, sondern auch zur Verbreitung der seit Bucer in Hessen üblichen Konfirmation als Taufbestärkung und Abendmahlsvorbereitung: sie setzte sich Anfang des 18. Jh. mehr und mehr durch (1722 Württemberg, 1723 Kursachsen, 1736 Dänemark, 1817 Lübeck, 1832 Hamburg) und gab der Schule ein konkretes Ziel.

Der in der pietistischen Erweckungsbewegung führende Theologe August Hermann Francke (1663—1727) hat durch seine Schulgründungen prinzipiell die standesmäßige Gebundenheit des Bildungswesens durchstoßen und sich in Deutschland erstmals um die Ausbildung der Lehrer gekümmert[26]. Johann Bernhard Basedow (1724—94), Rationalist und von Rousseauschen Gedanken erfüllt, gründete 1774 in Dessau ein Internat (Philanthropinum) ohne kirchliche Bindungen, das weithin vorbildlich wurde.

Auch in den katholischen Landen breitete sich die Schule immer weiter aus; die Visitationsberichte des 17. Jh. zeigen, wie sehr die Bischöfe sich um ihre Einführung bemühten. Wenn sie eine Kontrolle bei der Anstellung der Lehrer ausüben wollten, so galt diese vor allem der Versicherung ihrer Rechtgläubigkeit. Fénelons „Traité de l'éducation des filles" (1687) hatte auch in Deutschland eine beachtliche Wirkung. In der zweiten Hälfte des 18. Jh. ergingen ebenfalls in den katholischen Staaten Schulordnungen, nicht zuletzt in den verschiedenen Fürstbistümern und Fürstabteien, die sich z. T. mit besonderer Umsicht der so sehr vernachlässigten Lehrerbildung annahmen (Schullehrerakademie Mainz 1771, Lehrerseminar St. Urban Luzern 1777, Bistum Fulda 1781). Besonders beispielhaft war das Wirken des Abtes Joh. Ignaz v. Felbiger zu Sagan im preußisch gewordenen Schlesien 1765 („Plan der neuen Schuleinrichtung", 1770), der 1774 von Maria Theresia nach Wien berufen wurde; er unterschied Trivial-, Haupt- und Normalschulen, führte Klassenunterricht anstelle des Einzelunterrichts ein

[26] Johann Baptist de la Salle gründete schon 1684 in Reims ein Lehrerseminar.

und ordnete den Religionsunterricht als planmäßiges Schulfach ein, während bisher die religiöse Unterweisung der Kinder einfach über den religiösen Lesestoff (Katechismus) des allgemeinen Unterrichts geschah. In Westdeutschland wurde auf Veranlassung des Generalvikars von Fürstenberg-Münster Bernard Overberg der Organisator der katholischen Volksschule. Seine „Anweisung zum zweckmäßigen Schulunterricht" erschien 1793. Der große pädagogische Elan der Aufklärungszeit half den Lehrerstand als solchen schaffen, endlich eine einigermaßen finanzielle Sicherung für ihn bereiten, ihm eine richtige Ausbildung geben und ihn von den örtlichen Instanzen lösen. Dabei war es noch selbstverständlich, daß die Schule in den Lebensbereich der jeweiligen Konfession gehörte und für den Lehrer eine enge Verbindung mit den gottesdienstlichen Funktionen (Küster und Organistenamt) bestehen blieb.

27. Kapitel

Liturgie und Volksfrömmigkeit. Neue Orden

LITERATUR: Liturgie: *A. L. Mayer*, Liturgie, Aufklärung und Klassizismus: JLW 9 (1929) 67—127; *A. Vierbach*, Die liturgischen Anschauungen des Vitus Anton Winter. Ein Beitrag zur Gesch. der Aufklärung (München 1929); *J. Schöttl*, Kirchliche Reformen des Salzburger Erzbischofs Hieronymus v. Colloredo im Zeitalter der Aufklärung (Hirschenhausen 1939); *W. Trapp*, Vorgeschichte und Ursprung der liturgischen Bewegung (Regensburg 1940); *A. L. Mayer*, Liturgie und Barock: JLW 15 (1941) 67—154; *P. Salmon*, L'office divin. Histoire de la formation du bréviaire. Paris 1959; *J. A. Jungmann*, Liturgisches Leben im Barock: *J. A. Jungmann*, Erbe und Pastorale Gegenwart (Innsbruck-Wien-München 1960) 108—119; *ders.*, Liturgische Erneuerung zwischen Barock und Gegenwart: LJ 12 (1962) 1—15; *A.-G. Martimort*, Hdb. der Liturgiewissenschaft I (Freiburg-Basel-Wien 1963); *B. Fischer*, Das Rituale Romanum (1614—1964): TThZ 73 (1964) 257—271; *W. Müller*, Wessenberg in heutiger Sicht: ZSKG 58 (1964) 293—308; *Th. Klauser*, Kleine abendländische Liturgiegeschichte (Bonn 1965); *A. Häußling*, Die Systematik der Väterlesungen in den Benediktinischen Reformbrevieren Frankreichs von 1777 und 1787: ALW 9 (1966) 418—424; *A. Kurzeja*, Die Etappen in der Entwicklung des Stundengebets in der Trierer Kirche: TThZ 77 (1968) 104—119.

Volksfrömmigkeit: *H. Schnell*, Der bairische Barock. Die volkliche, die geschichtliche und religiöse Grundlage (München 1936); *H. Hoffmann*, Die Frömmigkeit der deutschen Aufklärung, Zs. f. Theol. u. Kirche 16 (1906) 234—250; *J. Hacker*, Die Messe in den deutschen Diözesan-Gesang- und Gebetbüchern von der Aufklärungszeit bis zur Gegenwart: MthSt (H) II. 1 (1950); *K. Berger*, Barock und Aufklärung im geistl. Lied (Marburg 1951); *I. Müller*, Barocke Geistigkeit einer Benediktinerabtei: ZSKG 49 (1955) 257—287; *L. A. Veit - L. Lenhart*, Kirche und Volksfrömmigkeit im Zeitalter des Barock (Freiburg i. Br. 1956); *A. Coreth*, Pietas Austriaca. Ursprung und Entwicklung barocker Frömmigkeit in Österreich (Wien 1959); *A. Angyal*, Die slawische Barockwelt (Leipzig 1961); *P. Hankamer*, Deutsche Gegenreformation und deutscher Barock. Die deutsche Lit. im Zeitraum des 17. Jh. (Stuttgart [3]1964); *R. Alewyn* (Hrsg.), Deutsche Barockforschung (Köln-Berlin [2]1966); *E. Krausen*, Die Verehrung römischer Katakombenheiliger in Altbayern im Zeitalter des Barock: Bayer. Jb. für Volkskunde 67 (1966) 37—47; *B. Hubensteiner*, Vom Geist des Barock, Kultur und Frömmigkeit im alten Bayern (München 1967);

B. Goy, Aufklärung und Volksfrömmigkeit in den Bistümern Würzburg und Bamberg (Würzburg 1969).

Predigt: *L. Signer*, Zur Forschungsgesch. der kath. Barockpredigt: Kirche und Kanzel XII (Paderborn 1929) 235—248; *Ch. Schreiber*, Aufklärung und Frömmigkeit. Die katholische Predigt im deutschen Aufklärungszeitalter (München 1940); *B. v. Mehr*, Das Predigtwesen in Köln u. Rheinischen Kapuzinerprovinzen im 17. und 18. Jh. (Rom 1945); *B. Dreher*, Die Osterpredigt. Von der Reformation bis zur Gegenwart (Freiburg i. Br. 1951); *G. Lohmaier*, Bayerische Barockpredigt (München 1961); *L. Intorp*, Die westfälische Barockpredigt (Diss. Mainz 1962); *E. Moser-Rath*, Predigtmärlein der Barockzeit (Berlin 1964); *R. Krause*, Die Predigt der späten deutschen Aufklärung 1770—1805 (Stuttgart 1965). *J. B. Schneyer*, Wesenszüge des Barock in den Titeln seiner Predigtbücher: MThZ 19 (1968) 295—310.

Ordensleben vgl. *Heimbucher*; *M. Escobar*, Ordini e Congregazioni religiose, 2 Bde (Turin 1951/53); *M. Vettori*, Die Tertiar-Schulschwestern in Süd- und Nordtirol. Ihr Werden und Wirken 1700—1955: Schlern-Schriften 141 (Innsbruck 1955); *Ph. Hofmeister*, Die Verfassung der Benediktinerkongregationen: SM 66 (1955) 5—27; *M. De Meulemeester*, Origines de la Congrégation du Très Saint Rédempteur (Löwen 1957); *I. Gautier*, Les Messieurs de Saint-Sulpice (Paris 1957); *L. J. Lekai*, Geschichte und Wirken der weißen Mönche (Köln 1958); *M. de Meulemeester*, Histoire sommaire de la Congrégation du T. S. Rédempteur (Löwen [2]1959); *Ph. Schmitz*, Gesch. des Benediktinerordens IV [von Trient bis 1500] (Einsiedeln 1960); *M. de Ch. Guendré*, Histoire de l'ordre des Ursulines en France, II: Les monastères d'Ursulines sous l'Ancien régime (Paris 1960); *C. Almeras*, S. Pablo de la Cruz, fundator de los Pasionistos (Bilbao 1960); *K. Zähringer*, Die Schulbrüder des hl. Joh. Bapt. de La Salle (Freiburg/Schweiz 1962); *Ch. Gérin*, Les Augustins en France avant 1789: AAug 24 (1961) 242—261; *S. Leussen*, La Trappe. Schets van ontstaan en ontwikkeling 1664—1898 (Tilburg 1965); *J. Salzgeber*, Die Klöster Einsiedeln und St. Gallen im Barockzeitalter (Münster 1967); O. *Gregorio - A. Sampers*, Documenti interno alla regula della Congregazione de SS. Redentore 1725—1749 SHCSR 16 (1968) 1—270; *Alberto de la Virgen del Carmen*, Historia de la reforma Teresiana 1562—1962 (Madrid 1969); Atlas geographicus ordinis FF. MM. Capuccinorum (Rom 1968); *A. Vernaschi*, Una istituzione originale. Le figlie della Carità di S. Vincenzo de' Paoli (Rom 1968); *M.-P. Desaing*, Die Ursulinen (Freiburg/Schweiz 1968); *G. Russotto*, San Giovanni di Dio e il suo ordine ospedaliero, 2 Bde (Rom 1969); *Cl. Catena*, Le Carmelitane. Storia e spiritualità (Rom 1969); *M. Arneth*, Das Ringen um Geist und Form der Priesterbildung im Säkularklerus des 17. Jh. (Würzburg 1970).

Liturgie

Nachdem das Tridentinum die Weichen dafür gestellt hatte, die Liturgie in der ganzen katholischen Kirche, von Auswüchsen gereinigt, einheitlich zu gestalten, hatten die nächsten fünf Jahrzehnte die nötigen Darreichungen dazu erarbeitet; das Breviarium Romanum war 1568 erschienen, das Missale Romanum 1570 (Bd IV 523), das Martyrologium Romanum 1584 (Bd IV 579), das Pontificale Romanum 1596 und das Caerimoniale Episcoporum 1600. Den Abschluß bildete das Rituale Romanum 1614 (Bd IV 590), das den Ritus der Sakramentenspendung und der Sakramentalien enthielt, aber nicht bindend war, sondern mehr als Modell dargeboten wurde, so daß sich die sehr vielfältigen Diözesanritualien daneben behaupten konnten und mit ihnen auch die Möglichkeit, zum Teil die Volkssprache anzuwenden. Wo allerdings die Überlieferung wie in den Missionen keine solche Eigengestaltungen zur Verfügung hatte, da wirkte sich auch in diesem Bereich die uniformierende Kraft der zentralistisch erarbeiteten liturgischen Bücher aus.

In der Liturgiegeschichte erweisen sich die nach 1614 folgenden drei Jahrhunderte bis auf die Reformen unter Pius X. als Jahrhunderte des „liturgischen Stillstandes“ (Klauser). Denn die geringen „Verbesserungen“ z. B. des Breviers unter Urban VIII. (Bd IV 661) sind unbedeutend und wirken pedantisch. Eine unter Benedikt XIV. vorbereitete Reform kam nicht zum Zug. Der mächtige Vorstoß der aufbrechenden historischen Forschung gerade im Bereich der Liturgie vermittelte zwar eine reiche Begegnung mit den Gestaltungen der früheren Zeiten und namentlich auch mit dem Reichtum der östlichen Liturgien, blieb aber ohne jede Rückwirkung auf die eigene, starr und unbeweglich gewordene Weise, den offiziellen Gottesdienst zu feiern. Sowohl für das Brevier wie auch für das Missale hatte das Tridentinum die Möglichkeit angeboten, überlieferte Formen beizubehalten, wenn eine Tradition nachgewiesen werden konnte, die älter als 200 Jahre war. Nicht überall, wo diese Voraussetzung gegeben war, hat man den uniformierenden Kräften gegenüber sich auf die Dauer behauptet und doch das Eigengut — mit Ausnahme der diözesaneigenen Feste — mehr und mehr aufgegeben [1]. In Frankreich war die Bejahung der überlieferten gallikanischen Eigenheit zu groß, als daß ähnliches sich hätte dort vollziehen können. Ja gerade in der Zeit eines betonten Gallikanismus kirchenrechtlicher Art hat man sich dort das Recht, Altüberliefertes beizubehalten, dahin erweitert, es auch weiterzuentwickeln, natürlich unter dem Einfluß zeitgemäßer Gedanken. So entstanden in Frankreich neue Breviere (Cluny 1686, Paris 1736 [für den Säkularklerus], St-Vanne 1777 und eine Art Weiterbildung des letzteren St-Maur 1787), die auch dann eingeführt wurden, wenn die römische Liturgie schon angenommen war. Ihr Charakteristikum ist eine intensive Pflege der Schriftlesung, vor allem aber auch der Väterlesungen; natürlich ist ihnen auch eine stark moralisierende Tendenz eigen, die dem aufgeklärten Geist entspricht. Beachtlich ist, daß das Pariser Brevier das ganze Psalterium auf eine Woche verteilt unter Verwendung von neun Psalmen in der Matutin und daß es die Sonntage und die Ferialoffizien der Fastenzeit wieder in ihre alten Rechte einsetzte — zwei Momente, die die römische Brevierreform von 1911 voll übernahm. Westdeutsche Diözesen versäumten nicht, auch ihrerseits neue Breviere herauszugeben, die sich den Ideen der gallikanischen Breviere nicht verschlossen (Trier 1748, Köln 1780). Martin II. Gerbert übernahm das Brevier von St-Vanne sofort bei seinem Erscheinen für St. Blasien [2]. Im ganzen blieb aber — abgesehen

[1] So in Mainz das eigene Missale 1698, vgl. *H. Reifenberg*, Messe und Missalien im Bistum Mainz (Münster i. W. 1960).

[2] Über die Einführung des Mauriner Breviers von 1787 im Jahre 1842 in Ungarn vgl. ALW 8 (1963) 79—84.

vom Festkalender, der eine ständige Vermehrung der Heiligenfeste brachte und die Feier des Herrenjahres immer mehr zudeckte — die Liturgie unverändert. Die Intensivität des liturgischen Lebens schien sich in dem genauesten Ausbau der reichlich kommentierten Rubriken festzufahren. Rechtsformalismus und Kasuistik drängten vor an Stelle des inneren liturgischen Lebens.

Die seit dem Mittelalter bestehende Kluft zwischen Liturgie und gläubigem Volk wurde nicht überwunden, sondern hat sich weiter vertieft. Die Liturgie war eine Klerusliturgie geworden und berührte das Volk nur insoweit, als sie ihm zum Schauspiel dienen konnte. Die heilige Messe war nicht mehr ein mitvollziehbares Geschehen; die Predigt war aus ihr entfernt, in gleicher Weise die Kommunion isoliert als eigene Andacht. Die Messe war nur noch die feierliche Gegenwärtigsetzung des eucharistischen Herrn, dessen Realpräsenz im Sakrament in der stärksten Weise betont wurde. Der feierlichste Gottesdienst war das Amt vor ausgesetztem Allerheiligsten, in dem gleich anfangs der eucharistische Segen erteilt wurde, den man nach der Sequenz und am Schluß noch einmal wiederholte. Der Altar war zentralisiert auf den Aussetzungsthron über dem Tabernakel — dieser war an Stelle des Sakramentenschreins in der Chorwand durch das Rituale von 1614 vorgeschrieben worden —, auf dem die nunmehr als Sonne gebildete Monstranz erhoben stand. Vor ihr taten der Klerus und die Ministranten einen geradezu höfisch gestalteten Dienst. Diese barocke Zeit verstand es aber, aus dem Gottesdienst eine festliche Angelegenheit zu machen, durch die Pracht des Gotteshauses, in dem alle Künste der Architektur, der Malerei und der Plastik einen gesamtkunstwerklichen Rahmen von großer und freudvoller Feierlichkeit anbot, gesteigert durch die Vielfalt der liturgischen Gewänder und die immer fülliger werdende Musik. Sowenig das liturgische Wort und der einzelne Vollzug mehr aufgenommen wurden, das Bewußtsein eines großen Mysteriums und der Wille zur Anbetung waren noch eindeutig vorhanden.

Es ist nicht verwunderlich, daß bei der starken Diskrepanz zwischen dem offiziellen kirchlichen Gottesdienst und der für das Volk faßbaren Frömmigkeit, dieses die außerliturgischen Formen intensiv pflegte. Die dafür passende Organisation war immer noch zumeist die Bruderschaft (vgl. Bd IV 592—593). Sie sammelte, belebt durch immer wieder neu auftretende Frömmigkeitswellen, unter wechselnden Titeln (Rosenkranz, Herz-Jesu, Vom guten Tod, Sebastian u. a.) ihre Mitglieder oft von weither, rief sie zu Bruderschaftsfesten mit reichen Prozessionen und stiftete Altäre ihrer Titel. Die Zahl der Bruderschaften nahm stark zu. Auch die von den Jesuiten geförderten marianischen Kongregationen (vgl. Bd IV 593) vermehrten sich sehr. Seit 1751 begannen auch solche für Mädchen und Frauen eingerichtet zu werden; bisher waren sie nur für Jünglinge und Männer; sie wurden (anders als die Bruderschaften der Barockzeit) nach Ständen gegliedert: für Studenten, für Bürger, für Priester u. a. Gerade die Bruderschaften organisierten oft die großen Wallfahrten. Das Wallfahrtswesen erlebte eine Hochblüte (vgl. Bd IV 493). Neue, besonders marianische Wallfahrten kamen auf. Neben den bedeutenden Wallfahrtsorten, zu denen u. U. die Pilger gruppenweise in tagelangen Fußmärschen wallten, entstanden viele kleine örtliche Heiligtümer, die aus nächster Umgebung aufgesucht wurden. Die Beliebtheit des heiligen Hauses in Loreto (vgl. Bd IV 593) spiegelt sich in den vielen Loretokapellen wider, die meist vor Städten errichtet wurden und Kopien des italienischen Heiligtums darstellen wollen. Die Reliquienverehrung empfing einen großen, ja geradezu übermäßigen Auftrieb. Hinter gläsernen Tafeln oder Pyramiden wurden sie gesammelt und zur Schau gestellt, einzelne zu ganzen bekleideten Gebeinfiguren ergänzt und in gläsernen Särgen geborgen, auf den Altar oder unter die Mensa gestellt, in den Prozessionen mitgeführt. Eine große Rolle spielten dabei die sogenannten Katakombenheiligen: Gebeine, die aus römischen Katakomben entnommen wurden, trotz beigebrachter Authentik von höchst zweifelhafter Herkunft, meist mit frei erfundenen Namen bedacht, feierlich eingeholt und oft zum Mitpatron einer Kirche erhoben[3].

Das Verlangen, Ablässe gewinnen zu können, war außerordentlich gesteigert. Dabei verleitete die zeitgemäße Sucht, sich an hohen Zahlen zu berauschen, dazu, nicht nur viele Möglichkeiten zu suchen, einen vollkommenen Ablaß zu gewinnen, sondern auch unvollkommene für Tausende und Abertausende von Jahren. Mitgliedschaft in bestimmten Bruderschaften, die ihrerseits zu einer Teilhabe an den Ablaßprivilegien anderer gelangt waren, verschafften solche Angebotsmöglichkeiten, die man je nachdem säuberlich in Kalendern zusammengestellt fand; aus ihnen war zu ersehen, wie viele Ablässe man jeden Tag gewinnen konnte[4]. Beliebt waren daneben aber die Ablaßfeste, zu denen, vor allem an Wallfahrtsorten oder Klosterkirchen, zur Verkündigung besonderer Ablässe die Gläubigen zusammenströmten, um nach Empfang des Bußsakramentes und der heiligen Kommunion Ablässe zu gewinnen. Die Intensivierung der Volksmission, die man gelegentlich unter großem barockem Aufwand mit Bußprozessionen, bei denen u. U. Hunderte von Kreuzen geschleppt wurden, veranstaltet hat, ging parallel mit einer Art Beichtbewegung, durch die man zur öfteren Beichte veranlassen wollte. Die starke, vor allem durch die Jesuiten verbreitete Verehrung des heiligen Johannes Nepomuk (1729 heiliggesprochen) als Martyrer des Beichtgeheimnisses ist aus einem solchen Zusammenhang zu verstehen; sein Bild schmückte bald viele Straßen und Brücken und war häufig in den Kirchen zu finden.

Daß bei nicht wenigen sich in die volksnahen Frömmigkeitsübungen abergläubische Vorstellungen mengten, ist außer Zweifel. Namentlich wurde der

[3] LThK[2] VIII 711.

[4] *W. Müller*, Ein Gnadenkalender der Rosenkranzbruderschaft: FreibDiözArch 88 (1968) 359—379.

Gebrauch der Sakramentalien oft dadurch verfälscht. Viel noch heute mitgeschleppter Aberglaube hat in der Barockzeit eine religiöse Form gehabt; ja, die Zeit stand überhaupt noch abergläubischen Vorstellungen allzu nahe. Man muß nur daran denken, daß der Hexenwahn erst im Abklingen war (vgl. Bd IV 678); noch immer loderten da und dort Brände um solch unglücklich Beschuldigte und brachten sie qualvoll zu Tode. Letzte Hexenverbrennungen waren 1749 in Würzburg, 1751 in Endingen a. Kaiserstuhl, 1775 in Kempten, 1782 in Glarus und 1793 in Posen.

Die Predigten der Barockzeit bargen in sich die Gefahr, sich zu sehr in Effektvollem zu verlieren und nach Äußerlichkeiten zu haschen. Oft waren sie zuwenig auf die Schrift begründet. Nicht wenige sind aber durchaus voll religiöser Tiefe, voll Lebenserfahrung und volksnahe wie die des Kapuziners Prokop von Templin (1609—80) in Österreich, des Augustinereremiten Abraham a Santa Clara (1644—1709), voll sprachschöpferischer Fabulierkunst und treffsicherem Witz, besonders am Wiener Hof wirkend, und des portugiesischen Jesuiten Antonio Vieira (1608—97), eines hinreißenden Predigers. 1760 fanden die Auswüchse der Barockpredigt einen überlegenen Satiriker in Josef de Isla SJ (1703—81), der durch seinen Gerundio-Roman ihre Schwächen so bloßstellte, daß er wesentlich dazu half, sie von der Kanzel zu entfernen.

In einer Zeit, in der nun doch ein nicht geringer Teil der Gläubigen zu lesen verstand, konnten sich Literaturformen ausbilden, die sehr in die Breite wirkten. Dazu gehörte auf evangelischer Seite Johann Arnds „Vier Bücher vom wahren Christentum" (1605), katholischerseits eine „Hauspostille" (1690) des Prämonstratensers Leonhard Goffiné (1648—1719) und das mannigfaltige Schrifttum des Kapuziners Martin von Cochem (1634—1712), besonders seine „Meßerklärung" und das „Leben und Leiden Jesu Christi" (1677)[5].

Welch eine religiöse Kraft aber trotz dem zweifelsohne geübten Anthropozentrismus in diesen Jahrhunderten steckt, offenbart sich in den Werken der Kunst. Die Stilmittel der bildenden Kunst des Barock wurden in Italien ausgebildet und nun als Zeichen eines lebendigen Glaubens an die Nähe göttlicher Gnade besonders in den katholisch gebliebenen Landen verwendet zur Gestaltung vollendeter Bauten, in denen in vielfacher Weise der Ausgriff ins Übernatürliche angedeutet wird. Es offenbart sich ein heiterer, siegessicherer, großzügiger und weltbejahender Geist, der einen großen Reichtum vielfältiger theologischer Programme zu gestalten vermag. Mehrfach ist eine bestimmte Art des Volkstums besonders intensiv angesprochen wie die der romanischen Völker oder des bayerisch-österreichischen Stammes. Das lutherische Christentum — das calvinische blieb kunstfeindlich, auch im Bereich der Musik (Kirchen ohne Bild, lange ohne

[5] *L. Signer*, Martin von Cochem, ein großer Geist des rheinischen Barock (Wiesbaden 1963).

Orgel) — hat die Tiefe religiöser Bewegung in einem nach Text und Melodie sehr wertvollen Kirchenlied und in unvergänglichen Werken religiöser Musik ausgeprägt: in den Passionen, Chorälen und Kantaten eines Heinrich Schütz (1585—1672), eines Johann Sebastian Bach (1685—1750), den Oratorien eines Georg Friedrich Händel (1685—1759). Auf katholischer Seite wären schließlich die großen Meßkompositionen und Oratorien eines Franz Joseph Haydn (1732—1809) und die Messen Wolfgang Amadeus Mozarts (1756—91) zu nennen. Bachs große h-Moll-Messe, die er für den katholischen Hof in Dresden komponierte, zeigt, wie sehr sich die Konfessionen im Tiefsten berühren können. Beethovens geistliche Musik gehört schon einer anderen Zeit an.

Diese überschäumende und recht vielgestaltige Breite der Äußerungen religiösen Lebens mußte einmal eine Begrenzung und eine Reduzierung erfahren. Es waren die weltlichen Regierungen, die in der immer mehr das ganze menschliche Leben umfassenden Fürsorge des Staates eine zunehmende Rolle spielten und nun aus ökonomischen Gesichtspunkten eine Einschränkung der Feiertage forderten. (Sie waren schon 1642 von Urban VIII. auf 34 beschränkt worden.) Spanien machte damit den Anfang, das schon unter Benedikt XIII. für 17 (Heiligen-)Feste die Einführung von Halbfeiertagen erreichte, an denen zwar die Pflicht, die Messe zu besuchen, weiterbestand, aber das Arbeitsverbot aufgehoben wurde. 1748 wurde die gleiche Regelung für beide Sizilien, 1753 für Österreich getroffen. Clemens XIV. hob diese Halbfeiertage ganz auf. Ähnliche Feiertagsbeschränkungen beantragten auch Hochstifte (z. B. Würzburg und Bamberg 1770, Mainz 1763—74), Bayern und Preußen 1772, Spanien 1791. Diese Maßnahmen waren beim Volk im allgemeinen wenig beliebt und konnten oft nur mit staatlicher Gewalt oder erst nach langer Zeit voll durchgeführt werden. Wenn aufgehobene Feiertage auf den vorhergehenden oder nachfolgenden Sonntag verschoben wurden, ging von dieser Reduzierung erst recht eine Verunklarung des Sonntages als Tag des Herren aus.

Das Beschneiden des allzuvielen Festens war für einen sich wandelnden Zeitgeist nur ein erster Anfang, wurde doch immer mehr das Viele und das Vielerlei als unwesentlich und störende Ablenkung empfunden. Man strebte nach schlichter Einfachheit, in der allein das Erhabene zur Erscheinung kommen könne; die „edle Einfalt", ein „geläutertes, reines Prinzip", allein war noch gefragt. Man versuchte, das Wesentliche vom „Zufälligen" zu trennen, um im gleichen Atemzug das letztere als entbehrlich, ja als etwas zu erklären, was als Hindernis weggeräumt werden müsse oder was zumindest ohne Schaden zu vernachlässigen wäre. Der Ansatz einer solchen Unterscheidung war sicherlich nicht fehl am Platze; wurde doch nur so der Weg frei, das so vielfach Verdeckte wieder klarer zu sehen. Der Kampf setzte ein gegen die vielen Prozessionen und Umzüge, die Wallfahrten nach allen möglichen kleinen und großen Gnadenorten, die vielerlei Bruderschaften, die oft mit abergläubischen Erwartungen unterlaufenen Benediktionen. Besonders erschien die Anwendung des Exorzismus überlebt, dessen Gebrauch die Bischöfe nun häufig von einer speziellen Erlaubnis durch den Ordinarius abhängig machten. Der immer und immer wieder getätigte eucharistische Segen wurde als Übertreibung empfunden. Gegenüber der so verwirrenden Fülle der verschiedensten Formen der Heiligenverehrung sollte wieder die Christusfrömmigkeit betont werden. In die Spätzeit dieser aufgeklärten Vorstellungen gehört auch eine intensivere Beschäftigung mit der Heiligen Schrift.

Dieser Umbruch, so tiefgreifend er im letzten war, geschah nicht auf einmal und auf verschiedenen Gebieten mit beachtlicher Phasenverschiebung. Der Hirtenbrief des Wiener Fürst-Erzbischofs Trautson vom 1. Januar 1752, dessen Formulierungen weit über seine Diözese hinaus richtungweisend empfunden wurden, erschien zu einer Zeit, in der die barocke Kunst eben in ihr letztes formsicheres, wenn auch verspieltes Stadium des Rokoko eingetreten war. Als 1768 das Kloster St. Blasien abbrannte, entschloß sich Martin Gerbert zu dem Wiederaufbau durch d'Ixnard in Form eines klassischen Rundtempels, der bis weithin nach Norddeutschland wegen seiner erhabenen Ruhe bewundert wurde. Die Maßnahmen Kaiser Josephs II. (1780—90) wirkten als Höhepunkt aufgeklärten Tuns im kirchlichen Raum und wurden nicht nur vielfach in seiner Zeit kopiert, sondern auch Vorbild für die Haltung des Staatskirchentums in der ersten Hälfte des 19. Jh. Wie sehr auch kirchliche Kreise konform gingen, zeigt der Hirtenbrief des Salzburger Fürsterzbischofs Colloredo vom 29. Januar 1782. Die Synode von Pistoia hat gerade in liturgischer Beziehung eine Reihe von guten Gedanken entwickelt, die erst heute zum Zuge kommen. Und doch erregte das „moderne" Mainzer Gesangbuch von 1787 erbitterten Streit. Der Versuch, ein Rituale in der Landessprache vorzulegen, setzt erst mit dem Rituale C. Schwarzels um die Jahrhundertwende ein und schließt ab mit dem Rituale Wessenbergs von 1831. Auch das Wirken des bedeutendsten Reformliturgikers der Aufklärung, des Vitus Anton Winter, in Ingolstadt bzw. Landshut fällt schon in das neue Jahrhundert.

Die Aufklärung empfand den Zwiespalt zwischen Liturgie und Volk durchaus und versuchte, ihn zu überbrücken einerseits durch ein Zurückschneiden der Eigenwege der Volksfrömmigkeit, andererseits durch eine Verbindung der Gläubigen mit dem liturgischen Geschehen. Dabei ist das Bestreben, die Predigt wieder in die Messe hereinzunehmen, beachtlich, ebenso die Bemühung, die Kommunion mit der Messe zu verbinden. Natürlich lag es nahe, durch Übersetzung der Liturgie in die Landessprache, also durch Aufgabe des unverstandenen Lateins als liturgischer Sprache, den allgemeinen Zugang zur Liturgie zu öffnen. Man wagte dies im allgemeinen nur für die Sakramentenspendung und die Benediktionen, auch für neue Feiern wie Erstkommunion oder die Einsetzung eines Pfarrers, für die

Feier der Messe nur sporadisch, auch noch nicht unter Wessenberg[6], der seine in diesem Punkt vorpreschenden Freunde zurückhielt. Er versuchte zunächst, die Teilnahme des Volkes durch eine Art Betsingmesse zu erreichen, wobei er für die Zeiten des Kirchenjahres viele wechselnde Texte anbot (Konstanzer Gesangbuch 1812). Daß man etwas anderes neben dem Geschehen der Messe her bete, wie z.B. den üblichen Rosenkranz, wurde sehr verpönt. Auch wurden Nebenmessen abgeschafft, die bisher während der Hauptmesse herliefen. Am liebsten sah man überhaupt nur einen Altar in der Kirche.

Die Grundidee des aufgeklärten Gottesdienstes war eine eminent seelsorgliche: der Pfarrer, der die Seinen kennt — es galt als etwas Ungehöriges, aus der Pfarrei „auszulaufen", zu einem Kloster, einer Wallfahrt, einer fremden Bruderschaft —, kümmert sich im wahrsten Sinn des Wortes um sie, er bricht ihnen nach überlegtem Plan das Brot des göttlichen Wortes und unterrichtet sie in allem, was ihnen nötig ist. Der Gottesdienst ist so zu gestalten, daß er erbaulich wirkt und die Teilnehmenden bessert. In ihm haben sich alle als Brüder des gemeinsamen Vaters, der im Himmel ist, zu erkennen. Hier ist die wahre Bruderschaft, die als einzige noch zugelassen ist — unter Joseph II. heißt sie die „Bruderschaft von der Nächstenliebe", bei Wessenberg „von der Gottes- und Nächstenliebe". Aller Mechanismus soll aus dem Beten und dem Gottesdienst verschwinden. Die Verbundenheit zwischen Hirt und Herde soll sogar so weit gehen, daß man nur bei dem eigenen Pfarrer beichte, der einen am besten kennt und einem allein die richtige Weisung geben könne. Im Sinne Wessenbergs ist die Verantwortung des Seelsorgers für die ihm Anvertrauten sehr gesteigert. Von daher gesehen, ist der Gottesdienst der Aufklärung gar nicht nur Belehrung und trockenes Moralisieren, untermischt mit einigen gefühlsfrommen Sentimentalitäten, wie es gelegentlich dargestellt wird. Es ist freilich das Lehrhafte, das auch die Liedtexte im Übermaß anfüllt, allzusehr betont, der schon im Barock aufsprießende Subjektivismus ist herrschend geworden, und der Gedanke der Liturgie als eines Dienstes vor Gott ist allzusehr zurückgetreten. Und es ist kein Zweifel, daß im Tiefsten die Ansätze einer Gottesdienstreform der Aufklärungszeit deswegen ohne Erfolg blieben, weil die Theozentrik des Gottesdienstes zu sehr übersehen war und der Versuch, vor allem von der Form her zu bessern, die Wirklichkeit der Kultmystik verfehlte. Denn dem Willen zum Kult wird wenig Bedeutung mehr zugemessen. Die von der Welt ausgehende Frömmigkeit bleibt nur zu häufig in der Welt stecken. Aber in dem Maße, in dem die Verantwortlichkeit füreinander eine wesentliche Betonung erfuhr, ist auch wieder Gott hereingenommen, vor dem verantwortet wird.

[6] Vgl. *E. Keller,* Die Konstanzer Liturgiereform: FreibDiözArch 85 (1965); zu Wessenbergs Deutschen Vespern s. *F. Popp:* ebd. 87 (1967).

Neue Orden

Ist schon für die Ordensgeschichte des 16. und beginnenden 17. Jh. zu betonen, wie sehr sie durch den Gedanken an das Apostolat geprägt ist (Bd IV 597), so gilt dies erst recht für die weitere Entwicklung in den nächsten Jahrhunderten. Es treten sogar ganz bestimmte Anliegen prägend in den Vordergrund, wie der Aufbau von Seminarien zur Ausbildung des Weltklerus bei den Oratorianern, den Sulpizianern und der Congrégation de Jésus et Marie des Johannes Eudes; das Wirken des Vinzenz von Paul läuft in seiner Weise dazu parallel (s. Kap. 1). Vinzenz und seine Lazaristen hatten — wie in Italien die beiden Jesuiten Paolo Segneri d. Ä. (1624—94) und d. J. (1673—1713) — den Typ der Volksmission aufgebaut, der bis ins 20. Jh. Gültigkeit behielt, und damit eine sehr wirksame Form des Apostolats der Orden installiert (ebd. und Kap. 5). Die ganz konkreten Aufgaben der Waisen- und Altenfürsorge und der Krankenpflege sind von Vinzenz von Paul durch die Gründung der Barmherzigen Schwestern unter Mithilfe der Louise de Marillac (Bd IV 603 und oben Kap. 5) in einer wirksameren Weise angegangen worden als bisher je in der Geschichte der kirchlichen Liebestätigkeit. Zu parallelen Erscheinungen gehören die Sœurs de Notre-Dame de charité de refuge des Johannes Eudes (1640), aus denen im 19. Jh. die Kongregation unserer Frau von der Liebe des Guten Hirten hervorging, und die Sœurs de St. Charles oder Borromäerinnen (Bd IV 603), die seit 1652 von Nancy ihren Ausgang nahmen und sich vor allem in Lothringen ausbreiteten. Die Vinzentinerinnen wirken seit 1652 auch in Polen und zogen noch im 18. Jh. in andere Länder Europas und Amerikas. Dieser sozial-caritative Dienst weiblicher Ordensgenossenschaften, der die Frau in einer hervorragenden Weise im kirchlichen Bereich an gemeinsamen Aufgaben christlicher Liebe wirksam werden ließ [7], war nur möglich durch den Abbau der bisher für Frauenorden unabdingbaren Klausurvorschriften, die gerade im Zuge katholischer Reform für die Frauenklöster zur Beseitigung der eingerissenen Mißstände erneut verschärft gehandhabt wurden. Von dorther sind auch die nicht geringen Schwierigkeiten, die die Anfänge dieser Gründungen begleiten, zu verstehen. Die Elisabethinerinnen, die sich aus Beginen des Mittelalters heraus entwickelten und sich im 17. Jh. in Italien, Frankreich, den Niederlanden und im östlichen Reich verbreiteten, haben diese Klausurschranke nicht zu überwinden vermocht: sie konnten darum nur in ihren eigenen Häusern Frauenspitäler einrichten. Der Orden der Barmherzigen Brüder (Bd IV 603) war durch Klausurvorschriften nicht gehemmt.

Noch schwieriger war es für Frauenorden, die im dritten zeitgemäßen

[7] Im Bereich der evangelischen Kirchen wurden erst im 19. Jh. ähnliche Schwesternschaften (Diakonissen) aufgebaut.

Bereich des Apostolats, dem der Schule, wirkten, die Klausurvorschriften zu überwinden. So konnten sich die Salesianerinnen nur dem Unterricht der in Pensionaten vereinigten Schülerinnen widmen (Bd IV 603). Und doch gab es eine richtige Schulbewegung unter den Frauenorden: die Ursulinen (Bd IV 456) faßten 1622 in Lüttich Fuß und verbreiteten sich von da aus nach Deutschland; 1639 wurde eines ihrer Häuser im kanadischen Quebec gegründet. Eine freie Form unter Verzicht auf Klausur und feierliche Gelübde etablierte sich 1606 in Dôle, Diözese Besançon, und eröffnete später Häuser in der Schweiz und in Süddeutschland (Freiburg i. Br., Villingen). Der erregendste Kampf um Fragen neuer Formen, die sich Mary Ward von dem Anschluß an die Konstitutionen des Jesuitenordens erhoffte, fiel den „Englischen Fräulein" zu (Bd IV 603—604). Ihr Wirken in loserer Bindung und unter Verleugnung ihrer Gründerin wurde voll erst von Benedikt XIV. anerkannt. Auch andere Frauenorden wandten sich der Aufgabe des Mädchenunterrichtes zu, wie Dominikanerinnen in Form von Kongregationen oder die Frauen vom Heiligen Grab, die besonders in den Niederlanden an diesen Zielen aufblühten. Unter den Schulen für die männliche Jugend waren allenthalben, nicht nur in Frankreich (s. Kap. 5), die der Jesuiten die wichtigsten; aber auch andere Orden widmeten einen Teil ihrer Kräfte den Schulen, so vor allem die Benediktiner. Ein eigener Schulorden entstand in den Schulbrüdern (s. ebd.). Der besonders Volksschulen, aber auch Mittelschulen aufbauende Orden der Piaristen (Bd IV 597—598) verbreitete sich jetzt weithin. Als der Jesuitenorden aufgelöst wurde, sind vielfach Angehörige dieser Orden in die Bresche gesprungen und haben die Schulen vor der Auflösung bewahrt.

Auch die wenigen Neugründungen der eineinhalb Jahrhunderte vor Beginn einer durch die Französische Revolution signalisierten ganz anderen Zeit stehen ganz unter dem Gedanken des Apostolats: 1640 eröffnete Bartholomäus Holzhauser (1613—58 aus Laugna in Schwaben, † in Bingen) in Tittmoning, Erzdiözese Salzburg, eine priesterliche Genossenschaft, die sich der Heranbildung des Klerus und der Mission widmen wollte; seit 1655 wirkte er in der Erzdiözese Mainz und festigte dort sein Institut der Bartholomäer. Auch die von Paulus vom Kreuz (1694—1775) 1737 in Orbetello (an den Ufern des Ligurischen Meeres zwischen Civitavecchia und Livorno) gegründeten Passionisten, deren Generalat sich seit 1773 in Rom im Kloster Giovanni e Paolo befindet, widmeten sich, bei aller besonderen Pflege der Betrachtung, besonders der Volksmission. Paul hat auch einen weiblichen Zweig des Ordens, die Passionistinnen, gegründet, die ein streng beschauliches Leben führten. Alfons von Liguori (1696 bis 1787) gründete zuerst die beschaulichen Redemptoristinnen (1731), dann aber die Redemptoristen (1732) in Scala bei Amalfi vor allem für die Mission der Verlassensten in den von den Pfarreien nicht erfaßten Bewohnern der Berge bei Neapel. Der Orden breitete sich — von der weltlichen

Regierung vielfach mit Mißtrauen verfolgt — zunächst im Königreich Neapel, dann im Kirchenstaat aus. Politische Spannungen führten zeitweise zur Spaltung in einen neapolitanischen und einen kirchenstaatlichen Zweig. Erst 1784 traten die ersten Nichtitaliener ein, unter ihnen Klemens Maria Hofbauer, der der Kongregation den Weg nach Deutschland bahnte.

Je weiter das 18. Jh. voranschritt, um so mehr ging das Interesse an allem Ordensleben zurück; ja dem aufgeklärten Geist des Jahrhunderts erschien das Mönchtum als der Inbegriff des Obskuren und Fanatischen, das immer der uneinsichtigen Finsternis verhaftet bleibe und ein nutzloses Faulenzertum verteidige. Unter der scharfen Frage nach der — rein irdisch gesehenen — Nützlichkeit entwickelte sich geradezu ein klosterfeindlicher Geist, der Ordensberufe im Keim ersticken mußte. Es gibt einige wichtige Daten, die diese Bewegung charakterisieren: die Hetze gegen den Jesuitenorden, die zu seiner Auflösung führte (s. Kap. 29), die in Frankreich seit 1766 laufende staatliche Aufhebung und Zusammenlegung von 386 oft zu kleinen Konventen zusammengeschrumpften Klöstern, die Klostersäkularisation in Österreich unter Joseph II., die hauptsächlich alle beschaulichen Orden traf (s. Kap. 23), aber auch die leichte Hand, mit der in Deutschland selbst Bischöfe in Mainz oder Münster Klöster aufhoben (s. Kap. 32), um ihr Vermögen anderen guten Zwecken zuzuführen. Auch hier sind die Vorgänge nicht überall und in allen Bereichen gleichmäßig; so trifft der Schlag der Französischen Revolution z. B. in den Frauenklöstern noch in keiner Weise geminderte, meist von gutem Geist beseelte Konvente — anders bei den meisten Männerorden. Seit 250 Jahren hatten sich die neuen Orden sehr einsichtigen Nützlichkeiten verschrieben, wie Seelsorge, innerer Mission, Unterricht oder sozial-caritativem Wirken, und vielfach hatten die alten Orden gleichgezogen — darf man nicht auch die Hingabe an wissenschaftliche Arbeit nach den modernsten Methoden unter diesem Gesichtspunkt sehen? —, und doch wurde das Fallbeil der Säkularisation in Frankreich und in Deutschland unterschiedslos jeder Art von Ordensleben gegenüber aufgerichtet.

Sicherlich hatte man manche Forderungen, wie z. B. die nach einem nicht zu frühen Profeßalter — Joseph II. legte es auf das Ende des 24. Lebensjahres fest — oder die einer Mitgiftbeschränkung, mit Recht erhoben. Das wachsende Selbstbewußtsein des Menschen verlangte eine größere Selbstverantwortlichkeit gerade auch im Bereich des Ordenslebens. Aber dieser totale Schlag gegen die klösterlichen Daseinsformen kann von der Notwendigkeit zeitgemäßer Verbesserungen her nicht allein verstanden werden. Es hat sich eine solche Abneigung gegen klösterliches Leben entwickelt, daß seine Auflösung unaufschiebbar schien und auch von den Betroffenen mit einem überraschenden Gleichmut hingenommen wurde.

DRITTER ABSCHNITT

Das Papsttum unter dem steigenden Druck des Staatskirchentums

Univ.-Professor Dr. Burkhart Schneider SJ, Rom

Im Verlauf des 18. Jh. verloren die katholischen Mächte — nach Portugal und Spanien nun auch Frankreich und Österreich — ihre Vorrangstellung in Europa und in Übersee. An ihre Stelle traten nichtkatholische Mächte: Preußen in Mitteleuropa und besonders England, das zur ersten Seemacht wurde, sein Weltreich errichtete und auf dem europäischen Festland durch seine Bündnis- und Subsidienpolitik das Gleichgewicht zwischen den Staaten aufrechtzuerhalten bemüht war. An der allgemeinen Entwicklung zum modernen Staatswesen, die vor allem auf administrativem und wirtschaftlichem Gebiet vorangetrieben wurde, nahm der Kirchenstaat nicht teil, nicht zuletzt weil ihm die dynastische Kontinuität und damit die damals unabdingbar notwendige Voraussetzung einer Politik auf weite Sicht fehlte. Hinzu kam, daß gerade in der ersten Hälfte des Jahrhunderts der Kirchenstaat mehrfach von Kriegsereignissen in Mitleidenschaft gezogen wurde, weil er politisch und militärisch zu schwach war, um die proklamierte Neutralität wirklich bewahren und gegen Übergriffe schützen zu können. Die Diskrepanz zwischen der weltlichen Herrschaft des Papstes und den zeitgenössischen anderen Staaten wurde immer größer. Der Kirchenstaat wurde eher zu einem Ballast, als daß er die ursprüngliche Funktion, dem Papst die Freiheit und Unabhängigkeit in der Leitung der Gesamtkirche zu sichern, noch hätte erfüllen können. Im Verlauf des 18. Jh. erreichte der Kirchenstaat jenen Zustand, den kein Geringerer als Kardinal Consalvi zu Beginn des darauffolgenden Jahrhunderts in seinen Memoiren beklagte: „Man müßte alle die vielfältigen Widerstände gegen Veränderungen und Reformen überwinden, die vernünftig und notwendig sind, weil bestimmte Formen veraltet oder überholt sind oder weil Mißbräuche sich eingeschlichen haben, oder schließlich weil Zeit und Umstände und die allgemeinen Auffassungen sich änderten." [1]

In den nominell noch katholischen Staaten, deren maßgebende Regie-

[1] Alcune brevi memorie sul mio ministero: Memorie del cardinale Consalvi, hrsg. von *M. Nasalli Rocca* (Rom 1950) 149.

rungsmänner sich jedoch mehr und mehr von der radikaler werdenden Aufklärung beeinflussen ließen und fast durchweg kaum mehr noch katholisch genannt werden konnten, bildete sich ein ins kleinste gehendes Staatskirchentum aus, das sich von dem Gallikanismus des vorausgehenden Jahrhunderts vor allem durch das totale Fehlen eigentlicher Religiosität sowie durch eine gewalttätige und keiner Tradition verhaftete Willkür unterscheidet. Die Kirche wurde als bloßes Instrument des Staates betrachtet, der sie je nach Gutdünken als staatliche Institution ohne Rücksicht auf ihre Eigenart und ihre Eigengesetzlichkeit einzusetzen entschlossen war. Das Papsttum war den Ansprüchen dieses Staatskirchentums gegenüber praktisch machtlos und mußte, um den bis zur wohl nicht immer ernst gemeinten Drohung mit dem Schisma gehenden Erpressungen der katholischen Mächte auszuweichen, Zugeständnisse über Zugeständnisse machen. Die äußerste Ohnmacht des Papsttums kann man wohl in der Aufhebung des Jesuitenordens sehen, da der Heilige Stuhl sich dazu hergeben mußte, das von den sogenannten katholischen Staaten gegen die Gesellschaft Jesu begonnene Kesseltreiben geradezu zu sanktionieren und zum eigentlichen Ende zu führen. Auch wenn andere Päpste später noch Verfolgung und sogar die Vertreibung aus Rom und Gefangenschaft zu erdulden hatten, so bedeutete diese gewiß erzwungene Mittäterschaft bei der Zerstörung einer um Kirche und Papsttum sicher verdienten Institution, deren Untergang beiden — Kirche und Papsttum — spürbaren Schaden zufügen sollte, die kaum mehr überbietbare Konsequenz der Schwäche des Heiligen Stuhls und seiner Abhängigkeit von äußeren Einflüssen.

Als Zeichen der Schwäche und einer nicht geringen Unentschlossenheit ist auch zu werten, daß die Leitung der Kirche längst fällige Reformmaßnahmen hinauszuschieben versuchte und sich auch berechtigten Wünschen gegenüber, die an den Heiligen Stuhl herangetragen wurden, einfachhin verschloß. Anliegen, die an sich den Zeiterfordernissen entsprachen und die ohne besondere Schwierigkeiten eine Lösung hätten finden können — z. B. Fragen des Ordensrechts, der kirchlichen Immunität, der Anpassung liturgischer Formen —, auch wenn sie im Zusammenhang mit anderen dem Wesen der Kirche widersprechenden Forderungen vorgetragen wurden, wurden als Angriffe gegen die Rechte der Kirche global abgelehnt. Umgekehrt bemühte man sich, Positionen zu halten, die im Grunde schon längst überholt waren und die wenig später gewaltsam zerschlagen werden sollten. Wie sich durch die ablehnende Haltung der Kirche gegenüber den Forderungen der Aufklärung der Abstand zwischen Kirche und zeitgenössischer Kultur unaufhörlich ausweitete, so mußte das Festhalten an formal noch geltenden, aber inhaltlich an sich überholten Strukturen, wie sie das Wiener Konkordat von 1448 für das Deutsche Reich oder das Konkordat von 1516 für Frankreich waren, bewirken, daß die Kirche sich immer mehr von der tatsächlich gegebenen und sich fortwährend verändernden Umwelt entfernte. Es kann nicht anders als verhängnisvoll bezeichnet werden, daß in dieser Zeit keine eigentliche Initiative von der Kirchenleitung ausging, die auf eine Anpassung kirchlicher Formen und pastoraler Bemühungen an die modernen Verhältnisse hinzielte. Tatsächlich sollte der gewaltsame Umsturz gegen Ende des Jahrhunderts die Kirche im Grunde unvorbereitet finden.

28. Kapitel

Die Päpste von Innozenz XIII. bis Clemens XII.

LITERATUR: *F. Venturi,* Illuministi italiani. Riformatori lombardi, piemontesi e toscani (Mailand 1958); *L. Dollot,* Conclaves et diplomatie française au XVIIIe siècle: Rev. d'Hist. diplom. 75 (1961) 124—135; *G. Caristia,* Riflessi politici del Giansenismo italiano IV. Il Giansenismo regalista: AcTorino 96 (1961/62) 665—776; *L. Dal Pane,* Lo Stato Pontificio e il movimento riformatorio del Settecento (Mailand 1959); *M. Andrieux,* La vie quotidienne dans la Rome pontificale au XVIIIe siècle (Paris 1962); *F. Margiotta Broglio,* Appunti storiografici sul giansenismo italiano: Scritti Jemolo (Mailand 1963) 781—849; *F. Venturi,* Elementi e tentativi di riforme nello Stato Pontificio del Settecento: RSIt 75 (1963) 119—139; *ders.,* Illuministi italiani. Riformatori napolitani (Mailand 1962); *U. Marcelli,* Riforme e rivoluzione in Italia del secolo XVIII (Bologna 1964); *H. Benedikt,* Kaiseradler über den Apenninen. Die Österreicher in Italien 1700—1866 (Wien 1964); *G. Quazza,* Il problema italiano e l'equilibrio europea 1720—1738 (Turin 1965); *G. Giarrizzo* u. a., Illuministi Italiani. Riformatori delle antiche Repubbliche, dei Ducati, dello Stato Pontificio e delle Isole (Mailand 1965); *V. E. Giuntella,* Roma nel Settecento: StRom 14 (1966) 269—291; *F. Valsecchi,* Riformismo e antico regime nel secolo XVIII. Il riformismo borbonico a Napoli e a Parma, lo Stato della Chiesa (Rom 1967); *G. Schwaiger,* Die Geltung des Papsttums im 18. Jh.: Festschr. Schmaus (München 1967) 1153—69.

Innozenz XIII.: BullRom Cocq XI 2, 183—278; BullRom (ed. Taur.) XXI 867—958; Hierarchia Catholica V 33 f; *A. Mercati,* Raccolta 286—297; *Ciaconius* VI 381—408; *Pastor* XV 391—460; *Seppelt* V 413—415; *G. Schwaiger:* LThK² V 695 f; *M. v. Mayer,* Die Papstwahl I.' XIII. (Wien 1874); *E. Michaud,* La fin de Clément XI et le commencement du pontificat d'I.: Rev. internat. de théol. 5 (Bern 1897) 42—60 304—331; *L. Wahrmund,* Die kaiserliche Exklusive im Konklave I.': SAW 170 (1912).

Benedikt XIII.: BullRom Cocq XI 2, 279—424; XII; BullRom (ed. Taur.) XXII; Opuscula varia ... (Rom 1726); Concilium Romanum ... celebratum anno 1725 (Rom 1725); Collectio Lacensis I 341—466; Hierarchia Catholica V 34—39; *Quétif* III 471—481; *Ciaconius* VI 409—572; *A. Mercati,* Raccolta 297—311; *G. B. Pittoni* (Venedig 1730); *A. Borgia* (Rom 1752); *Pastor* XV 461—604; *Seppelt* V 415—422; *J. Carreyre:* DHGE VIII 163 f; *P. Mikat:* LThK² II 177; *G. de Caro:* Dizionario biografico degli Italiani VIII 384—393; *G. Vignato,* Storia di B. (Mailand 1953); *G. Cardillo,* B. e il giansenismo: Memorie Domenic. 58 (1941) 217—222, 59 (1942) 38—43.

Clemens XII.: BullRom Cocq XIII; XIV; BullRom (ed. Taur.) XXIII—XXIV; D 498—500; Hierarchia Catholica VI 3—9; *Ciaconius* VI 575—772; *A. Mercati,* Raccolta 311—330; *A. Fabroni,* De vita et rebus gestis (Rom 1760); *Pastor* XV 605—754; *Seppelt* V 422—428; *R. Mols:* DHGE XII 1361—81; *H. Raab:* LThK² II 1228 f; *L. P. Raybaud,* Papauté et pouvoir temporel sous les pontificats de Clément XII et Benoît XIV (Paris 1963); *A. Zanelli,* Il conclave per elezione di Clemente (Rom 1890); *H. Hermelink,* Klemens XII. und die Kirchengüter in den protestantischen Ländern: ZKG 24 (1930) 609—615.

Innozenz XIII. (1721—1724)

Der verstorbene Clemens XI. hatte während seines langen Pontifikats genau 70 Kardinäle ernannt, von denen allerdings sechzehn den Papst nicht überlebt hatten. In dem am 31. März 1721 beginnenden Konklave konnten innerhalb der traditionellen Gruppenbildung die kaiserlichen Kardinäle erstmals nicht mehr auf die Unterstützung der spanischen Kollegen rechnen, die nun infolge des Wechsels der Dynastie zur französischen Gruppe zählten. Da bereits am ersten Tag des Konklaves, als noch kaum die Hälfte der Kardinäle anwesend war, die Wahl des Staatssekretärs Clemens' XI., Paolucci, unmittelbar bevorzustehen schien, dem Wien die angeblich bourbonenfreundliche Politik des verstorbenen Papstes zur Last legte, sprach der kaiserliche Vertreter Kardinal Althan die formelle Exklusive gegen ihn aus. Während des sich nun in die Länge ziehenden Konklaves wurde nach vielen vergeblichen Versuchen schließlich die Kandidatur des Kardinals Michel Angelo de' Conti betrieben, der sowohl der französischen Krone wie den Wünschen des Kaisers entgegenkommen zu wollen in Aussicht stellte. Am 8. Mai 1721 wurde er einstimmig gewählt. Nach dem berühmtesten Mitglied seiner Familie, Innozenz III., der seinen Bruder Riccardo mit Poli belehnt hatte, wo Conti 1655 geboren war, nahm der neugewählte Papst diesen Namen an. Zehn Jahre war er Nuntius in Lissabon gewesen. Auf seine Diözese Viterbo hatte er 1719 aus Gesundheitsgründen resigniert; so konnte kein lange dauernder Pontifikat erwartet werden. Während der Papst dem Kaiser die Belehnung mit Sizilien und Neapel erteilte, auf die dieser seit dem Beginn des spanischen Erbfolgekrieges gewartet hatte, zogen sich die Verhandlungen über die bereits beschlossene Rückgabe von Comacchio so in die Länge, daß Innozenz XIII. sie nicht mehr erlebte. Nur im ersten Regierungsjahr ernannte er in zwei Konsistorien drei Kardinäle. Mit Beginn des zweiten Pontifikatsjahres machte sich ein altes Steinleiden wieder bemerkbar, so daß mehrfach mit seinem Ableben gerechnet wurde. Diese beständige Krankheit überschattet seinen Pontifikat. Am 7. März 1724 wurde er von seinem Leiden erlöst. In der neueren Papstgeschichte ist er der einzige Papst, der in St. Peter kein Grabmonument erhalten hat, obwohl er dort beigesetzt ist.

Benedikt XIII. (1724—1730)

In dem am 20. März 1724 beginnenden Konklave war die Gruppierung die gleiche wie in dem vorausgehenden. Wiederum wurde nach mehreren vergeblichen Versuchen ein Außenseiter vorgeschlagen, um das bereits allzulange dauernde Konklave zu beenden. Am 29. Mai wurde der Dominikanerkardinal Vincenzo Maria (Pietro Francesco) Orsini einstimmig gewählt. Erst nach längerem Widerstand konnte er zur Annahme der Wahl bewogen werden. Er war der älteste Sohn des Herzogs von Gravina bei Bari, hatte aber auf sein Erbrecht verzichtet, um in den Dominikanerorden einzutreten. Bei der Wahl war er bereits 75 Jahre alt. Schon mit 23 Jahren war er auf das Drängen seiner Familie hin von Clemens X. zum Kardinal ernannt worden und war nacheinander Bischof von Manfredonia, Cesena und seit 1686 von Benevent. Sein seelsorgerlicher Eifer und die aszetische Strenge seiner Lebensführung wurden allgemein gerühmt. Aber es fehlte ihm jede politische Erfahrung. In Erinnerung an den Dominikanerpapst Benedikt XI. wählte er diesen Namen; die Ordnungszahl wurde ihm nach anfänglicher Unsicherheit gegeben, da Pedro de Luna, der Benedikt XIII. zur Zeit des abendländischen Schismas und des Konstanzer Konzils, als Gegenpapst angesehen wurde. In seinem persönlichen Leben blieb er der bescheidene Ordensmann; er weigerte sich, die Prunkräume des Vatikans zu beziehen. Die Leitung der Diözese Rom war ihm auch als Papst das Hauptanliegen; Kirchen- und Altarkonsekrationen, Krankenbesuche, Religionsunterricht und Spendung der Sakramente füllten den Hauptteil seiner Zeit aus.

Bei dieser Einstellung des Papstes zu seinem Amt war verständlicherweise die Auswahl der Mitarbeiter entscheidend. Während Benedikt XIII. mit der Ernennung Paoluccis zum Staatssekretär noch eine glückliche Hand hatte, wurde es für den ganzen Pontifikat verhängnisvoll, daß der Papst dem aus der Nähe von Benevent stammenden Niccolò Coscia, dem Kardinal Orsini schon als Erzbischof von Benevent alles Vertrauen geschenkt hatte, nunmehr auch am päpstlichen Hofe eine einflußreiche Stellung verlieh, wie sie früher zumeist nur einem Papstnepoten zugestanden war. Habgierig und skrupellos mißbrauchte Coscia seine Stellung von allem Anfang an. 1725 ernannte ihn der Papst, entgegen dem offen geäußerten Widerspruch mehrerer Kardinäle, darunter des Staatssekretärs Paolucci, zum Kardinal. Coscia brachte eine Reihe anderer Beneventaner in einflußreiche Stellungen. Der Höhepunkt war erreicht, als der Papst auf den Vorschlag seines Vertrauten nach dem Tod Paoluccis am 12. Juni 1726 den von Coscia ganz abhängigen bisherigen Maestro di Camera Niccolò Maria Lercari zum Staatssekretär ernannte. Trotz aller Vorstellungen, die gegen Coscia beim Papst erhoben wurden, und trotz klarer Beweise seiner Geldgier und Mißwirtschaft hielt Benedikt XIII. wie verblendet an seinem Günstling fest. Coscia verkaufte frei werdende Stellen oder teilte sich mit deren Inhabern in ihre Einkünfte. Er verstand den Papst so zu isolieren, daß er schließlich nur mehr durch den Kreis um Coscia unterrichtet wurde. Gerieten durch diese Mißwirtschaft die Finanzen des Kirchenstaates in völlige Unordnung, so griff der allmächtige Coscia auch auf das Gebiet der Kirchenpolitik über und ließ sich von den Gesandten der Mächte für entsprechende Dienste fürstlich bezahlen.

In der seit langem anstehenden Frage der Monarchia Sicula (vgl. S. 364), womit die seit dem 16. Jh. von den Herrschern Siziliens auf Grund eines von Urban II. Roger I. von Sizilien gegebenen Privilegs beanspruchte geistliche oder kirchliche Vollgewalt bezeichnet wird, die bereits durch Clemens XI. formell aufgehoben war, gelang es dem kaiserlichen Vertreter, Kardinal Cienfuegos, mit Hilfe Coscias und des Kanonisten Prospero Lambertini, der bald darauf zum Kardinal ernannt wurde, den Papst zu einer für die Regierung sehr günstigen Entscheidung zu bewegen. In den von 1725 bis 1728 sich hinziehenden Verhandlungen nahmen die vom Papst beauftragten Unterhändler tatsächlich für die kaiserliche Seite Partei. Auch wenn eine eigentliche Bestätigung der Monarchia Sicula vermieden wurde, so gab die mit der Bulle „Fideli" getroffene Lösung dem Herrscher Siziliens praktisch die zuvor ausgeübte Gewalt in kirchlichen Fragen und höhlte somit die von Clemens XI. verfügte Aufhebung aus.

Ähnlich wie der Kaiser verstand auch das Haus Savoyen die personelle Lage Roms für die eigenen Interessen auszunutzen. Viktor Amadeus II., der seit 1713 den Königstitel führte, erreichte — wiederum mit der Hilfe Coscias, dem der Staatssekretär Lercari und Lambertini beistanden — die Anerkennung des Königstitels und das Präsentationsrecht für die Bistümer der Insel Sardinien. Obwohl der Papst ausdrücklich erklärte, er wolle kein einziges kirchliches Recht aufgeben, gelang es dem Vertreter Savoyens, im Konkordat von 1727 eine für Piemont überaus günstige Regelung zu erzielen. Die Ansicht des Kardinals Lambertini, man müsse Übelstände erdulden, um Schlimmeres zu verhüten, hatte auf den Papst Eindruck gemacht. Der König erhielt praktisch für das ganze Territorium das Recht der Bischofsernennung und der Verwaltung der Erträgnisse während einer Sedisvakanz. Alle, die von seiten des Heiligen Stuhls am Zustandekommen des Konkordats mitgewirkt hatten, wurden von der Turiner Regierung großzügig belohnt, wodurch deutlich wird, auf welche Weise die Konkordatsverhandlungen geführt worden sind. Indem der König eine Reihe von Dominikanern zu Bischöfen ernannte, wußte er sich das Wohlwollen des Papstes trotz der enormen Zugeständnisse, die der Heilige Stuhl im Konkordat gemacht hatte, zu erhalten und zu festigen.

Sowenig sich Benedikt XIII. um die politischen Fragen der Kirchenleitung kümmerte, so sehr war er besorgt, seinem Amt als Oberhirte der Kirche gerecht zu werden. An Anordnungen zur Herstellung der kirchlichen Disziplin und zur Reform ließ er es nicht fehlen. Indessen gingen diese Bestimmungen nicht selten zu sehr ins einzelne und verfehlten so eine dauerhafte Wirkung. Vor allem gab das Jubeljahr 1725, während dessen nach vierjähriger Bauzeit die auf Grund eines Vermächtnisses des früheren französischen Gesandten errichtete „Spanische Treppe" — von der Piazza di Spagna zur Kirche Trinità dei Monti führend — eingeweiht wurde, dem Papst Anlaß zu zahlreichen feierlichen Gottesdiensten. In der Zeit nach

Ostern hielt er gegen den Widerspruch mehrerer Kardinäle ein römisches Provinzialkonzil ab, das er selbst leitete und das ihn durch Wochen so in Anspruch nahm, daß alle anderen Geschäfte ruhten. Benedikt XIII. betrieb die Durchführung der Trienter Beschlüsse über die Errichtung von Diözesanseminaren und setzte dafür eine eigene Kongregation für die Seminare ein. Bei der Eigenart des Papstes nimmt es nicht wunder, daß die Zahl der Selig- und Heiligsprechungen auffallend hoch ist. Auch als Papst behielt er eine besondere Vorliebe für seine frühere Diözese Benevent, die er zweimal — 1727 und 1729 — besuchte.

Von den insgesamt 29 Kardinalsernennungen, die Benedikt XIII. in zwölf Konsistorien vorgenommen hatte, waren die von Coscia und Lercari verhängnisvoll wegen ihres negativen Einflusses auf den Papst, während die von Lambertini (Ende 1726) bedeutungsvoll werden sollte. Mehr als andere Päpste vor ihm wurde er von den katholischen Mächten um die Ernennung von ihnen genehmen Kandidaten zum Kardinalat bedrängt, wobei er immerhin in die von Portugal eifrig betriebene Ernennung des dortigen Nuntius Bichi trotz stärksten Drucks nicht einwilligte.

Für die Lage der Kirche und des Papsttums war die Reaktion der Mächte gegen die Ausdehnung des Festes des heiligen Papstes Gregor VII. auf die ganze Kirche und gegen die entsprechenden Brevierlesungen bezeichnend. An sich eine nebensächliche Frage, wurde sie wegen der Haltung Gregors VII. im Investiturstreit und gegen Kaiser Heinrich IV. als hochpolitische Angelegenheit betrachtet. In Frankreich, Neapel, Belgien, Venedig wurde der Druck und Vertrieb der neuen liturgischen Texte unter schwere Strafe gestellt, weil man darin einen Eingriff in die staatliche Kirchenhoheit sah.

Nach nur kurzer Krankheit starb Benedikt XIII. am 21. Februar 1730. Auf seinen Wunsch wurde er in der Dominikanerkirche Maria sopra Minerva beigesetzt.

Clemens XII. (1730—1740)

Der Tod des Papstes brachte den sofortigen Sturz der Beneventaner Gruppe an der Kurie mit sich. Coscia mußte schon am ersten Tag nach dem Tod den Vatikan räumen. Da die Bevölkerung gegen ihn besonders aufgebracht war, blieb ihm nur die nächtliche Flucht aus der Stadt Rom übrig. Erst einen Monat nach dem Beginn des Konklaves konnte er mit einem Salvokondukt ins Konklave einziehen, wobei er wiederum Rom bei Nacht durchqueren mußte. Zusätzlich zu den traditionellen Gruppierungen der Papstwähler bildete sich erstmals eine savoyardische Partei, zu der vor allem die am Konkordat von 1727 beteiligten Kardinäle gehörten. Im Verlauf des Konklaves wurde über die Hälfte der anwesenden Kardinäle als Kandidaten genannt. Nach über vier Monaten wurde am 12. Juli 1730 der 78jährige Florentiner Lorenzo Corsini gewählt, der schon zwei Monate zuvor von der französischen Gruppe vorgeschlagen worden war, aber damals als Toskaner wegen der mit dem Aussterben der Medici zu befürchtenden Komplikationen von der kaiserlichen Partei abgelehnt wurde. Inzwischen war aber in Wien zu seinen Gunsten gearbeitet worden. Am 7. Juli traf das Wiener Einverständnis zu dieser Kandidatur ein, wobei jetzt aber die französischen Kardinäle Widerstand leisteten, da sie ihren in der Zwischenzeit geförderten Kandidaten Banchieri aufgeben mußten und in der plötzlich wiederaufgegriffenen Kandidatur Corsinis eine kaiserliche Machenschaft sahen. Der neugewählte Papst hatte seine Laufbahn in Rom absolviert. Sein Haus im Palazzo Pamfili an der Piazza Navona war der Mittelpunkt des gelehrten und geistigen Lebens Roms gewesen. Hochgeschätzt und schon bei den beiden vorausgehenden Konklaven der Tiara nahe, aber damals von den Mächten ausgeschlossen, war er jetzt allzu alt und überdies so schwachsichtig, daß er schon 1732 völlig erblindete; somit fiel die Erledigung der Geschäfte mehr und mehr der Umgebung des Papstes zu.

Zunächst versuchte der neue Papst, der nach Clemens XI., der ihn zum Kardinal ernannt hatte, den Namen annahm, die im vergangenen Pontifikat angerichteten Schäden gutzumachen. Gegen Coscia und seine Gruppe wurde der Prozeß angestrengt. Nachdem er nach Neapel geflohen war, weil er sich vom Kaiser wegen seines Eintretens für die Monarchia Sicula Unterstützung erhoffte, wurde er mit der Absetzung und der Exkommunikation bedroht. Deshalb stellte er sich 1732 dem Gericht, um sich zu verteidigen. Am 9. Mai 1733 wurde er zu zehnjähriger Haft in der Engelsburg, zur Herausgabe alles ungerecht erworbenen Besitzes und zu einer Geldstrafe von 100 000 Scudi verurteilt; das Wahlrecht wurde ihm für die Dauer der Inhaftierung entzogen. Jedoch wurde Coscia beim folgenden Konklave 1740 mit allen Rechten zugelassen, und der dann gewählte Prospero Lambertini, der Coscia verpflichtet war, erließ ihm den ausstehenden Rest der Gefängnisstrafe.

Gegenüber Piemont drängte Clemens XII. auf eine Revision des Konkordats, da es widerrechtlich zustande gekommen sei. Gegen den Protest der Regierung sprach der Papst 1731 die Ungültigkeit des Konkordats aus. Schließlich mußte Piemont einlenken und Verhandlungen wegen eines neuen Konkordats aufnehmen, die aber beim Tod des Papstes noch nicht abgeschlossen waren. Besonders schwierig erwiesen sich die Versuche einer Neuordnung der zerrütteten Finanzverwaltung. Trotz Erschließung neuer Einnahmequellen stieg die Schuldenlast des Kirchenstaates beständig an.

Zunächst entzog sich Clemens XII. dem Druck der Mächte und ernannte nur Italiener zu Kardinälen. Nur die Ernennung des portugiesischen Nuntius Bichi, auf die Lissabon schon seit mehr als einem Jahrzehnt drängte und die nach einer formellen Entschuldigung des Nuntius wegen seines

Ungehorsams gegenüber dem Papst erfolgte, war ein besonderes Entgegenkommen gegenüber der Regierung, aber zugleich eine Notwendigkeit, um normale Beziehungen zu Portugal wiederherzustellen. Dagegen mußte Clemens XII. in der zweiten Hälfte seines Pontifikats mehr den Wünschen der Mächte nachgeben. Da Portugal auf der Ernennung des Patriarchen von Lissabon zum Kardinal bestand, waren auch die Forderungen der größeren Staaten zu berücksichtigen, was in der Promotion Ende 1737 geschah.

1738 erfolgte die erste päpstliche Verurteilung der Freimaurerlogen, die sich etwa zwei Jahrzehnte zuvor zuerst in London gebildet und dann über den Kontinent und auch in Rom verbreitet hatten. Diese Verurteilung ist aus der Befürchtung eines religiösen Indifferentismus und der Offenbarungsfeindlichkeit zu erklären, erfloß aus unvollständigen und einseitigen Informationen und wurde der damaligen Vielfalt der in der Freimaurerei gegebenen Richtungen nicht völlig gerecht[1].

In Italien kam es in diesem Jahrzehnt zu einer erneuten Kräfteverschiebung. Der Tod des Herzogs Antonio Farnese von Parma und Piacenza, der am 20. Januar 1731 kinderlos starb, warf erneut die Frage der Lehenshoheit über diese Gebiete auf. Entsprechend dem Frieden vom Jahre 1720 sollte Don Carlos, der Sohn der Königin Elisabeth von Spanien, das Erbe der Farnese erhalten; Spanien wünschte dessen Investitur durch den Papst. Aber der Kaiser erhob Anspruch auf die Lehenshoheit und ließ durch seine Truppen für Don Carlos das Gebiet besetzen. Der Einspruch des Papstes blieb erfolglos.

Nach dem Tod des polnischen Königs August von Sachsen am 1. Februar 1732 verwendete sich der Papst anfänglich für dessen Sohn Friedrich August, während Frankreich mit Unterstützung des Primas von Polen die Kandidatur Stanislaus Leszczynskis betrieb, der auch tatsächlich gewählt wurde; in Danzig von russischen und sächsischen Truppen eingeschlossen, mußte er jedoch französische Hilfe erwarten. Nach der Wahl sprach Clemens XII. die Anerkennung des französischen Kandidaten aus. Frankreich, Spanien und Piemont hatten sich inzwischen verbündet, um die schwierige Lage des Reichs auszunützen und im Zug des polnischen Erbfolgekriegs dem Kaiser alle seine italienischen Besitzungen zu entreißen. Im Herbst 1733 war die Lombardei in der Hand Piemonts. Anfang 1734 mußte der Papst einem Heer unter Don Carlos, das Neapel besetzen sollte, die Erlaubnis zum Durchzug durch den Kirchenstaat geben. Ende 1734 war das ganze Königreich Neapel mit Sizilien von spanischen Truppen erobert. Bei der Ohnmacht des Kirchenstaates mußte sich der Papst gefallen lassen, daß die Spanier dort Soldaten anwarben und mit Truppen durch sein Gebiet zogen. Inzwischen war aber zwischen Kaiser und Frankreich im Frieden von Wien vereinbart worden, daß Leszczynski auf die polnische

[1] Vgl. *K. Algermissen:* LThK² IV 343—348; *G. Schenkel:* RGG³ II 1113—18.

Königskrone verzichte und dafür die Herzogtümer Bar und Lothringen erhalte, die nach seinem Tod an Frankreich fallen sollten; Herzog Franz von Lothringen solle zur Entschädigung dafür nach dem Tod des letzten Mediceers das Großherzogtum Toskana erhalten, während Don Carlos das Königreich beider Sizilien zugesprochen wurde; der Kaiser behielt die Lombardei mit Ausnahme einiger Gebiete, die an Piemont übergingen, sowie die Herzogtümer Parma und Piacenza; und schließlich wurde die Pragmatische Sanktion, die die österreichische Erbfolge regeln sollte, von Frankreich anerkannt. Diese Verschiebung der Herrschaftsverhältnisse in Italien wurde ohne Befragung des Papstes und ohne Rücksicht auf seine Lehensrechte vorgenommen. Da Spanien den Frieden von Wien nicht annahm, ging der Krieg in Norditalien weiter, wobei der Kirchenstaat mehrfach in Mitleidenschaft gezogen wurde. Gegen die spanischen Truppenanwerbungen in Rom erhob sich im März 1736 die Bevölkerung. Mehrere Orte des Kirchenstaats wurden von spanischen Truppen besetzt. Im Mai 1736 brach Spanien, gefolgt von Neapel, die Beziehungen zum Heiligen Stuhl ab. Zur Wiederherstellung mußte der Papst unter schwerem Druck in einem für Spanien sehr günstigen Konkordat große Zugeständnisse machen.

In der Verwaltung des Kirchenstaates sind neben der Förderung des Handels und der Industrie vor allem die Regulierungsarbeiten in der Romagna zu nennen, wo seit 1735 der wieder zu Gnaden gekommene Kardinal Alberoni als Legat tätig war und sich mit der großzügigen Gründung des nach ihm benannten Kollegs in Piacenza, das ein Theologenkonvikt mit einer eigenen philosophisch-theologischen Hochschule verbindet, ein bleibendes Denkmal setzte[2]. Sein Versuch, 1739 San Marino dem Kirchenstaat einzugliedern, schlug jedoch fehl, da Clemens XII. entschied, daß die Annexion ohne freie Zustimmung der Bürger nicht stattfinden dürfe.

In seinen letzten Lebensjahren mußte der erblindete Papst fast ständig das Bett hüten. Am 6. Februar 1740 starb er.

29. Kapitel

Benedikt XIV.

LITERATUR: Bullarium, 4 Bde (Rom 1746/57 u. ö., Venedig 1768 u. ö.); Opera, 12 Bde (Rom 1747/51); 15 Bde (Venedig 1767); 18 Bde (Prato 1839/47); Opera omnia in synopsim redacta ab E. de Azevedo (Rom 1766 u. ö.) 5 Bde; Opera inedita, hrsg. von Fr. Heiner (Freiburg 1904); D 500—513; *E. de Heeckeren*, Correspondance (Paris 1912;

[2] Ausführlich hierüber *A. Mezzadri* in seiner noch nicht publizierten Untersuchung, die 1969 der Gregoriana als Dissertation vorgelegt wurde: La formazione sacerdotale al collegio Alberoni di Piacenza.

noch von Bedeutung, bis der 3. Band der nachfolgend genannten Ausgabe erschienen ist); Le lettere ... al card. de Tencin, a cura *E. Morelli*, 2 Bde (Rom 1955/65); *L. Fresco*, Lettere inedite ... a M. Querini (Venedig 1910); *F. X. Kraus*, Briefe B.s an den Canon. *P. F. Peggi* ... (Freiburg 1888); Hierarchia Catholica VI 10—18; *A. Mercati*, Raccolta 330—381 405—443; *Pastor* XVI/1 1—439; *Seppelt* V 428—455; *J. Carreyre:* DHGE VIII 164—167; *P. Mikat:* LThK² II 177 f; *M. Rosa:* Dizionario Biografico degli Italiani VIII 393—408; *F. Montanari*, Il card. Lambertini fra la leggenda e la storia (Mailand 1943); *P. Sighinolfi*, Il card. Lambertini (Mailand 1935); *E. Morelli:* Tre Profili (Rom 1955) 1—45; *L. Dal Pane:* ASRomana 10 (1958/59) 35—63; *ders.*, Voti e speranze ... per il conclave del 1740: Accad. Bologna 8 (1957/58) 140—163; *R. Reinhardt*, Zur Kirchenpolitik B.s: RQ 60 (1965) 259—268; *P. A. Kirsch*, Das von B. XIV ... mit Spanien abgeschlossene Konkordat: AkathKR 80 (1900) 313—322; *C. Bandi di Vesme*, La pace di Aquisgrana (1748) ...: Boll. Stor. Subalpino 45 (1967) 249—314; 46 (1968) 103—174; *A. A. Bettanini*, B. e la Repubblica di Venezia (Padua 1966); *L. Dal Pane*, La Congregazione economica ... e la libertà di commercio: Riv. Stor. Agricol. 5 (1965) 371—418.

Das am 19. Februar 1740 beginnende Konklave sollte mit einer Dauer von genau sechs Monaten das längste seit dem abendländischen Schisma werden. Erstmals verbanden sich dabei österreichische und französische Interessen; dieser Gruppe standen die spanischen Kardinäle, unterstützt von den Kardinälen aus Neapel und der Toskana, entgegen. Ein weiterer Gegensatz bildete sich zwischen den von dem verstorbenen Papst ernannten Kardinälen und den „alten", das heißt von dessen Vorgängern ernannten Kardinälen, aus, die von Kardinal Albani angeführt wurden. Ein Kandidat nach dem andern scheiterte, nachdem öfters nur eine einzige Stimme zur Wahl gefehlt hatte. Vier Kardinäle starben während des Konklaves. Endlich einigten sich die Kronkardinäle gegen Mitte August auf den 65jährigen Prospero Lambertini, seit 1731 Erzbischof von Bologna, der wohl zu Beginn des langen Konklaves einige Stimmen auf sich hatte vereinigen können, dem aber in den Skrutinien der letzten dem Abkommen vorausgehenden Tage überhaupt keine einzige Stimme mehr zugefallen war. Schon am 17. August wurde er einstimmig gewählt und nahm in Erinnerung an Benedikt XIII., der ihn zum Kardinalat erhoben hatte, diesen Namen an. Als Kanonist hatte er sich einen ausgezeichneten Ruf erworben; sein Werk über die Selig- und Heiligsprechungen wurde geradezu klassisch. Seit Anfang des Jahrhunderts an der Kurie tätig, hatte er durch seine Gründlichkeit und Arbeitskraft zunehmenden Einfluß gewonnen. Benedikt XIII. zog ihn mehrfach zu kirchenpolitischen Entscheidungen heran, wobei Lambertini zumeist zu einer dem staatlichen Partner sehr entgegenkommenden Lösung neigte, so daß oft genug gerade nur noch die Prinzipien gewahrt blieben. Über sein Fachgebiet des Kirchenrechts hinaus war er für die Wissenschaften seiner Zeit, besonders auch für Literatur und Geschichte, aufgeschlossen und interessiert; er galt als „aufgeklärter" und moderner Kirchenfürst, der sich in seinen Privatgesprächen nicht selten geistreich und freizügig gab und auch nicht vor Kritik an kirchlichen Einrichtungen und Persönlichkeiten zurückscheute. Gutmütig und offen wie er war, hatte er nicht immer die notwendige Menschenkenntnis. Vor allem war das Vertrauen, das er mit seiner Freundschaft und mit der umfangreichen Privatkorrespondenz dem französischen Gesandten in Rom (bis 1742) und Kronkardinal de Tencin entgegenbrachte, sicher fehl am Platz. Während der Papst seinem Korrespondenten offen und ohne Vorbehalt seine Gedanken über Fragen aller Art — darunter auch kirchenpolitische Angelegenheiten, die strenge Geheimhaltung erforderten — anvertraute, ließ Kardinal de Tencin, der von seiner sittenlosen Schwester, der Mutter des Enzyklopädisten d'Alembert, abhängig war, Abschriften oder Übersetzungen der Briefe des Papstes anfertigen und sie der französischen Regierung zustellen.

Staatssekretär wurde der 50jährige Silvio Valenti Gonzaga, der in Brüssel und Madrid Nuntius gewesen war. Der Landsitz des dem Papst geistesverwandten und für Kunst und Wissenschaft aufgeschlossenen Diplomaten, die spätere Villa Bonaparte an der Porta Pia, wurde zum Mittelpunkt eines Kreises von Gelehrten und Künstlern, zu dem auch Ausländer Zutritt hatten.

Um friedliche Regelungen der anstehenden Fragen mit den katholischen Mächten bemüht, war Benedikt XIV. als Papst wie zuvor als Kardinal Lambertini zu großen Zugeständnissen bereit. Zunächst wurden mit Neapel die anhängenden Streitfragen bereinigt. Der Papst stimmte der Errichtung eines gemischten Gerichtshofs zu, in den auch Laien berufen wurden, um über kirchliche Streitfragen und Personen zu urteilen. Überdies wurde in einem Geheimartikel das Placetum regium stillschweigend zugestanden. Günstiger für die Kirche war die Vereinbarung mit Piemont; aber auch hier wurden die meisten Wünsche der Regierung berücksichtigt. Am weitesten aber ging das 1753 mit Spanien abgeschlossene Konkordat. Die Forderung auf Ausdehnung des königlichen Patronats, wie es in Granada und im spanischen Amerika bestand, auf ganz Spanien — seit Jahrzehnten von Madrid gestellt, zuletzt noch von Clemens XII. abgelehnt —, wurde schließlich von Benedikt XIV. nach anfänglichem Widerstand gewährt. In Geheimverhandlungen, bei denen von kirchlicher Seite nur der Papst und der Staatssekretär unter Ausschluß des Nuntius beteiligt waren, gab Benedikt in allen wichtigen Punkten nach; dem Heiligen Stuhl blieben nur mehr 52 Stellen zur Vergebung, während der König das Besetzungsrecht für etwa 12 000 Pfründen erhielt. Zur Entschädigung für den finanziellen Verlust der Kurie erklärte sich die spanische Regierung zur Zahlung einer Kompensation bereit. Es war zum damaligen Zeitpunkt schon bekannt, daß der Kardinalstaatssekretär ein bedeutendes Geldgeschenk von Spanien erhalten hatte, wodurch das Konkordat, das erst nach seinem Abschluß bekannt wurde, vorbelastet war.

Von den politischen Veränderungen, die das Jahr 1740 mit sich brachte, war der Tod Kaiser Karls VI. am 20. Oktober die folgenreichste. Für die österreichischen Erblande war durch die Pragmatische Sanktion die weibliche Erbfolge geregelt. Indessen erhoben Bayern, Spanien und Preußen Ansprüche auf Teile des Erbes. Benedikt XIV. sprach erst mit einer gewissen Verspätung seine Anerkennung des Erbrechts Maria Theresias aus. Hinsichtlich der bevorstehenden Kaiserwahl entschloß sich der Papst zur Neutralität, an der er gegen allen Druck der Mächte, vorab Frankreichs, das sich mit Preußen gegen Österreich verbündet hatte, festhielt. Erst nachdem Karl Albert von Wittelsbach von den Kurfürsten am 24. Januar 1742 als Karl VII. gewählt war, sprach Benedikt XIV. die Anerkennung als Kaiser aus. Inzwischen hatte Friedrich II. von Preußen Schlesien besetzt, und Bayern war mit französischer Unterstützung in Österreich eingedrungen. Spanien nützte dessen Bedrohung zu einem Angriff auf die österreichischen Besitzungen in Italien aus, wobei spanische und österreichische Truppen ungehindert und ungeachtet des Protestes des Papstes den Kirchenstaat durchzogen und ihn sogar zum Kriegsschauplatz machten. Im Mai und Juni 1743 kam es zu Gefechten in der unmittelbaren Nähe Roms, wo das österreichische Heer bis zum Herbst 1744 blieb. Als Anfang 1745 (20. 1.) Karl VII. starb, nahm Benedikt XIV. die gleiche Haltung der Neutralität wie vier Jahre zuvor ein.

Im Frieden von Aachen 1748 wurde über Parma und Piacenza erneut verfügt, ohne daß die Lehenshoheit des Papstes berücksichtigt wurde. Der vom päpstlichen Vertreter ausgesprochene und von Benedikt XIV. selbst wiederholte Protest konnte nicht mehr bedeuten, als daß der abweichende Standpunkt des Heiligen Stuhls notifiziert worden war.

In der Verwaltung des Kirchenstaates bedeuteten die jahrelangen Kriegswirren eine ständige schwere Belastung, die sich in steigender Schuldenlast und in verminderten Einnahmen abzeichnete. Erst mit dem Frieden von Aachen, der Italien endlich eine Ruhepause von fast einem halben Jahrhundert schenkte, begann eine Zeit der wirtschaftlichen Erholung. Die Stadt Rom wurde wieder mehr zum Mittelpunkt des kulturellen Lebens. Die Stiche von Giuseppe Vasi (1747—61) und vor allem die „Antichità Romane" (1756) sowie die „Vedute di Roma" (ab 1748) von Giovanni Battista Piranesi lassen das Rom von damals wiedererstehen. Die während des Pontifikats Benedikts XIV. vor allem für das Heilige Jahr 1750 durchgeführten Restaurierungen — so von S. Maria Maggiore, S. Croce in Gerusalemme und S. Maria degli Angeli — sind fast durchwegs als nicht eben geglückt zu bezeichnen, da sie den ursprünglichen Charakter der Kirchen allzusehr nach dem Zeitgeschmack veränderten.

Interessiert für alle Gebiete der Wissenschaften, förderte der Papst einzelne Gelehrte sowie größere Forschungsvorhaben, wobei er nicht nur die Geisteswissenschaften, und hier vorab historische Disziplinen, sondern auch die Naturwissenschaften einbezog. Auffallend war, daß er seine Zustimmung zur Berufung von zwei Frauen an seine Heimatuniversität Bologna gab. In Freundschaft war er dem größten damals lebenden italienischen Historiker, Ludovico Muratori, verbunden. Sehr verübelt wurde dem Papst, daß er Voltaires Drama „Mahomet“, das ihm Kardinal Passionei, damals mit dem französischen Aufklärer eng verbunden, überreicht hatte, wie auch die berühmten Hexameter, die Voltaire für das Bild des Papstes verfaßt hatte, entgegennahm. Daß Benedikt dem Autor dankte, sich mit ihm in eine Korrespondenz einließ und ihm zwei Goldmedaillen übersandte, wurde durch Voltaire selbst bald bekanntgemacht und schadete dem Ansehen des Papstes in der Öffentlichkeit.

Die Revision des Index und des Verfahrens der Indizierung von Druckwerken bedeutete einen wirklichen Fortschritt. Allerdings hat die spätere Praxis mit der von Benedikt XIV. gewollten moderneren Regelung nicht Schritt gehalten. So wollte der Papst, daß die beanstandeten Stellen, wenn es sich um einen bekannten katholischen Autor handelte, diesem angegeben werden sollten; wenn der Autor bereit wäre, sie zu verbessern, sollte das Verbot nicht publiziert werden. Außerdem sollte dem Verfasser die Möglichkeit zu seiner Verteidigung und Rechtfertigung geboten werden[1].

Um den Ausbau der vatikanischen Sammlungen und der Bibliothek war Benedikt XIV. besonders bemüht. Er erwarb die damals größte Privatbüchersammlung Roms, die sogenannte Ottoboniana, nach dem Tod des letzten Ottoboni aus der Familie des Papstes Alexander VIII. Er plante außerdem, durch einen gedruckten Katalog, der auf zwanzig Bände veranschlagt war, die Handschriftenbestände der Vatikana allgemein zugänglich zu machen.

Bei den Kardinalsernennungen mußte auch Benedikt XIV. sich vielfach den Wünschen der Regierungen fügen und deren Kandidaten als Kronkardinäle ernennen. Eine besondere Stellung nimmt die Promotion vom Juli

[1] Pius XII. hat in der für einen Kanonistenkongreß Ende 1958 vorgesehenen Gedenkrede, deren Entwurf auf Robert Leiber SJ zurückgeht, die aber wegen des zuvor eingetretenen Todes des Papstes nicht gehalten werden konnte, eine Stelle aus einem Brief Benedikts an Kardinal de Tencin angeführt, in der er seine prinzipiellen Überlegungen über das Bücherverbot darlegt: „... Wir würden eine Schuld auf Uns laden, wenn Wir nicht die notwendigen Maßnahmen träfen, um Gerechtigkeit walten zu lassen. Wir sind aber überzeugt, daß Wir keine Schuld auf Uns laden weder vor Gott noch vor den Menschen, soweit sie die Gerechtigkeit lieben, wenn Wir es ablehnen oder, besser gesagt, Uns gar nicht darauf einlassen, ein Werk auf die bloße Anzeige anderer hin und ohne eine genaue Prüfung sowohl des Werks als auch der Rechtfertigung, die der Autor zu seiner Verteidigung vorbringt, zu verurteilen.“ Es ist zu vermuten, daß damals Pius XII. mit diesem Zitat eine grundlegende Änderung der bis dahin geübten Praxis der Bücherzensur beabsichtigte, daß aber der Text der Rede an dieser Stelle abgeändert wurde. Denn das lange Zitat aus dem Brief Benedikts XIV. wird in dem im Osservatore Romano jetzt vorliegenden Text mit der an sich banalen und selbstverständlichen Bemerkung eingeleitet, wie sie sonst in einem Text Pius' XII. nicht zu finden ist: „Ebenso wollte er [Benedikt XIV.] hinsichtlich des Bücherverbots keine Verurteilung, ohne daß das Werk vorher genau geprüft worden sei“ (Osservatore Romano 9. April 1959, Nr. 82, S. 3).

1747 ein, als der letzte Stuart, Herzog Henry von York, der nach der für die Stuarts unglücklichen Schlacht bei Culloden 1746 in den geistlichen Stand getreten war, zum Kardinal ernannt wurde († 1807).

In theologischen Fragen, vor allem in der Gnadenlehre, neigte Benedikt XIV. der Schule der Augustiner zu. Die von der spanischen Inquisition ausgesprochene Indizierung der Werke des Kardinals Noris wurde vom Papst aufgehoben, und nach zehnjährigen Verhandlungen erreichte er die Streichung vom spanischen Index. Er hatte selbst einmal vor seiner Wahl zum Papst geäußert, der Jansenismus sei nur ein Phantom und eine Erfindung der Jesuiten. Auch wenn er sich als Papst gegen Vorwürfe, er sei ein Freund der Jansenisten und ein Gegner der Jesuiten, öffentlich distanzierte, so wurde doch Rom gerade während seines Pontifikates ein Hauptzentrum der Jesuitengegner, die an Ansehen und Einfluß ständig zunahmen. Mittelpunkt und Haupt der Gegner des Jesuitenordens war der Kardinal Passionei, der sich in Camaldoli bei Frascati ein viel besuchtes Landhaus mit einer wertvollen Bibliothek eingerichtet hatte. Schon damals waren die Bemühungen um die Aufhebung des Jesuitenordens, wie sie von dem Augustinergeneral Vázquez, dem spanischen Gesandten Roda und mehreren Prälaten der Kurie betrieben wurden, bekannt.

Die erste Entscheidung gegen den Orden sollte in den Missionsgebieten fallen. Hatte der Ritenstreit (vgl. Kap. 16) mit seinen verhängnisvollen Folgen für die Missionen in Asien schon das ganze Jahrhundert angedauert und bedeuteten die von Benedikt XIV. 1742 und 1744 ausgesprochenen Verurteilungen nur das schon lange erwartete Ende, so wurden während seines Pontifikates nun auch die Jesuitenmissionen in Lateinamerika und vor allem ihre Reduktionen in äußerste Gefahr gebracht und schließlich dem Untergang geweiht. Den staatskirchlichen Ansprüchen Portugals hatte Benedikt XIV. schon zu Anfang seiner Amtszeit nachgegeben, um den durch die langen Sedisvakanzen vieler Bistümer Portugals bedingten seelsorgerlichen Schwierigkeiten zu begegnen. Auch andere Forderungen Portugals, wie die besondere Auszeichnung des Patriarchen von Lissabon und seiner Kanoniker oder die Verleihung eines besonderen Titels (rex fidelissimus, in Angleichung an den dem König von Frankreich zustehenden Titel rex christianissimus) an den König, wurden vom Papst erfüllt. Mit der Berufung Josephs de Varcalho e Melho, seit 1770 Marquis von Pombal, zum Staatssekretär — er hatte als Diplomat in London und Wien die moderne staatliche Verwaltung kennengelernt — begann bald der eigentliche Angriff gegen den Jesuitenorden. Um wirtschaftliche Reformen in Portugal bemüht, wollte Pombal die Kirche in den Staatsapparat einfügen, wobei sich seine Maßnahmen vor allem gegen die Orden im allgemeinen richteten. Nach dem Tod der Königinmutter (1754) und nach dem Erdbeben von Lissabon am 1. November 1755, das einigen Predigern Anlaß zu unklugen Äußerungen gab, ließ er die anfangs noch beobachtete Vorsicht fallen. Besonders den Jesuiten wurden vielerlei Vergehen und Verbrechen zur Last gelegt. 1758 forderte Pombal von Benedikt XIV. die Ernennung des portugiesischen Kardinals Saldanha, eines Verwandten des allmächtigen Staatssekretärs und von diesem völlig abhängig, zum Visitator des Jesuitenordens in Portugal mit allen Vollmachten. Indem der Papst diesem Ansuchen nachkam, war das Schicksal des Ordens in Portugal und in seinen überseeischen Besitzungen besiegelt.

Auch in dem österreichisch-venezianischen Streit um das Patriarchat von Aquileia war Benedikt XIV. auf einen den Wünschen der Mächte entgegenkommenden Ausgleich bedacht. Nachdem Venedig 1418/20 Friaul annektiert hatte und die weltliche Herrschaft des Patriarchen über dieses Gebiet erledigt war, war die Diözese politisch geteilt: der größere Teil mit der Kathedralkirche gehörte zu Österreich, während Friaul mit dem tatsächlichen Patriarchensitz Udine venezianisches Gebiet war. Österreich versuchte seit dem 15. Jh. wiederholt, einen eigenen Bischof zu erhalten, und verbot schließlich (1628) dem Patriarchen, Funktionen im österreichischen Anteil auszuüben, und den Untertanen, sich an den Bischof in Udine zu wenden. Schließlich stellte Maria Theresia 1748 erneut den Antrag auf Errichtung eines eigenen Bistums. Die zunächst getroffene Lösung der Errichtung eines Apostolischen Vikariates in Görz wurde von der Signorie abgelehnt, die im Sommer 1750 die Beziehungen zu Rom abbrach, nachdem ihr Einspruch nichts erreicht hatte. Auf Vorschlag Frankreichs, das sich vermittelnd eingeschaltet hatte und eine Ausweitung des Konflikts verhindern half, wurde am 6. Juli 1751 mit Zustimmung der beiden interessierten Mächte das Patriarchat Aquileia aufgehoben und die beiden Bistümer Udine und Görz errichtet; die alte Kathedrale von Aquileia wurde für exemt erklärt und dem bisherigen Patriarchen für seine Person dieser Titel weiterhin belassen[2].

Das gleiche Entgegenkommen, das Benedikt XIV. den katholischen Mächten erzeigte und das ihn zu mitunter allzu weitgehenden Zugeständnissen bewog, erwies er auch den nichtkatholischen Mächten, um dadurch die Lage der katholischen Minderheiten in diesen Ländern zu verbessern. Preußen hatte durch die nach dem Tode Karls VI. erfolgte gewaltsame Besitzergreifung Schlesiens seine katholische Bevölkerung bedeutend vermehrt. Wenn auch im Friedensvertrag von Breslau (1742) die Erhaltung des Status quo der katholischen Kirche zugesichert wurde, so wurden doch praktisch die Katholiken zweitrangige Bürger im Staate. Der Staat sollte nach der Vorstellung des Königs wie in der evangelischen so auch in der katholischen

[2] Vgl. hierzu *F. Seneca*, La fine del Patriarcato Aquileiese 1748—1751 (Venedig 1954); *C. Godi*, Angelo Maria Querini, umanista e diplomatico per Aquileia: RSTI 18 (1964) 23—45; *J. Rainer*, Versuche zur Errichtung neuer Bistümer in Innerösterreich unter Erzherzog Karl II. und Kaiser Ferdinand II.: MIÖG 68 (1960) 457—469 (zur Vorgeschichte).

Kirche das Oberaufsichtsrecht ausüben. Der Bischof von Breslau, Kardinal von Sinzendorf, war nicht in der Lage, den extrem staatskirchlichen Bestrebungen wirksam zu begegnen. Er selbst entwickelte den Plan eines Vikariats für Preußen, das eher als ein „königliches" denn als ein „Apostolisches" Vikariat gedacht war. Benedikt XIV., um dessen Zustimmung sich der Breslauer Kardinal eifrig bemühte, bestand jedoch darauf, daß der zu berufende Generalvikar rechtmäßig, das heißt vom Papst, eingesetzt werden sollte. Zur gleichen Zeit setzte Friedrich II. es durch, daß der ihm genehme, erst 26jährige Graf Schaffgotsch, dessen Lebensführung größtes Ärgernis erregte, in das Breslauer Domkapitel aufgenommen wurde. Ohne dessen Beteiligung und gegen den Widerstand Roms ernannte er ihn 1744 zum Koadjutor des Kardinals von Sinzendorf. Der Papst untersagte daraufhin, dem ernannten Koadjutor die Bischofsweihe zu erteilen. Nach dem Tode Sinzendorfs (28. 9. 1747) erreichte Schaffgotsch, gestützt auf die Gunst Friedrichs II. und durch geschickte Vorspiegelung einer inneren Umkehr, daß der Papst ihn zum Nachfolger ernannte, wobei Benedikt XIV. wohl die Unaufrichtigkeit der Beteuerungen des Kandidaten durchschaut haben dürfte. Im Zusammenhang mit dieser Angelegenheit sprach der Papst auch erstmals eine implizite Anerkennung des preußischen Königstitels aus, indem er im März 1748 von der „königlichen Person Friedrichs II." sprach, nachdem man sich an der Kurie zuvor immer noch des früheren und anstoßerregenden Titels „Markgraf von Brandenburg" bedient hatte.

Benedikt XIV. erfreute sich auch im hohen Alter einer erstaunlichen Arbeitskraft, so daß er nach der schweren Erkrankung des Staatssekretärs Valenti Gonzaga Ende 1751 bis nach dessen Tod im August 1756 keinen Nachfolger ernannte, sondern sich selber die Hauptlast der Arbeit des Erkrankten zumutete. Sein eigener Gesundheitszustand hatte sich eben von diesem Zeitpunkt an verschlechtert, und mehrfach wurde in der Folgezeit mit seinem Ableben gerechnet. Am 3. Mai 1758 starb er, nachdem er nach dem Bericht von Augenzeugen unmittelbar zuvor noch erklärt hatte, er sei beim Abschluß des Konkordats mit Spanien hintergangen worden.

Pastor gibt in seiner Papstgeschichte ein uneingeschränkt positives Urteil über den Pontifikat Benedikts XIV. und insbesondere über seine kirchenpolitischen Bemühungen[3]. Indessen wurden dagegen gewichtige Bedenken erhoben. Und selbst Pius XII. spricht in der anläßlich des 200. Todesjahres

[3] „Daß einem solchen Manne jede bewußte Preisgabe kirchlicher Rechte fernliegen mußte, versteht sich von selbst. Als gewiegter Kanonist und Theolog konnte er sehr wohl unterscheiden zwischen wesentlichen und unwesentlichen Rechten, zwischen dem, was unter allen Umständen aufrechterhalten werden mußte, und dem, was ohne Schädigung preisgegeben, ja nicht festgehalten werden konnte, sollten noch größere Übel vermieden werden... Es konnte der Kirche nur zum Nutzen gereichen, daß er in Fragen, wo das Dogma nicht in Betracht kam, so weit in der Nachgiebigkeit ging als irgend möglich" (XVI/1 437).

vorbereiteten, aber nicht mehr gehaltenen Allokution davon, daß Benedikt XIV. in den Konkordaten mit Neapel, Savoyen und Spanien sowie in seiner Haltung gegenüber Friedrich II. von Preußen vielleicht doch eine allzu große Nachgiebigkeit und Schwäche gezeigt habe[4].

30. Kapitel

Clemens XIII. und Clemens XIV.

LITERATUR: *F. Dörrer,* Der Schriftverkehr zwischen dem päpstl. Staatssekretariat und der Apost. Nuntiatur Wien ...: RömHM 4 (1960/61) 63—248; *R. Olaechea,* Las relaciones hispano-romanas en la 2. mitad del XVIII (Zaragoza 1965); *A. C. Jemolo,* Il giansenismo in Italia prima della rivoluzione (Bari 1928); *E. Damming,* Il movimento giansenista a Roma nella seconda metà del sec. XVIII (Rom 1945; Neudruck 1968); *S. Traniello - E. Passerin d'Entrèves,* Ricerche sul tardo giansenismo italiano: Riv. Storia e Letterat. Relig. 3 (1967) 379—413; *A. Melpignano,* L'anticurialismo napoletano sotto Carlo III (Rom 1965); *R. Mincuzzi,* B. Tanucci ... (Bari 1967).

Clemens XIII.: BullRom Continuatio I—III; D 513 f; Hierarchia Catholica VI 19—24; *A. Mercati,* Raccolta 381—385 443—482; *Pastor* XVI/1 441—1011; *Seppelt* V 456—469; *R. Mols:* DHGE XII 1381—1410; *H. Raab:* LThK² II 1229; *X. de Ravignan,* Clément XIII et Clément XIV (Paris 1854); *G. Gonzi,* L'espulsione dei Gesuiti dai Ducati parmesi (Parma 1967).

Clemens XIV.: BullRom Continuatio IV; Lettere ed altre opere (Mailand 1831); Lettere, bolle e discorsi, hrsg. von *C. Frediani* (Florenz 1845); Epistolae et brevia selectiora ...", hrsg. von *A. Theiner* (Florenz 1854); D 514 f; Hierarchia Catholica VI 25—28; *Caraccioli,* Vita (Florenz 1776); *A. v. Reumont,* Ganganelli ... Seine Briefe und seine Zeit (Berlin 1847); Vita ... e una lettera di Vincenzo Gioberti (Rom 1847); *J. Crétineau-Joly,* Clément et les jésuites (Paris 1848); *A. Theiner,* Geschichte des Pontificats ... (Leipzig - Paris 1853); *J. Crétineau-Joly,* Lettre au P. A. Theiner (Lüttich 1853); *G. Boero,* Osservazioni sopra l'historia ... scritta dal P. A. Theiner (Monza 1854); *Pastor* XVI/2 1—440; *Seppelt* V 469—484; *A. Mercati,* Raccolta 385—395 484—492; *E. Préclin:* DHGE XII 1411—23; *H. Raab:* LThK² II 1229 f; *L. Cicchitto,* Il pontefice Clemente (Rom 1934); *W. Kratz,* Intorno al „Clemente XIV" del barone von Pastor (Rom 1935); *L. Berra,* Il diario del conclave di Clemente: ASRomana 85—86 (1962/63) 25—319; *E. Duda,* Le Saint-Siège devant les événements politiques de Pologne ...: SPM 1, 139—207; *G. C. Cordara,* De suppressione Societatis Jesu commentarii, hrsg. von *G. Albertotti* (Padua 1925); *ders.,* De suis ac suorum rebus ... commentarii, hrsg. von *G. Albertotti* (Turin 1933); *E. Pacheco y de Leyva,* La intervención de Floridablanca ...: Escuela española de arqueología e historia en Roma 3 (1914) 37—198; *H. Hoffmann,* Friedrich II. von Preußen und die Aufhebung ... (Leipzig 1962); *R. van Dülmen,* Antijesuitismus und

[4] „Mentre, nella difficile controversia ... per l'elezione imperiale di Carolo VII e di Francesco I ...„ il suo comportamento si dimostrò un esempio di saggezza non può dirsi senz'altro lo stesso, almeno con unanime consenso, per le conclusioni dei Concordati con le Corti di Sardegna-Piemonte, di Napoli e di Spagna, e per il grande riguardo da lui avuto verso le esigenze del Re Federico II di Prussia. Si può porre cioè il quesito, se egli sia stato troppo conciliante ed arrendevole di fronte alle veementi ed eccessive pretese delle Corti secolari. La risposta non è concorde tra gli storici, che, come già i contemporanei, si dividono in difensori e critici."

kath. Aufklärung in Deutschland: HJ 89 (1969) 52—80; *A. Galessi*, La malattia e morte di Clemente: Riv. Storia delle Scienze 41 (1950) 153—165.

Clemens XIII. (1758—1769)

In dem am 15. Mai 1758 beginnenden Konklave wurde, nachdem sich bereits über drei Viertel der Kardinäle auf Kardinal Cavalchini geeinigt hatten, gegen den aber vom französischen Kronkardinal Luynes wegen seiner Einstellung im Seligsprechungsprozeß Bellarmins die formelle Exklusive ausgesprochen worden war (es war die letzte öffentliche Exklusion im 18. Jh. und die einzige, die von französischer Seite erfolgte), am 6. Juli der Venezianer Carlo Rezzonico gewählt. Er war 1737 von Clemens XII. zum Kardinal ernannt worden und wählte deshalb diesen Namen. Seit 1743 Bischof von Padua, hatte er sich als eifriger, streng kirchlich gesinnter Seelsorger gezeigt.

In seinem Pontifikat wurde die Jesuitenfrage zum vordringlichsten Problem. Nachdem wenige Wochen nach der Wahl der von seinem Vorgänger übernommene Staatssekretär Archinto gestorben war, ernannte Clemens XIII. mit Luigi Torrigiani einen ausgesprochenen Freund des Ordens, der aber die weitere Entwicklung auch nicht aufzuhalten vermochte. Das rasch um sich greifende Kesseltreiben gegen die Gesellschaft Jesu ist in seinem Ausmaß und in seinen Wirkungen als etwas Einmaliges in der Kirchengeschichte anzusehen. Man wollte darin insofern eine Parallele zu den Bestrebungen einer Zerstückelung Polens sehen, weil neben der Gleichzeitigkeit der Ereignisse vor allem ein sich über alle Rechte hinwegsetzender Zynismus als gemeinsames Moment erscheint[1]. Man hat in dem Angriff gegen den Orden vor allem einen Angriff auf die Kirche selbst und besonders auf das Papsttum gesehen[2]. Hinzu kommt eine Vielzahl weiterer Kräfte, wie theologischer Schul- und kirchlicher Sonderinteressen, die in einer komplexen Verbindung mit politisch-antikirchlich-aufklärerischen Tendenzen schließ-

[1] *A. Sorel*, L'Europe et la Révolution française I (Paris 1897) 67: „Dans tout le dix-huitième siècle, je ne vois, en matière d'intervention, qu'une ligue se former entre les couronnes...: c'est la ligue de puissances du nord contre la Pologne et contre la Suède. Quant aux puissances de l'ouest et du midi de l'Europe, je n'aperçois qu'une circonstance où elles aient poursuivi de concert un objet commun, c'est la suppression de l'ordre des Jésuites. L'incident est caractéristique: il présente comme une sorte de bas-relief où s'accusent, en quelques traits saillants, les mœurs politiques de l'époque."

[2] Vgl. z. B. *Pastor* XVI/1 602: „Der Angriff richtet sich vielmehr vor allem gegen das Papsttum; gegen den Jesuitenorden fast ausschließlich nur deshalb, weil man ihn als Vormauer betrachtete, die vor allem gestürzt werden muß, um den Kampf mit dem eigentlichen Hauptgegner zu erleichtern"; und *J. Lortz*, Geschichte der Kirche 339 f: „In allen großen Kämpfen des 17. Jh. war der Jesuitenorden das Ziel des Angriffs. Die Erklärung: dieser Orden war streng zentralistisch, päpstlich, kirchlich. Von selbst wurde er auch d e r große Feind der aus jenen Kämpfen erwachsenen antikirchlichen Aufklärung."

lich zur ungestümen Forderung nach grundsätzlichen Änderungen des Ordensgefüges und schließlich nach der definitiven Aufhebung des Ordens führten. Gewiß gab es auch unter den Mitgliedern des Ordens Fehler und Mißstände, und manche Klagen und Anklagen entbehrten nicht der Berechtigung. Indessen ist bei sachlicher Prüfung festzustellen, daß die Differenz zwischen Ideal und Wirklichkeit beim Jesuitenorden sicher nicht größer war als bei anderen kirchlichen Gemeinschaften jener Zeit.

Der Angriff gegen den Orden begann in Portugal, wo mit dem Breve Benedikts XIV. vom 1. April 1758 der von Pombal abhängige Kardinal Saldanha zum Apostolischen Visitator des Ordens mit allen Vollmachten bestimmt worden war. Ohne eigentliche Untersuchung wurden die Jesuiten unerlaubter Handelsgeschäfte und, einige Zeit nach dem mißglückten Attentat auf den König vom 3. September 1758, der Teilnahme an der Verschwörung beschuldigt. Im Juni 1759 wurden sämtliche Güter des Ordens in Portugal und in den portugiesischen Besitzungen beschlagnahmt und die Ordensmitglieder trotz der entschiedenen Intervention Clemens' XIII. im September 1759 zuerst aus dem Mutterland und dann in den folgenden Jahren aus den überseeischen Besitzungen in den Kirchenstaat abgeschoben, soweit sie nicht schon auf dem Transport starben (etwa 90—100 Personen) oder in Gefängnissen in Portugal zurückgehalten wurden, oft unter unmenschlichsten Bedingungen (etwa 180 Personen) oder den Orden verließen (etwa 250 Personen, das sind 15 Prozent des Bestandes der portugiesischen Assistenz des Ordens).

Frankreich folgte als nächstes Land dem Beispiel Portugals. Im Gegensatz zu Portugal (und zu den anderen Staaten, aus denen in den folgenden Jahren die Jesuiten vertrieben werden sollten) gab es in Frankreich schon seit dem 16. Jh. eine starke und zum Teil (vorab in den Parlamenten) gut organisierte Opposition gegen die Jesuiten, die etwa seit der Mitte des 17. Jh. durch die Auseinandersetzungen mit der jansenistischen Bewegung zunahm und die in Pascals Provinzialbriefen einen besonders wirkungsvollen literarischen Niederschlag gefunden hatte. In den fünfziger Jahren des 18. Jh. verschärften einige Einzelfälle die bestehende Spannung. 1755 begann die Affäre Lavalette, der Ökonom und dann Oberer der Jesuitenmission auf den Antilleninseln war und als solcher zur wirtschaftlichen Sicherung der Missionsarbeit Plantagen betrieb und deren Erzeugnisse in Europa zu verkaufen suchte. Kriegsverluste und der Bankrott des französischen Handelshauses, mit dem er arbeitete, ließen seine Unternehmungen scheitern. Während anfangs die französischen Gerichte nur Lavalette persönlich für die Schäden haftbar machten, wurden ab Anfang 1760 der Orden als ganzer und insbesondere seine Besitzungen in Frankreich als haftbar erklärt. — Außerdem war die 1756 zur Favoritin des Königs aufsteigende und bald allmächtige Mme Pompadour den Jesuiten abgeneigt, da diese ihre Stellung am Hof mißbilligten. Schließlich wurde anläßlich des Attentats von Damiens auf Ludwig XV. (15.1.1757) die öffentliche Meinung gegen die Jesuiten aufgehetzt, indem man ihnen und ihrer Lehre über den Tyrannenmord eine Mitschuld beilegte. Alle noch so eifrigen Bemühungen der französischen Ordensleitung, die bis zur formalen Anerkennung der vier gallikanischen Artikel von 1682 gingen und, wenn auch nicht allgemein, so doch bei einigen, auf die Errichtung eines eigenen französischen Generalvikariats und damit auf eine Abspaltung vom Gesamtorden hinzielten [3], konnten das Verhängnis nicht aufhalten. Obwohl sich die große Mehrheit des französischen Episkopats zugunsten der Jesuiten ausgesprochen hatte, und trotz mehrerer Interventionen Clemens' XIII. bei den Bischöfen und bei Ludwig XV. wurden im April 1762 alle Güter des Ordens in Frankreich beschlagnahmt, und im August des gleichen Jahres begann die Ausweisung der Ordensmitglieder. Von den fast 3000 französischen Jesuiten verließ ein nicht geringer Prozentsatz, vor allem der Scholastiker und der Laienbrüder, mit Zustimmung der zuständigen Obern den Orden. Am 1. Dezember 1764 wurde die Gesellschaft Jesu für Frankreich als aufgehoben erklärt. Die schon zuvor vorbereitete Bulle „Apostolicum pascendi", mit der der Orden erneut bestätigt wird und die eine eindeutige Erklärung des Papstes zugunsten des angegriffenen Jesuitenordens darstellt, wurde als unmittelbare Antwort auf die französische Aufhebung am 7. Januar 1765 veröffentlicht. Jedoch war, wie zu erwarten, der Kundgebung Clemens' XIII. keinerlei praktischer Erfolg beschieden.

In Spanien war 1759 Karl III., zuvor König von Neapel, an die Regierung gekommen. Vom dortigen ersten Minister Tanucci abhängig, zeigte er sich der Ausweitung des Staatskirchentums und der Einschränkung der kirchlichen Freiheiten geneigt. Gerade Tanucci war aber entschieden gegen den Jesuitenorden eingestellt [4]. Durch seinen Einfluß und durch geschickt vorgenommene Veränderungen in der Regierungsspitze Spaniens konnte die noch immer in Spanien dem Jesuitenorden freundliche Einstellung geändert werden. Der im März 1766 ausbrechende „Hutaufstand", dem wirtschaftliche und soziale Mißstände zugrunde lagen, wurde in einer späteren Phase der Untersuchung, ohne daß jedoch wirkliche Beweise vorgebracht werden konnten, vor allem den Jesuiten angelastet. Mit dem Tode der Königinmutter Elisabeth Farnese, die gerade in diesem Jahre 1766 starb, verlor der Orden eine einflußreiche Gönnerin. Auch kirchliche Kreise, unter

[3] Im Zusammenhang mit diesen Bestrebungen, die auch von französischen Kreisen außerhalb des Ordens betrieben wurden, soll gegenüber dem Ordensgeneral Ricci das Wort Clemens' XIII. gefallen sein: aut sint ut sunt, aut non sint, wobei es jedoch dahingestellt bleiben muß, ob die prägnante Formulierung auf den Papst selbst oder vielleicht doch eher auf den das Wort zitierenden Cesare Giulio Cordara zurückgeht.

[4] Auch wenn er anerkannte, daß den einzelnen Jesuiten eigentlich nichts vorzuwerfen sei: „Ottimi sacerdoti ho sempre conosciuto i particolari Gesuiti, che io ho trattato, pieni di carità, di prudenza e di tutte le virtù cristiane" (bei Pastor XVI/1 718 Anm. 1).

ihnen vor allem der Augustinergeneral Vázquez [5], betrieben staatliche Maßnahmen gegen den Jesuitenorden. Ein königliches Dekret vom 27. Februar 1767 verfügte ohne Angabe von Gründen die Verbannung aller Jesuiten aus spanischem Gebiet und die Enteignung aller Güter des Ordens. Unter strengster Geheimhaltung wurden die Ausführungsbestimmungen erlassen. Am 2. April wurden die etwa 2800 Ordensmitglieder in Spanien konfiniert und vertrieben; ihnen folgten im Verlauf des Jahres die etwa 1600 in den überseeischen Besitzungen Spaniens lebenden Jesuiten. Den spanischen Schiffen, die die Jesuiten in den Kirchenstaat transportieren sollten, wurde von der päpstlichen Regierung die Landung in Häfen des Kirchenstaates verweigert, um der einseitigen Gewaltmaßnahme Spaniens nach Möglichkeit Widerstand zu leisten. Schließlich fanden die Jesuiten auf Korsika eine Zuflucht, von wo sie im darauffolgenden Jahr, nachdem die Insel in französischen Besitz gekommen war, einzeln in das Gebiet des Kirchenstaates einreisen konnten. Der Protest des Papstes beim spanischen König in einem besonders nachdrücklich gehaltenen Schreiben verfehlte jede Wirkung.

Die Vertreibung der Jesuiten aus den spanischen Sekundogenituren Neapel (Dekret vom 21. Oktober 1767, Durchführung am 20. November) und Parma-Piacenza (7. Februar 1768) sowie von der Insel Malta (22. April 1768) war nicht mehr als die erwartete Folge des spanischen Vorgehens gegen den Orden.

Es kann nicht wundernehmen, daß nach diesen Einzelaktionen der Plan einer Union der katholischen Mächte zur völligen Aufhebung des Jesuitenordens durch die Autorität des Papstes erwuchs. Der Plan hierzu scheint ungefähr gleichzeitig in Frankreich und Portugal entwickelt worden zu sein, wobei das Einverständnis Spaniens von Anfang an feststand. Es machte indessen Schwierigkeiten und brauchte Zeit, um den von der Kaiserin Maria Theresia zu erwartenden Widerstand zu beheben, wenn es schon nicht gelang, ihre Unterstützung zu gewinnen. Schließlich — 1770 — erklärte sie sich neutral; sie werde, wenn die anderen Mächte beim Papst die Aufhebung des Ordens erreichen sollten, nichts zu seinen Gunsten unternehmen, und sie werde der Entscheidung des Heiligen Stuhls ihre Zustimmung nicht versagen. Äußeren Anlaß zu dieser Allianz gab die Entwicklung der Lage in Parma. Der dortige erste Minister Du Tillot hatte mehrfach in die Rechte der Kirche eingegriffen und schließlich in einem Dekret vom 16. Januar 1768 unter anderem verboten, Streitfälle aller Art an auswärtige Gerichte weiterzuleiten, wobei auch die kirchlichen Gerichte in Rom mitgemeint waren. Schon unter dem 30. Januar 1768 wurden in einem Monitorium die Eingriffe in die Rechte der Kirche für nichtig und ihre Urheber als den Kirchenstrafen der Abendmahlsbulle (Bulle „In coena Domini")

[5] Nach der Vertreibung machte Vázquez keinen Hehl von seinem Jubel über das endlich erreichte Ziel; vgl. die Briefstelle, die *Pastor* XVI/1 786 Anm. 3 zitiert.

verfallen erklärt. Durch dieses Monitorium fühlten sich alle bourbonischen Höfe betroffen, und es gab so den Anstoß zu einer gemeinsamen Aktion. Im April 1768 unternahmen die Gesandten der Mächte einen Schritt bei Clemens XIII. und forderten unter Androhung von Repressalien die umgehende Zurücknahme des Dokuments. Da der Papst der Forderung nicht entsprach, wurden im Juli 1768 die Exklaven des Kirchenstaates Benevent und Pontecorvo bzw. Avignon und Venaissin besetzt. Die unbeugsame Haltung des Papstes vermochte nicht, die katholischen Mächte von ihren weiteren Forderungen abzubringen. Ein Höhepunkt wurde erreicht, als im Januar 1769 die Gesandten unmittelbar beim Papst den formellen Antrag auf Aufhebung des Jesuitenordens stellten.

Die Finanzschwierigkeiten des Kirchenstaats, vermehrt durch Hungersnot und Teuerung in den Jahren 1763 und 1764, hielten an, da sich gegen den Widerstand der Großgrundbesitzer keine Reformen erzwingen ließen. An größeren Bauten ist nur die Fertigstellung der Fontana Trevi und der Villa Albani zu verzeichnen. 1763 ernannte der Papst auf Empfehlung des Kardinals Albani Winckelmann zum Kommissär der Altertümer. Zuvor hatte Clemens XIII. aus einer geradezu skrupulösen Ängstlichkeit heraus eine Reihe von antiken Skulpturen bedecken und eine letzte Übermalung des Jüngsten Gerichtes in der Sixtinischen Kapelle vornehmen lassen, Maßnahmen, die ihm schon damals den Spott Winckelmanns zuzogen, der aber dann das ihm angetragene päpstliche Amt doch übernahm.

Wie seine Vorgänger berücksichtigte auch Clemens XIII. bei den Kardinalspromotionen vor allem italienische Prälaten, zumeist im Dienst der Kurie stehende, und einige von den katholischen Mächten vorgeschlagene Kandidaten. Die Ernennung seines Neffen fand allgemeine Zustimmung, zumal da er sich von den Staatsgeschäften fernhielt. Unglücklich, wenn auch unvermeidlich, war die Erhebung des damaligen, allerdings nur kurzfristigen französischen Außenministers de Bernis, dessen unkirchliche, völlig weltliche Lebensführung bekannt war. Der wichtigste von Clemens XIII. ernannte Kardinal wurde aber ohne Zweifel Lorenzo Ganganelli, der spätere Clemens XIV., der 1759 den Purpur erhielt.

Clemens XIII. starb am 2. Februar 1769 an einem Herzschlag, nachdem er in der Frühe noch zelebriert und die Kerzenweihe des Tages vorgenommen hatte. Sein Grabmal in St. Peter, von Canova geschaffen, wurde erst 23 Jahre nach dem Tode enthüllt.

Clemens XIV. (1769—1774)

Das am 15. Februar 1769 beginnende Konklave stand ganz unter dem Zeichen der Jesuitenfrage. Bevor die spanischen Kardinäle als letzte Ende April endlich in Rom eintrafen, war an eine Wahl nicht zu denken, da die einen Monat zuvor angekommenen Franzosen erklärten, gegen jeden die Exklusive aussprechen zu müssen, der vor der Ankunft der Spanier gewählt werden sollte. Die katholischen Mächte waren sich in der Forderung einig, daß kein Freund der Jesuiten gewählt werden dürfe. Über die Art des Vorgehens gab es jedoch merkliche Differenzen. Während die Mächte, vorab Spanien, eine formelle Zusage des in Aussicht genommenen Kandidaten zur Aufhebung des Jesuitenordens schon vor der Wahl forderten, sahen die Kronkardinäle hierin den Tatbestand der Simonie gegeben und lehnten deshalb ein solches Vorgehen ab. Bevorzugter Kandidat der Mächte war der Erzbischof von Neapel Sersale, der jedoch wegen seiner allzu großen Anlehnung an den Staat keinen Erfolg hatte. Auf den Rat des spanischen Gesandten Azpuru hin wurde dann die Kandidatur des Kardinals Ganganelli betrieben. Es steht fest, daß er vor der Wahl kein formelles Versprechen abgegeben hat, er werde als Papst den Jesuitenorden aufheben. Auf Befragung erklärte er nur, daß nach seiner Ansicht ein Papst die Gesellschaft Jesu wie jeden anderen Orden unter Beobachtung der Klugheit und der Gerechtigkeit aus sehr wichtigen Gründen guten Gewissens aufheben könne. Am 19. Mai 1769 wurde er einstimmig gewählt.

Ganganelli, geboren 1705 in Sant'Arcangelo bei Rimini, war 1723 bei den Franziskanerkonventualen eingetreten und hatte seinen Taufnamen Giovanni Vincenzo mit dem Namen seines Vaters Lorenzo vertauscht. Nach mehrjähriger Lehrtätigkeit in verschiedenen italienischen Studienanstalten seines Ordens war er seit 1740 Rektor des Bonaventurakollegs in Rom, wurde 1746 Konsultor der Inquisition, lehnte zweimal die Wahl zum General seines Ordens ab, und dies wohl nicht ohne Absicht, um dadurch der Anwartschaft auf eine höhere Würde nicht verlustig zu gehen. Tatsächlich ernannte ihn Clemens XIII. 1759 zum Kardinal. Damals wie auch zuvor galt er allgemein als Freund der Jesuiten, als Kardinal distanzierte er sich mehr und mehr von ihnen und nahm Verbindung mit den Gesandten der Bourbonenmächte auf. Der Vorwurf des Ehrgeizes und der Berechnung, den vor allem Pastor gegen ihn erhebt, scheint nicht ganz unbegründet zu sein.

In seinem Pontifikat wurde der Ordensmitbruder Bontempi der unentbehrliche Vertraute des Papstes. Zum Staatssekretär ernannte er den Spanien ergebenen Kardinal Pallavicini, der von 1760 bis 1767 Nuntius in Madrid gewesen war. Der erste wichtige Schritt des neuen Papstes war die Wiederherstellung der Beziehungen mit Portugal, die seit 1759 abgebrochen waren. Vakante Diözesen konnten wieder besetzt werden, allerdings mit

Kandidaten, die Pombal genehm waren; ein Nuntius wurde nach Lissabon entsandt, aber zugleich mußte Clemens XIV. Pombals Bruder und, da dieser bald starb, einen anderen Günstling des allmächtigen Ministers zum Kardinal ernennen. Beifall fand der Papst in allen aufgeklärten Kreisen, als er am Gründonnerstag 1770 die übliche Verkündigung der Bulle „In coena Domini" unterließ, was ja gleichzeitig als stillschweigende Korrektur an seinem Vorgänger verstanden werden mußte, der noch 1768 in dem an Parma gerichteten Monitorium diese Bulle ausdrücklich angeführt hatte. 1774 wurde sie dann formell und endgültig aufgehoben.

In der Jesuitenfrage war vom Beginn des Pontifikats an Spanien die treibende Kraft. Ein routinemäßig ausgestelltes Breve, mit dem den Missionaren aus dem Jesuitenorden und ihren Gläubigen die üblichen Ablässe bestätigt wurden, löste Entrüstung aus und veranlaßte die vereinten Mächte, am 22. Juli 1769 durch den französischen Gesandten Kardinal Bernis die Forderung auf Aufhebung des Jesuitenordens formell nun auch Clemens XIV. vortragen zu lassen. Der Papst, unsicher wegen seiner früheren verklausulierten Zusage und bedrängt von Furcht vor einer Vergiftung durch die Jesuiten, gab schließlich dem Drängen Frankreichs, verstärkt durch die Drohungen mit dem Abbruch der Beziehungen, nach und verpflichtete sich in einem Brief an Ludwig XV. im September 1769 ausdrücklich zur Aufhebung des Ordens, ohne jedoch einen genauen Zeitpunkt festzulegen. Das gleiche Versprechen gab Clemens XIV. dann in einem Schreiben an Karl III. von Spanien Ende November ab, wobei der Papst zugleich um Geduld bat.

Trotz solcher festen Zusagen zeigte der Papst in den folgenden drei Jahren eine auffallende Unsicherheit in seiner Haltung gegenüber dem Jesuitenorden. Einzelne harte Verfügungen gegen den Orden — wie z. B. unbegründete Bestrafungen von Ordensmitgliedern, diskriminierende Visitationen von Kollegien, Brüskierungen der Ordensleitung — vermochten die vereinten Mächte nicht zufriedenzustellen, deren Gesandten pausenlos, und nicht ohne gegeneinander zu intrigieren und sich gegenseitig zu verdächtigen, den Papst bedrängten. Der Sturz Choiseuls Ende 1770, ausgelöst durch den Einfluß der Gräfin Du Barry, änderte nichts in der französischen Politik in der Jesuitenfrage. Die eigentliche Wende in dieser „el negocio grande" genannten Angelegenheit brachte schließlich der Wechsel des spanischen Gesandten in Rom. Auf den Ende 1771 aus Gesundheitsgründen zurücktretenden Azpuru folgte José Moñino, 1773 zum Grafen von Floridablanca ernannt [6]. Mit seiner Antrittsaudienz am 12. Juli 1772 begann die letzte Phase des Kampfes gegen den Jesuitenorden. Gegen den Versuch des Papstes, durch ein Verbot der Aufnahme von Novizen eine allmähliche Auflösung des Ordens ohne ein eigentliches Aufhebungsdokument zu be-

[6] Er starb erst 1819, erlebte also noch die Wiederherstellung des Ordens, dessen Aufhebung er vor allem betrieben hatte.

wirken, drohte der Gesandte mit der Vertreibung aller Orden aus Spanien und schließlich mit dem Abbruch der Beziehungen. In der Spanischen Gesandtschaft wurde ein Entwurf der Aufhebungsbulle vorbereitet, der Anfang 1773 dem Papst übergeben und von ihm in allen wesentlichen Punkten gebilligt wurde. Daß Madrid mit dem Text zufrieden war, bedarf keiner Erklärung, nachdem der Entwurf in der Spanischen Gesandtschaft ausgearbeitet worden war. Der spanische Kuriale Zelada, der maßgeblich bei der Textredaktion beteiligt war, wurde schon am 19. April 1773 zum Kardinal ernannt und, wie auch andere gefügige Mitarbeiter, unter denen vor allem der Vertraute des Papstes, Bontempi, zu nennen ist, von Spanien reich belohnt. Das letzte mögliche Hindernis fiel, als im Frühjahr 1773 die Kaiserin Maria Theresia erneut auf Drängen Spaniens ihre Neutralität in der Jesuitenfrage aussprach. Im Juni — vermutlich am 9. — hat Clemens XIV. das Aufhebungsdokument — es war aus praktisch-stilistischen Gründen nicht wie ursprünglich vorgesehen als Bulle, sondern in der Form eines Breve ausgefertigt — unterzeichnet[7]. Die Drucklegung — noch ohne Datierung — besorgte der spanische Gesandte, da man so der Geheimhaltung sicherer zu sein glaubte. Mitte Juli wurde die mit der Durchführung der Aufhebung zu betrauende Kardinalskongregation bestimmt, aber erst am 22. Juli erhielt Moñino die Erlaubnis, die Exemplare des vom Tage zuvor datierten Breve an die interessierten Regierungen abzusenden. In Rom wurde es am 16. August verkündet, und zugleich wurde mit seiner Ausführung begonnen.

Das Breve „Dominus ac Redemptor noster" legt in einer allgemeinen historischen Präambel das Recht des Papstes hinsichtlich der Bestätigung und Aufhebung von Orden dar, stellt dann — allerdings in einer sehr einseitigen Auswahl der berichteten Fakten — die Schwierigkeiten dar, die der Jesuitenorden im Lauf seiner Geschichte mit anderen kirchlichen Orden und mit weltlichen Fürsten hatte; darauf folgt die eigentliche Aufhebungsverfügung; Durchführungsbestimmungen beschließen das umfangreiche Dokument.

Die Aufhebung des Jesuitenordens wurde als Sieg der Vernunft angesehen und Clemens XIV. ob dieser seiner Entscheidung weithin gefeiert. Er selbst ließ in der Jahresmedaille 1774, wenn auch diskret, auf die Aufhebung des Ordens als eine Frieden stiftende Tat anspielen. Deutlicher brachten die von Jesuitengegnern nachgeahmten Papstmedaillen ihren Triumph zum Ausdruck; die Rückseite zeigt in Anlehnung an die Vertreibung der Stammeltern aus dem Paradies die Vertreibung der Jesuiten mit der Umschrift

[7] Die häufig angeführte Nachricht, Clemens XIV. habe vor der Unterzeichnung des Breve den Gründer der Passionisten, den damals in Rom hoch angesehenen Paul vom Kreuz, aufgesucht und erst nach dieser Aussprache habe er das Breve unterschrieben, ist wohl nicht stichhaltig; vgl. *Gaetano dell'Addolorata* OP: RSTI 13 (1959) 102—112.

„Ich kenne euch nicht" und mit dem Hinweis auf den Psalmvers „Dies ist der Tag, den der Herr gemacht; lasset uns freuen und frohlocken".

In den verschiedenen Ländern, in denen es noch Jesuiten gab, wurde die Aufhebung des Ordens in sehr verschiedener Weise durchgeführt. Auf Drängen und unter der Aufsicht der bourbonischen Mächte war das Vorgehen im Kirchenstaat am schärfsten. Der Ordensgeneral Lorenzo Ricci — und mit ihm die wichtigeren Mitglieder der Ordenskurie — wurde bis zu seinem Tod in der Engelsburg in strenger Haft festgehalten. Moñino widersetzte sich erfolgreich der von Pius VI., dem Nachfolger Clemens' XIV., geplanten Freilassung Riccis und versuchte auch jede Hafterleichterung zu verhindern. In Österreich und Deutschland wurde die Aufhebung im allgemeinen ohne Härte durchgeführt, wobei auch besonders darauf geachtet wurde, daß die von den ehemaligen Jesuiten durchgeführten Arbeiten möglichst wenig Schaden erlitten. Maria Theresia und andere Fürsten widersetzten sich jedoch mit Erfolg der anfänglich von Clemens XIV. gewollten Anordnung, daß die Güter des aufgehobenen Ordens, deren Wert jedoch weit überschätzt wurde, zur Verfügung des Heiligen Stuhles stehen sollten. Der Papst mußte tatsächlich dieser Forderung nachgeben, und der Ordensbesitz wurde von den betreffenden Staaten übernommen.

Nur Friedrich II. von Preußen, der 1767 die Vertreibung der Jesuiten aus Spanien begeistert begrüßt hatte, und Katharina II. von Rußland verboten aus praktischen Gründen, um das katholische Schulwesen in Schlesien bzw. in Weißrußland ungestört aufrechtzuerhalten, die Verkündigung und damit die Durchführung des Aufhebungsbreve. Während in Preußen einige Jahre darnach die formelle Auflösung des Ordens nachgeholt werden konnte, beharrte die Zarin auf ihrem Verbot der Aufhebung, und der zuständige Bischof befahl den Ordensmitgliedern die Weiterführung ihrer Arbeit. Die vom Weihbischof von Mogilew 1785 gegebene Versicherung, Pius VI. habe mündlich ihm gegenüber das Verhalten der weißrussischen Ex-Jesuiten gebilligt, entzieht sich einer historischen Nachprüfung, war aber damals für die Ordensmitglieder verbindlich. Formell bestätigte Pius VII. 1801 die Gesellschaft Jesu für Weißrußland.

Die Aufhebung des Jesuitenordens brachte vor allem für das katholische Schulwesen in Europa einen schweren Verlust, nachdem schon die Vertreibung aus Portugal und Spanien die Missionsarbeit des Ordens fast ganz zum Erliegen gebracht hatte. Die Jesuiten fügten sich überwiegend der päpstlichen Entscheidung, die für viele äußere Not und Verfolgung brachte. Nicht wenige Ex-Jesuiten haben sich weiterhin im Dienst für die Kirche ausgezeichnet.

Dem Papst war von den katholischen Mächten als Gegenleistung für die Aufhebung des Jesuitenordens die Rückgabe der zuvor besetzten Exklaven des Kirchenstaats zugesagt worden. Clemens XIV. konnte jedoch seinen Vorschlag, die Gebiete schon vor der Verkündigung des Aufhebungsbreve zurückzuerhalten, nicht durchsetzen. Da Tanucci um jeden Preis Benevent für Neapel zurückbehalten wollte, zog sich die Restitution der besetzten Gebiete bis ins Jahr 1774 hin und war dazu mit demütigenden Auflagen belastet.

In zwölf Promotionen berief Clemens XIV. insgesamt siebzehn neue Kardinäle in das Heilige Kolleg. Bei der letzten Kreation am 26. April 1774 wurden zwei neue Kardinäle namentlich — darunter der Nachfolger Clemens', Braschi — und elf in petto ernannt. Der Papst gab die Namen dieser Kandidaten, die nach Ansicht von Zeitgenossen wohl alle aus den entschiedenen Gegnern des Jesuitenordens genommen waren, niemals bekannt, sosehr man noch den schwerkranken Papst unmittelbar vor seinem Tode deshalb bedrängte.

Seit der Aufhebung des Jesuitenordens verstärkte sich die Furcht des Papstes vor einer möglichen Vergiftung durch seine vermeintlichen Gegner. Sein nicht besonders stabiler Gesundheitszustand verschlechterte sich zusehends, was wohl auch durch seelische Depressionen und durch die Aufregungen mitverursacht wurde. Am 21. September 1774 trat der Tod ein. Das sich sofort verbreitende Gerücht einer Vergiftung des Papstes erweist sich als haltlos und wird von der neueren Forschung allgemein zurückgewiesen. Bei den Exequien Clemens' XIV. fehlte unter den üblichen Darstellungen der besonderen Leistungen des zu Ende gegangenen Pontifikats bezeichnenderweise jede Erwähnung der Aufhebung des Jesuitenordens. Clemens XIV. wurde zuerst in der Peterskirche beigesetzt, dann aber 1802 in die Ordenskirche SS. Apostoli überführt, wo bereits seit 1787 das von Canova geschaffene Grabmal aufgestellt war.

REGISTER

HANDBUCH DER KIRCHENGESCHICHTE

IV

HANDBUCH DER KIRCHENGESCHICHTE

Herausgegeben von

HUBERT JEDIN

Band IV

Reformation
Katholische Reform und Gegenreformation

Reformation
Katholische Reform und Gegenreformation

von

ERWIN ISERLOH
JOSEF GLAZIK
HUBERT JEDIN

HERDER
FREIBURG · BASEL · WIEN

Umschlaggestaltung:
Finken & Bumiller, Stuttgart

Unveränderter Nachdruck
der Sonderausgabe von 1985

Herstellung: Freiburger Graphische Betriebe 1999
ISBN 3-451-27100-1

INHALT

ERSTER TEIL: DIE PROTESTANTISCHE REFORMATION

ZWEITER TEIL:
KATHOLISCHE REFORM UND GEGENREFORMATION

Vorbemerkung

Ursprünglich sollte in diesem vierten Band das Spätmittelalter mit der Reformation und der Katholischen Reform dargestellt werden. Das hätte vieles für sich gehabt. Die historische Bedingtheit der Reformation wäre deutlicher geworden. Doch auch die neue Einteilung, mag sie von technischen Notwendigkeiten diktiert sein, entbehrt nicht der sachlichen Grundlagen. Denn mit dem Beginn der Reformation, der Entdeckung Amerikas, der Erfindung der Buchdruckerkunst und anderen Ereignissen ist um 1500 eine so klare Epoche gegeben, daß sie nicht willkürlich maßgebend war für die Einteilung der bisherigen Geschichtswerke und faktisch auch unsere bestimmt hat.

Zu den im Titel des Bandes gebrauchten Begriffen „Katholische Reform“ und „Gegenreformation“ ist auf Seite 449f Stellung genommen.

Wenn der Herausgeber dieses Bandes und der Verfasser seines ersten Teiles auch bis vor kurzem einen Lehrstuhl für Ökumenische Theologie innehatte, so soll hier doch keine ökumenische Kirchengeschichte geboten werden, sondern eine Geschichte der Kirche in katholischer Sicht, freilich in ökumenischem Geist. Das bedeutet wiederum nicht eine Nivellierung der Gegensätze, sondern eine gesteigerte Verpflichtung zur Wahrheit, zum ἀληθεύειν ἐν ἀγάπῃ (Eph 4,15).

Der Herausgeber hat zu danken seinen Assistenten Vinzenz Pfnür und Klaus Wittstadt für vielerlei Hinweise und Hilfe und nicht zuletzt den Herren des Verlages Herder für ihre verständnisvolle Zusammenarbeit.

Erwin Iserloh

VERZEICHNIS DER ABKÜRZUNGEN

AAug = Analecta Augustiniana, Rom 1905 ff

ADB = Allgemeine deutsche Biographie, 55 Bde, Leipzig 1875—1910; Register-Bd 1912 (vgl. NDB)

AElsKG = Archiv für elsässische Kirchengeschichte, hrsg. v. der Gesellschaft für elsässische Kirchengeschichte, 1926 ff

AER = The American ecclesiastical Review, Washington 1889 ff

AFP = Archivum Fratrum Praedicatorum, Rom 1931 ff

AFrH = Archivum Franciscanum Historicum, Florenz - Quaracchi 1908 ff

AHPont = Archivum Historiae Pontificiae, Rom 1963 ff

AHSI = Archivum historicum Societatis Iesu, Rom 1932 ff

AHVNrh = Annalen des Historischen Vereins für den Niederrhein, insbesondere das alte Erzbistum Köln, Köln 1855 ff

AIA = Archivo Ibero-Americano, Madrid 1914 ff

AkathKR = Archiv für Katholisches Kirchenrecht, (Innsbruck) Mainz 1857 ff

AKG = Archiv für Kulturgeschichte, (Leipzig) Münster u. Köln 1903 ff

Allen = Opus Epistolarum Des. Erasmi Roterodami, hrsg. v. P. S. Allen, 11 Bde, Oxford 1906—47

AMrhKG = Archiv für mittelrheinische Kirchengeschichte, Speyer 1949 ff

Ann. Eccl. = Annales Ecclesiastici

Anthropos = Anthropos. Internationale Zeitschrift für Völker- und Sprachenkunde, Mödling 1906 ff

Antonianum = Antonianum, Rom 1926 ff

AÖG = Archiv für österreichische Geschichte, Wien 1865 ff

ARC = Acta reformationis catholicae ecclesiam concernentia saeculi XVI, hrsg. v. G. Pfeilschifter, 6 Bde, Regensburg 1959 ff

ARG = Archiv für Reformationsgeschichte, (Leipzig) Gütersloh 1903 ff

ArSKG = Archiv für schlesische Kirchengeschichte, I—VI Breslau 1936—41, VII ff Hildesheim 1949 ff

ASR = American Sociological Review, Washington 1936 ff

ASRomana = Archivio della Reale Società Romana di Storia Patria, Rom 1878—1934

AstIt = Archivio storico Italiano, Florenz 1842 ff

BGDSL = Beiträge zur Geschichte der deutschen Sprache und Literatur, Halle 1874 ff

BRN = Bibliotheca Reformatoria Neerlandica, hrsg. v. S. Cramer u. F. Pijper, 10 Bde, Den Haag 1903—14

BSLK = Die Bekenntnisschriften der evangelisch-lutherischen Kirche, hrsg. v. Deutschen Evangelischen Kirchenausschuß, Göttingen ^{3}1956

BullPatr = Bullarium Patronatus Portugalliae Regum in Ecclesiis Africae, Asiae et Oceaniae . . ., hrsg. v. L. M. Jordão u. a., I—III Lissabon 1868—70

BullRom = Bullarium, Diplomatum et Privilegiorum Romanorum Pontificum, hrsg. v. G. Tomassetti u. a., Turin 1857 ff

BZThS = Bonner Zeitschrift für Theologie und Seelsorge, Düsseldorf 1924—31
CA = Confessio Augustana
Car = Caritas, Freiburg i. Br. 1896 ff
CCath = Corpus Catholicorum, begr. v. J. Greving, Münster 1919 ff (bisher 29 Hefte)
CH = Church History, New York - Chicago 1932 ff
CHR = The Catholic historical Review, Washington 1915 ff
CivCatt = La Civiltà Cattolica, Rom 1850 ff (1871—87 Florenz)
Cl = Luthers Werke in Auswahl, hrsg. v. O. Clemen, E. Vogelsang, H. Rückert u. E. Hirsch, 4 Bde, Berlin [6]1966 u. 4 ErgBde, Berlin [3]1959—66
Coll = Collectanea S. Congregationis de Propaganda Fide, Rom 1893 ff
CollFr = Collectanea Franciscana, Rom 1931 ff
CR = Corpus Reformatorum, (Braunschweig) Berlin 1834 ff, Leipzig 1906 ff
CT = Concilium Tridentinum. Diariorum, Actorum, Epistularum, Tractatuum nova Collectio, edidit Societas Goerresiana promovendis inter Catholicos Germaniae Litterarum Studiis, bisher 13 Bde, Freiburg i. Br. 1901 ff
Dahlmann-Waitz = F. C. Dahlmann u. G. Waitz, Quellenkunde der Deutschen Geschichte, 9. Aufl. hrsg. v. H. Haering, Leipzig 1931—32
DG = Dogmengeschichte
DHGE = Dictionnaire d'histoire et de géographie ecclésiastiques, Paris 1912 ff
DSAM = Dictionnaire de Spiritualité ascétique et mystique. Doctrine et Histoire, Paris 1932 ff
DThC = Dictionnaire de théologie catholique, Paris 1930 ff
DVfLG = Deutsche Vierteljahresschrift für Literaturwissenschaft und Geistesgeschichte, Halle 1923 ff
EA = Erlanger Ausgabe der Werke Luthers, 1826 ff
ECarm = Ephemerides Carmeliticae, Florenz 1947 ff
ECatt = Enciclopedia Cattolica, Rom 1949 ff
EE = Estudios eclesiásticos, Madrid 1922—36, 1942 ff
EHR = English Historical Review, London 1886 ff
EKL = Evangelisches Kirchenlexikon. Kirchlich-theologisches Handwörterbuch, Göttingen 1955 ff
ELit = Ephemerides Liturgicae, Rom 1887 ff
EThL = Ephemerides Theologicae Lovanienses, Brügge 1924 ff
Études = Études, Paris 1856 ff (bis 1896: Études religieuses)
EvTh = Evangelische Theologie, München 1934 ff
FStud = Franziskanische Studien, (Münster) Werl 1914 ff
GGA = Göttingische Gelehrte Anzeigen, Berlin 1738 ff
Gr = Gregorianum, Rom 1920 ff
GuL = Geist und Leben. Zeitschrift für Aszese und Mystik (bis 1947: ZAM), Würzburg 1947 ff
HJ = Historisches Jahrbuch der Görres-Gesellschaft, (Köln 1880 ff), München 1950 ff
HM = Historia Mundi, begr. v. F. Kern, 10 Bde, Bern - München 1952 ff
HPBl = Historisch-politische Blätter für das katholische Deutschland, 171 Bde, München 1838—1923
HS = Hispania Sacra, Madrid 1948 ff
HV = Historische Vierteljahresschrift, Leipzig 1898—1937
HZ = Historische Zeitschrift, München 1859 ff
IusPont = Ius Pontificium seu Ephemerides urbanae ad canonicas disciplinas spectantes, Rom 1921 ff
Jb = Jahrbuch
Jedin = H. Jedin, Geschichte des Konzils von Trient, Freiburg i. Br. I [2]1951, II 1957
JEH = The Journal of Ecclesiastical History, London 1950 ff

JLH = Jahrbuch für Liturgik und Hymnologie, Kassel 1955 ff
JLW = Jahrbuch für Liturgiewissenschaft, Münster 1921—41
JThS = The Journal of theological Studies, London 1899 ff
KG = Kirchengeschichte
KLK = Katholisches Leben und Kämpfen im Zeitalter der Glaubensspaltung (Münster 1927 ff)
KuD = Kerygma und Dogma, Göttingen 1955 ff
Kurtscheid F = B. Kurtscheid - F. A. Wilches, Historia Iuris Canonici, Tom. I: Historia fontium et scientiae Iuris Canonici, Rom 1943
Le Plat = J. Le Plat, Monumentorum ad historiam Concilii Tridentini ... spectantium amplissima collectio, 7 Bde, Löwen 1781—87
LexCap = Lexicon Capuccinum. Promptuarium Historico-Bibliographicum (1525 bis 1950), Rom 1951
LJ = Liturgisches Jahrbuch, Münster 1951 ff
Lortz F = Festgabe Joseph Lortz, hrsg. v. E. Iserloh u. P. Manus, 2 Bde, Baden-Baden 1957
LThK = Lexikon für Theologie und Kirche, Freiburg ²1957 ff
LuJ = Lutherjahrbuch. Jahrbuch der Luthergesellschaft, 1919 ff
Luther = Luther-Mitteilungen der Luthergesellschaft
MAH = Mélanges d'archéologie et d'histoire, Paris 1880 ff
Mai S = A. Mai, Spicilegium Romanum, 10 Bde, Rom 1839—44
Mansi = J. D. Mansi, Sacrorum conciliorum nova et amplissima collectio, 31 Bde, Florenz - Venedig 1757—98; Neudruck u. Forts. hrsg. v. L. Petit u. J. B. Martin in 60 Bdn, Paris 1899—1927
MCom = Miscelánea Comillas, Comillas/Santander 1943 ff
MHOMC = Monumenta Historica Ordinis Minorum Capuccinorum, 8 Bde, Assisi - Rom 1937—60
MHSI = Monumenta Historica Societatis Iesu, Madrid 1894 ff, Rom 1932 ff (bisher 70 Bde)
MIÖG = Mitteilungen des Instituts für österreichische Geschichtsforschung (Innsbruck - Graz - Köln 1880 ff
Mirbt = C. Mirbt, Quellen zur Geschichte des Papsttums und des römischen Katholizismus, 6. Aufl. bearbeitet v. K. Aland I, Tübingen 1967
Misc. Hist. Pont. = Miscellanea Historiae Pontificiae
MiscMercati = Miscellanea Giovanni Mercati, 6 Bde, Rom 1946
ML = Mennonitisches Lexikon, Frankfurt - Karlsruhe 1913—58 ff
MOP = Monumenta ordinis Fratrum Praedicatorum historica, 14 Bde, Rom 1896—1904; Paris 1931 ff
MQR = The Mennonite Quarterly Review, Goshen/Indiana 1927 ff
MThZ = Münchener Theologische Zeitschrift, München 1950 ff
NA = Neues Archiv der Gesellschaft für ältere deutsche Geschichtskunde zur Beförderung einer Gesamtausgabe der Quellenschriften deutscher Geschichte des Mittelalters, Hannover 1876 ff
NBD = Nuntiaturberichte aus Deutschland, Abt. I (1534—59), hrsg. v. Preußischen historischen Institut in Rom, 12 Bde, Gotha 1892 ff
NDB = Neue Deutsche Biographie, Berlin 1953 ff
NGG = Nachrichten von der Gesellschaft der Wissenschaften zu Göttingen, Berlin 1845 bis 1940
NKZ = Neue kirchliche Zeitschrift, Leipzig 1890 ff
NRTh = Nouvelle Revue Théologique, Tournai - Löwen - Paris 1879 ff
NZM = Neue Zeitschrift für Missionswissenschaft, Beckenried 1945 ff
NZSTh = Neue Zeitschrift für systematische Theologie und Religionsphilosophie, Berlin 1959 ff

OC = Opera Calvini, 59 Bde = CR 29—87, Braunschweig - Berlin 1863—1900
OrChrP = Orientalia Christiana periodica, Rom 1935 ff
OS = Joannis Calvini opera selecta, hrsg. v. P. Barth u. a., 5 Bde, München ²1952—63
Pastor = L. v. Pastor, Geschichte der Päpste seit dem Ausgang des Mittelalters, 16 Bde, Freiburg i. Br. 1885 ff u. ö.
QFIAB = Quellen u. Forschungen aus italienischen Archiven u. Bibliotheken, Rom 1897 ff
QQ = Quellen
RAM = Revue d'ascétique et de mystique, Toulouse 1920 ff
RE = Realencyklopädie für protestantische Theologie und Kirche, begr. v. J. J. Herzog, hrsg. v. A. Hauck, 24 Bde, Leipzig ³1896—1913
Reformata Reformanda = Reformata Reformanda, Festgabe für Hubert Jedin, hrsg. v. E. Iserloh u. K. Repgen, 2 Bde, Münster 1965
RET = Revista Española de teología, Madrid 1941 ff
RevSR = Revue des Sciences Religieuses, Straßburg 1921 ff
RF = Razón y Fe, Madrid 1901 ff
RGG = Die Religion in Geschichte und Gegenwart, Tübingen 1909—13; ²1927—32; ³1956 ff
RGStT = Reformationsgeschichtliche Studien und Texte, begr. v. J. Greving, Münster 1906 ff
RH = Revue historique, Paris 1876 ff
RHE = Revue d'histoire ecclésiastique, Löwen 1900 ff
RHEF = Revue d'histoire de l'Église de France, Paris 1910 ff
RHM = Revue d'histoire des missions, Paris 1924 ff
RHPhR = Revue d'histoire et de philosophie religieuses, Straßburg 1921 ff
RQ = Römische Quartalschrift für christliche Altertumskunde und für Kirchengeschichte, Freiburg i. Br. 1887 ff
RSIt = Rivista storica Italiana, Neapel 1884 ff
RSPhTh = Revue des sciences philosophiques et théologiques, Paris 1907 ff
RSR = Recherches de science religieuse, Paris 1910 ff
RSTI = Rivista di storia della chiesa in Italia, Rom 1947 ff
RTA = Deutsche Reichstagsakten, hrsg. von der hist. Kommission bei der Bayer. Akademie der Wissenschaften. Jüngere Reihe, 1519—24: I—IV Gotha 1882 ff; 1527—29: VII Stuttgart 1935. — Neudrucke Göttingen 1956 ff
SAB = Sitzungsberichte der Deutschen (bis 1944: Preußischen) Akademie der Wissenschaften zu Berlin. Phil.-hist. Klasse, Berlin 1882 ff
SAH = Sitzungsberichte der Heidelberger Akademie der Wissenschaften. Phil.-hist. Klasse, Heidelberg 1910 ff
SAM = Sitzungsberichte der Bayerischen Akademie der Wissenschaften. Phil.-hist. Abt., München 1871 ff
SAW = Sitzungsberichte der (ab 225, 1, 1947: Österreichischen) Akademie der Wissenschaften in Wien, Wien 1831 ff
SC = Scuola Cattolica, Mailand 1873 ff
Scholastik = Scholastik, Freiburg i. Br. 1926 ff
Schottenloher = K. Schottenloher, Bibliographie zur deutschen Geschichte im Zeitalter der Glaubensspaltung 1517—85, 6 Bde, Leipzig 1933—40; Stuttgart ²1956 ff; Bd 7: Das Schrifttum von 1938—60, Stuttgart 1966
Scritt. ant. = Scritture antiche (Propaganda-Archiv)
SE = Sacris Erudiri. Jaarboek voor Godsdienstwetenschapen, Brügge 1948 ff
Sehling = E. Sehling, Die evangelischen Kirchenordnungen des XVI. Jahrhunderts, I—V Leipzig 1902—13; VI—VIII XI—XIII Tübingen 1955 ff
ST. A. = Melanchthons Werke in Auswahl (= Studienausgabe), hrsg. v. R. Stupperich, 6 Bde, Gütersloh 1951 ff

StC = Studia Catholica, Roermond 1924 ff
StdZ = Stimmen der Zeit (vor 1914: Stimmen aus Maria-Laach), Freiburg i. Br. 1871 ff
Stegmüller M = F. Stegmüller, Geschichte des Molinismus, Bd I: Neue Molinaschriften, Münster 1935
SteT = Studi e Testi, Rom 1900 ff
StL[5] = Staatslexikon, hrsg. v. H. Sacher, Freiburg i. Br. [5]1926—32 (StL[6]: ebd. 1957 ff)
StMis = Studia Missionalia, Rom 1943 ff
SVRG = Schriften des Vereins für Reformationsgeschichte, Halle 1883 ff; Leipzig 1907 ff; Gütersloh 1951 ff
ThBl = Theologische Blätter, Leipzig 1922 ff
ThGl = Theologie und Glaube, Paderborn 1909 ff
ThLZ = Theologische Literaturzeitung, Leipzig 1878 ff
ThQ = Theologische Quartalschrift, Tübingen 1819 ff; Stuttgart 1946 ff
ThR NF = Theologische Rundschau, Tübingen 1897 ff
ThRv = Theologische Revue, Münster 1902 ff
ThStK = Theologische Studien und Kritiken, (Hamburg) Gotha 1828 ff
ThZ = Theologische Zeitschrift, Basel 1945 ff
TThZ = Trierer Theologische Zeitschrift (bis 1944: Pastor Bonus), Trier 1888 ff
UB = Urkundenbuch
WA = M. Luther, Werke. Kritische Gesamtausgabe („Weimarer Ausgabe"), 58 Bde, Weimar 1883—1948
WABr = D. Martin Luthers Werke, Briefwechsel, 12 Bde, Weimar 1930—67
WADB = D. Martin Luthers Werke, Die Deutsche Bibel, 12 Bde, Weimar 1906 ff
WATr = D. Martin Luthers Werke, Tischreden, 6 Bde, Weimar 1912—21
Walch = Dr. Martin Luthers sämtliche Schriften, hrsg. v. J. G. Walch, 23 Bde, St. Louis/Missouri [2]1880—1910
WW = Werke
WZ = Westfälische Zeitschrift. Zeitschrift für Vaterländische Geschichte, Münster 1838 ff
ZAM = Zeitschrift für Aszese und Mystik (seit 1947: GuL), (Innsbruck, München) Würzburg 1926 ff
ZBKG = Zeitschrift für bayerische Kirchengeschichte, Gunzenhausen 1926 ff
ZblB = Zentralblatt für Bibliothekswesen, Leipzig 1884 ff
ZBLG = Zeitschrift für Bayerische Landesgeschichte, München 1928 ff
ZE = Zeitschrift für Ethnologie, Berlin 1869 ff
ZGObrh = Zeitschrift für die Geschichte des Oberrheins, Karlsruhe 1851 ff
ZHTh = Zeitschrift für die historische Theologie, 45 Bde, Leipzig - Gotha 1832—75
ZKG = Zeitschrift für Kirchengeschichte, (Gotha) Stuttgart 1876 ff
ZKTh = Zeitschrift für Katholische Theologie, (Innsbruck) Wien 1877 ff
ZMR = Zeitschrift für Missionswissenschaft und Religionswissenschaft, 34 ff Münster 1950 ff (Zeitschrift für Missionswissenschaft, 1—17 ebd. 1911—27; Zeitschrift für Missionswissenschaft und Religionswissenschaft, 18—25 ebd. 1928—35; Zeitschrift für Missionswissenschaft, 26—27 ebd. 1935—37; Missionswissenschaft und Religionswissenschaft, 28—33 ebd. 1938—41, 1947—49)
ZRGG = Zeitschrift für Religions- und Geistesgeschichte, Marburg 1948 ff
ZSavRGkan = Zeitschrift der Savigny-Stiftung für Rechtsgeschichte, Kanonistische Abteilung, Weimar 1911 ff
ZSKG = Zeitschrift für Schweizer Kirchengeschichte, Fribourg 1907 ff
ZSTh = Zeitschrift für systematische Theologie, (Gütersloh) Berlin 1923 ff
ZThK = Zeitschrift für Theologie und Kirche, Tübingen 1891 ff
ZW = Huldreich Zwinglis sämtliche Werke, Bde 1—14 = CR 88—101, Berlin 1905, Leipzig 1908—35, Zürich 1959 ff

ALLGEMEINE BIBLIOGRAPHIE

I. QUELLEN ZUR GESCHICHTE DER REFORMATION UND GEGENREFORMATION

1. *Allgemeine Hilfsmittel. Wörterbücher und Nachschlagewerke:*

A. v. Brandt, Werkzeug des Historikers (Stuttgart ^{2}1958; Lit.).

G. Wolf, Einführung in das Studium der neueren Geschichte (Berlin 1910).

H. O. Meisner, Aktenkunde. Ein Handbuch für Archivbenutzer mit besonderer Berücksichtigung Brandenburg-Preußens (Leipzig ^{2}1952; Lit.).

A. Brennecke - W. Leesch, Archivkunde (Leipzig 1953).

K. Haebler, Handbuch der Inkunabelkunde (Leipzig 1925).

M. Geisberg, Der deutsche Einblattholzschnitt in der 1. Hälfte des 16. Jahrhunderts (München 1923/30; wertvolles Anschauungsmaterial).

Ch. Du Cange, Glossarium ad scriptores mediae et infimae latinitatis, 10 Bde (Niors 1883/88).

M. Lexer, Mittelhochdeutsches Hand-Wörterbuch, 3 Bde (Leipzig 1872/78).

ders., Mittelhochdeutsches Taschen-WB (Leipzig ^{24}1944).

A. Goetze, Frühneuhochdeutsches Glossar (Berlin ^{5}1956).

H. Rössler - G. Franz, Biographisches Wörterbuch zur Deutschen Geschichte (München 1952).

dies., Sachwörterbuch zur Deutschen Geschichte (München 1958).

E. Haberkern - J. F. Wallach, Hilfswörterbuch für Historiker (Bern - München ^{2}1964).

H. Rudolph, Vollständig geographisch-topographisch-statistisches Ortslexikon von Deutschland, 2 Bde (1859/68; einschl. Österreichs).

Ritters Geographisch-Statistisches Lexikon, 9. Aufl., hrsg. von *J. Penzler,* 2 Bde (1905/06).

J. G. Th. Graesse, Orbis Latinus oder Verzeichnis der wichtigsten lat. Orts- und Ländernamen, neu bearbeitet von *F. Benedict* (Berlin ^{3}1922).

W. Maurer, Namenliste zur deutschen Geschichte des 16. Jahrhunderts, Tl. I: A—E (Leipzig 1941).

A. Cappelli, Lexicon abbreviaturarum. Dizionario di Abbreviature latine ed italiane (Milano ^{6}1961).

ders., Cronologia, Cronografia e Calendario perpetuo. Dal principio dell'Era Christiana ai giorni nostri (Milano 1930).

2. *Quellenkunde und Bibliographie*

P. Herre, Quellenkunde zur Weltgeschichte (Leipzig 1910).

Dahlmann-Waitz, Quellenkunde der deutschen Geschichte, hrsg. von *H. Haering,* 2 Bde (Leipzig ^{9}1930/31; Neuauflage in Vorbereitung).

F. Schnabel, Deutschlands Quellen und Darstellungen in der Neuzeit. 1. Das Zeitalter der Reformation 1500—50 (Leipzig 1931).

G. Wolf, Quellenkunde der deutschen Reformationsgeschichte, 3 Bde (Gotha 1915, 1916 u. 1922 [zwei Teile], 1923). Nachträge in Mitteilungen aus der historischen Lit. 45 (1916), 46 (1918), 51 (1923), 52 (1926), 55 (1927), 56 (1928), 57 (1929).

L. Hain, Repertorium bibliographicum, 2 Bde (Stuttgart 1826/38; Nachdruck Mailand 1948).

W. A. Coppinger, Supplement zu Hains Repertorium Bibliographicum Tl. I, II 1, 2 (Mailand 1950).

G. W. Panzer, Annalen der älteren deutschen Literatur, 2 Bde (Nürnberg 1788—1805; Neudruck Hildesheim 1961).

J. Weller, Repertorium typographicum. Die deutsche Literatur im ersten Viertel des 16. Jahrhunderts (Nördlingen 1864; Neudruck Hildesheim 1961).

Gesamtkatalog der Wiegendrucke, hrsg. von der Kommission für den Gesamtkatalog der Wiegendrucke (Bd 1—7 A—Ei) (1925/38).

Th. Besterman, Early Printed Books to the End of the Sixteenth Century (Genf [2]1961).

G. Franz, Bücherkunde zur deutschen Geschichte (München 1951).

ders., Bücherkunde zur Weltgeschichte (München 1956).

W. Trillmich, Kleine Bücherkunde zur Geschichtswissenschaft (Hamburg 1949).

G. Franz, Historische Kartographie, Forschung und Bibliographie (Bremen 1955).

M. Arnim, Internationale Personalbibliographie, 3 Bde (Stuttgart 1952/63).

G. M. Dutcher, Guide to Historical Literature (New York [3]1949; hauptsächlich für die angelsächsische Lit.).

H. Planitz-T. Buyken, Bibliographie zur deutschen Rechtsgeschichte (Frankfurt a. M. 1952) mit Registerband (bis 1500; berücksichtigt auch die kirchl. Rechtsverhältnisse).

I. Dagens, Bibliographie Chronologique de la Litterature de Spiritualité et de ses sources (1501—1610) (Paris 1952).

K. Schottenloher, Bibliographie zur deutschen Geschichte im Zeitalter der Glaubensspaltung 1517—85, 6 Bde (Leipzig [2]1956/58), 7. Bd: Das Schrifttum von 1938 bis 1960 (Stuttgart 1966).

Bibliographie de la Réforme, 1450—1648.

I. Allemagne, Pais-Bas (Leiden 1958).

II. Belgique, Suède, Norvège, Danemark, Irlande, États-Unis d'Amérique (ebd. 1960).

III. Italie, Espagne, Portugal (ebd. 1961).

IV: France, Angleterre, Suisse (ebd. 1963).

H. J. Hillebrand, Bibliographie des Täufertums 1520—1630 (Gütersloh 1962).

A. Goetze, Die hochdeutschen Drucker der Reformationszeit (Straßburg 1905).

A. Kuczyński, Verzeichnis einer Sammlung von nahezu 3000 Flugschriften Luthers und seiner Zeitgenossen (Nieuwkoop 1955).

Antiqua literarum monumenta autographa Lutheri aliorumque celebrium virorum ab A. 1517 usque ad A. 1546 (Brunsvigae MDCXC).

Bibliotheca Missionum von Robert Streit, fortgesetzt von Johannes Dindinger: I. Grundlegender und allgemeiner Teil (Münster 1916); II. Amerikanische Missionsliteratur 1493—1699 (Aachen 1924); IV. Asiatische Missionsliteratur 1245—1599 (Aachen 1928); V. Asiatische Missionsliteratur 1600—99 (Aachen 1929); XV. Afrikanische Missionsliteratur 1053—1599 (Freiburg 1951); XXI. Missionsliteratur von Australien und Ozeanien 1525—1950 (Freiburg 1955); fortgesetzt von Johannes Rommerskirchen und Josef Metzler: XXII. Grundlegender und allgemeiner Teil 1910—35 und Nachtrag zu Band I (Freiburg 1963); XXIII. Grundlegender und allgemeiner Teil 1936—60 (Freiburg 1964).

3. Quellen- und Akteneditionen

Deutschland:

J. Ch. Lüning, Teutsches Reichs-Archiv, Bd 22 (Leipzig 1719).

Neue und vollständige Sammlung der *Reichs-Abschiede,* welche von den Zeiten Kayser Conrads des II bis jetzo auf den Teutschen Reichs-Tagen abgefaßt worden sammt den wichtigsten Reichs-Schlüssen, 2 Bde (Frankfurt a. M. 1747).

K. Lanz, Staatspapiere zur Geschichte des Kaisers Karl V. aus dem Königlichen Archiv und der Bibliothèque de Bourgogne zu Brüssel (Stuttgart 1845).

ders., Correspondenz des Kaisers Karl V., 3 Bde (Leipzig 1846).

J. Fiedler, Die Relationen der Botschafter Venedigs über Deutschland und Österreich im 17. Jahrhundert (Wien 1866 ff) (= Fontes rerum Austriacarum).

J. J. I. Döllinger, Beiträge zur politischen, kirchlichen und Culturgeschichte der sechs letzten Jahrhunderte. Bd 1: Dokumente zur Geschichte Kaiser Karls V., Philipps II. und ihrer Zeit. Aus spanischen Archiven (Regensburg 1862), Bd 3 (Wien 1882).

Politische Korrespondenz der Stadt Straßburg im Zeitalter der Reformation, 5 Bde (Straßburg-Heidelberg 1882—1933).

A. V. Druffel, Beiträge zur Reichsgeschichte, 3 Bde (München 1873/82), Bd 4 hrsg. von *K. Brandi* (München 1896).

Deutsche Reichstagsakten, Jüngere Reihe, hrsg. von der Historischen Kommission bei der Bayerischen Akademie der Wissenschaften: I: *A. Kluckhohn,* Kaiserwahl 1519 (Gotha 1893); II: *A. Wrede,* Reichstag zu Worms 1520/21 (Gotha 1896); III: *ders.,* Nürnberger Reichstage 1522 u. 1523 (Gotha 1901); IV: *ders.,* Nürnberger Reichstag 1524 (Stuttgart 1905); VII: *J. Kühn,* 1. u. 2. anberaumter Reichstag zu Regensburg 1526/27.

Schwäbische Bundestage 1527—28. Reichstag zu Speier 1529 (Stuttgart 1935).

Briefe und Akten zur Geschichte des Dreißigjährigen Krieges, hrsg. von der Bayerischen Akademie der Wissenschaften, 11 Bde: 1596—1613 (Leipzig 1870—1908); Neue Folge: 1618—51, Teil II Bd 1—3: 1623—27 (Leipzig 1907 ff), Bd 4: 1628—29 (München 1948).

Acta Pacis Westfalicae, hrsg. von *M. Braubach - K. Repgen* (Münster 1962 ff).

Frankreich:

Collection des documents inédits relatifs à l'histoire de France, bisher etwa 290 Bde (Paris 1836 ff).

Correspondance des Réformateurs dans les pays de langue française, hrsg. von *A. L. Herminjard,* 9 Bde (Genf - Paris 1866/97; Neudruck Nieuwkoop 1966).

Niederlande:

L. P. Gachard, Collection des voyages des souverains des Pays-Bas (Brüssel 1874).

Bibliotheca Reformatoria Neerlandica, hrsg. von *S. Cranier - F. Pijper,* 10 Bde ('s-Gravenhage 1903/14).

Documenta Reformatoria, hrsg. von *J. N. Bakhuizen van den Brink* u. a., 2 Bde (Kampen 1960/62).

G. Brom - A. H. L. Hensen, Romeinsche Bronnen voor den Kerkelijk-staatkundig toestand der Nederlanden in de 16de eeuw (Rijks geschiedkundige Publikatien ... Groote serie 52) ('s-Gravenhage 1922).

J. D. M. Cornelissen, Kerkelijken Toestand der Nederlanden onder de apostolische Vicarissen 1592—1727, Tl. 1: 1592—1651 ('s-Gravenhage 1932).

Bibliotheca catholica Neerlandica impressa 1500—1727 (Hagae 1954).

England:

Calendar of State Papers Relating to English Affairs, hrsg. von *J. M. Rigg*, 2 Bde (London 1961/62).

Spanien:

Colleción de documentos inéditos del Archivo general de la Corona de Aragón, 41 Bde (Barcelona 1847—1910).

Nuntiaturberichte:

Deutschland: Nuntiaturberichte aus Deutschland nebst ergänzenden Aktenstücken, I. Abt.: 1533—59, 14 Bde, hrsg. von dem Preußischen Historischen Institut in Rom (Gotha 1892—1912); zuletzt Bd 13: 1552—53, hrsg. von *H. Lutz* (Tübingen 1959), Bd 16: 1550—54, hrsg. von *H. Goetz* (Tübingen 1965); ErgBd I: 1530—31, hrsg. von *G. Müller* (Tübingen 1963); II. Abt.: 1560—72, 7 Bde (1897—1953); III. Abt.: 1572 bis 1585, 4 Bde (1894—1909); IV. Abt.: 17. Jahrhundert, 3 Bde (1895—1913).

Nuntiaturberichte aus Deutschland nebst ergänzenden Aktenstücken 1585—1604, 2. Abt. mit 6 Bden, hrsg. von der Görres-Gesellschaft (Paderborn 1895—1919).

Nuntiatureditionen der Görres-Gesellschaft, die außerhalb der Reihe „Nuntiaturberichte aus Deutschland" erschienen sind: 1539—40; 1573—76 (Quellen und Forschungen aus dem Gebiete der Geschichte, Bd 1 [1892], Bd 5 [1898]).

Einzelheiten zu Nuntiaturberichten aus Deutschland: *H. Lutz*, Nuntiaturberichte aus Deutschland. Vergangenheit und Zukunft einer „klassischen" Editionsreihe: QFIAB 45 (1965) 321—324.

Böhmen:

Epistulae et Acta nuntiorum apostolicorum apud imperatorem 1592—1628 curis Instituti historici Bohemoslovenici (Romae - Pragae 1932/46) Bd III, IV 1—312.

Schweiz:

Nuntiaturberichte aus der Schweiz, 1. Abt. 1579—81, 3 Bde (Solothurn 1906/29).

Frankreich:

Acta Nuntiaturae Gallicae, hrsg. von der Gregoriana und der École Française in Rom, 1535—46 und 1583—86, 3 Bde (Rom - Paris 1961/63) (Einzelheiten in ZKG 75 [1964] 347—354).

Belgien:

Analecta Vaticano Belgica, 2. Serie, hrsg. vom Belgischen Historischen Institut in Rom, Bd 1—10: 1596—1642 (= Nuntiatur in Flandern) (Brüssel - Paris 1924/55); Section B, Bd 1: 1634—39 (= Nuntiatur in Köln) (Brüssel - Rom 1956), Bd 3: 1606—74 (Brüssel - Rom 1958).

Italien:

Nunziature di Napoli, hrsg. vom Istituto storico italiano per l'età moderna e contemporanea, Bd 1: 1570—77, bearb. von *P. Vallani* (Rom 1962); Nunziature di Venezia, bearb. von *F. Gaeta*, Bd 1: 1533—35 (Rom 1958); Bd 2: 1536—42 (Rom 1960).

Nunziature di Savoia, Bd 1: 1560—73, bearb. von *F. Fonzi* (Rom 1960).

Spanien:

Legaciones y nunciaturas en España, Bd 1: 1466—86, hrsg. vom Instituto español de historia eclesiástica, bearb. von *A. J. Fernández* (Monumenta Hispaniae vaticana, 2. Secc.: Nunciatura 1) (Rom 1963).

Polen:

Monumenta Poloniae Vaticana IV—VI; series Nuntiaturae Poloniae. Bd I: 1578—81 (1915), Bd II: 1581—82 (1923/33), Bd III: 1583 (1938).

Reformation:

V. E. Löscher, Vollständige Reformations-Akta und Dokumente 1517—19 (Leipzig 1720/29).

J. E. Kapp, Kleine Nachlese einiger zur Reformationsgeschichte nützlicher Urkunden (Leipzig 1727/33).

Ch. G. Neudecker, Urkunden der Reformationszeit (Kassel 1836).

Neues Urkundenbuch zur Geschichte der evangelischen Kirchenreformation I (Hamburg 1842).

H. Laemmer, Monumenta Vaticana historiam ecclesiasticam saeculi XVI illustrantia (Freiburg 1861).

O. Schade, Satiren und Pasquille aus der Reformationszeit, Bd 1—3 (Hannover ²1863).

P. Balan, Monumenta reformationis lutheranae (Regensburg 1881/84).

Flugschriften aus der Reformationszeit, 19 Bde (Halle 1877—1928).

Flugschriften aus den ersten Jahren der Reformation, hrsg. von *O. Clemen,* 4 Bde (Halle 1906/11).

Flugschriften aus der Reformationszeit in Facsimiledrucken, hrsg. von *O. Clemen* (Leipzig 1921).

Acta reformationis catholicae ecclesiam Germaniae concernentia saeculi XVI. Die Reformverhandlungen des deutschen Episkopats von 1520—70, Bd 1: 1520—32, Bd 2: 1532—42, hrsg. von *G. Pfeilschifter* (Regensburg 1959/60).

Schriften zur Kirchen- und Rechtsgeschichte, hrsg. von *E. Fabian,* bisher 31 Bde (Tübingen 1956 ff).

4. Alte Darstellungen mit Quellenwert

S. Franck, Chronica, Zeitbuch unnd Geschichtsbibell von anbegyn biss in diss gegenwertig 1536 iar verlangt (Ulm 1536).

J. Cochlaeus, Commentaria de actis et scriptis Martini Lutheri (Mainz 1549).

J. Sleidanus, De Statu religionis et reipublicae Carolo quinto Caesare Commentariorum libri XXVI (Straßburg 1555). Dt. Übers. hrsg. von *J. S. Semler* (1771/73).

O. Reginaldus (Reynald) u. J. Laderchi, Caesaris Baronii Annales Ecclesiastici, Bd 31—37: 1513—71 (Paris 1878/83).

L. v. Seckendorf, Commentarius historicus apologeticus de Lutheranismo sive de Reformatione religionis ductu D. Martini Lutheri ... (Frankfurt - Leipzig 1688).

Ch. A. Salig, Vollständige Historie der Augspurgischen Confession und derselben Apologie, 3 Bde (Halle 1730/35).

P. Sarpi, Istoria del Concilio Tridentino (London 1619). Kritische Ausgabe von *S. Sambaria,* 3 Bde (Bari 1935).

P. Sforza Pallavicino, Istoria del Concilio di Trento, 2 Bde (Rom 1656/57); beste Ausgabe von *F. A. Zaccaria,* 5 Bde (Faenza 1792/96).

Texte zur Kirchen- und Theologiegeschichte, hrsg. von *G. Ruhbach,* II: Die Anfänge der reformatorischen Geschichtsschreibung (Melanchthon, Sleidanus, Flacius und die Magdeburger Zenturien) (Gütersloh 1966).

5. Theologie

H. Hurter, Nomenclator literarius theologiae catholicae, Bd II u. III (Innsbruck [3]1906/07).

Ch. Du Plessis d'Argentré, Collectio judiciorum de novis erroribus, 3 Bde (Paris 1724/36).

Spicilegium sacrum Lovaniense. Études et documents pour servir à l'histoire des doctrines chrétiennes depuis la fin de l'âge apostolique jusqu'à la clôture du concile de Trente: Université catholique et collèges O. P. et S. J. de Louvain, Paris, 28 Bde (Löwen 1922 ff).

Corpus Reformatorum, die Werke von Melanchthon, Calvin und Zwingli, bisher 101 Bde (Halle 1834 ff; Braunschweig 1853 ff; Berlin 1905; Leipzig 1908 ff; Zürich 1959 ff).

D. Martin Luthers sämtliche Schriften, hrsg. von *J. G. Walch,* 23 Bde (St. Louis/Missouri [2]1880—1910).

D. Martin Luthers Werke. Kritische Gesamtausgabe („Weimarer Ausgabe"), 58 Bde (Weimar 1883 ff).

dass., Die Deutsche Bibel, 12 Bde (Weimar 1906/61).

dass., Tischreden, 6 Bde (Weimar 1912/21).

dass., Briefwechsel, 12 Bde (Weimar 1930/67).

Luthers Werke in Auswahl, hrsg. von *O. Clemen, E. Vogelsang, H. Rückert* und *E. Hirsch,* 4 Bde (Berlin [6]1966) und 4 ErgBde (Berlin [3]1959 ff).

Klassiker des Protestantismus, hrsg. von *Ch. M. Schröder,* I: Wegbereiter der Reformation, hrsg. von *G. A. Benrath* (Bremen 1967), II: Der Glaube der Reformatoren, hrsg. von *F. Lau* (Bremen 1964), III: Reformatorische Verkündigung und Lebensordnung, hrsg. von *R. Stupperich* (Bremen 1963), IV: Der linke Flügel der Reformation, hrsg. von *H. Fast* (Bremen 1962).

Corpus Catholicorum, Werke katholischer Schriftsteller im Zeitalter der Glaubensspaltung, hrsg. von *J. Greving* u. a., bisher 29 Bde (Münster 1919 ff).

6. Konzilien, Glaubens- und Rechtsentscheidungen, Kirchenrecht

H. Quentin, J. D. Mansi et les grandes collections conciliaires (Paris 1900).

J. D. Mansi, Sacrorum conciliorum nova et amplissima collectio, 31 Bde, bis 1440 reichend (Florenz, dann Venedig 1759/98); Neudruck mit Fortsetzung bis 1902 von *J. B. Martin - L. Petit,* 60 Bde (Paris 1899—1927).

J. Hardouin, Acta conciliorum et epistolae decretales ac constitutiones summorum Pontificum, 12 Bde (Paris 1714/15).

Conciliorum oecumenicorum decreta, ed. Centro di Documentazione Bologna (Freiburg i. Br. [2]1962).

J. Le Plat, Monumentorum ad historiam Concilii Tridentini potissimum illustrandam spectantium amplissima collectio, 7 Bde (Löwen 1781/87).

Concilium Tridentinum, Diariorum, Actorum, Epistularum, Tractatuum nova collectio, hrsg. von der Görres-Gesellschaft, bisher 13 Bde (Freiburg 1901 ff).

I. Doellinger, Ungedruckte Berichte und Tagebücher zur Geschichte des Concils von Trient, Abt. 1 u. 2 (Nördlingen 1876).

J. Sirmond, Concilia antiqua Galliae, 3 Bde (Paris 1926) mit Supplement von *P. Dalande* (Paris 1966).

J. Sáenz de Aguirre, Collectio maxima conciliorum omnium Hispania et novi orbis, 4 Bde (Rom 1693); 2. Ausgabe von *J. Catalanus,* 6 Bde (Rom 1753/55).

D. Wilkins, Concilia Magnae Britanniae et Hiberniae, 4 Bde (London 1737).

J. Hartzheim, Concilia Germaniae, 11 Bde (Köln 1759/90).

H. Denzinger - A. Schönmetzer, Enchiridion symbolorum, definitionum et declarationum de rebus fidei et morum (Barcelona - Freiburg ^{33}1965).

Corpus Confessionum, Die Bekenntnisschriften der Christenheit, Sammlung grundlegender Urkunden aus allen Kirchen der Gegenwart, hrsg. von *C. Fabricius* (Berlin 1931 ff).

Quellen zur Konfessionskunde: Reihe A. Römisch-katholische Quellen, Bd 1, hrsg. von *D. Schmidt, W. Sucker* (Lüneburg 1954/57). Reihe B. Protestantische Quellen, hrsg. von *E. Kinder* u. a., Heft 1—7 (Lüneburg 1957/61).

Die Bekenntnisschriften der evangelisch-lutherischen Kirche, hrsg. vom Deutschen Evangelischen Kirchenausschuß (Göttingen ^{5}1963).

Die Bekenntnisschriften der reformierten Kirche, hrsg. von *E. F. K. Müller* (Leipzig 1903).

Bekenntnisschriften und Kirchenordnungen der nach Gottes Wort reformierten Kirche, hrsg. von *W. Niesel* (Zürich ^{3}1948).

Reformierte Bekenntnisschriften und Kirchenordnungen in deutscher Übersetzung, hrsg. von *P. Jacobs* (Neukirchen 1949).

W. Gussmann, Quellen und Forschungen zur Geschichte des Augsburgischen Bekenntnisses, 2 Bde (Leipzig 1911, Kassel 1930).

Corpus Juris Canonici, Wichtigste Ausgaben: Editio Romana iussu Gregorii XIII (Rom 1582); *Aem. Richter* (Leipzig 1833/39); *E. Friedberg,* 2 Bde (Leipzig 1879/91).

Codicis Juris Canonici Fontes, hrsg. von *Petrus Card. Gasparri,* seit Bd VII von *Justinianus Card. Serédi,* I—VIII + IX: Tabellae (Rom 1923/39).

A. U. Richter, Die evangelischen Kirchenordnungen des 16. Jahrhunderts (1846).

E. Sehling, Die evangelischen Kirchenordnungen des 16. Jahrhunderts. Bd 1—5 (Leipzig 1902/13); Bd 6 ff (Tübingen 1955 ff).

Bullarium Romanum, von den verschiedenen weder vollständigen noch zuverlässigen Ausgaben ist die am meisten benutzte die Editio Taurinensis von *A. Tomassetti,* 24 Bde (Turin 1857/72).

C. Mirbt, Quellen zur Geschichte des Papsttums und des römischen Katholizismus (Tübingen ^{5}1934); 6. Aufl. hrsg. von *K. Aland* I (Tübingen 1967).

A. Mercati, Raccolta dei Concordati su materie ecclesiastiche tra la S. Sede e le autorità civili (1908—54), 2 Bde (Rom ^{2}1954).

7. Kirchliche Hierarchie

A. Ciaconius, Vitae et res gestae Pontificum Romanorum et S. R. E. cardinalium, Bd 3 (Rom 1677).

P. B. Gams, Series episcoporum ecclesiae catholicae (Regensburg 1873; Suppl. 1879/86 Graz ^{2}1957).

C. Eubel, Hierarchia catholica medii et recentioris aevi, II: 1431—1503, III: 1503—92, IV: 1592—1667 (Münster 1914/35).

8. *Hagiographie*

Acta Sanctorum, hrsg. von *J. Bolland* und seinen Nachfolgern (Antwerpen, Brüssel, Tongerloo, Paris 1643 ff, Venedig 1734 ff, Paris 1863 ff).

H. Quentin - H. Delehaye (Hrsg.), Martyrologium Hieronymianum = Acta SS Nov. II, 2 (Brüssel 1931).

H. Delehaye u. a. (Hrsg.), Martyrologium Romanum, Propylaeum ad Acta SS Decembris (Brüssel 1940).

9. *Orden*

H. Urs v. Balthasar (Hrsg.), Die großen Ordensregeln (Einsiedeln [2]1961).

L. Holstenius - M. Brockie (Hrsg.), Codex regularum monasticarum et canonicarum, 6 Bde (Augsburg 1759).

A. M. Zimmermann, Kalendarium Benedictinum, 4 Bde (Wien 1933/38).

J. M. Canivez (Hrsg.), Statuta capitulorum generalium ordinis Cisterciensis 1116—1786, 9 Bde (Löwen 1933).

N. Backmund, Monasticon Praemonstratense, 3 Bde (Straubing 1949 ff).

J. Le Paige, Bibliotheca Ordinis Praemonstratensis (Paris 1633).

Bullarium Franciscanum, I—IV (Rom 1759/68), V—VII (Rom 1898—1904), VIII (Quaracchi 1929), IX—X (ebd. 1939/49). Suppl. I (Rom 1780), Suppl. II (Quaracchi 1908).

Acta Ordinis Fratrum Minorum I—V (Rom 1882/86), VI ff (Quaracchi 1887 ff).

L. Wadding, Annales Ordinis Minorum, 30 Bde (Quaracchi [3]1931 ff).

ders., Scriptores ordinis Minorum (Rom [3]1906); Suppl., 4 Bde (Rom 1906/36).

Bullarium Ordinis Fratrum Praedicatorum, 8 Bde (Rom 1729/49).

Epitome Bull. OP (Rom 1898).

Monumenta OP historica, 14 Bde (Rom 1896—1904); Forts. (Paris 1931 ff).

J. F. Ossinger, Bibliotheca Augustiniana historica (Ingolstadt - Augsburg 1768).

J. Lanteri, Eremi sacrae Augustinianae, 2 Tle (Rom 1874/75).

ders., Postrema saecula sex religionis Augustinianae, I—II (Tolentino 1858/59), III (Rom 1860).

N. Crusenius, Pars tertia Monastici Augustiniani I (Valladolid 1890).

Acta Ordinis Eremitarum Sancti Augustini (Rom 1956 ff).

Daniel a V. Maria, Speculum Carm., 2 Bde (Antwerpen 1680).

E. Monsignani, Bullarium Carm., 4 Bde (Rom 1715/68).

B. Zimmermann, Monumenta Hist. Carm. I (Sérius 1905/07).

G. Wessels, Acta Capit. General., 2 Bde (Rom 1914/34).

C. de Villiers, Bibliotheca Carm., 2 Bde (Rom 1927).

Annales Ordinis Servorum Mariae, 3 Bde (Lucca [2]1719).

Monumenta Ordinis Servorum Mariae (Brüssel - Rom 1917 ff; bisher 20 Bde).

Bibliotheca Scriptorum Ordinis Minorum S. Francisci Capuccinorum (Venedig 1747); Appendix 1747—1852 (Rom 1852).

Bullarium OFMCap. I—VII (Rom 1740/52), VIII—X (Innsbruck 1883/84).

Monumenta Historica OFMCap, 8 Bde (Assisi - Rom 1937).

Monumenta ad Constitutiones OFMCap (Rom 1916).

Constitutiones OFMCap (Rom 1926).

Ordinationes Capitulorum Gen. OFMCap (Rom 1928).

Monumenta Historica Societatis Jesu, bisher 70 Bde (Madrid 1894 ff, Rom 1932 ff).

C. Sommervogel, Bibliothèque de la Compagnie de Jésus, 9 Bde (Brüssel - Paris [2]1890 bis 1900); Bd 10 = Nachträge von E. M. Rivière (Toulouse 1911).

10. Mission

Bullarium Patronatus Portugalliae Regum in Ecclesiis Africae, Asiae et Oceaniae ..., hrsg. von L. M. Jordão u. a. 1—3 (Lissabon 1868/79) [= Bull. Patr.].

Colección de documentos inéditos relativos al descubrimiento, conquista y colonización de las posesiones españolas en América y Oceania, 42 Bde (Madrid 1864/84); Segunda Serie, 13 Bde (Madrid 1885 ff).

P. Hernáez (ed.), Colección de bulas, breves y otros documentos relativos a la Iglesia de América y Filipinas (Brüssel 1879).

Cuerpo de documentos del siglo XVI sobre los derechos de España en las Indias y las Filipinas, ed. *L. Hanke - Millares Carlo* (Mexiko 1943).

R. Ricard, Études et documents pour l'histoire de l'Espagne et du Portugal (Löwen s. a. [1931]).

Bullarium Pontificii de Propaganda Fide Pars prima, ed. *R. de Martinis,* I (Rom 1888).

Collectanea S. C. de Propaganda Fide, I (Rom 1907).

II. DARSTELLUNGEN

1. Sammelwerke

Historia Mundi, hrsg. von *F. Valjavec,* 10 Bde (Bern 1952/61), VII: Übergang zur Moderne (1957).

Handbuch der Weltgeschichte, hrsg. von *A. Randa,* 2 Bde (Olten - Freiburg 1954/55) (mehr Lexikon als Darstellung).

Propyläen-Weltgeschichte, hrsg. von *G. Mann - A. Heuß,* 12 Bde (Berlin 1961 ff), VII: Von der Reformation zur Revolution (1964).

Histoire générale des religions, hrsg. von *R. Goree - R. Mortier,* 5 Bde (Paris 1948/51), IV: Christianisme médiéval. — Réforme protestante.

J. Pirenne, Les grands courants de l'histoire universelle, 6 Bde (Neuchâtel 1939; Neuauflage 1944/53); dt.: 3 Bde (Bern 1944/49).

The New Cambridge Modern History, hrsg. von *G. R. Elton* I/II: The Reformation (1493—1559) (Cambridge 1957/58).

A. Ballesteros y Beretta, Historia de España, 9 Bde (Barcelona 1920/36), I—III in 2., erweit. Aufl. (Barcelona 1943/48), bes. IV: das habsburg. Spanien (Barcelona 1926/27), dt.: Geschichte Spaniens (München 1945).

J. Janssen, Geschichte des deutschen Volkes seit dem Ausgang des Mittelalters bis 1618, I—VIII (Freiburg 1876/94).

O. Brandt - A. O. Meyer, Handbuch der deutschen Geschichte II (Potsdam 1935/41); neu hrsg. von *L. Just,* II (Konstanz 1953) (unvollständig).

B. Gebhardt - H. Grundmann, Handbuch der deutschen Geschichte, II: Von der Reformation bis zum Ende des Absolutismus (Stuttgart [8]1955).

H. Holborn, Deutsche Geschichte in der Neuzeit, I: Das Zeitalter der Reformation und des Absolutismus (Stuttgart 1960).

2. *Handbücher der Kirchengeschichte*

K. Müller, Kirchengeschichte, II 1 u. 2 (Tübingen [3]1923).

K. Bihlmeyer - H. Tüchle, Kirchengeschichte, III: Die Neuzeit und die neueste Zeit (Paderborn [17]1961).

G. Krüger, Handbuch der Kirchengeschichte für Studierende, III: *H. Hermelink - W. Maurer,* Reformation und Gegenreformation (Tübingen [2]1931).

K. Heussi, Kompendium der Kirchengeschichte (Tübingen [12]1960).

J. Lortz, Geschichte der Kirche in ideengeschichtlicher Betrachtung, II: Die Neuzeit (Münster [21]1964).

A. Fliche - V. Martin, Histoire de l'Église, Bd 16: *E. de Moreau - P. Jourda - P. Janelle:* La crise religieuse du XVIe siècle (Paris 1950); Bd 17: *L. Christiani,* L'Église à l'époque du concile de Trente (Paris 1948); Bd 18: Après le concile de Trente. La Restauration catholique (1563—1648) (Paris 1960).

R. G. Villoslada - B. Llorca, Historia de la Iglesia católica, III: La Iglesia en la época del Renacimiento y de la Reforma católica (Madrid [2]1960).

K. D. Schmidt - E. Wolf, Die Kirche in ihrer Geschichte, III, K: *F. Lau - E. Bizer,* Reformationsgeschichte Deutschlands bis 1555 (Göttingen 1964).

L. J. Rogier - R. Aubert - U. D. Kowles, Geschichte der Kirche, III: *H. Tüchle,* Reformation und Gegenreformation (Einsiedeln 1965).

3. *Darstellungen vom Mittelalter zur Reformation*

J. Haller, Papsttum und Kirchenreform. 4 Kapitel zur Geschichte des ausgehenden Mittelalters (Berlin 1903).

R. Stadelmann, Vom Geist des ausgehenden Mittelalters (Halle/Saale 1929).

W. E. Peuckert, Die große Wende. Das apokalyptische Saeculum und Luther (Hamburg 1948; Neudruck Darmstadt 1966).

J. Huizinga, Herbst des Mittelalters (Stuttgart [7]1953).

W. Andreas, Deutschland vor der Reformation. Eine Zeitwende (Stuttgart - Berlin [6]1959).

4. *Darstellungen des Zeitalters der Reformation und Gegenreformation*

L. v. Ranke, Deutsche Geschichte im Zeitalter der Reformation (Berlin 1839/47). Akademie-Ausgabe, hrsg. von *P. Joachimsen,* 6 Bde (München 1925/26).

I. Doellinger, Die Reformation, ihre innere Entwicklung und ihre Wirkung im Umfange des lutherischen Bekenntnisses, 3 Bde (Regensburg 1848).

W. Maurenbrecher, Geschichte der katholischen Reformation I (Nördlingen 1880).

G. Egelhaff, Deutsche Geschichte im 16. Jahrhundert bis zum Augsburger Religionsfrieden, 2 Bde (Stuttgart 1889/92).

Friedrich v. Bezold, Geschichte der deutschen Reformation (Berlin 1890).

M. Ritter, Deutsche Geschichte im Zeitalter der Gegenreformation und des Dreißigjährigen Krieges, 3 Bde (Stuttgart 1889—1907).

P. Imbert de la Tour, Les origines de la Réforme, 3 Bde (Paris 1905/14), Bd I in 2. Aufl. 1944.

J. Mentz, Deutsche Geschichte im Zeitalter der Reformation, Gegenreformation und des 30jährigen Krieges (Tübingen 1913).

E. Fueter, Geschichte des europäischen Staatensystems von 1492—1559 (München - Berlin 1919).

G. Schnürer, Katholische Kirche und Kultur in der Barockzeit (Paderborn 1937).

L. E. Binns, The Reformation in England (1937, Nachdruck Hamden 1966).

J. Lortz, Die Reformation in Deutschland, 2 Bde (Freiburg ⁴1962).

Th. W. Windsay, A History of the Reformation, 2 Bde (Edinburgh 1948).

T. Janelle, The Catholic Reformation (Milwaukee 1949).

K. Eder, Die Geschichte der Kirche im Zeitalter des Konfessionellen Absolutismus (1555 bis 1648) (Freiburg - Wien 1949).

G. Ritter, Die Neugestaltung Europas im 16. Jahrhundert. Die kirchliche und staatliche Wandlung im Zeitalter der Reformation und der Glaubenskämpfe (Berlin 1950).

A. Hyma, From Renaissance to Reformation (Grand Rapids/Mich. 1951).

P. Joachimsen, Die Reformation als Epoche der deutschen Geschichte, hrsg. von *Otto Schottenloher* (München 1951).

R. H. Bainton, The Reformation of the Sixteenth Century (Boston 1952).

F. H. K. Green, Renaissance und Reformation (London 1952).

M. Benediscioli, La riforma protestante (Rom 1952).

ders., La riforma cattolica (Rom 1958).

H. J. Grimm, The Reformation Era (1500—1650) (New York 1964).

E. H. Harbison, The Age of Reformation (New York 1955).

H. Rössler, Europa im Zeitalter von Renaissance, Reformation und Gegenreformation (1450—1650) (München 1956).

K. Brandi, Deutsche Geschichte im Zeitalter der Reformation und Gegenreformation (München ³1960).

E. G. Léonard, Histoire générale du protestantisme, 2 Bde (Paris 1961).

H. E. van Gelder, The Two Reformations in the 16th Century. A study of the religious aspects and consequences of Renaissance and Humanism (The Hague 1961).

W. Durant, Das Zeitalter der Reformation (Bern ²1962).

R. Rouse - S. C. Neill, History of the Ecumenical Movement (London 1954), dt.: Geschichte der ökumenischen Bewegung I (Göttingen ²1963).

G. R. Elton, Reformation Europas 1517—59 (London - Glasgow 1963).

H. Lutz, Christianitas afflicta. Europa, das Reich und die päpstliche Politik im Niedergang der Hegemonie Kaiser Karls V. (Göttingen 1964).

E. Hassinger, Das Werden des neuzeitlichen Europa, 1300—1600 (Braunschweig ²1964).

A. G. Dickens, Reformation and Society in Sixteenth-Century Europe (London 1966).

5. *Papst- und Konziliengeschichte*

L. v. Ranke, Die römischen Päpste in den letzten vier Jahrhunderten, 3 Bde (München-Leipzig 1915).

L. v. Pastor, Geschichte der Päpste seit dem Ausgang des Mittelalters (1305—1799), IV bis XIV (Freiburg 1906/29; Neudruck 1958 ff).

F. X. Seppelt, Geschichte der Päpste, IV—V (neubearbeitet von G. Schwaiger) (München ²1957/59; Lit.).

C. J. Hefele - H. Leclercq, Histoire des conciles, VIII: 1472—1536 (Paris 1917/21); IX: Concile de Trente (Paris 1930/31); X: Les décrets du concile de Trente (Paris 1938).

H. Jedin, Kleine Konziliengeschichte (Freiburg ⁶1963).

ders., Geschichte des Konzils von Trient, I: Der Kampf um das Konzil (Freiburg ²1951);

II: Die erste Trienter Tagungsperiode 1545/47 (Freiburg 1957).

ders., Das Konzil von Trient. Ein Überblick über die Erforschung seiner Geschichte (Rom 1948).

K. Repgen, Die römische Kurie und der Westfälische Friede. Idee und Wirklichkeit des Papsttums im 16. und 17. Jahrhundert, I: Papst, Kaiser und Reich 1521—1644, 2 Tle (Tübingen 1962, 1965).

6. Rechts- und Verfassungsgeschichte

G. Phillips, Kirchenrecht, 7 Bde (Regensburg 1845/72); VIII von *F. Vering* (ebd. 1889).

F. v. Schulte, Geschichte der Quellen und Literatur des Canonischen Rechts (Stuttgart 1877/80; Neudruck Graz 1956).

P. Hinschius, System des katholischen Kirchenrechts I—VI (Berlin 1869/97; Neudruck Graz 1959).

R. Sohm, Kirchenrecht, 2 Bde (Leipzig 1892—1923).

J. B. Sägmüller, Lehrbuch des kath. Kirchenrechts, 2 Bde (Freiburg i. Br. [3]1914).

J. Freisen, Verfassungsgeschichte der katholischen Kirche Deutschlands in der Neuzeit (Leipzig - Berlin 1917).

G. Holstein, Die Grundlagen des evangelischen Kirchenrechts (Tübingen 1928).

E. Sehling, Geschichte der protestantischen Kirchenverfassung (Leipzig - Berlin [2]1930).

B. Kurtscheid, Historia iuris canonici, 2 Bde (Rom 1941/43).

F. Hartung, Deutsche Verfassungsgeschichte vom 15. Jahrhundert bis zur Gegenwart (Stuttgart [7]1959).

H. E. Feine, Kirchliche Rechtsgeschichte. Die katholische Kirche (Köln - Graz [4]1964; Lit.).

E. Wolf, Ordnung der Kirche. Lehr- und Handbuch des Kirchenrechts auf ökumenischer Grundlage (Frankfurt 1961).

H. Dombois, Das Recht der Gnade. Ökumenisches Kirchenrecht I (Witten 1961).

W. Plöchl, Geschichte des Kirchenrechts, III: Das katholische Kirchenrecht der Neuzeit (Wien 1959).

7. Orden

P. Hélyot, Histoire des ordres monastiques, religieux et militaires, 8 Bde (Paris 1714/19).

M. Heimbucher, Die Orden und Kongregationen der kath. Kirche, 3 Bde (Paderborn [3]1933/34).

G. G. Coulton, Five Centuries of Religion, 4 Bde (Cambridge 1923/50) (beginnt mit ca 1000).

M. Escobar, Ordini e Congregazioni religiose, 2 Bde (Turin 1951/53).

D. Pflanzer (Hrsg.), Orden der Kirche, bisher 4 Bde (Fribourg 1955 ff).

J. Hasenberg - A. Wienand, Das Wirken der Orden und Klöster in Deutschland (Köln 1957).

Ph. Schmitz, Histoire de l'ordre de Saint Benôit, 6 Bde (Maredsous [2]I—II; III—VI 1948/49); dt.: Geschichte des Benediktinerordens, 5 Bde (Einsiedeln 1947 ff).

St. Hilpisch, Geschichte des benediktinischen Mönchtums (Freiburg 1929).

ders., Geschichte der Benediktinerinnen (St. Ottilien 1951).

E. Martène, Histoire de la Congrégation de St-Maure, 9 Bde (Ligugé - Paris 1928/43).

B. Graßl, Der Prämonstratenserorden (Tongerloo 1934).

L. Lekai - A. Schneider, Geschichte und Wirken der weißen Mönche (Köln 1958).

A. M. Rossi, Manuale di Storia dell'Ordine dei Servi di Maria (Rom 1956).

H. Holzapfel, Handbuch der Geschichte des Franziskanerordens (Freiburg 1909).

Th. Ferrée, Histoire de l'ordre de S. François (Reims 1921).

Lázaro de Aspurz, Manual de historia franciscana (Madrid 1954).

A. Mortier, Histoire des maîtres généraux de l'ordre des frères prêcheurs (Paris 1903 ff).

A. Walz, Compendium historiae ordinis Praedicatorum (Rom ²1948).

D. A. Perini, Bibliographia Augustiniana, 4 Bde (Florenz 1929/35).

Lexicon Capuccinorum (Rom 1951).

P. Cuthbert - J. Wildlöcher, Die Kapuziner (München 1931).

Bernardinus a Colpetrazzo, Historia ordinis fratrum minorum Capuccinorum 1525/93, 3 Bde (Rom 1939/41).

Melchior a Pobladura, Historia generalis ordinis fratrum minorum Capuccinorum, 2 Bde (Rom 1947/48).

Th. Graf, Zur Entstehung des Kapuzinerordens (Olten 1940).

ders., Die Kapuziner (Fribourg 1957).

B. Duhr, Geschichte der Jesuiten in den Ländern deutscher Zunge, 4 Bde (Freiburg 1907/28).

T. Sévérin, L'épopée des Jesuits (Lüttich ²1946).

P. Tacchi Venturi, Storia della Compagnia di Gesù in Italia (Rom 1950).

R. G. Villoslada, Manual de historia de la Compagnía de Jesús (Madrid ²1954).

H. Becher, Die Jesuiten (München 1961).

Neueste Bibliographie über Ignatius von Loyola und die Jesuiten: AHSJ 35 (1966) 420 ff.

8. *Bildungsgeschichte, Universitäten, Schulen*

E. Paulsen, Geschichte des gelehrten Unterrichts an den deutschen Schulen und Universitäten vom Ausgang des Mittelalters bis zur Gegenwart, 2 Bde (Leipzig ³1919/21).

J. van den Driesch - J. Esterhues, Geschichte der Erziehung und Bildung, 2 Bde (Paderborn ⁴1956/57).

A. C. Crombie, Augustine to Galileo. The history of science 400—1560 (London ²1957).

St. de Irsay, Histoire des universités françaises et étrangères des origines à nos jours, 2 Bde (Paris 1933/35).

P. Féret, La faculté de théologie de Paris et ses docteurs les plus célèbres, Époque moderne, 7 Bde (Paris 1890—1909).

Th. Muther, Aus dem Universitäts- und Gelehrtenleben im Zeitalter der Reformation (Erlangen 1866).

G. Kaufmann, Zwei katholische und zwei protestantische Universitäten vom 16.—18. Jahrhundert (Ingolstadt, Wittenberg, Helmstedt, Freiburg i. Br.) (München 1920).

H. Rückert, Die Stellung der Reformation zur mittelalterlichen Universität (Die Universität, Stuttgart 1933).

L. Petry, Die Reformation als Epoche der deutschen Universitätsgeschichte. Eine Zwischenbilanz: Festgabe J. Lortz, hrsg. von *E. Iserloh - P. Manns* (Wiesbaden 1958), II: Glaube und Geschichte 317—353.

E. Bonjour, Die Universität Basel. Von den Anfängen bis zur Gegenwart 1460—1960 (Basel 1960).

F. W. Kampschulte, Die Universität Erfurt in ihrem Verhältnisse zu dem Humanismus und der Reformation. Aus den Quellen dargestellt, 2 Bde (Trier 1858/60).

G. Bauch, Die Universität Erfurt im Zeitalter des Frühhumanismus (Breslau 1904).

E. Kleineidam, Die Universität Erfurt in den Jahren 1501—05: Reformata — Reformanda I 142—496.

J. J. Bauer, Zur Frühgeschichte der theologischen Fakultät der Universität Freiburg i. Br. 1460—1620 (Freiburg 1957).

G. Ritter, Die Heidelberger Universität. Ein Stück deutscher Geschichte, I: 1386—1508 (Heidelberg 1936).

K. Heussi, Geschichte der Theologischen Fakultät zu Jena (Weimar 1954).

H. Helbig, Die Reformation der Universität Leipzig im 16. Jahrhundert (Gütersloh 1953).

Karl-Marx-Universität Leipzig 1409—1959. Beiträge zur Universitätsgeschichte, 2 Bde (Leipzig 1959).

L. Just, Die alte Universität Mainz von 1477—1798. Ein Überblick (Wiesbaden 1957).

H. Hermelink, Die Universität Marburg von 1527—1645: Die Philipps-Universität zu Marburg 1527—1927 (Marburg 1927).

E. Benz, Die Gründung der Universität Marburg und die Reformation: Pastoralblatt für Kurhessen-Waldeck 54 (1952) 7—19.

O. Krabbe, Die Universität Rostock im 15. und 16. Jahrhundert (Rostock-Schwerin 1854).

E. Zenz, Die Trierer Universität 1473—1798. Ein Beitrag zur abendländischen Universitätsgeschichte (Trier 1949).

H. Hermelink, Die theologische Fakultät in Tübingen vor der Reformation 1477—1554 (Tübingen 1906).

J. Haller, Die Anfänge der Universität Tübingen 1477—1537 (Stuttgart 1927).

A. Goldmann, Die Wiener Universität 1519—1740 (Wien 1917).

W. Friedensburg, Geschichte der Universität Wittenberg (1917).

K. Bauer, Die Wittenberger Universitätstheologie und die Anfänge der deutschen Reformation (Tübingen 1928).

450 Jahre Martin-Luther-Universität, I: Wittenberg 1502—1694 (Halle 1952).

9. *Dogmengeschichte, Theologiegeschichte*

L. Maimbourg, Histoire du Lutheranisme, 2 Bde (Paris 1680).

G. J. Planck, Geschichte der Entstehung, der Veränderungen und der Bildung unseres protestantischen Lehrbegriffs vom Anfang der Reformation bis zur Einführung der Concordienformel, 6 Bde (Leipzig [2]1791—1800).

ders., Geschichte der protestantischen Theologie von der Konkordienformel an bis in die Mitte des 18. Jahrhunderts (Göttingen 1831).

J. A. Möhler, Symbolik oder Darstellung der dogmatischen Gegensätze der Katholiken und Protestanten nach ihren öffentlichen Bekenntnisschriften (Mainz 1832), krit. Ausgabe von *J. R. Geiselmann*, 2 Bde (Köln 1958/61).

H. Laemmer, Die vortridentinische-katholische Theologie des Reformations-Zeitalters (Berlin 1858; Neudruck Frankfurt a. M. 1966).

K. Werner, Geschichte der apologetischen und polemischen Literatur der christlichen Theologie, 5 Bde (Schaffhausen 1861/67).

ders., Geschichte der kath. Theologie seit dem Trienter Concil bis zur Gegenwart (München-Leipzig [2]1889; Neudruck Hildesheim 1965).

J. A. Dorner, Geschichte der protestantischen Theologie, besonders in Deutschland (München 1867; Neudruck Hildesheim 1965).

O. Ritschl, Dogmengeschichte des Protestantismus, 4 Bde (Göttingen 1908/27).

A. v. Harnack, Lehrbuch der Dogmengeschichte, 3 Bde ([1885—89] Tübingen ^{5}1931/32).

F. Loofs, Leitfaden zum Studium der Dogmengeschichte ([1889] Tübingen ^{6}1959).

R. Seeberg, Lehrbuch der Dogmengeschichte IV 1, 2 (Leipzig 1917/20; Neudruck Darmstadt ^{5}1959).

P. Wernle, Der evangelische Glaube nach den Hauptschriften der Reformatoren, 3 Bde (Tübingen 1918/19) (Luther, Zwingli, Calvin).

E. Troeltsch, Die Bedeutung des Protestantismus für die Entwicklung der modernen Welt (München 1928).

W. Elert, Morphologie des Luthertums, I: Theologie und Weltanschauung des Luthertums hauptsächlich im 16. und 17. Jahrhundert, II: Soziallehren und Sozialwirkungen des Luthertums (München [1931], ^{2}1952/53).

M. Grabmann, Die Geschichte der katholischen Theologie seit dem Ausgang der Väterzeit (Freiburg 1933).

H. E. Weber, Reformation, Orthodoxie und Rationalismus, 2 Bde in 3 Teilen (Gütersloh 1937/40/51; Neudruck Darmstadt 1966).

C. Giacon, La seconda scolastica, 3 Bde (Mailand 1946/50).

W. Koehler, Dogmengeschichte. Von den Anfängen bis zur Reformation (Zürich ^{3}1951).

ders., Dogmengeschichte. Das Zeitalter der Reformation (Zürich 1951).

E. Hirsch, Geschichte der neueren evangelischen Theologie im Zusammenhang mit den allg. Bewegungen des europ. Denkens, 5 Bde (Gütersloh ^{3}1964).

M. Werner, Der protestantische Weg des Glaubens, 2 Bde (Bern 1955/62).

M. Schmaus - J. R. Geiselmann - A. Grillmeier, Handbuch der Dogmengeschichte (Freiburg 1951 ff).

P. Jacobs, Theologie reformierter Bekenntnisschriften in Grundzügen (Neukirchen 1959).

H. A. Oberman, Spätscholastik und Reformation, I: Der Herbst der mittelalterlichen Theologie (Zürich 1965).

F. Stegmüller, Geschichte des Molinismus I (München 1935).

10. Hagiographie und Ikonographie

R. Aigrain, L'Hagiographie. Ses sources, ses méthodes, son histoire (Paris 1953).

P. Peeters, L'œuvre des Bollandistes (Brüssel ^{2}1961).

F. Doyé, Heilige und Selige der römisch-katholischen Kirche. Deren Erkennungszeichen, Patronate und lebensgeschichtliche Bemerkungen, 2 Bde (Leipzig 1929).

J. Baudot et Chaussin, Vies des Saints et des Bienheureux selon l'ordre du calendrier avec l'historique des fêtes, 13 Bde (Paris 1935/59).

J. Torsy, Lexikon der deutschen Heiligen (Köln 1959).

P. Manns (Hrsg.), Die Heiligen in ihrer Zeit (Mainz ^{3}1967).

Bibliotheca Sanctorum, hrsg. vom Istituto Giovanni XXIII, bis jetzt 8 Bde (A—Mar) (Rom 1961/67).

K. Künstle, Iconographie der christlichen Kunst, 2 Bde (Freiburg 1926/28).

J. Braun, Tracht und Attribute der Heiligen in der deutschen Kunst (Stuttgart 1943).

L. Réau, Iconographie de l'art chrétien, 3 Bde (Paris 1955/58).

11. Liturgie

Liturgisch Woordenboek, hrsg. von *L. Brinkhoff* u. a., 2 Bde (Roermond 1962 ff).

L. Eisenhofer, Handbuch der katholischen Liturgie, 2 Bde (Freiburg i. Br. [2]1941).

J. A. Jungmann, Missarum sollemnia. Eine genetische Erklärung der römischen Messe (Wien [5]1962).

M. Righetti, Manuale di storia liturgica, 4 Bde (Mailand I [2]1950; II [2]1955; III [3]1964, IV 1955).

A. G. Martimort, Handbuch der Liturgiewissenschaft I (Freiburg 1963).

Th. Klauser, Kleine abendländische Liturgiegeschichte. Bericht u. Besinnung (Bonn 1965).

Leiturgia, Handbuch des evangelischen Gottesdienstes, hrsg. von *K. F Müller - W. Blankenburg*, 4 Bde (Kassel 1954/61).

P. Graff, Geschichte der Auflösung der alten gottesdienstlichen Formen in der evangelischen Kirche Deutschlands, 2 Bde (Göttingen [2]1937/39).

Ph. Wackernagel, Das dt. Kirchenlied von der ältesten Zeit bis zu Anfang des 17. Jahrhunderts, 5 Bde (Leipzig 1864/77).

W. Bäumker, Das katholische deutsche Kirchenlied in seinen Singweisen von den frühesten Zeiten bis gegen Ende des 17. Jahrhunderts, 4 Bde (Freiburg 1883—1911).

12. Mission

J. Schmidlin, Katholische Missionsgeschichte (Steyl o. J. [1925]).

Histoire universelle des missions catholiques I—II, hrsg. von *S. Delacroix* (Paris 1956/57).

K. S. Latourette, A History of the Expansion of Christianity III (New York - London 1939).

A. Mulders, Missionsgeschichte. Die Ausbreitung des katholischen Glaubens (Regensburg 1960).

A. Jann, Die katholischen Missionen in Indien, China und Japan. Ihre Organisation und das portugisische Patronat vom 15. bis 18. Jahrhundert (Paderborn 1915).

R. Aubenas - R. Ricard, L'Église et la renaissance: *Fliche-Jarry* XV (Paris 1951).

ERSTER TEIL

Die protestantische Reformation

ERSTER ABSCHNITT

Martin Luther und der Aufbruch der Reformation (1517-1525)

Univ.-Professor Dr. Erwin Iserloh, Münster

1. Kapitel

Ursachen der Reformation

LITERATUR: *G. v. Below,* Die Ursachen der Reformation (München 1917); *J. Haller,* Die Ursachen der Reformation (Tübingen 1917); *J. Hashagen,* Staat und Kirche vor der Reformation (Essen 1931); *W. Andreas,* Deutschland vor der Reformation (Stuttgart 1932, [5]1948); *J. Lortz,* Die Reformation als religiöses Anliegen heute (Trier 1948); *ders.,* Wie kam es zur Reformation? (Einsiedeln [3]1955); *ders.,* Zur Problematik der kirchlichen Mißstände im Spätmittelalter (Trier 1950: SD aus TThZ 58, 1949); *H. Rückert,* Die geistesgeschichtliche Einordnung der Reformation: ZThK 52 (1955) 43—64; *R. Post,* Kerkelijke verhoudingen voor de Reformatie (Utrecht 1955).

Wenn wir nach den Ursachen der Reformation fragen, dann nehmen wir an, daß dieses Ereignis von so ungeheurer Tragweite nicht von einem Mann, etwa Luther, in Szene gesetzt wurde, auch nicht erst mit den 95 Ablaßthesen vom 31. Oktober 1517 begonnen hat. Längst vor dem Ausbruch der Reformation traten Ereignisse ein, wurden Tatsachen geschaffen, Maßnahmen getroffen, Ideen verbreitet und Gefühle erweckt, welche das Kommen eines Aufstandes gegen die Kirche erleichterten, ermöglichten, herausforderten, ja unausweichlich machten: so unausweichlich, daß wir von einer inneren historischen Notwendigkeit sprechen können. Was nicht bedeutet, daß es nicht auch hätte anders kommen können. Denn bei historischen Ursachen handelt es sich weitgehend um geistige Tatbestände. Diese sind aber vielschichtig und multivalent, können sich nach verschiedenen Richtungen auswirken. So vermögen dieselbe Idee, dasselbe Wort und dieselbe Tat Glieder in verschiedenen Ursachenreihen zu sein. Die „devotio moderna“ etwa steht mit ihrem Streben nach Innerlichkeit und Christozentrik und der daraus entspringenden Kritik am spätmittelalterlichen Wallfahrts- und Reliquienwesen[1] sowohl in der Linie zur katholischen Reform als auch zur Reformation.

Historische Notwendigkeit feststellen bedeutet nicht eine Aussage über Wahrheit oder Irrtum machen. Es kann etwas sinnvoll sein, das heißt sich in einen größeren Zusammenhang einfügen, ohne wahr zu sein. Weiter bedeu-

[1] Imitatio Christi I 23, 25; III 58, 9; IV 1, 38.

tet historische Schuld nicht auch schon moralische Schuld. Etwas, das in bester Absicht gesagt und getan wurde und in sich auch gut war, kann sich verderblich auswirken und „schuldig" werden an einer unheilvollen Entwicklung. Denn Ideen und Taten wirken unabhängig von der Intention derer, die sie aussprechen oder setzen.

Eine Reformation, die zur Spaltung der Christenheit des Westens führte, hat niemand gewollt. Die Reformatoren wollten die Reform der einen allen gemeinsamen Kirche. Weil diese Reform an Haupt und Gliedern scheiterte, kam es zur Spaltung. Demnach wäre die Reformation die revolutionäre Antwort auf das Versagen der Reform im 14. u. 15. Jh. Ursachen dazu sind also alle einer Reform bedürftigen Zustände und Haltungen, zumal alles, was der rechtzeitigen Reform im Wege stand. Die Ursachen dürfen nicht auf die sogenannten Mißstände und schlechten Päpste eingeschränkt werden. Denn Reform heißt nie, und erst recht nicht am Ende des 15. Jh., bloße Rückführung auf einen doch nicht erreichbaren ursprünglichen Zustand und Abstellung eingerissener Mißstände, sondern immer auch Anpassung an neue Gegebenheiten und Sich-Öffnen für die Notwendigkeiten der Stunde.

Sicher hat das Unbehagen der Zeit an den „elenden Zuständen" (Zwingli) der Reformation einen großen Auftrieb gegeben, das werbende Pathos verlieh ihr aber der Umstand, daß sie den Menschen der Neuzeit aus den zeitbedingten mittelalterlichen Haltungen und Zuständen herauszuführen schien und ihm das zu geben versprach, was er schon lange vergebens gefordert oder unbewußt ersehnt hatte. Die „Freiheit des Christenmenschen" war nicht zufällig die große zukunftsträchtige, vielfach auch mißverstandene Parole der Reformation.

Die sogenannten Mißstände waren am Ende des 15. Jh. sicher nicht größer als in der 2. Hälfte des 14. Jh. Die Menschen ertrugen sie aber viel weniger leicht, sie waren wacher, bewußter, kritischer und im guten Sinne anspruchsvoller geworden und damit empfindlicher für den Widerspruch zwischen Ideal und Wirklichkeit, Lehre und Leben, Anspruch und Leistung.

Die Tatsache, daß diesem gesteigerten religiösen Bedürfnis, dieser größeren Mündigkeit des Laien nicht genügend Rechnung getragen wurde bzw. eine für das Mittelalter typische und damals den Umständen nach berechtigte Haltung nicht frühzeitig positiv abgelöst wurde, hat somit auflösender gewirkt als alles noch so bedauerliche Versagen einzelner Personen.

Ursache der Reformation im weiteren Sinn ist demnach die Auflösung der mittelalterlichen Ordnung und der sie tragenden Grundhaltungen bzw. die nicht rechtzeitige Ablösung durch neue, zeitgemäße Gestaltungen. Hier ist zunächst die Sprengung der das gesamte politische, geistige und religiöse Leben umfassenden Einheit zu nennen. Die eine Kirche in der einen Christenheit, dargestellt in der Spannungseinheit von Sacerdotium und Imperium, ist das am meisten ins Auge fallende Kennzeichen des Mittelalters. Das Papsttum selbst half mit, diese Einheit zu sprengen. Um der Unabhängigkeit und Selbständigkeit der Kirche willen sah es sich genötigt, die Macht des Imperiums zu schwächen. Eine Zeitlang schien es so, als könnte der Papst auch die politische Führung übernehmen. Doch je mehr er seine Vollgewalt auf das weltlich-politische Gebiet ausweitete, um so entschiedener traf er auf den berechtigten Widerstand der sich immer stärker national differenzierenden und ihrer Eigenständigkeit bewußt werdenden Welt. Bald bekämpfte man mit den unberechtigten Ansprüchen des Papsttums dieses selbst. Mit seiner politischen Führung wurde auch die religiöse Leitungsgewalt abgelehnt. Es ist geradezu ein Fanal, daß Bonifaz VIII., der die traditionelle Zwei-Gewalten-Lehre — weltliche und geistliche Gewalt sind eigenständig und beide unmittelbar von Gott — durch einen Monismus (Bulle Unam Sanctam) ablöste, 1303 in Anagni zum Gefangenen des modernen Nationalstaates (Nogaret) und laizistisch-demokratischer Kräfte (Sciarra Colonna) wurde.

Die Folge war das sog. Avignoner Exil der Päpste und ihre weitgehende Abhängigkeit von Frankreich. Das Papsttum schien nicht mehr die Interessen der Gesamtkirche im Auge zu haben, dafür aber um so mehr in einem gut durchorganisierten fiskalischen System die Länder Europas auszubeuten. Besonders in Deutschland sollte fortan dieser Vorwurf nicht mehr verstummen. In Frankreich, Spanien und England wußte der Nationalstaat, der die Landeskirche immer mehr beherrschte und sich ihre Geldquellen nutzbar machte, die Ausfuhr von Geld weitgehend zu unterbinden.

Das abendländische Schisma verdunkelte die im Papst zum Ausdruck kommende Einheit der Kirche so weit, daß nicht einmal die Heiligen wußten, wer der rechtmäßige Papst war. Der Konziliarismus erschien als der einzige Ausweg aus der Not der „verfluchten Dreiheit" der Päpste. Er wurde nach dem Konstanzer Konzil nicht von innen her und nicht grundsätzlich überwunden, sondern via facti und weitgehend mit politischen Mitteln. Durch Konkordate, das heißt durch Bündnisse mit den Staaten, haben die Päpste sich der demokratischen Strömungen zu erwehren und dazu der ihnen vielfach unbequemen Reform zu entziehen gesucht. Ja, als es 1437 auf dem Basler Konzil noch einmal zum Schisma kam, schien das Schicksal der Kirche ganz in die Hand der weltlichen Mächte gelegt zu sein (Haller). Der Papst mußte sich die Anerkennung von den deutschen Fürsten, dem Kaiser und dem König von Frankreich teuer erkaufen und dem Staat weitgehende Gewalt über die Kirche einräumen. Das Ergebnis war das *Landeskirchentum,* das heißt die Abhängigkeit der Kirche von den weltlichen Mächten, sei es dem Königtum, der Fürstenmacht oder dem Stadtregiment mit deren Möglichkeit, weitgehend in das innerkirchliche Leben einzugreifen. Ohne dieses landesherrliche Kirchenregiment ist der Sieg der Reformation schwer vorstellbar. Die Konkordatspolitik der Päpste führte weiter dazu, daß im Laufe des 15. Jh. die Päpste, statt angesichts der Säkularisierung ihre eigentümliche religiöse Sendung herauszustellen, immer mehr zu Fürsten unter

Fürsten wurden, mit denen man paktieren, die man aber auch bekriegen konnte wie jeden anderen Fürsten. Diese Verstrickung in die Politik ließ Leo X. zum Retter der Reformation werden, indem er es über 2 Jahre lang versäumte, energisch gegen Luther vorzugehen und die Füchse zu fangen, solange sie klein sind, wie Johannes Cochläus sich ausdrückte.

Kennzeichnend für das Mittelalter ist weiter der auf dem Bildungsmonopol der Geistlichen und ihren Standesprivilegien beruhende Klerikalismus. Den jungen und geistig unreifen germanischen Menschen hatte die Kirche nicht nur die Offenbarung Jesu Christi, sondern auch die Bildungsgüter der Antike zu übermitteln. Das führte zu einer Überlegenheit der Kleriker, die über die eigentliche religiöse Führungsaufgabe hinausging. Es mußte der Tag kommen, an dem der mittelalterliche Mensch mündig wurde und sich selbständig mit dem ihm dargebotenen Glaubens- und Kulturgut auseinandersetzen konnte und wollte. Das forderte von der Kirche, all die Wirkungsbereiche, die sie nur subsidiär übernommen hatte, und die Rechte, die mit ihrem auf göttlicher Stiftung beruhenden Amt nicht direkt verbunden waren, zur gegebenen Zeit aufzugeben und ihre religiöse Mission um so deutlicher zu machen.

Wie die Betrachtung des Spätmittelalters gezeigt hat, kam es zu dieser friedlichen Ablösung nicht. Die Bewegungen, bei denen das Streben der Laien nach Selbständigkeit mit im Spiele war, tragen revolutionäre Züge. Die Kirche behauptete überholte Positionen, und die Welt, das Individuum wie der Staat und die Gesellschaft, mußten ihre Eigenständigkeit erzwingen. So vollzog sich der Prozeß der Säkularisierung gegen die Kirche im Zeichen des Subjektivismus, Nationalismus und Laizismus.

In der Begegnung mit der Antike und auf Grund eigener Forschung und Erfahrung entdeckte der Mensch Wirklichkeiten, die nicht auf dem Boden des Christentums gewachsen bzw. die aus sich heraus einsichtig waren und der Bestätigung durch Autoritäten nicht bedurften. Wohl wollten die Vertreter der neuen Wissenschaft auch Christen sein. Je mehr die Kirche sich aber mit dem Alten und Hergebrachten zu identifizieren schien, um so mehr mußte das mit einem ungemeinen Pathos der Entdeckerfreude vorgebrachte Neue als Kritik an ihr wirken. In den humanistischen Kreisen hatte so vielfach eine antischolastische, antiklerikale, antirömische und im Endeffekt eine wenn nicht antikirchliche, so doch unkirchliche Atmosphäre um sich gegriffen. Verhielt man sich nicht aggressiv gegen die Kirche, so doch vornehm distanziert ihrem Dogma, ihrem sakramentalen Leben und ihrem Beten gegenüber.

Als *unmittelbare Ursachen der Reformation* sind zu nennen die Mißstände in Klerus und Volk, eine weitgehende dogmatische Unklarheit und Veräußerlichung des religiösen Lebens. Spricht man von den Mißständen der Kirche am Vorabend der Reformation, dann denkt man in erster Linie an „schlechte Päpste", unter ihnen vor allem an Alexander VI. Vielleicht ist aber die Zersetzung in Leo X. noch gefährlicher gewesen. Ihm sind nicht die massiven Schandtaten vorzuwerfen, mit denen Alexander VI. den Stuhl Petri befleckte, dafür aber eine erschreckende Sorglosigkeit, unverantwortlicher Leichtsinn und eine verschwenderische Vergnügungssucht. Man vermißt das Gefühl für die Aufgaben und die Verantwortung des obersten Hirten der Christenheit und für die ihm gemäße Lebensweise. Die Zersetzung des Christlichen vollzieht sich ja nicht nur in einem offen lasterhaften Leben, sondern auch schleichend, und damit gefährlicher, in einer inneren Auszehrung, einem langsamen Substanzverlust, einer unmerklichen Verweltlichung und einer verschwommenen Unverbindlichkeit. Der Mediceersproß Leo X. ergriff Besitz von seinem Amt und der Stadt in einem großen Festzug, der in der Gestalt einer Sakramentsprozession eine große Zurschaustellung des Papstes und seines Hofes war. Auf einem großen Transparent war zu lesen: „Einst herrschte Venus (d. h. unter Alexander VI.), dann Mars (Julius II.); nun führt das Zepter Pallas Athene." Die Humanisten und Künstler begrüßten damit in dem neuen Papst ihren Gönner und Mäzen, kündigten aber auch die frivole Weltlichkeit und leichtfertige Sorglosigkeit an, die den Pontifikat Leos X. kennzeichnen, den Pontifikat, in dem Luther den Auftakt zur Reformation geben sollte.

„So sehr ist das Laster selbstverständlich geworden, daß die damit Befleckten den Gestank der Sünde nicht mehr merken." Diese Worte stammen nicht von einem Feind der Kirche, sondern von niemand anderem als dem Nachfolger Leos X., dem Papst Hadrian VI. In seiner ersten Konsistorialrede sollte er sie sprechen.

Nicht besser als mit den Päpsten stand es mit dem Klerus, mit dem hohen wie dem niederen. Auch hier sollten wir das Augenmerk nicht ausschließlich auf das Versagen im engeren sittlichen Bereich, etwa auf den Konkubinat der Priester, richten. In manchen Landstrichen war er so verbreitet, daß die Pfarrkinder in dieser Hinsicht kaum ernsthaften Anstoß an dem Leben ihrer Seelsorger genommen haben. Wären sie nur Seelsorger gewesen! Sicher findet sich auch im Spätmittelalter Heiligkeit in der Kirche, sicher viel redliche und treue Pflichterfüllung. Groß sind aber auch die Ausfallerscheinungen.

Ohne zu übertreiben, kann man sagen, daß die Kirche durchweg als Eigentum des Klerus erscheint, Eigentum, das wirtschaftlichen Nutzen und Genuß bringen sollte. Bei der Einrichtung von Stellen waren vielfach nicht die Bedürfnisse des Gottesdienstes und der Seelsorge maßgebend, sondern das Verlangen, ein gutes Werk zu tun und für sich und seine Familie Anteil an den Gnadenschätzen zu gewinnen. Deshalb stiftete man z. B. einen Altar mit der Pfründe eines Altaristen. Damit bestanden Einkünfte, die einen Nutznießer suchten. Bei der großen Zahl der Stellen konnte man in der Wahl der Kandidaten nicht sehr wählerisch sein. Bischöfe und Pfarrer sahen sich nicht in erster Linie als Inhaber eines Amtes, für dessen Ausübung ihnen der notwendige Lebensunterhalt bereitgestellt wurde. Sie fühlten sich als Besitzer einer Pfründe im Sinne des germanischen Feudalrechtes. Diese Pfründe war ein nutzbares Recht, mit dem gewisse Dienstverpflichtungen verbunden waren. Diese ließen sich aber auch einem schlechtbezahlten Vertreter übergeben, einem Vikar, einem Mietling, dem die Schafe nicht gehörten, wie man das Herrenwort abwandelte (Jo 10, 12).

So konnten zum Schaden für die Seelsorge mehrere Bistümer oder andere Seelsorgsstellen in einer Hand vereinigt werden. Noch im Jahre 1556 besaß der Kardinal Alessandro Farnese, ein Enkel Pauls III., 10 Bistümer, 26 Klöster und 133 andere Benefizien, d. h. Kanonikate, Pfarreien und Kaplaneien. Man schätzt für die Niederlande die Zahl der „Vicekuraten", die für einen als Kanoniker, Kurialbeamten, Universitätsprofessor oder Klosterinsassen nicht residierenden Pfründeninhaber den Dienst versahen, auf 30—50% (R. R. Post). Besonders verheerend wirkte es sich aus, daß in Deutschland die Bischofssitze und die meisten Abteien nur Mitgliedern des Adels offenstanden. Sie wurden so zu Versorgungsinstituten für nachgeborene Kinder der adligen Familien, die aber vielfach nicht daran dachten, ein geistliches Leben zu führen oder gar Seelsorge zu treiben. Ihnen ging es um ein sorgenfreies, möglichst genußreiches Dasein. Hatte aber ein Bischof den ernsten Willen, die inneren Verhältnisse seiner Diözese zu bessern, dann war er nicht imstande dazu, weil er seinen Sprengel nicht in der Hand hatte. Denn seine Jurisdiktion war weitgehend gelähmt von oben durch vielerlei Exemtionen und von unten, weil die meisten Pfarreien durch weltliche Patrone, kirchliche Körperschaften und Klöster besetzt wurden und die Archidiakone andere bischöfliche Rechte an sich gerissen hatten.

Je geringer aber der religiöse Geist und der Seelsorgseifer an der päpstlichen Kurie und im übrigen Klerus waren, um so unangenehmer wirkte die Jagd nach dem Gelde, erregte der Geist des Fiskalismus Ärgernis. Mit einem ausgeklügelten System von Gebühren, Steuern, mehr oder weniger freiwilligen Spenden und schließlich sogar Ablaßgeldern suchte man an der Kurie die Kassen zu füllen. Wegen der aufwendigen, verweltlichten Hofhaltung, wegen der ausgedehnten Bautätigkeit und wegen der hohen Kriegskosten war man dauernd in Geldnot. Es ist sicher kein Zufall, daß mit diesem Fiskalismus der Skandal des Tetzelschen Ablaßhandels zusammenhängt, der den unmittelbaren Anlaß zum Ausbruch der Reformation bot.

Die geschilderten Mißstände hatten eine weitgehende Unzufriedenheit mit der Kirche zur Folge, die sich mehr und mehr zu einem Ressentiment gegen Rom, ja einem Romhaß steigerte. Ein Jahrhundert lang rief man nach der Reform der Kirche an Haupt und Gliedern und wurde immer wieder enttäuscht. Schon 1455 wurden zum ersten Male die Gravamina der deutschen Nation vom Mainzer Erzbischof Dietrich von Erbach vorgetragen. Diese Zusammenstellung deutscher Beschwerden gegen das Papsttum wurde seitdem immer erneut vorgebracht; je erfolgloser sie waren, um so mehr steigerten sie den antirömischen Affekt in Deutschland.

In seiner Schrift „An den christlichen Adel deutscher Nation" machte sich Luther diese Klagen zu eigen und wurde gerade dadurch zum Helden des Volkes. Auch Zwingli wußte die Unzufriedenheit auszunutzen. Er gab seinen Schülern die Anweisung, nicht zunächst von der Lehre zu predigen, sondern von den elenden Zuständen und der Notwendigkeit, die Gerechtigkeit wiederherzustellen.

Der Ruf nach Reform und die damit verbundene Opposition gegen die Kirche ließen so manchen den Reformatoren zujubeln, der zu ihrer Lehre gar kein Verhältnis hatte, nur weil sie die lang ersehnte Reform zu bringen schienen. Es war eine große Bereitschaft da für etwas heilverkündendes Neues; der Boden war gelockert und fruchtbar für Parolen, die das Notwendende versprachen, aber auch der Sprengstoff war angesammelt, der auf das zündende Wort wartete.

So traurig die hier mehr angedeuteten als erschöpfend geschilderten Mißstände auch waren und sosehr sie zum Entstehen und zum Erfolg der Reformation beigetragen haben, die größte Bedeutung kommt ihnen in diesem Zusammenhang nicht zu. Entscheidender als das persönliche Versagen von Päpsten, Priestern und Laien ist es, ob die von Christus geschenkte Wahrheit und gestiftete Ordnung angetastet waren, ob die moralische Zersetzung Ausdruck eines Ausfalls an religiöser Substanz war.

Wir haben zu fragen: „Mit wieviel religiöser Kraft oder Unkraft ging die Kirche in den reformatorischen Sturm hinein?"[2]

Wieweit war das nach außen hin sich so reich und vielfältig darbietende religiöse Tun Fassade oder Leben? Was war an dem bunten Bild der Volksfrömmigkeit, der Heiligenverehrung, Wallfahrten, Prozessionen, Stiftsmessen usw. wirklich echt, oder wieweit machten sich hier Aberglauben, Werkfrömmigkeit und Krämergeist breit?

Weiter ist zu fragen: War diese äußere Praxis begründet auf einer gesunden theologischen Lehre, von ihr geklärt und durchleuchtet?

Als folgenschwere Ausfallerscheinung ist hier vor allem die weitgehende *dogmatische Unklarheit* zu nennen. Der Bereich von Wahrheit und Irrtum war nicht hinreichend klar abgesteckt. Man wähnte sich im Einvernehmen mit der Kirche, obwohl man längst Positionen bezogen hatte, die ihrer Lehre widersprachen. Luther meinte, noch in der Kirche zu stehen, als er den Papst einen Antichristen schimpfte, und Melanchthon konnte 1530 in der „Augsburger Konfession" noch versuchen, glaubhaft zu machen, daß in der Lehre kein Widerspruch zur „römischen Kirche" bestehe und man nur betreffs einiger Mißbräuche verschiedener Meinung sei[3]. Die Unsicherheit war besonders groß hinsichtlich des Kirchenbegriffs. Durch das abendländische Schisma — der letzte Gegenpapst, Felix V., dankte erst 1449 ab — war es nicht mehr allgemein klar, daß das von Jesus Christus gestiftete Papst-

[2] *J. Lortz,* Die Reformation als religiöses Anliegen heute (Trier 1948) 82.
[3] „Beschluß des 1. Teils": BSLK 83c.

tum wesentlich für die Kirche ist. Unfähig festzustellen, wer der rechtmäßige Papst sei, hatte man vielfach aufgehört, diese Frage zu stellen, und sich daran gewöhnt, ohne Papst auszukommen. Es gab der Reformation einen großen Auftrieb, daß viele meinten, Luther bringe lediglich die lange fällige Reform, und nicht oder erst spät merkten, daß er wesentliche Lehren der Kirche in Frage stellte.

Wenn Luther nicht zuletzt darum zum Reformator wurde, weil er sein in schweren und notvollen religiösen Kämpfen gewonnenes Verständnis der Offenbarung nicht mit der Theologie und Praxis seiner Zeit zu vereinbaren wußte, dann lag das vor allem auch daran, daß diese Theologie die einseitige Schulrichtung des Nominalismus war und die Tiefe und Fülle eines Augustinus oder Thomas von Aquin, vor allem aber der Heiligen Schrift vermissen ließ. Somit ist der auf Wilhelm von Ockham zurückgehende Nominalismus, der Luther in verflachter und moralistisch zurechtgebogener Form von Gabriel Biel vermittelt wurde, unter den entscheidenden Ursachen der Reformation zu nennen. Besonders ausgewirkt haben sich die Ausfallserscheinungen in der Theologie und Praxis des Meßopfers.

Wenn die Messe, die im spätmittelalterlichen Frömmigkeitsleben einen so breiten Raum einnahm, in so kurzer Zeit weithin als schlimmster Götzendienst abgeschafft werden konnte, muß man dann nicht vermuten, daß vielfach nur äußerlich rituell vollzogen wurde, was nicht wirklicher Besitz war und nicht von innen her erfüllt wurde?

Im Mangel an innerer Kraft und Lebendigkeit, die sehr gut mit Korrektheit und Legalität verbunden sein können, ist auch der Grund zu suchen, weshalb das 5. Laterankonzil (1512/17), der letzte „in das Gewand eines Konzils gekleidete päpstliche Reformversuch" vor Ausbruch der Reformation (Jedin), von nur geringer Wirkung gewesen ist. Es fehlte der neue Geist. Was kann dann die eine oder andere wohlgemeinte Maßnahme nützen? Nichts beleuchtet die Situation besser als die Tatsache, daß mit der auf der 9. Sitzung des Laterankonzils verlesenen Bulle des Papstes über die Reform der Kirche dem Erzbischof Albrecht von Magdeburg und Mainz 1514 das Angebot der Kurie zugeschickt wurde, das den unmittelbaren Anlaß zur Reformation gab, nämlich gegen eine Gebühr von 10000 Dukaten ihm die Kumulierung seiner Bistümer zu gestatten und zur Finanzierung ihm die Hälfte der Ablaßgelder für St. Peter zu überlassen. „In so scharfem Widerstreit standen Theorie und Praxis."[4] Mangel an Ernst und Entscheidung bei den leitenden Männern, angefangen beim Papst selbst, verurteilte das Konzil zur Wirkungslosigkeit. Damit war aber nach den vielen vergeblichen Rufen nach Reform und den vielen verpaßten Gelegenheiten eine revolutionäre Auseinandersetzung ähnlich der, die in der Reformation faktisch gekommen ist, fast unausweichlich.

[4] *A. Schulte*, Die Fugger in Rom I (Leipzig 1904) 115.

2. *Kapitel*

Martin Luther
Herkunft — Studiengang — Entwicklung zum Reformator

QUELLEN: Luthers Werke. Die erste Gesamtausgabe erschien noch zu Luthers Lebzeiten auf Drängen des sächsischen Kurfürsten Johann Friedrich und der Freunde. Diese Wittenberger Ausgabe umfaßt eine deutsche (12 Bde: 1539/59) und eine lateinische (7 Bde: 1545/57) Reihe. Ihr stellten die Gnesiolutheraner die zuverlässigere und vollständigere Jenaer Ausgabe entgegen (8 Bde deutscher Schriften, 1555/58, und 4 Bde lateinischer Schriften, 1556/58). Zu diesen beiden Ausgaben veröffentlichte *J. Aurifaber* 1564/65 zwei „Eislebener Ergänzungsbände". Auf der Jenaer Ausgabe fußt die 1661/64 erschienene chronologisch geordnete, mit Registern versehene zehnbändige Altenburger Ausgabe. Diese ergänzte der Hallische Supplementband (1702) von *J. G. Zeidler*. Die Altenburger Ausgabe mit den Eislebener und Hallischen Supplementen war die Grundlage für die 22bändige, weniger sorgfältige Leipziger Ausgabe (1728/34). Mit ausführlichen Einleitungen, Reformationsdokumenten und Schriften von Luthergegnern stattete *Johann Georg Walch* († 1775) seine weitverbreitete 24bändige Ausgabe (Halle 1740/53) aus. Noch fast 150 Jahre später erschien sie mit revidiertem bzw. neu übersetztem Text in 23 Bänden 1880—1910 in St. Louis/Missouri (= Walch²).

Diese drei Ausgaben des 17. und 18. Jh. boten das Lutherdeutsch in modernisierter Form und die lateinischen Texte in deutscher Übersetzung. So wurde im 19. Jh. der Wunsch nach einer Ausgabe in den Originalsprachen immer lauter. Dem kam, allerdings in unzulänglicher Weise, die von *Johann Georg Plochmann* und *Johann Konrad Irmischer* besorgte Erlanger Ausgabe (1826/86; = EA) entgegen. Ihre deutsche Reihe umfaßt 67 Bde (Bd 1—20 und 24—26 wurden 1862/85 von *E. L. Enders* neu bearbeitet); die lateinische Reihe blieb mit 38 Bdn unvollendet. Dazu kommt der von Bd 12 (1910) an aus dem Gesamtwerk herausgelöste Briefwechsel in 19 Bdn (Frankfurt 1884—1932), den *E. L. Enders, G. Kawerau* und *P. Flemming* herausgaben.

Durch die großen Fortschritte der Lutherforschung war die Erlanger Ausgabe schon während ihres Erscheinens veraltet. So konnte *J. K. F. Knaake* zum Lutherjubiläum 1883 eine neue „Kritische Gesamtausgabe", die sog. Weimarer Ausgabe, durchsetzen. Diese gab er zunächst (Bd 1 und 2) allein heraus, bald wurde sie aber von einem großen Mitarbeiterstab besorgt. Sie besteht aus einer grundsätzlich chronologisch angeordneten Hauptreihe der Schriften, Predigten, Vorlesungen und Disputationen (Bd 1—58; = WA). Diese ist bis auf Bd 55, der eine Nachlese bisher übersehener oder inzwischen neu aufgefundener Stücke bringen soll, und bis auf das Register, dessen 1. Teil 1948 als Bd 58, 1 erschienen ist, vollständig. Die erste Psalmenvorlesung von 1513/15 (WA 3 u. 4) wird inzwischen völlig neu bearbeitet; von den übrigen Bdn erscheinen nur photomechanische Neudrucke: Bd 32 (1963); 33 (1961); 40, 1. u. 2. Abt. (1962). Berichtigungen und Ergänzungen hinsichtlich des Textes, der Bibliographie der Drucke und des Nachweises der Zitate werden nicht den neugedruckten Bdn beigefügt, sondern erscheinen getrennt in eigenen „Revisionsnachträgen" zu jedem Band (zu WA 33: Weimar 1963; WA 32: Weimar 1964).

Die drei Nebenreihen der Weimarer Ausgabe umfassen die Tischreden (6 Bde; = WA Tr), den Briefwechsel (12 Bde; = WA Br) und die Deutsche Bibel (bisher Bd 1—12). Auf der WA beruht die von *O. Clemen, E. Vogelsang, H. Rückert* und *E. Hirsch* herausgegebene Bonner (Berliner) Studentenausgabe „Luthers Werke in Auswahl" (4 Bde, Berlin ⁶1966 und 4 ErgBde, Berlin ³1959/66; = Cl).

*Auswahl*ausgaben in modernem Deutsch bzw. in deutscher Übersetzung: Luthers Werke für das christliche Haus (Braunschweiger Ausgabe), hrsg. von *G. Buchwald, G. Kawerau* und *J. Köstlin* (10 Bde, Braunschweig 1889—1905); Martin Luther. Ausgewählte

Werke (Münchener Ausgabe), hrsg. von *H. H. Borcherdt* (8 Bde, München 1914/25), 3. Aufl. hrsg. von *H. H. Borcherdt* u. *G. Merz* (6 Bde u. 7 ErgBde, 1948/63); Luther Deutsch, hrsg. von *K. Aland* (11 u. 3 Bde, Berlin 1948/57; ErgBd 3 Lutherlexikon [2]1957).

Englische Übersetzung auf 54 Bde geplant, hrsg. von *J. Pelikan - H. T. Lehmann* (St. Louis/Miss. - Philadelphia 1955 ff).

Schlüssel zu Luthers Werken und Ausgaben: *G. Kawerau,* Luthers Schriften (SVRG 147) (Leipzig [2]1929); *K. Aland,* Hilfsbuch zum Lutherstudium (Berlin [2]1958); *J. Benzing,* Lutherbibliographie. Verz. der gedruckten Schriften (Baden-Baden 1965); *H. Volz:* RGG IV ([3]1960) 520—523 (Lit.).

LITERATUR: 1. Biographien und Allgemeines: *J. Köstlin - G. Kawerau,* Martin Luther. Sein Leben und seine Schriften, 2 Bde (Berlin [5]1903); *H. Denifle,* Luther und Luthertum, 2 Bde u. 2 ErgBde (Mainz 1904/09); *H. Grisar,* Luther, 3 Bde (Freiburg [3]1924/25); *ders.,* Martin Luthers Leben und sein Werk (Freiburg [2]1927); *K. Holl,* Gesammelte Aufsätze zur KG I: Luther (Tübingen [7]1948); *G. Ritter,* Luther, Gestalt und Tat (München 1925, [6]1960); *R. Thiel,* Luther (1933/35, Berlin - Stuttgart [2]1952); *J. Lortz,* Die Reformation in Dtl., 2 Bde (Freiburg 1939, [4]1963); *P. J. St. Reiter,* Martin Luthers Umwelt, Charakter und Psychose, 2 Bde (Kopenhagen 1937/41); *R. H. Bainton,* Here I stand. A Life of Martin Luther (New York 1950, dt. Göttingen [3]1960); *H. Bornkamm,* Luthers geistige Welt (Gütersloh [4]1960); *ders.,* Das Jh. der Reformation (Göttingen 1961); *H. Fausel,* Martin Luther. Sein Werden im Spiegel eigener Zeugnisse (Stuttgart 1955); *F. Lau,* Luther (Berlin 1959); RGG IV ([3]1960) 480—520; LThK[2] VI (1961) 1223—30.

2. Luthers Theologie: *Th. Harnack,* Luthers Theologie mit besonderer Beziehung auf seine Versöhnungs- u. Erlösungslehre, 2 Bde (1862/86, Neudr. München 1927); *J. Köstlin,* Luthers Theologie in ihrer geschichtlichen Entwicklung und ihrem inneren Zusammenhang, 2 Bde (Stuttgart [2]1901); *R. Seeberg,* Dogmengesch. IV, 1 (Leipzig [4]1933, Neudruck Basel 1953); *E. Seeberg,* Luthers Theol. I: Die Gottesanschauung (Göttingen 1929), II: Christus (Stuttgart 1937); *ders.,* Luthers Theologie in ihren Grundzügen (Stuttgart [2]1950); *W. v. Loewenich,* Luthers Theologia crucis (München [4]1954); *Ph. S. Watson,* Um Gottes Gottheit. Einf. in Luthers Theologie (Berlin 1952); *R. Hermann,* Gesammelte Studien zur Theologie Luthers (Göttingen 1960); *R. Prenter,* Spiritus Creator, Studien zu Luthers Theologie (München 1954); *P. Althaus,* Die Theologie M. Luthers (Gütersloh [2]1963); *ders.,* Die Ethik M. Luthers (Gütersloh 1965); *L. Pinomaa,* Sieg des Glaubens. Grundlinien der Theologie Luthers (Göttingen 1964); *I. Asheim* (Hrsg.), Kirche, Mystik, Heiligung und das Natürliche bei Luther (Göttingen 1967).

3. Lutherforschung: *H. Boehmer,* Luther im Lichte der neueren Forschung (Leipzig 1906, [5]1918); *E. Wolf,* Über neuere Lutherliteratur u. den Gang der Lutherforschung: Christentum und Wissenschaft 10 (1934) 6—21 203—219 259—273 437—457; *H. Hermelink,* Die neuere Lutherforschung, ThR NF 7 (1935) 63—85 131—165; *V. Vajta* (Hrsg.), Lutherforschung heute (Berlin 1958, Bibliogr.); *D. Löfgren,* Verschiedene Tendenzen in der neueren Lutherforschung: KuD 5 (1959) 146—164; *G. Müller,* Neuere Literatur zur Theologie des jungen Luther: KuD 11 (1965) 325—357.

4. Geschichte des Lutherverständnisses: *H. Stephan,* Luther in den Wandlungen seiner Kirche (1907, Berlin [2]1951); *O. Wolff,* Die Haupttypen der neueren Lutherdeutung (Stuttgart 1938); *A. Herte,* Das kath. Lutherbild im Bann der Lutherkommentare des Cochläus, 3 Bde (Münster 1943); *E. W. Zeeden,* Martin Luther und die Reformation im Urteil des dt. Luthertums, 2 Bde (Freiburg 1950/52); *ders.,* Die Deutung Luthers und der Reformation: ThQ 140 (1960) 129—162; *H. Bornkamm,* Luther im Spiegel dt. Geistesgeschichte (Heidelberg 1952); Wandlungen des Lutherbildes, Stud. u. Ber. d. kath. Akad. in Bayern, hrsg. von *K. Forster,* H. 36 (Würzburg 1966).

5. Der junge Luther: *O. Scheel,* Martin Luther. Vom Katholizismus zur Reformation, 2 Bde (Tübingen [3-4]1921/30); *ders.,* Dokumente zu Luthers Entwicklung (Tübingen [2]1929); *H. v. Schubert,* Luthers Frühentwicklung bis 1517 (Leipzig 1916); *E. Wolf,* Stau-

pitz und Luther (Leipzig 1927); *ders.*, Johann v. Staupitz und die theol. Anfänge Luthers: LuJ 11 (1929) 43—86; *H. Boehmer*, Der junge Luther (Stuttgart [4]1951, Leipzig [7]1955); *K. A. Meissinger*, Der kath. Luther (München 1952); *M. Werner*, Psychologisches zum Klostererlebnis Martin Luthers: Schweizer Zschr. für Psychologie 7 (1948) 1—18; *F. Lau*, Luthers Eintritt ins Erfurter Augustinerkloster: Luther 27 (1956) 49—70; *E. Iserloh*, Luther-Kritik oder Luther-Polemik?: Festgabe J. Lortz I (Baden-Baden 1958) 15—42; *E. H. Erikson*, Young Man Luther (London 1959); *H. Strohl*, Luther jusqu'en 1520 (Paris [2]1962).

6. Luther und die spätmittelalterliche Theologie: *F. Benary*, Zur Geschichte der Stadt und Universität Erfurt (= „Via antiqua" und „via moderna" auf den deutschen Hochschulen des Mittelalters mit besonderer Berücksichtigung der Univ. Erfurt) (Gotha 1919); *K. Bauer*, Die Wittenberger Universitätstheologie und die Anfänge der Reformation (Tübingen 1928); *H. Rommel*, Über Luthers Randbemerkungen (Diss. Kiel 1931); *A. Hamel*, Der junge Luther und Augustin (2 Bde, 1934/35); *P. Vignaux*, Luther: Commentateur des Sentences (Paris 1935); *ders.*, Sur Luther et Ockham: FStud 32 (1950) 21—30; *ders., Luther*, Lecteur de Gabriel Biel: Église et théologie 22 (1959) 33 bis 52; *E. Vogelsang*, Luther und die Mystik: LuJ 19 (1937) 32—54; *W. Kohlschmidt*, Luther und die Mystik (Diss. Hamburg 1936); *W. Link*, Das Ringen Luthers um die Freiheit der Theologie von der Philosophie (München [2]1955); *R. Weijenborg*, La charité dans la première théologie de Luther: RHE 45 (1950) 617—669; *A. Gyllenkrok*, Rechtfertigung und Heiligung in der frühen ev. Theologie Luthers (Uppsala 1952); *W. Jetter*, Die Taufe beim jungen Luther (Tübingen 1954); *B. Hägglund*, Theologie und Philosophie bei Luther und in der occamistischen Tradition (Lund 1955); *E. Iserloh*, Gnade und Eucharistie in der philos. Theologie des W. v. Ockham (Wiesbaden 1956); *H. Beintker*, Neues Material über die Beziehungen Luthers zum ma. Augustinismus: ZKG 68 (1957) 144—148; *M. Lods*, L'Augustinisme dans les couvents augustins à l'époque de Luther: Positions luthériennes 5 (1957) 198—206; *A. Rühl*, Einfluß der Mystik auf Denken u. Entwicklung des jungen Luthers (Marburg 1960); *L. Grane*, Contra Gabrielem (Kopenhagen 1962); *R. Schwarz*, Fides, spes und caritas beim jungen Luther (Berlin 1962); *A. Zumkeller*, Die Augustinertheologen Simon Fidati von Cascia u. Hugolin von Orvieto u. M. Luthers Kritik an Aristoteles: ARG 54 (1963) 15—36.

7. Luthers Romfahrt: *H. Boehmer*, Luthers Romfahrt (Leipzig 1913); *R. Weijenborg*, Neuentdeckte Dokumente im Zshg. mit Luthers Romreise: Antonianum 32 (1957) 147—202.

8. Psalmenvorlesung: Text: WA 3; 4; Auswahl Cl V, 38—221.

Literatur: *A. W. Hunzinger*, Luthers Neuplatonismus in der Psalmen-Vorlesung von 1513/16 (Leipzig 1906); *K. A. Meissinger*, Luthers Exegese der Frühzeit (Leipzig 1911); *H. Thomas*, Zur Würdigung der Psalmen-Vorlesung Luthers von 1513/15 (Weimar 1920); *H. Boehmer*, Luthers 1. Vorlesung (Leipzig 1924); *J. Ficker*, Luthers 1. Vorlesung — welche?: ThStK 100 (1927/28) 348—353; *E. Vogelsang*, Die Anfänge von Luthers Christologie nach der 1. Psalmen-Vorlesung (Berlin-Leipzig 1929); *H. Lang*, Die Rechtfertigungslehre in Luthers 1. Psalmen-Vorlesung: NKZ 40 (1929) 549—564; *F. Huck*, Die Entwicklung der Christologie Luthers von der Psalmen- zur Römervorlesung: ThStK 102 (1930) 61—142; *A. Hamel*, Der junge Luther und Augustin, 2 Bde (Gütersloh 1934/35); *W. Wagner*, Die Kirche als Corpus Christi mysticum beim jungen Luther: ZKTh 61 (1937) 29—98; *F. Hahn*, Faber Stapulensis und Luther: ZKG 57 (1938) 356—432; *ders.*, Die Hl. Schrift als Problem der Auslegung bei Luther: EvTh 10 (1950) 407—424; *G. Ebeling*, Ev. Evangelienauslegung. Eine Untersuchung zu Luthers Hermeneutik (München 1942); *ders.*, Die Anfänge von Luthers Hermeneutik: ZThK 48 (1951) 172—230; *ders.*, Luthers Psalterdruck vom Jahre 1513: ZThK 50 (1953) 43—99; *ders.*, Luthers Auslegung des 14. (15.) Ps in der 1. Psalmen-Vorlesung im Vergleich mit der exegetischen Tradition: ZThK 50 (1953) 280—339; *H. Volz*, Luthers Arbeit am lateinischen Psalter: ARG 48 (1957) 11—56; *A. Brandenburg,* Gericht und Evangelium (Paderborn 1960); dazu: *E. Iserloh,* „Existentiale Interpretation" in Luthers 1. Psalmen-Vorlesung?: ThRv 59 (1963) 73—84; *R. Prenter,* Der barmherzige Richter. Iustitia dei passiva in Luthers Dictata super Psalterium 1513/15 (Kopenhagen 1961); *S. Raeder,* Das Hebräische bei Luther bis zum Ende der 1. Ps-Vorlesung (Tübingen 1961); *G. Müller,* Ekklesiologie u. Kirchenkritik beim jungen Luther: NZSTh 7 (1965) 100—128.

9. Römerbriefvorlesung: Text: WA 56; Auswahl Cl V, 222—304; Übers. von *E. Ellwein* (München ^{4}1957); lat.-dt. Ausg., 2 Bde (Darmstadt 1960).

Literatur: *K. Holl,* Die Rechtfertigungslehre in Luthers Vorlesung über den Römerbrief: Gesammelte Aufsätze I, 111—154; *F. W. Schmidt,* Der Gottesgedanke in Luthers Römerbrief-Vorlesung: ThStK 93 (1920/21) 117—248; *H. Lang,* Die Bedeutung Christi für die Rechtfertigungslehre in Luthers Römerbrief-Vorlesung: NKZ 39 (1928) 509—547; *R. Hermann,* Luthers These „Gerecht und Sünder zugleich" (1930, Neudruck Gütersloh 1960); *A. K. Wood,* The Theology of Luther's Lectures on Romans: Scottish Journal of Theology 3 (1950) 1—18 113—126; *J. Hilburg,* Luthers Frömmigkeit in seiner Vorlesung über den Römerbrief (Diss. Marburg 1951); *P. Althaus,* Paulus und Luther (Gütersloh ^{3}1958); *H. Beintker,* Glaube und Handeln nach Luthers Verständnis des Römerbriefs: LuJ 28 (1961) 52—85; *J. Lortz,* Luthers Römerbrief-Vorlesung: TThZ 71 (1962) 129—153 216—247; *M. Lienhard,* Christologie et humilité dans la Theologia du commentaire de l'Épître aux Romains du Luther: RHPhR 42 (1962) 304—315; *W. Grundmann,* Der Römerbrief ... und seine Auslegung durch M. Luther (Weimar 1964); *H. Hübner,* Rechtfertigung und Heiligung in Luthers Römerbriefvorlesung (Witten 1965).

10. Galaterbriefvorlesung: Text: WA 57, II; Auswahl Cl V, 327—343.

Literatur: *H. v. Schubert - K. A. Meißinger,* Zu Luthers Vorlesungstätigkeit (Heidelberg 1920); *J. Ficker,* Zu Luthers Vorlesung über den Galaterbrief 1516/17: ThStK 88/89 (1926) 1—17; *L. Grane:* Lov og nåde in Luthers Galater brevs forelaesning 1516/17: Svensk teologisk kvartalskrift 50 (1954) 107—122; *H. Volz,* Eine neue studentische Nachschrift von Luthers 1. Galaterbrief-Vorlesung: ZKG 66 (1954/55) 72—96.

11. Hebräerbriefvorlesung: Text: WA 57, III; Auswahl Cl V, 344—374; *E. Hirsch - H. Rückert,* Luthers Vorlesung über den Hebräerbrief (Berlin - Leipzig 1929); *J. Ficker,* Luthers Vorlesung über den Hebräerbrief (Leipzig 1929); Übers. von *E. Vogelsang* (Berlin - Leipzig 1930); Übers. von *G. Helbig* (Leipzig 1930).

Literatur: *E. Vogelsang,* Die Bedeutung der neuveröffentlichten Hebräerbrief-Vorlesung Luthers von 1517/18 (Tübingen 1930); *E. Ellwein,* Die Entfaltung der Theologia crucis in Luthers Hebräerbrief-Vorlesung: Theologische Aufsätze, K. Barth zum 50. Geburtstag (München 1936) 382—404.

12. Reformatorisches Erlebnis; Iustitia Dei: *E. Stracke,* Luthers großes Selbstzeugnis 1545 (Leipzig 1926); *H. Bornkamm,* Luthers Bericht über seine Entdeckung der iustitia dei: ARG 37 (1940) 117—128; *ders.,* Iustitia Dei in der Scholastik und bei Luther: ARG 39 (1942) 1—46; *ders.,* Zur Frage der Iustitia beim jungen Luther: ARG 52 (1961) 16—29 u. 53 (1962) 1—59; *E. Hirsch,* Initium theologiae Lutheri: Lutherstudien 11 (Gütersloh 1954) 9—34; *E. Bizer,* Fides ex auditu (Neukirchen ^{3}1966); *G. Pfeiffer,* Das Ringen des jungen Luthers um die Gerechtigkeit Gottes: LuJ 26 (1959) 25—55; *F. E. Cranz,* An Essay on the Development of Luther's Thought on Justice, Law and Society (Cambridge/Mass. 1959); *A. Peters,* Luthers Turmerlebnis: Neue ZSTh 3 (1961) 203—236; *K. Aland,* Der Weg zur Reformation (München 1965); *O. Pesch,* Zur Frage nach Luthers reformatorischer Wende: Catholica 20 (1966) 216—243 264—280.

Alle Ursachen der Reformation, die wir anzuführen vermögen, „erklären" dieses Ereignis nicht. Die weitgehende Zersetzung der religiösen und sittlichen Kraft, die Unklarheit in zentralen Fragen des Glaubens und der Mangel an pastoraler Verantwortung beim Klerus machen nach so viel verpaßten Gelegenheiten zur Reform und angesichts einer so weitgehenden Kritik an der Kirche einen Umsturz durchaus verständlich. Daß dieser aber so kam, wie er sich uns heute in der Reformation darbietet, ist weitgehend in Martin Luther bedingt und damit in das Geheimnis der menschlichen Person getaucht. Ist jedes Individuum ein Ineffabile, dann sicher Luther, dieses „Meer von Kräften, von Trieben und Erkenntnissen und Erlebnissen" (Lortz).

Wenn das Bild des Reformators bis heute umstritten ist, dann nicht nur deshalb, weil das Urteil über seine Person und sein Werk geknüpft ist an die Glaubensentscheidung über den Wahrheitsanspruch der Reformation — für den einen ist er der Held des Glaubens und für den anderen der Erzketzer und Zerstörer der kirchlichen Einheit; nein, in Luther selbst liegt der Grund für die Schwierigkeit, seine Person und sein Werk zu erfassen und wahrheitsgemäß darzustellen. Wir haben eine Fülle von Schriften Luthers und von Selbstzeugnissen über sich und sein Wollen. Wenn allen diesen Äußerungen auch nicht der innere Zusammenhang fehlt und alle Fragen Luthers von ganz wenigen Gesichtspunkten aus gestellt sind und ihre Lösung erhalten, so ist er doch kein Systematiker. Dafür ist er schon viel zu sehr vom Erlebnis und vom Willen her bestimmt. Das läßt den Reichtum und die Vielfalt seines Wesens noch schwerer erfassen und ihn oft als schwankend und widersprüchlich erscheinen. Luther hatte vom Mönch zum Reformator eine tiefgehende Wandlung erfahren. Bei seiner stark erlebnisgebundenen Art vermochte er frühere Phasen seiner Entwicklung im Rückblick nicht mehr vorurteilsfrei zu erfassen. So hat er selbst einen entscheidenden Anteil am Entstehen der „Luther-Legende", die erst in den letzten Jahrzehnten, dank der gelehrten Kleinarbeit von Männern wie Otto Scheel[1], Stück für Stück abgebaut wurde. Weiter ist alles, was Luther geschrieben und gesprochen hat, Bekenntnis, das heißt Erkenntnis, die durch eigenes Erleben und Erleiden bezahlt ist und die er anderen mitteilen muß. Das aber wieder in bedrängender Art, wobei er um der Verdeutlichung willen die starken Akzente nicht scheut, ja das Paradoxon bei ihm zur gemäßen Ausdrucksweise wird. Luther ist ein „Behaupter" (WA 18, 605), vorsichtiges Erwägen des Für und Wider erscheinen ihm als Skepsis. Kein Wunder, daß er den Gefahren seines zornmütigen Temperaments und seiner polemischen Kraft allzuoft erlegen ist. Das alles macht es schwer, seine Gestalt und sein Werk, die weitgehend die deutsche Reformation ausmachen, zu erfassen.

a) Elternhaus und Jugend: Martin Luther wurde am 10. November 1483 in Eisleben geboren. Seine Vorfahren, Kleinbauern, stammten aus Möhra am Westrand des Thüringer Waldes. Sein Vater, Hans Luder, mußte als nicht erbberechtigt im Kupferbergbau seinen Lebensunterhalt suchen. Er

[1] Martin Luther. Vom Katholizismus zur Reformation, 2 Bde (Tübingen 1915/17, [3–4]1921/30).

siedelte 1484 nach Mansfeld über. Hier stieg er in zäher, harter Arbeit langsam vom einfachen Berghauer zum Teilhaber an Bergbaugenossenschaften und zum Kleinunternehmer auf. Wiederholt bestellte ihn die Gemeinde zu einem der Vierherren, die die Rechte der Bürgerschaft gegenüber dem Magistrat zu vertreten hatten. Luthers Jugend in dieser aufstrebenden, kinderreichen, kleinbürgerlichen Familie ist so durch Härte, Nüchternheit und Strenge gezeichnet. Wie sehr das den empfindsamen Knaben beeindruckt hat, beweist die Tatsache, daß Luther später oft davon spricht: „Meine Eltern sind erstlich arm gewesen. Mein Vater ist ein armer Hauer gewesen. Die Mutter hat all ihr Holz auf dem Rücken heimgetragen. So haben sie uns erzogen. Harte Arbeit haben sie ertragen. Jetzt tät's die Welt nimmer" (WA Tr 3, 51, Nr. 2888a). „Meine Eltern haben mich in strengster Ordnung gehalten bis zur Verschüchterung" (WA Tr 3, 415, Nr. 3566 A). Im Elternhause herrschte eine selbstverständliche kirchliche Frömmigkeit, die durch reiches Brauchtum die Welt der Bauern und Bergleute begleitete, aber auch durch deren Aberglauben, Hexen- und Teufelsspuk belastet war. Der aufstrebende Vater wollte aus seinem Sohn etwas Höheres machen und schickte ihn schon früh auf die Lateinschule in Mansfeld (1488/97), wo er neben Lesen und Schreiben vor allem Latein und Gesang für den Gottesdienst lernte. Noch stärker und wohl mit mehr Recht als Erasmus klagte Luther später über die rauhen Sitten seiner Lehrer. Er will „einmal vormittags fünfzehnmal gestrichen sein ohn alle Schuld" (WA Tr 5, 254, Nr. 5571). Diese Härte der Erziehung in Elternhaus und Schule hat das Gottesbild des ungemein erlebnisfähigen Jungen weitgehend mitgeformt. „Ich wurde von Kindheit auf so gewöhnt, daß ich erblassen und erschrecken mußte, wenn ich den Namen Christus auch nur nennen hörte: denn ich war nicht anders unterrichtet, als daß ich ihn für einen strengen und zornigen Richter hielt" (WA 40, I, 298).

Als Vierzehnjähriger zog Martin 1497 mit einem Schulkameraden nach Magdeburg auf die Schule der Brüder vom gemeinsamen Leben. Hier wie auch in Eisenach, wohin er schon nach einem Jahr (1498) übersiedelte, mußte er sich nach der Sitte der Zeit als Kurrendesänger oder „Partekenhengst" (WA 30, II, 576) vor den Türen sein Brot verdienen. In Eisenach, seiner „lieben Stadt", hatte er eine Reihe von Verwandten. Besonders in der Familie Schalbe-Cotta empfing ihn eine warme, christlich geformte Welt.

b) Universitätsstudium und Klostereintritt: Mit dem Sommersemester 1501 bezog Luther die Universität Erfurt und begann das Grundstudium der „Freien Künste". Er fand Aufnahme in der St.-Georgen-Burse. Lebensweise und Studiengang waren festgelegt. Die Artistenfakultät war vollständig der „via moderna", das heißt der von Wilhelm von Ockham geprägten nominalistischen Philosophie, ergeben. Entsprechend sagt Luther später von sich: „Sum enim Occamicae factionis" (WA 6, 600). Nach dem Studium des Triviums: Grammatik — Dialektik — Rhetorik, wurde er im Herbst 1502

Baccalaureus artium. Als solcher hatte er schon selbst Kurse zu halten, unterlag aber weiter dem Studienzwang. Neben dem Quadrivium hatte er vor allem Naturphilosophie, Metaphysik und Ethik zu hören. Mit dem Magister artium (7. 1. 1505) stand ihm eins der Fachstudien: Theologie, Medizin und Jus, offen. Der Ehrgeiz seines Vaters bestimmte ihn zum Studium der Rechte, das er am 20. Mai 1505 begann. Aber schon am 20. Juni nahm er ohne für uns ersichtlichen Grund einen Heimaturlaub. Auf der Rückreise überraschte ihn am 2. Juli bei Stotternheim in der Nähe Erfurts ein schweres Gewitter. Von einem in unmittelbarer Nähe einschlagenden Blitz zu Boden geworfen, schrie er in Todesangst: „Hilf du, hl. Anna, ich will ein Mönch werden!"

Trotz des Befremdens seiner Freunde und der überaus harten Ablehnung seitens des Vaters machte Luther dieses vielleicht durch die Angst erpreßte Gelübde wahr und trat am 17. Juli in das Kloster der Augustinereremiten von der Observanz in Erfurt ein. Unter den vielen Klöstern der Stadt mag sich dieses, abgesehen von seinem asketischen Ernst, empfohlen haben durch seine ockhamistische Richtung, die Luther eine organische Weiterführung seiner Studien in der Artistenfakultät bot[2].

Von der Regel vorgeschriebene Bibellektüre und das Stundengebet machten den jungen Augustiner eng mit der Heiligen Schrift vertraut. Nach einem Jahr Noviziat legte er im September 1506 Profeß ab, und schon wenige Monate später wurde er am 3. April 1507 zum Priester geweiht. Angstzustände während der Primizmesse, die ihn fast vom Altar laufen ließen, zeigen, wie stark Luther unter dem Eindruck der erdrückenden Majestät Gottes stand, wie wenig er aber auch die Texte der Liturgie („clementissime Pater") voll zu hören und zu realisieren vermochte. Das ist wichtig für die Beurteilung von Luthers Behauptung, im Kloster habe man ihn gelehrt, „Vergebung der Sünden und Heil durch unsere Werke zu erhoffen" (WA 40, III, 719). Denn die Texte[3], die bei Luthers Aufnahme als Novize gesprochen wurden und die er täglich im Missale betete, sind in ihrer wiederholten Beteuerung, daß der Mensch aus sich heraus nichts vermag und Gott das Wollen und das Vollbringen schenkt, eine eindrucksvolle Absage an alle Werkgerechtigkeit. Damals sprach der Prior über ihn u. a. folgende Gebete: „Gott, der in dir angefangen das gute Werk, möge es vollenden ... Würdige, Herr, diesen Knecht deines Segens, damit er mit deiner Hilfe in deiner Kirche verharren und das ewige Leben verdienen möge durch Christus unsern Herrn ..., damit er durch die Heiligkeit, die du ihm eingießest, bewahrt bleibe ..." Das hat aber auf Luther anscheinend keinen Eindruck machen können, weil er zu sehr von sich und seinen Erlebnissen erfüllt war.

Zum Lehrer der Theologie bestimmt, studierte Luther am Studium generale seines Ordens in Erfurt, das in Verbindung mit der Universität stand.

[2] *L. Meier*, On the Ockhamism of Martin Luther at Erfurt: AFrH 43 (1950) 4—15; *F. Benary*, Zur Gesch. der Stadt und Univ. Erfurt am Ausgang des Mittelalters (Gotha 1919) 70f.

[3] *O. Scheel* I 261 f.

Hier war er erneut im Bannkreis des Ockhamismus, wie ihn die Sentenzenkommentare des Pierre d'Ailly und des Gabriel Biel boten. Gleichzeitig war er Lektor der artes liberales[4]. Herbst 1508 wurde ihm das Lektorat für Moralphilosophie an der neugegründeten Universität Wittenberg übertragen. Deshalb setzte er dort sein Theologiestudium fort. Er wurde März 1509 Baccalaureus und hielt als solcher seine Bibelvorlesungen. Bevor er es zum Sententiarius gebracht hatte, wurde er nach Erfurt zurückversetzt. Dort las er über die Sentenzen und wurde Herbst 1510 mit dem Principium zum 3. Buch Baccalaureus formatus, d. h., er hatte die Bedingungen zum Magister erfüllt.

In den Randbemerkungen zum Text des Lombarden und den gleichzeitigen zu Schriften des hl. Augustinus besitzen wir die ersten theologischen Äußerungen aus Luthers Hand. In den Noten zu Augustinus erweist sich Luther in der Frage der Allgemeinbegriffe und in seiner Gottesvorstellung als Ockhamist. Er deutet auch den Kirchenvater in diesem Sinne, fühlt sich aber gleichzeitig von ihm bestärkt in seiner Kritik an der Philosophie[5] und den Philosophen. Diese sind in ihren bloßen Wortgefechten Relikte der Stoa (WA 9, 24). Sie wollen das Mißverhältnis des Aristoteles zur katholischen Wahrheit nicht wahrhaben (WA 9, 27).

Zu Beginn seiner Bemerkungen zu den Sentenzen betont Luther, er wolle der Philosophie nicht jeden Nutzen für die Theologie absprechen, aber mit Petrus Lombardus sich mehr an die Lehrer der Kirche, besonders an Augustinus halten, statt sich auf die Diskussionen der Philosophen und auf ihre einander befehdenden Schulmeinungen zu stützen (WA 9, 29, 1). Um über die göttlichen Dinge zu reden, bleibt uns nur das Wort Gottes selbst[6]. Sonst tappen wir im dunkeln. Das wollen die allzu subtilen Philosophen sich nicht eingestehen. Während der Meister der Sentenzen mit Augustin betont, daß unser Wort hinter unserem Denken über Gott zurückbleibt und dieses wiederum Gottes Sein nicht adäquat zu erfassen vermag, tun die Philosophen so, als sei für sie alles zu begreifen und auszusprechen (WA 9, 47, 25). Den Meinungen der „hochgerühmten Doktoren", die nur menschliche Traditionen für sich haben, setzt Luther die Heilige Schrift entgegen[7] und läßt damit bereits das Schriftprinzip anklingen.

Schon in diesen Randbemerkungen beschäftigen Luther die für den Refor-

[4] Als Lektor wird Luther aufgeführt in einem Ablaßbrief von 1508 für den Erfurter Konvent: RHE 55 (1960) 822.

[5] „totam philosophiam stultitiam esse etiam ratione convincit" (WA 9, 13); *L. Grane,* Contra Gabrielem (Kopenhagen 1962) 10—12. Wie sehr Luther mit dieser Kritik an Aristoteles gerade in seinem Orden Vorläufer gehabt hat, zeigt *A. Zumkeller,* Die Augustinertheologen Simon Fidati von Cascia († 1348) und Hugolin von Orvieto († 1373) und M. Luthers Kritik an Aristoteles: ARG 54 (1963) 15—36.

[6] „Non relictus est hominum eloquiis de Dei rebus alius quam Dei sermo" (WA 9, 29).

[7] „ego in ista opinione habeo scripturam ... ideo dico cum Apostolo ..." (WA 9, 46), „credere oportet et verbis scripturae fidem profiteri et linguam illis aptare et non econtra" (WA 9, 84).

mator später so drängenden Fragen der Erbsünde wie der Rechtfertigung und Heiligung des Menschen durch Glaube und Liebe. Verhältnismäßig ausführlich befaßt er sich mit dem in der 17. Distinktion des 1. Buches der Sentenzen erörterten Problem des Verhältnisses von spiritus sanctus und caritas. Er unterscheidet unsere Liebe als caritas creata von dem Heiligen Geist als caritas increata. Letztere ist die Wirkursache unserer Liebe, aber nicht ihre Formalursache, nicht das, wodurch wir lieben. Diese ist nicht der Heilige Geist selber, sondern sein Geschenk. In der tatsächlichen Heilsordnung wird aber mit dem Heiligen Geist die geschaffene Liebe geschenkt und umgekehrt[8]. Wie „Christus für uns Glaube, Gerechtigkeit, Gnade und Heiligung ist“[9], diese aber gleichzeitig geschaffene Gaben sind, die uns zu eigen werden, so ist die Liebe einerseits der Heilige Geist, anderseits der Liebesakt, den der Heilige Geist mittels unseres Willens hervorbringt. Luther möchte also keinen eigenen geschaffenen Habitus der Liebe annehmen, sondern nur eine aktuelle geschaffene Liebe, die immer wieder vom Heiligen Geist, der als Grund der Liebe die Rolle des Habitus einnimmt, in uns gewirkt wird.

Luther übernimmt zwar vom Lombarden nicht die Gleichsetzung der übernatürlichen Liebe mit der Person des Heiligen Geistes, wonach dieser selbst unmittelbar unsere Liebe wäre. Aber er nimmt den Meister der Sentenzen in Schutz gegen die Scholastiker. Deren Gründe für die Kritik an jenem weiß er nicht zu würdigen. Sie wollten ja den Unterschied zwischen Schöpfer und Geschöpf wahren und betonen, daß der Sünder einer neuen Beschaffenheit bedarf, um in die neue Beziehung und das neue Handeln mit Gott einzutreten. Für Luther sind das Hirngespinste, sind die Scholastiker lediglich bestimmt von der Habituslehre des „ranzigen Philosophen“ Aristoteles[10]. Er steht damit in der Linie der Lehre der Ockhamisten, die auch am liebsten ohne habituelle Gnade ausgekommen wären, um jeden Grund im Menschen zu beseitigen, der Gott nötigen könnte, den Menschen zu beseligen[11].

[8] „Primo sciendum, quod charitas (quidquid sit de possibili) de facto semper datur cum spiritu sancto et spiritus sanctus cum ea et in ea“ (WA 9, 42).

[9] 1 Kor 1, 30. Schon in den Bemerkungen zu Augustinus heißt es: „Ipse enim per fidem suae incarnationis est vita nostra, iustitia nostra et resurrectio nostra“ (WA 9, 17).

[10] „Quia commentum illud de habitibus opinionem habet ex verbis Aristotelis rancidi philosophi. Alias bene posset dici quod spiritus sanctus est charitas concurrens seipso cum voluntate ad productionem actus amandi, nisi si forte determinatio ecclesiae in oppositum“ (WA 9, 43); „... Augustinus hic loquitur de actu charitatis, qui nos deo jungit, habitus autem adhuc est spiritus sanctus“ (WA 9, 44).

[11] Vgl. *E. Iserloh,* Gnade und Eucharistie 89. Wenn *R. Schwarz,* Fides, spes und caritas beim jungen Luther (Berlin 1962) 40, behauptet: „Keiner der von Luther in seinem Sentenzenkommentar zu Rate gezogenen Ockhamisten — Ockham, d'Ailly, Biel — hat den scholastischen habitus-Begriff als theologisch unsachgemäß angegriffen“, so stimmt das nicht. Denn Ockham betont, die Annahme einer übernatürlichen geschaffenen Form nötige Gott, dem Betreffenden das ewige Leben zu geben, und leiste dem Pelagianismus Vorschub: vgl. *E. Iserloh* a. a. O. 217 mit Anm. 289 290. Auch Biel fühlt sich veranlaßt

Die vom Heiligen Geist gewirkte Liebe ist nach Luther nicht nur eine gute Beschaffenheit am Menschen; sie macht vielmehr „die ganze Person angenehm", all ihre Akte und Haltungen. „Sie allein ist Tugend und macht alle anderen zu Tugenden" (WA 9, 90), sie ist „die Gebieterin der Tugenden und die Königin der Verdienste" (WA 9, 44, 6). Doch diese Liebe gibt es nur in Einheit mit Glaube und Hoffnung. Anderseits ist der rechtfertigende Glaube nur in Verbindung mit Liebe und Hoffnung möglich[12]. Nun glaubt aber doch auch der Todsünder? Ist das denn ein anderer Glaube und nicht derselbe, dem nur die Formung durch die Liebe fehlt? Luther nimmt zweierlei Glauben an. Der eingegossene Glaube kommt und geht mit der Liebe, ist also identisch mit der fides formata; die fides informis ist dagegen gleichzusetzen mit der fides acquisita et naturaliter moralis[13]. Als übernatürliche Tugenden sind Glaube, Hoffnung und Liebe demnach untrennbar. Sie werden zugleich eingegossen. Ihnen liegt kein Habitus zugrunde, es sei denn der Heilige Geist selber, der sie in uns wirkt und in dem sie von uns dauernd aktualisiert werden müssen. Der rechtfertigende Glaube, der uns tun macht, was das Gesetz befiehlt, ist so immer der in der Liebe gewirkte Glaube. Allem Verdienst geht die Gnade voraus, und im Lohn krönt Gott seine eigenen Gaben[14].

Betreffs der Vorbereitung auf die Rechtfertigungsgnade betont Luther mit dem Lombarden gegen die Bielsche Schultheologie, daß der gute Wille schon ein Geschenk der Gnade ist und der Glaube ihm, zwar nicht zeitlich, aber ursächlich und der Natur nach vorausgeht[15]. In der Erbsündenlehre wendet sich Luther schärfer gegen den Lombarden. Dessen Meinung, „daß der Zunder die Erbsünde sei, ist nicht zu halten" (WA 9, 75). Die Erbsünde besteht in dem Verlust der übernatürlichen Gerechtigkeit des Urstandes und ist in der Taufe völlig getilgt. Geblieben ist die Begierde als Strafe; sie ist „Zunder", der die Sünde entfacht, und besteht in dem Ungehorsam des Fleisches. Die der Gnade und Tugend beraubte Vernunft vermag das Fleisch nicht mehr zu bändigen, dessen Natur es ist zu toben, wie ein Pferd, dessen Zügel gerissen ist, sich nicht mehr fügt. Nach der Taufe ist die Begierlichkeit

zu betonen: „... Deus quem cumque beatificat, mere contingenter, libere et misericorditer beatificat ex gratia sua, non ex quacumque forma vel dono collato" (I Sent. d. 17 q. 1 a. 2 concl. 3 E). Damit ist gegen P. Vignaux (Luther: Commentateur des Sentences [Paris 1935] 93) festzuhalten, daß Luthers Protest gegen den Habitusbegriff ein ockhamistischer Zug ist. Andererseits betont Luther „Contra Occam", daß die Akzeptatio ohne Gratia iustificans nicht möglich ist (WA 1, 227, 4).

[12] „Talis fides non est sine charitate et spe" (WA 9, 72).

[13] „sed sunt duae fides, infusa quae venit et recedit cum charitate" (WA 9, 90). „Dico certe et teneo quod tres theologica sint inseparabiles. Et fides quae remanet cum peccato mortali non est ea, quae possit martyrium obire et caetera. Sed est acquisita et naturaliter moralis ..." (WA 9, 90).

[14] „Unde hic non simpliciter fides dicitur, sed (quae) per dilectionem operatur vel qua justificati sumus ... Nil deus in nobis praeter sua dona coronat" (WA 9, 72).

[15] WA 9, 72; vgl. *L. Grane,* Contra Gabrielem 270 f.

zwar schwächer (debilitatur), aber nicht beseitigt. Zur Strafe stößt der Mensch auf den Widerstand des Fleisches; er kann es nur schwer niederhalten und nur unter Schwierigkeiten das Gebot Gottes erfüllen (WA 9, 73). Die Erbsünde wird zwar durch die leibliche Zeugung übertragen, aber nicht die Lust ist die Ursache, sondern die Strafverfügung Gottes. Gegen den Lombarden betont Luther: „Wenn das Fleisch auch ganz rein wäre und ohne Lust gezeugt würde, so würde es doch kraft des Urteils Gottes über Adam... die Seele notwendig der ursprünglichen Gerechtigkeit bar sein lassen, das heißt erbsündig machen" (WA 9, 75). Mit diesen Anschauungen steht Luther noch in dem Rahmen der Theologie seiner Zeit. Von einem in seinen eigenen leidvollen Erfahrungen und Kämpfen begründeten besonderen Pessimismus und einer auffälligen Anlehnung an Augustinus ist kaum etwas zu spüren.

Luthers Romreise

In dieser Zeit führten Streitigkeiten im Orden Luther nach Rom. Johann von Staupitz, der deutsche Generalvikar der Augustiner von der Observanz, wurde 1510 zugleich Provinzial der sächsischen Provinz des nicht reformierten Ordenszweiges. Gemäß einem Wunsche der Kurie suchte Staupitz beide Zweige des Ordens zu vereinigen. Dagegen wehrten sich sieben Klöster der Observanz, unter ihnen Erfurt. Sie befürchteten eine Verwässerung der Reform durch Konzessionen an den nicht reformierten Zweig. Als Wortführer dieser strengen Richtung wurden der Lehrer Luthers, Johann Nathin, und Luther als dessen Begleiter an die Kurie gesandt, wo sie nicht viel ausrichteten. Was bedeutete aber diese Begegnung mit dem Rom der Renaissance für Luthers Entwicklung zum Reformator? Hat er hier etwa die entscheidenden Impulse zu seinem Kampf gegen die Kurie erhalten? Nein! Luther hat Rom erlebt wie andere fromme Pilger seiner Zeit. Das heilige Rom mit seinen Gnadenstätten hat ihn so sehr beschäftigt, daß negative Eindrücke kaum aufkommen konnten: „Ich war zu Rom ein toller Heiliger, lief durch alle Kirchen und Klüfte, glaubte alles, was daselbst erlogen ist. Ich habe auch wohl eine Messe oder zehn zu Rom gehalten und war mir dazumal schier leid, daß mein Vater und Mutter noch lebten; denn ich hätte sie gern aus dem Fegfeuer erlöst mit meinen Messen und ander mehr trefflichen Werken und Gebeten" (1530; WA 31, I, 226). „Der Hauptzweck meiner Reise nach Rom", so erzählt Luther später bei einer Tischrede, „war aber, daß ich wollte eine ganze Beichte von Jugend auf geschehen tun und fromm werden."[16] In dieser Hoffnung, durch eine Generalbeichte in Rom seiner inneren Nöte ledig zu werden, wurde Luther allerdings enttäuscht. Er traf auf ungebildete und, wie er meinte, verständnislose Beichtväter.

[16] WA Tr 3, 431 f, Nr. 3582a; WA 47, 392; *H. Boehmer*, Luthers Romfahrt 159 f.

Doktor der Heiligen Schrift

Als im „Jenaer Rezeß" ein Kompromiß im Ordensstreit gefunden war, der eine Majorisierung der Observanz im Kapitel vermied, bestand für Luther kein Grund mehr zu weiterer Opposition gegen Staupitz. Dieser rief ihn im Sommer 1511 nach Wittenberg zurück. Er sollte sich auf die Übernahme der bisher von Staupitz selbst betreuten Bibelprofessur vorbereiten. Im Juni 1512 wurde Luther zum Prediger im Orden ernannt und am 19. Oktober zum Doktor der Theologie promoviert.

Nun konnte er die „Lectura in Biblia" übernehmen, die er bis zu seinem Tode beibehielt. Sie sollte ihm zum Schicksal werden und das jeder Tradition bare Universitätsstädtchen Wittenberg „am Ende der Zivilisation" (WA Tr 2, 669, Nr. 2800b) in den Mittelpunkt des Weltinteresses rücken. Seine in Autographen oder Schülernachschriften überlieferten Vorlesungen wurden zum Teil erst um die Jahrhundertwende entdeckt, dann aber immer stärker beachtet, weil sie die wichtigste Quelle für Luthers Entwicklung zum Reformator sind. Es handelt sich um die Vorlesungen über die Psalmen (1513/15) und über die Briefe an die Römer (1515/16), die Galater (1516/17) und die Hebräer (1517/18). Mit der Einteilung der Vorlesungen in Glossen und Scholien und mit der Anwendung des vierfachen Schriftsinnes bewegte sich Luther formal im Rahmen der überlieferten Exegese. Gleichzeitig machte er sich die neuen humanistischen Sprachstudien zu eigen, z. B. in der Benutzung desPsalterium Quincuplex (1509) des Faber Stapulensis (ca 1450—1536) und von dessen Übersetzung und Erklärung der Paulusbriefe (1512). Mögen diese Ausgaben schon die Wahl des Vorlesungsstoffes bestimmt haben, entscheidender ist, daß gerade die Psalmen und Paulusbriefe das stark Erlebnismäßige der Theologie Luthers zur Geltung kommen lassen konnten.

Durch seinen Orden war Luther früh und intensiv die Heilige Schrift nahegebracht worden. Das bezeugt er selbst in den Tischreden: „Im Kloster gaben ihm die Mönche eine Bibel mit rotem Ledereinband. Mit der machte er sich so vertraut, daß er wußte, was auf jeder Seite stand, und er jede Stelle sofort aufschlagen konnte. Wenn ich diese Bibel hätte behalten dürfen, so wollt' ich ein desto besserer Stellenkenner (localis biblicus) geworden sein. Damals gefiel mir schon gleich kein Studium so sehr wie das der Heiligen Schrift. Des Aristoteles Physik las ich mit großem Widerwillen, und das Herz brannte mir, als ich endlich zur Bibel zurückkehren durfte" (WA Tr 1, 44, Nr. 116). „Als ich ins Kloster gegangen war, begann ich Bibel zu lesen, nochmals zu lesen und immer wieder zu lesen zur großen Verwunderung des Dr. Staupitz" (WA Tr 3, 598, Nr. 3767). So brachte Luther es zu einer erstaunlichen Bibelfestigkeit, die ihn zu langen Zitaten aus dem Gedächtnis befähigten. Wichtiger aber als diese formale Beherrschung der Heiligen Schrift ist das persönliche Verhältnis, das er zu ihr fand und aus dem heraus er sie seine Braut nennen konnte. Der Umgang mit der Bibel war für ihn nicht ein Bildungserlebnis wie für manche Humanisten, auch nicht Theologie im Unterschied zu der unmittelbar religiösen Begegnung mit dem Worte Gottes; eine solche Trennung gab es für Luther nicht: „Willst du ein Christ werden, nimm das Wort Christi und wisse, daß du es niemals auslernen wirst, und du wirst mit mir bekennen müssen, daß du das ABC noch nicht kannst. Wenn's Rühmens gälte, so könnte ich mich auch rühmen. Denn ich habe Tage und Nächte in diesem Studium zugebracht, aber muß ein Schüler in dieser Lehre bleiben. Täglich fange ich an wie ein Elementarschüler" (WA 29, 383).

„Und trotzdem ist von Anfang an dieses Untertansein etwas vollkommen anderes als das einfache Hinnehmen des schlichten Christen. Es ist von Anfang an Aneignung durch den Sucher, Ringer, Kämpfer, durch den Giganten Luther. Das ist entscheidend: der sich so restlos gefangen geben wollte an Gottes Wort, ist doch nie im Vollsinn *Hörer* gewesen. Wir werden sehen, daß diese Tatsache Luthers Weg bis zum Ende überschattet. Luther ist *von der Wurzel her* subjektivistisch angelegt." [17]

Diese stark subjektiv bestimmte Art ließ Luther viele Seiten der Heiligen Schrift ganz neu aufleuchten, ließ ihn aber auch für andere blind sein, ganz abgesehen davon, daß der Reformator Luther bald ganze Bücher der Heiligen Schrift (Jakobusbrief und Apokalypse) abtun wird, weil sie seinem Verständnis der Offenbarung zu widersprechen scheinen.

Die Vorlesung über die Psalmen (1513/15)

Die „Dictata super Psalterium", der schriftliche Niederschlag der Vorlesungen über die Psalmen, die Luther von August 1513 bis zum Oktober 1515 hielt, sind das erste umfassende Denkmal seiner Anschauungen. Sie wurden deshalb in den letzten Jahrzehnten häufig behandelt. Einmütigkeit über ihre Stellung in Luthers Entwicklung zum Reformator wurde allerdings noch nicht erzielt.

Der junge Professor ließ vornehmlich in Anlehnung an das „Psalterium Quincuplex" des Faber Stapulensis (Paris 1509) einen Psaltertext mit weitem Zeilenabstand und breiten Rändern für die Hand der Studenten drucken. Dieser Ausgabe stellte er eine Präfatio und jedem Psalm eine Inhaltsangabe voran. Luthers Handexemplar mit seinen Zeilen- und Randglossen ist im „Wolfenbüttler Psalter" erhalten; dazu die ausführliche Texterklärung, die Scholien, in einer Dresdener Handschrift. Im Herbst 1516 hat Luther begonnen, die Vorlesung für den Druck vorzubereiten. Dabei kam er über Anfänge (Ps 1; 4; 22—24) nicht hinaus. Immerhin tun wir uns mit der Chronologie der Stücke schwer, weil wir nicht wissen, ob wir eine Äußerung Luthers aus der Zeit der Vorlesung oder der späteren Überarbeitung vor uns haben.

[17] *J. Lortz,* Die Reformation in Deutschland I 162.

Der hermeneutischen Tradition getreu hält Luther am vierfachen Schriftsinn fest. Der Literalsinn ist für ihn die Beziehung auf Christus als den bereits Erschienenen. Dieser Christus ist aber gesehen in der Einheit mit seinem mystischen Leib. „Was von Christus als dem Haupt verstanden werden kann, das kann auch von der Kirche und dem Glauben an ihn verstanden werden“ (WA 4, 215; 3, 458). Die Aussagen über Christus lassen sich also allegorisch bzw. mystisch auf die Kirche und moralisch bzw. tropologisch auf den Christen anwenden. So findet sich bei Luther ein enger Zusammenhang von Christologie, Ekklesiologie und Soteriologie. Doch so selbstverständlich die Kirche als Leib Christi festgehalten ist und so wichtig ihre Funktion als Heilsinstrument in der Spendung der Sakramente, vor allem aber in der Verkündigung des Wortes Gottes gesehen wird, der Ton liegt auf der in dem Geheimnis des mystischen Leibes begründeten Identifizierung des Christen mit Christus. „Jede Schriftstelle, die von der Ankunft Christi im Fleische spricht, kann sehr gut, ja muß verstanden werden von seiner geistlichen Ankunft durch die Gnade“ (WA 4, 407; 4, 19). „Wie also Christus empfangen ist vom Heiligen Geist, so wird jeder Gläubige ohne menschliches Werk, allein durch Gottes Gnade und das Wirken des Heiligen Geistes, gerechtfertigt und wiedergeboren“ (WA 3, 468).

In Christus als dem opus dei hat Gott sich geoffenbart. Doch auch dabei bleibt er der Verborgene, deus absconditus. Ist er ohnehin für uns unbegreiflich, so hat er sich in der Inkarnation in besonderer Weise verhüllt (WA 4, 7); ja, in der Elendsgestalt des Menschen am Kreuz hat er sich geradezu unter dem Gegenteil[18] verborgen. Im Gekreuzigten steigert sich der Gegensatz von Gott und Mensch, Himmel und Erde, offenbar und verborgen, gegenwärtig und zukünftig, geistlich und fleischlich, Gericht und Gnade, Gerechtigkeit und Erbarmen, Tod und Leben bis zum Widerspruch, in ihm werden aber gleichzeitig alle Gegensätze in eine höhere Einheit aufgehoben[19]. Im Kreuz tötet Gott, um zum Leben zu erwecken, vernichtet er, um zu retten, verdammt er, um zu beseligen, richtet er, um zu begnadigen, wirkt er im opus alienum sein opus proprium (WA 3, 246; 19 ff; 4, 87, 21 ff).

Christi Kreuz und Tod ist das Gericht über die Sünde, am Kreuz nimmt Christus unsere Verdammung und Verwerfung an. Aber Gott straft nicht, um zu vernichten, sondern um zum Leben zu führen. Gott tut an seinen Heiligen Wunder (Ps 4, 4), weil er Christus aller Anfechtung des Leidens und Sterbens übergibt und ihn gerade dadurch rettet; ihn am stärksten annimmt, wo er ihn am meisten im Stich läßt; ihn zum Heil führt, wo er ihn verdammt (WA 4, 87, 20 ff). Christus, der als der Verworfenste und Verfluchte erscheint, wird gesegnet (WA 3, 63, 13 ff). Am Kreuz ist so die Spannung von Richter und Erlöser, von Gottes Zorn und Gnade aufgehoben, wird die Einheit von Gottes heiligem Zorn und begnadender Liebe offenbar.

[18] „sub contrario“ (WA 4, 449); „sub contrariis“ (WA 4, 42).

[19] „Fere omnis contradictio hic conciliatur in Christo“ (WA 3, 52).

Was nun ursprünglich (radicaliter) und ursächlich (causaliter) von Christus gilt, was an ihm exemplarisch geschehen ist, wird in der tropologischen Exegese vom Christen ausgesagt, der im Glauben in das Heilsgeschehen einbezogen wird. Ja, „wer den Apostel und andere Schriften recht verstehen will, muß Ausdrücke wie Wahrheit, Weisheit, Tugend, Heil, Gerechtigkeit tropologisch auffassen. Virtus ist die Kraft, durch die er uns stark macht, durch das Heil werden wir selig und durch die Gerechtigkeit gerecht gemacht. So sind die Werke Gottes die Wege Gottes. Dem Literalsinn nach ist alles Christus, dem moralischen Sinn nach der Glaube an ihn" (WA 3, 458, 8—11). Das opus dei gleich Christus wird so zum opus dei gleich Glaube an Christus. Christus ist Sakrament, das heißt über sich hinaus weisendes Zeichen, „er ist unser Abstractum, wir sein Concretum" (WA 4, 173, 23), das heißt, Christus strebt sozusagen nach Realisation im Gläubigen, „nach seinem Beispiel müssen wir alle gestaltet werden" (WA 4, 243, 15).

Die Applicatio des Heilswerkes geschieht im Wort und im Sakrament: Die Worte des Evangeliums sind das „vehiculum" (WA 4, 229, 38), auf dem die Wahrheit zu mir kommt. Dieses Wort ist aber nicht nur Mitteilung, sondern Tatwort; in ihm setzt sich das Gericht Gottes durch die Geschichte fort, wird uns das Kreuz gleichzeitig. Dieses Kreuz als Gericht und Gerechtigkeit Gottes bedeutet tropologisch humilitas bzw. besser humiliatio und fides. In der Demut wird der Gerechte zu seinem Ankläger (WA 3, 29, 16). So wird der Gerichtsruf Gottes wirksam; wir verzichten auf unsere Gerechtigkeit, bekennen unsere Sünden und geben Gott recht, auch wo er als ungerecht erscheint (WA 3, 465, 9). „Es wird keine Gerechtigkeit in uns geben, und es entsteht keine, wenn nicht vorher ganz und gar die Gerechtigkeit zu Fall kommt und unsere Gerechtigkeit vergeht. Wir stehen nicht auf, wenn wir nicht vorher fallen. Anderenfalls würde Gottes Gerechtigkeit zum Gespött, und Christus wäre umsonst gestorben" (WA 3, 31, 9 ff). „Es ist billig, daß wir ungerecht und Sünder werden, damit Gott gerechtfertigt wird in seinen Worten ... und so um so mehr die Gerechtigkeit Christi herrsche in uns ..." (WA 4, 383, 7 ff). So „muß all unser Eifer darauf gerichtet sein, unsere Sünden groß und schwer zu machen" (WA 3, 429, 3).

Dieses Selbstgericht, die „Kreuzigung des Fleisches, ist eine Wirkung des Wortes Gottes" (WA 4, 461, 37). Sie ist nicht bloße Voraussetzung der Rechtfertigung, sondern als humilitas fidei" (WA 3, 588, 8; 4, 90, 20; 127, 10; 226, 4; 231, 7 u. ö.) schon diese selbst. „Denn nicht, wer sich für demütig hält ..., sondern wer sich abscheulich und verdammungswürdig vorkommt, ist gerecht" (WA 3, 465, 6). Tropologisch verstanden, ist das Gericht die humiliatio, die Selbstverurteilung unter Gottes Wort (WA 3, 465; 462), und die Gerechtigkeit der Glaube. Denn nach Röm 1, 17 wird im Evangelium die Gerechtigkeit Gottes enthüllt, welche kommt aus dem Glauben zum Glauben (WA 3, 466, 26; 463, 1). Humilitas und fides sind begrifflich zu unterscheiden, sie hängen aber unlösbar zusammen wie zwei Seiten derselben Sache.

„Die Selbstverurteilung ist gleichsam die sichtbar werdende, nach außen gezeigte, der Glaube die innere Seite der Gerechtigkeit.“ [20]

Gericht und Rechtfertigung als eins begreifen und das Gericht mit dem Evangelium und der Gnade gleichsetzen dürfen, ist für Luther das große Wunder. „Wunderbar, wie die Gnade oder das Gesetz der Gnade (was dasselbe ist) Gericht und Gerechtigkeit sein können ... Ohne Zweifel, weil er richtet und rechtfertigt den, der ihm glaubt. Von hier aus ist jedes Wort Gottes Gericht“ (WA 3, 462, 23 ff). Die Rechtfertigung ist aber nicht abgeschlossen, sondern ein Prozeß. Wenn wir stehenbleiben, hören wir auf, gut zu sein. Wir, die wir gerecht sind, bedürfen weiter der Rechtfertigung (WA 4, 364, 14) und kommen nie an ein Ende (WA 4, 296, 35). Fortschreiten heißt immer neu anfangen (WA 4, 350, 15; 334, 35). Noch sind wir erst auf Hoffnung hin erlöst. Die Rechtfertigung ist nicht sichtbar, sondern nur im Glauben gegeben. Wir, die wir heil sind „in spe“, sind es noch nicht „in re“ (WA 3, 453, 33). In dieser Welt haben wir nicht die „res“ selbst, sondern nur Zeugnisse oder Zeichen von ihr; denn der Glaube ist ja nicht die res selbst, sondern die Überzeugung von unsichtbaren Wirklichkeiten (WA 3, 279, 30).

Diese Gegenüberstellung von „res“ und „spes“ ist nur vor dem Hintergrund der lutherischen Christologie und Absconditaslehre zu verstehen. Luther sagt in einer Glosse zu Ps 113, Christus habe zwei Naturen, deren eine offenbar sei „in re“, während die andere nur im Glauben gegeben sei und erst in Zukunft auch „in re“ offenbar werde (WA 4, 258, 27). Der Gegensatz von „in re“ und „in spe“ ist also nicht der von „wirklich“ und „unwirklich“, sondern von „offenbar“ und „verborgen“, von „sichtbar“ und „unsichtbar“. In diesem Leben haben wir Christus, Heil und Rechtfertigung usw. nicht „in re“, das heißt nicht in der Offenbarkeit des Endzustandes, sondern in der Verborgenheit der „absconditas sub contraria specie“, weshalb uns die verborgene Wirklichkeit nur „in fide et spe“ zugänglich ist. Meine Sorge muß es sein, daß ich nicht verliere, was mir nur in Hoffnung gegeben ist, und die Sünde nicht wieder Gewalt über mich bekommt (WA 3, 364). Denn auch nach der Vergebung der Schuld bleibt noch vieles von dem,

[20] *H. Bornkamm*, Zur Frage der Iustitia beim jungen Luther: ARG 52 (1961) 16—29, bes. S. 23; vgl. WA 4, 383: „Quae (i. e. humilitas) est omnis veritas et omnis iustitia, et brevi verbo ipsa Crux Christi.“ Hier scheitert die scharfe Unterscheidung zwischen einer augustinisch-mystischen Humilitastheologie in der ersten Psalmen- und in der Römerbriefvorlesung und einer späteren, erst wirklich reformatorischen Theologie Luthers von 1518/19 durch *E. Bizer* (Fides ex auditu [Neukirchen ²1961]) u. *A. Peters* (Luthers Turmerlebnis: Neue ZSTh 3 [1961] 203—236). Letzterer geht so weit, zu sagen, bis zu den Operationes in Psalmos (1518/19), in den erbaulichen Schriften sogar bis 1521, sei es Luther nicht leichtgefallen, „die semipelagianischen Restbestände in der Humilitas-Frömmigkeit abzustreifen“ (217). Das alles, damit die reformatorische Entdeckung ein Zerbrechen „des Gedankengebäudes der römisch-katholischen Theologie“ sein kann (236). *L. Grane* dagegen hält es für bewiesen, „daß man Luthers Gedankengang falsch versteht, wenn man humilitas als eine menschliche Leistung auffaßt“ (Contra Gabrielem 295; vgl. 321 Anm. 3).

was die Sünde uns angetan hat, zurück, nämlich Schwäche des Gedächtnisses, Blindheit des Verstandes, Begierlichkeit bzw. Unordnung im Willen. Aus diesen dreien als ihrem Ursprung leitet sich jede Sünde her. Es sind Überbleibsel der Sünde, die zwar selbst in der Taufe nachgelassen wurde" (WA 3, 453, 7ff; 215, 28). So bedürfen auch die Getauften dauernd der Heilung (WA 4, 211, 11).

Die Erfahrung: „Wir sündigen also immer wieder, wir sind immer unrein" (WA 4, 364, 9f), hatte Luther schon in seiner frühen Klosterzeit gemacht. Die Psalmenvorlesung ist darüber hinaus voll von der Erkenntnis, daß der Christ wie Christus am Kreuz in der tiefsten Gottverlassenheit Gott am nächsten ist (WA 3, 63), gerettet ist, wo er sich verloren gibt, und „gerechtfertigt ist, wenn er gestorben ist" (Röm 6, 7; WA 4, 90), es also nicht gilt, der Anfechtung ledig zu werden, sondern sie anzunehmen im Glauben an Gott, der „allein gerecht ist und in Christus alle rechtfertigt" (WA 4, 299, 21; 417, 26).

Die Römerbriefvorlesung von 1515/16

Die in den „Dictata super Psalterium" über Gericht und Rechtfertigung vorgetragenen Auffassungen hat Luther noch klarer herausgearbeitet in den von November 1515 bis September 1516 gehaltenen Vorlesungen über den Römerbrief. Neigte Luther ohnehin schon zu paradoxalem Denken und Sprechen, dann wurde er durch die Sprache dieses Paulusbriefes zu einem schockierenden Gegensatzdenken geradezu herausgefordert. Die Grundgedanken der Vorlesung, die bleibende Sünde und die fremde Gerechtigkeit, formuliert Luther in der Vorrede zu den Scholien wie folgt: „Die Summe dieses Briefes ist: zu zerstören, auszurotten und zu vernichten alle Weisheit und Gerechtigkeit des Fleisches, ... wie sehr sie auch von Herzen und aufrichtigen Sinnes geübt werden mag, und einzupflanzen, aufzurichten und groß zu machen die Sünde (WA 56, 157) ... Denn Gott will uns nicht durch eigene, sondern durch fremde Gerechtigkeit und Weisheit selig machen, durch eine Gerechtigkeit, die nicht aus uns kommt und aus uns wächst, sondern von anderswoher zu uns kommt; die auch nicht unserer Erde entspringt, sondern vom Himmel kommt. So muß man also eine Gerechtigkeit lehren, die ganz und gar von außen kommt und eine fremde Gerechtigkeit ist. Darum muß erst die eigene, in uns heimische Gerechtigkeit ausgerottet werden" (WA 56, 158).

Es geht um die Erkenntnis, daß wir Sünder sind, in diesem Sinne müssen wir „Sünder werden". Mit dieser Sünde, die Luther als bleibend erfährt und gegen die der Getaufte zeit seines Lebens anzukämpfen hat, ist nicht die Tatsünde (peccatum actuale) gemeint, sondern die wurzelhafte Sünde (peccatum radicale), die allen verkehrten Einzelakten vorausgeht: die böse Begierlichkeit (concupiscentia). Ihr innerstes Wesen ist die Eigengerechtigkeit, Selbstgefälligkeit und Selbstsucht. Wir sind auf uns selbst verkrümmt und verbogen (WA 56, 258; 304). Diese Selbstbezogenheit (curvitas, WA 56, 356) droht unsere besten Haltungen und Handlungen anzufressen und zu verderben. „‚Du sollst nicht begehren', das heißt, du sollst nichts auf dich hin zurückwenden und nichts für dich selber suchen, sondern für Gott allein in allen Stücken leben, handeln, denken" (WA 56, 356). Alles, Kenntnisse, Tugenden und Güter, mag es in sich gut sein, wird wegen dieser falschen Bezogenheit pervertiert. „Wenn also der Glaube nicht den Menschen erleuchtet und die Liebe ihn nicht frei macht, dann kann er nicht irgend etwas Gutes wollen oder besitzen oder wirken, sondern er kann nur Böses tun, selbst dann, wenn er Gutes tut" (WA 56, 355). Diese böse Begierlichkeit ist für Luther nicht nur Überbleibsel der Sünde, wie noch in der Psalmenvorlesung (WA 3, 453), und nicht nur Zunder (fomes) zu neuer Sünde, sondern wirkliche Sünde. Den scholastischen Theologen wirft Luther vor, „davon zu träumen, daß die ganze Erbsünde so gut wie die Tatsünde hinweggenommen werde, wie wenn sie gewisse Dinge wären, die man im Augenblick wegräumen könnte, so wie Finsternis durch das Licht vertrieben wird" (WA 56, 273).

Wohl ist die Schuld vergeben, aber die Sünde als die verkehrte Grundhaltung des Menschen wird erst in einem langsamen Prozeß durch die Gnade beseitigt. Das habe er, Luther, in den Kämpfen der hinter ihm liegenden Jahre nicht gewußt: „Darum kämpfte ich mit mir, ohne zu wissen, daß die Vergebung zwar wirklich ist, daß es aber keine Hinwegräumung (ablatio) der Sünde gibt, es sei denn in der Hoffnung, das heißt, daß die Sünde hinweggeschafft werden soll durch das Geschenk der Gnade, die sie hinwegzuräumen beginnt, so daß sie fürderhin nicht mehr als Sünde angerechnet wird" (WA 56, 274). Wer diese seine Sünde annimmt und sich „aus freien Stücken zur Verdammnis bekennt", der hat „Gott genuggetan und ist gerecht". „Das geschieht durch den Glauben, wo der Mensch seinen Sinn gefangen gibt unter das Wort vom Kreuz und sich verleugnet und allen Dingen entsagt, sich selbst und allem abgestorben" (WA 56, 419, 12—16).

Diese bleibende Sünde verhindert nicht eine wirkliche Einheit des Glaubenden mit Christus, schließt nicht aus, daß ihm die Gerechtigkeit Gottes im Sinne einer seinsmäßigen Rechtfertigung übertragen wird. „Durch seinen Glauben, der Christi Glauben ist, in dessen Kreuzestod eingebunden und darin die Verurteilung seiner Sünde in Gottes Spruch annehmend, wird er im Innersten umgewandelt und vor Gott gerechtfertigt."[21] Überspitzte Formulierungen Luthers und häufige Verwendung der Worte imputare, reputare, non-imputatio haben zu dem Mißverständnis geführt, Luther kenne keine Rechtfertigung des Menschen im Sinne einer inneren Umwandlung und wirklichen Nachlassung der Sünden. Äußere Rechtfertigung heißt nicht, daß sie nur äußerlich bleibt, sondern daß sie von außen kommt, von Gott ge-

[21] *J. Lortz,* Luthers Römerbriefvorlesung: TThZ 71 (1962) 247.

schenkt ist, nicht durch die Kraft des Menschen, sondern allein durch den Glauben an Gottes Wort erreicht wird[22]. Ja, Luther betont, daß es zunächst gar nicht um die Beseitigung der einzelnen Sünden geht, sondern um die Beseitigung des alten Menschen und um die Schaffung eines neuen. Nach menschlichem Reden würden die Sünden weggenommen, während der Mensch bleibe; beim Apostel sei es umgekehrt: „Der Mensch ist es, der der Sünde entnommen wird, während sie selbst wie ein Überbleibsel bleibt ... Die Gnade und geistliche Gerechtigkeit hebt den Menschen selbst auf, wandelt ihn um und macht ihn von Sünden abwendig, mag sie auch die Sünde zurücklassen (WA 56, 334) ... Darum sagt auch Samuel (1 Sam 10, 6): ‚Du wirst ein anderer Mann werden', das heißt ein anderer Mensch. Er sagt nicht: Deine Sünden werden geändert werden, sondern: Du wirst zuvor ein anderer werden, und bist du erst ein anderer geworden, dann werden auch die Werke andere sein" (WA 56, 335). Die Gerechtigkeit ergibt sich nicht aus dem gerechten Handeln, wie Aristoteles lehrt, sondern geht ihm voraus (WA 56, 172). Wie die Amtshandlungen des Priesters die Priesterweihe voraussetzen, so die Werke des Glaubens die Rechtfertigung durch den Glauben (WA 56, 248). Diese Rechtfertigungsgnade ist kein Habitus, keine Qualität, die dem Menschen anhaftet wie die Tünche der Wand (WA 56, 354), sondern das Ergriffensein von der Kraft Gottes, vom Heiligen Geist, der Macht über uns bekommt und unsere ganze Existenz in Glaube, Hoffnung und Liebe auf Gott ausrichtet. Sofern wir aktuell uns vom Heiligen Geist ergreifen lassen, sind wir gerecht. Dadurch wird der Mensch frei von der Sünde (dem peccatum actuale und radicale), „daß er Gott wirken läßt und selber stille hält" (WA 56, 277). Um dieses Aktualismus willen und um jede Selbstverfügung des Menschen über die Gnade, losgelöst vom Heiligen Geist — so interpretiert Luther fälschlich die Scholastik —, auszuschließen, lehnt Luther wie Ockham die habituelle Gnade ab. Er sieht die Christen in Gefahr, „an Christus vorbei" Gott gefallen zu wollen, „wie wenn sie fürderhin Christi nicht mehr bedürften, nachdem sie die rechtfertigende Gnade empfangen haben" (WA 56, 298).

Das Leben aus dem Glauben ist so ein immer neues Beginnen, ein Sich-immer-neu-zu-Christus-Stellen. Es ist aber auch ein kontinuierlicher Prozeß, „eine Erneuerung des Geistes von Tag zu Tag und mehr und mehr (2 Kor 4, 16)" (WA 56, 443).

Luther sieht den Gerechtfertigten als Kranken vor dem Arzt, der ihm Gesundheit verspricht und schon begonnen hat, ihn zu heilen. Christus, der Samaritan, hat den halbtoten Menschen „in die Herberge aufgenommen und begonnen, ihn zu heilen, nachdem er ihm völlige Gesundheit zum ewigen Leben zugesagt hat". Inzwischen verwehrt er ihm alles, was die Genesung aufhalten könnte. „Ist er damit vollkommen gerecht? Nein, sondern er ist zugleich ein Sünder und ein Gerechter (simul peccator et iustus); Sünder in

[22] „per solam fidem, qua Dei verbo creditur" (WA 56, 172).

Wirklichkeit, aber gerecht kraft der Ansehung und der gewissen Zusage Gottes, daß er ihn von der Sünde erlösen wolle, bis er ihn völlig heilt, und so ist er vollkommen heil in Hoffnung (in spe), in Wirklichkeit (in re) aber ein Sünder; doch besitzt er die Erstlingsgabe der Gerechtigkeit, auf daß er immer weiter suche, immer in dem Bewußtsein, ungerecht zu sein" (WA 56, 272; vgl. 513).

„Iustus ex fide" heißt also nicht nur, ich bin gerecht auf Grund des Glaubens, sondern die Gerechtigkeit ist Gegenstand des Glaubens, sie ist nicht sichtbar und erfahrbar (non in re). Ja, sie muß verborgen bleiben, darf nicht sichtbar werden wie die Gottesherrlichkeit bei Christus (WA 56, 171). Sie ist aber in mir angelegt und will langsam die Herrschaft über mich bekommen. „Denn unser ganzes Leben ist eine Zeit, wo man die Gerechtigkeit will, sie aber niemals ganz erreicht; das geschieht erst im zukünftigen Leben" (WA 56, 280). Gott hat sozusagen schon das Ergebnis vor Augen, sieht den Menschen als Gerechten und rechnet ihm seine Sünden nicht an (WA 56, 272).

Luther macht also einen Unterschied zwischen der Rechtfertigung, die unteilbar ist wie der Glaube (WA 56, 249; 251), und der Heiligung, die langsam vor sich geht. Er spricht aber in dieser Vorlesung noch nicht von der „doppelten Gerechtigkeit", wohl im Anschluß an Röm 5, 15 von Gnade und Geschenk. Gratia bedeutet das, wodurch Gott uns rechtfertigt, oder vielmehr das, was in Christus als dem Ursprung gegeben ist, und donum das, was Christus in uns ausgießt. „Jenes Wort: ‚Durch die Gnade dieses einen Menschen' ist von der persönlichen Gnade Christi zu verstehen, entsprechend der eigenen und persönlichen Sünde Adams, die ‚Gabe' aber ist die Gerechtigkeit, die uns geschenkt ist" (WA 56, 318). Luther betont, daß Gnade und Gabe „ein und dasselbe" sind und bestimmt das Verhältnis beider nicht näher. Auch das Verhältnis der gratia operans, der allein wirkenden „ersten Gnade", und der gratia cooperans, die Wachstum und Stufen kennt (WA 56, 379), wird nicht geklärt. Vor allem bleibt das Subjekt im Dunkeln, das Fleisch und Geist, Gerechter und Sünder ist, das Werke des Gesetzes und des Glaubens tut, das angesichts der allein wirkenden Gnade passiv ist, aber doch glauben, hoffen und lieben, ja mit der Gnade mitwirken und in ihr wachsen und heilig werden soll. Während Paulus neben Fleisch und Geist noch den nous, den inneren Menschen, der fleischlich und geistlich sein kann, annimmt, kennt Luther nur caro und spiritus und ist dazu noch versucht, beides gleichzusetzen mit Leib und Geist des Menschen. „Derselbe Mensch ist zugleich Geist und Fleisch" (WA 56, 350). Diese Einheit vergleicht Luther mit der der beiden Naturen in Christus, und wie hier gilt auch bei ihr die Idiomenkommunikation. „Aber weil ein und derselbe Mensch als ganzer aus Fleisch und Geist besteht, darum teilt Paulus dem ganzen Menschen beide Stücke zu, die einander entgegengesetzt sind und aus den einander entgegengesetzten Teilen seines Wesens stammen. So nämlich kommt es zu der Gemeinschaft der Eigenschaften (communicatio idiomatum), daß ein und derselbe Mensch geistlich und fleischlich ist, gerecht und sündig, gut und böse. So wie ein und dieselbe Person Christi zugleich tot und lebendig, zugleich leidend und selig, zugleich wirkend und untätig ist usw., um der Gemeinschaft der Eigenschaften willen, auch wenn keiner von den beiden Naturen das, was der anderen Natur eigentümlich ist, zukommt, sondern der schroffste Widerspruch zwischen ihnen besteht" (WA 56, 343). Nach diesem Vergleich müßte die menschliche Person Träger von caro und spiritus sein, sie, die zwar dem Bösen verfällt, aber nicht so schlechthin böse ist, „daß nicht noch ein Rest vorhanden wäre, der dem Guten zugewandt ist, wie es in unserem Gewissen deutlich wird" (WA 56, 237).

Dieser Mensch muß mit dem donum arbeiten, oder, besser, der vom göttlichen Geist ergriffene Mensch, der homo spiritualis, muß der Begierlichkeit Widerstand leisten, damit die in uns bleibende Sünde nicht in uns herrsche, vielmehr der Geist in uns sie, die früher über uns herrschte, zerstöre (WA 56, 314), der Mensch sie aushalte (WA 56, 346; 272), bis der Geist sie hinwegräumt. So ist der Mensch durch die concupiscentia Sünder; aber weil er die Gerechtigkeit von Gott erfleht (WA 56, 269), ist er gerecht. Das aber nicht statisch, sondern in einem dauernden Besserungsprozeß. „Wer zur Beichte geht, soll nicht meinen, er lege dort seine Bürde ab, um geruhsam leben zu können. Er soll wissen, daß er, indem er die Last ablegt, zum Kriegsdienst Gottes antritt ... Wer darum nicht entschlossen ist, fortan zu kämpfen, wozu bittet er dann, absolviert und dem Heerbann Christi zugeordnet zu werden" (WA 56, 350).

Läßt Luther auch vielfach die theologische Genauigkeit und Sorgfalt vermissen, so macht er doch eindringlich ernst mit dem Auf-dem-Wege-Sein des Menschen und mit der „typisch paulinischen Problematik von Sein und Werden, von Haben und Erstreben, von Indikativ und Imperativ" (O. Kuss). Von hier aus ergibt sich unschwer die Verbindung zur ersten Ablaßthese, wonach das ganze Leben des Christen eine Buße sein soll.

Vorlesung über den Galaterbrief

Im Anschluß an den Römerbrief legte Luther im Winter 1516/17 (27. 10. bis 13. 3.) den Brief an die Galater aus. Diese Vorlesung ist nur in einer Schülerhandschrift erhalten. Luther bzw. Melanchthon hat dieses Kolleg 1519 als „Commentarius" für den Druck ausgearbeitet (WA 2, 443—618; vgl. WA 57, II, XVI). Der Galaterbrief sollte Luther noch öfter beschäftigen. Er war „sein Brief", dem er sich angetraut hatte. „Ist meine Katharina v. Bora" (WA Tr 2, 69, Nr. 146). Hier fand Luther seine Auffassung von der Rechtfertigung aus dem Glauben, über die Werke des Gesetzes und die Werke des Glaubens, über Fleisch und Geist und über die bleibende Sünde bestätigt.

„Die wunderbare und neue Definition der Gerechtigkeit" lautet: „Die Gerechtigkeit ist der Glaube an Christus ... Nach einem Wort des Hieronymus lebt der Gläubige nicht aus der Gerechtigkeit, sondern der Gerechte aus dem Glauben, das heißt, er lebt nicht, weil er gerecht ist, sondern er ist gerecht, weil er glaubt" (WA 57, II, 69).

Durch den Glauben werden wir „eins mit Christus". Der Glaube ist die Gerechtigkeit insgesamt (universalis iustitia). So läßt sich jede Sünde auf den Unglauben gegenüber Christus zurückführen. Auf den Einwand, dann genügt ja der Glaube und ich brauche weiter nicht das Gute tun und das Schlechte unterlassen, entgegnet Luther: An sich genügt der Glaube, aber keiner hat so großen Glauben, daß dieser nicht gemehrt werden könne. Die Werke dienen also der Mehrung des Glaubens. Darüber hinaus sind sie als freier Dienst dem Herrn Christus zu leisten (WA 57, II, 70).

Im Anschluß an Gal 2, 17 stellt sich die Frage, wie der Apostel leugnen könne, daß auch die Christusgläubigen als Sünder erfunden werden (Röm 6, 2 10f). „Alle Gläubigen", so lautet die Antwort, „sind gerecht wegen Christus, an den sie glauben und dem sie durch die Abtötung des alten Menschen gleichförmig zu werden beginnen. Deshalb wird, was noch nicht abgetötet ist, wegen des Glaubens und der begonnenen Gleichgestaltung nicht angerechnet" (WA 57, II, 74). Die Rechtfertigung ist also real in mir angelegt, aber noch nicht vollendet; sie ist ein Prozeß der Gleichgestaltung mit Christus. Die bis zur Vollendung bleibende Sünde wird nicht angerechnet, weil Gott sozusagen auf das Ende schaut, das im Glauben schon vorweggenommen ist.

Die Hebräerbriefvorlesung

Die letzte Vorlesung, die über den Brief an die Hebräer, ist auch nur in Nachschriften überliefert. Luther hat sie von Frühjahr 1517 bis Frühjahr 1518 gehalten. Sie fällt damit in die Zeit des Ablaßstreites und reicht schon in die ersten Monate des reformatorischen Kampfes. Davon merken wir aber nicht viel. Die Kritik am Erscheinungsbild der Kirche ist nicht viel auffälliger als in den vorausgehenden Vorlesungen. Dagegen tritt das philologisch-humanistische Interesse Luthers stärker in den Vordergrund. Die Rechtfertigung wird noch mehr christologisch gesehen. Im Glauben wird uns die Gemeinschaft mit Christus geschenkt. Der Glaube ist das Bindemittel zwischen dem Herzen und dem Wort Gottes. Durch den Glauben werden sie zu einem Geist vermählt (WA 57, III, 157), „wird der Mensch ähnlich dem Worte Gottes, das Wort aber ist der Sohn Gottes; so kommt es schließlich dazu, daß Sohn Gottes ein jeder ist, der an ihn glaubt (Joh 1, 12)" (WA 57, III, 151).

Die in der Randbemerkung zu Augustinus (De Trin. IV, 3) erläuterte (WA 9, 18) und später öfter u. a. in der Römerbriefvorlesung (WA 56, 321) wieder aufgegriffene Vorstellung vom Tode Christi als sacramentum und exemplum führt Luther näher aus und bringt sie in engere Verbindung mit der Rechtfertigung. Christi Leiden ist göttliches Zeichen (sacramentum) des Todes und der Nachlassung der Sünden[23]. Bevor Christus zum Beispiel werden kann, muß der Mensch „in festem Glauben fassen, daß Christus für ihn gelitten hat und gestorben ist als göttliches Zeichen (quoad sacramentum). Gewaltig also irren die Leute, welche versuchen, sogleich mit Werken und Anstrengungen der Buße die Sünde zu tilgen, und gleichsam mit dem Vorbild beginnen, wo sie mit dem Sakrament anheben sollten" (WA 57, III, 114). Der Mensch muß mit Christus im Glauben sterben, damit Christus in ihm leben und wirken, ja herrschen kann. „Da strömen von selbst die Werke nach außen aus dem Glauben" (57, III, 114). In der Deutung von Hebr 10, 19 ist das Sterben Christi und sein Eingang in die Herrlichkeit des Vaters Zeichen und Sakrament[24] der Nachahmung Christi. Der Tod Christi ist Zeichen (sacramentum) der Abtötung der Konkupiszenz[25], ja ihres Todes, und sein Eingang in den Himmel ist Zeichen (sacramentum) „des neuen Lebens und des Weges, darauf wir nun das Himmlische suchen und lieben" (WA 57, III, 223).

Christus aber ist nicht nur Vorbild für unseren Hinübergang, nicht nur Führer, sondern Helfer, ja Fährmann. „Denn der wird auf Christi Schultern getragen, der im Glauben auf ihn sich stützt" (WA 57, III, 224). Im Tode Christi hat Gott den Teufel sein Werk wirken lassen; aber hierbei hat der Tod sich an der Gottheit Christi übernommen. Im Töten unterlag der Teufel und mußte durch den Tod nichts anderes denn Leben schaffen. „So bringt Gott sein Werk vorwärts und zur Erfüllung durch ein fremdes Werk" (WA 57, III, 128).

Wie Christus durch seine Einheit mit der unsterblichen Gottheit im Sterben den Tod überwand, so überwindet auch der Christ durch die im Glauben geschlossene Einheit mit dem unsterblichen Christus in seinem Sterben den Tod[26]. Diese Argumentation ist auf dem Boden der anselmischen Satisfaktionslehre nicht zu begreifen. Man muß sie gemäß der patristischen Erlösungslehre vor dem Hintergrund von Phil 2, 7 ff verstehen. Christus hat sich seiner göttlichen Gestalt entäußert, das heißt „der Gerechtigkeit ... Herrlichkeit, Friede, Freude", und hat angenommen das, was „uns eigen ist: Sünde, Torheit, Verderben, Schmach, Kreuz, Traurigkeit usf." (WA 57, III, 136), und dies alles dadurch von innen her entmachtet. Weil er so uns verlorenen Menschen gleichförmig wurde, können wir ihm gleichgeschaltet wer-

[23] „Sacramentum passionis Christi est mors et remissio peccatorum" (WA 57, III, 114).

[24] „significat et est sacramentum imitandi Christum" (WA 57, III, 222).

[25] concupiscentiae, nach *Hirsch-Rückert* 251; WA 57, III, 222, 30 liest mit Hs. conscientiae.

[26] „Sicut enim Christus per unionem immortalis divinitatis moriendo mortem superavit, ita Christianus per unionem immortalis Christi (Quae fit per fidem in illum) etiam moriendo mortem superat. ac sic deus diabolum per ipsummet diabolum destruit et alieno opere suum perficit" (WA 57, III, 129).

den. Er hat unsere Ungerechtigkeit auf sich genommen und uns seine Gerechtigkeit geschenkt. Die „Gerechtigkeit ist die Gnade selbst, dadurch der Mensch gerechtfertigt wird, das ist: Glaube, Hoffnung, Liebe, wie es in Ps 30 [31, 2] heißt: ‚In deiner Gerechtigkeit errette mich' ... Diese Gerechtigkeit ist nun die, davon Röm 1 [17] geschrieben steht, sie komme ‚aus Glauben', wie er denn sagt: Im Evangelium ‚wird offenbart Gottes Gerechtigkeit aus Glauben in Glauben' (Röm 1, 17); verkehrt wird das ausgelegt als die Gerechtigkeit Gottes, durch die er selbst gerecht ist. Es sei denn, man versteht es so, daß der Glaube das Herz des Menschen so erhebt und von sich selbst weg zu Gott hinüberträgt, daß aus dem Herzen und Gott ‚ein Geist' (1 Kor 6, 17) wird und so die göttliche Gerechtigkeit selbst die Gerechtigkeit des Herzens ist ..., so wie in Christus die Menschheit durch Einigung mit der göttlichen Natur ein und dieselbe Person geworden ist" (WA 57, III, 187 f).

Nach dieser Deutung würde Christus mir nicht seine Gerechtigkeit mitteilen, sondern es würde eine Subjektvertauschung stattfinden; der Mensch würde aus der eigenen Personmitte heraustreten und die Person Christi zum Träger bekommen wie in Christus die menschliche Natur die göttliche Person. Dann könnten in einer Idiomenkommunikation die Eigenschaften Christi vom Menschen ausgesagt werden.

Neu ist in der Hebräerbriefvorlesung die Erörterung des Verhältnisses von Glaube und Sakrament und die Darbietung einer relativ ausführlichen Abendmahlslehre. Wie schon in der Vorlesung über den Römerbrief (WA 56, 370), mit denselben Worten und mit Berufung auf dieselbe Stelle bei Bernhard von Clairvaux[27] betont Luther: „Der Glaube an die Sündenvergebung reicht nicht aus, wenn du nicht aufs allergewisseste glaubst, daß *dir* die Sünden vergeben sind" (WA 57, III, 169). Dieses Zusprechen der Sündenvergebung auf mich persönlich hin vollzieht sich in den Sakramenten. „Daher kommt es, daß niemand die Gnade deshalb erlangt, weil er die Absolution oder die Taufe oder die Kommunion oder die Ölung empfängt, sondern deshalb, weil er glaubt, so durch Absolution, Taufe, Kommunion, Ölung die Gnade zu erlangen" (WA 57, III, 169 f).

Das auch von Thomas von Aquin[28] angeführte Augustinuswort[29]: Das Sakrament wirkt kraft des Wortes, und zwar nicht, weil es gesprochen, sondern weil es geglaubt wird, zitiert Luther etwas verkürzt und betont die Notwendigkeit der Bereitschaft des Herzens, das heißt des Glaubens, für

[27] Sermo in festo Annuntiationis I; PL 183, 383. Bizers Bemerkung „Luther beanstandet *jetzt* den Gewissensbegriff bei Bernhard" (Fides ex auditu 80) ist abwegig. Wie in der Römerbriefvorlesung weist Luther hier mit Bernhard darauf hin, daß wir die Gewissensüberzeugung von der Vergebung unserer Sünden nicht aus uns haben, sondern sie ein Geschenk des Heiligen Geistes ist. Der Versuch Bizers, in der Hebräerbrief-Vorlesung einen Fortschritt von Luthers Verständnis der ‚Gerechtigkeit aus dem Glauben aufzuweisen, erweist sich hier wie auch sonst als Konstruktion.

[28] S. th. III q. 60 a. 6.

[29] In Ev. Ioan. tract. 80; PL 35, 1840.

den fruchtbaren Empfang des Sakramentes; es reicht nicht aus, keinen „Riegel“ vorzuschieben. „Selbst heute wird kein Kind getauft, es sei denn, daß man an seiner Statt antwortet: ‚ich glaube‘“ (WA 57, III, 170). „Die Sakramente der Gnade helfen niemand, schaden vielmehr jedem, der nicht in völligem Glauben hinzutritt. Nein, der Glaube ist schon die rechtfertigende Gnade“ (WA 57, III, 191).

Die Frage, weshalb noch Sakramente, wenn der Glaube schon rechtfertigt, wird so für Luther wie für die spätmittelalterliche Theologie besonders drängend. „Äußeres Wort und Sakrament sind den Würdigen und Unwürdigen gemeinsam, sie genügen nicht, wenn wir nicht auch den in ihnen verborgenen Christus schmecken“ (WA 57, III, 200). Wenn Luther betont, daß „im NT nicht das Sakrament, sondern der Glaube an das Sakrament rechtfertigt“ (WA 57, III, 206), will er nicht das opus operatum leugnen, nicht bestreiten, daß das Sakrament unabhängig von der Würdigkeit des Spenders und Empfängers zustande kommt, sondern betonen, daß der bloß sakramentale Empfang ohne den geistlichen Empfang, das heißt ohne den Glauben, keinen Nutzen bringt; wohl aber der bloß geistliche Empfang ohne den sakramentalen entsprechend dem Augustinuswort: „Wozu bereitest du den Bauch und die Zähne? Glaube!, so hast du gegessen.“ [30]

Des Leidens Christi zu gedenken heißt nicht Mitleid mit ihm haben, das können auch die Heiden, sondern glauben, daß Christus sein Blut für meine Sünden vergossen hat. „Denn das heißt geistlich trinken und essen: durch solchen Glauben in Christus eingetaucht und eingeleibt werden“ (WA 57, III, 209). Die Eucharistie ist für Luther Testament, das heißt Vermächtnis des sterbenden Christus. Darin wird mir die Vergebung der Sünden zugesagt. Das Testament ist gültig geworden durch den Tod des Testators. Dieser Tod ist das Opfer des Neuen Bundes, das ein für allemal dargebracht worden ist (WA 57, III, 172; 217). „Was aber von uns täglich geopfert wird, ist nicht so sehr ein Opfer, als das Gedächtnis jenes Opfers, wie er gesagt hat: „Tuet dies zu meinem Gedächtnis“ (WA 57, III, 217 f).

Wenn wir von der Entwicklung in der Psalmenvorlesung, die aber wegen der späteren Bearbeitung schwer festzulegen ist, absehen und wenn wir die Abhängigkeit Luthers von seiner jeweiligen Vorlage und den unter ihrer Inspiration gebildeten Zentralbegriffen [31] berücksichtigen, können wir sagen, daß die exegetischen Vorlesungen 1513/18 von denselben Grundgedanken getragen sind: Rechtfertigung durch Jesus Christus, der unsere Schwachheit angenommen hat und uns seine Gerechtigkeit im Glauben schenkt. Glaube als Gemeinschaft mit Christus, in dem wir die bleibende Sünde allmählich überwinden, ein Prozeß, der erst mit dem Tode vollendet sein wird.

[30] In Ev. Ioan. tract. 25, 12; PL 35, 1602.
[31] *J. Lortz*, Luthers Römerbriefvorlesung 150, 152.

Luthers reformatorische Erkenntnis der Iustitia Dei

Wiederholt spricht Luther seit 1532 in den Tischreden und in seinen Vorlesungen von einer Erkenntnis, ja einem Erlebnis, das ihm ein ganz neues Verständnis des Evangeliums vermittelt und ihm nach höllischer Angst das Tor zur Freude des Paradieses und zu Leben und Heil geöffnet hätte[32]. Inhaltlich geht es dabei um das Verständnis der Gerechtigkeit Gottes. Bis dahin habe er einen Schrecken bekommen, wenn er Ps 31 (30), 2 bzw. 71 (70), 2 oder Röm 1, 17 „Gerechtigkeit Gottes" gelesen habe. Wie ein „Blitzschlag" habe ihn dieses Wort getroffen. Dann sei ihm, dank der Erleuchtung des Heiligen Geistes, aufgegangen, daß hier nicht die richtende Gerechtigkeit gemeint ist, sondern die Gerechtigkeit, durch die Gott in seiner Gnade uns gerecht macht. Da habe sich ihm, der vorher die Psalmen und die Schrift aus dieser Angst heraus gehaßt habe, „die ganze Heilige Schrift und der Himmel selbst geöffnet" (WA 43, 537).

Nach der frühesten Äußerung Luthers aus dem Jahre 1532, einer Tischrede, die von Cordatus, Kumer, Schlaginhaufen und Rorer fast gleichlautend niedergeschrieben ist, stellt sich der Vorgang, wie folgt, dar: „Diese Worte ‚gerecht' und ‚Gerechtigkeit' wirkten auf mein Gewissen wie ein Blitz; hörte ich sie, so entsetzte ich mich: Wenn Gott gerecht ist, so wird er strafen. Doch, Gott sei es gedankt, als ich einmal in diesem Turm und meiner Studierstube über diese Worte: ‚Der Gerechte lebt aus dem Glauben' (Röm 1, 17) und ‚die Gerechtigkeit Gottes', nachsann, dachte ich alsbald: Wenn wir als Gerechte aus dem Glauben leben sollen und wenn die Gerechtigkeit Gottes jedem, der glaubt, zum Heil gereichen soll, so wird sie nicht unser Verdienst, sondern die Barmherzigkeit Gottes sein. So wurde mein Geist aufgerichtet. Denn die Gerechtigkeit Gottes besteht darin, daß wir durch Christus gerechtfertigt und erlöst werden. Und jene Worte wurden da für mich lieblicher. Die Schrift hat mir der Heilige Geist in diesem Turm geoffenbart" (Tr 3, Nr. 3232c). Als Ort dieses Erlebnisses gibt Luther den geheizten Raum (hypocaustum) im Turm des Wittenberger Klosters, der ihm als Arbeitszimmer diente, an. Deshalb spricht man vom „Turmerlebnis".

Umstrittener ist der Zeitpunkt, zu dem Luther die Erkenntnis zuteil wurde. Und von daher bedingt auch ihr Inhalt. Diese Kontroverse entzündet sich an dem letzten und ausführlichsten Bericht Luthers über sein Erlebnis in der Vorrede zum 1. Band seiner lateinischen Werke von 1545. Darin will

[32] Tr 3, 228, Nr. 3232 a—c (= Scheel Nr. 235); Enarr. Ps. 51 (1532), WA 40, II, 331 f (= Scheel Nr. 237); 444 f (= Scheel Nr. 245); Tr 2, 177, Nr. 1681 (= Scheel Nr. 238); Tr 4, 72 f, Nr. 4007 (= Scheel Nr. 404); Tr 5, 26, Nr. 5247 (= Scheel Nr. 449); Enarr. in genes. cap. 27, 38 (1542), WA 43, 537 (= Scheel Nr. 460); Tr 5, 210, Nr. 5518 (= Scheel Nr. 474); Tr 5, 235, Nr. 5553 (= Scheel Nr. 476); Enarr. in genes. cap. 42, 18—20 (1543), WA 44, 485 (= Scheel Nr. 490); Vorrede zum ersten Band der lateinischen Schriften (1545), WA 54, 179—187 (= Scheel Nr. 511).

Luther den Leser darauf hinweisen, daß sich in den früheren Schriften „noch viele und bedeutende Zugeständnisse an den Papst finden", die er, Luther, „jetzt für höchste Gotteslästerung und Greuel halte und verdamme" (WA 54, 179, 34 ff). Es sei eben schwer gewesen, „sich aus solchen Irrtümern herauszuwinden und herauszukommen" (WA 54, 183, 21 ff). Luther möchte den „protestantischen" Leser sozusagen um Nachsicht bitten und ihm den theologischen Schlüssel zum rechten Verständnis an die Hand geben. Das sind die Rechtfertigung durch den Glauben an Christus und die Gerechtigkeit Gottes als iustitia passiva. Beides sei ihm in langem ernstem Ringen erst aufgegangen. Das zeigt er in zwei Exkursen, die er in den Bericht der äußeren Ereignisse unter Rückgriff auf die zurückliegende Zeit (Plusquamperfekt) einblendet (WA 54, 183, 21 — 184, 3 und WA 54, 185, 12 — 186, 20). Der zweite Exkurs lautet: „Unterdessen (das heißt, als die Leipziger Disputation und die Miltitziade lief) hatte ich mich in jenem Jahre (1519) schon wieder der Auslegung des Psalters zugewandt, im Vertrauen darauf, daß ich geübter sei, nachdem ich die Briefe des hl. Paulus an die Römer, an die Galater und den an die Hebräer in Vorlesungen behandelt hatte. Ein gewiß wunderbares Verlangen hatte mich ergriffen gehabt (captus fueram), Paulus im Römerbrief zu verstehen. Dem hatte bis dahin kein Mangel an ernstem Wollen im Wege gestanden, sondern ein einziges Wort im ersten Kapitel, nämlich: ‚Die Gerechtigkeit Gottes wird im Evangelium geoffenbart.' Mich hatte nämlich ein Haß gefaßt gegen dieses Wort ‚Gerechtigkeit Gottes', weil ich — nach Brauch und Gewohnheit aller Theologen — unterwiesen worden war, es philosophisch zu verstehen als die formale oder aktive Gerechtigkeit, wonach Gott gerecht ist und die Sünder und Ungerechten straft.

Ich aber fühlte mich, obwohl ich als Mönch ein untadeliges Leben führte, vor Gott als ein Sünder mit einem ganz ruhelosen Gewissen und konnte nicht darauf vertrauen, Gott durch meine Genugtuung versöhnt zu haben. Deshalb liebte ich nicht, nein haßte vielmehr den gerechten und die Sünder strafenden Gott. So zürnte ich Gott, wenn nicht in geheimer Lästerung, so doch wenigstens mit gewaltigem Murren und sagte: Nicht genug damit, daß die elenden Sünder und auf Grund der Erbsünde ewig Verlorenen nach dem Gesetz des Alten Bundes mit Unheil jeder Art bedrückt werden, nein, Gott will auch noch durch das Evangelium Qual auf Qual häufen, indem er auch durch die frohe Botschaft uns seine Gerechtigkeit und seinen Zorn drohend entgegenhält. So raste ich wütenden und verstörten Gewissens und schlug mich rücksichtslos mit jener Paulusstelle herum, von dem glühenden Verlangen erfüllt zu wissen, was Paulus wolle.

Bis nach tage- und nächtelangem Nachsinnen sich Gott meiner erbarmte und ich auf den inneren Zusammenhang der beiden Stellen aufmerksam wurde: ‚Die Gerechtigkeit Gottes wird im Evangelium offenbar', wie geschrieben steht: ‚Der Gerechte lebt aus dem Glauben.' Da fing ich an, die Gerechtigkeit Gottes zu verstehen als die, durch die der Gerechte dank des

Geschenkes Gottes lebt, und zwar aus dem Glauben: daß die Gerechtigkeit Gottes, die durch das Evangelium offenbart wird, in dem passiven Sinn zu verstehen ist, daß Gott in seiner Barmherzigkeit uns durch den Glauben rechtfertigt, wie geschrieben steht: ‚Der Gerechte lebt aus dem Glauben.' Hier fühlte ich mich geradezu wie neugeboren und als wäre ich durch die geöffneten Pforten ins Paradies eingetreten. Da zeigte mir die ganze Heilige Schrift sofort ein anderes Gesicht. Ich ging dann die Heilige Schrift durch, wie ich sie im Gedächtnis hatte, und fand in anderen Wendungen den entsprechenden Sinn: so ist das ‚Werk Gottes' dasjenige, was Gott in uns wirkt, die ‚Stärke Gottes' das, wodurch er uns stark macht, die ‚Weisheit Gottes' die, durch die er uns weise macht; so ist auch die ‚Kraft Gottes', das ‚Heil Gottes', die ‚Ehre Gottes' aufzufassen.

So groß vorher mein Haß war, mit dem ich dem Wort ‚Gerechtigkeit Gottes' begegnet war, so groß war jetzt die Liebe, mit der ich es als allersüßestes Wort rühmte. So ist mir diese Paulusstelle wahrhaft zu einer Pforte des Paradieses geworden. Nachher las ich Augustins Schrift ‚De spiritu et litera', wo ich wider Erwarten fand, daß auch er die Gerechtigkeit Gottes ähnlich auffaßt als diejenige, mit der Gott uns bekleidet, indem er uns rechtfertigt. Und obgleich dies noch unvollständig gesagt ist und Augustin über die Imputation nicht alles klar entwickelt, gefiel es mir doch, daß hier die Gerechtigkeit Gottes als eine gelehrt wird, durch die wir gerechtfertigt werden.

Durch solche Gedankengänge besser ausgerüstet, begann ich die Psalmen ein zweites Mal zu erklären ..." (WA 54, 185 f).

Luther legt seine grundlegende Erkenntnis einmal zeitlich fest mit der Bemerkung, er habe danach Augustins „De spiritu et litera" gelesen. Diese Schrift hat er aber schon zu Beginn seiner Römerbriefvorlesung ausgiebig herangezogen (WA 56, 157; 172; 173; 191; 200; 202), um seine Auffassung von der iustitia dei passiva im Zusammenhang mit Röm 1, 17 zu belegen[33]. Damit hätten wir die für Luther so wichtige reformatorische Erkenntnis in die Zeit der ersten Psalmenvorlesung, spätestens vor Ostern 1515 zu legen.

[33] Scholie zu Röm 1, 17: „Wiederum darf man hier unter der Gerechtigkeit Gottes nicht die verstehen, durch die er selbst gerecht ist in sich selbst, sondern die, durch die wir von ihm her gerecht gemacht werden. Das geschieht durch den Glauben an das Evangelium. Daher sagte der selige Augustinus im 11. Kapitel seines Buches ‚Vom Geist und Buchstaben': ‚Gerechtigkeit heißt darum Gerechtigkeit Gottes, weil er damit, daß er sie mitteilt, Menschen zu Gerechten macht' ..." (WA 56, 172). Vgl. WA Br 1, 70. *Bizer*, der Luthers neues Verständnis der Iustitia Dei erst 1518/19 ansetzen möchte, hilft sich mit der These, es habe sich bei der im Rückblick von 1545 genannten Lektüre von „De spiritu et litera" nicht um die erste, sondern um eine nochmalige gehandelt (S. 10). Aber wieso führt Luther hier in der Römerbrief-Vorlesung schon an, was er bei der angeblichen zweiten Lektüre erst gefunden haben will. Auch aus dem Brief an Spalatin vom 19. 10. 1516 geht hervor, daß Luther sich damals schon der Bedeutung von Augustins „De spiritu et litera" für das rechte Verständnis der Gerechtigkeit bewußt war (WA Br 1, 10, 9 f). Vgl. *B. Lohse*, Die Bedeutung Augustins für den jungen Luther: KuD 11 (1965) 116—135.

Dagegen spricht, daß Luther selbst als Zeitpunkt die Tage vor Beginn der zweiten Psalmenvorlesung, das heißt Herbst 1518, anzugeben scheint[34]. Denn seine Erzählung ist von dem zweimaligen Hinweis auf die zweite Psalmenvorlesung eingerahmt. Das heißt aber nicht, daß die erzählten Vorgänge nicht erheblich früher liegen können; ja, das doppelte Plusquamperfekt (redieram, captus fueram) legt dies sogar nahe. Luther will zeigen, daß er durch seine Vorlesungen über die Paulusbriefe besser gerüstet war zur Psalmenvorlesung. Dabei geht er bei der Darstellung seiner Erkenntnis hinter den Beginn der Psalmenvorlesung zurück. Sicher will er nicht sagen, daß er ein Jahr lang ohne das rechte Verständnis von Röm 1, 17 über diesen Brief gelesen hat. Tatsächlich deutet er dort ja auch die in Röm 1, 17 gemeinte Gerechtigkeit als die, wodurch Gott uns gerecht macht „per solam fidem, qua Dei verbo creditur" (WA 56, 172). In einem Brief vom 8. April 1516 an den Augustiner Georg Spenlein entwickelt er seine Lehre von der „Gerechtigkeit Gottes, welche uns in Christus aufs reichlichste und umsonst geschenkt ist" (WA Br 1, 35, 19) mit dem Hinweis, daß er auch in dieser Hinsicht dem Irrtum verfallen gewesen sei[35]. Demnach wäre ihm inzwischen eine grundlegende neue Erkenntnis zuteil geworden. Gäbe Luther das Jahr 1518/19 an, dann müßte er sich über den Zeitpunkt getäuscht haben, was auch von einigen Forschern angenommen wird[36]. Andere nehmen 1518 als das richtige Datum an, müssen aber dann dem reformatorischen Erlebnis einen anderen Inhalt geben, z. B. H. Grisar[37] die Entdeckung der Heilsgewißheit. Doch

[34] Diesen Termin nehmen an u. a. *H. Grisar* (Luther I 307) und *P. J. Reiter* (Martin Luthers Umwelt, Charakter und Psychose II 316). *A. Gyllenkrok* (Rechtfertigung und Heiligung 65ff) sieht die reformatorische Wende sich in der Hebräerbriefvorlesung (1517/18) anbahnen. *E. Bizer* (Fides ex auditu 7 u. 168) setzt das ‚Erlebnis' auf das Frühjahr oder den Sommer 1518 an, und nach *K. Aland* (Der Weg zur Reformation 110) „vollzieht sich im Februar/März 1518 der Durchbruch zur befreienden Klarheit".

[35] „Fuisti tu apud nos in hac opinione, imo errore; fui et ego" (WA Br 1, 35, 22). Nach *K. Aland* (Der Weg zur Reformation 13) „kommt man leicht in Gefahr, den Brief falsch zu interpretieren, und möglicherweise auf den Gedanken, Luther verkünde hier eine neue theologische Entdeckung, vielleicht sogar die an Röm 1, 17. Daß es sich in Wirklichkeit um eine andere theologische Position als die in der Praefatio beschriebene handelt, ergibt sich aus den weiteren Ausführungen des Briefes selbst..." Den Beweis dafür bleibt er uns aber schuldig.

[36] *J. Ficker,* Luthers Vorlesung über den Römerbrief (Leipzig [4]1930) LXXII; *F. Loofs,* Leitfaden zum Studium der Dogmengeschichte (Halle [4]1906) 688; *O. Scheel,* Martin Luther II 664 nimmt einen „Gedächtnisirrtum" Luthers an. *K. Holl,* Luther 195, nennt Luthers Behauptung, sein Verständnis der Iustitia Dei erst 1519 gewonnen zu haben, „eine Behauptung, die den offenkundigen Tatsachen ... widerspricht". *A. Peters* (Luthers Turmerlebnis: Neue ZSTh 3 [1961] 203—236) unterscheidet zwischen dem ersten Aufbrechen der neuen exegetischen Einsicht, das in den Dictata super Psalterium vorliege, und dem Punkt, „wo es Luther endgültig gelingt, von diesem neuen Ansatz aus die unerledigten exegetischen wie dogmatischen Fragen einer Lösung zuzuführen" (211). Dies sei erst 1518 geschehen.

[37] Luther I 316ff; Martin Luthers Leben und Werk 94—99.

davon steht nichts im Text. Ebenfalls nichts davon, daß „Luther das Wort als Gnadenmittel entdeckt" habe, worin E. Bizer[38] den Inhalt der Entdeckung sieht. Bei einem so entscheidenden Erlebnis irrt man sich aber eher im Datum als im Inhalt. Doch, wie gesagt, zwingt uns der Rückblick von 1545 gar nicht, das Jahr 1518 anzunehmen.

Haben wir an ein Erlebnis im Sinne einer blitzartig aufgegangenen Erkenntnis zu denken? Die Tischreden erwecken diesen Eindruck, der Rückblick von 1545 dagegen stellt die neue Erkenntnis mehr als die Frucht langer, zäher und stiller Bemühung um den Sinn der Heiligen Schrift dar. Luther fordert den Leser ja ausdrücklich auf, sich gegenwärtig zu halten, daß er, wie Augustinus sagt, einer von denen gewesen ist, die sich durch Schreiben und Lehren vorwärts zu bringen suchen, und nicht einer von denen, die aus nichts mit einem Schlage alles werden, „... auf den ersten Blick den gesamten Geist der Heiligen Schrift ausschöpfen" (WA 54, 186). Entsprechend will er ja „angefangen haben zu verstehen". An anderer Stelle sagt er von sich: „Ich habe meine Theologie nicht auf einmal gelernt, sondern habe immer tiefer und tiefer hineingraben müssen" (WA Tr 1, 146 Nr. 352).

Sicher dürfen wir in den Vorlesungen keinen unmittelbaren Niederschlag eines „Turmerlebnisses" finden wollen. Wohl können wir uns fragen, wann Luther die neue, für sein Selbstverständnis und für seine Auffassung der Heiligen Schrift so entscheidende, ja revolutionäre Erkenntnis zum erstenmal in seiner Exegese fruchtbar gemacht hat. Die Antwort muß lauten: in den „Dictata super Psalterium", in der ersten Psalmenvorlesung. Dabei haben die Scholien von Ps 1 und 4 als Frucht der späteren Ausarbeitung der Vorlesung für den Druck zunächst auszuscheiden.

Bei der Erklärung von Ps 30 (31), 2, wo das tiefgehaßte Wort „In iustitia tua libera me" zum erstenmal zu erklären war, liegt das neue Verständnis der Gerechtigkeit Gottes noch nicht vor. Wir spüren aber auch nichts von dem „Donnerschlag" (Tr 4, 72, Nr. 4002), von dem Luther beim Lesen dieses Psalmverses getroffen sein wollte. Bei der Erklärung von Ps 71 (72), 2, zu der Luther zweimal ansetzt (WA 3, 464, 1 — 467, 4; 461, 20 — 463, 37), definiert er iustitia dei unter Berufung auf Röm 1, 17 eindeutig als fides Christi (WA 463, 1; 466, 26). „Will man den Apostel und die übrigen Schriften weise verstehen", fügt Luther seiner Erklärung von Ps 71, 2 als allgemeine hermeneutische Regel hinzu, „so muß man all diese Begriffe tropologisch auslegen: Wahrheit, Weisheit, Tugend, Heil, Gerechtigkeit, das heißt wodurch er uns stark, heil, gerecht, weise etc. macht. So sind die Werke Gottes die Wege Gottes. Dem Literalsinn nach ist das alles Christus, dem moralischen Sinn nach der Glaube an Christus."[39] Ps 71 hat Luther im Herbst

[38] Fides ex auditu 7.

[39] WA 3, 458. Nach dem handschriftlichen Befund ist diese Stelle hier falsch eingeordnet. Vgl. *H. Bornkamm,* Zur Frage der Iustitia 22 Anm. 10.

1514 kommentiert. Damals hätte Luther also schon von seiner Entdeckung, daß iustitia dei nicht die richtende Gerechtigkeit, sondern die uns von Gott geschenkte des Glaubens, nicht die iustitia activa, sondern die iustitia passiva[40] ist, Gebrauch gemacht.

Von einer unmittelbar vorausgegangenen befreienden Entdeckung, von dem „Eintritt ins Paradies“ nach quälenden Ängsten ist aber kaum etwas zu spüren. Wohl spricht Luther später von der „wunderbaren und neuen Definition der Gerechtigkeit“ (WA 57, II, 69) oder davon, daß der Herr an seinen Heiligen Wunder tut. Wie steht es aber mit Luthers Behauptung, bis dahin sei Röm 1, 17 von allen Doktoren im Sinne der strafenden Gerechtigkeit verstanden worden?[41] H. Denifle hat diese Behauptung anhand einer Untersuchung von ca. 60 Römerbriefkommentaren widerlegt[42]. Man müßte allerdings die systematische Theologie, das heißt die Sentenzenkommentare, und vor allem die Frömmigkeit der Zeit mit in Betracht ziehen. Es kann ja sein, daß eine Wahrheit in den Büchern steht, ohne daß sie Gewicht bekommt und in die praktische Verwirklichung eingeht. Luther selbst weist in den „Dictata super Psalterium“ einmal auf diesen Unterschied hin, indem er bemerkt, die Lehre des hl. Paulus, „des tiefsten Theologen“, über die Gerechtigkeit, die nicht unsere sei, sondern Gottes Gnade, sei den zeitgenössischen „Theologen, theoretisch vielleicht nicht, bestimmt aber praktisch, völlig unbekannt“ (WA 3, 21). Dieser Vorwurf trifft aber Luther selbst. Die Orationen des Missale legten ihm immer wieder Worte in den Mund wie: „Die wir auf unsere Gerechtigkeit kein Vertrauen setzen“ (Messe Iustus ut palma), „da wir auf keines unserer Werke vertrauen“ (Messe von Sexagesima), „die wir auf deine Kraft vertrauen“. Den Inhalt dieser Gebete hatte er aber offenbar nicht beherzigt. Jedenfalls ist Luthers Entdeckung über die iustitia dei grundkatholisch. Er hat also „in seinem reformatorischen Durchbruch einen Katholizismus niedergerungen, der nicht voll katholisch war“[43]. Luther hat Positionen als religiös ungenügend und dem Evangelium nicht entsprechend überwunden, die ihm von der spätmittelalterlichen Praxis und der ockhamistischen Theologie überkommen waren. Letztere ist aber nicht die Scholastik schlechthin, ja, sie ist nicht einmal mit der Lehre Wilhelm Ockhams selbst ohne weiteres gleichzusetzen. Der „Venerabilis Inceptor“ hat zwar neben der göttlichen Souveränität stark die menschliche Freiheit

[40] Dieser im Rückblick von 1545 verwandte Begriff findet sich bei Luther erst 1525 in „De servo arbitrio“ (WA 18, 768f). Nach *E. Hirsch* (Lutherstudien, Bd 2 [Gütersloh 1954] 18) gewinnt er aber erst „terminologische“ Festigkeit 1531 im Genesiskommentar (WA 44, 485—487).

[41] Enarr. in genes. cap. 27, 38: „Sic omnes Doctores hunc locum interpraetati fuerant, excepto Augustino“ (WA 43, 537); vgl. Vorrede von 1545: WA 54, 185.

[42] *H. Denifle,* Die abendländischen Schriftausleger bis Luther über Justitia Dei (Röm 1, 17) und Justificatio (Mainz 1905).

[43] *J. Lortz,* Reformation als religiöses Anliegen heute 136f; *ders.,* Reformation in Dtl. I 176.

betont, aber nicht weniger deutlich herausgestellt, daß alles bei der acceptatio divina liegt und weder ein natürlich noch übernatürlich gutes Werk des Menschen Gott binden und seine freie Gnadenwahl einschränken kann. Diese starke, bis zum Paradox gesteigerte Spannung zwischen menschlicher Freiheit und göttlicher Willkür hatten seine Schüler nicht mehr durchzuhalten vermocht. Sie, z. B. Gabriel Biel, der unmittelbar auf Luther einwirkte, haben Ockhams Thesen moralistisch zurechtgebogen und etwa den Satz: „Facienti quod est in se, deus non denegat gratiam", der sich bei dem Franziskaner nicht findet, so verstanden, als könne und müsse der Mensch sich von sich aus auf die Gnade disponieren [44] und als bestände eine Gleichzeitigkeit, ja Ursächlichkeit zwischen dieser aus der Kraft des Menschen bewirkten Disposition und der Gnadeneingießung, insofern Gott auf Grund seiner Anordnung dem, der ihn ex puris naturalibus über alles liebt, notwendig den übernatürlichen Habitus verleiht [45]. Nach katholischer Lehre, nach Thomas von Aquin [46] wie nach Augustinus, ist dagegen jegliche Disposition, das heißt jeglicher auf Gott hingerichtete Akt, der von Gott mit der rechtfertigenden Gnade beantwortet wird, schon Werk der zuvorkommenden Gnade, Geschenk dessen, der das Wollen und das Vollbringen wirkt (Phil 2, 13).

Zu einer ausdrücklichen und offiziellen Auseinandersetzung Luthers mit der ockhamistischen Schultheologie kam es in der „Disputatio contra scholasticam theologiam" (WA 1, 224—228) vom 4. September 1517. Luther hat dieser Disputation große Bedeutung zugemessen und wollte sie ganz anders als die Ablaßthesen vom 31. Oktober weiteren Kreisen zugänglich gemacht wissen [47].

Bei den einzelnen Thesen werden jeweils die Gegner genannt. Es sind Scotus, Ockham, Pierre d'Ailly und Gabriel Biel. Dieser ist der Hauptgegner. Er wird am häufigsten angeführt und ist auch dort betroffen, wo die anderen namhaft gemacht werden. Das Material ist dem Sentenzenkommentar Biels, dem „Collectorium", entnommen.

Zunächst wehrt sich Luther dagegen, daß man Augustins Thesen über die Schlechtigkeit des Menschen wegzudeuten versucht. Der Mensch kann ohne die Gnade nur Böses wollen und tun (1—4). Er hat nicht die Freiheit, sich nach beiden Richtungen zu wenden (5), sondern notwendig wählt er ohne die Gnade den verkehrten Akt (6), und es ist eine Fiktion, anzunehmen, der Mensch könne aus eigener Kraft Gott über alles lieben (18). Der amor amicitiae ist ein Werk der zuvorkommenden Gnade (20). So liegt die Initiative bei

[44] *E. Iserloh,* Gnade und Eucharistie 129 f.

[45] *G. Biel,* III Sent. q. un. a. 3 dub. 2(Q): „Quia secundum legem ordinatam cuilibet facienti quod in se est et per hoc sufficienter disposito ad gratiae susceptionem Deus infundit gratiam . . ." Vgl. *L. Grane,* Contra Gabrielem 242—261.

[46] S. th. I—II q. 112 a. 2: „Was immer für eine Vorbereitung im Menschen sein kann, so stammt sie aus der Hilfe des die Seele zum Guten bewegenden Gottes." Vgl. S. th. I—II q. 109 a. 6 ad 2.

[47] WA Br 1, 103; 106 f. Vgl. zum Folgenden *L. Grane,* Contra Gabrielem.

Gott, und seine Wahl und Vorherbestimmung sind die einzige Disposition auf die Gnade (19). Es ist falsch, zu sagen, der Mensch räume Hindernisse weg, wenn er tue, was in seinen Kräften stehe (33). Auf sich gestellt, hat er weder rechte Einsicht noch guten Willen (34).

Es gibt keine natürliche Moralität. Äußerlich gute Werke sind Sünde wegen unseres Stolzes oder unserer mürrischen Laune (37—38). Wir können also nicht durch gerechte Werke gerecht werden, sondern müssen es sein, um gerechte Werke vollbringen zu können. Im Zusammenhang mit diesem Angriff auf die Moralphilosophie wendet Luther sich allgemein gegen Aristoteles und die Anwendung der Logik und Metaphysik in der Theologie (43—53).

Dann betont er, daß die Gnade nicht etwas am Menschen ist, sondern seine ganze Existenz bestimmt. Sie ist immer wirksam und von der Gottesliebe nicht zu trennen, so wie diese niemals ohne die Gnade ist (54—56) und Gott den Menschen nicht ohne die rechtfertigende Gnade annehmen kann (57). Schon in der Römerbriefvorlesung hatte die Bielsche Lehre, der Mensch könne aus eigenen Kräften Gott über alles lieben und das Gesetz der Sache (secundum substantiam facti), wenn auch nicht der Absicht des Gesetzgebers (ad intentionem praecipientis) nach, erfüllen, Luther zu dem Ausruf „O Toren, o Sautheologen" (WA 56, 274) hingerissen. Auch in der Disputatio liegt hier der Hauptvorwurf gegen die Schultheologie. Wie man Liebe und Gnade nicht trennen darf, so auch Erfüllung des Gesetzes und Gnade nicht. Gnade zu haben ist keine neue Forderung über die aus natürlicher Kraft mögliche Befolgung des Gesetzes hinaus, sondern die Gnade ermöglicht erst die Erfüllung des Gesetzes (58—60). Denn das „Nichttöten" ist nicht Sünde wegen des bloßen Fehlens der von Gott vorgeschriebenen Gnade, sondern weil diesem äußerlichen Rechtverhalten eine falsche Haltung, Stolz, Zorn oder Begierde, zugrunde liegt (61—63). Das Gesetz erfüllen heißt Haß und Begierde, die die äußere Tat beseelen, und den Willen, der sich gegen das Gesetz aufbäumt, überwinden (64—73). Das vermag nur die Gnade oder, besser, „das Kind, das uns geboren wurde" (74). Nur die Liebe, die durch den Heiligen Geist in unser Herz ausgegossen ist, kann den Willen, der das Gesetz haßt, mit diesem versöhnen (85—90). Zum Schluß wendet sich Luther noch einmal gegen das ockhamistische Verständnis der Gottesliebe. Die Gnade erleichtert nicht den Liebesakt, sondern macht ihn überhaupt erst möglich. Wir können nicht mit dem gleichen Akt Gott um seiner selbst und das Erschaffene um Gottes willen lieben (94), das heißt, Liebe zu Gott und zur Kreatur sind nicht miteinander vereinbar (95). Gott über alles lieben bedeutet sich hassen und außer Gott nichts kennen (96).

Luther kämpft hier gegen eine Auffassung, die den Menschen sozusagen in einer neutralen Zone sieht, wo er nicht von Gott gefordert ist, ihm nicht im Glauben oder im Trotz gegenübersteht bzw. wo nicht der Zorn oder die Barmherzigkeit Gottes die ihn von Grund auf bestimmende Macht ist. In dieser Disputation wird deutlich, daß die von Luther bekämpfte scholastische Theologie der Ockhamismus Bielscher Prägung ist. Mit der Betonung der zuvorkommenden Gnade, mit der Ablehnung der Ansicht, daß ohne die Rechtfertigungsgnade die Annahme zum Heil möglich sei, und mit der Lehre, daß die Gnade nicht als Bedingung zu dem von Natur schon guten Handeln hinzukommt, sondern das Tun des Menschen von Grund auf formt und auf Gott hin ordnet, beanstandet er, was auch vom Thomismus, vor allem aber vom Augustinismus her auszusetzen wäre. Luther bleibt aber zugleich dem Ockhamismus verhaftet. Deshalb gelingt es ihm z. B. nicht, die Zuordnung von Nächsten- und Gottesliebe aufzuzeigen und die Schöpfung als Abbild des göttlichen Wesens zu sehen.

3. Kapitel

Der Ablaßstreit

LITERATUR: LThK² I (1957) 46—54; *N. Paulus,* Geschichte des Ablasses im Mittelalter vom Ursprung bis zur Mitte des 14. Jh., 3 Bde (Paderborn 1922/23); *B. Poschmann,* Der Ablaß im Lichte der Bußgeschichte (Bonn 1948); *B. Poschmann,* Buße und Letzte Ölung: Handbuch der Dogmengeschichte IV, 3 (Freiburg i. Br. 1951) 112—123.

Ablaßstreit: *W. Köhler,* Dokumente zum Ablaßstreit von 1517 (Tübingen ²1934); *E. Göller,* Der Ausbruch der Reformation und die spätmittelalterliche Ablaßpraxis (Freiburg i. Br. 1917); *A. Schulte,* Die Fugger in Rom 1495—1523, 2 Bde (Leipzig 1904); *G. v. Pölnitz,* Jakob Fugger, 2 Bde (Tübingen 1949/51); *N. Paulus,* Johannes Tetzel, der Ablaßprediger (Mainz 1899); *H. Volz,* Martin Luthers Thesenanschlag und dessen Vorgeschichte (Weimar 1959, Lit.); *E. Iserloh,* Luthers Thesenanschlag. Tatsache oder Legende? (Wiesbaden 1962); *ders.,* Luther zwischen Reform und Reformation (Münster 1966); *K. Aland,* Martin Luthers 95 Thesen (Hamburg 1965); *K. Honselmann,* Urfassung und Drucke der Ablaßthesen M. Luthers und ihre Veröffentlichung (Paderborn 1966); *F. Lau,* Die gegenwärtige Diskussion um Luthers Thesenanschlag: LuJ 34 (1967) 11—59; *H. Bornkamm,* Thesen und Thesenanschlag Luthers (Berlin 1967).

Geschichte des Ablasses und Ablaßpraxis

Der Ablaß ist ein von der Kirche gewährter und vor Gott wirksamer Nachlaß zeitlicher Sündenstrafen. Seit dem 11. Jh. ist er kirchliche Praxis. Diese ging der theologischen Begründung voraus. Zum Entstehen des Ablasses haben mehrere Momente beigetragen: 1. Im Unterschied zur Bußpraxis der alten Kirche brachte die private Buße im Frühmittelalter die zeitliche Verbindung von Bekenntnis und Lossprechung, wodurch die subjektive Bußleistung hinter die Rekonziliation gelegt wurde und der Unterschied von Sündenschuld und Sündenstrafen deutlicher wurde. 2. In den Redemptionen und Kommutationen, das heißt der Anpassung der Bußleistungen an die Umstände und Möglichkeiten des Büßenden, war sichtbar geworden, daß verschiedene Weisen der Buße füreinander eintreten können und die

Kirche darüber befinden kann. Durch die Fürbitte der Martyrer und das liturgisch-amtliche Gebet hatte die Kirche schon früher außerhalb des Sakramentes das Bußbemühen des einzelnen unterstützt. Diese Hilfe bekam in den frühmittelalterlichen „Absolutionen" eine mehr offizielle Gestalt. Diese waren Gebete bzw. Segenswünsche der Kirche, die zum Teil mit dem Aufruf zu einer Leistung (Kirchbau, Teilnahme am Krieg gegen die Heiden usw.) verbunden waren. Weil vom Träger der Schlüsselgewalt ausgesprochen, wurden diese Fürbitten für besonders wirksam vor Gott gehalten.

Ging es bei der Redemption primär um die kanonische Strafe, so bei der Absolution um die Strafe vor Gott. Beides verband der Ablaß. Er unterschied sich aber von der Redemption darin, daß bei dieser das zum Ersatz geleistete Bußwerk gleichwertig sein mußte, und von der Absolution darin, daß diese kein richterlicher Akt war. Der Ablaß bezieht sich als jurisdiktioneller Akt auf den Erlaß kirchlicher Buße. Dieser ist jedoch verbunden mit dem Gebet um Nachlaß der Sündenstrafe vor Gott, einem Gebet, das wegen seines Amtscharakters der Erhörung besonders gewiß sein darf. Der Übergang einer mild gehandhabten Redemption zum Ablaß war naturgemäß nicht deutlich. Immerhin war die im Ablaß gegebene Erleichterung so bewußt, daß er bis ins 13. Jh. noch als eine Milde gegen Unvollkommene angesehen wurde, die ernste Christen nicht in Anspruch nehmen sollten.

Die theologische Begründung des Ablasses folgte der Praxis. Der Kanonist Huguccio († 1210) stellte als erster den Ablaß als einen jurisdiktionellen Akt bezüglich der Sündenstrafen vor Gott hin. Die Frage, worin die erlassene Buße ihren Ersatz findet, wurde seit Hugo von St-Cher 1230 mit der Lehre vom „thesaurus ecclesiae" beantwortet, über den die Kirche rechtlich verfüge. Je mehr man seine Wirkkraft aus dem Kirchenschatz herleitete, wurde der Ablaß zu einem Reservat des Papstes, der allein Gewalt über diesen Schatz hat, verlor aber auch das Bußwerk seine Bedeutung für das Ausmaß des Straferlasses. Sah man dazu die Sündenstrafen als reine Vindikativstrafen an, die als solche keine Bedeutung für die Läuterung des Menschen haben, dann bestand weitere Gefahr, die Empfänglichkeit des Menschen für den ihm gewährten Strafnachlaß außer Betracht zu lassen und die seelsorgliche Verantwortung um seinen inneren Bußgeist hintanzustellen. So brachte das Spätmittelalter eine Häufung der Ablässe bei immer kleinerem Ablaßwerk und ihre bedenkenlose fiskalische Ausnutzung. Hierzu bot vor allem der Ablaß für die Toten Gelegenheit. Schon seit dem 13. Jh. hatten Theologen und Kanonisten die Zuwendbarkeit des Ablasses an Verstorbene gelehrt[1] und Ablaßprediger eigenmächtig solche Ablässe verkündigt[2]. Echte päpstliche Ablaßbewilligungen für die Toten haben wir erst seit Mitte des 15. Jh., z. B. von Kalixt III. 1457 einen Kreuzzugsablaß gegen die Mauren und von Sixtus IV. 1476 für die Peterskirche zu Saintes[3]. Dem Ablaß für die

[1] Zum Beispiel Thomas IV Sent. d. 45 q. 2 a 2 so. 2.

[2] *N. Paulus,* Geschichte des Ablasses II 167 ff.

[3] Ebd. III 380 ff.

Toten wurde eine Wirkung „per modum suffragii" zugeschrieben. Das hinderte aber viele Theologen, besonders Ablaßprediger, nicht, ihm doch eine unfehlbare Wirkung beizulegen und zu lehren, daß man ihn auch im Stande der Todsünde gewinnen könne, also nur die vorgeschriebene Geldspende erforderlich sei[4]. Der Ablaßkommissar Raimund Peraudi erklärte zu der Ablaßbulle Sixtus' IV.: „Modus per modum suffragii non derogat modo auctoritatis."[5] Noch Eck behauptet im 12. „Obeliscus" gegen Luthers 25. These: „... illa (particula ‚per modum suffragii') non diminuat (ut vult positor) sed potius addat ..." (WA 1, 296). Diese Auffassungen waren trotz Widerspruchs mancher Theologen, z. B. Cajetans, um 1500 vorherrschend. Die Ablaßprediger brachten sie entsprechend vergröbert auf die Kanzel. So wurde schon 1482 bei der Sorbonne ein Satz zur Anzeige gebracht, der sich inhaltlich mit dem berüchtigten Spottvers deckte: „Sobald das Geld im Kasten klingt, die Seele aus dem Fegfeuer springt."[6]

Die stark fiskalische Ausbeutung des Ablasses durch die Kurie führte zu ähnlichen Praktiken auf seiten der Landesherren. Sie suchten an dem finanziellen Erfolg direkt beteiligt zu werden, andernfalls verboten sie die Predigt des Ablasses. Als König Sigismund von Polen 1508 den Ablaß für die Peterskirche nicht gestatten wollte, überließ ihm Julius II. zwei Drittel der Ablaßgelder zur Landesverteidigung[7]. Auch der später so entschiedene Luther-Gegner Herzog Georg von Sachsen wollte aus finanzpolitischen Gründen „kein gnad zulassen", das heißt, er verbot die Predigt des Ablasses in seinem Territorium. Diese „Ablaßhoheit" der Landesherren, die eine Säkularisierung des Ablasses bedeutete, hat Thomas Murner in seiner „Narrenbeschwörung" (1512) am Vorabend der Reformation verspottet in den Versen: „Wil der Bapst ein Ablass geben, So nympt der herr syn teil do neben; Wolt man im syn teil nit lon So miest der aplass blyben ston."[8]

Das Ablaßgeschäft mit Albrecht von Mainz und Luthers 95 Thesen

Papst Julius II. (1503/13) hatte am 18. April 1506 den Grundstein zum Neubau der Peterskirche gelegt und wie üblich zur Finanzierung dieses gewaltigen Bauwerkes 1507 einen vollkommenen Ablaß ausgeschrieben. Diesen hatte Leo X. (1513/21) erneuert. Bei dem vielfachen Unwillen über die finanzielle Ausbeutung durch die Kurie und bei dem Bestreben der Landesherren, nur die Predigt von Ablässen zuzulassen, an denen sie finanziell beteiligt waren oder die den Kirchen ihres Landes zugute kamen, sicherte die

[4] Zum Beispiel Raimund Peraudi; vgl. *N. Paulus,* Geschichte des Ablasses III 386.
[5] ZKG 24 (1903) 225 Anm. 1; WA 1, 582; vgl. *N. Paulus,* Gesch. des Ablasses III 384—386.
[6] *N. Paulus,* Geschichte des Ablasses III 386.
[7] *J. Hashagen,* Staat und Kirche vor der Reformation (Essen 1931) 174.
[8] *Th. Murner,* Deutsche Schriften II, hrsg. von *M. Spanier* (Berlin 1926) 249.

Ausschreibung eines Ablasses noch nicht dessen Predigt. In den Landen der Erzbischöfe von Mainz und Magdeburg, des Bischofs von Halberstadt und des Markgrafen von Brandenburg bot sich dazu eine besondere Gelegenheit. Albrecht von Brandenburg war 1513 als 23jähriger Jüngling Erzbischof von Magdeburg und Administrator von Halberstadt geworden. Schon im nächsten Jahr postulierte das Mainzer Kapitel den leichtlebigen Prinzen auch noch zum Erzbischof und Kurfürsten von Mainz. Denn Albrecht hatte in Aussicht gestellt, die innerhalb eines Jahrzehnts schon zum dritten Mal fälligen Servitien und Palliengelder selbst zu tragen. Diese betrugen 14 000 Dukaten [9]. Dazu war eine Dispensgebühr von 10 000 Dukaten zu entrichten, weil Albrecht zu dem mächtigen Mainzer Erzstift seine bisherigen Bistümer Magdeburg und Halberstadt behalten wollte, was eine nicht statthafte Kumulation von Seelsorgspfründen war. Der Erzbischof lieh sich 29 000 rheinische Goldgulden beim Bankhaus der Fugger, und die Kurie selbst wies den Weg, wie diese Schuldenlast abzutragen war. Der Erzbischof sollte für acht Jahre die Predigt des Ablasses zugunsten der Peterskirche übernehmen und vom Ertrag die Hälfte behalten dürfen. Einschließlich der Abgabe von 2143 Dukaten, die sich der Kaiser ausbedungen hatte, mußte Albrecht also 26 143 Dukaten aufbringen. Der Ablaß hatte demnach 52 286 Dukaten einzubringen, wenn er seinen Zweck erreichen sollte [10]. Die Vertreter der Fugger begleiteten die Ablaßprediger, um an Ort und Stelle ihren Anteil zu kassieren. Damit wurde der Ablaß, den Leo X. durch die Bulle „Sacrosanctis salvatoris et redemptoris“ vom 31. März 1515 bewilligte, zu einem „Tauschobjekt in einem Großhandelsgeschäft“ (Lortz). Es ist müßig, festzustellen, ob hier formal Simonie vorliegt oder nicht. „Das Ganze war“, wie wir beschämt zugeben müssen, „ein ausgemachter Skandal“ (Meissinger).

Als päpstlicher Kommissar für diesen Ablaß erließ Erzbischof Albrecht für seine Unterkommissare und die Ablaßprediger eine umfangreiche Anweisung, die Instructio summaria [11]. Trotz mancher Unklarheiten ist die darin vorgetragene Lehre vom Ablaß korrekt; sie drängt aber praktisch bei Verwendung von frommen Formeln und Superlativen zu einer marktschreierischen Anpreisung des Ablasses, um einen möglichst hohen Gelderlös zu erzielen. Der Nachlaß zukünftiger Sünden wird nicht in Aussicht gestellt, wie Luther später behauptet hat (WA Tr 5, Nr. 6431). Wohl kann man einen Beichtbrief kaufen, mit dessen Hilfe man zu einem beliebigen Zeitpunkt seines späteren Lebens dem Papst reservierte Sünden bei jedem Priester beichten kann. Der Ablaßprediger soll eigens darauf aufmerksam machen, daß man im Augenblick des Kaufes eines solchen Beichtbriefes, der einem u. a. jetzt und für alle Zeit Anteil an den geistlichen Gütern der streitenden Kirche

[9] A. *Schulte,* Die Fugger in Rom 1495—1523 I 93—141; *G. v. Pölnitz,* Jakob Fugger I 307—311, II 324—327.

[10] *Schulte* a. a. O. I 140.

[11] Text: *W. Köhler,* Dokumente 104—124.

verschaffe, nicht zu beichten brauche[12]. Ebenso kann man einen vollkommenen Ablaß für die Toten gewinnen, ohne Reue und Beichte, allein durch Hinterlegung des Geldes[13]. Dabei wird gerade dieser Ablaß als „efficacissime" und „certissime" hingestellt und so der Predigt im Sinne des oben zitierten Spottverses Vorschub geleistet. Die Gläubigen wurden zum Hinausschieben der Buße verführt, und der Eindruck vermehrt, daß es um das Geld und nicht um das Heil der Seelen ging.

Zu einem der beiden Unterkommissare für die Ablaßpredigt in der Magdeburger Kirchenprovinz wurde am 22. Januar 1517 der Leipziger Dominikanermönch Johannes Tetzel (ca. 1465—1519) bestellt und ihm eine hohe Entschädigung dafür bewilligt[14]. Tetzel hat die Predigt bald aufgenommen. Im März soll er in Halle und am 10. April in Jüterbog tätig gewesen sein. Dorthin liefen ihm nach Luthers Darstellung auch aus Wittenberg die Leute „wie toll" und „besessen" zu[15]. Für das kursächsische Gebiet hatte Friedrich der Weise die Predigt des Ablasses nicht gestattet, weil er die Gelder seiner Landeskinder nicht dem Rivalen seines Hauses, Albrecht von Brandenburg, zugute kommen lassen wollte und die Wallfahrt zu seiner mit Reliquien und Ablässen so reich ausgestatteten Allerheiligenkirche in Wittenberg keine Einbuße erleiden sollte. Der Reliquienschatz, den der Kurfürst dort zusammengetragen hatte, und die Menge der Ablässe, die er sich für deren Verehrung bewilligen ließ[16], zeigen deutlich, daß Friedrich der Weise keineswegs ein Gegner der Ablässe war.

Tetzel gab, was sein persönliches Leben anging, nicht Anlaß zu besonderen Klagen. Er gehörte nicht zu den Ablaßpredigern, von denen nicht nur Luther (WA 1, 588), sondern selbst Johannes Eck in seinen Reformgutachten für den Papst sagt, daß sie ihre Dirnen mit Ablaßzetteln bezahlt hätten[17]. Doch war er einer von denen, die, wie Johannes Cochläus, Herzog Georg von Sachsen und sein Hofkaplan Hieronymus Emser beklagen, Reue und Leid hinter dem Geld zurücktreten ließen[18].

[12] „Declaramus etiam, quod pro dictis duabus gratiis principalibus consequendis non est opus confiteri seu ecclesias aut altaria visitare, sed dumtaxat confessionale redimere" (*W. Köhler,* Dokumente 116).

[13] „nec opus est, quod contribuentes pro animabus in capsam sint corde contriti et ore confessi" (ebd. 116).

[14] *H. Volz,* Martin Luthers Thesenanschlag 13.

[15] WA Tr 5, 76, Nr. 5346; WA 51, 539; WA 30, II, 282—284; WA Tr 5, 535, Nr. 6201.

[16] Noch im Jahre 1516 ließ Friedrich der Weise die Vermehrung der Ablässe für seine Schloßkirche in Rom beantragen. Die entsprechende Ablaßbulle wurde aber erst 1518 von Miltitz nach Deutschland gebracht und 1519 dem Kurfürsten ausgehändigt. Die Reliquiensammlung wurde bis 1520 laufend vermehrt. Für das Jahr 1518 registriert Spalatin 17 443 Partikeln, für 1520 dagegen 18 970. Bei einem Besuch war für jeden Gang ein Ablaß von 1 902 202 Jahren 270 Tagen und von 1 915 983 Quadragenen zu gewinnen; *P. Kalkoff,* Ablaß und Reliquienverehrung an der Schloßkirche zu Wittenberg (Gotha 1907) 65 f.

[17] Acta reformationis catholicae I 110.

[18] *N. Paulus,* Geschichte des Ablasses III 483.

Luther bekam als Seelsorger im Beichtstuhl mit der Ablaßpredigt bzw. mit den Erwartungen und den Vorstellungen, die sie in den Köpfen seiner Beichtkinder geweckt hatte, zu tun. In seinen Vorlesungen über die Psalmen und den Römerbrief[19] hatte er sich schon kritisch mit dem Ablaß befaßt. In einer Predigt am Matthiastag 1517 hatte er geäußert, Folge der Ablässe sei es, daß das Volk die Sündenstrafen zu fliehen und zu verabscheuen lerne, nicht aber die Sünde selbst. Besser wäre es, das Volk zu ermahnen, die Strafe zu lieben und das Kreuz zu umarmen (WA 1, 141). Zur „großen Schau“ der Tetzelschen Ablaßpredigt nahm er in einer Kirchweihpredigt, die er April 1517 oder später gehalten hat, Stellung. Darin betont er, daß Ablässe nur von den Auflagen privater Buße befreien und sie nicht selten der inneren Buße im Wege stehen. Der echte Büßer wolle von der Strafe durch Ablässe nicht befreit werden (WA 1, 98).

Ausführlich legte Luther seine Auffassung in dem Traktat „De indulgentiis“ (WA 1, 65—69) dar. Danach ist der Ablaß Nachlaß der in der Beichte vom Priester auferlegten Genugtuung. Er mindert an sich nicht die Konkupiszenz und vermehrt nicht die Liebe und Gnade. Nach Luther sollen die Leute auf die echte Buße, d. h. auf die innere Umkehr und die Beseitigung der wurzelhaften Sünde, hingewiesen werden. Davon kann man sich durch den Ablaß nicht loskaufen. Dieser ist demnach abzulehnen, wenn er falscher Sicherheit und geistlicher Trägheit Vorschub leistet und nicht der Heilung von der Begierlichkeit und der Sehnsucht nach Gott dient. „Unablässig haben wir Gottes heilende Gnade zu suchen“, lautet der letzte Satz des viel zu wenig beachteten Traktates. Bis dahin hatte Luther die von Tetzel vorgetragene Ablaßlehre für dessen Privatmeinung gehalten und die Auswüchse dessen marktschreierischen Art zugeschrieben. Sein Bekanntwerden mit der Instructio summaria des Mainzer Erzbischofs belehrte ihn aber, daß Tetzels Predigten auf offiziellen Anweisungen fußten. Das mag ihn veranlaßt haben, sich an die verantwortlichen Bischöfe, den Bischof von Brandenburg als den Ortsordinarius und den Erzbischof von Magdeburg/Mainz als den verantwortlichen päpstlichen Ablaßkommissar, zu wenden. In einem Schreiben vom 31. Oktober 1517 an Albrecht von Mainz führt Luther Klage darüber, daß die Ablaßprediger „durch erlogene Märchen und Versprechungen vom Ablaß das Volk in Sicherheit und Furchtlosigkeit wiegen“ (WA Br 1, 111). Der Erzbischof möge seine Instructio zurückziehen und andere Weisung an die Prediger geben, sonst sei große Schande und Schmach zu erwarten. Aus den beiliegenden Disputationsthesen möge er ersehen, wie ungeklärt die Lehre vom Ablaß sei. Hier ist von den berühmten 95 Ablaßthesen die Rede. Luther hat sie also am Vortage des Allerheiligenfestes den unmittelbar beteiligten Bischöfen zugesandt. Erst als diese nicht oder nur unbefriedigend geantwortet hätten, will er die Thesen, wie er zeit seines Lebens behauptet

[19] WA 3, 416; 424 f; WA 56, 417; 503.

hat, an gelehrte Männer in und außerhalb Wittenbergs ausgegeben haben[20]. Mit diesen Angaben Luthers läßt sich ein Anschlag der Thesen an der Wittenberger Schloßkirche am 31. Oktober 1517 nicht vereinbaren. Von einem solchen weiß auch weder Luther selbst noch sonst eine der vielen zeitgenössischen Quellen zu berichten. Vom Thesenanschlag spricht erst Melanchthon nach Luthers Tod in der Vorrede zum 2. Band (1546) der Werke des Reformators, die sich auch sonst als unzuverlässig erweist[21].

Von vielen anderen Unstimmigkeiten abgesehen, hätte der Thesenanschlag am Vortage des Titelfestes der Schloßkirche angesichts des großen Volkszulaufes wegen der zahlreichen dort zu gewinnenden Ablässe trotz der lateinischen Sprache den Charakter einer öffentlichen Szene gehabt. Luther wollte aber, wie er wiederholt beteuert, ein Gespräch unter Gelehrten zur Klärung der noch nicht lehramtlich definierten Ablaßlehre[22]. Die Kollegen, denen Luther nach dem 31. Oktober die Thesen zustellte — z. B. am 11. November 1517 Johann Lang in Erfurt (WA Br 1, 122) —, gaben sie weiter. So fanden sie handschriftlich und gedruckt in wenigen Wochen eine so schnelle und weite Verbreitung, wie keiner, auch Luther selbst nicht, sie hatte voraussehen können (WA Br 1, 170; WA 51, 540).

„Unser Herr und Meister Jesus Christus hat mit seinem Wort: ‚Tuet Buße . . .!' (Mt 4, 17) gewollt, daß das ganze Leben der Gläubigen eine Buße sei" (These 1). Hier spricht die Sorge Luthers, daß die Gläubigen in eine falsche Heilssicherheit gewiegt werden. Man solle sie vielmehr „ermahnen, Christus, ihrem Haupte, durch Leiden, Tod und Höllen nachzufolgen" (These 94; 92—95). Die Ablaßprediger, die mit „ausschweifenden und zügellosen" (These 92) Worten die Ablässe weit über ihren Wert anpreisen (These 24; 73—80), leisten einem faulen Frieden (These 95) Vorschub, und zwar auf Kosten des Willens zur Reue und Buße (These 39—41). Dazu schreibt Luther später in den Resolutiones: „Sieh die Gefahr! Dem Volke wird Ablaß gepredigt schnurstracks gegen die Wahrheit des Kreuzes und der Furcht Gottes" (WA 1, 601). Der Ablaß ist nicht grundsätzlich abzulehnen (These 71), aber man darf auf ihn nicht sein Vertrauen setzen (These 49; 52; 32), vor allem stehen Werke der Liebe und das Gebet über ihm (These 41—47). Gegen die Instructio und die Ablaßprediger, die den Anschein erwecken, als hätten wir erst durch die Ablässe Vergebung von Sündenstrafen und Anteil an den Gütern Christi und der Kirche, betont Luther überspitzt, daß jeder Christ in der wahren Reue völlige Vergebung von Strafe und Schuld findet (These 36) und auch ohne Ablaß Anteil hat an allen Gütern Christi und der

[20] WA 1, 528; WA Br 1, 245; WA 51, 540; WA 54, 180; vgl. *E. Iserloh,* Luther zwischen Reform und Reformation 41—55.

[21] CR 6, 161 f; *H. Boehmer,* Luthers Romfahrt (Leipzig 1914) 8; *H. Volz,* Martin Luthers Thesenanschlag 37.

[22] WA Br 1, 138; 152; WA 1, 311; 528. Vgl. die Überschrift der Thesen: „Quare petit, ut qui non possunt verbis presentes nobiscum disceptare agant id literis absentes" (WA 1, 233).

Kirche (These 37). Der wahre Schatz der Kirche ist das Evangelium von der Herrlichkeit und Gnade Gottes (These 62). Daher können nur Feinde Christi es wie die Instructio verbieten, während der Zeit der Ablaßpredigt in den Kirchen das Wort Gottes zu verkünden (These 53—55). In den Thesen 14—19 betont Luther die Unsicherheit der Aussagen der Theologie über die Seelen im Fegfeuer. Jedenfalls werde der Ablaß für die Toten nur in Form der Fürbitte gegeben (These 26; 25), weshalb man von unfehlbarer Wirkung nicht sprechen dürfe (These 27—29).

Alle diese Themen kann man als rechtgläubig, als berechtigte Kritik an Mißbräuchen der Ablaßpraxis und als Beitrag zur Diskussion noch nicht entschiedener Fragen der Theologie verstehen. Auch Luthers Auffassung vom deklaratorischen Charakter der Lossprechung, daß der Papst die Schuld nicht anders erlassen kann als durch die Erklärung und Bestätigung, daß sie von Gott erlassen ist (These 6; 38), liegt noch in der Linie der damaligen, nominalistischen Theologie. Nach ihr tilgt selbst die sakramentale Absolution „nicht Schuld und ewige Strafe, sondern zeigt nur die bereits erfolgte Tilgung an“ [23].

Den Beichtwillen als Bedingung der Vergebung durch Gott betont auch Luther (These 7; 38): er billigt dem Papst sogar ein auch vor Gott wirksames Recht der Reservierung von Sünden zu (These 6). Das Wesen des Ablasses — besonders nach der damals herrschenden Schulmeinung — stellt Luther allerdings in Frage, wenn er ihn auf den Nachlaß der kanonischen Strafen einschränkt (These 5; 11; 20; 21; 31) und eine Entsprechung der kirchlichen Strafen zu den von Gott auferlegten nicht gelten läßt [24]. Doch gerade bei der Erklärung dieser Thesen beteuert er wiederholt, daß er nicht behaupten, sondern disputieren möchte und sich gerne eines Besseren belehren lasse [25].

Wohl stehe die Meinung des Thomas und des Bonaventura gegen ihn, aber kein Kanon des Rechts und keine Stelle der Heiligen Schrift; eine Lehrentscheidung der Kirche sei noch nicht getroffen (WA 1, 568). Luther ist überzeugt, sich im Rahmen vertretbarer Schulmeinungen zu bewegen. Daß er es faktisch tat, wird daran deutlich, daß die Resolutiones, das heißt seine Erklärung der Thesen, seinem Ordinarius, dem Bischof von Brandenburg, vorlagen und dessen Placet fanden (WA 1, 164).

Begnügen wir uns aber nicht mit der Feststellung des bloßen Tatbestandes, fragen wir historisch-genetisch: Wohin zielen die Thesen, welche Entwicklung ist ihnen immanent, dann werden wir ihnen eine größere Tragweite zumessen. Dabei müssen wir aber wissen: Schon in der nominalistischen Theologie war göttliches und menschliches Handeln weitgehend ge-

[23] *B. Poschmann,* Handbuch der Dogmengesch. IV 3, S. 102.

[24] „Resolutiones ...“ concl. 36 (WA 1, 592).

[25] „Hanc disputo et doceri humiliter peto“ (WA 1, 534); „Hanc disputo, nondum pertinaciter assero“ (WA 1, 567).

trennt, insofern Gott das Tun der Kirche nur zum Anlaß nimmt für sein Heilshandeln, ohne darin wirklich einzugehen. Luther führt diese Trennung des Menschlich-Kirchlichen vom Göttlichen so weit, daß er der kirchlichen Strafe bzw. ihrem Erlaß nicht einmal mehr interpretative Bedeutung hinsichtlich der von Gott auferlegten Sündenstrafen zumißt. Hier scheint eine Wurzel der baldigen Leugnung des hierarchischen Priestertums als göttlicher Stiftung bei Luther zu liegen.

Diese theologische Tragweite der Thesen ist aber nicht unmittelbar wirksam geworden. Das Geheimnis der zündenden Wirkung und schnellen Verbreitung der Ablaßthesen liegt in ihrer polemisch-volkstümlichen Note. Luther rührte mit ihnen an lange schwelende und auch schon oft laut gewordene Fragen, Beschwerden und Ressentiments; er machte sich zum Wortführer vielfach enttäuschter Hoffnungen und einer weitverbreiteten Unzufriedenheit. Er griff in den Thesen 80—91 die, wie er selbst sagt, „recht spitzen und bedenklichen Einwendungen der Laien" (These 30; 81) auf, die man nicht „mit Gewalt dämpfen" und nicht mit billigen Gründen beschwichtigen dürfe. Vielen der Zeitgenossen ging es wie dem Prior Johannes Fleck, der seinen Klosterbrüdern nach Kennenlernen der Thesen sagte: „Er ist da, der es tun wird" (Tr 5, 177, Nr. 5480). Auch so entschiedene spätere Luthergegner wie Johannes Cochläus, Hieronymus Emser und Herzog Georg von Sachsen begrüßten die Thesen. Diesem berichtete sein Rat Cäsar Pflug von einer Äußerung des Bischofs Adolf VII. von Merseburg, wonach dieser es für gut gehalten habe, wenn die Thesen „an vielen Orten angeschlagen würden", um so die armen Leute „vor dem Betrug Tetzels" zu warnen[26].

Die schnelle Verbreitung der Thesen war für Luther selbst ein Beweis, ausgesprochen zu haben, womit viele aus „Furcht vor den Juden" (Jo 7, 13) hinter dem Berg gehalten hatten (WA Br 1, 152). Er bedauerte diese Entwicklung, weil die Thesen nicht für das Volk, sondern für wenige Gelehrte bestimmt gewesen seien und manche zweifelhafte Sätze enthielten (Brief an Scheuerl vom 5. März 1518). Deshalb beeilte er sich in dem „Sermon von dem Ablaß und von der Gnade" (März 1518; WA 1, 239—246), seine Grundgedanken über den Ablaß für das Volk niederzuschreiben. Hiervon erschienen noch im Jahre 1518 13 Drucke — ein Hinweis darauf, welche Publikationsmöglichkeiten der Buchdruck Luther und der Reformation bot. Gleichzeitig gab Luther in den „Resolutiones disputationum de indulgentiarum virtute" eine ausführliche theologische Begründung seiner Ablaßthesen. Diese erschien aber erst im August 1518 (WA 1, 530—628). In ihr wollte Luther sich vor Mißverständnissen und Entstellungen schützen und seinen Oberen, Leo X., Staupitz und dem Bischof von Brandenburg aus erster Hand Aufschluß über die Beweggründe seines Handelns geben. In dem Begleitbrief an den Papst weist Luther auf den unerhörten Erfolg sei-

[26] *F. Gess*, Akten und Briefe zur Kirchenpolitik Herzog Georgs von Sachsen, Bd I (1517 bis 1524) (Leipzig 1905) 29.

ner Thesen hin. Das bedaure er, weil sie für eine solche Verbreitung ungeeignet seien. Doch seien sie jetzt nicht mehr aus dem Verkehr zu ziehen („Revocare non possum", WA 1, 529), deshalb lasse er diese Erklärung der Thesen herausgehen. So möge deutlich werden, daß es ihm ehrlich um die Gewalt der Kirche und die Ehrfurcht vor ihren Schlüsseln gegangen sei. Zum Schluß schreibt er: „Darum, Allerheiligster Vater, lege ich mich Deiner Heiligkeit zu Füßen und übergebe mich Dir mit allem, was ich bin und habe" (WA 1, 529). In der den Resolutiones vorausgeschickten „Protestatio" beteuert er: „Zum ersten bezeuge ich, daß ich nichts sagen und behaupten will, außer was vor allem in der Heiligen Schrift, sodann in den von der römischen Kirche anerkannten und bisher bewahrten Kirchenvätern und im Kirchenrecht und den päpstlichen Erlassen enthalten ist ..." Luther lehnt es aber ab, sich auf Schulmeinungen festlegen zu lassen, und schließt: „Durch diese meine Protestatio ist, so hoffe ich, hinreichend deutlich gemacht, daß ich zwar irren kann, man mich aber nicht zum Ketzer machen dürfte ..." (WA 1, 530f). Als „Schachzüge ersten Ranges"[27] sind die Begleitbriefe der Resolutiones mit ihrer eigenartigen Mischung von treuherziger Demut, prophetischem Selbstbewußtsein und verwegenem Bekennermut nicht genügend charakterisiert. Jedenfalls beweisen sie — vor allem, wenn der Thesenanschlag nicht stattgefunden hat — eine reale Möglichkeit, den für die Ehre Gottes und das Heil der Seelen eifernden Wittenberger Mönch an die Kirche zu binden und in ihr fruchtbar zu machen.

Allerdings bedurfte es dazu auf seiten der beteiligten Bischöfe und des Papstes eines annähernd gleichen Maßes an religiöser Kraft und apostolisch-seelsorglicher Verantwortung. Daß daran nicht einmal zu denken war, enthüllt die bis an die Wurzeln gehende Schwäche der damaligen Kirche. In diesem Versagen im Bereich des eigentlich Priesterlichen liegt vor allen Mißständen ihre Mitschuld an der Reformation.

4. Kapitel

Der römische Prozeß gegen Luther und die Leipziger Disputation

LITERATUR: Der Prozeß: *K. Müller,* Luthers römischer Prozeß: ZKG 24 (1903) 46 bis 85; *P. Kalkoff,* Forschungen zu Luthers römischem Prozeß (Rom 1905); *ders.,* Zu Luthers römischem Prozeß: ZKG 25 (1904), 31 (1910), 32 (1911), 33 (1912); *ders.,* Zu Luthers römischem Prozeß. Der Prozeß des Jahres 1518 (Gotha 1912); *ders.,* Luther und die Entscheidungsjahre der Reformation (München-Leipzig 1917); Nachträge: ZKG 44 (1925) 213–225; *N. Paulus,* Johannes Tetzel der Ablaßprediger (Mainz 1899); über das Verhältnis Luthers zu Friedrich dem Weisen: *P. Kalkoff:* ARG 14 (1917) 249–262; ZKG 43 (1924) 179–208; HZ 132 (1925) 29–42; *P. Kirn,* Friedrich der Weise und die Kirche (Leipzig 1926); *A. Koch,* Die Kontroversen über die Stellung Friedrichs des Weisen zur Refor-

[27] *K. A. Meissinger,* Der katholische Luther 162.

mation: ARG 23 (1926) 213—260; *I. Höss*, Georg Spalatin (Weimar 1956); *F. Lauchert*, Die italienischen literarischen Gegner Luthers (Freiburg i. Br. 1912); *J. F. Groner*, Kardinal Cajetan (Fribourg 1951); *H. A. Creutzberg*, Karl v. Miltitz (Freiburg i. Br. 1907); *P. Kalkoff*, Die Miltitziade (Leipzig 1911); *K. Brandi*, Die Wahl Karls V. (Göttingen 1925).

Leipziger Disputation: WA 2, 250—383; *O. Seitz*, Der authentische Text der Leipziger Disputation (Berlin 1903); *H. Emser*, De Disputatione Lipsicensi: CCath 4 (1921); *J. Lortz*, Die Leipziger Disputation 1519: BZThS 3 (1926) 12—37; *F. Schulze*, Aus Leipzigs Kulturgeschichte (Leipzig 1956) 41—70; *H. Barge*, Andreas Bodenstein v. Karlstadt, 2 Bde (Leipzig 1905); *S. Harrison Thomson*, Luther and Bohemia: ARG 44 (1953) 160—181; *E. Kähler*, Beobachtungen zum Problem von Schrift und Tradition in der Leipziger Disputation von 1519: Hören und Handeln, Festschrift f. E. Wolf (München 1962) 214—229.

Der zunächst von Luthers Thesen Betroffene war Erzbischof Albrecht von Mainz. Er forderte ein Gutachten seiner Hochschule in Mainz an. Diese gab eine ausweichende Antwort und schlug vor, die Sache dem Papst zu übergeben, dessen Gewalt ja in Frage stehe. Schon bevor diese Antwort in seinen Händen war, teilte Albrecht am 13. Dezember 1517 seinen Magdeburger Räten mit, er habe die Thesen dem Papst zugesandt, und stellte ihnen anheim, einen processus inhibitorius zu eröffnen, wonach Luther vorgeladen und unter Strafandrohung aufgefordert worden wäre, sich künftig aller Angriffe auf den Ablaß durch Predigten, Schreiben und Disputieren zu enthalten. Die Räte haben aber offensichtlich nichts unternommen. Die Anzeige Luthers wegen Verbreitung neuer Lehren in Rom blieb die einzige wirksame Maßnahme von der Seite des Erzbischofes. Er wollte offensichtlich nicht weiter mit der Angelegenheit behelligt sein, weshalb auch seine Räte den Prozeß zu den Akten legten.

Wirksamer waren die Bemühungen Tetzels und der Dominikaner. Deren Aktivität erweckte aber zu leicht den Eindruck, als handele es sich um einen Streit rivalisierender Orden. Im Januar 1518 disputierte Tetzel auf dem Kapitel der sächsischen Dominikanerprovinz in Frankfurt an der Oder 95 bzw. 106 vom Rektor der Universität, Konrad Wimpina, aufgestellte Thesen gegen Luther. Hier verteidigte er in leichtfertiger Weise den Vers: „Wenn das Geld im Kasten klingt, die Seele aus dem Fegefeuer springt"; ja, er betonte, sie würden sogar schneller befreit, weil das Geld ja zum Fallen Zeit benötige[1]. An Frivolität wird er noch von seinem Ordensbruder Sylvester Prierias, dem Hoftheologen des Papstes, übertroffen. Nach ihm ist ein Prediger, der so lehrt, nicht tadelnswerter als ein Koch, der einem überdrüssigen Magen die Speisen durch Zusatz von Gewürz pikant macht[2].

Ebenso schwerwiegend wie dieser Mangel an religiösem Ernst war die Leichtfertigkeit, mit der Schulmeinungen als Dogmen ausgegeben wurden und der Gegner verketzert wurde. Die für Luther so anstößige Meinung,

[1] „Quisquis ergo dicit, non citius posse animam evolare, quam in fundo ciste denarius possit tinnire, errat" (*N. Paulus*, Johannes Tetzel 174).

[2] *N. Paulus*, Johannes Tetzel 147.

daß zur Gewinnung der Ablässe für die Toten der Gnadenstand nicht erforderlich sei, wurde von Tetzel in These 42 als „christliches Dogma" hingestellt[3]. Deshalb wandte sich Cajetan in einem Ablaßtraktat vom 20. November 1519 gegen Prediger, die Privatmeinungen als kirchliche Lehre ausgaben[4]. Diese willkürliche Dogmatisierung von noch offenen Fragen war eine nicht weniger gefährliche Spielart der „theologischen Unklarheit", die eine der entscheidendsten Ursachen der Reformation war.

Das Kapitel der Dominikaner kam überein, Luther in Rom wegen Verdachts der Ketzerei anzuklagen. Das geschah im März 1518. Bei dem großen Einfluß der Dominikaner an der Kurie war das nicht ungefährlich für Luther.

Johannes Ecks ziemlich flüchtig hingeschriebenen Anmerkungen („Obelisci") zu den Ablaßthesen waren für den Privatgebrauch des Eichstätter Bischofs Gabriel von Eyb bestimmt. Sie kamen März 1518 durch Wenzel Link aus Nürnberg in Luthers Hände, drangen aber ebensowenig wie dessen „Asterisci" (WA 1, 281—314) in die Öffentlichkeit. Leo X. war über seine eifrig betriebenen Vergnügungen, Jagden, Komödien, Bankette hinaus vollbeschäftigt mit seinen Machenschaften zum Auffüllen der immer leeren Kassen, mit der Familienpolitik des Hauses Medici und — wenigstens ein Unternehmen ernsten Charakters — mit der Abwehr der Türkengefahr. Das „Mönchsgezänk" in Deutschland sehr ernst zu nehmen, war er nicht geneigt[5]. Am 3. Februar 1518 bekam der designierte General der Augustiner, Gabriel della Volta, den Auftrag, „den Menschen zu besänftigen" und die entstehende Flamme beizeiten zu ersticken. Mehr als eine brüderliche Warnung durch Staupitz scheint aber nicht erfolgt zu sein. Im Gegenteil, das Kapitel der Augustiner in Heidelberg April/Mai 1518 gestaltete sich zu einer Demonstration für Luther. Von ihm aufgestellte Thesen über Erbsünde, Gnade, freien Willen und die Kraft des natürlichen Menschen zum Guten wurden unter seiner Leitung mit seinem Schüler Leonhard Beier als Respondens disputiert. Dieses Heidelberger Kapitel zeigte, daß die deutschen Augustiner hinter Luther standen. Dazu konnte er manchen aus der theologischen Jugend für sich gewinnen, z. B. den Dominikaner Martin Butzer und Johannes Brenz, den späteren Reformator Württembergs.

Am Tage nach seiner Rückkehr nach Wittenberg am 16. Mai predigte Luther über Jo 16, 2: „Sie werden euch in den Bann tun": Wer im ungerechten Bann stirbt, ist selig, auch wenn er ohne Sakramente stirbt. Der Bann

[3] „Non esse christianum dogma, quod redempturi pro amicis confessionalia, vel purgandis Iubileum, possint hec facere absque contritione, error" (*N. Paulus,* Johannes Tetzel 175).

[4] Opuscula (Lyon 1562) 105a.

[5] „rixae monachales", vgl. *P. Kalkoff,* Zu Luthers römischem Prozeß 15 Anm. 2. Nach dem Dominikaner Matteo Bandello († 1562 als Bischof von Agen) soll Leo X. gesagt haben: „che fra Martino haveva un belissimo ingegno e che coteste erano i invidie fratesche".

kann nur die äußere Kirchengemeinschaft rauben, nicht aber den Anteil an den himmlischen Gütern. Gleichzeitig verfaßte Luther das so ergebene Begleitschreiben zu seinen „Resolutionen" für Leo X.

Wichtig für den Anlauf von Luthers Prozeß wurde das Generalkapitel der Dominikaner in Rom Mai 1518. Bei dieser Gelegenheit wurde Tetzel auf Grund einer Ermächtigung Leos X. zum Dr. theol. promoviert. Sylvester Prierias verfaßte Mitte Juni ein vom Papst angefordertes Gutachten: „In praesumptuosas Martini Lutheri conclusiones de potestate papae *dialogus*". Diese übereilt hingeschriebene Streitschrift geht mit Recht von der Autorität der Kirche und des Papstes als des entscheidenden Streitpunktes aus. Sie überzieht aber den Umfang der unfehlbaren Lehrautorität und differenziert nicht zwischen verbindlicher kirchlicher Lehre und der Ablaßpraxis bzw. den Ansichten der Theologen[6]. Dazu ist sie im Ton so scharf, daß sie von vornherein einen „Dialog" unmöglich macht. Noch im Juni wurde der „Dialogus" gedruckt und dem Schreiben beigelegt, mit dem Anfang Juli der Auditor der Apostolischen Kammer, Ghinucci, Luther zum Verhör nach Rom zitierte. Die Vorladung erreichte den Reformator am 7. August über Kardinal Cajetan, der seit dem 7. Juli auf dem Reichstag in Augsburg weilte, um die deutschen Stände für den Türkenkrieg zu gewinnen. Am nächsten Tag richtete Luther ein Gesuch an Kurfürst Friedrich den Weisen, er möge durch den Kaiser beim Papst die Verhandlung seiner Sache in Deutschland erwirken. Hatte Prierias seinen „Dialogus" angeblich in drei Tagen hingeschrieben, dann will Luther seine „Responsio" (WA 1, 647 bis 686) in zwei Tagen fertiggestellt haben. Eine ernstlichere Beschäftigung verdiene das Machwerk nicht, schreibt Luther an Spalatin (31. 8. 1518). So wurde auch Luther dem Ernst der Lage in Ton und Inhalt nicht gerecht. „Sowohl der Papst wie das Konzil können irren" (WA 1, 656). Irrtumslos ist, wie Augustinus schreibe, die Heilige Schrift. Allerdings ist, wie Luther dankbar bekennt, faktisch bisher die römische Kirche in ihren Dekreten vom wahren Glauben nicht abgewichen und hat an der Autorität der Bibel und Kirchenväter festgehalten (WA 1, 662). Luther fühlt sich an ihre Beschlüsse gebunden. Er will sich aber nicht den Schulmeinungen der Thomisten beugen, sondern wartet auf die Entscheidung der Kirche oder des Konzils in der Ablaßfrage (WA 1, 658).

Mit der Gunst Kaiser Maximilians konnte Luther nicht rechnen. Denn dieser hatte am 5. August den Papst auf die mit Luthers Auftreten gegebene Gefahr für die Einheit des Glaubens hingewiesen und versprochen, den von der Kirche zu treffenden Maßnahmen im Reiche Nachdruck zu verschaffen. Ohne die in der Vorladung gesetzte Frist abzuwarten, erließ Leo X. am 23. August ein Breve an Cajetan in Augsburg: Der Legat soll Luther als notorischen Ketzer vorladen. Widerruft er, soll er in Gnaden aufgenommen

[6] „Qui circa indulgentias dicit, Ecclesiam Romanam non posse facere id, quod de facto facit, haereticus est" (*F. Lauchert,* Die italienischen literarischen Gegner 11).

werden. Erscheint er nicht freiwillig oder verweigert er den Widerruf, soll Cajetan ihn verhaften und nach Rom ausliefern. Für den Fall, daß er seiner nicht habhaft werden kann, erhält der Legat die Vollmacht, Luther und seine Anhänger für gebannt zu erklären (WA 2, 23—25). Gleichzeitig erging an Friedrich den Weisen die Aufforderung, den „Sohn der Bosheit" an Cajetan oder nach Rom auszuliefern. Der Kurfürst war bestrebt, den Fall Luthers von einem Gericht auf deutschem Boden behandeln zu lassen. Er erreichte von Cajetan die Zusage, Luther in Augsburg mit „väterlicher Milde" zu behandeln und ihn wieder ziehen zu lassen, selbst wenn Luther den Widerruf verweigere. Zu diesem Zugeständnis fand der Legat sich aus politischen Gründen bereit. Am 27. August hatten fünf Kurfürsten, außer denen von Trier und von Sachsen, sich zur Wahl Karls I. von Spanien zum Nachfolger Maximilians verpflichtet. Kurfürst Friedrich hatte der Wahl des Habsburgers heftig widersprochen und war damit zum Parteigänger des Papstes geworden, der um jeden Preis die Umklammerung des Kirchenstaates durch die vereinigten Habsburger Lande verhindern wollte.

Schon am 3. September hatte Leo X. im Konsistorium seinen Entschluß kundgetan, Friedrich dem Weisen die Goldene Rose zu verleihen. Dem päpstlichen Notar und Geheimkämmerer Karl v. Miltitz, einem jungen sächsischen Edelmann, wurde die Auszeichnung mit reichen Ablaßprivilegien für die Wittenberger Schloßkirche am 10. September zur Überbringung an den Kurfürsten anvertraut. Doch diese Mission wurde zunächst gestoppt, als Cajetans Depesche über den Widerspruch Friedrichs des Weisen gegen die Wahl Karls I., aber auch über sein persönliches Eintreten für Luther eintraf. Die Abmachungen des Legaten über Luthers Vernehmungen in Augsburg nahm die Kurie hin, wies aber im Breve „Cum nuper" vom 11. September Cajetan die Last der Verantwortung zu, indem sie ihm richterliche Gewalt in Luthers Angelegenheit übertrug. Er sollte den Wittenberger Mönch unter Vermeidung jeder Disputation sorgfältig verhören und je nach Befund ihn freisprechen oder verurteilen. Ende September erhielt Luther die Weisung seines Fürsten, in Augsburg vor Cajetan zu erscheinen. Dort traf er am 7. Oktober 1518 ein. Zunächst wartete er noch auf den kaiserlichen Geleitbrief und begab sich am 12. Oktober und den beiden folgenden Tagen zu Cajetan. Wenn ein damaliger Theologe, dann bot dieser die Voraussetzungen, um Luther für die Kirche zu gewinnen. Er hatte schon 1517 über den Ablaß geschrieben und dabei festgestellt, daß die Meinungen der Kanonisten und Theologen über ihn sehr voneinander abweichen[7]. In den Wochen vor Luthers Verhör hatte er in Augsburg fünf weitere Quästionen darüber verfaßt[8]. Er machte sich die Mühe, Luthers Schriften zu lesen. Cajetans Ansichten über den Ablaß waren gemäßigt. Allerdings kann dieser für ihn nicht ein bloßer Nachlaß von Kirchenstrafen sein, sondern er muß auch von den Strafen, die wir vor der göttlichen Gerechtigkeit für

[7] Opuscula (Lyon 1562) 90—97a. [8] Opuscula (Lyon 1562) 97a—105a.

unsere Sünden erwirkt haben, befreien. Denn sonst wäre er eine gefährliche Irreführung der Gläubigen. Sich um Ablässe zu bemühen ist kein Zeichen von Unvollkommenheit; doch ist Luther zuzugestehen, daß das Almosen über dem Ablaß steht und daß jemand, der ein pflichtmäßiges Almosen um eines Ablasses willen versäumt, sündigt. Ablässe für die Verstorbenen gründen zwar auch auf der Schlüsselgewalt der Kirche, wirken aber nur per modum suffragii. Die Lehre vom Thesaurus ecclesiae als den merita Christi und der Heiligen ist nach Cajetan verbindlich.

Von einer näheren Beschäftigung Cajetans mit Luthers Schriften in Augsburg geben auch Zeugnis mehrere Traktate über das Sakrament der Buße, die Exkommunikation und das Fegfeuer. In einer am 26. September 1518 fertiggestellten Quästion fragt er, ob zum fruchtbaren Empfang der Buße der Pönitent die Glaubensgewißheit haben müsse, daß er von Gott die Vergebung seiner Sünden erlangt habe. Nach 6 Argumenten dafür, die meist wörtlich Luthers Sermon „De poenitentia" (WA 1, 323 f) entnommen sind, betont Cajetan, der Pönitent brauche nicht notwendig den Glauben haben, daß er tatsächlich losgesprochen sei, wohl müsse er glauben, daß durch das Sakrament der Buße uns die Gnade der Lossprechung zugewandt werde[9]. Luthers Forderung der Glaubensgewißheit des Empfängers des Sakramentes, daß ihm die Sünden nachgelassen sind, hält Cajetan für unerhört und von großer Tragweite; sie bedeutet für ihn, „eine neue Kirche zu errichten"[10]. Nicht die Notwendigkeit des Glaubens für den fruchtbaren Empfang des Sakramentes ist strittig, sondern Cajetan lehnt den auf den Empfänger zurückgebogenen Glauben, d. h. die Glaubensgewißheit der erhaltenen Sündenvergebung als konstitutives Element für die Rechtfertigung, ab.

Dieser „reflexive Glaube" (P. Hacker) war mit der Lehre vom Thesaurus ecclesiae der Hauptgegenstand des Verhörs in Augsburg. Nach Luthers Schilderung wurde er am 12. Oktober von dem „Herrn Kardinallegaten überaus gnädig, fast mit etwas zuviel Ehrerbietung empfangen" (WA 2, 7). Cajetan sollte und wollte sich nicht auf eine Disputation einlassen. Er verlangte Widerruf und das Versprechen, fortan Frieden zu halten. Luther sah in ihm nicht den Legaten der Kirche, sondern den Thomisten, ein „Mitglied der Gegenpartei", von dem er sich nicht auf „die Hirngespinste scholastischer Schulmeinungen" (WA 2, 16) festlegen lassen wollte. So entspann sich doch ein hitziger Disput. Der Kardinal verlangte Zurücknahme der These 58, wonach der Schatz der Kirche nicht identisch sei mit dem Verdienste Christi und der Heiligen. Luther weigerte sich und beharrte auf der These: „Daß die Verdienste Christi nicht der Schatz der

[9] „Non est necessarium ipsum poenitentem tunc habere fidem se esse absolutum, quamquam credere oporteat absolutionis beneficium per poenitentiae sacramentum conferri" (Opuscula, Lyon 1562, 109 b).

[10] „Hoc enim est novam ecclesiam construere" (Opuscula, Lyon 1562, 111a). Vgl. *P. Hacker,* Das Ich im Glauben bei Martin Luther (Graz 1966).

Ablässe sind, sondern daß sie ihn erworben haben" (WA 2, 13), oder, wie er es in den „Resolutiones" formuliert hatte, „da Christus das Lösegeld und der Erlöser der Welt ist, ist er darum wahrhaftig auch allein der einzige Schatz der Kirche. Aber daß er der Schatz der Ablässe ist, bestreite ich bis auf bessere Belehrung" (WA 1, 608). Man kann nicht sagen, daß dieses entscheidende Gespräch an einer spitzfindigen Unterscheidung gescheitert ist. Luther wollte sicherstellen, daß der Zugang zu den Verdiensten Christi nicht auf den Ablaß eingeschränkt ist, ja, dieser nicht einmal der nächste und vorzüglichste Weg zu ihnen ist. Aber wollte und konnte ihm das der Kardinal nicht zugestehen? Doch Luther sah einen Gegensatz zwischen dem „Schatz der Ablässe" und dem „Schatz der lebendigmachenden Gnade Gottes", zwischen dem, was uns auf Grund der „Mitwirkung der Schlüsselgewalt und der Ablässe" geschenkt wird, und dem, was wir allein „durch den Heiligen Geist, unter keinen Umständen aber vom Papste", bekommen (WA 2, 12). In der Auffassung von der Kirche liegt so die grundlegende Differenz. Der Papst ist für Luther „Obrigkeit", der er sich wie der politischen auf Grund von Röm 13, 1 und nicht von Mt 16, 18 unterordnet, solange es Gott gefällt (WA 2, 19 f). In einem Atemzug betont Luther, daß er „das Urteil des Papstes abwarte" und daß „die Wahrheit Herrin sei auch über den Papst und er keines Menschen Richterspruch mehr erwarte, wo er das Urteil Gottes klar erkannt habe" (WA 2, 18).

Wichtiger, weil von unmittelbarer Heilsbedeutung, war für Luther die Frage nach der Glaubensgewißheit der eigenen Rechtfertigung als Voraussetzung für diese. Er will Cajetan gegenüber die Meinung vertreten haben, es sei „unerläßliche Bedingung, daß der Mensch mit fester Überzeugung glaube, er werde gerecht, und durchaus nicht daran zweifele, er werde die Gnade erlangen" (WA 2, 13). Darin habe man eine neue Art von Theologie und einen Irrtum gefunden.

Zu diesen gegensätzlichen Standpunkten in der Sache kamen die großen Unterschiede in Charakter und Mentalität: Der Kardinal und formklare Italiener war bald aufgebracht über den verbissenen Ernst und die anmaßende und hitzige Art dieses deutschen Mönches, der sich mit seinen „wunderlichen Spekulationen im Kopf" so wichtig vorkam und seinerseits sich nicht ernst genommen und verstanden fühlte. Nach Tischrede Nr. 3857 (Mai 1538) hat Cajetan Luther zugerufen: „Quid putas, quod papa curat Germaniam?" An Karlstadt schrieb Luther aus Augsburg: Cajetan „ist vielleicht ein namhafter Thomist, aber ein undeutlicher, verborgener, unverständlicher Theologus oder Christ, und deshalb diese Sach zu richten, erkennen und urteilen ebenso geschickt als ein Esel zu der Harfen. Deswegen auch mein Sach in so viel mehrer Gefährlichkeit stehet, daß sie solche Richter hat, welche nicht allein Feinde und ergrimmt sind, sondern auch unvermüglich, die Sach zu erkennen und zu verstehen" (WA Br 1, 216).

Am dritten Tag, dem 14. Oktober, gab Cajetan beim Abschied Luther die

Weisung, nicht wiederzukommen, bevor er sich eines Besseren besonnen habe, versuchte aber gleichzeitig über Staupitz und Wenzel Link auf ihn einzuwirken. Diese bestimmten Luther, sich in einem Schreiben vom 17. Oktober an Cajetan wegen seines unbescheidenen, scharfen und unehrerbietigen Auftretens zu entschuldigen und zu versprechen, über den Ablaß nicht mehr zu handeln, wenn auch die anderen Stillschweigen übten. Zum Widerruf sah sich Luther auch jetzt nicht imstande. Er bittet aber, beim Papst eine Entscheidung der ungeklärten Fragen zu erwirken, damit die Kirche endlich Widerruf oder Glauben fordern könne. In einem zweiten Brief vom 18. Oktober kündigte Luther seine Abreise und eine ihm von höherer Stelle nahegelegte Berufung an den Papst an. Diese Appellation von „dem nicht gut unterrichteten Papst und von dessen Richtern an den besser zu unterrichtenden Allerheiligsten Vater" hatte er schon am 16. Oktober vor einem Notar und Zeugen zu Protokoll gegeben: Die Lehre vom Ablaß sei in vieler Hinsicht ungeklärt. Deshalb halte er eine Disputation für erlaubt und nützlich. Er habe eine solche unternommen und seine Streitsätze dem Urteil der Kirche und eines jeden, der es besser verstehe, vor allem aber des Allerheiligsten Vaters und Herrn, Papst Leos X., unterworfen. Den Widerruf, den der „sehr gelehrte und freundliche Cajetan" von ihm verlangte, habe er dagegen nicht leisten können, weil ihm die Punkte, in denen er irre, nicht angezeigt worden seien (WA 2, 28—33).

Diese Appellation wurde am 22. Oktober am Dom zu Augsburg angeschlagen, nachdem Luther des Nachts durch ein Mauerpförtchen die Stadt verlassen hatte. Am 19. November erreichte Friedrich den Weisen ein Schreiben Cajetans vom 25. Oktober, in dem der Kardinal die Auslieferung oder Ausweisung Luthers verlangte. Der Kurfürst werde doch um eines armseligen Mönches willen den Ruhm seiner Vorfahren nicht mit Schande beflecken (WA Br 1, 235). Luther bot seinem Landesherrn an auszuwandern (WA Br 1, 245). Dieser scheint vorübergehend dem Plan zugestimmt, zum mindesten ihn ernstlich erwogen zu haben. Spalatin riet von einer überstürzten Flucht nach Frankreich ab. Er hat vielleicht damals schon daran gedacht, Luther irgendwo in Sachsen zu verbergen[11].

Die verbindliche Lehrentscheidung über den Ablaß, die Luther gefordert hatte, gab Leo X. auf Grund eines Entwurfes Cajetans am 9. November 1518 in der Konstitution „Cum postquam"[12]. Um jede Ausflucht unmöglich zu machen, wird hier als Lehre der römischen Kirche erklärt, daß der Papst kraft seiner Schlüsselgewalt im Ablaß Sündenstrafen nachlassen kann, indem er den Schatz der Verdienste Christi und der Heiligen austeilt. Dieser Ablaß wird den Lebenden in der Weise der Lossprechung und den Toten fürbittweise gewährt. Cajetan publizierte diese Bulle am 13. Dezember in

[11] *I. Höss,* Georg Spalatin 141.

[12] *P. Kalkoff,* Die von Cajetan verfaßte Ablaßdekretale: ARG 9 (1911/12) 142—171; *N. Paulus,* Die Ablaßdekretale Leos X. vom Jahre 1518: ZKTh 37 (1913) 394—400.

Linz a. d. Donau. Sie wurde mehrfach gedruckt, hatte aber keine nachhaltige Wirkung. Die öffentliche Meinung war schon zu sehr gegen den Ablaß als einem Mittel kurialistischer Geldgier aufgebracht, und Luther war trotz aller Beteuerungen der Ergebenheit zum Heiligen Stuhl zum Widerruf nur bereit, wenn man ihn auf Grund der Heiligen Schrift, wie er sie verstand, des Irrtums überführte. Inzwischen war er noch einen Schritt weitergegangen. Am 28. November gab er in der Kapelle zum Heiligen Leichnam Christi zu Wittenberg seine Appellation an das bald und rechtmäßig im Heiligen Geist zu berufende Konzil zu Protokoll. Dieses stehe in Glaubenssachen über dem Papst. Luther folgte hier einem Beispiel der Sorbonne, die am 28. März 1518 im Streit um die gallikanischen Freiheiten ebenfalls an das Konzil appelliert hatte. Den in Auftrag gegebenen Druck seiner Appellation wollte Luther nicht ausgeben, sondern nur für den Fall der Bannung bereithalten. Doch die Auflage war, wie er mehrfach beteuert[13], von dem geschäftstüchtigen Drucker schon fast abgesetzt, bevor er selbst ein Exemplar in den Händen hatte.

Ein Akt von so großer Tragweite wäre demnach gegen Luthers Absicht mehr oder weniger zufällig ausgelöst worden. Müssen wir ihn dann nicht eines unverantwortlichen Leichtsinns bezichtigen? Oder haben wir mit einem diplomatischen Schachzug zu rechnen, durch den Luther den sächsischen Hof vor fertige Tatsachen stellen wollte, ohne gegen dessen klare Weisungen gehandelt zu haben? Bei den „Acta Augustana“ war es wahrscheinlich ähnlich. Hier traf nach Luthers Darstellung Spalatins Einhaltgebot erst ein, als die Schrift mit Ausnahme des letzten Bogens bereits ausgegeben war (WA Br 1, 263; 281). Luther könnte aber auch das Schicksal versucht haben in dem Sinne, daß er die Entscheidung in der Schwebe ließ, mit der heimlichen Hoffnung, diese würde durch andere Faktoren in seinem Sinne ausgelöst. Zweifellos war er viel ängstlicher und mehr innerlich angefochten, als seine oftmals verwegenen und entscheidungsfrohen Handlungen und seine laute Sprache vermuten lassen. Wir müssen damit rechnen, daß Luther sich oft bewußt selbst den Rückzug unmöglich machte und Brücken hinter sich abbrach, in anderen Fällen dagegen Entwicklungen auf die Spitze trieb, vor der letzten Konsequenz aber zurückschreckte. Wenn diese aus der inneren oder äußeren Dynamik der Tatsachen doch eintraf, nahm er sie hin, ja begrüßte sie als Gottes Willen. Luther wußte, wie man sich um seine Schriften und Flugblätter riß, er hatte auch genügend Erfahrungen mit Druckern gemacht, um vorauszusehen, wie es mit dem Druck seiner Appellation gehen würde. Damit ist sein Schreiben an W. Link, zu seinem großen Mißfallen habe der Drucker die Appellation ausgegeben, während er den Druck bei sich habe aufbewahren wollen, Gott habe es aber anders gefügt[14],

[13] Brief an W. Link vom 18. 12. 1518 (WA Br 1, 270) und an Spalatin vom 20. 12. (WA Br 1, 280 f).

[14] „Edidit impressor noster Appellationem meam ad concilium, multa et magna displi-

nur vordergründig glaubhaft. Wie er dem Papst versichert hatte, daß die Ablaßthesen gegen seinen Willen die Weiterverbreitung gefunden hätten, er sie aber nun nicht mehr aus der Welt schaffen könne (WA 1, 529), so schrieb er jetzt an Spalatin über die Veröffentlichung seiner Konzilsappellation: „Was einmal geschehen ist, kann ich nicht ungeschehen machen" (WA Br 1, 281).

In diesen Wochen ging Luther wieder mit dem Gedanken um auszuwandern. Das wohl nicht nur, um seinen Landesherrn nicht mit seiner Sache zu belasten, sondern auch, weil er seine Handlungsfreiheit gewinnen und er dem Netz der kleinen taktischen Rücksichten enthoben sein wollte, zu denen seine Verbindung mit dem sächsischen Hof ihn immer wieder zwang. Gerade in diesen Tagen (18. 12. 1518) äußerte er gegenüber W. Link: „Ich weiß nicht, woher diese Gedanken kommen. Die Sache hat meinem Urteil nach nicht einmal begonnen, geschweige denn, daß die Herren in Rom schon ihr Ende erhoffen dürfen." Ja, ihm geht die Ahnung auf, „daß der wahre Antichrist, auf den Paulus hinzielt, in der römischen Kurie herrscht. Heute schon glaube ich beweisen zu können, daß Rom schlimmer ist als der Türke" (WA Br 1, 270).

Die Kurie sah sich vor die Doppelaufgabe gestellt, den Ketzer Luther unschädlich zu machen und seinen Landesherrn für die Türkensteuer, besonders aber in der Nachfolge im Reich als Bundesgenossen zu gewinnen. Noch war es unsicher, ob man beide Ziele gleichzeitig mit voller Energie verfolgen konnte, das heißt, ob Friedrich der Weise Luther fallenlassen würde. Hier Klarheit zu schaffen, das heißt die Gesinnung des Kurfürsten auszuforschen (WA Br 1, 274), war der Auftrag des päpstlichen Kammerherrn Karl v. Miltitz. Mitte November wurde er endlich mit der Goldenen Rose, reichen Ablaßprivilegien und einer Bannbulle gegen Luther nach Augsburg zu Cajetan auf den Weg geschickt. Er traf aber den Legaten, an dessen Weisungen er strikt gebunden sein sollte, nicht mehr an. So deponierte er die Goldene Rose und die päpstlichen Bullen bei den Fuggern und schloß sich Mitte Dezember dem Kurfürstlichen Rat Degenhard Pfeffinger an, der an den Hof Friedrichs des Weisen zurückkehrte. Unterwegs mußte er feststellen, wie sehr in Deutschland die Stimmung für Luther war. Das bestimmte diesen eitlen, geistig beschränkten und geltungssüchtigen Höfling aber nicht, sich zurückzuhalten. Im Gegenteil, er tat sich wichtig mit seinen angeblichen Aufträgen und erzählte römische Klatschgeschichten, wonach der Papst von Tetzel wie von Prierias nichts halte.

Am 28. Dezember kam Miltitz in Altenburg, der Residenz Friedrichs des Weisen, an. Kurze Zeit vorher, am 8. Dezember oder nach anderer Datierung, der Kalkoff den Vorzug gibt[15], am 18. Dezember, hatte der Kurfürst

centia mea; sed actum est. Volui impressam apud me servare, Deus autem alia cogitat" (WA Br 1, 270).

[15] ZKG 27 (1906) 325 ff.

endlich Cajetan geantwortet und die Auslieferung bzw. Ausweisung seines Professors abgelehnt. Luther sei nicht der Häresie überführt, sei dagegen für Belehrung zugänglich und halte sich für eine Disputation bereit. Damit hatte Friedrich der Weise sich schützend vor Luther gestellt, gleichzeitig aber das Verfahren gegen ihn für offen erklärt. Bei dieser Hinhaltetaktik kam ihm der wichtigtuerische Kammerherr, der gegen seine Instruktionen sich zum Vermittler aufspielte, nicht ungelegen. Friedrich veranlaßte ein Zusammentreffen Luthers mit Miltitz am 4. und 5. Januar 1519. Dieses führte zu folgendem Abkommen: 1. Beiden Seiten soll fortan verboten sein, weiter „von der Materie zu predigen, schreiben und handeln". 2. Miltitz will den Papst veranlassen, einen Bischof zu bestellen, der die irrigen Artikel Luthers zum Widerruf bezeichnen soll (WA Br 1, 294; 299). Friedrich der Weise und Luther nahmen die leichtfertige Geschäftigkeit des „Nuntius" nicht sehr ernst, gingen aber auf die „Miltitziade" ein, weil sie so zu ihrem Ziel zu kommen hofften, die Causa Luthers in Deutschland verhandelt zu sehen, zumindest aber Zeit gewannen. Im Sinne des Kurfürsten trug Miltitz das Amt des Schiedsrichters dem Erzbischof von Trier, Richard von Greiffenklau, an (12. 6.). Entsprechend seiner Taktik, die Schuld an der Zuspitzung der Lage den Dominikanern, Cajetan und Tetzel zuzuschieben, maßregelte Miltitz Tetzel und gab an, ihn in Rom wegen Unsittlichkeit und unrechtmäßiger Bereicherung an Ablaßgeldern anklagen zu wollen. Der Ablaßprediger trat völlig in den Hintergrund und starb am 11. August 1519.

Seine unerhörten Eigenmächtigkeiten bei der Behandlung des vom Papst zum Ketzer erklärten Mönches Martin Luther hätten Miltitz heftige Kritik Cajetans und der Kurie einbringen müssen. Doch der Tod Kaiser Maximilians am 12. Januar 1519 hatte eine neue Situation geschaffen und sollte den Auftakt zu dem „größten diplomatischen Feldzug" (Kalkoff) jener Zeit geben, hinter dem alles andere, auch der Prozeß Luthers, in den Hintergrund zu treten hatte. Schon am 23. Januar 1519 erhielt Cajetan von Leo X. die Anweisung, die Wahl Karls von Spanien mit allen Mitteln zu verhindern. Dazu mußte Friedrich der Weise gewonnen werden. So kamen der Kurie die unverbindlichen Machenschaften von Miltitz nicht schlecht aus; zumindest ließ man ihn gewähren und lieh seinem leichtfertigen Optimismus zeitweilig willig das Ohr. Cajetan tat sich schwerer in der Rolle, das in seinen Händen befindliche Verdammungsurteil gegen Luther zurückhalten und dem Beschützer des Ketzers die Kaiserkrone anbieten zu sollen. Die schönfärberischen Berichte von Miltitz gaben Leo X. den Vorwand, in einem Breve vom 29. März 1519 so zu tun, als sei Luther zum Widerruf bereit, und ihn väterlich zu sich einzuladen. Vor ihm, dem Stellvertreter Christi, könne er den Widerruf leisten, von dem ihn in Augsburg nur die Strenge Cajetans und dessen parteiische Begünstigung Tetzels abgeschreckt hätten (WA Br 1, 364f). Stand die Sache so, dann hatte der Papst auch keinen Grund mehr, Friedrich dem Weisen wegen Begünstigung des Ketzers zu zürnen. Sein Liebeswerben um ihn gipfelte in der Botschaft, die Miltitz ihm acht Tage vor dem Wahlakt[16] zu übergeben hatte: Der Kurfürst wird dringend gebeten, sich für die Wahl des Königs von Frankreich einzusetzen. Wenn dessen Wahl nicht möglich ist, soll er selbst die Kaiserkrone annehmen. Dafür will der Papst alles nur Mögliche für ihn tun und einen seiner Freunde zum Kardinal machen[17]. Als Freund des Kurfürsten galt damals in Rom Luther. So konnte mit der Kardinalsernennung auf ihn angespielt sein.

Aus Sorge um den Kirchenstaat und um die Stellung der Medici in Italien tat demnach der Papst so, als wenn Luther und seine Beschützer nicht zu Ketzern erklärt wären. Er ließ den Prozeß fast ein Jahr ruhen und gab der lutherischen Bewegung Zeit, tiefere Wurzeln zu schlagen; er hielt den Bannfluch zurück und bot statt dessen Kaiserkrone und Kardinalshut an. „Wenn der römische Hof die Gefahr, die der ganzen Kirche von diesem Martin Luther Eleutherius drohte, trotz der Warnungen Cajetans gleichsam vergaß und die Behandlung dieser säkularen Krise vor den augenblicklichen Erfordernissen der päpstlichen Italien-Politik zurückstellte, so wurde hier vielleicht in einem größten Zeugnis unter Beweis gestellt, daß Luther und die Opposition recht hatten, wenn sie der Kirche Christi die Entartung zu einem Rechts- und Herrschaftsinstitut vorwarfen.“[18]

Die Leipziger Disputation

Ließ politische Rücksicht den Prozeß Luthers ruhen, so war der durch ihn entfachte Streit der Geister doch nicht leichthin zu beschwichtigen. Thesen, die Luthers Wittenberger Kollege Andreas von Karlstadt gegen Ecks „Obelisci“ aufgestellt hatte, gaben diesem willkommene Gelegenheit, im August 1518 zu einer Disputation herauszufordern. Im Oktober hatte der Ingolstädter Professor ein verhältnismäßig freundschaftliches Gespräch mit Luther geführt. Sie kamen überein, Karlstadt Erfurt und Leipzig als Schauplätze für die Disputation vorzuschlagen. Dieser überließ Eck die Wahl, der im Dezember die Leipziger Theologische Fakultät und den Herzog Georg von Sachsen ersuchte, dort die Disputation zu gestatten. Die Fakultät und der Ortsbischof Adolf von Merseburg waren dagegen. Doch Herzog Georg setzte sich eifrig für die Disputation ein und wußte die Fakultät zur Zustimmung zu bewegen. Schon im Dezember 1518 hatte Eck 12 Thesen über Buße, Ablaß, Schatz der Kirche und Fegfeuer gegen Karlstadt veröffentlicht.

[16] Am 21. Juni; *P. Kalkoff:* ZKG 25 (1904) 413 Anm. 3.

[17] Dt. Reichstagsakten, Jüngere Reihe Bd I, hrsg. von *A. Kluckhohn* (Gotha 1893) 824.

[18] *R. Stadelmann,* Das Zeitalter der Reformation: Hdb. der dt. Gesch., hrsg. von *Brandt-Meyer-Just,* Bd II (Konstanz 1954) 49.

Faktisch wandten sie sich aber gegen Luther und seine Auffassung von der Autorität des Papstes und der Kirche, z. B. die These 12 (später 13): „Es ist falsch, zu behaupten, daß die römische Kirche vor den Zeiten Sylvesters (314/335) noch nicht die Oberhoheit über die anderen Kirchen gehabt hat.“ [19] Trotz der Absprache mit Miltitz veröffentlichte Luther Gegenthesen (WA 2, 160 f) und kündigte seine Teilnahme an der Disputation an. In der 13. Gegenthese behauptet er, der Primat der römischen Kirche werde mit gefälschten päpstlichen Dekreten, die erst 400 Jahre alt seien, bewiesen. Dem darüber besorgten Spalatin schreibt er: „Ich verhehle vieles und halte zurück um des Kurfürsten und der Universität willen, was ich, wäre ich anderswo, auskotzen würde auf die Verwüsterin der Schrift und der Kirche, auf Rom, besser auf Babylon. Man kann, mein lieber Spalatin, nicht die Wahrheit der Schrift und Kirche behandeln, ohne dieses Untier zu verletzen. Hoffe also nicht, daß ich still und ruhig bin, Du müßtest denn wünschen, daß ich die Theologie völlig aufgebe“ (WA Br 1, 351).

Einige Tage später, am 5. März, versichert er Spalatin, es sei ihm niemals in den Sinn gekommen, vom Apostolischen Stuhl in Rom abzufallen. Es sei ihm recht, daß dieser „aller Herr“ genannt werde und es sei. Man müsse ja auch den Türken ehren und ertragen um der von Gott verliehenen Gewalt willen (WA Br 1, 356). Das Papsttum war damals für Luther also nur noch eine Ordnungsmacht wie jede weltliche Obrigkeit. Doch damit nicht genug, am 13. März flüstert er Spalatin ins Ohr [20], bei dem Studium der Dekretalen für die Disputation habe er sich die Frage gestellt, ob der Papst nicht der Antichrist oder wenigstens sein Sendling sei, da er in seinen Dekreten Christus, das heißt die Wahrheit, so elend kreuzige. Luther wurde erst in letzter Stunde auf eine Intervention Ecks hin vom Herzog zur Disputation zugelassen. Diese fand vom 27. Juni bis 16. Juli 1519 auf der Pleißenburg zu Leipzig statt. Zunächst disputierten Eck und Karlstadt über die Gnadenwahl. Das Streitgespräch zwischen Eck und Luther spitzte sich zu auf die Frage nach dem göttlichen Recht und dem Primat des Papsttums und nach der Autorität der Konzilien. Diese könnten irren und hätten, z. B. das Konstanzer Konzil in der Verurteilung von Hus, geirrt. Damit war die Heilige Schrift die einzige Quelle des Glaubens und das „sola scriptura“ als Formalprinzip der Reformation aufgestellt. Ein höchstes kirchliches Lehramt, das die Heilige Schrift verbindlich auslegt, anerkannte Luther nicht mehr. Bei der Disputation waren Eck sein gutes Gedächtnis und seine dialektische Gewandtheit sehr zustatten gekommen. War seine Gefahr, durch kalte Schärfe den Gegner erst zu häretischen Konsequenzen zu treiben und auf den Irrtum festzulegen, so hat er das Verdienst, angesichts der dogmatischen Unklarheit seiner Zeit deutlich gemacht zu haben, daß Luther nicht Reform, sondern Angriff auf die Struktur der Kirche bedeutete.

[19] Gegen Luthers „Resolutiones“ concl. 22 (WA 1, 571).

[20] „in aurem tibi loquor“ (WA Br 1, 359).

5. Kapitel

Die reformatorischen Schriften Luthers von 1520

LITERATUR: *H. Dannenbauer,* Luther als religiöser Volksschriftsteller 1517—20 (Tübingen 1930); *O. Clemen,* Die lutherische Reformation und der Buchdruck (Leipzig 1939); *H. v. Campenhausen,* Reformatorisches Selbstbewußtsein und reformatorisches Geschichtsbewußtsein bei Luther, 1517—1522: ARG 37 (1940) 128—150; *H. Volz,* Die ersten Sammelausgaben von Lutherschriften und ihre Drucker (1518—1520): Gutenberg-Jb. 1960, 185—202; *W. Köhler,* Zu Luthers Schrift „an den christlichen Adel deutscher Nation“: ZSavRGkan 14 (1925) 1—38; *W. Maurer,* Von der Freiheit eines Christenmenschen (Göttingen 1949); *H. Asmussen,* Glaube und Sakrament. Zwei Abschnitte aus „De captivitate“: Begegnung der Christen (Stuttgart 1959) 161—178.

Nach der Leipziger Disputation wurde Luther immer mehr zum Helden und Sprecher der Nation. Er selbst war von apokalyptischer Stimmung erfüllt, wähnte sich berufen, dem Antichristen entgegenzutreten. Das gab seiner Sprache prophetisches Pathos, Eindringlichkeit und Bestimmtheit. Ritter, Bürger und Bauern, kaum fähig, den Reformator in seinem eigentlichen religiösen Anliegen zu begreifen, waren getragen von der Zuversicht, Luther werde die langersehnte Reform von Kirche und Reich bringen. Dabei verstand man unter Reform auch die Erfüllung der jeweils eigenen sozialen und politischen Ziele. Von überall her strömten die Studenten an die Universität Wittenberg, deren Artistenfakultät 1518 auf Anregung Luthers eine Reform im Sinne des Humanismus erfahren hatte und wo Melanchthon den Lehrstuhl für griechische Sprache innehatte. Die Studenten waren wiederum wirksame Boten der lutherischen Lehren bis in den abgelegensten Winkel des Reiches. Dazu bot der Buchdruck ganz neue Möglichkeiten der Propaganda. Schon 1518 hatte der Humanist Johannes Froben in Basel eine Gesamtausgabe der lateinischen Schriften Luthers in hoher Auflage herausgebracht. Neue, erweiterte Ausgaben erschienen 1520 in Straßburg und Basel. Dazu kamen hier im Mai 1520 und in Straßburg im Juli Sammelausgaben deutscher Lutherschriften auf den Markt und fanden guten Absatz. Luther beschäftigte zeitweise drei Drucker, um seine Werke in die Öffentlichkeit zu bringen. Meist waren sie, vom Augenblick gefordert, schnell hingeschriebene Streitschriften, die Mißstände angriffen oder einen Angriff parierten. Dazu kamen zahlreiche erbauliche Schriften, Zeugnisse seiner religiösen Erfahrung und zugleich seelsorgliche Hilfe für viele, die sich an ihn wandten. Luther beherrschte die Sprache des Volkes; oft war er derb und voll herben Spottes, nie langweilig und schwerfällig wie die Schultheologie in ihren umständlichen Disputationen.

Das Jahr 1520 brachte den ersten Höhepunkt seiner publizistischen Tätigkeit. Von seinen Seelsorgsschriften Ende 1519 sind vor allem Sermone über die drei Sakramente zu nennen, die Luther künftig allein noch gelten lassen wird: 1. Sermon vom Sakrament der Buße (WA 2, 713—723); 2. Sermon vom Sakrament der Taufe (WA 2, 727—737); 3. Sermon von dem hochwürdigen Sakrament des heiligen wahren Leichnams Christi und von den Bruderschaften (WA 2, 742—758). Ob Luther die Sakramentalität der Buße im überkommenen Sinn noch festhält, ist jedoch fraglich. Er sieht das Wort der Sündenvergebung nicht in seinem inneren Bezug zum Amt der Kirche. Deshalb kann nach seiner Meinung jeder Laie die Absolution spenden: „Zum 9. folget weiter, daß in dem Sakrament der Buße und Vergebung der Schuld nichts mehr tut ein Papst und Bischof als der geringste Priester, ja, wo ein Priester nicht ist, ebenso viel tut ein jeglicher Christenmensch, ob es schon ein Weib oder Kind wäre. Denn welch ein Christenmensch auch zu dir sagt: ‚Dir vergibt Gott deine Sünden . . .‘ und du das Wort kannst fassen mit einem festen Glauben, als sprächs Gott zu dir, und so bist du gewiß in demselben Glauben absolviert. So ganz und gar liegt all Ding im Glauben auf Gottes Wort“ (WA 2, 716).

Bei Taufe und Eucharistie, den „zwei fürnehmlichen Sakramenten in der Kirche“, betont Luther stark die subjektive Aneignung der in ihnen dargebotenen Gnade und ihre fruchtbare Auswirkung. Das opus operatum muß im Glauben zum opus operantis werden, sonst wirkt es nur Schaden, wie für die Juden das Kreuz Christi zum Verhängnis wurde. Einer Aufforderung Spalatins, auch über die anderen Sakramente zu schreiben, lehnte Luther ab, weil es für sie keinen Grund in der Heiligen Schrift gebe. „Für mich bleibt kein weiteres Sakrament mehr. Denn ein Sakrament ist nur da gegeben, wo eine ausdrückliche göttliche Verheißung zur Übung des Glaubens vorliegt“ (WA Br 1, 595).

Gegen den Vorwurf, mit seiner Lehre von der Gerechtigkeit allein durch den Glauben tue er den Werken Abbruch, ja, mache er sie verächtlich, schrieb Luther auf Bitten Spalatins im Frühjahr 1520 über das Verhältnis von Glaube und Werk den umfangreichen Sermon „Von den guten Werken“ (WA 6, 202—276). Hier gibt er den Laien eine umfassende Anweisung zu einem guten christlichen Leben und Wirken. Das vornehmste aller Werke ist der Glaube (Jo 6, 28). Er ist aber nicht ein gutes Werk neben anderen, sondern die Quelle aller guten Werke. Diese sind Früchte des Glaubens, der „mit sich bringt Liebe, Friede, Freude und Hoffnung“. Es kommt nicht auf die Größe des äußeren Werkes an; all unser Tun kann gutes Werk werden, wenn es nur den Glauben zum bewegenden Grund hat. „Steht denn die Gerechtigkeit im Glauben, so ist's klar, daß er allein alle Gebote erfüllet und alle ihre Werke rechtfertig macht“ (WA 6, 211). Hätten wir den lebendigen Glauben, „bedürften wir keines Gesetzes nimmermehr, sondern ein jeglicher tät aus sich selbst gute Werke zu aller Zeit“ (WA 6, 213). Solange wir diese Freiheit des Glaubens zu guten Werken aber nicht haben, brauchen wir Gesetze und Ermahnungen, müssen wir wie die Kinder mit Zeremonien und Versprechungen zum guten Tun gereizt werden. Der Glaube selbst erwächst aber nicht aus den Werken, sondern ist ein Geschenk Christi. „Sieh, also mußt du Christum in dich bilden und sehen, wie in ihm Gott seine Barmherzigkeit dir fürhält und anbietet ohn alle deine vorkommende Verdienste, und aus solchem Bild seiner Gnade schöpfen den Glauben und Zuversicht der Vergebung aller deiner Sünden. Darum hebt der Glaube nit mit den Werken an, sie machen ihn auch nit, sondern er muß aus dem Blut, Wunden und Sterben Christi quellen und fließen" (WA 6, 216). Der Glaube bewährt sich im Alltag, im Gehorsam gegen Gottes Gebot. Damit haben wir vollauf zu tun, es bedarf nicht mehr der Werke, die wir uns selbst auflegen. Die mir aufgegebenen Werke „scheinen und gleißen nicht" wie die ungebotenen Werke der „neuen Heiligen". Sie sind um so höher und besser, je weniger sie „gleißen" und „so still und heimlich geschehen, daß sie niemand denn Gott allein gewahr wird". In dieser ersten, vielleicht wichtigsten, jedenfalls nicht ihrer Bedeutung entsprechend beachteten Schrift des Entscheidungsjahres 1520 bewegt sich Luther in Gedanken der deutschen Mystik, besonders Taulers. Bei aller Polemik bleibt deutlich, daß er nicht die Werke überhaupt ablehnt, sondern nur eine vielfach mechanisch gewordene Werkfrömmigkeit.

Nicht die Rechtfertigungslehre selbst, sondern die Lehre von der Kirche führte immer deutlicher zum Bruch. Luther kämpfte schon länger mit der Vorstellung, der Papst sei der Antichrist[1]. Im Februar 1520 lernte er die von Ulrich von Hutten neu herausgegebene Schrift des Laurentius Valla über die angebliche Konstantinische Schenkung (1440) kennen. Am 24. Februar schrieb er daraufhin an Spalatin: „Ich ängstige mich derart, daß ich fast nicht mehr zweifele, der Papst sei ganz eigentlich der Antichrist, den nach allgemeiner Meinung die Welt erwartet" (WA Br 2, 48f). Zur selben Zeit kam die „Epithoma responsionis ad Lutherum" (1519) des Sylvester Prierias mit der starken Betonung des Primates und der Unfehlbarkeit des Papstes in Luthers Hände. Im Mai erschien des Franziskaners Augustin Alveldt Schrift „Super apostolica sede ...", auf die Luthers Famulus Johannes Lonicer antwortete. Als Alveldt daraufhin seine Schrift umgearbeitet in deutscher Sprache herausgab, schrieb Luther selbst seine heftige Entgegnung: „Von dem Papsttum zu Rom wider den hochberühmten Romanisten zu Leipzig" (1520; WA 6, 285—324). Hier entwickelt Luther seine Lehre von der Kirche:

1. Die Christenheit als Versammlung aller Christusgläubigen ist nicht eine „leibliche" Versammlung, sondern eine „der Herzen zu einem Glauben". Diese „geistliche Einigkeit" ist für sich allein genug, eine Christenheit zu machen. Taufe und Evangelium sind deren Zeichen in der Welt.

2. Diese Christenheit, die allein die wahre Kirche ist, hat kein Haupt auf Erden, „sondern allein Christus im Himmel ist hier das Haupt und regiert allein". Bischöfe sind Boten und nach göttlicher Ordnung alle gleich. Nur

[1] Brief an W. Link vom 18. 12. 1518 (WA Br 1, 270).

aus menschlicher Ordnung ist „in der äußerlichen Kirche einer über dem anderen“.

3. Mt 16, 18 muß durch Mt 18, 18 ausgelegt werden. Dann ist klar, daß dem hl. Petrus an Stelle der ganzen Gemeinde, nicht für seine Person allein, die Schlüssel gegeben sind.

4. Man soll den Papst also von Gott zugelassen mit aller Geduld ertragen, „wie wenn der Türke über uns wäre“.

Luther meint, er könne es aber „wohl leiden, daß Könige, Fürsten und der ganze Adel eingriffe, damit den Schurken von Rom die Straße gesperrt würde . . ., wie kommt der römische Geiz dazu, daß er alle Stiftungen, Bistümer, Lehensgüter unserer Väter an sich reißt? Wer hat solche unaussprechliche Räuberei je gehört oder gelesen?“ (WA 6, 322.)

Rührt Luther hier an das nationale Ressentiment gegen die Kurie, das in den Gravamina der deutschen Nation schon so oft laut geworden war, so machte er sich ganz ausdrücklich zum Sprecher dieser Wünsche und Klagen in der ersten der drei großen Programmschriften des Sommers 1520 „An den christlichen Adel deutscher Nation von des christlichen Standes Besserung“. Am 7. Juni 1520 schrieb er an Spalatin: „Ich habe im Sinn, ein Flugblatt an Kaiser Karl und den Adel ganz Deutschlands herauszugeben wider die Tyrannei und Nichtswürdigkeit der römischen Kurie“ (WA Br 2, 120). In dem einleitenden 1. Teil geht es darum, die drei Mauern umzulegen, hinter denen sich die „Romanisten“, d. h. die Kurie, verschanzt haben, um sich jeder Reform zu entziehen: 1. Die geistliche Gewalt stehe über der weltlichen. 2. Nur dem Papst gebühre es, die Heilige Schrift auszulegen. 3. Nur er könne ein rechtmäßiges Konzil berufen. Dagegen betont Luther das allgemeine Priestertum, neben dem er kein besonderes mehr gelten lassen will: „Denn alle Christen sind wahrhaft geistlichen Standes; es ist unter ihnen kein Unterschied als der des Amtes . . ., das kommt daher, daß wir eine Taufe, ein Evangelium, einen Glauben haben . . ., die machen allein geistlich und Christenvolk . . . Denn was aus der Taufe gekrochen ist, das mag sich rühmen, daß es schon zum Priester, Bischof und Papst geweihet sei, obwohl nicht einem jeglichen ziemt, solch Amt zu üben . . . Daraus folgt, daß Laien, Priester, Fürsten, Bischöfe und, wie sie sagen, Geistliche und Weltliche wahrlich im Grunde keinen anderen Unterschied haben als denjenigen des Amtes [d. h. des Dienstes] oder Werkes, und nicht den des Standes“ (WA 6, 407 f). Haben Papst und Bischöfe versagt, dann ist es Aufgabe der sogenannten weltlichen Stände, für Abhilfe zu sorgen: „Darum, wo es die Not fordert und der Papst ärgerlich der Christenheit ist, soll, wer zuerst kann, als ein treues Glied des ganzen Körpers dazutun, daß ein rechtes, freies Konzil zustande komme. Das kann niemand so gut wie das weltliche Schwert, besonders weil sie nun auch Mitchristen sind, Mitpriester, mitgeistlich, mitmächtig in allen Dingen, und sollen ihr Amt und Werk, das sie von Gott haben über jedermann, lassen frei gehen, wo es not und nütze ist

(WA 6, 413)...Darum lasset uns aufwachen, liebe Deutsche, und Gott mehr als die Menschen fürchten, damit wir nicht mitschuldig werden an allen armen Seelen, die so kläglich durch das schändliche, teuflische Regiment der Römer verloren werden ..." (WA 6, 415).

Danach folgt eine Reihe von Anklagen, vor allem gegen den „römischen Geiz und Raubstuhl". Sie gipfeln in dem Vorwurf, Papst und Kurie hielten sich nicht an ihr eigenes Kirchenrecht (WA 6, 418). Im 3. Teil entwickelt Luther in 28 Punkten ein Reformprogramm, das von der Abschaffung der Annaten, der Reservationen, des Zölibates und der vielen Festtage über die Reform der Universitäten bis zur Schließung der Bordelle reicht. Alle, der Adel wie die Bauern und die Armen in den Städten, konnten hier an die Abstellung ihrer Nöte denken. Worum Luther in persönlichen Gewissensängsten gerungen hatte, war in dieser Schrift Angelegenheit der Nation geworden. Entsprechend rissen sich die Leser um diese Schrift. Der Verkaufserfolg war mit 4000 Exemplaren in der ersten Woche unerhört groß.

In der zweiten großen Programmschrift „De captivitate Babylonica ecclesiae praeludium" (Oktober 1520), einer der wenigen systematisch-theologischen Schriften Luthers, wendet er sich an die Theologen. Über den Anlaß, eine Schrift Alveldts „Tractatus de communione sub utraque specie" (Juni 1520), weit hinausgewachsen, ist sie eine Auseinandersetzung mit der Sakramentenlehre der alten Kirche. Nur die drei Sakramente Taufe, Buße und Abendmahl läßt Luther gelten. Diese sind aber „durch den römischen Hof in ein elendes Gefängnis geführt". Das Sakrament des Brotes befindet sich in einer dreifachen Gefangenschaft: die Verweigerung der zweiten Gestalt, die Lehre von der Transsubstantiation und das Verständnis des Abendmahls als Opfer. Luther will nicht sagen, daß die zweite Gestalt unbedingt geboten und die Transsubstantiationslehre falsch sei. Er möchte aber die Freiheit gewahrt wissen. Es sei römische Tyrannei, den Laien den Kelch zu verbieten oder eine Meinung des Thomas von Aquin zum Glaubensartikel zu machen. Die wahre Gegenwart des Leibes Christi hält Luther fest, er möchte aber das „Wie" offenlassen. Ihm selbst ist die Gegenwart des Leibes Christi in, mit und unter dem Brot analog der Einwohnung der Gottheit in der Menschheit Christi sehr einleuchtend.

Dagegen ist das dritte Gefängnis des Sakramentes ein überaus gottloser Mißbrauch und eine Quelle weiterer, tief eingewurzelter Übelstände. Luther wiederholt hier Gedanken aus dem „Sermon von dem N. T., d. i. von der Hl. Messe" (1520). Er fordert Rückkehr zur „ersten und schlichten Stiftung" Christi, zu seinem Wort. Danach ist das Sakrament des Altares ein Testament, in dem uns die Vergebung der Sünden zugesprochen wird. Die Worte des Einsetzungsberichtes sind das Wesen und die Kraft der Messe, sie sind zugleich die Summe, der Inbegriff des ganzen Evangeliums. „Siehe, o du sündiger und verdammlicher Mensch, aus lauterer und unverdienter Liebe, womit ich dich liebe, ... verheiße ich dir mit diesen Worten, ehe du etwas verdient und begehrt hast, Vergebung aller deiner Sünden und das ewige Leben. Und auf daß du dieser meiner unwiderruflichen Verheißung ganz gewiß seiest, will ich meinen Leib dahingeben und mein Blut vergießen und mit dem Tode selbst diese Verheißung bestätigen und sie beide zu einem Zeichen und Gedächtnis der Verheißung hinterlassen. Sooft du dieses wirst gebrauchen, sollst du meiner eingedenk sein und diese meine Liebe und Milde gegen dich preisen, loben und danksagen" (WA 6, 515). Statt dieses Vermächtnis im Glauben hinzunehmen, haben die Menschen nach Luther ein Opfer, ein Werk daraus gemacht, das heißt aber, etwas, was sie Gott schenken. „Denn es soll niemand so toll sein, daß er sage, der tue ein gutes Werk, der arm und dürftig kommt und will von des Reichen Hand eine Wohltat empfangen. Nun ist die Messe, wie ich gesagt habe, eine Wohltat der göttlichen Verheißung, durch die Hand des Priesters allen Menschen dargereicht. Also ist gewiß, daß die Messe kein Werk sei, das einem andern könne mitgeteilt werden ..." (WA 6, 523).

Luther sieht in Christus, dem Herrn des Abendmahls, Gott schlechthin und nicht den Gottmenschen, den Mittler. So ist das Abendmahl von Gott auf uns hin gerichtet und nicht auch durch den Mittler Christus auf den Vater. Deshalb sieht Luther auch keine innere Verknüpfung des Lob- und Dankgebetes der Gemeinde, der Eucharistie, mit dem Sakrament. „Darum sind diese zwei nicht zu vermengen, die Messe und das Gebet, das Sakrament und das Werk, das Testament und das Opfer. Denn das eine kommt zu uns von Gott durch den Dienst des Priesters und erfordert den Glauben, das andere kommt von unserem Glauben zu Gott durch die Priester und bittet um Erhörung" (WA 6, 526). In diesen Jahren seiner Polemik gegen die spätmittelalterliche Sakramentspraxis betont Luther stark den Glauben, mit dem wir auf das verbum sacramenti, auf die Verheißung Christi antworten. Dabei tritt die Realgegenwart als Siegel und Unterpfand der Verheißung in den Hintergrund. Luther hält aber am überlieferten Sakramentsbegriff fest, auch wenn er sagt: „Und wie mehr gelegen ist an dem Worte denn an dem Zeichen, also ist auch mehr an dem Testament denn an dem Sakrament gelegen. Denn es kann ein Mensch das Wort oder das Testament haben und es gebrauchen ohne das Zeichen oder ohne das Sakrament. ‚Glaube', spricht Augustinus, ‚so hast du gegessen'" (WA 6, 518). Denn mit dem Wort ist hier das „verbum sacramenti" und mit dem Sakrament das „sacramentum tantum" gemeint. Nach der scholastischen Sakramentenlehre macht erst das Wort das Zeichen zum Sakrament und ist mehr gelegen am Wort als am Zeichen. Nach Thomas von Aquin erreicht das Sakrament seine heiligende Wirkung, indem das Zeichen den Leib berührt und das Wort geglaubt wird (S. th. III q. 60 a. 6). Entsprechend kennt die scholastische Theologie ein „manducare spiritualiter Christum" im Glauben, während der bloß sakramentale Empfang ohne Glaube für sie Sünde ist. Bei aller Polemik gegen die Begriffe opus operatum — opus operantis hält Luther an dem damit Gemeinten fest. Das Sakrament kommt zustande unabhängig von der Würdigkeit des Spenders, der „Werkzeug an Gottes Statt" ist, und es wirkt im Gläubigen und im Ungläubigen, allerdings die gegenteilige Frucht[2].

Diese Kampfschrift mit der leidenschaftlichen Ablehnung des Meßopfers und der Leugnung von vier Sakramenten stellte nicht nur wesentliche Glaubenslehren in Frage, sondern lief auf Beseitigung des Herzstückes des Kultes der Kirche und der Frömmigkeit des einzelnen hinaus. So erregte sie Ärgernis und trug wesentlich zur Klärung der Fronten bei. Mancher alte Freund, z. B. Staupitz, zog sich erschreckt zurück. Erasmus meinte, vor dieser Schrift sei der Bruch noch zu heilen gewesen. Ähnlich äußerte sich der Beichtvater Karls V., Johann Glapion. Die Universität Paris erhob öffentlichen Protest gegen diese Schrift, und König Heinrich VIII. von England schrieb gegen sie seine „Assertio septem sacramentorum" (1521), die ihm den päpstlichen Titel „Defensor fidei" eintrug. Der Franziskaner und Luther-Gegner Thomas Murner glaubte schon durch eine kommentarlose Übersetzung von „De captivitate" ins Deutsche die breitere Öffentlichkeit gegen Luther einnehmen zu können.

Die dritte Programmschrift „Von der Freiheit eines Christenmenschen" (Nov. 1520) ist nach der Publikation der Bannandrohungsbulle „Exsurge, Domine" auf Veranlassung von Karl v. Miltitz geschrieben, um den Papst von der Rechtgläubigkeit und dem guten Willen Luthers zu überzeugen. So tritt in ihr die Polemik zugunsten einer volkstümlich warmen Darlegung des christlichen Lebensideals zurück: Der Christ ist ein freier Herr über alle Dinge und niemand untertan, sofern er im Glauben das Evangelium, das heißt die Verheißungen Christi, annimmt. Doch weil „auf Erden nur ein Anheben und Zunehmen" ist, wir nur die Erstlingsfrüchte des Geistes empfangen haben, gelten weiter die Gebote und Gesetze Gottes. Durch ihre Beobachtung, durch die Werke, kann aber der Mensch nicht fromm und selig werden. Denn die Werke machen keinen frommen Mann, sondern ein guter und frommer Mann macht gute und fromme Werke. Die Gebote führen uns aber zur Erkenntnis der Sünde und zur Reue. „Also wird der Mensch durch den Glauben göttlicher Worte gerechtfertigt und erhoben, der durch die Furcht vor dem Gebote Gottes gedemütigt und zur Selbsterkenntnis gekommen ist" (WA 7, 34). Weiter beugt der Christ sich unter das Gesetz, um dem Nächsten zu dienen. Obwohl er ganz frei ist, soll er „sich wiederum williglich zu einem Diener machen, seinem Nächsten zu helfen . . . Also fließet aus dem Glauben die Liebe und Lust zu Gott und aus der Liebe ein freies, williges, fröhliches Leben, dem Nächsten zu dienen umsonst" (WA 7, 35 f). So ist der Christenmensch „ein dienstbarer Knecht aller Dinge und jedermann untertan".

[2] „. . . manet tamen semper idem sacramentum et testamentum, quod in credente operatur suum opus, in incredulo operatur alienum opus" (WA 6, 526).

6. Kapitel

Der gebannte Mönch vor dem Reichstag zu Worms

QUELLEN und LITERATUR: a) *Bannbulle:* Vgl. Kap. 4; „Exsurge Domine": BullRom V 748—757; *D* 741—781; „Decet Romanum Pontificem": BullRom V 761—764; *Schottenloher* I 12043—56; V 47670a—71; *H. Roos,* Die Quellen der Bulle „Exsurge Domine": Festschrift Schmaus (München 1957) 909—926; *A. Schulte,* Die römischen Verhandlungen über Luther 1520: QFIAB 6 (1904) 32—52; 174ff; *J. Greving,* Zur Verkündigung der Bulle Exsurge Domine durch Dr. J. Eck 1520: RGStT 21/22 (Münster 1912) 196—221; *G. Müller,* Die drei Nuntiaturen Aleanders in Deutschland: QFIAB 39 (1959) 222—276.

Verbrennung der Bannbulle: Schottenloher I 14107—15, VII 55923—27; *J. Luther - M. Perlbach:* SAB (1907) V 95—102; *O. Clemen:* ThStK 81 (1908) 460—469; *H. Boehmer:* LuJ 2/3 (1920/21) 3—53; *J. Luther:* ARG 45 (1954) 260—265.

b) *Der Reichstag zu Worms:* Deutsche Reichstagsakten unter Karl V. (= RA), II (Gotha 1896); *Th. Brieger,* Aleander und Luther 1521. Die vervollständigten Aleander-Depeschen I. Abt. (Gotha 1884); *P. Kalkoff* (Übers.), Die Depeschen des Nuntius Aleander vom Wormser Reichstag (Halle [2]1897); *ders.,* Briefe, Depeschen und Berichte über Luther vom Wormser Reichstage (Halle 1898); *J. Cochlaeus,* Colloquium cum Luthero Wormatinae olim habitum: Flugschriften aus den ersten Jahren der Reformation IV (Leipzig 1910) 177—218; *Schottenloher* I 14281—346; III 27923—50; *H. v. Schubert,* Die Vorgeschichte der Berufung Luthers auf den Reichstag zu Worms 1521: SAH 1912; *H. Grisar,* Luther zu Worms (Freiburg 1921); *Paul Kalkoff,* Der Wormser Reichstag von 1521 (München 1922); *E. Kessel,* Luther vor dem Reichstag in Worms 1521: Festgabe für Paul Kirn, hrsg. von *E. Kaufmann* (Berlin 1961) 172—190.

Mit der Wahl Karls V. zum deutschen Kaiser am 28. Juni 1519 fielen die Rücksichten der Kurie auf Friedrich den Weisen fort. Aber andere politische Sorgen, finanzielle Not und vor allem seine privaten Vergnügungen hielten Leo X. von einer energischen Verfolgung der Luthersache ab. Erst im Februar 1520 trat der römische Prozeß in ein neues Stadium. Unter dem Vorsitz zweier Kardinäle, des Theologen Cajetan und des Kanonisten Accolti, untersuchten nacheinander drei Kommissionen Luthers Lehre. An der dritten, die seit Ende April tagte, war Johannes Eck maßgeblich beteiligt. Schon im Dez. 1519 hatte der Kardinal von Tortosa, Adrian von Utrecht, den Rat gegeben, man möge in der Verurteilung Luthers kein Wort anders setzen, als es von ihm selbst geschrieben sei. Dieser Anregung kam man weitgehend nach. Man konnte sich dabei stützen auf die Gutachten der Universitäten Köln vom 30. August 1519 und Löwen vom 7. November 1519. Das letztere brachte die beanstandeten Sätze in Luthers eigenen Worten, 6 von ihnen gingen wörtlich in die päpstliche Bulle über. Der von dem dritten Ausschuß vorgelegte Entwurf wurde vom 21. Mai bis zum 1. Juni 1520 im Konsistorium beraten und schließlich als Bulle „Exsurge Domine" unter dem 15. Juni 1520 erlassen. Diese Bulle verurteilt 41 aus Luthers Schriften ausgezogene Sätze als „häretisch, ärgerniserregend, irrig, als für fromme Ohren anstößig, für einfache Gemüter verführerisch und der katholischen Lehre widersprechend", ohne bei den einzelnen Sätzen anzumerken, unter welche Kategorie dieser sehr weiten Skala der Zensuren sie fielen. Damit blieb unklar, wo der Bereich gefährlicher, aber noch diskutabler Schulmeinungen aufhörte und die Häresie begann. Die Verurteilung der letzteren war damit um ihre durchschlagende Wirkung gebracht. Das mußte selbst Johannes Eck zugeben, wenn er drei Jahre später in seinen Reformgutachten für den Papst eine neue Bulle forderte, in der nur die wichtigsten Irrtümer unter ausgiebiger Verwendung der Heiligen Schrift widerlegt werden dürften. In „Exsurge Domine" sei vieles dunkel geblieben; manche der verurteilten Sätze seien so indifferent, daß selbst Gelehrte nicht begreifen würden, weshalb sie verurteilt seien[1]. Dieses Ungenügen der Bulle war um so folgenschwerer, als sie „die einzige Äußerung der päpstlichen Lehrautorität in der Luthersache bis zum Tridentinum geblieben" ist[2].

Luther sollte innerhalb von 60 Tagen nach Veröffentlichung der Bulle in den sächsischen Bistümern Widerruf leisten, seine Schriften, in denen die anstößigen Lehren vertreten waren, sollten verbrannt werden. Mit der Bekanntgabe dieser Bannandrohungsbulle in Deutschland wurden der italienische Humanist Hieronymus Aleander[3] und Johannes Eck beauftragt. Am 17. Juli wurden sie als Nuntien bestätigt und Eck zum Protonotar ernannt.

In Deutschland, besonders Süddeutschland[4], machte die Promulgation der Bulle Schwierigkeiten, weil die Bischöfe uninteressiert waren und Ungelegenheiten befürchteten. In Mitteldeutschland traf Eck auf gefährlichen Widerspruch. Am eigenen Leibe mußte er erfahren, wie stark überall die Opposition gegen die Kurie war. Am 21. September konnte er die Bulle in Meißen anschlagen lassen, wenige Tage später in Merseburg und Brandenburg. In Leipzig verweigerte die Universität die Publikation, und die Studenten inszenierten Unruhen. In Erfurt stürmten sie die Druckerei und warfen die erbeuteten Exemplare in den Fluß. Am 3. Oktober wurde die Bulle von Eck der Universität Wittenberg übersandt. Hier zog man die Sache in

[1] Nam etsi in bulla priori multa fuerint damnata, tamen aliqua videbantur adeo obscura, immo quaedam adeo indifferentia, ut visum fuerit quandoque viris etiam doctissimis partem contrariam veriorem esse quam ea quae damnata fuerint" (Acta Reformationis catholicae I, hrsg. von *G. Pfeilschifter* [Regensburg 1959] 143).

[2] *H. Jedin,* Geschichte des Konzils von Trient I (Freiburg ²1951) 155.

[3] Geboren 1480 in Motta (Friaul), war er nach humanistischen Studien als Lehrer tätig an den Universitäten Padua, Venedig, Paris und Orléans. 1516 trat er in den Dienst der Römischen Kurie. Hier wurde er Juli 1519 Präfekt der Vatikanischen Bibliothek. Der bedeutende, aber äußerst ehrgeizige Humanist war erst in seinen späteren Jahren der katholischen Reform innerlich verbunden. Seit Herbst 1536 war er Mitglied der großen Reformkommission und Kardinal. Er starb am 1. 2. 1542 in Rom.

[4] In Augsburg wurde die auf Ecks Kosten gedruckte Bulle erst am 30. 12. 1520 verlesen (ZKG 37 [1918] 159). Der Bischof von Freising erließ das Promulgationsmandat erst am 10. 1. 1521 (Zschr. für Bücherfreunde NF 9 [1918] 198). Vgl. *H. Jedin,* Gesch. des Konzils I 144f.

die Länge. Man wollte nichts unternehmen, bis eine Stellungnahme des Kurfürsten, der zur Kaiserkrönung im Westen weilte, eingetroffen sei.

Bei Luther wurde in diesen Tagen wieder Karl von Miltitz aktiv. Er gönnte offenbar Eck nicht die Rolle des päpstlichen Nuntius und wollte nach dessen Mißgeschick bei der Publikation der Bulle nun seinerseits wieder als Friedensmittler auftreten und den Ruhm erlangen, die Versöhnung zustande gebracht zu haben. Luther ließ sich am 12. Oktober 1520 in Lichtenberg an der Elbe von ihm bestimmen, einen Brief an Leo X. zu schicken, in dem er beteuern sollte, daß er nie die Person des Papstes hätte angreifen, sondern nur sich seiner Gegner hätte erwehren wollen. Wie 1519 Tetzel, sollte jetzt Johannes Eck als Sündenbock hingestellt werden. Um den Anschein zu vermeiden, Luther sei erst durch Ecks Publikation der Bulle zu dem Schreiben veranlaßt worden, sollte es auf den 6. September zurückdatiert werden. Mit dem Brief sollte Luther dem Papst seine Huldigung in Gestalt einer Schrift übermitteln. Zu dem Zweck entstand „Von der Freiheit eines Christenmenschen". Darin wollte Luther „die ganze Summe eines christlichen Lebens" bieten (WA 7, 11).

Der Sendbrief Luthers an Leo X. ist ein fragwürdiges Dokument, insofern Luther den Papst, den er sonst schon den Antichristen genannt hat, als „allerheiligsten Vater" oder als „frommen Leo" bezeichnet und er für den gehalten sein will, der gegen die Person des Papstes nie etwas Böses unternommen habe und ihm so gesinnt sei, daß er ihm das Allerbeste wünsche und gönne. Gleichzeitig ergeht sich Luther aber in wilden Ergüssen gegen die Römische Kurie. Sie sei schlimmer als Sodoma, Gomorrha oder Babylon; nichts als Verderben gehe seit Jahren von dort aus. „Es ist aus mit dem römischen Stuhl. Gottes Zorn hat ihn überfallen ohne Aufhören, er ist feind den allgemeinen Konzilien, er will sich nicht unterweisen noch reformieren lassen und vermag doch sein wütendes, unchristliches Wesen nicht zu hindern ... Das ist die Ursache, warum es mir allzeit ist leid gewesen, Du, frommer Leo, daß Du ein Papst geworden bist in dieser Zeit, der Du wohl würdig wärest, zu besseren Zeiten Papst zu sein. Der römische Stuhl ist Deiner und Deinesgleichen nicht wert, sondern der böse Geist sollte Papst sein ... Oh, Du allerunseligster Leo, der Du sitzest in dem allergefährlichsten Stuhl, wahrlich ich sage Dir die Wahrheit, denn ich gönne Dir Gutes" (WA 7, 5f). Wie St. Bernhard will Luther sich herausnehmen, den Papst zu belehren. Ein Widerruf seiner Lehre kommt aber nicht in Frage: „Daß ich aber sollte widerrufen meine Lehre, da wird nichts draus" (WA 7, 9).

Diese Unterscheidung zwischen dem Papst und den Machenschaften der Kurie bzw. Ecks machte Luther auch noch in den beiden anderen Schriften, die er in der zweiten Hälfte des Oktobers unter der Feder hatte: Eine Streitschrift gegen Eck „Von den neuen Eckischen Bullen und Lügen" (WA 6, 579—594) und die lateinische Antwort auf „Exsurge Domine": „Adversus execrabilem Antichristi bullam" (WA 6, 597—612). Luther tut gegen seine Überzeugung[5] so, als wenn er die Echtheit der Bulle bezweifle. Doch wer immer sie verfaßt habe, daß sie vom Antichrist stamme, sei ihm nicht zweifelhaft, und so wollte er sie als ein Werk des Antichristen behandeln: „Ich fordere Dich, Leo X., auch Euch, Ihr Kardinäle, und alle anderen Leute, die an der Kurie etwas bedeuten, in die Schranken und sage Euch ins Angesicht: Ist diese Bulle wirklich unter Eurem Namen mit Eurem Wissen ausgegangen, so ermahne ich Euch kraft der Gewalt, die ich wie alle Christen durch die Taufe erhalten habe: Tuet Buße und laßt ab von solchen satanischen Lästerungen Gottes, und zwar schnell. Anderenfalls sollt Ihr wissen, daß ich mit allen Verehrern Christi den Stuhl von Rom für vom Satan besessen und für den Thron des Antichristen halte und ihm als dem Haupt- und Todfeind Christi nicht mehr gehorchen und verbunden sein will. Wenn Ihr in dieser Raserei beharrt, verdamme ich Euch vielmehr und übergebe Euch samt dieser Bulle und Euren Dekretalen dem Satan zum Untergang des Fleisches, auf daß Euer Geist mit uns gerettet werde am Tage des Herrn. Im Namen dessen, den Ihr verfolgt, Jesu Christi, unseres Herrn" (WA 6, 604). Am Ende der deutschen Fassung „Wider die Bulle des Endchristes" (WA 6, 614—629) dagegen läßt Luther die Fiktion der Unechtheit ganz fallen, indem er schreibt: „Wird der Papst die Bulle nicht widerrufen und verdammen und Eck mit seinen Gesellen, die solcher Bulle folgen, strafen, so soll niemand darüber in Zweifel sein, daß er Gottes Feind, der Verfolger Christi, der Zerstörer der Christenheit und der rechte Antichrist ist" (WA 6, 629).

Aleander hatte im Westen des Reiches mehr Erfolg mit der Publikation der Bulle. Am 28. September 1520 gelang es ihm, in Antwerpen Karl V. zu einem Edikt gegen die Ketzerei für seine burgundischen Erblande zu bestimmen. Es wurden am 8. Oktober in Löwen und am 15. in Lüttich feierlich lutherische Schriften verbrannt. Am 23. Oktober 1520 war Kaiserkrönung in Aachen. Dieser Anlaß führte Aleander ins Rheinland, wo er einigen Widerstand zu spüren bekam. Am 29. Oktober besuchte er Köln. Hier hielten sich eine Reihe von Fürsten und anderen Persönlichkeiten im Anschluß an die Kaiserkrönung auf. Auf dem Wege nach Aachen war hier Friedrich der Weise am 23. Oktober wegen Krankheit zurückgeblieben. Zunächst weigerte er sich, Aleander zu empfangen. Doch am 4. November gelang es dem Nuntius, den Kurfürsten zu sprechen und von ihm die Auslieferung Luthers und die Verbrennung seiner Werke zu verlangen. Friedrich der Weise beriet sich daraufhin mit dem ebenfalls in Köln anwesenden Erasmus. Dieser äußerte sich recht oberflächlich, aber zur Erheiterung des Kurfürsten: Luther habe in zwei Stücken gesündigt, darin nämlich, daß er dem Papst an die Krone und den Mönchen an den Bauch gegriffen habe. Der Kurfürst ließ am 6. November Aleander die Antwort geben, er habe nie mit Luthers Sache Gemeinschaft gemacht und würde es übel ansehen, wenn die-

[5] Vgl. Brief an Spalatin vom 11. 10. 1520 (WA Br 2, 195).

ser gegen den Papst etwas Unrechtes geschrieben habe. Luther würde aber ohne Zweifel dem Erzbischof von Trier als päpstlichem Kommissar willfährig gewesen sein, wenn dieser ihn unter sicherem Geleit zu sich berufen hätte, und gleiches wäre auch jetzt noch von ihm zu erwarten. Der Bericht über diese Stellungnahme des Fürsten kam nach Wittenberg. Dort sah man sich also noch weniger veranlaßt, die Bulle zu beachten.

In Köln wurden am 12. November auf Aleanders Veranlassung Luthers Bücher verbrannt. Doch scheinen Luthers Anhänger dem Henker so viel Makulatur und scholastische Codices in die Hände gespielt zu haben, daß faktisch kaum Lutherschriften dem Feuer übergeben wurden — ein Beispiel dafür, wie unpopulär dieses Vorgehen gegen Luther war. Immerhin wurde deutlich, daß Rom Ernst zu machen begann mit dem Kampf gegen die lutherische Ketzerei, und nicht wenige begriffen endlich, worum es ging.

Am 2. oder 3. Dezember besuchte Spalatin Luther in Wittenberg und stellte fest, daß dieser willens war, die päpstliche Bulle samt einigen kanonistischen Büchern zu verbrennen, wenn man wie in Köln und Lüttich auch in Leipzig zum Verbrennen seiner Bücher schreiten würde. Dies teilte Spalatin Friedrich dem Weisen mit. Doch bevor dieser sich rückäußerte, schritt Luther zur Tat. Am 10. Dezember hing an der Stadtkirche zu Wittenberg ein lateinischer Anschlag Melanchthons: Wer dem Studium der evangelischen Wahrheit zugetan sei, solle um neun Uhr bei der Hl.-Kreuz-Kapelle vor dem Elstertor sein, wo die päpstlichen Dekretalen und die Bücher der Scholastiker verbrannt werden sollten. Von der Bulle war nicht die Rede. Der Ort war der nahe der Elbe gelegene Schindanger der Stadt, der übliche Platz für solche Exekutionen. Erst wurden mehrere Bände des kanonischen Rechtes, die Summa angelica, eine kanonistische Beichtsumme, und Schriften von Eck und Emser verbrannt (WA Br 2, 234). Dann trat Luther an den Scheiterhaufen heran und warf ein kleines Heft ins Feuer, wobei er die Worte gesprochen haben soll: „Quoniam tu turbasti sanctam veritatem Dei, conturbet te hodie Dominus in ignem istum."[6] Daß das dünne Heft die Bulle Exsurge enthielt, ist wohl kaum allen Anwesenden bekanntgeworden. Doch schon als Verbrennung des kanonischen Rechts war dieses Schauspiel eine eindrucksvolle Herausforderung der Kurie. Sie wurde noch unterstrichen durch eine Flugschrift Luthers „Warum des Papstes und seiner Jünger Bücher verbrannt sind" (WA 7, 152—182). Nun vollzog die Bulle „Decet Romanum Pontificem" vom 3. Januar 1521 endlich die Exkommunikation. Aleander berichtete am 8. Februar 1521 nach Rom: „Ganz Deutschland ist in hellem Aufruhr. Für neun Zehntel ist das Feldgeschrei ‚Luther', für die übrigen, falls ihnen Luther gleichgültig ist, wenigstens ‚Tod der Römischen Kurie', und jedermann verlangt und schreit nach einem Konzil."[7]

[6] So harmonisiert *J. Luther* (Noch einmal Luthers Worte bei der Verbrennung der Bannbulle: ARG 45 [1954] 260—265) die leicht abweichenden Berichte.

[7] *Th. Brieger,* Aleander und Luther 48.

Luther, von der Kirche gebannt, hätte nach mittelalterlichem Staats- und Kirchenrecht geächtet werden, das heißt, der Kirchenbann hätte durch den weltlichen Arm vollstreckt werden müssen. Tatsächlich wurde aber von Reichs wegen mit Luther verhandelt. Das lag nur zum Teil an der von Karl V. am 3. Juli 1519 beschworenen Wahlkapitulation, wonach niemand mehr ohne vorhergehendes Verhör geächtet werden durfte[8]. Zu sehr war Luther in diesen Monaten der Sprecher der deutschen Nation geworden, hatte er sich zum Anwalt ihrer Nöte und Wünsche gemacht, als daß man ihn einfach hätte abtun können. Aber gerade deshalb war von einer öffentlichen Verhandlung mit dem Reformator ein weiteres Anwachsen seines ohnehin mächtigen Ansehens zu befürchten. Das suchten die päpstlichen Nuntien zu verhindern. Außerdem wollten sie nicht unwidersprochen hinnehmen, daß Laiengewalten sich zu Richtern in einer vom Papst schon entschiedenen Glaubenssache aufspielten. In seiner Rede vom 13. Februar 1521 betonte Aleander: Den weltlichen Obrigkeiten stehe es nicht zu, „in solchen Sachen den Glauben belangend zu erkennen“[9]. So war schon die bloße Tatsache von Luthers Verhör, daß nämlich der Reichstag sich von sich aus mit der Religionssache befaßte, statt selbstverständlich gegen den verurteilten Ketzer vorzugehen, ein Novum von großer Tragweite[10].

Karl V. hatte am 28. November 1520 Friedrich dem Weisen die Zusage gemacht, Luther zu verhören. Der Kurfürst sollte ihn zum Reichstag nach Worms mitbringen[11]. Auf Vorstellungen Aleanders hin wurde diese kaiserliche Zusage dahin eingeschränkt, daß der Kurfürst Luther nur bei vorherigem Widerruf in die Nähe von Worms mitbringen dürfe[12]. Dagegen erhob sich der Widerspruch Friedrichs des Weisen. Es sei nur billig, Luther die Möglichkeit zu geben, sich zu verteidigen. Eine Verurteilung eines Deutschen ohne Verhör sei ohne gründliches Ärgernis unmöglich. Auf Betreiben des Kurfürsten hin lehnte der Reichstag ein von Aleander persönlich am 13. Februar in dreistündiger Rede eingebrachtes Gesetz zur Unterdrückung von Luthers Schriften am 19. Februar ab und ersuchte den Kaiser, Luther mit Rücksicht auf die Erregung des gemeinen Mannes nach Worms zu zitieren und dort von Sachverständigen verhören zu lassen. Dieser Reichstagsbeschluß erweist sich als Kompromiß, wenn es schließlich heißt, es solle nicht mit Luther diskutiert, sondern er solle nur gefragt werden, ob er bereit sei, seine Schriften gegen die Kirche und den christlichen Glauben zu widerrufen[13]. In dem auf den 6. März datierten Vorladungsschreiben, das mit einem Geleitbrief am 16. März nach Wittenberg abging, ist von einem Widerruf nicht mehr die Rede. Hier wird der vom Papst förmlich verurteilte Ketzer wie folgt angeredet: „Ehrsamer, Lieber, Andächtiger! Nachdem Wir

[8] RA I 873; *K. Zeumer,* Quellensammlung Nr. 180 S. 311.
[9] RA II 506.
[10] *K. Repgen,* Die römische Kurie und der Westfälische Friede I 1 (Tübingen 1962) 35f.
[11] RA II 450 466ff. [12] RA II 468ff. [13] RA II 515f.

und des Heiligen Reiches Stände, jetzt hier versammelt, fürgenommen und entschlossen der Lehren und Bücher halber, so eine Zeit her von Dir ausgegangen sind, Erkundigung von Dir zu empfangen, haben Wir Dir herzukommen ... Unser und des Reiches ... Sicherheit und Geleit gegeben." [14]

Aleander gab sich nicht geschlagen. Er erreichte die Veröffentlichung eines schon länger vorbereiteten kaiserlichen Mandates am 26. März. Darin wurde die Beschlagnahme aller Lutherschriften angeordnet und die Zitierung Luthers zum Widerruf nach Worms festgestellt [15]. Vielleicht sollte dadurch Luther vom Erscheinen in Worms abgeschreckt werden. Jedenfalls hat er es selbst so aufgefaßt (WA Br 2, 298). In der Umgebung des sächsischen Kurfürsten machte man sich Sorge. Luther selbst war in Hochstimmung, erfüllt von Bekennermut, Trotz und stolzem Selbstbewußtsein. Auf dem Wege nach Worms will er geschrieben haben: „Wenn noch so viel Teufel zu Worms wären, als Ziegel auf den Dächern, ich wollt doch hinein" (WA Tr 5, 65). Er hatte gerade zu der lateinischen die deutsche Fassung der großen Rechtfertigungsschrift gegen die Bulle „Exsurge Domine" „Grund und Ursach aller Artikel D. M. Luthers so durch römische Bulle unrechtlich verdammt sind" (WA 7, 308—457) herausgegeben. In der Einleitung weist er darauf hin, daß die Propheten und Verfechter der Wahrheit immer allein gestanden hätten. „Ich sage nicht, daß ich ein Prophet bin; ich sage aber, daß sie um so mehr zu fürchten haben, ich sei einer, je mehr sie mich verachten und sich selbst achten" (WA 7, 313). Unmittelbar vor seinem Aufbruch nach Worms beendete er die „Antwort" (WA 7, 705—778) auf die „Apologie" des italienischen Dominikaners Ambrosius Catharinus als zweiten Teil von „De captivitate". Darin präzisiert er seine Lehre von der Kirche und vom Papsttum: Die Kirche, aus dem Worte Gottes geboren und durch das Wort Gottes allein erhalten, ist nicht örtlich umschrieben und nicht an Personen gebunden. Sie ist dort, wo das Evangelium verkündet und ihm gemäß Taufe und Abendmahl gespendet werden. Die Papstkirche ist die in der Heiligen Schrift als Antichrist beschriebene dämonische Macht, die bis zum Ende der Tage dauert und nicht mit Waffen, sondern mit Wort und Geist zu bekämpfen ist.

Von solchen Gedanken und Gefühlen erfüllt, machte Luther sich am 2. April 1521, von Kaspar Sturm als Reichsherold eingeholt, auf die Reise nach Worms. Von Frankfurt aus schrieb er am 14. April an Spalatin: „Wir werden nach Worms gehen allen Pforten der Hölle und den Mächten in der Luft zum Trotz" (WA Br 2, 298). Am 16. April, früh um 10 Uhr, fuhr Luther auf seinem von Edelleuten begleiteten Rollwägelchen durch die dichtgedrängten Straßen in Worms ein. Am nächsten Tag, nachmittags um 6 Uhr, stand er in der bischöflichen Pfalz vor Kaiser und Reichstag. Mit der Durch-

[14] RA II 526.
[15] RA II 531 f.

führung des Verhörs war Johann von der Ecken[16] beauftragt, der Offizial des Trierer Erzbischofs Richard von Greiffenklau, des Bischofs also, den Friedrich der Weise schon 1519 als Schiedsrichter in der Luthersache gewünscht hatte.

Luther wurde gefragt, ob er die vorgelegten zwanzig, unter seinem Namen erschienenen Bücher als die seinen anerkenne und ob er „diese Bücher oder etwas davon zu widerrufen" bereit sei. Er bekannte sich mit leiser Stimme, „als ob er erschrocken und entsetzt wäre" (RA II 863), zu seinen Schriften. Wegen des Widerrufes erbat er sich Bedenkzeit; denn es würde vermessen und gefährlich sein, wenn er sich seine Antwort auf eine solche Frage nicht vorher genau überlegte. Diese ausweichende Antwort braucht weder Taktik noch vorübergehende Verwirrung gewesen zu sein. Luther, in dessen Zitation von Widerruf nichts stand, konnte mit einem Glaubensgespräch gerechnet haben und auf bloßen Widerruf ohne vorausgegangene Widerlegung nicht gefaßt gewesen sein. Am folgenden Tag (18. April) wurde er erneut gefragt, ob er zum Widerruf bereit sei. Er lehnte ab: „Werde ich nicht durch Zeugnisse der Schrift oder klare Vernunftgründe überzeugt — denn ich glaube weder dem Papst noch Konzilien allein, da es am Tage ist, daß sie öfter geirrt haben —, so bleibe ich überwunden durch die von mir angeführten Schriftstellen und mein Gewissen gefangen durch Gottes Wort. Daher kann und will ich nichts widerrufen. Denn gegen das Gewissen zu handeln ist beschwerlich, unheilsam und gefährlich. Gott helfe mir, Amen!"[17] In seine Herberge entlassen, rief Luther dort mit ausgestreckten Armen und fröhlichem Gesicht: „Ich bin hindurch, ich bin hindurch." Ein weiteres Verhör lehnte der Kaiser ab. Er gewährte aber eine Frist von 3 Tagen, während der die Stände Luther umstimmen konnten. Vor deren Sonderausschuß stand Luther am 24. April im Quartier des Trierer Erzbischofes. Als auch diese Verhandlungen ohne Ergebnis blieben, bemühte sich Richard von Greiffenklau noch privat durch Johannes Cochläus und seinen Offizial Johann von der Ecken um Luther. Die Aussichtslosigkeit all dieser Bemühungen wurde klar, als Luther am nächsten Tage noch einmal eine Konzilsentscheidung als verbindlich ablehnte. Es ging eben nicht nur um Gravamina, nicht um einen Gegensatz kirchenpolitischer Anschauungen, auch nicht bloß um Reformen, sondern um grundverschiedene Auffassungen vom Wesen der Kirche. Am Abend des 25. bekam Luther den Bescheid des Kaisers: Da alle Ermahnungen nicht gefruchtet haben, werde er, der Kaiser, nun als Schirmherr der Kirche gegen ihn vorgehen. Am nächsten Tag verließ der

[16] Geboren in Trier, wurde er nach seinem Studium in Bologna und Siena 1506 Professor an der Juristischen Fakultät in Trier. Seit 1512 war er Offizial des Erzbischofs, aber nicht Priester und auch kaum theologisch geschult. Er starb am 2. 12. 1524 in Esslingen.

[17] RA II 581 f 555. Die Wendung „Hier stehe ich, ich kann nicht anders" ist ein früher legendärer Zusatz. Vgl. *K. Müller,* Luthers Schlußworte in Worms 1521: Philotesia, Festschr. für P. Kleinert (Berlin 1907) 269—289.

Reformator Worms. Durch einen Wink seines Landesherrn war er darauf vorbereitet, unterwegs irgendwo „eingetan und verborgen“ (WA Br 2, 305) zu werden. Von Eisenach reiste er auf geheime Weisung hin nicht direkt nach Gotha, sondern auf einem Umweg über Möhra. Dort besuchte er seine Verwandten. Danach wurde er am 4. Mai in der Nähe der Burg Altenstein zum Scheine überfallen und auf die Wartburg gebracht.

Das „Wormser Edikt“ wurde von Aleander vorbereitet und am 8. Mai vom kaiserlichen Kabinett zur Ausfertigung genehmigt. Es wurde aber mit einigen Änderungen erst am 25. Mai, als die meisten Stände schon abgereist waren, in der Wohnung des Kaisers verlesen. Kurfürst Joachim von Brandenburg stimmte im Namen der Stände zu. Der Kaiser unterschrieb am 26. Mai 1521. Das Edikt zählt im Anschluß an „De captivitate Babylonica“ Irrlehren Luthers auf. Es rügt vor allem, daß er das Konzil von Konstanz antaste und Unruhe stifte: „Kraft unserer kaiserlichen Würde, Hoheit und Autorität, mit einhelligem Rat und Willen unser und des heiligen Reichs Kurfürsten, Fürsten und Stände, die jetzt hier versammelt sind, haben wir zu ewigem Gedächtnis dieses Handels, zur Vollstreckung ... der Bulle, die unser Heiliger Vater Papst als ordentlicher Richter dieser Sache hat ausgehen lassen, erkannt und erklärt, daß der erwähnte Martin Luther als von Gotteskirche abgetrenntes Glied, verstockter Zertrenner und offenbarer Ketzer von uns, Euch allen und jedem zu halten ist.“ [18]

Auch Luthers Anhänger und Gönner wurden geächtet. Es ist verboten, seine Schriften zu kaufen, zu verkaufen, zu lesen, abzuschreiben und zu drucken. Sie sollen durch Feuer oder sonstwie vernichtet werden. Um die Verbreitung glaubensfeindlicher Schriften zu verhüten, müssen alle Bücher, die „den christlichen Glauben wenig oder viel berühren“, die Druckerlaubnis des Ortsordinarius haben [19].

Das Edikt war rechtsgültig, weil die Stände für den Fall, daß Luther den Widerruf verweigerte, dem Kaiser zugestanden hatten, gegen Luther vorzugehen [20]. Immerhin konnten die Weise der Veröffentlichung des Edikts und seine Nichtaufnahme in den Reichstagsabschied Zweifel an seiner Autorität aufkommen lassen und denen, die nicht den Willen oder den Mut zur Durchführung hatten, Vorwände liefern. Der Kaiser reiste unmittelbar nach dem Reichstag unter dem Eindruck der Kriegsgefahr von Frankreich her nach Spanien und sollte Deutschland neun Jahre fernbleiben. Er konnte also dem Wormser Edikt persönlich keinen Nachdruck verleihen, hatte aber anderseits für seine Kriege im Westen, Süden und Osten des Reiches die Hilfe der lutherfreundlichen Stände nötig, gegen die er hätte vorgehen müssen.

[18] RA II 654.

[19] RA II 654.

[20] *N. Paulus:* HJ 39 (1918/19) 269—277 gegen *P. Kalkoff,* Die Entstehung des Wormser Edikts (Leipzig 1913).

7. Kapitel

Luther auf der Wartburg und die reformatorische Bewegung in Wittenberg

LITERATUR: *G. Kawerau*, Luthers Rückkehr von der Wartburg nach Wittenberg (Halle 1902); *H. Barge*, Andreas Bodenstein von Karlstadt, 2 Bde (Leipzig 1905); *ders.*, Luther und Karlstadt in Wittenberg: HZ 99 (1907) 256—324; *ders.*, Frühprotestantisches Gemeindechristentum in Wittenberg und Orlamünde (Leipzig 1909); *ders.*, Aktenstücke zur Wittenberger Bewegung Anfang 1522 (Leipzig 1912); *K. Müller*, Luther und Karlstadt (Tübingen 1907); *N. Müller*, Die Wittenberger Bewegung 1521 und 1522 (Leipzig ²1911); *W. Köhler:* GGA 174 (1912) 505—550; *Th. Knolle*, Luther und die Bilderstürmer (Wittenberg 1922); *H. v. Campenhausen*, Die Bilderfrage in der Reformation: ZKG 68 (1957) 96—128; *I. Höss*, Georg Spalatin (Weimar 1956); *P. Graff*, Gesch. der Auflösung der alten Gottesdienstformen in der evangelischen Kirche Deutschlands I (Göttingen ²1937); *L. Fendt*, Der lutherische Gottesdienst im 16. Jh. (München 1923); *V. Vajta*, Die Theologie des Gottesdienstes bei Luther (Göttingen ²1952); *B. Lohse*, Mönchtum und Reformation (Göttingen 1963); *H. B. Meyer*, Luther und die Messe (Paderborn 1965).

Luther, der eben noch, vom Volk umjubelt, der Mittelpunkt des Wormser Reichstages, ja der deutschen Öffentlichkeit gewesen war und vor dem Kaiser und den Ständen des Reiches gesprochen hatte, war nun plötzlich in die Einsamkeit verwiesen. Solange seine Tonsur nicht zugewachsen war und den „Junker Jörg" nicht der entsprechende Bart zierte, durfte er sich auf der Wartburg nur dem Knappen zeigen, der ihm das Essen zu bringen hatte. Würde schon jedem anderen die plötzliche Einsamkeit nach dem brausenden Geschehen auf die Nerven gegangen sein und tiefe Niedergeschlagenheit die übergroße Spannung abgelöst haben, wieviel mehr mußte bei dem erlebnisstarken, impulsiven, aber auch zu Depressionen neigenden Luther die Einsamkeit der Wartburg Krisen auslösen. Tatsächlich waren diese Wochen und Monate (4. 5. 1521 — 3. 3. 1522) für Luther eine Zeit der Anfechtungen und Gewissensqualen. Er macht sich Vorwürfe, den Brand entzündet zu haben, anderseits aber auch vor den Richtern zu schwach gewesen zu sein. Das Gebet ließ ihn kalt, um so mehr wurde er von Zweifeln und Heilsängsten geplagt. An Spalatin, der für ihn den Verkehr mit der Außenwelt vermittelte, seine Briefe weiterleitete und seine Manuskripte in die Druckereien gab, schrieb Luther am 9. September 1521: „Es ist Zeit, gegen den Teufel mit aller Kraft zu beten; ein so unheilvolles Trauerspiel führt er über Deutschland herauf. Und ich, der ich fürchte, der Herr möge es nicht zulassen, schnarche immer noch und bin faul zum Gebet und zum Widerstand, so daß ich mir selbst über die Maßen mißfalle und zur Last bin, vielleicht, weil ich allein bin und Ihr mir nicht helft" (WA Br 2, 388). Dazu kamen körperliche Leiden, Verstopfung und Hartleibigkeit, die sicherlich nicht gelindert wurden durch mangelndes Maß im Essen und Trinken, wozu die innere Unruhe verleitete. Weiter ließ ihn die Sorge um die Freunde in Wittenberg, die seinen Rat und Trost brauchten, nicht zur Ruhe kommen.

All diesen Nöten und Anfechtungen setzte Luther eine ungemein starke und fruchtbare, aber zum Teil auch überstürzte und durch Rücksichten wenig gezügelte schriftstellerische Tätigkeit entgegen. So wurde die Wartburg sein „Patmos" (WA Tr 3, Nr. 3814). Er machte sich an die Auslegung des 67. (68.) Psalms, der später die des 21. (22.) und des 36. (37.) folgte. Weiter vollendete er seine Erklärung des Magnificat (WA 7, 544—601) und begann mit der Niederschrift seiner Kirchenpostille als Handreichung für die Pfarrer und für die Hausandacht. In der Schrift „Von der Beichte, ob die der Papst Macht habe, zu gebieten" (WA 8, 138—185) polemisiert er gegen den Beichtzwang. Er sieht darin eine Marter für die Gewissen. „Die heimliche Beichte achte ich wie die Jungfräulichkeit und Keuschheit für ein sehr köstlich, heilsam Ding. Oh, es sollte allen Christen gar leid sein, wenn die heimliche Beichte nicht wäre, und sie sollen Gott von Herzen danken, daß sie uns erlaubt und gegeben ist. Doch es ist verdrießlich vom Papst, daß er eine Zwangsanstalt daraus macht und sie in die Fessel des Gebotes schlägt, wie er mit der Keuschheit auch verfährt" (WA 8, 164). Wer einem Priester nicht beichten mag, der soll sich irgendeinem Manne, von dem er Gutes erwarte, anvertrauen.

Den Streit mit Hieronymus Emser, dem „Bock zu Leipzig", setzte Luther in „Ein Widerspruch D. Luthers" (WA 8, 247—254) fort. Darin bestreitet er erneut einen besonderen Priesterstand. Die Schrift „Rationis Latomianae confutatio", der Antilatomus, wie Melanchthon sie nannte, richtet sich gegen die eingehende Begründung des Urteils der Löwener Fakultät gegen Luther aus der Feder des Jakob Latomus. In einer bei ihm sonst nicht gewohnten Systematik behandelt Luther darin eine Kernfrage seiner Theologie: die bleibende Sünde. „Wenn alle Sünden abgewaschen sind, bleibt noch ein Rest, der abzuwaschen ist" (WA 8, 57). Der Begnadete ist nichts anderes als ein „gefesselter Räuber". „Denn ganz dieselbe Bewegung des Zornes und der Begierde ist im Frommen und im Gottlosen, dieselbe vor der Gnade und nach der Gnade, wie dasselbe Fleisch vor der Gnade und nach der Gnade. Aber in der Gnade vermag sie nichts, außerhalb der Gnade hat sie die Vormacht" (WA 8, 91).

Die Sünden sind „ganz vergeben, aber noch nicht alle vernichtet. Denn wir glauben, daß die Vergebung aller Sünden geschehen sei ohne Zweifel, aber wir haben täglich zu tun und warten darauf, daß auch geschehe die Vernichtung (abolitio) aller Sünden und ihre vollständige Ausräumung (evacuatio). Und diejenigen, die daran arbeiten, die tun gute Werke. Sieh, das ist mein Glaube, denn das ist der katholische Glaube" (WA 8, 96). Diesem Doppelvorgang von Nachlaß und Ausräumung der Sünde, von Rechtfertigung und Heiligung entspricht die Unterscheidung Luthers von gratia und donum. „Das Gesetz offenbart zwei Übel, ein inneres und ein äußeres: das eine, das wir uns selbst aufgelegt haben, die Sünde oder Verderbnis der Natur, das andere, das Gott auferlegt, den Zorn, den Tod und die Verfluchung"

(WA 8, 104). Dem entsprechen zwei Güter des Evangeliums: Gnade und Gabe, gratia et donum; die Gnade tilgt den Zorn und bringt die Gunst Gottes und den Frieden, die Gabe bringt die Heilung von der Verderbnis. Die Gnade ist unteilbar, „so daß die Person wirklich angenommen ist und bei ihr ferner kein Platz für den Zorn ist ... Es ist also ganz gottlos, zu sagen, der Getaufte sei noch in Sünden, oder es seien nicht alle Sünden vollständig vergeben" (WA 8, 107). Die innere Heilung und Reinigung des Menschen, die das donum bewirkt und bei der der Mensch mitzuwirken hat, ist dagegen ein langsamer Prozeß. „Es ist alles vergeben durch die Gnade, aber es ist noch nicht alles geheilt durch die Gabe. Die Gabe aber ist eingegossen, der Sauerteig ist unter das Mehl gemengt und ist am Werke, die Sünde auszufegen, die schon der Person vergeben ist." „Solange dieser Prozeß dauert, ist von Sünde die Rede, und sie ist es ihrer Natur nach; aber jetzt eine Sünde ohne den Zorn, ohne das Gesetz, eine tote Sünde, eine unschädliche Sünde, wenn du nur in der Gnade und in der Gabe beständig bleibst. In nichts unterscheidet sich die Sünde von sich aus, ihrer Natur nach, vor der Gnade und nach der Gnade, sie unterscheidet sich aber hinsichtlich ihrer Behandlung" (WA 8, 107). Sosehr wir nach Luther „Gnade und Gabe weit voneinander scheiden müssen" (WA 8, 107), sind sie doch aufeinander hingeordnet und die eine um der anderen willen geschenkt. Schließlich steht der Mensch auch als Person „nicht in Gottes Wohlgefallen und hat keine Gnade, es sei denn um der Gabe willen, die auf solche Weise am Werke ist, die Sünde auszufegen" (WA 8, 107). Weil immer noch Sünde auszufegen ist, „macht Gott nicht eingebildete, sondern wirkliche Sünder selig"[1], hat aber der Mensch auch sich nicht seiner Reinheit zu rühmen, „vielmehr der Gnade und Gabe Gottes, daß er einen gnädigen Gott hat, der diese Sünden nicht zurechnet und obendrein seine Gaben gegeben hat, um sie damit auszufegen" (WA 8, 108).

Wenn man bedenkt, daß Luther konkret, existentiell spricht, den Begriff Sünde, wie es die Theologie überhaupt tut, analog verwendet, wenn man dazu nicht wie Luthers theologische Gegner von einer rein satisfaktorischen Erlösungslehre ausgeht und entsprechend die Sündenstrafen nicht rein vindikativ nimmt, dann sind diese Aussagen Luthers viel eher mit der katholischen Lehre vereinbar, als man gemeinhin annimmt, zwingen jedenfalls dazu, das übliche Schema von einer bloß äußeren Rechtfertigung aufzugeben.

Die Pariser Universität hatte sich, als sie als Schiedsrichter über die Leipziger Disputation angerufen war, in Schweigen gehüllt. So konnte man sie

[1] Von hier aus fällt Licht auf das in seiner paradoxalen Verwegenheit befremdende viel zitierte Wort, das Luther am 1. August 1521 während der Drucklegung des „Antilatomus" an Melanchthon schrieb: „Si gratiae praedicator es, gratiam non fictam, sed veram praedica; si vera gratia est, verum, non fictum peccatum ferto. Deus non facit salvos ficte peccatores. Esto peccator et pecca fortiter, sed fortius fide et gaude in Christo, qui victor est peccati, mortis et mundi ... Sufficit, quod agnovimus per divitias gloriae Dei agnum, qui tollit peccatum mundi; ... Ora fortiter, etiam fortissimus peccator" (WA Br 2, 372).

lange unter die geheimen Parteigänger Luthers zählen. Erst am 15. April 1521 hatte sie 104 Sätze Luthers, von denen ein Viertel aus „De captivitate Babylonica“ genommen war, als häretisch verurteilt. Melanchthon trat mit einer „Apologie“ gegen sie auf. Diese und das Pariser Dekret übersetzte Luther ins Deutsche und fügte ein Vor- und Nachwort hinzu. Darin bezeichnet er seinen Angriff auf das Papsttum als den entscheidenden Streitpunkt. Denn er wirft den Pariser Theologen vor, sie hätten in all ihren Artikeln die allerwichtigsten, den Ablaß und das Papsttum, überhaupt nicht erwähnt. „Sie denken an ihre Appellation [die Sorbonne hatte 1517 gegen den Papst an ein Konzil appelliert]. Der Papst hat ihnen Leid angetan, da wollten sie sich gerne rächen. Darum will ich ihre Stimme nicht haben, sie tun's aus keiner Liebe zur Wahrheit. Ich will mit diesen Buben mich nicht einlassen, die ihren Herrn lassen in Nöten nicht um Gottes willen. Wenn ich es guten Gewissens könnte, ich möchte das Papsttum wieder erheben zu Trotz und Leid der französischen Perfidien“ (WA 8, 293). Mit diesem Hinweis auf die gallikanischen Ressentiments hatte Luther den Hieb der Sorbonne geschickt abgewehrt; um so überflüssiger waren die anschließenden, unflätigen Ausdrücke.

Heftiger Zorn und tiefe Verachtung erfüllten Luther, als er hörte, daß Albrecht von Mainz wider besseres Wissen und aus reiner Geldgier eine Ausstellung des Reliquienschatzes von Halle eröffnet hatte und alle Gläubigen mit dem Versprechen reicher Ablässe zu Besuch und Opfer einlud. Noch wütender wurde er aber, als Spalatin auf Betreiben Capitos[2], der trotz seiner reformatorischen Gesinnung noch 1519 in den Dienst des Erzbischofs getreten war, das Erscheinen seiner Schrift „Wider den Abgott zu Halle“ verhinderte: „Lieber will ich Euch und den Kurfürsten selbst und alle Kreatur zugrunde richten ... Es ist schön von Euch, daß Ihr die göttliche Ruhe nicht gestört sehen wollet; aber daß die ewige Ruhe Gottes gestört wird durch das gottlose, tempelschänderische, verderbliche Treiben dieses Menschen — das wollt Ihr hingehen lassen!? Mitnichten, Spalatin! Mitnichten, Kurfürst! Sondern für die Schafe Christi muß man mit höchster Kraft diesem greulichen Wolf Widerstand leisten“ (WA Br 2, 402). Die Schrift erschien nicht, aber Luther schickte dem Erzbischof ein Ultimatum (1. 12. 1521) und erhielt von ihm einen Brief, in dem der Kardinal und Kurfürst sich als „stinkenden Kot“ bezeichnet und so klein beigibt, daß der Reformator selbst nicht mehr wußte, ob er ihn als aufrichtig loben oder wegen Heuchelei schelten sollte (WA Br 2, 433 f). Capito aber, der ihn zu diplomatischer Vorsicht anhalten wollte, schrieb er unerbittlich: „Was hat ein Christ mit einem Speichellecker zu schaffen?“ (431) ... Du willst so einen Luther haben, der zu

[2] Wolfgang Fabricius Capito, geb. 1478 zu Hagenau, seit dem 10. 2. 1520 im Dienst Albrechts von Mainz. Er ließ sich noch 1523 durch den Nuntius Aleander die Propstei von St. Thomas in Straßburg verschaffen und ging dann endgültig zur Reformation über. Mit Butzer suchte er zwischen Luther und Zwingli zu vermitteln. † 1541 in Straßburg.

all Eurem Tun ein Auge zudrückt, wenn man ihm nur mit artigen Kosebriefchen das Fell streichelt" (WA Br 2, 433).

Mönchsgelübde und evangelische Freiheit

Luthers Abwesenheit von Wittenberg gab anderen Männern die Möglichkeit, stärker in den Vordergrund zu treten und auf den Lauf der Reformation Einfluß zu nehmen. Zum Teil waren sie anderen Geistes und hatten mit Luther nur den Protest gegen die Mißstände in der alten Kirche und das Drängen auf Reform gemeinsam. Außerdem hatten sie nicht annähernd so stark an den kritisierten Zuständen gelitten und in schmerzvollem Erleben um die Wahrheit gerungen wie der Wittenberger Mönch. Um so eher neigten sie zu einem schnellen äußeren Umsturz, sahen sie das Heil in einer Änderung der Gestalt und nicht vor allem in einer Wandlung der Gesinnung. Wenn Luthers Kritik in Schriften wie „An den christlichen Adel" und „De captivitate Babylonica" überzeugte, dann konnten ja auch eine Reihe praktischer Konsequenzen nicht ausbleiben, vor allem hinsichtlich der Feier der Messe, des Zölibates der Priester und der Mönchsgelübde.

Der Kemberger Propst Bartholomäus Bernhardi, ein Schüler Luthers, hatte seine Köchin geheiratet und war deshalb unter Anklage gestellt worden. Zu seiner Verteidigung hatte Melanchthon eine Schrift verfaßt und betont, von menschlicher Satzung dürfe sich jeder losmachen, wenn sie sein Gewissen gefährde. Galt dasselbe auch, wenn ein Mönch die übernommenen Verpflichtungen nicht mehr erfüllen zu können meinte? Luther fand sich nicht so schnell wie Karlstadt und Melanchthon bereit, diese Frage zu bejahen. Er machte einen Unterschied zwischen der Zölibatsverpflichtung der Priester und den Mönchsgelübden. In bezug auf diese suchte er noch festen Grund für das Gewissen, ein „testimonium divinae voluntatis". Karlstadts Argumente hatten ihn nicht überzeugt, und er war nicht sicher, ob man sich dann nicht mit demselben Argument von göttlichen Geboten dispensieren könne[3]. Im Brief an Melanchthon vom 9. September 1521 glaubte er mit dem Stichwort „Evangelische Freiheit" den Weg zur Lösung gefunden zu haben (WA Br 2, 384). Gleichzeitig übersandte er lateinische Thesen für eine Disputation über die Gelübde nach Wittenberg. Diese beginnen mit dem hinfort immer wieder angeführten Schriftwort Röm 14, 23: „Omne quod non est ex fide, peccatum est (WA 8, 323).

Luthers Ordensbruder Gabriel Zwilling war weniger bedenklich. Er predigte im Oktober heftig gegen Messe und Möncherei. Ihm genügte nicht die

[3] „Iam ista ratio, quod melius est nubere quam uri, seu, ut peccatum fornicationis vitetur, matrimonium in peccato fidei fractae ineunt, quid est nisi ratio? Scripturam quaerimus et testimonium divinae voluntatis. Quis scit, si cras uratur, qui hodie uritur?" Brief an Melanchthon vom 1. 8. 1521 (WA Br 2, 371).

Freiheit von den Gelübden, der Mönch sollte die Kutte ablegen und seinen Stand aufgeben. Noch im November verließen 15 von über 40 Augustinern das Wittenberger Kloster. Luther hatte davon erfahren und fürchtete, nicht alle hätten diesen Schritt guten Gewissens getan. Um solchen, die zum Austritt entschlossen waren, zu helfen, machte er sich an die Ausarbeitung einer Schrift über die Gelübde. Er schrieb am 11. November 1521 an Spalatin: „Ich bin entschlossen, jetzt auch die Frage der Gelübde der Ordensleute anzupacken und die jungen Leute aus dieser Hölle des Zölibates zu befreien" (WA Br 2, 403). Noch im November stellte er „De votis monasticis ... iudicium" (WA 8, 573—669) fertig. Von Spalatin zurückgehalten, erschien diese Schrift aber erst im Februar 1522.

Der Widmungsbrief an seinen Vater, gegen dessen Willen Luther Mönch geworden war, zeigt, daß er in dieser Schrift auch mit seiner eigenen Vergangenheit abrechnen wollte. Sein Gelübde, mit dem er sich dem von Gott gebotenen väterlichen Willen entzogen habe, sei kein Fäserchen wert, ja, gottlos gewesen. Jetzt aber sei das Gewissen frei geworden, und das bedeute Freiheit in überreichem Maße. „Darum bin ich noch ein Mönch und zugleich kein Mönch; ich bin eine neue Kreatur, nicht des Papstes, sondern Christi" (WA 8, 575). „So hoffe ich", schreibt er seinem Vater, „der Herr hat Dir einen Sohn entrissen, um vielen anderen von seinen Söhnen durch mich Rat zu geben" (WA 8, 576). „Ich freilich", schreibt Luther am 18. Dezember 1521 an Wenzeslaus Link, „werde in diesem Stand (habitu) und dieser Lebensform (ritu) bleiben, wenn nicht diese Welt eine andere wird" (WA Br 2, 415). Maßgebend für die Beurteilung der Gelübde ist die evangelische Freiheit. „Denn diese Freiheit ist göttlichen Rechtes. Gott hat sie sanktioniert, er wird sie weder widerrufen, noch kann er gegen sie etwas annehmen, noch den Menschen gestatten, sie durch ein, sei es auch noch so kleines Statut, zu verletzen" (WA 8, 613). Ein Gelübde gegen die Freiheit ist also nichtig, z. B. wenn es abgelegt ist unter der Voraussetzung, daß der Ordensstand notwendig sei, um Gerechtigkeit und Heil zu finden, die ja nur im Glauben an Christus erlangt werden können (WA 8, 605). Außerdem sind Gelübde zu leisten vorbehaltlich der Freiheit, das Klosterleben wieder aufgeben zu können. Die Formel müßte demnach lauten: „Ich gelobe die Keuschheit, solange es mir möglich sein wird, wenn ich sie aber nicht zu bewahren vermag, sei es erlaubt zu heiraten" (WA 8, 633). Hatte Luther bis dahin noch das Argument, man dürfe ein Gelübde aufgeben, wenn man es nicht zu erfüllen vermöge, abgewehrt mit dem Bemerken, auch eine volle Erfüllung der Gebote sei unmöglich, so betont er jetzt, daß der Ehestand die Erfüllung des Gebotes der Keuschheit möglich macht. „Kann ich aber die Gebote Gottes beobachten und das Gelübde nicht, dann muß das Gelübde weichen, auf daß die Gebote bleiben und nicht in der Unzucht Gelübde und Gebot übertreten werden" (WA 8, 632).

Diese Gedanken mußten auf viele Ordensleute verführerisch wirken.

Den Zeitgenossen konnten sie um so eher einleuchten, als durch die weite Verbreitung des Konkubinates der Priester damals Zölibat und Ordensstand ohnehin vielen unglaubwürdig erschienen. Der Mensch der Neuzeit war weniger als der früherer Jahrhunderte fähig und bereit, eine solche Spannung zwischen Ideal und Wirklichkeit zu ertragen. Luther wiederum wurde es unbehaglich, als allzu viele auf seine Losung von der christlichen Freiheit hin das Klosterleben aufgaben. Am 28. März 1522 schrieb er an seinen langjährigen Freund Johann Lang, der das Erfurter Augustinerkloster, dessen Prior er war, verlassen hatte: „Ich sehe, daß viele unserer Mönche aus demselben Grunde herauslaufen, aus dem sie eingetreten sind, nämlich um des Bauches und der fleischlichen Freiheit willen. Durch sie will Satan einen großen Gestank wider den guten Geruch unseres Wortes erregen. Aber was sollen wir tun? Es sind faule Bäuche, und sie suchen nur das ihre; da ist es schon besser, wenn sie außerhalb der Kutte sündigen und zugrunde gehen als in ihr (WABr 2, 488). Luther legte am 4. 10. 1524 sein Ordenskleid ab und heiratete am 13. 6. 1525 die ehemalige Zisterzienserin Katharina von Bora.

Ordnung des Gemeindegottesdienstes

Am 1. August 1521 schrieb Luther an Melanchthon, nach seiner Rückkehr von der Wartburg wolle er als erstes an eine der Einsetzung Christi gemäße Ordnung des Abendmahles gehen. Doch darauf wollten seine Anhänger in Wittenberg, vor allem Karlstadt und von den Augustinern Gabriel Zwilling, nicht warten. So begannen sie auf eigene Faust die Konsequenzen aus Luthers Kritik an der Messe in „De captivitate" und anderen Schriften zu ziehen. Sie richteten eine „Evangelische Messe" ein, schafften die Privatmessen ab und gingen gegen die Anbetung des Sakramentes vor. Am Michaelsfest 1521 nahm Melanchthon mit seinen Schülern das Sakrament unter beiden Gestalten. Auf Grund der Predigten Zwillings ließen die Augustiner die Privatmessen am 13. Oktober ausfallen[4]. Diese Neuerungen erregten Aufsehen und stießen auf Widerstand. Der Kurfürst war besorgt und ließ eine Untersuchungskommission zusammentreten. In diese Auseinandersetzung hinein schrieb Luther im November „De abroganda missa privata" (WA 8, 411—476) und fertigte selbst eine Übersetzung dieser Schrift mit dem Titel „Vom Mißbrauch der Messe" (WA 8, 482—536) an. Darin schreibt er nicht nur, wie der Titel vermuten läßt, gegen die Privatmesse, sondern gegen das Meßopfer überhaupt. Schon vorher entwickelte Gedanken über die Messe als Testament, das heißt als Vermächtnis, als Gabe an uns, trägt er in weit schärferer und kämpferischer Form vor. Als neues Argument führt

[4] „Cessatum est a celebrandis missis in coenobio Augustinianorum." A. Burer am 19. 10. 1521 an B. Rhenanus: ARG 6 (1908/09) 193.

er in dieser Schrift das „ein für allemal" des Hebräerbriefes gegen den Opfercharakter der Messe an. „Sagt uns ihr Pfaffen Baals: Wo steht geschrieben, daß die Messe ein Opfer ist, oder wo hat's Christus gelehrt, daß man gesegnet Brot und Wein opfern soll. Hört ihr nicht? Christus hat einmal sich selbst geopfert, er will von keinem anderen hinfort geopfert werden. Er will, daß man seines Opfers gedenken soll. Wie seid ihr denn so kühn, daß ihr aus dem Gedächtnis ein Opfer macht ... euer Opfern bedeutet ein schändliches Wiederkreuzigen" (WA 8, 421; 493). „Jedermann weiß, worauf ... das ganze Reich der Pfaffen gegründet und gebaut ist, nämlich aufs Messhalten, das heißt auf die ärgste Abgötterei auf Erden, auf schändliche Lüge, auf den verkehrten und gottlosen Mißbrauch des Sakraments und auf einen Unglauben, der ärger ist als der der Heiden" (WA 8, 443; 520).

So radikal die Sprache dieser Schrift war, sosehr sie auf Änderung der Verhältnisse hindrängte[5], Luther selbst zögerte noch, einen neuen Gottesdienst einzuführen. Das hieß aber nicht, daß er dem Vorgehen der Augustiner und den kirchlichen Neuerungen in Wittenberg von vornherein ablehnend gegenüberstand. Voll Unruhe und willens, sich persönlich über die Entwicklung zu unterrichten, verließ er am 2. Dezember 1521 heimlich die Wartburg und begab sich nach Wittenberg. Hier drangen am 3. Dezember bewaffnete Studenten und Bürger in die Pfarrkirche ein, verjagten die Priester von den Altären und entwendeten die Meßbücher. Tags darauf trieb man es ähnlich im Barfüßerkloster. Man verspottete die Mönche und hinderte sie an der Feier von Privatmessen. Der Rat der Stadt befürchtete einen Klostersturm und ließ in der Nacht das Kloster bewachen.

Trotzdem schrieb Luther in diesen Tagen an Spalatin: „Alles gefällt mir ungemein, was ich sehe und höre. Der Herr stärke den Geist derjenigen, die von guter Gesinnung beseelt sind" (WA Br 2, 410). Wohl beunruhigte ihn eine gärende Stimmung, und er hatte vor, nach seiner Rückkehr auf die Wartburg mahnend seine Stimme dagegen zu erheben. Gleichzeitig stellte er aber voll Zorn fest, daß Spalatin aus Angst vor Unruhen die Schriften gegen die Mönchsgelübde und gegen die Messe zurückgehalten hatte. Von der Wartburg aus schrieb er ihm deshalb: „Soll man denn dauernd nur über das Wort Gottes disputieren, der Tat aber sich immer enthalten ... Wenn nichts anderes getan werden soll, als wir bisher getan haben, hätte auch nichts anderes gelehrt werden dürfen" (WA Br 2, 412); zugleich schickte er ihm aber die angekündigte Schrift: „Eine treue Vermahnung zu allen Christen, sich zu hüten vor Aufruhr und Empörung" (WA 8, 676—687). Hier-

[5] „Cum ergo ex his omnibus probetur, missas non nisi Satanae operatione et communi errore mundi in sacrificia versas esse adversus Evangelium et fidem et caritatem, quae hac machina abolentur, tota fiducia abrogandae sunt universae nobis, qui Christiani esse volumus, nec spectandum, quod pauci pio errore illis utantur sine perditione" (WA 8, 457). An Spalatin schrieb Luther am 11. 11. 1521 „Abrogationem missarum confirmo hoc, quem mitto, libro" (WA Br 2, 403).

nach ist es nicht Sache der Herren „Omnes", durch gewaltsames Eingreifen Mißstände abzustellen. An seinem eigenen Schicksal weist Luther die Macht des gewaltlosen Wortes Gottes auf. „Sieh mein Tun an. Habe ich nicht dem Papst, den Bischöfen, Pfaffen und Mönchen allein mit dem Mund ohne allen Schwertschlag mehr Abbruch getan als bisher alle Kaiser, Könige und Fürsten mit ihrer Gewalt" (WA 8, 683). Luther warnt davor, das Evangelium zu einer Parteisache zu machen, und verbietet den Seinen, sich „lutherisch" zu nennen. „Wie käme denn ich armer, stinkender Madensack dazu, daß man die Kinder Christi sollt mit meinem heillosen Namen nennen" (WA 8, 685).

Der Kurfürst verlangte die Bestrafung der Unruhestifter durch den Rat der Stadt. Doch breite Schichten der Bürgerschaft stellten sich hinter sie und forderten freie Predigt des Evangeliums, Abschaffung der Privatmessen, den Laienkelch und dazu die Schließung von Gaststätten, „da man ungepürlich sauffen helt", und von Hurenhäusern[6]. Wiederholt, noch einmal ausdrücklich am 19. Dezember, verbot der Kurfürst eigenmächtige Neuerungen. Man sollte „es bei dem alten Brauch bleiben lassen"[7], bis größere Einmütigkeit erzielt sei. Trotzdem kündigte Karlstadt am vierten Adventsonntag an, er werde am Neujahrstage eine Messe halten mit Kommunion unter beiden Gestalten und mit verständlichen Konsekrationsworten ohne die anderen Zeremonien, ohne Meßgewand, Albe usw.[8]. Wohl um einem kurfürstlichen Verbot zuvorzukommen, verwirklichte er den Plan schon am Weihnachtsfest. Mit einer großen Gemeinde hielt er „deutsche Messe", das heißt, er sprach den Einsetzungsbericht deutsch und ließ den übrigen Kanon mit der Elevation aus. Bei der Feier trug er weltliche Kleidung. Die Beichte vorher unterließ er betont als unnötig und spendete die Kommunion unter beiden Gestalten, indem er den Kommunikanten die Oblate und den Kelch in die Hand gab. Am 6. Januar stellte das Kapitel der deutschen Augustinerkongregation es den Mönchen frei, das Kloster zu verlassen. Wer blieb, sollte sich als Prediger oder Lehrer betätigen oder durch ein Handwerk sein Brot verdienen[9]. Der Bettel sollte fortan verboten sein. Am 11. Januar gab Zwilling den Auftakt zum Sturm gegen die Bilder und zur Beseitigung der Nebenaltäre. Bilder seien nach Gottes Wort (Ex 20, 4) verboten. Karlstadt beging am 19. Januar feierlich seine Hochzeit.

Inzwischen waren in Wittenberg die „Zwickauer Propheten", die Tuchweber Nikolaus Storch und Thomas Drechsel mit dem früheren Melanchthonschüler Markus (Thomas) Stübner aufgetaucht. Sie rühmten sich der unmittelbaren Leitung durch den Heiligen Geist. Das „innerliche Wort" war

[6] *N. Müller*, Die Wittenberger Bewegung 1521 und 1522 (Leipzig 1911) 161 ff.
[7] *N. Müller* a. a. O. 123 ff. [8] *N. Müller* a. a. O. 125 f.
[9] *N. Müller* a. a. O. 147 ff. „Quantum per nos stat, omnibus fratribus nostris Evangelicam et Christianam permittimus libertatem, Quatenus ii, qui nobiscum vivere, deserto corrupto vitae nostrae fuco, secundum puritatem Evangelicae doctrinae velint, possint" (148).

für sie entscheidend, weshalb sie des geschriebenen Wortes weniger zu bedürfen meinten. Nach ihren Träumen und Gesichten sollte bald die ganze weltliche Ordnung eine Umwandlung erfahren und durch Vertilgung der Pfaffen und Gottlosen der Grund für das Gottesreich gelegt werden. War der Geistbesitz entscheidend, dann waren die Sakramente belanglos und der Sinn der Kindertaufe fragwürdig. Denn wie konnte man auf fremden Glauben hin den Geist empfangen? Melanchthon, in dessen Haus Stübner sein Quartier genommen hatte, war von diesen Lehren beeindruckt und beunruhigt zugleich. Am 1. Januar 1522 schrieb er an Spalatin: „Diese Meinungen sind wahrlich nicht zu verwerfen und werden wahrscheinlich Leuten Schwierigkeiten machen, die viel mehr gelehrt sind als ich, und auch den Massen. Nun, ich erwartete, der Teufel würde uns an einer schwachen Stelle angreifen" (CR I, 534). Melanchthon wagte nicht, ein Urteil abzugeben, und wandte sich an Luther. Dieser riet, als Prüfstein der Geister anzusetzen, ob ihre Offenbarungen unter Schrecken geschehen würden. Denn Gott sei ein verzehrendes Feuer, und die Gesichte der Heiligen seien schrecklich. „Mache also diese Probe und laß Dir nichts von dem Jesus der Herrlichkeit erzählen, bevor Du nicht den Gekreuzigten gesehen hast" (WA Br 2, 425). Durch das Reden gegen die Kindertaufe solle er sich nicht beeindrucken lassen. Uns allen bleibe ja „nichts anderes übrig, als einen fremden Glauben anzunehmen", den Glauben, mit dem Christus für uns glaubt. „Ja, der fremde Glaube ist unser eigener Glaube . . . Ein Kind zur Taufe tragen bedeutet ja nichts anderes, als es Christus in seine offenen Gnadenhände legen. Da er uns nun an vielen Beispielen bewiesen hat, daß er annimmt, was man ihm darbringt, weshalb zweifeln wir hier?" (WA Br 2, 426.)

Direkt haben die Zwickauer in die Wittenberger Verhältnisse wohl nicht eingegriffen. Sie gaben aber Karlstadt, Zwilling und den rigoristischen Strömungen in der Bürgerschaft neuen Auftrieb. Der Rat der Stadt erließ am 24. Januar 1522 unter dem Einfluß von Karlstadt die „Ordnung der Stadt Wittenberg"[10]. Danach sollten u. a. die Bilder entfernt, die Messe nach Karlstadts Weise gefeiert und die geistlichen Pfründen zu einem gemeinsamen Sozialfonds, dem „gemeinen Kasten", zusammengelegt werden. Beschwerden der altgläubigen Stiftsherren beim Kurfürsten und dessen Unwillen waren die Folge. Dem Fanatismus der Eiferer war die „Ordnung" dagegen nicht radikal genug. Ihnen wurde sie vor allem nicht schnell und entschieden genug durchgeführt. In der auf den 27. Januar datierten Schrift „Von Abtuung der Bilder und daß keine Bettler unter den Christen sein sollen" führte Karlstadt Klage darüber, daß drei Tage nach dem Erlaß der Stadtordnung die Bilder immer noch nicht entfernt seien[11]. Man griff zur Selbsthilfe. Anfang Februar kam es in der Stadtkirche von Wittenberg zum Bildersturm.

[10] Abgedruckt bei *E. Sehling,* Die ev. Kirchenordnungen des 16. Jh. I, 1 (Leipzig 1902) 697 f.

[11] Ausg. von *H. Lietzmann,* Kleine Texte 74 (Bonn 1911) 20.

Diese radikalen Reformversuche griffen auch auf andere Orte des Kurfürstentums über. Friedrich der Weise war doppelt besorgt, weil inzwischen ein Mandat des Reichsregimentes in Nürnberg (22. Januar 1522) gegen die Neuerungen in Kursachsen erlassen war[12], wonach ihm und den Bischöfen von Meißen, Merseburg und Naumburg „ernstlich von Amts wegen" zur Pflicht gemacht wurde, vorzugehen gegen Priester, die bei der Meßfeier vom alten Brauch abwichen oder heirateten, und gegen Mönche, die ihr Kloster verließen. Seit dem 6. Februar ließ der Kurfürst mehrfach, zuletzt am 17. Februar, den Wittenbergern bedeuten, alles beim alten Brauch zu lassen. Doch Stiftskapitel, Universität und der Rat waren nicht mehr Herr der Lage. In dieser Not wandten sich Melanchthon und der Rat an Luther und baten ihn, nach Wittenberg zurückzukehren.

Wohl daraufhin kündigte Luther dem Kurfürsten brieflich sein Kommen an: „. . . ich habe nicht mehr Zeit, will selbst, so Gott will, bald dasein" (WA Br 2, 449). Durch Bedenken und Vorhaltungen seines Landesherrn ließ Luther sich nicht mehr halten. Am 1. März brach er auf und schrieb unterwegs am 5. März an Friedrich den Weisen: „. . . von meiner Sach aber, gnädigster Herr, antworte ich also: E. K. F. G. weiß, oder weiß sie es nicht, so laß sie es ihr hiemit kund sein, daß ich das Evangelium nicht von Menschen, sondern allein vom Himmel durch unseren Herrn Jesum habe . . . Solchs sei E. K. F. G. geschrieben (in) der Meinung, daß E. K. F. G. wisse, ich komme gen Wittenberg in gar viel einem höhern Schutz denn des Kurfürsten. Ich hab's auch nicht im Sinn, von E. K. F. G. Schutz begehren. Ja, ich halt, ich wolle E. K. F. G. mehr schützen, denn sie mich schützen könnte" (WA Br 2, 455). In diesem prophetischen Selbstbewußtsein traf Luther am 6. März 1522 in Wittenberg ein. Dem Kurfürsten bestätigte er auf Wunsch zu dessen Sicherung gegenüber dem Reichsregiment am 7. März bzw. in einer nach kurfürstlicher Weisung überarbeiteten Fassung am 12. März, daß er sich ohne dessen „Wissen, Willen, Gunst und Bewilligung" (WA Br 2, 470) wieder nach Wittenberg begeben habe. Seine Stimmung hat sich in Briefen der folgenden Tage niedergeschlagen: „Notgedrungen habe ich mich lebend mitten in das Wüten von Papst und Kaiser gestürzt, ob ich den Wolf aus der Hürde vertreiben könnte. Schutzlos — es sei denn unter dem des Himmels — verweile ich inmitten meiner Feinde, die nach menschlichem Recht jederzeit befugt sind, mich zu töten" (WA Br 2, 476). „Christi Gedanken kenne ich nicht; weiß aber, daß ich in dieser Sache nie so mutigen und stolzen Geistes gewesen bin wie jetzt" (WA Br 2, 479).

Öffentlich galt aber sein Zorn nicht Papst und Kaiser, sondern den Schwärmern und Heißspornen. Dabei leitete ihn der Wille seines Landesherrn und dessen Rücksicht auf das Mandat des Reichsregimentes, vor allem aber seine

[12] RA III 21; *F. Geß,* Akten und Briefe zur Kirchenpolitik Hzg. Georgs v. Sachsen I (Leipzig - Berlin 1905) 250 ff; *H. Barge,* Aktenstücke zur Wittenberger Bewegung (Leipzig 1912) 3–6.

eigene Abneigung gegen Tumult und gewaltsamen Umsturz. Vom Sonntag Invocavit (9. 3.) bis zum Sonntag Reminiscere (16. 3) stand er täglich auf der Kanzel der Pfarrkirche in Mönchskutte und mit frisch geschnittener Tonsur. In diesen acht Invocavitpredigten (WA 10 III, 1—64) wandte sich Luther gegen alle, die aus der evangelischen Freiheit ein neues Gesetz machten, und forderte Rücksicht auf die schwachen Gewissen. Daraufhin wurden Meßgewänder und Elevation wieder eingeführt und bis auf die Abschaffung der Privatmessen alles auf den alten Stand gebracht. Es blieb bei den Anweisungen in „De captivitate“, die Luther in der am 25. März 1522 vollendeten Schrift „Von beider Gestalt des Sakraments zu nehmen“ (WA 10, II, 11—41) wiederholte: Der Priester soll alle Worte in den Kollekten und im Kanon, die vom Opfer sprechen, stillschweigend weglassen. So könne er auf evangelische Weise Messe halten, ohne daß der gemeine Mann etwas davon merke und Ärgernis nehme. Gegen dieses Rückgängigmachen der Reformen wandte sich Karlstadt. Luther und seinen Anhang bezeichnete er als neue Papisten. Es kam zu einem heftigen Auftritt zwischen ihm und dem Reformator. Eine Streitschrift Karlstadts mit versteckten Angriffen auf Luther wurde durch die Universität unterdrückt (WA Br 2, 509; 511).

Auch in der Gottesdienstordnung von 1523, der „Formula missae et communionis“ (WA 12, 205—229), bot Luther noch eine lateinische, allerdings von allen Anspielungen auf das Opfer gereinigte Messe. Ähnlich gemäßigt war sein „Taufbüchlein verdeutscht“ (WA 12, 42—48) aus demselben Jahr.

Als man an vielen Orten, nicht nur im Allstedt Thomas Müntzers, sondern auch in Straßburg, Nördlingen, Nürnberg, Basel, Zürich und anderswo schon deutsche Messe feierte, blieb es in Wittenberg noch beim Latein. Entscheidend dafür war sicher die politische Vorsicht Friedrichs des Weisen. Es konnte z. B. erst nach seinem Tode, wie Spalatin mitteilt, „der ganze Papst aus der Allerheiligenkirche in Wittenberg vertrieben werden“ [13]. Doch nicht allein die Rücksicht auf seinen Landesherrn ließen Luther zögern, aus seinen Grundsätzen die praktischen Konsequenzen zu ziehen. Die Gründe liegen auch bei ihm selbst. Sie sind recht vielschichtig:

1. Die Gestalt des Gottesdienstes, Gebete, Riten, Gewänder, Gerät sind für Luther „eitel, äußerlich Ding“ (WA 12,214), „Adiaphora“, weder genoch verboten. Darf man dem lateinischen Gottesdienst keine Heilsnotwendigkeit zumessen, dann dem deutschen ebensowenig. Hier bindende Vorschriften erlassen, heißt, die Freiheit der Christen beschränken und den „armen Gewissen“ unnötige Lasten aufbürden. „Daß nun die Messe deutsch gehalten werde bei den Deutschen, gefällt mir wohl. Aber daß er (Karlstadt) da auch will eine Not machen, als müßte es so sein, das ist abermals zuviel. Dieser Geist kann nicht anders, denn immer, immer Gesetz, Not. Gewissen und Sünd machen ...“ (WA 18, 123). Luther wollte unverdunkelt lassen,

[13] *I. Höss*, Spalatin 242.

daß es ihm um die Gesinnung, nicht um die äußere Haltung oder Gestalt, um den Glauben, nicht um das Werk ging. Freilich unterschätzte er unter dem Einfluß des Nominalismus das Zeichen, hatte zuwenig Sinn für die Mächtigkeit der Bilder, den Geist zu erhellen oder zu verwirren. Er sah nur den Weg von innen nach außen, wonach der Geist sich Ausdruck schafft im Leiblichen; verkannte aber, daß auch umgekehrt dieses dem Geist zur Kristallisation, ja, erst zum Dasein verhilft.

2. Luther verlangt Rücksicht auf die „schwachen Gewissen“. Wollte er zunächst die Gesinnung der Menschen ändern, damit diese sich dann den entsprechenden Ausdruck verschaffte, so mußte er Geduld haben. Luther erzählt von sich, er habe drei Jahre gebraucht, um sich zum „Glauben“ durchzuringen, um so mehr müsse man den einfachen Leuten Zeit lassen und dürfe sie nicht durch überstürzte und durch die Predigt nicht genügend vorbereitete Änderungen in Verwirrung und Gewissensnot bringen (WA 10, II, 25; WA 12, 212f). Zwar dürfe man im Grundsätzlichen keine Zugeständnisse machen, aber da könne man stillschweigend Abhilfe schaffen, ohne daß der gemeine Mann es erfahre (WA 10, II, 29).

3. Luthers Bindung an die Tradition und sein Gefühl für Form und Gestaltung ließen ihn zögern. Ihm war klar, daß die rechte Gestalt des Gottesdienstes nicht gemacht werden kann, sondern wachsen muß. Ihm war eine bloße Übersetzung der Texte nicht genug. Melodie und Text sollten eine Einheit bilden. „Ich möchte heute gerne eine Deutsche Messe haben. Ich gehe auch damit um. Aber ich möchte auch gerne, daß sie eine rechte deutsche Art hat. Denn daß man den deutschen Text verdolmetscht und lateinischen Ton oder Noten behält, laß ich geschehen. Aber es lautet nicht notig noch rechtschaffen. Es muß beides, Text und Noten, Akzent, Weise und Gebärde aus rechter Muttersprache und Stimme kommen: sonst ist alles ein Nachahmen, wie die Affen tun“ (WA 18, 123).

4. Schließlich wollte Luther als Humanist und Pädagoge die Bildungswerte der lateinischen Sprache erhalten wissen. Besonders die Jugend sollte durch den lateinischen Gottesdienst in dieser Sprache geübt werden. Für sie sollte auch nach Einführung der „Deutschen Messe“ (1526) die „Formula missae“, das heißt der lateinische Gottesdienst, weiter in Geltung bleiben. Ja, wenn es nach ihm ginge, würde er abwechselnd sonntags deutsche, lateinische, griechische und hebräische Messe halten (WA 19, 74).

Luthers Bibelübersetzung

Die bedeutendste literarische Frucht der Wartburgzeit ist die Übersetzung des Neuen Testamentes. Nach seinem heimlichen Besuch in Wittenberg (4.—9. 12. 1521) hat Luther sie auf Bitten seiner Freunde in rund elf Wochen fertiggestellt. Er war mit der Vulgata engstens vertraut. Dazu lag ihm der von Erasmus herausgegebene griechische Text (2. Aufl. 1519) mit dessen Übersetzung ins Lateinische und ausführlichen Erklärungen vor. Von einer Übersetzung aus dem Urtext kann bei der Kürze der Zeit und bei den geringen Griechischkenntnissen Luthers, der erst ab 1518 ernste Studien in dieser Sprache getrieben hatte, kaum die Rede sein[14]. Wieweit er sich auf den griechischen Text stützte, läßt sich schwer sagen. „Aber so viel ist jedenfalls sicher ..., daß er den Sinn des Grundtextes zu erfassen suchte."[15] Zur Übersetzung des AT, die sich bis 1534 hinzog, hat Luther sprachkundige Fachleute herangezogen. Sie ist somit mehr als Gemeinschaftsarbeit anzusehen.

Es gab deutsche Bibelübersetzungen vor Luther. Von 1461—1522 erschienen vierzehn hochdeutsche und vier niederdeutsche Druckausgaben, ohne die deutschen Psalter, Evangelienharmonien und Perikopenbücher. Gerade die letzten waren Luther aus Gottesdienst und Seelsorge geläufig. Es ist demnach übertrieben, zu sagen, Luther habe den Deutschen zuerst die Bibel geschenkt. Doch er hat in seiner deutschen Bibel ein Werk geschaffen, das in der Treffsicherheit des Ausdruckes, im Sprachgefühl und in der Sprachgewalt einzig dasteht. Weil Luther selbst die heiligen Schriften las, „als wären sie gestern geschrieben"[16], ja, die heilige Geschichte wie gegenwärtig sah und hörte, konnten Inhalt und deutsches Wort zu einer solchen Einheit verschmelzen, daß auch im deutschen Gewand die Bibel ein Buch zum Hören blieb und der heilige Text in erstaunlichem Maße ins Ohr und Gedächtnis eingeht. Das war aber nicht nur die Frucht von Luthers Sprachgewalt, sondern einer ebenso kämpferisch-ringenden wie beglückenden Begegnung mit Gott in seinem Wort. Dieses ist für Luther nicht nur Zeugnis vom mächtigen Heilstun Gottes, sondern selbst göttliche Kraft. Wie keiner sonst hat Luther es verstanden, im Medium der Sprache dies lebendig Stürmende des Gotteswortes zu vermitteln.

Luther übersetzte die Bibel, als der Prozeß des Zusammenschmelzens verschiedener deutscher Mundarten in eine einheitliche Schriftsprache im vollen Gange war. Am Rande des Reiches auf ostdeutschem Siedlungsboden, wo durch Einwanderung viele Dialekte zusammenströmten, waren die Voraussetzungen dafür besonders günstig. „Es ist eine protestantische Legende, daß der Reformator Luther die neuhochdeutsche Schriftsprache geschaffen habe."[17] Er hat aber die Entwicklung zur Einheitssprache stark beschleunigt

[14] *H. Dibbelt,* Hatte Luthers Verdeutschung des NT den griechischen Text zur Grundlage?: ARG 38 (1941) 300—330; *H. Bornkamm,* Die Vorlage zu Luthers Übersetzung des NT: ThLZ 72 (1947) 23—28; *S. Krüger,* Zum Wortschatz des 18. Jh.: Fremdbegriff und Fremdwort in Luthers Bibelübersetzung: BGDSL 77 (1955) 402—464; *H.-O. Burger,* Luther als Ereignis der Literaturgeschichte: LuJ 24 (1957) 86—101; *H. Bluhm,* Martin Luther — Creative Translator (St. Louis/Missouri 1965).

[15] *H. Bornkamm,* Luthers geistige Welt (Gütersloh ³1959) 266.

[16] Predigt vom 22. 3. 1523 (WA 12, 444).

[17] *H.-O. Burger* a. a. O. 86; *A. E. Berger,* Luther und die neuhochdeutsche Sprache: Deutsche Wortgeschichte Bd 2 (1943) 37—132.

dadurch, daß er sich der sächsischen Kanzleisprache bediente. „Ich habe keine gewisse, sonderliche, eigene Sprache im Deutschen, sondern brauche der gemeinen deutschen Sprache, daß mich beide, Ober- und Niederländer, verstehen mögen. Ich rede nach der sächsischen Kanzlei, welcher nachfolgen alle Fürsten und Könige in Deutschland ...; darum ist's auch die gemeinste deutsche Sprache. Kaiser Maximilian und Kurfürst Friedrich haben also das Reich in eine bestimmte Sprache eingegrenzt, also alle Sprachen in eine eingezogen" (WA Tr 2, Nr. 2758). Sicher ist die Übersetzung der Bibel in eine Sprache für die Offenbarung von großer Tragweite, insofern diese eine neue Gruppe von Menschen erreicht, sie ist aber auch ein Ereignis für die Sprache, weil letztere herausgefordert wird, bisher nicht realisierte Möglichkeiten zu entfalten. Das ist an Luthers Übersetzung in hervorragendem Maße deutlich geworden. Auch die katholischen Gegner Luthers haben seiner Leistung nicht die Anerkennung versagt. Hieronymus Emser († 1527) hat zwar in seiner Schrift „Aus was Grund und Ursach Luthers Dolmetschung über das NT dem gemeinen Mann billig verboten worden sei" (1523), dem NT Luthers 1400 „ketzerische Irrtümer und Lügen" nachgerechnet, hat sich aber in seiner eigenen Übersetzung von 1527 weitgehend an Luthers Text gehalten. Auch Johann Dietenberger († 1537) hat in seiner deutschen Bibel von 1534, die bei 58 Auflagen allein der Vollbibel die verbreitetste katholische deutsche Bibel wurde, den Text Luthers verwertet. Nach Johannes Cochläus († 1552) hat Luthers Verdeutschung das religiöse Empfinden des Volkes aufgerüttelt und einen wahren Heißhunger nach dem Worte Gottes beim gemeinen Mann wachgerufen.

Die impulsive und erlebnisbestimmte Art des Reformators legt aber die Frage nahe, ob er den Sinn der Heiligen Schrift rein wiedergegeben hat. Sicher hat er aus der schmerzvollen Erfahrung seines Ringens um das Verständnis der justitia dei manche Akzente überdeutlich gesetzt. Dabei überschreitet er gelegentlich die Grenzen bloßer Übersetzung. Er übersetzt z. B. „Gerechtigkeit Gottes" mit „Gerechtigkeit, die vor Gott gilt", oder er setzt Röm 3, 26 und 3, 28 das umstrittene „allein" hinzu, das durchaus sinngemäß ist, aber bei Paulus nicht steht[18].

Schwerwiegender ist, daß Luther nicht die Bibel gleichmäßig als Gotteswort hinnimmt, sondern von sich aus prüft, was wesentlich ist, damit auswählt und ganze Bücher, z. B. den Jakobusbrief und die Apokalypse, an die Seite schiebt. Jener ist für ihn eine „strohene Epistel" (WA DB 6, 10; 7, 385), die er schier in den Ofen werfen will (WA 39, II, 199). Aber auch Lk 16[19] ist für Luther ein „rechtes Pfaffen- und Mönchsevangelium" (WA 10, III, 273), „der zänkischen Evangelien eins" (WA 29, 488), das „der Satan als Beweis anführt" (WA 12, 646); Christus muß „gemeistert werden in suis verbis"

[18] *H. Gerdes,* Überraschende Freiheiten in Luthers Bibelübersetzung: Luther 27 (1956) 71–80.

[19] Vgl. W. *v. Loewenich,* Luther als Ausleger der Synoptiker (München 1954) 50 ff.

(WA 27, 296), „er muß sich suis verbis bei der Nase lenken lassen" (WA 27, 279; 300); „wir dürfen uns durch die Schrift nicht narren lassen" (WA 27, 303). An sich können diese Sätze noch als hermeneutische Hinweise verstanden werden, in denen Luther darauf aufmerksam macht, daß die Schrift unkritisch redet, oder fordert, sie aus dem Zusammenhang heraus zu deuten. So sagt er in der 41. Promotionsthese vom 11. September 1535: „Die Schrift ist nicht gegen, sondern für Christus auszulegen, darum muß sie entweder auf ihn bezogen werden, oder sie darf nicht als wahre Schrift gelten" (WA 39, I, 47). Was aber, wenn damit unbequeme Lehren oder Gegner aus dem Felde geschlagen werden, etwa nach These 49, die lautet: „Wenn die Gegner die Schrift nötigen gegen Christus, so werden wir Christus nötigen gegen die Schrift" (WA 39, I, 47)?

Mit dem Prüfstein, ob die Bücher der Heiligen Schrift „Christum treiben oder nicht" (WA DB 7, 385), ist jeder letzthin seinem persönlichen Ermessen überlassen. Wenn Luther Schwärmer und Altgläubige, die sich gegen ihn auf die Heilige Schrift berufen, auf deren wahren Sinn verweist, dann entscheidet über diesen schließlich des Reformators eigene Christuserfahrung.

8. Kapitel

Die Reformatoren in der Umgebung Luthers

LITERATUR: *R. Stupperich* (Hrsg.), Reformatorische Verkündigung und Lebensordnung (Bremen 1963).

Nikolaus von Amsdorf: Ausgewählte Schriften, hrsg. von *O. Lerche* (Gütersloh 1938); *E. O. Reichert,* Amsdorf und das Interim. Erstausg. seiner Schriften zum Interim mit Kommentar und hist. Einl. (Diss. Halle - Wittenberg 1955); *O. H. Nebe,* Reine Lehre. Zur Theologie des Niklas von Amsdorf (Göttingen 1935); *H. Stille,* Nikolaus von Amsdorf, sein Leben bis zu seiner Einweisung als Bischof von Naumburg (1483—1542) (Diss. Leipzig 1937); *O. Lerche,* Amsdorf und Melanchthon (Berlin 1937); *P. Brunner,* Nikolaus von Amsdorf als Bischof von Naumburg (Gütersloh 1961).

Justus Jonas: *Th. Pressel,* Justus Jonas. Leben und ausgewählte Schriften (Elberfeld 1862); Briefwechsel des Justus Jonas, hrsg. von *G. Kawerau,* 2 Bde (Halle 1884/85), ergänzt von *W. Delius:* ARG 31 (1934) 133—136, 42 (1951) 136—145; *M. Schellbach,* Justus Jonas (Essen 1941); *W. Delius,* Lehre und Leben. Justus Jonas (Berlin 1952); *ders.,* Reformationsgeschichte der Stadt Halle (Berlin 1953); *H. Abe,* Der Erfurter Humanismus und seine Zeit (Diss. Jena 1953); *F. W. Krapp,* Der Erfurter Mutiankreis und seine Auswirkungen (Diss. Köln 1954).

Johannes Bugenhagen: *G. Geisenhof,* Bibliotheca Bugenhagiana I, Bibliographie ... des Johannes Bugenhagen (Leipzig 1908); Briefwechsel, hrsg. von *O. Vogt* (Stettin 1888); *G. Buchwald* (Hrsg.), Predigten Bugenhagens (Halle 1885); *ders.,* Johannes Bugenhagens Katechismuspredigten (Leipzig 1909); *ders.,* Ungedruckte Predigten Bugenhagens (Leipzig 1910); *ders.,* Bugenhagens Katechismuspredigten vom Jahre 1534: ARG 17 (1920) 92—104; *K. A. T. Vogt,* Johannes Bugenhagen Pomeranus (Elberfeld 1867); *H. Hering,* Dr. Pomeranus Johannes Bugenhagen (Halle 1888); *E. Wolf,* Johannes Bugenhagen. Gemeinde und Amt: Peregrinatio (München ²1962) 257—278; *ders.,* Johannes

Bugenhagen und die Ordnung der Gemeinde: Zwischenstation. Festschr. für Karl Kupisch (München 1963) 281—298; *W. Rautenberg* (Hrsg.), Johannes Bugenhagen, Beiträge zu seinem 400. Todestag (Berlin 1958, Lit.); *R. Stupperich,* Dr. Pomer. Zum 400. Todestag des Reformators Johannes Bugenhagen: Luther 29 (1958) 49—60; hier noch weitere Aufsätze über Johannes Bugenhagen; *K. Harms,* Dr. Johannes Bugenhagen (1485—88) (Bielefeld 1958); *J. H. Bergsma,* Die Reform der Meßliturgie durch Johannes Bugenhagen (Kevelaer 1966); NDB III 9f.

Georg Spalatin: *I. Höss,* Georg Spalatin (Weimar 1956); *dies.,* Georg Spalatins Traktat „De sacramento venerabile eucharistiae et de confessione" vom Jahre 1525: ARG 49 (1958) 79—88; *dies.,* Georg Spalatins Verhältnis zu Luther und der Reformation: Luther 31 (1960) 67—80; *H. Volz,* Bibliogr. der im 16. Jh. erschienenen Schriften Georg Spalatins: Zschr. für Bibliothekswesen und Bibliogr. 5 (1958) 83—119; *W. Ulsamer,* Spalatins Beziehungen zu seiner fränkischen Heimat: Jb. für fränkische Landesforschung 19 (1959) 425—479.

Philipp Melanchthon: Werke: CR 1—28 (Halle-Braunschweig 1834/60); Epistolae, iudicia, consilia etc., hrsg. v. *E. Bindseil* (Halle 1874); Supplementa Melanchthoniana, 6 Bde (Leipzig 1910—26); Werke in Auswahl (= Studienausgabe), hrsg. von *R. Stupperich* (Gütersloh 1951ff); *P. Fraenkel,* Fünfzehn Jahre Melanchthonforschung (Literaturbericht): Bibliothèque d'Humanisme et Renaissance 22 (1960) 582—624, 23 (1961) 563—602, 24 (1962) 443—478; *C. Schmidt,* Philipp Melanchthon. Leben und ausgewählte Schriften (Elberfeld 1861); *A. Herrlinger,* Die Theologie Melanchthons (Gotha 1879); *K. Hartfelder,* Philipp Melanchthon als Praeceptor Germaniae (Berlin 1889); *G. Ellinger,* Philipp Melanchthon (Berlin 1902); *O. Ritschl,* Die Entwicklung der Rechtfertigungslehre Melanchthons bis zum Jahre 1527: ThStK 85 (1912) 518—540; *P. Joachimsen,* Loci communes: LuJ 8 (1926) 27—97; *H. Engelland,* Melanchthon. Glauben und Handeln (München 1931); *F. Hübner,* Natürliche Theologie und theokratische Schwärmerei bei Melanchthon (Gütersloh 1936); *Cl. Bauer,* Die Naturrechtsvorstellungen des jüngeren Melanchthon: Festschrift G. Ritter (Tübingen 1950) 244—255; *ders.,* Melanchthons Naturrechtslehre: ARG 42 (1951) 64—98; *ders.,* Melanchthons Wirtschaftsethik: ARG 49 (1958) 115—160; *P. Schwarzenau,* Der Wandel im theologischen Ansatz bei Melanchthon von 1525—35 (Gütersloh 1956); *W. H. Neuser,* Der Ansatz der Theologie Philipp Melanchthons (Neukirchen 1957); *W. Maurer,* Melanchthons Anteil am Streit zwischen Luther und Erasmus: ARG 49 (1958) 89—115 und in: Melanchthon-Studien (Gütersloh 1964) 137—162; *ders.,* Die Loci communes als wiss. Programmschrift: LuJ 27 (1960) 1—50; *A. Sperl,* Melanchthon zwischen Humanismus und Reformation (München 1959); *G. Urban* (Hrsg.), Philipp Melanchthon. Gedenkschrift zum 400. Todestag (Bretten ²1960); *H. Bornkamm,* Philipp Melanchthon (Göttingen ³1960); *P. Meinhold,* Philipp Melanchthon. Der Lehrer der Kirche (Berlin 1960); *W. Elliger* (Hrsg.), Philipp Melanchthon. Forschungsbeiträge (Göttingen 1961); *V. Vajta* (Hrsg.), Luther und Melanchthon (Göttingen 1961); *R. Stupperich,* Melanchthon (Berlin 1960); *ders.,* Der unbekannte Melanchthon (Stuttgart 1961); *R. Schäfer,* Christologie und Sittlichkeit in Melanchthons frühen Loci (Tübingen 1961); *P. Fraenkel,* Testimonia Patrum. The Function of the Patristic Argument in the Theology of Philip Melanchthon (Genf 1961); *H. Lieberg,* Amt und Ordination bei Luther und Melanchthon (Göttingen 1962); *E. Bizer,* Theologie der Verheißung, Studien der theol. Entwicklung des jungen Melanchthon (1519—24) (Neukirchen 1964); *M. Greschat,* Melanchthon neben Luther (Witten 1965); *H.-G. G. Geyer,* Von der Geburt des wahren Menschen (Neukirchen 1965).

Die Schutzhaft Luthers auf der Wartburg hatte gezeigt, daß die Reformation auch ohne ihn lebte, ja daß die Entwicklung ohne ihn noch ungestümer weiterging. Selbst wenn man Luther beseitigt hätte, wäre die reformatorische

Bewegung wohl nicht mehr mit Gewalt auszulöschen gewesen. Es waren nicht allein die Schwärmer, Karlstadt und Müntzer, die in Abwesenheit Luthers der Bewegung ihre Prägung zu geben versuchten, sondern es gab in Wittenberg und außerhalb schon eine Reihe von Männern, die mit Luther und in seinem Geiste wirkten. Bei seiner Rückkehr von der Wartburg war es deutlich, daß er wohl maßgeblich, aber nicht allein das Gesicht der neuen Lehre und der Kirchengemeinschaft, zu der sie zu führen begann, bestimmte. So zeigte sich schon in den Anfängen, daß „Luthertum" mehr und weniger sein würde, als in Luthers Person verkörpert war; weniger, weil das Meer von Kräften, das er in sich barg, und die Subjektivität seines Prophetentums sich nicht institutionell fassen ließen, und mehr, weil sein Werk von Anfang an durch die formende und erhaltende Kraft anderer mitgetragen war. Solche treuen und ergebenen Helfer, wenn auch zum Teil von ganz anderer Geistesart, waren in Wittenberg Nikolaus von Amsdorf, Justus Jonas, Johann Bugenhagen, Georg Spalatin und vor allem Philipp Melanchthon.

Nikolaus *von Amsdorf* (1483—1565) war seit 1507 Dozent an der Universität und seit 1508 Domherr am Allerheiligenstift in Wittenberg. Schon 1517 schloß er sich Luther an und gehörte fortan zu seinen engsten Mitarbeitern. Er begleitete ihn zur Disputation nach Leipzig (1519) und zum Reichstag nach Worms (1521) und half ihm bei der Bibelübersetzung. Als Reformator war er u. a. in Goslar, Einbeck und Meißen, vor allem aber in Magdeburg tätig. Hier wurde er 1524 Superintendent. Am 20. Januar 1542 „weihte" ihn Luther zum evangelischen Bischof von Naumburg „ohn allen Cresem ... Schmer, Weihrauch ..." (WA 53, 231). Hier mußte er 1547 dem katholischen Julius Pflug weichen. Er lebte als Privatgelehrter in Eisenach und war beteiligt an der Gründung der Universität Jena, die sich zum Hort lutherischer Orthodoxie gegen das philippistische Wittenberg entwickelte. Amsdorf war allen Kompromissen in der Rechtfertigungs- und Abendmahlslehre abhold. Er war deshalb ein Gegner der Wittenberger Konkordie (1536), widersetzte sich dem Interim (1547) und bezog im Synergistenstreit Stellung gegen Melanchthon. Hatte dieser und nach ihm Georg Major (1502—74) die Notwendigkeit der guten Werke, wenn auch nicht zur Rechtfertigung, so doch zur Bewahrung des Glaubens und der Seligkeit betont, so stellte Amsdorf gegen sie den paradoxen Satz von der Schädlichkeit der guten Werke für das Seelenheil auf. Durch die Jenaer Ausgabe von Luthers Werken wollte er dessen Lehre unverfälscht an die späteren Generationen weitergeben. Er half so mit, die Theologie des Reformators im Verständnis der lutherischen Orthodoxie zu kanonisieren und letztere im Geist einer starren Intoleranz zu prägen.

Justus *Jonas* (1493—1555) war Jurist, hatte in Erfurt und Wittenberg studiert und sich dem Erfurter Humanistenkreis angeschlossen. Als Bewunderer des Erasmus fand er zur Heiligen Schrift und den Kirchenvätern. Seit 1518 war er Professor des kanonischen Rechtes in Erfurt, wurde als solcher

1521 nach Wittenberg berufen und zum Propst der Schloßkirche bestellt. Hier trat er in die theologische Fakultät über und hielt exegetische Vorlesungen. Er wurde einer der Hauptmitarbeiter Luthers und leistete ihm erhebliche Dienste bei der Bibelübersetzung. Dazu übertrug er wichtige Schriften Luthers und Melanchthons ins Deutsche (u. a. De servo arbitrio, Loci communes, Apologia Confessionis Augustanae). Seine juristischen Kenntnisse kamen der Reformation zugute bei Kirchenvisitationen, bei der Abfassung von Kirchenordnungen (Zerbst, Herzogtum Sachsen und Halle) und im Wittenberger Konsistorium. Später führte er die Reformation in Halle durch, wo er 1541 Prediger und 1544 Superintendent wurde. Er begleitete 1546 Luther auf seiner letzten Reise, stand ihm in der Todesstunde bei und hielt ihm in Eisleben die Leichenpredigt.

Johannes *Bugenhagen* (1485—1558) stammte aus Wollin in Pommern, weshalb er den Beinamen Pomeranus erhielt. Er war seit 1504 Schulrektor in Treptow, wurde 1509 ohne theologisches Studium zum Priester geweiht und 1517 Lektor der Heiligen Schrift und Patrologie an der Klosterschule in Belbuck. Hier lernte er Schriften Luthers kennen, war zunächst entsetzt über die Radikalität von „De captivitate Babylonica", wurde aber gerade durch diese Schrift gewonnen. Das führte ihn 1521 zum theologischen Studium nach Wittenberg. Hier hielt er bald biblische Vorlesungen, wurde aber erst 1533 Dr. theol. und 1535 zum Professor ernannt. Der Rat der Stadt wählte ihn 1523 unter Nichtachtung des Besetzungsrechtes des Kapitels zum Pfarrer der Stadtkirche, und Luther proklamierte seine Wahl von der Kanzel. Im Jahre vorher hatte Bugenhagen geheiratet. Er schuf sozusagen den Typ des deutschen lutherischen Pfarrhauses und betonte dessen Segen nachdrücklich in der Schrift: „De coniugio episcoporum et diaconorum" (1525). Als begabter Seelsorger mehr „Pastor" als Professor, hatte er Luther die größere Volksnähe voraus. Er bewies auch mehr praktischen Sinn und teilte nicht dessen Gleichgültigkeit gegenüber den äußeren Formen. In Wittenberg stand er noch mehr als Melanchthon im Schatten Luthers. Seine Bedeutung wurde sichtbarer als Wegbereiter der Reformation in Norddeutschland, wo er in zahlreichen Kirchenordnungen die Grundlage des dortigen Kirchenwesens schuf. Über die langjährige Zusammenarbeit und Freundschaft hinaus war er Luther als Seelsorger und Beichtvater (WA 30 III, 530; Tr III Nr. 368, 5) zutiefst verbunden. Er hat ihn 1525 getraut, ihm bei seinen Krankheiten, Anfechtungen und Depressionen beigestanden und ihm 1546 die Grabrede gehalten.

Georg *Burckhardt* aus Spalt bei Nürnberg, deshalb seit 1502 *Spalatin* (1484—1545) genannt, studierte in Erfurt die freien Künste und kam hier in den Bann des Humanistenkreises. Mit seinem Lehrer Nikolaus Marschalk zog er im Oktober 1502 an die neugegründete Universität Wittenberg und wurde dort im Februar 1503 Magister artium. Als Fachstudium ergriff er das der Rechte. Er wechselte aber schon 1504 nach Erfurt über, wo Mutianus Rufus in Gotha bestimmend für sein Leben wurde. Ohne sein juristisches Studium abzuschließen, übernahm er im Herbst 1505 die Stelle eines Novizenlehrers im Zisterzienserkloster Georgental unweit von Gotha. Die Hinwendung zur geistlichen Laufbahn geschah wohl vorwiegend aus Gründen der wirtschaftlichen Sicherstellung. Schon 1507 übernahm er ohne eigentliches Theologiestudium die Pfarrei Hohenkirchen und ließ sich 1508 die Priesterweihe geben. Ende dieses Jahres wurde er als Prinzenerzieher nach Torgau an den Hof des Kurfürsten Friedrichs des Weisen berufen. Seit 1511 wirkte er als Mentor von dessen Neffen in Wittenberg und übernahm hier die Leitung der Bibliothek. Daneben arbeitete er an einer Sächsischen Chronik und einer Geschichte seiner Zeit. Mit Luther trat Spalatin zuerst 1513/14 anläßlich des Reuchlinstreites in Verbindung. Danach entspann sich ein Freundschaftsverhältnis, das in persönlichem Verkehr und in einem lebhaften Briefwechsel — mehr als 400 Lutherbriefe an Spalatin sind uns überliefert — seinen Ausdruck fand[1] und 1521 mit dem reformatorischen Wirken Luthers seinen Höhepunkt erreichte. Die Folge der Begegnung mit Luther war ein zunehmendes Interesse des Humanisten an theologischen Problemen. Im September 1516 trat Spalatin mit der Berufung in die Kanzlei des Kurfürsten in den unmittelbaren Hofdienst. Er hatte sich vor allem mit den Angelegenheiten der Universität und des Kirchenwesens zu befassen. Mit Luther und bald auch mit Melanchthon betrieb er seit 1517/18 die Reform der Studien im Sinne des Humanismus bzw. der Pflege der biblischen Sprachen. Als Geheimsekretär, geistlicher Berater und später als Hofprediger erreichte Spalatin eine starke Vertrauensstellung beim Kurfürsten. Dies kam Luther in den kritischen Jahren 1518—22 sehr zugute. Friedrich der Weise hat den Reformator nicht persönlich gekannt, jedenfalls nie gesprochen und aus taktischen Gründen den Umgang mit ihm vermieden. Spalatin war der Mittelsmann. Mit seinem Blick für das politisch Tragbare und Mögliche wirkte er mäßigend auf Luther ein. Vor allem wußte er, was dem im Grunde vorsichtigen und dem mittelalterlichen Kirchentum verbundenen Landesherrn zuzumuten war und wie man ihm die strittigen Ansichten und Handlungen Luthers beizubringen hatte. Wenn er ihn auch nicht für dessen Ansichten über Ablaß und Reliquien gewinnen konnte, so erreichte er doch die Zusicherung, daß der Wittenberger Professor des kurfürstlichen Schutzes gewiß sein konnte. Für das Schicksal Luthers und der Reformation war das entscheidend. Die Bedeutung des Einflusses Spalatins auf den Landesherrn Luthers hatte die Kurie erkannt, wenn sie ihm im Februar 1518 weitgehende Beichtvollmachten gewährte und das Recht verlieh, die mit dem Besuch der sieben Kirchen Roms verbundenen Ablässe für entsprechende Andachts-

[1] Wie fasziniert Spalatin von Luther war, geht aus einem Brief von Joh. Lang an Mutian vom 2. 5. 1515 hervor: „Eum (d. h. Luther) ipsum ut Apollinem Spalatinus noster veneraturque et consulit" (*K. Gillert,* Der Briefwechsel des Conradus Mutianus [Halle 1890] Nr. 490; vgl. *I. Höss,* Spalatin 79).

übungen in der Schloßkirche zu erteilen[2]. In Rom konnte man noch nicht ermessen, wie stark Spalatin für Luther eingenommen war. Er bewarb sich ja noch 1521 um kirchliche Pfründen und war bemüht, seinen Verpflichtungen als Priester und Beichtvater des Kurfürsten gewissenhaft nachzukommen. Seiner zurückhaltenden Humanistenart entsprechend hat er die Konsequenz der Trennung von der alten Kirche erst sehr viel später gezogen als Luther. Anderseits spürte der vielfach verwegen kämpferische und ohne Rücksicht seine Sache betreibende Reformator, wie nötig er den im diplomatischen Geschäft erfahrenen Freund hatte. Nach Erhalt der päpstlichen Zitation schrieb er ihm am 8. August 1518: „Ich brauche Eure Hilfe jetzt aufs nötigste, mein Spalatin" (WA Br 1, 188). Das hinderte Luther aber nicht, in den kommenden Jahren immer wieder durch scharfe Äußerungen und Schriften die diplomatischen Aktionen des vorsichtigen Höflings zu stören und ihren Erfolg in Frage zu stellen. Trotzdem gelang es Spalatin, Luther stets wirksamen Schutz zu bieten. Der Kurfürst brauchte sich ja nicht offen zu seinem Wittenberger Professor zu bekennen, wenn er nur dessen Angelegenheit dilatorisch behandelte.

Spalatin verkörperte eine Verbindung von humanistischer Bildung und reformatorischem Christentum. Entsprechend war er lange um eine Vermittlung zwischen Luther und Erasmus bemüht. Nach dem Tode Friedrichs des Weisen übernahm er 1525 die Pfarrei Altenburg und gründete hier einen Hausstand. Er leistete aber dem kursächsischen Hof auch weiter seine Dienste in den Religionsverhandlungen, so auf dem Reichstag zu Speyer (1526), zu Augsburg (1530) und bei den Ausgleichsverhandlungen in Schweinfurt und Nürnberg 1532. Er wurde 1527 vom Kurfürsten Johann in die Visitationskommission berufen und bekam damit hervorragenden Anteil an der Organisation des landesherrlichen Kirchenregimentes. Die letzten Jahre der Stille seit 1540 galten historischen Studien und seiner Gemeinde Altenburg. Dort starb er am 16. Januar 1545.

Der bedeutendste der Männer in der Umgebung Luthers war Philipp *Melanchthon* (Schwartzert; 1497—1560). War für ihn die Begegnung mit dem Reformator die entscheidende Wende seines Lebens, so hat er auch seinerseits auf Luther und vor allem auf den Weg der Reformation starken Einfluß genommen. Immer stand er dabei im Schatten des Größeren und Tatmächtigeren. Sein Verhältnis zu ihm hat sich bewegt zwischen inniger Freundschaft, tiefem Respekt vor der großen Leistung und Seufzen unter der „schändlichen Knechtschaft" (CR 6, 880) von Luthers reizbarer Unduldsamkeit. Bei allen Wechselfällen hat er bei ihm ausgeharrt; auch in ernsten Krisen und angesichts ehrenvoller Angebote konnte er sich nicht entschließen, Wittenberg zu verlassen und aus dem unmittelbaren Bannkreis des Reformators zu treten.

[2] WA Br 1, 161 f; *P. Kalkoff*, Zu Luthers römischem Prozeß (Gotha 1912) 74; Forschungen zu Luthers römischem Prozeß (Rom 1905) 46; *I. Höss*, Spalatin 127 f.

Melanchthon wurde am 16. Februar 1497 in Bretten in Baden geboren. Früh verlor er seinen Vater. Um so mehr nahm der Großonkel Johann Reuchlin Einfluß auf seinen Bildungsgang. Direkt oder über seine Schüler vermittelte er dem begabten Jungen die antiken Sprachen und führte ihn ein in die Welt eines christlich geprägten Platonismus. Nach dem Besuch der Lateinschule in Pforzheim (1508—10) und dem Erwerb des Baccalaureates der freien Künste an der Universität Heidelberg (1511) bezog Melanchthon 1512 die Universität Tübingen, wo er schon Januar 1514 zum Magister artium promoviert wurde. Der Großneffe des berühmten Hebraisten wurde bald selbst ein gefeierter Lehrer der klassischen Literatur und fast notwendig in den Reuchlinstreit hineingezogen. Reuchlin verwies ihn auch auf das Gebiet der Theologie, empfahl ihm die Schriften Johannes Gersons und des Wessel Gansfort und schenkte ihm ein Neues Testament, vielleicht die 1516 erschienene griechisch-lateinische Ausgabe des Erasmus. Schon früh schaute Melanchthon verehrend zu diesem als dem Meister sprachlicher Eleganz und humanistischer Bildung auf. Durch Ökolampad, dessen Freundschaft er in Tübingen gewann, trat er wahrscheinlich mit dem großen Humanisten in Verbindung. Über den Glanz des sprachlichen Stils hinaus wurde er für dessen ethisch geprägten Humanismus gewonnen. Erasmus hat ihm die Quellen christlicher Tradition, die Schriften der Kirchenväter und ihre Exegese der Heiligen Schrift erschlossen. Trotz mancher Achtungserfolge kam der junge Gelehrte in Tübingen nicht recht weiter. Von Reuchlin empfohlen und von ihm ermuntert, nahm er den Ruf als Professor für Griechisch und Hebräisch in Wittenberg an. In seiner Antrittsrede am 29. August 1518 „De corrigendis adulescentiae studiis" vertrat er einen bibelnahen Humanismus: „Wenn wir den Buchstaben erfassen, werden wir auch den Sinn der Dinge begreifen . . . Und wenn wir den Geist zu den Quellen lenken, werden wir beginnen, Christus zu verstehen, sein Gebot wird uns aufleuchten, und wir werden von dem seligen Nektar der göttlichen Weisheit durchdrungen werden."[3] Für diesen Humanismus, der über die Sprachen der Bibel ihren Gehalt erschließen wollte, war Luther zu gewinnen. Gemeinsam arbeitete er mit Melanchthon an der Reform der Studien. Bald waren sich beide in Freundschaft zugetan. Das um so mehr, als der junge Humanist sich schon 1518/19 zu Luthers reformatorischer Gedankenwelt bekannte und sich der Theologie zuwandte. In den Thesen anläßlich seiner Promotion zum Baccalaureus der Theologie (9. September 1519) geht er weiter im Angriff auf die Lehre der Kirche als bis dahin Luther selbst. Doktor der Theologie ist Melanchthon nie geworden, wie er auch nie die Predigtkanzel bestiegen hat. Es genügte ihm, als Baccalaureus theologische Vorlesungen halten zu können, ohne volles Mitglied dieser Fakultät zu werden. Mit großer Hingabe widmete er sich exegetischen Vorlesungen. Allein aus den Jah-

[3] CR 11, 23; Studienausgabe III 40.

ren 1518—22 wissen wir von 13, davon drei über den Römerbrief[4]. Diesen hält er mit dem Psalter für die hervorragendste Schrift der Bibel, die zum Verständnis der anderen Bücher anleiten könne[5]. Seiner Begeisterung für die neue Theologie im Zeichen des hl. Paulus gab er beredten Ausdruck in seiner Festrede am 25. Januar 1520 „In divi Pauli Doctrinam". Selbst in die Polemik ließ der eher für die Gelehrtenstube geschaffene Humanist sich ein. Schon im Anschluß an die Leipziger Disputation, zu der er Luther begleitet hatte, kam es zu einer scharfen literarischen Fehde mit Johannes Eck. Gegen den Dominikaner Thomas Rodinus und gegen die Theologen der Sorbonne wenden sich größere Kampfschriften des Jahres 1521.

Den wertvollsten Dienst leistete Melanchthon der jungen reformatorischen Bewegung mit dem Werk, das er während Luthers Wartburgaufenthalt schrieb, den „*Loci communes* rerum theologicarum seu hypotyposes theologicae" (1521). Unter Benutzung seiner im Zusammenhang mit der Römerbriefvorlesung von 1519 entstandenen „Theologica institutio in epistolam Pauli ad Romanos" (CR 21, 49—60) und der „Rerum theologicarum capita seu loci" (CR 21, 11—48), einer Auseinandersetzung mit der scholastischen Sentenzenauslegung, und gemäß der in diesen Schriften aus der Anwendung der Regeln antiker Rhetorik auf die Heilige Schrift entwickelten Methode gibt Melanchthon die tragenden Grundbegriffe bzw. die großen inhaltlichen Gesichtspunkte an, nach denen sich die Offenbarungswahrheiten *anordnen* lassen. Durch dieses Werk ist Melanchthon zum Theologen der Reformation geworden; doch die Kennzeichnung der Loci als „erste evangelische Dogmatik" trifft für die Ausgabe von 1521 nur hinsichtlich der systematischen Darstellung zu. Es fehlt die von einer Dogmatik erwartete Vollständigkeit. Die Lehre von der Trinität und Inkarnation ist ausgeklammert; es wird nur die Soteriologie und Ethik geboten. Melanchthon geht es darum, von theologischen Leitbegriffen her wie Sünde, Gesetz, Gnade und Evangelium, die er aus dem Studium des Römerbriefes gewonnen hat, die gesamte Heilige Schrift zu erfassen, einheitlich zu deuten und ihren heilsgeschichtlichen Zusammenhang aufzuweisen. „Das Gesetz zeigt die Sünde, das Evangelium die Gnade. Das Gesetz zeigt die Krankheit an, das Evangelium das Heilmittel" (CR 21, 139). Mit den Loci will Melanchthon der studierenden Jugend zum richtigen Verständnis der Heiligen Schrift verhelfen und sie zum Bibelstudium anregen. Sie sollen Wegzeichen oder Leitsterne für „den durch die göttlichen Bücher Irrenden" sein und in einer Skizze (Hypotyposis = Entwurf) die Grundlinien der Heiligen Schrift herausarbeiten. Die studierende Jugend soll durch wenige Begriffe darauf gestoßen werden, „woran die Summe der christlichen Lehre hängt" (CR 21, 82).

Ohne seinen Humanismus prinzipieller Kritik zu unterziehen, ja ohne sich

[4] Studienausgabe IV 10 f.

[5] WA 5, 24 f. Nach der Vorrede der lateinischen Textausgabe des Römerbriefes (Wittenberg 1520) ist dieser „rerum theologicarum et summam et methodum continens".

über den Unterschied zwischen Humanismus und Reformation ganz klar geworden zu sein (W. Maurer), übernimmt Melanchthon radikale Thesen lutherischer Anthropologie wie die Unfähigkeit zu natürlicher Gotteserkenntnis und die Unfreiheit des Willens, sieht er das Gesetz nur als tötendes Gesetz im Kontrast zum Evangelium und hält er nur eine Glaubensethik für möglich. Doch schon durch die Wittenberger Unruhen 1521/22 geriet Melanchthon in eine schwere Krise. Er sah sich gezwungen, seine theologischen Auffassungen zu überprüfen und sich wieder stärker auf die naturrechtlichen Traditionen des Mittelalters und des Humanismus zu besinnen. In den Neuauflagen der „Loci“ ab 1522 ist wieder einer philosophischen Ethik die Tür geöffnet. Die gefallene Natur kann die Lex naturae erkennen, und der freie Wille reicht zu ihrer äußeren Erfüllung. Damit kann der ungläubige, fleischliche Mensch Tugenden hervorbringen, die zwar nicht zur Gerechtigkeit des Herzens führen, aber eine bürgerliche Gerechtigkeit (iustitia civilis) ermöglichen. Nun sind auch die kirchlichen Zeremonien und die Verordnungen der Obrigkeit „gute Schöpfungen Gottes“, und ihre Mißachtung ist Sünde. War Melanchthon bis dahin geneigt, alles, Geistliches und Weltliches, ausschließlich an der Bibel auszurichten, dann beginnt er jetzt von einer doppelten Gerechtigkeit zu sprechen, von einer „Gerechtigkeit des Geistes“ und einer „bürgerlichen Gerechtigkeit“. Die Normen für diese natürliche Ethik vermitteln die Vernunft und die Tradition. Damit kam es bei Melanchthon zu einer Neubelebung der antiken Moralphilosophie, ja zu einer Art protestantisch-humanistischem Neuaristotelismus. Diese Verbindung von Humanismus und Reformation wird bis heute sehr unterschiedlich bewertet. Das Urteil bewegt sich zwischen dem Vorwurf, Melanchthon habe Luthers Rechtfertigungslehre „heillos verstümmelt“ (Emanuel Hirsch), und der Überzeugung, daß er sie bewahrt habe. Dazwischen stehen Stimmen, die von einer Synthese [6] oder von einem Neben- und Miteinander [7] von Humanismus und Reformation bei Melanchthon, von den Gefahren und zugleich vom Segen und der Fruchtbarkeit dieser Verbindung sprechen. Jedenfalls ist es ihm zu verdanken, daß die Reformation nicht gegen, sondern mit der Bildung der Zeit ging, und Melanchthon war es, der in der Folgezeit weitgehend Bekenntnis, Kirchentum, Theologie und Pädagogik des Luthertums prägte.

[6] *H. Bornkamm,* Melanchthons Menschenbild, in: Philipp Melanchthon. Forschungsbeiträge (Göttingen 1961) 76—90, bes. S. 90.

[7] *W. H. Neuser,* Der Ansatz der Theologie Philipp Melanchthons (Neukirchen 1957) 135.

9. Kapitel

Der Pontifikat Hadrians VI.

QUELLEN: *L.-P. Gachard,* Correspondance de Charles-Quint et d'Adrien VI (Brüssel 1859); *H. J. Reusens,* Syntagma doctrinae theologicae Adriani Sexti (Löwen 1862); *A. Mercati,* Dall'Archivio Vaticano II: Diarii di concistori del pontificato di Adriano VI (SteT 157) Rom 1951.

LITERATUR: *C. v. Höfler,* Papst Adrian VI. (Wien 1880); *M. v. Domarus,* Die Quellen zur Geschichte des Papstes Hadrian: HJ 16 (1895) 70—91; *P. Kalkoff,* Kleine Beiträge zur Gesch. Adrians VI.: HJ 39 (1918/19) 31—72; *L. v. Pastor,* Gesch. der Päpste IV, 2 S. 3 bis 157; *E. Rodocanachi,* Les pontificats d'Adrien VI et de Clément VII (Paris 1933); *E. Hocks,* Der letzte dt. Papst (Freiburg 1939); *E. Göller,* Hadrian VI. und der Ämterkauf an der päpstl. Kurie: Abhh. aus dem Gebiete der mittleren und neueren Gesch.: Festgabe H. Finke (Münster 1925) 375—407; *H. W. Bachmann,* Kuriale Reformbestrebungen unter Adrian VI. (Diss. masch. Erlangen 1948); *E. van Eyl,* Keizer Karel V en de pauskeuze van Adriaan VI: SE 1 (1948) 277—298; *P. Brachim,* Adrian VI et la devotio moderna: Études Germaniques 14 (1959) 97—105; EThL 35 (1959) 313—629 (Lit.); *J. Posner,* Der dt. Papst Adrian VI. (Recklinghausen 1962); *P. Berglar,* Verhängnis und Verheißung (Bonn o. J.).

Trotz des Edikts von Worms konnte die Reformation sich ohne Widerstand ausbreiten. Die deutschen Bischöfe ergriffen keine Initiativen, und der Papst war seiner Art nach nicht geneigt und fähig, über die Verurteilung der Lehren Luthers hinaus wirksame Maßnahmen der Reform einzuleiten. Der Kaiser sollte neun Jahre lang durch die Kriege mit Frankreich und die Notwendigkeit, seine Herrschaft in Spanien zu sichern, von Deutschland ferngehalten sein. Dazu war er in dem Zweifrontenkrieg gegen Frankreich und die Türken auf die Hilfe der Fürsten angewiesen, gegen die er bei der Durchführung des Wormser Ediktes hätte vorgehen müssen. Das Verhältnis Karls V. zu Leo X. war wegen der Frankreichpolitik des Papstes und seiner Stellungnahme in der Kaiserwahl schwer belastet. Doch hatte sich inzwischen gezeigt, daß Frankreich für die Interessen des Hauses Medici und für den Kirchenstaat keine wirksame Hilfe, sondern eher eine Bedrohung war, während das spanische Neapel Schutz zu bieten vermochte gegen die Bedrohung der Küsten durch die Mohammedaner. Ja, wenn es dem Papst ernst war mit seiner Sorge hinsichtlich der Türkengefahr, dann war sein Platz an der Seite des Kaisers und nicht des „allerchristlichsten" Königs, der mit den Türken konspirierte. Wer anders als der Kaiser sollte schließlich die von Aleander so bedrohlich geschilderte lutherische Bewegung in Deutschland bezwingen. Karl V. zeigte sich dazu entgegenkommend. So neigte Leo X. wieder mehr der kaiserlichen Seite zu. Noch im Mai 1521 kam es zu einem Bündnis mit dem Ziel, die Herrschaft der Sforza in Mailand wiederherzustellen und Genua den Franzosen zu entreißen. Der Kaiser versprach Hilfe gegen die Feinde des katholischen Glaubens, und ihm wurde die Krönung in Italien nebst Hilfe gegen Venedig zugesagt. Die italienischen Verhältnisse waren also bestimmend und der Papst vor allem als Haupt des Hauses Medici und Fürst des Kirchenstaates im Spiel.

Das Bündnis führte zum Erfolg. Auf einen Aufstand der Mailänder gegen die Franzosen hin konnten päpstliche und kaiserliche Truppen die Stadt am 19. November 1521 besetzen und Francesco II. Sforza die Herrschaft antreten.

Doch bald darauf, am 1. Dezember, erlag der Papst einem Malariaanfall. Das bedeutete einen schweren Rückschlag in der politischen Lage Italiens, der die bisherigen Erfolge gegenüber Frankreich in Frage stellte.

Der Pontifikatswechsel schien jedoch besonders günstige Verhältnisse für das Zusammenwirken von Kaiser und Papst zu bringen. Das Konklave, an dem 39 Kardinäle, darunter nur drei Nichtitaliener, teilnahmen, war schwierig. Die Kardinäle, in der Mehrzahl verweltlicht und untereinander verfeindet, boten ein Abbild der damaligen Kirche und christlichen Welt. Dann wurde doch am 9. Januar 1522 überraschend der abwesende Kardinal Hadrian[1] von Utrecht, Bischof von Tortosa in Spanien, gewählt. Die Römer waren enttäuscht und empört über die Wahl des unbekannten „Barbaren".

Dieser Niederländer war als Kind eines Schreiners 1459 in Utrecht geboren. Im Geiste der Devotio moderna in der Liebe zur Tugend und zur Wissenschaft erzogen, bezog er 1476 die Universität in Löwen. Hier brachte er es zum angesehenen Professor und zum Dechant von St. Peter. Sein Kommentar zum vierten Buch der Sentenzen und seine 12 Quodlibeta erweisen ihn als einen stark für kanonistische und moral-kasuistische Fragen interessierten Spätscholastiker. Kaiser Maximilian berief ihn 1507 zum Erzieher seines Enkels, des damals siebenjährigen Erzherzogs Karl. So kam Hadrian in den Rat Margaretes, der Regentin der Niederlande, und wurde 1515 nach Spanien entsandt, um dort Karl die Erbfolge zu sichern. Ferdinand der Katholische machte sein Testament von 1512, das Ferdinand, dem jüngeren, in Spanien erzogenen und dort beliebteren Bruder Karls, die Herrschaft zugesprochen hatte, rückgängig. Nach seinem Tode (1516) führte Hadrian an der Seite des großen Humanisten, des Kardinals Ximenes, die Regentschaft für Karl, bis dieser 1517 die Herrschaft in Spanien übernahm. Inzwischen war Hadrian Bischof von Tortosa (1516) und Inquisitor für Aragonien und Navarra geworden; später noch Inquisitor für Kastilien und León und am 1. Juli 1517 Kardinal. König Karl, zu dessen Räten Hadrian zählte, vermochte die Spanier nicht für sich zu gewinnen. Sie klagten über den Hochmut der Burgunder und die Habsucht der Fremden; um so mehr pochten sie auf ihre Freiheit. So überließ Karl, als er 1520 nach Deutschland ging, dem Kardinal als seinem Statthalter eine schwierige Aufgabe, der dieser sich nicht gewachsen zeigte. Es kam zu offenem Aufruhr in Kastilien. Nur mittels zweier Mitregenten spanischen Blutes vermochte Hadrian den Aufstand zu bezwingen.

[1] Er schrieb sich selbst „Adrian".

Die Nachricht von seiner Wahl zum Papst erreichte ihn am 22. Januar in Vitoria, wo er militärische Maßnahmen zur Verteidigung Navarras gegen Frankreich einleitete.

In einer feierlichen Erklärung vom 8. März 1522 nahm Hadrian VI. die Wahl an. Er betont darin sein Vertrauen auf Christus, „der ihm Unwürdigen die Kraft verleihen werde, die Christenheit gegen die Angriffe des Bösen zu schützen und die Irrenden und Getäuschten nach dem Beispiel des guten Hirten zur Einheit der Kirche zurückzuführen“ [2]. Zur Reise nach Rom wählte der Papst den Seeweg, um damit seine Unabhängigkeit von Frankreich wie vom Reich zu dokumentieren. Die Abreise zog sich hin. Erst am 5. August stach er von Tarragona aus in See. Am 28. August traf er in Ostia und tags darauf in Rom ein.

Inzwischen war Belgrad von dem Sultan Suleiman erobert worden, lag Ungarn für die türkische Invasion schutzlos offen, und wurde gleichzeitig Rhodos, die letzte Bastion im Mittelmeer, von einer großen Übermacht belagert. Die ihm damit gestellten Aufgaben konnte der Papst nur meistern, wenn es ihm gelang, die politische und religiöse Einheit der Christenheit herzustellen. Dazu war eine Reform der Kirche notwendig, die bei der Kurie zu beginnen hatte. Nur so konnte die Kirche das Vertrauen wiedergewinnen als Voraussetzung für ihre Funktion als Ordnungsmacht im Abendland. Für die Römer war Hadrian ein Barbar. Bei der Ankunft des Papstes herrschte in der Ewigen Stadt die Pest. Die Krönung fand am 31. August in St. Peter in betont einfacher Form statt. In seiner Rede im Konsistorium am 1. September bat Hadrian um die Hilfe der Kardinäle zu seinem doppelten Anliegen: die Einigung der christlichen Fürsten zur Bekämpfung der Türken und die Reform der Kurie [3]. Das Übel habe ein solches Ausmaß erreicht, daß, wie der hl. Bernhard sage, die mit Sünden Bedeckten den Gestank der Laster gar nicht mehr wahrnähmen. Die Kardinäle sollten dem übrigen Klerus mit gutem Beispiel vorangehen.

Wirkte die aszetische Strenge des Papstes und seine Frömmigkeit — die tägliche Meßfeier zum Beispiel war ungewöhnlich — auf viele schon befremdend, dann war es für die meisten noch unerfreulicher, daß er so sparsam mit Gunsterweisen umging. Im Konsistorium vom 26. März 1523 bat der Kardinal von Santa Croce um die Bestätigung der von Leo X. gewährten Indulte und Privilegien. Als er bei dieser Gelegenheit an die unerhörte Gefälligkeit der Kardinäle erinnerte, mit der sie ihn zum Gipfel des Papsttums berufen hätten, gab Hadrian zur Antwort: Zu Martern und Kerkerhaft hätten sie ihn gerufen. Er habe eine erschöpfte, arme Kirche vorgefunden, deshalb schulde er ihnen recht wenig; sie seien vielmehr seine Henker gewesen [4]. Der trockene niederländische Gelehrte hatte kein Verständnis für italienische

[2] *Pastor,* Papstgesch. IV, 2 S. 35.
[3] *A. Mercati,* Diarii 88 mit Anm. 47.
[4] Ebd. 95.

Lebensart und die Herrlichkeit der Renaissancekunst. Als er daranging, die überflüssigen Ämter abzuschaffen und den Nutznießern des verschwenderischen Lebensstils Leos X. die Tür zu weisen, steigerten sich Befremden und Abneigung in weiten Kreisen zu erbittertem Haß. Seine Vorgänger hatten Hadrian Schulden und leere Kassen hinterlassen. Dazu galt es, Wertsachen und Kunstwerke, u. a. die Gobelins nach den Kartons von Raffael, die man nach dem Tode Leos X. hatte verpfänden müssen, einzulösen. Drastische Sparmaßnahmen waren also notwendig, erst recht, wenn der Papst im Rahmen der Kirchenreform auf die überhöhten Gebühren verzichten wollte, die in der Welt so viel böses Blut erzeugten. Seine Sparsamkeit brachte ihn in den Ruf eines Geizhalses. Das verziehen ihm die Römer viel weniger als seinem Vorgänger die Verschwendung.

Zu all dem war Hadrians Wirken zunächst behindert durch die im Herbst stärker auftretende Pest, der am 1. Oktober der Schweizer Kardinal Schinner, einer der wenigen reformwilligen Mitarbeiter Hadrians, zum Opfer fiel. Gegen alle Warnung hielt der Papst in Rom aus, während die Kardinäle und die meisten Beamten das Weite suchten. Erst Ende des Jahres 1522 konnte die Kurie wieder geregelt arbeiten. Bei der Durchführung der Reform fehlten die Mitarbeiter. Die wenigen Niederländer und Spanier, denen er vertraute, taten sich noch schwerer in dem ihnen unbekannten Milieu und riefen durch Ungeschicklichkeiten noch mehr Widerstand hervor. Enttäuschungen nährten das Mißtrauen des Papstes gegenüber seiner Umgebung. Das ließ ihn noch einsamer werden und bestimmte ihn, vieles selbst zu machen. Bei der ohnehin schwerfälligen und pedantischen Art des Nordländers führte das alles zu immer lauteren Klagen über den langsamen Gang der Geschäfte. „Ein Fremder, umgeben von fremden Vertrauten, konnte sich der niederländische Papst in der neuen Welt, die ihm in Rom entgegentrat, nicht zurechtfinden“ (Pastor).

Je langsamer die Kurienreform vonstatten ging, um so schwieriger wurde die Stellung des Papstes in Deutschland. Er sah sich genötigt, auf dem Reichstag zu Nürnberg 1522/23 die Stände um Geduld zu bitten. Während der Abwesenheit Karls V. war die Religionsfrage dem Reichsregiment überlassen. Dieses trat am 1. Oktober 1521 in Nürnberg zusammen. Es bestand aus 23 Vertretern der verschiedenen Stände des Reiches. Ein Kurfürst sowie zwei weitere Fürsten, ein weltlicher und ein geistlicher, sollten in vierteljährlichem Wechsel persönlich dort Dienst tun. Bei dieser organisatorischen Schwäche waren zielbewußtes Handeln und Kontinuität nur schwer möglich. Trotz dieser ungünstigen Bedingungen hat das Reichsregiment manches Nützliche geschaffen, war vor allem bestrebt, die divergierenden Interessen am „gemeinen Nutzen“ auszurichten. Das Bemühen, die Strafgerichtsbarkeit zu koordinieren, schuf die Grundlagen für die „Carolina“ (1532). Zur Sicherung gegen die Türken galt es, dem Reich dauernde Einnahmen zu schaffen durch einen Reichszoll, durch Einbehaltung der Annaten und durch eine Verbesserung des „Gemeinen Pfennigs“, einer 1495 eingerichteten Reichssteuer.

Die Tumulte in Sachsen und die Eroberung Belgrads durch die Türken erwiesen gebieterisch die Notwendigkeit, das Reich zu einen und durch Reform die religiöse Unruhe zu bannen. Dazu wollte Hadrian VI. seine Hand bieten: Er entsandte auf den zum 1. September 1522 nach Nürnberg einberufenen, aber erst am 17. November zusammengetretenen Reichstag seinen Legaten Francesco Chieregati. Dieser überbrachte das Einverständnis des Papstes, die Annaten und Palliengelder künftig in Deutschland zurückzubehalten und für den Türkenkrieg zu verwenden; er forderte aber auch nachdrücklich die deutsche Hilfeleistung für das bedrohte Ungarn[5]. Erst am 10. Dezember nahm der Legat Bezug auf die religiösen Verhältnisse in Deutschland: Die Irrlehre Luthers sei bedrohlicher als die Türkengefahr, und der Papst fordere die Durchführung des Ediktes von Worms[6]. Die Stände gaben hinhaltenden Bescheid und zeigten wenig Neigung, sich mit dieser heiklen Frage zu beschäftigen. Erst der am 23. Dezember eingetroffene Kurfürst Joachim von Brandenburg betrieb sie, unterstützt von Erzherzog Ferdinand und dem Erzbischof von Salzburg, energisch. Am 3. Januar 1523 verlas der päpstliche Legat ihm nachgesandte Schriftstücke, ein Breve und eine Instruktion, in denen der Papst die angesichts der Türkengefahr von Luther angestiftete religiöse Gefahr beklagt. Schlimmer noch als dessen Irrlehre sei die Tatsache, daß er trotz der päpstlichen Verurteilung und des kaiserlichen Ediktes unter den Fürsten Förderer und Anhänger gefunden habe. Dem Papst erscheine es unglaublich, daß eine „so fromme Nation sich durch ein Mönchlein (fraterculum), das vom katholischen Glauben abgefallen sei, ... sich von dem Wege abbringen lasse, den der Heiland und seine Apostel gewiesen hätten, ... gleichsam als ob Luther allein weise sei und ... den Heiligen Geist habe, die Kirche dagegen ... im Dunkel der Torheit und auf dem Irrweg des Verderbens gewandelt wäre, bis Luthers neues Licht sie erleuchtet hätte“[7].

Ähnlich argumentiert der Papst in der Instruktion. Doch hier beklagt und verurteilt er nicht nur den Irrtum und die Spaltung der Kirche durch die lutherische Bewegung, sondern er deckt die tieferen Ursachen auf und bekennt in unerhörtem Freimut die Schuld der Kurie und der Kirche. Gleichzeitig bittet er um Geduld, da so tief eingewurzelte Mißbräuche sich nicht mit einem Schlage abstellen lassen: „Du sollst auch sagen, daß wir es aufrichtig bekennen, daß Gott diese Verfolgung seiner Kirche geschehen läßt wegen der Sünden der Menschen, besonders der der Priester und der Prälaten ... Die Heilige Schrift verkündet laut, daß die Sünden des Volkes in den Sünden der Geistlichkeit ihren Ursprung haben ... Wir wissen wohl, daß auch bei diesem Heiligen Stuhl schon seit manchem Jahr viel Verabscheu-

[5] RA III Nr. 54. [6] RA III Nr. 73. [7] RA III Nr. 75, S. 401 f.

ungswürdiges vorgekommen: Mißbräuche in geistlichen Dingen, Übertretungen der Gebote, ja, daß alles sich zum Ärgeren verkehrt hat. So ist es nicht zu verwundern, daß die Krankheit sich vom Haupt auf die Glieder, von den Päpsten auf die Prälaten verpflanzt hat. Wir alle, Prälaten und Geistliche, sind vom Wege des Rechtes abgewichen, und es gab schon lange keinen einzigen, der Gutes tat (Ps 13 [14], 3). Deshalb müssen wir alle Gott die Ehre geben und uns vor ihm demütigen; ein jeder von uns soll betrachten, weshalb er gefallen, und sich lieber selbst richten, als daß er von Gott am Tage seines Zornes gerichtet werde. Deshalb sollst du in unserem Namen versprechen, daß wir allen Fleiß anwenden wollen, damit zuerst der Römische Hof, von welchem vielleicht all diese Übel ihren Anfang genommen, gebessert werde; dann wird, wie von hier die Krankheit ausgegangen ist, auch von hier die Gesundung und Erneuerung beginnen. Solches zu vollziehen, halten wir uns um so mehr verpflichtet, weil die ganze Welt eine solche Reform begehrt ... Doch soll sich niemand wundern, daß wir nicht mit einem Schlage alle Mißbräuche beseitigen. Denn die Krankheit ist tief eingewurzelt und vielgestaltig. Es muß daher Schritt für Schritt vorgegangen und zuerst den schwersten und gefährlichsten Übeln durch rechte Arzneien begegnet werden, um nicht durch eine übereilte Reform alle Dinge noch mehr zu verwirren. Denn mit Recht sagt Aristoteles, daß jede plötzliche Veränderung eines Gemeinwesens gefährlich ist." [8]

Dieses Schuldbekenntnis des Papstes, das wir in erster Linie als religiösen Akt und als Voraussetzung der innerkirchlichen Reform an der Kurie anzusehen haben, und der Appell an die Stände hatten keine entscheidende unmittelbare Wirkung. Der kursächsische Rat Hans von der Planitz verstand es, die Entscheidung durch Überweisung an einen Ausschuß zu verschleppen und gleichzeitig die Aufmerksamkeit auf das Schicksal von vier lutherischen Predigern in Nürnberg zu lenken, deren Festsetzung Chieregati gefordert hatte. Schließlich antworteten am 5. Februar 1523 die Stände dem Nuntius: Ein Vorgehen gegen Luther würde schwerste Unruhen hervorrufen, wenn nicht zunächst die römische Kurie, von der ja zugegebenerweise die Verderbnis ausgegangen sei, reformiert und die Gravamina der deutschen Nation abgestellt würden. Der Papst solle im Einvernehmen mit dem Kaiser möglichst schnell, mindestens in Jahresfrist, ein freies christliches Konzil in eine deutsche Stadt berufen. Unterdessen solle der Kurfürst von Sachsen dafür sorgen, daß Luther und seine Anhänger nichts Neues schrieben und veröffentlichten. Die weltlichen und geistlichen Stände würden sich inzwischen für die Abstellung jeglicher aufrührerischen Predigt verbürgen und sich dafür einsetzen, daß nichts als das wahre, reine, echte und heilige Evangelium nach der bewährten Auslegung der Kirche und der heiligen Väter verkündet werde [9].

[8] RA III Nr. 74, S. 397 f.   [9] RA III Nr. 82.

Solche unklaren, hinhaltenden Formulierungen waren das Ergebnis eines Reichstages, auf dem die geistlichen Stände das Übergewicht hatten. War diesen die Verhandlung der Religionssache ohnehin lästig, dann sahen sie sich durch den Bußruf des Papstes nicht etwa zu Besinnung und tatkräftiger Buße veranlaßt, sondern fühlten sich vielmehr beleidigt und bloßgestellt.

Nicht weniger ungeistlich war die Reaktion von Luther und Melanchthon. Sie gaben damals das Pamphlet „Deutung der zwei gräulichen Figuren, Papstesels zu Rom und Mönchskalbs zu Freiberg in Meißen gefunden (1523)" (WA 11, 369—385) heraus. Luther hielt es nicht der Mühe wert, auf die guten Absichten Hadrians einzugehen. Der Papst ist für ihn „ein magister noster von Löwen; in derselben hohen Schule kröne man solche Esel"; aus dem Papst rede der Satan.

In seiner Sorge um die Kirche, in der ihn die Kurie allein ließ, sah der Papst sich nach auswärtiger Hilfe um. Im Dezember 1522 bat er seinen Landsmann Erasmus, den er von Löwen her kannte, seine Gelehrsamkeit und seine stilistische Begabung gegen die „neuen Häretiker" einzusetzen. Einen größeren Dienst könne er Gott, seinem Vaterland und der ganzen Christenheit nicht erweisen. Dazu lud er ihn zu sich nach Rom ein, wo er reichlich Bücher zur Verfügung habe und Gelegenheit zum Verkehr mit Gelehrten und frommen Männern gegeben sei[10]. Der Fürst der Humanisten hatte Hadrian zum Antritt der Regierung beglückwünscht und ihm seine Ausgabe der Psalmenerklärung des Arnobius gewidmet[11]. In einem zweiten Schreiben hatte er dem Papst seinen Rat angeboten[12]. Hadrian bat den Gelehrten, nach Rom zu kommen oder aber ihm möglichst schnell seine Vorschläge zugänglich zu machen. Es sollten die rechten Mittel gefunden werden, „um das grauenvolle Unheil, solange es noch heilbar ist, aus der Mitte unserer Nation hinwegzuräumen"[13]. Erasmus warnte vor Gewaltanwendung und riet, einen Kreis unbestechlicher, würdiger und von persönlicher Gehässigkeit freier Männer um sich zu sammeln. Sich selbst versagte er aber. Er entschuldigte sich mit seiner Kränklichkeit. In Basel könne er mehr wirken. Wenn er nach Rom gehe und damit offen Partei ergreife, verlören seine Schriften an Gewicht[14].

Anders als Erasmus war Johannes Eck bereit, sich für das Reformwerk des Papstes einzusetzen. Er erschien März 1523 in Rom, um die Interessen

[10] Brief vom 1. 12. 1522; *P. S. Allen,* Opus epistularum D. Erasmi V (Oxford 1924) 145 bis 150. Über Erasmus und Hadrian VI. vgl. *L. E. Halkin,* Adrien VI et la reforme de l'église: EThL 33 (1959) 534—542, 539 ff.

[11] Vgl. Vorrede zur Arnobiusausgabe vom 1. 8. 1522, *Allen* V 99 und Brief vom September 1522 an Hadrian, *Allen* V 121 f. Gleichzeitig schreibt Erasmus über den Papst an John Fisher: „Is qualis olim fuerit novi, qualis futurus sit in magistratu tanto nescio. Illud unum scio, totus est scholasticus, nec admodum aequus bonis litteris", *Allen* V 123.

[12] Brief vom 22. 12. 1522, *Allen* V 155 f.

[13] Brief vom 23. 1. 1523, *Allen* V 196 ff.

[14] Brief vom 22. 12. 1522, *Allen* V 155 f; vom 22. 3. 1523, *Allen* V 257—261.

der bayerischen Herzöge zu vertreten. Damit wußte er jedoch das Wohl der Kirche und der Christenheit zu verbinden. Denn die Stärkung der Kirchenhoheit der Herzöge von Bayern bedeutete eine Sicherung gegen die Unzuverlässigkeit des Episkopates. In seinen Denkschriften fordert Eck die Wiederbelebung des Synodalwesens. Dessen Erschlaffung sei schuld an den kirchlichen Mißständen und dem Abfall. Ein allgemeines Konzil sei doch so schnell nicht zu erreichen. Außerdem ist für Eck die Luthersache eine deutsche Angelegenheit. Eindringlich macht er darauf aufmerksam, daß eine bloße Bekämpfung des Irrtums nichts nütze ohne eine ernsthafte kirchliche Erneuerungsarbeit. In bezug auf die Reform in Rom fordert Eck vor allem die Einschränkung der Ablässe und die Aufhebung der Kommenden[15].

Die politische Situation in Italien hatte sich bis zum Einzug des Papstes in Rom gefestigt. Ein Gegenzug der Franzosen war am 27. April 1522 durch deutsche Landsknechte unter Jörg von Frundsberg abgewehrt und auch Genua ihnen entrissen worden. Karl V., überzeugt, daß Gott selbst die Wahl Hadrians gelenkt habe, schrieb dem Papst, in Eintracht würden sie die größten Dinge leisten. Selbstverständlich erwartete er den Beitritt Hadrians zur Liga gegen Franz I. Der Papst jedoch, ohnehin im Verdacht, ein Parteigänger seines früheren Schülers zu sein, mußte strikt seine Neutralität wahren, wenn seine Bemühung um den Frieden zwischen Europas Fürsten zur Abwehr der Türken von Erfolg gekrönt sein sollte. Dieses Bestreben, Karl V. und vor allem seinem taktlos zudringlichen Gesandten gegenüber die Unabhängigkeit zu wahren, führte zu einer zeitweiligen Entfremdung zwischen ihm und dem Kaiser, ohne daß das Vertrauen des französischen Königs gewonnen werden konnte.

Am 21. Dezember 1522 fiel Rhodos in die Hand der Türken. Die verstärkten Bemühungen des Papstes, die christlichen Fürsten zum Widerstand zu einigen oder wenigstens einen Waffenstillstand zu erreichen, hatten keinen Erfolg. Um so mehr suchte er, durch Zehnte und Steuern selbst Mittel für den Türkenkrieg aufzubringen. Dabei machte er in seiner Not Fürsten Zugeständnisse, die seinen eigenen Grundsätzen widersprachen. Die Mißhelligkeiten mit Karl V. und das wendigere Verhalten Franz' I. ermöglichten es dem alten Parteigänger Frankreichs, Kardinal Soderini, das Vertrauen des Papstes zu gewinnen und ihn in das Zwielicht der Parteilichkeit zu zerren. Gegen den Kaiser sollte in Sizilien ein Aufstand angezettelt werden. Diesen wollte Franz I. zum Einfall in Oberitalien ausnutzen. Soderini wurde gefangengesetzt, und Kardinal Giuliano Medici hatte fortan den bestimmenden Einfluß an der Kurie. Noch suchte der Papst auf Frieden hinzuwirken. Am 30. April 1523 sagte er einen Waffenstillstand auf drei Jahre für die ganze Christenheit an und sanktionierte ihn mit schwersten Kirchenstrafen. Ende Juli setzte er den Frieden Venedigs mit dem Kaiser durch. Dies und

[15] Acta reformationis catholicae, hrsg. von *G. Pfeilschifter*, I (Regensburg 1959) 109—150.

der Prozeß gegen Soderini ließen Franz I. sein wahres Gesicht zeigen. In einem sehr ausfälligen Brief drohte er dem Papst mit dem Schicksal Bonifaz' VIII.[16]. Er sperrte die Geldsendungen nach Rom und stellte Truppen für eine Invasion in die Lombardei bereit. Damit sah der Papst seine Friedensbemühungen gescheitert. Am 3. August 1523 trat er einem Schutzbündnis mit dem Kaiser, mit König Heinrich VIII. von England, mit Ferdinand von Österreich, mit Mailand, Florenz, Genua, Siena und Lucca bei. Unter der Last dieser Enttäuschungen brach Hadrian VI. zusammen. Am 14. September 1523 starb er nach einer Regierung von nicht ganz 13 Monaten. Diese kurze Zeit und die Ungunst der Verhältnisse ließen große Hoffnungen nicht in Erfüllung gehen. Um so mehr bewahrheitete sich das wehmütige Wort des Papstes, das man auf sein Grabmal in der deutschen Kirche in Rom schrieb: „Ach, wieviel hängt davon ab, in welche Zeit auch des besten Mannes Wirken fällt."

[16] *A. Mercati,* Diarii 107 f.

ZWEITER ABSCHNITT

Der Kampf um das Verständnis der Freiheit des Christenmenschen

Univ.-Professor Dr. Erwin Iserloh, Münster

10. Kapitel

Die Fehde der Reichsritterschaft

LITERATUR: Ritterschaft: *Schottenloher* 41521a—41534; *K. Schottenloher,* Flugschriften zur Ritterschaftsbewegung des Jahres 1523 (Münster 1929); *R. Fellner,* Die fränkische Ritterschaft von 1495—1524 (Berlin 1905); *G. Lotz,* Der fränkische Adel und dessen Einfluß auf die Verbreitung der Reformation: Zschr. für die gesamte luth. Theologie und Kirche 29 (1868) 465—486; *G. Knetsch,* Die landständische Verfassung und reichsritterschaftliche Bewegung im Kurstaate Trier, vornehmlich im 16. Jh. (Berlin 1909).

Sickingen und Trierer Fehde: *Schottenloher* 20010—20067; 49329—49339a; 58243—58254; *H. Ulmann,* F. v. S. (Leipzig 1872); *ders.:* ADB 34, 151—158; *E. Göller,* Sickingen u. seine Beziehungen zur Reformation: Bl. für Pfälz. KG 2 (1926) 36—46; *K. H. Rendenbach,* Die Fehde F. v. Sickingens gegen Trier (Berlin 1933); *G. Franz,* F. v. S.: Saarpfälz. Lebensbilder 1 (1938) 61—74; *E. Kilb,* F. v. S. (Metz 1943); *W. R. Hitchcock,* The Background of the Knight's Revolt 1522—1523 (Berkeley 1958).

Ulrich v. Hutten: *Schottenloher* 9157—9301; 47021—47043; 55286—55308; 65068 bis 65071; Werke, hrsg. von *E. Böcking,* 5 Bde u. 2 ErgBde (Leipzig 1859/70); Deutsche Schriften, hrsg. von *S. Szamatolski* (Straßburg 1891); *D. F. Strauß,* Ulrich v. Hutten (Leipzig 1858; Neuausgabe von *O. Clemen,* Leipzig [3]1938); *P. Kalkoff,* Ulrich v. Hutten und die Entscheidungsjahre der Reformation (Leipzig 1920); *F. Walser,* Die politische Entwicklung Huttens (München - Berlin 1928); *P. Held,* Hutten, seine geistige Auseinandersetzung mit Katholizismus, Humanismus und Reformation (Leipzig 1928); *H. Holborn,* Ulrich v. Hutten and the German Reformation (New Haven 1937); *H. Fechter,* Ulrich v. Hutten (Pähl 1954); *K. Kleinschmidt,* Ulrich von Hutten (Berlin 1955).

E. Bock, Der Schwäb. Bund u. seine Verfassungen 1488—1534 (Breslau 1927). G. Truchseß v. Waldburg: *Schottenloher* 21459—21463; 60985—60988; *F. Siebert,* Zwischen Kaiser und Papst (Berlin 1950).

Luthers Botschaft „An den christlichen Adel deutscher Nation von des christlichen Standes Besserung“ war nicht ungehört verhallt. Hatte der Reformator hier die Klagen der Humanisten und Reichsritter aufgegriffen und sich zum Sprecher nationaler Selbstbehauptung gegen „das schändliche teuflische Regiment der Römer“ (WA 6, 415) gemacht, so begeisterten sich umgekehrt viele für Luthers religiöse Botschaft, weil sie sich davon auch eine Erfüllung ihrer wirtschaftlichen, sozialen und politischen Erwartungen versprachen. Im

Zeichen dieser Verbindung von religiöser Bewegung mit sozialpolitischen Strömungen stehen der Aufstand der Reichsritter 1522—23 und der Bauernkrieg.

Durch die tiefgreifenden Veränderungen der wirtschaftlichen, gesellschaftlichen und politischen Situation zu Beginn der Neuzeit war der Ritterstand stark ins Hintertreffen geraten. Seine Stellung beruhte auf dem Grundbesitz und dem ihm entsprechenden Lehnswesen. Je mehr aber die Naturalwirtschaft durch die Geldwirtschaft, das personal bestimmte Lehnswesen durch den Territorial- und Beamtenstaat und das Ritterheer durch Söldnertruppen mit Schußwaffen und Kanonen abgelöst wurden, drohten die militärisch bedeutungslos gewordenen Ritter zwischen den aufstrebenden Städten und der Fürstenmacht zerrieben zu werden. Anderseits waren sie auch nicht mehr bereit, das Reich zu tragen und darzustellen. Sie entzogen sich den Dienstleistungen und lehnten den „gemeinen Pfennig" ab. Weiter untergruben sie die Autorität des Reiches durch Bruch des Landfriedens. Auf dem Wege der Privatfehde und durch lokale Auseinandersetzungen suchten sie sich Zuwachs an Macht und Reichtum zu verschaffen. Nicht anders als die Städte und Fürsten nutzten sie die Schwäche der Zentralgewalt für ihre Interessen aus. Wer von ihnen nicht durch mehr oder weniger getarnte Raub- und Plünderungszüge sein standesgemäßes Dasein erhalten wollte, mußte entweder in den landesherrlichen Dienst treten oder versuchen, selbst zur Stellung eines Territorialfürsten aufzusteigen. Das war fast nur auf Kosten der geistlichen Fürstentümer möglich. Ihre Beseitigung bedeutete aber Verlust weiterer Möglichkeiten für den Adel, der ja nahezu ausschließlich die Bischofs- und Kanonikerstellen in Deutschland besetzte. Deshalb waren auch längst nicht alle Ritter für einen „Pfaffenkrieg" zu gewinnen, z. B. weite Kreise der mit geistlichen Dignitären vielfach verwandten fränkischen Ritterschaften.

Den „Pfaffenkrieg" hatte Ulrich von Hutten (1488—1523) seit Ende 1520 von der Ebernburg an der Nahe aus, wo er bei Franz von Sickingen (1481 bis 1523) Zuflucht gefunden hatte, propagiert. Es sollte dabei nicht ohne „mörderischen Kampf und Blutvergießen" abgehen. Von dieser Zeit an schrieb Hutten deutsch, ließ er seine lateinischen Dialoge als „Gesprächbüchlein" herausgehen. Mit seiner erregenden, flammenden Polemik gewann er großen Einfluß auf die öffentliche Meinung. Was aber bei ihm Literatur blieb, wurde bei Franz von Sickingen und anderen Rittern zur unheilvollen, selbstzerstörerischen Tat.

Franz von Sickingen war 1481 auf der Ebernburg a. d. Nahe als Sproß eines pfälzischen, seit 1488 reichsfreien Ministerialengeschlechtes geboren. Er will bei Reuchlin in die Schule gegangen sein. Seit 1504 im Besitz des väterlichen Erbes, verstand er es, seine Herrschaft auszubauen. Er betrieb Erzbergwerke und hielt sich als pfälzischer Amtmann und im Dienst des Mainzer Erzbischofs eine kleine Truppe. Von den Raubrittern seiner Zeit unterschied er sich höchstens durch den Stil und das Ausmaß seiner Unternehmungen. Unter Ausnützung der Situation des Reiches gelang es ihm, in Fehden gegen Worms, Metz, Frankfurt, Lothringen und Hessen sich mit Hilfe erpresserischer Abfindungssummen am Mittelrhein eine beträchtliche politische und finanzielle Macht zu verschaffen. Unter dem Schein ritterlicher Ideale des Kampfes für die Gerechtigkeit und des Schutzes der Schwachen ließ er sich von Dritten ihre vermeintlichen oder wirklichen Rechtstitel abtreten und verfocht sie mit modernen militärischen Mitteln wie Artillerie und Söldnertruppe.

Wegen Bruchs des Landfriedens geächtet, trat er in französischen Dienst, söhnte sich aber wieder mit Kaiser Maximilian aus, betrieb die Wahl Karls V. und nahm 1519 am Feldzug gegen Ulrich von Württemberg teil. Dabei schloß er Freundschaft mit Hutten und wurde für dessen nationalen Humanismus gewonnen. Entsprechend trat er für Reuchlin ein und zwang die oberrheinischen Dominikaner, im Streit mit diesem großen Humanisten nachzugeben. Seine Burgen wurden als „Herberge der Gerechtigkeit" zur Zufluchtsstätte für Reformatoren, wie Butzer, Ökolampad, Aquila und Schwebel. In Flugschriften, wie „Sendbrieff zu Unterrichtung etlicher Artickel Christliches glaubens" (1522), ergriff er Partei für die Reformation. Ihn bewegte aber weniger die religiöse Frage; für die lutherische Rechtfertigungslehre hatte er so wenig Verständnis wie Hutten, sosehr sie auch angaben, dem Evangelium eine Tür öffnen zu wollen. Sie waren mehr bestimmt von dem „Kampf um die deutsche Freiheit und Gerechtigkeit", wie sie sie verstanden. Auf einem Rittertag zu Landau am 13. August 1522 wählte eine „brüderliche Vereinigung" der Ritterschaft an Mittel- und Oberrhein, die auch zum fränkischen Adel Verbindungen hatte, Sickingen zu ihrem Hauptmann. Fortan wollte man Streitigkeiten nur noch vor einem eigenen Rittergericht austragen.

Auf Grund dieser Rückenstärkung machte sich Sickingen an die Vorbereitung eines großen Raubzuges gegen den Trierer Erzbischof Richard von Greiffenklau. Nach dem Fehdebrief vom 27. August 1522 ging es zunächst um eine Privatsache. Der Erzbischof habe zwei Trierer Bürger bestimmt, eidbrüchig zu werden und ein vorgestrecktes Lösegeld nicht zu zahlen. Hauptgrund sollte aber sein, daß der Kurfürst als Parteigänger Franz' I. von Frankreich bei der Kaiserwahl „wider Gott, kaiserliche Majestät und des hl. Reiches Ordnung und Billigkeit gehandelt" habe. Schließlich sprach das Kriegsmanifest zur Eröffnung des Kampfes von einem Heereszug für Christi Ehre wider die Feinde und Vertilger der evangelischen Wahrheit. Letzthin ging es unter so idealen Vorwänden um einen großangelegten Raub. Die Säkularisierung des Erzstiftes sollte Sickingen den Aufstieg zur Fürstenmacht ermöglichen. Es gelang ihm aber nicht, dafür breite Kreise seiner Standesgenossen zu mobilisieren, noch weniger vermochte er die Stadt Trier vom Erzbischof zu trennen. Das Versprechen an dessen Untertanen, sie von dem schweren antichristlichen Gesetz der Pfaffen zu erlösen und sie zur evangelischen Freiheit zu bringen, erwies sich als nicht sehr wirksam. Richard von Greiffenklau war Sickingen als Kriegsmann gewachsen. Der Artillerie wußte er sich mindestens so zu bedienen wie er. Sickingen eroberte Blieskastel und am 3. September 1522 die Stadt St. Wendel. Seine Truppe soll damals 600 Reiter und 7000 Mann zu Fuß stark gewesen sein[1]. Doch er wagte nicht, seine Anfangserfolge zügig auszunützen. Während er Verstärkungen abwartete, hatte der Erzbischof Zeit, Trier in Verteidigungszustand zu versetzen und die Abwehrkräfte zu mobilisieren. Als Sickingen am 8. September vor der Stadt erschien, vermochte er nicht viel auszurichten und mußte nach achttägiger Belagerung abziehen. Nun holte der Kurfürst von Trier, dem auf Grund der „Einung" von Oberwesel (1519) der Landgraf von Hessen und der Kurfürst von der Pfalz zu Hilfe kamen, zum Gegenschlag aus. April 1523 unternahm er einen Strafzug gegen Sickingen. Dieser mußte sich auf seine Burg Landstuhl zurückziehen, wo er vergeblich auf Entsatz wartete und schließlich am 7. Mai zur Kapitulation gezwungen war. Den zu Tode Getroffenen fanden die siegreichen Fürsten hinter den geborstenen Mauern der Burg. Wenige Stunden darauf erlag er seiner Verwundung. Nicht reale Macht, sondern geschickte und skrupellose Ausnutzung der verworrenen politischen und sozialen Verhältnisse hatten Sickingen zu Erfolg geführt. Als er jedoch vor Trier auf entschiedenen Widerstand stieß, scheiterte er kläglich. Damit war er seines Nimbus entkleidet, und der Untergang des Ritterstandes deutlich geworden.

Im Sommer 1523 zog ein Heer des Schwäbischen Bundes unter dem Freiherrn Georg Truchseß von Waldburg gegen die fränkischen und schwäbischen Ritter zu Felde, um deren Landfriedensbrüchen und Räubereien ein Ende zu machen. Eine korporative Gegenwehr der Ritterschaft kam nicht zustande. Noch so verwegener und trotziger Widerstand der einzelnen reichte gegenüber der Übermacht nicht aus. In kaum sechs Wochen brannten 32 Burgen und Schlösser im Odenwald und im württembergischen Franken. Die Ritterschaft war als eine das Reich gestaltende politische Kraft damit erledigt. Die Gewinner waren die Landesfürsten. Ein Teil von ihnen sah in der Reformation eine Förderin des Umsturzes, was den Willen zum Kampf gegen sie bei ihnen stärkte.

11. Kapitel

Die „Schwärmer" Karlstadt und Müntzer

LITERATUR: Karlstadt: WW: *E. Freys-H. Barge*, Verz. der gedr. Schriften des Andreas Bodenstein von Karlstadt: ZblB 21 (1904), Neudruck Nieuwkoop 1965; Von Abtuhung der Bilder, hrsg. von *H. Lietzmann*, Kleine Texte 74 (Berlin 1911); *E. Kähler*, Karlstadt und Augustin. Der Kommentar des Andreas Bodenstein von Karlstadt zu Augustins Schrift De spiritu et litera. Einführung und Text (Halle 1952); Schriften aus den

[1] RA III (Gotha 1901) Nr. 148 S. 802; *K. H. Rendenbach*, Die Fehde F. v. S.s 59f.

Jahren 1523—25, hrsg. von *E. Hertzsch*, 2 Bde (Halle 1956/57); Karlstadts Sabbat-Traktat von 1524, hrsg. von *R. Stupperich:* Neue Zschr. für systematische Theologie 1 (1959) 349 bis 375. — Lit.: Wie zu Kapitel 7; *H. Barge*, Andreas Bodenstein von Karlstadt, 2 Bde (Leipzig 1905); *E. Hase*, Karlstadt in Orlamünde: Mitt. der geschichts- und altertumsforschenden Ges. des Osterlandes 4 (1858) 42—125; *W. Friedensburg*, Der Verzicht Karlstadts auf das Wittenberger Archidiakonat: ARG 11 (1914) 69—72; *M. Wähler*, Die Einführung der Reformation in Orlamünde (Erfurt 1918); *E. Hertzsch*, Karlstadt und seine Bedeutung für das Luthertum (Gotha 1932); *ders.*, Luther und Karlstadt: Luther in Thüringen, bearb. von R. Jauernig (Berlin 1952) 87—107; *E. Kähler*, Karlstadts Protest gegen die theologische Wissenschaft: 450 Jahre Martin-Luther-Universität Halle-Wittenberg I (Halle 1952) 299—312; *G. Fuchs*, Karlstadts radikal-reformatorisches Wirken und seine Stellung zwischen Müntzer und Luther: Wiss. Zschr. der Martin-Luther-Universität Halle-Wittenberg 3 (1953/54) 523—551; NDB II 356 ff; RGG III 1154 f; *G. Rupp*, Andrew Karlstadt and Reformation Puritanism: JthS NS 10 (1959) 308—326.

Müntzer: WW: *G. Franz*, Bibliographie der Schriften Th. Müntzers: Zschr. des Vereins für Thüring. Gesch. u. Altertumskunde NF 34 (Jena 1940) 161—173; *H. J. Hillerbrand*, Bibliographie des Täufertums (Gütersloh 1962) 2011—2150; Thomas Müntzers Briefwechsel, hrsg. von *H. Böhmer - P. Kirn* (Leipzig 1931); Thomas Müntzer, sein Leben und seine Schriften, hrsg. von *O. H. Brandt* (Jena 1933); *O. J. Mehl*, Thomas Müntzers deutsche Messen und Kirchenämter (Grimmen 1937); *Sehling* I; Thomas Müntzers politische Schriften, hrsg. von *C. Hinrichs* (Halle 1950); Die Fürstenpredigt, hrsg. und eingeleitet von S. *Streller* (Leipzig 1958). — Lit.: *O. J. Mehl*, Thomas Müntzer als Liturgiker: ThLZ 76 (1951) 75—78; *C. Hinrichs*, Luther und Müntzer (Berlin 1952); *H. S. Bender*, Thomas Müntzer und die Täufer: ThZ 8 (1952) 262—278; *A. Meusel*, Thomas Müntzer und seine Zeit (Berlin 1952); *M. Schmidt*, Das Selbstbewußtsein Thomas Müntzers: Theologia viatorum 6 (Berlin 1954/58) 25—41; *M. M. Smirin*, Die Volksreformation des Thomas Müntzer und der große Bauernkrieg (dt. Berlin ²1956); *M. Steinmetz*, Zur Entstehung der Müntzerlegende: Beiträge zum neuen Geschichtsbild. Zum 60. Geburtstag von A. Meusel (Berlin 1956) 35—70; *ders.*, Das Müntzerbild in der Geschichtsschreibung von Luther und Melanchthon bis zum Ausbruch der französischen Revolution (Jena 1956); vgl. *R. Schmid*, Thomas Müntzer im Geschichtsbild des Dialektischen Materialismus: Deutsches Pfarrerblatt 65 (1965) 258—262; *G. Franz*, Der deutsche Bauernkrieg (Darmstadt ⁴1956) 248—270; *H. Goebke*, Neue Forschungen über Thomas Müntzer: Harz-Zschr. 9 (Bad Harzburg 1957) 1—30; *M. Pianzola*, Thomas Munzer ou la Guerre des Paysans (Paris 1958); *G. Baring*, Hans Denck und Thomas Müntzer: ARG 50 (1959) 145 bis 181; *W. Elliger*, Thomas Müntzer (Berlin 1960); *ders.*, Zum Thema Luther u. Thomas Müntzer: LuJ 34 (1967) 90—116; RGG³ IV 1183 f; *E. Iserloh*, Zur Gestalt und Biographie Thomas Müntzers: TThZ 71 (1962) 248—253.

Standen Männer wie Melanchthon so sehr im Schatten Luthers, daß wir ihre Eigenleistung und ihre Bedeutung für die Entwicklung und Gestalt der Reformation nur schwer ermessen können, dann haben andere, wie Karlstadt und Müntzer, sich so frühzeitig zu Luther in Gegensatz gestellt und wurden deshalb von ihm als Sektierer isoliert und ausgeschaltet, daß sie sich gar nicht entfalten konnten und ihren eigentümlichen Beitrag zur reformatorischen Bewegung nicht voll zu leisten vermochten. Beiden war keine längere und stete Wirksamkeit beschieden, keine Möglichkeit zur Neugestaltung von Dauer gegeben. Nur Ansätze liegen vor, die kein sicheres Urteil zulassen. Dazu ist ihr Bild schon zu ihren Lebzeiten einseitig von der Polemik ihrer Gegner, besonders Luthers, geprägt. Von diesem stammt auch das

Wort „Schwärmer" für Karlstadt und Müntzer wie für alle Richtungen, die nicht seiner Meinung waren, z. B. für Zwingli und die Schweizer. Erst sehr spät und bis heute noch unzureichend hat man sich bemüht, Männer wie Müntzer und Karlstadt aus ihrer eigenen Gedankenwelt zu begreifen. So fanden die zahlreichen Schriften des letzteren, die, weil vielfach unterdrückt, nur in wenigen, dabei fehlerhaften Urdrucken auf uns gekommen sind, keine Neuausgaben[1].

Karlstadt

Andreas Rudolf Bodenstein, genannt Karlstadt, wurde um 1480 in Karlstadt am Main geboren. Er wurde 1499 in Erfurt immatrikuliert, aber nicht von dem dortigen Nominalismus geprägt, sondern vom Thomismus in Köln, wo er bis Ende 1504 studierte. Als strenger Thomist kam er damals nach Wittenberg. Hier wurde er 1510 zum Dr. theol. promoviert und zum Archidiakon am Allerheiligenstift gewählt. Er hielt Vorlesungen über Aristoteles und Thomas von Aquin. Dabei stand er wissenschaftlich in Gegensatz zu Martin Luther, der unter Karlstadts Dekanat 1512 Dr. der Theologie geworden war und bald durch die Vorlesungen über die Psalmen und den Römerbrief die Aufmerksamkeit auf sich zog. Karlstadt reiste 1515 nach Italien und erwarb nach kurzem römischem Aufenthalt in Siena März 1516 den Dr. jur. Damit hatte er die Voraussetzung für die Erlangung der Propstei in Wittenberg geschaffen.

Zur kritischen Auseinandersetzung mit Luthers Augustinusdeutung beschäftigte er sich seit Anfang 1517 intensiv mit diesem Kirchenvater. Im Banne von dessen Schriften, besonders der antipelagianischen, wurde er auch für Luther eingenommen. Das beweisen die 151 Thesen Karlstadts zur Theologie Augustins vom 26. 4. 1517, die von Luther als Dokumente der neuen Theologie gefeiert wurden (WA Br 1, 94), und sein Kommentar zu Augustins „De spiritu et litera". In der Vorrede an Johann Staupitz vom 18. November 1517 erzählt Karlstadt, er habe aus den Schriften Augustins Waffen gegen Luther schmieden wollen, sei aber zur neuen Theologie bekehrt worden. „Die offenbar gewordene Wahrheit erfüllte mich mit Schamröte und Ehrfurcht zugleich. Denn ich erkannte, daß ich in tausend scholastischen Lehrmeinungen der Betrogene war: ein Esel an der Mühle, ein Blinder am Stein, daß ich bislang sinnlos gefaselt hatte."[2]

Die Hauptfrage in Karlstadts Kommentar ist die nach der Gerechtigkeit und der Erfüllung des Gesetzes. Der Mensch kann von sich aus das Gesetz

[1] Das Verzeichnis der gedruckten Schriften von *E. Freys* und *H. Barge* (ZblB 21, 1904) führt 68 Schriften in 156 Drucken an. Davon hat *E. Hertzsch*, Karlstadts Schriften aus den Jahren 1523—25 (Halle 1956/57), acht ediert.

[2] *E. Kähler*, Karlstadt und Augustin (Halle 1952) 5.

nicht erfüllen. Die Gerechtigkeit auf Grund des Gesetzes, das heißt der Anspruch des Menschen, aus eigener Kraft das Gesetz zu erfüllen, ist im eigentlichen Sinn Gottlosigkeit, weil der Mensch sich zuschreibt, was Gottes ist[3]. Aufgabe des Gesetzes ist es, die Unfähigkeit des Menschen bloßzulegen und zu bezeugen, daß kein Mensch durch das Gesetz oder seinen freien Willen gerecht wird, sondern „nur durch die Hilfe des Geistes und durch Gottes Gabe" (S. 70). Das Gesetz erweist so unsere Schwachheit und zeigt auf den hin, von dem wir durch den Glauben erlangen müssen, tun zu können, was das Gesetz befiehlt: Christus (S. 71).

Mehr als Luther sieht Karlstadt die Rechtfertigung als Heiligung. Die Gnade bedeutet eine den ganzen Menschen ergreifende Wandlung, die ihn zum guten Handeln befähigt, aber deshalb auch zu einer strengen sittlichen Lebensführung verpflichtet. Bleibt für Luther die Spannung zwischen Gesetz und Evangelium und behält bei ihm das Gesetz die Funktion, die Sünde des Menschen zu entlarven und anzuklagen, dann gibt Karlstadt sich mit dem von ihm tief empfundenen Gegensatz von Geist und Welt nicht zufrieden, sondern lehrt im Anschluß an Augustin, daß die Gnade uns in den Stand setzt, das Gesetz zu lieben und zu erfüllen[4]. Die Gnade macht aus dem Hörer einen Täter des Gesetzes. In ihr, die mit der Liebe identifiziert wird, teilt sich Christus uns mit und wirkt durch den Heiligen Geist in uns das gute Werk. „Christus selbst macht uns tun, er selbst macht sein Werk zu unserem guten Werk" (S. 18). Die uns geschenkte Gerechtigkeit ist erst Angeld, wir müssen uns weiter um sie bemühen[5]. In diesem Leben gewinnt sie keine volle Gestalt; so ist kein Mensch ohne Sünde[6].

Wie Gesetz und Gnade sind Schrift und Geist aufeinander hingeordnet. Ist das Gesetz ohne die Gnade tot, ja tötet es, dann auch der Buchstabe ohne den Geist, der lebendig macht (S. 34). Christus muß den inneren Menschen erleuchten zum rechten Verständnis des äußeren Wortes. „So richten wir unsere Ohren zum Prediger, unsere Augen auf die Buchstaben, doch unser Herz allein auf Gott den Schöpfer des Himmels und der Erde, der von innen als das wahre Wort allen Werken im voraus Leben einhaucht und das Herz berührt" (S. 27). Es ist abwegig, in diesen Augustinischen Gedanken schon eine „Abwertung des äußeren, des gepredigten Wortes" zu sehen[7]. In der Gefahr, das Äußere abzuwerten bzw. als unerheblich hinzustellen, war an sich der Nominalist Luther mehr als Karlstadt.

[3] „Illa iustitia est proprie impietas, qua sibi tribuit homo, quod dei est" (ebd. 70).

[4] These 85 vom 26. April 1517: „Gratia facit nos legis dilectores et factores."

[5] „Nam facere iusticiam est incipere facere, est tendere ad iusticiam et operari", *E. Kähler* a. a. O. 30.

[6] „nullum hominem hic viventem inveniri sine peccato, hoc est, perfectam et ex omni parte absolutam iusticiam facere ... non erit hic vita sine peccato, non erit hic ex omni parte absoluta iusticia" (ebd. 21).

[7] So interpretiert *E. Kähler* a. a. O. 41*. *E. Wolf*, Gesetz und Evangelium in Luthers Auseinandersetzung mit den Schwärmern: EvTh 5 (1938) 96—109 sieht hier schon „die

Der tief angelegte Unterschied zwischen den beiden Männern wurde zunächst nicht sichtbar. Karlstadts Thesen vom Mai 1518, eine Auseinandersetzung mit Ecks „Obelisci", vertreten das Schriftprinzip und die Irrtumsfähigkeit eines allgemeinen Konzils. Sie und die Leipziger Disputation, zu der die Thesen führten, ließen die beiden Wittenberger Professoren der Öffentlichkeit als Kämpfer für dieselbe Sache erscheinen. Karlstadt ging es vor allem um das Verhältnis von göttlicher Gnade und menschlichem Willen. Wie wenig er das äußere Wort der Heiligen Schrift unterbewertete, zeigt die Schrift „De canonicis scripturis"[8] vom August 1520. Darin wandte er sich gegen die Abwertung des Jakobusbriefes und betonte, daß Zu- oder Abneigung kein Maßstab für die Einschätzung der heiligen Schriften sei. Damit übte er Kritik an Luther, ohne ihn namentlich zu nennen. Die Autorität der kanonischen Schriften ist für Karlstadt unbedingt. Sie steht über aller menschlichen, auch der von Papst und Bischöfen. Als Johannes Eck Karlstadts Namen auf die Bannandrohungsbulle „Exsurge Domine" gesetzt hatte, reagierte dieser mit einer „Appellation"[9] an das Allgemeine Konzil. Seinen Bruch mit der Kirche machte er vollends deutlich durch seine Schrift „Von päpstlicher Heiligkeit"[10]: „So ich den Laien die Freiheit Christi predige, soll euer Bann und eure Maledeiung mir ein kühler Tau sein ... Alle Christen sind Pfaffen, denn sie sind auf den Stein gebaut, der sie zu Pfaffen macht. Christus ist derselbig auserwählte Stein ... Daraus folgt, daß der Glaub an Christum alle Gläubigen zu Priestern oder Pfaffen macht und daß die Pfaffen nichts Neues empfangen, wenn sie geweiht werden, sondern sie werden allein zu dem Amt und Dienstbarkeit erwählt."[11]

Von Mai—Juni 1521 hielt Karlstadt sich in Dänemark auf als Berater König Christians II. bei dessen Reformation oder, besser, dessen Gesetzgebung gegen die Geistlichkeit. Doch nach dem Wormser Edikt war er am Hofe des Dänen, eines Schwagers Karls V., nicht mehr erwünscht. Als er Mitte Juni wieder in Wittenberg eintraf, weilte Luther auf der Wartburg. Ganz von selbst trat Karlstadt dadurch mehr in den Vordergrund. In dem Abendmahlstraktat „Von den Emphahern, Zeichen und Zusag des hl. Sakramentes, Fleisch und Blut Christi"[12] ist er gemäßigter als Luther. Er fordert noch nicht den Laienkelch und hält ganz selbstverständlich an der Realgegenwart fest. In der Bekämpfung der Mönchsgelübde und des Zölibates dagegen ging Karlstadt voran[13]. Beim Kampf um den schriftgemäßen Gottesdienst in

Trennung von Buchstaben und Geist als Prinzip der Schriftauslegung" (103) gegeben. Karlstadt „traue dem Worte Gottes nichts zu" (105).

[8] *Freys-Barge* Nr. 34 u. 35. [9] 19. 10. 1522; *Freys-Barge* Nr. 45.

[10] 17. 10. 1520; *Freys-Barge* Nr. 44.

[11] *H. Barge,* Andreas Bodenstein von Karlstadt I (Leipzig 1905) 234.

[12] 24. 6. 1521; *Freys-Barge* Nr. 54—58.

[13] „Von Gelübden Unterrichtung" (1521; *Freys-Barge* Nr. 50—53); „Super Coelibatu, Monachatu et Viduitate Axiomata" (1521; *Freys-Barge* Nr. 59—62).

Wittenberg hielt er im Gegensatz zu Luther die Privatmesse notfalls für erlaubt. Jedenfalls war sie einer öffentlichen Messe ohne Kommunion unter beiden Gestalten vorzuziehen. Denn jetzt gilt für Karlstadt: „Wer allein das Brot ißt, sündigt."[14] Damit durfte er die Kommunion unter einer Gestalt nicht hinnehmen wie Luther. Dieser sah dagegen das Unrecht der Messe vor allem in ihrer privaten Feier (WA Br 2, 395), weshalb er am 1. August 1521 an Melanchthon schrieb: „Ich werde in Ewigkeit keine Privatmesse mehr halten" (WA Br 2, 372). Die Initiative zur Einführung des reformatorischen Gottesdienstes haben nicht Karlstadt, sondern Gabriel Zwilling und die Augustiner ergriffen. Schon mit Rücksicht auf Friedrich den Weisen war Karlstadt zurückhaltender. Wohl drängte er ganz anders als Luther auf die praktischen Konsequenzen aus den reformatorischen Lehren und auf die Abstellung all dessen, was für ihn dem Evangelium widerstritt. Ihm als Realisten war es nicht wie dem Nominalisten Luther gegeben, dialektische Aussagen unversöhnt nebeneinander stehenzulassen. Er drängte zu Lösungen, Synthesen und Konsequenzen. Darin ist sein Rationalismus wie sein mystisches Denken begründet.

Doch gedachte Karlstadt, das ihm vorschwebende Gemeindechristentum ohne Tumult und unter Mitwirkung des Rates der Stadt zu verwirklichen. Auf einer Disputation am 17. Oktober 1521, in deren Thesen Karlstadt zwar die Transsubstantiation ablehnte, die Verehrung des sakramentalen Brotes aber forderte und die Privatmesse um der Kommunion unter den beiden Gestalten willen notfalls duldete, hatte Melanchthon ungestüm gefordert: „Man muß endlich einmal anfangen, sonst geschieht nichts." Karlstadt erwiderte: „Gewiß, aber ohne Tumult und ohne, daß den Gegnern ein Anlaß zur Verleumdung gegeben wird."[15]

Gegen Ende des Jahres ließ er sich immer mehr vom stürmischen Drängen radikaler Kreise der Bevölkerung auf Änderung des Gottesdienstes tragen. So feierte er unter Mißachtung der kurfürstlichen Anordnungen am Weihnachtsfest 1521 die erste „deutsche Messe", das heißt Messe mit deutschem Einsetzungsbericht und Kommunion unter beiden Gestalten. Liturgische Gewänder verschmähte er und gab den Laien das eucharistische Brot und den Kelch in die Hand, um so zu dokumentieren, daß es keines geistlichen Standes bedürfe und die Laien Subjekt des Gottesdienstes sind. Am 19. Januar 1522 beging er unter der Anteilnahme einer Reihe von Professoren und Wittenberger Ratsherren seine Hochzeit. Maßgeblich beeinflußte er die „Ordnung der Stadt Wittenberg" vom 24. Januar 1522 und verlangte energisch die „Abtuhung der Bilder" durch den Rat der Stadt. Damit dachte er, einem Bildersturm zuvorzukommen. Faktisch hat er aber durch diese Schrift und seine Predigten die Radikalisierung in Wittenberg

[14] 10. These vom 19. 7. 1521; vgl. *E. Hertzsch*, Karlstadts Schriften 13; *H. Barge* I 290.
[15] *H. Barge* I 323.

gefördert. Als ihn der kurfürstliche Rat Einsiedel zur Mäßigung aufforderte, verwahrte er sich ausdrücklich gegen den Vorwurf des Aufruhrs. „Des will ich mich rühmen, daß ich Aufruhr hasse und fliehe. Gebe Gott, daß meine Angeber nicht mit der Zeit einen Aufruhr erwecken, der nicht gut wird. Ich verbiete Aufruhr." [16] Ihn, der meinte, im Einverständnis mit Luther gehandelt zu haben, traf dessen harte Kritik als Schwärmer und Unruhestifter. Die Kanzel wurde ihm verboten (WA Br 2, 478) und jeglicher Verkehr mit der Gemeinde ihm untersagt. Eine Schrift, in der er seine von Luther rückgängig gemachten Reformen verteidigte, verfiel der Zensur der Universität. Dies und die restaurativen Maßnahmen Luthers, des „neuen Papisten", führten zu einer tiefen Entfremdung und förderten eine eigene, vom Wege der lutherischen Reformation immer stärker abweichende Entwicklung Karlstadts. Seine schlechten Erfahrungen mit seinen Kollegen an der Universität verstärkten die seit Jahresbeginn 1523 bei ihm deutlich gewordenen bildungsfeindlichen Tendenzen. Er geißelte die neue Schriftgelehrsamkeit und ihr rechthaberisches Gebaren. Immer mehr wendet er sich den Laien zu. Luthers Lehre vom allgemeinen Priestertum will er in letzter Konsequenz ernstnehmen. Er betont die Pflicht der Laien zur Bibellesung und ihr Recht auf Bibelauslegung. In der Schrift „Eine Frage, ob auch jemand möge selig werden ohne die Fürbitte Mariens" [17] wird er bald die Ansicht vertreten, daß viele Handwerker besser in der Lehre Gottes bewandert seien als die Pfaffen. Er, der vornehme Prälat und bislang geistesstolze Professor, will künftig ohne akademische Titel und geistliche Amtstracht als „ein neuer Laie" wie die Bauern leben.

Auch räumlich distanzierte er sich damals von Wittenberg, indem er die Pfarrei Orlamünde, deren Einkünfte er als Archidiakon des Allerheiligenstiftes bezog, seit Mitte 1523 selbst verwaltete. Hier führte er die in Wittenberg rückgängig gemachten Änderungen des Gottesdienstes ein, bereicherte den Kirchengesang durch Übersetzung von Psalmen ins Deutsche und predigte täglich unter großem Zulauf des Volkes.

Im Gegensatz zu Luther, der der äußeren Gestalt keine Bedeutung zumaß, sie für ein Adiaphoron hielt, sah Karlstadt sich gezwungen, auf Änderung der für falsch gehaltenen Praktiken, Ausdrucksweisen, Zeremonien und Bilder zu drängen, weil sie das Volk verführten. „Nicht meiner, sondern der Kranken und Schwachen wegen, die man mit solchen Worten aufs Glatteis führt und hindert, Fortschritte zu machen und zu Gott zu kommen." [18] Hier, wie Luther es will, warten, bis die innere Einsicht sich einstellt, hieße ein Kind mit einem scharfen Messer spielen lassen, bis es klug genug ist, es selber wegzulegen. „Wir sollten gerade den Schwachen solch schädliche Dinge

[16] Brief vom 4. 2. 1522 an Hugo v. Einsiedel; vgl. *N. Müller,* Die Wittenberger Bewegung 1521 u. 1522 (Leipzig ²1911) 181.
[17] 27. 7. 1523; *Freys-Barge* Nr. 106—109.
[18] „Dialogus oder ein gesprech-büchlein" (1524); *Hertzsch* a. a. O. II 11.

nehmen und aus ihren Händen reißen und nicht achten, ob sie darum weinen, schreien oder fluchen." [19]

In Karlstadts zahlreichen Traktaten aus dieser Zeit steht der Angriff auf die Kindertaufe und die leibliche Gegenwart Christi im Sakrament noch im Hintergrund. Vordringlicher ist es ihm, in Gedankengängen der Mystik seiner Gemeinde die Vereinigung mit dem göttlichen Willen, die „allerhöchste Tugend Gelassenheit", die innere Sammlung und Heiligung nahezubringen. Diese sind die Vorbedingung für die Gotterfülltheit, die dem einzelnen durch göttliche Erleuchtung in Verbindung mit dem Wort der Schrift zuteil werden soll. „Es ist ja ganz unmöglich, daß einer Gottes Freund oder Sohn werde, ohne die inwendige und heimliche Offenbarung Gottes. Ebensowenig kann es geschehen, daß einer Gottes äußerliches Wort annimmt und für ein Wort des Bräutigams ... hält, wenn sich Gott nicht zuvor oder gleichzeitig im äußeren Gehör mit seinem hellen und lichten Strahl offenbart, soviel daß er hören kann, wer Gott ist, was er will." [20]

Karlstadt wurde zum Mittelpunkt einer religiösen Bewegung, die nicht auf Orlamünde beschränkt blieb. Das ließ den Wittenbergern keine Ruhe. Die Universität forderte März 1524 von Karlstadt die Erfüllung seiner Verpflichtungen als Archidiakon und Professor und damit seine Rückkehr nach Wittenberg. Luther drängte auf ein Verbot seiner Schriften, wenn er sich nicht der Zensur der Universität unterstelle. Als Bitten und Gesuche Karlstadts und der Gemeinde von Orlamünde, die auf ihr Recht der Pfarrerwahl pochte, abschlägig beschieden wurden, verzichtete er auf die Pfarrstelle von Orlamünde und legte den Archidiakonat nieder, weil er es mit seinem Gewissen nicht vereinbaren könne, weiter am Meßgottesdienst teilzunehmen [21]. Er kaufte sich eine Bauernwirtschaft in Orlamünde, um sich künftig „mit dem Pflug zu nähren" (WA 15, 340). Trotz dieser Isolierung durch die Wittenberger Kreise ließ er sich nicht von Müntzer zum Eintritt in den Bund zur Vernichtung der Gottlosen bewegen. Hatte er schon 1522 Müntzer zur Mäßigung gemahnt [22], dann sagte er sich jetzt ausdrücklich von ihm los. Derartige Bündnisse widerstritten dem Willen Gottes, auf den allein man seine Hoffnung setzen müsse [23]. Ähnlich heißt es in dem Sendbrief der Orlamünder an die Allstedter [24]. Doch diese entschiedene Distanzierung von Müntzer und von dessen Bestrebungen, wenn nötig mit Gewalt die Ordnung des Evangeliums herzustellen, bewahrte Karlstadt nicht vor dem Vorwurf des Aufruhrs. Das von ihm selbst verkündete Recht der freien Pfarrer-

[19] „Ob man gemach faren und des ergernüssen der schwachen verschonen soll", 1524; *Hertzsch* I 88.

[20] „wie sich der glaub und unglaub gegen dem licht und finsternis ... halten, 1542, fol. B 4.

[21] ARG 11 (1914) 70 f.

[22] Thomas Müntzers Briefwechsel, ed. *H. Böhmer - P. Kirn* (Leipzig 1931) Nr. 37, 39.

[23] Ebd. Nr. 56, 69.

[24] Ebd. Nr. 66, 88.

wahl[25] sprach Luther den Orlamündern ab. Er sieht in ihnen die Allstedter Schwarmgeisterei am Werke. So war der „Brief an die Fürsten zu Sachsen" (Juli 1524; WA 15, 210—221), in dem Luther diese bittet, einzuschreiten und dem Aufruhr zuvorzukommen, zwar ausdrücklich gegen Müntzer, zwischen den Zeilen aber auch gegen Karlstadt gerichtet. Am 22. August 1524 predigte Luther in Jena gegen den „Karlstadtschen Schwärmergeist". Karlstadt war anwesend und verwahrte sich am Nachmittag in einer Unterredung mit Luther entschieden dagegen, mit dem „Allstedter Geist" identifiziert zu werden. „Ihr tut mir Gewalt und Unrecht, daß ihr mich zu dem mörderischen Geist einbrocket. Daß ich nichts mit dem Geist in dem Aufruhr zu tun habe, bekenne ich feierlich vor all diesen Brüdern" (WA 15, 236). Er vermochte Luthers Mißtrauen nicht zu beseitigen. Noch weniger war dazu das hitzige Streitgespräch geeignet, das die Orlamünder zwei Tage später mit dem Reformator führten. Dieser überzeugte die Fürsten von der Gefährlichkeit des Rottengeistes (WA 18, 86; 99). So wurde Karlstadt am 18. September 1524 mit seiner Familie aus Kursachsen ausgewiesen.

Er wandte sich nach Süddeutschland. Mehrfach mußte er seinen Aufenthaltsort wechseln; unter anderm kam er nach Straßburg und Basel, schließlich Ende Dezember 1524 nach Rothenburg o. T. In diesen unruhigen Wochen gab er trotz der großen Entbehrungen acht Schriften, darunter fünf Abendmahlstraktate, heraus. Zum Teil sind sie wohl schon in Orlamünde entstanden, zum mindesten begonnen worden. Veröffentlicht hat Karlstadt sie aber erst nach seiner Vertreibung aus Sachsen. Dieser konnten sie also noch nicht als Vorwand gedient haben.

Trotz der zahlreichen Schriften zu diesem Thema hat Karlstadt uns keine zusammenhängende Darstellung seiner Abendmahlslehre gegeben. Das liegt wohl an seiner unruhigen Art und an den widrigen Umständen, unter denen diese Traktate entstanden sind. In ihnen leugnet er klar und entschieden die Realgegenwart. Ansatz dafür ist aber nicht sein Verständnis des Einsetzungsberichtes. Seine merkwürdige Deutung von „Das ist mein Leib" ist sekundär und spielt in seinen Schriften nicht die Rolle, wie man nach der Literatur meinen sollte. Ist für Luther das Meßopfer eine Beeinträchtigung des Kreuzes Christi, dann für Karlstadt schon die leibliche Gegenwart im Sakrament. Die Verheißung des Herrn, uns seinen Leib zu geben, ist ein Hinweis auf sein Leiden und Sterben am Kreuz. Hier, nicht im Sakrament geschieht die Vergebung der Sünden. Wäre aber Christus mit seinem verklärten Leib gemeint, dann ginge die deutliche Beziehung auf den Opfertod verloren. Für Karlstadt gibt es nur zwei Weisen der Gegenwart Christi, die historisch-blutige am Kreuz und die verklärte in der

[25] „Daß eine christliche Versammlung oder Gemeine Recht und Macht habe, alle Lehre zu erteilen und Lehrer zu berufen, ein- und abzusetzen, 1523" (WA 11, 408—416).

Herrlichkeit des Himmels. Christus bleibt leiblich im Himmel, „bis er kommt“ am Ende der Tage. Ein heimliches Herabsteigen ins Brot läßt Karlstadt nicht gelten. „Gibt es doch nicht mehr als zwei Advente: einer in der Form des Kreuzes und Leidens hier auf Erden, den anderen in herrlicher Form. Einen dritten dürft ihr nicht dichten, könnt aber auch keinen der beiden anderen der Hostie zufügen.“ [26] Weil Karlstadt keine sakramentale Daseinsweise kennt und sich die Gegenwart des Leibes Christi nur örtlich vorstellen kann, muß er die Realgegenwart leugnen, wenn er nicht annehmen will, daß Christus den Himmel verläßt oder im Sinne der Ubiquitätslehre Luthers allgegenwärtig ist. Diese seine Überzeugung, sozusagen ein theologisches Apriori, galt es nun mit der Aussage der Schrift in Einklang zu bringen. Das führte zu der gesuchten und von Luther reichlich lächerlich gemachten Deutung, Christus habe mit dem „Dies (touto) ist“ des Einsetzungsberichtes auf seinen Leib, mit dem er vor den Jüngern saß, gewiesen. „Ich habe es stets auf diese Weise geschätzt, daß Christus auf seinen eigenen Leib gedeutet und also gesagt hat: Dies ist der Leib mein, welcher für euch gegeben wird. Denn Christus deutete nicht auf das Brot, er sprach auch nicht also: Das Brot ist mein Leib, der für euch hingegeben wird. Die aber sprechen, daß das Brot der Leib sei, die reden aus ihrem eigenen ... Höret zu, Jesus nahm das Brot und danksagte Gott und brach es und gab es seinen Jüngern und sprach, sie sollten es in seinem Gedächtnis essen, und setzte mitten in sein Wort die Ursache und Weise seines Gedächtnisses. Nämlich derhalben und also, daß seine Jünger gedenken sollten, daß er seinen Leib für sie hingegeben hat.“ [27] „Christi Leib ist nicht im Brot, auch ist sein Blut nicht im Kelch. Wir sollen aber das Brot des Herrn in dem Gedächtnis oder der Erkenntnis seines Leibes essen, den er für uns in die Hände der Ungerechten gab, und aus dem Kelch trinken in der Erkenntnis seines Blutes, das Christus für uns ausgoß, das heißt in Erkenntnis des Todes Christi essen und trinken.“ [28]

Karlstadts Schriften fanden ein großes Echo und weitgehende Anerkennung. Mit Besorgnis stellte man in Wittenberg fest, daß der Schwärmer durch seine Vertreibung aus Sachsen keineswegs kaltgestellt war, ja im Südwesten Deutschlands und in der Schweiz jetzt erst recht bekannt und geschätzt wurde. „Ihr glaubt nicht“, schrieb Luther schon am 11. Oktober 1524 an Wolfgang Stein, „wie der Mensch Karlstadt in der Schweiz, in Preußen, Böhmen und allen Orten anschlägt und Nest suchet ...“ (WA Br 3, 456).

Im „Brief an die Christen zu Straßburg wider den Schwärmergeist“ von Dezember 1524 (WA 15, 391—397) nahm er gegen Karlstadt Stellung. Darin bekennt er, wie schwer er sich selbst zum Glauben an die Realgegenwart durchgerungen hat. Er schreibt: „Das bekenne ich, wenn Dr. Karlstadt

[26] *E. Hertzsch* a. a. O. II 42.
[27] Dialogus (*Hertzsch* a. a. O. II 17).
[28] Dialogus (*Hertzsch* II 49).

oder sonst jemand mir vor fünf Jahren gesagt hätte, daß im Sakrament nichts als Brot und Wein wäre, der hätte mir einen großen Dienst getan. Ich habe wahrlich so harte Anfechtungen in dieser Frage erlitten, mit mir gerungen und mich gewunden, daß ich gerne heraus gewesen wäre, weil ich wohl sah, daß ich damit dem Papsttum hätte den größten Puff geben können ... Aber ich bin gefangen, kann nicht heraus, der Text ist zu gewaltig da und will sich mit Worten nicht aus dem Sinn reißen lassen" (WA 15, 394, 12—20). Eine ausführliche Widerlegung schrieb er in „Wider die himmlischen Propheten, von den Bildern und Sakrament" (WA 18, 62 bis 214). Der erste Teil wurde Dezember 1524 im Druck vollendet. Er wendet sich gegen die neue Gesetzlichkeit bei Karlstadt, seine Bilderstürmerei, sein Verhalten zur Obrigkeit und die Mißachtung des äußeren Wortes. Luther geißelt den Geist, der nicht anders kann „denn immer, immer Gesetz, Not, Gewissen und Sünde machen" (WA 18, 123). Karlstadt „macht sich einen eigen Mosen" und „einen eigen Christum" (WA 18, 117) wie der Papst, nur mit dem Unterschied, daß „der Papst tuts durch Gebot, Dr. Karlstadt durch Verbot"; jener „zwingt und dringt zu tun, das doch nicht geboten noch erzwungen ist von Gott"; dieser „wehret und hindert zuzulassen, das doch nicht verboten noch gewehret ist von Gott" (WA 18, 111). „Christliche Freiheit aber geht ebensowohl unter, wenn sie lassen soll, das sie nicht lassen muß, als wenn sie tun soll, das sie nicht tun muß" (WA 18, 111).

Weiter wendet sich Luther gegen die Entwertung des äußeren Wortes gegenüber dem „Geist", dessen man in der „inneren Erfahrung" inne wird und für den die Heilige Schrift nur Bestätigung bedeutet. Im „Dialogus" hatte Karlstadt ja den Laien sagen lassen: „Für meine Person bedürfte ich des äußeren Zeugnis nicht. Ich will mein Zeugnis vom Geist in meiner Inwendigkeit haben."[29] Im zweiten Teil, der Ende Januar 1525 erschien, erörtert Luther ausgiebig die Abendmahlslehre. Zuvor betont er, daß nach Gottes Anordnung die „äußerlichen Stücke", das „mündliche Wort des Evangeliums" und die „leiblichen Zeichen, als da sind Taufe und Sakrament", der Mitteilung des inneren Geistes vorausgehen. Gott „will niemand den Geist noch Glauben geben, ohne das äußerliche Wort und Zeichen" (WA 18, 136). Karlstadt, der Rottengeist, schlägt das höhnisch und spöttisch in den Wind und „will zuvor hinein in den Geist" (136). Luther will „schlicht die Worte nehmen, wie sie lauten, ... und lassen das Brot Christi Leib sein" (147). Bei allem Herumdeuteln am Einsetzungsbericht, besonders am „Touto", wisse Karlstadt „nicht einen einzigen Spruch der Schrift für sich zu bringen" (164), um so mehr gebe er der Vernunft, der „Erzhure und Teufelsbraut" (164) Raum. Wenn er die Heilige Schrift anführe, dann wolle er „Gottes Wort nicht mit dem Glauben ehren oder nach einfältiger Weise der Sprache annehmen, sondern mit der sophistischen Vernunft und mit

[29] *Hertzsch* II 18.

spitzen Subtilitäten messen und meistern“ (186 f). Er verlagere das Schwergewicht von Wort und Sakrament in das Subjekt, in das Gedächtnis und die Verkündigung des Kreuzestodes Christi. Damit mache er „das, was Christus verheißt, zum Gebot und richte statt des Glaubens ein Werk auf“ (196). „Das ist aber noch ärger und toller, daß er solchem Gedächtnis gibt die Macht, daß es rechtfertige wie der Glaube“ (197), wo doch „zuvor rechtfertig sein müssen, die da predigen und verkündigen“ (198).

Luthers Sprache ist ungemein scharf. Karlstadt wird durchweg als Rottengeist, der „den tollen Pöbel errege“ (152), als Tölpel- oder Lügengeist (193), ja als Teufelsprophet (142) bezeichnet.

Als im März 1525 der Bauernkrieg ausbrach, weilte Karlstadt in Rothenburg. Auch jetzt ließ er sich auf die sozialpolitischen Auseinandersetzungen nicht ein. Das hinderte aber nicht, daß er noch mehr zum Schwärmer, Bilderstürmer, Aufrührer, Seelenmörder und Sündengeist abgestempelt wurde. Diese außerordentliche Schärfe von Luthers Polemik hat viele Zeitgenossen, selbst Melanchthon, besonders aber alle, die Karlstadt bisher noch für einen Gesinnungsgenossen der Wittenberger gehalten hatten, ungemein befremdet. In Straßburg und in der Schweiz ergriff man für Karlstadt Partei. Er selbst verteidigte sich in drei Schriften. Darin versucht er seine Auffassung von der Eucharistie zu stützen. Sonst betont er ein praktisches Christentum, das in guten Werken die Früchte der Freiheit und Gerechtigkeit zu bringen hat. Im Bauernkrieg zwischen beide Parteien geraten — „die geistlich Herren jagten mich als Wildbret, und die Bauern ... hätten mich gefressen“ [30] —, mußte Karlstadt am 30. oder 31. Mai Rothenburg verlassen. Er begab sich nach Karlstadt am Main zu seiner Mutter, fand dort aber keine Ruhe und bat schließlich, innerlich zermürbt, am 12. Juni 1525 von Frankfurt aus Luther, beim Kurfürsten die Erlaubnis zu seiner Rückkehr nach Sachsen zu erwirken. Er wolle „in Zukunft gar nichts mehr schreiben, predigen oder lehren“ (WA Br 3, 529). In der „Entschuldigung des falschen Namens des Aufruhrs“ verwahrte er sich erneut gegen den Vorwurf, ein Aufrührer zu sein. „Summa, ich weiß mich des Müntzerischen Aufruhrs unschuldig und unteilhaftig.“ [31] Und in der „Erklärung, wie Karlstadt seine Lehre von dem hochwürdigen ... achtet und geachtet haben will“, beteuert er, er habe in seinen Abendmahlsschriften mehr fragen als behaupten wollen, und er sei für weitere Belehrung offen.

Luther gab sich mit dieser Art Widerruf zufrieden und empfahl, froh „sein Stillschweigen mit solcher Gunst und Gnade zu kaufen, auf daß er nicht anderswo mehr Jammers aus Rache oder aus endlicher Verzweiflung anrichte“ (WA Br 3, 572), dem Kurfürsten, Karlstadt zu erlauben, in Kemberg oder einem Dorf in der Nähe seinen Wohnsitz zu nehmen. So fristete Karlstadt zunächst in Segrehna, dann in Bergwitz und schließlich in Kemberg unter Aufsicht kümmerlich als Bauer und Krämer sein Dasein, bis er

[30] *Hertzsch* II 117. [31] *Hertzsch* II 112; WA 18, 440.

sich im Frühjahr 1529 dem zunehmenden Geisteszwang durch Flucht in neues Elend entzog. Über Holstein, Ostfriesland, Straßburg und Basel kam er Mai 1530 zu Zwingli nach Zürich. Hier fand er sein Brot als Korrektor in einer Druckerei und dann als Diakon am Spital. Ende 1531 erhielt er eine Pfarrstelle in Altstätten im Rheintal, die er aber nach Zwinglis Tod wieder aufgeben mußte. Erneut suchte er Zuflucht in Zürich, bis er Juni 1534 schließlich seine endgültige Wirkungsstätte als Prediger und Professor in Basel fand. Am 14. April 1534 schrieb der Prediger am Großmünster zu Zürich, Bullinger, an seinen Freund Myconius in Basel: „Du brauchst nicht zu fürchten, der Mann wäre so, wie Luther ihn gezeichnet hat. Er ist sehr verträglich, bescheiden, demütig und in jeder Hinsicht einwandfrei."[32] Im Gegensatz zu seiner früheren Wissenschafts- und Titelfeindschaft setzte sich Karlstadt in Basel wieder für die traditionellen Disputationen und Promotionen ein. Auch sonst scheint er, froh darüber, nach soviel Verfolgung und Entbehrung ein Asyl gefunden zu haben, im Dienst der Schweizer reformierten Kirche „auf die Geltendmachung seiner früheren persönlichen Überzeugungen" verzichtet zu haben[33]. In Basel ist er am 24. Dezember 1541 an der Pest gestorben.

Als einer der ersten hat Karlstadt erfahren müssen, wie hart Luther und die Reformatoren, die sich auf ihr Gewissen und ihr Verständnis der Heiligen Schrift beriefen, gegen die vorgehen sollten, die für sich dasselbe in Anspruch nahmen. Luther hatte gerade in bezug auf Karlstadt und Müntzer gesagt, man solle sie getrost predigen lassen, denn es müßten Sekten sein und das Wort Gottes müsse zu Felde liegen und kämpfen. „Man lasse die Geister aufeinander platzen und treffen ... Denn wir, die das Wort Gottes führen, sollen nicht mit der Faust streiten ... Predigen und leiden ist unser Amt, nicht aber mit Fäusten schlagen und sich wehren" (WA 15, 219). Wie wenig er bereit war, damit Ernst zu machen, zeigt sein Verhalten gegenüber Karlstadt. Zwar ist Luther formal konsequent, sofern er nicht wegen dessen Predigt, sondern wegen des „Aufruhrs" die Fürsten gegen ihn Gewalt anwenden ließ. Aber was will das heißen, wenn man den, der ein anderes Verständnis des Evangeliums hat, zum Schwarmgeist und Aufrührer abstempelt und ihn damit der weltlichen Gewalt zur Bestrafung übergibt?

Thomas Müntzer

Noch schärfer und grundsätzlicher war der Gegensatz Luthers zu Thomas Müntzer. Dieser stammte aus Stolberg am Harz. Näheres über seine Jugend wissen wir nicht. Wenn wir mit H. Boehmer davon ausgehen, daß weniger bemittelte junge Leute sich in der Regel erst dann immatrikulieren ließen, wenn sie das für das Baccalaureat erforderliche Mindestalter von 17 Jahren

[32] *Hertzsch* I XVI. [33] *Barge;* RE X 80.

ungefähr erreicht hatten, ist für Müntzer das Geburtsjahr 1488 oder 1489 anzusetzen. Denn am 16. Oktober 1506 wurde in Leipzig ein Thomas Müntzer aus Quedlinburg immatrikuliert. Dieses war der Wohnort seiner Familie. Noch 1512 finden wir ihn als Student in Frankfurt an der Oder. Sein Studium zog sich also ungewöhnlich lange hin. Gründe sind uns nicht bekannt. Jedenfalls hatte Müntzer eine das übliche Maß übersteigende Bildung. Er war belesen in den Kirchenvätern, Mystikern, Joachim von Fiore und vor allem in der Heiligen Schrift, um derentwillen er Griechisch und Hebräisch lernte. In den Briefen wird er als Magister artium und Baccalaureus der Theologie angeredet. Er war Priester der Diözese Halberstadt[34] und vor 1513 Kollaborator in Aschersleben und Halle; denn als solcher war er an einem „Verbündnis" gegen Erzbischof Ernst (1476—1513) von Magdeburg-Halberstadt, einem Bruder Friedrichs des Weisen, beteiligt. Danach (1516) finden wir ihn als Propst am Nonnenkloster in Frose. Er hielt sich 1519 in Leipzig auf und begegnete anläßlich der Disputation wohl Luther. Seit Ende dieses Jahres war er Beichtvater im Nonnenkloster Beuditz östlich von Naumburg. Hier hatte er ein schmales Gehalt, aber viel Muße zum Studium. Er beschäftigte sich mit Augustinus, Tauler, Seuse, Eusebius u. a. und besorgte sich Akten der Konzilien in Konstanz und Basel.

Auf Luthers Empfehlung wurde Müntzer Mai 1520 Vertreter des Pfarrers Johann Sylvius Egranus an St. Marien in Zwickau, und nach dessen Rückkehr übernahm er dort die kleinere Katharinenkirche mit einer Gemeinde von Handwerkern und Bergleuten. Als eifriger und leidenschaftlicher Prediger kam er in Konflikt mit den Franziskanern. Prophetisches Selbstbewußtsein und Kreuzesmystik erfüllten ihn[35]. Im Herbst geriet er in den Einfluß Nikolaus Storchs und der Zwickauer Propheten. Im Verkehr mit diesen spiritualistischen und taboritischen Kreisen wurde seine Sprache noch radikaler. Er scheute nicht vor persönlichen Angriffen zurück. Diese trafen vor allem den Erasmianer Egranus, den Pfarrer der Hauptkirche[36].

Einer Zitation vor den bischöflichen Offizial in Zeitz kam Müntzer nicht nach. Schließlich griffen der kurfürstliche Amtshauptmann und der Rat ein und setzten ihn am 16. April 1521 ab. Müntzer floh noch in derselben Nacht. Sein fortan unstetes Leben brachte ihn mehrmals nach Böhmen. Er predigte in Prag und suchte hier durch einen Aufruf, das „Prager Manifest" vom 1. November 1521, Anhänger zu gewinnen. In diesem Schriftstück können

[34] Am 6. 5. 1514 präsentiert der Rat der Altstadt Braunschweig „Thomam Munther Halber (stadensis) dyocesis presbiterum" für eine Altarpfründe in der St.-Michaels-Kirche. Vgl. Thomas Müntzers Briefwechsel, Anhang Nr. 1, 129.

[35] Am 13. Juli 1520 schreibt er an Luther: „. . . omnia propter Christum meum sunt mihi gratissima, graviora certamina mihi restant . . . Crux mea nondum integra . . . Opus meum non ago, sed Domini . . ." (WA Br 2, 140 f).

[36] Agricola schreibt damals (vor April 1521) an Müntzer: „. . . Significarunt nobis certe ii, qui tibi optime volunt, te abuti officio verbi . . . Te nihil spirare nisi caedes et sanguinem . . ." (Thomas Müntzers Briefwechsel Nr. 21, 21).

wir zum erstenmal Müntzers Anschauungen konkret fassen. Das Manifest liegt in vier Fassungen, zwei deutschen, einer tschechischen und einer lateinischen, vor. Die volkssprachlichen sind mehr auf die Bedürfnisse und Wünsche des niederen Volkes zugeschnitten[37]. Müntzer betont die Notwendigkeit des siebenfältigen Heiligen Geistes, besonders des Geistes der Furcht Gottes, für die Übung des Glaubens. Ohne den Geist können wir Gott weder hören noch erkennen. Er fügt die Teile zum Ganzen. Prediger, die nur die „kalte" und „bloße" Schrift bieten, sind Diebe und Räuber. Sie „stehlen das Wort Gottes aus dem Munde ihres Nächsten" (140; 155). Die Pfaffen geben dem Volke nur die „toten Worte der Schrift" (147), und „die Schafe wissen nicht, daß sie die lebendige Stimme Gottes hören sollen, das heißt, daß sie alle Offenbarungen haben sollen" (147). Denn „die Herzen der Menschen sind das Papier oder Pergament, darauf Gott mit seinem Finger, nicht mit Tinte, seinen unverrückbaren Willen und ewige Weisheit einschreibt. Diese Schrift kann jeder Mensch lesen, so er überaupt eine aufgetane Vernunft hat" (140). Der rechte Prediger soll nach 1 Kor 14 „Offenbarung haben; anders kann er das Wort nicht predigen" (141). Gott hat nicht aufgehört zu reden. Der Mensch muß das Wort als jetzt von Gott ergangen und nicht als historischen Bericht erfahren.

Ist die Kirche durch die Gelehrten und Pfaffen zur Hure geworden, dann soll nun, da Gott den Weizen vom Unkraut scheidet und Müntzer zur Ernte bestellt hat, die „neue, apostolische Kirche" anfangen, zunächst in Böhmen und dann überall (150). Eine Kirche nicht der „Pfaffen und Affen", sondern „der auserwählten Freunde Gottes", die prophezeien lernen und so „wahrhaft erfahren, wie freundlich, ja so herzlich gern Gott mit all seinen Auserwählten redet" (142). Die Betonung der Gaben des Heiligen Geistes, des „lebendigen Geistes", die Spannung von totem Buchstaben und lebendigem, aktuellem Wort Gottes, der Aufruf zur Verwirklichung seines fordernden Willens und die Lehre von der Kirche der Auserwählten, die von den Gottlosen gesondert wird, schließlich das Selbstbewußtsein Müntzers, das Werkzeug des Gottesgerichtes zu sein, kennzeichnen dieses „Prager Manifest".

In Böhmen hatte Müntzer nicht die erwartete Resonanz. Die anschließende notvolle Zeit bis zum Frühjahr 1523 liegt im dunkeln. Müntzer hat sich in seiner mitteldeutschen Heimat aufgehalten und scheint, wie wir einer Bemerkung Luthers (WA 38, 213) und einem Brief Müntzers vom 9. März 1523 entnehmen können, im Dienste eines Frauenklosters in Halle gestanden zu haben[38]. In seinem Leid und in der bitteren Armut sah er ein Zeichen der Auserwählung. So schrieb er am 19. März 1523 an seine Anhänger: „In solcher Anfechtung wird der Seele Abgrund geräumet ... Es kann niemand Gottes Barmherzigkeit finden, er muß verlassen sein wie Isaias klar 28, 19 und 54, 7 (sagt) ... (Jo 16, 7: Der Geist) kann niemand gegeben werden,

[37] Thomas Müntzers Briefwechsel, Anhang Nr. 6 A—D, 139—159.
[38] *O. Schiff:* ARG 23 (1926) 287—293.

denn dem Trostlosen. Darum laßt mein Leiden dem euren ein Ebenbild sein. Laßt alles Unkraut aufblasen, wie es will, es muß unter den Dreschflegel mit dem reinen Weizen. Der lebendige Gott macht also scharf seine Sense in mir, daß ich darnach die roten Kornrosen und die blauen Blümlein schneiden kann." [39] Die mystische Entselbstung führt zur Gottesgemeinschaft, die wiederum die Sache des Menschen zur Sache Gottes werden läßt.

Ostern 1523 wurde Müntzer versuchsweise Pfarrer an der Johanniskirche in Allstedt, einer kleinen Stadt von Handwerkern und Ackerbürgern. Hier, wo er das Vertrauen des kurfürstlichen Amtsverwalters Joh. Zeys und des ehemaligen Pfarrers findet, kann er seine Ideen zum erstenmal in die Tat umsetzen. Seine friedvolle Haltung und sein vordringlich seelsorgliches Anliegen beweisen seine Gottesdienstordnung und ein Brief an die „Brüder zu Stollberg", in dem er das Leid und die Armut im Geiste als Voraussetzung des Regimentes Christi hinstellt. Im „Deutsch Kirchenamt" (das heißt Mette, Laudes, Vesper) und der „Deutsch Evangelisch Messe" schafft er die erste vollständig deutsche Liturgie und gibt in der „Ordnung und Berechnung des Deutschen Amtes zu Allstedt" dazu die theoretische Begründung. Müntzer will einen verständlichen, schriftgemäßen Gottesdienst fördern und so der „Errettung der armen, elenden, blinden Gewissen der Menschen" dienen. Die Gemeinde soll als Subjekt der Liturgie aktiv an ihr teilnehmen können. An Sprachgewalt erreicht er Martin Luther. Er übertrifft ihn aber an Treue gegenüber der liturgischen Tradition und an Verständnis für die religiöse Not des einfachen Volkes. Aus dieser betont seelsorglichen Haltung heraus nimmt der „Schwärmer" Müntzer ähnlich wie Karlstadt den äußeren Gottesdienst sehr viel ernster als Luther. Dieser erhielt von ihm Anregungen zu seiner Lieddichtung. Als Pfarrer in Allstedt selbständig geworden, gibt Müntzer das Liebeswerben um Wittenberg auf; ja, er geht scharf gegen Luther und seine Freunde vor, die mit der Verdeutschung zögern. „Sie wollen der Haut fürchten und wollen Prediger des Glaubens und Evangeliums sein." [40]

In den beiden Lehrschreiben von Ende 1523 „Von dem getichten Glauben" und „Protestation ... von dem rechten Christenglauben und der Taufe" kündet Müntzer Luther offen die Fehde an. In der „Protestation" greift er zum erstenmal das Taufproblem auf. Er warnt vor der Überschätzung der „äußeren Taufe". Nirgends sei zu lesen, daß Maria oder die Jünger Christi mit Wasser getauft worden seien. Wasser sei Jo 3, 5 wie überhaupt im 4. Evangelium als „Bewegung des Geistes" zu verstehen. Diese bewirke die innere, wahre und unbedingt notwendige Taufe. Die Erwachsenentaufe zu fordern lag nicht in der Linie dieser Gedankengänge. Zu Unrecht haben Luther und Melanchthon Müntzer zum Stifter der Wiedertäufer gemacht. Er hat die Wiedertaufe nie geübt, sie kam erst 1525 in Zürich auf.

[39] Thomas Müntzers Briefwechsel Nr. 38, 40.
[40] *E. Sehling*, Die ev. Kirchenordnungen I (Leipzig 1902) 499.

Neben der Leidensmystik eines Taulers sind die Geistlehre und der Chiliasmus des Joachim von Fiore Müntzers Quellen: „Bei mir ist das Zeugnis Abbatis Joachim groß" (Von dem getichten Glauben).

Müntzer war davon erfüllt, daß der Glaube sich im Bekenntnis vor der Welt bewähren muß und der Christ die tätige Verantwortung für die Welt und das Los des Nächsten trägt. Eine Scheidung in zwei Regimenter wie bei Luther gab es für ihn nicht. Der Wille Gottes erheischt auf allen Gebieten unmittelbare und unbedingte Verwirklichung. Aber noch dachte Müntzer, mit friedlichen Mitteln zum Ziel zu kommen, vor allem durch die Predigt des Wortes Gottes. Zum ersten Konflikt mit den politischen Gewalten kam es auch nicht wegen sozialpolitischer Differenzen, sondern weil der Graf von Mansfeld seinen Untertanen den Besuch von Müntzers „ketzerischer" Messe und Predigt verbot. Von der Kanzel aus nannte dieser ihn einen Schalk und einen Leuteschinder und im Schreiben vom 22. September 1523[41], das mit „Zerstörer der Ungläubigen" unterschrieben ist, steht er zu seinen Worten. Der Graf maße sich an, das heilige Evangelium zu verbieten. „Ihr sollt wissen, daß ich in solch mächtigen und rechten Sachen auch die ganze Welt nicht fürchte." Selbst wenn Müntzer droht: „Knackt nicht, der alte Rock reißt sonst", bietet er doch keineswegs das Bild eines Empörers gegen die gesellschaftliche Ordnung, sondern das eines eifernden Gottesmannes, dem es um den unabdingbaren Anspruch des Evangeliums geht. Wie wenig er von vornherein ein Revolutionär war, vielmehr noch mit den Fürsten zum Ziel zu kommen hoffte, zeigt seine „Fürstenpredigt", die er am 13. Juli 1524 vor dem Bruder Friedrichs des Weisen Herzog Johann von Sachsen und dessen Sohn Kurprinz Johann Friedrich auf dem Allstedter Schloß gehalten hat[42]. Danach ist das Reich Gottes keine rein zukünftig-jenseitige Größe und sind die Fürsten nicht „heidnische Leute" mit bloß weltlichen Aufgaben, sondern das Reich Gottes will schon in dieser Welt und Zeit verwirklicht werden, notfalls mit dem Schwert der Fürsten. Der bewährte, „ungedichtete" Glaube der Auserwählten darf sich nicht neben der Ordnung der Welt einrichten, er muß eine neue Wirklichkeit im Zusammenleben der Menschen schaffen. Das gilt besonders für die Fürsten. Das der Obrigkeit von Gott verliehene Schwert hat keine bloß abwehrende, die Übeltäter strafende Funktion, sondern eine positive gestalterische Aufgabe. Der rechte Regent muß das Regiment bei der Wurzel anfassen[43]. Wie der schlichte Gläubige muß auch der Fürst, der sich für das Evangelium einsetzt, „großes Kreuz und große Anfechtung" leiden. Denn das Kreuz ist Kennzeichen des Christen und Garant des Sieges. Weigern sich aber die Fürsten, ihr Schwert zugunsten der frommen Auserwählten gegen die Bösen zu gebrauchen, dann

[41] Thomas Müntzers Briefwechsel Nr. 44, 47 f.
[42] *C. Hinrichs,* Thomas Müntzers politische Schriften (Halle 1950) 5—28.
[43] Politische Schriften 24.

„wird das Schwert ihnen genommen und dem inbrünstigen Volke gegeben werden zum Untergang der Gottlosen“[44].

Auch nach dieser Predigt, als Müntzer im Ungewissen war, wie die Fürsten seine Worte aufgenommen hatten, versucht er noch, mit ihnen zum Ziele zu kommen. Er fordert sie auf, mit dem Volke dem göttlichen Bunde beizutreten: „Es muß ein beschiedener (das heißt vertraglich geregelter) Bund gemacht werden in solcher Gestalt, daß sich der gemeine Mann mit den frommen Amtleuten verbinde allein um des Evangeliums willen.“[45] Müntzer verwahrt sich gegen ein soziales Mißverständnis der Bundesziele, als ob es um materielle Erleichterung ginge.

Inzwischen schrieb Luther Ende Juli seinen „Brief an die Fürsten zu Sachsen von dem aufrührerischen Geist“ (WA 15, 210—221), in dem er Müntzer schlechthin als Satan bezeichnet und die Fürsten auffordert, dem „Unfug zu wehren und dem Aufruhr zuvorzukommen“. Er bezichtigt Müntzer der Feigheit, weil er ein Verhör „im Winkel“, das heißt vor ihm in Wittenberg, ablehne. Auch nachdem Müntzer in Weimar am 1. August verhört worden war, der Allstedter Rat ihn fallengelassen hatte, sein Bund und seine Druckerei verboten waren, hat er zunächst noch an einen legalen Weg mit den Fürsten gedacht, wie ein Brief vom 3. August 1524 an Friedrich den Weisen zeigt. Doch bald wurde ihm klar, daß die Landesobrigkeit sich ihm versagte. In das Los, wie ein stummer Hund dazusitzen und auf ihr Urteil zu warten, wollte er sich nicht fügen. So verließ er in der Nacht vom 7. zum 8. August heimlich die Stadt, um sich nach Mühlhausen zu begeben.

Aber selbst die im Oktober in Nürnberg gedruckte „Ausgedrückte Entblößung des falschen Glaubens ...“, eine radikalere Fassung der am 1. August dem Fürsten in Weimar vorgelegten Auslegung des 1. Lukaskapitels, zeigt, wie für Müntzer nicht die soziale, sondern die religiöse Frage nach dem rechten Glauben unbedingt vorherrschend ist: Glaube bedeutet Kraft zum Unmöglichen. Bevor es zu ihm kommen kann, muß der Gottlose vom Stuhl des Urteils gestoßen werden, muß der Mensch durch Leiden und Kreuz leer werden. Dann erst kann die „Kraft des Allerhöchsten“ über ihn kommen und der Heilige Geist ihn umschatten. Die Heilige Schrift bestätigt den Glauben, aus ihr lernt man den Weg zum Glauben. Dieser bleibt aber ein „bloß gedichteter“ und wird kein wirklicher, erfahrener Glaube, solange es nicht zum Kontakt mit dem noch immer und ewig wirksamen Geist gekommen ist. Die „gottlosen Schriftgelehrten“ halten sich „nach der Schrift ohne den Geist der Schrift“, sie „machen aus der Schrift einen Schanddeckel, welcher verhindert die rechte Natur des Christenglaubens“. Sie möchten gerne „das Zeugnis des Geistes Jesu auf die hohe Schule bringen“ und durch

[44] Brief an Friedrich den Weisen vom 4. 10. 1523, Briefwechsel Nr. 45, 50; vgl. „Auslegung“: Politische Schriften 26.

[45] Brief an Hans Zeyß vom 25. 7. 1524; Briefwechsel Nr. 59, 76.

die so in ihren Händen monopolisierte Auslegung der Bibel, „mit ihrer gestohlenen Schrift", das Volk unmündig halten.

Die Stolzen, die vom Thron gestürzt werden müssen, sind so für Müntzer vor den Fürsten die Schriftgelehrten, besser die „Schriftstehler" mit ihrem „mönchischen Abgott" Luther. Sie betrügen das Volk, indem sie das Studium der Schrift als heilsnotwendig hinstellen und gleichzeitig dem armen Mann predigen, er soll sich von den Tyrannen schinden und schaben lassen, daß er vor lauter Sorge um die tägliche Nahrung keine Zeit zum Schriftstudium hat.

Beschwerden über die materielle Not sind nur beiläufig. Nach der Kreuzesmystik Müntzers kommt der Mensch durch äußere und innere Not ja erst zum rechten Glauben: „Der Mensch muß seinen gestohlenen gedichteten Christenglauben in Trümmer zerstoßen durch mächtig hohes Herzeleid und schmerzliche Betrübnis und durch unerläßliches Verwundern. Da wird der Mensch sehr klein und sich vor seinen Augen verächtlich, damit sich die Gottlosen aufbrüsten und hoch aufmutzen, versinkt der Auserwählte. Da kann er Gott erheben und groß machen und kann sich nach der herzlichen Betrübnis auch aus ganzem Herzen freuen in Gott, seinem Heiland. Da muß das Große dem Kleinen weichen und von ihm zuschanden werden. Ach wüßten das die armen verworfenen Bauern, es wäre ihnen ganz nütze."[46] Verachtet Gott die „großen Hansen", die „großen Köpf mit prächtigen Titeln, wie jetzt die Kirche der Gottlosen hat", und nimmt er die Kleinen in Dienst, so ist doch das Volk noch nicht reif. Es „muß zuvor ganz hart gestraft werden". Es braucht den rechten Führer, „einen gnadenreichen Knecht Gottes im Geiste Eliae"[47]. „Viele müssen erweckt werden, auf daß sie mit allerhöchstem Eifer durch brünstigen Ernst die Christenheit fegen von den gottlosen Regenten."[48] Der neue Johannes muß „durch ein bewährtes Leben das Kreuz, von Jugend auf erkannt, andern eröffnen und schreien in die elenden, wüsten, irrenden Herzen der Gottesfürchtigen, die da jetzt anfangen zu wachen nach der Wahrheit"[49].

Es geht um die religiöse Erneuerung, um die „Bewegung des Geistes", daß der Mensch Christus „gleichförmig wird in seinem Leiden und Leben durch Umschattung des Heiligen Geistes", den die Welt verspottet, der allein den Armen im Geiste verliehen wird[50]. Freilich, wenn das echte christliche Regiment schon in dieser Welt zu verwirklichen ist, und zwar gegen die Mächtigen, dann ist eine Umschichtung der politischen und sozialen Verhältnisse nicht zu vermeiden.

Schon in Allstedt hatte Müntzer die Absicht, auf Luthers „Brief an die Fürsten zu Sachsen von dem aufrührerischen Geist" zu antworten. Denn er schreibt am 3. August an Friedrich den Weisen, um des Ärgernisses vieler Frommen willen dürfe Luthers Schandbrief nicht unbeantwortet bleiben[51].

[46] Politische Schriften 46. [47] Ebd. 46f. [48] Ebd. 46f.
[49] Ebd. 51. [50] Ebd. 55. [51] Briefwechsel Nr. 64, 84f.

Ob er aber die „Hochverursachte Schutzrede und Antwort wider das geistlose, sanftlebende Fleisch zu Wittenberg“ noch in Allstedt in Angriff genommen hat, ist ungewiß; fertiggestellt hat er sie jedenfalls erst in Mühlhausen, wahrscheinlich vor dem 19. September. Denn von den revolutionären Ereignissen dort, die am 27. mit Müntzers Ausweisung und Flucht nach Nürnberg endeten, ist darin noch nicht die Rede.

In dieser „Schutzrede“ verwahrt sich Müntzer dagegen, „Aufruhr“ gemacht zu haben. Er habe den Fürsten aus der Schrift gezeigt, daß sie das Schwert brauchen sollten, auf daß nicht Empörung entstehe. Allerdings seien die Fürsten keine Herren, sondern Diener des Schwertes. Auch sie seien an das Gesetz gebunden. Luther, der „Vater Leisetritt“, „Schmeichler“, „Doctor Lügner“, will sie „mit Christo in erdichteter Gütigkeit dekken“. Für Müntzer sind Gesetz und Gnade eins: „Christus hat im Evangelium durch seine Gütigkeit des Vaters Ernst erklärt.“ Es darf nicht sein, daß Luther die „Geduld Christi“ gegenüber den Großen übt und von den Kleinen die Beobachtung des Gesetzes verlangt. „Wenn die Großen Gnade haben wollen, müssen sie auch das Gesetz erfüllen, und die Kleinen brauchen nicht nur Geduld zu üben, sondern können die Erfüllung des Gesetzes erzwingen.“ [52] Müntzer verwirft so aufs entschiedenste die Entwertung des Gesetzes zugunsten der Gnade, das heißt Luthers Rechtfertigungslehre. Ja, er unterstellt dieser, daß sie einseitig den Standesinteressen der Großen diene. Entsprechend geht er gegen die Leugnung der Willensfreiheit durch Luther vor: Du „willst es Gott in den Busen stoßen, daß du ein armer Sünder und ein giftiges Würmlein bist mit deiner beschissenen Demut. Das hast du mit deinem phantastischen Verstand angerichtet aus deinem Augustino, wahrlich eine lästerliche Sach, aus freiem Willen die Menschen frech zu verachten.“ [53]

In Mühlhausen, wo seit Anfang 1523 Heinrich Pfeiffer wirkte und an der Nikolaikirche Predigten hielt, die immer stärker politisch-soziales Gepräge bekamen, war die Unruhe der Bürgerschaft gegen den Rat um die Zeit des Eintreffens Müntzers wieder neu aufgeflammt. Müntzer und Pfeiffer faßten die Forderungen der Bürger in 11 aus der Schrift belegten Artikeln zusammen. Am 19. September brach offener Aufruhr aus mit dem Ziel der Neuordnung der städtischen Verhältnisse nach Gottes Wort. Der Rat vermochte mit Hilfe der Bauern den Aufruhr zu dämpfen; Pfeiffer und Müntzer wurden am 29. September 1524 ausgewiesen. Im Oktober hielt Müntzer sich in Nürnberg auf, wo es ihm gelang, seine „Ausgedrückte Entblößung“ und „Hochverursachte Schutzrede“ gedruckt zu bekommen. Doch beide Schriften wurden konfisziert und Müntzer ausgewiesen. Er zog nach Süden, bekam Verbindung mit den aufständischen Bauern in Oberdeutschland, mit Oekolampad in Basel und mit Hubmaier. Auf den Ruf seiner Anhänger hin

[52] *C. Hinrichs,* Luther u. Müntzer (Berlin 1952) 178.
[53] Politische Schriften 95.

kehrte er Februar 1525 nach Mühlhausen zurück und wurde Prediger an der Marienkirche. Nun nahm er immer mehr die Züge eines sozialen Revolutionärs an. Es ging nicht nur um den aktiven Widerstand gegen eine gottlose Obrigkeit, sondern um die Neugestaltung der gesamten Lebensordnung der Christenheit nach Maßgabe der göttlichen Gerechtigkeit.

In Mühlhausen kam es März 1525 zur Wahl eines neuen „ewigen Rates", der ein neues, allein auf dem Gotteswort beruhendes christliches Regiment führen sollte: eine christliche Demokratie mit entscheidendem Einfluß der Prediger. Dabei scheint Pfeiffer mit seiner mehr praktisch-sozialen Zielsetzung größeren Anklang gefunden zu haben als Müntzer, der den Leuten mit seiner Reichgottespredigt im Grunde fremd blieb. Inzwischen hatten die Bauern in Thüringen sich erhoben, jedoch weniger auf Grund von Müntzers Agitation als auf das Beispiel der Oberdeutschen hin. Aber Müntzer rief nun seine Anhänger als „Knecht Gottes wider die Gottlosen" „mit dem Schwerte Gideonis" zum Anschluß an den Bauernkrieg auf. Diesen verstand er theologisch als Kampf für Gottes Regiment gegen alle angemaßte Obrigkeit. „Das sag ich euch, wollt ihr nicht um Gottes willen leiden, so müßt ihr des Teufels Martyrer sein ... Das ganze deutsche, französische und welsche Land ist wach ... Darum lasset euch nicht abschrecken. Gott ist mit euch ... Ihr sollt die große Menge nicht scheuen, es ist nicht euer, sondern des Herrn Streit. Ihr seid nicht, die da streiten."[54] In diesen „Streit des Herrn" begleitete Müntzer die Haufen der Bauern, aber nicht als militärischer Führer, sondern als Prediger, der ihren Widerstandswillen aufstachelte und um Hilfe warb. So schrieb er am 13. Mai 1525 an die Erfurter: „Helfet uns mit allem, was ihr vermöget, mit Volk, Geschütz, auf daß wir erfüllen, was Gott selber befohlen hat (Ez 34, 25; 39, 4—18; Dn 7, 27). ... Habt ihr nun Lust zur Wahrheit, machet euch mit uns an den Reigen; den wollen wir gar eben treten, daß wir's den Gotteslästerern treulich bezahlen, wie sie der armen Christenheit mitgespielt haben."

Der persönliche Anteil Müntzers am Bauernkrieg ist auf drei Wochen beschränkt. Er bezieht sich nur auf eine später überschätzte Episode, den thüringischen Aufstand mit der Katastrophe vom 15. Mai 1525 bei Frankenhausen. An dieser hat Müntzer allerdings großen Anteil, insofern er die Massen in seinem auf das Eingreifen Gottes bauenden Optimismus mitgerissen hat und alle Verhandlungen vereitelte. Auf einem Dachboden wurde er verhaftet und nach harter Folterung am 27. Mai vor Mühlhausen hingerichtet. Nach seinem Abschiedsbrief fühlte er sich vom Volk „nicht recht verstanden". Dieses hat „seinen Eigennutz mehr gesucht als die Rechtfertigung der Christenheit"[55], hat aus Müntzers Predigt von der Verwirklichung des göttlichen Willens das herausgehört, was ihm zusagte. Damit

[54] Schreiben an die Allstedter vom 26. oder 27. 4. 1525: Briefwechsel Nr. 75, 109 ff.
[55] Briefwechsel Nr. 94.

„zeigt sich ein letztes Mal offenkundig, daß der Revolutionär im Namen und Auftrage Gottes weder ein ‚Bauernführer‘ noch ein sozialer Agitator war, daß es ihm primär in Wahrheit nicht auf Menschenrechte und sozialen Fortschritt ankam, sondern auf Gottes Gesetz und eine im Glauben und Leben Gottes hörige, geistesmächtige Christenheit, die dann, im Gehorsam gegen Gott, auch den Dingen dieser Welt die rechte Gestalt und Ordnung geben muß.“[56] Müntzers liturgische Wirksamkeit überlebte seinen Sturz. Seine Kirchenämter und Lieder wurden weiter gesungen, sie erfuhren in den Erfurter Kirchenämtern von 1525 und 1526 eine Erneuerung. In Allstedt hielt sich die Müntzerische Kirchenordnung bis zur Visitation von März 1533. Wie Bugenhagen noch 1543 berichtet, ist sie in Wolfenbüttel damals neben anderen verwendet worden[57].

Wenn das Christentum in der Spannung steht zwischen der vorläufigen geschichtlichen Verwirklichung der Königsherrschaft Gottes und ihrer Endvollendung im anderen Äon, dann sind Luther mit einem rein eschatologischen Verständnis und Müntzer mit einer kurzschlüssigen Identifizierung äußerste Extreme. So ist verständlich, daß sich beide dem „Papismus“ näher fühlten als einander.

Die Nachwelt hat Müntzer einseitig im Zusammenhang mit dem Bauernkrieg gesehen und seinen Einfluß auf diesen überschätzt. Das ist nicht zuletzt auf die Melanchthon zugeschriebene „Histori Thome Muntzers des anfengers der Döringischen uffrur“[58] von 1526 und auf Luther selbst zurückzuführen. Dieser hat Müntzer als „mörderischen und blutgierigen Propheten“ (WA 18, 367) verfemt und als „Erzteufel“ hingestellt, „der zu Mühlhausen regiert und nichts denn Raub, Mord, Blutvergießen anrichtet“ (WA 18, 357), oder als Mordgeist, der „unter Gottes Namen durch den Teufel geredet hat“ (WA 18, 367). Dieses Bild wurde von Melanchthon in der „Histori Thome Muntzers“ an den Lehren und Taten des „besessenen Menschen“ im einzelnen nachgewiesen und dann von der Nachwelt übernommen.

Bei der Wesensverschiedenheit von Männern wie Luther und Karlstadt bzw. Müntzer — einer Verschiedenheit nicht nur in den Methoden, sondern in der geistig-theologischen Struktur — und bei der Härte, mit der sie sich von Anfang an bekämpften, stellt sich die Frage, was denn das „Reformatorische“ ausmacht. Was haben diese Männer gemeinsam darüber hinaus, daß sie sich gegen die überkommene kirchliche Ordnung gestellt haben?

[56] *W. Elliger,* Thomas Müntzer (Berlin 1960) 59 f.

[57] *O. H. Brandt,* Thomas Müntzer 239; 31

[58] Abgedruckt in: Thomas Müntzer. Sein Leben und seine Schriften, hrsg. von *O. H. Brandt* (Jena 1933) 38—50; vgl. *H. Boehmer,* Studien zu Thomas Müntzer: Zur Feier des Reformationsfestes der Univ. Leipzig (Leipzig 1922) 3 ff.

12. Kapitel

Der Bauernkrieg

BIBLIOGRAPHIE: *Dahlmann-Waitz* 9891—9902; 9976—9981; 10065—10080; *Schotten loher* 34765—35241; 51510—51531; 62311—62366; Bibl. de la Réforme I, Reg. S. 77.
QUELLEN: *L. Baumann,* QQ zur Gesch. des Bauernkrieges in Oberschwaben (Tübingen 1876); *ders.,* Akten zur Gesch. des Bauernkrieges aus Oberschwaben (Freiburg 1877); *H. Wopfner,* QQ zur Gesch. des Bauernkrieges in Dtl. I (Innsbruck 1908); *H. Brandt,* Der große Bauernkrieg (Jena 1925); Akten zur Gesch. des Bauernkrieges in Mittel-Dtl., hrsg. von *O. Merx, G. Franz* u. *W. P. Fuchs,* 3 Bde (Leipzig-Berlin 1923/41); *G. Franz,* QQ zur Gesch. des Bauernkrieges (München 1963).
LITERATUR: *G. Franz,* Der dt. Bauernkrieg (Darmstadt [4]1956); *R. M. Radbruch - G. Radbruch,* Der dt. Bauernkrieg zwischen MA u. Neuzeit (Göttingen [2]1962); *H. v. Schubert,* Revolution u. Reformation im 16. Jh. (Tübingen 1927); *H. Hantsch,* Der dt. Bauernkrieg (Würzburg 1925); *W. Stolze,* Bauernkrieg und Reformation (Leipzig 1926); *A. Rosenkranz,* Der Bundschuh, 2 Bde (Heidelberg 1927); *E. Bohnenblust,* Luthers Verhalten im Bauernkrieg (Bern 1929); *A. Waas,* Die große Wende im dt. Bauernkrieg (München-Berlin 1939) = HZ 158/159 (1938) 457—491; *ders.,* Die Bauern im Kampf um Gerechtigkeit. 1300—1525 (München 1964); *I. Schmidt,* Das göttl. Recht (Diss. Jena 1939); *M. M. Smirin,* Die Volksreformation des Th. Müntzer u. der große Bauernkrieg (Berlin [2]1956); *H. Kamnitzer,* Zur Vorgesch. des dt. Bauernkrieges (Berlin 1953); *W. Andreas,* Der Bundschuh (Karlsruhe 1953); *P. Althaus,* Luthers Haltung im Bauernkrieg (Tübingen 1952); *H. Michaelis,* Die Verwendung und Bedeutung der Bibel in den Hauptschriften der Bauern von 1525/26 (theol. Diss. masch. Greifswald 1954); *F. Lau,* Der Bauernkrieg und das angebliche Ende der lutherischen Reformation als spontaner Volksbewegung: LuJ 26 (1959) 109—134; *M. Greschat,* Luthers Haltung im Bauernkrieg: ARG 56 (1965) 31—47.

Nicht nur die Ritter, auch das Volk gedachte mit Luther und Zwingli zur Erfüllung seiner sozialpolitischen Wünsche zu kommen. Die Reformatoren hatten die geistliche Autorität in Frage gestellt und den gemeinen Mann zur Kritik und Stellungnahme aufgefordert. Die Programmschriften Luthers waren in vielen Auflagen ins Volk gedrungen. Darüber hinaus hatten kurze, leicht faßliche Flugschriften die Reformatoren und vor allem Luther selbst ungemein populär gemacht. Dem Bauer war die Bibel in die Hand gegeben worden, und er las sie eifrig oder ließ sie sich vorlesen. Zwingli berichtet: „Eines jeden Bauern Haus ist eine Schule, darin man Neues und Altes Testament, die höchste Kunst, lesen kann.“ [1]

Die Bibel sollte ja Richtschnur des täglichen Lebens sein. Damit war der gemeine Mann angeleitet, sich über vieles, was er bisher als selbstverständlich hingenommen hatte, seine eigenen Gedanken zu machen. Der Bauer war nach einem Wort Eberlins von Günzburg „witzig“ geworden [2]. Erwartete er von Luther die langersehnte Reform, dann war darin die Befreiung

[1] Werke III 463, 5 f.
[2] *P. Böckmann,* Der gemeine Mann in den Flugschriften der Ref.: DVfLG 22 (1944) 186 bis 230.

von seinen politischen Nöten und die Erfüllung seiner sozialen Wünsche eingeschlossen.

Einem solchen „fleischlichen" Verständnis des Evangeliums hatte Luther selbst in Schriften wie „An den christlichen Adel" Vorschub geleistet, wenn er auch immer gemahnt hatte, daß das Evangelium nicht durch Faust und Schwert, sondern durch die ihm eigene Gotteskraft siegen wolle. Doch weshalb sollte der Kampf gegen unbiblische Menschensatzung bei der Hierarchie und den Klöstern stehenbleiben und sich nicht auch gegen die Grundherrschaften wenden, die dazu vielfach mit den Bischöfen und Äbten identisch waren? In der Schrift „Von weltlicher Obrigkeit, wieweit man ihr Gehorsam schuldig sei" (1523; WA 11, 245—280) hatte Luther sich gegen Übergriffe der weltlichen Obrigkeit auf das geistliche Gebiet gewehrt, aber dabei auch heftige Kritik an ihrem weltlichen Regiment geübt und seiner Sorge vor einem kommenden Strafgericht Ausdruck gegeben. „Sie (das heißt die weltlichen Herren) konnten nicht mehr denn schinden und schaben, einen Zoll auf den anderen, einen Zins über den anderen setzen ... und handeln, daß es Räubern und Buben zuviel wäre und ihr weltlich Regiment ja so tief darniederliegt, als der geistlichen Tyrannen Regiment (WA 11, 265) ... Und sollst wissen, daß von Anbeginn der Welt gar ein seltsam [= selten] Vogel ist um einen klugen Fürsten, noch viel seltsamer um einen frommen Fürsten. Sie sind gemeiniglich die größten Narren oder die ärgsten Buben auf Erden (267 f). ... Man wird nicht, man kann nicht, man will nicht eure Tyrannei und Mutwillen die Länge leiden. Liebe Fürsten und Herren, lernet euch danach zu richten, Gott wills nicht länger haben. Es ist jetzt nicht mehr eine Welt wie vorzeiten, da ihr die Leut wie das Wild jagtet und triebet. Darum laßt ab von eurem Frevel und eurer Gewalttat" (270).

Im Gegensatz zu Luther ließ Zwingli aktiven Widerstand gegen eine ungöttliche Obrigkeit gelten. „Man muß das Auge, so es verbösert, ausgraben und hinwerfen, die Hand, den Fuß abhauen."[3] Entsprechend hatte er in Zürich mit der Einführung der Reformation eine Neuordnung der politischen Verhältnisse in Angriff genommen.

Das 16. Jh. brachte eine allgemeine Verbesserung der wirtschaftlichen Lage der Bauern. Man kann nicht von einer Notlage des Bauerntums, von einer besonderen wirtschaftlichen Bedrängnis reden. Eher von einem neuen Selbstbewußtsein, das nach der entsprechenden Stellung in der Gesellschaft verlangte und sich erst recht wehrte gegen die Beschränkung der bäuerlichen Selbstverwaltung und des Gemeinbesitzes an Weide, Wald und Wasser durch den sich ausbildenden Territorialstaat. Die Führer im Bauernkrieg waren so nicht die Armen des Dorfes, das Proletariat, sondern gerade wohlhabene und angesehene Bauern. Sie verlangten ihr „altes Recht" und darüber hinaus gleichberechtigte Eingliederung in das staatliche Leben, wie sie ihnen nach Gottes Gerechtigkeit zustehe.

[3] Werke II 344, 14 ff.

Gleichzeitig waren zahlreiche Städte Schauplatz heftiger sozialer Auseinandersetzungen. Darin erhoben sich die sozial tiefer stehenden Schichten gegen das herrschende Bürgertum, Handwerksgesellen und andere Handarbeiter gegen die Patrizier und Herren. Nicht allein die Bauern, sondern das arme gemeine Volk insgesamt in Stadt und Land kämpfte um seine christliche, brüderliche Freiheit und seine soziale und politische Stellung in der Gesellschaft. Der Name „Bauernkrieg" wird diesem häufigen Miteinander von Städtern und Bauern nicht gerecht.

Schon vor der Erhebung der Bauern in größeren Gebieten Deutschlands unter dem Einfluß der reformatorischen Bewegung war es seit Jahrzehnten immer wieder zu örtlichen Bauernaufständen gekommen. Unter diesen hatten größere Bedeutung der „Arme Konrad", der 1514 Württemberg ergriff, und die Bewegung des „Bundschuh" in Südwestdeutschland. Letztere entzündete sich am Beispiel der nahen Schweizer Eidgenossen, nahm 1483 im Gebiet von Schlettstadt ihren Ausgang und wurde 1502 im Bistum Speyer, 1513 im Breisgau und 1517 am Oberrhein aktiv. Ihr Führer war Joß Fritz, ein leibeigener Bauer des Bischofs von Speyer. Er forderte die Abschaffung der Leibeigenschaft mit allen Zinsen und Zehnten und die Freigabe von Jagd und Fischfang; vor allem sollten Pfaffenherrschaft und Klöster beseitigt werden. Nur Kaiser und Papst, sonst keinem Herrn wollte man gehorsam sein. Die „Reformation des Kaisers Siegmund" aus dem Jahre 1439, die um die Jahrhundertwende mehrere Neuauflagen erlebte, gab dem „Bundschuh" die Parole: „‚Nichts denn die Gerechtigkeit!' stand sieghaft auf der Fahne der Verschworenen über dem Bilde des gekreuzigten Heilandes, zu dessen einer Seite ein Bundschuh zu sehen war, auf dessen anderer ein kniender Bauer flehend die Hände zum Herrn erhob. ‚Der Gerechtigkeit Beistand zu tun', war das Ziel des Bundschuhs."[4] Doch all seine Unternehmungen sind gescheitert.

Der große Bauernkrieg erfaßte zwar weitere Gebiete Deutschlands und reichte bis tief nach Thüringen und Sachsen hinein, war aber kein geschlossenes, zentral geleitetes Unternehmen, sondern eine Reihe von Einzelaktionen, die sich alle an demselben Konfliktstoff entzündeten, dieselben Forderungen stellten und von der allgemeinen Unruhe, ja dem Fieber der Zeit ihre gefährliche untergründige Dynamik erhielten. Der Aufstand begann Mai/Juni 1524 mit der Erhebung der Stühlinger Bauern im Südschwarzwald. Hier berief man sich zunächst noch nicht auf das göttliche Recht und die Bibel, sondern verteidigte gegen die Landesherrschaft des Grafen Sigmund sein altes, geschriebenes Recht. In dem ehemaligen Landsknecht Hans Müller fanden die Bauern einen kriegserfahrenen und wortgeübten Führer. Er arbeitete auf eine gewaltsame Auseinandersetzung hin und schaute sich nach Verbündeten um, die er im nahen Waldshut zu finden

[4] *G. Franz,* Der dt. Bauernkrieg (Darmstadt [4]1956) 65.

hoffte. Die Stadtgemeinde hatte dem österreichischen Statthalter die Auslieferung des zwinglianischen Predigers Balthasar Hubmaier verweigert, ihn von neuem zu ihrem Pfarrer gewählt und die altgläubigen Priester aus der Stadt gewiesen. Bürger und Bauern standen so gemeinsam gegen ihre Obrigkeit, und die Sache der Bauern war mit der des Evangeliums verknüpft. Die politische Lage hinderte Erzherzog Ferdinand an energischen Maßnahmen. Die Türkengefahr band ihn im Osten, wegen des Krieges mit Franz I. war Rücksicht auf die Schweiz geboten. Dazu suchte Ulrich von Württemberg die bedrängte Lage Österreichs auszunutzen, um mit französischem Geld, schweizerischen Söldnern und der Hilfe der Bauern wieder zu seinem Land zu kommen. So war an eine schnelle, gewaltsame Unterdrückung des Aufstandes nicht zu denken. Die Unruhen breiteten sich aus, ohne daß es im Laufe des Winters zu entscheidenden Aktionen kam. Die Niederlage Franz' I. bei Pavia (24. 2. 1525) ließ das vorwiegend aus Schweizern bestehende Kriegsvolk Ulrichs von Württemberg vor Stuttgart zusammenschmelzen, als die Eroberung schon sicher schien. Sein Mißerfolg war auch eine Niederlage der Bauern.

Inzwischen hatte die Bewegung auf Schwaben, das Elsaß, Franken, Thüringen, Sachsen, Tirol und Kärnten übergegriffen. Die Programmschrift, die zwölf „Hauptartikel aller Bauernschaft" in Schwaben[5], stellte der Memminger Kürschner Sebastian Lotzer zusammen. Von dem zwinglianischen Prediger Christoph Schappeler wurden diese Forderungen der Bauern als evangelisch hingestellt. Unter Berufung auf zahlreiche Bibelstellen verlangte man: freie Pfarrerwahl und reine Predigt, Verwendung des großen Zehnten für die Besoldung der Pfarrer, Abschaffung des kleinen Zehnten, Beseitigung der Leibeigenschaft, da Christus alle Menschen erlöst habe und sie daher frei sein sollten, Aufhebung der Jagd- und Fischereiprivilegien. Schon früher vorgebrachte Forderungen nach dem alten deutschen Recht wurden nun aus dem Evangelium hergeleitet. Überall führte man diese Artikel ins Feld.

Dabei hatten die Unruhen anfangs keinen kriegerischen Charakter. Wohl rotteten die Bauern sich zusammen, aber nicht zum Kampf mit der Waffe, sondern um in Demonstrationen ihren Forderungen Nachdruck zu verleihen. Man war auf Verhandlungen eingestellt. Gerade die Verquickung sozialökonomischer Forderungen mit religiösen Motiven führte vielfach zur Anwendung von Gewalt, zu Plünderung von Burgen und Klöstern. Auch nichtbäuerliche Elemente schlossen sich an. Da eine einheitliche straffe Führung fehlte und die Ernährung einer größeren Zahl von Männern erhebliche Schwierigkeiten bereitete, artete der Aufstand immer mehr in allgemeine Brandschatzung aus. Die Augen der Bauern waren auf Luther gerichtet. Von

[5] Hrsg. von *A. Goetze:* HV 5 (1902) 9—15; *G. Franz,* QQ zur Gesch. des Bauernkrieges (München 1963) 174—179; *A. Waas,* Die Bauern im Kampf um die Gerechtigkeit (München 1964) 96 ff.

ihm erwarteten sie moralische Unterstützung. Er suchte zunächst zu vermitteln. Im April schrieb er die „Ermahnung zum Frieden auf die zwölf Artikel der Bauernschaft in Schwaben" (WA 18, 291—334). Hier ermahnt er die Bauern, Gottes Namen nicht zu mißbrauchen; „... den christlichen Namen, sage ich, den lasset stehen und macht den nicht zum Schanddeckel eueres ungeduldigen, unfriedlichen, unchristlichen Furnehmens" (314). Der Christ solle Unrecht leiden und sich nicht gegen die Obrigkeit empören. Luther mahnt aber auch die Herren, ihr weltlich Regiment nicht zu mißbrauchen und die Bauern nicht mehr „zu schinden und zu schatzen" (293). „Es sind nicht die Bauern, die sich wider euch setzen. Gott selbst setzt sich wider euch, heimzusuchen eure Wüterei" (295). Noch bevor diese Schrift im Mai gedruckt erschienen war, forderte Luther unter dem Eindruck des mit kaum vorstellbarer Härte geführten Krieges und des, wie er meinte, Mißbrauches des Evangeliums durch Thomas Müntzer in der Schrift „Wider die räuberischen und mörderischen Rotten der Bauern" (WA 18, 357—361) die Fürsten zum schonungslosen Einschreiten auf. In den Bauern sieht Luther jetzt den Teufel wirksam; ihre Niederwerfung ist Gottesdienst. „Ein aufrührerischer Mensch ist in Gottes und kaiserlicher Acht, daß, wer am ersten kann und mag denselben erwürgen, recht und wohl tut. Denn über einen öffentlichen Aufrührer ist jeder Mensch beides: Oberrichter und Scharfrichter ... Darum soll hie zuschmeißen, würgen, stechen, heimlich oder öffentlich, wer da kann, und bedenken, daß nichts Giftigeres, Schädlicheres, Teuflischeres sein kann als ein aufrührerischer Mensch. Gleich als wenn man einen tollen Hund totschlagen muß. Schlägst du nicht, so schlägt er dich und ein großes Land mit dir" (358). „Darum, liebe Herren, löset hie, rettet hie, helft hie. Erbarmet euch der armen Leute. Steche, schlage, würge hie, wer kann. Bleibst du darüber tot, wohl dir, einen seligeren Tod kannst du nimmermehr sterben. Denn du stirbst im Gehorsam gegenüber dem göttlichen Wort und Befehl (Röm 13) und im Dienst der Liebe, deinen Nächsten zu erretten aus der Hölle und aus Teufels Banden" (361).

Dieses Hauen, Stechen und Erschlagen haben die Fürsten in schonungsloser Grausamkeit in die Tat umgesetzt. Des Aufrufes Luthers hätte es dazu wohl nicht bedurft. Nach anfänglichen Erfolgen — die Kurfürsten von Mainz und von der Pfalz sahen sich u. a. genötigt, die zwölf Artikel anzuerkennen — unterlagen die Bauernheere mangels straffer Führung und großräumiger Planung bald dem organisierten Widerstand der Fürsten. Der Feldherr des Schwäbischen Bundes, Truchseß Georg von Waldburg, schlug die oberschwäbischen Bauern am 14. April bei Wurzach, die Württemberger am 12. Mai bei Böblingen und die Franken am 2. und 4. Juni bei Königshofen und Ingolstadt. Nach Unterwerfung der hessischen Bauern marschierte Philipp von Hessen in Thüringen ein und schlug mit Herzog Georg von Sachsen und dem Herzog von Braunschweig am 15. Mai 1525 bei Frankenhausen ein ca 8000 Mann starkes Heer aus Bauern und Bürgern vernichtend. Thomas Müntzer hatte als Feldprediger ihren Widerstandsgeist entfacht und sie mit dem Pfingsthymnus „Komm, Heiliger Geist, Herre Gott" in die Schlacht geführt, die bald zu einer wüsten Flucht und einem wilden Stechen wurde. Er selbst wurde auf einem Dachboden gefunden und hingerichtet. Die elsässischen Bauern schlug Herzog Anton von Lothringen am 17. Mai bei Zabern; die pfälzischen wurden am 24. Juni bei Pfeddersheim geschlagen. Mit der Einnahme der Stadt Salzburg durch den Schwäbischen Bund am 30. Juli war der Bauernaufstand niedergeworfen. Im ganzen waren etwa 100 000 Bauern in der Schlacht umgekommen bzw. grausam umgebracht, geköpft, gespießt, verbrannt oder geblendet worden. Alle den Bauern zugesicherten Verträge waren dahin. Die von Herrschaften und Landesherren mit ihnen geschlossenen Abmachungen mußten — so verlangte es der Schwäbische Bund bzw. sein Feldherr Georg Truchseß von Waldburg — für null und nichtig erklärt werden.

Die Sieger waren die Fürsten. Noch mehr als der in seiner Kraft gebrochene Adel waren nun Bauern und Bürger ihrer landesherrlichen Gewalt unterworfen. Dazu zogen die Fürsten den Besitz der zerstörten oder verwaisten Klöster ein. Für die Reformation bedeutete der Bauernkrieg weitgehend ihr Ende als einer Volksbewegung. Man machte vielfach Luther für die geschehenen Grausamkeiten mitverantwortlich. Wenn auch in ganz anderem Sinn hat Luther diesen Vorwürfen recht gegeben, indem er Januar 1533 in einer Tischrede ausführte: „Prediger sind die allergrößten Totschläger. Denn sie ermahnen die Obrigkeit, daß sie entschlossen ihres Amtes walte und die Schädlinge bestrafe. Ich habe im Aufruhr alle Bauern erschlagen; all ihr Blut ist auf meinem Hals. Aber ich schiebe es auf unseren Herrgott; der hat mir befohlen, solches zu reden ..." (WA Tr 3, 75, Nr. 2911a).

Übel hat man Luther genommen, daß er ausgerechnet in diesen notvollen Tagen am 13. Juni 1525 die ehemalige Zisterziensernonne Katharina Bora zum Weibe nahm. Darüber war selbst Melanchthon verärgert; kein Wunder, daß katholische Kontroverstheologen wie Johann Cochläus daraus Kapital gegen den Reformator schlugen. Der kleine Mann wandte sich vielfach enttäuscht von Luther ab, schloß sich Täufern und Sekten an oder stand nunmehr unbeteiligt beiseite. Die Reformation hatte aufgehört, Volksbewegung zu sein; jedenfalls brachte der Bauernkrieg eine große Einbuße an Popularität für Luther. Seine „heroische" Zeit war zu Ende. Immer mehr nahm die Obrigkeit die Reformation in die Hand und nützte sie aus, um die Untertanen in den modernen Staat einzugliedern. Wir können seitdem von der Epoche der Fürstenreformation sprechen[6]. Statt eines Gemeindechristentums mit freier Pfarrerwahl kam die Landeskirche.

[6] *F. Lau:* LuJ 26 (1959) 109—134 sieht in dieser Behauptung, mit dem Bauernkrieg habe die Zeit obrigkeitlich gelenkten Kirchentums begonnen, eine „besonders festgefressene" und „vielleicht die gefährlichste Lutherlegende". Als Gegenbeweis weist er auf die Refor-

13. Kapitel

Luthers Absage an den Humanismus. Der späte Erasmus

LITERATUR: Vgl. Quellen u. Lit. Bd III/2 Kap. 61. — *F. Kattenbusch,* Luthers Lehre vom unfreien Willen und von der Prädestination nach ihren Entstehungsgründen untersucht (Diss. Göttingen 1875); *K. Zickendrath,* Der Streit zwischen Erasmus und Luther über die Willensfreiheit (Leipzig 1909); *H. Jedin,* Des Johannes Cochläus Streitschrift De libero arbitrio hominis (1525) (Breslau 1927); *E. Schott,* Luthers Lehre vom servum arbitrium in ihrer theologischen Bedeutung: ZSTh 7 (1929) 399—430; *W. Maurer,* Humanismus und Reformation: ThR NF 3 (1931) 49—74 104—145; *R. Hermann,* Zu Luthers Lehre vom unfreien Willen: Greifswalder Studien zur Lutherforschung und neuzeitlichen Geistesgeschichte 4 (1931) 17—38; *A. Renaudet,* Études érasmiennes (1521—1529) (Paris 1939); *E. Schweingruber,* Luthers Erlebnis des unfreien Willens (Zürich 1947); *L. Schauenburg,* Luthers Lehre vom verborgenen, alleinwirksamen Gott und von der Unfreiheit des Willens (phil. Diss. Göttingen 1949); *E. Erikstein,* Luthers Prädestinationslehre geschichtlich dargestellt bis einschließlich „De servo arbitrio" (Diss. masch. Göttingen 1957); *M. Werner,* Erasmus und Luther: Glaube und Aberglaube (Bern-Stuttgart 1957) 50—65; *H. Bandt,* Luthers Lehre vom verborgenen Gott (Berlin 1958); *H. Bornkamm,* Erasmus und Luther: LuJ 25 (1958) 3—22; *W. Maurer,* Melanchthons Anteil am Streit zwischen Luther und Erasmus: ARG 49 (1958) 89—115 = *ders.,* Melanchthonstudien (Gütersloh 1964) 137—162; *C. Reidijk,* Das Lebensende des Erasmus: Basler Zschr. für Gesch. u. Altertumskunde 57 (1958) 23—66; *K. H. Oelrich,* Der späte Erasmus und die Reformation (Münster 1961); *O. J. Mehl,* Erasmus contra Luther: LuJ 29 (1962) 52—64; *J. Boisset,* Érasme et Luther (Paris 1962); *E. W. Kohls,* Die Theologie des Erasmus (Basel 1966).

Die Beziehungen von Humanismus und Reformation sind vielseitig und eng. Viele Freunde und Mitarbeiter Luthers, wie Melanchthon, Spalatin, Justus Jonas u. a., waren Humanisten. Luther selbst war vor allem als Pädagoge und Liebhaber der biblischen Sprachen vom Humanismus erfaßt und ihm zugetan. Ulrich Zwingli war Schüler des Erasmus und Humanist, auch die übrigen Schweizer Reformatoren waren stark vom Humanismus geprägt. Durch seine Kritik an der Kirche und sein Drängen auf Reform hatte dieser der Reformation den Boden bereitet. In den Sodalitäten, den Humanistenkreisen, fand Luther die erste Resonanz und eine begeisterte Anhängerschaft. Trotzdem hatten Humanisten wie Johannes Reuchlin sich der Reformation versagt. Andere, wie Willibald Pirckheimer, Conrad Peutinger, Ulrich Zasius, Mutianus Rufus, Christoph Scheurl und Crotus Rubeanus, brachten ihr zunächst Sympathie entgegen, weil sie sich von ihr die lange geforderte Reform versprachen. Sie distanzierten sich aber, als deutlich wurde, daß die lutherische Bewegung auf eine revolutionäre Neugründung hinauslief, an der die Einheit der Kirche zerbrechen mußte. Vor allem widersprach der

mation norddeutscher Städte in der Zeit von 1525—30 hin. Doch 1. geht es hier um Städte, 2. um solche in Norddeutschland, wo der Bauernkrieg nicht gewütet hatte, 3. ist die reformatorische Bewegung dort meist schon vor 1525 im Gang, und niemand wird behaupten, daß die Wende zur Fürstenreformation schlagartig vor sich gegangen ist.

z.T. tumultuarische Ablauf der Reformation den Vorstellungen dieser Bildungsaristokraten[1]. Gerade die großen Männer der älteren Generation wandten sich durchweg wieder von Luther ab. Hatte der Humanismus durch seine Bemühungen um den Bibeltext und durch seine Kritik an der Kirche in formaler Hinsicht vieles gemeinsam mit der Reformation, so stand er ihrem Materialprinzip, dem „sola fide" bzw. „sola gratia", durch seinen ethischen Optimismus bzw. Moralismus ferner, als den meisten Zeitgenossen bewußt war.

Das gilt vor allem für *Desiderius Erasmus.* Er stand bei Ausbruch der Reformation auf der Höhe seines Wirkens, und alle Welt erwartete von ihm eine Entscheidung für oder gegen Luther. Doch er hielt sich zurück. Noch Mai 1519 schreibt er: „Luther ist mir vollständig unbekannt, ich hatte noch keine Zeit, seine Bücher durchzulesen."[2] Er möchte sich „möglichst aus allem heraushalten, um desto mehr dem Wiederaufblühen der Wissenschaft nützlich zu sein"[3]. Auch nach Erlaß der Bulle „Exsurge Domine" sieht er im Kampf gegen Luther „Haß gegen die Wissenschaft". Die Mönche wollen diese unterdrücken, „damit sie ungestraft mit ihrer Barbarei herrschen können"[4]. An Luther mißfällt ihm lediglich das Laute und Kämpferische. „Wäre doch Luther meinem Rat gefolgt und hätte sich von diesen Haß und Aufruhr bringenden Dingen ferngehalten!"[5] „Seine Schärfe ist so groß, daß, selbst wenn alles, was er geschrieben, die reinste Wahrheit wäre, die Sache keinen glücklichen Ausgang nehmen könnte."[6] Dem Papst schreibt Erasmus im September 1520, man dürfe ihn nicht für einen Lutheraner halten, weil er nicht gegen Luther geschrieben habe. Denn er habe nicht die Zeit zu einer gründlichen Lektüre der Schriften Luthers. Weiter übersteige diese Aufgabe seine Begabung und Bildung. Er wolle den damit schon beschäftigten Universitäten den Rang nicht streitig machen und scheue sich zudem, sich den Haß so vieler mächtiger Männer zuzuziehen[7]. Von Friedrich dem Weisen November 1520 in Köln nach seiner Beurteilung des Streites um Luther befragt, soll er nach einer Mitteilung Spalatins ebenso leichtfertig wie spritzig geantwortet haben: Luther habe in zwei Stücken gesündigt: daß er dem Papst an die Krone und den Mönchen an die Bäuche gegriffen habe[8]. Vom päpstlichen Legaten Aleander deshalb zur Rede gestellt, bestritt Erasmus diese Äußerung.

[1] C. Mutian: „Ego phanaticos lapidatores non amo": *K. Gillert,* Der Briefwechsel des Conradus Mutianus (Halle 1890) n. 620.

[2] Brief vom 18. 5. 1519 an Th. Wolsey: *P. S. Allen,* Opus epistolarum Des. Erasmi Roterodami III n. 967, 78ff; vgl. Brief vom 30. 5. 1519 an Luther: *Allen* III n. 980.

[3] Brief vom 30. 5. 1519 an Luther: *Allen* III n. 980, 37f.

[4] Brief vom 9. 9. 1520 an G. Geldenhauer: *Allen* IV n. 1141, 25f; 39.

[5] Ebd. *Allen* IV n. 1141, 10.

[6] Brief vom 5. 7. 1521: *Allen* IV n. 1218, 5—7.

[7] *Allen* IV n. 1143, 50—58; vgl. Brief vom 23. 9. 1521: *Allen* IV n. 1236.

[8] Vgl. *Allen* IV S. 370; WA Tr I 55 n. 131.

Aus dem Wunsch, Zuschauer zu bleiben und vielleicht zu gegebener Zeit die Schlichtung zu übernehmen, entzog er sich im Herbst 1521 der Entscheidung, der er in Löwen nicht länger ausweichen konnte, durch „Flucht" nach Basel. Von dort schreibt er an W. Pirckheimer: „Die Lutheraner drohen mir öffentlich mit Schmähschriften, und der Kaiser ist schier überzeugt davon, daß ich die Quelle und das Haupt des ganzen lutherischen Aufruhrs bin. Und so komme ich von beiden Seiten her bös in Gefahr, während ich mich doch um alle verdient gemacht habe."[9] Als Ulrich von Hutten Ende des Jahres 1522 Erasmus zum Eintreten für die Reformation bestimmen wollte und gleichzeitig in seiner eigenen schweren Lage Halt bei ihm suchte, ließ dieser sich tagelang verleugnen. Auf die bitteren Vorwürfe des todkranken Ritters in der „Expostulatio cum Erasmo" (1523), dieser wage nicht, die Konsequenzen zu ziehen, weil er in seiner unersättlichen Ruhmsucht um sein Ansehen bei den großen Herren fürchte, gibt Erasmus die Antwort: „Ich bleibe außen ... ich gehöre zu keiner Partei ... Unter Partei verstehe ich das völlige Eingeschworensein auf alles, was Luther geschrieben hat ... Ich aber liebe die völlige Freiheit und will und kann niemals einer Partei dienen."[10]

Luther schätzte Erasmus wegen seiner Verdienste um die biblische Sprache. Ohne deren Kenntnis konnte er sich keine echte Theologie vorstellen[11]. Überschwenglich hatte er den Humanisten gefeiert, ihn als „unsere Zierde und Hoffnung" begrüßt und sich als seinen „kleinen Bruder in Christus" bezeichnet[12]. Noch in „De servo arbitrio" betont Luther den großen Dienst, den Erasmus ihm auf dem Gebiet der Sprachwissenschaft erwiesen habe: „Ich gestehe, daß ich Dir viel verdanke und Dich deswegen aufrichtig verehre und bewundere" (WA 18, 786, 38 ff). Dabei hatte der Reformator aber schon früh gespürt, wie innerlich wesensfremd Erasmus ihm war, und in ihm den bildungsstolzen Heiden gewittert, dem „die menschlichen Dinge mehr galten als die göttlichen"[13]. Luther war sich aber klar, was es für seine Sache bedeutete, wenn Erasmus gegen sie Stellung nahm. Konnte er ihn schon nicht gewinnen, dann hoffte er wenigstens auf sein Schweigen. Entsprechend schrieb er April 1524: „Wenn du schon nicht mehr beitragen willst, dann sei wenigstens ein bloßer Zuschauer unserer Tragödie. Mache aber nicht gemeinsame Sache mit unseren Widersachern. Vor allem veröffentliche keine Schriften gegen mich, wie ich es gegen dich nicht tun will."[14] Damals arbeitete Erasmus aber schon an seiner Schrift „De libero arbitrio diatribe sive collatio". Er nahm sich freilich Zeit. Im September 1524 meldet er König

[9] Brief vom 30. 3. 1522: *Allen* V n. 1268, 76—79.
[10] „Spongia adversus adspergines Hutteni" (1523): Opp. X 1650 BD.
[11] Brief an Eobanus Hessus vom 29. 3. 1523: WA Br 2, 50.
[12] Brief vom 28. 3. 1519: WA Br 1, 361 363.
[13] Brief an Johannes Lang vom 1. 3. 1517: WA Br 1, 90, 19.
[14] WA Br 3, 271; *Allen* V n. 1443, 67—70.

Heinrich VIII.: „Der Würfel ist gefallen; das Buch über den freien Willen ist ans Licht gekommen.“ [15] Daran wird deutlich, wie sehr Erasmus gedrängt worden war und wie er gezögert hatte, öffentlich Stellung zu nehmen. Die Wahl des Themas zeigt, was der große Humanist vor allem gefährdet sah: die Würde des Menschen, der bei allem Verwiesensein auf die Gnade Partner Gottes ist. Luther selbst spricht in seiner Antwort Erasmus seine Anerkennung aus, den entscheidenden Punkt erfaßt zu haben. „Du hast dich wirklich an die Hauptsache gehalten und mir nicht — wie all die anderen, die bis jetzt über mich hergefallen sind — mit den lächerlichen Fragen nach Papsttum, Fegfeuer und Ablaß zwecklos zugesetzt. Du einzig und allein hast erkannt, worum es eigentlich geht. Du hast den Stier bei den Hörnern gepackt.“ [16] In die Auseinandersetzung um den freien Willen sah Erasmus sich schon länger gestellt. Im Februar 1523 hatte er sich gegen den Vorwurf des Pelagianismus zu wehren, der ihm von lutherischer Seite wegen seiner Lehre über den freien Willen in der Paraphrase zum Römerbrief (1517) gemacht worden war. Dabei bringt er Argumente, die er in „De libero arbitrio“ näher ausführt[17]. Er sieht den Menschen zwischen Scylla und Charybdis des Vertrauens auf seine Werke und eines zügellosen Fatalismus. Luthers Lehre entnimmt er der „Assertio“ (1520), der ausführlichen Gegenschrift zur Bulle „Exsurge Domine“. Hier hatte der Reformator die These vertreten: „Der freie Wille nach der Sünde ist ein bloßes Wort, und wenn der Mensch tut, was in ihm ist, sündigt er schwer.“ [18] Es geht bei der Auseinandersetzung zwischen Luther und Erasmus nicht um die moralische Freiheit allgemein, sondern um die Rolle des menschlichen Willens bei der Verwirklichung des Heiles. Kann er von sich aus das Heil erlangen, bzw. kann er die angebotene Gnade in Freiheit annehmen oder ablehnen? Für Erasmus bestätigen die Heilige Schrift, die Philosophen und der gesunde Menschenverstand, daß der Wille frei ist. Wozu brauchte sonst die Schrift zu tadeln und zu ermahnen oder den Gehorsam zu preisen. Die Gerechtigkeit und die Barmherzigkeit Gottes haben keinen Sinn ohne einen Rest von Wahlfreiheit auf seiten des Menschen.

Mit Augustinus möchte Erasmus die Rolle des freien Willens nicht zu hoch anschlagen: „Mir sagt die Meinung derer zu, die einiges dem freien Willen, doch das meiste der Gnade zuschreiben.“ [19] Der Mensch bedarf der zuvorkommenden und der mitwirkenden Gnade. Diese ist die Urheberin und nicht bloße Begleiterin des Werkes, das sie mit dem freien Willen wirkt. Gegen Karlstadt und Luther legt Erasmus eine dritte Auffassung dar, die dem freien Willen Raum läßt, aber auch keinen Zweifel darüber läßt, daß

[15] *Allen* V n. 1493, 4.

[16] „De servo arbitrio“ WA 18, 786; in folgendem zit. mit Seite und Zeilen.

[17] *Allen* V n. 1342. [18] Art. 36: WA 7, 142, 22.

[19] 90, 11 f. Zit. mit Seite und Zeilen nach der Ausg. von Joh. v. Walther (Leipzig 1910; Nachdr. 1935).

schließlich alles auf die Gnade Gottes ankommt. „Hier haben wir es mit Leuten zu tun, die von Pelagius sehr weit abrücken, die der Gnade sehr viel und dem freien Willen fast nichts zuschreiben und die ihn dennoch nicht gänzlich aufheben: sie sagen, der Mensch könne das Gute nicht wollen ohne die besondere Gnade (gratia peculiaris), er könne nicht anfangen, nicht fortschreiten und nicht vollenden ohne die führende und dauernde Hilfe der göttlichen Gnade. Ihre Meinung scheint hinreichend wahrscheinlich, denn sie läßt dem Menschen die Möglichkeit, sich zu bemühen, läßt ihm dabei aber keine Möglichkeit, sich seiner Bemühungen zu rühmen" (30, 22—29). Die Schriftstellen, die von einer absoluten Vorherbestimmung und einer absichtlichen Verstockung des Menschen durch Gott reden, sind nach Erasmus diskret auszulegen. Überhaupt möchte er möglichst wenig apodiktisch behaupten. „Ich habe keine Freude an festen Behauptungen und schlage mich lieber auf die Seite der Skeptiker, wo es die unverletzliche Autorität der Heiligen Schrift und die Entscheidungen der Kirche erlauben, denen ich mein Urteil in allen Stücken gern unterordne, einerlei ob ich ihre Anordnungen verstehe oder nicht" (3, 15—20). Doch ganz abgesehen von seiner persönlichen geistig-seelischen Struktur, gebietet die Sache selbst weise Beschränkung. Jedenfalls gibt die subjektive Berufung auf den „evangelischen Geist" (16, 18) keine Sicherheit. „Was soll ich machen, wenn seitens mehrerer Leute verschiedene Sinndeutungen vorgebracht werden und wenn jeder einzelne schwört, er habe den Heiligen Geist" (17, 25 f). Die Selbstsicherheit, mit der die Reformatoren auftreten und die Schriftdeutung der Kirchenväter beiseite schieben, steht für Erasmus in merkwürdigem Gegensatz zu Unstimmigkeiten im eigenen Lager. Demnach könne der Sinn der Schrift doch nicht so klar sein, wie man behaupte. Ihm liegt es nicht, allzu bestimmt aufzutreten. Zu sehr weiß er um den doppelten Boden des Seins, er sieht zu klar das Falsche im Wahren und das Wahre im Falschen, um sich eindeutig festzulegen. Es ist ihm unheimlich in einer Zeit, die so unerbittlich auf Entscheidung drängt. Was man früher frei diskutiert habe, darüber dürfe man nun nicht einmal mehr gähnen. Gerade aus Wahrheitsliebe möchte er unbestimmt bleiben. „Es gibt nämlich in der Heiligen Schrift gewisse unzugängliche Stellen, in die wir nach dem Willen Gottes nicht tiefer eindringen sollen und in denen, wenn wir trotzdem einzudringen versuchen, zunehmendes Dunkel uns umfängt" (5, 17 ff). Viele Fragen sollte man, „statt, wie heute oft gefordert, bis zu einem ökumenischen Konzil viel mehr auf jene Zeit aufschieben, da Spiegel und Rätsel weggenommen sind und wir Gott von Angesicht schauen"[20]. Erst recht vertragen dunkle und ungewisse Lehren, auch manche Stellen der Heiligen Schrift, es nicht, vor das ungebildete Volk getragen zu werden. Ja, angenommen, „es sei in irgendeinem Sinne wahr — was Wiclif gelehrt und Luther bekräftigt hat —, daß alles, was wir

[20] *Allen* V n. 1334, 231—234.

tun, nicht aus freiem Willen, sondern aus reiner Notwendigkeit geschehe: was könnte unzweckmäßiger sein als die öffentliche Bekanntgabe dieses Paradoxon ... Welcher Schwache würde hinfort noch aushalten den dauernden und mühevollen Kampf gegen das eigene Fleisch? Welcher Böse würde hinfort noch sein Leben zu bessern trachten?“ (9, 20 — 10, 11.) Erasmus kann sich keine christliche Ethik vorstellen ohne die Freiheit, das Gute zu wählen und das Böse zu verwerfen, ohne daß der Mensch wenigstens durch die Gnade zu dieser Freiheit entbunden wird. Kann man den Beweis dafür nicht eindeutig führen, dann zwingt ihn jedenfalls die pastoraltheologische Sorge um die ungebildete Menge, diese Wahrheit zu postulieren, und verbietet es, sie außerhalb des Gelehrtengespräches in Frage zu stellen.

Luther ließ sich Zeit mit der Antwort. Durch seinen Kampf „Wider die himmlischen Propheten“ und durch die Bauernunruhen war er zu sehr beschäftigt. Trotz der schweren Rückschläge und trotz aller Enttäuschungen erscheint er in der Gegenschrift „De servo arbitrio“, die Dezember 1525 endlich herauskam, in nichts unsicher gemacht. Ohne menschlich-pädagogische Rücksichten gelte es, die Wahrheit aus Gottes Wort zu bezeugen, auch gegen die Kirche und ihre Tradition wie gegen das scheinbar unzweifelbare Urteil der menschlichen Vernunft. Erasmus habe im Grunde nicht verstanden, daß die Heilige Schrift nur eine Lehre enthält, nämlich daß Gott Gott ist, das heißt absolut und unbedingt, und daß der Mensch Mensch ist, das heißt bedingt und von Gott abhängig. „Er ist Gott, für dessen Wille weder Ursache noch Grund Geltung haben, die ihm als Regel oder Maß vorgeschrieben werden könnten. Er hat nichts neben noch über sich, sondern sein Wille ist die Regel für alles. Wenn nämlich für seinen Willen irgendeine Regel oder Maß oder Ursache oder Grund Geltung hätte, könnte er nicht mehr Wille Gottes sein. Denn nicht deshalb, weil er so wollen muß oder gemußt hat, ist das, was er will, recht, sondern im Gegenteil, weil er selbst es will, deswegen muß es recht sein, was geschieht. Dem Willen des Geschöpfes wird Ursache und Grund vorgeschrieben, aber nicht dem Willen des Schöpfers“ (712, 32—38). In den ihm untergeordneten Dingen ist entsprechend der Mensch frei und handelt er nach eigenem Gesetz. Anders als in der „Assertio“ kennt Luther in „De servo arbitrio“ eine Wahlfreiheit im bürgerlichen Bereich[21]. Hatte Erasmus sich um die Nuancen bemüht, dann setzt Luther die Akzente überstark, um sein sicherlich ernstes religiöses Anliegen möglichst deutlich zu machen. Dabei fehlt es ihm nicht an Sendungs- und Selbstbewußtsein. Leider scheut er sich auch nicht, seinen Gegner zu verunglimpfen und dessen Meinung ungenau wiederzugeben, wenn das die eigene Argumentation erleichtert. Erasmus ist für ihn ein Atheist, ein Verächter der Schrift und Zerstörer des Christentums, ein Heuchler, Lästerer

[21] „... intelligamus hominem in duo regna distribui. Uno quo fertur suo arbitrio et consilio, absque praeceptis et mandatis Dei, puta in rebus inferioribus. Hic regnat et est dominus, ut in manu consilii sui relictus“ (WA 18, 672, 8—11).

und Skeptiker[22]. „Ein Christ (dagegen) muß verbindliches Aussagen lieben, oder er ist kein Christ" (603, 11). „Das sage ich darum, damit du von nun an aufhörest, unsere Sache der Hartnäckigkeit und des Eigensinns zu zeihen. Denn damit gibst du nur zu erkennen, daß du im Herzen den Lucian hegst oder ein anderes Schwein aus der Herde des Epikur, der selber nicht glaubt, daß ein Gott sei, und heimlich aller derer lacht, die da glauben und bekennen. Laß uns ‚Behaupter' sein und ... an Behauptungen unsere Freude haben, und halte du dich zu deinen Skeptikern, bis auch dich Christus ruft. Der Heilige Geist ist kein Skeptiker. Er hat uns keine zweifelhaften Meinungen ins Herz geschrieben, sondern Behauptungen, die gewisser und fester sind denn das Leben selbst und alle Erfahrung" (605, 26—34).

Für Luther ist die Heilige Schrift der Sache nach klar, sie bietet höchstens philologische Schwierigkeiten. Freilich sei die innere Klarheit im Herzen Voraussetzung für das Verständnis. „Man braucht den Geist Gottes, um die Schrift oder auch nur einen Teil von ihr zu verstehen" (609, 11). Es ist keineswegs unfromm und vorwitzig, wie Erasmus vorgebe, „vielmehr heilsam und notwendig für einen Christen, zu wissen, ob sein Wille etwas oder nichts zu seinem Heil ausrichten kann" (614, 2). „Wenn wir das nicht wissen" — allein die Offenbarung verhilft uns dazu —, „dann wissen wir überhaupt nichts vom Christentum und sind schlimmer als alle Heiden" (614, 6 f). Da darf man auch keinen Aufruhr fürchten. „Muß nicht, wenn Gott und Widergott miteinander ringen, durch die ganze Welt ein Aufruhr gehen? Diesen Aufruhr beschwichtigen wollen heißt Gottes Wort abschaffen und verbieten wollen" (626, 23—26). Es geht um die „Demütigung unserer Hoffart und die Erkenntnis der Gnade Gottes" (632, 28). „Völlig sich zu demütigen aber vermag der Mensch nicht, bis er weiß, daß sein Heil ganz und gar außerhalb seiner Kräfte, Entschlüsse, Bemühungen, außerhalb seines Willens und seiner Werke gänzlich von dem freien Ermessen, dem Entschluß, Willen und Werk eines anderen, nämlich Gottes allein, abhänge ... Wer aber in keiner Weise daran zweifelt, daß das Ganze am Willen Gottes hänge, der verzweifelt völlig an sich, wählt nichts aus, sondern wartet auf den wirkenden Gott, der ist am nächsten der Gnade, daß er gerettet werde" (632, 30 — 633, 1). Nur die auf diese Weise Erniedrigten und Zunichtegemachten können gerettet werden, die nicht allein an das Unsichtbare glauben, sondern an das zutiefst Verborgene „unter dem Gegensatz zum Gegenständlichen, zur Wahrnehmung, zur Erfahrung"[23]. „So verbirgt Gott seine ewige Güte und Barmherzigkeit unter ewigem Zorn, seine Gerechtigkeit unter Ungerechtigkeit ... Glauben können, daß der gerecht ist, der absichtlich und ohne daß sie es ändern können, Menschen verdammenswert

[22] Vgl. die Beschwerden des Erasmus gegenüber Kurfürst Johann von Sachsen (*Allen* VI n. 1670, 28—37) und Luther (*Allen* VI n. 1688, 12—24).

[23] „Non autem remotius absconduntur, quam sub contrario obiectu, sensu, experientia" (633, 9).

macht — das ist die höchste Stufe des Glaubens“ (633, 14—18). Der sich offenbarende Gott bleibt der verborgene, ja er verhüllt sich unter dem Gegenteil. Vor diesem Geheimnis des „deus absconditus“ will Luther die Lehre vom geknechteten Willen verstanden wissen, daß nämlich der Mensch entweder besessen sei vom Bösen oder vom Geist Gottes. Immer handele er notwendig, was nicht heiße: gezwungen. Denn es bedürfe nicht des äußeren Zwanges; seine Lust oder Neigung, die er aus eigener Kraft nicht ändern könne, lasse ihn handeln. Wird der Wille durch den Heiligen Geist geändert, so „ist er auch dann keineswegs frei. Er kann nicht anders, solange ihn Gottes Geist und Gnade beseelt“ (635, 5 f). „So ist der menschliche Wille in die Mitte gestellt wie ein Lasttier; wenn Gott darauf sitzt, will er und geht er, wohin Gott will ... Wenn der Satan darauf sitzt, will er und geht er, wohin der Satan will, und es liegt nicht in seiner freien Wahl, zu einem von beiden Reitern zu laufen oder ihn zu suchen; vielmehr kämpfen die Reiter selbst darum, ihn festzuhalten und in Besitz zu nehmen.“[24]

Führt Erasmus gegen diese unerhörte Auffassung die Tradition der Kirche und das Zeugnis der Heiligen an, dann pariert Luther: „Die Kirche ist verborgen, die Heiligen sind unbekannt. Wem sollen wir glauben?“ (652, 23). Allein die Heilige Schrift entscheidet, wer recht hat (653, 28). Um so mehr gilt: „Wer leugnet, daß die Heilige Schrift klare Einsicht gewährt, der nimmt den Menschen jedes Licht, jede Möglichkeit einer Erleuchtung“ (656, 10 f).

Auf dieser Grundlage geht Luther daran, die Gründe des Erasmus zu widerlegen und seine eigene Position zu verteidigen. Er schließt mit einem Lobpreis der freischenkenden Gnade. Die Unfreiheit des Willens ist nicht nur das Zeichen des gefallenen Menschen, sondern des Menschen als Geschöpf überhaupt; auch der wiedergeborene Mensch ist unfrei. Es handelt sich um den „einen in allen Menschen gleicherweise ohnmächtigen freien Willen, der nichts als Ton, nichts als unbestelltes Land ist, eben weil er das Gute nicht wollen kann“ (706, 4—6). Diese Wahrheit schlägt Luther aber nicht nieder, sondern sie ist für ihn Grund froher Heilsgewißheit. „Ich bekenne freilich von mir: Wenn es irgend geschehen könnte, wollte ich nicht, daß mir der freie Wille gegeben wird oder daß etwas in meiner Hand gelassen würde, wodurch ich mich um das Heil bemühen könnte ... gezwungen sein würde, beständig aufs Ungewisse hin mich abzumühen und Lufthiebe zu machen; denn mein Gewissen wird ... niemals gewiß und sicher sein, wieviel es tun müßte, um Gott genugzutun“ (783, 17—26). Weil das Heil seinem Willen entzogen und nicht auf sein Werk, sondern auf Gottes Gnade hin verheißen sei, ist Luther sicher, daß kein Dämon ihn zu überwältigen und ihn Gott entreißen könne. Mögen jetzt nur wenige gerettet werden, „durch die Kraft des freien Willens würde geradezu keiner errettet, sondern wir würden alle miteinander verlorengehen“ (783, 35).

[24] 635, 17—22; vgl. *A. Adam*, Die Herkunft des Lutherwortes vom menschlichen Willen als Reittier Gottes: LuJ 29 (1962) 25—34.

Angesichts der erdrückenden Majestät Gottes, der im Sinne des Ockhamismus reiner Wille ist, bleibt dem Menschen kein Spielraum mehr; will er nicht vor Angst vergehen, dann braucht er Sicherheit um jeden Preis. Woher nimmt er aber die Gewißheit, zu den Wenigen zu gehören, die das Heil nicht verfehlen können?

Erasmus war durch die heftige, persönlich verletzende Art Luthers tief getroffen. Für ihn hatte Luther „so geschrieben, daß kein Platz mehr für eine Freundschaft geblieben“ war[25]. Im „Hyperaspistes diatribae“ (1526/27) verteidigt der große Humanist noch einmal seinen Standpunkt; er weist erneut darauf hin, daß die Heilige Schrift dunkle Stellen hat und durchaus nicht verträgt, in allen Teilen jederzeit vor jedermann erörtert zu werden. Entschieden verwahrt er sich gegen Luthers Unterstellungen: „Als ob ich lehrte, daß es eine christliche Frömmigkeit ohne Christus gebe! ... Hier appelliere ich wiederum an dein Gewissen, Luther. Schämst Du Dich nicht, solche Nänien auf das Papier zu schmieren? Du verdrehst meine Worte ... In wessen Büchern wird der Name Christi häufiger eingeprägt als in meinen?“[26] Erasmus hatte sich zur Stellungnahme gegen die Reformation durchgerungen und zur Lehre der alten Kirche bekannt in einer Frage, die dem Humanisten besonders am Herzen lag. Sein Zorn und seine Empörung über Luthers Antwort waren heftig. Doch auch jetzt blieb er bemüht, nicht als Parteigänger zu erscheinen. „Parteien habe ich immer gehaßt. Bisher habe ich allein bleiben wollen, von der katholischen Kirche wollte ich mich nicht trennen ... Von ihr bin ich niemals abgefallen. Deine Kirche“, schreibt er im Hyperaspistes zu Luther gewandt, „habe ich niemals so nennen wollen ... Ich weiß, daß in der Kirche, die ihr die papistische nennt, viele sind, die mir mißfallen, aber solche sehe ich auch in deiner Kirche. Doch Übel, an die man gewohnt ist, tragen sich leichter. Ich ertrage also diese Kirche, bis ich eine bessere sehen werde, und sie ist ebenfalls genötigt, mich zu ertragen, bis ich besser geworden bin. Man fährt nicht unglücklich, wenn man zwischen zwei Übeln den Mittelkurs hält.“[27] Selbst aus einem solchen Bekenntnis spricht noch intellektuelle Reserve, Angst, sich festzulegen und sich einzusetzen. Auch den späten Erasmus kennzeichnet Skepsis, ja ein weitgehender Adogmatismus. Es geht ihm nicht um Theologie, sondern um Herzensfrömmigkeit und Bildung. Wie von Luthers religiösem Rigorismus distanzierte er sich im „Ciceronianus“ (1528) von einem heidnischen Humanismus, dem Cicero mehr bedeutete als das Christentum. Je mehr die Religionsparteien sich zerstreiten, desto mehr möchte er durch ein einfaches, praktisches und bibelnahes Christentum zur Einheit zurückführen und Dogma und Bekenntnis zurücktreten lassen. An den Generalvikar Johann Fabri schreibt er 1526, man solle aus den Schulen die Parteigänger entfernen und an ihre Stelle Männer setzen, „die keine Dogmenstreitigkeiten

[25] *Allen* VI n. 1717, 42 f. [26] Opp. X 1266 AB. [27] Opp. X 1257 C; F.

behandeln, sondern nur das den Schülern vermitteln, was ohne Kontroverse zur Frömmigkeit und zu guten Sitten beiträgt ... die frei vom Studium der Einzelheiten den Kindern Nützliches beibringen“ [28]. Dem Primat der Wahrheit stellt er den des Friedens gegenüber. Noch 1530 meint er in einem Brief an Jakob Sadolet: „Hätte man Luther anfangs nicht beachtet, dann wäre diese Feuersbrunst nicht entstanden, sicherlich hätte sie sich nicht so ausgebreitet.“ [29] Letzthin seien die Mönche schuld, die erst schamlos den Ablaß gepredigt und dann auf den dagegen auftretenden Luther eingeschlagen hätten.

Es war das Schicksal des Erasmus, in eine Stunde gerufen zu sein, die die Wahrheitsfrage unerbittlich stellte und auf Entscheidung drängte, aber selbst zu nichts weniger das Zeug zu haben als zum Martyrer [30]. Daß Parteinahme mit Freisinn, Toleranz und Weitherzigkeit zu verbinden war, hat sein großer Freund Thomas Morus bewiesen. Nichts aber kennzeichnet sein eigenes Versagen mehr als sein Unverständnis gegenüber dem Martyrium des englischen Kanzlers: „Hätte er sich doch niemals in diese gefährliche Angelegenheit eingemischt und den theologischen Fall den Theologen überlassen.“ [31]

Wenn der alternde Erasmus die Reformation mit steigender Entschiedenheit und Schärfe abgelehnt hat, dann nicht als Irrtum und Häresie, sondern als „fatalis tumultus“, weil sie zu Aufruhr, Unsittlichkeit, Intoleranz und Untergang der humanistischen Studien führte. Als unter Oekolampad in Basel mit Gewalt die Reformation eingeführt und die Messe abgeschafft wurde, wich Erasmus 1529 nach Freiburg im Breisgau aus, um Ruhe für seine literarische Arbeit zu finden. Er wollte die Einheit der Kirche wiederherstellen („Liber de sarcienda ecclesiae concordia“, 1533) durch Besinnung auf die Einfachheit der apostolischen Kirche. Bei Rückgang auf die Heilige Schrift und bei Beschränkung auf die Grundwahrheiten des Apostolischen Glaubensbekenntnisses („Explanatio Symboli“, 1533) würden alle Kontroversen fortfallen und die Kirche zurückfinden zu ihrer ursprünglichen geistlichen Reinheit („De puritate ecclesiae christianae“, 1536). Mit diesen Ideen hat Erasmus bei Fürsten Anklang gefunden, z. B. am Niederrhein, und bei Theologen wie G. Witzel, M. Butzer und G. Cassander Schule gemacht. Der Einheit der Kirche, der er zu dienen meinte, hat er durch mangelnde Bereitschaft zur Entscheidung und zum Bekenntnis doch wohl mehr geschadet als genutzt. Denn „nichts hat die Kirchenspaltung so sehr gefördert wie die Illusion, daß sie nicht vorhanden ... sei“ (H. Jedin). Die im

[28] *Allen* VI n. 1690, 33—101. [29] *Allen* VIII n. 2315, 256 f.

[30] „Non omnes ad martyrium satis habent roboris“ (*Allen* IV n. 1218, 32). Vgl. *J. Huizinga:* „Erasmus ist der Mann, der zu verständig und zu gemäßigt ist, um heroisch zu sein“ (S. 225). Inzwischen hat Huizinga mit seiner Generation erfahren, daß es nicht unserem Geschmack überlassen ist, heroisch zu sein oder nicht.

[31] Brief an B. Latomus vom 24. 8. 1535: *Allen* XI n. 3048, 59 f.

Werk des Erasmus gegebenen Ansätze der Reform, die u. a. im christlichen Humanismus eines John Colet (1466—1519) ihre Wurzeln hatten, waren dem Sturm der Reformation nicht gewachsen und wurden durch sie jäh abgebrochen. Am ehesten hat Erasmus als Pädagoge und Katechet für die innerkirchliche Reform Bedeutung bekommen[32]. Schon 1512 hatte er auf Bitten von John Colet im „Christiani Hominis Institutum" eine Elementaranweisung, eine Art Kinderkatechismus in Versen, verfaßt. Diese kleine Schrift erreichte mit wenigstens 70 Druckausgaben eine weite Verbreitung. Wiederum auf Wunsch eines Engländers, des Vaters der Königin Anna Boleyn, kam das 1533 in Druck gegebene größere katechetische Werk zustande, die „Explanatio Symboli . . . Decalogi praeceptorum et Dominicae precationis", die in späteren Ausgaben als „Catechismus" bezeichnet wird. Der literarischen Form nach ist die „Explanatio" ein Gespräch zwischen Katechet und Schüler. Von 6 Katechesen behandeln die ersten 5 das Glaubensbekenntnis und die letzte die Gebote und das Vaterunser. Die Sakramente werden nur kurz erörtert, „nebenbei", wie er selbst bemerkt[33]. Im Verhältnis zum Umfang kürzer als im „Institutum", obwohl durch die Reformation gerade die Sakramente heiß umstritten waren und der Laie gerade hier einer klärenden Antwort bedurft hätte. Deutlicher kann nicht zum Ausdruck kommen, wie fremd Erasmus Kult und Sakramente waren und wie sehr er nicht nur dem theologischen Streit, sondern auch dem notwendigen Bekenntnis ausgewichen ist[34]. Das zeigt sich besonders bei der Behandlung der Eucharistie. Im „Institutum" hatte Erasmus noch von der mystischen Speise gesprochen, die unter dem Bilde von Brot und Wein wahrhaft den gegenwärtigen Christus uns darbiete[35]. In der „Explanatio" von 1533 dagegen heißt es: „Die Eucharistie stärkt zum rechten Kampf. Durch sie wird die Glaubenskraft in uns geweckt, und wir werden mit reicher Gnade durch das Gedächtnis des heiligen Todes erfüllt, da wir ja auf geheimnisvolle Weise jenes einzige Opfer erneuern, dem wir unser Heil verdanken."[36] Von der Realpräsenz ist nicht die Rede. Das ist erstaunlich angesichts ihrer scharfen Ablehnung durch Oekolampad in Basel, aber wiederum verständ-

[32] Sie scheint mir aber von *R. Padberg* (Erasmus als Katechet, Freiburg 1956) zu hoch angesetzt, wenn er Erasmus als den „Erneuerer der katechetischen Verkündigung" (S. 157) herausstellt und von der „Explanatio" sagt, sie gebe „Antwort und Klarheit im umfassenden Sinne für diese Stunde der Bedrängnis und Gefahr" (127).

[33] „Tantum obiter de sacramentis attigisse sat est": Opp. V 1176 E.

[34] Gegen R. Padberg, der gerade anhand der „Explanatio" die These von der Vernachlässigung des Sakramentalen durch Erasmus (Lortz, Huizinga u. a.) widerlegen möchte. Vgl. a. a. O. 46, 56 Anm. 72, 110 Anm. 238.

[35] „Mysticus ille cibus (Graeci dixere Synaxin)
Qui panis vinique palam sub imagine, Christum
Ipsum praesentem vere exhibet intima nostri
Viscera coelesti saginat, et educat esca,
Inque Deo reddit vegetos, et reddit adultos" (Opp. V 1358 E).

[36] Opp. V 1175 f.

lich, wenn wir bedenken, daß Erasmus der Auffassung dieses Reformators zugeneigt hatte, weil sie „einfacher und faßlicher sei und weniger verwickelte Fragen mit sich bringe“ [37]. Er hatte dann zwar an der Lehre der alten Kirche betont festgehalten, jedoch das „Wie“ der leiblichen Gegenwart lieber unerörtert und möglichst nicht lehramtlich festgelegt wissen wollen. Als „Rückzug auf die Verkündigung der Bibel und der Väter“ [38] ist der hier vorliegende Tatbestand nicht hinreichend gekennzeichnet. Das Bestreben, den Bereich der verpflichtenden Glaubenslehre möglichst einzuschränken, blieb demnach ein Grundzug der Theologie des Erasmus auch in einer Zeit, als sich in der Kirche endlich die Erkenntnis durchsetzte, daß es angesichts der dogmatischen Unklarheit notwendig war, die Lehre festzulegen und gegenüber dem Irrtum abzugrenzen. Im „Institutum“ hatte der Verfasser ausdrücklich den Wunsch ausgesprochen, in der Todesstunde mit den Sakramenten der Kirche versehen zu werden [39]. Den Priester Erasmus hielten aber das Verbot, die heilige Messe zu feiern, und das Risiko, ohne Sakramente zu sterben, nicht davon ab, im Mai 1535 in das protestantische Basel zurückzukehren, als dort die äußere Ruhe wiederhergestellt war. Mit dem Gedanken, in einer nichtkatholischen Umgebung zu sterben, scheint er sich in dem Traktat „De praeparatione ad mortem“ (1534) vertraut gemacht zu haben. Danach ist eine aufrichtige Beichte am Lebensende zwar heilsam, doch wenn kein Priester erreichbar sei, brauche man nicht in abergläubischer Scheu zu zittern. Denn auch Gebet und innerliche Buße könnten die Erlösung bringen [40]. Erasmus starb ein Jahr später am 11. Juli 1536 in Basel ohne priesterlichen Beistand. Er wurde feierlich als Protestant begraben. Bis zu seinem Lebensende hat er so dem Frieden, der nicht zuletzt auch seinem Wohlergehen und den „bonae litterae“ zustatten kam, den Vorrang vor der Wahrheit gegeben.

14. Kapitel

Zwingli und die Anfänge der Reformation in der deutschen Schweiz

QUELLEN: Die Eidgenössischen Abschiede aus dem Zeitraume von 1521—28. Der amtlichen Abschiedesammlung Bd IV, 1a, bearb. von *J. Strickler* (Brugg 1873); *W. Oechsli*, Quellenbuch zur Schweizergeschichte, Neue Folge (Zürich 1893); *ders.*, Quellenbuch zur Schweizergeschichte, Kleine Ausgabe (Zürich ²1918); Actensammlung zur Schweizerischen Reformationsgeschichte in den Jahren 1521—32, bearb. u. hrsg. von *J. Strickler*, 5 Bde (Zürich 1878/83); Actensammlung zur Gesch. der Zürcher Reformation in den Jahren 1519—33, hrsg. von *E. Egli* (Zürich 1879); Actensammlung zur Gesch. der Berner Reformation 1521—32, hrsg. von *R. Steck-G. Tobler* (Bern 1923); Aktensammlung zur Geschichte der Basler Reformation in den Jahren 1519—34, hrsg. von *E. Dürr-P. Roth*, 6 Bde (Basel 1921/50); Heinrich Bullingers Reformationsgeschichte, hrsg. von *J. J. Hottinger-H. H. Vögeli*, 3 Bde (Frauenfeld 1838/40); Die Chronik des Bernhard Wyss 1519—30,

[37] *Allen* VIII n. 2147, 32 f. [38] *Padberg* a. a. O. 107 Anm. 221.
[39] Opp. V 1359 f. [40] Opp. V 1310 f 1311 BC.

hrsg. von *G. Finsler* (Basel 1901); Johannes Stumpfs Schweizer- und Reformationschronik, 2 Tle, hrsg. von *E. Gagliardi - H. Müller - F. Büsser* (Basel 1952/55); Gerold Edlibachs Chronik, hrsg. von *J. M. Usteri* (Zürich 1847); Valentin Tschudi's Chronik der Reformationsjahre 1521—33, hrsg. von *Joh. Strickler* (Bern 1889); *B. Sprüngli,* Beschreibung der Kappelerkriege, hrsg. von *W. Weiß* (Zürich 1932); Reformation und kath. Reform 1500 bis 1572, Quellenhefte zur Schweizergeschichte 5, bearb. von *A. Bucher - W. Schmid* (Aarau 1958).

Zwingli: *WW:* Erste vollständige Ausgabe, hrsg. von *M. Schuler - J. Schultheiß,* 8 Bde (Zürich 1828/42); Huldreich Zwinglis sämtliche Werke: Corpus Reformatorum 88—92; 93—98; 100—101 (Berlin 1905, Leipzig 1908, 1935, Zürich 1959 ff) (= ZW 1—14), vgl. Zwingliana 12 (1964) 1—9; Ulrich Zwingli. Eine Auswahl aus seinen Schriften, übers. u. hrsg. von *G. Finsler - W. Köhler - A. Rüegg* (Zürich 1918); Zwingli, Hauptschriften, bearb. von *F. Blanke - O. Farner - O. Frei - R. Pfister,* 11 Bde (Zürich 1940/63); Huldrych Zwingli. Auswahl seiner Schriften, hrsg. von *E. Künzli* (Zürich 1962); Aus Zwinglis Predigten, 2 Bde, hrsg. von *O. Farner* (Zürich 1957).

LITERATUR: *J. Dierauer,* Gesch. der Schweizer Eidgenossenschaft 1516—1648 (Gotha 1907); *E. Gagliardi,* Gesch. der Schweiz, 2 Bde (Zürich [2]1934/37); *H. Nabholz* u. a., Gesch. der Schweiz (Zürich 1932/38); *Th. Schwegler,* Gesch. der kath. Kirche in der Schweiz (Stans [2]1945); *E. Egli,* Schweizerische Reformationsgeschichte I (1519—25) (Zürich 1910); *B. Fleischlin,* Schweizerische Reformationsgeschichte, 2 Bde (Stans 1907/09); *W. Hadorn,* Die Reformation in der deutschen Schweiz (Frauenfeld - Leipzig 1928); *R. Pfister,* Kirchengeschichte der Schweiz I (Zürich 1964); *G. Gerig,* Reisläufer und Pensionenherren in Zürich 1519—32 (Zürich 1947); *O. Vasella,* Reform und Reformation in der Schweiz (Münster 1958).

Zwingli: *Bibliogr. und Forschungsberichte: G. Finsler,* Zwingli-Bibliographie (1897, Neudruck Nieukoop 1962); *L. v. Muralt,* Probleme der Zwingli-Forschung: Schweizerische Beiträge zur Allgemeinen Gesch. 4 (Aarau 1946) 247—267; *R. Pfister,* Die Zwingli-Forschung seit 1945: ARG 48 (1957) 230—240; *ders.,* Neue Beiträge: Zwingliana 9 (1952) 445—452; *J. v. Pollet:* RevSR 28 (1954) 155—174, 37 (1963) 34—59, 38 (1964) 294—298; *P. Hauri,* Die Reformation in der Schweiz im Lichte der neueren Geschichtsschreibung (Zürich 1945); *G. W. Locher,* Wandlungen des Zwingli-Bildes: Vox Theologica 32 (Assen 1962) 169—182; *F. Büsser,* Das katholische Zwingli-Bild von der Reformation bis zur Gegenwart (Diss. masch. Zürich 1964).

Biographien: R. Staehelin, Huldreich Zwingli. Sein Leben und sein Wirken, 2 Bde (Basel 1895/97); *W. Köhler,* Huldrych Zwingli (1943, Stuttgart [2]1952); *O. Farner,* Huldrych Zwingli, 4 Bde (Zürich 1943/60); *J. Courvoisier,* Zwingli (Genf [2]1953); *J. v. Pollet,* Huldrych Zwingli et la Réforme en Suisse (Paris 1963); *ders.:* LThK[2] X 1433—41; *F. Schmidt-Clausing,* Zwingli (Berlin 1965); *F. Blanke,* Aus der Welt der Reformation (Zürich 1960); *Th. Pestalozzi,* Die Gegner am Großmünsterstift (Zürich 1918); *J. Figi,* Die innere Reorganisation des Großmünsterstiftes in Zürich 1519—31 (phil. Diss. Zürich 1951); *O. Vasella,* Die Wahl Zwinglis als Leutpriester von Glarus: ZSKG 51 (1957) 27—35; *ders.,* Österreich und die Bündnispolitik der kath. Orte (Fribourg 1951); *J. Rogge,* Zwingli und Erasmus (Stuttgart 1962); *M. Haas,* Zwingli und der 1. Kappeler Krieg (Diss. masch. Zürich 1962); vgl. Zwingliana 12 (1964) H. 1, 93—136; 2, 35—68; *L. v. Muralt,* Zwingli als Sozialpolitiker: Zwingliana 5 (1929/33); *W. Köhler,* Zürcher Ehegericht und Genfer Konsistorium, 2 Bde (Leipzig 1932/40); *K. Kildenmann,* Die Organisation des Zürcherischen Ehegerichtes zur Zeit Zwinglis (Zürich 1946); *R. Ley,* Kirchenzucht bei Zwingli (Zürich 1948); *A. Farner,* Die Lehre von Kirche und Staat bei Zwingli (Tübingen 1930); *Erik Wolf,* Die Sozialtheologie Zwinglis: Festschr. Guido Kisch (Stuttgart 1955) 167—188; *S. Rother,* Die religiösen und geistigen Grundlagen der Politik Zwinglis (Erlangen 1956); *J. F. G. Goeters,* L. Hätzer (Gütersloh 1957).

Theologie: F. Blanke, Zwinglis „Fidei ratio" (1530). Entstehung und Bedeutung: ARG 57 (1966) 96—101; *J. Courvoisier,* Zwingli als reformierter Theologe (Neukirchen 1966); *E. Künzli,* Zwingli als Ausleger des AT: ZW 14, 871—899; *ders.:* Zwingliana 9 (1952) 185—207 253—307, 10 (1957) 488—491; *G. Krause,* Zwinglis Auslegung der Propheten: Zwingliana 11 (1960) 257—265; *L. v. Muralt,* Zwinglis dogmatisches Sondergut (Zürich 1932); *A. Rich,* Die Anfänge der Theologie H. Zwinglis (Zürich 1949); *R. Pfister,* Das Problem der Erbsünde bei Zwingli (Leipzig 1939); *ders.,* Die Seligkeit erwählter Heiden bei Zwingli (Zürich 1952); *H. Schmid,* Zwinglis Lehre von der göttlichen und menschlichen Gerechtigkeit (Zürich 1959); *G. W. Locher,* Die Theologie H. Zwinglis im Lichte seiner Christologie. 1. Teil: Die Gotteslehre (Zürich 1952); *ders.,* Das Geschichtsbild Zwinglis: ThZ 9 (1953) 275—302; *ders.,* Die Prädestinationslehre H. Zwinglis: ebd. 12 (1956) 526—548; *W. Tappolet,* Das Marienlob der Reformatoren (Tübingen 1962); *G. W. Locher,* Inhalt und Absicht von Zwinglis Marienlehre: Kirchenblatt für die reformierte Schweiz 107 (1951) 34—37; *K. Federer,* Zwingli und die Marienverehrung: ZSKG 45 (1951) 13—26.

Eucharistielehre: F. Blanke, Zwinglis Sakramentsanschauung: ThBl 10 (1931) 283—290; *W. Köhler,* Zwingli und Luther. Ihr Streit über das Abendmahl nach seinen politischen und religiösen Beziehungen, 2 Bde (Leipzig 1914, Gütersloh 1953); *H. Gollwitzer,* Zur Auslegung von Joh 6 bei Luther und Zwingli: In Memoriam E. Lohmeyer (Stuttgart 1951) 143—168; *H. Rückert,* Das Eindringen der Tropuslehre in die Schweizer Auffassung vom Abendmahl: ARG 37 (1940) 199—221; *J. Courvoisier,* Vom Abendmahl bei Zwingli: Zwingliana 11 (1962) 415—426; *J. Schweizer,* Zur Ordnung des Gottesdienstes in den nach Gottes Wort reformierten Gemeinden der deutschsprachigen Schweiz (Zürich 1944); *ders.,* Reformierte Abendmahlsgestaltung in der Schau Zwinglis (o. J.); *F. Schmidt-Clausing,* Zwingli als Liturgiker (Berlin 1952); *ders.,* Johann Ulrich Surgant, ein Wegweiser des jungen Zwingli: Zwingliana 11 (1961) 287—320; *ders.,* Zwingli und die Kindertaufe: Berliner Kirchenbriefe 6 (1962) 4—8; *G. W. Locher,* Im Geist und in der Wahrheit. Die reformatorische Wende im Gottesdienst zu Zürich (Neukirchen 1957); *M. Lenz,* Zwingli und Landgraf Philipp: ZKG 3 (1879); *R. Hauswirth,* Landgraf Philipp v. H. und Zwingli: Zwingliana 11 (1962) 499—552.

Leo Jud: Leo Jud, Katechismen, bearb. von *O. Farner* (Zürich 1955); *ders.,* Vom Leiden, Sterben und Auferstehen des Herrn, bearb. von *O. Farner* (Zürich 1955); *Schottenloher* 9528—34 f, 36656, 55341—48; *L. Weiss,* Leo Jud, Ulrich Zwinglis Kampfgenosse (Zürich 1942); *O. Farner,* Leo Jud, Zwinglis treuester Helfer: Zwingliana 10 (1955) 201 ff.

Konstanz: *A. Willburger,* Die Konstanzer Bischöfe Hugo v. Landenberg, Balthasar Merklin, Johann v. Lupfen (1496—1537) und die Glaubensspaltung (Münster 1917); *C. Gröber,* Die Reformation in Konstanz von ihrem Anfang bis zum Tode Hugos von Hohenlandenberg (1517—32): FreibDiözArch 46 (1919) 120—322; *Th. Gottlob,* Die Offiziale des Bistums Konstanz im MA (Limburg 1951); *O. Vasella,* Das Visitationsprotokoll über den Schweizer Klerus des Bistums Konstanz von 1586 (Bern 1963); *L. Helbling,* Dr. Johann Fabri und die schweizerische Reformation (Einsiedeln 1933).

St. Gallen: *Th. Müller,* Die St. Gallische Glaubensbewegung (1520—30) (St. Gallen 1913); *P. Staerkle,* Beiträge zur spätmittelalterlichen Bildungsgeschichte St. Gallens (St. Gallen 1939); *G. Thürer,* St. Galler Geschichte, I. Bd (St. Gallen 1953), vgl. HJ 76 (1956) 518; *K. Spillmann,* Zwingli und die Zürcherische Politik gegenüber der Abtei St. Gallen (St. Gallen 1965).

Vadian: *Schottenloher* 21628—56, 58615—40; *J. Ninck,* Arzt und Reformator Vadian (St. Gallen 1936); *W. Näf,* Vadian und seine Stadt St. Gallen, 2 Bde (St. Gallen 1944/57) (Lit.); Vadianstudien. Untersuchungen und Texte, hrsg. von *W. Näf,* 1—7 (St. Gallen 1945/62); *C. Bonorand,* Stand und Probleme der Vadianforschung: Zwingliana 11 (1959 bis 1963) 586—606; *ders.,* J. Vadian und die Täufer: Schweizer Beiträge zur allg. Gesch. 2 (1953) 43—72.

Toggenburg: *O. Frei,* Die Reformation im Toggenburg (Zürich 1920).

Graubünden: *E. Camenisch,* Bündnerische Reformationsgeschichte (Chur 1920); *ders.,* Gesch. und Reformation und Gegenreformation in den italienischen Südtälern Graubündens (Chur 1950); *O. Vasella,* Bauernkrieg und Reformation in Graubünden 1525 bis 1526: ZSKG 20 (1940) 1—65; *ders.,* Abt Theodul Schlegel von Chur und seine Zeit (Freiburg/Schw. 1954) (Lit.).

Appenzellerland: *J. Willi,* Die Reformation im Lande Appenzell (Bern 1924).

Schaffhausen: *J. Wipf,* Reformationsgeschichte der Stadt und Landschaft Schaffhausen (Zürich 1929).

Basel: *Schottenloher* 23706—58, 59189—219; *E. Wackernagel,* Gesch. der Stadt Basel, 3. Bd: Humanismus und Reformation (Basel 1924); *E. Staehelin,* Das Buch der Basler Reformation (Basel 1929); *K. Gauss,* Basels erstes Reformationsmandat: Basler Jahrbuch 50 (1930) 185—224; *P. Roth,* Die Reformation in Basel, I. Tl: Die Vorbereitungsjahre (1525—28): Neujahrsblatt 114 (Basel 1936); *ders.,* Durchbruch und Festsetzung der Reformation in Basel (Basel 1942); *P. Burckhardt,* Gesch. der Stadt Basel von der Zeit der Reformation bis zur Gegenwart (Basel ²1957); *A. Staehelin,* Einführung der Ehescheidung in Basel zur Zeit der Reformation (Basel 1957); *E. Bonjour,* Die Univ. Basel von den Anfängen bis zur Gegenwart (Basel 1960); *W. Brändly,* Oswald Myconius in Basel: Zwingliana 11 (1959/63) 183—192.

Oekolampad: *E. Staehelin,* Oekolampad-Bibliographie: Basler Zeitschrift für Gesch. und Altertumskunde 17 (1918) 1—119; *ders.,* Briefe und Akten zum Leben Oekolampads I: 1499—1526 (Leipzig 1927), II: 1527—1593 (Leipzig 1934) (Lit.); *ders.,* Das theologische Lebenswerk Joh. Oekolampads (Leipzig 1939); *H. W. Frei,* Johannes Oekolampads Versuch, Kirchenzucht durch den Bann zu üben: Zwingliana 7 (1939/43) 494 bis 503; *A. Moser,* Die Anfänge der Freundschaft zwischen Zwingli und Oekolampad: Zwingliana 10 (1958) 614—620.

Bern: Gedenkschrift zur Vierjahrhundertfeier der bernischen Kirchenreformation, 2 Bde (Bern 1928); *W. Koehler,* Zwingli und Bern (Tübingen 1928); *O. E. Strasser,* Capitos Beziehungen zu Bern (Leipzig 1928); *H. Specker,* Die Reformationswirren im Berner Oberland 1528 (Freiburg/Schw. 1951); *R. Feller,* Gesch. Berns, 2. Bd: Von der Reformation bis zum Bauernkrieg 1516—1653 (Bern 1953); *K. Guggisberg,* Bernische Kirchengeschichte (Bern 1958).

Badener Disputation: *Schottenloher* 41283c—97; *A. Baur,* Zur Vorgeschichte der Disputation von Baden: ZKG 21 (1901) 91—111; *L. v. Muralt,* Die Badener Disputation (Leipzig 1926); *A. Weiss,* Das Kloster Engelberg unter Abt A. Bürki: ZSKG Beiheft 16 (1956); *Th. Platter,* Lebensbeschreibung, hrsg. von *A. Hartmann* (Basel 1944).

Disputation zu Bern: Text: *E. F. K. Müller,* Die Bekenntnisschriften der Reformierten Kirche (Leipzig 1903); *Schottenloher* 41299—311; *F. Schlachter,* Das Evangelische der Reformation am Berner Religionsgespräch 1528 (Bern 1909); *K. Lindt,* Der theologische Gehalt der Berner Disputation: Gedenkschrift zur Vierjahrhundertfeier I 301 bis 344; *L. v. Muralt,* Zwinglis Mitwirkung an der Berner Disputation: ZW 6, 1 202—225.

Zu einer in Lehre und Kirchenorganisation einheitlichen reformatorischen Bewegung sollte es nicht kommen, weil die Reformation in Südwestdeutschland, vor allem aber in der Schweiz im wesentlichen unabhängig von Martin Luther entstanden ist und unter dem Einfluß bedeutender eigenständiger Männer, wie Huldrych Zwingli (1484—1531), Johannes Oekolampad (1482 bis 1531), Joachim Vadian (1483—1551), Berchtold Haller (1492—1536) u. a., eine eigene Gestalt bekam. Dabei haben wir es in der Schweiz nicht einmal mit einer einheitlichen Reformation zu tun. Jeder Kanton hat seine eigene Reformationsgeschichte. Das hinderte aber nicht, daß Zürich wegen seiner politischen Bedeutung und wegen der überragenden Gestalt seines Reformators Huldrych Zwingli eine führende Stellung bekam. Stand die Wittenberger Reformation im Zeichen des Territorial- und Fürstenstaates, dann war der Schauplatz der Schweizer Reformation die republikanisch geführte Stadt- und Landgemeinde.

Schon länger waren die Eidgenossen gewohnt, unbekümmert um Kaiser und Reich auf „Tagsatzungen" ihre Angelegenheiten selber zu regeln. Nach dem Schwabenkrieg hatten sie im Frieden von Basel (1499) faktisch ihre Unabhängigkeit vom Reich erlangt. Als Reisläufer des Papstes und auf eigene Faust waren sie stark am Ringen um Oberitalien zwischen Frankreich, Kaiser und Papst beteiligt. Der Traum, nach dem Sieg über die Franzosen bei Novara durch den Erwerb Oberitaliens selbst einen Platz unter den Großmächten zu erringen, war mit der vernichtenden Niederlage bei Marignano 1515 jäh zu Ende[1].

Die vielfache militärische Hilfe für den Papst hatte den Eidgenossen manche Privilegien eingebracht und über das in den Städten ohnehin gewohnte Maß zu einem ausgeprägten Staatskirchentum geführt. Dadurch wurde die obrigkeitliche Einführung der Reformation erleichtert.

Zuerst setzte sie sich in Zürich durch und war hier das Werk *Huldrych Zwinglis*. Er war als 3. Sohn unter 10 Kindern am Neujahrstag 1484 zu Wildhaus in der Grafschaft Toggenburg geboren. Sein Vater war dort Landammann. Die ländliche Herkunft hat Zwingli betont — „ich bin ein Bauer, und zwar ein ganzer". In seiner volkstümlichen, bildhaften Sprache kam sie ihm zugute. Der Sechsjährige erhielt von seinem Onkel, Pfarrer am Walensee, den ersten Unterricht. Mit 10 Jahren besuchte er die Lateinschule in Basel und vollendete seine Schulbildung bei dem Humanisten Wölfflin in Bern (1497). Die Universitätsstudien machte er in Wien (1498) und Basel (1502). An beiden Orten blühte der Humanismus, in Basel vor allem in einem Kreis freier Gelehrter. An der Universität war für Zwingli die Via antiqua maßgebend. Ihre Verbindung von thomanischer Scholastik und Humanismus, von Rationalität und Ethik hat ihn zeitlebens gekennzeichnet. Von seinem Lehrer Thomas Wyttenbach will er hier schon auf die Fragwürdigkeit des Ablasses hingewiesen worden sein (ZW 2, 145, 27). Doch zu einem Studium der Theologie ist es nicht gekommen. Kaum hatte er es nach Erlangung des Magister artium im Frühjahr 1506 begonnen, wurde er zum Pfarrer von Glarus gewählt. Nach Empfang der Priesterweihe am 19. September 1506 trat er die Pfarrei an. Er war eifrig, inszenierte eine Wallfahrt und baute dafür eine Kapelle. Doch die Seelsorge, bei der er, von 3—4 Kaplänen unterstützt, nicht viel mehr als 1000 Menschen zu betreuen hatte, ließ ihm genügend Zeit zum Studium der antiken Schriftsteller, der Kirchenväter und der Vulgata. Seit 1513 lernte er im Selbststudium Griechisch. Gleich-

[1] *E. Gagliardi*, Geschichte der Schweiz I (Zürich ²1934) 288—312.

zeitig erwachte seine Leidenschaft für die Politik. Seine ersten schriftstellerischen Arbeiten sind patriotische Fabelgedichte, in denen er vor den Werbern des französischen Königs zum Söldnerdienst warnt. Als Feldprediger begleitete er mehrmals die Schweizer in die Lombardei und war stolz, daß seine Volksgenossen vom Papst mit dem Titel „Befreier der Kirche" ausgezeichnet wurden. Für seine Dienste erhielt er von der Kurie eine Pension. Sein feierlicher Appell an die Eidgenossen in Monza zur Einigkeit und Treue zum Papst konnte die Katastrophe von Marignano nicht verhüten. Weil in Glarus sich nun die „Französlinge" durchsetzten, mußte er als Feldprediger abdanken. Er ließ sich am 1. November 1516 für drei Jahre nach Einsiedeln beurlauben und war hier im Wallfahrtsbetrieb als Priester im gegebenen traditionellen Rahmen tätig; ja, er machte im Sommer 1517 selbst eine Wallfahrt zu den Aachener Heiligtümern. Gleichzeitig studierte er das griechische NT des Erasmus und machte sich eine Abschrift der Briefe Pauli. Von einem Ringen um das Evangelium wie bei Luther oder gar von einer ihn zutiefst erregenden reformatorischen Erkenntnis kann bei Zwingli nicht die Rede sein. Wenn er 1523 rückschauend behauptet: „Ich habe, bevor jemand in unserer Gegend etwas von des Luthers Namen gewußt hat, angefangen, das Evangelium Christi zu predigen, im Jahre 1516 . . ." (ZW 2, 144, 32 ff), dann handelte es sich hier um Reformpredigt und Kritik an Mißbräuchen, wie sie im Umkreis des Erasmus nicht neu war. Die Zölibatsverpflichtung hat Zwingli nicht sehr ernst genommen. Als er 1518 einen Ruf als Leutpriester an das Großmünster in Zürich bekommen sollte, wurde gegen ihn geltend gemacht, er habe in Einsiedeln die Tochter eines Beamten verführt. In einem „Beichtbrief" (ZW 7, 110—113), der im Ton der Sache nicht gerecht wird und von einer Theologie des Kreuzes wenig spüren läßt, stellte Zwingli fest, es sei eine leichtlebige Barbierstochter gewesen, eine unberührte Jungfrau habe er noch nie geschändet. Wenn er sich in Glarus in dieser Hinsicht vergangen hätte, dann habe sein Schamgefühl ihn bestimmt, es in aller Heimlichkeit zu tun. Dieses Vorleben hinderte nicht, daß 17 von 24 Chorherren Zwingli ihre Stimme gaben.

Anläßlich der Einführung entwickelte er vor den Chorherren seinen Plan, ohne Rücksicht auf die Perikopenordnung über den fortlaufenden Text des Evangeliums zu predigen. Trotz Widerspruch begann er am 2. Januar 1519 mit dem 1. Kapitel des Matthäusevangeliums[2]. Bis zum Jahre 1525 hat er auf diese Weise das ganze Neue Testament durchgepredigt. Niedergeschrieben hat er seine Predigten nicht, die Gedanken sind höchstens in der einen oder anderen späteren Abhandlung aufgezeichnet. Daß Zwingli den Ablaßprediger Samson von Zürich ferngehalten hat, konnte nicht als reformatorischer Akt empfunden werden, weil selbst der Papst diesem Franziskaner das weitere Auftreten in der Schweiz verbot.

Auch die Art, wie er Frühling 1519 die Heiligenverehrung behandelte,

[2] Vgl. Apologeticus Archeteles (1522): ZW 1, 284 f.

ging über die von Humanisten gewohnten Reformbestrebungen nicht hinaus. Er schrieb damals: „Die Anbetung der Heiligen habe ich verboten — die Anrufung der Heiligen wollte ich nicht gerade mit Stumpf und Stiel ausrotten" (ZW 7, 181, 7). Er wandte sich lediglich dagegen, das „Vater Unser" an Heilige zu richten.

Seit 1519 ist eine nähere Bekanntschaft Zwinglis mit Luthers Wirken festzustellen. Er verbreitete Schriften von ihm und sah darin eine Bestätigung seiner eigenständig seit 1516 gewonnenen Auffassung des Evangeliums. Luthers Haltung bei der Leipziger Disputation beeindruckte ihn tief. Die im September bei Froben in Basel erschienene Schrift „Von der Gewalt des Papstes" (WA 2, 183—240) fand seine Zustimmung: Christus regiert seine Kirche vom Himmel aus. Das Papsttum ist nicht göttlichen Rechts, und Konzilien können irren. Nur die Heilige Schrift kann Fundament des Glaubens sein. Als Luther aber Mitte 1520 vom Bann bedroht war, tadelte Zwingli seine unbesonnene, maßlose Art (ZW 7, 293, 9). Der kluge Schweizer Bauer mochte seine Sache durch Beziehungen zu dem Wittenberger nicht gefährden und distanzierte sich von ihm. Er betonte, nicht lutherisch zu sein und eigenständig zum Evangelium gefunden zu haben[3]. Ja, er will noch 1523 Luthers Bücher wenig gelesen haben. „Ich will Luthers Namen nicht tragen. Denn ich habe von seiner Lehre gar wenig gelesen und habe oft absichtlich in bezug auf seine Bücher zurückgehalten, nur um die Päpstler zufriedenzustellen" (ZW 2, 147, 28).

Ende 1519 erkrankte Zwingli auf den Tod an der Pest. Das hat zu seiner inneren Reifung beigetragen, doch zu einer Bekehrung oder gar einem Durchbruch zum Reformator ist das Erlebnis der Pest nicht geworden. Den Beginn seiner evangelischen Predigt hat Zwingli selbst in das Jahr 1516 verlegt[4], seinen Bruch mit dem Papsttum Ende 1520 angesetzt. Letzteren auf eine religiöse Erschütterung oder entscheidende theologische Erkenntnis in diesen Monaten zurückzuführen ist eine Konstruktion[5]. Walther Köhler bezeichnet die im Sommer 1520 niedergeschriebenen Vorbereitungen für eine Psalmenvorlesung im kommenden Winter als „das älteste Glaubenszeugnis

[3] ZW 2, 149, 34: „Also wil ich nit, das mich die Bäpstler luterisch nennind; denn ich die leer Christi nit vom Luter gelernt hab, sunder uhs dem selbswort gottes."

[4] Ende 1521 schreibt er: „Vor jetzt 5 Jahren habe ich mit der Arbeit am evangelischen Werke begonnen" (ZW 7, 485, 3). „Ich habe die Kraft und den Inbegriff des Evangeliums aus der Lektüre des Johannes und der Traktate Augustins sowie aus sorgfältiger Erforschung der Paulusbriefe im griechischen Text, die ich mit eigener Hand abschrieb, gelernt — das war vor 11 Jahren, wo du (d. h. Luther) doch erst seit 8 Jahren zur Herrschaft kamst" (ZW 5, 712).

[5] *F. Schmidt-Clausing* (Zwingli S. 47) möchte die Vaterunser-Bitte „Vergib uns unsere Schuld" als Zwinglis „reformatorischen Ort" annehmen. Er zitiert F. Blanke: „Daß Zwinglis Entwicklung im Gegensatz zu der Luthers kampflos, ohne innere Erschütterung verlaufen sei, wird man nun nicht mehr sagen dürfen. Vielmehr: was Luther an Röm 1, 17 erlebte, ist Zwingli an Matth 6, 12 klargeworden. Die Weihe der Anfechtung kannten beide, beide das Wunder der Entdeckung des Evangeliums."

des Reformators Huldrychs Zwingli"[6]. Aber wenn er vorher betont: „Zwingli hat in dieser Psalmenvorlesung, wenn er sie je gehalten hat, Theologie Augustins vorgetragen, als Theologie aus Glauben allein, als reformatorisches Erlösungsbewußtsein", dann ist damit auch gesagt, daß er sich nicht auf völlig neuen Bahnen bewegte. Er sprach mit ausgewählten Augustinuszitaten das aus, was damals in der Luft lag und er selbst schon vorher in Randbemerkungen zu Schriften Augustins geäußert hatte. Sündenvergebung und Rechtfertigung aus dem Glauben haben zentralere Bedeutung bekommen; dabei kommt aber in der Betonung der menschlichen Mitwirkung und des in der Gnade frei gewordenen guten Willens das humanistische Erbe durchaus zur Geltung.

Der Bruch mit der Kirche

Seinen Bruch mit dem Papsttum sah Zwingli selbst in der Zurückweisung der päpstlichen Pension. „Die schlug ich im 1520. Jahr mit einem eigenen Handschreiben ab" (ZW 2, 314, 13f). Das stand ganz im Einklang mit der Neutralitätspolitik, zu der Zwingli sich immer eindeutiger bekannte. Eine enge Verbindung von politischer und reformatorischer Aktivität sollte ja überhaupt kennzeichnend für sein Lebenswerk werden.

Im Anfang seiner Züricher Zeit war er noch dem Kardinal Schiner und seiner gegen Frankreich gerichteten Politik zugetan. Immer eifriger vertrat er dann die Idee des Friedens im Sinne des Erasmus. Er ermunterte Christoph Froschauer, seine Druckerei in Zürich mit einer deutschen Übersetzung der „Querela pacis" zu eröffnen. Als einziger von 13 eidgenössischen Orten lehnte Zürich im Mai 1521 ein Bündnis mit Frankreich ab und erließ am 11. Januar ein Mandat, worin das Reislaufen mit Gefängnis bedroht wurde. Ob diese Maßnahmen unmittelbar auf Zwingli zurückgingen, läßt sich nicht sagen. Jedenfalls ist er mit eingetreten für Unabhängigkeit vom Ausland[7] und für den Frieden. Vergebens suchte er mit scharfen Worten zu verhindern, daß der Rat der Stadt Juli 1521 dem Kardinal ein Aufgebot von 1500 Mann zum Schutze des Papstes bewilligte. Daß Schiner die Truppen der Abmachung zuwider gegen Mailand und Frankreich ins Feld zu führen versuchte und die heimgerufenen Soldaten auf ihren Sold warten mußten, hat die Stadt nicht wenig gegen den Papst eingenommen und zur Loslösung von

[6] W. *Köhler*, Huldrych Zwingli (Stuttgart ²1952) 71; *ders.*, Die Randglossen Zwinglis zum Röm in seiner Abschrift der paulinischen Briefe 1516/17: Festgabe Joh. Ficker (1931) 86—106.

[7] „Fürsten Fürsten sein lassen und Eidgenossen bleiben" ist nach Bullinger, Reformationsgeschichte, hrsg. von *J. J. Hottinger-H. H. Vögeli* (Frauenfeld 1838, II 1840) 41f, sein Wahlspruch gewesen.

der römischen Kirche beigetragen. Zwinglis Verzicht auf die päpstliche Pension war also gefordert, wenn er sich nicht das Recht, gegen die militärische Unterstützung des Papstes Stellung zu nehmen, bestreiten lassen wollte. Die für seine kümmerlichen Verhältnisse schmerzhafte Einbuße von 50 Gulden wurde in etwa ausgeglichen durch seine Aufnahme in die Reihe der Chorherren am Großmünster am 29. April 1521. Bis zum Oktober 1522 hat er noch seinen priesterlichen Dienst verrichtet. Zum Konflikt mit der Kirche kam es aus einem scheinbar nur äußerlichen Anlaß. In der Fastenzeit 1522 hielt der Drucker Froschauer mit einem Kreis von Bürgern ein Wurstessen als Demonstration für die evangelische Freiheit. Zwingli war anwesend, hatte aber selbst nicht von der Wurst genommen. Das bewahrte ihn nicht vor einer Untersuchung, die der Rat und die bischöfliche Behörde anstellen ließen. Denn man war sich klar, daß diese auch bei anderen Anlässen beobachteten Verstöße gegen das Fastengebot mit Zwinglis Predigt zusammenhingen. Die Sache schien harmlos zu verlaufen. Man einigte sich auf ein Ratsprotokoll vom 9. April, wonach bis auf weiteren Bescheid in der Fastenzeit ohne besonderen Grund und Erlaubnis niemand Fleisch essen sollte. Es wurden aber auch alle gehässigen Reden des Fleischessens und Predigens wegen verboten. Das konnte Zwingli zu seinen Gunsten auslegen. Er gab seine am 23. März gehaltene Fastenpredigt am 16. April als seine erste reformatorische Schrift heraus mit dem Titel: „Von Auswahl und Freiheit der Speisen" (ZW 1, 88—136). Darin vertrat er die Freiheit des Christenmenschen: „Willst du gerne fasten, so tue es. Willst du gern das Fleisch nicht essen, so iß es nicht, laß aber mir dabei den Christenmenschen frei" (ZW 1, 106, 15). Der Konstanzer Bischof und noch mehr sein eifriger Generalvikar Dr. Johann Fabri von Leutkirch waren weiter beunruhigt. In Schreiben an den Rat von Zürich und an das Kapitel des Großmünsters warnten sie vor der Gefährdung der Einheit der Kirche und Zerstörung ihrer Zucht. Am 27. Mai 1522 wurde auf der Tagsatzung in Luzern Klage geführt, daß „die Priester jetzt allenthalben in der Eidgenossenschaft mancherlei predigen, woraus unter dem gemeinen Mann Unwillen, Zwietracht und Irrung im Christlichen Glauben erwächst"[8]. Das veranlaßte Zwingli wohl, die am 2. Juli 1522 an den Bischof in lateinischer Sprache gerichtete Bittschrift in deutscher Sprache der Eidgenossenschaft zuzuleiten. Dem Gesuch um die Freigabe der schriftgemäßen Predigt und die Aufhebung der Verpflichtung zum Zölibat hatten 10 weitere Priester durch ihre Unterschrift Nachdruck verliehen. Sie waren wohl schon alle heimlich verehelicht. Auch Zwingli war seit dem Frühjahr 1522 mit der in seiner Nachbarschaft wohnenden Witwe Anna Reinhardt eine geheime Ehe eingegangen. Diese wurde erst im April 1524 kurz vor der Geburt des 1. Kindes durch öffentlichen Kirchgang sanktioniert. Bis dahin war ungutem Gerede reichlich Raum gegeben.

In der Bittschrift an die Eidgenossenschaft von 1522 wurden die verderb-

[8] Eidgenössische Abschiede IV 1a 194.

lichen Folgen des weitverbreiteten Konkubinates eingehend beschrieben, vor allem die Folgen für die Kinder ausführlich geschildert. Dieses Argument wird angesichts der großen Zahl solcher unehelich geborener Kinder Eindruck gemacht haben. Denn damals konnte der Barfüßer-Guardian Sebastian Meyer in einer Flugschrift „Ernstliche Ermahnung Hugos von Landenberg“[9] die Behauptung aufstellen, im Bistum Konstanz kämen jährlich durchschnittlich 1500 Pfaffenkinder zur Welt und die dafür vom Bischof erhobenen Strafgelder brächten diesem jährlich 6000 Gulden ein. Selbst wenn die Zahlen zu hoch angesetzt sind, bleibt die Tatsache der weiten Verbreitung des Mißstandes und vor allem der traurige Umstand, daß die bischöfliche Kurie die sittlichen Vergehen ihres Klerus auch noch fiskalisch ausnutzte.

Immer mehr konzentrierte sich die Frage der Kirchenreform auf die der schriftgemäßen Predigt und des Schriftprinzips. Anläßlich von Streitigkeiten Zwinglis mit Züricher Mönchen entschied der Rat der Stadt, daß künftig nur noch das heilige Evangelium, Paulus und die Propheten gepredigt werden sollten. So blieb das Mandat des Konstanzer Bischofs vom 10. August 1522, in dem Klage darüber geführt wird, daß trotz der Verurteilung der lutherischen Ketzerei durch Papst und Kaiser auf den Kanzeln Meinungen verbreitet würden, die Mißachtung der Kirche und ihrer Ordnung bedeuteten, und die weltliche Obrigkeit aufgefordert wird, den Bischof bei der Abwendung der Gefahr zu unterstützen, hinter der Entwicklung zurück. Am 19. August anerkannten die Geistlichen des Kapitels Zürich das Schriftprinzip und beschlossen, fortan nur zu predigen, was man mit dem Worte Gottes darzulegen imstande sei. Nun trat Zwingli mit seiner Verteidigungsschrift „Apologeticus Archeteles“, das heißt „erstes und letztes“ Wort (ZW 1, 256—327) an die Öffentlichkeit. Sie bedeutete den Bruch mit dem Bischof. In 69 Streitpunkten wird darin mit allen Mitteln gelehrsamer Argumentation die Mahnung des Bischofs widerlegt; im Grunde geht es aber um das Schriftprinzip. „Die hl. Schrift muß Führerin und Lehrerin sein; wer sie richtig gebraucht, muß straflos ausgehen, auch wenn dies jenen gelehrten Herrlein sehr wenig gefällt. Im anderen Falle wird's uns schlimm ergehen; denn die Kenntnis der hl. Schrift ist heute kein Vorrecht der Priester mehr, sondern sie ist Allgemeingut geworden ...“ (ZW 1, 262, 29 ff).

Gegen das Argument, die Heilige Schrift bedürfe der Auslegung durch Lehramt und Tradition, gab Zwingli September 1522 eine erweiterte Predigt in Druck „Von Klarheit und Gewißheit des Wortes Gottes“ (ZW 1, 338 bis 384). Dieses bedarf nicht menschlicher Stützen, es setzt sich mit eigener Stoßkraft durch. „Das Wort Gottes ... kann nicht fehlen; es ist helle, läßt nicht in der Finsternis irren, es lehrt sich selbst, tut sich selbst auf“ (ZW 1,

[9] Flugschriften aus den ersten Jahren der Reformation IV, 7, hrsg. von *K. Schottenloher* (Leipzig 1911) 305 f; *O. Vasella,* Reform und Reformation in der Schweiz (Münster 1958) 28; 61.

382, 25 ff). Später, angesichts der Schriftauslegung der Täufer und beim Marburger Gespräch mit Luther, sollte deutlich werden, wie wenig die Heilige Schrift als solche die Einheit der Kirche zu wahren vermag. Aber Zwingli selbst hat sich auch nicht auf das „reine Evangelium" verlassen, sondern den Arm der Obrigkeit in Anspruch genommen, um es durchzusetzen, und später, um die Eigenwilligkeit der Täufer abzuwehren.

Bisher hatte er als Leutpriester auch den Meßgottesdienst zu halten und die Sakramente zu spenden. Am 10. Oktober 1522 legte er mit einer Kanzelerklärung sein Amt nieder. Der Rat richtete für ihn eine Predigerstelle ein. Auf diese Weise wurde ohne viel Aufsehens aus dem katholischen Priester ein reformatorischer Prädikant.

Mit Hilfe des Rates der Stadt betrieb Zwingli die Reformation zielstrebig weiter. Er veranlaßte die Stadtbehörden, zu einem *Religionsgespräch* am 29. Januar 1523 in Zürich einzuladen. Der Rat und nicht der Bischof beriefen die Geistlichkeit des Landes. Dem „Herrn von Konstanz" wurde eine „Anzeige" geschickt und ihm die Teilnahme anheimgestellt. Es erschien eine Abordnung des Bischofs von vier Herren mit dem Generalvikar Johann Fabri an der Spitze. Dieser sah sich nicht zum Disputieren „als ein Fechter, sondern als Spectator, ja als friedlicher Schiedsmann von seinem Gnädigen Herren geschickt" (ZW 1, 484 Anm. 12). Die übrigen eidgenössischen Orte hatten die Teilnahme abgelehnt. Grundlage der Disputation waren 67 Thesen Zwinglis, die er nachher in seinem umfangreichsten Buch „Auslegen und Gründe der Schlußreden" (ZW 2, 14—457), einer „Sammlung aller Meinungen, die heutzutage im Streit liegen" (ZW 2, 2, 2), näher begründete. Anders als Luther in seinen Ablaßthesen legte Zwingli in den Schlußreden das zusammenfassende Programm seiner Reformation vor. Er konnte es tun in dem Bewußtsein, daß mit dem Rat die maßgeblichen Kreise der Bevölkerung hinter ihm standen. Es ging am 29. Januar nicht um eine Disputation, weniger um eine Klärung strittiger Fragen als um die Publikation einer neuen Ordnung, deren Gültigkeit vorausgesetzt wurde. Darin[10] wird Christus allein als maßgebend hingestellt für den Einzelmenschen wie für alle Bereiche der Gesellschaft. Er ist „der dem ganzen Menschengeschlecht von Gott verheißene und auch geschenkte Wegführer und Hauptmann" (6). Die Kirche ist eine „Hausfrau Christi" (8). Wer auf Christus hört, wird „durch seinen Geist zu ihm gezogen und in ihn verwandelt" (13). Das eigentliche Reformatorische kommt zum Ausdruck in der Betonung des „allein das Evangelium Christi" (14), das sich selbst auslegt. Nicht zufällig lautet der 1. Artikel „Wer immer behauptet, das Evangelium sei nichts ohne die Bestätigung der Kirche, der irrt und lästert Gott" und der Schlußsatz: „Hier unterfange sich keiner, zu streiten mit Sophisterei und Menschentand, sondern komme, die Schrift für einen Richter zu haben." Nach diesem Prinzip

[10] Text der 67 Artikel: ZW 1, 458—465.

werden Papsttum, Meßopfer, Fürbitte der Heiligen, Speisevorschriften, heilige Zeiten und Orte, Mönchsorden, Zölibat, Mißbrauch des Bannes u. a. abgelehnt (17—33). Danach entwickelt Zwingli seine Staatslehre und begründet praktisch das kirchenpolitische Vorgehen des Züricher Rates. „Die sogenannte geistliche Gewalt ist in ihrer angemaßten Pracht nicht begründet in Christi Lehre" (34). „Dagegen hat die weltliche Gewalt Kraft und Grund aus der Lehre und Tat Christi." Ihr müssen die Christen gehorsam sein, sofern sie nichts gebietet, was wider Gott ist (37/38). Sie allein führt das Schwert und hat das Recht zu töten (40). Die weiteren Artikel handeln über das rechte Beten und Singen, von Sündenvergebung, Bußwerken, Ablaß, Fegfeuer, Priesteramt und von der Art, die Mißbräuche abzustellen. Denen, die kein Einsehen haben, soll man „leiblich keine Gewalt antun, es sei denn, daß sie sich so unbotmäßig aufführten, daß man nicht ohne das auskommen könnte" (65). An der Disputation am 29. Januar 1523 im Züricher Rathaussaal nahmen neben den 212 Herren des Kleinen und Großen Rates noch ca 400 Personen, vor allen die Geistlichkeit des Züricher Landes teil[11]. Als zu Beginn Johann Faber auf das vom Nürnberger Reichstag in Aussicht genommene Konzil als der für Glaubenssachen zuständigen Instanz verwies, machte sich Zwingli das schweizerische Selbstbewußtsein gegen das Reich wie gegen Rom mit Erfolg zunutze, indem er betonte: „Hier in dieser Stube ist ohne Zweifel eine christliche Versammlung" (ZW 1, 495, 10). Auf ein Konzil könne man nicht warten. Es sei eine Utopie. „Denn Papst, Bischöfe, Prälaten und großen Hansen wollen kein Konzil, auf dem die göttliche Schrift lauter und klar vorgebracht wird, dulden" (ZW 1, 497, 11). In der Auslegung des 64. Artikels lehnt Zwingli das Konzil überhaupt ab: „Also, fromme Christen, bedarf man keines Conciliums denn allein das lautere Wort Gottes. In dem werden alle Dinge heiter und klar . . . Nach Concilia schreien ist nichts anderes denn darum schreien, daß das Wort Gottes wiederum eingetan werde und in der prahlerischen Bischöfe Gewalt gefangen gelegt wird" (ZW 2, 449, 10ff). Nach einer Debatte über die Heiligenverehrung kam man wieder auf das für die Züricher Reformation entscheidende Thema des Verhältnisses von Schrift und Tradition bzw. der Verbindlichkeit kirchlicher Gesetze. Am Nachmittag verkündete der Rat: Meister Ulrich Zwingli solle fortfahren, wie bisher das heilige Evangelium und die rechte göttliche Schrift nach dem Geist Gottes zu verkünden (ZW 1, 547, 12). „Auch alle anderen Leutpriester, Seelsorger und Prediger in Stadt und Land sollten nichts anderes predigen, als sie mit dem heiligen Evangelium und sonstiger göttlicher Schrift begründen könnten" (ebd.). Damit war das

[11] Es gibt kein offizielles Protokoll. Über den Verlauf sind wir unterrichtet durch die Nachschrift von Erhard Hegenwald (ZW 1, 479—569) und die Berichte des Generalvikars Faber in lateinischer Sprache an Erzherzog Ferdinand und in deutscher an „die Herren des Regiments zu Innsbruck" (hrsg. von *J. G. Mayer:* Kath. Schweizer Blätter 11 [1895] 183—195).

Schriftprinzip amtlich zum Grundgesetz für alle Pfarrer erklärt und die von Zwingli daraus gezogenen Folgerungen grundsätzlich anerkannt. Darüber freudig bewegt, rief der Reformator aus: „Gott sei Lob und Dank, der sein heiliges Wort in Himmel und Erde will herrschen lassen" (ZW 1, 547, 27).

Vor den praktischen Konsequenzen scheute man in Zürich jedoch noch zurück. Wohl wurde auf einen Vortrag Zwinglis im September 1523 hin das Großmünsterstift reformiert. Die Stellen der Chorherren und Kapläne wurden auf die zum „Gotteswort und anderem christlichen Brauch" notwendige Zahl beschränkt und über das Kirchengut „zum gemeinen Nutzen", das heißt zur Besoldung der Lehrer und zur Armenpflege, verfügt. Für die fällige Reform des Schulwesens entwarf Zwingli sein pädagogisches Programm in dem „Lehrbüchlein" [12], das seinem 15jährigen Stiefsohn Gerald Meyer gewidmet ist, weniger ein Katechismus als ein Spiegel des christlichen Bürgers. Der Jüngling soll eingeführt werden in seine Pflichten gegenüber Gott, sich selbst und der Gemeinschaft und soll dienen lernen „zur Ehre Gottes, zu des Vaterlandes und aller Nutzen" (ZW 2, 547, 25). Eine von Christentum und Humanismus getragene patriotische Gesinnung ist das Bildungsziel.

Augenfällige Eingriffe ins gottesdienstliche Leben, wie Abschaffung der Bilder und der Messe, hatte man bisher noch nicht gewagt. Wie 2 Jahre zuvor in Wittenberg drängten jedoch auch in Zürich und in den umliegenden Orten radikale Elemente vor. Am 10. August 1523 wurde, vielleicht auf Initiative von Leo Jud, im Großmünster das erste Kind „in deutscher Sprache getauft" [13]. Gleichzeitig ging Zwingli an die praktische liturgische Arbeit. In seinem „Versuch über den Meßkanon" [14] vom 29. August 1523 geht er noch sehr behutsam vor. Bis auf die Lesungen bleibt es bei der lateinischen Sprache, Riten wie das Kreuzschlagen und die Meßgewänder werden beibehalten. Nur den Kanon ändert er und möchte ausmerzen, was auf die Messe als Opfer hindeutet. Wo das aus Rücksicht auf die „Schwachen" nicht möglich ist, soll man es beim alten lassen und sich mit einer Mentalrestriktion helfen. Das war den radikalen Kräften mit Konrad Grebel an der Spitze zuwenig. Gegen sie schrieb Zwingli im Oktober seine „Verteidigung des Büchleins vom Meßkanon" (ZW 2, 620—625). Auch was die Bilder anging, wollten die Anhänger der Reformation die schriftgemäße Predigt verwirklicht und die „Götzen" weggeschafft wissen. Als Leo Jud dazu ausdrücklich am 1. September 1523 predigte, nach der Heiligen Schrift „wäre es recht, daß man die Götzen aus den Kirchen tuen solle", war kein Halten mehr. Altarbilder, Statuen und Kruzifixe wurden zertrümmert, die Ampeln des

[12] Sie erschien August 1523 lateinisch „Quo pacto ingenui adolescentes formandi sint" (ZW 2, 536—551). Der Titel „Lehrbüchlein" geht auf die Übersetzung Jakob Ceporins von 1524 zurück. Neuausgabe: H. Zwingli: An den jungen Mann. Zwinglis Erziehungsschrift aus dem Jahre 1523, hrsg. von *E. G. Rüsch* (Zürich 1957).

[13] *F. Schmidt-Clausing,* Zwingli als Liturgiker 49.

[14] „De canone missae epicheresis" (ZW 2, 556—608).

ewigen Lichtes zerschlagen und mit Weihwasser Spott getrieben. Noch mußte der Rat wegen des peinlichen Eindrucks und mit Rücksicht auf die bischöfliche Behörde einschreiten. Selbst Zwingli setzte sich für die Bestrafung der Bilderstürmer ein. Obwohl mit ihnen, meist späteren Täufern, grundsätzlich einig, war er in der Art des Vorgehens vorsichtiger.

Zur Klärung der strittigen Fragen berief der Rat für den 26.—28. Oktober 1523 eine 2. *Züricher Disputation*[15]. Die Bischöfe waren nicht vertreten; die übrigen Schweizer Orte blieben bis auf St. Gallen und Schaffhausen fern. Am 1. Tag sprach vor den etwa 900 Teilnehmern Leo Jud gegen die „Bilder und Götzen". Am nächsten Tag wandte Zwingli sich gegen die Messe als Opfer. „Es ist ein gotteslästerliches Unterfangen, ja ein Werk des Antichristen, daß wir aus dem zarten Fronleichnam und dem Blute Christi ein Opfer machen und Geld dafür nehmen. Dabei hat Christus unser Erlöser uns dies allein zu einer Speise und zu einem Wiedergedächtnis seines Leidens und Testamentes gegeben" (ZW 2, 733, 9 ff). Ein Teilnehmer erklärte, „das Messen und Metzgern" habe ihm schon Gewissenspein bereitet. Er werde künftig das Sakrament unter beiden Gestalten austeilen. Taktischem Zögern zuwider, verlangte Konrad Grebel eine klare Stellungnahme gegen Meßopfer und Fegfeuer, weiter Abschaffung der Hostie, der Beimischung von Wasser, der Mundkommunion und der Selbstkommunion der Pfarrer. In der Ablehnung des Meßopfers war man ziemlich einer Meinung. Viele hielten jedoch den Zeitpunkt für tiefgreifende Änderungen noch nicht für gekommen. Das letzte Wort hatte die weltliche Obrigkeit. Ende Oktober erließ der Rat ein Mandat[16]. Danach sollte es vorläufig beim bisherigen Stand bleiben. Die Bilder durften nicht beseitigt und die Messe nicht abgeschafft werden. So sollte es noch 7 Monate bis zur Entfernung der Bilder und noch gut 1½ Jahre bis zum Ersatz der Messe durch eine evangelische Abendmahlsfeier dauern. Das Zurückweichen vor der Staatsgewalt trug Zwingli die Gegnerschaft der radikalen Kreise ein und führte bald zur Bildung der Täufergemeinden. Inzwischen schrieb Zwingli im obrigkeitlichen Auftrag „Eine kurze und christliche Einleitung (= Anleitung)" (ZW 2, 630 bis 663), um Pfarrerschaft und Gemeinden für die fälligen Änderungen reif zu machen. Danach sind die Bilder von Gott verboten und das Meßopfer schriftwidrig, weil Christus nur ein für allemal am Kreuze geopfert wurde. Der Christ ist frei gegenüber den Zeremonien, aber gebunden an das Gesetz der Obrigkeit. Auch als im Dezember 1523 Kapläne des Großmünsters betonten, sie hätten es satt, Gottesmetzger gescholten zu werden, und sich weigerten, noch weiter Messe zu lesen, blieb es bei der hinhaltenden Regelung. „Wiewohl es nach der hl. Schrift hell und klar ist, daß die Messe kein Opfer ist, sind doch der Blöden und Unwissenden so viele, daß man die Messe,

[15] Die Akten: ZW 2, 671—803.

[16] Actensammlung zur Gesch. der Zürcher Reformation 1519—1533, hrsg. von *E. Egli* (Zürich 1879) n. 436.

ohne den Blöden Ärgernis zu geben, nicht jäh abschaffen kann" (ZW 2, 812, 3 ff). Den Rat bestimmte aber nicht allein die Rücksicht auf die „Schwachen", sondern vielmehr seine kritische politische Lage. In der übrigen Eidgenossenschaft erwachte eine starke Bewegung zum Schutze des alten Glaubens. Auf der Luzerner Tagsatzung vom Januar 1524 fand man sich zu einer geschlossenen Front gegen Zürich zusammen und erließ ein Mandat, worin jede Änderung des Glaubens bis zur Entscheidung des Konzils untersagt wird. Zürich sollte aufgefordert werden, von seiner Lehre abzustehen[17]. Die Stadt verteidigte sich, indem sie die Ausschreitungen und die Schmähung der Messe als ein Mißverständnis der schriftgemäßen Predigt bezeichnete, und suchte durch Hinweis auf die notwendige Kirchenreform abzulenken.

So einheitlich, wie das Mandat vom Januar 1524 es erscheinen ließ, war die Einstellung der eidgenössischen Orte allerdings nicht. Bern, Basel und Schaffhausen bezogen keine klare Stellung. Neben Freiburg nahmen vor allem die fünf innerschweizerischen Orte eine kompromißlose Haltung gegenüber der reformatorischen Bewegung ein; das hieß damals: sie lehnten das Schriftprinzip ab. Sie schlossen sich April 1524 zur unbedingten Verteidigung des alten Glaubens zusammen und entwarfen im Eidgenössischen Glaubenskonkordat vom Januar 1525 ein großangelegtes Reformprogramm[18].

Bei aller offiziellen Zurückhaltung ging in Zürich die Reformation weiter. Wie Zwingli im April 1524 verehelichten sich die Priester. Die Umgänge, Prozessionen und Wallfahrten wurden abgeschafft. Am 15. Juni 1524 erging ein Ratsmandat, „daß man die Bilder und Götzen in aller Zucht hinwegtuen sölle, damit dem Wort Gottes stattgegeben werde"[19]. Ohne spektakulären Bildersturm verschwanden Bilder und Reliquien aus den Kirchen. Gegen den Vorschlag Zwinglis, sich nun auch von der Messe loszusagen und biblisches Abendmahl zu halten, sperrte sich der Rat. Es blieb bis 1525 bei der lateinischen Messe in den üblichen Gewändern unter Weglassen aller Opfergebete. Literarisch ging Zwingli um so unerbittlicher gegen die Messe vor. In seinem zwischen Dezember 1524 und März 1525 abgefaßten „Kommentar über die wahre und falsche Religion"[20], wie die Schlußreden eine zusammenfassende Darstellung seiner Theologie, unterzieht er in dem Abschnitt „De eucharistia" die Messe und den Sakramentskult schärfster Kritik. „Warum gebieten wir nicht allen Meßpriestern, sie müßten von einer so schauderhaften Beleidigung Christi abstehen? Denn wenn Christus jeden Tag neu geopfert werden muß, so folgt daraus, daß das Opfer, das er ein-

[17] *O. Vasella,* Reform und Reformation in der Schweiz 67.

[18] Eidgenössische Abschiede IV 1a 572—578; *O. Vasella,* Abt Theodul v. Schlegel von Chur und seine Zeit (Fribourg 1954) 41 f.

[19] Actensammlung zur Gesch. der Zürcher Reformation n. 544.

[20] „Commentarius de vera et falsa religione (März 1525; ZW 3, 628—911). Dt. Übersetzung in: Zwingli Hauptschriften Bd 9 u. 10 (Zürich 1941/63).

mal am Kreuz dargebracht hat, nicht für alle Ewigkeit ausreicht. Gibt es eine größere Schmähung als diese? Alle Messen sind unverzüglich zu unterlassen, und das Abendmahl des Herrn ist gemäß der Einsetzung Christi zu gebrauchen" (ZW 3, 805, 15—20).

Am 11. April 1525 glaubte Zwingli, endlich den entscheidenden Vorstoß machen zu können. Mit Leo Jud, Oswald Myconius und zwei anderen Priestern wurde er beim Rat vorstellig und forderte die Abschaffung der Messe als Abgötterei. Anhand seiner eben fertiggestellten Schrift „Aktion oder Brauch des Nachtmahls" (ZW 4, 13—24) konnte er darlegen, wie er sich die Feier des evangelischen Abendmahls dachte. Am nächsten Tag, am Karmittwoch, beschloß der Rat mit knapper Mehrheit die Abschaffung der Messe. Die letzte Messe wurde unter großem Andrang des Volkes gefeiert, „das sich versehen lassen wollte mit dem heiligen Sakrament nach dem alten Brauch wie zuvor" [21]. Demnach wurde auf behördliche Anordnung abgeschafft, was durchaus noch lebendig war. Auch Zwingli mußte sich von den weltlichen Behörden in seine Ordnung der Abendmahlsliturgie hineinreden lassen. Er wollte „Gloria", „Credo" und Ps. 113 im Wechselchor von Männern und Frauen sprechen lassen. Das verbot der Rat. Ebenso räumte er der Kirche nicht das Bannrecht ein, das Zwingli als Ausschließung vom Abendmahl durch die Gemeinde ausüben lassen wollte. Am Gründonnerstag 1525 wurde das Abendmahl als „Danksagung und Wiedergedächtnis des Leidens Christi" zum ersten Mal begangen. Nach der von Zwingli nach Ostern 1525 redigierten Fassung „Ordnung der christlichen Kirche zu Zürich" wird es bis heute in den Zwinglischen Gemeinden gefeiert. Nur für 4 Festtage: Ostern, Pfingsten, Kirchweih und Weihnachten, war es vorgesehen. An den Sonntagen sollte nur ein im Anschluß an den spätmittelalterlichen Predigtgottesdienst („Pronaus") gestalteter Wortgottesdienst stattfinden. „Gemeindegesang gab es nicht, der so musikalische Zwingli hat, ganz anders als Luther, keine Psalmen und Lieder den Kirchgenossen geschenkt, und die Orgeln blieben verstummt, mit dem Geplärre des lateinischen Chorgesanges, den niemand verstand, verschwand das Musikalische überhaupt." [22]

Mit der Abschaffung der Messe war die Reformation in Zürich endgültig zum Durchbruch gekommen.

Gleichzeitig schuf man die anderen nach dem Abbau des alten Kirchentums notwendig gewordenen Institutionen. Mit der Fertigung einer deutschen *Agende* für Taufe, Trauung und Beerdigung hatte Zwingli Leo Jud beauftragt. Eine *Armenordnung* hatte am 15. Januar 1525 der Rat der Stadt erlassen [23] und dabei weitgehend über das Kirchen- und Klostergut verfügt. Dringend wurde ein Ersatz des kanonischen Eherechts bzw. der Ehegerichts-

[21] Gerald Edlibachs Chronik, hrsg. von *Joh. M. Usteri* (Zürich 1847) 273.
[22] W. *Köhler,* Huldrych Zwingli (Stuttgart ²1952) 123.
[23] Text: W. *Oechsli,* Quellenbuch zur Schweizergeschichte, Neue Folge (Zürich 1893) 536 bis 541.

barkeit nötig. Zwingli legt auch diese wichtige Neuerung in die Hände des Rates. Dieser verkündete am 10. Mai 1525 die von einer Kommission unter maßgeblicher Beteiligung Zwinglis erarbeitete Züricher *Ehegerichtsordnung*[24], die erste reformatorische überhaupt. Die richterliche Gewalt wird in die Hand von sechs Eherichtern gelegt, zwei Pfarrern als Schriftverständigen und je zwei Mitgliedern des Großen und des Kleinen Rates. Einzige Appellationsinstanz ist der Rat der Stadt. Im folgenden Jahr (1526) wurde das Ehegericht zum Sittengericht erweitert, das strafend und vorbeugend das Leben der Bürger unter Kontrolle nahm und durch „Kundschafter" beobachten ließ. Die Strafgewalt lag beim Rat, dem nach dreimaliger Warnung Anzeige zu erstatten war. Mit der Einführung der Pflicht zum Gottesdienstbesuch 1529 und mit dem Verbot des Besuches auswärtiger katholischer Messen kontrollierte die Stadtgemeinde das Leben ihrer Bürger völlig. Im Gegensatz zum Spiritualismus Zwinglis und zu seiner These von der Eigenkraft des Evangeliums, gleichzeitig aber auch als Konsequenz daraus, hatte die weltliche Obrigkeit das Kirchenregiment an sich gerissen. Die Kirchengemeinde war in der Bürgergemeinde aufgegangen.

Im Jahre 1525 konnte auch die schon 1523 beschlossene Errichtung einer theologischen *Lehranstalt* der Verwirklichung näher geführt werden. Zur Bezahlung der Lehrkräfte wurden die Kanonikate am Großmünster von 24 auf 18 reduziert. Als Lehrer des Hebräischen wurde im Januar 1525 der Reuchlinschüler Jakob Ceporinus und nach dessen baldigem Tod der ehemalige Franziskaner Konrad Pellikan angestellt. Anstelle des morgendlichen Chorgebetes hielt Zwingli vom 19. Juni ab täglich um 8 Uhr im Chor des Großmünsters in Verbindung mit Ceporinus Vorlesungen über das AT. Es hatten zu erscheinen „alle Pfarrer, Prädikanten, Chorherren und Kapläne und die größeren Schüler"[25]. Zwingli selbst gab dieser Stunde philologisch-theologischer Schrifterklärung den Namen „Prophezei". Sie diente der Aus- und Fortbildung der Prediger und förderte zugleich das Entstehen der „Zürcher Bibel". Bis dahin hatte man Luthers NT-Übersetzung in einer Anpassung an die schweizerische Mundart nachgedruckt. Ähnlich kamen 1527 die fünf Bücher Moses' heraus und bald darauf die übrigen historischen Bücher und die Lehrschriften des AT. An die Verdeutschung der Propheten, die in Luthers Übersetzung noch fehlten, ging man in Zürich selbst heran. Hauptbeteiligte waren Zwingli und Leo Jud. Dieser übersetzte dazu die sog. „Apokryphen". So lag März 1529 — fünf Jahre vor Luthers Vollbibel — die vollständige „Zürcher Bibel" in sechs Bänden vor. Sie wurden im Todesjahr Zwinglis 1531 zu einem Bande, der sog. „Froschauerbibel", vereinigt. Etwa die Hälfte der 200 Illustrationen dieses typographischen Meisterwerkes hatte Holbein beigetragen.

[24] „Ordnung und ansehen (= Weisung), wie hynfür zu Zürich in der statt über eelich sachen gericht sol werden (ZW 4, 182—187).

[25] H. Bullingers Reformationsgeschichte I 290.

Die Reformation in weiteren Kantonen der deutschen Schweiz

Von Zürich aus wurde die reformatorische Bewegung in der Nord- und Ostschweiz angeregt und gefördert. In *St. Gallen* verhalfen zwei Laien, der humanistisch gebildete Stadtarzt Joachim Vadian (1483—1551) und der ehemalige Theologiestudent und spätere Sattlermeister Johannes Keßler (1502 bis 1574), der Reformation zum Durchbruch. Beide standen zunächst unter dem Einfluß des Erasmus. Vadian wurde durch Zwingli für die Reformation gewonnen, sein Helfer Keßler hatte in Wittenberg Theologie studiert und sich dann entschlossen, als Handwerker sein Brot zu verdienen. Durch ihre „Lesinen", das heißt Laienbibelstunden, warben sie für die Reformation. Der Rat stellte ihnen 1524 die Stadtkirche zur Verfügung und gab Anweisung zur schriftgemäßen Predigt. Mit der Wahl Vadians zum Bürgermeister 1526 war der Sieg der Reformation sichergestellt. Bilder, „Götzen" und Altäre wurden nachts ohne Aufsehen entfernt, und 1527 wurde eine evangelische Abendmahlsfeier eingeführt.

Auch im *Toggenburg* setzte sich bis 1528 die Reformation durch. In dem St. Gallen benachbarten *Appenzellerland* konnten Pfarrer ihre Gemeinden schon 1522 dazu bringen, die Messe abzuschaffen. Im nächsten Jahr befahl die Landgemeinde unter dem Einfluß der 1. Züricher Disputation ihren Priestern die schriftgemäße Predigt.

In der Herrschaft *Thurgau* hatten die neun katholischen Orte das Regiment und traten starken reformatorischen Einflüssen entgegen. Im angrenzenden nordöstlichen Zipfel des Kantons Zürich in Stammheim und in Burg bei Stein kam es zum Konflikt, als die Gemeinden, der Weisung des Züricher Rates folgend, 1524 radikal die Bilder entfernten und verbrannten. Hier stand zwar Zürich das niedere Gericht zu, die obere Gerichtsbarkeit für Malefizverbrechen aber dem Schwyzer Landvogt. Dieser ließ den Pfarrer von Burg in Frauenfeld festsetzen. Als die nach dort zusammenlaufenden Bauern von Stammheim und Burg ihrem Pfarrer nicht helfen konnten und mit dem Ärger der Hunger wuchs, plünderten sie die in der Nähe gelegene Ittinger Kartause und ließen sie in Flammen aufgehen. Zürich sah sich auf Drängen der neun Orte veranlaßt, die Rädelsführer der Tagsatzung in Baden auszuliefern, die drei von ihnen Herbst 1524 hinrichten ließ.

In *Glarus* hatte Zwingli 1522 Valenti Tschudi als Pfarrer eingeführt und die „Schlußreden" von 1523 seiner ehemaligen Pfarrei gewidmet. Doch Tschudi hielt an der Einheit der Kirche fest und sagte sich von Zwingli los. So gelang es den Anhängern der Reformation erst 1528 in der Landgemeinde die Mehrheit zu erringen.

In *Graubünden* war nicht der aus politischen und persönlichen Gründen unbeliebte Bischof von Chur, sondern der Abt von St. Luzi (Chur) Theodul Schlegel (1485—1529) die Seele des Widerstandes gegen die Neuerung. Als das Domkapitel den Prediger Johannes Komander (1484—1557) als Ketzer verklagte, gaben die weltlichen Behörden ihm Gelegenheit, sich auf dem *Ilanzer Religionsgespräch* vom 7.—9. Januar 1520[26] zu verantworten. Auf altgläubiger Seite führte Abt Th. Schlegel das Wort. Es kam nicht zur Verbannung Komanders. Die Reformation wurde nur vorübergehend aufgehalten.

Bald stellte der Bundestag es jedem Bündner frei, seinen Glauben zu wählen. In den Ilanzer Artikeln vom Juni 1526 wurde die bischöfliche Landesherrschaft erheblich eingeschränkt und die Ordnung der kirchlichen Verhältnisse den Gemeinden übergeben. So entwickelte sich in diesem Kanton die Konfessionszugehörigkeit sehr unterschiedlich. In Chur erging im Sommer 1528 das Verbot der Messe durch den Rat. Erst 1529 gelang Komander die Protestantisierung der Stadt, mit Ausnahme des bischöflichen Hofes. Abt Schlegel wurde im Zuge eines protestantischen Strafgerichts gefangen und nach grauenvollen Folterungen hingerichtet (23. Januar 1529).

In *Schaffhausen* gab es einen gelehrigen Humanistenkreis um den Stadtarzt Adelphi (Joh. Müling) aus Straßburg und den Abt des Klosters Allerheiligen Michael von Eggendorf, der reformatorisches Schrifttum las und verbreitete. Stärker Boden gewann die Reformation aber erst, als 1522 der aus Luzern vertriebene Franziskaner Sebastian Hofmeister in seine Vaterstadt Schaffhausen kam und gegen Papsttum und Zeremonien predigte. Er nahm an den Disputationen in Zürich teil. Es war ein großer Erfolg für seine Sache, daß der von den Altgläubigen gegen ihn aus Rottweil herbeigerufene Erasmus Ritter bald selbst zur Reformation übertrat. Der Rat begünstigte Hofmeisters Wirken, konnte sich aber nicht zu einem Reformationsmandat wie in Zürich entschließen. Im Jahre 1525 kam es unter dem Druck der Eidgenossen zu einem Rückschlag. Hofmeister wurde verbannt und die Beibehaltung der Messe und des Salve Regina beschlossen. Erst 1529 konnte die Reformation sich durchsetzen.

In *Basel* hatte der Humanismus und der Kampf der Stadtgemeinde gegen das Regiment des Bischofs der Reformation den Boden bereitet, haben aber auch andererseits die traditionellen Kräfte ihren schnellen Sieg vereitelt. Sie stand hier mehr im Zeichen Luthers als Zwinglis. Der Elsässer Wolfgang Capito (1478—1541), seit 1515 Prediger am Münster, und der Franziskaner Konrad Pellikan, seit 1519 Guardian in Basel, verbreiteten schon früh lutherisches Gedankengut. Die Schriften Luthers wurden von den Basler Verlegern Johannes Froben und Adam Petri eifrig nachgedruckt. Demonstrative Verletzungen des Fastengebotes und Predigten gegen Kirchengesetze führten zu Klagen beim Rat. Dieser suchte in einem Mandat von Mai 1523 zu beschwichtigen. Die Prediger wurden angehalten, sich an die Heilige Schrift zu halten, Lehren von Luther und anderen Doktoren aber nicht zu erwähnen.

Ein halbes Jahr zuvor war Johannes *Oekolampad* (1482—1531) zum

[26] *O. Vasella,* Abt Th. Schlegel 53—63.

zweitenmal nach Basel gekommen. Schon 1520 war er im „Iudicium de Luthero" für den Wittenberger Reformator eingetreten. Als er dann in der Schrift „Quod non sit onerosa christianis confessio paradoxon" (1521) als Ausweg aus eigenen Gewissensängsten die Ansicht vertrat, man brauche nur die äußeren Sünden zu beichten, konnte er sich im Birgittenkloster Altomünster nicht mehr halten. November 1522 kam er nach Basel, um seine Chrysostomusübersetzungen zum Druck zu bringen. Nach Ostern 1523 nahm er Vorlesungen über Isaias auf und wurde im Sommer zum Professor der Heiligen Schrift ernannt. Um ihn sammelten sich die der Reformation zuneigenden Kreise der Bürgerschaft, besonders da er neben seinen Vorlesungen eifrig in St. Martin predigte und hier Februar 1525 zum Leutpriester ernannt wurde. Zunächst beschränkte er sich auf das Predigtamt; richtete aber noch vor Jahresende eine evangelische Abendmahlsfeier ein. Schon im Spätherbst 1524 hatte er mit Zwingli ein ausführliches Gespräch über die Frage des Abendmahls geführt. Im „Elleboron" (1525), das sich gegen die Schrift „De confessione secreta" des J. Latomus richtet, entwickelte er einen spiritualistischen Kirchen- und Sakramentsbegriff. Der Glaube, nicht die Sakramente schenken das Heil. Das Brot bleibt in der Eucharistie, was es gewesen. Diese Auffassung vom bloß geistigen Empfang des Leibes Christi im Glauben, für den das Sakrament Zeichen ist, entfaltete Oekolampad in „De genuina verborum Domini expositione liber" (1525) und „Antisyngramma" (1526). Damit setzte er sich in Gegensatz zu W. Pirkheimer, M. Luther und J. Brenz. Mit den Täufern hatte er 1525—27 vielfache Kontakte; er trat aber gegen sie für die Kindertaufe ein. An der Badener (1526) und Berner (1528) Disputation war Oekolampad führend beteiligt. Es gelang ihm aber zunächst nicht, gegen den Rat und die Geistlichkeit der Stadt und gegen den Einfluß des Erasmus die Reformation in Basel durchzusetzen. Trotz der Proklamierung der Religionsfreiheit am 29. Februar, „daß ein jeder den anderen bei seinem Glauben bleiben lasse ungehaßt"[27], kam es Ostern 1528 zu Bilderstürmen und Protesten gegen den Zehnt. Die Zünfte standen gegen die Geistlichkeit des Hochstiftes und den Rat. Am 23. Dezember 1528 forderten sie in einer Eingabe an den Rat, „abzustellen das zwiespältige Predigen und die Messe"[28]. Der Rat suchte zu vermitteln und setzte für Mai eine Disputation an. Doch die mobilisierte Volksmenge war nicht mehr zu halten. Am 9. Februar wurde das Münster erbrochen und hier wie in anderen Kirchen Kruzifixe, Bilder und Altäre zerstört. Der Rat wich dem Terror. Er schloß die altgläubigen Mitglieder aus, ließ den Bildersturm durch städtische Werkleute gründlich zu Ende führen und verbot durch Mandat vom 10. Februar 1529 für Stadt und Land Bilder und Messe. Das Domkapitel floh nach Neuenburg und nahm im Mai seinen Sitz in Freiburg i. Br. Auch

[27] Aktensammlung zur Geschichte der Basler Reformation, Bd III, hrsg. von *P. Roth* (Basel 1937) 60. [28] Ebd. III 291.

Erasmus, Professoren der Universität und die Konvente der Kartäuser und Dominikaner verließen mit manchen anderen die Stadt.

Oekolampad, der mit den Tumulten in Beziehung gebracht wurde, ja, den man für den Haupttreiber hielt[29], beriet den Rat bei der Ausarbeitung der Reformationsordnung[30] vom 1. April. Darin ordnet die von der Geistlichkeit nach der Heiligen Schrift beratene Obrigkeit die Verkündigung des Gotteswortes, die Feier von Taufe und Abendmahl, die Bilderfrage und die Normen der öffentlichen Sittlichkeit. Oekolampad wurde Mai 1529 zum Antistes (Aufseher) der Kirche und Pfarrer am Münster gewählt. Auf 5 Synoden bemühte er sich in den Jahren 1529—31 um die kirchliche Lehre (Katechismus) und um die Kirchenzucht. Diese wollte er in einer gewissen Unabhängigkeit vom Stadtregiment von einem Presbyterium von Laien und Pfarrern ausüben lassen. Er vermochte sich aber gegen die Behörden genausowenig durchzusetzen wie Zwingli. Der Rat der Stadt beanspruchte die Ernennung der „Bannherren" und ließ keine zentrale, für die ganze Stadt zuständige Bannbehörde zu, sondern nur solche für die einzelnen Pfarrgemeinden.

Bern stand lange Zeit unentschieden zwischen den Glaubensparteien. Die Stadt hatte Rücksicht zu nehmen auf die konservativen Landgemeinden in ihrem Gebiet. Dazu fehlte die überragende Persönlichkeit.

Vorgearbeitet hatte hier Thomas Wyttenbach. Als Reformator Berns gilt sein Helfer und Nachfolger als Chorherr am Münster *Berchtold Haller* (1492—1536). Er stand seit 1521 mit Zwingli in Verbindung. Mit mehr Temperament wirkten neben ihm der Barfüßermönch Dr. Sebastian Meyer und Jörg Brunner, Kaplan am Wallfahrtsort Kleinhöchstetten, für die Reformation. Unruhen, die ihre Predigten gegen Wallfahrt und Messe verursachten, suchte der Rat durch ein Mandat vom 15. Juni 1523[31] zu begegnen. Die Verbreitung der lutherischen Lehre wurde verboten, aber gleichzeitig durch die Anordnung schriftgemäßer Predigt gefördert. Dem Mandat der Luzerner Tagsatzung zum unbedingten Schutz des katholischen Glaubens vom Januar 1524 schloß Bern sich an, lehnte aber das Glaubenskonkordat von Januar 1525 ab. Mit Rücksicht auf die Stimmung im Landvolk verfügte der Rat in einem Mandat vom 2. April ausdrücklich den Schutz der sieben Sakramente, der Heiligenverehrung, der Zeremonien und des Klosterwesens. Man ging gegen die Priesterehe vor, gestattete aber andererseits den Klosterfrauen von Königsfelden den Austritt aus dem Kloster. Anfang 1526 stand es für die Reformation in Bern noch ungünstiger. Am 28. März sagte der große Rat die Teilnahme an der für den 6. Mai angesetzten *Disputation in Baden* zu und beorderte B. Haller nach dort.

[29] „Adversarii me fontem omnis huius rei vocant", *E. Staehelin,* Briefe und Akten II 282 n. 636.
[30] Aktensammlung III 473.
[31] *A. Fluri* (Hrsg.), Das erste gedruckte Berner Reformations-Mandat: Schweizerisches Gutenbergmuseum 14 (1928) 3—6.

Eine solche Disputation gegen Zwingli hatte Joh. Eck den Eidgenossen schon im Anschluß an den Regensburger Konvent (Juni/Juli 1524) vorgeschlagen. Sollte damals noch vor allem der Opfercharakter der Messe behandelt werden, dann kam 1525 die Realpräsenz als Kontroverspunkt hinzu. In einem Schreiben vom 28. Oktober 1525 bot Eck sich erneut zu einer Disputation an und wies darauf hin, bisher habe Zwingli mit Luther das Meßopfer verworfen, nun trenne er sich von ihm und verführe zusammen mit Oekolampad „viele tausend Menschen in die greuliche Ketzerei . . ., daß sie nicht glauben, daß in dem würdigen Sakrament sei der wahre Leib und das Blut Christi“ [32]. Damit ist die Realgegenwart in den Vordergrund gerückt, auf die Lehrgegensätze zwischen Luther und Zwingli verwiesen und gezeigt, daß dieser den in Acht und Bann getanen Wittenberger an Ketzerei übertraf. Zwingli weigerte sich zur Disputation in Baden, das von den katholischen Orten regiert wurde, zu erscheinen. Berchtold Haller hielt sich völlig zurück. Das Wort führten Oekolampad und auf der Gegenseite Eck, Fabri und Murner. Die ersten beiden der sieben von Eck an der Kirchtüre angeschlagenen Thesen lauteten:

1. Der wahre Fronleichnam Christi und sein Blut ist gegenwärtig im Sakrament des Altares.
2. Die werden auch wirklich aufgeopfert im Amt der Messe für Lebende und Tote [33].

Das Glaubensgespräch zog sich vom 21. Mai bis zum 8. Juni 1526 hin. Die altkirchliche Seite nahm den Sieg für sich in Anspruch. Aber dieser letzte Versuch, die religiöse Einheit der Eidgenossenschaft zu retten, scheiterte. Auch der Hinweis auf die Lehrgegensätze zwischen Luther und Zwingli vermochte die Vertreter von Basel und Bern nicht davon zu überzeugen, daß die Heilige Schrift als Glaubensnorm nicht ausreicht, und sie zur Unterdrückung der neuen Lehre zu bewegen. Das „Verdikt von Baden“ [34] wurde nur von den neun katholischen Orten Luzern, Uri, Schwyz, Unterwalden, Zug, Glarus, Freiburg, Solothurn und Appenzell unterschrieben und nicht von Basel, Bern und Schaffhausen. Darin wird Zwingli als dem Bann verfallen erklärt. Die Prediger werden feierlich auf die Lehre und den Kult der Kirche verpflichtet und die Bücher Luthers und Zwinglis verboten. Eine Behörde soll eingesetzt werden, die darüber zu wachen hat, daß ein von einem Ort Ausgestoßener auch in keinem anderen zugelassen wird. „Die Badener Disputation ist die schweizerische Parallele zum Reichstag von Worms und zum Regensburger Konvent.“ [35]

Noch am 21. Mai 1526, am Tage der Eröffnung der Badener Disputation, hatte der Große Rat von Bern sich unter Eid verpflichtet, ohne Zustimmung

[32] Eidgenössische Abschiede IV 1a 812; Briefmappe (RST 21/2, Münster 1912) 1 157.

[33] *L. v. Muralt,* Die Badener Disputation (Leipzig 1926) 100 f.

[34] Eidgenössische Abschiede IV 1a 935 ff; *L. v. Muralt,* Die Badener Disputation 134 f.

[35] *L. v. Muralt,* Die Badener Disputation 151.

der Ämter keine Glaubensänderung vorzunehmen. Der von Baden zurückkehrende Haller wurde vor die Alternative gestellt, entweder wieder Messe zu lesen oder Bern zu verlassen. Er appellierte an den Rat. Als die Bürgerschaft auf die Straße ging und zu seinen Gunsten demonstrierte, wurde er seiner Chorherrenstelle und damit der Verpflichtung zum Sakramentsgottesdienst enthoben und als Prediger eingesetzt. Die Wahlen Ostern 1527 brachten schließlich den Sieg der Neugläubigen. Sie errangen die Mehrheit im Großen Rat und vermochten auch im Kleinen Rat sich durchzusetzen. Es kam zur Erneuerung des Reformationsmandates. Die freie Predigt wurde gestattet, aber noch alle eigenmächtigen Änderungen verboten. Das vermehrte die Verwirrung. Deshalb beschloß man, am 15. November 1527 ein Religionsgespräch abzuhalten. Durch eine demonstrative Schau wollte man die öffentliche Meinung bestimmen und Eindruck auf die Landgemeinden machen. Eck weigerte sich, zu einer „Winkeldisputation", zu der nicht die Eidgenossenschaft eingeladen hatte, zu erscheinen. Die katholische Seite war offiziell nicht vertreten. Um so mehr bekam die Disputation vom 5.—26. Januar 1528 den Charakter einer Heerschau, die der im Grunde schon gefallenen Entscheidung Nachdruck verleihen sollte. Zwingli machte sich mit ca 40 Züricher Pfarrern und weiteren aus der Ostschweiz unter Geleit von 300 Bewaffneten auf den Weg. Aus den oberdeutschen Städten Straßburg, Augsburg, Memmingen, Lindau, Ulm, Konstanz u. a. fanden sich Vertreter ein.

Die von Berchtold Haller und seinem Mitarbeiter Franz Kolb aufgestellten 10 Thesen waren weitgehend eine Kopie der Schlußreden des Ilanzer Gespräches von 1526.

Die erste lautet: „Die heilige christliche Kirche, deren einzig Haupt Christus, ist aus dem Wort Gottes geboren; im selben bleibt sie und hört nicht auf die Stimme eines Fremden" (ZW 6, 243, 10ff). Nach der vierten These kann mit der Heiligen Schrift nicht bewiesen werden, „daß der Leib und das Blut Christi wesentlich und leiblich in dem Brot der Danksagung empfangen werden". Das Meßopfer ist schriftwidrig, ebenso die Anrufung der Heiligen, Fegfeuer, Totendienst, Ampeln, Kerzen, Bilder und Zölibat. Es waren nicht viele Geistliche, die am Schluß ihre Unterschrift verweigerten; eine größere Zahl setzte hinzu, daß sie sich der Ratsentscheidung füge. Schon wenige Tage nach der Disputation erließ der Rat am 7. Februar 1528 ein Religionsmandat. Darin wurde die Messe abgeschafft und der Gottesdienst nach Züricher Vorbild eingeführt; die Jurisdiktion des Lausanner Bischofs aufgekündigt und die Leitung der Kirche dem Rat übertragen. Der Übertritt Berns gab der reformatorischen Bewegung in der Schweiz einen großen Aufschwung. Bern führte die Reformation 1536 auch in der von ihm eroberten Waadt ein.

Die Ausweitung der evangelischen Bewegung steigerte die Spannungen in der Eidgenossenschaft. Anders als Luther war Zwingli willens, den Glauben mit politischen Mitteln, ja mit Waffengewalt zu verteidigen und auszubreiten. „In Zwingli war ganz der Staatsmann lebendig, der den Glaubenskampf als Machtkampf empfand und durchzuführen gewillt war.“ [36]

Zürich betrieb eine Ausweitung der schon bestehenden Burgrechtsverträge. Dem Vertrag mit Konstanz trat Bern bei. Bald folgten St. Gallen und Mülhausen im Elsaß. Im Februar 1529 schloß sich Basel an. Von dort gingen die Verbindungen weiter nach Straßburg. Solche Bündnisse geschähen, meinte Zwingli, an erster Stelle „zu der Ehre Gottes und der Öffnung seines heiligen Wortes“. Unmittelbar waren sie gegen die katholischen Orte, nicht weniger jedoch gegen Österreich gerichtet. Deren Antwort war die April 1529 geschlossene „Christliche Vereinigung“. Vorfälle, wie der unter dem Schutz Zürichs unternommene Sturm auf das Kloster St. Gallen im Frühjahr 1529 und dessen Säkularisierung oder die Hinrichtung eines evangelischen Prädikanten in Schwyz, heizten die Kriegsstimmung auf beiden Seiten an. Schließlich war man zum Glaubenskrieg entschlossen. Als Zürich am 8. Juni den Krieg erklärte, verfügte es über eine stattliche Streitmacht; schon im April hatte man über 12000 gezählt. Mit den Truppen der Verbündeten brachte man es auf insgesamt ca. 30000 Mann, denen nur 9000 auf katholischer Seite gegenüberstanden. Den Reformator wollte man schonen und „nicht in den Krieg lassen ... Aber er wollte nicht daheim bleiben, sondern saß auf einem Roß und führte eine hübsche Hellebarde auf der Achsel. Und so zog man gegen Kappel.“ [37] Hier kam am 10. Juni der Vormarsch zum Stehen. Die Verbündeten der Züricher drängten auf Verhandlungen. Zwingli mahnte: Seid standhaft und fürchtet den Krieg nicht“ (ZW 10, 147, 2). Doch vor allem Bern machte nicht mit. Das eidgenössische Gemeinschaftsbewußtsein setzte sich durch, und man schloß am 26. Juni den „Ersten Kappeler Landfrieden“ [38]. Die katholischen Orte mußten das Bündnis mit Ferdinand aufgeben. Sonst waren die Bestimmungen wenig eindeutig und damit Quelle weiteren Streites. Zwingli hatte freie, das heißt protestantische Predigt in den katholischen Gebieten verlangt. Im Frieden hieß es, „daß, weil wegen des göttlichen Wortes niemand gezwungen werden soll, die Örter und die Ihrigen auch nicht genötigt werden sollen“. Wie die Züricher nicht daran dachten, in ihrem Gebiet katholische Predigt und Messe zuzulassen, sahen die fünf Orte auch keine Veranlassung, der evangelischen Predigt Raum zu geben. Sie verstanden den Frieden dahin, daß jeder bei seinem Glauben bleiben dürfe.

[36] W. *Köhler*, Huldrych Zwingli 173.

[37] Die Chronik des Bernhard Wyss 1519—1530, hrsg. von *G. Finsler* (Bern 1901) 121, 1 ff.

[38] Text: H. Bullingers Reformationsgeschichte II 185—191.

15. Kapitel

Die Täufer und Spiritualisten

LITERATUR: Allgemeines: Bibliogr.: *H. J. Hillerbrand,* Bibliographie des Täufertums 1520—1630 (Gütersloh 1962); *Schottenloher* 44213a—44512, 52181—52191, 64167 bis 64431. — QQ: *Hillerbrand* 2683—3542; Quellen zur Geschichte der Täufer (bzw. Wiedertäufer): Bd 1, Württemberg, hrsg. von *G. Bossert* (Leipzig 1930); Bd 2, Bayern 1, hrsg. von *K. Schornbaum* (Leipzig 1934); Bd 3, Glaubenszeugnisse oberdeutscher Taufgesinnter, hrsg. von *L. Müller* (Leipzig 1938); Bd 4, Baden und Pfalz, hrsg. von *M. Krebs* (Gütersloh 1951); Bd 5, Bayern 2, hrsg. von *K. Schornbaum* (Gütersloh 1951); Bd 7—8, Elsaß 1—2, hrsg. von *M. Krebs* und *H. G. Rott* (Gütersloh 1959/60); Quellen zur Geschichte der Täufer in der Schweiz: I. Zürich, hrsg. von *L. von Muralt* und *W. Schmid* (Zürich 1952); Urkundliche Quellen zur Hessischen Reformationsgeschichte: IV, Wiedertäuferakten 1527—1626, hrsg. von *G. Franz* (Marburg 1951); Urkunden zur Geschichte des Bauernkrieges und der Wiedertäufer, hrsg. von *H. Böhmer* (Berlin 1933); Spiritual and Anabaptist Writers, hrsg. von *G. H. Williams* (Philadelphia 1957); Der linke Flügel der Reformation. Glaubenszeugnisse der Täufer, hrsg. von *H. Fast* (Bremen 1962) (= H. Fast); Bibliotheca Reformatoria Neerlandica, hrsg. von *S. Cramer* und *F. Pijper* ('s Gravenhage 1903—14) (= BRN); Documenta Reformatoria Bd 1, hrsg. von *J. N. Bakhuizen van den Brink* u. a. (Kampen 1960). — Lit.: The Mennonite Quarterly Review (Goshen, Indiana, 1927 ff) (= MQR); Mennonitisches Lexikon (Frankfurt-Karlsruhe 1913/58) (= ML); The Mennonite Encyclopedia, 4 Bde (Scottdale, Pa. 1955/59); *W. Wiswedel,* Bilder und Führergestalten aus dem Täufertum, Bd 3 (Kassel 1952); *S. Hirzel,* Heimliche Kirche. Ketzerchronik aus den Tagen der Reformation (Hamburg 1953); *F. H. Littel,* The Anabaptist View of the Church (Boston ²1958); *H. A. E. van Gelder,* The Two Reformations (The Hague 1961); *G. H. Williams,* The Radical Reformation (Philadelphia, Pa. 1962); *J. C. Wenger,* Die dritte Reformation (Kassel 1963); *G. F. Hershberger,* Das Täufertum (Stuttgart 1963); *K. Holl,* Luther und die Schwärmer: Gesammelte Aufsätze I (Tübingen 1923) 420—467; *H. S. Bender,* Die Zwickauer Propheten, Thomas Müntzer und die Täufer: ThZ 8 (1952) 262—278; *R. Stupperich,* Melanchthon und die Täufer: KuD 3 (1957) 150—170; *H. J. Hillerbrand,* Anabaptism and the Reformation: Another Look: Church History 29 (1960) 404—423; *U. Bergfried,* Verantwortung als theologisches Problem im Täufertum des 16. Jh. (Wuppertal 1938); *F. Heyer,* Der Kirchenbegriff der Schwärmer (Leipzig 1939); *W. Wiswedel,* The Inner and the Outer Word: MQR 26 (1952) 171—191; *F. H. Littell,* Von der Freiheit der Kirche (Bad Nauheim 1957); *G. Rupp,* Word and Spirit in the Reformation: ARG (1958) 13—26.

1. Die Schweizer Brüder und die oberdeutschen Täufer: Ausbund, das ist: Etliche schöne christliche Lieder, Wie sie in dem Gefängnis zu Passau ... von den Schweizer-Brüdern ... gedichtet worden (Lancaster County, Pa. 1935). — Lit.: *E. Pippert-Bernhofer,* Täuferische Denkweisen und Lebensformen im Spiegel oberdeutscher Täuferverhöre (Münster 1967); *G. Zschäbitz,* Zur mitteldeutschen Täuferbewegung nach dem großen Bauernkrieg (Berlin 1958); *H. W. Schraepler,* Die rechtliche Behandlung der Täufer in der deutschen Schweiz, Südwestdeutschland und Hessen 1525—1618 (Tübingen 1957); *H. J. Hillerbrand,* Die politische Ethik des oberdeutschen Täufertums (Leiden-Köln 1962); *Ch. H. Hege,* Die Täufer in der Kurpfalz (Frankfurt 1908); *E. F. P. Güss,* Die kurpfälzische Regierung und das Täufertum (Stuttgart 1960).

Die Schweizer Brüder: *W. Köhler,* Die Zürcher Täufer: Gedenkschrift zum 400jährigen Jubiläum der Mennoniten oder Taufgesinnten 1525—1925, hrsg. von C. Neff (Ludwigshafen 1925) 48—64; *F. Blanke,* Beobachtungen zum ältesten Täuferbekenntnis:

ARG 37 (1940) 240—249; *O. Vasella,* Zur Geschichte der Täuferbewegung in der Schweiz: ZSKG 48 (1954) 179—186; *P. Peachy,* Die soziale Herkunft der Schweizer Täufer in der Reformationszeit (Karlsruhe 1954); *F. Blanke,* Brüder in Christo: Die Geschichte der ältesten Täufergemeinde (Zürich 1955); *J. Yoder,* Täufertum und Reformation: I, Die Gespräche zwischen Täufern und Reformierten in der Schweiz 1523—1548 (Karlsruhe 1962).

Konrad Grebel: *Hillerbrand* 1484—1508; *H. Fast* 9—27; *H. S. Bender,* Conrad Grebel (c. 1498—1526): The Founder of the Swiss Brethren (Goshen 1950).

Felix Mantz: *Hillerbrand* 1840—1847; *H. Fast* 27—35; *E. Krajewski,* Leben und Sterben des Zürcher Täuferführers Felix Mantz (Kassel 1958); *ders.,* The Theology of Felix Manz: MQR 36 (1962) 76—87.

Jörg Blaurock: *Hillerbrand* 1190—1199; *J. A. Moore,* Der starke Jörg (Kassel 1955); NDB II 294.

Michael Sattler: *Hillerbrand* 2276—2285; *Schottenloher* 57954—57969; *H. Fast* 58—77; ML 4 (1959) 29—38.

Wilhelm Reublin: *Hillerbrand* 2216—2221; *H. Fast,* Neues zum Leben Wilhelm Reublins: ThZ 11 (1955) 420—426; ML 3 (1958) 477—481.

Balthasar Hubmaier: *Hillerbrand* 1602—1640a; *Schottenloher* 9057—9075, 46993 bis 46998, 55259—55266a; Hubmaiers Schriften, hrsg. von *G. Westin* und *T. Bergsten* (Gütersloh 1962); *H. Fast* 35—58; *C. Sachsse,* D. Balthasar Hubmaier als Theologe (Berlin 1914); *W. Wiswedel,* Balthasar Hubmaier (Kassel 1939); ML 2, 353—363; *T. Bergsten,* Balthasar Hubmair (Kassel 1961).

Hans Denck: *Hillerbrand* 1350—1402; Schriften: I (mit Bibliographie), hrsg. von *G. Baring* (Gütersloh 1955); II (mit Biographie) und III, hrsg. von *W. Fellmann* (Gütersloh 1956/60); *O. E. Vittali,* Die Theologie des Wiedertäufers Hans Denck (Offenburg 1932); *J. J. Kiwiet,* The Life of Hans Denck: MQR 31 (1957) 227—259; *ders.,* The Theology of Hans Denck: MQR 32 (1958) 3—27; *G. Baring,* Hans Denck und Thomas Müntzer in Nürnberg 1524: ARG 50 (1959) 145—181; *W. Fellmann,* Der theologische Gehalt der Schriften Dencks: Leibhaftigkeit des Wortes. Festgabe für Adolf Köberle (Hamburg 1958) 157—165; *W. Fellmann,* Irenik und Polemik bei Hans Denck: LuJ 29 (1962) 110—116.

Ludwig Hätzer: *Hillerbrand* 1528—1549a; *J. F. G. Gocters,* Ludwig Hätzer (Gütersloh 1957).

Hans Hut: *Hillerbrand* 1648—1659; *H. Fast* 79—99; *W. Neuser,* Hans Hut (Berlin 1913); *H. Klassen,* The Life and Teaching of Hans Hut: MQR 33 (1959) 171—205; *ders.,* Hans Hut und Thomas Muntzer: ebd. 267—304.

2. Die Mährischen Brüder:
Hillerbrand 221—336; Die älteste Chronik der Hutterischen Brüder, hrsg. von *A. J. F. Zieglschmid* (Ithaca, N.-Y. 1943); Das Kleingeschichtsbuch der Hutterischen Brüder, hrsg. von dems. (Philadelphia 1947); *F. Hrubý,* Die Wiedertäufer in Mähren: ARG 30 (1933) 1—36 170—211, 31 (1934) 61—102, 32 (1935) 1—40; *R. Friedmann,* The Christian Communism of the Hutterite Brethren: ARG 46 (1955) 196—209; *G. Mecenseffy,* Die Herkunft des oberösterreichischen Täufertums: ARG 47 (1956) 252—259; *G. J. Neumann,* Nach und von Mähren: ARG 48 (1957) 75—90; *P. Hofer,* The Hutterian Brethren and their Beliefs (Starbuck Man 1955); *V. J. Peters,* A History of the Hutterian Brethren 1528—1558 (Diss. Göttingen 1960); *R. Friedmann,* Hutterite Studies (Goshen, Ind. 1961).

Jakob Hutter: *H. G. Fischer,* Jakob Huter (Diss. Wien 1949 - Newton 1956); *R. Friedmann,* Jakob Hutter's last Epistle to the Church in Moravia 1535: MQR 34 (1960) 37—47.

3. Die Täufer in den Niederlanden und in Norddeutschland:
Hillerbrand 877—1094; *Schottenloher* 44213a—44513, 52181—52188, 64314—64324; *W. J. Kühler,* Geschiedenis der nederlandsche Doopsgezinden I—III (Haarlem [2]1961); *N.*

van der Zijpp, Geschiedenis der Doopsgezinden in Nederland (Arnheim 1952); *A. F. Mellink,* De Wederdopers in de Noordelijke Neerlanden 1531—1544 (Groningen-Djakarta 1954); *A. L. E. Verheyden,* Geschiedenis der Doopsgezinden in de zuidelijke Nederlanden in de XVIe eeuw (Brussel 1959); *J. F. G. Goeters,* Die Rolle des Täufertums in der Reformationsgeschichte des Niederrheins: Rheinische Vierteljahresblätter 24 (1959) 217—236; *H. Stiasny,* Die strafrechtliche Verfolgung der Täufer in der freien Reichsstadt Köln 1529—1618 (Münster 1962).

Melchior Hofman: *Hillerbrand* 1570—1593; *H. Fast* 196—318; *W. I. Leendertz,* Melchior Hofmann (Haarlem 1883); *F. O. zur Linden,* Melchior Hofmann (Haarlem 1885); *P. Kawerau,* Melchior Hof(f)man als religiöser Denker (Haarlem 1954); *E. W. Kohls,* Ein Sendbrief Melchior Hofmanns aus dem Jahre 1534: ThZ 17 (1961) 356—365.

Das Münstersche Täufertum: *Hillerbrand* 513—767; *Bahlmann:* Zschr. für vaterländische Gesch. u. Altertumskunde 51 (1893) 119—174; Sonderdruck mit Nachträgen (Münster 1894); *K. Löffler,* Zur Bibliographie der münsterischen Wiedertäufer: ZblB 24 (1907) 116—118; *H. Detmer,* Ungedruckte Quellen zur Geschichte der Wiedertäufer in Münster: Zschr. für vaterländische Gesch. u. Altertumskunde 51 (1893) 90—118; *C. A. Cornelius,* Berichte der Augenzeugen über das Münsterische Wiedertäuferreich (Münster 1853); Hermanni a Kerssenbroch Anabaptistici furoris ... narratio, hrsg. von *H. Detmer,* 2 Bde (Münster 1899/1900); Die Wiedertäufer zu Münster 1534—35. Berichte, Aussagen und Aktenstücke von Augenzeugen und Zeitgenossen, hrsg. von *K. Löffler* (Jena 1923). — Lit.: *C. A. Cornelius,* Geschichte des Münsterischen Aufruhrs, 2 Bde (Leipzig 1855/60); *L. Keller,* Geschichte der Wiedertäufer und ihres Reichs zu Münster (Münster 1880); *F. Blanke,* Das Reich der Wiedertäufer zu Münster 1534—35: ARG 37 (1940) 13—37; *G. d'Aubarède,* La revolution des Saints 1520—36 (Paris 1946); *H. Rothert,* Das Tausendjährige Reich der Wiedertäufer zu Münster 1534—35 (Münster 1947); *R. Stupperich,* Das Münstersche Täufertum (Münster 1958); *H. Neumann,* Masse und Führer in der Wiedertäuferherrschaft in Münster (Diss. Freiburg 1959); *K. H. Kirchhoff,* Die Wiedertäufer in Coesfeld: WZ 106 (1956) 113—174.

Bernhard Rothmann: *Hillerbrand* 2254—2270; *R. Stupperich,* Die Schriften der münsterischen Täufer und ihrer Gegner, Bd 1: Die Schriften Bernhard Rothmanns (Münster im Druck); *H. Fast* 340—360; *F. J. Wray,* The „Vermanung" of 1542 and Rothmann's „Bekenntnisse": ARG 47 (1956) 243—251.

Obbe Philips: BRN 7; *H. Fast* 318—340; *B. Stroman,* Obbe Philipsz, oudste der Doopers (Hilversum 1935); *J. A. Brandsma,* Is Obbe Filips wer Roomsk wurden?: It Breaken. Tydskrift fan der Fryske Akademy 22 (1960) 119—121.

Dirk Philips: BRN 10; Enchiridion oder Handbüchlein von der christlichen Lehre und Religion (Scottdale, Pa. 1920); *C. J. Dyck,* The Christology of Dirk Philips: MQR 31 (1957) 147—155 277—295; *W. Keeney,* Dirk Philips (Thesis Hartford Theol. Seminary 1957); *ders.,* MQR 32 (1958) 171—191 298—306; *J. ten Doornkaat Koolman,* Dirk Philips (Haarlem 1964).

Menno Simons: *Hillerbrand* 1893—2002e; *Schottenloher* 15370—15580a, 48248 bis 48254, 57026—57046; *C. Krahn,* Menno Simons Research (1910—1960): Church History 30 (1961) 473—480; Opera omnia theologica (Amsterdam 1681); Die vollständigen Werke, 2 Bde (Elkhart 1876/81); The Complete Writings, übers. von *L. Verduin,* hrsg. von *C. Wenger,* mit einer Biographie von *H. S. Bender* (Scottdale 1956); *H. Fast* 147—169. — Lit.: *C. H. Smith,* The Story of the Mennonites, 3. Aufl. hrsg. von *C. Krahn* (Newton 1957); *F. H. Littell,* A Tribute to Menno Simons (Scottdale 1961); *H. W. Meihuizen,* Menno Simons (Haarlem 1961); *J. A. Brandsma,* Menno Simons (Kassel 1962).

4. Der Spiritualismus:

Kaspar Schwenckfeld: *Schottenloher* 19575—19720, 49233—49247, 58077 bis 58140. WW: Corpus Schwenckfeldianorum, bisher 19 Bde (Leipzig 1907 ff); *H. Fast* 204 bis 217. — Lit.: *G. Wolf,* Quellenkunde der deutschen Reformationsgeschichte II 2 (Gotha

1922) 171—183; *S. G. Schultz,* Caspar Schwenckfeld von Ossig (Norristown, Pa. 1946); *H. Urner,* Die Taufe bei Caspar Schwenckfeld: ThLZ 73 (1948) 329—342; *H. J. Schoeps,* „Vom Himmlischen Fleisch Christi" (Tübingen 1951); *K. Ecke,* Kaspar Schwenckfeld (Gütersloh 1952); *P. G. Eberlein,* Schwenckfelds Urteil über die Augsburger Konfession: Jahrbuch für die Schlesische Kirche und Kirchengesch. NF 34 (1955) 581—568; *G. Maron,* Individualismus und Gemeinschaft bei Caspar von Schwenckfeldt (Stuttgart 1961); *R. Pietz,* Der Mensch ohne Christus. Eine Untersuchung zur Anthropologie Schwenckfelds (Diss. Tübingen 1956); *W. Knörrlich,* Kaspar von Schwenckfeld und die Reformation in Schlesien (Diss. Bonn 1957); *T. Bergsten,* Pilgram Marbeck und seine Auseinandersetzung mit Caspar Schwenckfeld: Kyrkohistorik Ärsskrift 57 (1957) 39—100, 58 (1958) 53—87; *P. L. Maier,* Caspar Schwenckfeld on the Person and Work of Christ (Assen 1959); *R. Pietz,* Die Gestalt der zukünftigen Kirche. Schwenckfelds Gespräch mit Luther 1525 (Stuttgart 1959); *W. Knoke,* Schwenckfelds Sakramentsverständnis: ZRGG 11 (1959) 314 bis 327.

Sebastian Franck: *Hillerbrand* 1453a—1457; *Schottenloher* 6472—6536, 46321 bis 46334, 54608—54623; *H. Fast* 217—248; *B. Becker,* Nederlandsche vertalingen van Sebastiaan Francks geschriften: Nederlands Archief voor Kerkgeschiedenis 21 (1928) 149 bis 160; *A. Hegler,* Geist und Schrift bei Sebastian Franck (Freiburg 1892); *W.-E. Peuckert,* Sebastian Franck (München 1943); *E. Teufel,* „Landräumig". Sebastian Franck (Neustadt a. d. Aisch 1954); *K. Räber,* Studien zur Geschichtsbibel Sebastian Francks (Basel 1952); *J. Lindeboom,* Een Franc-tireur der Reformatie, Sebastian Franck (Arnheim 1952); *S. L. Verheus,* Kroniek en Kerugma. Een theolog. studie over de Geschichtbibel van Sebastiaan Franck (Arnhem 1958).

Schon seit dem 16. Jahrhundert wird das Täufertum vielfach auf die Zwickauer Propheten, auf Karlstadt und auf Müntzer zurückgeführt; zumindest sollen sie es angeregt und wesentlich gefördert haben. Heute weiß man, daß bei gelegentlicher Berührung mit den mitteldeutschen Schwärmern die Täufer eine eigenständige Bewegung sind, die in Zürich in unmittelbarer Umgebung von Zwingli[1] ihren Ursprung hat. Auch Verbindungen zu mittelalterlichen Sekten, wie den Katharern, Waldensern, Böhmischen Brüdern u. a., hat man herzustellen versucht. Dagegen haben Leonhard von Muralt[2] und Walther Köhler überzeugend gezeigt, daß das Täufertum ein „Originalgewächs der Reformationszeit"[3] und eine religiöse, nicht eine sozial-revolutionäre Bewegung ist.

Von den Schwärmern unterscheidet die Täufer die Überzeugung, daß das Reich Gottes in dieser Welt nur im kleinen Kreis zu verwirklichen ist und nicht mit Gewalt durchgesetzt werden darf, von den Spiritualisten dagegen der feste Wille zur sichtbaren Gemeinde der Wiedergeborenen, die sich am Bundeszeichen der Taufe, bei der Feier des Abendmahls und am bußfertigen Leben erkennt und die durch strenge Gemeindezucht rein gehalten wird.

[1] Zwingli: „Von uns gingen sie aus, aber die Unsern waren sie nicht." Zitiert nach: *W. Köhler,* Die Zürcher Täufer 63.

[2] Zum Problem Reformation und Täufertum: Zwingliana 6 (1934/37) 65—85; vgl. *H. S. Bender,* Die Zwickauer Propheten, Thomas Müntzer und die Täufer: ThZ 8 (1952) 262 bis 278.

[3] Die Zürcher Täufer 48.

1. Die Schweizer Brüder und die oberdeutschen Täufer

Im Jahre 1523 hatte der Rat der Stadt Zürich die Reformation eingeführt. Das hieß aber zunächst nur „schriftgemäße" Predigt; der Gottesdienst sollte noch unverändert bleiben. Als Zwingli diesem Verbot des evangelischen Abendmahls sich fügte, trennten sich eifrige Mitarbeiter von ihm, um eine eigene Gemeinde, unabhängig von obrigkeitlicher Bevormundung und unbelastet durch die Masse der Gewohnheitschristen, zu bilden. Die führenden Männer dieser Bewegung waren Konrad Grebel (ca. 1498—1526), Sohn eines Ratsherren, und Felix Mantz (ca. 1500—1527), dessen Vater Chorherr am Großmünster in Zürich war. Beide waren humanistisch gebildet. Wie Konrad Grebel im September 1524 an Thomas Müntzer schrieb, war maßgebend für sie die Erkenntnis, daß die Kirche des NT keine Kirche des Herrn Jedermann ist, sondern eine Gemeinde der wenigen, die recht glauben und den rechten Wandel führen. Sie beruht auf freiwilliger Mitgliedschaft und steht im Gegensatz zur Volkskirche, die sich in die Abhängigkeit der Obrigkeit begeben hat. „Im Rücksichtnehmen auf Personen und in allerlei Verführung gibt es schwereren und schädlicheren Irrtum, als es je von Anfang der Welt an gegeben hat."[4] Von diesem Gemeindeverständnis her ergab sich die Kritik an der Kindertaufe. Nur wer die bußfertige Sinneswandlung erfahren hat und persönlich glaubt, kann in der Taufe dieses sein Heilserlebnis bezeugen und durch sie in die Gemeinde eingegliedert werden. Die Frage der rechten Taufe, die Erwachsenentaufe, wurde so zum Kennzeichen und „Wiedertäufer" der von den Gegnern den Brüdern zugelegte Name. Sie selbst lehnten ihn ab, weil sie die Kindertaufe ja gar nicht als Taufe anerkannten[5].

Diese neue Gemeinde will sich sichtbar darstellen. Ihre Mitglieder distanzieren sich nicht nur von der Staatskirche, sondern beteiligen sich auch nicht am staatlichen Leben. Die Obrigkeit wird gemäß Röm 13, 14 anerkannt. Aber der Jünger Christi soll kein Schwertamt übernehmen, denn das führe zum gespaltenen Gewissen. Als Grebel im Herbst 1524 seinen neugeborenen Sohn nicht taufen ließ, kam es zum Konflikt mit dem Züricher Rat. Nach einer öffentlichen Disputation am 17. Januar 1525 verfügte der Rat Ausweisung aus Stadt und Landschaft über jeden, der nicht im Laufe von 8 Tagen sein Kind taufen ließ. Grebel und Mantz bekamen Redeverbot, ihre vertrauten Freunde Wilhelm Reublin (Röubli), Ludwig Hätzer, Johannes Brötli und Andreas Castelberger wurden verbannt. Willens, „Gott mehr zu gehorchen als den Menschen" (Apg 5, 29), trafen die Verurteilten sich geheim am 21. Januar 1525, und bei dieser Gelegenheit spendete Grebel dem

[4] Th. Müntzers Briefwechsel, hrsg. von *H. Böhmer* u. *P. Kirn* (Leipzig 1937) 93; *H. Fast*, Der linke Flügel der Reformation 13.

[5] Z. B. Quellen zur Gesch. der Täufer in der Schweiz I 238; Urkundliche Quellen zur Hess. Ref. Gesch. IV 57; Quellen zur Gesch. der Täufer V 171.

aus Graubünden stammenden ehemaligen Priester Jörg vom Hause Jakob, genannt Blaurock, die Glaubenstaufe. Dieser vollzog sie dann seinerseits an den Brüdern[6]. Man zog sich in das Bauerndorf Zollikon zurück, feierte nach apostolischem Vorbild das Abendmahl als Gedächtnis- und Liebesmahl und rief so die erste Täufergemeinde ins Leben. Auch hier griff der Züricher Rat ein. Er sah in der Bildung einer freikirchlichen Brüdergemeinde Aufruhr und zersprengte sie. Das führte zur Ausbreitung der Täuferbewegung in der übrigen Schweiz und in Süddeutschland. Als selbst die Folter nichts half, bestimmte der Rat von Zürich am 7. März 1526 den Tod durch Ertränken für jeden, der die Wiedertaufe spendete. Die Täufer bewiesen eine große Leidensbereitschaft. Konrad Grebel, der selbst im Sommer 1526 der Pest erlag, hatte Mai 1525 an Vadian, den Reformator in St. Gallen, geschrieben: „Ich werde die Wahrheit bezeugen mit dem Verlust meiner Güter, ja meines Heimes, und das ist alles, was ich habe. Ich werde die Wahrheit bezeugen durch Gefängnishaft, durch Ächtung, durch den Tod."[7] Am 5. Januar 1527 wurde Felix Mantz durch Wassertod zum ersten Martyrer des Täufertums. Am selben Tag wies man Jörg Blaurock unter Rutenstreichen auf entblößtem Oberkörper aus der Stadt. Er predigte mit großem Erfolg in Tirol, wurde aber schon am 6. September 1527 nach grausamer Folterung verbrannt. Die Anklage hatte gelautet auf Verlassen des Priesterstandes, auf Ablehnung der Kindertaufe, der Messe, der Beichte und des Gebetes zu Maria. Im Kanton Zürich kam die Täuferbewegung bis ca. 1530 fast ganz zum Erliegen.

Inzwischen hatte sie aber in Süddeutschland, besonders im Elsaß, in Baden, in der Pfalz, in Württemberg und in Tirol Boden gewonnen. Augsburg und Straßburg wurden zu Hauptzentren. November 1525 war der aus Staufen im Breisgau stammende ehemalige Prior des Klosters St. Peter im Schwarzwald *Michael Sattler* aus Zürich verbannt worden. Er war nach Württemberg gezogen und hatte dort eine rege Tätigkeit entfaltet. Auf einem Treffen der Täufer am 24. Februar 1527 in Schleitheim bei Schaffhausen führte er den Vorsitz. Hier wurde ein von ihm verfaßtes täuferisches Glaubensbekenntnis, die sieben „Schleitheimer Artikel", beschlossen. Sie enthalten nur die Lehrpunkte, in denen das Täufertum von der Reformation abweicht: Glaubenstaufe, Bann, Abendmahlsgemeinschaft, Absonderung von den Greueln der Welt, Hirtenamt, Gewaltlosigkeit und Ablehnung des Eides[8]. Kurz nach dem Schleitheimer Treffen wurde Sattler in Rottenburg am Neckar als Ketzer vor Gericht gestellt und am 21. Mai 1527 hingerichtet.

Wilhelm Reublin (1480/84 bis nach 1559) kam als Verbannter 1525 nach Waldshut und gewann hier den Pfarrer *Balthasar Hubmaier* (1485—1528)

[6] *F. Blanke,* Ort u. Zeit der 1. Wiedertaufe: ThZ 8 (1952) 74.

[7] Quellen zur Gesch. der Täufer in der Schweiz I 78 f.

[8] Text: Urkunden zur Gesch. des Bauernkrieges und der Wiedertäufer 28—33; *H. Fast* 62—70; vgl. *B. Jenny,* Das Schleitheimer Täuferbekenntnis 1527 (Thayngen, Schweiz 1951).

und mit ihm fast die ganze der Reformation Zwinglis ergebene Stadt für das Täufertum. Gegen Zwingli schrieb Hubmaier das in Täuferkreisen sehr geschätzte Büchlein „Vom christlichen Tauf' der Gläubigen". Wegen seiner Verbindung mit den aufständischen Bauern mußte er Ende 1525 nach Zürich entweichen. Doch auch hier wurde er in Haft genommen, der er sich durch Abschwören der Wiedertaufe zu entziehen wußte. Danach warb er aber wieder für das Täufertum; u. a. taufte er in Augsburg Hans Denck. Juli 1526 ließ er sich in Nikolsburg in Mähren nieder, wo man verschiedene Glaubensbekenntnisse nebeneinander duldete. Durch Hubmaiers eifriges Wirken — in Jahresfrist veröffentlichte er 18 Schriften über die wahre Taufe, über die Ordnung der Kirche, über den Bann, über das Abendmahl u. a. — wurde Nikolsburg eine Zeitlang zum Mittelpunkt der Taufgesinnten. Stark betonte er die Gemeindezucht. „Wo die nicht ist, da ist gewißlich auch keine Kirche, obschon die Wassertaufe und das Nachtmahl Christi daselbst gehalten werden", heißt es in der Überschrift seines Büchleins „Von der brüderlichen Strafe". Im Gegensatz zu Hans Hut (ca. 1490—1527) und den Täufern sonst war Hubmaier nicht für absolute Gewaltlosigkeit. Er gestand der Obrigkeit und den einzelnen Christen zu, das Schwert zu führen, und unterstützte die Herren von Mähren in ihrem Kampf gegen die angreifenden Türken. Die Rechtfertigung dieser seiner Auffassung gab er in der Schrift „Vom Schwert" (1527). Als die Täuferbewegung in den österreichischen Landen immer mehr an Boden gewann und Ferdinand I. energische Maßnahmen gegen sie ergriff, forderte er auch die Auslieferung Hubmaiers. Der Prozeß wurde diesem aber weniger wegen seines reformatorischen bzw. täuferischen Wirkens gemacht als wegen seiner verführerischen Lehre in Waldshut, durch die er Aufruhr und Empörung unter dem gemeinen Mann verursacht hätte. Vergebens suchte er sich in der „Rechenschaft seines Glaubens" zu rechtfertigen. Am 10. März 1528 fand er auf dem Scheiterhaufen den Tod.

Hans Denck (ca. 1500—1527) wirkte nach seiner Taufe im Mai 1526 kurze Zeit in Augsburg. Hier taufte er *Hans Hut,* einen ehemaligen Anhänger Thomas Müntzers. Beide brachten stark spiritualistisch-mystische Elemente in die Täuferbewegung ein. Schwierigkeiten mit dem führenden lutherischen Prediger Urbanus Rhegius wegen seiner Lehre von der Rechtfertigung, der Prädestination und der Apokatastasis Panton vertrieben Denck aus Augsburg. Er begab sich nach Straßburg (Nov. 1526), wo er mit Michael Sattler und Ludwig Hätzer zusammentraf und durch Disputationen mit Capito und Butzer die Aufmerksamkeit auf sich zog. Weihnachten 1526 mußte er auch Straßburg verlassen. Er zog in die Pfalz und wirkte erfolgreich durch Wort und Schrift in den Täufergemeinden von Landau und Worms. Hier arbeitete er zusammen mit Ludwig Hätzer. Sie gewannen die lutherischen Prediger Kautz und Hilarius für ihre Sache. Durch Anschlagen von Thesen und Verteilen von Flugblättern verursachte Kautz Unruhen. Er wurde daraufhin ausgewiesen. Auch Hätzer und Denck mußten Worms verlassen. Letzterer wandte sich nach Basel. Im August 1527 finden wir ihn auf der „Martyrersynode" in Augsburg. Hier stand aber nicht er, sondern Hans Hut und dessen Theologie der Naherwartung im Mittelpunkt der Verhandlung. Angesichts des bevorstehenden Weltendes wollte man eine umfassende Missionstätigkeit aufnehmen. Zu deren Durchführung wurde Denck in das Basler Gebiet entsandt. Inzwischen lebte die Täuferverfolgung wieder kräftig auf. Denck kam im Oktober 1527 nach Basel, starb aber schon Mitte November im Hause eines befreundeten Humanisten an der Pest. Durch Verfolgung und Rückschläge zermürbt, scheint er sein Wirken als Täufer für gescheitert gehalten und sich einem individualistischen Spiritualismus ergeben zu haben.

Die Täufer standen durch kaiserliches Mandat vom 4. Januar 1528[9] und durch die Reichstagsabschiede von Speyer 1529 und Augsburg 1530 unter Ketzerrecht. Sie wurden unter der Anklage der Ketzerei und des Aufruhrs von katholischen und vielfach noch unnachsichtiger von protestantischen Obrigkeiten verfolgt und mit dem Tode bestraft oder ausgewiesen. Trotzdem ließen sie sich nicht völlig unterdrücken.

Die den Täufern gemeinsamen Auffassungen lassen sich wie folgt kennzeichnen: Sie wollen die Urgemeinde von Jerusalem wiederaufrichten. Zu dieser können nur die Auserwählten gehören, die gewillt sind, in strengster Nachfolge des Herrn ein neues Leben zu führen und die Bekehrung in der Glaubenstaufe zu bekunden. Das Leben des einzelnen und der Gemeinde ist zu orientieren an der Heiligen Schrift, mit Vorzug der des NT. Der Geist Gottes, dessen man sich sicher weiß, verbürgt die rechte Einsicht in ihren Inhalt. Die Realpräsenz wird abgelehnt, dem Abendmahl als Gedächtnis- und Liebesmahl wird aber große Bedeutung für den inneren Halt der Gemeinde zugemessen. Als „Gemeinde der Heiligen" muß sie rein gehalten werden durch strenge Handhabung des Bannes. Dieser ist Kriterium einer rechtmäßigen Kirche. Ein ausgeprägtes Sendungsbewußtsein führt zu reger Missionstätigkeit, die stark im Zeichen der Naherwartung steht. Nur wer dem Bund angehört, kann beim Gericht Gnade erwarten. Am Privateigentum hält man durchweg fest, will aber in freiwilliger Nächstenliebe Hab und Gut mit dem Bruder teilen. Wird Gütergemeinschaft gefordert, dann handelt es sich um gemeinsamen Verbrauch, nicht Erwerb. Man ist grundsätzlich bereit, der Obrigkeit Gehorsam zu leisten, wenn auch rechte Christen einer Obrigkeit an sich nicht bedürfen. Kriegsdienst, Eid und Todesstrafe lehnt man jedoch mit Berufung auf die Bergpredigt ab. Deshalb soll ein Taufgesinnter auch kein obrigkeitliches Amt übernehmen. Selbst wenn die Brüder sich friedlich und untertänig verhielten, sahen die Obrigkeiten in ihnen eine Bedrohung der öffentlichen Ordnung und Sicherheit. Verfolgung beantworteten die Täufer mit einer großen Bereitschaft zum Leiden. Dieses war ein Zeichen ihres Auserwähltseins. „Rechte gläubige

[9] Text: Quellen zur Gesch. der Täufer I 3* f.

Christen", so schrieb Konrad Grebel an Thomas Müntzer, „sind Schafe mitten unter den Wölfen, Schafe zum Schlachten, müssen in Angst und Not, Trübsal, Verfolgung, Leiden und Sterben getauft werden, sich im Feuer bewähren und das Vaterland der ewigen Ruhe nicht durch Erwürgen leiblicher Feinde erlangen, sondern durch Tötung der geistlichen." [10]

2. Die Mährischen Brüder

Neben den Schweizer Brüdern, die von Zürich aus sich über Südwestdeutschland bis nach Hessen und Thüringen verbreiteten, sind als zweite Gruppe die *Hutterer* in Mähren zu nennen. Sie haben ihren Namen von Jakob Hutter († 1536). Dieser war im Pustertal geboren und nach dem Tode Jörg Blaurocks Führer und Organisator des Tiroler Täufertums geworden. Um der Verfolgung in Tirol zu entgehen, suchte er mit seinen Anhängern 1529 Zuflucht in Mähren. Dort stieß er auf Täufergemeinden, die nach dem Ideal der Apostelgemeinde in Jerusalem strenge Gütergemeinschaft pflegten. Auf dieser Grundlage schuf Hutter 1533—35 die Konsum- und Produktionsgemeinschaften der Brüderhöfe. *Ulrich Stadler* († 1540), Vorsteher der Hutterischen Brüder in Bucovice (Mähren), schreibt in seinem Traktat über die Gütergemeinschaft: „Wo darum Eigentum ist, wo man es hat und anstrebt ... da steht man außerhalb Christi und seiner Gemeinde, hat auch keinen ‚Vater im Himmel'." Dagegen ist es „die wahre Gelassenheit, sich so in den Dienst der Heiligen mit Hab und Gut zu stellen und zu ergeben" [11]. Zu den Hutterischen Brüdern in Mähren gehörte auch der Schlesier *Kaspar Braitmichel* († 1573), der Chronist der Täuferbewegung. Das von ihm begonnene „Geschichtsbuch" ist eine wichtige Quelle für die Züricher Anfänge und für die Geschichte und das Selbstverständnis der Hutterischen Brüder [12].

3. Die Täufer in den Niederlanden und in Norddeutschland

Die dritte Gruppe, das Täufertum in den Niederlanden und in Norddeutschland, geht auf Melchior Hofmann zurück. Im Täuferbereich von Münster in Westfalen fand es einen radikalen, ja abenteuerlichen Ausdruck zum Schaden des Rufes der Täufer überhaupt. Menno Simons gelang es, das Täufertum in Norddeutschland zu seiner ursprünglich friedlichen Art zurückzuführen.

Der in Schwäbisch Hall geborene Kürschner *Melchior Hofmann* (ca. 1500

[10] Th. Müntzers Briefwechsel 97; *H. Fast* 20.

[11] *H. Fast* 139 f; 146.

[12] Hrsg. von *A. J. F. Zieglschmid*, Die älteste Chronik der Hutterischen Brüder (Ithaca, N. Y. 1943).

bis 1543) hatte sich seit 1523 im Baltikum, in Schweden und in Norddeutschland als lutherischer Laienprediger betätigt. Wegen seiner phantastischen Schriftauslegung, seiner endzeitlichen Ideen und seiner spiritualistischen Abendmahlslehre geriet er aber in Gegensatz zu Luther und der lutherischen Reformation. Er lernte 1529 in Straßburg die Täufer kennen und schloß sich ihnen 1530 an. Wie sie forderte er Toleranz und Glaubensfreiheit, strenge Heiligung des Lebens, Wehrlosigkeit und Erwachsenentaufe. Sie versteht er als Siegel des Bundes mit Gott für die Mündigen. Er unterschied sich aber von ihnen durch seine ausschweifende Apokalyptik und seine monophysitische Auffassung von der Inkarnation. Danach hätte Christus nicht von Maria, sondern aus Maria sein Fleisch empfangen. Die Bibel ist für ihn eine geheime Offenbarung, die nur der mit dem Geist als dem Schlüssel Davids Begabte richtig auszulegen versteht. Als solcher glaubte Hofmann die Zeichen der Endzeit zu erkennen und sich berufen, die göttlichen Absichten und Forderungen aus der Schrift abzulesen. Er hielt sich für einen der zwei Apk 11, 3 angekündigten endzeitlichen Zeugen und kündigte mehrfach das Ende der Welt an. Wiederholt mußte er aus Straßburg weichen. Er wirkte in Ostfriesland (Emden) und Holland. In hinreißender Beredsamkeit gelang es ihm, dem Täufertum in Holland Eingang zu verschaffen und viele Anhänger für die neue „Bundesgemeinde" zu gewinnen. Diese nannte man später „Melchioriten" oder „Bontgenooten" (Bundesgenossen). In Amsterdam gingen die Behörden gegen sie vor. Hofmann mußte fliehen. Sein Stellvertreter Volkertszoon und acht weitere seiner Anhänger wurden in Den Haag enthauptet (5. Dezember 1531). Die Gemeinde wirkte in der Stille weiter. Hofmann selbst hatte die Weisung gegeben, zwei Jahre lang nicht zu taufen und sich auf die Predigt und Ermahnung zu beschränken, bis der Herr die Stunde bestimme. Die Schweizer Brüder sahen darin Feigheit und Ungehorsam gegen den Missionsbefehl Christi.

Auch sein Täufling *Jan Matthijs* aus Haarlem widersprach seinem Taufverbot und sandte Ende 1533 zwölf „Apostel" zum Predigen und Taufen aus. Zwei von ihnen, Bartel Boeckbinder und Willem Cuper, tauften in Friesland u. a. Obbe Philips, den sie zum Ältesten einsetzten. Dieser taufte gut zwei Jahre später (1536) den ehemaligen katholischen Priester Menno Simons († 1561), der das Haupt der nach ihm benannten Mennoniten werden sollte.

Inzwischen war Hofmann von seinem Sendungsbewußtsein, als neuer Elias bei der Wiederkunft Christi mitwirken zu müssen, erneut nach Straßburg geführt worden. Ein seherischer Täufer aus Friesland hatte ihm prophezeit, er werde nach Straßburg gehen und nach halbjähriger Gefangenschaft bei der Wiederkunft des Herrn eine sieghafte Täuferprozession durch die ganze Welt anführen. Als man ihn zwei Monate in Ruhe ließ, bot er sich dem Straßburger Rat selbst zur Gefangennahme an. Dieser willfahrte seinem Wunsch im Mai 1533 und verhandelte seine Sache gelegentlich der Allgemeinen Straßburger Synode unter Beteiligung Martin Butzers. Anschließend wurde der neue „Elias" zehn Jahre lang bis zu seinem Tode unter zeitweise recht schmachvollen Umständen gefangengehalten. Gegen alle Erfahrung hielt er an seinen apokalyptischen Hoffnungen fest. Mangels Papier schrieb er seine Gesichte auf leinene Tücher. Diese sind wie viele seiner zahlreichen Schriften — allein von 1523—1533 waren es über 35 — verlorengegangen.

Melchior Hofmann, der „Vater des niederländischen Anabaptismus" (Samuel Cramer), gehört mit dem Verzicht auf jede Gewaltanwendung und der Forderung von Zucht und Heiligung zum „friedlichen, stillen Täufertum". Aber durch seine ausschweifende Apokalyptik und seine Gerichtsdrohung, vor allem aber durch seine Anhänger (Melchioriten), die in größerer Zahl aus Holland nach Westfalen einwanderten, ist er mitverantwortlich für die blutige Tragödie des Wiedertäufertums in Münster.

Hier hatte der um 1495 in Stadtlohn geborene Kaplan *Bernhard Rothmann* schon seit 1529 im lutherischen Sinn gepredigt. Im Jahre 1531 hatte er Wittenberg und Straßburg besucht und war hier mit Täufern und dem Spiritualisten Kaspar von Schwenckfeld zusammengetroffen. Nach seiner Rückkehr hatte er in Münster die Reformation durchgesetzt. Seine Kirchenordnung und seine Abendmahlslehre waren von Zwingli beeinflußt, was ihm im Volksmund den Namen „Stutenbernd" einbrachte. Seit 1533 stand er unter dem Einfluß der sog. Wassenberger Prädikanten, die die Kindertaufe ablehnten. Das führte zu Schwierigkeiten mit dem Rat der Stadt.

Doch mit den seit Sommer 1533 einströmenden Melchioriten gewannen noch radikalere Kreise in Münster Boden. Am 5. Januar 1534 trafen die Niederländer Bartel Boeckbinder und Willem Cuper dort ein und vollzogen an Rothmann und anderen Predigern die Wiedertaufe. Rothmann setzte das Taufen fort. Zunächst widersetzte sich der Rat der Stadt. Der Bischof und Landesherr verfügte, gegen die Wiedertäufer als Rebellen und Unruhestifter vorzugehen. Es gelang diesen aber, sich des Stadtregimentes zu bemächtigen und am 23. Februar 1534 die Wahl eines täuferischen Rates zu bewerkstelligen. Die geheime Regierung übte jedoch der Haarlemer Bäcker *Jan Matthijs* aus. Dieser wollte alle Gegner des Täufertums umbringen lassen. Dagegen setzte der Münsteraner Tuchhändler Knipperdolling deren Ausweisung durch. Inzwischen ließ Bischof Franz von Waldeck die Stadt militärisch einschließen. Die Täufer mobilisierten die gesamte Bevölkerung zur Verteidigung und hoben das Eigentumsrecht weitgehend auf. Als Jan Matthijs bei einem Ausfall umkam, trat der Schneider *Jan Beuckelsz* aus Leiden seine Nachfolge an. Er löste den täuferischen Rat auf und setzte 12 Älteste zur Regierung der Stämme Israels ein. In Wirklichkeit herrschte er. Nach einem militärischen Erfolg am 31. Mai ließ er sich zum König nicht nur Münsters, sondern der Welt ausrufen. Als Hofprediger und mit der Feder stellte Bernhard Rothmann sich in den Dienst des Königreiches von Münster. Von den

5 Schriften aus den Jahren 1533/35 sollte das Büchlein „Von der Rache und Strafe des babylonischen Greuels" die Täufer in den Niederlanden anreizen, nach Münster zu ziehen und die belagerte Stadt zu entsetzen: „Darum, liebe Brüder, rüstet euch zum Streit, nicht allein mit den demütigen Waffen der Apostel zum Leiden (2 Kor 10, 4), sondern auch mit dem herrlichen Harnisch Davids zum Rächen, mit Gottes Kraft und Hilfe alle babylonische Gewalt und all das gottlose Wesen auszurotten."[13] Der Kommunismus wurde nicht so grundsätzlich durchgeführt wie bei den Mährischen Brüdern. Produktionskommunismus beim Handwerk ergab sich mehr aus militärischer Notwendigkeit. Die Familien blieben zusammen. Doch wurde im Juni 1534 die Polygamie im Sinne gleichzeitiger Ehe eines Mannes mit mehreren Frauen eingeführt und allen Frauen ohne Männer geboten zu heiraten; auch die zurückgebliebenen der ausgetriebenen „Gottlosen" wurden zu einer neuen Ehe verpflichtet. Dem Geschick und der Grausamkeit Jans van Leiden wie der Hartnäckigkeit der Wiedertäufer gelang es, die Stadt ein Jahr und vier Monate zu halten, obwohl schon Ende 1534 der Hunger sich einstellte. Selbst als Verrat den Belagerern den Weg in die Stadt öffnete, wehrten sich die Täufer mit dem Mut der Verzweiflung so wirksam, daß sie den bischöflichen Truppen fast eine Niederlage beigebracht hätten. Die Stadt fiel am 25. Juni 1535. Das Blutbad war furchtbar. Jan van Leiden, sein Statthalter Knipperdolling und der königliche Rat Bernhard Krechting wurden sieben Monate peinlich verhört, der König selbst zur Schaustellung im Lande herumgeführt, bis sie am 22. Januar 1536 in Münster mit glühenden Zangen zu Tode gemartert und ihre Leichen in Eisenkäfigen am Turm der Lambertikirche ausgestellt wurden. Damit hatte das Königreich von Münster, eine widerwärtige „Vermischung von Frömmigkeit, Genußsucht und Blutdurst" (Ranke), ein grausiges Ende gefunden. Mit dem Bestreben, das Reich Gottes in dieser Welt sichtbar aufzurichten und Welt und Gesellschaft mit Gewalt seiner Herrschaft zu unterwerfen, sind die Wiedertäufer in Münster den Schwärmern und nicht den Täufern zuzuzählen. Denn für diese ist Ablehnung der Gewalt und Absonderung in Brudergemeinden kennzeichnend.

Ihrem Ruf hat aber das „Reich von Münster" schwer und nachhaltig geschadet. Das niederdeutsche Täufertum zu seiner ursprünglichen Linie zurückgeführt zu haben ist das Werk Menno Simons' und der *Gebrüder Philips*. Diese, illegitime Söhne eines katholischen Priesters, wurden 1533 von Abgesandten Jan Matthijs' in Leeuwarden in Friesland getauft. Obbe († 1568), von Beruf Barbier und Wundarzt, und Dirk (1504—68), ein ehemaliger Franziskaner, opponierten gegen das revolutionäre Täufertum von Münster und übernahmen die Führung des friedlichen Flügels der Melchioriten, die zeitweise „Obbeniten" genannt wurden.

[13] *H. Fast* 360.

Obbe, selbst durch Handauflegung zum täuferischen Prediger bestellt, ordinierte seinen Bruder Dirk zum Ältesten in der niederländischen Täuferbruderschaft. Dasselbe tat er 1537 in Groningen mit Menno Simons, den er gut ein Jahr vorher getauft hatte. Etwa 1540 zog Obbe sich aber von der Täuferbewegung zurück. Er warf ihr Abfall ins Sichtbare und Äußerliche vor, zweifelte an seiner eigenen Berufung oder „Sendung" und vertrat einen individualistischen Spiritualismus. Sein „Bekenntnis" ist eine wichtige Quelle für die Geschichte der Melchioriten und des münsterischen Täufertums[14]. Im Gegensatz zum Spiritualismus seines Bruders und Sebastian Francks, mit dem er sich in der „Verantwortung und Reputation auf zwei Briefe"[15] auseinandergesetzt hat, dachte Dirk Philips von der Gemeinde her und wollte in ihr eine Gemeinschaft wahrhaft Bekehrter aufrichten. Um ihrer Reinheit und Heiligkeit willen forderte er den Bann und das konsequente „Meiden" der Exkommunizierten. Unermüdlich wirkte er in den Niederlanden und Norddeutschland. Seit 1550 hatte er seinen Hauptwohnsitz in Danzig. In zahlreichen Schriften, die er vor seinem Tode im „Enchiridion oder Handbüchlein christlicher Lehre"[16] gesammelt herausgab, verbreitete er seine Ansichten. Er wurde so zum Theologen und Dogmatiker des norddeutschen und holländischen Täufertums. Klarer und systematischer als Menno Simons, mit dem er lange Zeit zusammenarbeitete, hat er wegen seiner scharfen und einseitigen, ja eigensinnigen Art doch bei weitem nicht dessen Tiefen- und Breitenwirkung erreicht.

Menno Simons (1496—1561) arbeitete nach seiner Ordination zum Ältesten 7 Jahre lang in Friesland und Nordholland. Daneben entfaltete er eine reiche schriftstellerische Tätigkeit. Seine Hauptschrift „Das Fundament der christlichen Lehre" (1539) handelt von der Buße, vom Glauben, von der Taufe, vom Abendmahl, von der Meidung der Gottlosen und von der Sendung, dem Leben und der Lehre der Prädikanten. Januar 1544 hatte Menno in Emden eine Disputation mit dem dort als Reformator tätigen Johannes a Lasco. Über die Menschwerdung Christi, die Kindertaufe und die Berufung der Prediger wurde man sich nicht einig. Wie Melchior Hofmann vertrat Menno die Meinung, daß Christus nicht von Maria, sondern in Maria geboren wurde, er sein Fleisch nicht durch Maria, sondern durch den Heiligen Geist auf Grund eines besonderen Schöpfungsaktes Gottes empfangen habe. Nach zweijähriger Wirksamkeit in Köln war sein Hauptwohnsitz in Holstein, von wo aus er die Ostseeküste von Lübeck bis Livland bereiste.

In mancherlei Streitigkeiten und gegenüber Rigoristen nahm Menno eine vermittelnde Haltung ein; immer wieder war er bemüht um Frieden und Einigkeit. Heißumstrittene Fragen unter den niederländischen Täufern waren der Bann, die Mischehe mit Ungläubigen, das heißt mit solchen, die nicht zur Täufergemeinde gehörten, und die Meidung des abgefallenen

[14] BRN VII 121—138; *H. Fast* 319—340.

[15] BRN X 493—507; *H. Fast* 171—188.

[16] BRN X.

bzw. ungläubigen Ehegatten, die praktisch Ehescheidung bedeutete. In der Schrift „Eine wehmütige und christliche Entschuldigung und Verantwortung“ (1552) verwahrt Menno sich scharf dagegen, mit den münsterischen Aufrührern gleichgestellt zu werden. Er und seine Brüder seien gegen Aufruhr und forderten keine Gütergemeinschaft. Die Beschuldigung der Vielweiberei sei eine üble Verleumdung. Man dürfe sie auch nicht Wiedertäufer oder gar Seelenmörder nennen, weil sie die Kindertaufe als nicht rechte christliche Taufe ablehnten, auch seien sie keine Sakramentenschänder, wenn sie nicht glaubten, daß Brot und Wein der Substanz nach Fleisch und Blut sei. Verfolgungen verstand Menno sich immer wieder zu entziehen. Er starb 1561 in Wüstenfeld bei Bad Oldesloe (Holstein). Seine Bedeutung liegt darin, die stillen Täufer Hollands und Norddeutschlands gesammelt und durch sein Wirken und seine Schriften die Umwelt allmählich dazu gebracht zu haben, zwischen Taufgesinnten und Wiedertäufern münsterischer Prägung zu unterscheiden. Von sublimer theologischer Spekulation hat er nicht viel gehalten. Im Mittelpunkt seiner Lehre stand die Wiedergeburt als fundamentalste Forderung des christlichen Lebens. Sie ist das Werk Gottes und entspringt aus dem Samen des göttlichen Wortes, hat sich aber zu erweisen in einem bußfertigen Leben in Gehorsam gegen Gottes Wort und Gebot. Nur die wahrhaft Wiedergeborenen dürfen zur Gemeinde Christi gehören. Der Bann und die Verwerfung der Mischehe spielen deshalb eine große Rolle.

Obwohl Menno Simons nicht der Gründer der Täufergemeinde war, die schon 10 Jahre bestand, als er ihr beitrat, bürgerte sich doch im Laufe des 16. Jh. der Name Mennoniten für die Taufgesinnten der Niederlande und Deutschlands ein. Hier war er wohl auch Schutzname zur Unterscheidung von den Wiedertäufern, die das Reichsgesetz mit dem Tode bedrohte. Im 17. Jh. wurde Mennonit der gebräuchliche Name für alle Gruppen der Täufer außer der der Hutterer. In den befreiten Niederlanden erreichten die Mennoniten beschränkte Duldung. Seit 1811 sind sie hier vereinigt zur „Algemene Doopsgezinde Societeit“. Verfolgungen und die Idee der Absonderung führten zur Auswanderung in alle Welt und machten die Mennoniten zu Pionieren menschenleerer Gebiete. Durch ihre ernste und einfache Lebensführung und durch ihren Gemeinsinn bekamen sie große Bedeutung für die wirtschaftliche Entwicklung ihrer Wohngebiete, was wiederum dazu führte, daß sie, wenigstens in Deutschland und den Niederlanden, das Prinzip der Absonderung immer mehr aufgaben zugunsten einer lebhaften Anteilnahme am sozialen und kulturellen Leben.

4. Der Spiritualismus

Durch alle Reformbewegungen des 15. und 16. Jahrhunderts geht ein Streben nach Vergeistigung. Gegen die Veräußerlichung und Materialisierung der Frömmigkeit verlangte man nach Innerlichkeit, nach einer besseren inneren Gerechtigkeit. Von Spiritualismus ist erst dort zu sprechen, wo das Äußerliche schlechthin als unwertig, zum mindesten als belanglos angesehen wird, man von neuplatonischen Denkvoraussetzungen aus einen Dualismus annimmt und Geist in Widerspruch setzt zu Leib, Buchstabe und sichtbarer Kirche mit äußerlichen „Ordnungen" wie Sakrament, Liturgie, Kirchenzucht. Spiritualistische Züge finden sich bei Erasmus und Zwingli, weniger bei Luther, bei ihm aber wieder in mancher Hinsicht mehr als bei den „Schwärmern" Karlstadt und Müntzer. Unter den Täufern war vor allem Hans Denck vom Spiritualismus beeindruckt und scheint sich ihm am Ende seines Lebens ganz zugewandt zu haben. Unter dem Einfluß Dencks wurde auch Ludwig Hätzer (ca. 1500—1529) zum Spiritualisten, ähnlich Christian Entfelder und Hans Bünderlin. Die wichtigsten Vertreter des Spiritualismus im 16. Jh. waren *Kaspar von Schwenckfeld* (1489—1561) und *Sebastian Franck* (1499—1542). Der schlesische Edelmann Schwenckfeld war zunächst Anhänger Luthers. Als Hofrat Friedrichs II. von Liegnitz gewann er diesen für die Reformation und trug stark zu deren Ausbreitung in Schlesien bei. Er forderte das Leben der apostolischen Urgemeinde. Die sittlichen Früchte des Christenlebens waren deshalb für ihn entscheidend. Wegen seiner spiritualistischen Auffassung des Abendmahls und unter dem Verdacht des Täufertums mußte er 1529 Schlesien verlassen. Er wandte sich nach Straßburg. Während seines dortigen Aufenthaltes bis 1533 gewann seine Auffassung im Austausch und in Auseinandersetzung mit Reformatoren wie Capito und Butzer und mit den verschiedenen Gruppen der Täufer, Spiritualisten und Schwärmer ihre eigentümliche Gestalt. Butzer vertrieb ihn nach Augsburg. Von dort ging er 1535 nach Ulm. Wegen seiner Christologie auch mit den Schweizern verfallen und vom lutherischen Theologenkonvent in Schmalkalden (1540) als Sakramentarier und Täufer verurteilt, führte er die weiteren zwei Jahrzehnte ein ruheloses Dasein, Unterschlupf suchend auf den Besitzungen adeliger Freunde oder in den Häusern seiner Anhänger.

Durch seine zahlreichen Schriften, von denen über hundert gedruckt, andere handschriftlich vertrieben wurden, schuf er sich eine große Lesergemeinde, deren Mitglieder sich gegenseitig erbauten und sich im individualistisch verstandenen Glauben bestärkten. Von der „kreatürlichen Kirche" haben sie sich abzusondern. Die wahre Kirche lebt in der Zerstreuung, nur Gott kennt ihre Mitglieder.

Die Geschöpflichkeit selbst ist Sünde, die es zu überwinden gilt, wie Christus seine menschliche Natur vergöttlicht hat. Sein verklärtes Fleisch ist die einzige immerwährende Speise der Gläubigen. Die Materie kann den Geist nicht vermitteln. Deshalb gibt es nur den Weg von innen nach außen und kann sich Gott nicht an äußere Riten, Sakramente oder das geschriebene Wort, sondern nur an die Innerlichkeit des Menschen binden. „Ich suche, daß wir grad und beständig von innen heraus handeln, mit Geist, Glaube und göttlicher Liebe zur Besserung der Menschen. Sie dagegen suchen von außen hinein mit Zeremonien und Sakramenten zu handeln."[17] Nicht die Schrift bringt den Geist, sondern der mit dem Geist erfüllte Mensch bringt diesen zur Schrift, er „muß das göttliche Licht zur Schrift, den Geist zum Buchstaben, die Wahrheit zum Bilde und den Meister zu seinem Werk bringen"[18].

Sebastian Franck (1499—1542) aus Donauwörth war Priester, amtierte von 1526—1528 in evangelischen Gemeinden in der Nähe von Nürnberg. Dann gab er sein geistliches Amt auf und betätigte sich als Schriftsteller in Nürnberg und Straßburg. Von hier wurde er auf eine Beschwerde des Erasmus hin, den er als Ketzer bezeichnet hatte, ausgewiesen. Zeitweise verdiente er seinen Unterhalt als Seifensieder in Eßlingen. Von 1533 an betrieb er in Ulm eine Druckerei. Seine umfangreichen Werke: Chroniken („Türkenchronik" 1531; „Chronika, Zeitbuch und Geschichtsbibel" 1531; „Germaniae Chronicon" 1538), kosmographisches „Weltbuch" (1534), Bibelauslegungen, Sprichwörtersammlungen und Übersetzungen mußte er aber in der Mehrzahl auswärts drucken lassen. Er wurde 1539 aus Ulm ausgewiesen und vom Theologenkonvent in Schmalkalden 1540 wegen Absonderung von der Kirche, Verachtung der Bibel und des Predigtamtes verurteilt. Er starb 1542 in Basel. Nach seiner Meinung ist „die äußerliche Kirche Christi gleich nach den Aposteln verwüstet und zerstört worden"[19]. Weil seitdem äußere Satzung und Sakramente besudelt sind, läßt Gott jetzt alles durch den Geist in seiner unsichtbaren unter den Heiden zerstreuten Kirche geschehen. Die Sakramente hatte Gott ohnehin der Kirche nur für die Zeit ihrer Jugend zugedacht wie die Puppe dem Kind. Jetzt soll man nach „ernstlicheren Dingen trachten, nämlich nach Glauben, Buße, Verleugnung seiner selbst"[20]. Auch Heiden und Türken soll man für seine Brüder halten, selbst wenn sie nie von Christus eine Historie oder einen Buchstaben gehört haben; entscheidend ist, daß sie durch das innerliche Wort seine Kraft erfahren haben. Christus ist das unsichtbare Wort. Seine Historie ist ebenso bedeutungslos wie das äußere Wort der Heiligen Schrift, der „papierene Papst". Der Buchstabe verdeckt das Geheimnis. Gott muß „den toten und tötenden Buchstaben zu Geist und Leben in uns wecken"[21]. Kirchengeschichte treibt Franck als Geschichte der Ketzer, wobei diese aber als die

[17] „Unterscheid zwischen Caspar Schwenckfeld unnd der Predicanten leere" (1556): Corpus Schwenckfeldianorum XV Doc. 989 S. 24; *H. Fast* 207.
[18] „Von der heiligen Schrift" (1551): Corpus Schw. XII Doc. 780 S. 430.
[19] *H. Fast* 224. [20] Ebd. 227. [21] Ebd. 245.

wahren Christen zu gelten haben. „Denn Christen sind überall und immer aller Welt Ketzer gewesen.“[22] Den Reformatoren wirft Franck vor, das Prinzip der Innerlichkeit und Freiheit des Glaubens, das am Anfang des Protestantismus gestanden hätte, aufgegeben zu haben. Um so mehr kämpfte er wie Schwenckfeld für Toleranz.

Spiritualisten und Täufer, „der linke Flügel der Reformation“, wurden von ihren Grundsätzen her und aus der Situation der Verfolgung heraus zu Vorkämpfern so neuzeitlicher Ideen wie Glaubensfreiheit, Kirche der freien Gefolgschaft und Trennung von Kirche und Staat. Ideen, die freilich erst durch das englische Freikirchlertum und die Französische Revolution sich breitere Anerkennung verschafften[23].

16. Kapitel

Die katholischen literarischen Gegner Luthers und der Reformation

TEXTE: Corpus Catholicorum (= CCath). Werke kath. Schriftsteller im Zeitalter der Glaubensspaltung, bisher 29 Hefte (Münster 1919—67); zur Entstehung: *H. Jedin,* Jos. Greving (1868—1919) (Münster 1954).

LITERATUR: *K. Werner,* Geschichte der apologetischen und polemischen Literatur der christlichen Theologie, Bd IV (Schaffhausen 1865); *H. Laemmer,* Die vortridentinisch-katholische Theologie des Reformationszeitalters (Berlin 1858); *F. Falk,* Das Corpus Catholicorum: Der Katholik 71, 1 (1891) 440—463; *N. Paulus,* Kath. Schriftsteller aus der Reformationszeit: Katholik 72, 1 (1892) 544—564, 73, 2 (1893) 213—223; *ders.,* Die deutschen Dominikaner im Kampf gegen Luther (1518—63) (Freiburg 1903); *F. Lauchert,* Die italienischen literarischen Gegner Luthers (Freiburg 1912); *G. Wolf,* Die kath. Gegner der Reformation vor dem Tridentinum und Jesuitenorden: Quellenkunde der dt. Reformationsgeschichte II, 2 (Gotha 1922) 206—262; *P. Polman,* Die polemische Methode der ersten Gegner der Reformation (Münster 1931); *ders.,* L'élément historique dans la controverse religieuse du XVIe siècle (Gembloux 1932); *H. Jedin,* Die geschichtl. Bedeutung der kath. Kontroversliteratur im Zeitalter der Glaubensspaltung: HJ 53 (1933) 70 bis 97; *ders.,* Gesch. des Konzils von Trient I (Freiburg ²1951) 315—328; *J. Lortz,* Die Reformation in Dtl. II (Freiburg ⁴1964) 154—198; *E. Iserloh,* Der Kampf um die Messe in den ersten Jahren der Auseinandersetzung mit Luther (Münster 1952); Acta Reformationis catholicae ecclesiam Germaniae concernantia, hrsg. von *G. Pfeilschifter* I: 1520 bis 1532 (Regensburg 1959), II: 1532—42 (1960).

Johannes Eck: Schriftenverzeichnis: *J. Metzler,* CCath 16 (1930) LXXI—CXXXI; Neuausgaben: CCath 1 (1919), 2 (1921), 6 (1923), 13 (1928), 14 (1929); *Th. Wiedemann,* Dr. Johannes Eck (Regensburg 1865); *W. Friedensburg,* Dr. Johannes Ecks Denkschriften zur dt. Kirchenreformation 1523: Beitr. zur bayer. Kirchengesch. 2 (Erlangen 1895/96) 159—196 222—253; *ders.,* Briefe: ZKG 19 (1899) 211—264 473—485; *J. Greving,* Eck als junger Gelehrter (Münster 1906); *ders.,* Ecks Pfarrbuch für U. L. F. in Ingolstadt (Münster 1914); *H. Schauerte,* Die Bußlehre des Johannes Eck (Münster 1919); *W. Gußmann,* Des Johannes Eck 404 Artikel zum Reichstag von Augsburg 1530 (Kassel 1930);

[22] Ebd. 235.

[23] *R. H. Bainton,* Der täuferische Beitrag zur Gesch.: Das Täufertum, hrsg. von *Hershberger* 299—308.

H. Rupprich, Der Eckius Dedolatus und sein Verf. (Wien 1931); *G. v. Pölnitz,* Die Beziehungen des Johannes Eck zum Augsburger Kapital: HJ 60 (1940) 685—705; *H. G. Assel,* Das kanon. Zinsverbot und der ‚Geist' des Frühkapitalismus in der Wirtschaftsethik bei Eck und Luther (Diss. masch. Erlangen 1948); *E. Iserloh,* Die Eucharistie in der Darstellung des Johannes Eck (Münster 1950); *F. Zoepfl,* Johannes Eck: Lebensbilder aus dem Bayer. Schwaben (München 1958) 186—216; *Gerh. Müller,* Johannes Eck und die Confessio Augustana. Zwei unbekannte Aktenstücke vom Augsburger Reichstag 1530: QFIAB 38 (1958) 205—242.

Hieronymus Emser: Werke: *L. Enders,* Luther und Emser. Ihre Streitschriften aus dem Jahre 1521, 2 Bde (Halle 1890/91); De disputatione Lipsicensi (1519), A venatione Luteriana assertio (1519), hrsg. von *X. Thurnhofer:* CCath 4 (Münster 1921). Briefe: RGStT 3 u. 40; 5 Meßopferschriften 1524—25, hrsg. von *Th. Freudenberger:* CCath 28 (Münster 1959). — Literatur: *P. Mosen,* Hieronymus Emser (Halle 1890); *G. Kawerau,* Hieronymus Emser (Halle 1898); *F. Gess,* Akten und Briefe zur Kirchenpolitik Herzog Georgs von Sachsen, 2 Bde (Leipzig 1905/17); *F. Jenssen,* Emsers N. T. in niederdt. Übertragung (Schwerin 1933); *G. Reichel,* Herzog Georg der Bärtige und Erasmus von Rotterdam (Diss. masch. Leipzig 1947); *O. Vossler,* Herzog Georg der Bärtige und seine Ablehnung Luthers: HZ 184 (1957) 272—291.

Johannes Cochlaeus: Schriftenverzeichnis: *M. Spahn,* Johannes Cochlaeus (Berlin 1898) 341—372. — Neuausgaben: Flugschriften aus den ersten Jahren der Reformation IV (Leipzig 1910) 177—218; CCath III XV XVII XVIII; CT XII 166—208. — Briefe: ZKG 18 (1898); RGStT 3 (1907) 14—18 44—51 53 ff 57 59—65, 7 (1909) 32 ff 45 ff 51 ff 58—62, 21/22 (1912) 248—252; RQ 35 (1927) 447—451 (mit Angabe weiterer Briefeditionen); ArSKG 5 (1940) 216—220. — Literatur: *M. Spahn,* Johannes Cochlaeus (Berlin 1898); *H. Jedin,* Des Johannes Cochlaeus Streitschrift de libero arbitrio hominis (1525) (Breslau 1927); *ders.,* Schlesische Lebensbilder IV (Breslau 1931) 18—28; *A. Herte,* Die Lutherkommentare des Johannes Cochlaeus (Münster 1935); *ders.,* Das kath. Lutherbild im Bann der Lutherkommentare des Cochlaeus, 3 Bde (Münster 1943); *K. Kastner,* Cochlaeus und das Priestertum: ArSKG 10 (1952) 84—105.

Johannes Fabri: WW: Opuscula (Leipzig 1537); Opera (Köln 1537/41); Malleus in haeresim Lutheranam, hrsg. von *A. Naegele:* CCath 23—26 (Münster 1941/52); CT IV 10—23. — Literatur: *A. Horawitz,* J. Heigerlein (gen. Fabri), Bischof von Wien, bis zum Regensburger Convent: SAW 107 (1884) 83—220; *K. Czerwenka,* Johannes Fabri als Generalvikar von Konstanz (Diss. Wien 1903); *L. Helbling,* Johannes Fabri (Münster 1941, mit weiterer Lit. u. Verz. von 81 selbständigen Werken).

Friedrich Nausea: Briefe, hrsg. von *W. Friedensburg:* ZKG 20 (1900) 500—545, 21 (1901) 537—594; Reformgutachten CT XII 364—426 428—431; Acta Reformationis Catholicae II (Regensburg 1960) 547—555. — Literatur: *J. Metzner,* Friedrich Nausea (Regensburg 1884); *J. G. Mayer,* Bischof Nausea auf dem Konzil von Trient: HJ 8 (1887) 1—27; *H. Gollob,* Friedrich Nausea (Wien 1952); *H. Jedin,* Das konziliare Reformprogramm Friedrich Nauseas: HJ 77 (1958) 229—253; *J. Wodka,* Kirche in Österreich (Wien 1959) 201—205.

Berthold von Chiemsee: Tewtsche Theologey, hrsg. von *W. Reithmeier* (München 1852); *F. X. Remberger,* Die Lehre von der Kirche in der „Tewtschen Theologey": MThZ 9 (1958) 97—109.

Löwener Universität: *H. De Jongh,* L'ancienne faculté de théologie de Louvain (Löwen 1911); *E. de Moreau,* Luther et l'université de Louvain: NRTh 54 (1927) 401 bis 435; *R. Guelluy,* L'évolution des méthodes théologiques à Louvain d'Erasmus à Jansenius: RHE 37 (1941) 52—71; *J. Étienne,* Spiritualisme érasmien et théologiens louvanistes (Löwen 1956); *K. Blockx,* De veroordeling van Maarten Luther door de theol. faculteit de Leuven in 1519 (Brüssel 1958, Lit.).

Jakob Latomus: Opera Omnia (Löwen 1550); De Primatu Romani Pontificis

(1525): Bibliotheca reformatoria neerlandica III, hrsg. von *F. Pijper* (Den Haag 1905) 111—195; *J. Étienne,* Spiritualisme érasmien 163—186 (WW u. Lit.).

Albert Pigge: *H. Jedin,* Studien über die Schriftstellertätigkeit Albert Pigges (Münster 1931); *L. Pfeifer,* Ursprung der kath. Kirche und Zugehörigkeit zur Kirche nach Albert Pigge (Würzburg 1938); *J. Feiner,* Die Erbsündenlehre Albert Pigges (Zürich 1940); *M. E. Kronenberg,* Albert Pigge zijn geschriften en zijn bibliotheek: Het Boek 28 (1944) 107—158 226; *R. Bäumer,* Die Unfehlbarkeitslehre Albert Pigges (Diss. masch. Bonn 1956); *ders.,* Die Auseinandersetzung über die römische Petrustradition in den ersten Jahrzehnten der Reformationszeit: RQ 57 (1962) 20—57.

Heinrich VIII.: Letters and Papers of the Reign of Henry VIII, hrsg. von *J. S. Brewer,* 21 Bde (London 1861—1910); Assertio septem sacramentorum (1521), dt. Übers. *G. Walch,* Luthers sämtliche Schriften, Bd 19 (St. Louis 1907) Nr. 1—70; *C. S. Meyer,* Henry VIII burns Luther's Books, 12 May 1521: JEH 9 (1958) 173—187; *P. Hughes,* The Reformation in England, 3 Bde (London 1951/54).

John Fisher: Opera, hrsg. von *G. Fleischmann* (Würzburg 1597); English Works, hrsg. von *J. B. Mayor* (London 1876); Supplement (London 1921); Sacerdotii defensio: CCath 9 (Münster 1925); *T. E. Bridgett,* Life of blessed John Fisher (London 1888, ^{4}1922); *J. Grisar,* Der hl. Martyrer John Fisher: StdZ 129 (1935) 217—230; *F. P. Bellabriga,* De doctrina beati Joannis Fisher in operibus adversus Lutherum (Rom 1934); *V. McNabb,* St. John Fisher (London 1935); *O. Hendriks,* John Fisher. Bisschop en martelaar (Nijmegen 1947); *V. Heynk,* Der hl. John Fisher u. die scotist. Reuelehre: FStud 25 (1958) 105—133.

Thomas Morus: Opera Omnia latina (Frankfurt - Leipzig 1689; Neudr. Frankfurt 1963); Engl. Werke, hrsg. von *W. Rastell* (London 1557), unvollst. Neudruck, hrsg. von *W. E. Campbell,* 2 Bde (London 1931); Correspondence, hrsg. von *E. F. Rogers* (Princeton 1947). — Literatur: Moreana 1478—1945, hrsg. von *F.* u. *M. P. Sullivan* (Kansas 1946); *T. E. Bridgett,* Life and Writings of Sir Thomas Morus (London ^{2}1892); *E. M. G. Routh,* Sir Thomas Morus and his Friends (London 1934); AAS 27 (1935) 159—162 201 bis 208; *R. W. Chambers,* Thomas Morus (London 1935), dt. (München 1946, Lit.); *W. E. Champbell,* Erasmus, Tyndale and More (London 1949); *P. Huber,* Traditionsfestigkeit und Traditionskritik bei Thomas Morus (Basel 1953); *E. Flesseman van Leer,* The Controversy about Scripture and Tradition between Thomas Morus and W. Tyndale: Ned. Archief voor Kerkgesch. NS 43 (Den Haag 1959) 143—164; *dies.,* The Controversy about Ecclesiology between Thomas Morus and W. Tyndale: ebd. 44 (1960) 65—86.

Silvester Prierias: *F. Lauchert,* Die it. literarischen Gegner Luthers (Freiburg 1912) 7—30.

Thomas de Vio Cajetanus: Opera Omnia, 5 Bde (Lyon 1639); Opuscula Omnia (Lyon 1558 u. ö.); De divina institutione Pontificatus Romani, hrsg. von *F. Lauchert: CCath* 10 (Münster 1925); *J. F. Groner,* Kard. Cajetanus (Fribourg 1951, Lit.).

Ambrosius Catharinus: Apologia, hrsg. von *J. Schweizer:* CCath 27 (Münster 1956); *J. Schweizer,* Ambrosius Catharinus (Münster 1910); *F. Lauchert,* Die it. literarischen Gegner Luthers (Freiburg 1912) 30—133; ECatt IX 1686 f (Lit.).

Jakob van Hoogstraeten: Bibliotheca reformatoria neerlandica III, hrsg. von *F. Pijper* (Den Haag 1905): De veneratione sanctorum (1524), De Purgatorio (1525), Disputationes contra Lutheranos (1526); *N. Paulus,* Die dt. Dominikaner im Kampf gegen Luther (Freiburg 1903) 87—107.

Johannes Mensing: *N. Paulus,* Die dt. Dominikaner 16—45; *A. Warko,* Johannes Mensings Lehre von der Erbsünde und Rechtfertigung (Diss. Breslau 1903); *E. Iserloh,* Der Kampf um die Messe (Münster 1952) 46—52.

Johannes Faber, OP: *N. Paulus,* Die dt. Dominikaner 292—313; *Th. a Dillis,* Johannes Faber: Lebensbilder aus dem bayerischen Schwaben 5 (1956) 93—111.

Johannes Fabri, OP: *N. Paulus,* Die dt. Dominikaner 232—266; *P. Siemer,* Gesch. des Dominikanerklosters St. Magdalena in Augsburg (Vechta 1936) 107—114.

Ambrosius Pelargus, OP: *N. Paulus,* Die dt. Dominikaner 190—212; *A. Keil,* Ambrosius Pelargus: AMrhKG 8 (1956) 181—223; *W. Mann,* Eine humanistische Schrift über die Messe: AMrhKG 13 (1961) 197—233; *P. Mohr,* Der Opfercharakter der Messe in der Apologia und im Hyperaspismus des Ambrosius Pelargus (Speyer 1965).

Johannes Dietenberger: *Ch. Moufang,* Kath. Katechismus des 16. Jh. (Mainz 1881) 1—105; *H. Wedewer,* Johannes Dietenberger (Freiburg 1888); *N. Paulus,* Die dt. Dominikaner 186—189.

Augustin von Alveldt: CCath 11 (Münster 1926): Wyder den wittenbergischen Abgot (1524) u. Erklärung des Salve Regina (1527); *L. Lemmens,* P. Augustin von Alveldt (Freiburg 1899); *ders.,* FStud 5 (1918) 131—134; *G. Hesse,* Augustin von Alveldt, Verteidiger des Apostolischen Stuhles: ebd. 17 (1930) 160—178.

Kaspar Schatzgeyer: Omnia Opera (Ingolstadt 1543); Scrutinium, hrsg. von *U. Schmidt:* CCath 5 (Münster 1922); *N. Paulus,* Kaspar Schatzgeyer (Freiburg 1889); *O. Müller,* Die Rechtfertigungslehre nominalistischer Reformationsgegner (Breslau 1940); *V. Heynck:* FStud 28 (1941) 129—151, 29 (1942) 25—44; *H. Klomps,* Kirche, Freiheit und Gesetz bei ... Kaspar Schatzgeyer (Münster 1959); *E. Komposch,* Die Messe als Opfer der Kirche. Die Lehre Kaspar Schatzgeyers über das eucharistische Opfer (Diss. masch. München 1962).

Nikolaus Herborn: Enchiridion, hrsg. von *P. Schlager:* CCath 12 (Münster 1927); Confutatio Lutheranismi danici (1530), hrsg. von *L. Schmidt* (Quaracchi 1902); *E. Kurten,* Franz Lambert von Avignon und Nikolaus Herborn (Münster 1950).

Gasparo Contarini: Opera (Paris 1571; Venedig 1578, 1589); Gasparo Contarinis Gegenreformatorische Schriften, hrsg. von *F. Hünermann:* CCath 7 (Münster 1923); Reformgutachten: CT XII 131—145 153 ff 208—215; *F. Dittrich,* Gasparo Contarini (Braunsberg 1885); *ders.,* Regesten und Briefe (Braunsberg 1881); *H. Rückert,* Die theol. Entwicklung Gasparo Contarinis (Berlin 1926); *H. Jedin,* Kard. Contarini als Kontroverstheologe (Münster 1949); *ders.,* Contarini und Camaldoli (Rom 1953); *ders.,* Ein „Turmerlebnis" des jungen Contarini: HJ 70 (1951) 115—130; *ders.,* Gasparo Contarini e il contributo veneziano alla Riforma Cattolica: La Civiltà Veneziana del Rinascimento (Florenz 1958) 105—124; *O. Ferrara,* G. Contarini et ses Missions (Paris 1956); *H. Mackensen,* Contarini's Theological Role at Ratisbon in 1541: ARG 51 (1960) 36—57.

Johannes Gropper: *W. van Gulik,* Johannes Gropper (Freiburg 1906); *W. Lipgens,* Kard. Johannes Gropper (Münster 1951, Lit.); *H. Lutz,* Reformatio Germaniae. Drei Denkschriften Johannes Groppers: QFIAB 37 (1957) 222—310; *R. Stupperich,* Briefe und Merkblätter Johannes Groppers aus den Jahren 1542 bis 1549: WZ 109 (1959) 97 bis 107; *H. Jedin,* Das Autograph Johannes Groppers zum Kölner Provinzialkonzil von 1536: Spiegel der Geschichte. Festgabe für M. Braubach (Münster 1964) 281—292.

Julius Pflug: *A. Jansen,* Julius Pflug: Neue Mitteilungen aus dem Gebiet hist.-antiquarischer Forschung X, 1 (Halle 1863) 1—110, X, 2 (1864) 1—212; *W. Offele,* Ein Katechismus im Dienst der Glaubenseinheit (Essen 1965, Lit.).

Michael Helding: *N. Paulus,* Michael Helding: Katholik 74, II (1894) 410—430 481—502; *E. Feifel,* Grundzüge einer Theologie des Gottesdienstes, Motive und Konzeption der Glaubensverkündigung Michael Heldings (Freiburg 1960, Lit.); *ders.,* Der Mainzer Weihbischof Michael Helding zwischen Reformation und kath. Reform (Wiesbaden 1962).

Georg Witzel: *G. Richter,* Die Schriften Georg Witzels bibliographisch bearb. (Fulda 1913; Neudr. Niewkoop 1963); „Apologia" (1533): *A. Räß,* Die Convertiten seit der Reformation I (Freiburg 1872) 156—184; *H. Volz* (Hrsg.), Drei Schriften gegen Luthers Schmalkaldische Artikel von Cochläus, Witzel und Hoffmeister: CCath 18 (Münster 1932); *L. Pralle,* Die volksliturgischen Bestrebungen des Georg Witzel: Jb. für das Bistum Mainz 3 (1948) 224—242; *R. Padberg,* Zum katechetischen Anliegen Georg Witzels: ThGl 43 (1953) 192—200; *ders.,* Georg Witzel der Ältere, ein Pastoraltheologe des

16. Jh.s: ThQ 135 (1955) 385—409; *J. P. Dolan,* The Influence of Erasmus, Witzel and Cassander in the Church of Ordinances ... of the united Duchees of Cleve (Münster 1957); *W. Trusen,* Um die Reform und Einheit der Kirche. Zum Leben und Werk Georg Witzels (Münster 1957).

Stanislaus Hosius: Opera, 2 Bde (Köln 1584); Die dt. Predigten und Katechesen, hrsg. von *F. Hipler-V. Zakrzewski* (Krakau 1879/88); *E. M. Wermter* (Hrsg.), Kard. Stanislaus Hosius und Herzog Albrecht von Preußen. Ihr Briefwechsel über das Konzil von Trient (Münster 1957, Lit.); Bibliographia Hosiana, hrsg. von *J. Smoczynsky* (Peplin 1937); *H. Eichhorn,* Der ermländische Bischof und Kard. Stanislaus Hosius, 2 Bde (Mainz 1854); *J. Lortz,* Kard. Stanislaus Hosius (Braunsberg 1931); *L. Bernacki,* La doctrine de l'église chez le Card. Hosius (Paris-Posen 1935); *F. J. Zdrodowski,* The Concept of Heresy according to Card. Hosius (Washington 1947).

Angesichts der reichen publizistischen Tätigkeit Luthers, der zahlreichen Schriften, Flugblätter und Pamphlete, die er und seine Freunde dank der Buchdruckerkunst in hoher Auflage unter das Volk bringen konnten, stellt sich die Frage: Was wurde dem von altkirchlicher Seite entgegengestellt? Hat die Abwehr sich in gleicher Weise der neuen publizistischen Mittel zur Formung der öffentlichen Meinung bedient und sich bemüht, die Luther zufallenden Massen der Kirche zu erhalten oder für sie zurückzugewinnen? Welcher Erfolg war ihr dabei beschieden? Die Zahl der theologischen Schriftsteller, die sich der Verteidigung der alten Kirche annahmen, ist erstaunlich hoch[1], besonders wenn man bedenkt, wie unpopulär und schwierig diese Aufgabe war. Erst in den letzten Jahrzehnten hat man den katholischen Kontroverstheologen größere Aufmerksamkeit gewidmet und hat begonnen, im „Corpus Catholicorum" ihre Schriften zugänglich zu machen. Diese sind aufschlußreich für die Frage, mit welcher religiösen und theologischen Kraft man Luther begegnete; weiter muß man zum besseren Verständnis der Reformatoren auch ihre Gesprächspartner kennen, und schließlich sind die Schriften der vortridentinischen Kontroverstheologen wichtig als Vorarbeiten für das Konzil und zur rechten Einschätzung von dessen theologischer Leistung.

Will man die Werke der frühen Luthergegner nicht unterbewerten[2], muß man sich klarmachen, wie schwierig ihre Aufgabe war und unter welch ungünstigen Bedingungen sie sie zu leisten hatten. Es galt, den Irrtum in seinem Umfang und seiner Tragweite zu erkennen und ihn durch die Dar-

[1] *N. Paulus* ergänzt die von J. Falk angeführten deutschen Kontroverstheologen auf über 260: Katholik 73, 2 (1893) 213—223. *F. Lauchert* gibt „Die italienischen literarischen Gegner Luthers" mit 66 an.

[2] Allzu leicht macht es sich *W. Koehler,* wenn er in „Dogmengesch. als Gesch. des christlichen Selbstbewußtseins. Das Zeitalter der Reformation" (Zürich 1951) 91 urteilt: „Dem Reichtum, Kampf- und Siegesbewußtsein der Gedankenwelt auf der protestantischen Linie des christlichen Selbstbewußtseins steht der Katholizismus nicht nur in Defensivstellung, sondern auch in Geistesarmut gegenüber. An Zahl der Streiter fehlt es nicht, aber die jetzt im Corpus Catholicorum gesammelten Schriften muten in geradezu erschreckender Weise an wie das Dreschen von leerem Stroh."

stellung der Wahrheit zu bekämpfen. Schon das erste war wegen der weitgehenden theologischen Unklarheit nicht leicht. Viele sahen in Luther den, der die lang fällige Reform bringen würde, und meinten, es ginge lediglich um die Abschaffung der in das kirchliche Leben eingedrungenen Schäden, Übelstände und Mißbräuche. Melanchthon hat diese Auffassung noch 1530 auf dem Augsburger Reichstag glauben machen wollen. Demgegenüber mußten Männer, die wie Johannes Eck klar, folgerichtig und unerbittlich Häresie feststellten, als Scharfmacher und Friedensstörer erscheinen.

Nach der Feststellung des Irrtums galt es, ihm entgegenzuwirken. Dabei war es aber mit bloßer Widerlegung nicht getan. Die reformatorische Bewegung war ja nicht eine Summe einzelner Irrtümer. Wie jede Häresie lebte sie von der Wahrheit, von der Teilwahrheit, die bisher übersehen bzw. durch die kirchliche Praxis Lügen gestraft wurde. Man hatte zu zeigen, wie das berechtigte Anliegen der Reformatoren in der Lehre der Kirche seinen Platz hatte und daß man bereit war, ihm Geltung zu verschaffen. Von da aus war die religiöse Kraft und die theologische Lebendigkeit des katholischen Schriftstellers gefordert. Er mußte ja den tragenden Zusammenhang der Wahrheit spüren und die Mitte sehen, die alles übrige mit Leben erfüllt und auf die das Periphere immer wieder zu beziehen ist. Entscheidend war also, ob die Kontroverstheologen in der Verteidigung steckenblieben oder ob sie sich so weit vom Gegner zu lösen verstanden, daß es zu einer eigenständigen Darstellung der katholischen Lehre kam. Das ist durchweg nicht der Fall. Es handelt sich zunächst meist um Gegenschriften, und zwar vielfach nicht nur in dem Sinne, daß sie gegen eine bestimmte reformatorische Schrift gerichtet sind, sondern daß sie es unternehmen, diese Satz für Satz vorzutragen und zu widerlegen. Hieronymus Emser disputiert noch 1524 in seinen Schriften mit Luther und Zwingli auf diese mittelalterliche und recht schwerfällige Weise, obwohl er überzeugt war, daß diese „durch keine Vernunftgründe noch Künste von ihrer tief eingewurzelten Krankheit geheilt werden“ [3] konnten. Luther hatte den Schwung und die Werbekraft des Neuen und das Pathos der Kritik an den Mißständen auf seiner Seite, er war im Vorteil des Angreifers, insofern er, wie Johannes Cochlaeus einmal feststellt, „den ersten Streich tat und seine Büchlein in großer Zahl ausfliegen lassen konnte, ehe denn ihm Antwort vom Gegenteil gegeben werden konnte“ [4]. Um so schlimmer, daß die katholischen Schriftsteller über eine bloß defensive Methode vielfach nicht hinauskamen und sich das Gesetz des Handelns vom Gegner diktieren ließen. Statt dessen Grundpositionen aufzugreifen und von der Mitte her zu überwinden, hielt man sich oft bei sehr peripheren Einzelheiten auf. Hier errungene Erfolge erwiesen sich als Schläge ins Wasser, weil der Gegner schon längst neue Positionen bezogen

[3] „Canonis missae contra Huldricum Zwinglium defensio“ (1524) A III c.

[4] „Von der heyligen Mess und Priesterweyhe“ (Leipzig 1534) A II v.

hatte. Luther gibt diese Situation in „De captivitate Babylonica" (1520) treffend wieder, indem er schreibt: „Ich eile immer voraus, so daß ich, während sie als glorreichste Sieger über eine meiner vermeintlichen Häresien Triumphe feiern, unterdessen schon wieder eine neue ins Rollen bringe" (WA 6, 501). Dazu standen die Verteidiger der alten Kirche einer öffentlichen Meinung gegenüber, die seit Jahrzehnten mit einem antirömischen Affekt geladen und von einem tiefwurzelndem Mißtrauen gegen die Kurie erfüllt war; Gefühle, die Luther in seiner großen publizistischen, ja demagogischen Begabung geschickt anzusprechen wußte. Dagegen wirkten seine Gegner langweilig, schwerfällig und schulmeisterlich und hatten es doppelt schwer, der zur Volksbewegung gewordenen und vom Pathos des Neuen getragenen Reformation zu begegnen.

Über die Gunst der Stunde und über die größere publizistische Begabung hinaus ging es letzthin um eine andere Weise der Theologie. Anstelle der systematischen Analyse der Offenbarung mit philosophischen Mitteln unter großer Distanz vom religiösen und gottesdienstlichen Leben war bei Luther die Verkündigung getreten. Das „für mich" des Heilsgeschehens bewegte ihn, und es drängte ihn, seine Erlebnis gewordene Erkenntnis vor den Menschen zu bekennen. Demgegenüber mußte die nüchterne und komplizierte Systematik der Scholastik blaß wirken. Es dauerte eine Zeit, bis die katholischen Schriftsteller sich zu einer Theologie durchrangen, die primär Verkündigung war und unmittelbar Antwort gab auf die Not der Stunde[5].

Vielfach waren die Männer, die sich zur Verteidigung der Kirche berufen sahen und diesem Dienst sich nicht versagten, keine Theologen, sondern Humanisten, d. h. Literaten oder Männer der Schule und praktische Seelsorger. Johannes Cochlaeus z. B. „war von Beruf ein Knabenerzieher und Altertümer herausgebender Philologe und nur aus Pflichtgefühl ein Gottesgelehrter"[6]. Es bedeutete für ihn ein Opfer, in den Kampf einzugreifen. Er fand sich dazu bereit, weil ihm — nach seinen eigenen Worten anläßlich des Wormser Reichstages — der katholische Glaube höher stand als die schönen Wissenschaften[7]. Ähnlich sah sich Hieronymus Emser vor die Aufgabe gestellt, einen theologischen Kampf zu führen, ohne Theologe zu sein.

Die Schultheologie hatte wenig vorgearbeitet. Wie sollte man aber das Meßopfer verteidigen, wenn die Theologie des 14. und 15. Jahrhunderts darüber sozusagen überhaupt nicht gehandelt hatte und hinsichtlich der Eucharistie nur noch an der Transsubstantiation bzw. an den damit zusammenhängenden naturphilosophischen Fragen interessiert gewesen war. Die unbiblische, vorwiegend in Formalproblemen steckengebliebene Theologie

[5] Vgl. *E. Feifel,* Grundzüge einer Theologie des Gottesdienstes (Freiburg 1960) 36ff.

[6] *M. Spahn,* Johannes Cochlaeus (Berlin 1898) 197.

[7] „Colloquium Cochlaei cum Luthero Wormatiae olim habitum" (1521), hrsg. von *J. Greving:* Flugschriften aus den ersten Jahren der Reformation IV (Leipzig 1911) 177 bis 218, bes. 199.

des Nominalismus, an der sich die Kritik Luthers und der Reformation entzündet hatte, bot eine schlechte Grundlage zu deren Abwehr. Was Ursache der Reformation war, mit der spätscholastischen Theologie die dogmatische Unklarheit und der Mangel an religiöser Tiefe und Kraft, lähmte naturgemäß auch ihre Abwehr.

Das von Luther radikal vertretene Schriftprinzip stellte die katholischen Kontroverstheologen vor ein schwerwiegendes methodologisches Problem. Sollten sie darauf verzichten, sich auf die Tradition, auf die Kirchenväter, Konzilien und Päpste zu berufen, und sich mit dem Schriftbeweis begnügen? Sollten sie es nicht wenigstens praktisch tun, um ihrer Argumentation gegenüber den Anhängern der Reformation eine größere Durchschlagskraft zu geben? Grundsätzlich hielten sie daran fest, daß „nicht nur zu glauben und zu bewahren ist, was ausdrücklich in den göttlichen Schriften enthalten und aus ihnen zu beweisen ist“ [8], und betrachteten die Überlieferung als das „lebendige Evangelium“ [9]. Je mehr die Protestanten miteinander über zentrale Wahrheiten, wie die Eucharistie, stritten, wiesen die Katholiken darauf hin, daß die Heilige Schrift sich nicht genügend klar selbst deute, sondern daß es eines lebendigen Lehramtes dazu bedürfe. Praktisch haben einige Theologen sich mit dem Schriftbeweis begnügt. So ist z. B. das „Scrutinium“ [10] des Franziskaners Kaspar Schatzgeyer fast nur eine Aufzählung von Schriftstellen über Glaube, Gnade, gute Werke, Meßopfer usw. Die meisten katholischen Schriftsteller und gerade die bedeutendsten unter ihnen hielten sich dagegen an die hergebrachte Methode. Das war nicht nur Festhalten an der dogmatischen Überzeugung oder gar Unfähigkeit, sich dem Gegner anzupassen und ihm auf den Kampfplatz zu folgen, sondern hatte in den Werken der Protestanten selbst seinen Grund. Behauptungen Luthers, wie, die Auffassung der Messe als Opfer habe sich aus der altchristlichen Gabenoblation entwickelt, vor Gregor dem Großen habe es keine Privatmesse gegeben oder 12 Jahrhunderte lang habe die Kirche nichts von einer Transsubstantiation gewußt, mußten seine katholischen Gegner dazu reizen, aus der Geschichte den Gegenbeweis anzutreten. Noch mehr als Luther beriefen sich die anderen Reformatoren, etwa Melanchthon und Zwingli, auf den Brauch der alten Kirche und zitierten dazu die Kirchenväter. Das rechtfertigte nicht nur das Väterargument der Katholiken, sondern forderte es geradezu, brachte aber auch mit sich, daß es immer mehr den Charakter eines geschichtlichen Beweises bekam [11].

Waren im Anfang die mehr peripheren Fragen, wie Ablaß, Gelübde, Heiligenverehrung u. a., der Gegenstand des Streitgespräches, so traten doch

[8] *J. Eck,* Enchiridion 33 b. [9] *St. Hosius,* Confutatio 292 b.

[10] „Scrutinium divinae Scripturae pro conciliatione dissidentium dogmatum“, hrsg. von *U. Schmidt:* CCath 5 (Münster 1922).

[11] *P. Polman,* L'élément historique dans la controverse religieuse du XVIe siècle (Gembloux 1932) 310; vgl. 320.

bald die Grundprobleme, wie die Lehre von der Kirche, vom Amt, vom Primat des Papstes, von der Rechtfertigung und vom Meßopfer, in den Vordergrund. In den Jahren 1522 bis 1526 erschien eine Reihe von Schriften zur Verteidigung der Messe. Mit ihrer Abschaffung als Götzendienst griffen die Reformatoren ja am tiefsten und fühlbarsten in das religiöse Leben des Volkes ein. Hier ließ sich die Tragweite ihrer Lehre besonders gut deutlich machen.

Der erste, unermüdlichste, bekannteste, aber auch verhaßteste Gegner der Reformation war der Weltpriester und Ingolstädter Professor *Johannes Eck* (1486—1543). Auf der Leipziger Disputation (1519) hatte er die Preisgabe des Kirchenbegriffs durch Luther deutlich gemacht. Dem diente auch das Werk „De primatu Petri adversus Ludderum" (1520), das er in Rom vorlegte, als er dort März bis Juli 1520 auf die Verurteilung Luthers hinwirkte. Nach einigen Schriften über Rechtfertigung und Buße (u. a. De poenitentia et confessione, 1522; De purgatorio, 1523; De satisfactione et aliis poenitentiae annexia, 1523) legte er 1525 als Gegenstück zu Melanchthons „Loci communes" (1521) ein „Handbuch" (Enchiridion locorum communium adversus Ludderanos) vor. Darin führt er den Schrift- und Väterbeweis zu den strittigen Fragen und sucht anschließend die Einwände der Gegner zu widerlegen. Die Bedeutung des Enchiridion beweisen die über 90 Auflagen und Übersetzungen. Als sich herausstellte, daß mangels katholischer Predigtbücher die Pfarrer protestantische benutzten, schrieb Eck 5 Bände deutscher Predigten zum Kirchenjahr, zu den Heiligenfesten, über die Sakramente und die Gebote. Auf Wunsch seines Landesherrn, Herzog Wilhelms IV., gab er 1537 eine deutsche Bibel heraus. Das AT übersetzte er selbst in großer Texttreue ins „Hochdeutsche", das heißt in die oberdeutsche Mundart. Für das NT übernahm er die Übersetzung Emsers. Was seine Methode angeht, suchte Eck durch ausgiebige Berücksichtigung der Heiligen Schrift und der Väter dem Zug der Zeit „zu den Quellen" gerecht zu werden. Allerdings kommt es bei einer Fülle von angeführten Texten nicht zur schöpferischen Begegnung mit ihnen. Er weiß sie nicht religiös und theologisch genügend fruchtbar zu machen. Angesichts der dogmatischen Unklarheit der Zeit war es Ecks Verdienst, deutlich, ja scharf aufgewiesen zu haben, daß Luther nicht Reform, sondern Revolution bedeutete, und ein Feind jeden Kompromisses auf Kosten der Wahrheit gewesen zu sein. Allerdings stellt sich damit zugleich die Frage, ob er genügend die Verantwortung um die Einheit gespürt und sich entsprechend um den Gegner bemüht hat oder ob er ihn im Disputationseifer zu häretischen Konsequenzen getrieben und auf den Irrtum festgelegt hat.

Ein unermüdlicher Verfechter der katholischen Sache am Hofe Herzog Georgs von Sachsen war dessen Sekretär und Kaplan *Hieronymus Emser* (1478—1527). Im Anschluß an die Leipziger Disputation hatte er Luthers Stellung zu den Böhmen kritisch behandelt. Dieser antwortete unter Anspielung auf Emsers Wappen in ungemein scharfer Polemik „Ad aegocerotem (Steinbock) Emserianum“ (1519). Das gab den Auftakt zu einer Reihe von Streitschriften zwischen dem „Bock zu Leipzig“ und dem „Stier zu Wittenberg“. Auch Emsers spätere Schriften, die sich außer gegen Luther auch gegen Karlstadt und Zwingli richteten und sich der Verteidigung der Bilder, des Meßopfers und des Priestertums annahmen, kamen über eine bloße „Widerlegung“ des Gegners nicht hinaus. Nachdem Emser 1523 dem NT Luthers 1400 „ketzerische Irrtümer und Lügen“ nachgesagt hatte, gab er auf Veranlassung seines Herzogs 1527 selbst eine Übersetzung des NT heraus, die sich eng an den Luthertext hält. Emser war aus einem unverbindlichen Humanistenleben zur Verteidigung der Kirche gerufen worden. Er hat sich dieser Aufgabe nicht versagt, sondern mit Eifer hingegeben. Aber er war zu wenig Theologe und hatte zu wenig religiöse Kraft einzusetzen, um ihr voll gerecht zu werden.

Emsers Nachfolger als Kaplan Herzog Georgs war *Johannes Cochlaeus* (1479—1552). Wie viele andere Luthergegner hatte er dem Reformator zunächst positiv gegenübergestanden. Seit dessen Schriften von 1520 war er sein entschlossener Gegner. Mit mehr als 200 Werken hat er in dreißigjähriger unermüdlicher und selbstloser schriftstellerischer Tätigkeit seiner Kirche zu dienen gesucht. Er war kein Theologe und ist nie einer von Bedeutung geworden. Um Volksschriftsteller zu sein, war er wieder zu sehr Humanist, und waren seine Schriften mit zuviel Gelehrsamkeit belastet. Ohne Humor und mit um so härterem Grimm hat er dem „Vielköpfigen Luther“ seine wirklichen und angeblichen Widersprüche nachgewiesen. Stark nachgewirkt haben seine „Commentaria de actis et scriptis Martini Lutheri“ (Mainz 1549). Als erste große Lutherbiographie bringt dieses Werk wichtiges Quellenmaterial für die Geschichte der Reformation; es führt aber auch viel Schlamm mit sich, wie ihn die auf beiden Seiten gehässig geführte Polemik aufgewühlt hat. Die verzerrte Darstellung der Lutherkommentare des Cochlaeus hat das katholische Lutherbild bis in unser Jahrhundert bestimmt.

Nicht nur schriftstellerisch, sondern auch unmittelbar als Bischöfe von Wien konnten gegen die Reformation und für die innerkirchliche Reform wirksam werden *Johannes Fabri* (1478—1541) und sein Nachfolger *Friedrich Nausea* (um 1490—1552). Der Humanist und Jurist Johannes Fabri trat als Generalvikar von Konstanz erst 1521 offen gegen Luther auf. Sein in schulmäßiger Gelehrsamkeit verfaßtes „Opus“, das „Werk gegen einige neue Lehren Martin Luthers, die der christlichen Lehre gänzlich widersprechen“, erschien 1522. Ein Kölner Dominikaner gab es 1524 unter dem neuen Titel „Malleus in haeresim Lutheranam“ heraus. Als Koadjutor von Wiener Neustadt (1524) verfaßte er eine Reihe von Schriften in deutscher Sprache — an der Spitze das „Summarium“ (1526) —, die den Volkston sehr viel besser treffen. In anschaulicher Sprache und starker Anlehnung an die Heilige Schrift verteidigt er die Lehre der Kirche und weist auf die im Bauernkrieg besonders deutlich gewordenen verderblichen Früchte der lutherischen Neuerung hin. In der „Christlichen underrichtung" (1528) untersucht er den „Unterricht der Visitatoren" (WA 26, 195—240) und weist darauf hin, wie sehr Luther sich „gebessert" hat. Wenn er immer so gelehrt hätte, wäre das große Unglück nicht über Deutschland und die Kirche hereingebrochen. Diese Schrift zeigt, wie lange die katholischen Kontroverstheologen noch nicht die Konsequenzen aus dem Bruch zogen und sozusagen immer noch hinter dem Gegner herliefen, statt positiv für ihre Sache zu werben. Dasselbe gilt, wenn Fabri nachweist, wie Luther mit Huss und anderen Ketzern, auf die er sich beruft[12], und mit sich selbst[13] in Widerspruch steht. Als Bischof von Wien (1530) veröffentlichte Fabri eine Reihe von Predigten, dazu Schriften zur Verteidigung der Messe und des Priestertums und „Über den Glauben und die guten Werke", solide Arbeiten, die aber wenig von dem heißen Atem der Zeit spüren lassen.

Johannes Fabris Koadjutor und Nachfolger *Friedrich Nausea* (um 1490 bis 1552) wirkte seit 1526 als Domprediger und Schriftsteller in Mainz (Centuriae IV homiliarum, Köln 1532). Nach seiner Berufung durch Ferdinand I. nach Wien arbeitete er in Wort und Schrift dem Vordringen der Reformation entgegen. Mit seinen Werken über Pfarrvisitationen (Pastoralium inquisitionum elenchi tres, 1547) und zur Ausbildung des Priesternachwuchses (Isagogicon de Clericis ordinandis, 1548) und seinem „Catechismus catholicus" (1543) läßt Nausea die Polemik hinter sich und steht als Vertreter der beginnenden innerkirchlichen Reform vor uns.

Berthold Pürstinger *von Chiemsee* (1465—1543) hatte als Bischof schon resigniert, als er auf Grund der Heiligen Schrift und im Anschluß an Thomas von Aquin seine „Tewtsche Theologey" (1528) schrieb. Sie gilt als erste deutsche Dogmatik. Direkt im Dienst der Abwehr der Reformation standen seine Schriften über die Eucharistie, das „Tewtsche Rational über das Ambt heiliger Mess" und das „Keligpuechl". Umstritten ist, ob er die Flugschrift „Onus ecclesiae" (1519; gedruckt 1524 u. 1531) geschrieben hat. Sie tritt den Mißständen der Zeit entgegen und fordert die Reform der Kirche an Haupt und Gliedern.

Als erste Universitäten hatten Köln und Löwen gegen Luther Stellung genommen, letztere mit der „Condemnatio doctrinalis librorum Lutheri" vom 7. November 1519. Von den dortigen Professoren veröffentlichte *Jakob Latomus* (um 1475—1544) 1521 die „Articulorum doctrinae fratris M. Lutheri ... damnatio" gegen Luther, der ihn später als den „feinst Scriptor contra me"[14] bezeichnet hat. Es folgten Schriften über die Ohrenbeichte (1525), über den Primat des Papstes (1526) und über Glaube, gute Werke und Mönchsgelübde (1530).

[12] „Wie sich Joh. Huß ... Lehren und Bücher mit M. Luther vergleichen" (1528).
[13] „Antilogiarum M. Lutheri Babylonia ex eiusdem libris ... excerpta" (1530).
[14] WA Tr I 202; vgl. II 189, IV 145, V 75.

Der Löwener Professor und Dominikaner *Eustachius van Zichem* († 1538) brachte 1521 eine „kurze Widerlegung von Martin Luthers Irrtümern" und 1523 eine Verteidigung der Sakramente und der kirchlichen Hierarchie heraus[15]. Als dritter ist *Johannes Driedo* (um 1480—1535) zu nennen. Als einer der wenigen Kontroverstheologen seiner Zeit verstand er es, leidenschaftslos und in Treue zur Tradition neue Fragestellungen und Lösungsversuche aufzugreifen. Deshalb waren seine Schriften auch in Trient und im Gnadenstreit noch wirksam. In „De ecclesiasticis scripturis et dogmatibus libri IV" (1533) handelt er über die Methoden und die Quelle der Theologie und in „De captivitate et redemptione humani generis" (1534) über Urstand und Erlösung des Menschen. Der theologischen Anthropologie gelten weiter die Schriften „Über die Vereinbarkeit von freiem Willen und Praedestination" (1537), „Über Gnade und freien Willen" (1537) und „Über die christliche Freiheit" (1546). Sie wurden nach seinem Tode herausgegeben, die letzte erst in der Gesamtausgabe, die *Ruard Tapper* (1487—1559) 1546 besorgte. Dieser reicht mit seinem Löwener Kollegen *Josse Ravesteyn* (1506/70) schon in die Ära des Konzils von Trient. Die Löwener Fakultät verpflichtete 1544 ihre Professoren auf 59 Thesen. Darin gibt sie in einem gut durchdachten Abriß der Kontroverslehren eine Zusammenfassung der bis dahin geleisteten Arbeit und nimmt den Aufbau der Trienter Dekrete im wesentlichen schon vorweg[16].

Aus der Löwener Schule kam der einflußreiche Kontroverstheologe *Albert Pigge* (1490—1542). Mit seiner in der „Hierarchiae ecclesiasticae assertio" (1538) vorgetragenen Lehre von der Unfehlbarkeit des Papstes wirkte er bis in die neueste Zeit. Das Konzil von Trient übernahm seine Ansichten über die Tradition, lehnte aber seine Rechtfertigungslehre ab. Seine Schriften „Über den freien Willen des Menschen" (1541) und über die Erbsünde in „Controversiarum praecipuarum . . . explicatio" (1541) wurden 1624 in Lissabon sogar indiziert.

In England war es der König Heinrich VIII. (1491—1547) selbst, der, wahrscheinlich unterstützt von *Thomas Morus* (1478—1535), gegen Luthers „De captivitate Babylonica" als erster zur Feder griff. Denn angesichts solcher Ketzereien könne „niemand davon ablassen, mit allem Fleiß und Vermögen sich dem entgegenzustellen". Seine „Assertio septem sacramentorum" (1521) überragt nach Inhalt und Methode die sonstigen frühen Kontroversschriften. Sie erlebte 1522 zwei Übersetzungen ins Deutsche durch H. Emser und Th. Murner. Luther reagierte wütend in der „Antwort deutsch auf König Heinrichs Buch" (1522; WA 10 II 227—262). Der königliche

[15] „Errorum M. Luther brevis confutatio" und „Sacramentorum brevis elucidatio simulque nonnulla perversa M. Luther dogmata excludens". Neudr. in: Bibliotheca reformatoria neerlandica III, hrsg. von *F. Pijper* (Den Haag 1905) 227—284 295—373.

[16] *H. De Jongh,* L'ancienne faculté de théologie de Louvain (Löwen 1911) 81*—89*; vgl. *H. Jedin,* Gesch. des Konzils von Trient I (Freiburg ²1950) 326.

„Defensor fidei" ließ seine Mitstreiter Thomas Morus und Bischof *John Fisher* (1469—1535) als Gegner seiner Kirchensuprematie 1535 hinrichten. Beide machten als Humanisten das neue Bibel- und Kirchenväterstudium für die Verteidigung der Kirche fruchtbar.

Eifrige literarische Gegner Luthers fanden sich in den verschiedenen Orden, besonders in den Reihen der Dominikaner und Franziskaner. Die Dominikaner hatten den Prozeß gegen Luther betrieben. Sie gehörten auch zu den ersten, die literarisch gegen ihn auftraten. *Silvester Prierias* (1456 bis 1523) war als Magister sacri palatii und Bücherzensor mit Luthers Ablaßthesen befaßt worden und ist „bald in die Arena getreten" (WA Tr 3, 564 Nr. 3722) mit dem „Dialogus" vom Juni 1518. Seine Polemik ist leichtfertig und grob. Er zeigt sich wenig bereit, das Anliegen Luthers aufzugreifen, hat aber klar erkannt und herausgestellt, daß es um die Kirche, um ihre und der Päpste Vollmacht ging. Auf Luthers Responsio (WA I 647—686) gab Prierias in den „Replica" eine vorläufige Antwort[17], kündigte dann in der „Epitoma responsionis ad Lutherum" (1519; WA 6, 328—348) eine eingehende Auseinandersetzung mit Luther über die Autorität des Papstes und die Kraft der Ablässe an. Diese erschien 1520 in Rom mit dem Titel „Errata et argumenta M. Lutheri recitata, detecta, repulsa . . ." Darin stellt er einseitig die monarchische Struktur der Kirche heraus. Als Stellvertreter Christi hat der Papst nicht nur die höchste, sondern auch die einzige ordentliche Gewalt. Er ist virtualiter die katholische Kirche und die Quelle aller Jurisdiktion. Das Konzil hat die Gewalt nur als eine ihm vom Papst übertragene[18]. Dieses polemische Hauptwerk des Prierias hat wenig Beachtung gefunden und wurde von Luther keiner Antwort mehr gewürdigt.

Kardinal *Thomas de Vio Cajetanus* (1469—1534), der bedeutendste Theologe seiner Zeit, hatte schon eine Abhandlung über den Ablaß verfaßt (De indulgentiis v. 8. Dezember 1517), bevor er Luthers Thesen in die Hand bekam und dem Reformator persönlich in Augsburg begegnete. Hier schrieb er eine Reihe von Aufsätzen über Ablaß und Buße, die er nach seiner Rückkehr nach Rom mit dem Traktat „De indulgentia plenaria concessa defunctis" (20. November 1519) abschloß. Darin bemüht er sich um eine sachliche Lösung der Schwierigkeiten, die er nicht verschweigt, und wendet sich wie gegen die Irrtümer Luthers, auch gegen Ablaßprediger, die den Mund zu voll nahmen und Privatmeinungen als Lehren der Kirche ausgaben[19]. Zum Hauptpunkt der Kontroverse schrieb Cajetan 1521 „De divina institutione Pontificatus Romani" gegen Luthers „Resolutio . . . de potestate Papae"

[17] Mit einem Vorwort von Luther in Druck gegeben: WA II 50—56.

[18] „Si vero loquamur de authoritate concilii quae convenit omnibus collective sive collegialiter, eadem est authoritas pontificis et collegii: sed in pontifice est plena et ordinaria, in concilio autem est quantum placet papae, et commissa seu vicaria" (cap. 12; fol. LXXXI b; vgl. *F. Lauchert,* Die it. literarischen Gegner Luthers [Freiburg 1912] 25).

[19] Opuscula (Lyon 1562) 103 ff.

von 1519 (WA 2, 183—240), ohne jedoch seinen Gegner zu nennen und ohne dem zeitüblichen heftigen polemischen Ton zu verfallen. Weit überragen seine Opuscula über die Eucharistie (De coena domini, 1525; De sacrificio missae, 1531; De communione, 1531) das Schrifttum der Zeit. Er behauptet nicht nur die Einheit von Messe und Kreuzesopfer, sondern weiß sie auch theologisch zu begründen. Christus ist „immolatitio modo", in der Weise des Opfers, gegenwärtig. Das Opfer wird nicht wiederholt, sondern das einzige und einmal dargebrachte Opfer besteht fort, in wiederholter Feier wird das immerwährende Opfer gegenwärtig. Christus ist deshalb auch in der Messe der eigentliche Opferer, und diese hat in sich unendlichen Wert. Für ihre Fruchtbarkeit ist maßgebend der Glaube und die Hingabe der Beteiligten. Hier war eine Antwort gegeben auf Luthers Einwände gegen das Meßopfer. Sie ist aber in Deutschland nicht gehört worden und auch auf dem Konzil in Trient wenig wirksam gewesen.

In der Schrift „De fide et operibus" (1532) greift Cajetan die Hauptkontroverse mit Luther in Augsburg 1518 über die Glaubensgewißheit bzw. den reflexiven Glauben wieder auf. Er wendet sich gegen die Verwechslung des rechtfertigenden Glaubens mit der subjektiven „credulitas", gegen die Auffassung, daß es nicht genügen soll, im Vertrauen auf das Verdienst Christi das Sakrament zu empfangen, sondern daß man sich seiner Rechtfertigung gewiß sein muß, wobei diese Gewißheit die Rechtfertigung sozusagen erst statuiert[20].

Besonders laut und streitbar gegen Luther, aber auch gegen seine Ordensbrüder Cajetan, Soto und Spina ist *Ambrosius Catharinus* (um 1484—1553) aufgetreten. Er, „der Thomisten dritter" (Luther: WA 7, 706), verfaßte auf Befehl seiner Oberen 1520 gegen Luther die umfangreiche „Apologia pro veritate catholicae et apostolicae fidei" und ließ noch, bevor er des Reformators gereizte Antwort (WA 7, 705—778) in Händen hatte, die „Excusatio disputationis contra Martinum" folgen. Die „Apologie" ist im wesentlichen gegen die „Resolutio Lutheriana . . . de potestate papae" gerichtet und behandelt neben der Gewalt der Kirche und dem Primat des Papstes ausführlicher nur noch die Buße und das Fegfeuer. Die Argumentation geht über Prierias nicht wesentlich hinaus, ist nur sehr viel wortreicher und geschickter, aber nicht weniger scharf und polemisch. Es soll der Nachweis gebracht werden, daß Luther ein Häretiker ist. Nach der „Excusatio" hat Ambrosius Catharinus nicht mehr in den Glaubensstreit eingegriffen, bis er 1540 seinen „Speculum haereticorum" herausbrachte. Darin will er die wahren Absichten der Reformatoren bloßstellen, die schlimmen Folgen ihrer Lehren aufzeigen und zur Ausrottung der Häresie aufrufen.

In Deutschland trat der Dominikaner *Jakob van Hoogstraeten* (1460 bis 1527) gegen Luther auf. Vom Reuchlinstreit her war die öffentliche Mei-

[20] „Quod dicta credulitas apprehendit remissionem peccatorum" (cap. 3): Opuscula (Lyon 1562) 288.

nung schon stark gegen ihn eingenommen. Als er im Widmungsschreiben zu seiner „Zerstörung der Kabala“ April 1519 Leo X. nahelegte, den Störern des christlichen Glaubens energisch entgegenzutreten, ohne Luthers Namen überhaupt zu nennen, reagierte dieser sehr scharf gegen den „Ketzermeister“, den nach dem Blut seiner Brüder gelüste, selbst aber der schlimmste Ketzer sei (WA 2, 386 f). Hoogstraeten machte sich die Polemik nicht leicht. Er ging Luthers Quellen nach und versuchte, ihn von Augustinus her zu widerlegen in den „Cum Divo Augustino colloquia contra enormes et perversos Lutheri errores“ (1521/22). Darin bezeichnet er die Lehre von der Erbsünde und der Konkupiszenz als den Stein des Anstoßes, an dem Luther zerschellt sei. Weitere Streitschriften befassen sich mit der Heiligenverehrung, mit Glaube und Werken und der Freiheit des Christen.

Der Dominikaner *Johannes Mensing* († um 1541)[21] veröffentlichte als Hofprediger in Dessau 1526 drei Schriften über die heilige Messe, 1527 zwei Reden über das katholische Priestertum und 1529 eine Schrift über das Altarssakrament, speziell über die Lehre von der Konkomitanz. Zwischendurch schrieb er eine Abhandlung über die Autorität der Kirche. Er bemüht sich, die Übergeschichtlichkeit des Kreuzesopfers aufzuweisen. Schon die Opfer des AT hatten ihre Kraft vom Kreuze her, und in ihnen wurde bereits Christus geopfert. Im Neuen Bund ist das Opfer am Kreuze dauernd vor dem himmlischen Vater gegenwärtig und so das Priestertum Christi ewig. Den naheliegenden Schluß, daß die Messe die Repraesentatio des vor dem himmlischen Vater immerwährend gegenwärtigen Kreuzesopfer ist, zieht Mensing jedoch nicht ausdrücklich. Seine „Antapologie“ (1533/35) ist die bedeutendste Entgegnung auf die Confessio Augustana und ihre Apologie hinsichtlich der Rechtfertigungslehre.

Der langjährige Augsburger Prior *Johannes Faber* (um 1470—1530) war Erasmus in Freundschaft zugetan, und wie dieser lehnte er ein scharfes Vorgehen gegen Luther ab. Diese Ansicht äußerte er in dem kurzen Gutachten „Judicium in causa Lutheri“ (1521) und noch klarer in einem „Ratschlag“, der Ende 1520 anonym in Köln erschien und dem Erasmus zugeschrieben wurde. Erst nach dem Wormser Reichstag 1521 änderte Faber seine Ansicht und trat auch selbst entschieden gegen die Neuerung auf.

Literarisch wirksamer war der ebenfalls in Augsburg tätig gewesene *Johann Fabri* (1504/58), doch seine Werke, u. a. „Katechismus“ (1551), „Christlich-katholischer Unterricht“ (1556) und eine verbreitete Schrift über das Meßopfer (1555), fallen schon in die spätere Phase der Auseinandersetzung im Zusammenhang mit dem Konzil von Trient.

Dasselbe gilt von dem Werk des *Ambrosius Pelargus* (1493—1561) mit Ausnahme seiner gegen Oekolampad gerichteten Schriften über das Meßopfer aus den Jahren 1528 und 1529.

21 *N. Paulus,* Die dt. Dominikaner im Kampf gegen Luther (Freiburg 1903) 16—45; *E. Iserloh,* Der Kampf um die Messe (Münster 1952) 46—52.

Von Johannes Cochlaeus wurde für den literarischen Kampf gegen Luther der Dominikaner *Johannes Dietenberger* (um 1475—1537) gewonnen. Als Prior in Frankfurt und Koblenz und als Professor in Mainz verfaßte er etwa 20 auf der Bibel gründende polemische Schriften. Er gab 1534 eine deutsche Bibel heraus, die das NT weitgehend von Emser übernahm. Für das AT hielt er sich an die Vulgata. Er versucht, die sprachlichen Härten der vorlutherischen Übersetzungen zu meiden und verwertete ausgiebig, wenn auch kritisch, die Lutherbibel. Seine Übersetzung wurde die verbreitetste katholische deutsche Bibel. Sie erreichte 58 Auflagen der Vollbibel und dazu noch 14 des NT und 20 des Psalters allein. In seinem letzten Werk, dem deutschen Katechismus von 1537, tritt die Polemik ganz zurück und kommt Dietenbergers volkstümliche und tiefreligiöse Art voll zum Ausdruck.

Im allgemeinen volksnäher als die vielfach stark scholastischen Streitschriften der Dominikaner sind die der Franziskaner. Der Leipziger Lektor der Theologie *Augustin von Alveldt* (um 1480 bis nach 1532) gab 1520 neben seinem Hauptwerk „Super apostolica sede", worauf Luther heftig mit „Von dem Papsttum zu Rom wider den hochberühmten Romanisten zu Leipzig" (WA 6, 285—324) reagierte, noch weitere 8 Schriften heraus.

„Unter allen literarischen Gegnern Luthers ohne Frage der schlagfertigste, witzigste und volkstümlichste"[22] war der Straßburger Franziskaner *Thomas Murner* (1475—1537). Er gehörte schon zu den beliebtesten und einflußreichsten Schriftstellern, als er die Feder gegen die religiöse Neuerung ergriff. Unter den 4 Schriften gegen Luther aus dem Jahre 1520 ist vor allem seine „Christliche und brüderliche Ermahnung" zu nennen. Sie verteidigt die Messe gegen den „Sermon von dem NT". Im Ton ist sie wirklich brüderlich, dabei volkstümlich und von religiösem Ernst getragen. Verunglimpfungen als „Murnarr" und Verleumdungen reizten Murner später, seiner satirisch-polemischen Ader stärker nachzugeben. Das satirische Epos „Vom Lutherischen Narren" (1522) ist eine der ganz wenigen katholischen Schriften dieser Jahre, die an publizistischem Geschick, ja dichterischer Kraft einigermaßen an Luther heranreichten. Aus Straßburg ausgewiesen, kam Murner 1525 nach Luzern. Er nahm an der Badener Disputation (1526) teil und schrieb gegen die Schweizer Reformatoren u. a. „Kirchendieb und Ketzerkalender" (1527) und „Die gots heylige mess" (1528).

Eine fruchtbare kontroverstheologische Tätigkeit (29 gedruckte Schriften und 16 Handschriften) begann der Provinzial der Oberdeutschen Franziskanerobservanten *Kaspar Schatzgeyer* (1463—1527) mit dem „Scrutinium divinae Scripturae". In echt irenischem Geist war er bemüht, „pro conciliatione dissidentium dogmatum" zu schreiben, und blieb nicht in der bloßen Polemik stecken. Durch Beweisführung aus der Heiligen Schrift kam er den Reformatoren methodisch entgegen. Wie keiner sonst verstand er es, die katholische Lehre, besonders hinsichtlich Kirche und Meßopfer, so darzu-

[22] *W. Kawerau*, Murner und die dt. Reformation (Halle 1891) 1.

stellen, daß nicht nur der Irrtum der Reformatoren zurückgewiesen wurde, sondern zugleich das Berechtigte ihres Anliegens im Ganzen der Wahrheit aufleuchtete. Leider vermochte seine Stimme sich in der lauten Polemik und wegen seines baldigen Todes nicht durchzusetzen.

Sein Ordensbruder *Nikolaus* (Ferber) *Herborn* (um 1480—1535) hatte sich in Marburg vergeblich in mehreren Streitschriften gegen die von dem Exfranziskaner Franz Lambert von Avignon im Auftrag Philipps von Hessen betriebene Reformation gewandt. Nach Köln entwichen (1527), schrieb er ein Handbuch[23] gegen die Irrtümer der Zeit. Darin behandelt er in populärer Form fast die gesamte Glaubenslehre und begründet sie aus der Heiligen Schrift. Ohne sich gegen bestimmte Personen und Bücher zu wenden, macht er auf die Kontroverspunkte aufmerksam, feiert die Kirche und schildert die traurigen Folgen des Abfalls.

In dem Bestreben, den Gegner ins Unrecht zu setzen, über ihn zu triumphieren, statt ihn zu gewinnen, lag die Gefahr der Kontroverstheologie. Diese einseitig polemische Haltung kennzeichnet überscharf der Holländer Johann van Kampen, wenn er 1536 aus Rom schreibt, die „Vier Evangelisten“ Fabri, Eck, Cochlaeus und Nausea würden nach seiner Überzeugung „lieber 3 neue Luther erstehen, als den einen sich bekehren sehen“[24]. Der Schreiber war von Kardinal Contarini nach Rom in seinen Dienst berufen worden. Dieser gehört mit Johannes Gropper, Julius Pflug, Michael Helding, Georg Witzel u. a. zu einer Gruppe von Theologen, die für das religiöse Anliegen der Reformation Verständnis zeigten und sich ernst um die Einigung wie um die Reform bemühten. Dabei sahen sie sich freilich als sogenannte Vermittlungstheologen[25] oft dem Vorwurf des Kompromisses auf Kosten der Wahrheit ausgesetzt.

Gasparo Contarini (1483—1542) beklagt in seiner „Confutatio articulorum seu quaestionum Lutheranorum“, einer Widerlegung der Hauptpunkte des Augsburgischen Bekenntnisses, daß die Christen seiner Zeit, statt den Glauben zu bekennen und dabei die Liebe und Demut zu wahren, von der Rechthaberei verblendet, auf nichts anderes bedacht seien, als „ihre Ansicht zu verteidigen und die des Gegners zu widerlegen“[26]. Er selbst war bemüht, für die Motive des Gegners offen zu sein und ihm gerecht zu werden. Noch bevor er als Laie 1535 zum Kardinal erhoben wurde, verteidigte er in „De potestate Pontificis“ das göttliche Recht des Papsttums. In seiner umfangreichen Schrift „Über die Sakramente“ kommt er nur in kurzen Bemerkungen auf die reformatorische Position zu sprechen. Die auf dem Religionsgespräch

[23] „Locorum communium, adversus huius temporis haereses Enchiridion“ (1528), hrsg. von *P. Schlager:* CCath 12 (Münster 1927).
[24] ZKG 43 (1924) 217.
[25] Zu diesem unzureichenden Begriff vgl. *J. Lortz,* Die Reformation in Deutschland II (Freiburg [4]1962) 216—219; *W. Lipgens,* Kardinal J. Gropper (Münster 1951) 111—114.
[26] CCath 7 (Münster 1923) 17.

zu Regensburg von beiden Parteien angenommene Lehre von der doppelten Gerechtigkeit, einer uns inhärierenden, unvollkommenen und der uns imputierten Gerechtigkeit Christi, erläuterte der Kardinal näher in der „Epistola de iustificatione"[27] vom 25. Mai 1541. Diese Auffassung wurde im Konsistorium in Rom am 27. Mai 1541 und später in Trient verworfen.

Als Schüler von Albert Pigge hatte der Kölner *Johannes Gropper* (1503 bis 1559) die Lehre von der doppelten Gerechtigkeit schon 1538 in seinem „Enchiridion Christianae Institutionis" vertreten und sie später im „Antididagma" (1544) voll ausgeführt. Wenn dieser „Protagonist des alten Glaubens"[28], der Köln und damit Nordwestdeutschland der Kirche erhielt, wie auch Contarini der Häresie verdächtigt wurde und wenn sein Enchiridion unter Clemens VIII. auf den Index der verbotenen Bücher kam, dann wird daran deutlich, in welch äußere und innere Gefahr sich die begaben, die den dogmatischen Gegensatz noch nicht als unüberbrückbar ansahen.

Den Vorwurf dogmatischer Unzuverlässigkeit hat Johannes Eck in einem Brief an Contarini auch gegen *Julius Pflug* (1499—1564) erhoben[29]. Als Bischof von Naumburg-Zeitz war er schon durch die Verhältnisse gezwungen, statt der Bekämpfung der Reformatoren sich mehr der Unterweisung der schlecht unterrichteten Gläubigen und der Wiedergewinnung der meist auch nur oberflächlich vom neuen Glauben erfaßten Protestanten zu widmen. Als Seelsorger und Künder des Evangeliums und weniger als Apologet und Kontroverstheologe erweist Pflug sich vor allem in der „Institutio Christiani Hominis" (1562), einem „Katechismus im Dienst der Glaubenseinheit".

In erster Linie Verkündigungstheologe war auch der Mainzer Weihbischof *Michael Helding* (1506—61). In seinen Predigtreihen über mehrere Bücher der Heiligen Schrift und in Predigten über die heilige Messe (1548) ist das Anliegen der katechetischen Unterweisung maßgebend. Seine 1542 bis 1544 im Mainzer Dom gehaltenen Katechismuspredigten wurden als „Catechismus, das ist Christliche Underweißung" (1551 u. ö.) gedruckt, um den Pfarrern als Handbuch zu dienen.

Damit war im Laufe der Jahre bis 1540 die Entwicklung der Kontroversliteratur von der Polemik zur positiven Darbietung des Glaubens, vom Enchiridion als kleinem apologetisch ausgerichtetem Kompendium der Dogmatik zur Glaubensverkündigung in großen Predigtwerken (Eck 1530—39; Nausea 1542; Hoffmeister 1547) und in Katechismen zum Durchbruch gekommen. Den ersten deutschen Katechismus vor Dietenberger verfaßte 1535 *Georg Witzel* (1501—73). Dieser hatte kurze Zeit unter Luther und Melanchthon in Wittenberg studiert, war aber 1520 doch Priester geworden.

[27] Ebd. 23—34.
[28] *H. Förster,* Reformbestrebungen Adolfs III. von Schaumburg in der Kölner Kirchenprovinz (Münster 1925) 11.
[29] Brief vom 20. 1. 1542: *W. Friedensburg,* Briefwechsel 479.

Im Jahre 1523 heiratete er ohne Dispens und trat zum Protestantismus über. Nach seiner Darstellung haben ihn dazu der Reiz des Neuen, die traurige Gestalt der Kirche, vor allem aber „die große Hoffnung, daß alles viel christlicher werden möge“ [30], geführt. Gerade darin wurde er enttäuscht. Schon bald begann ihm „vieles in der evangelischen Kirche, besonders, was die Sitten betrifft, zu mißfallen“. Dazu bekam er durch intensives Kirchenväterstudium die Gewißheit, daß die Reformation nicht in Übereinstimmung mit der apostolischen Tradition stand. Er legte sein Pfarramt nieder (1531) und sagte sich offen von Luther los („Apologie“ 1533). Fortan führte er mit seiner Familie ein unstetes und entbehrungsreiches Leben, von den Protestanten verfolgt und von den Katholiken vielfach mit Mißtrauen behandelt. Auf Religionsgesprächen und Reichstagen, mit Denkschriften für die Kaiser Ferdinand I. und Maximilian II. („Via regia“) und in fast 150 Schriften trat er unermüdlich für die Reform und Einheit der Kirche ein.

Sein literarisches Werk diente in erster Linie der Verkündigung, dem Gottesdienst und der katechetischen Unterweisung. Zahlreich und vielfach gedruckt sind seine Predigtwerke und Postillen. Seine kirchen- und liturgiegeschichtlichen Arbeiten suchen die Bräuche der alten Kirche nachzuzeichnen („Typus ecclesiae“, 1540; Teil I—V: 1559) und wollen der Verteidigung der Messe („Von der hl. Eucharisty odder Meß“, 1534 u. ö.) und des Gottesdienstes (u. a. „Defensio Ecclesiasticae Liturgiae“, 1564) dienen. Durch Übersetzungen aus Missale, Rituale und Stundengebet suchte er Verständnis für die Liturgie zu wecken und die lebendige Teilnahme der Laien zu ermöglichen [31]. Warm hat er sich für das deutsche Kirchenlied eingesetzt. An dem „New Gesangbüchlein“ (1537) von Michael Vehe († 1539) hat er wahrscheinlich mitgearbeitet; er hat aber auch selbst deutsche Gesangbücher herausgegeben („Odae Christianae“, 1541). Sein „Catechismus Ecclesiae“ (1535 u. ö.) ist der erste in deutscher Sprache und bemerkenswert, weil er als erster einen Abriß der Biblischen Geschichte bringt. Weitere Katechismen und katechetische Arbeiten sind ihm gefolgt. Die Vermittlungsvorschläge Witzels sind von erasmianischem Geist getragen [32]. Durch ernste Reform der Sitten und mit Hilfe einiger Zugeständnisse in dogmatisch indifferenten Fragen — Laienkelch und Priesterehe — hoffte er, auf dem Boden der Lehre der Kirchenväter die Glaubensspaltung zu überwinden. Die Bemühungen Witzels sollten keinen durchschlagenden Erfolg haben und sein reiches literarisches Werk kaum zur Auswirkung kommen.

[30] „Epistolarum . . . libri IV“ (Leipzig 1537) IV S. b 4v.

[31] „Psaltes Ecclesiasticus“, 1550; „Ecclesiastica Liturgia. Wie sich der gemein Christen Lay der Latinischen Missen zur besserung sein selbst gebrauchen künde“, 1545; „Verdeutschte Kyrchgesenge“, 1546; „Täglichs lob Gottes“, 1545.

[32] „Methodus Concordiae ecclesiasticae“, 1537; „Dialogorum libri tres. Drey Gesprechbüchlein von der Religion sachen in itzigem ferlichen Zweispalt“, 1539 u. 1562; *O. Clemen*, Reunionsvorschläge Witzels von 1540: ARG 10 (1912/13) 101—105.

Die Geschichte ist andere Wege gegangen. Sie hat dem Bischof von Ermland und Päpstlichen Legaten in Trient, Kardinal Stanislaus *Hosius* (1504 bis 1579), recht gegeben, der die Berufung Witzels nach Trient wegen dessen Bereitschaft zu Zugeständnissen hintertrieben hat[33]. Hosius nahm die Trennung im Glauben als traurige Tatsache hin und arbeitete die konfessionellen Gegensätze scharf heraus. Durch klare Betonung der göttlichen Autorität der wesensgemäß einen Kirche und der ihr anvertrauten Wahrheit und unter Hinweis auf die Spaltung innerhalb des Protestantismus suchte er die Schwankenden wieder fest an die Kirche zu binden und hoffte, auf die Dauer die Getrennten wiederzugewinnen. Seine „Confessio catholicae fidei" (1552/53) bildet den Abschluß der katholischen Enchiridienliteratur. Noch zu Lebzeiten des Verfassers erreichte sie 30 Auflagen und Übersetzungen.

[33] Nuntiaturberichte, 2. Abt. 1. Bd (Wien 1897) 269 f.

DRITTER ABSCHNITT

Die deutsche Fürstenreformation

Univ.-Professor Dr. Erwin Iserloh, Münster

17. Kapitel

Die konfessionellen Bündnisse. Die Reichstage in Nürnberg 1524 und Speyer 1526

LITERATUR: Deutsche Reichstagsakten. Jüngere Reihe. Bd IV, bearb. von *A. Wrede* (Stuttgart 1905) = RTA; Acta Reformationis Catholicae, hrsg. von *G. Pfeilschifter* I (Regensburg 1959) = ARC; *W. Friedensburg*, Der Regensburger Convent von 1524: Hist. Aufsätze dem Andenken v. G. Waitz (Hannover 1886) 502—539; *ders.*, Zur Vorgeschichte des Gotha-Torgauischen Bündnisses der Evangelischen (Marburg 1884); *ders.*, Der Reichstag zu Speier im Zusammenhang mit der politischen und kirchlichen Entwicklung Deutschlands im Reformationszeitalter (Berlin 1887); *ders.*, Die Reformation und der Speierer Reichstag von 1526: LuJ 8 (1926) 120—195; *J. K. Seidemann*, Das Dessauer Bündniss vom 26. Juni 1525: ZHTh 17 (1847) 638—655; *K. Hoffmann*, Die Konzilsfrage auf den deutschen Reichstagen von 1521—1524 (Theol. Diss. Heidelberg 1932); *E. Cardinal*, Cardinal L. Campeggio, Legate of the Courts of Henry VIII and Charles V (Boston 1935); *Schottenloher* 41253—57 (Regensburger Konvent); 27957a—60a (Nürnberg 1524); 27960b—74 (Speyer 1526).

Die reformatorische Bewegung konnte sich ungehindert entfalten, weil die großen Repräsentanten der alten Ordnung, Kaiser und Papst, ihre Kräfte im Kampf gegeneinander verbrauchten. Der Papst fürchtete die habsburgische Macht in Norditalien und Neapel und unterstützte Frankreich gegen den Kaiser. Der französische König konspirierte mit den Türken und ermunterte sie so, nach der Eroberung Belgrads in Ungarn einzufallen, das durch die Heirat Ferdinands mit der Königin Anna zum Vorfeld der habsburgischen Hausmacht geworden war. Damit war Karl V. gehindert, sich energisch der innerdeutschen Verhältnisse anzunehmen. Er und sein im Reich gebliebener Bruder Ferdinand konnten nicht gegen Fürsten vorgehen, deren Hilfe sie im Krieg gegen die Türken benötigten. Weder Reichsregiment noch Reichstage waren in der Lage oder überhaupt willens, das Wormser Edikt durchzuführen. Der im Januar 1524 eröffnete 3. Reichstag in Nürnberg setzte die Politik des Hinhaltens fort. Er erklärte, die Stände sollten „soweit als möglich" dem Edikt von Worms entsprechend handeln. Zugleich verlangte man wieder ein allgemeines freies Konzil in deutschen Landen, das die Kirchenreform durchführen und die strittigen Fragen klären sollte. „Damit das Gute nicht mit dem Bösen unterdrückt und endlich erörtert würde, wie sich hinfürder in dem ein jeder halten soll." [1] Man war sich jedoch klar darüber, daß die Einberufung des Konzils noch auf sich warten lassen, eine Verzögerung aber der Neuerung weiter Vorschub leisten würde. Das veranlaßte gerade die streng altkirchlichen bayerischen Herzöge, „eine Synode deutscher Nation" [2] zu verlangen. Dieser Gedanke eines Nationalkonzils zur Regelung der Religionsfrage und zur Abstellung der in den „Gravamina" aufgewiesenen Mißstände war schon im November 1523 auf einer Konferenz der Vertreter der Bischöfe der Salzburger Kirchenprovinz in Salzburg laut geworden [3]. Der päpstliche Legat Lorenzo Campeggio sah in einem Nationalkonzil die Gefahr des Abfalls der ganzen Nation und lehnte es entschieden ab. Trotzdem hielten die Stände an ihrem Vorhaben fest und bestimmten, daß bis zur Einberufung des allgemeinen Konzils eine Versammlung deutscher Nation gehalten werde. Diese sollte am Martinstag (11. 11.) in Speyer zusammentreten [4]. In Rom war man bestürzt über den Versuch einer nationalkirchlichen Lösung und wurde beim Kaiser vorstellig. Dieser verbot am 15. Juli die Speyrer Versammlung. Ein Nationalkonzil hatte im Universalismus Karls V. genausowenig Raum wie in der Auffassung des Papstes. „Wie kann", schrieb der Kaiser, „eine einzelne Nation es wagen, die kirchlichen Ordnungen zu ändern!" Durch das kaiserliche Verbot schied es als Weg zur Lösung der Kirchenfrage vorläufig aus. Dem Legaten Campeggio war auf dem Reichstag aber klargeworden, daß vom Reich keine Durchführung des Wormser Edikts zu erwarten war und daß so betont antilutherische Fürsten wie die Bayernherzöge eine deutsche Kirchenversammlung gefordert hatten, um eine schnelle und gründliche Besserung der kirchlichen Verhältnisse möglich zu machen. Diesem Anliegen versuchte er auf dem Wege des Provinzialkonzils oder ähnlicher partikularer, von kirchlicher Seite bestimmter Gremien gerecht zu werden. Er betrieb die Gründung eines Bundes der süddeutschen Fürsten und der rheinischen Bischöfe. Von Clemens VII. hatte er schon März/April 1524 die Erlaubnis einer besonderen Reformtagung erbeten. So ergingen am 8. Mai Einladungen des Legaten und des Erzherzogs Ferdinand an die bayerischen Herzöge Wilhelm und Ludwig und an 12 Bischöfe des österreichischen und bayerischen Hoheitsgebietes nach Regensburg, um über eine antilutherische Front zu verhandeln. Weiter sollten die Reform der Kirche und die gegenseitigen Beschwerden der geistlichen und weltlichen Fürsten Themen der Tagung sein. Bei den Beschwerden ging es vor allem um die Forderung der weltlichen Herren, es nicht beim Kampf gegen das Luthertum zu belassen, sondern ernsthaft die Reform der Kirche und ihre innere Erneuerung anzugreifen. Die Bischöfe dagegen drängten auf volle Wiederherstellung ihrer Immunitäts- und Jurisdiktionsrechte. Die Landesherren, besonders die Bayernherzöge, suchten durch landeseigene Prälaten die Strafgerichtsbarkeit gegen häretische oder

[1] RTA IV 604. [2] RTA IV 434. [3] ARC I 186 f. [4] RTA IV 604.

kriminelle Geistliche in den Territorien der Bischöfe auszuüben, die dies versäumten [5]. Darin sahen die Bischöfe eine Bedrohung ihrer Jurisdiktion und verlangten deren volle Wiederherstellung als Vorbedingung wirksamer Reformarbeit.

Der Regensburger Konvent dauerte vom 27. Juni bis zum 7. Juli. Die Verhandlungen waren beherrscht durch die weltlichen Fürsten, Erzherzog Ferdinand und die Bayernherzöge. Den Bischöfen bzw. ihren Vertretern blieb nicht viel mehr übrig, als die Entscheidung der großen Zwei entgegenzunehmen und ihre Einwilligung zu erklären [6]. Die daraus resultierenden Ressentiments beeinträchtigten naturgemäß die fruchtbare Auswirkung der Konventsergebnisse. Diese liegen in zwei Erlassen vor. In der „Regensburger Einung" vom 6. Juli 1524 [7] legte man sich auf die Durchführung des Wormser Edikts fest. Ferner wollte man für die Predigt des wahren Evangeliums durch geprüfte Prediger und für die Reform des Klerus sorgen. Mit der Feier der heiligen Messe, der Spendung der Sakramente und der Übung sonstiger Bräuche wollte man es „halten, wie das alles von den heiligen Vätern und unseren Voreltern löblich auf uns gekommen ist" [8]. Gegen Eucharistieempfang ohne vorausgehende Beichte und Mißachtung der Abstinenz- und Fastengebote sei deshalb streng vorzugehen. Entlaufene Ordensleute und Konkubinarier sollten gemaßregelt werden, durch Bücherzensur und eigens zu erteilende Druckerlaubnis sollte die Verbreitung ketzerischer Bücher vereitelt werden. Das Studium in Wittenberg sei zu verbieten, die Studenten sollen innerhalb von 3 Monaten unter Androhung des Verlustes ihrer Benefizien zurückgerufen werden. Wer dort studiert habe, solle zu keinen Ämtern oder Pfründen zugelassen werden. Strafen und Landesverweisungen in einem Territorium sollten auch in jedem anderen durchgeführt werden. Bei Aufruhr will man sich gegenseitig Hilfe leisten. Geht es hier vor allem um Maßnahmen zur Bekämpfung des Luthertums, dann befaßt sich die von Campeggio vorgelegte und von ihm erlassene Regensburger Reformordnung vom 7. 7. 1524 in erster Linie mit der Abstellung innerkirchlicher Mißbräuße und der Besserung des Lebenswandels der Priester [9]. „Wäre die Regensburger Formel, wie es geplant war, in ganz Deutschland durchgeführt worden, so hätte der Begriff ‚Reformation' nicht weiter ein Reservat der Lutheraner gebildet, das Nationalkonzil wäre wenigstens nach dieser Richtung überflüssig geworden." [10]

Doch schon die auf dem Konvent vertretenen süddeutschen Bischöfe waren aus Lässigkeit und aus Angst um ihre Jurisdiktion nicht sonderlich geneigt, der Regensburger Reformordnung Wirkung zu verschaffen. Um so

[5] ARC I 159 f. [6] ARC I 296. [7] ARC I 329—334. [8] ARC I 331.

[9] ARC I 334—344. Der dt. Titel, unter dem sie in Österreich und Bayern seitens der Landesherren publiziert wurde, lautet: Ordnung u. Reformation zu abstellung der Missbreuch: und aufrichtung aines erbern wesens: und wandls in der gaistlichkeit". ARC I 363.

[10] *Jedin* I 174.

schwerer mußte es sein, durch sie andere, nicht beteiligte Bischöfe zur Tat zu bewegen. Deshalb scheiterte der Versuch Campeggios, die Reformordnung durch Erlaß für die ganze deutsche Kirche verbindlich zu machen, weil die rheinischen Kirchenfürsten einer Verfügung nicht nachkommen wollten, an der sie nicht mitgewirkt hatten. So blieb dem Regensburger Konvent — von einem Bündnis kann man nur sehr eingeschränkt sprechen — eine durchgreifende Wirkung versagt. Immerhin wurde hier der erste offizielle Schritt zur kirchlichen Reform gemacht, aber auch der Auftakt zur Bildung konfessioneller Bündnisse gegeben.

Im nächsten Jahr, am 19. Juli 1525, kam es in Dessau zu einer dem Regensburger Bündnis entsprechenden Fürsten-Vereinigung für das norddeutsche Gebiet. Unter dem Eindruck des Bauernkrieges und aus der Überzeugung, daß der Aufruhr von der neuen Predigt komme, trafen die Kurfürsten Joachim I. von Brandenburg und Albrecht von Mainz, die Herzöge Georg von Sachsen, Erich I. und Heinrich II. von Braunschweig-Wolfenbüttel ein Abkommen zur Bekämpfung der Bauernunruhen und zur Ausrottung der lutherischen Sekte als der „Wurzel dieses Aufruhrs“: das *Dessauer Bündnis*.

Den Bauernkrieg hatte Philipp von Hessen (1504/67) zusammen mit seinem Schwiegervater Georg von Sachsen niedergeschlagen. Das Ziel, ihre Territorialherrschaft nach den Unruhen zu festigen, war ihnen gemeinsam. Es miteinander zu verfolgen, verbot jedoch ihre verschiedene Einstellung zur reformatorischen Bewegung. Durch Melanchthon gewonnen, hatte sich Philipp von Hessen 1524 als erster deutscher Fürst zur Reformation bekannt. Luthers Landesherr, Friedrich der Weise, dagegen empfing erst auf dem Sterbebett († 5. 5. 1525) das Abendmahl nach lutherischem Ritus. Sein Bruder und Nachfolger Johann der Beständige trat offener und tatkräftiger für die Reformation ein. Mit ihm schloß Philipp von Hessen am 6. Mai 1526 das Bündnis von Gotha-Torgau, dem sich am 12. Juni in Magdeburg noch die Fürsten Ernst und Franz von Braunschweig-Lüneburg, Philipp von Braunschweig-Grubenhagen, Heinrich von Mecklenburg, Wolfgang von Anhalt, Albrecht von Mansfeld und die Stadt Magdeburg anschlossen. Auch Albrecht von Preußen, der den Deutschordensstaat in ein weltliches Fürstentum umgewandelt und von Polen zum Lehen genommen hatte, verbündete sich mit Johann von Sachsen. Damit standen sich in Deutschland nicht nur verschiedene religiöse Auffassungen gegenüber, sondern diesen entsprachen zugleich politische Machtgruppen. Das vertiefte die Spaltung und brachte die Gefahr von Religionskriegen mit sich.

Nach dem Frieden von Madrid (14. 1. 1526) glaubte Karl V., freie Hand zu haben, die religiösen Verhältnisse in Deutschland in seinem Sinn zu ordnen und dem Wormser Edikt Geltung zu verschaffen. Entsprechend lautete seine Weisung an Erzherzog Ferdinand für den zum 1. Mai nach Speyer einberufenen Reichstag, der aber erst am 25. Juni 1526 seine Verhandlungen aufnahm: In Sachen des Glaubens dürfe nichts geändert werden, und alles solle unverändert fortbestehen, „bis das Konzil eine einhellige, christliche, beständige und notdürftige Reformation, Satzung und Ordnung vornehmen und aufrichten werde“. Angesichts der inzwischen eingetretenen Wandlung der politischen Situation — der Papst hatte mit den Feinden des Kaisers die Liga von Cognac (22. 5. 1526) gebildet, und die Türken verstärkten ihren Druck auf die Lande Ferdinands — konnte ein solcher Erlaß höchstens die ohnehin nicht sehr regen Bestrebungen zur Reform auf altkirchlicher Seite lähmen. Die evangelischen Stände, besonders die Städte, zeigten sich sehr selbstbewußt. Auf den Mänteln der Sachsen und Hessen und an ihren Quartieren las man die Losung: „Verbum Dei manet in aeternum.“ In den Höfen ihrer Herbergen warben bei offenen Toren ihre Prediger für den neuen Glauben. Vor allem Volke, heißt es in einem Bericht, wurde sichtbar, daß sie nicht mehr zum alten Glauben gehörten; „denn sie gingen nicht mehr in die heilige Messe, hielten keine Fasttage und beobachteten keine Unterschiede der Speisen“[11]. So wurde die Unwirksamkeit des Wormser Edikts vor aller Augen deutlich. Ein Ausschuß weltlicher und geistlicher Fürsten, dem auch Philipp von Hessen angehörte, legte bezüglich der hergebrachten Zeremonien und der Abstellung von Mißbräuchen ein Gutachten vor. Danach sollten die sieben Sakramente und die heilige Messe beibehalten, die Gebühren und die allein um des Geldes willen gefeierten Messen dagegen abgeschafft werden. Um dem Volke die Teilnahme im lebendigen Glauben und mit innerem Anschluß an die Passion Christi zu ermöglichen, sollten ihm die Texte der Liturgie deutsch vorgesagt und erklärt werden. Den Laienkelch möge man bis zur Entscheidung des allgemeinen Konzils dulden und den Priestern lieber die Ehe freigeben als zuzusehen, wie sie zum allgemeinen Ärgernis und zum Schaden für ihre Seele mit übelbeleumundeten Personen zusammenlebten. Diese Vorschläge lehnte Erzherzog Ferdinand unter Hinweis auf die kaiserliche Instruktion, wonach bis zum Konzil dem Herkommen der Kirche kein Abbruch getan werden dürfe, ab. Unter dem Druck der politischen Lage und der Notwendigkeit, von den Ständen Türkenhilfe zu erlangen, gab er aber seine Zustimmung zu dem Reichstagsabschied vom 27. August — zwei Tage vor der Niederlage der Ungarn durch die Türken bei Mohács. Danach sollten in Sachen des christlichen Glaubens und der Religion kaiserlicher Instruktion gemäß keine Neuerungen vorgenommen werden. Zur Herbeiführung des Friedens und der Einigkeit halte man für das beste Mittel, binnen einem oder anderthalb Jahren ein freies Generalkonzil oder wenigstens ein deutsches Nationalkonzil abzuhalten. Betreffs des Wormser Edikts seien die Stände übereingekommen, bis zur Abhaltung des Konzils mit ihren Untertanen „also zu

[11] Zitat nach *J. Janssen,* Gesch. des dt. Volkes III (Freiburg [15]1891) 49; vgl. *W. Friedensburg,* Der Reichstag zu Speier 1526 im Zusammenhang der politischen und kirchlichen Entwicklung Deutschlands im Reformationszeitalter (Berlin 1887) 299ff.

leben, zu regieren und zu halten, wie ein jeder solches gegen Gott und kaiserliche Majestät hoffet und vertrauet zu verantworten"[12].

Solche hinhaltenden Beschlüsse mußten sich um so verheerender für den alten Glauben auswirken, je geringer die Aussichten auf eine baldige Einberufung des Konzils wurden. An sich enthielt der Reichstagsabschied keine Anerkennung des Landeskirchentums bzw. eines „ius reformandi" und gab keine Handhabe für die Unterdrückung des katholischen Kultes und die Einziehung von Kirchengut. Faktisch leistete er aber solchen Maßnahmen Vorschub und wurde er im Laufe der Zeit auch zu ihrer Rechtfertigung herangezogen.

18. Kapitel

Luthers Kirchenbegriff und seine Zwei-Reiche-Lehre. Das landesherrliche Kirchenregiment

QUELLEN: Kirchenbegriff: „Von dem Papsttum zu Rom wider den hochberühmten Romanisten zu Leipzig" (1520; WA 6, 285—324); „Ad librum ... Ambrosii Catharini ... responsio" (1521; WA 7, 705—778); „Daß eine christliche Versammlung oder Gemeine Recht und Macht habe, alle Lehren zu urteilen und Lehrer zu berufen, ein- und abzusetzen" (1523; WA 11, 408—416); „De instituendis ministris ecclesiae ad senatum Pragensem Bohemiae" (1523; WA 12, 169—196).

Zwei-Reiche-Lehre: „Von weltlicher Oberkeit, wie weit man ihr Gehorsam schuldig sei" (1523; WA 11, 245—281); „Wider die himmlischen Propheten ..." (1525; WA 18, 62—125); „Ob Kriegsleute auch in seligem Stande sein können" (1526; WA 19, 623—662); „Vom Krieg wider die Türken" (1529; WA 30 II 107—148); „Eine Heerpredigt wider den Türken" (1529; WA 30 II 160—197).

LITERATUR: Kirchenbegriff: *J. Köstlin*, Luthers Lehre von der Kirche (Stuttgart 1853); *P. Drews*, Entsprach das Staatskirchentum dem Ideale Luthers? (Tübingen 1908); *K. Müller*, Kirche, Gemeinde und Obrigkeit nach Luther (Tübingen 1910); *M. Rade*, Der Sprung in Luthers Kirchenbegriff: ZThK 24 (1914) 241—260; *K. Holl*, Die Entstehung von Luthers Kirchenbegriff: Ges. Aufsätze I (Tübingen [6]1932) 288—325; *ders.*, Luther und das landesherrliche Kirchenregiment: ebd. 326—380; *F. Kattenbusch*, Die Doppelschichtigkeit in Luthers Kirchenbegriff: ThStK 100 (1927/28); *E. Kohlmeyer*, Die Bedeutung der Kirche für Luther: ZKG 47 (1928) 466—511; *E. Rietschel*, Das Problem der unsichtbar-sichtbaren Kirche bei Luther (Leipzig 1932); *H. J. Iwand*, Zur Entstehung von Luthers Kirchenbegriff: Festschr. für G. Dehn (Neukirchen 1957) 145—166; *K. G. Steck*, Ecclesia — creatura verbi: *J. Beckmann* u. a., Von Einheit u. Wesen der Kirche (Göttingen 1960) 40—56; *E. Kinder*, Der evangelische Glaube und die Kirche (Berlin [2]1960) 57 bis 144 (Lit.); *H. Lieberg*, Amt und Ordination bei Luther und Melanchthon (Göttingen 1962); *W. Höhne*, Luthers Anschauung von der Kontinuität der Kirche (Berlin 1963).

Zwei-Reiche-Lehre: *R. Sohm*, Kirchenrecht I (Leipzig 1892); *Harald Diem*, Luthers Lehre von den beiden Reichen (München 1938); *G. Törnwall*, Geistliches und weltliches Regiment bei Luther (München 1947); *Hermann Diem*, Luthers Predigt in den 2 Reichen (München 1947); *E. Kinder*, Luther und die politische Frage (Neuendettelsau

[12] Neue vollständigere Sammlung der Reichsabschiede: II. Teil derer Reichsabschiede von dem Jahr 1495 bis auf das Jahr 1551 (Frankfurt/M. 1747) 273 ff § 1—4 11.

1950); *F. Lau,* Luthers Lehre von den beiden Reichen (Berlin ²1953); *J. Heckel,* Lex charitatis. Eine juristische Untersuchung über das Recht in der Theologie M. Luthers (München 1953); *ders.,* Im Irrgarten der Zwei-Reiche-Lehre (München 1957); *ders.,* Kirche und Kirchenrecht nach der Zwei-Reiche-Lehre: ZSavRGkan 48 (1962) 222—284; *Gunnar Hillerdal,* Gehorsam gegen Gott und Menschen. Luthers Lehre von der Obrigkeit und die moderne evangelische Staatsethik (Göttingen 1955); *P. Althaus,* Luthers Lehre von den beiden Reichen im Feuer der Kritik: LuJ 24 (1957) 40—68 (Lit.); *ders.,* Die Ethik Martin Luthers (Gütersloh 1965) 49—87; *S. Grundmann,* Kirche und Staat nach der Zwei-Reiche-Lehre Luthers: Im Dienste des Rechts: Festschr. Franz Arnold (Wien 1963) 38—54; *E. Wolf,* Königsherrschaft Christi und lutherische Zwei-Reiche-Lehre: Peregrinatio II (München 1965) 207—229; EKL III 1927—1947 (hier nebeneinander die gegensätzlichen Auslegungen von Luthers Lehre durch P. Althaus u. Joh. Heckel). — Melanchthon: *R. Nürnberger,* Kirche und weltliche Obrigkeit bei Melanchthon (Diss. Würzburg 1937); *A. Reuter,* Luther und Melanchthons Stellung zur jurisdictio episcoporum: NKZ 36 (1925) 549—575; *A. Sperl,* Melanchthon zwischen Humanismus und Reformation (München 1959); *F. Lau,* Melanchthon und die Ordnung der Kirche: Philipp Melanchthon. Forschungsbeiträge, hrsg. von *W. Elliger* (Göttingen 1961) 98—115; *K. Haendler,* Melanchthons Kirchenverständnis: NZSTh 8 (1966) 122—151.

In der Mitte der zwanziger Jahre bekannten sich die ersten deutschen Territorialfürsten und Stadtobrigkeiten offen zur Reformation. Damit stellte sich die Frage, welche Stellung sie in dem neuen Kirchenwesen einnehmen und ob sie unmittelbar an dessen Aufbau beteiligt sein sollten. Dieser ging nur langsam vonstatten. Wohl waren viele der alten Institutionen aufgegeben. Doch neue zu schaffen, hatte Luther gezögert. Lange blieb er eine Ordnung des Gottesdienstes wie der Kirchenorganisation schuldig, teils weil er alles Äußere für indifferent und deshalb freigestellt hielt, Riten und Institutionen für ihn Adiaphora waren [1], teils weil er meinte, jeder müsse wie er selbst durch freie Gewissensentscheidung zum rechtfertigenden Glauben finden. Dazu könne er allein durch die Predigt des Evangeliums geführt werden. Der persönlichen Glaubensentscheidung dürfe man nicht durch äußere Reformen vorgreifen und niemand dürfe veranlaßt oder gar gezwungen werden, Zeremonien mitzumachen, deren inneren Sinn er nicht verstünde. Sie würden dann doch wieder gesetzlich mißverstanden.

Kirchenbegriff

Im Sinne einer Wesensbestimmung hat Luther keinen neuen Kirchenbegriff aufgestellt. Im Kampf gegen die Kirche seiner Zeit, die für ihn als eine selbständige, ja selbstherrliche Institution das durch den Glauben an das Christusevangelium geschenkte Heil verstellte, und gegen die Täufer, die das Evangelium allein auf die Innerlichkeit des Menschen gründeten, wollte Luther abbauen, was ihm der „wahren Kirche" zu widersprechen, und heraus-

[1] „Libertas enim spiritus hic regnat, quae facit omnia indifferentia nulla necessaria, quaecumque corporalia et terrena sunt" (WA 7, 720, 11).

stellen, was ihm bisher verdunkelt schien. Für ihn war die Kirche eine selbstverständliche Vorgegebenheit, außerhalb deren der Christ nichts wäre. Christus „will den Haufen hören, nicht mich, noch dich oder einen außen laufenden, abgesonderten Pharisäer“[2].

Aber Kirche war für ihn nicht die äußere Autorität, die ihn mit dem Bann bedrohte, nicht die hierarchische Organisation und sakrale Institution, sondern die Gemeinschaft der wahrhaft Christusgläubigen. Das Wort „Kirche“ schätzte Luther nicht, weil es zu sehr an den äußeren Kirchenbau denken ließ[3]. Er bevorzugte „Gemein aller Christen“, „christliche Gemeinde oder Sammlung“, „Volk der Glaubenden“, „Gemeinde der Heiligen“, das heißt der Fideles, die im Glauben der Vergebung um Christi willen gewiß sind. Diese Glaubensgemeinschaft ist aber nicht kongregationalistisch zu verstehen. Sie ist nicht getragen vom freien Zusammenschluß der Gläubigen, sondern „durch den Heiligen Geist zusammenberufen in einem Glauben“[4]. Das in Wort und Sakrament vermittelte Evangelium konstituiert die Kirche. Diese ist „creatura verbi“. Wo das Evangelium schriftgemäß verkündet wird, lebt die wahre Kirche (ecclesia spiritualis) in der äußeren (ecclesia manifesta) wie die Seele im Leibe[5].

Wort und Sakrament sind äußere Zeichen für das Dasein der wahren Kirche, die selbst verborgen bleibt. „Die Zeichen, dabei man äußerlich merken kann, wo dieselb Kirch in der Welt ist, sind Taufe, Sakrament und das Evangelium.“[6] „Ein Zeichen ist in der Tat nötig, und wir haben es auch, nämlich Taufe, Brot und unter allen das wichtigste, das Evangelium. Diese drei sind der Christen Erkennungszeichen, Ausweise und Merkmale. Denn, wo du Taufe, Brot und Evangelium vorhanden siehst, einerlei wo, einerlei von welcher Person (verwaltet), dort sollst du nicht zweifeln, daß Kirche ist.“[7] Dabei hat das Wort den Vorrang vor dem Sakrament. „Das Evangelium ist noch vor dem Brot und der Taufe das eigentliche, gewisseste und vornehmste Zeichen der Kirche. Denn allein vom Evangelium und durchs Evangelium wird die Kirche empfangen, gestaltet, genährt, gezeugt, gebildet, geweidet, gekleidet, geschmückt, gekräftigt, bewaffnet, gerüstet, erhalten; kurz das ganze Leben und Wesen der Kirche besteht im Worte Gottes.“[8] „Daran

[2] „Auslegung deutsch des Vaterunsers“ (1519; WA 2, 114, 28).

[3] Großer Katechismus II, 48; Bekenntnisschriften 656.

[4] Ebd. II 51; Bekenntnisschriften 657.

[5] Wegen der Taufe und des Wortes Gottes blieb für Luther selbst die Römische Kirche heilig: „Nos et dicimus hodie Ecclesiam Romanam Sanctam ... manent in Romana urbe, quamquam Sodoma peiore, baptismus, vox Evangelii, textus, sacra scriptura, ministeria, nomen Christi, dei ... Ecclesia ergo Romana est sancta, quia habet nomen sanctum dei, baptismum, verbum“ (WA 40 I 68; 1531).

[6] „Vom Papsttum zu Rom“ (1520): WA 6, 301, 3.

[7] „Ad librum ... Ambrosii Catharini responsio (1521): WA 7, 720, 34.

[8] „tota vita et substantia Ecclesiae est in verbo dei“ (WA 7, 721, 12). „Verbum Dei est instrumentum, quo operans efficit istam creaturam (= ecclesiam)“ (WA 4, 189); „cum Ecclesia verbo Dei nascatur, alatur, servetur et roboretur“ (WA 12, 191, 16).

aber soll man die christliche Gemeinde gewißlich erkennen: wo das lautere Evangelium gepredigt wird" (WA 11, 408). „Darum muß in der Kirche nichts denn allein das gewiße, reine und einige Wort Gottes gepredigt werden; wo das fehlt, da ist's nicht mehr die Kirche" (WA 51, 518). Es geht Luther nicht um das geschriebene, sondern um das verkündete Wort. Insofern auch um das Wort in der Kirche. Doch zur Verkündigung bedarf es keines besonderen Amtes; „denn was aus der Taufe gekrochen ist, mag sich rühmen, schon zum Priester, Bischof und Papst geweiht zu sein" (WA 6, 408). „Evangelium und Kirche kennen keine Iurisdiktionen, das sind nur tyrannische menschliche Erfindungen. Wer das Evangelium lehrt, der ist Papst und Nachfolger Petri. Wer es nicht lehrt, ist Judas, Christi Verräter" (WA 7, 721, 30). Jeder Getaufte hat das Recht und die Pflicht, das Wort Gottes „zu lehren und auszubreiten" (WA 11, 412, 6). „Um schlimmes Durcheinander im Volke Gottes zu vermeiden" (WA 12, 189, 23), soll allerdings nicht jeder diesen Dienst versehen. Die Gemeinde beruft daher Diener, die in ihrem Namen tätig sind[9]. Dann ist „Weihe nichts anderes, als ... einen aus dem Haufen nehmen — die alle gleiche Gewalt haben — und ihm befehlen, dieselbe Gewalt für die anderen auszurichten, gleich als wenn 10 Brüder, Königskinder und gleiche Erben einen erwählten, das Erbe für sie zu regieren" (WA 6, 407, 29 f; 6, 564, 6—17). Die Verheißung Mt 16, 18 gilt „keiner Person, sondern allein der Kirche, die im Geiste gebaut ist auf dem Felsen, Christus, nicht auf dem Papst und nicht auf der Römischen Kirche" (WA 7, 709, 26). Denn der Felsengrund der Christenheit muß heilig und ohne Sünde sein. Da man das aber von Petrus nicht wissen kann, „muß notwendig Christus allein der Fels sein, da er allein ohne Sünde ist und ganz sicher bleiben wird und mit ihm seine hl. Kirche im Geiste" (709, 30). „Wie nun der Fels, (Christus), ohne Sünde, unsichtbar und geistlich ist und allein im Glauben faßbar, so ist auch notwendig die Kirche ohne Sünde, unsichtbar und geistlich und allein im Glauben erfaßbar" (710, 1). Dem Haupte und den wahrhaften Gliedern nach ist die Kirche unsichtbar oder, wie der spätere Luther bevorzugt sagt, verborgen. „Die Kirche ist verborgen, die Heiligen sind unbekannt" (18, 652, 23). Sie hat kein irdisches Haupt, und Christus hat niemand zum Stellvertreter: „sondern allein Christus im Himmel ist hier das Haupt und regiert allein" (WA 6, 297, 39; WA Br 3, 210, 31). Freilich be-

[9] Später z. B. in „Von der Winkelmesse" (1533; WA 38, 240, 24) und in „Von den Konziliis und Kirchen" (1539; WA 50, 647, 8) weiß Luther von einer Stiftung des Amtes durch Christus. Nach „Vom Abendmahl Christi, Bekenntnis" (1528) ist das Priesteramt ein von Gott eingesetzter „Orden" und „Stand" wie die Ehe und das Amt der weltlichen Obrigkeit (WA 26, 504, 30).Wir dürfen die Auffassungen Luthers in seinen ersten reformatorischen Jahren, in denen er das allgemeine Priestertum mit dem geistlichen Amt überhaupt identifiziert und ein Predigeramt nur aus praktischen Gründen gelten läßt, nicht harmonisieren mit seiner Lehre von einem durch Christus eingesetzten Amt neben dem aller Getauften, die er nach dem Bauernkrieg im Kampf mit den Schwärmern und im Zuge des Aufbaus einer Volkskirche vertritt. Vgl. unten Anm. 14.

dient er sich bei der Ausübung des Kirchenregimentes in Wort und Sakrament menschlicher Diener als bloßer Übermittler[10]. Doch er allein kennt die Seinen, weiß, bei wem seine Heilsmittel zur rechten Wirkung gekommen sind, wer wirklich zur Kirche gehört. Für uns Menschen bleibt nur der Maßstab der Bruderliebe. Wir haben jeden Getauften als Mitglied der Kirche Christi zu betrachten, der sich nicht selbst ausgeschlossen hat. So gibt es viele getaufte Ungläubige, die äußerlich „in der Kirche", aber nicht „von der Kirche"[11] sind. Diese lebt zwar im Fleische; aber „wie die Kirche in diesem Leben nicht ohne Speise und Trank ist, und doch das Reich Gottes nach Paulus nicht Essen und Trinken ist, so ist die Kirche nicht ohne Ort und Leib, und dennoch sind Leib und Ort nicht die Kirche, noch gehören sie zu ihr" (WA 7, 720, 1). „All das ist ohne Bedeutung und freigestellt. Jeder Ort paßt dem Christen und kein Ort ist dem Christen notwendig, jede Person kann ihm Hirte sein und keine bestimmte ist ihm dafür notwendig. Denn die Freiheit des Geistes herrscht hier, die all das bedeutungslos macht und nichts, was leiblich und irdisch ist, unentbehrlich sein läßt" (WA 7, 720, 8). Deshalb möchte Luther „nichts umstoßen oder ändern, was man nicht mit heller Schrift kann umstoßen oder ändern" (WA 26, 167, 11), und niemand ist ihm mehr verhaßt, als wer freie und unschuldige Zeremonien gewaltsam beseitigt und aus der Freiheit Notwendigkeit macht" (WA Br 4, 411, 15). Andererseits hat er die Zuversicht, daß mit der Predigt des Wortes Gottes die notwendige äußere Gestalt „von selbst" wächst. „Wo aber Gottes Wort rein und gewiß ist, da muß es alles sein: Gottes Reich, Christi Reich, Heiliger Geist, Taufe, Sakrament, Pfarramt, Predigtamt, Glaube, Liebe, Kreuz, Leben und Seligkeit und alles, was die Kirche haben soll" (WA 38, 237, 11).

Diese seine Lehre von der Kirche hat Luther entwickelt im Kampf gegen die hierarchisch gefestigte Papstkirche. Gegenüber dem Patronatsrecht eines Abtes hat er den Grundsatz vertreten: „Daß eine christliche Versammlung oder Gemeinde Recht und Macht habe, alle Lehre zu beurteilen und Lehrer zu berufen, ein- und abzusetzen" (1523; WA 11, 408—416). Dieses Gemeindechristentum erwies sich aber bald als undurchführbar. Schon Karlstadts Gemeinde in Orlamünde gestand Luther das Recht der freien Pfarrerwahl nicht zu. Der Bauernkrieg und die von den Schwärmern in die Gemeinde getragenen Unruhen, dazu vielfache Zerrüttung von Sitte und Zucht zeigten, daß es ohne Kirchenzucht und Kirchenverfassung, vor allem ohne überörtliche Instanzen nicht ging. Die Praxis des spätmittelalterlichen Landeskirchentums mit einer weitgehenden Verfügung des Landesherrn oder der Stadtregimenter über Kirchen, Klöster und Spitäler und die Notstandstheorie, wie sie Wilhelm von Ockham entwickelt hatte, legten es da nahe, der evangelisch gewordenen Obrigkeit die äußere Leitung des Kirchenwesens zu übertragen. Die Entwicklung dahin hatte aber Luther selbst erschwert

[10] „Röhren": WA 45, 521, 32. [11] WA 5, 430, 34; 41, 521, 23.

durch seine Lehre von der verborgenen Kirche und durch die von ihm der Gemeinde eingeräumte Zuständigkeit, vor allem durch seine strenge Unterscheidung, ja Trennung des weltlichen und geistlichen Regimentes.

Zwei-Reiche-Lehre

Seine Lehre von den beiden Regimenten entwickelte Luther gegenüber dem Vorgehen katholischer Fürsten gegen die Reformation („Von weltlicher Oberkeit, wie weit man ihr Gehorsam schuldig sei", 1523), im Kampf gegen die „Schwärmer" („Wider die himmlischen Propheten", 1525) und aus Anlaß des Türkenkrieges („Vom Kriege wider die Türken", 1529). Aus dieser polemischen Situation ergeben sich Übersteigerungen und Einseitigkeiten, die Luther selbst nicht durchhalten konnte. Das führte wiederum zu Widersprüchen, die Luthers Zwei-Reiche-Lehre bis heute als „Irrgarten" erscheinen läßt. Diese ist zu verstehen vor dem Hintergrund von Luthers Rechtfertigungslehre bzw. seiner Auffassung vom Gesetz und Evangelium. Wie der Christ Sünder und Gerechter zugleich ist, er unter dem Anspruch und Gericht des Gesetzes steht und gleichzeitig unter dem Freispruch des Evangeliums, so gehört er dem weltlichen und geistlichen Regiment an. Die Unterscheidung, ja Trennung beider Regimente zu betonen, sah Luther sich veranlaßt einerseits gegenüber der Theokratie der alten Kirche, die nach ihm das Evangelium zum Gesetz, das heißt zu einer politischen, mit dem Schwert erzwingbaren Rechtsordnung machte, und andererseits gegenüber dem Anarchismus der Schwärmer, die das weltliche Regiment im Namen des geistlichen leugneten bzw. die evangelische Freiheit als Freiheit von jeder Rechtsordnung verstanden. Die beiden Regimente sind nicht als Reich Gottes und als Reich des Teufels zu verstehen, sondern kommen beide aus Gottes Liebe, sind zweierlei Weisen, wie Gott die Welt regiert, wenn im weltlichen Regiment auch nur als „deus absconditus". Das weltliche Regiment führt das Schwert. Es steht im Zeichen der Macht und Erzwingbarkeit und hat die Ordnung äußerlich aufrechtzuerhalten gegen die ständige anarchistische Bedrohung der Welt, gegen die Auflösungstendenzen von innen und außen als Folgen der Sünde. Diese hätte die Selbstvernichtung der Schöpfung zur Folge, würde Gott die zerstörerischen Kräfte nicht durch den Staat und andere Obrigkeiten in Schach halten. Denn „die Welt kann nicht nach dem Evangelium regiert werden", dazu ist das Wort zu gering geachtet (WA 17 I 149). Anderseits haben Kaiser und Könige Kriege, auch den Türkenkrieg, nicht als Christen zu führen. Wer weiß, so fragt Luther, ob sie Christen sind, gewöhnlich sind sie die ärgsten Feinde der Christenheit und des Glaubens" (30 II 130, 29). Der Christ streitet ja nicht mit Waffen, sondern mit Gottes Wort, Buße und Gebet wider die Türken. Er zieht in den Türkenkrieg, weil er „mit Leib und Gut weltlicher Obrigkeit unterworfen ist" und diese zum Streit wider die Türken aufruft (WA 30 II 179, 16). Kommt er unter des Türken Herrschaft, dann ist er ihm untertan als seiner Obrigkeit wie auch einem päpstlichen Regiment. „Denn der Papst . . . ist viel ärger als der Türke" (195, 15). In keinem Fall darf der Christ sich aber zum Kampf wider das Evangelium und zur Verfolgung des Christen mißbrauchen lassen (197, 9). „Der Kaiser ist nicht das Haupt der Christenheit noch Beschirmer des Evangeliums und des Glaubens" (WA 30 II 130, 27). Er hat als weltlicher Herr den Krieg zum Schutze seiner Untertanen zu führen.

Das weltliche Regiment ist zwar von Gott, hat aber selbst nichts Heilshaftes, steht nicht in der Erlösungsordnung, sondern gehört der Erhaltungsordnung an. Der Christ bedarf seiner an sich nicht, er ist von Christus „herausgezogen" (WA 11, 260, 5). „Der Christ, soweit er wirklich Christ ist, ist frei von allen Gesetzen, ist keinem Gesetz unterworfen, weder innen noch außen" (WA 40 I 235, 8). Ihn regiert Christus selbst „mit dem bloßen Wort" (WA 12, 330, 30). Daraus folgt: „Wenn alle Welt recht Christen . . . wären, so wäre kein Fürst, König, Herr, Schwert noch Recht not oder nütze" (WA 11, 249 f). Aber „die Welt und die Menge ist und bleibt Unchristen, ob sie gleich alle getauft und Christen heißen" (WA 11, 253). Darum bedarf es, soll das Böse nicht triumphieren, des Rechts und der erzwingbaren Ordnung. Das weltliche Regiment sichert den Raum, in dem Wortverkündigung und Sakramentenspendung erfolgen können. Dies sind die Aufgaben des geistlichen Regiments, „durch welches die Menschen sollen fromm und gerecht werden, also, daß sie mit derselben Gerechtigkeit das ewige Leben erlangen" (WA 19, 629). Ob das empirische Kirchentum, die ecclesia large dicta oder manifesta, zum weltlichen Regiment gehört, wird bei Luther nicht klar und ist bis heute umstritten[12].

Dem weltlichen Regiment oder dem „Reich zur Linken", zu dem neben der „politia" auch die „oeconomia", das heißt Ehe, Elternschaft und Beruf, gehört, untersteht der Christ, weil er auch als Gerechtfertigter noch Sünder ist. Doch er unterstellt sich ihm freiwillig, das heißt aus Liebe, bejaht die hier geltenden Ordnungen und dient in ihnen dem Bruder. Ja, er kann „auch in der Gewalt Gott dienen und soll drinnen dienen, wo es des Nächsten Notdurft fordert" (WA 11, 258). „Denn das Schwert und die Gewalt, als ein sonderlicher Gottesdienst, gebührt den Christen zu eigen vor allen anderen auf Erden" (WA 11, 258). Im Christen, der sich der Welt annimmt, ist Christi Reich in der Welt präsent, ohne daß deshalb ihre Institutionen, der Staat etwa, christlich werden.

Gegenüber der ungerechten Obrigkeit gibt es nach Luther das Recht zu gewaltlosem aktivem Widerstand durch offenes Belehren oder Tadel, weiter zu passivem Widerstand und zur Flucht; sonst muß der Christ das Unrecht

[12] Etwa zwischen *P. Althaus*, der diese Frage zu bejahen scheint, und *Joh. Heckel*. Vgl. den Artikel „Zwei-Reiche-Lehre": EKL III 1927—1947, in dem beide ihre gegensätzlichen Auslegungen vortragen.

leiden um Gottes willen. Auch gegenüber seinesgleichen und Untertanen soll er für sich gemäß Mt 5, 39 dem Übel nicht widerstehen, bedarf er also nicht der weltlichen Gewalt und des Rechts; für andere, z. B. als Fürst, Vater und Soldat, aber soll er „Rache, Recht, Schutz und Hilfe suchen" (WA 11, 259). „Hier ist keine Zeit, das Evangelium zu hören, sondern das Gesetz" (WA 40 I 210). „Christlich und brüderlich Handeln gehört nicht ins weltlich Regiment ... Christlich und evangelisch Wesen gehören allein zum Regieren der Gewissen" (WA 24, 677). „Zwei Personen und zweierlei Amt sind so auf einen Menschen geraten"; er ist „zugleich ein Christ und ein Fürst, Richter, Herr, Knecht, Magd. Diese heißen eitel Weltpersonen, denn sie gehören zum weltlichen Regiment" ... „Ein Christ bist du für deine Person, aber gegen deinen Knecht bist du eine andere Person ..." (WA 32, 390, 10ff). Man darf das weltliche Schwert führen, darf nur keine Rachegesinnung haben. „Denn wo das Herz rein ist, da ist alles recht und wohl getan" (WA 32, 392, 14). Damit war die Bergpredigt in den Bereich des Herzens verwiesen und eine gefährliche Unterscheidung von „Christperson" und „Weltperson" bzw. von Personmoral und Amtsmoral aufgestellt. Allzuleicht war so der weltklugen Anerkennung einer emanzipierten politischen Realität Vorschub geleistet.

Das Kirchenregiment

Wenn Christus allein seine Kirche regiert durch Glaube, Liebe und die übrigen Gaben des Heiligen Geistes (WA Br 3, 210, 31) und sie deshalb verborgen ist, sie aber andererseits keine „civitas Platonica" ist, sondern eine Schauseite hat, dann fragt sich, worin diese sichtbare Seite ihre Ordnung findet. Auf diese Frage hat Luther keine systematische Antwort gegeben. Wir haben nur verstreute, von verschiedenen polemischen Situationen her bestimmte Aussagen des Reformators. Sicher ist, daß die Verfassung der leiblichen Kirche nicht göttlich ist, sondern auf menschlicher Ordnung beruht. Ist deshalb aber das äußere Kirchentum dem weltlichen Regiment zuzuweisen (P. Althaus), oder baut es sich nach eigenem, kirchlichem, wenn auch menschlichem Recht auf, das nach Grundsätzen zu gestalten ist, die sich aus dem geistlichen Regiment Christi ergeben (Joh. Heckel)? Haben die Fürsten als weltliche Obrigkeit eine Zuständigkeit für den Aufbau des Kirchenwesens, oder sind sie nur als hervorragende Glieder der Kirche zu einem besonderen Dienst berufen?

Luther hatte schon 1520 im „Sermon von den guten Werken" (WA 6, 257, 32) und in „An den christlichen Adel deutscher Nation" (WA 6, 406; 409; 411) mit allen Getauften auch die weltliche Obrigkeit zur Reform der Kirche und der Christenheit aufgerufen. Weil die geistliche Obrigkeit sich einer durchgreifenden Reform versagt, sich vor allem der Einberufung eines Konzils widersetzt, soll die weltliche Gewalt ihres Amtes walten. Sie hat die Untertanen vor allem Unbill zu schützen, damit auch vor Verderbnis der geistlichen Obrigkeit und ihren Übergriffen auf das weltliche Gebiet. Sie hat Ausbeutung, Räuberei und Ehebruch zu bestrafen und dabei vor Papst und Bischöfen nicht haltzumachen. Als christliche Obrigkeiten, „weil sie nun auch Mitchristen sind, Mitpriester, Mitgeistliche, Mitmächtige in allen Dingen" (WA 6, 413, 30), sollen sie für die Einberufung eines Konzils sorgen. Das kann angesichts des Versagens der Geistlichkeit „niemand so wohl als das weltliche Schwert" (WA 6, 413, 29). Je mehr Luther es mit protestantischen Obrigkeiten zu tun hatte, betonte er deren Pflicht, den Widerstand gegen das Evangelium zu brechen und wie sonstigen Frevel und Gotteslästerung auch die Abhaltung der Messe zu verbieten. „Weltliche Gewalt zwingt nicht zum Glauben, sondern wehret nur äußerlich." Sie soll nicht die Ketzerei überwinden. „Das sollen die Bischöfe tun ... nicht die Fürsten ... Denn Ketzerei ist ein geistlich Ding" (WA 11, 268). „Ist Ketzerei da, die überwinde man, wie sichs gebührt, mit Gottes Wort" (WA 11, 270). Die weltliche Obrigkeit hat bei Störung der Ordnung und bei öffentlicher Gotteslästerung einzugreifen. „Unsere Fürsten zwingen nicht zum Glauben und zum Evangelium, aber verhindern äußere Greuel", schreibt Luther am 11. November 1525 an Spalatin (WA Br 3, 616, 18). Es sind aber „Totschlag, Diebstahl, Mord und Ehebruch nicht so schädlich wie dieser Greuel der papistischen Messe" (WA 15, 777, 8). Deshalb „ist die Oberkeit schuldig, solch öffentliche Gotteslästerung zu wehren" (WA 18, 36, 19). Gilt das von der Obrigkeit überhaupt, dann hat darüber hinaus der Fürst bei innerkirchlichen Aufgaben, z. B. bei der Bestellung eines Predigers, als „Bruder in Christus" (WA Br 2, 515, 23) oder „als ein christlich Mitglied" (521, 59) mitzuhelfen.

Bis 1525 hat Luther den seiner Sache doch sehr gewogenen Landesherren wenig herangezogen. Die Ordnung des Gottesdienstes ist nicht seine Sache. „Was fragen wir nach ihm? Er hat nicht weiter zu gebieten als in weltlichen Sachen" (WA 12, 649, 18). Die Erneuerung der Kirche sollte sich in der Kraft des Wortes auf dem Boden der Gemeinde vollziehen. Luther traute der Gemeinde zu, sich zu gegebener Zeit eine Ordnung, das heißt die für den Gottesdienst und das Gemeindeleben notwendigen Einrichtungen zu schaffen. Auch an Bischöfe, die mehrere Gemeinden leiten bzw. über mehrere Pfarrer gesetzt sind (WA 6, 440, 29), hat Luther gedacht. Auch sie sollten von den Gemeinden eingesetzt werden. Eine solche Ordination setzt jedoch nur in den geordneten öffentlichen Dienst an Wort und Sakrament ein. Sie ist lediglich eine Bestätigung durch die Gemeinde. An sich haben alle die gleiche Vollmacht, aber gerade deshalb soll sich keiner von sich aus „hervortun, sondern sich berufen und hervorziehen lassen, daß er an Stelle und auf Befehl der anderen predige und lehre" [13]. Sind die päpstlichen Bischöfe zu einer solchen Berufung zum Amt nicht bereit, dann sollen die Führenden der Gemeinde, so schreibt Luther den Böhmen, Geeigneten „die

[13] WA 11, 412, 31; vgl. WA 12, 189, 17—27.

Hände auflegen vor versammelter Gemeinde, sie bestätigen und dem Volke und der Kirche empfehlen". So wären sie „Bischöfe, Diener oder Hirten" (WA 12, 193, 38).

Die Frage ist, ob diese Berufung einzelner zum Dienst am Wort nur einem praktischen Bedürfnis entspringt und die Gemeindemitglieder sozusagen ihre Rechte auf einen Sachwalter übertragen (WA 6, 407, 29), wie Luther es in den zwanziger Jahren mehr oder weniger konsequent vertritt, oder ob die Ordination um des Auftrages willen erfolgen muß, sie also göttlichen Rechts ist. Das ist die Auffassung der Confessio Augustana (XXVIII, 20—22), der Apologie (XIII, 7—13) und wohl auch des späten Luther (WA 50, 633, 3)[14].

[14] Luthers Auffassung über das Amt ist bis heute umstritten, weil bei ihm selbst nicht einheitlich. *J. W. F. Höfling* (Grundsätze ev.-lutherischer Kirchenverfassung, Erlangen ³1853) hält Luthers Auffassung für einheitlich, geht aber auf Luthers Äußerungen in den Schriften gegen die Schwärmer nicht recht ein. Nach ihm gibt es für Luther nur ein Amt, das der ganzen Kirche gegeben ist und nur aus praktischen Gründen einem besonderen Stand übertragen wird. Nach *A. W. Dieckhoff* (Luthers Lehre von der kirchlichen Gewalt, Berlin 1865) sind bei Luther zwei verschiedene Fassungen der Lehre vom geistlichen Amt zu erkennen. In der ersten Periode (1520—23) identifiziere er das allgemeine Priestertum, das heißt den gleichen geistlichen Charakter aller Christen, mit dem geistlichen Amt, und begründe er den Dienst besonderer Amtsträger mit der „Übertragungstheorie" (82—97). Später betone er die Selbständigkeit eines von Gott eingesetzten Amtes neben dem allgemeinen Priestertum (149—159). Nach *W. Elert* (Morphologie des Luthertums I, München ²1958) stehen sich bei Luther „zwei anscheinend vollkommen auseinanderstrebende Gedankenreihen gegenüber" (I 299), wenn es gilt, die Notwendigkeit des Amtes zu begreifen: eine „utilitaristische", die das Predigtamt fordert um der „Ordnung" willen, und eine, die es auf göttlicher Einsetzung beruhen läßt. Luther habe aber keinen Gegensatz zwischen beiden Auffassungen empfunden (301). Wohl sieht Elert in Äußerungen des späteren Luther, in denen der Unterschied zwischen Klerus und Laien wieder auftaucht, „die Gefahr eines Rückfalls ... greifbar nahe" gegeben (303), findet aber dann doch die Harmonie beider Gedankenreihen in Luthers Anschauung von der Ordination. Danach beruft zwar die Gemeinde, aber: „In einer solchen durch Menschen erfolgenden Berufung dürfen und sollen wir göttliche Berufung erblicken, wenn die Berufenden dazu von Gott autorisiert sind" (304). *E. Sommerlath* (Amt und allgemeines Priestertum: Schriften des Konvents Augsburgischen Bekenntnisses 5, Berlin 1953, 40 ff) sieht auch zwei „Gedankenreihen". „Zu einem vollen Ausgleich" zwischen ihnen und „zu einer theologischen Klärung sei es wohl nie gekommen" (41). Deshalb werde man bei Luther immer zwei Linien zu sehen haben (50). *W. O. Münter* (Die Gestalt der Kirche „nach göttlichem Recht", München 1941; Begriff und Wirklichkeit des geistlichen Amtes, München 1955) und *P. Brunner* (Vom Amt des Bischofs: Schriften des Konvents Augsburgischen Bekenntnisses Heft 9, Berlin 1955) betonen die göttliche Stiftung des Predigtamtes neben, ja vor dem allgemeinen Priestertum. Sie haben vor allem die lutherischen Bekenntnisschriften im Auge. P. Brunner betont aber, daß „damit die Anschauungen Luthers nicht im Widerspruch" stehen (16 Anm. 11). Als Beleg dafür führt er „Von den Konziliis und Kirchen" (1539) an. Schließlich hat *W. Brunotte* (Das geistliche Amt bei Luther, Berlin 1959) untersucht, „ob Luthers Auffassung vom geistlichen Amt im Laufe der Jahre dieselbe geblieben ist ..., ob sie in sich einheitlich ist oder ob unausgeglichene Spannungen in ihr herrschen" (32).

Sein Ergebnis ist „die Einheit in Luthers Auffassung" (112). Er gibt aber zu, daß 1520 bis 1523 die Vollmacht und Verantwortung des allgemeinen Priestertums einen breiten

Über andere Gemeindeorgane hat Luther nicht weiter nachgedacht. Kirchenzucht hat er bejaht und den Bann als Seelsorger mehrere Male verhängt[15]. Er hat aber kein Amt dafür geschaffen. Organisieren war nicht seine Stärke. Er wollte wachsen lassen. Vor allem durfte für ihn eine Kirchenordnung nie zum „nötigen Gesetz“ (WA 18, 72, 6) werden. Denn christliche Gemeinden kann man nur durch die Predigt des Evangeliums, durch Glaube und Liebe, nicht durch eine Reform der Riten bekommen. Es ist auch durchaus nicht nötig, daß überall dieselbe Ordnung geübt wird. Wohl ist es gut, wenn in einer Herrschaft oder einer Stadt mit ihrer Umgebung auf dieselbe Weise Gottesdienst gefeiert wird (WA 18, 73, 6). Eine erlassene Kirchenordnung hat aber nicht die Verbindlichkeit von Gesetzen, die wegen des von Gott befohlenen Gehorsams gegen die Obrigkeit verpflichten. Denn weder in der Schlüsselgewalt noch im Hirtenamt der Bischöfe ist die Befugnis zum Erlaß solcher Gesetze enthalten[16]. Menschliche Ordnung in der Kirche ist so nicht Rechtsordnung im strengen Sinn, die im Gewissen bindet und mit Zwang durchzusetzen ist.

Diese Freiheit vom Gesetz soll aber eine Freiheit zur Ordnung und zum Bruderdienst sein, sie „ist der Liebe und des Nächsten Diener“ (WA 18, 72, 23). Um der Brüder, besonders der Schwachen willen hat man sich an so „weltliche und indifferente Dinge“ wie Zeremonien zu halten (WA Br 11, 200, 17). Wiederholt bezeichnet Luther die Ordnung der leiblichen Kirche als „weltlich“ (WA 50, 559, 31), ja als „außerhalb der Kirche liegend“ (WA Br 3, 211, 96). Es lag nahe, dafür deshalb das weltliche Regiment als zuständig anzusehen. Der Reformator selbst war wohl nicht dieser Auffassung, sondern der Meinung, daß die Kirche die Ordnung ihrer weltlichen Angelegenheiten selbst in die Hand zu nehmen habe[17]. Deshalb hat er ja auch nur von den Landesherren als „Notbischöfen“[18] gesprochen, die in einem akuten

Raum einnehmen, die Zuordnung von Kirche und geistlichem Amt dagegen vor allem in der späteren Zeit (1530 ff) erörtert wird (112 f). Die Behauptung von Widersprüchen in Luthers Amtslehre erscheint ihm „zum mindesten sehr fraglich“ (116).

[15] *Ruth Götze,* Wie Luther Kirchenzucht übte (Berlin 1959).

[16] „Aus diesem Spruch (Mt 16, 18; 18, 18) haben sie das Wort vom Binden genommen und dahin gedeutet und gezogen, daß es soll heißen so viel wie gebieten und verbieten oder Gesetz und Gebot stellen über die Christenheit. Und daher geben sie dem Papst die Gewalt, der Christen Seele und Gewissen mit Gesetzen zu binden“ (1530; WA 30 II 465, 20; vgl. WA 6, 536, 20; 45, 460, 27; WA Br 5, 490, 11 — 492, 27; 493, 38).

[17] *Joh. Heckel,* Kirche und Kirchenrecht nach der Zwei-Reiche-Lehre 267—271; *F. Lau,* „Äußerliche Ordnung“ und „Weltlich Ding“ in Luthers Theologie (Göttingen 1933).

[18] „als unser einiger Notbischof, weil sonst kein Bischof uns helfen will“ (WA Br 8, 396, 14); „als rechte Notbischöfe in solchem Fall, da ein Kapitel den Holzweg will“ (WA 53, 256, 3; 255, 5). Der Fürst hat als Notbischof ein kirchliches Amt und übt nicht seine weltliche Gewalt aus. Das geht aus einem Brief Luthers vom 19. März 1539 hervor: „Nun aber unser Landesfürst muß ein Notbischof und Notoffizial sein, weil solche Güter nicht durch bürgerliche Hantierung, sondern von dem Kirchendienst erworben sind. Darum sie nicht unter dem bürgerlichen Recht sein können, sie sind in des Notbischofs Hand und

Notstand Aushilfe zu leisten haben. Die Entwicklung ist aber anders verlaufen in Richtung auf einen Summepiskopat der Landesherren, dem vom Notstand nichts mehr anzumerken war.

In den 23 Nürnberger Visitationsartikeln, die am 14. Juni 1528 in Schwabach angenommen wurden, heißt es: „Der Kirche Gewalt ist allein, Diener zu wählen und den christlichen Bann zu gebrauchen und Ordnung zu machen, daß die Dürftigen mit dem Almosen versehen werden ... Alle andere Gewalt hat entweder Christus im Himmel oder weltliche Obrigkeit auf Erden[19]. Die Entwicklung zum landesherrlichen Kirchenregiment hat maßgeblich Melanchthon gefördert. Er weist der Obrigkeit die „custodia primae tabulae" und damit das Wächteramt über die Gottesverehrung zu. Dazu gehört das Verbot falscher Lehre und gottloser Kulte[20]. Das Wissen um die wahre Lehre hat nach Melanchthon die gesamte Kirche Priester wie Laien, unter diesen vor allem die Fürsten. Sie haben dem Evangelium in der Öffentlichkeit Geltung zu verschaffen und die Urteile der Synode auszuführen. So ist die weltliche Gewalt „Diener und ausführendes Organ der Kirche" (CR 3, 472). Ihre Aufsicht über die kirchliche Ordnung erscheint hier nicht mehr als Notmaßnahme. Die besondere Stellung und Verpflichtung des Fürsten in der Kirche ergibt sich aus ihrer Eigenschaft als „vornehmste Glieder"[21] der äußeren Kirche. Wie sie im bürgerlichen Leben ihren Untertanen vorangehen, so auch im Dienst der Kirche und ihrer Reform: „Sie haben mit ihrer Autorität die wahre Kirche zu unterstützen, gotteslästerliche Lehrer zu beseitigen und fromme Prediger einzusetzen." „Vor allen anderen sollen die hervorragenden Glieder der Kirche, die Könige und Fürsten, der Kirche helfen und sorgen, daß die Irrtümer beseitigt und die Gewissen recht unterrichtet werden", schreibt er in dem Traktat „De potestate papae", der in Schmalkalden 1537 als Bekenntnisschrift angenommen wurde[22]. Als Glieder der Kirche nahmen so die Landesherren die Stellenbesetzung in die Hand, beriefen Synoden, ordneten Visitationen an und verfügten Kirchenordnungen. Bei dem seit dem späten Mittelalter ohnehin starken Zug zum Landeskirchentum lag es nahe, bald der weltlichen Obrigkeit als solcher zuzuschreiben, was die Fürsten oder der „pius Magistratus" als Glieder der Kirche um der Liebe willen aushilfsweise tun sollten.

Recht" (WA Br 8, 15 ff). WA Tr 4, 378, 25: „Nam nostro electori scripsi, adhortabar, ut ipse vigilaret pro ecclesia, er wär ein Notbischof" (1537).

19 *Sehling* XI, 1 S. 132.

20 CR 3, 225; 2, 711; „Loci" von 1535: CR 21, 553; Studienausgabe II 2, 727.

21 „praecipua membra in externa societate" (De jure reformandi, 1537; CR 3, 251, 244).

22 Bekenntnisschriften 488.

19. Kapitel

Der Ausbau der lutherischen Gemeinde. Kirchengut. Gottesdienst. Visitation. Schule und Katechismus

QUELLEN: *E. Sehling* (Hrsg.), Die evangelischen Kirchenordnungen des 16. Jh., Bd 1—5 (Leipzig 1902/13), 6—8; 11—13 (Tübingen 1955/66).

Kirchengut: „Ordnung eines gemeinen Kastens" (1523; WA 12, 11—30).

Gottesdienst: „Deutsche Messe und Ordnung des Gottesdiensts" (1526; WA 19, 72—113); „Das Taufbüchlein verdeutscht, aufs neue zugerichtet" (1526; WA 19, 537 bis 541); „Das Traubüchlein für die einfältigen Pfarrherrn" (1529; WA 30 III 74—80).

Visitation: „Unterricht der Visitatoren an die Pfarrherren im Kurfürstentum Sachsen" (1528): CR 26, 51—96; WA 26, 195—240; Melanchthons Werke, Studienausgabe I (Gütersloh 1959) 215—271; *Sehling* I 149—174.

Schule: „An die Ratsherren aller Städte deutschen Landes, daß sie christliche Schulen aufrichten und halten sollen" (1524; WA 15, 27—53); „Eine Predigt, daß man Kinder zur Schulen halten solle" (1530; WA 30 II 517—588); *R. Vormbaum*, Die evangelischen Schulordnungen des 16. Jh. (Gütersloh 1860).

Katechismus: WA 30 I: Katechismuspredigten 1528 und Text der Katechismen Luthers mit Einleitungen, Bibliographie und philologischen Bemerkungen von *O. Albrecht*, *O. Brenner*, *G. Buchwald* u. *J. Luther* (1910); BSLK 501—733; *F. Cohrs*, Die Evangelischen Katechismusversuche vor Luthers Enchiridion, 5 Bde (Berlin 1900/07).

LITERATUR: Kirchengut: *A. Schultze*, Stadtgemeinde und Reformation (Tübingen 1918); *F. H. Löscher*, Schule, Kirche und Obrigkeit im Reformations-Jahrhundert (Leipzig 1925); *H. Werdermann*, Luthers Wittenberger Gemeinde wiederhergestellt aus seinen Predigten (Gütersloh 1929); *H. Lehnert*, Kirchengut und Reformation (Erlangen 1935).

Gottesdienst: *H. Jacoby*, Die Liturgik der Reformatoren, 2 Bde (Gotha 1871/76); *P. Drews*, Studien zur Gesch. des Gottesdienstes IV/V: Beiträge zu Luthers liturgischen Reformen (Tübingen 1910); *J. Smend*, Die deutschen Messen bis zu Luthers deutscher Messe (Göttingen 1896); *H. Waldenmaier*, Die Entstehung der evangelischen Gottesdienstordnungen Süddeutschlands im Zeitalter der Reformation (Leipzig 1916); *L. Fendt*, Der lutherische Gottesdienst des 16. Jh. (München 1923); *A. Allwohn*, Gottesdienst und Rechtfertigungsglaube (Göttingen 1926); *E. Reim*, The Liturgical Crisis in Wittenberg 1524: Concordia theological Monthly 20 (1949) 284—292; *W. Jensen*, Von der ev. Meß: Festgabe für K. Schornbaum (Neustadt a. d. Aisch 1950) 61 f; *V. Vajta*, Die Theologie des Gottesdienstes bei Luther (Göttingen [3]1959); *A. Boes*, Die Reformatorischen Gottesdienste in der Wittenberger Pfarrkirche von 1523 an: JLH 4 (1958/59) 1—40; *H. B. Meyer*, Luther und die Messe (Paderborn 1965).

Visitation: *C. H. Burkhardt*, Geschichte der sächsischen Kirchen- und Schulvisitationen 1524—1545 (Leipzig 1879); *E. Sehling*, Geschichte der protestantischen Kirchenverfassung (Leipzig [2]1914); *K. Eger*, Grundsätze evangelischer Kirchenverfassung bei Luther: ThStK 106 (1934/35) 77—123; *M. Schmidt*, Die Reformation Luthers und die Ordnung der Kirche: Im Lichte der Reformation II (Göttingen 1959) 5—31.

Schule: *F. Paulsen*, Geschichte des gelehrten Unterrichts an den deutschen Schulen und Universitäten I (Leipzig [3]1919); *G. Mertz*, Das Schulwesen der deutschen Reformation im 16. Jh. (Heidelberg 1902); *F. H. Löscher*, Schule, Kirche und Obrigkeit im Reformations-Jahrhundert (Leipzig 1925); *O. Scheel*, Luther und die Schule seiner Zeit: LuJ 7 (1925) 141—175; *F. Falk*, Luthers Schrift an die Ratsherren ... und ihre gesch. Wirkung auf die deutsche Schule: ebd. 19 (1937) 55—114; *Th. v. Sicard*, Luther und die Schule (Gütersloh 1947); *G. Mertz*, Luther über die Schule: Schule und Leben 1 (1950) 289—296; *E. Lichtenstein*, Luther und die Schule: Der ev. Erzieher 7 (1955) 2—13; *E. Reimers*,

Recht und Grenzen einer Berufung auf Luther in den neueren Bemühungen um eine evangelische Erziehung (Weinheim 1958); *Ivar Asheim,* Glaube und Erziehung bei Luther (Heidelberg 1961; Lit.).

Katechismus: *O. Albrecht,* Luthers Katechismen (Leipzig 1915); *D. J. M. Reu,* D. Martin Luthers Kleiner Katechismus (München 1929); *J. Meyer,* Historischer Kommentar zu Luthers Kleinem Katechismus (Göttingen 1929); *K. Aland,* Der Text des Kleinen Katechismus in der Gegenwart (Gütersloh 1954); Besprechung dazu *G. Dehn:* ThLZ 79 (1954) 719—724; *G. Hoffmann,* Der kleine Katechismus als Abriß der Theologie M. Luthers: Luther 30 (1959) 49—63; *E. V. Wills,* Joh. Brenz's Catechismus of 1528 and 1535: Luth-Church Quarterly 19 (1946) 271—280.

Luthers Hoffnung, daß es durch die Predigt des Evangeliums allein zum Aufbau von Gemeinden rechter Christen kommen werde, wurde enttäuscht. Sein Ideal erwies sich als undurchführbar. Erst recht wurden im Sturm des Jahres 1525 seine Erwartungen zunichte. Seine Klagen über die „Unaussprechliche Verachtung des Wortes und die grauenvolle Undankbarkeit der Menschen gegen die Wohltat des Evangeliums" werden immer ernster und bitterer. Die Predigt von der Rechtfertigung aus dem Glauben und von der Freiheit des Christenmenschen hatte im sittlichen Leben seiner Anhänger nicht die erwarteten Früchte gebracht. Im Gegenteil, nach Luthers eigenen Äußerungen scheint eine sittliche Verwilderung und eine Mißachtung des Sakramentes und des sonntäglichen Gottesdienstes eingerissen zu sein. Seine Predigten klagen bitter darüber[1]. Die evangelische Freiheit wird mißbraucht, und selbst die Prediger und Pfarrherren behalten „vom Evangelium nicht mehr denn solche faule, schädliche, schändliche, fleischliche Freiheit" (WA 30 I 125, 24f). Aber nicht nur solche Enttäuschungen, sondern auch die Ausbreitung der Reformation und der damit gegebene Abbau des alten Kirchenwesens verlangten dringend nach neuen Institutionen. Mit dem Laufe der Zeit und der Ausdehnung des von der neuen Lehre erfaßten Gebietes mußte es um so deutlicher werden, daß man den Neuaufbau nicht der freien Entwicklung überlassen durfte und daß zum mindesten die breite Masse der Hilfen der Zeremonien bedurfte und ohne Kirchenzucht und Gesetzespredigt nicht auskam. Es ging um die Ordnung des Kirchengutes, um den Gottesdienst und um Visitation und Kirchenordnung.

Die Ordnung des Kirchengutes

Die Aufhebung der Klöster, die Säkularisierung des Kirchengutes, die Erledigung der Stiftungsmessen und anderer mit Stipendien dotierter kirchlicher Feiern brachten eine Reihe Schwierigkeiten mit sich. Die weltlichen Herren, hohe und niedere, und die Städte waren sehr geneigt, das Kirchen-

[1] Vgl. *H. Werdermann,* Luthers Wittenberger Gemeinde wiederhergestellt aus seinen Predigten (Gütersloh 1929).

gut für sich zu vereinnahmen. Wer Verpflichtungen gegenüber Klöstern und anderen geistlichen Institutionen hatte, war froh, ihrer auf leichte Weise ledig zu werden. Meßstiftungen und Stolgebühren waren weggefallen; die Diener der Kirche mußten aber leben wie zuvor auch, hatten jetzt dazu noch Weib und Kind zu ernähren. Kaum einer der Nutznießer des Kirchengutes war bereit, die Ausgaben für den Gottesdienst, für den Unterhalt der Prediger, für die Pflege der Armen und Kranken zu übernehmen. Nach Luther galt es, darauf bedacht zu sein, daß „solcher ledigen Stifte Güter nicht in die Rappuse kommen [das heißt zur allgemeinen Beute werden] und ein jeglicher zu sich reiße, was er erhascht" (WA 12, 11, 30). Er forderte deshalb, wie es schon die Kirchenordnung Karlstadts für Wittenberg (1521) getan hatte, die Güter in einen „gemeinen Kasten" zu sammeln. Nach der „Ordnung eines gemeinen Kastens" (1523) für Leisnig, zu der Luther die Vorrede schrieb und die als Vorbild für andere Gemeinden gedacht war, sollten alle kirchlichen Einnahmen in einen gemeinsamen Kasten fließen und daraus die Ausgaben für Pfarrer, Küster und Kirchengebäude, für Schulen und Lehrer und für Hilfsbedürftige aller Art verwendet werden. Zur Verwaltung sollte ein Vertrauensrat berufen werden, der sich aus 2 Adligen, 2 Ratspersonen, 3 Bürgern der Stadt und 3 Bauern der umliegenden Dörfer zusammensetzte. Die ganze Bürger- und Bauernschaft sollte dreimal im Jahre zusammenkommen, um Bericht zu erhalten und Beschluß zu fassen. Luther hatte befürchtet, daß seinem Vorschlag nur wenige folgen würden, weil „der Geiz ist ein ungehorsam, ungläubiger Schalk" (WA 12, 12, 9). Tatsächlich erreichte die Ordnung ihren Zweck nicht, weil der Rat der Stadt die in seiner Hand befindlichen Stiftungen nicht an den „Kasten" abgeben wollte und der Kurfürst vor gewaltsamem Eingreifen zurückscheute. So fehlten dem „Kasten" die Mittel für die ihm zugedachten Leistungen.

Lebhaft und wiederholt klagt Luther über die mangelnde Opferbereitschaft der Gemeinden. „Vormals gaben wir den Papisten viel Geld und Gut. Wo wir aber nun den Dienern der Kirche und dem Evangelium sollen helfen mit einem einzigen Pfennig, haben wir nichts."[2] „Wo früher 300 Mönche ernährt wurden, da findet heute nicht ein Prediger sein Brot" (WA 14, 342, 7). Es wird dahin kommen, daß Lehrer, Pfarrer und Prediger sich einem Handwerk zuwenden und das Wort fahren lassen (WA 15, 361, 2). „Fast alle Gemeinden ... wollen Pfarrherren berufen ... und selbst nichts geben, und keinen ernähren. Wer Macht und Recht haben will zu berufen, soll pflichtig und schuldig sein, zu ernähren" (WA Br 4, 135, 10). Diese Verhältnisse riefen nach einer den Ortsgemeinden übergeordneten Instanz, und weil diese kirchlicherseits fehlte, nach der Regelung durch den Landesherren. Da alle Klöster und Stifte dem Kurfürsten „als dem obersten Haupt in die Hände fallen, kommen ihm", so argumentiert Luther, „auch die Pflicht und Last zu, solche Dinge zu ordnen, da sich sonst niemand ihrer annimmt noch

[2] WA 29, 94, 11 f 18 f (1529); ähnlich WA 14, 341, 23.

annehmen kann, noch soll. Weil nun solche Güter ... zu Gottesdienst gestiftet sind, sollen sie billig hierzu am ersten dienen“ (WA Br 4, 133f). Die Visitation im Jahre 1529 brachte die kurfürstliche Bestätigung des gemeinen Kastens für Leisnig (WA 12, 7). Auch spätere Visitationsartikel und Kirchenordnungen übernahmen diese Einrichtung. Als selbständige kirchliche Stiftung war sie aber dauernd bedroht, insofern der Rat der Städte ihre Verwaltung zu übernehmen suchte oder gar den Kasten als Kommunalvermögen betrachtete.

Gottesdienst

Die Freiheit, die Luther den einzelnen Gemeinden gelassen hatte, und seine Scheu vor verbindlichen Formen führten zu Wildwuchs und zu einer immer größeren Zersplitterung der Gottesdienstformen. Noch 1524 hatte Luther Anregungen, ein Konzil der Seinen zu versammeln, um einen einheitlichen Gottesdienst zu schaffen, abgelehnt (WA Br 3, 373, 16; 384, 108). Doch die Ereignisse des Jahres 1525, das Treiben der „Rottengeister“ und der Bauernkrieg, überzeugten ihn von der Notwendigkeit, „einheitliche Zeremonien einzurichten“ (WA Br 3, 582, 6). Zusammen mit kurfürstlichen Räten und Sangesmeistern erarbeitete er eine „Messe in der Volkssprache für Laien“ (WA Br 3, 591, 8). So konnte endlich am 29. Oktober 1525 in der Wittenberger Pfarrkirche zum ersten Male eine vollständige deutsche Messe gefeiert werden. Nach ihrer praktischen Erprobung erschien die „Deutsche Messe und Ordnung des Gottesdienstes“ Anfang 1526 im Druck und konnte so auch außerhalb eingeführt werden. Doch nach der Vorrede Luthers sollte die „Deutsche Messe“ nicht die einzige Form evangelischen Gottesdienstes in Wittenberg sein, sondern nur eine unter drei. Abgesehen von denen, „die bereits Christen sind“ und keiner Ordnung bedürfen, weil sie „ihren Gottesdienst im Geiste“ haben, sieht Luther die Gemeinde, das heißt „die noch Christen werden oder stärker werden sollen“, in drei Gruppen geteilt. Die erste ist die Jugend; für sie soll die lateinische „Formula Missae“ von 1523 gültig bleiben. Die zweite sind „die einfältigen Laien“, „darunter viele sind, die noch nicht glauben oder Christen sind, sondern von denen der größere Teil da steht und gafft ... gerade als wenn wir mitten unter den Türken und Heiden auf einem freien Platz oder Feld Gottesdienst hielten“ (WA 19, 74). Hier handelt es sich noch gar nicht um eine geordnete „Versammlung, darin man nach dem Evangelium die Christen regieren könnte, sondern es ist eine öffentliche Reizung zum Glauben und zum Christentum“ (ebd.).

Die 3. Gruppe machen die aus, „die mit Ernst Christen sein wollen und das Evangelium mit Hand und Mund bekennen“. Für sie genügte eine einfache Ordnung, „bedürfte es nicht viel und groß Gesänges“ (WA 19, 76). Sie sind eine Bekenntnisgemeinschaft, treffen sich eigens in einem Hause zu

Gebet, Schriftlesung, Sakramentenempfang und anderem christlichem Werk. Wer sich „nicht christlich hält", wird bestraft oder in den Bann getan. Für diesen engeren Kreis will Luther noch keine Ordnung schaffen, denn es fehlen ihm noch die Leute dazu. Hat sich diese Kerngemeinde erst einmal gebildet, „die Ordnungen und Weisen wären bald gemacht".

Luther sah demnach eine Möglichkeit, im „gemeinen Haufen", in der Volkskirche, auch dem Kreis der Entschiedenen, der Bekenntniskirche, Raum zu geben. Faktisch ist es aber zu dieser „christlichen Versammlung" nicht gekommen und bei dem Gottesdienst für das „Volk", das noch nicht vom Geist des Evangeliums erfaßt ist und zum Ernst des Rechtfertigungsglaubens erst noch geführt werden muß, geblieben[3]. Geht es aber „darum, das Volk zu belehren und zu führen" (WA 19, 97), dann ist eine Pädagogisierung des Kultes unausweichlich. Entsprechend wurde die Präfation, das Eucharistiegebet, zur „Vermahnung" für die Teilnehmer am Sakrament, das „Vater Unser" zu einer Paraphrase, das „Sanctus" zu einem historischen Bericht. Statt daß die Gemeinde realisiert, daß sie hingetreten ist „zur Stadt des lebendigen Gottes, zum himmlischen Jerusalem, zu den unzähligen Engelscharen" (Hebr 12, 22), wird sie darüber unterrichtet, was „Isaias, dem Propheten ... geschah" (WA 19, 100, 6).

An sich folgt die „Deutsche Messe" der Römischen. Deren Psalmengesänge sind jedoch durch volkstümliche Lieder ersetzt; vor allem wurde sie unter dem Gesichtspunkt der Rechtfertigungslehre bzw. der Ablehnung des Opfers reduziert. Die von Luther übernommene Römische Messe war von der privaten Feier her geprägt und selbst nur eine Schrumpfform. Von der damaligen Zeit mit ihrem geringen Sinn für Kult als Repräsentation des Heilsgeschehens war aber kaum eine schöpferische Leistung auf liturgischem Gebiet zu erwarten, auch von Luther nicht, wenn wir von seiner sprachlichen Ausdruckskraft absehen. So ist es nicht verwunderlich, daß die „Deutsche Messe" bei ihrer pädagogischen Tendenz als Reduktion der Römischen in mancher Hinsicht nur ein Torso ist und „Teile der alten Meßliturgie ... als zusammenhanglose Trümmerreste ... innerlich unvermittelt nebeneinander stehen" läßt[4].

Kritik von außen und eigene neue Erkenntnisse veranlaßten Luther, die schon 1523 herausgegebene Taufliturgie neu zu bearbeiten und zu straffen. Sie erschien im Herbst 1526 unter dem Titel „Das Taufbüchlein verdeutscht,

[3] Vgl. *K. Müller*, Kirche, Gemeinde und Obrigkeit nach Luther (Tübingen 1910) 39f mit dem Schlußsatz: „es bleibt bei der Gemeinde des großen Haufens" (40).

[4] *F. Rendtorff*, Die Geschichte des christlichen Gottesdienstes unter dem Gesichtspunkt der liturgischen Erbfolge (Gießen 1914) 42; ähnlich kritisch: *J. Gottschick*, Luthers Anschauungen vom christlichen Gottesdienst (Freiburg 1887) 72; Leiturgia. Handbuch des ev. Gottesdienstes I (Kassel 1954) 60. Dagegen: *Th. Knolle*, Luthers Deutsche Messe und die Rechtfertigungslehre: LuJ 10 (1928) 170—203; *ders.*, Luthers Reform der Abendmahlsfeier in ihrer konstitutiven Bedeutung: Schrift und Bekenntnis, hrsg. von *V. Herntrich* und *Th. Knolle* (Hamburg 1950) 88—105.

aufs neue zugerichtet" und fand als Beigabe zum Kleinen Katechismus von 1529 weiteste Verbreitung. Weil sich die Pfarrer als unfähig erwiesen, selbständig eine dem reformatorischen Verständnis entsprechende Form der kirchlichen Trauung zu gestalten, schrieb Luther ein „Traubüchlein für die einfältigen Pfarrherren", das April 1529 erschien und dem bald danach in Buchform herausgegebenen Kleinen Katechismus angefügt wurde. In den vorausgehenden Bemerkungen erläutert Luther kurz seine Auffassung von der Ehe. Sie als Sakrament zu verstehen, hatte er schon in „De captivitate" (1520) abgelehnt. Dort hieß es: „Ohn alle Schrift wird die Ehe für ein Sakrament gehalten ... Nirgends ist zu lesen, daß der etwas Gnade von Gott erlangen werde, der eine Ehefrau nimmt. Es ist auch das Zeichen in der Ehe von Gott nicht eingesetzt ... Der Ehestand der alten Väter ist nämlich nicht weniger heilig gewesen als der unsere und nicht weniger recht die Ehe der Ungläubigen als der Gläubigen" (WA 6, 550). Entsprechend folgert er im „Traubüchlein": Weil deshalb „Hochzeit und Ehestand ein weltlich Geschäft ist, gebühret uns Geistlichen oder Kirchendiener nichts darin zu ordnen oder regieren" (WA 30 III 74, 3). Doch „obwohl ein weltlicher Stand", ist er doch ein „göttlich Werk und Gebot" (ebd. 74, 16—23). So ist es recht, sich den Segen vom Pfarrer oder Bischof dafür zu erbitten. Der Kirche verbleibt also nur Gebet und Segen. Die Eheschließung selbst ist ein ziviler Akt. Traut die Kirche, dann tut sie es im Namen weltlicher Obrigkeit. Entsprechend geschieht nach Luthers „Traubüchlein" die Trauung vor der Kirche und die Wortverkündigung und Segnung am Altar. Diese Trennung der zu Hause oder vor dem Gotteshause vollzogenen Eheschließung von der kirchlichen Feier — für vorreformatorische Verhältnisse war das vor allem die Brautmesse — war für die damalige Zeit nicht ungewöhnlich. Für die vortridentinische Kirche war sie legitim, weil die Brautleute sich das Sakrament selbst spenden, für Luther dagegen, weil die Trauung für ihn kein eigentlich geistlicher Akt ist.

Visitation, Kirchenordnung und Ausbau der Kirchenverfassung

Mit der Herausgabe von liturgischen Büchern und Katechismen allein war es nicht getan. Es bedurfte einer Instanz, die sie als verbindlich einführte und damit wie mit anderen disziplinären Maßnahmen dem Chaos im Kirchenwesen steuerte. Mangels einer über die Ortsgemeinde hinausgehenden kirchlichen Stelle blieb dafür nur die weltliche Obrigkeit.

Der Reichstagsabschied von Speyer (1526) hatte die Durchführung des Wormser Ediktes in das Ermessen der Landesherren gestellt. War ihnen damit auch kein „Ius reformandi" gegeben, so nahmen sie es doch praktisch für sich in Anspruch. Soweit sie der Reformation zuneigten, gingen sie dazu über, die einheitliche Religionsübung in ihrem Territorium durchzusetzen, das heißt die Reste des alten Kirchentums zu beseitigen und das neue einzurichten bzw. zu festigen. Der Weg dazu war die Anordnung und Durchführung von Visitationen.

Inzwischen hatte Luther sich zu der Erkenntnis durchgerungen, daß das Wort allein nicht ausreiche, die menschliche Gewalt zum mindesten die äußeren Vorbedingungen schaffen und die Widerstände beseitigen müsse. Wie schon vor ihm Nikolaus Hausmann, Pfarrer in Zwickau, hatte er am 31. Oktober 1525 an Kurfürst Johann geschrieben, angesichts des elenden Zustandes in den Pfarreien müsse „eine tapfere Ordnung und stattliche Erhaltung der Pfarren und Predigtstühle“ vom Kurfürsten vorgenommen werden (WA Br 3, 595). Der Kurfürst zögerte, meinte aber, Luther solle „eine Ordnung machen“, die aufgerichtet werden solle. Daraufhin machte dieser den Vorschlag einer Kirchenvisitation. Diese wurde Anfang 1526 in einigen Ämtern durch 2 Amtsleute und durch die Geistlichen Spalatin und Myconius in Angriff genommen, kam aber bald ins Stocken. Doch Luther insistierte. Im Frühjahr 1527 wurde die Visitation wieder aufgenommen, diesmal unter Beteiligung von Melanchthon. Der Kurfürst gab dafür am 16. Juni 1527 eine Instruktion heraus[5]. Darin ordnet er als Landesherr die Visitation an und läßt sie durch Beamte und Theologen durchführen, die von ihm „Gewalt und Befehl“ (S. 142) haben. Die Visitation bezieht sich nicht nur auf das Kirchengut und die Besoldung der Pfarrer und auf die öffentliche Sittlichkeit, sondern in erster Linie auf die wahre Lehre. Kein Pfarrer soll sich unterstehen, anders zu lehren, zu predigen und die Sakramente zu spenden als nach Gottes Wort, „wie das von uns und den Unseren in die Zeit, in der Gott seine Gnade getan und gegeben hat, angenommen ist“ (S. 143). Der Kurfürst will zwar niemand zum Glauben zwingen, aber er will „schädlichem Aufruhr“ zuvorkommen und keine Sektiererei und Spaltung in seinem Lande dulden. Wer eine solche von der Obrigkeit gebotene „christliche Unterrichtung“ nicht annehmen will, soll sein Hab und Gut „verkaufen und sich aus unserem Lande wenden“ (S. 144). Hier ist nicht davon die Rede, daß der Kurfürst in geistlichen Dingen anders denn als Landesherr verfügt, mit anderen Worten: „Mit dieser Instruktion ist das landesherrliche Kirchenregiment da.“[6]

Als Theologe war vor allem Melanchthon an der Visitation beteiligt. Luther nahm nicht teil. Ihm wurden aber die Visitationsberichte zur Prüfung übersandt. Es fehlte an ausreichenden Instruktionen für die Visitatoren, weshalb die Durchführung einer einheitlichen Kirchenordnung nicht sichergestellt war.

Deshalb arbeitete Melanchthon eine Visitationsordnung aus, zu der Luther mancherlei Verbesserungen beitrug. Sie wurde von den Visitatoren, zu

[5] *Sehling* I 142—148.

[6] *K. Holl*, Luther und das landesherrliche Kirchenregiment: Ges. Aufsätze I (Tübingen [6]1932) 373.

denen inzwischen auch Spalatin gehörte, unter Hinzuziehung von Luther und Bugenhagen im September 1527 durchberaten. Inzwischen hatten die Visitationen und eine ohne sein Wissen erschienene Vorarbeit Melanchthons, die „Articuli de quibus egerunt per visitatores" (1527), Staub aufgewirbelt, waren „visitationis rumores" (WA Br 4, 232, 4) aufgekommen. Auf altkirchlicher Seite glaubte man, in der Visitation eine Annäherung[7] an Lehre und Praxis des „alten Glaubens" feststellen zu können, und im protestantischen Lager warf der Saalfelder Pfarrer Kaspar Aquila Melanchthon Rückkehr zum Papismus vor. Vor allem der Leiter der Schule in Eisleben, Johannes Agricola, war der Wortführer derer, die meinten, die Wittenberger „kröchen wieder zurück" (WA Br 4, 265, 6), das heißt, sie verfielen wieder dem alten Kirchenwesen. Für ihn war der Gesetzespredigt auf Kosten der Freiheit des Evangeliums zuviel Raum gegeben. Nicht mit der knechtlichen Furcht, sondern mit dem Glauben und der Liebe zur Gerechtigkeit habe die Buße zu beginnen[8]. Melanchthon hatte dagegen seine „Articuli" mit dem Satz geschlossen, das Volk würde ohne Gesetzespredigt in Sicherheit gewiegt und bilde sich ein, die Gerechtigkeit aus dem Glauben zu haben, obwohl „der Glaube doch nur in denen sein könne, deren Herzen durch das Gesetz zerknirscht sei" (CR 26, 28).

Der Kurfürst lud deshalb erneut zu Beratungen über die Visitationsordnung am 25. November 1527 nach Torgau ein. Hier fand man einen Kompromiß. „Auf daß die Widersacher nicht sagen könnten, man widerrufe" die bisher vertretene Lehre, fügte man dem ersten Kapitel „Von der Lehre" den Satz ein: Man solle nichts lehren vor dem Glauben, sondern daß „die Buße aus und nach dem Glauben folgt"[9]. Im übrigen wird aber die Notwendigkeit der Gesetzespredigt eingeprägt. Es sei eine Verkürzung des Evangeliums, einseitig von der Sündenvergebung zu sprechen, nicht aber oder nur wenig von der Buße zu sagen, „so doch ohne Buße keine Vergebung der Sünden" sei und sie nicht verstanden werden könne. Die Folge sei, daß die Leute wähnten, sie hätten schon Vergebung ihrer Sünden erlangt, und dadurch sicher und furchtlos würden. Das wäre größerer Irrtum und größere Sünde als je zuvor. Für den „gemeinen, groben Mann" soll „man solche Stücke des Glaubens bleiben lassen, unter dem Namen Buße, Gebot, Gesetz, Furcht etc.", sonst könnte „der gemeine Mann über dem Wort Glauben irre werden und Fragen aufbringen ohne Nutzen"[10]. Der wiederholte Hinweis auf den „gemeinen Mann" macht die Gefahr der Pädagogisierung bzw. Moralisierung des Evangeliums in der lutherischen Volkskirche, wie sie sich jetzt ausprägte, deutlich.

[7] In seiner „Christenliche underrichtung ... uber ettliche Puncten der Visitation" (1528) schreibt Bischof *J. Fabri:* „hettestu also gelert szo wolt ich dir mit leib und gutt beygestanden sein" (*L. Helbling,* Dr. Johann Fabri [Münster 1941] 39).

[8] *J. Rogge,* Johann Agricolas Lutherverständnis (Berlin [o. J.]) 105.

[9] *Sehling* I 152. [10] Ebd.

Der Druck des „Unterrichts der Visitatoren an die Pfarrherren" zog sich noch bis Ende März 1528 hin. Der Text ist in der Hauptsache von Melanchthon. Die Vorrede schrieb Luther. Darin betont er, Aufseher und Visitator zu sein sei das Amt des Bischofs und er hätte es „als aufs höchste vonnöten gerne wieder aufgerichtet gesehen" (WA 26, 197, 15). Wo die Bischöfe ausfielen, hätte es nahegelegen, daß die Reformatoren an ihre Stelle getreten wären. „Doch", so berichtet Luther, „weil unser keiner dazu berufen war oder einen sicheren Befehl dazu hatte", habe er sich an den Kurfürsten gewandt mit der Bitte, etliche tüchtige Männer zu diesem Amt aufzufordern und zu bestellen. Das kommt dem Landesherren aber nicht als weltlicher Obrigkeit zu, der ist „zu lehren und geistlich zu regieren nicht befohlen" (200, 29), sondern um des „Amtes der Liebe, welches allen Christen gemeinsam und geboten ist" (197, 20), willen. Sache der weltlichen Obrigkeit ist es, böswilligen Widerstand zu brechen; denn sie hat „darauf zu achten, daß sich nicht Zwietracht, Rotten und Aufruhr unter den Untertanen erheben" (200, 30). Mit dieser Unterscheidung zwischen dem, was der Kurfürst als Obrigkeit und was er „aus christlicher Lieb", als Glied der Kirche, bei der Visitation zu tun hat, sucht Luther offenbar die Eigenständigkeit der Kirche zu wahren. Damit hat die Vorrede „die Bedeutung einer gewissen Richtigstellung oder eines stillschweigenden Protests"[11] gegen die Instruktion des Kurfürsten von 1527 und das von ihr in Anspruch genommene landesherrliche Kirchenregiment. Freilich ein Protest, der nicht wirksam geworden ist.

Gemäß der Instruktion von 1527 wurden bei der Durchführung der Visitation geeignete Pfarrer als *Superintendenten* eingesetzt, die in einem Bezirk die Aufsicht über ihre Amtsbrüder zu führen hatten und an welche diese sich in schwierigen Fällen wenden konnten. Als solche stellten sich gegen Luthers Erwartung vor allem bald Ehesachen heraus. Pfarrer, deren Lebenswandel, Disziplin und Lehre Grund zu Beanstandungen gaben und bei denen die Ermahnungen des Superintendenten nichts fruchteten, sollten nach dem „Unterricht der Visitatoren" dem Amtmann zur Anzeige beim Kurfürsten gemeldet werden[12]. Eine übergeordnete kirchliche Stelle gab es nicht. Konnte man sich zunächst noch an die Visitationskommissionen oder an den Reformator wenden, so war das keine Lösung auf längere Sicht. Das führte zur Bildung von *Konsistorien.* Auch darin ging Kursachsen beispielhaft voran. Das Bedürfnis nach Ehegerichten gab den ersten Anstoß. Im Auftrage des Kurfürsten Johann Friedrich arbeitete Justus Jonas mit Bugenhagen, Melanchthon und Juristen 1538 ein Gutachten aus: „Der Theologen Bedenken von wegen der Konsistorien, so aufgerichtet werden sollen". Als die Beratungen darüber sich noch hinzogen, wurde das Konsistorium schon

[11] *K. Holl,* Luther und das landesherrliche Kirchenregiment 374.
[12] *Sehling* I 171.

probeweise eingerichtet und nahm Anfang 1539 seine Tätigkeit auf. Eine Konsistorialordnung wurde aber erst 1542 fertiggestellt[13].

Kann man die Superintendenten noch als Träger eines kirchlichen Amtes ansehen, dann war das Konsistorium zwar an die Stelle des Bischofs getreten, in Wirklichkeit aber eine Einrichtung des Landesfürsten. Er berief es, ernannte seine Mitglieder, erließ seine Geschäftsordnung und hatte in allem die letzte Entscheidung. Das Konsistorium bestand aus rechtskundigen fürstlichen Räten und Theologen. Letztere wurden vielfach sogar nur nebenamtlich und von Fall zu Fall herangezogen. Im Laufe der Zeit wurde das Konsistorium zuständig für die Handhabung der Kirchenzucht und des Bannes, für die gesamte Verwaltung der Landeskirche und für die Gerichtsbarkeit in Ehesachen und anderen kirchlichen Streitsachen, wie Patronats- und Zehntrechte. In dieser Behörde fand das landesherrliche Kirchenregiment sein entsprechendes Organ und seine endgültige Festigung.

Schulen und religiöse Unterweisung

Der Abbau des alten Kirchenwesens hatte auch Schulen und Universitäten betroffen. „Die ersten Wirkungen der Reformation auf das Studienwesen" waren „zerstörender Natur"[14]. Kirche und Schule waren ideell und wirtschaftlich zu sehr miteinander verflochten, als daß man das Gefüge jener hätte zerstören können, ohne diese mitzutreffen. Weiter brauchten Unterricht und Wissenschaft Stille und Frieden. Die waren in der Hitze der Polemik und in den Erschütterungen des Bauernkrieges nicht gegeben. Schließlich gab es Kreise, die wie Karlstadt aus der Bibel eine Ablehnung von Bildung und Schule begründeten. Das alles führte zu einem Verfall der Schulen und einem starken Rückgang ihres Besuches. Erasmus klagte 1528 Pirckheimer gegenüber: „Wo immer die lutherische Lehre regiert, da ist Untergang der Wissenschaften."[15] Für Luther wie für Melanchthon hat die Erziehung prinzipiell weltlichen Charakter; geistlich ist sie nur, insoweit sie im Dienst des Wortes steht. Es ist die Pflicht und das Recht der weltlichen Obrigkeit, das Schulwesen zu ordnen und zu erhalten.

Die Schrift „An die Ratsherren aller Städte deutschen Lands, daß sie christliche Schulen aufrichten und halten sollen" (1524) geht aus von der Tatsache, daß „man allenthalben die Schulen zergehen läßt" (WA 15, 28), und ist ein Weckruf an die Stadtregimente, Lateinschulen zu gründen und sich nicht zu entschuldigen mit Ausreden wie: „Können wir doch wohl deutsch die Bibel und Gottes Wort lehren, die uns genugsam ist zur Seligkeit (WA 15, 36). Luther hält Schulen für notwendig für den Dienst am Evangelium wie an der Welt. Denn wenn auch „das Evangelium allein

[13] Ebd. 200—209. [14] *F. Paulsen,* Geschichte des gelehrten Unterrichts I 184.
[15] Brief v. 20. März 1528: Allen VII 366, 40 n. 1977.

durch den heiligen Geist gekommen ist und täglich kommt, so ist's doch durch das Mittel der Sprachen gekommen und hat auch dadurch zugenommen, muß auch dadurch behalten werden" (WA 15, 37). „Und laßt uns das gesagt sein, daß wir das Evangelium nicht wohl werden erhalten ohne die Sprachen ... Sie sind der Schrein, darinnen man dies Kleinod trägt ... Darum ist's gewiß, wo nicht die Sprachen bleiben, da muß zuletzt das Evangelium untergehen" (WA 15, 38). Schulen sind also eine Lebensfrage für das rechte Christentum. Aber auch das weltliche Regiment bedarf „guter Schulen und gelehrter Leute", und man muß dafür sorgen, daß „feine geschickte Leute" sich der Welt annehmen. „Wenn nun gleich keine Seele wäre und man der Schulen und Sprachen gar nicht bedürfte um der Schrift und Gottes willen, so wäre doch allein diese Ursache genugsam, die allerbesten Schulen, beide für Knaben und Maidlein, an allen Orten aufzurichten, daß die Welt auch ihren weltlichen Stand äußerlich zu halten, doch bedarf feiner, geschickter Männer und Frauen ..." (WA 15, 44).

Die Eltern haben hier die nächsten Pflichten, aber diese Aufgabe geht über ihre Kraft. Von den Fürsten ist nichts zu erhoffen. „Darum will's euch, liebe Ratsherren, allein in der Hand bleiben. Ihr habt auch Raum und Fug dazu, besser denn Fürsten und Herren" (WA 15, 45).

Die Unterrichtsfächer gibt Luther zwar an, er stellt aber keinen Lehrplan auf. Das war mehr Melanchthons Sache. Er hatte schon bei der Errichtung der Schule in Eisleben (1525) mitgewirkt. Im letzten Abschnitt des „Unterrichtes der Visitatoren" (1528) legt er nun näher seine Gedanken über die Durchführung des Schulunterrichtes vor. Dabei hat er die bescheidenen Verhältnisse Sachsens vor Augen und verzichtet von vornherein auf Griechisch und Hebräisch.

Ja, um der Konzentration willen, „die armen Kinder (nicht) mit solcher Mannigfaltigkeit zu beschweren"[16], soll auch kein Deutsch gelehrt werden. Es geht Melanchthon und es ging in den Schulen damals nur um die lateinische Sprache. Schon die Fibel war lateinisch; Deutsch kam gar nicht vor.

Die Schule soll sich in drei Stufen aufbauen. In der ersten lernen die Kinder Lesen und Schreiben, in der zweiten die Grammatik und in der dritten dazu Metrik, Dialektik und Rhetorik. Ein Tag, Samstag oder Mittwoch, ist der „Christlichen Unterweisung" gewidmet. „Nichts als die hl. Schrift zu lernen" ist ebensowenig zu dulden wie „nichts aus der hl. Schrift zu lernen"[17]. Es sollen das Vaterunser, das Glaubensbekenntnis, die Zehn Gebote und eine Reihe von Psalmen gelernt und ausgelegt werden. Aus dem NT soll das Matthäusevangelium „grammatice exponiert" werden. Sonst ist höchstens noch für die älteren Jungen die Auslegung der Timotheusbriefe, des 1. Johannesbriefes und der Sprüche Salomons vorgesehen. Weitere Bücher der Heiligen Schrift zu behandeln, verbiete die pädagogische Rücksicht. „Denn es ist nicht fruchtbar, die Jugend mit schweren und hohen Büchern zu beladen",

[16] *Sehling* I 172. [17] Ebd. 173.

etwa mit Isaias, Römerbrief, Johannesevangelium[18]. Wie damalige Schulordnungen, z. B. die Wittenberger von 1533, die Braunschweigische und Hamburgische von 1528 und die Schleswig-Holsteinische von 1542 zeigen, sind die Grundsätze des „Unterrichts der Visitatoren" in Kursachsen durchgeführt und für andere Gebiete vorbildlich geworden. Neu war die Aufnahme des Religionsunterrichtes in den Lehrplan der Schulen. Es gab solche aber nur in den Städten und auch da längst nicht in allen. So konnte man ihnen allein die religiöse Unterweisung der Jugend nicht überlassen. Deshalb sollten am Sonntagnachmittag, weil dann „das Gesind und junge Volk in die Kirche kommt, . . . fortlaufend die Zehn Gebote, die Artikel des Glaubens und das Vaterunser gepredigt und ausgelegt werden"[19]. Dabei soll man „auch von den Sakramenten der Taufe und des Altars mit Fleiß predigen" (169). Die Texte sollen „um der Kinder und anderer einfältiger, unwissender Leute willen Wort für Wort vorgesprochen werden" (ebd.).

Die Visitationen hatten bei den Gemeinden wie bei den Predigern eine grobe Unwissenheit offenkundig gemacht. Melanchthon begegnete einem Pfarrer, der nicht einmal die Zehn Gebote wußte. Es bedurfte dringend geeigneter Lehrbücher. Schon in der „Deutschen Messe" hatte Luther betont: „Wohlan in Gottes Namen ist aufs erste im deutschen Gottesdienst ein grober, schlechter, einfältiger, guter Katechismus vonnöten" (WA 19, 76, 1). Hier ist Katechismus noch im weiteren Sinn als mündlicher Unterricht mit den fünf Hauptstücken (Gebote, Glauben, Vaterunser, Taufe, Abendmahl) gemeint, es war aber nicht weniger nach einem Buch verlangt, in dem dieser Unterricht für die Pfarrer und Hausväter, die ihren Kindern und dem Gesinde die Wahrheit „vorstellen" sollten, niedergelegt war. Luther machte sich an die Arbeit, um diesen dringenden Bedarf zu decken. Es hatten sich vor ihm schon andere dieser Aufgabe angenommen. „Zwischen 1522 und 1529 sind gegen dreißig solcher Katechismusversuche herausgekommen, von denen manche in vielen Auflagen gedruckt wurden."[20] Neben Melanchthon und Bugenhagen hatte vor allem Johannes Brenz in Schwäbisch Hall ein solches Büchlein für den religiösen Jugendunterricht geschaffen. Er nannte es „Fragestücken des christlichen Glaubens" (1527/28). Andreas Althammer in Ansbach gab seinem Religionsbuch schon den Titel „Catechismus. Die ist Unterweisung zum Christlichen Glauben" (1528). Luther hatte seit 1516 öfter Katechismuspredigten gehalten. Aus dieser praktischen Tätigkeit erwuchsen mehrere Auslegungen der Zehn Gebote und des Vaterunsers, die eine starke Wirkung ausübten[21]. Nach den Wittenberger Un-

[18] Ebd. 173. [19] Ebd. 168.

[20] *J. M. Reu,* D. Martin Luthers Kleiner Katechismus. Die Geschichte seiner Entstehung, seiner Verbreitung und seines Gebrauches (München 1929) 14.

[21] „Eine kurze Erklärung der 10 Gebote" (1518; WA 1, 250—256); „Eine kurze Form der 10 Gebote. Eine kurze Form des Glaubens. Eine kurze Form des Vaterunsers" (1520; WA 7, 204—229); „Eine kurze Form, das Paternoster zu verstehen und zu beten" (1519;

ruhen wurde die Katechismuspredigt in der dortigen Stadtkirche eine feste Einrichtung. In Vertretung von Johannes Bugenhagen hielt Luther 1528 diese Reihenpredigten über die fünf Hauptstücke wieder einmal selbst, und zwar in drei Zyklen während der Quatemberwochen im Mai, September und Dezember. Vor dem dritten hatte er an der Visitation teilgenommen. Die hier gemachten Erfahrungen bestimmten ihn zur Abfassung eines Katechismus. Die Katechismuspredigten boten dafür das Material. Es sollte ein Buch „für die rohen Heiden" (WA Br 5, 5, 22), das heißt für das gemeine, ungebildete Volk, werden. Dafür wurde es aber zu umfangreich, so daß Luther sich noch während der Ausarbeitung entschlossen zu haben scheint, einen weiteren, ganz kurzen Katechismus zu schreiben. Dieser Kleine Katechismus erschien Anfang 1529 zunächst nach spätmittelalterlichem Brauch auf Tafeln, die in Kirche, Schule und Haus aufgehängt werden konnten, damit sich so der Text leichter einprägte. Der Große Katechismus kam im April 1529 als „Deutsch Katechismus Martin Luther" (WA 30 I 125—238) heraus. Danach am 26. Mai erschien „Der kleine Katechismus für die gemeine Pfarrherr und Prediger" (WA 30 I 264—339). Während der Große die einzelnen Stücke ausführlich in der Form einer Predigt oder eines Lehrkapitels darlegt, ist der Kleine Katechismus in der Form von Frage und Antwort abgefaßt. Durch ihn und durch seine geistlichen Lieder ist Luther der große religiöse Volksbildner geworden. Schon früh bekamen seine beiden Katechismen normative Bedeutung. Sie wurden 1580 in das Konkordienbuch aufgenommen und in der „Epitome" der Konkordienformel als „der Laien Bibel" bezeichnet, „worin alles begriffen, was in Heiliger Schrift weitläufig gehandelt und einem Christenmenschen zu seiner Seligkeit zu wissen vonnöten ist"[22].

20. Kapitel

Clemens VII. und Karl V.

LITERATUR: *Pastor* IV 2 (Freiburg [12]1928) 161—643 (Lit.); *T. Pandolfi,* Giovan Matteo Giberti e l'ultima difesa della libertà d'Italia negli anni 1521—1525: AS Romana 34 (1911) 131—237; *E. Rodocanachi,* Les pontificats d'Adrien VI et de Clément VII (Paris 1933); *K. Brandi,* Kaiser Karl V., I (München [6]1961), II (München 1941); *P. Rassow,* Die Kaiser-Idee Karls V. (Berlin 1932); *ders.,* Die politische Welt Karls V. (München [2]1947); *M. Salomies,* Die Pläne Karls V. für eine Reichsreform (Helsinki 1953); *J. Calmette,* Charles V (Paris 1945); *R. Tyler,* The Emperor Charles the Fifth (London 1956; dt. Stuttgart 1959); *P. Rassow - F. Schalk* (Hrsg.), Karl V. Der Kaiser und seine Zeit (Köln 1960); *I. Ludolphy,* Die Voraussetzungen der Religionspolitik Karls V. (Stuttgart 1965).

WA 6, 11—19); „Eine kurze und gute Auslegung des Vaterunsers vor sich und hinter sich" (1519; WA 6, 21 f); „Auslegung deutsch des Vaterunsers für die einfältigen Laien" (1519; WA 2, 80—130).

[22] BSLK 769.

Der entschiedene Parteigänger des Kaisers, Kardinal Giulio de' Medici, der als Kandidat der kaiserlichen Partei das zweimonatige Konklave am 19. November 1523 als Clemens VII. verließ, sollte als Papst bald ganz andere Wege einschlagen. Er weigerte sich, das von Hadrian VI. geschlossene Verteidigungsbündnis mit dem Kaiser zu erneuern, und nahm bald geheime Verbindungen mit Frankreich auf. Sein Sinn stand einseitig darauf, den Kirchenstaat aus der Umklammerung durch die habsburgische Weltmacht, die Neapel und Mailand beherrschte, zu lösen. Wenn schon die eigenen Kräfte nicht ausreichten, alle „Barbaren" aus Italien zu vertreiben, dann sollte wenigstens ein politisches Gleichgewicht hergestellt werden, indem man Franz I. Mailand in die Hände spielte. Auf diese Weise meinte Clemens VII. auch den Interessen seiner Familie zu nützen und die Herrschaft der Medici in Florenz zu sichern. Er dachte in erster Linie politisch, aber nicht im Sinne eines universalen Papsttums, sondern als Herr einer italienischen Dynastie. Diese wiederum war zu schwach, um ein entscheidendes Gewicht im Ringen der Großmächte zu haben. Außerdem fehlte Clemens VII. das Format und die Standfestigkeit eines großen Politikers. Er war zwar geistig regsam, gewissenhaft in der Wahrnehmung seiner Amtsgeschäfte und unterschied sich, was die Lebensführung angeht, vorteilhaft von seinem leichtsinnigen und verschwendungssüchtigen Vetter Leo X. „Zugleich aber eignete ihm eine schreckliche Unentschlossenheit, ein Wankelmut und eine Furchtsamkeit, die ihn unter ewigen Verhandlungen und halben Maßnahmen die besten Gelegenheiten verpassen ließen und ihn schließlich bei Freund und Feind in den Ruf der Unzuverlässigkeit brachten."[1] Diesem Papst stand in Karl V. ein Herrscher gegenüber, der ganz erfüllt war von der universalen Kaiseridee, dem 1523 sein großer politischer Erzieher und Kanzler Gattinara in einer Denkschrift ins Bewußtsein gegraben hatte: „Eure Angelegenheiten sind die der ganzen Christenheit und gewissermaßen der ganzen Welt."[2]

Anfänglich bemühte sich der Papst um den angesichts der Türkengefahr dringend geforderten Frieden unter den christlichen Mächten. Doch seine Friedensvermittlung scheiterte. Nach einer Reihe von Niederlagen gelang es Franz I., am 26. Oktober 1524 Mailand wieder in seine Hände zu bringen. Unter dem Eindruck dieses Erfolges ließ sich der Papst am 12. Dezember zu einem Bündnis mit Frankreich und Venedig gewinnen, das den französischen Truppen den Durchzug durch den Kirchenstaat gestattete, dem Papst den Besitz von Parma und Piacenza und die Garantie der Herrschaft der Medici in Florenz zusicherte. Dem über seine Unzuverlässigkeit aufgebrachten Kaiser schrieb Clemens VII. am 5. Januar 1525, „ungern und gezwungen"

[1] *Jedin* I 177.

[2] *K. Brandi*, Berichte und Studien IX: Eigenhändige Aufzeichnungen Karls V. aus dem Jahre 1525. Der Kaiser und sein Kanzler: NCG, phil.-hist. Kl. 1933 (Berlin 1933) 243 f.

habe er sich den Franzosen ergeben müssen. Mit der vernichtenden Niederlage der Franzosen bei Pavia am 24. Februar 1525 und der Gefangennahme Franz' I. waren die klug gemeinten Berechnungen des Papstes zunichte. Er sah sich gezwungen, sich wieder den Schutz des Kaisers zu sichern. Dieser konnte Frankreich den Frieden von Madrid (14. 1. 1526) diktieren und scheinbar zur Erfüllung all seiner Wünsche kommen. Franz verzichtete u. a. auf Neapel, Mailand und Genua, weiter auf seine Rechte in Flandern und Artois. Er versprach Burgund mit den Nebenländern abzutreten und zum Zeichen dauernder Freundschaft Karls Schwester Eleonore zur Ehe zu nehmen. Seine beiden älteren Söhne sollten als Geiseln die Ausführung des Vertrages sichern. Doch Franz I. hatte schon zuvor durch notariellen Protest den Frieden, als durch Gefangenschaft erzwungen, für ungültig erklärt und dachte nicht daran, ihn zu halten. So hatte der Kaiser letzthin nur erreicht, daß seine alten Gegner aus Furcht vor der habsburgischen Übermacht sich um so enger zusammenschlossen und neue hinzukamen. Das bisher mit ihm verbündete England schloß einen Sonderfrieden mit Frankreich und begünstigte die *Liga von Cognac*. Zu dieser verbanden sich am 22. Mai 1526 Franz I., Venedig, Florenz, Francesco Sforza und der Papst. Dieser will nach seinem Schreiben an den Kaiser vom 23. Juni 1526 zu diesem Schritt von der Sorge um den Frieden der Christenheit, die Freiheit Italiens und die Sicherheit des Heiligen Stuhles bestimmt gewesen sein, während Karl V. den Frieden störe und die übergroßen Gunstbezeigungen mit Undank vergelte. Dagegen verwahrte sich der Kaiser in einer Staatsschrift vom 17. September 1526 aufs schärfste. Er, der Kaiser, habe sich in Deutschland schützend vor den Apostolischen Stuhl gestellt. Auch heute noch wünsche er den Frieden. Lege der Papst die Waffen nieder, so würden alle anderen seinem Beispiel folgen und man könne die Kraft der Christenheit gegen Ketzer und Türken kehren. Anderenfalls sei er nicht Vater, sondern Feind, nicht Hirte, sondern Wolf. Die Denkschrift droht schließlich mit dem Konzil: „Denn da wir aus den angegebenen und anderen Gründen die gesamte kirchliche Ordnung und christliche Religion gestört und Unsere sowie der Christenheit Interessen gefährdet sehen, halten Wir für angebracht, das Heilige Allgemeine Konzil anzurufen.“ [3]

Die Kardinäle forderte der Kaiser auf, beim Versagen des Papstes ihrerseits ein allgemeines Konzil einzuberufen. Clemens VII. verabscheute und fürchtete das Konzil aus vielerlei Gründen. Der Konziliarismus des 15. Jh. war ja nicht wirklich überwunden, sondern nur auf dem Wege päpstlicher Konkordatspolitik lahmgelegt worden. Im Augenblick mußte ein Konzil eine Stärkung der Zentralgewalt des Kaisers bringen, die der Papst nicht weniger als Frankreich fürchtete. Schließlich hatte der illegitime Mediceersproß von

[3] *Le Plat* II (Löwen 1781) 247—288, 9; *K. Brandi* I 216; *H. Jedin*, Die Päpste und das Konzil in der Politik Karls V.: P. Rassow (Hrsg.), Karl V. Der Kaiser und seine Zeit (Köln 1960) 104—117, S. 106.

einem Reformkonzil auch Kritik an seiner Person oder gar die Infragestellung seiner Legitimität als Papst zu erwarten.

Die Konzilsdrohung des Kaisers machte zwar Eindruck auf den Papst, vermochte ihn aber nicht aus dem Bündnis mit Frankreich und England zu lösen. Das erreichten erst die kriegerischen Ereignisse, die in den folgenden Monaten über Rom und den Papst einbrachen. Die Familie Colonna unter Führung des Kardinals Pompeo Colonna machte einen Überfall auf Rom und plünderte die Leostadt. Das war jedoch nur Vorspiel von Schlimmerem. Im Spätherbst hatte Jörg von Frundsberg die Alpen überquert und mit seinen deutschen Landsknechten die spanischen Truppen verstärkt. Im Februar 1527 vereinigte er sich mit Karl von Bourbon. Doch der Sold blieb aus. Strapazen und Hunger führten zu Meutereien, gegen die Frundsberg nichts auszurichten vermochte. Ihn traf der Schlag. Die zuchtlosen Truppen trieben der Ewigen Stadt zu, wo sie sich reiche Beute versprachen und am Papst, dem Feind des Kaisers, Rache zu nehmen gedachten. Dazu nährten der alte und tiefsitzende antirömische Affekt der Deutschen und die neuen Parolen vom Antichristen im römischen Babel die Lust, das reiche und lasterhafte Rom zu strafen. Karl von Bourbon fiel schon zu Beginn des Angriffs auf die Ewige Stadt am 6. Mai 1527. Um so wilder wurde das Morden und Plündern der führerlosen Soldateska. Der Sacco di Roma wurde zum Strafgericht am Rom der Renaissance. Der Papst war in die Engelsburg geflüchtet, mußte sich aber am 5. Juni ergeben und war seitdem sechs Monate lang der Gefangene der kaiserlichen Truppen, bis er sich durch Hinnahme der Besetzung wichtiger Städte des Kirchenstaates, mit Hilfe erheblicher Geldsummen und durch das Versprechen der Neutralität am 6. Dezember die Freiheit erkaufen konnte. Bis Oktober 1528 blieb er dem verwüsteten und entvölkerten Rom fern. Inzwischen waren die Truppen des Kaisers in Oberitalien und im Königreich Neapel erfolgreich. Der Papst sah seinen Vorteil auf der Seite des Kaisers. Als ihm dazu noch versichert wurde, der Kaiser bestünde nicht unbedingt auf einem Konzil und es gebe auch andere Mittel, mit den Protestanten fertig zu werden, etwa ein Schiedsgericht von Gelehrten oder ein Religionsgespräch, war er zum Frieden bereit, der am 29. Juni 1529 in Barcelona geschlossen wurde. Der Kaiser sicherte die Wiederaufrichtung der Herrschaft der Medici in Florenz und die Rückgabe von Städten wie Ravenna, Modena und Reggio an den Kirchenstaat zu. Er wurde dafür erneut mit Neapel belehnt und erhielt die Verfügung über dessen Benefizien. Papst und Kaiser schlossen ein Verteidigungsbündnis gegen die auf Wien vorrückenden Türken und verpflichteten sich zu gemeinsamem Vorgehen gegen die Häretiker. Da auch der Friede mit Frankreich sich anbahnte — er wurde am 3. August 1529 als „Damenfrieden von Cambrai“ zwischen Margarete von Parma und Louise von Savoyen, der Mutter Franz’ I., geschlossen —, konnte Karl V. die schon länger angekündigte Fahrt nach Italien unternehmen.

In Bologna traf er am 5. November 1529 mit dem Papst zusammen. Vier Monate wohnte er Tür an Tür mit ihm und suchte ihn in Gesprächen unter vier Augen für das Konzil zu gewinnen. Doch vermochte er das Mißtrauen Clemens' VII. nicht zu überwinden und nur eine bedingte Zusage zu erreichen. Der Papst wollte den Frieden gesichert und Schismen — hier war in erster Linie an Frankreich gedacht — ausgeschlossen wissen[4].

Am 24. Februar 1530, seinem Geburtstag und dem Jahrestag der Schlacht von Pavia, empfing Karl in San Petronio in Bologna aus der Hand des Papstes die Kaiserkrone. Die alte Einheit von Kaiser und Papst schien wiederhergestellt und die Voraussetzung für den Frieden der Christenheit neu geschaffen. Diese Krönung — die letzte, die ein Papst vornehmen sollte — war aber mehr ein Abschluß als ein Neubeginn. Ein wirkliches Einvernehmen zwischen Kaiser und Papst, das zur Abwehr der Türkengefahr und zur Überwindung der Glaubensspaltung in Deutschland so notwendig gewesen wäre, kam auch in der folgenden Zeit nicht zustande. Seine dynastischen Interessen und die Angst vor der Vormachtstellung des Kaisers in Italien führten Clemens VII. erneut zu einer Annäherung an Frankreich. Im Oktober 1533 begab er sich nach Marseille, um seine Großnichte Katharina de' Medici mit Heinrich von Orléans, dem zweiten Sohn des französischen Königs, zu trauen. Die bei dieser Gelegenheit geführten Gespräche mit Franz I. blieben geheim. Um so mehr mußten sie das Mißtrauen des Kaisers erregen. In die letzten Jahre des Pontifikates fällt auch die entscheidende Phase der Ehescheidung Heinrichs VIII. von England und damit die Loslösung dieses Landes von der Kirche. Am 24. März 1534 sprach der Papst das Urteil, welches die Ehe des Königs mit Katharina von Aragón für gültig erklärte. Den endgültigen Bruch — die Suprematsakte vom 3. November 1534 — erlebte der Papst nicht mehr. Am 25. September 1534 starb Clemens VII. „Wohl der unheilvollste aller Päpste, die je auf dem römischen Stuhle gesessen" (Ranke). Unheilvoll vor allem, weil er keinen entscheidenden Schritt zur Erneuerung der Kirche tat, ja das lange fällige Konzil nicht wollte und meinte, die Einheit der Kirche lasse sich mit politischen Mitteln, mit Hilfe einer geschickten Diplomatie, sicherstellen.

21. Kapitel

Die Protestation von Speyer und das Marburger Religionsgespräch

Packsche Händel: *Schottenloher* 40566a—91; *J. Kühn,* Über die Verantwortlichkeit an der Entstehung des politischen Protestantismus: Festschr. W. Goetz (Leipzig 1927); *ders.,* Landgraf Philipp von Hessen, Der politische Sinn der Packschen Händel: Festschr. E. Brandenburg (Leipzig 1928); *K. Dülfer,* Die Packschen Händel, 2 Bde (Marburg 1958).

Reichstag zu Speyer: Deutsche Reichstagsakten unter Karl V., VII., bearb. von

[4] *Jedin* I 195f.

J. Kühn (Stuttgart 1935); Die Appellation und Protestation der ev. Stände auf dem Reichstag zu Speier, hrsg. von *J. Ney* (1906; Neudruck Darmstadt 1967); *J. Kühn,* Die Gesch. des Speyrer Reichstages 1529 (Leipzig 1929); *J. Boehmer,* Protestari und protestatio, protestierende Obrigkeiten und protestantische Christen: ARG (1934) 1—22.

Widerstandsrecht: Vgl. Kap. 23.

Marburger Religionsgespräch: Vgl. Kap. 14; *H. Heppe,* Die fünfzehn Marburger Artikel vom 3. Oktober 1529 (Kassel [2]1854) (Faksimile); *M. Lenz,* Zwingli und Landgraf Philipp: ZKG 3 (1879) 28—62 220—274 429—463; *ders.* (Hrsg.), Briefwechsel Landgraf Philipps des Großmütigen von Hessen mit Bucer, 3 Bde (Leipzig 1880, 1887, 1891); *R. Hauswirth,* Landgraf Philipp von Hessen und Zwingli: Zwingliana 11 (1959/63) 499—552; *H. v. Schubert,* Bekenntnisbildung und Religionspolitik 1529/30 (Gotha 1910); *ders.,* Anfänge ev. Bekenntnisbildung bis 1529/30 (Leipzig 1928); *W. Köhler,* Das Marburger Religionsgespräch 1529. Versuch einer Rekonstruktion (Leipzig 1929); *ders.,* Zwingli und Luther II (Gütersloh 1953); *E. Bizer,* Studien zur Gesch. des Abendmahlsstreits im 16. Jh. (Gütersloh 1940); *H. Köditz,* Die gesellschaftlichen Ursachen des Scheiterns des Marburger Religionsgesprächs 1529: Zschr. f. Geschichtswiss. 2 (1954) 37—70; *J. Staedtke,* Eine neue Version des sog. Utinger-Berichtes vom Marburger Religionsgespräch 1529: Zwingliana 10 (1954/58) 210—216; *F. Büsser* (Hrsg.), Beschreibung des Abendmahlstreites von Johannes Stumpf (Zürich 1960); *H. W. Neuser,* Eine unbekannte Unionsformel Melanchthons vom Marburger Religionsgespräch: ThZ 21 (1965) 181—199; *Chr. Gestrich,* Zwingli als Theologe, Glaube und Geist beim Zürcher Reformator (Diss. Zürich 1966); *S. Hausammann,* Die Marburger Artikel — eine echte Konkordie?: ZKG 77 (1966) 288—321.

Heinrich Bullinger: WW: Reformationsgeschichte, hrsg. von *J. J. Hottinger - H. H. Vögeli,* 3 Bde (Frauenfeld 1838/40); Diarium, hrsg. von *E. Egli* (Basel 1904); Das höchste Gut, hrsg. von *J. Staedtke* (Zürich 1955); Das 2. helvetische Bekenntnis, hrsg. von *R. Zimmermann - W. Hildebrandt* (Zürich 1936).

LITERATUR: *Schottenloher* 2049—2122; 45237—46; 52997—53032; *C. Pestalozzi,* Heinrich Bullinger. Leben und ausgewählte Schriften (Elberfeld 1858); *A. Bouvier,* Heinrich Bullinger réformateur et conseiller œcuménique (Neuchâtel 1940); *F. Blanke,* Der junge Bullinger (Zürich 1942); *W. Hollweg,* Heinrich Bullingers Hausbuch (Neukirchen 1956); *P. Walser,* Bullingers Lehre von der Prädestination (Zürich 1957); *H. Fast,* Heinrich Bullinger und die Täufer (Weierhof 1959); *J. Staedtke,* Die Theologie des jungen Bullinger (Zürich 1962) (Bibliogr. bis 1528 u. Lit.); Glauben und Bekennen, 400 Jahre Confessio Helvetica Posterior (Zürich 1966).

Auf dem Reichstag zu Speyer 1526 hatte man das Wormser Edikt faktisch suspendiert. Der Kaiser war durch den Krieg in Italien gebunden und Ferdinand durch die Türkengefahr und den Streit um Ungarn, d.h. um die Reste des Reiches seines in der Schlacht bei Mohács (1526) gefallenen Schwagers Ludwig II., in Anspruch genommen. Diese Zeit konnten die der Reformation zuneigenden Fürsten, Sachsen und Hessen an der Spitze, ausnutzen, um das neue Kirchenwesen in ihrem Lande aufzubauen und zu festigen. Trotzdem griff im steigenden Maße ein Gefühl der Unsicherheit um sich. Das gegenseitige Mißtrauen vertiefte sich. So schaute man sich nach Bundesgenossen um. Besonders aktiv war dabei der im politischen Geschäft wenig von Skrupeln geplagte Philipp von Hessen. Sein Bestreben war, Herzog Ulrich von Württemberg in sein Land zurückzuführen und durch Sprengung des Schwäbischen Bundes die oberdeutschen Städte für ein evangelisches Bündnis zu gewinnen. Beides sollte Habsburg schwächen und die Anhänger der Reformation in den Stand setzen, sich gegen künftige ungünstige Reichstagsbeschlüsse zur Wehr zu setzen.

Diese weitgespannten Pläne Philipps des „Großmütigen" hätten mit den „Packschen Händeln" damals schon fast zum Krieg geführt. Otto Pack, ein Sekretär Herzog Georgs von Sachsen, teilte Februar 1528 Philipp mit, Erzherzog Ferdinand, Herzog Georg von Sachsen, Kurfürst Joachim von Brandenburg und andere katholische Fürsten hätten mit den Bischöfen von Mainz, Salzburg, Würzburg und Bamberg in Breslau ein Offensivbündnis geschlossen, um die Ketzerei auszurotten und die Fürsten von Sachsen und Hessen ihrer Herrschaft zu berauben. Daraufhin verbündete Philipp sich mit dem Kurfürsten Johann von Sachsen zu einem Präventivkrieg und nahm Verbindung mit Frankreich, Dänemark und Zapolya, dem Rivalen Ferdinands in Ungarn, auf. Zunächst sollten die Bistümer Würzburg und Bamberg besetzt werden. Luther und die Wittenberger Theologen hatten Bedenken gegen einen Angriffskrieg für das Evangelium und betonten die Gehorsamspflicht der Stände gegenüber dem Kaiser. Ohnehin erwiesen sich die Packschen Dokumente als Fälschungen, so daß der Kriegszug in den Anfängen zusammenbrach. Trotzdem erreichte Philipp von den fränkischen Bischöfen Ersatz für die Rüstungskosten und von dem Mainzer Erzbischof Verzicht auf die geistliche Gerichtsbarkeit in Hessen.

Der Reichstag zu Speyer 1529

Die Bündnispläne bekamen bald neuen Auftrieb durch den Reichstag in Speyer, der am 15. März 1529 eröffnet wurde. Karl hatte sich mit dem Papst versöhnt, und der Friede mit Frankreich stand vor dem Abschluß. So konnte der Kaiser an eine Regelung der Verhältnisse im Reich denken. Zu Beginn der Verhandlungen lag seine Proposition noch nicht vor. Die dafür von Ferdinand unterbreiteten Vorschläge[1] waren schärfer und weitgehender. Die Türkenhilfe stand im Vordergrund. Trotzdem wurde die Religionsfrage energisch behandelt. Bei Strafe der Reichsacht sollte es verboten sein, jemand „des Glaubens halber" seine Regierungsgewalt und Güter zu nehmen oder zu einem anderen Glauben zu zwingen. Der Reichstagsabschied von 1526 wurde für aufgehoben erklärt, weil er zu Mißverständnissen und Willkür Anlaß gegeben habe.

Der beratende Ausschuß verschärfte die Vorlage noch. Immerhin durften die Neuerungen weiterbestehen; nur sollte die Messe überall toleriert werden und die Sakramentarier und Wiedertäufer verboten sein[2]. Dagegen legten die evangelischen Stände am 19. und 20. April den feierlichen Protest ein, der ihnen den Namen „Protestanten" einbrachte[3]. Ohne Rücksicht dar-

[1] RTA VII 1129—36. [2] Gutachten vom 15. 4.: RTA 1140—43.
[3] RTA VII 1262—65 1274—88.

auf wurde der Reichstagsabschied am 22. April unterzeichnet. Darin wird der Kaiser ersucht, beim Papst die Berufung eines „freien Generalkonzils in deutscher Nation" zu beantragen. Dieses soll binnen einem Jahre nach Metz, Köln, Mainz, Straßburg oder einem anderen deutschen Ort berufen werden und spätestens nach einem weiteren Jahr seine Arbeit aufnehmen, „damit die deutsche Nation im heiligen christlichen Glauben vereinigt und der schwebende Zwiespalt erörtert werden könne" [4]. Andernfalls soll „eine allgemeine Versammlung aller Stände deutscher Nation" [5], eine Art Nationalkonzil also, stattfinden. Das Wormser Edikt soll dort, wo es bisher gehalten wurde, in Kraft bleiben. Wo die neue Lehre eingeführt ist und ohne Aufruhr nicht beseitigt werden kann, soll hinfort alle weitere Neuerung bis zum künftigen Konzil verhütet werden. Vor allem dürfen Lehren und Sekten, die sich gegen das Sakrament des Leibes und Blutes Christi wenden, d. h. Zwinglianer und Täufer, nicht zugelassen und die Messe nicht abgeschafft werden. „Auch an den Orten, wo die andere Lehre entstanden ist und gehalten wird, darf nicht verboten und behindert werden, die Messe zu hören." [6] Alle „Wiedertäufer und Wiedergetauften, Männer und Frauen verständigen Alters, sollen vom natürlichen Leben zum Tod mit dem Feuer, Schwert oder dergleichen ... ohne vorausgehende Inquisition der geistlichen Richter gebracht werden" [7]. Schließlich heißt es: „Wir, auch Kurfürsten, Fürsten, Prälaten, Grafen und Stände, haben uns einmütig verglichen und einander in guten wahren Treuen zugesagt, daß keiner von geistlichem oder weltlichem Stand den anderen des Glaubens halben vergewaltigen, dringen oder überziehen, noch auch seiner Renten, Zinsen, Zehnten oder Güter entwehren" [8] solle.

Von dem Protest der evangelischen Stände war offiziell nicht Kenntnis genommen worden. Sie gaben ihn deshalb in erweiterter Form als Appellation an den Kaiser am 25. April zu Protokoll[9]. Jetzt erklärten 14 Städte, mit St. Gallen u. a. die Reichsstädte Straßburg, Nürnberg, Ulm, Konstanz, ihren Anschluß an den Protest der Fürsten. Neben dem Kurfürsten von Sachsen und dem Landgrafen von Hessen hatten unterschrieben Herzog Ernst von Lüneburg, Markgraf Georg von Brandenburg und Fürst Wolfgang von Anhalt. In dem Protest wird das Dilemma, in dem die Religionsfrage steckte, deutlich. Man fordert Toleranz, ist aber nicht bereit, sie zu gewähren; man wehrt sich gegen Mehrheitsbeschlüsse in Gewissensfragen — „in Sachen Gottes Ehre und der Seele Seligkeit belangend, muß ein jeglicher für sich selbst vor Gott stehen und Rechenschaft geben" [10] —, scheint aber die Autorität eines allgemeinen Konzils anzuerkennen. Man ist überzeugt, das Wort Gottes „ohne allen Zweifel pur, lauter, rein und recht zu haben" [11]. Deshalb hieße zugeben, daß die evangelische Lehre nur geduldet würde, wo sie bisher eingeführt sei, nicht nur „stillschweigend, sondern öffentlich unseren

[4] RTA VII 1299. [5] RTA VII 1142. [6] RTA VII 1143. [7] RTA VII 1299.
[8] RTA VII 1301. [9] RTA VII 1346—56. [10] RTA VII 1277. [11] RTA VII 1280.

Herrn und Heiland Christus und sein heiliges Wort . . . verleugnen“ [12]. Die Messe dagegen auch nur zu dulden würde bedeuten, der evangelischen „Prediger Lehren, die wir doch für christlich und zuverlässig halten“, Lügen strafen. Ja, selbst wenn „die päpstliche Messe nicht wider Gott und sein heiliges Wort wäre, dürfte man sie nimmer mehr beibehalten“ [13], weil zweierlei Kult in einem Gebiet unerträglich sei und beim gemeinen Mann, gerade wenn er es ernst meine mit Gottes Ehre, „zu Widerwärtigkeiten, Aufruhr, Empörung und Unglück aller Art“ führen müsse.

Wenn auch weder der Kaiser noch König Ferdinand in der Lage waren, den Reichstagsabschied durchzuführen, so sahen die Protestanten sich doch veranlaßt, auf ihren Schutz bedacht zu sein und sich nach Bundesgenossen umzuschauen. Noch am Tage des Reichstagsabschiedes schlossen Kursachsen, Hessen, Nürnberg, Straßburg und Ulm ein Geheimbündnis zur Verteidigung gegen eventuelle Angriffe. Doch die Pläne Philipps von Hessen gingen weiter. Sie zielten auf ein umfassendes Kampfbündnis gegen Habsburg. Dem kamen die Bestrebungen Zwinglis entgegen, das „Christliche Burgrecht“ zu einer antihabsburgischen Koalition auszuweiten. Dem standen aber die Kontroversen über das Abendmahl im Wege. Von den Wittenbergern wurden sie sehr ernst genommen. Ihnen war das Bekenntnis wichtiger als das Bündnis. Luther hatte die Kluft zu Zwingli durch sein feierliches, „großes Bekenntnis vom Abendmahl Christi“ (WA 26, 261—509) deutlich gemacht und durch heftige Polemik, ja durch Diffamierungen eine Verständigung erschwert. Philipp von Hessen suchte zu vermitteln. Auf dem Speyerer Reichstag hatte er mit Erfolg verhütet, daß die Lutheraner sich von den oberdeutschen Städten, die Zwinglis Lehre zuneigten, trennen ließen. So hatten diese dem Protest beitreten können. Am 22. April, als in Speyer das Bündnis der Protestanten zustande kam und in Waldshut die „Christliche Vereinigung“ zwischen den katholischen Orten der Schweiz und Österreich unterzeichnet wurde, schrieb der Landgraf an Zwingli, es solle zu einem Treffen mit Luther und Melanchthon kommen, um sich über das Sakrament „auf Grund der Heiligen Schrift zu vergleichen“. Denn die Papisten hätten auf dem Reichstag aus der Uneinigkeit derer, „die dem reinen lauteren Wort Gottes anhangen“, Vorteile für ihr „Bubenwerk“ gezogen (ZW 10, 108f). Das Gespräch kam aber erst im Oktober zustande. Denn während Zwingli den Plan mit Begeisterung aufnahm (ZW 10, 117f), hatte man in Wittenberg politische und theologische Bedenken.

Zwinglis Abendmahlslehre

Schon in den „Schlußreden“ der 1. Züricher Disputation (29. 1. 1523) hatte Zwingli mit Hinweis auf das „ein für allemal“ des Hebräerbriefes (Hebr 7,

[12] Ebd. [13] RTA VII 1281.

27) in längeren Ausführungen das Meßopfer abgelehnt. Es bedeute eine „Minderung und Schmähung" des einen vollkommenen Opfers Christi. Die Messe sei lediglich dessen „Wiedergedächtnis" und eine „Versicherung der Erlösung, die Christus uns bewiesen" (ZW 2, 119, 26) habe. Zwingli polemisiert zwar gegen die Verweigerung der zweiten Gestalt, mißt dem aber keine entscheidende Bedeutung bei. Wer aus Unwissenheit oder Zwang sich mit der Gestalt des Brotes begnüge, empfange auch Christus. Letzthin bedürfe man ja des Sakramentes überhaupt nicht, denn im Glauben an Christus finde man Heil, auch wenn einem beide Gestalten entzogen würden[14]. Die Lehre von der Transsubstantiation ist für Zwingli eine Spekulation der Theologen. „Was die Theologen von der Verwandlung des Weins und Brotes erdichtet haben, kümmert mich nicht" (ZW 2, 144, 13 f).

Die Worte Jo 6, 53—56 will er unter Hinweis auf Jo 6, 63: „Der Geist machet lebendig, das Fleisch ist nichts nütze", auf den Glauben verstanden wissen. „So sein Fleisch oder Leichnam den Tod für uns gelitten und sein Blut, für uns vergossen, uns Arme erlöset hat, so kann keine stärkere Speise der Seele des Menschen widerfahren, denn daß sie solches gewiß glaube. Denn so wird sein Tod und Blutvergießen ein Leben und eine Freude der Seele" (ZW 2, 142, 19—23). Wenn wir glauben, daß Christi Leib für uns getötet und sein Blut vergossen wurde, um uns zu erlösen und mit Gott zu versöhnen, „so ist unsere Seele gespeist und getränkt mit dem Fleisch und Blut Christi" (ZW 2, 143, 15 f).

Die Realpräsenz stellt Zwingli noch nicht in Frage. Sie ist aber nur eine Glaubenshilfe für die Einfältigen. Damit ihnen „das Testament in seinem Wesen leichter begreiflich werde", hat Christus seinem Leib die Gestalt der Speise gegeben; so sollen sie „im Glauben durch eine sichtbare Handlung versichert" werden. Aber wie das Eintauchen bei der Taufe nichts nützt ohne Glauben, so nützt auch der Leib Christi nicht, wenn wir uns nicht ganz auf ihn als unser Heil verlassen.

Die Einsetzungsworte sind für Zwingli noch kein Problem. Gegen einen „unverschämten Predigermönch" betont er: „‚Das ist mein Leib', ist das nicht ein klares, kurzes, gewisses, ausdrückliches Wort Gottes? Wie könnte Gott kürzer oder eigentlicher genauer geredet haben" (ZW 2, 154, 5 ff). „Denn was kann Klareres geredet werden als: Das ist mein Leib" (ZW 2, 154, 21 f).

Zwei Jahre später, in dem „Kommentar über die wahre und falsche Religion" (1525), nahm der Reformator sein Bekenntnis zur Realgegenwart in aller Form zurück. Wenn zu diesem Wandel auch der Verlauf der Reformation außerhalb Zürichs beigetragen und Zwingli die theologischen Argumente für seine neue Auffassung von außen erhalten hatte, so lag sie doch ganz in der Linie seines Denkens. In seinem vom Humanismus geprägten Spiritualismus verstand er „spiritualis" nicht als *geistlich,* als im heiligen

[14] ZW 2, 134, 18. Vgl. Luther „De captivitate Babylonica": WA 6, 507, 15.

Pneuma gegebene Wirklichkeit, sondern als *geistig* im Gegensatz zu leibhaft-sinnlich. So sah er auch keine Möglichkeit einer geistlich-sakramentalen Gegenwart des historisch einmaligen Kreuzesopfers in der Messe, sondern nur die eines „Wiedergedächtnisses", das heißt einer Vergegenwärtigung in der Erinnerung, im Bewußtsein der Gemeinde. Geistiges und Sinnliches schließen sich aus. Gott ist Geist und, wer sich zu ihm erheben will, muß alles Sichtbare hinter sich lassen. Zeremonien haben ihren Sinn höchstens als Anreiz für die Einfältigen, als pädagogisches Mittel im Vorfeld der „wahren Religion". Nur Geist kann zu Geist finden. Kult geschieht im „Geist und in der Wahrheit" (Jo 4, 24). Es ist Gottes unwürdig, wenn wir mit sinnlichen Mitteln mit ihm in Verbindung zu treten oder gar auf ihn einzuwirken suchen, und umgekehrt anzunehmen, daß er in sinnlichen Zeichen sich uns mitteilen will. Damit ist der Zugang zum Verständnis der Menschwerdung, des Sakramentes, aber auch des Wortes, an das sich der Geist Gottes gebunden hat, weitgehend verstellt.

Zwingli erzählt, er sei sich schon vor dem Auftreten Karlstadts über den tropischen (bildlichen) Charakter der Einsetzungsworte klargewesen. Nur habe er nicht gewußt, „in welchem Wort der Tropus steckte"[15]. Das sei ihm erst aufgegangen, als zwei „fromme und gelehrte Männer" — Heine Rhode und Georg Saganus — ihm den Brief des Niederländers Cornelis Hoen überbracht hätte. „In ihm habe ich die kostbare Perle gefunden, daß das ‚est' als ‚significat' zu nehmen ist" (ZW 4, 560, 28).

Die im Anschluß an den Eucharistietraktat seines Landsmannes Wessel Gansfort († 1489) gewonnene Überzeugung, daß die Copula ‚est' im Einsetzungsbericht als ‚significat' zu verstehen sei, hatte der Advokat Cornelis Hoen aus Den Haag in einem Brief dem Schulrektor Heine Rhode in Utrecht mitgeteilt. Dieser war damit 1521 nach Wittenberg zu Luther gereist und war auf Ablehnung gestoßen. Zustimmung fand er bei Oekolampad und Zwingli, die er 1523/24 mit Georg Saganus aufsuchte[16]. Zwingli fand in Hoens Brief eine Klärung seiner Auffassung vom Abendmahl und gab dieses für ihn so bedeutsame Werk 1525 anonym heraus. Inzwischen hatte Ende Oktober oder Anfang November 1524 Karlstadt in Basel fünf Abendmahlstraktate veröffentlicht. Ihre schroffe Form wirkte abstoßend. Da man den Inhalt mit Zwingli in Verbindung brachte, hatte er um sein Ansehen zu fürchten. Deshalb suchte er seine Freunde aufzuklären, indem er November 1524 an den für Luther eingenommenen Reutlinger Pfarrer Matthäus Alber einen ausführlichen Brief über das Abendmahl schrieb[17]. Dieser wurde zunächst handschriftlich verbreitet mit der Bitte um Geheimhaltung und er-

[15] „Antwort auf den Brief des Joh. Bugenhagen" (23. 10. 1525): ZW 4, 558—576, S. 560, 21.

[16] A. *Eekhof*, De Avondmaalsbrief van Cornelis Hoen (Faksimile) (Haag 1917); ZW 4, 512 bis 519. Engl. Übers. bei *H. A. Oberman*, Forerunners of the Reformation (New York 1966) 268—278.

[17] „Ad Matthaeum Alberum de coena domini epistola": ZW 3, 335—354.

schien im Druck erst März 1525, als schon „mehr als 500 Brüder" (ZW 4, 558, 23) ihn kennengelernt hatten. So konnte Zwinglis Distanzierung von Karlstadt im Kreis seiner Anhänger bekannt werden, Monate bevor die darin enthaltene Stellungnahme gegen Luther in Wittenberg Unruhe stiftete. Luthers Urteil über Zwingli stand aber auf Grund mündlicher Informationen schon fest. Er war für ihn Schwarmgeist und Sakramentarier wie Karlstadt. „Der Züricher Zwingli mit Leo Jud in der Schweiz denken dasselbe wie Karlstadt, so weit verbreitet ist dieses Übel"[18], schreibt Luther am 17. November 1524. In der Schrift „Wider die himmlischen Propheten ..." (1525; WA 18, 62—125) ist Zwingli zwar nicht genannt, aber mitgemeint.

Gleichzeitig mit der Druckausgabe des Briefes an Alber erschien Zwinglis große systematische Schrift „De vera et falsa religione commentarius" (ZW 3, 628—911), die wie später Calvins „Institutio" König Franz I. gewidmet ist. Das bei weitem umfangreichste der 29 Kapitel handelt „Über die Eucharistie". Darin geht Zwingli wieder von Jo 6 und nicht vom Einsetzungsbericht aus. „Der Glaube ist die Speise, über die Christus so gewichtig in diesem ganzen Kapitel handelt" (ZW 3, 776, 30). Er sättigt und tränkt die Seele, so daß ihr nichts weiter mangelt. Wer an Christus glaubt, bleibt in Gott. „Es ist also geistige Speise" (782, 16), von der Christus redet. „Wenn er sagt: Das Fleisch nützt nichts (Jo 6, 63), so soll menschliche Vermessenheit nicht über ein Essen des Fleisches disputieren" (782, 26ff). Auf den Einwand, durch Christi Fleisch sind wir doch vom Tode erlöst worden, gibt Zwingli zur Antwort: „Christi Fleisch nützt allenthalben sehr viel, ja gewaltig viel, aber ... das getötete, nicht das gegessene. Jenes rettete uns vom Tode, aber dieses nützt gar nichts" (ZW 3, 782, 30ff). Das heilbringende Fleisch thront seit der Himmelfahrt im Himmel zur Rechten des Vaters und kann nicht zugleich im Brote sein.

Den Hinweis auf die besondere, sakramentale und nicht historische Weise der Gegenwart Christi und des Essens seines Fleisches und Blutes versteht Zwingli nicht, er vermag „geistlich" nur in seinem Leib-Geist-Schema als geistig zu begreifen. Für ihn hat es keinen Sinn zu sagen: „Wir essen zwar das wahre und leibliche Fleisch Christi, aber auf geistliche Weise."[19] Die so sprechen, sehen nicht, „daß ‚Leib sein' und ‚auf geistige Weise gegessen werden' nicht zusammen bestehen können. Leib und Geist sind einander nämlich entgegengesetzt ... Daher heißt ‚leibliches Fleisch auf geistige Weise essen' nichts anderes als behaupten, daß Leib Geist ist" (387, 6—13). Der Glaube „bewegt sich nicht im Gebiet des Sinnenhaften und Leiblichen, nichts hat er damit gemeinsam" (787, 19f).

Mit dem Einsetzungsbericht kann man die „abgeschmackte", „törichte" und „grausige", nur „unter Menschenfressern" angängige Meinung vom

[18] WA Br 3, 373, 11; vgl. Brief v. 19. 7. 1525 an Joh. Heß: WA Br 3, 544, 3f.
[19] ZW 3, 787, 5f; Zwingli hat hier Argumente Kardinal Kajetans im Auge. Vgl. *W. Köhler*, Zwingli und Luther I 161.

leiblichen Essen (789) nicht stützen. Auch er muß im Lichte von „das Fleisch ist nichts nütze“ verstanden werden. „Das heißt: ‚Das ist mein Leib‘ muß oder kann unmöglich vom körperlichen Fleisch oder vom sinnlich wahrnehmbaren Körper verstanden werden“ (792, 10 f). Der „symbolische Sinn“ ist aber nicht in dem „das“ zu finden, wie Karlstadt gemeint hat. Er hat „die Sache nicht an der Stelle angegriffen, wo der Sieg zu erringen war“ (817, 2). Das „Hoc“ kann sich auch auf ein Masculinum, auf panis, beziehen; es schließt damit die katholische Deutung nicht aus. Es geht um das „est“. „Dieses steht nämlich in der Heiligen Schrift an mehr als einer Stelle für ‚bedeutet‘ (significat)“ (795, 11 f). Die Abendmahlsworte sind also zu verstehen: „Das (nämlich: was ich euch zum Essen darreiche) ist das Symbol meines für euch dahin-gegebenen Leibes, und das, was ich jetzt tue, das sollt ihr künftig zu meinem Gedächtnis tun“ (798, 37 f).

Wie das jüdische Pascha ist das Abendmahl das große Erinnerungsfest der Erlösung[20]. Es ist also „nichts anderes als ein Gedenken: diejenigen, welche fest daran glauben, daß sie durch Christi Tod und Blut mit dem Vater versöhnt sind, verkündigen hier diesen lebendigmachenden Tod, das heißt, sie loben ihn, preisen sich glücklich seinetwegen und rühmen ihn.

Daraus folgt: Wer zu diesem Brauch oder Fest zusammenkommt, um sich an den Tod des Herrn zu erinnern, das heißt, um ihn zu verkündigen, der bezeugt durch dieses Tun, daß er ein Glied des einen Leibes, daß er ein Brot sein will“ (807, 12—18). Das Abendmahl ist nicht Realgedächtnis in dem Sinne, daß im Tun der Kirche Christus sein Opfer gegenwärtigsetzt, sondern Erinnerung an das Vergangenheit bleibende Opfer am Kreuz und Sakrament, das heißt „Fahneneid“, verpflichtendes Zeugnis der Zugehörigkeit zu Christus und Bekenntnishandlung der Gemeinde.

Gegen Zwinglis Abendmahlslehre nahm aus dem Kreise der Wittenberger als erster Johann Bugenhagen im August 1525 knapp und scharf Stellung[21]. Luther äußerte sich zuerst Mitte 1526 in der Vorrede zu einer Übersetzung des „Syngramma“ schwäbischer Prediger (WA 19, 457—461). Danach tauschten Luther und Zwingli eine Reihe von Streitschriften aus. Luther begann mit dem „Sermon vom Sakrament des Leibes und Blutes Christi wider die Schwarmgeister“ (1526). Es folgten „Daß diese Worte ‚das ist mein Leib‘ noch feststehen“ (1527) und „Das große Bekenntnis vom Abendmahl“ (1528). Zwingli setzte sich zur Wehr mit „Amica Exegesis“ (1527), „Freundliche Verglimpfung [Rechtfertigung] über die Predigt Luthers wider die Schwärmer“ (1527), „Daß diese Worte, ‚das ist mein Leib‘, ewig den alten Sinn haben werden“ (1527) und „Über Luthers Buch ‚Bekenntnis‘ genannt“ (1528). Im Laufe dieser Kontroverse hatten sich die Gegensätze verschärft. Wechselseitige Beschimpfungen hatten dazu das Klima ver-

[20] „redemptionis commemoratio, festivitas aut celebritas“ (803, 26 f).

[21] „Contra errorem de sacramento corporis et sanguinis domini nostri Jesu Christi epistola.“

giftet. So war es kein leichtes Unterfangen, wenn Philipp von Hessen den Versuch machte, beide Reformatoren an den Verhandlungstisch zu bringen; noch schwieriger mußte es sein, sie zu einem gemeinsamen Bekenntnis zu bewegen. Dieses wurde von den Wittenbergern als Voraussetzung für das Bündnis angesehen.

Das Marburger Religionsgespräch

Die amtliche Einladung für den 30. September 1529 nach Marburg ließ Philipp von Hessen am 1. Juli an Luther und Melanchthon, an Zwingli, an Oekolampad, an Andreas Osiander in Nürnberg und an Jakob Sturm ergehen. Dieser sollte Butzer und einen weiteren Prädikanten aus Straßburg mitbringen. Aber nur als Zuschauer, disputieren sollten nur die beiden Schweizer und die beiden Wittenberger.

Diese waren gewappnet mit einem den ganzen Glauben umfassenden Bekenntnis von 17 Artikeln. Zu deren Abfassung hatte man sich auf Befehl des sächsischen Kurfürsten Mitte September in Torgau zusammengefunden. Von ihrer späteren Verwendung her heißen sie „Schwabacher Artikel".

Nach einer freundlichen Begrüßung am 30. September erhielten am Freitag, dem 1. Oktober, Luther und Oekolampad wie Zwingli und Melanchthon den Auftrag zu einem Gespräch je unter vier Augen. Am nächsten Tag um 6 Uhr begann die entscheidende Verhandlung in einem Privatzimmer neben dem landgräflichen Schlafgemach vor einem ausgewählten Kreis von höchstens 50—60 Personen. Luther wollte weiter ausholen und trug sieben Punkte vor, in denen die Schweizer abwichen: die Lehre von der Trinität, den zwei Naturen, der Erbsünde, der Taufe, der Rechtfertigung, dem Amt des Wortes und dem Fegfeuer. Solange man sich darüber nicht einig sei, „handele man vergeblich vom wahren Wert des Abendmahls"[22]. Dagegen erhoben die Schweizer Einspruch, man sei wegen des Abendmahls zusammengekommen. Luther gab nach und schrieb zu Beginn mit Kreide die Worte „Das ist mein Leib" auf den Tisch und deckte die Samtdecke darüber. Damit hatte er die Disputationsthese festgelegt, zugleich aber auch betont, daß er „fleischliche Beweise, geometrische Argumente ganz und gar verwerfe", und Unterwerfung unter das Schriftwort gefordert. Am Samstag und Sonntag (3. 10.) wurde vom Morgen bis zum Abend debattiert. Melanchthon griff nur einmal in das Gespräch ein. Oekolampad trug die Argumente aus der Heiligen Schrift und den Kirchenvätern vor, während Zwingli mehr die dogmatischen Fragen behandelte. Die Anwesenheit des Landgrafen wirkte mäßigend auf den Streit. Trotzdem fehlte es nicht an scharfen Ausbrüchen.

[22] W. *Köhler,* Das Marburger Religionsgespräch 1529. Versuch einer Rekonstruktion (Leipzig 1929) 54; 8.

Luther gibt zu, daß es in der Schrift figürliche Reden und Metaphern gebe, es sei aber jeweils zu beweisen, daß eine solche vorliege. Durch den Hinweis auf den Geist, der lebendig macht, habe Christus nicht leibliches Essen überhaupt ausschließen wollen, sondern nur die Kapharnaiten belehrt, „daß er nicht gegessen werde wie Brot und Fleisch in einer Schüssel und wie ein Schweinebraten“ [23].

Luther verweist immer wieder auf die Heilige Schrift. „Jene Worte, ‚das ist mein Leib‘, halten mich gefangen.“ „Schafft mir den Text heraus, so bin ich zufrieden.“ „Wenn Er mir gebieten würde, Mist zu essen, ich würde es tun, da ich genugsam weiß: es ist mir heilsam. Der Knecht grübele nicht über den Willen seines Herren. Man muß die Augen schließen ... Schafft mir den Text heraus, so bin ich zufrieden.“ [24]

Dagegen betont der Humanist Zwingli, für den „Fleisch und Geist“ Gegensätze sind: „Gott ist wahr und Licht, er führet nicht ins Dunkle. Also saget er nicht ‚Das ist mein Leib‘, wesentlich, wirklich, fleischlich ... Die Seele ist Geist, die Seele ißt kein Fleisch, Geist ißt Geist.“ [25] Luther dagegen würde auch „Fauläpfel“, wenn Gott sie ihm vorsetzte, geistlich essen. „Denn wo immer das Wort Gottes ist, da ist geistliche Nießung.“ Die schließt aber die leibliche nicht aus. „Der Mund empfängt den Leib Christi, die Seele glaubt den Worten, die weil sie den Leib ißt.“

Es geht nicht um die Eucharistie allein, sondern um die Gnadenmittel überhaupt. Nach Zwingli kann Sinnliches nicht Heil vermitteln. Gott handelt unmittelbar. Man darf ihn nicht in äußerliche Dinge bannen. Das gilt für das Sakrament wie für das Wort, macht aber vor der Menschheit Christi nicht halt. Oekolampad fordert Luther auf: „Hanget nicht so sehr an der Menschheit und am Fleische Christi, sondern erhebet den Sinn zur Gottheit Christi!“ Worauf dieser entgegnet: „Ich weiß von keinem Gott, denn dem, der Mensch geworden ist; so will ich auch keinen anderen haben.“ [26]

Nicht eine einzelne Glaubenswahrheit ist kontrovers, die Grundstruktur ist verschieden. Das hat Luther gespürt und Butzer gegenüber zum Ausdruck gebracht: „So reimet sich unser Geist und euer Geist nicht zusammen, sondern es ist offenbar, daß wir nicht einerlei Geist haben.“ [27]

Um so erstaunlicher, daß man trotzdem zu einem weitgehenden Konsens kam. Auf Drängen Philipps von Hessen stellte Luther am 4. Oktober 15 Artikel für eine Konkordie zusammen. Als Vorlage dienten ihm die „Schwabacher Artikel“. Das Abendmahl behandelte er jedoch zuletzt. Zwingli und Oekolampad erreichten einige mehr formale Änderungen. Man erzielte über die ersten 14 dieser im Grunde lutherisch formulierten Artikel und über fünf Punkte des 15. Einigkeit. Gegen die katholische Lehre und Praxis ist man sich einig in der Forderung des Abendmahls unter beiderlei Gestalt, in der Ablehnung des Meßopfers, darin, daß „das Sakrament des Altars sei ein Sakrament des wahren Leibes und Blutes Jesu Christi“, daß

[23] Ebd. 11. [24] Ebd. 13. [25] Ebd. 15. [26] Ebd. 27. [27] Ebd. 129.

es „vornehmlich" um ein geistliches Genießen gehe und daß das Abendmahl eingesetzt sei, die schwachen Gewissen zum Glauben zu bewegen.

„Obwohl wir uns", heißt es zum Schluß, darüber, „ob der wahre Leib und das Blut Christi leiblich im Brot und Wein sei, dieser Zeit nicht verglichen haben, so soll doch jeder dem anderen christliche Liebe erzeigen, sofern jedes Gewissen (es) immer leiden kann, und beide Teile Gott den Allmächtigen fleißig bitten, daß er uns durch seinen Geist den rechten Verstand bestätigen wolle."[28] Daß Zwingli diese im wesentlichen lutherisch formulierten Marburger Artikel unterschrieben hat, ist als Konzession aus politischer Rücksicht hingestellt worden. Wahrscheinlich hat jede Seite die Artikel in ihrem Sinne interpretiert und sich über die Einmütigkeit getäuscht. Bei der Aussage „Sakrament des wahren Leibes und Blutes" legten die Lutheraner den Ton auf „wahrer Leib", Zwingli dagegen auf „Sakrament", wobei er Sakrament als bloßes Zeichen verstand[29]. Damit wären die Marburger Artikel „eine Scheinkonkordie in dem Sinne, daß jeder der Gesprächspartner nur das unterschrieb, was er bis dahin auch schon bekannt hatte, und irrtümlicherweise annahm, der andere unterschreibe dasselbe wie er"[30]. Die Enttäuschung blieb deshalb nicht aus. Bald warf jede Seite der anderen Wortbruch vor, und die Polemik flammte neu auf. Knapp zwei Wochen nach dem Gespräch in Marburg, am 16. Oktober, machten Kursachsen und Brandenburg in Schwabach noch einen Versuch, die oberdeutschen Städte und Hessen für die nach diesem Treffen so genannten „Schwabacher Artikel" zu gewinnen und sie von den Schweizern zu trennen. Das mißlang dieses Mal noch.

Zwinglis Tod und Nachfolge

Zwingli und Philipp von Hessen betrieben weiter ihre antihabsburgische Bündnispolitik in Europa. Am 12. Januar 1530 trat Straßburg dem Burgrecht bei. Der Landgraf verband sich am 30. Juli mit Zürich. Am 18. November 1530 kam ein „Christliches Verständnis" zwischen ihm und Zürich, Basel sowie Straßburg zustande, „allein zu Gegenwehr und rettungsweise" bei einem Angriff „um des Gotteswortes willen". Die protestantischen Neigungen der Schwester des französischen Königs, Margarete von Navarra, weckten in Zwingli die Hoffnung, Frankreich nicht nur für seine politischen Pläne, sondern auch für seinen Glauben zu gewinnen. Im Frühsommer 1531 verfaßte er eine zweite Bekenntnisschrift, „Fidei expositio", für Franz I.

[28] BSLK 62.

[29] Seine Randbemerkung zu diesem Satz lautet: „Sacramentum signum est veri corporis etc. Non est igitur verum corpus." Zitat nach: S. *Hausammann*, Die Marburger Artikel — eine echte Konkordie?: ZKG 77 (1966) 288—321, S. 318.

[30] Ebd. 291.

Doch nicht seine weltenweite Koalitionspolitik wurde dem Reformator zum Schicksal, sondern die innerschweizerische Auseinandersetzung. Der Konflikt entzündete sich an den „gemeinen Herrschaften" protestantischer und katholischer Kantone, deren Beamte nach vereinbartem Turnus wechselten und jeweils ihr Bekenntnis durchzusetzen versuchten, während die andere Partei über Gewissenszwang klagte. „Zwingli erblickte einen Bruch des Kappeler Landfriedens in jedem Vorgehen der fünf Orte gegen einen Evangelischen, war aber nicht gewillt, in seinem Gebietsbereiche den Katholiken die Glaubensfreiheit zuzubilligen."[31] Er trieb zum Krieg. Dieses Mal sollte der religiöse Zwiespalt über die Bindungen der Volksgemeinschaft siegen. Zwar stand Zürich noch allein, als es auf der Tagsatzung am 24. April 1531 den Krieg forderte. Als die Stadt weiter drängte, rang man ihr ab, sich statt des Krieges mit der Blockade zu begnügen. Am 28. Mai wurde eine Proviantsperre über die fünf katholischen Orte verhängt, die auf die Getreideeinfuhr aus dem Elsaß und aus Süddeutschland angewiesen waren. Sie rüsteten zur Gegenwehr, um den drückenden Ring zu sprengen, und erklärten am 9. Oktober den Krieg. In Zürich versagte die Führung. Als am 11. Oktober die fünf Orte zum Angriff übergingen, kam die Mobilmachung erst in Gang. Statt 12 000 zogen 700 Mann aus. Schließlich standen 2500 Züricher einem Gegner in Stärke von 8000 Mann gegenüber. Zwingli fiel am 11. Oktober 1531 als Soldat bei Kappel in einem Krieg, den er leidenschaftlich gewollt hatte. Im zweiten Kappeler Landfrieden[32] mußte Zürich auf seine auswärtige Bündnispolitik verzichten. In der deutschen Schweiz war damit der Vorstoß der Reformation aufgefangen. Zum Nachfolger Zwinglis in Zürich ernannte der Rat der Stadt am 9. Dezember 1531 Heinrich Bullinger (1504—75). Der neue „Antistes" und alle Pfarrer sollten sich künftig auf die Verkündigung des Gotteswortes beschränken und sich nicht in die „weltlichen Sachen" mischen. Bullinger — am 18. Juli 1504 in Bremgarten als Sohn des dortigen Dekans und Pfarrers geboren — war erst 27 Jahre, als er das Erbe Zwinglis übernahm. Es gelang ihm, die Krise verhältnismäßig schnell zu überwinden und das Kirchenwesen in Zürich zu festigen. Er schuf die Zürcher Synodalordnung (1532). Für Unionsverhandlungen mit den Deutschen, die sich zerschlugen, verfaßte er das erste Helvetische Bekenntnis (1536). Mit Calvin kam es dagegen zu einer Einigung in der Abendmahlsfrage (Consensus Tigurinus 1549; vgl. Kap. 29). Dadurch verhalf er dem Zwinglianismus, den er nicht zu Weltgeltung bringen konnte, wenigstens zu dem Anschluß an den mächtig aufstrebenden Calvinismus.

[31] W. *Köhler,* Huldrych Zwingli 248.
[32] Text: E. *Walder,* Religionsvergleiche des 16. Jh. I (Bern [2]1960) 5—14.

22. *Kapitel*

Der Reichstag zu Augsburg

QUELLEN: *Schottenloher* 28011—67, 34504—687a, 36895; 62221—50; *G. Brück*, Geschichte der Handlungen in der Sache des heiligen Glaubens auf dem Reichstage zu Augsburg im Jahre 1530, hrsg. von *K. E. Förstemann* (Halle 1831); *K. E. Förstemann*, Urkundenbuch zu der Geschichte des Reichstages zu Augsburg im Jahre 1530, 2 Bde (Halle 1833/35; Neudruck Osnabrück 1966); Monumenta Vaticana historiam ecclesiasticam saeculi XVI illustrantia, hrsg. von *H. Laemmer* (Freiburg 1861); *F. W. Schirrmacher*, Briefe und Akten zu der Geschichte des Religionsgespräches zu Marburg 1529 und des Reichstages zu Augsburg 1530 (Gotha 1876); Die Ratschläge der evangelischen Reichsstände zum Reichstag von Augsburg, hrsg. von *W. Gußmann:* Quellen und Forschungen zur Geschichte des Augsburgischen Glaubensbekenntnisses I, 1 u. 2 (Leipzig-Berlin 1911); J. Ecks 404 Artikel zum Reichstag von Augsburg 1530, hrsg. von dems.: ebd. II (Kassel 1930); *V. v. Tetleben*, Protokoll des Augsburger Reichstages 1530, hrsg. von *H. Grundmann* (Göttingen 1958); *St. Ehses*, Kardinal Lorenzo Campeggio auf dem Reichstag von Augsburg 1530: RQ 17—21 (1903/07); *J. v. Walter*, Die Depeschen des venez. Gesandten N. Tiepolo (Berlin 1928); Nuntiaturberichte aus Deutschland, Erste Abt. 1533—59, I. ErgBd 1530—31, hrsg. von *G. Müller* (Tübingen 1963); Briefwechsel: CR 2; WA Br 5; *Confessio Augustana:* BSLK 31—137. *Confutatio:* Die Konfutation des Augsburgischen Bekenntnisses. Ihre erste Gestalt und ihre Geschichte, hrsg. von *J. Ficker* (Leipzig 1891); CR 27, 1—243; *Th. Kolde*, Die Augsburgische Konfession (Gotha 1896, [2]1911) 140—169. *Confessio Tetrapolitana: E. F. K. Müller*, Die Bekenntnisschriften der reformierten Kirche (Leipzig 1903) 55—78; *Zwingli*, Fidei ratio (1530): ebd. 79—94. *Apologie:* CR 27, 244 bis 378; BSLK 139—404.

LITERATUR: *L. Pastor*, Die kirchlichen Reunionsbestrebungen während der Regierung Karls V. (Freiburg 1879); *J. v. Walter*, Die Depeschen des venez. Gesandten N. Tiepolo (Berlin 1928); *ders.*, Der Reichstag zu Augsburg 1530: LuJ 12 (1930) 1—90; *R. Hermann*, Zur theol. Würdigung der Augustana: ebd. 162—214; *H. v. Schubert*, Luther auf der Koburg: ebd. 109—161; *ders.*, Der Reichstag zu Augsburg im Zusammenhang der Reformationsgeschichte (Leipzig 1930); *W. A. Nagel*, Luthers Anteil an der Confessio Augustana (Gütersloh 1930); *W. Köhler*, Zwingli und Luther II (Gütersloh 1953); *F. W. Kantzenbach*, Das Ringen um die Einheit der Kirche im Jahrhundert der Reformation (Stuttgart 1957); *G. Müller*, Johann Eck und die CA: QFIAB 38 (1958) 205—242; *H. Grundmann*, Landgraf Philipp von Hessen auf dem Augsburger Reichstag 1530 (Gütersloh 1959); *W. Maurer*, Studien über Melanchthons Anteil an der Entstehung der Confessio Augustana: ARG 51 (1960) 158—207; *ders.*, Melanchthon als Verfasser der Augustana: Luth. Rundschau: 10 (1960/61) 164—179; *E. Honée*, Die Vergleichsverhandlungen zwischen Katholiken und Protestanten im August 1530: QFIAB 42/43 (1963) 412—434; *G. Müller*, Um die Einheit der Kirche. Zu den Verhandlungen über den Laienkelch während des Augsburger Reichstages 1530: Reformata Reformanda, Festgabe H. Jedin, hrsg. von *E. Iserloh* u. *K. Repgen*, I (Münster 1965) 393—427; *K. Honselmann*, Otto Beckmanns Vermittlungsversuch beim Reichstag zu Augsburg 1530: ebd. 428—444; *K. Thieme*, Die Augsburgische Konfession und Luthers Katechismen auf theologische Gegenwartswerte untersucht (Gießen 1930); *E. Schlink*, Theologie der lutherischen Bekenntnisschriften (München [3]1948); *H. Asmussen*, Warum noch lutherische Kirche (Stuttgart 1949); *F. Brunstäd*, Theologie der lutherischen Bekenntnisschriften (Gütersloh 1951); *M. Lackmann*, Katholische Einheit und Augsburger Konfession (Köln 1959); *H. Fagerberg*, Die Theologie der lutherischen Bekenntnisschriften von 1528—1537 (Göttingen 1965); *H. Bornkamm*, Das Augsburgische Bekenntnis (Hamburg 1965); *L. Fendt*, Der Wille der Reformation im Augsburgischen Bekenntnis, 2. Aufl. neu bearb. von *B. Klaus* (Tübingen 1966); *B. Moeller,* Augustana-Studien: ARG 57 (1966) 76—95; *F. Blanke,* Zwinglis „Fidei ratio" (1530), Entstehung und Bedeutung: ebd. 96—101.

Nach seinem Frieden mit Frankreich und mit dem Papst, als Italien einigermaßen zur Ruhe gekommen war, konnte Karl V. daran denken, sich den deutschen Verhältnissen zu widmen. Es galt, die Einheit im Glauben wiederherzustellen und die politischen Kräfte zur Abwehr der Türkengefahr im Osten zusammenzufassen. Unter dem Einfluß von Erasmianern, seines Großkanzlers Gattinara an der Spitze, war der Kaiser optimistisch hinsichtlich einer Einigung mit den protestantischen Ständen, vor allem versprach er sich viel von dem persönlichen Einsatz seiner kaiserlichen Würde und Macht. Entsprechend war das Ausschreiben des Reichstages zum 8. April 1530, das noch vor der Kaiserkrönung am 21. Januar von Bologna aus erging, in sehr versöhnlicher, freundlicher Sprache abgefaßt. Es geht nicht vom Wormser Edikt aus, sondern sucht einen neuen Ansatz zum Gespräch. Der Reichstag soll Maßnahmen zur Abwendung der Türkengefahr ergreifen. Ferner soll er beraten, wie hinsichtlich „der Irrung und Zwiespalt . . . in dem heiligen Glauben und der christlichen Religion" vorgegangen werden soll. Um der Einheit willen soll man allen Zwist lassen, „vergangene Irrsal" Gott anheimstellen und sich bemühen, die Meinung des anderen anzuhören und zu verstehen. Alles, was „zu beiden Teilen nicht recht ist ausgelegt und gehandelt" worden, soll abgetan sein. Es gilt für „alle, eine einige und wahre Religion anzunehmen und zu halten". Und wie „alle unter einem Christus sind und streiten", so sollen auch „alle in einer Gemeinschaft der Kirche und Einheit leben"[1].

Unter den protestantischen Ständen nahm der Landesherr Luthers, Johann von Sachsen, einerseits die religiöse Frage sehr ernst, war auch nicht bereit, ohne weiteres mit den Protestanten, die „anderen Geistes" waren, das heißt den Zwinglianern, zusammenzugehen, andererseits war er auf Versöhnung mit dem Kaiser bedacht, weil er von ihm die Belehnung mit der Kurwürde erwartete. Von hier aus war er bemüht, die religiösen Meinungsverschiedenheiten als unwesentlich darzustellen, und geneigt, eine Verständigung in der Frage der Religion durch den Kaiser für möglich zu halten.

Landgraf Philipp von Hessen dagegen dachte sehr viel politischer. Er fürchtete von einem erfolgreichen Reichstag eine Schwächung seiner antihabsburgischen Politik, deren Zwecken er die protestantische Bewegung unterordnete, in deren Interesse er eine Beilegung der innerprotestantischen Lehrgegensätze erstrebte und auf einen Zusammenschluß gegen den Kaiser hinarbeitete. Er wäre am liebsten dem Reichstag ferngeblieben, denn er fürchtete eine Verurteilung der Schweizer. Deshalb sprach er Kaiser

[1] *K. E. Förstemann,* Urkundenbuch zu der Geschichte des Reichstages zu Augsburg im Jahre 1530, I (1833; Neudruck Osnabrück 1966) 7f.

und Reichstag die Zuständigkeit in der Religionsfrage ab und hoffte, durch den Rekurs an ein Konzil Zeit für seine Pläne zu gewinnen[2].

Der päpstliche Legat Lorenzo Campeggio unterschätzte ähnlich wie der Kaiser die Unnachgiebigkeit der protestantischen Stände. Er hielt zwar grundsätzlich am Wormser Edikt fest, versprach sich aber etwas von dem Versuch, die Fürsten durch Konzessionen zu gewinnen bzw. die Städte einzuschüchtern. Er allein rechnete wohl ernsthaft, wenn auch als ultima ratio, mit der Anwendung von Gewalt.

Viel später als vorgesehen trat der Reichstag zusammen. Die bis dahin bleibende Zeit nutzten die Wittenberger, um den eigenen religiösen Standpunkt zu formulieren, sei es um für ein Gespräch vorbereitet, sei es um gegen Vorwürfe gewappnet zu sein. So kam es zur *Confessio Augustana.*

Bekenntnisbildung

Zur Abfassung von Bekenntnissen innerhalb des Protestantismus führten auf der einen Seite die innerprotestantischen Auseinandersetzungen mit den Schwärmern und Zwinglianern und auf der anderen Seite die Selbstbehauptung gegen das Reichsregiment, das auf Durchführung des Wormser Ediktes drängte. Schon in seiner großen Schrift gegen Zwingli „Vom Abendmahl Christi" aus dem Jahre 1528 hatte Luther ein „Bekenntnis" angefügt. Dieses beginnt: „Weil ich sehe, daß des Rottens und Irrens je länger je mehr wird und kein Aufhören ist des Tobens und Wütens Satans; damit nicht hinfort, bei meinem Leben oder nach meinem Tod, etliche zukünftig sich mit mir behelfen und meine Schrift, ihren Irrtum zu stärken, fälschlich führen möchten, wie die Sakraments- und Taufschwärmer anfingen zu tun, so will ich mit dieser Schrift vor Gott und aller Welt meinen Glauben von Stück zu Stück bekennen ..." (WA 26, 499). In diesem „Bekenntnis" führt Luther im 2. Artikel die Lehre von Sünde, Erlösung, Rechtfertigung und christlicher Vollkommenheit weiter aus. Im 3. Artikel behandelt er ausführlich die Lehre von der Kirche und den Sakramenten und lehnt die Mißbräuche der Schwärmer und Papisten scharf ab.

Hierauf gehen die 17 „Schwabacher Artikel" zurück. Sie sind das erste Bekenntnis, auf das sich eine Gruppe von Lutheranern — Kursachsen, Brandenburg-Ansbach und Nürnberg — am 16. Oktober 1529 zu Schwabach in Franken einigten und das sie den Gesandten der oberdeutschen Städte vorlegten. Daran scheiterte das Bündnis mit den oberdeutschen „Sakramentariern". Diese Schwabacher Artikel betrachteten die Wittenberger bzw. Sachsen als ihr Bekenntnis. Sie erschienen kurz nach der Eröffnung des Augsburger Reichstages dort in Druck und dienten neben denen von Tor-

[2] Vgl. die Instruktion für die hessischen Gesandten: *W. Gußmann*, Quellen und Forschungen I, 1 S. 326ff.

gau dem Augsburger Bekenntnis in Thematik und Aufbau als Vorlage. Sie waren nicht zuletzt gegen die Zwinglianer gerichtet, und diese faßten sie so auf. Der Straßburger Jakob Sturm (1489—1553) schrieb am 31. Mai 1529 an Zwingli: „Ich schicke auch die Artikel, die Luther uns noch vorher hineinzuwürgen versuchte" (CR 97, 602, 8).

Zur Vorbereitung auf den Augsburger Reichstag bestellte Kurfürst Johann von Sachsen am 14. März 1530 die Wittenberger Theologen zu sich nach Torgau. Hier wurde am 27. März ein als Torgauer Artikel in die Geschichte eingegangenes Gutachten beraten, das man als Arbeitsmaterial mit nach Augsburg nahm. In dem Bestreben, dem Kaiser die Reinheit der Kirchenbräuche in Kursachsen zu demonstrieren, werden darin weniger die Glaubenslehren als die strittigen Zeremonien behandelt. Denn „nun ist die Zwietracht vornehmlich von etlichen Mißbräuchen, die durch Menschen Lehr und Satzungen eingeführt sind"[3].

In Augsburg sahen sich die Lutheraner zwei Fronten gegenüber und entsprechend vor eine doppelte Aufgabe gestellt. Auf der einen Seite hatten sie die Schwärmer und Zwingli abzuwehren bzw. sich von ihnen zu distanzieren, auf der anderen Seite dem Kaiser gegenüber glaubhaft zu machen, daß von ihnen nichts anderes als die alte, reine, von den Vätern übermittelte Lehre der katholischen Kirche vertreten werde, daß sie mit Täufern und Sakramentariern nichts gemein hätten und die Obrigkeit anerkennten. Diese beiden Tendenzen liegen der Augsburger Konfession zugrunde. Auch die Altgläubigen hatten sich für die Auseinandersetzung auf dem Reichstag vorbereitet. Wahrscheinlich auf eine Aufforderung der bayerischen Herzöge an die Ingolstädter Universität hin hatte Johannes Eck sich darangemacht, für den Kaiser eine Liste der Irrtümer der Protestanten, der Lutheraner, Zwinglianer und Schwärmer aufzustellen. Ohne weitere Verarbeitung zählt er „404 Artikel zum Reichstag zu Augsburg" zusammen.

Darin führt er die Bulle „Exsurge Domine" (Artikel 1—41), die Konklusionen der Leipziger (42—54) und der Badener Disputation (55—64) und eigens zum Reichstag zusammengestellte Ketzereien auf. Das sei nur eine Auswahl von 3000 ihm vorliegenden häretischen Sätzen. Eck kam es darauf an, die Protestanten als Häretiker zu entlarven. Es ist die Frage, wieweit er dadurch für die angesichts der weitgehenden doktrinären Verwirrung notwendige und letzthin heilsame Klarheit gesorgt hat oder ob er nicht so den Gegner auf den Irrtum festlegte und den Weg zur Verständigung verbaute. Jedenfalls war die Methode, in der er die Wahrheit in einzelne Sätze zerlegte und diese ohne Rücksicht auf den Zusammenhang und das Anliegen des anderen wie Argumente in einem Strafprozeß verwandte, der Sache unangemessen.

Melanchthon fand bei seiner Ankunft in Augsburg Ecks 404 Artikel vor

[3] *K. E. Förstemann,* Urkundenbuch I 69; *Th. Kolde,* Die Augsburger Konfession (Gotha 1896) 128.

und spürte nun die Notwendigkeit, das mitgebrachte Material über Lehre und Zeremonien zu einem einheitlichen Bekenntnis zu formen. Er verarbeitete daher die Schwabacher Lehrartikel und die Torgauer über die Zeremonien zu einer zunächst nur im Namen Kursachsens verfaßten Verteidigungsschrift. „In dem Kurfürstentum Sachsen wird einhellig gelehrt", begann der 1. Artikel in der Fassung von Ende Mai[4].

Der Entwurf wurde Luther am 11. Mai zur Gegenäußerung übersandt. Als Geächteter hatte dieser nicht auf dem Reichstag erscheinen können und war auf der Feste Coburg zurückgeblieben. Am 15. Mai äußerte er sich zustimmend zu dem Entwurf. Er wisse nichts daran zu verbessern; das „würde sich auch nicht schicken, da ich so sanft und leise nicht treten kann" (WA Br 5, 319, 7), schrieb er an Johann von Sachsen. Es ist die Frage, ob Luther schon aus diesem Anlaß mit „leise treten" Kritik an einer Verfälschung oder Verwässerung des reformatorischen Anliegens durch Melanchthon übt oder ob er nur, wie auch sonst öfter[5], dessen gefälligen und verbindlichen Stil hervorheben will. Jedenfalls hätte er angesichts der Tatsache, daß sein Landesherr auf eine Einigung in Augsburg hoffte, sich auch keine schärfere Sprache leisten können. Er hat sich auch zunächst durchweg positiv zur Confessio Augustana geäußert[6]. Seine spätere Kritik bezieht sich zwar nicht auf die Rechtfertigungslehre und andere zentrale Glaubensartikel. Luther straft aber den „unwahren Satz"[7] Melanchthons am Schluß des 1. Teils: „Tota dissensio est de paucis quibusdam abusibus" Lügen, wenn er am 21. Juli 1530 an Justus Jonas schreibt, die Confessio Augustana verheimliche die Artikel über das Fegfeuer, die Heiligenverehrung und vor allem über den Papst als Antichristen. Dabei spricht er wieder vom „leise treten"[8].

Die Confessio Augustana umfaßt 28 Artikel und gliedert sich in zwei Teile: der erste, Artikel 1—21, behandelt die „Articuli fidei praecipui", der zweite die später eingerissenen Mißbräuche, die man abgeschafft hat, bzw. die an deren Stelle eingeführten Institutionen, wie die Kommunion unter beiden Gestalten (22), die Priesterehe (23), die Messe (24), die Beichte (25), Speisevorschriften (26), Klostergelübde (27), Gewalt der Bischöfe (28). Weitere „Mißbräuche", wie Ablaß, Wallfahrten und Mißbrauch des Ban-

[4] *Th. Kolde* (Hrsg.), Die älteste Redaktion der Augsburger Konfession mit Melanchthons Einleitung (Gütersloh 1906) 11.

[5] Vgl. WA 30 II 68; WA Tr 3, 460 Nr. 3619.

[6] Am 3. Juli 1530: „placet vehementer" (WA Br 5, 435, 4); am 6. Juli: „publice est praedicatus confessione pulcherrima" (ebd. 442, 14); am 9. Juli: „gloriosa confessione declamatus est" (ebd. 458, 13). Wenn er am 29. Juni schreibt: „Pro mea persona plus satis cessum est in ista Apologia" (ebd. 405, 19), so ist das als Antwort auf die Frage Melanchthons zu verstehen, wieviel man dem Gegner noch weiter nachgeben solle.

[7] *H. Bornkamm:* RGG I 735.

[8] „Scilicet Satan adhuc vivit, et bene sensit Apologiam vestram leise treten et dissimulasse articulos de purgatorio, de sanctorum cultu, et maxime de antichristo Papa (WA Br 5, 496, 1—3).

nes, werden am Schluß nur erwähnt. Zur kirchlichen Einheit, so wird betont, genüge es, in den zentralen Punkten der Lehre des Evangeliums, wie sie im ersten Teil bekannt würden, übereinzustimmen. In den im zweiten Teil behandelten kirchlichen Gebräuchen könne Mannigfaltigkeit walten. Aus diplomatischer Rücksicht und echter Sorge um die Einheit der Kirche hatte sich Melanchthon der altkirchlichen Seite gegenüber große Zurückhaltung auferlegt. Um so schärfer zog er die Grenzen „nach links", den Schweizern und Schwärmern gegenüber.

So sahen die oberdeutschen Städte Straßburg, Konstanz, Lindau und Memmingen wegen der kontroversen Abendmahlslehre sich gezwungen, am 9. Juli ein eigenes Bekenntnis, die „Tetrapolitana", vorzulegen. Zwingli war gar nicht nach Augsburg gekommen, hatte aber seine Bekenntnisschrift, die „Fidei ratio ad Carolum imperatorem", nach dort gesandt. Sie wurde am 8. Juli dem Kaiser überreicht.

Der Verlauf des Reichstages

Der Kaiser kam erst am 15. Juni 1530 nach Augsburg. Vorher hatte Johann von Sachsen sich bemüht, durch Sonderverhandlungen ohne Philipp von Hessen mit dem Kaiser zu einer Einigung in der Religionsfrage zu kommen. Er hatte ihm mehrere Gesandtschaften nach Innsbruck entgegengeschickt und seinen eigenen Besuch dort angekündigt, stieß aber auf Ablehnung und erfuhr dazu eine Mißbilligung, weil er in Augsburg seine Pfarrer hatte evangelisch predigen lassen.

Diese Abweisung des Kaisers bewog den Kurfürsten, sich mehr um ein gemeinsames Bekenntnis der Protestanten zu bemühen.

Noch am Tage des feierlichen Einzuges in Augsburg[9] kam es zu Spannungen, weil der Kaiser die protestantischen Fürsten bestimmen wollte, am nächsten Tag an der Fronleichnamsprozession teilzunehmen, und die evangelische Predigt verbot. Die Fürsten blieben der Prozession fern. In der Frage der Predigt kam es zu einem Kompromiß, insofern sie überhaupt untersagt wurde, um nicht durch Streitigkeiten auf der Kanzel die Verhandlungen zu stören. Verständigungsbereitschaft war auf beiden Seiten vorhanden. Noch vor der Eröffnung des Reichstages am 20. Juni kam es zu Gesprächen zwischen Melanchthon und dem kaiserlichen Sekretär Alfonso Valdes[10]. Dabei vertrat Melanchthon die Ansicht, die lutherische Sache sei gar nicht so abwegig, wie man den Kaiser hätte glauben machen, der Zwiespalt beziehe

[9] Vgl. die Schilderung bei *Valentin von Tetleben,* Protokoll des Augsburger Reichstages, hrsg. von *H. Grundmann* (Göttingen 1958) 59 ff.

[10] *G. Müller,* Um die Einheit der Kirche. Zu den Verhandlungen über den Laienkelch während des Augsburger Reichstages 1530: Reformata Reformanda I 395 ff.

sich lediglich auf die Kommunion unter beiden Gestalten, die Priesterehe und die Privatmesse (CR II 122).

Den Ausgleichsbemühungen hat sich auch der päpstliche Legat Campeggio nicht entzogen. Noch in seinem Bericht vom 26. Juni scheint er den Unionsverhandlungen Aussichten zuzusprechen. Zu Laienkelch, Priesterehe und Veränderung des Meßkanons nennt er noch das Konzil als Forderung der Protestanten. Dafür seien sie bereit, in der Frage des Fegefeuers, der bischöflichen Jurisdiktion und vielen anderen Punkten nachzugeben[11].

Die Bereitschaft zum Frieden fand auch ihren Ausdruck in der Teilnahme der Protestanten an der Eröffnungsmesse am 20. Juni. Betreffs der Tagesordnung setzten sie eine Änderung durch, nämlich die Behandlung der Religionsfrage vor der Türkenhilfe. Sie erreichten aber nicht, daß auch die Katholiken ihren Standpunkt schriftlich vorlegten. Diese wollten sich nicht in die Rolle einer Religionspartei drängen lassen und nicht mithelfen, daß aus dem Reichstag so etwas wie ein Nationalkonzil würde. Sie setzten sich für einen Ausschuß von 12 geistlichen und weltlichen Fürsten ein, der das Bekenntnis der Protestanten entgegennehmen und dem Kaiser berichten sollte. Diesem als dem Vogt und obersten Beschützer des christlichen Glaubens wollte man die letzte Entscheidung überlassen. Aus der Sorge, die klare katholische Mehrheit würde ihr Bekenntnis durch Abstimmung erledigen, entstand bei den Protestanten der Plan einer öffentlichen Verlesung der Confessio.

Inzwischen hatten sich auch andere protestantische Stände dem Bekenntnis angeschlossen. Neben Johann von Sachsen unterschrieben der Markgraf Georg von Brandenburg-Ansbach, die Herzöge Ernst und Franz von Braunschweig-Lüneburg, Fürst Wolfgang von Anhalt, die Reichsstädte Nürnberg und Reutlingen und schließlich auch Landgraf Philipp von Hessen. Dieser erreichte nicht die Änderung des Artikels vom Abendmahl im Sinne Zwinglis. Er setzte aber durch, daß die von Melanchthon als Appell an den guten Willen des Kaisers verfaßte Vorrede durch eine des kursächsischen Kanzlers Brück ersetzt wurde. Darin wird stärker der Rechtsstandpunkt betont und für den Fall des Scheiterns der Einigung die 1529 in Speyer ausgesprochene Appellation an das Konzil erneuert. Am 25. Juni wurde der deutsche Text durch den sächsischen Kanzler Christian Beyer verlesen.

Während die katholischen Theologen sich an eine Widerlegung der Confessio Augustana machten, ging Melanchthon weiter den Weg der Verhandlungen. Am 4. Juli beschwor er Campeggio, den Protestanten Frieden zu gewähren. Für Gewaltanwendung bestehe kein Grund. „Wir haben kein Dogma, das von der Römischen Kirche abweicht . . . Wir sind bereit, der Römischen Kirche zu gehorchen, wenn sie nur in ihrer Milde, wie sie sie gegenüber allen Völkern geübt hat, Kleinigkeiten, die wir, selbst wenn wir

[11] NBD 1. Abt. 1. ErgBd 1530—31, hrsg. von G. *Müller* (Tübingen 1963) 70.

wollten, nicht mehr ändern können, übersieht oder duldet ... Zudem verehren wir die Autorität des Römischen Pontifex und die gesamte Kirchenleitung ergebenst" (CR 2, 170). In diesem „berüchtigten Brief" hat man „eine Verleugnung des Evangeliums"[12] gesehen. Er beweist jedenfalls den weitgehenden Friedenswillen Melanchthons. Rückblickend wird man sagen, daß er die dogmatischen Unterschiede verharmlost hat. Immerhin ging der Legat Campeggio auf die Intervention ein und bestellte Melanchthon am 5. Juli zu sich. In einem von ihm erbetenen Gutachten bittet dieser nur noch um Laienkelch und Priesterehe; er will die öffentlichen Messen beibehalten und hofft, daß nach Wiederherstellung der bischöflichen Autorität die übrigen Fragen geregelt werden können[13]. In einem Brief vom 7. Juli an Campeggio bzw. seinen Sekretär kommt Melanchthon so weit entgegen, daß er nur noch um Duldung von Laienkelch und Priesterehe bis zum Konzil bittet und die Beseitigung der Schwierigkeiten betreffs der Messe und die Wiederherstellung der bischöflichen Autorität in Aussicht stellt. Doch inzwischen hatte der Legat wohl Einblick in den ersten Entwurf der „Confutatio" bekommen, in der die tiefgehenden Lehrunterschiede deutlich gemacht wurden. Er lehnte jetzt weitere Sonderverhandlungen ab. Denn die Fragen beträfen die ganze Nation, ja die ganze Christenheit.

Confutatio

Angesichts der Tendenz der Confessio Augustana, die Lehrunterschiede zurücktreten zu lassen, ergab sich für die katholische Antwort die Frage, ob man nur die in dem Bekenntnis der Protestanten erörterten Fragen behandeln sollte oder ob man weitere reformatorische Schriften hinzuziehen, alle strittigen Punkte nennen und durch eine begründete Darstellung der katholischen Lehre als häretisch erweisen sollte. Diese Auffassung vertrat der Legat L. Campeggio im Gegensatz zum Kaiser. Dieser berief eine Kommission von 20 Theologen mit Eck, Cochlaeus und Fabri. Sie arbeitete zu schwerfällig. So wurde die Aufgabe, eine katholische Antwort zu verfassen, in Ecks Hand gelegt, der auf sein „Enchiridion", seine „404 Artikel" und andere Werke zurückgreifen konnte. Die schnell fertiggestellte erste Fassung wurde in der Theologenkommission durchberaten, vom Legaten genehmigt und am 12. Juli 1530 als „Catholica et quasi extemporalis Responsio" (106 Blatt) dem Kaiser vorgelegt. Dieser lehnte sie als zu lang und zu polemisch ab. Seiner Intention suchten Cochlaeus und der Kölner Arnold Haldrein zu entsprechen durch die „Brevis ad singula puncta Confessionis ... responsio". Doch am 22. Juli gab der Kaiser den Auftrag zur Abfassung einer

[12] *Joh. v. Walter,* Der Reichstag zu Augsburg: LuJ 12 (1930) 68.
[13] CR 2, 246 ff; nach *G. Müller* a. a. O. 402, Anm. 5 nicht vom 4. 8., sondern vom 5. 7. 1530.

Confutatio, die in seinem Namen ausgehen sollte. Die „Catholica responsio“ wurde daraufhin von Eck auf ein Drittel zusammengestrichen, ihr Ton gemildert und inhaltlich auf das in der Confessio Augustana Vorgebrachte eingeschränkt. Nach wiederholter Prüfung, Kürzung, Ergänzung und Berichtigung wurde sie am 3. August vor den Reichsständen deutsch vorgelesen[14], den Protestanten aber nicht ausgehändigt. Aus dem Gutachten von Theologen war eine von Kurfürsten, Fürsten und Städten mitgetragene Stellungnahme des Kaisers geworden. Die Bezeichnung als „Responsio Pontificia“ ist daher irreführend. Die Confutatio bemüht sich, auf dem Boden der Heiligen Schrift zu argumentieren, und gibt berechtigter Kritik Raum. Sie ist an sich ein bedeutendes Dokument des konfessionellen Gesprächs, aber keine vollständige Antwort auf die strittigen Fragen, weil die Confessio Augustana kein voller Ausdruck der protestantischen Auffassung war. Ihre Wirkung war dazu von vornherein in Frage gestellt, weil die Verständigungsbereitschaft, vor allem auf seiten der Fürsten, nicht so groß war, wie es nach den Beteuerungen den Anschein hatte, und die tatsächlich gegebene Friedensmöglichkeit geringer war, als der Kaiser annahm. Er hielt mit der Confutatio die Augustana für widerlegt und erwartete Unterwerfung ohne weitere Diskussion. Als nun die Protestanten erklärten, sie fühlten sich durch die Confutatio nicht überwunden, war der Versuch, mit Hilfe eines kaiserlichen Schiedsspruches die Glaubensfragen zu klären, gescheitert. Die Drohung am Ende der Konfutation, im Falle einer Ablehnung durch die Protestanten würde er seines Amtes als Vogt und Schirmherr der Kirche walten, konnte der Kaiser kaum wahrmachen. Denn Anwendung von Gewalt verbot die Türkengefahr.

Die Aussicht, durch ein Konzil den Religionsstreit beizulegen, war gerade jetzt geringer denn je. Der Brief, in dem Karl V. am 14. Juli unter Berufung auf die Gespräche in Bologna den Papst um umgehende Ankündigung des Generalkonzils gebeten hatte, wurde unter dem 31. Juli von Clemens VII. mit einem dermaßen verklausulierten Ja beantwortet, daß es einem Nein gleichkam. Die Kurie schien eher zu Konzessionen an die Protestanten bereit als zur Einberufung des so sehr gefürchteten Konzils. Unter diesen Umständen genehmigte der Kaiser doch wieder weitere Vergleichsverhandlungen. Diese fanden vom 16. bis 21. August in einem Vierzehnerausschuß statt, in den jede der beiden Parteien zwei Fürsten, zwei Kanonisten und drei Theologen entsandte. Ausgerechnet in der Frage des Laienkelches, in der man einen Vergleich bisher für besonders leicht erreichbar gehalten hatte, fuhren die Verhandlungen sich fest. Mit einer bloßen Duldung von Laienkelch und Priesterehe wollten die Protestanten sich nicht zufriedengeben. Dazu waren die theologischen Argumente längst nicht mehr ausschlaggebend, wenn sie auch im Vordergrund standen. Außertheologische

[14] Text lat. u. dt.: CR 27, 81—228; *Th. Kolde,* Die Augsb. Konfession 140—169; *Mirbt* . . .

Momente, vor allem politische Interessen brachten sich stark zur Geltung. So waren die protestantischen Stände vielfach weniger verständigungsbereit als die Theologen. Entschieden stellten sie, besonders die Reichsstädte, sich gegen eine Wiederherstellung der bischöflichen Jurisdiktion, die für sie engstens mit der Restituierung des Kirchengutes verknüpft war. „Wir ziehen uns", schreibt Melanchthon am 29. August 1530 an Luther, „großen Tadel von seiten der Unseren zu, weil wir den Bischöfen die Jurisdiktion zurückgeben. Denn der Pöbel, der an die Freiheit gewöhnt ist und einmal das Joch der Bischöfe abgeschüttelt hat, läßt sich ungern jene alte Last wieder auflegen, und vor allem hassen die Reichsstädte jene Herrschaft. Um Lehre und Religion kümmern sie sich nicht, nur um Herrschaft und Freiheit sind sie besorgt." [15] Auch ein auf sechs Mitglieder — einem Juristen und zwei Theologen von jeder Seite — verkleinerter Ausschuß kam nicht zum Ziel. Am 30. August löste er sich auf, ohne über den Laienkelch, den Kanon der Messe, die Priesterehe, das Kirchengut und die Mönchsgelübde zu einem Vergleich gekommen zu sein. Damit waren die Verhandlungen an den „Mißbräuchen" gescheitert. Sicher lagen diesen tiefer gehende Unterschiede vor allem in der Lehre von der Kirche zugrunde — „sie heißen Mißbräuche, was nicht [nur] Mißbrauch ist" [16], schrieb Johannes Cochlaeus in seinem Urteil über die Confessio Augustana. Das ändert aber nichts an der Tatsache, daß man in den Lehrartikeln zu einem Konsens gekommen ist [17]. Um so tragischer, daß nicht diese Einmütigkeit, sondern das tatsächliche Scheitern der Verhandlungen die weitere Entwicklung bestimmt hat. Denn in den Auseinandersetzungen der folgenden Jahre ging man nicht von der schon erzielten Übereinkunft aus, sondern beide Seiten griffen wieder auf die Polemik von 1517—1525 zurück.

Am 22. September wurde den Ständen der Entwurf des Reichstagsabschiedes, soweit er die Religionsfragen betraf, vorgelegt [18]. Die Protestanten lehnten ab und suchten dem Kaiser gegen die Behauptung, die Confessio Augustana sei aus der Heiligen Schrift widerlegt, die von Melanchthon inzwischen verfaßte „Apologie" zu übergeben. Der Kaiser verweigerte die Annahme. Der Kurfürst von Sachsen verließ am nächsten Tag Augsburg, und

[15] CR 2, 328; vgl. die Briefe an Veit Dietrich (CR 2, 328) und an Joachim Camerarius (CR 2, 329 u. 324). Nicht Nachgiebigkeit, sondern Sorge wegen einer „horribilis confusio dogmatum et infinita Ecclesiarum dissipatio" ließ Melanchthon für die Jurisdiktion der Bischöfe eintreten. So schrieb er noch im Oktober nach dem Scheitern der Verhandlungen: „Episcopos praestare convenit, ut propagetur ad posteros pura Evangelii doctrina, hoc praecipue postulatur ab isto ordine" (CR 2, 433).

[16] „Summarium der kaiserlichen Antwort auff nechstgehalten Reichstag" (Dresden 1531), abgedruckt bei *E. J. Cyprian*, Historia der Augspurgischen Confession (Gotha 1730) 196 bis 201. Zitat S. 199.

[17] Vgl. den Bericht J. Ecks an L. Campeggio vom 22./23. 8. 1530 bei *G. Müller*, Joh. Eck und die CA: QFIAB 38 (1958) 239.

[18] *K. E. Förstemann*, Urkundenbuch II 474—481.

viele protestantische Stände folgten nach und nach seinem Beispiel. So erging der Reichstagsabschied[19] am 19. November wie in Worms in Abwesenheit der meisten evangelischen Stände: Um zum Wohl des Reiches Friede und Einigkeit zu erhalten, wird den Anhängern der Confessio Augustana betreffs der „unverglichenen Artikel" bis zum 15. April 1531 Bedenkzeit gegeben (§ 1). Bis dahin dürfen sie aber keine weiteren Neuerungen einführen und die Ausübung des alten Glaubens nicht behindern (§ 3). Weiter sollen sie mit gegen die Sakramentarier und Wiedertäufer vorgehen (§ 4). Innerhalb von 6 Monaten soll „zu christlicher Reformation ein gemein christlich Concilium" ausgeschrieben und in Jahresfrist danach abgehalten werden (§ 5). Mit Gewalt entfremdetes Kloster- und Kirchengut ist zurückzugeben. Der Kaiser, als oberster Vogt der Christenheit, und die „gehorsamen Kurfürsten, Fürsten und Stände" sind zur Durchführung des Wormser Ediktes entschlossen und wollen vor „Entscheidung nächstkunftigen Generalkonzils kein Änderung tun lassen" (§ 10). Das alte Kirchenwesen wird unter den Schutz des Landfriedens gestellt (§ 65) und gegen die Ungehorsamen soll das damals in Augsburg reorganisierte Reichskammergericht vorgehen (§ 67). Damit liefen die Protestanten Gefahr, als Landfriedensbrecher belangt zu werden. Doch schon die Gewährung des halbjährigen Moratoriums zeigt, wie wenig die an sich harten Bestimmungen des Abschiedes durchführbar waren.

Apologie

Die Confutatio war am 3. August 1530 den Protestanten vorgelesen, aber nicht ausgehändigt worden. So konnte Melanchthon, als er angesichts des Scheiterns der Ausgleichsverhandlungen daranging, eine Gegenschrift zu verfassen, sich nur auf sein Gedächtnis und auf Notizen stützen. Die so entstandene „Apologie des Augsburgischen Bekenntnis" suchte der sächsische Kanzler Brück am 22. September vergeblich dem Kaiser in Augsburg zu überreichen. Diese Ablehnung gab Melanchthon die Gelegenheit, seine Schrift gründlich zu bearbeiten und zu erweitern. Auf Umwegen über Nürnberg (CR 2, 415) kam er schließlich auch in den Besitz einer Abschrift der Confutatio und konnte sie für die erweiterte Fassung der „Apologie" benutzen, die April/Mai 1531 im Druck erschien. Eine deutsche Übersetzung oder, besser, eine freie Bearbeitung in deutscher Sprache fertigte Justus Jonas im Herbst dieses Jahres an. Die „Apologie" war zunächst eine Privatarbeit Melanchthons. Erst durch die Unterzeichnung in Schmalkalden 1537 wurde sie zur Bekenntnisschrift neben der Confessio Augustana. Schärfer als diese

[19] *E. A. Koch,* Neue und vollständigere Sammlung der Reichstagsabschiede (Frankfurt 1797) II 306—332.

stellt sie die Lehrunterschiede heraus. Fast ein Drittel des Gesamtumfanges nimmt der 4. Artikel über die Rechtfertigung ein. Diese „wichtige Monographie über die reformatorische Rechtfertigungslehre" (H. Bornkamm) hat dem einseitig forensischen Verständnis der Rechtfertigung als bloßem Urteilsspruch Vorschub geleistet. Wohl wird auch gesagt, daß Rechtfertigung Wiedergeburt und neues Leben bedeutet[20], uns den Heiligen Geist schenkt[21] und wir zu Kindern Gottes und Miterben Christi werden[22]. Maßgebend für die weitere Entwicklung und die Rechtfertigungslehre der lutherischen Orthodoxie wurden aber nicht diese Aussagen, sondern andere, die von einer forensischen, bloß imputativen Gerechterklärung sprechen[23]. Die „Äußerung Melanchthons in der Apologie, es bedeute die Rechtfertigung auch Gerechtmachung, ist zu singulär; sie hat im Gesamten der reformatorischen Botschaft nur ungenügende Folgen gehabt. Wir mögen es psychologisch und aus der Kampfsituation heraus verstehen, daß die katholische Werklehre abgelehnt wurde. Aber sie hätte nicht abgelehnt werden dürfen, ohne daß man sich zum Lohngedanken bekannte — er ist biblisch —, und diesem den richtigen Platz zugewiesen hätte"[24]. Unheilvoller wurde, daß Melanchthon statt die Verfasser der Konfutation zu wirklichen Gesprächspartnern zu nehmen und sich mit ihrer Rechtfertigungslehre auseinanderzusetzen, sich gegen „Scholastici" wendet, die es 1530 nicht mehr gab, und Lehren bekämpft, die von den Nominalisten des Spätmittelalters, aber nicht von den zeitgenössischen katholischen Theologen vertreten wurden[25].

Die Confutatio hatte ausdrücklich die Lehre, der Mensch könne aus eigener Kraft ohne Gnade das ewige Leben verdienen, verurteilt und betont, daß „alle gute Gabe und jedes vollkommene Geschenk von oben kommt" (Jak 1, 17) und „all unser Genügen von Gott" ist (2 Kor 3, 5). Daran und an die betreffs der Rechtfertigungslehre in Augsburg festgestellte weitgehende Übereinstimmung knüpft die Apologie jedoch nicht an.

[20] IV, 64, 65, 116, 125, 132.
[21] IV, 116, 132.
[22] IV, 195.
[23] IV, 307, 72, 252. Vgl. *F. Loofs:* ThStK 57, I (1884) 613—688 und die weitere BSLK 158 Anm. 2 angegebene Literatur; *H. Fagerberg,* Die Theologie der lutherischen Bekenntnisschriften von 1529 bis 1537 (Göttingen 1965) 156—161.
[24] *H. Asmussen,* Warum noch lutherische Kirche? (Stuttgart 1949) 80.
[25] Vgl. IV, 9, 17, 27, 63, 79, 81, 162, 289 u. ö.

23. Kapitel

Die Politisierung der reformatorischen Bewegung bis zum Scheitern der Religionsgespräche 1540/41

LITERATUR: 1. Widerstandsrecht: *L. Cardauns*, Die Lehre vom Widerstandsrecht des Volkes gegen die rechtmäßige Obrigkeit im Luthertum und im Calvinismus des 16. Jh. (Diss. phil. Bonn 1903); *K. Müller*, Luthers Äußerungen über das Recht des bewaffneten Widerstandes gegen den Kaiser: SAM 1915, VIII (München 1915); *H. Lüttge*, Melanchthons Anschauung v. Recht des Widerstandes gegen die Staatsgewalt: ZKG 47 (1928) 512—542; *J. Heckel*, Lex charitatis (München 1953) 184—191; *ders.*, Widerstand gegen die Obrigkeit?: Zeitenwende 25 (1954) 156—168; *E. Wolf*, Widerstandsrecht: RGG³ VI 1681—92.

2. Schmalkaldischer Bund: *Schottenloher* 41646—71; 52101 f; 64018—26; *O. Winckelmann*, Der Schmalkaldische Bund und der Nürnberger Religionsfrieden (Straßburg 1892); *E. Fabian*, Die Entstehung des Schmalkaldischen Bundes und seiner Verfassung (Tübingen ²1962, Lit.); *ders.*, Die Schmalkaldischen Bundesabschiede 1530—32 (Tübingen 1958); *Chr. Glitsch*, Die Bündnispolitik der oberdt. Städte des Schmalkaldischen Bundes unter Einfluß von Straßburg und Ulm 1529/32 (Diss. Tübingen 1960); *St. Fischer-Galati*, Ottoman Imperialism and the Religion Peace of Nürnberg: ARG 47 (1956) 160—179; *R. Schelp*, Die Reformationsprozesse der Stadt Straßburg am Reichskammergericht z. Z. des Schmalkaldischen Bundes (Kaiserslautern 1965).

3. Reformation in Württemberg: Schottenloher 34046 d—62; 61983—62018; *J. Wille*, Philipp der Großmütige von Hessen und die Restitution Ulrichs v. Wirtemberg 1526—35 (Tübingen 1882); *J. Rauscher*, Württembergische Reformationsgeschichte (1500 bis 1559) (Stuttgart 1934); *H. Hermelink*, Gesch. der ev. Kirche in Württemberg von der Reformation bis zur Gegenwart (Stuttgart u. Tübingen 1949); *W. Köhler*, Zwingli u. Luther II (Gütersloh 1953). — J. Brenz: *W. Köhler*, Bibliographia Brentiana (Berlin 1904); *J. Brenz*, Anecdota Brentiana, hrsg. von *Th. Pressel* (Tübingen 1868); Brentiana, hrsg. von *W. Köhler*: ARG 9—26 (1911/29); Confessio Virtembergica, hrsg. von *E. Bizer* (Stuttgart 1952); Predigten des Joh. Brenz, hrsg. von *E. Bizer* (Stuttgart 1955); *A. Hegler*, Joh. Brenz und die Reform in Württemberg (Freiburg 1899); *M. Brecht*, Die frühe Theologie des Johannes Brenz (Tübingen 1966) (Lit.: vgl. auch Schottenloher 52867—81).

4. Wittenberger Konkordie: *E. Bizer*, Studien zur Geschichte des Abendmahlsstreites im 16. Jh. (1940, Darmstadt ²1962); *W. Köhler*, Zwingli u. Luther II (Gütersloh 1953).

5. Schmalkaldische Artikel (Sch. A.): BSLK 405—468, 1226—1228 (Lit.); *H. Volz*, Luthers Sch. A. u. Melanchthons Tractatus de potestate papae: ThStK 103 (1931) 1—70; *E. Bizer*, Die Wittenberger Theologen u. das Konzil: ARG 47 (1956) 77—101; *ders.*, Zum geschichtlichen Verständnis von Luthers Sch. A.: ZKG 67 (1955/56) 61—92; *ders.*, Noch einmal: Die Sch. A.: ZKG 68 (1957) 287—294; Urkunden u. Aktenstücke zur Gesch. von M. Luthers Sch. A. (1536—74), hrsg. von *H. Volz* (Berlin 1957); *H. Volz*, Luthers Sch. A.: ZKG 68 (1957) 259—286; *ders.*, Zur Entstehungsgeschichte von Luthers Sch. A.: ZKG 74 (1963) 316—320; *A. Ebneter*, Luther und das Konzil: ZKTh 84 (1962) 1—48; *Chr. Tecklenburg Johns*, Luthers Konzilsidee (Berlin 1966).

6. Frankfurter Anstand: Text: Le Plat II 625—630; *P. Fuchtel*, Der Frankfurter Anstand: ARG 28 (1931) 145—206; *E. Ziehen*, „Frankfurter Anstand" und deutsch-evangelischer Reichsbund von Schmalkalden 1539: ZKG 59 (1940) 324—351; *G. Müller*, Zur Vorgeschichte des Frankfurter Anstandes 1539: QFIAB 39 (1959) 328 bis 341. — Reformation in Sachsen: *O. A. Hecker*, Religion und Politik in den letzten Lebensjahren Herzog Georgs des Bärtigen von Sachsen (Leipzig 1912); *E.*

Brandenburg, Herzog Heinrich d. Fr. von Sachsen und die Religionsparteien im Reich (Dresden 1896); *S. Issleib,* Herzog Heinrich als ev. Fürst: Beitr. zur sächs. KG 19 (1905) 143—215; *H. Bornkamm,* Das Jahrhundert der Reformation (Göttingen 1961) 142—162; *H. Helbig,* Die Reformation der Universität Leipzig im 16. Jh. (Gütersloh 1953). — Brandenburg: *P. Steinmüller,* Einführung der Reformation in der Kurmark Brandenburg durch Joachim II. (Halle 1903); *N. Müller,* Zur Geschichte des Gottesdienstes der Domkirche zu Berlin 1540—1598: Jb. für brandenburgische KG 2/3 (1906) 337—550; *L. Zscharnack,* Das Werk M. Luthers in der Mark Brandenburg (Berlin 1917); *W. Wendland,* Einführung in die Quellen und Literatur zur märkischen Reformations-Gesch.: Jb. f. brandenburgische KG 34 (1939) 131—163, 35 (1940) 217—227; *ders.,* Die märkische Reformation: ebd. 34 (1939) 33—51; *W. Dürks,* Der Beginn der märkischen Reformation i. J. 1539: ebd. 52—87; *O. Groß,* Vom Widerstand der Kath. Kirche gegen die Kirchenordnung Joachims II.: Wichmann-Jb. (1953) 36—52; *W. Delius,* Die Reformation des Kurfürsten Joachim II.: Theol. Viatorum 5 (1954) 174—193; *B. Klaus,* Die kurbrandenburgische Kirchenordnung: JLH 4 (1958/59) 82—85; *E. W. Zeeden,* Katholische Überlieferungen in den luth. Kirchenordnungen des 16. Jh. (Münster 1959; Reg.).

7. Religionsgespräche: Schottenloher 41279f; *K. Brandi,* Kaiser Karl V., Bd II (München 1941) 296—306; *L. Pastor,* Die kirchlichen Reunionsbestrebungen während der Regierung Karls V. (Freiburg 1879); *L. Cardauns,* Zur Geschichte der kirchlichen Unions- und Reformbestrebungen 1538/42 (Rom 1910); *R. Stupperich,* Der Humanismus und die Wiedervereinigung der Konfessionen (Leipzig 1936); *W. Lipgens,* Kardinal J. Gropper 1503—1559 (Münster 1951); *H. Jedin,* Kirche des Glaubens — Kirche der Geschichte I (Freiburg 1966) 361—366. — Hagenau: Schottenloher 41323 a—28; Text des Abschiedes bei *L. v. Ranke,* Dt. Gesch. im Zeitalter der Reformation VI (München 1926) 136 bis 145; *R. Moses,* Die Religionsverhandlungen in Hagenau und Worms (Jena 1889); *F. Dittrich,* Nuntiaturberichte G. Morones vom dt. Königshofe 1539/40 (Paderborn 1892) 130 bis 179; NBD I 420—464; *A. Ph. Brück,* Die Instruktion Kardinal Albrechts von Brandenburg für das Hagenauer Religionsgespräch: AMrhKG 4 (1952) 275—280. — Worms: Schottenloher 41404—16; *W. Lipgens,* Theologischer Standort fürstlicher Räte im 16. Jh.: ARG 43 (1952) 28—51; *H. Jedin,* Tommaso Campeggio (1483—1564) (Münster 1958). — Regensburg: Schottenloher 28073—82, 41253—57, 41376—89; *P. Vetter,* Die Religionsverhandlungen auf dem Reichstage zu Regensburg 1541 (Jena 1889); *V. Schultze,* Aktenstücke zur dt. Ref.-Gesch. (Depeschen aus Regensburg): ZKG 3 (1879) 150—183, 609—653; *L. Pastor:* Die Correspondenz des Card. Contarini ... 1541: HJ 1 (1880) 321 bis 392, 473—500. Nachträge: NBD I 7 (Berlin 1912); *H. Eells,* The Origin of the Regensburg Book: Princetown Theol. Review 26 (1928) 355—372; *R. Stupperich,* Der Ursprung des Regensburger Buches: ARG 36 (1939) 88—116; *J. Schattenmann,* Regensburger Religionsgespräche 1541 u. 1546: Zeitwende 19 (1947/48) 44—52; *H. Mackensen,* Contarini's Role at Ratisbon in 1541: ARG 51 (1960) 36—57. Zu Contarini vgl. weiter die Lit. zu Kap. 16.

Der Reichstag zu Augsburg hatte die Uneinigkeit der Protestanten deutlich gemacht. Drei verschiedene Bekenntnisse waren dem Kaiser vorgelegt worden. Dabei hatten die Anhänger der Confessio Augustana (= CA) sich um klare Distanzierung von den Schweizern und den oberdeutschen Städten bemüht. Doch auch sie bedrohte der Reichstagsabschied als Landfriedensbrecher mit dem Reichskammergericht. So lag ein Bündnis zu gemeinsamem militärischem Widerstand nahe. Die Politisierung der reformatorischen Bewegung wurde dadurch noch mehr gefördert. Schon am 23. September, dem Tage nach der Verlesung des Abschiedsentwurfes, stellte Kurfürst Johann von Sachsen in Augsburg vor Vertretern der oberdeutschen Städte ein Bündnis „aller protestantischen Fürsten und Reichsstädte" als wünschenswert hin.

Widerstandsrecht

Mit dem Zusammenschluß zu bewaffneter Verteidigung wurde die Frage des Widerstandsrechtes akut. Im Oktober 1530 fanden darüber in Torgau Verhandlungen zwischen den Theologen unter Luthers Führung und den kursächsischen Rechtsräten statt. Bisher hatte Luther den Fürsten wie Einzelpersonen nur passiven Ungehorsam zugestanden. Sie durften, ja mußten in einem Religionskrieg gegen die evangelischen Stände dem Kaiser die Heeresfolge verweigern[1]. Jetzt öffnete der Reformator sich der Argumentation der Juristen, die den Reichsständen ein Recht zu bewaffneter Gegenwehr gegen einen Verfassungsbruch des Kaisers zustanden. Es sei nicht Sache der Theologen, den Juristen in ihre Auslegung des Reichsrechtes hineinzureden, „weil das Evangelium nicht wider das weltliche Recht lehret" (WA Br 5, 662, 7). Der Fürst handele dann aber als politische Person und nicht als Christ, schreibt Luther im Januar 1531 nach Nürnberg, wo man unter Führung von Lazarus Spengler weiter ein Recht des Widerstandes gegen den Kaiser in Zweifel stellte. Sein Christsein gebe dem Fürsten keine Titel zum bewaffneten Vorgehen, sondern könnte ihn höchstens veranlassen, auf sein Recht zu verzichten[2]. Diese Überlegungen gingen noch davon aus, daß der Kaiser auch für die Fürsten Obrigkeit ist. Im Laufe der weiteren Entwicklung sollte Luther sich den Juristen anschließen, die den Standpunkt vertraten, daß gemäß der ständischen Struktur des Reiches die Kurfürsten nicht als Untertanen des Kaisers anzusehen sind. Sie sind mit dem Kaiser zusammen in die Regierung des Reiches berufen, wie nach Luthers Version der konziliären Idee die Bischöfe mit dem Papste und unter seiner Leitung als iure divino gleichgeordnete Glieder der Hierarchie die Kirche regieren. Stehen aber Kaiser und Kurfürsten rechtlich auf derselben Stufe, dann ist bewaffnetes Vorgehen gegen sie nicht eine obrigkeitliche Exekution, sondern Krieg. Da nun in Religionssachen die weltliche Obrigkeit keine Befehlsgewalt hat, wäre ein Krieg des Kaisers gegen die evangelischen Stände ein gemeiner Raubzug um ihrer Besitzungen willen. Letzthin ist dabei, so argumentiert Luther 1539, der Papst der Kriegsherr und der Kaiser sein Knecht. „Ist es aber erlaubt, gegen den Türken Krieg zu führen und sich zu verteidigen, um wieviel mehr gegen den Papst, der schlimmer ist. Sollte sich also

[1] WA 30 II 197, 7—10: Heerpredigt wider den Türken (1529).

[2] „Quod princeps ut princeps sit politica persona et sic agens non agat ut Christianus, qui nec est princeps nec masculus nec quicquam in mundo personarum. Si igitur principi ut principi liceat resistere Caesari, illorum sit et iudicii et conscientiae. Christiano certe nihil licet, ut qui mundo sit mortuus" (WA Br 6, 17, 9—11).

der Kaiser unter das Kriegsvolk des Papstes oder der Türken mischen, dann mag er sich auch auf das Schicksal gefaßt machen, das eines solchen Kriegsdienstes würdig ist" (WA Br 8, 367, 20—23).

Schmalkaldischer Bund

Wegen seiner häufigen Abwesenheit vom Reich wollte Karl V. seinen Statthalter und Bruder Ferdinand, Erzherzog von Österreich und König von Böhmen und Ungarn, mit größerer Autorität ausstatten und ihn zum römischen König wählen lassen. In Augsburg hatte er die Mehrzahl der Kurfürsten dafür gewonnen. Mit den habsburgfeindlichen katholischen Bayernherzögen stellte sich Johann von Sachsen dagegen. Gleichzeitig mit seiner Antwort auf die Einladung des Kaisers zum Kurtag nach Köln am 29. Dezember lud der Kurfürst die protestantischen Stände für den 22. Dezember 1530 nach Schmalkalden ein. Dort sollten die drohenden Kammergerichtsprozesse in Reformationssachen und die Königswahl besprochen werden. Zu dem Tag erschienen mit den Unterzeichnern der CA Vertreter oberdeutscher Städte, an der Spitze Jakob Sturm von Straßburg.

Außer Brandenburg-Ansbach und Nürnberg, die Gewissensbedenken betreffs des Rechtes auf bewaffneten Widerstand hatten, kamen die Teilnehmer am 31. Dezember überein, sich gemeinschaftlich Beistand zu leisten, wenn das Reichskammergericht auf Grund des Augsburger Abschiedes gegen einen von ihnen vorgehen würde. Der förmliche Bundesvertrag trägt das Datum vom 27. Februar 1531 [3]. Ihm traten bei: Kurfürst Johann von Sachsen, Herzog Philipp von Braunschweig-Grubenhagen, Herzog Ernst von Braunschweig-Lüneburg, Landgraf Philipp von Hessen, Fürst Wolfgang von Anhalt-Bernburg, die Grafen Gebhard und Albrecht von Mansfeld und die elf Städte Straßburg, Ulm, Konstanz, Reutlingen, Memmingen, Lindau, Biberach, Isny, Lübeck, Magdeburg und Bremen. Bis Anfang 1532 kamen noch die Städte Braunschweig, Göttingen, Esslingen, Goslar und Einbeck hinzu. Den zwinglischen Städten Zürich, Bern und Basel hatte man den Beitritt unter der Bedingung der Anerkennung der Tetrapolitana Butzers angeboten. Das wußte Zwingli jedoch zu hintertreiben. Der Bundesvertrag selbst machte kein Bekenntnis zur Bedingung. Mit dem Tode Zwinglis in dem Gefecht von Kappel (11. 10. 1531) fiel für die oberdeutschen Städte die Rücksicht auf die Schweiz fort. Jetzt hinderte sie nichts mehr, Rückhalt bei den Schmalkaldenern zu suchen. Der Bundesvertrag war auf sechs Jahre abgeschlossen und wurde 1537 um 10 Jahre verlängert. Es bedurfte langwieriger Verhandlungen, bis die 23 Bundesmitglieder sich auf eine Verfassung einigten. Diese wurde erst am 2. Juli 1533 in Schmalkalden beschlossen und am 23. Dezember 1535 endlich allseitig angenommen. Schon im Herbst 1536 wurde sie durch eine 2. Bundesverfassung ersetzt. Nach der „Verfassung zur

[3] Text: *E. Fabian*, Die Entstehung des Schmalkaldischen Bundes 349—353.

eilenden Rettung und Gegenwehr“ [4] leiten den Bund zwei Bundeshauptleute (Kurfürst von Sachsen und Landgraf von Hessen), die sich halbjährlich in der Geschäftsführung abwechseln. Auf dem Bundestag werden die Beschlüsse von neun Stimmführern gefaßt, von denen je zwei von Kursachsen, Hessen, den niederdeutschen und den oberdeutschen Bundesstädten und einer von den übrigen Fürsten und Grafen zu ernennen sind. Nach demselben Schlüssel waren die neun Kriegsräte zu bestimmen, die im Kriegsfalle die Entscheidung hatten. Das Bundesheer sollte im Bedarfsfall angeworben werden, der Sold für 2 Monate für 2000 Reiter und 10 000 Landsknechte sollte jedoch bereitgehalten werden. Den Oberbefehl bei Feldzügen in Norddeutschland sollte der sächsische Kurfürst, bei solchen in West- und Süddeutschland der Landgraf von Hessen haben. Der Schmalkaldische Bund wurde zum Mittelpunkt der habsburgfeindlichen Kräfte. Wie wenig es allein um das „reine Wort Gottes“ ging, zeigen gesandtschaftliche Beziehungen zu Frankreich und England und ein Einverständnis mit Bayern, im Oktober 1531 die Wahl Erzherzog Ferdinands zum König nicht anzuerkennen und sich Hilfe zu leisten, wenn einer von ihnen deshalb angegriffen würde.

Nürnberger Anstand

Der Kaiser konnte an ein Vorgehen mit Gewalt und an die Durchführung der Augsburger Beschlüsse gar nicht denken. Die Türken überfluteten Ungarn, und zu ihrer Abwehr mußte der Kaiser wieder einmal die Hilfe der Protestanten durch einen Waffenstillstand erkaufen. Im „Nürnberger Anstand“ (23. 7. 1532) oder Religionsfrieden wurde den Schmalkaldenern bis zum Konzil oder, wenn das nicht binnen Jahresfrist zusammentrat, bis zum nächsten Reichstag die Sistierung aller Kammergerichtsprozesse in Sachen der Religion zugesichert und alle Anwendung von Gewalt um der Religion und des Glaubens willen untersagt. Persönlich begab sich der Kaiser nach Wien, um das große, aus all seinen Völkern gesammelte Heer zum Türkenzug anzuführen. Doch inzwischen war die Gefahr schon gebannt. Die kleine westungarische Festung Güns an der Grenze des Burgenlandes hatte dem Ansturm der Truppen des Sultans vom 7.—29. August heldenhaft standgehalten. Dieser Widerstand und die Nachricht von der Stärke des kaiserlichen Heeres veranlaßten Soliman II. unter schrecklichen Verwüstungen durch die Steiermark, wo die deutschen Truppen bei Graz erfolgreich waren, abzuziehen. Die Türken tiefer nach Ungarn hinein zu verfolgen und der Sache König Ferdinands gegen den ungarischen Prätendenten Zapolya zum Siege zu verhelfen, waren die Truppen des Reiches nicht zu bewegen. Wieder war die Türkengefahr nur vorübergehend gebannt; die lähmende Be-

[4] Text: *E. Fabian*, Die Entstehung des Schmalkaldischen Bundes 358—376.

drohung des Reiches blieb. Der Kaiser eilte über Italien in seine spanischen Königreiche und sollte fast zehn Jahre dem Reich fernbleiben.

Einführung der Reformation in Württemberg und weiteren Territorien

Die Protestanten hatten sich nicht nur behauptet, sondern gewaltig an Selbstvertrauen gewonnen. Ermuntert durch den Schmalkaldischen Bund und im Schutze des Nürnberger Anstandes, der faktisch auch auf neue Mitglieder ausgedehnt wurde, traten eine Reihe von Städten, u. a. Augsburg, Hannover, Frankfurt/Oder und Hamburg, sowie fürstliche Territorien, wie Pommern, Anhalt-Dessau, Liegnitz und Brieg in Schlesien, zur Reformation über. Die Verquickung von Politik und Religion wird besonders deutlich bei der Einführung des neuen Kirchenwesens in *Württemberg*. Dieses stand seit der Vertreibung Herzog Ulrichs (1487—1550) durch den Schwäbischen Bund (1519) unter österreichischer Verwaltung. Auf dem Reichstag in Augsburg war das Herzogtum Erzherzog Ferdinand als kaiserliches Lehen übergeben worden. Unter Aktivierung der antihabsburgischen Mächte Frankreich und Bayern betrieb Philipp von Hessen die Rückführung des Herzogs, der bei ihm Zuflucht gefunden hatte. Zunächst gelang es dem Landgrafen, die Erneuerung des Schwäbischen Bundes, der Stütze habsburgischer Politik, zu hintertreiben. Im Januar 1534 traf er sich mit dem französischen König und erhielt hier gegen Verpfändung der württembergischen Grafschaft Mömpelgard bei Belfort die Zusage der nötigen Subsidien. Ferdinand war zu sehr anderweitig gebunden, um sich ernsthaft für den Besitz Württembergs einzusetzen, als von Hessen aus der Einfall erfolgte. Mühelos wurde das österreichische Heer bei Lauffen am Neckar (12./13. 5. 1534) besiegt. Im Frieden von Kaaden bei Eger am 29. Juni billigte Ferdinand Herzog Ulrich Württemberg als österreichisches Afterlehen zu und gewährte ihm mittelbar das Recht zur Einführung des neuen Kirchenwesens. Er erreichte dafür die Anerkennung seines Königtums und Türkenhilfe.

Die sofort eingeleitete Reformation stand im Zeichen einer Verbindung von Zwinglianismus und Luthertum. Die Straßburger schlugen den Zwinglianer Ambrosius Blaurer aus Konstanz als Reformator vor, Philipp von Hessen präsentierte den Lutheraner Erhard Schnepf. Die Schwierigkeiten in der Abendmahlslehre suchte man mit der sogenannten Stuttgarter Konkordie zu beseitigen. Man legte die von den Lutheranern in Marburg vorgeschlagene Einigungsformel zugrunde. Trotz Aufteilung des Landes in zwei Reformationsbezirke blieb das Verhältnis gespannt. Die Pfarrer wurden auf die CA verpflichtet. Rücksichtslos zog der Herzog die Kirchengüter zur Deckung seiner Schulden ein. Zur Heranbildung von Geistlichen und von weltlichen Beamten errichtete er 1537 das Tübinger „Stift“. Die Protestantisierung der dortigen Universität gelang erst, als Johannes Brenz (1499—1570), der Reformator der Reichsstadt Schwäbisch Hall (1522), berufen wurde und 1537/38 dort als Professor wirkte. Sein kleiner Katechismus war 1535 der Kirchenordnung Herzog Ulrichs beigegeben worden. Wenn in Württemberg und in Süddeutschland überhaupt das protestantische Kirchentum ein lutherisches Gepräge bekam, dann ist das sein Werk. Unter Herzog Christoph (1550—68) wurde Brenz als Propst in Stuttgart der Leiter der württembergischen Kirche. Die „Confessio Virtembergica" und die „Große Kirchenordnung" von 1559 sind von ihm verfaßt.

Wittenberger Konkordie

Die Württemberger Reformation hatte den Zwiespalt unter den Protestanten erneut aufgezeigt und gleichzeitig den Weg zur Einigung gewiesen. Es hatte sich gezeigt, daß die CA und die Stuttgarter Konkordie als Grundlage der Einheit nicht ausreichten. Die Theologen suchten zu Verhandlungen über eine Konkordie zu kommen und gingen Philipp von Hessen als Vermittler an. Nach einem Vergleich zwischen Butzer und Melanchthon Dezember 1534 in Kassel und einem Ausgleich Luthers mit der Stadt Augsburg, die April 1536 in den Schmalkaldener Bund aufgenommen wurde, kam es vom 22.—29. Mai 1536 in Wittenberg zu Konkordienverhandlungen. Die Schweizer und Konstanz hatten sich inzwischen versagt und waren nicht erschienen. Butzer bekannte, das Brot sei wahrhaftig der Leib Christi und werde durch den Austeilenden allen Empfangenden gegeben, wenn die Einsetzungsworte nicht verfälscht würden. Weil nach seiner Meinung letzteres auch durch den Unglauben des Empfängers geschieht, ergab sich das alte Problem der manducatio impiorum. Hier schlug Bugenhagen vor, man möge „sagen, die Unwürdigen, wie Paulus redet, empfängen den Leib des Herrn". Damit gab Luther sich zufrieden. In dem von Melanchthon redigierten Text[5] heißt es: „Demnach halten und lehren sie, daß mit dem Brot und Wein wahrhaftig und wesentlich zugegen sei, dargereicht und empfangen werde der Leib und das Blut Christi. Und wiewohl sie keine Transsubstantiation halten, auch nicht halten, daß der Leib und das Blut Christi localiter, räumlich ins Brot eingeschlossen oder sonst bleiblich damit vereinigt werde außer der Nießung des Sakraments. Doch so lassen sie zu, daß durch sacramentliche Einigkeit das Brot sei der Leib Christi, das ist, sie halten, so das Brot dargereicht wird, daß als dann zugleich gegenwärtig sei und wahrhaftig dargereicht werde der Leib Christi etc. Denn außer der Nießung . . . halten sie nicht, daß Christi Leib zugegen sei." Neben der Formulierung manducatio indignorum statt impiorum enthält der Ausdruck „sakramentliche Einigkeit" (unio sacramentalis) eine bewußt hingenommene Vieldeutigkeit. Dennoch

[5] *E. Bizer*, Studien zur Geschichte des Abendmahlsstreites im 16. Jh. 117ff; BSLK 977f.

hat die Wittenberger Konkordie[6] als Brücke für die oberdeutschen Städte zum Luthertum, die ihnen den Anschluß an den Schmalkaldischen Bund ermöglichte, Bedeutung gehabt. Später wurde sie in die Solida Declaratio der Konkordienformel (VII 12—16) aufgenommen und damit erneut als lutherisch anerkannt.

Ablehnung der Teilnahme am Konzil durch die Protestanten

Bisher hatten der Kaiser und die altkirchlichen und protestantischen Stände in einer Front nach dem Konzil verlangt, und die Vertagung der Glaubensfrage bis zu seiner Einberufung war immer wieder ein willkommener Ausweg aus den Schwierigkeiten gewesen. Daß die Vorstellungen über Charakter, Einberufung und Ort des Konzils sehr divergierten, wurde nicht deutlich. Die Situation änderte sich entscheidend, als Paul III. am 2. Juni 1536 für Mai 1537 das Generalkonzil nach Mantua berief (s. S. 484).

Der Kurfürst von Sachsen beanstandete, daß nichts über Freiheit, Christlichkeit und Unparteilichkeit des Konzils gesagt war und es in Mantua stattfinden sollte. Ein Konzil sei ein Schiedsgericht, nehme man die Einladung an, dann sei man durch den Schiedsspruch gebunden. Er forderte von seinen Räten und Theologen eine Handhabe für die Absage der Teilnahme, ja er trug sich mit dem Plan eines evangelischen Gegenkonzils. Luther sollte zusammenstellen, auf welche Artikel seiner bisherigen Lehre er „zu beruhen und zu bleiben und ... nicht zu weichen“ gedenke. Der Reformator kam dem Auftrag nach und legte am 28. Dezember 1536 einer Theologenkonferenz „Artikel christlicher Lehre“, die sogenannten *„Schmalkaldischen Artikel“*, vor. Melanchthon waren deren Aussagen über den Papst zu scharf. Er war „um des Friedens und der Einigkeit willen“ bereit, eine Superiorität des Papstes über die Bischöfe „iure humano“ anzuerkennen. Trotzdem unterschrieb er mit den anderen Wittenberger Theologen die am 3. Januar 1537 dem Kurfürst übersandten und von ihm akzeptierten Artikel. Die drei ungleich langen Teile umfassen: 1. Artikel, bei denen man nicht nachzugeben braucht, weil sie unbestritten sind, wie Trinitäts- und Zweinaturenlehre, 2. Artikel, bei denen man nicht nachgeben kann: Versöhnung und Rechtfertigung durch Jesus Christus, Meßopfer und Papsttum als göttliche Institution, und 3. Artikel, über die man mit Gelehrten und Vernünftigen verhandeln kann, wie Sünde, Buße, Beichte, Taufe, Weihe und Ehe der Priester, Klostergelübde u. a. Besonders ausführlich, dabei erschreckend scharf und so, als wenn nicht inzwischen manch klärendes Wort über die katholische Meßopferlehre gesagt und geschrieben worden wäre, äußert sich Luther

[6] Für W. *Köhler* (Luther und Zwingli II 453) war „die ganze Konkordie ein Schein“, weil man unter den „Unwürdigen“ auf beiden Seiten etwas anderes verstanden habe.

über die Messe als den „größten und schrecklichsten Greuel" im Papsttum. Er schließt: „Dieser Artikel von der Messe wirds ganz und gar sein im Conzilio. Denn wo es möglich wäre, daß sie uns alle anderen Artikel nachgäben, so können sie doch diesen Artikel nicht nachgeben; wie der Campegius zu Augsburg gesagt: er wollt sich ehe auf Stücken zu reißen lassen, ehe er wollt die Messe fahren lassen; so werde ich mich auch, mit Gottes Hilfe, eher lassen zu Aschen machen, ehe ich einen Meßknecht mit seinem Werke, er sei gut oder böse, lasse meinem Herrn und Heilande Jesu Christo gleich oder höher sein. Also sind und bleiben wir ewiglich geschieden und widereinander. Sie fühlens wohl, wo die Messe fället, so liegt das Papsttum. Ehe sie das lassen geschehen, so töten sie uns alle, wo sie es vermögen. Über das alles hat dieser Drachenschwanz, die Messe, viel Ungeziefers und Geschmeiß mancherlei Abgötterei gezeuget" (WA 50, 204, 3—28).

Auch sonst führt Luther, der sich wiederholt gegen den „Enthusiasmus", die Quelle aller Ketzerei, ja Teufelei der Schwärmer und des Papstes wendet, nicht gerade eine durch Gottes Wort gezügelte Sprache. Hinsichtlich des bevorstehenden Konzils schreibt er: Dort „werden wir nicht vor dem Kaiser oder weltlicher Obrigkeit, . . . sondern vor dem Papst und dem Teufel selbst stehen, der nichts zu hören, sondern kurzerhand zu verdammen, zu morden und zur Abgötterei zu zwingen gedenkt" (WA 50, 220, 4—16). Auf dem von zahlreichen Fürsten, Gesandten der Städte und ca. 40 Theologen besuchten Bundestag in Schmalkalden Februar 1537 wurde Luther krank und konnte seine „Artikel" nicht selbst vertreten. Melanchthon hintertrieb aus Angst vor neuem Streit in der Abendmahlslehre und wohl auch wegen der unversöhnlichen Sprache Luthers, daß die Artikel der Versammlung überhaupt offiziell vorgelegt wurden. Die Theologen bekamen den Auftrag, die CA durchzusehen und durch Artikel über die Gewalt des Papstes zu ergänzen. Die Abfassung überließ man Melanchthon. Sein „Tractatus de potestate papae" erhielt die Zustimmung aller und wurde durch Aufnahme in den Abschied offizielle Bundesschrift. Luthers „Artikel" wurden dagegen als Privatarbeit ausgegeben. Sie erfreuten sich aber bald großer Wertschätzung und wurden schließlich in das Konkordienbuch (1580) aufgenommen und somit Bekenntnisschrift der lutherischen Kirche.

Die Teilnahme am Konzil sagte die Versammlung in Schmalkalden am 24. Februar strikt ab. Annahme der Einladung hieße die Zustimmung zur eigenen Verurteilung geben und den Papst als Richter in eigener Sache hinnehmen. Dem päpstlichen Nuntius Peter van der Vorst nahm man die Einladungsbulle zum Konzil überhaupt nicht ab. Melanchthon dagegen war weiter der Meinung, man dürfe die Einladung nicht rundweg abschlagen. Dem Papst komme zwar nicht das Richteramt zu, wohl aber das Recht zur Berufung des Konzils. Als „Allerbetrüblichstes" sah Melanchthon klar voraus, „daß solche Zwietracht bis auf die Nachkommen dauern würde" (CR 3, 293). Das hinderte ihn nicht im offiziellen Auftrag die Rechtfertigungsschrift zu verfassen: „Weshalb die Fürsten sich dem vom Römischen Papst Paul III. angekündigten Konzil verweigert haben“ (CR 3, 313—325).

Vertreter des Kaisers in Schmalkalden war der Vizekanzler Matthias Held. Er warb auftragsgemäß für das Konzil und wies die Beschwerden gegen das Kammergericht zurück, trat aber schärfer auf, als es der Intention des Kaisers entsprach. Er stand ja auch der harten Realität gegenüber und bekam zu spüren, wie weniger die Theologen als die Fürsten auf der Verwerfung des Konzils bestanden, das man so entschieden gefordert hatte. Statt neue Wege zur Verständigung zu suchen und Möglichkeiten zu sondieren für den Fall, daß kein Konzil zustande käme, betrieb er die Gründung eines katholischen Bundes. Ohne diesen gehe alles zugrunde, da die Abgewichenen fest entschlossen seien, die Katholiken hinterrücks zu überfallen wie in Württemberg, berichtete er Herbst 1537 an den Kaiser. Er fand Rückhalt bei König Ferdinand. So kam am 10. Juni 1538 der *Nürnberger Bund,* ein Defensivbündnis für 11 Jahre, zwischen Karl V., Ferdinand, den Herzögen von Sachsen, Bayern und Braunschweig und den Erzbischöfen von Salzburg und Magdeburg zustande. Bei so geringer Beteiligung — kein Kurfürst und kaum ein Bischof war mit im Spiel — und bei der recht unklaren Haltung Bayerns war der Bund an sich schon nicht stark. Durch den Tod Herzog Georgs von Sachsen († 1539) und die anschließende Reformation seines Landes erlitt er bald eine weitere Schwächung.

Der „Frankfurter Anstand“

Wenn auch der Nürnberger Bund keine ernsthafte Gefahr für die Schmalkaldener war, so fühlten sie sich doch bedroht, was sie veranlaßte, die locker gewordenen Bande wieder enger zu knüpfen.

Der Kaiser konnte angesichts einer Niederlage im Türkenkrieg bei Esseg (9. 10. 1538) und wenn er den eben bei Nizza mit Frankreich auf 10 Jahre geschlossenen Waffenstillstand (18. 6. 1538) nicht durch ein Bündnis von Protestanten und Franzosen wieder in Gefahr bringen wollte, ein gewaltsames Vorgehen nicht ernsthaft in Erwägung ziehen. Dazu ließ ihn und die Zeitgenossen die erneute Vertagung der Einberufung des Konzils an der Entschlossenheit des Papstes zweifeln, die innerkirchlichen Fragen ernsthaft anzupacken. Bei seinem Bestreben, die Einheit des Glaubens und des Reiches herzustellen, war Karl V. somit wieder allein auf die deutschen Kräfte verwiesen. Es blieb ihm nur übrig, auf dem Wege der Verhandlungen Frieden und Türkenhilfe zu erstreben und zu hoffen, so den Weg für innerdeutsche Religionsgespräche frei zu machen. Als geeigneten Unterhändler dafür ernannte er Ende 1538 den aus Lund vertriebenen Erzbischof Johann von Weeze. Langwierige Verhandlungen führten am 19. April 1539 zum „Frankfurter Anstand“. Er gewährte über den Nürnberger Frieden hinaus allen derzeitigen Anhängern der Augsburgischen Konfession einen Stillstand von 6 Monaten. In der Zeit sollten die Kammergerichtsprozesse ruhen und niemand wegen der Religion angegriffen werden. Der Friede war für 15 Monate angeboten, falls die Schmalkaldener bereit wären, keine neuen Mitglieder aufzunehmen und auf weitere Säkularisationen zu verzichten. Doch dazu konnten sie sich nicht entschließen. Die Beschickung eines Fürstentages in Worms zur Festsetzung der Türkenhilfe und die Leistung derselben sagten die Protestanten zu. Vor allem sollte der Friede Religionsgespräche ermöglichen. Diese sollten unabhängig vom Konzil und ohne Hinzuziehung eines päpstlichen Legaten stattfinden, um „auf eine löbliche christliche Vereinigung zu handeln". Für solche Gespräche hatte sich vor allem Kurfürst Joachim II. von Brandenburg eingesetzt. Er war dabei, in seinem Territorium eine Landeskirche zu konstituieren, die eine merkwürdige Mittelstellung zwischen dem alten und neuen Kirchentum einnahm. Da das Konzil auf sich warten ließ, ging er dazu über, die Reform einzuführen, wie er sie vom Konzil erwartete. Im August 1539 ließ er eine Kirchenordnung beraten, an der Georg Witzel (1501—73) mitarbeitete und die März 1540 verabschiedet wurde. Sie übernahm den lutherischen Katechismus, behielt aber weitgehend die alten Kultformen bei. Luther meinte, sich damit abfinden zu können, weil ja der Artikel von der Rechtfertigung und die rechte Predigt gewährleistet sei (WA Br 8, 624). Joachim II. betonte, weder „römisch" noch „wittenbergisch", sondern „katholisch" sein zu wollen. Ein Bruch des Frankfurter Anstandes war die Einführung der Reformation im Herzogtum Sachsen im Laufe des Sommers 1539 nach dem Tode Herzog Georgs (17. 4. 1539). Die Schmalkaldener hielten ihre vor dem Frankfurter Anstand angeworbenen Truppen unter Waffen, bis der Bruder Georgs, Herzog Heinrich († 1541), sein Erbe übernommen und die Reformation eingeleitet hatte. Pfingsten wurde in Leipzig protestantischer Gottesdienst gehalten, bei dem Luther selbst predigte.

Die Religionsgespräche 1540/41

Das für August 1539 in Nürnberg angesetzte Gespräch wurde durch kaiserliches Schreiben verschoben und kam nicht zustande. Die Abmachung, daß bei den Vergleichsverhandlungen kein päpstlicher Legat teilnehmen sollte, mußte die Kurie in ihrem Mißtrauen gegen die kaiserliche Unionspolitik noch bestärken. Was sich hier anbahnte, unterschied sich kaum von einem Nationalkonzil, das Rom so sehr verabscheute. Die Protestanten hofften ja auch, auf diesem Wege zu einer reichsrechtlichen Anerkennung ihres Bekenntnisses zu gelangen, das nicht mehr der Entscheidung des künftigen Konzils unterworfen war. Intensive Anstrengungen der päpstlichen Diplomatie vermochten jedoch nicht, den Kaiser von seiner Unionspolitik abzubringen. Er sagte wohl die Beteiligung des Papstes an dem geplanten Religionsgespräch zu. Dazu wurde auf den 6. Juni nach Speyer eingeladen. Wegen einer Seuche mußte es nach *Hagenau* verlegt werden. Die Häupter der Schmalkaldener, der Kurfürst von Sachsen und der Landgraf von Hessen, weigerten sich zu erscheinen. Auch sonst war die Beteiligung der Fürsten und Bischöfe äußerst gering. Über die Saumseligkeit der Bischöfe führte nicht nur König Ferdinand, sondern auch der als Berater der Katholiken erschienene Nuntius Morone Klage. „Der Geist der Bischöfe ist wirklich", schreibt er am 15. Juni 1540 an Kardinal Farnese, „wie Se. Majestät sagt, weibisch in den Dingen, in welchem er männlich sein sollte, wie im Widerstand gegen die Gegner unseres Glaubens, und männlich in den Angelegenheiten, in denen er weibisch sein sollte, nämlich im Trinken und Konkubinenwesen."[7] Eine Ausnahme war der Wiener Bischof J. Fabri, der neben J. Cochlaeus, F. Nausea, J. v. Pflug, J. Gropper und vor allen J. Eck für die katholische Seite das Wort führte. Melanchthon war auf der Hinreise krank geworden. Wittenberg war so nur durch C. Cruciger, F. Myconius und J. Menius vertreten. Sonst waren von den protestantischen Theologen u. a. anwesend M. Butzer, W. Capito, A. Osiander, J. Brenz, U. Rieger und J. Calvin. König Ferdinand, der die Leitung hatte, wollte die Augsburger Vergleichsverhandlungen zugrunde legen und lediglich über die in Augsburg nicht verglichenen Artikel sprechen. Das lehnten die Protestanten ab und verlangten die CA als Grundlage. Die Tatsache, daß sie sich auf eventuell früher gemachte Konzessionen nicht festlegen lassen wollten, wie ihr Auftreten überhaupt, machte die veränderte Lage gegenüber 1530 deutlich. Sie vertraten jetzt ein starkes, in sich gefestigtes Kirchenwesen, hinter dem der Schmalkaldische Bund, damals die einzige geschlossene politische Macht im Reiche, stand. Über die Diskussion des Verhandlungsmodus kam man in Hagenau nicht hinaus. Da keine Einigung im modus conciliandi wäre, müßte, so ließ König Ferdinand den Versammelten am 16. Juli verkünden, das Religionsgespräch auf einen anderen Konvent vertagt werden. Dieser wurde in dem am 28. Juli publizierten Abschied für den 28. Oktober in *Worms* angesetzt. Erst einen Monat später als vorgesehen, am 25. November, konnte der kaiserliche Minister Granvella diese Tagung eröffnen. Der päpstliche Legat Tommaso Campeggio war nur Beobachter und wollte als Bote des Friedens und der Versöhnung auftreten. Auch Morone war anwesend. Wieder gab es lange Vorverhandlungen über den modus procedendi, besonders der Abstimmung. In Hagenau war festgesetzt worden, daß jeder Seite elf Sprecher bzw. Stimmen zukommen sollten. Die Katholiken waren sich aber der Theologen von Kleve, Brandenburg und der Pfalz nicht sicher und fürchteten, in wichtigen Fragen überstimmt zu werden. Deshalb suchten sie Abstimmung nach Einzelstimmen zu verhindern. Die Protestan-

[7] Pastor 187 f; Lämmer, Mon. Vat. 275 f.

ten bestanden dagegen auf der in Hagenau festgesetzten Verfahrensweise, ließen sich auch nicht auf schriftliche Verhandlung ein. Erst am 5. Januar einigte man sich auf einen Sprecher von jeder Seite. Das von Eck und Melanchthon geführte Gespräch begann am 14. Januar. Grundlage sollte die CA sein. Zu Beginn wies Eck auf die besonders bezüglich des Artikels X (Abendmahl) nicht unerheblichen Abweichungen des übergebenen Exemplars der Augustana („Variata“) gegenüber dem Text von 1530 hin. Drei Tage diskutierte man über die Erbsünde, besonders darüber, inwiefern der nach der Taufe zurückbleibende „Zunder“ selbst Sünde genannt werden könne. Am 17. Januar kam in der Wohnung Granvellas eine von dem Halberstädter Weihbischof J. Mensing, J. Eck, Melanchthon und Butzer erarbeitete Vergleichsformel zustande, die von beiden Seiten gebilligt wurde[8]. Gleichzeitig traf die kaiserliche Verfügung ein, wonach das Gespräch auf den nach Regensburg anberaumten Reichstag verlegt werden sollte. Durch seine persönliche Anwesenheit hoffte der Kaiser die stockenden Verhandlungen zu fördern. Dazu hatte Granvella während der wenig erfolgversprechenden Verhandlungen in Worms für eine Verhandlungsgrundlage in Form eines Vergleichsentwurfes gesorgt. Auf seine Initiative hin hatten Gropper und der kaiserliche Rat Gerhard Veltwyk in Worms unabhängig von der Hauptverhandlung Geheimgespräche mit Capito und Butzer geführt. Dieser war von Philipp von Hessen dazu ermuntert worden. Der Landgraf war auf Ausgleich mit dem Kaiser bedacht, denn seine Doppelehe drohte zur peinlichen Affäre zu werden. Diesen Geheimgesprächen lagen Groppers „Artikell, vor Christlich und der gesunden kath. Lehr gemäß erkannt“[9] zugrunde. Sie wurden von Butzer ergänzt und korrigiert. Schnell einigte man sich über Erbsünde und Rechtfertigung. Schwierigkeiten machte der Ausgleich zwischen dem Schriftprinzip und der Anerkennung der kirchlichen Tradition einschließlich Messe und Heiligenverehrung. Doch gerade Butzer stand den Bräuchen der alten Kirche positiv gegenüber, weil „von den Aposteln her bis zur Zeit der hl. Väter auch ein Christentum gewesen“ sei. So meinte er hinsichtlich der Zeremonien, selbst der Messe, Zugeständnisse machen zu können, wenn nur die Predigt des Evangeliums zugelassen würde. Manche von ihm vorgeschlagene Formulierung konnte er dem Entwurf für das Leipziger Gespräch von 1539 entnehmen, den er mit Witzel ausgearbeitet hatte. Der so entstandene Vergleichsentwurf wurde am 31. Dezember angenommen[10]. Er stellt die Urform des „Regensburger Buches“ dar. Schon vor Beginn des Reichstages suchte Granvella möglichst viele Fürsten dafür zu gewinnen. Philipp von Hessen war einverstanden, und Joa-

[8] CR 4, 32f, 89.

[9] Gedruckt in *J. Gropper,* Wahrhafftige Antwort (Köln 1545) fol. 8a—20a.

[10] Text bei *M. Lenz,* Briefwechsel Landgraf Philipps des Großmütigen von Hessen mit Bucer III (Leipzig 1891) 39—72.

chim II. v. Brandenburg schickte es begeistert an den Kurfürsten von Sachsen weiter. Luther (WA Br 9, 333 f; CR 4, 96) jedoch äußerte sich skeptisch.

In *Regensburg* wurde der Wormser Vergleichsentwurf nach einigen Änderungen von Contarini, Morone und den katholischen Collocutoren Pflug, Gropper und Eck als Verhandlungsgrundlage gutgeheißen[11], bei der Eröffnung des Gespräches am 27. April 1541 vorgelegt und auch von den protestantischen Wortführern Melanchthon, Butzer und Joh. Pistorius akzeptiert. Wichtig für die versöhnliche Atmosphäre des Regensburger Religionsgespräches war die Teilnahme des Kardinals Contarini als päpstlichem Legaten. Auf Grund seiner eigenen religiösen Erfahrung und gestützt auf Paulus und Augustinus, war er „der Überzeugung, daß der religiöse Quellpunkt der Heilslehre Luthers — nicht ihre theologische Formung und die aus ihr gezogenen Konsequenzen — urkatholisch war"[12]. Er meinte, mit gutem Willen auf beiden Seiten, mit Liebe und Demut könne der Zwiespalt beigelegt werden. „Nun sollte er innewerden, daß sie allein nicht genügten" (ebd. 306). Überraschend schnell einigte man sich über die ersten vier Artikel des „Regensburger Buches": Urstand, freier Wille, Ursache der Sünde und Erbsünde. Schon am 2. Tage (28. 4.) wandte man sich dem 5. Artikel über die Rechtfertigung zu. Melanchthon und Eck verwarfen die vorliegende Fassung. Nach mehrtägiger Diskussion griff man doch wieder auf sie zurück, kürzte sie aber erheblich[13]. Am 3. Mai konnte man erklären, über diesen Artikel einig zu sein. Das erfüllte alle mit Freude und Hoffnung. Contarini sandte die Einigungsformel nach Rom[14], und der Kaiser war voller Zuversicht, daß man nun „auch in den übrigen Fragen zu einer Verständigung gelange"[15]. An der Rechtfertigung hatte sich ja der Streit entzündet, und sie wurde als der „articulus stantis et cadentis ecclesiae" empfunden. Nach der Einigungsformel wird der Sünder „durch den lebendigen und wirksamen Glauben gerechtfertigt". Dieser ist eine „Bewegung des hl. Geistes", durch die der Büßende auf Gott ausgerichtet wird und die in Christus verheißene Barmherzigkeit, Vergebung der Sünden und Versöhnung erlangt. Mit ihm wird „zugleich die Liebe eingegossen, die den Willen heilt", so daß er beginnen kann, das Gesetz zu erfüllen. „Der lebendige Glaube ist es also, der in Christus Barmherzigkeit erlangt und glaubt, daß ihm die Gerechtigkeit Christi aus Gnade angerechnet wird und er zugleich die Zusage des Heiligen Geistes und die Liebe empfängt. So ist der rechtfertigende Glaube der Glaube, der durch die Liebe wirksam ist" (CR 4, 199). Der Artikel sucht der Tat-

11 Text: CR 4, 190—238; Le Plat III 10—44.

12 *Jedin* I 305.

13 Jedin, Bizer, Stupperich nennen den 2. Mai, Pastor 245 Anm. 2 und Lipgens 127 sprechen vom 3. Mai.

14 ZKG 5 (1882) 593; *F. Dittrich,* Regesten und Briefe des Cardinals G. Contarini (Braunsberg 1881) 177.

15 NBD 1, VII, S. XVI.

sache gerecht zu werden, daß wir einerseits gerechtfertigt sind um Christi willen, seine Gerechtigkeit uns zu eigen wurde und wir mit Gott versöhnt sind, andererseits die neue Gerechtigkeit noch nicht volle Gewalt über uns hat, die „Erneuerung noch unvollkommen ist und den Wiedergeborenen noch eine ungeheuere Schwachheit anhaftet". „Wegen der uns inhärierenden Gerechtigkeit heißen wir gerecht, denn wir tuen ja, was recht ist, und nach Johannes ist gerecht, wer die Gerechtigkeit tut", wir werden aber nicht auf dieses unser Tun unser Vertrauen setzen, sondern allein auf die Gerechtigkeit Christi, wie wir andererseits wegen unserer Schwachheit nicht verzweifeln. Denn deshalb ist niemand von der Gnade Christi ausgeschlossen (CR 4, 200). Von einer „doppelten Gerechtigkeit" ist nicht die Rede, sondern von der einen Gerechtigkeit Christi, des Mittlers, die in Richtung auf den Vater volle Gnade, Huld, Versöhnung bewirkt und die den Menschen erneuert und heiligt, hier aber noch nicht voll zur Auswirkung gekommen ist.

Im weiteren Verlauf des Religionsgespräches sollte sich jedoch zeigen, daß nicht die Rechtfertigung, sondern die Kirche und ihr Amt in der Auslegung der Schrift und der Spendung der Sakramente die eigentlich kirchentrennenden Glaubensartikel waren. Gegen Eck setzte Contarini durch, daß die Artikel 6 und 9 über die Kirche und ihre Vollmacht zur Deutung der Schrift zurückgestellt wurden. Sonst wären die Verhandlungen schon hier gescheitert. Über die Artikel 10—13, die allgemeine Sakramentenlehre, Ordo, Taufe und Firmung, einigte man sich. Entscheidende Schwierigkeiten gab es bei der Eucharistie (Art. 14). Fast 8 Tage wurde über die Frage der Transsubstantiation gerungen. Man kam zu keiner Verständigung; auch nicht über die Beichte (Art. 15). Sich einigen konnte man über Ehe (Art. 16) und Letzte Ölung (Art. 17). Bei Artikel 19 über die hierarchische Ordnung der Kirche und Artikel 20 über Messe und Heiligenverehrung wurde schließlich allen deutlich, daß das Gespräch gescheitert war. Am 31. Mai legten die Protestanten eine Zusammenfassung ihrer abweichenden Meinung hinsichtlich Kirche, Eucharistie und Beichte vor (CR 4, 348—376). Die Unionspolitik des Kaisers scheiterte vollends, als er nicht einmal erreichte, daß die Artikel, über die man sich geeinigt hatte, als verglichen anerkannt wurden und man betreffs der anderen bis zum Konzil Duldung gewährte. Inzwischen hatte sich herausgestellt, daß die Einigung über die Rechtfertigung nur eine scheinbare war. Luther hatte den Artikel schon am 10. oder 11. Mai als Flickwerk bezeichnet, „ein neu Tuch auf einen alten Rock gelappt, so daß der Riß ärger wird" (WA Br 9, 407, 20 f). Am 29. Juni nannte er den Vergleich eine „papistische Täuscherei" (WA Br 9, 460, 4). Von katholischer Seite warf man der Unionsformel Zweideutigkeit vor. Schon am 25. Mai verteidigte Contarini sich in der „Epistola de iustificatione" gegen in dieser Richtung erhobene Vorwürfe[16]. Die Kurie verweigerte die Approbation. Doch als deren

[16] CCath VII 23—34.

ablehnender Bescheid am 8. Juni in Regensburg eintraf, war die Union ohnehin gescheitert und für die Zukunft deutlich geworden, wie schwierig eine Einigung war. Um so dringlicher war die innerkirchliche Reform. Contarini richtete an die versammelten Bischöfe die dringende Mahnung, ihren Hirtenpflichten nachzukommen, besonders für Predigt und Jugendunterricht zu sorgen und alles Ärgernis bei sich und in ihrer Umgebung zu meiden. Diese beschworen ihrerseits den Legaten, unverzüglich für die Einberufung des Konzils zu sorgen, sonst sei in Kürze ganz Deutschland lutherisch. Das Konzil schien endlich Wirklichkeit zu werden. Der Papst hatte dem Kaiser mitteilen lassen, er sei fest entschlossen, die Suspension des Konzils aufzuheben und es unverzüglich einzuberufen[17]. Zur Beilegung der Kirchenspaltung kam es allerdings schon zu spät. Das bewies die erneute Ablehnung eines päpstlichen Konzils als verbindlicher Instanz durch die Protestanten (CR 4, 517 f).

Im Reichstagsabschied vom 29. Juli 1541[18] wurde der Nürnberger Friede auf 18 Monate verlängert. Bis dahin sollte ein General- oder notfalls ein Nationalkonzil stattfinden. Um der Türkenhilfe willen garantierte der Kaiser in einer geheimen Deklaration den Protestanten den Besitz der säkularisierten Kirchengüter, gestand ihnen zu, in den verglichenen Artikeln sich an die Erklärung ihrer Theologen zu halten, und versprach ihnen Parität am Reichskammergericht.

24. Kapitel

Das Scheitern des Universalismus und der Augsburger Religionsfriede

LITERATUR: A l l g e m e i n: *K. Lanz,* Correspondenz des Kaisers Karl V., III 1550 bis 1556 (Leipzig 1846); *A. v. Druffel,* Beiträge zur Reichsgeschichte, [Bd 1] 1546—51 (München 1873), [Bd 2] 1552 (München 1880), [Bd 3] 1546—52 (München 1882), [Bd 4] 1553 bis 1555, ergänzt und bearbeitet von *K. Brandi* (München 1896) [= Briefe und Akten zur Geschichte des 16. Jahrhunderts Bd 1—4]; Nuntiaturberichte aus Deutschland, I. Abteilung 1533—1559, Bd 7—13, 16 (Wien, Leipzig, Tübingen 1898/1965); *K. Brandi,* Kaiser Karl V., 2 Bde (München 1941, [5]1959); *F. Hartung,* Karl V. und die Reichsstände 1546—55 (Halle 1910); *J. Lecler,* Geschichte der Religionsfreiheit im Zeitalter der Reformation, dt. Übers. 2 Bde (Stuttgart 1965); *K. Repgen,* Die Römische Kurie und der Westfälische Friede, I Papst, Kaiser und Reich 1521—1644, 2 Tle (Tübingen 1962, 1965); *H. Lutz,* Christianitas afflicta. Europa, das Reich und die päpstliche Politik im Niedergang der Hegemonie Kaiser Karls V. 1552—1556 (Göttingen 1964; Lit.).

D e r K a i s e r u n d d i e P r o t e s t a n t e n i m V o r f e l d d e s K r i e g e s: *A. Hasenclever,* Die Politik der Schmalkaldener vor Ausbruch des Schmalkaldischen Krieges (Berlin 1901); *ders.,* Die Politik Kaiser Karls V. und Landgraf Philipps von Hessen vor Aus-

[17] CT IV 195 f.

[18] CR IV 625—630; Bericht Contarinis vom 27. Juli: HJ 1 (1880) 498 f; 26. Juli: ZKG 3 (1879) 183 f.

bruch des schmalkaldischen Krieges (Marburg 1903); *P. Heidrich,* Karl V. und die deutschen Protestanten am Vorabend des Schmalkaldischen Krieges, 2 Bde (Frankfurt 1911 bis 1912). — Doppelehe Philipps von Hessen: *Schottenloher* 30354—30369; *W. W. Rockwell,* Die Doppelehe des Landgrafen Philipp von Hessen (Marburg 1904); *W. Köhler,* Die Doppelehe Landgraf Philipps von Hessen: HZ 94 (1905) 385—411; *Th. Brieger,* Luther und die Nebenehe des Landgrafen Philipp: ZKG 29 (1908) 174—196; *N. Paulus,* Die hessische Doppelehe im Urteil der protestantischen Zeitgenossen: HPBl 147 (1911) 503—517 561—573; *H. Eells,* The Attitude of Martin Bucer toward the Bigamy of Philipp of Hesse (New Haven 1924); *W. Maurer,* Luther und die Doppelehe Philipps von Hessen: Luther 24 (1953) 97—120. — Geldrischer Erbfolgekrieg: *Schottenloher* 30740a—g 37186—37201; *F. Petri,* Landschaftliche und überlandschaftliche Kräfte im habsburgisch-klevischen Ringen um Geldern und im Frieden von Venlo 1537—1543: Festschr. F. Steinbach (Bonn 1960) 92—113.

Fortschritte der Reformation: Der Überfall auf Braunschweig: *Schottenloher* 29766—29836; *F. Bruns,* Die Vertreibung Herzog Heinrichs von Braunschweig durch den Schmalkaldischen Bund (Diss. Marburg 1889); *E. Brandenburg,* Die Gefangennahme Herzog Heinrichs von Braunschweig durch den Schmalkaldischen Bund (1545) (Leipzig 1894); *H. Reller,* Vorreformatorische und reformatorische Kirchenverfassung im Fürstentum Braunschweig-Wolfenbüttel (Göttingen 1959). — Bistum Naumburg: *P. Brunner,* Nikolaus von Amsdorf als Bischof von Naumburg (Gütersloh 1960; Lit.); Julius Pflug: *Schottenloher* 17222—17232 31567—31572; *F. I. Schwarzius,* Acta Julii Pflugii episcopi Numburgensis in caussa religionis (Eisenberg 1774); *A. Jansen,* Julius Pflug: Neue Mittheilungen aus dem Gebiet historisch-antiquarischer Forschungen 10 (1864) I 1—110, II 1—212; *W. van Gulik,* Zeitzer Beiträge zur Geschichte der katholischen Gegenreformation im 16. Jh., I Julius Pflug und Eberhard Billick, II Julius Pflug und Daniel Mauch: RQ 18 (1904) 57—83; *E. Hoffmann,* Naumburg im Zeitalter der Reformation (Leipzig 1900). — Köln: *Schottenloher* 30837—30880 51297—51301 61327 bis 61339; *C. Varrentrapp,* Hermann von Wied und sein Reformationsversuch in Köln (Leipzig 1878); *ders.,* Zur Charakteristik Hermanns von Wied, Bucers und Groppers: ZKG 20 (1900) 37—58; *W. Lipgens,* Neue Beiträge zum Reformationsversuch Hermanns von Wied aus dem Jahr 1545: AHVNrh 149/150 (1950/51) 46—73; *J. Niessen,* Der Reformationsversuch des Kölner Kurfürsten Hermann von Wied (1536—1547): Rhein. Vierteljahresbl. 15/16 (1950/51) 298—312; *H. Jedin,* Fragen um Hermann von Wied: HJ 74 (1955) 687—699; *Th. Schlüter,* Die Publizistik um den Reformationsversuch des Kölner Erzbischofs Hermann von Wied aus dem Jahre 1542—1547 (Diss. masch. Bonn 1957); *E. Mühlhaupt,* Die Kölner Reformation: Monatshefte für ev. KG des Rheinlandes 11 (Düsseldorf 1962) 73—93; *M. Köhn,* Martin Bucers Entwurf einer Reformation des Erzstiftes Köln (Witten 1966).

Der Schmalkaldische Krieg (= Sch. K.): *Schottenloher* 41672—41797 52103 64027—64029; *G. Wolf,* Quellenkunde der dt. Reformationsgeschichte I (Gotha 1915) 466 bis 476; *F. Hortleder,* Der Römischen Keyser- und Königlichen Majesteten, auch des Heiligen Römischen Reichs geistlicher und weltlicher Stände Handlungen und Ausschreiben von den Ursachen des Teutschen Kriegs (Frankfurt 1617/18, Gotha ^{2}1645); *A. Stein,* Kaiser und Kurfürst. Historische Erzählung aus dem Sch. K. (Halle a. S. 1885); *A. Schütz,* Der Donaufeldzug Karls V. (Tübingen 1930); *A. Ph. Brück,* Stadt und Erzstift Mainz im Sch. K.: Hessisches Jb. für Landesgeschichte 4 (1954) 155—185; *E. Hühns,* Nationale Propaganda im Sch. K.: Zschr. für Geschichtswissenschaft 6 (1958) 1027—1248. — Regensburger Religionsgespräch von 1546: *Schottenloher* 41390—41398; *H. Jedin,* II 165—168 478f (QQ u. Lit.); *H. v. Caemmerer,* Das Regensburger Religionsgespräch im Jahre 1546 (Diss. Berlin 1901); *F. Roth,* Der officielle Bericht der von den Evangelischen zum Regensburger Gespräch Verordneten an ihre Fürsten und Obern: ARG 5 (1907/08) 1—30 375—397; *V. Schultze,* Das Tagebuch des Grafen Wolrad II zu Waldeck zum Regensburger Religionsgespräch 1546: ARG 7 (1909/10) 135—184 294—347; *H. Nebelsieck*, Elf Briefe und Aktenstücke über das Religionsgespräch in Regensburg von 1546: ARG 32 (1935) 127—136 253—283.

Interim: *Schottenloher* 38259a—38330a; *K. Th. Hergang*, Das Augsburger Interim (Leipzig 1855); *N. Müller*, Zur Geschichte des Interims: Jb. für brandenburgische KG 5 (1908) 51—171; Verteidigung des Augsburger Interims von dem Bischoff *Julius Pflug*, aus einer Handschrift hrsg. von *Ch. G. Müller*: Archiv für alte und neue KG 4 (1818) 104 bis 148; *M. Weigel*, Ein Gutachten des Johann Agricola von Eisleben über das Interim: ZBKG 16 (1941) 32—46; *W. v. Loewenich*, Das Interim von 1548: *ders.*, Von Augustin zu Luther (Witten 1959) 391—406.

Die Fürstenrevolution: *K. E. Born*, Moritz v. Sachsen und die Fürstenverschwörung gegen Karl V.: HZ 191 (1960) 18—67 (Lit.).

Augsburger Religionsfrieden: *Schottenloher* 34481—34503 62198—62220; Text: *K. Brandi*, Der Augsburger Religionsfriede vom 25. September 1555 (Göttingen [2]1927); *E. Walder*, Religionsvergleiche des 16. Jh. I (Bern [2]1960) 41—68; *Ch. Lehenmann*, De pace religionis acta publica (Frankfurt 1707); *A. Druffel-K. Brandi*, Beiträge zur Reichsgeschichte 1553—1555; Briefe und Akten zur Geschichte des 16. Jh., IV (München 1896); *K. Brandi*, Passauer Vertrag und Augsburger Religionsfriede: HZ 95 (1905) 206—264; *G. Wolf*, Der Augsburger Religionsfriede (Stuttgart 1890); *W. Kühns*, Gesch. des Passauischen Vertrages 1552 (Diss. Göttingen 1906); *G. Bonwetsch*, Gesch. des Passauischen Vertrages von 1552 (Göttingen 1907); *N. Paulus*, Religionsfreiheit und Augsburger Religionsfriede: HPBl 149 (1912) 356—367 401—416; *F. Siebert*, Zwischen Kaiser und Papst. Kardinal Truchseß von Waldburg und die Anfänge der Gegenreformation in Deutschland (Berlin 1943); *M. Simon*, Der Augsburger Religionsfriede (Augsburg 1955); *G. Pfeiffer*, Der Augsburger Religionsfriede und die Reichsstädte: Zschr. des hist. Vereins für Schwaben 61 (1955) 213—321; *H. Tüchle*, Der Augsburger Religionsfriede. Neue Ordnung oder Kampfpause?: ebd. 323—340; *H. Lutz*, Aus vatikanischen Quellen zum Augsburger Religionsfrieden 1555: ebd. 389—401; *J. Grisar*, Die Sendung das Kardinals Morone als Legat zum Reichstag von Augsburg 1555: ebd. 341—387; *ders.*, Die Stellung der Päpste zum Reichstag und Religionsfrieden von Augsburg: StdZ 156 (1954/55) 440—462; *L. W. Spitz*, Particularism and Peace Augsburg 1555: Church History 25 (1956) 110—126; *M. Heckel*, Staat und Kirche nach den Lehren der ev. Juristen in der ersten Hälfte des 17. Jh.: ZSavRGkan Abt. 42 (1956) 117—247; *ders.*, Autonomia und Pacis Compositio. Der Augsburger Religionsfriede in der Deutung der Gegenreformation: ebd. 45 (1959) 141—248; *ders.*, Parität: ebd. 49 (1963) 261—420; *W. P. Fuchs*, Der Augsburger Religionsfriede von 1555. Ein Literaturbericht: Jb. der Hessischen Kirchengeschichtlichen Vereinigung 8 (1957) 226—235; *L. Petry*, Der Augsburger Religionsfriede von 1555 und die Landesgeschichte: Blätter für Deutsche Landesgeschichte 93 (1957) 150 bis 175; *H. Bornkamm*, Der Augsburger Religionsfriede: *ders.*, Das Jahrhundert der Reformation (Göttingen [2]1966) 242—253.

Der Kaiser und die Protestanten im Vorfeld des Krieges

Die Religionsgespräche waren gescheitert. Wieder einmal hatte der Kaiser den Protestanten nachgeben müssen. Um so mehr machte er sich mit dem Gedanken an eine gewaltsame Lösung vertraut. Dafür war es ein Erfolg, daß es ihm noch während des Regensburger Reichstags (1541) gelungen war, die Stoßkraft der Schmalkaldener zu schwächen, indem er die Aktivität Philipps von Hessen lahmlegte. Der Landgraf hatte zu Lebzeiten seiner rechtmäßigen Gemahlin, der Mutter seiner 9 Kinder, ein Hoffräulein geheiratet. Luther, Melanchthon und Butzer hatten in einem „Beichtrat"[1] dazu ihre Zustimmung gegeben, ja der Trauung März 1540 beigewohnt. Die Doppelehe ließ sich nicht geheimhalten. Dadurch kamen die Reformatoren in peinliche Verlegenheit. Philipp hatte nach der „Carolina", dem von ihm selbst proklamierten Reichsrecht, die Todesstrafe erwirkt. Ihr suchte er durch Annäherung an den Kaiser zu entgehen. In einem Vertrag vom 13. Juni 1541 verpflichtete er sich, ein Bündnis der Schmalkaldener mit Frankreich und England wie die Aufnahme des Herzogs von Kleve in den Bund zu hintertreiben und die Ansprüche des Kaisers auf Geldern zu unterstützen. Dieser versprach, ihn wegen der Religion nicht anzugreifen, es sei denn, er hätte einen Krieg gegen alle Protestanten zu führen. Hier war also eine Wiederherstellung der religiösen Einheit mit Waffengewalt in den Bereich der realpolitischen Möglichkeit gezogen. Wegen der außenpolitischen Situation kam das aber im Augenblick noch nicht in Frage. Karl V. begab sich nach Italien, wo er sich in Lucca mit dem Papst traf (12.—18. 9. 1541), um ihn für ein Konzil auf deutschem Boden, für eine wirksame Türkenhilfe und für die Unterstützung gegen Frankreich zu gewinnen. Das Ergebnis war entmutigend.

Dabei war die Türkennot wieder einmal groß. Zapolya, der Herrscher von Ungarn, war 1540 gestorben. König Ferdinand aber konnte wegen der Opposition des magyarischen Adels die ihm im Vertrag von Großwardein (1538) zugesicherte Nachfolge nicht antreten. Die national-ungarischen Kreise riefen den Sultan Suleiman ins Land, waren aber nicht wenig erstaunt, als dieser nach der Besetzung Ofens am 2. September 1541 einen Pascha als Gouverneur einsetzte und damit Ungarn zu einer türkischen Provinz machte. Ein verzweifelter Entlastungsstoß des Kaisers gegen die mohammedanische Gefahr durch einen Angriff auf Algier (Oktober 1541) scheiterte völlig am stürmischen Wetter. Gleichzeitig verschärfte sich das ohnehin krisenhafte Verhältnis zu Frankreich und wurde der 10jährige Waffenstillstand von 1538 illusorisch. So mußten die kirchlichen Probleme wieder einmal hinter die politischen Sorgen zurücktreten. Der am 9. Februar 1542 in Speyer von König Ferdinand eröffnete Reichstag stand im Zeichen der Türkenfrage. Die Protestanten machten ihre Hilfe abhängig von ihrer reichsgesetzlichen Anerkennung mittels Aufnahme der Regensburger Deklaration in den Reichstagsabschied und forderten eine Visitation und Neubesetzung des Reichskammergerichts. Der König half sich auch dieses Mal durch eine Nebenerklärung. Eine Visitation des Kammergerichtes wurde zwar eingeleitet, aber bereits im Juni vom Kaiser wieder suspendiert. So standen die Nürnberger Reichstage von Juli—August 1542 und Januar—April 1543 vor denselben Problemen. Beim letzten kam noch die kriegerische Auseinandersetzung mit Frankreich und Kleve hinzu. Wenn der Kaiser hier auch keine Hilfe erwar-

[1] Vgl. CR 3, 849—865; WA Br 8, 638—644 Nr. 3423.

ten konnte, so war es doch schon ein Erfolg, daß die Schmalkaldener dem Herzog von Jülich-Kleve-Berg nicht zu Hilfe kamen. Dieser wurde im September 1543 geschlagen. Er mußte die Reformation rückgängig machen und Geldern dem Kaiser überlassen. Das bedeutete eine Stärkung der nordwestdeutschen Bistümer Münster, Paderborn und Osnabrück, die wie Köln damals der Reformation zuzufallen drohten.

Fortschritte der Reformation

Die Reformation machte weiter große Fortschritte. Nach mehrjährigen Streitigkeiten besetzten die Häupter des Schmalkaldischen Bundes, der Kurfürst von Sachsen und der Landgraf von Hessen, Juli—August 1542 das Land des katholischen Herzogs Heinrich von Braunschweig-Wolfenbüttel, stellten es unter eine kommissarische Regierung und ließen durch Bugenhagen und Corvinus die Reformation einführen. Dafür und gegen die Rückgabe des Landes an seinen legitimen Herrscher hatten sich auch die Wittenberger ausgesprochen, weil man „nicht einwilligen kann, daß wiederum unrechte Lehre, Abgötterei und Verfolgung im Land angerichtet werden" (WA Br 10, 471, 80f). Als der Herzog sein Land zurückgewinnen konnte, aber 1545 in die Gefangenschaft Philipps von Hessen geriet, meinte Luther, man solle ihn weiter in Gewahrsam halten. Ihn so zu hindern, seine „Tyrannei, Gotteslästerung und Bosheiten" weiter auszuüben, hieße Barmherzigkeit an ihm üben[2].

Die Verpflichtung eines lutherischen Landesherren, Götzendienst bzw. die Greuel päpstlicher „Mißbräuche" zu verhindern, diente auf nicht weniger fragwürdige Weise landesherrlichen Interessen bei der Neubesetzung des Bischofsstuhles in Naumburg. Nach dem Tode des seitherigen Bischofs (6. 1. 1541) hatte das Domkapitel, ohne sich mit dem Kurfürsten von Sachsen ins Benehmen zu setzen, den Propst des Kapitels zu Zeitz, Julius von Pflug, zum Nachfolger gewählt. Der Kurfürst, schon länger bestrebt, die politische Eigenständigkeit des Bistums zu beseitigen, übertrug im September die weltliche Regierung einem von ihm eingesetzten Stiftshauptmann. Als Pflug nicht verzichtete und das Kapitel sich weigerte, eine Kreatur des Kurfürsten zu wählen, ließ dieser von den evangelischen Stiftsständen Nikolaus von Amsdorf zum Bischof wählen. Gegen ihre ursprünglich geäußerten Überzeugungen hatten die Wittenberger Theologen diesem Verfahren zugestimmt. Luther schrieb den Stiftsständen, ein Domkapitel, das nicht zur rechten Wahl schreite oder einem Verfolger des Evangeliums anhange, habe seine Rechte verwirkt. „Denn das Gebot, recht zu lehren und rechten Gottesdienst zu halten, gehe über alle anderen Gebote" (WA Br 9, 598, 21). „Da die welt-

[2] „An Kurfürsten zu Sachsen und Landgrafen zu Hessen von dem gefangenen Herzog zu Braunschweig" (1545): WA 54, 389—411, S. 399, 10.

lichen Güter für den geistlichen Dienst bereitgestellt sind, müssen auch sie dem rechten Bischof folgen" (598, 60). Mit der geistlichen Gewalt gehe die Verfügung über die weltlichen Güter verloren. „Ihre Abgötterei und ihre weltliche Macht und Güter" ständen ja in unzertrennlichem Zusammenhang. Luther selbst nahm die „Weihe"[3] des Nikolaus von Amsdorf durch Handauflegung und Gebet „ohn allen Cresem (Chrisam) ... und was derselben großen Heiligkeit mehr ist" (WA 53, 231, 5) und die Inthronisation vor. Am nächsten Tag huldigten auf dem Rathaus der Rat und die Bürgergemeinde von Naumburg dem neuen Bischof. Amsdorf sollte jedoch an seinem evangelischen Bischofsamt nicht viel Freude haben. Er sah sich in einer „elenden Lage", nämlich in weltlichen Dingen der Willkür des kurfürstlichen Stiftshauptmanns ausgeliefert und im geistlichen Bereich in völliger Abhängigkeit von der kurfürstlichen Regierung, ohne daß diese ihm die notwendige Unterstützung zuteil werden ließ. Dazu war die Rechtmäßigkeit seines Bischofsamtes weiter umstritten. Pflug gab seine Ansprüche nicht auf und reichte März 1542 Klage beim Reichstag zu Speyer ein. Der Kaiser stand auf seiner Seite, konnte ihn aber erst nach langem Hin und Her am 8. August 1545 formell mit dem Bistum belehnen. Damit war das Vorgehen des Kurfürsten als Raub hingestellt. Erst der Krieg brachte eine Entscheidung zugunsten von Pflug.

Auch im Bistum von Meißen beanspruchte der sächsische Kurfürst die Landesherrschaft. Als er aber zur Sicherung der Türkensteuer das Amt Wurzen besetzte und die Reformation einzuführen suchte, kam er in Konflikt mit seinem protestantischen Vetter Herzog Moritz, der hier ebenfalls landesherrliche Rechte notfalls mit Waffengewalt zu behaupten gedachte. Philipps von Hessen Vermittlung führte zwar zu einem Ausgleich, konnte aber die Vertiefung des Gegensatzes zwischen den beiden sächsischen Häusern und damit eine verstärkte Reserve Herzog Moritz' gegenüber dem Schmalkaldischen Bund nicht verhüten.

In Pfalz-Neuburg zog Pfalzgraf Ott-Heinrich die Kirchengüter ein und verkündete 1543 eine protestantische Kirchenordnung. In der Kurpfalz neigte der religiös an sich oberflächliche Kurfürst Friedrich II. (1544—56) der Reformation zu. April 1546 bekannte er sich offen zu ihr und ließ die heilige Messe abschaffen. Damit war die katholische Mehrheit im Kurfürstenkollegium gefährdet, weil gleichzeitig Kur-Köln dem Luthertum zuzufallen drohte.

Hier hatte der Erzbischof Hermann von Wied (1515—47), der selbst zu wenig theologisch gebildet war, um die Tragweite der Differenzen zwischen der altkirchlichen Auffassung und dem Protestantismus ermessen zu können, Februar 1542 Butzer zu Reformgesprächen mit ihm und Johann Gropper ins Land gerufen. Der Landtag ermunterte den Erzbischof und gab ihm am

[3] „Exempel, einen rechten christlichen Bischof zu weihen" (1542): WA 53, 231—260.

10. März 1542 weitgehende Vollmachten. Als Butzer gegen Ende des Jahres wieder berufen wurde und im Bonner Münster predigte, kam es in Köln zu lebhaften Protesten seitens des Domkapitels, der Universität, des Sekundarklerus und des Rates der Stadt. Man verlangte Butzers Entfernung. Theologisch wurde der Widerstand getragen von dem Karmeliten Eberhard Billick, dem Kartäuser Gerhard Kalkbrenner und vor allem von Johann Gropper. Dieser brach die Beziehung zu Butzer ab und überreichte dem Erzbischof am 27. Januar 1543 ein katholisches Reformprogramm. Hermann von Wied wies es zurück und erteilte Butzer den Auftrag zu einer Reformationsordnung. Mit Unterstützung anderer inzwischen nachgezogener Reformatoren, Melanchthon an der Spitze, stellte dieser die „Kölnische Reformation" zusammen. Gleichzeitig begann man mit der Durchführung der Reformation im Erzstift. Der Papst rief den Kirchenfürsten im Juni 1543 durch ein Breve zur Kirche zurück. Das Eingreifen Karls V. im Zusammenhang mit dem Geldrischen Erbfolgekrieg (August—September 1543) hemmte eine Zeitlang die reformatorischen Bemühungen. Gropper wies in einer „Gegenberichtigung" die „Kölner Reformation" als unkatholisch zurück. Aber auch Luther widersprach ihr und stellte die Abendmahlslehre als schwärmerisch hin. Daß der Erzbischof im Januar 1544 erklärte, sich mit evangelischer Predigt, Laienkelch, Taufe und Gesängen in deutscher Sprache begnügen zu wollen, vermochte den Widerspruch der Kölner nicht zu beruhigen. Durch die Jesuiten, die sich 1544 in Köln niederließen, erhielten die katholischen Kreise wirksame Verstärkung. Im Herbst dieses Jahres forderten sie energisch vom Erzbischof die Abstellung der Neuerungen und appellierten an Kaiser und Papst. Eine Reihe von Streitschriften, Gutachten und Gegengutachten sind Zeugnisse eines hitzig geführten Kampfes. Am 16. April 1546 wurde Hermann von Wied exkommuniziert und bald darauf vom Papst abgesetzt. Aber erst im Februar 1547 konnte sein Nachfolger, der frühere Koadjutor Adolf von Schaumburg, mit kaiserlicher Unterstützung ihn zur Abdankung zwingen.

Der Schmalkaldische Krieg

Die erfolgreiche Durchführung des geldrisch-klevischen Feldzuges 1543 bestärkte in Karl V. die Überzeugung, daß Gewalt, zu gegebener Zeit und auf rechte Art angewandt, durchaus ein geeignetes Mittel sei, „Übermut" zu bändigen[4].

[4] In seinen „Commentaires" (hrsg. von *Kervyn de Lettenhove* [Brüssel 1862] 100; *K. Brandi,* Karl V. II 339) schreibt der Kaiser: „L'expérience de ce qui se passait ouvrit les yeux de l'empereur et éclaira son entendement de sorte, que non seulement il ne lui parut impossible de dompter par la force un tel orgueil, mais tout au contraire, cela lui sembla très facile en l'entreprenant dans des circonstances et par des moyens convenables."

Das galt bezüglich der Protestanten wie der Franzosen. So paßte es dem Kaiser gar nicht, als der Kardinallegat Alessandro Farnese ihn um des Konzils willen Januar 1544 in Kreuznach für Frieden oder wenigstens Waffenstillstand gewinnen, das heißt ihn zum Verzicht auf Mailand und Savoyen bewegen wollte. Der Papst begünstige Frankreich und schweige zu dessen Bündnisangeboten an die Schmalkaldener, lauteten die bitteren Vorwürfe. Auf dem Reichstag zu Speyer erreichte Karl V. von den Protestanten, die sich selbst nicht einig waren und unter dem Eindruck des kaiserlichen Erfolges über Kleve standen, Kriegshilfe gegen die Türken und gegen Frankreich. Allerdings mußte er dazu ihren kirchenpolitischen Forderungen weit entgegenkommen[5]. Er stellte ihnen für den kommenden Herbst oder Winter einen Reichstag in Aussicht. Der sollte „wegen der streitigen Religion" eine „christliche Reformation" vorlegen. Bis dahin dürfe in Religionssachen niemand Gewalt und Zwang ausüben. Die Prozesse am Reichskammergericht und die Reichstagsabschiede gegen die Lutheraner sollten suspendiert sein. Die Kirchengüter sollten ihren augenblicklichen Besitzern erhalten bleiben. Um eines Augenblickserfolges willen gab der Kaiser hier zum ersten Mal offen wichtige Positionen auf. „Er bot seine Hand zu einer künftigen eigenmächtigen Gesamtregelung der kirchlichen Verhältnisse" durch einen deutschen Reichstag, „die nach Lage der Dinge zur vollständigen Protestantisierung Deutschlands führen konnte, vielleicht mußte" (Jedin). Die Kurie reagierte mit einem Mahnbreve[6] vom 24. August 1544: Der Kaiser habe sich mit seinem Versprechen, auf einem Reichstag die kirchlichen Angelegenheiten zu regeln, und mit seiner Verfügung über die Kirchengüter schwerer Eingriffe in die kirchlichen Rechte schuldig gemacht. Er solle die Zugeständnisse an die Protestanten zurücknehmen und durch Herbeiführung des Friedens den Weg für das Konzil frei machen. Das Breve bedeutete „eine prinzipielle Stellungnahme gegen die kaiserliche Religions- und Konzilspolitik" (Jedin). Es wurde aber weder offiziell überreicht noch veröffentlicht. Das hinderte seine Verbreitung nicht. Calvin gab es heraus und sparte nicht mit schneidendem Hohn[7]. Luther ließ sich zu einer seiner letzten und maßlosesten Streitschriften hinreißen „Wider das Papsttum zu Rom, vom Teufel gestiftet" (1545; WA 54, 206—299). Der Kaiser reagierte nicht. Durch einen schnellen und erfolgreichen Feldzug gegen Frankreich schuf er neue Tatsachen. Im Frieden von Crépy mußte der französische König Hilfe gegen die Türken zusagen und sich dazu in einem Geheimvertrag vom 19. September 1544[8] verpflichten, bei der Abstellung der Mißbräuche und der Rückführung der Abgefallenen mitzuwirken und das zu einem vom Kaiser zu bestimmenden Zeitpunkt in Trient, Cambrai oder Metz zusammentretende Konzil zu

[5] *Jedin* I 397 f.

[6] Text: CT IV 364—373; Jedin I 602.

[7] CR 35, 253—288.

[8] Text: *A. Hasenclever,* Die Geheimartikel zum Frieden von Crépy vom 19. 9. 1544: ZKG 45 (1926) 418—426.

beschicken. Weiter erklärte er sich einverstanden, daß die von ihm zugesagte Türkenhilfe gegen die Häretiker eingesetzt würde, falls man mit Gewalt gegen sie vorgehen müsse.

Als der Papst durch die am 30. November 1544 publizierte Bulle „Laetare Jerusalem" für den 15. März 1545 das Konzil endlich nach Trient einberief, ging der Kaiser zwar darauf ein. Von seinem Plan, zuvor den Schmalkaldischen Bund militärisch niederzuzwingen und dann die Protestanten zur Anerkennung und Beschickung des Konzils zu zwingen, ließ er aber nicht ab. Darauf richtete er seine ganze Kraft. Ohnehin rechnete er mit einer Verzögerung, wenn nicht gar der erneuten Obstruktion der Konzilseröffnung. Fürs erste ging er den in Speyer beschrittenen Weg des Kompromisses weiter, um seine Gegner in Sicherheit zu wiegen. So kam es zunächst noch zum Reichstag in Worms. Dieser trat wegen einer Krankheit des Kaisers statt am 1. Oktober 1544 erst Ende März 1545 unter König Ferdinand zusammen. Nach kaiserlichem Willen sollten die Türkenhilfe und andere politische Fragen vordringlich behandelt werden und die religiösen Probleme zunächst dem Konzil überlassen bleiben. Die Protestanten, nicht bereit, das Konzil anzuerkennen, verlangten dagegen die Durchführung der Zusicherungen von Speyer (1544). Ein Tag nach dem Kaiser traf am 17. Mai Kardinal Farnese als päpstlicher Legat in Worms ein. Verhandlungen über gemeinsames Vorgehen gegen die Protestanten bahnten Ende Juni ein Bündnis zwischen Kaiser und Papst an. Dieser gab für den Krieg gegen die Schmalkaldener die Zusage von 200000 Dukaten, von 12500 Mann Hilfstruppen für 4 Monate, der Hälfte der Einkünfte der spanischen Kirche und die Erlaubnis, durch Veräußerung spanischer Kirchengüter bis zu einer halben Million Dukaten flüssig zu machen. Die Eröffnung des Konzils sollte hinausgezögert werden. Den Reichstag führte Karl V. weiter, um Zeit zu gewinnen und die Protestanten an Kriegsvorbereitungen zu hindern. Im Reichstagsabschied vom 4. August 1545 wurde sogar noch ein Religionsgespräch in Regensburg angesetzt. Um den Rücken für den Protestantenkrieg frei zu bekommen, schloß König Ferdinand Oktober 1545 mit den Türken für anderthalb Jahre einen Waffenstillstand, überließ ihnen die verlorenen Gebiete in Ungarn und verpflichtete sich zur Zahlung von Tribut. Zu dem Religionsgespräch in Regensburg fand man sich am 27. Januar 1546 ein, obwohl das Konzil in Trient inzwischen (13. 12. 1545) seine Tätigkeit aufgenommen hatte. Um keine Rivalität zu ihm aufkommen zu lassen, wies der Kaiser dem Gespräch eine rein informatorische Aufgabe für den ebenfalls nach Regensburg berufenen Reichstag zu. Die protestantische Seite verlangte aus einem verständlichen Mißtrauen die Protokollierung aller Reden. Dieses umständliche Verfahren ließ keinen freien Meinungsaustausch zu. Der Kaiser lehnte es ab. Da brachen die Protestanten die kaum begonnenen Verhandlungen über die Rechtfertigung am 10. März ab und verließen 10 Tage später heimlich die Stadt. Der Reichstag, zu dem der Kaiser am 10. April eintraf, konnte erst am

5. Juni eröffnet werden. Die führenden protestantischen Fürsten blieben ihm persönlich fern. Religion, Friede und Recht sollten Verhandlungsgegenstand sein. In Wirklichkeit rechnete jeder mit Krieg. Die Katholiken bekannten sich zum Konzil in Trient, während die Protestanten ein freies, christliches Konzil in deutschen Landen verlangten. Im Hintergrund war der Kaiser eifrig bemüht, die Schmalkaldener zu isolieren. Bayern verpflichtete sich zu wohlwollender Neutralität. Die Heirat des Erbprinzen mit Anna, der ältesten Tochter Ferdinands, sollte die alte Rivalität Habsburg—Wittelsbach beseitigen. Moritz von Sachsen machte sich Hoffnung auf die sächsische Kurwürde und ließ sich zu einem Vertrag (19. 6. 1546) gewinnen. Darin erhielt er die Schutzherrschaft über die Bistümer Magdeburg und Halberstadt zugesprochen. Er sagte seinerseits zu, das Konzil anzuerkennen und zu beschicken. Am 7. Juni unterschrieb der Kaiser den Bündnisvertrag mit dem Papst. Das Zeichen zum Kriege gab Karl V., indem er auf eine Anfrage der Protestanten nach dem Zweck seiner Rüstungen antwortete, er müsse gegen ungehorsame Fürsten nach dem Recht und kraft seiner Autorität verfahren. Am 9. Juni hatte er an seine Schwester Maria geschrieben: „... Schritten wir jetzt nicht ein, so ständen alle Stände Deutschlands in Gefahr, vom Glauben abzufallen, auch die Niederlande. Nachdem ich dieses alles erwogen und wieder erwogen hatte, entschloß ich mich, den Krieg gegen Hessen und Sachsen als Landfriedensbrecher an dem Herzoge von Braunschweig und seinem Lande zu beginnen. Und obwohl dieser Vorwand nicht lange darüber täuschen wird, daß es um die Religion geht, so dient er doch zunächst, die Abgewichenen zu trennen.“ [9]

Der Kaiser wollte demnach den Eindruck des Religionskrieges vermeiden und den Krieg als Exekution im Rahmen des Reichsrechts erscheinen lassen. In diese Richtung ging die Erklärung der Acht über Kursachsen und Hessen. Karl hatte auch vor, den Krieg in diesen Ländern zu führen. Doch bevor er die Truppen aus den Niederlanden und das päpstliche Hilfskorps zur Verfügung hatte, ergriffen seine Gegner die Initiative. So wurde zunächst das Gebiet südlich der Donau zum Kriegsschauplatz. Der Feldhauptmann der Schmalkaldener, Sebastian Schertlin von Burtenbach, stieß am oberen Lech gegen die Ehrenberger Klause vor in der Absicht, den Hauptzug des Kaisers von Innsbruck her und den Anmarsch der päpstlichen Truppen zu behindern. Doch der Kriegsrat des Bundes rief ihn an die Donau zurück. Es kam auch nicht zu einem entschlossenen Angriff der noch überlegenen Schmalkaldener auf Regensburg. Die „größte militärische Auseinandersetzung, die Deutschland bis dahin erlebt hatte“ [10], war zunächst ein endloses Manövrieren im Raum von Ingolstadt, ein vorsichtiges Abtasten des Gegners, ohne einen entscheidenden Schlag zu wagen. Das kam dem Kaiser zugute. Er konnte seine

[9] *Brandi,* Karl V. I 471.

[10] *E. Hassinger,* Das Werden des neuzeitlichen Europa 1300—1600 (Braunschweig 1959) 236.

Kräfte sammeln und seine anfangs noch schwächere Position stärken. Doch mit der Zeit erschöpfte das ergebnislose Hin und Her die Geldmittel auf beiden Seiten und nahm den Truppen die Kampfeslust. Im Spätherbst hatten vor allem die Italiener unter Regen und Kälte zu leiden. Es kam nicht einmal zu einer entscheidenden Aktion seitens des Kaisers, als das Eingreifen Moritz' von Sachsen an sich eine Wende brachte. Zusammen mit König Ferdinand und dessen böhmischen Truppen fiel er in Kursachsen ein. Das zwang die Häupter der Schmalkaldener, den süddeutschen Kriegsschauplatz zu verlassen. Einen von Philipp von Hessen am 14. November erbetenen Waffenstillstand lehnte der Kaiser ab. Bald war er Herr über Süddeutschland. Er verlangte Kontributionen, ließ aber dem Pfälzer seine Kurwürde und Ulrich von Württemberg sein Land und griff vor allem nicht in die religiösen Verhältnisse ein, solange nicht die Hauptentscheidung gefallen war. Diese gefährdete nun ausgerechnet der Papst. Er befürchtete von einem vollen Erfolg des Kaisers dessen zu starkes Übergewicht und zog unter dem Einfluß antikaiserlicher Kräfte Ende Januar 1547 zur großen Erbitterung Karls V. seine Truppen zurück. Das war um so gefährlicher, als der bisher abseitsstehende norddeutsche Protestantismus dem sächsischen Kurfürsten zu Hilfe kam. Moritz von Sachsen geriet in ernste Bedrängnis. Schwer von Gicht und Blasenleiden gequält, eilte der Kaiser nach Sachsen und gewann hier unter schonungslosem persönlichem Einsatz bei Mühlberg an der Elbe am 24. April 1547 die einzige von ihm selbst geschlagene Schlacht seines Lebens. Kurfürst Johann Friedrich wurde gefangengenommen und wegen Majestätsbeleidigung und Ketzerei zum Tode verurteilt. An eine Vollstrekkung dieses Urteils war nicht gedacht, es sollte vielmehr den anschließenden Verhandlungen Nachdruck verleihen. In der Wittenberger Kapitulation vom 19. Mai mußte Johann Friedrich auf seine Lande und die Kurwürde verzichten. Er verweigerte aber standhaft die Anerkennung der Konzilsbeschlüsse und blieb weiter in Haft. Dasselbe Schicksal traf Philipp von Hessen, als er am 19. Juni in Halle den Kaiser um Gnade bat.

Am 28. Januar 1547 war Heinrich VIII. von England und am 31. März Franz I. von Frankreich gestorben. Martin Luther war schon ein Jahr zuvor am 18. Februar 1546 aus dem Leben geschieden. Karl V. schien als Sieger allein auf der Bühne der Geschichte zurückgeblieben. Was konnte ihn hindern, nun die Neuordnung Europas im Sinne seiner universalen Kaiseridee in Angriff zu nehmen und die Glaubenseinheit wiederherzustellen. Doch dazu versagte sich ihm vor allen der, mit dessen Hilfe er am ehesten hätte rechnen dürfen: der Papst. „Der Zwist zwischen Papst und Kaiser, der jetzt ausbrach, war die Rettung der deutschen Protestanten in höchster Not.“[11]

[11] *Jedin* II 376.

Der geharnischte Reichstag und das Interim

Nach dem Plan des Kaisers hätten die Protestanten erst militärisch bezwungen und dann zur Teilnahme am Konzil in Trient gebracht werden sollen. Das erste war gelungen, doch das zweite war inzwischen durch das Konzil selbst bei Zustimmung des Papstes unmöglich gemacht. Am 11. März hatte es seine Translation nach Bologna beschlossen. Zum Besuch eines Konzils in einer Stadt des Kirchenstaates und zur Anerkennung hier gefaßter Beschlüsse waren die Protestanten sicherlich nicht zu gewinnen. Doch an der Kurie hatte man die katholische Kirche in Deutschland ohnehin schon abgeschrieben und sah die Aufgabe des Konzils vorwiegend in der Erhaltung und Reform der Kirche in den katholisch gebliebenen Ländern.

Nach dem Sieg des Kaisers bei Mühlberg fürchtete Paul III. um so mehr die spanisch-habsburgische Umklammerung und die universale Macht des Kaisers. Dazu sollte die Erbitterung über die Ermordung seines Sohnes Pierluigi Farnese am 10. September 1547 in Piacenza und die Besetzung dieser Stadt durch kaiserliche Truppen sein Verhältnis zu Karl V. bald völlig vergiften.

Die „kaiserlichen" Konzilsväter waren nicht mit nach Bologna gegangen, sondern verharrten weiter in Trient. Zur Rückverlegung des Konzils nach dort war der Papst aber nicht zu bewegen. Schließlich mußte er, wollte er kein Schisma riskieren, am 3. Februar 1548 die Einstellung der Konzilstätigkeit verfügen (s. S. 495 ff).

Angesichts dieser Entwicklung blieb dem Kaiser keine andere Möglichkeit, als zu versuchen, die Religionsangelegenheit ohne Papst im innerdeutschen Rahmen einer Lösung zuzuführen. Dies war das zentrale Problem des am 1. September 1547 in Augsburg eröffneten „geharnischten Reichstages". Das um so mehr, als sich dem anderen Anliegen des Kaisers, der Neuordnung des Reiches im Sinne der Festigung der kaiserlichen Zentralgewalt, massiver Widerstand entgegenstellte. Der Kaiser dachte an einen Reichsbund nach dem Vorbild des Schwäbischen Bundes, der immerhin fast 50 Jahre (1487 bis 1533) zur Regierung Süddeutschlands und als Werkzeug habsburgischer Politik funktioniert hatte. Ein solcher Bund hätte die Möglichkeit geboten, die Niederlande, Mailand und Savoyen mit einzubeziehen und das Reich enger mit den übrigen Ländern Habsburgs zu verklammern. Doch die Zeiten einer monarchischen Reichsreform waren vorbei. Zu sehr hatten die Fürsten durch ihre Siege über Ritter und Bauern und durch die reformatorische Bewegung an Macht gewonnen. Sie waren nicht geneigt, durch den Bund das Reich „zur Servitut" des Kaisers zu bringen, wie der Kurfürst von Brandenburg erklärt hatte.

Auch die kirchlichen Verhältnisse konnte der Kaiser nicht voll in seinem Sinne, das heißt durch Rückführung der Protestanten in die alte Kirche regeln. Er mußte sich mit einer Zwischenlösung, dem *„Interim"*, begnügen.

Vom Kaiser dazu aufgefordert, hatte Julius von Pflug für den Reichstag eine „Formula sacrorum emendandorum" verfaßt. Nach W. Lipgens[12] geht sie auf eine Reformschrift Groppers zurück. Als ein Religionsausschuß des Reichstags sich als nicht arbeitsfähig erwies, wurde die „Formula" auf Befehl Karls V. von Julius von Pflug, Michael Helding, den Spaniern Pedro de Soto und Pedro Malvenda u. a. mit Johannes Agricola als einzigem protestantischem Theologen durchberaten und umgearbeitet. Das Ergebnis zweiwöchiger Arbeit der Theologen war eine „vergleichende" Bekenntnisformel, für die der Kaiser die evangelischen und katholischen Stände zu gewinnen suchte. Doch Bayern und die geistlichen Fürsten lehnten ab. Nach ihnen sollte den Katholiken einfach befohlen werden, am alten Glauben festzuhalten. Nach längerem Hin und Her wurde der Text am 15. Mai 1548 publiziert als „Der römisch-kaiserlichen Majestät Erklärung, wie es der Religion halben im Heiligen Reich bis zum Austrag des gemeinen Concilii gehalten werden soll"[13], und im Reichstagsabschied vom 30. Juni den Protestanten auferlegt. Die Stände dagegen, die „bisher die Ordnung und Satzung gemeiner Christlichen Kirche gehalten" hätten, sollten „dabei beständig bleiben, verharren und davon nicht abweichen noch Veränderung vornehmen". Die den Protestanten bis zur Entscheidung des Konzils gemachten Konzessionen der Priesterehe und der Kommunion unter beiden Gestalten sollten also für sie keine Geltung haben. Deshalb das Augsburger „Interim" als „Ausnahmegesetz für die Protestanten"[14] zu bezeichnen trifft den Sachverhalt nicht ganz; denn ihnen war ja nichts auferlegt, was nicht auch von den Katholiken gefordert war.

In der Vorrede wird versichert, daß „Kaiserliche Majestät in emsiger Arbeit und Begriff einer Reformation" stehen (§ 11), und zum Schluß wird die Notwendigkeit betont, „abzutun die Ärgernisse aus der Kirche, die große Ursache gegeben haben zu der Zerrüttung dieser Zeit". Deshalb werde wohl keiner dem Kaiser bei seinem Bemühen, „nützliche Reformation der Kirche zu verschaffen", seine Förderung und Hilfe versagen (Art. XXVI § 25).

In 26 Artikeln werden die Grundwahrheiten des Glaubens behandelt: Urstand, Fall und Erlösung des Menschen (1—3), seine Rechtfertigung (4—8), die Lehre von der Kirche (9—13), von den Sakramenten (14—21) und besonders ausführlich die vom Meßopfer (22—25). Der letzte Artikel (26) befaßt sich mit den Zeremonien und Bräuchen.

Die Rechtfertigung erfolgt auf Grund des Verdienstes des Leidens Christi. Sie bedeutet Vergebung der Sünden und Erneuerung im Heiligen Geiste.

[12] *W. Lipgens,* Kardinal J. Gropper (Münster 1951) 169 f.

[13] Text: *M. K. Th. Hergang,* Das Augsburger Interim (Leipzig 1855) 20—155; Neue und vollständigere Sammlung der Reichstagsabschiede II (1495—1551) (Frankfurt 1747) 550 bis 574.

[14] *E. Bizer,* Reformationsgeschichte Deutschlands bis 1555: Die Kirche in ihrer Geschichte III. Lieferung K (Göttingen 1964) 152.

Die Liebe Gottes, die in unser Herz gegossen ist, bewirkt, daß der Mensch, „was gut und recht ist, begehrt und, was er begehrt, im Werke vollbringt“. Doch auch in denen, die „solche Gerechtigkeit aus Gnaden bekommen haben“, widerstreben noch die Lüste dem Geiste. Auf dieser Erde kann der Mensch die Vollkommenheit dieser „eingegebenen Gerechtigkeit“ nicht erlangen. Immer muß Christus mit seiner Vollkommenheit der Schwachheit des Gerechtfertigten zu Hilfe kommen. Sosehr damit die Rechtfertigung Gottes und nicht des Menschen Werk ist, handelt doch „der barmherzige Gott nicht mit einem Menschen wie mit einem toten Block, sondern er zieht ihn mit seinem Willen“ (Art. VI § 1). Die „vorhergehende Gnade“ ... „bewegt das Herz zu Gott durch Jesum Christum und diese Bewegung ist der Glaube“ an die Heilige Schrift und die göttlichen Verheißungen. Der Glaube führt zum Vertrauen und zur Hoffnung, und „Die Hoffnung auf die versprochene und zugesagte Barmherzigkeit gibt Gott die Ehre und wird also zur Liebe geführt“ (VI § 3). Diese ist fruchtbar in guten Werken (VII). Die Kirche ist die „Gemeinschaft und Versammlung der Christgläubigen, in welchen der Heilige Geist die Neugeborenen ... also verbindet, daß sie seien ein Haus und ein Leib aus einer Taufe und einem Glauben“ (IX). Sie ist unsichtbar und doch auch sichtbar (IX § 5). Von ihr ist der Kanon der Schrift festgesetzt (XI § 1). Sie entscheidet zweifelhafte Fragen durch ein rechtmäßig im Heiligen Geist einberufenes Konzil (§ 6). Sie übt Lehre und Priestertum aus in besonderen Ämtern. „Wiewohl sie viele Bischöfe hat, welche das Volk, so Christus durch sein teueres Blut erworben hat, regieren und das aus Göttlichen Rechten, so hat man doch einen obersten Bischof, der den anderen allen mit voller Gewalt fürgesetzt ist, Schismata und Trennung zu verhüten“ (XIII § 1). Ausführlich wird über die Theologie und Praxis der Sakramente und des Meßopfers gehandelt. Das Opfer Christi am Kreuze ist „allein genug ..., das ganze menschliche Geschlecht zu erlösen“ (XXII § 7). In der Messe geht es darum, daß „dieses so kräftigen Opfers, welches aller Menschen Heil vollkommen, genügend und überreichlich erworben hat, alle Menschen teilhaftig würden und seinen Nutzen auf sich brächten“ (§ 8). Die Opfer der Heiden und Juden hatten Sinn, insofern in ihnen das eine Opfer Christi angezeigt und erwartet war (§ 10). In der Messe feiern wir ohne Unterlaß das Gedächtnis dieses Opfers und werden seines Nutzens teilhaftig (§ 19). Das Opfer am Kreuze und das im Abendmahl sind „in der Substanz eins, aber in der Weise zu opfern ganz unterschiedlich“ (§ 30). Die überkommenen Zeremonien sollen beibehalten werden (XXVI). Man soll sie aber dem Volke erklären und alles beseitigen, was „zu Aberglauben Ursache geben“ könnte (§ 6). Bis zur Entscheidung des Konzils sollen Priesterehe (§ 20) und Laienkelch (§ 21) gestattet sein, wo sie bereits Brauch sind. Von der Rückgabe der der Kirche entzogenen Güter ist im „Interim“ nicht die Rede. Als Bekenntnisformel bringt es die Lehre der Kirche ohne Abstriche, es bemüht sich aber, die Anliegen der Protestanten nach Inhalt und

Sprache aufzugreifen und ihnen gerecht zu werden[15]. Um so bedauerlicher, daß es nicht die Zustimmung der katholischen Stände fand. Denn so mußten die Protestanten den Eindruck gewinnen, daß sie mit im Grunde nicht ernst gemeinten Konzessionen auf den Weg zu einem später ihnen doch wieder abverlangten integral vorreformatorischen Kirchentum geködert werden sollten. Die Unversöhnlichen — zu ihnen gehörte auch der sonst zur Vermittlung geneigte Martin Butzer — hatten leichteres Spiel gegen diesen letzten Versuch, die religiöse Einheit zu retten, Widerstand zu mobilisieren und jede Mitarbeit als Feigheit und Glaubensverrat hinzustellen. Betraf das „Interim" die katholischen Stände nicht, dann sollten sie damit aber nicht aus dem Anspruch der Reform entlassen sein. Für sie erließ der Kaiser am 9. Juli 1548 eine „*Formula Reformationis* per Caesaream Majestatem statibus ecclesiasticis ... proposita et ab eisdem probata et recepta"[16].

Darin wird die Reform des Klerus als vordringlich hingestellt. Zu Anfang heißt es: „Damit die Mißbräuche und Ärgernisse ... abgestellt und Klerus und Volk reformiert werden ..., bis das allgemeine Konzil den Spaltungen und Mißbräuchen ein Ende setzt, ist es vor allem notwendig, daß der geistliche Stand erneuert und gereinigt werde, da durch dessen Verwirrung, Unordnung und Unsicherheit die Gestalt der Kirche überhaupt in Verwirrung geraten und in mancherlei Weise erschüttert ist." Demgemäß handelt der I. Artikel über die Ausbildung und Prüfung der Kandidaten für die Priester- und Bischofsweihe. Die Seelsorgspflichten der Priester und Bischöfe werden stark betont. Diese sollen durch ihre Lebensführung deutlich machen, daß sie mehr Bischöfe als Fürsten sind und ihr Denken mehr auf den Himmel als auf die Welt gerichtet ist (II). Mehrfach wird die Verpflichtung zur Predigt und als Vorbereitung darauf zum Studium der Heiligen Schrift hervorgehoben. Die Sakramente dürfen nicht zu Schauspielen werden, denen man untätig zuschaut (otiosa spectacula), sie sollen immer wieder in Ansprachen den Gläubigen nahegebracht werden (IX). Die Texte bei der Spendung von Taufe und Ehe dürfen z. T. in der Volkssprache gesprochen werden. Alle Riten und alles religiöse Brauchtum haben echter Frömmigkeit zu dienen. Das Volk soll vor abergläubischen Mißbräuchen gewarnt werden (XVI). Pfründenhäufung wird verboten (XVIII). Unter den Wegen zur Reform werden vor allem Visitationen und Diözesan- wie Provinzialsynoden genannt. „Damit der fromme Reformationseifer durch langes Aufschieben nicht erkaltet", sollen die Diözesansynoden noch bis Martini und die Provinzialsynoden bis zur Fastenzeit des nächsten Jahres stattfinden. Tatsächlich haben

[15] Anders *J. Lortz* (Reformation in Dtl. II 273): „Dieses Interim war ein zwar wohlgemeinter, aber unklarer Kompromiß, also in sich schwächlich."

[16] Text bei *M. K. Th. Hergang,* Das Augsburger Interim (Leipzig 1855) 232—272. Nach *Lipgens* (J. Gropper 171) läßt sich „mit hoher Wahrscheinlichkeit beweisen, daß Joh. Gropper der Verfasser der Formula reformationis war". Das bestreitet entschieden: *G. Pfeilschifter,* ARC II 121 f Anm. 9.

für die meisten deutschen Bistümer[17] und für die Kirchenprovinzen Mainz, Trier, Köln, Salzburg solche Reformsynoden stattgefunden[18]. Hier war man bemüht, den kaiserlichen Reformerlaß auf die örtlichen Verhältnisse anzuwenden und in ihnen wirksam zu machen. Die dabei beschlossenen Statuten gaben den bischöflichen Visitatoren Richtpunkte und Handhaben bei ihren Bemühungen um Lehre und Disziplin. Wenn ein durchgreifender Erfolg auch meist ausblieb, so war doch ein neuer Geist spürbar und ein Ansatz zur innerkirchlichen Reform in Deutschland deutlich geworden. Immerhin war damit der Boden für die Aufnahme der Trienter Beschlüsse etwas bereitet.

„Interim" und „Formula reformationis" litten daran, daß sie nicht von der zuständigen kirchlichen Autorität erlassen waren und einen problematischen Eingriff des Kaisers in den innerkirchlichen Bereich darstellten. Als eine gewisse Sanktion dieser religionspolitischen Maßnahmen konnte allerdings die päpstliche Indultbulle vom 18. August 1548[19] aufgefaßt werden. Nach langwierigen Verhandlungen gewährte darin der Papst die von Karl V. zur Förderung der Reunion erbetenen Dispensen[20]. Sie gehen in dieselbe Richtung wie „Interim" und Reformationsformel. Die Rehabilitierung reuiger Konkubinarier, die Weihe bisher nicht ordinierter Prediger und die Beschäftigung entsprungener Ordensleute in der Pfarrseelsorge werden darin ermöglicht. Der Laienkelch wird unter bestimmten Kautelen gewährt und ein Vergleich mit Besitzern von Einkünften und Vermögen aus ehemals kirchlichem Gut erleichtert.

Das „Interim" war schwer durchzuführen. Als Diktat der im Kriege siegreichen Macht war es belastet und reizte zum Widerstand. Zur Verwirklichung seiner positiven Möglichkeiten fehlten die überzeugenden Kräfte. Es mangelte an Priestern und Ordensleuten, die die opponierenden protestantischen Prediger hätten ersetzen können. Die Jesuiten begannen in Deutschland ja gerade erst Fuß zu fassen. Nur in Süddeutschland, in Städten wie Augsburg, Ulm, Konstanz, und in Württemberg hatte der Kaiser Macht, dem „Interim" einigermaßen Geltung zu verschaffen. In Sachsen stellte man eine abgeschwächte Form auf. Die Wittenberger Theologen mit dem an sich verständigungsbereiten Melanchthon an der Spitze hatten Juli 1548 einem Landtag in Meißen ihre Bedenken vorgetragen (CR 7, 12—45). In dem Artikel über die Rechtfertigung sei zwar „viel Gutes gesagt", besonders, „daß wir umsonst aus Gnaden ohne Verdienst gerechtfertigt werden"

[17] *G. Schreiber,* Weltkonzil von Trient II (Freiburg 1951).

[18] *L. Lenhardt,* Die Mainzer Synoden von 1548 und 1549: AMrhKG 10 (1958) 67—111; *H. Foerster,* Reformbestrebungen Adolfs III. von Schaumburg 1547—56 in der Kölner Kirchenprovinz (Münster 1925); *Loserth,* Die Salzburger Prov.-Synode von 1549: Arch. für östr. Gesch. 85 (1898) 131—357; *B. Caspar,* Das Erzb. Trier im Zeitalter der Glaubensspaltung (Münster 1966) 68—84; *H. Molitor,* Kirchliche Reformversuche der Kurfürsten und Erzbischöfe v. Trier (Wiesbaden 1967) 96—99.

[19] Text bei *Le Plat* IV 121.

[20] CT VI 767 ff.

(16), es sei aber auch viel „pharisäischer Sauerteig mit eingemengt“ (ebd.) worden. Nach weiteren Verhandlungen in Pegau und Torgau kam in Altzelle eine neue Formel zustande. Darin waren die „Mitteldinge“ (Adiaphora) zusammengestellt, über die man sich einigen könnte. Das führte am 28. Dezember 1548 zum Beschluß des „Leipziger Interim“ (CR 7, 258—264). Firmung und Ölung werden wieder eingeführt, die Ordination den Bischöfen übertragen und die Zeremonien und Gewänder bei der Messe, ja selbst das Fronleichnamsfest angeordnet. Man wollte an der Lehre festhalten und in den „Adiaphora“ nachgeben. Veröffentlicht wurde mit einem Mandat des Kurfürsten Moritz vom 4. Juli 1549 nur ein Auszug, das „kleine Interim“ (CR 7, 426—428). Es hat keine größere Bedeutung gewonnen, aber unter den Wittenberger Theologen den folgenschweren Streit über die Adiaphora hervorgerufen (vgl. Kap. 28). Luthers Schüler Matthias Flacius trat dagegen auf, verließ Wittenberg und führte von Magdeburg, „unseres Herrgotts Kanzlei“, aus zusammen mit Nikolaus von Amsdorf einen scharfen Kampf gegen das „Interim“, das den „Interitus“ der Reformation bedeute. Dabei sparte er nicht mit Spott und Hohn auf Johannes Agricola und den feigen Melanchthon.

Karl V. verhängte über Magdeburg die Reichsacht und beauftragte Moritz von Sachsen mit der Exekution. Der wirksame Widerstand dieser Stadt bestärkte auch andere protestantische Städte Norddeutschlands in ihrer ablehnenden Haltung gegenüber dem „Interim“.

Die Fürstenrevolution

Der Reichstag 1550/51 in Augsburg stand im Zeichen des Konzils, dessen Wiedereröffnung in Trient der neue Papst Julius III. in Aussicht gestellt hatte. Die evangelischen Stände erklärten sich bereit, Abgeordnete zu entsenden, verweigerten aber ihre Hilfe bei der Durchsetzung des „Interims“ und der kaiserlichen Reformation. Eine wachsende Opposition gegen Karl V. griff um sich. Schon im Februar 1550 hatten Hans von Küstrin, Albrecht von Preußen und Johann Albrecht von Mecklenburg in Königsberg ein Bündnis zur Erhaltung des Protestantismus, bes. zur Unterstützung Magdeburgs geschlossen. Nun wurden Bemühungen des Kaisers bekannt, seinem Sohn Philipp die Nachfolge im Reich zu sichern. Sie führten am 9. März 1551 zu einem habsburgischen Familienpakt. Danach sollte zwar Ferdinand Karl als Kaiser folgen, aber gleichzeitig Philipp, der Erbe Spaniens, römischer König und damit Ferdinands Nachfolger im Kaisertum werden. Ferdinands Sohn Maximilian sollte hinter dem Spanier zurücktreten. Folge dieser Regelung war eine Entfremdung der Brüder Karl und Ferdinand und eine Beunruhigung der Fürsten, die „die viehische spanische Servitut“ glaubten fürchten zu müssen.

Zum Anwalt der fürstlichen Libertät machte sich nun Moritz von Sachsen. Ihm war es ohnehin mittlerweile unangenehm, von den Gegnern des „Interims“ als Verräter der evangelischen Sache angeprangert zu werden. Dazu hatte der Kaiser seine Hoffnungen auf Machtzuwachs nicht voll erfüllt und war seinem wiederholten Bitten auf Freilassung seines Schwiegervaters Philipp von Hessen nicht nachgekommen. Weiter fürchtete er, das Königsberger Bündnis könnte den Zweck verfolgen, mit französischer Hilfe das alte Kurfürstentum Sachsen wiederherzustellen. Er begann ein raffiniertes Doppelspiel. Während er Verhandlungen mit Frankreich aufnahm, bewies er zugleich seine Treue zum Kaiser durch den Vollzug der Reichsacht an Magdeburg, das am 4. November 1551 kapitulierte. Mit den Königsberger Verbündeten, denen er noch im Januar 1551 die in Verden zum Entsatz Magdeburgs gesammelten Truppen weggenommen hatte, und mit Wilhelm von Hessen tat er sich zusammen. Sie schlossen am 15. Januar 1552 auf Schloß Chambord einen Vertrag mit König Heinrich II. von Frankreich. Dieser sagte ihnen finanzielle Hilfe für den Angriff auf den Kaiser zu und ließ sich dafür das Reichsvikariat über die Städte Metz, Toul und Verdun zusichern. Damit war dem Franzosen das Tor ins Reich geöffnet und ein Keil zwischen die Niederlande und Burgund getrieben. Gleichzeitig bestärkte Heinrich II. die Offensivabsichten der Türken und ermunterte die Gegner des Kaisers in Italien zum Aufstand.

Karl V. hatte mehrfache Warnungen in den Wind geschlagen. So war er nicht vorbereitet, als Moritz von Sachsen Ende März gegen Augsburg und weiter nach Tirol vorrückte, während Albrecht Alcibiades von Brandenburg-Kulmbach die fränkischen Bistümer bedrängte. Zwischendurch verhandelte Moritz ohne Ergebnis mit Ferdinand in Linz (19. 4. — 1. 5.). Bevor man in Passau zu neuen Verhandlungen zusammenkam, zogen die Truppen der aufständischen Fürsten über die Ehrenberger Klause nach Innsbruck. Karl V. sah sich gezwungen, über den Brenner nach Villach zu fliehen. Das Konzil in Trient war schon vorher (28. 4. 1552) auf die Kriegsnachrichten hin auseinandergegangen (s. S. 500).

Der Kaiser war im Innersten verwundet, aber nicht gebrochen. Je mehr er Zeit bekam, seine energischen Gegenrüstungen zu betreiben, um so stärker wurde seine Position bei den von Mai bis Juli 1552 in Passau geführten Verhandlungen. Hier wurde König Ferdinand, der wieder einmal in starker Bedrängnis durch die Türken war, Sprecher der Neutralen und zum Vermittler zwischen dem Kaiser und den Rebellen. Diese forderten Aufhebung des „Interims“, Einberufung einer Nationalversammlung zur Vergleichung der Religionsartikel und einen dauernden Religionsfrieden. Die Kirchengüter sollten den derzeitigen Besitzern überlassen bleiben. Der Kaiser ließ sich zu keinem definitiven Verzicht auf die konfessionelle Reunion und zu bindenden Einschränkungen seiner Kaiserrechte herbei. In dem von ihm am 15. August ratifizierten *Passauer Vertrag* bewilligte er wieder nur einen Stillstand bis zum nächsten Reichstag, auf dem die Religionsfrage und die Gravamina geregelt werden sollten.

Augsburger Religionsfrieden

Nach dem Scheitern eines Unternehmens gegen Frankreich im Spätherbst 1552 und nach Abbruch der Belagerung von Metz (Januar 1553) verließ Karl V. für immer Deutschland und überließ das Reich seinem Bruder Ferdinand. Er sah sich außerstande, die religiöse Einheit im Reich wiederherzustellen, und hatte „Skrupel", an einer anderen Lösung mitzuwirken[21]. Den längst überfälligen Reichstag schrieb er zwar noch nach Augsburg aus, wollte aber selbst dort nicht mehr erscheinen. Unter schwacher Beteiligung wurde der Reichstag endlich am 5. Februar 1555 eröffnet. Der Kaiser ließ im vorhinein gegen alles protestieren, wodurch „unsere wahre, alte christlich und katholische Religion auch nur im geringsten beleidigt, verletzt, geschwächt oder beschwert würde". Den Protestanten fehlte nach dem Tode Moritz' von Sachsen († 1553) der führende Kopf. Sie hatten sich aber ihre Entschlossenheit versichert, für einen unbedingten und immerwährenden Religionsfrieden einzutreten. Persönlich fand sich von den protestantischen Fürsten nur der Herzog von Württemberg in Augsburg ein. Die Verhandlungen führten fürstliche Räte, Berufsjuristen und Diplomaten. Die Friedenssehnsucht war groß und die Überzeugung von der Notwendigkeit eines Kompromisses allgemein. Für einen wirklichen Religionsfrieden war die Zeit allerdings noch nicht reif. Wenn die Protestanten für sich uneingeschränkte Religionsausübung verlangten, waren sie doch nicht bereit, in ihren eigenen Territorien den Katholiken oder Schwärmern dasselbe zuzugestehen[22]. Am 14. September wehrten sich die Straßburger mit Berufung auf ihr Gewissen gegen die Duldung einer katholischen Minderheit in ihrer Stadt, eine Duldung des katholischen Wesens sei eine Versündigung gegen Gott[23].

Von den altgläubigen Ständen vertrat nur der Bischof von Augsburg, Kardinal Otto von Waldburg, eine konsequente, freilich nicht realisierbare Auffassung. Er erklärte, für ihn sei es unmöglich, eine Spaltung der einen katholischen Kirche gutzuheißen und dem Reichstag Zuständigkeit für eine solche Entscheidung zuzuerkennen[24]. Doch er verließ auf die Nachricht vom Tode

[21] Im Schreiben vom 8. 6. 1554 an Ferdinand — „die tatsächliche Abdankung Karls als deutscher König" (*K. Brandi,* Karl V. II 398) — heißt es: „seulement pour le respect du point de la religion, auquel j'ai mes scrupules" (*K. Lanz,* Correspondenz III 624).

[22] „Daß sie (d. h. die prot. Stände) eine größere Freiheit verlangten, als sie zu geben gesonnen waren, kann einem Zweifel nicht unterliegen" (*A. Druffel - K. Brandi,* Reichsgeschichte IV 739 Anm. 1).

[23] Ebd. 719.

[24] *J. Grisar,* Die Stellung der Päpste zum Reichstag und Religionsfrieden von Augsburg 1555: StdZ 156 (1954/55) 440—462, S. 444; *K. Repgen,* Die römische Kurie I, 1 S. 74.

Julius' III. (23. 3.) mit dem Legaten Kardinal Morone zwecks Teilnahme am Konklave den Reichstag. Daß er nicht mehr zurückkehrte und sich durch seinen Kanzler vertreten ließ, beruhte wohl auch auf der Einsicht, mit seiner zu keinen Zugeständnissen bereiten Auffassung allein zu stehen[25]. Die Römische Kurie war zunächst noch durch den Nuntius Delfino vertreten, danach vorübergehend durch Lippomano, bei den entscheidenden Verhandlungen der letzten Wochen jedoch überhaupt nicht.

Theologische Argumente wurden in Augsburg kaum ins Feld geführt. Das Schicksal der Konfessionen entschieden die Fürsten bzw. ihre Juristen. Auf einen Vergleich in Dogma und Gottesdienst war man nicht mehr bedacht. Man erstrebte einen kirchenpolitischen Dauerfrieden zwischen konfessionsgeschiedenen Reichsständen. Schwierigkeiten bereitete neben der Frage nach Eigentum und Nutzung des Kirchengutes die Forderung an die Bischöfe, die Jurisdiktion über die Untertanen protestantischer Fürsten aufzugeben. Hart wurde gerungen um die Anerkennung des „geistlichen Vorbehaltes"; danach sollte ein geistlicher Reichsfürst beim Übertritt zur Reformation Amt und Herrschaft verlieren. Dem wollten die Protestanten nicht zustimmen. Als König Ferdinand darauf beharrte und betonte, „er habe bei seiner Ehre geschworen, davon nicht abzulassen", stellten sie die Gegenforderung, daß die geistlichen Reichsstände den evangelischen Rittern, Städten und Gemeinden die „Freistellung der Religion" zu gewähren hätten. Ferdinand stimmte dem zu. Er erreichte aber von den Katholiken nicht die Aufnahme in den Abschied, sondern nur die Zulassung als Nebenerklärung (Declaratio Ferdinandea)[26]. Der „geistliche Vorbehalt" dagegen wurde aufgenommen mit dem Zusatz, daß die Protestanten nicht zugestimmt hätten.

Am 25. September 1555 wurde mit dem Abschied des Reichstags der *Religionsfrieden von Augsburg* veröffentlicht.

Danach ist man nach so vielen fruchtlosen Friedensversuchen, um das Vaterland vor Spaltung und Untergang zu bewahren, übereingekommen, daß keiner der Reichsstände wegen seiner Zugehörigkeit zum Augsburgischen Bekenntnis vom Kaiser oder einem Fürsten bekriegt werden noch sonst einen Nachteil erleiden darf (§ 3). Umgekehrt dürfen die Fürsten des Augsburgischen Bekenntnisses den weltlichen oder geistlichen Ständen, die bei der alten Religion bleiben, keinerlei Schaden zufügen (§ 4). Doch sollen alle anderen, die den beiden Bekenntnissen nicht angehören, von diesem Frieden ausgeschlossen bleiben (§ 5). Die freie Wahl des Glaubensbekenntnisses gilt nur für die Reichsstände, nicht für ihre Untertanen. Diese haben nach dem Grundsatz „Ubi unus dominus, ibi una sit religio"[27] das Bekenntnis der

[25] *K. Repgen,* Die römische Kurie I, 1 S. 74 Anm. 80.

[26] Text: *E. Walder,* Religionsvergleiche des 16. Jh. I (Bern [2]1960) 68—71.

[27] Dieser während der Verhandlungen mehrfach ausgesprochene Satz ist später zu der bekannten Formel „Cuius regio, eius et religio" geworden. Sie erscheint erstmals in den

Obrigkeit anzunehmen. Können sie sich dazu nicht entschließen, soll ihnen das Recht der Auswanderung nach Verkauf ihrer Güter zustehen (§ 11). Weil in der Frage des Übertritts eines Geistlichen zum Augsburgischen Bekenntnis die Religionsparteien sich nicht einigen konnten, bestimmte der König kraft kaiserlicher Vollmacht, daß Erzbischöfe, Bischöfe, Prälaten oder andere geistliche Stände, die von der alten Religion abtreten, ihre Ämter und Güter verlieren und die Kapitel einen Nachfolger wählen können, der nach altem Herkommen alle Güter erhält (§ 6). Geistliche Fürsten sollten also nur als Privatpersonen ohne Folgepflicht ihrer Untertanen und unter Verlust ihrer Herrschaft protestantisch werden können. Für die Kirchengüter wird der Besitzstand zur Zeit des Passauer Vertrages als maßgebend angenommen (§ 7). Die geistliche Jurisdiktion soll gegenüber den Ständen der CA bis zur endgültigen Religionsvergleichung nicht ausgeübt werden (§ 8). Die reichsunmittelbare Ritterschaft soll in den Frieden einbezogen sein (§ 13). Wo in den Reichsstädten beide Konfessionen nebeneinander bestehen, soll es dabei bleiben und jede die andere bei ihrem Glauben, ihren Zeremonien und Gütern in Frieden lassen (§ 14). Der Frieden soll bis zu einem friedlichen und endgültigen Vergleich der Religion in Geltung bleiben. Kommt eine solche Einigung auf einem General- oder Nationalkonzil oder einem Reichstag nicht zustande, dann soll er als „ein beständiger, beharrlicher, unbedingter für und für währender Friede" weitergelten (§ 12).

Der Religionsfriede verstand sich also selbst als Provisorium bis zur Wiederherstellung der Glaubenseinheit durch ein Konzil oder sonst eine für die Religion kompetente Stelle. Nur wenn keine bessere Regelung zustande kam, sollte er Dauer haben. Faktisch ist er zu einem Definitivum von großer geschichtlicher Bedeutung geworden und hat eine Friedensperiode von sonst in Deutschland nicht gekannter Länge eingeleitet.

Die religiöse Spaltung war endgültig und das rechtliche Nebeneinander von zwei Konfessionen geschaffen. Das Prinzip der Parität war begründet, allerdings nur für das Reich als Gleichgewicht zwischen konfessionell geschlossenen Teilen, eine Parität also, die sich auf Imparität in den Territorien stützte. Von Toleranz und Gewissensfreiheit kann demnach nicht die Rede sein. Im Gegenteil: der Landesherr bestimmte die Religion seines Landes und seiner Untertanen, er verzichtete durch die Anerkennung des Auswanderungsrechts lediglich auf volle Durchführung des mittelalterlichen Ketzerrechtes mit seinen Folgen für Leib, Ehre und Besitz. Die Regelung hatte zur Voraussetzung den modernen Flächenstaat, zu dessen Konsolidierung die konfessionelle Geschlossenheit wiederum wesentlich beigetragen hat. Die

„Institutiones iuris canonici" (Frankfurt [2]1612) des Lutheraners Joachim Stephani: „ut et ideo hodie religionem religioni conhaerere dici potest, ut cuius sit regio, hoc est ducatus, principatus, territorium seu jus territorii, ejus etiam sit religio hoc est jus episcopale seu jurisdictio spiritalis" (lib. I cap. 7 n. 52). Zitat nach *M. Heckel,* Staat und Kirche nach den Lehren der ev. Juristen: ZSavRG 42 (1956) 212 Anm. 430.

Aufhebung der bischöflichen Jurisdiktion in protestantischen Gebieten führte die Entwicklung zur Landeskirche zu Ende und forderte den Episkopat des Landesherrn, der seine Kirche zwar geistlich nicht zu führen vermochte, sie vielmehr durch seine Juristen verwalten ließ. Die Politisierung der Religion und die territoriale Abkapselung der Konfessionen steigerte deren gegenseitige Fremdheit. Man wußte nur wenig voneinander und das nur vom Hörensagen in polemischer Verzerrung.

Die Unklarheiten des Religionsfriedens boten dazu manchen Konfliktsstoff. An den „geistlichen Vorbehalt" fühlten sich die protestantischen Stände nicht gebunden. Vergeblich suchten sie ihn auf späteren Reichstagen zu beseitigen. Tatsächlich erreichte die Säkularisierung der Bistümer und Stifte in Nord- und Mitteldeutschland nach 1555 erst ihren Höhepunkt: in Sachsen Meißen, Merseburg und Naumburg und in Norddeutschland Bremen, Lübeck, Schwerin, Camin, Verden, Havelberg, Brandenburg und Lebus. Die „Declaratio Ferdinandea" über den Schutz von Protestanten in geistlichen Gebieten hatte zwar formalrechtlich keine Gültigkeit[28], hielt aber zunächst vielfach die ohnehin unsicheren katholischen Bischöfe davon ab, das Recht, die Konfessionszugehörigkeit ihrer Untertanen zu bestimmen, auch für sich in Anspruch zu nehmen. Umgekehrt hielten viele Reichsstädte sich nicht an die Bestimmung zum Schutz der konfessionellen Minderheit. Die Interimsgemeinden wurden meist wieder unterdrückt. Immerhin hat der Städteartikel den Fortbestand von Klöstern und Stiften in Reichsstädten mit evangelischer Mehrheit möglich gemacht. Galt der Frieden ursprünglich nur für die Angehörigen der Confessio Augustana, so kamen faktisch bald auch die Reformierten in seinen Genuß, freilich nicht ohne Widerspruch und bis 1648 ohne juridische Verbindlichkeit. Dazu hat entscheidend der Übertritt Friedrichs III. von der Pfalz zum Calvinismus (1563) beigetragen. Der Augsburger Religionsfrieden vermochte somit auch die Spaltung des deutschen Protestantismus nicht zu verhindern.

Mit der Aufgabe der ausschließlichen Geltung des einen, wahren katholischen Glaubens war die Idee des Reiches zutiefst getroffen. Dieses war zum bloßen Bund von Territorialstaaten herabgesunken. Es war so mehr als ein zeitliches Zusammentreffen, daß Karl V. am 12. September 1556 auf die Kaiserkrone verzichtete. Die Haltung der Kurie, mit deren Normen der Religionsfriede ja auch unvereinbar war, ist nur zu verstehen, wenn man in Rechnung stellt, daß man unter Julius III. eine Einmischung in deutsche Verhältnisse vermied, weil man sie ohnehin für verloren hielt[29] und unter

[28] Sie wurde nicht publiziert und dem Reichskammergericht nicht angezeigt, daher wurde sie für dieses Gericht nie geltendes Recht.

[29] Morone schrieb als Legat am 26. 3. 1555 von Augsburg nach Rom: „Es scheint mir das geringste Übel, das man hier tun kann, dies zu sein, daß man nichts tue und eher die Dinge von selbst einstürzen lasse, als sie durch staatliche Dekrete einzustürzen". Vgl. *H. Lutz,* Karl V. und die Kurie 1552/56: RSTI 13 (1959) 22—49, S. 40f; *K. Repgen,* Die römische Kurie I, 1 S. 77 Anm. 92.

Paul IV. die politischen Differenzen mit dem Hause Habsburg so dominierten, daß „der Religionsfriede kein bestimmendes Moment war“[30]. Man hat wahrscheinlich in der Umgebung Pauls IV. an einen Protest gegen den Religionsfrieden gedacht. Es ist aber dann bei Klagen und Anklagen in Breven an König Ferdinand u. a. geblieben. Zu einem förmlichen Protest und einem rechtlichen Einspruch gegen den Augsburger Religionsfrieden ist es — wir können sagen, auch zum Vorteil der Festigung der katholischen Position in Deutschland — nicht gekommen[31]. Die katholischen Stände, Ferdinand I. an der Spitze, waren der Überzeugung, daß im Augenblick sich keine bessere Lösung bot, wollte man nicht noch weitere Einbußen erleiden oder weitere kriegerische Auseinandersetzungen in Kauf nehmen. In Begriffen seiner Zeit, für die die damalige noch nicht reif war, hat 400 Jahre später Pius XII. die geschichtliche Wirklichkeit erfaßt, wenn er zum Augsburger Religionsfrieden erklärte: „Das Gemeinwohl des Reiches wie der Kirche, für die es um Sein oder Nichtsein innerhalb der deutschen Grenzen ging, rechtfertigte die Unterschrift der katholischen Fürsten unter den Religionsvertrag“[32].

[30] *H. Lutz,* Christianitas afflicta 472.

[31] Das ist gegen *J. Grisar* (Die Stellung der Päpste: StdZ 156, 1954/55, S. 461) nachgewiesen von *H. Lutz* (Christianitas afflicta 471—474) und *K. Repgen* (Die römische Kurie I, 1 S. 82—86).

[32] AAS 47 (1955) 597.

VIERTER ABSCHNITT

Europa im Zeichen des Pluralismus der Konfessionen

Univ.-Professor Dr. Erwin Iserloh, Münster

25. *Kapitel*

Die Reformation in den nordischen Ländern

Nordische Länder: BIBLIOGRAPHIE: Bibliographie de la Réforme (1450—1648). Ouvrages parus de 1940 à 1955, fasc. 2 (Leiden 1960); *H. Kellenbenz,* Forschungsbericht über skandinavische Geschichte I: HZ 190 (1960) 618—655.

LITERATUR: *I. G. Lindhardt,* Den nordiske Kirkes Historie (Kopenhagen 1945); *M. Gerhardt - W. Hubatsch,* Deutschland und Skandinavien im Wandel der Jahrhunderte (Bonn 1950); *G. Johannesson,* Die Kirchenreformation in den nordischen Ländern: XIe Congrès International des Sciences Historiques. Rapports IV (Göteborg - Stockholm - Uppsala 1960) 48—83 (Lit.); *G. Schwaiger,* Die Reformation in den nordischen Ländern (München 1962) (Lit.).

Dänemark: Acta Pontificum Danica V—VI, hrsg. von *A. Krarup - J. Lindbeck* (Kopenhagen 1913/15); *N. K. Andersen,* Confessio Hafniensis (1530) (Kopenhagen 1954); *E. H. Dungley,* The Reformation in Denmark (London 1948); *Hal Koch - B. Kornerup,* Den Danske Kirkes Historie IV (Kopenhagen 1959); Ekklesia, hrsg. von *F. Siegmund-Schultze* II 7 (Leipzig 1937); *L. Schmitt,* Der Karmeliter Paulus Heliä (Freiburg 1893); *ders.,* Joh. Tausen (Köln 1894); *ders.,* Die Verteidigung der katholischen Kirche in Dänemark gegen die Religionserneuerung (Paderborn 1899); *ders.* (Hrsg.), Nic. Stagefyr seu Herborn, Confutatio Lutheranismi Danici (1530) (Quaracchi 1902); *J. O. Andersen,* Der Reformkatholizismus und die dänische Reformation (Gütersloh 1934); *ders.,* Paulus Helie I (Kopenhagen 1936); *M. Christensen,* Hans Tausen (Kopenhagen 1942); *C. T. Engelstoft,* Liturgiens Historie i Danmark (Kopenhagen 1840); *J. Schnell,* Die dänische Kirchenordnung von 1542 und der Einfluß von Wittenberg (Breslau 1927); *E. Feddersen,* Philippismus und Luthertum in Dänemark und Schleswig-Holstein: Festschr. H. von Schubert: ARG ErgBd 5 (Leipzig 1929) 92—114; *ders.,* Die lateinische Kirchenordnung König Christians III. von 1537: Schriften des Vereins für Schleswig-Holsteinische Kirchengesch. I 18 (1934) 1—93; *O. Kaehler,* Zur Gesch. der dänischen Kirchenordnung von 1537: Festschr. K. Haff (Innsbruck 1950) 111—119.

Norwegen: Diplomatarium Norvegicum, bisher 21 Bde (Oslo 1847 ff); *A. Chr. Baug,* Den norske kirkes historie ireformationsaarhundredet (Oslo 1895); Ekklesia, hrsg. von *F. Siegmund-Schultze* II 6 (Gotha 1936); *J. Welle,* Norges kirkehistorie (Oslo 1948); *O. Garstein,* The Reformation in Norway: The Month N. S. 21 (London 1959) 95—103.

Island: Diplomatarium Islandicum, 12 Bde (Kopenhagen 1857/1902; Reykjavik 1900/32); *F. Johanneus,* Historia ecclesiastica Islandiae, 4 Bde (Kopenhagen 1772/78); *J. Helgason,* Islands Kirke fra Reformationen til vore Dage (Kopenhagen 1922); Ekklesia, hrsg. von *F. Siegmund-Schultze* II 7 (Leipzig 1937); *T. J. Oleson,* Bishop Jon Arason (1484—1550): Speculum 28 (Cambridge/Mass. 1953) 245—278; vgl. ebd. 29 (1954) 535 f.

Schweden: *J. Weidling,* Schwedische Gesch. im Zeitalter der Reformation (Gotha 1882); *J. Andersson,* Schwedische Geschichte (München 1950); *B. Gustafsson,* Svenk kyrkogeografi (Malmö 1957); *ders.*, Svenk kyrkohistoria (Stockholm [2]1963); *J. F. Martin,* Gustave Vasa et la Réforme en Suède (Paris 1906); *Hj. Holmquist,* Die schwedische Reformation 1523—1531 (Leipzig 1925); *S. Kjöllerström,* Kirche und Staat in Schweden nach der Reformation: ZSavRGkan 41 (1955) 271—289; *ders.*, Guds och Severiges lag under reformationstiden (Lund 1957); *ders.*, Gustav Vasa und die Bischofsweihe (1523—1531): Festschr. für Joh. Heckel (Köln-Graz 1959) 164—183; *H. Yrwing,* Gustav Vasa, kröningsfrågan och Västerås riksdag 1527 (Lund 1956); *I. Salvenius,* Gustav Vasa (Stockholm 1950); *E. Färnström,* Laurentius Petris Handskrivna Kyrkoordning av år 1561 (Stockholm 1956); *Olavus Petri,* Samlade skrifter, 4 Bde, hrsg. von *B. Hesselmann* (Stockholm 1914/17); *R. Holm,* Olavus Petri (Uppsala 1917); *C. Bergendoff,* Olavus Petri and the Ecclesiastical Transformation in Sweden (1521—1552) (New York 1928); *R. Murray,* Olavus Petri (Stockholm 1952); *S. Ingebrand,* Olavus Petris reformatoriska åskådning (Uppsala 1964, Lit.); *G. Carlsson,* Preußischer Einfluß auf die Reformation Schwedens: Festschr. O. Scheel (Schleswig 1952) 36—48; *J. Kolberg,* Aus dem Leben der letzten katholischen Bischöfe Schwedens: Vorlesungsverzeichnis der Akademie Braunsberg (1914); Briefe von Johannes und Olaus Magnus, hrsg. von *G. Buschbell* (Stockholm 1932); *Th. v. Haag,* Die apostolische Sukzession in Schweden: Kyrkohistorisk Årsskrift 44 (Uppsala 1945) 1—168; *J. G. Hoffmann,* La réforme en Suède 1523—1527 et la succession apostolique (Neuchâtel 1945); *E. Benz,* Bischofsamt und apostol. Sukzession im dt. Protestantismus (Stuttgart 1953); *Y. Stenström,* Om biskops tjänst och ämbete (Stockholm 1959).

Finnland: *W. Sommer,* Gesch. Finnlands (München 1938); *I. Salomies,* Suomen kirkon historia, bisher 3 Bde (Helsinki 1944/62); *G. Sentzke,* Die Kirche Finnlands (Göttingen [2]1963); Ekklesia, hrsg. von *F. Siegmund-Schultze* II 8 (Leipzig 1938); *J. Gummerus,* Michael Agricola, der Reformator Finnlands (Helsinki 1944).

In den skandinavischen Ländern vollzog sich die Einführung der Reformation und der Aufbau des neuen Kirchenwesens noch mehr als in Mitteleuropa unter dem Druck der politischen Kräfte. Die nordischen Königreiche Dänemark, Schweden und Norwegen mit ihren Randländern Island und Finnland waren seit 1397 in der Kalmarer Union zusammengeschlossen. Diese war mehr eine Personalunion unter dem dänischen König als eine tragfähige politische Einheit. Die nationalen Rivalitäten führten ständig zum Streit. Suchte der König von Dänemark auf dem Wege der religiösen Neuerung die Macht des Adels, besonders der Bischöfe, zu brechen, dann war für Schweden die Reformation der Weg, die dänische Herrschaft abzuschütteln. Norwegen und Island verteidigten dagegen mit dem katholischen Glauben ihre Eigenständigkeit gegen Dänemark. Rücksichtslos und ohne weitere Beschönigungsversuche war man auf die Beschlagnahme des gut verwalteten und ertragreichen Kirchen- und Klostergutes aus.

Das Christentum war im Norden noch nicht so tief verwurzelt wie in Süd- und Mitteleuropa, dafür kannte man hier auch keinen „Herbst des Mittelalters“ mit einer differenzierten und anspruchsvollen Religiosität auf der einen und den Verfallserscheinungen einer Spätzeit auf der anderen Seite. Selbstverständlich und unangefochten lebte man in den Formen katholischer Frömmigkeit. Die Reformbemühungen des 15. Jh. hatten in den Norden hineingewirkt und z. T. eine nachhaltigere Wirkung gehabt als in Mitteleuropa. Zu Beginn des 16. Jh. war im Zusammenhang mit den humanistischen Bemühungen um die Bibel und die Schriften der Kirchenväter ein Reformkatholizismus wirksam geworden, der nicht immer leicht von der protestantischen Bewegung zu unterscheiden ist.

Der Orden der hl. Birgitta in seinem männlichen und weiblichen Zweig entfaltete neben den Bettelorden ein reiches Leben. Von den nordischen Ländern überhaupt galt, was man von Schweden gesagt hat: „Vielleicht kein Land der westeuropäischen Christenheit bedurfte beim Beginn der Neuzeit weniger der kirchlichen Reformation.“ [1]

Die skandinavischen Länder verteilten sich im Ausgang des Mittelalters auf drei Kirchenprovinzen. Die dänische unter dem Erzbischof von Lund umfaßte die Bistümer Aarhus, Börglum, Odense, Ribe, Roskilde und Viborg. Schweden und Finnland bildeten das Erzbistum Uppsala mit den Suffraganen Linköping, Skara, Strängnäs, Västerås, Växjö und Åbo. Zur norwegischen Kirchenprovinz mit dem Erzbistum Trondheim (Nidaros) gehörten die Bistümer Bergen, Hamar, Oslo und Stavanger mit Hólar und Skálholt auf Island.

Dänemark

In Dänemark wollte der begabte, aber unausgeglichene und von seinen Leidenschaften bestimmte König Christian II. (1513—23) die Macht des Adels und der Prälaten brechen und das Königtum erblich machen. Er verstand es, die Bürger und Bauern durch fortschrittliche Maßnahmen, wie Verbesserungen der Volksbildung und Rechtspflege, und durch Förderung von Handel und Verkehr für sich zu gewinnen. Für kurze Zeit vermochte er 1520 seine Herrschaft in Schweden gegen die dortigen Selbständigkeitsbestrebungen unter dem Reichsvorsteher Sten Sture durchzusetzen. Im „Blutbad von Stockholm“ suchte er sich seiner Gegner im schwedischen Adel zu entledigen; machte sich dadurch aber so verhaßt, daß es dem jugendlichen Gustav Vasa leicht wurde, das Volk mit führenden Männern aus dem Adel und der Kirche für sich zu gewinnen und 1521 zum Reichsvorsteher gewählt zu werden. Im Herbst dieses Jahres mußte die dänische Regierung das Land verlassen. Die Herrschaft Christians II. war damit auf Dänemark, Norwegen und Island beschränkt.

Schon im Oktober 1520 hatte er Luthers Landesherrn Kurfürst Friedrich den Weisen gebeten, ihm einen Prediger des reinen Gotteswortes zu schikken. So kam im Juni 1521 *Karlstadt* nach Dänemark. Dieser konnte aber seine radikalen Vorstellungen nicht verwirklichen, weil der König es aus politischen Rücksichten, u. a. auf seinen Schwager Karl V., nicht zum Bruch mit der alten Kirche kommen lassen wollte. Christian II. baute zunächst sein landeskirchliches Regiment aus. Er beschnitt die Rechte der Bischöfe und

[1] *H. Holmquist*, Die schwedische Reformation 1523—1531 (Leipzig 1925) 5.

verbot die Appellation an Rom. Den Priestern gestattete er die Ehe. Doch Anfang 1523 sollte der König an der Opposition des Adels einschließlich einer Reihe von Bischöfen scheitern. Sie sagten ihm die Treue auf und erhoben Herzog Friedrich von Holstein zum dänischen König. Diesen verpflichteten sie, gegen Schüler Luthers und alle anderen vorzugehen, die gegen „Gott, den Glauben der heiligen Kirche, den Heiligen Vater in Rom oder die römische Kirche" predigten. Doch Friedrich I. (1523—33) begünstigte das Luthertum um so offener, je mehr er seine Stellung gefestigt sah. Im Juni 1526 gab er Albrecht von Preußen, der als erster geistlicher Fürst protestantisch geworden war und den Deutschordensstaat in ein weltliches Herzogtum verwandelt hatte, seine Tochter zur Frau. Er begünstigte den „dänischen Luther" *Hans Tausen* (1494—1561), einen ehemaligen Johanniter, der als Student in Wittenberg 1523 für die neue Lehre gewonnen worden war, und machte ihn 1526 zu seinem Hofkaplan, ungeachtet dessen, daß eine Anklage wegen Ketzerei gegen ihn lief.

Unheilvoll wirkte es sich aus, daß die Kurie vielfach willkürlich über die Pfründen der nordischen Kirche verfügte. Sie bestätigte z. B. nicht den vom Domkapitel kanonisch gewählten und für das Amt geeigneten Magister Aage Jepsen Sparre zum Erzbischof von Lund, sondern verlieh das reiche Erzbistum am 6. Februar 1520 dem Kurienkardinal Paolo Emilio Cesi. Daraufhin setzte Christian II. nacheinander drei seiner Vertrauten auf den erzbischöflichen Stuhl von Lund. Friedrich I. ernannte 1526 Aage Sparre zum Erzbischof. Die päpstliche Bestätigung blieb ihm aber versagt. So konnte er die Bischofsweihe nicht empfangen und regierte als „erwählter Erzbischof". Unter dem Eindruck dieses Streites erreichte der König vom Herrentag zu Odense 1526, daß kein Kleriker mehr vom Papst eine Bestätigung oder Provision erbitten dürfe. Die bisher üblichen Gebühren sollten der Landesverteidigung zugute kommen. Seitdem empfingen die Bischöfe keine Weihe mehr. So waren 1532 fünf der acht an sich katholisch gesonnenen dänischen Bischöfe nicht mehr geweiht.

Auf dem Herrentag in Odense 1527 forderten die Bischöfe, gegen „das neue Regiment und die neue Lehre" einzuschreiten. Doch der König setzte sich durch und erreichte reichsgesetzlichen Schutz für die Lutheraner. Sie gewannen die meisten Städte für sich. Nur die Bischofsstädte und die Landbevölkerung mit dem Großteil des Adels blieben katholisch. Für den alten Glauben setzte sich unerschrocken der Karmelit *Paul Helgesen* (Heliae; ca 1485—1534) ein. Er war vom Bibelhumanismus im Geist des Erasmus geprägt und versprach sich von der Besinnung auf die Heilige Schrift und die Theologie der Kirchenväter eine Erneuerung der Kirche. Aus Deutschland riefen die Bischöfe den Provinzial der Franziskaner und Kölner Domprediger *Nikolaus von Herborn* (um 1480—1535) herbei. Er verfaßte die Erklärung der Bischöfe gegen die 43 Artikel der „Confessio Hafniensis", die 21 evangelische Prediger unter Führung von Hans Tausen Juli 1530 dem Herrentag zu Kopenhagen vorgelegt hatten, und eine „Confutatio Lutheranismi Danici“. Der König setzte seine Politik der Begünstigung des Luthertums konsequent fort. Nach seinem Tod (1533) wollten die Bischöfe die Wahl seines lutherisch gesonnenen ältesten Sohnes Christian zugunsten von dessen jüngerem, aber noch unmündigem Bruder vereiteln. Dieser war in reformkatholischen Kreisen erzogen und ließ auf eine katholische Restauration hoffen. Es gelang, auf dem Herrentag in Kopenhagen einen Aufschub der Wahl zu erreichen. Doch ein von Lübeck unterstützter Bürgerkrieg mit dem Ziel, den vertriebenen Christian II. wieder einzusetzen, erzwang die Wahl Christians III. (1534—59). Sie bedeutete den Sieg der lutherischen Reformation in Dänemark samt Norwegen und Island. Die Bischöfe wurden gefangengesetzt, von der weltlichen Regierung ausgeschlossen und ihre Güter für die Krone eingezogen. Durch einen Reichstagsprozeß vom 30. Oktober 1536 wurden sie abgesetzt und durch Superintendenten ersetzt. Diese waren im Grunde königliche Beamte. Zum Aufbau des neuen Kirchenwesens wurde Johannes Bugenhagen nach Kopenhagen berufen. Er krönte den König, verfaßte nach dem Vorbild der Sächsischen Kirchenordnung die „Kirchenordinanz“ („Ordinantia Ecclesiastica“) und ordinierte sieben Superintendenten. Diese nahmen später den Bischofstitel wieder an, ohne sich um die „Apostolische Sukzession“ zu bemühen. Die „Kirchenordinanz“ wurde vom Reichsrat 1539 nur als Zwischenlösung bis zur Entscheidung der Religionsfrage durch ein allgemeines Konzil angenommen. Tatsächlich blieb sie bis 1683 in Geltung und schuf eine lutherische Landeskirche unter Leitung des Königs. Als Christian III. sich 1538 dem Schmalkaldischen Bund anschloß, wurde die „Confessio Augustana“ das Bekenntnis der Kirche Dänemarks. 1550 erschien eine Übersetzung der ganzen Heiligen Schrift ins Dänische, die „Christian-Bibel“. Widerstand gegen die Reformation wurde durch Kerker und Verbannung gebrochen. König Christian IV. (1588—1648) verbot katholischen Priestern unter Androhung der Todesstrafe das Betreten dänischen Bodens. Auf Übertritt zur katholischen Kirche standen jahrhundertelang Verbannung und Güterverlust. Erst 1844 wurde religiöse Freiheit gewährt.

Norwegen

Gleichzeitig mit Dänemark führte Christian III. in Norwegen die Reformation ein. Der Erzbischof von Nidaros (Trondheim) Olav Engelbriktsson (1523 bis 1537) hatte hier versucht, mit dem alten Glauben einen Rest der norwegischen Selbständigkeit gegenüber Dänemark zu retten. Er hatte aber die Kräfte des Landes nicht gegen Christian III. in seiner Hand vereinigen können und war 1537 in die Niederlande geflohen. Ohne Rückhalt im Volk wurde die Reformation in Norwegen nach dänischem Vorbild durchgeführt.

Die Bischöfe wurden abgesetzt. Das Kirchen- und Klostergut für die Krone von Dänemark eingezogen.

Die stark mit dänischen Lehnsmännern durchsetzten Herrenversammlungen in Bergen und Oslo billigten 1539 die dänische „Kirchenordinanz". Mit Rücksicht auf die Bevölkerung, die auf die lutherische Lehre nicht vorbereitet war, ging man mit ihrer Durchführung aber behutsam vor. Noch jahrzehntelang hielt sich der katholische Glaube bei der Landbevölkerung. Katholische Bräuche wie Wallfahrten und die Verehrung der Gottesmutter und des hl. König Olav lebten weit über das 16. Jh. hinaus. Die lutherische Kirchenordnung von 1607 brachte die Reformation zu einem gewissen Abschluß. Der Verwurzelung des Luthertums im Volk war abträglich, daß neben der dänischen Bibel auch Liturgie, Gesangbuch und Luthers „Kleiner Katechismus" nur auf dänisch vorlagen und die norwegische Sprache lediglich als Mundart des Volkes fortlebte.

Island

Auch in Island unterlag eine lebendige katholische Kirche dem Machtwillen des dänischen Königs. Wie nach Dänemark und Schweden kam das Luthertum durch Kaufleute und durch junge in Deutschland gebildete Kleriker nach Island. Die Bischöfe Ögmundur Pálsson von Skálholt (1521—40) und Jón Arason von Hólar (1520—50) wußten diese Einflüsse zunächst auszuschalten. Nach dem Regierungsantritt Christians III. bekam Island in Klaus von Merwitz einen neuen Statthalter. Dieser verlangte von den Bischöfen die Annahme der Kirchenordnung Dänemarks. Sie lehnten zusammen mit der Geistlichkeit ab und warnten in zwei Lehrschreiben das Volk vor Luther und seinen Irrlehren. Inzwischen hatte Gissur Einarsson (1515—48), der von seinem Studium in Deutschland als Lutheraner zurückgekehrt war, die Bedenken des Bischofs Ögmundur zerstreut und sich das Vertrauen des greisen und blinden Mannes erschmeichelt. Als dieser 1540 resignierte, empfahl er den jungen Gissur Einarsson, der sich in den letzten Jahren als seine rechte Hand unentbehrlich gemacht hatte, als seinen Nachfolger. Dieser wurde gewählt und ließ sich in Kopenhagen vom König zum Superintendenten bestätigen. In Island wußte er die konservativen Kreise zunächst über seine Absichten im unklaren zu lassen. Als der alte Bischof seinen Irrtum erkannte, wurde er trotz seiner Gebrechlichkeit zur Verteidigung des alten Glaubens aktiv. Dabei fand er Unterstützung bei den Priestern und beim Volk. Nun gingen die Dänen mit Gewalt vor und schleppten den Greis 1541 aufs Schiff, auf dem er bald nach der Abfahrt starb. Der Bischof von Hólar im nördlichen Island Jón Arason (1520—50), Kirchenfürst, Dichter, Staatsmann und Krieger in einem, war entschlossen, den katholischen Glauben zugleich mit der Freiheit Islands zu verteidigen. Trotz seiner vier

Söhne, von denen 2 Priester waren, und seiner zwei Töchter war er Bischof geworden. Vom Dänenkönig zum Aufrührer und Ketzer erklärt, zog er, ein echter Nachfahre der Wikinger, im Sommer 1550 zum Süden der Insel, nahm den protestantischen Bischof von Skálholt gefangen und vertrieb den Statthalter des Dänenkönigs und seine Parteigänger. Schon schien Island in seiner Hand zu sein; da fiel er auf dem Rückzug nach Norden durch Verrat in die Hand seiner Feinde. Er wurde zum Tode verurteilt und, da er es verschmähte, sein Leben unter einem Bischof nicht zumutbaren Bedingungen zu erkaufen, mit seinen beiden Priestersöhnen hingerichtet. Jetzt hatte Christian III. leichtes Spiel, die Reformation einzuführen. Das bedeutete gleichzeitig die Ausplünderung der Insel und das Ende der Freiheit. Kein Wunder, daß es lange dauerte, bis das Luthertum den Zugang zum Herzen des Volkes fand. Erst im Jahre 1584 erschien eine Vollbibel in isländischer Sprache, bald darauf ein Gesangbuch (1589) und eine Hauspostille (1594).

Schweden

In Schweden hatte der Erzbischof von Uppsala Gustav Trolle im Bunde mit den Dänen gegen die nationalschwedische Bewegung gestanden. Er wurde 1517 abgesetzt. Dagegen trat Christian II. von Dänemark 1520 in seinem Feldzug zur Unterwerfung Schwedens als Verteidiger der kirchlichen Freiheit und Beschützer des Erzbischofs auf. Im „Blutbad von Stockholm" (Nov. 1520) ließ der Dänenkönig die Führer der schwedischen Opposition hinrichten. Damit war die Union der beiden Königreiche schwer belastet und Erzbischof Trolle kompromittiert. Der Befreiungskampf richtete sich so auch gegen ihn und die von ihm verkörperte Kirche. Im Jahre 1521 war Gustav Erikson Vasa (1496—1560) in Vadstena zum Reichsvorsteher gewählt worden. Bald hatte er das ganze Land mit Ausnahme einiger fester Plätze in der Hand. Die dänische Regierung mußte weichen. Mit der Entthronung Christians II. in Dänemark sollte Schweden endgültig seine Unabhängigkeit erringen. Pfingsten 1523 wurde Gustav Vasa in Strängnäs zum König gewählt. Der dortige Archidiakon *Lars Andersson* (Laurentius Andreae; 1470—1552) wurde sein Sekretär und Kanzler. Er lenkte die königliche Politik im reformatorischen Sinne und verstand es, Gustav Vasa bewußt zu machen, welche Vorteile ein lutherisches Kirchentum für Königsmacht und Staatskasse bot. Dem König war die Religion kein tieferes Anliegen. Ihm ging es darum, durch eine Staatskirche seine Macht zu sichern und durch die Kirchengüter die finanziellen Bedürfnisse seines Staatswesens zu befriedigen, ohne der Bevölkerung und dem Adel weitere Lasten zuzumuten.

Auch in Schweden war die lutherische Bewegung bekanntgeworden durch deutsche oder mit Deutschland in Verbindung stehende Kaufleute und durch Theologen, die im Lande der Reformation studiert hatten. Der bedeutendste unter ihnen und der eigentliche Reformator Schwedens *Olavus Petri* (Pederson 1493—1552) kam unmittelbar aus der Schule Luthers. Er hatte in Rostock und Leipzig und seit dem Spätsommer 1516 in Wittenberg studiert. Im Herbst 1518 kehrte er nach Schweden zurück, erfüllt mit der Begeisterung für die Heilige Schrift als höchster Autorität. Er trat in den Dienst des Bischofs von Strängnäs, wurde hier Diakon (1520), Vorsteher der Domschule und Domprediger. Als seine Predigten beanstandet wurden, verschaffte der König ihm die Stelle eines Stadtsekretärs und Predigers an der Hauptkirche in Stockholm (1524). Hier war er bis 1531 eifrig für die Reformation tätig. Die Reihe seiner zahlreichen, vorwiegend pastoralen Schriften eröffnete er mit „Eine nützliche Unterweisung" (1526)[2]. Dieses erste Werk reformatorischen Schrifttums in Schweden ist eine Mischung von selbständigen Abschnitten mit Übersetzungen von Partien aus Schriften Luthers, Butzers u. a.

Olavus Petri dichtete Kirchenlieder, übersetzte das Neue Testament (1526) und schuf in der „Schwedischen Chronik" das erste große nationale Geschichtswerk.

Für den katholischen Glauben setzte sich standhaft und zielbewußt der Bischof von Linköping *Hans Brask* ein. Ihm hatte Gustav Vasa 1521 feierlich versprochen, alle Rechte und Besitzungen der Kirche zu schirmen.

Mittels einer eigenen Druckerei verbreitete er religiöse Schriften. Er betrieb eine Übersetzung des NT und trat in Pastoralschreiben aufs schärfste gegen das Luthertum auf. Kein Wunder, daß er im Laufe der Jahre in immer stärkeren Gegensatz zum König geriet. Das war um so folgenreicher, als 1523/24 fast alle anderen Bistümer inzwischen vakant und mit königlichen Kandidaten neu besetzt worden waren. Diese waren zwar altkirchlich gesinnt, aber weder vom Papst bestätigt noch geweiht. Im November 1523 hatte Gustav Vasa die päpstliche Bestätigung unter Forderung des Erlasses der üblichen Gebühren beantragt und gedroht, anderenfalls würde er die Erwählten „a solo et summo pontifice Christo" ohne Papst bestätigen und weihen lassen. Die Kurie lehnte ab. Der Papst bestätigte nur den Vorsteher des Klosters der hl. Birgitta in Rom Peder Månsson (Magni; † 1534) zum Bischof von Västerås und ließ ihm die Weihe erteilen[3]. Bischof Brask sah die Gefahr eines Schismas und setzte sich für baldige Krönung des Königs wie für die Bestätigung und Weihe der Bischöfe ein. Gustav Vasa hatte es mit beidem nicht eilig, war vielmehr an einer Verzögerung interessiert. Er wollte die „Bischofsherrschaft" im Lande beseitigen. Mit der Königskrönung war aber ein Eid verbunden, die Privilegien der Kirche und die Stellung der Bischöfe zu achten. Dem wollte er ausweichen. Weiter hatte er mit nur er-

[2] Über die Schriften O. Petris vgl. *S. Ingebrand,* Olavus Petris reformatoriska Åskådning (Lund 1964) 19—48, dt. Zusammenfassung 348—351.

[3] *Th. van Haag,* Die apostolische Sukzession in Schweden: Kyrkohistorisk Årsskrift 44 (Uppsala 1945) 5 ff.

wählten und nicht geweihten Administratoren leichteres Spiel. Er fürchtete, daß nach der Weihe die Bischöfe meinten, keine Pflichten mehr gegen ihn, „sondern nur gegen den Papst in Rom“ zu haben[4].

Die Entscheidung über das Schicksal der schwedischen Kirche fiel auf dem Reichstag von Västerås 1527. Durch schlaues Taktieren verstand es Gustav Vasa, von der Religionsfrage abzulenken — er wolle keine neue Religion einführen, sondern nur das reine Gotteswort und Evangelium predigen lassen —, die Not des Reiches dagegen in den Vordergrund zu schieben. Ihm ging es ja auch in erster Linie um das Vermögen der Kirche und ihre völlige Entmachtung zugunsten des von ihm angestrebten Einheitsstaates. Die leidenschaftlichen Appelle des Bischofs Hans Brask, die Freiheit der Kirche und die Autorität des Papstes zu wahren, machten nur vorübergehend Eindruck. Im Reichstagsbeschluß lieferten die Stände die Kirche völlig der Herrschaft des Staates aus. Er bestimmte, was den Bischöfen an Einkünften für ihren geistlichen Dienst blieb. Die Klöster kamen unter seine Aufsicht oder wurden dem Adel zur Ausbeutung überlassen. Die äußere Kirchenorganisation blieb zwar bestehen, aber der König konnte Priester ein- und absetzen. Diese hatten das reine Wort Gottes zu predigen.

Gustav Vasa hatte in Västerås sein Ziel erreicht. Nun konnten seine Krönung und die Weihe der Bischöfe ihm nur noch Vorteile bringen und seine Stellung gegenüber dem Ausland und gegenüber der Opposition im Lande festigen. Den erwählten Bischöfen ließ er mitteilen, das Volk wolle nicht länger ohne „gesalbte Bischöfe“ bleiben. Sie hatten sich weihen zu lassen oder ihre Stellung aufzugeben. Sie sollten aber Bischöfe sein „gemäß dem Worte des Herrn und nicht des Papstes“. Entsprechend hatten sie sich eidlich zu verpflichten, das Evangelium zu predigen, mit dem für das Amt nötigen Einkommen zufrieden und dem König treu zu sein. Der Papst war nicht erwähnt. Die Weihe spendete der noch in Rom geweihte Bischof von Strängnäs Peder Månsson. Die Weihekandidaten betonten ihre Loyalität gegenüber Rom, indem sie schriftlich versicherten, bei Gelegenheit die päpstliche Bestätigung einzuholen[5]. Eine Woche später am 12. Januar 1528 ließ Gustav Vasa sich im Dom zu Uppsala nach altem katholischem Brauch von den Bischöfen zum König salben und krönen. Vom Schutz der Heiligen Kirche und von den Privilegien der Bischöfe war im Krönungseid aber keine Rede mehr. Die Predigt hielt der Reformator Olavus Petri.

Die Kirchenversammlung von Örebro Februar 1529, die sich sonst eher reformkatholisch als protestantisch gab, sprach dem Papst die Autorität über die bischöfliche Gewalt ab. Der Bruch mit dem Papsttum wurde vollends deutlich, als 1531 Laurentius Petri, ein Bruder des Reformators Olavus, der eben seine Studien in Wittenberg beendet hatte, ohne Mitwirkung Roms

[4] S. *Kjöllerström*, Gustav Vasa und die Bischofsweihe (1523—31): Festschr. für Joh. Heckel, hrsg. von S. *Grundmann* (Köln-Graz 1959) 164—183.

[5] Ebd. 180.

zum Erzbischof von Uppsala erhoben wurde. Im selben Jahr erschien Olavus Petris „Schwedische Messe“. Sie ist eine Übersetzung und Bearbeitung der alten Meßordnung im reformatorischen Geist. Als Vorlage diente u. a. die „Nürnberger Messe“. In diesen Jahren 1531—33 hatte Olavus Petri als Kanzler König Gustavs Vasa den größten Einfluß. Später fiel er mit Lars Andersson beim König in Ungnade. Gustav Vasa suchte auf den Rat und mit Hilfe zweier Deutscher, des Theologen Georg Norman und des Juristen Georg von Pyhy, seinen Einfluß auf die Kirche noch zu verstärken. Er stellte sie unter die Aufsicht eines Superintendenten, zu dem er 1539 Norman, den Erzieher seiner Söhne, ernannte. Olavus Petri und Lars Andersson waren dieser staatskirchlichen Willkür nicht gefügig, wurden zum Tode verurteilt, aber dann zu hohen Geldstrafen begnadigt. Seit 1543 wirkte Olavus Petri wieder als Hauptpastor in Stockholm, wo er 1552 starb.

Die Einstellung Gustav Vasas in der Religionsfrage war in den folgenden Jahren je nach der politischen Situation wechselhaft. Im ganzen ging der Ausbau der lutherischen Kirche unauffällig, aber zielbewußt weiter. Dabei blieben die äußeren Einrichtungen mehr als in anderen Ländern bestehen. Um das Volk, besonders die Landbevölkerung, zu gewinnen, bedurfte es allerdings noch geraumer Zeit.

Von seinen Söhnen folgte Gustav Vasa zunächst Erik XIV. (1560—68). Hochbegabt, aber maßlos und ohne Sinn für das Mögliche, brachte er durch den Versuch, das absolutistische Regime seine Vaters fortzusetzen bzw. noch auszubauen, den Adel und durch die Begünstigung des Calvinismus die lutherische Geistlichkeit gegen sich auf. Dabei hätte er wegen des siebenjährigen Krieges mit Dänemark um Livland der Unterstützung durch alle Kräfte des Landes dringend bedurft. In einem Adelsaufstand wurde er 1568 gestürzt und später (1577) im Kerker vergiftet.

Sein Bruder und Nachfolger Johann III. (1568—92) gab der schwedischen Staatskirche durch die Kirchenordnung von 1571 ihr heutiges Gepräge. Sie war schon 1561 von Laurentius Petri verfaßt, aber von Erik XIV. unterdrückt worden. Die überarbeitete Fassung von 1571 knüpft enger an die alte schwedische Tradition an, bringt eine reichere Liturgie und gibt dem Bischofsamt mehr Bedeutung und Ansehen[6]. Die bischöfliche Kirchenverfassung ist voll wiederhergestellt.

Johann III. war selbst theologisch interessiert. Seine Heirat mit Katharina, der Schwester des polnischen Königs Sigismund II., die ihrem katholischen Glauben treu blieb, seine humanistische Bildung und eine Begegnung mit der anglikanischen Kirche und ihrer Liturgie ließen ihn an eine Vermittlung zwischen katholischem und protestantischem Kirchentum denken. Ihm schwebte eine Einheit der Kirche, gegründet auf der gemeinsamen Tradition der Väterzeit, vor. Bei Bewilligung der Priesterehe, des Laienkelches

[6] *E. Färnström,* Laurentius Petris handskrivna Kyrkoordning av år 1561 (Stockholm 1956).

und der volkssprachlichen Liturgie schien ihm die Union möglich. Seine „katholisierenden“ Bestrebungen fanden ihren Niederschlag in der „Neuen Kirchenordnung“ (1575) und in der „Liturgie der Schwedischen Kirche“ (1576), dem sog. Roten Buch. Ohne Rücksicht auf die Opposition verhandelte er mit dem gelehrten Jesuiten Anton Possevino († 1611) über eine Aussöhnung mit Rom. Die dagegen aufstehenden Kräfte organisierte der dritte Sohn Gustav Vasas, Herzog Karl von Södermanland. Energische Maßnahmen gegen eine Rekatholisierung hielt er mit dem Tode Johannes' III. für besonders geboten und aussichtsreich. Denn dessen Sohn Sigismund (1592 bis 1599), der schon seit 1587 König von Polen war und sich dort eifrig für den katholischen Glauben eingesetzt hatte, war willens, dasselbe auch als König von Schweden zu tun. Die Zeit bis zu seinem Regierungsantritt nutzte Herzog Karl, um den neuen König vor vollendete Tatsachen zu stellen. Die Nationalsynode in Uppsala vom März 1593 verwarf die Liturgie König Johannes' III. als abergläubisch und bekannte sich förmlich zur Confessio Augustana von 1530. Die Krönung des neuen Königs machte man von der Zustimmung zu diesen Beschlüssen abhängig. Sigismund III. fügte sich. Er konnte später nicht einmal freie Religionsausübung für seine katholische Begleitung durchsetzen. Enttäuscht ging er nach Polen zurück und überließ seinem Onkel Herzog Karl das Regiment. Erst als dieser durch sein autokratisches Auftreten den hochadeligen Reichsrat gegen sich aufbrachte, versuchte der König, mit Waffengewalt die Macht wieder an sich zu reißen. Doch Karl behielt die Übermacht, übte im Anschluß an den Reichstag von 1596 blutige Vergeltungsjustiz an seinen Gegnern und bestieg 1604 selbst als Karl IX. (1604—11) den schwedischen Thron.

Schon 1595 hatte der Reichstag von Söderköping beschlossen, alle Katholiken des Landes zu verweisen und das letzte Kloster, die Gründung der hl. Birgitta in Vadstena, aufgehoben (s. S. 544).

Finnland

Das Schicksal der Kirche Finnlands stand ganz im Zeichen der Abhängigkeit des Landes von Schweden. Die Beschlüsse des Reichstages von Västerås (1527) und der Landessynode von Örebro (1529) waren auch hier maßgebend. Vorher hatte schon der Kanoniker Petrus Särkilathi († 1529) von Åbo (Turku), der in Deutschland studiert hatte, lutherische Lehren verbreitet. Mårten Skytte, der als Siebzigjähriger 1528 von Gustav Vasa zum Bischof von Åbo gemacht worden war, war selbst noch katholisch, förderte aber die Reformation, indem er begabte junge Männer nach Deutschland zum Studium schickte. Der bedeutendste unter ihnen, Mikael Agricola (1508 bis 1557), kam nach seinem Studium in Wittenberg (1536—39) mit Empfehlungsschreiben Luthers nach Finnland zurück. Er wurde Leiter der Domschule von Åbo, später Koadjutor und 1554 Nachfolger des Bischofs Mårten Skytte. Agricola wurde nicht nur der Reformator Finnlands, sondern legte zugleich den Grund für die finnische Schriftsprache und Literatur. Er gab 1543 ein ABC-Buch, verbunden mit einem kurzen Katechismus, und ein Jahr später ein umfangreiches Gebetbuch heraus. Sein Hauptwerk ist die Übersetzung des NT von 1548. Dazu erschienen von ihm Teile des AT (1551/52) und eine Agende nach dem Vorbild der „Schwedischen Messe".

Im selben Jahr wie Agricola (1554) wurde Paulus Juusten, der ebenfalls in Wittenberg studiert hatte (1543—46), Bischof des neugegründeten Bistums Viborg (Viipuri). Gelehrt und zugleich praktisch-pastoral begabt, gilt er als der „Melanchthon Finnlands". Er starb 1576 als Bischof von Åbo. Die Rekatholisierungsbemühungen Johannes' III. fanden in Finnland fruchtbaren Boden, waren aber mit der Synode von Uppsala (1593) auch hier erledigt. Für die Verwurzelung der Reformation im Volk waren bedeutsam das finnische Gesangbuch von 1605, eine verbesserte Ausgabe des ersten von 1580, ein Katechismus in Frage und Antwort (1618) und eine zweibändige Postille (1621).

26. Kapitel

Die Reformation in Osteuropa

LITERATUR: *E. Sehling,* Die ev. Kirchenordnungen des 16. Jh. IV, V (Leipzig 1911/13) (Lit.); *E. Benz,* Wittenberg und Byzanz (Marburg 1949); *R. Stupperich,* Der Protestantismus auf seinen Wegen nach Osteuropa: Kirche im Osten 1 (1958) 24—40; *G. Rhode,* Die Reformation in Osteuropa: Zeitschrift für Ostforschung 7 (1958) 481—500; Gestalten und Wege der Kirche im Osten, Festgabe für A. Rhode, hrsg. von *H. Kreska* (Ulm 1958); *R. Stupperich,* Geschichtl. Wandlungen und Lebensbedingungen des slawischen Protestantismus: Kirche im Osten 2 (1959) 80—96; *J. Matl,* Reformation und Gegenreformation als Kulturfaktoren bei den Slawen: Festschr. Karl Eder (Innsbruck 1959) 101—117; *R. Stupperich,* Melanchthons Verhältnis zu Polen und Ungarn: Der Remter, Zschr. für Kultur und Politik in Osteuropa 6 (1960) 236—243; La Renaissance et la Réformation en Pologne et en Hongrie, hrsg. von *G. Székely* u. *E. Fûgedi* (Budapest 1963); *E. W. Zeeden,* Die Entstehung der Konfessionen (München - Wien 1965) 153—178.

Preußen: *P. Tschackert,* Urkundenbuch zur Reformationsgesch. des Herzogtums Preußen, 3 Bde (Leipzig 1890); *H. Laag,* Die Einführung der Reformation im Ordensland Preußen: NKZ 36 (1925) 845—873; *K. Forstreuter,* Vom Ordensstaat zum Fürstentum (Kitzingen 1951); *E. M. Wermter,* Herzog Albrecht von Preußen und die ermländischen Bischöfe: Zschr. für die Gesch. und Altertumskunde Ermlands 86 (1957) 198—311; *ders.,* Reformversuche im Ermland vor dem Konzil von Trient: ebd. 87 (1958) 428—437; *M. Lackner,* Neuere Lit. zur preußischen Reformationsgesch.: Kirche im Osten 3 (1960) 195—200; *P. Tschackert,* Georg von Polentz (Leipzig 1888); *ders.,* Paul Speratus von Rötlen (Halle 1891); *R. Stupperich,* Johann Briesmanns reformatorische Anfänge: Jb. für brandenburgische Kirchengesch. 34 (1937) 3—21; *E. Roth* (Hrsg.), Vertrau Gott allein. Gebete Herzog Albrechts von Preußen (Würzburg 1956); *W. Hubatsch,* Albrecht von Brandenburg-Ansbach (Heidelberg 1960); *J. B. Blessing,* Johannes Dantiscus (Phil. Diss. masch. Hamburg 1959); *R. Stupperich* (Hrsg.), Die Reformation im Ordensland Preußen 1523/24. Predigten, Traktate und Kirchenordnungen (Ulm 1966).

Livland — Estland — Kurland: *L. Arbusow,* Die Einführung der Reformation in Liv-, Est- und Kurland (Leipzig 1921); *O. Pohrt,* Reformationsgesch. Livlands (Leipzig 1928); *St. Arnell,* Die Auflösung des livländischen Ordensstaates (Lund 1937); *K. D. Staemmler,* Preußen und Livland in ihrem Verhältnis zur Krone Polens 1561—1586 (Diss. masch. Göttingen 1949); *R. Wittram,* Die Reformation in Livland: Baltische Kirchengeschichte, hrsg. von dems. (Göttingen 1956) 35—56; *R. Ruhtenberg,* Die Beziehungen Luthers und der anderen Wittenberger Reformatoren zu Livland: ebd. 56—76; *E. Treulich,* Die Reformation der kurländischen Kirche unter Gotthard Kettler: ebd. 77—86.

Polen: *Ch. A. Salig,* Vollständige Historie der Augspurgischen Confession, Bd II (Halle 1733) 515—803 (Polen bis 1557); *K. Völker,* Kirchengeschichte Polens (Berlin - Leipzig 1930); *G. Smend,* Die Synoden der Kirche Augsburgischer Konfession in Großpolen (Posen-Poznán 1930); *K. E. Jordt Jorgensen,* Ökumenische Bestrebungen unter den polnischen Protestanten bis zum Jahre 1645 (Kopenhagen 1942); *A. Rhode,* Gesch. der ev. Kirche im Posener Lande (Würzburg 1956); *A. Schwarzenberg,* Besonderheiten der Reformation in Polen: Kirche im Osten 1 (1958) 52—64; *E. W. Zeeden,* Calvins Einwirken auf die Reformation in Polen-Litauen: Syntagma Friburgense. Histor. Studien H. Aubin dargebracht (Lindau - Konstanz 1956) 323—359; *K. Krejci,* Gesch. der polnischen Literatur (Halle 1958); *G. Schramm,* Antitrinitarier in Polen 1556—1658, ein Literaturbericht: Bibliothèque d'Humanisme et Renaissance 21 (1959) 473—511; *O. Bartel,* Luther und Melanchthon in Polen: Luther und Melanchthon, hrsg. von *V. Vajta* (Göttingen 1961) 165—177; *ders.,* Melanchthon und Polen: Philipp Melanchthon (Berlin 1963) 227—236; *B. Stasiewski,* Reformation und Gegenreformation in Polen (Münster 1960) (dort poln. Lit.); *J. Lecler,* Gesch. der Religionsfreiheit I (Stuttgart 1965) 519—567; *H. Holzapfel,* Tausend Jahre Kirche Polens (Würzburg 1966); *A. F. Modrevius,* Opera omnia, hrsg. von *C. Kumaniecki* I—V (Warschau 1953/60); vgl. *J. Lecler,* Gesch. der Religionsfreiheit I 531—535; *Jan Laski,* Werke, hrsg. von *A. Kuyper,* 2 Bde (Amsterdam 1866); *O. Bartel,* Jan Laski, Bd I (Warschau 1955); *U. Falkenroth,* Gestalt und Wesen der Kirche bei Johannes von Laski (Diss. masch. Göttingen 1958); *G. Schramm,* Der polnische Adel und die Reformation 1548—1607 (Wiesbaden 1965).

Böhmen: *Schottenloher* 62501a—07; *P. Rican,* Das Reich Gottes in den böhmischen Ländern (dt. Übers. Stuttgart 1957) (Lit.); *ders.,* Die Böhmischen Brüder (dt. Übers. Berlin 1961) (Lit.); *ders.,* Melanchthon und die böhmischen Länder: Philipp Melanchthon (Berlin 1963) 237—260.

Ungarn: *G. D. Teutsch,* Urkundenbuch der ev. Landeskirche Augsburgischen Bekenntnisses in Siebenbürgen, 2 Bde (Hermannstadt 1862/83); *ders.,* Die Reformation im (siebenbürgischen) Sachsenland (Hermannstadt [10]1929); *F. Teutsch,* Gesch. der ev. Kirche in Siebenbürgen, 2 Bde (Hermannstadt 1921/23); *A. Schullerus,* Die Augustana in Siebenbürgen (Hermannstadt 1923); *V. Bruckner,* Die oberungarischen Glaubensbekenntnisse und die CA: Gedenkbuch anläßl. der 400jähr. Jahreswende der CA (Leipzig 1930) 1—67; *B. v. Pukanszky,* Gesch. des deutschen Schrifttums in Ungarn (Münster 1931); *M. Ödön,* Die Entstehung der ungarischen protestantischen Kirchenverfassung im Reformations-Jh. (ung., Papa 1942); *E. Roth,* Die Reformation in Siebenbürgen, 2 Bde (Köln - Graz 1962/64); *ders.,* Die Geschichte des Gottesdienstes der Siebenbürger Sachsen (Göttingen 1954); *K. Reinerth,* Die Reformation der siebenbürgisch-sächsischen Kirche (Gütersloh 1956); *ders.,* Studien und Kritiken zu E. Roth, Die Geschichte des Gottesdienstes: Jb. für Liturgik und Hymnologie 4 (1958/59) 73—82; *M. Bucsay,* Geschichte des Protestantismus in Ungarn (Stuttgart 1959) (dort ung. Lit.); *J. Solyom,* Melanchthonforschung in Ungarn: Luther und Melanchthon, hrsg. von *V. Vajta* (Göttingen 1961) 178—188; *E. Kovacs,* Melanchthon und Ungarn: Philipp Melanchthon (Berlin 1963) 261—269; *K. Juhasz,* Kardinal Georg Utjesenovich († 1551) und das Bistum Tschanad: HJ 80 (1961) 252—264 (Lit.); *F. Kidric,* Die protestantische Kirchenordnung der Slovenen im 16. Jh. (Heidelberg 1919); *G. Stöckl,* Die deutsch-slavische Südostgrenze des Reiches im 16. Jh., ein Beitrag zu ihrer

Geschichte, dargestellt an Hand des südslavischen Reformationsschrifttums (Breslau 1940); *ders.*, Der Beginn des Reformationsschrifttums in slowenischer Sprache: Südostforschungen 15 (1956) 268—277; *F. Valjavec*, Gesch. der deutschen Kulturbeziehungen zu Südosteuropa II (München 1955); *A. Slodnjak*, Gesch. der slovenischen Lit. (Berlin 1958); *Johannes Honter*, Ausgewählte Schriften, hrsg. von *O. Netoliczka* (Wien 1898); *K. K. Klein*, Der Humanist und Reformator Johannes Honter (Hermannstadt/München 1935); *Solyom*, „Disticha Novi Testamenti". Ein didaktischer Buchdruck des siebenbürgischen Reformators Johannes Honter: Geschichtswirklichkeit und Glaubensbewährung. Festschr. für F. Müller (Stuttgart 1967) 192—203; *G. Gündisch*, Franz Salicäus, Ein Beitrag zur Reformationsgesch. Siebenbürgens: ebd. 204—219; *L. Binder*, Die frühesten Synoden der ev. Kirche in Siebenbürgen: ebd. 220—244; *J. Balazs*, Johannes Sylvester (1958, ung. Lit.); *W. Toth*, Stephen Kis of Szeged: ARG 44 (1953) 86—103; *M. Rupel*, Primus Truber (München 1965).

Die osteuropäischen Länder sind zu Beginn der Neuzeit gekennzeichnet durch eine Vielfalt der Nationalitäten, Gesellschaftsordnungen und Verfassungsformen. Das führte dazu, daß die Reformation verhältnismäßig früh und leicht Fuß faßte, aber sich außer in Preußen und Livland nirgendwo vollständig und nicht ausschließlich in der Gestalt des Luthertums durchsetzte. Die Pluralität der Kräfte führte zu einem durchweg milderen religiösen Klima und zu einem Nebeneinander mehrerer Bekenntnisse in einem Territorium. Die Obrigkeit erzwang vielfach nicht ein einheitliches Bekenntnis. Das hatte mit der Duldung des Protestantismus auch dessen Zersplitterung zur Folge. Neben Lutheranern und Calvinisten hatten Antitrinitarier (Unitarier, Sozinianer) und die aus ihren Ursprungsländern vertriebenen Täufer und Böhmischen Brüder die Möglichkeit, sich zu entfalten.

In engem Zusammenhang standen Religion und Volkstum. Die Deutschen waren Lutheraner und blieben es auch zur Zeit der Gegenreformation. Konfession und Volkstum in fremder Umwelt stützten sich gegenseitig. Polen und Magyaren, soweit sie nicht katholisch blieben, wandten sich meist dem Calvinismus zu.

Für die kleineren Nationen und Volksgruppen bedeutete die reformatorische Bewegung in viel größerem Maß als sonst ein kulturelles Ereignis. Die Bemühungen um die Heilige Schrift und um muttersprachliche Liturgie und Predigt führten zu Bibelübersetzungen und zur Herausgabe von Gesangbüchern, Katechismen, Predigtsammlungen und Erbauungsliteratur. Dadurch wurden Volkssprachen vielfach erst zu Hochsprachen und entstanden Literaturdenkmäler, die dem Nationalbewußtsein zugleich Ausdruck und Halt verliehen.

Eine bedeutende Rolle bei der Einführung der Reformation spielte die deutsche Bevölkerung in den Städten und der Adel und die Großgrundbesitzer auf dem Lande. Schon aus dem Bestreben, ihre Kompetenzen gegenüber dem König und der Gerichtsbarkeit der Bischöfe zu sichern und zu erweitern, waren sie alle für ein mit diesen nicht konformes Bekenntnis zugänglich. Das führte wiederum dazu, daß vielfach nur eine dünne Oberschicht von der reformatorischen Bewegung erfaßt wurde und eine spätere Rekatholisierung leicht vonstatten ging.

Herzogtum Preußen

Durch den zweiten Thorner Frieden von 1466 wurde der westliche Teil des Deutschordenslandes Preußen (Pomerellen und Kulmerland) einschließlich des Bistums Ermland an Polen angegliedert. Ostpreußen mit Königsberg verblieb dem Deutschordens-Hochmeister. Doch sollte dieser dem polnischen König einen persönlichen Lehnseid leisten. Als Albrecht von Brandenburg-Ansbach (1490—1568) 1511 zum Hochmeister von Preußen gewählt wurde, suchte er wie sein Vorgänger diese Eidesleistung zu umgehen und die westpreußischen Ordensgebiete zurückzugewinnen. Darüber kam es im Januar 1520 zum Krieg mit Polen. Im Waffenstillstand von Thorn wurde die Entscheidung der Streitfrage an eine Schiedskommission verwiesen. Bei der Reform des Ordens und der Verwaltung des Landes wollte der Rat Albrechts, Dietrich von Schönberg, schon 1521 die Ordensregeln Luther zur Revision vorlegen. Dazu kam es erst im Juni 1523, nachdem Albrecht inzwischen (1522) in Nürnberg durch Predigten Osianders für die reformatorische Bewegung gewonnen worden war (WA Br 3, 86f). Luther hatte bereits am 28. März 1523 die Schrift „An die Herren Deutschen Ordens, daß sie falsche Keuschheit meiden“[1] herausgegeben. Im Herbst desselben Jahres berief Albrecht zwei evangelische Prediger, Dr. Johannes Briesmann[2] und Johannes Amandus, nach Königsberg und traf Ende November 1523 in Wittenberg mit Luther zusammen. Dieser riet ihm, die Ordensregeln fallenzulassen, zu heiraten und das Ordensland in ein weltliches Fürstentum umzuwandeln (WA Br 3, 315, 22—25). Albrechts Fragen, ob Christus seine Kirche auf Petrus und die Päpste als dessen Nachfolgern gegründet habe, ob der Papst ohne oder mit Konzil die Macht habe, über Gottes Gebot hinaus ein Gesetz zu erlassen, dessen Befolgung heilsbedeutend sei, ob Papst und Konzilien Gottes Gebote abändern könnten u. a., beantwortete Luther im Dezember 1523 (WA Br 3, 207—219). Durch Briesmann, der bereits September/Oktober 1523 anonym Thesen über die Rechtfertigung herausgegeben hatte[3], wurde der Bischof von Samland, Georg von Polentz (1478—1550)

[1] WA 12, 232—244; vgl. WA Br 3, 195.

[2] Vgl. *R. Stupperich*, Johann Briesmanns reformatorische Anfänge: Jb. für brandenburgische KG 34 (1937) 3—21.

[3] „Flosculi de homine interiore et exteriore, fide et operibus“, hrsg. von *P. Tschackert* (Gotha 1887). Domherr Tidemann Giese aus dem Nachbarbistum Ermland verfaßte eine „in einem edlen Geiste abgefaßte“ (*P. Tschackert*, Urkundenbuch [= UB] I 69) Gegenschrift „Antilogikon“, die aber erst 1525 gedruckt wurde. Vgl. *U. Horst*, Reformation und Rechtfertigungslehre in der Sicht Tidemann Gieses: Zschr. für die Geschichts- u. Altertumskunde Ermlands 89 (1960) 38—62.

für die reformatorische Bewegung gewonnen. Er hielt Weihnachten 1523 im Dom zu Königsberg eine evangelische Predigt[4]. Polentz beruft sich auf sein Bischofsamt und will als „von Gott verordneter Hirt und Wächter" seine Gemeinde zum „wahrhaftigen und lauteren Gotteswort" und zum Vertrauen auf Jesum Christum führen. Bei der Taufe möchte er sich fortan der deutschen Sprache bedienen. Um in seiner Diözese das Vordringen der Reformation zu verhindern, erließ der neue Bischof der Nachbardiözese Ermland, Mauritius Ferber, am 20. Januar 1524 ein Edikt gegen die Lutherische Ketzerei. Polentz ordnete darauf am 28. Januar im Reformationsmandat für sein Bistum die Einführung der Muttersprache bei der Spendung der Taufe an und empfahl die Lektüre folgender Schriften Luthers: Übersetzung des NT, Von der Freiheit eines Christenmenschen, Von guten Werken, Kirchenpostille, Auslegung des Magnificat und der Psalmen. Aufschlußreich für sein Verständnis von Reformation ist, daß er Luthers polemische Schriften nicht nennt[5].

In Königsberg wurde 1524 als Handreichung für die Pfarrer Luthers deutsches Taufbüchlein gedruckt und in der Fastenzeit eine Paraphrase des Vaterunsers[6] eingeführt. Im Salve Regina setzte man statt Maria „Fürsprecher" und „König Jesus" ein[7]. Gleichzeitig erschienen „Ein Sermon von dreyerley heylsamer Beycht" von Briesmann[8], der darin die Privatbeichte vor dem Priester als nicht von Gott geboten hinstellt, sowie eine Osterpredigt von Bischof Polentz[9] mit einer Ermunterung zur Kommunion unter beiden Gestalten. Nachdem man bereits in der Fastenzeit in den beiden Königsberger Hauptkirchen die Bilder der Heiligen entfernt hatte, kam es am Ostermontag und Osterdienstag auf eine Predigt von Johannes Amandus hin zur Plünderung und Verwüstung des Franziskanerklosters durch den Pöbel. Den Widerstand altgläubig gesinnter Bürger gegen die Neuerungen unterdrückte Polentz, der für Albrecht zu dieser Zeit noch die Regierungsgeschäfte führte, mit obrigkeitlicher Gewalt[10]. Um die weitere Ausbreitung der Reformation voranzutreiben, schickte Polentz evangelische Prediger in die Städte und Pfarrdörfer seines ihm anvertrauten Territoriums und setzte deren Anstellung unter Berufung auf sein Regentenamt auch dann durch, wenn die Bürger einer Stadt sich einmütig dagegen wehrten[11].

[4] Vgl. *P. Tschackert*, UB I 70—74; 41 n. 154.

[5] WA 15, 148, 27—35. Luther, der 1524 beide bischöflichen Erlasse mit Anmerkungen herausgab, vermißt darin nur die „Loci" Melanchthons.

[6] *Tschackert*, UB II n. 184.

[7] *Tschackert*, UB II n. 189; dort auch das verdeutschte Gebet „Christe qui lux es".

[8] UB II n. 188; vgl. UB I 77f; vgl. auch die Schrift Briesmanns: „Etliche Trostsprüche für die Furchtsamen und Herzfeigen", die im Okt. 1524 in Königsberg erschien (abgedruckt: *R. Stupperich*, Reformatorische Verkündigung und Lebensordnung [Bremen 1963] 121—148).

[9] UB II n. 202; vgl. UB I 79—81.

[10] Vgl. das Strafmandat vom 15. 8. 1524: UB II n. 249.

[11] Vgl. UB II n. 224.

Inzwischen wurde Paul Speratus (1484—1551) als Schloßprediger nach Königsberg berufen, wo er etwa gegen Ende Juli 1524 ankam. Bald darauf kam es zwischen Amandus und Speratus zu einem Streit über die Wertung des Bischofsamtes. Während Amandus zwischen Bischofsamt und Predigeramt keinen Unterschied sehen wollte, betonte Speratus: „Wir sind Prediger, keine Bischöfe . . . Ein einziger ist unser Bischof in Christo", nämlich Polentz. „Die Gewalt, das Bischofsamt mitzuteilen, liegt bei der Kirche, nicht beim Pöbel und beim Magistrat."[12] Im Herbst 1524 wurde Amandus aus Königsberg ausgewiesen. Gegen Ende des Jahres wurden in den Städten Königsberg-Kneiphof und Königsberg-Altstadt[13] Armenordnungen beschlossen. Zur selben Zeit veröffentlichte in Pomesanien der vom Marienwerder Domkapitel postulierte, doch vom Papst nie bestätigte Bischof Erhard von Queis ein Reformationsprogramm unter dem Titel „Themata episcopi Riesenburgensis"[14]. In zweiundzwanzig Punkten forderte Queis u. a. die Abschaffung der Wallfahrten (Punkt 4), Prozessionen (5), Totenmessen (6 u. 8), Sakramentalien (7), der Orden (9), der täglichen Messe (19) sowie die Reduzierung der 7 Sakramente auf zwei: Abendmahl und Taufe (1). Dennoch „sollen Bischöfe sein und bleiben, nicht Chrysam-Bischöfe, auch nicht Weihe-Bischöfe; die da predigen und Gottes Wort rein lehren und auslegen und der Kirche vorstehen" (10).

Unterdessen hatte Albrecht sich entschlossen, dem Rate Luthers zu folgen und den Deutschordensstaat in ein weltliches Herzogtum umzuwandeln. Am 9. April 1525, einen Tag bevor der 1521 vereinbarte Waffenstillstand ablief, unterzeichnete er den Frieden von Krakau, der die Auflösung des deutschen Ordens in Preußen und die Belehnung Albrechts mit dem Ordensgebiet Preußen als weltlichem erblichem Herzogtum vorsah. Am 10. April leistete Albrecht feierlich dem polnischen König den Lehnseid. Im August trat Bischof Polentz alle weltliche Gewalt in seinem Bistum an Albrecht ab, weil „ihm als einem Prälaten und Bischof, der das Wort Gottes zu predigen und zu verkündigen schuldig ist, nicht gebühren will, Lande und Leute zu regieren, auch Schlösser, Land und Städte zu besetzen, sondern dem wahren und lauteren Wort anhängig zu sein und demselben Folge zu tun"[15]. „Polentz blieb aber amtlich, was er war, Bischof von Samland, mit allen kirchlichen Rechten, welche er bisher ausgeübt hatte; er behielt das Recht der Ordination der Geistlichen[16], das Recht der Visitation aller Kirchen seines

[12] *P. Tschackert,* UB II n. 247; vgl. auch Luthers Widmungsvorrede der Erklärung des Buches Deuteronomium (1525): Georgio a Polentis vere Episcopo Sambiensis Ecclesiae (WA 14, 497).

[13] „Ordnung eines gemeinen kastens der aldenstadt Königsberg": *Sehling* IV 143 f; vgl. *Tschackert,* UB II n. 290 f.

[14] *Sehling* IV 29 f.

[15] *Tschackert,* UB II n. 356.

[16] Vgl. Ordinationsformular (1543): *Sehling* IV 61.

Sprengels und die Ehegerichtsbarkeit, wie er als Bischof sie bisher geübt." [17] Erhard von Queis übergab seine weltliche Macht im Oktober 1527 an Albrecht. Im Sommer 1525 heiratete mit Polentz und Briesmann der größte Teil der Ordensmitglieder und der Priester von Preußen. Im Herbst kam es in Abwesenheit von Herzog Albrecht zu Bauernunruhen. Nach deren gewaltsamer Unterdrückung berief Albrecht, der zuvor Briesmann und den soeben aus Wittenberg gekommenen Johannes Poliander als herzogliche Räte in sein Regierungskollegium aufgenommen hatte, für Dezember 1525 einen Landtag ein. Auf diesem wurden eine Landesordnung [18] und eine von Polentz und Queis erlassene Kirchenordnung angenommen [19]. Die darin vorgesehene jährliche Visitation wurde im Frühjahr 1526 zum ersten Mal durchgeführt [20]. Damit war im Herzogtum Preußen die Reformation fest verankert.

Livland

Die baltischen Länder Kurland, Livland und Estland standen unter einem eigenen Ordensmeister, damals Wolter von Plettenberg (1499—1535). Er teilte sich die Herrschaft aber mit den Bischöfen und gestand den Städten weitgehende Selbstregierung zu. In Riga, Reval und Dorpat faßte die Reformation schon früh Fuß. In Riga predigte seit Spätsommer 1521 Andreas Kopken (geb. ca 1468) im Sinne der Reformation. Vorher schon Gehilfe von Johann Bugenhagen in Treptow (Pommern) gewesen, ging er 1519 ein zweites Mal zu ihm und war für die Reformation gewonnen, als er 1521 nach Riga zurückkehrte. Ihn und den Rostocker Magister Sylvester Tegetmeyer setzte der Rat der Stadt 1522, ohne das Besetzungsrecht des Domkapitels zu beachten, als Prediger an den Stadtkirchen ein.

Spätestens 1524 ist auch für Reval, Narva und Dorpat evangelische Predigt bezeugt. Im Winter 1524/25 kam es zu Ausschreitungen gegen Kirchen und Klöster. Das nahmen die Stadtbehörden zum Anlaß, von sich aus das Kirchenwesen zu ordnen und weitgehend über das Kirchenvermögen zu verfügen, und das nicht nur, wie man vorgab, zur Versorgung der Armen und der Prediger.

Dem Erzbischof Johannes Blankenfeld, der sich energisch für den alten Glauben einsetzte, verweigerte Riga im Sommer 1524 den Huldigungseid und bot dem Ordensmeister Wolter von Plettenberg an, er möge statt mit dem Erzbischof die Stadthoheit allein wahrnehmen. Andernfalls würde man

[17] *Tschackert*, UB I 113. Später wurde die bischöfliche Kirchenverfassung „nur deshalb abgeschafft, weil der Staatsregierung ein selbständiger Bischof unbequem war und zuviel Geld kostete": *Tschackert* ebd.

[18] Vgl. UB II n. 417; Text: *Sehling* IV 38—41. [19] *Sehling* IV 30—38.

[20] Vgl. die vom Landesherren und vom Bischof erlassene Visitationsinstruktion vom 31. 3. 1526: *Sehling* IV 41 f.

sich nach einem anderen Schutzherrn umsehen. Damit war auf Albrecht von Preußen gezielt, dessen Säkularisierungsabsichten bekannt waren. Somit war der Ordensmeister in einer schwierigen Lage. Einerseits wollte er die Rechte des Erzbischofs nicht schmälern, andererseits durfte er Albrecht keinen Vorwand geben einzuschreiten. Doch als der Erzbischof, um seine Stellung behaupten zu können, mit dem Moskauer Großfürsten in Verbindung trat, hatte Wolter von Plettenberg Grund, ihn wegen Landesverrat festzusetzen und die alleinige Stadthoheit anzunehmen. Das Ansinnen, Livland wie Preußen zu säkularisieren, lehnte er dagegen entschieden ab; er fand sich aber bereit, im September 1525 der Stadt Riga das Recht zu freier Ausübung evangelischer Predigt zuzugestehen, um die Gefahr der Intervention Albrechts von Preußen abzuwehren. Daß das nur eine Konzession aus politischer Rücksicht war, bewies er durch energischen Einsatz für den katholischen Glauben innerhalb des Ordens und im Lande. Dem diente auch die baldige Rehabilitierung des Erzbischofs, der sich ihm unterwarf, jedoch kurze Zeit danach starb (1527).

Die Stadt Riga berief 1527 den Königsberger Reformator Johannes Briesmann zum Domprediger und in eine Stellung, die der eines Superintendenten entsprach. Er blieb bis 1531 und arbeitete 1529 mit Andreas Kopken eine evangelische Kirchenordnung aus. Diese 1530 gedruckte „Kurtz Ordnung des Kirchendienst“ [21] enthielt eine hochdeutsche Agende und ein niederdeutsches Gesangbuch und wurde 1533 von Riga, Reval und Dorpat als verbindlich angenommen. Die Versuche Albrechts von Preußen, über seinen Bruder Wilhelm, der seit 1530 Koadjutor und seit 1539 Erzbischof von Riga war, Livland zu einem weltlichen Herzogtum zu machen und den Deutschorden beiseite zu schieben, scheiterten am Widerstand des Ordens und dessen siegreichem Ordensmeister Wilhelm von Fürstenberg. Als aber der Orden 1558 ohne Bundesgenossen einer Invasion der Russen gegenüberstand und deren Übermacht erlag, brach Livland auseinander. Der letzte Ordensmeister, Gotthard Kettler, nahm Kurland und Semgallen von Polen als weltliches Lehnsherzogtum und führte es der Reformation zu. Ösel fiel an Dänemark, Estland an Schweden und das übrige Ordensland mit dem Erzbistum Riga kam 1561 unter polnische Herrschaft. König Sigismund August gab den deutschen Ständen aber weitgehend Selbstregierung und garantierte freie Religionsausübung nach der Augsburger Konfession.

Polen

Vorreformatorische Strömungen, die Idee des Konziliarismus, die Auswirkungen des Hussitismus und der Geist des Humanismus bereiteten auch in Polen den Boden für die Reformation.

[21] *Sehling* V 11—17.

Ungünstig für die katholische Kirche wirkte sich der Einfluß des Königshofes, insbesondere der Renaissancekönigin Bona Sforza, auf die Besetzung der Bistümer aus. Es konnte z. B. Jan Latalski, den das Volk wegen seiner Trunksucht „Bacchus" nannte, 1523 den Bischofsstuhl von Posen für 12000 Gulden erstehen. Eine große Rolle spielte in dem Lande mit vorwiegend agrarischer Wirtschaftsordnung und aristokratischer Gesellschaftsverfassung der Adel. Sein Kampf gegen die bischöfliche Gerichtsbarkeit und sein Streben nach weitgehender Autonomie förderten die Ausbreitung des Protestantismus.

Die reformatorische Bewegung selbst wurde durch Studenten, die im Ausland studierten, durch Kaufmannssöhne, die zur Ausbildung nach Nürnberg, Augsburg oder Leipzig geschickt wurden, und durch Luthers Schriften im Lande eingeführt und verbreitet. Der Humanist Andrzej Modrezewski (1503 bis 1572), der selbst 1531/32 in Wittenberg studiert hatte und seit 1547 Sekretär der königlichen Kanzlei war, berichtet: „Luthers Bücher wurden zu uns aus Deutschland gebracht und in der Krakauer Universität öffentlich verkauft. Bei vielen fanden sie Beifall und Zustimmung... und selbst unsere Theologen nahmen keinen Anstoß daran." [22] König Sigismund I. (1506—48) sah sich schon 1520 genötigt, gegen die Einfuhr Lutherischer Schriften ein Edikt zu erlassen, das 1523 nochmals verschärft wurde. 1534 und 1540 wurde der Besuch ketzerischer Hochschulen verboten. Doch war die Wirkung dieser Bestimmung nicht allzu groß.

In Danzig wurde bereits 1520 Luthers Schrift über die 10 Gebote gedruckt. Hier predigten Jakob Hegge, Dr. Alexander Svenichen und Mathias Binewald im Sinne der Reformation. Wie fast überall war die Begeisterung für die neue Lehre mit sozialen Forderungen, etwa nach Herabsetzung der Steuern und nach öffentlicher Rechenschaft über den Haushalt, verbunden. 1524 kam es zu einem Klostersturm und zu Aufruhr. Der alte Rat der Stadt mußte zurücktreten. Im Januar 1525 wurden fünf Prädikanten der neuen Lehre angestellt und eine in den „Artikeln der gemeine" vom 23. Januar geforderte Armenordnung [23] erstellt. Luther schickte im Mai 1525 Michael Meurer aus Heinichen nach Danzig. Inzwischen wandte sich der gestürzte Bürgermeister Eberhard Ferber an König Sigismund I. um Hilfe. Nachdem 1526 der nach Petrikau einberufene Reichstag und der nach Marienburg berufene Landtag für Polnisch-Preußen dem König Unterstützung zugesagt hatten, stellte dieser die alte Ordnung in Danzig wieder her und verhinderte vorerst das Vordringen der Reformation.

Unter Sigismund I. kam es in Polen noch nicht zur Bildung reformatorischer Gemeinden. Doch gewann die Reformation unter dem Adel viele Anhänger. An der Posener Akademie wirkte von 1529 bis zu seiner Vertreibung im Oktober 1535 der Humanist Christoph Hegendörfer. Der Posener Kastel-

[22] *R. Stupperich,* Der Protestantismus auf seinen Wegen nach Osteuropa: Kirche im Osten 1 (1958) 28. [23] Text: *Sehling* IV 175f.

lan Andreas Gorka ließ 1530 lutherischen Gottesdienst auf seinem Schloß feiern.

Vor der Mitte des 16. Jh. waren Krakau und Königsberg die wichtigsten Ausstrahlungszentren der Reformation. In Krakau traf sich seit 1542 unter der Führung des Franziskaners Francesco Lismanini, des Beichtvaters der Königin und späteren Calvinisten, regelmäßig ein Kreis von Gelehrten, Adeligen und Geistlichen, um sich über die reformatorische Bewegung im Ausland zu orientieren. In Königsberg wurde schon 1530 eine polnische Übersetzung von Luthers Kleinem Katechismus gedruckt. Die Kirchenordnung des Herzogtums Preußen von 1544 erschien außer in deutscher und lateinischer auch in polnischer Sprache[24]. 1543 flohen Andreas Samuel und Johann Seklucian (1500—70) aus Posen nach Ostpreußen. Letzterer verfaßte 1545 und 1547 Katechismusbearbeitungen in polnischer Sprache und gab 1547 in Königsberg ein polnisches Gesangbuch heraus. Ein Neues Testament gab Seklucian 1552 in Königsberg in Druck[25]. Weiter veröffentlichte er 1556 eine polnische Hauspostille[26], eine freie Bearbeitung der Postille Melanchthons und Spangenbergs. Neben ihm wirkten in Königsberg[27] u. a. Stanislaus Murzynowski (1528—53) und Johann Maletius († 1567), der 1546 einen Katechismus[28] herausgab, sowie die Litauer[29] Abraham Culvensis[30], Stanislaus Rapagelan[31] und Martin Mosvidius[32]. Eine nicht geringe Strahlungskraft entfaltete die 1544 in Königsberg gegründete Universität.

Unter Sigismund II. August (1548—72) erreichte der Protestantismus in Polen seine größte Entfaltung. 1562/63 waren etwa 600 von 3600 Pfarreien in protestantischer Hand. 1569 zählte der Senat 58 protestantische Mitglieder gegenüber 55 katholischen (die fünfzehn Bischöfe nicht mitgerechnet). Von 1552—65 wurden nur Protestanten zu Reichstagsmarschällen gewählt.

Auf den König hatten die Protestanten große Hoffnungen gesetzt. Er stand mit Melanchthon und Calvin im Briefwechsel. Dieser widmete ihm

[24] Text: *Sehling* IV 61—72.

[25] 1561 erschien in Krakau eine polnische katholische Übersetzung der ganzen Heiligen Schrift. Die calvinische Brester Bibel stammt aus dem Jahre 1563.

[26] Die beliebteste polnische protestantische Postille schuf 1558 *Nikolaus Rej* (1505—69); vgl. *K. Gorski*, Biblia i sprawy biblijne w Postylli Reja: Reformacja w Polsce 12 (1956) 62—125; *K. Krejci*, Gesch. der polnischen Lit. 52—58.

[27] Vgl. *B. Stasiewski*, Reformation und Gegenreformation in Polen (Münster 1960) 46; *K. Völker*, Kirchengesch. Polens (Berlin - Leipzig 1930) 179 f.

[28] Vgl. *Tschackert*, UB II n. 1872.

[29] Vgl. *St. Kot*, La Réforme dans le Grand-Duché de Léthanie: Annuaire de l'institut de philologie et d'histoire orientales et slaves 12 (Brüssel 1953) 201—261.

[30] *Th. Wotschke*, Abraham Culvensis: Altpreußische Monatsschrift 42 (1905) 153—252.

[31] Erster Professor der Theologie an der Universität Königsberg (WS 1544/45: Psalmenvorlesung; Disputationsthesen: WA 39 II 258—283), † Mai 1545, Verfasser des ersten Kirchenliedes in litauischer Sprache (Text: *Tschackert*, UB I 289 Anm. 1).

[32] Stipendiat an der Universität, Verfasser des ersten litauischen Katechismus (UB II n. 2064).

1549 seinen Hebräerbrief-Kommentar[33]. Fürst Nikolaus Radziwill von Litauen, ein eifriger Verfechter der protestantischen Sache, war mit dem Monarchen persönlich befreundet und hatte als sein Großkanzler eine einflußreiche Stellung. Doch Sigismund II. selbst bekannte sich am 12. Dezember 1550 öffentlich zur katholischen Kirche. Trotzdem duldete er weiter das Vordringen des Protestantismus.

In Pinczow vertrieb der Grundherr Mikolaj Olesnicki die Pauliner, vernichtete die Bilder und Reliquien der Pfarrkirche und ließ evangelischen Gottesdienst feiern. In Niedzwiedz und Dubiecko und anderwärts geschah ähnliches. Die Annahme der Confessio Augustana durch den Landtag des königlich-polnischen Preußen (1559) billigte Sigismund. Ebenso sicherte er 1561 Livland, das damals zu Polen kam, die Anerkennung des Augsburgischen Bekenntnisses zu. Die Warschauer Konföderation vom 28. Januar 1573 garantierte jedem Adeligen Religionsfreiheit[34].

Trotz dieser Erfolge wurde die Stoßkraft des Protestantismus durch seine Aufspaltung in Lutheraner, Calvinisten, Böhmische Brüder und Antitrinitarier geschwächt. Das *Luthertum* wurde vorwiegend vom deutschen Bürgertum getragen. Etwa die Hälfte der Gemeinden in Großpolen schloß sich zu einem Synodalverband zusammen. Seit 1565 wirkte Erazm Gliczner als Superintendent. Den Stamm der böhmischen *„Brüderunität"* bildeten Brüder[35], die nach dem Schmalkaldischen Krieg nach Posen auswanderten. Sowohl beim Adel (Jakob Ostrorog, Andreas und Raphael von der Lissa) wie beim einfachen Mann fanden sie großen Anklang. Mittelpunkte wurden Posen, Kozminek und Lissa.

Seit 1550 gewann der *Calvinismus* mächtig an Boden. Seine Schwerpunkte waren Kleinpolen (Krakau) und Litauen; seine Anhänger kamen vor allem aus den Reihen der polnischen Bevölkerung und dem Adel. Jan Laski (Johannes a Lasko; 1499—1560), ein Aristokrat von hoher Bildung, war seine bedeutendste Gestalt. Nachdem ihn sein Weg durch das ganze Abendland geführt hatte, war er 1556 in seine polnische Heimat zurückgekehrt, um sich hier als Reformator im Sinne Calvins zu betätigen. Fürst Nikolaus von Radziwill setzte seinen großen Einfluß für den Calvinismus ein. Wo er konnte, richtete er reformierten Gottesdienst ein. Er veranlaßte eine Übersetzung der ganzen Heiligen Schrift und gründete für den Druck dieser „Brester Bibel" (1563) eigens eine Druckerei. Auch der Mittelpunkt des protestantisierenden Krakauer Humanistenkreises Francesco Lismanini wandte sich

[33] Vgl. CR 91, 281—286 (n. 1195).

[34] Text: *G. Rhode*, Die Reformation in Osteuropa 489 Anm. 21.

[35] Während die Altutraquisten wieder die römisch-katholische Kirchengemeinschaft suchten, lehnten sich die Neuutraquisten und die Böhmischen Brüder an die Reformation an. Luther gab 1538 das Bekenntnis der Brüder (1535) heraus (vgl. WA 50, 374—380). Von Bedeutung für die neutschechische Schriftsprache wurde die Kralitzer Bibel (1579—93). Vgl. *B. Stasiewski*, Reformation und Gegenreformation 46—48; *E. Benz*, Wittenberg und Byzanz 129—140.

nach einem Besuch in Genf Anfang der fünfziger Jahre dem reformierten Bekenntnis zu. Mit Jan Laski bemühte er sich, alle Protestanten in Polen zu einigen und ein straffes Kirchentum nach Genfer Vorbild zu schaffen. Sie vermochten aber die Zersplitterung nicht zu überwinden. Ja, nach Laskis Tod trat Lismanini selbst zur Sekte der *Antitrinitarier*[36] über.

Diese lösten sich 1565 unter Führung des Krakauer Pastors Gregor Pauli (Pawel) als „Ecclesia minor" von der reformierten Kirchengemeinschaft. Die Ablehnung des Trinitätsdogmas hatten sie von italienischen Glaubensflüchtlingen, wie Giorgio Biandrata und Valentino Gentile, übernommen. Ihr führender Theologe wurde Fausto Sozzini (1537/39—1604). Nach ihm, der selbst nicht einmal ihrer Gemeinschaft beitrat, wurden sie später Sozinianer genannt. Ihr geistiger und organisatorischer Mittelpunkt wurde nach 1600 die Stadt Raków, wo auf Grund von Vorarbeiten Sozzinis 1605 der „Rakauer Katechismus" erschien.

Zu einer Union zwischen den Reformierten in Kleinpolen und den Böhmischen Brüdern in Großpolen kam es 1555 in Kozminek. Der Consens von Sandomir (1570)[37] führte weiter zu einer brüderlichen Vereinigung unter Einschluß der Lutheraner. Er zerbrach jedoch 1645 wieder. Neben der Aufsplitterung und dem Mangel an Bildungsanstalten lag die Schwäche des polnischen Protestantismus wohl vor allem darin, daß es ihm nicht gelang, die breiten Schichten des Volkes zu erfassen; er blieb eine Angelegenheit einer dünnen Oberschicht und des Adels. „Die breite Masse der Landbevölkerung blieb von den religiösen Kräften der Reformation so gut wie unberührt. Sie machte den gemäß den Anordnungen des Grundherrn veränderten Kultus mit . . ., hatte jedoch innerlich keinen Anteil an alledem."[38] (s. S. 545 f).

Ungarn

Im ausgehenden Mittelalter stand Ungarn mit seinen westlichen Nachbarn in einem engen kulturellen Austausch[39]. So wurden auch Luthers Schriften schon bald in Ungarn vertrieben, besonders unter der deutschen Bevölkerung. Am Königshof in Buda (Ofen) fand die Reformation in Markgraf

[36] Vgl. *B. Stasiewski,* Reformation und Gegenreformation 52—59; RGG VI 207—210: LThK² IX 928—931; *P. Wrzecionko,* Die Theologie des Rakower Katechismus: Kirche im Osten 6 (1963) 73—116; *ders.,* Humanismus und Aufklärung im Denken der polnischen Brüder: ebd. 9 (1966) 83—100.

[37] Text: *Sehling* IV 257—259.

[38] *K. Völker,* Kirchengeschichte Polens 159.

[39] Die Predigten des ungarischen Franziskaners Ladislai Pelbartus von Temesvár († 1504) wurden in Nürnberg, Lyon, Hagenau, Basel und Straßburg gedruckt. Davon erlebte die Predigtreihe „De Sanctis" allein in Hagenau von 1499—1516 10 Ausgaben. Auch die bekannte Predigtsammlung „Biga salutis" wurde von einem ungarischen Franziskaner, Oswald von Lasko († 1531), herausgegeben und in Hagenau gedruckt.

Georg von Brandenburg-Ansbach-Kulmbach (1484—1543) einen Förderer. Er lebte seit 1506 dort bei seinem königlichen Oheim, wurde 1516 Erzieher des noch unmündigen Ludwigs II. und Mitglied der Regierung. Gegenüber der magyarischen Partei unter Johann Zapolya vertrat er die deutschen Interessen[40].

Auch die junge Königin Maria von Habsburg, eine Schwester Karls V., las begeistert Luthers Schriften[41] und pflegte engen Kontakt mit den Humanisten Simon Grynaeus (1493—1541), damals Schulrektor in Ofen, später (1529) Nachfolger von Erasmus in Basel, und Vitus aus Windsheim. Als Hofprediger wirkte für die Reformation von 1521—22 Konrad Cordatus (1476—1546), der später die erste Sammlung von Luthers Tischreden anlegte[42], und als dessen Nachfolger Johannes Henckel[43]. Auch Paul Speratus, der 1520 nach seiner Heirat die Dompredigerstelle in Würzburg aufgeben mußte, erhielt einen Ruf nach Buda.

Schon 1521 sah sich der Erzbischof von Esztergom (Gran) veranlaßt, die Bannbulle gegen Luther in den Kirchen des Landes verlesen zu lassen. Der Landtag von Buda beschloß 1523, den Ketzerparagraphen auch auf die Lutheraner anwenden zu lassen. Ein Erlaß von 1525 bedrohte sie mit dem Feuertod. Der Hochadel drang auf die Absetzung der lutherischen Hofprediger. Konrad Cordatus wurde eingekerkert, konnte aber 1524 nach Wittenberg entfliehen, wohin sich schon vorher Grynaeus zurückgezogen hatte. Von einschneidender Bedeutung wurde die Schlacht bei Mohács, in der am 29. August 1526 neben dem König auch zwei Erzbischöfe und fünf Bischöfe im Kampf gegen die Türken fielen. Nach deren Sieg war Ungarn in drei Teile gespalten. In das „Königreich Ungarn", das heißt die Nord- und Westgebiete, die in der Hand der Habsburger blieben, in die türkische Provinz, die die Pusta, die Tiefebene im Gebiet der Donau und Theiß, umfaßte, und in das „Fürstentum Siebenbürgen", wo als Vasall des Sultans sich Zapolya (1526—40) behauptete und das nach seinem Tode gegen den Frieden von Großwardein (1538) nicht Ferdinand, sondern Zapolya II. zufiel.

Den kirchlichen Besitz der verwaisten Bistümer riß teils der Hochadel an sich, teils ließ ihn Ferdinand zur Deckung der Kriegsschulden durch seine meist lutherisch gesinnten Heerführer beschlagnahmen. Die Rivalität zwischen Ferdinand und Johann Zapolya verhinderte ein Vorgehen gegen den Adel und die Lutheraner, da keiner Anhänger verlieren wollte und insbesondere Ferdinand auf die deutsche, meist lutherfreundliche Partei angewiesen war.

[40] Vgl. *L. Neustadt,* Markgraf Georg als Erzieher am ungarischen Hofe (Breslau 1883).

[41] Luther widmete ihr 1526 die Auslegung der 4 Trostpsalmen; vgl. WA 19, 542—615; WA Br 4, 126.

[42] Vgl. WA Tr 2, XXI ff; WA Br 4, 139 Anm. 1.

[43] Vgl. *A. Hudak,* Der Hofprediger Johannes Henckel und seine Beziehungen zu Erasmus von Rotterdam: Kirche im Osten 2 (1959) 106—113.

Dazu kam, daß in der Folgezeit sowohl Ferdinand wie Zapolya je einen Bischof für dasselbe Bistum ernannten, so daß manche, etwa Csanád, Weißenburg (Karlstadt), Erlau (Eger) und Großwardein, zeitweise doppelt besetzt waren. Seitens der Kurie erfolgte erst 1539 wieder eine Ernennung.

Für die weitere Ausbreitung der Reformation im *deutschen Bevölkerungsteil* bekam die Schule von Bartfeld eine besondere Bedeutung. Diese übernahm 1539 Leonhard Stöckel (1510—60). Er hatte in Kaschau, Breslau, Wittenberg (ab 1530) studiert und 1536/37 die Schule in Eisleben geleitet. Die Mehrzahl der künftigen Staatsmänner Ungarns ging durch die humanistisch-reformatorisch geprägte[44] Schule von Bartfeld. Von dort aus entstanden in der Umgebung Schulen und Druckereien. Die fünf deutschen königlichen Freistädte Bartfeld, Eperies, Kaschau, Klein-Zeben und Leutschau schlossen sich 1549 durch Annahme der von L. Stöckel verfaßten Confessio Pentapolitana der Reformation an. Dieses vom humanistischen Geist geprägte und wegen seiner dogmatischen Mäßigung auch von Ferdinand anerkannte Bekenntnis wurde zur Grundlage des Bekenntnisses der sieben niederungarischen Bergstädte sowie der Fraternität der 24 Städte in der Zips.

Als Reformator der Deutschen in *Siebenbürgen* gilt Johannes Honter (1498—1549). Er hatte in Wien studiert. Als die siebenbürgischen Städte nach 1529 zu Zapolya übergingen, mußte er als Parteigänger Ferdinands aus seiner Heimat Kronstadt fliehen. Nach einem Aufenthalt in Krakau und Basel wurde er 1533 in seine Heimatstadt zurückgerufen. Dort leitete er eine Privatschule und richtete die erste Druckerei des Landes ein. Als frühe Zeugnisse seiner reformatorischen Gesinnung erschienen 1539 Vorreden zu zwei von ihm herausgegebenen Schriften Augustins[45]. Nachdem Honters Freund Johannes Fuchs 1541 die Leitung von Kronstadt übernommen hatte und auch die Geistlichkeit für die Reformation gewonnen war, wurde Valentin Wagner nach Wittenberg geschickt, um mit Melanchthon engere Verbindung aufzunehmen. Im Herbst 1542 wurde in Kronstadt der Gottesdienst reformiert. Die Billigung des von Honter 1543 herausgegebenen Reformationsbüchleins[46] durch die Stadt bedeutete die Einführung der Reformation. Zu ihrer Verteidigung schrieb Honter für den Landtag zu Weißenburg eine Apologie[47]. Ihm schwebte eine Reformation innerhalb der katholischen Kirche vor. Das kommt auch darin zum Ausdruck, daß er noch 1543 den Erzbischof von Gran und den Bischof von Weißenburg anerkannte. Oberste Richtschnur aller Reform müsse das Wort Gottes sein. Deshalb sei

[44] Vgl. die von Stöckel verfaßten Leges scolae Barthphensis (1540). Weitere wichtige Werke Stöckels sind: Catechesis pro iuventute Barthphensi (1556); Apologia ecclesiae Barthphensis (1558); Historia von Susanna in Historien Tragoedien Weise gestellet ... (1559); ein Kommentar zu Melanchthons Loci (1561) und Predigtbände.

[45] Abgedruckt bei *O. Netoliczka*, Johannes Honterus' ausgewählte Schriften 3—10; vgl. Melanchthons Vorrede zu der von ihm 1543 herausgegebenen Ausgabe des Reformationsbüchleins: CR 5, 172—174.

[46] Ebd. 11—28. [47] Ebd. 29—46.

die Messe als Opfer abgeschafft und das Abendmahl unter beiderlei Gestalt eingeführt. Honter beruft sich in diesem Punkt auf die Ausgleichsverhandlungen von 1541 zu Regensburg. Eine Wiedertaufe wird unter Berufung auf das Dekret Gratians abgelehnt. In der Rechtfertigungslehre betont Honter im Anschluß an Melanchthon und Major die Notwendigkeit der guten Werke gegenüber den Gefahren einer Rechtfertigung durch den Glauben allein.

Dem Beispiel Kronstadts folgten bald Hermannstadt, wo der Stadtpfarrer Matthias Ramser selbst die Reformation durchführte, sowie Mediasch, Schäßburg und Bistriz. „Dabei tritt jedoch überall das Bestreben zutage, äußerlich noch im Verband der alten Kirche zu verbleiben. Die Reformation betraf zunächst bloß die Gestaltung des Gottesdienstes, nicht die kirchliche Organisation.“ [48]

Im Auftrag der „Universitas Saxorum“, des politischen Organs der sächsischen Volksgruppe, erschien 1547 die auf Grund von Honters Reformationsbüchlein erarbeitete und für das gesamte sächsische Siedlungsgebiet geltende Kirchenordnung: Reformatio ecclesiarum Saxonicarum in Transsylvania [49]. Sie hat zum Ziel, die Ordnung gegen die Schwarmgeister zu verteidigen. Schlüsselgewalt und Bann werden wieder enger mit dem geistlichen Amt verknüpft. In der Rechtfertigungslehre wird Jak 2, 17 als Hauptbeleg angeführt. Auch eine Bücherzensur ist vorgesehen. In der Abendmahlslehre richtet man sich nach Wittenberg aus. Ein Jahr nach Honters Tod, 1550, wurde diese Kirchenordnung zum Gesetz erhoben. Während der Vakanz des Weißenburger Bistums wurde 1553 Paul Wiener zum Bischof gewählt, dessen Nachfolger, Matthias Hebler (1556—71), den lutherischen Charakter der Kirche gegen Reformierte und Antitrinitarier zu verteidigen hatte. Der Landtag von Torda 1557 gewährte den drei Bekenntnissen Gleichberechtigung mit dem katholischen Bekenntnis, das selbst jedoch 1566 durch Gesetz verboten wurde.

Die *Magyaren* wurden zum Teil von Deutschen, etwa in Siebenbürgen von Kaspar Heltai und Franz David, die sich dem Magyarentum angeschlossen hatten, oder von eigenen Wanderpredigern, die zum großen Teil in Wittenberg studiert hatten, für die Reformation gewonnen. Der Melanchthonschüler Johannes Sylvester (ca 1504—52) leitete Ende der dreißiger Jahre die Schule von Ujsziget bei Sárvár. Nachdem dort 1537/38 eine Druckerei eröffnet worden war, gab Sylvester eine Grammatik der magyarischen Sprache und 1541 die erste vollständige magyarische Übersetzung des NT heraus. Matthias Devai Biro (ca 1500—45) predigte in Buda und Kaschau und auf den Gütern der Adelsfamilien Nádasdy, Perényi und Drágffy. Ste-

[48] *K. Reinerth,* Die Reformation der siebenbürgisch-sächsischen Kirche (Gütersloh 1956) 43.

[49] *O. Netoliczka* a. a. O. 56—125.

phan Szegedi Kis (1502—72)[50] war nach seinem Studium in Wien, Krakau und Wittenberg, wo er 1544 promovierte, Schulleiter in Csanád, Gyula, Cegléd Mako und seit 1548 in Temesvár. Dieses Gebiet verwaltete nach dem Tode Zapolyas (1541) Peter Petrovics, der von der Königinwitwe mit der Vormundschaft des Prinzen betraut war. Er war ein eifriger Förderer der Reformation, so daß sich in den Jahren 1549/50 die Gemeinden dieses Gebietes zu einer Einheit organisieren und Matthäus Gönzi zum Bischof wählen konnten. Als 1551 Petrovics die Grenzburg Temesvár an den katholisch gesinnten Losonczy übergeben mußte, begab Szegedi sich in das türkisch besetzte Gebiet, wurde Schulrektor in Tolna und Pfarrer in Lasko und Kalmáncsa und schließlich nach Einkerkerung durch die Türken Pfarrer und Generalsuperintendent in Rackeve. Zeugnis seiner theologischen Bildung und seiner von Calvin geprägten Theologie sind seine nach seinem Tode in der Schweiz gedruckten Werke[51].

Ebenfalls im türkisch besetzten Gebiet wirkte Michael Sztárai (ca 1500 bis 1575) als Prediger, Lehrer und Verfasser von Kirchenliedern und Theaterstücken für die Reformation. Bis 1551 gründete er 120 Gemeinden. Imre Ozorai verfaßte die erste gedruckte Abhandlung in ungarischer Sprache, einen Traktat vom Christ und Antichrist (Krakau 1535). Stephan Galszecsi und Stephan Bencédi Székely ließen je 1536 und 1538 ein Gesangbuch drucken. Zwei wichtige Zentren der Reformation entstanden durch die Förderung der Magnatenfamilie Török in Papa und Debrecen.

Bis 1560 war der größte Teil des Adels und, da der Gutsherr auf Grund des Patronatsrechtes die Kirchen mit evangelischen Predigern besetzen konnte, auch der Landbevölkerung für die Reformation gewonnen.

In den *slowenisch-kroatischen* Grenzgebieten unterstützten die Magnatenfamilien Zrinyi, Erdeödy und vor allem von Ungnad die Reformation. Johann Ungnad Freiherr zu Sonneck (1493—1564), 1530 Landeshauptmann der Steiermark, ging, protestantisch geworden, nach Württemberg, wo er auf seinem Gut in Urach Bibeln, Katechismen, Schulfibeln und Postillen in slowenischer und kroatischer Sprache drucken ließ[52].

Als führende Männer, die im Sinne der Reformation die slowenische Sprache pflegten, sind zu nennen: Primoz Trubar (1508—86), der u. a. 1550 einen „Katechismus“ und ein „Abcedarium“ und 1555—77 das ganze NT sowie Schriften Melanchthons und Luthers herausgab; Sebastian Krelj (1538 bis 1567): 1566 Kinderbibel, 1567 Postille; Jurij Dalmatin (1547—89), der das Alte Testament übersetzte, und Adam Bohoric (ca 1520 bis ca 1600), der

[50] Vgl. *M. Skaricza,* Vita Stephani Szegedini (Einf. zu Szegedis Theologiae sincerae loci communes) (Basel 1585).

[51] Vgl. Assertio vera de Trinitate (1573); Theologiae sincerae loci communes (kontroverstheolog. Hdb. 1581); Speculum romanorum pontificum (Papstgeschichte 1584); Tabulae analiticae (Predigtbuch 1592).

[52] *E. Benz,* Hans von Ungnad und die Reformation unter den Südslawen: Wittenberg und Byzanz (Marburg 1949) 141—246.

den Psalter, kirchliche Lieder, einige Schulbücher und 1584 eine Grammatik der slowenischen Sprache veröffentlichte.

Als kroatischer Übersetzer betätigte sich Stephan Consul. Hauptsächlich durch das Verdienst von Georg Zrinyi, der in Nedelisce eine Druckerei errichtete, wurde auch der kajkavische Dialekt der nördlichen Kroaten zur Literatursprache. Von katholischer Seite erschien 1574 in Graz der slowenische Katechismus von Leonhard Pacherneker. Die eigentliche literarische Tätigkeit begann aber erst Anfang des 17. Jh. mit der Herausgabe von Katechismus, Evangelien-, Gebet- und Gesangbuch durch Bischof Thomaz Hren (1560—1630).

Während in der *weiteren Entwicklung* der deutsche Bevölkerungsteil lutherisch blieb, schloß sich der magyarische Teil besonders in den fünfziger und sechziger Jahren der helvetischen Richtung an, deren bedeutendste theologische Führer Kálmáncsehi, Szegedi Kis, Peter Melius, Gregor Szegedi und Kaspar Karolyi waren.

Ende 1559 entstand die erste ungarische Bekenntnisschrift, das Abendmahlsbekenntnis von Neumarkt, in dem sich der magyarische Teil Ungarns auf das reformierte Abendmahlsverständnis einigte. Zu einer großen Gefahr für die helvetische Richtung wurde der Antitrinitarismus; seine bedeutendsten Vertreter waren: Stancaro (1501—74), Biandrata (1514 bis ca 1590), Leibarzt von König Johann Sigismund, und Franz David (ca 1510 bis 1579), Bischof der Reformierten in Siebenbürgen. Zur Verteidigung gegen die antitrinitarischen Strömungen tagte 1567 in Debrecen, dem geistigen Mittelpunkt der Reformierten, eine Synode. Sie nahm neben zwei von Melius (ca 1536—72) verfaßten Bekenntnissen die Confessio Helvetica Posterior Bullingers und eine Kirchenordnung an.

Auf katholischer Seite suchte vor allem Georg Utjesenovich, genannt Martinuzzi († 1551)[53], das Vordringen der Reformation zu verhindern. Er war der engste Berater von Zapolya und nach dessen Tod (1540) mit der Regentschaft über Siebenbürgen betraut. Nach seiner Ermordung durch Leute Ferdinands wurden in Großwardein die Altäre entfernt und mehrere katholische Priester vertrieben. Matthias Zabardy, ab 1553 Bischof von Wardein, konnte vorübergehend die reformierte Richtung wieder zurückdrängen. Nach seinem Tod (1557) wurden jedoch in Großwardein die Klöster zerstört und die Franziskaner vertrieben. Vorher (1556) mußte schon der Bischof von Weißenburg (seit 1554)[54] P. Bornemisza fliehen. Die Neubesetzung des Bistums verhinderten die Stände Siebenbürgens, so daß es bis 1716 vakant blieb. In den türkisch besetzten Gebieten gab es keine Bischöfe mehr. Der Metropolit von Gran verlegte 1543 seinen Sitz nach Tyrnau. Erzbischof war seit 1554 Nikolaus Olahus (1493—1568), ein Freund des Erasmus und frü-

[53] Vgl. *K. Juhasz,* Kardinal Georg Utjesenovich († 1551) und das Bistum Tschanad: HJ (1961) 252—264.

[54] Hierarchia catholica III (Münster 1923) 101.

herer Sekretär der Königin Maria von Ungarn. Er setzte sich für die Rückgabe der Kirchengüter ein, rief die Jesuiten nach Tyrnau (1561) und eröffnete hier 1566 das erste Seminar des Landes. Als er auf die Einhaltung des Zölibates drang, entschieden sich viele verheiratete Priester für das evangelische Bekenntnis.

Während Maximilian II. (1564—76) mit der Reformation sympathisierte und 1564 die Bekanntgabe der Trienter Beschlüsse verbot, förderte Stephan Bathory, seit 1571 Fürst von Siebenbürgen, den katholischen Glauben und bekämpfte die von Franz David angeführte radikale Richtung der Antitrinitarier. Er betraute 1579 die Jesuiten mit der Leitung der Akademie Klausenburg. Sie wurden jedoch 1595 wieder vertrieben.

Es war vor allem das Werk der Jesuiten und des Erzbischofs Peter Pázmány (1570—1637) von Gran, der selbst aus einer reformierten Adelsfamilie stammte, daß Ungarn schließlich wieder zu einem vorwiegend katholischen Land wurde (vgl. Kap. 39).

27. Kapitel

Das englische Schisma und die Reformation in England

BIBLIOGRAPHIE: *C. Read,* Bibliography of British History. Tudor Period (Oxford 1933); reiche Lit.-Angaben auch bei *Ph. Hughes* (s. u.).

QUELLEN: *J. S. Brewer - J. Gairdner,* Letters and Papers, Foreign and Domestic, of the Reign of Henry VIII, 21 Bde (London 1862—1910); aus dem Calendar of State Papers, Domestic u. Foreign, für die Regierungen Eduards, Marys und Elisabeths (s. *Read* n. 65, 66, 425) am wichtigsten: *J. M. Rigg,* Calendar of St. Paul relatifs to English Affairs, principally in the Vatican Archives and Library, 2 Bde (London 1916/26), bis 1578; *N. Pocock,* Records of the Reformation, 2 Bde (Oxford 1870); die Parlamentsakte sind in der alten Ausgabe von *J. Keble,* Statutes etc. (London 1684) benutzt; viele wichtige Quellentexte bei *H. Gee - W. J. Hardy,* Documents Illustrative of English Church History (London 1896) u. ö. und *G. R. Elton,* The Tudor Constitution. Documents and Commentary (Cambridge 1960); Tudor Royal Proclamations I, ed. *P. G. Hughes - I. F. Larkin* (New Haven 1964); The Work of Thomas Cranmer, ed. *J. I. Packer - C. E. Duffield* (Appleford 1964); *St. Ehses,* Römische Dokumente zur Geschichte der Ehescheidung Heinrichs VIII. von England (Paderborn 1893).

LITERATUR: Allgemeines: *J. D. Mackie,* The Earlier Tudors (Oxford 1952) [Oxford History of England VII]; *J. A. Williamson,* The Tudor Age (London [3]1964); *G. R. Elton,* The Tudor Revolution in Government (Cambridge 1953). Gegen die Idealisierung der Gestalt Heinrichs VIII., insbesondere durch *A. F. Pollard,* Henry VIII (London 1951) vgl. *G. R. Elton,* Henry VIII. An Essay in Revision (London 1962); *H. Maynard Smith,* Henry VIII and the Reformation (London [2]1962); *G. Mattingly,* Catharine of Aragon (London 1942), deutsch Stuttgart 1962.

Älteste kath. Gesamtdarstellung des englischen Schismas bei *N. Sanders,* De origine ac progressu schismatis Anglicani (Köln 1585), die neuesten *G. Constant,* La réforme en Angleterre, 2 Bde (Paris 1930/39), bis Eduard VI. einschl.; vor allem *Ph. Hughes,* The Reformation in England, 3 Bde (London 1950/54), bis Elisabeth I. Ausgezeichnete Kurzdarstellung von dem Anglikaner *P. M. Parker,* The English Reformation to 1558 (London

[4]1963), mit guter Lit.-Übersicht. Das damals aufsehenerregende Werk des späteren Kardinals *F. A. Gasquet,* Heinrich VIII. und die englischen Klöster, 2 Bde (Mainz 1890/91) ist überholt durch *D. Knowles,* The Religious Orders in England III: The Tudor Age (Cambridge 1959) u. *W. C. Richardson,* History of the Court of Augmentation 1536/54 (Baton Rouge 1961). Über das Eindringen des Protestantismus: *E. G. Rupp,* Studies in the Making of the English Protestant Tradition (Cambridge 1947); *H. C. Porter,* Reformation and Reaction in Tudor Cambridge (Cambridge 1958); *C. Hopf,* M. Bucer and the English Reformation (Oxford 1946); *W. A. Clebsch,* England's Earliest Protestants 1520—35 (New Haven 1964); *C. W. Dugmore,* The Mass and the English Reformers (London 1958); *H. C. White.* The Tudor Books of Private Devotion (Madison 1951); *J. K. Mc Conica,* English Humanists and Reformation Politics under Henry VIII and Edward VI (Oxford 1965); *N. S. Tjernagel,* Henry VIII and the Lutherans (Saint Louis 1965); *J. E. Oxley,* The Reformation in Essex (Manchester 1965). Neueste Gesamtdarstellung: *A. G. Dickens,* The English Reformation (London 1964).

Kirchenverfassung: (außer Elton, s. o.): *E. W. Kemp,* Counsel and Consent. Aspects of Church Government (London 1961); auch *E. T. Davies,* Episcopacy and the Royal Supremacy in the Church of England (Oxford 1950); für die Zeit Elisatbeths sehr ausführlich *W. P. M. Kennedy,* Elizabethan Episcopal Administration, 3 Bde (London 1924); *F. Higham,* Catholic and Reformed. A Study of the Anglican Church (London 1962).

Biographien: *A. F. Pollard,* Th. Wolsey (London [2]1953); *Ch. Ferguson,* Naked to Mine Enemies. The Life of Card. Wolsey (London 1958). — Zu den LThK[2] III 85 genannten Werken über Cranmer von *A. F. Pollard* ([2]1926), *A. C. Deane* (1927), *G. W. Bromily* (1956) und *T. Maynard* (1956) die bisher umfassendste Biographie von *J. Ridley,* Thomas Cranmer (Oxford 1962). — Die nach der Heiligsprechung (1935) stark angewachsene Lit. über J. Fisher und Th. More s. LThK[2] IV 159 und VII 628, dazu *G. J. Donelly,* A Translation of St. Thomas More's Responsio ad Lutherum (Washington 1962); *G. Marc' Hadour,* St. Thomas More. Lettre à Dorp. La supplication des âmes (Namur 1962); die Opera omnia (Frankfurt a. M. 1689) wurden unverändert Frankfurt 1963 nachgedruckt; *E. Flessmann - E. van Leer,* The Controversy about Scripture and Tradition between Th. More and W. Tyndale: NAKG 43 (1959/60) 143—164. Aus der umfangreichen Literatur über die Utopia *E. Surtz,* The Praise of Pleasure. Philosophie, Education and Communism in More's Utopia (Cambridge/Mass. 1957); *H. Süssmuth,* Studien z. Utopia des Th. M. (Münster 1967).

Die Reformation ist in England ähnlich wie in den skandinavischen Ländern „von oben", d. h. unter dem maßgebenden Einfluß der Staatsgewalt, ein- und durchgeführt worden. Sie begann mit dem Schisma Heinrichs VIII.; unter Eduard VI. drang in Gottesdienst und Lehre der Protestantismus vor; nach dem Scheitern der katholischen Restauration unter Maria der Katholischen erhielt die anglikanische Kirche unter Elisabeth I. ihre endgültige Gestalt.

Unter Heinrich VII. (1485—1509) hatte sich die Kirche Englands zusehends von den zerstörenden Folgen der Rosenkriege erholt. Ohne ein formelles Nominationsrecht zu besitzen, setzte der König in den beiden Kirchenprovinzen Canterbury (mit 20 Suffraganen) und York (mit 3 Suffraganen) seine Kandidaten für die Bischofsstühle durch, meist im königlichen Dienst erprobte Juristen. Der als Förderer des Erasmus bekannte Erzbischof von Canterbury (1503—1533) William Warham wurde unter Heinrich VIII. (1509—1547) an politischem Einfluß weit überflügelt durch den ehrgeizigen und skrupellosen Thomas Wolsey, Erzbischof von York (1514/30) und seit 1515 Kardinal, der als Lordkanzler Leiter der inneren und äußeren Politik war, als Päpstlicher Legat (1518) auch die Kirche Englands nahezu selbständig regierte. Durch Aufhebung kleinerer Klöster beschaffte er sich Mittel für die reiche Ausstattung des von ihm gestifteten Cardinal's College (heute Christ-Church-College) in Oxford; gegen das Eindringen des Luthertums schritt er mit Strenge ein. Die Moral des Pfarrklerus scheint, soweit vorreformatorische Visitationen (z. B. im Bistum Lincoln 1515/19) erkennen lassen, weniger Anlaß zu Tadel geliefert haben als im Durchschnitt auf dem Kontinent; doch ersetzte das Eindringen des Humanismus in Oxford (J. Colet) und in Laienkreisen (Th. Morus) nicht die fehlende theologische Bildung. Von 349 Büchern, die zwischen 1468 und 1530 in England gedruckt wurden, hat nur ein einziges streng theologischen Inhalt; 58 sind liturgische, 106 Andachtsbücher. Englische Bibelübersetzungen waren seit der Unterdrückung des Wiclifismus verboten, doch war das Lollardentum als Unterströmung keineswegs erloschen. Die Volksfrömmigkeit war rege, aber nicht wirklich gesund (fervent rather than solid piety, Parker 18). Ein gewisser Antiklerikalismus besaß im House of Commons ein Ventil, von Antiromanismus konnte wegen der durch „Prämunire" hergestellten Abschirmung gegen den kurialen Fiskalismus kaum die Rede sein. Während des Großen Schismas hatte sich England zur römischen Obedienz gehalten, während des Konfliktes Eugens IV. mit dem Basler Konzil auf der Seite des Papstes. Eine wie schwere Gefahr aber das englische Landeskirchentum in sich barg, wurde in der zweiten Hälfte der Regierung Heinrichs VIII. sichtbar.

Der Eheprozeß Heinrichs VIII.

Die für einen Fürsten seiner Zeit ungewöhnliche, auch theologische Bildung hatte den König befähigt, in der Schrift Assertio septem sacramentorum (1521) gegen Luthers „Babylonische Gefangenschaft" aufzutreten. Leo X. hatte ihn dafür mit dem Titel Defensor fidei ausgezeichnet. Es war die hemmungslose Sinnlichkeit des ebenso verschlagenen wie brutalen Herrschers, die den Bruch mit dem Papsttum herbeiführte. Unter Berufung auf Lv 18,16 und 20,21 behauptete er, seine Ehe mit Katharina von Aragón sei ungültig, weil diese vorher mit seinem älteren, im Alter von 14 Jahren verstorbenen Bruder Arthur verheiratet gewesen sei. Die von Julius II. am 26. 12. 1503 erteilte Dispens verletze das göttliche Recht; ein vom gleichen Tage datiertes Dispensbreve, das in einigen Punkten deutlicher gefaßt war, sei gefälscht[1]; endlich habe er vor dem Abschluß der Ehe mit Katharina erklärt, die Heirat

[1] Es war, wie *Ehses* glaubhaft macht, für den aragonesischen Hof bestimmt, um dessen Forderungen im Interesse Katharinas zu genügen, und wurde erst 1528 durch ihren Neffen Karl V. vorgelegt.

geschehe gegen seinen Willen. Trotzdem hatte er die Ehe vollzogen und mit Katharina fünf Kinder gehabt, von denen aber nur Maria, die spätere Königin, am Leben blieb. Gewissensbedenken gegen die Gültigkeit seiner Ehe waren dem König überhaupt erst gekommen, als die von ihm begehrte Hofdame Anna Boleyn ihm nur als Gattin gehören wollte[2]. Katharina bestritt den Vollzug der ersten Ehe mit Arthur und die Ungültigkeit ihrer zweiten Ehe mit Heinrich. Anfangs wohl noch in Unkenntnis der letzten Absichten des Königs, fand sich Wolsey bereit, die Ungültigkeitserklärung der Ehe mit Heinrich durch die dafür zuständige Instanz, den Papst, zu betreiben. Die von ihm nach Orvieto, wo Clemens VII. sich nach dem Sacco di Roma aufhielt, abgeordneten Agenten Fox und Gardiner erreichten, daß Wolsey und der als Jurist hochangesehene Kardinal Lorenzo Campeggio, der schon 1518/19 als Legat in England geweilt hatte, am 8. 6. 1528 mit der Führung des kanonischen Prozesses in England beauftragt wurden. Der Papst versprach, ihr Urteil zu bestätigen, und erteilte für den Fall, daß die Ungültigkeitserklärung zustande käme, im voraus Dispens für eine neue Ehe.

Der in London geführte Prozeß führte jedoch nicht zu dem vom König gewünschten Urteil. Katharina appellierte schon bei dessen Eröffnung (18. 6. 1529) an den Papst. Die Bischöfe von Rochester und S. Asaph setzten sich zwar für die Gültigkeit der Ehe ein, aber Campeggio konstatierte angesichts der parteiischen Prozeßführung: „Im fremden Hause kann man nicht alles tun, was man möchte.“[3] Daher zog der Papst, der inzwischen durch den Abschluß des Friedens von Barcelona wieder frei geworden war und von Karl V., dem Neffen Katharinas, unter Druck gesetzt wurde, den Prozeß nach Rom (19. 7. 1529). Wolsey hatte zuviel versprochen und ein Doppelspiel gespielt; er wurde gestürzt und starb am 29. November 1530 auf dem Wege nach London, wo ihn ein Hochverratsverfahren erwartete.

Um den römischen Prozeß in seinem Sinne zu beeinflussen, holte Heinrich VIII. auf Rat des nunmehr zum Erzbischof von Canterbury ernannten Cranmer hochbezahlte Rechtsgutachten von Universitäten und einzelnen Rechtslehrern ein. Für die Ungültigkeit der Ehe des Königs mit Katharina sprachen sich außer den englischen Universitäten Oxford und Cambridge auch Paris (allerdings gegen den Protest von 43 Doktoren), Orléans, Angers, Bourges, Toulouse, Bologna, Siena, Padua, Pavia u. a. aus; dagegen: Löwen, Neapel, Salamanca (wo Franz von Vitoria in seiner Relectio de matrimonio auf die Causa Regis Angliae Bezug nahm), Alcalá, Granada u. a. In Wittenberg, wo der König seine Sache durch den Agenten Robert Barnes betrieb, sprach sich Luther ebenfalls für die Gültigkeit der Ehe aus[4].

[2] Die Existenz derartiger Gewissensbedenken bei Heinrich wird von vielen Autoren abgelehnt, von *Thieme* (s. Anm. 4) u. a. nicht ausgeschlossen. *Ein* Motiv war sicher der Wunsch, einen männlichen Thronerben zu erhalten.

[3] *Ehses*, Römische Dokumente zur Geschichte der Ehescheidung Heinrichs VIII. 119.

[4] *H. Thieme*, Die Ehescheidung Heinrichs VIII. und die europäischen Universitäten (Karlsruhe 1957).

Die Suprematsakte

Während Clemens VII. den Urteilsspruch hinauszögerte, stellte Heinrich VIII. die Weichen für eine andere Lösung — ohne den Papst. Am 11. Februar 1531 beschloß die englische Klerusversammlung (Convocation) unter starkem Druck des Königs eine Abgabe von 100 000 Pfund an diesen als den Protector and supreme head of the English Church and clergy, jedoch mit dem von John Fisher, Bischof von Rochester, vorgeschlagenen Zusatz: in quantum per Christi legem licet. Alle Bischöfe, auch der damals noch als Lordkanzler amtende Thomas Morus, stimmten dieser zweideutigen Formel zu. Es war der erste Schritt zum Abfall. Das Parlament verbot jede Appellation nach Rom. Am 23. Mai 1533 erklärte der willfährige Erzbischof von Canterbury die Ehe Heinrichs mit Katharina für nichtig; es war die nachträgliche und fadenscheinige Rechtfertigung der schon im Januar im geheimen geschlossenen Ehe des Königs mit Anna Boleyn. Erst jetzt schritt Clemens VII. ein. Im Konsistorium vom 11. Juli 1533 verkündete er, der König sei der Exkommunikation verfallen, wenn er nicht bis Ende September Anna entlasse und Katharina als seine rechtmäßige Gemahlin wieder zu sich nähme. Das am 23. Mai 1534 gefällte Urteil im kanonischen Prozeß bestätigte die Gültigkeit der Ehe Heinrichs mit Katharina[5]. Es wahrte die Heiligkeit und Unauflöslichkeit der Ehe, doch ist kaum zu bestreiten, daß das anfängliche, durch politische Rücksichten bestimmte Entgegenkommen des Papstes bei Heinrich VIII. unerfüllbare Hoffnungen geweckt und daß die lange Verzögerung des Endurteils ihm die Vorbereitung des Schismas erleichtert hat. Bereits im Juni 1533 hatte eine im Auftrag des Königs verfaßte antipäpstliche Flugschrift The Glasse of the Thruthe die öffentliche Meinung auf die kommenden Maßnahmen vorbereitet. In den am Jahresende verbreiteten „Artikeln" war „der Bischof von Rom, den manche Papst nennen", als Usurper of God's law and infringar of General Councils, dazu als Feind Englands bezeichnet. Im Frühjahr 1534 verabschiedete das Parlament fünf Gesetze, die den Bruch mit Rom vorbereiteten: 1. Ernennung der Bischöfe durch den König; 2. Verbot, Dispense in Rom einzuholen und Taxen dorthin zu entrichten; Unterstellung exemter Klöster unter den König; 3. Unterwerfung des Klerus unter die Staatsgesetze; 4. Eidliche Anerkennung des Thronfolgerechtes der Kinder aus der Verbindung Heinrichs mit Anna Boleyn (1. Succession Act.); 5. Keine Äußerung gegen die Primatialrechte des Bischofs von Rom hat als Häresie zu gelten (Heresy Act).

In Predigten und Flugschriften wurde der Inhalt dieser Gesetze dem Volke nahegebracht und so der Schlußakt vorbereitet: die Suprematsakte vom 3. November 1534[6]. In ihr wurde dem König von England der Titel

[5] Text bei *Ehses*, Römische Dokumente zur Geschichte der Ehescheidung Heinrichs VIII. 215 f.

[6] Text bei *Ceble*, Statutes 436; auch *Gee-Hardy*, Documents 243 f.

„the only supreme head in earth of the Church of England“ zuerkannt, dessen Gewalt sich auch auf die Reinhaltung der Lehre erstreckt. Ein zweiter Succession Act forderte von allen Beamten und Geistlichen den Eid auf die Nachfolge der Kinder Annas, der Treason Act charakterisierte die Verweigerung oder Bestreitung des neuen königlichen Titels als Hochverrat.

Damit war der Bruch mit dem Papsttum endgültig vollzogen. Denn wenn auch die Primatdefinition des Florentiner Konzils damals nicht überall als verbindlich anerkannt wurde, so stand doch außer Zweifel, daß der Papst kraft göttlichen Rechtes das sichtbare Haupt der Kirche sei und daß ein weltlicher Herrscher, auch wenn er — wie es Heinrich VIII. damals tat — kaiserliche Rechte beanspruchte, nicht „Haupt“ der Kirche seines Landes, Inhaber der Lehr- und Hirtengewalt sein könne. Die ersten Opfer der Suprematsakte waren die drei Kartäuserprioren John Houghton, Augustin Webster und Robert Lawrence, die gleichzeitig mit dem gelehrten Richard Reynolds am 4. Mai 1535 in ihrem Ordenshabit, also ohne vorherige Degradierung, in Tyburne gehängt wurden. Am 22. Juni 1535 folgte die Zierde des englischen Episkopates, Bischof John Fisher von Rochester. Ehe er enthauptet wurde, sagte er zu den Zuschauern: „Christliches Volk, ich sterbe für den Glauben der heiligen katholischen Kirche Christi.“ Fast gleichlautend war das Bekenntnis des einstigen Lordkanzlers Thomas Morus vor seiner Hinrichtung am 6. Juli 1535. In der Gerichtsverhandlung hatte er die Suprematsakte charakterisiert als „directly repugnant to the laws of God and his Holy Church“ [7]. Die Eidverweigerer (repugnants) bildeten jedoch eine verschwindende Minderheit. Sämtliche regierenden Bischöfe außer Fisher schworen den Eid, lieferten ihre päpstlichen Ernennungsbullen aus, erbaten und erhielten die Licentia regia ad exercendam iurisdictionem episcopalem. Schon vorher hatte die erdrückende Mehrheit des Welt- und Ordensklerus die Erklärung unterzeichnet: „Der Bischof von Rom hat in diesem Königreich England kraft göttlichen Rechtes keine größere Jurisdiktion als irgendein anderer auswärtiger Bischof.“ Es stellt sich die Frage: Wie war es möglich, daß der Klerus eines ganzen Landes sich nahezu einmütig dem Willen des Königs beugte und die Lehre vom Primat des Papstes verleugnete?

Um diese bedrückende Frage zu beantworten, muß man sich daran erinnern, daß der in völliger Abhängigkeit von der Krone stehende Episkopat voranging, der übrige Klerus ihm folgte. Beiden fehlte die theologische Einsicht, daß der päpstliche Primat nicht eine kuriale Kanonistentheorie, sondern im Glaubensbewußtsein der Kirche verankert war; ernsthaft diskutiert wurde ja unter kirchlich gesinnten Theologen und Kanonisten lediglich dessen Umfang, sein Verhältnis zum Konzil und zum Episkopat. Bezeichnender-

[7] *Hughes,* Reformation in England I 281; die ergreifenden Briefe Mores an seine Tochter Margaret Roper: The Correspondence of Sir Thomas More, ed. *E. Frances Rogers* (Princeton 1947) 501—565.

weise wurde die bis dahin radikalste Leugnung des göttlichen Rechtes der Primatialgewalt, der Defensor Pacis, jetzt in englischer Übersetzung auf Kosten des Königs gedruckt, freilich mit Auslassung der Stellen über die sogenannte Volkssouveränität. In direkter Abhängigkeit von den Lehren des Marsilius veröffentlichte Edward Foxe eine Flugschrift über die beiden Gewalten; obwohl er längst Luther zuneigte, wurde er bald darauf zum Bischof von Hereford ernannt. Ein unmittelbar nach der Enthauptung der Blutzeugen Fisher und Morus zur Verteidigung des königlichen Supremates verfaßtes Buch des Bischofs Gardiner von Winchester trug den bezeichnenden Titel „De vera obedientia". Dagegen übte die von Reginald Pole, einem in Italien lebenden Verwandten des Königs, verfaßte Schrift „Zur Verteidigung der Kircheneinheit" (gedruckt Rom 1538) in England keinerlei Wirkung aus und trug dem Verfasser den Haß Heinrichs ein; seine Mutter Margarete wurde gefangengesetzt und hingerichtet (1541).

Die Klosteraufhebung

Widerstand im Volke regte sich erst, als der König, dem Rat des Lordkanzlers Cromwell folgend, in den Jahren 1535/36 durch eine von ihm ernannte Kommission (zwei Priester: Layton und London, zwei Laien: Legh und Rice), eine allgemeine Klostervisitation durchführen ließ. Ihr Hauptzweck war, die Verfügung über die reichen Klostergüter zu erhalten, um sich zur Verteidigung gegen allfallsige Angriffe zu sichern, seine Privatkasse zu füllen und sich Anhang im Adel zu verschaffen; zugleich sollte der Ordensstand durch Aufdecken moralischer Fehler diffamiert werden. Gestützt auf die mit Anklagen gegen den Lebenswandel der Ordensleute gefüllten Berichte der Visitatoren verfügte der König mit Billigung des ihm gefügigen Parlamentes am 4. April 1536 die Aufhebung von 291 kleineren Klöstern (lesser monasteries), davon 191 Männer- und 100 Frauenklöster, die unter 200 Pfund jährliche Einkünfte hatten, und zog ihr liegendes und bewegliches Vermögen ein. Die materielle Versorgung der Insassen ließ viel zu wünschen übrig, doch sind die zahlreichen Klagen darüber nicht zu verallgemeinern[8]. Da aber die Konfiskation (und teilweise Verschleuderung) der Klostergüter nicht nur deren Hintersassen und Dienstleute, sondern auch die Bewohner der angrenzenden Gegenden finanziell schwer traf und das Vorgehen der Visitatoren den Unwillen des Volkes erregte, brachen zuerst in der Grafschaft Lincoln, dann in Nordengland Aufstände aus. Dort erklärte der Führer der „Pilgrimage of Grace", Robert Aske, die Aufhebung der Klöster bedeute den Ruin der Religion in England; die königliche Suprematie widerspreche dem göttlichen Gesetz. Mit 9000 Mann marschierte er gegen York und führte

[8] *Knowles,* Religious Orders in England III 402ff; vgl. auch *G. Baskerville,* English Monks and the Suppression of the Monasteries (London 1955).

vertriebene Mönche und Nonnen in ihre Klöster zurück. Da er sich aber auf Verhandlungen einließ und einem Amnestieversprechen Glauben schenkte, gewann der König Zeit zur Abwehr. Der Aufstand wurde blutig unterdrückt, Aske hingerichtet.

Die erste Aufhebungswelle hatte nur die kleineren Klöster erfaßt. Zwischen 1537 und 1540 lösten sich auch die größeren Klöster der monastischen Orden großenteils durch „freiwillige" Übergabe an den König auf, die häufig durch Schuldbekenntnisse ihrer Insassen begleitet und begründet war. Gleichzeitig wurden die Konvente der Bettelorden unterdrückt. „Geräuschlos und ohne Aufsehen, ja meist ohne einen Laut des Bedauerns verschwand ein langvertrauter Stand aus dem Leben Englands."[9] Die am Schluß der Regierung Heinrichs VIII. durch den königlichen Schatzmeister gelegte Abrechnung über den Verkauf der Klostergüter bzw. über die aus ihnen erzielten Einnahmen ergab die für die damalige Zeit gewaltige Summe von 1,3 Millionen Pfund[10].

Bündnispolitik und Glaubensformeln

Das Schisma von 1534 hatte, abgesehen von der Lehre über den päpstlichen Primat, die katholische Glaubenssubstanz noch nicht angetastet. Das geschah erst, als der König, gestützt auf die ihm zugeschriebene Autorität in Glaubenssachen, im Einverständnis mit dem ihm gefügigen Episkopat den Glauben seiner Untertanen seiner Außen- und Konzilspolitik anpaßte. Zwischen 1534 und 1547 hat er nicht weniger als vier Glaubensnormen vorgeschrieben: die Zehn Artikel von 1536, das Bischofsbuch von 1537, die Sechs Artikel von 1539 und das Königsbuch von 1543. In ihnen dringen — in Anpassung an die jeweilige politische Lage — mehr oder weniger die in der Zwischenzeit in England verbreiteten protestantischen Ideen an die Oberfläche.

Den bestehenden Bücherverboten zum Trotz waren reformatorische Schriften schon in den 1520er Jahren vermöge der regen Handelsbeziehungen aus den Niederlanden und aus Deutschland nach England gekommen; es hatten sich wohl Gruppen, aber keine eigentlichen Gemeinden gebildet. William Tyndale, der 1524 den Kreis lutherfreundlicher Theologen in Cambridge verlassen hatte, ließ seine englische Übersetzung des Neuen Testamentes auf dem Kontinent drucken (1526), von wo sie mit anderen, eher antiklerikalen als streng lutherischen Flugschriften aus seiner Feder heimlich auf die Insel kamen. In der Schrift The Obedience of a Christian man trat auch er für die unbedingte Unterordnung unter den König ein, möge er recht oder unrecht handeln (may at his lust do right or wrong). Anhänger der lutherischen Rechtfertigungslehre wurde während seines Aufenthaltes in

[9] *Knowles,* a. a. O. III 365.
[10] *Gasquet,* Heinrich VIII. und die englischen Klöster II 385.

Wittenberg Robert Barnes; durch Cromwell zurückgerufen, wirkte er als Agent in der Ehesache des Königs und für dessen Heirat mit Anna von Cleve, verlor aber dann die königliche Gunst und wurde 1540 als Ketzer verbrannt[11]. Ein Kreis von neuerungsfreundlichen Theologen, der sich im Cardinal's College in Oxford gebildet hatte, wurde durch Wolsey 1528 gesprengt; der bedeutendste unter ihnen, John Frith, flüchtete auf den Kontinent (Marburg) und veröffentlichte in Antwerpen unter dem Titel De Antichristo eine englische Bearbeitung von Luthers Antwort an Ambrosius Catharinus. Am 24. Mai 1530 wurde dem König eine Liste von 251 irrigen Sätzen überreicht, die sich in Schriften englischer Autoren fänden[12]; der König warnte vor ihrer Verbreitung. Als Frith 1533 im Vertrauen auf den bevorstehenden Bruch mit Rom nach England zurückkehrte, wurde er wegen seiner Fegfeuer- und Eucharistielehre hingerichtet. Parallel damit ging die literarische Abwehr. Fishers Confutatio (1523) gehört zu den besten katholischen Kontroversschriften der vortridentinischen Zeit. Später wurde Bischof Gardiner von Winchester, der den Suprematseid geleistet hatte, das Haupt der Mittelpartei, die keine sonstige katholische Glaubenslehre preisgeben wollte. Er vermochte sich jedoch trotz der politischen Vertrauensstellung beim König, die er genoß, nicht gegen den protestantisch gesinnten Primas Cranmer durchzusetzen, dessen Geschmeidigkeit sich dem Wechsel der königlichen Kirchenpolitik anzupassen wußte. Diese aber folgte dem Gesetze der Staatsraison.

Seit dem 30. August 1535 lag der Text der großen Exkommunikationsbulle gegen Heinrich VIII. vor. Der neue Papst, Paul III., zögerte jedoch deren Publikation hinaus, weil er sich der Mitwirkung der großen Mächte bei der Exekution der kirchlichen Zensuren versichern wollte, und dafür schien das geplante Generalkonzil das geeignetste Mittel. Dessen Zustandekommen zu verhindern wurde das konstant festgehaltene Ziel der Politik des Königs. Darum knüpfte er Verhandlungen mit den deutschen Protestanten an; man einigte sich für den Fall, daß das Konzil wider Erwarten doch zusammenträte, auf einen gemeinsamen Protest, aber ein Bündnis mit dem Schmalkaldischen Bund kam nicht zustande, weil die Anfang 1536 in Wittenberg geführten Theologengespräche in den Fundamentalfragen nicht zur Einigung führten: die Wittenberger verweigerten die Anerkennung der Ehescheidung, Heinrich die Annahme der Confessio Augustana[13].

Diese ergebnislosen Verhandlungen, die Konzilsberufung nach Mantua und die Unruhen wegen der Klosteraufhebungen bilden den Hintergrund der am 12. Juli 1536 vom König vorgeschriebenen *Zehn Glaubensartikel*[14].

[11] Über die Schwankungen Barnes' anhand der Fassungen seiner „Supplication" von 1531 und 1534: *Clebsch*, England's Earliest Protestants 58—77; über Frith ebd. 78—136.

[12] Text bei *Hughes*, a. a. O. II 331—346.

[13] *F. Prüser*, England und die Schmalkaldener 1535/40 (Leipzig 1929).

[14] Drucke des Textes und Beurteilung bei *Hughes* I 349 ff, II 29 f; ebd. 30—46 ausführliche Behandlung des Bishop's Book, dessen eigentlicher Titel lautet: The Institution of

Obwohl an vielen Stellen mehrdeutig, verraten sie das Bestreben, den Wittenbergern entgegenzukommen: das Schriftprinzip wird anerkannt, die Rechtfertigung im Anschluß an Melanchthons Loci beschrieben, nur drei Sakramente (Taufe, Eucharistie und Buße) sind ausdrücklich genannt; die Heiligen- und Bilderverehrung wird zwar nicht verboten, aber als Wurzel vieler Mißbräuche betrachtet; das Gebet für die Verstorbenen ist erlaubt, doch hat das Fegfeuer keine Schriftgrundlage.

Die im folgenden Jahr publizierte Institution of a Christian man, das sogenannte *Bishop's Book*, weil von 20 Bischöfen unterzeichnet, war ein Kompromiß zwischen den protestantenfreundlichen und dem konservativen Flügel des Episkopates. In der Art eines großen Katechismus behandelte es die traditionellen Lehrstücke: Credo, Sakramente, Gebote, Paternoster, aber auch das Ave Maria; es erwähnte die vier in den 10 Artikeln beiseite gelassenen Sakramente, aber nicht den Opfercharakter der Messe. Der an der Vorbereitung nicht beteiligte Gardiner bezeichnete es als ein Magazin, wo jeder niedergelegt habe, was ihm zusage. Gleichzeitig ließ der König in mehreren Flugschriften das vom Papst berufene Generalkonzil bekämpfen[15].

Eine neue Annäherung an die deutschen Protestanten schien sich zu Anfang des Jahres 1539 anzubahnen, als Karl V. und Franz I. sich gegen Heinrich VIII. verbanden. Der König schickte einen Gesandten (Christopher Mount) nach Kursachsen und traf Anstalten für die Heirat mit Anna von Cleve. Lutherische Theologen erschienen in London, wurden aber nicht Zeugen einer doktrinellen Annäherung, sondern einer katholischen Reaktion. Die im Oberhaus von den Bischöfen vorgelegten *Sechs Artikel,* denen der König am 28. Juni 1539 zustimmte, geboten unter schweren Strafen die Lehre von der Transsubstantiation, die Kommunion unter einer Gestalt, Priesterzölibat und Mönchsgelübde, Erlaubtheit der Privatmesse und Notwendigkeit der Ohrenbeichte[16]. Diese überraschende Wendung war veranlaßt durch eine Wiederannäherung Frankreichs an England; Heinrich bedurfte nicht mehr der protestantischen Verbündeten gegen eine ihn bedrohende Koalition der Hauptmächte und wollte als „katholischer Fürst" gelten. Der Lordkanzler Cromwell stürzte und wurde enthauptet, Barnes verbrannt; zwei protestantisch gesinnte Bischöfe (Latimer und Shaxton) resignierten, Cranmer dagegen hielt sich. Eine katholische Restauration im Sinne der Sechs Artikel kam nicht zustande.

a Christian Man, containing the Exposition or Interpretation of the Common Creed, of the Seven Sacraments, of the Ten Commandments, and of the Pater Noster and the Ave Maria, Justification and Purgatory.

[15] Die Staatsschrift von 1537 CT XII 767—774; über zwei andere Traktate gegen das Konzil *P. A. Sawada,* Two Anonymous Tudor Treaties on the General Council: JEH 12 (1961) 197—214. Zur gesamten Konzilspolitik Heinrichs VIII. *Jedin,* Gesch. des Konzils von Trient I 244ff, dazu *P. A. Sawada,* Das Imperium Heinrichs VIII. und die erste Phase seiner Konzilspolitik: Reformata reformanda I 476—507.

[16] *Gee-Hardy,* Documents 303—319.

Die Balance zwischen alter und neuer Lehre blieb auch in den letzten Regierungsjahren des Königs, als er mit dem Kaiser gegen Frankreich verbündet war, Maxime der Religionspolitik. Das als Laienkatechismus gedachte *King's Book* (1543)[17] zeigte in der Rechtfertigungslehre Verwandtschaft mit den Wittenberger Artikeln von 1536, betonte aber die Notwendigkeit der guten Werke und warnte davor, „not in this lifetime to presume upon the said benefits of Christ, or take occasion of carnal liberty or security". Die Willensfreiheit wird festgehalten, die unbedingte Prädestination abgelehnt. Die Ekklesiologie bleibt anglikanisch: der Primat des Papstes ist eine menschliche Erfindung, Hüter des rechten Glaubens ist der König, der verpflichtet ist, „to conserve and maintain the true doctrine of Christ", die in der Heiligen Schrift, in den drei alten Symbolen und den vier ersten Konzilien und der Auslegung der Väter niedergelegt ist. In seiner Vorrede sprach der König von der Zeit vor dem Schisma als „der Zeit der Finsternis und des Unwissens".

Dennoch ging die Veränderung der Glaubenssubstanz in Wirklichkeit schon tiefer, als die beiden letztgenannten Glaubensnormen erkennen lassen. Die bisher streng verbotene Bibelübersetzung Tyndales wurde in der Bearbeitung durch John Rogers, der sich unter dem Pseudonym Thomas Matthew verbarg (daher Matthew's Bibel) auf Betreiben Cranmers 1537 freigegeben, ihr Besitz im Jahr darauf jeder Pfarrkirche zur Pflicht gemacht. Ein von Cranmer verfaßtes Homiliar sorgte für entsprechende Auslegung. Der in kirchlichen Dingen konservative Gardiner, lange Zeit politischer Berater des Königs, verlor noch kurz vor dessen Tode († 28. 1. 1547) dessen Gunst und blieb von der Vormundschaft für den erst 9jährigen König Eduard VI. ausgeschlossen.

Die protestantische Welle unter Eduard VI.

In der Zeit der Regentschaft, unter dem maßgebenden Einfluß des Herzogs von Somerset, Oheims des Königs, brach auf breiter Front protestantisches Gedankengut in das Leben der Kirche Englands ein. Man kam dem praktischen Sinn des Engländers entgegen, indem man die neuen Lehren nicht als Glaubensformeln vorschrieb, sondern im Gewand einer neuen Liturgie einführte — unter Beibehaltung mancher hergebrachter Formen (Paramente, Kerzen u. ä.). Wie auf dem Kontinent, so traf auch in England die Abschaffung der Messe die Mitte des katholischen Kirchenverständnisses. Man ging Schritt für Schritt vor. Ende 1547 wurde die Kommunion unter beiden Gestalten gestattet, Meßstiftungen zugunsten der Krone eingezogen. In Flugschriften und Predigten wurde die katholische Eucharistie- und Meßopfer-

[17] A Necessary Doctrine and Erudition for any Christian Man, set forth by the King's Majesty of England (Lo 1543), vgl. *Hughes* a. a. O. II 46—60.

lehre bekämpft. Ein von Cranmer verfaßter, am 8. März 1548 vorgeschriebener englischer Kommunionritus lehnte sich an die hauptsächlich von Butzer verfaßte „Kölner Reformation“ an. Butzer selbst, sein Straßburger Kollege Fagius und der aus Italien geflohene Vermigli kamen nach England. Ein Jahr später (1549) erschien das *Common Prayer Book*[18]. Es veränderte nicht nur Formen (u. a. durch Einführung der englischen Liturgiesprache), sondern auch an entscheidenden Punkten den Lehrgehalt der Liturgie. Es gibt nur zwei von Christus eingesetzte Sakramente, Taufe und Abendmahl. Im Ritus des Supper of the Lord ist der Opfercharakter unterdrückt, es fehlt ein klares Bekenntnis zur Realpräsenz. An die Stelle der täglichen Messe tritt ein Wortgottesdienst, bei dessen Gestaltung Cranmer das Kreuzbrevier des Kardinals Quiñónez benutzte; innerhalb eines Monats wird der ganze Psalter gebetet oder gesungen. Der 1550 eingeführte Ordinationsritus beruhte auf Texten Butzers (De ordinatione legitima ministrorum ecclesiae revocanda, 1549). Zwar wurde die Weihe der Bischöfe, Priester und Diakone (im Unterschied von Butzer) unterschieden, aber die mit der Handauflegung verbundenen Weihegebete waren verändert. Gleichzeitig wurde das Verbot der Priesterehe aufgehoben. Ein königliches Dekret vom 24. November 1550 ordnete die Beseitigung der konsekrierten Altäre an; an ihre Stelle traten hölzerne Tische. Als der Bischof von Chichester die Durchführung des Dekretes verweigerte, wurde er eingekerkert und abgesetzt. In der revidierten Form des Prayer Book, das an Allerheiligen 1552 in Kraft trat, verschwand auch der bisher noch eingehaltene Ritus der Krankenölung sowie die Taufsalbung und das Gebet für die Verstorbenen beim Begräbnis. Die Teilnahme an der neuen Liturgie ist verpflichtend: Wer an anderen Riten teilnimmt, wird beim ersten Mal mit 6 Monaten Gefängnis, beim zweiten Mal mit einem Jahr, beim dritten mit lebenslänglicher Haft bestraft. Erst jetzt, am Schluß der Regierung Eduards VI., wurde der neue Glaubensinhalt in 42 von Cranmer entworfenen Artikeln zusammengefaßt und vorgeschrieben.

Weder der Sturz Somersets (1549) noch die Opposition einzelner Bischöfe (insbesondere gegen den neuen Ordinationsritus), noch die Passivität eines großen Teils des Seelsorgsklerus hatte diese Entwicklung zu hindern vermocht. Als das Prayer Book in Devonshire eingeführt wurde, widersetzte sich in vielen Pfarreien das Volk und verspottete die neue Liturgie „like a Christmas Game“, jedoch ohne Erfolg. Die Beschlagnahme der Kirchenschätze (Kelche, Monstranzen), die unter Heinrich VIII. begonnen hatte, aber erst jetzt zum Abschluß kam, wurde — wenn auch erbittert — hingenommen; man beklagte den Verlust caritativer Wohltaten, die früher von kirch-

[18] The booke of the common prayer and administration of the Sacramentes, and other rites and ceremonies of the Churche after the use of the Churche of England (London 1549); vgl. *F. Procter - W. H. Frere,* A New History of the Book of Common Prayer (London 1951); Neuausgabe, ed. *E. S. Gibson* (London 1960); weitere Lit. LThK² II 604, dazu *E. R. Rathcliff,* The Liturgical Work of Archbishop Cranmer: JEH 7 (1956) 189—203.

lichen Stiftungen ausgegangen waren, und das Eingehen vieler Pfarrschulen. Dennoch schwand die bisherige Glaubenssubstanz mit den sie schützenden liturgischen Formen unaufhaltsam dahin. Der Verlust war so schwer, daß die Restauration unter Maria der Katholischen und Kardinal Pole ihn nicht mehr wettzumachen vermochte[19]. Sie kam zu plötzlich, war zu kurz und ebenfalls gouvernemental. Der hohe wie der niedere Klerus, der sich den Kirchengesetzen unter Heinrich VIII. und Eduard VI. gebeugt hatte, an seiner Spitze der zum Lordkanzler erhobene Gardiner, war kein glaubwürdiger, erst recht kein eifriger Exekutor der neuen Gesetze. Die Strenge, mit der Königin Maria gegen Cranmer (hingerichtet am 21. 3. 1556) und andere Gegner ihres Regimes vorging, erweckte diesem keine Sympathie; das bald nach ihrem Tode (lateinisch 1559, englisch 1563) veröffentlichte Book of Martyrs von John Fox sorgte für deren Verherrlichung. Die vom Kontinent (Frankfurt, Straßburg, Zürich) zurückkehrenden Emigranten wurden die Träger des Ausbaus der anglikanischen Kirche unter Elisabeth I.

Die Ecclesia Anglicana unter Elisabeth I. (1558—1603)

Elisabeth, die hochgebildete und kluge Tochter Anna Boleyns, sicherte zuerst durch eine überaus vorsichtige Außenpolitik ihren Thron; über die Richtung ihrer inneren Kirchenpolitik bestand von Anfang an kein Zweifel. Eine neue Supremats- und Uniformitätsakte (1559) setzte zehn unter Maria aufgehobene Kirchengesetze Heinrichs VIII. und Eduards VI. sowie das Prayer Book von 1552 wieder in Kraft[20]. Die ihnen widerstrebenden, unter Maria ernannten Bischöfe wurden abgesetzt, und an ihre Stelle traten neue, die den Suprematseid zu leisten bereit waren, an ihrer Spitze als Erzbischof von Canterbury Matthew Parker. Die auf die Eidverweigerung gesetzten Strafen wurden jedoch gemildert (Amtsverlust, nur bei Verteidigung des päpstlichen Primates im zweiten Rückfall die Todesstrafe), die Teilnahme am Sonn- und Festtagsgottesdienst unter Geldstrafe (12 Pence je Fall) vorgeschrieben. Die wenigen unter Maria wiedererstandenen Klöster wurden aufgehoben. Der Trennungsstrich gegen die Verteidiger des alten Glaubens war also eindeutig gezogen. Ihre schonungslose Verfolgung setzte jedoch erst ein, als Pius V. über die Königin die große Exkommunikation und Absetzung ausgesprochen hatte (s. S. 541). Dagegen wurden die immer noch zahlreichen Geistlichen und Laien, die der neuen Ordnung abgeneigt waren

[19] England, surely, was no longer a Catholic country by 1553, sagt *Hughes,* a. a. O. II 302. Zahlreiche Beispiele für die Zerstreuung der Kirchenschätze, auf Grund der Inventare von 1552 bei *H. B. Walters,* London Churches at the Reformation (London 1939). Über die Kath. Restauration unter Königin Maria vgl. S. 502.

[20] Vgl. *J. E. Neale,* The Elizabethan Acts of Supremacy and Uniformity: EHR 65 (1950) 303—332.

oder ihr indifferent gegenüberstanden, bewußt geschont. Die von der Klerusversammlung von 1563 formulierten 39 Glaubensartikel waren eine Bearbeitung der Cranmerschen 42 Artikel von 1552[21], sie atmeten reformierten, nicht lutherischen Geist. Die Apologia ecclesiae Anglicanae des Bischofs von Salesbury, John Jewel (1562 lateinisch, 1564 englisch), rechtfertigte den neuen Glauben und die neue Ordnung. Für den Gebrauch der Pfarrer bestimmt war das Book of Homilies (1562). Bischöfliche Visitationen, die seit 1568 durchgeführt wurden, sorgten für die Entfernung alles dessen, was noch an die katholische Vergangenheit erinnerte. Die Geistlichkeit wurde streng überwacht, unter Heranziehung der Churchwarden und Schullehrer. Die bischöfliche Verfassung, die Domkapitel und das Amt der Archidiakone blieben unter dem Dach der königlichen Suprematie bestehen. Als der Calvinist Cartwright in Cambridge die Einführung des Genfer Presbyterianischen Systems forderte, trat ihm John Whitgift entschieden entgegen; er wurde 1583 Erzbischof von Canterbury. Am Ende der elisabethanischen Epoche faßte Richard Hooker in seinen „Laws of Ecclesiastical Polity" (1593) Lehre und Verfassung der nunmehr gefestigten anglikanischen Kirche zusammen[22]. Die Formung eines neuen Typs unter den Reformationskirchen war damit abgeschlossen[23]. Die offizielle Bibelübersetzung kam allerdings erst unter Jakob I. zustande[24].

28. Kapitel

Der Kampf um die rechte Lehre im Luthertum

LITERATUR: Allgemein: *Ch. A. Salig,* Vollständige Historie der Augspurgischen Confession I—III (Halle 1730/1733/1735); *G. J. Planck,* Gesch. der Entstehung, der Veränderungen und der Bildung unsers protestantischen Lehrbegriffs vom Anfang der Reformation bis zu der Einführung der Concordienformel I—VI (Leipzig 1791/1800); *H. Heppe,* Gesch. des deutschen Protestantismus I—IV (Marburg 1852/59); *H. R. Frank,* Die Theologie der Concordienformel, 4 Bde (Erlangen 1858/65); *F. Loofs,* Leitfaden

[21] Vergleich der beiden *Hughes* a. a. O. II 152 ff.

[22] *P. Munz,* The Place of Hooker in the History of Thought (London 1952).

[23] Anschauliche, mit vielen Details belegte Schilderung der kirchlichen Zustände bei *A. L. Rowse,* The England of Elizabeth. The Structure of Society (London 1950) 386—437, der trotz seiner günstigen Beurteilung der Kirchenpolitik Elisabeths (die als tolerant und liberal gepriesen wird) zu dem Ergebnis kommt (420): The old observances lingered on in country places, in some areas long and tenaciously. Im Kapitel über die Minderheiten, Katholiken und Puritaner (438—488), erklärt er die Härte der Katholikenverfolgung seit Pius V. damit, daß die ersteren während der Auseinandersetzung mit Spanien eine „fünfte Kolonne" bildeten. Für das geistige Leben wichtig: *P. H. Kocher,* Science and Religion in Elizabethan England (San Marino/Calif. 1953).

[24] *D. Daiches,* The King James Version of the English Bible. An account of the development and sources of the English Bible of 1611 with special reference, to the Hebrew Tradition (Chicago 1941).

zum Studium der Dogmengeschichte (Halle [4]1906); *P. Tschackert,* Die Entstehung der lutherischen und der reformierten Kirchenlehre (Göttingen 1910); *O. Ritschl,* Dogmengeschichte des Protestantismus (= DG) I—IV (Leipzig 1908/12, Göttingen 1926/27); *R. Seeberg,* Lehrbuch der Dogmengeschichte IV, 2 (Leipzig [3]1920; Neudruck [5]1959); *H. E. Weber,* Reformation, Orthodoxie und Rationalismus Tl. I 1.2 (Gütersloh 1937/40; Neudruck Darmstadt 1966); *P. Meinhold,* Philipp Melanchthon (Berlin 1960); *R. Stupperich,* Der unbekannte Melanchthon (Stuttgart 1961); *F. W. Katzenbach,* Die Reformation in Deutschland und Europa (Gütersloh 1965); *W. Preger,* Matthias Flacius Illyricus und seine Zeit, 2 Bde (Erlangen 1859/61; Nachdruck Hildesheim - Nieuwkoop 1964); *K. Aland,* Die theologische Fakultät Wittenberg während des 16. Jh.: *ders.,* Kirchengeschichtliche Entwürfe (Gütersloh 1960) 283—394; *L. Theobald,* Einiges über die Lebensschicksale des Gallus während seiner Regensburger Superintendentenzeit: ZBKG 19 (1950) 67—77, 20 (1951) 100; *H. W. Gensichen,* Damnamus. Die Verwerfung von Irrlehre bei Luther und im Luthertum des 16. Jh. (Berlin 1955); *M. Mirkovic,* Matjia Vlac'c Ilirik (Zagreb 1960); *J. Massner,* Kirchliche Überlieferung und Autorität im Flaciuskreis (Berlin - Hamburg 1964).

Antinomistischer Streit: *G. Kawerau,* Der Ausbruch des antinomistischen Streites: ThStK 53 (1880) 24—48; *ders.,* Briefe und Urkunden zur Gesch. des antinomistischen Streites: ZKG 4 (1880/81) 299—324 437—465; *ders.,* Beiträge zur Gesch. des antinomistischen Streites: Beiträge zur Reformationsgeschichte, Köstlin gewidmet (Gotha 1896) 60 bis 80; *ders.,* RE [3]I (1896) 585—592; *J. Werner,* Der erste antinomistische Streit: NKZ 15 (1904) 801—824 860—873; *G. Hammann,* Nomismus und Antinomismus innerhalb der Wittenberger Theologie von 1524—30 (Diss. Bonn 1952); *R. Hermann,* Zum Streit um die Überwindung des Gesetzes (Weimar 1958); *G. Rosenberger,* Gesetz und Evangelium in Luthers Antinomerdisputationen (Theol. Diss. masch. Mainz 1958); *J. Rogge,* Johann Agricolas Lutherverständnis. Unter bes. Berücksichtigung des Antinomismus (Berlin 1960).

Synergisten- und Majoristenstreit: *C. Schlüsselburg,* Catalogus Haereticorum V (De Synergistis, Frankfurt 1611), VII (De Maioristis, Frankfurt 1599); *Ch. E. Luthardt,* Die Lehre vom freien Willen und seinem Verhältnis zur Gnade in ihrer geschichtlichen Entwicklung dargestellt (Leipzig 1863); *G. L. Schmidt,* Justus Menius, 2 Bde (Gotha 1867); *Kawerau,* RE [3]XIX 229—235 (Synergismus); *K. D. Schmidt,* Der Göttinger Bekehrungsstreit 1566—70: Zschr. der Ges. für niedersächsische KG 34/35 (1929) 66—121; *H. Kropatscheck,* Das Problem theologischer Anthropologie auf dem Weimarer Gespräch von 1560 zwischen Matthias Flacius Illyricus und Viktorin Strigel (Theol. Diss. masch. Göttingen 1943); *L. Haikola,* Gesetz und Evangelium bei Matthias Flacius Illyricus (Lund 1952); *R. Bring,* Das Verhältnis von Glauben und Werken in der lutherischen Theologie (München 1955); *G. Moldaenke,* Schriftverständnis und Schriftdeutung im Zeitalter der Reformation, Tl. I: Matthias Flacius Illyricus (Stuttgart 1936).

Adiaphoristenstreit: *C. Schlüsselburg* Bd 13 (1599); *H. Ch. Hase,* Die Gestalt der Kirche Luthers. Der casus confessionis im Kampf des Matthias Flacius gegen das Interim von 1548 (Göttingen 1940); *C. L. Manschreck,* The Role of Melanchthon in the Adiaphora Controversy: ARG 48 (1957) 165—182; *H. Scheible,* Melanchthons Brief an Carlowitz: ARG 57 (1966) 102—130.

Der Osiandrische Streit: *W. Möller,* Andreas Osiander (Elberfeld 1870); *A. Ritschl,* Die Rechtfertigungslehre des Andreas Osiander: Die christliche Lehre von der Rechtfertigung und Versöhnung I (Bonn [3]1889) 235—255; *E. Hirsch,* Die Theologie des Andreas Osiander (Göttingen 1919); *M. J. Arntzen,* Mystieke rechtvaardigingsleer. Een bijtrage ter beordeling van de theologie van Andreas Osiander (Kampen 1956).

Abendmahlsstreit: *A. Ebrard,* Das Dogma vom Abendmahl und seine Gesch., 2 Bde (Frankfurt a. M. 1845); *A. W. Dieckhoff,* Die evangelische Abendmahlslehre im Reformationszeitalter geschichtlich dargestellt I (Göttingen 1854); *G. L. Plitt,* Melanchthons Wandelung in der Abendmahlslehre: Zschr. f. Protestantismus und Kirche NF 56

(1868) 65—101; *G. Mönckeberg,* Joachim Westphal und Joh. Calvin (Hamburg 1865); *C. H. W. Sillem,* Briefsammlung des J. Westphal 1530—75, 2 Bde (Hamburg 1903); *R. Calinich,* Kampf und Untergang des Melanchthonismus in Kursachsen (Leipzig 1866); *J. F. A. Gillet,* Crato v. Crafftheim und seine Freunde, 2 Bde (Frankfurt 1860/61); *H. Gollwitzer,* Coena Domini. Die altlutherische Abendmahlslehre in ihrer Auseinandersetzung mit dem Calvinismus dargestellt an der lutherischen Frühorthodoxie (München 1937); *E. Bizer,* Studien zur Gesch. des Abendmahlstreites im 16. Jh. (1940; Neudruck Darmstadt 1962); *H. Grass,* Die Abendmahlslehre bei Luther und Calvin (Gütersloh ²1954).

Als aus dem leidenschaftlichen Protest Luthers innerhalb der einen Kirche sich allmählich ein eigenes Kirchenwesen außerhalb der alten Kirche und gegen sie entwickelte, stellte sich die Frage nach dem Unterscheidenden, nach dem Reformatorischen. Man stand vor der Aufgabe, ein eigenes positives Bekenntnis der rechten Lehre für die neuen reformatorischen Gemeinden aufzustellen. Es genügte nicht mehr, nur Korrekturen und Proteste an der Überlieferung anzubringen, man mußte nun auch das bisher als Grundlage selbstverständlich Vorausgesetzte mit in das Bekenntnis aufnehmen. Anderseits stellte sich heraus, daß der in seiner einseitigen Betonung des reformatorischen Anliegens bestechende Entwurf des Anfangs sowohl gegen Mißverständnisse abgesichert als auch erweitert und korrigiert werden mußte.

Luthers Kampf gegen den Papst für die evangelische Freiheit wurde vielfach als Freibrief für Aufruhr, Klosterplünderung und sittliche Ungebundenheit verstanden. „Da ist keine Furcht Gottes noch Zucht mehr, weil des Papstes Bann ist abgekommen. Und es tut jedermann, was er nur will" (WA Br 4, 133, 11 f), und das „unter dem Vorwand des Evangeliums" (WA 32, 219, 28). Melanchthon gibt zu: „Manches tadeln die Papisten bei uns nicht ohne Grund" (CR 4, 960). Für die von ihm klar erkannte sittliche Verwahrlosung macht er 1527 diejenigen verantwortlich, die „aus übergroßem Haß gegen den Papst alles, Gutes wie Schlechtes, in gleicher Weise verdammen" (CR 4, 959). Dagegen wollte er in seinem „Unterricht der Visitatoren" „ohne bittere Worte die Sache selbst" zur Sprache bringen. „Für eine derartige Mäßigung hatte ich viele Gründe. Ich wollte nämlich nicht die Raserei des Aureus und ähnlicher Genossen nähren, die meinen, dies einzig und allein sei das Evangelium lehren: mit höchster Polemik und Erbitterung gegen die, die anders als wir denken, gleichsam wie Fuhrknechte loszuschelten. Ich weiß sehr gut, welchen Haß mir bei gewissen Leuten diese meine Umsicht einträgt. Aber es galt mir mehr, darauf zu sehen, was Gott gefiel, als darauf, wie ich mir jene gewinnsüchtigen Ankläger versöhne, von denen ich jetzt wie ein Häretiker und Schwärmer behandelt werde" (CR 1, 898 f). Daraufhin wurde Melanchthon vielfach des Kleinmutes und der Furchtsamkeit bezichtigt. „Aber diese meine Mäßigung reut mich nicht, auch wenn unser Hof es bisweilen als Kleinmut und Furchtsamkeit ausgelegt hat", schreibt er im Oktober 1536 an Cruciger (CR 3, 179). Melanchthon verstand Reformation nicht als bloß negative Kritik. Seine Sorge galt der Einheit der Kirche. „Ich bitte Dich durch Christus", schreibt er 1527 an Casper Aquila, „daß Du gemäßigt lehrest und für die Eintracht der Kirche Sorge trägst und die Gegner durch Geduld besiegst, und mit Schmähsüchtigen nicht dadurch kämpfst, daß Du selbst schmähst . . . Vieles wird jetzt dank göttlicher Gnade besser in der Kirche gelehrt als früher. Aber manches lehrten einige einst besser als jetzt ungelehrte Lutheraner. Deine Aufgabe ist es, die Seelen sowohl der Gegner wie Deines Volkes zu heilen, und nicht den Haß der Parteien zu nähren" (CR 1, 960).

Melanchthon tadelte aber nicht nur den Übereifer mancher Schreier, er hatte auch den Mut und das Verantwortungsbewußtsein, an seiner eigenen Theologie sachliche Korrekturen anzubringen. 1530 will er seinen Schülern nicht mehr seine Loci von 1521, die Luther damals für kanonwürdig erklärt hatte, empfehlen. Vieles, was in ihnen noch zu roh sei, habe er zu ändern beschlossen. Er verweist statt dessen auf seine Kolosserbrieferklärung von 1527 (CR 2, 457). Ähnlich gibt er 1532 seinen Kommentar zum Römerbrief heraus, um die Nachschrift seiner Vorlesung von 1521 zu unterdrücken[1]. Ausdruck dieses Wandels seiner Theologie sind die verschiedenen Fassungen seiner „Loci". Vor diesem Hintergrund sind die verschiedenen „philippistischen" Streitigkeiten zu sehen.

Der Antinomistenstreit

Schon 1524 wurde in Tetschen von evangelischen Predigern die These vertreten: „Den Juden ist das Gesetz gegeben, nicht uns Heiden. Deshalb gehen uns das Gesetz oder die Zehn Gebote nichts an" (WA 15, 227, 5f). Gegenüber solchen Predigern, die „unbescheiden von christlicher Freiheit reden" (St. A. I 235, 12), betont Melanchthon: „Wer in den Kirchen lehrt, möge sorgsam die Lehre vom Gesetz weitergeben. Wird die Lehre vom Glauben ohne Gesetz übergeben, entstehen nämlich unzählige Skandale. Das Volk wird sicher, und sie träumen, sie hätten die Gerechtigkeit des Glaubens, weil sie nicht wissen, daß der Glaube nur in denen sein kann, die durch das Gesetz zerknirschte Herzen haben" (CR 26, 28). „Jetzt ist es üblich, vom Glauben zu reden, und dennoch kann nicht verstanden werden, was Glaube ist, wenn nicht vorher Buße gepredigt wird. Offensichtlich gießen die neuen Wein in alte Schläuche, die den Glauben ohne Buße, ohne die Lehre der Furcht Gottes und des Gesetzes verkündigen und das Volk an eine gewisse fleischliche Sicherheit gewöhnen. Diese Sicherheit ist schlimmer als alle Irrtümer vorher unter dem Papst" (CR 26, 9).

[1] Studienausgabe (= St. A.) V 26, 5—8.

An dieser Auffassung, daß vor dem Glauben die Predigt des Gesetzes zunächst Buße und Reue bewirken müsse, nahm Johannes Agricola (1499 bis 1566) aus Eisleben Anstoß (vgl. Kap. 19). Er verfaßte eine „Zensur" (CR 1, 915) gegen Melanchthons Visitationsartikel (CR 26, 7—28). „Er tadelt", so berichtet Melanchthon, „daß ich nicht lehre, die Buße nehme ihren Anfang mit der Liebe zur Gerechtigkeit, daß ich allzu sehr auf die Predigt des Gesetzes erpicht sei, daß ich manchmal die Schrift in übler Weise verkehrt habe, daß ich an einigen Stellen die christliche Freiheit verletzt habe. Er macht mich zu einem zweifachen Papisten" (CR 1, 920). Agricola sieht im Gesetz lediglich einen Ausdruck des Zornes Gottes. Es ist durch die Offenbarung der Gnade Gottes im Evangelium für den Christen abgetan. Die 10 Gebote habe Christus nur den Juden gepredigt. „Da wir aber vom Gesetz befreit sind, ist der Dekalog nicht zu predigen" (CR 1, 916). Moses „gehet die Heiden nichts an"[2]. So hat auch die Buße nicht mit Gesetzespredigt, sondern mit der Liebe zur Gerechtigkeit anzufangen. Mit dieser seiner Auffassung meinte Agricola, Luther gegen Melanchthon, der „wieder zurückkröche" (vgl. WA Br 4, 265; s. o. S. 241), verteidigen zu müssen.

Ende November 1527 berief der kurfürstliche Hof einen theologischen Konvent nach Torgau. Durch Luthers Vermittlung kam es zu einem vorläufigen Ausgleich zwischen Melanchthon und Agricola[3].

Im zweiten antinomistischen Streit trat Agricola gegen Luther selbst auf. Der Kurfürst hatte ihm Weihnachten 1536 eine Stelle an der Universität Wittenberg in Aussicht gestellt. Daraufhin siedelte Agricola sogleich nach dort über. Mit seiner Familie fand er Aufnahme in Luthers Haus und wurde mehrfach von ihm mit seiner Vertretung betraut. Doch schon bald sollte der alte Streit, der schon vergessen schien, von neuem entbrennen. In einer im Juni herausgegebenen Predigtsammlung vertrat Agricola die These von einer „doppelten Offenbarung: einer ersten der Gnade, einer zweiten des Zorns" (CR 3, 386).

Als Richter wird Gott, wenn er als solcher überhaupt in Agricolas Denken Platz hat, erst durch das Evangelium kund: Hier ist der Zorn Gottes geoffenbart; aber nicht für alle, die vor Gott schuldig sind, sondern nur über all die, die die erste Offenbarung der Gnade aus falscher Sicherheit heraus verlachen und verspotten[4]. Gleichzeitig ließ Agricola eine Thesensammlung zirkulieren, in der er den jungen Luther gegen den späteren auszuspielen versuchte. Er „bestreitet, daß in der Kirche der Dekalog zu lehren sei, und macht eine Sammlung von reinen und unreinen Stellen den Dekalog betref-

[2] Agricola, 130 gemeine Fragstücke (Wittenberg 1528): *F. Cohrs,* Die evangelischen Katechismusversuche vor Luthers Enchiridion II (Berlin 1900) 293, 17f.

[3] Vgl. die Kompromißformel, die Melanchthon in den Unterricht der Visitatoren aufnahm: St. A. I 222, 14—27; WA 26, 202f.

[4] *J. Rogge,* Johann Agricolas Lutherverständnis (Berlin 1960) 140f; vgl. dazu WA 22, 86, 32ff.

fend aus Luthers und meinen Schriften", schreibt Melanchthon Mitte Juli 1537 an Brenz (CR 3, 391; vgl. CR 3, 386).

Während Luther die Auseinandersetzung von 1527 nicht allzu ernst genommen hatte, war er jetzt über Agricolas Position bestürzt: „Das wil sich bereidt anheben nobis viventibus a nostris!" (WA Tr 3, 405, 6.) In einer Predigt vom 30. September 1537 (WA 45, 145—156) legte er seine eigene Auffassung von Gesetz und Evangelium gegenüber Agricola dar. Dieser suchte seinen Lehrer zu beschwichtigen[5] und war noch auf einen Ausgleich bedacht. Zur offenen Auseinandersetzung kam es, als er Ende Oktober seine Evangeliensummarien[6] in Druck gab. Luther erfuhr davon und veranlaßte die Einziehung der bereits gedruckten Bögen (CR 3, 454).

Mit seinen Gegenthesen (WA 39 I 342—354) veröffentlichte er die erwähnte antinomistische Thesensammlung Agricolas und ließ am 18. Dezember 1537 die erste Disputation abhalten (WA 39 I 360—417). Als Dekan an der Theologischen Fakultät entzog Luther am 8. Januar 1538 Agricola die venia legendi (WA Br 8, 186).

Durch Vermittlung von Agricolas Frau kam es noch einmal zu einer Versöhnung zwischen beiden. Diese öffentlich kundzutun, veranstaltete man eine zweite Disputation am 12. Januar (WA 39 I 418—485). Dabei wurden aber die eigentlichen Streitpunkte nicht ausgetragen, so daß in einer dritten Antinomerdisputation[7] vom 6. September der Konflikt erneut ausbrach. Luther verlangte nun einen endgültigen Widerruf von Agricola, und der Hof drohte, ihm sein Gehalt zu sperren. Agricola verfaßte daraufhin eine „Form der Revokation", die er Melanchthon als Vermittler vorlegte und die dieser umarbeitete. Zugleich wandte Agricola sich an Luther selbst, „der Doctor solt ihm selber ein form stellen" (WA 50, 465). Luther ging darauf ein und schrieb in Form eines offenen Briefes an den Prediger von Eisleben Caspar Güttel die Abhandlung „Wider die Antinomer" (WA 50, 468—477). Von Agricola verlangte Luther im Januar 1539 Disputationsthesen, die dieser für den 1. Februar vorlegte[8]. Darüber kam es wieder zum Zwist. Agricola beklagte sich beim Kurfürsten über Luther (vgl. WA 51, 425—444) und floh noch während der Verhandlung nach Berlin, wo er eine Stelle als Hofprediger bei Kurfürst Joachim II. annahm.

Sachlich setzte sich Luther mit der Frage der Bedeutung des Gesetzes noch in seiner Schrift „Von den Konziliis und Kirchen" von 1539 (WA 50, 599, 5 ff) und in einer Thesenreihe vom September 1540 (WA 39 I 358) auseinander.

Im antinomistischen Streit geht es bereits um das rechte Lutherverständ-

[5] Vgl. Joh. Agricolas Verzeichnis, was er bisher gelehrt habe: ZKG 4 (1881) 304 f.

[6] *K. E. Förstemann*, Neues Urkundenbuch zur Gesch. der evangelischen Kirchenreformation I (Hamburg 1842) 296 ff; vgl. WA 51, 431, 33 — 432, 24; *J. Rogge* a. a. O. 156—164.

[7] WA 39 I 486—584, vgl. *J. Rogge* a. a. O. 187.

[8] Text: ZKG 4 (1881) 313 ff; WA Br 12, 277 ff.

nis. Agricola meinte, Luther lehre in seinen Schriften zwei verschiedene Weisen von Rechtfertigung: „die eine Weise sei durch Gesetz und Evangelium, die andere ohne Gesetz nur durch das Evangelium". Deshalb wünschte er eine Entscheidung, welche Weise richtig sei, „damit die Kirche, die nach uns kommen wird, nicht in Verlegenheit sei, wenn sie sieht, daß beides gesagt und gelehrt sei"[9]. Er suchte das Problem zu lösen, indem er Äußerungen des jungen Luther zu einem einheitlichen System auszog. Luther war über den Streit, der schon zu seinen Lebzeiten um sein Erbe entbrannte, bestürzt. Sein Kampf war so hart und unerbittlich, weil er als Konsequenz der Lehre Agricolas Laschheit und Willkür befürchtete: „Da wird dann eitel süße Gnade, das ist großer unendlicher Mutwille und Büberei folgen, der nicht wird können zu steuern sein."[10]

Der Synergistenstreit

Agricola hatte den früheren Luther gegen den späteren ausgespielt. In der Lehre von der Alleinwirksamkeit der Gnade bei der Weckung des rechtfertigenden Glaubens und von der Unfreiheit des Willens bezüglich des Heils beschuldigte man Melanchthon, von Luther abzuweichen. „Du weißt", schreibt Melanchthon am 22. Juni 1537 an Veit Dietrich, „daß ich, was die Prädestination, die Zustimmung des Willens, die Notwendigkeit unseres Gehorsams und die Todsünde anbetrifft, manches etwas weniger grob sage. Zu all diesen Punkten weiß ich, daß Luther der Sache nach dasselbe denkt, aber die Uneinsichtigen lieben gewisse seiner überspitzten Aussprüche allzu sehr, obwohl sie nicht sehen, in welchen Zusammenhang sie gehören" (CR 3, 383).

Luther wie Melanchthon hatten in den Jahren 1520/21 einen strengen Determinismus vertreten: „Alles geschieht mit absoluter Notwendigkeit. Dies wollte auch der Dichter, wenn er sagte: Alles besteht nach einem bestimmten Gesetz."[11] „Auch die schlechten Werke wirkt Gott in den Gottlosen" (WA 7, 144, 34). Vom Glauben hatte Luther gesagt, er sei „Werk Gottes in uns ohne uns" (WA 6, 530). Praktisch hatte Luther aber immer die Eigentätigkeit des Menschen aufgerufen, somit wohl eine Allwirksamkeit Gottes, aber nicht konsequent seine Alleinwirksamkeit gelehrt. Ab 1527 versuchte Melanchthon, sich vom Determinismus, von den stoischen Auffassungen, wie er sich später ausdrückte[12], freizumachen. Betont sprach er

[9] WA Br 8, 279, 5 f 14 f; *J. Rogge*, a. a. O. 165 f datiert den Brief auf Dezember 1537.
[10] WA Tr 4, 452, 14 f; vgl. 468, 16; 513 f.
[11] Assertio 1520: WA 7, 146, 7 ff; vgl. Loci 1521: St. A. II 10, 11 ff.
[12] Vgl. CR 21, 652; CR 9, 766: „Ich habe bei Leben Lutheri und hernach diese Stoica et Manichaea deliria verworfen, daß Luther und andere geschrieben haben, alle Werk, gut und bös, in allen, guten und bösen, müßten also geschehen. Nun ist öffentlich, daß diese Rede wider Gottes Wort ist, und ist schädlich wider alle Zucht, und lästerlich wider Gott" (1559).

im Anschluß an die Väter von dem freien Willen des Menschen als der „Fähigkeit, sich der Gnade zuzuwenden" (St. A. II 245, 30f). Wenn Gott nach 1 Tim 2, 4 will, daß alle Menschen gerettet werden, dann mußte der Grund dafür, daß die einen gerettet, die anderen verdammt werden, beim Menschen liegen. Während Luther diese Schriftstelle zu entkräften suchte, indem er übersetzte, „welcher will, daß alle Menschen genesen bzw. gesund werden"[13], konnte Melanchthon sich ihrem Gewicht nicht entziehen. „Da wir vom (geoffenbarten) Wort ausgehen müssen und da die Verheißung universal ist, urteilen wir von daher, daß in uns eine Ursache der Erwählung liegt, nämlich eine Instrumentalursache, die Verheißung zu ergreifen."[14] Wenn auch Melanchthon den menschlichen Willen, der der Verheißung zustimmt, als eigenen Faktor aufführt (vgl. CR 21, 658), so handelt es sich doch hierbei nicht um einen autonomen menschlichen Willen, sondern um den Willen, der, vom Heiligen Geist unterstützt, die vorausgehende Gnade begleitet (CR 12, 481; St. A. II 243, 20 — 244, 11; CR 9, 970). Bei der Bekehrung wirken demnach drei Ursachen zusammen: Gottes Wort, der Heilige Geist und der menschliche Wille, der dem Wort zustimmt und nicht widerstreitet (CR 21, 658; St. A. II 243, 14—17).

In Anlehnung an das Augsburger Interim (VI § 1, s. o. S. 303) heißt es im Leipziger Interim: „Wiewohl Gott den Menschen nicht gerecht macht durch Verdienst eigener Werke, die der Mensch tut . . ., gleichwohl wirket der barmherzige Gott nicht also mit den Menschen, wie mit einem Block, sondern zieht ihn also, daß sein Wille auch mitwirket, so er in verständigen Jahren ist" (CR 7, 51). Daran nahm 1549 der Hamburger Superintendent Johannes Äpinus (1499—1553), der um eben dieselbe Zeit einen Streit um die Höllenfahrt Christi veranlaßte[15], Anstoß: „Der Mensch könne durch seinen freien Willen so wenig wie ein Block durch die Unbeweglichkeit und ein Schwein durch seinen Unverstand zum Evangelium und Reich Christi kommen." Matthias Flacius (1520—75) und Nikolaus Gallus (1516—70) sahen damals schon in der Formulierung des Leipziger Interims „ein Papistisch meritum de congruo begraben"[16]. Melanchthons Schüler Georg Major (1502—74), Victorin Strigel (1524—69) und später Johannes Pfeffinger (1493—1573), lehrten ausdrücklich die Notwendigkeit der Mitwirkung des freien Willens bei der Rechtfertigung. Pfeffinger war seit 1544 Professor in Leipzig. In zwei Disputationen vertrat er 1555 in Anlehnung an Melanchthon die These, daß bei der Bekehrung die Zustimmung unseres Willens erforderlich sei. Dabei sprach er von einer gewissen synergia des Willens. Obwohl nach ihm wie nach Melanchthon der Wille dazu auf die Hilfe des Heiligen Geistes angewiesen ist, warf Nikolaus Amsdorf ihm vor, er lehre

[13] Vgl. *E. Hirsch,* Hilfsbuch zum Studium der Dogmatik (Berlin 1964) 157.
[14] Disputatio de sententia: Deus vult omnes homines salvos fieri, 1537: CR 12, 481.
[15] Vgl. *E. Vogelsang:* ARG 38 (1941) 107—119.
[16] *O. Ritschl,* DG II 375f.

zusammen mit seiner Rotte, daß der Mensch aus den natürlichen Kräften seines freien Willens sich zur Gnade schicken und bereiten könne[17]. Er behauptete seinerseits: „Der Menschen Wille ist vor Gott nicht anders als Ton, Stein oder Holz."[18] Ähnlich schrieben Flacius und Gallus[19].

Im „Weimarer Konfutationsbuch", das auf Anregung von Flacius entstand und 1559 erschien, wurde im Artikel 6 der sogenannte Synergismus Pfeffingers verurteilt. Victorin Strigel, Professor in Jena, bisher Freund von Flacius und Gegner der Philippisten, widersetzte sich der Einführung des Konfutationsbuches und mußte deshalb für mehrere Monate ins Gefängnis. Nach seiner Freilassung kam es zwischen ihm und Flacius vom 2. bis 8. August 1560 zu einer öffentlichen Disputation in Weimar über die Willensfreiheit. Hier erfuhr die Frage ihre theologische Zuspitzung. Im Anschluß an diese Disputation vertrat Flacius 1566 die Auffassung, die Erbsünde sei die Substanz und Wesensform des Menschen (forma substantialis). Das auf Veranlassung von Kurfürst August und Herzog Johann Wilhelm von Sachsen vom 21. Oktober 1568 bis März 1569 abgehaltene Altenburger Religionsgespräch verlief ergebnislos. Was die Annahme der katholischen Auffassung unmöglich machte, hinderte auch die Verständigung der Lutheraner untereinander. Man verstand das „und" in Gnade und freier Wille additiv statt inclusiv und sah Gottes Gnadenwirken und den zur Freiheit entbundenen Willen des Menschen wie zwei eigenständige Ursachen, die auf der gleichen Ebene miteinander konkurrieren.

Der majoristische Streit

Ein ähnlich erbitterter Kampf entbrannte über das Verhältnis von Rechtfertigung und guten Werken. Nach dem Wittenberger Professor Georg Major (1502—74), der die Auseinandersetzung nach Luthers Tod in Bewegung brachte, spricht man vom majoristischen Streit. Auch ihm lag ein bei Luther offengelassenes Problem, nämlich die innere Beziehung von Rechtfertigung und Heiligung, von Gnade und Gabe und die Heilsbedeutsamkeit bzw. Heilsnotwendigkeit der Liebe zugrunde. Luther hatte den Ton auf den Glauben gelegt und gemeint, aus ihm gingen die guten Werke von selbst hervor. Mit Vorliebe hatte er betont, daß der gute Baum gute Früchte hervorbringe. Er hatte sich aber gescheut, mit Mt 7, 19: „Jeder Baum, der nicht Frucht bringt, wird ausgehauen und ins Feuer geworfen", fortzufahren[20]. Je einseitiger die Schüler Luthers die Rechtfertigung forensisch ver-

[17] *O. Ritschl,* DG II 432. [18] Ebd. 433.

[19] Vgl. die Aufzählung der einzelnen Streitschriften, ebd. 424 Anm. 4.

[20] Vgl. *P. Manns,* Fides absoluta — Fides incarnata. Zur Rechtfertigungslehre Luthers im Großen Galater-Kommentar: Reformata Reformanda. Festgabe für Hubert Jedin I (Münster 1965) 265—312, S. 306.

standen und die innerliche Erneuerung zu guten Werken in den Hintergrund trat oder gar geleugnet wurde, um so schwieriger wurde es, die Notwendigkeit guter Werke, die der Rechtfertigung folgen sollten, zu begründen.

Melanchthon kam immer mehr dazu, den biblischen Imperativ zu betonen, ohne aber seine Begründung im Indikativ, im neuen Sein des Gerechtfertigten genügend aufzuzeigen[21]. Ihn bestimmen pastoral-pädagogische Gesichtspunkte: „In allen Menschen ist eine solche Schwäche der Natur, daß wir, wenn wir die Lehre von der umsonst erfolgenden Anrechnung hören, lässiger werden zum guten Handeln und die fleischliche Sicherheit gefestigt wird." [22] Deshalb spricht Melanchthon in Anlehnung an die Evangelien und Paulus vom Gebot Gottes und von der Notwendigkeit der guten Werke: „Dennoch muß auch diese Gerechtigkeit der Werke notwendig folgen. Es ist nämlich Gebot Gottes, daß wir diesen Gehorsam leisten, weil Christus klar gebietet: Tuet Buße. ... Ich sehe nicht, weshalb ich vor dem Wort Gebot zurückschrecken soll, da auch Christus sagt (Jo 15, 2): Es ist mein Gebot; und Paulus (Röm 8, 12): Wir sind Schuldner. Außerdem ist die Notwendigkeit so groß, daß Paulus klar sagt über die Ehebrecher, Unzüchtigen, Mörder usw. (Gal 5, 21): Die solches tun, werden das Reich Gottes nicht besitzen" (Loci 1535: CR 21, 432).

Nikolaus Amsdorf berichtet Luther in einem Brief vom 14. September 1536 aus Magdeburg: „Hier sagt man, in Wittenberg werde Widersprüchliches gelehrt. Jener (Melanchthon) betreibt in der Schule heftig und über die Maßen, daß die Werke zum ewigen Leben nötig seien" (WA Br 7, 540, 5 ff). Bereits am 20. August und 8. September 1536 wandte sich Konrad Cordatus, damals Pfarrer in Niemegk, an Caspar Cruciger (1504—48), der seit 1528 Professor in Wittenberg war, und griff ihn an, weil er in seiner Vorlesung einen „sophistischen und papistischen" Glauben vortrage und von Luther, „dem einzigen Menschen, durch den wir Christo glauben", abweiche (CR 3, 159 Anm.; vgl. 193). Der Streit ging darum, ob die Reue causa sine qua non der Rechtfertigung sei und ob der neue Gehorsam zum Heile notwendig sei[23]. Melanchthon stellte sich hinter Cruciger. „Mit Recht sagst

[21] In einem Gutachten Melanchthons vom Jahre 1555 zum majoristischen Streit schreibt er rückblickend: „Und ist diese Disputation aus vielen vorigen frevelen Reden von zwanzig Jahren her verursacht. Etliche wollen diese Rede nicht dulden: gute Werke sind nöthig; oder also: man muß gute Werke thun; wollen diese zwey Wörter necessitas und debitum nicht haben ... So doch necessarium und debitum nicht erstlich heiset extortum coactione, sondern die ewige unwandelbare Ordnung göttlicher Weisheit, und der Herr Christus und Paulus selbst diese Worte necessarium und debitum brauchen" (CR 8, 411; vgl. CR 8, 842).

[22] Kommentar zum Römerbrief von 1544 (1540): CR 15, 634; ähnlich schon in der Auslegung von 1532 (St. A. V 199, 1 ff).

[23] CR 3, 159—161; WA Br 7, 541—545; 579—581 (= CR 3, 179); WA Br 7, 600 f; CR 3, 182 185; WA Br 7, 615 f (= CR 3, 206); CR 3, 206 f; CR 3, 365 f (= WA Br 7, 81—84) 372 383 385. Zum Begriff causa sine qua non vgl. WA Br 7, 542; CR 3, 180 593 ff 602 634; CR 13, 674.

Du“, schreibt er an Cordatus, „die Sache Crucigers erstrecke sich auf mich. ... Gerne nehme ich die ganze Sache auf mich“ (CR 3, 345).

Als auch Justus Jonas, Rektor der Universität Wittenberg, die Beschwerde des Cordatus abwies (CR 3, 348 f), wandte dieser sich am 17. April 1537 an den Kurfürstlichen Kanzler Brück und beklagte sich darüber, daß man zu „Wittenberg der lieben Lehr des frommen Manns Lutheri ... Widerstand“ leiste. Philippus habe ihm gestern geschrieben: „Vieles habe ich von selbst verbessert in meinen Büchern und ich freue mich, es verbessert zu haben“ (CR 3, 353; vgl. CR 3, 344).

Luther selbst mahnte Cordatus zur Ruhe (WA Br 8, 79) und benützte die Promotionsdisputation vom 1. Juni 1537, um die Frage zu klären (vgl. WA 39 I, 202—257; vgl. CR 3, 385). Er stimmte zwar Melanchthon in der Sache zu, insofern er Augustinus zitierte: „Der dich ohne dich erschuf, wird dich nicht ohne dich retten“ (WA 39 I, 209, 20 f; vgl. 121, 29 f), sprach sich aber gegen die Wendung „Notwendig zum Heil“ aus, weil damit ein Verdienst eingeschlossen sei (WA 39 I, 256, 23 ff).

Damit kam dieser Streitpunkt einstweilen zur Ruhe. An der Formulierung des „Leipziger Interims“ (1548), „daß diese Tugenden Glaube, Liebe, Hoffnung und andere in uns sein müssen und zur Seligkeit nötig sind“ (CR 7, 63), nahmen wieder Flacius und Gallus Anstoß, da sie „den Papisten zugute gesetzt“ sei. Zum offenen Streit kam es, als der Schüler und Freund Melanchthons G. Major 1552 gegen Amsdorf schrieb: „Das bekenne ich aber, daß ich bisher gelehrt habe und noch lehre und fürderhin all mein Lebtag lehren will, daß gute Werk zur Seligkeit nötig sind. Ich sage öffentlich und mit klaren und deutlichen Worten, daß niemand durch böse Werke selig wird und daß auch niemand ohne gute Werke selig wird, und sage noch mehr, daß wer anders lehret — auch ein Engel vom Himmel, der sei verflucht.“ [24]

Nikolaus von Amsdorf erklärte daraufhin Major zum „Pelagianer, Mammeluck, abgefallenen Christen und zweifachen Papisten“ [25]. Gegen die Angriffe in Schriften von Amsdorf, Flacius und Gallus verteidigte sich Major, daß er keineswegs die Rechtfertigung allein aus Gnaden durch Christus schmälern wolle und daß die Seligkeit nicht durch gute Werke verdient werde. Diese seien aber notwendig, damit die Seligkeit behalten und nicht wieder verloren werde [26]. Ähnliches hatte Melanchthon schon in der Apologie im Anschluß an 2 Petr 1, 10 gelehrt: „Tut gute Werke, daß ihr bei dem Evangelio, bei eurem himmlischen Beruf bleibet, daß ihr nicht wiederum abfallet, kalt werdet, verlieret Geist und Gaben, die euch aus Gnaden durch Christum widerfahren sind, nicht um der folgenden Werke willen“ (BSLK 316, 18 ff).

[24] *Major,* Antwort auff des Ehrenwirdigen Herren Niclas von Ambsdorff schrifft (Wittenberg 1552) Bl. C[vr.] Zitat nach *O. Ritschl,* DG II 377.

[25] *O. Ritschl,* DG II 377; vgl. oben S. 99.

[26] *Major,* Sermon von S. Pauli Bekehrung; nach: *O. Ritschl,* DG II 378.

Agricola, dem Amsdorf nahestand, hatte in den Antinomerthesen 2 Petr 1, 10 abgelehnt: „Petrus hat christliche Freiheit nicht gewußt" (WA 39 I, 345, 9f). Im Jahre 1559 veröffentlichte Amsdorf eine eigene Schrift unter dem Titel: „Das die Propositio (Gute Werke sind zur Seligkeit schädlich) eine rechte, wahre, christliche Proposition sei, durch die Heiligen, Paulum und Lutherum gelehret und geprediget." Im weiteren majoristischen Streit zwischen den „Gnesiolutheranern" (vgl. CR 3, 453) Amsdorf, Flacius und Gallus und den „Philippisten", das heißt den Anhängern Melanchthons Major und Justus Menius (1499—1558), versuchten diese einzulenken, insofern sie sich (zur Vermeidung eines papistischen Mißverständnisses) den Zusatz: notwendig „zum Heil oder zum ewigen Leben", wegzulassen bereit erklärten[27]. Doch es kam nicht zu einem wirklichen Ausgleich. Flacius und seinen Freunden genügte es nicht, daß der Satz weggelassen wurde, sie wollten ihn als falsch verurteilt wissen (CR 9, 474f). Anderseits erklärte Melanchthon: „In summa, kurz und endlich zu beschließen, sagen wir klar, daß wir diesen Satz: neuer Gehorsam ist notwendig in allen Bekehrten, nicht fallenlassen können. Wer ihn nicht dulden will, den halten wir für einen Antinomer und Feind Gottes" (CR 9, 552).

Zur Begründung seiner Position berief sich Melanchthon neben Röm 8, 12; 10, 10; 1 Kor 6, 9; 2 Kor 7, 10; 1 Tim 1, 18 u. a. auf Phil 2, 12: „Wirket euer Heil mit Furcht und Zittern" (CR 9, 475). Demgegenüber wollten die Gnesiolutheraner die volle Heilsgewißheit und Sicherheit des Gewissens erhalten wissen. Waren die Werke irgendwie notwendig, dann hing das Heil vom Menschen ab, der seiner selbst nicht sicher sein konnte. Von hier aus ist die überspitzte Behauptung Nikolaus von Amsdorfs zu verstehen, daß gute Werke schädlich seien zur Seligkeit, weil sie den Menschen dazu verleiten, seine Heilszuversicht auf etwas bei sich selbst statt ausschließlich auf die Gnade Gottes zu setzen. Dabei waren die Gnesiolutheraner in ihrer zur Ideologie gewordenen Theologie, ihrer Parteilichkeit und ihrem „ständigen Kreisen um das Ich, seine Anfechtungen und seine Tröstungen" gar nicht mehr fähig, sich in Liebe auf Gott und den Nächsten zu überschreiten. „Wenn das Hauptinteresse in der Ethik des neuen Menschen, wie Flacius sie beschreibt, darauf ausgeht, getröstete Affekte zu erwerben, dann bleibt nicht viel Zeit für die Beschäftigung, deren Richtpunkt der Nächste ist."[28]

[27] CR 8, 336 411 842; 9, 39 142 370 469 470 473 496—499; vgl. *Major,* Bekenntnis von dem Artikel der Justification (Wittenberg 1558) Bl. B 3; die Revokationsformel (1556) von Menius abgedr. bei *O. Ritschl,* DG II 380 Anm. 4.

[28] *L. Haikola,* Gesetz und Evangelium bei Matthias Flacius Illyricus (Lund 1952) 336; vgl. *O. Modalsli,* Das Gericht nach den Werken (Göttingen 1963) 192; *R. Bring,* Das Verhältnis von Glauben und Werken in der lutherischen Theologie (München 1955) 100.

Der Adiaphoristische Streit

Stand hinter der Ausprägung der Rechtfertigungslehre Melanchthons, die die antinomistischen, synergistischen und majoristischen Auseinandersetzungen mit sich brachte, das Anliegen, die Menschen vor falscher Sicherheit und vor Lässigkeit zu bewahren, so ist Melanchthons Haltung im Adiaphoristenstreit (s. o. S. 306) aus seiner Sorge um die rechte Ordnung und um die Einheit der Kirche zu verstehen. In einem Gutachten zum „Interim" schreibt er am 1. April 1548: „Ich wollte herzlich gerne zu Frieden und Einigkeit raten, habe auch etliche schwere Artikel in der Lehre vor vielen Jahren zur Einigkeit gebracht, wie viele Verständige wissen, und hab' nie Gefallen gehabt von wegen unnötiger und geringer Sachen zu streiten. So bin ich nun so alt, daß ich wohl weiß, daß große Zertrennung und Zerstörung aus unnützen Gezänken folgen, zudem auch, daß sie Gott verboten hat, und die auch strafet, wie Salomon sagt: Der ist ein Greuel vor Gott, der Uneinigkeit unter den Brüdern verursacht." Melanchthon und die übrigen zu Verhandlungen über das „Interim" in Torgau versammelten Theologen bezeichneten es in ihrem Gutachten vom 13. April 1549 als „sträfliche Halsstarrigkeit und Unordnung", wenn man alles, was man nicht halten will, als päpstlich bezeichne[29]. Viele würden „mehr von eigner Freiheit, denn von hohen nötigen Artikeln christlicher Lehre und von rechter und falscher Anrufung und guter Zucht" streiten (CR 7, 365; vgl. 624). Zum Vorwurf der Abgötterei der Messe betonen sie: „Und eben diese Form, die wir in der Messe halten, ist also gehalten worden vor tausend Jahren, wie Dionysius klar bezeuget" (CR 7, 366).

Abgesehen von politischen Gründen[30] stand bei Flacius ein ausgeprägter Konfessionalismus im Hintergrund, der jede Gemeinsamkeit mit der Gegenseite ablehnte und für den es keine Adiaphora gab, weil die Kirchenbräuche im Papsttum „Sitz der Gottlosigkeit und des Aberglaubens" seien[31].

Derselben Auffassung ist Osiander, wenn er schreibt: „Das Interim an-

[29] „Und gehet das Papsttum nicht an, daß man Ceremonien williget, die in der ersten Kirche gewesen sind in der Apostel Zeiten als Natalis Domini, Pascha, Ascensio, Pentecostes, Dies dominica etc., deren wir bis anher auch viele gehalten haben; und so wir sie nicht wollten halten, sagten solches wäre päpstlich, so wäre solche Barbarei eine sträfliche Halsstarrigkeit und eine Unordnung, die dem Volk zur Verhinderung der Zucht und Lehre dienete" (CR 7, 364).

[30] „Daß Melanchthon nun in dessen (Moritz v. Sachsen) Dienste trat, ja sofort zu einem seiner angesehensten theologischen Berater wurde, mußte ihn allein schon vielen entfremden, die Moritz sein Verhalten in den letzten Jahren nicht verzeihen konnten". *O. Ritschl,* DG II 335.

[31] *R. Seeberg,* Lehrbuch der DG IV 2, 485; vgl. Melanchthon (1558): „Daß aber Illyricus und sein Anhang dieses also schärfen, man solle den Papisten zu Gefallen nichts annehmen, ob es gleich an ihm selbst ein Mittelding ist, ist auch hart geschärft. Denn so die Bischoffe christliche Lehr annehmen wollten, und begehrten Gleichheit in etlichen mittlen ceremonien, ist solche Gleichheit nicht zu verdammen" (CR 9, 476).

nehmen und bewilligen heißt nichts anderes, als sich in äußerlichem Schein mit dem Antichrist vergleichen, und also alle seine Sünden, Mißbräuche, Irrtümer, Verführungen, Abgöttereien und Gotteslästerungen und Greuel helfen decken, beschönen, entschuldigen, stärken und erhalten, wodurch dann die Gewissen befleckt und Gottes Zorn, der den Antichrist schon verurteilt und zum ewigen höllischen Feuer verdammt hat, auf sich geladen wird."[32]

Der Osiandrische Streit

In dem Streit mit Andreas Osiander (1498—1552) um die Rechtfertigung standen Philippisten und Gnesiolutheraner in gemeinsamer Front gegen ihn. Osiander hatte mit Lazarus Spengler Nürnberg für die Reformation gewonnen. Hier war er 1520 Lektor im Augustinerkloster gewesen und 1522 Prediger an St. Lorenz geworden. Für die Nürnberger Kirchenvisitation hatte er ein Verzeichnis von 23 Fragen- und Lehrartikel zusammengestellt[33]. Im Auftrag der Stadt hatte er 1529 am Marburger Religionsgespräch teilgenommen und für den Reichstag zu Augsburg 1530 eine Rechtfertigungsschrift verfaßt[34]. Zusammen mit J. Brenz hatte er die Brandenburgisch-Nürnbergische Kirchenordnung von 1533[35] redigiert. Dabei war es zu Schwierigkeiten mit den Nürnbergern gekommen, weil Osiander und Brenz in der Vorlage die offene Schuld (allgemeine Beichte) und die allgemeine Lossprechung im Anschluß an die Abendmahlsvermahnung gestrichen hatten, um der Privatbeichte wieder Geltung zu verschaffen[36]. Osiander war grundsätzlich gegen die allgemeine Lossprechung. Denn entweder verstehe man sie bedingungsweise („wenn ihr Buße tut"), dann sei sie kein Sakrament und keine Absolution, oder ohne Bedingung, dann sei es das lästerlichste Sakrilegium, die Perlen so vor die Säue zu werfen. Weiter argumentierte Osiander: „Wenn dies wirklich Absolution ist, kann kein Bann (Exkommunikation) in der Kirche eine Stelle behalten, denn jeder Exkommunizierte kann, da man ihm die Predigt zu hören nicht verbieten kann, sogleich Lösung haben. Nun kann aber ein Schlüssel dem anderen nicht entgegen sein, daß er dadurch gehindert werde, sein Amt nach Christi Einsetzung auszurichten."[37] Von

[32] Schrift zum Interim, Auszug bei *W. Möller,* A. Osiander (Elberfeld 1870) 323 f.

[33] *Sehling* 11, 128—134.

[34] *W. Gussmann,* Quellen und Forschungen zur Gesch. des Augsburgischen Glaubensbekenntnisses I, 1 (Leipzig und Berlin 1911) 297—312.

[35] *Sehling* 11, 140—205.

[36] Vgl. *W. Möller,* A. Osiander 177 ff. *G. Th. Strobel,* Beytrag zur ältesten Beichtgeschichte Nürnbergs vom Jahre 1531: *ders.,* Neue Beyträge zur Litteratur besonders des 16. Jahrhunderts II (Nürnberg 1791) 175—390.

[37] *W. Möller,* A. Osiander 179; vgl. dazu die Gutachten der Wittenberger Theologen, die einen Kompromiß suchten: WA Br 6, n. 2008; 2010 (= CR 2, n. 1108); 2052 (= CR 2, n. 1133); 2053; 2054; CR 3, n. 1477; WA Br 7, n. 3104; 3108 (= CR 3, n. 1489).

Pfalzgraf Ottheinrich nach Pfalz-Neuburg gerufen, hatte Osiander 1543 die Pfälzische Kirchenordnung redigiert. Im November 1548 hatte er Nürnberg aus Protest gegen das Interim verlassen und 1549 eine ihm von Albrecht von Brandenburg-Ansbach angebotene Professur an der Universität Königsberg angenommen.

Am 5. April 1549 begann er seine Lehrtätigkeit mit einer Disputation über Gesetz und Evangelium (vgl. CR 7, 402) und las dann über die ersten Kapitel der Genesis. Bald kam es zu Kontroversen über die Buße, die Bedeutung der Menschwerdung Christi und die Stellung zu dem von Osiander heftig kritisierten „Interim“ [38]. Sein selbstherrliches Auftreten trug zur Verschärfung der Reibereien bei. Zum offenen Streit kam es über Osianders „Disputation von der Rechtfertigung des Glaubens“ vom 24. Oktober 1550. Wie schon vorher die Rechtfertigungslehre des „Interims“ [39] greift er darin die des Melanchthon als einseitig forensisch an: „Es lehren auch diejenigen kälter Ding denn das Eis, welche da lehren, daß wir allein um der Vergebung der Sünden willen für gerecht geachtet werden und nicht auch von wegen der Gerechtigkeit Christi, der durch den Glauben in uns wohnet.“ [40] Osiander möchte zur Geltung bringen, daß der Mensch wirklich gerecht gemacht wird, und gegen eine einseitige Betonung der stellvertretenden Genugtuung Christi sein lebenserneuerndes Wirken im Menschen herausstellen. Christus allein ist gerecht, aber nicht so sehr darum, weil er das Gesetz erfüllt hat, sondern weil „er aus dem gerechten Vater von Ewigkeit her ein gerechter Sohn geboren ist (Jo 17, 25). Es ist also dieselbe Gerechtigkeit des Vaters und des Sohnes, auch des Heiligen Geistes, wodurch er, der selbst gerecht ist, den Gottlosen rechtfertigt, nämlich die Gerechtigkeit Gottes, welche auch eben selbst die Gerechtigkeit des Glaubens ist.“ [41]

In den Schriften: „Ob der Sohn Gottes Fleisch angenommen hätte, auch wenn die Sünde nicht in die Welt gekommen wäre. Und über das Ebenbild Gottes, was es sei“ (1550) und „Von dem einigen Mittler Jesu Christo und Rechtfertigung des Glaubens“ (1551) legte Osiander seine Auffassung näher dar.

Die Schaffung Adams als Ebenbild Gottes erläutert er so: „Es wohnte also das Wort, der Sohn Gottes, und folglich auch Vater und Heiliger Geist in Adam durch Gnade, so daß, wie unser Herr Jesu Christus von Natur Gott und Mensch war, Adam von Natur Mensch, durch Gnade aber der göttlichen

[38] Vgl. Osianders Schrift: Von dem neugeborenen Abgott und Antichrist zu Babel (1550).

[39] „Dann das Interim lehret nicht ein einig Wort von der rechten wahren Gerechtigkeit, die Gottes und seines Sohnes Jesu Christi eigne und wesentliche Gerechtigkeit ist und uns durch den Glauben, durch den Christus in uns wohnet, gebracht, geschenkt und zugerechnet worden ist.“ *W. Möller,* Andreas Osiander 327.

[40] These 73 zit. nach *R. Seeberg,* Lehrbuch der DG IV 2, 497; vgl. *W. Möller,* Andreas Osiander 385 f; *H. E. Weber* I, 1 258; vgl. CR 9, 469.

[41] Zit. nach *W. Möller,* Andreas Osiander 383.

Natur Genosse (consors) und ihrer teilhaftig war."[42] Christi Gerechtigkeit besteht in seiner göttlichen Natur. Die ursprüngliche Gerechtigkeit des Gerechtfertigten besteht in der Teilhabe an der göttlichen Natur. Von dieser Konzeption her deutet Osiander 1 Jo 4, 2 das Kommen Christi im Fleische einfach auf das Einwohnen des Wortes in uns[43]. Von den Gerechtfertigten wird gesagt, daß auch in ihnen wie in Christus beide Naturen seien[44]. Rechtfertigung ist demnach die Nachbildung der Menschwerdung der wesenhaften göttlichen Gerechtigkeit in dem einzelnen Menschen: „Die seinshafte ‚Einwohnung' der wesenhaften ‚Gerechtigkeit' Christi im Gläubigen ist das Primäre, und erst auf Grund dessen erklärt Gott ihn auch für gerecht."[45] Osiander berief sich bei seiner Betonung der wesentlichen Gerechtigkeit Gottes in uns gegenüber der Gerechtigkeit extra nos auf Luther. Melanchthon, dessen Rechtfertigungslehre Osiander angriff, suchte zunächst zu vermitteln (vgl. CR 7, 775), sah sich aber schließlich veranlaßt, 1552 eine „Antwort auf das Buch des Herrn Andreas Osiandri von der Rechtfertigung des Menschen" herauszugeben[46].

Darin weist er zunächst auf die Unterscheidung zwischen Gnade und Gabe hin und betont dann: „Also bekennen wir klar und haben dieses allezeit gelehrt, wie alle Kirchen bezeugen können, daß wahr ist, daß in uns Veränderung geschehen müsse und daß gewißlich Gott Vater, Sohn und Heiliger Geist Trost und Leben in der Bekehrung in uns wirken und also in uns sind und wohnen, sofern das Evangelium mit Glauben angenommen wurde, dadurch das Ewige Wort, der Sohn Gottes wirket und sich eine Kirche sammelt" ... (CR 7, 894 f; St. A. VI 455, 24—30). Über diese Gegenwart Gottes in uns bestehe kein Streit (CR 7, 895; St. A. VI 456, 10—13). Sie ist aber nicht der Grund unserer Zuversicht, sondern der Glaube ist gegründet auf den Gottmenschen Jesus Christus, auf sein Verdienst und seine Fürbitte (CR 7, 898). Auch nach der Wiedergeburt ist der Mensch noch der Sündenvergebung bedürftig. Sie empfängt er durch den Mittler Jesus Christus, der zu unterscheiden ist vom Vater und vom Heiligen Geist. Hatte Osiander die Veräußerlichung von Melanchthons Rechtfertigungslehre getadelt und gemeint „Diese Lehre mache sichere Leute" (CR 7, 898), so verweist dieser auf die Heilsfunktion der Menschheit Christi und auf sein geschichtliches Erlösungswerk, das in Osianders mystischer Rechtfertigungslehre zu kurz komme.

[42] Ebd. 392.

[43] Gutachten über das Interim; vgl. W. *Möller,* Andreas Osiander 329. Disputatio de iustificatione These 67; vgl. *H. E. Weber* I, 1 279.

[44] *H. E. Weber* I, 1 279 f.

[45] *E. Kinder,* Die evangelische Lehre von der Rechtfertigung: Quellen zur Konfessionskunde Reihe B Heft 1 (Lüneburg 1957) 7.

[46] CR 7, 892—902; St. A. VI 453—461; vgl. CR 8, 608—612, Osiander antwortete darauf mit der „Widerlegung: Der ungegründeten, undienstlichen Antwort Philippi Melanchthonis" (1552).

In der von ihm verfaßten Erklärung der Theologen auf dem Konvent von Naumburg vom 23. Mai 1554 wirft er Osiander vor: „Er setzt an keinem Ort einen Unterschied zwischen dem Sohn und dem Heiligen Geist; desgleichen macht er keinen Unterschied zwischen der Gegenwärtigkeit göttlicher Natur in Christus und in anderen Heiligen ... Ebenso (behauptet er) allein die Gottheit sei Gerechtigkeit; der Gehorsam Christi sei nicht Gerechtigkeit.“ [47]

Der 1552 in Breslau wieder katholisch gewordene Friedrich Staphylus (1512—71), der 1546 auf Melanchthons Empfehlung nach Königsberg berufen worden war (CR 6, 145) und 1552 in Danzig eine Schrift gegen Osiander verfaßt hatte [48], urteilte ähnlich. Osiander unterschätze die Bedeutung der Menschheit Christi, sehe den Grund der Rechtfertigung statt im Glauben in der Liebe, Gerechtigkeit und Weisheit und setze sie eins mit der Wesenheit Gottes [49].

Auch Flacius, Menius, Amsdorf und Mörlin (1514—71) in Königsberg schrieben gegen Osiander. Franciscus Stancarus verfiel diesem gegenüber ins andere Extrem und lehrte, Christus rechtfertige den Menschen nur nach seiner menschlichen Natur [50]. Die Konkordienformel verwarf sowohl die Lehre Osianders wie die des Stancarus [51].

Der zweite Abendmahlsstreit

Während die Lutheraner sich wegen des „Interims“ zerstritten, kam es zwischen Calvin und Bullinger zum Abendmahlskonsens von Zürich (Consensus Tigurinus: vgl. S. 401ff). Calvin hatte um der Einheit willen Zuge-

[47] CR 8, 286; vgl. CR 8, 541: „Welche Verwirrung gibt es, wenn nur dies gesagt wird, die Menschen werden gerecht durch die Einwohnung des Vaters, des Sohnes und des Heiligen Geistes, und wenn Vater, Sohn und Heiliger Geist nicht unterschieden werden, noch der Gehorsam und die Fürsprache des Mittlers unterschieden werden von der Wirkung, noch die Versöhnung unterschieden wird von der folgenden Heiligung, noch das alte Dictum erläutert wird, daß der Heilige Geist nie ohne den Sohn gegeben werde.“ Vgl. CR 8, 426f 555—563 623; vgl. CR 12, 5—12; CR 8, 589.

[48] Synodus Sanctorum Patrum Antiquorum contra nova dogmata Andreae Osiandri (Nürnberg 1553).

[49] Vgl. Lutheranae trimembris Theologiae Epitome (1558) (p. III, catalogus sectarum inter Confeßionistas III): „Die Osiandriner haben das mit den Schwenkfeldianern gemeinsam, daß die Liebe, Gerechtigkeit und Weisheit (nicht jedoch der Glaube), durch die der Mensch von Gott gerecht und weise gemacht wird, die Wesenheit Gottes selbst sei. Sonderlehre der Osiandriner ist es, daß Christus nur nach seiner göttlichen Natur den Menschen rechtfertigt, desgleichen, daß der Mensch, da er Ebenbild Gottes ist, vollends dasselbe Ebenbild Gottes wird, das Christus, der Sohn Gottes und Mariens, ist.“

[50] Vgl. Apologia contra Osiandrum (1552). De trinitate et mediatore domino nostro Jesu Christo (1562). Melanchthon (CR 23, 87—102; St. A. VI 260—277) und Calvin (OC 9, 333—358) verfaßten Gegenschriften.

[51] Vgl. BSLK 913, 10ff 935, 15ff.

ständnisse gemacht. Brot und Wein sind nur noch Zeichen der geistlichen Gemeinschaft (Realkommunion) mit Fleisch und Blut Christi. Damit war die durch die Unterschrift unter die Confessio Augustana Variata 1541 wenigstens förmlich bekundete gemeinsame Auffassung mit dem Luthertum in Frage gestellt. Ohnehin war ja nicht geklärt, ob die Variata verbindliches lutherisches Bekenntnis war. Der Züricher Konsens wurde zunächst den übrigen schweizerischen Kirchen zur Zustimmung übersandt. So verzögerte sich die Veröffentlichung im Druck bis 1551. Das deutsche Luthertum sah sich damals einem wachsenden Einfluß der Theologie Calvins und einem Übergreifen des Calvinismus auf deutschen Boden gegenüber. Damit bekam der nun neu aufbrechende Streit über die Realgegenwart Christi im Abendmahl besondere Heftigkeit und eine stärkere konfessionalistische Note, die die Auseinandersetzung viel mehr als früher in die Gemeinden hineintrug. Dabei verlief die Front nicht klar zwischen Reformierten und Lutheranern, vielmehr zeigten sich auch aus den Reihen der letzteren, vor allem der Gebildeten, viele für die calvinische Abendmahlslehre aufgeschlossen. Sie wandten sich gegen die damals entstehende lutherische Orthodoxie und das von ihr vertretene Ubiquitätsdogma. Deshalb wurden sie nach Melanchthons Tod (1560) als Kryptocalvinisten bezeichnet und bekämpft.

Der Hamburger Pfarrer Joachim Westphal (1510—74) eröffnete 1552 die Auseinandersetzung mit einer Schrift „Farrago“ [52]. Sie war mehr ein Weckruf an die Lutheraner angesichts der drohenden Gefahr. Eine weitere Schrift „Recta fides de coena Domini“ ließ Westphal schon im nächsten Jahr folgen. Die Tiefe der Kluft zwischen den protestantischen Bekenntnissen wurde deutlich, als 1553 Jan Laski (1499—1560) mit seiner reformierten Gemeinde auf der Flucht von England in Deutschland Zuflucht suchte und sie bei den norddeutschen Lutheranern auf Ablehnung, ja Haß stießen. Westphal nannte sie Märtyrer des Teufels, und Bugenhagen ließ ihnen sagen, er würde lieber Papisten unterstützen als sie [53]. In Danzig und Emden fanden sie schließlich Aufnahme. Hier verfaßte Laski 1554 einen Katechismus. Daraufhin kam es in Bremen (vgl. CR 8, 336) zum Streit zwischen dem Schüler Melanchthons Albert Rizaeus Hardenberg (1510—47), den Laski 1542 für die Reformation gewonnen hatte und der seit 1547 Domprediger in Bremen war, und Johannes Timann, Amsterodamus genannt († 1557). Auf dessen Streitschrift [54] antwortete Jan Laski [55]. Westphal bestritt den Reformierten das Recht, sich auf Augustinus zu berufen [56]. Calvin selbst griff erst im Januar

[52] Farrago confuseanarum et inter se dissidentium opinionum de coena Domini (Magdeburg 1552).

[53] *E. Bizer,* Studien zur Gesch. des Abendmahlsstreits im 16. Jh. 275.

[54] Farrago sententiarum consentientium (Frankfurt 1555).

[55] Forma ac ratio tota ecclesiastici ministerii (Frankfurt 1555).

[56] „Collectanea sententiarum D. Aurelii Augustini de Coena Domini“ (Regensburg 1555).

1555 mit einer „Verteidigung der Lehre von den Sakramenten“ [57] in den Streit ein.

Dagegen wandte Westphal sich mit der Schrift „Gerechte Verteidigung gegen die falsche Anschuldigung eines gewissen Sakramentariers“ (1555). Sie wurde zum Ärger Calvins (OC 16, 53f) in Frankfurt (Main) gedruckt. Dorthin war Laski mit seiner reformierten Flüchtlingsgemeinde gezogen. Von ihr verlangte die lutherische Geistlichkeit mit Berufung auf den Augsburger Religionsfrieden Konsens mit der Confessio Augustana. Diesen bemühte sich Jan Laski nachzuweisen [58]. Seine „Zweite Verteidigung des frommen und gerechten Glaubens“ [59] von Anfang 1556 widmete Calvin den sächsischen und niederdeutschen Pfarrern. Er betont, daß er nicht gegen sie kämpfe, sondern sich nur gegen die Angriffe Westphals wehre. Diesen stellt er als Friedensstörer und Außenseiter hin. Dessen Treiben zu begünstigen oder ihm irgendwie zuzustimmen hieße die Übereinstimmung des Glaubens, „die doch deutlich von Gott gewirkt ist, für nichts zu achten und Spaltung zu erregen unter denen, die demselben Kriegsherrn folgen. Das ist ein ebenso herzloses wie gottloses Zerteilen der Glieder Christi“ (OC 9, 50). Dieser Aufruf zur Einheit wurde mit einer Reihe sehr scharfer Entgegnungen beantwortet. Erhard Schnepf (1495—1558) gab 1556 in Jena ein „Bekenntnis über die Eucharistie“ heraus. Westphal antwortete mit einem „Brief, in dem kurz erwidert wird auf das Gekeife Johann Calvins (abgedruckt OC 9, XVIII—XXI), sowie auf die Schrift des Jan Laski, in der dieser das Augsburgische Bekenntnis in einen Zwinglianismus umformt“. Weiter verfaßt er ein „Glaubensbekenntnis, in dem die Diener der sächsischen Kirche ... die Gegenwart von Leib und Blut unseres Herrn Jesus Christus im heiligen Mahle darlegen ...“ (OC 9, XXI—XXIII). Darauf antwortete Calvin 1557 mit einer „letzten Ermahnung an Joachim Westphal“ (OC 9, 137—252). Ein Jahr zuvor kam es auch zwischen dem Lutheraner Georg Buchholzer (1503—66) in Berlin und Crato von Crafftheim (1519—85) in Breslau zum Disput über die Abendmahlslehre (vgl. CR 8, 662).

In Heidelberg verteidigte der Professor und Generalsuperintendent der Pfalz Tilemann Heßhusen (1527—88) [60] die lutherische Position gegen seinen Diakon Wilhelm Klebitz, den er schließlich bannte. Der neue Kurfürst Friedrich III. (1559—76) wandte sich in diesem Streit um ein Gutachten an Melanchthon. Dieser billigte, daß der Kurfürst beiden Parteien Schweigen gebot, und meinte, nach Entfernung der Streitsüchtigen sei für die übrigen

[57] Defensio sanae et orthodoxae doctrinae de sacramentis: OC 9, 4—36; vgl. OC 15, 272 bis 296 304—307; OS II 263—287.

[58] Purgation oder nothwendige christliche Verantwortung der frembden Kirchen-Diener zu Franckfurt am Mayn (1556).

[59] Secunda defensio piae et orthodoxae de sacramentis fidei, contra Joachimi Westphali calumnias (1556): OC 9, 41—120.

[60] „Iudicium de controversia de coena Domini (1560): St. A. VI 482—486.

eine gemeinsame Formel zu finden (St. A. VI 484, 15—20). Melanchthon dachte wohl an eine gesamtdeutsche Synode. Diese Art, sich der Entscheidung zu entziehen, geißelte der Regensburger Superintendent Nikolaus Gallus[61]. Er hatte früher schon Melanchthons Auffassung, daß Christus lediglich im Augenblick des Empfanges gegenwärtig sei, heftig kritisiert. Nun veröffentlichte er dessen Gutachten mit scharfen Randglossen. Darin wirft er Melanchthon vor, er verfälsche die Bekenntnisschriften, um eine allen zusagende Lehre zu schaffen. Er leiste dem Calvinismus Vorschub, ja stimme mit Calvin in der Abendmahlsfrage überein. Die Streitsüchtigen seien nicht die Gnesiolutheraner; sie verteidigten nur sich und die reine Lehre und hüteten das Erbe Luthers. Heßhusen selbst reagierte auf Melanchthons Gutachten mit einer sehr scharfen „Responsio" (1560). Er hatte Heidelberg verlassen müssen. In Bremen und in Magdeburg setzte er den Kampf gegen die calvinische Abendmahlslehre fort. Hardenberg warf er vor, den Bremer Dom in eine Mördergrube verwandelt zu haben. Auf seine Schrift „Über die Gegenwart Christi im Mahl des Herrn gegen die Sakramentarier" (Jena 1560) antwortete Calvin mit der „Hellen Erklärung der gesunden Lehre..." (1561; OC 9, 457—524).

Die Schlüsselfigur in diesem von beiden Seiten[62] mit verbissener Schärfe geführten Streit war Melanchthon. Auf ihn beriefen sich Lutheraner und Calvinisten. Westphal suchte zu beweisen, daß Melanchthon mit Calvin nicht übereinstimme[63]. Calvin dagegen nahm ihn für sich in Anspruch, warf ihm aber vor, durch sein Schweigen „ungelehrte, unruhige Köpfe", die den Sakramentsstreit erneut angefangen hätten, zu begünstigen. „Denn", so schrieb er am 23. August 1554, „wie frech auch ihre Dummheit sein mag, daran zweifelt niemand, daß wenn Du Dich entschlössest, Deine Meinung offen zu bekennen, es Dir leicht fallen würde, ihre Wut wenigstens zum Teil zu dämpfen." [64]

Hier wie in den anderen Streitfragen war Melanchthon nicht der Mann, die Führung in die Hand zu nehmen. Im Bestreben, Streit zu vermeiden, hat er ihn durch seine Zurückhaltung nur vermehrt.

Die von ihm vertretene Abendmahlslehre war von Anfang an mehr von der Luthers verschieden, als beiden bewußt war. Melanchthon legte den Ton von vornherein auf die sakramentale Handlung; sie, das Essen und Trinken, und weniger die Elemente sind das Zeichen[65]. Statt von der Gegen-

[61] *R. Stupperich,* Der unbekannte Melanchthon (Stuttgart 1961) 123—126.

[62] Calvin selbst meinte Bullinger gegenüber, Westphal gröber als beabsichtigt behandelt zu haben (OC 15, 359), bemerkt aber im Schreiben an die sächsischen Pfarrer, ihm sei nichts anderes übriggeblieben, „als auf einen groben Klotz einen groben Keil zu setzen" (OC 9, 47).

[63] Clarissimi viri Ph. Melanchthonis sententia de coena domini (1557).

[64] OC 15, 216; vgl. OC 9, 52.107; 16, 430.

[65] Schon in den „Loci" von 1521 heißt es: „Signum gratiae certum est participatio mensae domini, hoc est, manducare corpus Christi et bibere sanguinem" (CR 21, 221); vgl. *H. Gollwitzer,* Coena Domini (München 1937) 65.

wart des Leibes Christi „im“ Brot, spricht er im Laufe der Auseinandersetzung mit den Schweizern von der „mit“ dem Brot. Das gab ihm die Möglichkeit, an der Realgegenwart festzuhalten, ohne sie an das Brot zu binden und räumlichen Vorstellungen Vorschub zu leisten. In der Confessio Augustana Variata (1540) hatte er abschwächend formuliert, „daß mit Brot und Wein wahrhaft der Leib und das Blut Christi denen gereicht wird, die beim Abendmahl des Herrn essen“ [66]. Damit hatte Melanchthon ungleich größere Verbindungsmöglichkeiten zu Butzer, Bullinger und Calvin als Luther. Den Empfang des Leibes Christi durch Unwürdige hat er zwar nicht ausdrücklich abgelehnt. Er hat sich darüber wohl mit Rücksicht auf Luther nicht ausgesprochen. Auch die Ubiquitätslehre hat er zunächst mit Schweigen übergangen. Doch etwa ab 1531 hat er sich gegen sie gewandt als einem falschen Verständnis der Idiomenkommunikation. „Wir müssen uns hüten, so sehr die Göttlichkeit der Menschheit Christi aufzubauen, daß wir die wahre Leiblichkeit zerstören“ (CR 7, 780). Die alte Kirche hat „diese These, Christus sei seinem Leibe nach überall“ (CR 7, 780), verworfen, und wir dürfen kein neues Dogma einführen (CR 2, 824). „Diese Reden (der Leib Christi sei an allen Orten, in Stein und Holz) sind neu in der Christenheit, von Anfang bis auf diese Zeit, sie werden auch bei den Papisten verworfen. Denn diese These ist zwar wahr: Christus ist überall auf Grund der Idiomenkommunikation, wie er spricht: ‚Ich in ihnen‘ und: ‚Ich bin in ihrer Mitte‘, aber sie hat einen anderen Verstand als diese Rede: Der Leib ist überall“ (CR 9, 470). Das auf der Stuttgarter Synode 1559 von Johannes Brenz verfaßte Bekenntnis, worin es heißt, daß alle Menschen, also auch Ungläubige und Unwürdige, mit dem Munde den wahren Leib Christi empfangen und auch die Menschheit Christi auf eine himmlische, der Vernunft unerforschliche Weise alles erfülle, wurde von Melanchthon als „Hechinger Latein“ bezeichnet [67]. Für ihn hat Christus durch seine Himmelfahrt einen Ort eingenommen, den er vorher nicht hatte (CR 7, 884f). Das bedeutet aber nicht, wie Zwingli meinte (CR 1, 1100), daß Christus seinem Leibe nach nur im Himmel sein könne, vielmehr sei Christus da gegenwärtig, wo er es wolle (Multivolipräsenz). Melanchthon betont das Geheimnis. Statt als Gegenwart an vielen Orten möchte er es sich lieber so vorstellen, daß der Person Christi die vielen Orte wie ein Punkt präsent sind und mittels der Person auch dem Leibe Christi (CR 2, 222). Von seiner Auffassung der „willentlichen Gegenwart“ Christi [68] her lehnt Melanchthon auch eine Gegenwart außerhalb der von Christus eingesetzten Handlung (extra usum institutum) und eine Verehrung der Elemente (Artolatrie) ab. „Was nach der Feier übrigbleibt, ist nicht Sakrament“ (CR 7, 872; 8, 598). Eine sorgfältige Exegese der vom Abendmahl sprechenden Schriftstellen hat Melanchthon nicht unternommen. Er verweist weniger auf den Einsetzungsbericht als immer wieder auf

[66] BSLK 63 Anm. 2; St. A. VI 19, 31—33.

[67] CR 9, 1034 1046. [68] CR 23, 751; 4, 264; 7, 877 887.

1 Kor 10, 16. In dieser Stelle sieht er die beste Einigungsformel. Er versteht sie: „Das Brot ist die Austeilung des Leibes Christi." Paulus sage nicht, „das Brot ist Gott", sondern „es ist jenes, wodurch Gemeinschaft mit dem Leibe Christi entsteht"[69]. Melanchthon war über die vielen theologischen Streitigkeiten, die die Einheit der Kirche zerrissen, tief bedrückt, besonders aber darüber, daß sie sich gerade am Abendmahl entzündeten. Er suchte die Einheit im Abendmahlsstreit wiederherzustellen mit dem Hinweis auf die alte und fromme Kirche (vgl. CR 2, 824; 7, 543); lieber noch hätte er „über die Art und Weise der Gegenwart" überhaupt nicht disputiert (CR 3, 511).

Aber schon Luther hatte die Transsubstantiationslehre als unzulässige Spekulation abgelehnt und das „Wie" der Gegenwart ununtersucht lassen wollen. Doch gerade die Not der Auseinandersetzung mit Anhängern der Reformation hatte ihn zu dem Theologumenon der Ubiquität der Menschheit Christi greifen lassen, das ungleich größere Schwierigkeiten mit sich brachte. Melanchthon ist es trotz all seiner Beteuerungen, sich mit der Tatsache der Gegenwart als Unterpfand der göttlichen Verheißung begnügen zu wollen, nicht anders gegangen (Multivolipräsenz).

Nach seinem Tode gingen die Auseinandersetzungen weiter. Sein Schwiegersohn, der kurfürstliche Leibarzt Kaspar Peucer (1525—1602), der Rat Georg Cracow (1525—75), der Theologe Christoph Pezel (1539—1604) u. a. rückten noch schärfer von Luthers Ubiquitätslehre ab und entwickelten die Anschauungen Melanchthons noch mehr zum Calvinismus weiter. Es waren vielfach keine Theologen, sondern humanistisch gebildete Mediziner, Juristen und Literaten, „die ihr freies Denken über Religion und Leben im Mantel des Philippismus bargen und in seinem Schutz verbreiteten"[70]. Wenn die Gebildeten damals einem Kryptocalvinismus huldigten, dann deshalb, weil die hier angebotenen Formeln für ein eigenes Verständnis in Richtung auf einen humanistischen Spiritualismus offen waren. Paul Eber (1511—64) und Paul Crell (1531—79) betonten dagegen stärker die Realpräsenz und suchten zwischen den Gnesiolutheranern und den Philippisten zu vermitteln. Deren Kryptokalvinismus wurde vor aller Welt deutlich mit Erscheinen der anonym herausgegebenen, von Joachim Curaeus (1532 bis 1573) verfaßten Schrift „Exegesis perspicua et ferme integra de Sacra Coena" (1574)[71]. Darin wurde die Ubiquität als monophysitische Häresie verworfen und Luthers Sakramentsrealismus kritisiert. Weiter wurde Toleranz für die Schweizer auf der Grundlage des Consensus Tigurinus gefordert, bis eine internationale Synode eine gemeinsame protestantische Lehre formuliert habe. Der streng lutherische Kurfürst August I. (1526—86) fühlte sich von seinen Theologen hintergangen. Er ließ Peucer, Cracow, den Hof-

[69] CR 8, 538 660; St. A. VI 484 = CR 9, 962. Vgl. *H. Gollwitzer,* Coena Domini 83.

[70] *J. Moltmann,* Christoph Pezel (1539—1604) und der Calvinismus in Bremen (Bremen 1958) 11.

[71] Hrsg. von W. *Schaffler* (Marburg 1853).

prediger Schütz und den Superintendenten Stößel einkerkern. Andere, wie Pezel, wurden ausgewiesen und warben fortan in Hessen, Nassau, Bremen und Anhalt für ihre Vermittlung zwischen Wittenberg und Genf. Mit landesherrlicher Kirchengewalt wurde in Kursachsen das strenge Luthertum restauriert. Im Torgauer Abendmahlsbekenntnis (1574) fand man zur lutherischen Position zurück und bahnte damit zugleich den Weg zum Lehrkonsens der Anhänger des Augsburger Bekenntnisses in der „Konkordienformel" von 1577. Darin heißt es im 7. Artikel: „Dennoch halten und lehren sie, daß mit dem Brot und Wein wahrhaftig und wesentlich zugegen sei, gereicht und empfangen werde der Leib und das Blut Christi." Trotzdem lebte der Kryptokalvinismus in Kursachsen unter dem schwachen Kurfürsten Christian I. (1586—91) und seinem ihn beherrschenden Kanzler Nikolaus Krell wieder auf, bis dieser 1591 eingekerkert und nach einem zehnjährigen Prozeß am 9. Oktober 1601 auf dem Marktplatz zu Dresden enthauptet wurde.

29. Kapitel

Johannes Calvin, Persönlichkeit und Werk

WERKE: Omnia Opera (= OC), 59 Bde, CR 29—87 (Braunschweig-Berlin 1863—1900); Supplementa Calviniana, Sermons inédits I: Predigten über 2 Sam., hrsg. von *H. Rückert* (Neukirchen 1961); V: Sermons sur le Livre de Michée, hrsg. von *J. D. Benoît* (Neukirchen 1964); Opera selecta (= OS), 5 Bde, hrsg. von *P. Barth, W. Niesel, D. Scheuner* (München ²1952/62); Johannes Calvins Auslegung der Heiligen Schrift, Neue Reihe, hrsg. von *O. Weber,* 20 Bde (Neukirchen 1937 ff); Johann Calvin, Diener am Wort, Predigtauswahl, hrsg. von *E. Mülhaupt* (Göttingen 1934); Der Psalter auf der Kanzel Calvins, hrsg. von *E. Mülhaupt* (Neukirchen 1959); Institution de la religion chrétienne (1541), hrsg. von *J. Pannier,* 4 Bde (Paris 1936); dass. hrsg. von *J. D. Benoît* (Paris 1957/60); Unterricht in der christlichen Religion, übers. von *O. Weber* (Neukirchen ²1963); *A. L. Herminjard,* Correspondance des Réformateurs dans les pays de langue française, 9 Bde (Genf 1866 bis 1897); Johannes Calvins Lebenswerk in seinen Briefen, übers. von *R. Schwarz,* 3 Bde (Neukirchen ²1961/62); Bekenntnisschriften und Kirchenordnungen der nach Gottes Wort reformierten Kirchen, hrsg. von *W. Niesel* (Zollikon-Zürich 1938); Reformierte Bekenntnisschriften und Kirchenordnungen in dt. Übersetzung, hrsg. von *P. Jacobs* (Neukirchen 1949).

LITERATUR: Bibliographia Calviniana: Opera 59, 457—586. Neudruck Nieuwkoop 1960; *W. Niesel,* Calvin-Bibliographie 1901—1959 (München 1961).

Biographien: *F. W. Kampschulte,* Johannes Calvin, seine Kirche und sein Staat in Genf, 2 Bde (Leipzig 1869/99); *A. Lang,* Johannes Calvin (Leipzig 1909); *E. Doumergue,* Jean Calvin. Les hommes et les choses de son temps, 7 Bde (Lausanne-Paris 1899 bis 1927); *A. de Quervain,* Calvin. Sein Lehren und Kämpfen (Berlin 1926); *P. Imbart de la Tour,* Les origines de la Reforme IV: Calvin et l'institution chrétienne (Paris 1935), dt. übers., Johannes Calvin. Der Mensch — die Kirche — die Zeit (München 1936); *G. Gloede,* Calvin, Weg und Werk (Leipzig ³1953); *W. F. Dankbaar,* Calvin. Sein Weg und sein Werk (Neukirchen 1959); *J. Cadier,* Calvin. Der Mann, den Gott bezwungen hat

(Zollikon 1959); *E. Pfisterer*, Calvins Wirken in Genf (Neukirchen 1957); *F. Büsser*, Calvins Urteil über sich selbst (Zürich 1950); *J. Moltmann* (Hrsg.), Calvin-Studien 1959 (Neukirchen 1960); *J. Rogge* (Hrsg.), Johannes Calvin (1509—1564) (Berlin 1963); *J. Bohatec*, Budé und Calvin (Graz 1950); *E. W. Zeeden*, Das Bild Martin Luthers in den Briefen Calvins: ARG 49 (1958); *A. Ganoczy*, Le jeune Calvin (Wiesbaden 1966).

Theologie: Quellen: *F. Wendel*, Calvin — Sources et Évolution de sa pensée religieuse (Paris 1950); *B. B. Warfield*, Calvin and Augustine (Philadelphia 1956); *L. Smits*, Saint Augustin dans l'œuvre de Jean Calvin (Assen 1957/58); *K. Reuter*, Das Grundverständnis der Theologie Calvins (Neukirchen 1963).

Gesamtdarstellungen: *P. Wernle*, Der evangelische Glaube III. Calvin (Tübingen 1919); *O. Ritschl*, Dogmengeschichte des Protestantismus III (Göttingen 1926); *H. Bauke*, Die Probleme der Theologie Calvins (Leipzig 1922); *H. Weber*, Die Theologie Calvins (Berlin 1930); *E. Mülhaupt*, Die Predigt Calvins (Berlin 1931); *W. Niesel*, Die Theologie Calvins (München [2]1957); *H. Wendorf*, Calvins Bedeutung für die prot. Welt (Leipzig 1940); *H. Olsson*, Calvin och reformationens theologi I (Lund 1943).

Einzelfragen: *G. Gloede*, Theologia naturalis bei Calvin (Stuttgart 1935); *T. H. L. Parker*, The Doctrine of the Knowledge of God (Edinburgh 1952); *E. A. Dowey*, The Knowledge of God in Calvins Theology (New York 1952); *H. H. Wolf*, Die Einheit des Bundes. Das Verhältnis von AT und NT bei Calvin (Neukirchen 1958); *H. Jackson Forstmann*, Word and Spirit. Calvins Doctrine of Biblical Authority (Stanford/Calif. 1962); *H. Noltensmeier*, Reformatorische Einheit. Das Schriftverständnis bei Luther und Calvin (Graz-Köln 1953); *P. Brunner*, Vom Glauben bei Calvin (Tübingen 1952); *M. Neeser*, Le Dieu de Calvin (Neuchâtel 1956); *J. F. Jansen*, Calvins Doctrine of the Work of Christ (London 1956); *W. Kolfhaus*, Christusgemeinschaft bei Johannes Calvin (Neukirchen 1939); *ders.*, Vom christlichen Leben nach Johannes Calvin (Neukirchen 1937); *S. van der Linde*, De leer van de Heilige Geest (Wageningen 1943); *W. Krusche*, Das Wirken des Heiligen Geistes bei Calvin (Göttingen 1957); *J. Beckmann*, Vom Sakrament bei Calvin (Tübingen 1926); *W. F. Dankbaar*, De sacramentsleer van Calvijn (Amsterdam 1941); *ders.*, De tegen woordigheid van Christus in het Avondmaal (Nijkerk 1950); *R. S. Wallace*, Calvin's Doctrine of the Word and Sacrament (Edinburgh 1953); *L. G. M. Alting v. Geusa*, Die Lehre von der Kindertaufe bei Calvin (Mainz 1963); *G. P. Hartvelt*, Verum Corpus (Delft 1960); *W. Niesel*, Calvins Lehre vom Abendmahl (München [2]1935); *H. Graß*, Die Abendmahlslehre bei Luther und Calvin (Gütersloh [2]1954); *W. Boelens*, Die Arnoldshainer Thesen (Assen 1964); *J. Rogge*, Virtus und res. Um die Abendmahlswirklichkeit bei Calvin (Stuttgart 1965); *A. Ganoczy*, Calvin théologien de l'église et du ministère (Paris 1964); *L. Schummer*, Le ministère pastorale dans l'Institution chrétienne de Calvin (Wiesbaden 1965); *K. Fröhlich*, Gottes Reich, Welt und Kirche bei Calvin (Stuttgart 1965); *W. Nijenhuis*, Calvinus Oecumenicus ('s Gravenhage 1959); *H. Quistorp*, Die letzten Dinge im Zeugnis Calvins (Gütersloh 1941); *Th. F. Torrance*, Calvins Lehre vom Menschen, dt. Übers. (Zollikon 1951); *W. A. Hauck*, Sünde und Erbsünde nach Calvin (Heidelberg 1938); *ders.*, Calvin und die Rechtfertigung (Gütersloh 1938); *ders.*, Christusglaube und Gottes Offenbarung nach Calvin (Gütersloh 1939); *ders.*, Vorsehung und Freiheit nach Calvin (Gütersloh 1947); *ders.*, Die Erwählten, Prädestination und Heilsgewißheit bei Calvin (Gütersloh 1950); *A. Göhler*, Calvins Lehre von der Heiligung (München 1934); *P. Jacobs*, Prädestination und Verantwortlichkeit bei Calvin (Neukirchen 1937); *E. Buess*, Prädestination und Kirche in Calvins Institutio: ThZ 12 (1956) 347—361; *H. Otten*, Calvins theologische Anschauung von der Prädestination (München 1938); *G. Räcke*, Gesetz und Evangelium bei Calvin (Diss. Mainz 1953); *J. Bohatec*, Calvin und das Recht (Feudingen 1934); *ders.*, Calvins Lehre von Staat und Kirche (Breslau 1937, Nachdr. Aalen 1961); *M.-E. Chenevière*, La Pensée politique de Calvin (Paris 1937); *J. Baur*, Gott, Recht und weltliches Regiment im Werke Calvins (Bonn 1965).

Lehrprozesse: *F. Buisson,* S. Castellio, sa vie et son œuvre, 2 Bde (Paris 1892); *E. Giran,* S. Castellio et la Réforme Calvinienne (Paris 1914); *H. Fazy,* Procès de Bolsec (Genf 1866); *E. Choisy,* Calvin et Servet (Neuilly 1926); *B. Becker* (Hrsg.), Autour de M. Servet et de S. Castellio (Haarlem 1953); *J. F. Fulton,* M. Servet. Humanist and Martyr (New York 1953); *P. Cavard,* Le procès de M. Servet à Vienne (Vienne 1953); *R. H. Bainton,* M. Servet 1511—33, dt. Übers. (Gütersloh 1960).

Jugend, Studien, erste Schriften (1509/36)

Die reformatorische Kirche Westeuropas ist geprägt durch Person und Werk von Johannes Calvin. Er wurde am 10. Juli 1509 in Noyon (Picardie) geboren. Sein Vater, Gérard Cauvin, war Verwalter der Güter des dortigen Domkapitels. Als solcher hat er wohl manchen Einblick in all die Menschlichkeiten bekommen, die nur zu oft mit der Verknüpfung von Geld oder wirtschaftlichen Interessen und der Religion gegeben sind. Wegen eines Prozesses gegen das Domkapitel wurde er 1528 gebannt. Im Kirchenbann ist er 1531 gestorben. Wir müssen damit rechnen, daß diese Umstände Calvin mit Reserve gegenüber dem traditionellen Kirchenleben erfüllt haben. Bezeichnend ist es, daß auch der andere Reformator Genfs, Wilhelm Farel, Sohn des Vermögensverwalters eines Domkapitels war. Hatte Calvin von seinem Vater juristisches Denken und nüchternen kritischen Sinn geerbt, dann war er durch seine aus Flandern stammende Mutter der Gemütstiefe spätmittelalterlicher Frömmigkeit verbunden. Allerdings verlor er seine Mutter schon in jungen Jahren.

Eine Pfründe in Noyon wies dem jungen Calvin den Weg in den geistlichen Stand, gab ihm vor allem zunächst die Mittel zum Studium. Seine erste Ausbildung erhielt er mit den Söhnen einer befreundeten Adelsfamilie. Mit ihnen zog er als Vierzehnjähriger 1523 nach Paris. Er traf dort im August ein, im selben Monat, in dem der Augustinermönch Jean Vallière als erster Franzose wegen lutherischer Umtriebe vor den Toren der Stadt verbrannt wurde. Calvin fand Aufnahme im Collège de la Marche und 1524 in dem traditionsreichen Collège Montaigu, über dessen Härte und scholastische Enge sich schon Erasmus beklagt hatte. Der Nominalismus war dort die herrschende Schulrichtung. Eine maßgebliche Rolle spielte Natalis Beda († 1537). Er war die Seele des Widerstandes gegen lutherische Strömungen in Paris, sah aber auch in humanistischen Reformern wie Faber Stapulensis und Erasmus eine Gefahr für die Kirche. Calvin wurde 1528 Lizentiat der freien Künste. Er setzte aber sein Studium nicht in der theologischen Fakultät fort. Abgesehen davon, daß er während seiner artistischen Studien auch mit den Kirchenvätern und theologischen Fragestellungen vertraut gemacht wurde — sein Lehrer war hier der Schotte John Mair (Major) —, hat er nie schulmäßig Theologie studiert und darin keinen akademischen Grad erworben. Seine eindrucksvollen späteren Kenntnisse verdankte er dem Selbststudium[1].

Auf Wunsch seines Vaters, der sich damals mit den Kanonikern von Noyon überworfen hatte, studierte er in Orléans unter Pierre de l'Estoile und später (1529) unter Andreas Alciati in Bourges Rechtswissenschaft. Darin erlangte er 1532 das Lizentiat. Während dieses Studiums in Orléans und Bourges stand er in Verbindung mit dem schwäbischen, 1496 in Rottweil geborenen, reformatorisch gesonnenen Humanisten Melchior Volmar († 1556 in Tübingen). Dieser führte ihn ins Griechische ein[2]. Nach dem Tode seines Vaters (1531) ging Calvin nach Paris. Hier trieb er vor allem humanistische Studien. Deren Frucht war ein Kommentar zu Senecas „De clementia" (1532). Diese Schrift beweist Vertrautheit mit den klassischen Autoren wie mit den Kirchenvätern. Sie trägt dazu einen stark politisch-ethischen Akzent und erweist ihren Verfasser als juristisch geprägten humanistischen Reformer. Calvin stand noch im Bann des biblischen Reformhumanismus, dessen Haupt in Paris Faber Stapulensis (1450/55—1536) war. Doch der kommende Reformator war zu sehr ein Mann der Klarheit, der präzisen Festlegung und kirchlichen Ordnung, als daß ihm das humanistische „Nikodemitentum" hätte genügen können. Wann er sich der Reformation zuwandte, läßt sich nicht genau ausmachen. Nach der zweiten Verteidigungsschrift gegen Westphal hat er schon vor 1529 Schriften Luthers gelesen und „begonnen, aus der Finsternis des Papsttums herauszukommen"[3]. In dem Vorwort zum Psalmenkommentar von 1557 spricht Calvin jedoch von einer „subita conversio" zur Reformation. Es heißt dort: „. . . und obschon ich mich so hartnäckig dem päpstlichen Aberglauben verschrieben hatte, daß es sehr schwierig war, mich aus einem solch tiefen Sumpf herauszuziehen, so hat Gott durch eine plötzliche Bekehrung zur Gelehrigkeit (subita conversione ad docilitatem) mein Herz bezwungen und gefügig gemacht, wiewohl dies im Hinblick auf mein Alter in solchen Dingen nur zu sehr verhärtet war."[4] Folgen wir diesem späten Selbstzeugnis Calvins und nehmen wir eine plötzliche Wende an, dann wird sie sich Ende 1533 vollzogen haben. Aber auch dann bleibt es noch fraglich, ob Calvin, der sich immer schärfstens gegen den Vorwurf, er spalte die Kirche, gewehrt hat, damals seine Bekehrung als Bruch mit Rom empfunden

[1] *F. W. Dankbaar,* Calvin (Neukirchen 1959) 5 26. Nach *K. Reuter,* Das Grundverständnis der Theologie Calvins (Neukirchen 1963), soll Calvin jedoch 1524/28 durch John Major in eine „neue Konzeption antipelagianischer und scotistischer Theologie und einen erneuerten Augustinismus" eingeführt worden sein (21 36). Von John Major habe er unabhängig von Luther die Lehre Gregors von Rimini über Gott, Vorsehung und Sünde übernommen (168 202, vgl. 148 158). Die erste Auflage der „Institutio" gibt keinen Hinweis dafür. In Montaigu war Calvin 14—18 Jahre alt.

[2] Widmung der Erklärung des 2 Kor (1546), OC 12, 364 f.

[3] OC 9, 51.

[4] OC 31, 21; vgl. *P. Sprenger,* Das Rätsel um die Bekehrung Calvins (Neukirchen 1960) 9 ff.

hat oder nicht eher als Berufung zur „Wiederaufrichtung der zerfallenen Religion“ [5] oder zum „ehrenvollen Amt eines Verkündigers und Dieners des Evangeliums“ [6]. Jedenfalls ist seine Bekehrung nicht entfernt so wie bei Luther dem notvollen Ringen um das eigene Heil entsprungen und ist auch von ihm nicht im selben Maße als ein von Grund auf neues Verständnis des Evangeliums erlebt worden. Für Calvin stand die Reform der Kirche stärker im Vordergrund. Ihm ging es um die „Vera religio“ gegen den Götzendienst der zeitgenössischen Kirche und er, der Laie, wollte sich der „Pietas“ gegen die „Impii“ annehmen. Die entscheidenden Wendepunkte seines Lebens sind bestimmt durch das Erlebnis, daß Gott die Hand auf ihn legte und ihn zum Dienst an der Kirche berief. Dem konnte er sich nicht entziehen. „Denn grausam und bar jeder Frömmigkeit muß sein, wer die Kirche unserer Zeit ohne Tränen in den Augen anzuschauen vermag. Wer sie aber heilen könnte und es versäumt, der ist ein Ausbund an Unmenschlichkeit.“ [7]

Calvin führte fortan ein Wanderleben. Er hielt sich u. a. in der Gegend von Angoulême bei dem Kanonikus Louis du Tillet auf. Vielleicht hat er hier schon mit Vorarbeiten für sein Hauptwerk, die „Institutio Christianae Religionis“, begonnen. Über Poitiers kam er nach Orléans, wo er seine theologische Erstlingsschrift „Psychopannychia“ [8] verfaßte. In ihr wendet er sich gegen die humanistisch-schwärmerische Lehre vom Seelenschlaf der Verstorbenen bis zur Auferstehung des Fleisches. Sie verwertet ausgiebig die Heilige Schrift — über 200 Zitate auf 51 Blättern — und beweist eine gute Kenntnis der Kirchenväter. Im Mai 1534 wurde über seine Pfründen in Noyon anderweitig verfügt. Darin pflegt man den Abschluß der Trennung Calvins von der alten Kirche zu sehen. Ende 1534 oder Anfang 1535 kam er über Straßburg nach Basel. Hier traf er außer den Basler Reformatoren Simon Grynaeus (1493 bis 1541) und Oswald Myconius (1488—1552) den Züricher Heinrich Bullinger (1504/75), der das Lebenswerk Zwinglis fortsetzte, und die Straßburger Martin Butzer (1491—1551) und Wolfgang Capito (1478/82—1541). Noch im Sommer 1535 vollendete er die „Institutio“, die 1536 im Druck erschien. In dieser ersten Auflage ist sie ein kurzes Kompendium der evangelischen Lehre und zugleich eine Schutzschrift für die französischen Protestanten mit einem Widmungsschreiben an König Franz I. Der König hatte Maßnahmen gegen die Protestanten ergriffen, als an mehreren Orten von Paris und sogar im königlichen Schloß Amboise an der Loire Pamphlete gegen die Messe angeschlagen worden waren. In einem Brief an die deutschen protestantischen Fürsten hatte er sein Vorgehen als gegen Wiedertäufer und Anarchisten gerichtet dargestellt. Dagegen will Calvin „die gemeinsame

[5] Brief an Sadolet, OC 5, 410.

[6] Vorrede zum Psalmenkommentar, OC 30, 21.

[7] „Institutio“ von 1536 Cap. 5, OS I 215f.

[8] Psychopannychia (Von der Wachsamkeit der Seelen), 1542, hrsg. von W. *Zimmerli* (Leipzig 1932).

Sache aller Frommen, ja die Sache Christi selbst" führen. Denn das haben nach ihm die Gottlosen erreicht, daß die Wahrheit Christi, wenn sie nicht vertrieben und zerstreut hinstirbt, doch wie begraben und unbeachtet bleibt und daß die arme kleine Kirche (paupercula ecclesia) entweder durch grausames Morden weggerafft ist oder in die Verbannung gejagt, oder durch Drohen und Schrecken mutlos gemacht, den Mund nicht mehr aufzutun wagt[9]. Diese verfolgte, arme, kleine Kirche ist die eine Kirche Jesu Christi, die sich nicht „mit leiblichen Augen sehen" und nicht mit „Grenzen umschreiben läßt". Für Calvin, der sich entschieden gegen den Vorwurf der Spaltung der Kirche und des Sektierertums wehrt, geht der Streit darum, daß seine Gegner „erstens behaupten, die Kirche erscheine stets und sei sichtbar in ihrer äußeren Gestalt, und zweitens, daß sie die Gestalt der Kirche festlegen im Römischen Stuhl und der Hierarchie ihrer Bischöfe"[10]. „Die Kirche kann auch bestehen ohne sichtbare Gestalt"; jedenfalls beruht nicht darin ihr Wesen. Ihre Merkmale sind „die reine Predigt des Wortes und die gesetzmäßige Verwaltung der Sakramente"[11]. Die Gloria Dei ist die schon in diesem Brief oft betonte Sorge Calvins. Die auf Gottes Wort begründete Kirche hat in seiner Ehre ihren Daseinssinn. Es geht darum, „wie Gottes Ehre auf Erden unverletzt bleiben, wie Gottes Wahrheit ihre Würde behalten, wie Christi Reich wohlgefügt und gestützt unter uns bleiben soll"[12]. Die „Institutio" von 1536 zeigt, wie in Basel das theologische Denken Calvins seine entscheidende Ausformung bekommen hat. Maßgebend hat dazu wohl sein eigenes Flüchtlingsschicksal, das Leben in der reformatorischen Gemeinde dieser Stadt und das ihm hier ermöglichte eingehende Studium beigetragen. Dieses galt vor allem der Bibel und den Schriften Luthers, vornehmlich den Katechismen, der „Freiheit eines Christenmenschen" und „De captivitate Babylonica". Die am Ort herrschende Theologie Zwinglis scheint ihn weniger beeindruckt zu haben. Bietet die „Institutio" von 1536 nur einen kurzen Abriß der christlichen Glaubenslehre in 6 Kapiteln, so hat Calvin sie ständig erweitert. Die Ausgabe von 1559/60 wurde schließlich eine umfangreiche Dogmatik in 4 Büchern und 80 Kapiteln.

Erste Wirksamkeit in Genf (1536/38)

Nach kurzem Aufenthalt in Ferrara und in seiner Heimat kam Calvin, weil der Krieg ihm den Weg nach Straßburg verlegte, im Juli/August 1536 nach Genf. Hier hatte sich kurze Zeit vorher die Reformation durchgesetzt. Wie vielfach in der Schweiz, stand ihre Einführung im Zeichen des Kampfes der

[9] Widmungsschreiben an Franz I., OC 1, 11. *Schwarz*, Briefe I 36.
[10] OC 1, 20; *Schwarz*, Briefe I 44. [11] OC 1, 21; *Schwarz*, Briefe I 44.
[12] OC 1, 11; *Schwarz*, Briefe I 36.

Stadt um die Freiheit, ja der patriotischen Erhebung gegen die Fremdherrschaft. Oktober 1533 hatten die Bürger den Bischof Pierre de la Baume († 1544), einen Strohmann des Herzogs von Savoyen, verjagt. Seitdem residierten Bischof und Domkapitel in Annecy. Schon 1532 war W. Farel[13] in Genf als Prediger aufgetreten. Auf den Widerstand der Chorherren hin hatte er jedoch die Stadt wieder verlassen müssen, war aber schon Ende 1533 zurückgekehrt. Die reformatorischen Strömungen fanden starke Unterstützung bei dem verbündeten Bern. Nach einer Disputation vom 30. Mai bis zum 24. Juni 1535 zwischen Altgläubigen und Theologen der Reformation war das Ringen für diese entschieden. Im Mai 1536 entschlossen sich der Rat der Stadt und das Volk feierlich, „nach dem Evangelium zu leben". Als Calvin in diesem Sommer nach Genf kam, ging dort, wie er sich ausdrückt, „alles drunter und drüber"[14]. Farel bedurfte seiner Hilfe, besonders seines organisatorischen Talentes, und drängte deshalb auf sein Bleiben. „Mir war", schrieb der Reformator später, „wie wenn Gott von oben herab seine Hand ausgestreckt und auf mich gelegt hätte, um mich anzuhalten."[15] Nicht als Prediger oder Pastor, sondern unter dem Titel eines „Lektors der Heiligen Schrift"[16] tat er zunächst Dienst. Er legte den Römerbrief aus und predigte nur gelegentlich. Erst Ende 1536 wurde er zum Prediger und Pastor der Kirche von Genf ernannt[17]. Anfang Oktober hatte er auf einer Disputation zwischen Katholiken und Reformierten in Lausanne die Kraft seiner religiösen Überzeugung und seine umfassenden biblischen und theologischen Kenntnisse bewiesen. Noch im selben Jahr entwarf er die Gemeindeordnung. Sosehr Genf ihrer bedurfte, so wenig fand sie Anklang in der Bürgerschaft. Denn weite Kreise waren ja nicht um des Evangeliums willen zur Reformation übergetreten, sondern um die Herrschaft des Bischofs und des Herzogs von Savoyen abzuschütteln. Nicht wenige verwechselten die evangelische Freiheit mit politischer Unabhängigkeit oder gar mit Ungebundenheit.

Die „Articles concernant l'organisation de l'Église"[18], die am 16. Januar 1537 dem Rat der Stadt „durch Magister Wilhelm Farel und andere Prediger" vorgelegt wurden, waren weitgehend Calvins Werk. Wie eingangs betont wird, sind Gemeindeordnung und Kirchenzucht um der würdigen Feier des Abendmahls willen nötig. „Es ist gewiß, daß eine Gemeinde nicht als gut geordnet und geleitet angesehen werden kann, wenn in ihr das heilige

[13] Wilhelm Farel wurde 1489 in Gap in der Dauphiné geboren. Durch sein Studium in Paris (1509) kam er in den Kreis um Faber Stapulensis. Seit 1521 wirkte er für die Reformation. Die Flucht führte ihn nach Basel und Straßburg. In Montbéliard (1524), Aigle, Bern und vor allem in Neuchâtel (1529) war er erfolgreich für die Reformation tätig. Nach hier kehrte er von Genf aus immer wieder zurück und starb am 13. 9. 1565. Vgl.: Guillaume Farel (1489—1565). Biographie nouvelle (Neuchâtel - Paris 1930).

[14] OC 9, 892; OS II 401.

[15] Vgl. Vorrede zur Psalmenauslegung (1577), OC 31, 26; *J. Cadier,* Calvin (Zollikon 1959) 78.

[16] OC 21, 30; 21, 126. [17] OC 5, 386. [18] OS I 369—379.

Abendmahl unseres Herrn nicht oftmals gefeiert und empfangen wird."[19] „Um Unwürdige fernzuhalten und die Kirche unversehrt zu halten, bedarf es des Ausschlusses vom Sakrament (excommunication). Durch solche Kirchenzucht sollen diejenigen bestraft und erzogen werden, die sich auf gütlichen Zuspruch hin dem heiligen Worte Gottes nicht freiwillig und ganz gehorsam fügen wollen."[20] Wegen der Früchte für die Gläubigen, die ja darin „wirklich des Leibes und Blutes Christi, seines Todes, seines Lebens, seines Geistes und all seiner Güter teilhaftig werden"[21], sollte das Abendmahl als lobpreisendes Bekenntnis der göttlichen Wunder und Gnadengaben und als Aufforderung zum christlichen Leben in Frieden und in der Einheit des Leibes Christi an sich sonntäglich gefeiert werden. Denn „Jesus hat dieses Sakrament nicht dazu eingesetzt, daß wir es zwei- oder dreimal im Jahr als Erinnerungsmahl feiern, sondern damit wir durch die häufige Feier unseren Glauben und unsere Liebe stärken und üben"[22]. Doch wegen der Unwissenheit des Volkes wollte Calvin sich mit der monatlichen Feier begnügen. Der Rat der Stadt dagegen genehmigte nicht einmal das, sondern verfügte die viermalige Feier des Abendmahls im Jahr. Diese wurde dann auch gegen die Intention des Reformators Brauch. In allen Quartieren der Stadt sollten eigens dazu bestellte charakterfeste und unbestechliche Männer ein wachsames Auge auf das Verhalten ihrer Mitbürger haben. Wenn sie bei jemandem grobe Vergehen oder Laster feststellten, sollten sie darüber mit einem Pfarrer reden, damit dieser den Schuldigen ermahne und brüderlich zur Besserung aufrufe[23]. Hier finden sich Ansätze zum späteren Presbyterium. Im zweiten Abschnitt geben die „Artikel" Anweisungen für das Psalmensingen der Gemeinde. Der dritte handelt über die Unterweisung der Kinder. Mit Hilfe eines Katechismus sollen sie zum Bekenntnis des Glaubens fähig gemacht werden. Unmittelbar nach der Annahme der „Artikel" durch den Rat brachte Calvin einen Katechismus in französischer Sprache heraus[24]. Er ist noch nicht in Form von Fragen und Antworten abgefaßt. In kurzen Lehrkapiteln behandelt er die Gebote, das Glaubensbekenntnis, das Vaterunser, die Sakramente und die kirchliche wie weltliche Gewalt. Diesem Katechismus ist ein „Glaubensbekenntnis" beigegeben, „das zu befolgen und zu halten alle Bürger und Einwohner von Genf und alle Untertanen der Landschaft sich eidlich verpflichten sollen"[25]. Es umfaßt 23 Artikel und beginnt: „Wir bekennen, daß wir als Regel für unseren Glauben und unsere Religion allein der Heiligen Schrift folgen wollen, ohne Hinzufügung von irgendwelchen Menschengedanken." Wer sich weigerte, dieses Bekenntnis anzunehmen, sollte sein Bürgerrecht verlieren und „anderswohin leben gehen". Kirchliche Amtsträger hatten darüber zu wachen, daß jeder nach dem Bekenntnis lebe, und der Magistrat sollte die strafen, die sich weigerten. Die Bildung

[19] OS I 369. [20] Ebd. [21] OS I 370. [22] Ebd. [23] OS I 373.
[24] „Instruction et Confession de Foi dont on use en l'Église de Genève" (OS I 378—417).
[25] OS I 418.

eines von den zivilen Behörden unabhängigen Gerichtes hatte der Rat verhindert. Es lag also eine weitgehende Abhängigkeit des Kirchenregiments von der weltlichen Gewalt vor. Das ist zu beachten, wenn man von Theokratie in Genf redet. Diese war damals höchstens gegeben, insofern das Gemeinwesen nach dem Worte Gottes ausgerichtet sein sollte und die Obrigkeit über die Religion zu wachen hatte.

Doch auch in dieser gemilderten Form stieß die Durchführung der Kirchenartikel auf Opposition. Die rigorosen Maßnahmen bei schlechtem Lebenswandel (Schandpfahl usw.) fanden wenig Anklang. Dafür hatte man ja schließlich das Joch des Bischofs und des Herzogs von Savoyen nicht abgeschüttelt. Trotzdem beschloß der Kleine Rat der Stadt am 13. März 1537, die Kirchenordnung sei voll zu befolgen. Am 29. Juli bestieg der Ratssekretär Michael Roset die Kanzel und las die Konfession und das Stadtgesetz vor. Die „Vorsteher der Zehnerschaften", das heißt die Häupter über die Quartiere der Stadt, sollten die Bewohner ihrer Bezirke in den Dom St. Peter bringen, damit sich dort alle eidlich auf das Glaubensbekenntnis verpflichteten. Viele blieben jedoch fort oder weigerten sich. Am 12. November wurde der Befehl erneuert. Wer den Eid nicht leistete, sollte sämtlicher Rechte in Genf verlustig gehen. Das war aber leichter angeordnet als durchgeführt. Die Opposition gegen den Rat wuchs, und der Unwille über die französischen Pastoren griff immer mehr um sich. Calvin gab nicht nach. Anfang Januar teilten die Reformatoren dem Rat mit, sie würden jeden vom Abendmahl ausschließen, der den Eid auf das Glaubensbekenntnis nicht abgelegt hätte. Dagegen verfügte der angesichts der Entwicklung bedenklich gewordene Rat, der Zutritt zum Tisch des Herrn dürfe niemandem verwehrt werden[26]. Als Februar 1538 Männer, die Calvin und Farel feindlich gesonnen waren, in den Rat gewählt wurden und die Opposition die Mehrheit errang, verbot der Rat den Reformatoren, sich in die politischen Angelegenheiten einzumischen, und stellte eine Untersuchung über Äußerungen Calvins in der Predigt an[27]. Umgekehrt suchten die Reformatoren die Unabhängigkeit des religiösen Bereichs zu wahren, als Bern darauf drängte, dort beibehaltene Bräuche, wie den Taufstein, das ungesäuerte Brot und die Feiertage, die nicht auf einen Sonntag fielen (Weihnachten, Neujahr, Himmelfahrt usw.), in Genf wieder einzuführen. Am 11. März 1538 erklärte sich der Rat der Zweihundert in einer Abstimmung mit einer Angleichung der Zeremonien an die in Bern einverstanden und verlangte von den Pfarrern die Durchführung des Beschlusses. Diese sperrten sich[28]. Ostern 1538 weigerten sich Calvin und Farel, das Abendmahl überhaupt auszuteilen; bei so viel Unruhe, Spott und Hetze würde das eine Entweihung bedeuten. Sie bestiegen aber trotz Verbots die Kanzel. Osterdienstag (23. April) beschloß der Rat die Ausweisung von Calvin und Farel. Innerhalb von drei Tagen hatten sie die Stadt zu verlassen[29]. Auf diese Nachricht hin äußerte Calvin: „Wenn wir Men-

[26] OC 21, 219 f. [27] OC 21, 222. [28] OC 21, 224 f. [29] OC 21, 226.

schen gedient hätten, wären wir schlecht belohnt. Aber wir dienen einem großen Herrn, der uns seinen Lohn nicht vorenthalten will."[30] Daß er das Unrecht bitter empfand, schloß nicht aus, zuzugeben, selbst manches falsch gemacht zu haben. Im September 1538 schrieb er an Farel: „Wenn wir auch vor Gott und seinem Volke bekennen wollen, daß durch unseren Mangel an Erfahrung, unsere Sorglosigkeit, unsere Nachlässigkeit und unser Irren es zum Teil wenigstens dahin gekommen ist, daß die uns anvertraute Kirche so elend zusammengebrochen ist, so ist es trotzdem unsere Pflicht, unsere Reinheit und Unschuld geltend zu machen gegenüber denen, durch deren Betrug und Bosheit, Unredlichkeit und Schändlichkeit ein Zusammenbruch dieser Art erfolgte."[31]

In Straßburg 1538/41

Calvin verließ am 25. April 1538 Genf und zog nach Basel, wo er als Privatgelehrter zu leben und seine „Institutio" zu überarbeiten gedachte. An seiner pastoralen Berufung scheint er damals gezweifelt zu haben. Aber Butzer, Capito und Sturm baten ihn, nach Straßburg zu kommen. Als Calvin zögerte, wieder ein Amt in der Seelsorge zu übernehmen, drohte Butzer mit dem Zorn Gottes unter Hinweis auf den Propheten Jonas. Dazu schreibt Calvin in der Vorrede zum Psalmenkommentar: „Martin Butzer rief mich mit Gewalt an meinen neuen Platz mit einer ähnlichen Beschwörung wie einst Farel in Genf. Das Beispiel Jonas', das er mir vorhielt, schlug mich aus dem Felde, und wiederum nahm ich das Lehramt auf mich."[32] Im September 1538 kam Calvin nach Straßburg. Er übernahm das Predigeramt in der französischen Flüchtlingsgemeinde und wurde gleichzeitig Lektor der Heiligen Schrift an dem Gymnasium des humanistischen Gelehrten Johannes Sturm. Hier verfaßte er die zweite, stark erweiterte und umgearbeitete Auflage der „Institutio" (1539; frz. Übers. 1541). Entscheidender für seine Entwicklung war der Straßburger Aufenthalt als Lehrzeit in der praktischen Theologie. Sein Schicksal in Genf hatte ja gezeigt, wie schwer der Aufbau einer neuentstehenden Gemeinde war und wie sehr ihm dazu Geduld und Erfahrung gefehlt hatten. Nun lernte er aus der Zusammenarbeit mit Butzer und Capito die Gestaltung einer Gemeinde- und Gottesdienstordnung und fand so eine volle Ausformung zum Reformator.

In Straßburg war schon 1524 eine von dem Pfarrer Theobald Schwarz verfaßte „Deutsche Messe" gehalten worden. Butzer hatte sie weiter ausgestaltet. Diese Arbeiten konnte Calvin übernehmen, als er eine Gottesdienstordnung für seine französische Gemeinde in Straßburg schuf. Er gab im Jahre 1540 Formulare für den Wortgottesdienst, das Abendmahl und die

[30] OC 21, 226 f. [31] OC 10 II 246; vgl. OC 10 II 253. [32] OC 31, 28.

Taufe heraus. Schon 1539 hatte er ein französisches Psalmenbuch zusammengestellt, das 18 Psalmen, das Apostolicum, den Lobgesang des Simeon und die 10 Gebote in Liedform enthielt. Fünf Psalmen hatte er selbst umgedichtet; die anderen stammten von dem französischen Hofdichter Clemens Marot. Für diese Texte übernahm der Reformator Straßburger Melodien. Auch in Fragen der Kirchenzucht hatte Butzer vorgearbeitet. Schwierigkeiten ähnlich denen in Genf brauchte Calvin hier in Straßburg schon deshalb nicht zu fürchten, weil seine kleine Flüchtlingsgemeinde weniger im Blick des Rates der Stadt stand. In der Witwe eines Täufers, Idelette de Bure, fand er eine Ehefrau, die ihm zugleich eine Hilfe bei seinem Lebenswerk wurde.

Durch die Teilnahme an den Religionsgesprächen in Frankfurt (1539), Hagenau (1540), Worms (1540/41) und Regensburg (1541) lernte er die religiösen Verhältnisse in Deutschland kennen und kam in Kontakt mit führenden Männern des deutschen Protestantismus, besonders mit Melanchthon. Martin Luther ist Calvin nie persönlich begegnet. Die beiden kannten sich nur aus ihren lateinischen Schriften. Zu den verschiedenen theologischen Auffassungen, besonders über das heilige Abendmahl, kamen die Unterschiede der Charaktere. Der klaren Rationalität Calvins mußten Luthers gefühlsbetonte Art und seine Zornesausbrüche zuwider sein. Am 25. November 1544 schrieb der Genfer Reformator an den Züricher Heinrich Bullinger: „Ich höre, Luther sei kürzlich mit furchtbarem Schelten nicht nur über Euch, sondern über uns alle hergefahren ... Ich weiß nicht, ob Luther durch irgendeine Schrift von Euch gereizt worden ist; aber wenn ein Charakter wie der seine, der nicht nur reizbar, sondern geradezu verbittert ist, auch aus geringfügiger Ursache aufbraust, zu solchem Toben und Lärmen konnte er sicher keinen genügenden Grund haben. Nun wage ich's kaum, Euch zu bitten, Ihr möchtet stillschweigen; denn es wäre nicht recht, Unschuldige so schimpflich behandeln zu lassen und Ihnen Gelegenheit zur Rechtfertigung zu verweigern; auch wäre schwer zu sagen, ob es gut wäre zu schweigen. Aber das ist mein Wunsch, daß Ihr Euch darauf besinnt, welch großer Mann Luther doch ist, durch welche außerordentliche Geistesgaben er sich auszeichnet, wie tapfer und unerschütterlich, wie geschickt, wie gelehrt und wirksam er bisher immer gearbeitet hat an der Zerstörung der Herrschaft des Antichrists und an der Ausbreitung der Lehre zur Seligkeit. Ich hab's schon oft gesagt: Wenn er mich den Teufel schölte, ich würde ihm doch die Ehre antun, ihn für einen ganz hervorragenden Knecht Gottes zu halten, der freilich auch an großen Fehlern leidet, wie er an herrlichen Tugenden reich ist. Hätte er sich doch bemüht, sein stürmisches Wesen besser im Zaum zu halten, mit dem er überall herausplatzt! Hätte er doch die Leidenschaftlichkeit, die ihm angeboren ist, stets gegen die Feinde der Wahrheit gekehrt, statt sie gegen Knechte des Herrn blitzen zu lassen! ..."[33]

[33] OC 11, 774; *Schwarz,* Briefe I 285.

Am Regensburger Gespräch 1541 nahm Calvin als Abgesandter der Stadt Straßburg teil. Der vermittelnden Art Butzers und den unklaren Formulierungen des „Regensburger Buches“ gegenüber hatte er mancherlei Vorbehalte. Immerhin hat er die Formel von der doppelten Gerechtigkeit angenommen und Farel gegenüber verteidigt[34]. Doch wollte er sich um der Einigung willen nicht „mit einem halben Christus“ begnügen. Sehr kritisch äußerte er sich hinsichtlich der Verhandlungen über die Eucharistielehre. „Philippus (Melanchthon) und Butzer stellten über die Transsubstantiation zweideutige und gutklingende Thesen auf, um zu versuchen, ob sie die Gegner zufriedenstellen könnten, ohne eigentlich etwas dranzugeben. Der Plan gefällt mir nicht . . .“ [35] Entschieden widerstand Calvin bei der Behandlung des Meßopfers. Er reiste ab, bevor das Religionsgespräch darüber scheiterte. Kurz danach kehrte Calvin am 13. September 1541 nach Genf zurück.

Diese Rückkehr hatte eine Vorgeschichte. Die Lage in Genf war in immer größere Verwirrung geraten. Pfarrer und Bürgermeister waren nicht in der Lage, geordnete Verhältnisse herzustellen. Die Anhänger Calvins und Farels, die „Wilhelmisten“, bekamen wieder Auftrieb. Doch auch nicht unbeträchtliche Kreise drängten auf Rückkehr zur alten Kirche. In diese Situation schrieb auf Veranlassung einer Bischofskonferenz in Lyon der Bischof von Carpentras, Kardinal Jakob Sadoleto, einen offenen Brief an die Stadt Genf mit der Aufforderung zur Rückkehr in den Schoß der Kirche, die „während nunmehr 15 Jahrhunderten einstimmig Anerkennung und Billigung gefunden habe“ [36]. „Als ein Freund und Bruder“, schreibt der gelehrte, von erasmianischem Geist geprägte Kardinal und zeigt sich besorgt über die Zwietracht, die die Stadt zerstöre. Die Reformer in ihrer Mitte hätten die Genfer verführt und Unfrieden gesät aus bloßer Sucht nach eigener Macht und Ehre. Nachdem er über die Rechtfertigung aus dem Glauben allein, über die Sakramente und über die Anrufung der Heiligen gehandelt hat, schließt er: „Kehret zurück zur Einheit, die allein in der ehrwürdigen alten katholischen Kirche gewährleistet ist! Denn diese wird überall und allezeit geleitet durch den Geist Christi. Nur so können wir getrost vor dem Richterstuhl Gottes erscheinen. Wer sich aber von dieser Kirche scheidet, hat im Jüngsten Gericht keinen Verteidiger, und seiner wartet die äußerste Finsternis. Schließt Euch darum wieder der katholischen Kirche und ihren geistlichen Führern an; denn es steht in der Schrift: Was sie sagen, das tut. Wir haben nur Euer Heil im Auge.“ [37] Dieser Brief machte Eindruck, und die Pastoren von Genf wußten sich nicht zu helfen. Man bat Calvin in Straßburg um eine Erwiderung. Dieser verfaßte in 6 Tagen seine „Antwort an Sadolet“ [38]. Der Brief ist unterzeichnet: „Straßburg, den 1. September 1539“. Sein Hauptgegenstand ist die Kirche, die Rechtfertigung und die Sakramente. Die Kirche ist nicht auf dem Konsens der Jahrhunderte, sondern auf Gottes Wort ge-

[34] OC 11, 215; *Schwarz*, Briefe I 190 f. [35] OC 11, 217. [36] OS I 441—489.
[37] OS I 455. [38] OC 5, 356—416; OS I 457—489.

gründet. Sie erweist sich als die wahre Kirche in der Lehre, der Ordnung, den Sakramenten und im rechten Gottesdienst. In einer Art Rachepsalm ruft Calvin Gott feierlich zum Zeugen an, daß er die Kirche nicht gespalten und sich nicht von ihr losgesagt hat. „Was man mir als Abfall von der Kirche vorzuwerfen pflegt, darin bin ich mir nichts Schlechtem bewußt. Oder ist der als Deserteur anzusehen, der die Fahne des Anführers wieder hochhebt, wo er Soldaten dahingesunken und ängstlich bleich ihre Reihen verlassen sieht, und sie auf ihren Posten zurückruft? ... Um sie aus diesem Wirrwarr zu sammeln, habe ich sie nicht einem fremden Feldzeichen unterstellt, sondern Deinem einzigen Banner, dem wir folgen müssen, wenn wir zu Deinem Volke zählen wollen.“ [39]

Der Brief nahm die Genfer wieder ganz ein für die Reformation. Um so mehr spürten sie die Unfähigkeit ihrer Pastoren, und so kam der Wunsch auf, Calvin wieder bei sich zu haben. Dazu waren im Februar 1539 Bürgermeister ans Ruder gekommen, die für radikale Reformen aufgeschlossen waren. Man rief Calvin zurück. Dieser sperrte sich aber. Oktober 1540 erreichte ihn ein offizielles Gesuch des Kleinen Rates. Es wurde von Freunden wie Farel unterstützt. Doch nicht der Wille von Menschen war für Calvin maßgebend. Er hielt mit seinem Gewissen Rat und suchte den Willen Gottes zu ergründen. Am 24. Oktober schreibt er an Farel: „Ich bringe mein Herz dem Herrn zum Opfer. Ich wünsche, daß die Brüder in Straßburg nur darauf achten, was das Beste für die Ehre Gottes und für das Wohl seiner Kirche ist. Um mich brauchen Sie sich nicht zu bekümmern. Wenn ich auch nicht sehr erfinderisch bin, würde ich wohl Ausflüchte haben, die es den Menschen so erscheinen ließen, als sei die Sache ohne mich verkehrt gelaufen. Aber ich weiß, daß ich es mit Gott zu tun habe, der solche Falschheit ans Licht bringt. Darum habe ich meinen Geist gebunden und gefangen gegeben in den Gehorsam gegen Gott. Und weil ich nicht weiß, wie ich mich entscheiden soll, unterstelle ich mich der Leitung derer, durch die — wie ich hoffe — Gott zu mir sprechen wird.“ [40] Die Teilnahme an den Religionsgesprächen gewährte noch eine Frist. Im Brief vom 1. März 1541 an den ungestüm drängenden Farel seufzt er: „Deine Blitze, mit denen Du — ich weiß nicht, warum — so befremdend gegen mich losdonnerst, haben mich arg verwirrt und erschreckt. Denn Du weißt, daß ich die Rückberufung wohl gefürchtet habe, aber ihr nicht aus dem Weg gegangen bin. Warum mußt Du denn mit solcher Gewalt gegen mich loslegen, daß Du mir beinahe die Freundschaft kündigst?“ [41] Als Calvin dann endlich am 4. September 1541 Straßburg verließ, dachte er wohl nur an einen vorübergehenden Aufenthalt; denn er ließ seine Familie zurück.

[39] OS I 482; dt. Übers. von *G. Gloede,* Mußte Reformation sein? Calvins Antwort an Kardinal Sadolet (Göttingen o. J.).
[40] OC 11, 100; ep. 248.
[41] OC 11, 169 f; ep. 286.

Der Aufbau des Kirchenregiments in Genf 1541/64

Gemäß seiner Losung: Prompte et sincere — Bereit und aufrecht, reiste Calvin nach Genf. Am 13. September 1541 betrat er den Ratssaal der Stadt und wurde mit aller Zuvorkommenheit behandelt, auch materiell gut gestellt. Der Reformator vermied es, hart aufzutreten und mit seinen Gegnern irgendwie ins Gericht zu gehen. Ohnehin standen ihm ja noch schwere Kämpfe um die Unabhängigkeit der geistlichen Gewalt gegenüber dem Stadtregiment bevor. Unverzüglich ging er an die Gestaltung des Gemeindewesens. Schon am 20. November 1541 wurde die nach dem Straßburger Vorbild gestaltete *Kirchenordnung* (Les ordonnances ecclésiastiques)[42] von den Räten der Stadt angenommen. Es folgten bald eine *Gottesdienstordnung* (Forme des prières et chants ecclésiastiques; 1542) und der *Katechismus* (1542—45). Von Butzer in Straßburg hatte Calvin die Struktur der 4 Ämter in die Kirchenordnung übernommen: Prediger (Pasteurs), Lehrer (Docteurs), Presbyter (Anciens) und Diakone (Diacres).

1. Die *Pastoren* sollten das Wort Gottes verkündigen und die Sakramente verwalten. Die der drei Stadtkirchen und die der umliegenden Ortschaften bilden die „Vénérable compagnie des pasteurs". Sie hat wöchentlich zum Studium der Heiligen Schrift und zur Beratung von Angelegenheiten der Seelsorge zusammenzutreten. Bei Meinungsverschiedenheiten über die rechte Lehre soll sie nach Gottes Wort festlegen, was zu glauben ist. Alle Vierteljahre soll die gegenseitige brüderliche „Zensur", die Kritik an der Lebensführung, geübt werden. Die „Compagnie" hat die neuen Pfarrer zu nominieren, die aber vom Rat ernannt und der Gemeinde präsentiert werden. Letztere kann nur nachträglich der Entscheidung des Rates zustimmen. Calvin hatte vor, bei der Ordination die Handauflegung als apostolischen Brauch beizubehalten. Doch allzuleicht war er bereit, sich dem Rat der Stadt zu fügen mit dem Argument, angesichts des gegenwärtigen Aberglaubens sei es vielleicht besser, auf die Handauflegung zu verzichten — als wenn Mißbrauch Grund genug sein könnte, apostolischen Brauch abzustellen! So blieb allein die Bemerkung, die Pfarrer sollten ohne abergläubische Zeremonien mit einer Unterrichtung über das Amt und mit Gebeten in den Dienst eingeführt werden.

2. Die *Doktoren* haben als Lehrer der Theologie Vorlesungen über das AT und NT zu halten. Ihnen obliegt aber auch die Sorge für den Pfarrernachwuchs. Im Gymnasium sollen sie die Kenntnis der biblischen Sprachen und eine allgemeine Bildung vermitteln. Nach Beratung mit den Pfarrern ernennt sie der Rat.

3. Die *Ältesten* oder Presbyter haben über den Lebenswandel der Gemeindemitglieder zu wachen. Mit den 5 bis 10 Pfarrern bilden sie den Kir-

[42] OS II 325ff; W. *Niesel*, Bekenntnisschriften 42—64.

chenrat oder das *Konsistorium*. In Genf war der „Älteste" kein rein kirchlicher Amtsträger, sondern mehr ein Ratsbeauftragter. Die zwölf „Ältesten" wurden im Einvernehmen mit der Pfarrerschaft vom Kleinen Rat aus den Ratskörperschaften ausgewählt und vom großen Rat bestätigt. Den Vorsitz im Konsistorium führte ein Bürgermeister. Die volle kirchliche Selbständigkeit vermochte Calvin nicht zu erreichen. Obliegt dem Pfarrer die Verkündigung und Sakramentenspendung, so dem Konsistorium die Leitung der Kirche. Die Ältesten müssen den Lebenswandel der Gemeindemitglieder u. a. durch regelmäßigen Hausbesuch überwachen. Wer sich verfehlt (Klatsch, Trunksucht, Wucher, Unsittlichkeit, Schlägerei, Kartenspiel usw.), wird donnerstags unter Hinzuziehung eines städtischen Beamten vor das Konsistorium gebracht. Für kriminelle Fälle ist der Rat der Stadt zuständig. Hartnäckige Verächter der Kirchenordnung sollen nach dreimaliger Ermahnung aus der Kirche ausgeschlossen und dem Rat gemeldet werden. Damit war die kirchliche Rechtssprechung der bürgerlichen weitgehend unterworfen. Calvin hatte einen langwierigen Kampf zu führen, um wenigstens die Zulassung zum Abendmahl dem geistlichen Gericht vorzubehalten. Wenn wir von Theokratie oder Bibliokratie durch den Reformator in Genf reden, dürfen wir nicht vergessen, in wie weitem Maße die weltlichen Stellen in das kirchliche Leben eingriffen, und daß Calvin längst nicht das durchsetzen konnte, was er für richtig hielt. In der endgültigen Fassung von 1561 vermochte er allerdings seinen Gemeindegedanken etwas mehr zur Geltung zu bringen.

4. Die *Diakone* sind Verwalter der kirchlichen Stiftungen oder sorgen direkt für die Armen und Kranken.

Zur Kirchenordnung verfaßte Calvin November 1541 in kurzer Zeit einen Katechismus. Dieser *„Genfer Katechismus"* (1542) unterscheidet sich in Form und Aufbau von dem aus dem Jahre 1537. Er ist keine Abhandlung mehr, sondern in Fragen und Antworten verfaßt. Außerdem verläßt er den Aufbau von Luthers Kleinem Katechismus. War hier das Gesetz vor dem Glaubensbekenntnis behandelt worden, dann hat der Genfer Katechismus von 1542 die Anordnung: Glaube, Gesetz, Gebet, Sakramente. Darin kommt eine neue Auffassung vom Gesetz und Evangelium zum Ausdruck. Das Gesetz ist nicht nur „Zuchtmeister", hat nicht nur den Sinn, den Menschen der Sünde zu überführen, sondern gibt als Bundesordnung dem Getauften den Maßstab des christlichen Lebens. „Das Gesetz zeigt uns das Ziel, nach dem wir streben sollen, damit jeder gemäß der Gnade, die Gott ihm gegeben hat, sich unablässig bemüht, danach zu trachten und Tag für Tag weiter vorwärts zu kommen" (Frage 229).

Die Gemeindeordnung in Genf ließ sich nur unter langwierigen Kämpfen verwirklichen. Als man daranging, eine strenge christliche Lebensweise durchzusetzen, empfanden wiederum viele das als unliebsame Einschränkung der persönlichen Freiheit. Es war leicht, die lokalpatriotischen Gefühle der eingesessenen Genfer Familien gegen den übermächtigen Einfluß des Fremdlings Calvin und gegen die französischen Flüchtlinge, auf die er sich stützte, zu mobilisieren. Patrioten nannten sich diese Gegner Calvins, sie wurden aber von seinen Freunden als „Libertins" bezeichnet, weil sie sich für eine freiere Auffassung der Sitten und für das Recht auf größere Lebensfreude einsetzten. Hort des Widerstandes war die Familie des Bürgermeisters Aimé Perrin, der zunächst zu den begeisterten Anhängern Farels und Calvins gehört hatte. Doch als seinem Schwiegervater Franz Favre wegen unsittlichen Lebenswandels das Abendmahl versagt worden war, sein Schwager wegen ungehörigen Verhaltens bei der Trauung 8 Tage Arrest bekam und seiner Frau wegen Tanzens auf einer Hochzeit ein Tadel erteilt wurde, geriet Perrin in heftige Opposition gegen die Pastorenherrschaft. Wieder war die Frage nach den Grenzen der Gewalt des Konsistoriums gestellt. Jahrelang mußte Calvin sich mancherlei Einschränkungen und Beschimpfungen gefallen lassen. Doch bei den Wahlen im Januar 1555 erlitten die Libertiner eine entscheidende Niederlage. Die neuen Bürgermeister und die Mehrheit des Rates standen auf Calvins Seite. Als seine Gegner sich zu Demonstrationen, ja zu einem bewaffneten Aufstand hinreißen ließen, war ihr Schicksal vollends besiegelt. Die Aufrührer wurden hingerichtet bzw. verbannt.

Nun konnte Calvin den Gemeindegedanken stärker zur Geltung bringen. Der Kirchenrat bekam eine größere Freiheit vom weltlichen Regiment. Nach der endgültigen Kirchenordnung von 1561 sollte ein Bürgermeister, wenn er den Vorsitz im Kirchenrat führte, seinen Amtsstab beiseite lassen, um den Unterschied zwischen weltlicher Obrigkeit und geistlicher Leitung deutlich zu machen. Weiter sollten auch Neubürger, das heißt französische Flüchtlinge, wählbar sein, und die Gemeindemitglieder sollten Bedenken gegen Kandidaten äußern dürfen. Als Calvin nach 1555 der Unterstützung des Rates und der Bürgerschaft sicher war, ging er auch an die Verwirklichung seines alten Planes, der Gründung einer Hochschule. In Straßburg holte er 1556 den Rat des großen Schulmannes Johannes Sturm ein. Die schließlich 1559 eröffnete Akademie hatte zwei Abteilungen. In der „Schola privata", der Fortsetzung der bisherigen Lateinschule, wurde zum Elementarunterricht Latein, Griechisch und Philosophie gelehrt. Darauf baute die „Schola publica" auf. Hier wurden Vorlesungen in Griechisch, Hebräisch, den Fächern der Freien Künste, das heißt Philosophie und Literatur, und in Theologie, vor allem Exegese und Dogmatik, gegeben. Als Rektor der Akademie gewann Calvin Theodor von Beza (1519—1605), der mit Peter Viret (1511 bis 1571) von Lausanne herüberkam, weil sie dort wegen Schwierigkeiten mit den Berner Behörden ihres Amtes enthoben waren. Die neue Hochschule übte weit über die Grenzen der Schweiz hinaus größte Anziehungskraft auf die studentische Jugend aus und trug entscheidend dazu bei, das reformierte Kirchentum in andere europäische Länder zu verpflanzen oder dort zu festigen. In Genf haben studiert der Trierer Reformator und spätere Heidelberger Professor Kaspar Olevianus (1536—87), der Organisator der Reformation Hollands, Philipp Marnix von St. Aldegonde (1540—98), und John Knox (1515[?]—72), der Reformator Schottlands. Bis dahin war Calvin nicht einmal Bürger der Stadt; er konnte also in den politischen Gremien höchstens als Berater tätig sein. Erst Dezember 1559 bot ihm der Rat von sich aus das Bürgerrecht an, um „die vielen wertvollen Dienste anzuerkennen, die Calvin seit der christlichen Reformation der Republik bewiesen" habe. In einem umfangreichen Briefwechsel nahm Calvin über die Mauern Genfs hinaus Einfluß auf die Gestaltung der Kirchen Frankreichs, Belgiens, der Pfalz, Polens, Ungarns und vieler anderer Länder. Ungeheuer war die Arbeitsleistung, die er seinem an sich schwachen und fast ständig kranken Körper abtrotzte, bis er am 27. Mai 1564 starb.

Grundzüge von Calvins Theologie

Als Reformator der zweiten Generation und auf Grund seiner geistigen Struktur wie seines Bildungsganges ist Calvin sehr viel mehr Systematiker als Luther. Er vermeidet einseitige Positionen und sucht seine Auffassungen und Erkenntnisse miteinander in Zusammenhang zu bringen. In der „Institutio" hat er uns eine geschlossene Dogmatik hinterlassen. Wir dürfen aber nicht vergessen, daß er darin nur den „Kandidaten der Theologie zum Lesen des göttlichen Wortes anleiten" und ihn befähigen wollte, „festzustellen, was er fürnehmlich in der Schrift suchen und auf welches Ziel er ihren Inhalt beziehen soll"[43]. Calvin wollte in erster Linie Schriftausleger sein, und entsprechend müssen seine zahlreichen exegetischen Schriften zur Darstellung seiner Theologie herangezogen werden.

Was der Theologe von sich aus über Gott und den Menschen zu sagen weiß, ist „eitel Narrheit". In der Heiligen Schrift muß er sich von Gott selbst belehren lassen. „Es kommt niemand auch nur zum geringsten Verständnis rechter und heilsamer Lehre, wenn er nicht zuvor ein Schüler der Schrift wird" (Institutio I 6, 2). Diese „trägt ihre Beglaubigung in sich selbst"; kraft der Erleuchtung des Heiligen Geistes wird sie von uns als Wort Gottes erkannt (I 7, 5). Der Heilige Geist allein ist der rechte Ausleger der Heiligen Schrift. Er, „der durch den Mund der Propheten gesprochen hat, muß in unser Herz dringen" (I 7, 4) und es für das Wort aufschließen, das in den Wörtern der Schrift beschlossen liegt. Die Ehre des souveränen Gottes — das „Soli Deo Gloria" — ist der bestimmende Gedanke der calvinischen Theologie. Die Ehre Gottes ist der Sinn der Schöpfung und der Errettung der Erwählten wie der Bestrafung der Verworfenen. Schon die stark ausgeprägte

[43] Vorrede, OS II 6.

Trinitätslehre hat einen soteriologischen Zug. Calvin verteidigt entschieden die Wahrheit von der Dreifaltigkeit gegen die Häresie Servets und anderer, weil er die wahre Gottheit Jesu Christi sichern will. „Niemand wird nämlich von Herzen Christus als seinen Gott anerkennen, der die verschiedenen göttlichen Personen nicht in der Einheit des Wesens begreift.“ [44] Gegen den Schicksalsglauben der Renaissance und gegen deistische Strömungen betont Calvin stark die göttliche Vorsehung (I 16—18). Nicht ein Fatum bestimmt den Lauf der Dinge, sondern Gott, der Herr der Welt. Er erhält das Geschaffene in seinem Bestand, gibt den Geschöpfen ihren Wirkraum und lenkt alles auf sein Ziel hin. „Daraus folgt, daß die Vorsehung in seinem *Wirken* besteht, und deshalb ist es unklug, wenn einige von einem bloßen *Vorherwissen* Gottes schwatzen“ (I 16, 4).

Dem Menschen als dem vornehmsten Geschöpf gilt Gottes besondere Fürsorge. Im menschlichen Bereich kommt aber der Kirche die größte Wichtigkeit zu; „weil Gott die Kirche zur Wohnung erlesen hat, so erweist er unzweifelhaft in ihrer Leitung seine väterliche Fürsorge durch besondere Zeugnisse“ (I 17, 6). Die Vorsehung Gottes enthebt den Menschen nicht seiner Verantwortung, andererseits verbietet die aktive Regierung der Welt durch Gott, angesichts des Bösen von seiner bloßen Zulassung zu sprechen. „Als ob Gott in ruhiger Betrachtung dasäße und die zufälligen Ereignisse abwartete!“ (I 18, 1.) Hier stehen wir vor dem Geheimnis, das wir nicht aufzulösen versuchen dürfen und das im Kreuze am undurchdringlichsten ist. „Und wahrlich wäre Christus nicht mit dem Willen Gottes gekreuzigt worden — woher sollte dann unsere Erlösung kommen“ (I 18, 3). Gott nötigt den Menschen nicht zum Bösen; „er lenkt auf eine wunderbare und unbegreifliche Weise alle Regungen des Menschen so, daß ihnen dabei doch ihr Wille bleibt“ (OC 36, 222). Hier kann „unsere Weisheit in nichts anderem bestehen als darin, daß wir mit demütiger Lernbegierde alles — und zwar ohne Ausnahme — annehmen, was in der Heiligen Schrift uns kundgemacht wird“ (I 18, 4). Noch undurchdringlicher ist für Calvin das Geheimnis angesichts der Prädestination, „der ewigen Erwählung, kraft deren Gott die einen zum Heil, die anderen zum Verderben vorherbestimmt hat“ (III 21, 1). Hier ist Vorwitz so wenig am Platze wie ängstliches Verschweigen von Gottes Wort. Calvin warnt vor einer allzu spekulativen Behandlung dieser Frage. Freilich ist er selbst im Zuge der Auseinandersetzung mit seinen Gegnern dieser Gefahr erlegen. Über das Geheimnis der Prädestination zu schweigen hieße allerdings „Gottes Ehre zu mindern“ [45]. Denn nur wenn uns „Gottes ewige Erwählung kundgeworden ist“, werden wir inne, daß unser Heil aus dem Brunnquell der unverdienten Barmherzigkeit Gottes herfließt. Calvins Definition lautet: „Unter Vorherbestimmung verstehen wir Gottes ewige Anordnung, vermöge deren er bei sich beschloß, was nach

[44] OC 9, 331; vgl. W. *Niesel*, Die Theologie Calvins (München [2]1957) 56.

[45] III 21, 1; vgl. Kommentar zu Jo 6, 40: OC 47, 147 und Katechismus von 1537: OS I 391.

seinem Willen aus jedem einzelnen Menschen werden sollte. Denn die Menschen werden nicht alle mit der gleichen Bestimmung erschaffen, sondern den einen wird das ewige Leben, den anderen die ewige Verdammnis zugeordnet. Wie also nun der einzelne zu dem einen oder anderen Zwecke geschaffen ist, so — sagen wir — ist er zum Leben oder zum Tode vorherbestimmt“ (III 21, 5)[46]. Neben dem göttlichen Wohlgefallen einen Grund dafür zu suchen — etwa das Vorherwissen menschlicher Verdienste — hieße, Gottes Willen unter die Abhängigkeit äußerer Ursachen zu stellen. „Dieser Ratschluß ist, das behaupten wir, hinsichtlich der Erwählten auf Gottes unverdientes Erbarmen begründet, ohne jede Rücksicht auf menschliche Würdigkeit. Den Menschen aber, die er der Verdammnis überantwortet, denen schließt er nach seinem zwar gerechten und unwiderruflichen, aber unbegreiflichen Gericht den Zugang zum Leben zu“ (III 21, 7). „Wir können also dafür, daß er den Seinen Barmherzigkeit zuteil werden läßt, nur einen Grund anführen: weil es ihm so wohlgefällt; aber ebenso haben wir auch für die Verwerfung anderer keine andere Ursache als seinen Willen“ (III 22, 11). Grund unserer Vorherbestimmung zum Heil und zugleich unserer Heilsgewißheit ist Jesus Christus. In ihm hat Gott den Bund des Lebens mit uns geschlossen. „Deshalb heißt es von denen, die sich Gott zu Kindern angenommen hat, nicht, daß sie in sich selber erwählt worden sind, sondern in seinem Christus (Eph 1, 4)! Denn nur in ihm vermochte er sie zu lieben ... Sind wir nun aber in ihm erwählt, so werden wir die Gewißheit unserer Erwählung nicht in uns selber finden, ja auch nicht in Gott, dem Vater, wenn wir ihn uns für sich allein ohne den Sohn vorstellen. Christus ist also der Spiegel, in dem wir unsere Erwählung anschauen sollen und es ohne Täuschung vermögen“ (III 24, 5). Zeichen unserer Erwählung ist die Annahme der Predigt vom Christus und die Gemeinschaft mit ihm im Glauben und im Abendmahl. Auch die Werke können als „Früchte der Berufung“ eine gewisse Bedeutung für die Erkenntnis unseres Heils haben. Aber nur als Rückschluß. „Ist das Gewissen also gegründet, aufgerichtet und gestärkt, so dient ihm auch die Betrachtung der Werke zur Stärkung, weil sie nämlich Zeugnisse dafür sind, daß Gott in uns wohnt und regiert“ (III 14, 18). Die Lehre, daß die Zahl und der Erfolg unserer Werke ein Beweis unserer Erwählung sind, findet sich erst im Calvinismus (Syllogismus practicus) und entspricht nicht dem Ansatz bei Calvin. Je stärker er betont, daß die Gnade in den Erwählten unwiderstehlich ist und sie das Heil nicht verlieren können, um so dunkler wird das Geheimnis der Reprobation. Wie kommt es, daß Christus nicht in allen wirksam ist? Sollte er so ohnmächtig sein, daß er nicht alle Widerstrebenden für sich gewinnen kann?[47] Hier sieht sich Calvin mit Paulus vor dem undurchdringlichen Geheimnis des Willens Gottes. „Der Apostel bekennt, daß Gottes Gerichte so tief sind, daß aller Verstand

[46] III 21, 5; OC 51, 259; 26, 520; 47, 297; 51, 149; 55 353.

[47] Vgl. W. *Niesel,* Die Theologie Calvins 169.

der Menschen davon verschlungen wird, wenn er da hineinzudringen versucht" (III 23, 5).

Bei der Lehre von der *Rechtfertigung* und *Heiligung* geht Calvin von Jesus Christus aus. Seine Frage lautet: „Auf welche Weise werden wir nun der Gnade Christi teilhaftig ... Wie gelangen die Güter, die der Vater seinem eingeborenen Sohn anvertraut hat, zu uns?" (III 1, 1.) Die Antwort, daß wir dies durch den Glauben erreichen, genügt Calvin nicht. Es gilt, „tiefer einzudringen" und zu bekennen: „Der Heilige Geist ist das Band, durch das uns Christus wirksam mit sich verbindet" (III 1, 1). In ihm greift Christus nach uns und wirkt das Ja des Glaubens in uns. Dieser ist die vom Heiligen Geist verursachte Hinwendung zu Christus. „Durch die Gemeinschaft mit ihm empfangen wir vornehmlich eine doppelte Gnade: einerseits werden wir durch seine Unschuld mit Gott versöhnt, daß er jetzt nicht mehr unser Richter ist, ... und andererseits werden wir durch seinen Geist geheiligt" (III 11, 1).

Wir unterscheiden Rechtfertigung und Heiligung. „Christus trägt sie aber beide untrennbar in sich. Willst du also in Christus Gerechtigkeit erlangen? Dann mußt du zuvor Christus besitzen. Du kannst ihn aber gar nicht besitzen, ohne zugleich an seiner Heiligung teilzuhaben! Denn man kann ihn nicht in Stücke reißen" (III 16, 1; 11, 6). Obwohl die Heiligung Frucht der Rechtfertigung ist, behandelt Calvin sie in der „Institutio" zuerst, um von vornherein das Mißverständnis auszuschließen, als ob der Glaube, durch den allein wir aus Gnade gerechtfertigt werden, müßig und ohne Werke sei. Durch die Teilhabe an Tod und Auferstehung Christi sterben und erstehen wir „zu neuem Leben, das der Gerechtigkeit Gottes entspricht" (III 3, 9). Diese Wiedergeburt hat zum Ziel die Wiederherstellung des Ebenbildes Gottes, das durch Adams Sünde „so gut wie ausgelöscht war". Die Erneuerung kommt aber nicht „in einem Augenblick", wir sind nicht sofort im vollen Besitz der Freiheit, sondern müssen „unser ganzes Leben in der Buße üben" (III 3, 9). Die Heiligung ist damit ein langsamer Prozeß; der Gläubige bleibt Sünder, nur darf die Sünde in ihm nicht zur Herrschaft kommen (III 3, 13). Ist die Heiligung also teilweise zu verwirklichen und ist sie vermehrbar, dann muß dagegen die Rechtfertigung uns ganz zuteil werden. „Ein Stück Gerechtigkeit würde die Gewissen nicht beruhigen, ehe es feststünde, daß wir Gott wohlgefällig sind, weil wir ohne Einschränkung vor ihm gerecht sind" (III 11, 11). Dafür wird die Gerechtigkeit uns auch nicht wesenhaft zu eigen, sondern uns zugerechnet. Rechtfertigung besagt für Calvin „die Annahme, mit der uns Gott in Gnaden aufnimmt und als gerecht gelten läßt ... sie beruht auf der Vergebung der Sünde und der Zurechnung (imputatio) der Gerechtigkeit Christi" (III 11, 2). Scharf wendet sich Calvin gegen die „ungeheuerliche Lehre" Osianders (s. o. S. 368 f) von einer wesenhaften Gerechtigkeit (essentialis iustitia) und einer wesenhaften Einwohnung Christi in uns (essentialis inhabitatio). Gegen eine solche „grobe

Vermischung" betont Calvin die „geistliche Verbundenheit" mit Christus (III 11, 10). Durch die Kraft des Heiligen Geistes wachsen wir zusammen mit Christus unserem Haupt (III 11, 5). So ist unsere Rechtfertigung außerhalb von uns, nämlich in Christus, und zugleich unser eigen, „weil wir Christus angezogen haben und in seinen Leib eingefügt sind; kurz, weil er sich herabgelassen hat, uns mit sich eins zu machen, darum rühmen wir uns, daß wir Gemeinschaft der Gerechtigkeit mit ihm haben" (III 11, 10). Auf Grund dieser Verbindung mit Christus werden wir nicht nur selber gerecht, sondern auch unsere Werke von Gott als gerecht erachtet, „weil alles, was sonst an Gebrechen an ihnen ist, durch Christi Reinheit begraben und deshalb nicht zugerechnet wird" (III 17, 10).

Lehrprozesse

„Christi geistliches Reich und die bürgerliche Ordnung" sind für Calvin „zwei völlig verschiedene Dinge" (IV 20, 1). Das bedeutet aber nicht, daß Staat und Kirche beziehungslos nebeneinanderstehen. Beide haben in Christus denselben Herrn, und der Christ bedarf für seine Erdenzeit des Staates. Dieser zählt für Calvin zu den „äußeren Mitteln", durch die „Gott uns zu der Gemeinschaft Christi beruft und uns in ihr erhält" (IV 1, 1). Das weltliche Regiment hat die Verkündigung des Evangeliums zu schützen und zu sorgen, „daß sich Abgötterei, Frevel gegen Gottes Namen, Lästerung gegen seine Wahrheit und andere Ärgernisse bezüglich der Religion nicht öffentlich erheben" (IV 20, 3). Die Regierenden sind auch an das Wort Gottes gebunden, gibt es ja keinen Bezirk, der außerhalb des Anspruches Gottes stünde. Es ist nicht Aufgabe der Obrigkeit, selbst die Verkündigung des Evangeliums zu betreiben. Es ist von Übel, wenn sie das Kirchenregiment an sich reißt und sich zum Richter in Sachen der Lehre und des geistlichen Regimentes macht. Entsprechend war Calvin zeit seines Lebens bestrebt, die Kirchenzucht in die Hand der geistlichen Behörde zu legen und dem Konsistorium die Unabhängigkeit gegenüber den staatlichen Gewalten zu sichern. Er hat sich aber nicht gescheut, beim Rat der Stadt die Verfolgung seiner theologischen Gegner zu betreiben.

Der um das Genfer Schulwesen hochverdiente Sebastian *Castellio* (1515 bis 1563) wurde wegen seiner Bibelkritik und seiner Auffassung von der Höllenfahrt Christi nicht zum Pfarramt zugelassen und mußte seinen Abschied als Rektor der Lateinschule nehmen. Er begab sich 1544 nach Lausanne und 1545 nach Basel. Hier wurde er Professor für Griechisch, übersetzte die Bibel und trat für die Gewissensfreiheit ein[48].

Der frühere Karmelitermönch Jérôme *Bolsec* († 1584), der sich nach sei-

[48] „De haereticis, an sint persequendi" (1554 lat. u. frz.). Neuausgabe von *Sape van der Woude* (Genf 1954).

ner Hinwendung zur Reformation als Arzt betätigte, aber weiter an theologischen Fragen interessiert war und an der wöchentlichen Zusammenkunft der „Compagnie des pasteurs“ teilnahm, trat gegen Calvins Prädestinationslehre auf und beschuldigte ihn, kein treuer Ausleger der Bibel zu sein. Im Anschluß an eine Sitzung der Compagnie, in der Bolsec eine heftige Diskussion mit Calvin geführt hatte, wurde er verhaftet. Für Calvin war wie für Thomas von Aquin Götzendienst ein Majestätsverbrechen und Irrglaube eine strafbare Tat. Wer die Seele verdirbt, hat größere Schuld als der, der den Leib schädigt, und wie dieses, kann auch jenes Verbrechen vom weltlichen Gericht bestraft werden. Es half Bolsec nichts, daß er sich auf Melanchthon berief und die um ein Gutachten gebetenen Gemeinden Bern und Zürich für Mäßigung in einer so schwierigen Frage eintraten. Er wurde am 23. Dezember 1551 durch ein gerichtliches Urteil aus Genf ausgewiesen. Später kehrte er zum Katholizismus zurück und rächte sich an Calvin durch eine sehr polemische Biographie des Reformators, die 1577 in Lyon erschien unter dem Titel: „Geschichte des Lebens, Sterbens, der Sitten, Taten, Lehren, der Standhaftigkeit und des Todes von Johannes Calvin, ehemals Pfarrer von Genf“.

Großes Aufsehen und heftige Kritik an Calvin hat bis in die neueste Zeit der Ketzerprozeß gegen den Arzt Michael *Servet* erregt, der am 27. Oktober 1553 verbrannt wurde, nachdem ihn der Rat der Stadt Genf zu diesem Tode verurteilt hatte. Servet wurde in Villanueva in Aragón am 29. September 1511 als Sohn eines Spaniers und einer Französin geboren. Er machte juristische, theologische und medizinische Studien; entdeckte u. a. den kleinen Blutkreislauf. Schon 1531 bestritt er in einem kleinen Werk „De erroribus trinitatis“ die Lehre von der Dreifaltigkeit. Für ihn ging es nicht um drei Personen in Gott, sondern um drei Kräfte oder Wirkweisen. Um 1546 führte er einen Briefwechsel mit Calvin, der die Kluft zwischen beiden erst richtig deutlich machte. In Lyon gab er 1553 eine Sammlung verschiedener Abhandlungen heraus. Schon der Titel „Christianismi Restitutio“ läßt die Polemik gegen Calvin bzw. seine „Christianae Religionis Institutio“ erkennen. Durch einen in Genf lebenden französischen Flüchtling namens Guillaume de Trie wurde die Inquisition in Lyon auf Servet aufmerksam gemacht. Calvin selbst steuerte Originalbriefe bei, durch die Servet als Verfasser der „Restitutio“ entlarvt werden konnte. Doch er entwich aus dem Gefängnis und wurde in Abwesenheit zum Tod auf dem Scheiterhaufen verurteilt. Auf seiner Flucht kam er nach Genf und wurde hier vom Sekretär Calvins, Nicolas de Fontaine, beim Rat der Stadt angeklagt und daraufhin verhaftet. Der Prozeß begann am 15. August und zog sich Wochen hin; zum Teil spielte er sich in Form von theologischen Diskussionen zwischen Calvin und Servet ab. Die um Gutachten gebetenen schweizerischen Städte Bern, Basel, Zürich, Schaffhausen sprachen alle Servet schuldig. Am 26. Oktober 1553 entschied der Rat, Servet sollte bei lebendigem Leibe verbrannt werden. Auch seine Bücher sollte man den Flammen übergeben. Calvin hatte die Todesstrafe verlangt. Er machte aber mit anderen Pastoren den Versuch, das Urteil zu mildern, indem er statt des Scheiterhaufens die Enthauptung erbat. Doch seine Intervention hatte keinen Erfolg. Das Urteil entsprach den Überzeugungen und der Praxis der damaligen Zeit. Ein so vorsichtiger Mann wie Melanchthon schrieb später an Calvin: „Ich habe Dein Schriftstück gelesen, worin Du die verwerflichen Gotteslästerungen Servets widerlegt hast, und danke dem Sohne Gottes, der Richter in Deinem Kampfe war. Auch die Kirche ist Dir jetzt und künftig Dank schuldig. Ich bin völlig einverstanden und ich bestätige zugleich, daß Deine Obrigkeit recht gehandelt hat, indem sie den Lästerer nach einem rechtmäßigen Prozeß zum Tode verurteilte." [49] Der Hinweis auf die Praxis der Zeit bedeutet sicher keine Rechtfertigung, erst recht nicht für den Reformator, der für sich selbst in Anspruch nahm, im Namen seines Verständnisses der Heiligen Schrift über die traditionelle Lehre hinweggehen zu dürfen. Für Calvin bedeutete Berufung auf sein Gewissen zugleich die Sicherheit eines prophetischen Auftrages und die Forderung an alle, sich ihm anzuschließen. Am 6. Oktober 1552 hatte er an den Genfer Rat geschrieben: „Was mich angeht, hohe Herren, so bin ich in meinem Gewissen sicher, daß das, was ich gelehrt und geschrieben habe, nicht in meinem Kopf entstanden ist; sondern von Gott habe ich es, und ich muß es festhalten, wenn ich nicht zum Verräter an der Wahrheit werden will." [50]

Die Abendmahlslehre Calvins und seine Bemühungen um die Kirchen- und Abendmahlsgemeinschaft unter den Protestanten

In seinem Vorgehen gegen „Ketzer" wie Castellio, Bolsec und Servet steht Calvin als Mann der Intoleranz vor uns, der gewillt ist, die Einheit der Kirche unbedingt zu wahren und mit allen Mitteln der Kirchenzucht unter Hinzuziehung der staatlichen Gewalt zu sichern. Nicht ganz ohne Grund hat ihn ja die polemische Darstellung vielfach als rücksichtslosen Fanatiker bezeichnet. Calvin denkt ausgeprägter ekklesiologisch als Luther. Nicht „Wie finde ich einen gnädigen Gott?" ist seine Grundfrage, sondern „Wie kommt es zur Herrschaft Gottes über die Menschheit?" [50a] Die universale Herrschaft Gottes wird konkret in der sichtbar verfaßten Kirche. Über sie handelt Calvin ausführlich im vierten Buch seiner „Institutio". Danach gehört die Kirche zu den „äußeren Mitteln, mit denen uns Gott zu der Gemeinschaft mit Christus einlädt". Im ersten Kapitel „Von der wahren Kirche, mit der wir die Einheit halten müssen, weil sie die Mutter aller From-

[49] Brief vom 4. 10. 1554, CR 8, 362. [50] OC 14, 382; *Schwarz*, Briefe II 608.

[50a] „quomodo regnum Christo sartum tectumque inter nos maneat" (Epistola ad Franciscum I. [1536]: OS I 23).

men ist" behandelt er in 19 von 29 Abschnitten die Einheit, die der Christ mit der Kirche zu halten hat. So stark Calvin den Gemeindegedanken betont, so erwächst für ihn doch die Kirche nicht aus dem Zusammenschluß der Gläubigen, sondern sie ist Setzung, Stiftung von oben. Mehrmals zitiert er das Wort Cyprians, daß niemand Gott zum Vater haben kann, der die Kirche nicht zur Mutter hat (IV 1, 1; 1, 4). Sein Kirchenbegriff ist organisch, vom paulinischen Bilde des Leibes Christi her konzipiert. Entsprechend ist die Kirche sichtbar und notwendig eine. Schon in der ersten Ausgabe der „Institutio" (1536) schreibt er: „Wir glauben die heilige katholische Kirche . . .: daß es eine Kirche gibt und eine Gesellschaft und ein Volk Gottes, dessen Lenker und Oberhaupt Christus unser Herr ist, wie das Haupt eines Leibes . . . Diese Gesellschaft ist katholisch, das heißt universal, da es keine zwei oder drei geben kann, vielmehr die Auserwählten Gottes alle so in Christus vereint und verbunden sind, daß sie, wie sie von einem Haupt abhängen, so auch zu einem Leibe zusammenwachsen und sich wie Glieder eines Leibes gegenseitig stützen."[51] Nach Calvin spricht die Heilige Schrift in zweifacher Weise von der Kirche. Einmal ist sie die Gemeinschaft aller Auserwählten seit Anbeginn der Welt. Diese „nur für Gottes Auge wahrnehmbare Kirche" muß ich glauben. Im anderen Sinn umfaßt Kirche die in der ganzen Welt verstreute Schar derer, die sich zu Christus bekennen, „durch die Taufe in den Glauben an ihn eingewiesen sind und durch die Teilnahme am Abendmahl ihre Einheit in der wahren Lehre und Liebe bezeugen" (IV 1, 7). Es gibt keinen echten Kirchenglauben ohne Hochachtung dieser sichtbaren Kirche und ohne die Bereitschaft zur Gemeinschaft mit ihr (IV 1, 7). Sie wird anschaulich, „wo Gottes Wort lauter gepredigt und gehört wird und die Sakramente nach der Einsetzung Christi verwaltet werden" (IV 1, 9). Reformation bedeutet für Calvin Wiederherstellung der ursprünglichen, durch das Papsttum zerrütteten Kirche und ihrer rechten Einheit. Auch in der Papstkirche läßt Calvin vestigia oder reliquiae der wahren Kirche gelten, vor allem in der Taufe (IV 2, 11); aber es fehlt der Kirche „die wahre und rechtmäßige Gestaltung, die sich einerseits in der Gemeinschaft an den Sakramenten als Zeichen des Bekenntnisses findet, andererseits aber vor allem in der Gemeinschaft der Lehre" (IV 2, 12). Bei der wahren, konkret erfahrbaren Kirche unterscheidet Calvin wieder zwischen der allgemeinen über die Welt zerstreuten Kirche (ecclesia universalis) und der Ortskirche (singulae ecclesiae). Dieser gilt sein Hauptaugenmerk. In ihr ist unbedingte Einheit hinsichtlich der Lehre und der Sakramente zu wahren. Dagegen können zwischen den einzelnen Kirchen außer in bestimmten zentralen Lehrstücken durchaus „Meinungsverschiedenheiten" herrschen, ohne daß die Einheit im Glauben zerrissen wird. Entsprechend sehen wir den Reformator bei seinem Bemühen um die Ein-

[51] OS I 86; vgl. Inst. IV 1, 7.

heit in einem Maße kompromißbereit, wie wir es angesichts seiner Praxis in Genf nicht vermuten sollten.

Das wird besonders deutlich bei dem Streit der Reformatoren um das Sakrament der Einheit und des Friedens, die Eucharistie. Calvin hatte theologisch seinen Ausgang von Luther genommen, aber vor 1536 auch schon Zwinglis Schrift „Commentarius de vera et falsa religione" kennengelernt[52]. Am 22. September 1537 nahm er von Genf aus an einer Synode in Bern teil, die auf Drängen Martin Bucers stattfand und die Streitigkeiten in der Abendmahlslehre zwischen den Zwinglianern und Lutheranern beilegen sollte. Butzer wurde von den Schweizern vorgeworfen, er habe durch die Zustimmung zur Wittenberger Konkordie (Mai 1536) mit dem dehnbaren Begriff der „unio sacramentalis" von Brot und Leib Christi[53] die Berner Disputation von 1528 preisgegeben und auf Kosten der Wahrheit die Vereinigung von Lutheranern und Schweizern angestrebt. Auf der Synode in Bern 1537 wollte Butzer sich von diesem Verdacht reinwaschen und das Mißtrauen zerstreuen. Als die heftigen Diskussionen zwischen ihm und dem Berner Prediger und Lehrer Kaspar Megander (1495—1545) zu keinem Ergebnis führten, wurden Calvin, Farel und Viret aufgefordert, eine Confessio fidei de Eucharistia abzufassen. Sie wurde von Calvin verfaßt und von den Straßburgern zum Zeichen ihres Konsenses mit den Schweizern unterschrieben. Nach diesem Bekenntnis[54] bietet uns Christus in den Zeichen von Brot und Wein die wirkliche Teilhabe an seinem Fleisch und Blut an. Das bedeutet aber nicht örtliche Gegenwart. Diese ist uns genommen durch die Erhöhung Christi in den Himmel. Doch sein Geist ist durch nichts in seiner Wirksamkeit begrenzt. Er ist das Band der Teilhabe und nährt uns durch die Substanz von Christi Fleisch und Blut. Calvin nimmt so eine Position zwischen Luther und Zwingli ein. Gegen Luther will er die örtliche und historisch-fleischliche Gegenwart ausschließen. Gegen Zwingli betont er dagegen die Wirklichkeit der Gemeinschaft von Fleisch und Blut Christi so stark, daß er nicht einmal das Wort „Substanz" scheut. Einem Gegner der Einigungsbestrebungen schrieb Calvin Mai 1539: „Daß in Zwinglis Lehre gar nichts Bedenkliches gewesen sei, gebe ich Dir keineswegs zu. Denn das ist leicht zu sehen, daß er, zu sehr damit beschäftigt, den Aberglauben an fleischliche Gegenwart Christi auszurotten, auch die wahre Kraft der Gemeinschaft (mit Christus) zugleich wegwarf oder doch sicher verdunkelte. Das gerade muß aber mehr beleuchtet werden."[55] Eine besondere Geste des Verständigungswillens tat Calvin, indem er auf dem Regensburger Religionsgespräch 1541 die Confessio Augustana unterschrieb. Allerdings nicht die Confessio von 1530, sondern eine von Melanchthon im Hin-

[52] *A. Lang,* Die Quellen der Institutio von 1536: EvTh 3 (1936) 100—112, bes. 107.
[53] E. Bizer, Studien zur Gesch. des Abendmahlstreites (Darmstadt ²1962) 118.
[54] OS I 435f.
[55] OC 10 II 346; *Schwarz,* Briefe I 117f.

blick auf die Verständigung mit den Schweizern 1540 herausgegebene Fassung, die man Confessio Augustana Variata nennt. Diese Variata erregte zunächst bei den Lutheranern keinen Widerspruch, wurde auch von Luther selbst stillschweigend hingenommen. Der Unterschied bezieht sich vor allem auf die Abendmahlslehre. Während die Fassung von 1530 den Katholiken entgegenkommt und selbst die Transsubstantiation zu lehren scheint, nimmt die Variata Rücksicht auf die Schweizer. Es heißt in Artikel 10: „Vom Abendmahl des Herrn lehren sie, daß mit Brot und Wein wirklich der Leib und das Blut Christi den Essenden gereicht werden.“ [56] Statt „unter den Gestalten von Brot und Wein“ steht hier „mit Brot und Wein“ und statt „ist gegenwärtig“ „werden den Essenden gereicht“. Das ließ eine Interpretation im Sinne Calvins zu. Dieser konnte so bei späteren Auseinandersetzungen darauf hinweisen, daß er die Confessio Augustana unterschrieben habe, ohne seine Auffassung zu verleugnen.

Hatte Calvin in der Variata einem Bekenntnis zugestimmt, das ohne ihn zustande gekommen war, dann war er bei dem Einverständnis mit den Zürichern, dem „Consensus Tigurinus“ (1549), einer der Verfasser, ja die eigentlich treibende Kraft. Durch Luthers Schrift „Kurzes Bekenntnis vom heiligen Sakrament“ (1544) war der Sakramentsstreit mit den Schweizern neu aufgeflammt. In seinem „maßlosen, blitzeschleudernden Zorn“, wie Calvin schrieb [57], hatte Luther sich auch gegen den schon 14 Jahre toten Zwingli gewandt. Im Jahre darauf verteidigte Heinrich Bullinger (1504/75) seinen Vorgänger Zwingli und die Züricher Abendmahlslehre in der Gegenschrift „Wahrhafte Bekenntnis der Diener der Kirche zu Zürich ... insbesondere über das Nachtmahl“. Calvin hatte vorher am 25. November 1544 Bullinger gebeten, sich durch Luthers scharfe Art nicht herausfordern zu lassen und zu schweigen. Aus diesem Anlaß hatte er den Wunsch geäußert, mit Bullinger einmal mündlich über ihre Differenzen in der Abendmahlsfrage zu verhandeln. „... Könnten wir“, so schrieb Calvin damals, „nur einen halben Tag einmal darüber sprechen, so würden wir uns, hoffe ich, leicht einigen. Nicht nur über die Sache selbst, sondern auch über die Formulierung. Indessen soll uns diese kleine Uneinigkeit nicht hindern, brüderliche Freundschaft zu halten im Herrn.“ [58] So schnell sollte es zwar nicht zur Einigkeit kommen. Immerhin gelang es Calvin in seinem ernsten Bemühen um die Einheit im Laufe von drei Jahren, das Vertrauen Bullingers zu gewinnen. Dieser gab 1547 Calvin seine Schrift „De sacramentis“ zur Begutachtung mit. In einem Brief vom 25. Februar 1547 [59] setzte sich Calvin kritisch mit dieser Schrift auseinander, äußerte aber nochmals den Wunsch nach einem persönlichen Gespräch. Er erhielt erst keine, dann Ende 1547

[56] Die Bekenntnisschriften der ev.-luth. Kirche (Göttingen [5]1963) 65 45.

[57] Ein Brief an Melanchthon vom 28. 6. 1545, OC 12, 98; *Schwarz,* Briefe I 308.

[58] OC 11, 775; *Schwarz,* Briefe I 286.

[59] OC 11, 481; *Schwarz,* Briefe I 370.

eine recht unfreundliche Antwort. Am 1. März 1548 betonte Calvin, wenn er auch eine innigere Gemeinschaft mit Christus im Sakrament lehre als Bullinger, so hörten sie deshalb doch nicht auf, denselben Christus zu haben und in ihm eins zu sein. „Vielleicht wird es uns doch einmal gegeben, uns zu vollständigerer Übereinstimmung zusammenzufinden.“ [60] Ein Besuch Calvins und Farels in Zürich im Mai 1548 richtete nicht viel aus. In einem Brief vom 26. Juni 1548, der „seine ganze Herzensmeinung“ [61] enthielt, erläuterte Calvin noch einmal ausführlich seine Meinung[62]. Im Juli übersandte er „Propositiones de sacramentis“ [63] an Bullinger, die dieser im November mit „Annotationes“ beantwortete. Weitere Stellungnahmen gingen hin und her; doch die Einigung war noch nicht abzusehen. Da überraschte Bullinger April 1549 Calvin mit der Nachricht, einem gemeinsamen schweizerischen Bekenntnis stehe nun wenig mehr im Wege. Beglückt reiste Calvin nach Zürich, obwohl Bullinger wieder zurückhaltend meinte, man könne die Sache auch schriftlich regeln. Aus all dem wird klar, „daß nicht Bullinger und die Züricher es waren, die auf den Abschluß des Konsensus drängten, sondern Calvin, der mehrmals deswegen nach Zürich reiste“ [64]. Der Konsensus in 26 Artikeln kam Ende Mai 1549 zustande. Er wurde aber erst 1551 gedruckt[65], weil man die Zustimmung der übrigen Schweizer Gemeinden abwartete.

In den 26 Artikeln geht es fast ausschließlich um die allgemeine Sakramentenlehre und um die Eucharistie. Die Sakramente sind allein von Christus, dem Priester und König, her zu verstehen (1—4). Dieser Christus teilt sich uns mit, macht uns eins mit sich durch seinen Geist. Das bezeugen das Evangelium und die Sakramente (5—6). Durch das Sakrament vergegenwärtigt und besiegelt Gott seine Gnade. Das geschieht zwar auch durch das Wort. Aber es ist etwas Großes, daß unseren Augen lebendige Bilder vorgestellt und so unsere Sinne stärker beeindruckt werden (7). Es muß zwischen Zeichen und bezeichneter Sache unterschieden werden, und doch dürfen Zeichen und Wirklichkeit nicht voneinander getrennt werden. Alle, die im Glauben die im Zeichen dargebotenen Versprechungen ergreifen, empfangen geistlich Christus mit all seinen geistlichen Gnaden. Besteht die Verbindung mit ihm schon, dann wird sie fortgesetzt und erneuert (9). Es ist also mehr auf die Verheißung als auf das Zeichen zu achten. Denn nicht Wasser, Brot und Wein können uns der geistlichen Gaben teilhaftig machen, sondern nur der Glaube an Christi Verheißung (10). Die Sakramente aus sich bewirken nichts. Gott allein handelt durch seinen Geist[66]. Wenn er sich dabei der Sakramente bedient, dann heißt das nicht, daß er ihnen seine

[60] OC 12, 666; *Schwarz,* Briefe II 412 f. [61] OC 12, 731; *Schwarz,* Briefe II 424.
[62] OC 12, 727 f; *Schwarz,* Briefe II 421 ff. [63] OC 12, 726 ff.
[64] *H. Graß,* Die Abendmahlslehre bei Luther und Calvin (Gütersloh ²1954) 210.
[65] OS II 247–253.
[66] „Deus enim solus est, qui spiritu suo agit“, Art. 12.

Kraft sozusagen eingießt und sie unabhängig von ihm wirken (12—15). Deshalb haben auch nicht alle Empfänger der Sakramente teil an ihrer Gnade, sondern nur die Auserwählten. Man kann also nicht sagen, daß alle die Gnade empfangen, die nicht das Hindernis der Todsünde entgegensetzen. Gott bietet zwar allen die Gnade an, aber nur die Glaubenden sind fähig, sie zu fassen. Die Sakramente schenken nichts, was der Glaube nicht auch schon erhalten hätte, aber sie festigen und vermehren den Glauben (19). Die Artikel 21—26 befassen sich speziell mit der Eucharistie: Jede räumliche Vorstellung ist zu beseitigen. Als Mensch ist Christus nirgendwo anders als im Himmel und nicht anders als im Geist und in der Erkenntnis des Glaubens (mente et fidei intelligentia) zu suchen (21). Es ist ein perverser und ruchloser Aberglaube, ihn in die Elemente dieser Welt einzuschließen. Die Worte des Einsetzungsberichtes „Dies ist mein Leib" sind bildlich zu nehmen. Auf das Zeichen wird die bezeichnete Sache übertragen. Brot und Wein werden das genannt, für das sie Zeichen sind (22). Diese Formulierung war Calvin nachträglich zu schwach. Vor allem vermißte er, daß vom Essen des Fleisches gesprochen wurde. So bat er Bullinger um Einfügung des folgenden Artikels 23 „De manducatione carnis Christi" [67]. Das im Zeichen dargestellte Essen seines Fleisches und Trinken seines Blutes bedeuten, daß Christus unsere Seelen im Glauben in der Kraft seines Geistes nährt. Jede „substantielle Vermischung oder Durchdringung" ist aber auszuschließen. Noch schärfer wendet sich Artikel 24 „gegen die Transsubstantiation und andere Albernheiten". Darin sollen mit dieser papistischen Erfindung alle „krassen Hirngespinste und eitlen Spitzfindigkeiten" zurückgewiesen werden, die „entweder seiner himmlischen Herrlichkeit Abbruch tun oder mit der Wahrheit seiner menschlichen Natur nicht voll in Einklang stehen". Man hält es nämlich für nicht weniger absurd, Christus im Brote zu lokalisieren oder ihn an das Brot zu binden als das Brot in seinen Leib zu verwandeln. Nach Artikel 25 ist Christi Leib im Himmel wie an einem Ort und als solcher nur dort zu suchen. Damit soll der örtliche Abstand ausgedrückt und betont werden. „Denn wenn auch, philosophisch gesprochen, über den Himmeln kein Ort ist, so ist doch Christi Leib gemäß der Natur eines menschlichen Leibes begrenzt und vom Himmel wie von einem Ort umschlossen; daher ist es notwendig, daß er von uns durch einen so großen örtlichen Abstand entfernt ist wie der Himmel von der Erde." Darf unsere Vorstellung also Christus nicht an Brot und Wein heften, dann ist es „noch weniger erlaubt, ihn im Brote anzubeten" (26). Brot und Wein sind Zeichen der Gemeinschaft mit Christus. Als Zeichen sind sie nicht die Sache selbst, noch schließen sie diese in sich oder verbinden sie mit sich. „Es machen also ein Götzenbild daraus, die ihren Sinn auf das Zeichen richten, um Christus darin anzubeten" (26).

Calvin hatte um der Einheit willen im Consensus Tigurinus manche Kon-

[67] OC 13, 305; *Schwarz,* Briefe II 477.

zessionen gemacht, u. a. bezüglich der Wirkung der Sakramente[68]. Trotzdem kann der Consensus als seine Meinung angesehen werden. Er selbst hat sich zu ihm bekannt, als man ihm deshalb Vorwürfe machte[69]. Die Entwicklung der calvinischen Abendmahlslehre von der ersten Auflage der „Institutio" (1536) bis zum „Consensus Tigurinus" bzw. zur „Institutio" von 1559 ist dadurch gekennzeichnet, daß von einem inneren Nexus zwischen den Zeichen von Brot und Wein und der Vereinigung mit Fleisch und Blut Christi immer weniger gesprochen werden kann. Ist 1536 und 1543 noch davon die Rede, daß Brot und Wein geheiligt werden, dann sind sie im „Consensus Tigurinus" und in der „Institutio" von 1559 nur noch Zeichen der Speisung mit Fleisch und Blut, die anläßlich der Darreichung des Abendmahls kraft des Heiligen Geistes geschieht[70]. Bei Calvin kann man nicht von Realpräsenz, wohl von Realkommunikation mit Fleisch und Blut Christi sprechen. Der Gläubige, dem im Abendmahl Brot und Wein gereicht wird, wird der Gemeinschaft des Fleisches und Blutes Christi wirklich teilhaftig. Diese sind aber nicht an Brot und Wein gebunden, geschweige denn darin eingeschlossen. Das verbietet die wahre Menschheit Christi, die örtlich umschrieben im Himmel thront und erst in der Parusie zu uns kommt. Das göttliche Wort ist „mit der Natur des Menschen zu einer Person zusammengewachsen, aber doch nicht darin eingeschlossen", so daß es nicht auch außerhalb ihrer Wirklichkeit hätte (II 13, 4; „Extra calvinisticum"). Umgekehrt verbietet die wahre Menschlichkeit Christi, ihr Eigenschaften zuzuschreiben, die nur der Gottheit zukommen, z. B. die Ubiquität. Diese sieht Calvin wie bei der lutherischen auch bei der scholastischen Lehre von der Realpräsenz vorausgesetzt. Die Kommunikation mit dem lebenspendenden Fleisch Christi stellt der Heilige Geist her. „Der Herr gewährt uns durch seinen Geist die Wohltat, daß wir nach Leib, Geist und Seele mit ihm eins werden. Das Band dieser Verbindung ist also der Geist Christi" (IV 17, 12; 17, 33). Er macht es möglich, „daß Christi Fleisch bei so großer räumlicher Entfernung zu uns dringen kann, um uns zur Speise zu werden ... Was räumlich getrennt ist, das wird vom Heiligen Geist in Wahrheit geeint" (IV 17, 10). Schließt die örtliche Gegenwart Christi im Himmel aus, daß er zu uns herniedersteigt und auf dem Altar gegenwärtig ist, so hat Calvin umgekehrt keine Schwierigkeit, zu sagen, daß Christus durch den Heiligen Geist „uns zu sich emporführt" (IV 17, 31). Entsprechend nimmt er den Gebetsaufruf „Sursum corda" recht wörtlich. Calvins Auffassung wird

[68] Vgl. Brief an Bucer vom Oktober 1549, OC 13, 439; *Schwarz,* Briefe II 497.

[69] OC 13, 534 f; *Schwarz,* Briefe II 514 f.

[70] 1536: „sacramentum est panis in Christi corpore sanctificatus et vinum in eius sanguine sanctificatum (OS I 136).
1543: „signa sunt panis et vinum, quae in Christi corpore et sanguine sanctificantur, ut invisibilem eorum communionem repraesentent" (OS V 342 Anm. c; OC 1, 991 Anm. 2, 1).
1559: „signa sunt panis et vinum, quae invisibile alimentum, quod percepimus ex carne et sanguine Christi, nobis repraesentant" (IV 17, 1; OS V 342).

vollends deutlich an den praktischen Konsequenzen: Weil Leib und Blut Christi in keiner Weise an Brot und Wein gebunden sind, verbietet sich die Verehrung des Sakramentes. Wir müssen statt auf die Zeichen auf das Bezeichnete, auf Christus im Himmel, unseren Sinn richten. Weiter lehnt Calvin die manducatio impiorum ab. Das Sakrament wird allen angeboten, aber die Ungläubigen empfangen nur das Zeichen, während die vom Heiligen Geist bewirkte Verbindung mit dem lebenspendenden Fleisch Christi nicht zustande kommt. Denn „die des Geistes Christi ledig sind, vermögen das Fleisch Christi nicht zu essen" (IV 17, 33).

Durch den „Consensus Tigurinus" war die Einheit des schweizerischen und reformierten Protestantismus gerettet, der Bruch mit dem Luthertum aber endgültig geworden. Das wurde deutlich an den Auseinandersetzungen Calvins und der Calvinisten mit Joachim Westphal (1510/74) und Tilemann Heßhus (1527/88) im sog. „Zweiten Abendmahlsstreit" (s. o. S. 370 ff).

30. Kapitel

Die Ausbreitung des Calvinismus in Westeuropa

QUELLEN: *E. F. K. Müller,* Die Bekenntnisschriften der reformierten Kirche (Leipzig 1903); *W. Niesel,* Bekenntnisschriften und Kirchenordnungen der nach Gottes Wort reformierten Kirche (Zürich [3]1938); *P. Jacobs,* Reformierte Bekenntnisschriften und Kirchenordnungen in dt. Übers. (Neukirchen 1949); *D. C. Fabricius,* Die Kirche von England, ihr Gebetbuch, Bekenntnis und kanonisches Recht (= Corpus Confessionum 17. Abt.) (Berlin-Leipzig 1937); *ders.,* Presbyterianismus (= Corpus Confessionum 18. Abt.) (Berlin 1940).

LITERATUR: *E. Knodt,* Die Bedeutung Calvins und des Calvinismus für die protestantische Welt (1910); *H. Wendorf,* Calvins Bedeutung für die protestantische Welt (Leipzig 1940); *A. A. van Schelven,* Het calvinisme gedurende zijn bloeitijd in de 16e en de 17e eeuw. Zijn uitbreiding en cultuur-historische betekenis I: Genève, Frankrijk; II: Schotland, Engeland, Noord-Amerika (Amsterdam 1943/51); *H. Rössler,* Der Calvinismus (Bremen 1951); *J. T. McNeill,* The History and Character of Calvinism (New York 1954); *B. S. Warburton,* Calvinism (Grand Rapids 1955); *E. G. Léonard,* Histoire générale du protestantisme II: L'établissement (1564—1700) (Paris 1961).

Frankreich: QUELLEN: *H. Hauser,* Les sources de l'histoire de France. Le XVIe siècle (1494—1610), 4 Bde (Paris 1906/16); Lettres de Catherine de Médicis, 10 Bde (Paris 1880 bis 1909); *Ivan Lontchinsky,* Documents inédits sur la Réforme et la Ligue (Paris 1857).

LITERATUR: *G. v. Polenz,* Gesch. des französischen Calvinismus, 5 Bde (Gotha 1857/69); *Ch. Roulet,* Histoire de l'Église de France, 3 Bde (Paris [2]1946/49); *J. Viénot,* Histoire de la Réforme française des origines à l'Édit de Nantes, 2 Bde (Paris 1926/34); *P. Imbart de la Tour,* Les origines de la Réforme IV: Calvin et l'Institution chrétienne (Paris 1935), dt. Übers.: Calvin, der Mensch — die Kirche — die Zeit (München 1936); *J. Chambon,* Der französische Protestantismus (München [6]1948); *R. Nürnberger,* Die Politisierung des französischen Protestantismus (Tübingen 1948); *S. Mours,* Liste des églises réformées: Bulletin de la Société de l'Histoire du Protestantisme français 103 (1957) 37—59 113—130 200—216.

Religionskriege: *L. Romier*, Les origines politiques des guerres de réligion, 2 Bde (Paris 1913/14); *ders.*, Le royaume de Catherine de Médicis: La France à la veille des guerres de religion, 2 Bde (Paris 1922); *ders.*, La conjuration d'Amboise (Paris 1923); *ders.*, Catholiques et Huguenots à la cour de Charles IX (Paris 1924); *G. de Lagarde*, Recherches sur l'esprit politique de la Réforme (Paris 1926); *L.-R. Lefèvre*, Les Français, pendant les guerres de Religion (Paris 1949); *A. de Lévis-Mirepoix*, Les guerres de Religion 1559—1610 (Paris 1950); *Ph. Erlanger*, Le massacre de la Saint-Barthélemy (Paris 1960).

Edikt von Nantes: Text: *E. Walder*, Religionsvergleiche des 16. Jh. II (Bern 1961) 13—71; dt. Übers.: *E. Mengin* (Hrsg.), Das Edikt von Nantes (Flensburg 1963); *E. Benoist*, Histoire de l'édit de Nantes, 5 Bde (Delft 1693/95); *J. Pannier*, L'église réformée de Paris sous Henri IV (Paris 1911); *J. Faurey*, Henri IV et l'édit de Nantes (Bordeaux 1903); *ders.*, L'édit de Nantes et la question de la tolérance (Paris 1929); *J. de Missècle*, L'édit de Nantes et sa révocation (Colmar 1930); *A. Bailly*, La réforme en France jusqu'à l'Édit de Nantes (Paris 1960); *A. Buisson*, Michel de l'Hôpital (Paris 1950); *Jean Héritier*, Catherine de Médicis (Paris 1941, Lit.); *E. Neale*, The Age of Catharine de Medici (London 1943); *H. O. Evenett*, The Cardinal of Lorraine and the Council of Trent (Cambridge 1930); *E. Marcks*, Gaspard de Coligny, sein Leben und das Frankreich seiner Zeit (Leipzig ²1918); *Ph. Erlanger*, Henri III (Paris 1948); *P. de Vaissière*, Henri IV (Paris 1928); *Ph. Erlanger*, L'étrange mort de Henry IV (Paris 1957); *M. Reinhard*, Henri IV ou la France sauvée (Paris ²1958).

Niederlande: QUELLEN: *S. Cramer - F. Pijper*, Bibliotheca Reformatoria Neerlandica I—X (Den Haag 1903/14); *W. Perquin*, Bibliotheca catholica neerlandica impressa 1500/1727 (Den Haag 1955); Recueil des ordonnances des Pays-Bas, 6 Bde (1506—55) (Brüssel 1893/1922); Recueil des ordonnances de la principauté de Liège I (1507—80) (Brüssel 1869); *P. Frederico*, Corpus documentorum inquisitionis haereticae pravitatis Neerlandicae IV—V (Gent 1900—06); *G. Brom - A. H. L. Hensen*, Romeinsche bronnen voor den kerkelijkstaatkundigen toestand der Nederlanden in de 16ᵈᵉ eeuw (Den Haag 1922); *J. Lefèvre*, Correspondance de Philippe II sur les affaires des Pays-Bas (Brüssel 1940); *M. Dierickx*, Documents inédits sur l'érection des nouveaux diocèses au Pays-Bas 1521—70, 3 Bde (Brüssel 1960/62).

LITERATUR: Geschichte: *J. W. Motley*, Der Abfall der Niederlande und die Entstehung des Holländischen Freistaats, 3 Bde (Dresden 1857/60); *A. Heune*, Histoire du règne de Charles-Quint en Belgique (Brüssel 1858/60); *P. Frederico*, De Nederlanden onder Keizer Karl V. (Gent 1885); *E. Gossart*, L'établissement du régime espagnol dans les Pays-Bas et l'insurrection (Brüssel 1905); *G. de Boom*, Charles-Quint, prince des Pays-Bas (Brüssel 1941); *M. Dierickx*, De oprichting der nieuwe bisdommen in de Nederlanden onder Filips II, 1559—70 (Antwerpen/Utrecht 1950); *ders.*, RHE 59 (1964) 489—499.

Inquisition: *P. Claessens*, L'Inquisition et le régime pénal pour la répression de l'hérésie dans les Pays-Bas du passé (Turnhout 1886); *J. Scheerder*, De Inquisitie in de Nederlanden in de 16ᵈᵉ eeuw (Antwerpen 1944).

Calvinismus: *H. Q. Janssen*, De Kerkhervorming in Vlaanderen (Arnhem 1868); *F. L. Rutgers*, Calvijns invloed op de Reformatie in de Nederlanden (Leiden 1899); *H. J. Elias*, Kerk en Staat in de zuidelijke Nederlanden 1598—1621 (Antwerpen 1931); *L. J. Rogier*, Geschiedenis van het Katholicisme in Noord-Nederland in de 16ᵉ en de 17ᵉ eeuw, 3 Bde (Amsterdam ²1945/47); *W. F. Dankbaar*, Hoogtepunten uit het Nederlandsche Calvinisme in de zestiende eeuw (Haarlem 1946); *J. Lindeboom*, De confessioneele ontwikkeling der Reformatie in de Nederlanden (Den Haag 1946); *J. Roelink*, Het calvinisme, Algemene Geschiedenis der Nederlanden IV (Utrecht 1952); *E. de Moreau*, Histoire de l'église en Belgique V (Brüssel 1952); *L. E. Halkin*, La Réforme en Belgique sous Charles-Quint (Brüssel 1957, Lit.).

Deutschland: Niederrhein: Die Akten der Synoden und Quartierskonsistorien in

Jülich, Kleve und Berg, 1570—1610 (Neuwied 1909); *E. Simons* (Hrsg.), Urkundenbuch zur rheinischen KG I: Synodalbuch; *A. Wolters*, Reformationsgesch. der Stadt Wesel bis zur Befestigung ihres reformierten Bekenntnisses (Bonn 1868); *J. Hillmann*, Die ev. Gemeinde Wesel und ihre Willibrordkirche (Düsseldorf 1896); *W. Hollweg*, Calvins Beziehungen zu den Rheinlanden: Calvinstudien, hrsg. von der reformierten Gemeinde Elberfeld (Leipzig 1909) 126—186; *H. Kessel*, Reformation und Gegenreformation im Herzogtum Cleve (1517—1609): Düsseldorfer Jb. 30 (1918/19) 1—160; *H. Forsthoff*, Rheinische KG I: Die Reformation am Niederrhein (Essen 1929); *D. Coenen*, Die katholische Kirche am Niederrhein von der Reformation bis zum Beginn des 18. Jh. (Münster 1967); *G. Hövelmann u. a.*, Niederrheinische KG (Kevelaer 1965).

Pfalz: *A. Kluckhohn*, Wie ist Kurfürst Friedrich III. von der Pfalz Calvinist geworden?: Münchener Historisches Jb. (1866) 423—520; *ders.*, Friedrich der Fromme, Curfürst von der Pfalz, der Schützer der reformierten Kirche 1559—76 (Nördlingen 1876); *ders.* (Hrsg.), Die Briefe Friedrichs des Frommen, 2 Bde (Braunschweig 1866/70); *R. Lossen*, Die Glaubensspaltung in Kurpfalz (Heidelberg [2]1930); *E. Mayer*, Pfälzische KG (Kaiserslautern 1939); *L. Stamer*, KG der Pfalz III, 1 (Speyer 1955); *H. Müller*, Der Calvinismus am Rhein: Monatshefte für KG des Rheinlands (1954) 34—41; *E. W. Zeeden*, Kleine Reformationsgesch. von Baden-Durlach und Kurpfalz (Karlsruhe 1956, Lit.); *K. Sudhoff*, C. Olevianus und Z. Ursinus (Elberfeld 1857); *Ruth Wesel-Roth*, Thomas Erastus. Ein Beitrag zur Gesch. der reformierten Kirche und zur Lehre von der Staatssouveränität (Lahr 1954); *W. Hollweg*, Neue Untersuchungen zur Gesch. und Lehre des Heidelberger Katechismus (Neukirchen 1961); *ders.*, Der Augsburger Reichstag von 1566 und seine Bedeutung für die Entstehung der Reformierten Kirche und ihres Bekenntnisses (Neukirchen 1964); *J. Staedtke* (Hrsg.), Glauben und Erkennen. 400 Jahre Confessio Helvetica Posterior (Zürich 1966).

Nassau: *B. Weber*, Cartons aus dem deutschen Kirchenleben (Mainz 1858) 575—660: Die Reformation in Nassau; *H. F. Röttsches*, Luthertum und Calvinismus in Nassau-Dillenburg (Herne 1954, Lit.); *L. Hatzfeld*, Die Reformation in der Grafschaft Nassau-Dillenburg: AMrhKG 7 (1955) 77—111; *K. Wolf*, Zur Einführung des reformierten Bekenntnisses in Nassau-Dillenburg: Nassauische Annalen 66 (1955) 160—193.

Bremen: *O. Veeck*, Gesch. der reformierten Kirche Bremens (Berlin [2]1917); *J. Moltmann*, Christoph Pezel (1539—1604) und der Calvinismus in Bremen (Bremen 1958).

Lippe: *W. Butterweck*, Die Gesch. der Lippischen Landeskirche (Schötmar 1926); *H. Kiewning*, Lippische Gesch. (Detmold 1942).

Anhalt: *R. Specht*, Bibliogr. zur Gesch. von Anhalt (Magdeburg 1930). Hierzu Nachtrag 1930—35 (Dessau 1935); *H. Wäschke*, Gesch. Anhalts im Zeitalter der Reformation (Cöthen 1913); *H. Duncker*, Anhalts Bekenntnisstand während der Vereinigung der Fürstentümer unter Joachim Ernst und Johann Georg (1570—1606) (Dessau 1892); *C. A. Valentiner*, Das Bekenntnis der Anhaltischen Landeskirche (Bernburg 1895); *G. Schubring*, Die Einführung der reformierten Confession in Anhalt: Zschr. für die gesamte luth. Theol. u. Kirche 9 (1848) 291—340; *H. Becker*, Der wesentliche Anteil Anhalts an der Festlegung der Bezeichnung „reformiert" als Kirchenname in Dtl.: ThStK 74 (1901) 242 bis 269; *A. Boes*, Die ev. Landeskirche Anhalts, ihre geschichtliche Entwicklung in Bekenntnis und Verfassung: Amtsblatt der ev. Landeskirche Anhalts (Dessau 1956) 41—45.

Schottland: QUELLEN: Acts and Proceedings of the General Assemblies of the Kirk of Scotland, from the year 1560, hrsg. von *Th. Thomson*, 3 Bde (Edinburgh 1839/45); The History of the Kirk of Scotland, by Mr. David Calderwood, hrsg. von *Th. Thomson - D. Laing*, 8 Bde (1842/49); *R. Keith*, History of Affairs of Church and State in Scotland, hrsg. von *J. Parker Lawson*, 3 Bde (1844/50); Statuta Ecclesiae Scoticanae (Concilia Scoticae), hrsg. von *Joseph Robertson*, 2 Bde (1866); Papal Negotiations with Mary Queen of Scots during her Reign in Scotland, 1561—67, hrsg. von *John Hungerford Pollen*

(1901); *John Knox,* History of the Reformation in Scotland, hrsg. von *W. C. Dickinson,* Bd I u. II (1949); A Source Book of Scottish History II (1424—1567), Bd III (1567—1707), hrsg. von *W. C. Dickinson - G. Donaldson* (Edinburgh ²1958).

LITERATUR: *A. Lang,* History of Scotland, 4 Bde (Edinburgh 1903/07); *F. H. Brown,* History of Scotland to the Present Time, 3 Bde, II: From the Accession of Mary Stuart to the Revolution (Cambridge 1911); *G. Donaldson,* The Scottish Reformation (Cambridge 1960, Lit.); *W. C. Dickinson - G. S. Tryde,* A New History of Scotland, 2 Bde, I: Scotland from the Earliest Times to 1603 (1961), II: Scotland from 1603 to the Present Day (1962, Lit.).

Kirchengeschichte: *A. Bellesheim,* Gesch. der katholischen Kirche in Schottland, 2 Bde (Mainz 1883); *A. R. MacEwen,* A History of the Church in Scotland, 2 Bde (London 1913/18); *D. Nobbs,* England and Scotland 1560—1707 (London 1952).

Reformation in Schottland: *F. Mitchell,* The Scottish Reformation. Its Epochs, Episodes, Leaders and Distinctive Characteristic, ed. by *D. H. Fleming* (Blackwood/Edinburgh 1900); *D. H. Fleming,* The Reformation in Scotland, Causes, Characteristics, Consequences. Hodder and Stoughton (London 1910); *A. Zimmermann,* Zur Reformation in Schottland: RQ 25 (1911) 27—41 110—123; *G. Donaldson,* The Scottish Reformation (Cambridge 1960). — *J. Girdwood Maggregor,* The Scottish Presbyterian Polity (Edinburgh 1926); *G. D. Henderson,* Religious Life in Seventeenth Century Scotland (Cambridge 1937); *ders.,* The Claims of the Church of Scotland (London 1951).

John Knox: *A. Lang,* John Knox and the Reformation (London 1905); *Lord E. Percy,* John Knox (London 1937).

Schottisch-Engl. Königshaus: *D. H. Fleming,* Mary Queen of Scots: from her Birth to her Flight into England (London ²1898); *H. Witte,* Die Ansichten Jakobs I. von England über Kirche und Staat (Berlin 1940); *S. A. Tannebaum,* Mary Stuart, Queen of Scots. A Concise Bibliography, 3 Bde (New York 1944/46).

England: *E. C. E. Boume,* The Anglicanism of William Laud (London 1947); *W. Haller,* The Rise of Puritanism (New York ²1956); *J. Marlowe,* The Puritan Tradition in English Life (London 1957); *M. P. Ashley,* Oliver Cromwell and the Puritan Revolution (London 1958); *P. Collinson,* The Elizabethan Puritan Movement (Berkley 1967); s. auch Kap. 27 und 39.

Im Unterschied zu Luther, dem es um den „gnädigen Gott", um die persönliche Rechtfertigung ging, war die Frage Calvins, „Wie kommt es zur Herrschaft Gottes über die Menschheit?"[1] Verstand er die Reformation als Aufrichtung des Reiches Gottes, dann konnte er sich nicht auf Genf beschränken. Die Gemeinde dort war für ihn nur der Grundstein einer weltumspannenden Kirche. Calvin selbst nahm in einem ausgedehnten Briefwechsel Verbindung auf mit den entscheidenden Persönlichkeiten Europas. Überall, wo er eine Tür für seine Bewegung sich öffnen sah, schaltete er sich ein. Mit politischem Sinn und großer Zähigkeit ging er dabei vor. Aktiv, militant und nicht selten rücksichtslos wie Calvin gab sich auch der Calvinismus. Von seinen Anhängern verlangte der Reformator, den Glauben in die Tat umzusetzen, ihn nicht nur im privaten, sondern auch im öffentlichen Leben zu verwirklichen. Sie hatten ihr Bekenntnis in die Welt hineinzutragen und,

[1] „quomodo Dei gloriae sua constet in terris incolumitas, quomodo suam dignitatem Dei veritas retineat, quomodo regnum Christo sartum tectumque inter nos maneat"; Präfatio zur „Institutio" von 1536, Brief an Franz I.: OC 1, 11; OS I 23.

wo sie hinkamen, reformierte Gemeinden aufzubauen. Er gab ihnen nicht selten ins einzelne gehende Anweisungen, wo und wie das zu geschehen habe, und er wußte sie mit der Bereitschaft zum Bekenntnis seiner Lehre zu erfüllen, die auch vor dem Tode nicht zurückschreckte. Diesem Ziel, das Reich Gottes auf Erden zu verwirklichen, hatten sich auch die politischen Bestrebungen unterzuordnen. Calvin nahm selbstverständlich die Staatsgewalt für seine Zwecke in Anspruch und, wo sie sich ihm versagte, stärkte er den oppositionellen Kräften den Rücken. Denn ein Fürst, der die nach Gottes Wort reformierte Kirche, das heißt die von Gott vorgezeichnete einzig gültige Form des Christentums bekämpft, verfehlt sein Amt und hört damit auf, ein Fürst zu sein. Gegen ihn war geordneter „Widerstand" erlaubt. Als dessen Träger kamen vor allem die Stände, niedere Obrigkeiten und Prinzen in Frage. Im Unterschied zum Lutheraner hatte ein Calvinist, der mit der Religionspolitik seiner Obrigkeit nicht einverstanden war, in der Religion selbst den Rechtsgrund zum Widerstand, notfalls auch mit den Waffen. Die Religionskriege des Westens, die Franzosen, Holländer, Engländer und Schotten gegen ihre Könige führten, waren damit zum Teil vom Geist Calvins inspiriert.

Frankreich

Besonders eng waren die Beziehungen Calvins zu seinem Heimatland Frankreich. Viele französische Flüchtlinge fanden in Genf Aufnahme, und von hier aus wurden Prediger in die französischen Städte gesandt, um die Gemeindebildung zu fördern.

König Heinrich II. (1547—59) setzte die antiprotestantische Religionspolitik seines Vaters Franz I. fort. Darin wurde er unterstützt von den miteinander rivalisierenden Kräften, die Einfluß auf den schwachen Herrscher zu nehmen suchten, dem obersten Minister, dem Connétable Montmorency, den Gebrüdern Guise, Herzog Franz und Kardinal Karl von Lothringen, und der Königin Katharina von Medici. Diese bekam erst Bedeutung, als sie nach dreizehnjähriger Ehe endlich dem König Söhne schenkte. Im Oktober 1547 errichtete Heinrich II. beim Parlament eine besondere Kammer für Ketzerprozesse („Chambre ardente"). Damals gab es im ganzen Lande Gruppen von Anhängern der Reformation, die man Lutheraner nannte, die aber nach Straßburg hin orientiert waren und zunächst von dort sich Prediger erbaten. Sie rekrutierten sich aus allen Schichten der Bevölkerung bis in den hohen Adel hinein, lebten aber ihren Glauben im Untergrund, ließen ihre Kinder in der alten Kirche taufen und nahmen vielfach sogar an der Meßfeier teil, um der Verfolgung zu entgehen. Calvin sollte aus diesen Gruppen von solchen, die sich als zum Evangelium Bekehrte ansahen, Gemeinden formen, die bereit waren, ihrerseits die Umwelt zu bekehren. Er wandte sich scharf gegen den „Nikodemismus". Wer sich von der „Befleckung des Papsttums" nicht freihalten kann, soll auswandern. Kann er schon nicht zu der Zahl der Erwählten gehören, denen Gott die Kraft und die Ehre des Martyriums gewährt, dann soll er sich wenigstens dorthin zurückziehen, wo er Gottes Wort, eine wahrhafte Kirche und die reinen Sakramente finden kann. Man muß den Mut haben, sich „zu trennen vom Götzendienst und allem Aberglauben, der dem Dienst Gottes und dem Bekenntnis zuwiderläuft"[2]. Mit der Spendung der Taufe und der Feier des Abendmahls soll man, so rät Calvin, warten, bis sich auf Grund der Versammlung zu Gebet und Predigt eine feste Gemeinde gebildet hat. Zur Taufe „muß wenigstens eine kleine Herde versammelt sein, die die Kirche darstellt, und der Taufende muß als Pfarrer anerkannt sein ... Es ist also erforderlich, daß das Kind getauft wird in einer Gemeinschaft, die sich dauernd von der Befleckung des Papsttums getrennt hat."[3] Zur Austeilung des Abendmahls muß einer „einstimmig als Pfarrer erlesen und gewählt sein. Und dazu ist es notwendig, daß man eine organisierte Kirchengemeinde hat."[4] Trotz der Unterdrückung formierten sich seit 1555 an vielen Orten Gemeinden nach Genfer Vorbild. Zunächst versammelte man sich noch im geheimen. Doch 1558 wagten Calvinisten es, in Paris öffentlich Psalmen zu singen. In den Jahren 1555 bis 1562 sandte die „Kompagnie von Genf" 88 Pastoren nach Frankreich. Sie wechselten oft die Stellen, um der Verfolgung zu entgehen. Auf einer Versammlung in Poitiers 1558 beschloß man, im nächsten Jahr zu einer Synode in Paris zusammenzukommen, um das Glaubensbekenntnis und die Kirchenordnung festzulegen. Zu dieser ersten reformierten Nationalsynode traten am 25. Mai 1559 Vertreter aus 50 Gemeinden zusammen. Calvin entsandte Legaten, denen er ein Glaubensbekenntnis mitgab. Diesem fügte die Synode einige Artikel hinzu. Die endgültige Fassung „Confessio Gallicana" hat ebenso wie die beigefügte Kirchenordnung („Disciplina") 40 Artikel[5]. Die ersten handeln über die Autorität der Schrift. Sie allein ist maßgeblich und die „allergewisseste Richtschnur unseres Glaubens, das aber nicht so sehr durch die allgemeine Übereinkunft und Übereinstimmung der Kirche als durch das Zeugnis und die inwendige Überzeugung des Heiligen Geistes, der sie uns von den anderen kirchlichen Büchern unterscheiden läßt". Die wirkliche, allerdings geistliche Gemeinschaft mit Leib und Blut Christi im Abendmahl wird klar betont. Sie wird aber nur den Glaubenden zuteil, und es wird keine Realpräsenz in Brot und Wein angenommen. „Wir glauben (wie bereits gesagt), daß Gott sowohl im Abendmahl wie in der Taufe uns tatsächlich und wirksam gibt, was er darin abbildet. Und darum verbinden wir mit den Zeichen

[2] Brief vom 12. Oktober 1553: OC 14, 638. [3] Brief vom 11. Oktober 1554: OC 15, 265.

[4] Brief vom 19. Juni 1554: OC 15, 174.

[5] Text: Bekenntnisschriften und Kirchenordnungen der nach Gottes Wort reformierten Kirche, hrsg. von W. *Niesel* (Zürich [3]Aufl. o. J.) 66—79; dt. Übers.: Reformierte Bekenntnisschriften und Kirchenordnungen, hrsg. von *P. Jacobs* (Neukirchen 1949) 111—126.

den wahren Besitz und Genuß dessen, was uns dort angeboten wird. Und somit empfangen alle, die zu Christi heiligem Tisch einen reinen Glauben gleich einem Gefäß mitbringen, wahrhaftig, was die Zeichen dort bezeugen: das ist, daß Jesu Christi Leib und Blut nicht minder der Seele als Speise und Trank dienen wie Brot und Wein dem Leibe (1 Kor 11, 24f; Jo 6, 56)" (37). Die weltliche Obrigkeit hat mit dem Schwert auch die Verbrechen gegen die 1. Tafel der 10 Gebote, also Häresie usw., zu bestrafen (39), und man muß auch einer ungläubigen Obrigkeit „mit gutem und freiem Willen" untertan sein, „vorausgesetzt, daß Gottes Herrschaft ungeschmälert bleibt (Apg 4, 17ff)" (40). Wenn überhaupt, dann ist hier ein Widerstandsrecht nur sehr vorsichtig und ad casum formuliert.

Der Calvinismus fand Anhänger oder wenigstens Förderer bis in die Kreise des hohen Adels, ja des königlichen Hauses. Die Königin von Navarra, Jeanne d'Albret, ihr Gatte Antoine von Bourbon samt seinem Bruder Prinz Louis von Condé und die Brüder Coligny, d. h. der Admiral Gaspard, der Infanteriegeneral François d'Andelot und der Kardinal Odet de Coligny, und andere einflußreiche Persönlichkeiten zählten zu den Anhängern Calvins. Je mehr sie sich ihrer Macht bewußt wurden und politische Motive, etwa die Wahrung der Rechte des Adels gegenüber dem absolutistischen Königtum, mit ins Spiel kamen, ja beherrschend wurden, entwickelte sich die religiöse Bewegung zu einer Partei.

Heinrich II. starb 1559 an einer Turnierverletzung, als er gerade daranging, den Kampf um die religiöse Einheit seines Landes noch energischer zu führen. Unter der Regierung seines kränklichen 15jährigen Sohnes Franz II. (1559—60) gaben die Brüder Guise den Ton an. Der Handstreich auf Schloß Amboise mit dem Ziel, den König dem Einfluß dieser Berater zu entziehen, schlug fehl und kostete vielen Protestanten das Leben. Seitdem hießen sie Hugenotten („hugenauds"). Der Name leitet sich vielleicht von „Eidgenossen" (aiguenots), nach den in Genf gegen Savoyen rebellierenden Anhängern der Reformation, her[6].

Nun nahm die Königinmutter Katharina von Medici die Staatsgeschäfte selbst in die Hand. Sie drängte die Brüder Guise auf die Seite und berief deren Schützling Michel de L'Hôpital (1503—73) zum Kanzler. Als Erasmianer war er gegen Gewalt in religiösen Fragen, wie Katharina aus politischen Gründen auf Entspannung bedacht war. Sie übernahm die Regentschaft für Karl IX. (1560—74), den neunjährigen Bruder des früh verstorbenen Franz II. Mittels eines Religionsgespräches dachte sie die Gegensätze auszugleichen und lud nach Poissy ein. In seiner Eröffnungsrede am 31. Juli 1561 bezeichnete der Kanzler L'Hôpital die Versammlung als Nationalkonzil. Ein solches könne besser als ein allgemeines Konzil durch

[6] *H. Naef*, „Huguenot". Le procès d'un mot: Bibliothèque d'Humanisme et Renaissance 12 (1950).

Reform der Sitte und Lehre in den Bedrängnissen Frankreichs Abhilfe schaffen. Die Bischöfe jedoch lehnten ein Nationalkonzil ab und wollten sich nicht auf eine Diskussion über die Lehre, sondern nur auf eine Beratung über Mißbräuche einlassen. Trotzdem entwickelte sich die Versammlung zu einem Religionsgespräch, bei dem Theodor Beza aus Genf dem Kardinal v. Lothringen und dem Jesuitengeneral Laínez gegenüberstand. In der Abendmahlslehre zeigte sich, wie tiefgehend die Gegensätze waren.

Die Zahl der Calvinisten wuchs. Coligny bot der Königin die Unterstützung von über 2000 Gemeinden an. Januar 1562 gewährte das Edikt von St-Germain-en-Laye den Hugenotten Abhaltung von Synoden, Feier des Gottesdienstes außerhalb und Hausandachten innerhalb der Städte. Zur Rettung des katholischen Glaubens bildete sich ein Triumvirat aus dem Herzog von Guise, dem Grafen Montmorency und dem Marschall von St-André, das der Toleranzpolitik der Regierung entgegenarbeitete. Den Hugenotten gingen dagegen die Konzessionen nicht weit genug. Coligny suchte die Königin zu einer spanienfeindlichen Politik zu bewegen; die katholische Partei wiederum suchte Spanien und den Papst mit ins Spiel zu bringen. Das Parlament von Paris verweigerte die Registrierung des Edikts von St-Germain.

Den Auftakt zum 1. der sieben Hugenottenkriege, die bis 1598 das Land verheeren sollten, gab das Blutbad von Vassy (1. März 1562). Franz von Guise ließ einen im Widerspruch zum Edikt in der Stadt stattfindenden Gottesdienst auseinandersprengen. Dabei wurden 74 Teilnehmer getötet und ca 100 verletzt. Unter Führung des Fürsten von Condé und Colignys griffen die Hugenotten zu den Waffen. Massenmorde, Kirchenschändungen und Vergeltungsaktionen erschütterten das Land. Katharina von Medici wandte sich an den Herzog von Savoyen, den Papst und Philipp II. um Hilfe. Die Hugenotten suchten die Unterstützung Elisabeths von England. Deren Hilfe kam zu spät. Condé wurde geschlagen und geriet in die Gefangenschaft des Herzogs von Guise. Doch dieser wurde im Februar 1563 von einem hugenottischen Adeligen aus dem Hinterhalt erschossen. Das Edikt von Amboise (1563) machte dem Krieg vorläufig ein Ende. Es gewährte dem Adel freie Religionsausübung. Dazu sollte in je einer Stadt jedes Amtsbezirkes (baillage), Paris ausgenommen, calvinischer Gottesdienst zugelassen sein. Da das Edikt keine Seite befriedigte, führte seine Durchführung zu neuen Schwierigkeiten. Condé trieb zum 2. Krieg (1567/68), den man zur Befreiung des Königs aus der Hand seiner Mutter zu führen vorgab. Der Plan, den Hof in Meaux zu überrumpeln, schlug fehl. Katharina von Medici sah ihre Versöhnungspolitik gescheitert. Im 3. Krieg fiel Condé. Damit wurde Coligny der alleinige Führer der Hugenotten. Aus Angst vor der Macht der Guise und Spaniens kam Katharina von Medici den Hugenotten wieder entgegen und gewährte ihnen im Frieden von St-Germain (8. August 1570) Gewissensfreiheit. Gottesdienst durfte gehalten werden, wo er vor dem Kriege stattgefunden hatte, dazu auf den Schlössern des Adels und in den Vororten zweier Städte eines Gouvernements. Weiter wurden den Hugenotten auf zwei Jahre vier „Sicherheitsplätze“ zugestanden.

Die Verlobung der Schwester des Königs, Margaretes von Valois, mit Heinrich von Navarra, dem späteren Heinrich IV., der auf der Seite der Hugenotten gekämpft hatte, schien den Ausgleich zu festigen. Die Hugenotten konnten 1571 in La Rochelle eine Nationalsynode halten, auf der man Bekenntnis und Ordnung von 1559 zugunsten einer stärkeren Stellung der Pastoren revidierte.

Coligny gewann Einfluß auf König Karl IX. und veranlaßte ihn zum Krieg gegen Spanien zugunsten der Protestanten in Belgien. Eine Niederlage der französischen Truppen gab den Gegnern Colignys Auftrieb. Katharina von Medici suchte die Situation zu nutzen, um ihren Einfluß wiederzugewinnen und Coligny auszuschalten. Vier Tage nach der Hochzeit ihrer Tochter Margarete mit Heinrich von Navarra, bei der der hugenottische Adel stark vertreten war, ließ sie ein Attentat auf den Admiral verüben, bei dem dieser aber nur verwundet wurde. Eine vom König angeordnete Fahndung nach dem Schuldigen drohte Katharina bloßzustellen. Sie überzeugte ihren Sohn von der Notwendigkeit, Coligny und die Häupter der Hugenotten zu beseitigen. Dem daraufhin in der Bartholomäusnacht (23./24. August 1572) von den Leuten der Guise durchgeführten Massenmord sollen allein in Paris 3000—4000 Menschen zum Opfer gefallen sein. Das Gemetzel setzte sich unter Mithilfe des Pöbels Wochen hindurch in der Provinz fort. Nicht die Religion, sondern eine angebliche Verschwörung gegen König und Hof gab den Vorwand zum Morden. In diesem Sinne war auch die Kurie unterrichtet[7]. Die Hugenotten waren wohl führerlos geworden, gaben aber den Kampf nicht auf und verteidigten sich mit Erfolg in La Rochelle. Unter Heinrich III. (1574—89) erreichten sie im Frieden von Beaulieu (6. 5. 1576) wieder freie Religionsausübung im Lande, Paris ausgenommen. Dagegen bildete sich die katholische Liga. Mit der Verteidigung des katholischen Glaubens wollte man ständische Interessen und Freiheiten gegen den Absolutismus wahren.

Mit dem Tode des Herzogs von Alençon, des jüngsten Bruders des kinderlosen Heinrichs III., wurde Heinrich von Navarra, der Führer der Hugenotten, 1584 Thronanwärter. Angesichts der damit gegebenen Gefahr, daß Frankreich einen protestantischen König bekam, übernahm Heinrich von Guise (1584) die Führung der Liga. Man verbündete sich mit Philipp II. von Spanien und zwang durch einen Volksaufstand den König, im Edikt von Nemours (1585) alle Zugeständnisse an die Protestanten zu widerrufen und ihren Gottesdienst unter Todesstrafe zu verbieten. Papst Sixtus V. erklärte Heinrich von Navarra als rückfälligen Häretiker für exkommuniziert und aller Thronansprüche für verlustig. Im Herbst 1585 brach der 8. Hugenottenkrieg unter der Initiative der Liga aus. Sie geriet im Laufe der Auseinander-

[7] Über die Haltung Gregors XIII. s. S. 538.

setzung auch in offenen Gegensatz zu Heinrich III. Der König mußte Mai 1588 bei einem Volksaufstand das ligafreundliche Paris verlassen. Der bedrohlichen Macht der Guise suchte er sich zu erwehren, indem er am 23. Dezember 1588 Heinrich von Guise und am nächsten Tag seinen Bruder Kardinal Ludwig ermorden ließ. Dadurch verfestigte sich der ligistische Widerstand. Die Sorbonne erklärte am 7. Januar 1589 die Untertanen als vom Treueid gegenüber dem König entbunden. Heinrich III. suchte Verbindung mit Heinrich von Bourbon-Navarra. Das steigerte den Haß gegen den König noch mehr und führte zur Ermordung des „Tyrannen" durch einen fanatischen Anhänger der Liga, den Dominikaner Jacques Clément, am 1. August 1589.

Der tödlich verwundete König hatte Heinrich von Navarra zu seinem Nachfolger bestimmt. Dieser erklärte als Heinrich IV. (1589—1610) am 4. August, die katholische Religion nicht antasten und der Entscheidung eines freien General- oder Nationalkonzils sich unterwerfen zu wollen. Das genügte der Liga nicht. Doch deren Politik drohte zu einem bestimmenden Einfluß Spaniens in Frankreich zu führen, was der gallikanischen Tradition wie den Vorstellungen des Papstes widersprach. Das weckte in den katholischen Kreisen die Bereitschaft zu Verhandlungen mit Heinrich IV. Der König erklärte am 17. Mai 1593 dem Erzbischof von Bourges seine Bereitschaft, zu konvertieren, und schwor am 25. Juli in St-Denis an den Gräbern der Könige von Frankreich dem reformierten Glauben ab. Nach seiner Salbung in Chartres konnte er März 1594 in Paris einziehen. Der Kampf mit Spanien hatte nun, vor allem nach der Absolution des Königs durch Papst Clemens VIII. im Herbst 1595, den Charakter eines Glaubenskrieges verloren. Die restliche katholische Opposition im Lande schwand mehr und mehr dahin. Durch die Vermittlung des Papstes wurde dem erschöpften Lande im Mai 1598 endlich der Friede mit Spanien beschieden.

Wenige Wochen vorher, am 13. April 1598, hatte Heinrich IV. im Edikt von Nantes[8] seinen ehemaligen Glaubensbrüdern eine Stellung im Staat gegeben, die zwar nicht all ihre Forderungen erfüllte, aber weit das übertraf, was man in damaliger Zeit einer Minderheit an religiösen und politischen Sonderrechten einzuräumen geneigt war. Die Zahl der Hugenotten belief sich damals auf etwa 1,2 Millionen; sie machten damit ein gutes Zwölftel der Bevölkerung aus.

Die katholische Religion wird als die im Staat herrschende anerkannt. Der katholische Kult muß, wo er unterdrückt wurde, wieder eingerichtet und ihm entrissene Gebäude und Güter müssen zurückerstattet werden. Die „Anhänger der sogenannten reformierten Religion" („religion prétendue réformée") erhalten Gewissensfreiheit im ganzen Lande und Freiheit des Kultes an den Orten, wo sie ihn in den Jahren 1596/97 tatsächlich ausgeübt

[8] Text: *E. Walder,* Religionsvergleiche des 16. Jh. II, 13—11; *E. Mengin,* Das Edikt von Nantes 21—56.

haben, ferner auf den Landsitzen des Adels und in einem Ort jedes Amtsbezirkes (baillage) mit Ausnahme von Paris. Sie dürfen Konsistorien und Synoden halten, Friedhöfe anlegen, Schulen und Druckereien errichten an den Orten, wo sie das Recht zum freien Gottesdienst haben. Bezüglich der Aufnahme in Universitäten, Schulen und Krankenhäusern sollen die Reformierten nicht benachteiligt sein. Ihrerseits sollen sie in Handel und Wandel die katholischen Feiertage respektieren und wie die Katholiken dem Verbot der Verwandtenehe unterliegen. Noch weitgehender sind die zivilrechtlichen und politischen Zugeständnisse: Die Hugenotten sind uneingeschränkt rechtsfähig und haben Zugang zu allen Ämtern. Zur Entscheidung ihrer Streitsachen sollen gemischte und paritätisch mit Reformierten und Katholiken besetzte Kammern eingerichtet werden. Als Garantie erhalten sie auf 8 Jahre über 100 Sicherheitsplätze. Ihre Gouverneure sollten reformiert sein und die Garnisonen vom Staat unterhalten werden. Ein solches Zugeständnis einer Privatarmee im Staat konnte die Regierung nur notgedrungen geben. Es war zu erwarten, daß sie es rückgängig machen würde, sobald sie sich stark genug dazu fühlte.

Die politische Notwendigkeit des Ediktes zur Aufrechterhaltung des Reiches machte der König auch geltend, als der Papst sein Befremden darüber äußerte. Die Parlamente, die obersten Gerichtshöfe, zögerten, das Edikt zu registrieren und damit in Kraft zu setzen. Die Parlamente von Aix und Reims entschlossen sich dazu erst im Herbst 1605.

Die Niederlande

Dank seiner klaren dogmatischen Linie, seiner straffen Organisation und seiner Staatslehre gewann der Calvinismus in den Niederlanden schnell an Boden. Er kam den Unabhängigkeitsbestrebungen im Lande entgegen. Bald zählte er Anhänger aus allen Klassen, auch die Adeligen bekannten sich in großer Zahl zu ihm, so daß der Calvinismus das Bekenntnis der nationalen Revolution wurde.

Für seine Ausbreitung erwies sich die dortige politische Situation als besonders günstig. Karl V. sorgte zwar in Flandern und Holland für eine gute Verwaltung; er ließ die Niederlande von Regentinnen regieren, die bei den Bürgern beliebt waren, erst von seiner Tante Margarethe von Österreich und später von seiner Schwester Maria. Doch all das bot keinen Ersatz für die Religionsfreiheit, die er den Niederlanden versagte. „Von der zeitgenössischen Theorie beeinflußt, daß Friede und Stärke einer Nation auf dem geschlossenen Glaubensbekenntnis aller ihrer Glieder beruhen, und in der Befürchtung, daß protestantisch gesinnte Niederlande seine Flanke gegen Frankreich und die lutherischen Reichsstände öffnen könnten, ging Karl gemeinsam mit der Kirche gegen die Ketzerei vor."[9] In einem Erlaß vom 25. September 1550 heißt es: „Niemand darf irgendein Buch oder eine Schrift des Martin Luther, des Johann Oecolampadius, Ulrich Zwingli, Martin Butzer, Johann Calvin oder anderer von der heiligen Kirche verworfener Ketzer drucken, abschreiben, vervielfältigen, aufbewahren, verheimlichen, verkaufen, kaufen oder verschenken."[10] Weiter verbot der Kaiser private und öffentliche Zusammenkünfte, „in welchen die Anhänger der obengenannten Ketzer" sprachen. Auf wen auch nur ein allgemeiner Verdacht der Ketzerei fiel, durfte von niemandem beherbergt und unterstützt werden. „Sollte jemand der Übertretung der oben genannten Punkte schuldig befunden werden, so soll er als Störer unseres Staates und der allgemeinen Ruhe folgendermaßen bestraft werden: die Männer mit dem Schwert, die Weiber sollen lebendig begraben werden, wenn sie nicht in ihren Irrtümern verharren, verharren sie darin, alsdann sollen sie mit Feuer zu Tode gebracht werden; ihr Eigentum soll in beiden Fällen der Konfiskation durch die Krone unterliegen."[11]

Dieses Edikt war u. a. darauf ausgerichtet, die Calvinisten in den Niederlanden zu vernichten. Tatsächlich wurde aber die Aktivität der calvinistischen Prediger und der Gemeinden verstärkt. Selbst die niederländischen Beamten unterstützten nur sehr zögernd die Durchführung des Edikts; schon gar nicht wollten sie sich für die Inquisition hergeben, die sie als eine römische Sache und damit als Maßnahme der spanischen Unterdrückung ansahen. Das Religiöse war so unheilvoll mit dem Politisch-Nationalen verquickt. Dazu kam noch eine besondere Sympathie für Calvin, der stets großes Verständnis für die religiöse Situation in den Niederlanden bewies. Er stammte aus der benachbarten Picardie, seine Mutter aus Cambrai. So bezeichnete er sich selbst als Belgier[12]. In Straßburg trat er in Kontakt mit Täufern und heiratete aus ihren Reihen die Witwe Idelette de Bure. Bald darauf nahm er von Genf aus Verbindung mit den Belgiern auf.

Die bedeutendsten Vertreter der neuen Lehre in den Niederlanden waren der Pädagoge Johannes Sturm (1507—89), der Historiker Johannes Sleidan (1506—56), der Adelige Jacques de Bourgogne, der Ex-Dominikaner Pierre Brully († 1545) und Guido (Guy) de Bray (1522—67). Sturm und Sleidan, die beide aus Schleiden in der Eifel stammten, waren zunächst den „Brüdern vom Gemeinsamen Leben" verbunden. Großen Einfluß auf die Entwicklung in den Niederlanden, besonders in den französisch sprechenden, nahm die protestantische Gemeinde in Straßburg. Sturm verdankte seinen Ruhm der Erneuerung des dortigen Gymnasiums. Sleidan wurde

[9] *W. Durant,* Das Zeitalter der Reformation (München 1959) 642.

[10] *L. Motley,* Der Abfall der Niederlande und die Entstehung des Holländischen Freistaats I (Dresden 1857) 245 ff.

[11] Ebd.

[12] *L. E. Halkin,* La Réforme en Belgique sous Charles-Quint 96.

politischer Agent und später Geschichtsschreiber des Schmalkaldischen Bundes. Pierre Brully, ehemals Dominikaner in Metz, war der Nachfolger Calvins als Prediger der französischen Flüchtlingsgemeinde in Straßburg. Er wurde 1544 von Butzer zu den Reformierten in Tournai und Valenciennes, die um einen Prediger gebeten hatten, gesandt. Schon nach wenigen Monaten wurde er festgenommen, nach einem kirchlichen Prozeß der weltlichen Macht übergeben und zum Tode durch Verbrennen verurteilt (19. Februar 1545). Er blieb nicht das einzige Opfer der schärferen Kirchenpolitik, zu der Karl V. nach dem Sieg über den Herzog von Kleve (1543) und dem Frieden von Crépy (1544) übergegangen war. In Tournai fanden noch fünf weitere Hinrichtungen statt, sechs in Gent, drei in Brüssel und zwei in Brügge. Im selben Jahr wurden die ersten flämischen Übersetzungen von Calvins Schriften veröffentlicht und erschien sein Name im Lütticher Index (1545).

Trotz harter Verfolgung durch die Inquisition erstarkte der Calvinismus in den Niederlanden und gingen zahlreiche Niederländer nach Genf, um dort die „pure doctrine" kennenzulernen. Durch die Aktivität französischer Gemeinden drang die neue Lehre auch mehr und mehr in flämisches Gebiet vor. Manche Calvinisten waren unüberlegt und fanatisch. In Tournai mußte z. B. Bertrand Le Blas für ein Schauspiel gegen die „idolâtrie papistique" mit seinem Leben bezahlen. Er wagte es, dem Priester, der Weihnachten 1554 in der Kathedrale von Tournai das Hochamt zelebrierte, die Hostie aus den Händen zu reißen. Als Strafe für ein solch unerhörtes Vorgehen wurde er nach viertägigem Prozeß von der städtischen Justiz unter Assistenz kaiserlicher Räte verurteilt. Man schlug ihm beide Hände ab und verbrannte ihn.

Ein ähnliches Beispiel religiöser Provokation gab Georges Kathelyne in Gent. Zur reformierten flämischen Kirche übergetreten, hörte er einmal die Predigt eines Dominikanermönchs in der gentischen Kirche St-Michel, wo er den Prediger plötzlich mit den Worten unterbrach: „O faux prophète."[13] Das Volk deckte Kathelyne beim Hinausgehen, doch wurde er einige Tage später festgenommen. Nach langen Diskussionen zwischen dem Gefangenen und den Dominikanern über Realpräsenz, Anrufung der Heiligen, Fegfeuer und die Autorität des Papstes — in allen Punkten bekannte sich Kathelyne zum calvinistischen Glauben — wurde er schließlich zum Tode verurteilt und 1555 vor der Kirche St-Michel hingerichtet.

Der bedeutendste Calvinist in den Niederlanden und der beste Prediger war Guido de Bray (1522—67). Er wurde in Bergen im Hennegau geboren und gilt als der „Reformator der Niederlande". Nach seiner Konversion zum reformierten Bekenntnis hielt er sich in England, Lille und Frankfurt auf. Er studierte in Genf und Lausanne, predigte in Doornik, Sedan und Antwerpen. Zuletzt war er Prediger in Valenciennes; hier wurde er bei der Einnahme

[13] Ebd. 107.

der Stadt am 31. Mai 1567 hingerichtet. Guido de Bray ist der Verfasser der „Confessio Belgica" (1561)[14]; er hielt sich bei ihrer Abfassung streng an das hugenottische Bekenntnis, „jedoch in durchaus selbständigem Geiste"[15]. „Die Eigenart des Niederländischen Bekenntnisses" liegt „einerseits in der ausführlichen Heranziehung der altkirchlichen Lehrgestaltung, um die Rechtgläubigkeit zu erneuern, andererseits in der wirkungsvollen Verwendung von Schriftstellen im Text selber"[16]. Aufschlußreich ist vor allem die Abgrenzung zwischen wahrer und falscher Kirche (Art. 29). De Bray erhebt gegen die „falsche Kirche" den Vorwurf, daß sie ihren Einrichtungen mehr Geltung beimesse als dem Wort Gottes. „Sie stützt sich mehr auf Menschen als auf Jesus Christus und verfolgt die, so heilig leben nach Gottes Wort und ihre Laster, als da sind Habgier und Abgötterei, verwerfen."[17] In den Artikeln 30—32 wird die Verfassung der Niederländischen Kirche dargelegt. Älteste und Diakone bilden mit den Pastoren den Rat der Gemeinde. Von ihr sollen die „Diener am göttlichen Wort" gewählt werden. Auf die weiteren zahlreichen Schriften de Brays, des „Dieners des Gotteswortes in den Niederlanden"[18], übte Calvin direkten Einfluß aus.

Als Guido de Bray auf dem Höhepunkt seines Wirkens stand, trat Philipp II. (1556—98) die Herrschaft in den Niederlanden an. Trotz seiner scharfen gegenreformatorischen Bemühungen vermochte er die Ausbreitung und Festigung des Calvinismus nicht zu verhindern. Seine Vorkämpfer waren die Universität Löwen und der Lütticher Fürstbischof Eberhard von der Mark. Im Prinzen von Nassau-Oranien, dem Statthalter der Provinzen Holland, Seeland und Utrecht, sowie im Grafen Egmont, dem Statthalter von Flandern, und dem Admiral Hoorne sah sich Philipp bald einer starken Front gegenüber. Egmont, Kämpfer für die Unabhängigkeit der Niederlande, selbst aber nicht calvinistisch, und Hoorne wurden 1568 hingerichtet. Anstoß erregte die erhebliche Vermehrung der Diözesen durch Paul IV. (1559); sie sollte eine energische Bekämpfung der Ketzerei ermöglichen. Der Konflikt Philipps II. mit den Calvinisten spaltete die Niederlande in zwei Teile. Seine Halbschwester Margarethe von Parma war dort seit 1559 Generalstatthalterin. Unter ihrem Regiment bildete sich 1565 in Brüssel ein Bund des niederen Adels zum Kampf gegen die Inquisition; diese Adeligen wurden von ihren Gegnern *Geusen* (gueux = Bettler) genannt. Der Geusenaufstand und das sich immer mehr verbreitende calvinistische Bekenntnis führten dazu, daß Philipp den Herzog Alba (1567) als Generalbevollmächtigten der Niederlande einsetzte. Dieser gründete sofort nach seiner Ankunft den „Rat der Unruhen", der zahlreiche Todesurteile fällte. Viele Reformierte suchten in London, Wesel, Emden, Genf, Straßburg und Frankfurt religiöse

[14] *P. Jacobs,* Reformierte Bekenntnisschriften und Kirchenordnungen 154.
[15] Ebd. [16] Ebd. [17] Vgl. ebd. 168.
[18] *W. F. Dankbaar,* Hoogtepunten uit het Nederlandsche Calvinisme in de zestiende eeuw 5—40.

Freiheit. Diese Gemeinden von Emigranten, „die Kirche unter dem Kreuz", gaben sich auf dem Konvent von Wesel (1568) und der Synode von Emden (1571) eine feste Ordnung. Hier erstrebte man eine „nach Gottes Wort reformierte Kirche", die zwar mit dem Staat verbunden, nicht aber von ihm abhängig sein sollte. Diese Synode hat für die Regierung aller niederländischen Kirchen einen Plan ausgearbeitet und sie so zu einer Nationalkirche zusammengefaßt. Die *Confessio Belgica* wurde angenommen und der Genfer Katechismus für die französisch sprechenden Gebiete, der Heidelberger für die flämischen als verbindlich erklärt.

Die Maßnahmen Albas beschworen einen Freiheitskampf herauf, zu dessen Führer sich Oranien machte. Er war 1573 zum Calvinismus übergetreten, doch zunächst religiös nur sehr wenig interessiert. Während seines Kampfes mit den Spaniern festigte sich der Calvinismus vor allem in den Provinzen Holland und Seeland. Es kam 1575 zur Gründung der Universität Leiden, die zum wissenschaftlichen Zentrum des Calvinismus wurde. In der Genter Pazifikation vom November 1576 einigten sich alle Provinzen auf die Vertreibung der Spanier. Je mehr der politische Kampf zur Ausbreitung des Calvinismus führte, fürchteten die katholischen Provinzen (Wallonisch-Flandern, Artois und Hennegau) um ihre Existenz. Sie schlossen sich zum Schutze des katholischen Glaubens in der Union von Arras zusammen (6. Januar 1579) und anerkannten Philipp II. als ihren Herrn. Das honorierte Spanien mit dem Abzug seiner Truppen aus den Unionsprovinzen.

Die Antwort der Reformierten auf die Union von Arras war der Zusammenschluß der Provinzen Holland, Seeland und Utrecht sowie der „Omelanden" um Groningen mit Johann von Nassau als Statthalter von Geldern zur „Utrechter Union". Sie sollte an sich kein konfessionelles Gepräge haben, garantierte z. B. ausdrücklich religiöse Freiheit. In Wirklichkeit wurde aber in ihrem Einflußbereich der katholische Gottesdienst als Verbrechen betrachtet.

Den Norden der Niederlande hatte sich der Calvinismus erobert; die südlichen Provinzen blieben dagegen, nicht zuletzt dank der Geschicklichkeit des Statthalters Alexander Farnese (1578—92), der katholischen Kirche erhalten. Im Jahre 1609 wurde in einem Abkommen mit Spanien die Etablierung einer holländischen Republik erreicht. Nachdem so der äußere Friede für die reformierte Kirche der Niederlande erreicht war, brachen heftige innere, theologische Auseinandersetzungen über die Prädestination aus. Der Supralapsarianismus vertrat eine Prädestination unabhängig vom Sündenfall, der Infralapsarianismus sah sie als dessen Folge an.

Die allgemeine Synode von Dordrecht (1618/19), auf der Vertreter fast aller reformierten Kirchen Europas anwesend waren, bedeutete die endgültige Festigung der reformierten Kirche in den Niederlanden. Hier wurden die theologischen Grundlehren des Calvinismus herausgestellt, vor allem eine bedingungslose Prädestination. Die lebhafte geistige Entwicklung der folgenden Jahrzehnte kann nur teilweise dem Calvinismus zugeschrieben werden, denn die „Orthodoxen Calvinisten“ waren weniger tolerant als die Katholiken vor ihnen[19].

Deutschland

Am *Niederrhein* entstanden calvinistische Gemeinden, als um die Jahreswende 1544/45 Wallonen und Flamen aus wirtschaftlichen Gründen und infolge der schärferen Religionspolitik Karls V. in den Niederlanden nach hier auswanderten. Vor allem in Wesel, das seit 1540 „auswärts als eine Stadt Augsburgischen Bekenntnisses“[20] galt, fanden sie Aufnahme, nicht zuletzt weil man sich Förderung der heimischen Textilindustrie von den Emigranten versprach. Wegen der Sprachschwierigkeiten gewährte man ihnen eigenen Wortgottesdienst; um der Einheit der Religionsübung willen verlangte der Rat der Stadt aber die Teilnahme an der Abendmahlsfeier in den Stadtkirchen. Die calvinistisch geprägten Fremden nahmen jedoch Anstoß an dem hier noch üblichen Chorrock und anderen katholischen Zeremonien. Sie wandten sich nach Straßburg. Von dort kam zu ihrer seelsorglichen Betreuung der französische Adelige Valérand Poullain.

Nach dem Regierungsantritt Marias der Katholischen in England 1553 verließen viele dorthin ausgewanderte Protestanten wieder das Land und suchten u. a. in Emden, Frankfurt a. M. und am Niederrhein eine neue Bleibe. Wieder kam eine größere Gruppe nach Wesel. Die Verweigerung der eigenen Abendmahlsfeiern und die Forderung, das Augsburger Bekenntnis anzunehmen, führte bei diesen verhältnismäßig geschlossenen Gruppen zu ungleich größerem Widerstand als vorher bei den Wallonen. Sie wollten in eigenen Gemeinden ihren Bekenntnisstand wahren. In Frankfurt, wo sich ähnliche Probleme ergaben, wurde die Frage 1556 mit Calvin und Jan Laski besprochen. Schon vorher hatte Calvin geschrieben: „Es wäre uns sehr leid, wenn die französische Kirche, die in Wesel sich bilden könnte, vernichtet würde, weil wir uns nicht einigen Zeremonien anpassen können.“[21] Er riet auch jetzt, um der Einheit der Kirche willen über Zeremonien hinwegzusehen. Doch der Streit weitete sich aus auf die Lehre vom Abendmahl. Als die Fremden nicht bereit waren, ein Bekenntnis zur Realpräsenz in dem Sinne der manducatio oralis zu unterschreiben, wurden sie 1557 ausgewiesen. Die siegreiche lutherische Richtung, von Tilemann Heßhusen inspiriert, ging in ihrem Eifer für die reine Lehre so weit, daß der Rat der Stadt gegen sie eingenommen wurde und es zu einem Umschwung in Wesel kam. Das förderte die Bereitschaft, den Strom

[19] *J. T. McNeill*, The History and Character of Calvinism 267.
[20] *A. Wolters*, Reformationsgesch. der Stadt Wesel 80.
[21] Brief vom 13. März 1554: OC 15, 80; vgl. OC 16, 286 ff (1556), 19, 619 ff (1563).

niederländischer Flüchtlinge aufzunehmen, der sich in deutsches Gebiet ergoß, als 1567 der Herzog von Alba spanischer Statthalter in Brüssel geworden war. Diese Emigranten waren entschiedene Calvinisten. Wo sie hinkamen, u. a. nach Emmerich, Rees, Kleve, Gennep, Goch, Duisburg und Wesel, gründeten sie Gemeinden oder setzten sich kraft ihrer Aktivität und ihres schärferen konfessionellen Gepräges in den bestehenden durch. Damals wurde Wesel zu einer reformierten Stadt. Bis 1568 war die Zahl der Calvinisten am Niederrhein so angewachsen, daß man daran denken konnte, sich eine Ordnung zu geben. So kamen am 3. November zahlreiche Pastoren, Älteste und einige Adelige zu einer Synode, dem „Weseler Konvent"[22], zusammen. Gemäß der Weisung des Paulus, daß in der Kirche alles geordnet und geziemend vor sich gehen müsse, arbeitete man Empfehlungen aus, wie sich die Flüchtlinge zu Gemeinden und Gemeindeverbänden (Klassen) zusammenschließen sollten. Man übertrug die in Frankreich und den Niederlanden praktizierte Synodalverfassung auf die neuen Verhältnisse. Drei Jahre später wurden die Richtlinien des Weseler Konvents auf der Generalsynode in Emden (4.—14. 10. 1571) für verbindlich erklärt und dazu nähere Bestimmungen bezüglich der Disziplin erlassen. Diese Synode war eine Angelegenheit der verstreuten niederländischen Gemeinden. Der einheimische Kirchenrat beteiligte sich weder an der Vorbereitung noch an der Durchführung. In Emden war man damals noch nicht calvinistisch, sondern gehörte einer vermittelnden melanchthonischen Richtung an. Erst unter Menso Alting (1541—1612) ist Emden zum „Genf des Nordens" geworden.

Trotzdem wurden über die Niederlande und den Niederrhein hinaus durch die Emdener Synode „die Gemeinden des Festlandes zu einer Kirche mit gemeinsamem Bekenntnis und gemeinsamer Ordnung zusammengefügt"[23]. Das Laienamt wird stark zum Dienst in der Kirche herangezogen. Mit den Predigern (ministri) bilden die Ältesten und Diakone das Konsistorium, das wöchentlich zusammentreten soll (Art. 6). „An den Orten, wo der Dienst am Wort nicht durchgesetzt werden kann", sollen Vorleser, Älteste und Diakone eingesetzt werden, damit so die Gemeinden versammelt werden können (41). Die Gemeinden konnten somit in den Zeiten der Verfolgung notfalls auch ohne Prediger auskommen. Mehrere Gemeinden bilden eine „Klasse", die alle drei oder sechs Monate ihren Konvent halten soll (7). Die Einzelgemeinde fand so Halt am größeren Verband. Die „Weseler Klasse", zu der die Gemeinden des Niederrheins zusammengeschlossen waren, hat sich zwischen 1573 und 1609 ziemlich regelmäßig versammelt. Sie hat nicht nur die „niederländischen Kirchen unter dem Kreuz" am Niederrhein zusammengehalten, sondern allmählich auch die einheimischen Protestanten in ihren Verband eingeschmolzen bzw. dort,

[22] Das Protokoll bei *A. Wolters,* Reformationsgesch. 335—358.

[23] *W. Niesel,* Bekenntnisschriften und Kirchenordnungen 277. Hier 279—290 die Synodalakten; dt. Übers.: *P. Jacobs,* Reformierte Bekenntnisschriften 252—266.

wo keine Flüchtlingsgemeinden bestanden, auf die Gründung von reformierten Gemeinden Einheimischer hingewirkt. Der Calvinismus am Niederrhein fühlte sich der niederländischen Kirche verbunden und blieb lange in enger Verbindung mit ihr. Erst im Jahre 1610 gründeten die Gemeinden von Kleve, Mark, Jülich-Berg und Ravensberg in Duisburg ihren eigenen Generalsynodalverband. Im Vertrag von Xanten 1614 fielen Kleve, Mark und Ravensberg zu Brandenburg. Kurz vorher war Kurfürst Johann Sigismund von Brandenburg zum Calvinismus übergetreten. In Duisburg, dem Hauptort des reformierten Bekenntnisses, kam es schließlich 1655 zur Gründung einer brandenburgisch-klevischen Universität reformierter Prägung.

Der Calvinismus am Niederrhein und in Ostfriesland war durch Gemeindebildung von unten her entstanden und hatte sich zu einem Synodalverband nach französischem und niederländischem Muster aufgebaut. Anders war es dort, wo er durch die Entscheidung eines Fürsten oder einer städtischen Obrigkeit von oben her eingeführt wurde. Hier suchte die Obrigkeit das Kirchenregiment in der Hand zu behalten und wurde deshalb die Gemeindeverfassung, wie Calvin sie geschaffen hatte, mancher Einschränkung unterworfen. Der erste deutsche Fürst, der das reformierte Bekenntnis annahm und ihm sein Territorium zuführte, war Friedrich III. von der Pfalz (1559—76). Seine bedeutendsten Helfer bei der Einführung des Calvinismus waren der schlesische Melanchthonschüler Zacharias Ursinus (1534—83) und der Trierer Caspar Olevianus (1536—87). Dieser war als Student der Rechte in Paris, Orléans und Bourges mit reformierten Gemeinden in Verbindung gekommen. Er nahm sich vor, seine Heimat für die Reformation zu gewinnen, und studierte seit 1558 in Genf und Zürich Theologie. Von Calvin wurde er um 1559 nach Trier entsandt. Hier ließ er sich vom Rat die Stelle eines Lateinlehrers geben, betätigte sich aber bald als Prediger der Reformation. Am Widerstand des Kurfürsten und der Mehrheit des städtischen Magistrates scheiterte sein Reformationsversuch. Olevianus suchte Zuflucht am kurfürstlichen Hofe in Heidelberg.

Kurfürst Friedrich III. hatte hier kurz zuvor die Nachfolge des kinderlosen Kurfürsten Ottheinrich (1556—59) angetreten. Seine Gemahlin Maria von Hohenzollern, Tochter des Markgrafen Kasimir von Brandenburg-Kulmbach, hatte ihn für das Luthertum gewonnen. In seinem religiösen und ethischen Ernst neigte er zum Rigorismus und war intolerant gegen Altgläubige, Juden und später auch gegen Lutheraner. Als seinen Lebensinhalt betrachtete er den Kampf „mit Christo" gegen „den Teufel und seinen Apostel, den Papst"[24]. Um die Einheit des Protestantismus bemüht, kümmerte er sich persönlich um den Abendmahlsstreit zwischen dem noch von Ottheinrich nach Heidelberg berufenen streitbaren Lutheraner Tileman Heßhusen und Kreisen der Universität, vor allem dem hier promovierten

[24] *A. Kluckhohn* (Hrsg.), Briefe Friedrichs des Frommen I 517.

Diakon Klebitz. Der Kurfürst war ungehalten über das Theologengezänk, vor allem über den fanatischen Eigensinn Heßhusens, und dachte seinerseits durch Gebet und Studium der Heiligen Schrift zu einer Lösung zu kommen. Er erklärte die Abendmahlsformel der Confessio Augustana Variata für verbindlich. Nach dieser Fassung wird nicht in oder unter, sondern „mit Brot und Wein der Leib und das Blut Christi wahrhaft dargeboten"[25]. So konnte man sich zur Auffassung Calvins bekennen und gleichzeitig als Anhänger des Augsburgischen Bekenntnisses in den Schutz des Religionsfriedens von 1555 einbezogen sein. Heßhusen ließ keine Ruhe und wurde als Superintendent entlassen. An seine Stelle trat ein Kirchenrat aus drei Theologen und drei Laien. Ein Gutachten Melanchthons vom 1. November 1559 und eine von Friedrichs gnesiolutherischem Schwiegersohn Herzog Johann Friedrich II. von Sachsen betriebene Disputation in Heidelberg (3.—8. 6. 1560) ließen Friedrich III. immer mehr dem reformierten Standpunkt zuneigen. Am 12. August 1560 erließ er ein Edikt, wonach Geistliche, die die Abendmahlsformel Melanchthons nicht annehmen wollten, das Land zu verlassen hatten. Zur selben Zeit bekamen aus ihrer Heimat vertriebene Calvinisten, wie Caspar Olevian aus Trier, Zacharias Ursinus aus Breslau und Wenzeslaus Zuleger aus Böhmen, großen Einfluß am kurfürstlichen Hof. Der letzte wurde trotz seiner erst 29 Jahre zum Präsidenten des Kirchenrates ernannt. Olevian wurde Professor und Pfarrer, Ursinus Professor und Direktor des Collegium Sapientiae, der aus dem Verband der Universität gelösten Theologenschule. Als seine Bemühungen auf dem Naumburger Fürstentag 1561, durch nochmalige Unterzeichnung der Confessio Augustana (Variata) die Einheit des Protestantismus zu sichern, scheiterten, trat Friedrich III. endgültig zum Calvinismus über. Er scheute sich aber, den Genfer Katechismus zu übernehmen, weil das die offene Trennung vom Augsburger Bekenntnis bedeutet hätte. Deshalb gab er den Auftrag zur Abfassung eines eigenen Katechismus. Der so entstandene „Heidelberger Katechismus" 1563 ist im wesentlichen das Werk des Ursinus; eine beträchtliche Beteiligung C. Olevians bzw. die Bearbeitung des deutschen Textes durch ihn ist unwahrscheinlich[26]. In 129 Fragen gibt der Katechismus eine systematische, straff gefaßte Glaubenslehre. Nach der Einleitung: „Was ist dein einziger Trost im Leben und im Sterben?: daß man Christi seines Heilandes Eigentum ist", folgen drei Teile: I. „Von des Menschen Elend" (die Sünde, die man angesichts von Christi Doppelgebot der Gottes- und Nächstenliebe erkennt); II. „Von des Menschen Erlösung" (Frage 12—85: Glaubensbekenntnis, Taufe, Abendmahl); III. „Von der Dankbarkeit" (Frage 86—129: Werke, Dekalog, Unser Vater). Auf die

[25] BSLK 65, 45.

[26] Vgl. W. *Hollweg*, Bearbeitete Caspar Olevianus den deutschen Text zum Heidelberger Katechismus?: *ders.*, Neue Untersuchungen zur Gesch. und Lehre des Heidelberger Katechismus (Neukirchen 1961) 124—152.

calvinistische Prädestinationslehre und auf Polemik gegen die lutherische Abendmahlslehre ist verzichtet. Um so schärfer wird seit der 3. Auflage in der 80. Frage die katholische Messe abgelehnt: „Und ist also die Messe im Grunde nichts anderes denn eine Verleugnung des einigen Opfers und Leidens Jesu Christi und eine vermaledeite Abgötterei." Die inzwischen durch das Konzil von Trient erfolgte Klärung der Lehre vom Meßopfer blieb so völlig unbeachtet. Die vierte und endgültige Auflage des Katechismus wurde zusammen mit der Kirchenordnung im November 1563 für das Herrschaftsgebiet Friedrichs III. von der Pfalz veröffentlicht. Darüber hinaus eroberte er sich u. a. Nassau-Oranien, den Niederrhein, die Grafschaft Mark und vor allem die Niederlande. Er wurde schon 1563 ins Holländische übersetzt und auf der Dordrechter Synode 1618—19 zum symbolischen Buch erklärt, wodurch ihm der Weg in die gesamte reformierte Welt geöffnet wurde.

Die „Kirchenordnung" behandelt die Predigt und die Spendung der Sakramente. Ausschluß von den Sakramenten ist vorgesehen. Damit aber beim Bann kein Mißbrauch einreiße wie im Papsttum, soll er nicht in der Macht der Kirchendiener, sondern der ganzen christlichen Gemeinde liegen[27].

Der Schweizer Einfluß wird besonders deutlich am Fortfall aller Zeremonien. Schließlich regelt die Kirchenordnung das Almosenwesen, die Kleidung, die Ehegerichtsbarkeit, die Betreuung der Kranken und Gefangenen und das Begräbnis. Durch eine strenge Polizeiordnung sollte das kirchliche Leben von außen gestützt werden. Im Jahre 1564 bekam der Kirchenrat eine neue Ordnung. Als fürstliche Behörde hatte er die landesherrliche Kirchengewalt auszuüben. Ihm unterstanden Kirchenbezirke mit einem Superintendenten an der Spitze. Olevian erstrebte die Durchführung der Kirchendisziplin nach Genfer Muster, wonach die Kirchenzucht mehr in die Hand der Gemeinde bzw. eines von ihr gewählten Gerichts lag. Er konnte seine Pläne wenigstens teilweise verwirklicht sehen, als der Kurfürst 1570 eine Kirchenrats-Zuchtordnung erließ. Danach hatte der Kirchenrat die Handhabe, jede abweichende Lehre oder freiere Auffassung zur Rechenschaft zu ziehen. Das bekamen zwei Pfarrer zu spüren, die dem Antitrinitarismus zuneigten. Dem einen, Adam Neuser, gelang es, nach Konstantinopel zu fliehen, wo er Mohammedaner wurde; der andere, Johannes Sylvanus, Superintendent von Ladenburg, wurde trotz Widerrufs auf offenem Markt in Anwesenheit seiner Frau und seiner Kinder hingerichtet.

Das Erscheinen des Heidelberger Katechismus brachte Friedrich III. in erneute reichsrechtliche Schwierigkeiten. Die lutherischen Herzöge Christoph von Württemberg und Wolfgang von Zweibrücken wie König Maximilian II. und Kaiser Ferdinand I. bezichtigten ihn des Sektierertums. Der Kaiser

[27] *W. Niesel,* Bekenntnisschriften 194, 34—45.

stellte in einem Schreiben vom 13. Juli 1563 fest, daß die reformierte Abendmahlslehre mit dem Augsburgischen Bekenntnis nicht übereinstimme und Kurpfalz sich somit selbst vom Religionsfrieden von 1555 ausschließe[28]. Damals und 1566 auf dem Reichstag in Augsburg, als die Vorwürfe erneut erhoben wurden, argumentierte man von kurpfälzischer Seite, man stimme mit der recht verstandenen Confessio Augustana überein und befände sich im Einklang mit der Lehre großer ausländischer protestantischer Kirchen. Dazu hatte der Kurfürst 1563 von Bullinger ein Gutachten erbeten. Für den Reichstag erbat er 1565 erneut von dem Züricher Reformator literarische Hilfe. Auf Grund dieser Anstöße kam es zum Druck und zur Approbation eines Glaubensbekenntnisses, das Bullinger in Erwartung des Todes 1562 aus persönlichem Bedürfnis niedergeschrieben hatte. Es wurde 1566 als gesamtschweizerisches Bekenntnis, Confessio helvetica posterior, gedruckt und nach Heidelberg gesandt.

Diese zeitweise für ihn bedrohliche Situation hielt Friedrich III. nicht davon ab, weiter mit Gewalt gegen das Luthertum vorzugehen und vor allem den katholischen Kult und Glauben zu unterdrücken. Es hatten sich in der Pfalz noch fast 40 Klöster und Stifte erhalten. Der Weg der friedlichen Reformation, den der Kurfürst wohl zunächst beschreiten wollte, führte um so weniger zum Erfolg, als der Katholizismus schon Ansätze einer Regeneration zeigte. Mit nackter Gewalt wurde er ausgerottet. Friedrich III. schreckte nicht einmal davor zurück, in den Kondominaten, wo er die Herrschaft mit katholischen Fürsten teilte, unter Mißachtung derer Rechte Klöster aufzuheben und in den Kirchen Bilderstürme zu inszenieren. Er, der sich auf dem Reichstag 1566 auf sein Gewissen berufen hatte, war nicht bereit, das auch Lutheranern und Katholiken zuzugestehen. Denn, so meinte er, es sei ein anderes Ding, jemand zum Guten, zu Gottes Wort und Wahrheit, zu zwingen als zu Abgötterei und Lügen.

Nach seinem Tode wurde von seinem Sohn und Nachfolger Ludwig VI. (1578—83) mit denselben polizeistaatlichen Mitteln für gut fünf Jahre das Luthertum restauriert. Olevian, der von der Kanzel vor den Wölfen (= Lutheranern) gewarnt hatte, die im Kommen wären, um die Schafe (= Calvinisten) zu zerreißen, mußte als erster das Land verlassen. Er ging als Prinzenerzieher nach Berleburg und später (1584) als Pfarrer und Theologieprofessor nach Herborn.

Hier in *Nassau* neigte Graf Johann VI. (1559—1606), ein Bruder Wilhelms von Oranien, dem Calvinismus zu. Darin wurde er durch seine engen Beziehungen zu den Niederlanden bestärkt. Er berief 1568 aus Hessen Gerhard Eobanus Geldenhauer und bestellte ihn 1572 zum Superintendenten. Als die calvinischen Theologen aus der Pfalz und die Kryptocalvinisten aus Wittenberg vertrieben wurden, fanden sie 1577 in Nassau

[28] *A. Kluckhohn*, Briefe Friedrichs des Frommen I 420—421.

offene Aufnahme. Die Synode von Dillenburg am 8./9. Juli 1578 nahm das hauptsächlich von Christoph Pezel (vgl. S. 375f) verfaßte Nassauische Bekenntnis[29] an. Noch im selben Jahr wurde ein Presbyterium eingesetzt. Der Generalkonvent von 1581 nahm die Pfälzer Kirchenordnung und den Heidelberger Katechismus an. Die 1584 in Herborn nach dem Vorbild der Genfer Akademie errichtete Hohe Schule „Johannea" gewann durch ihre bedeutenden Lehrer Kaspar Olevian, Johann Piscator, Georg Pasor, Johann Alsted, Johann Althusius u. a. einen großen Ruf und wurde nach Genf und Leiden ein Zentrum reformierter Theologie. Auf der Generalsynode in Herborn 1586 wurde auf Anregung Johanns VI. und seiner Theologen eine überterritoriale Synodalkirche der Grafschaften der Wetterau begründet. Sie mußte 1648 wieder dem kirchlichen Territorialsystem weichen. Die Herborner Ordnung[30], ein Versuch, das Genfer presbyterial-synodale System mit der landeskirchlichen Einrichtung der Superintendenten zu verbinden, hat aber weitergewirkt bis in die Rheinisch-Westfälische Kirchenordnung von 1835.

In *Bremen* hatte durch Hardenberg der Philippismus Einfluß gewonnen. Um zwischen den Zwinglianern (Molanus) und den Lutheranern (Jodocus Glanaeus) zu vermitteln, berief der Rat der Stadt 1570 den Melanchthonianer Marcus Mening. Unter ihm als Superintendenten wurde 1572 ein „Vergleich in den vornehmsten Stücken der christlichen Lehre" angenommen. Auch in Bremen wuchs der Einfluß des Calvinismus seit dem Sturz des Philippismus in Kursachsen. Seit 1580 wirkte in der Hansestadt Christoph Pezel. Ein von ihm verfaßtes Bekenntnis, der Consensus Bremensis[31], wurde am 2. Mai 1595 von allen Mitgliedern des Kirchenamtes unterzeichnet und 1644 vom Rat zur geltenden Bekenntnisschrift erklärt. Gegenüber dem Nassauischen Bekenntnis ist es erweitert, u. a. durch einen Abschnitt über die Prädestination, und durch einen strengen Calvinismus bestimmt.

In der Grafschaft *Lippe* trat 1579 Simon VI. (1554—1613) die Regierung an. Zusammen mit seinem Lehrer, dem aus Wittenberg vertriebenen Philippisten Thodenus, hatte er 1567—69 in Straßburg studiert. Er stand in guter Beziehung mit den niederländischen Reformierten. Nach und nach besetzte Simon VI. die Pfarreien seiner Grafschaft mit reformierten Geistlichen. Die lutherische Kirchenordnung von 1571 wurde zwar nicht förmlich außer Kraft gesetzt, doch führten die drei Superintendenten auf Grund der 1600 erlassenen Konsistorialordnung reformierten Abendmahlsgottesdienst ein. Luthers kleiner Katechismus wurde durch einen von Anger (1547—1607) verfaßten Katechismus ersetzt. Der Heidelberger wurde 1618 eingeführt. Abgesehen von Lemgo, das sich mit Erfolg widersetzte und 1617 weit-

[29] Text: *E. F. K. Müller,* Die Bekenntnisschriften der reformierten Kirche 720—739.
[30] Text: *W. Niesel,* Bekenntnisschriften und Kirchenordnung 290—298.
[31] Text: *E. F. K. Müller,* Die Bekenntnisschriften der reformierten Kirche 739—799.

gehende Selbständigkeit erhielt, wurde die Grafschaft Lippe zu einem reformierten Gebiet. 1684 führte dann Graf Simon Heinrich anstelle der Kirchenordnung von 1571 eine neue reformierte ein.

In *Anhalt* vereinigte Fürst Joachim Ernst (1546—86) seit 1570 alle Landesteile unter seiner Herrschaft. Er war zwar lutherisch gesinnt, ließ sich aber nicht bewegen, die Konkordienformel zu unterschreiben. Der von ihm 1578 als Superintendent nach Zerbst berufene Wolfgang Amling (1542—1606) setzte der Konkordienformel eine „Confessio Anhaltina" und eine „Apologia Anhaltina" entgegen. Ohne dazu autorisiert zu sein, ließ er die Prediger auf diese Schriften privaten Charakters ordinieren. Manche unter dem Verdacht des Kryptocalvinismus aus Sachsen vertriebenen Geistliche fanden in Anhalt Aufnahme. Man machte Fürst Joachim Ernst wegen seiner vermittelnden Haltung den Vorwurf des Calvinismus. Er ließ 1585 von seinen Theologen ein „Kurzes und wahrhaftiges Bekenntnis vom hl. Abendmahl" ausarbeiten und von allen Geistlichen seines Landes unterschreiben. Sein Nachfolger, Johann Georg I. (1586), stand durch seine Heirat in enger Verbindung mit der Kurpfalz; sein Bruder Christian war mit einer Tochter des reformierten Grafen von Bentheim verehelicht. Beide verfügten sie 1596, daß die Tafeln und hölzernen Kruzifixe auf und über den Altären, die Kerzen und Meßgewänder abgeschafft würden. Der Altar sollte Tischform haben und der Geistliche hinter dem Tisch der Gemeinde zugewandt das Brot brechen[32]. Dabei versicherte man, diese Veränderungen bedeuteten keine der Lehre. Doch schon 1599 beauftragte Johann Georg seinen Superintendenten Amling, eine Agende auszuarbeiten. Der von diesem mit einigen Theologen ausgearbeitete Entwurf[33] fand nicht die Zustimmung des Fürsten, weil er sich zu wenig an die Pfälzische Agende anlehne. Mit dem Mündigwerden der Brüder Johann Georgs wurde 1603 das Land geteilt in Dessau, Bernburg, Zerbst und Köthen. Die Bekenntnisgrundlage der entsprechenden Landeskirchen waren die Confessio Augustana Variata, die pfälzische Agende und der Heidelberger Katechismus.

Um 1600 war damit die Bildung reformierter Landeskirchen in Deutschland abgeschlossen. Führend waren dabei Schüler Melanchthons, darunter manche, die in Wittenberg der lutherischen Orthodoxie hatten weichen müssen. Sie proklamierten ihren Übergang zum Calvinismus als „zweite Reformation"[34]. Ihnen galt das Luthertum mit seinen „papistischen" Relikten als Vorform, Melanchthon mit seiner Theologie der Vermittlung als Übergang, der Calvinismus dagegen in Gottesdienstordnung, Kirchenzucht und seiner Vorstellung von christlicher Obrigkeit als konsequente Vollendung der Reformation. Gegenüber der durch Luther durchgeführten

[32] *Sehling* II 533—580.
[33] *Sehling* II 536 f 581.
[34] *J. Moltmann,* Christoph Pezel (1539—1604) und der Calvinismus in Bremen 76—81; *H. E. Weber,* Reformation, Orthodoxie und Rationalismus I, 2 (Darmstadt ²1966) 326 f.

„Reformation der Lehre" sah man im Calvinismus die „Reformation des Lebens".

Schottland und England

Im Jahre 1549 stellte die schottische Nationalsynode[35] zwei Gründe für den Verfall der Kirche in Schottland heraus: die Sittenlosigkeit und die mangelnde Bildung der Geistlichen. Sie verlangte u. a., daß die Priester fähig sein sollten, die Schrift auszulegen; Pfarrer und Bischöfe sollten wenigstens viermal im Jahr predigen. Weiterhin verbot sie, die Einkünfte der Kirche für illegitime Kinder zu verwenden. Allgemein wurde eine Besserung der Lebensgewohnheiten der Geistlichen beschlossen, so daß „die, die andere zurechtweisen, nicht selber schuldig werden"[36]. All diese Forderungen der Synode blieben aber unerfüllt, wie aus einem Bericht von Kardinal Sermoneta an Papst Paul IV. 1556 hervorgeht[37]. Das schuf einen guten Boden für die Aufnahme der neuen Lehre. Auch die politische Lage war günstig dafür. Im Jahre 1542 starb Jakob V. von Schottland, und Maria — Königin von Schottland — war erst eine Woche alt. Der Streit um die Regentschaft zwischen dem Kardinalprimas David Beaton (1539 bis 1546) von St. Andrews und dem Grafen von Arran (vermutlicher Thronerbe) endete mit dem Sieg des letzteren. Die Folge war eine Förderung des Protestantismus. Denn der Graf wie auch zahlreiche Adelige waren für die Reformation in der Hoffnung, einen Teil der Kirchengüter in ihren Besitz zu bringen.

Unter diesen Voraussetzungen hatte es George Wishart[38] (ca 1513—46) leicht, Anhänger für den Protestantismus zu gewinnen. Dieser Mann, der „der Martyrer der schottischen Reformation" genannt wird, hielt sich für kurze Zeit in der Schweiz und in Deutschland auf, wo er den Calvinismus und das Luthertum in seinen reinen Formen kennenlernte. Seit 1544 arbeitete er eng mit John Knox zusammen. Am 1. März 1546 starb er in Edinburgh als Ketzer[39] auf dem Scheiterhaufen. Als Vergeltung dafür wurde unter Führung von John Knox Kardinal David Beaton ermordet[40]. Seitdem war John Knox (1505?—72) der führende Kopf der schottischen Reformation. Sehr viel entschiedener, ja fanatischer setzte er das Werk seines Freundes und Lehrers fort und wurde so zum „Reformator Schottlands". Als er nach einem zweijährigen Auslandsaufenthalt — von 1547—49

[35] A Source Book of Scottish History II 147—148.
[36] *W. C. Dickinson,* A New History of Scotland I 313.
[37] A Source Book of Scottish History II 150—151.
[38] *J. Knox,* History of the Reformation in Scotland I 60 ff.
[39] Vgl. A Source Book of Scottish History II 136—137.
[40] Ebd. 138—142.

wurde er auf einer französischen Galeere festgehalten — nach Schottland zurückkehrte, war der schottische Hof unter Maria von Guise, der Mutter Maria Stuarts, franzosenfreundlich und katholisch. Die dadurch in den Hintergrund gedrängten Protestanten verstand John Knox zu neuer Aktivität zu führen. Im Jahre 1552 wurde auf der schottischen Provinzialsynode die Herausgabe eines Katechismus in schottischer Sprache beschlossen als Hilfe für die Kleriker bei der Auslegung der Bibel (Hamilton's Catechism)[41]. Dieser Katechismus hat vor allem in der Rechtfertigungslehre protestantisches Gedankengut aufgenommen: „Kurz gesagt, wir müssen uns ganz Gott anvertrauen, unser Heil, unsere Zuversicht und unser Vertrauen stützen auf seine Hilfe, seine Unterstützung, Güte und gnädige Vorsehung in all unseren Nöten, Gefahren, allem Unglück, jeder Schwäche, in allem unseren eigenen Willen aufgeben und in Gehorsam alles dem gütigen Willen Gottes anvertrauen."[42]

Einen Höhepunkt in der Entwicklung der schottischen Reformation bildet der „Covenant" (1557). Der protestantische Adel schwor hier Schutz der „Gemeinde Christi" und Vernichtung der „Gemeinde Satans"[43]. Den Katholiken stand von jetzt an eine geschlossene Front einflußreicher Männer gegenüber. Knox hatte sich inzwischen ein Jahr lang (1554/55) in Genf aufgehalten, wo er zu einem entschiedenen Anhänger Calvins wurde. Sein Hauptziel war von nun an, Katholiken und Katholizismus mit aller Energie zu bekämpfen. Mit der Strenge eines Calvinisten predigte er den Widerstand gegen die „ungerechte Obrigkeit" sowie den Bilder-, Kirchen- und Klostersturm. Er verstand es, die Massen mitzureißen. Ein Beispiel hierfür ist die 1558 verfaßte Schmähschrift „Against the Monstrous Government of Women". Dieser Schrift schrieb man in England die Verfolgung der Protestanten durch Maria Tudor zu, was auf seiten der Verfolgten verständlichen Unwillen gegenüber Knox hervorrief. Als Calvin die englischen Protestanten wegen dieses ihres „unbrüderlichen Betragens" gegenüber Knox rügte, erwiderten sie: „Des können wir Sie versichern, daß diese frevelhafte Schmähschrift viel Öl in die Flamme der Verfolgung in England gegossen hat. Denn vor ihrer Veröffentlichung hat nicht einer unserer Brüder den Tod erduldet; aber sobald sie kolportiert wurde, sind zahlreiche ausgezeichnete Männer dem Feuertod erlegen."[44] An diesem Beispiel wird deutlich, wie sich die radikalere, vom Calvinismus geprägte Richtung des John Knox von den gemäßigteren englischen Protestanten unterschied und welchen Kurs Schottland von jetzt an steuern sollte. Ungünstig für die Katholiken Schottlands wirkte sich die Heirat Maria Stuarts mit Franz II. von Frankreich aus (1558). Denn die Protestanten wollten lieber eine Verbindung mit dem protestan-

[41] A Source Book of Scottish History II 148—150.
[42] A Source Book of Scottish History II 150.
[43] Ebd. 162.
[44] *A. Zimmermann*, Zur Reformation in Schottland: RQ 25 (1911) 39.

tischen England. Mehr und mehr kamen Mißtrauen und Unzufriedenheit auf, bis schließlich 1559 ein Bürgerkrieg ausbrach. Der unmittelbare Anlaß für den Ausbruch dieses Krieges war die Unterstützung der alten Kirche durch Maria von Guise. Mit Hilfe englischer Truppen vermochten die Protestanten sich zu behaupten. Knox, obwohl von der Regentin geächtet, entfaltete weiterhin eine überaus rege Agitation gegen den katholischen „Götzendienst".

Nach dem Tode Marias von Guise (1560) trat eine Versammlung von geistlichen und weltlichen Lords auf Betreiben John Knox' in Edinburgh zusammen. Drei wichtige Entscheidungen wurden von dieser Ständeversammlung — fast einstimmig — getroffen: die Autorität und Jurisdiktion des Papstes wurde abgeschafft, die Meßfeier und alles, was dem protestantischen Bekenntnis widerspricht, verboten und die *Confessio Scotica* in Kraft gesetzt. Dieses Schottische Bekenntnis ist durch einen Ausschuß von sechs Männern auf Initiative des Parlaments hin verfaßt worden. Der führende Kopf hierbei war wieder John Knox. „Das Bekenntnis läßt uns in jedem Abschnitt seinen Geist verspüren, namentlich in der unentwegten Begründung jeder einzelnen Glaubensaussage auf die einzige Autorität der Heiligen Schrift, und reiht sich dadurch ebenbürtig den übrigen kirchlichen Bekenntnissen der Reformationszeit an, sonderlich der von Calvin bestimmten Kirchen."[45] Die Versammlung, die die Confessio Scotica verabschiedete, wird „Reformation Parliament" genannt. Sie wurde von einer großen Zahl von Mitgliedern des niederen Adels besucht, die alle leidenschaftliche Protestanten waren; dies ging so weit, daß sie die Abhaltung des katholischen Gottesdienstes mit der Todesstrafe bedrohten. Maria Stuart, die 1561 nach dem Tode ihres Gatten die Regierung in Schottland übernahm, hat dieses „Bekenntnis des Glaubens und der Lehre" nie unterzeichnet. Unter ihr, der überzeugten Katholikin, blieb die religiöse Frage ungelöst. Denn sie nahm gegenüber den Reformierten eine sehr liberale Stellung ein, wurde aber von diesen trotzdem als eine Gefahr für ihren Glauben angesehen. Am ersten Sonntag, an dem die Königin wieder in Schottland war, ließ sie für sich und ihren Hof eine Messe zelebrieren. Daraufhin kam es von seiten der Reformierten zu einem Aufstand gegen die Königin. Diese mußte in einer Proklamation versprechen, den Status quo in Schottland zu erhalten, das hieß, den Protestantismus, der seit 1560 Staatsreligion war, als solchen hinzunehmen. Die privaten Berater der Königin sagten der reformierten Kirche sogar Unterstützung zu. Das bedeutete, daß ein Drittel der Kirchengüter eingezogen wurde. Davon erhielten die Reformierten einen Teil; der Rest floß in die Kasse der Königin. Daß der Anteil der Reformierten im Laufe der Zeit immer kleiner und der der Königin um so größer wurde, gab Knox Anlaß zu dem Kommentar: Zwei Teile des gesamten Kirchenvermögens gehören dem Teufel,

[45] *P. Jacobs,* Reformierte Bekenntnisschriften und Kirchenordnungen 128.

der dritte Teil wird geteilt zwischen Gott und dem Teufel[46]. Angesichts der Aktivität der Anhänger Knox' konnte Maria es nicht wagen, die Leute ihres Glaubens zu unterstützen, zumal Knox immer wieder betonte, daß die Reformierten nicht gezwungen werden dürften, mit der Königin, der „Götzendienerin", übereinzustimmen.

Die zweite Ehe der Königin mit Heinrich Darnley (1565) trug nicht zur Besserung ihrer Lage bei; im Gegenteil, als dieser unfähige Mann am 10. Februar 1567 ermordet wurde, bezichtigte man die Königin der Mitwisserschaft, da sie schon drei Monate später den an der Ermordung ihres Gatten beteiligten protestantischen Grafen Bothwell heiratete. Knox eiferte gegen die Königin und forderte ihre Hinrichtung. Im Juli 1567 blieb ihr nichts anderes übrig, als zugunsten ihres Sohnes Jakob (VI. von Schottland und I. von England) zurückzutreten. Erst dieser wurde auf die neue Religion vereidigt.

Mehr als anderswo war die Reformation in Schottland eine Laienbewegung[47]; denn ihr fehlte ein theologisch so profiliertes Oberhaupt wie Luther, Calvin, Zwingli oder Cranmer. John Knox steht auf einer anderen Ebene als die genannten Reformatoren, er war mehr ein fanatischer Kirchenführer als Theologe. Es gelang ihm aber nicht, die Pläne und Hoffnungen, die er in seinem „First Book of Discipline" [48] (1560) dargelegt hatte, voll zur Durchführung zu bringen. Denn die Lords betrachteten die von ihm befürwortete Kirchenordnung, den Vorschlag einer irdischen Republik, die auf den Himmel vorbereiten sollte, unter ganz anderen Gesichtspunkten als er und „wollten überhaupt von einem vollständigen System des Kirchenrechtes, in dem die Kirche den Staat regierte, die Schulen übernahm, für Kranke und Schwache Sorge trug, nichts hören" [49]. Knox stellte sich eine enge Zusammenarbeit von Kirche und Staat vor. In seinem „Book of Discipline" erhebt er im Sinne Calvins Einspruch gegen die kirchlichen Feste; sie sind von Menschen eingesetzt und müssen deshalb abgeschafft werden, und zwar nicht nur Feste von Aposteln, Martyrern usw., sondern auch Weihnachten, Beschneidung, Epiphanie „and other feasts of our Lady . . ." [50]. Ein weiterer Abschnitt beschäftigt sich mit den kirchlichen Gebäuden. Gottesdienst darf nur in Pfarrkirchen oder Schulen gehalten werden, nicht aber in Klöstern und Abteien. Der Gottesdienstraum muß würdig ausgestattet sein. Ausführlich widmet sich Knox der „Admission of Ministers" [51]. Jede Gemeinde hat das Recht, den eigenen Geistlichen zu wählen, Voraussetzung ist ein bestimmter Bildungsstand; Priesterweihe und Handauflegung werden abgelehnt. Die Vorleser und „Ermahner" (Exhorters) werden an den Kirchen angestellt, an denen

[46] *W. C. Dickinson,* A New History of Scotland I 335.
[47] *A. Zimmermann,* Zur Reformation in Schottland 38.
[48] A Source Book of Scottish History II 171—180.
[49] *A. Zimmermann,* Zur Reformation in Schottland 113.
[50] A Source Book of Scottish History II 171. [51] Ebd. 172—173.

kein ständiger Geistlicher ist. Voraussetzung für diese Anstellung ist ein religiöses Leben und geistige Fähigkeiten. Die Vorleser und „Ermahner" können nach ihrer Bewährung zum ordentlichen Geistlichen aufsteigen. Gefordert wird eine umfangreiche Familienunterstützung der Geistlichen, wobei die Bedürftigkeit entscheidend ist; vor allem wird die Sorge für die Ausbildung der Kinder und die Sorge für die Witwen unterstrichen. Knox fordert auch ganz allgemein, die Armen zu unterstützen, allerdings nur solche, die sich wirklich selbst nicht helfen können, nicht die, „die das Betteln berufsmäßig betreiben" [52]. Diese Forderungen und Vorschläge weisen auf den modernen Wohlfahrtsstaat hin.

Einen Einblick in die Verfassung der Kirchen geben Knox' Ausführungen über die Superintendenten [53]. Das ganze Land soll in 10 oder 12 Provinzen eingeteilt werden, jede Provinz erhält einen Superintendenten. Ihre Aufgaben bestehen darin, Gemeinden zu gründen und Geistliche einzusetzen. Sie sind verantwortlich für die Ordnung und Moral der Gemeinden und ihrer Diener. Voraussetzung für dieses Amt ist ein zweijähriger Dienst in einer Pfarrei. Die Kirche ist auch für die Bildung der Menschen zuständig. Jede Gemeinde in der Stadt muß einen „Schoolmaster" ernennen, der Grammatik und Latein lehren kann. Auf dem Land muß den Kindern und Jugendlichen Katechismusunterricht nach dem „Book of Common Order" gegeben werden. In größeren Städten, vor allem dem Sitz des Superintendenten, soll man „Colleges" errichten, in denen die „Arts" und Sprachen unterrichtet werden. Außerdem werden drei Universitäten für ganz Schottland gefordert (St. Andrews, Glasgow, Aberdeen). Für Schüler und Studierende gibt es die Möglichkeit eines Stipendiums; entscheidend hierfür sind die geistigen Fähigkeiten des Studenten und die finanzielle Lage seiner Eltern. Aus den kirchlichen Einkünften und Kirchengütern muß für Geistliche, Arme, Schulen und Lehrer gesorgt werden.

Von großer Bedeutung für die kirchliche Organisation sollte die „Kirk Session" [54] sein. Jährlich fand auf dieser Sitzung die Wahl von Diakonen und Ältesten statt. Aufgabe dieser Ältesten war es, den Pfarrer zu unterstützen und zu überwachen. Unwürdige Pfarrer sollten von den Ältesten in Übereinstimmung mit der Kirche und dem Superintendenten abgesetzt werden; hier zeichnet sich bereits das Presbyterialsystem ab. Auch seine Vorstellungen über die öffentliche Frömmigkeit und die Familienfrömmigkeit hat Knox klar ausgedrückt [55].

Die Taufe sollte möglichst nur am Sonntag, im Anschluß an die Predigt gespendet werden, das Abendmahl viermal im Jahr, und zwar jeweils am 1. Sonntag im März, Juni, September und Dezember. Voraussetzung für den Empfang sollte die Kenntnis des Vaterunsers, des Glaubensbekenntnisses und der Zehn Gebote sein. Jede Kirche sollte im Besitz einer englischen Bibel

[52] A Source Book of Scottish History II 174. [53] Ebd. 174—176.

[54] A Source Book of Scottish History II 179. [55] Ebd. 179—180.

sein. Die Gläubigen sollten zum Anhören der Bibel und ihrer Auslegung verpflichtet werden. Jedes Familienoberhaupt mußte die Mitglieder seines Hauses in der christlichen Lehre unterrichten. Alle Gläubigen sollten Psalmen lernen und üben, um beim Gottesdienst „kräftig mitsingen" zu können. Nach diesem „First Book of Discipline" sind Volk und Herrscher Untertanen des gleichen Gottes. Kirche und Staat sind die beiden Säulen für das Reich Gottes auf Erden. Doch die Ablehnung dieses Buches in Schottland zeigt, daß man hier noch weit von der „perfect city of Geneva" entfernt war.

Wenn auch mit der Beseitigung Maria Stuarts (1567) der Protestantismus neu aufblühte und die „Confession of Faith" und das „Book of Discipline" anerkannt wurden, so ergaben sich doch aus dieser Anerkennung kaum praktische Konsequenzen. Knox bemerkte dazu: „Die Habgier läßt diese verderbte Generation die Absichten der frommen Geistlichen nicht anerkennen." [56] Die katholischen Bischöfe und Priester ließ man zunächst unbehelligt in ihren Ämtern; sie hatten aber keinen Einfluß mehr auf die Gläubigen. So existierten zwei Kirchen nebeneinander; die eine zum Schweigen gebracht, aber begütert, die andere aktiv, aber arm. Inzwischen baute die reformierte Kirche auf Synoden ihre Institutionen weiter aus; wurden Stellen vakant, übertrug man sie reformierten Predigern. Ebenso verfuhr man mit den Bischöfen, die von 1572 an auf Grund des „Concordat of Leith" nicht mehr von der Krone ernannt, sondern von reformierten Predigern examiniert und zugelassen wurden; sie unterstanden nur der „General Assembly", der Generalsynode der Schottischen Kirche.

Diese „tolerante" Haltung der Reformierten in Schottland fand Andrew Melville vor, als er 1574 aus Genf zurückkam, um Knox' Nachfolger zu werden. Er sah sich deshalb zu einem „Second Book of Discipline" [57] veranlaßt. Wie das „First Book" beansprucht er, nur auf das Wort Gottes zurückzugehen. Wie Knox will er den gesamten Besitz der Kirche auf die reformierten Geistlichen, die Schulen, die Armen und andere kirchliche Einrichtungen übertragen wissen. Abweichend vom ersten Buch ist die Forderung nach der Gleichheit der Geistlichen. Anstelle der Episkopalverfassung tritt die presbyteriale. Die Kirchendisziplin soll nicht allein durch Kleriker, sondern durch Gerichte aus Laien und Geistlichen gewährleistet werden. Sie wurden „Kirk Session", „Presbyter Synode" und „General Assembly" genannt und hatten Befugnis, über Laien und Kleriker in kirchlichen Angelegenheiten zu befinden. Am Anfang des Buches wird dargelegt, daß die Kirche eine „eigene Macht" hat, die ihr direkt von Gott gegeben ist. Sie hat auf der Erde kein Oberhaupt, ihr einziges Oberhaupt ist Christus. Verfehlt sich die weltliche Macht in Sachen des Gewissens und der Religion, ist sie der kirchlichen Rechtsprechung unterstellt. Pflicht der Kirche ist es, der welt-

[56] *W. C. Dickinson,* A New History of Scotland I 349.
[57] A Source Book of Scottish History III 22—31.

lichen Macht vorzuschreiben, wie sie ihr Handeln in Einklang mit dem Wort Gottes zu bringen hat. Hier war der Ansatz für eine Kirche, die die Politik des Staates bestimmen konnte. Welchen Sinn sollte ein weltliches Parlament noch haben, wenn die Kirche beanspruchte, in direkter Verbindung mit Gott zu stehen (counsel with god)?

Jakob VI. (1567 bzw. 1578—1625) war klug genug, um die Gefahr dieser Entwicklung zu spüren. Es war zu befürchten, daß die „General Assembly" bald jedes Gebiet königlicher Herrschaft kontrollieren würde. Melville behauptete ja, daß die Autorität der Kirche nicht nur neben, sondern über der des Staates stehe. Im Jahre 1584 ließ er dem „Geheimen Rat" des Königs mitteilen, es sei eine Anmaßung, die Abgesandten und Boten eines Königs zu kontrollieren, der weit über ihm, dem irdischen König, stehe. Das führte zu der Erklärung Jakobs VI., daß der schottische Presbyterianismus sich mit der Monarchie so gut vertrage wie Gott und der Teufel; ihn leite das Axiom: „No bishop, no king". Von hier aus versteht man des Königs Vorgehen gegen Melville und die schottische Kirche. Jakob wollte ein Episkopalsystem, er wollte Bischöfe, die von der Krone ernannt wurden; hierin sah er die einzige Möglichkeit, Herr im Lande zu bleiben. Melville dagegen strebte ein presbyteriales System unabhängig vom Staat, ja über ihm an.

Mit der Ankunft von Erné Stuart Lord D'Aubigny, ergaben sich neue Schwierigkeiten. Der Lord wurde verdächtigt, ein papistischer Agent zu sein. Um diesen Verdacht zu zerstreuen, unterschrieben 1581 Jakob VI., Lord D'Aubigny (inzwischen Duke of Lennox) und das gesamte königliche Haus die „King's Confession". Sie wurde auch „Negative Confession" genannt, weil darin jede Religion und Lehre, die mit der „Confessio Scotica" (1566) nicht in Einklang stand, abgelehnt wurde. Zwei Monate später mußte ganz Schottland dieses Schriftstück unterzeichnen. „Diese sogenannte Confessio Negativa von 1581 wurde veranlaßt durch die Umtriebe der Gegenreformation, die sich in Schottland bemerkbar machten. Sie trägt daher in ganz besonderer Weise einen ausgesprochenen antirömischen Charakter, indem sie die Irrlehren und abergläubischen Gebräuche der Romkirche einzeln nennt und verwirft. Ihr Verfasser ist der Seelsorger der königlichen Familie, John Craig, vom König selbst mit diesem Werk betraut." [58]

Im August 1582 wurde der König, in dessen Auftrag die „Confessio Negativa" verfaßt wurde, gefangengenommen, da man in ihm dennoch eine Gefahr für die wahre Religion sah. Nach der Flucht des Königs wurde Melville des Landesverrates angeklagt; er floh nach England. Der König, wegen seiner Gefangennahme verbittert, wandte sich nun gegen alles, was Melville für die Kirche gefordert hatte. Als Vergeltungsmaßnahmen wurden im Mai 1584 die sogenannten „Black Acts" [59] verabschiedet. Sie besagen, daß Par-

[58] *P. Jacobs,* Reformierte Bekenntnisschriften 128.

[59] A Source Book of Scottish History III 39—43.

lament und Rat über allen geistlichen und weltlichen Ständen stehen und diese bestätigen. Die Aufsicht über den niederen Klerus wie die kirchliche Regierung überhaupt soll bei den Bischöfen und „Commissioners" bleiben, die jetzt dem König und nicht wie vorher der „General Assembly" verantwortlich sind. Zusammenkünfte von Geistlichen sind verboten, außer mit der ausdrücklichen Zustimmung des Königs. Es wurde erklärt, daß dieser Beschluß sich besonders gegen den Presbyterianismus wende. Der König beanspruchte jetzt die Jurisdiktion über Geistliche und Laien. Alle Beschlüsse der Kirche ohne seine Bestätigung sollten in Zukunft ungültig sein. Das war für die Reformierten unannehmbar. Um zu einem Kompromiß zu gelangen, wurde 1586 von einigen Vertretern der Kirche empfohlen, daß der König die Bischöfe der „General Assembly" vorschlagen solle; dies wurde jedoch praktisch nie wirksam. Denn die „Magna Charta of the Church of Scotland" bedeutete den Widerruf der „Black Acts" durch den König. Er bestätigte darin der reformierten Kirche alle Privilegien und sprach ihr wieder das Recht zu, „General Assemblies", Synoden und Presbyterialversammlungen, einzuberufen. Ja, er erklärte sogar, daß die „Black Acts" nicht entgegenstehen sollten dem „Privileg, das Gott den geistlichen Amtsträgern in der Kirche gegeben hat" [60]. Trotz dieser Zugeständnisse war für den König die Gleichheit aller Geistlichen Ursache allen Übels („mother of confusion"); seine Wandlung war also nur eine rein äußerliche. Durch sein diplomatisches Geschick gelang es ihm, der Episkopalform gegenüber der Presbyterialform bald wieder das Übergewicht zu geben.

Zusammenfassend läßt sich über die Entwicklung in Schottland sagen: Nach Verfassung und Lehre war die schottische Kirche calvinistisch. Unter Knox war sie noch nicht presbyterianisch, da er nie die Gleichheit aller Geistlichen forderte. Erst sein Nachfolger Melville trieb die Entwicklung in diese Richtung weiter und verwirklichte den vollentwickelten Presbyterianismus, der in Jakob VI. einen großen Gegner fand. So kam es in der Zeit danach zu einem ständigen Ringen zwischen König und Presbyterianismus um die Führung der Kirche. In *England* vermochten sich die Reformierten lange Zeit nicht durchzusetzen, es waren meist Flüchtlinge aus Frankreich oder Engländer, die in Schottland die Ideen Knox' kennengelernt hatten. Sie, die die Einfachheit des calvinistischen Gottesdienst gewohnt waren, hielten es für unzumutbar, dem „römischen" Ritus der englischen Kirche zuzustimmen. Auch die königliche Leitung der Kirche war für sie ein Relikt „Papistischer Herrschaft".

Die Reformierten standen so in Konflikt mit der englischen Kirche, hatten aber keine Möglichkeit für die Entwicklung eines eigenen Kirchenwesens. Denn die Uniformitätsakte, 1559 unter Königin Elisabeth I. erlassen, schrieb eine einheitliche anglikanische Liturgie vor (s. o. S. 353).

[60] Vgl. *Dickinson*, A New History of Scotland I 362—370.

Sie ließen aber nicht davon ab, ein „reines“ „schriftgemäßes“ Kirchentum zu fordern. Diese Forderung hat ihnen den Namen Puritaner eingebracht (etwa 1566). Zu ihnen bekannte sich vor allem das Bürgertum. Sie stellten zunächst innerhalb der englischen Kirche eine Gruppe mit einer besonderen geistigen Haltung dar; ihnen war eine geradezu leidenschaftliche Bindung an den Buchstaben der Schrift eigen. Als die Staatskirche auf ihre Forderung in keiner Weise einging, machten sie sich selbständig und richteten eigene Gemeinden ein (1567). Sie gaben sich eine demokratische Kirchenverfassung und wurden so zu Presbyterianern. Nun war der Gegensatz zur englischen Hochkirche offenkundig. Es kam zu schweren Verfolgungen. Zahlreiche „Dissenters“ wanderten in die Gefängnisse, doch ausrotten ließen sie sich nicht. Viele verließen England. Im Jahre 1620 fuhr eine Gruppe, die „Pilgerväter“, auf der „Mayflower“ nach Nordamerika und schuf sich in Massachusetts eine neue Heimat. Ihre Idee von der selbständigen Gemeinde unter Christus als dem einzigen Haupt hat wesentlich beigetragen zur amerikanischen Auffassung von der Demokratie als der gottgemäßen Staatsform.

Auch unter Karl I. (1625—49) wurden die Puritaner in England verfolgt. Vor allem Erzbischof Laud († 1645) von Canterbury suchte die Einheit des Kultes wiederherzustellen und ging scharf gegen den Puritanismus und den Presbyterianismus in Schottland vor. Das führte zum Bürgerkrieg. Die Niederlage des Königs (1645/46) und seine Hinrichtung (1649) bedeuteten das vorläufige Ende der anglikanischen Bischofskirche und den Sieg des Presbyterianismus.

31. Kapitel

Die Konfessionsbildung im 16. und 17. Jahrhundert

QUELLEN: *E. Sehling* (Hrsg.), Die evangelischen Kirchenordnungen des 16. Jh., Bd 1—5 (Leipzig 1902/13), Bd 6—8, 11—13 (Tübingen 1955/66); *L. Richter* (Hrsg.), Die evangelischen Kirchenordnungen des 16. Jh. (Weimar 1846); *W. Niesel* (Hrsg.), Bekenntnisschriften und Kirchenordnungen der nach Gottes Wort reformierten Kirche (Zürich ³1938); Die evangelisch-lutherischen Bekenntnisschriften (Göttingen ²1952); *Visitationen:* Vgl. Kap. 19; *M. Gmelin,* Die Visitationsprotokolle der Diözese Konstanz 1571/86: ZGObrh 25 (1873) 129—204; *J. Jungnitz,* Visitationsberichte der Diözese Breslau, 4 Bde (Breslau 1902/08); *W. E. Schwarz,* Die Akten der Visitation des Bistums Münster aus der Zeit Johannes von Hoya 1571/73 (Münster 1913); *A. Franzen,* Die Visitationsprotokolle der ersten nachtridentinischen Visitation im Erzstift Köln unter Salentin von Isenburg 1569 (Münster 1960); *J. B. Kaiser,* Der Archidiakonat Longuyon am Anfang des 17. Jh., 2 Bde (Colmar 1928/29).

LITERATUR: *A. Franzen,* Die Kelchbewegung am Niederrhein im 16. Jh. (Münster 1955); *ders.,* Die Herausbildung des Konfessionsbewußtseins am Niederrhein im 16. Jh.: AHVNrh 158 (1956—57) 164—209; *ders.,* Das Schicksal des Erasmianismus am Niederrhein im 16. Jh.: HJ 83 (1964) 84—112; *H. Lutz,* Bayern und der Laienkelch: QFIAB 34 (1954) 203—235; *H. W. Gensichen,* Damnamus. Die Verwerfung von Irrlehre bei Luther und im Luthertum des 16. Jh. (Berlin 1955); *H. Nottarp,* Zur Communicatio in sacris cum haereticis (Halle 1933); *E. W. Zeeden,* Grundlagen und Wege der Konfessionsbildung in Deutschland im Zeitalter der Glaubenskämpfe: HZ 185 (1958) 249—299; *ders.*, Katholische Überlieferungen in den lutherischen Kirchenordnungen (Münster 1959); *ders.*, Die Entstehung der Konfessionen (München 1965); *J. B. Götz,* Die religiösen Wirren in der Oberpfalz 1576—1620 (Münster 1937); *D. Coenen,* Die katholische Kirche am Niederrhein von der Reformation bis zum Beginn des 18. Jh. (Münster 1967); *A. Zieger,* Das religiöse und kirchliche Leben im Spiegel der Kirchenordnungen von Preußen und Kurland (Diss. Tübingen 1963); *F. Dickmann,* Das Problem der Gleichberechtigung der Konfessionen im Reich im 16. und 17. Jh.: HZ 201 (1965) 265—305; *H. Bornkamm,* Die religiöse und politische Problematik der Konfessionen im Reich: ARG 56 (1965) 209—218; *H. Lutz,* Die Konfessionsproblematik außerhalb des Reiches und in der Politik des Papsttums: ebd. 218—227; *E. W. Zeeden-H. Molitor,* Die Visitation im Dienst der kirchlichen Reform (Münster 1967).

Als die Spaltung der Kirche des Westens längst eine traurige Wirklichkeit war und schon eine Vielzahl von Religionsgemeinschaften bestand, die sich in Lehre, Gottesdienst und Recht wesentlich unterschieden, war man sich der vollen Tragweite dieser Tatsachen noch keineswegs bewußt. Konfessionen im Sinne von Kirchengemeinschaften, deren Mitglieder sich im Bekenntnis zu klar umschriebenen Glaubenswahrheiten, durch gemeinsamen Gottesdienst und sittliche Lebensnormen untereinander verbunden und von anderen Gruppen getrennt wußten, gab es erst verhältnismäßig spät. Die Konfessionsbildung hat sich in einem langsamen Prozeß von über 100 Jahren und in einer nach Ländern, ja Landschaften recht unterschiedlichen Form abgespielt. In katholischen Territorien zog sie sich durchweg länger hin als in protestantischen. Annahme der Reformation durch ein Land oder eine Stadt hieß ja nicht, daß die breite Bevölkerung diesen Schritt aus eigener Überzeugung mitvollzog. Wollten die Reformatoren keine neue Kirche gründen, dann dachten erst recht ihre Anhänger nicht an eine Glaubens- und Kirchenspaltung. Man wollte „schriftgemäße Predigt", bekannte sich zur „reinen Lehre" und meinte endlich Ernst zu machen mit der Reform. Als dann die Christenheit tatsächlich in Konfessionen aufgespalten war, verstand sich jede von ihnen als universal, als die wahre Kirche und betrachtete entsprechend alle anderen als häretisch. Man hielt fest an der hergebrachten Auffassung von der Einheit der Kirche und ihrer in verbindlichen Dogmen aussprechbaren Lehre. Davon abweichen hieß frevelhafter Ketzerei verfallen.

Kompliziert und zugleich gemildert wurde die Situation dadurch, daß sich nicht nur Katholiken und Protestanten gegenüberstanden. Denn letztere zerfielen bald in verschiedene sich bitter bekämpfende Gruppen und hatten wiederum zusammen mit den Altkirchlichen sich gegen Täufer, Schwärmer und Spiritualisten zur Wehr zu setzen. Da hatten mehr oder weniger alle Gruppen es nötig, sich fester zusammenzuschließen. Dieser Prozeß der Klärung und Bewußtwerdung nach innen und der Stabilisierung und Abgrenzung nach außen, den wir mit Konfessionsbildung bezeichnen, wurde nicht nur und nicht einmal am stärksten von den religiösen Kräften betrieben und getragen, sondern auch von den kulturellen und sozialen, vor allem von den politischen Mächten. Sicherlich stand an seinem Anfang seit 1520 die evangelische Predigt in weiten Gebieten Deutschlands und der Schweiz. Doch der von ihr hervorgerufene Abbau und Umbau des Kirchenwesens konnte noch als die lange fällige und vergebens herbeigesehnte Reform der Kirche angesehen werden. Die Bildung einer eigenständigen Kirche lutherischer Prägung erfolgte von Anfang an nicht allein durch „Deutsche Messe" (1526) und Katechismen (1529), sondern durch von der politischen Obrigkeit angeordnete Visitationen und von ihr erlassene Kirchenordnungen.

In Augsburg wurden die Protestanten vom Kaiser aufgefordert, ihren Standpunkt darzulegen. Das Ergebnis war die „Confessio Augustana" und ihre „Apologie". Diese wollten aber ein Bekenntnis zur „catholica ecclesia"[1] sein und waren bemüht, zu zeigen, daß man keine neue Kirche, sondern nur die Abstellung von Mißbräuchen anstrebte. Es verhandelten und paktierten ja auch keine Kirchengemeinschaften miteinander, sondern politische Mächte, im Reich der Kaiser und die Stände und in der Schweiz die Kantone. Allerdings fühlten sie sich an ein „Bekenntnis" gebunden; somit trifft der schon damals übliche Begriff der „Religionsparteien" die Situation richtig[2]. Die Einheit der Religion im Bereich eines Staatswesens war für alle Beteiligten noch selbstverständlich. Nach Luther sollte um des Friedens willen keine gegensätzliche Predigt in einem Territorium oder einer Stadt geduldet werden. Deshalb wollte er auch nicht, daß evangelische Prediger sich in katholische Gemeinwesen einschlichen und unberufen dort predigten[3].

Als die Einheit der Religion für das Reich nicht mehr zu retten war, sicherte man sie für die einzelnen Territorien, indem man den Landesherren das Recht zusprach, die Konfession ihrer Untertanen zu bestimmen. Diese haben so nach dem „Augsburger Religionsfrieden" von 1555 am stärksten zur Konfessionsbildung beigetragen, weil sie sich bemühten, in ihren Territorien klare und einheitliche Religionsverhältnisse zu schaffen. Sie suchten fremde Bekenntnisse zu eliminieren und das eigene durch vielerlei Maßnahmen zu konsolidieren. Wo die Obrigkeit von ihrem Recht, die Religion ihrer Untertanen zu bestimmen, keinen Gebrauch machte, zog sich der Prozeß der Konfessionsbildung am längsten hin. So etwa am Niederrhein, wo die Herzöge von Jülich-Kleve-Berg im Geiste des Erasmus die Reform be-

[1] Apol. VII: BSLK S. 235, 27 u. ö.

[2] *F. Dickmann,* Das Problem der Gleichberechtigung der Konfessionen: HZ 201 (1965) 265—305, S. 267.

[3] „Denn es ist nicht gut, das man ynn einer pfarr odder kirchspiel widderwertige predigt yns volck lesst gehen, denn es entspringen daraus rotten, unfried, haß und neid auch ynn andern, welltlichen sachen" (WA 31 I 209, 28). Vgl. *H. Bornkamm,* Die religiöse und politische Problematik im Verhältnis der Konfessionen im Reich: ARG 56 (1965) 209—218, S. 213.

günstigten, ohne sich dem Protestantismus zu verschreiben, diesen aber nicht energisch bekämpften. Man gab sich reformfreudig, aber neuerungsfeindlich, ließ praktisch jahrzehntelang den religiösen Strömungen freien Lauf und begünstigte damit den Protestantismus, ohne es zu beabsichtigen.

Das Verhältnis der Obrigkeit zur Kirche ihres Landes war demnach keineswegs gleich. Überall galt zwar das „cuius regio eius et religio" als Prinzip, wurde aber nicht überall gleich angewendet. Zum Teil reichte die politische Macht der Landesherren nicht aus, um ihre Religion durchzusetzen. Der Widerstand kam nicht aus den breiten Schichten des Volkes, sondern von seiten der führenden Kreise der Städte und des Landadels, der mit seiner von der des Landesherrn divergierenden Religion seine Selbständigkeit behauptete. Das zeigte sich besonders in Böhmen, Ungarn und Polen. Aus Opposition gegen die landesherrliche Religionspolitik begünstigten Landstände und Städte vielfach das andere Bekenntnis. Politische Notwendigkeit führte in der Eidgenossenschaft und in manchen Reichsstädten zu einem Nebeneinander der Konfessionen. In Österreich und Frankreich forderte die Staatsräson zeitweiliges Nachgeben. Im Edikt von Nantes (1598) gab die französische Krone den Protestanten des Landes weitgehende Privilegien, die sie aber modifizierte und schließlich widerrief, als sie sich stark genug dazu fühlte[4]. Auch wirtschaftliche Gesichtspunkte konnten zur Duldung, ja Privilegierung konfessioneller Minderheiten führen[5]. Zu Schwierigkeiten kam es leicht in den Kondominaten, wenn konfessionsverschiedene Herren die Landeshoheit innehatten. So führte Kurfürst Friedrich III. von der Pfalz in Gebieten, in denen er sich mit den Fürstbischöfen von Worms und Speyer die Landesherrschaft teilte, den Calvinismus ein, ohne sich um die Hoheitsrechte seiner Partner zu kümmern[6]. Die katholische Gemeinde von Kröw an der Mosel konnte den ihr von der Regierung in Zweibrücken zugewiesenen lutherischen Pfarrer mit Erfolg verjagen, weil sie Rückhalt hatte am Bischof und Kurfürsten von Trier, der hier zusammen mit den Herzögen von Pfalz-Zweibrücken und dem Markgrafen von Baden Anteil an der Herrschaft hatte[7].

Die Art und das Ausmaß, in der die weltliche Obrigkeit die religiösen Verhältnisse beeinflußte, waren je nach Konfession verschieden. Am meisten Einfluß räumte das Luthertum der Staatsgewalt ein. Der Calvinismus suchte sie für sich einzuspannen, aber gleichzeitig seine Unabhängigkeit im Bereich von Dogma, Gottesdienst und Kirchenzucht zu erhalten. Auch die katholische Kirche nahm für den Aufbau des kirchlichen Lebens den weltlichen

[4] *H. Lutz,* Die Konfessionsproblematik außerhalb des Reiches und in der Politik des Papsttums: ARG 56 (1965) 218—227, S. 220. Siehe o. 414 f.

[5] *E. Hassinger,* Wirtschaftliche Motive und Argumente für religiöse Duldsamkeit im 16. und 18. Jh.: ARG 49 (1958) 226—245.

[6] *L. Stamer,* Kirchengeschichte der Pfalz III, I (Speyer 1955) 52.

[7] *V. Conzemius,* Jakob III. v. Eltz (Wiesbaden 1956) 53—65.

Arm in Anspruch und mußte sich dafür manchen Eingriff in den geistlichen Bereich gefallen lassen. Prinzipiell entschied sie aber selbständig über Lehre, Kult und geistliches Recht, und zwar zentral über die Ländergrenzen hinaus. Das wurde von mancher Regierung als lästig empfunden und führte zu Konflikten zwischen geistlicher und weltlicher Gewalt. Denn eine protestantische Obrigkeit erließ kirchliche Entscheidungen, ohne daß ihr ernstlich jemand hineinredete; eine katholische Obrigkeit mußte dagegen mit dem Einspruch des zuständigen Bischofs, des Nuntius oder eines Ordensoberen, der über internationale Verbindungen verfügte, rechnen und hatte Rücksicht zu nehmen[8].

Wie verhielt sich die Bevölkerung, wie nahm sie die Verfügung des Landesherren über ihr religiöses Bekenntnis hin? Darauf läßt sich schwer eine allgemeingültige Antwort finden. Es müßte nach den einzelnen Gebieten und Jahrzehnten differenziert werden. Zu Beginn des 17. Jh. war man nicht mehr wie in der Mitte des 16. Jh. so leicht bereit, mit dem Landesherren die Konfession zu wechseln. Das war die Frucht der besseren religiösen Bildung und des gewachsenen Konfessionsbewußtseins. Es fehlt zwar nicht an Beispielen von Widerstand der Bevölkerung gegen die Einführung eines neuartigen Kirchenwesens und gegen Änderungen des Gottesdienstes. Besonders die Landbevölkerung beharrte bei den überkommenen Bräuchen. Klöster und Kollegiatstifte widersetzten sich nicht selten der Einführung der Reformation durch die Obrigkeit und wichen nur der Gewalt. Im ganzen vollzog sich aber der von der politischen Macht verfügte Konfessionswechsel ziemlich reibungslos. Das krasseste Beispiel ist die Pfalz, wo innerhalb von 30 Jahren die Bevölkerung viermal mit dem Landesherren das Bekenntnis wechselte. Unter Kurfürst Ottheinrich (1556/59) führte eine landesherrliche Visitation das Luthertum ein. Kurfürst Friedrich III. (1559/76) machte sein Land 1563 calvinistisch. Sein Sohn Ludwig VI. (1576/83) verdrängte den Calvinismus wieder gewaltsam zugunsten der lutherischen Konfession, während Pfalzgraf Johann Kasimir, der für seinen unmündigen Neffen Friedrich IV. die Regentschaft führte (1583/92), dem „Heidelberger Katechismus" wieder Geltung verschaffte. Als 1576 das Luthertum Landeskonfession wurde, baten die reformierten Gemeinden in großer Zahl, ihre Pfarrer und ihr bisheriges kirchliches Leben beibehalten zu dürfen. Auf den abschlägigen Bescheid hin wanderten einige hundert Familien, meist wohl Pfarrer und Lehrer, aus. Weil Nachfolger lutherischen Bekenntnisses fehlten, war es nicht leicht, das Luthertum bodenständig zu machen. Trotzdem verteidigten 7 Jahre später, als Joh. Kasimir den Calvinismus dekretierte, dieselben Gemeinden ihre lutherische Konfession und baten um deren Erhaltung wie vorher um die des Calvinismus. „Es reichte in diesem Falle also ein Zeitraum von sieben Jahren aus, um eine Bevölkerung nicht nur von ihrer bisher ge-

[8] *E. W. Zeeden*, Die Entstehung der Konfessionen (München 1965) 96.

pflegten Glaubensübung abzuwenden, sondern sie so stark an eine neueingeführte Konfessionsform zu gewöhnen, daß sie dieselbe beizubehalten wünschte und sich der Rückkehr zu der vorausgegangenen Konfessionsform widersetzte. Entscheidend scheint beidemal die Vertreibung der Pfarrer und Lehrer gewesen zu sein."[9] Die breite Bevölkerung war durchweg so ungebildet, daß ihr der Glaubenswechsel vielfach gar nicht bewußt wurde. Das war besonders im Bereich des Luthertums möglich, weil man hier in der Beibehaltung der Zeremonien so großzügig war, daß es fast auf eine Täuschung der Gemeinden hinauslief. In Wittenberg wurde z. B. bis 1542 die Elevation der Hostie beibehalten. Daß große Teile des ohnehin still gebeteten Kanons weggefallen waren, brauchte den Kirchenbesuchern nicht aufzufallen. In Nord- und Ostdeutschland ging die Beibehaltung katholischen Kirchen- und Brauchtums besonders weit. Es handelte sich um die liturgischen Gewänder, um Heiligen- und Marienfeste, um den Altar mit Kerzen, um Privatbeichte mit Absolution; an manchen Orten blieben in Gebrauch das lateinische Chorgebet, das Ave- und Wetterläuten, Prozessionen, die Elevation von Hostie und Kelch, Klingelzeichen, Weihrauch, Ministranten u. a. m.

Ein katholischer Bischof aus Polen, der anläßlich eines Besuches dem Gottesdienst im Berliner Domstift beigewohnt hatte, äußerte, er habe zwischen diesem und einem katholischen Gottesdienst keinen Unterschied gefunden[10]. Wie sollte dann das einfache Volk den Unterschied wahrgenommen haben? Bei dieser Situation ist die Leichtigkeit, mit der ganze Untertanenschaften zur Reformation geführt bzw. rekatholisiert werden konnten, eher verständlich.

Neben den legitimen und von den Kirchenordnungen übernommenen Traditionen aus päpstlicher Zeit hielten sich eine Reihe von Bräuchen, die mit protestantischer Auffassung nicht vereinbar waren, von denen aber die Bevölkerung, besonders die ländliche, nicht lassen wollte. Noch Ende des 16. Jh. hatten Visitationen Grund, gegen Wallfahrten, Weihe von Wasser, Salz, Kräutern, Kerzen usw. vorzugehen[11]. Im kurbrandenburgischen Frankfurt a. O. wurden 1591 evangelische „Primizen" nach einem Missale von 1514 gefeiert[12]. Die konfessionelle Unsicherheit, der häufige Wechsel und der Umstand, daß für die von oben dekretierte Konfession nicht die geeigneten Pfarrer zur Verfügung standen, förderten die Gleichgültigkeit und vermehrten die Zahl derer, die überhaupt nicht mehr zur Kirche und zum Sakrament gingen. Es wurden Klagen laut wie: „Nun werden die Leute je länger, je epikureischer und gilt ihnen eine Religion wie die andere, ein gotteslästerlicher

[9] Ebd. 70.

[10] *N. Müller,* Zur Gesch. des Gottesdienstes der Domkirche zu Berlin 1540/98: Jb. f. Brandenb. KG 2/3 (1905/06) 342; *J. Mörsdorf,* Das erste Domkapitel und die erste Domkirche zu Berlin: Wichmann-Jb. 8 (1954) 88—109, S. 101.

[11] Z. B. Instr. Magdeburg 1583; *Sehling* II 424.

[12] *H. Grimm,* Die liturgischen Drucke der Diözese Sebus: Wichmann-Jb. 9/10 (1956) 45—51, S. 51.

licher Papist, Jude, Türke ebensoviel als ein rechtschaffender Christ. Es ist ihnen alles ein Mittelding [d. h. Adiaphoron], mit jedermann sind sie gute Gesellen und Zechbrüder ..."[13] Von Ulm stellt der lutherische Superintendent erbittert fest, daß allmählich ein neuer und dritter Haufe entstanden sei, der zu gar keiner Kirche, weder der lutherischen noch der päpstlichen, wie auch zu keinem Sakrament komme[13a].

Krasse Unkenntnis in Glaubensfragen, religiöse Verwahrlosung und Sittenlosigkeit kennzeichnen die Lage in der zweiten Hälfte des 16. Jh. quer durch alle Konfessionen. Massiver Aberglaube, Wundersucht, Astrologie und Hexenwahn gediehen auch dort, wo man sich des reinen Evangeliums rühmte, ja grassierten besonders im protestantisch gewordenen Nordosten Europas, wo das Christentum sich bis dahin ohnehin kaum gegen das Heidentum und die dumpfen Mächte von Blut und Boden durchgesetzt hatte.

Es galt demnach mit der Klärung und Vertiefung des Bewußtseins der eigenen Konfession das Christentum überhaupt als Lehre und Leben in den breiten Schichten neu zu verwurzeln. Welche Wege wurden dabei beschritten? Welche Hilfen standen zur Verfügung?

1. Durch formulierte *„Bekenntnisse"*, Katechismen und dogmatische Lehrbücher suchte man der Unsicherheit in der Lehre und der Willkür in der Verkündigung ein Ende zu bereiten. Die Zustimmung zur wahren Lehre wurde zum entscheidenden Merkmal der Zugehörigkeit zu einer Konfession.

Mit der Praxis, durch ein Bekenntnisbuch den eigenen Standpunkt zu umschreiben, hatte das Luthertum in der „Confessio Augustana" den Anfang gemacht. Diese hatte sich aber in den innerlutherischen Lehrstreitigkeiten als nicht ausreichend erwiesen. Dazu war inzwischen auch eine Abgrenzung gegenüber dem Calvinismus nötig geworden. Auf Initiative einiger Fürsten, besonders des Kurfürsten August von Sachsen, kam es zu mehrfachen Verhandlungen, um die Lehrstreitigkeiten zu beenden und die Einmütigkeit im Bekenntnis herzustellen. Besonders der Kanzler der Universität Tübingen Jakob Andreä (1528—90) war um die Lehreinheit bemüht. Das Ergebnis war nach langjährigem Ringen die „Formula Concordiae" (1577). Am 25. Juni 1580, 50 Jahre nach der Übergabe der „Confessio Augustana", wurde das „Konkordienbuch", die mit der Konkordienformel abgeschlossene Sammlung der lutherischen Bekenntnisschriften, in Dresden publiziert. Die Konkordie wurde von 51 Fürsten, 35 Städten und über 8000 Theologen unterschrieben.

Der Calvinismus hatte von vornherein den Weg klarer Bekenntnisformeln und systematischer Darstellung der Lehre beschritten. Johannes Calvin war mit dem „Genfer Katechismus" (1542/45) und der „Institutio Religionis Christianae" (1536, [4]1559) beispielgebend vorangegangen. Es folgten offizielle Glaubensformeln auf nationaler Basis: die Confessio Gallicana

[13] Nach *E. W. Zeeden*, Die Entstehung der Konfessionen 71.
[13a] *J. Endriß*, Die Ulmer Kirchenvisitationen der Jahre 1557—1615 (Ulm 1937) 34.

(1559), Scotica (1560), Belgica (1561), Helvetica posterior (1566) und der „Heidelberger Katechismus“ (1563). Diese reformierten Bekenntnisse enthalten dem calvinischen Kirchenbegriff gemäß auch Bestimmungen über Gemeindeverfassung und Disziplin.

Im Bereich der katholischen Kirche wurde der „doktrinären Verwirrung“ (Jedin) durch die Dekrete des Trienter Konzils ein Ende gesetzt. Auf sie gestützt, gab der „Catechismus Romanus“ (1566) eine Zusammenfassung der christlichen Lehre für Klerus und Volk. Die „Professio fidei Tridentina“ sollte von allen Bischöfen und auf Betreiben des Petrus Canisius auch von den Professoren der Theologie beschworen werden. König Ferdinand I. verfügte die Abfassung eines Kompendiums der katholischen Lehre. Er förderte die Arbeit des Canisius am Katechismus, schrieb ihn für seine Lande vor und erließ ausführliche Bestimmungen über Art und Weise seines Gebrauches[14].

Die Glaubensformeln und Katechismen bereiteten der Lehrunsicherheit ein Ende, engten aber notwendig zugleich den Raum der freien Diskussion ein und brachten eine polemische Abgrenzung gegenüber anderen Auffassungen mit sich.

2. Für die Einführung und Konsolidierung einer Konfession war neben der klar formulierten Lehre eine Kirchenordnung von großer Bedeutung. Sie regelte Gottesdienst, Recht, Schulwesen, Besoldung der Pfarrer und Lehrer, Verwaltung und Armenpflege für die Kirche eines Territoriums, einer Stadt, einer Herrschaft, ja unter Umständen nur für einen Amtsbezirk. In der Zeit von 1550—1600 geht die Zahl solcher Kirchenordnungen in die Hunderte[15].

Daß Herzog Wilhelm V. (1539—92) von Kleve-Jülich-Berg sich nicht entschließen konnte, eine neue Kirchenordnung zu erlassen, und die Verhandlungen darüber sich von 1545—1567 hinzogen, ist Ausdruck der für den Niederrhein charakteristischen konfessionellen Unsicherheit.

Den Kirchenordnungen Geltung zu verschaffen und dafür zu sorgen, daß die landesherrliche Religion auch von den Untertanen praktiziert wurde, war Sache der periodisch abgehaltenen Visitationen. Die Visitationsprotokolle gaben ein Bild von der religiösen Situation und waren die Grundlage und die Veranlassung für weitere kirchenpolitische und seelsorgliche Maßnahmen. Auf altkirchlicher Seite waren die Visitationen im Anschluß an Diözesan- oder Provinzialsynoden das Mittel, die unsicher gewordenen und desorientierten katholischen Kräfte zu sammeln und die tridentinische Reform durchzuführen.

3. War die mangelnde Bildung von Klerus und Volk der Hauptgrund für

[14] Text der Verordnung vom 14. 8. 1554: *O. Braunsberger* (Hrsg.), Beati P. Canisii epistulae et acta I (Freiburg 1896) 752—754; *J. Brodrick*, Petrus Canisius Bd I (Wien 1950) 325—328.

[15] Vgl. *Sehling* I—XIII ff.

die Unsicherheit und Verwirrung in Glaubensdingen, dann war die Einrichtung von Bildungsinstituten und die Sorge um Ausbildung und soziale Sicherung der Pfarrer der beste Weg zur Schaffung klarer konfessioneller Verhältnisse. Im Kampf gegen den Kryptocalvinismus nahmen die Konsistorien sich die Pfarrer und Studenten vor und prüften sie auf ihre Rechtgläubigkeit. Eine Reihe von Studenten wurde auf diesem Wege 1594 aus Wittenberg ausgewiesen. Auf eine Anfrage des Markgrafen von Ansbach hin hielten die Theologen und Juristen der Universität Tübingen Arrest und Verbannung für eine zu milde Strafe für den des Calvinismus überführten Hofpredigers. Sie schlugen lebenslängliche Festungshaft, getrennt von Weib und Kind, vor. Auch evangelische Behörden stellten um der Einheit und Reinheit der Konfessionskirche willen einen Index der verbotenen Bücher auf und ließen durch Inspekteure die Buchhandlungen überwachen[16]. Die Sorge für eine bessere Ausbildung des Klerus brachte seit 1600 spürbare Erfolge, allerdings waren die Verhältnisse weiterhin nach Gegenden sehr unterschiedlich. Diese Bemühungen um Klerusbildung und Schule sind gegen Ende des 16. Jh. bei allen Konfessionen zu beobachten. Auf katholischer Seite wurde die Tätigkeit als Lehrer und Erzieher in Gymnasien, Hochschulen und Priesterseminaren ein Hauptbetätigungsfeld der Jesuiten. Ihr Unterricht wollte über die Vermittlung der Bildungsgüter hinaus die Jugend für die Kirche gewinnen und sie im katholischen Bekenntnis und Leben festigen. Dabei bekam das geistliche Spiel an den Schulen der Jesuiten wie der Benediktiner eine bedeutende Rolle. „Die ganze Pädagogik wurde umgestellt auf Einübung in das Christentum im Sinne der Konfessionen.“ [17]

4. Zur Konfessionsbildung und zur Klärung der Fronten hat schließlich das Auftreten des Calvinismus am Ende der fünfziger Jahre stark beigetragen. Sein Erwählungsbewußtsein, seine organisatorische Kraft und sein Angriffsgeist hatten schon an sich ein ausgeprägtes Konfessionsbewußtsein zur Folge. Am Niederrhein hat es geholfen, deutlich zu machen, daß die Zeit erasmianischer Vermittlungsversuche vorbei war und klares „Bekenntnis“ das Gebot der Stunde war.

Das Bestreben, sich vom Calvinismus konfessionell abzusetzen, führte im Luthertum zu einer betonten Zeremonienfreudigkeit und zur Restauration katholischer Einrichtungen, wie Meßgewänder und Elevation von Hostie und Kelch[18]. Brachte hier die konfessionelle Abgrenzung gewissermaßen

[16] *E. W. Zeeden,* Die Entstehung der Konfessionen 115f.

[17] Ebd. 125.

[18] Der kurbrandenburgische Generalsuperintendent Andreas Musculus († 1581), ein harter Vorkämpfer des Luthertums gegen den Calvinismus, ließ sich mit Brevier und Rosenkranz darstellen (Wichmann-Jb. 9/10 [1956] 51; vgl. Anm. 12) und ermahnte die Pfarrer, die Elevation nicht abzuschaffen (*Sehling* III 236). Kurfürst Johann Georg befahl allen Pfarrern der Neumark die Wiedereinführung der Elevation „zu mehrerer bekreftigung unseres glaubens von der wahren kegenwertigkeit des leibes und blutes Christi“ (*Sehling* III 27).

eine Bereicherung mit sich, dann war das Gegenteil aber der Normalfall. Sobald bestimmte Bräuche und Zeremonien einmal zum Kennzeichen einer Konfession geworden waren, verboten sie sich damit der anderen, selbst wenn sie an sich Adiaphora waren und mit den Unterscheidungslehren nichts oder nur entfernt zu tun hatten. Ja, je weniger das Volk sich der eigentlich trennenden Unterschiede bewußt war, wurden „Zeremonien" zum Unterscheidungszeichen der Konfessionen. War das Kreuzzeichen oder das Aveläuten „katholisch", dann war es deshalb für Lutheraner nicht mehr praktikabel. Eine Visitation verbot in Coburg 1554/55 das von vielen evangelischen Kirchenordnungen empfohlene Salve-Läuten: „umb der frembden und benachbarten leute willen, domit man uns nicht für bebstisch achte"[19]. Während man in der Mitte des 16. Jh. noch daran denken konnte, durch Gewährung des Laienkelches breite Kreise in Bayern, Österreich und am Niederrhein, die die Kommunion unter beiden Gestalten wünschten, der katholischen Kirche zu erhalten, war die Form der Kommunionspendung schon bald so sehr zur konfessionellen Unterscheidungsfrage geworden, daß die Gewährung des Kelches nur Verwirrung stiftete. So wurde die auf Grund eines Indultes Pius' IV. 1565 in Bayern eingeführte Doppelkommunion schon 1571 wieder abgeschafft. Ähnlich führte die reformatorische Forderung nach der Muttersprache im Kult dazu, daß katholischerseits die lateinische Sprache den besonderen Charakter der Rechtgläubigkeit bekam und Ansätze zur stärkeren Berücksichtigung der Volkssprache im Spätmittelalter nicht mehr weitergeführt wurden. Angesichts der protestantischen Infragestellung eines Amtspriestertums wurde dieses von der nachtridentinischen Kirche so stark in den Vordergrund gerückt, daß darüber das in Taufe und Firmung begründete Priestertum aller Christen fast vergessen wurde. Angesichts der Lehre Luthers von der verborgenen Kirche wurde die Kirche als sichtbare Gemeinschaft und Heilsanstalt so sehr betont, daß man ihr inneres Geheimnis als mystischen Leib Christi kaum mehr sah und Kardinal Robert Bellarmin († 1621) von der Kirche sagen konnte, sie sei so sichtbar und greifbar wie die Republik Venedig[20]. Auf der einen Seite wurde die Kirche als Braut Christi, als Mutter der Gläubigen, als Hort der Wahrheit und Spenderin des Gnadenlebens selbst zum Gegenstand der Frömmigkeit, auf der anderen war sie in Gefahr, dem Pathos eines vordergründigen Triumphalismus zu verfallen. Gegenüber den protestantischen Gemeinschaften als Kirchen des Wortes wurde die katholische Kirche einseitig zur Kirche des Sakramentes.

Gestalt und Auftreten der Konfessionen wurden so weitgehend durch das „Anti" zur anderen bestimmt. Man war in Gefahr, bei der Betonung des Unterscheidenden das gemeinsame Erbe zu übersehen und selbst zu ver-

[19] *Sehling* I 544.

[20] De controversiis christianae fidei III 2: Opera omnia (Neapel 1856) II 75b; vgl. ebd. III 12.

armen und eng zu werden. Die Bekenntnisfreudigkeit erhielt einen trotzigen und militanten Zug. Prozessionen bekamen demonstrativen Charakter und wurden entsprechend grimmig von der Gegenseite angesehen und bekämpft. In der Theologie nahmen Kontroverse und Polemik einen breiten Raum ein; Verhetzung, massive Vorurteile und mancherlei Schikanen waren die Folge in den breiten Schichten, die keine Einsicht in die eigentlichen Lehrunterschiede hatten, deren konfessionelles Bewußtsein dafür um so mehr bestimmt wurde von Kampfliedern, wie Luthers „Kinderlied zu singen wider die zwei Erzfeinde Christi und seiner heiligen Kirche". Dieses sehr verbreitete Lied beginnt: „Erhalt uns, Herr, bei deinem Wort und steuere des Papsts und Türken Mord" (WA 35, 467). Der Dichter und Theologe Paul Gerhardt (1606—76), durch dessen Kirchenlieder sich heute alle Konfessionen beschenkt fühlen, äußerte in seiner harten lutherischen Orthodoxie auf der Kanzel: „Ich kann die Calvinisten quatenus tales nicht für Christen halten."[21] Das alles waren die negativen und die Zukunft belastenden Seiten der Konfessionsbildung, eines Vorganges, der als solcher zur Klärung und Vertiefung notwendig war, nachdem nun einmal die Reformation statt zur Reform der einen Kirche zur Kirchenspaltung geführt hatte.

[21] *E. W. Zeeden,* Die Entstehung der Konfessionen 140.

ZWEITER TEIL

Katholische Reform und Gegenreformation

DIE HISTORISCHEN BEGRIFFE

LITERATUR: *A. Elkan,* Entstehung und Entwicklung des Begriffes Gegenreformation: HZ 112 (1914) 473—493; *H. Jedin,* Katholische Reformation oder Gegenreformation? (Luzern 1946), dazu *K. D. Schmidt,* Katholische Reform oder Gegenreformation (Limburg 1957); *E. W. Zeeden,* Probleme und Aufgaben der Reformationsgeschichtsschreibung: Geschichte in Wissenschaft und Unterricht 6 (1955) 201—217; *G. Villoslada,* La contrarreforma, su nombre y su concepto histórico: Misc. Hist. Pont. 21 (Rom 1959) 189—242; *B. Croce,* Der Begriff des Barocks und der Gegenreformation (Zürich 1926); *P. G. Camaiani,* Interpretazioni della Riforma cattolica e della Controriforma: Grande Antologia Filosofica 6 (1963) 329—490; *P. Prodi,* Riforma cattolica e Contrariforma: Nuove Questioni di Storia Moderna I (Mailand 1964) 357—418. Die „Bibliographie de la Réforme" (s. o. Allg. Bibl.) enthält in allen vier Teilen Literaturangaben zu unserer Periode.

GESAMTDARSTELLUNGEN: *W. Maurenbrecher,* Geschichte der katholischen Reformation I (Nördlingen 1880); *G. Schnürer,* Katholische Kirche und Kultur in der Barockzeit (Paderborn 1937); *K. Eder,* Die Kirche im Zeitalter des konfessionellen Absolutismus (Freiburg 1949); *P. Janelle,* The Catholic Reformation (Milwaukee 1949); *M. Bendiscioli,* La riforma cattolica (Rom 1958); *K. Eder,* Die katholische Erneuerung: HM VII (Bern 1957) 114—160; *G. H. Tavard,* The Catholic Reform in the XVIth Century: CH 26 (1957) 275—288; *E. W. Zeeden,* Das Zeitalter der Gegenreformation (Freiburg i. Br. 1967; kurze Gesamtdarstellung).

Sowohl der Begriff „Katholische Reform" wie der Begriff „Gegenreformation" setzen „Reformation" als historische Bezeichnung der protestantischen Glaubens- und Kirchenspaltung voraus. Unter Gegenreformation verstand der Göttinger Jurist Pütter (1776) die gewaltsame Zurückführung protestantisch gewordener Gebiete zur katholischen Religion. Ranke sprach anfangs von Gegenreformationen (im Plural), erkannte aber bald die Einheitlichkeit der Bewegung und als Wurzel die „Restauration, die gleichsam neue Pflanzung des Katholizismus". Durch Moriz Ritters „Deutsche Geschichte im Zeitalter der Gegenreformation" (1889 ff) bürgerte sich der Begriff auch außerhalb Deutschlands ein (contre-réforme, counter-reformation, contrariforma, contrarreforma), stieß aber auf fast einhellige Ablehnung in der katholischen Historiographie, weil er die Wiedererstarkung der katholischen Kirche einseitig als Re-aktion auf die Glaubensspaltung aufzufassen schien und durch das Merkmal der Gewaltanwendung in religiösen Dingen belastet war. L. Pastor, J. Schmidlin u. a. bevorzugten daher die Bezeichnung „Katholische Restauration", in der jedoch weder die Kontinuität zum Mittelalter noch die neuen Elemente der tridentinischen Reform genügend zum Ausdruck kommen.

Inzwischen hatte, von Ranke ausgehend, W. Maurenbrecher den Begriff „Katholische Reformation" für die an die Reformbestrebungen des späten Mittelalters anknüpfende Selbsterneuerung der Kirche vornehmlich in Spanien und Italien geprägt (1880); ihm waren vorausgegangen die Katholiken Joseph Kerker („Katholische Reform", 1859) und Constantin Höfler („Romanische Reformation", 1878). Wir bevorzugen die Bezeichnung Katholische Reform, weil sie den zwar gewissen Bedenken unterliegenden, aber allgemein eingebürgerten Ausdruck „Reformation" im Sinne der protestantischen Reformation vermeidet, anderseits die Kontinuität der kirchlichen Erneuerungsbestrebungen vom 15. zum 16. Jh. andeutet, ohne, wie die Bezeichnung „Restauration", die neuauftretenden Elemente und den Einfluß der Glaubensspaltung auf das Wachstum der Bewegung auszuschließen. Er bedarf jedoch der Ergänzung durch den Begriff Gegenreformation, weil die innerlich erneuerte und erstarkte Kirche nach dem Konzil von Trient tatsächlich zum Gegenangriff übergeht und verlorenes Terrain wiedergewinnt, allerdings im Bunde mit dem konfessionellen Absolutismus, dessen Bedeutung Eder herausgestellt hat. Beide Begriffe besitzen daher ihre Berechtigung, bezeichnen aber nicht voneinander getrennte, sondern ineinandergreifende Bewegungen. Auch katholische Autoren wie Paschini und Villoslada glauben die Bezeichnung Gegenreformation für die ganze Erneuerungs- und Gegenbewegung gebrauchen zu dürfen. Nur in ihrer Verbindung können die Begriffe Katholische Reform und Gegenreformation als kirchengeschichtlich epochebildend gelten. Inwieweit die seit dem Zweiten Vatikanischen Konzil vielfach üblich gewordene Ausweitung des Begriffes „Gegenreformation" auf die folgenden Jahrhunderte — bis zu dem Umbruch in der Gegenwart — berechtigt ist, wird sich am Schluß des fünften Abschnittes zeigen.

ERSTER ABSCHNITT

Ursprung und Durchbruch der Katholischen Reform bis 1563

Univ.-Professor Dr. Hubert Jedin, Bonn

32. Kapitel

Vorstufen in Italien und Spanien

QUELLEN und LITERATUR: Eine allgemeine Quellensammlung fehlt, desgleichen Gesamtdarstellungen für jedes der beiden Länder; für Frankreich und Deutschland siehe Kap. 39 und 40.

Italien: *P. Tacchi Venturi,* Storia della Compagnia di Gesù in Italia I/2 u. 3 (Rom 1950); *M. Petrocchi,* La contrariforma in Italia (Rom 1947); *P. Paschini,* Tre ricerche sulla storia della Chiesa nel Cinquecento (Rom 1945) 3—88 (Oratorien der Göttlichen Liebe); ders., Eresia e riforma cattolica al confine orientale d'Italia (Rom 1951); *G. Alberigo,* Contributi alla storia delle Confraternite dei disciplinati e della spiritualità laicale nei secoli XV e XVI (Perugia 1961); *A. Cistellini,* Figure della riforma pretridentina (Brescia 1948) (B. Stella und das Oratorium in Brescia); *F. S. da Brusciano,* Maria Lorenza Longo e l'opera del Divino Amore a Napoli: CollFr 23 (1953) 166—226. — Über den venezianischen Reformkreis: *J. Leclercq,* Le bienheureux P. Giustiniani (Rom 1951); das asketische Hauptwerk G.s: Secretum meum mihi (Frascati 1941); *H. Jedin,* Contarini und Camaldoli: Arch. Ital. per la Storia della pietà 2 (1959) 51—117; *ders.,* Quirini und Bembo: MiscMercati IV [= SteT 124] (1946) 407—424; *ders.,* G. Contarini e il contributo veneziano alla Riforma cattolica: La Civiltà veneziana del Rinascimento (Florenz 1958) 105—125; *F. Gaeta,* Il vescovo Barozzi e il trattato de factionibus extinguendis (Venedig-Rom 1958). — Ein Beispiel für die hohe Spiritualität einzelner Persönlichkeiten in Frauenklöstern: *G. Papasogli,* La beata Camilla Battista da Varano, principessa e clarissa di Camerino 1458—1524 (Assisi 1959); ihre Opere spirituali, hrsg. von *G. Boccanera* (Jesi 1958).

Rom und Diözesen: *G. Pelliccia,* La preparazione ed amissione dei chierici ai santi ordini nella Roma del secolo XVI (Rom 1946); *R. Putelli,* Prime visite pastorali alla città e diocesi [di Mantova] (Mantua 1934); *A. Grazioli,* G. M. Giberti (Verona 1955).

Theatiner: *P. Paschini,* S. Gaetano Thiene, G. P. Carafa e le origini dei Chierici Regolari Teatini (Rom 1926); *P. Chiminelli,* S. Gaetano Thiene, cuore della riforma cattolica (Vicenza 1948); *F. Andreu,* Le lettere di S. Gaetano da Thiene [= SteT 177] (Città del Vaticano 1954); *R. de Maio,* Un tentativo riformatore nel Cinquecento, Girolamo Ferro: Regnum Dei. Collectanea Theatina 16 (1960) 1—58. Barnabiten: *O. Premoli,* Le lettere e lo spirito religioso di Antonio Maria Zaccaria (Rom 1909); *ders.,* Storia dei Barnabiti nel Cinquecento (Rom 1913); *G. Chastel,* S. A. M. Zaccaria (Paris 1930), italienische Bearbeitung von S. de Ruggiero (Brescia 1933); *G. M. Cagni - F. M. Ghilardotti,* I sermoni di S. A. M. Zaccaria: Arch. Ital. per la Storia della pietà 2 (1959) 231—284; *G. Boffitto,* Scrittori barnabiti IV (Florenz 1937). Somasker: *G. Landini,* S. Girolamo Miani (Rom 1947); *G. Vaira,* G. Miano educatore (Rom 1960); *M. Tentorio,* Ven. P. Francesco Spaur da Trento preposito generale dei padri somaschi (Rom 1961); *P. Bianchini,*

Origine e sviluppo della Compagnia dei servi dei poveri: Rivista dell'Ordine dei PP. Somaschi 31 (1956) 100—111 184—192 229—237, 32 (1957) 11—28 103—116.

Ursulinen: *C. Lubieńska,* S. Aniela Merici i jej Dziejo I (Krakau 1935, mit Bibliographie); *P. Guerrini,* S. A. Merici e la Compagnia di S. Orsola (Brescia 1936); *S. M. Monica,* Angela Merici and her Teaching Idea (S. Martin/Ohio ²1945).

Bettelorden: *H. Jedin,* Zur Vorgeschichte der Regularenreform Trid. Sess. XXV: RQ 44 (1936) 231—281; *ders.,* G. Seripando I (Würzburg 1937) 147—289; *A. Ghinato,* I Francescani e il Monte di pietà di Terni: AFrH 52 (1959) 204—289; *ders.,* Il b. Michele d'Acqui e il suo apostolato in Verona: Venezie francescane 4 (1957) 145—192; *L. Saggi,* La Congregazione Mantovana dei Carmelitani sino alla morte del B. Battista Spagnoli 1512 (Rom 1954); *A. Staring,* Der Karmelitengeneral Nikolaus Audet und die katholische Reform des 16. Jh. (Rom 1959); *P. Cuthbert - J. Widlöcher,* Die Kapuziner (München 1931); Monumenta Hist. Ord. Min. Capuccinorum (seit 1937); *Melchior a Pobladura,* Historia generalis O. Min. Cap. I (Rom 1947); *Th. Graf,* Die Kapuziner (Fribourg 1957); *G. Abate,* Fra Matteo da Bascio e gli inizi dell'Ordine Cappuccino: CollFr 30 (1960) 31—77.

Spanien: *F. Fernández,* F. Hernando de Talavera, confesor de los Reyes y primer arzobispo de Granada (Madrid 1942); *Tarsicio de Azcona,* El tipo ideal de obispo en la Iglesia española antes la rebelión luterana: HS 11 (1958) 21—44; *ders.,* La elección y reforma del Episcopado español en tiempo de los Reyes Católicos (Madrid 1960); *L. F. de Retana,* Cisneros y su siglo, 2 Bde (Madrid 1929); *J. M. Doussinague,* Fernando el Católico y el cisma de Pisa (Madrid 1946); *V. Beltrán de Heredia,* Historia de la Reforma de la Provincia de España 1450—1550 (Rom 1936); *ders.,* Las corrientes de espiritualidad entre los Domínicos de Castilla durante la primera mitad del siglo XVI (Salamanca 1941); Introducción a los orígines de la Observancia en España. Las reformas de los siglos XIV e XV (Madrid 1958); *M. Battaillon,* Erasmo y España, 2 Bde (Mexiko 1950); *C. Sánchez Aliseda,* Precedentes Toledanos de la Reforma tridentina: Revista española de Derecho Canónico 2 (1948); *J. I. Tellechea Idigoras,* El Obispo ideal en el siglo de la Reforma (Rom 1963), mit besonderer Berücksichtigung der spanischen Autoren.

Die Katholische Reform zieht ihre Kräfte aus den religiösen Erneuerungsbestrebungen des späten Mittelalters, die sich in Italien und Spanien ohne Unterbruch durch die Glaubensspaltung halten konnten (Kontinuität der Katholischen Reform). Ihre Entfaltung wurde erst möglich, als unter Paul III. die Reformbewegung in Rom Fuß faßte, die in der Kurialpraxis liegenden Hindernisse der Reform zu beseitigen begann und schließlich durch das Konzil von Trient die ganze Kirche ergriff. Das Wachstum und der Durchbruch nach Rom, der in den Papstwahlen des Jahres 1555 sichtbar wurde, geschieht unter dem Eindruck und dem Einfluß der Abfallbewegung in Nordeuropa, die eine innere Erneuerung der Kirche als unumgänglich erwies (positive Folgen der Glaubensspaltung). Inhaltlich ist die Katholische Reform die aus christlicher Selbstbesinnung hervorgehende Hinwendung zum Apostolat und zu aktiver Caritas, wobei nicht nur die religiösen Ansätze verschieden, sondern auch das Gewicht dieser drei Elemente bei den einzelnen Trägern der Reform ungleich verteilt sind. Laien und laikale Gewalten sind mehrfach an den Anfängen beteiligt, entscheidend ist aber, daß der Episkopat und das Papsttum die notwendigen Maßnahmen für die Reform des Welt- und Ordensklerus treffen.

Das reichentwickelte Bruderschaftswesen Italiens wies neben vielen „Compagnie", die gewohnheitsmäßig ihr Vereinswesen abwickelten, bereits im 15. Jh. Ansätze zu vertiefter Innerlichkeit und ungewöhnlicher Hingabe an karitative Ziele auf: Die vor 1443 entstandene Regel der Dominikus-Bruderschaft in Bologna bot eine vollständige Anleitung zum geistlichen Leben; die unter Mitwirkung des hl. Antoninus 1442 in Florenz gegründete Hieronymus-Bruderschaft widmete sich der Unterstützung verschämter Armer, ebenso die 1495 in Bologna entstandene St.-Nikolaus-Bruderschaft, die ebenfalls von Dominikanern geleitet wurde. Bergamo besaß eine „Schola disciplinatorum divini amoris". Der hl. Bernhardin von Feltre gründete 1494 in Vicenza ein „Oratorium des hl. Hieronymus", von dessen Mitgliedern je zwölf allwöchentlich die Kranken und Armen besuchten; es übernahm 1506 das Hospital der Misericordia. Im Jahre 1510 entstand in Orvieto durch den Kanonikus Thomas von Silvestro eine Hieronymus-Bruderschaft mit ähnlichem Ziel. Alle diese Bruderschaften waren Laienvereinigungen, z. T. unter Leitung der Bettelorden, z. T. dem Diözesanbischof unterstellt.

Eine enge Verbindung von Selbstheiligung und Apostolat stellte der Laie Ettore Vernazza (ca 1470—1524) unter dem Einfluß der hl. Katharina von Genua in der „Fraternitas divini amoris sub divi Hieronymi protectione" her, die 1497 in Genua entstand. Sie nahm statutengemäß nicht mehr als 36 Laien und 4 Priester auf. Ihr Ziel war, „in den Herzen die Liebe Gottes zu pflanzen, d. h. die Caritas". „Wer ihr angehören will, muß demütig von Herzen sein und sein ganzes Sinnen und Hoffen auf Gott setzen." Vollkommenheitsstreben, gemeinsame religiöse Übungen und Krankendienst waren eng miteinander verbunden[1]. Die Bruderschaft versorgte ein von Vernazza ins Leben gerufenes Hospital für unheilbare Kranke, nach dessen Vorbild seit der Jahrhundertwende ähnliche Anstalten in Savona, Bologna, Rom und Neapel entstanden.

Sicher auf Vernazza zurück geht die Bruderschaft der Göttlichen Liebe in Neapel (1518), wo er für die Leitung des Hospitals die Witwe Maria Laurenza Longo gewann. Dagegen ist unsicher, wer die mit einem Hospital für Unheilbare verbundene venezianische Bruderschaft gegründet hat. Wenig bekannt ist auch über das Mailänder „Oratorium der Göttlichen Weisheit". An Bedeutung übertraf sie alle die römische Bruderschaft, gewöhnlich als „Oratorium der göttlichen Liebe" bezeichnet. Vor 1515 entstanden und unter den Schutz des hl. Hieronymus gestellt, verpflichtete es seine 60 Mitglieder, Laien und Kleriker, zur täglichen Teilnahme am Meßopfer, wenigstens monatlicher Beicht und Kommunion, zur Pflege des Gebetes, zu Krankenbesuch und zum Dienst im Hospital der Unheilbaren, das

[1] Statuten: *Tacchi Venturi* I/2 25—38.

ihnen 1515 von Leo X. übertragen worden war. Einmal wöchentlich versammelten sie sich in der Pfarrkirche S. Dorothea in Trastevere, deren Pfarrer Julian Dati Mitglied war, zur Messe und zu gemeinsamem Gebet. Statuten und Tätigkeit der Bruderschaft sollten geheimgehalten werden. Ein im Jahr 1524 angelegtes Mitgliederverzeichnis[2] enthält unter 56 Mitgliedern 14 ausdrücklich als Laien bezeichnete, aber auch 6 Bischöfe und mehrere hohe Kurialbeamte, darunter die Gründer des Theatinerordens, aber nicht, wie man früher annahm, Sadoleto und Aleander, Giberti und Contarini. Nach 1527 stellte das Oratorium seine Tätigkeit ein. Es war eine kurzlebige und unauffällige, aber von hohem Ernst erfüllte Zelle christlichen Neuwerdens im mediceischen Rom.

Schon 1521 verließ ein Mitglied, der Kuriale Bartholomäus Stella, Rom und gründete in Brescia ein Hospital für Unheilbare, 1525 ein Oratorium, das die Bestätigung Clemens' VII. erhielt und dem römischen nachgebildet war. Die Mitglieder bezeichneten sich selbst als „Amicitia", wie auch ein in Cremona bestehender Kreis, in dem Zaccaria, der spätere Gründer der Barnabiten, Ansprachen zu halten pflegte. Stella stand in Verbindung mit den in Brescia lebenden Mystikerinnen Laura Mignani († 1525), Augustinerin, Stefana Quinzani († 1530), Dominikanerin, und der hl. Angela Merici; später gehörte er zum Kreis des Kardinals Pole. Wahrscheinlich hängt mit ihm und einer Gruppe von Frommen in Salò am Gardasee der Weltpriester Francesco Cabrini († 1570) zusammen, der eine Weltpriestervereinigung Sta. Maria della Pace ins Leben rief, die sich 1619 mit dem Oratorium Filippo Neris vereinigte.

Unabhängig und unbeeinflußt von diesen Bruderschaften, sammelte seit 1505 der junge venezianische Nobile Paolo Giustiniani (1476—1528) in Venedig einen Kreis Gleichgesinnter um sich, die sich an der Universität Padua nähergekommen waren. In einem ihm gehörigen Haus auf der Insel Murano studierte man gemeinsam Bibel und Kirchenväter, aber nicht aus rein humanistischem Interesse, sondern als Mittel zur christlichen Vollkommenheit. Nur der Humanist Egnazio war Priester, alle übrigen Laien: Vincenzo Quirini (1479—1514), zeitweise venezianischer Botschafter bei Philipp d. Schönen von Burgund und Kaiser Maximilian I., Gasparo Contarini und Nicolò Tiepolo, der erste Botschafter Venedigs auf dem Wormser Reichstag von 1521, der andere auf dem Augsburger von 1530. Nach einer Reise ins Heilige Land trat Giustiniani, zur völligen Lossage von der Welt entschlossen, in die Einsiedelei Camaldoli bei Arezzo ein, bald gefolgt von Quirini und Sebastian Giorgi, aber nicht von Contarini, der nach schwerem innerem Kampf bewußt einen christlichen Weg in der Welt suchte. Das Rechtfertigungserlebnis, das er in einem Brief an Giustiniani vom 24. April 1511 schildert, ähnelt dem Turmerlebnis Luthers und erklärt sein späteres

[2] *Cistellini,* Figure 282 f.

Verständnis für dessen religiöses Anliegen. Als Camaldulenser befreiten Giustiniani und Quirini ihr Kloster von der Mißwirtschaft des Generals Delfino, des einstigen Gegenspielers Savonarolas, und legten Leo X. eine für das V. Laterankonzil bestimmte Denkschrift über die Reform der Kirche vor[3], die manche Grundgedanken der tridentinischen Reform vorwegnahm und Vorschläge für die Union mit den orientalischen Kirchen und die Mission in der Neuen Welt enthielt. Sie blieb ohne Wirkung. Quirini starb in Rom, zum Kardinal ausersehen; Giustiniani gründete nach 1520 die Einsiedlerkongregation von Monte Corona[4].

Die Bedeutung dieser Reformkreise wird sichtbar, wenn man den personellen und ideellen Querverbindungen zu den neuen Ordensgründungen und zur tridentinischen Reform nachgeht.

Neue Orden

Die Gründung des Theatinerordens ging von zwei Mitgliedern des römischen Oratoriums aus. Sowohl der hl. Cajetan von Thiene (ca 1480—1547) wie Johann Peter Carafa († 1559 als Paul IV.) erstrebten die innere Erneuerung des geistlichen Standes. Cajetan, aus Vicenza gebürtig, war in der kurialen Laufbahn bis zum Protonotar aufgestiegen, als er 1516 die Priesterweihe empfing; der Neapolitaner Carafa, begünstigt durch seinen Oheim, den Kardinal Oliviero Carafa, war seit 1505 Bischof von Chieti (= Theate) in den Abruzzen und wurde mehrfach mit diplomatischen Aufträgen betraut. Im Geiste des Oratoriums richtete Cajetan während eines vorübergehenden Aufenthaltes in seiner Heimat Hospitäler nach dem Muster des römischen in Vicenza, Venedig und Verona ein. Nach Rom zurückgekehrt, gründete er mit den Priestern Bonifatius von Colle und Paul von Siglieri, denen sich Carafa anschloß, 1524 eine Klerikergenossenschaft auf der Basis der Augustinusregel, die weder liegenden Besitz noch feste Einkünfte haben, aber auch nicht, wie die Mendikantenorden, vom Bettel leben sollte: Ihr Unterhalt sollte ganz der göttlichen Vorsehung anheimgestellt werden. Sie wurde am 24. Juni 1524 von Clemens VII. bestätigt, Carafa ihr erster Oberer. Im Mittelpunkt stand die sorgfältige Erfüllung aller priesterlichen Pflichten: des Breviergebets, der würdigen Feier des Meßopfers, der Predigt und der Seelsorge jeder Art. Aus Rom 1527 vertrieben, wurden Venedig und Neapel für längere Zeit ihre einzigen Niederlassungen. Ihr Aufschwung begann mit der Thronbesteigung Carafas, der sie zur Brevierreform heranzog und aus ihrer Mitte Bernardino Scotti in das Kardinalskollegium berief. Der

[3] Text: *Mittarelli-Costadoni,* Annales Camaldulenses IX (Venedig 1773) 612—719; vgl. *J. Schnitzer,* Peter Delfin (München 1926) 227—249; zu dem Abschnitt über die Missionen: NZM 2 (1946) 81—84.

[4] Bestätigung durch Papst Clemens VII.: BullRom VI 117 ff.

Orden wurde am Ende des 16. und im 17. Jh. eine Pflanzschule guter Bischöfe, drang aber wenig über Italien hinaus[5].

Der aus Cremona stammende hl. Anton Maria Zaccaria (1502—1537) ließ sich nach Abschluß seines Medizinstudiums in Padua 1528 zum Priester weihen und gründete mit dem Juristen Ferrari und dem Mathematiker Morigia in Mailand 1533 eine Priestergenossenschaft unter dem Vorbild des Völkerapostels (Clerici regulares S. Pauli), die den Namen Barnabiten erhielten, nachdem ihnen das Kloster S. Barnaba überlassen worden war. Bei ihnen steht das Apostolat im Vordergrund: Volksmissionen, bei denen sie durch eine weibliche Genossenschaft, die Angeliken (gegründet 1530 durch Luisa Torelli), unterstützt wurden; Intensivierung des eucharistischen Kultes durch Einführung des Vierzigstündigen Gebets. Ihre Regel wurde nach Prüfung durch den hl. Carlo Borromeo, der sich ihrer bei der Reform seiner Diözese bediente, 1579 durch Gregor XIII. bestätigt.

Bei den Somaskern stand das karitative Wirken im Vordergrund. Ihr Stifter, der hl. Hieronymus Aemiliani, abgekürzt Miani (1481—1537), hatte sich, als Verteidiger der Feste Castelnuovo gefangen, nach seiner Befreiung in Venedig der Waisenerziehung angenommen und in Verona, Brescia und Bergamo, z. T. mit tätiger Hilfe von Mitgliedern des Oratoriums, Waisenhäuser begründet, ehe er in Somasca (zwischen Mailand und Bergamo) eine große Anstalt zur Erziehung von Waisen, aber auch zur Pflege von Armen und Kranken ins Leben rief, deren Träger die 1540 bestätigte Genossenschaft wurde. Nach vorübergehender Vereinigung mit den Theatinern (1547/55) wurde sie von Pius IV. 1568 als Orden bestätigt.

Mit den Frommen von Brescia stand die hl. Angela Merici (1474—1540) aus Desenzano am Gardasee in Verbindung, als sie dort 1535 mit 28 Gefährtinnen die „Compagnia delle dimesse di S. Orsola", einen Verein für die Erziehung verwahrloster Mädchen, gründete, der zunächst noch keine Vita communis pflegte, jedoch bischöflich approbierte Statuten (1536) besaß; 1544 folgte die päpstliche Bestätigung. Das gemeinsame Leben und einfache Gelübde wurden kraft Ermächtigung durch Gregor XIII. i. J. 1572 durch den hl. Carlo Borromeo eingeführt; Orden mit strenger Klausur und feierlichen Gelübden wurden die Ursulinen nach ihrer Einführung in Frankreich (1612), wo sie bis zur Französischen Revolution ihren Schwerpunkt hatten. Die einzelnen Klöster waren zuweilen zu Genossenschaften zusammengeschlossen, standen aber niemals unter zentraler Leitung.

Reform der Bettelorden

Parallel mit diesen Neugründungen liefen Erneuerungsbestrebungen in den Bettelorden. Ihre Generaloberen wurden seit dem Ende des 15. Jh.

[5] St. Cajetan in München 1675, schon vorher Niederlassungen in Prag und Salzburg.

häufig den Observantenzweigen entnommen, die sich in allen Bettelorden in der Rechtsform von Kongregationen (neben den Provinzen) Existenzrecht erkämpft, freilich im Laufe der Zeit häufig an ursprünglicher Strenge eingebüßt hatten. Die Ziele waren im wesentlichen dieselben: Abschaffung des Privateigentums, Wiederherstellung der Vita communis, sorgfältigere Erziehung der Novizen, Hebung der theologischen Studien; sie wurden durch Visitationen und Beschlüsse der Generalkapitel angestrebt, in der Regel aber nur langsam und unvollkommen erreicht. Für Reformscheue war es leicht, auf dem Wege über die Pönitentiarie die Erlaubnis zum Aufenthalt außerhalb der Konvente *(licentia standi extra)* zu erlangen und sich dadurch der Klosterzucht zu entziehen. Erst nachdem diese Quelle vieler Übel durch die Reform der kurialen Behörden verstopft war, besserten sich die Zustände.

Im Predigerorden wirkten erfolgreich für die Reform die Generäle Thomas de Vio aus Gaëta (1506/18) samt seinem Generalprokurator Nikolaus von Schönberg und García de Loaysa (1518/24), alle drei später Kardinäle[6]. Die Augustinereremiten erhielten in Aegidius von Viterbo (1506/18) einen geistig hochstehenden und reformfreudigen General, dessen Verfügungen die Grundlage der Ordensreform unter dem Generalat Seripandos bildeten[7]. Die Reform der Karmeliten lag 1523/62 in der Hand des Zyprioten Nikolaus Audet, der seinerseits an den eifrigsten Förderer der Observanz im 15. Jh., Johannes Soreth, anknüpfte, während der ersten Jahre seiner Amtszeit jedoch durch ein in Frankreich entstandenes Schisma behindert wurde. Bei den Franziskanern hatte das Generalkapitel von 1517 die Trennung der beiden Zweige der Konventualen und der Observanten vollzogen, dem jahrhundertelangen Streit um das franziskanische Ordensideal jedoch kein Ende bereitet. Obwohl die Observanten in Francesco Lichetto (1518/20) einen gelehrten, in Francisco Quiñónez (1523/27) und Vincenzo Lunelli (1535/41) reformeifrige Generäle erhielten, bildete sich als dritter Zweig der franziskanischen Ordensfamilie der Kapuzinerorden. Die aus der Observanz hervorgegangenen, aber von ihr nicht befriedigten Asketen Matteo da Bascio und Ludovico da Fossombrone erhielten auf Fürsprache der Herzogin Catharina von Camerino 1528 von Clemens VII. die Erlaubnis, die franziskanische Regel in ihrer ursprünglichen Strenge zu beobachten und einen Habit aus grobem Stoff mit eckiger Kapuze zu tragen. Die anfangs auf die Mark Ancona und Umbrien beschränkte Bewegung gab sich auf dem Kapitel von Albacina (1529) eine erste, auf das Eremitenideal und laien-

[6] Akten der Generalkapitel von Rom (1508), Genua (1513), Neapel (1515), Rom (1518), Valladolid (1523) und Rom (1525): MOP IX (Rom 1917) 81—216; *R. Creytens,* Les vicaires généraux de la Congrégation dominicaine de Lombardie 1459—1531: AFP 32 (1962) 285—326.

[7] Die Akten der Generalkapitel von Neapel (1507), Viterbo (1511) und Rimini (1515) sind nicht erhalten, vgl. AAug IX (Rom 1918/19) 171—182.

mäßige Betätigung (Handarbeit, Krankenpflege) ausgerichtete Satzung[8]. Trotz schwerer Anfeindung wuchs die Mitgliederzahl (1535: 35 Konvente), aber erst der Generalvikar Bernhardin von Asti gab durch die von ihm (1536) verfaßten Konstitutionen, die Seelsorge und Predigt vorschrieben, der ursprünglich asketischen Bewegung den Charakter eines Seelsorgsordens und wurde dadurch dessen eigentlicher Gründer; Matteo und Ludovico traten aus. Die Approbation des Generalvikars blieb kraft der durch Paul III. 1536 ausgesprochenen Bestätigung, für die sich Vittoria Colonna eingesetzt hatte, dem Konventualengeneral vorbehalten. Als der berühmteste Prediger des neuen Ordens, Bernardino Ochino aus Siena[9], wegen lutherischer Lehren in Rom verklagt, 1542 nach Genf floh, wurde den Kapuzinern vorübergehend das Predigen verboten; die Beschränkung des Ordens auf Italien fiel erst 1574.

Kardinäle und Bischöfe

Obwohl seit den Kreationen Sixtus' IV. das Kardinalskollegium stark verweltlicht war, saßen auch unter Julius II. und den beiden Mediceerpäpsten im Senat der Kirche einzelne vorzügliche Männer: Oliviero Carafa († 1511), der am Reformansatz Alexanders VI. beteiligt war; seit der großen Kreation von 1517 die auf dem V. Laterankonzil hervorgetretenen Generäle der Dominikaner und der Augustinereremiten, Thomas de Vio und Aegidius von Viterbo, der eine unübertroffener Thomas-Kommentator und eigenwilliger Bibelerklärer, der andere Platoniker und Humanist, der in seiner programmatischen Predigt zur Eröffnungssitzung des Laterankonzils den Leitsatz der Katholischen Reform formuliert hat: „Die Menschen müssen durch das Heilige umgestaltet werden, nicht das Heilige durch die Menschen." Hadrian VI. fand in Lorenzo Campeggio († 1539), der erst nach mehr als 10jähriger Ehe in den geistlichen Stand getreten war, einen kundigen Ratgeber für die von ihm geplanten Reformen[10].

Wie im Kardinalskollegium, so waren auch im italienischen Episkopat personelle Anknüpfungspunkte für eine Katholische Reform vorhanden, freilich nicht in großer Zahl. In seiner erdrückenden Mehrheit war er im ersten Drittel des 16. Jh. noch nicht von der Reform erfaßt. Alle großen Bistümer befanden sich in der Hand von Kardinälen, die nicht residierten, oder waren durch Resignation an deren Verwandte oder Familiaren gekommen, so daß

[8] MHOMC V 158—171; die Statuten von 1536 wurden gedruckt unter dem Titel Costituzioni de li frati Minori detti Capuccini (Neapel 1537).

[9] *R. H. Bainton*, B. Ochino (Frankfurt a. M. 1940); *B. Nicolini*, B. Ochino Capuccino: Atti dell'Accademia Pontaniana NS 6 (1956/57) 1—19; *ders.*, G. Muzio e B. Ochino: Biblion 1 (1947) 9—45. Über Ochinos Beziehungen zu Bologna und Lucca s. *B. Nicolini*, Aspetti di vita religiosa e letteraria del Cinquecento (Bologna 1963).

[10] Campeggios Denkschrift an Hadrian VI. vom 23. 3. 1522: CT XII 5—17.

man sie als „Lehen der großen Adelsfamilien" (Tacchi Venturi) bezeichnet hat. Die ordentliche Seelsorge lag infolgedessen darnieder. Wahrhaft geistlich lebende und als Seelsorger wirkende Bischöfe sind selten. Die pastorale Tradition des 15. Jh., die durch den hl. Lorenzo Giustiniani († 1455), den hl. Antoninus von Florenz († 1459), Johannes von Tossignano, Bischof von Ferrara († 1446), Antonio Bertini, Bischof von Foligno († 1486), aufrechterhalten war, müßte als unterbrochen gelten, wenn nicht Pietro Barozzi, Bischof von Padua (1487—1507), das lebende Modell für das Idealbild eines Bischofs abgegeben hätte, das der Laie Gasparo Contarini im Jahre 1516 für den zum Bischof von Bergamo ernannten Freund Pietro Lippomani entwarf[11]: Selbstheiligung und geistliche Lebensordnung des Bischofs bilden die Grundlage des Lehr- und Hirtenamtes, das Barozzi als Prediger und Individualseelsorger, aber auch durch die Reformstatuten einer Diözesansynode (1488) ausübte; er stand unter dem Einfluß christlicher Humanisten, Guarinos und Francesco Barbaros.

Obwohl die Erschließung der archivalischen Quellen noch in den Anfängen steckt, darf man behaupten, daß es auch sonst nicht ganz an guten Bischöfen fehlte. Der ehemalige französische Hofbischof Claude de Seyssel, der das Bistum Marseille mit dem von Turin (1517/20) vertauscht hatte, entsprach dem Bischofsideal, das er in seinem Traktat „Vom dreifachen Pilgerstand" (1518) zeichnete[12]. J. P. Carafa setzte sich, ehe er den Theatinerorden mitbegründete, als Bischof von Chieti in den Abruzzen für die Reform seiner Diözese ein. Als eifrige Bischöfe galten auch der Zisterzienser Hieronymus Trevisani, Bischof von Cremona (1507/23), und G. P. Grassi, Bischof von Viterbo (1533/38). Der als zeitweiliger Regent des Herzogtums Mantua politisch stark beanspruchte Kardinal Ercole Gonzaga ließ seit 1535 sein Bistum Mantua durch den tüchtigen Generalvikar Francesco Marno visitieren. Bischof Andreas de Novellis erließ 1512 für seine Diözese Alba so treffliche Diözesanstatuten, daß sein Nachfolger im tridentinischen Zeitalter, der Humanist Hieronymus Vida, sie nur zu erneuern brauchte.

Das Modell der künftigen tridentinischen Reform im Diözesanbereich wurde Johannes Matthäus Giberti, Bischof von Verona (1524/43)[13]. Seitdem er sich im Jahre 1527, nach dem Fiasko seiner französisch orientierten Politik, von Rom in sein Bistum zurückgezogen hatte, baute er gegen zahlreiche Widerstände systematisch die Seelsorge aus, beginnend mit der Hebung des

[11] *G. Contarini*, Opera omnia (Venedig 1589) 401—431.

[12] *P. Broutin - H. Jedin*, L'évêque dans la tradition pastorale du XVIe siècle (Löwen 1953) 26—37.

[13] Die Konstitutionen für die Diözese Verona (1542) mit anderen Aktenstücken zur Diözesanreform sowie die von P. Fr. Zini verfaßte Vita Gibertis mit dem bezeichnenden Titel „Boni pastoris exemplum" sind enthalten in I. M. Giberti, Opera, ed. P. u. *H. Ballerini* (Ostiglia 1740); dort der Wahlspruch G.s: *Commisso gregi prodesse, non praeesse.*

Klerus durch eine Priesterbruderschaft und Vorlesungen zur Weiterbildung, Ausbau eines schon vorhandenen Internates zu einem Priesterseminar, Anlage von Familienmatrikeln in den Pfarreien, Organisation der Predigt und der Christen- und Kinderlehre, Gründung eines karitativen Vereins (Societas caritatis), wo Bischof und Pfarrer mit Laien zusammenarbeiteten. Das gesamte Reformwerk wurde 1542 in gedruckten Konstitutionen zusammengefaßt; bald darauf entwarf Gibertis Sekretär Zini sein Lebensbild unter dem Titel „Beispiel eines guten Hirten". Ein neues Bischofsideal begann sich durchzusetzen und auch literarisch zu formen; die Vernachlässigung der Residenzpflicht, über die man bisher allzuleicht hinweggegangen war, wurde mehr und mehr als mit ihm unvereinbar empfunden.

Aus dem Bereich des Mysteriums selbst brach seit dem Ausgang des 15. Jh. ein Antrieb zur religiösen Erneuerung auf. In fast allen größeren Städten Italiens entstanden Bruderschaften zur Förderung der Eucharistieverehrung, die aus eigenen Mitteln für die würdige Aufbewahrung der heiligen Gestalten, die Unterhaltung des Ewigen Lichtes und für Begleitung beim Austragen der Krankenkommunion sorgten. Die Errichtung einer eucharistischen Erzbruderschaft bei S. Maria sopra Minerva in Rom durch Paul III. gab diesen Bruderschaften einen Mittelpunkt[14].

Das V. Laterankonzil

Der einzige Anlauf zu einer allgemeinen Kirchenreform am Vorabend der Glaubensspaltung, das V. Laterankonzil, hatte zwar bei den Bettelorden, die sich gegen die Angriffe der Bischöfe durch Selbstreform verteidigen mußten, heilsame Wirkungen ausgelöst, sonst aber nur spärliche Erfolge gezeitigt. Kein Mißstand wurde an der Wurzel angepackt, kein Reformdekret konsequent durchgeführt. Die Reformkonstitutionen von 1513/14 schnitten Auswüchse im kurialen Tax- und Provisionswesen ab, beseitigten aber nicht deren Ursache, die Käuflichkeit der Ämter und die Pfründenhäufung. Das Dekret über das Predigtwesen war eher ein — für die exemten Orden günstiger — Ausgleich der Kompetenzen als eine wahre Predigtreform. Nach wie vor beschränkte man sich im wesentlichen auf die großen Predigtzyklen der Advents- und Fastenzeit, die fast ausschließlich von Mitgliedern der Bettelorden gehalten wurden. Die Einführung der Präventivzensur für Druckerzeugnisse hätte vielleicht manches künftige Unheil verhindern können, wenn sie wirklich durchgeführt worden wäre. An diesem Mangel an Konsequenz krankte der ganze, ohnehin nur schwächliche Reformansatz. Um der berechtigten Klage, in Rom erteile man die Weihen ohne gehörige Prüfung der Kandidaten, ohne Zustimmung der zuständigen Ordi-

[14] Bulle „Dominus noster" vom 30. 11. 1539: BullRom VI 275 ff; nach Tacchi Venturi (I/1 223) ein „epochemachendes Dokument".

narien und, versteckt oder offen, auf simonistische Weise an Kleriker auswärtiger Diözesen, den Boden zu entziehen, wurde J. P. Carafa 1524 zum Examinator der Weihekandidaten mit weitgehenden Vollmachten ernannt[15]. Eine endgültige Besserung brachte erst die Bestellung Filippo Archintos zum Vikar von Rom (1542) und die Prüfung der Weihekandidaten durch Jesuiten. Die von den Kardinälen Capranica (1475) und Nardini (1484) gegründeten Kollegien für künftige Priester erfaßten nur einen geringen Bruchteil des Nachwuchses und können nur mit großer Einschränkung als Vorläufer der tridentinischen Priesterseminare betrachtet werden. Auch die Reformverfügungen Clemens' VII. zum Jubiläumsjahr 1525 änderten wenig an den Zuständen. Erst die Katastrophe des Sacco di Roma, der fast allgemein als Strafgericht über das Rom der Renaissance aufgefaßt wurde, bahnte eine innere Umkehr oder doch wenigstens die Einsicht, es könne nicht weitergehen wie bisher, am Sitz des Papsttums an.

Frankreich und Deutschland

Waren nördlich der Alpen, in Frankreich und Deutschland, keine Ansätze zu einer Katholischen Reform vorhanden? Auch dort gab es am Vorabend der Glaubensspaltung Bischöfe, die sich um die Hebung des Klerus und der Seelsorge bemühten; die Pfarrseelsorge stand im allgemeinen höher als in Italien, die Residenzpflicht wurde weniger vernachlässigt. Aber weder der Plan des Flamen Standonck für die Reform des französischen Weltklerus (1493) noch die Ansätze zu einer synodalen Selbstreform, insbesondere in der Salzburger Kirchenprovinz (Provinzialsynode 1512, Mühldorfer Reformkonvent 1522), noch die vom christlichen Humanismus nördlicher Prägung ausgehenden Impulse sind der Katholischen Reform unmittelbar zugute gekommen, weil sie von der Glaubensspaltung verschlungen wurden, ehe ihnen eine wirksame Förderung von der Mitte her, vom Papsttum, zuteil wurde. Ein entscheidender Antrieb zur Reform ging nur von der Pyrenäenhalbinsel aus. Er unterscheidet sich von allen anderen, bisher registrierten Ansätzen.

Spanien

Während in Italien die Quellen der Katholischen Reform in kleinen Gemeinschaften von Klerikern und Laien liegen, aus denen mehrere neue Ordensgenossenschaften und in späteren Stadien führende Einzelpersönlichkeiten hervorgehen, werden in Spanien noch vor der Jahrhundertwende der

[15] Die Ernennungsurkunde vom 2. 5. 1524 (*Pelliccia,* Preparazione 462f) gibt einen Begriff der geringen Anforderungen an die Weihekandidaten, indem sie Carafa die Vollmacht (nicht: Pflicht) erteilt: *promotos in regulis, more et norma celebrationis et recitationis missarum, horarum canonicarum et aliorum divinorum officiorum ac ministerio sacramentorum docendi et imbuendi.*

Episkopat, die monastischen und die Bettelorden unter aktiver Förderung durch die Katholischen Könige Träger der religiösen und kirchlichen Erneuerung. Hatte im übrigen Europa die Kreuzzugsidee ihre Kraft längst eingebüßt, so blieb auf der Pyrenäenhalbinsel die Reconquista, d. h. die völlige Vertreibung der Mauren, politisches, aber auch religiöses Ziel. Es war erreicht, als den unter Ferdinand dem Katholischen und Isabella vereinigten Königreichen Kastilien und Aragón die Eroberung des letzten islamischen Bollwerks, Granada, gelang (1492). Der damit gegebene Missionsauftrag traf die spanische Kirche nicht unvorbereitet.

Bereits auf dem Nationalkonzil von Sevilla (1478) wurde zwischen den Katholischen Königen und den Bischöfen unter Vorsitz des „Großen Kardinals" Pedro González de Mendoza darin Übereinstimmung erzielt, daß Krone und Episkopat die Reform der spanischen Kirche gemeinsam zu betreiben und etwaige Eingriffe von außen abzuschirmen hätten[16]. Bischöfe und sonstige Pfründeninhaber sollten zur Einhaltung der Residenz durch wenigstens sechs Monate des Jahres verpflichtet sein, päpstliche Pfründenverleihungen (Provisionen) und die Privilegien der exemten Orden sollten eingeschränkt, Abteien nicht an Weltkleriker verliehen werden. Das enge Zusammenwirken zwischen geistlicher und weltlicher Gewalt wurde für die Reform dadurch fruchtbar, daß die fromme und energische Königin Isabella unter dem Einfluß ihres Seelenführers, des Hieronymiten Hernando Talavera, auf mehrere Bischofssitze Kastiliens tüchtige und reformeifrige Prälaten nominierte, z. B. in Burgos Pascual de Ampudias, der dort das Reformwerk der Konvertiten Paul und Alphons von Burgos weiterführte. Talavera selbst, erster Erzbischof des eroberten Granada (1493—1507), wurde durch seinen unausgesetzten persönlichen Einsatz in Sakramentenspendung und Predigt (an allen Sonn- und Festtagen), verbunden mit weitblickenden organisatorischen Maßnahmen: Bau von rund hundert Kirchen, Beiziehung arabisch sprechender Missionare, Gründung einer Anstalt für den Priesternachwuchs, von Konvertiten- und Waisenhäusern, Abfassung einer „Breve doctrina" für den Volksunterricht, geradezu Vorläufer und Vorbild eines Bischofs der Katholischen Reform. Sein apostolisches Wirken wurde ein Menschenalter später (seit 1529) durch den seligen Juan de Ávila, später durch Erzbischof Pedro Guerrero weitergeführt.

Noch viel weiter reichte der Wirkungsradius des Kardinals Ximenes de Cisneros, Erzbischof von Toledo (1495—1517). Ursprünglich Jurist und Generalvikar des Kardinals Mendoza in Sigüenza, hatte er sich 1484 den Franziskanerobservanten angeschlossen und als Provinzial für die Reform gewirkt, bis er durch sein Beichtkind Isabella zur Primatenwürde aufstieg.

[16] Die Akten der Synode (Boletino de la Real Academia de Hist. 22 [1893] 215—250) geben ein getreues Bild des Zusammenwirkens von Krone und Episkopat: Die Katholischen Könige schlagen 16 Reformartikel vor, die Prälaten antworten und machen Gegenvorschläge, man einigt sich auf 8 Reformartikel.

Mit fester, zuweilen harter Hand trieb er die Reform des Welt- und Ordensklerus voran und schuf in der von ihm gegründeten Universität Alcalá dem Humanismus und der positiven Theologie eine Heimstätte, deren größte Leistung die „Complutenser Polyglotte“ (1514/17) war. Auf seine Veranlassung wurde die „Nachfolge Christi“ ins Spanische übersetzt, das „Exercitatorium spirituale“ seines Neffen García steht ebenfalls unter dem Einfluß der Devotio moderna. Als Abt von Montserrat (1493—1510) schloß dieser das berühmte Kloster der Reformkongregation von Valladolid an und gründete daselbst eine Druckerei[17].

Das für Spanien typische Zusammenwirken von Krone und Episkopat bewährte sich von neuem, als Ferdinand der Katholische am 17. Dezember 1511 in Burgos mehrere Prälaten zur Konsultation über die Beschickung des V. Laterankonzils versammelte. In den Gutachten, die sie dem König erstatteten, wie in dessen Instruktion für die Konzilsgesandten, wirkten Ideen aus der Zeit der Reformkonzilien nach[18]. Bischof Ampudias von Burgos wendet sich dagegen, daß die Dekrete des Konstanzer Konzils über die Papstwahl und die allgemeine Kirchenreform durch den Papst und die Kardinäle abgeändert würden; die Lehre, der Papst könne keine Simonie begehen, mit der man die Praxis der Datarie rechtfertigte, sei als Häresie zu verurteilen. Erzbischof Deza von Sevilla, der Großinquisitor, führt die Unordnung in der Kirche auf leichtfertig erteilte päpstliche Dispensen vom gemeinen Recht zurück. Beide gehen darin einig, daß die päpstlichen Reservationen einzuschränken, die Taxen zu ermäßigen, die Lähmung der kirchlichen Gerichtsbarkeit durch Appellationen nach Rom abzustellen seien. Es werden fast alle Mißbräuche aufgezählt, die später auf dem Konzil von Trient zur Sprache kamen; das positive Reformprogramm dagegen ist noch weniger entwickelt. Deza befürwortet die Einführung des Pfarrkonkurses nach dem Vorbild der Diözese Palencia, dank dem sie über mehr unterrichtete Geistliche (clérigos letrados) verfüge als alle übrigen Bistümer Kastiliens zusammengenommen. In seiner Instruktion für die Konzilsgesandten setzt sich der König für die formelle Aufhebung des Konstanzer Superioritätsdekretes, jedoch für die Bestätigung des Dekretes „Frequens“ und anderer Reformdekrete der Konzilien von Konstanz und Basel ein. Das kirchliche Reformanliegen wurde zugleich als nationales betrachtet; man war sich darüber einig, daß die im Gange befindliche Reform der spanischen Kirche ohne allgemeine Kirchenreform ihr Ziel nicht erreichen könne.

In den spanischen Zweigen der Bettelorden machte die Durchführung der Observanz Fortschritte wie in keinem andern Lande. Die Franziskaner-Rekollekten, die in Petrus de Villa Creces ihren geistlichen Vater erblickten,

[17] *A. Albareda,* La imprente de Montserrat: Analecta Montserratensia 2 (1918) 11—166.

[18] Die Voten der Bischöfe samt der Instruktion für die Konzilsgesandten bei *J. M. Doussinague,* Fernando el Católico y el cisma de Pisa (Madrid 1946) 521—543.

wurden durch den aus ihren Reihen hervorgegangenen Ximenes gefördert. Die reformierten Provinzen der Augustinereremiten standen an Regeltreue hinter den Observanten nicht zurück, bereiteten aber der Ordensleitung durch Eigenmächtigkeit häufig Schwierigkeiten. Die spanischen Provinzen der Dominikaner wurden auf dem Kapitel von Burgos (1506) unter der Leitung des P. Diego Magdaleno mit den Observanten vereinigt, nachdem ein früherer Versuch Dezas (1500) fehlgeschlagen war. Durch Dominicus de Mendoza drangen die asketischen und Reformideen Savonarolas in Spanien ein und befruchteten das geistliche Leben, verursachten freilich auch Streitigkeiten um die Visionärin María de Piedrahita und den Ultrareformer Juan Hurtado de Mendoza. Durch die Berufung des Dominikaners Francisco de Vitoria nach Salamanca wurde diese Universität der Ausgangspunkt für die Erneuerung der scholastischen Theologie (siehe Kap. 41). Vitoria legte seinen stark besuchten Vorlesungen die theologische Summe des hl. Thomas zugrunde, behandelte in seinem Geiste aber auch die aktuellen Fragen der Kolonialethik und des Völkerrechtes, der Reform und des Konzils. Ohne der konziliaren Theorie Zugeständnisse zu machen, forderte er Sicherungen gegen die Mißachtung der Beschlüsse ökumenischer Konzilien durch Päpste[19]. Aus seiner Schule kamen die großen spanischen Theologen des Konzils von Trient (Domingo Soto, Andreas de Vega) und hervorragende Bischöfe der Reformzeit.

Einen Rückschlag erlitt die spanische Kirchenreform während der ersten Regierungsjahre Karls V. durch die damaligen politischen Wirren (Comunero-Aufstand), der auf die heftige Kritik Pablos de León („Guía del cielo", verfaßt vor 1527) und Juan Maldonados („Pastor bonus", verfaßt 1529) stieß. Gleichzeitig drangen erasmische Ideen in Spanien ein, deren Einfallspforte seit der Konferenz von Valladolid die Universität Alcalá wurde. Ihre Hauptträger waren die Brüder Juan und Alfonso Valdéz, beide im Dienst Karls V.[20] Juans „Dialog von der christlichen Lehre" (1529) war ein erasmischer Katechismus mit spiritualistischem Einschlag, der später bei seinem Bruder Alfonso vorwog. Erasmisches Denken drang sogar in die Hierarchie ein: Kardinal López de Mendoza, Bischof von Burgos (1529/37), nahm Erasmus gegen Stunica in Schutz. Obwohl die Reaktion gegen die Erasmianer schon 1530 einsetzte (Prozeß gegen den Gräzisten Juan Vergara), blieben erasmische Gedanken sowohl in der Predigt wie in der Volksunter-

[19] Die 1534 gehaltene Relectio VII trägt den bezeichnenden Titel: „Utrum concilium generale possit facere decreta et leges condere, quas nec Summus Pontifex possit immutare vel per dispensationem vel prorsus per abrogationem?"

[20] *Domingo de Sta. Teresa,* Juan Valdés. Su pensamiento religioso y las corrientes espirituales en su tiempo (Rom 1957); *J. Méseguer,* Nuevos datos sobre los hermanos Valdés: Alfonso, Juan, Diego y Margarita: Hispania 17 (1957) 369—394; *J. I. Tellechea,* Juan de Valdés y Bartolomé de Carranza. Sus normas para leer la Sagrada Escritura: RET 22 (1962) 373—400.

weisung wirksam, bis sie in der Mitte der 1550er Jahre endgültig durch die Inquisition unterdrückt wurden. Dieser spanische „Evangelismus" ist Zweig einer europäischen Bewegung, die als solche nicht in die Katholische Reform eingegangen, sondern von ihr schließlich abgestoßen worden ist. Der Beitrag Spaniens zur Katholischen Reform liegt in seinem reformeifrigen und reformerfahrenen Episkopat und in der Theologie der Salmantizenser, die das Gesicht des Trienter Konzils wesentlich mitbestimmten, weil hinter ihnen die spanische Weltmacht stand. In Spanien endlich hatte seinen Ursprung der wirkmächtigste Reform-Orden, die Gesellschaft Jesu.

33. Kapitel

Ignatius v. Loyola und sein Orden bis 1556

BIBLIOGRAPHIE und QUELLEN: *A. Carayon,* Bibliographie historique de la Compagnie de Jésus (Paris 1864); *Heimbucher* II 130—138; *A. de Backer - Ch. Sommervogel,* Bibliothèque des écrivains de la Compagnie de Jésus, 11 Bde (Paris ²1890—1932); seit 1932 laufende Bibliographie im AHSI. Über Entstehung (1894) und Geschichte des Hauptquellenwerkes MHSI vgl. *P. de Leturia:* AHSI 13 (1944) 1—61 und HJ 72 (1953) 585—604; ihr Sitz war anfangs Madrid, seit 1929 Rom. Die erste Abteilung Monumenta Ignatiana umfaßt 4 Serien: I: Epp. et instructiones, 12 Bde (1903/11), 6813 Briefe, im letzten Jahrzehnt großenteils nicht von Ignatius selbst, sondern von seinen Mitarbeitern formuliert; II: Exercitia spiritualia (1919), dazu *J. Iparraguirre,* Directoria Exercitiorum Spiritualium 1540—1899 (Rom 1955); III: Constitutiones, 3 Bde (1934/38) u. Regulae Societatis Jesu (1948); IV: Fontes narrativi di S. Ignatio, 3 Bde (1943/60), enthaltend die sog. Lebenserinnerungen, andere zeitgenössische Zeugnisse und die Heiligsprechungsakten. Handausgabe: Obras completas de S. Ignacio de L., hrsg. von *J. Iparraguirre* (Madrid 1952). Für Ignatius und die Entstehung des Ordens wichtig das vom Sekretär des Heiligen verfaßte sog. Chronicon S. J. von *J. A. Polanco,* Vita S. Ignatii Loyolae et rerum Soc. Jesu historia, 6 Bde (1894/97), dazu Complementa, 2 Bde (1916/17). Für die Entstehungsgeschichte des Ordens sind außerdem wichtig die in den MHSI erschienenen Ausgaben der Briefe der ersten Gefährten: Lainii Monumenta, 8 Bde (1912/17); Fabri Mon. (1914); Epp. Salmeronis, 2 Bde (1906/07); Bobadillae Mon. (1913); Epp. Hieronymi Nadal, 4 Bde (1889—1905); auch für die allg. KG sehr ergiebig die Epp. mixtae 1537/56, 5 Bde (1898—1901).

LITERATUR: Ignatius: *J. Juambelz,* Bibliografía sobre la vida, obras y escritos de S. I. de L. (Madrid 1956); *J. Iparraguirre,* Orientaciones bibliográficas sobre S. I. de L. (Rom 1957); *F. G. Gilmont - P. Daman,* Bibliographie Ignatienne 1894—1957 (Paris-Löwen 1958). Das ordensoffizielle Bild des Ignatius prägte die Vita des P. Ribadeneira († 1611), erstmals erschienen Neapel 1572, vgl. *R. G. Villoslada,* La figura histórica de S. I. de L. a través du cuatro siglos: RF 153 (1956) 40—70; *H. Böhmer,* Ignatius von Loyola, hrsg. von H. Leube (Leipzig 1941); *P. Dudon,* S. Ignace de L. (Paris 1934); *P. de Leturia,* El gentilhombre. I. López de Loyola (Barcelona ²1949); die zahlreichen Vorarbeiten des ehemaligen Leiters der MHSI für eine bisher fehlende großangelegte Biographie sind gesammelt in den Estudios ignacianos, hrsg. von *J. Iparraguirre,* 2 Bde (Rom 1957). Zum 400. Jahrestag des Todes erschienen zahlreiche Biographien von ungleichem Wert: *G. Papasogli* (Rom 1955); *J. Brodrick, A. Guillermon, F. Wulf, R. G. Villoslada* (sämtlich 1956, Villoslada in 2. Aufl. 1961); Commentarii Ignatiani (Rom 1956), der Jubiläums-Bd des

AHSI, mit Zusammenstellung der Jubiläumsliteratur 617—639. Durch seinen tief eindringenden Kommentar einer Biographie nahekommend: *H. Rahner,* I. v. L. Briefwechsel mit Frauen (Freiburg 1956); *ders.,* Ignatius v. L. als Mensch u. Theologe (Freiburg 1964); *J. Lewis,* Le gouvernement spirituel selon S. Ignace de Loyola (Brugge-Paris 1961).

Exerzitien: *H. Böhmer,* Loyola und die deutsche Mystik (Leipzig 1921); *L. Zarncke,* Die Exercitia Spir. des hl. I. v. L. in ihren geistesgeschichtlichen Zusammenhängen (Leipzig 1931); *A. M. Albareda,* Intorno alla scuola di orazione metodica stabilita a Monserrato dall'abbate Garsias Jimenez de Cisneros: AHSI 25 (1956) 254—316. Für die Originalität: *A. Codina,* Los orígenes de los Ejercicios espirituales de S. I. de L. (Barcelona 1926); *P. de Leturia,* Génesis de los Ejercicios de S. Ignacio y su influjo en la fundación de la Compañía de Jesús: AHSI 10 (1941) 16—59; *H. Rahner,* I. v. L. und die aszetische Tradition der Kirchenväter: ZAM 17 (1942) 61—77; *ders.,* I. v. L. und das geschichtliche Werden seiner Frömmigkeit (Salzburg 1949), grundlegend; *ders.,* Zur Christologie der Exerzitien: GuL 35 (1962) 14—38 115—140; *J. Iparraguirre,* Espíritu de S. I. de L. (Bilbao 1958); *F. Charmot,* L'union au Christ dans l'actions selon S. Ignace (Paris 1959); *J. de Guibert,* La spiritualité de la Comp. de Jésus (Rom 1953) (Hauptwerk).

Erste Gefährten: *F. Cerecéda,* Diego Laínez en la Europa religiosa de su tiempo, 2 Bde (Madrid 1945); *J. Danemarie,* Le bienheureux P. Favre (Paris 1960); *G. Guitton,* Le bienheureux P. Favre (Lyon - Paris 1960); *M. Nicoláu,* J. Nadal (Madrid 1949); *G. Schurhammer,* Franz Xaver I (Freiburg 1955); *O. Karrer,* Der hl. Franz von Borja (Freiburg 1921); *C. de Dalmases-J. F. Gilmont,* Las obras de S. Francisco de Borja: AHSI 30 (1961) 125—179; *C. Englander,* Ignatius von Loyola und Johannes von Polanco (Regensburg 1956); *J. F. Gilmont,* Les écrits spirituels des premiers Jésuites. Inventaire commenté (Rom 1961).

Ordensgeschichte: Der Orden hat von Anfang an sorgfältig sein Archiv (vgl. *G. Schurhammer,* Der Ursprung des römischen Archivs der Gesellschaft Jesu: AHSI 12 [1943] 89—118) und seine Geschichte gepflegt. Ältere Gesamtdarstellungen: *N. Orlandini, F. Sacchini* u. a., Historia S. J., 6 Teile (Rom 1614—1859); *D. Bartoli,* Dell'istoria della Comp. di Gesù, 6 Bde (Rom 1650/60); *J. Crétineau-Joly,* Histoire religieuse, politique et littéraire de la Comp. de Jésus, 6 Bde (Paris [3]1851), stark apologetisch; *E. Rosa,* I Gesuiti dalle origini ai nostri giorni (Rom [3]1957); *Th. J. Campbell,* The Jesuits (London 1935); *R. G. Villoslada,* Manual de historia de la Compañía de Jesús (Madrid 1941); *H. Becher,* Die Jesuiten (München 1951), beste Zusammenfassung in deutscher Sprache; ausführlicher, nur bis 1579 reichend *J. Brodrick,* The Origins of the Jesuits (London 1940); *ders.,* The Progress of the J. (London 1946). Gute tabellarische Übersicht [*F. X. Wernz - J. B. Goetstouwers,*] Synopsis Historiae Societatis Jesu (Löwen 1950). Materialreich, aber von unterschiedlichem Wert sind die im Auftrag des Ordens verfaßten Geschichten der Assistenzen bzw. Provinzen: *B. Duhr,* Geschichte der Jesuiten in den Ländern deutscher Zunge, 4 Bde (Freiburg - Regensburg 1907/28), bis zur Aufhebung reichend, auch für die allg. KG Deutschlands vom 16. bis 18. Jh. unentbehrlich; *A. Astrain,* Historia de la Compañía de Jesús en la Asistencia de España, 7 Bde (Madrid 1902/25); *P. Tacchi Venturi,* Storia della Compagnia di Gesù in Italia, 2 Bde (Rom [2]1930/51), nur bis 1556 reichend, Forts. für das Generalat Laínez' v. *M. Scaduto* (Rom 1964); *H. Fouqueray,* Histoire de la Comp. de Jésus en France, 5 Bde (Paris 1910/25), bis 1645, ergänzt durch: *P. de Lattre,* Les établissements des Jésuites en France, 4 Bde (Paris 1941/56); *A. Poncelet,* Histoire de la Comp. de Jésus dans les anciens Pays-Bas (Brüssel 1927/28); *F. Rodrigues,* História de la Companhia de Jesus na Assistência de Portugal I (Porto 1931); *A. Kröss,* Geschichte der Böhmischen Provinz der Gesellschaft Jesu, 2 Bde (Wien 1910/38). Die Geschichten der überseeischen Provinzen siehe Kap. 45 und 46.

Nachschlagewerke und Auseinandersetzung über den Geist des Ordens: *B. Duhr,* Jesuitenfabeln (Freiburg [4]1904); *L. Koch,* Jesuitenlexikon (Paderborn 1934); *P. Lippert,* Zur Psychologie des Jesuitenordens (Freiburg [2]1956); *G. Gund-*

lach, Zur Soziologie der kath. Ideenwelt und des Jesuitenordens (Freiburg 1928); *H. Stoeckius,* Forschungen zur Lebensordnung der Gesellschaft Jesu im 16. Jh., 2 Teile (München 1910/11); *M. Mir,* Historia interna documentada de la Comp. de J., 2 Bde (Madrid 1913); *P. M. Baumgarten,* Ordenszucht und Ordensstrafrecht [der Jesuiten] (Krumbach 1932); *P. v. Hoensbroech,* Der Jesuitenorden, 2 Bde (Leipzig 1926/28), Pamphlet; von Nichtjesuiten verfaßte Würdigungen des Ordens: *Pilatus* [= *V. Naumann],* Der Jesuitismus (Regensburg 1905); *R. Fülöp-Müller,* Macht und Geheimnis der Jesuiten (Luzern 1929); *H. Böhmer,* Die Jesuiten, hrsg. von K. D. Schmidt (Stuttgart ²1957).

Das wirksamste Instrument der katholischen Erneuerung wurde die Gesellschaft Jesu. In der Person und im Werk ihres Stifters treten die Grundgedanken der Katholischen Reform klar heraus, erfahren eine neue, für Jahrhunderte gültige Prägung und werden in ihr geschichtsmächtig.

Der Stifter

Iñigo López de Loyola, 1491 als Sproß einer der zehn großen Familien des Baskenlandes auf dem Stammschloß der Familie (Prov. Guipúzcoa) geboren, erhielt zwar schon als Knabe die Tonsur und ein Familienbenefizium, wurde aber ritterlich-höfisch erzogen und stand (wahrscheinlich seit 1507) bei dem Großschatzmeister von Kastilien, Juan Velásquez, in Arévalo in Dienst, wo er nicht nur höfische Umgangsformen lernte, sondern auch die sittlichen Werte der Treue zum angestammten Königshaus in sich vertiefte. Dem Drang nach Abenteuern folgend, trat er als Offizier in den Dienst des Herzogs von Nájera und wurde bei der Belagerung Pamplonas durch die Franzosen am 20. Mai 1521 schwer verwundet. Während ihn die Heilung seines zerschmetterten Beines lange an das Krankenlager fesselte, las er das von dem Franziskaner Ambrosio Montesa ins Spanische übersetzte „Leben Christi" von Ludolf von Sachsen und eine spanische Übersetzung der Heiligenleben („Flos sanctorum") des Jacobus a Voragine. Als er feststellte, daß diese Lektüre ihm innere Ruhe, die der Ritterromane dagegen Unruhe verursachte, kam ihm das Verlangen, anstelle der ihm versagten kriegerischen Heldentaten „große Dinge im Dienste Gottes zu tun", vor allem „große äußere Werke der genannten Art [Bußwerke] zu verrichten, weil die Heiligen solche zur Ehre Gottes vollbracht hatten" [1]. Nach

[1] Hauptquelle sind die von González, dem Oberen des römischen Profeßhauses, auf Grund der mündlichen Erzählung des Heiligen in den Jahren 1553 und 1555 niedergeschriebenen „Lebenserinnerungen", die nach 1538 abbrechen; der spanische, von c. 79 an italienische Urtext mit der lat. Übers. von *Coudray:* MHSI Fontes narr. I 353—507; sie werden ergänzt durch einen Brief des Lainez vom 16. Juni 1547 (ebd. 70—145), Aufzeichnungen von Polanco und Nadal, vor allem aber durch das Memorial des González über das Jahr 1555 (ebd. 527—752). Deutsche Übersetzungen der „Erinnerungen" von *A. Feder* (Regensburg 1922), *B. Schneider,* Der Bericht des Pilgers (Freiburg 1956). Zur Quellenkritik: *J. Šusta,* Ignatius' von Loyola Selbstbiographie: MIÖG 26 (1905) 45

einer Generalbeicht im Kloster Montserrat hing er Dolch und Degen vor dem Gnadenbild der Muttergottes auf, legte seine Kleider ab, zog Pilgerkleidung an und hielt am Gnadenaltar Nachtwache; dann begab er sich nach dem benachbarten Manresa, wo er, eifrig in der „Nachfolge Christi" lesend, zwischen März 1522 und Februar 1523 eine mystische Umformung erlebte und die ersten Teile seines Exerzitienbuches niederschrieb. Visionen, die er anfangs hatte, entpuppten sich ihm als teuflische Einwirkung. Nach einer Periode der Verzweiflung, während deren er durch übermäßige Bußwerke und vielstündiges Gebet sich den Seelenfrieden erzwingen wollte, erhielt er in neuen Visionen, vor allem in der bei der Pauluskapelle am Fluß Cardoner, eine solche Klarheit über die Wirklichkeit und den Zusammenhang der Glaubensmysterien, daß er später, wenn er von seinen Gefährten um Entscheidungen angegangen wurde, sich auf die damals empfangenen Einsichten zu berufen pflegte. Sich ganz dem Dienste Gottes und dem Heil der Seelen zu widmen war von nun an sein Lebensziel: „In der mystischen Umwandlung von Manresa ist aus Iñigo, dem Pilger und Büßer, Ignatius, der Mann der Kirche, geworden" (H. Rahner). Aber noch war ihm nicht klar, welchen Weg zu diesem Ziele er einzuschlagen habe. Über ein Jahrzehnt blieb er ein Suchender.

Eine Wallfahrt führte ihn 1523 über Rom nach Jerusalem, aber sein Plan, sich dauernd in Palästina niederzulassen, scheiterte am Aufenthaltsverbot des Kustos. Nach der Rückkehr eignete er sich in Barcelona die Anfangsgründe des Lateins an und begann (1526/27) in Alcalá das Studium der Artes. Da er, unterstützt von Gleichgesinnten, Frauenseelsorge zu treiben begann, wurde er als Alumbrado verdächtigt, dreimal von der Inquisition bzw. dem bischöflichen Gericht verhört und 42 Tage eingesperrt. Als sich bei Fortsetzung der Studien in Salamanca ähnliches wiederholte, siedelte er 1528 nach Paris über[2], wo er im St.-Barbara-Kolleg wohnte. Seinen Lebensunterhalt erbettelte er sich auf Wanderfahrten bis nach Flandern und England. Wiederum geriet er in Verdacht, weil er Mitstudenten geistliche Übungen gab. Zum Magister artium promoviert, gelobte er am 15. August 1534 auf dem Montmartre mit sechs Gefährten (Lainez, Salmerón, Bobadilla, Franz Xaver, Rodrigues und Faber) Armut, Keuschheit und eine Wallfahrt nach Jerusalem sowie Arbeit zum Heil der Seelen; bei der Erneuerung der Gelübde im Jahre 1536 schlossen sich Lejay, Broët und Codure an. Zur Ausführung der geplanten Pilgerfahrt nach Jerusalem trafen

bis 106. Das Geistliche Tagebuch (MHSI Const. I 86—158) ist zumal in den späteren Partien außerordentlich dürr; Auszug: *A. Feder,* Aus dem Geistlichen Tagebuch des I. v. L. (Regensburg 1922); I. v. L., Das geistliche Tagebuch, hrsg. von *A. Haas* u. *P. Knauer* (Freiburg 1961); *P. de Leturia,* La Conversión de S. Ignacio: AHSI 5 (1936) 1 bis 35.

[2] *R. G. Villoslada,* La Universidad de Paris durante los estudios de Francisco de Vitoria (Rom 1938); *G. Schurhammer,* Franz Xaver I (Freiburg 1955) 71—261.

sich die Gefährten am 8. Januar 1537 in Venedig. An der Überfahrt gehindert, leisteten sie dort und in der Umgebung Seelsorgs- und Hospitaldienst; Ignatius empfing am 24. Juni 1537 die Priesterweihe. Nach Ablauf eines Jahres kamen sie überein, ihre Dienste dem Papste anzubieten. Begleitet von Lainez und Faber, begab sich Ignatius im November 1538 nach Rom, kurz vor der Ankunft während des Gebetes in einer Kapelle an der Storta ermutigt durch die Verheißung Christi: „Ich will euch gnädig sein."[3] In Rom waren anfangs „die Fenster fest verschlossen", ja er wurde von neuem der Häresie bezichtigt. Nachdem das Verfahren mit Freispruch geendigt hatte und die Stimmung unter dem Eindruck des apostolischen Wirkens der kleinen Gemeinschaft günstig geworden war, entschloß sich Ignatius im Frühjahr 1539 endgültig zur Ordensgründung.

Eine am 3. September 1539 durch Vermittlung des Kardinals Contarini dem Papste eingereichte Supplik enthielt die Formula Instituti, d. h. die Grundgedanken der Stiftung. Neu war, daß zu den Gelübden der Armut und der Keuschheit als drittes das des Gehorsams gegen den Papst abgelegt werden sollte. Nachdem die Bedenken vor allem des Paul III. persönlich nahestehenden Kardinals Guidiccioni und des konservativen Kardinals Ghinucci überwunden worden waren, wurde die „Gesellschaft Jesu" am 27. September 1540 durch die Bulle „Regimini militantis ecclesiae" bestätigt[4]. Ihr Ziel ist, „unter dem Kreuzesbanner für Gott zu streiten und dem Herrn allein und dem römischen Papst, seinem Vikar auf Erden, zu dienen" durch Predigt, Unterricht und Werke der Caritas. Die Mitglieder legen die drei üblichen Gelübde ab, aber außer diesen als viertes, jedem zum Heil der Seelen und zur Verbreitung des Glaubens erteilten Befehl des Papstes ohne Zögern *(sine ulla tergiversatione aut excusatione)* zu folgen. Ihre Zahl wird auf 60 beschränkt. Am 8. April 1541 wurde Ignatius zum Oberen (Praepositus) gewählt, am 22. April wurden in St. Paul die feierlichen Gelübde abgelegt.

Ständiger Wohnsitz des Stifters blieb von nun an Rom, seit 1544 das Profeßhaus neben dem Kirchlein S. Maria della Strada. Sein einziger Lebensinhalt wurde die Ausarbeitung der Konstitutionen und der Ausbau des Ordens. Ausgangspunkt der Konstitutionen[5], bei deren Abfassung er außer Lainez seinen engsten Mitarbeiter Nadal und seinen Sekretär Polanco zuzog, ist die „Formula Instituti" von 1539. Die erste Redaktion von 1541 wurde,

[3] *Th. Baumann,* Die Berichte über die Vision des hl. Ignatius bei La Storta: AHSI 27 (1958) 181—208. Die Quellen über die Anklage von 1538: MHSI Fontes narr. I 500 ff.

[4] Text bei *Mirbt,* n. 430 mit den Dokumenten; MHSI Const. I 1—32. Die Bezeichnung „Compagnia", früher gewöhnlich als „Fähnlein", also militärisch gedeutet, wird auf den italienischen Sprachgebrauch von „compagno" = Gefährte zurückgeführt von *Th. Baumann,* Compagnie de Jésus. Origine et sens primitif de ce nom: RAM 37 (1961) 47—60.

[5] Für die Entstehung der Konstitutionen siehe Einleitung zu Bd I der Ausgabe in den MHSI; dort auch die Redaktion von 1541.

nachdem Ignatius die Regeln der monastischen und der Bettelorden eingehend studiert und über bestimmte Punkte die Ansichten seiner ersten Gefährten eingeholt hatte, vollständig umgearbeitet und 1550 probeweise eingeführt (2. Redaktion). In der Folgezeit noch mehrfach geändert, lagen sie beim Tode des Stifters im wesentlichen abgeschlossen vor und wurden durch die Generalkongregation von 1558 in Kraft gesetzt. Sie regeln mit größter Sorgfalt die Aufnahme und die Studien der Mitglieder: Erst nach zweijährigem Noviziat werden einfache Gelübde abgelegt; der „Scholastiker" ist während seines mindestens siebenjährigen Studiums der Philosophie und Theologie, das durch praktische Tätigkeit als Lehrer und Erzieher unterbrochen wird, zwar Mitglied der Gesellschaft, kann aber jederzeit wieder entlassen werden. Nach dem Empfang der Priesterweihe macht er ein drittes Noviziatsjahr durch (Tertiat) und wird dann je nach Eignung zu den letzten nichtfeierlichen drei Gelübden als „Geistlicher Koadjutor" oder nach weiteren Jahren der Bewährung zu den feierlichen vier Gelübden (4. Gelübde des Gehorsams gegen den Papst) als „Profeß" im engeren Sinne zugelassen. Die „Professen" bilden den eigentlichen Kern des Ordens, nur aus ihrer Mitte werden die höheren Ämter besetzt.

Die *Verfassung* des Ordens ist streng monarchisch. Der General (Praepositus generalis) wird von der Generalkongregation auf Lebenszeit gewählt und ist praktisch im uneingeschränkten Besitz der Regierungsgewalt. Er ernennt alle Oberen, die ihm regelmäßig Bericht zu erstatten haben. Bei der Ordensleitung wird er von den Assistenten unterstützt, denen jeweils mehrere Provinzen zugewiesen sind. Die nach dem Tode des Generals zusammentretende Generalkongregation setzt sich zusammen aus dem für die Übergangszeit gewählten Generalvikar, den Assistenten, den Provinzialen und je zwei gewählten Vertretern jeder Provinz. Sie übt die höchste gesetzgebende Gewalt aus. Der strenge Zentralismus dient dem Ziel des Ordens, in militärischer Geschlossenheit und strengem Gehorsam für die Sache Christi und der Kirche zu wirken. Der Gehorsam ist in Ignatius' Augen die Konkretisierung der Ergebung in den Willen Gottes und der Selbstverleugnung[6]. In seinem Testament stellt er die Regel auf: „In allem, was nicht Sünde ist, muß ich dem Willen des Oberen, nicht dem meinigen folgen", denn „Gott selbst spricht aus jedem Oberen". Wenn er fortfährt: „Ich soll mich ansehen wie einen Leichnam, der weder Willen noch Gefühl hat", so meint er asketisch bedingten und vollständigen, aber nicht „Kadavergehorsam".

Es ist eine Streitfrage, ob die „Regeln über die kirchliche Gesinnung" antireformatorisch oder antierasmisch sind[7]. Die scharfe Ablehnung des

[6] *P. Blet,* Les fondements de l'obéissance Ignatienne: AHSI 25 (1956) 514—538; *B. Schneider,* Zum historischen Verständnis des Papstgehorsams-Gelübdes: AHSI 25 (1956) 488 bis 513; *K. D. Schmidt,* Die Gehorsamsidee des I. v. L. (Göttingen 1935).

[7] *J. Salaverri,* Motivación histórica y significación teológica del ignaciano sentir con la Iglesia: EE 31 (1937) 139—171; *P. de Leturia,* Sentido verdadero en la Iglesia militante:

Erasmus durch Ignatius hat jedenfalls ihr tiefstes Motiv in der erasmischen Kritik an der Kirche und kirchlichen Frömmigkeitsformen. Luthers Name kommt in den Briefen Ignatius' nur einmal vor; es gilt als sicher, daß er keines seiner Bücher gelesen hat[8], nicht einmal ein Ansatz zu kontroverstheologischer Betätigung ist bei ihm vorhanden. Wenn sein Biograph Ribadeneira gewisse Parallelen im Leben Luthers und Ignatius' herausarbeitet, so folgt aus ihnen keineswegs, daß der Stifter der Gesellschaft Jesu sich als „Antiluther" gefühlt, seinen Orden als Kampforden gegen den Protestantismus gestiftet habe. Dessen Abwehr nahm bald immer breiteren Raum ein, weil die kirchliche Krise den Einsatz an dieser Front forderte. Sein Hauptziel blieb stets die innere Erneuerung mit Hilfe der Exerzitien und das weltweite Apostolat.

Der Verzicht auf eine eigene Ordenstracht und auf das in allen bisherigen Orden übliche gemeinsame Chorgebet, vor allem die Wahl des Generals auf Lebenszeit stießen bei Papst Paul IV., der seit seinem Zusammenstoß mit Ignatius in Venedig ihm abgeneigt war und ihn als „Tyrannen" bezeichnete, auf heftige Kritik. Er zwang dem Orden entsprechende Änderungen der Konstitutionen auf, die aber nach seinem Tod durch Pius IV. wieder aufgehoben wurden. Das Amt des Ordensprotektors, das von etwa 1544 bis 1564 Kardinal Rodolfo Pio von Carpi innegehabt hatte, wurde nach dessen Tode nicht mehr besetzt[9]: auch hier ging der Orden seinen eigenen Weg. Die dem Stifter von seiner ehemaligen Wohltäterin Isabel Roser aus Barcelona durch eine von ihr erwirkte Verfügung Pauls III. aufgezwungene Gründung eines weiblichen Zweiges der Jesuiten wurde schon nach einem Jahr (1. Oktober 1546) mit Erlaubnis des Papstes rückgängig gemacht. Ignatius schrieb der Tiefenttäuschten: „Ich bin zu der Einsicht gekommen in Übereinstimmung mit meinem Gewissen, daß es mit den Aufgaben dieser unserer Gesellschaft nicht vereinbar sei, sich ausdrücklich mit der Leitung von Frauenspersonen, die das Gelübde des Gehorsams ablegen, abzugeben."[10] Nach einem ärgerlichen Streit und einem von den Neffen Isabels angestrengten Prozeß um die finanziellen Zuwendungen, die Ignatius von ihr empfangen hatte, fügte sich diese und kehrte nach Barcelona zurück. Der Entschluß des Heiligen ist zweifellos beeinflußt durch die vielen Schwierigkeiten, die gerade damals den Bettelorden aus der Seelsorge der mit ihnen verbundenen Frauenklöster erwuchsen. Trotzdem hat er am 3. Januar 1555 die Infantin Johanna, Tochter Karls V., unter einem Decknamen zur Ablegung der

Gr 23 (1942) 137—168; *R. G. Villoslada,* S. Ignacio de Loyola y Erasmo de Rotterdam: EE 16 (1942) 235—264 399—426, 17 (1943) 75—103.

[8] *H. Wolter,* Gestalt und Werk der Reformatoren im Urteil des hl. Ignatius von Loyola: Lortz F I (Baden-Baden 1958) 43—67.

[9] *J. Wicki,* R. P. da Carpi, erster und einziger Kardinalprotektor der Gesellschaft Jesu: Misc. Hist. Pont. 21 (Rom 1959) 243—267.

[10] *H. Rahner,* I. v. L. Briefwechsel mit Frauen 332.

sogenannten Scholastikergelübde zugelassen und damit auf Widerruf in den Orden aufgenommen[11].

Als Ignatius am 31. Juli 1556 starb, befand sich der Orden in einer schweren äußeren Krise. Sie war hervorgerufen durch die Abneigung Pauls IV. gegen Spanien und die Spanier, die zum Carafa-Krieg führten. Schon als er die Nachricht von der Wahl des Carafapapstes empfing, zitterten Ignatius nach seinem eigenen Geständnis alle Knochen im Leibe. Nach Ausbruch des Krieges wurde das römische Profeßhaus nach Waffen durchsucht; man fand keine. Neuer Argwohn regte sich, als spanische Patres vorschlugen, die Generalkongregation außerhalb Roms zu halten. Der Generalvikar Lainez setzte durch, daß sie (August/September 1558) in Rom stattfand; seiner Klugheit und hinhaltenden Taktik gelang es, den Orden durch die schwierige Periode des Carafapontifikates hindurchzubringen.

Ignatius hat sich zeitlebens geweigert, für ein Porträt zu sitzen. Grundlage der späteren Porträts (z. B. von Coello) ist die von einem Unbekannten abgenommene Totenmaske. Trotzdem sind wir über seine äußere Erscheinung verhältnismäßig gut unterrichtet. Er war klein (1,58 m) und von eher zarter als kräftiger Konstitution. Der Kopf mit der breiten Stirn und der Adlernase wurde beherrscht durch Augen mit durchdringendem Blick, der Gesichtsausdruck war der heitere des mit Gott verbundenen Menschen. Der Flame Coster beschreibt am 29. Mai 1553 seine äußere Erscheinung: „Der Greis ging auf einen Stock gestützt durch den Garten. Aus seinem Gesicht leuchtete Frömmigkeit; er ist sanft, freundlich und liebenswürdig, so daß er mit Gelehrt und Ungelehrt, mit Groß und Klein sich unterhält." Ignatius vereinigt in sich klare Rationalität und mystische Christushingabe, soldatische Strenge der Gehorsamsauffassung und große innere Freiheit in der Gestaltung des inneren Lebens, unbeirrbaren Blick für die weltweiten Aufgaben der Gesellschaft mit liebendem Verständnis für den einzelnen, die Höflichkeit des Weltmannes mit dem erdhaft gesunden Menschenverstand des baskischen Bauern. Stets aristokratische Zurückhaltung wahrend, verkehrte er auch mit seinen nächsten Mitarbeitern nie auf vertraulichem Fuße. Er pflegte seine Entschlüsse lang und sorgfältig zu überlegen, fremden Rat zu hören und im Gebet mit Gott zu Rate zu gehen, dann aber, wenn der Entschluß gefaßt war, ihn ohne Rücksichtnahme auf Menschen, ja mit Härte auszuführen. Als einer der großen Lehrer des geistlichen Lebens, als durchdringender Kenner der Menschennatur und Meister der Menschenbehandlung erweist er sich in seinen *„Exercitia spiritualia"*[12].

[11] Aufschlußreich die Denkschrift vom 26. Oktober 1554 bei *H. Rahner,* I. v. L. Briefwechsel mit Frauen 62 ff.

[12] Kritische Ausgabe in den MHSI s. o.; außer der dort genannten Literatur *P. de Leturia,* La devotio moderna en el Montserrat de S. Ignacio: RF 111 (1936) 371—386; *M. Batllori,* Montserrat i la Companyia de Jesus: Miscellania Anselm Albareda I (Montserrat 1962) 89—100.

Ihr Name ist nicht originell: Exercitia nannten die Anhänger der Devotio moderna ihre geistlichen Merksprüche; ein „Exercitatorium spirituale" hatte schon im Jahre 1500 der Abt Cisneros vom Montserrat herausgegeben. Aber nach Inhalt und Aufbau sind die „Exerzitien" unbestritten sein Eigentum, Niederschlag seines eigenen Ringens um Gott. Sie erhielten am 31. Juli 1548 nach Prüfung durch den Kardinal von Burgos, den Generalvikar von Rom Archinto und den Magister S. Palatii Egidio Foscarari die päpstliche Approbation. „Es steht längst geschichtlich fest, daß sich das Wesen und Denken des Ignatius von Loyola den klarsten Ausdruck im Buch der Geistlichen Übungen geschaffen hat und daß aus der Gedankenwelt dieses Buches sein Orden hervorging und immer wieder neu hervorgeht." — „Aus den beiden wichtigsten Betrachtungen dieses Buches, Vom Königreich Christi und Von den zwei Bannern, können wir in einem einzigen Satz die Grundplanung der vollkommenen Lebensgestaltung zusammenfassen: Der Mensch ist erschaffen, um in ehrfürchtigem Dienst der dreifaltigen Majestät Gottes durch Angleichung an den gekreuzigten Menschen Jesus in der streitenden Kirche den Kampf gegen Satan zu bestehen und so einzugehen in die Herrlichkeit des Vaters." Das Besondere und der Zeit Angemessene dieses Vollkommenheitsideals liegt in seiner engen Bindung an die sichtbare Kirche: „Aus der Vereinigung der alles sprengenden Liebe mit dem Eingepreßtsein in den Leib der Kirche entbindet sich jene ungeheure Kraft, die wir in seinem Werk geschichtlich feststellen können."[13] Obwohl höchst persönliche, aus seinem eigenen Werdegang zu erklärende Züge nicht fehlen, wie die Erläuterung des Königtums Christi durch Züge weltlichen Königtums, in dessen Dienst Ignatius groß geworden war, ist das Exerzitienbuch gesättigt von den Grundgedanken der traditionellen Theologie. Wenn er am vierten Tag der zweiten Woche der Exerzitien den Menschen vor die Frage stellt, unter welchem der beiden Banner (banderas), Christi oder des Teufels, er von nun an kämpfen wolle, so fußt er auf der augustinischen Geschichtstheologie der zwei Civitates. Die älteren Ausprägungen des christlichen Vollkommenheitsideals, die er in seinen Anfängen nur im gebrochenen Licht mittelalterlicher Legenden gesehen hatte (besonders Onufrius, Franziskus und Dominikus), lernte er später durch das Studium der großen Ordensregeln genauer kennen und schmolz sie in sein neues, zwar von ihnen verschiedenes, aber vom Geiste der Tradition gesättigtes Ideal ein. Die Verbindung von asketischer Tradition und persönlicher Erfahrung hat das Exerzitienbuch zu einem „Schicksalsbuch der Menschheit" (H. Böhmer) gemacht; „in seiner Kraft, die Menschen, die es traf, im Geist des Verfassers umzuwandeln, steht das Werk des Ignatius unerreicht da"[14].

[13] *H. Rahner*, I. v. Loyola 11 f.

[14] *K. Holl*, Die geistlichen Übungen des Ignatius von Loyola: Ges. Aufsätze zur Kirchengeschichte III (Tübingen 1928) 285—301, das Zitat 285.

Ausbreitung

Die beiden großen Bücher, Konstitutionen und Exerzitien, strahlen die Kraft der Persönlichkeit des Ignatius aus und bilden die Grundlage der staunenswerten Ausbreitung des Ordens schon in den ersten Jahrzehnten nach seiner Gründung. Bis etwa 1550 steht noch der individuelle Einsatz der Mitglieder in Seelsorge und Lehre im Vordergrund, seitdem konsolidiert sich der Orden durch Gründung immer zahlreicherer Niederlassungen (Profeßhäuser, Kollegien, Residenzen) und Ausbau der Organisation. Die Beschränkung der Mitgliederzahl auf 60 wurde schon 1544 fallengelassen. Bereits 1539 war P. Araoz nach Spanien gegangen, 1540 hatte der Orden in Paris Fuß gefaßt, im gleichen Jahre P. Faber sich als Begleiter des kaiserlichen Diplomaten Ortiz, der vorher bei Ignatius Exerzitien gemacht hatte, nach Deutschland begeben und bald darauf Petrus Canisius für die Gesellschaft gewonnen. P. Lejay und P. Bobadilla gingen 1542 nach Regensburg, um dort den Katholizismus zu stärken. Auf Anforderung König Johanns III. von Portugal fuhr Franz Xaver im April 1541 mit drei Gefährten nach Ostindien. Lainez und Salmerón nahmen als päpstliche Theologen an der ersten Tagungsperiode des Trienter Konzils teil. Anfang 1548 wurden Jesuiten mit der Prüfung der Weihekandidaten in Rom betraut. Die Gesuche von Bischöfen und anderen hochgestellten Persönlichkeiten an den General, ihnen Patres zur Verfügung zu stellen, häuften sich so, daß bei weitem nicht alle erfüllt werden konnten. Doch es gab auch Widerstände.

In den *spanischen* Reichen, denen die Mehrzahl der ersten Mitglieder entstammte, war weder Karl V. noch sein Nachfolger Philipp II. der Gesellschaft gewogen[15], der als Theologe und bei Hofe hochangesehene Dominikaner Melchior Cano ihr erbitterter Gegner. Einen starken Rückhalt hatte sie an Francisco Borja, Herzog von Gandía und Vizekönig von Katalonien, der 1545 sieben Jesuiten in Gandía aufnahm und 1546 in die Gesellschaft eintrat. Der asketische Übereifer, der bei ihm und anderen spanischen Mitgliedern hervortrat, gefährdete allerdings zeitweise die einheitliche Ausrichtung des spanischen Zweiges. Die 1547 gegründete Provinz wurde schon nach sieben Jahren in drei Provinzen (Kastilien, Aragón und Andalusien) aufgeteilt, die allerdings mit Rücksicht auf den spanischen Nationalstolz unter Borja als Kommissar zusammengefaßt waren. In Granada ermöglichte Erzbischof Guerrero, ein großer Freund der Gesellschaft, die Gründung eines Kollegs; ungefähr gleichzeitig entstanden solche in Saragossa, Sevilla und Medina del Campo. In Portugal nahm die Gesellschaft durch den bei König Johann III. hochangesehenen Rodrigues einen geradezu stürmischen Aufschwung. Die erste Niederlassung entstand 1541 in Lissabon, 1542 folgte

[15] *M. Batllori,* Carlos V y la Compañía de Jesús: Cuarto centenario del emperador Carlos V. Estudios carolinos (Barcelona 1959) 131—148.

ein Kolleg in Coimbra, 1546 wurde Rodrigues erster Provinzial von Portugal. Die Mitgliederzahl wuchs so schnell, daß die innere Durchformung mit ihr nicht Schritt halten konnte. Als Rodrigues die Mißstände nicht abstellte, wurde er 1552 abgesetzt; der neue Provinzial Miron entließ 130 Mitglieder und behielt nur 105.

In Italien folgte auf die Gründung der Kollegien in Messina (1548) und Palermo (1549) die des Römischen Kollegs (1551), das sich zur Hauptstudienanstalt des Ordens entwickelte. Im Jahre 1556 waren in zwanzig Städten Italiens, darunter Neapel, Florenz, Bologna, Modena, Ferrara, Venedig und Genua, Kollegien schon gegründet oder im Entstehen. Dagegen stieß in Frankreich der Orden auf Ablehnung durch das Pariser Parlament und die Sorbonne. P. Doménech wurde 1542 aus Paris ausgewiesen und begab sich nach Löwen. Obwohl 1552 eine französische Provinz errichtet worden war, konnte erst 1556 dank der Förderung durch den Bischof von Clermont in Billom das erste Kolleg eröffnet werden. Nach dem erfolgreichen Auftreten des Lainez auf dem Religionsgespräch von Poissy (1561) gab das Pariser Parlament seine Zustimmung zu weiteren Niederlassungen, und nun folgten in kurzen Abständen die Gründungen in Tournon, Rodez und Paris. Die Gründung von Kollegien in den Niederlanden verzögerte sich dadurch, daß dem Orden anfangs von den Generalstaaten die Korporationsrechte verweigert wurden; erst 1562 entstanden Kollegien in Brüssel und Tournai.

In dem Wort Nadals: „Vae nobis, si non iuvemus Germaniam“, kommt zum Ausdruck, welche Bedeutung Ignatius der Krise in Deutschland beimaß. Hauptförderer des Ordens waren Kardinal Otto von Augsburg, die bayerischen Herzöge und König Ferdinand I., seine Seele wurde Petrus Canisius, der seit 1549 an der Universität Ingolstadt als Professor und Seelsorger wirkte, die Gründung der Kollegien in Wien (1552) und Ingolstadt (1556) einleitete und im gleichen Jahre Provinzial der Oberdeutschen Provinz wurde, von der die Niederdeutsche abgezweigt wurde. Die Kollegien in München (1559), Trier (1560) und Dillingen (1563), das zur Universität ausgebaut wurde, entwickelten sich zu Stützpunkten des schwer gefährdeten Katholizismus in Deutschland.

Die seit der Mitte der 1550er Jahre sich häufenden Kolleggründungen sind die Folge einer Ausweitung der Wirksamkeit des Ordens, die von größter Tragweite werden sollte. Er bleibt Seelsorgs-, wird aber in steigendem Maße Erziehungsorden, weil man die Formung einer neuen Generation als dringlichste Aufgabe erkannt hat. Die Kollegien, die ursprünglich an schon bestehenden Universitäten für die Heranbildung des Ordensnachwuchses bestimmt waren und deshalb feste Einkünfte und Liegenschaften besitzen durften, gingen dazu über, auch externe Alumnen aufzunehmen, die sich nicht dem Orden anschließen wollten. Das Kolleg von Messina wurde das Modell dieses neuen Typs. In den Konstitutionen von 1550 erscheinen deshalb neben den für den Ordensnachwuchs bestimmten Kollegien (vornehmlich an Universitäten) solche mit eigenem öffentlichem Unterricht; in der endgültigen Redaktion der Konstitutionen hat sich der Akzent bereits verschoben: die Kollegien sind „eher für die Externen" und dienen daneben der Ausbildung des Nachwuchses[16]. Obwohl Ignatius selbst die Notwendigkeit dieser Umstellung erkannt hat, darf als Hauptförderer der neuen Kollegidee Lainez gelten. Wohl der schärfste theologische Denker des Ordens, förderte er während seines Generalates (1558—1565) die Tendenz zum Lehr- und Erziehungsorden und erwirkte von Pius IV. das Recht, die akademischen Grade zu verleihen. Im Jahre 1563 entstand am Römischen Kolleg die erste Marianische Kongregation, die sich zum Ziel setzte, eine Auslese der Besten religiös und asketisch zu fördern. Obwohl Lainez im Grunde eine herrische Natur war und deshalb von Ignatius hart angefaßt worden war, regierte er als General mit großer Milde. Der Orden wuchs in immer schnellerem Tempo: Beim Tode des Stifters hatte er rund 1000 Mitglieder in 12 Provinzen gehabt; als Lainez am 19. Januar 1565 starb, zählte er 3500 Mitglieder in 18 Provinzen. Jesuiten wirkten in allen Teilen des portugiesischen (noch nicht des spanischen) Kolonialreiches: seit 1549 bestand eine Provinz in Indien mit Sitz in Goa, seit 1553 eine Provinz Brasilien; i. J. 1555 hatte Nuñez Barreto als erster Jesuit China betreten, seit 1562 befand sich in Macao eine Niederlassung.

34. Kapitel

Die Anfänge der Katholischen Reform in Rom unter Paul III.

QUELLEN: BullRom VI 173—401; *Raynald,* Ann. Eccl. XXI/1; NBD, I. Abt. 1—11 (Gotha 1892 - Berlin 1910); die Vorakten des Konzils von Trient: CT IV (1904); *G. Ribier,* Lettres et Mémoires d'Estat sous François I, Henry II et François II, 2 Bde (Paris 1666); Acta nuntiaturae Gallicae, I: Correspondance des Nonces en France Carpi et Ferrero 1535/40, hrsg. von *J. Lestocquoy* (Rom - Paris 1961), dazu *G. Alberigo:* Critica storica 1 (1962) 66ff; *P. G. Baroni,* La nunziatura in Francia di Rodolfo Pio 1535/7 (Bologna 1962); Correspondance du Card. de Tournon, hrsg. von *M. François* (Paris 1946); Nunziature di Venezia, hrsg. von *F. Gaeta,* 2 Bde (Rom 1958/60), dazu *ders.:* Annuario dell'Istituto storico ital. per l'età moderna e contemporanea 9/10 (1957/8) 5—281.

LITERATUR: *Pastor* V; *C. Capasso,* Paolo III, 2 Bde (Messina 1924); *L. Dorez,* La cour du Pape Paul III, 2 Bde (Paris 1932); *L. Cardauns,* Von Nizza bis Crépy (Rom 1923); *W. Friedensburg,* Kaiser Karl V. und Papst Paul III. (Leipzig 1932); *K. Brandi,* Kaiser Karl V., 2 Bde (München 1937/41); *P. Rassow - F. Schalk,* Karl V. Der Kaiser und seine Zeit (Köln 1960). (104—117 die Konzilspolitik des Kaisers); *H. Jedin,* Geschichte des Konzils von Trient I (Freiburg ²1951) 232—434 (dort weitere Literatur-

[16] *L. Lukács,* De origine collegiorum externorum deque controversiis circa eorum paupertatem obortis: AHSI 29 (1960) 189—245, 30 (1961) 1—89.

angaben über die schon von Pastor benutzten Arbeiten von St. Ehses u. a.); *ders.*, Eine bisher unbekannte Denkschrift Tommaso Campeggios über die Reform der Römischen Kurie: Lortz F I (Baden-Baden 1958) 405—417. *K. Schnith,* Karl V. in europäischer Sicht. Hinweise auf neuere Arbeiten: HJ 80 (1961) 270—285; *W. Gramberg,* Die Hamburger Bronzebüste Pauls III.: Festschrift E. Meyer (Hamburg 1959) 160—172.

Italienischer Evangelismus: Opuscoli e lettere di riformatori italiani del Cinquecento, hrsg. von *G. Paladino,* 2 Bde (Bari 1913); *E. M. Jung,* On the Nature of Evangelism in Sixteenth-Century Italy: Journal of the History of Ideas 14 (1953) 511 bis 527; Bibliographie über Vittoria Colonna in der Jubiläumsschrift: V. Colonna, Marchesa di Pescara (Rom 1947) 126—134. Der ambivalente Charakter des Evangelismus wurde unter dem Eindruck späterer Abfälle und Inquisitionsprozesse oft verkannt, z. B. von *H. W. Beyer,* Die Religion Michelangelos (Bonn 1926).

Inquisition: *G. Buschbell,* Reformation und Inquisition in Italien um die Mitte des 16. Jh. (Paderborn 1912); *P. Paschini,* Episodi della Inquisizione a Roma nei suoi primi decenni: Studi romani 5 (1957) 281—301.

Die Selbstreform der Glieder, wie sie in italienischen Reformgruppen und in den aus ihnen hervorgehenden neuen Orden, im Spanien der Katholischen Könige, vor allem aber in der Gesellschaft Jesu verwirklicht wurde, konnte sich nur dann im Leib der Kirche ausbreiten, wenn sie zuvor das Haupt ergriff. Der Schritt nach Rom gelang ihr unter dem Pontifikat Pauls III., allerdings nicht nur aus eigener Kraft, sondern unter dem Druck der anscheinend unaufhaltsamen Fortschritte der Glaubensspaltung, die sich eben damals in Deutschland als Kirchenspaltung konsolidierte und über ganz Europa auszubreiten begann. Paul III. (1534/49) kann noch nicht als der erste Papst der Katholischen Reform, wohl aber als ihr Wegbereiter gelten.

Aus einem Konklave von nur 2 Tagen (11.—13. 10.) ging der älteste und geistig bedeutendste der Kardinäle, der Kardinaldekan Alessandro Farnese, als Papst hervor. Noch ein Kind der Renaissance und im Besitz ihrer Bildung, verdankte er nicht nur seinen Kardinalshut ihrer Verderbtheit (durch Alexander VI. 1493), er hatte ihr auch in seinem persönlichen Leben seinen Tribut entrichtet. Die aus illegitimer Verbindung vor Empfang der höheren Weihen stammenden Kinder (Pierluigi und Costanza) und Enkel (Alessandro d. J. und Ottavio) wurden zu einer schweren Belastung seines Pontifikates. Die Erhöhung der Familie und ihre Aufnahme unter die Dynastien Italiens durch Übertragung der Herzogtümer Parma und Piacenza auf Pierluigi, ja noch weitergehende Absichten auf Mailand haben die politischen, aber auch kirchliche Entscheidungen des Papstes unheilvoll beeinflußt; seine Politik der Neutralität zwischen den beiden Großmächten Habsburg und Frankreich diente zuweilen nicht weniger den dynastischen als den kirchlichen Interessen. Trotzdem ist sein Pontifikat ein neuer Anfang. Paul III. hatte eingesehen, daß die opportunistische, fast nur mit diplomatischen Mitteln arbeitende Politik Clemens' VII. ohnmächtig sein mußte, weil sie die bewegenden Kräfte der Zeit verkannte; daß das Papsttum den Erneuerungskräften die Hand reichen mußte, wenn es dem Vordringen der Glaubensspaltung Halt gebieten wollte: Der Protestantischen Reformation mußte eine Katholische Reform entgegengesetzt werden. Reform und Konzil waren im Bewußtsein der Zeit untrennbar verbunden; sie wurden Wesensbestandteile seines Regierungsprogramms.

Mehr der Abwehr als dem Aufbau diente die Gründung der Römischen *Inquisition*. Einfallstore der neuen Lehre nach Italien waren Mailand und Venedig, die durch ihre Handelsbeziehungen eng mit Oberdeutschland und der Schweiz verbunden waren; neugläubige Gemeinschaften bildeten sich aber auch schon in Mittelitalien (Modena, Lucca) und in Neapel. Erbauungsschriften wie das Büchlein „Von der Wohltat Christi" verbreiteten eine Frömmigkeit, die nur für den geschulten Theologen als nicht mehr katholisch erkennbar war. Religiös interessierte Laien drängten sich in Vorlesungen über die Paulusbriefe und stritten über Probleme der Rechtfertigung, über Gnade und Freiheit, über die Prädestination. Italiens größte Dichterin, Vittoria Colonna, der größte Künstler seiner Zeit, Michelangelo Buonarroti, waren von der Bewegung des „Evangelismus" erfaßt, die viele positive Werte, aber auch schwere Gefahren in sich barg. Seit dem Ende der 1530er Jahre mehrten sich die Fälle, daß Prediger, insbesondere aus den Bettelorden, Streit und Ärgernis hervorriefen, aber wegen der Kompetenzüberschneidungen zwischen Ordensoberen, Bischöfen und örtlichen Inquisitoren nicht rechtzeitig oder gar nicht zur Verantwortung gezogen wurden [1]. Der Papst hob daher durch Breve vom 14. Januar 1542 für Italien alle Exemtionen in Sachen der Inquisition auf und übertrug durch die Bulle „Licet ab initio" vom 21. Juli 1542 die Sorge für die Reinerhaltung des Glaubens, die Untersuchung und Bestrafung aller Glaubensvergehen diesseits und jenseits der Alpen einer Kommission von 6 Kardinälen (Carafa, Toledo, Parisio, Guidiccioni, Laurerio, Badia), deren Vollmachten bis zur Verhängung der Todesstrafe über „hartnäckige Häretiker" reichten; das Urteil über Widerrufsbereite war dem Papst vorbehalten [2]. Es entsprach der Gesinnung des Papstes, daß die Praxis der neuen Behörde unter seinem Pontifikat verhältnismäßig milde war; sie wurde strenger, als der Einfluß Carafas, des geistigen Urhebers der Neugründung, stieg und auf seine Veranlassung hin der Dominikaner Michele Ghislieri zum Generalkommissar ernannt wurde (1551). Die Römische Inquisition verbot schon 1543 allgemein die Einfuhr protestantischer Bücher nach Italien; für die Durchführung des Verbotes war man freilich auf die Mitwirkung des weltlichen Armes angewiesen. Aleander war als Nuntius in Venedig nicht imstande, zu verhindern, daß verbotene Bücher eingeschmuggelt wurden. Die Beobach-

[1] Grundlegend *B. Fontana*, Documenti Vaticani contro l'eresia lutherana in Italia: ASR 15 (1892) 71 ff; *H. Jedin*, Ein Streit um den Augustinismus vor dem Tridentinum: RQ 35 (1927) 351—368; *P. Paschini*, Venezia e l'Inquisizione Romana da Giulio III a Pio IV (Padua 1959) 3—29.

[2] BullRom VI 344 f.

tung der Presse wurde auch den Nuntien am Kaiserhof, bei König Ferdinand I. und in Frankreich auferlegt. Morone und Tommaso Campeggio schickten Listen deutscher Kontroverstheologen ein[3], aber ihre Unterstützung durch Rom blieb unzureichend. Die Bedeutung der Presse für die Ausbreitung des Protestantismus und die Katholische Reform wurde erst später ausreichend gewürdigt (siehe Kap. 42).

Wichtiger als diese Abwehrmaßnahmen war die Verstärkung des Reformelementes an der Kurie durch die Ernennung streng kirchlich gesinnter *Kardinäle* und durch die Förderung der Ordensreform. Auch während der Hochrenaissance hatte es im Senat der Kirche niemals ganz an reformeifrigen Männern gefehlt: Oliviero Carafa und Francesco Piccolomini, Egidio Canisio und Cajetan hatten die große Tradition des 15. Jh. aufrechterhalten, aber sie vermochten sich nicht gegenüber den mächtigen Nepoten, den weltlich gesinnten Prinzen italienischer Fürstenhäuser und den Kronkardinälen der großen Mächte durchzusetzen. Nur ein innerlich erneuertes Kardinalskollegium konnte jedoch einen Reformpapst wählen. Paul III. begann zwar mit der Kreation zweier noch jugendlicher Nepoten, Alessandro Farnese und Guido Ascanio Sforza, aber schon aus der folgenden (21. 5. 1535) ging — neben dem Bekennerbischof John Fisher — der künftige Führer der Reformpartei an der Kurie, Gasparo Contarini (1483 bis 1542), hervor, der, religiös durch den Kreis um Giustiniani geprägt, als Botschafter der Markusrepublik beim Kaiser (1521/25), die Anfänge der Glaubensspaltung miterlebt und sich, obwohl noch Laie, als Kontroverstheologe betätigt hatte. Er wurde die Seele der Katholischen Reform in Rom und eines Brückenschlags zu den Lutheranern[4]. In den folgenden Jahren erhielten den Purpur Carafa, der Mitgründer der Theatiner, der Humanist Sadoleto[5], der mit den Vorgängen in Deutschland wohlvertraute Aleander[6], der wegen seiner tiefen Frömmigkeit hochgeachtete Engländer Pole, später folgten Marcello Cervini, der als erster Reformpapst den Stuhl Petri besteigen sollte, der lange in Deutschland tätig gewesene Morone, der Dominikaner Badia und der Benediktiner Cortese[7], beide ausgezeichnet durch Frömmigkeit und Wissen. Nimmt man hinzu, daß auch unter den neuen Kardinälen, die aus der kurialen Ämterlaufbahn hervorgegangen

[3] NBD I/2 68, I/6 293 ff.

[4] *F. Dittrich,* G. Contarini (Braunsberg 1885); *ders.,* Regesten und Briefe des Card. G. Contarini (Braunsberg 1881); G. Contarinis gegenreformatorische Schriften, hrsg. von *F. Hünermann:* CCath 7 (1923); *H. Jedin,* Contarini und Camaldoli (Rom 1953); weitere Lit.: DHGE XIII 771—784; LThK² III 49 f; dazu *A. Casadei,* Lettere del Cardinale G. Contarini durante la sua legazione de Bologna 1542: AstIt (1960) 77—130 220—285; *H. Mackensen,* Contarini's Theological Role at Ratisbon in 1541: ARG 51 (1960) 36—57; *A. Stella,* La lettera del Card. C. sulla predestinazione: RSTI 15 (1961) 411—441.

[5] *S. Ritter,* Un Umanista teologo: J. Sadoleto (Rom 1912).

[6] *G. Müller,* Die drei Nuntiaturen Aleanders in Deutschland: QFIAB 39 (1959) 222 bis 276; vgl. auch: ebd. 328—342.

[7] Opera, 2 Bde (Padua 1774).

waren, und unter den Kronkardinälen, zumal den spanischen, Männer waren, die von der Notwendigkeit der Kirchenreform durchdrungen waren, wie die Kanonisten Guidiccioni[8], Ghinucci und Sfondrato, der Spanier Juan Álvarez de Toledo, so erscheint es nicht übertrieben, von einer Erneuerung des Kardinalskollegiums zu sprechen. Die Reformkardinäle bildeten allerdings keine einheitlich ausgerichtete Gruppe; sie waren einig im Ziel, nicht einig in der Wahl der Mittel. Contarini und Carafa waren überzeugt, daß tiefe und radikale Eingriffe in die Organisation der kurialen Behörden, der Orden und des Weltklerus notwendig seien; die großenteils aus Kurialkanonisten zusammengesetzte konservative Gruppe glaubte die Reform der Kirche nicht durch neue Gesetze, sondern durch Rückkehr zum „alten Recht", d. h. zur Beobachtung der kanonischen Satzungen, bewirken zu können. Gegner jeder Änderung des bisherigen Zustandes war die in Kollegien organisierte kuriale Beamtenschaft, deren Einkünfte durch Reformen bedroht waren[9]; sie besaß in gewissen Behördenleitern, z. B. dem Großpönitentiar Pucci, einen festen Rückhalt. Daß Paul III. allen drei Richtungen Spielraum ließ, entsprach der Weite seines Denkens, bezeichnet aber auch die Begrenztheit seines Reformwillens.

Die Erneuerung des Kardinalskollegiums blieb nicht ohne Folgen für die *Reform der Bettelorden*, in deren Händen, wenigstens in Italien, Theologie, Predigt und städtische Seelsorge lagen: Als deren Protektoren besaßen die Reformkardinäle die Möglichkeit, das Reformelement auf diesem wichtigen Sektor zu fördern. Weitgehende Pläne zur Vereinheitlichung des Ordenswesens, wie sie seit den Reformkonzilien, zuletzt von Kardinal Guidiccioni entwickelt worden waren: Benediktiner und Zisterzienser als einzige monastische, Dominikaner und Franziskaner als einzige Bettelorden, dazu ein Ritterorden, aber auch die von Carafa vorgeschlagene Unterdrückung der Konventualenzweige der Bettelorden blieben beiseite. Der Dominikanerorden litt nach dem Ausscheiden der tüchtigen Generäle Cajetan und Loaysa zunächst noch unter dem häufigen Wechsel in der Leitung und der Schwäche seiner Generäle Butigella und Du Feynier; seine Protektoren Pucci und Salviati standen der Reform gleichgültig gegenüber. Erst der aus dem Konvent San Marco in Florenz hervorgegangene General Romeo (1536/52) und sein Nachfolger Usodimare (1553/58) nahmen sie in die Hand, unterstützt durch den aus dem Orden hervorgegangenen Protektor Juan Álvarez de Toledo[10]. In der franziskanischen Ordensfamilie, deren beide Zweige seit 1517 getrennt waren, litten die Konventualen anfangs

[8] *H. Jedin*, Concilio e riforma nel pensiero del Card. B. Guidiccioni: RSTI 2 (1948) 33—60.

[9] *W. v. Hofmann*, Forschungen zur Geschichte der kurialen Behörden vom Schisma bis zur Reformation, 2 Bde (Rom 1914), bes. I 243—329.

[10] Akten der Generalkapitel von Rom (1539, 1546, 1553) und Salamanca (1551): *B. M. Reichert*, Acta cap. gen. OP IV 266—361; *Walz* 257 ff.

noch unter dem Verfall der Disziplin, obwohl sie auch jetzt wie früher tüchtige Theologen (z. B. G. A. Delfino) stellten; die Observanten erhielten in Lunello (1535/41) und Calvi (1541/47) ausgezeichnete Generalminister, denen die Kardinäle Quiñónez und Carpi als Protektoren beistanden. Zum General der durch den Abfall Luthers besonders gefährdeten Augustinereremiten wurde auf dem Generalkapitel von Neapel (1539) auf die persönliche Initiative des Papstes hin Seripando gewählt, mit dem Auftrag, Sitten und rechte Lehre wiederherzustellen[11]. Als er nach ausgezeichneter Amtsführung resignierte (1551), sorgte er durch Bestellung Cervinis zum Protektor dafür, daß unter seinem Nachfolger die Reform fortgeführt wurde. Für den Karmeliterorden zog Audet, General von 1523 bis 1562, für den 1550 zum Protektor ernannten Maffei die Bilanz: von 30 Ordensprovinzen sind zwar 6 (in Nordeuropa) zerstört, die übrigen entweder schon reformiert oder doch für die Reform gewonnen[12]. Bei den Serviten bezeichnen die Generalate des zum Kardinal erhobenen Laurerio (1535/42) und des in Trient hervortretenden Bonuccio (1542/53) die Wende zum Besseren[13].

Unbeschadet der Verschiedenheit der Ordenskonstitutionen, verfolgen diese Reformer im wesentlichen die gleichen Ziele: Wiederherstellung der Vita communis, Abschaffung des persönlichen Eigentums, größere Sorgfalt bei der Aufnahme und Erziehung des Nachwuchses; sie wenden die gleichen Mittel an: ausgedehnte Visitationsreisen zur Durchführung der Generalkapitelsbeschlüsse, Ernennung tüchtiger Provinziale. Die Autorität der Generaloberen wird gestärkt, auch in den Bettelorden ist ein Zug zum Zentralismus, wie er sich in der Gesellschaft Jesu durchsetzte, deutlich zu spüren. Je größere Fortschritte die Reform zu verzeichnen hatte, desto weniger gerechtfertigt erschien die Sonderstellung der Observantenzweige; bei den Augustinereremiten und den Karmeliten wurden die fast selbständig gewordenen Observantenkongregationen nach langwierigem Streit wieder der Autorität des Generals unterstellt. Der Papst förderte diese Entwicklung im Interesse der Reform, raffte sich aber nicht dazu auf, den die Ordenszucht zersetzenden Einfluß der allzuleicht von den Behörden, besonders der Pönitentiarie erteilten Dispensen und Privilegien auszuschalten, vor allem die häufig mißbrauchte Erlaubnis, außerhalb der Klostergemeinschaft zu leben und Benefizien anzunehmen, mit deren Hilfe reformscheue Elemente sich häufig den Reformen entzogen. Nicht anders

[11] Analecta Augustiniana IX (1921) 277: *ut ordo vester quandoque restauretur ac suae integritati pristinoque suae sanctimoniae candori restituatur;* die Akten der Generalkapitel von Neapel (1539), Rom (1543), Recanati (1547): ebd. 271—381, X 117—166.

[12] *A. Staring,* Der Karmelitengeneral Nikolaus Audet und die katholische Reform des 16. Jh. (Rom 1959) 427—431.

[13] *P. Soulier,* Constitutiones antiquae et recentiores Serv. S. Mariae (Brüssel 1905) (Generalkapitel von Butri [1548]). — Zum folgenden vgl. Kap. 36 und 38.

als die Reformbestrebungen einzelner Bischöfe stieß die vortridentinische Ordensreform hier auf eine Schranke, die nur durch eine Reform der kurialen Behörden zu durchbrechen war.

„Purga Romam, purgatur mundus" — dieser an Hadrian VI. gerichtete Zuruf besaß noch immer Geltung. Ansätze zur *Reform der kurialen Behörden* waren seit dem Ausgang der Reformkonzilien unter Pius II., Sixtus IV., Alexander VI. und auf dem V. Laterankonzil gemacht, keiner war durchgeführt worden. Im Gegenteil, die Zahl der käuflichen Beamtenstellen war aus fiskalischen Motiven stetig vermehrt worden. Um sich bezahlt zu machen, erhöhte und vermehrte man die Taxen, von denen viele nicht fest, sondern durch den Datar in freier Vereinbarung mit den Parteien bestimmt wurden. Jede Reform schmälerte die Einnahmen der Beamten und des Papstes.

Paul III. verließ anfangs noch nicht die fast schon zur Routine gewordenen Reformgesten: Bald nach der Wahl ernannte er eine Kardinalsdeputation zur „Reform der Sitten"; auch die am 23. August 1535 eingesetzte erweiterte Deputation hielt sich noch im traditionellen Rahmen. Erst das bevorstehende Konzil bewog den Papst, im Herbst 1536 acht unabhängige, nicht interessengebundene Männer nach Rom zu berufen, aus deren Beratungen ein Reformgutachten, das „Consilium de emendanda Ecclesia" hervorging, das am 9. März 1537 dem Papst vorgelegt und von Contarini erläutert wurde[14]. Mit bewundernswertem Freimut bezeichnete es als die Wurzel aller Übel die Übersteigerung der Papaltheorie und die Habsucht; es forderte eine durchgreifende Änderung der Dispenspraxis der Behörden, Einschränkung der Exemtionen, größere Sorgfalt bei der Erteilung der Weihen, ein neues, wahrhaft christliches Antlitz für die Stadt Rom.

Die Denkschrift blieb nicht geheim. Sie wurde zuerst in Italien, dann in Deutschland gedruckt und als angebliche Bestätigung früher erhobener Anklagen von den Gegnern des Papsttums mißbraucht[15]. Aber auch der konservativ gerichtete Guidiccioni sah in ihr einen ungerechten Angriff auf die durch Jahrhunderte geübte Praxis der Kurie, die zu schonen sei, verneinte jedoch nicht schlechthin die Notwendigkeit einer Reform[16]. Symptomatisch für das Schicksal des kühnen Vorstoßes war der 1537/38 ausgefochtene Kampf um die Datarie. Contarini und Carafa setzten sich nicht gegen die Kanonisten Ghinucci und Simonetta durch; die im Gutachten unverhohlen als Simonie bezeichneten „Kompositionen" der Datarie fanden

[14] CT XII 131—145, mit den Unterschriften: Contarini, Carafa, Sadoleto, Pole, Ridolfi, Aleander, Giberti, Cortese und Badia; Auszug: *Mirbt*, n. 427.

[15] Zum Beispiel durch Luther (WA I 288 ff) und J. Sturm, gegen den J. Cochlaeus seine „Aequitatis discussio super Consilio delectorum cardinalium" (1538) schrieb, hrsg. von *H. Walter:* CCath 17 (1931).

[16] CT XII 226—256; Versuch einer chronologischen Einordnung der z. T. undatierten Schriftstücke: *Jedin* I 584 f.

theologische Verteidiger, der Papst schreckte davor zurück, den drohenden Verlust eines beträchtlichen Teils seiner Einkünfte in Kauf zu nehmen. Ende 1537 meldete ein Beobachter: „Die Reform des Datars hat sich in Rauch aufgelöst." Wie diese, so versandeten in den folgenden Jahren die Ansätze zur Reform der Kanzlei, der Kammer, der Pönitentiarie und der Rota, hauptsächlich deshalb, weil die Beamtenkollegien Gelegenheit erhielten, ihr angeblich „gutes Recht" zu verteidigen. Manche einzelne Mißbräuche wurden abgestellt, ein durchgreifender Erfolg blieb der ganzen Aktion versagt, weil der Papst sich nur zögernd hinter die Verfasser des Gutachtens stellte.

Der schwerste unter allen Mißbräuchen in der vortridentinischen Kirche war die Vernachlässigung der Residenzpflicht durch die Träger der ordentlichen Seelsorge, Bischöfe und Pfarrer. Sie beruhte auf der Anschauung, daß das Recht auf die Pfründe und deren Einkommen trennbar sei von der persönlichen Erfüllung der mit ihr verbundenen Amtspflichten. Kardinäle besaßen Bistümer, die sie nie gesehen hatten, in Rom und Venedig hielten sich ständig Dutzende von Bischöfen auf, die ihre Diözesen kaum jemals besuchten und nur durch Vikare verwalten ließen; die Vernachlässigung der pfarrlichen Residenzpflicht ist statistisch schwerer erfaßbar[17]. Auch an diesem Punkte setzte Paul III. zur Besserung an. Am 13. Dezember 1540 forderte er 80 in Rom anwesende Bischöfe auf, in ihre Diözesen zu gehen. Diese verteidigten sich, indem sie auf die vielfache Behinderung des bischöflichen Wirkens von oben, von unten und von außen hinwiesen[18]: die zahlreichen Exemtionen von Einzelpersonen, Orden und Körperschaften, den geringen Einfluß auf die Pfründenbesetzung, die Begünstigung reformscheuer Elemente durch Appellationen an römische Tribunale, die vielfachen Eingriffe der weltlichen Gewalt in die Gerichtspraxis und die Verwaltung der Kirchengüter. Die Forderungen der Bischöfe wurden, wenigstens teilweise, durch eine Anfang 1542 konzipierte Reformbulle erfüllt, in Kraft gesetzt wurde sie nicht.

Konzilsberufungen

Das unbestritten größte Verdienst Pauls III. um die Katholische Reform ist die Berufung des Trienter Konzils. Längst überzeugt, daß die Ver-

[17] Methodisch vorbildlich: *J. Absil,* L'absentéisme du clergé paroissial au diocèse de Liège au XVe et dans la première moitié du XVIe siècle: RHE 57 (1962) 5—44 (Vernachlässigung der Residenzpflicht nicht gleichbedeutend mit Vernachlässigung der Seelsorge). Vgl. auch *F. W. Oediger,* Niederrheinische Pfarrkirchen um 1500: AHVNrh 135 (1939) 132f (von 143 Pfarrern des Archidiakonates Xanten zahlten um 1500 etwa 60 die Absenzgebühr). Nach *Ph. Hughes,* The Reformation in England I 103 waren im Bistum Lincoln 1518/19 in 1088 visitierten Pfarreien 247 Pfarrer abwesend, im Jahre 1530 war das Verhältnis 585:43. [18] CT IV 481—485.

zögerungstaktik seines Vorgängers verfehlt war, faßte er die Veranstaltung eines Generalkonzils von Anfang an ins Auge. Des Risikos, das mit ihm seit dem Auftreten des Konziliarismus und angesichts des weitverbreiteten Antiromanismus für das Papsttum verbunden war, war und wurde er sich immer mehr bewußt. Durch die lange Verzögerung des Konzils waren die Schwierigkeiten gewachsen. Päpstliche Konzilsversprechen wurden von den Protestanten überhaupt nicht ernst, aber auch von vielen Katholiken nicht mehr zum Nennwert genommen. Ein Konzil, das aus allen Teilen der Christenheit beschickt werden sollte, bedurfte der Zustimmung der Mächte, für die es zugleich ein Politikum ersten Ranges war. Gegenüber den rivalisierenden Hauptmächten, Habsburg und Frankreich, war der Papst zur Neutralität entschlossen, aber wie war sie mit dem Kampf gegen den Abfall zu vereinbaren? Nur unter Berücksichtigung aller dieser Umstände ist die Konzilspolitik des Papstes zu verstehen, deren Aufrichtigkeit oft in Zweifel gezogen worden ist[19].

Im Frühjahr 1535 kündigte der Papst durch Nuntien in Deutschland (Vergerio), Frankreich (Carpi), und Spanien (G. Guidiccioni) die bevorstehende Berufung eines Konzils an und schlug als Konzilsort an erster Stelle Mantua, dann Turin, Piacenza und Bologna vor. Frankreich lehnte ab, weil es vom Konzil eine Schwächung der protestantischen Opposition gegen den Kaiser und dementsprechend einen Machtzuwachs seines Hauptgegners befürchtete; es lenkte ein, als der Papst in persönlicher Verhandlung mit dem Kaiser dessen Zustimmung zu Mantua erlangt hatte, ohne seine grundsätzliche Neutralität in dem bevorstehenden Kriege aufzugeben. Die Bulle „Ad Dominici gregis curam" vom 2. Juni 1536 berief das Konzil nach *Mantua* ein und bezeichnete als dessen Aufgaben die Verurteilung der Häresien, die Reform der Kirche und die Herstellung des Friedens unter den christlichen Fürsten zur Abwehr der Türkengefahr.

Drei Ursachen wirkten zusammen, um diese erste Berufung zu vereiteln. Der Schmalkaldische Bund lehnte am 24. Februar 1537 die durch den Nuntius Peter van der Vorst überbrachte Einladung strikt ab; Franz I. erklärte das im Machtbereich des Kaisers liegende Mantua als für ihn unannehmbar; der Herzog von Mantua forderte eine vom Papst zu unterhaltende Konzilswache von 5000—6000 Mann. Nachdem der angegebene Eröffnungstermin (23. 5. 1537) ohnehin verstrichen war, sah Paul III. sich gezwungen, Mantua mit *Vicenza* zu vertauschen. Die drei zu Legaten ernannten Kardinäle Campeggio, Simonetta und Aleander begaben sich dorthin, da aber die Bischöfe ausblieben, mußte die Eröffnung zweimal verschoben werden; am 21. Mai 1539 wurde sie auf unbestimmte Zeit vertagt.

[19] *P. Leturia,* Paolo III e il Concilio di Trento nelle memorie di Carlo V: CivCatt 97/II (1946) 12—23; neu aufgerollt ist das Problem der kaiserlichen Konzilspolitik durch *G. Müller,* Zur Vorgeschichte des Tridentinums. Karl V. u. das Konzil während des Pontifikates Clemens' VII: ZKG 74 (1963) 83—108.

Obwohl der Krieg zwischen Karl V. und Franz I. inzwischen durch den Waffenstillstand von Nizza beendet war, wurde der Konzilsplan vorübergehend zurückgestellt, weil die vom Kaiser eingeleiteten Reunionsverhandlungen mit den deutschen Protestanten eine andere Lösung der religiösen Krise in den Bereich des Möglichen zu rücken schienen. Ihr dramatischer Höhepunkt, das Regensburger Religionsgespräch von 1541, erwies die Unmöglichkeit eines Brückenschlages: Die Kirchenspaltung war bereits eine Tatsache, die auch durch die weitgehende Verständigungsbereitschaft des päpstlichen Legaten Contarini nicht aus der Welt zu schaffen war (siehe Kap. 23). Der Mißerfolg von Regensburg, der mit bedrohlichen Nachrichten über das Vordringen des Protestantismus in Italien zusammentraf, bestimmte den Papst im Sommer 1541, wieder auf den Konzilsplan zurückzukommen.

Während einer Zusammenkunft mit dem Papste in Lucca (September 1541) schlug der Kaiser *Trient* als Konzilsort vor, das, auf Reichsgebiet liegend, die Forderung nach einem Konzil „in deutschen Landen" erfüllte. Der Papst hielt zunächst noch an Mantua (neben Ferrara und Cambrai) fest, billigte aber schließlich das Übereinkommen des Nuntius Morone mit den Reichsständen über Trient und berief durch die Bulle „Initio nostri huius pontificatus" vom 22. Mai 1542 das Konzil auf den 1. November 1542 in diese Stadt. Auch diese zweite Berufung blieb erfolglos, weil noch im Sommer der Krieg zwischen Karl V. und Franz I. von neuem ausbrach. Der Papst blieb wiederum neutral, trotzdem lehnte Frankreich die Beschickung ab; der Kaiser betrachtete die Konzilsberufung als nicht ernstgemeinte Geste. Sein Minister Granvella, Anfang Januar 1543 nach Trient abgeordnet, stellte fest, daß außer den Legaten Parisio, Morone und Pole fast kein Bischof zugegen war; im Mai waren es trotz mehrfacher Aufforderungen des Papstes erst zehn. Eine Zusammenkunft in Busseto bei Parma (Juni 1543) brachte keine Einigung: Der Papst verweigerte die Aufgabe der Neutralität, der Kaiser die vor allem von dem Nepoten Alessandro Farnese betriebene Übertragung Mailands an die Farnesen. Da sich der Schwebezustand in Trient ohne Autoritätsverlust nicht aufrechterhalten ließ, verfügte der Papst am 29. September 1543 die Suspension des Konzils. Die Spannung zwischen ihm und dem Kaiser stieg, als dieser auf dem Reichstag von Speyer (1544), um die Hilfe der Stände gegen Frankreich zu erhalten, den Protestanten erhebliche Zugeständnisse machte und für den künftigen Reichstag eine Kirchenreform ohne Mitwirkung des Papstes in Aussicht nahm. In einem Tadelsbreve (24. 8. 1544) legte dieser feierlichen Protest ein und erneuerte sein Konzilsangebot. Realisierbar wurde dieses unerwartet schnell durch den Abschluß des Friedens von Crépy (18. 9. 1544). Er beseitigte nicht nur das Haupthindernis, das dem Erfolg dieser ersten Konzilsberufung nach Trient entgegengestanden hatte, enthielt außerdem aber eine Geheimklausel, in der Franz I. seinen Widerstand gegen Trient fallen ließ und sich bereit erklärte, ein dort (oder in Cambrai bzw. Metz) zu versammelndes Konzil zu beschicken. Damit hatte der Kaiser die Initiative zur Lösung der Konzilsfrage an sich gerissen. In ihm reifte der große Plan, die religiös-politische Opposition des Schmalkaldischen Bundes mit Gewalt zu brechen und die Protestanten dann zur bisher verweigerten Beschickung des Konzils zu veranlassen, auf dem über die entstandenen Lehrdifferenzen autoritativ entschieden und eine allgemeine Kirchenreform beschlossen werden sollte. Ohne neue Verhandlungen mit den Mächten anzuknüpfen, hob daraufhin der Papst durch die Bulle „Laetare Jerusalem" (30. 11. 1544) die Suspension des Konzils auf und setzte den Sonntag Laetare (15. 3.) 1545 als Eröffnungstermin fest. Zu Legaten ernannte er am 22. Februar die Kardinäle Del Monte, Cervini und Pole.

Als diese am 13. März, begrüßt von dem Ortsbischof Kardinal Cristoforo Madruzzo, in Trient einzogen, befand sich dort außer dem päpstlichen Konzilskommissar Sanfelice kein einziger auswärtiger Bischof. Da der Vizekönig von Neapel vier Bischöfe des Königreichs als Vertreter des gesamten neapolitanischen Episkopates bestimmt und die übrigen aufgefordert hatte, diesen Prokuratorenvollmachten auszustellen, verbot der Papst am 17. April 1545 die Ernennung von Stellvertretern ohne hinreichenden Grund. Während die inzwischen in Trient eingetroffenen Bischöfe ungeduldig auf das Zeichen zur Eröffnung warteten, kam, vorbereitet durch eine Legation Alessandro Farneses nach Worms zum Kaiser, das Einvernehmen zwischen Papst und Kaiser über ein gemeinsames Vorgehen gegen die deutschen Protestanten in Kombination mit dem Konzil zustande. Der Papst verpflichtete sich, ein Hilfskorps zu stellen und Hilfsgelder zu zahlen, der Kaiser, nach errungenem Siege für die Konzilsbeschickung zu sorgen. Die Eröffnung des Krieges mußte auf das folgende Jahr verschoben werden, weil der Kaiser noch nicht zum Losschlagen gerüstet war; ein neues, in Regensburg veranstaltetes Colloquium mit den Protestanten erregte in Trient neue Zweifel. Unzufrieden mit der Verzögerung, erwogen die Legaten bereits eine Verlegung des Konzils nach Rom oder Ferrara, ohne zu bedenken, daß die Ortsveränderung den großen Plan als Ganzes gefährdete. Der Kaiser lehnte, als der päpstliche Geheimsekretär Dandino Anfang Oktober bei ihm sondierte, den Translationsplan strikt ab. Schon schrieb Giovio aus Rom nach Trient: „Der Schlüssel [zur Eröffnung] des Konzils ist in einen tiefen Brunnen gefallen, und der blinde Erzbischof von Armagh wird ihn kaum finden"[20] — da setzte sich der Papst über alle Bedenken hinweg und bestimmte den 3. Adventsonntag (13. 12.) für die Eröffnung. An der ersten Sitzung nahmen, abgesehen von den drei Legaten und Madruzzo, vier Erzbischöfe, 21 Bischöfe und 5 Ordensgeneräle teil.

[20] CT X 216.

35. Kapitel

Das Konzil von Trient unter Paul III. und Julius III.

QUELLEN: *H. Jedin,* Das Konzil von Trient. Ein Überblick über die Erforschung seiner Geschichte (Rom 1948). Die amtliche Ausgabe der Canones et Decreta (Rom 1564 bei Paulus Manutius) wurde unzählige Male nachgedruckt; um die wichtigsten Deklarationen der Konzilskongregation erweitert, hrsg. von *E. L. Richter* (Leipzig 1853). Phototypische Wiedergabe eines Autographs Massarellis mit Einleitung über die ältesten Teildrucke: *St. Kuttner,* Decreta septem priorum sessionum Concilii Tridentini sub Paulo III Pont. Max. (Washington 1945). Da die Akten seit dem Ende des 16. Jh. unzugänglich waren, wurden die beiden im 17. Jh. erschienenen Darstellungen der Konzilsgeschichte bis ins 19. Jh. fast wie Quellenwerke behandelt: die scharf antipäpstliche „Istoria del Concilio Tridentino" von *P. Sarpi* (London 1619), kritische Ausgabe von *G. Gambarin,* 3 Bde (Bari 1935), und die Gegenschrift von *P. Sforza Pallavicino,* Istoria del Concilio di Trento (Rom 1655), beste Ausgabe von *F. A. Zaccaria,* 5 Bde (Faenza 1792/96); vgl. *H. Jedin,* Der Quellenapparat der Konzilsgeschichte Pallavicinos (Rom 1940). Zur Glaubwürdigkeit Sarpis: *Jedin* II 441 ff. Eine Zusammenstellung der bis dahin zugänglich gemachten Quellen lieferte *J. Le Plat,* Monumentorum ad historiam concilii Tridentini potissimum illustrandam spectantium amplissima collectio, 7 Bde (Löwen 1781/87); die erste, mangelhafte Ausgabe der Akten *A. Theiner,* Acta genuina ss. oecumenici Concilii Tridentini, 2 Bde (Agram 1874). Eine kritische Ausgabe aller faßbaren Quellen begann 1891 nach Öffnung des Vatikan. Archivs die Görres-Gesellschaft: Concilium Tridentinum. Diariorum, actorum, epistularum, tractatuum nova collectio (Freiburg 1901/61), bisher 13 Bde in 4 Abteilungen: Diarien, hrsg. von *S. Merkle* I—III/1; Akten IV und V (1545/47), VIII und IX (1561/63), hrsg. von *St. Ehses;* VI/1 (Bologna) und VII/1 (1551/52), hrsg. von *Th. Freudenberger;* Briefe X und XI, hrsg. von *G. Buschbell;* Traktate XII, hrsg. von *V. Schweitzer;* XIII/1, hrsg. von *V. Schweitzer - H. Jedin.* Entstehungsgeschichte der Sammlung bei *Jedin,* Überblick 195—213.

ALLGEMEINE LITERATUR: *P. Richard,* Histoire de Concile de Trente, 2 Bde (Paris 1930/31), ergänzt durch *A. Michel,* Les decrets du Concile de Trente (Paris 1938); *L. Cristiani,* L'Église à l'époque du Concile de Trente (Paris 1948); dazu RSTI 2 (1948) 274—284; *G. Schreiber,* Das Weltkonzil von Trient, 2 Bde (Freiburg 1951), dort I 11—31 Überblick über die zum Jubiläum 1945 erschienene Literatur. — Über die Teilnehmer: *G. Alberigo,* Cataloghi dei partecipanti al Concilio di Trento editi durante il medesimo: RSTI 10 (1956) 345—373, 11 (1957) 49—94; *H. Jedin,* Die deutschen Teilnehmer am Konzil von Trient: ThQ 122 (1941) 238—261, 123 (1942) 21—39; *C. Gutiérrez,* Españoles en Trento (Valladolid 1951); *A. Walz,* I domenicani al Concilio di Trento (Rom 1961); weitere Angaben über die Teilnehmer aus den Orden: *Jedin* II 457. *J. de Castro,* Portugal no Concilio de Trento, 6 Bde (Lissabon 1944/46); *I. Rogger,* Le nazioni al Concilio di Trento 1545/52 (Rom 1952). — Über die Stellungnahme der Protestanten zusammenfassend, aber nicht erschöpfend, *R. Stupperich,* Die Reformation und das Tridentinum: ARG 47 (1956) 20—63; stärkere Berücksichtigung der soziologischen Faktoren forderte *A. Dupront,* Du Concile de Trente. Reflexions autour d'un IVe Centenaire: RH 206 (1951) 202 ff.

Erste Tagungsperiode: Akten: CT IV und V, dazu die nachträglich aufgefundenen Voten über die Rechtfertigung bei *J. Olazarán,* Documentos inéditos Tridentinos sobre la justificación (Madrid 1957); die Diarien Severolis, Massarellis und des prokaiserlichen Pratanus: CT I und II; die Korrespondenz: CT X mit Nachträgen CT XI 3—129. Gesamtdarstellung mit Literatur bis 1956: *Jedin* II; neuere Spezialliteratur in den Anmerkungen. Reiche Literaturangaben über die italienischen Bischöfe bei *G. Alberigo,*

I vescovi italiani al Concilio di Trento 1545/47 (Florenz 1959); *H. O. Evennett,* Three Benedictine Abbots at the Council of Trent: Studia monastica 1 (Montserrat 1959) 343 bis 377.

B o l o g n a : Akten: CT VI/1; die Voten folgen in VI/2; *L. Carcereri,* Storia esterna di Concilio di Bologna (Montevarchi 1902); *ders.,* Il Concilio di Trento dalla traslazione a Bologna alla sospensione (Bologna 1910); *H. Jedin,* Il significato del periodo bolognese per le decisioni dogmatiche e l'opera di riforma del Concilio di Trento: Problemi di vita religiosa in Italia nel Cinquecento (Padua 1960) 1—16.

Z w e i t e T a g u n g s p e r i o d e : Akten: CT VII/1, dazu *J. Birkner,* Die Akten des Trienter Konzils für die zweite Tagungsperiode unter Papst Julius III.: QFIAB 29 (1939) 297 bis 311; die in die Korrespondenz CT XI aufgenommenen Briefe des Fiskals Vargas, deren Echtheit lange angezweifelt wurde, dürfen nach jüngsten archivalischen Funden in England als authentisch gelten. *H. Jedin,* Das Konzilstagebuch des Bischofs Julius Pflug von Naumburg 1551/52: RQ 50 (1955) 22—43; *E. Bizer,* Confessio Virttembergica (Stuttgart 1952), mit wichtiger Einleitung; *C. M. Abád,* Dos Memoriales inéditos para el Concilio de Trento del B. Juan de Avila: MCom III (1945), dazu ZAM 11 (1936) 124—139; *H. Jedin,* Die Deutschen am Trienter Konzil 1551/52: HZ 188 (1959) 1—16; *J. Birkner,* Kardinal Marcellus Crescentius: RQ 43 (1935) 267—285; *G. Alberigo,* Un informatore senese al Conc. di Trento 1551/2: RSTI 12 (1958) 173—201.

„Nun ist das Tor offen", schrieb der Augustinergeneral Seripando beglückt in sein Tagebuch[1]. Die Verhandlungen selbst kamen langsam in Gang und verzögerten sich aus drei Gründen: Die Teilnehmerzahl war gering; man besaß noch keine Geschäftsordnung und kein klar umrissenes Programm; während der Kaiser, der das Konzil im Rahmen seines großen Planes sah, mit Rücksicht auf die spätere Teilnahme der deutschen Protestanten für die Zurückstellung der Glaubensfragen hinter die Kirchenreform eintrat, hielt der Papst daran fest, daß ihnen Priorität gebühre.

Dank stetig fortgesetzter Aufforderungen des Papstes an die Bischöfe Oberitaliens und die in Rom und Venedig weilenden, stieg die Zahl der stimmberechtigten *Teilnehmer* im Frühsommer auf 66 (17. 6.), sank im Herbst auf etwa 50 und erreichte zu Anfang des Jahres 1547 wieder fast 70[2]. Neben den Italienern, die rund drei Viertel stellten, waren nur die Spanier namhaft, allerdings durch hervorragende Bischöfe (Astorga, Calahorra, Badajoz) vertreten und bildeten unter der Führung des Kardinals Pacheco von Jaén in politisch relevanten Fragen zusammen mit Bischöfen aus Neapel, Sizilien und Sardinien eine geschlossene Gruppe. Frankreich war durch drei Bischöfe, Deutschland nach der Abreise des Mainzer Weihbischofs Helding im Januar 1546 nur noch durch die Prokuratoren der Erzbischöfe von Mainz und Trier vertreten.

Über das *Stimmrecht* wurde in den Generalkongregationen zu Ende Dezember Einvernehmen erzielt: stimmberechtigt waren alle Bischöfe ein-

[1] CT II 409

[2] Die Zusammenstellung aller Teilnehmer an der 1. Tagungsperiode: CT V 1037—1041, umfaßt 12 Erzbischöfe, 74 Bischöfe, 3 Äbte, 6 Ordensgeneräle und 2 Prokuratoren; mit den 3 Legaten und den Kardinälen Madruzzo und Pacheco rund 100.

schließlich der Weihbischöfe, die Generaloberen der Bettelorden und je zwei Äbte als Vertreter der monastischen Kongregationen; jedes Pluralstimmrecht war ausgeschlossen. Das am 5. Dezember 1545 den deutschen Bischöfen und Äbten gewährte Indult, sich durch stimmberechtigte Prokuratoren vertreten zu lassen, wurde durch die Legaten dahin abgeschwächt, daß sie diesen nur beratende Stimme zuerkannten. Die Konzilsbeamten (der Uditore Pighino, der Promotor Severoli, der Abbreviator Boncompagni) wurden durch den Papst ernannt; zum Konzilssekretär rückte an Stelle des wieder ausgeschiedenen Ludovico Beccadelli der bisherige Sekretär des Legaten Cervini, Angelo Massarelli, am 1. April 1546 auf. Das Konzil gab sich in Sessio II (7. 1. 1546) eine Lebensordnung; der Sitzordnung lagen die Ernennungsdaten der Bischöfe zugrunde. Der am 22. Januar gefaßte Beschluß, Dogma und Reform parallel zu behandeln[3], stieß auf den Widerspruch des Papstes und wurde deshalb in Sessio III (4. 2.) nicht publiziert, jedoch faktisch während der ganzen Dauer des Konzils befolgt. Das Propositionsrecht, nämlich das Programm und die jeweilige Tagesordnung zu bestimmen, beanspruchten und übten die Legaten als Beauftragte des Papstes. Der Präsident Del Monte erklärte jedoch am 20. Mai 1546 ausdrücklich, die Freiheit der Meinungsäußerung werde dadurch nicht beschnitten[4]. Um die Konzilsväter mit den zur Diskussion gestellten theologischen Problemen vertraut zu machen, wurden seit dem 20. Februar 1546 vor die Vollversammlungen der stimmberechtigten Väter (Generalkongregationen) Theologenkongregationen eingeschaltet, in denen die vom Papste abgeordneten Theologen (die Jesuiten Lainez und Salmeron) und die theologischen Berater der Teilnehmer, mehrheitlich Mitglieder der Bettelorden, von den Legaten formulierte Fragen oder Sätze aus den Schriften der Reformatoren und den von ihnen verfaßten Bekenntnisschriften erörterten. Ihnen folgte die Hauptdebatte in den Generalkongregationen, in denen jeder Stimmberechtigte sein Votum abgab. Die vorgelegten Dekretentwürfe waren entweder durch gewählte Deputationen oder durch die Legaten (mit Zuziehung sachkundiger Prälaten und Theologen) verfaßt. Sie wurden in den Generalkongregationen so lange (oft in mehreren Lesungen) debattiert und entsprechend umgearbeitet, bis die Annahme in der feierlichen Session gesichert war. Hinsichtlich der Reformberatungen gab der Papst am 23. März 1546 grundsätzlich die Behandlung auch der die kurialen Behörden berührenden Mißstände frei[5], behielt sich aber vor, die vor dem Konzil steckengebliebene Reform dieser Behörden aus eigener Machtvollkommenheit zu bewerkstelligen. Furcht vor dem Konziliarismus bewog die Legaten, die von den Spaniern und einigen Italienern immer wieder geforderte Selbstbezeichnung des Konzils „universalem Ecclesiam repraesentans" nicht in seine Dekrete aufzunehmen.

[3] CT IV 569—572. [4] CT V 152. [5] CT X 427.

Obwohl der Kaiser durch seinen zweiten Botschafter Francisco de Toledo (der erste, Diego Hurtado de Mendoza, war meist abwesend) wiederholt (am 2. Mai und 16. Juni) die Legaten ersuchte, die dogmatischen Entscheidungen vorläufig, d. h. bis zum Ende des Krieges, zurückzustellen, verabschiedete das Konzil während der Monate Februar bis Juni 1546 gemäß dem Beschluß vom 22. Januar sowohl dogmatische wie Reformdekrete. Grundlage aller späteren Glaubensdefinitionen wurde das Dekret der Sessio IV (8. 4.) über die *Offenbarungsquellen*[6]. Der Kanon der Heiligen Schrift umfaßt auch die deuterokanonischen Bücher; die Bücher beider Testamente, deren Urheber der eine Gott ist, und die auf Glaube und Sitte bezüglichen apostolischen Traditionen, soweit sie durch die ununterbrochene Sukzession in der katholischen Kirche bewahrt wurden, werden mit gleicher (nicht nur „ähnlicher") Ehrfurcht angenommen. Die vom Bischof von Chioggia und dem Servitengeneral Bonuccio verfochtene Ansicht, die Offenbarung sei materiell vollständig in der Heiligen Schrift enthalten, „Tradition" lediglich ihr autoritativ vom Lehramt gegebenes Verständnis, führte zwar zu einer leichten Änderung des ursprünglichen Dekretentwurfs (Ersatz des partim — partim durch et — et), doch ist kaum zu bezweifeln, daß die überwiegende Mehrheit der Väter die apostolischen Traditionen als einen die Schrift ergänzenden Offenbarungsstrom auffaßte[7]. Der Verabschiedung des Vulgata-Dekretes ging eine lebhafte Debatte über die Erlaubtheit und Zweckmäßigkeit der Bibelübersetzung in die Volkssprachen voraus, in der Kardinal Madruzzo von Trient diese befürwortete, Pacheco sie bekämpfte. Die „vetus et vulgata editio" der Bibel wird als „authentisch", d. h. dogmatisch irrtumsfrei und für den wissenschaftlichen und praktischen Gebrauch geeignet erklärt. Die als notwendig erkannte Reform des Vulgatatextes wurde ins Auge gefaßt, das Studium der biblischen Ursprachen und die Volkssprachenbibel nicht verboten. Trotzdem erregte das Dekret in Rom Bedenken, die sich aber nicht zu einer Änderung des Dekretes verdichteten.

Während der auf Sessio IV folgenden Verhandlungen über die *Erbsünde* vertraten Seripando und die ihm folgenden Theologen der Augustinerschule die Ansicht, der Nachlaß der Erbschuld durch die Taufe verhindere nicht das Zurückbleiben der irgendwie doch sündhaften Konkupiszenz; Pacheco versuchte die Definition der Immaculata Conceptio BMV durchzusetzen. Beide Auffassungen setzten sich nicht durch: im can. 5 wird die Hinwegnahme der

[6] CT V 91 f; der Entwurf vom 22. März: ebd. 31 f; Lit.: *Jedin* II 455 f, der dort übersehene Traktat des Karmelitengenerals Audet über den Canon: ECarm 4 (1950) 337—355.

[7] Gegen die von *J. R. Geiselmann* (Una Sancta 11 [1956] 131—150, auch bei *M. Schmaus*, Die mündliche Überlieferung [München 1957] 123—206) vorgetragene Deutung des Dekretes wandten sich *F. Lennerz:* Gr. 40 (1959) 38—53 624—635; *J. Beumer:* Scholastik 34 (1959) 249—258; *G. Rambaldi:* Antonianum 35 (1960) 88—94; vgl. auch *H. Holstein*, La Tradition d'après le Concile de Trente: RSR 47 (1959) 367—390; *Y. Congar*, La tradition et les traditions (Paris 1960); *R. Geiselmann*, Schrift und Tradition (Freiburg 1962).

Sünde in ihrem ganzen Umfang *(totum id, quod veram et propriam peccati rationem habet)* gelehrt; die Konkupiszenz werde bei Paulus zuweilen Sünde genannt, weil sie aus ihr stamme und zu ihr verleite. Das Konzil erklärt, die Mutter Gottes nicht in das Erbsündedekret einbeziehen zu wollen; die Konstitutionen Sixtus' IV. über den Streit zwischen Dominikanern und Franziskanern um die Lehre von der Immaculata Conceptio sollen in Kraft bleiben.

Ein Reformdekret über die Errichtung von Lektorenpfründen an Kathedral- und Kollegiatkirchen versuchte, auf diesem herkömmlichen Wege die mangelhafte Ausbildung des Klerus zu verbessern. Während der Debatte über die Neuordnung des Predigtwesens griff Bischof Martelli von Fiesole die Exemtion der Bettelorden an und verlangte, daß diese auch für die Predigt in den ordenseigenen Kirchen die Erlaubnis des zuständigen Bischofs einzuholen hätten. Die Bettelorden leisteten erfolgreich Widerstand, den Bischöfen wurde jedoch das Recht und die Pflicht auferlegt, gegen Prediger, die Irrlehren verbreiteten oder sonstiges Ärgernis erregten, ohne Rücksicht auf ihre Exemtion einzuschreiten. Der Bischof ist persönlich zur Glaubensverkündigung verpflichtet, die Pfarrer an allen Sonn- und Festtagen zur Volkspredigt. Ein Vorstoß der kaiserlich Gesinnten, in diesem Zusammenhange auch die Residenzpflicht der Bischöfe und Pfarrer zu behandeln, wurde von der Mehrheit zurückgewiesen.

Das Rechtfertigungsdekret

Nachdem beide Reformdekrete zugleich mit dem Erbsündedekret in Sessio V (17. 6.) publiziert worden waren[8], stand das Konzil vor seiner schwierigsten Aufgabe: der Definition der Rechtfertigungslehre. Die Voten der 34 Konzilstheologen (22.—28. 6.) über sechs vorgelegte Fragen (Wesen der Rechtfertigung, Glaube und Werke, Gnade und Freiheit) spiegelten die Auffassungen der drei großen, auf dem Konzil vertretenen Theologenschulen der Dominikaner, Franziskaner und Augustiner wider. Die der Generaldebatte (30. 6. — 23. 7.) zugrunde liegende Vorlage unterschied bereits drei Stadien (status) der Rechtfertigung: die Bekehrung des Sünders, das Wachstum der Rechtfertigung, ihre Wiederherstellung nach dem Verlust der Gnade. Der am 28. Juli vorgelegte erste Entwurf, früher fälschlich dem Franziskaner Andreas de Vega zugeschrieben[9], stieß jedoch auf so scharfe Kritik, daß er zurückgezogen werden mußte. Da gleichzeitig der

[8] Die Dekrete der Sess. V: CT V 238—243; Lit. zum Erbsündedekret: *Jedin* II 468, zum Predigtdekret II 464, dazu *E. Feyaerts,* De evolutie van het predikatie-recht der Religieuzen: StC 25 (1950) 117—190 225—240.

[9] CT V 384—391. Für die Autorschaft des Bischofs von Bitonto, Cornelio Musso, tritt ein *A. Mobilia,* Cornelio Musso e la prima forma del decreto sulla giustificazione (Neapel 1960).

Beginn des Schmalkaldischen Krieges und der Vorstoß des Protestantenheeres gegen die Ehrenberger Klause in Trient eine Panik hervorrief, erwogen die Legaten die Verlegung des Konzils nach Bologna, das durch seine Lage im Kirchenstaat den ursprünglichen Plänen des Papstes über den Konzilsort entsprach. Obwohl im Besitz einer päpstlichen Translationsvollmacht, verloren sie durch eine Anfrage in Rom kostbare Zeit und verpaßten, da die militärische Lage sich bald stabilisierte, die für sie günstige Gelegenheit. Erst am 23. September nahmen sie notgedrungen den Faden der Verhandlungen wieder auf und legten einen neuen, auf Veranlassung Cervinis von Seripando verfaßten Dekretentwurf vor[10], der die „canones" durch eine positiv gefaßte „doctrina" ergänzte. „Auch wenn alle Universitäten der Welt und die Lutheraner hier wären", schrieb unter dem Eindruck der Generaldebatte über diesen zweiten Entwurf (27. 9. — 12. 10.) Bischof Lippomani von Verona, „hätte man den Gegenstand nicht besser diskutieren können, als geschehen ist." [11] Die jetzt straff zusammenhaltende kaiserliche Partei suchte den Abschluß zu verzögern. Um ihr entgegenzukommen und Zeit für die Vorbereitung der nun ins Auge gefaßten Suspension des Konzils zu gewinnen, schoben die Legaten (15.—26. 10.) Theologenkongregationen über zwei Probleme ein, die im Laufe der Debatte in den Vordergrund getreten waren: über die seit dem Regensburger Religionsgespräch von 1541 offene Frage der doppelten Gerechtigkeit (Rechtfertigung durch die Gerechtigkeit Christi und die dem Menschen immanente Gnadengerechtigkeit) und über die Möglichkeit, Gewißheit über den Gnadenstand zu erlangen (lutherische Glaubensgewißheit und skotistische Auffassung von der Wirksamkeit der Sakramente). Beide Fragen wurden in den Generalkongregationen vom 9. November bis 1. Dezember gleichzeitig mit dem „Novemberentwurf" des Dekretes[12] erörtert mit dem Ergebnis, daß die Lehre von der doppelten Gerechtigkeit zurückgewiesen, aber nicht formell verurteilt wurde; hinsichtlich der Gnadengewißheit beschränkte man sich darauf, die lutherische Glaubensgewißheit zu treffen. Wie hier befolgte das Konzil auch sonst den Grundsatz, Meinungsverschiedenheiten innerhalb der katholischen Theologie in der Schwebe zu lassen. Während des ganzen Monats Dezember feilte ein Ausschuß (Praelati theologi) an der Form des Dekretes, dessen letzte (5.) Fassung am 11. Januar 1547 gebilligt und zwei Tage später in Sessio VI einstimmig angenommen wurde[13]. In 16 Lehrkapiteln und 33 Ca-

[10] CT V 420—427, die Vorentwürfe Seripandos: ebd. 821—833; Lit.: *Jedin* II 475 486 ff, dazu *J. I. Tellechea,* El Articulus de iustificatione de fray Bartolomé de Carranza: RET 15 (1955) 563—635; unter den älteren, a. a. O. von mir verzeichneten Arbeiten sind am wichtigsten die von *H. Rückert* und *E. Stakemeier.*

[11] CT X 675. [12] CT V 510—518.

[13] CT V 791—799; eine wohl zu stark harmonisierende Deutung bei *H. Küng,* Rechtfertigung. Die Lehre Karl Barths und eine katholische Besinnung (Einsiedeln 1957) 105 bis 276.

nones definierte es die Gnadenhaftigkeit der Rechtfertigung in allen ihren Stadien, ihr Wesen als Heiligung und Erneuerung des inneren Menschen, die Notwendigkeit einer Vorbereitung und die Bedeutung des Glaubens für den Rechtfertigungsvorgang; das Wachstum der Rechtfertigung, ihre Wiederherstellung und die Möglichkeit des Verdienstes, das ewige Leben als Gnade und Lohn.

Die lange Dauer der Rechtfertigungsdebatte war nicht nur von der Sache her, sondern auch durch politische Erwägungen bedingt. Im Spätherbst hatte der den Kaiserlichen nahestehende Bischof von Fano, um die Diskrepanz zwischen der retardierenden Politik des Kaisers und der auf Beschleunigung gerichteten Legatenpolitik zu beseitigen, den Plan einer vorübergehenden Suspension des Konzils entwickelt. In einem Abkommen zwischen Kardinal Farnese und dem ersten kaiserlichen Botschafter Mendoza vom 16. November wurde in Aussicht genommen, das Konzil auf sechs Monate zu suspendieren, die Rechtfertigungsdebatte zwar zu Ende zu führen, das Dekret aber nicht zu publizieren. Da jedoch der Kaiser die Ratifikation dieses Trienter Abkommens verweigerte, schritten die Legaten zur Promulgation des Dekrets.

So einhellig die Zustimmung zum Rechtfertigungsdekret war, so geteilt die Aufnahme des ebenfalls in Sessio VI vom 13. Januar 1547 promulgierten Dekretes über die *Residenzpflicht* der Bischöfe und Pfarrer. Schon während einer ersten, kurzen Debatte am 9. und 10. Juni hatten die Spanier gefordert, nicht nur die Vernachlässigung der Residenzpflicht zu bestrafen, sondern auch deren Ursachen zu beseitigen: die allzuleicht von kurialen Behörden gewährte Dispens von der Residenzpflicht, die Behinderung des bischöflichen Wirkens durch päpstliche Exemtionsprivilegien, aber auch durch die weltlichen Gewalten, die häufige Ausschaltung der Bischöfe im gerichtlichen Instanzenzug. Von den Legaten dazu aufgefordert, hatten Bischöfe Zusammenstellungen dieser „Impedimenta residentiae" eingereicht [14]. Aber der am 29. Dezember von Del Monte vorgelegte Dekretentwurf klammerte den ganzen Komplex der „Hindernisse" aus. Pacheco urteilte: Besser gar keine Reform als eine solche! Der am 11. Januar 1547 vorgelegte verbesserte Entwurf, eine Arbeit des Kanonistenausschusses (Praelati canonistae), ging insofern über die „kleine Lösung" des Präsidialentwurfes hinaus, als er die unbefristeten Dispensen von der Residenzpflicht außer Kraft setzte, die Inhaber befristeter Dispensen verpflichtete, sie den Bischöfen vorzulegen, die dann für Bestellung geeigneter Vikare zu sorgen haben; diese erhielten außerdem das Recht, kraft apostolischer Vollmacht, aber nur persönlich, exemte Domkapitel zu visitieren und zu korrigieren. Diese Konzessionen befriedigten jedoch die episkopale Opposition nicht, erschienen anderseits den hohen Kurialbeamten (T. Campeggio, Ci-

[14] CT XII 578—597 (6 vollständig erhaltene Denkschriften und 2 Summarien).

cada, Pighino, Archinto) zu weitgehend. Mitglieder beider Gruppen schränkten ihr Placet in der Sitzung durch so zahlreiche Bedingungen ein, daß die Annahme des Dekretes zweifelhaft erschien. Die Legaten waren gezwungen, das Residenzproblem nochmals aufzurollen. Eine durch den Kanonistenausschuß vorbereitete Reformvorlage vom 3. Februar 1547[15] enthielt bereits die Grundzüge eines neuen Weihe- und Ämterrechtes, das dem zuständigen Bischof die Verantwortung für die Erteilung der Weihen (einschließlich der Kontrolle der von kurialen Behörden ausgestellten Weihelizenzen) übertrug und dem Grundsatz, daß Amt und Pfründe untrennbar miteinander verbunden seien, dadurch Geltung verschaffte, daß die Pfründenhäufung verboten und für das Bischofs- wie für das Pfarramt bestimmte persönliche Qualitäten gefordert wurden. Als Ziel der gesamten Reform bezeichnete Del Monte die Wiederherstellung der Seelsorge *(animabus providere)*. Um den Forderungen der Opposition entgegenzukommen, hatte der Papst schon an der Jahreswende den Legaten den Entwurf einer Reformbulle übersandt, in der die Position der Bischöfe verstärkt wurde, z. B. durch Einschränkung der Exemtionen und durch die sog. Alternative bei der Verleihung der Pfründen; durch Konsistorialdekret vom 18. Februar verbot er den Kardinälen den Besitz von mehr als einem Bistum[16]. In der Generalkongregation vom 25. Februar 1547 konnte daraufhin nach sorgfältiger Prüfung der in der Sitzung abgegebenen Stimmen die Annahme des Residenzdekretes ausgesprochen werden, das den Bischöfen jeglichen Ranges — also auch den Kardinälen —, die sechs Monate hintereinander ihre Residenzpflicht versäumten, ein Viertel ihrer Einkünfte entzog, ein weiteres Viertel, wenn die Abwesenheit ein Jahr dauerte. Das Klima der Reformberatungen hatte sich so weit verbessert, daß die neue Reformvorlage, die inzwischen um Bestimmungen gegen die Union von Benefizien und über das Visitationsrecht der Bischöfe erweitert worden war, in Sessio VII vom 3. März 1547 mit großer Mehrheit angenommen wurde[17].

Die Vorbereitung der in derselben Session promulgierten 30 Canones über die Sakramente im allgemeinen, die Taufe und die Firmung hatte am 17. Januar damit begonnen, daß den Konzilstheologen eine Sammlung von 35 irrigen Sätzen, die aus dem reformatorischen Schrifttum entnommen waren, zur Begutachtung vorgelegt wurde. Die vorhandenen Schulgegensätze hinsichtlich der Kausalität der Sakramente und eine gewisse Unsicherheit hinsichtlich des Wesens des sakramentalen Charakters beeinträchtigten nicht die vollkommene Einmütigkeit über das Wesen und die Siebenzahl der Sakramente. In der Generaldebatte (8.—21. 2.) entschied sich das Konzil, seine Definition streng auf die Verurteilung des reformatorischen Lehr-

[15] CT V 871 f.

[16] Die Reformbulle vom 31. Dezember 1546: CT IV 504—512; das Konsistorialdekret vom 18. Februar 1547: CT V 981 f.

[17] CT V 984 ff.

begriffs zu beschränken und nicht, wie Bischof Archinto von Saluzzo beantragt hatte, ein positiv gefaßtes Lehrdekret nach dem Vorbild des „Decretum pro Armenis“ (1439) zu verfassen, aber auch nicht, wie zwei spanische Bischöfe forderten, die Personen der Reformatoren samt ihren Büchern namentlich zu verurteilen. Die letzte Entscheidung entsprach dem schon zu Beginn des Konzils von Kardinal Farnese aufgestellten Grundsatz, daß die Lehren, nicht die Personen zu verurteilen seien; am 25. Februar schärfte er diesen Grundsatz von neuem ein und fügte die Begründung hinzu, sonst müßten die Reformatoren vor das Konzil zitiert und gehört werden[18]. Die in Sessio VII angenommenen Canones legten die Siebenzahl der Sakramente und ihre Einsetzung durch Christus fest; ihr Wesen als wirksamer Zeichen beschrieb das Konzil mit Hilfe der erst während der Schlußdebatte am 1. März eingefügten scholastischen Termini: *gratiam non ponentibus obicem conferre* bzw. *ex opere operato conferre*. Nur negativ wird die Bedeutung des Glaubens umschrieben: Die Sakramente sind nicht allein zur Stärkung des Glaubens eingesetzt und wirken nicht nur durch den Glauben an das verheißende Wort. Die Wiedertaufe wird verurteilt, als ordentlicher Spender der Firmung der Bischof bezeichnet.

Translation nach Bologna

Eben hatte man begonnen, die Lehre von der Eucharistie, die während des Monats Februar von den Konzilstheologen diskutiert worden war, im Plenum zu behandeln, da gaben mehrere Fälle von Flecktyphus, der wahrscheinlich vom deutschen Kriegsschauplatz nach Trient eingeschleppt worden war, Anlaß zu dem mit 39 : 14 (bei 5 unsicheren) Stimmen in Sessio VIII vom 11. März gefaßten Beschluß, das Konzil nach Bologna zu verlegen. Die Epidemie war nicht fingiert, wie die Gegner der Translation behaupteten; das darüber verfaßte Gutachten des Konzilsarztes Fracastoro ist medizinisch unanfechtbar[19]. Ebenso sicher ist aber, daß die Legaten und die italienische Konzilsmehrheit seit langem auf die Translation hinarbeiteten und sich bewußt waren, durch sie einen Wunsch des Papstes zu erfüllen; ein direkter Auftrag an die Legaten ist nicht nachweisbar. Die kaiserliche Minderheit betrachtete den Translationsbeschluß als nicht bindend und blieb in Trient zurück. Die längst vorhandene Spannung wurde zur Spaltung gerade in dem Moment, als dem Konzil die Funktion zuzufallen schien, die Kircheneinheit wiederherzustellen.

[18] CT X 291 826f.

[19] CT V 1014f; über den Verfasser *F. Pellegrini*, G. Fracastoro (Verona 1948); *H. Jedin*, Laientheologie im Zeitalter der Glaubensspaltung: Der Konzilsarzt Fracastoro: TThZ 64 (1955) 11—24.

Seit der Jahreswende 1546/47 kündigte sich nämlich der Sieg des Kaisers über den Schmalkaldischen Bund an. Dessen Heer hatte Süddeutschland räumen müssen, mehrere Reichsstädte, der Herzog von Württemberg und der Pfalzgraf unterwarfen sich dem Kaiser. Statt nun aber mit den noch unbesiegten Führern des Bundes, Kurfürst Johann Friedrich von Sachsen und Landgraf Philipp von Hessen und ihrem latenten Begünstiger Frankreich zu verhandeln, wie Paul III. wünschte, erstrebte Karl V. den totalen Sieg, der ihm am 24. April bei Mühlberg zufiel. Der Papst hatte durch Breve vom 22. Januar das Bündnis mit dem Kaiser gekündigt und seine Hilfstruppen zurückgezogen: sein Kriegsziel war die Unterwerfung der Protestanten, nicht die Wiederherstellung der Kaisermacht im Reich und die Festigung der Universalmonarchie Karls V., in dessen Abhängigkeit zu geraten er angesichts der spanischen Vorherrschaft in Italien nicht ohne Grund fürchtete. Erbittert über diese Wendung der päpstlichen Politik, überschüttete der Kaiser den Nuntius Verallo mit Vorwürfen[20]; die Translation des Konzils nach Bologna durchkreuzte vollends seinen großen Plan und zerstörte das vor zwei Jahren mühsam hergestellte Einvernehmen zwischen den beiden Häuptern, auf denen jener beruhte. Er forderte vom Papst, die Translation des Konzils rückgängig zu machen, der Papst verweigerte sie mit der Begründung, darüber habe allein das Konzil zu befinden. Das in Bologna versammelte Konzil band jedoch jede Verhandlung über die Rückkehr nach Trient an die Bedingung, daß vorher die dort zurückgebliebene Minderheit sich dem Translationsbeschluß fügen und an den neuen Konzilsort übersiedeln müsse. Das persönliche Verhältnis Pauls III. zum Kaiser wurde schließlich unheilbar vergiftet, als am 10. September 1547 Pierluigi Farnese auf Anstiften des kaiserlichen Statthalters von Mailand, Ferrante Gonzaga, in Piacenza ermordet und die Stadt von kaiserlichen Truppen besetzt wurde. Trotzdem blieben beide Parteien bemüht, einen vollständigen Bruch zu vermeiden. Der Papst ließ das Bologneser Konzil verhandeln, aber kein Dekret publizieren; der Kaiser gab im Reiche eine vorläufige kirchliche Ordnung ohne direkte Mitwirkung, aber mit stillschweigender Duldung des Papstes (s. Kap. 24).

In Sessio IX vom 21. April 1547 hatte sich das Konzil in Bologna konstituiert und während des Monats Mai die in Trient begonnene Debatte über die Eucharistie fortgesetzt. Die schon fertiggestellten 8 Canones über die Realpräsenz[21] wurden jedoch in Sessio X (2. 6.) aus dem angegebenen Grunde nicht publiziert. Das gleiche Schicksal erfuhren die im Juni diskutierten Canones über das Bußsakrament[22] und die Canones über die Krankenölung, Weihe und Ehe, die während der Monate Juli, August und September die Generalkongregationen und den damals stark hervortreten-

[20] Bericht Verallos vom 7. Februar 1547: NBD I/9 462—469.
[21] CT VI 166 f. [22] CT VI 196 218 f.

den Theologenausschuß (Praelati theologi) beschäftigten[23]. Die Konzilstheologen, deren Zahl zeitweise auf 80 stieg und 50 nie unterschritt, beschäftigten sich im Juni und Juli mit der Lehre vom Fegfeuer und den Ablässen, im August mit der Lehre vom Meßopfer. Die am 6. Juni gebildete Reformdeputation stellte als Programm für die Reformverhandlungen die Mißbräuche bei der Sakramentenspendung auf, über die — nach Vorbereitung im Kanonistenausschuß — das Plenum im Herbst und Winter (26. 9. 1547 — 30. 1. 1548) debattierte[24]. Für die Zusammenstellung der Mißbräuche bei der Meßfeier, bei den Ablässen und in den Orden wurde am 28. November eine neue Deputation gebildet[25], zu der am 10. Dezember noch je eine Deputation für die Sammlung der Mißbräuche der weltlichen Gewalten und sonstiger, bisher noch nicht besprochener Mißstände trat[26]. Ihre Arbeiten kamen jedoch nicht zum Abschluß. Obwohl das Konzil in seiner Bologneser Tagungsperiode kein einziges Reformdekret verabschiedet hat, wurde sie für fast alle späteren Konzilsbeschlüsse bedeutsam, weil ihre Gegenstände zum ersten Male gründlich erörtert wurden. Der schon in Trient herausgestellte Gesichtspunkt, daß die Verbesserung der Seelsorge das zentrale Anliegen des Konzils sei, wurde schärfer herausgearbeitet; wiederum wurde die Notwendigkeit bejaht, die Stellung der Bischöfe zu stärken, man nahm die Veranstaltung von Provinzial- und Diözesansynoden, die Abfassung eines Katechismus und einer Agende in Aussicht.

Nachdem auch der letzte Vorstoß des Kaisers, durch Entsendung des Kardinals Madruzzo nach Rom den Papst zur Rückführung des Konzils nach Trient zu bestimmen, fehlgeschlagen war, ließ er am 15. Januar 1548 in Bologna, am 23. Januar in Rom gegen die Translation feierlichen Protest einlegen; in kaiserlichen Kreisen erwog man bereits, durch die in Trient verbliebene Minderheit das Konzil weiterzuführen[27]. Um das drohende Schisma zu vermeiden, verfügte der Papst am 1. Februar die Suspension der Bologneser Verhandlungen und forderte das Konzil auf, die Rechtmäßigkeit der Translation vor einem in Rom gebildeten Gerichtshof zu ver-

[23] *V. Heynck*, Contritio vera. Zur Kontroverse über den Begriff der contritio vera auf der Bologneser Tagung des Trienter Konzils: FStud 33 (1951) 137—179; *P. Fransen*, Ehescheidung im Falle von Ehebruch. Der fundamentaltheologisch-dogmatische Ertrag der Bologneser Verhandlungen von 1547: Scholastik 27 (1952) 526—556; *ders.*, Réflexions sur l'Anathème au Concile de Trente (Bologne 10.—24. septembre 1547): EThL 29 (1953) 657—672.

[24] *Th. Freudenberger*, Der Kampf um die radikale Abschaffung der Stolgebühren während der Bologneser Periode des Trienter Konzils: MThZ 1 (1950) 40—53.

[25] CT VI 611. [26] CT VI 630.

[27] *H. Jedin*, Der kaiserliche Protest gegen die Translation des Konzils von Trient nach Bologna: HJ 71 (1952) 184—196; *F. de P. Sola*, Manuscritos Tridentinos en el Archivo de Protocolos de Barcelona: Estudios históricos y documentos de los Archivos de Protocolos 3 (Barcelona 1955).

teidigen; auch die Trienter Minderheit erhielt die Aufforderung, eine Deputation nach Rom zu entsenden[28]. Sie lehnte ab. Die Bologneser Deputierten wurden im Sommer 1548 prozessual vernommen, aber eine Entscheidung fiel nicht.

Inzwischen hatte der Kaiser damit begonnen, die religiösen Verhältnisse Deutschlands ohne Konzil durch das Augsburger Interim und die gleichzeitig für die katholischen Stände erlassene „Reform" zu ordnen (siehe Kap. 24), die vom Papste nicht autorisiert waren, deren Durchführung aber von ihm indirekt dadurch gefördert wurde, daß er zwei Reformnuntien, Pighino und Lippomani, ins Reich sandte und ihnen weitgehende Fakultäten für die Rekonziliation von Protestanten mitgab. Das Interim scheiterte am Widerstand der Protestanten, die Augsburger „Reform" führte zwar zu einer Reihe von Provinzial- und Diözesansynoden, vermochte aber keine durchgreifende kirchliche Erneuerung zu bewirken, weil die Regenerationskräfte noch zu schwach waren. Da eröffnete der Tod Pauls III. am 10. November 1549 doch noch die Aussicht, das Trienter Konzil wiederzubeleben und damit auf den ursprünglichen „Großen Plan" zurückzugreifen.

Zweite Tagungsperiode

Obwohl der neue Papst, Julius III., als Konzilspräsident die Translation mit herbeigeführt hatte, bewilligte er dem Kaiser die Rückführung des Konzils nach Trient, allerdings unter der Voraussetzung, daß sich die protestantischen Stände gemäß dem Reichstagsabschied vom 30. Juni 1548 diesem unterwarfen. Die Voraussetzung traf nicht zu, denn ihre unter dem Druck der militärischen Niederlage gegebene Unterwerfung war an zwei Bedingungen geknüpft: daß das Konzil nicht unter der Leitung des Papstes stehe und daß es die während der ersten Tagungsperiode promulgierten Glaubensdekrete nochmals, und zwar unter Zugrundelegung des protestantischen Schriftprinzips, zur Diskussion stelle. Der Kaiser, aber auch der anfangs über diesen Sachverhalt ungenügend unterrichtete Papst handelten so, als ob eine bedingungslose Unterwerfung vorliege. Die Bulle „Cum ad tollenda" vom 14. November 1550, die das Konzil wiederum nach Trient berief, wahrte den bisher von der Kurie eingenommenen Rechtsstandpunkt, daß die Translation Rechtens gewesen sei, indem sie von einer „Rückführung" *(reductio)* sprach, kam jedoch dem Kaiser entgegen, indem sie die neue Trienter Tagung als „Fortsetzung" *(continuatio)* der früheren bezeichnete. Frankreich, das die Translation anerkannt hatte, lehnte die Beschickung ab.

Der Legat Marcello Crescenzio, dem die früher in Deutschland tätig ge-

[28] CT VI 739 ff.

wesenen Reformnuntien Pighino und Lippomani als Mitpräsidenten zur Seite standen, eröffnete die Tagung fristgemäß am 1. Mai 1551; die Verhandlungen selbst begannen erst im September. Die Zusammensetzung unterschied sich von der früheren dadurch, daß die kaiserliche Minderheit, die nach der Translation in Trient ausgeharrt hatte, im Laufe des Herbstes und Winters durch 13 Bischöfe aus Deutschland und der Schweiz, darunter die drei geistlichen Kurfürsten[29], verstärkt und das bisherige Übergewicht der Italiener gebrochen wurde. Unter den Konzilstheologen saßen neben den großen Spaniern (D. Soto, M. Cano, A. de Castro) die Vertreter der Löwener Universität (R. Tapper, Hessels und Ravesteyn) und die deutschen Theologen Johann Gropper, Eberhard Billick und Ambrosius Pelargus. Vor allem erschienen zum ersten und einzigen Male Gesandte protestantischer Reichsstände: Brandenburg, Württemberg, Straßburg, Kursachsen, unter ihnen der Geschichtsschreiber Johannes Sleidanus.

Die am 2. September vorgelegten 10 Artikel über die *Eucharistie* knüpften an die Trienter Artikel vom 3. Februar 1547, nicht an die in Bologna verabschiedeten Canones an, aber dank den in Bologna geleisteten Vorarbeiten und dem gerade in diesem Glaubensartikel vollständigen Konsens genügte eine verhältnismäßig kurze Debatte (Theologenkongregationen vom 8.—16. 9.; Generalkongregationen vom 21. 9. — 10. 10.), um das Eucharistiedekret publikationsreif zu machen und in Sessio XIII vom 11. Oktober 1551 zur Annahme zu bringen[30]. Es definierte die Realpräsenz und den Begriff der Transsubstantiation als geeignet *(aptissime)* für die Bezeichnung der Wesensverwandlung und verurteilte die Lehre, Christus sei nur beim Empfang gegenwärtig; aufgeschoben wurde die Entscheidung über die Kommunion unter beiden Gestalten.

Auch die 12 Artikel über das Sakrament der *Buße* und die 4 Artikel über die Krankenölung, über die vom 20.—30. Oktober in den Theologenkongregationen, vom 6.—15. November in den Generalkongregationen debattiert wurde, waren nicht mit den Bologneser Canones identisch. Gegenüber der lutherischen Lehre, die Buße bestehe in der Rückerinnerung an die Taufe und sei wesentlich Bußgesinnung, definierte das Konzil die Buße als Sakrament, bestehend aus den drei Teilen Reue, Beicht und Genugtuung; die Beicht aller nach der Taufe begangenen schweren Sünden ist *iure divino* geboten, die priesterliche Absolution ein richterlicher Akt. Die Krankenölung ist kein bloßer Ritus, der sich zur Erleichterung der Kranken eingebürgert hat, sondern ein von Christus eingesetztes und vom Apostel Jako-

[29] Genaueres über die deutschen Teilnehmer: *Schreiber* II 1—265 295 ff; *H. Ries,* Vorboten und Gefolge des Kurfürsten Johann V. von Trier auf seinem Zug zum Konzil von Trient im Sommer 1551: TThZ 60 (1951) 281—289. Eine Zusammenstellung der Akten und Bücher, die der Mainzer Erzbischof Heusenstamm zum Konzil mitnahm, hrsg. von *A. Brück:* AMrhKG 5 (1953) 301—310; *H. Jedin,* Das konziliare Reformprogramm Friedrich Nauseas: HJ 77 (1958) 229—253. [30] CT VII 111—229.

bus promulgiertes Sakrament. Wie die Canones über die Eucharistie, so wurden auch die über die Buße, allerdings erst in letzter Stunde, durch eine doctrina ergänzt.

Nicht ebenso befriedigend verliefen die Reformverhandlungen. Das Reformdekret der Sessio XIII regelte den Instanzenzug in Strafprozessen, das der Sessio XIV verbesserte das Weihe- und Ämterrecht (c. 12f das Patronatsrecht). Spanier und Deutsche waren sich darüber einig, daß die Reform nur mit der linken Hand betrieben werde. Als sich der Bischof von Verdun darüber beklagte, daß die Klosterkommenden nicht gänzlich abgeschafft würden, wies ihn Crescenzio so scharf zurecht, daß dem Erzbischof von Köln die Frage entschlüpfte: „Ist das noch ein freies Konzil?" [31] Während im Dezember und Januar über das Meßopfer und das Weihesakrament debattiert wurde, kamen die Verhandlungen mit den Gesandten der protestantischen Reichsstände, die über die kaiserlichen Botschafter Graf Montfort und Francisco de Toledo geführt wurden, nicht vom Fleck. Die Gesandten Württembergs und Kursachsens wurden am 24. Januar 1552 in der Generalkongregation empfangen und erhielten am folgenden Tag in Sessio XV das von ihnen geforderte verbesserte Freigeleit. Aber eine theologische Auseinandersetzung konnte nicht zustande kommen, weil die Protestanten ihre früheren Bedingungen für die Anerkennung des Konzils aufrechterhielten. „Für die beiden kirchlichen Parteien", urteilt Bizer [32], „handelt es sich um eine klare Prinzipienfrage, in der ein Nachgeben bedeutet hätte, sich selbst aufzugeben." Gleichzeitig trafen alarmierende Nachrichten über Rüstungen des mit Frankreich verbündeten Kurfürsten Moritz von Sachsen ein, durch die die deutschen Erzbischöfe zur Abreise veranlaßt wurden. Der Legat Crescenzio lag schwerkrank darnieder. Die Suspension des Konzils schien unvermeidlich. Aber der Kaiser, von seinen Konzilsbotschaftern um Weisungen gebeten, sträubte sich aufs äußerste gegen das Eingeständnis, daß sein großer Plan endgültig gescheitert sei, und befahl, sich der Suspension zu widersetzen [33]. Als die Fürstenopposition im April losschlug und den Kaiser zur Flucht aus Innsbruck zwang, war sie nicht mehr zu umgehen: in Sessio XVI vom 28. April 1552 beschloß das Konzil, sich auf unbestimmte Zeit zu vertagen. Resigniert schrieb ein Spanier nach der Auflösung: Die Suspension hat die Nutzlosigkeit des Konzils offenbart; weder sind die in Deutschland und anderwärts aufgetretenen Häresien beseitigt, noch ist die Kirche reformiert, noch der Friede unter den christlichen Fürsten wiederhergestellt worden [34]. Die Enttäuschung versperrte den Blick auf das wirklich Geleistete, aber unbestreitbar war, daß das Konzil als Torso dastand:

[31] CT XI 710 713. [32] *Bizer,* Confessio Virttembergica 40.

[33] Die Instruktion für den Fiskal Vargas und die Antwort des Kaisers vom 17. Februar: CT XI 994—1003.

[34] *H. Jedin,* Ein spanischer Epilog zur zweiten Tagungsperiode des Konzils von Trient: Gr 31 (1950) 100—113.

seine Glaubensdekrete umfaßten nur einen Teil der Kontroverslehren, die Reformdekrete beseitigten manche, aber keineswegs die drückendsten Mißstände und entbehrten, weil noch nicht vom Papste bestätigt, der verpflichtenden Kraft.

36. Kapitel

Der Durchbruch der Katholischen Reform (1551/59)

QUELLEN: BullRom VI 401—566; *Raynald*, Ann. eccl. XXI/2; die Reformakten Julius' III. und Pauls IV.: CT XIII/1; NBD, I. Abt. 12 (1901), hrsg. von *G. Kupke;* 13 (1959), hrsg. von *H. Lutz; R. Ancel,* Nontiatures de France I (Paris 1909/11), umfassend die Jahre 1554/57. Für die katholische Restauration in England: Calendar of Letters, Despaches and State papers Relating to the Negociations between England and Spain. Philip and Mary 1554/58, ed. *R. Tyler* (London 1954); die Akten der Provinzialsynode von Canterbury: Mansi XXXV 475—504. *W. Sharp - L. E. Whatmore,* Archdeacon Harpsfield's Visitations 1557 (London 1950/51); *J. Tellechea Idigoras,* Pole y Paulo IV: AHPont 4 (1966) 105—154.

LITERATUR: *Pastor* VI; *Seppelt* ²IV 58—90; *H. Lutz,* Christianitas afflicta (Göttingen 1963). Über Marcellus II. (außer der immer noch wichtigen Biogr. von *P. Polidori* [Rom 1744]: *A. Mercati,* Prescrizioni pel culto divino nella diocesi di Reggio-Emilia del vescovo Card. M. Cervini (Reggio-Emilia 1933). Über Paul IV.: *G. M. Monti,* Ricerche su Papa Paolo IV Carafa (Benevent 1925); *ders.,* Studi sulla Riforma cattolica e sul papato nei secoli XVI e XVII (Trani 1941); *I. Torriani,* Una tragedia nel Cinquecento romano: Paolo IV e i suoi nepoti (Rom 1951). Englische Restauration: *Ph. Hughes,* Reformation in England II (London 1954) 184—330; *W. Schenk,* Reginald Pole (London 1950). Sonstiges: *H. Jedin,* Kirchenreform und Konzilsgedanke 1550 bis 1559: HJ 54 (1934) 401—431; *ders.,* Analekten zur Reformtätigkeit der Reformpäpste Julius' III. und Pauls IV.: RQ 42 (1934) 305—332, 43 (1935) 87—156; *ders.,* Kard. Giovanni Ricci: Miscellanea P. Paschini II (Rom 1949) 269—358; *L. Serrano,* Anotación al tema: El papa Paolo IV y España: Hispania 3 (1943) 293—325. Literatur über Polen: *B. Stasiewski,* Reformation und Gegenreformation in Polen [= KLK 18] (Münster 1960) 72—78; *M. François,* Le Card. François Tournon (Paris 1951) [= Bibliothèques des écoles françaises d'Athènes et de Rome, Bd 173].

In dem Jahrzehnt von 1549 bis 1559 vollzieht sich in Rom der Durchbruch der Katholischen Reform: im Jahre 1555 besteigen in kurzem Abstand zwei ihrer Vertreter den Stuhl Petri.

Julius III., als Neffe des unter Leo X. und Clemens VII. hoch angesehenen Kardinals Antonio Del Monte in der kurialen Ämterlaufbahn aufgestiegen und selbst tüchtiger Kanonist, war nach langem Konklave (29.11.1549 bis 7. 2. 1550) auf Grund einer Absprache zwischen den Kardinälen Guise und Alessandro Farnese gewählt worden, nachdem dem reformeifrigen Pole, einem der Kandidaten des Kaisers, nur noch eine Stimme zur Zweidrittelmehrheit gefehlt hatte. Obwohl nicht kaiserlich gesinnt, machte er durch die Rückführung des Konzils nach Trient notgedrungen kaiserliche Politik; auf die Seite des Kaisers drängte ihn außerdem der Krieg gegen Ottavio Farnese, der die Herausgabe der Herzogtümer Parma und Piacenza an die Kirche verweigerte und bei Frankreich Unterstützung fand. Nachdem beide Unternehmen gescheitert waren, erklärte Julius III. sich in dem Krieg um Siena, der nach der Vertreibung der spanischen Besatzung im Sommer 1552 ausbrach, offiziell neutral; die beiden im Frühjahr 1553 abgeordneten Friedenslegaten, Dandino zum Kaiser, Capodiferro zu Heinrich II., hatten jedoch keinen Erfolg. Die von Frankreich unterstützten Sienesen verloren ihre Freiheit an Cosimo I. von Florenz: die spanische Herrschaft in Italien war endgültig gefestigt. Der Papst fand sich mit ihr ab, beraten von dem französisch orientierten Dandino und dem mehr der kaiserlichen Seite zuneigenden Ricci, der die kaum lösbare Aufgabe übernommen hatte, die durch die Nepotenpolitik Pauls III. zerrütteten Finanzen zu ordnen; der kostspielige Parmakrieg und die durch den Krieg um Siena notwendig gewordenen Rüstungen zum Schutz des Kirchenstaates vertieften die Finanznot. Trotzdem legte der Papst vor Porta del Popolo eine prächtige Villa an, deren Ausbau er sich mit großem Eifer widmete.

Das wichtigste Ereignis seines Pontifikates, die katholische *Restauration in England*, fiel ihm ohne sein Zutun in den Schoß. Am 19. Juli 1553 wurde Maria, die Tochter Katharinas von Aragón, zur Königin von England ausgerufen. Von Anfang an entschlossen, das Land zur römischen Obedienz zurückzuführen, ging sie aus Rücksicht auf die starken Widerstände, die sie auch nach ihrer Thronbesteigung zu überwinden hatte, beraten von ihrem Vetter Karl V., in der Religionsfrage behutsam vor: die Religionsgesetze Eduards VI. wurden widerrufen, der katholische Gottesdienst wiederhergestellt, am 1. April 1554 weihte der zum Lordkanzler ernannte Bischof Gardiner sechs neue Bischöfe (an Stelle der abgesetzten), um deren Bestätigung durch den Papst die Königin selbst nachsuchte. Aber der zum päpstlichen Legaten ernannte Kardinal Pole durfte erst Ende November 1554 den Boden Englands betreten, nachdem die vom Kaiser betriebene Heirat seines Sohnes Philipp mit Maria perfekt war. Am 30. November 1554 vollzog der Legat vor dem Parlament in Gegenwart der Königin die feierliche Absolution vom Schisma. Von der Rückforderung der entfremdeten Kirchengüter wurde abgesehen, den gegenwärtigen Besitzern am 24. Dezember ihr Eigentum bestätigt. Die von Pole geleitete Provinzialsynode von Canterbury (4. 11. 1555 — 10. 2. 1556) sollte den neuen Aufbau der Kirche in England einleiten und entsprach dem Geiste der Katholischen Reform: Verpflichtung der Bischöfe zu Residenz und Predigt, Bildung von Predigergruppen, die an die Stelle der Bettelorden treten sollten, endlich das Dekret über die Errichtung von Knabenseminaren, das die unmittelbare Vorlage des Trienter Seminardekrets wurde. Das Aufbauwerk krankte daran, daß die Hälfte der amtierenden Bischöfe durch das Schisma kompromittiert war, daß nicht genügend Priester zur Verfügung standen, vor allem aber daran, daß nach zwanzig Jahren des Schismas ein großer Teil der Gläubigen dem

Papsttum und der katholischen Frömmigkeit entfremdet war. Die Visitationsakten der Diözesen Lincoln und Canterbury lassen erkennen, wie gründlich die katholische Tradition beseitigt worden war: noch im Jahre 1557 hatten 60 Kirchen des Erzbistums Canterbury kein Kruzifix auf dem Hochaltar![1] Die Prozeßverfahren gegen Schismatiker und Protestanten, in der Regel vom weltlichen Richter eingeleitet, erregten häufig den Unwillen des Volkes, weil ein Teil der kirchlichen Richter durch die Kooperation mit dem früheren System selbst eine breite Angriffsfläche bot. Unter den 273 Hingerichteten befanden sich sehr wahrscheinlich auch zahlreiche Wiedertäufer, die in der anglikanischen Kirche ebenso verfolgt worden waren wie von der katholischen. Die von der Königin begünstigte Flucht protestantisch gesinnter Prediger nach dem Kontinent bereitete den Sturz der Restauration vor.

Die dringendste, noch immer anstehende Aufgabe des Papsttums blieb die *Reform der Römischen Kurie*. Im Herbst 1550 hatte Julius III. drei entschiedene Anhänger der Reformpartei, Cervini, Pole und Morone, nach Rom gerufen und durch sie, etwas später auch noch durch andere Kardinäle die bald nach der Wahl gebildete Reformdeputation erweitert; er hatte dann aber — ebensowenig wie Paul III. — seine ursprüngliche Absicht, dem bevorstehenden Konzil durch eine päpstliche Kurienreform zuvorzukommen, nicht ausgeführt. Nach der Suspension des Konzils tauchte der Plan auf, die Reform einem in Rom zu versammelnden, international beschickten Bischofskonvent zu übertragen; er wurde aber wegen des von kaiserlicher Seite erhobenen Widerspruchs wieder fallengelassen[2]. Doch betrieben Cervini und Maffei während des Winters 1552/53 die Reform des Konklaves, des Konsistoriums, der Signatur und der Pönitentiarie unter Berücksichtigung älterer und neuer Gutachten so eifrig, daß der Agent des Herzogs von Kleve, Andreas Masius, die „Reformation des Römischen Hofes in wenigen Tagen" erwartete[3]. Die Reformdekrete des Trienter Konzils sollten, durch eine „Fürstenreform" ergänzt und in manchen Punkten modifiziert, durch eine große Reformbulle in Kraft gesetzt werden. Treibendes Motiv waren Vorgänge in Spanien und Portugal. Dort begannen manche Bischöfe, unterstützt von den weltlichen Gewalten, bestimmte Reformdekrete des Konzils (vor allem Sessio VI de ref. c. 4 über die Visitation exemter Kapitel) durchzuführen, obwohl sie noch der päpstlichen Bestätigung entbehrten, mithin nicht geltendes Recht waren. Mit äußerster Entschiedenheit widersprach der Papst dieser Auffassung: am 15. Januar 1554 verwies er den König von Portugal auf die bevorstehende Reformbulle; in Spanien griff er zugunsten der exemten Domkapitel von León, Astorga, Segobia und Calahorra ein und verlangte von den Bischöfen kategorisch die Zurücknahme

[1] *W. Sharp* - *L. E. Whatmore* a. a. O.

[2] Das Gutachten des spanischen Diplomaten Francisco Vargas gegen diesen Plan: CT XIII/1 178—182.

[3] *M. Lossen*, Briefe von Andreas Masius (Leipzig 1886) 119.

der gegen sie erlassenen Verfügungen[4]. Damit wies er die Auffassung zurück, die Konzilsdekrete seien auch ohne päpstliche Bestätigung als „Anordnungen des Heiligen Geistes zum Heil der Seelen“ rechtskräftig, begegnete aber auch der staatskirchlichen Tendenz, sie gegen das Papsttum auszuspielen. In der Vorrede zu der geplanten Reformbulle (Frühjahr 1554) war die Absicht ausgesprochen, durch sie den Konzilsdekreten zugleich mit den neuentworfenen Reformkapiteln Gesetzeskraft zu verleihen. Die Bulle wurde Anfang Dezember 1554 den Kardinälen zur Begutachtung vorgelegt[5], aber noch ehe sie die letzte Feile erhalten konnte, starb Julius III. am 23. März 1555.

Das Urteil Seripandos, er habe die Kirchenreform weder versprochen noch vollbracht *(nec dixit nec fecit)*, ist aus der Ungeduld des reformeifrigen Autors erklärbar, aber zu scharf[6]. Zahlreiche eigenhändige Bemerkungen des Papstes in den Reformakten bekunden dessen persönliches Interesse. Unter den 20 Kardinälen, die er ernannte, befanden sich so vorzügliche Männer wie Puteo, Dandino, Bertano und sein Neffe Nobili, freilich auch der gänzlich unwürdige Adoptivsohn seines Bruders Baldovino, Innocenzo Del Monte. Durch Erteilung apostolischer Vollmachten hat er reformeifrige Bischöfe gefördert. Anfang 1554 ließ er eine Liste von nur 14 Bischöfen anlegen, die, weil für den Dienst an der Kurie notwendig, weiter in Rom bleiben dürften; die übrigen sollten in ihre Diözesen gehen. Alle diese Maßnahmen erschienen jedoch der Reformpartei ungenügend; sie erwartete mehr. Nach dem Tode Julius' III. erwies sie sich als stark genug, um das annähernde Gleichgewicht zwischen den beiden politischen Parteien im Kardinalskollegium auszunutzen und einem der Ihren die Tiara zu verschaffen.

Da weder die Kaiserlichen noch die Franzosen hoffen konnten, auf einen ihrer Kandidaten die Zweidrittelmehrheit zu vereinigen, zudem der noch ganz der Renaissance verhaftete Hauptkandidat der Franzosen, Ippolito d'Este, sich durch seine Praktiken mehr schadete als nützte, gelang es der von Sforza geführten kaiserlichen Partei, den eifrigsten aller Reformkardinäle, der seit jeher den Franzosen genehm war, Cervini, schon nach einem Konklave von vier Tagen (6.—10. 4. 1555) durchzusetzen.

Marcello Cervini (geb. 1501 in Montepulciano bei Siena) war christlicher Humanist und Patristiker und als Mentor der Nepoten Pauls III. schon 1539 zum Purpur gelangt; obwohl nicht stets residierend, hatte er seine Diözesen (zuerst Nicastro, dann Reggio-Emilia, zuletzt Gubbio) gewissenhaft versorgt; als Konzilslegat war er Träger des päpstlichen Vertrauens geblieben,

[4] Außer den Nachweisen HJ 54 (1934) 411 ff vgl. *C. Gutiérrez,* Una edición española en 1553 de los decretos conciliares tridentinos: EE 28 (1954) 73—105.

[5] Die letzte Redaktion der Bulle „Varietas temporum“ mit den Voten der Kardinäle: CT XIII/1 291—312.

[6] CT II 449; vgl. *H. Jedin,* Seripando II (Würzburg 1937) 34 f.

auch nachdem er sich mit Alessandro Farnese wegen dessen skrupelloser Familienpolitik entzweit hatte. Daß er seinen Namen nicht änderte und *Marcellus II.* heißen wollte, hatte einen tiefen Sinn: er wollte als Papst derselbe bleiben, der er vorher war. In einem Ratschlag für seine Regierung, den er erbeten hatte, las man den erschütternden Satz: „Seit 20 Jahren hat man von der Reform geredet und offen eingestanden, daß sie nötig sei, aber geschehen ist nichts.“ [7] Marcellus II. war zum Durchgreifen entschlossen; darum ist er der erste Papst der Katholischen Reform. Seine Anweisungen an die Signatur und die Pönitentiarie, keine Entscheidungen zu treffen, ehe die Reformbulle erschienen sei, beweisen seinen festen Willen zum Handeln. Doch er starb schon am 30. April, der Kirche „gezeigt, nicht geschenkt“. Aber der Durchbruch war gelungen.

Im folgenden Konklave (14.—23. 5. 1555) erbrachte die gleiche Konstellation innerhalb des Kollegiums ein ähnliches Resultat. Die von den Kaiserlichen betriebene Wahl Puteos mißlang, statt seiner wurde ein erklärter Feind der Spanier, der untadelige, aber wegen seiner Strenge gefürchtete Dekan des Kollegiums Johann Peter Carafa gewählt. *Paul IV.* entstammte einer der großen Baronalfamilien des Königreichs Neapel; durch seinen Oheim Oliviero Carafa, der an den Reformberatungen unter Alexander VI. maßgebend beteiligt war, hatte er (geb. 1476) schon 1505 das Bistum Chieti erhalten und Nuntiaturen in England und Spanien versehen, dann aber unter Verzicht auf seine Benefizien mit Gaetano von Thiene den Theatinerorden gegründet (s. Kap. 32). Ein 1532 in Venedig verfaßtes Gutachten über die Abwehr des Protestantismus in Italien und gewisse Vorschläge des „Consilium de emendanda Ecclesia“, vor allem aber die Einrichtung der Römischen Inquisition gaben seine radikalen, vom Gedankengut der humanistischen Reformbewegung gänzlich abweichenden Anschauungen wieder. Trotz seines hohen Alters war der hochgewachsene, asketische, aber leidenschaftliche Neapolitaner noch im Vollbesitz seiner physischen und geistigen Kräfte. Von der Größe seines Amtes tief durchdrungen und Anhänger der Papaltheorie in ihrer extremsten Form, Autokrat durch Charakter und Überzeugung, verließ er die von seinen Vorgängern eingehaltene Linie der politischen Neutralität und versuchte, ohne Rücksicht auf die veränderten Verhältnisse, wie ein Papst des Hochmittelalters die Christenheit zu regieren; die Einseitigkeit seiner Reformmaßnahmen, zu denen sein blinder Nepotismus in seltsamem Widerspruch stand, schwächte deren Wirkung ab und provozierte dem Fortgang der Katholischen Reform abträgliche Reaktionen.

Durch Familientradition und eigene Beobachtungen ein heftiger Gegner der spanischen Herrschaft über Neapel und der spanischen Vorherrschaft in

[7] CT XIII/1 315; *G. M. Monti*, Studi sulla Riforma Cattolica 38 ff, schreibt die Denkschrift einem unbekannten Theatiner zu.

Italien, ließ er sich durch seinen tatkräftigen und ehrgeizigen, aber moralisch unwürdigen Nepoten, Carlo Carafa, zu einem Bündnis mit Frankreich und zum Krieg gegen Spanien verleiten, der die militärische und politische Schwäche des Kirchenstaates offenbarte, zur Niederlage bei Paliano führte und im Frieden von Cave am 12. September 1557 endete. Als England auf der Seite des Kaisers in den Krieg gegen Frankreich eintrat, entzog er Pole die Legation für England und ersetzte ihn durch den Franziskaner Petow, der aber die Legatenwürde ablehnte. Der Tod Poles und Marias der Katholischen am 17. November 1558 und die Thronbesteigung Elisabeths I. bereiteten der katholischen Restauration in *England* ein jähes Ende. Obwohl längst entschlossen, das Schisma wiederherzustellen, schob die neue Königin den Bruch mit Rom hinaus, bis ihr Thron gefestigt war. Im Februar 1559 berief sie ihren Botschafter in Rom ab, am 23. März wurde die Bill über die königliche Suprematie (in der „Haupt" durch „Lenker" [governor] der Kirche von England ersetzt war) gegen den Widerstand der Bischöfe, besonders des Erzbischofs Heath von York, angenommen, im Sommer 1559 die anglikanische Liturgie wieder eingeführt. Sämtliche Bischöfe (mit Ausnahme des Bischofs von Llandaff) verweigerten die Anerkennung der neuen Ordnung und wurden abgesetzt. Trotzdem hat Paul IV. gegen Elisabeth noch keine kirchlichen Zensuren verhängt.

Bedrohlich gestaltete sich auch die Lage der Kirche in *Polen.* Der dorthin entsandte Nuntius Luigi Lippomani fand den Bestand des Katholizismus daselbst in großer Gefahr, weil ein Teil des hohen Adels, an der Spitze Fürst Radziwill, protestantisch gesinnt, das Gros der Bischöfe trotz rühmlicher Ausnahmen, wie Primas Dzierzkowski von Gnesen, nachgiebig oder gar, wie Bischof Uchański von Chełm, der Hinneigung zum Protestantismus verdächtig, König Sigismund August machtlos war. Die von ihm vorgelegten Forderungen (Priesterehe, Laienkelch, Messe in der Landessprache, Nationalkonzil) lehnte der Papst rundweg ab. Eine in Łowicz gehaltene Provinzialsynode bannte, wenigstens vorläufig, die Gefahr eines Nationalkonzils. Auf dem Reichstag von Petrikow (1558) gelang es Lippomanis Nachfolger Mentuato, in dessen Begleitung sich Petrus Canisius befand, zwar die direkt gegen die katholische Religion gerichteten Beschlüsse zu verhindern, aber nicht die Fortsetzung der protestantischen Propaganda zu unterbinden. Der Papst mußte sich damit begnügen, durch ein Mahnschreiben das Gewissen des Königs zu schärfen.

In *Deutschland* erlangten die protestantischen Reichsstände Augsburgischer Konfession durch den Augsburger Religionsfrieden vom 25. September 1555 reichsrechtliche Anerkennung (siehe Kap. 24). An Stelle des nach Rom zurückgerufenen Nuntius Delfino hatte der Papst Lippomani nach Augsburg entsandt mit dem Auftrag, nach Möglichkeit die Bestätigung des Passauer Vertrages zu verhindern; den Kaiser, dessen ablehnende Haltung gegenüber den Passauer Zugeständnissen bekannt war, versuchte er zur Einschränkung der auf seinen Bruder Ferdinand übertragenen Vollmachten zu bewegen. Die Maßnahmen waren ungenügend. Daß der Papst die kirchenpolitische Situation in Deutschland im allgemeinen wie die Tragweite des Religionsfriedens verkannte, ergibt sein Auftrag an den nach Deutschland zurückkehrenden Nuntius Delfino, König Ferdinand I. und den Herzog von Bayern zur Zurücknahme ihrer Zustimmung zu bewegen; der zu erwartende päpstliche Protest ist nicht eingelegt worden[8]. Die Erbitterung des Papstes gegen die habsburgischen Brüder war schon 1556 so heftig, daß allen Ernstes ihre Absetzung erwogen wurde. Als Ferdinand I. sich nach der Abdankung seines Bruders in Frankfurt zum Kaiser krönen ließ und den Titel eines „Erwählten Römischen Kaisers" annahm, ohne die Zustimmung des Papstes eingeholt zu haben, ja auch nur den päpstlichen Nuntius Antonio Agustín, Bischof von Alife, zu den Wahlverhandlungen zuzulassen, versagte ihm der Papst die Anerkennung mit der aus der mittelalterlichen Kanonistik geschöpften Begründung, sowohl die Resignation Karls V. wie die Wahl Ferdinands I. unterlägen der Prüfung durch den Papst; die letztere sei wegen der Beteiligung von drei protestantischen Kurfürsten ungültig[9]. Noch ehe Ferdinand I. den Konflikt, der den hochmittelalterlichen Streit zwischen Sacerdotium und Regnum in eine gänzlich veränderte Welt hineingetragen hätte, vor den Reichstag bringen konnte, starb der Papst.

Wie in der Politik, so ging Paul IV. auch auf *kirchlichem* Gebiet andere Wege als seine Vorgänger. Die Wiederaufnahme des Trienter Konzils blieb für ihn außer Betracht. Statt an die fast fertiggestellte Reformbulle Julius' III. anzuknüpfen, berief er im Frühjahr 1556 eine Kommission von etwa 60 Kardinälen, Bischöfen und Kurialbeamten und dachte daran, durch eine doktrinelle Entscheidung über das Problem der Simonie die theologischen Bedenken zu beseitigen, die unter Paul III. zum Vorwand gedient hatten, die Reform der Datarie, das Kernstück der Behördenreform, zu verhindern[10]; eine spätere Erweiterung der Kommission zu einem päpstlichen Konzil nach dem Vorbild des V. Laterankonzils war in Aussicht genommen. Gleichzeitig wurden drei der neuernannten Kardinäle (Scotti, Rebiba und Reumani), sämtlich Männer des päpstlichen Vertrauens, mit der Reform der Datarie beauftragt und ein neuer Datar ernannt, der Garantie zu bieten

[8] *J. Grisar,* Die Stellung der Päpste zum Reichstag und Religionsfrieden von Augsburg 1555: StdZ 156 (1955) 440—462, betrachtet eine im Konsistorium vom 22. August 1556 ausgesprochene Verwerfung des Religionsfriedens als gleichbedeutend mit einem Protest. Zwei Gutachten J. Groppers über den Religionsfrieden und die Wiederherstellung des Katholizismus in Deutschland aus dem Jahre 1558 publiziert und besprochen bei *H. Lutz,* Reformatio Germaniae. Drei Denkschriften J. Groppers: QFIAB 37 (1957) 222—310.

[9] Vgl. *J. I. Tellechea Idigoras,* La renuncia de Carlos V y la elección de Fernando de Austria: Scriptorium Victoriense 7 (1960) 7—78 207—283.

[10] Die Akten: CT XIII/1 327—364, dazu RQ 43 (1935) 128—156.

schien, daß die Reform dieser Behörde endlich verwirklicht würde. Aber der Ausbruch des Carafakrieges unterbrach die Ausführung dieser Pläne. Nach dem Frieden von Cave wurden sie nicht wiederaufgenommen. Die Theatiner Scotti und Isachino und der päpstliche Bibliothekar Sirleto beschäftigten sich im Auftrag des Papstes mit der Reform des Breviers und des Missale, einem alten Anliegen Pauls IV. und der Theatiner; das von Kardinal Quiñónez zusammengestellte Reformbrevier, das nach dessen Titelkirche Sta. Croce „Kreuzbrevier" hieß und fast nur Texte aus der Heiligen Schrift enthielt, wurde verboten[11]. Je später, desto ausschließlicher ging der Papst darauf aus, die Mißstände, gegen die er früher vergeblich geeifert hatte, mit drakonischer Strenge auszurotten, vor allem aber das Vordringen des Protestantismus durch scharfe Repressivmaßnahmen einzudämmen.

Die Vergabe von Klöstern an Weltgeistliche in der Form der Kommende wurde verboten; strenge Strafen trafen die „Apostaten", d. h. Ordensleute, die ohne oder mit erschlichener Erlaubnis die Klostergemeinschaft verlassen hatten: alle in Rom Aufgegriffenen wurden verhaftet; die öffentliche Unsittlichkeit und Gewalttätigkeiten, wie sie früher an der Tagesordnung waren, wurden durch drakonische Dekrete des Stadtgouverneurs unterdrückt. Das Rom der Renaissance verwandelte sein Gesicht. Um dem Vordringen des Protestantismus wenigstens so weit Halt zu gebieten, wie der Arm der Kirche reichte, schuf bzw. schärfte er zwei Instrumente: den Index der verbotenen Bücher und die Inquisition.

Die vom V. Laterankonzil vorgeschriebene Präventivzensur hatte sich als wirkungslos erwiesen. Staatliche, aber auch kirchliche Behörden begannen, angesichts der von Jahr zu Jahr anwachsenden Flut neugläubiger Publizistik, bereits erschienene Bücher einzeln oder durch Aufstellung von Katalogen zu verbieten: die Sorbonne gab zwischen 1544 und 1556 vier derartige Kataloge heraus, am sorgfältigsten war der auf Befehl des Kaisers 1546 veröffentlichte Katalog der theologischen Fakultät Löwen. Er enthielt eine Liste verbotener Bibelausgaben in lateinischer, griechischer, deutscher und französischer Sprache, ein alphabetisch geordnetes Verzeichnis lateinischer, am Schluß Listen deutscher und französischer Bücher; wegen seiner Reichhaltigkeit wurde er 1551 von der Spanischen Inquisition übernommen und ergänzt. Für Venedig hatte der dortige Nuntius Giovanni della Casa 1549 einen derartigen Katalog aufgestellt. Paul IV. zog am 21. Dezember 1558 alle bisher erteilten Lizenzen zum Lesen verbotener Bücher zurück, gebot deren Ablieferung und veröffentlichte im folgenden Jahr den ersten päpstlichen Index verbotener Bücher, der sich in Anordnung und Inhalt an den Löwener Katalog anlehnte, an Strenge weit über ihn hinausging: außer den Schriften der Reformatoren wurden sämtliche Werke des Erasmus, gleich

[11] *J. A. Jungmann*, Warum ist das Reformbrevier des Kardinals Quiñónez gescheitert?: ZKTh 78 (1956) 98—107.

welchen Inhaltes, verboten, dgl. alle Schriften über Geheimwissenschaften (Chiromantie, Geomantie usw.), alle seit 40 Jahren ohne Angabe des Verfassers oder Druckers veröffentlichten Druckschriften, schließlich — ohne Rücksicht auf ihren Inhalt — alle Druckerzeugnisse von 61 namentlich genannten Druckern, davon 14 allein aus Basel[12]. Der größte Teil der Bibel- und Väterausgaben fiel unter das Verbot. Viele Gelehrte sahen sich ihres wissenschaftlichen Handwerkszeuges beraubt; Petrus Canisius schrieb aus Deutschland: „Sogar die besten Katholiken mißbilligen solche Strenge.“[13]

Geradezu mit Leidenschaft warf sich der Papst auf den Ausbau der Römischen Inquisition[14]. Sie erhielt den Vorrang vor allen anderen Behörden, ihr Generalkommissar Ghislieri die gleichen Vollmachten wie die Inquisitionskardinäle. Ihre Kompetenz wurde auf moralische Verfehlungen der verschiedensten Art ausgedehnt, aus dem Glaubenstribunal zugleich eine Sittenbehörde. Todesurteile wurden häufiger als früher gefällt, niemand war vor ihr sicher: der um Kirchenreform und Konzil hochverdiente Kardinal Morone wurde unter dem Verdacht der Häresie in die Engelsburg geworfen. Immer mehr konzentrierte sich das Interesse des Papstes auf die Inquisition, deren Sitzungen er nie versäumte.

Aus der schlimmsten Selbsttäuschung wurde der Papst gerissen, als ihn der Theatiner Isachino Anfang 1559 über das schändliche Treiben seiner Neffen, des Kardinalnepoten Carlo Carafa und seines Bruders, der nach dem Sturze der Colonna Herzog von Paliano geworden war, aufklärte. Paul IV. verbannte sie nun aus Rom; der durch sie angerichtete moralische Schaden war nicht mehr gutzumachen. Er hatte es abgelehnt, bei Kardinalskreationen die Wünsche der Mächte zu berücksichtigen, und das Kollegium um so ausgezeichnete Männer wie Ghislieri, die Theatiner Rebiba und Reumano wie seinen Großneffen Alfonso Carafa bereichert; um so krasser wirkten die Verbrechen der Nepoten. Es fehlte dem Papste das Maß. Mit so großer Sorgfalt ging er bei der Ernennung der Bischöfe vor, daß im Oktober 1558 nicht weniger als 58 Bistümer unbesetzt waren. Die unleugbare Verschärfung aller kirchlichen Maßstäbe, die sich z. B. in der Dispenspraxis der Signatur bemerkbar machte[15], war ein großer Schritt vorwärts auf

[12] Text bei *H. Reusch,* Die Indices Librorum prohibitorum des 16. Jh. (Neudruck Nieuwkoop 1961) 176—208; vorausgehend die wichtigsten früheren Kataloge; *M. Scaduto,* Lainez e l'Indice del 1559: AHSI 24 (1955) 3—32.

[13] P. Canisii Epp. et Acta, ed. *O. Braunsberger* II 377; eine im Februar 1559 herausgegebene Instruktion zur Durchführung des Index, hrsg. von *A. Mercati:* Misc. Hist. Pont. 19 (Rom 1945) 95—102.

[14] Befürwortet hatte diesen Ausbau der Jesuit Bobadilla, vgl. *P. Leturia,* Los recuerdos presentados por el Jesuita Bobadilla al recién elegido Paulo IV: Miscellanea A. De Meyer II (Löwen 1946) 855—869.

[15] Nachweise: RQ 42 (1934) 311—332; die Einkünfte aus der Datarie fielen infolgedessen nach Angabe des venezianischen Botschafters Soranzo von 30000—40000 Dukaten im Monat auf 6000 Dukaten: *E. Alberi,* Relazioni degli ambasciatori veneti II/4, 87.

dem Wege der Katholischen Reform, die Einseitigkeit und Härte seiner Maßnahmen und die jahrelange Blindheit gegen seine Nepoten machten seinen Pontifikat zu einer großen Enttäuschung. Nach seinem Tode (18. 8. 1559) entlud sich der aufgestaute Haß gegen den Papst und seine Familie in der Verwüstung des Inquisitionsgebäudes und der Mißhandlung seiner Statue auf dem Kapitol.

Der Erfolg der Reformbewegung in den Papstwahlen des Jahres 1555 war noch nicht die endgültige Überwindung der Krise. Der Abfall machte scheinbar unaufhaltsame Fortschritte: England stand im Begriff, dem Papsttum wieder verlorenzugehen; im Reich war der Augsburger Religionsfriede geschlossen, in Frankreich und Polen die Stellung der Kirche im Wanken. Ganz unbestritten behauptete sie sich nur noch auf den beiden südlichen Halbinseln, dank der Unterstützung, die ihr hier der weltliche Arm gewährte. Aber gerade die Beziehungen des Papsttums zu Spanien, das im Frieden von Câteau-Cambrésis (1559) die Vormacht Europas wurde und sich als Schutzmacht der Kirche fühlte, waren fast abgerissen. Nur noch ein verhältnismäßig kleiner Rest der christlich-abendländischen Völkergemeinschaft fühlte sich mit ihrem Haupte verbunden. Bis zu diesem Haupte war die Katholische Reform vorgedrungen; daß sie auch die Glieder erfaßte, bewirkte die Wiederaufnahme und der Abschluß des Konzils von Trient.

37. Kapitel

Pius IV. und der Abschluß des Konzils von Trient

QUELLEN: Verhandlungsprotokolle: CT VIII und IX *(St. Ehses)*; Diarien: CT II und III/1 *(S. Merkle)*; die Legatenkorrespondenz: *J. Šusta,* Die Römische Curie und das Concil von Trient unter Pius IV., 4 Bde (Wien 1904/14), wichtige Vorarbeit: *Th. Sickel,* Römische Berichte, 5 Tle (Wien 1895—1901); die Berichte der kaiserlichen Gesandten: *Th. Sickel,* Zur Geschichte des Concils von Trient (Wien 1872); *G. Drei,* La corrispondenza del Card. Ercole Gonzaga, presidente del Concilio di Trento: Archivio storico per le provincie Parmensi 17 (1917) 185—242, 18 (1918) 30—143; *H. Jedin,* Krisis und Wendepunkt des Trienter Konzils 1562/63. Die neuentdeckten Geheimberichte des Bischofs Gualterio von Viterbo an den hl. Karl Borromäus (Würzburg 1941); Überblick über die sonstigen Quellen zur Geschichte der letzten Tagungsperiode: *H. Jedin,* G. Seripando II 121. Die Berichte der Nuntien am Kaiserhof Hosius, Delfino und Commendone: NBD, II. Abt. 1—3 (Wien-Graz 1897—1953). *E. M. Wermter,* Kard. St. Hosius, Bischof von Ermland, und Herzog Albrecht von Preußen. Ihr Briefwechsel über das Konzil von Trient 1560/62 (Münster 1957) [= RGStT 82]; Muzio Calini, Lettere conciliari 1561/63, hrsg. von *A. Marani* (Brescia 1963).

LITERATUR: *Pastor* VII; *St. Ehses,* Die letzte Berufung des Trienter Konzils durch Pius IV.: Festschrift G. von Hertling (Kempen 1913) 139—162; *H. Jedin,* G. Seripando II (Würzburg 1937) 104—238; *H. O. Evennett,* The Cardinal of Lorraine and the Council of Trent (Cambridge 1930); *B. Chudoba,* Las relaciones de las dos cortes Habsburgesas en la tercera asemblea del Concilio Tridentino: Boletín de la R. Academia de la Historia 103 (1933) 297—368; *H. Jedin,* La politica conciliare di Cosimo I: RSIt 62 (1950) 345 bis

374 477—496; *G. Constant,* La légation du Cardinal Morone près l'Empereur et le Concile de Trente (Paris 1922); *L. Castano,* Mons. Nicolò Sfrondrato, Vescovo di Cremona al Concilio di Trento (Turin 1939); *P. Prodi,* Il Cardinale Gabriele Paleotti I (Florenz 1959); *H. Jedin,* Der Abschluß des Trienter Konzils 1562/63 (Münster 1963) [= KLK 21]; *R. G. Villoslada,* La reforma española en Trento: EE 39 (1964) 69—92 147—173 319—340. Weitere Lit. LThK² X 351 f.

Die beiden ersten Tagungsperioden des Trienter Konzils waren durch die deutsche Glaubensspaltung veranlaßt und auf sie ausgerichtet. Ihre dogmatischen Dekrete waren die Antwort des kirchlichen Lehramtes auf die Lehrbegriffe Luthers, Zwinglis und der auf ihnen fußenden Kirchengemeinschaften; ihre Reformdekrete waren der noch unzulängliche Versuch, der Protestantischen Reformation eine Katholische Reform entgegenzusetzen; politisch bildeten beide Tagungen einen Teil des großen, von Kaiser Karl V. entworfenen und von Paul III. und Julius III. gebilligten und unterstützten Planes zur Entmachtung der deutschen Protestanten. Die dritte und letzte Tagungsperiode des Konzils war durch die kirchlichen Vorgänge in Frankreich veranlaßt. Dort schien der Kalvinismus im Begriff, diese bis ins späte Mittelalter geistig führende, zugleich die volkreichste Nation des Abendlandes sich zu erobern. Erreichte er dieses Ziel, so war die katholische Kirche definitiv auf die beiden südlichen Halbinseln Europas zurückgeworfen.

Nach einem dramatisch verlaufenen Konklave von über drei Monaten (5. 9. — 26. 12. 1559), in dem sich die drei ungefähr gleich starken Parteien der Spanier, Franzosen und Carafakardinäle gegenüberstanden, wurde der Kandidat des Herzogs Cosimo von Florenz, der Mailänder Gianangelo Medici gewählt. Meist in der Verwaltung des Kirchenstaates beschäftigt, von Paul III. 1549 zum Kardinal erhoben, war *Pius IV.* politisch wenig hervorgetreten; seinem ganzen Vorleben nach gehörte er nicht zur Reformpartei. Sein engster Berater war der eben aus der Engelsburg befreite Morone, in der großen Politik folgte er meist den Ratschlägen des schlauen Herzogs Cosimo, der sich mit der spanischen Herrschaft in Italien abgefunden hatte. Die Regierungsgeschäfte führte er selbst, nicht der schon am 31. Januar 1560 zum Kardinal erhobene, noch jugendliche Neffe Carlo Borromeo; erst nach dem ihn tief erschütternden Tode seines Bruders Federigo am 19. November 1562 wuchs dieser zum Hauptförderer der Reform am päpstlichen Hofe heran. Der „neue Kurs" des Papstes besagte: Abkehr vom Regime der Carafas, Rückkehr zur Kirchenpolitik Pauls III. und Julius' III. Der Erbitterung gegen die Carafa nachgebend, ließ er Kardinal Carlo Carafa und seinem Bruder, dem Herzog von Paliano, den Prozeß machen und sie am 5. März 1561 hinrichten. Zahlreiche Repressivmaßnahmen Pauls IV. wurden widerrufen, die von dessen Vorgängern eingeschlagenen Wege wieder beschritten. Nicht ein römischer Reformkonvent, sondern die Fortsetzung des noch immer suspendierten Trienter Konzils lag im Regierungsprogramm des neuen Papstes.

Schon die erste Fühlungnahme mit den großen Mächten ließ erkennen, daß sich zwei grundverschiedene Auffassungen gegenüberstanden. Philipp II. von Spanien, seit dem Frieden von Câteau-Cambrésis unbestritten der mächtigste Monarch Europas, betrachtete das in Aussicht genommene Konzil als Fortsetzung *(continuatio)* der beiden früheren Tagungen, an deren Beschlüssen, auch wenn sie vom Papste noch nicht bestätigt seien, nicht gerüttelt werden dürfe. Der Kaiser und Frankreich dagegen wünschten ein neues Konzil: Ferdinand I. mit Rücksicht auf die deutschen Protestanten, die bei einer Fortsetzung des Trienter Konzils für den Bestand des Augsburger Religionsfriedens fürchteten; Frankreich in der Hoffnung, auf einem neuen Konzil, wenn andere Wege fehlschlügen, einen Ausgleich mit der aufstrebenden Hugenottenpartei zu finden. Die Berufungsbulle „Ad ecclesiae regimen" vom 29. November 1560[1] begünstigte die erste Auffassung, denn sie sprach von der Aufhebung der Suspension, schloß aber die zweite nicht aus, indem sie den Ausdruck „Ansage" *(indictio)* gebrauchte. Keine der beiden Parteien war zufriedengestellt, alle zögerten mit der Annahme der Bulle. Die in Naumburg versammelten protestantischen Reichsstände erteilten dem Nuntius Commendone wiederum eine glatte Absage. Dem zu ihm und nach Süddeutschland entsandten Nuntius Delfino gab Ferdinand I. eine hinhaltende Antwort, bestärkt durch Frankreich, wo nach dem Tode Franz' II. und dem Sturz der Guisen die Königinmutter Katharina von Medici für ihren zweiten Sohn Karl IX. die Regentschaft führte. Die Nichte Clemens' VII. spielte, um sich an der Macht zu halten, die beiden Religionsparteien und deren politische Exponenten gegeneinander aus und bemühte sich um einen Ausgleich, beraten von dem Kanzler Michel l'Hôpital. Noch lagen keine endgültigen Zusagen seitens der Mächte vor, da ernannte der Papst im Februar und März 1561 fünf Konzilslegaten: den hochgebildeten, politisch erfahrenen Ercole Gonzaga, der im letzten Konklave der Tiara nahe gewesen war, den Kanonisten Puteo, den ehemaligen Augustinergeneral Seripando, nunmehr Erzbischof von Salerno, den Kontroverstheologen Stanislaus Hosius, Bischof von Ermland und Nuntius beim Kaiser, den Kurialkanonisten Ludovico Simonetta, der das volle Vertrauen des Papstes genoß. An die Stelle des erkrankten Puteo trat später ein Neffe des Papstes, der für die Konzilslegation ganz ungeeignete Kardinal Mark Sittich von Hohenems. Obwohl Gonzaga und Seripando sich seit dem 16. April 1561 in Trient aufhielten, schien das Zustandekommen des Konzils bis in den Herbst hinein unsicher. Zwar hatte Philipp II., nachdem er in einem Geheimbreve vom 17. Juli die Zusicherung des Papstes erhalten hatte, das Konzil sei als Fortsetzung der früheren Tagungen zu betrachten, den spanischen Bischöfen befohlen, sich zur Konzilsreise zu rüsten; auch Ferdinand I. hatte schließlich die Abordnung von Gesandten versprochen. Aber

[1] CT VIII 104—107.

den Ausschlag für die Eröffnung gaben erst die Ereignisse in Frankreich. Die Klerusversammlung von Poissy im August/September 1561 — in Wirklichkeit ein Nationalkonzil — und das dort abgehaltene Religionsgespräch mit den Kalvinisten unter der Führung Theodor Bezas enthüllten die Gefahr eines schrittweisen Abgleitens des Landes zum Kalvinismus. Der Papst ließ sich durch die verschleiernden Berichte des Kardinallegaten Ippolito d'Este nicht täuschen und sorgte für die Beschickung des Konzils durch italienische Bischöfe; auch die ersten Spanier trafen am Jahresende ein. Am 18. Januar 1562 konnte es in Gegenwart von 109 Kardinälen und Bischöfen, 4 Äbten und 4 Ordensgeneralen eröffnet werden. Im Vergleich mit dieser zahlreichen Versammlung sei die Eröffnungssitzung von 1545 nicht viel mehr als eine Diözesansynode gewesen, meinte Seripando.

Der noch immer anstehenden Kontroverse um das Verhältnis zu den früheren Tagungen versuchten die Legaten dadurch auszuweichen, daß sie am 11. März zwölf Reformartikel vorlegten, die durch eine Denkschrift italienischer Bischöfe inspiriert waren[2]. Art. 1 griff das noch immer ungelöste Problem der *Residenzpflicht* auf, über deren Grundlagen inzwischen eine lebhafte literarische Kontroverse entbrannt war[3]. Im Laufe der am 7. April begonnenen Debatte sprach sich eine aus Spaniern und reformeifrigen Italienern zusammengesetzte Minderheit dafür aus, die Residenzpflicht der Bischöfe beruhe auf göttlichem Recht und sei streng verpflichtendes göttliches Gebot. Die Gegenseite bekämpfte heftig das Ius divinum als Präjudiz der päpstlichen Primatialgewalt. Als die Legaten in der Generalkongregation vom 20. April diese Hauptfrage zur Abstimmung stellten, erklärten sich 67 Konzilsväter für das Ius divinum, 35 dagegen, 34 stellten die Entscheidung dem Papste anheim[4]. Durch die Berichte des Legaten Simonetta alarmiert, verbot der Papst am 11. Mai die Fortsetzung der Residenzdebatte, schob Gonzaga und Seripando die Schuld an der Erörterung des Problems zu und erwog ihre Abberufung.

Die „Residenzkrise", zugleich eine Vertrauenskrise innerhalb des Legatenkollegs und in dessen Verhältnis zum Papste, verursachte eine längere Stockung der Konzilsverhandlungen. In Sessio XIX vom 14. Mai empfing das Konzil die „Oratoren" des Königs von Spanien, der Republik Venedig, des Herzogs Cosimo, in Sessio XX vom 4. Juni die Botschafter Frankreichs und der katholischen Schweizer Kantone; die des Kaisers

[2] CT VIII 378f; die 93 italienischen Reformartikel: CT XIII/1 607—612. *L. Castano,* Pio IV e la Curia Romana di fronte al dibattito tridentino sulla residenza: Misc. Hist. Pont. 7 (Rom 1943) n. 12.

[3] *Für* das Ius divinum hatten sich im Anschluß an Cajetan die Dominikaner B. Carranza und D. Soto sowie der spätere Jesuit Francisco Torres, *dagegen* A. Catharinus und T. Campeggio ausgesprochen; eine Sammlung aller einschlägigen Traktate in 2 Bänden erschien in Venedig 1562, vgl. CT XIII/1 655.

[4] *St. Ehses,* Eine bewegte Abstimmung auf dem Konzil von Trient: Miscellanea Franz Ehrle III (Rom 1924) 224—234.

weilten schon seit dem Frühjahr in Trient. Am 6. Juli überreichten diese den Legaten ein sorgfältig vorbereitetes Reformlibell des Kaisers, das u. a. die Bewilligung des Laienkelchs und der Priesterehe verlangte[5]. Die Konzilsverhandlungen kamen erst wieder in Gang, nachdem Gonzaga die Wiederaufnahme der Debatte über die Residenzpflicht gleichzeitig mit den Beratungen über das Weihesakrament in Aussicht gestellt hatte. Der Papst ließ seine Absicht, die beiden rangältesten Legaten abzuberufen, fallen, schenkte ihnen jedoch nicht mehr volles Vertrauen. Die Konzilskrise war nicht wirklich überwunden, sondern vertagt.

Durch das Dekret der Sessio XXI vom 16. Juli 1562 über die Kommunion unter beiden Gestalten[6], das an das Eucharistiedekret von 1551 anknüpfte, fiel faktisch die Entscheidung für die Kontinuation, die der spanische Botschafter Pescara erneut gefordert hatte. Das Gesuch um Gewährung des Laienkelchs, dem sich auch Herzog Albrecht von Bayern angeschlossen hatte[7], wurde nach langer Debatte und obwohl der kaiserliche Botschafter Bischof Draskovich von Fünfkirchen heftig opponierte, an den Papst überwiesen.

In der folgenden Debatte über den *Opfercharakter der Messe* wurde deren Verhältnis zum Kreuzopfer herausgearbeitet; am meisten umstritten war die Frage, ob das Letzte Abendmahl ein Sühnopfer gewesen sei. Der am 6. August vorgelegte Entwurf[8] (Augustentwurf) unterdrückte den im Schema von 1552 darüber enthaltenen Passus; da aber die Gegner dieser Lehre (darunter Seripando, die Erzbischöfe von Granada und Braga, der Bischof von Modena) während der Debatte in der Minderheit blieben, kehrte sie im Septemberentwurf zurück und ging in die endgültige Fassung des Meßopferdekretes über, die in Sessio XXII vom 17. September 1562 approbiert wurde[9]. Das Meßopfer ist Gegenwärtigsetzung und Gedächtnis des Kreuzopfers sowie Applikation seiner Früchte, Sühnopfer für Lebende und Verstorbene, dargebracht von demselben Christus wie das Kreuzopfer *(una eademque hostia, idem nunc offerens)*, aber durch den Dienst der Priester und in anderer Darbringungsweise. Der Kanon der Messe ist frei von Irrtum, ihre Feier zu Ehren der Heiligen ist erlaubt, denn das Opfer wird Gott allein dargebracht; erlaubt ist auch die Privatmesse, der Gebrauch der Volkssprache bei ihr nicht angängig *(non expedire)*. Ein entsprechendes Reformdekret beseitigte einige aus den vielen von einer Konzilsdeputation zusammengestellten Mißständen[10]. Das zweite Reformdekret der Sessio XXII

[5] CT XIII/1 661—685.

[6] CT VIII 698 ff.

[7] *A. Knöpfler*, Die Kelchbewegung in Bayern unter Herzog Albrecht V. (München 1891) 106 ff.

[8] Der Augustentwurf: CT VIII 751—755; der Septemberentwurf: CT VIII 909—912.

[9] CT VIII 959—968.

[10] CT VIII 916—921, äußerst aufschlußreich für die vortridentinische Meßpraxis.

wandte sich gegen Mißstände im Diözesanbereich, ließ aber die seit dem Frühjahr eingereichten Reformdenkschriften spanischer und portugiesischer Bischöfe sowie das Reformlibell des Kaisers fast unberücksichtigt[11]. Die beim Konzil beglaubigten Botschafter der weltlichen Mächte (mit Ausnahme von Venedig und Florenz) legten daraufhin am 16. September bei den Legaten gegen die bisherige Behandlung der Reformfrage Protest ein.

Die schleichende Krise des Konzils wurde akut, als am 13. November Kardinal Charles Guise, der „Kardinal von Lothringen", mit 13 französischen Bischöfen in Trient eintraf. Schon nach kurzer Orientierung über den Stand der Konzilsverhandlungen stellte er sich auf die Seite der Opposition und übernahm deren Führung. Die am 13. Oktober in der Generalkongregation aufgenommenen Verhandlungen über das Weihesakrament und das am 6. November vorgelegte neue Residenzdekret[12] konvergierten im Problem Primat—Episkopat: die im Schema vom 21. Januar 1552 enthaltene Einsetzung des Bischofsamtes de iure divino war bereits in der Vorlage für die Theologen vom 18. September unterdrückt worden[13]; das neue Residenzdekret führte die Verpflichtung der Bischöfe zur Residenz auf das göttliche *und* das menschliche Recht zurück. Die französisch-spanische Opposition, der sich ein Teil der Italiener anschloß, erstrebte eine episkopalistische[14], die von Rom geförderte Partei der Zelanti, deren Stütze im Legatenkolleg Simonetta war, eine streng kurialistische Lösung. Obwohl sich Gonzaga und Seripando vom Dezember 1562 bis Februar 1563 bemühten, Kompromißformeln zu finden[15], versteiften sich die Fronten derart, daß das Konzil arbeitsunfähig wurde, die katholischen Mächte zu intervenieren begannen und die Sprengung des Konzils in den Bereich der Möglichkeit rückte. Um das Konzil zu beschäftigen, begannen die Legaten am 9. Februar 1563 Theologenkongregationen über das Ehesakrament. Kardinal Guise, über die Hartnäckigkeit der Zelanten aufs höchste erbittert, erwirkte während einer Reise nach Innsbruck vom Kaiser ein ernstes Mahnschreiben an den Papst, sich der Reform durch das Konzil nicht zu widersetzen und den Zelanten Mäßigung aufzuerlegen. Der bisher stets vermiedene Streit über das Verhältnis des Papstes zum Konzil schien unmittelbar bevorzustehen.

11 Außer den Anm. 2 erwähnten italienischen Reformartikeln und dem kaiserlichen Reformlibell (Anm. 5) lagen vor: eine Anfang April 1562 eingereichte Reformdenkschrift spanischer Bischöfe: CT XIII/1 624—631; eine gleichzeitig verfaßte Denkschrift des portugiesischen Botschafters Mascarenhas: ebd. 632f; eine Petition portugiesischer Bischöfe vom 6. August: ebd. 725ff; ein Gesuch der Erzbischöfe von Granada und Braga über die Pfründenbesetzung vom 17. August: ebd. 727—730.

12 CT IX 135ff.

13 CT IX 6.

14 Der Begriff „Episkopalismus" wird hier in einem weiteren Sinne, für die Stärkung der bischöflichen Gewalt gebraucht, schließt also nicht eine Leugnung des päpstlichen Primates ein.

15 Eine Zusammenstellung der damals erörterten Kompromißformeln: CT IX 226—241.

Morone rettet das Konzil

Die große Konzilskrise wurde erst überwunden, als nach dem Tode der Kardinäle Gonzaga (2. März) und Seripando (17. März) das Konzil in Morone einen neuen Präsidenten erhielt, der das volle Vertrauen des Papstes genoß. Nach Innsbruck eilend, beruhigte er zuerst den Kaiser; in Trient schob er die Nebenregierung Simonettas und der Zelanti beiseite, überging eine „Practica" zur Beilegung der Krise, die der ehemalige Nuntius in Frankreich, Bischof Gualterio von Viterbo, mit dem französischen Konzilsbotschafter Ferrier eingefädelt hatte, und gewann schließlich auf noch nicht völlig geklärte Weise Kardinal Guise für einen Kompromiß, der in einer Konferenz der Notabeln des Konzils am 6. Juli angenommen wurde. Den König von Spanien hatte der Papst schon vorher durch ein Handschreiben vom 1. April von seinem festen Willen, das Konzil weiter- und zu Ende zu führen, und von der Ernsthaftigkeit seiner Reformgesinnung überzeugt.

Die nunmehr — nach einer Unterbrechung von fast zehn Monaten — möglich gewordene Sessio XXIII vom 14. Juli 1563[16] wurde der Wendepunkt des Konzils. Der von Morone vorgeschlagene und von der Opposition angenommene Kompromiß lief darauf hinaus, daß sich das Konzil darauf beschränkte, in can. 6—8 über den Ordo die protestantische Lehre vom Bischofsamt zurückzuweisen, eine Definition des päpstlichen Primates jedoch vermied; in den übrigen Canones und den beigefügten Lehrkapiteln wurde die Einsetzung des neutestamentlichen Priestertums durch Christus und die Unterscheidung von höheren und niederen Weihen festgelegt. Das neue Residenzdekret verschärfte die Strafen auf die Vernachlässigung der Residenzpflicht, die als „göttliches Gebot" bezeichnet wurde. Nicht weniger wichtig war das Schlußkapitel (cap. 18) des Reformdekretes: die Bischöfe wurden verpflichtet, Seminare zur Ausbildung der künftigen Priester einzurichten[17].

Am 30. Juli 1563 übergab Morone den Oratoren der Mächte eine 42 Artikel umfassende, in der Hauptsache von dem Uditore Paleotti ausgearbeitete *Reformvorlage* zur Äußerung. In ihr waren zahlreiche Postulate aus den dem Konzil vorliegenden Reformdenkschriften (auch den am 3. Januar 1563 überreichten französischen Petitionen) berücksichtigt, jedoch so, daß keiner der bisherigen Ansprüche der Kurie grundsätzlich aufgegeben

[16] CT IX 620—630; zur Vorgeschichte: *G. B. da Farnese,* Il Sacramento dell'Ordine nel periodo precedente la Sessione XXIII di Trento (Rom 1946); *F. García Guerrero,* El decreto sobre residencia de los obispos en la tercera asamblea del Concilio Tridentino (Cádiz 1943).

[17] *J. A. O'Donohoe,* Tridentine Seminary Legislation. Its Sources and Its Formation (Löwen 1957); *H. Jedin,* Domschule und Kolleg. Zum Ursprung der Idee des Trienter Priesterseminars: TThZ 67 (1958) 210—223; *ders.,* L'importanza del decreto tridentino sui seminari nella vita della Chiesa: Seminarium 15 (1963) 396—412.

wurde. Über 21 aus dieser Vorlage entnommene, aber leicht umgearbeitete Artikel[18] wurde in den Generalkongregationen vom 11. September bis zum 2. Oktober debattiert; vorher, während der Monate Juli und August, hatten in der Debatte über das Ehesakrament die Ungültigerklärung der Clandestinehe und (mit Rücksicht auf die Praxis der Griechen) die Frage der Ehescheidung wegen Ehebruch lebhafte Auseinandersetzungen hervorgerufen[19]. Sessio XXIV vom 11. November 1563 umfaßte drei in ihrer Bedeutung nur schwer zu überschätzende Dekrete: ein dogmatisches Dekret bekräftigte die Sakramentalität der Ehe, ihre Unauflöslichkeit und das Recht der Kirche, Ehehindernisse aufzustellen. Das Reformdekret „Tametsi" machte für die Zukunft die Gültigkeit der Ehe von der Beobachtung der „Forma Tridentina" abhängig, dem Austausch des Ehekonsenses vor dem zuständigen Pfarrer und zwei bis drei Zeugen; es ordnete außerdem die Führung von Tauf- und Traumatrikeln[20] durch die Pfarrer an. Das 21 Kapitel umfassende allgemeine Reformdekret enthielt Normen für das Verfahren bei der Bischofsernennung (u. a. über die Führung des Informativprozesses)[21], für die Abhaltung von Provinzialsynoden (alle drei Jahre) und der jährlichen Diözesansynoden sowie der bischöflichen Visitationen, endlich über die Domkapitel und die Besetzung der Pfarreien. Überall da, wo das Interesse der Seelsorge es forderte, wurden die Befugnisse der Bischöfe gegenüber den exemten Orden und Körperschaften durch Übertragung apostolischer Vollmachten erweitert.

Auch nachdem Kardinal Guise, die Mehrheit der Spanier und die Kaiserlichen für die Vermittlungspolitik Morones gewonnen worden waren, verharrte eine immer mehr zusammenschmelzende Minderheit der Spanier, insbesondere der Bischof von Segovia[22], unterstützt von dem am 21. Mai 1563 als Botschafter Philipps II. eingeführten Grafen Luna in der Opposition. Luna bekämpfte das alleinige Propositionsrecht der Legaten[23] und das Stre-

[18] CT IX 748—759.

[19] Die elf Canones über die Ehe vom 20. Juli: CT IX 639 f; die zwölf reformierten Canones vom 5. September: ebd. 760 ff.

[20] *H. Jedin,* Das Konzil von Trient und die Anfänge der Kirchenmatrikeln: ZSavRGkan 32 (1943) 419—494; *H. Börsting,* Geschichte der Matrikeln von der Frühkirche bis zur Gegenwart (Freiburg 1959) 94—104; *M. Simon,* Zur Entstehung der Kirchenbücher: ZBKG 28 (1959) 129—142 (über den Nürnberger Plan eines Kirchenbuches im 14. Jh.).

[21] *H. Jedin,* Die Reform des bischöflichen Informativprozesses auf dem Konzil von Trient: AkathKR 116 (1936) 389—413.

[22] *H. Jedin,* Die Autobiographie des Don Martín Pérez de Ayala: Spanische Forschungen I/11 (1955) 122—164.

[23] Das Breve vom 8. Mai 1563 (CT IX 956 Anm. 8), in dem der Papst sich bereit erklärt hatte, das alleinige Propositionsrecht der Legaten fallenzulassen, wurde auf energische Vorstellungen Morones hin (*Šusta* IV 71 f) nicht ausgeführt; in Sessio XXIV gaben die Legaten die Erklärung ab, die in den Dekreten enthaltene Formel *proponentibus legatis* schränke die bisher auf den ökumenischen Konzilien gewährte Redefreiheit nicht weiter ein.

ben Morones nach einem baldigen Abschluß des Konzils; die vom Präsidenten eingebrachte Reformvorlage erfülle weder die spanischen Reformpostulate, noch nehme sie genügend Rücksicht auf die deutschen Verhältnisse. Die Überwindung dieser und anderer Widerstände seitens der Mächte gegen einen baldigen Abschluß des Konzils wurde dadurch erleichtert, daß Morone mit der Vorlage einer „Fürstenreform", d. h. der Klagen der Bischöfe über die Eingriffe weltlicher Gewalten in den kirchlichen Bereich, drohte[24]. Im Laufe des Monats November wurde der noch verbliebene Teil der großen Reformvorlage diskutiert. Die Schlußsitzung war für Mitte Dezember vorgesehen, wurde aber auf die Kunde von einer Erkrankung des Papstes auf den 3. Dezember vorverlegt und am 4. Dezember weitergeführt (Sessio XXV)[25]. Sie umfaßte Dekrete über die bisher noch unberücksichtigten Kontroverslehren: das Fegfeuer, die Verehrung der Heiligen und ihrer Reliquien, der Bilder[26] und den Ablaß; sie konnten nur noch in einem abgekürzten Verfahren am 2. und 4. Dezember debattiert werden. Die schon unter Julius III. vorbereitete Ordensreform erhielt den Charakter eines Rahmengesetzes, das die bestehenden Ordenskonstitutionen nicht aufhob, sondern nur in bestimmten Punkten modifizierte: es enthielt Normen für die Aufnahme neuer Mitglieder, über das Noviziat, die Armut und die Klausur der Nonnen[27]. Obwohl sich Kardinal Alessandro Farnese und andere Mitglieder des Kollegiums heftig dagegen gesträubt hatten[28], wurden in das zweite Reformdekret dieser Sitzung, das in c. 1 die Pflichten der Bischöfe umriß, auch die Kardinäle einbegriffen; außerdem enthielt es Anweisungen für die Durchführung der Visitation (c. 6) und die Verwaltung der kirchlichen Hospitäler[29], eine Neuordnung des Patronatsrechtes (c. 9) und des Vorgehens gegen Konkubinarier (c. 14). Die Revision des Index Pauls IV., für die Anfang 1562 eine Konzilsdeputation gebildet worden war, die Reform des Meßbuchs und des Breviers, mit der man sich ebenfalls beschäftigt hatte, sowie die Zusammenstellung eines Katechismus für die Pfarrer konnten nicht zu Ende geführt werden. Das Konzil beschloß, die geleisteten Vorarbeiten dem Papste zu übergeben, „damit sie unter seiner Autorität abgeschlossen und in Kraft gesetzt werden". Nachdem sämtliche dogmatischen Dekrete der früheren Tagungsperioden unter Paul III. und Julius III.

[24] *L. Prosdocimi,* Il progetto di Riforma dei principi al Concilio di Trento: AEVUM 13 (1939) 3—64.

[25] CT IX 1077—1110.

[26] *H. Jedin,* Entstehung und Tragweite des Trienter Dekrets über die Bilderverehrung: ThQ 116 (1935) 143—188 404—429, mit Nachträgen ZKG 74 (1963) 321 ff.

[27] *H. Jedin,* Zur Vorgeschichte der Regularenreform Trid. Sessio XV: RQ 44 (1936) 231 bis 381.

[28] *J. Birkner,* Das Konzil von Trient und die Reform des Kardinalskollegiums unter Pius IV: HJ 52 (1932) 350 ff.

[29] *H. Jedin,* Zwei Konzilsdekrete über die Hospitäler: Atti del primo Congresso italiano di Storia Ospitaliera (Reggio-Emilia 1957) 376—385.

nochmals verlesen worden waren, bekräftigten alle anwesenden Bischöfe die Annahme durch ihre Unterschrift. Es unterschrieben 6 Kardinäle, 3 Patriarchen, 25 Erzbischöfe, 169 Bischöfe, 7 Äbte, 7 Ordensgeneräle. Am Schluß der Sitzung brachte Kardinal Guise Akklamationen aus auf die drei Konzilspäpste, die Kaiser Karl V. und Ferdinand I. und auf alle, die zum Gelingen des Werkes beigetragen hatten; alle Anwesenden riefen aus: „Stets wollen wir den Glauben des heiligen Ökumenischen Konzils von Trient bekennen, stets seine Dekrete beobachten!"

Die *kirchen- und weltgeschichtliche Bedeutung* des Konzils von Trient beruht auf zwei Leistungen: 1. Es hat das katholische Glaubensgut gegen das reformatorische scharf abgegrenzt, allerdings nicht auf der ganzen Linie der Kontroversen, denn die Definition der päpstlichen Primatialgewalt und des Begriffs der Kirche, der am härtesten umkämpften Lehrstücke, war durch episkopalistische und gallikanische Tendenzen verhindert worden. Theologische Meinungsverschiedenheiten innerhalb der katholischen Kirche hat das Konzil nicht entscheiden wollen. 2. Das Konzil hat der protestantischen „Reformatio" eine Katholische Reform entgegengesetzt, die zwar keine Reformatio in capite et membris im Sinne des Spätmittelalters war und auch viele Postulate der Reformbewegung unberücksichtigt ließ, weil die Reform der kurialen Behörden beiseite blieb, wohl aber die drückendsten Mißstände auf der Ebene des Bistums, der Pfarrei und in den Orden beseitigte, die Gewalt der Bischöfe faktisch stärkte und die Erfordernisse der Seelsorge an den ersten Platz rückte. Wirksam werden konnte das Reformwerk des Konzils aber nur, wenn das Papsttum die Durchführung der Dekrete in die Hand nahm. Dem in der letzten Sitzung gefaßten Beschluß entsprechend, holte Morone die Bestätigung der Konzilsdekrete durch den Papst ein. Sie wurde am 26. Januar 1564 mündlich, nach Überwindung starker Widerstände an der Kurie am 30. Juni durch die auf den 26. Januar zurückdatierte Bulle „Benedictus Deus" auch schriftlich gewährt. Um zu verhindern, daß das Konzil gegen den Papst ausgespielt wurde, reservierte sich dieser die Auslegung der Beschlüsse und übertrug am 2. August 1564 der schon bestehenden Kardinalsdeputation für die Durchführung der Dekrete, die außerhalb Roms vom 1. Mai 1564 an verpflichtende Kraft erhielten[30]. Seit Ende März lagen sie in der von Paulus Manutius besorgten amtlichen Ausgabe gedruckt vor; der Plan, auch die Konzilsakten zu veröffentlichen, wurde fallengelassen. Petrus Canisius überbrachte Dekretausgaben mit Begleitbreven des Papstes den deutschen Bischöfen. Die Durchführung in Italien begann damit, daß der Papst am 1. März 1564 die in Rom anwesenden Bischöfe zur Residenz in ihren Diözesen anhielt; zugleich wurden die ersten, vom Konzil vorgeschriebenen Diözesansynoden

[30] Über die Anfänge der Konzilskongregation vgl. *P. Prodi*, Paleotti 193 ff (dort die ältere Lit.) und *S. Tromp*, De primis secretariis S. Congr. Concilii: Gr 40 (1959) 523/527.

und bischöflichen Visitationen gehalten; die Bettelorden glichen ihre Konstitutionen den Bestimmungen der Sessio XXIV an. Durch die Bulle „Dominici gregis“ vom 24. März 1564 wurde der auf dem Konzil ausgearbeitete Index verbotener Bücher publiziert[31]. Dem Gesuch um den Laienkelch entsprach der Papst, indem er am 16. April 1564 ihn unter bestimmten Kautelen den Bischöfen der sechs Kirchenprovinzen Deutschlands, den Kirchenprovinzen Gran und Prag sowie mehreren exemten Diözesen gestattete[32]. Eine kurze Zusammenfassung der dogmatischen Ergebnisse des Konzils, die „Professio fidei Tridentina“, wurde am 13. November 1564 den Bischöfen, Ordensoberen und Doktoren zur Ablegung vorgeschrieben; durch sie wirkte das Konzil als Distinctivum auf dem Gebiet des Glaubens.

Paul III. hatte angesichts des Konzils die Reform der Kurie begonnen, aber nicht weitergetrieben; nach dem Durchbruch des Jahres 1555 erwies sich ein weiterer Aufschub als unmöglich. Da Pius IV. daran festhielt, daß die Behördenreform als solche nicht unter die Kompetenz des Konzils falle, mußte er selbst Maßnahmen ergreifen: in den Jahren 1561/62 folgten sich schnell Erlasse über die Reform der Rota, der Pönitentiarie, der Kanzlei und der Kammer, so daß der Papst am 29. Juni 1562 behaupten konnte: „Wir haben eine strenge Reform Unseres Hofes erlassen und durchgeführt.“[33] Eine Bulle vom 9. Oktober 1562 richtete sich gegen die im letzten Konklave hervorgetretenen Mißstände[34]. Hauptträger des neuen Geistes war der Kardinalnepot Borromeo, von dem der venezianische Botschafter Soranzo berichtete: „Er stiftet für seine Person mehr Gutes am Römischen Hof als alle Dekrete des Konzils zusammengenommen.“ In Wirklichkeit bildete die Erneuerung des Papsttums die Voraussetzung für die Durchführung der Trienter Beschlüsse, die ihrerseits zur erfolgreichen Selbstbehauptung der Kirche in der Gegenreformation führte. Die Erneuerungskräfte begannen erst zu wirken; die Krise war auch jetzt noch keineswegs überwunden.

[31] Neues Material über die Handhabung bei *A. Rotondo,* Nuovi documenti per la storia dell'Indice dei libri prohibiti 1572—1638: Rinascimento II/3 (1963) 145—211.

[32] *G. Constant,* Concession à l'Allemagne de la Communion sous les deux espèces, 2 Bde (Paris 1923).

[33] *Sickel,* Röm. Berichte II 118.

[34] BullRom VII 230ff; vgl. RQ 42 (1934) 306—311.

ZWEITER ABSCHNITT

Das Papsttum und die Durchführung des Tridentinums (1565—1605)

Univ.-Professor Dr. Hubert Jedin, Bonn

38. Kapitel

Persönlichkeit und Werk der Reformpäpste von Pius V. bis Clemens VIII.

QUELLEN: BullRom VI—IX; *L. Serrano,* Correspondencia diplomática entre España y la S. Sede durante el Pontificato de Pio V, 4 Bde (Madrid 1914); *G. Catalano,* Controversie giurisdizionali tra Chiesa e Stato nell'età di Gregorio XIII e Filippo II (Palermo 1955); die Nuntiaturberichte siehe Kap. 39 und 40. — *A. Sala,* Documenti circa la vita di San Carlo, 4 Bde (Mailand 1857/62); Acta Ecclesiae Mediolanensis, hrsg. von *A. Ratti,* II u. III/2 (Mailand 1890/96); *A. G. Roncalli,* Gli atti della Visita Apostolica di S. Carlo Borromeo a Bergamo, 5 Bde (Florenz 1936/58), dazu die kurze Chronik dieser Visitation in RSTI 14 (1960) 452—457; *P. Guerrini,* Atti della Visita pastorale del vescovo Domenico Bollani alla diocesi di Brescia, 3 Bde (Brescia 1915/40); Nunziature di Savoia I, hrsg. von *F. Fonzi* (Rom 1960); Nunziature di Napoli I, hrsg. von *P. Villani* (Rom 1962), dazu *H. Jedin,* Osservazioni sulla pubblicazione delle Nunziature d'Italia: RSIt 75 (1963) 327 bis 343.

LITERATUR: Grundlegend bleiben *Pastor* VIII (Pius V.), IX (Gregor XIII.), X (Sixtus V.), XI (Clemens VIII.); *P. Herre,* Papsttum und Papstwahl im Zeitalter Philipps II. (Leipzig 1907); *L. Browne Olf,* The Sword of Saint Michael. The Life of Pius V (Milwaukee 1943); *G. Grente,* Le pape des grands combats (Paris [2]1956); *G. Garocci,* Lo Stato della Chiesa nella seconda metà del sec. XVI (Mailand 1961); *L. Castano,* Gregorio XIV (Turin 1957). — Nuntiaturen: *L. Just,* Die Erforschung der päpstlichen Nuntiaturen: QFIAB 24 (1933) 244—277; *H. Kramer,* Die Erforschung und Herausgabe der Nuntiaturberichte: Mitt. des Österr. Staatsarchivs 1 (1948) 492—514; *L. H. Halkin,* Les Archives des Nonciatures: Bull. de l'Institut Belge de Rome 33 (1961) 649—700; die Listen der Nuntien: *H. Biaudet,* Les nonciatures permanentes jusqu'en 1648 (Helsingfors 1910). — Römische Kollegien: *P. Paschini,* Le origini del Seminario romano: Cinquecento romano e riforma cattolica (Rom 1958) 3—32; *R. G. Villoslada,* Storia del Collegio Romano dal suo inizio 1551 alla soppressione della Compagnia di Gesù 1773 (Rom 1954); *F. A. Casquet,* A History of the Ven. English College at Rome (London 1920); *Steinhuber* siehe Kap. 40. — Stadt Rom: *P. Pechiai,* Roma nel Cinquecento (Bologna 1949); *J. Delumeau,* Vie économique et sociale de Rome dans la seconde moitié du XVIe siècle, 2 Bde (Paris 1959); *H. Siebenhüner,* Umrisse zur Gesch. der Ausstattung von St. Peter in Rom von Paul III. bis Paul V.: Festschrift H. Sedlmayr (München 1962) 229—320; *M. Romani,* Pellegrini e viaggiatori nell'economia di Roma dal XIV al XVII secolo (Mailand 1948), dort 323—355 genaue Angaben über die in S. Trinità dei Pellegrini betreuten Pilger. — *P. M. Baumgarten,* Von den Kardinälen des XVI. Jh. (Krumbach 1926).

Kath. Reform in Italien: *G. Alberigo,* Studi e problemi relativi all'applicazione del Concilio di Trento in Italia: RSIt 70 (1958) 239—298, wo u. a. zahlreiche ungedruckte

Dissertationen resümiert sind; Problemi di vita religiosa in Italia nell Cinquecento. Atti del Convegno di Storia della Chiesa in Italia 1958 (Padua 1960). Eine befriedigende Biographie Borromeos existiert nicht, vor allem deshalb, weil sein umfangreicher, in der Bibl. Ambrosiana ruhender Briefwechsel noch nicht bearbeitet ist; Lit.: LThK² II 612, dazu *R. Mols,* S. Borromée pionnier de la moderne pastorale: NRTh 89 (1957) 600—622 715—747; *M. Grosso - M. F. Mellano,* La controriforma nella arcidiocesi di Torino 1558 bis 1610, 3 Bde (Città del Vaticano 1957); *M. F. Mellano,* La controriforma nella diocesi di Mondovì 1560—1602 (Turin 1955); *F. Molinari,* Il card. Teatino B. P. Burali e la riforma tridentina a Piacenza 1568/76 (Rom 1957); *R. de Maio,* Le origini del Seminario di Napoli (Neapel 1957); *ders.,* Alfonso Carafa, Card. di Napoli: SteT 210 (Città del Vaticano 1961); *P. Villani,* Una visita apostolica nel Regno di Napoli 1566/68: Studi in onore di R. Filangieri II (Neapel 1959) 433—466. Bibliographie der ital. Diözesansynoden: *Silvino da Nadro,* Sinodi diocesani italiani 1534—1878 (Città del Vaticano 1960) [= SteT 207].

Den Ernst der Krise, in der sich die Kirche beim Abschluß des Trienter Konzils immer noch befand, läßt ein Blick auf die Religionskarte des damaligen Europa erkennen. Unbestritten katholisch waren nur noch die Völker der Apenninen- und der Iberischen Halbinsel. In Westeuropa drohte die Offensive des Kalvinismus Frankreich von Rom loszutrennen, wie es ihm bei Schottland bereits geglückt war. Noch wollte man in Rom nicht wahrhaben, daß England durch Erneuerung des Schismas endgültig in die Reihe der protestantischen Mächte eingetreten war. Verloren war der skandinavische Norden, in Polen wankten Königtum und Katholizismus. Im Reich hatte der Augsburger Religionsfriede den Fortschritt des Protestantismus nicht zum Stillstand gebracht: in Norddeutschland gingen die letzten Stützpunkte der alten Kirche verloren, im Süden und Westen behauptete sie sich mühsam in den geistlichen Territorien und unter dem Schutz der Dynastien Wittelsbach und Habsburg, doch blieben Österreich, Böhmen und Ungarn gefährdet. Religiös gespalten blieb auch die Eidgenossenschaft.

Daß die Kirche diese Krisis überwand und am Ende des Jahrhunderts erneuert und gekräftigt dastand, verdankte sie der Durchführung des Trienter Konzils durch das Papsttum. Dank dem Einsatz dreier hervorragender Päpste blieben seine Dekrete nicht toter Buchstabe, sondern gingen in das Leben der Kirche ein. Die von ihnen angewandten Methoden sind so verschieden wie die Persönlichkeiten, das Ziel ist das gleiche: die Erneuerung der Kirche im Sinn der Katholischen Reform.

Pius V.

Im Konklave nach dem Tode Pius' IV. (20. 12. 1565 — 7. 1. 1566), das „freier von äußeren Einflüssen war als irgend jemals seit Menschengedenken" (Pastor), verhinderte Borromeo die Wahl des geschäftsgewandten, von Herzog Cosimo begünstigten Ricci, aber auch die Farneses, und setzte, nachdem andere von ihm begünstigte Kandidaturen (Morone, Sirleto) gescheitert waren, im Einverständnis mit Farnese den Dominikaner Michele Ghislieri durch, von dem der spanische Botschafter Requeséns urteilte, er sei „der Papst, wie ihn die Zeiten fordern“ [1]. Ein erstaunliches Urteil, wenn man bedenkt, daß der neue Papst Pius V. seinen Aufstieg dem Spanienfeind Paul IV. verdankte; trotzdem ein richtiges Urteil, denn er unterschied sich von jenem dadurch, daß er in allen Bereichen vom religiösen Mittelpunkt her dachte und handelte, den blinden Nepotismus des Carafapapstes, aber auch den von jenem entfalteten Prunk mied. Die Hofhaltung wurde streng und sparsam wie der Papst selbst. In der Strenge beim Vorgehen gegen Gotteslästerung, Unsittlichkeit, Entheiligung der Feiertage, aber auch im Eifer für die Inquisition stand er dem Carafapapst nicht nach. Er wolle Rom in ein Kloster verwandeln, sagte man ihm nach; die Urteile der Inquisition wurden in öffentlichen Glaubensakten (Autodafés) bekanntgemacht und vollstreckt [2]. Unter den „Hartnäckigen“ und Rückfälligen, die zum Tode verurteilt wurden, befanden sich der ehemalige Geheimsekretär Clemens' VII., Pietro Carnesecchi, und der Humanist Aonio Paleario, die beide noch unter Pius IV. freigesprochen worden waren. Die Zahl der Inquisitionsprozesse schnellte in die Höhe: allein in Venedig wurden deren unter Pius V. 82 durchgeführt. Die am Gründonnerstag zu verlesende Bulle „In Coena Domini“, in der die dem Papst reservierten kirchlichen Zensuren zusammengestellt waren, erhielt 1568 eine neue, verschärfte Fassung [3].

Diese Repressivmaßnahmen treten jedoch im Gesamtbild zurück hinter der positiven Aufbauarbeit. Der auf dem Konzil von Trient vorbereitete Katechismus für die Pfarrer wurde unter Mitwirkung vor allem der Dominikaner Egidio Foscarari, Leonardo Marini und Francisco Foreiro vollendet, durch den Humanisten Giulio Poggiani in klassisches Latein gebracht und erschien, von Kardinal Sirleto nochmals revidiert, im September 1566 [4]. Das reformierte Breviarium Romanum (1568) und das Missale Romanum (1570), an denen außer Marini und Sirleto der Theatiner Scotti und Antonio Carafa, ein Großneffe Pauls IV., mitgearbeitet hatten, wurden allen Diözesen und Orden, die nicht seit 200 Jahren eigene Breviere und Meßbücher besaßen,

[1] *A mi juicio es el Cardenal que en los tiempos de agora convendria que fuese papa: J. J. I. Döllinger,* Beiträge I 579. Der umfangreiche Bericht (ebd. 571—588) liefert eine ausgezeichnete Charakteristik des gesamten Kardinalskollegiums.

[2] Diesbezügliche Auszüge aus dem Diarium des Zeremonienmeisters Firmanus: *Pastor* VIII 634 ff.

[3] *K. Pfaff,* Beiträge zur Geschichte der Abendmahlsbulle vom 16.—18. Jh.: RQ 38 (1930) 23—76. Charakteristisch für die Verschärfung der Inquisitionspraxis ist der Prozeß Carnesecchi, vgl. *O. Ortolani,* Per la storia della vita religiosa italiana nel Cinquecento: Pietro Carnesecchi. Con estratti dagli atti del processo del S. Officio (Florenz 1963).

[4] *P. Paschini,* Il Catechismo romano del Concilio di Trento (Rom 1923, Neudruck: *P. Paschini,* Cinquecento romano e riforma cattolica [Rom 1958] 33—89).

zum Gebrauch vorgeschrieben[5]. Aber entscheidender noch als diese Ergänzungen des Konzils war der stählerne Wille des Papstes, die Trienter Reformdekrete durchzuführen und keinen Rückfall in die frühere laxe Dispenspraxis zu dulden, die ihre Geltung durchlöchert hätte. Eine Reform der Pönitentiarie, durch die diese Behörde auf das Forum internum beschränkt wurde, schloß endgültig diese Quelle ungezählter Mißstände[6]. Der Trienter Vorschrift entsprechend, visitierte der Papst persönlich die römischen Patriarchalbasiliken; die Visitation der Pfarreien übertrug er einer Kommission, der Borromeos Vikar Ormaneto angehörte; die von Mailand nach Rom verpflanzte „Bruderschaft der christlichen Lehre" nahm durch Filippo Neri und seinen Gefährten Pietra gewaltigen Aufschwung, so daß man „die römische Reform als die Tochter der Mailänder" bezeichnete[7]. Um die tridentinische Reform wenigstens in Italien energisch voranzutreiben, ernannte er (1571) Apostolische Visitatoren für die Bistümer des Kirchenstaates und des Königreichs Neapel[8], Marini erhielt einen entsprechenden Auftrag für 24 Bistümer Mittel- und Norditaliens, später Ragazzoni und Castelli für die adriatischen Bistümer. In der Überzeugung, daß die Trienter Reformdekrete das Instrument der kirchlichen Erneuerung in aller Welt seien, sorgte er für deren Bekanntgabe auch in den Missionsländern, bis nach Mexiko, Goa und am Kongo[9]. Zahlreiche Provinzial- und Diözesansynoden applizierten die Dekrete im Diözesanbereich, viele Priesterseminare wurden gegründet, die Bestimmungen des Trienter Regularendekrets über die Klausur der Nonnen außerordentlich verschärft[10].

Das Modell einer wirkkräftigen, alle Bereiche des kirchlichen Lebens

[5] *H. Jedin,* Das Konzil von Trient und die Reform des Römischen Meßbuchs: Liturgisches Leben 6 (1939) 30—66, dazu die Ergänzung von *B. Opfermann:* ELit 72 (1958) 214f; *H. Jedin,* Das Konzil von Trient und die Reform der liturgischen Bücher: ELit 59 (1945) 5—38; *E. Focke - H. Heinrichs,* Das Kalendarium des Missale Pianum: ThQ 120 (1939) 383—400 461—469; *A. P. Frutaz,* Contributo alla storia della riforma del Messale promulgato da San Pio V nel 1570: Problemi religiosi 187—214.

[6] *E. Göller,* Die päpstliche Pönitentiarie II/2, 98ff; BullRom VII 750ff.

[7] *A. Monticone,* L'applicazione del Concilio di Trento a Roma: RSTI 7 (1953) 225—250, 8 (1954) 23—48; *G. Franza,* Il Catechismo a Roma dal Concilio di Trento a Pio VI nello zelo dell'Archiconfraternità della Dottrina Cristiana (Alba 1958).

[8] Zu den Angaben bei *Pastor* VIII 159ff, IX 56ff vgl. *P. Villani,* La Visita Apostolica di Tommaso Orfini nel Regno di Napoli 1566/68 (Rom 1957); spätere: *A. Bason,* La diocesi di Aquileja secondo la Visita Apostolica dell'anno 1584: Studi Aquileji offerti a G. Bus (Aquileia 1953) 433—451; *G. Vitezič,* La prima Visita Apostolica post-tridentina in Dalmazia (1579) (Rom 1957); über die Visitationen des Jesuiten Possevino in den Territorien der Gonzaga vgl. *M. Scaduto:* Arch. stor. lombardo VIII/10 (1960) 336—410.

[9] *C. Bayle,* El Concilio de Trento en las Indias españolas: RF 131 (1945) 257—284.

[10] Die Liste der Synoden: *Pastor* VIII 157 ist, wie Pastor selbst bemerkt hat, ergänzungsbedürftig, weil die Hochblüte der Synodaltätigkeit in die Pontifikate Gregors XIII. und Sixtus' V. fällt. Die Bulle „Circa pastoralis officii" über die Klausur: BullRom VII 447 bis 450.

durchdringenden Applikation schuf Carlo Borromeo durch sein Wirken in Mailand (1565/84). Durch seinen persönlichen Einsatz, seine Visitationen und seine Gesetzgebung auf elf Diözesan- und sechs Provinzialsynoden (1565, 1569, 1573, 1576, 1579, 1582) wurde er „das Muster eines tridentinischen Bischofs" (Pastor). Schon die Haus- und Lebensordnung, die er für seinen Hofstaat erließ[11], spiegelt den neuen Geist wider: ein Praefectus spiritualis sorgt für das geistliche Leben der Hausgemeinschaft. Für die Heranbildung der Priester wurde in Mailand ein Priesterseminar gegründet, dem mehrere kleinere Seminare, darunter eines für Spätberufe, zur Seite traten. Durch Einteilung der umfangreichen Diözese in 12 Bezirke unter je einem Kommissar seines Vertrauens intensivierte und hob er die Seelsorge; die Jesuiten und die Theatiner erhielten Kollegien, die von dem Priester Castellino da Castello eingerichteten Schulen der Christlichen Lehre zählten im Jahre 1595 über 20 000 Schüler. Auch die entlegensten Alpentäler seiner Diözese visitierte er persönlich, fand aber trotzdem Zeit, auch Suffraganbistümer wie Bergamo Ort für Ort als Apostolischer Visitator zu besuchen. Als i. J. 1582 die Zusammenfassung des gesamten Reformwerkes, die „Acta Ecclesiae Mediolanensis", erschienen, wurden in Lyon 100, in Toledo 11 Exemplare bestellt. Der Drang des unermüdlichen, sich im Apostolat verzehrenden Erzbischofs, das gesamte Leben seiner Diözese christlich zu machen, führte zu scharfen Konflikten mit den spanischen Vizekönigen Requeséns und Ayamonte, so daß es eine Zeitlang zweifelhaft schien, ob der Papst — inzwischen Gregor XIII. — ihn gegenüber dem spanischen Staatskirchentum stützen werde; sein Erscheinen in Rom, wo die Maßnahmen des „Eiferers" von Mailand viele Gegner hatten, stellte die Lage wieder her. Die Akten des vierten Provinzialkonzils wurden bestätigt, ein päpstliches Breve rechtfertigte den Erzbischof vor den mit seiner Strenge unzufriedenen Mailändern.

Borromeo war nicht die einzig mögliche Verwirklichung des tridentinischen Bischofsideals. Ein Jahrzehnt nach seinem Tode warnte Kardinal Valier von Verona Borromeos Nachfolger Federigo davor, das Beispiel des großen Vorbildes in allem nachzuahmen[12]; Kardinal Paleotti ging in seinem Bistum Bologna andere Wege als er; schließlich hat Franz von Sales, dessen Wirken in Genf bereits dem folgenden Jahrhundert angehört (1599—1622), ein neues, von humanistischer Weite bestimmtes Bischofsideal geprägt. Es ist aber fraglich, ob der Berg der Mißstände ohne die „stählerne Folgerichtigkeit" Borromeos, die sich bis zur Härte steigern konnte, abzutragen war.

Bei der Bischofsernennung beschritt Pius V. neue Wege, indem er zur

[11] Acta eccl. Mediol. II (Mailand 1599) 811—825, auch bei *Ratti* III 13—46.

[12] A. *Valerius*, De cauta imitatione sanctorum episcoporum: *Mai* S VIII 89—117; *P. Prodi*, Lineamenti dell'organizzazione diocesana in Bologna durante l'episcopato del Card. Paleotti: Problemi religiosi 323—394.

Prüfung der Kandidaten eine eigene Kommission einsetzte. Unter den 21 Kardinälen, die er kreierte, waren so ausgezeichnete Männer wie Antonio Carafa, Santorio, der Dominikanergeneral Giustiniani, der Minorit Felice Peretti, der Theatiner Burali. Aber das Entscheidende blieb, daß Pius V. jedes Schwanken in der Bejahung der tridentinischen Reform ausschloß. Der Sieg über die Türken bei Lepanto (7. 10. 1571), errungen von der Flotte der vom Papste mühsam zustande gebrachten Liga mit Spanien und Venedig, verklärte den Ausgang des 1672 selig-, 1712 heiliggesprochenen Papstes († 1. 5. 1572).

Gregor XIII.

Sein Nachfolger, der aus der kurialen Ämterlaufbahn hervorgegangene Kanonist Ugo Boncompagni, besaß nicht die asketische Strenge und unerschütterliche Folgerichtigkeit seines Vorgängers; für die Durchführung des Trienter Konzils, an dem er selbst teilgenommen hatte, und den Ausbau der Katholischen Reform war sein langer Pontifikat (1572/85) nicht weniger bedeutungsvoll. Seine ungewöhnlich schnelle Wahl am 13. Mai 1572 verdankte Gregor XIII. dem Eingreifen Philipps II. Die bewußte Anerkennung der spanischen Vormachtstellung hinderte ihn jedoch nicht, die kirchliche Jurisdiktion in Mailand und Neapel, aber auch im Mutterland gegen das spanische Staatskirchentum maßvoll zu verteidigen[13]; den Prozeß gegen den bei der spanischen Inquisition angeklagten Erzbischof Carranza von Toledo, den schon Pius V. nach Rom gezogen hatte, beendigte er 1576 mit einem milden Urteil[13a]. Eifersüchtig auf seine Selbständigkeit bedacht, gestattete er auch seinem nächsten Ratgeber, dem Geheimsekretär Tolomeo Galli, dem „Kardinal von Como", nur beschränkten Einfluß auf seine Entschlüsse. Bei der Anwendung der tridentinischen Normen war er kirchenpolitischen Erwägungen zugänglicher als sein Vorgänger: um das dynastische Interesse des Hauses Wittelsbach mit der Sicherung des katholischen Besitzstandes in Nordwestdeutschland zu verbinden, ließ er zu, daß der ungeistliche Ernst von Bayern in krassem Widerspruch gegen das tridentinische Verbot der Bistumskumulation schließlich fünf Bistümer in seiner Hand vereinigte. Sein größtes Verdienst war die Umwandlung der Nuntiaturen zu Instrumenten der Kirchenreform. Sie waren schon vorher niemals ausschließlich diplomatische Vertretungen gewesen; jetzt traten ihre kirchlichen Aufgaben so

[13] *P. Prodi*, San Carlo Borromeo e le trattative tra Gregorio XIII e Filippo II sulla giurisdizione ecclesiastica: RSTI 11 (1957) 195—240, mit Angaben über die frühere Literatur.
[13a] Umfassende Quellensammlung: Fray Bartolomé Carranza. Documentos Históricos, hrsg. von *I. I. Tellechea Idigoras*, bisher 3 Bde (Madrid 1962/66); dazu zahlreiche Einzeluntersuchungen des Verfassers, von denen — weil einen besonders kritischen Punkt berührend — hervorzuheben ist: Melchior Cano y Bartolomé Carranza, dos Domínicos frente a frente: HS 15 (1962) 5—93.

sehr in den Vordergrund, daß ein Menschenalter später behauptet werden konnte: „Auf ihren Schultern ruht großenteils die Restauration der Religion, des Kultus und der kirchlichen Verwaltung." [14] Zu den schon bestehenden ständigen Nuntiaturen an den katholischen Höfen (Kaiser, Spanien, Frankreich, Portugal, Polen, Venedig, Florenz, Savoyen) traten ausgesprochene Reformnuntiaturen in Oberdeutschland (Ninguarda und Porzia), der Schweiz (Bonhomini) und Niederdeutschland (K. Gropper), die ähnliche Aufgaben erfüllten wie die Apostolischen Visitatoren in Italien; aus ihnen gingen die ständigen Nuntiaturen in Luzern (1579), Graz (1580) und Köln (1584) hervor. Die unter Paul III. und seinen Nachfolgern weitverbreitete Auffassung, Deutschland sei für die Kirche verloren, wurde nunmehr aufgegeben. Die von Pius V. gebildete „Deutsche Kongregation", der Kenner der deutschen Verhältnisse, wie die Kardinäle Otto von Augsburg, Madruzzo, Morone, Delfino und Commendone, angehörten, verschaffte sich ein klares Bild der Zustände und koordinierte seit 1573 die zu treffenden Maßnahmen (siehe Kap. 40).

Da die Durchführung des Trienter Seminardekretes in den gefährdeten Ländern auf große Schwierigkeiten stieß, förderte Gregor XIII. den Ausbau der in Rom schon vorhandenen Kollegien zur Heranbildung von Klerikern und gründete deren neue: das Römische Kolleg der Jesuiten wurde in einem imponierenden Neubau untergebracht und reich dotiert; es trägt bis heute seinen Namen. Das Collegium Germanicum wurde mit dem Ungarischen Kolleg vereinigt und durch reiche Schenkungen in den Stand gesetzt, hundert Alumnen zu erhalten, aus denen Führungskräfte für die immer noch unter schwerem Priestermangel leidende Kirche Deutschlands hervorgehen sollten. Wie das deutsche, so wurde auch das 1579 gegründete Englische Kolleg den Jesuiten anvertraut; das Griechische Kolleg San Atanasio, ein Maronitisches und ein Armenisches Kolleg sollten den unierten Teilen der Ostkirchen einen Rückhalt in Rom verschaffen. Durch diese Kolleggründungen leitete Gregor XIII. eine Entwicklung von unabsehbarer Tragweite ein: Rom, schon immer Zentrum der kirchlichen Verwaltung, wurde nunmehr auch Zentrum der theologischen Wissenschaft und der Klerikerbildung für die Gesamtkirche.

Mit dem Namen Gregors XIII. verbunden bleibt endlich die Reform des Julianischen Kalenders, die seit langem (unter Sixtus IV., Leo X. und Clemens VII.) geplant, jetzt nach Einholung zahlreicher Gelehrtengutachten auf Grund der Vorschläge der Brüder Giglio durch eine unter Sirletos Leitung stehende Kommission zum Abschluß gebracht und am 24. Februar 1582 in der päpstlichen Villa Mondragone bei Frascati vollzogen wurde [15]. Der Gleichlauf zwischen dem astronomischen und dem Kalenderjahr wurde durch Ausfall von zehn Tagen (5.—14. 10. 1582) und neue Schaltregeln ge-

[14] Vgl. *Pastor* IX 43—46.

[15] BullRom VIII 386 ff; *Pastor* IX 205—215.

sichert. Die Einführung des Gregorianischen Kalenders bildete einen Gradmesser für die Reichweite der päpstlichen Autorität: die katholischen Staaten nahmen ihn an, die protestantischen — trotz der Befürwortung durch die Astronomen Brahe und Kepler — erst nach mehr als 100 Jahren, die griechische Orthodoxie erst im 20. Jahrhundert.

Sixtus V.

Das Konklave nach dem Tode Gregors XIII. († 10. 4. 1585) blieb — wie das von 1565/66 — vom Einfluß der Großmächte so gut wie frei. Die von Kardinal Medici mit Unterstützung der Franzosen gegen Farnese betriebene Wahl des aus dem Minoritenorden hervorgegangenen Felice Peretti von Montalto (am 24. 4. 1585) brachte eine überragende Persönlichkeit an die Spitze der Kirche. Sixtus V. (1585/90) vereinigte in sich die strengkirchliche Gesinnung Pius' V., der ihn 1570 zum Kardinal kreiert hatte, mit der staatsmännischen Begabung eines Paul III., deren das Papsttum mehr noch als damals zur Wahrung seiner Unabhängigkeit bedurfte. Sein unbeugsamer Herrscherwille gab der Römischen Kurie wie der Stadt der Päpste für Jahrhunderte das Gepräge. Überzeugt, daß das weltweite Wirken des Papsttums Ordnung im Kirchenstaat voraussetze, unterdrückte er mit drakonischer Strenge das unter Gregor XIII. aufgewucherte Räuberunwesen und sanierte die päpstlichen Finanzen mit solchem Erfolg, daß er in der Engelsburg einen Schatz von rund 4 Millionen Goldscudi hinterließ. Sein wichtigster Beitrag zur Katholischen Reform war die Reorganisation der Römischen Kurie.

Das Konzil von Trient hatte, dem entschiedenen Verlangen der Päpste nachgebend, auf die Reformatio capitis verzichtet. Aber die vorhandenen Regierungsorgane: die Vollversammlung der Kardinäle (Konsistorium) und die aus dem Mittelalter überkommenen zentralen Verwaltungsbehörden (Kanzlei und Kammer), obwohl inzwischen von den gröbsten Mißständen gereinigt, genügten den wachsenden Aufgaben des Reformpapsttums nicht mehr. Seitdem die Katholische Reform in Rom Fuß gefaßt hatte, waren die Päpste dazu übergegangen, die wichtigsten Aufgaben Kardinalsdeputationen zu übertragen, von denen mehrere (die Römische Inquisition, gegr. 1542, die Konzilskongregation, gegr. 1564, die Indexkongregation, gegr. 1571, die Kongregation der Bischöfe, gegr. 1572), weil ständig, bereits Behördencharakter angenommen hatten, andere sich nach Erledigung ihrer Aufträge wieder aufzulösen pflegten. Sixtus V. schuf durch die Bulle vom 22. Januar 1588 15 ständige Kardinalskongregationen mit genau umschriebenen Kompetenzen und Behördencharakter, sechs für die Verwaltung des Kirchenstaates, die übrigen für Angelegenheiten der Gesamtkirche: Inquisition, Index, Konzil, Bischöfe, Regularen, Konsistorium, Signatura gratiae, Riten und Vatikanische Druckerei [16]. In den Kongregationen vollzog sich von nun an die Mitwirkung der Kardinäle an der Kirchenregierung, das Konsistorium verlor an Bedeutung, nicht anders als die Kanzlei, die nur noch als Expeditionsbehörde fungierte. Der im Spätmittelalter, aber auch noch unter den Renaissancepäpsten von einer zahlenmäßig kleinen Kardinalsoligarchie erhobene Anspruch auf Mitregentschaft war endgültig überwunden. Gleichzeitig wurde die Zahl der Kardinäle, die das Konstanzer Konzil auf 24 beschränkt hatte, auf 70 festgesetzt: 6 Kardinalbischöfe, 50 Kardinalpriester, 14 Kardinaldiakone, ein neues Verzeichnis der Titelkirchen und Diakonien aufgestellt [17]. Durch die Kreation von 33 Kardinälen füllte der Papst die Sollzahl auf.

Der engeren Verbindung der Glieder mit dem Haupte diente die Neuregelung der bischöflichen Rombesuche (Visitatio liminum) vom 20. Dezember 1585 [18]. Die Bischöfe Italiens und der benachbarten Inseln sowie Dalmatiens und Griechenlands wurden verpflichtet, in jedem dritten Jahr zur Berichterstattung in Rom zu erscheinen; für die meisten übrigen Länder Europas (insbesondere das Reich, Frankreich und Spanien) wurde die Frist auf vier Jahre, für die weiter entfernten auf fünf, für die überseeischen auf zehn Jahre fixiert. Bei dem Rombesuch war die Vorlage eines Berichtes über den Stand des kirchlichen Lebens („Relatio status dioecesis") vorzulegen, für die ein bestimmtes Schema vorgeschrieben wurde. Die seit der Jahrhundertwende in wachsender Zahl vorliegenden „Statusberichte" vermitteln, obwohl oft schönfärberisch, viele, sonst nicht überlieferte Angaben zur Diözesanstatistik; damals bildeten sie häufig den Ausgangspunkt päpstlicher Reformverfügungen. Dadurch wurde die Maßregel des Papstes ein „Wendepunkt und bleibender Faktor der katholischen Reformation" (Schmidlin).

Von der Leidenschaft zum Bauen besessen, verfolgte Sixtus V. den Plan, Rom durch großartige Bauten und wohlüberlegte Urbanistik zur schönsten Stadt Europas und zugleich zum religiösen Mittelpunkt der Welt zu machen. Die Kuppel von St. Peter wurde durch Giacomo della Porta vollendet; mit dem auf dem Petersplatz aufgestellten Obelisken und dem von Domenico Fontana entworfenen Wohnpalast ist sie bis heute für jeden Rompilger das Wahrzeichen der Ewigen Stadt. Der unübersichtliche, wenn auch durch eine tausendjährige Geschichte ehrwürdige Baukomplex an der Lateranskirche

[16] BullRom VIII 985 ff; *Pastor* X 181 ff.

[17] BullRom VIII 808 ff (3. 12. 1586). Einen noch Gregor XIII. gewidmeten Kardinalsspiegel verfaßte *Hieronymus Manfredus,* De perfecto cardinali S. R. E. (Rom 1584).

[18] *J. Schmidlin,* Die kirchlichen Zustände in Deutschland vor dem Dreißigjährigen Kriege nach den bischöflichen Diözesanberichten an den Heiligen Stuhl, 3 Tle (Freiburg 1908/10), über die Bulle „Romanus Pontifex" I S. XVIII ff; weitere Literatur *Fink,* Vat. Archiv 120; *R. Robes - V. Castell,* La visita ad limina durante el pontificado de Sisto V: Anthologica annua 7 (1959) 174—213.

mußte einem Neubau Platz machen. Am 25. November 1584 war die 1568 begonnene, nach den Plänen Vignolas und Giacomo della Portas errichtete Hauptkirche der Jesuiten Al Gesù konsekriert worden, das erste Großmonument des römischen Barocks; die „Neue Kirche" (Chiesa nuova) der Oratorianer befand sich im Bau. Die bisher in den Tiberbogen eingezwängte mittelalterliche Stadt kehrte wieder auf die Hügel zurück, die in der römischen Kaiserzeit bebaut gewesen waren, nun aber verödet dalagen. Gregor XIII. hatte auf dem Quirinal den Bau einer neuen, gesünder gelegenen Residenz begonnen, die ein Menschenalter später durch Paul V. vollendet wurde; er hatte den Lateran mit Maria Maggiore durch eine neue Straße verbunden. Sixtus V. führte eine große Verbindungsstraße vom Pincio nach Maria Maggiore, wo er für sich und seinen Gönner Pius V. eine großartige Grabkapelle erbaute. Andere neuangelegte Straßen erleichterten die durch Filippo Neri wieder in Übung gekommene Wallfahrt zu den sieben Hauptkirchen. Die Krönung der Trajans- und der Mark-Aurel-Säule durch die Statuen der Apostel Petrus und Paulus symbolisierte die Baugesinnung des Papstes beim Ausbau des neuen, barocken Rom, der die von Bufalini (1551) und Du Perac (1577) gezeichneten Stadtpläne schnell überholte. Rom war „eine neue Stadt" geworden, ihr Aufschwung im Zeitalter der Katholischen Reform ließ alle anderen Großstädte Europas hinter sich [19].

Die Grenzen des Schaffenswillens dieses großen Papstes, dem man auch den Neubau der Vatikanischen Bibliothek und die Gründung der Vatikanischen Druckerei verdankt, wurden sichtbar bei der Lösung einer wissenschaftlichen Aufgabe, die das Konzil von Trient geplant, aber nicht durchgeführt hatte: der Revision der Vulgata. Seit Jahrzehnten hatte der gelehrte Sirleto Vorarbeiten für die Revision sowohl des griechischen wie des lateinischen Bibeltextes geleistet. Die von Sixtus V. eingesetzte Kommission für die Vulgatarevision, der u. a. Kardinal Carafa angehörte, arbeitete sorgfältig, aber für die Ungeduld des Papstes zu langsam. Er ließ sich das Material übergeben, veränderte aber durch willkürliche Eingriffe den heiligen Text so sehr, daß die am 2. Mai 1590 im Druck vollendete Ausgabe, obwohl sie bereits an 25 Fürstlichkeiten verschickt und die sie begleitende Einführungsbulle publiziert war [20], nach dem Tode des Papstes am 27. August 1590

[19] *Delumeau,* Vie économique et sociale de Rome I 358. — Die Darstellung der Bautätigkeit Sixtus' V.: *Pastor* X 422—499 ist mit dem Abschnitt *Pastor* VI 262—314 (Rom am Ende der Renaissance) zu vergleichen. Über die seit 1588 in vielen Auflagen erschienenen, durch Holzschnitte geschmückten Romführer des Verlegers Franzini vgl. *L. Schudt,* Le guide di Roma (Wien - Augsburg 1930) 31 ff; *K. Schwager,* Zur Bautätigkeit Sixtus' V. an S. Maria Maggiore: Miscell. Bibliothecae Hertzianae (München 1961) 324 bis 354.

[20] Die von *P. M. Baumgarten,* Neue Kunde von alten Bibeln, 2 Bde (Krumbach 1922/27), gegen C. A. Kneller, zuletzt in dem Aufsatz: Die Bibelbulle Sixtus' V.: ZKTh 52 (1928) 202—224; 59 (1934) 81—101 268—290 verfochtene These, die Bulle sei wirklich publiziert worden, darf als erwiesen gelten; die ältere Literatur (Le Bachelet, Amann, Höpfl)

zurückgezogen werden mußte. Eine von Gregor XIV. eingesetzte neue Kommission unter Leitung des Kardinals Colonna beseitigte die gröbsten Verstöße; auf Rat Bellarmins wurde die so gereinigte Ausgabe von Clemens VIII. als Sixto-Clementina im Jahre 1592 veröffentlicht.

Mit den in kurzen Abständen folgenden drei Päpsten, die sämtlich noch persönlich am Trienter Konzil teilgenommen hatten, starb die tridentinische Generation aus. Sowohl Urban VII. (15.—27. 9. 1590) wie Gregor XIV. (5. 12. 1590 — 16. 10. 1591) und Innozenz IX. (29. 10. — 30. 12. 1591) hatten als Bischöfe bzw. Nuntien eifrig an der Durchführung des Konzils mitgearbeitet: G. B. Castagna als Erzbischof von Rossano und Nuntius in Madrid unter Pius V., Niccolò Sfondrato als Bischof von Cremona, G. A. Facchinetti als Bischof von Nicastro und Nuntius in Venedig. Der fromme, aber kränkliche Gregor XIV. führte das Reformwerk des Konzils durch Regelung des bischöflichen Informativprozesses weiter, verschwendete aber unter dem Einfluß seines unerfahrenen Nepoten Paolo Emilio Sfondrato einen beträchtlichen Teil des sixtinischen Schatzes durch aussichtslose Subsidien an die französischen Ligisten (siehe Kap. 39).

Clemens VIII.

Wie die drei vorangegangenen, so stand auch das Konklave vom 10. bis 30. Januar 1592 stark unter dem Einfluß Spaniens. Es vermochte zwar nicht seinen bevorzugten, geistig hervorragenden, doch schroffen Kandidaten Santorio[21], wohl aber den ebenfalls ihm genehmen, doch weit schwächeren Ippolito Aldobrandini durchzusetzen. Clemens VIII. (1592—1605) hat die spanischen Erwartungen insofern enttäuscht, als er die von Philipp II. heftig bekämpfte Absolution Heinrichs IV. von Frankreich nach langem Zögern gewährte. Durch sie gewann das Papsttum seine politische Bewegungsfreiheit zurück, konnte beim Abschluß des spanisch-französischen Friedens von Vervins (1598) als Vermittler auftreten und nach dem Aussterben der Hauptlinie des Hauses Este das päpstliche Lehen Ferrara einziehen und mit dem Kirchenstaat vereinigen[22].

Clemens VIII. entsprach persönlich dem Bischofsideal der Katholischen Reform: er führte das asketische Leben eines frommen Priesters und eifrigen

bei *Seppelt* IV 521, dazu *P. Paschini,* G. Sirleto ed il Decreto tridentino sull'edizione critica della Bibbia (Lecco 1923).

21 Die aufschlußreiche Autobiografia di Mons. G. A. Santori, hrsg. von *G. Cugnoni* (Rom 1890).

22 *B. Barbiche,* La politique de Clément VIII. à l'égard de Ferrare en Novembre et Décembre 1597 et l'excommunication de César d'Este: MAH 74 (1962) 289—328; *G. Cozzi,* Gesuiti e politica sul fine del '500. Una mediazione di pace tra Enrico IV, Filippo II e la Sede Apostolica proposta dal P. Achille Gagliardi alla repubblica di Venezia: AstIt 75 (1963) 477—537.

Bischofs, wallfahrtete allmonatlich zu Fuß zu den sieben Hauptkirchen, hörte im Jubeljahr stundenlang in St. Peter Beicht, visitierte die Patriarchalkirchen und mehrere Klöster und Hospitäler. Zu seinem Beichtvater wählte er Baronius; Filippo Neri verehrte er wie einen Vater. Dennoch begann die kirchliche Erneuerungsbewegung unter ihm den hohen Schwung und den universalen Zug zu verlieren, den sie durch Pius V. und seine beiden Nachfolger empfangen hatte. Eine erneute Revision des Index der verbotenen Bücher (1596) gab Bellarmin frei, traf aber schwer die jüdische Literatur. Die Republik Venedig lieferte 1593 den abgefallenen Dominikaner Giordano Bruno der Römischen Inquisition aus, die ihn, als er nach wiederholtem Widerruf, zuletzt am 5. April 1598, zu seinen mit der Kirchenlehre im Widerspruch stehenden Ansichten zurückkehrte, zum Feuertode verurteilte († 17. 2. 1600)[23]. Den zwischen Dominikanern und Jesuiten ausgebrochenen Gnadenstreit ließ er unentschieden (siehe Kap. 41), zur Inkraftsetzung der schon fertiggestellten neuen Dekretalensammlung, die seinen Namen tragen sollte, vermochte er sich nicht zu entschließen. Obwohl als ehemaliger Nuntius in Polen politisch keineswegs unerfahren, überließ der gewissenhafte, aber unentschlossene Papst die Führung der Geschäfte fast ganz seinen Nepoten Cinzio und Pietro Aldobrandini und zerrüttete durch überreiche Zuwendungen an seine Familie die päpstlichen Finanzen.

Diesen Schwächen des Aldobrandinipapstes zum Trotz, gestaltete sich das Jubiläumsjahr 1600 zu einem Triumph des erneuerten Papsttums. Bereits das Jubiläum des Jahres 1575 hatte Hunderttausende von Pilgern, vor allem aus Italien, nach Rom gezogen; berühmte Prediger, wie der Jesuit Francisco de Toledo, der Kapuziner Lupus und der Minorit Panigarola vertieften die Wallfahrt zu einer Volksmission. Als Clemens VIII. am 31. Dezember 1599 die Heilige Pforte öffnete, fanden sich 80 000 Menschen ein; die Gesamtzahl der Pilger wurde auf 1,2 Millionen geschätzt. Um wenigstens einen Teil der herbeigeströmten Massen unterzubringen, wurde das von Filippo Neri gegründete Hospiz S. Trinità dei Pellegrini erweitert. Zur Gewinnung des Ablasses waren für auswärtige Pilger 15, für die Römer 30 Kirchenbesuche vorgeschrieben; der Papst machte deren 60, wusch wiederholt armen Pilgern die Füße und lud sie zu Tisch; die Pilgerzüge empfing er im Belvederehof. Alle sozialen Schichten waren vertreten, auch die höchsten: die Herzöge von Bayern und Lothringen, der Vizekönig von Neapel, die Kardinäle Andreas von Österreich und Dietrichstein. Wie ein deutscher Prälat wenige Jahre später (1612/13) das neue Rom erlebte, schildert anschaulich die „Raiss uf Rom" des Bamberger Bischofs Aschhausen[24].

[23] Der vor Sommer 1597 hergestellte Auszug aus den Prozeßakten: A. *Mercati,* Il Sommario del processo di G. Bruno (Città del Vaticano 1942); dort 46—53 eine gut ausgewogene Beurteilung der Persönlichkeit Brunos.

[24] *Pastor* IX 142—155, XI 505—512; *Ch. Häutle,* Des Bamberger Fürstbischofs J. G. von Aschhausen Gesandtschaftsreise 1612/13 (Tübingen 1881).

Ein Menschenalter hatte genügt, um das Angesicht der Kirche zu verändern. Nach dem Abschluß des Konzils von Trient hatten die Päpste dessen Dekrete wie ein Panier vorangetragen, die vorhandenen religiösen Kräfte zusammengefaßt und gefördert. Die Autorität des Papsttums war wiederhergestellt, wenn auch nicht im ganzen Raum der mittelalterlichen Res publica christiana, so doch innerhalb der römisch-katholisch gebliebenen Völker. Die Restauration der päpstlichen Macht mit Hilfe des Konzils von Trient war aber nicht, wie antikuriale Publizisten, z. B. Vergerio und Sarpi[25] behaupteten, ein schlauer Trick machthungriger Kurialisten, sondern die natürliche Folge der aufrichtig, wenn auch nicht immer mit strenger Konsequenz und vollem Erfolg angestrebten Katholischen Reform[26]. Der neue Zentralismus, der an die Stelle des fiskalisch orientierten spätmittelalterlichen Zentralismus trat, war religiös fundiert und geistig begründet. Das Papsttum hatte den Normen des Konzils von Trient Geltung verschafft; *eine* Bibel, die Vulgata, *eine* Liturgie, die römische, *ein* Gesetzbuch garantierten die Einheit, ja schufen eine weit größere Einheitlichkeit des kirchlichen Lebens, als sie je in der vortridentinischen Kirche bestanden hatte. Die tridentinische Reform war jedoch keine einfache Restauration des Mittelalters. In fast allen ihren Äußerungen trägt sie antireformatorische Züge. Aus der Bejahung ihres eigenen Wesens zieht die Kirche die Kraft zur Selbsterneuerung und Selbstbehauptung.

39. Kapitel

Selbstbehauptung der Kirche in West- und Osteuropa

Seit dem Abschluß des Trienter Konzils war die Katholische Reform kanalisiert und koordiniert: sie wurde nahezu identisch mit der Durchführung der Trienter Dekrete unter Leitung des Papsttums. Von der mittelalterlichen Anschauung ausgehend, daß der weltliche Arm hierbei mitzuwirken habe, bemühten sich die Päpste — mit wechselnder Intensität — um die Rezeption des Konzils von Staats wegen, mit Erfolg in Spanien, den Spanischen Niederlanden und Polen, ohne Erfolg in Frankreich. Die beiden „Religionskriege" des Zeitalters, in denen mit den religiösen zugleich politische Macht-

[25] P. P. Vergerio vertritt diese Auffassung schon in dem fingierten Consilium quorundam episcoporum Bononiae congregatorum (1553) und in den Actiones duae secretarii pontificii (1556): *F. Hubert,* Vergerios publizistische Tätigkeit (Göttingen 1893) 284 f 299 f; P. Sarpi hat sie in seiner Istoria des Conc. Trid. I/1 ausgebaut, vgl. *Jedin* II 3 ff.

[26] Die scharfe Kritik Bellarmins an der mangelhaften Durchführung des Tridentinums ist niedergelegt in mehreren Denkschriften: *Le Bachelet,* Auctarium Bellarminianum (Paris 1913) 513—518 und 518 ff (1600/01) und 533 ff (1612).

kämpfe ausgetragen wurden, die Hugenottenkriege und der Niederländische Aufstand, endeten um die Jahrhundertwende damit, daß die französische Monarchie und die südlichen Niederlande der Kirche erhalten blieben, die nördlichen verlorengingen. In England konsolidierte sich die anglikanische Staatskirche, in Schottland der Kalvinismus; nur in Irland blieb die Mehrheit des Volkes katholisch. Die Rückkehr des Schwedenkönigs Johann III. und seines Sohnes zur Kirche endete mit dessen Thronverlust. Im neuerstarkten Polen setzte sich die katholische Reform durch und weckte Hoffnungen auf eine Union mit der russisch-orthodoxen Kirche.

Spanien und die Niederlande

QUELLEN: Provinzialsynode von Toledo: *Mansi* 34, 537—570; *R. Sánchez Lamadrid*, Un manoscrito inédito del B. Juan de Ávila: Arch. teol. Granadino 4 (1941) 137—241, ergänzt durch *C. M. Abad*, Últimos inéditos extensos del B. J. de Ávila: MCom 13 (1950) 13—60; die Provinzialsynoden von Salamanca, Granada u. Saragossa: *J. Sáenz de Aguirre*, Concilia Hispaniae V² 445—463; dazu *E. Rodríguez Amaya:* Revista de estudios extremeños 6 (1951) 235—295; die Statuten der Provinzialsynode von Valencia: *Aguirre* V 445 bis 463. — Visitationen: *I. I. Tellechea Idigoras*, El formulario de visita pastoral de B. de Carranza, arzobispo de Toledo: Anthologica annua 4 (1956) 385—437; *D. Mansilla*, Reacción del Cabildo de Burgos ante las visitas y otros actos de iurisdicción intentados por sus obispos: HS 10 (1957) 135—159. — Über die Kirchenpolitik Philipps II.: *Serrano, Fonzi* u. *Villani* siehe Kap. 38. Über die Anfänge Philipps III.: *J. de Olarra - M. L. de Larramendi*, Correspondencia entre la nunciatura en España y la S. Sede I (Rom 1960). — Niederlande: Correspondance de Philippe II sur les affaires des Pays-Bas, hrsg. von *L. Gachard*, 5 Bde (Brüssel 1848/79); Correspondance de Philippe II sur les affaires des Pays-Bas, hrsg. von *J. Lefèvre* (Brüssel 1941/53); Nonciatures de Flandres, hrsg. vom Belgischen Historischen Institut in Rom, bes. *L. van der Essen - A. Louant*, Correspondance d'O. M. Frangipani 1595—1606, 3 Bde (Rom 1924 1932 1942); *J. Cleyntjens*, Corpus iconoclasticum, 4 Bde (Tilburg 1928/34); Documents relatifs à la jurisdiction des nonces et internonces des Pays-Bas pendant le régime espagnol 1596—1706, hrsg. von *J. Lefèvre* (Brüssel - Rom 1942); *M. Dierickx*, Documents inédits sur l'érection des nouveaux diocèses aux Pays-Bas 1521/70, 3 Bde (Brüssel 1960/62).

LITERATUR: *L. Pfandl*, Philipp II. (München 1938), dazu *R. Konetzke:* HZ 164 (1941) 316—331; *J. M. March*, Niñez y juventud de Felipe II, 2 Bde (Madrid 1941/42); *R. Altamira*, Felipe II, hombre de estado (Mexico City 1950); *G. Mattingly*, Die Armada (München 1960); *F. Braudel*, La Méditerranée et le Monde méditerranéen à l'époque de Philippe II (Paris 1949); *L. van der Essen*, Alexandre Farnèse, 5 Bde (Brüssel 1933/37); *B. de Meester*, Le Saint Siège et les troubles des Pays-Bas 1566/79 (Löwen 1934); *F. Willocx*, L'introduction des décrets du Concile de Trente dans les Pays-Bas et dans la Principauté de Liège (Löwen 1929); *E. Donckel*, Luxemburger Gutachten zu den Trienter Reformdekreten: Rhein. Vierteljahrsbll. 19 (1957) 119—134; *L. J. Rogier*, Geschiedenis van het Katholizisme in Noord-Nederland in de 16ᵉ en 17ᵉ Eeuw, 3 Bde (Den Haag 1945/47); *A. Pasture*, La restauration religieuse aux Pays-Bas catholiques 1596 bis 1633 (Löwen 1925); *J. Scheerder*, De Inquisitie in de Nederlanden in de XVIᵉ Eeuw (Antwerpen 1944); *E. de Moreau*, Histoire de l'Église en Belgique V (Brüssel 1952); *I. I. Woltjer*, Friesland in de hervormingstijd (Leiden 1962).

Unter dem aufrichtig religiösen und gewissenhaften, aber sich nur langsam entschließenden, unnahbaren Philipp II. (1556/98) war Spanien die stärkste Stütze der Kirche und die Vormacht Europas. Erst nach eingehenden Beratungen entschloß er sich zur Annahme der Konzilsdekrete mit der einschränkenden Klausel „unbeschadet der königlichen Rechte". Diese umfaßten das Placet für päpstliche Erlasse, den Recursus ab abusu (das Recht, gegen Mißbrauch der geistlichen Gewalt die weltliche anzurufen), die Selbständigkeit der Spanischen Inquisition und den Patronat in den Kolonien. Es wäre jedoch ungerecht, das „Staatskirchentum" Philipps II. wegen der zahlreichen Eingriffe in den kirchlichen Jurisdiktionsbereich zu verurteilen, aber den Eifer des Königs bei der Durchführung der katholischen Reform außer acht zu lassen, wenn sie, zumal bei exemten Kapiteln und Orden, auf Widerstand stieß und Rückhalt in Rom suchte. Die päpstlichen Nuntien, unter ihnen Castagna, der spätere Urban VII., Ormaneto und Speciano, beide Mitarbeiter Borromeos[1], hatten keinen leichten Stand, wenn sie die päpstlichen Beschwerden über staatskirchliche Eingriffe zu vertreten hatten. Obwohl die Trienter Reformdekrete keineswegs alle Wünsche des spanischen Episkopates erfüllten, ging dieser auf Befehl des Königs durch deren Promulgation auf Provinzial- und Diözesansynoden allen anderen Ländern voran: schon in den Jahren 1565/66 wurden Provinzialsynoden in Toledo, Salamanca, Granada, Saragossa und Valencia gehalten; für die von Toledo verfaßte Juan de Ávila eine umfangreiche Denkschrift, in der die für Spanien wünschenswerten Modifikationen vorgeschlagen wurden. Die Durchführung der Dekrete freilich ging weit langsamer vonstatten. So gab z. B. dem Bistum Pamplona erst die Diözesansynode von 1590 ein „ley fundamental"[2]; in Coria, wo eine schon 1537 gehaltene Reformsynode im wesentlichen maßgebend blieb, bildeten erst die Konstitutionen der Synode von 1606 „la mejor fuente de restauración tridentina hasta dos siglos mas tarde". Manche tridentinischen Seminare, mit deren Errichtung man in Spanien früh begann[3], konnten sich nicht halten, weil die Beitragspflichtigen sich sträubten; so gab dem 1579 gegründeten Seminar von Coria erst eine Stiftung des Bischofs Galaza i. J. 1603 die finanzielle Grundlage. Die nichtreformierten Orden mußten sich auf Grund der Breven Pius' V. vom 2. Dezember 1566 und 16. April 1567 tiefe Eingriffe gefallen lassen: die Franziskanerkonventualen wurden zur Annahme der Observanz gezwungen, die Mercedarier, Trinitarier und Karmeliten nahmen die päpstlichen Verfügungen an, die Prämonstratenser wehrten sich erfolgreich gegen die ihnen auferlegte Ver-

[1] *N. Mosconi,* La Nunziatura di Spagna di Cesare Speciano 1586/88 (Brescia [2]1961) 25 ff.

[2] *J. Goñi Gaztambide,* Los Navarros en el Concilio de Trento y la Reforma tridentina en la diócesis de Pamplona (Pamplona 1947) 181—301; *F. S. Pedro García,* La Reforma del Concilio de Trento en la diócesis de Coria: HS 10 (1957) 273—299.

[3] *D. Mansilla,* El seminario conciliar de S. Jerónimo de Burgos: HS 7 (1954) 3—44 359 bis 398; für Coria: HS 10 (1957) 286 f.

einigung mit den Hieronymiten[4]. Die Klöster der Benediktinerkongregation von Tarragona wurden Apostolischen Visitationen unterworfen, leisteten aber gegen die Reformbulle von 1592 Widerstand[5]. Ihren monumentalen Ausdruck fand die enge Verbindung von Kirche und Staat in dem 1563/84 von Philipp II. erbauten Hieronymitenkloster Escorial, in dem der König eine Zelle mit dem Blick auf den Hochaltar besaß.

Längst ehe die kirchliche Organisation des Mutterlandes weiter ausgebaut wurde[6] waren auf Antrag Philipps II. in den Spanischen Niederlanden am 12. Mai 1559 drei neue Kirchenprovinzen errichtet worden: Cambrai mit den Suffraganen Tournai, Arras, St-Omer und Namur; Mecheln mit den Suffraganen Antwerpen, Herzogenbusch, Gent, Brügge, Ypern und Roermond; Utrecht mit Haarlem, Middelburg, Leeuwarden, Deventer und Groningen; das Reichsbistum Lüttich blieb im Kölner Metropolitanverband[7]. Von den 18 Landesbistümern waren 14 Neugründungen, deren Besetzung sich freilich länger hinzog oder — wie im Norden — unmöglich wurde, weil der Niederländische Aufstand den kirchlichen Wiederaufbau störte. In ihm verband sich die ständische Opposition gegen die spanische Herrschaft mit der religiösen, in der Hauptsache vom Kalvinismus getragenen. Schon unter der Statthalterschaft Margaretes von Parma forderten die „Geusen" (von gueux = Bettler) die Milderung der Religionsedikte Karls V. (der „Plakate"), die Abschaffung der Inquisition und die Einberufung der Generalstände. Ein barbarischer Bildersturm vernichtete (1566) unersetzliche Werte der christlichen Kunst. Der vom Herzog von Alba eingesetzte „Rat der Unruhen" wurde des Aufstands nicht Herr, erst der Staatskunst des Statthalters Alessandro Farnese, des Sohnes der Margarete, gelang es, die südlichen, noch fast ganz katholischen Provinzen von der „Genter Pazifikation" (1576) abzusprengen. Die in der „Utrechter Union" (1579) zusammengeschlossenen, großenteils protestantischen Nordprovinzen proklamierten 1581 ihre Unabhängigkeit und führten, zuerst unter Wilhelm von Oranien (ermordet 1584), dann unter dessen Sohn Moritz (1585—1625) den Kampf gegen Spanien bis zum Waffenstillstand von 1609 weiter. In den „Generalstaaten" war jeder katholische Kult seit 1574 verboten, die Seelsorge der noch immer zahlreichen Katholiken wurde unter Leitung eines Apostolischen Vikars in Utrecht notdürftig aufrechterhalten.

Das Tridentinum war von der Statthalterin Margarete von Parma am 11. Juli 1565 mit der gleichen Vorbehaltsklausel wie in Spanien angenom-

[4] *J. Goñi Gaztambide,* La Reforma de los Premonstratenses españoles del Siglo XVI: HS 13 (1960) 5—96.

[5] *R. Augé,* La bulla de Clement VIII per la Reforma de la Congregación claustral tarraconense: Catalonia Monastica 2 (1929) 259—283.

[6] *D. Mansilla,* La reorganización eclesiástica española del Siglo XVI: Anthologica annua 4 (1956) 97—238.

[7] *M. Dierickx,* De oprichting der nieuwe bisdommen in de Nederlande onder Filips II 1559/70 (Antwerpen 1950); die dazugehörige Aktenpublikation siehe Quellenübersicht.

men worden, aber die politischen Wirren, nicht selten auch der Widerstand des Klerus verzögerten die Durchführung; erst unter der Statthalterschaft der Erzherzöge Albrecht und Isabella machte sie entschiedene Fortschritte[8].

Frankreich

QUELLEN: *H. Hauser,* Les sources de l'hist. de France, XVIe siècle III IV (Paris 1912 bis 1915); Lettres de Cathérine de Médicis, hrsg. von *H. de la Ferrière - Baguenault de la Puchesse,* 10 Bde (Paris 1880—1909); Recueil des lettres missives de Henri IV, hrsg. von *Berger de Xivrey* u. a., 9 Bde (Paris 1843/76); *H. C. Davila,* Historia delle guerre civili di Francia 1559/98 (Venedig 1630); Provinzialkonzilien: Reims 1564: *Mansi* 33, 1289—1390; Rouen 1581: *Mansi* 34, 617—682; Reims 1583: *Mansi* 34, 683—938; Aix 1585: ebd. 937—1014; Toulouse 1590: ebd. 1269—1322; Narbonne 1609: ebd. 1477—1536. — Girolamo Ragazzoni, évêque de Bergame, nonce en France. Correspondance de sa nonciature 1583/86, hrsg. von *P. Blet* (Rom - Paris 1962).
LITERATUR: *L. Romier,* Les origines politiques des guerres de Religion, 2 Bde (Paris 1913/14); *ders.,* Le Royaume de Cathérine de Médicis, 2 Bde (Paris 1922); *ders.,* Catholiques et Huguenots à la Cour de Charles IX (Paris 1924); *J. E. Neale,* The Age of Catherine de Medici (London 1943); *A. Bailly,* La réforme en France jusqu'à l'Édit de Nantes (Paris 1960); *R. Nürnberger,* Die Politisierung des französischen Protestantismus (Tübingen 1948); *A. Buisson,* Michel de l'Hôpital (Paris 1950); *Ch. Hirschauer,* La politique de Pie V en France 1566/72 (Paris 1922); *V. Martin,* Le Gallicanisme et la réforme catholique (Paris 1919), Hauptwerk, dazu die Bemerkungen von *Ch. Hirschauer:* RHEF 9 (1923) 545f; *A. Degert,* Histoire des séminaires français jusqu'à la révolution, 2 Bde (Paris 1912); *L. Serbat,* Les assemblées du Clergé de France 1561—1615 (Paris 1906); *V. Carrière,* Les épreuves de l'église de France au XVIe siècle: Introduction aux études d'histoire eccl. locale III (Paris 1936) 247—509; *J. Lestocquoy,* Les évêques français au milieu du XVIe siècle: RHEF 45 (1959) 25—40; *J. Cloulas,* Les aliénations du temporel eccl. sous Charles IX et Henri III: RHEF 44 (1958) 5—56; *ders.,* Un aspect original des relations fiscales entre la royauté et le clergé: RHE 55 (1960) 876—901; *J. Imbert,* Les prescriptions hospitalières du Concile de Trente et leur diffusion en France: RHEF 42 (1956) 5—28; Biographie des an der Aussöhnung Heinrichs IV. mit Rom beteiligten Kard. d'Ossat von *P. Laccade* (Tarbes 1937).

Auch die Kirche Frankreichs stand in einem Existenzkampf, der die Entfaltung der Katholischen Reform nicht begünstigte. Wie der Niederländische Aufstand, so waren auch die Hugenottenkriege (1562/98) von Anfang an, schon unter der Regentschaft Katharinas von Medici für Karl IX. (1560/74), keine reinen Religionskriege, unter Heinrich III. (1574/89) wurden sie im-

[8] Außer Willocx (siehe Literaturübersicht) *G. Rolin,* L'esprit du Concile de Trente dans le statut organique de l'Archevêché de Malines en 1561: Miscellanea De Meyer II 881 bis 894; *E. Voosen,* Exécution du Concile de Trente dans la diocèse de Namur: Revue diocésaine de Namur 9 (1954) 321—349; *E. Brouette,* La vie religieuse dans le Comté de Namur au siècle de la réforme: Revue du Nord 35 (1953) 233—251; *H. J. Elias,* Kerk en Staat in de zudelijke Nederlanden onder de Regeering der Aartsherzogen Albrecht en Isabella 1598—1621 (Antwerpen 1931). Für Lüttich: *H. Dessart,* La visite du diocèse de Liège par le nonce A. Albergati: Bull. de la Comm. royale d'hist. 114 (1949) 1—135.

mer mehr zu Machtkämpfen zwischen den Häusern Bourbon und Guise, in die Spanien auf seiten der Katholiken, England und die Generalstaaten auf seiten der Kalvinisten eingriffen. Dementsprechend war die Politik der Päpste zwar gradlinig, soweit es sich um die Erhaltung des Katholizismus und die Unterdrückung des Kalvinismus handelte oder zu handeln schien, aber zurückhaltend gegenüber den politischen Machtgruppen, insbesondere der 1576 gegründeten und 1584 neubelebten Liga (Heinrich von Guise, Karl von Bourbon und Philipp II.).

Das Edikt von Amboise (1563), das den ersten Hugenottenkrieg beendete, gestattete den Kalvinisten den Kult in einer Stadt jedes Bezirkes (baillage). Als sie, mit diesem Erfolg unzufrieden, unterstützt durch englisches Geld und deutsche Hilfstruppen, von neuem die Waffen ergriffen, stellte Pius V. Hilfsgelder und ein Hilfskorps zur Verfügung und war enttäuscht, daß den mehrfach besiegten Hugenotten im Frieden von St-Germain (1570) Religionsfreiheit gewährt wurde. Um den Einfluß des Hugenottenführers Admiral Coligny auf ihren Sohn Karl IX. auszuschalten, versuchte Katharina von Medici jenen durch ein Attentat zu beseitigen und, als dies mißlang, das Verbrechen durch ein noch weit größeres, den Massenmord in der Bartholomäusnacht (24. 8. 1572) zu vertuschen. Getäuscht durch beschönigende und irreführende Berichte, sah Gregor XIII. in diesem verwerflichen Akt skrupelloser Machtgier die Vereitelung eines hochverräterischen Anschlags auf den König und einen Sieg über den Kalvinismus, ließ ein Tedeum halten und nahm an einem Dankgottesdienst in der französischen Nationalkirche S. Luigi teil. An der Vorbereitung und Durchführung des Verbrechens, dem 5000—10000 Menschen zum Opfer fielen, hatte er keinen Anteil[9].

Der Widerstand der Hugenotten wurde jetzt noch erbitterter. Im Kriege der „Drei Heinriche" erlangten sie von dem charakterschwachen Heinrich III. im Frieden von Beaulieu (1576) fast vollständige Religionsfreiheit, die jedoch durch das Edikt von Poitiers im folgenden Jahre wieder eingeschränkt wurde. Die Gefahr, daß die Krone Frankreichs einem Kalvinisten zufalle, wurde akut, als nach dem Tode des jüngeren Bruders des kinderlosen Heinrich III. der Bourbone Heinrich von Navarra vom König, aber auch von vielen Katholiken als Thronfolger anerkannt wurde. Sixtus V. trat zwar nicht der gegen diesen gerichteten katholischen Liga bei, schloß ihn jedoch (1585) als rückfälligen Häretiker für immer von der Thronfolge aus. Die Liga errang das militärische Übergewicht und zwang Heinrich III. zum Edikt von Rouen (1588), das die Unterdrückung des Kalvinismus in Aussicht stellte. Um sich des Druckes der Liga zu entledigen, ließ der König ein halbes Jahr später die Ligistenführer Heinrich und Ludwig von Guise in Blois ermorden und

[9] Die ältere Literatur über die Bartholomäusnacht (bis 1923): *Pastor* IX 352—379; *H. Hauser* a. a. O. nn. 2099—2173; S. *L. England,* The Massacre of St. Barthelemew (London 1938); *Ph. Erlanger,* Le massacre de la Saint-Barthélemy (Paris 1960).

verbündete sich mit Heinrich von Navarra; er selbst wurde am 1. August 1589 von dem Dominikaner Jacques Clément erdolcht. Der von der Liga erhobene Gegenkönig Karl von Bourbon starb schon am 9. Mai 1590, Heinrich IV., der alsbald das Versprechen abgelegt hatte, die Rechte der katholischen Kirche zu schützen, und der auch unter den Katholiken starken Anhang besaß, fand immer allgemeinere Anerkennung, zumal nachdem er am 25. Juli 1593 zur Kirche zurückgekehrt war. Gregor XIV. und anfangs auch Clemens VIII. unterstützten die Liga in ihrem Widerstand; erst als das Übergewicht Heinrichs IV. feststand und dieser sich, obwohl religiös indifferent („Paris ist eine Messe wert"), dem Papste näherte, ließ Clemens VIII. sich unter bestimmten Bedingungen zur Absolution herbei (siehe Kap. 38). Den Kalvinisten gewährte Heinrich IV. im Edikt von Nantes (30. 4. 1598) uneingeschränkte Gewissensfreiheit, Zugang zu den Staatsämtern, Kultusübung an allen Orten, wo sie 1596/97 vorhanden war und an zwei Orten in jedem Amtsbezirk, endlich 200 Sicherheitsplätze für acht Jahre. Das waren weitgehende Rechte, aber die Krone und die große Mehrheit des Volkes waren und blieben katholisch, Frankreich war von jetzt an wieder katholische Großmacht. Sixtus V. hatte sich in seiner Politik gegenüber Spanien machtlos gefühlt „wie eine Fliege gegenüber einem Elefanten"; jetzt hatte das Papsttum eine begrenzte politische Unabhängigkeit wiedererlangt.

Die Annahme der Trienter Konzilsdekrete in Frankreich stieß auf heftige Opposition seitens der teils hugenottisch, teils gallikanisch gesinnten Juristen der höchsten Gerichtshöfe (Parlamente), bei denen jedes in Frankreich gültige Gesetz registriert werden mußte. Die Kalvinisten Du Moulin und Gentillet bestritten die Verbindlichkeit sowohl der dogmatischen wie der Reformdekrete, die Gallikaner Ranchin und Thou nur die der letzteren[10]. Eine vom Nuntius Salviati unterstützte Eingabe des Klerus auf der Ständeversammlung von Blois (1577/78), der König möge unbeschadet der gallikanischen Freiheiten die Dekrete promulgieren und durchführen lassen (publier et inviolablement garder), blieb ebenso erfolglos wie ihre Wiederholung durch die Klerusversammlung von Mélun (1579). Als die Liga die Rezeption des Tridentinums in ihr Programm aufnahm und der Päpstliche Legat Morosini im Auftrag Sixtus' V. die bedingungslose Publikation verlangte, gab Heinrich III. erst nach, als seine Sache schon verloren war und die Ermordung des Kardinals Ludwig Guise jede Verständigung mit dem Papste ausschloß. In welchem Maße die Publikation des Tridentinums von Staats wegen zum Kennzeichen der kirchlichen Gesinnung des Monarchen geworden war, offenbart der Rat des Erzbischofs von Paris, Kardinals Gondi, an Heinrich IV.: „Publiez le Concile de Trente!"[11] Obwohl der Klerus von neuem vorstellig wurde, erfüllte der König das Versprechen, das er vor der

[10] Überblick über die antitridentinische Publizistik: *V. Martin* a. a. O. XXIII ff, soweit geschichtliches Material verarbeitet wird, auch *Jedin*, Überblick 66—79.

[11] *V. Martin* a. a. O. 279.

Absolution durch seine Prokuratoren abgelegt hatte, unter dem Einfluß der Gallikaner Harlay und Thou nicht (1600). Die gallikanische Publizistik gegen das Konzil (Ranchin, Thou, Ribier, Richer) war stark genug, um auf den Generalständen von 1614 die endgültige Ablehnung der Rezeption durch den Staat zu bewirken.

Inzwischen hatten die Bischöfe, auf sich selbst angewiesen, mit der Durchführung des Konzils begonnen. Bald nach seiner Rückkehr aus Trient war Kardinal Charles Guise mit der Provinzialsynode von Reims (1564) vorangegangen; die Klerusversammlung von Mélun stellte Richtlinien auf, auf Grund deren zwischen 1580 und 1590 acht Provinzialsynoden gehalten wurden, von denen die von Aix (1585), geleitet von Erzbischof Canigiani, am stärksten unter Mailänder Einfluß stand. Nach dem Vorbild Borromeos bemühte sich Bischof La Rochefoucauld von Clermont (1585—1610) um die Hebung seines Klerus[12]. Der Reformwille der Bischöfe und des Klerus erwies sich schließlich als stark genug, um ohne Rücksicht auf den Staat vorzugehen: am 7. Juli 1615 schworen auf der Klerusversammlung in Paris drei Kardinäle, 47 Erzbischöfe und Bischöfe und 30 Vertreter des übrigen Klerus, das Trienter Konzil anzunehmen (recevoir) und durchzuführen (observer). Dieser Beschluß löste eine starke Reformwelle aus und bildete den Auftakt für den steilen Aufstieg der französischen Kirche im folgenden Menschenalter. Bis zu diesem Zeitpunkt war man — trotz vereinzelter, meist kurzlebiger Gründungen — noch „auf der Suche nach einer Lösung des Seminarproblems“[13] gewesen; nicht nur die bekannten Widerstände gegen die Finanzierung hatten die Durchführung des Trienter Seminardekretes verzögert, auch die Konkurrenz der Universitäts- und Jesuitenkollegien und der Mangel eines klar herausgearbeiteten Ideals. Im Laufe des 17. Jh. erst wurde Frankreich durch Ausprägung verschiedener Typen der Priesterbildung (Bourdoise, Sulpizianer und Eudisten) auf diesem Gebiete führend[14] (siehe Bd. V).

England

QUELLEN: Zu den älteren Serien der State Papers: *J. M. Rigg*, Calendar of State Papers Relating to English Affairs, 2 Bde (London 1961/62) (bis 1578 reichend); *J. H. Pollen*, Sources for the History of Roman Catholics in England, Ireland and Scotland (London 1921); *ders.*, Unpublished Documents Relating to the English Martyrs I (London 1908); *E. H. Burton* - *J. H. Pollen*, Lives of the English Martyrs under Elizabeth I

[12] *Rochefoucauld* verfaßte eine Anleitung zum priesterlichen Vollkommenheitsstreben: De la perfection de l'état ecclésiastique (Lyon 1597, 1628); vgl. *Broutin* I 44 ff; *P. Gouyon*, L'introduction de la réforme disciplinaire du Concile de Trente dans la diocèse de Bordeaux (Paris 1945).

[13] So *Broutin* II 181.

[14] *A. Degert*, Les premiers seminaires français: RHEF 2 (1911) 24—38 129—144; *G. Bonnenfant*, Les seminaires Normands du XVI au XVIII siècles (Paris 1915); *P. de Lattre*, Les Jésuits et les seminaires: RAM 20 (1953) 161—176.

1583/88 (London 1914); *L. Hicks,* Letters and Memorials of Father Robert Persons I (London 1942); — Die Uniformitätsakte von 1559: *H. Gee - W. J. Hardy,* Documents Illustrative of English Church History (London 1921) 442—458. Zur Entstehung: *J. E. Neale:* EHR (1950) 304 ff. Die Quellen zur Entstehung der Anglikanischen Kirche in den Parker Society Publications; für die innere Konsolidierung des Anglikanismus wichtig: The Works of R. Hooker, hrsg. von *R. W. Church - F. Paget,* 3 Bde (Oxford 1888). Einen für Irland wichtigen Katalog der flandrischen Nuntiatur: Collectanea Hibernica I, hrsg. von *C. Giblen* (Dublin - London 1958).

LITERATUR: *J. B. Black,* The Reign of Elizabeth (Oxford ²1959); *H. Wilson,* King James VI and I (London 1956); *F. Higham,* Catholic and Reformed. A Study of the Anglican Church 1559—1662 (London 1962); *Ph. Hughes,* The Reformation in England III (London 1954); *A. O. Meyer,* England und die katholische Kirche unter Königin Elisabeth (Rom 1911), Hauptwerk; *J. H. Pollen,* The English Catholics in the Reign of Queen Elizabeth (London 1920); *A. H. Atteridge,* The Elizabethan Persecution (London 1928); *H. S. Lucas,* Survival of the Catholic Faith in the XVIth Century: CHR 29 (1943) 25—52; *Ph. Caraman,* The Other Face. Catholic Life under Elizabeth I (London 1960); *M. D. R. Leys,* Catholics in England 1559—1829. A Social History (London 1961); *W. R. Trimble,* The Catholic Laity in Elizabethan England 1558—1603 (Cambridge/Mass. 1964). Über das Verhältnis Shakespeares, dessen Vater ein Rekusant war, zur kath. Kirche neuestens *R. Frye,* Shakespeare and Christian Doctrine (Princeton 1963). — Über die Versuche, die Schottenkloster auf dem Kontinent für die Rekatholisierung Schottlands einzusetzen, vgl. *L. Hammermayer,* Deutsche Schottenklöster, schottische Reformation in West- u. Mitttel-europa: ZBLG 26 (1963) 131—255.

Durch die Uniformitätsakte (1559) hatte Elisabeth I. von England tatsächlich das anglikanische Schisma erneuert (mit der leichten Milderung des Ausdrucks „supreme head" in „supreme governor") und durch die Wiedereinführung des Common-Prayer-Book und in den 39 Glaubensartikeln von 1563 der englischen Staatskirche Bekenntnis und Liturgie Eduards VI. zurückgegeben. Von den 16 Bischöfen, die unter Maria d. Katholischen amtiert hatten, wurden 15 wegen der Verweigerung des Suprematseides abgesetzt und großenteils durch Geistliche ersetzt, die während der katholischen Restauration auf den Kontinent geflohen waren. Der Pfarrklerus leistete in seiner erdrückenden Mehrheit den Eid[15], die Laien wurden unter Androhung fühlbarer Geldstrafen zum Besuch des anglikanischen Gottesdienstes angehalten. Trotzdem verstand die in allen diplomatischen Künsten erfahrene Königin, unterstützt durch spanische Beschwichtigungsversuche in Rom, den ihr drohenden Schlag so lange zu verzögern, bis ihr Thron gegen jeden Angriff von innen gefestigt war. Erst am 25. Februar 1570 sprach Pius V. über sie die Große Exkommunikation und Absetzung aus[16]. Die Bannbulle verschärfte die Lage der englischen Katholiken um so mehr, als Maria Stuart, die sich seit 1568 als Gefangene auf englischem Boden befand, als Thronprätendentin der Katholiken galt und diese nach Ausbruch des Krieges mit Spanien unter dem Verdacht des Hochverrates standen. Seit

[15] Eine Liste von 61 „recusants" von 1561: *Ph. Hughes* a. a. O. III 422—427.

[16] BullRom VII 810 ff; *Mirbt* n. 491.

1581 war die Feier der Messe, die Sakramentenspendung und die Beherbergung von Priestern mit dem Tode bedroht; 124 Priester und 61 Laien wurden hingerichtet, unter ihnen der Jesuit Campion; sein Ordensgenosse Gerard kam nach langer Haft frei[17]. Zur Heranbildung von Priestern für die höchst gefahrvolle Seelsorge der allen Unterdrückungsmaßregeln zum Trotz noch vorhandenen Katholiken gründete William Allen (seit 1587 Kardinal, † 1594) in Douai ein Kolleg (1568), der Jesuit Persons ähnliche Anstalten in Valladolid und Eu bzw. St-Omer; auch in Rom und Reims befanden sich englische Kollegien[18]. Die Bemühungen um die Aufrechterhaltung der Seelsorge in England wurden beeinträchtigt durch den Gegensatz zwischen der „spanischen" Richtung, als deren Haupt der Jesuit Persons galt, und der „schottischen" unter Lewis. Nachdem die in England tätigen Weltpriester in dem Erzpriester George Blackwell einen Oberen ohne bischöflichen Rang erhalten hatten, der mit den Jesuiten gute Beziehungen unterhielt, opponierte eine antijesuitische Minderheit, die „Appellanten", gegen ihn und trat für die Erlaubtheit des Treueides auf die Königin ein (Erzpriesterstreit).

Die anglikanische Kirche konsolidierte sich unter den Erzbischöfen Parker (1559/76) und Whitgift (1583—1604) von Canterbury; die elisabethanische Ordnung, bekämpft von dem Presbyterianer Cartwright, wurde durch die acht Bücher „Laws of Ecclesiastical Polity" Richard Hookers († 1600) begründet und verteidigt[18a].

Der Untergang der katholischen Kirche Schottlands war seit den Parlamentsbeschlüssen von Edinburgh (1560) besiegelt; die Religionsgespräche von Aberdeen und Edinburgh, auch die literarische Verteidigung durch Ninian Winzet (1562) vermochte an den damals geschaffenen Tatsachen nichts zu ändern; die zwar katholische, aber moralisch angreifbare und zuletzt völlig isolierte Königin Maria Stuart blieb dagegen machtlos. Erzbischof Beaton von Glasgow lebte seit 1560 in Frankreich, die übrigen Bischöfe waren ihrer Jurisdiktion beraubt, die Mehrzahl fügte sich, einige arbeiteten sogar aktiv mit dem neuen Kirchenregiment zusammen. Die Königin nominierte nach 1565 den vorzüglichen John Sinclair als Bischof von Brechin und schickte im folgenden Jahre einen Obedienzgesandten zu Pius V. Aber der vom Papste entsandte Nuntius Laureo durfte schottischen Boden nicht betreten. Nach der erzwungenen, wenn auch nicht unverschuldeten Abdankung der Königin (1567) verschärfte sich die Unterdrückung der Katholiken.

[17] *E. Waugh,* E. Campion (London 1935, dt. München ²1954); The Autobiography of an Elizabethan [John Gerard], hrsg. von *Ph. Caraman* (London 1952, dt. unter dem Titel J. Gerard, Meine geheime Mission als Jesuit, Luzern 1954); *Ch. Devlin,* The Life of Robert Southwell, Poet and Martyr (London 1956).

[18] *P. Guilday,* The English Catholic Refugees on the Continent I (London 1914); *M. Hayle,* William Allen (London 1914); *A. C. Southern,* Elizabethan Recusant Prose 1559/82 (London 1950).

[18a] Vgl. *H. Marot,* Aux origines de la théologie Anglicane: Irénikon 33 (1960) 321—343.

Vier Priester wurden wegen der Feier des Meßopfers zum Tode verurteilt, der letzte Erzbischof von Saint Andrews, John Hamilton, am 5. April 1571 wegen Hochverrats durch den Strang hingerichtet. Die Seelsorge der wenigen noch verbliebenen Katholiken wurde meist durch aus England geflohene Priester ausgeübt. Der Plan Gregors XIII., Marias Sohn Jakob VI., der katholisch getauft worden war, auch katholisch erziehen zu lassen, erwies sich als unausführbar. Zur Selbstregierung gelangt, versuchte er vergeblich, die ihm verhaßte Presbyteralverfassung der schottischen Kirche durch eine Episkopalverfassung zu ersetzen. Seine geschickt zur Schau getragene Hinneigung zum Katholizismus und der Übertritt seiner Gattin hinderten ihn nicht, nach der Besteigung des englischen Thrones (als Jakob I., 1603/25) die Strafgesetze gegen die Katholiken noch zu verschärfen[19].

Nur das irische Volk wehrte sich erfolgreich gegen die Einführung der anglikanischen Kirche auf der Grünen Insel. Das Festhalten am angestammten Glauben, der durch einheimische Priester und von Rom gesandte Missionare lebendig blieb, wurde gleichbedeutend mit dem Kampf gegen England. Ein von Gregor XIII. unterstütztes Landungsunternehmen des Grafen Fitzmaurice mißlang (1579), Clemens VIII. beglückwünschte den Katholikenführer O'Neill nach dem Siege bei Blackwater (1598). Obwohl der katholische Adel fast ganz ausgerottet und durch englische Grundbesitzer ersetzt war, hielt das entsetzlich verarmte und unterdrückte Volk weiter treu zur Kirche.

Polen, Schweden und Rußland

QUELLEN: *A. Theiner,* Vetera monumenta Poloniae et Lithuaniae II (Rom 1861), III (Rom 1863); *ders.,* Schweden und seine Stellung zum Heiligen Stuhl unter Johann III., Sigismund III. und Karl IX., 2 Bde (Augsburg 1838/39); die Nuntiaturberichte der Nuntien Caligari (1578/81) und Bolognetti (1581/85): Monumenta Poloniae Vaticana IV—VII (Krakau 1915/50); *J. Sawicki,* Concilia Poloniae, 9 Bde (Krakau - Warschau - Breslau 1945/57), vgl. die Selbstanzeige: ZSavRGkan 46 (1960) 395—429; *M. Olsoufieff,* Le lettere di Ivan il Terribile con i Commentari della Moscovia di A. Possevino (Florenz 1958); Litterae nuntiorum apostolicorum historiam Ucrainae illustrantes, hrsg. von *A. G. Welykyj,* I—IV (Rom 1959/60); Res Polonicae Elisabetha I Angliae regnante conscriptae ex archivis Londoniarum, ed. *C. H. Talbot* (Rom 1961); Res Polonicae Jacobo I Angliae regnante conscriptae ex archivis Londoniarum, ed. *C. H. Talbot* (Rom 1962).

LITERATUR: *B. Stasiewski,* Reformation und Gegenreformation in Polen, Neue Forschungsergebnisse (Münster 1960); ausführlicher Literaturbericht. Die Bischofslisten zusammengestellt von Z. *Szostkiewicz:* Sacrum Poloniae Millenium I (Rom 1954) 391 bis 608; *O. Halecki,* From Florence to Brest: ebd. V (1958) 13—444; *St. Polcin,* Une tentative d'Union au XVIe siècle. La Mission religieuse du P. A. Possevino en Moscovie 1581/2 (Rom 1957); *A. Wolter,* A. Possevino. Theologie und Politik im Spannungsfeld zwischen Rom und Moskau: Scholastik 31 (1956) 321—350; *J. Lecler,* Histoire de la tolé-

[19] Über die Kontaktversuche Jakobs bei Gregor XIII. und Clemens VIII.: *Pastor* XI 350 bis 373.

rance au siècle de la réforme I (Paris 1955) 363—398 (über Toleranz in Polen); *E. Winter*, Rußland und das Papsttum I (Berlin 1960) (vom marxistischen Standpunkt). — *H. Holmquist - H. Pleijel*, Svenska Kyrkans Historia III/2 (Stockholm 1933); *H. Biaudet*, Le St-Siège et la Suède durant la seconde moitié du XVIe siècle (Paris 1907), dazu 2 Bde Dokumente (Paris 1906 und Genf 1913); *O. Garstein*, Rome and the Counter-Reformation in Scandinavia until the Establishment of the S. Congregatio de Propaganda Fide in 1622 (Kopenhagen 1963).

König Sigismund II. August von Polen (1548/72), dessen schwankende Haltung das Vordringen des Luthertums, später des Kalvinismus und der Antitrinitarier ermöglicht hatte, nahm zwar auf Betreiben des Nuntius Commendone die Dekrete des Konzils von Trient an (1564), doch trat die „Warschauer Konföderation" des großenteils protestantischen Adels für die Gleichstellung der „Dissentierenden" mit den Katholiken ein (1573). Zum Zuge kam die katholische Erneuerung unter dem tiefkatholischen, dabei duldsamen, von kühnen Plänen erfüllten König Stephan Báthory (1575/86) unter der Mithilfe der Nuntien Caligari und Bolognetti. Die Provinzialsynode von Petrikau (1577) verwarf die Warschauer Konföderation und nahm das Tridentinum an. Für dessen Durchführung setzten sich außer Hosius dessen Nachfolger Martin Cromer, Erzbischof Uchański von Gnesen, Bischof Konarski von Posen ein; Bischof Karnkowski von Włocławek gründete das erste Tridentinische Seminar. Das Jesuitenkolleg von Wilna wurde zur Akademie erhoben; dem Jesuiten Scarga gelangen zahlreiche Konversionen, z. B. des Prinzen Georg Radziwill, der Bischof von Wilna und Kardinal wurde. Jesuitenkollegien in Riga und Dorpat wirkten für die Rekatholisierung Livlands.

Die Aussicht auf die Rekatholisierung Schwedens schien sich zu eröffnen, als König Johann III. (1586/92) unter dem Einfluß seiner polnischen Gemahlin Katharina, aber auch um den polnischen Thron zu gewinnen, 1578 katholisch wurde. Die von ihm eingeführte Liturgie (das Rote Buch, 1576) lehnte sich an das römische Meßformular an, stieß aber bei der protestantischen Geistlichkeit auf Ablehnung. Der als Nuntius nach Schweden entsandte Jesuit Antonio Possevino sah ein, daß die Rückführung des Landes auch dann unmöglich sein würde, wenn die geforderten Zugeständnisse (Priesterehe, Laienkelch, Messe in der Landessprache) in Rom gewährt würden, was nicht der Fall war. Johanns Sohn Sigismund, der katholisch erzogen war, mußte vor der Krönung (1594) die auf der Klerusversammlung von Uppsala (1593) geforderten Ausnahmegesetze gegen die Katholiken (Verbot des öffentlichen Kultes. Ausschluß von den Staatsämtern) eidlich bestätigen. Nach seiner Abreise nach Polen verschwanden die letzten noch vorhandenen Reste katholischer Glaubensübung, wie die Elevation nach der Wandlung; die Nonnen des Birgittenklosters in Vadstena wurden vertrieben. Als Sigismund den von seinem Oheim Karl geführten Aufstand vergeblich zu unterdrücken versucht hatte, wurde er abgesetzt (1599) und das Bekenntnis zur katholischen Kirche unter schwere Strafen gestellt. Die großen Hoffnungen, die sich an die Konversion der Wasa geknüpft hatten[20], brachen zusammen.

Den gleichen Ausgang nahm ein Annäherungsversuch Rußlands. Schwer bedrängt von dem siegreichen Polenkönig, bat Zar Iwan der Schreckliche 1581 durch eine Gesandtschaft nach Rom um Friedensvermittlung und versprach seine Mitwirkung am Kampf gegen die Türken. Possevino vermittelte zwar einen Waffenstillstand zwischen Polen und Rußland, fand aber im Gespräch mit Iwan bei ihm keine Neigung zur Union: der Papst, äußerte dieser, sei „kein Hirt, sondern ein Wolf". Während seines Aufenthalts in Moskau wurde Possevino durch eine „Ehrenwache" an jedem sonstigen Verkehr behindert. Eine zweite Gesandtschaft des Zaren, in deren Begleitung Possevino nach Rom zurückkehrte, beschränkte sich auf den Austausch von Höflichkeiten. Enttäuscht über diesen Mißerfolg, unterstützte Sixtus V. nunmehr die weitgreifenden Pläne Báthorys: die Eroberung Rußlands, das nach Iwans Tode (1584) durch inneren Zwist geschwächt war, dann konzentrierte Angriffe auf das türkische Reich. Sie wurden gegenstandslos, als Báthory, erst 54 Jahre alt, starb und Sigismund Wasa sich gegen den Kandidaten der Kurie, Erzherzog Maximilian von Österreich, als König durchsetzte.

Während der langen Regierung Sigismunds III. (1587—1632) erstarkte der polnische Katholizismus weiter[21]. Etwa die Hälfte der verlorengegangenen Kirchen wurde wieder katholisch. In den Jesuitenkollegien von Posen, Braunsberg, Wilna, Połock und Lublin wurde eine neue Elite von Geistlichen und Laien herangebildet, während gleichzeitig Volksmissionen die Basis verbreiterten. Der Jesuit Wujek (†1597) schuf eine polnische Bibelübersetzung und eine „Katholische Postille", die 3 Jahrhunderte gebraucht wurde, sein Ordensgenosse Scarga († 1612) wirkte als Prediger und Schriftsteller[22]. Sein Buch „Über die Regierung und Einheit der Kirche Gottes unter einem Hirten und das griechische Schisma" stellte den Aufschwung der Kirche in Polen dem Niedergang der orthodoxen Kirche gegenüber, die in Litauen und der Ukraine vorherrschte. Ihr geistiger Mittelpunkt war die von Fürst Konstantin Ostrogski gegründete Akademie von Ostrog, aus der die „Ostroger Bibel" in ukrainischer Sprache hervorging, in der sich aber auch protestantische Tendenzen bemerkbar machten. Zwei Synoden, die der ökumenische Patriarch Jeremias II. gelegentlich seiner Reise nach Moskau zur Weihe des Patriarchen (1589) abhielt, hatten die Streitigkeiten unter den

[20] Vor allem in der 1594/98 verfaßten Relation Malaspinas: *Pastor* XI 723 ff.

[21] In der Schlußrelation des Kardinals Caetani, der 1596/97 als Legat in Polen geweilt hatte, heißt es: *Religio catholica in Polonia ... fructificat et crescit et novis quotidie haereticorum conversionibus et animarum lucris augetur: Pastor* XI 399.

[22] *A. Berga,* Un prédicateur de la Cour de Pologne sous Sigismond III (Paris 1916); *Sommervogel* VII 1263—1287; *T. Glemma,* Piotr Kostka 1532/95 (Thorn 1959); Überblick über das Wirken der polnischen Bischöfe dieses Zeitalters bei *Stasiewski* 79—89.

orthodoxen Bischöfen nicht zu beseitigen vermocht. Aus dieser Situation erklärt sich das Zustandekommen und das Schicksal der Union von Brest (1596).

Schon 1590 hatten vier orthodoxe Bischöfe (Łuck, Chełm, Lemberg, Przemyśl) sich bereit erklärt, unter bestimmten Bedingungen sich von dem Metropoliten von Kiew zu trennen und Rom anzuschließen; der Erklärung waren aber keine Taten gefolgt. Erst einer neuen Erklärung der Bischöfe Terlecki von Łuck und Pociej von Wladimir in Torczyn Ende 1594, der Gespräche mit dem lateinischen Bischof von Łuck, Maciejowski, vorausgegangen waren, folgten Verhandlungen mit dem Beauftragten des Nuntius in Krakau. Noch ehe ein Abschluß erreicht war, bestimmte die heftige Opposition des Fürsten Ostrogski den König, Terlecki und Pociej nach Rom abzuordnen, wo sie am 23. Dezember 1595 zur Florentiner Union zurückkehrten. Die Unionsbulle gestand den Ruthenen die Beibehaltung ihres Ritus zu; die Bischöfe sollten durch den Metropoliten ernannt, dieser selbst von den Bischöfen gewählt werden. Die Synode von Brest (6.—10. 10. 1596) nahm die Union an; eine gleichzeitig abgehaltene Gegensynode, der u. a. der Bischof von Przemyśl, aber auch Laienvertreter angehörten, exkommunizierte die Unierten. Gegner der Union waren außer Ostrogski ein Teil der Theologen, insbesondere der kalvinistisch beeinflußte spätere ökumenische Patriarch Kyrill Lukaris, und die in „Bruderschaften" organisierten Laien, die bei den Verhandlungen übergangen worden waren. Ihre Beteiligung am Aufstand (Rokosch) von 1606/08 veranlaßte ihre Unterdrückung durch den Staat; sie erhielten aber Auftrieb, nachdem Patriarch Theophanos von Jerusalem 1620, gestützt auf die Kosaken, eine neue schismatische Hierarchie errichtet hatte. Ihrem Haß fiel der hl. Josaphat Kuncewicz, unierter Bischof von Połock, zum Opfer (1623)[23]. Vom König allein als solche anerkannt, aber nicht wie die lateinischen Bischöfe in den Senat aufgenommen, behaupteten sich die Unierten unter der Leitung der eifrigen Metropoliten Pociej und Rutskij, vermochten aber nicht die von polnischer Seite begünstigten Übertritte zum lateinischen Ritus zu verhindern, obwohl diese seit 1624 von der Propagandakongregation verboten waren. Die von Rutskij betriebene Reform der Basilianer glich diesen Orden allzusehr den Orden des lateinischen Ritus an. Das auf eine neue Union unter Einbeziehung der Orthodoxen abzielende Religionsgespräch von Thorn, das König Wladislaw IV. 1645 veranstaltete, vertiefte die Entzweiung. Neben der weiter aufstrebenden Kirche des lateinischen Ritus verlor die unierte immer mehr an Bedeutung. Ihre Lage besserte sich erst wieder durch den Beitritt der orthodoxen Bischöfe Galiziens zur Union (1681).

Bald nach dem Abschluß der Brester Union war noch einmal die Hoffnung aufgetaucht, in Rußland Fuß zu fassen. Irregeführt durch die Berichte des

[23] *E. Unger-Dreiling*, Josafat (Wien 1960).

Nuntius Rangoni, unterstützte Paul V. den zur katholischen Kirche übergetretenen „Falschen Demetrius“, der sich als Sohn Iwans des Schrecklichen ausgab. Seine Ermordung am 27. Mai 1606 beendete dieses Abenteuer. Die Abneigung gegen die römische Kirche war heftiger als zuvor und stieg weiter, als die Thronbesteigung Michael Romanows (1613) den inneren Wirren Rußlands ein Ende setzte.

40. Kapitel

Krise und Wendepunkt in Mitteleuropa

QUELLEN: Für die Vorgeschichte der tridentin. Reform in Deutschland grundlegend: Acta reformationis catholicae ecclesiam Germaniae concernentia saec. XVI (1520—1570), hrsg. von *G. Pfeilschifter,* bisher 2 Bde (Regensburg 1959/60) [= ARC]. NBD, II. Abt. 1560/72, hrsg. von der Hist. Kommission der Wiener Akademie, 7 Bde (Wien 1897 bis 1953); III. Abt. 1572/85, hrsg. vom Preuß. Hist. Institut Rom, 1: Der Kampf um Köln, hrsg. von *J. Hansen* (Berlin 1892), 2: Der Reichstag zu Regensburg 1576 . . ., hrsg. von *J. Hansen* (Berlin 1894), 3—5: Die süddeutsche Nuntiatur des Grafen Portia, hrsg. von *K. Schellhas* (Berlin 1899, 1903/09); diese Abteilung wird ergänzt durch *W. E. Schwarz,* Die Nuntiaturkorrespondenz Kaspar Groppers 1573/76 (Paderborn 1896); *ders.,* Zehn Gutachten über die Lage der katholischen Kirche in Deutschland 1573/76 (Paderborn 1891); an die III. Abt. schließen sich die von der Görres-Gesellschaft übernommenen Berichte an: Die Nuntiatur am Kaiserhofe 1584/92 I, hrsg. von *R. Reichenberger* (Paderborn 1905), II/3, hrsg. von *J. Schweizer* (Paderborn 1912/19); Die Kölner Nuntiatur 1584/90 I, hrsg. von *St. Ehses - A. Meister* (Paderborn 1895), II, hrsg. von *St. Ehses* (Paderborn 1899). Von der IV. Abt., die Nuntiaturberichte des 17. Jh. umfaßt, gehört hierher: Die Prager Nuntiatur des D. St. Ferreri und die Wiener Nuntiatur des G. Serra 1603/06, hrsg. von *A. O. Meyer* (Berlin 1913). Vom Tschechischen Hist. Institut Rom wurden besorgt: Epistulae et Acta A. Gaetani 1607/08, hrsg. von *M. Linhartova* (Prag 1932/37). — P. Canisii epp. et acta IV—VIII, hrsg. von *O. Braunsberger* (Freiburg 1905/23).

Synoden: *F. Dalham,* Concilia Salisburgensia (Augsburg 1788) 348—583 (Salzburger Provinzialsynoden von 1569 und 1573). Diözesansynoden: *Hartzheim* C VII 498 bis 517 (Lüttich 1585), 873—908 (Breslau 1580), 1057—1077 (Regensburg 1588); VIII 320 bis 363 (Olmütz 1591), 367—402 (Breslau 1592), 517—536 (Köln 1598), 822—947 (Konstanz 1609); die Breslauer Diözesansynoden von 1580, 1592 und 1653 jetzt besser bei *J. Sawicki,* Concilia Poloniae X (Breslau - Warschau 1963) 559—721.

Visitationsberichte: *M. Gmelin,* Die Visitationsprotokolle der Diözese Konstanz 1571/86: ZGObrh 25 (1873) 129—204; *O. Vasella,* Das Visitationsprotokoll über den schweizerischen Klerus des Bistums Konstanz von 1586 (Bern 1963); *J. Jungnitz,* Visitationsberichte der Diözese Breslau, 4 Bde (Breslau 1902/08); *W. E. Schwarz,* Die Akten der Visitation des Bistums Münster aus der Zeit Johanns von Hoya 1571/73 (Münster 1913); *A. Franzen,* Die Visitationsprotokolle der ersten nachtridentinischen Visitation im Erzstift Köln unter Salentin von Isenburg 1569 (Münster 1960); *J. B. Kaiser,* Der Archidiakonat Longuyon am Anfang des 17. Jh., 2 Bde (Colmar 1928/29).

ALLGEMEINE LITERATUR: *E. W. Zeeden,* Zeitalter der europäischen Glaubenskämpfe, Gegenreformation, Katholische Reform: Saeculum 7 (1956) 321—368, Literaturbericht; *ders.,* Das Zeitalter der Glaubenskämpfe: Gebhardt - Grundmann II (1955) 105 bis 202; *K. Repgen,* Kaiser und Reich als Idee und Wirklichkeit für das Papsttum im Zeitalter der Reform: Jb. der Görres-Gesellschaft 1958 (Köln 1959) 5—15; *J. Hashagen*, Das Zeitalter der Gegenreformation und der Religionskrieg: *L. Just*, Handbuch der deutschen Geschichte II (Konstanz 1956) (mit guter Bibliographie). — *J. Greven*, Die Kölner Kartause und die Anfänge der Kath. Reform in Deutschland (Münster 1935); *Schreiber* II (1951); *ders.*, Tridentinische Reformdekrete in deutschen Bistümern: ZSavRGkan 38 (1952) 395—442; *J. Schmidlin*, Die kirchlichen Zustände in Deutschland vor dem 30jährigen Kriege, 3 Tle (Freiburg 1908/10); *A. Steinhuber*, Geschichte des Collegium Germanicum-Hungaricum in Rom I (Freiburg ²1906); *B. Duhr*, Geschichte der Jesuiten in den Ländern deutscher Zunge I (Freiburg 1907) (materialreich); *B. Schneider*, Die Jesuiten als Gehilfen der päpstlichen Nuntien und Legaten in Deutschland zur Zeit der Gegenreformation: Miscellanea Hist. Pont. XXI (Rom 1959) 269—303; Lit. über Petrus Canisius: LThK² II 1917; dazu u. a. *K. Hansen*, P. C.s Stand on Usury: ARG 55 (1964) 192—203.

Konfessionsbildung: *E. W. Zeeden*, Grundlagen und Wege der Konfessionsbildung in Deutschland im Zeitalter der Glaubenskämpfe: HZ 185 (1958) 249—299; *ders.*, Katholische Überlieferungen in den lutherischen Kirchenordnungen des 16. Jh. (Münster 1959); *A. Franzen*, Die Kelchbewegung am Niederrhein im 16. Jh. (Münster 1955); *H. Lutz*, Bayern und der Laienkelch: QFIAB 34 (1954) 203—235; *J. P. Dolan*, The Influence of Erasmus, Witzel and Cassander in the Church Ordinances and Reform Proposals of the United Dutchees of Cleve during the Middle Decades of the 16th Century (Münster 1957); *H. Nottarp*, Zur Communicatio in sacris cum haereticis (Halle 1933). Über den wiederholten Religionswechsel in der Oberpfalz: *J. B. Götz*, Die erste Einführung des Kalvinismus in der Oberpfalz 1559/76 (Münster 1933); *ders.*, Die religiösen Wirren in der Oberpfalz 1576—1620 (Münster 1937). Ein Beispiel für das Nebeneinanderbestehen der Konfessionen im 17. Jh.: *H. Nottarp*, Das katholische Kirchenwesen der Grafschaft Ravensberg im 17. und 18. Jh. (Paderborn 1961). Siehe auch oben Kap. 31.

Schweiz: *K. Fry*, G. A. Volpe. Seine erste Nuntiatur in der Schweiz 1560/64 I (Fribourg 1931), II (Florenz 1936) III (Stans 1946), dazu: ZSKG 39 (1945) 1—32 81—110; *F. Steffens - A. Reinhardt*, Die Nuntiatur von G. F. Bonhomini 1579/81, 3 Bde (Solothurn - Fribourg 1906/29); *E. Giddey*, Le nonce Paravicini 1587/91: Revue Suisse d'hist. 5 (1955) 369—375. — *J. G. Mayer*, Das Konzil von Trient und die Gegenreformation in der Schweiz, 2 Bde (Stans 1902); *R. Fischer*, Die Gründung der Schweizer Kapuzinerprovinz 1581/89 (Fribourg 1955), dazu: ZSKG 54 (1960) 257—281; *R. Tschudi*, Das Kloster Einsiedeln unter den Äbten Ludwig II Blarer und Joachim Eichhorn 1526—69 (Einsiedeln 1946); *W. Brotschi*, Der Kampf J. Chr. Blarers von Wartensee um die religiöse Einheit im Bistum Basel 1575—1608 (Fribourg 1956); *A. Chèvre*, La restauration religieuse tridentine dans le diocèse de Bâle: ZSKG 42 (1948) 11—22 107—123; vgl. auch 44 (1950) 17—36, 47 (1953) 25—46 123—148; *ders.*, L'officialité du diocèse de Bâle à Altkirch 1565—1630 (Fribourg 1946); *H. Rennefahrt*, Die Verstärkung der Staatsgewalt im Bistum Basel unter Bischof Jacob Christoph 1575—1608: In memoriam W. Näf (Bern 1961) 267—310. *J. Müller*, Der Kampf um die tridentinische Reform in Disentis: ZSKG 42 (1948) 23—65, 43 (1949) 175—202 259—313; *H. Metzger*, Vorstudien zu einer Geschichte der tridentinischen Seelsorgereform im Eidgenössischen Gebiet des Bistums Konstanz (Basel 1951); *H. Andres*, D. Jodocus Knab, Probst von Luzern und Bischof von Lausanne 1593—1658 (Stans 1961); *R. Fischer*, Die Anfänge der Kapuzinermission in Wallis: Festschr. O. Vasella (Freiburg/Schw. 1964) 301—319.

Als das Konzil von Trient seine Pforten schloß, schien die katholische Kirche Deutschlands in voller Auflösung begriffen. Der Augsburger Religionsfrieden hatte die protestantische Bewegung nicht zum Stehen gebracht. Die

Mehrzahl der weltlichen Fürsten und die großen Reichsstädte hatten sich ihr angeschlossen, in den katholischen Territorien ein großer Teil des Adels und der Städte. Episkopat und Klerus hatten den Defaitismus noch längst nicht überwunden, ihre Bereitschaft zur Selbstreform und ihr Wille zur Selbstverteidigung waren gering. Die schärfere doktrinelle Abgrenzung auf Grund des Tridentinums war der erste Schritt zur Rettung und Voraussetzung des zweiten, viel schwereren: das — praktisch ohne Mitwirkung des deutschen Episkopates zustande gekommene und darum den deutschen Verhältnissen nicht angepaßte — Reformwerk des Konzils durchzuführen.

Durch den Augsburger Religionsfrieden war die Entscheidung über die Konfessionszugehörigkeit endgültig und Rechtens Kaiser und Reich entzogen und den Ständen übertragen worden, die Rezeption des Konzils von Reichs wegen somit ausgeschlossen. Der zum Augsburger Reichstag von 1566 entsandte Legat Commendone mußte sich mit einer im Namen der katholischen Stände abgegebenen mündlichen Erklärung begnügen, das Konzil soweit als möglich durchzuführen; von dem protestantisch gesinnten „rätselhaften Kaiser" Maximilian II. (1564/76) war nichts Derartiges zu erwarten. Ein unzweifelhafter Erfolg war, daß es auf dem Regensburger Reichstag von 1576, zu dem Morone als Legat abgeordnet war, gelang, die Bestätigung der ferdinandeischen Deklaration zu verhindern, durch die sowohl die im Religionsfrieden enthaltene, aber nicht ausdrücklich formulierte Maxime: „Cuius regio, eius et religio" wie der geistliche Vorbehalt ausgehöhlt worden wären, deren Bedeutung für die Erhaltung des Katholizismus sich immer deutlicher offenbarte. Um auch nur den Schein einer Verletzung des Religionsfriedens zu vermeiden, beobachteten die katholischen Stände gegenüber dem Konzil kühle Zurückhaltung.

Auch die öffentliche Meinung war ihm nicht günstig. Gegen den massiven Angriff, den der Lutheraner Martin Chemnitz in seinem „Examen concilii Tridentini" führte[1], raffte man sich nur zu matter Verteidigung auf[2]. Die adligen Domkapitel, vor allem auf die Erhaltung ihrer Privilegien erpicht, und die große Mehrheit des Seelsorgsklerus, unter dem Priesterehe bzw. Konkubinat weit verbreitet waren, leisteten passiven Widerstand. Eine neue Führungsschicht mußte erst heranwachsen, die das tridentinische Ideal des Seelenhirten bei sich verwirklichte und anderen einpflanzte. So erklärt sich, daß — von vielen Ansätzen abgesehen — die tridentinische Reform erst seit der Jahrhundertwende sich allgemein durchsetzte. Dieser Prozeß überschnitt sich vielfach mit dem der Konfessionsbildung und mit dem Kampf um die Selbstbehauptung. Siehe oben Kap. 31.

[1] Erste vollständige Ausgabe: Frankfurt 1574; die letzte, von Chemnitz selbst besorgte Ausgabe (1578), neu hrsg. von *E. Preuß*: Berlin 1861.

[2] *W. Lindanus*, Stromata (Köln 1575); *Kaspar Frank*, Rettung und Erklärung des tridentinischen Concils (Köln 1582); Andradas „Defensio Tridentinae fidei" wurde in Köln (1580) und Ingolstadt (1580 und 1592) nachgedruckt.

Die Abgrenzung der „Konfessionen" gegeneinander ging viel langsamer vor sich und dauerte viel länger, als man früher annahm. Erst wenn man das Tridentinische Glaubensbekenntnis ablegen lasse, begründete das Würzburger Domkapitel einen dahingehenden Beschluß vom 3. März 1570, „werde man sehen können, wer der catholischen Religion und wer darwider sey"[3]. Ausschlaggebend war, gemäß dem Religionsfrieden, das Konfessionsbestimmungsrecht des Territorialstaates, dem zwar in der Praxis Schranken verschiedenster Art gezogen waren (Rücksicht auf andersgläubige Nachbarfürsten und ständische Opposition), der aber trotzdem die erst jetzt eindeutig werdende Konfessionskarte des Reiches bestimmte. Wo man keinen klaren Standpunkt einnehmen konnte oder wollte, bildeten sich seltsame Mischformen aus, wie am Niederrhein, wo man am Hofe des Herzogs Wilhelm V. von Jülich-Cleve-Berg (1539/92) Katholiken und Lutheraner als die „beiden katholischen Parteien" betrachtete und unter dem Einfluß der Ireniker Witzel und Cassander eine vom Geist des christlichen Altertums getragene Kirchenordnung anstrebte; in Minden nahmen die evangelischen Kanoniker regelmäßig an der Messe und den Prozessionen der katholischen Domherren teil[4]. Bis ins 17. Jh. hinein ist es zuweilen unmöglich, auf Grund der Visitationsberichte die Konfessionszugehörigkeit der Pfarrer exakt festzustellen; vom Indult des Laienkelches kam man wie in Bayern, so auch am Niederrhein und anderwärts wieder ab, weil er die konfessionellen Grenzen verwischte. Das Verhalten des Kirchenvolkes gegenüber dem obrigkeitlichen Religionszwang läßt sich nicht auf einen einheitlichen Nenner bringen. Die religiöse Unwissenheit begünstigte das Anpassungsvermögen zumal dann, wenn protestantische Obrigkeiten und Pfarrer das katholische Überlieferungsgut schonten, wie es im Norden und Osten nahezu die Regel war. Doch finden sich auf beiden Seiten überzeugungstreue Gläubige, die inmitten andersgläubiger Umgebung standhaft bleiben bzw. auswandern. Wiederholter Konfessionswechsel der Obrigkeit, wie in der Markgrafschaft Baden-Baden und in der Oberpfalz, führt freilich nicht selten zu Glaubensunsicherheit und Gleichgültigkeit.

Am frühesten faßte die tridentinische Reform Fuß in der Kirchenprovinz Salzburg, wo die bischöflichen Reformbestrebungen seit dem Beginn der Glaubensspaltung niemals ganz abgerissen waren. Auf der Provinzialsynode von 1569, die unter dem Einfluß Ninguardas stand, wurden die Trienter Reformdekrete in 64 Konstitutionen auf die deutschen Verhältnisse angewandt; eine zweite Provinzialsynode (1573) beschloß deren Drucklegung, sie wurden jedoch erst nach dem Salzburger Bischofstag (1576) auf Drängen des Nuntius Portia promulgiert. Alle Priester wurden zur Ablegung des Tridentinischen Glaubensbekenntnisses und zur Einhaltung des Zölibates verpflichtet; noch im gleichen Jahr erließ der Kardinallegat Morone ein Re-

[3] *Schreiber* II 85. [4] *Nottarp* a. a. O. 16.

formmandat[5]. Alle diese Maßnahmen, auch die Diözesansynoden, hatten nur geringen Erfolg; Ninguarda, die Seele aller Bemühungen um die Durchführung des Konzils, kehrte 1583 nach Italien zurück, ohne daß die Hauptanliegen der Reform, Generalvisitationen aller Diözesen und Errichtung von Priesterseminaren, erfüllt waren. Auch gutwillige Bischöfe, wie Urban von Trennbach in Passau (1561/98), vermochten sich gegen ihre Domkapitel und den passiven Widerstand des Klerus nicht durchzusetzen; bei dem gegen die Protestanten seines Hochstiftes streng vorgehenden Salzburger Erzbischof Dietrich von Raitenau (1587—1612) beeinträchtigte seine ungeistliche Lebensführung die innere Reform. Die Reibungen zwischen den Bischöfen und den bayerischen Herzögen Albrecht V. (1550/79) und Wilhelm V. (1579/97), die schon den vortridentinischen Reformbestrebungen abträglich gewesen waren, wurden 1583 durch ein Konkordat verringert. Der „endgültige Sieg der tridentinischen Erneuerung" (Oswald) war erst errungen, als nach der Jahrhundertwende Seelenhirten im Sinne des neuen Bischofsideals die Leitung übernahmen, Hausen in Regensburg (1600/13), Gebeck in Freising (1618/51), Lodron in Salzburg (1619/53); Passau, von 1598 bis 1664 in der Hand habsburgischer Erzherzöge, erhielt tüchtige Administratoren. Im österreichischen Teil dieses ausgedehnten Bistums gab ohnehin die Dynastie den Ausschlag.

Die Kraft des oberösterreichischen Protestantismus wurde nach der Unterdrückung des Bauernaufstandes durch die von Kaiser Rudolf II. verfügte „Generalreformation" (1597—1602) allmählich gebrochen; seit 1600 wirkten in Linz Jesuiten. Im niederösterreichischen Teil der Diözese Passau und in den Bistümern Wien und Wiener Neustadt hatte Maximilian II. in der „Religionskonzession" (1568) dem Adel freie Religionsausübung in seinen Schlössern und Herrschaften gewährt; während eines Volksauflaufs vor der Wiener Burg hörte man (1579) den Ruf: „Wir bitten ums Evangelium." Erst die entschiedene Haltung Rudolfs II. und seines Bruders Ernst, verbunden mit dem energischen Durchgreifen des Passauer Offizials Melchior Klesl (1580—1600), sicherte den katholischen Bestand. Dem protestantischen Adel der innerösterreichischen Länder (Steiermark, Kärnten, Krain) hatte Erzherzog Karl auf dem Landtag von 1572 Religionsfreiheit gewährt, diese aber 1580 den Städten verweigert; sein Sohn Ferdinand, der spätere Kaiser, vertrieb die evangelischen Prädikanten (allein in Klagenfurt 27). Die harten Maßregeln hätten schwerlich Erfolg gehabt, wenn sie nicht durch innerkirchlichen Aufbau, insbesondere der Bischöfe Brenner von Seckau (1585—1615) und Stobaeus von Lavant (1584—1618) ergänzt worden wären. In Tirol wurde Bischof Spaur von Brixen (1600/13) durch seine Visi-

[5] QFIAB 4 (1900) 123—137; *K. Schellhas,* Der Dominikaner Felician Ninguarda und die Gegenreformation in Süddeutschland und Österreich 1560/83, 2 Bde (Rom 1930/39); *J. Oswald,* Die Tridentinische Reform in Altbayern: *Schreiber* II 1—37.

tationen, eine Diözesansynode und die Gründung eines Seminars der „große Reformator des Bistums“ (Wodka)[6].

In Franken erlangte Würzburg, wo bereits Bischof Wirsberg (1558/73) ein Jesuitenkolleg und ein mit ihm verbundenes Seminar gegründet hatte, durch den als Bischof und Staatsmann gleich hervorragenden Julius Echter von Mespelbrunn (1574—1617) die Führung[7]. Ohne sich streng an den Buchstaben der Trienter Dekrete zu halten und stets eine gewisse Selbständigkeit auch gegenüber Rom wahrend, verknüpfte er die innere Regeneration der Diözese (durch Visitationen und die Gründung der Universität) mit der Rekatholisierung der großenteils protestantischen Untertanen des Hochstiftes (seit 1585). Sein Wirken ist das klassische Beispiel für das Ineinandergreifen von Katholischer Reform und Gegenreformation. War sein Vorgehen gegen den übereifrigen und darum mit seinen Landständen zerfallenen, dazu von seinen protestantischen Nachbarn bedrohten Abt Dernbach von Fulda nicht glücklich zu nennen, so hatte das Nachbarbistum Bamberg, in dem unter dem ungeistlichen Bischof Würtzburg wenig für die Reform geschehen war, an ihm eine Stütze: Bischof Mengersdorf eröffnete 1586 dort ein Priesterseminar, sein Nachfolger Thüngen veranstaltete 1594 eine Visitation und erließ ein Religionsmandat. Aber erst nach einem schweren Rückschlag unter dem Konkubinarier Gebsattel kamen die tridentinischen Grundsätze durch den Germaniker Aschhausen (1609/22) zum Durchbruch[8]. Eichstätt, durch den Verlust von 209 Pfarreien in den protestantischen Teilen der Diözese geschwächt, hielt sich verhältnismäßig gut: das durch Bischof Martin von Schaumberg 1564/65 gegründete Priesterseminar war das erste auf deutschem Boden; es wurde 1614 den Jesuiten übergeben[9].

Wie fragwürdig die rein formale Einführung des tridentinischen Rechtes war, lehren die Vorgänge in Augsburg und Konstanz. Der Diözesansynode von Dillingen (1567), auf der die Trienter Reformdekrete nahezu unge-

[6] *E. Tomek*, Kirchengeschichte Österreichs II (Innsbruck 1949) 301—326; *J. Wodka*, Kirche in Österreich (Wien 1959) 195—240, mit Literaturangaben 433—436; *Th. Wiedemann*, Geschichte der Reformation und Gegenreformation im Lande unter der Enns, 5 Bde (Prag 1876/86); *K. Eder*, Glaubensspaltung und Landstände in Österreich ob der Enns 1525—1602, 2 Bde (Linz 1936); *J. Loserth*, Reformation und Gegenreformation in Innerösterreich (Stuttgart 1898); *V. Bibl*, Erzherzog Ernst und die Gegenreformation in Niederösterreich (Wien 1901); *J. Stadlhuber*, Die Tridentinische Priesterbildung unter dem Brixener Fürstbischof J. Ch. v. Spaur: ZKTh 81 (1959) 351—368; *J. Rainer*, Quellen zur Gesch. der Grazer Nuntiatur: Röm. hist. Mitteilungen 2 (1959) 72—81.

[7] *G. Frh. v. Pölnitz*, Julius Echter von Mespelbrunn (München 1934); *A. Biglmair*, Das Konzil von Trient und das Bistum Würzburg: *Schreiber* II 39—91 (mit umfangreicher Bibliographie).

[8] *W. Hotzelt*, Veit II von Würtzburg, Fürstbischof von Bamberg 1561/77 (Freiburg 1919); *J. Kist*, Bamberg und das Tridentinum: *Schreiber* II 119—134; *L. Bauer*, Die Kurie und J. Ph. v. Gebsattel, Bischof von Bamberg: QFIAB 40 (1960) 89—115.

[9] *F. X. Buchner*, Das Bistum Eichstätt und das Konzil von Trient: Schreiber II 93—117.

schmälert in Kraft gesetzt wurden, „blieb ein nachhaltiger Erfolg versagt" (Zoepfl), zumal da ihr Veranstalter, Kardinal Otto Truchseß von Waldburg, ohnehin mehr Eiferer als eifrig, sich bald darauf nach Rom begab († 1573)[10]. Das von ihm in Dillingen gegründete Jesuitenkolleg (1563) und die bald darauf den Jesuiten übergebene Universität wirkten über die Grenzen des Augsburger Bistums hinaus, doch gab erst Bischof Heinrich von Knoeringen (1598—1646) durch die Synode von 1610 und die Errichtung eines Seminars in Dillingen dem Bistum die tridentinische Form. Auch in Konstanz hatte Kardinal Mark Sittich von Hohenems im Jahre 1567 das Tridentinum auf einer Diözesansynode angenommen. Die damals angeordnete Visitation wurde jedoch nur unregelmäßig (zum Teil durch die Dechanten) ausgeführt und blieb wie spätere (z. B. durch den Generalvikar Pistorius 1591) ohne tiefere Wirkung, das immer wieder erörterte Seminarprojekt unausgeführt. Die Wende brachte dort Bischof Jakob von Fugger (1604/26) durch die Diözesansynode von 1609, deren Statuten gedruckt und in der Folgezeit mehrfach erneuert und nachgedruckt wurden, und durch eine von ihm durchgeführte Visitation[11].

Von den rheinischen Erzbistümern öffnete sich nur Trier unter dem als Bischof wie als Landesherrn gleich energischen Jakob von Eltz (1567/81) verhältnismäßig früh der Reform; ihr Vollstrecker wurde Erzbischof Johann von Schönenberg (1581/99)[12]. Auch Daniel Brendel bewies als Erzbischof von Mainz (1555/82) seinen guten Willen zur Durchführung der tridentinischen Reform: er forderte vom Domkapitel die Ablegung des Tridentinischen Glaubensbekenntnisses und rekatholisierte durch den Germaniker Nicolaus Elgard das zum Hochstift gehörige Eichsfeld; in Mainz entstand schon 1568, in Heiligenstadt 1581 ein Jesuitenkolleg; eine Provinzialsynode zur Rezeption der tridentinischen Dekrete zu halten, lehnte Brendel jedoch ab. Sein Nachfolger Dalberg verweigerte die Verkündigung der Abendmahlsbulle und verstand sich nur auf ständiges Drängen Roms hin zur Anordnung einer allgemeinen Visitation und zur Abfassung einer Agende

[10] *F. Siebert,* Zwischen Kaiser und Papst. Kardinal Truchseß von Waldburg und die Anfänge der Gegenreformation in Deutschland (Berlin 1943); *G. Frh. v. Pölnitz,* Petrus Canisius und das Bistum Augsburg: Festgabe Spindler (München 1955) 352—394; *O. Bucher,* Marquard von Berg, Bischof von Augsburg 1575/91: ZBLG 20 (1957) 1—52; *J. Spindler,* Heinrich V. von Knoeringen, Fürstbischof von Augsburg 1598—1646 (Dillingen 1911); *F. Zoepfl,* Die Durchführung des Tridentinums im Bistum Augsburg: *Schreiber* II 135—169.

[11] *K. Schellhas,* Gegenreformation im Bistum Konstanz im Pontifikat Gregors XIII. (Karlsruhe 1925); *K. Holl,* Fürstbischof Jakob Fugger von Konstanz (1604/26) und die Katholische Reform in der Diözese im ersten Viertel des 17. Jh. (Freiburg 1898); *H. Tüchle,* Das Bistum Konstanz und das Konzil von Trient: *Schreiber* II 171—191.

[12] *V. Conzemius,* Jakob III. von Eltz, Erzbischof von Trier 1567/81 (Wiesbaden 1956); *L. Just,* Ein Bericht des Kölner Nuntius O. M. Frangipani über die Durchführung der Tridentinischen Reformen in Trier 1595: Lortz F I 343—367.

im Sinne der Trienter Dekrete (1598). Unter dem Germaniker Schweikard von Cronberg wurde der rheinische Teil des Hochstiftes rekatholisiert, seine „Reformationsordnung" (1615) konnte als Ersatz einer tridentinischen Diözesansynode gelten. Der Abschluß des tridentinischen Reformwerkes, „um das man sich in Mainz hundert Jahre ohne rechten Erfolg bemüht hatte" (Brück), gelang erst nach dem Dreißigjährigen Kriege dem großen Johann Philipp von Schönborn[13].

Daß die schwerste Gefahr für den Bestand der Reichsbistümer in ihrem Innern lauerte, lehren die Vorgänge in Straßburg und Köln. Das Bistum Straßburg hatte in Johann von Manderscheid (1569/92) einen eifrigen Reformbischof gehabt[14]; trotzdem wählte nach seinem Tode eine protestantisch gesinnte Minderheit des Domkapitels Johann Georg von Brandenburg zum Bischof, die Katholiken den Kardinal Charles II. Guise, der sich mit französischer Hilfe durchsetzte und für das Hochstift die kaiserliche Belehnung erhielt, nachdem er Erzherzog Leopold zum Koadjutor angenommen hatte. In Köln machte unter den Nachfolgern des der Reform wohlgesinnten Adolf von Schaumburg die protestantische Infiltration große Fortschritte; das Domkapitel trat in Verhandlungen mit den aufständischen Niederländern über die Säkularisierung des Hochstifts. Erzbischof Friedrich von Wied, ein Neffe des abgefallenen Hermann von Wied, verweigerte offen die Ablegung des Tridentinischen Glaubensbekenntnisses. Die von Salentin von Isenburg angeordnete Visitation der rheinischen Teile des Hochstifts (1569/70) war mehr eine Bestandsaufnahme als der Anfang einer durchgreifenden Reform; katholisch gesinnt, aber ohne höhere Weihen, resignierte er, um sein Geschlecht weiterzuführen. Sein nur nach Überwindung schwerer Bedenken bestätigter Nachfolger Gebhard Truchseß von Waldburg sagte sich 1583 in der „Christlichen Erklärung" von der Kirche los, heiratete die Stiftsdame Agnes von Mansfeld und versuchte das Hochstift zu säkularisieren. Mit Köln waren die Reste des Katholizismus in Norddeutschland, ja der Fortbestand des katholischen Kaisertums in Gefahr; sein Fall hätte den aller übrigen Hochstifte Norddeutschlands nach sich gezogen und den Protestanten die Mehrheit im Kurfürstenkolleg gesichert. Gebhard wurde am 1. April 1583 abgesetzt und im „Kölnischen Krieg" durch bayerische Truppen mit spanischer Hilfe vertrieben. An seine Stelle trat der

[13] *A. L. Veit,* Kirche und Kirchenreform in der Erzdiözese Mainz 1517—1618 (Freiburg 1920); *A. Ph. Brück,* Das Erzstift Mainz und das Tridentinum: *Schreiber* II 193—243. *A. Dölle,* Erzbischof D. Brendel von Mainz und die Gegenreformation auf dem Eichsfelde: Universitas. Festschrift für A. Stohr II (Mainz 1960) 110—125; *L. Drehmann,* Der Weihbischof Nikolaus Elgard, eine Gestalt der Gegenreformation (Leipzig 1958), dazu RQ 60 (1965) 269—279.

[14] *K. Hahn,* Die katholische Kirche in Straßburg unter dem Bischof Erasmus von Limburg 1541/68 (Frankfurt a. M. 1940); *ders.,* Die kirchlichen Reformbestrebungen des Straßburger Bischofs J. von Manderscheid (Straßburg 1913), dazu *L. Pfleger:* AElsKG 9 (1934) 97 ff.

allerdings ganz ungeistliche Ernst von Bayern (1583—1612), unter dem die Kölner Nuntien Bonhomini und Frangipani zwar „das Fundament für alle spätere Reformtätigkeit legten" (Franzen), aber die Promulgation des Tridentinums auf der Diözesansynode von 1589 nicht durchzusetzen vermochten; nur das Ehedekret „Tametsi" wurde 1590 durch Nuntius Frangipani publiziert. Als den ersten tridentinischen Reformbischof der rheinischen Metropole kann der 1595 zum Koadjutor angenommene Ferdinand von Bayern (1612/50) gelten, der das Hochstift wenigstens teilweise persönlich visitierte, fünf Diözesansynoden hielt, die Pfarrer auf das Trienter Glaubensbekenntnis verpflichtete und aus eigenen Mitteln ein bescheidenes Seminar gründete (1615), das allerdings nach 30 Jahren unterging[15]. Bei dieser Aufbauarbeit, die in ständiger Auseinandersetzung mit dem Domkapitel und den Archidiakonen vor sich ging, unterstützte ihn seit 1601 ein „Kirchenrat", später die tüchtigen Generalvikare Gelenius, Binius und Stravius; der letztere wurde schließlich, nach dem Tode Ferdinands, die Seele der Diözesansynode von 1662, auf der das Tridentinum formell publiziert wurde. Ferdinand von Bayern schuf auch in Münster, wo Bischof Hoya (1566/74) und der eifrige Domdechant Raesfeld vorgearbeitet hatten, durch die Visitation von 1611/16 und die anschließenden fünf großen Reformdekrete „den Lebensraum, in dem das Tridentinum zur freien Auswirkung gelangen konnte" (Schröer); vollendet wurde die Reform auch hier erst nach dem Dreißigjährigen Krieg durch Bischof Galen[16]. Das Schicksal Hildesheims wäre durch den lutherisch gesinnten Friedrich von Holstein fast besiegelt worden; Bischof Oberg (1557/73) und die ihm folgenden Bayernprinzen Ernst und Ferdinand retteten wenigstens das Hochstift. Osnabrück dagegen, wo Bischof Hoya 1570 das Tridentinum verkündet hatte, geriet für ein halbes Jahrhundert (1575—1623) in die Hand der Protestanten; die vorübergehende katholische Restauration unter dem Kardinal Eitel Friedrich von Hohenzollern und Franz Wilhelm von Wartenberg war nicht von Dauer: der Westfälische Friede verfügte das Kuriosum alternierender katho-

[15] *M. Lossen,* Der Kölnische Krieg, 2 Bde (Gotha 1882); *P. Weiler,* Die kirchliche Reform im Erzbistum Köln 1583—1615 (Münster 1931); *A. Franzen,* Der Wiederaufbau des kirchlichen Lebens im Erzbistum Köln unter Ferdinand von Bayern 1612—1650 (Münster 1941); *ders.,* Innerdiözesane Hemmungen und Hindernisse der kirchlichen Reform im 16. und 17. Jh.: Festgabe Wilhelm Neuß (Köln 1947) 163—201; *ders.,* Die Kölner Archidiakonate in vor- und nachtridentinischer Zeit (Münster 1953); *ders.,* Die Durchführung des Konzils von Trient in der Diözese Köln: *Schreiber* II 267—294; *A. Brecher,* Die kirchliche Reform in Stadt und Reich Aachen von der Mitte des 16. bis Anfang des 18. Jh. (Münster 1957); *A. J. Herkenrath,* Die Reformbehörde des Kölner Kirchenrates 1601/15 (Düsseldorf 1960).

[16] *L. Keller,* Die Gegenreformation in Westfalen und am Niederrhein, 3 Bde (Leipzig 1881/95); *A. Schröer,* Das Tridentinum und Münster: *Schreiber* II 295—370; *W. Stüwer,* Das Bistum Paderborn in der Reformbewegung des 16. und 17. Jh.: *Schreiber* II 387 bis 450; *H. Kramer,* Abt Leonhard Ruben: Westfäl. Zeitschr. 103/104 (1954) 271—333.

lischer und protestantischer Bischöfe, das Hochstift selbst blieb konfessionell geteilt (17 von 45 Pfarreien protestantisch)[17].

Endgültig verloren gingen in Norddeutschland durch Wahl protestantischer Administratoren durch die Domkapitel die Erzbistümer Magdeburg und Bremen, die Reichsbistümer Minden, Halberstadt, Verden und Lübeck. Magdeburg wurde nach der erschlichenen Bestätigung der Hohenzollern Friedrich und Sigismund, der Söhne Joachims II., mit Brandenburg vereinigt. Letzter vom Papst bestätigter Erzbischof von Bremen war Georg von Braunschweig (1561); der vom Kapitel gewählte Heinrich von Sachsen-Lauenburg säkularisierte das Stift. Halberstadt fiel durch Heinrich Julius von Braunschweig-Wolfenbüttel an dieses Herzogtum; auch Minden, wo das Domkapitel inmitten einer ganz protestantischen Umgebung unentwegt den katholischen Gottesdienst aufrechterhielt, kam 1582 durch Hermann von Schaumburg an Braunschweig. Das Lübecker Domkapitel, das von dem päpstlichen Agenten Trivius noch unter Gregor XIII. als katholisch bezeichnet wurde, vermochte sich gegen den zum Protestantismus abgefallenen Bischof Holle (der aber noch die Bestätigung durch Pius IV. erlangt hatte) nicht durchzusetzen; Holle säkularisierte auch das Bistum Verden. Die sächsischen Bistümer Naumburg, Merseburg und Meißen galten schon unter Gregor XIII. als verloren; sie wurden, wie die mediatisierten Bistümer Brandenburgs, Mecklenburgs und Pommerns, von ihren protestantischen Landesherren eingezogen[18].

Erst im Kampf um den Augsburger Religionsfrieden und um die Durchführung des Tridentinums im letzten Drittel des 16. Jh. entschied sich, daß der Süden und Westen Deutschlands zum größten Teil katholisch blieb. Von einer „Durchführung des Tridentinums" kann allerdings nur mit großer Einschränkung gesprochen werden; sie wurde zwar angestrebt, aber bis zur Jahrhundertwende nur zum kleinsten Teil verwirklicht; keines der drei Kennzeichen, an denen man sie gewöhnlich mißt, ist überall feststellbar: Reformsynoden auf der Basis des Tridentinums, bischöfliche Visitationen nach seinen Normen, Gründung tridentinischer Seminare. Nur in der Kirchenprovinz Salzburg wurden Provinzialsynoden gehalten, in allen übrigen Kirchenprovinzen unterblieben sie. Es ist fraglich, ob sie unter den gegebenen Verhältnissen den erwarteten Erfolg gehabt hätten; denn auch die verhältnismäßig seltenen Diözesansynoden (z. B. von Augsburg und Konstanz) verfehlten ihre Wirkung. Das Tridentinum hatte die persönliche Visitation der Diözese durch den Bischof verfügt: wo Visitationen in Deutschland durchgeführt wurden, geschahen sie meist durch Kommissare, in den weltlichen Territorien in der Regel unter Beteiligung staatlicher Beamter, in einzelnen Fällen durch päpstliche Reformnuntien. Sie bewirk-

17 *H. Hoberg,* Das Konzil von Trient und die Osnabrücker Synodaldekrete des 17. Jh.: *Schreiber* II 371—386.

18 Übersichtstafel: *K. Müller,* Kirchengeschichte II/2 277.

ten in vielen Fällen keine durchgreifende Besserung der Zustände, weil es wegen des herrschenden Priestermangels unmöglich war, Pfarrer unklaren Bekenntnisses und Konkubinarier zu entfernen. Die Errichtung von Priesterseminaren scheiterte in den meisten Diözesen an der Weigerung der Domkapitel, zu ihrer Gründung und zu ihrem Unterhalt beizutragen; Stipendienstiftungen und die in allen Hochstiften und katholischen Territorien entstehenden Jesuitenkollegien — deren Bedeutung für die Bildung einer katholischen Elite unbestritten bleibt — boten für die Heranbildung eines einheitlich geformten Diözesanklerus keinen vollgültigen Ersatz. Erst gegen Ende des Jahrhunderts kam eine neue kirchliche Führungsschicht zum Zuge. Die Domkapitel, aus deren Wahlen die Bischöfe hervorgingen und die sich als condomini und conregnantes der Hochstifte fühlten, wurden, z. T. durch päpstliche Provision, mit reformeifrigen Elementen, insbesondere aus dem Collegium Germanicum, durchsetzt. Ohne Bürgerliche auszuschließen, bevorzugte man dort mit Rücksicht auf die geltenden Kapitelstatuten adlige Alumnen mit dem Erfolg, daß aus den 800 Zöglingen, die bis 1600 in das Kolleg eingetreten waren, sechs Bischöfe und acht Weihbischöfe hervorgingen; in Breslau waren dank der Personalpolitik der Bischöfe Gerstmann und Jerin von 21 Domherren, die sich 1599 zur Bischofswahl versammelten, 12 Germaniker. Das vornehmste Stift des Reiches, Mainz, hatte von 1604 bis 1647 drei Erzbischöfe, die aus dem Germanikum hervorgegangen waren. Das tridentinische Bischofsideal des Seelenhirten formt sich nur in wenigen Persönlichkeiten aus, in keiner exemplarisch; der Reichsbischof muß sich auch als Fürst bewähren, weil er nur mit Hilfe seiner landesfürstlichen Stellung den katholischen Charakter wenigstens in seinem Hochstift zu wahren vermag. Der aufgezwungene Existenzkampf der Kirche führt zu einer flagranten Verletzung des tridentinischen Verbots der Bistumskumulation. Um Köln und die noch mehr bedrohten norddeutschen Bistümer, Paderborn und Hildesheim, aber auch das durch die niederländische Nachbarschaft gefährdete Lüttich für die Kirche zu retten, verbindet man durch Übertragung dieser Bistümer an bayerische Prinzen das kirchliche mit dem dynastischen Interesse, und es entsteht für fast 200 Jahre eine Art von bayerischer Sekundogenitur am Niederrhein[19]. Dasselbe Motiv führt etwas später als in Köln zu den Bistumskumulationen der habsburgischen Erzherzöge Leopold und Leopold Wilhelm in den Bistümern Passau, Straßburg, Breslau und Olmütz. In diesen von den Päpsten eher geduldeten als geförderten Kumulationen findet die Bedeutung der Dynastien Wittelsbach und Habsburg für die Erhaltung des Katholizismus und die tridentinische Reform ihren Ausdruck. Wo die Rekatholisierung fast oder ganz verlorener Gebiete in Gang kam, wie in der Markgrafschaft Baden-Ba-

[19] *G. v. Lojewski,* Bayerns Weg nach Köln. Geschichte der bayer. Bistumspolitik in der 2. Hälfte des 16. Jh. (Bonn 1962).

den, gab der Landesherr, und damit der Staat, den Ausschlag: der in Ingolstadt gebildete Wittelsbacher Philipp II. führte dort seit 1577 mit Hilfe seiner weltlichen Räte die Unterdrückung nichtkatholischer Lehren und die Erneuerung des geistlichen Standes durch[19a].

Die innere Erneuerung im Geiste des Tridentinums ist der Kirche Deutschlands nicht aus eigener Kraft, sondern unter Einsatz der vorhandenen staatlichen Machtmittel und mit Hilfe von außen gelungen. Nicht die Bischöfe, sondern weltliche Fürsten, die bayerischen Wittelsbacher, gingen mit der strikten Durchführung des durch den Religionsfrieden garantierten landesherrlichen Konfessionsbestimmungsrechtes voran; in ganz Deutschland gab es keine Folge so entschieden katholischer Fürsten wie Albrecht V., Wilhelm V. und Maximilian I. von Bayern. Erst im Abstand einer Generation folgten ihnen, nach Überwindung einer starken ständischen Opposition, die Habsburger. Es ist schwer vorzustellen, wie die tridentinische Reform hätte voranschreiten können, wenn nicht die Päpste durch ihre Nuntien den Episkopat fortwährend unter Druck gehalten hätten; daß sie im Süden schnellere Fortschritte machte als im Westen, beruhte nicht zuletzt darauf, daß dort weniger episkopalistische Hemmungen vorhanden waren als in den rheinischen Erzstiften. Der Mangel an geeigneten Kräften für Erziehung und Seelsorge wurde einigermaßen behoben durch den Einsatz der Orden, vor allem der im Zug der Katholischen Reform entstandenen Gesellschaft Jesu und der Kapuziner. Das Netz der Jesuitenkollegien, in denen die künftige katholische Elite herangebildet wurde, wurde zwischen 1564 und 1618 immer dichter, zumal in den habsburgischen Landen (z. B. Hall, Krems, Graz, Klagenfurt, Laibach), aber auch im Westen und Norden, wo sie sich als die wichtigsten Stützpunkte der Erneuerung erwiesen (Koblenz, Köln, Münster, Paderborn, Heiligenstadt). Allerdings erregte die teilweise Dotation der Kollegien durch Gebäude und Besitzungen schwach besetzter oder eingegangener Klöster anderer Orden bei diesen böses Blut. Die von der Ordensleitung anfangs ungern gesehenen Hofbeichtväter, wie Blyssem und Viller in Graz, Mengin in München, trugen das Ihre zur Ausrichtung der Religionspolitik der Höfe bei; ihr Einfluß ist jedoch oft überschätzt worden. Weit nachhaltiger als sie haben gewirkt: Petrus Canisius als Organisator seines Ordens in Deutschland und kirchenpolitisch Beauftragter der Päpste, als Lehrer, Prediger und Schriftsteller; neben ihm in Köln Kessel und Rethius (beide 1574 durch einen geistesgestörten Mitbruder ermordet); in Süddeutschland Paulus Hoffaeus († 1608), Nachfolger des Canisius als süddeutscher Provinzial (später gefürchteter Visitator); in Österreich der als Prediger bedeutende Georg Scherer († 1605). Die unbestreitbaren Erfolge der Jesuiten erklären ihre Verhaßtheit bei den Protestanten: Pfalzgraf Lud-

[19a] Der Geistliche Rat zu Baden-Baden und seine Protokolle 1577/84, hrsg. von *H. Steigelmann* (Stuttgart 1962).

wig nannte sie „gaistliche Hewschrecken" und „scorpion in der christenheit"[20], die Schmähschrift des Apostaten Hasenmüller (Historia Jesuitici ordinis, 1593) fand weite Verbreitung. Kurz vor der Jahrhundertwende traten an die Seite der Jesuiten als volkstümliche Prediger, Beichtväter und Missionare die Kapuziner in Tirol (Innsbruck 1593), Salzburg (1596) und Bayern (München 1600). In Süddeutschland entstanden sechs Kapuzinerprovinzen neben den zwei rheinischen, die von Flandern aus gegründet wurden. Bezeichnenderweise waren die drei hervorragendsten Kapuziner, die während der ersten Jahrzehnte des 17. Jh. in Mitteleuropa wirkten, Italiener: Laurentius von Brindisi († 1619), Hyazinth von Casale († 1627) und Valerian Magni († 1661).

Wie im Reich, so waren auch in der Schweiz tridentinische Reform und Selbstbehauptung gegenüber dem Protestantismus miteinander verzahnt; auch die wirkenden Kräfte und Gegenkräfte ähneln einander. Die Durchführung des Konzils begann in der katholischen Innerschweiz und wurde getragen durch die Laienobrigkeiten, da die zuständigen Bischöfe von Konstanz versagten. Im Namen der sieben Katholischen Orte nahm ihr ehemaliger Konzilsgesandter Melchior Lussy am 3. März 1564 sämtliche Dekrete des Konzils an. Gegen konkubinarische Geistliche wurde scharf vorgegangen, aber alle Bemühungen, ein eigenes Seminar zu gründen, mißlangen. Entscheidend wurde auch hier die Hilfe von außen: das Wirken der Luzerner Nuntien Bonhomini, Santonio und Paravicini, endlich Borromeos, der 1570 die Schweiz besuchte und in Mailand das Helvetische Kolleg gründete. In Luzern bestand seit 1574 ein Jesuitenkolleg; in dem Schultheiß Ludwig Pfyffer besaß dieser katholische Vorort einen tatkräftigen Führer. Fast noch mehr als die Jesuiten wirkten die Kapuziner, die zwischen 1581 und 1589 in Altdorf, Stans, Luzern und Schwyz, 1595 in Zug Niederlassungen gründeten; seit 1589 bildeten die Schweizer Klöster eine eigene Provinz.

Die Äbte von Einsiedeln und St. Gallen, Joachim Eichhorn und Othmar Kunz, konnten sich auf der Konstanzer Diözesansynode 1560 rühmen, sie hätten das Konzil „allerlenglich ghalten und volzogen"[21]. Innerlich regeneriert, stärkten die beiden großen Abteien das Glaubensbewußtsein in der ganzen katholischen Schweiz. Als die Wallfahrt nach Einsiedeln wieder in Gang kam, schrieb der Schwyzer Leutpriester Stoyb: „der Allmechtig hat im noch septem millia et ultra vorbehalten, qui non apostaverunt a fide". Im Bistum Basel begann Bischof Blarer (1575—1608) auf einer Diözesansynode (1581) die tridentinische Erneuerung und sicherte sich im Vertrag von Baden (1583) mit der Stadt Basel eine finanzielle Entschädigung für

[20] *A. Kluckhohn,* Briefe Friedrichs d. Frommen II (Braunschweig 1872) 811.
[21] *R. Tschudi* a. a. O. 195; Stoybs Ausspruch: ebd. 155.

die dort verlorenen Vermögenswerte des Bistums und freie Hand für die Aufrechterhaltung des Katholizismus in seinem Herrschaftsgebiet. Im Wallis, das sich den Katholischen Orten nicht angeschlossen hatte, war der Sittener Bischof Riedenstein (1565—1604) zu schwach, weitere Fortschritte des Protestantismus zu verhindern und mit der tridentinischen Reform Ernst zu machen. Im Bistum Chur begann man zwar mit der Agende von 1590 und Diözesanstatuten von 1605 die Reform des Klerus, als jedoch Bischof Flügi (1601/27) energisch durchgriff, schrieb der Nuntius d'Aquino (1613): Der Bischof schwebt in ständiger Lebensgefahr seitens der protestantischen Bündener; in seiner Bischofsstadt gibt es außerhalb des Bereichs der bischöflichen Kurie keinen Katholiken[22]. Das Bistum Lausanne war im wesentlichen auf den Kanton Freiburg beschränkt, wo das 1580 gegründete Jesuitenkolleg und in ihm Petrus Canisius die Reform stützten.

Die Selbstbehauptung der Kirche in Mitteleuropa und die Fortschritte der tridentinischen Reform, dazu der Ausgang der Hugenottenkriege, die bleibende Verbindung des Südteils der Niederlande mit Spanien und die Festigung des Katholizismus in Polen wirkten zusammen, daß die Krise der Glaubensspaltung nach der Jahrhundertwende wenn nicht als überwunden, so doch als eingegrenzt gelten konnte. Zu diesem Ergebnis trug nicht wenig bei die Schwächung der protestantischen Front durch den Gegensatz zwischen Reformierten und Lutheranern, die tiefste Ursache lag jedoch in der Stärkung der religiösen und geistigen Substanz des kirchlichen Lebens, die sich im Aufblühen der Theologie, des Ordenslebens und der Frömmigkeit offenbarte.

[22] *J. G. Mayer* a. a. O. II 310 f.

DRITTER ABSCHNITT

Religiöse Triebkräfte und geistiger Gehalt der katholischen Erneuerung

Univ.-Professor Dr. Hubert Jedin, Bonn

41. Kapitel

Die erneuerte Scholastik; Michael Bajus und der Gnadenstreit

ALLGEMEINE LITERATUR: *Grabmann G* 158—172; *C. Giacon,* La seconda scolastica, 3 Bde (Mailand 1946/50); *H. Hurter,* Nomenclator literarius theologiae catholicae III (Innsbruck [3]1907), noch immer unentbehrlich [= Hurter].

Universitäten: *Willaert* 183—219; *C. Duplessis d'Argentré,* Collectio iudiciorum II (Paris 1728); *P. Feret,* La faculté de théologie de Paris et ses docteurs les plus célèbres I—IV (Paris 1900/06); *J. Urriza,* La preclara facultad de artes y filosofía de la univ. de Alcalá de Henares en el siglo de oro 1509—1621 (Madrid 1942); *V. Beltrán de Heredia,* La teología en la univ. de Alcalá: RET 5 (1945) 145—178; über Sigüenza *ders.:* ebd. 2 (1942) 409—469; *Gonzalo de Arriaga,* Historia del Colegio de S. Gregorio de Valladolid, hrsg. von M. Hoyos, 2 Bde (Valladolid 1928/40); *F. Stegmüller,* Zur Literaturgeschichte der Philosophie und Theologie an den Universitäten Evora und Coimbra im 16. Jh.: Spanische Forschungen 3 (1931) 385—438, erweiterte portugiesische Ausgabe: Coimbra 1959. *J. Grisar,* Die Universität Löwen zur Zeit der Gesandtschaft des P. Franciscus Toletus (1580) nach bisher unbenützten Quellen des Vatikanischen Archivs: Miscellanea De Meyer II 941—968; *K. Eschweiler,* Die Philosophie der spanischen Spätscholastik auf den deutschen Universitäten: Spanische Forschungen 1 (1928) 251—325.

Vitoria und die Schule von Salamanca: *F. Ehrle,* Los Manoscritos Vaticanos de los teólogos Salmantinos del siglo XVI (Madrid 1930); *V. Beltrán de Heredia,* Los manoscritos del M. F. de Vitoria (Madrid 1928). Moderne Ausgaben der Werke Vitorias: Relecciones teológicas del M. F. de Vitoria, hrsg. von *L. G. Getino* (Madrid 1936); Comentarios a la secunda secundae de Sto. Tomás (Salamanca 1952); *L. G. Getino,* El M. F. de Vitoria (Madrid [2]1930) (Hauptwerk); *F. Stegmüller,* F. de Vitoria y la doctrina de la gracia en la escuela Salmantina (Barcelona 1934); *J. I. Tellechea Idigoras,* F. de Vitoria y la reforma católica: Revista española de derecho canónico 12 (1957) 65—110; *R. G. Villoslada,* Pedro Crockaert OP, maestro de F. Vitoria: EE 14 (1935) 174 bis 201. Vitoria und das Völkerrecht: *J. Brown Scott,* The Spanish Origin of International Law (Oxford 1934); *E. Reibstein,* Die Anfänge des neueren Natur- und Völkerrechtes (Bern 1949), über Vásquez; *K. Deuringer,* Probleme der Caritas in der Schule von Salamanca (Freiburg i. Br. 1959); *V. Carro,* Domingo Soto, 2 Bde (Salamanca 1931/50); *V. Beltrán de Heredia,* Domingo de Soto (Madrid 1961); *J. Britau Prats,* El pensamiento político de D. de Soto y su concepción del poder (Salamanca 1960); *C. Pozo,* La teoría del progreso dogmático en los teólogos de la escuela de Salamanca (Madrid 1959).

Kontroverstheologie und Bellarmin: Überblick: *P. Polman,* L'élément historique dans la Controverse religieuse du XVIe siècle (Gembloux 1932). Bellarmin: Letzte Ausgabe der Werke in 12 Bden (Paris 1870/76); Opera oratoria posthuma, 9 Bde (Rom 1942/44); *Sommervogel* I 1151—1254. Quellen zur Lebensgeschichte: *X.-M. Le*

Bachelet, Bellarmin avant son cardinalat (Paris 1911), dort 435—466 die vielumstrittene Autobiographie; *ders.,* Auctarium Bellarminianum (Paris 1913), dazu Nachträge AHSI 4 (1935) 132—139; Scritti politici, hrsg. von *C. Giacon* (Bologna 1950); *J. Brodrick,* Robert Bellarmine, Saint and Scholar (London 1961); *J. de la Servière,* La théologie de Bellarmin (Paris ²1928). Methodisch wichtig: *G. Buschbell,* Selbstbezeugungen des Kardinals Bellarmin (Krumbach 1924), und *S. Merkle:* ZKG 45 (1926) 26—73; *F. X. Arnold,* Die Staatslehre des Kardinals Bellarmin (München 1934). Weitere Lit.: LThK² II 160 ff. — Spezialliteratur zu Toledo, Suárez, Vázquez in den Anm.

Bajus: Opera (Köln [in Wirklichkeit Amsterdam] 1696) enthält im 2. Teil Dokumente und ist jansenistisch inspiriert, dagegen *J.-B. Duchesne,* Histoire du Baianisme (Douai 1731) (antijansenistisch); *M. Roca,* Documentos inéditos en torno a Miguel Bayo: Anthologica annua 1 (1953) 303—476; *F.-X. Jansen,* Baius et le Baianisme (Löwen 1927); DThC II 38—111, beste Darstellung von *Le Bachelet;* LThK² I 1196—1199; *Ch. van Sull,* Lessius (Löwen 1960); *J. I. Tellechea Idigoras,* Españoles en Lovaina 1551/58. Primeras noticias sobre el Bayanismo: RET 23 (1963) 21—44.

Gnadenstreit: Kritischer Text der Concordia, hrsg. von *J. Rabeneck* (Madrid 1953). Ältere Darstellung des Streites durch die beiden Parteien: *J. A. Serry* OP (unter dem Decknamen Le Blanc), Historiae Congregationum de auxiliis divinae gratiae (Mainz 1699, Antwerpen 1709); *L. de Meyere* SJ (unter dem Decknamen Eleutherius), Historiae controversiae de divinae gratiae auxiliis (Venedig 1742); *G. Schneemann* SJ, Controversiarum de divinae gratiae liberique arbitrii concordia initia et progressus (Freiburg 1881). *F. Stegmüller,* Geschichte des Molinismus I (Münster 1935) (Hauptwerk); *Pastor* XI 513—576, XII 163—183. Zu Molina: *J. Rabeneck,* De vita et scriptis L. Molinae: AHSI 19 (1950) 75 ff; *W. Weber,* Wirtschaftsethik am Vorabend des Liberalismus. Höhepunkt und Abschluß der scholastischen Wirtschaftsbetrachtung durch L. Molina (Münster 1959); StL⁶ V 805—809 (Stegmüller).

Wie im Mittelalter die Entfaltung der Hochscholastik auf das engste mit der Entstehung der Universitäten verbunden war, so jetzt ihre Erneuerung mit der Bildung neuer Schwerpunkte in der Entwicklung der europäischen Universitäten. Nach wie vor behauptete die Universität Paris ihr hohes Ansehen bei doktrinellen Entscheidungen; beeinträchtigt wurde es lediglich durch ihren Gallikanismus und ihre Gegnerschaft gegen den aufstrebenden Jesuitenorden. Neben ihr wuchsen seit dem zweiten Drittel des Jahrhunderts neue Zentren der theologischen Arbeit empor. In Löwen, das durch Latomus, Driedo und Trapper zusammen mit Köln schon sehr früh gegen Luther Front gemacht und durch das Auftreten seiner Professoren in Trient (1551 bis 1552) sein Ansehen verstärkt hatte, erhielt der Augustinismus durch Baius, Hessels und den älteren Jansenius neuen Auftrieb. Die Erneuerung der Scholastik, die dem Zeitalter das Gepräge gab, ging jedoch nicht von diesen auf dem Kampfplatz mit der religiösen Neuerung liegenden Universitäten, sondern von Spanien aus, dessen Hochschulen zur Zeit des Trienter Konzils und bis zur Jahrhundertwende in ähnlicher Weise die Führung erlangten wie das Spanien Philipps II. in der großen Politik.

In Salamanca begründete der Dominikaner Francisco de Vitoria als Inhaber des ersten theologischen Lehrstuhls der Universität (Cátedra de prima) eine theologische Schule, die sich nicht nur in Spanien und Portugal, sondern bis nach Rom und nach Deutschland ausbreitete. Von den sieben Lehrstühlen der Theologie waren sechs der spekulativen reserviert, auf denen die Dominikaner des Kollegs S. Esteban mit denen der übrigen Bettelorden wetteiferten; es bestanden aber auch vier Lehrstühle für Griechisch und zwei für Hebräisch. Noch eifriger wurde — der Intention des Gründers Ximénes gemäß — die positive Theologie in Alcalá gepflegt, wo das Kolleg S. Ildefonso eine ähnlich dominierende Stellung besaß wie in Valladolid das von S. Gregorio. In Coimbra lehrte man Theologie und kanonisches Recht im Konvent von S. Agustín. Die spanischen Benediktiner gründeten in Saragossa bzw. Irache eine eigene Universität.

Im letzten Drittel des Jahrhunderts holte Rom die spanischen Universitäten dadurch ein, daß im Römischen Kolleg der Jesuiten Sterne erster Größe leuchteten, abgesehen von Bellarmin sämtlich Spanier: Francisco de Toledo, Maldonado, Suárez, Vázquez, Ruiz. Durch sie wurde Rom, was es im Mittelalter und in der Renaissance nie gewesen war, eine Hochburg der theologischen Studien. Theologen des aufstrebenden Jesuitenordens verpflanzten die erneuerte Scholastik an die deutschen Universitäten Ingolstadt und Dillingen, den „Zitadellen der katholischen Gegenoffensive im Reich" (Willaert), unter deren Professoren man viele Spanier und Niederländer trifft, obenan Gregor von Valencia, dessen Werk die Deutschen Gretser und Tanner weiterführten.

Wodurch unterschieden sich Geist und Methode dieser erneuerten Scholastik vom Lehrinhalt und von der Lehrweise der theologischen Schulen des Spätmittelalters?

Wie auch immer die Antwort auf die Frage nach Luthers Nominalismus lauten mag, Tatsache ist, daß diese Schule schon auf dem Konzil von Trient kaum noch Vertreter fand. Am zahlreichsten waren auf ihm die Franziskaner vertreten; in der besten Position für die Abwehr des Protestantismus befanden sich die Dominikaner. Keine dieser Schulen konnte sich ganz dem Einfluß des Humanismus entziehen, am stärksten war er in der von Seripando geführten Augustinerschule; vor allem zwangen das protestantische Schriftprinzip und die Inanspruchnahme der Kirchenväter für die neuen Lehren zur intensiven Beschäftigung mit der Bibel und den Zeugen der Tradition, die nicht nur in der systematischen Theologie mehr als bisher und aus erster Hand berücksichtigt wurden, sondern in der Verselbständigung der positiven Theologie ausmündeten. Sowohl die erneuerte Scholastik wie die Kontroverstheologie waren ihr verpflichtet. Mit der Hinwendung zu den positiven Daten der in Schrift und Tradition niedergelegten Offenbarung verbinden sich vier neue methodische Gesichtspunkte:

1. Die von Salamanca ausgehende neuere Scholastik ist, wie die mittelalterliche, bestrebt, fides und ratio zu versöhnen, sie stößt aber den im Spätmittelalter aufgehäuften Ballast spitzfindiger, auf logische Akrobatik hinauslaufender Fragen ab und nimmt sich die Hochscholastik, vor allem Thomas

von Aquin, zum Vorbild; der Vorwurf der Humanisten: Perdunt nugis tempora, wird dadurch gegenstandslos, die Theologie wird wieder einfacher, übersichtlicher und lebensnäher. 2. Angestoßen in gleicher Weise durch Humanismus und Reformation, untersucht sie die Methode des theologischen Beweises. 3. Als Kontroverstheologie setzt sie sich mit den durch die Glaubensspaltung aufgeworfenen theologischen Problemen auseinander; sie sucht aber auch nach Antworten auf die ethischen und rechtlichen Fragen, die durch das Kolonisationswerk der iberischen Völker in den neuentdeckten Erdteilen akut wurden. 4. Entsprechend der auf dem Konzil von Trient durchgedrungenen Ausrichtung auf die Seelsorge ist sie bemüht, der religiösen Volksunterweisung und der Predigt zu dienen. Alle fünf Kirchenlehrer der Epoche sind eminent praktische Theologen: Canisius und Bellarmin als Verfasser von Katechismen, Johannes vom Kreuz als Mystiker, Franz von Sales als Lehrer des geistlichen Lebens, Laurentius von Brindisi als Prediger.

Das Wiederaufblühen der Scholastik

Das „Goldene Zeitalter der Scholastik" wird eröffnet durch den Dominikaner Francisco de Vitoria († 1546). An der Pariser Universität durch Petrus Crockaert OP in das Studium des hl. Thomas eingeführt, aber auch mit dem in Löwen betriebenen Quellenstudium bekanntgemacht, legte er nach seiner Übersiedlung nach Salamanca (1526) als Inhaber des ersten theologischen Lehrstuhls dem Unterricht die „Summe" des Aquinaten (allerdings noch nicht ausschließlich) zugrunde. Durch seine überaus lebendigen Vorlesungen, vor allem über moraltheologische Gegenstände, und seine berühmten Konferenzen (Relectiones) übte er einen einzigartigen Einfluß auf seine zahlreiche (bis zu tausend) Zuhörerschaft aus, ohne daß zu seinen Lebzeiten auch nur ein einziges seiner Bücher gedruckt wurde. Die von einem seiner Schüler zusammengestellte „Summa sacramentorum" (erstmals gedruckt 1560) erlebte über 33 Ausgaben und wurde „das meistbenützte Handbuch der Pastoral des spanischen Klerus im 16. Jahrhundert" (Stegmüller). In seiner Grundrichtung thomistisch, hielt sich Vitoria von jeder Enge frei. Seine gemäßigten Anschauungen über das Verhältnis des Papstes zum Konzil bestimmten die Haltung vieler spanischer Bischöfe auf dem Trienter Konzil. Durch die Auseinandersetzung mit den ethischen und rechtlichen Problemen des spanischen Kolonialreiches wurde er zum Begründer des modernen Völkerrechts, auf dem Hugo Grotius aufbaute.

Unter den 66 Doktoren von Salamanca, die am Trienter Konzil teilnahmen, befanden sich viele Bischöfe und Theologen, die zu Füßen Vitorias gesessen hatten. Sein Schüler und Nachfolger auf dem Lehrstuhl, Melchior Cano OP († 1560), wurde durch sein Werk „De locis theologicis" (1563) der

Begründer der theologischen Methodenlehre[1]. In der Begriffsbestimmung der loci (= Fundorte) nicht der Topik des Aristoteles, sondern dem Humanisten Rudolf Agricola folgend, unterschied Cano zehn derartiger Fundorte (von ihm auch domicilia genannt) für die theologische Argumentation: die Heilige Schrift, die (apostolische) Tradition, das Lehramt der (universalen) Kirche, die Konzilien, das Lehramt der Römischen Kirche, die Kirchenväter, die Scholastiker und Kanonisten, die natürliche Vernunft, die Philosophen und die Geschichte. Durch dieses Werk wurde Cano der „Vater der theologischen Methodologie" (Lang). Sein Charakterbild ist durch den leidenschaftlichen Kampf gegen seinen Ordensgenossen Carranza[2] und gegen die Jesuiten verdunkelt.

Obwohl schon zu Beginn des Jahrhunderts durch die großen Kommentatoren Cajetan und Koellin vorbereitet, empfing der Thomismus durch die Schule von Salamanca gewaltigen Auftrieb und weite Verbreitung; Pius V. erhob (1567) den Aquinaten zum Kirchenlehrer. Seine „Theologische Summe" verdrängte als Textbuch allmählich die Sentenzen des Lombarden. Aber im letzten Drittel des Jahrhunderts bahnte sich bereits eine Differenzierung an. Die spanischen Dominikaner Bartholomäus de Medina († 1580) und Dominicus Báñez († 1604) bildeten den „klassischen Typus der Thomistenschule" (Grabmann), d. h. den strengen Thomismus, aus; die jetzt aufsteigende Jesuitenschule ging methodisch und doktrinell ihren eigenen Weg.

Die Jesuitentheologie

Die Jesuitentheologen auf dem Trienter Konzil (Lainez und Salmerón) hatten noch einem gewissen Eklektizismus gehuldigt. Die Generalkongregation von 1593 schrieb den Ordenstheologen Thomas als Richtschnur vor, gestattete jedoch, von ihm in Ausnahmefällen und aus guten Gründen *(gravate admodum et rarissime)* abzuweichen. Die voluntaristische und aktivistische Einstellung des Ordens machte sich aber bald auch in der Theologie bemerkbar, sowohl in Spanien (Molina) wie in Rom und Deutschland.

[1] Letzte Ausgabe in den Opera I/II (Rom 1890). Gegen A. *Gardeil,* La notion du Lieu théologique: RSPhTh 2 (1908) 51—73 246—276 484—505, hat A. *Lang,* Die Loci theologici des M. Cano und die Methode des dogmatischen Beweises (München 1925), die Abhängigkeit von Agricola nachgewiesen; *J. Beumer,* Positive und spekulative Theologie: Scholastik 29 (1954) 53—72; *E. Marcotte,* La nature de la théologie de M. Cano (Ottawa 1949), dazu *G. Thils:* EThL 26 (1950) 409 ff. — *F. Pelster,* Eine Kontroverse über die Methode der Moraltheologie aus dem Ende des 16. Jh.: Scholastik 17 (1942) 385—411.

[2] Zur Literatur in: LThK² II 957: *J. I. Tellechea Idigoras,* B. Carranza Arzobispo (San Sebastián 1958); Fray B. Carranza. Documentos históricos, hrsg. von *J. I. Tellechea Idigoras,* bisher 3 Bde (Madrid 1962/66).

Der noch in Salamanca ausgebildete Gregor von Valencia († 1603) verband eine gründliche Kenntnis der Scholastik mit humanistischer Einstellung und ausgezeichneter Darstellungsgabe. Als Professor in Ingolstadt (1575/97) trug er durch Heranbildung zahlreicher Schüler (daher Doctor doctorum genannt) wesentlich zur Aufwertung der gerade in Deutschland durch die humanistische und reformatorische Kritik herabgesetzten Scholastik bei[3]. Sein Schüler und Nachfolger Jakob Gretser († 1625) stellte seine zahlreichen theologischen, philologischen und historischen Werke[4] ebenso unter kontroverstheologische Gesichtspunkte wie der als Gegner der Hexenprozesse für Spee bedeutsame Adam Tanner († 1632), der in München, Ingolstadt, Prag und Wien lehrte[5].

Geradezu entscheidend für die weitere Entwicklung der neueren Scholastik wurden jedoch ihr Übergreifen nach Rom und ihre Weiterbildung durch die großen Theologen des Jesuitenordens Francisco de Toledo, Bellarmin, Suárez und Vázquez. Der auch als Exeget bedeutende Francisco de Toledo († 1596)[6], ein Schüler Sotos, lehrte seit 1559 am Römischen Kolleg der Gesellschaft; er war der erste aus ihr hervorgegangene Kardinal (1593). Am tiefsten und fruchtbarsten sowohl als Philosoph wie als Theologe war der „Doctor eximius" Francisco Suárez († 1617)[7]. Ebenfalls in Salamanca ausgebildet, lehrte er wenigstens zeitweise (1580/85) in Rom, um dann nach Spanien zurückzukehren und in Alcalá und Salamanca, schließlich in Coimbra (1598—1616) den Höhepunkt seines Schaffens zu erreichen; dort sind seine Werke über die Gnade und die Gesetze („die Zusammenfassung der von der spanischen Theologie des 16. Jh. gewonnenen naturrechtlichen,

[3] Hauptwerk: Commentarii theologici, 4 Bde (Ingolstadt 1591/97), in 20 Jahren 12 Auflagen; sonstiges bei *Sommervogel* VIII 388—400, IX 897; *W. Hentrich*, G. von Valencia und der Molinismus I (Innsbruck 1928), dazu: Scholastik 4 (1929) 91—106; *ders.*, G. von Valencia und die Erneuerung der deutschen Scholastik (Regensburg 1930); *J. Esposa:* Arch. teol. Granadino 8 (1945) 99—123; *H. Wolter*, Die Kirche im Religionsgespräch zwischen Gregor v. V. und Lucas Osiander: Sentire ecclesiam, hrsg. von *J. Daniélou* und *H. Vorgrimler* (Freiburg 1961) 350—370.

[4] Historisch bedeutsam De Cruce Christi, 3 Bde (Ingolstadt 1598); seine 234 gedruckten Werke, darunter auch Schuldramen: *Sommervogel* III 1743—1809.

[5] *W. Lurz*, A. Tanner und die Gnadenstreitigkeiten (Breslau 1932); Hauptwerk: Universa theologia scholastica, 4 Bde (Ingolstadt 1626/27); *Sommervogel* VII 1834—1855.

[6] Hauptwerk der Kommentar zur Summa, zuletzt hrsg. von J. Paiva, 4 Bde (Rom 1869 bis 1870); *Sommervogel* VIII 64—82.

[7] Werke in 23 Bden (Lyon - Mainz 1630); letzte Gesamtausgabe in 28 Bden (Paris 1856/61); *Sommervogel* VII 1661—1687; *P. Mugica*, Bibliografia Suareciana (Granada 1948); *E. Elorduy*, Cartas y Mss de Suárez: Misc. Comillas 38 (1962) 271—330; *R. de Scoraille*, Fr. Suárez, 2 Bde (Paris 1912/13); *F. Stegmüller*, Zur Gnadenlehre des jungen Suárez (Freiburg 1933); *G. Ambrosetti*, Il diritto naturale della Riforma cattolica. Una giustificazione storica del sistema di Suarez (Mailand 1951); *J. Giers*, Die Gerechtigkeitslehre des jungen Suárez (Freiburg 1962). Übersicht über die neueste Literatur: AHSI 30 (1961) 471 f.

völkerrechtlichen und staatsphilosophischen Erkenntnisse", Stegmüller) sowie eine großangelegte Verteidigung des Ordensstandes und der Gesellschaft Jesu entstanden. Durch mehrere Gutachten griff er in den Gnadenstreit ein; seine Philosophie fand auch auf protestantischen Universitäten starke Beachtung. Wie Suárez, so wirkte auch Gabriel Vázquez († 1604) nur vorübergehend (1586/91) in Rom, dann wieder in Spanien[8]. Sein Verhältnis zu jenem hat man mit dem des Scotus zu Thomas verglichen. Der überaus scharfsinnige, als feuriger Disputator gefürchtete Theologe, der bei Báñez in Alcalá seine Schule gemacht hatte, wurde wegen seiner Kenntnis der Kirchenväter von den Zeitgenossen als „zweiter Augustinus" gefeiert; in den Gnadenstreit griff er als strenger Molinist ein.

Der hellste Stern der Jesuitenschule und der Systematiker der Kontroverstheologie war Robert Bellarmin (1542—1621). Der Neffe Papst Marcellus' II. hatte schon während seiner Lehrtätigkeit in Löwen (1570/76) sich mit dem protestantischen Lehrbegriff beschäftigt und als Prediger hervorgetan. Als Professor der Kontroverstheologie an das Römische Kolleg berufen (1576/88) und Rektor desselben (1592), dann als Konsultor des Heiligen Offiziums und theologischer Berater Clemens' VIII., erlangte er so hohes Ansehen, daß dieser ihn 1599 zum Kardinal erhob. Wegen Differenzen mit dem Papste im Gnadenstreit durch Ernennung zum Erzbischof von Capua (1602) aus Rom entfernt, kehrte er nach dem Tode seines einstigen Gönners dorthin zurück und wurde unter Paul V. mit allen großen Streitfragen befaßt, in die das Papsttum verwickelt war: dem Streit mit Venedig und mit Jakob I. von England, dem Fall Galilei. Sein damals entstandenes Werk „De potestate Summi Pontificis in rebus temporalibus" (1610), das die schon in den „Kontroversen" von ihm vertretene Lehre über die nur indirekte Gewalt des Papstes im weltlichen Bereich ausbaute, stieß sowohl bei den Verfechtern der Potestas directa wie bei den Protestanten auf heftigen Widerspruch. Wie in seinen Anfängen, so blieb Bellarmin auch auf dem Höhepunkt seiner wissenschaftlichen Tätigkeit und zuletzt als Kardinal der Seelsorgspraxis zugewandt: sein „Kleiner Katechismus" (1597) kam mit 400 Auflagen dem des Canisius nahezu gleich; der größere (1598) war für die Katecheten bestimmt. In seinen letzten Lebensjahren verfaßte Bellarmin, der mit Baronius und Franz von Sales befreundet war, asketische Schriften, z. B. „De arte bene moriendi" (1620). Der schon 1627 eingeleitete, durch Benedikt XIV. suspendierte Kanonisationsprozeß kam 1923 durch die Selig-, 1930 durch die Heiligsprechung zum Abschluß; im Jahr darauf wurde er zum Kirchenlehrer erhoben.

Bellarmins Hauptwerk, die aus den römischen Vorlesungen hervorgegangenen „Disputationes de controversiis fidei", gewöhnlich „Kontroversen" genannt, sind eine zwar nicht originelle, aber doch von einheitlicher Grund-

[8] Thomaskommentar 1598—1615; *Sommervogel* VIII 513—519; Lit. LThK X 882 ff.

auffassung getragene, durch erstaunliche Literaturkenntnisse ausgestattete Synthese der katholischen Kontroverstheologie des 16. Jh. Sie ließen die früheren Kontrovershandbücher von Johann Eck, Albert Pighius, Stanislaus Hosius und Ruard Tapper durch die Verarbeitung des gesamten, in zahllosen Monographien aufgehäuften Materials weit hinter sich[9], waren gegenüber jenen freilich dadurch im Vorteil, daß sie auf sämtlichen Dekreten des Trienter Konzils aufbauen konnten. Während dieses aber wegen des Widerstandes der Gallikaner und Episkopalisten eine Erklärung über den Kirchenbegriff umgangen hatte, stellte Bellarmin — nach Erörterung der Offenbarungsquellen Schrift und Tradition — die Lehre von der Kirche an die Spitze (I. Buch), um dann erst zu den Sakramenten (II) und zur Gnaden- und Rechtfertigungslehre (III) überzugehen. Sein Vorgänger bei diesem Aufbau der Kontroverstheologie war der Engländer Thomas Stapleton († 1598), der den geringen Erfolg der bisherigen Kontroverstheologen mit Recht darauf zurückgeführt hatte, daß man nicht vom Lehramt der Kirche ausgegangen war[10].

Michael Bajus

Auf dem Trienter Konzil hatte sich die von Seripando geführte gemäßigte Augustinerschule nicht durchzusetzen vermocht[11]. Noch ehe es abgeschlossen war, fand der Augustinismus in seiner strengsten Form in den Löwener Professoren Michael Bajus († 1589) und Johannes Hessels († 1566) gelehrte und hartnäckige Vertreter. Als einer ihrer Schüler, der Franziskaner Sablons in Nivelles, die Willensfreiheit als Freiheit von äußerem Zwang bestimmte und Calvins Lehre darüber ausdrücklich als richtig erklärte[12], wurden (Anfang 1560) 20 seiner Sätze von der Universität Löwen zensuriert; mit dem Urteil über 18 von ihnen erklärten sich die beiden Professoren einverstan-

[9] *St. Hosius,* Confessio catholicae fidei christiana (1551); *L. Bernacki,* La doctrine de l'église chez le card. Hosius (Paris 1936); *J. Lortz,* Kard. St. Hosius (Braunsberg 1931). — *R. Tapper,* Explicatio articulorum ven. facultatis ... Lovaniensis circa dogmata ecclesiastica ab annis XXXIV controversa (1555); Opera (Köln 1582).

[10] Principiorum fidei doctrinalium demonstratio methodica (1579 verfaßt): Opera I (Paris 1620) 1—503. — Dagegen ist *N. Sander,* De visibili monarchia ecclesiae (Löwen 1571), mit Rücksicht auf die englischen Verhältnisse einseitig auf die Verteidigung des Primates gerichtet. Zum Ganzen: *G. Thils,* Les notes de l'Église dans l'apologétique catholique depuis la Réforme (Gembloux 1937); *J. B. Bičunas,* Doctrina ecclesiologica S. Roberti Card. Bellarmini cum illa Jo. Card. de Turrecremata comparata (Rom 1963); *M. R. O'Cormell,* Thomas Stapleton and the Counter-Reformation (New Haven 1964).

[11] *H. Jedin,* G. Seripando I 354—426, II 239—268; *ders.,* Agostino Moreschini und seine Apologie Augustins: Augustinus-Festschrift (Köln 1931) 137—153.

[12] *M. Roca* a. a. O. 311: *Calvinus bene scripsit de libero arbitrio, nec erat reprehendendus, nisi in aliis errasset;* das Einverständnis der beiden Professoren: ebd. 318.

den. Noch im Sommer des gleichen Jahres zensurierte die Sorbonne ebenfalls 18 Thesen des Franziskaners. Der Nuntius Commendone verlangte das Einschreiten des Papstes, und dieser legte den Parteien Stillschweigen auf. Bajus und Hessels reisten (1563) nach Trient, aber das Konzil — damals in seiner schwersten Krise — befaßte sich nicht mit der Sache. Bajus selbst legte seine Lehre über den Urstand, die Rechtfertigung, die Willensfreiheit, das Verdienst, aber auch über Opfer und Sakramente in einer Sammlung von Traktaten dar (1563/64). Zahlreiche aus diesem Werk entnommene Sätze wurden auf Veranlassung Philipps II. am 31. März 1565 von der Universität Alcalá, am 8. August 1565 von der Universität Salamanca zensuriert[13]. Die Universität Löwen erbat daraufhin am 26. November 1566 Rom um eine Entscheidung. Nachdem die erweiterte Neuauflage des beanstandeten Buches nochmals durch die Universität Alcalá zensuriert worden war, verurteilte Pius V. in der Bulle „Ex omnibus afflictionibus" vom 1. Oktober 1567 79 der 120 von den spanischen Zensoren zurückgewiesenen Sätze in dem vom Autor intendierten Sinn, obwohl einige von ihnen irgendwie vertreten werden könnten[14]. Bajus unterwarf sich der nicht öffentlich bekanntgemachten Bulle, schwor später (1569) die ihm vorgeworfenen Irrtümer formell ab und leistete (1575) einen Eid auf das Tridentinum.

Trotzdem wucherte der Streit weiter. Ein vor dem Heiligen Offizium angestrengter Prozeß endete 1580 mit einer neuen Verurteilung durch Gregor XIII. Auch sie nahm Bajus vor dem nach Löwen entsandten Francisco de Toledo an; die Löwener Fakultät verpflichtete sich auf eine antibajanische Lehrformel. Wie die unzweifelhaft aufrichtige Unterwerfung des Bajus unter die verschiedenen päpstlichen Entscheidungen zeigt, war seine Grundhaltung katholisch; die Schwierigkeit, die lehramtlichen Entscheidungen mit der von ihm gewonnenen wissenschaftlichen Überzeugung zu vereinbaren, schuf einen echten Gewissenskonflikt. In dem Bewußtsein, die augustinische Gnadenlehre verteidigen zu müssen, zensurierte die Löwener Fakultät unter Mitwirkung des Bajus 1587 34 Thesen des am Löwener Kolleg lehrenden Jesuiten Leonhard Lessius († 1623) über die Inspiration der Heiligen Schrift, Gnade und Vorherbestimmung; im Auftrage Sixtus' V. mußte der Nuntius Frangipani den beiden Parteien von neuem Stillschweigen auferlegen. Die Löwener Streitigkeiten wurden aber bald überschattet durch den großen Gnadenstreit, freilich nur, um im 17. Jh. im Jansenistenstreit mit aller Gewalt wieder aufzubrechen.

[13] *M. Roca* a. a. O. 322ff 329ff. Über den in den Streit um Bajus verwickelten Löwener Theologen Henricus Gravius vgl. *F. Claeys Bouuart:* RHE 57 (1962) 863—871.

[14] D. 1001—1080. Durch Versetzung des Kommas (comma Pianum) gaben die Bajaner der Formel den Sinn: „Obwohl einige von ihnen im Sinn des Autors irgendwie vertreten werden könnten."

Der Gnadenstreit

Im Jahre 1588 erschien in Lissabon mit Gutheißung des Zensors der Inquisition Ferreira OP das Buch des Jesuiten Luis de Molina († 1600): „Liberi arbitrii cum gratiae donis, divina praescientia, providentia, praedestinatione et reprobatione concordia“, das den Versuch unternahm, die Vereinbarkeit der Allwirksamkeit der Gnade mit dem freien Willen des Menschen aus dem Vorauswissen Gottes zu erklären, und sich ausdrücklich gegen die im kurz zuvor (1584) erschienenen Thomaskommentar des Dominikaners Báñez vorgetragene thomistische Lehre wandte. Die „Concordia“ Molinas wurde deshalb von der portugiesischen Inquisition drei Monate zurückgehalten, nach der Freigabe aber sofort in den großen Bibliopolen Lyon, Antwerpen und Venedig nachgedruckt. Als Báñez sie auf den spanischen Index zu bringen versuchte, schlug Molina mit der Anklage zurück, die Lehre seines Gegners von der physischen Vorherbestimmung und der wirksamen Gnade stimme mit Luther und Calvin überein, widerspreche aber dem Tridentinum. Umgekehrt nannte der Dominikaner Nuño auf einer am 5. März 1594 von den Jesuiten in Valladolid veranstalteten Disputation einige ihrer Thesen irrig und häretisch; diese verteidigten sie oder bestritten, daß Molina sie vertrete.

Um dem ärgerniserregenden Streit, hinter dem schon jetzt die Rivalität der beiden großen Orden bemerkbar wurde, ein Ende zu bereiten, zog Clemens VIII. in einer Instruktion an den Madrider Nuntius Gaetani vom 28. Juni 1594 die Untersuchung vor sein Forum; der Nuntius verbot jeden weiteren Disput über die wirksame Gnade. Gegen dieses Schweigegebot wandten sich beide Parteien: Báñez machte in einer Denkschrift an den Papst für sich geltend, daß er ja nur die Lehre Augustins und des Aquinaten vortrage; Bellarmin bestritt in einem Gegengutachten diesen Anspruch und die Behauptung, die Jesuiten seien „Neuerer“. Daraufhin wurde das Schweigegebot am 26. Februar 1598 durch die Römische Inquisition für beide Parteien aufgehoben.

Aber noch im gleichen Frühjahr 1598 nahm der inzwischen in Rom angestrengte Prozeß eine Wendung, die den Sieg der Dominikaner in unmittelbare Nähe zu rücken schien. Die vom Papst eingesetzte Theologenkommission hatte den Auftrag erhalten, nicht die Streitfrage als solche, d. h. die Lehren beider Parteien, sondern nur die Lehre Molinas zu prüfen. Sie entschied am 13. März 1598, Buch und Lehre seien zu verbieten, und wiederholte diesen Entscheid, nachdem ihr umfangreiche Darlegungen beider Schulen, an denen auf beiden Seiten die hervorragendsten Theologen mitgearbeitet hatten, sowie Gutachten der Universitäten Salamanca, Alcalá und Sigüenza sowie Meinungsäußerungen von fünf spanischen Bischöfen und vier spanischen Theologen vorgelegt worden waren. In einem von dem Sekretär der Kommission, dem Augustiner Coronel, verfaßten Schriftsatz, der dem Papst am 12. März 1599 überreicht wurde, wurden 60 Sätze Molinas zur Verurteilung vorgeschlagen. Dieser selbst war bis dahin noch nicht direkt gehört worden, obwohl er in einer Eingabe an den Papst darum gebeten hatte. Um die Jesuiten mehr zu Worte kommen zu lassen, ließ Clemens VIII. auf Interzession Philipps III. von Spanien und anderer hochgestellter Gönner des Ordens die beiden Ordensgeneräle Beccaria und Acquaviva, jeden unterstützt von hervorragenden Theologen (u. a. Diego Álvarez OP, Michael Vázquez SJ), ihren Standpunkt zur Kontroverse mündlich und schriftlich präzisieren. Die Dominikaner wehrten sich gegen jede Verschiebung der Fragestellung, die nach ihrer Ansicht nur die Lehre Molinas betraf, die Jesuiten bestanden auf der Erörterung des Gesamtproblems und damit auch der Lehre des Báñez von der Praemotio physica; im übrigen sei die Lehre Molinas nicht die des Ordens. Sie drangen mit dieser Auffassung durch, allerdings unter Protest der Dominikaner.

Der Erfolg war nur von kurzer Dauer. Als die um drei Mitglieder erweiterte Theologenkommission auf Befehl des Papstes ihre Tätigkeit wieder aufnahm, sprach sie sich wiederum mehrheitlich (9 : 2) gegen Molina aus und beanstandete 20 in seinen Werken enthaltene Sätze. Am 5. Dezember 1601 überreichte sie sämtliche Akten dem Papste, dem der Anblick der Papiermasse den Ausruf entlockte: „Euch mochte ein Jahr genügen, um dies alles zu schreiben, für mich ist aber ein Jahr nicht hinreichend, es zu lesen." [15] Schon verbreitete sich in Spanien das Gerücht, der inzwischen verstorbene Molina sei verurteilt, sein Bild verbrannt worden, da gelang es den Jesuiten durch eine am 12. Februar 1602 dem Papst überreichte Denkschrift, nochmals einen Aufschub zu erreichen: Clemens VIII. beschloß, beide Parteien selbst anzuhören und persönlich die Entscheidung zu fällen. Trotzdem stand die Sache der Jesuiten nach wie vor schlecht, weil der Papst über sie erzürnt war: im Jesuitenkolleg von Alcalá hatte man über die Frage disputiert, ob der gegenwärtig regierende Papst mit Glaubenssicherheit als der rechtmäßige Nachfolger Petri anzusehen sei! Die nunmehr vor dem Papste, den Kardinälen Arigoni und Borghese und der nochmals um vier Mitglieder verstärkten Theologenkommission veranstalteten Disputationen zwischen den beiden Ordensgenerälen und deren Theologen befaßten sich wiederum nur mit der Lehre Molinas, die mit Augustin und Cassian, aber auch mit dem Tridentinum verglichen wurde. Obwohl die Disputationen (insgesamt 68) und die anschließenden Beratungen der Kardinäle und Konsultoren fast drei Jahre (1602/05) fortgesetzt wurden, konnte der Papst zu keiner Entscheidung kommen; es bestätigte sich die Warnung Bellarmins an ihn, eine so schwierige Frage selbst entscheiden zu wollen, statt sie einem Konzil oder geschulten Theologen zu überlassen. Clemens VIII. neigte auf die Seite der Dominikaner, sein Beichtvater, Kardinal Baronius, bekannte

[15] *Pastor* XII 554.

sich zwar als Gegner Molinas, aber als Freund der Jesuiten. Beim Tode des Papstes war nichts entschieden.

Paul V. ließ sich von beiden Parteien ihren Standpunkt schriftlich in knapper Form darlegen, berief aber dann doch am 2. September 1605 die kurz zuvor von dem Jesuiten Bastida scharf angegriffene Untersuchungskommission gegen Molina von neuem ein; am 14. September 1605 wurden die Disputationen über dasselbe Schriftstück wiederaufgenommen, das zu Beginn des Jahres wegen der Erkrankung Clemens' VIII. nicht hatte zur Erörterung kommen können. Ihr Verlauf überzeugte den Papst, daß auf diesem Wege nicht weiterzukommen sei; er befahl, sich nur noch mit der Hauptfrage zu beschäftigen, wie die Wirksamkeit der Gnade auf den freien Willen zu denken sei. Damit verschob er aber wiederum den unter Clemens VIII. — wenn auch nicht konsequent — fixierten Fragepunkt, die Lehre Molinas, und gab dem ursprünglichen Verlangen der Jesuiten nach. Diese bemühten sich, die thomistische Lehre von der Praemotio physica zu widerlegen und ihre Verwandtschaft mit der kalvinistischen Gnadenlehre nachzuweisen. Nach Abschluß der Disputationen wurden die Konsultoren angewiesen, vier Fragen zu beantworten: 1. Welche Sätze über die Gnade definiert, 2. welche verurteilt werden sollten; 3. wo der Unterschied zwischen katholischen und häretischen Anschauungen liege, 4. ob darüber eine Bulle zu erlassen sei. Das Ende November 1606 erstattete Gutachten der Konsultoren kam zu dem Ergebnis, 42 Sätze Molinas seien zu zensurieren; nur ein Konsultor, der Karmelit Bovio, widerriet jede Entscheidung, weil die ganze Frage noch nicht entscheidungsreif sei. Dieser Ansicht schlossen sich auch Franz von Sales und Kardinal Duperron an, deren Rat der Papst einholte. Von den neun Kardinälen, die er am 28. August befragte, sprachen sich vier für weitere Verhandlungen aus, zwei befürworteten eine Entscheidung, gaben aber nicht an, in welchem Sinne; der Dominikanerkardinal Bernerio trat für die Verurteilung der 42 Sätze Molinas ein, die Kardinäle Bellarmin und Duperron dagegen. Unter diesen Umständen verzichtete der Papst auf die Entscheidung: die Lehre der Dominikaner unterscheide sich von der Calvins, die der Jesuiten vom Pelagianismus; eine Definition sei nicht erforderlich. Die Congregatio de auxiliis wurde aufgelöst, allen Beteiligten Stillschweigen über die Verhandlungen auferlegt. Ein Dekret der Inquisition vom 11. Dezember 1611 machte die Veröffentlichung von Schriften über die Gnadenlehre von der vorausgehenden Approbation dieser Behörde abhängig.

Mit knapper Not war Molina der Verurteilung entgangen, aber der mit ihm angeklagte Jesuitenorden hatte sich behauptet. Die größte dogmatische Kontroverse, die jemals innerhalb der katholischen Theologie über ein letztlich kaum lösbares Problem ausgebrochen war und die nicht nur die katholische, sondern auch die protestantische Welt in Atem gehalten hatte, blieb lehramtlich unentschieden und mußte es wohl bleiben, weil das

Mysterium des Zusammenwirkens der göttlichen Gnade mit dem freien Willen des Menschen der letzten Aufhellung durch die Vernunft trotzt. Der Gegensatz zwischen den beiden Schulen der Thomisten und der Molinisten hat sich erst in der Gegenwart abgeschwächt.

42. Kapitel

Der Aufschwung der positiven Theologie

ALLGEMEINE LITERATUR: Der zuverlässigste Führer ist noch immer *H. Hurter,* Nomenclator literarius theologiae catholicae III (Innsbruck ³1907); *J. Turmel,* Histoire de la théologie positive du Concile de Trente au Concile de Vaticane (Paris 1906); *P. Polman,* L'Élément historique dans la Controverse religieuse du XVIe Siècle (Gembloux 1932); *R. Snoeks,* L'argument de tradition dans la controverse eucharistique entre catholiques et réformées français au XVIIe siècle (Gembloux 1951); *V. Baroni,* La contreréforme devant la Bible (Lausanne 1943). Über Vulgatadekret und Vulgatarevision zusammenfassend: *H. Höpfl,* Compendium introductionis in Sacros utriusque Testamenti libros I (Rom ³1931) 346—367.

Patristik, Christliche Literatur- und Kirchengeschichte, Hagiographie: *J. H. Fabricius,* Bibliotheca ecclesiastica (Hamburg 1718) mit den Vorreden des Suffridus Petri (1580) und des Miraeus (1639) zu den Ausgaben der alten Literarhistoriker einschließlich Trithemius; *H. Quentin,* J. D. Mansi et les grandes collections conciliaires (Paris 1900); *C. Baronius,* Annales ecclesiastici, 12 Bde (Rom 1588—1605) (bis 1198 reichend); über den Verf.: *G. Calenzio,* La vita e gli scritti del Card. C. Baronio (Rom 1907) (trotz Benutzung des handschriftlichen Nachlasses unbefriedigend); *A. Walz,* La storiografia del Baronio e la storiografia di oggi: Angelicum 17 (1940) 88 bis 110; *A. Roncalli,* Il Card. C. Baronio (Rom 1961), mit Bibliographie von G. De Luca 47 ff. — Bibliotheca hagiographica Latina I (Breslau 1898/99), Ausgaben Lippomanis und Surius'; *P. Peeters,* L'œuvre des Bollandistes (Brüssel 1961); *A. Fabrega Grau,* El P. Pedro Gil SJ († 1622) y su colección de Vidas de Santos: Anal. S. Tarracon. 31 (1958) 5—25. Über den Herausgeber der Acta Sanctorum veteris et maioris Scotiae seu Hiberniae (Löwen 1650) siehe F. J. Colgan OFM. Essays in Commemoration of the Third Century of his Death, hrsg. von *T. O'Donell* (Dublin 1959) 7—40.

Kanonistik: Gute Zusammenstellung der Kanonisten unseres Zeitalters: *Kurtscheid* F. 278—301, doch sind die bibliographischen Angaben bei *J. F. v. Schulte,* Gesch. der Quellen von der Lit. des Canon. Rechts III (Stuttgart 1880) noch immer unentbehrlich, obwohl zuweilen lücken- und fehlerhaft. Über Azpilcueta, Antonio Agustín u. a. siehe die in den Anm. genannte Lit. Die bei *Pastor* IX 203 f nur kurz erwähnte Neubearbeitung des Corpus Iuris Canonici harrt noch genauerer Untersuchung.

Hatte schon der Humanismus den Ruf „ad fontes" erhoben und der Bibel und den Kirchenvätern erhöhte Aufmerksamkeit geschenkt, so führten die Auseinandersetzung mit dem protestantischen Lehrbegriff auf der Basis der in Trient definierten Offenbarungsquellen Schrift und Tradition sowie die Verteidigung der angegriffenen kirchlichen Institutionen zur Ausbildung der historischen Theologie[1]. Neben die zunächst führenden Völker der Ka-

[1] Der Ausdruck schon bei *A. Possevino,* Bibliotheca selecta (Rom 1593) 151.

tholischen Reform, die Spanier und Italiener, treten gegen Ende unseres Zeitraumes durch ausgezeichnete Leistungen die Franzosen.

Das Vulgatadekret des Trienter Konzils verhinderte nicht die Arbeit am hebräischen und griechischen Bibeltext. Im Auftrag Philipps II. besorgte Arias Montanus († 1598) die auf der Complutenser aufbauende „Königliche Polyglotte"[2], der Pariser Philologe Robert Estienne bearbeitete insgesamt vier von Erasmus ausgehende Ausgaben des griechischen Neuen Testamentes, deren letzte (1551) die Verseinteilung einführte. Das größte Ansehen erlangte der „Textus receptus" des Leydener Buchhändlers Elzevir (1633). Die unter Leitung des Kardinals Antonio Carafa vorbereitete Ausgabe der Septuaginta konnte 1587 in Rom erscheinen. Die verbreitetste Vulgataausgabe (bis zur Sixto-Clementina) war die oft nachgedruckte Löwener des Dominikaners Johann Henten (1547), die in der Folgezeit durch Lukas von Brügge († 1619) verbessert wurde. Über die Sixto-Clementina s. o. Kap. 38.

Der in Trient hervorgetretenen Gegenströmung zum Trotz wurde die Bibel vor allem in den vom Protestantismus bedrohten Ländern in die Volkssprachen übersetzt. Die deutschen Übersetzungen von Dietenberger und Eck waren unbefriedigend; erst die von Caspar Ulenberg[3] 1614 begonnene, aber erst nach dessen Tode von Heinrich Francken-Sierstorff (1630) vollendete hielt sich, durch Mainzer Theologen bearbeitet, bis ins 18. Jh. als „Katholische Mainzer Bibel". Die auf Jacques Lefèvre d'Étaples zurückgehende französische Bibel wurde zwar 1546 indiziert, aber, nach Revision durch Löwener Theologen, wenigstens 200mal nachgedruckt.

Hinter der Arbeit am Text blieb die Bibelerklärung nicht zurück. Während bei dem auch als Philosophen und Prediger bedeutenden Jesuiten Francisco de Toledo die exegetischen Werke nur einen Teil seiner Gesamtleistung ausmachen, wurde Juan de Maldonado († 1583)[4] durch seinen Evangelienkommentar (posthum 1596) und seine Kommentare zum Alten Testament der gefeiertste Exeget seiner Zeit; beide kamen aus der Schule von Salamanca. An Umfang der exegetischen Leistung übertraf beide Cornelius a Lapide (van Steen, † 1637)[5], der während seiner langen Lehrtätigkeit in Löwen fast alle Bücher der Heiligen Schrift kommentierte. Begründer der Einleitungswissenschaft wurde Sixtus von Siena († 1569), der nach seiner Konversion vom Judentum wegen angeblicher Häresie zum Tode verurteilt, auf Betreiben Ghislieris aber begnadigt und in den Prediger-

[2] 8 Bde (Antwerpen 1569/72). — *B. Rekers,* Benito Arias Montano 1527—1598 (Groningen 1961).

[3] *J. Solzbacher,* Kaspar Ulenberg (Münster 1948) 61—66 [= KLK 8].

[4] *Sommervogel* V 403—412.

[5] *Sommervogel* IV 1511—1526; die letzte Ausgabe in 22 Bden (Paris 1859 ff). — *G. Boss,* Die Rechtfertigungslehre in den Bibelkommentaren des Kornelius a Lapide (Münster 1962) [= KLK 20].

orden aufgenommen worden war. Seine „Bibliotheca Sancta“[6] enthielt nicht nur die bis dahin vollständigste Einleitung in die Heilige Schrift, sondern auch eine kritische Geschichte der Bibelinterpretation.

Kirchenväter und Konzilien

Die Kirchenväter, deren Kenntnis durch die erasmischen Gesamtausgaben so sehr gefördert worden war, wurden jetzt das Arsenal der Kontroverstheologie: man war gezwungen, Zeugnisse für das Alter der Messe und die Realpräsenz, für das Amtspriestertum und den päpstlichen Primat, für Zeremonien und Heiligenverehrung beizubringen. Bereits John Fisher und Hieronymus Emser hatten von ihnen Gebrauch gemacht; Cochlaeus gab zu kontroverstheologischen Zwecken Schriften Cyprians, Optatus' von Mileve, Gregors von Nazianz und Chrysostomus' heraus. Dem Konzil von Trient lieferte Guglielmo Sirleto aus vatikanischen Handschriften insbesondere griechischer Väter Beweismaterial[7]. Obwohl er fast nichts publiziert hat, ist er ein Bahnbrecher der griechischen Patristik. Im „Breviarium Pianum“ waren Athanasius, Basilius d. Große, Gregor von Nazianz und Chrysostomus erstmals als Kirchenlehrer bezeichnet. Hatten die früheren Gesamtausgaben ihre Werke meist nur in lateinischer Übersetzung geboten, so folgten sich nach der Jahrhundertwende in kurzen Abständen doppelsprachige Ausgaben[8], unter deren Bearbeitern der französische Jesuit Fronton du Duc († 1624) hervorragt. Die Basler Gesamtausgaben Augustins (von Amerbach 1506, von Erasmus 1528/29) wurden durch die Löwener (1577), die ebenfalls in Basel gedruckten Erasmusausgaben des Hieronymus (1516/20) und Ambrosius (1527) durch römische Ausgaben (Hieronymus 1565/72, Ambrosius 1579/87) ersetzt. Etwa gleichzeitig gab der Sorbonnist Marguerin de la Bigne († 1589) in seiner „Bibliotheca Sanctorum Patrum“ Schriften von mehr als 200 Autoren des Altertums und des Mittelalters heraus, um Material für die Widerlegung der Magdeburger Centuriatoren bereitzustellen[9]. Die Echtheit der „Apostolischen Canones“ und der pseudo-isidorischen Papstbriefe wurde von dem Spanier Franciscus Torres († 1584) gegen die Magdeburger verteidigt und erst durch den Kalvinisten Blondel in der Schrift „Pseudo-Isidorus et Turrianus vapulantes“ (1628) zurückgewiesen. Die von demselben Torres im Jahre 1563 erstmals herausgegebenen „Apo-

[6] 2 Bde (Venedig 1566); beste Ausgabe von *Th. Milante* (Neapel 1742); *J. W. Montgomery*, Sixtus of Siena and Roman-Catholic Scholarship in the Reformation Period: ARG 54 (1964) 214—234.

[7] Auszüge für 1545/47: CT X 929—955; vgl. *S. Merkle*, Ein patristischer Gewährsmann des Tridentinums: Festgabe A. Ehrhard (Bonn 1922) 342—358.

[8] Athanasius: Heidelberg 1601; Basilius: Paris 1618 (ihr war eine griechische Ausgabe [Basel 1532] vorausgegangen); Gregor von Nazianz: Paris 1609/11; Gregor von Nyssa: Paris 1615; Epiphanius von Salamis: Paris 1622 (von Petavius); Chrysostomus: Paris 1609/33 (von Fronton du Duc).

[9] 9 Bde (Paris 1575/89).

stolischen Konstitutionen", in noch höherem Grade die Studien des Augustinereremiten Onofrio Panvinio († 1564) über die römischen Stationskirchen, Titelkirchen und Diakonien, den Ursprung des Kardinalskollegiums und die Ikonographie der Päpste „entzündeten die Flamme der christlichen Altertumswissenschaft" (De Rossi), die in der Wiederentdeckung der Katakomben gipfelte.

Zwar waren einzelne Katakomben auch während des Mittelalters zugänglich gewesen und von Pilgern besucht worden (z. B. S. Sebastiano, S. Pancrazio, S. Callisto). Aber die Bahn gebrochen für ihre Erforschung hat doch erst die von Filippo Neri entfachte religiöse Verehrung für die Kirche der Martyrer. Im Sommer 1578 wurde durch Zufall die bis dahin gänzlich unbekannte Katakombe der Jordanier an der Via Salaria entdeckt, die man anfangs für die Priscilla-Katakombe hielt. Ihre Malereien und Inschriften wurden durch Alphons Chacon, Philipp de Vinghe und Johannes Makarios aufgenommen, die systematische Erforschung der alten und der neuentdeckten Katakomben begann seit 1593 Antonio Bosio († 1629), von dessen großangelegter „Roma sotterranea" allerdings nur ein Teil posthum (1632) erschien[10]. Das neuerwachte Interesse für das christliche Altertum wurde durch glückliche Funde (wie die Entdeckung der wohlerhaltenen Reliquien der hl. Cäcilia durch Kardinal Sfondrato 1599) weiter angefacht.

Der Kampf um das Konzil hatte die ersten Gesamtausgaben der älteren Konzilien von Merlin (1524) und Crabbe (1538) hervorgebracht. Sie wurden in der Folgezeit stetig erweitert: die zweite, von Crabbe besorgte Ausgabe (1551) umfaßte drei, die folgende des Kartäusers Surius (1567) vier Bände; der Kölner Kanonikus Bini vermehrte sie 1606 auf fünf. Alle diese Ausgaben wurden weit überflügelt durch die von Sixtus V. veranlaßte, aber erst unter Paul V. abgeschlossene römische Ausgabe in vier Bänden (1608/12), die nicht nur bessere, sondern erstmals auch griechische Texte enthielt[11]. Im weiteren Verlauf des 17. Jh. errangen auf diesem Gebiete die Franzosen die Führung. Ein vielgebrauchtes und oft aufgelegtes Kompendium der Konziliengeschichte schrieb Bartolomé Carranza[12].

Um den Überblick über die im Laufe des 16. Jh. vor allem durch die zahlreichen Quellenpublikationen stark angeschwollene christliche Literatur zu

[10] *A. Ferrua,* Le tre Rome sotterranee: CivCatt 1938 II 399—412; *C. Marcora,* Il Card. Federigo Borromeo e l'archeologia cristiana: Mélanges E. Tisserant V (Città del Vaticano 1964) 115—154.

[11] *St. Kuttner,* L'édition Romaine des Conciles généraux et les actes du premier Concile de Lyon (Rom 1940) [= Misc. Hist. Pont. III 5]; *Cl. Leonardi,* Per la storia dell'edizione romana dei Concili ecumenici 1608/12: Mélanges E. Tisserant VI (Città del Vaticano 1964) 583—637; *V. Peri,* Due protagonisti dell'editio romana dei Concili ecumenici: P. Morin ed A. d'Aquino: ebd. VII 131—232; über die Bedeutung der Ausgabe für die Zählung *ders.:* Aevum 37 (1963) 430—501.

[12] Summa conciliorum et pontificum (Venedig 1546), oft nachgedruckt. Über den Verfasser siehe Kap. 41, Anm. 2.

erleichtern, verfaßte der Augustinereremit Angelo Rocca († 1620) zunächst für den eigenen Gebrauch eine „Epitome“, die er 1594 mit einer Widmung an Clemens VIII. veröffentlichte[13]. Sie enthielt, allerdings noch nicht in chronologischer Ordnung, eine Übersicht über Bibelausgaben und Bibelerklärer, über die Werke der großen lateinischen und griechischen Kirchenväter, aber auch der großen Scholastiker und einiger ausgewählter Schriftsteller der jüngsten Zeit. Ähnlichen Ursprungs, aber weit übersichtlicher, weil chronologisch angelegt, war Bellarmins Büchlein über die kirchlichen Schriftsteller, das 1613 erschien[14]. Viel umfangreicher als beide war der alphabetisch angelegte „Apparatus sacer“ Possevinos, dem ein Bibliotheksführer beigegeben war[15]. Die alten Schriftstellerkataloge des Hieronymus, Gennadius, Sigebert von Gembloux u. a. waren bereits durch den Friesen Suffridus Petri († 1597) neu herausgegeben worden (1580); der belgische Historiker Miraeus (Le Mire, † 1640), dem wir auch mehrere Werke zur kirchlichen Statistik verdanken, führte den letzten mittelalterlichen Schriftstellerkatalog des Johannes Trithemius durch zwei Anhänge weiter, von denen der eine noch zu seinen Lebzeiten (1639), der zweite, umfangreichere nach seinem Tode erschien (1649)[16].

Kirchengeschichte

Noch weit größer als diese Fortschritte der christlichen Literaturgeschichte waren die der Kirchengeschichte, die, im wahren Wortsinn erst jetzt wieder neu begründet, sofort mit einer Großleistung hervortrat. Schon der „Catalogus testium veritatis“ (1556), vor allem aber die als „Centurien“ bekannte Kirchengeschichte des Matthias Flacius Illyricus und seiner Mitarbeiter[17], die sich zum Ziel setzte, integram ecclesiae Christi ideam zu vermitteln, in Wahrheit eine mit großer Gelehrsamkeit verfaßte historische Apologie des orthodoxen Luthertums war, hatten Gegenschriften von Conrad Braun, Petrus Canisius, Gilbert Génébrard[18] hervorgerufen, deren wissenschaft-

[13] Bibliothecae theologicae et scripturalis epitome sive index (Rom 1594).

[14] De scriptoribus ecclesiasticis (Rom 1613). Der 1569—1576 in Löwen verfaßte erste Entwurf: *Le Bachelet,* Auctarium Bellarminianum 339—357.

[15] 3 Bde (Venedig 1606).

[16] Notitia episcopatuum orbis christiani (Antwerpen 1613); Politia ecclesiastica (Köln 1609), über die Missionsgebiete; Geographia ecclesiastica (Lyon 1620).

[17] Ecclesiastica historia ... secundum singulas centurias, 1559—1574; Hauptmitarbeiter *J. Wigand* und *M. Judex.* — *W. Preger,* M. Flacius Illyricus und seine Zeit, 2 Bde (Erlangen 1859/61); *L. Haikola,* Gesetz und Evangelium bei M. Fl. Ill. (Lund 1952); *P. Polman:* RHE 27 (1931) 27—73.

[18] *C. Braun,* Liber adversus Centurias Magdeburgenses (Dillingen 1565); *P. Canisius,* De verbi Dei corruptelis (Dillingen 1571); *ders.,* De Maria Virgine incomparabili Dei genitrice (Ingolstadt 1577); *G. Génébrard,* Chronographiae libri IV contra Centuriatores Magdeburgenses (Paris 1580).

liches Rüstzeug der Aufgabe jedoch nicht genügte. Erst der Oratorianer Caesar Baronius (1538—1607) lieferte in seinen „Annales ecclesiastici" die entsprechende Antwort. Die Annalen wuchsen aus Vorträgen hervor, die Baronius seit 1558 auf Wunsch Filippo Neris im Römischen Oratorium gehalten hatte. Nachdem er den Kursus siebenmal wiederholt und, sich stetig verbessernd, umfangreiches Material „vor allem gegen die heutigen Neuerer zur Verteidigung des Alters der heiligen Traditionen und der Gewalt der Römischen Kirche"[19] gesammelt hatte, bestimmte ihn Neri, „auf das unendlich weite Meer hinauszusteuern" und die Ausarbeitung einer quellenmäßig fundierten Kirchengeschichte zu beginnen, die trotz ihres annalistischen Aufbaues und der zugrunde liegenden apologetischen Tendenz von aufrichtigem Streben nach Wahrheit getragen ist[20]. In unermüdlicher Arbeit führte der stets bescheidene, aber charakterfeste Gelehrte, der 1596 den Purpur erhielt, sein Werk in 12 Bänden bis 1198. Die Gegenschrift des Kalvinisten Isaac Casaubonus (1614) verhinderte nicht, daß die Annalen und ihre späteren Fortsetzungen (insbesondere von Raynald und Laderchi) auf lange Zeit, ja bis in die Gegenwart ein Standardwerk der Kirchengeschichte blieben[20a].

Wie die Magdeburger „Centurien" ungewollt zur Entwicklung der allgemeinen Kirchengeschichte beitrugen, so die von dem Serviten Paolo Sarpi verfaßte Geschichte des Trienter Konzils der Erforschung dieses für das ganze Zeitalter grundlegenden Ereignisses[21]. Sarpis scheinbar nüchterne und objektive Darstellung war in Wirklichkeit ein einziger Angriff auf das nachtridentinische Papsttum; Lücken in seinen Quellen hatte er nicht selten durch Kombinationen ausgefüllt. Die von Urban VIII. zur Widerlegung in Aussicht genommenen Schriftsteller waren teils ungeeignet, oder sie ertranken im Material, wie der Jesuit Terenzio Alciati († 1651). Erst dessen Ordensgenossen Sforza Pallavicino († 1667) gelang es, unter Benutzung des reichen, von seinem Vorgänger aufgehäuften, von ihm selbst aber noch er-

[19] Widmungsbrief an Sixtus V: *praesertim contra novatores nostri temporis, pro sacrarum traditionum antiquitate ac S. Romanae Ecclesiae potestate.*

[20] Ebd.: *cum nihil periculosius sit in historia, quam cuivis scribenti de quacumque re fidem habere.*

[20a] Dieses Urteil gilt *nicht* für den ersten Fortsetzer des Baronius, den Dominikaner Abraham Bzovius, dessen höchst einseitige Behandlung Ludwigs des Bayern zu einem Konflikt mit Bayern führte. *A. Kraus,* Die Annales ecclesiastici des A. Bzovius u. Maximilian I. von Bayern: Reformata reformanda II 253—303.

[21] *Jedin,* Überblick 83—93 wird durch *G. Cozzi,* Fra P. Sarpi, l'Anglicanesimo e la Historia del Concilio Tridentino: RSIt 68 (1956) 559—619, dahin korrigiert, daß die Veröffentlichung des Werkes mit Wissen und Willen Sarpis und mit kalvinistischer Tendenz erfolgte, das Manuskript erst während des Druckes faszikelweise (a puntate) geliefert wurde. Über den bisher als Vermittler bezeichneten M. A. de Dominis, abgefallenen Erzbischof von Spalato, und seine Kirchentheorie vgl. *D. Cantimori,* Su M. A. de Dominis: ARG 49 (1958) 245—258; *ders.,* L'utopia ecclesiologica di M. A. de Dominis: Problemi di vita religiosa in Italia nel Cinquecento (Padua 1960) 103—122.

heblich vermehrten Quellenmaterials die bis ins 19. Jh. auf katholischer Seite maßgebende Darstellung der Geschichte des Konzils zu liefern, die jedoch nach dem eigenen Eingeständnis ihres Verfassers eine historische Apologie sein wollte und war[22].

Der protestantischen Verwerfung der Heiligenverehrung traten die Hagiographen Lippomani und Surius durch ihre Sammlungen von Heiligenleben entgegen. Die „Vitae sanctorum priscorum Patrum“ Luigi Lippomanis († 1559 als Bischof von Bergamo) enthielten u. a. die erste Übersetzung der byzantinischen Heiligenleben des Simon Metaphrastes und Johannes Moschus[23]; der Franzose Hervet und Sirleto hatten mitgearbeitet. Der als Herausgeber der Konzilien, aber auch durch eine Zeitgeschichte und durch Übersetzungen der Werke Seuses, Taulers und Ruysbroeks verdiente Kartäuser Laurentius Surius († 1578) übernahm von Lippomani ein Drittel des Materials (vor allem Metaphrastes), ging aber oft auf die ursprünglichen, auch handschriftliche Quellen zurück; der gegen ihn erhobene Vorwurf, eigenmächtig verschiedene Heiligenviten bzw. deren Rezensionen kontaminiert zu haben, läßt sich nur für wenige Fälle erhärten, doch hat er häufig im Ausdruck geändert und Stellen, die bei katholischen Lesern Anstoß erregen konnten, unterdrückt[24]. Diese Mängel wurden in der dritten Ausgabe (1618) zum Teil beseitigt. Surius' Werk war der bedeutendste Vorläufer der „Acta Sanctorum“, deren Plan der Jesuit Heribert Rosweyde 1607 entwickelte und deren erste Bände 1643 erschienen. Das von Kardinal Sirleto unter Mitarbeit des Baronius im Auftrage Gregors XIII. zusammengestellte „Martyrologium Romanum“ wurde 1584 für den liturgischen Gebrauch vorgeschrieben[25].

Wie in der Hagiographie, so tritt auch auf anderen Gebieten der historischen Theologie die apologetische Tendenz allmählich zurück, die historisch-kritische Methode bricht sich Bahn. Der Jesuit Dionysius Petavius (1593 bis 1652)[26] wandte sich in seinen mit historischem Material gesättigten Schriften über das besondere Priestertum (1639) und über die kirchliche Hierarchie (1643) gegen Grotius und Salmasius, auch schon gegen die Jansenisten; sein Hauptwerk „Dogmata theologica“ gilt als Begründung der Dogmengeschichte, seine „Doctrina temporum“ ist die erste wissenschaftliche Chronologie und eröffnet die lange Reihe französischer Beiträge zur Ausbildung der historischen Hilfswissenschaften und der historischen Methode, die in Mabillon und Montfaucon gipfeln.

[22] *H. Jedin,* Der Quellenapparat der Konzilsgeschichte Pallavicinos (Rom 1940).

[23] Bd I—V (Venedig 1551/56); VI—VIII (Rom 1558/60); eine gekürzte Ausgabe in 2 Bden: Löwen 1564.

[24] De probatis sanctorum historiis, 6 Bde (Köln 1570/75); 2. Ausgabe ebd. 1576/81. — *P. Holt,* Die Sammlung von Heiligenleben des Laurentius Surius: NA 44 (1922) 341—364.

[25] *H. Lämmer,* De Martyrologio Romano (Regensburg 1878).

[26] Dogmata theologica, 4 Bde (Paris 1644/50); Doctrina temporum, 2 Bde (Paris 1627).

Kanonistik

Ein Zug zum Positiv-Historischen macht sich endlich auch in der Kanonistik bemerkbar. Von dem spanischen Dreigestirn waren Martín de Azpilcueta († 1586) und sein Schüler Didacus de Covarruvias († 1577 als Bischof von Segovia) Systematiker[27]; der erstgenannte, „Doctor Navarrus" genannt, war nach langer Lehrtätigkeit in Salamanca und Coimbra nach Rom übersiedelt und galt dort seit Pius V. als Orakel auch in moraltheologischen Schwierigkeiten. Antonio Agustín dagegen († 1586 als Erzbischof von Tarragona), in Alcalá und Salamanca ausgebildet, wandte während seines Aufenthalts in Italien unter dem Einfluß des Juristen Andreas Alciati die historisch-kritische Methode zuerst auf das römische, dann auch auf das kanonische Recht an. Seine auf Vorarbeiten über die alten Dekretalensammlungen beruhende Textkritik des Gratianischen Dekrets wies in der von Gregor XIII. veranlaßten Neuausgabe (1582) zahlreiche Irrtümer nach. Unter den italienischen Kanonisten ragte durch seine ausgebreitete Kenntnis der Gesetze wie auch der kanonistischen Literatur Augustin Barbosa († 1649) hervor. Der wachsende Einfluß der Kanonistik auf die Moralkasuistik wird deutlich erkennbar bei dem Jesuiten Paul Laymann († 1635). Die Neubegründer des Gallikanismus, Pierre Pithou († 1596) und Edmund Richer († 1631), gehören zwar noch dieser Periode an, können aber nur im Rahmen der kirchenpolitischen und ekklesiologischen Entwicklung Frankreichs im 17. Jh. gewürdigt werden.

Der Aufschwung der historischen Theologie führte auf katholischer Seite noch nicht zur Einführung der Kirchengeschichte in den theologischen Lehrplan. Während an den meisten protestantischen Universitäten die — noch heilsgeschichtlich betrachtete — Universalgeschichte, ja auch schon die Kirchengeschichte Lehrfach wurden, verschwanden die an einigen katholischen Universitäten vorhandenen Ansätze zu einem akademischen Geschichtsunterricht, aus dem sich der kirchengeschichtliche hätte entwickeln können, unter dem Einfluß der den Unterricht beherrschenden Ratio studiorum der Gesellschaft Jesu[28]. Der Plan des Jesuitengenerals Acquaviva, eine Art kirchengeschichtliche Akademie zu gründen, blieb unausgeführt[29].

[27] *F. Merzbacher,* Azpilcueta und Covarruvias. Zur Gewaltendoktrin der spanischen Kanonistik im Goldenen Zeitalter: ZSavRGkan 46 (1960) 317—344, dort 318 ff vollständiges Literaturverzeichnis über diese beiden Kanonisten; *ders.*, Kard. Juan de Lugo als Rechtsdenker: Spanische Forschungen 19 (1962) 269—280; *Martín de Azpilcueta,* Comentario resolutorio de cambios, hrsg. von *A. Ullastres - J. M. Pérez Prendes - L. Pereña* (Madrid 1965) [= Corpus Hispanorum de Pace IV].

[28] *E. C. Scherer,* Geschichte und Kirchengeschichte an den deutschen Universitäten (Freiburg 1927) 52—131.

[29] *P. de Leturia,* L'Insegnamento della storia ecclesiastica nella Roma dell'Umanesimo e del Barocco: CivCatt 1945 IV 393—402.

Mit dem Aufstieg der positiven Theologie hing zusammen die Entstehung leistungsfähiger Druckereien und gutausgestatteter kirchlicher Bibliotheken. Von den Zentren des Buchdrucks war Basel, wo die Erasmusausgaben des Neuen Testaments und zahlreicher Kirchenväter erschienen waren, protestantisch geworden, Paris und Lyon waren durch die Hugenottenkriege in ihrer Aktivität stark behindert. Jetzt trat neben Venedig das Rom der Katholischen Reform als Druckort vieler hervorragender Werke. Pius IV. berief 1561 den venezianischen Drucker und Philologen Paulus Manutius nach Rom[30] in der ausgesprochenen Absicht, in ihm einen leistungsfähigen Drucker und Verleger zu finden; Sixtus V. gründete 1587 die Vatikanische Druckerei, die u. a. die „Annalen“ des Baronius und die „Römische Konziliensammlung“ herausbrachte; die 1626 gegründete Druckerei der Propaganda fidei besaß außer lateinischen und griechischen auch arabische und armenische Typen[31]. In Antwerpen kam die Familie Plantin durch den Druck tridentinischer Breviere zu Wohlstand[32]. Die Quentelschen Erben, (Gerwin Calenius), Johann Birckmann und Maternus Cholinus druckten in Köln zahlreiche katholische Werke[33], im Süden Deutschlands war Ingolstadt durch die Offizinen Weissenhorn und Eder der wichtigste Druckort. Von dem Dillinger Drucker Sebald Mayer sind aus den Jahren 1550/76 465 Drucke bekannt; seit 1620 besaß das Dillinger Jesuitenkolleg eine eigene Druckerei[34]. Die Übersicht über die Neuerscheinungen wurde seit 1564 durch die Frankfurter Meßkataloge erleichtert, die am Vorabend des Dreißigjährigen Krieges über 1500 Neuerscheinungen im Jahr registrierten; zeitweise traten an deren Seite — als Gegenstück gegen den Index verbotener Bücher — Indices katholischer Bücher, die auf Veranlassung der Jesuiten zusammengestellt waren[35].

Die Ratio studiorum ordnete für jedes Kolleg die Aufstellung eines Bibliotheksetats an, weil die Patres sonst „waffenlose Soldaten“ wären; Canisius

[30] *F. Barberi*, P. Manuzio e la stamperia del Popolo romano (Rom 1942); *A. M. Giorgetti Vichi*, Annali della stamperia del Popolo romano 1570/98 (Rom 1959).

[31] *Pastor* X 420 f, XIII 743.

[32] *R. M. Kingdom*, The Plantin Breviaries: Bibliothèque d'Humanisme et de Renaissance 22 (1960) 133—150.

[33] *H. Schrörs*, Der Kölner Buchdrucker Maternus Cholinus: AHVNrh 85 (1908) 147 bis 165. — Über den mit Cochlaeus verwandten Drucker Franz Behem, der zwischen 1540 und 1580 in Mainz Werke von Cochlaeus, Witzel, Braun, Hosius u. a. druckte, vgl. S. *Widmann*, Eine Mainzer Presse der Reformationszeit im Dienste der kath. Literatur (Paderborn 1889).

[34] *D. Bucher*, Bibliographie der deutschen Drucke des XVI. Jh., I: Dillingen (Bad Bocklet-Wien 1960) verzeichnet 796 Druckwerke der Dillinger Offizin.

[35] Vgl. auch *W. Brückner*, Die Gegenreformation im politischen Kampf um die Frankfurter Buchmessen: Archiv für Frankfurts Gesch. und Kunst 48 (1962) 67—86.

konnte sich ein Kolleg eher ohne Kirche als ohne Bibliothek denken[36]. Die Bedeutung der Bibliotheken wurde auch in Rom klar erkannt. Die Vatikanische Bibliothek erlebte unter Cervini, dem ersten Kardinalbibliothekar, und seinen Nachfolgern Sirleto, Antonio Carafa und Baronius einen großartigen Aufschwung[37]. Sixtus V. errichtete für sie den noch heute benutzten Neubau, der zwar den Belvederehof Bramantes zerschnitt, aber architektonisch die Reihe der italienischen Saalbibliotheken eröffnete. Ihre Handschriften- und Bücherbestände wurden 1623 durch die von Kurfürst Maximilian von Bayern dem Papste geschenkte Heidelberger Palatina bereichert. Angelo Rocca begründete die nach ihm benannte Biblioteca Angelica als öffentlich zugängliche Bibliothek; die von Kardinal Francesco Barberini angelegte Bücher- und Handschriftensammlung wurde unter Leitung des Lucas Holstenius (seit 1636) nächst der Vatikanischen die reichste aller römischen Bibliotheken. In Mailand gründete Kardinal Federigo Borromeo 1602 die Ambrosianische Bibliothek. Im Jahre 1669 zählte man in Italien 80, in den Niederlanden 50, in Frankreich 27, in Deutschland 23, in England 11 Bibliotheken[38].

43. Kapitel

Geistliches Leben, Volksfrömmigkeit und Kunst

LITERATUR: Aszese und Mystik: *M.-J. Dagens,* Bibliographie chronologique de la littérature de spiritualité et de ses sources 1501—1610 (Paris 1952). Für Portugal ein Überblick bei *I. S. Da Silva Dias,* Correntes do sentimento religioso em Portugal, 2 Bde (Coimbra 1960).

Spanien: DSAM IV (1961) 1127—1178; *C. M. Abád,* Ascetas y místicos españoles del siglo de oro: MCom 10 (1948) 27—127; *E. Allison Peers,* Studies of the Spanish Mystics (London ²1951); *J. Chuzeville,* Les mystiques espagnols (Paris 1952); *P. Groult,* Les mystiques des Pays-Bas et la littérature espagnole du XVIe siècle (Löwen 1927); *J. Sanctis Adventosa,* La escuela mística Alemana y sus relaciones con místicos del siglo de oro (Madrid 1946); *D. Gutiérrez,* Ascéticos y místicos agustinos de España, Portugal y Hispano-América: S. Augustinus spiritualis vitae Magister II (Rom 1959) 147—238 (reiche Literaturangaben); *J. Monasterio,* Místicos agustinos españoles, 2 Bde (El Escorial 1929). Zahlreiche Texte in den Espirituales españoles, hrsg. von *P. Sáinz Rodríguez* u. *L. Sala Balust* bis 1962: 8 Bde (Barcelona 1959 ff).

Karmelitermystik: Teresa de Ávila, Obras, hrsg. von *Silverius a S. Teresa,* 9 Bde (Burgos 1915/24), Volksausgabe in einem Bd (Madrid ⁶1948); sämtl. Schriften, dtsch. von

[36] *O. Braunsberger,* Ein Freund der Bibliotheken und ihrer Handschriften: Miscellanea F. Ehrle V (Rom 1924) 455—472.

[37] *P. Batiffol,* La Vaticane de Paul III à Paul V (Paris 1890); *Pastor* X 484 ff, XIII 186 ff; *P. Petitmengin,* Recherches sur l'organisation de la Bibliothèque Vaticane à l'époque des Ranaldi 1547—1645: MAH 75 (1963) 561—628.

[38] *J. W. Montgomery,* A Seventeenth-Century View of European Libraries (Berkeley - Los Angeles 1962). Für Spanien gibt einen Überblick: *A. Schott,* Hispaniae bibliothecae seu de academiis ac bibliothecis, 3 Teile (Frankfurt 1608).

Aloysius ab Immaculata Conceptione, 6 Bde (München 1933/41, 2. Aufl. 1952ff); umfassendste Biographie: *Silverio de S. Teresa,* Historia del Carmelo descalzo en España, Portugal y América I—IV (Burgos 1935/36); *E. A. Peers,* A Handbook to the Life and Times of St. Theresa and St. John of the Cross (London 1954); *M. Auclair,* Das Leben der hl. Teresa von Avila, dtsch. von O. v. Nostitz (Zürich 1953); *H. Flasche,* Syntaktische Untersuchungen zu Santa Teresa de Jesús: Spanische Forschungen 15 (1960) 151—174; *A. Vermeulen,* Ste. Thérèse en France au XVIIe siècle (Löwen 1958); *O. Leroy,* Ste. Thérèse d'Ávila. Biographie spirituelle (Paris 1962). Weitere Lit.: LThK X; S. Juan de la Cruz, Obras, hrsg. von *J. Vicente de la Eucaristia* (Madrid 1957); Sämtliche Werke, dtsch. von *Aloysius ab Immaculata Conceptione* und *Ambrosius a S. Theresia,* 5 Bde (München 1952ff); *A. Winklhofer,* Die Gnadenlehre in der Mystik des hl. Joh. vom Kreuz (Freiburg 1936); *H. Sanson,* St. Jean de la Croix entre Bossuet et Fénelon (Paris 1953); *E. Schering,* Mystik und Tat. Th. von Jesus, Joh. vom Kreuz und die Selbstbehauptung der Mystik (München - Basel 1959).

Italien: *G. Getto,* La letteratura ascetica e mistica in Italia nell'età del Concilio Tridentino: Contributi alla Storia del Concilio di Trento e della Controriforma (Florenz 1948) 51—77, dazu *P. de Leturia:* CivCatt 1949 II 82—98; *A. Saba,* Federico Borromeo e i mistici del suo tempo (Florenz 1933).

Frankreich: *H. Brémond,* Histoire littéraire du sentiment religieux en France depuis la fin des guerres de religion, 11 Bde (Paris 1916/33), Hauptwerk für unsere Epoche: I—III; *L. Cognet,* De la dévotion moderne à la Spiritualité française (Paris 1958); *ders.,* La Spiritualité française au XVIIe siècle (Paris 1949). Franz von Sales, Œuvres, 26 Bde (Annecy 1892—1932); Biogr. von *F. Trochu,* 2 Bde (Lyon - Paris 1946), *H. Waach* (Eichstätt 1955); *H. Lemaire* (Paris 1963); *A. Liuima,* Aux sources du Traité de l'Amour de Dieu de F. d. S., 2 Bde (Rom 1959/60); *M. de la Bedoyère,* F. de Sales (London 1960). Pierre Bérulle, Correspondance, hrsg. von *J. Dagens,* 3 Bde (Paris 1937/39); *L. Molien,* Le card. de Bérulle, 2 Bde (Paris 1947); *J. Dagens,* Bérulle et les origines de la restauration catholique 1575—1611 (Brügge 1952); *J. Orcibal,* Les œuvres de pitié du Card. Bérulle: RHE 57 (1962) 813—862.

Glaubensverkündigung, Sakramente und Volksfrömmigkeit: *E. W. Zeeden,* Aspekte der katholischen Frömmigkeit in Deutschland im 16. Jh.: Reformata reformanda II (1965) 1—18, mit reichen Literaturangaben. *Bonaventura von Mehr,* De historica praedicationis, praesertim in ordine Min. Cap. scientifica pervestigatione: CollFr 11 (1941) 373—422, 12 (1942) 5—40; *A. Valerius,* De rhetorica ecclesiastica (Venedig 1574); *F. Borromaeus,* De sacris nostrorum temporum praedicatoribus (Mailand 1632); *J. M. Connots,* Homiletic Theory in the Late 16th Century: AER 138 (1958) 316—332; *B. Fischer,* Predigtgrundsätze des hl. Karl Borromäus: TThZ 61 (1952) 213—221; *Bonaventura von Mehr,* Das Predigtwesen in der kölnischen und rheinischen Kapuzinerprovinz im 17. und 18. Jh. (Rom 1945); *A. L. Veit - L. Lenhart,* Kirche und Volksfrömmigkeit im Zeitalter des Barock (Freiburg 1958); *G. Schreiber,* Der Barock und das Tridentinum: *Schreiber* I 381 bis 425; *St. Beissel,* Geschichte der Verehrung Mariens im 16. und 17. Jh. (Freiburg 1910); *H. Aurenhammer,* Die Mariengnadenbilder Wiens und Niederösterreichs in der Barockzeit (Wien 1956); *C. Flachaire,* La dévotion à la Vierge dans la littérature catholique au commencement du XVIIe (Paris 1950); *M. Petrocchi,* La devozione alla Vergine negli scritti di pietà del Cinquecento italiano: Problemi di vita religiosa in Italia (Padua 1960) 281—287; *W. Keller,* Die Wallfahrt in den Schwyzer Ratsprotokollen des 16. und 17. Jh.: ZSKG 55 (1961) 35—65 (Wallfahrt nach Einsiedeln).

Kunst: *Ch. de Job,* L'influence du Concile de Trente sur la littérature et les Beaux-Arts chez les peuples catholiques (Paris 1884); *G. Schnürer,* Katholische Kirche und Kultur in der Barockzeit (Paderborn 1937); *F. Würtenberger,* Der Manierismus (Wien 1962); kirchengeschichtlich unbefriedigend: *B. Croce,* Der Begriff des Barock. Die Gegenreformation (Zürich 1925); *C. J. Friedrich,* Das Zeitalter des Barock (Stuttgart 1954). —

Trattati d'arte del Cinquecento fra manierismo e controriforma, hrsg. von *P. Barocchi,* 2 Bde (Bari 1960/61); *E. Kirschbaum,* L'influsso del Concilio di Trento nell'arte: Gr 26 (1945) 100—116; *E. Mâle,* L'art religieuse après le Concile de Trente (Paris ²1951); *B. Knipping,* De iconographie van de Contra-Reformatie in de Nederlanden, 2 Bde (Hilversum 1939/40); *E. M. Vetter,* Der Verlorene Sohn und die Sünder im Jahrhundert des Konzils von Trient: Ges. Aufsätze zur Kulturgesch. Spaniens 15 (1960) 175—218; *P. Prodi,* Ricerche sulla teoria delle arti figurativa nella riforma cattolica: Archivio per la storia della pietà 4 (1962) 121—212.

Musik: *K. Weinmann,* Das Konzil von Trient und die Kirchenmusik (Regensburg 1919); *K. G. Fellerer,* Palestrina (Regensburg 1930); *ders.,* Das Kölner Provinzialkonzil von 1536 und die Kirchenmusik: Festschrift G. Kallen (Bonn 1957) 327—336; *O. Ursprung,* Palestrina und die tridentinische Reform der Kirchenmusik: Monatshefte für kath. Kirchenmusik 10 (1928) 210—219; *K. Jeppesen,* Marzellusprobleme: Acta musicologica 16/17 (1946) 11—38; *H. W. Frey,* Die Diarien der Sixtinischen Kapelle in Rom 1560/61 (Düsseldorf 1959); *W. Boetticher,* Orlando di Lasso und seine Zeit (Kassel 1958); *R. Molitor,* Die nachtridentinische Choralreform zu Rom, 2 Bde (Leipzig 1901/02).

Literatur: *P. Hankamer,* Deutsche Gegenreformation und deutsches Barock (Stuttgart 1935); *H. Kindermann,* Theatergeschichte Europas III (Salzburg 1959) 440—484 679 ff; *G. Müller,* Das Jesuitendrama in den Ländern deutscher Zunge, 2 Bde (Augsburg 1930); *K. Adel,* Das Jesuitendrama in Österreich (Wien 1957); *C. M. Haas,* Das Theater der Jesuiten in Ingolstadt (Emsdetten 1958).

In die Brunnenstube der kirchlichen Erneuerung führt die asketische und mystische Literatur, deren sachlicher und personeller Zusammenhang mit der erneuerten Theologie deren Lebensnähe sichtbar macht. Als ihr Ziel bezeichnete Luis de León: „Die gesunde Lehre darlegen, die die Seelen erweckt und sie auf den Weg der Tugend führt." Auch sie geht von *Spanien* aus und erreicht dort in der Karmelitermystik ihren Höhepunkt. Bis etwa zur Jahrhundertmitte begnügt man sich mit Anleitungen zum innerlichen Leben und Gebet und zum Tugendleben. Die Polemik des Erasmus gegen die Veräußerlichung der Frömmigkeit und gewisse Mißstände in Kult und Volksfrömmigkeit tritt hinter seinen positiven Anregungen zurück: noch 1546 wird sein „Modus orandi" ins Spanische übersetzt, Ludwig von Granada benutzt die Lebensregeln des „Enchiridion"[1]. Der Dominikaner Juan de la Cruz (nicht zu verwechseln mit dem Karmeliten) verteidigt in seinem „Diálogo" (1555) das mündliche Gebet und die Zeremonien. Der Einfluß Savonarolas, unter dem die spanische Dominikanerreform steht, macht sich im „Führer zum Himmel" („Guía del cielo", verfaßt 1527) des Dominikaners Pablo de León, aber auch noch in den am meisten verbreiteten asketischen Büchern der Katholischen Reform, im „Libro de la oración y meditación" und im „Guía de pecadores" des Ludwig von Granada († 1588) bemerkbar, dessen eigentliches Vorbild sein Seelenführer Juan de Ávila

[1] Gegen die Überschätzung des erasmischen Einflusses auf die spanische Frömmigkeit in der französischen Originalausgabe Battaillons (1937) wandte sich *V. Beltrán de Heredia,* Las corrientes de espiritualidad entre los Domínicos de Castilla (Salamanca 1941); die spanische Ausgabe Battaillons (1950) berücksichtigt z. T. diese Einwände.

(† 1569), der „Apostel Andalusiens", war[2]. Erst im letzten Abschnitt seines Lebens, als er infolge Überanstrengung in Predigt und Seelsorge körperlich gebrochen war, übergab dieser die für Doña Sancha Carillo bestimmte Anleitung zum geistlichen Leben „Audifilia" (1557) dem Druck und zog sich auf die Seelenführung zurück, aus der seine geistlichen Briefe hervorgegangen sind[3]. Der portugiesische Dominikaner Bartholomaeus a Martyribus († 1590 als Erzbischof von Braga) zeichnete in seinem auf Wunsch Borromeos verfaßten „Stimulus pastorum" (1567) das Bischofsideal der tridentinischen Reform: das Ideal des Guten Hirten, das wie sein „Compendium doctrinae spiritualis" (1582) großenteils aus der Bibel und den Kirchenvätern geschöpft ist[4].

Die Franziskanerschule hatte schon in Francisco de Osuna († 1540 oder 1541) einen hervorragenden Lehrer des geistlichen Lebens hervorgebracht, dessen „Abecedario espiritual" (6 Tle, 1527/54) Teresa von Avila zum inneren Gebet anleitete. Der als Gewissensrat hochgeschätzte, doch zweifellos gegen sich und andere überstrenge Begründer der Franziskaner-Rekollekten Petrus von Alcántara († 1562, heiliggesprochen 1669) führte im „Traktat vom Gebet und der Betrachtung", dessen Verhältnis zur gleichnamigen Schrift Ludwigs von Granada umstritten ist, die Lehre vom inneren Gebet noch weiter aus und vollzog mit Pérez de Valdivia († 1589) die Wendung zur Mystik, die in Juan de los Ángeles († 1610) unter dem Einfluß Taulers und Ruysbroeks ihre feinste psychologische Vertiefung erfuhr[5].

[2] Obras, hrsg. von *J. Cuervo,* 14 Bde (Madrid 1906/08); *M. Llaneza,* Bibliografía del Ven. P. L. de Granada, 4 Bde (Salamanca 1926/28); *M. Battaillon,* Erasmo y España II 191 ff (mit Literaturangaben); *Fidèle de Ros,* Los místicos del Norte y Fray L. de Gr.: AIA 7 (1941) 5—30 145—165; *R. L. Oechslin,* L. de Gr. ou La rencontre avec Dieu (Paris 1954); *J. I. Tellechea Idigoras,* Aprobación de la Guía de Pecadores de Fray L. de Granada en el Concilio de Trento: HS 12 (1959) 225 ff; *A. Huerga,* El proceso inquisitorial de la Monja de Lisboa y Fray L. de Granada: HS 12 (1959) 333—356; *ders.,* Fray L. de Granada y S. Carlos Borromeo. Una amistad al servicio de la restauración católica: HS 11 (1958) 299—347. Für die Abfassung des Tratado de la oración y meditación durch Petrus v. Alcántara tritt ein *L. Amorós,* S. Pedro de Alcántara y su tratado de la oración y meditación. Nueva revisión del problema: AIA 22 (1962) 162—221.

[3] Obras completas (Madrid 1588); kritische Ausgabe von *L. Sala Balust,* 3 Bde (Madrid 1952 ff); die Geistlichen Briefe, hrsg. von *V. García de Diego,* auch in Clásicos Castellanos XI (Madrid 1912); gute Charakteristik von *J. M. de Buck:* NRTh 55 (1928) 30—49; über den Inquisitionsprozeß, in den J. de Á. 1532/33 verwickelt war, *C. M. Abád:* MCom 6 (1946) 95—167; *A. Berengueras de Nilar:* Verdad y vida 17 (1959) 75—96; über seine Reformdenkschriften siehe Kap. 35.

[4] Opera omnia, hrsg. von *M. d'Inguimbert,* 2 Bde (Rom 1734/35); *H. Jedin - P. Broutin,* L'évêque dans la tradition pastorale du 16e siècle (Paris 1953) 84—103.

[5] *Fidèle de Ros,* Un maître de S. Thérèse: Le Père François d'Osuna (Paris 1937); *S. Piat,* Le maître de la mystique S. Pierre d'Alcantara (Paris 1960); *Vicente de Peralta,* El doctor Pérez de Valdivia: Estudios Franciscanos 27 (1931) 177—225; über Valdivias Aufenthalt in Barcelona: *J. M. Madurell y Marimon:* Anal. S. Tarracon. 30 (1957) 343—371.

Auch der fruchtbarste Asketiker der spanischen Augustinereremiten, Alonso de Orozco († 1591), weist in seinen zahlreichen Traktaten mystischen Einschlag auf[6]. Der „am meisten gelesene, übersetzte und kommentierte" Schriftsteller dieses Ordens wurde jedoch der von Domingo Soto promovierte Professor der Bibelwissenschaft in Salamanca Luis de León († 1591) durch seine Erklärung der 14 biblischen Namen Christi („De los nombres de Cristo", 1583) und durch die für seine Base María Varela bestimmte „Vollkommene Ehefrau" („La perfecta casada", 1583), die den Verfasser als einen „Dichter im höchsten Grad" (K. Vossler) und Meister der Sprache ausweisen, der mit tiefer Theologie praktischen Sinn verbindet[7]. Nicht sein kleinstes Verdienst ist es, daß er durch sein Gutachten „de muy sana y católica doctrina" die Freigabe der Werke Teresas von Avila für den Druck erreichte.

Karmelitermystik

Nach der Jahrhundertmitte wuchs aus der Pflege des betrachtenden Gebetes die Blume der Mystik im Karmel hervor. Teresa von Avila, eigentlich de Ahumada y Cépeda (1515—1582, heiliggesprochen 1622), übertraf die deutsche Mystik des Spätmittelalters dadurch, daß sie feinste Seelenbeobachtung und mystische Erfahrung mit spanischem Realismus und rastloser Aktivität in der Ordensreform vereinigte. Die Geschichte ihres inneren Lebens bis zum Beginn der Reformtätigkeit (1562) ist in ihrer auf Geheiß des Inquisitors von Toledo aufgezeichneten und 1565 abgeschlossenen Autobiographie enthalten; das köstlich frische „Buch der Klostergründungen" („Libro de las fundaciones") erzählt die unter Überwindung starker Widerstände gelungene Einrichtung von 18 Reformklöstern 1567—1582. Für ihre Mitschwestern bestimmt war der auf Geheiß ihres Beichtvaters Bañes OP verfaßte „Weg der Vollkommenheit" („Camino de perfección", verfaßt um 1565), das vollendetste ihrer mystischen Werke ist jedoch die „Seelenburg" („El Castillo interior", verfaßt 1577), wo sie den Weg zur mystischen Vereinigung mit Gott in sieben Stufen beschreibt. Für die Kenntnis ihrer wahrhaft großen Persönlichkeit sind neben ihren kleineren Schriften („Exclamaciones", „Avisos" u. a.) am aufschlußreichsten ihre 440 Briefe, für ihr Wirken im Orden die 1581 durch das Ordenskapitel approbierten Konstitutionen. Die eifrig gepflegte spirituelle Lektüre (Augustins „Bekenntnisse", deutsche Mystik, Osuna) benutzt sie, um ihre eigenen mystischen Erfahrungen, um deren Gottgewirktheit sie lange bangte, richtig zu deuten und ohne jede

Juan de los Ángeles, Obras místicas, hrsg. von *J. Sala,* 2 Bde (Madrid 1912/17), weitere Lit. LThK² V 998.

[6] *T. Cámara,* Vida y escritos del B. Alonso de Orozco (Valladolid 1882); neuere Bibliographie von *D. Gutiérrez:* S. Augustinus vitae spirit. Magister II 173 ff.

[7] Obras completas, hrsg. von F. García (Madrid 1944); *K. Vossler,* Luis de León (München 1946); *S. Muñoz Iglesias,* Fray L. de León teólogo (Madrid 1950); *R. J. Welsh,* Introduction to the Spiritual Doctrine of Fray L. de León (Washington 1951).

Künstelei in klassischem Spanisch darzustellen. Geduldig und mit männlichem Mut überwand sie schließlich alle ihre Gegner, auch den päpstlichen Nuntius Sega, der in ihr eine Abenteuerin sah. Seit 1568 stand sie in Verbindung mit dem in Salamanca theologisch gebildeten Juan de la Cruz (1542 bis 1591, heiliggesprochen 1726, Kirchenlehrer 1926), der als Spiritual des Konventes von der Menschwerdung (1572/77), dessen Oberin Teresa war, für sie eintrat, dann aber selbst von den Reformgegnern in Haft genommen wurde. Nach der Verselbständigung des reformierten Ordenszweiges bekleidete er in Baëza und Segovia Ordensämter und starb, unverstanden und unwürdig behandelt, aber durch seine Leiden geläutert, in Ubeda. In seinen Hauptwerken „Aufstieg zum Berge Karmel" („Subida del Monte Carmelo", 1579) und „Dunkle Nacht der Seele" („Noche oscura del alma", 1579) beschreibt er die aktive und passive Läuterung der Seele und entwirft ein System der mystischen Theologie: die Nacht der Sinne und die Nacht des Geistes müssen überwunden werden, um „hoch über allen Wissensschranken" zur Vereinigung mit Gott in der Seelensubstanz aufzusteigen. Der während der Kerkerhaft in Toledo verfaßte „Geistliche Gesang" („Cantico espiritual") und die „Lebendige Liebesflamme" („Llama de amor viva") sind der dichterisch vollendete, nie wieder übertroffene Ausruf der durch Leiden geläuterten, mit Gott vereinigten Seele.

Italien und Frankreich

Auch Italien brachte Mystikerinnen wie die von Savonarola beeinflußte Katharina Ricci († 1592) und die Ekstatikerin Maria Magdalena de' Pazzi († 1607, heiliggesprochen 1669) hervor[8]; das einflußreichste asketische Buch nach und neben den ignatianischen Exerzitien wurde jedoch der „Geistliche Kampf" („Combattimento spirituale", einzige unveränderte Ausgabe Venedig 1589) des Theatiners Lorenzo Scupoli († 1610). Die Jesuitenschule hielt sich, nach einem leichten Schwanken unter dem Ordensgeneral Borja, an die maßvolle, psychologisch tiefbegründete Askese des Ordensstifters. Einige Autoren (A. Cordeses, P. Sánchez, B. Rossignoli) folgten dem traditionellen Schema von den drei Stufen des Aufstiegs zu Gott. Ganz aus der Praxis des Ordenslebens hervorgegangen, daher unsystematisch war die Gebets- und Tugendlehre des Alonso Rodríguez († 1616) in seinem „Ejercicio de perfección y virtudes cristianas" (3 Bde, 1609/16), während Álvarez de Paz († 1620) eine aus der Schrift geschöpfte Theorie der Meditation ent-

[8] *Ermanno del SS. Sacramento,* I manoscritti originali di S. Maria Maddalena de' Pazzi: ECarm 7 (1956) 323—400; Tutte le opere di S. Maria Maddalena I (Florenz 1960); *M. Petrocchi,* L'estasi nelle mistiche italiane della riforma cattolica (Neapel 1958) 76f; weitere Lit.: LThK² VII; Biogr. von *F. van der Kley* (Chicago 1957) und *Alberto de la Virgen del Carmen* (Madrid 1957).

wickelte, Luis de la Puente († 1624)[9], ein Schüler des Francisco Suárez und des Balthasar Álvarez, in seinen „Meditaciones de los misterios de nuestra Santa fé“ (1605), mehr noch in seinem Hoheliedkommentar (1622) und den „Sentimientos“ (posthum 1670) deutlich erkennen läßt, daß er „der Gaben des mystischen Gebetes gewürdigt ist“ (Guibert). Seit der Jahrhundertwende machte sich in steigendem Maße die französische Schule bemerkbar. Schon der reformeifrige Benediktinerabt Ludwig von Bloy (Blosius, † 1566) hatte, gewisse Härten der spanischen Asketik vermeidend, die Pflege des inneren Gebetes, Demut und Liebe als die Grundpfeiler des Tugendlebens bezeichnet[10]. Für eine weltoffene Askese trat der als Missionar und Bischof von Genf bewährte Franz von Sales (1567—1622, heiliggesprochen 1665, Kirchenlehrer 1877) in seiner „Introduction à la vie dévote“, gewöhnlich „Philothea“ genannt (1608), und im „Traité de l'amour de Dieu“ oder „Theotimus“ (1616) ein. Sein Briefwechsel mit Franziska von Chantal († 1641, heiliggesprochen 1767) ist ein Denkmal verständnisvoller und fester Seelenführung; sein „Humanisme dévote“ verdankt starke Anregungen der Mystikerin Barbe Acarie († 1618), die, verheiratet und Mutter von sechs Kindern, die Unbeschuhten Karmelitinnen nach Frankreich verpflanzte und nach dem Tode ihres Gatten Karmelitin wurde, mehr noch dem Oratorianer Pierre Bérulle (1575—1629, seit 1627 Kardinal), dem Begründer des französischen Oratoriums (1611) und einflußreichen Kirchenpolitiker, der als der eigentliche Begründer der französischen Schule des geistlichen Lebens zu gelten hat. Im Jesuitenkolleg von Clermont erzogen, stand er in seiner Jugend unter dem Einfluß der deutschen, später auch der spanischen Mystik. Seit 1601 („Discours de l'état et de la grandeur de Jésus“) formte sich in ihm eine streng christozentrische Frömmigkeit, die er als Seelenführer weitergab und die durch seinen Schüler und Nachfolger in der Leitung des Oratoriums Charles de Condren († 1641) weiter ausgebildet wurde. Das Oratorium wurde die Pflanzschule der französischen Spiritualität des Grand siècle (Olier, Eudes u. a.; siehe Bd V).

Glaubensverkündigung

Der Strom der spirituellen Literatur war breit, aber nicht breit genug, um die unliterarischen Schichten zu ergreifen. Diese Aufgabe erfüllten die Predigt und die katechetische Volksunterweisung, die durch das Trienter

[9] Obras espirituales, 5 Bde (Madrid 1690); *C. M. Abád*, Doctrina mística del V. P. L. de la P.: EE 3 (1924) 113—137, 4 (1925) 43—58 251—273. Zum Ganzen: *Guibert*, Spiritualité 198 ff 237—270; *I. Saco Alarcón*, Espiritualidad sacerdotal en los Jesuitas españoles del siglo XIII: MCom 39 (1963) 209—296.

[10] Opera (Löwen 1568), Nachdrucke in Köln (1572) und Paris (1622); Lit: DSAM I (1937) 1730—1738.

Konzil (Sess. V de ref. c. 2; Sess. XXIV de ref. c. 4) den Pfarrern an allen Sonn- und Festtagen zur Pflicht gemacht waren. In den romanischen Ländern blieben nach wie vor die meist von Bettelordenspredigern gehaltenen Advents- und Fastenzyklen in Übung; neue Typen waren die von den Jesuiten und Kapuzinern gepflegte Missions- und die Kontroverspredigt. Bei dem gegenwärtigen Stand der Forschung läßt sich noch kein umfassendes, in jeder Hinsicht adäquates Bild gewinnen. In Italien, wo man zwischen 1530 und 1550 oft ganze Bücher der Heiligen Schrift, besonders die Paulusbriefe, in öffentlichen Vorlesungen erklärt hatte, scheint die Schriftpredigt, wie sie etwa Seripando geübt und Bischof Florimonte von Sessa durch seine Sammlung von Väterhomilien zu fördern versucht hatte, später hinter die thematische Predigt wieder zurückzutreten. Der Konventuale Cornelio Musso († 1574) ergeht sich in schwülstiger Rhetorik[11]. Über die drei berühmtesten Prediger um 1580 ging das Wort: Toledo (d. h. der Jesuit Franz von T.) belehrt, Panigarola (Franziskaner, † 1594 als Bischof von Asti) findet Beifall, Lupus († 1593, spanischer Kapuziner) packt die Herzen[12]. Lorenzo von Brindisi[13] (1559—1619, heiliggesprochen 1881, Kirchenlehrer 1959) schließt sich auch in seinen thematischen Predigten eng an die Heilige Schrift an. In Deutschland dient die Perikopenpredigt der Eck, Hoffmeister und Wild der Verteidigung des Glaubens, erst recht die thematischen Predigten des Neißer Pfarrers Tintzmann[14]. Die Fasten- und Eucharistiepredigten Simon Vigors († 1575 als Erzbischof von Narbonne) erlebten mehrere Auflagen; ihren Höhepunkt erreichte die französische Kanzelberedsamkeit jedoch erst im 17. Jh. (Vinzenz von Paul, Lejeune).

Für die katechetische Unterweisung standen dem Klerus weit mehr und

[11] *H. Jedin,* Seripando II 63—84; über Florimontes Väterhomilien: ebd. II 294; über Musso als Prediger: RQ 41 (1933) 252 ff.

[12] *Hurter* III 249; *P. M. Sevesi,* S. Carlo Borromeo e il P. F. Panigarola: AFrH 40 (1947) 143—207; *G. Pozzi,* Intorno alla Predicazione del Panigarola: Problemi religiosi ... (Padua 1960) 315—323.

[13] Die Opera omnia (15 Bde, Padua 1928/56) enthalten großenteils Predigten, darunter drei Quadragesimalia. Lit.: LexCap 925—930. Zum Predigtwesen der Kapuziner: *Arsenio d'Ascoli,* La predicazione dei Capuccini nel Cinquecento in Italia (Loreto 1956); *Bonaventura von Mehr,* Das Predigtwesen in der kölnisch-rheinischen Kapuzinerprovinz im 17. und 18. Jh. (Rom 1945); *Melchior a Pobladura,* Hist. ord. Capuccinorum I 247—264.

[14] Die in Deutschland meistbenutzten Predigtwerke: Johann Eck (5 Bde, davon I—III über die Sonn- und Festtagsperikopen, IV—V über die Sakramente und die 10 Gebote; Ausgaben CC 16 n. 68); Johannes Hoffmeister, OESA (die zwölf Ausgaben seiner Evangelienhomilien v. 1547: *N. Paulus,* J. Hoffmeister OESA 388 f); Johann Wild OFM (4 Bde, 1552/55); *H. Pöhlein,* Wolfgang Seidel 1492—1562, Benediktiner aus Tegernsee, Prediger zu München (München 1951); *H. Jedin,* Der Breslauer Kanonikus und Pfarrer von Neiße N. Tintzmann († 1616) als Prediger: ArSKG 5 (1940) 142—151 (6 vollständige Jahrgänge Pfarrpredigten 1589/96, in denen u. a. die Predigten des Bamberger Weihbischofs Feucht und das Promptuarium Stapletons benutzt sind); *B. Dreher,* Die Osterpredigt von der Reformation bis zur Gegenwart (Freiburg 1951).

weit bessere Hilfsmittel zur Verfügung als in der vortridentinischen Zeit. Neben dem „Römischen Katechismus" erlangten die für die Katecheten bestimmte „Summa doctrinae christianae" (1554) des Petrus Canisius und die „Dichiarazione" (1598) Bellarmins sowie die entsprechenden Volkskatechismen beider Autoren (Canisius' „Parvus catechismus", 1558, und „Catechismus minimus", 1556; Bellarmins „Dottrina cristiana breve", 1597) weite Verbreitung[15]; vom Katechismus Augers (1563) wurden binnen acht Jahren in Frankreich 42000 Exemplare abgesetzt; in Spanien wurde die „Doctrina cristiana" (1607) des Jesuiten Astete viel gebraucht. Waren die frühen Katechismen, z. B. die von Dietenberger und Witzel, noch stark von Luther und Erasmus beeinflußt, so zeigen die späteren größere Selbständigkeit, lassen aber noch häufig Anschaulichkeit vermissen[16]. Die von Borromeo in Mailand eingeführte „Bruderschaft von der Christlichen Lehre" verbreitete sich in Italien und darüber hinaus; der Katechet César de Bus gründete in Aix eine 1598 von Clemens VIII. bestätigte Klerikergenossenschaft der christlichen Lehre[17]. Die Piaristen Josephs von Calasanza erlangten für das Volksschulwesen eine ähnliche Bedeutung wie die Jesuitenkollegien für den höheren Unterricht (siehe Kap. 44).

Wie die Annahme und Durchführung der Trienter Reformdekrete, so ging auch die Einführung des reformierten Breviers und Missale Pius' V. außerhalb Italiens nur sehr langsam vonstatten[18]; die diözesaneigenen Feste wurden dann in Proprien angefügt[19]. Für den Ritus der Sakramentenspendung gewann das „Rituale Romanum" (1614), obwohl nicht zwingend vorge-

[15] P. Canisii Catechismi lat. et germ., hrsg. von *F. Streicher*, 2 Bde (München 1932/36), die Ausgaben der Katechismen Bellarmins bei *Sommervogel* I 1127—1178.

[16] *C. Moufang*, Katholische Katechismen des 16. Jh. in deutscher Sprache (Mainz 1881); *R. Padberg*, Erasmus als Katechet (Freiburg 1956); *ders.*, Zum katechetischen Anliegen G. Witzels: ThGl 43 (1953) 192—200; *L. Pralle*, Die volksliturgischen Bestrebungen des G. Witzel: Jahrbuch f. d. Bistum Mainz 3 (1948) 224—242; *E. Feifel*, Grundzüge einer Theologie des Gottesdienstes, Motive und Konzeption der Glaubensverkündigung Michael Heldings (Freiburg 1960); *F. Brand*, Die Katechismen des E. Augerius (Fribourg 1917).

[17] *A. Tamborini*, La compagnia e le scuole della dottrina cristiana (Mailand 1939); *F. Pascucci*, L'Insegnamento religioso in Roma dal Concilio di Trento ad oggi (Rom 1938); *G. Franza*, Il Catechismo a Roma dal Concilio di Trento a Pio VI nello zelo dell'Arciconfraternità della dottrina cristiana (Alba 1958) — *V. Sempels*, Het catechismusonderricht te Brussel gedurende de Contra-Reformatie: Miscellanea De Meyer II 928—940; *A. Berz*, Geschichte des Katechismus im Bistum Basel (Fribourg 1959). — *L. Volpicella*, Il pensiero pedagogico della Controriforma (Florenz 1960) (Texte mit Einleitung).

[18] Die Rezeption der Pianischen Brevier- und Missalereform bedarf noch eingehender Untersuchung; wichtiges Hilfsmittel: *W. H. J. Weale - H. Bohatta*, Catalogus missalium ritus latini (London 1928).

[19] Zum Beispiel hatte zwar die Breslauer Diözesansynode von 1592 das Brev. Rom. vorgeschrieben, aber erst 1653 wurde es endgültig in der Kathedrale eingeführt, 1662 das Proprium approbiert: ArSKG 5 (1940) 198f.

schrieben, große Bedeutung[20]. Es benutzte das von Kardinal Santori verfaßte und 1584 gedruckte, aber nicht veröffentlichte Rituale, außerdem nicht weniger als 14 andere Diözesanagenden, ersetzte die früher üblichen Pastoralhandbücher, wie das „Sacerdotale Romanum" (1523) des Alberto Castellani, und wirkte im Sinne der Vereinheitlichung der Riten, drängte jedoch die Volkssprache zurück. Obwohl man sich in den vom Protestantismus bedrohten Gebieten um die Verteidigung und Erklärung der „Zeremonien" bemühte, der Klerus und Volk trennende Lettner in den Kirchen allmählich verschwand, wurde eine Beteiligung des Volkes an der Meßliturgie weder erstrebt noch erreicht. Nur zögernd, weil durch das protestantische Vorbild eher belastet als ermuntert, gewann das deutsche Kirchenlied wieder an Boden (Ulenbergs Psalmen, 1582; Mainzer Cantuale, 1603; Konstanzer Gesangbuch, 1613; F. Spee, Trutznachtigal, 1649).

Sakramentenspendung

Der Ritus der Sakramentenspendung und die Häufigkeit des Sakramentenempfanges wiesen noch immer große regionale Unterschiede auf. Zu Beginn des 16. Jh. war die jährliche Pflichtkommunion in der österlichen Zeit die nur selten überschrittene Regel. In den Dritten Orden und Bruderschaften war der drei- bis viermalige Empfang vorgeschrieben und galt bei Laien als Zeichen religiösen Eifers. Vor allem unter dem Einfluß der neuen Orden (Theatiner, Barnabiten, Jesuiten und Kapuziner) und infolge des allgemeinen Aufschwungs der Eucharistieverehrung stieg seit der Jahrhundertmitte die Frequenz. In vielen italienischen Bruderschaften war die monatliche Kommunion vorgeschrieben, die Jesuiten befürworteten für die nach christlicher Vollkommenheit Strebenden die wöchentliche; doch wurden z. B. die Alumnen des Eichstätter Priesterseminars nur zum jährlich fünfmaligen Empfang der Sakramente angehalten (an Weihnachten, Ostern, Pfingsten, Mariä Himmelfahrt und Allerheiligen). Die „Österliche Zeit" für die Pflichtkommunion, die von Eugen IV. (1446) auf die Kar- und Osterwoche, an manchen Orten noch weiter eingeschränkt war, wurde in einzelnen Diözesen bereits weiter ausgedehnt (z. B. in Salzburg 1616).

Der Kommunion ging regelmäßig die Beicht voraus. Der bis dahin übliche offene und bewegliche Beichtstuhl, meist in der Nähe des Altares oder an den Chorschranken, wurde seit der Jahrhundertwende unter dem Einfluß des „Rituale Romanum" allmählich durch einen festen, mit einem hölzernen Gitter versehenen verdrängt; in der Barockzeit wurde der dreiteilige, oft künstlerisch ausgestaltete Beichtstuhl ein fester Bestandteil der

[20] *B. Löwenberg*, Das Rituale des Kard. J. A. Sanctorius. Ein Beitrag zur Entstehungsgeschichte des Rituale Romanum (München 1937); *ders.*, Die Erstausgabe des Rituale Romanum von 1614: ZKTh 66 (1942) 141—147.

Kircheneinrichtung. Die Krankenölung wurde in Deutschland nach Ausweis der Visitationsprotokolle nur selten erbeten; die Konstanzer Synode von 1609 beklagt, daß sie in einem großen Teil der Diözese außer Übung gekommen sei. Die Firmung wurde im Zusammenhang mit Visitationen langsam wieder häufiger. Als sie 1586 in Paderborn zum erstenmal nach 40 Jahren gespendet wurde, erschienen nur 200 Gläubige. Im Bistum Augsburg, wo sie nach den Berichten Ninguardas (1579) seit vielen Jahren außer Übung gekommen war, wurden nach dem Statusbericht von 1597 in zwei Monaten 30000 Gläubige gefirmt. Die größten Unterschiede wies nach wie vor der Ritus des Eheabschlusses auf, doch ging unter dem Einfluß des Dekretes „Tametsi“ die Tendenz dahin, den Empfang des Sakramentes in den Konsensaustausch vor dem Pfarrer bzw. die Einsegnung durch ihn zu verlegen.

Volksfrömmigkeit

Genuiner Ausdruck der Volksfrömmigkeit wurden Volksandachten, Prozessionen und Wallfahrten, häufig getragen von den wieder aufblühenden Bruderschaften. Neu in dieser nachtridentinischen Frömmigkeit ist, daß sie spezifisch katholische Lehren und Kultformen akzentuiert, antiprotestantisch und damit Bekenntnisfrömmigkeit wird. Die in ihren Anfängen ins 15. Jh. zurückgehenden Sakramentsbruderschaften, deren Vorbild die 1539 von Paul III. bestätigte Confraternità del SS. Sacramento an S. Maria sopra Minerva war (siehe Kap. 32), pflegten die Verehrung der Eucharistie außerhalb der Kommunion: Unterhaltung des Ewigen Lichtes, Begleitung bei der Krankenkommunion[21]. Das Vierzigstündige Gebet, ursprünglich vom Gründonnerstag bis zum Karsamstag dauernd und schon 1539 durch Paul III. mit Ablässen versehen, wurde seit 1553 von den Jesuiten propagiert, durch Borromeo in Mailand (1577), durch den Nuntius Frangipani in Köln (1591) eingeführt und in Rom seit 1592 zum Ewigen Gebet erweitert[22]. Die Trid. Sess. XIII c. 5 empfohlene Fronleichnamsprozession wurde in manchen katholischen Gegenden Deutschlands mit großer Feierlichkeit begangen (Münchener Prozessionsordnungen 1582—1611)[23]; in Spanien wurde die Fiesta del Corpus während der zweiten Hälfte des 16. Jh. das „höchste aller kirchlichen Feste“ und durch Festspiele („Autos Sacramentales“) verschönt. Allmählich verdrängte der Altartabernakel das seitlich angebrachte Sakramentshäuschen.

Gesteigert wird die *Marienverehrung*. Die von dem Flamen Johannes Leunis für die Studenten des römischen Jesuitenkollegs 1563 gegründete

[21] *P. Tacchi Venturi*, Storia della Comp. di Gesù in Italia ²I 217—290.

[22] *J. A. Jungmann*, Die Andacht der 40 Stunden und das Hl. Grab: LJ 2 (1952) 184—198.

[23] *A. Mitterwieser*, Geschichte der Fronleichnamsprozession in Bayern (München 1930); *G. Matern*, Zur Vorgeschichte und Geschichte der Fronleichnamsfeier (Münster 1962).

Marianische Kongregation machte sie zum Ausgangspunkt der Selbsterziehung und Pflege apostolischer Gesinnung. In fast allen Jesuitenkollegien eingeführt, zählte sie 1576 schon 30000 Sodalen; 1584 wurde sie durch Gregor XIII. bestätigt[24]. Der Marienwallfahrtsort Loreto wurde von zahlreichen Rompilgern besucht; die seit 1531 dort nachweisbare Lauretanische Litanei wurde 1589 von Sixtus V. approbiert. Der Rosenkranz erhielt seine heutige Form und wurde durch Rosenkranzbruderschaften gepflegt; zum Dank für den Sieg bei Lepanto setzte Pius V. das Rosenkranzfest ein. In Mitteleuropa lebten die Wallfahrten zu Mariengnadenbildern, die während der Glaubensspaltung nachgelassen hatten, wieder auf (Altötting, Einsiedeln), zahlreiche neue entstanden (z. B. Kevelaer, Werl) und wurden von katholischen Landesherren gefördert, um das „Auslaufen" in fremde Territorien zu verhindern. Gebetserhörungen wurden durch Mirakelbücher festgehalten.

Die im Mittelalter vorherrschende, auf Standesgliederung beruhende Zunftbruderschaft wird durch die überständische Gebetsbruderschaft überholt[25]. Hauspostille, privates Gebetbuch und kleines Andachtsbild bürgern sich ein[26]; das höfische Beispiel der katholischen Dynastien Habsburg und Wittelsbach findet Nachahmung in der Volksfrömmigkeit[27]. Spanische und italienische Andachtsformen und die dort populären Heiligen werden vor allem durch Ordensleute bekannt gemacht: durch die Jesuiten Ignatius und Franz Xaver, durch die Franziskaner Antonius von Padua, die Verehrung des hl. Joseph durch Teresa von Avila. Religiöses Brauchtum, aber auch Aberglaube nehmen im Laufe des 17. Jh. zu. Wenn es sicher ist, daß die nachtridentinische Frömmigkeit zahlreiche vorreformatorische Züge bewahrt bzw. wiederaufnimmt, so läßt sich doch nicht leugnen, daß sie neue, antireformatorische Akzente setzt, katholisches Glaubensbewußtsein beleben und Begeisterung dafür wecken will. Sie darf in unserer Epoche jedoch noch nicht schlechthin als „Barockfrömmigkeit" bezeichnet werden.

[24] *Ph. Löffler,* Die Marianischen Kongregationen (Freiburg 1924); *J. Stierli,* Die Marianischen Kongregationen, 2 Bde (Luzern 1947); *J. Wicki,* Le P. Leunis (Rom 1951); das in den Marianischen Kongregationen gebrauchte Andachtsbuch: *F. d. Coster,* Vitae christianae institutiones (Köln 1576) erlebte bis 1616 16 Ausgaben. — *H. Rahner,* Die geistesgeschichtliche Bedeutung der Marianischen Kongregationen (Augsburg 1954).

[25] Zum Beispiel hatte die um 1500 entstandene St.-Anna-Bruderschaft in Koblenz ursprünglich nur Juristen des kurfürstlichen Hofes umfaßt; sie wurde 1589 als geistliche Bruderschaft neu gegründet. *A. Schmidt:* Veröffentlichungen des köln. Geschichtsvereins 25 (1960) 285—342.

[26] *G. Achtern - H. Knaus,* Deutsche und niederländische Gebetbuchhandschriften der Hessischen Landesbibliothek Darmstadt (Darmstadt 1959); *A. Schrott,* Das Gebetbuch in der Zeit der Katholischen Restauration: ZKTh 61 (1937) 1—28 211—257; *A. Spamer,* Das Kleine Andachtsbild vom 16. bis 20. Jh. (München 1930).

[27] *A. Coreth,* Pietas Austriaca. Ursprung und Entwicklung barocker Frömmigkeit in Österreich (München 1959).

Künste und Literatur

Die gleiche Vorsicht ist hinsichtlich der Zuordnung des Manierismus und des Barock zur religiös-kirchlichen Entwicklung am Platze[28]. Folgende Tatsachen sind zu berücksichtigen: 1. Das Bilderdekret des Trienter Konzils (Sess. XXV) verfolgte den Zweck, gegen die kalvinistischen Bilderstürme in Frankreich die Erlaubtheit religiöser Bilder und ihre Verehrung zu verteidigen und Mißbräuche zu beseitigen, jedoch nicht, dem künstlerischen Schaffen Regeln vorzuschreiben. In seiner Schrift „De imaginibus" (ital. 1582, lat. 1594) fordert Kardinal Paleotti im religiösen Kunstwerk die strenge Anlehnung an die „realtà naturale e storica", lehnt die Abbildung heidnischer Götter und Mythologien, aber auch die Verschmelzung von Diesseits und Jenseits ab und setzt sich dafür ein, daß die Grundsätze des Trienter Bilderdekretes durch Ausführungsbestimmungen ergänzt und strenger durchgeführt werden; er findet aber in Rom keinen Anklang[29]. 2. Die ersten großen Kirchenbauten der Jesuiten, Al Gesù in Rom und St. Michael in München, in denen die Formsprache der Renaissance noch wenig verändert erscheint, fallen zeitlich mit dem Höhepunkt der Katholischen Reform zusammen; am Rhein und in den Niederlanden bauen die Jesuiten anfangs noch gotisch[30]. Die Baugeschichte der neuen Peterskirche spiegelt die allmähliche Abkehr von den Baugedanken der Renaissance, die Rückkehr zum traditionellen Grundriß bei gleichzeitigem Durchbruch barocker Baugesinnung wieder (Maderna, Bernini). Die Entstehung der Barockkunst in Rom entspricht der führenden Stellung des Papsttums bei der Durchführung des Trienter Konzils und der kirchlichen Erneuerung. 3. Andererseits erreicht der römische Barock unter Urban VIII. und dessen Nachfolgern einen neuen Höhepunkt, als die Katholische Reform an innerer Kraft bereits nachgelassen hat und die Gegenreformation zum Stehen kommt. Die Blüte des deutschen Barocks dagegen geht zeitlich mit der

[28] Gegen W. *Weisbach*, Der Barock als Kunst der Gegenreformation (Berlin 1921), versuchte *N. Pevsner*, Gegenreformation und Manierismus: Repert. für Kunstwiss. 46 (1925) 243—262, zu beweisen, daß der „Gegenreformation", d. h. der bis etwa 1600 dauernden kirchlichen Erneuerung, der Manierismus entspricht; weitere Äußerungen beider Autoren: ebd. 49 (1928) 16—28 225—246. *H. Lützeler*, Der Wandel der Barockauffassung: DVfLG 11 (1933) 618—636; *W. Hager*, Zur Raumstruktur des Manierismus: Festschrift M. Wakkernagel (Köln 1958) 112—140; *W. Friedländer*, Mannerism and Antimannerism in Italian Painting (New York 1958); *R. Stamm*, Die Kunstformen des Barockzeitalters (Bern 1956); *A. L. Mayer*, Liturgie und Barock: JLW 15 (1941) 67—154.

[29] Die Denkschrift Paleottis von 1596: *P. Prodi* a. a. O.; zum Ganzen: *H. Jedin*, Das Tridentinum und die Bildenden Künste: ZKG 74 (1963) 321—339.

[30] *J. Braun*, Die belgischen Jesuitenkirchen (Freiburg 1907); *ders.*, Die Kirchenbauten der deutschen Jesuiten, 2 Bde (Freiburg 1918); *ders.*, Spaniens alte Jesuitenkirchen (Freiburg 1913); *P. Pecchiai*, Il Gesù di Roma (Rom 1952); *P. Perri*, Giovanni Pristano e i primordi della architettura gesuitica (Rom 1955); *P. Moisy*, Les églises des Jésuits de l'ancienne assistance de France, 2 Bde (Rom 1958).

Wiederaufrichtung der Kirche und der Durchführung der tridentinischen Reform nach dem Dreißigjährigen Kriege parallel. 4. Eindeutig ist die Wirkung des Tridentinums in der Ikonographie: Malerei und Plastik bevorzugen die vom Tridentinum definierten Kontroversgegenstände; sie wollen katholisches Glaubensbewußtsein stärken und Andacht wecken.

Die von Agazzari (1609) aufgebrachte Legende, das vom Trienter Konzil beabsichtigte Verbot der polyphonen Musik sei durch Palestrinas „Missa Papae Marcelli" zu Fall gebracht worden, hat insofern einen historischen Kern, als die wahrscheinlich schon während des Konzils (1562) entstandene Messe und die von dem Niederländer Jacobus de Kerle komponierten Konzilspreces die von den Reformern erhobenen Forderungen (Integrität der Texte und moralische Reinheit) erfüllten[31]. Wie Palestrina († 1594) als zeitweiliger Chormeister der päpstlichen Kapelle in seinen Chorwerken klassisches Ebenmaß und tiefe Empfindung vereinigte, so wirkte der überaus fruchtbare Orlando di Lasso († 1594) als Hofkomponist des bayerischen Herzogs in München; im Geist Palestrinas sind auch die zahlreichen Kompositionen des Spaniers Thomas von Vitoria († 1611) gehalten, der seit 1573 Kapellmeister am Römischen Seminar war. Die 1614/15 im Auftrage Pauls V. veröffentlichte Ausgabe des „Graduale Romanum" (Medicea, weil in der Medici-Druckerei gedruckt) modifizierte die gregorianischen Melodien nach humanistischen Prinzipien.

Wenn die spanische Nationalliteratur des Siglo de oro nicht ohne die Führungsrolle Spaniens im kirchlichen Bereich gedacht werden kann, liegen die Zusammenhänge in Italien und Frankreich komplexer, erst recht in Deutschland, wo sich mit den gegenreformatorischen Tendenzen antibürgerliche, höfische und absolutistische verbinden. Eindeutig aus dem religiösen Bereich kommt das Jesuitentheater, das in den Dramen Jakob Bidermanns († 1639), dem „Cenodoxus" und den Martyrerdramen „Adrianus" und „Philemon Martyr" Höhepunkte erreicht[32]. „Es gehört zum Glanzvollsten, das die Bühnenwelt Europas im 17. Jh. aufzuweisen hat" (Kindermann).

[31] Die ältere, von *F. Y. Haberl* und *K. Weinmann*, Zur Geschichte von Palestrinas Missa Papae Marcelli: Jb. der Musikbibliothek Peters 22 (1916) 23—42, vertretene Auffassung, daß keine direkte Beziehung zum Trienter Konzil bestehe, ist durch *O. Ursprung* und *K. Jeppesen* (a. a. O.) richtiggestellt.

[32] Ludi theatrales sacri (München 1666); Philemon Martyr, lat. und dtsch. hrsg. von *M. Wehrli* (Köln 1961). — *A. Dürrwächter*, Jacob Gretser und seine Dramen (Freiburg 1912); *K. W. Drozd*, Schul- u. Ordenstheater am Kollegium SJ Klagenfurt 1604—1773 (Klagenfurt 1965); *C. Zander*, Jesuitentheater u. Schuldrama als Spiegel trierischer Geschichte: Kurtrier. Jb. 5 (1965) 64—88; *J. Seidenfaden*, Das Jesuitentheater in Konstanz (Stuttgart 1963).

44. Kapitel

Neue und alte Orden

QUELLEN und LITERATUR bis 1933: *Heimbucher;* weiteres bei *M. Escobar,* Ordini e Congregazioni religiose, 2 Bde (Turin 1951/53); *L. Willaert,* La restauration catholique (Paris 1960) 95—167.

Jesuiten: Ratio studiorum SJ, hrsg. von *G. M. Pachtler* (Berlin 1887, enthält die Fassungen von 1586, 1599 und 1832); Bibliographie: *Sommervogel* I 487 ff; *H. Becher,* Die Jesuiten (München 1961) 108—146; *J. Sicard,* La reforma de Clemente VIII y la Comp. de Jesús: Revista española del derecho can. 3 (1954) 681—724, *B. Schneider,* Paul Hoffaeus (Rom 1956); *ders.,* Der Konflikt zwischen Acquaviva und P. Hoffaeus: AHSI 26 (1957) 3—56; *J. Iparraguirre,* Boletín de spiritualité ignatienne 1556—1615 (Rom 1961).

Kapuziner: *Bernardinus a Colpetrazzo,* Historia ord. fr. min. Capuccinorum 1525/93, 3 Bde (Rom 1939/41) (mit Vorsicht zu gebrauchende zeitgenössische Darstellung); *Melchior a Pobladura,* Hist. gen. I und II (Rom 1947/48); *Godefroy de Paris,* Les frères mineurs Capucins en France, 2 Bde (Paris 1937/48); *P. Hildebrand,* De Kapucijnen in de Nederlanden en het Prinsbisdom Luik, 9 Bde (Antwerpen 1945/55); *A. Jacobs,* Die rheinischen Kapuziner 1611—1725 (Münster 1933); *R. Linden,* Die Regelobservanz in der rheinischen Kapuzinerprovinz 1611/68 (Münster 1936); *C. von Oberlinsch,* Die Kapuziner in Österreich: CollFr 20 (1950) 219—334; weitere Lit.: LThK² V 1332—1339; *F. X. Martin,* Friar Nugent. A Study of F. L. Nugent 1567—1635, Agent of the Counter-Reformation (Rom 1962); *M. Bertolini,* Ignazio Imberti da Casnigo OFMCap. 1571—1632 (Bergamo 1961).

Sonstige Bettelorden: Anpassung der Konstitutionen an das Tridentinum bei den Dominikanern: MOP X 51 ff (Generalkapitel von Bologna 1564); bei den Augustiner-Eremiten: Analecta Aug. IX 423—440 (Generalkapitel von 1564); bei den Karmeliten: Acta cap. gen., hrsg. von *G. Wessels* I 462 ff; die Konstitutionen der Serviten von 1569; Mon. ord. Serv. VI 109—158; weiteres: *Heimbucher* und in den Ordensgeschichten von *Mortier, Walz* und *Holzapfel.* Unbeschuhte Karmeliten: *B. M. a. S. Cruce* [Zimmermann], Regesta J. B. Rubei (Rom 1936); *Silverio a S. Teresa,* Historia del Carmel descalzo en España, Portugal y América IV—IX (Burgos 1935/40) (Hauptwerk, reicht bis 1650); *Higinio a S. Teresa,* Apuntos para la historia de la Ven. orden tercera del Carmel en España y Portugal (Victoria 1954). Augustiner-Rekollekten: Bullarium ord. recollectorum S. Augustini, ed *J. Fernández de S. Corde Jesu,* 2 Bde (Rom 1954/61) (reicht von 1570 bis 1683). Alcantariner: *A. Barrado Manzano,* S. Pedro de Alcántara en las provincias de S. Gabriel, La Arrábida y S. José: AIA 22 (1962) 423—561.

Monastische Orden: *E. Martène,* Histoire de la Congrégation de St-Maure, 9 Bde (Ligugé - Paris 1928/43), postum; *U. Berlière,* Nouveau Supplément á l'hist. litt. de la Congr. de St-Maur, 3 Bde (Maredsous 1931); *Y. Chauny,* Matricula monachorum professorum Congr. S. Mauri (Paris 1959); Inventar der zahlreichen Maurinerbriefe in: Revue Mabillon 23—29 (1933/39), 33 (1943). Die Generalkapitelsrezesse der Bursfelder Kongregation, hrsg. von *P. Volk* II (Siegburg 1957) (umspannt die Jahre 1531—1653); *Canivez* VII (1939). — *R. Molitor,* Aus der Rechtsgeschichte benediktinischer Verbände I (Münster 1928) 319—384 (nachtridentinische Kongregationen), II (Münster 1932) 37—327 (deutsche Unionsversuche), 328—347 (Frankreich); *Ph. Schmitz - R. Tschudy,* Geschichte des Benediktinerordens IV (Einsiedeln 1960); *St. Hilpisch,* Geschichte des benediktinischen Mönchtums (Freiburg 1929) 323—350; *R. Hesbert,* La Congrégation de St-Maur: Revue Mabillon 51 (1961); weitere Lit.: LThK² VII 192; *E. Willems,* Esquisse historique de l'Ordre de Cîteaux, 2 Bde (Brüssel 1957/58); *E. Martín,* Los Bernardinos españoles (Palencia 1951).

Die Grundmotive der Katholischen Reform, zuerst Selbstheiligung, dann Apostolat und Caritas, die den vortridentinischen Neugründungen (siehe Kap. 32) zugrunde lagen, blieben auch im religiösen Gemeinschaftsleben der nachtridentinischen Zeit wirksam, wobei sich der Akzent vielfach auf das zweite verlagerte: Selbstheiligung *durch* Apostolat. Die stärksten Impulse gehen anfangs von Spanien und Italien aus, nach der Jahrhundertwende wird Frankreich aktiv.

Wohl am reinsten ausgeprägt ist die Idee des Apostolates im *Oratorium* Filippo Neris (1515/95, heiliggespr. 1622)[1]. Nach der Priesterweihe (1551) begann der liebenswürdige, humorvolle, bei hoch und niedrig beliebte „Apostel Roms" junge Männer, besonders studierende, zu geistlichen, häufig von Musik umrahmten Konferenzen in S. Girolamo della Carità zu sammeln. Die 1564 entstandene Weltpriestervereinigung, der bald die späteren Kardinäle Baronius und Tarugi beitraten, wurde 1575 förmlich errichtet, ihre Verfassung 1612 von Paul V. bestätigt. Ihr Hauptsitz war S. Maria in Vallicella, weitere Niederlassungen entstanden in Neapel, Palermo, Lucca und anderen Städten Italiens; Bérulle verpflanzte 1611 das Oratorium nach Frankreich, wo es neuen Aufschwung nahm.

Eine Vereinigung von Weltpriestern waren auch die von Borromeo in Mailand 1578 gestifteten „Oblaten des hl. Ambrosius", deren einziges Gelübde die Mitglieder verpflichtete, dem Erzbischof von Mailand in Seelsorge und Unterricht zur Verfügung zu stehen[2]. Bei den nach der Augustinusregel lebenden „Regularklerikern der Gottesmutter", die Johannes Leonardi († 1609, heiliggespr. 1938) 1574 in Lucca gründete und später nach Rom verpflanzte[3], trat der Unterricht armer Kinder allmählich in den Vordergrund, der bei den *Piaristen* (in Italien Scolopi, Abkürzung von scuole pie, genannt) eigentlicher Ordenszweck wurde[4]. Der Aragonese Joseph von

[1] Die ältere Lit.: *Heimbucher* II 562 ff; Il primo processo per S. Filippo Neri nel Cod. Vat. lat. 3798, hrsg. von *G. Incisa della Rocchetta, N. Vian* und *C. Gasbarri*, 3 Bde [= SteT 191 196 205] (Città del Vaticano 1957/60) (enthaltend die Akten des Seligsprechungsprozesses 1595—1601). Ältere Biogr.: *A. Capecelatro*, Vita di S. F. N., 2 Bde (Rom [3]1889 bis 1892); *L. Ponnelle - L. Bordet*, S. Philippi Neri et la société Romaine de son temps 1515 à 1595 (Paris [2]1958); *A. Dupront*, Autour de S. Ph. N.: MAH 49 (1932) 219—259; *ders.*, D'un Humanisme chrétien en Italie à la fin du XVIe siècle: RH 175 (1935) 296—307; *C. Gasbarri*, Il riformatore di Roma (Rom 1937); *Ph. Hofmeister*, Die Verfassung des Oratoriums Ph. Neris: Festschrift J. Heckel (Köln - Graz 1959); *G. de Libero*, Vita di S. Filippo Neri, Apostolo di Roma (Grottaferrata 1960); *M. Jouhandeau*, Ph. Neri (Paris 1957), deutsch unter dem Titel: Der heilige Narr (Köln 1960).

[2] *Heimbucher* II 560 f.

[3] Zu *Heimbucher* II 113 f: *F. Ferraironi*, S. G. Leonardi e Propaganda fide (Rom 1938); *V. Pascucci*, S. Giovanni Leonardi. Un protagonista della spiritualità del XVI secolo (Rom 1963).

[4] Epistolario di S. Giuseppe Calasanzio, hrsg. von *L. Picanyol*, 8 Bde (Rom 1950/55); *G. Santha*, S. José de Calasanz (Madrid 1956); *C. Vilà Palà*, Fuentes inmediatas de la pedagogía calasancia (Madrid 1960). — *L. Picanyol*, Brevis conspectus historico-statisticus ordinis scholarum piarum (Rom 1932); weitere Lit.: *Escobar* a. a. O. I 855—870.

Calasanza (1556—1648, heiliggespr. 1767), der sich nach seiner Übersiedlung nach Rom (1592) zunächst in der Bruderschaft der Christlichen Lehre betätigt hatte, eröffnete dort 1597 die erste unentgeltliche Volksschule und schloß seine Mitarbeiter zu einer Genossenschaft mit einfachen Gelübden zusammen (1617), deren Konstitutionen 1622 bestätigt wurden. Schon hatte sich der Orden von Italien in die habsburgischen Länder und nach Polen ausgebreitet, als der Stifter vor die Inquisition gestellt und als General abgesetzt (1643), seine Stiftung zu einer einfachen Genossenschaft ohne Gelübde degradiert wurde (1645). Erst Alexander VII. gab ihr den Ordenscharakter zurück; ihr Wirkungsbereich blieb der Elementarunterricht.

Der einflußreichste Erziehungs- und Schulorden war und wurde immer mehr die *Gesellschaft Jesu.* Nach dem stürmischen Wachstum der Gründerzeit machte sie unter den Generalen Borja (1565/73) und Mercurian (1573/80) eine Periode der inneren Konsolidierung durch, die durch den geistig hervorragenden Claudius Acquaviva (1581—1615) im wesentlichen abgeschlossen wurde: die Tages- und Lebensordnung der Mitglieder wurde festgelegt, ein Direktorium für die Erteilung von Exerzitien zusammengestellt, nach langer Vorbereitung eine Studienordnung (Ratio studiorum) in Kraft gesetzt (1599). Letztes Unterrichtsziel ist: „zur Erkenntnis und Liebe unseres Schöpfers und Erlösers anzuregen". Nach der „Pariser Methode" wird in festen Klassen die Beherrschung des Lateins (nicht so sehr des Griechischen) in Schrift und Rede angestrebt; auf ihr bauen sich die philosophische, zuletzt die theologische Ausbildung auf. Der Ehrgeiz der Schüler wird durch Wettbewerb angestachelt, öffentliche Schulakte und Theateraufführungen verbinden Schüler- und Elternschaft, jugendliche Heilige (Stanislaus Kostka [† 1568], Luigi Gonzaga [† 1591] und Johannes Berchmans [† 1621]) werden als Vorbilder hingestellt. Nach dem einheitlichen Erziehungs- und Lehrplan der Ratio studiorum wurde in den 372 Kollegien, die der Orden 1616 unterhielt, eine geistliche und weltliche Elite herangebildet, die stärker als irgendein anderer Faktor Kirche und Welt formte. Allein in der Pariser Provinz studierten 1643 in 18 Kollegien rund 13000 Schüler.

Der Orden fand und behauptete seine endgültige Form und erreichte den Höhepunkt seines Einflusses. Die aus den Bettelorden hervorgegangenen Päpste Pius V. und Sixtus V. versuchten ohne Erfolg, die Gesellschaft an jene anzugleichen (durch Einführung des gemeinsamen Chorgebets, Ablegung der feierlichen Profeß vor der Priesterweihe), ja sogar ihren Namen zu ändern. Der ihr günstig gesinnte Gregor XIII. drängte, indem er 1573 die Wahl des Belgiers Mercurian durchsetzte (an Stelle des langjährigen Ordenssekretärs Polanco), den bis dahin herrschenden spanischen Einfluß auf die Ordensleitung zurück. Von Philipp II. unterstützte Bestrebungen spanischer Jesuiten, einen Generalkommissar für die spanischen Reiche zu erhalten oder den General nach Spanien zu ziehen, drangen nicht durch.

Acquaviva mißbilligte offen die Einmischung so hervorragender Mitglieder wie Auger in Frankreich, Skarga in Polen in die Politik. In Zusammenstößen mit seinen Kritikern, z. B. dem deutschen Assistenten Hoffaeus, bewies er ebenso viel Festigkeit wie Maß. Die Mitgliederzahl, die 1563 rund 3500 betragen hatte, stieg auf über 13000. Unter Acquavivas mildem und klugem Nachfolger Mutius Vitelleschi (1615/45) erreichte der Orden die Heiligsprechung seines Stifters und seines größten Missionars Franz Xaver (1622) und feierte mit großem Gepränge 1640 das erste Jahrhundert seines Bestehens: das Prachtwerk „Imago primi saeculi S. I." dokumentierte das Erreichte.

Obwohl sich die Jesuiten im Geiste ihres Stifters durch Erteilen von Exerzitien und Volksmissionen (der hl. Franz Regis, † 1640 in der Languedoc), als Prediger und Beichtväter um die Seelsorge aller Stände verdient machten, wurden sie in der Seelsorge des einfachen Volkes seit dem Ausgang des 16. Jh. durch die *Kapuziner* zumindest erreicht. Nachdem Gregor XIII. die Beschränkung des neuen Zweiges der franziskanischen Ordensfamilie auf Italien aufgehoben hatte (1574), verbreitete er sich außerordentlich schnell in Frankreich, in Spanien und den Niederlanden und im deutschen Sprachgebiet. Als Paul V. ihn 1621 vom General der Konventualen unabhängig machte, zählte er bereits 15000 Mitglieder. Je größer die Zahl der durch eingehendes Studium geschulten Prediger wurde (seit 1578 war Bonaventura Ordenslehrer), desto intensiver pflegten sie außer den üblichen Predigtzyklen im Advent und während der Fastenzeit Wanderpredigt und Volksmission und wurden die bevorzugten Seelsorger und Beichtväter des einfachen Volkes. Der als Organisator und Prediger hervorragende Matthias von Salò († 1611)[5] setzte sich für das Vierzigstündige Gebet ein; Fidelis von Sigmaringen, Guardian in Feldkirch, wurde 1622 in Seewis vor Beginn seiner Missionspredigt von reformierten Bauern erschlagen (heiliggespr. 1746)[6]. Um die Einführung des Ordens in den habsburgischen und wittelsbachischen Ländern machte sich Laurentius von Brindisi als Generalkommissar (1602/05 als General) verdient[7]. Stand sein Einsatz für die Gründung der Liga noch im Dienst der katholischen Sache, so ließ sich die „Graue Eminenz" Joseph von Paris († 1638), als Ordensmann strenger Asket und eifriger Seelenführer, von Richelieu als Werkzeug seiner Machtpolitik gebrauchen.

Die Jesuiten und die Kapuziner, ihr apostolischer Eifer und ihre neuen Seelsorgsmethoden gehören zum Bild der katholischen Erneuerung des

[5] Seine nicht immer zuverlässige Historia cappuccina, hrsg. von *Melchior a Pobladura*, 2 Bde (Rom 1946/50); weitere Lit.: LexCap 1078 ff.

[6] Festschrift anläßlich des 200jähr. Jubiläums der Heiligsprechung (Luzern 1946); LexCap 585 ff.

[7] *Felix a Mareto*, Bibliographia Laurentiana 1611—1961 (Rom 1962); *Lazaro de Aspurz*, Personalidad y misión de S. Lorenzo de Brindisi: Estudios franciscanos 61 (1960) 175—201.

16. Jh. ebenso notwendig, wie die damals neuentstandenen *Bettelorden* zu dem des 13. Jh. Auch diese bewiesen wiederum ihre Lebenskraft. Sie paßten nun ihre Konstitutionen an das Regularendekret des Tridentinums (Sess. XXV) an, das Streben nach strenger Beobachtung der Ordensregel führte in einigen Orden zur Gründung von „Rekollekten"-Häusern im Provinzverband, in anderen zur Ausbildung neuer Ordenszweige mit strengerer und strengster Observanz. Bei den Franziskanern übertrafen die in den spanischen Reichen verbreiteten Alkantariner (nach ihrem Stifter Petrus von Alcántara), auch Discalceaten genannt, durch ihre Bußstrenge und äußerste Armut die in Italien und Süddeutschland verbreiteten „Riformati", die von Fonte Colombo bei Rieti ihren Ausgang genommen hatten, und die französischen „Rekollekten", die sich nach den Hugenottenkriegen zuerst in Nevers (1592) zusammenschlossen. Jene nannten sich strictissimae observantiae, diese strictioris observantiae; alle blieben jedoch im Ordensverband der Observanten, wie die spanischen Augustiner-Barfüßer (Discalceati), die seit 1601 im Orden der Augustinereremiten eine eigene Provinz bildeten, seit 1621, in vier Provinzen geteilt, sogar einen eigenen Generalvikar besaßen. Noch loser war die Abhängigkeit vom Ordensgeneral bei den italienischen Barfüßern, die sich von Sizilien aus bis nach Österreich und Bayern verbreiteten, und bei der französischen Kongregation, die 1617 in Avignon ihr erstes Generalkapitel hielt. Im Predigerorden wurden mehrere Reformkongregationen in Provinzen verwandelt, es entstanden aber auch neue Observantenkongregationen (z. B. in Frankreich die des hl. Ludwig 1629).

Dagegen gelang es dem Karmelitengeneral Rossi nicht, die von Teresa von Avila und Johannes vom Kreuz in Spanien gegründeten reformierten Männer- und Frauenklöster gemäß dem Beschluß des Generalkapitels von Piacenza (1575) „zur milderen Observanz und zum Gehorsam gegen die Ordensoberen" zurückzuführen. Sie bildeten 1580 mit Erlaubnis Gregors XIII., die Philipp II. erwirkt hatte, eine eigene Provinz und gaben sich Statuten, in denen strenge Regelobservanz und Pflege des inneren Gebetes im Vordergrund standen. Nachdem sie 1593 das Recht erhalten hatten, einen eigenen General zu wählen, war die Entwicklung zum selbständigen Orden abgeschlossen. Die „Unbeschuhten Karmeliten" (discalceati) besaßen seit 1597 einen Konvent in Rom und breiteten sich in Polen (Krakau 1605), Frankreich (Paris 1611), Deutschland (1613 Köln, 1622 Wien) und Irland (Dublin 1625) aus. Urban VIII. bestätigte 1631 ihre umgearbeiteten Konstitutionen, deren außerordentlich strenge Lebensordnung (kein Fleischgenuß, Fasten vom 14. September bis Ostern, täglich zwei Stunden Betrachtung, in den Einsiedlerkonventen stetes Stillschweigen) sie den monastischen Bußorden der Kartäuser und Camaldulenser annäherten. Hohes wissenschaftliches Ansehen erlangten sie durch das Collegium Complutense philosophicum (Alcalá, seit 1624) und den Cursus theologicus der Salmantizenser Ordenstheologen (seit 1631). Thomas a Jesu († 1627) trug durch sein missionstheologisches Werk „De procuranda salute omnium gentium" (1613) zur Gründung der Propaganda-Kongregation bei[8].

Welches Gewicht die beiden großen Bettelorden im kirchlichen Leben nach wie vor besaßen, läßt sich aus der — freilich noch unvollkommenen — Statistik ablesen. Im Jahre 1573 zählte der Dominikanerorden in 29 Provinzen, 5 Kongregationen und 4 Vikarien 920 Konvente; die Mitgliederzahl überstieg bedeutend 7000[9]. In der franziskanischen Ordensfamilie zählte man 1682 in 31 Provinzen und 952 Konventen rund 15 000 Konventualen; die Observanten besaßen um 1585 in 88 Provinzen 2113 Konvente; da die Mitgliederzahl 1517 bei der Trennung von den Konventualen mit 30 000, 1680 mit 60 000 angegeben wird, liegt sie in der tridentinischen Epoche bei mindestens 40 000[10].

Wirkte sich die Durchführung der Regelobservanz in den zentralistisch organisierten Bettelorden mehrfach als zentrifugale Tendenz aus, so blieb das Anliegen der *benediktinischen* Reformen, das einzelne Kloster durch Einordnung in einen größeren Verband vor Isolierung und Verfall zu bewahren. Das Trienter Konzil hatte in seiner Regularenreform (Sess. XXV, c. 8) den Zusammenschluß der exemten Klöster, sei es in Provinzkapiteln, sei es in Kongregationen, vorgeschrieben. Italien und Spanien besaßen bereits die großen Kongregationen von Montecassino und Valladolid. Die 1564 gegründete flandrische Kongregation und die „Große gallikanische", von der sich 1617 die von St-Denis abspaltete, erfüllten zwar formell die tridentinische Forderung, trugen aber wenig zur Reform bei, weil viele Klöster nach wie vor im Besitz von Kommendataräbten waren und nur wenige Mönche zählten. Die von Blosius reformierte Abtei Lissies wirkte durch ihr Beispiel auf Nachbarklöster ein, bildete aber keine Kongregation. Erst die Kongregation von St-Vanne, der von 1604 bis 1670 lothringische und burgundische Abteien beitraten, die nach heftigen Auseinandersetzungen mit dem Episkopat (Abt Fanson von St-Hubert) gebildete belgische Kongregation (1629), vor allem aber die Maurinerkongregation (bestätigt 1621) führten eine neue Blüte des benediktinischen Mönchtums herauf. Die Mauriner, denen sich schließlich 178 Klöster anschlossen, gaben sich nach dem Muster der Kongregation von Montecassino eine straffe Verfassung unter einem auf 3 Jahre gewählten Generalsuperior in St-Germain-des-Prés, mit einem Generalkapitel, streng geregelter Visitation und gemeinsamen Noviziaten in jeder der sechs Provinzen. In ihr reiften in der Folgezeit die großen

[8] Neudruck Rom 1940; über die Quellen vgl. *P. Charles:* Scientia missionum ancilla (Nijmegen 1953) 46—53. — Über das Wirken der Beschuhten Karmeliten in Deutschland: *G. Mesters,* Die rheinische Karmeliterprovinz während der Gegenreformation (Speyer 1958).

[9] *Walz* 421 f. — Siehe auch *St. Forte,* I Domenicani nel carteggio del Card. Scipione Borghese, Protettore dell'Ordine 1606/13: AFP 30 (1960) 351—416.

[10] *Holzapfel* 415 ff 596 f.

Werke zur benediktinischen Ordensgeschichte und die noch heute nicht überholten Kirchenväterausgaben, wurde die historisch-kritische Methode ausgebildet.

In Nord- und Westdeutschland hatte die Bursfelder Union, allerdings unter großen Verlusten, die Stürme der Reformation überstanden[11]. In Süddeutschland bildete sich, nachdem mehrere Ansätze zu apostolischen Visitationen ohne Ergebnisse geblieben waren, unter Führung des Abtes Georg Wegelin von Weingarten 1603 die Schwäbische Kongregation[12], gleichzeitig (1602) die Schweizer Kongregation, etwas später die Österreichische (bestätigt 1625), die allerdings mehr auf die Verteidigung der Privilegien als auf Reform ausgerichtet war. Der Plan, alle deutschen Kongregationen zu einer einzigen zusammenzuschließen, scheiterte am Widerspruch der Bischöfe; der dahin gehende Beschluß einer Äbteversammlung in Regensburg (1631) wurde durch Urban VIII. als nichtig erklärt. Es gelang jedoch, in der 1617 von Erzbischof Mark Sittich in Salzburg gestifteten Universität, die dem Benediktinerorden inkorporiert wurde, ein Zentrum wissenschaftlichen Strebens für die deutschen Benediktiner zu schaffen.

Auch im Zisterzienserorden setzte sich die vortridentinische Tendenz, reformierte Klöster in Kongregationen zusammenzuschließen, weiter fort. Neue Kongregationen entstanden in Portugal (1567), Polen (1580), Oberdeutschland (1595), Aragonien (1616), Rom (1623) und Kalabrien (1633). Eine von Ludwig XIII. angeregte Reform des Gesamtordens, mit der Gregor XV. den Kardinal Rochefoucauld beauftragt hatte, setzte sich nicht durch. Die Abtrennung der Zisterzienser von der strengen Observanz im Trappistenorden gehört schon der folgenden Periode an (siehe Band V).

Die Verstärkung der bischöflichen Aufsichtsrechte über die *Hospitäler* durch das Tridentinum (Sess. VII, c. 15; Sess. XXII, c. 8 und 9; Sess. XXV, c. 8) vermochte deren fortschreitende Verbürgerlichung nicht zu verhindern[13]. Dennoch wurden die Krankenpflege und der geistliche Beistand für Kranke, zumal beim Auftreten von Epidemien[14], unter zuweilen heroischem Einsatz geübt, zwei neue Orden dienten ausschließlich diesem Zweck. Johannes von Gott (1495—1550, heiliggespr. 1690)[15], durch eine Predigt Juans de

[11] Der Reformplan des Kölner Nuntius Garzadoro von 1597: *P. Volk*, Urkunden zur Geschichte der Bursfelder Kongregation (Bonn 1951) 150 ff.

[12] *R. Reinhardt*, Restauration, Visitation, Inspiration. Die Reformbestrebungen in der Benediktinerabtei Weingarten 1567—1627 (Stuttgart 1960).

[13] Übersicht über die kirchliche Gesetzgebung: *E. Nasalli Rocca*, Il diritto ospedaliero nei suoi lineamenti storici (Mailand 1956) 131 ff; *Benedetto da Alatri*, Le ospedali di Roma e le bolle pontificie (Viterbo 1950); *M. Vanti*, Bernardino Cirillo, Commendatore e Maestro generale dell'ordine di S. Spirito 1556/75 (Rom 1936).

[14] Zum Beispiel *Donato da S. Giovanni in Persiceto*, I cappuccini e la peste a Bologna nel 1630: Atti del primo Congresso italiano di Storia Ospedaliera (Reggio - Emilia 1957) 228—246.

[15] *Heimbucher* I 600 f; Biogr. von *L. Ruland* (Frankfurt a. M. 1949), *J. Cruset* (Barcelona

Ávila bekehrt, gründete 1540 in Granada ein Hospital, das — mit Hilfe des Erzbischofs Guerrero in einem Neubau untergebracht — auch Geisteskranke aufnahm. Die Gemeinschaft der von ihm gewonnenen Helfer erhielt von Pius V. 1572 die Augustinusregel, Sixtus V. approbierte 1586 ihre Konstitutionen. Unter Urban VIII. besaßen die „Barmherzigen Brüder" in den spanischen Reichen 79 Spitäler unter einem in Granada residierenden Generaloberen; die in Italien (seit 1571), Frankreich (seit 1602) und Österreich (seit 1605) gegründeten Häuser standen seit 1592 unter einem eigenen, in Rom ansässigen General. Kurz zuvor (1584) hatte dort Camillus de Lellis (1550—1614, heiliggespr. 1746)[16] die „Regularkleriker für den Beistand der Kranken", besonders der Sterbenden, die „Kamillianer", gegründet, die sich während der Pestepidemien in Rom und Neapel auszeichneten und seit Gregor XV. durch ein viertes Gelübde hierzu verpflichteten. Beim Tode des Stifters besaß der Orden in Italien 16 Niederlassungen.

Obwohl die durch Pius V. verschärften Klausurvorschriften sich anfangs als Hindernis auswirkten, begannen religiöse *Frauen*genossenschaften sich in die sozial-karitative Arbeit der Kirche einzuschalten. Dem Unterricht der weiblichen Jugend widmeten sich außer den Ursulinen[16a] die Salesianerinnen und die Englischen Fräulein. Die ersteren, auf Anregung des hl. Franz von Sales durch die Witwe Franziska Frémiot de Chantal (1572—1641, heiliggespr. 1767)[17] 1610 zunächst für den Dienst an Armen und Kranken gegründet, wandten sich nach ihrer Erhebung zum Orden mit der Augustinusregel (1618) mit Rücksicht auf die tridentinischen Klausurvorschriften der Erziehung und dem Unterricht heranwachsender Mädchen in Pensionaten zu. Beim Tode der Stifterin zählte der Orden 86 selbständige Klöster, sämtlich im französischen Sprachgebiet. Fast gleichzeitig hatte die Engländerin Mary Ward († 1645)[18] 1609 in St-Omer eine Genossenschaft gegründet, die sich nach der Regel der Jesuiten richten sollte, unter Verzicht auf die triden-

1958); Per il IV Centenario della morte di S. Giovanni da Dio (Rom 1950); *C. Salvadori,* Incontri con S. Giovanni da Dio (Rom 1959); *A. Chagny,* L'Ordre hospitalier de St. Jean de Dieu en France I (Lyon 1951).

[16] *Heimbucher* II 114 ff; Biogr. von *M. Fischer* (Freiburg 1935), *R. Svoboda* (Linz [5]1946), *M. Vanti* (Rom [3]1964).

[16a] Vgl. *M. de Chantal Gueudré,* Les monastères des Ursulines sous l'Ancien Régime 1612—1788 (Paris 1960).

[17] Quellen: St[e] J. F. de Chantal, sa vie et ses œuvres, 8 Bde (Paris 1874/79). Biogr. von *H. Waach* (Eichstätt 1957); *M. Müller,* Die Freundschaft des hl. Franz von Sales mit der hl. J. F. von Ch. (Regensburg 1924); *D. Mézard,* Doctrine spirituelle de St[e] J. F. de Ch. (Paris 1928).

[18] *M. Oliver,* M. Ward (London 1959); *J. Grisar,* Die ersten Anklagen in Rom gegen das Institut M. Wards (Rom 1959); *ders.,* Maria Wards Institut vor römischen Kongregationen 1616—30 (Rom 1966) [= Misc. Hist. Pont. XXVII]. Über die zahlreichen anderen Frauengemeinschaften, die das Apostolat auf verschiedenen Gebieten pflegten, zusammenfassend *J. Grisar,* Jesuitinnen. Ein Beitrag zur Gesch. des weiblichen Ordenswesens von 1550 bis 1650: Reformata reformanda II 70—113.

unische Klausur. Die erbetene päpstliche Bestätigung wurde daraufhin verweigert, die Genossenschaft aufgelöst (1631), Mary selbst auf schlechtbegründete Anklagen hin zeitweise inhaftiert. Dank der Protektion Maximilians I. von Bayern hielt sich jedoch das 1626/27 in München für den Unterricht an Mädchenschulen gegründete „Institut der Englischen Fräulein“ und wurde Ausgangspunkt zahlreicher Neugründungen in Süddeutschland. Die Gründung einer Frauengenossenschaft für Krankenpflege gelang erst Vinzenz von Paul. Die Filles de la Charité, gewöhnlich Vinzentinerinnen genannt, traten seit 1634 unter der Leitung Luises v. Marillac († 1660, heiliggespr. 1934) an die Stelle der von Vinzenz organisierten Frauenvereine für die Pflege Armer und Kranker[16] und wurden 1654 von Innozenz X. als Genossenschaft approbiert. Zusammen mit den Borromäerinnen von Nancy (1652) bereiten sie die großartige Entwicklung der modernen Frauenkongregationen vor, ohne die das soziale Wirken der Kirche im 19. und 20. Jh. nicht gedacht werden kann.

[19] Bibliogr. von *L. Gebsattel:* Car 61 (1960) 158 ff 200 f; *J. Guy,* L. de Marillac (Paris 1960).

VIERTER ABSCHNITT

Der Missionsfrühling zu Beginn der Neuzeit

Univ.-Professor Dr. Josef Glazik MSC, Münster

45. Kapitel

Mission im spanischen Patronatsgebiet

QUELLEN: Colección de documentos inéditos relativos al descubrimiento, conquista y colonización de las posesiones españolas en América y Oceania, 42 Bde (Madrid 1864/84), Segunda Serie, 13 Bde (Madrid 1885 ff); *(P. Hernáez,)* Colección de bulas, breves y otros documentos relativos a la Iglesia de América y Filipinas, 2 Bde (Brüssel 1879); Cuerpo de documentos del siglo XVI sobre los derechos de España en las Indias y las Filipinas, hrsg. von *L. Hanke - Millares Carlo* (Mexiko 1943); *B. de Las Casas,* Historia general de las Indias, hrsg. von Millares Carlo, 3 Bde (Mexiko 1951); *B. de Las Casas,* Apologética Historia de las Indias, hrsg. von Serrano y Sanz (Madrid 1909). — Dazu die Veröffentlichungen der Orden in ihren Zeitschriften und Sammlungen, etwa der Franziskaner in Archivo Ibero-Americano und The Americas sowie die Documentary Series der Academy of American Franciscan History (Washington ab 1951) oder das Archivum Fratrum Praedicatorum (Rom), das Archivum Historicum S. I. und die Monumenta Historica S. I. (Rom).

LITERATUR: *Streit* II (Aachen 1924); *C. Bayle,* España en Indias. Nuevos ataques y nuevas defensas (Vitoria 1934, Madrid [4]1944); *G. García,* Caracter de la conquista española según los testes de los historiadores primitivos (Mexiko 1901); *L. Hanke,* The Spanish Struggle for Justice in the Conquest of America (Philadelphia 1949, spanisch: Buenos Aires 1949); *ders.,* Colonisation et conscience chrétienne au XVIe s. (Paris 1957); *J. Höffner,* Christentum und Menschenwürde. Das Anliegen der spanischen Kolonialethik im Goldenen Zeitalter (Trier 1947); *P. de Leturia,* Der Heilige Stuhl und das spanische Patronat in Amerika: HJ 46 (1926) 1—71; *J. Specker,* Die Missionsmethode in Spanisch-Amerika im 16. Jh. (Schöneck-Beckenried 1953); *A. Ybot León,* La Iglesia y los eclesiásticos españoles en la empresa de Indias (Barcelona etc. 1954); *P. Borges,* Métodos misionales en la cristianización de América s. XVI (Madrid 1960); *A. de Egaña,* La teoría del Regio Vicariato Español en Indias (Rom 1958); *M. Mónica,* La gran controversia del siglo XVI acerca del Dominio Español en América (Madrid 1952); *P. de Leturia,* Relaciones entre la Santa Sede e Hispanoamérica 1493—1835, 3 Bde (Rom - Caracas 1959). — Zu Bartolomé de Las Casas: B. de Las Casas 1474—1566. Bibliografía crítica y cuerpo de materiales para el estudio de su vida . . ., hrsg. von *L. Hanke - M. Giménez Fernández* (Santiago de Chile 1954); *L. Hanke,* B. de Las Casas. An Interpretation of his Life and Writings (Den Haag 1951); *B. Biermann,* Lascasiana: AFP 27 (1957) 337—358; *A. Fabié,* Vida y escritos de D. Fr. B. de Las Casas, 2 Bde (Madrid 1879). Dazu die Monographien von *A. Freitag* (Steyl 1915), *M. Brion* (Paris 1927), *C. Bayle* (Sevilla 1945), *M. González Calzada* (Mexiko 1948), *M. Giménez Fernández* (Sevilla 1953), *M. Martínez* (Madrid 1955).

Als Vorspiel zu den großen Entdeckungen des 15. und 16. Jh. kann die Neuentdeckung der Kanarischen Inseln (1312/41) angesehen werden[1]. Was sich in ihrem Gefolge tat, ist beispielhaft für die gesamte Missionstätigkeit des sogenannten Entdeckungszeitalters. Schon 1351 ernannte Papst Clemens VI. den Karmeliten Bernhard zum Bischof der „Glücklichen Inseln"[2]. Urban V. befahl 1368 den Bischöfen von Barcelona und Tortosa, Missionare dorthin zu entsenden. Doch blieb diesen frühen Versuchen der Erfolg versagt. 1391 sollen 13 Missionare von den Inselbewohnern erschlagen worden sein. Erst die Eroberung der Kanaren durch die Spanier schuf günstigere Verhältnisse. 1404 wurde das Bistum Kanarische Inseln mit Sitz in Rubicón neu errichtet[3], 1424 kam Fuertaventura als zweite Diözese hinzu[4]. Um die Christianisierung der (wahrscheinlich berberischen) Inselbevölkerung bemühten sich neben Dominikanern und Augustinern hauptsächlich die Franziskaner (hl. Didacus von Alcalá [† 1463], Alfons von Bolano). Doch wurde ihre Arbeit durch die Übergriffe der spanischen Eroberer und Händler stark beeinträchtigt. Papst Eugen IV. mußte die Neophyten gegen Ausbeutung und Versklavung in Schutz nehmen und ihre Menschenrechte verteidigen[5]. Die einheimische Bevölkerung ist jedoch nicht — wie verschiedentlich behauptet wird — ausgerottet, sondern in knapp hundert Jahren zu einer europäischen Nation akkulturiert worden[6]. Schon 1476 war der Großteil der Inselbewohner katholisch. 1483 wurde Las Palmas Bischofssitz für den ganzen Archipel.

Nachdem Spanien 1492 mit dem Sieg bei Granada die reconquista der Iberischen Halbinsel abgeschlossen und durch die Heirat Isabellas von Kastilien mit Ferdinand von Aragón seine staatliche Einheit gefunden hatte, trat es im gleichen Jahre in den Entdeckungswettstreit mit Portugal: Der Genuese (?) Christoph Kolumbus (1451—1506) entdeckte, in spanischen Diensten stehend, Amerika, das er für einen Teil Asiens hielt und deshalb „Westindien" nannte. Um portugiesischen Ansprüchen zu begegnen, erwirkte das spanische Königspaar von Papst Alexander VI. die Anerkennung seiner Besitzrechte auf die neuentdeckten Gebiete und die Festlegung einer

[1] *R. Henning,* Terrae incognitae III (Leiden 1938) 136—143, nach *Petrarca,* De vita solitaria II, cap. 3.

[2] *K. Eubel,* Der erste Bischof der canarischen Inseln: RQ 6 (1892) 237—240; *A. Lütolf,* Zur Entdeckung und Christianisierung der westafrikanischen Inseln: ThQ 59 (1877) 319—332.

[3] *Streit* XV 354 f. Zum Ganzen vgl. Historia de la Religión en Canarias (Santa Cruz de Tenerife 1957); *J. Zunzunegui,* Los orígenes de las misiones en las Islas Canarias: RET 1 (Madrid 1941) 361—408; *I. Omaechevarría,* En torno a las misiones del archipiélago Canario: Missionalia Hispanica 14 (Madrid 1957) 539—560.

[4] *Streit* XV 390 f.

[5] Ebd. 400 409; vgl. *J. Wölfel,* Bericht über eine Studienreise in die Archive Roms und Spaniens zur Aufhellung der Vor- und Frühgeschichte der Kanarischen Inseln: Anthropos 25 (1930) 711—724.

[6] Vgl. *E. Fischer:* ZE 62 (Braunschweig 1931) 258—281; *J. Wölfel:* ebd. 282—302.

Demarkationslinie hundert Meilen westlich der Azoren und der Kapverdischen Inseln: Alle entdeckten Gebiete jenseits dieser Linie sollten Spanien, die diesseits gelegenen Portugal gehören[7]. 1494 wurde diese imaginäre Linie auf Betreiben Portugals im Vertrag von Tordesillas um 270 Meilen weiter nach Westen gerückt — vielleicht ein Beweis dafür, daß portugiesische Seefahrer doch schon vor Kolumbus Kenntnis von dem neuen Erdteil gewonnen hatten. Jedenfalls konnte Portugal auf Grund dieser Korrektur das 1500 von Cabral in Besitz genommene Brasilien legal für sich beanspruchen. Doch entzündete sich nach der ersten Weltumseglung und der Entdeckung der Philippinen durch Fernão de Magalhães (1480—1521) ein langwährender Streit um eine entsprechende Demarkationslinie im Pazifik. Dieser Streit sollte für die Missionsgeschichte des Fernen Ostens von folgenschwerer Bedeutung werden. Es ging nicht nur um die Philippinen, sondern schließlich und endlich um Japan und China. Auch die Tatsache, daß die spanischen Missionare ihren Weg nach Asien über Amerika (Mexiko) nehmen mußten, ist der Erwähnung wert.

An dem Schiedsspruch Alexanders VI., der „Aufteilung der Welt" und der donatio Alexandrina, haben sich immer wieder die Gemüter erhitzt. Noch heute wird ihre Bedeutung diskutiert[8]. Gesichert scheint, daß hiermit ein nationales Missionsmonopol für bestimmte Weltgegenden verliehen wurde. Denn als Entgelt für die „Schenkung" übernahm der spanische König die Verpflichtung, in den neuentdeckten Gebieten für die Ausbreitung des christlichen Glaubens zu sorgen. Damit war für Spanien die Voraussetzung für das königliche Patronat (patronato) gegeben. Die Verpflichtung zur Mission forderte entsprechende Rechte im kirchlichen Bereich. Sie wurden der spanischen Krone 1508 durch die Bulle „Universalis Ecclesiae" von Julius II. gegeben[9]. Zu der Unterhaltspflicht für Klerus, Kirchen und Diözesen trat nun das Recht, Diözesen zu errichten und alle Benefiziaten, einschließlich der Bischöfe, zu ernennen.

Aber Spanien leitete aus dem Missionsauftrag auch das Recht der Eroberung und der Landnahme ab. Die conquista wurde Kampf gegen das Heidentum, wie die reconquista Kampf gegen den Islam gewesen war — sie geschah im Namen des Glaubens. „Das Schwert in der einen Hand, boten

[7] Vgl. die beiden Bullen „Inter caetera" vom 3. und 4. Mai 1493 und die Bulle „Eximiae devotionis" vom 4. Mai 1493. Dazu *P. de Leturia,* Las grandes bulas misionales de Alejandro VI (1493): Bibliotheca Hispana Missionum 1 (Barcelona 1930) 209—251; *M. Giménez Fernández,* Las bulas alejandrinas de 1493: Anuario de Estudios Americanos 1 (Sevilla 1944) 171—429; *A. García Gallo,* Las Bulas de Alejandro VI y el Ordenamiento Jurídico de la Expansión Portuguesa y Castellana en África e Indias (Madrid 1958).

[8] *E. Staedler,* Die „donatio Alexandrina" und die „divisio mundi" von 1493: AkathKR 117 (1937) 363—402; *ders.,* Die westindischen Lehnsedikte Alexanders VI. (1493): ebd. 118 (1938) 377—417; *J. Leclercq,* Autour de la „donation" d'Alexandre VI (1493): Études 237 (1938) 5—16 195—208.

[9] *Streit* II 54.

sie mit der anderen das Evangelienbuch dar.“ [10] Die in ein Gebiet einziehenden Truppen erließen jeweils eine Proklamation (requerimiento [11]), in der die Bewohner unter Androhung schwerster Strafen aufgefordert wurden, das Christentum anzunehmen und die Herrschaft des spanischen Königs anzuerkennen. Wer sich weigerte, verlor die Freiheit oder sein Leben. Die Eroberer erhielten das Land als königliches Lehen (encomienda [12]) und hatten das Recht, die Indianer zur Arbeit auf ihm zu zwingen. Die Glaubensboten, die die Truppen begleiteten, billigten als Kinder ihrer Zeit weitgehend dieses Vorgehen. Sie waren für ihre missionarische Arbeit nicht vorbereitet und besaßen keinerlei Erfahrung mit Völkern fremder Kulturen. Sie glaubten, die fremden Völker könnten nur dann echte Christen werden, wenn zuvor ihre Anschauungen, Bräuche und Kulte zerstört worden seien (Methode der tabula rasa). Dazu bedurfte es gelegentlich der Gewaltanwendung. Doch darf hieraus nicht der Schluß gezogen werden, daß die spanischen Missionare nur die Gewaltmethode gekannt hätten. Dem widerspricht die Tatsache, daß — nachweislich dank der Arbeit der Missionare — in den meisten lateinamerikanischen Ländern die indianische Bevölkerung sich bis auf die Gegenwart erhalten hat und ihre Sprachen zum Teil noch fortleben.

Zu dieser allgemeinen Zeitauffassung kommt eine gewisse theologische Befangenheit, die den mit der Weitung des Weltbildes sich stellenden Problemen nicht gewachsen war. So hat die unbewältigte Frage nach dem Heil der Heiden und über die Natur und den Inhalt des zum Heil notwendigen Glaubens [13] zu der übereilten Taufpraxis geführt, die zahlreiche Neuchristen, aber nur eine geringe Verchristlichung erzielte. Wie wenig man sich der neuen Lage bewußt war, verraten die Konzilsväter von Trient dadurch, daß sie die Überseegebiete kaum einmal erwähnen, geschweige denn zum Gegenstand ernster Überlegungen machen. So ist das kirchliche Leben in den Missionen auch nach 1563 noch lange vortridentinisch geprägt geblieben. Man übertrug unbesehen die heimischen Verhältnisse auf die fremden Kulturräume und schuf so geschlossene, ausschließlich latein-europäische Reiche unter der Herrschaft des „katholischen“ Königs von Spanien [14].

Diese Entwicklung ging sehr schnell vonstatten. 1513 erreichte Vasco Nuñez de Balboa nach Überquerung der Panamalandenge den Stillen Ozean, von ihm „Mar del Sur — Südsee“ genannt. Bis 1519 war die nördliche Küste

[10] Zitiert bei *Schmidlin* M 290, Anm. 3 nach *Baluffi*, L'America un tempo spagnuola riguardata sotto l'aspetto religioso I (Ancona 1844) 159.

[11] *B. Biermann*, Das requerimiento in der spanischen Conquista: NZM 6 (1950) 94—114.

[12] *S. A. Zavala*, La encomienda indiana (Madrid 1935).

[13] *F. Rousseau*, L'idée missionnaire aux XVIe et XVIIe siècles (Paris 1930); *V. Carro*, La teología y los teólogos-juristas españoles ante la conquista de América (Sevilla ^{2}1951).

[14] Warum die Bischöfe aus Amerika am Konzil nicht teilnahmen, untersucht *P. de Leturia:* Il Concilio di Trento I (Rom 1942) 35—43.

des Golfes von Mexiko befahren, bis 1526 waren die südlichen Umrisse Südamerikas festgestellt. Auf die Entdeckung folgte die Eroberung. In etwas mehr als fünfzig Jahren war Amerika von Chile bis hinauf nach Oregon unter spanischer Herrschaft. Dieser Erfolg erklärt sich nicht nur durch Gewalt und technische Überlegenheit; er hat seine Gründe auch in den Spannungen und dem inneren Verfall der altamerikanischen Reiche. Daß Spanien diese Riesenräume Jahrhunderte hindurch halten konnte, verdankt es der straff organisierten Verwaltung, die unmittelbar nach der Eroberung aufgebaut wurde, ehe die oft auf eigene Faust handelnden conquistadores der Versuchung erlagen, von Spanien unabhängige Reiche zu gründen. So entstanden die klar unterschiedenen Verwaltungsbezirke: Antillen, Mexiko (Neuspanien), Peru und Neu-Granada. Ihnen entsprach die kirchliche Aufteilung. So ist es sachlich begründet, die Missionsgeschichte Spanisch-Amerikas unter dieser geographischen Rücksicht darzustellen.

Antillen

Es kann als ziemlich sicher angesehen werden, daß Kolumbus auf seiner ersten Reise von keinem Priester begleitet worden ist[15]. Erst auf der zweiten Reise fuhr eine buntgemischte Gruppe von 12 bis 13 Welt- und Ordensklerikern unter Führung des Fray Bernal Boyl mit in die „Neue Welt". Die Expedition war völlig erfolglos. Boyl kehrte bereits Ende 1494 wieder nach Spanien zurück. Erst 1500 beginnt mit der Ausreise einer Gruppe von Franziskanern die Missionierung Amerikas. Bereits in ihrem ersten Brief können die Minderbrüder von 3000 Taufen berichten[16]. Die von Julius II. 1504 dekretierte Errichtung einer Erzdiözese mit zwei Suffraganaten auf den Antillen scheiterte allerdings an dem Einspruch Ferdinands, der seine Rechte mißachtet glaubte. Erst als diese garantiert worden waren (1508), konnten 1511 die Bistümer Santo Domingo und Concepción de la Vega auf Española (Haiti), San Juan auf Puerto Rico gegründet werden. 1513 folgte als erstes Bistum auf dem amerikanischen Festland Santa María Antigua del Darién (Panama), 1522 Santiago auf Cuba.

Inzwischen hatten 1509/10 auch die Dominikaner amerikanischen Boden betreten. Damit fängt eine neue Periode der kaum begonnenen Missionsgeschichte Amerikas an, die Zeit des Kampfes für die Freiheit und um die Missionierungsmethode. Zwar waren auch vorher schon Verfügungen zugunsten der Indianer ergangen[17]; aber sie wurden nicht beachtet. Selbst Kolumbus verschleppte Indianer als Sklaven nach Spanien. Zwangsarbeit, Zivi-

[15] *B. Biermann,* Die ersten Missionen Amerikas. Festschrift 50 Jahre kath. Missionswissenschaft (Münster 1961) 115—120; *D. Olmedo,* La primera evangelización en América 1494—1504: Abside (Mexiko 1953) 35—67. [16] *Streit* II 37.

[17] So 1497, 1501, 1503, 1509. — Vgl. *Streit* II 33 f 38 42 56.

lisationskrankheiten und Gewalttätigkeiten dezimierten die Bevölkerung. Furchtbare Selbstmordepidemien vollendeten das Werk der Vernichtung. Schon 1501 war die Einfuhr von Negersklaven aus Afrika gestattet worden, um der Entvölkerung zu begegnen. Knapp zwanzig Jahre Kolonisation sollten genügen, um die Millionenbevölkerung der Antillen auf 14 000 und schließlich auf einige Hundert zu senken[18]. Ab 1517 wurden systematisch Neger auf Haiti angesiedelt; sie machten in kurzer Zeit zwei Drittel der Inselbevölkerung aus.

Die Mißstände bewogen die Dominikaner zum Einschreiten. Als erster erhob Antonio de Montesino flammenden Protest. Ihm kam der damalige Weltpriester Bartolomé de Las Casas (1474—1566), ab 1522 Dominikaner, zu Hilfe. Siebenmal überquerte Las Casas den Ozean, um den König um Schutz für die entrechteten Indianer zu bitten. Er erreichte die Abstellung der gröbsten Mißstände und gewann bestimmenden Einfluß auf die spanische Gesetzgebung zugunsten der Indianer. Er zwang die Theologen und Juristen seiner Zeit, sich mit den noch offenen Fragen auseinanderzusetzen, ob es nun um die Anerkennung der Menschenrechte für die Indianer, um die Erlaubtheit des Krieges gegen Ungläubige oder um die Rechtstitel für die Besitznahme Amerikas durch Spanien ging. Aber trotz allem ist das Urteil der Geschichte über Las Casas noch nicht gesprochen. Die einen sehen in ihm einen unbeirrbaren Kämpfer für Freiheit und Recht, ja einen gottgesandten Führer; andere hingegen betrachten ihn als einen gefährlichen Fanatiker, einen genialen Wahnsinnigen oder gar als einen mutwilligen und bewußten Geschichtsverfälscher und Verleumder. Sicherlich hat Las Casas sich unberechtigter Verallgemeinerungen und Übertreibungen schuldig gemacht; es ging ihm um die Anprangerung der Verbrechen. Als Ankläger hatte er den Nachweis der Schuld zu erbringen, alles andere interessierte ihn nicht. So ist er in gewissem Sinne die Ursache für das Entstehen der Leyenda negra geworden, die das gesamte Kolonisations- und Christianisierungswerk der Spanier in Verruf gebracht und zu dem traditionell verhärteten Urteil über die spanischen Methoden beigetragen hat. Dabei war Las Casas schließlich und endlich nicht mehr und nicht weniger als einer der authentischen Vertreter des christlichen Gewissens Spaniens in der Neuen Welt.

Mexiko

QUELLEN: *J. García Icazbalceta,* Colección de documentos para la historia de Méjico (Mexiko 1856/66); Nueva Colección (Mexiko 1886/92), darin: *Jerónimo Mendieta,* Historia Eclesiástica Indiana (1596), *Toribio de Benavente o Motolinía,* Historia de los Indios de la Nueva España (1541, Washington 1951); *F. Zubillaga,* Monumenta Mexicana, 2 Bde (Rom 1956/59).

[18] Las Casas spricht von 3 Millionen auf Haiti, andere von 1,5 Millionen.

LITERATUR: *J. García Icazbalceta,* Bibliografía Mexicana del s. XVI (Mexiko 1886); *M. Cuevas,* Historia de la Iglesia en México, 5 Bde (El Paso 1921/28); *R. Ricard,* La „conquête spirituelle" du Mexique (Paris 1933); *C. Ceccherelli,* El bautismo y los Franciscanos en México (Madrid 1955); *F. J. Alegre,* Historia de la Compañía de Jesús en Nueva España, 4 Bde (Rom 1956/60).

In eigenmächtiger Änderung seines Erkundungsauftrags hat Hernán Cortés (1485—1546) dem Aztekenreich in Mittelamerika ein schnelles Ende bereitet (1519/21). Montezuma II. (1502/20) wurde getötet, die Hauptstadt Tenochtitlán geschleift und an ihrer Stelle Mexiko gegründet. Die endgültige Befriedung des Landes gelang aber erst gegen 1550.

Cortés war ein typischer Vertreter der conquistadores: Ungestüm und grausam bis zum Exzeß, eiferte er gleichzeitig für die Ausbreitung des christlichen Glaubens. Er errichtete überall Kreuze, verbot die Menschenopfer, zerstörte die Götterbilder. Von seinem Eifer zeugen die Berichte, die er laufend Karl V. erstattete[19]. In seiner Truppe hatte er ständig Priester bei sich, die den Glauben predigen sollten. Auf seiner ersten Expedition tat sich besonders der Mercedarier Bartolomé de Olmedo hervor. Aber die eigentliche Missionsarbeit wurde von Franziskanern begonnen. Die ersten drei stammten aus den südlichen Niederlanden; der bekannteste unter ihnen ist Peter von Gent, der fünfzig Jahre in Mexiko gewirkt hat. Ihnen folgten 1524 zwölf spanische Minderbrüder, die „Zwölf Apostel Mexikos". Unter ihnen befand sich Toribio de Benavente, von den Mexikanern Motolinía, der „Arme", genannt, weil er selbstlos das letzte verschenkte. Zu den Franziskanern stießen 1526 die Dominikaner, 1533 die Augustiner. Die Klöster Spaniens entvölkerten sich zugunsten der neuerstandenen Ordensprovinzen in Übersee. 1559 zählten die Franziskaner in Mexiko allein 380 Mitglieder in 80 Niederlassungen, die Dominikaner 210 und die Augustiner 212 in je 40 Konventen.

Vom eigentlichen Mexiko aus verbreiteten sich die Missionare über die nach Norden und Süden angrenzenden Gebiete des dem Vizekönig von Mexiko unterstehenden Neuspanien. Schon 1525 ging einer der drei flämischen Franziskaner nach Guatemala, 1527 begann die Arbeit in Honduras, 1534 in Yucatán, 1540 in Neumexiko. Dem Einsatz der Missionare entsprachen die Bekehrungserfolge. Die Quellen sprechen von Millionen Neuchristen und rühmen ihren Glauben. Manche Bekehrung mag rein äußerlich gewesen sein; die Massentaufen (bis zu 14000 am Tag!) verraten ein zu schnelles und oberflächliches Vorgehen, die Zahlenangaben über zerstörte Tempel und Idole reden von Gewaltanwendung. Trotzdem muß das Christentum der Indianer im ganzen echt und aufrichtig gewesen sein. Von der Entfaltung des kirchlichen Lebens gibt der schnelle Aufbau der Hierarchie Zeugnis. 1525 wurde das Bistum Tlaxcala gegründet, 1530 Mexiko, 1531

[19] *Streit* II 187 ff 194; vgl. 466.

Honduras, 1535 Antequera, 1536 Michoacán, 1538 Chiapa, 1548 Guadalajara, 1561 Yucatán. Mexiko-Stadt wurde 1546 zur Metropole Neuspaniens erhoben, der die übrigen Bistümer als Suffraganate zugeteilt wurden. Der Franziskaner Juan de Zumárraga war der erste und bedeutendste Bischof und Erzbischof von Mexiko (1527/48)[20].

Neuere historische Untersuchungen zur Missionsmethode zeigen, daß die spanischen Missionare vielfach zu Unrecht verlästert worden sind. Sie haben sich nicht nur den einheimischen Sprachen und Bräuchen angepaßt, sondern durch ihre wissenschaftlichen Arbeiten beachtliche Beiträge zur Sprachwissenschaft, Völkerkunde und Geschichtsschreibung Amerikas geleistet. Die erhalten gebliebenen Katechismen, Gebets- und Erbauungsbücher sowie die Sprachlehren bieten der modernen Forschung unersetzbares Quellenmaterial. Namentlich sei hier nur Bernardin de Sahagún angeführt, dessen Werke heute von neuem aufgelegt werden[21].

Es ist daher verständlich, wenn die Franziskaner sich bald auch um die geistige Bildung der Indianer bemühten. Bereits Peter von Gent gründete 1523 eine Schule, in der neben Religion Lesen, Schreiben und Rechnen gelehrt und den Schülern handwerkliche und technische Kenntnisse vermittelt wurden. Bischof Zumárraga rief 1536 sogar ein Kolleg für höhere Studien ins Leben, offensichtlich mit dem Ziel, einen einheimischen Klerus heranzubilden[22]. Das Ziel wurde nicht erreicht. Doch ging aus dem Kolleg eine Reihe hervorragend gebildeter Leute hervor, aus denen Sahagún die Mitarbeiter für seine wissenschaftlichen Arbeiten auswählte. Die Jesuiten, die erst 1572 ins Land kamen, haben in dieser Hinsicht nichts Neues geschaffen. Sie widmeten sich zunächst vornehmlich der Seelsorge und dem Unterricht der spanischen Stadtbevölkerung. Ab 1584 wandten sie sich aber auch der Mission zu, und 1609 betreuten 44 von ihnen bereits vier eigene Missionen. Den Jesuiten folgten noch die Karmeliten und die Mercedarier. Insgesamt gab es in Neuspanien um die Jahrhundertwende rund 400 Klöster. Mexiko war ein katholisches Land geworden, das Stadium der unmittelbaren Missionsarbeit war abgeschlossen.

Das Wesen dieser Arbeit wurde in der Spendung der Taufe gesehen. Von den übrigen Sakramenten kamen gemeinhin nur Beichte und Ehe in Betracht. Über die Zulassung der Indianer zum Empfang der heiligen Kommunion bestanden jahrzehntelang ernste Bedenken[23], mehr noch für die Zulassung zur Priesterweihe. 1555 verbot das erste Konzil von Mexiko, In-

[20] *J. García Icazbalceta,* Don Fray J. de Zumárraga, primer obispo y arzobispo de México (Mexiko 1881); ital. Quaracchi (1891); *F. de Chauvet* (Mexiko 1948).

[21] Colloquios y doctrina cristiana (Quellenwerke zur alten Geschichte Amerikas, aufgezeichnet in den Sprachen der Eingeborenen, 3) (Stuttgart 1949).

[22] *R. Ricard:* 5e Semaine de Missiologie de Louvain 1927 (Löwen 1927) 83—89.

[23] Noch *J. de Lugo* († 1660) behandelt in seinen „Disputationes scholasticae et morales" IV (Paris 1869) die Frage, beantwortet sie jedoch zugunsten der Indianer.

dianern, Mestizen und Mulatten die höheren Weihen zu spenden[24]. Dieses Verbot blieb praktisch das 16. Jh. hindurch in Kraft und wirkte auch später noch nach. Vielleicht liegt hier schon ein Grund für den in ganz Lateinamerika herrschenden Priestermangel[25]. Die Kirche bewahrte bis ins 19. Jh. hinein den Charakter einer ausländischen Institution.

Peru

QUELLEN: *E. Lissón,* La Iglesia de España en el Perú (Sevilla 1943/45); *R. Vargas Ugarte,* Concilios Limenses 1551—1772, 3 Bde (Lima 1951/54); *A. de Egaña,* Monumenta Peruana, 2 Bde (Rom 1954/58).
LITERATUR: *F. de Armas Medina,* Cristianización del Perú, 1532—1600 (Sevilla 1953); *R. Levillier,* Organización de la Iglesia y Órdenes religiosas en el Virreinato del Perú en el siglo XVI, 2 Bde (Madrid 1919); *A. Robledo,* La orden Franciscana en la América meridional (Rom 1948); *A. Tibesar,* Franciscan Beginnings in Colonial Peru (Washington 1953); *R. Vargas Ugarte,* Los Jesuítas del Perú (Lima 1941).

Mit nur 180 Mann eroberte Francisco Pizarro (1475—1540) zwischen 1532 und 1536 das von Südkolumbien bis Nordchile und Nordwestargentinien sich erstreckende Inkareich, das durch die Rivalität zwischen Cuzco und Quito bereits geschwächt war. Der Inka Atahualpa empfing die Spanier freundlich, wurde jedoch gefangengesetzt und trotz Auslieferung seines Goldschatzes und trotz Empfang der Taufe hingerichtet. Damit war der Zusammenbruch des Inkareiches entschieden, wenngleich die Eroberung des ausgedehnten Reichsgebietes erst 1572 abgeschlossen werden konnte. Machtkämpfe zwischen den conquistadores, Aufbegehren gegen die Indianer-Schutzgesetze (nuevas leyes) und die Beseitigung der „Pizarro-Dynastie" durch die Kronverwaltung erschütterten lange die Ruhe in dem größten Vizekönigreich Spanisch-Amerikas. Lima, die „Stadt der Könige", 1535 von Pizarro gegründet, 1541 zum Bistum, 1546 zum Erzbistum erhoben, ist politisch und kirchlich so sehr das Zentrum, daß an seiner Geschichte die Geschichte ganz Südamerikas, Brasilien ausgenommen, abgelesen werden kann.

Mit der Missionsarbeit in Peru begannen die Dominikaner[26]. Sie waren durch Vicente Valverde seit 1531 im Lande. Paul III. errichtete bereits 1539 die peruanische Dominikanerprovinz, 1544 zählte sie ca 55 Mitglieder. Sie stellte den ersten Bischof von Cuzco und den ersten Erzbischof von Lima,

[24] Siehe *J. Specker,* Der einheimische Klerus in Spanisch-Amerika im 16. Jh.: Der einheimische Klerus in Geschichte und Gegenwart (Festschrift für L. Kilger) (Schöneck-Beckenried 1950) 73—97; für Mexiko 75—83.
[25] Vgl. *J. Höffner,* a. a. O. 296.
[26] *B. Biermann,* Die Anfänge der Dominikanertätigkeit in Neuspanien und Peru: AFP 13 (1943) 5—58.

Jerónimo de Loaysa (1541/81). Den Dominikanern folgten die Franziskaner und breiteten sich über das ganze Land aus. Ihr hervorragendster Missionar war der hl. Francisco Solano (1549—1610)[27], der „Wundertäter der Neuen Welt". Zu ihnen stießen die Augustiner und Mercedarier. 1568 kamen auch die ersten Jesuiten nach Lima. 1570 zählte die Gesellschaft Jesu bereits 44 Mitglieder in Peru, 1575 60, 1581 110, 1592 242, 1607 376. Die ersten Jesuiten arbeiteten fast ausschließlich in den größeren Städten, 1575 z. B. von insgesamt 60 in Lima 43, in Cuzco 14.

Die Ordensleute bestimmten die Missions- und Kirchengeschichte des Landes. Der Weltklerus, überwiegend Spanier und Kreolen, konnte sich ihnen gegenüber nur mit Mühe behaupten; doch stellte auch er neben den Dominikanern, Franziskanern und Augustinern die Hierarchen der zahlreichen Diözesen, die dem Erzbistum Lima als Suffraganate unterstellt waren: Panama 1513, Nicaragua (León) 1534, Cuzco 1537, Quito 1547, Popayán (Kolumbien) 1546, Paraguay 1547, Charcas (Bolivien) 1552, Santiago de Chile 1561, Imperial (Chile) 1563, Tucumán (Santiago de Estero) 1570, Arequipa 1577, Trujillo 1577, Buenos Aires 1582.

Dem äußeren Wachstum der Kirche entsprach das innere. Die Metropoliten von Lima, vorab der hl. Toribio Alfonso de Mogrovejo (1581—1606)[28], der Apostel der Indios, bemühten sich auf zahlreichen Provinzialsynoden (1552, 1567[29], 1583, 1591, 1601), einen soliden Grund zu legen. Gewiß verraten die Konzilsakten die methodischen Schwächen der damaligen Missionierungsweise, sie bezeugen jedoch auch eine klare Einsicht in die Notwendigkeit durchgreifender Reformen. So warnte schon das Konzil von 1567 vor zu schnellem Taufen und schärfte die Verpflichtung einer regelmäßigen Unterweisung der Katechumenen und Neophyten ein. Dem sollte die Einrichtung der sog. doctrinas dienen (das Wort bezeichnet sowohl „Unterricht" als auch „Gemeinde"). Für die Durchführung zweimal wöchentlich waren nicht nur die Pfarrpriester (doctrineros!), sondern auch die encomenderos verantwortlich. Das gleiche Konzil machte auch das Studium der Landessprachen zur Pflicht und verbot strikt die Beichte mittels Dolmetscher. Die kirchlichen Feste wurden mit großer Pracht, wenn nicht mit Pomp, gefeiert; doch erkannte man schon bald, daß sich unter den kirchlichen Zeremonien vielfach noch heidnische Gewohnheiten verbargen. Man riet deshalb zur Methode der „Entwurzelung" (tabula rasa), warnte davor, die Indios zu leicht zum Empfang der heiligen Kommunion zuzulassen, und sprach ihnen nach einigen Fehlschlägen die Fähigkeit ab, Priester zu werden.

[27] *Streit* II 1437; dazu *O. Maas* (Leutesdorf 1938) (Lit.); *F. Royer* (Paterson/N. J. 1955).

[28] *C. Garcia Irigoyen*, S. Toribio, 4 Bde (Lima 1906/07); *V. Rodriguez Valencia*, S. Toribio de Mogrovejo, 2 Bde (Madrid 1956/57); *A. Oyarzún*, La organización eclesiástica en el Perú y en Chile durante el pontificado de Sto. Toribio de M. (Rom 1935); *P. de Leturia:* I grandi missionari II (Rom 1940) 69—117.

[29] *F. Mateos*, Los dos Concilios Limenses de Jerónimo de Loaysa (Madrid 1947).

Erst als die Bestimmungen des Tridentinums über die Eignung zum Priestertum (Sessio XXI. cap. 2) auch in Übersee bekanntgeworden waren, trat in der Theorie eine versöhnlichere Anschauung zutage[30]. Doch war praktisch noch bis ins 17. Jh. hinein den Indios, Mestizen und Mulatten der Zutritt zum Weihealtar verwehrt, obwohl Gregor XIII. 1576 sogar den Illegitimen die Tür zum Priestertum geöffnet hatte, um Priester zu gewinnen, die der Landessprache mächtig waren[31]. Aber diese Maßnahme führte zu solchen Mißständen, daß die Zurückhaltung in dieser Frage bereits auf dem Provinzialkonzil von 1583 zu spüren ist.

Die Verwirklichung der Konzilsbestimmungen war durch die große Ausdehnung der limensischen Kirchenprovinz sehr erschwert. Hindernd wirkten auch die schlechten Verkehrsverbindungen, die schwierigen geographischen und klimatischen Bedingungen in den stark unterschiedlichen Höhenlagen und die spärlichen und weitzerstreuten Siedlungen der Indios. Der hl. Toribio brauchte für seine erste Visitationsreise sechs Jahre, für die zweite vier. Um aller Schwierigkeiten Herr zu werden, hätte es eines zahlreichen, sittlich und bildungsmäßig höherstehenden Klerus bedurft. So drohte stets von neuem die Gefahr, daß die für das Christentum Gewonnenen in ihre heidnische Lebensweise zurückfielen.

Von dem eigentlichen Peru aus verbreitete sich das Christentum über alle benachbarten Gebiete. In Chile[32] konnten trotz des heftigen, sich durch die Jahrhunderte hinziehenden Widerstandes der Araukaner gegen die spanischen Kolonisten Städte, Kirchen und Klöster errichtet und zahlreiche Bekehrungen erzielt werden. Sehr bald entstanden auch hier erste Bistümer in Santiago (1561) und Imperial (1563). — In den La-Plata-Ländern nahm die Christianisierung sichtlichen Aufschwung, als 1547 durch den Chaco die Verbindung mit Peru hergestellt worden war. Zu Ende des 16. Jh. wurden auch Paraguay und Uruguay in die Missionsarbeit einbezogen und das ganze Gebiet diözesan aufgeteilt.

Neu-Granada

Das von Quesada 1536 für Spanien eroberte Kolumbien, 1549 mit Venezuela zur Audiencia Neu-Granada zusammengefaßt, wurde hauptsächlich von Dominikanern missioniert. Im Unterschied zu Mexiko und Peru gründeten

[30] *A. Pott,* Das Weihehindernis für Indianer im 3. Konzil von Lima: NZM 12 (1956) 108—118.

[31] *L. Lopetegui,* El Papa Gregorio XIII y la ordenación de mestizos hispano-incáicos: Miscellanea Hist. Pont. 7 (Rom 1943) 179—203.

[32] *P. Gazulla,* Los primeros Mercedarios en Chile (Santiago 1918); *R. Ghigliazza,* Historia de la provincia dominicana de Chile (Concepción 1898); *F. Enrich,* Historia de la Compañía de Jesús en Chile, 2 Bde (Barcelona 1891); *V. Maturana,* Historia de los Agustinos en Chile, 2 Bde (Santiago 1904).

die Predigerbrüder hier zunächst keine Klöster, sondern isolierte Missionen und Schulen. Erst 1551 wurden die Einzelunternehmen zu einer Kongregation zusammengefaßt, die 1569 bereits 18 Priorate, 40 doctrinas und 100 Indianerpueblos umfaßte. 1577 wurde die Dominikanerprovinz Neu-Granada kanonisch errichtet. Unter den Missionaren ragt der hl. Luis Beltrán (1526/81)[33] hervor; in wenigen Jahren führte er, obwohl durch die Ausschreitungen der Weißen immer wieder behindert, Zehntausende von Indianern zum christlichen Glauben. Auch die Franziskaner haben ihre Neophyten gegen die conquistadores verteidigen müssen; sie taten es mit solchem Eifer, daß sie als „Zerstörer der conquista" verklagt wurden. Zu den Glaubensboten gesellten sich um die Mitte des Jahrhunderts noch die Augustiner. Dank ihrer aller Arbeit war die Bevölkerung in wenigen Jahrzehnten christlich. 1562 wurde Santa Fé de Bogotá zum Bischofssitz gemacht und bereits 1564 zur Kirchenprovinz (mit Cartagena, Panamá, Popayán und Santa Marta) erhoben.

Das ebenfalls zur Statthalterschaft Neu-Granada gehörende Venezuela wurde schon zu Beginn des 16. Jh. von den Antillen aus missioniert. Aber der Erfolg auf der Tierra firme wurde immer wieder durch die Frevel der spanischen Soldateska vereitelt, für deren Übergriffe mancherorts die Missionare mit ihrem Leben zahlen mußten. Auch der Siedlungsversuch des Bartolomé de Las Casas in diesem Gebiet (Cumaná, 1521) scheiterte wegen der Greuel, die auf einer Strafexpedition an den Indios begangen wurden. Als Venezuela 1528 von Karl V. dem Augsburger Handelshaus der Welser als dem Inhaber des Importmonopols für Negersklaven übereignet wurde, änderte sich kaum etwas. Zwar brachten auch die deutschen Landsknechte Missionare ins Land, aber sie müssen noch schlimmer als die Spanier gehaust haben. 1546 wurde die Belehnung der Welser aufgekündigt und 1549 die spanische Statthalterschaft Neu-Granada errichtet.

Über die Missionserfolge in Südamerika sowie über die Mängel des Bekehrungswerkes berichtet eingehend der erste große Missionstheoretiker der Neuzeit José de Acosta SJ (1540—1600)[34] in seinem Werk „De procuranda Indorum salute" (Salamanca 1588). Auch hier scheint das Ungenügen des Klerus als die Ursache der Verfallserscheinungen auf. Doch spricht de Acosta sich gegen die Zulassung von Indianern und Kolonistensöhnen zum Priestertum aus[35].

[33] *B. Wilberforce,* The Life of St. Lewis Bertrand (London 1882; dt. Graz 1888; frz. Paris 1888, 1904).

[34] *L. Lopetegui,* El P. José de Acosta y las Misiones especialmente americanas del siglo XVI (Madrid 1942); *ders.,* Notas sobre la actividad teológica del P. José de Acosta: Gr 21 (1940) 527—563; *ders.,* I: Como debe entenderse la labor misional del P. José de Acosta, II: Bibliografía misional del P. José de Acosta: StMis 1 (Rom 1943) 115—136; *L. Kilger,* Die Peru-Relation des J. de Acosta 1576 und seine Missionstheorie: NZM 1 (1945) 24—38.

[35] *A. Pott,* Der Acosta-Text vom Weihehindernis für Indianer: NZM 15 (1959) 167—180.

Die Jesuitenreduktionen in Paraguay

QUELLEN: *A. Ruiz de Montoya,* Conquista espiritual ... en las Provincias de Paraguay (Madrid 1639); *ders.,* Memorial (Madrid 1643) (entkräftet die Verleumdung der brasilianischen Sklavenräuber); *N. del Techo,* Historia Provinciae Paraquariae (Lüttich 1673).
LITERATUR: *P. Pastells-F. Mateos,* Historia de la Compañía de Jesús en la Provincia del Paraguay, 8 Bde (Madrid 1912/49); *F.-X. de Charlevoix,* Histoire du Paraguay, 6 Bde (Paris 1747; deutsch: 2 Bde, Wien 1830); *P. Hernández,* Organización social de las doctrinas Guaraníes, 2 Bde (Barcelona 1913); *M. Faßbinder,* Der „Jesuitenstaat" in Paraguay (Halle 1926); *C. Lugon,* La république communiste chrétienne des Guaranis, 1610—1768 (Paris 1949) (Lit.). — Gegnerische Literatur, die auch heute noch herangezogen wird: *E. Gothein,* Der christlich-soziale Staat der Jesuiten in Paraguay (Berlin 1883); *J. Pfotenhauer,* Die Missionen der Jesuiten in Paraguay, 3 Bde (Gütersloh 1891/93).

Ein besonders charakteristisches Unternehmen der lateinamerikanischen Mission sind die sog. Reduktionen: Dörfer, in denen die christlichen Indios, abgesondert von den spanischen Einwanderern, unter einem mehr oder minder patriarchalischen Regiment der Missionare lebten. Am bekanntesten sind die Reduktionen der Jesuiten in Paraguay, doch sind sie weder diesem Land noch der Gesellschaft Jesu eigentümlich. Denn schon in den ersten Jahren der südamerikanischen Missionsgeschichte begegnen wir solchen Christendörfern. Bereits eine Instruktion von 1503 enthält Bestimmungen für derartige Ansiedlungen der Indios. Auch de Las Casas versuchte sich in dieser Kolonisations- und Missionierungsweise. In gewissem Sinne sind die doctrinas (wie die aldeias im portugiesischen Missionsbereich) Vorläufer oder Abarten der Reduktionen. Aber am großzügigsten und typischsten hat sich dieses System doch in der Jesuitenmission von Paraguay ausgeprägt.

Vom Dominikanerbischof Fr. de Victoria von Tucumán 1585 ins Land gerufen, um die vor den Spaniern in die unzugänglichen Pampas- und Chacowälder zurückweichenden Indianer zu evangelisieren, folgten die ersten Jesuitenmissionare der damals vorwiegend angewandten Methode der Wandermission. Aber die hierbei erzielten Bekehrungen hatten keinen Bestand. Schon trug man sich mit der Absicht, die Arbeit als erfolglos aufzugeben, als der Ordensgeneral Claudius Acquaviva auf Grund eines Visitationsberichtes des P. Esteban Páez anordnete, feste Niederlassungen zu gründen, in denen die Indios, von fremden Einflüssen möglichst abgeschirmt, leben sollten. Die Aussaat des Wortes allein genüge nicht, man müsse den Samen auch pflegen. Dieser Isolierungs- und Konzentrierungsplan fand die Billigung der spanischen Krone trotz des Widerstandes der Kolonisten. Den Jesuiten wurde das noch unbesetzte Paranágebiet mit der Vollmacht übertragen, alle Indianerchristen unabhängig von jeder Kontrolle und fern vom Kontakt mit der Außenwelt zu sammeln. Mit der Durchführung des Auftrags wurde 1610 begonnen. In vier Jahrzehnten emsiger Arbeit rückten die Missionare bis zur brasilianischen Provinz Tape vor und vereinigten Indianer der Guaraní- und Chacovölker zu einem christlichen „Indianerstaat". An

Widerständen von kirchlicher und staatlicher Seite fehlte es nicht. Schließlich mußten die Indios sogar mit Feuerwaffen versehen werden, um die Überfälle mestizischer Sklavenräuber aus dem brasilianischen Gebiet abwehren zu können. Aus den Kämpfen mit den sog. Paulisten oder mamelucos, die Tausende von Neophyten wegschleppten und mehrere Reduktionen zerstörten, gingen rund dreißig Reduktionen mit etwa 150 000 christlichen Indios als Sieger hervor (1641).

Der „Jesuitenstaat von Paraguay" hat Jahrhunderte hindurch Freunde und Feinde gehabt und eine kaum übersehbare Fülle von Literatur gezeitigt. Den berechtigten und unberechtigten Vorwürfen muß entgegengehalten werden, daß die Reduktionen eine relative Notwendigkeit und eine legale Selbsthilfe gegen die von allen Seiten drohende Gefahr der Ausbeutung und Ausrottung gewesen sind. Die lautere Gesinnung der meisten Missionare steht außer Zweifel. Missionarische wie kolonisatorische Probleme wurden in ihrer Art glänzend gelöst. Trotz einiger drastischer Erziehungsmaßnahmen (Prügel- und Kerkerstrafen) kann von Terror und Gewalt nicht die Rede sein, höchstens von zu starker Bevormundung. Die spätere Katastrophe beweist nicht, daß es sich um reine Scheinerfolge gehandelt habe. Der Rückfall in die Wildheit zeigt vielmehr, wie notwendig die autoritäre und straff organisierte Führung der wankelmütigen und unselbständigen Indianer gewesen ist. Ob die Jesuiten selbst die Reduktionen als ein Übergangsstadium zur Mündigkeit angesehen haben, läßt sich nicht ausmachen. Dagegen könnte die befremdliche Tatsache sprechen, daß aus den Jesuitenreduktionen kein einheimischer Priester hervorgegangen ist.

Mission auf den Philippinen

QUELLEN: The Philippine Islands (1493—1898), hrsg. von *Blair-Robertson,* 53 Bde (Cleveland 1903/08); *P. Torres y Lanzas,* Catálogo de los documentos relativos a las Islas Filipinas, I—V (Barcelona 1925/29). — Für die Missionsgeschichte der Orden die Werke von *Juan de Medina* OESA (1630), *Diego Aduarte* OP (1698), *F. Colin* SJ (1663), *Juan Franc. de S. Antonio* OFM (1738/44).

LITERATUR: *Streit* IV und V (1928/29); *W. E. Retana,* Catálogo abreviado de la Biblioteca Filipina (Madrid 1898); *Marín y Morales,* Ensayo de una síntesis de los trabajos realizados por las corporaciones religiosas de Filipinas, 2 Bde (Manila 1901); *F. J. Montalbán,* El patronato español y la conquista de Filipinas (Burgos [1930]; dt. Freiburg 1930); *H. Bernard-Maître,* Les Iles Philippines du Grand Archipel de la Chine (Tientsin 1936); *L. de la Costa,* The Jesuits in Philippines, 1581—1768 (Manila 1961).

Mit dem Portugiesen Fernão Magalhães, der in spanischen Diensten 1521 die Philippinen entdeckte, gingen auch spanische Augustiner-Eremiten an Land und verkündeten zusammen mit der Schiffsbesatzung den Eingeborenen das Evangelium. Am Osterfest ließ Magalhães die heilige Messe feiern und ein Kreuz aufrichten, vor dem die „Könige" der Inseln Ehrfurcht und

Huldigung bezeigen mußten. Ein Dorf, das sich weigerte, wurde eingeäschert. Dieser Gewaltakt verursachte einen Aufstand, bei dem Magalhães ermordet wurde. Schiffsbesatzung und Missionare vermochten sich nur mit Not zu retten.

Spanien konnte vorerst die entdeckten Inseln nicht in Besitz nehmen, da die 1529 im Pazifik gezogene Demarkationslinie sie der portugiesischen Sphäre zuwies. Portugal scheint jedoch kein Interesse an der Inselgruppe gezeigt zu haben; jedenfalls konnte Spanien von Amerika aus verschiedene Versuche unternehmen, sie in seinen Besitz zu bringen. Doch gelang dies erst 1564 dem Augustiner Andrea de Urdaneta[36], einem ehemaligen Flottenadmiral, der den Verrat der Eingeborenen an Magalhães als Grund ansah, ihnen den Krieg zu erklären, falls sie sich einem Bekehrungsversuch widersetzen sollten. 1569 nahm Spanien die Inseln förmlich in Besitz. Es betrachtete sie als eine Verlängerung seiner amerikanischen Besitzungen und als Vorposten für das asiatische Festland: Der Weg von Madrid nach Asien führte über Mexiko und die Philippinen. Die Aufmerksamkeit war fast ausschließlich auf China gerichtet — ein Grund dafür, warum die Missionsarbeit auf den Inseln nur zögernd in Angriff genommen wurde. 1571 wurde Manila gegründet, 1583 die Audiencia Manila dem Vizekönig von Neuspanien (Mexiko) unterstellt.

Auch hier setzte eine regelrechte Wanderung spanischer Mönche ein. 1575 landeten 24 Augustiner-Eremiten auf Luzón, 1577 folgten die ersten Franziskaner. 1579 wurde Manila Bistum. Der erste Bischof, Domingo de Salazar OP, wollte auch seiner Ordensfamilie Anteil an der Missionsarbeit gewähren. Seine Bemühungen darum zeigen, mit welchen Gefahren die Seereisen damals verbunden waren. Von zwanzig Predigerbrüdern, die der Bischof mit sich nahm, starben 18 während der Fahrt. Von einer Gruppe von 32 Dominikanern, die 1586 von Spanien aus in See stachen, kamen nur 15 in Manila an. Gleichwohl nahm der Zustrom an neuen Missionaren nicht ab. Bis zum Beginn des 17. Jh. sollen sich 450 Ordensleute nach den Philippinen eingeschifft haben, unter ihnen 1581 die Jesuiten, 1606 die Augustiner-Rekollekten. 1586 entstand die Franziskanerprovinz vom hl. Gregor[37], 1592 die Dominikanerprovinz vom hl. Rosenkranz, 1606 die Jesuitenprovinz.

Die Glaubensboten fanden bei den einem primitiven Animismus huldigenden Inselbewohnern kaum einen Widerstand. Nur in den islamischen Fürstentümern auf Jolo und Mindanao im Süden des Archipels war ihren Bemühungen eine Schranke gezogen. Doch konnten sie sich mit überreichen Erfolgen auf den übrigen Inseln trösten. 1585 zählte man bereits 400000 Christen, 1595 an die 700000, 1620 über zwei Millionen: In knapp fünfzig Jahren war die Masse der Inselbevölkerung christlich geworden! 1595 wurde

[36] *Streit* IV 1134 1138. [37] *Streit* IV 1240 f.

auf den Philippinen die selbständige Hierarchie begründet. Manila wurde Erzbistum und erhielt in Cebu, Nueva Segovia und Nueva Cáceres drei Suffraganate[38].

Methodisch gesehen, nimmt die Philippinen-Mission innerhalb der spanischen Missions- und Patronatsgeschichte eine Sonderstellung ein. Der Grund hierfür ist aus der besonderen Lage der Philippinen im spanischen Kolonialreich abzuleiten. Die Inseln konnten nur von Mexiko aus erreicht werden. Das erschwerte den Handel mit dem Mutterland so sehr, daß er gegenüber der Mission gänzlich in den Hintergrund trat. Die Missionare scheinen diese Ausnahmestellung erkannt zu haben. Sie nutzten sie dazu, die Fehler zu vermeiden und zu verhindern, die in Amerika gemacht worden waren. Was einem Las Casas dort nicht gelungen war, konnte hier verwirklicht werden. Es gab keine Sklaverei und keine Zwangsarbeit. Die Missionare ließen sich selbst als Protektoren der „Indios" aufstellen und wußten sie vor allen Ausschreitungen der Weißen zu schützen. Die Schonung und Milde, womit die Eingeborenen behandelt wurden, verfehlten nicht ihre Wirkung. Die Filipinos standen treu zu Spanien und zu ihren Missionaren, mit denen zusammen sie das Kolonialreich 150 Jahre hindurch gegen alle Angriffe der Moros, der Chinesen und der Holländer behaupteten.

Der Erfolg der Arbeit war eine neue katholische Nation — die einzige im Fernen Osten! Gewiß, das Volk hat sein eigenes Gepräge durchweg verloren, es ist hispanisiert; aber es gewann Teil an dem geistigen und geistlichen Leben des katholischen Spanien. Das Bildungswesen blühte, überall entstanden Schulen und Kollegien. 1611 gründeten die Dominikaner das Kolleg des hl. Thomas von Aquin[39], das 1645 zur Universität Santo Tomás erhoben wurde[40]. Die unmittelbare Folge dieser intensiven Bildungsarbeit war, daß bald Priester aus dem Lande hervorgingen, die im Laufe der Zeit fast die Hälfte aller Pfarreien übernahmen[41]. Erst der Niedergang der spanischen Weltmacht sollte das günstige Bild ändern.

46. Kapitel

Die Mission im portugiesischen Patronatsbereich

QUELLEN: Bullarium Patronatus Portugalliae Regum in Ecclesiis Africae, Asiae et Oceaniae . . ., hrsg. von *L. M. Jordão* u. a. I—III (Lissabon 1868/79) [=BullPatr.]; *R. Ricard,* Études et documents pour l'histoire de l'Espagne et du Portugal (Löwen o. J. [1930]).
LITERATUR: *A. Jann,* Die katholischen Missionen in Indien, China und Japan (Paderborn 1915); *J. Godinho,* The Padroado Portugal in the Orient, 1454—1860 (Bombay 1924);

[38] *Streit* IV 1315 1318f.
[39] Algunos documentos relativos a la Universidad de Manila (Madrid 1892) 5—20.
[40] Bulle „In supereminenti" Innocenz' X. vom 20. November 1645: *Streit* V 863.
[41] *A. Huonder,* Der einheimische Klerus in den Heidenländern (Freiburg 1909) 47—56.

B. J. Wenzel, Portugal und der Heilige Stuhl (Lissabon 1957); *M. de Oliveira,* História eclesiástica de Portugal (Lissabon ³1960).

Die von der Christusmiliz auf die portugiesischen Könige übergegangenen Rechte[1] und die von Alexander VI. gefällte Entscheidung, daß Portugal alle östlich der Demarkationslinie liegenden Gebiete gehören sollten, bilden die Grundlagen des portugiesischen padroado. Die portugiesische Krone hatte nicht nur die Pflicht, in den neuentdeckten und noch zu entdeckenden Gebieten den christlichen Glauben auszubreiten, sondern erhielt auch das Recht, Diözesen, Kirchen und Benefizien mit geeignet erscheinenden Männern zu besetzen[2]. „Hierdurch wurde für alle Zukunft die Kirche in den portugiesischen Kolonien dem Staat ausgeliefert", und „so wurde die Großmeisterwürde der Christusmiliz zur Quelle des Staatsabsolutismus auf dem portugiesischen Missionsgebiete"[3].

Als Kolumbus 1492 die „westindischen" Inseln für Spanien entdeckte, hatten die portugiesischen Karavellen auf der Suche nach Indien bereits die wichtigsten Punkte der afrikanischen Küste besetzt und unter Bartolomeo Diaz 1486/87 das „Sturmkap" umsegelt, das João II. (1481/95) voll Freude, dem Ziel nahe zu sein, in „Kap der Guten Hoffnung" umbenannte. 1498 stieß Vasco da Gama an der ostafrikanischen Küste aufwärts und erreichte von dort aus mit Hilfe arabischer Lotsen Indien. 1500/01 entdeckte Cabral Brasilien, segelte von dort um die Südspitze Afrikas nach Indien und brachte die erste Ladung indischer Gewürze nach Lissabon. Das arabische Gewürzmonopol war durchbrochen und wurde durch die Eroberung von Ormuz, Aden und Diu vernichtet. Der Zugang zu den eigentlichen Gewürzinseln, den Molukken, kam bereits 1511 in portugiesischen Besitz. Die Eroberung Malakkas wurde in Lissabon als Sieg des Christentums über den Islam festlich begangen. Nicht ganz zu Unrecht: Die „Könige" von Sumatra und Java, von Siam und Pegu (Birma) traten noch im gleichen Jahre in freundschaftliche Beziehungen zu Portugal; 1512 sandte der Negus von Abessinien eine Gesandtschaft nach Lissabon, um Frieden und Freundschaft mit Manuel I. (1495—1521) zu schließen.

Sogleich nahm Manuel die Missionssache in die Hand. Er teilte Alexander VI. seinen Entschluß mit, Welt- und Ordensgeistliche als Missionare in die seit 1499 entdeckten Länder zu entsenden, und ließ sich durch die Bulle „Cum sicut maiestas" vom 26. März 1500 die Befugnis geben, das Gebiet vom Kap der Guten Hoffnung bis und mit Indien einem Apostolischen Kommissar zu unterstellen, der wie der Großprior der Christusmiliz mit quasiepiskopaler Jurisdiktion ausgestattet sein sollte. Julius II. förderte die missio-

[1] Vgl. Bd III/2, Kap. 45.
[2] Bulle Leos X. „Dum fidei constantiam" vom 7. 7. 1514: BullPatr I 98 f.
[3] *Jann* a. a. O. 65 f.

narischen Bestrebungen, indem er Portugal geistliche Vorteile gewährte[4] und allen Missionaren Manuels einen vollkommenen Ablaß verlieh[5]. Im Interesse einer straffen Leitung des von Portugal aus kaum zu überblickenden Gebiets drängte sich mehr und mehr die Notwendigkeit auf, in Übersee ein Bistum zu errichten. Dazu schlug Manuel dem Papst die Hauptstadt von Madeira, Funchal, vor. Leo X. unterdrückte daraufhin die Jurisdiktion der Christusmiliz und errichtete mit der Bulle „Pro excellenti praeeminentia" vom 12. Juni 1514 die Diözese Funchal. Sie umfaßte alle eroberten Inseln und Länder von der Südgrenze Mauretaniens bis Hinterindien im Osten und Brasilien im Westen[6]. Gleichzeitig ließ Manuel sich alle eroberten und noch zu erobernden Gebiete als unantastbares Eigentum zusprechen[7].

Zu einer weiteren Aufteilung der Riesendiözese kam es erst 1534 — Spanien hatte zu diesem Zeitpunkt in seinen Überseegebieten bereits zehn Missionssprengel entwickelt! —, als Funchal zum Metropolitansitz erhoben und ihm die Suffraganate Santiago de Cabo Verde, São Tomé, São Salvador de Angra (Azoren) und Goa unterstellt wurden[8]. Auch diese Neuordnung war noch unzulänglich. Denn Goa umfaßte das ganze Gebiet vom Kap der Guten Hoffnung bis zu den japanischen Inseln, allerdings mit der (später außerordentlich wichtig werdenden) Beschränkung auf Grenzen des portugiesischen Kolonialbesitzes. Immerhin war mit der Erhebung Goas zum Bistum die Möglichkeit einer den örtlichen Verhältnissen angepaßten Entwicklung gegeben.

Die Frage, warum Portugal im Vergleich zu Spanien so zögernd an die diözesane Aufteilung seiner Missionsgebiete gegangen ist, darf nicht mit der Vermutung beantwortet werden, allzu große Sparsamkeit habe die portugiesischen Könige so handeln lassen. Gerechterweise müssen die Gründe berücksichtigt werden, die sich aus dem inneren Gefüge des portugiesischen Kolonialbesitzes ableiten lassen und eine ganz andere Situation schaffen, als Spanien sie in seinen Gebieten antraf. Am bedeutsamsten ist, daß Portugal mit Ausnahme Afrikas auf Länder und Reiche mit hochentwickelten Kulturen stieß, die von starken religiösen Systemen geformt waren. Dadurch war es Portugal unmöglich, sich ein flächenhaft zusammenhängendes Kolonialreich zu schaffen; es konnte lediglich Stützpunkte für seinen Handel gründen. Das bedeutete für die Mission, die sich nur im Einflußbereich der portugiesischen Macht entfaltete, daß sie den Charakter kirchlicher Kolonien annahm. Sie gewann keine Völker, sondern religiöse Minderheiten. Das Christentum blieb europäischer Import; die einheimischen Christen gerieten in Verdacht, durch

[4] Konstitution „Orthodoxae fidei" vom 12. 7. 1505: BullPatr I 62—69.

[5] „Romanus Pontifex" vom 12. 7. 1506: BullPatr I 76.

[6] BullPatr I 100 f.

[7] „Praecelsae devotionis" vom 3. 11. 1514: BullPatr I 106 f.

[8] Durch die Bulle Pauls III. „Aequum reputamus" vom 3. 11. 1534, aktenmäßig bestätigt durch „Romani Pontificis" vom 8. 7. 1539: BullPatr I 148—152 170—173.

die Annahme des Christentums ihre Nationalität aufgegeben zu haben. Dadurch verloren sie fast jegliche Werbekraft auf ihre heidnischen Landsleute. Wie es Portugal nicht gelang, die einheimischen Herrscher zu verdrängen, so vermochte das Christentum nicht, die einheimischen Religionen und Kulturen aufzusaugen. Hinzu kam, daß die Selbstsucht der portugiesischen Kaufleute und Siedler die Predigt der Glaubensboten unglaubwürdig, manchmal sogar unmöglich machte. Selbst die Regierung stellte ihre Handelsinteressen oft über die Förderung der Glaubensverbreitung. Das gilt ausnahmslos für Afrika, das nur als Zwischenstation auf dem Wege nach Indien betrachtet wurde. Portugal machte deshalb gar keine Anstrengungen, über einen mehr oder weniger breiten Küstenstreifen hinaus ins Innere des Kontinents zu gelangen. Es besaß auch hier lediglich Stützpunkte, die dem Handel und seinem Schutz dienten. Die den verschiedenen Küstenstreifen gegebenen Namen: Pfeffer-, Elfenbein-, Gold-, Sklavenküste verraten, was Portugal sich von Afrika versprach. Am einträglichsten wurde das Geschäft mit dem „schwarzen Elfenbein", den Sklaven, die zu Zehntausenden jährlich nach den „Westindischen" Inseln verschifft wurden. Daß selbst Priester, in den Anschauungen ihrer Zeit befangen, sich an diesem Geschäft beteiligten, zeigt am deutlichsten, wie wenig sie sich ihrer missionarischen Verantwortung gegenüber den fremden Völkern bewußt waren.

Als Portugal gegen Ende des 16. und im Verlauf des 17. Jh. seine politische Weltmachtstellung einbüßte und ein Kolonialgebiet nach dem andern an die Holländer und Engländer verlor, konnte es den Verpflichtungen des padroado nicht mehr voll nachkommen. Auch die nach dem Aussterben der Dynastie von Aviz zustande gekommene Personalunion mit Spanien (1580 bis 1640) wirkte sich nachteilig für die Missionsarbeit aus. Es kam zu langen Sedisvakanzen in den Überseediözesen und so zum Verfall dessen, was in den Missionsgebieten bisher mühsam erreicht worden war.

Afrika

QUELLEN: *Paiva Manso* [= L. M. Jordão], História do Congo (Lissabon 1877); *A. Brasio,* Monumenta Missionária Africana, Africa Ocidental (1471—1531), 7 Bde (Lissabon 1952/56).

LITERATUR: *E. Weber,* Die portugiesische Reichsmission im Königreich Kongo von ihren Anfängen 1491 bis zum Eintritt der Jesuiten in die Kongomission 1548 (Aachen-Immensee 1924); *J. Cuvelier-J. Boon,* Het Oud-Koninkrijk Kongo (Brügge 1941; frz. Brüssel 1946); *J. Cuvelier-L. Jadin,* L'ancien Congo d'après les archives romaines, 1518 bis 1640 (Brüssel 1954); *L. Kilger,* Die erste Mission unter den Bantustämmen Ostafrikas (Münster 1917); *ders.,* Die ersten zwei Jahrhunderte ostafrikanischer Mission: ZMR 7 (1917) 97—108; *P. Schebesta,* Zum ersten Missionsanfang am Sambesi: ZMR 14 (1914) 88—99.

a) *Westafrika* bis zur Kongomündung, in den zeitgenössischen Berichten unter dem Namen Guinea zusammengefaßt, wurde 1462 von Pius II.

den Franziskanern unter Führung des Alfons von Bolano zur Missionierung anvertraut[9]. Seit 1486 waren auch die Dominikaner in Westafrika tätig, besonders an der Beninküste und ab 1489 unter den Wolof in Senegambien. Aber bleibende Erfolge waren nicht zu verzeichnen, außer in der Nähe portugiesischer Festungen. Die Kapverdischen Inseln und São Tomé wurden Ausgangspunkte stets erneuter Missionsversuche und deshalb 1534 zu Bischofssitzen erhoben.

b) im *Kongoreich*, das 1482 von Diogo Cão erreicht worden war, begann mit dem Sieg des Infanten Afonso über die heidnische Gegenpartei seines Bruders eine Zeit, die Hoffnung auf die Verchristlichung des ganzen Kongo bot. König Afonso predigte selbst seinen Untertanen den Glauben und sandte, da seine Bitten um Missionare kein Gehör fanden, seinen eigenen Sohn mit mehreren Gefährten nach Lissabon, damit sie dort zu Priestern herangebildet würden. Es scheint, daß Afonsos Briefe von Dolmetschern verfälscht oder von den örtlichen portugiesischen Behörden zurückgehalten wurden. Afonso ließ, „weil er keinem Portugiesen mehr trauen könne"[10], schließlich durch einen kongolesischen Schüler schreiben und beschwor Manuel I. „bei der Passion unseres Heilandes", ihm doch endlich zu helfen; er vergleicht in dem Brief die Weißen in Afrika, auch die Priester, mit den Juden, die Christus kreuzigten[11]. Schließlich hatte Afonso den Trost, seinen Sohn Henrique als Titularbischof von Utica zurückzuerhalten (1521). Auf ihn baute er große Pläne für die Verchristlichung seines Reiches. Gern hätte er gesehen, wenn seine Hauptstadt São Salvador zur Diözese erhoben worden wäre. Aber 1534 wurde São Tomé Bistum und erhielt einen europäischen Bischof. Afonso war sehr enttäuscht und glaubte der Bestallung nicht zustimmen zu können[12]. Doch Dom Henrique kränkelte nach seiner Rückkehr aus Europa ständig, so daß sein Vater ihn in ängstlicher Sorge nicht aus seiner Nähe ließ. So ist Bischof Henrique auch der Aufforderung, nach Rom zum Konzil (Tridentinum) zu reisen, nicht nachgekommen[13]. Es kann sein, daß er damals schon gar nicht mehr lebte; seit 1534 fehlt von ihm jegliche Nachricht. Ein Brief seines Vaters von 1539 spricht von ihm als von einem Toten. König Afonso selbst starb 1541; er hat noch die bittere Erfahrung machen müssen, daß ein Priester ihn bei der Ostermesse ermorden wollte.

Der Kongokönig Afonso ist eine der tragischsten Gestalten in der Geschichte der Begegnung Europas mit den überseeischen Ländern. Er bat um Brot und erhielt Steine. Manuel von Portugal gab seinen Gesandten an ihn folgende Weisung mit: „Obgleich unsere Bemühungen in erster Linie zur größeren Ehre Gottes und zum Wohlgefallen des Königs erfol-

[9] *Streit* XV 550. [10] Ebd. 757. [11] Ebd. 811.
[12] „Facta fide de expeditione Episcopatus non posse concedi": *Streit* XV 993.
[13] Ebd. 972.

gen, müßt ihr dennoch dem König von Kongo erklären — als sprächet ihr in meinem Namen —, was er zu tun hat, um unsere Schiffe mit Sklaven, Kupfer und Elfenbein zu füllen."[14] — Vierhundert Jahre später fand David Livingstone am linken Ufer des Kongo, 160 km von seiner Mündung entfernt, die in Felsen geschlagene Inschrift, in der der König sich zum christlichen Glauben bekennt und meldet, daß es in seinem Reiche zwölf Kirchen gebe und daß bis zu einer Entfernung von 200 Meilen von der Küste Tausende seiner Untertanen lesen könnten[15].

Unter Afonsos Enkel Diogo kamen 1548 die ersten Jesuiten an den Kongo. Sie fanden eine heruntergekommene Christenheit vor. Ihre Vorhaltungen, die auch den König nicht schonten, brachten diesen so in Wut, daß er alle Weißen aufforderte, sein Reich zu verlassen. Ein ersprießliches Wirken der Missionare war nicht mehr möglich, und die Jesuitenmission wurde nach knapp sieben Jahren wieder aufgegeben. Alle Versuche, sie zu erneuern, schlugen fehl. Eine Gruppe von spanischen Karmeliten kam bei einem Schiffbruch ums Leben, eine andere fiel britischen Piraten in die Hände. Eine dritte Gruppe, die 1584 den Kongo schließlich erreichte, mußte feststellen, daß die wenigen Priester im Lande „Sklaven suchten, nicht so sehr Seelen"[16]; sie kehrte deshalb schon 1587 zurück, um sich neue Weisungen zu holen. Ihr Generaloberer ließ sie nicht wieder zum Kongo ausreisen. Schließlich erreichte Philipp II., der seit 1580 die portugiesische Krone trug und sich seitdem eingehend mit den Missionen der portugiesischen Demarkation beschäftigte, daß der Kongo aus der Diözese São Tomé herausgelöst wurde. 1596 machte Clemens VIII. São Salvador zum Bistum (Suffraganat von Lissabon)[17]. Aber auch dieser Schritt brachte die Mission am Kongo nicht weiter. Als einer der ersten Bischöfe, kurz nachdem er von seinem Bistum Besitz ergriffen hatte, ermordet worden war, residierten seine Nachfolger in Loanda und mieden den Kongo.

c) *Angola*, schon 1520 von den Portugiesen erkundet nahm erst 1558 Beziehungen zu Portugal auf. Dazu gehörte auch die Errichtung einer Mission, die Francisco de Borja für die Gesellschaft Jesu übernahm. In einem Brief, der die Abreise der ersten Missionare meldet, wird ausdrücklich vermerkt, daß bis dahin das Evangelium nicht in Angola gepredigt worden sei[18]. Auch jetzt sollte es vorerst nicht möglich werden. Die Jesuitenmissionare wurden gefangengesetzt. Einer von ihnen konnte 1565 nach Portugal reisen, um neue Geschenke für den König zu holen; der letzte Missionar starb 1575 als Geisel, kurz bevor die neue Missionsexpedition eintraf. Doch auch jetzt lief die Sache schlecht an. Die Angolesen wehrten

[14] Vgl. *J. Cuvelier*, L'Ancien Royaume de Congo (Brüssel 1946) 131.
[15] *G. Renault*, Die Karavellen Christi (Wiesbaden o. J.) 96 f.
[16] *Streit* XV 2016.
[17] Bulle „Super specula" vom 20. 5. 1596.
[18] MHSI 5 (1925) 519—525.

sich erbittert gegen die Besetzung ihres Landes. Erst 1581 errangen die Portugiesen einen Sieg und die Missionare ihre ersten Bekehrungen. Im Jahresbericht 1590/91 können sie bereits 25000 Christen zählen[19]. Zum gleichen Zeitpunkt meldet der portugiesische Statthalter, daß von 1575 bis 1591 aus Angola 52053 Sklaven ausgeführt worden sind[20]. Kein Wunder, daß auch in der Folgezeit Nachrichten über Aufstände und Kriege nicht fehlen. Erst seit 1626, als die Bischöfe von São Salvador ihre Residenz in Loanda nahmen, konnte die Mission sich festigen.

d) *Ostafrika.* Verbürgte Nachrichten über eine Missionstätigkeit an der ostafrikanischen Küste datieren erst seit 1559. Die Priester in den Festungen der Hafenstädte wirkten lediglich unter den portugiesischen Soldaten und Kaufleuten. Auch der hl. Franz Xaver mußte sich auf seiner Durchreise durch Moçambique mit der Predigt vor portugiesischen Christen begnügen.

1559 erreichte die Jesuiten in Goa die Meldung, daß ein Sohn des Königs von Inhambane (Sambesi) sich habe taufen lassen und im Namen seines Vaters um Missionare bitte. Die Jesuiten nahmen die Mission an, da Inhambane noch nicht vom Islam erreicht worden war. Zudem hofften sie, von dort aus Zugang zum Goldkaiser von Monomotapa zu finden. Mit der Mission wurde P. Gonçalo da Silveira[21] beauftragt. Er erzielte in Inhambane einen vollen Anfangserfolg: Der König ließ sich mit 400 seiner Leute taufen. Auch der Kaiser von Monomotapa konnte 1561 getauft und so eine starke Bewegung zum Christentum ausgelöst werden. Das rief die Muslime auf den Plan, die für ihren Handel und Einfluß fürchteten. Sie verdächtigten den Missionar der Spionage und Zauberei und brachten es so weit, daß der Kaiser P. Gonçalo erdrosseln ließ. — Auch in Inhambane kam es zu so großen Schwierigkeiten, daß der dort zurückgebliebene Missionar sich entschloß, nach Indien zurückzukehren. Die Ostafrika-Mission war gescheitert, ihrer Weiterführung widersetzten sich die portugiesischen Kaufleute in Moçambique mit Rücksicht auf ihren Handel. Die portugiesische Regierung veranstaltete 1571 eine Strafexpedition, um den Tod des Missionars zu rächen; sie endete kläglich. Erst 1577 nahmen Dominikaner die Arbeit wieder auf; 1607 auch die Jesuiten. Beide Orden unterhielten um 1624 etwa 20 Stationen mit 45 Missionaren. 1612 war das Gebiet als Vikarie Moçambique von Goa abgetrennt und zu einem eigenständigen Jurisdiktionsbezirk erklärt worden[22].

[19] *Streit* XV 2095. [20] Ebd. 2097.

[21] *H. Chadwick,* Life of the Ven. Fr. Gonçalo da Silveira, Proto-Martyr of South Africa (London 1910); *B. Leite,* D. Gonçalo da Silveira (Lissabon 1946).

[22] Konstitution „In supereminenti" vom 21. 1. 1612: *Streit* XVI 2405.

Asien

a) Indien

QUELLEN: Documentação para a História das Missões do padroado Português do Oriente. India, hrsg. von *A. da Silva Rego,* 12 Bde (Lissabon 1947/58); *B. de Tobar,* Compendio Bulario Indico I (Sevilla 1954); *D. Gonçalez, História do Malavar,* hrsg. von J. Wicki (Münster 1955); *S. Gonçalvez,* Primeira parte da História dos Religiosos da Companhia de Jesus ... nos reynos e provincias das India Oriental, hrsg. von J. Wicki (Coimbra 1957/60); *G. Schurhammer,* Die zeitgenössischen Quellen zur Geschichte Portugiesisch-Asiens und seiner Nachbarländer ... zur Zeit des hl. Franz Xaver, 1538—1552 (Leipzig 1932, Rom [2]1962); *G. Schurhammer - E. A. Voretzsch,* Ceylon zur Zeit des Königs Bhuvaneka und Franz Xavers, 1539—1552. Quellen zur Geschichte der Portugiesen sowie der Franziskaner- und Jesuitenmission auf Ceylon, 2 Bde (Leipzig 1928); Epistolae S. Francisci Xaverii aliaque eius scripta, hrsg. von *G. Schurhammer - J. Wicki,* 2 Bde (Rom 1944/45); Die Briefe des Francisco de Xavier, 1542—1552, hrsg. von *E. Gräfin Vitzthum* (München [3]1950); *A. Valignano,* Historia del principio y progreso de la Compañía de Jesús en las Indias Orientales, 1542—1564, hrsg. von J. Wicki (Rom 1944); *B. Biermann,* Documenta quaedam initia missionum Ordinis Praedicatorum in India Orientali illustrantia: AFP 10 (1940) 132—157.

LITERATUR: *G. Correira,* História da Colonização Portuguesa na India, 5 Bde (Lissabon 1948/54); *F. Rodriguez,* História da Companhia de Jesus na Assistencia de Portugal, 4 Bde (Porto 1931/50); *M. Müllbauer,* Geschichte der katholischen Missionen in Ostindien von der Zeit Vasco da Gamas bis zur Mitte des 18. Jh. (Freiburg 1852); *A. Jann,* Die katholischen Missionen in Indien, China und Japan. Ihre Organisation und das portugiesische Patronat vom 15. bis 18. Jh. (Paderborn 1915); *G. Schurhammer,* Franz Xaver, sein Leben und seine Zeit I (1506—1541) (Freiburg 1955); *ders.,* The Malabar Church and Rome During the Early Portuguese Period and Before (Trichinopoly 1934); *E. Tisserant - E. R. Hambye,* Eastern Christianity in India. A History of the Syro-Malabar Church from the Earlist to the Present Day (London 1957).

Die erste Missionsperiode in Indien wird vom Weltklerus und den alten Orden eingeleitet, hauptsächlich von Franziskanern und Dominikanern. Im Gefolge der Entdecker und Eroberer bauten sie Klöster und Kirchen oder zerstörten Tempel und ersetzten sie durch Kirchen. Ihrer Wirksamkeit unter der Landesbevölkerung waren durch die Unkenntnis der Sprachen und ihre mangelhaften Methoden Grenzen gesetzt. Ziel ihrer Predigt war die Taufe; war es erreicht, zogen die Missionare weiter, ohne um die Vertiefung der christlichen Lehre genügend Sorge zu tragen. An zählbaren Erfolgen fehlte es nicht, obwohl die Zahlen der Anfangszeit mit Vorsicht aufgenommen werden müssen. Viele Übertritte zum Christentum waren durch das Schwert erzwungen, andere durch irdische Vorteile erkauft. So waren die 10000 bis 20000 Paraver der Fischerküste christlich geworden, weil sie von den Portugiesen Schutz gegen die Muslime erwarteten. Auch unter den schismatischen „Thomaschristen" in Südindien konnten Erfolge erzielt werden. Jedoch wurde die Missionsarbeit durch das lasterhafte Leben der Portugiesen und das indische Kastenwesen stark behindert. Die Christen stammten fast ausschließlich aus den niedrigsten Volksschichten.

Jurisdiktionell unterstand Indien von 1506 bis 1534 einem Apostolischen Kommissar[23] und dessen Generalvikar, obwohl Goa seit 1514 dem Bistum Funchal eingegliedert war. 1534 wurde Goa als Suffraganat von Funchal zum Bistum erhoben. Sein erster Bischof, der Franziskaner João d'Albuquerque (1537/53)[24], mühte sich unermüdlich um eine bessere Organisation des weiten Sprengels. Unter ihm wurde zur Heranbildung eines einheimischen Klerus 1541 in Goa das Kolleg vom heiligen Glauben gegründet und in Kranganor ein weiteres für die Thomaschristen[25].

Die zweite Missionsperiode Indiens beginnt mit dem Eintritt der Jesuiten in die Missionsarbeit. Ignatius von Loyola, von João III. um einige Mitglieder seiner gerade erst vom Papst bestätigten Gesellschaft gebeten, stellte Franz Xaver (1506/52) für Indien ab. Paul III. ernannte ihn zu seinem Legaten und stattete ihn mit den höchsten Vollmachten aus. Franz Xaver wurde der Apostel Indiens und des gesamten Fernen Ostens und ist zweifellos der größte aller neuzeitlichen Missionare.

Zu Anfang seiner Tätigkeit — Franz verzichtete auf seine Vollmachten als Legat und stellte sich dem Bischof von Goa zur Verfügung — unterschied er sich wohl nur durch seinen außergewöhnlichen Eifer von den übrigen Missionaren. Seine Methode war wie die ihre traditionell bestimmt. Seine Sorge galt an erster Stelle den portugiesischen Siedlern, deren sittliches und religiöses Leben trostlos verkommen war. Erst dann wandte Franz Xaver sich der Heidenbekehrung zu, besuchte die bereits bestehenden Gemeinden an der Paraver- und Malabarküste, bemühte sich um ihre Organisation, predigte und taufte. 1545 begann er mit der missionarischen Erkundung des portugiesischen Kolonialgebietes. Seine Reise führte ihn über Cochin und Malakka zu den Molukken (Amboina, Ternate) und von dort zurück nach Malakka, wo er auf Japan aufmerksam wurde. In Japan (1549/51) faßte er den Plan, seine Tätigkeit auch auf China auszudehnen. Doch blieb ihm der Zugang dorthin verschlossen. Einsam und verlassen starb Franz in der Nacht vom 2./3. Dezember 1552 auf der Felseninsel San-ch'üan (Sancian), nahe vor Kanton.

Das Verdienst Franz Xavers besteht nicht darin, daß er der neuzeitlichen Mission die Wege im Fernen Osten gewiesen hat. Viel bedeutsamer für die Mission unter den hochkultivierten Völkern Asiens wurde die Erkenntnis, daß die Missionare sich den fremden Völkern anpassen müßten, wollten sie sie für das Christentum gewinnen. Die Fragen nach den Erfolgen des 1622 von Gregor XV. kanonisierten Heiligen, nach seinen Wundern und der ihm zugeschriebenen Sprachengabe sollten füglich vor der Wertung der metho-

[23] Siehe S. 621. — Die Apostolischen Kommissare für Indien und Ostafrika waren 1. Duarte Nuñez OP (1514/17), 2. Andrea Torquemada OMin (1520/22), 3. fr. Martinho (1522/30?), 4. Fernando Vaqueiro OMin (1531/32).

[24] Bulle Pauls III. „Regimini universalis" vom 11. 4. 1537: BullPatr I 278—281.

[25] Vgl. *A. Huonder*, Der einheimische Klerus in den Heidenländern (Freiburg 1909) 56 ff 65.

dischen Erkenntnis zurückstehen. Die Zahl der von ihm Getauften, darunter viele Kinder christlicher Eltern, mag sich auf 30000 belaufen; die Wunderberichte tauchen erst nach seinem Tode auf, und in seinen Briefen klagt er über die Schwierigkeiten der sprachlichen Verständigung. Was ihn zum großen Missionar machte, war die Anziehungskraft des Heiligen. Sein Vorbild und seine Briefe begeisterten in der Folgezeit Tausende zur Mission.

1557/58 wurde Goa zur Metropole des gesamten asiatischen Ostens erhoben, als Suffraganate erhielt es die Diözesen Cochin und Malakka[26]. Später kamen in Indien noch die Bistümer Angamale (1600)[27] und Mailapur (1606)[28] hinzu. Für die Missionspraxis wurde diese beginnende Verselbständigung der Kirche Indiens von großer Bedeutung. Auf zahlreichen Provinzialsynoden in Goa (1567, 1575, 1585, 1592, 1606) wurde gegen Anwendung von Gewalt und gegen Einmischung des Staates vorgegangen und einer überzeugenderen Bekehrungsweise das Wort geredet.

Eine besonders schwierige Aufgabe stellte sich bezüglich der schismatischen Thomaschristen an der Malabarküste[29]. Um die Jurisdiktion über sie stritten sich der nestorianische Patriarch von Mossul, der unierte Patriarch von Amida und der Erzbischof von Goa. Die Lage wurde dadurch erschwert, daß die beiden Patriarchen die Bischofssitze der Thomaschristen mit Männern ihrer Obedienz zu besetzen trachteten, während die portugiesischen Franziskaner, seit einem halben Jahrhundert in Malabar tätig, einen lateinischen Bischof nach Angamale haben wollten. Es kam zu ärgerniserregenden politischen Machenschaften, die die Lage undurchschaubar machten.

Auf der Provinzialsynode von Diamper 1599 sollten endgültig alle strittigen Fragen bereinigt und formell die Wiedervereinigung der Thomaschristen vollzogen werden[30]. Der syro-chaldäische Ritus durfte beibehalten werden; die liturgischen Bücher wurden von häretischen Bestandteilen gesäubert; ein Katechismus in malabarischer Sprache sollte die Glaubenskenntnisse der Thomaschristen mehren und vertiefen helfen. Das syrische Erzbistum Angamale wurde seines Metropolitanranges entkleidet und Suffraganat von Goa[31]. Zum Bischof wurde der Jesuit Francisco Roz bestellt, der die syrische und malabarische Sprache vollkommen beherrschte und seit Jahren bereits unter den Thomaschristen gearbeitet hatte. Aber die Rangminderung Angamales wurde nicht ruhig hingenommen. Es kam zu regelrechten Aufständen, so daß die Union ernstlich gefährdet schien. Rom lenkte

[26] *Streit* IV 825 ff 839 ff — BullPatr I 191—198.

[27] Konstitution Clemens' VIII. „In supremo militantis" vom 4. 8. 1600: *Streit* V 6; BullPatr I 260 f.

[28] Cedula Consistorialis Pauls V. vom 9. 1. 1606: *Streit* V 83; BullPatr II 4 ff.

[29] *Jann* a. a. O. 142—173.

[30] Die Akten der Diözesansynode von Diamper finden sich in BullPatr Appendix I, 148—357; vgl. *J. Thaliath*, The Synod of Diamper (Rom 1958).

[31] *Streit* V 6; BullPatr I 260 f.

ein und gab 1608 Angamale den alten Rang wieder zurück[32]. 1609 wurde aus Sicherheitsgründen der Sitz nach dem portugiesischen Kastell Kranganore verlegt[33].

Im übrigen Indien verbreitete sich das Christentum nur sehr langsam. Eine Zeitlang schien es, als ob der Großmogul Akbar (1556—1605) sich dem Christentum zuwenden werde. Aber die Hoffnungen erfüllten sich nicht[34]. — Ein weiterer erfolgversprechender Versuch wurde von dem italienischen Jesuiten Roberto de Nobili (1577—1656)[35] unternommen. Er erkannte, daß die Übertragung westlicher Formen und Einrichtungen dem Christentum jede Aussicht auf bleibende Erfolge nahm. Deshalb beschloß er, sich ganz der Lebensweise und den Anschauungen der Hindus anzupassen. Er studierte Tamil, Telugu und Sanskrit, kleidete sich und lebte wie ein Büßermönch. Seine Täuflinge durften hinduistische Gewohnheiten beibehalten, soweit diese nicht heidnisch waren. Diese Methode erwies sich bei den Brahmanen, die bisher das Christentum abgelehnt hatten, als sehr fruchtbar; 1609 mußte für sie eine eigene Kirche gebaut werden. De Nobili blieb nicht unwidersprochen; aber schließlich wurde seine Methode von Gregor XV. anerkannt[36]. Beim Tode de Nobilis zählte die Madura-Mission 40 000 Gläubige.

Nach Ceylon kamen schon 1517 Franziskanermissionare. Sie nahmen jedoch erst 1540 in größerer Zahl die Arbeit auf und erzielten in den Reichen Cotta und Kandy große Erfolge. Zu Anfang des 17. Jh. ließen sich auch Jesuiten auf der Insel nieder.

b) Malaiischer Archipel

QUELLEN: Documentação para a História das Missões do Padroado Português do Oriente. Insulindia, hrsg. von *A. B. de Sá*, 5 Bde (Lissabon 1954/58).

LITERATUR: *B. Visser*, Onder portugeesch-spaansche vlag. De Katholieke Missie van Indonesië 1511—1601 (Amsterdam 1925); *A. Mulders*, De Missie in Tropisch Nederland ('s-Hertogenbosch 1940).

Das handelspolitische Ziel der portugiesischen Seefahrer waren die „Gewürzinseln", woher die in Europa so begehrten Gewürznelken stammten. Sie wurden 1511 in den Molukken entdeckt. Dem Verständnis der Zeit entsprechend fühlten sich die Kauffahrer verpflichtet, auf den von ihnen entdeckten Inseln den Glauben auszubreiten. Sie suchten die Häuptlinge für ihn zu gewinnen; gelang ihnen das, so ließen sie Ordensleute, die mit ihnen auf Fahrt gegangen waren, an Land zurück. So entstanden auf Amboina, Ternate und anderen Inseln die ersten Christengemeinden. Doch kam es, da

[32] *Streit* V 106; BullPatr II 8 f. [33] *Streit* V 127; BullPatr II 10 f.

[34] Eine gute Gesamtdarstellung (Lit.) findet sich bei *A. Camps*, Jerome Xavier SJ and the Muslims of the Mogul Empire (Schöneck-Beckenried 1957).

[35] *Streit* V 91 (Werke und Literatur).

[36] „Romanae Sedis Antistes" vom 31. 1. 1623: *Streit* V 254; BullPatr II 32 ff.

die Inselbewohner großenteils mohammedanisch waren, zu Verfolgungen der Christen und ihrer Missionare; so 1534 auf Ternate, wo die Portugiesen 1521 bereits eine Festung zum Schutz ihres Handels ausgebaut hatten. Die Insel mußte neu erobert und „bekehrt" werden. 1546/47 besuchte Franz Xaver die Molukken[37]. Ihm folgten Jesuitenmissionare, die 1556 bereits 47 Gemeinden und 1569 an die 80 000 Christen betreuten. Schließlich nahmen die Holländer die Inseln in Besitz. Die Mission verfiel. 1644 war die Zahl der Christen auf 3000 zurückgegangen.

Auf Celebes waren die ersten Missionsversuche (1525) erfolglos. Erst als 1548 Franziskaner als Höllenprediger auftraten, haben sich ganze Fürstentümer in Süd-Celebes bekehrt — auch anderswo soll auf die Muslime die Hölle mehr Eindruck gemacht haben als die Botschaft vom Paradies. In Nord-Celebes fand das Christentum erst 1563 durch Jesuiten Eingang. Sie sollen ein Viertel der Bevölkerung getauft haben. Aber erst 1641 sind größere Gemeinden auf Celebes gegründet worden, als der Bischof von Malakka, durch die Holländer vertrieben, in Makassar seinen Bischofssitz aufschlug.

Die übrigen Großen Sunda-Inseln sind trotz ihrer nahen Lage zu Indien kaum Gegenstand der Mission gewesen. Der Mangel an Glaubensboten, der Widerstand der muslimischen Sultane und die Unzugänglichkeit des Inselinneren mögen die Gründe dafür gewesen sein. Lediglich auf Ost-Java erzielten Jesuiten unter der damals noch nichtislamischen Bevölkerung einige Erfolge.

Die Kleinen Sunda-Inseln, 1522 von Spaniern bei der ersten Weltumseglung entdeckt, sind dagegen mit gutem Erfolg von den Dominikanern missioniert worden. Ihr Hauptpunkt war die Insel Solor[38], von wo aus sich das Christentum auf die übrigen Inseln ausbreitete. Man zählte bald über 50 000 Gläubige. Doch haben der Widerstand der Muslime und portugiesische Mißgriffe die Erfolge fast zunichte gemacht. Trotz der Eroberung der Inseln durch die Holländer setzten die Dominikaner ihre Arbeit fort und vermochten sogar eine neue Blütezeit heraufzuführen. Die Solor-Mission konnte ins 18. Jh. hinübergerettet werden.

c) Japan

QUELLEN: *J. Laures,* Kirishitan Bunko. A Manual of Books and Documents on the Early Missions in Japan (Tokyo [3]1957); *L. Frois,* História do Japão 1549—1578 (dt. Schurhammer-Voretzsch, Leipzig 1926); Segunda parte da História de Japam 1578—1582

[37] *C. Wessel,* De geschiedenis der R. K. Missie in Amboina vanaf haar stichting door de H. Franciscus Xaverius tot haar vernietiging door de O. I. Compagnie, 1546—1605 (Nijmegen 1926).

[38] *B. Biermann,* Die alte Dominikanermission auf den Solorinseln: ZMR 14 (1924) 12—48 269—273; *ders.,* Frei Luís de Andrada und die Solormission: ZMR 43 (1959) 176—187 261—274.

(Tokyo 1938); La première ambassade du Japon en Occident (1582—1592), hrsg. von A. Pinto u. a. (Tokyo 1942).

LITERATUR: *Streit* IV und V; *H. Haas*, Geschichte des Christentums in Japan (Tokyo 1902/04); *J. Laures*, Geschichte der katholischen Kirche in Japan (Kaldenkirchen 1956); *C. R. Boxer*, The Christian Century in Japan 1549—1650 (Berkeley 1951).

Japan ist 1542/43 zufällig von den Portugiesen entdeckt worden, als eine Barke, durch einen Taifun verschlagen, statt in Siam auf den japanischen Inseln landete. 1548/49 unternahmen die Portugiesen dann eine erste Expedition, um Handelsbeziehungen mit Japan anzuknüpfen. Franz Xaver wurde durch die Begegnung mit drei Japanern in Malakka auf das Inselreich im Fernen Osten aufmerksam und trat 1549 in ihrer Begleitung die Reise dorthin an. Er landete in Kagoshima und gründete dort eine erste Gemeinde. Sein Ziel war, den Kaiser für den Glauben zu gewinnen und über ihn und die buddhistischen Klöster das Volk zu bekehren. Aber bald mußte er erkennen, daß der Mikado nur nominell der Herrscher des Landes war; in Wirklichkeit herrschte in Japan die Anarchie — das Inselreich war in rund 50 Kleinstaaten zerfallen und die Landesfürsten, die Daimyos, taten, was ihnen beliebte. Um bei ihnen Eingang zu finden, beschloß Franz, hinfort als päpstlicher Legat mit aller Pracht aufzutreten, und er ordnete an, daß auch die künftigen Missionare versuchen sollten, durch ihr Auftreten (u. a. durch die Beachtung der japanischen Höflichkeitsregeln) die Leute zu gewinnen. Die Begegnung mit der hohen japanischen Kultur brachte den Heiligen dazu, sich von der traditionellen, europäisierenden Methode abzuwenden und einer weitgehenden Anpassung das Wort zu reden. Er selbst hat in seinen Religionsgesprächen mit buddhistischen Mönchen ohne Bedenken religiöse Begriffe von ihnen übernommen[39], so z. B. für Gott den Begriff Dainichi. Als er jedoch erfuhr, daß Dainichi nicht ein persönliches Wesen, sondern den Urstoff aller Dinge bezeichnete, griff er auf das lateinische Deus zurück. (Bei einer Revision seines Katechismus 1556 mußten etwa 50 buddhistische Termini durch portugiesisch-lateinische ersetzt werden.)

Im November 1551 kehrte Franz Xaver nach Goa zurück. Er hinterließ seinem Begleiter, P. Cosme de Torres, drei Christengemeinden mit annähernd tausend Neophyten, die durchweg aus den niederen Schichten des Volkes stammten. Erst 1563 konnte der erste Daimyo getauft werden; ihm folgten bald so viele andere, daß ihre Bekehrung das charakteristische Zeichen der frühen Japanmission geworden ist[40]. Ihr Beispiel zog viele Samurais und Bonzen und schließlich das Volk nach sich; es kam in bestimmten Teilen Japans zu regelrechten Massenbekehrungen. 1570 zählte die junge Christenheit bereits 20000—30000 Gläubige, unter denen, unterstützt von

[39] *G. Schurhammer*, Das kirchliche Sprachproblem in der japan. Jesuitenmission des 16. und 17. Jh. (Tokyo 1928).

[40] *M. Steicher*, Les daimyos chrétiens ou un siècle d'histoire religieuse et politique du Japon 1549—1650 (Hongkong 1904).

japanischen Laien, dreißig Jesuitenpatres und -brüder wirkten. Da die Mission in Japan nicht, wie sonst üblich, die Hilfe des portugiesischen Staates in Anspruch nehmen konnte, sind diese Erfolge besonders hoch zu bewerten. Es handelte sich in den meisten Fällen um ehrliche Bekehrungen ohne irgendwelche gewinnsüchtige Absichten. Allerdings mußten die Missionare sich auch selbst unterhalten. Das führte sie leider dazu, sich am portugiesischen Seidenhandel zu beteiligen und Häuser, die sie geschenkt erhalten hatten, zu vermieten. Das wäre noch hingegangen, wenn nicht unter den Missionaren Unstimmigkeiten in Fragen der Methode aufgetaucht wären. Der Nachfolger C. de Torres', Francisco Cabral, war gegen jede Anpassung und vertrat die europäisierenden Tendenzen der traditionellen portugiesischen Missionsmethode. Das führte auch innerhalb der Christengemeinden zu Spannungen, vor allem unter den Angehörigen der höheren Stände. Doch wuchs die Zahl der Christen weiter an und erreichte in der Amtszeit Cabrals 150000 (ca 1580). 1576 war Japan aus dem Diözesanverband von Malakka herausgelöst und dem neuen Bistum Macao unterstellt worden [41].

Die innere Krise wurde durch den zur Visitation in Japan eintreffenden P. Alessandro Valignano (1539—1606) [42] beschworen. Der weitsichtige und kluge Mann führte binnen kurzem eine Reform der Mission im Geiste der xaverianischen Anpassungsgrundsätze durch, befahl den Missionaren ein eingehendes Sprachstudium und legte durch den Bau zweier Seminare den Grund zu einem einheimischen Welt- und Ordensklerus. Bei seiner Abreise nahm er eine japanische Gesandtschaft an den Papst und den König von Spanien mit, die in Europa (1582/90) nicht nur größtes Aufsehen erregte, sondern auch ein lebendiges Interesse an der Japan-Mission weckte [43].

Inzwischen hatte sich in Japan innerpolitisch ein großer Umschwung vollzogen. Nachdem bereits zwischen 1564 und 1568 unter dem Heerführer Nobunaga die Willkür der Daimyos eingeschränkt worden war, gewann Anfang der achtziger Jahre Hideyoshi als Regent des Mikado eine fast unumschränkte Gewalt. Anfänglich ein Freund der Christen, wurde er, durch Unklugheiten des damaligen Missionsoberen Coelho mißtrauisch gemacht, ein Feind des Christentums. 1587 erließ er einen Ausweisungsbefehl für sämtliche Glaubensboten. Allerdings wurde der Befehl nicht durchgeführt; aber die Arbeit mußte nun viel vorsichtiger getan werden. Immerhin gewannen die Jesuiten zwischen 1587 und 1597 noch 65000 Neuchristen hinzu. 1588 wurde Japan zu einem selbständigen Bistum erhoben mit Sitz des Bischofs in Funai [44].

Doch war auch missionarisch eine ganz neue Situation in Japan entstan-

[41] „Super specula" Gregors XIII. vom 23. 1. 1576: *Streit* IV 1525.

[42] *J. F. Schütte*, Valignanos Missionsgrundsätze für Japan I/1—2 (Rom 1951/58).

[43] *L. Frois*, La première ambassade du Japon en Occident (1582—1592). Première Partie: Le voyage en Europe (1582—1586), hrsg. von *J. A. A. Pinto* u. a. (Tokyo 1942).

[44] Cedula Consistorialis Sixtus' V. vom 19. 2. 1588: *Streit* IV 1701.

den. Nach der Vereinigung der portugiesischen und spanischen Krone 1580 versuchten spanische Missionare, von den Philippinen aus Eingang in das portugiesische Missionsgebiet zu finden, obwohl Gregor XIII. 1585 der Gesellschaft Jesu das Vorrecht zugestanden hatte, ausschließlich den Fernen Osten zu missionieren[45]. 1593 begannen die Franziskaner unter Führung des Pedro Bautista mit der Missionsarbeit in Japan. Sie gewannen das Wohlwollen Hideyoshis, entfalteten eine eifrige Tätigkeit und konnten, obwohl sie die traditionelle spanische Methode befolgten, beachtliche Erfolge erzielen. Aber wesentlicher als die Unterschiede der Methode und die Ordensrivalität waren wohl die nationalen Gegensätze zwischen Portugiesen und Spaniern. Hideyoshi nutzte sie in raffiniertem Doppelspiel geschickt aus und fand schließlich in dem berühmten, aber immer noch stark diskutierten Ausspruch des Lotsen der „San Felipe"[46], die Spanier schickten Kaufleute und Missionare, um mit ihrer Hilfe die fremden Länder zu erobern, einen Anlaß, um gegen das Christentum loszuschlagen. Es kam zum ersten großen Martyrium von Nagasaki, bei dem am 15. Februar 1597 die sechs spanischen Franziskaner, drei japanische Jesuiten und 17 japanische Christen den Tod erlitten[47]. Aber desungeachtet nahmen die Franziskaner 1598 die Arbeit in Japan wieder auf, und ihnen folgten, nachdem das Jesuitenprivileg aufgehoben worden war[48], auch spanische Dominikaner und Augustiner. Die Zahl der Christen wuchs trotz der Verfolgung weiter und belief sich 1614 auf rund 300000. 1601 konnten auch die ersten japanischen Priester geweiht werden. Bis zum Ende der frühen Japan-Mission wurden es insgesamt 50: 10 Weltpriester, 35 Jesuiten, 3 Dominikaner und je ein Franziskaner und Augustiner. Von ihnen starben 21 den Martertod[49].

Als Hideyoshi 1598 starb, flackerten die Kämpfe zwischen den rivalisierenden Heerführern wieder auf. Aus ihnen ging Tokugawa Ieyasu als Sieger hervor; er begründete die bis 1868 dauernde Militärdynastie seiner Familie. Die Raffung der politischen Gewalt durch einen absolut herrschenden Diktator war für die Daimyos etwas so unerhört Neues, daß sie davon geradezu gelähmt schienen. Daß die Christen unter ihnen (etwa mit ausländischer Hilfe) sich gegen die Zentralgewalt verbünden konnten, war für Ieyasu Grund genug, dem Christentum den Kampf anzusagen. Die Handelsintrigen der europäischen Mächte, verschärft durch den konfessionellen Gegensatz zwischen Portugiesen und Spaniern auf der einen und Hollän-

45 Breve „Ex pastorali officio" vom 28. 1. 1585: *Streit* IV 1647.

46 Vgl. dazu die Artikel von *J. Laures:* NZM 7 (1951) 184—203; *J. F. Schütte:* ZMR 36 (1952) 99—116; *L. Alvarez-Taladriz:* Missionalia Hispanica 10 (Madrid 1953) 175—195; dazu nochmals *F. J. Schütte:* ZMR 38 (1954) 328—331.

47 *L. Frois,* Relación del Martirio 1597 (Rom 1935); *G. Huber,* Kreuze über Nagasaki (Werl 1954).

48 „Onerosa pastoralis officii" Clemens' VIII. vom 12. 12. 1600: *Streit* V 987.

49 *A. Brou,* Le clergé japonais au XVIIe siècle: RHM 9 (1932) 475—505, s. bes. 496 u. 504 f.

dern und Engländern auf der anderen Seite, ließen ihn in der Religion des Westens eine nationale Gefahr für Japan sehen. Die christlichen Daimyos versagten in der ihnen aufgedrängten Kraftprobe. Die erste christliche Generation war durchwegs gestorben, die zweite kannte nicht mehr den Eifer der ersten Zeit. Seit 1603 fiel ein Geschlecht nach dem andern vom Glauben ab. 1613 erließ Ieyasu ein Edikt gegen die Christen, 1614 folgte ein Verbannungsdekret[50]. Nur 18 Jesuiten, 7 Dominikaner, 6 Franziskaner, 5 Weltpriester und ein Augustiner blieben in Japan. Jährlich starben zahlreiche Christen den Zeugentod, bei dem zweiten großen Martyrium hundert auf einmal, unter ihnen 18 Missionare aus den vier Orden. Die Verfolgung wurde immer schärfer. Ab 1623 mußte jeder Japaner jährlich seine Religionszugehörigkeit offenbaren; ab 1627 kam das „Bildertreten" auf, das sog. efumi: Die Verfolger wollten Abtrünnige, nicht Martyrer machen. Bis 1630 belief sich die Zahl der für ihren Glauben Gestorbenen auf 4045[51]. Einen letzten Höhepunkt fand die Verfolgung im Shimabara-Aufstand 1637/38, bei dem 30 000 Christen hingerichtet wurden. Japan schirmte sich jetzt immer mehr von der Außenwelt ab, die Handelsbeziehungen zu Spanien-Manila wurden 1624, die zu Portugal 1639 abgebrochen. Nur die Holländer konnten unter zum Teil unehrenhaften Bedingungen auf der Insel Deshima bis 1854 einen bescheidenen Handel weitertreiben. Dafür hatten sie mitgeholfen, den Shimabara-Aufstand niederzuwerfen. Das Christentum konnte nur mehr ein Katakombendasein in Japan führen, erhielt sich jedoch bis ins 19. Jh. hinein.

d) China

QUELLEN: Avvisi della Cina ... (Mailand 1586/88); Lettere annue 1601—1611. Fonti Ricciane, hrsg. von *P. D'Elia,* 3 Bde (Rom 1942/49); Cartas de China. Documentos inéditos sobre Misiones Franciscanas de los siglos XVII y XVIII, hrsg. von *O. Maas,* 2 Bde (Sevilla 1917); *D. Aduarte,* Historia de la Provincia del S. Rosario de Filipinas, Japón y China (Saragossa 1693).

BIBLIOGRAPHIE: *H. Cordier,* Bibliotheca Sinica, 4 Bde (Paris ²1904/08), Suppl. I (Paris 1922); *Streit* IV V und VII; *J. Beckmann,* Neuerscheinungen zur chines. Missionsgeschichte, 1945—1955: Monumenta Serica 15 (Tokyo 1956) 378—462.

LITERATUR: *K. S. Latourette,* A History of Christian Missions in China (London 1929); *H. Bernard-Maître:* DHGE XII 693—741; *P. M. D'Elia,* Sunto storico dell'attività della Chiesa Cattolica in Cina dalle origini ai nostri giorni (635—1294—1948): StMis 6 (Rom 1951) 3—68; *C. Cary-Elwes,* China and the Cross (New York 1956).

Der Tod Franz Xavers vor den Toren Chinas war der Anlaß dazu, daß die Jesuiten sich um Einlaß in das verschlossene Reich der Mitte bemühten,

[50] *H. Cieslik,* Das Christenverbot in Japan unter dem Tokugawa-Regime: NZM 6 (1950) 175—192 256—272, 7 (1951) 24—36.

[51] *J. Laures,* Die Zahl der Christen und Märtyrer im alten Japan: Monumenta Nipponica 7 (1951) 84—101.

das den Portugiesen bereits seit 1514/15 bekannt war. Aber erst 1554 war es diesen gelungen, erste Beziehungen mit China herzustellen: sie erwarben die Halbinsel Gozan und gründeten auf ihr die Stadt Macao, die für 300 Jahre der Brennpunkt der europäischen Interessen im Fernen Osten werden sollte. Die Stadt diente bald auch als Stützpunkt und Asyl der Missionare. Aber alle Versuche (seit 1555), in China Fuß zu fassen, schlugen fehl. 1576 wurde Macao Bischofssitz[52]. Um den Spaniern genugzutun, mußte 1579 Manila ebenfalls zum Bistum erhoben werden. So gab es im Fernen Osten zwei Zentren, von denen aus versucht wurde, in China Eingang zu finden. Viele Schwierigkeiten der China-Mission leiten sich daraus ab, daß Missionare verschiedener Nationalität von verschiedenen Ausgangspunkten aus ihre Tätigkeit im Reich der Mitte aufnahmen. Auch hier machte sich die Personalunion der beiden iberischen Reiche bemerkbar. So vertrat damals der spanische Jesuit Alonso Sanchez sogar das Recht, sich bewaffneter Hand Einlaß in China zu verschaffen, und legte entsprechende Pläne für eine militärische Eroberung Chinas vor[53].

Aber schließlich gelang es 1583 den Jesuiten Michele Ruggieri und Matteo Ricci (1552—1610)[54], die Aufenthaltsgenehmigung für China zu erhalten. Sie ließen sich in Chao-ch'ing bei Kanton nieder und begannen in der Tracht buddhistischer Mönche ihre Arbeit. Sie lernten eifrig Chinesisch und studierten die Schriften Konfutses und der übrigen chinesischen Weisen. Ihre Erfolge waren, gemessen an den damals üblichen Zahlen, gering. Bis 1586 hatten sie nicht mehr als 40 Gläubige um sich geschart. Der Versuch, ihren Wirkungsbereich zu erweitern, trug ihnen das Verbot ein, länger in Chao-ch'ing zu bleiben. Doch durften sie sich an einem anderen Ort der gleichen Provinz niederlassen. Hier änderten die Missionare ihre Kleidung. Sie hatten erkannt, daß die buddhistischen Mönche wenig geachtet waren; von jetzt an traten sie im Gewand der Gelehrten auf und wußten mit Nutzen ihre profanwissenschaftlichen Kenntnisse für die Glaubensverbreitung einzusetzen. Aus dieser Zeit stammen die beiden philosophischen Schriften Riccis „Über die Freundschaft" und über „Die Gedächtniskunst" (1595). Aus seinen Gesprächen mit den chinesischen Gelehrten entstand „Die wahre Lehre über Gott", ein Büchlein, das später unter die klassischen chinesischen Schriften aufgenommen worden ist.

[52] „Super specula" Gregors XIII. vom 23. 1. 1576: BullPatr I 243—245.

[53] Vgl. *Streit* IV, S. 329, nn. 31 32 34.

[54] Neben den alten Biographien von *D'Orléans* (1693), *Sainte Foi* (1859) und *Werfer* (1870) bes. *Ricci-Ricardi*, Il d. Matteo Ricci (Florenz 1910); *J. Brucker*, Le P. M. Ricci: Études 124 (Paris 1910) 5—7 185—208 751—779; *P. Tacchi Venturi*, L'apostolato del P. M. Ricci in Cina secondo i suoi scritti inediti (Rom ²1910); *H. Bernard*, Le P. M. Ricci et la société de son temps (1552—1610), 2 Bde (Tientsin 1937); *P. D'Elia*, Il P. M. Ricci SJ, fondatore delle moderne missioni della Cina: I grandi missionari I (Rom 1939) 127—176.

Schon bald hatten die Missionare erkannt, daß es vor allem darauf ankomme, die Gunst des Kaisers zu gewinnen. Ricci unternahm alles, um an den Hof nach Peking zu gelangen. Seine Versuche führten zur Gründung von Niederlassungen in Nan-ch'ing und Nanking, wo Ricci selbst 1598 Wohnung nahm. Hier entstand die berühmte „Karte der zehntausend Reiche", eine Weltkarte, auf der Ricci, um die Empfindlichkeit der Chinesen nicht zu verletzen, China buchstäblich als „Reich der Mitte" in das Zentrum der Karte rückte[55]. Hier gewann Ricci als bedeutendsten Täufling den Gelehrten Hsü Kuang-ch'i, der als Paul Hsü in der Missionsgeschichte Chinas eine beachtliche Rolle spielen sollte.

1601 konnte Ricci sich in Peking niederlassen. Der Kaiser selbst schenkte den Jesuiten ein Haus und gab ihnen die Erlaubnis, eine Kirche zu bauen. Ricci entfaltete eine weit ausgreifende Lehrtätigkeit und gewann einflußreiche Persönlichkeiten des kaiserlichen Hofes und der Gelehrtenwelt für den christlichen Glauben. 1605 soll es in Peking mehr als 200 Christen gegeben haben. 1608 konnte auch in Shanghai eine Niederlassung gegründet werden. Die Gesamtzahl der Christen wurde im gleichen Jahr mit 2500 angegeben; viele von ihnen waren von Rang und Stand. Als Ricci 1610, aufgerieben von seiner rastlosen Tätigkeit, im Alter von 58 Jahren starb, ließ er — nach seinen eigenen Worten — seine Mitbrüder „vor einem Tor, das zu aller Nutzen aufgestoßen werden kann, allerdings nicht ohne Mühsal und Gefahr".

Bald nach Riccis Tod hat seine weitherzige Anpassung[56] — die chinesischen Christen durften die Ahnen- und Konfutse-Ehrung nach ihrer Taufe beibehalten — Anstoß erregt und später Anlaß zum sog. Riten- und Akkommodationsstreit gegeben. An einem ist nicht zu zweifeln: Ricci war ein apostolisch gesinnter Mann und ein geschickter Missionar, der die Vorurteile gegen die christliche Religion gebrochen und bedeutende Gelehrte für das Christentum gewonnen hat. Es mag sein, daß er über Sinn und Tragweite der chinesischen Riten, die er rein bürgerlich deutete, getäuscht worden ist. Manches ist ihm später zugeschrieben worden, was gewiß nicht auf sein Konto zu setzen ist, etwa Geheimhaltung oder sogar Fälschung der christlichen Lehre in wesentlichen Punkten. Wäre es so gewesen, dann hätten seine Christen die Verfolgungen, die bald über sie hereinbrachen, nicht so tapfer überstanden. Allen Schwierigkeiten zum Trotz wuchs die Christenheit in China von 5000 im Jahre 1615 auf 38200 im Jahre 1636.

Der eigentliche und wirkliche Nachfolger Riccis wurde für die Zeit von

[55] *J. Brucker*, Note sur une carte supposée du P. Ricci: Atti e Memorie di Geografi-Orientalisti (Macerata 1911) 85ff; *P. D'Elia*, Il mappamondo del P. M. Ricci, commentato, tradotto e annotato (Città del Vaticano 1938).

[56] *A. Brou*, Les tâtonnements du P. M. Ricci: RHM 15 (1938) 228—244; *J. Bettray*, Die Akkommodationsmethode des P. M. Ricci in China (Rom 1955).

1630 bis 1666 der Kölner Johann Adam Schall von Bell (1591/92 bis 1666)[57]. Er hat die Mission durch die Wirrnisse seiner Zeit geschickt hindurchgeführt. Die spanisch-portugiesische Macht wurde im Fernen Osten immer mehr erschüttert. Die Vernichtung der Armada begann sich erst jetzt auszuwirken. Seit 1601 hatten sich die Holländer im Indischen Ozean festgesetzt. 1639 war der Rest des Japanhandels in ihre Hände übergegangen. 1640 zerriß die nationale Revolution der Bragança die lose Union zwischen Portugal und Spanien. In China selbst brachen die Mandschu ein und stürzten die alte Dynastie der Ming vom Thron.

Diese politischen Wirren wurden durch die Spannungen innerhalb der Christenheit noch verstärkt, hervorgerufen durch Missionare von den spanischen Philippinen[58]. 1631 landete der Dominikaner Angel Cocchi in Fukien, 1633 folgten ihm der Dominikaner Juan Bautista de Morales und der Franziskaner Antonio de S. Maria Caballero und zogen viele Ordensbrüder nach sich. Kirchlicherseits durften sie auf Billigung ihres Unternehmens rechnen. (Tatsächlich gestattete Urban VIII. 1633 auf Betreiben der Propaganda-Kongregation allen Orden, in Ostasien zu missionieren. Um die Einheit des Vorgehens zu sichern, sollten sie ihrer Predigt den tridentinischen Katechismus und die „Doctrina christiana" des Kardinals Bellarmin zugrunde legen[59].)

Das Auftreten der spanischen Missionare, die auf die bisher im Lande wirkenden Missionare kaum Rücksicht nahmen, richtete manche Verwirrung unter den Gläubigen an. Sie traten in ihrem Ordenshabit auf, predigten auf offener Straße mit dem Kreuz in der Hand und nahmen vor den Gläubigen Stellung gegen die Ahnen- und Konfutse-(Ver-)Ehrung. Der methodische Gegensatz sollte sich zu dem unheilvollen Konflikt des Ritenstreites auswachsen, der uns später eingehender beschäftigen muß. Hier darf eines vorweggenommen werden. Die Lösung des Konfliktes kann nicht im Erfolg der verschiedenen Methoden gesucht werden. Denn relativ hatten die Dominikaner und Franziskaner ähnliche Erfolge zu verzeichnen wie die Jesuiten. Die China-Mission erlebte geradezu eine neue Blütezeit trotz aller inneren und äußeren Wirrnisse um die Mitte des Jahrhunderts. 1651 trug sich die Propaganda-Kongregation bereits mit dem Plan, in Peking ein Patriarchat zu errichten und ihm zwei oder drei Erzbistümer und zwölf Bistümer zu unterstellen[60]. Aber die Dinge sollten einen ganz anderen Lauf nehmen.

[57] *A. Väth,* Joh. Adam Schall von Bell SJ, Missionar in China, kaiserlicher Astronom und Ratgeber am Hofe von Peking, 1592—1666 (Köln 1933).

[58] *B. Biermann,* Die Anfänge der neueren Dominikanermission in China (Münster 1927); *O. Maas,* Die Wiedereröffnung der Franziskanermission in China in der Neuzeit (Münster 1926).

[59] *Streit* V 1489; Collectanea S. Congreg. de Propaganda Fide I (Rom 1907) 72.

[60] *F. Schwager:* ZMR 2 (1912) 207 f nach Propaganda-Materialien.

e) Hinterindien

QUELLEN: *Ch. Borri,* Relatione Della Nvova Missione Delli PP. Della Compagnia Di Giesv, Al Regno Della Cocincina (Rom 1631); *A. de Rhodes,* Relazione de' felici successi della santa fede predicata da' padri della Comp. di Gesù nel regno di Tunchino (Rom 1650, deutsch von P. Pachtler, Freiburg 1858).

LITERATUR: *Streit* IV und V; *P. Pachtler,* Das Christentum in Tonking und Cochinchina (Paderborn 1861); *F. Schwager,* Aus der Vorgeschichte der hinterindischen Mission: ZMR 3 (1913) 146—156; *B. Biermann,* Die Missionen der portugiesischen Dominikaner in Hinterindien: ZMR 21 (1931) 305—327; *ders.,* Die Missionsversuche der Dominikaner in Kambodscha: ZMR 23 (1933) 108—132.

Als Ausgangspunkt der Missionstätigkeit in Hinterindien diente seit 1511 Malakka. Aber die Arbeit blieb wegen des schlechten Beispiels der Portugiesen fast erfolglos, obwohl Franziskaner, Dominikaner, Jesuiten und Augustiner Klöster und Kirchen in der Stadt besaßen und Malakka 1557/58 zur Diözese erhoben worden war. — In Birma, dem alten Pegu, wurden gegen Ende des Jahrhunderts Missionare zugelassen als Seelsorger für portugiesische Söldner und kriegsgefangene Goanesen, die, mit birmanischen Frauen verheiratet, katholische Dorfgemeinschaften bildeten. — Siam sah verschiedene Missionsversuche der Dominikaner und Franziskaner; aber nicht wenige der Glaubensboten bezahlten ihren Wagemut mit dem Leben. Erst zu Beginn des 17. Jh. nach Abschluß eines Handelsvertrages mit Portugal, ließen sich Erfolge erzielen. — In Kambodscha war seit Mitte des 16. Jh. ein portugiesischer Dominikaner tätig. In der Zeit der Personalunion Portugals mit Spanien setzten spanische Franziskaner von den Philippinen sich in diesem Gebiet der portugiesischen Demarkation fest.

Das aussichtsreichste Missionsfeld eröffnete sich der Kirche in den östlichen Reichen Annam, Cochinchina und Tongking. Auch hier wurde die Arbeit portugiesischer Franziskaner durch spanische Mitbrüder aus Manila erschwert. Erst den Jesuiten (seit 1615) gelang es, feste Gemeinden zu gründen. Am erfolgreichsten arbeitete hier seit 1624 der französische Jesuit Alexandre de Rhodes (1591—1660). In Tongking gewann er in vier Jahren an die 7000 Christen, unter ihnen 200 Priester und die Schwester des Königs. Trotz eines königlichen Verbots (1630) wuchs die Zahl der Christen weiter dank einheimischer Laienhelfer. 1639 bekannten sich 82 000 Tongkinesen zur christlichen Lehre. — De Rhodes war nach seiner Ausweisung aus Tongking nach Kambodscha zurückgekehrt und betreute dort allein 30 000 Gläubige (1640). Um Hilfe in der Arbeit zu haben, gründete er eine Katechistenschule, aus deren Schülern er eine religiöse Gemeinschaft von Katechisten bildete, die zölibatär lebten und sich durch einen Eid auf Lebenszeit zum Dienst in den Gemeinden verpflichteten. 1645 wurde de Rhodes auch von hier vertrieben und kehrte nach Europa zurück, um Mitarbeiter für die Missionen zu suchen und Rom Pläne zur Heranbildung eines einheimischen Klerus und einer bodenständigen Hierarchie zu unterbreiten.

Portugiesisch-Amerika: Brasilien

QUELLEN und LITERATUR: *Streit* II 331—361 739—753; *S. Leite,* Monumenta Brasiliae, 4 Bde (Rom 1956/60); *ders.,* História da Companhia de Jesus no Brasil I und II (Lissabon - Rio de Janeiro 1938); *A. Lourenço Farinha,* A expansão da fé na Africa e no Brasil I (Lissabon 1942) 419—542; *R. Ricard,* Les Jésuites au Brésil pendant la seconde moitié du XVIe siècle, 1549—1597: RHM 1 (1937) 321—366 435—470; *D. Romag,* Compêndio de História da Igreja (Petrópolis ^{2}1952).

Brasilien sah seit seiner Entdeckung im Jahre 1500 zahlreiche, aber isolierte Missionsversuche seitens portugiesischer, spanischer und italienischer Minderbrüder der verschiedenen franziskanischen Zweige[61]. Doch hatten ihre Unternehmen infolge der Grausamkeiten der portugiesischen Soldaten, Händler und Siedler wenig bleibenden Erfolg. Feste Gestalt gewann das Bekehrungswerk erst durch den Eintritt der Jesuiten in die Missionsarbeit, die 1549 in Begleitung des Statthalters Tomé de Souza amerikanischen Boden betraten. P. Manuel da Nóbrega (1519/70)[62], ihr Anführer, betrieb vor allem die Gründung eines brasilianischen Bistums, das 1551 bereits in der damaligen Hauptstadt São Salvador (Baía) errichtet wurde[63]. Allerdings war der erste Bischof, Pedro Fernandes Sardinha, der Situation und den von ihm mitgebrachten Priestern nicht gewachsen. Ihre Zuchtlosigkeit drohte die Bemühungen der Missionare zunichte zu machen. Der Bischof fiel 1556 in die Hände heidnischer Indianer, die ihn auffraßen[64].

1556 entstand in Baía auch das Colégio de Jesus, das die berühmte Ausbildungsstätte des brasilianischen Klerus und das Vorbild für alle ähnlichen Anstalten in den größeren Städten Brasiliens werden sollte. Seine Bedeutung erhellt aus der befremdlichen Tatsache, daß es im portugiesischen Kolonialgebiet in Amerika keine einzige Universität (und keine Druckerei) gab.

Doch stand die Kollegtätigkeit der Jesuiten ganz im Dienst der Mission unter der indianischen Landesbevölkerung. Die Glaubensboten, die in wenigen Jahren bis zum äußersten Süden des Landes vorstießen und im

[61] *A. Jaboatam,* Novo Orbe Seráfico brasílico ou Chrónica dos Frades Minores da Provincia do Brasil (Lissabon 1761, Rio de Janeiro ^{2}1858/59 in zwei Teilen); *V. Willeke,* Die franziskanische Missionspraxis unter den Indianern Brasiliens (1585—1619): ZMR 42 (1958) 133—139; *D. Romag,* História dos Franciscanos no Brasil, 1500—1659 (Curitiba 1940); *B. Roewer,* A Ordem Franciscana no Brasil (Petrópolis ^{2}1947); *ders.,* Páginas de História Franciscana no Brasil (Petrópolis ^{2}1958); *O. van der Vat,* Principios da Igreja no Brasil (Petrópolis 1952).

[62] *A. Peixoto,* Cartas Jesuíticas, I: Manuel da Nóbrega, Cartas do Brasil, 1549—1560 (Rio de Janeiro 1931), darin der Dialog: Conversão do gentio.

[63] Bulle Julius' III. vom 25. 2. 1551: BullPatr I 177 f.

[64] *Pastor* VI 216.

portugiesisch-spanischen Grenzgebiet ihre so berühmt gewordene Guaraní-Mission begannen, suchten die Landessprachen zu erlernen, unterrichteten die Kinder im Lesen und Schreiben und übersetzten Gebete und Katechismen. Missionsmethodisch ist aufschlußreich, daß die Jesuitenmissionare in der Spendung der Taufe sehr vorsichtig waren; sie verlangten eine lange Vorbereitungszeit und wählten die Täuflinge sorgfältig aus der Zahl der Katechumenen aus. Noch zuwartender verhielten sie sich bei der Zulassung ihrer Neuchristen zum Empfang des Altarssakramentes. Erst 1573 durften die ersten zur Osterkommunion gehen, und sie mußten sich durch Fasten und Kasteiungen darauf vorbereiten. Aus dieser Praxis erklärt sich, daß die Jesuiten keinen Indio in ihre Gesellschaft aufnahmen oder zum Priester weihen ließen. — Die Arbeit der Missionare wurde durch die Weißen mehr noch durch die Mischlinge, die sog. mamelucos, erschwert. Bald spielten die Jesuiten in Brasilien eine ähnliche Rolle wie Las Casas in Spanisch-Amerika. Zu ihrem Schutz sammelten sie die Indianer in aldeias oder doutrinas genannten Gemeinden oder in Reduktionen. 1609 gelang es ihnen, die Sklaverei der Indianer abzuschaffen; doch verstanden es die portugiesischen Siedler, das Gesetz durch Einführung von Zwangsarbeit unwirksam zu machen.

1553 wurden die Jesuiten in Brasilien zu einer eigenen Ordensprovinz zusammengeschlossen. Obwohl vierzig Jesuiten auf der Überfahrt von hugenottischen Seeräubern versenkt[65] und zwölf weitere ein Jahr später ebenfalls gekapert und getötet wurden, zählte die brasilianische Provinz 1584 bereits 142 und 1622 etwa 180 Mitglieder. Diese waren jedoch nicht alle Portugiesen, sondern stammten aus den verschiedensten Ländern Europas. Portugal, das damals etwa 1,5 Millionen Einwohner zählte, hätte ohne fremde Hilfe den Aufgaben in seinem riesigen Kolonialreich nie gerecht werden können. Die Belastungen für das Mutterland waren ohnedies groß genug. So verfügte z. B. Papst Pius V. 1572, daß zwei Drittel aller kirchlichen Einkünfte Portugals für die Brasilien- und Japan-Mission verwandt werden müßten[66]. 1627 wurde der Norden Brasiliens als Ordensprovinz Maranhão selbständig. Die Missionsarbeit war recht bald immer tiefer ins Hinterland vorgetragen worden. Den Antrieb dazu gab der Kanare José de Anchieta (1534/97)[67], der sich durch seinen rastlosen Eifer den Namen des Apostels Brasiliens verdiente. Bis 1584 soll die Zahl der Indianerchristen auf 100 000 gestiegen sein.

[65] *M. G. da Costa,* Inacio de Azevedo (Braga 1946); *A. Rumeau de Armas,* La expedición misionera al Brasil martirizada en aguas de Canarias (1570): Missionalia Hispanica 4 (Madrid 1947) 329—381. [66] *Streit* II 1301.

[67] *A. Peixoto,* Cartas Jesuíticas, III: Cartas, informações, fragmentos históricos e sermões do P. Joseph de Anchieta SJ, 1554—1594 (Rio de Janeiro 1933); *S. Leite,* A primeira biografia inédita de José de Anchieta, apóstolo do Brasil (Lissabon 1934); *S. López Herera,* El P. J. de Anchieta (Madrid 1954); Werke: *Streit* II 1239, S. 339—342.

Zu Ende des 16. Jh. traten auch andere Orden in die Missionsarbeit ein, so 1580 die Karmeliten[68], 1581 die Benediktiner[69]; ihnen folgten etwas später noch die Augustiner und Oratorianer. Als zu Beginn des 17. Jh. die Franzosen rivalisierend in den lateinamerikanischen Raum einbrachen und im nordbrasilianischen Maranhão eine eigene Kolonie eröffneten, gewannen sie in den Kapuzinern Missionare für ihr Gebiet[70]. Frankreich schickte sich an, mit den iberischen Kolonialmächten in Wettstreit zu treten.

Eintritt Frankreichs in die Missionsarbeit

QUELLEN: *Ch. le Clercq,* Premier établissement de la foi dans la Nouvelle France, 2 Bde (Paris 1691); *S. le Tac,* Histoire chronologique de la Nouvelle France, ou Canada, hrsg. von Réveillaud (Paris 1888); *R. G. Thwaites* (Hrsg.), The Jesuit Relations and Allied Documents. Travels and Explorations of the Jesuit Missionaries in New France, 1610 to 1791, 73 Bde (Cleveland 1897—1910; Auswahl New York 1925); *F.-X. de Charlevoix,* Histoire de la Nouvelle France, 3 Bde (Paris 1794). — Documents inédits pour servir à l'histoire du christianisme en Orient, hrsg. von Rabbath, 2 Bde (Beyrouth 1907/10).

LITERATUR: *C. de Rochemonteix,* Les Jésuites et la Nouvelle France au XVIIe siècle, 3 Bde (Paris 1895/96); *G. Goyau,* Une épopée mystique. Les origines religieuses du Canada (Paris 1934); *L. Pouliot,* Études sur les Relations des Jésuites de la Nouvelle France (Brügge 1940); *C. de Bonnault,* Histoire du Canada français, 1534—1763 (Paris 1950); *L. Groulx,* Histoire du Canada français depuis sa découverte (Montréal 1950); *G. de Vaumas,* L'éveil missionnaire de la France au XVIIe siècle (Paris 1959); *Delacroix* II 70—88 281—320.

H. de Barenton, La France catholique en Orient (Paris 1902); *Rocco da Cesinale,* Storia delle Missioni dei Cappuccini, 3 Bde (Rom 1873); *Clemente da Terzorio,* Missioni dei Minori Cappuccini IV und V (Rom 1918/19); *Delacroix* II 89—97.

a) *In Nordamerika*

Schon Franz I. von Frankreich (1515/47) war nicht gewillt, bei der Aufteilung der Welt abseits zu stehen. Er unterstützte den in französischen Diensten stehenden Venezianer Giovanni de Verrazzano, der 1523 den Hudson sichtete, und Jacques Cartier, der 1534 Kanada für Frankreich in Besitz nahm. Auch für Franz I. schien — ob aus Überzeugung oder aus Politik — Entdeckung und Eroberung Mittel zur Bekehrung der „Wilden" zu sein. Aber der Besitz Kanadas blieb ungenützt. Der Mißerfolg in Brasilien — die Franzosen wurden 1557 aus der zwei Jahre zuvor eroberten Bucht von Rio de Janeiro wieder vertrieben — ließ sie faktisch die Teilung

[68] *P. A. Prat,* Notas históricas sobre as Missões carmelitas no extremo norte do Brasil. Séculos XVII—XVIII (Recife 1948).

[69] *D. J. Luna,* Os monges beneditinos no Brasil (Rio de Janeiro 1947); *G. Müller,* Os Beneditinos no Brasil (Baía 1947).

[70] *C. D'Abbeville,* L'arrivée des Pères Capucins en l'Inde Nouvelle, appelée Maragnon... (Paris 1612), vgl. *Streit* II 2370; Suite de l'histoire des choses plus mémorables advenues en Maragnon... (Paris 1615), vgl. *Streit* II 2378.

der Welt durch Alexander VI. anerkennen. Erst Heinrich IV. (1589—1610) gelang es, sich 1598 in einer Klausel zum Vertrag von Vervins das Recht auf Landnahme nördlich einer Linie, die die Kanarischen Inseln durchschnitt, zu sichern.

Nach Einzelunternehmen zweier Jesuiten in Akadien (1611/13) ließen sich 1615 vier Franziskaner-Rekollekten in dem 1608 von Samuel Champlain gegründeten Québec nieder[71]. 1625 landeten die ersten Jesuiten unter P. Charles Lalemant in Kanada, um die Huronen und andere Indianerstämme zu missionieren. Aber 1628 bemächtigte sich England der Kolonie, die Missionare wurden ausgesiedelt. Erst 1632 konnte eine dritte Gruppe Jesuiten unter P. Paul Le Jeune[72] einen neuen Versuch unternehmen. Ihm folgte 1633 Jean de Brébeuf[73] mit einer Mission unter den Huronen. Damit schien der Bann gebrochen. 1637 arbeiteten in Kanada schon 29 Jesuiten. 1639 trafen die ersten Ordensfrauen in Kanada ein, unter ihnen die Ursuline Marie de l'Incarnation[74].

Aber bald folgten furchtbare Rückschläge. Die Kämpfe zwischen den Irokesen und Huronen forderten von den Jesuitenmissionaren blutige Opfer: 1642/49 erlitten Jean de Brébeuf, Gabriel Lalemant, Isaac Jogues und fünf andere den Martertod (sie wurden 1925 selig- und 1930 heiliggesprochen)[75]. Die Indianermission brach vollständig zusammen. Die überlebenden Missionare zogen sich nach Québec zurück.

b) *Im Nahen Osten*

Vor allem suchte Frankreich aber im Vorderen Orient Einfluß zu gewinnen. Ludwig XIII. (1610/43) und sein Minister Kardinal Richelieu (1585—1642) bedienten sich dabei besonders der Kapuziner. Ihr eifrigster Helfer war

[71] *O. Jouve,* Les Franciscains et le Canada, I: L'établissement de la foi, 1615—1629 (Paris 1915).

[72] *J. Bouchard,* Le R. P. Paul Le Jeune S. J. et la fondation des missions des Jésuites en Nouvelle France, 1632—1642 (Rom 1958).

[73] *R. Latpurelle,* Étude sur les écrits de S. Jean de Brébeuf, 2 Bde (Montréal 1952/53); *F. X. Talbot,* Pionier Gottes unter den Huronen. Das Leben des Jean de Brébeuf, 1593 bis 1649 (Salzburg 1952).

[74] Écrits spirituels et correspondance de Marie de l'Incarnation, hrsg. von *A. Jamet,* 3 Bde (Paris 1928/35), 4 Bde (Québec 1929/39); *H. Bremond,* Histoire littéraire du sentiment religieux en France VI (Paris 1926) 1—76; *P. Renaudin,* Une mystique française au XVIIe siècle: Marie de l'Incarnation, ursuline de Tours et de Québec (Paris 1935); *G. Goyau,* La première française missionnaire. La vocation canadienne de Mère Marie de l'Incarnation: L'Église en marche [Études d'histoire missionnaire Ve Série] (Paris 1936) 95—126. Le témoignage de Marie de l'Incarnation, OSU (Paris 1943); *Marie-Emmanuel,* Marie de l'Incarnation, d'après ses lettres (Ottawa 1946); Les Ursulines de Québec, 4 Bde (Québec 1863/66).

[75] *G. Goyau - G. Rigault,* Martyrs de la Nouvelle France, XVIIe et XVIIIe ss. Extraits des relations et lettres des missionnaires Jésuites (Paris 1928); *H. Fouqueray,* Martyrs du Canada (Paris 1930); *J. A. O'Brien,* The American Martyrs (New York 1953).

P. Joseph von Paris[76] (François Le Clerc du Tremblay, Baron de Maffliers, 1577—1638), ein Mann, in dem sich Kreuzfahrergeist und diplomatisches Geschick sonderbar mischten. Binnen kurzem wußte er hundert Ordensbrüder frei zu machen und sie im Vorderen Orient unter französischem Protektorat einzusetzen.

Der Eintritt Frankreichs in die Missionsarbeit vollzog sich also gegen die Patronatsmächte Portugal und Spanien. Doch zeigte sich von Anfang an, wie sehr auch hier nationale Interessen mitsprachen. So wurde der Grund zum französischen Missionsprotektorat gelegt, das in Zukunft eine verhängnisvolle Rolle in der Missionsgeschichte spielen sollte.

47. Kapitel

Die Gründung der Propaganda-Kongregation

QUELLEN: Bullarium Pontificium S. Congregationis de Propaganda Fide, 5 Bde (Rom 1839/41); *R. de Martinis,* Juris Pontificii de Propaganda Fide Pars prima ..., 7 Bde (Rom 1888/97), Pars secunda (Rom 1909); Collectanea S. Congregationis de Propaganda Fide (Rom 1893 [in sachlicher Anordnung], [2]1907 [2 Bde, in zeitlicher Anordnung]) [= Coll].
LITERATUR: *O. Mejer,* Die Propaganda, ihre Provinzen und ihr Recht, 2 Bde (Leipzig-Göttingen 1852/53); ZMR 12 (1922) Heft 1 zum 300jährigen Bestehen der Propaganda-Kongregation mit Beiträgen von: *J. Schmidlin,* Die Gründung der Propagandakongregation (1622) 1—14 115, *L. Kilger,* Die ersten fünfzig Jahre Propaganda — eine Wendezeit der Missionsgeschichte 15—30, *K. Pieper,* Ein Blick in die missionsmethodischen Erlasse der Propaganda 31—51. — Sehr gutes Material bietet *H. Chappoulie,* Aux origines d'une Église. Rome et les missions d'Indochine au XVIIe siècle I (Paris 1943). Vgl. auch *B. Arens,* Handbuch der katholischen Missionen (Freiburg [2]1925) 7—17.

Die Aufteilung der Welt in eine portugiesische und eine spanische Einflußsphäre und die daraus sich entwickelnden Missionspatronate haben bis ins 17. Jh. hinein die Missionsgeschichte fast ausschließlich bestimmt. Immer deutlicher zeigte sich aber, daß die beiden Patronatsmächte mehr auf ihre Rechte pochten, als daß sie ihren Verpflichtungen nachkamen. Es bildete sich sogar die Meinung, der Papst habe sich durch die Übertragung der Patronatsrechte des eigenen Rechts auf die Missionen begeben. Seine Anordnungen und Entscheidungen wurden einem königlichen Placet unterworfen und waren ohne dieses nicht rechtswirksam. Die Könige wurden in Sachen Mission nicht mehr nur als Vikare des Papstes, sondern als unmittelbare Stellvertreter Gottes angesehen[1].

[76] *G. Fagniez,* Le P. Joseph et Richelieu, 2 Bde (Paris 1894); *L. Dedouvres,* Politique et apôtre. Le P. Joseph de Paris, 2 Bde (Paris 1932); *G. Goyau,* L'Église en marche V (Paris 1936) 63—94; *G. de Vaumas,* L'activité missionnaire du Père Joseph de Paris: RHM 15 (1938) 336—359; *G. de Vaumas,* Lettres et documents du P. Joseph de Paris concernant les missions étrangères, 1619—1638 (Lyon 1942).

[1] Vgl. *J. Solórzano Pereira,* De Indiarum iure (Madrid 1629). Dazu *A. de Egaña,* La función misionera del poder civil según Juan de Solórzano Pereira (1575—1655): StMis 6 (1950/51) 69—113.

Diese Entwicklung und die daraus fließenden Mißstände in den Missionsländern forderten eine autoritative Stellungnahme Roms, zumal die Reformpäpste schon erste Schritte unternommen hatten, um die Führung des Missionswerkes wieder in die Hand zu bekommen. So begründete bereits Pius V. 1568 eine Kardinalskongregation zur Bekehrung der Ungläubigen, deren Wirken in zahlreichen Missionsbreven des Papstes zu spüren ist. Doch handelte es sich offensichtlich nur um eine vorübergehende Einrichtung; denn die unter Sixtus V. erfolgte Systematisierung der Kurialverfassung kannte keine besondere Abteilung für die Missionen. Erst Clemens VIII. berief wieder eine eigene Missionskongregation, die um die Jahrhundertwende mehrfach tagte und in Kardinal Sanseverino ihren spiritus rector besaß[2].

Die Einsicht, daß eine solche Kongregation zu einer Dauereinrichtung der Kurie gehören müsse, setzte sich jedoch immer mehr durch. Ihren literarischen Niederschlag fand sie in dem missionstheoretischen Werk des Karmeliten Thomas a Jesu (1564—1627) „De procuranda salute omnium gentium"[3], in dessen drittem Buch die Errichtung einer römischen Kongregation zur Verbreitung des Glaubens empfohlen wird. Gregor XV. hat die Anregungen aufgegriffen und noch vor Ablauf des ersten Jahres seines Pontifikats, am Epiphaniefest 1622, die Sacra Congregatio de Propaganda Fide gegründet. Ihr gehörten 13 Kardinäle[4], zwei Prälaten und ein Sekretär an. Am 14. Januar hielt sie ihre erste Sitzung, am 22. Juni unterzeichnete der Papst die offizielle Errichtungsbulle „Inscrutabili divinae providentiae arcano"[5]. In ihr werden die Pflicht und das Recht zur Ausbreitung des Glaubens als Hauptaufgabe des päpstlichen Hirtenamtes voll und ganz für den Papst beansprucht. Dadurch sollte die neue Kongregation die Wende „von der Kolonialmission zur rein kirchlichen Mission" (Kilger) anbahnen. Deshalb sollte das ganze Missionswesen der römischen Zentralbehörde unterstellt werden; alle Missionare sollten möglichst unmittelbar von ihr abhängen und von ihr ausgesandt, die Missionierungsweisen von ihr geregelt und die Missionsfelder von ihr verteilt werden.

Um diese Aufgabe erfüllen zu können, galt es, sich zunächst über den Stand der Missionen klarzuwerden. Zu diesem Zweck wurde die Erde in zwölf Provinzen aufgeteilt, die den jeweiligen Nuntien in Europa bzw. den Patriarchalvikaren im Nahen Orient zugewiesen wurden. Die Nuntien sollten sich Berichte aus ihren Gebieten besorgen und dann der Propaganda Meldung erstatten. Tatsächlich liefen die ersten Lageberichte jedoch von

[2] *P. Tacchi Venturi,* Diario concistoriale di Antonio Santori, Cardinale di Santa Severina (Rom 1904); *J. Schmidlin,* Eine Vorläuferin der Propaganda unter Klemens VIII.: ZMR 11 (1921) 232—234.

[3] Antwerpen 1613, Rom 1940.

[4] Unter ihnen Kardinal Eitel Friedrich von Zollern, Bischof von Osnabrück (1623/25).

[5] Coll I, n. 3.

den missionierenden Orden ein[6]. Auf ihnen fußend, hat der erste Sekretär der Propaganda-Kongregation, Francesco Ingoli (1622/49), drei große Memorialien verfaßt, in denen er die Unzulänglichkeiten und die Hindernisse der Missionsarbeit herausstellt[7] sowie die Heilmittel angibt, um sie zu beheben. Fast überall litt die Missionstätigkeit unter den Kompetenzstreitigkeiten zwischen den Diözesanbischöfen und den Ordensleuten sowie unter dem Gegensatz zwischen den alten Orden und der Gesellschaft Jesu. Ebenso trugen die nationalen Rivalitäten unter den Missionaren und die Sucht, sich durch ihren Aufenthalt in den Überseegebieten zu bereichern, dazu bei, ihre Arbeit unwirksam zu machen. Ingoli glaubte deshalb, eine reinliche Scheidung der Missionsbezirke nach der Ordenszugehörigkeit und der Nationalität der Missionare wäre als erstes anzustreben. Außerdem sollten die Bistümer vermehrt und ihre Leitung tunlichst dem Weltklerus übertragen werden. Durch die Entsendung päpstlicher Legaten oder Nuntien sollte eine Überwachung der Missionsarbeit an Ort und Stelle ermöglicht werden. Um den Handel der Missionare zu unterbinden, mußten alle ausreisenden Missionare auf ihre lautere Absicht geprüft werden; um dies zu gewährleisten, wollte Ingoli in Sevilla und Lissabon Zweigstellen der Propaganda errichtet wissen. Besonders dringlich schien dem Sekretär die Heranbildung eines einheimischen Klerus, der, gleichberechtigt mit den ausländischen Missionaren, an der Arbeit und an der Leitung der Missionen beteiligt sein sollte. Von der Verwirklichung dieser Vorschläge erhoffte Ingoli sich die Befreiung der Mission von den Kolonialmächten und von den europäischen Ordensleitungen und infolge hiervon die Verselbständigung der Missionen.

Daß diese Richtlinien nicht nur papierene Erlasse blieben, beweist ein flüchtiger Blick in die „Collectanea S. Congregationis de Propaganda Fide". Die erste Sorge galt der Ausbildung der Missionare. Schon am 15. 4. 1622 wurde eine Sonderkommission für die römischen Seminare und Nationalkollegien geschaffen. Die Ordensgenerale wurden ermahnt, Sprachschulen für die künftigen Glaubensboten ins Leben zu rufen (n. 7); die Propaganda selbst gründete sieben Kontroversschulen für die Ausbildung von Missionaren unter Häretikern[8]. 1627 dekretierte Urban VIII. durch seine Konsti-

[6] Propaganda-Archiv: Scritture antiche, vol. 189, fol. 13—14, 20—23 (Jesuiten), 33—38 (Dominikaner), 206—211 (Franziskaner-Observanten), 220—221 (Augustiner-Eremiten). Hinzu kommt ein Brief des Bischofs von Malakka (ebd., fol. 228), der Bericht des Collettore von Portugal, Antonio Albergati (1623: Congr. Part. I, fol. 315—318), und der Bericht des Franziskaners Gregorio Bolívar über Spanisch-Amerika (Scritt. ant. vol. 189, fol. 62—74). Fast der gesamte übrige Schriftverkehr der Kongregation betraf kirchliche Angelegenheiten im Bereich schismatischer und häretischer Christen, d. h. den Nahen Osten und Europa, hier nicht zuletzt die „Missionen" in Deutschland; vgl. H. Tüchle.

[7] 1625: Scritt. ant., vol. 189, fol. 279—281; 1628: ebd., vol. 189, fol. 153—155; 1644: ebd., vol. 192, fol. 1—5.

[8] Jus Pont. II/1, n. 2.

tution „Immortalis“ [9] ein eigenes Kolleg der Propaganda, in das schon sehr bald Kandidaten aus den Missionen aufgenommen wurden. Den Missionsbischöfen wurde zur Pflicht gemacht, geeignete junge Männer zur Priesterweihe zuzulassen [10]. Die Gründe, auf die die Propaganda sich beruft, sind die Praxis der Apostel und der frühen Kirche, das größere Vertrauen, das der aus dem Lande stammende Priester bei seinen Landsleuten genieße, und seine Kenntnis der Sprache, der Bräuche und der Neigungen seines Volkes. Schon bald bekam die Propaganda die Möglichkeit, ihre Grundsätze in die Tat umzusetzen. 1625 war der junge christliche Brahmane Mateo de Castro Mahalo nach Rom gekommen, weil er in Indien nicht zur Priesterweihe zugelassen worden war. Er promovierte in Philosophie und Theologie, wurde Priester und kehrte 1631 als Apostolischer Protonotar und Missionar der Propaganda in seine Heimat zurück, um im Reiche Idalcan die Absichten der Propaganda zu verwirklichen und einen landeseigenen Klerus heranzubilden. Trotz der Feindseligkeiten seitens der Portugiesen und der Padroado-Missionare gelang es ihm, einige Priester aus den Brahmanen zu einer Art Oratorium zusammenzuschließen [11].

Viele Dinge, die heute zu den Selbstverständlichkeiten der Missionsarbeit gehören, sind damals grundgelegt worden, wenn sie auch nicht sofort durchgeführt werden konnten. So die Verpflichtung zur Erstattung eines jährlichen Tätigkeitsberichtes (n. 22), das Verbot, ohne Erlaubnis die Mission zu verlassen (n. 41), die Festlegung der Bedingungen, unter welchen Missionare sich ärztlich betätigen dürfen (n. 42), die Unterscheidung zwischen Ordens- und Missionsoberen (n. 46), die Gewährung besonderer Fakultäten für die Missionare (nn. 88 f.) und schließlich Bestimmungen über Kirchenmusik (n. 107). All das rechtfertigt das Urteil L. v. Rankes, die Propaganda habe „ihren Beruf auf eine großartige Weise zu erfüllen gesucht . . ., vielleicht in der ersten Zeit am erfolgreichsten“ [12].

Diese Tätigkeit der Propaganda-Kongregation begegnete verständlicherweise dem lebhaften Widerspruch der Patronatsmächte. Besonders Portugal, das durch die Union mit Spanien empfindliche Einbuße an Macht in seinen ostindischen Besitzungen erlitten hatte, verteidigte sein Padroado, um dadurch wenigstens noch im geistlichen Bereich Einfluß in Übersee zu behalten. Doch ging es im letzten der Propaganda-Kongregation gar nicht um

[9] Vom 1. 8. 1627: Jus Pont. I, n. 87. — Vgl. *N. Kowalsky*, Pontificio Collegio Urbano de Propaganda Fide (Rom 1956).

[10] So nach Coll I, n. 1002, p. 543, schon 1626 für Japan und, nach Coll I, n. 62, 1630 für Indien.

[11] *Th. Ghesquière*, Mathieu de Castro, premier Vicaire Apostolique aux Indes (Lophem-Brügge 1937). Ferner *J. Schmidlin:* ZMR 27 (1937) 243—250; *F. Combaluzier:* RHE 39 (1943) 132—151.

[12] Die römischen Päpste in den letzten vier Jahrhunderten II (Leipzig 1874, München 1938) 299.

die Macht, sondern um eine ganz neue Konzeption der Mission. Schließlich und endlich hatten die Patronatsmächte ja bewiesen, daß sie es darauf anlegten, die neugewonnenen Christen sich in allem so anzugleichen, daß sie im Endeffekt das europäische Christentum nach Übersee verpflanzten. Die Propaganda dagegen vertrat in ihrer Anfangszeit mehr denn je die entgegengesetzte Auffassung. Durch einen aus den Missionsländern stammenden Klerus sollte ein bodenständiges Christentum sich entfalten und eine der eigenen Art entsprechende Kirche begründet werden. Die Absage an den Europäismus wurde einige Jahrzehnte nach der Gründung der neuen Kongregation eindeutig ausgesprochen[13]. — Auch die spanische Patronatsmacht widersetzte sich den von der Propaganda erhobenen Ansprüchen auf das alleinige Recht des Apostolischen Stuhles in Missionsfragen. Obwohl das Werk Solórzanos 1642 auf den Index der verbotenen Bücher gesetzt worden war, blieb es in den spanischen Kolonialgebieten als Zusammenfassung des Gewohnheitsrechtes maßgeblich für die örtlichen Verwaltungen: Die Indizierung wurde in Übersee nicht publiziert[14]. Die katholischen Mächte weigerten sich beharrlich, den Anspruch der Propaganda auf das alleinige Verfügungsrecht in puncto Mission anzuerkennen.

Diesen Anspruch hatte die Kongregation den Ordensoberen gegenüber offen ausgesprochen[15]. Doch diese verstanden es, sich der unmittelbaren Kontrolle durch die Propaganda zu entziehen, indem sie sich erneut Privilegien zu verschaffen wußten, durch die sie nach wie vor über die Entsendung oder Rückberufung ihrer Mitglieder befinden konnten. Es zeigte sich, daß die neue Kongregation sich an der Kurie gegenüber den Kompetenzen der anderen Kongregationen und gegen die routinemäßige Verwaltung nicht durchsetzen konnte. Die Orden wandten sich jeweils an die Stelle, von der sie einen günstigen Entscheid in Rivalitätsstreitigkeiten oder auch in eigentlichen Missionsfragen erhofften. Der Papst selbst stellte sich nicht entschieden genug auf die Seite der obersten Missionsbehörde und ließ sich auch nach der grundsätzlichen Unterstellung aller Missionen unter die Propaganda dazu verleiten, Privilegien der Orden zu erneuern. Deshalb kann es nicht wundernehmen, wenn die Propaganda versuchte, auf andere Weise mit den seitens der Patronatsmächte und der Orden bereiteten Schwierigkeiten fertig zu werden, indem sie Missionen außerhalb der Patronatsgebiete eröffnete und sie religiösen Gemeinschaften übertrug, die bislang nicht oder kaum missionarisch tätig gewesen waren (etwa den Karmeliten und

[13] Vgl. die Instruktion für die Apostolischen Vikare 1659: Coll I, n. 135.

[14] Vgl. *P. de Leturia*, Antonio Lelio de Fermo y la condenación del „De Indiarum iure“ de Solórzano Pereira: HS 1 (1948) 351—385, 2 (1949) 47—87; *ders.*, El regio vicariato de Indias y los comienzos de la Congregación de Propaganda: Spanische Forschungen der Görres-Gesellschaft, 1. Reihe: Gesammelte Aufsätze zur Kulturgeschichte Spaniens II (Münster 1930) 133—177.

[15] 5. 12. 1640: Coll I, n. 101.

Kapuzinern). Da Frankreich aus begreiflichen Gründen schon seit langem versucht hatte, sich in Übersee ebenfalls Kolonialgebiete zu erschließen und in ihnen Missionen zu unterhalten, bot sich der Propaganda die Gelegenheit, gerade hier anzuknüpfen. Allerdings barg der nationale Gegensatz der jungen europäischen Großmacht zu den alten iberischen Weltmächten neuen Explosivstoff in sich. Als Portugal durch die Revolte der Bragança 1640 aus der Personalunion mit Spanien ausschied und der Papst dem neuen König auf Druck der Katholischen Majestät die Anerkennung versagen mußte, entstand im portugiesischen Kolonialreich eine Situation, die unaufschiebbar eine Lösung erforderte. Denn bald gab es im portugiesischen Patronatsgebiet fast nur noch vakante Diözesen. 1649 waren Brasilien und Afrika und in Ostindien Cochin, Mailapur, Macao und Funai ohne Bischöfe. Der Weg, den Rom ging, um diesen Zustand zu beseitigen, führt in einen neuen Abschnitt der katholischen Missionsgeschichte.

FÜNFTER ABSCHNITT

Europäische Gegenreformation und konfessioneller Absolutismus (1605—1655)

Univ.-Professor Dr. Hubert Jedin, Bonn

48. Kapitel

Paul V., Gregor XV. und die Anfänge der Gegenreformation in Mitteleuropa

QUELLEN: BullRom XI u. XII; *A. O. Meyer,* Die Prager Nuntiatur des G. St. Ferreri; Die Wiener Nuntiatur des G. Serra 1603/06 (Berlin 1913); *L. Linhartova,* Epp. et Acta A. Gaetani 1607/08, 3 Bde (Prag 1932/37/40); *A. Cauchie - R. Maere,* Recueil des instructions générales aux nonces de Flandre 1596—1635 (Brüssel 1904); *A. Louant,* Correspondance d'Ottavio Mirto Frangipani III (Brüssel 1942); *L. van Meerbeeck,* Correspondance des nonces Gésualdo, Morra, Sanseverino avec la Secrétairerie d'État Pontificale 1615/21 (Brüssel 1937); *B. de Meester,* Correspondance du nonce G. F. Guido di Bagno 1621/27 (Brüssel 1937); *J. Kollmann,* Acta S. Congregationis de Propaganda Fide res gestas Bohemicas illustrantia I (Prag 1923); Acta S. C. de Propaganda fide Germaniam spectantia. Die Protokolle der Propagandakongregation zu deutschen Angelegenheiten 1622/49, hrsg. von *H. Tüchle* (Paderborn 1962); *I. de Olarra Garmendia - M. L. de Larramendi,* Correspondencia entre la nunciatura de España y la Santa Sede durante el reinado de Felipe III: Anthologica annua 9 (1961) 495—816, fortgesetzt bis 13 (1965) 395—697.

LITERATUR: *Pastor* XII (Paul V.), XIII/1 27—224 (Gregor XV.); *Seppelt* V 243—275.

Zur Geschichte des Staatssekretariates: *A. Kraus,* Secretarius und Sekretariat: RQ 55 (1960) 43—84; *ders.,* Das Päpstliche Staatssekretariat i. J. 1623: RQ 52 (1957) 93—122; *J. Semmler,* Beiträge zum Aufbau des Päpstlichen Staatssekretariates unter Paul V.: RQ 54 (1959) 40—80; *L. Hammermayer,* Grundlinien der Entwicklung des Päpstlichen Staatssekretariates von Paul V. bis Innocenz X.: RQ 55 (1960) 157 bis 202. — *D. Albrecht,* Die deutsche Politik Papst Gregors XV. Die Einwirkung der päpstlichen Diplomatie auf die Häuser Habsburg und Wittelsbach 1621/23 (München 1956); *ders.,* Die auswärtige Politik Maximilians I. von Bayern 1618/35 (Göttingen 1962).

Konflikt mit Venedig und Sarpi: *F. Gaeta,* Origine e sviluppo della rappresentanza stabile Pontificia in Venezia (Rom 1958); *A. Stella,* La proprietà ecclesiastica nella Repubblica di Venezia dal sec. XV al XVII: Nuova Riv. storica 42 (1958) 4—30; *ders.,* Chiesa e stato nelle relazioni dei nunzi pontifici a Venezia (Città del Vaticano 1964); *P. Pirri,* L'interdetto di Venezia del 1606 e i Gesuiti (Rom 1959) (meist Dokumente); *J. M. Pou y Marti,* La intervención española en el conflicto entre Paulo V y Venecia 1605/7: Misc. P. Paschini II (Rom 1949) 359—381; *M. R. Pazos,* Del conflicto entre Paulo V y Venecia. El embajador de la Serenísima en España y el entredicto: AIA 4 (1944) 32—61; *P. Savio,* Il Nunzio a Venezia dopo l'interdetto: Arch. Veneto Ser. V vol. 56/57 (1955) 55—107; *A. M. dal Pino,* Fra Fulgenzio da Passirano negli anni di studio e di insegnamento: Studi storici dell'Ord. dei Servi 8 (1957/58) 134—151. — Opere di P. Sarpi, 8 Bde (Helmstat, in Wirklichkeit Verona 1761/68); Istoria dell'Interdetto e altri scritti editi e inediti, hrsg. von *M. D. Busnelli* und *G. Gambarin,* 3 Bde (Bari 1940);

F. L. Polidori, Lettere di Fra P. Sarpi, 2 Bde (Florenz 1863) (ist durch mehrere, inzwischen publizierte Briefserien [bes. Busnelli] überholt); gegen *P. Savio,* Per l'epistolario di P. Sarpi: Aevum 10 (1936) 1—104, 11 (1937) 3—74 275—322 13 (1939) 558 bis 623, 14 (1940) 3—84, 16 (1942) 3—43 105—138 schrieb der Servit *R. Taucci,* Intorno alle lettere di P. Sarpi ad Antonio Foscarini (Florenz 1939); *B. Ulianich,* Paolo Sarpi. Lettere ai Gallicani (Wiesbaden 1961) (mit reichen Literaturangaben); *ders.,* Considerazioni e documenti per una Ecclesiologia di P. Sarpi: Lortz F II (1958) 363—444; *V. Buffon,* Chiesa di Cristo e Chiesa Romana nelle opere e nelle Lettere di Fra Paolo Sarpi (Löwen 1941); *C. M. Francescon,* Chiesa e Stato nei consulti di Fra P. Sarpi (Vicenza 1942); *G. Getto,* Paolo Sarpi (Pisa 1941); *F. Chabod,* La politica di P. Sarpi (Venedig 1962).

Beginn des Dreißigjährigen Krieges und Ferdinand II.: Briefe und Akten zur Geschichte des 30jährigen Krieges, 11 Bde (Leipzig 1870—1908); fortgesetzt durch *W. Goetz,* Die Politik Maximilians I. und seiner Verbündeten, 2 Bde (München 1908/18); weitere Lit.: *Gebhardt-Grundmann* II 130f; *V.-L. Tapié,* La Politique de la France et le début de la Guerre de Trente ans 1616/21 (Paris 1934); *H. Sturmberger,* Aufstand in Böhmen. Der Beginn des 30jährigen Krieges (München 1959). Für die Charakteristik Ferdinands II. — außer *F. Ch. Khevenhiller,* Annales Ferdinandei, 12 Bde (1716/26) und *F. Hurter,* Geschichte Kaiser Ferdinands II., 11 Bde (Schaffhausen 1850ff) — *B. Dudik,* Korrespondenz Kaiser Ferdinands II. und seiner Familie mit M. Becanus und W. Lamormaini: AÖG 54 (1876) 219—350; *G. Franz,* Glaube und Recht im politischen Denken Kaiser Ferdinands II.: ARG 49 (1958) 258—269 (einseitig). Über seinen Beichtvater Lamormaini: *R. Stiegele:* HJ 28 (1907) 551—569 849—870; *Duhr* II/2 691—713; *A. Posch:* MIÖG 63 (1955) 375—390; *F. X. v. Altötting,* Laurentius von Brindisi in der Politik Bayerns 1606/12: CollFr 29 (1959) 237—272; *Arturo da Camignano,* La part de S. Laurent de Brindes dans le ban de Donauwörth 1607: RHE 58 (1963) 460—486; *D. Albrecht,* Die auswärtige Politik Maximilians von Bayern 1618/35 (Göttingen 1962), Hauptwerk.

Gestützt auf die religiösen und geistigen Kräfte der tridentinischen Reform (siehe Kap. 41—44), erreichte das Papsttum in den Pontifikaten Pauls V. und Gregors XV. eine Stellung, die nur mit der im Hochmittelalter verglichen werden kann. Seine Neutralität zwischen den rivalisierenden katholischen Großmächten Spanien und Frankreich schlägt deshalb noch nicht zum Nachteil der katholischen Sache aus, weil Frankreichs Verbindungen zu den aufstrebenden protestantischen Mächten des Nordens, den aufständischen Niederlanden, England und Schweden, sich noch nicht zu Kriegsbündnissen verfestigt haben. So gelingt es der katholischen Aktionspartei im Reiche, der Liga, und Kaiser Ferdinand II., die in sich uneinigen Protestanten zu schlagen und die Rekatholisierung verlorener Gebiete zu betreiben (siehe Kap. 49). Da aber Urban VIII. nicht gewillt und auch wohl nicht imstande ist, die protestantische Bündnispolitik Richelieus zu durchkreuzen, besiegelt die Niederlage der Katholiken im Reich das Ende der Gegenreformation und der politischen Führungsstellung des Papsttums. Seit dem Westfälischen Frieden geht sein Einfluß unaufhaltsam zurück, der Schwung der Katholischen Reform erlahmt. Die religiöse und geistige Führung innerhalb der Kirche geht von Italien und Spanien auf Frankreich über, es kündigt sich aber auch schon die Säkularisierung des europäischen Denkens an (siehe Kap. 50).

Im Konklave nach dem Tode Clemens' VIII. (14. 3.—11. 4. 1605), in das 60 Kardinäle eintraten, hatte sich Kardinal Aldobrandini, der Führer der stärksten Gruppe, mit den Franzosen, Kardinal Montalto mit den Spaniern verbündet. Die von Frankreich begünstigten Kardinäle Medici und Baronius stießen bei den Spaniern auf entschiedenen Widerstand, der letztere wegen seiner Kritik an der Monarchia Sicula. Trotzdem fehlten ihm am 30. März nur noch acht Stimmen. Da aber Aldobrandinis wahrer Kandidat nicht er, sondern Zacchia war, gelang es dem französischen Kardinal Joyeuse, die Wahl Medicis durchzusetzen. *Leo XI.* war als Gesandter Cosimos I. in Rom Lieblingsschüler des hl. Filippo Neri geworden und wegen seiner Frömmigkeit und Gerechtigkeit hochgeachtet. Er starb jedoch schon am 27. April 1605 an einer Erkältung, die er sich bei der Besitznahme des Laterans zugezogen hatte.

In dem neuen Konklave (8.—16. 5. 1605) verschoben sich die Fronten zuungunsten Aldobrandinis. Die Erhebung Bellarmins scheiterte an der spanischen Exklusive. Nach heftigen Auseinandersetzungen einigten sich Aldobrandini und Montalto auf den bisher nur wenig hervorgetretenen, 52 Jahre alten Camillo Borghese. Paul V. entstammte einer aus Siena nach Rom übergesiedelten Juristenfamilie und war selbst vom Auditor der Kammer 1596 zum Kardinalat aufgestiegen. Politisch anfangs noch unerfahren, arbeitete er sich gewissenhaft in die Staatsgeschäfte ein, so daß dem Kardinalnepoten Scipione Borghese nur geringer Einfluß zufiel. Seine politischen Berater waren anfangs Kardinal Arigoni, später Millini, vorher Nuntius in Spanien, und Maffeo Barberini, vorher Nuntius in Frankreich. Im Staatssekretariat behielt er die von Clemens VIII. eingeführte Gliederung in zwei Abteilungen mit je einem Chefsekretär (Secretarius domesticus in capite, Secretario intimo) bis 1613 bei, obwohl schon 1609/11 der zum Kardinal aufgestiegene Margotti die Geschäfte allein geführt hatte; seit 1613 war Feliciani alleiniger Chefsekretär.

Die Politik *Pauls V.* beruhte auf dem Grundsatz der Neutralität gegenüber der spanisch-französischen Spannung. Der vom Nuntius bei Heinrich IV., Ubaldini, und dem königlichen Beichtvater Coton SJ betriebene Plan einer Heiratsverbindung zwischen den Dynastien Habsburg und Bourbon scheiterte an der Weigerung Heinrichs IV., auf die Unterstützung des niederländischen Aufstands zu verzichten, und an seinem Eintreten für die Ansprüche Brandenburgs und Pfalz-Neuburgs auf die Jülich-Klevische Erbschaft. Um den schon damals drohenden Krieg zu verhüten, wurden die Kardinäle Millini und Barberini als Friedenslegaten nach Spanien und Frankreich abgeordnet, aber noch ehe sie ihren Auftrag ausführen konnten, wurde Heinrich IV. am 14. Mai 1610 durch den — nicht von den Jesuiten angestifteten — Fanatiker Ravaillac ermordet. Der bereits drohende europäische Krieg war abgewendet, die unheilvolle Rivalität der beiden Großmächte bestand auch dann noch weiter, als die von der Kurie gewünschte dynastische Verbindung 1616 durch die Heirat Ludwigs XIII. mit Anna, der Tochter Philipps III., zustande kam.

Konflikt mit Venedig

Bis an den Rand eines europäischen Krieges, der notwendig den Charakter eines Religionskrieges erhalten hätte, führte der Konflikt Pauls V. mit der Republik Venedig. Dort war um die Jahrhundertwende die antispanische und antikuriale Partei der „Jungen" an die Macht gelangt, die sich berechtigt glaubte, das vor dem Konzil von Trient von den Päpsten geduldete staatskirchliche System wiedereinzuführen. Schon vor der Thronbesteigung des Papstes hatte die Signorie die Errichtung von Kirchen, Klöstern, Spitälern sowie den Erwerb liegender Güter durch die Kirche ohne staatliche Erlaubnis verboten und unter Mißachtung des Privilegium fori gegen zwei unwürdige Geistliche Gerichtsverfahren durchgeführt. Paul V. verurteilte durch Breven vom 10. Dezember 1605 und 26. März 1606 dieses Vorgehen und drohte, als die Republik ihre Maßnahme nicht zurücknahm, am 17. April 1606 in ultimativer Form Bann und Interdikt an. Auf Rat ihres Staatstheologen, des scharfsinnigen und sprachgewandten Serviten Paolo Sarpi (1552 bis 1623), verbot die Signorie unter Berufung auf ihr Gottesgnadentum unter Todesstrafe die Veröffentlichung der päpstlichen Zensuren, die nach Ablauf der auf vier Wochen festgesetzten Frist in Kraft getreten waren, aber von der Republik nicht als rechtsgültig anerkannt wurden. Die Mehrheit des Klerus gehorchte dem Staat und mißachtete das Interdikt. Alle Welt- und Ordensgeistlichen, die es beobachteten, an der Spitze die Jesuiten, wurden ausgewiesen. In seinem „Traktat über das Interdikt"[1] und zahlreichen anderen Streitschriften bestritt Sarpi dessen Gültigkeit: der Papst mißbrauche seine Gewalt, wer ihm gehorche, sündige. Der kirchenpolitische Konflikt weitete sich zu einem Prinzipienstreit über das Verhältnis der geistlichen zur weltlichen Gewalt aus. Schon 1607 zählte der Jesuit Gretser 28 Streitschriften für den Standpunkt Venedigs, 38 für den des Papstes, unter den letzteren solche von Bellarmin, Baronius und Suárez. Der Abfall Venedigs von der Kirche, aber auch ein europäischer Krieg erschien möglich, zumal da England durch seinen Gesandten Wotton der Signorie die Unterstützung der protestantischen Mächte in Aussicht stellte.

Erst nachdem Kardinal Joyeuse im Auftrag Heinrichs IV. im Frühjahr 1607 erkundet hatte, wie weit die Signorie nachzugeben bereit sei, lenkte auch der Papst ein. Die beiden gefangengesetzten Geistlichen wurden an

[1] *M. D. Busnelli - G. Gambarin* a. a. O. II 1—41.

Joyeuse ausgeliefert; die Signorie versprach, die strittigen Gesetze zwar nicht aufheben, aber nicht anwenden zu wollen, wofür sich die Könige von Frankreich und Spanien verbürgten; den wegen der Beobachtung des Interdikts vertriebenen Geistlichen wurde mit Ausnahme der Jesuiten die Rückkehr gestattet. Daraufhin absolvierte Joyeuse am 21. April 1607 die Signorie von den über sie verhängten Kirchenstrafen, womit diese stillschweigend deren Bestehen anerkannte. Die Niederlage des Papstes war nur notdürftig verschleiert: der Papst hob das Interdikt auf, ohne daß die Signorie entsprechende Genugtuung leistete und ihren prinzipiellen Standpunkt aufgab. Die geforderte Auslieferung Sarpis und seiner Gesinnungsgenossen Micanzio und Marsiglio wurde verweigert, die Jesuiten blieben fast 50 Jahre vom venezianischen Staatsgebiet ausgeschlossen. Die Urheberschaft eines auf Sarpi verübten Mordanschlages wurde der Kurie zur Last gelegt, weil die Täter im Kirchenstaat Zuflucht gefunden hatten. Sarpis 1619 in London gedruckte „Geschichte des Tridentinischen Konzils", die vom Haß gegen das Papsttum diktiert war, fügte dessen Ansehen schweren Schaden zu; sein Versuch, in Venedig den Kalvinismus auszubreiten, mißlang ebenso wie seine Pläne, das Papsttum mit Hilfe einer Koalition der protestantischen Mächte zu stürzen[2].

Treu seinem Grundsatz der Neutralität, lehnte Paul V. die finanzielle Unterstützung der katholischen Graubündener gegen die Protestanten deshalb ab, weil er sich nicht dem Vorwurf aussetzen wollte, die dahinterstehenden strategischen Interessen der Spanier (Landbrücke zwischen Mailand und Tirol) zu fördern. Um den Frieden zu erhalten, ließ sich Pauls Nachfolger sogar herbei, die festen Plätze des Veltlin durch päpstliche Truppen zu besetzen.

Aus dem kurzen Konklave nach dem Tode Pauls V. (8. und 9. 2. 1621) ging der wegen seiner Milde beliebte, wegen seiner juristischen Kenntnisse geschätzte, aber kränkliche Alessandro Ludovisi hervor, der sich in Erinnerung an seinen bolognesischen Landsmann Gregor XIII. *Gregor XV.* nannte. Sein tätiger Arm war der ihm charakterlich ähnliche, politisch hochbegabte Kardinalnepot Ludovico Ludovisi, dessen vielseitige geistige Interessen der Bau von S. Ignazio, die Anlage der Villa Ludovisi am Pincio und seine Antikensammlungen bekundeten. „Furcht und Liebe Gottes", ermahnte der Papst seinen Neffen, „sei deine politische Weisheit!"[3] „Wohl niemals hat ein kurzer Pontifikat so tiefe Spuren in der Geschichte hinterlassen" (Pastor).

[2] Die innerste Gesinnung Sarpis bleibt nach wie vor rätselhaft. Am gallikanischen Einfluß auf seine Konzilsgeschichte halte ich nach wie vor fest, wenn auch nach Ulianich sein Kirchenbegriff weit radikaler als der gallikanische ist.

[3] *La vostra dottrina politica, i precetti di ragione di stato e gl'intimi consiglieri siano il timore e l'amore di Dio: H. Laemmer,* Zur Kirchengeschichte des XVI. und XVII. Jh. (Freiburg 1863) 23.

Durch die Papstwahlbulle vom 15. November 1621[4] wurde zwar die in letzter Zeit mehrfach geübte Wahl durch Adoration (Quasi-Inspiration, jedoch nur einstimmig) nicht ausgeschlossen, die geheime Zettelwahl aber als Regel vorgeschrieben; die nachträgliche Beitrittserklärung (der „Akzeß") sollte hinfort ebenfalls nur noch schriftlich und nur einmal nach jedem der zwei täglichen Wahlgänge möglich sein. Der große Zug des Ludovisi-Pontifikates offenbarte sich am deutlichsten durch die Gründung der Congregatio de Propaganda Fide am 22. Juni 1622. Finanziell gut ausgestattet und mit außerordentlichen Vollmachten versehen, war sie als Organ für die Koordination der Missionen in Amerika, Asien und Afrika und als Gegengewicht gegen das Patronat der spanischen und der portugiesischen Krone gedacht; da ihr aber auch die Beziehungen zu den Ostkirchen und die Verbreitung des katholischen Glaubens in den ganz oder mehrheitlich protestantischen Gebieten Nordeuropas zugewiesen waren, entwickelte sie sich zur Planungsstelle der Gegenreformation[5]. Ihre Voraussetzung waren die Fortführung der Katholischen Reform, in der die Kräfte für die Selbstbehauptung der Kirche im Kampf gegen den Protestantismus aufgespeichert wurden, aber nicht weniger die politisch-militärischen Erfolge der katholischen Mächte zu Beginn des Dreißigjährigen Krieges.

Erfolge und Mißerfolge

Denn die Durchführung der Reformdekrete des Konzils von Trient blieb das Hauptanliegen sowohl Pauls V. wie Gregors XV. Die Residenzpflicht der Bischöfe wurde neu eingeschärft; man begann, zu Nuntien nicht mehr regierende, sondern Titularbischöfe zu ernennen. Die Bemühungen der Nuntien Barberini und Ubaldini, in Frankreich die Annahme des Trienter Konzils von Staats wegen zu erreichen, scheiterten zwar endgültig auf der Ständeversammlung von 1614/15 am Widerspruch des Dritten Standes und des Pariser Parlamentes, doch beschloß der Klerus am 7. Juli 1615 die Publikation der Reformdekrete auf Provinzialsynoden (siehe Kap. 39). In den Spanischen Niederlanden waren die Beschlüsse des Provinzialkonzils von Mecheln (1607) und der sich anschließenden Diözesansynoden von der Regierung als verbindlich erklärt worden. Von der Veröffentlichung und Beobachtung des Tridentinums, schrieb der Kölner Nuntius Albergati 1621, „hängt das Heil Deutschlands ab"[6]. In dem Bewußtsein, daß die katho-

[4] BullRom XII 619—627; neue Einzelheiten fügt hinzu eine zweite Bulle vom 12. 3. 1622: ebd. 662 ff.

[5] Bindeglieder waren die Nuntien: Brüssel beobachtete England, Holland, Dänemark und Norwegen; Köln Norddeutschland; der polnische Nuntius Schweden und Rußland: *Pastor* XIII 105.

[6] *Ex illo* [sc. Concilio Tridentino] *pendet salus Germaniae: Pastor* XIII 984.

lische Erneuerung nicht nur auf der Durchführung von Gesetzen, sondern ebensosehr auf der Zündkraft von Idealen beruhe, wurden die großen kirchlichen Erneuerer des 16. Jh. zur Ehre der Altäre erhoben: Carlo Borromeo wurde 1610 heiliggesprochen, die bereits von Paul V. seliggesprochenen Ignatius von Loyola (1609), Teresa von Avila (1614), Filippo Neri (1615) und Franz Xaver (1619) wurden am 12. März 1622 in einer einzigen, an Glanz alles Bisherige übertreffenden Feier kanonisiert.

Rückschläge blieben nicht aus. Als am 5. November 1605 entdeckt wurde, daß eine Gruppe englischer Katholiken das Parlament in die Luft sprengen wollte, um König Jakob I. zu ermorden, fiel der Verdacht der Mitwisserschaft auf den Jesuiten Garnet, der unter dem Beichtsiegel Kenntnis von der „Pulververschwörung" erlangt, den verbrecherischen Anschlag jedoch widerraten hatte. Garnet wurde hingerichtet, der — juristisch anfechtbare — Prozeß gegen ihn dazu benutzt, den Papst und die Jesuiten des Hochverrats und unmoralischer Grundsätze zu bezichtigen [6a]. Neue Gesetze verschlimmerten die Lage der englischen Katholiken. Es wurde von ihnen der Eid gefordert, daß Jakob I. rechtmäßiger König von England sei, den abzusetzen der Papst keine Gewalt habe. Der Erzpriester Blackwell und zahlreiche Laien leisteten den Eid trotz dessen Verurteilung durch Paul V., 16 Priester und zwei Laien, die ihn verweigerten, wurden hingerichtet. Die Stellung zum Treueid spaltete die englischen Katholiken in zwei Parteien.

In den habsburgischen Erblanden hatte der Zwist des regierungsunfähigen Kaisers Rudolf II. mit seinen Brüdern weitgehende Konzessionen an die Protestanten zur Folge, die schwere Verluste der Kirche befürchten ließen. Die kalvinistischen Stände Ungarns erhielten im Frieden von Wien (1606) Religionsfreiheit, desgleichen die Anhänger der Böhmischen Konfession im „Majestätsbrief" vom 9. Juli 1609. König Matthias erweiterte die Rechte der ungarischen Kalvinisten und gewährte den oberösterreichischen protestantischen Ständen Religionsfreiheit (1609), die gleichbedeutend mit der Unterdrückung des Katholizismus in deren Herrschaften war.

Trotz dieser Rückschläge war das Selbstbewußtsein der Katholiken so erstarkt, daß man sich nicht mehr mit der Bewahrung des Besitzstandes begnügte, sondern die Zurückdrängung des Protestantismus und die Wiedereroberung verlorener Gebiete ins Auge faßte. Der Plan, Genf, das „Babylon der Häresien", wegzunehmen und zu rekatholisieren, tauchte von neuem auf. Die Zugeständnisse des Edikts von Nantes an die Hugenotten erschienen der Kurie viel zu weitgehend. Der Nuntius Barberini sollte Heinrich IV. vorstellen, die Staatsräson fordere einen konfessionell einheitlichen Staat; zumindest seien die Protestanten von den höheren Staatsämtern auszuschließen, wie der Nuntius in Polen, Simonetta, mit Erfolg anstrebte. Die Gegenreformation suchte die Hilfe des Staates, auch und

[6a] Zu *Pastor* XII 405—428 vgl. *H. R. Williamson,* The Gunpowder Plot (London 1951).

gerade in Mitteleuropa, wo die politische Zersplitterung der Katholiken durch die Gründung der Liga überwunden wurde, das Haus Habsburg in Kaiser Ferdinand II. ein Haupt erhielt, für das die Verteidigung und Förderung der katholischen Religion Gewissenssache war[7].

Beginn des Dreißigjährigen Krieges

Die von Herzog Maximilian I. von Bayern durchgeführte Exekution der Acht gegen die Reichsstadt Donauwörth, die den Religionsfrieden verletzt hatte, und die — ungesetzliche — Rekatholisierung der Stadt führten zur Sprengung des Regensburger Reichstags durch die protestantischen Stände und zum Abschluß eines von der kalvinistischen Kurpfalz geführten Bündnisses, der Union (14. 5. 1608), der sich ein Jahr später auf Betreiben Maximilians I. ein katholisches Schutzbündnis, die Liga, entgegenstellte. Außer Bayern gehörten ihr anfangs nur die am meisten bedrohten geistlichen Fürsten (Würzburg, Konstanz, Augsburg, Regensburg), seit dem 30. August 1609 auch die drei geistlichen Kurfürsten an, jedoch nicht die untereinander zerfallenen Habsburger. Der Papst zögerte, mit ihr eine vertragliche Bindung einzugehen, und machte seine finanzielle Unterstützung von dem Nachweis abhängig, daß ein gegen die Katholiken gerichtetes allgemeines protestantisches Bündnis bestehe; er, der Jurist, wollte nicht in den Verdacht einer Verletzung des Religionsfriedens geraten[8]. Erst 1610 sicherte er Subsidien zu, betrieb aber gleichzeitig die Einbeziehung des Kaisers in das Bündnis. Die Union schuf sich durch Bündnisse mit England (1612) und Holland (1613) ihrerseits einen mächtigen Rückhalt, entbehrte jedoch, weil aus Kalvinisten und Lutheranern bestehend, der inneren Geschlossenheit; Kurbrandenburg trat nicht bei.

Während Kaiser Matthias unter dem Einfluß seines Ratgebers Klesl, Bischofs von Wien und seit 1616 Kardinals, zur Nachgiebigkeit gegenüber den protestantischen Forderungen auch im Reiche neigte (z. B. für Zulassung des protestantischen Administrators von Magdeburg auf dem Reichstag eintrat), war sein Nachfolger Ferdinand II., schon 1617 zum König von Böhmen, 1618 zum König von Ungarn gewählt, jeglichem Kompromiß abgeneigt. Der Aufstand der protestantischen Adelspartei in Böhmen und die Wahl des Pfalzgrafen Friedrichs V. zum Gegenkönig wurden der Beginn des seit langem drohenden Religionskrieges. Sowohl Ferdinand II. wie die

[7] Ferdinand hatte erklärt, „er wolle liber und ehender seine Königreiche und Länder verziehen als eine Gelegenheit, dem rechten Glauben fortzuhelfen, wissentlich versäumen“: ARG 49 (1958) 259.

[8] *Dixit nuntius quod S. Stas cupiat religionem Augustanae Confessionis et talia compactata illaesa:* Briefe und Akten zur Geschichte des 30jährigen Krieges IX (Leipzig 1903) 312.

erneuerte Liga erhielten seit 1620 namhafte Subsidien vom Papst. Der von seinen Verbündeten im Stich gelassene Winterkönig unterlag in der Schlacht am Weißen Berge (8. 11. 1620). Um Ferdinand II. und der Liga die Ausnützung des Sieges zu ermöglichen, zahlte Gregor XV. in knapp 2½ Jahren ihnen Subsidien in Höhe von rund 1 239 000 Gulden guter und rund 700 000 Gulden schlechter (d. h. durch Inflation entwerteter) Münze[9]. Die Übertragung der pfälzischen Kurwürde auf Bayern wurde durch den Papst u. a. durch Sendung des Kapuziners Hyazinth von Casale tatkräftig gefördert. Diese militärischen und politischen Erfolge bildeten die Grundlage für die nunmehr einsetzende *Gegenreformation,* zunächst nur in den habsburgischen Ländern.

Auf Betreiben des energischen und umsichtigen Nuntius Carlo Carafa[10] wurden die protestantischen Geistlichen und Lehrer aus Böhmen ausgewiesen, zunächst nur soweit sie am Aufstand beteiligt waren, später unter Berufung auf das Reformationsrecht des Königs allgemein. Gemischte Kommissionen unter militärischem Schutz gaben die Kirchen zurück und setzten katholische Pfarrer ein. Der Widerstand insbesondere des städtischen Bürgertums und der Bauern, die nicht auf den Laienkelch verzichten wollten, wurde durch Truppenaufgebot niedergeschlagen; um der drückenden Einquartierung zu entgehen, durch die man den Übertritt erzwingen wollte, wanderten viele Protestanten aus. Erst seit 1626 wurde die Anwendung dieser Gewaltmethoden gemildert, aber ohne Aufgabe der grundsätzlichen Forderung, zur katholischen Kirche zurückzukehren. Die Seele des kirchlichen Wiederaufbaus wurde Kardinal Harrach, Erzbischof von Prag (1624—67), beraten von dem Kapuziner Valerian Magni. Auf sein Betreiben trat der Einsatz der staatlichen Machtmittel hinter der seelsorglichen Einwirkung allmählich zurück. Hauptschwierigkeit war der Mangel an Weltpriestern, so daß den Orden, insbesondere den Jesuiten und den Kapuzinern, aber auch den alten Orden der Hauptanteil der unendlich schwie-

[9] Vgl. *D. Albrecht,* Zur Finanzierung des Dreißigjährigen Krieges. Die Subsidien der Kurie für Kaiser und Liga 1618/35: ZBLG 19 (1956) 534—567. Paul V. hatte in den letzten 2½ Jahren seines Pontifikates rund 650 000 Gulden Subsidien gezahlt und außerdem dem deutschen Klerus einen Zehnten auferlegt. — Kard. Klesl war 1618 wegen seiner Intrigen in der habsburgischen Nachfolgefrage und der Begünstigung der Protestanten gefangengesetzt und im Kloster Georgenberg (Tirol) bis 1622 in Haft gehalten worden; 1623 wurde er freigelassen und der Prozeß annulliert († 1630). *J. Rainer,* Der Prozeß gegen Kard. Klesl: Röm. hist. Mitteilungen 5 (1961/62) 35—163; dort weitere Literatur über Klesl; *ders.,* Kard. M. Klesl. Vom Generalreformator zum Ausgleichspolitiker: RQ 59 (1964) 14—33.

[10] Die Schlußrelation Carafas von 1628, hrsg. von *J. G. Müller:* Archiv für Kunde österreichischer Geschichtsquellen 23 (1860) 103—450, beruht auf mehreren Vorarbeiten; vgl. *J. Pieper:* HJ 2 (1881) 388—415; *Pastor* XIII 175; *H. Jedin:* RQ 39 (1931) 411 ff. Seine Commentaria de Germania sacra instaurata (Antwerpen 1630, Köln 1639 u. ö.) sind die wichtigste zeitgenössische Darstellung der Gegenreformation in den habsburgischen Erbländern und im Reich.

rigen Arbeit zufiel. Die Prager Universität wurde den Jesuiten übergeben. Ähnlich wie Harrach in Prag, wirkte Kardinal Dietrichstein in seinem Bistum Olmütz. In Schlesien, wo der „Majestätsbrief" noch in Kraft war, wurde die Gegenreformation nur in den dem König unmittelbar unterstehenden Fürstentümern und im Territorium des Breslauer Bistums durchgeführt, das von 1608 bis 1665 in den Händen habsburgischer Prinzen war. In Oberösterreich wurde den Protestanten am 12. Oktober 1624 eine Frist für die Rückkehr bis Ostern 1626 gesetzt, in Niederösterreich, wo Ferdinand II. den Adligen Augsburgischen Bekenntnisses ihre Religionsfreiheit zugesichert hatte, begnügte man sich mit der Ausweisung kalvinistischer Prediger. In Steiermark, Kärnten und Krain ging man auch gegen den protestantischen Adel mit Landesverweisung vor (1628). Die Wiederherstellung des Katholizismus in Ungarn war fast ausschließlich das Werk des Kardinals Pázmány, Erzbischofs von Gran (1616/37)[11].

In den zahlreichen Gutachten, in denen seit 1621 die zu ergreifenden gegenreformatorischen Maßnahmen erörtert werden[12], kommt zum Ausdruck, daß man auf kirchlicher Seite wohl die Notwendigkeit, aber auch die Fragwürdigkeit der staatlichen Zwangsmaßnahmen anerkannt hat und daß ihr Erfolg von der Intensivierung der Seelsorge abhing. Das staatspolitische Postulat der konfessionellen Einheit bleibt anerkannt. Die Ausweitung der Gegenreformation auf das Reich fällt schon in den Pontifikat Urbans VIII.

49. Kapitel

Urban VIII., Innozenz X. und der Stillstand der Gegenreformation

QUELLEN: BullRom XIII—XV; Le relazioni della Corte di Roma lette al Senato degli ambasciatori veneti nel sec. XVII, hrsg. von *N. Barozzi-G. Berchet,* 2 Bde (Venedig 1877/79); *A. Leman,* Recueil des instructions générales aux nonces ordinaires de France 1620/34 (Paris 1919); *Q. Aldea,* España, el Papado y el Imperio durante la guerra de los treinta años, I: Instrucciones a los Embajadores de España en Roma 1631/43: MCom 27 (1957) 291—437; *A. Malvezzi,* Papa Urbano VIII e la questione della Valtellina. Nuovi documenti: Nuovo Archivio lombardo VIII/7 (1957) 5—113; *H. Kiewning,* Die Nuntiatur des Palotto 1628/30, 2 Bde (Berlin 1895/97); *V. Kybal-G. Incisa Della Rocchetta,* La Nunziatura di F. Chigi 1640/51, 2 Bde (Rom 1943/46); *W. Friedensburg,* Regesten zur

[11] Seine Opera omnia, Series lat., 6 Bde (Budapest 1894/1904); Series Ungarica, 7 Bde (Budapest 1910/11); neueste Bibliographie: *L. Polgár,* Bibliographia Soc. Jesu (Rom 1957) n. 1150—1416. P. gilt als Klassiker der ungarischen Prosa.

[12] Gutachten Larmormainis, verfaßt nach dem 1. 10. 1621: *J. Kollmann* a. a. O. I 17—36; *H. Jedin,* Eine Denkschrift über die Gegenreformation in Schlesien aus dem Jahre 1625: ArSKG 3 (1938) 152—171 (verfaßt von Christoph Weller SJ); auch die bei *Döllinger-Reusch,* Geschichte der Moralstreitigkeiten II (Nördlingen 1889) 390—393 gedruckte Denkschrift De missionibus Germanicis (verfaßt um 1600) weist schon in diese Richtung.

deutschen Geschichte aus der Zeit des Pontifikates Innocenz' X.: QFIAB 4 (1902) 236 bis 285, 5 (1903) 60—124 207—222, 6 (1904) 146—173, 7 (1905) 121—138; Acta pacis Westfalicae, hrsg. von *M. Braubach - K. Repgen,* Serie I, Bd I (Münster 1962); Serie IV, Abt. D, Bd 1 (Münster 1964).

LITERATUR: *Pastor* XIII (Urban VIII.), XIV 13—299 (Innozenz X.); *Seppelt* V 275—321. Zwar ist Pastors Kritik an Ranke und Gregorovius (XIII/2 1020—1031) nicht unberechtigt, aber er selbst steht zu stark unter dem Einfluß Lemans, trotz des harten Urteils über Richelieu (XIII/1 502 ff); ungünstiger urteilen wieder *J. Grisar,* Päpstliche Finanzen, Nepotismus und Kirchenrecht unter Urban VIII.: Misc. Hist. Pont. 14 (1943) 205—366; *K. Repgen,* Finanzen, Kirchenrecht und Politik unter Urban VIII.: RQ 56 (1961) 62—74; *A. Kraus,* Amt und Stellung des Kardinalnepoten zur Zeit Urbans VIII.: RQ 53 (1958) 238—243; *ders.,* Die Päpstliche Staatssekretarie unter Urban VIII. (Freiburg 1964); *A. Malvezzi,* Papa Urbano VIII e la questione della Valtellina: Archivio storico lombardo 84 (1957) 5—113; *P. Blet,* Le Clergé de France et la Monarchie I (Rom 1959); *ders.,* La congrégation des affaires de France de 1640: Mélanges E. Tisserant IV 59—105.

Restitutionsedikt: Vorgeschichte: *Pastor* XIII/1 354 ff; *K. Repgen,* L. Holstenius als politischer Gutachter in Rom: QFIAB 39 (1959) 342—352; *H. Günter,* Das Restitutionsedikt von 1629 und die katholische Restauration in Alt-Württemberg (Stuttgart 1901); ein Verzeichnis der restituierten Kirchengüter: *Th. Tupetz,* Der Streit um die geistlichen Güter und das Restitutionsedikt von 1629 (Wien 1883) 523—566. Zusammenfassend, mit reichen Lit.-Angaben *K. Repgen,* Die Römische Kurie und der Westfälische Friede I 157—189 (s. u.).

Westfälischer Friede: *M. Braubach,* Der Westfälische Friede (Münster 1948); *F. Dickmann,* Der Westfälische Frieden (Münster 1959) (Hauptwerk); zur Vorgeschichte: *L. Steinberger,* Die Jesuiten und die Friedensfrage 1635/50 (Freiburg 1906) (über Wangnereck und seinen Gegner Caramuel 63 ff 78 ff); *D. Bötticher,* Propaganda und öffentliche Meinung im protestantischen Deutschland 1628/36: ARG 44 (1953) 181—203; *G. Schmid,* Konfessionspolitik und Staatsräson bei den Verhandlungen des Westfälischen Friedenskongresses über die Gravamina ecclesiastica: ARG 44 (1953) 203—222; *K. Repgen,* Die Hauptinstruktion Ginettis für den Kölner Kongreß 1636: QFIAB 34 (1954) 250—287; *ders.,* Fabio Chigis Instruktion für den Westfälischen Friedenskongreß: RQ 48 (1953) 79—116; *ders.,* Die Römische Kurie und der Westfälische Friede I (Tübingen 1962); *H. Bücker,* Der Nuntius Fabio Chigi in Münster 1644/49: WZ 108 (1958) 1—90; *S. Cultrera,* Per la pace di Westfalia. Missione alle corti di Francia e di Spagna del P. Innocenzo Marcinò da Caltagirone 1647/48 (Mailand 1955).

Richelieu und Mazarin: *G. Hannoteaux,* Histoire du card. Richelieu, 6 Bde (Paris 1893—1947); *C. J. Burckhardt,* Richelieu. Der Aufstieg zur Macht (München 1947); *E. Hassinger,* Das politische Testament Richelieus: HZ 173 (1952) 485—503; *L. Dedouvres,* Le P. Joseph de Paris Capucin. L'Éminence grise, 2 Bde (Paris 1932); *U. Silvagni,* Il card. Mazzarino (Turin 1928); *V. Tornetta,* La politica del Mazzarino verso il papato: AstIt 99 (1941) 86—116, 100 (1942) 95—134; *R. Derricau - M. Laurain,* La mort du Card. Mazarin (Paris 1960).

Sonstiges: *G. Marañón - L. Pfandl,* Olivares. Der Niedergang Spaniens als Weltmacht (München o. J. [1939]); *G. Albion,* Charles I and the Court of Rome (London 1935); *W. Brulez,* La crise dans les relations entre le Saint-Siège et les Pays-Bas au XVIIe siècle: Bulletin de l'Institut historique belge de Rome 28 (1953) 63—104; *M. J. Havran,* The Catholics in Caroline England (Stanford 1962).

Im Konklave (19. 7. — 6. 8. 1623) wurde die kleine Partei Ludovisis durch die Anhänger Aldobrandinis, die deutschen Kardinäle Zollern und Klesl und die „Prinzen" Farnese und Medici so verstärkt, daß sie den Anhängern

Borgheses annähernd gewachsen und imstande war, die von diesem betriebene Wahl Millinis zu verhindern. Die Erkrankung zahlreicher Kardinäle beschleunigte die Einigung der beiden Parteihäupter auf die Person des aus Florenz stammenden Maffeo Barberini, der sich zur Freude der Römer *Urban VIII.* nannte. Eben 55 Jahre alt, politisch erfahren und, wenigstens im ersten Drittel seines Pontifikats, an der Geschäftsführung stark beteiligt[1], gewandt im Umgang mit Diplomaten und von starkem Selbstbewußtsein, hegte er Abneigung gegen Spanien und Vorliebe für Frankreich, die seit seiner dortigen Nuntiatur (1604/07) datierte. Dem Nepotismus stärker als alle übrigen Päpste des Jahrhunderts huldigend, erhob er seinen Bruder Antonio und seine Neffen Francesco und Antonio d. J. zu Kardinälen und bereicherte seine Familie so maßlos, daß er selbst auf dem Sterbebett Gewissensbisse empfand. Die gegenüber den Barberini geübte Verschwendung steht in peinlichem Gegensatz zur Kargheit seiner finanziellen Beiträge zur Unterstützung der katholischen Sache im Dreißigjährigen Krieg. Auf Drängen der Nepoten ließ er 1643 das päpstliche Lehen Castro besetzen mit der Begründung, daß sein Besitzer, Herzog Odoardo Farnese von Parma, seine Gläubiger in Rom nicht befriedige. Da dieser aber Rückhalt bei Frankreich fand und mit Venedig, Toscana und Modena ein Bündnis gegen den Papst einging, endete der „Castro-Krieg" mit einer Niederlage des Papstes. Der Kirchenstaat, der nach dem Verzicht des letzten Rovere um Urbino erweitert worden war, litt schwer durch Verwüstung weiter Gebiete und Zerrüttung der Finanzen.

Kenner der alten wie der neuen Literatur, Besitzer einer großen Bibliothek und selbst gewandter Stilist, wirkte er persönlich durch humanistische Umarbeitung mancher Hymnen bei der Brevierreform (1631) mit; die Reformkommission unter dem Vorsitz des Kardinals Caetani, der Lukas Wadding OFM, Terenzio Alciati SJ, Niccolò Riccardi OP und der Barnabit Bartolomeo Gavanti angehörten, begnügte sich jedoch mit geringen Eingriffen in die Heiligenviten und Homilien; die Änderungen des Missale (1634) und des Pontifikale (1644) sind unbedeutend. Die liturgische Zentralisation fand ihren Abschluß durch die Konstitution vom 5. Juli 1634, durch die sich der Papst Selig- und Heiligsprechungen reservierte und jede liturgische Heiligenverehrung verbot, die nicht seit mindestens 100 Jahren mit Zulassung der kirchlichen Autoritäten in Übung war. Den Kardinälen verlieh Urban VIII. 1630 den Titel Eminenz; um dem Drängen der katholischen Mächte, ihre Kandidaten zu berücksichtigen, auszuweichen, bevorzugte er bei der Ernennung neuer Kardinäle (78 in neun Promotionen) das italienische Element stärker als seine Vorgänger.

[1] „Alle Geschäfte", sagt der venezianische Botschafter P. Contarini 1627, „gehen durch die Hände Sr. Heiligkeit, ohne sein Wissen und seine Anordnung wird keine politische oder sonst wichtige Entscheidung getroffen": *N. Barozzi - G. Berchet* a. a. O. I 212.

Kirchenpolitik im Dreißigjährigen Kriege

Die Ansicht Rankes, Urban VIII. habe aus Abneigung gegen Spanien und Vorliebe für Frankreich die antihabsburgische Politik Richelieus begünstigt und dadurch mittelbar den deutschen Protestantismus gerettet, vereinfacht den Sachverhalt allzusehr. Von dem an sich richtigen Grundsatz ausgehend, daß das Papsttum über der Rivalität der Großmächte stehen und für Erhaltung des Friedens eintreten müsse, war er nicht imstande und vielleicht auch nicht ernstlich gewillt, die überlegene und verschlagene Diplomatie Richelieus, die mit wenig Rücksicht auf kirchliche Belange auf die Entmachtung der habsburgischen Dynastie und die Hegemonie Frankreichs in Europa abzielte, zu durchkreuzen. Er übersah, daß die Niederlage des Kaisers und der Liga die von seinen Vorgängern geförderte Gegenreformation zum Erliegen brachte. Die Frage, ob er sich dabei von der Einsicht leiten ließ, daß der Einsatz staatlicher und militärischer Machtmittel für religiöse Zwecke überholt und Beschränkung auf die religiösen Kräfte der Kirche geboten sei, ist beim jetzigen Stand der Forschung kaum zu beantworten. Nach diesen Gesichtspunkten ist die Neutralitätspolitik des Papstes zu beurteilen.

Gegen die Vertreibung der päpstlichen Truppen aus den festen Plätzen des Veltlin durch Schweizer in französischem Sold ergriff er keine wirksamen Maßnahmen; sie wurde — nach der erfolglosen Friedenslegation des Kardinalnepoten Francesco Barberini (1625) — schließlich durch den Vertrag von Monzón (1626) rückgängig gemacht. Anderseits weigerte er sich, der von Frankreich betriebenen antispanischen Liga im Mantuanischen Erbfolgekrieg (1628) beizutreten, obwohl er die Erbansprüche des Herzogs von Nevers für die am besten begründeten hielt und einer Erweiterung der spanischen Vorherrschaft in Italien abgeneigt war; am Abschluß des Regensburger Friedens (1630) war er als Vermittler beteiligt. Als Frankreich sich mit Gustav Adolf von Schweden im Vertrage von Bärwalde (1631) verbündete, vertraute er auf die Zusicherung des letzteren, in den eroberten Gebieten den katholischen Kult aufrechtzuerhalten, und hoffte, das unter Mitwirkung des Pariser Nuntius Bagno geschlossene französisch-bayerische Bündnis werde Richelieu vom Zusammengehen mit den deutschen Protestanten abhalten. Beide Erwartungen trogen. Als nach dem Siege Gustav Adolfs bei Breitenfeld offenbar wurde, daß er von Richelieu getäuscht worden war, begnügte der Papst sich ihm gegenüber mit papierenen Protesten, verweigerte aber der habsburgischen Gegenpartei ausreichende Finanzhilfe, die den schwerbedrohten Katholiken hätte Erleichterung bringen können[2].

[2] Nach *D. Albrecht,* Zur Finanzierung des Dreißigjährigen Krieges: ZBLG 19 (1956) 548—562, wurden bis 1631 fast nur Restgelder aus früheren Zusagen ausgezahlt, von da an bis 1635 rund 550 000 Taler. Bei Beurteilung der von *Pastor* XIII/1 435 ff geschilderten Szene mit Kardinal Borja vom 8. 3. 1632 ist zu berücksichtigen, daß der auch von Pastor hochgeschätzte Kardinal Ludovisi auf seiten Borjas stand und daß auch der

Erst als die Siege des Schwedenkönigs einen Einfall in Italien befürchten ließen, plante er eine italienische Defensivliga, die aber auf Ablehnung stieß. Daß er auf die Nachricht vom Tode Gustav Adolfs eine Trauermesse gehalten habe, ist eine längst widerlegte Fabel[3]. Es war die Verfilzung politischer und religiöser Interessen, die seine Lage so schwierig machte: in Spanien dachte man an die Einberufung eines allgemeinen Konzils, Richelieu drohte mit einem Schisma. Als dann der offene Eintritt Frankreichs in den Krieg (1635) Ferdinand II. zwang, den Protestanten im Prager Frieden Zugeständnisse zu machen, traf ihn ein Tadel; Richelieu erhielt lediglich eine Mahnung zum Frieden. Der nach Köln einberufene Friedenskongreß wurde durch die Großmächte sabotiert, ohne daß der Papst aus diesem Verhalten Folgerungen zog. Man kann sich des Eindrucks nicht erwehren, daß die Neutralitätspolitik Urbans VIII. tatsächlich auf eine Begünstigung Frankreichs hinauslief. Ihre unausweichliche Folge war der Stillstand der Gegenreformation und eine schwere Schädigung der katholischen Sache im Reich.

Gegenreformation im Reiche

Seit Beginn des 17. Jh. hatten dort die Katholiken das Gesetz des Handelns an sich gebracht. Nach dem Übertritt Wolfgang Wilhelms von Pfalz-Neuburg (1613) waren dessen Territorien wenigstens teilweise wieder katholisch geworden, Bamberg wurde durch Aschhausen gesichert, in Konstanz wirkte gleichzeitig Bischof Jakob Fugger. Auch in Norddeutschland waren Fortschritte zu verzeichnen. In der Reichsstadt Aachen wurde der evangelische Rat durch spanische Truppen vertrieben (1614), im Bistum Münster setzte der Kölner Kurfürst Ferdinand von Bayern die tridentinische Reform durch, im Bistum Paderborn konnte er an die Maßnahmen seines Vorgängers Fürstenberg anknüpfen, aber hier wie im ganzen Norden veränderten erst die Siege Tillys und Wallensteins die Lage. Die Rückgliederung der seit 1552 protestantisierten Reichsbistümer und -klöster wurde begonnen. Der Kölner Nuntius Montorio schickte Missionare nach Bremen, Magdeburg und Halberstadt; in der Mark Brandenburg wirkten der Konvertit Johann von Leckow, später auch Jesuitenmissionare. Die rechtliche Basis für eine großangelegte Aktion sollte das kaiserliche Restitutionsedikt vom 6. März 1629 schaffen. Es war vorbereitet durch die im gleichen Jahre erschienene „Pacis compositio", deren Verfasser, die Jesuiten Forer und Laymann, die Auffassung vertraten, der Augsburger Religionsfriede habe das

viel maßvoller auftretende Kardinal Pázmány bei Urban VIII. keine Unterstützung erreichte.

[3] *St. Ehses*, Papst Urban VIII. und Gustav Adolf: HJ 16 (1895) 336—341; *J. S. Schnitzer*, Urbans VIII. Verhalten bei der Nachricht vom Tode des Schwedenkönigs: Festschrift Camposanto (Freiburg 1897) 280—283.

Wormser Edikt nicht formell aufgehoben und lediglich ein vorläufiges Notrecht geschaffen, das die Protestanten nicht zu weiteren „Reformationen“ über den Stand von 1555 berechtigte[4]. Das Restitutionsedikt verfügte 1. die Rückgabe der seit dem Passauer Vertrag entfremdeten reichsunmittelbaren zwei Erzbistümer, zwölf Bistümer und zahlreicher Klöster; 2. die Rückgabe der seitdem entfremdeten mittelbaren Stifte, Klöster und ihrer Güter; 3. unter Aufhebung der „Declaratio Ferdinandea“ die Gleichstellung der katholischen Stände mit den protestantischen im Reformationsrecht. Juristisch vertretbar, war das Edikt politisch ein schwerer Fehler, weil es den in seinem Bestande bedrohten deutschen Protestantismus einigte[5].

Für die Durchführung wurden kaiserliche Kommissare eingesetzt, in Niedersachsen der tatkräftige Bischof von Osnabrück Franz Wilhelm von Wartenberg[6], der die Bistümer Verden und Minden erhielt; Bremen, Magdeburg und Halberstadt wurden Erzherzog Leopold Wilhelm übertragen. Bis Ende des Jahres 1631 kamen zwei Erzbistümer, fünf Bistümer, zwei Reichsabteien, 150 Kirchen und Klöster wieder in katholischen Besitz. Aber noch ehe die Durchführung des Ediktes abgeschlossen und die innere Durchdringung der neugewonnenen Gebiete über die Anfänge hinausgekommen waren, entfielen die machtmäßigen Voraussetzungen der Gegenoffensive: Wallenstein wurde gestürzt, die Siege Gustav Adolfs und sein Vordringen nach Süddeutschland hatten den Verlust aller Erwerbungen im Norden, aber auch der meisten im Süden, besonders in Württemberg, zur Folge. Im Prager Frieden mit Sachsen (1635) sah sich der Kaiser gezwungen, auf das Restitutionsedikt zu verzichten und den Anhängern der Augsburgischen Konfession, die dem Frieden beitraten, die vom Passauer Vertrag bis zum 12. November 1627 okkupierten Kirchengüter auf vierzig Jahre zuzugestehen.

Westfälischer Friede

Der Versuch des Papstes, auf dem Kölner Friedenskongreß durch den Kardinallegaten Ginetti zwischen den Hauptgegnern, den beiden habsburgischen Mächten und Frankreich, zu vermitteln, schlug fehl; man kam über Formfragen nicht hinaus (1636/40). Inzwischen verschlechterte sich die militärische Lage der katholischen Partei im Reiche von Jahr zu Jahr; Ferdinand III. und seine Berater sahen ein, daß ohne große Konzessionen auf kirchlichem Gebiet kein Friede zu erlangen war. Der zum Friedenskongreß in Münster entsandte Kölner Nuntius Fabio Chigi war angewiesen, nur zwi-

[4] *M. Heckel,* Autonomia und Pacis compositio. Der Augsburger Religionsfriede in der Deutung der Gegenreformation: ZSavRGkan 45 (1959) 141—248.

[5] Text: *M. C. Lundorp,* Acta Publica III (Frankfurt a. M. 1668) 1048.

[6] *G. Schwaiger,* Kardinal Franz Wilhelm von Wartenberg als Bischof von Regensburg (München 1954).

schen den katholischen Staaten zu vermitteln. Während Graf Trautmannsdorf, der Bevollmächtigte des Kaisers, und Kurfürst Maximilian von Bayern große Zugeständnisse an die Protestanten für unausweichlich hielten, trat eine integrale Gruppe, deren publizistischer Wortführer der Jesuit Wangnereck war, unter der Führung des späteren Kardinals Wartenberg und des Bischofs Knoeringen von Augsburg aus prinzipiellen Erwägungen gegen die Preisgabe kirchlicher Rechte und Ansprüche auf. Sie vermochte sich nicht durchzusetzen. Der am 24. Oktober 1648 unterzeichnete Friede[7] enthielt drei Zugeständnisse, die endgültig das Reich kirchlich spalteten, den Besitzstand der Konfessionen festlegten und die Gegenreformation zum Stillstand brachten: 1. Der Augsburger Religionsfriede wird auf die Kalvinisten ausgedehnt; 2. als Normaljahr für Religionsübung und Besitz geistlicher Güter gilt der 1. Januar 1624, jedoch nicht für die österreichischen Erbländer; 3. das Reformationsrecht der Stände, aber auch das bisher von protestantischer Seite angefochtene Reservatum ecclesiasticum werden anerkannt. Gegen diese die Kirche schwer schädigenden Bestimmungen, nicht gegen den Frieden als solchen, legte Chigi am 14. Oktober 1648 einen seit langem vorbereiteten Protest ein, dem sich etwa zwanzig katholische Reichsstände anschlossen. Er wurde durch päpstliches Breve vom 26. November 1648 bestätigt, übte aber keine Wirkung aus. Darin kündet sich die Wende an: Das europäische Staatensystem emanzipiert sich vom Papsttum. Der Nachfolger Urbans VIII., von dem der Protest eingelegt wurde, konnte an dieser Entwicklung nichts mehr ändern.

Im Konklave (9. 8. — 14. 9. 1644) hatte Sacchetti, der zunächst aussichtsreichste Kandidat der Nepoten Urbans VIII. und der Franzosen, die Exklusive Spaniens erhalten. Die beiden Parteien einigten sich daraufhin auf die Wahl Gianbattista Pamfilis, obwohl er den Franzosen nicht genehm war und der leitende spanische Minister Olivarez seinerzeit der Ernennung des einstigen Nuntius in Spanien zum Kardinal widerstrebt hatte. Treffender als jede andere Charakteristik Innozenz' X. ist das Porträt Diego Velázquez' aus dem Jahre 1650: eine majestätische Erscheinung, klug, zurückhaltend, ja argwöhnisch, daher langsam, zuweilen wankelmütig in den Entschlüssen, auf Recht und Ordnung bedacht. Sein Pontifikat, der „weder glänzend noch glücklich" (Pastor) genannt werden kann, steht unter dem Schatten seiner herrschsüchtigen und bestechlichen Schwägerin Olimpia Maidalchini, der er in weltlichen Angelegenheiten und in der Personalpolitik allzu großen Einfluß einräumte. Staatssekretär wurde allerdings nicht ihr Sohn, der Kardinalnepot Camillo Pamfili, sondern Kardinal Panciroli, den 1651 der ehemalige Kölner Nuntius Chigi ablöste. Als die Barberini wegen Verschwendung

[7] Das Instrumentum pacis Osnabrugense et Monasteriense am leichtesten zugänglich bei *K. Zeumer,* Quellensammlung zur Geschichte der deutschen Reichsverfassung in Mittelalter und Neuzeit (Leipzig 1904) 332—379; die Bestätigung des Protestes durch Innozenz X.: BullRom XV 603 ff.

kirchlicher Gelder zur Rechenschaft gezogen werden sollten, floh Kardinal Antonio nach Frankreich und stellte sich unter französischen Schutz; durch Drohungen Mazarins eingeschüchtert, bequemte sich der Papst dazu, ihn zu begnadigen.

Der fortdauernde Krieg zwischen Frankreich und Spanien zwang Innozenz X., „auf einem Seidenfaden zu wandeln" (Pastor): obwohl zu Spanien hinneigend, mußte er auf das zur Hegemonialmacht Europas aufsteigende Frankreich und dessen während der Unmündigkeit Ludwigs XIV. leitenden Staatsmann, den Italiener Mazarin († 1661), Rücksicht nehmen. Als sich Portugal 1640 von der spanischen Krone loslöste und in Johann IV. aus dem Hause Bragança einen einheimischen König wählte, weigerte er sich, diesen anzuerkennen und die vakanten Bistümer durch von jenem nominierte Bischöfe zu besetzen. Während des Masaniello-Aufstandes (1647) lehnte er es ab, für die spanische Herrschaft im Königreich Neapel Partei zu ergreifen, benutzte die Wirren jedoch nicht, wie Mazarin wünschte, zur Erweiterung des Kirchenstaates auf Grund des päpstlichen Oberlehensrechtes. Dieser wurde im Norden durch Einziehung der farnesischen Lehen am Bolsena-See abgerundet (1649). Die noch immer gespannten Beziehungen zu Venedig besserten sich zwar, als der Papst die unter Urban VIII. aus der Sala Regia entfernte Inschrift unter der Darstellung des Friedens von Venedig (1177), die besagte, Alexander III. habe seine Stellung durch die Hilfe Venedigs wiedererlangt, wieder anbrachte; da aber die Signorie fortfuhr, die kirchliche Immunität zu verletzen, gewährte er ihr im Kriege mit der Pforte um Candia nur bescheidene Unterstützung.

England Vormacht des Protestantismus

In England hatte die Vermählung Karls I. mit Henriette Maria, der Tochter Ludwigs XIII. von Frankreich, den Katholiken nicht die erhoffte Erleichterung gebracht; die bei der Einholung der Ehedispens abgegebenen Versprechen wurden nicht eingehalten, als das Parlament Widerstand leistete. An Stelle des bisher dort amtenden Erzpriesters war 1623 ein Vikar mit bischöflichem Rang ernannt worden; Streitigkeiten mit den Jesuiten veranlaßten jedoch den zweiten Inhaber des Amtes, England zu verlassen, so daß die ca 150000 Katholiken ohne Haupt waren. Der katholische Gottesdienst blieb verboten, auf dem Versäumnis des anglikanischen stand Geldstrafe. Unter dem Einfluß des Königs, der persönlich zur katholischen Kirche hinneigte, und seiner Gemahlin wurden die Verfolgungsgesetze milder gehandhabt, ja sogar die Möglichkeiten einer Wiedervereinigung erörtert[8],

[8] *H. R. T. Brandreth*, Grégoire Panzani et l'idéal de la réunion sous le règne de Charles I. d'Angleterre: Irénikon 21 (1948) 32—47 179—192; *M. Nédoncelle*, Trois aspects du

aber seine absolutistische Regierung und — auf kirchlichem Gebiet — die stärkere Betonung der Episkopalverfassung, die schon sein Vater in Schottland schrittweise wiedereingeführt hatte, und die von ihm selbst dort (1637) vorgeschriebene, der katholischen Tradition näherstehende Abendmahlsliturgie stießen beim Parlament bzw. bei den Presbyterianern und Independenten auf starken Widerstand. Obwohl er nach Ausbruch des Bürgerkrieges vom katholischen Adel und schließlich auch von den Iren unterstützt wurde, unterlag er und wurde hingerichtet (1649). Der fanatisch antikatholische Lordprotektor Oliver Cromwell hob zwar die Strafgesetze wegen Versäumnis des anglikanischen Gottesdienstes auf (1650), die von ihm gewährte religiöse Duldung kam jedoch den Katholiken als „Götzendienern" kaum zugute; wer den seit 1655 von Laien und Priestern geforderten Abschwörungseid (Verwerfung des päpstlichen Primates, der Transsubstantiation, der Heiligen- und Bilderverehrung) verweigerte, verlor zwei Drittel seines Vermögens und fast alle bürgerlichen Rechte; Priester mußten unter Todesstrafe das Land verlassen.

Die englische Revolution vernichtete auch die Hoffnung auf eine Erleichterung des Loses der hart unterdrückten irischen Katholiken. Ihr anfangs siegreicher Aufstand gegen die englische Herrschaft war von Urban VIII. durch Geld und Entsendung von Nuntien unterstützt worden; der Vertrag von Kilkenny (1645), in dem der königliche Unterhändler Glamorgan ihnen Religionsfreiheit zugesichert hatte, wurde jedoch von Karl I. nicht ratifiziert, erst kurz vor seinem Untergang gewährte er sie ihnen gegen Zusicherung der Waffenhilfe im Kampf mit dem Parlament[8a]. Das Zugeständnis kam zu spät. Cromwell brachte das Land mit grausamer Härte unter seine Gewalt und enteignete mit Hilfe der Besiedlungsakte einen großen Teil der katholischen Grundbesitzer; ein Dekret vom 6. Januar 1653 verfügte, daß alle katholischen Priester unter Strafe des Hochverrats das Land zu verlassen hätten. Die Katholiken wurden teils durch Verschleppung nach Westindien, teils durch Auswanderung und Hunger dezimiert.

Durch Cromwell wurde England die Vormacht des Protestantismus. Die Niederlande erlangten im Frieden mit Spanien die endgültige Anerkennung ihrer Souveränität. Schweden vermochte zwar die durch Gustav Adolf errungene Großmachtstellung nicht auf die Dauer zu halten, beherrschte aber durch die Brückenköpfe auf Reichsboden die Ostsee und zwang Polen zum Frieden. Die protestantischen Mächte, in denen der katholische Glaube

problème anglo-catholique au 17e siècle (P 1951); die Unionsschrift des Konvertiten Ch. Davenport von 1634 besprochen bei *R. Rouse - St. Ch. Neill*, Geschichte der ökumenischen Bewegung I (Göttingen 1957) 191 ff.

[8a] Nach *H. F. Kearney*, Ecclesiastical Politics and the Counter-Reformation in Ireland 1618/48. JEH 11 (1960) 202—212 standen sich im irischen Episkopat eine gemäßigte Richtung (für Ausgleich mit England) und eine radikale, spanienfreundliche gegenüber; die Kurie begünstigte seit 1640 die erstere.

so gut wie ausgerottet war[9], befanden sich im Aufstieg. Die einstige katholische Vormacht Spanien war im Kampf mit dem Frankreich Richelieus unterlegen, der nicht gewillt war, die Rolle Philipps II. als Beschützer der katholischen Interessen zu übernehmen. Die Gegenreformation in Mitteleuropa war zum Stehen gekommen, jedoch nicht die tridentinische Reform. Innozenz X. hat sich wie seine Vorgänger um sie bemüht[10], bald nach dem Friedensschluß setzte im Reich eine Welle der kirchlichen Erneuerung ein (siehe Band V).

Durch die Verurteilung von fünf Sätzen aus dem „Augustinus" des Cornelius Jansenius († 1638 als Bischof von Ypern) am 31. Mai 1653 fällte Innozenz X. die folgenschwerste lehramtliche Entscheidung des Jahrhunderts. Sie kann nur im Zusammenhang mit dem schon unter Urban VIII. wieder ausgebrochenen Streit um die augustinische Gnadenlehre gewürdigt werden, der die Auseinandersetzung um Bajus und den Molinistenstreit (siehe Kap. 41) fortgesetzt, aber, anders als diese, fast alle Bereiche des kirchlichen Lebens bis tief ins 18. Jh. in Mitleidenschaft gezogen hat (siehe Band V).

Unter Innozenz X. setzte sich in der politischen Führungsspitze eine bis heute nachwirkende Veränderung durch: der jeweilige Kardinalnepot verlor die Stellung des leitenden Ministers an den Staatssekretär. Unter seinem Vorgänger hatte sich der Kardinalnepot Francesco Barberini, der anfangs (bis 1632) hinter den Staatssekretären Magalotti und Azzolini zurückgetreten war, neben, ja vor dem vom Papst als Gegengewicht gedachten Staatssekretär Ceva den vorwiegenden Einfluß zu sichern gewußt und zuletzt (1643) den von ihm abhängigen Spada auf diesen Posten gebracht. Aber diese Aufwertung der politischen Stellung des Kardinalnepoten blieb Episode. Die Nepoten Innozenz' X., Camillo Pamfili und Astalli, spielten niemals eine führende Rolle; sie ging auf die Staatssekretäre Panciroli und (seit 1651) Chigi über, mit denen die Reihe der „Kardinalstaatssekretäre" beginnt: „Zum erstenmal in der Geschichte des Staatssekretariates richteten die Nuntien und Legaten ihre Schreiben unmittelbar an den Staatssekretär, zum erstenmal unterzeichnete der Staatssekretär allein die einlaufenden Schreiben und Anweisungen" (Hammermayer). Chigi wurde der erste Staatssekretär, der den Stuhl Petri bestieg.

Das Erlahmen der katholischen Gegenoffensive war nicht gleichbedeutend mit dem der künstlerischen Kräfte. Urban VIII. hatte am 18. November 1626 die neue Peterskirche konsekriert, für die sein Architekt Bernini den

[9] Romeinische Bronnen voor den kerkelijken Toestand der Nederlanden onder de Apostolische Vicarissen I, hrsg. von *J. D. M. Cornelissen* ('s Gravenhage 1932), Quellen 1592 bis 1651; *J. Metzler,* Die Apostolischen Vikariate des Nordens (Paderborn 1919); *I. Hansteen-Knudsen,* De relationibus inter Sanctam Sedem et Norvegiam (Rom 1946); über vergebliche Missionsversuche der Jesuiten in Dänemark und Schweden: *Duhr* II 2 75 ff.

[10] Sendschreiben vom 4. 4. 1652, erwähnt: Deutsche Geschichtsblätter 16 (1915) 10.

Bronzebaldachin über der Confessio und das Grabmal des Barberinipapstes schuf[11]. Zahlreiche Martyrerkirchen (z. B. S. Bibiana, S. Cosma e Damiano) wurden durch ihn, seine Nepoten und andere Kardinäle restauriert. Die von Sixtus V. eingeleitete Wiederbebauung der Sieben Hügel wurde durch Anlage neuer Straßen und den Bau eines prächtigen Familienpalastes fortgesetzt, das Stadtbild durch Anlage zahlreicher Brunnen verschönt. Die Romführer von Mancini und Celio, Baglione und Totti gaben sich nicht mehr als Pilgerführer zu den heiligen Stätten und Reliquien, sondern als gutinformierte Kenner der Kunstdenkmäler des heidnischen wie des christlichen Rom vom Altertum bis zur Gegenwart. Unter dem nüchternen und sparsamen Innozenz X. fiel Bernini zeitweise in Ungnade, der von ihm errichtete Glockenturm von St. Peter wurde wieder abgebrochen, die Innendekoration der Kirche jedoch vollendet, so daß die auf 700 000 geschätzten Pilger des Jubiläumsjahrs 1650 sie im wesentlichen in ihrer heutigen Gestalt sahen, wie auch die von Borromini restaurierte Laterankirche und die nach langer Bauzeit vollendeten Barockkirchen S. Ignazio und S. Andrea della Valle. Die Perle aller römischen Plätze, Piazza Navona, wo sich der Familienpalast der Pamfili erhob, erhielt durch Berninis Vierflüssebrunnen ihre endgültige Gestalt: das barocke Rom besaß nunmehr seine Form. Im Zuge der Katholischen Reform war es durch seine Universitäten und Kollegien ein Mittelpunkt der kirchlichen Wissenschaft geworden — jetzt wurde es Ziel der Bildungsreisen.

50. Kapitel

Konfessionalismus und Säkularisierung

LITERATUR: Irenik und Toleranz: *F. W. Kantzenbach,* Das Ringen um die Einheit der Kirche im Jahrhundert der Reformation. Vertreter, Quellen und Motive des „ökumenischen" Gedankens von Erasmus von Rotterdam bis Georg Calixt (Stuttgart 1957); *R. Rouse - St. Ch. Neill,* Geschichte der ökumenischen Bewegung I (Göttingen 1957); *N. Paulus,* Protestantismus und Toleranz im 16. Jh. (Freiburg 1911); *J. Lecler,* Histoire de la tolérance au siècle de la réforme, 2 Bde (Aubier 1955); *L. Cristiani,* Tolérance et intolérance religieuses au XVIe siècle: Journal of World-History 5 (1959) 857—878; *E. Hassinger,* Wirtschaftliche Motive und Argumente für religiöse Duldsamkeit im 16. und 17. Jh.: ARG 49 (1958) 226—245; *H. Conrad,* Religionsbann, Toleranz und Parität am Ende des alten Reiches: RQ 56 (1961) 167—199; *K. Goldammer,* Friedensidee und Toleranzgedanke bei Paracelsus und den Spiritualisten: ARG 46 (1955) 20 bis 46, 47 (1956) 180—211; *K. Jordan,* The Development of Religious Toleration in England, 4 Bde (London 1932/40). Für die Konvertiten ist, obwohl im einzelnen vielfach überholt,

[11] *Pastor* XIII/2 917—980 XIV 278—299; *L. Schudt,* Le guide di Roma (Wien 1930) 40 ff; *O. Pollak,* Die Kunsttätigkeit unter Urban VIII. (Augsburg 1928); *R. Wittkower,* Bernini, the Sculptor of the Roman Baroque (London 1955).

noch immer unentbehrlich: *A. Räss*, Die Convertiten seit der Reformation I—VI (Freiburg 1866/68) (bis 1653).

Staatstheorie und Absolutismus: *F. Meinecke*, Die Idee der Staatsräson in der neueren Geschichte I (München 1960); *H. Lutz*, Ragione di stato und christliche Staatsethik im 16. Jh. (Münster ²1961); *P. Mesnard*, L'essor de la philosophie politique au XVIe siècle (Paris ²1951); *R. v. Albertini*, Das politische Denken in Frankreich zur Zeit Richelieus (Marburg 1951); *L. Firpo*, Il pensiero politico del Rinascimento e della Controriforma (Mailand 1948); *T. Bozza*, Scrittori politici italiani dal 1550 al 1650 (Rom 1949) (Bibliographie); *M. d'Addio*, Il pensiero politico di G. Scioppio e il Machiavellismo del Seicento (Mailand 1958); *J. Spörl*, Widerstandsrecht und Grenzen der Staatsgewalt (Berlin 1955). Lit.-Berichte über den Absolutismus: *W. Hubatsch*, Das Zeitalter des Absolutismus in heutiger Sicht: AKG 33 (1953) 342—371, Nachträge von *M. Schlenke*: ebd. 39 (1957) 112—129; *L. Just*, Stufen und Formen des Absolutismus: HJ 80 (1961) 143 bis 159; *St. Skalweit*, Das Zeitalter des Absolutismus als Forschungsproblem: DVfLG 35 (1961) 298—315.

Die Säkularisierung des Denkens: *W. Dilthey*, Weltanschauung und Analyse des Menschen seit Renaissance und Reformation (Leipzig - Berlin 1914); *G. Saitta*, Il pensiero italiano nell'Umanesimo e nel Rinascimento III (Bologna 1951); *H. E. Weber*, Reformation, Orthodoxie und Rationalismus, 2 Bde (Gütersloh 1940); für die Philosophie: *Ueberweg* III (Darmstadt ¹⁴1957). Für die italienischen Emigranten sind grundlegend: *D. Cantimori*, Eretici italiani del Cinquecento (Florenz 1939; deutsch von W. Kägi, Basel 1949); *D. Cantimori - E. Feist*, Per la storia degli Eretici italiani del secolo XVI in Europa (Rom 1937) (Texte); seitdem zahlreiche Monographien über Einzelpersönlichkeiten, z. B.: *G. Spini*, A. Bruccioli (Florenz 1940); Giacomo Aconcio, Stratagematum Satana ll. VIII, hrsg. von *G. Radetti* (Florenz 1946); *Ch. Donald O'Malley*, Jacopo Aconcio (Rom 1955); *L. Firpo*, Gli scritti di F. Pucci (Turin 1957); *A. Bertini*, Giovanni Bernardino Bonifacio, Marchese d'Oria: Archivio Storico napoletano 76 (1958) 191—265. *St. Dunin Borkowski*, Die Gruppierung der Antitrinitarier des 16. Jh.: Scholastik 7 (1932) 481—523; *E. M. Wilbur*, A History of Unitarism (Cambridge/Mass. 1945); *St. Kot*, Socinianism in Poland (Boston 1957); neuere polnische Literatur: *B. Stasiewski*, Reformation und Gegenreformation in Polen (Münster 1960) 52 ff; *G. Schramm*, Neue Ergebnisse der Antitrinitarierforschung: Jahrbücher für Geschichte Osteuropas NF 8 (1960) 428 ff; *L. Febvre*, Le problème de l'incroyance au XVIe siècle (Paris 1942), dazu die Bemerkungen von *P. Jourda*: RHEF 29 (1943) 262—275; *ders.*, Au cœur religieux du XVIe siècle (Paris 1957); *A. Klempt*, Die Säkularisierung der universalhistorischen Auffassung (Göttingen 1960). Galilei: Le Opere di G. Galilei, hrsg. von *A. Favaro*, 20 Bde (Florenz 1890—1909); *L. Olschki*, Galilei und seine Zeit (Florenz 1927); *A. Koyré*, Études Galiléennes, 3 Bde (Paris 1939); Nel terzo centenario della morte di G. Galilei. Saggi e conferenze (Mailand 1942); *F. Dessauer*, Der Fall Galilei und wir (Frankfurt a. M. ²1949); *P. Paschini*, Vita e opere di G. G. (Rom ²1965), mit Lit. Zum Prozeßverlauf: *Pastor* XII 203—214, XIII/1 616—630; Festschrift zum 400. Geburtstage (1964) in Vorbereitung.

Die scharfe doktrinelle und territoriale Abgrenzung zwischen Katholiken, Lutheranern und Kalvinisten, die „Konfessionalisierung", und die aus ihr resultierenden Glaubenskämpfe sind das hervorstechende Kennzeichen des Jahrhunderts zwischen dem Trienter Konzil und dem Westfälischen Frieden. Aber gerade die Heftigkeit der gegenseitigen Polemik und das Blutvergießen der Religionskriege lassen eine neue Sehnsucht nach religiösem Frieden und kirchlicher Einheit keimen. Zwar bieten die um die Jahrhundertwende zahlreicher werdenden Konversionen und eine Reihe von

Religionsgesprächen Anlaß zu neuem Streit; aber auch das Wagnis der Irenik wird unternommen, freilich nur von Einzelgängern. Da sich die religiöse Einheit innerhalb der Staaten als nicht mehr erzwingbar erweist, gewinnt die Idee der Toleranz an Boden, ohne sich, außer beschränkt im Frankreich Heinrichs IV., durchsetzen zu können.

Konversionen zur katholischen Kirche setzen strenggenommen die scharfe Scheidung des katholischen Glaubensgutes vom protestantischen durch das Tridentinum voraus. Nicht unter diesen Begriff fällt die Rückführung ganzer Gebiete auf Grund landesherrlicher Edikte, obwohl sich beispielsweise unter den von den Jesuiten berichteten Ziffern[1] eine große Zahl echter, auf Überzeugung beruhender Übertritte befinden. Die Reihe der fürstlichen Konvertiten in Deutschland eröffnet (1590) Markgraf Jakob von Baden-Hachberg, später folgen Pfalzgraf Wolfgang Wilhelm, Graf Johann Ludwig von Nassau-Siegen, Markgraf Christian Wilhelm von Brandenburg, Landgraf Friedrich von Hessen und, in den Jahren unmittelbar nach dem Westfälischen Frieden, Herzog Ulrich von Württemberg, Herzog Johann Friedrich von Braunschweig-Lüneburg und Landgraf Ernst von Hessen-Rheinfels. Es liegt auf der Hand, daß bei einigen dieser Konversionen politische und opportunistische Motive im Spiele waren. Für den Übertritt von Gelehrten wird häufig die Uneinigkeit der Protestanten und die Verschiedenheit ihrer Lehrbegriffe als Motiv angegeben, umgekehrt üben die Geschlossenheit des katholischen Lehrgebäudes und die Schönheit des Kultes ihre Anziehungskraft aus. Aus der großen Zahl der gelehrten Konvertiten ragen hervor: Friedrich Staphylus († 1563), vorher Professor in Königsberg; Theobald Thamer († 1569), vorher Professor in Marburg, der in Rom, Kaspar Ulenberg († 1617), der in Köln übertrat; der Hesse Johannes Pistorius († 1608), dessen Pamphlet „Anatomia Lutheri" (1595/98) bei den Protestanten große Erbitterung erregte; der Marburger Jesuit Helferich Hunnius († 1636); der Hamburger Philologe Lukas Holstenius († 1661), dessen Gesinnungswechsel noch in seine Leydener Zeit fällt und der erst nach seinem Übertritt in Paris von Kardinal Francesco Barberini als Bibliothekar gewonnen wurde. Im Jahre 1640 konvertierte der Dichter Jost van den Vondel, dessen Eltern Wiedertäufer gewesen waren; der ehemalige kalvinistische Prediger Adam Gottfried Volusius († 1679) wurde Weihbischof von Mainz.

Die *Religionsgespräche* der Epoche lassen sich nicht auf einen einheitlichen Nenner bringen. Das von Kaiser Ferdinand I. vom 11. bis 20. September 1557 in Worms veranstaltete Kolloquium war ein Nachzügler der von Karl V. einberufenen Gespräche, eine Verlegenheitslösung; es blieb ergebnislos, weil die Jenaer Theologen, voran Flacius, sich nicht mit der Mehrheit der protestantischen Collocutoren unter Führung Melanchthons

[1] *Duhr* II/2 66ff; *J. Schacher,* Luzerner Akten zur Gesch. kath. Konvertiten 1580—1780: ZSKG 57 (1963) 1—36 165—220 303—341.

einigen konnten, diese sich weigerten, die nicht mit der ursprünglichen Confessio Augustana übereinstimmenden Lehrmeinungen zu verurteilen[2]. Das Religionsgespräch von Baden (1589) war durch den später konvertierten Markgrafen Jakob von Baden-Hachberg einberufen worden; sein Hauptgegenstand war die Rechtfertigungslehre, Wortführer der Protestanten waren Jakob Andreä und Jakob Heerbrand, der Katholiken der Konvertit Pistorius und der Jesuit Busaeus. Von dem im folgenden Jahr veranstalteten Gespräch von Emmendingen über die Lehre von der Kirche blieb Pistorius ausgeschlossen[3]. Konversionsabsichten lagen auch dem Regensburger Religionsgespräch von 1601 zugrunde, das Maximilian I. von Bayern und der streng lutherische Philipp Ludwig von Pfalz-Neuburg nach sorgfältiger Vorbereitung gemeinsam einberiefen. Gegenstand der Disputation, an der sich außer den Neuburger auch Theologen aus Württemberg, Kursachsen und Brandenburg, auf der Gegenseite die Jesuiten Gretser und Tanner beteiligten, war das Verhältnis von Schrift und Tradition; im Anschluß an das Gespräch entstanden nicht weniger als 55 Kontroversschriften[4]. Das Religionsgespräch von Thorn 1645 hatte König Ladislaus von Polen einberufen, um den internen Auseinandersetzungen innerhalb seines Landes ein Ende zu machen. Es übertraf alle früheren an Zahl der Teilnehmer (26 kath., 28 luth., 24 kalvin.), scheiterte aber bereits an der Frage der Geschäftsordnung[5]. Wirksame Antriebe zur gegenseitigen Annäherung gingen von keiner dieser Veranstaltungen aus. Sie kamen von anderer Seite.

Die humanistischen *Ireniker* um die Mitte des 16. Jh. gehen durchweg aus von der erasmischen Unterscheidung zwischen den Fundamentalartikeln des Glaubens, über die man sich einig sei oder doch einig werden könne, und den theologischen Lehrmeinungen, die der freien Diskussion zu überlassen seien; in ihnen lebt das traditionelle Bewußtsein von der e i n e n Christenheit weiter. Es gibt jedoch nicht unwichtige Variationen. Georg Witzel hofft die christliche Einheit durch Reform der gegenwärtigen und Rückkehr zur alten Kirche wiederherzustellen; seine Unionsschrift „Via regia“ erschien postum 1564[6]. Einflußreichster Vertreter dieser „altkatholischen“ Richtung wurde Georg Cassander († 1566). In seiner aus Anlaß des Religionsgesprächs von Poissy (1561) verfaßten Schrift „De officio pii

[2] P. Canisii epp. et acta II 125—180; ebd. 791 die Liste der katholischen Colloquenten; den Vorsitz führte Bischof Pflug von Naumburg. Weitere Lit.: *Janssen* IV 21—31.

[3] Acta des Colloquii zu Baden (1950); vgl. *A. Kleinschmidt*, Jacob III., Markgraf zu Baden-Hachberg, der erste regierende Konvertit in Deutschland (Frankfurt a. M. 1875).

[4] *W. Herbst*, Das Regensburger Religionsgespräch von 1601 (Gütersloh 1928).

[5] *K. E. Jordt Jorgensen*, Ökumenische Bestrebungen unter den polnischen Protestanten bis zum Jahre 1645 (Kopenhagen 1942); *H. Schüßler*, Georg Calixt. Theologie und Kirchenpolitik (Wiesbaden 1961) 122—133.

[6] *W. Trusen*, Um die Reform und Einheit der Kirche. Zum Leben und Werk Georg Witzels (Münster 1956) 77 ff.

et publicae tranquillitatis vere amantis viri" erklärt er alle diejenigen zur Kirche Christi gehörig, die das Apostolische Glaubensbekenntnis annähmen. Die von Kaiser Ferdinand I. eingeforderte „Consultatio de articulis inter Catholicos et Protestantes controversis" (1564) bezeichnet die Rückkehr zum Glauben und zu den Einrichtungen der alten Kirche (die für ihn mit dem Zeitalter Konstantins und der großen Kirchenväter identisch ist) als den einzig gangbaren Weg zur Wiedervereinigung[7]. Sowohl Witzel wie Cassander galten Petrus Canisius jedoch nicht als wahre Katholiken *(vere et integre catholici)*, weil sie nicht den Dekreten des Konzils von Trient und den Normen einer gesunden Theologie folgten, bisweilen sogar vom katholischen Glauben abwichen[8]. Der Einfluß des Erasmus bleibt vorwaltend bei dem Polen Andreas Frycz Modrzewski († 1572), der als Sekretär des Königs Sigismund August auf dessen Religionspolitik einwirkte[9], und Michel l'Hôpital († 1573), dem Kanzler Katharinas von Medici, der die Brücke von der humanistischen Irenik zur Idee der staatlichen Toleranz und zur Gruppe der einen Ausgleich mit den Hugenotten erstrebenden „Politiker" schlägt[10]. Cassanders Gedanken wurden ein halbes Jahrhundert später von zwei protestantischen Irenikern aufgegriffen, von Grotius und Calixt.

Der Niederländer Hugo Grotius († 1645) entwickelte, während er als „Remonstrant" gegen die herrschende, streng kalvinistische Richtung und als Hochverräter gefangengehalten wurde (1619/21), die theologischen Grundlagen seiner späteren Bemühungen um die Annäherung zunächst der protestantischen Bekenntnisse, Anglikaner und Orthodoxen untereinander. Hatte er als Knabe seine katholische Mutter zum Abfall bewegen wollen, weil sie „zu klug sei, um eine Papistin bleiben zu können", so näherte er sich gegen Ende seines Lebens der katholischen Kirche durch Eintreten für die apostolische Sukzession, die Hierarchie und den katholischen Sakramentsbegriff, erklärte die Überwindung der Glaubensspaltung, die er mit Erasmus für überflüssig und schädlich hielt, auf der Basis der Confessio Augustana für möglich und entwarf mitten im Dreißigjährigen Kriege das Ideal einer befriedeten Magna universitas Christianorum mit dem höchsten sacerdos, dem Papste, an der Spitze[11].

[7] *M. E. Nolte*, Georgius Cassander en zijn oecumenisch streven (Nijmegen 1951).

[8] P. Canisii epp. et acta VII 553 (8. 8. 1580). Nach *Reusch*, Der Index I 361, kam zwar Cassanders Edition der altkirchlichen Hymnen auf den Trienter Index, jedoch nicht seine Unionsschrift.

[9] De republica emendanda (Basel 1559); vgl. *G. Schramm*, Modrevius-Forschungen: Jahrbücher für Geschichte Osteuropas NF 6 (1958) 352—373 (Lit.-Bericht).

[10] *A. Buisson*, Michel de l'Hospital (Paris 1950) (mit reichen Lit.-Angaben).

[11] Via ad pacem ecclesiasticam (Paris-Amsterdam 1642); zu den LThK² IV 1244 verzeichneten Arbeiten von *J. Schlüter*, *R. Voeltzelt* und *P. Polman* noch: *J. Spörl*, Hugo Grotius und der Humanismus des 17. Jh.: HJ 55 (1935) 350—357; *J. Cornelissen*, H. de Groot op den Index: Misc. historica in honorem L. van der Essen II (Brüssel 1947) 757 bis 768; *K. Repgen*, Grotius papizans: Reformata reformanda II 370—400.

Während auf seiten der Reformierten, z. T. aus kirchenpolitischen Motiven, da der Kalvinismus reichsrechtlich noch nicht anerkannt war, die Bemühungen um die Einigung der Protestanten untereinander nie abrissen (Philippe de Mornay Duplessis, Franz Junius, John Dury), wurden bei den Lutheranern die bei Melanchthon vorhandenen „altkatholischen" Ansätze durch die Orthodoxie unterdrückt und traten erst wieder bei dem Helmstedter Theologen Georg Calixt († 1656) hervor. Das Traditionsprinzip, das er anfangs (1629) gegen die katholische Kirche auszuwerten versucht hatte, wurde die Grundlage seiner Irenik, die bewußt an Cassander anknüpfte: das Apostolikum und der universale Konsens der alten Kirche über die Fundamentalartikel des christlichen Glaubens bilden für ihn die einzig mögliche Grundlage der Wiedervereinigung[12]. Sein Standpunkt wurde von streng lutherischer Seite in der „Anatomia Calixtina" (1644) heftig bekämpft, manche seiner Gedanken kehren jedoch in dem „Mainzer Unionsplan" von 1660 wieder, der wahrscheinlich mit den Bestrebungen des Mainzer Kurfürsten Johann Philipp von Schönborn zusammenhängt, eine Annäherung der Konfessionen zustande zu bringen: Wiedervereinigung der Lutheraner (nicht der Kalvinisten) mit der katholischen Kirche auf der Basis der Confessio Augustana, der Priesterehe, des Laienkelchs und gewisser dogmatischer und disziplinärer Konzessionen; als „reformiert-katholisch" sollen sie zur Obedienz des Papstes zurückkehren[13]. Der Kurfürst distanzierte sich, in Rom wurde das Projekt anscheinend nie in ernste Erwägung gezogen.

Mehr antipäpstlich als irenisch ausgerichtet ist das Unionsprojekt des Italieners Marcantonio de Dominis[14]. Einig im Glauben an Christus und das Apostolikum, soll eine Episkopalkirche auch die Protestanten — unbeschadet gewisser Sonderlehren — mit umfassen; der Papst ist äußeres Symbol der Einheit, müßte aber zuvor den Gliedern der Kirche ihre ursprünglichen Rechte zurückerstatten.

Grundsätzlich verschieden von den irenischen Bestrebungen, wenn auch in den Konsequenzen sich mit ihnen berührend, sind die Erörterungen über die Erlaubtheit der staatlichen *Toleranz.* Zwar bleibt das Postulat, daß innerhalb eines Staates nur *eine* Religion bzw. Konfession herrschen solle, im wesentlichen unangefochten; in der Praxis ließ es sich nicht aufrechterhalten. Während der Hugenottenkriege traten die „Politiker" (die Söhne des Connétable Montmorency, Kardinal Bellay, Maurillac u. a.) für Zusam-

[12] *E. L. Th. Henke,* Georg Calixt und seine Zeit, 2 Bde (Halle 1853/54); *H. Schüßler,* Georg Calixt. Theologie und Kirchenpolitik (Wiesbaden 1961).

[13] *A. Ph. Brück,* Der Mainzer Unionsplan aus dem Jahre 1660: Ehrengabe A. Schuchert (Mainz 1960) 148—162.

[14] *D. Cantimori,* L'utopia ecclesiologica di M. A. de Dominis: Problemi di vita religiosa in Italia nel Cinquecento (Padua 1960) 103—122; 111 die Stelle: *Neque componi potest dissensio neque partes ad concordiam possunt redire nisi restitutio fiat in integrum.*

menarbeit mit den Kalvinisten und deren Duldung ein. Nach Bodin († 1596) ist der Monarch verpflichtet, die religiöse Einheit seines Landes, wenn sie besteht, zu erhalten, darf sie aber nicht mit Gewalt wiederherstellen; später neigt Bodin zu der Ansicht, es sei am besten, jedem seine persönliche Religion zu lassen[15]. Nachdem Heinrich IV. durch das Edikt von Nantes den Hugenotten Religionsfreiheit gewährt hatte, forderten die englischen und die holländischen Katholiken vergebens für sich das gleiche Zugeständnis[16]. In Deutschland bezeichnete der Jenaer Theologe Johann Gerhard († 1637) die Glaubenseinheit innerhalb eines Staates als zwar wünschenswertes, aber kaum realisierbares Ideal. Im konfessionell gemischten Staat darf der Fürst Einzelpersonen anderen Glaubens dulden, öffentlichen Kult aber nur dann, wenn sonst ernstliche Störungen zu befürchten seien; ausgenommen von der Duldung sind Täufer und Unitarier[17]. Auch der Jesuit Martin Becanus († 1624) kennt im Gegensatz zu Bellarmin eine Reihe von Fällen, in denen ein katholischer Fürst in seinem Lande Häretiker dulden darf: wenn sie in der Mehrheit oder mächtiger als die Katholiken sind oder von auswärtigen Mächten unterstützt werden, aber auch dann, wenn Gewaltanwendung ihre Bekehrung verhindern würde[18].

Staatstheorie und Absolutismus

In diesen theologischen Erörterungen über die Erlaubtheit der staatlichen Toleranz spiegelt sich die Machtverlagerung im *Verhältnis von Staat und Kirche* seit der Glaubensspaltung. Schon während des Großen Schismas und des Kampfes gegen den Konziliarismus hatte das Papsttum die weltlichen Mächte umwerben müssen; jetzt bestimmten in erster Linie die Fürsten, erst in zweiter die Individuen über Religions- und Bekenntniszugehörigkeit. Im Einvernehmen mit den Fürsten war das Trienter Konzil zustande gekommen, nur unter ihrer Mitwirkung konnte es in Kraft gesetzt und durchgeführt werden. In noch höherem Grade war die Gegenreformation ihr Werk. Die Machtverschiebung ging Hand in Hand mit einem Strukturwandel des Staates, vom Feudal- zum modernen Beamtenstaat, mit der Ausbildung des fürstlichen Absolutismus und neuer Staatstheorien, in denen sich die Säkularisierung des Staates anbahnt.

[15] *J. Lecler* a. a. O. II 91 ff 153 ff; *E. Benz,* Der Toleranzgedanke in der Religionswissenschaft. Über den Heptaplomeres des J. Bodin: DVfLG 12 (1934) 540—571.

[16] *R. Persons,* Treatises tending to Mitigations towards Catholic Subjects in England (1607); vgl. *J. Lecler* a. a. O. II 383 f; *H. Witte,* Die Ansichten Jacobs I. v. England über Kirche und Staat mit besonderer Berücksichtigung der religiösen Toleranz (Berlin 1940).

[17] *J. Lecler* a. a. O. I 289 ff; *J. Wallmann,* Der Theologiebegriff bei Johann Gerhard und Georg Calixt (Tübingen 1961).

[18] *J. Lecler* a. a. O. I 292 ff. Über das Eindringen des Machiavellismus in England vgl. *G. Mosse,* The Holy Pretence (Oxford 1957).

Die von Machiavelli geformte Idee des autonomen, seinem eigenen Gesetz, der Staatsräson, unterworfenen Machtstaates gewinnt allmählich an Boden. Kardinal Pole hatte in seiner Apologie gegen Heinrich VIII. die drohende Gefahr klar erkannt. Spätere, wie der zeitweise im Dienste Borromeos stehende Giovanni Botero, glaubten die Idee ins Christliche transponieren und dadurch entmachten zu können[19]. Bodin läßt zwar religiöse Bindungen des Fürsten bestehen, ordnet aber die Form und die Gesetze des Staates dem Begriff der Souveränität und den natürlichen Bedingungen der Völker und Individuen, letzten Endes dem Staatswohl unter[20]. Freunde wie Gegner Machiavellis schöpften Argumente aus Tacitus; sein Wiederhersteller Justus Lipsius, obwohl 1591 an die Universität Löwen und zur katholischen Kirche zurückgekehrt, trat offen für Machiavelli ein, seine „Politica" (1589) wurden in fünf Sprachen übersetzt[21]. Der Herzog von Rohan, ein Mitarbeiter Richelieus, stellte den Satz auf: Die Fürsten kommandieren den Völkern, das Interesse kommandiert den Fürsten.

Die Wurzeln des fürstlichen *Absolutismus* reichen ins späte Mittelalter zurück; daß seine — nach Ländern und Persönlichkeiten sehr differenzierte — Ausgestaltung im protestantischen wie im katholischen Bereich durch die Glaubensspaltung und ihre Folgen gefördert wurde, ist kaum zu bestreiten. Den protestantischen Territorialfürsten wuchs durch die Ausbildung des Landeskirchentums und die Säkularisierung der Kirchengüter erhebliche Macht zu, aber auch die katholischen Fürsten machten nicht nur von ihrem Recht, die Religion ihrer Untertanen zu bestimmen, Gebrauch, sie weiteten auch, indem sie die Kirche schützten und ihre Reform förderten, sogar verlorengegangenes Terrain für sie zurückeroberten, häufig mit Gutheißung oder doch Duldung durch das Papsttum ihre Machtposition im kirchlichen Bereich aus. Die Rollen vertauschten sich, als nicht mehr der Staat der gefährdeten Kirche Hilfestellung leistete, sondern die Kirche, wenn auch nicht bewußt und oft widerwillig, dem werdenden absoluten Staate. Der Einbruch des modernen Staates in den kirchlichen Bereich ist wesentlich verschieden von der Vorherrschaft der laikalen Gewalten in der christlich-abendländischen Völkergemeinschaft des frühen Mittelalters; erst jetzt entsteht echtes Staatskirchentum. Das Papsttum verteidigt die Freiheit und Unabhängigkeit der Kirche gegen die Ansprüche gerade der katholischen Vormächte Spanien und Frankreich, meist ohne durchschlagenden Erfolg: Päpstliche Erlasse werden dem königlichen Placet unterworfen, die Klerikerprivilegien wie der eigene Gerichtsstand und das Asylrecht geschmälert, die

[19] Della ragion di stato (1589), neu hrsg. von *L. Firpo* (Turin 1948).

[20] *J. Bodin,* Six livres de la république (1576); *A. Schmitz,* Staat und Kirche bei J. Bodin (Leipzig 1939); *J. H. Franklin,* J. Bodin and the XVIth Century Revolution in the Methodologie of Law and History (New York - London 1963).

[21] *G. Oestreich,* J. Lipsius als Theoretiker des modernen Machtstaates: HZ 181 (1956) 31—78; *ders.,* J. Lipsius in sua re: Festgabe Fritz Neubert (Berlin 1956) 291—311. Weitere Lit.: LThK² VI 1072.

Kirchengüter mit oder ohne päpstliche Erlaubnis (in Frankreich durch Beiträge der nationalen Klerusversammlungen) besteuert, die Inquisition und die kirchliche Bücherzensur behindert oder, wie in Spanien, nationalisiert. Venedig duldet auch nach der Beilegung des Konfliktes mit Rom die von den diplomatischen Vertretungen Hollands und Englands ausgehende Propaganda, verweigert die Zulassung der Jesuiten und stellt sich schützend vor Klöster, deren Reform die Kurie fordert. Die Kirche ist in eine Abwehrstellung gedrängt.

Aus dem wachsenden Druck des fürstlichen Absolutismus ist die Lehre vom Widerstandsrecht und vom *Tyrannenmord* zu erklären. Im letzten Drittel des 16. Jh. häuften sich die Fürstenmorde, Bodin erklärte den Tyrannenmord für erlaubt. Trotzdem erregte es größtes Aufsehen, als der spanische Jesuit Juan Mariana in seinem König Philipp III. gewidmeten Werke „De rege et regis institutione“ (1599) die Lehre vortrug, daß ein Usurpator von jedem getötet werden dürfe, ein legitimer Fürst aber nur dann, wenn er nach allgemeiner Überzeugung *(si vox populi adsit)* den Staat zugrunde richte, Religion und Gesetze verachte und kein anderes Mittel gegeben sei, ihn zur Aufgabe seiner Tyrannei zu bewegen. Diese inhaltlich einwandfreien Grundsätze waren als Warnung an die absolutistisch regierenden Fürsten gedacht, da sie aber mit einer kaum verhüllten Billigung des Mordes an Heinrich III. von Frankreich verbunden waren, verurteilte die Sorbonne unter Berufung auf das Konstanzer Dekret gegen Johannes Parvus das Buch Marianas, der Ordensgeneral Acquaviva rückte von ihm ab und untersagte weitere Debatten darüber.

Säkularisierung des Denkens

Noch folgenschwerer als Absolutismus und Staatskirchentum, ja auch als die erst einsetzende Säkularisierung der Staatsidee waren die Ansätze zur Säkularisierung des europäischen Denkens sowohl in den Geisteswie in den Naturwissenschaften. Sie darf nicht nur negativ beurteilt werden, weil sie ein natürlicher Reifungsprozeß ist, sie muß aber auch als Reaktion auf die extrem gesteigerten Ansprüche der Theologen und deren Streitigkeiten, den Einsatz kirchlicher und staatlicher Machtmittel im religiösen Bereich und auf das Überwuchern des Aberglaubens betrachtet werden. Skepsis und Unglaube werden zum Problem, eine wachsende Zahl religiöser Einzelgänger, die mit zentralen Lehren des christlichen Glaubens brechen, stoßen in der katholischen Kirche ebenso wie in den protestantischen Kirchengemeinschaften auf Ablehnung, die religiöse Zersplitterung wächst zusehends. Abseits von der Theologie entsteht das „natürliche System der Geisteswissenschaften“ (W. Dilthey), die Naturwissenschaften gründen sich statt auf Autoritäten auf empirische Beobachtung und mathematische Berechnung, stoßen aber im Fall Galilei auf kirchlichen Widerspruch.

Im „Jahrhundert, das glauben wollte", wucherte der *Aberglaube.* Man huldigt der Astrologie, Krankheiten von Mensch und Tier werden auf Zauberei zurückgeführt, im Schauspiel betreten Teufel und Hexen die Bühne. Die schrecklichste Verirrung des Aberglaubens, die *Hexenprozesse,* fordern im katholischen wie im protestantischen Deutschland Tausende unschuldiger Opfer. In dem zum Stift Würzburg gehörigen Gerolshofen wurden in einem Jahr (1616) 99 Hexen hingerichtet, in Ellwangen (1612) 167; in Trier und Umgegend forderte der Hexenwahn innerhalb von sieben Jahren (1587/93) 306 Opfer, im Kanton Bern innerhalb eines Jahrzehnts (1591—1600) ebenfalls über 300. Nur mit Mühe bewahrte Johannes Kepler seine Mutter vor dem Scheiterhaufen. Herzog Heinrich Julius von Braunschweig-Wolfenbüttel (1589—1613) genoß den traurigen Ruhm eines eifrigen Hexenbrenners[22]. Die Anklageerhebung auf Grund von Denunziationen und die rücksichtslose Anwendung der Folter zur Erpressung von Geständnissen entfesselten die niedrigsten Instinkte; nicht selten brachte Frömmigkeit in den Verdacht des Hexentums. Obwohl „kein einziges Beispiel bekannt ist, daß Jesuiten die Unglücklichen bei der Obrigkeit zur Anzeige gebracht oder jemals Veranlassung zu deren Verbrennung gegeben hätten" (Janssen), beschuldigte man sie nicht selten der Anstiftung der Prozesse. Zwar stand die Mehrzahl von ihnen, wie die übrigen Zeitgenossen, unter dem Banne des Hexenwahns, den sie mit Besessenheit in Verbindung brachten (Georg Scherer, Delrío, Stengel), aber gerade die Moralisten Tanner und Laymann warnten vor der rechtswidrigen und unmenschlichen Prozeßführung, und Friedrich von Spee (1591—1635), der als geistlicher Beistand vieler Angeklagter deren abgründige Not und Verzweiflung kennengelernt hatte, faßte den Mut, den Widersinn und die himmelschreienden Ungerechtigkeiten der Prozeßführung zu brandmarken, die er mit den Methoden der Neronischen Christenverfolgung verglich[23]. Er stieß auch in seinem eigenen Orden auf heftigen Widerstand;

[22] Noch immer wichtig: *J. Hansen,* Zauberwahn, Inquisition und Hexenprozeß im MA und die Entstehung der großen Hexenverfolgungen (Leipzig - München 1900); *N. Paulus,* Hexenwahn und Hexenprozeß vornehmlich im 16. Jh. (Freiburg 1910); *Janssen* VIII (Freiburg [15]1924) 531—751; *F. Merzbacher,* Die Hexenprozesse in Franken (München 1957); W. *Krämer,* Kurtrierische Hexenprozesse im 16. und 17. Jh. (München 1959); *H. Klein,* Die älteren Hexenprozesse im Lande Salzburg: Mitt. der Gesellschaft für Salzburger Landeskunde 97 (1957) 17—50; populär, aber auch Frankreich und England berücksichtigend, *K. Baschwitz,* Hexen und Hexenprozesse (München 1963); weitere Lit. LThK[2] V 316—319.

[23] Cautio criminalis (Rinteln 1631), anonym; deutsch von *J. F. Ritter* (Weimar 1939); *H. Zwetsloot,* Friedrich Spee und die Hexenprozesse. Die Stellung und Bedeutung der Cautio criminalis in der Geschichte der Hexenverfolgungen (Trier 1954); *E. Rosenfeld,* F. Spee von Langefeld (Berlin 1958); *K. Honselmann,* F. von Spee u. die Drucklegung seiner Mahnschrift gegen die Hexenprozesse: Westfäl. Zeitschrift 113 (1963) 427—454.

man legte ihm nahe, den Orden zu verlassen. In Spee empörte sich das christliche Gewissen gegen die Hexenprozesse, ohne sie beseitigen zu können; es konnte nicht ausbleiben, daß die Reaktion auf die begangenen Exzesse den Glauben an eine übersinnliche Welt eines Tages in Frage stellte.

Der Einsatz der kirchlichen und staatlichen Zwangsmittel zur Aufrechterhaltung des rechten Glaubens hatte schon bei Sebastian Castellio († 1563) und Jacobus Acontius († 1566/67) zur Ablehnung jedes äußeren Zwanges im religiösen Bereich geführt. Religiöse Einzelgänger und Gruppen, die von den herrschenden großen Konfessionen abgestoßen und unterdrückt wurden, fordern Gewissens- und Lehrfreiheit, wie die Arminianer in Holland, ja greifen bereits das christliche Zentraldogma der Trinität an. Es waren vor allem Italiener, die mit dem kirchlichen Glauben gebrochen hatten, vor der Inquisition meist in die Schweiz geflohen waren und teils in West-, teils in Osteuropa Zuflucht gesucht hatten: Celio Secundo Curione hielt sich bis zu seinem Tode († 1569) in Basel, Bernardino Ochino starb 1565 in Mähren, Lelio Sozzini, der in seinem Kommentar zum Johannesprolog das Trinitätsdogma angegriffen hatte[24], beendete sein unruhiges Wanderleben 1562 in Zürich. Hatten die älteren *Antitrinitarier* (z. B. Adam Pastoris) ihre Einwände aus der Bibel entnommen, so gingen die späteren mehr rationalspekulativ vor: der Paduaner Jurist Matteo Gribaldi, der 1566 in Bern enthauptete Giovanni Gentile und der Arzt Giorgio Blandrata, der aus seinem Unitarismus die Konsequenz zog: anders als das Christentum haben Judentum und Islam die wahre Lehre vom „Einen, Höchsten" festgehalten. Zufluchtsstätte der Antitrinitarier wurde Polen, wo der päpstliche Nuntius Lippomani sich schon 1556 in einem Bericht mit ihnen befaßte, allerdings ohne zwischen den verschiedenen Richtungen (Tritheisten und Unitariern) zu unterscheiden. Zwischen 1560 und 1568 setzte sich der Unitarismus durch (Übergang bei Petrus Gonesius), die „Polnischen Brüder" waren zum Teil täuferisch gesinnt, so daß der führende Kopf der Antitrinitarier, Fausto Sozzini († 1604), der Neffe Lelios, sich nur langsam durchsetzte. Sein Katechismus erschien 1605 in polnischer Sprache, geistiger Mittelpunkt der Sekte war Rakow bei Sandomir, wo sich alljährlich die Generalsynode versammelte und ein Gymnasium blühte. Es wurde 1638 aufgehoben, 1658 wurden die Anhänger der Sekte des Landes verwiesen. Sie fanden zum Teil Zuflucht in den Niederlanden, der Geschichtsschreiber der Unitarier, Stanislaus Lubiniecki, in Hamburg.

[24] Text: *D. Cantimori-E. Feist* a. a. O. 61—78; *A. Stella*, Ricerche sul Socianesimo: Bolletino dell'Istituto di storia della società e dello Stato veneziano 3 (1961) 77—120. — Vom marxistischen Standpunkt verfaßt, aber auch inhaltlich ungenügend ist *A, Pirnat*, Die Ideologie der Siebenbürger Antitrinitarier in den 1570er Jahren (Budapest 1961); vgl. RHE 57 (1962) 602ff; *J. Tazbir*, Stanisław Lubiniecki, przywódca arianskiej emigracji (Warschau 1961). Für die gesamte unitarische Bewegung vgl. *E. M. Wilbur*, History of Unitarianism, 2 Bde (Cambridge/Mass. 1945/52).

In Frankreich hatte schon François de Rabelais († 1553) das Problem des Unglaubens gestellt. Die skeptische Haltung Montaignes († 1592) richtete sich vor allem gegen die bestehenden Autoritäten und war kompensiert durch einen Fideismus, dem auch sein Freund Pierre Charron († 1603) in seiner Apologie des Christentums („Trois vérités", 1593) huldigte. J. P. Camus, der Freund des hl. Franz von Sales, sah in Montaigne einen Bundesgenossen gegen den starren Dogmatismus der Kalvinisten und verteidigte ihn, der Jesuit Garasse erkannte die tödliche Gefahr des *Skeptizismus* und warnte vor ihr[25]. Für René Descartes († 1650) war der methodische Zweifel der Anfang des Philosophierens; sein Bewußtsein von der Souveränität des konstruktiven Denkens stellt ihn an die Spitze der modernen, von der Theologie emanzipierten Philosophie.

Schon vor ihm hatte Hugo Grotius, obwohl in seiner Rechtslehre von der neueren Scholastik, besonders von Francisco de Vitoria und Suárez, abhängig, das Recht als „eine natur- und vernunftgesetzlich wirkende Funktion des Lebens" (E. Wolf) verstanden, dessen ethische Grundlage in der Gemeinschaftsnatur des Menschen liege. Es wird dadurch geistig verselbständigt, seine Bindung an theologische und philosophische Voraussetzungen zwar nicht gänzlich zerschnitten, aber doch gelockert. Insofern ist er der Begründer des modernen Natur- und Völkerrechts.

Die beginnende Verselbständigung der Geisteswissenschaften, auch der Geschichte, war an sich ein natürlicher Reifungsprozeß des europäischen Geistes. Sie mußte nicht notwendig zum Konflikt mit dem Glauben und der Glaubenswissenschaft führen, ebensowenig wie der Aufbau der Naturwissenschaften auf empirische Beobachtung und mathematische Berechnung. Daß die naturphilosophischen, des Pantheismus verdächtigen Systeme der Exdominikaner Tommaso Campanella († 1639) und Giordano Bruno (siehe Kap. 38) samt ihren Schöpfern kirchlich verurteilt wurden, lag in der Natur der Sache und im Verhalten ihrer Träger begründet; weit folgenschwerer war der Zusammenstoß *Galileis* mit der Inquisition. Nikolaus Kopernikus († 1543) hatte sein Werk „De revolutionibus orbium coelestium", das die Bewegung der Erde um die Sonne mit mathematischen Argumenten zu begründen versucht hatte, Paul III. gewidmet. Das „kopernikanische Weltsystem" war seitdem kirchlicherseits ebenso unangefochten geblieben wie seine Vorstufen bei den Pariser Naturphilosophen des 14. Jh. Seit 1594 legte die Universität Salamanca den Text des Kopernikus dem Unterricht zugrunde. Luther, Melanchthon, Osiander und die Universität Tübingen bekämpften das kopernikanische System als der Heiligen Schrift widersprechend. Trotzdem wurde es um die Jahrhundertwende weiter ausgebaut:

[25] *R. H. Popkin,* Scepticism and the Counter-Reformation in France: ARG 51 (1960) 58 bis 87; *J. Lecler,* Un adversaire des libertins au début du XVIIe siècle, le P. François Garasse: Études 209 (1931) 553—572.

Johannes Kepler, der Hofastronom Rudolfs II., entdeckte die Gesetze der Planetenbewegung, Galileo Galilei (1564—1642), seit 1610 in Florenz tätig, fand durch Beobachtungen der Himmelskörper (z. B. der Jupitermonde) mit Hilfe des von ihm konstruierten Fernrohrs das kopernikanische System bestätigt und verteidigte es gegen Einwände aus der Heiligen Schrift (Jos 10, 12f; Ps 103, 5)[26]. Auf Anzeige des Hofpredigers Lorini OP wurde Galilei von der Römischen Inquisition vorgeladen; er hatte bis dahin in kirchlichen Kreisen Roms höchstes Ansehen genossen und war 1611 in die Päpstliche Akademie aufgenommen worden. Aber durch seine ungestümen Versuche, die Vereinbarkeit seines Systems mit einer richtigen Interpretation der Schrift nachzuweisen, brachte er die Konsultoren der Inquisition so gegen sich auf, daß diese am 24. Februar 1616 die beiden Sätze über den Stillstand der Sonne und die Bewegung der Erde als häretisch bzw. irrig erklärte und ihm verbot, sie in Zukunft zu verteidigen. Galilei unterwarf sich am 26. Februar dem ihm durch Kardinal Bellarmin mitgeteilten Entscheid; die beanstandeten Lehren abzuschwören und seine Forschungen aufzugeben, wurde ihm nicht auferlegt. Papst Paul V. gewährte ihm eine Audienz und versicherte ihn seines Schutzes. Trotzdem wurde am 5. März 1616 das Werk des Kopernikus und alle Bücher, die sein System verteidigten, auf den Index der verbotenen Bücher gesetzt. Nachdem Urban VIII. zur Regierung gelangt war, widmete Galilei dem Papst im Vertrauen auf dessen Wohlwollen seine Entgegnung gegen eine Kritik des Jesuiten Grassi und wurde — nach einem Besuch in Rom — in einem Breve gerühmt „als der Mann, dessen Ruhm am Himmel erstrahlt und die Welt durchzieht". Als er aber im Vertrauen auf das Wohlwollen des Papstes und mit dem Imprimatur des Magisters S. Palatii Riccardi seine „Dialoge über die beiden größten Weltsysteme" veröffentlichte (1632), lud ihn die Inquisition wegen Übertretung des früheren Verbotes von 1616 von neuem vor (23. 9. 1632) und verurteilte ihn, obwohl er während des zweiten Verhörs erklärt hatte, er sei innerlich kein Anhänger des kopernikanischen Systems, am 22. Juni 1633 zur Abschwörung und zu lebenslänglichem Kerker. Die erstere leistete er, die Kerkerstrafe wurde in eine milde Haft auf seinem Landsitz Alcetri bei Florenz umgewandelt. Das Ergebnis des Galilei-Prozesses war, daß sein mathematisch-physikalisches Weltbild seitens der Kirche nicht freigegeben wurde, und sein Hauptwerk „Discorsi e dimostrazioni matematiche intorno a due nuove scienze" (1638), das erste „Lehrbuch der Physik" (v. Laue), mußte in Leyden erscheinen. Galileis persönliches Schicksal ist dadurch bestimmt, daß er die Lösung des scheinbaren Widerspruchs zwischen seinen naturwissenschaftlichen Ergebnissen und der biblischen Offenbarung selbst in die Hand nahm, statt sie den Theologen zu

[26] Galilei an den Benediktiner Castelli am 21. 12. 1613; Opere, hrsg. von *A. Favaro* V 279—288.

überlassen. Versuche, die neuen naturwissenschaftlichen Erkenntnisse mit dem christlichen Glauben zu vereinen, wurden im 17. Jh. vor allem von Jesuiten, wie Athanasius Kircher, Christoph Scheiner und Kaspar Schott, unternommen.

Um die Mitte des 17. Jh. beginnt eine neue Epoche der Kirchengeschichte. Der Westfälische Friede fixierte endgültig den konfessionellen Besitzstand im Reiche und setzte der Gegenreformation als politisch-kirchlicher Aktion ein Ziel. Mit ihm ging das Zeitalter der Religionskriege zu Ende, aber gleichzeitig verlagerten sich die politischen Gewichte: der Pyrenäenfriede (1659) entschied den Kampf um die europäische Hegemonie zugunsten Frankreichs, wieder ein Jahrzehnt später besiegelte die Anerkennung der englischen Navigationsakte durch die Generalstaaten das maritime Übergewicht Englands. Der Protest Innozenz' X. gegen die Religionsartikel des Westfälischen Friedens verhallte ungehört, das Papsttum vermochte seine Autorität als Garant überstaatlicher Ordnung auch gegenüber den katholisch gebliebenen Mächten nicht aufrechtzuerhalten. Die längst verblaßte Idee der Christianitas verliert vollends ihre Bedeutung in der praktischen Politik. Zwar hatte sich die Kirche seit dem Konzil von Trient innerlich erneuert und die Krise der Glaubensspaltung überwunden; sie behauptete sich und vermochte sogar verlorenes Terrain zurückzugewinnen, aber es erwies sich als unmöglich, die Einheit der Kirche wiederherzustellen. Die Konfessionalisierung teilte die christlichen Völker des Abendlandes in drei gegeneinander scharf abgegrenzte und sich bekämpfende Gruppen der Katholiken, Lutheraner und Kalvinisten und minderte die Überzeugungskraft des christlichen Gedankens. In eine Abwehrstellung gedrängt, vermochte die Kirche die z. T. durch die Glaubensspaltung entbundenen, z. T. tief im Spätmittelalter wurzelnden religiösen und geistigen Kräfte nicht zu bewältigen, die an die Oberfläche drängten: sie verlor die Führung. Eine neue, die größte Krise des europäischen Geistes kündigte sich an.

Mit diesem sich verändernden Verhältnis zur „Welt" gingen parallel und waren vielfach verflochten die Strukturwandlungen im Innern der Kirche. Die Abwehr des Protestantismus und die innere Erneuerung der Kirche seit dem Konzil von Trient waren nur dadurch ermöglicht worden, daß das Papsttum die Zügel der zentralen Autorität scharf anzog und in einem neuen, von dem mittelalterlichen sehr verschiedenen Zentralismus die bedrohten, von sich aus zu schwachen Glieder stärkte durch die Nuntien und mit Hilfe der Visitatio liminum die Bischöfe kontrollierte, in den sich nunmehr verfestigenden und zu Behörden ausgebauten Kongregationen sich ein wirksames Instrument der Kirchenregierung schuf, das nicht mehr, wie die Kanzlei und die Kammer im Spätmittelalter, vor allem fiskalistisch abgezweckt war. Die im Laufe des 17. und 18. Jh. immer stärker werdenden episkopalistischen Strömungen, die sich dieser Tendenz entgegenstellten, waren dadurch verdächtig, daß sie teils den Jurisdiktionsprimat des Papstes abschwächten oder leugneten, teils sich auf nationalstaatlichen Schutz (Frankreich und Spanien) oder auf weltliche Machtmittel (Reichskirche) stützten. Die Ekklesiologie stellte seit Bellarmin die Lehre vom päpstlichen Primat in den Mittelpunkt und ließ die Funktion des Bischofskollegiums zurücktreten. Kein allgemeines Konzil wurde seit Trient einberufen.

Das tridentinische Glaubensgebäude und Reformwerk, dem die Kirche ihre Erneuerung und Selbstbehauptung verdankte, drückten dem Leben der Kirche ihren Stempel auf, wurden nahezu seine ausschließliche Form. Die nachtridentinische Kirche war antiprotestantisch und wurde gegenreformatorisch. Theologische Richtungen, die im Mittelalter unangefochten geblieben waren, hatten es schwer, sich zu behaupten (wie der Augustinismus); Gratian und die ältere Kanonistik verloren ihre Bedeutung; das historische Bild der Kirche, das aus dem Aufblühen der Väterstudien und der Kirchengeschichte hätte gewonnen werden können, wurde nicht wirksam. Wie die Liturgie in ihrer nachtridentinischen Form zur Rubrizistik erstarrte, so wurde das Recht der Kirche formalistisch — und blieb es durch drei volle Jahrhunderte. Ist man deshalb berechtigt, die „tridentinische Epoche" der Kirchengeschichte oder die „Gegenreformation" bis ins 19. Jh. oder gar bis in die Gegenwart auszudehnen?

Es soll nicht bestritten werden, daß gewisse Züge der nachtridentinischen Kirche: ihre antiprotestantische Ausrichtung in Lehre und Frömmigkeit, ihr Zentralismus und Formalismus, über die von uns bezeichnete Zeitgrenze, die Mitte des 17. Jh., hinaus wirksam geblieben sind. Dennoch ist es irreführend und versperrt die Einsicht in die wirklichen historischen Vorgänge, von der Sicht der Gegenwart her, vom Ökumenismus und der Weltoffenheit des Zweiten Vatikanischen Konzils aus, die seit dem Tridentinum vergangenen Jahrhunderte unter diesen *einen* Gesichtspunkt zu stellen und beispielsweise den Einfluß der Aufklärung und der großen Umwälzungen seit der Französischen Revolution zu bagatellisieren. Nicht weniger einseitig ist es, wie unsere Darstellung gezeigt hat, die Kirchenspaltung *nur* als Tragödie aufzufassen und die Vertiefung und Aktivierung des religiösen Lebens zu übersehen, die sie zur Folge gehabt, den Reichtum an Werten, der in der Katholischen Reform, in neuen und alten Orden, in Askese und Mystik, Frömmigkeit und Kunst, in der missionarischen Expansion über drei Kontinente zutage tritt. In der harten Schale, die sich bildete, war ein kostbarer Kern verborgen, ein spezifischer, unverwechselbarer, nur in diesem Zeitalter anzutreffender Kern. Ihn als wertlos wegzuwerfen, sich nicht daran zu erinnern, daß jede Zeit der Kirchengeschichte unmittelbar vor Gott steht, ist unhistorisch und überheblich: unhistorisch, weil man die der pilgernden Kirche gesetzten Grenzen und Möglichkeiten nicht sieht, überheblich, weil man vergißt, daß auch wir nicht das Vollkommene besitzen, vielmehr es erwarten — und erst dann über die Maßstäbe verfügen, um gerecht zu urteilen.

NACHTRÄGE ZUR BIBLIOGRAPHIE

ERSTER TEIL

Darstellungen des Zeitalters der Reformation

Handbuch der Europäischen Geschichte III: Die Entstehung des neuzeitlichen Europa. Hrsg. v. *J. Engel* (Stuttgart 1971); *St. Skalweit,* Reich und Reformation (Berlin 1967). *H. J. Hillerbrand* (Hrsg.), Brennpunkte der Reformation. Zeitgenössische Texte und Bilder (Göttingen 1967); *J. Delumeau,* Naissance et affirmation de la Réforme (Paris 1968); *J. Lortz - E. Iserloh,* Kleine Reformationsgeschichte (Freiburg ²1971); *R. Stupperich,* Die Reformation in Deutschland (München 1972); *R. Kottje - B. Moeller* (Hrsg.), Ökumenische Kirchengeschichte II (Mainz 1973); *K. Kupisch,* Kirchengeschichte III: Politik und Konfession. Die Reformation in Deutschland (Stuttgart 1974); *A. Laube, M. Steinmetz, G. Vogler,* Illustrierte Geschichte der deutschen frühbürgerlichen Revolution (Berlin/DDR 1974).

1. Kapitel: H. Oberman, Forerunners of the Reformation (New York 1960); *A. Schroer,* Die Kirche in Westfalen vor der Reformation (Münster 1967); *R. Bäumer,* Nachwirkungen des konziliaren Gedankens in der Theologie und Kanonistik des frühen 16. Jahrhunderts (Münster 1971).

2. Kapitel:* 1. *R. Friedenthal,* Luther (München 1967); *G. Zschäbitz,* Martin Luther. Größe und Grenze I (1483—1526) (Berlin 1967); *R. Garcia-Villoslada,* Martin Lutero, 2 Bde (Madrid 1973); *G. Ebeling,* Luther (Tübingen ²1974). — 2. *P. Hacker,* Das Ich im Glauben bei M. Luther (Graz 1966); *F. Gogarten,* Luthers Theologie (Tübingen 1967); *W. Joest,* Ontologie der Person bei Luther (Göttingen 1967); *O. H. Pesch,* Die Theologie der Rechtfertigung bei M. Luther und Thomas v. A. (Mainz 1967); *J. Wicks,* Man yearning for grace. Luther's early spiritual teaching (Wiesbaden 1969); *R. Damerau,* Die Demut in der Theologie Luthers (Gießen 1970); *G. Ebeling,* Lutherstudien Bd. I (Tübingen 1971); *K. H. Zur Mühlen,* Nos extra nos. Luthers Theologie zwischen Mystik und Scholastik (Tübingen 1972); *E. Iserloh,* Luther und die Reformation. Beiträge zu einem ökumenischen Lutherverständnis (Aschaffenburg 1974). — 3. *P. Manns,* Lutherforschung heute (Wiesbaden 1967); *H. G. Koch,* Luthers Reformation in kommunistischer Sicht (Stuttgart 1967); *R. Wohlfeil* (Hrsg.), Reformation oder frühbürgerliche Revolution? (München 1972); *A. Friesen,* Reformation and utopia. The Marxist interpretation of the Reformation and its antecedents (Wiesbaden 1974); *M. Bogdahn,* Die Rechtfertigungslehre Luthers im Urteil der neueren katholischen Theologie. Möglichkeiten und Tendenzen der katholischen Lutherdeutung in evangelischer Sicht (Göttingen 1971). — 4. *R. Stauffer,* Die Entdeckung Luthers im Katholizismus (Zürich 1968); *W. Beyna,* Das moderne katholische Lutherbild (Essen 1969); *G. Ph. Wolf,* Das neuere französische Lutherbild (Wiesbaden 1974); *K. Aland,*

* Die fortlaufende Zählung in diesem Kapitel entspricht der Gliederung der Literatur zu Kap. 2 (Seite 11 ff).

Martin Luther in der modernen Literatur (Witten 1973); *H. Jedin - R. Bäumer,* Die Erforschung der kirchlichen Reformationsgeschichte (Darmstadt 1975). — 5. *A. Zumkeller,* Martin Luther und sein Orden: AA 25 (1962) 254—290; *A. Kunzelmann,* Geschichte der deutschen Augustiner-Eremiten. Teil V: Die sächsisch-thüringische Provinz und die sächsische Reformkongregation bis zum Untergang der beiden (Würzburg 1974). — 6. *E. Kleineidam,* Universitas studii Erfordiensis (Leipzig 1964); *E. Iserloh,* Sacramentum et exemplum. Ein augustinisches Thema lutherischer Theologie: Reformata I (Münster 1965) 247—264; *G. Baring,* Luther und die „Theologia Deutsch" in der neuesten Forschung: ThZ XXIII (1967) 48—62; *St. E. Ozment,* Homo viator: Luther and late medieval theology Harv. ThR 62 (1969) 275—287; *H. Hilgenfeld,* Mittelalterlich-traditionelle Elemente in Luthers Abendmahlschriften (Zürich 1971); *K. H. Zur Mühlen,* Zur Rezeption der Augustinischen Sakramentsformel „Accedit verbum ad elementum, et fit sacramentum" in der Theologie Luthers: ZThK 70 (1973) 50—76. — 7. *H. Vossberg,* Im heiligen Rom. Luthers Reiseeindrücke 1510—1511 (Berlin 1966). — 8. *J. Vercruysse,* Fidelis Populus (Wiesbaden 1968); *S. H. Hendrix,* Ecclesia in via. Ecclesiological development in the medieval Psalms exegesis and the Dictata super Psalterium (1513—1515) of Martin Luther (Leiden 1974). — 9. *D. Demmer,* Lutherus interpres. Der theologische Neuansatz in seiner Römerbriefexegese unter besonderer Berücksichtigung Augustins (Witten 1968); *E. Plutta - Messerschmidt,* Gerechtigkeit Gottes bei Paulus. Eine Studie zu Luthers Auslegung von Römer 3, 5 (Tübingen 1973). — 11. *H. Feld,* Martin Luther und Wendelin Steinbachs Vorlesungen über den Hebräerbrief (Wiesbaden 1971). — 12. *B. Lohse* (Hrsg.), Der Durchbruch der reformatorischen Erkenntnis bei Luther (Darmstadt 1968); *O. Modalski,* Luthers Turmerlebnis 1515: StTh XXII (1968) 51—91; *R. Schäfer,* Zur Datierung von Luthers reformatorischer Erkenntnis: ZThK 66 (1969) 151—170; *O. Bayer,* Die reformatorische Wende in Luthers Theologie: ZThK 66 (1969) 115—150; *ders.,* Promissio. Geschichte der reformatorischen Wende in Luthers Theologie (Göttingen 1971); *A. Franzen* (Hrsg.), Um Reform und Reformation. Zur Frage nach dem Wesen des „Reformatorischen" bei Martin Luther (Münster [2]1972).

3. Kapitel: K. V. Selge, Normen der Christenheit im Streit um Ablaß und Kirchenautorität (Diss. theol. habil. Heidelberg 1968); *R. Bäumer,* Die Diskussion um Luthers Thesenanschlag: *A. Franzen* (Hrsg.), Um Reform und Reformation (Münster 1968) 53—95.

4. Kapitel: G. Hennig, Cajetan und Luther (Stuttgart 1966); *G. Müller,* Die römische Kurie und die Anfänge der Reformation: ZRGG XIX (1967) 1—32; *U. Mauser,* Der junge Luther und die Häresie (Gütersloh 1968); *W. Borth,* Die Luthersache (Causa Lutheri) 1517—24 (Lübeck 1970); *R. Bäumer,* Martin Luther und der Papst (Münster [2]1971); *ders.* (Hrsg.), Lutherprozeß und Lutherbann. Vorgeschichte, Ergebnis, Nachwirkung (Münster 1972); *E. Iserloh,* Aufhebung des Lutherbannes?; *R. Bäumer* (Hrsg.), Lutherprozeß und Lutherbann (Münster 1972) 69—80; *D. Oliver,* Der Fall Luthers. Geschichte einer Verurteilung 1517—1521 (Stuttgart 1972); *W. Delius,* Der Augustinerorden im Prozeß Luthers: ARG 63 (1972) 22—42.

5. Kapitel: F. Mann, Das Abendmahl beim jungen Luther (München 1971).

6. Kapitel: E. W. Kohls, Luthers Entscheidung in Worms (Stuttgart 1970); *F. Reuter* (Hrsg.), Der Wormser Reichstag von 1521. Reichspolitik und Luthersache (Worms 1971); *H. Steitz,* Martin Luther auf dem Reichstag zu Worms 1521 (Frankfurt a. M. 1971); *E. W. Kohls,* Die Deutungen des Verhaltens Luthers in Worms innerhalb der neueren Historiographie: ARG 63 (1972) 43—71; *F. T. Bos,* Luther in het orded van de Sorbonne (Amsterdam 1974).

7. Kapitel: C. F. Wiesløff, Abendmahl und Messe. Die Kritik Luthers am Meßopfer (Berlin 1969); *F. Pratzner,* Messe und Kreuzesopfer. Die Krise der sakramentalen Idee bei Luther und in der mittelalterlichen Scholastik (Wien 1970); *J. Rogge,* Gratia und donum in Luthers Schrift gegen Latomus. Theolog. Versuche Bd. II (Berlin 1970); *E. Iserloh,* Gratia und Donum, Rechtfertigung und Heiligung nach Luthers „Wider den Löwener Theologen Latomus" (1521): Catholica 24 (1970) 67–83.

8. Kapitel: W. Hammer, Die Melanchthonforschung im Wandel der Jahrhunderte, 2 Bde (Gütersloh 1966/68); *W. Maurer,* Der junge Melanchthon, 2 Bde (Göttingen 1967—69); *H. H. Holfelder,* Tentatio et consulatio. Studien zu Bugenhagens „Interpretatio in librum psalmorum" (Berlin 1974).

9. Kapitel: R. E. McNally, Pope Adrian VI. (1522—23) and church reform: AH Pont 7 (1969) 253—285; *K. H. Ducke,* Das Verständnis von Amt und Theologie im Briefwechsel zwischen Hadrian VI. und Erasmus von Rotterdam (Leipzig 1973).

11. Kapitel: R. J. Sider, Andreas Bodenstein von Karlstadt. The development of his thought 1517—1525 (Leiden 1974); *F. Kriechbaum,* Grundzüge der Theologie Karlstadts (Hamburg 1967); *G. Franz* (Hrsg.), Thomas Müntzer. Schriften und Briefe (Gütersloh 1968); *G. Wehr* (Hrsg.), Thomas Müntzer, Schriften und Briefe (Frankfurt 1973) [Lit.]; *M. Steinmetz,* Das Müntzerbild von M. Luther bis Friedrich Engels (Berlin 1971); *Th. Nipperdey,* Theologie u. Revolution bei Th. Müntzer: ARG 54 (1963) 145—181; *P. Wappler,* Müntzer in Zwickau und die Zwickauer Propheten (Zwickau 1908, Neudruck Gütersloh 1966); *M. Bensing,* Thomas Müntzer und der Thüringer Aufstand 1525 (O.-Berlin 1966); *H.-J. Goertz,* Innere und äußere Ordnung in der Theologie Th. Müntzers (Leiden 1967); *E. W. Gritsch,* Reformer without a church. The Life and thought of Thomas Muentzer (1488—1525) (Philadelphia 1967); *G. Goldbach,* Hans Denck und Thomas Müntzer (Diss. theol. Hamburg 1969); *E. Iserloh,* Revolution bei Thomas Müntzer. Durchsetzung des Reiches Gottes oder soziale Aktion: H. J. 92 (1972) 282—299; G. Wehr, Thomas Müntzer in Selbstzeugnissen und Bilddokumenten (Reinbek 1972); *K. Ebert,* Theologie und politisches Handeln. Thomas Müntzer als Modell (Stuttgart 1973); *H. J. Goertz,* Der Mystiker mit dem Hammer. Die theologische Begründung der Revolution bei Thomas Müntzer: KuD 20 (1974) 23—53; *W. Elliger,* Thomas Müntzer. Leben und Werk (Göttingen 1975).

12. Kapitel: A. Waas, Die Bauern im Kampf um Gerechtigkeit 1300—1525 (München 1964); *H. Angermeier,* Die Vorstellung des gemeinen Mannes von Staat und Reich im deutschen Bauernkrieg: VSWG 53 (1966) 329—343; *A. Franke* (Hrsg.), Das Buch der hundert Kapitel und der vierzig Statuten des sog. oberrheinischen Revolutionärs. Historische Analysen v. G. Zschäbitz (Berlin 1967); *H. Buszello,* Der dt. Bauernkrieg von 1525 als politische Bewegung (Berlin 1969); *K. Kaczerowsky* (Hrsg.), Flugschriften des Bauernkrieges (Reinbek 1970); *D. W. Sabean,* Landbesitz und Gesellschaft am Vorabend des Bauernkrieges (Stuttgart 1972); *H. Vahle,* Der dt. Bauernkrieg als politische Bewegung im Urteil der Geschichtsschreibung: GWU 23 (1972) 257—277; *R. Endres,* Der Bauernkrieg in Franken: BDLG 109 (1973) 31—68; *P. Blickle,* Landschaften im Alten Reich (München 1973); *ders.,* Die Revolution von 1525 (München 1975); *M. Brecht,* Der theologische Hintergrund der zwölf Artikel der Bauernschaft in Schwaben von 1525: ZKG 85 (1974) 174—208; *R. Wohlfeil* (Hrsg.), Der Bauernkrieg 1524—1526. Bauernkrieg und Reformation (München 1975); *W. Lenk* (Hrsg.), Dokumente aus dem dt. Bauernkrieg (Leipzig 1974) [Lit.]; *G. Seebaß,* Bauernkrieg und Täufertum in Franken: ZKG 85 (1974) 284—300; *W. Becker,* Reformation und Revolution (Münster 1974); *M. Bensing - S. Hoyer,* Der deutsche Bauernkrieg 1524—1526 (Berlin [3]1975); *G. Heitz, A. Laube, M. Steinmetz,*

G. Vogler (Hrsg.), Der Bauer im Klassenkampf (Berlin 1975); *M. Kabusch - E. Müller,* Der deutsche Bauernkrieg in Dokumenten (Weimar 1975); Flugschriften der Bauernkriegszeit, bearbeitet v. *Christel Laufer* u. a. (Berlin 1975).

13. Kapitel: Lewis W. Spitz, The Renaissance and Reformation movements (Chicago 1971); *W. P. Eckert,* Erasmus von Rotterdam: Werk und Wirkung. II: Humanismus und Reformation (Köln 1967); *H. J. McSorley,* Luthers Lehre vom unfreien Willen (München 1967); *R. D. Jones,* Erasmus and Luther (Oxford 1968); Colloquia Erasmiana Turonensia. Vol I.II. Douzième stage international d'études humanistes (Tours 1969); *G. Faludy,* Erasmus of Rotterdam (London 1970); *R. H. Bainton,* Erasmus. Reformer zwischen den Fronten (Göttingen 1972); *A. G. Dickens,* The age of Humanism and Reformation. Europe in the fourteenth, fifteenth and sixteenth centuries (Englewood Cliffs N. J. 1972); *M. Hoffmann,* Erkenntnis und Verwirklichung der wahren Theologie nach Erasmus von Rotterdam (Tübingen 1972); *A. Rabil jr,* Erasmus and the New Testament. The mind of a christian humanist (San Antonio/Texas 1972); *H. Holeczek,* Die Haltung des Erasmus zu Luther nach dem Scheitern seiner Vermittlungspolitik 1520/21: ARG 64 (1973) 85—112; *G. B. Winkler,* Erasmus von Rotterdam und die Einleitungsschriften zum NT (Münster 1974); *W. Hentze,* Kirche und kirchliche Einheit bei Desiderius Erasmus von Rotterdam (Paderborn 1974); *M. Brod,* Johannes Reuchlin und sein Kampf (Stuttgart 1965); *L. Borinski,* Englischer Humanismus und deutsche Reformation (Göttingen 1969); Willibald Pirckheimer 1470—1970, Dokumente, Studien, Perspektiven. Hrsg. vom W.-Pirckheimer-Kuratorium (Nürnberg 1970); *W. P. Eckert - Eh. v. Imhoff,* W. Pirckheimer, Dürers Freund, im Spiegel seines Lebens, seiner Werke und seiner Umwelt (Köln 1971).

14. Kapitel: F. Büsser, Das katholische Zwinglibild (Zürich 1968); *U. Gräbler,* Die Zwingli-Forschung seit 1960: ThLZ 96 (1971) 481—490; *R. Pfister,* Kirchengeschichte der Schweiz II: Von der Reformation bis zum zweiten Villmerger Krieg (Zürich 1974); *J. Courvoisier,* Zwingli als reformierter Theologe (Neukirchen 1966); *R. C. Walton,* Zwingli's Theocraty (Toronto 1967); *R. Hauswirth,* Landgraf Philipp v. Hessen und Zwingli (Tübingen 1968); *M. Haas,* Huldrych Zwingli und seine Zeit. Leben und Werk des Zürcher Reformators (Zürich 1969); *G. W. Locher,* Huldrych Zwingli in neuer Sicht (Zürich 1969); *K. Maeder,* Die Via Media in der Schweizerischen Reformation (Zürich 1970); *W. Jacob,* Politische Führungsschicht und Reformation. Untersuchungen zur Reformation in Zürich 1519—1528. (Zürich 1970); *O. Scheib,* Die theologischen Diskussionen Huldrych Zwinglis. In: Von Konstanz nach Trient, hrsg. v. *R. Bäumer* (München 1972) 395—417.

15. Kapitel: Quellen z. Geschichte der Täufer: Bd. 11. Österreich I, hrsg. v. *G. Mecenseffy* (Gütersloh 1964); Bd. 12, Glaubenszeugnisse oberdeutscher Taufgesinnter, hrsg. v. *R. Friedmann* (Gütersloh 1967); Bd. 13, Österreich II, hrsg. v. *G. Mecenseffy; R. Friedmann* (Hrsg.), Die Schriften der Huterischen Täufergemeinschaften (Graz 1965); *H. G. Williams,* The Radical Reformation (Philadelphia 1962); *R. Friedmann,* Das täuferische Glaubensgut: ARG 55 (1964) 145—161); *C. P. Clasen,* Die Wiedertäufer im Herzogtum Württemberg (Stuttgart 1965); *ders.,* Anabaptism. A Social History 1525—1618 (London 1972); *F. H. Littel,* Das Selbstverständnis der Täufer (Kassel 1966); *W. Schäufele,* Das missionarische Bewußtsein und Wirken der Täufer (Neukirchen 1966); *J. H. Yoder,* Täufertum und Reformation im Gespräch (Zürich 1968); *C. Krahn,* Dutch Anabaptism (1450—1600) (Den Haag 1968); *H. D. Schmid,* Das Hutsche Täufertum: HJ 99 (1971) 327—344; *H. D. Plümper,* Die Gütergemeinschaft bei den Täufern des 16. Jahrhunderts (Göppingen 1972); *E. Geldbach,* Toward a more ample biography of the Hessian Anabaptist leader Melchior Rinck: MQR 48 (1974) 371—384; *G. H. Williams,* German mysticism in the polarization of ethical behavior in Luther and the Anabaptists: MQR 48 (1974) 275—304; *R. v. Dülmen*

(Hrsg.), Das Täuferreich zu Münster 1534—1535 (München 1974) [Lit.]; *R. Stupperich* (Hrsg.), Die Schriften Bernhard Rothmanns (Münster 1970); *J. W. Porter*, Bernhard Rothmann (1495—1535) (Diss. Wisconsin 1964); *G. Brendler*, Das Täuferreich zu Münster 1534/35 (O-Berlin 1966); *O. Rammstedt*, Sekte und soziale Bewegung (Köln 1966); *K. H. Kirchhoff*, Die Täufer in Münster 1534/35 (Münster 1973); *G. List*, Chiliastische Utopie und radikale Reformation (München 1973); *C. Bornhäuser*, Leben und Lehre Menno Simons': ein Kampf um das Fundament des Glaubens (etwa 1469—1561) (Neukirchen-Vluyn 1973); *M. Barbers*, Toleranz bei Sebastian Franck (Bonn 1964); *H. Weigelt*, Sebastian Frank und die lutherische Reformation (Gütersloh 1972); *E. W. Gerdes*, Pietistisches bei Kaspar v. Schwenckfeld: Miscellanea historiae ecclesiasticae (Löwen 1967) 105—137.

16. Kapitel: J. Lortz, Wert und Grenzen der katholischen Kontroverstheologie: *A. Franzen* (Hrsg.), Um Reform und Reformation (Münster 1968) 9—32; *F.-J. Kötter*, Die Eucharistielehre in den katholischen Katechismen des 16. Jahrhundert (Münster 1969); *P. Fraenkel*, John Eck's Enchiridion of 1525 and Luther's earliest arguments against papal primacy: StTh 21 (1967) 110—163; *ders.*, Johann Eck und Sir Thomas More 1525 bis 1526. In: Von Konstanz nach Trient. Hrsg. v. *R. Bäumer* (München 1972) 519—545; *K. Rischar*, Johann Eck auf dem Reichstag zu Augsburg 1530 (Münster 1968); *H. A. Oberman*, Wittenbergs Zweifrontenkrieg gegen Prierias und Eck: ZKG 80 (1969) 331—358; *G. Epiney-Burgard*, Jean Eck et le commentaire de la Théologie mystique du Pseudo-Denys. Bibliothèque d'Humanisme et Renaissance 34 (1972) 7—29; *E. Iserloh*, Die Verteidigung der Bilder durch Johannes Eck zu Beginn des reformatorischen Bildersturms: Aus Reformation und Gegenreformation, Würzburger Diözesan-Geschichtsblätter 35/36 (1974) 75—85; *J. Beumer*, Friedrich Nausea und seine Wirksamkeit zu Frankfurt, auf den Colloquien zu Hagenau und Worms und auf dem Trienter Konzil: ZKTh 94 (1972) 29—45; *R. Bäumer*, Das Kirchenverständnis Albert Pigges: Volk Gottes (Freiburg 1967) 306—322; *J. Rouchausse*, La vie et l'œuvre de John Fisher, évêque de Rochester, 1496—1535 (Nieuwkoop-Angers 1972); *E. Surtz SJ*, The works and days of John Fisher. An introduction to the position of St. John Fisher (1496—1535), bishop of Rochester, in the English Renaissance and the Reformation (Cambridge/Mass. 1967); *J. Rouchausse* (Hrsg.), Erasmus and Fisher. Their correspondence, 1511—1524 (Paris 1968); *A. Bodem*, Das Wesen der Kirche nach Kardinal Cajetan. Ein Beitrag zur Ekklesiologie im Zeitalter der Reformation (Trier 1971); *M. W. Anderson*, Thomas Cajetan's scientia Christi: ThZ 26 (1970) 99—108; *J. P. Massaut*, Josse Clichtove: l'humanisme et la réforme du clergé (1472—1520), 2 Bde (Paris 1969); *G. Chaintraine SJ*, Josse Clichtove: témoin théologien de l'humanisme parisien. Scolastique et célibat au XVIe s.: RHE 66 (1971) 507—528; *R. Braunisch*, Die Theologie der Rechtfertigung im „Enchiridion" (1538) des Johannes Gropper (Münster 1974); *O. Müller*, Bischof J. Pflug von Naumburg-Zeitz in seinem Bemühen um die Einheit der Kirche. Beiträge z. Gesch. des Erzb. Magdeburg (Leipzig 1968) 155—178; *Julius Pflug*, Correspondence, ed. *J. V. Pollet*, bisher 2 Bde. (Leiden 1969/1973); *J. V. Pollet*, Gropper und J. Pflug nach ihrer Korrespondenz: Paderbornensis Ecclesia (Paderborn 1972) 223 bis 244; *W. Kaliner*, J. Pflugs Verhältnis zur „Christlichen Lehre" des Johann v. Maltitz (Leipzig 1972).

Thomas Murner, Werke: Dt. Schr., ed *F. Schultz*, 9 Bde (Straßburg - Berlin 1918 bis 1928); Des alten christl. Bären Testament, ed. *M. Scherrer:* Anzeiger für schweizer. Gesch. 50 (Bern 1919) 6—38; Des jungen Bären Zahnweh, ed. *J. Lefftz:* AElsKG 1 (1926) 141—167; Purgatio vulgaris, ed. *ders.:* AElsKG 3 (1928) 97—114; Die gottesheilige Messe, ed. *W. Pfeiffer-Belli* (Halle 1928); M. im Schweizer Glaubenskampf, ed. *ders.* (Münster 1939); De immaculata Virginis conceptione, eine unvollendete Jugendschr., ed. *F. Landmann:* AElsKG 15 (1941—42) 73—128. — Lit.: *Th. v. Liebenau*, Der Franziskaner

Dr. Th. M. (Freiburg 1913); *J. Lefftz,* Die volkstüml. Stilelemente in M.s Satiren (Straßburg 1915); *E. Fuchs,* M.s Belesenheit, Bildungsgang u. Wissen: FStud 9 (1922) 70—79; *P. Scherrer,* M.s Verhältnis z. Humanismus (Basel 1929); *F. Landmann,* M. als Prediger: AElsKG 10 (1935) 295—368; *M. Sondheim,* M. als Astrolog (Straßburg 1938); *R. Newald,* Wandlungen des M.bildes: Beitr. z. Geistes- u. Kulturgesch. der Oberrheinlande, hrsg. v. *H. Gumbel* (Fr 1938) 40—78; *ders.,* Elsässische Charakterköpfe aus dem Zeitalter des Humanismus (Colmar 1944) III—185; *A. Erler,* M. als Jurist (Freiburg 1956).
P. L. Nyhus, Caspar Schatzgeyer and Conrad Pellican: The triumph of dissension in the early sixteenth century: ARG 61 (1970) 179—204; *J. Beumer,* Erasmus v. Rotterdam und G. Witzel: Cath 22 (1968) 41—67; *G. Scholz,* Die Aufzeichnungen des Hildesheimer Dechanten Johan Oldecop (1493—1574). Reformation und katholische Kirche im Spiegel von Chroniken des 16. Jahrhunderts (Münster 1972).

17. Kapitel: E. Fabian (Hrsg.), Quellen zur Gesch. der Reformationshindernisse und der Konstanzer Reformationsprozesse 1529—1548 (Tübingen 1967); *O. Scheib,* Die Reformationsdiskussionen in der Hansestadt Hamburg 1522—28 (Münster 1975).

18. Kapitel: H. Kunst (Hrsg.). Martin Luther und die Kirche (Stuttgart 1971); *H. W. Krumwiede,* Zur Entstehung des landesherrlichen Kirchenregiments in Kursachsen und Braunschweig-Wolfenbüttel (Göttingen 1967); *H. H. Schrey* (Hrsg.), Reich Gottes und Welt. Die Lehre Luthers von den zwei Reichen (Darmstadt 1969); *U. Duchrow,* Christenheit und Weltverantwortung. Traditionsgeschichte und syst. Struktur der Zwei-Reiche-Lehre (Stuttgart 1970); *A. Hakamies,* Eigengesetzlichkeit der natürlichen Ordnungen als Grundproblem der neueren Lutherdeutung. Studien zur Geschichte der Problematik der Zwei-Reiche-Lehre Luthers (Witten 1971); *G. Ruhbach* (Hrsg.), Die Vorstellung von zwei Reichen und Regimentern bis Luther (Gütersloh 1972); *G. Wolf,* Luther und die Obrigkeit (Darmstadt 1972); *R. Ohlig,* Die Zwei-Reiche-Lehre Luthers in der Auslegung der deutschen lutherischen Theologie der Gegenwart seit 1945 (Diss. theol. Münster 1974); *J. Haun* (Hrsg.), Zur Zwei-Reiche-Lehre Luthers (Lit.) (München 1973); *K. Trüdinger,* Luthers Briefe und Gutachten an weltliche Obrigkeiten zur Durchführung der Reformation (Münster 1975); *J. Aarts,* Die Lehre Martin Luthers über das Amt in der Kirche. Eine genetisch-systematische Untersuchung seiner Schriften von 1512 bis 1525 (Hämeenliena - Helsinki 1972); *P. Manns,* Amt und Eucharistie in der Theologie Martin Luthers. In: Amt und Eucharistie. Mit Beitr. v. P. Bläser u. a. (Paderborn 1973) 68—173; *W. Stein,* Das kirchliche Amt bei Luther (Wiesbaden 1974).

19. Kapitel: P. Johannsen, Gedruckte deutsche und undeutsche Messen für Riga: Zschr. f. Ostforschung 8 (1959) 523—532; *E. W. Kohls* (Hrsg.), Evangelische Katechismen der Reformationszeit vor und neben Martin Luthers Kleinem Katechismus (Gütersloh 1971).

20. Kapitel: G. Müller, Die römische Kurie und die Reformation 1523—1534. Kirche und Politik während des Pontifikats Clemens VII. (Gütersloh 1969).

21. Kapitel: G. Mog (Hrsg.), Das Marburger Religionsgespräch (Gütersloh 1970); *S. Hausmann,* Römerbriefauslegung zwischen Humanismus und Reformation (Zürich 1970); *Heinrich Bullinger,* Werke. Zweite Abteilung. Briefwechsel. Bd 1 Brr. der Jahre 1524 bis 1531. Bearb. v. Ulrich *Gäbler* u. Endre Zsindely (Zürich 1973); *J. Staedtke,* Beschreibendes Verzeichnis der gedruckten Werke von Heinrich Bullinger (Zürich 1972); Ph. Melanchthon, Apologia Confessionis Augustanae. Übers. u. hrsg. v. *H. G. Pöhlmann* (Gütersloh 1967).

22. Kapitel: W. Günther, Martin Luther und die Reichsverfassung (Diss. phil. masch. Freiburg 1972); *W. Maurer,* Zur Entstehung und Textgeschichte der Schwabacher Artikel: Theologie in Geschichte und Kunst. Walter Elliger zum 65. Geburtstag (Witten 1968) 134 bis 151; *K. Rischar,* Johann Eck auf dem Reichstag zu Augsburg (Münster 1968); *W. Maurer,* Erwägungen und Verhandlungen über die geistliche Jurisdiktion der Bischöfe vor und während des Augsburger Reichstags von 1530: ZSavRGkan 55 (1969) 348—394; *L. Grane,* Die Confessio Augustana (Wiesbaden 1970); *G. Müller,* Kardinal Lorenzo Campeggio, die römische Kurie und der Augsburger Reichstag von 1530: NAKG 52 (1972) 133—152; *E. Honée,* Die theologische Diskussion über den Laienkelch auf dem Augsburger Reichstag 1530. Versuch einer historischen Rekonstruktion: NAKG 52 (1972) 1—96; *H. Immenkötter,* Um die Einheit im Glauben (Münster [2]1974); *M. Bucer,* Opera omnia. Ser. I: Deutsche Schriften. Bd. 3: Confessio Tetrapolitana und die Schriften des Jahres 1531. Hrsg. v. *R. Stupperich* (Gütersloh 1969); *A. Engelbrecht,* „Abconterfeytung Martin Butzers" (1546), hrsg. v. *W. Bellardi* (Münster 1974): CCath 31; *E. W. Kohls,* Martin Bucers Katechismus vom Jahre 1534 und seine Stellung innerhalb der Katechismusgeschichte: ZBKG 39 (1970) 83—94; *W. P. Steffens,* The Holy Spirit in the theology of Martin Bucer (Cambridge 1970).

23. Kapitel: H. Scheible (Hrsg.), Das Widerstandsrecht als Problem der deutschen Protestanten 1523—1546 (Lit.) (Gütersloh 1969); *W. v. Loewenich,* Duplex iustitia. Luthers Stellung zu einer Unionsformel des 16. Jahrhunderts (Wiesbaden 1972); *P. Matheson,* Cardinal Contarini at Regensburg (Oxford 1972).

24. Kapitel: Hermann von Wied, Einfältiges Bedenken. Reformationsentwurf für das Erzstift Köln von 1543. Übers. u. hrsg. v. *H. Gerhards* u. *W. Borth* (Düsseldorf 1972); *A. Franzen,* Bischof und Reformation. Erzb. Hermann v. Wied in Köln (Münster [2]1972); *ders.,* Zur Vorgeschichte des Reformationsversuchs des Kölner Erzbischofs Hermann von Wied: HJ 88 (1968) 300—324; *ders.,* Hermann von Wied, Kurfürst und Erzbischof von Köln: Der Reichstag zu Worms von 1521 (Worms 1971) 297—315; *H. Buck - E. Fabian,* Konstanzer Reformationsgeschichte in ihren Grundzügen (Tübingen 1965); *H. C. Rublack,* Die Einführung der Reformation in Konstanz von den Anfängen bis zum Abschluß 1531 (Gütersloh 1971); *B. Caspar,* Das Erzbistum Trier im Zeitalter der Glaubensspaltung (Münster 1966); *M. M. Chrisman,* Strasbourg and the reform (New York 1967); *H. Stratenwerth,* Die Reformation in der Stadt Osnabrück (Wiesbaden 1971); *J. Vögeli* (Hrsg.), Schriften zur Reformation in Konstanz. 1519—1538 (Tübingen 1973); Interim: Acta Reformationis Catholicae IV (Regensburg 1974) 255—348; *J. Mehlhausen* (Hrsg.), Das Augsburger Interim von 1548. Nach den Reichstagsakten deutsch und lateinisch herausgegeben (Neukirchen 1970); *H. Jedin,* Interim statt Konzil: Gesch. d. Konzils v. Trient III (Freiburg 1970) 197—215; *H. Rabe,* Reichsbund und Interim. Die Verfassung und Religionspolitik Karls V. und der Reichstag von Augsburg 1547/1548 (Köln 1971); *M. Stupperich,* Das Augsburger Interim als apokalyptisches Geschehnis nach den Königsberger Schriften Andreas Osianders: ARG 64 (1973) 225—245; *W. Bellardi,* Bucers „Summarischer Vergriff" und das Interim in Straßburg: ZKG 85 (1974) 64—76.

26. Kapitel: Ausgewählte Quellen zur Kirchengeschichte Ostmitteleuropas, hrsg. v. Ostkirchenausschuß Hannover (Ulm 1959); *B. Geissler* u. *G. Stöckl,* in: Oriente Crux. Versuch einer Geschichte der reformatorischen Kirchen im Raum zwischen der Ostsee und dem Schwarzen Meer (Stuttgart 1963); *K. Juhasz,* Das Tschanad-Temesvarer Bistum im Spätmittelalter 1307—1572 (München - Paderborn 1964); *P. Kawerau,* Die Reformation in Ost- und Südosteuropa: Reformation u. Gegenwart, hrsg. v. *H. Graß* (Marburg 1968); *C. Bonorand,* Joachim Vadians Beziehung zu Ungarn: Zwingli 13 (1969) 97—131; *D. Cac-*

camo, Eretici italiani in Moravia, Polonia, Transilvania (1558—1611) (Florenz 1970); *U. Arnold,* Luther u. Danzig (Lit.): Zschr. f. Ostforschung 21 (1972) 94—121.

27. *Kapitel: Ph. Hughes,* Theology of the English reformers (London 1965); *W. P. Haugaard,* Elizabeth and the English reformation (London 1968); *J. Ridley,* John Knox (London 1968).

28. *Kapitel: E. O. Reichert,* In tanta ecclesiarum mestitia: ZKG 78 (1967) 253—270; Andreas Osiander d. Ä. Gesamtausgabe Bd 1. Schriften und Briefe 1522 bis März 1525. In Zusammenarbeit mit Gottfried Seebaß, hrsg. v. Gerhard Müller (Gütersloh 1975); *G. Seebaß,* Bibliographia Osiandrica (Nieuwkoop 1971); *G. Seebaß,* Das reformatorische Werk des A. Osiander (Nürnberg 1967).

29. *Kapitel: R. Stauffer,* Calvins Menschlichkeit (Zürich 1964); *J. I. Packer,* Calvin the theologian: Courtenay studies in Reformation theology I (Abingdon 1966) 149—175; *Fr. Wendel,* Calvin. Ursprung und Entwicklung seiner Theologie (Neukirchen 1968); *A. Ganoczy,* Ecclesia ministrans. Dienende Kirche und kirchlicher Dienst bei Calvin (Freiburg 1968); *D. Schellong,* Das Evangelische Gesetz in der Auslegung Calvins (München 1968); *J. Staedtke,* Johannes Calvin (Göttingen 1969); *D. Schellong,* Calvins Auslegung der synoptischen Evangelien (München 1969); *J. Cadier,* La conversion de Calvin: BullSocHistPrFr 116 (1970) 142—151; *T. W. Casteel,* Calvin and Trent: HTR 63 (1970) 91 bis 117; *W. Neuser,* Calvin (Berlin 1971); *U. Schmidt,* (Hrsg.), Johannes Calvin und die Kirche. Ein Lesebuch (Stuttgart 1972); *T. Stadtland,* Rechtfertigung und Heiligung bei Calvin (Neukirchen 1972); *H. Schützeichel,* Die Christologie Calvins (München 1972); *ders.,* Die Glaubenstheologie Calvins (München 1972); *W. Bahlke,* Calvijn en de doperse radikalen (Amsterdam 1973); *J. Bratt* (Hrsg.), The heritage of John Calvin. Heritage Hall lectures 1960—1970 (Grand Rapids 1973); *U. Plath,* Calvin und Basel in den Jahren 1552 bis 1556 (Zürich 1974).

30. *Kapitel: K. J. Seidel,* Frankreich und die deutschen Protestanten (Münster 1970); *J. N. Bakhuizen van den Brink,* De Bartholomeusnacht: NAKG 54 (1973) 77—105; *J. Railt,* The eucharistic theology of Theodore Beza. Development of the reformed doctrine (Chambersburg, Penns. 1972); *O. de Jong,* Die Emder Generalsynode vor dem Hintergrund der westeuropäischen Reformationsgeschichte: Jb. d. Gesellsch. für Niedersächsische KG 68 (1970) 9—24; *W. Reinhard,* Die Reform in der Diözese Carpentras unter den Bischöfen J. Sadoleto, P. Sadoleto, J. Sacrati und F. Sadoleto 1517—1596 (Münster 1966); *C. A. Tucker,* De classis Dordrecht van 1573—1609 (Leiden 1965); *O. Press,* Calvinismus und Territorial-Staat. Regierung und Zentralbehörden der Kurpfalz 1559—1619 (Stuttgart 1970); *M. Schaab,* Die Wiederherstellung des Katholizismus in der Kurpfalz im XVII. und XVIII. Jh.: ZGObrh. 114 (1966) 147—205; *W. Hollweg,* Neue Untersuchungen zur Geschichte und Lehre des Heidelberger Katechismus, II (Neukirchen 1968); *G. Güldner,* Das Toleranz-Problem in den Niederlanden im Ausgang des 16. Jahrhunderts (Lübeck 1968); *H. J. Hillerbrand,* The Spread of the Protestant Reformation of the 16th Century: The South Atlantic Quarterly 47 (1968) 265—286; *H. Schilling,* Niederländische Exulanten im 16. Jahrhundert (Gütersloh 1972); *U. Beyer,* Abendmahl und Messe. Sinn und Recht der 80. Frage des Heidelberger Katechismus (Neukirchen 1965).

31. *Kapitel: E. Hassinger,* Religiöse Toleranz im 16. Jahrhundert (Basel 1966); *F. Schrader,* Die Visitationen der kath. Klöster im Erzbistum Magdeburg durch die evgl. Landesherren 1561—1651 (Münster 1969); *ders.,* Reformation und katholische Klöster (Leipzig 1973); *E. W. Zeeden* (Hrsg.), Gegenreformation (Darmstadt 1973); *H. J. Köhler,* Obrigkeitliche Konfessionsänderung in Kondominaten (Münster 1975).

ZWEITER TEIL

Grundbegriffe und Gesamtdarstellungen

Die von mir vorgeschlagene Unterscheidung der beiden Komponenten der kirchlichen Erneuerung im tridentinischen Zeitalter, der „Katholischen Reform" und der „Gegenreformation", hat in der Historiographie weithin, wenn auch nicht allgemein, Zustimmung gefunden; in der an das Vaticanum II anknüpfenden, zumal der ökumenischen Literatur spricht man jedoch meist nur einseitig vom jetzt eingetretenen „Ende der Gegenreformation". Annahme des Begriffes „Kath. Reform": *F. Molinari,* La Riforma cattolica: Scuola cattolica 97 (1969) 163 ff, Literaturbericht; *I. C. Olin,* The Catholic Reformation (New York 1969); *R. Garcia Villada - B. Llorca,* Historia de la Iglesia Católica III: Edad nueva. La Iglesia en la época del Rinacimiento y de la reforma católica, (Madrid ²1967); Sacramentum mundi II 1078 ff; Belege für die Kontinuität innerkirchlicher Reformbestrebungen bringt *M. Marcocchi,* La Riforma cattolica, Documenti e testimonianze, 2 Bde (Brescia 1970). Daß sowohl Luther wie Ignatius von Loyola und der tridentinische Katholizismus an das Erbe des Spätmittelalters anknüpfen, betont auch *F. Rapp,* L'Église et la vie religieuse en Occident à la fin du Moyen Âge (Paris 1971). Obwohl der Verfasser unserer Auffassung nahestand, ist in dem nachgelassenen Werk von *H. D. Evennett,* The Spirit of the Counter-Reformation, ed. I. Bossy (Cambridge 1968), „Gegenreformation" als Periodenbezeichnung beibehalten. Literaturbericht von *I. W. O'Malley,* Recent Studies in Church History 1300—1600; CHR 55 (1969) 394—437; die übersichtlichste Bibliographie im AHPont.

Erster Abschnitt: Ursprung und Durchbruch der Katholischen Reform bis 1563 (S. 451 ff)

Vorstufen in Italien und Spanien (S. 451 ff): *Italienische Reformbischöfe des 15. Jh.: L. Pesce,* Ludovico Barbo, vescovo di Treviso 1437—1443, 2 Bde (Padua 1969); *St. Orlandi,* S. Antonino. Studi bio-bibliografici, 2 Bde (Florenz 1960); *ders.,* Gli ultimi otto anni di episcopato di S. Antonino secondo il registro di entrata e uscita e molti altri documenti inediti: Memorie Domenicane NS 36 (1960) 169—248; *G. Dufner,* Antonio Bettini, Jesuat und Bischof von Foligno: RSTI 18 (1964) 399—428 (B., † 1487, persönlich fromm u. schriftstellerisch tätig, für die Reform der Diözese F. jedoch von geringer Bedeutung); *A. Prosperi,* Tra Evangelismo e Controriforma: G. M. Giberti, 1495—1543 (Rom 1969), die jetzt maßgebende Biographie des berühmten Reformbischofs; *V. Meneghini,* Due compagnie sul modello di quelle del Divino Amore fondate da Francescani a Feltre e Verona 1499/1503: AFH 62 (1969) 518—564; *N. H. Minnich,* Concepts of Reform proposed to the Fifth Lateran Council: AHPont 7 (1969) 163—251. — Für den Einfluß Savonarolas wichtig: *R. Creytens,* Les actes capitulaires de la Congregation toscano-romaine OP (1496—1530): AFP 40 (1970) 125—230.

Kirchenreform in Spanien an der Wende des 15. zum 16. Jh.: *I. Garcia Oro,* La reforma de los religiosos españoles en tiempo de los Reyes Católicos (Valladolid 1969); *ders.,* Cisneros y la reforma del clero español en tiempo de los Reyes Católicos (Madrid 1971); *Tarsicio de Ascona,* Reforma de la Provincia Francescana de la Corona de Aragón en tiempo de los Reyes Católicos: EstFranc 7 (1970) 245—344. — Für Frankreich wichtig *J. P. Massaut,* Josse Clichtove. L'humanisme et la réforme du clergé, 2 Bde (Paris 1968). Über den vom Bischof von Albi ausgehenden, aber nicht sehr wirksamen Reformansatz bei den französischen Karmeliten *L. van Wijnen,* La Congrégation d'Albi (1499—1602) (Rom 1971).

Neue Orden: *G. Llompart,* Caetano de Thiene. Estudios sobre un reformator religioso (Wiesbaden 1969); *C. Linari,* Il Beato Giovanni Marinoni: Regnum Dei 18 (1962) 7—46, Biogr. des in Venedig tätigen Theatiners; *Ph. Caraman,* Sant'Angela Merici. Vita della fondatrice della Compagnia di Sant'Orsola e della Orsoline (Brescia 1965); *L. Moletta,* La Compagnia di S. Angela Merici a Chiari e le sue opere (Brescia 1966); *T. Ledóchowska,* Angèle Merici et la Compagnie de Sainte-Ursule à la lumière des documents, 2 Bde (Rom 1967).

Ignatius von Loyola und die Gründung der Gesellschaft Jesu: Bibliographie AHSJ 35 (1966) 420 ff und den folgenden Bänden, zuletzt 43 (1974) 399 ff; bes. wichtig *I. Iparaguirre,* Desmitificación de S. Ignacio: AHSJ 41 (1972) 357—37; *A. Jiménez Oñate,* El Origen de la Compañía de Jesús (Rom 1966). — Zur Ordensverfassung: *G. Philippart,* Visiteurs, commissaires et inspecteurs dans la Compagnie de Jesus de 1540 à 1615: AHSJ 37 (1968). — Für die Lehrmethode wichtig: *G. Codina Mir,* Aux sources de la Pédagogie des Jesuites. Le „modus Parisiensis" (Rom 1968); die Quellen der Frühzeit 1500—1556 in den Monumenta paedagogica Soc. Jesu I, ed. *L. Lukács* (Rom 1965); *M. Foss,* The founding of the Jesuits (London 1969), in AHSJ 43 (1974) 176 ff als nicht adäquat beurteilt; *E. M. Buxbaum,* Petrus Canisius und die kirchliche Erneuerung des Herzogtums Bayern 1459—1556 (Rom 1973).

Konzil von Trient: Die Ausgabe der Akten weitergeführt durch *Th. Freudenberger* VII/2 (1975); meine Geschichte des Konzils v. Trient durch Bd. III (1970), der die Bologneser und die zweite Trienter Tagungsperiode behandelt, und Bd. IV, über den Abschluß 1562/63 (im Druck), wo die einschlägige Literatur verarbeitet ist; *H. Rabe,* Reichsbund u. Interim. Die Verfassungs- und Religionspolitik Karls V. und der Reichstag von Augsburg 1547/48 (Köln 1971). — Zur Haltung der Protestanten in Trient 1551/52: *M. Brecht,* Abgrenzung oder Verständigung. Was wollten die Protestanten in Trient: Blätter f. Württembergische Kirchengeschichte 70 (1970) 148—175; *F. Schrader,* Die Beschickung des Konzils v. Trient durch die Diözesen Magdeburg, Halberstadt, Merseburg, Naumburg u. Meißen. Ein Briefwechsel aus den Jahren 1551/52: AHC 2 (1970) 303—352. — Aus der Debatte um die Konstitution über die göttliche Offenbarung auf dem Vaticanum II gingen zahlreiche Untersuchungen über das Verhältnis von Schrift und Tradition hervor (Ortigues, Congar, Bévenot u. a.), verzeichnet von *J. Ratzinger* in: Das Zweite Vatikanische Konzil II (Freiburg 1967) 498 ff; *M. Midali,* Rivelazione, Chiesa, Scrittura e Tradizione alle IV sessione del Concilio di Trento: Salesianum 34 607—650; 35 (1973) 3—51, 179—246. — Weitere Schwerpunkte, insbesondere der nachkonziliaren Auseinandersetzungen um Sinn und Tragweite der Trienter Dekrete waren das Dekret über die Erbsünde (Sess. V); Z. *Alszeghy - M. Flick,* Il Decreto tridentino sul peccato originale: Gregorianum 52 (1971) 595—635; *B. A. Vanneste,* Het Dogma van de erfzonde (Utrecht 1969). — Über die Eucharistie (Sess. XIII), vgl. *J. Wohlmuth,* Realpräsenz und Transsubstantiation im Konzil v. Trient 2 Bde (Bern - Frankfurt 1975); *G. Fahrnberger,* Amt und Eucharistie auf dem Konzil von Trient, in: *P. Bläser,* Amt und Eucharistie (Paderborn 1973) 174—207. — Über das Bußsakrament (Sess. XIV): *H. Jedin,* La nécessité de la Confession privée selon le concile de Trente: La Maison Dieu 104 (1970) 88—115; *K. J. Becker,* Die Notwendigkeit des vollständigen Bekenntnisses in der Beichte nach dem Konzil v. Trient: Theologie u. Philosophie 47 (1972) 161—228, über can. 3 u. 10; *Fr. Rodríguez:* Burgense 13 (1972) 69—84; 14 (1973) 107—136; weiter ausholend *L. Braeckmans,* Confession et Communion au Moyen Âge et au Concile de Trente (Gembloux 1971). — Über das Ordodeket (Sess. XXIII): *G. Fahrnberger,* Bischofsamt u. Priestertum in den Diskussionen des Konzils v. Trient (Wien 1970); *P. F. Franzen,* Das Konzil v. Trient und das Priestertum: Priester-Beruf im Widerstreit, hrsg. v. *A. Descamps* (Innsbruck 1971) 101—137); mehrere Beiträge (von I. A. De Aldama, B. Jacqueline, J. Saraiva Martins) in: Teología del Sacerdocio V (Burgos 1973); *J. Galot,* Le caractère sacerdotal selon le Concile de Trente: NRTh 93 (1971) 123—946. — Ehesakrament und Tametsi: *H. Jedin,* Die Unauflöslichkeit der Ehe nach dem Konzil v. Trient: *K. Reinhard - H. Jedin.* Ehe — Sakrament in der Kirche des Herrn (Berlin 1971) 61—109, 123—135; *G. Di Mattia,* La dottrina sulla formazione canonica del matrimonio e la proposta per un suo esame: Apollinaris 44 (1971) 471—522. — Beiträge vor allem über die Entstehung und Durchführung der Trienter Reformdekrete in: Il Concilio di Trento. Atti del Convegno Internazionale Trento 2—6 Settembre 1963, 2 Bde (Rom 1965); *H. Jedin,* Kirche des Glaubens — Kirche der Geschichte II (Freiburg 1966) enthält die meisten Aufsätze des Verf. zur Geschichte des Konzils v. Trient.

Zweiter Abschnitt: Das Papsttum und die Durchführung des Tridentinums (1565—1605) (S. 521 ff)

Papsttum, Rom u. Italien: *H. Jedin,* Nuntiaturberichte u. Durchführung des Konzils v. Trient: QF 63 (1973) 180—213; im selben Bande der QF auch Beiträge von *H. Lutz, G. Lutz, G. Müller* u. *H. Goetz* zur Kritik und Würdigung der Nuntiaturberichte; weit über den Spezialfall hinaus wichtig *K. Repgen,* Die Finanzen des Nuntius Fabio Chigi. Ein Beitrag zur Sozialgeschichte der römischen Führungsgruppe im 17. Jh.: Geschichte — Wirtschaft — Gesellschaft. Festschrift Clemens Bauer (Berlin 1974) 220—280; *J. Krasenbrink,* Die Congregatio Germanica und die kath. Reform in Deutschland nach dem Tridentinum (Münster 1972) [= RST 105]; *H. Jedin,* Papst Pius V., die Heilige Liga und der Kreuzzugsgedanke: Il Mediterraneo nella seconda metà del '500 alla luce di Lepanto (Florenz 1974) 193—213; *A. Walz,* S. Tommaso d'Aquino dichiarato Dottore della Chiesa nel 1567: Angelicum 44 (1967) 145—173; *P. Hurtubise,* Comment Rome apprit la nouvelle du Massacre de la Sainte Barthélemy: AHPont 10 (1972) 187—210; *J. Mieck,* Die Bartholomäusnacht als Forschungsproblem: HZ 216 (1973) 73—110; *N. Sutherland,* The Massacre of St. Bartholomew and the European Conflict 1559—1572 (New York 1973); *H. D. R. Veroliet,* Robert Granjou à Rome 1578—1589. Note préliminaire à une histoire de la typographie romaine à la fin du XVIe siècle: Bull. de l'Institut Belge de Rome 38 (1967) 177—231; *H. Jedin,* Die Autobiographie des Kardinals G. A. Santorio (Wiesbaden 1969) [= Akademie der Wiss. u. der Literatur Mainz, Abh. d. geistes- u. sozialwiss. Klasse; Jg. 1969, 2]; *V. Peri,* La Congregazione dei Greci e i suoi primi documenti: Studia Gratiana 13 129—256; *V. Peri,* Chiesa Romana a „Rito" Greco. G. A. Santoro e la Congregazione dei Greci 1566—1596 (Brescia 1975); *J. Krajčar,* The Greek College under the Jesuits for the first time 1591—1604: OrChrP 31 (1965) 85—118; *A. Gasparini,* Cesare d'Este e Clemente VIII (Modena 1960); *P. Bartl,* Marciare verso Constantinopoli. Zur Türkenpolitik Klemens' VIII.: Saeculum 20 (1969) 44—56.

Karl Borromaeus: *P. Prodi,* Charles Borromée, Archevêque de Milan et la Papauté: RHE 62 (1967) 379—411; *G. Alberigo,* Carlo Borromeo come modello di vescovo nella Chiesa posttridentina: RSIt 79 (1967) 1031—1052; *R. Robres Lluch,* La Congregación del Concilio y S. Carlos Borromeo en la problemática y curso de la Contrarreforma 1593—1600: Anth. An. 14 (1966) 101—171; kurz zusammenfassend, mit Verarbeitung der Kanonisationsakten u. der zahlreichen Untersuchungen von E. Cattaneo, C. Marcora und A. Rimoldi: *H. Jedin,* Carlo Borromeo (Rom 1971); *L. Tacchella,* San Carlo Borromeo ed il Card. Agostino Valier 1566/84 (Verona 1972), enthält den Briefwechsel.

Italien: Beispiele apostolischer und bischöflicher Visitationen bei *Marcocchi*, La Riforma Cattolica II 13—44, dazu *S. Tramontin*, La Visita Apostolica del 1581 a Venezia: St. Ven. 9 (1967) 453—533; für das Königreich Neapel: Nunziature di Napoli II (1577 bis 1587), ed. *P. Villani-D. Veneruso* (Rom 1969), u. III (1587—1591), ed *B. Bettoni* (Rom 1970).

Spanien: *B. Llorca*, Acceptación en España de los decretos del Concilio de Trento: EE 39 (1964) 341—360, 459—482; *J. L. Santos Diez*, Política conciliar postridentina en España. El Concilio provincial de Toledo 1565 (Rom 1969); *A. Marín Ocete*, El Concilio Provincial de Granada en 1565: ArchTeolGran 25 (1962) 23—178; *J. Villegas*, Die Durchführung der Beschlüsse des Konzils von Trient in der Kirchenprovinz Peru 1564—1600; Die Bischöfe und die Reform der Kirche (Köln 1971); Durchführung in einer Pfarrei: *J. I. Tellechea Idigoras*, La reforma tridentina en San Sebastián. El libro de Mandatos de Visita de la Parroquia de San Vicente 1540—1670 (San Sebastián 1970).

Frankreich: Außer den Acta Nuntiaturae Gallicae, deren Band VII (Korrespondenz des Nuntius G. B. Castelli 1581/3) *R. Toupin* 1967 herausgegeben hat, sind wichtig die Lettres de Henri IV concernant les relations du St. Siège et de la France 1595—1609, ed. *B. Barbiche* (Città del Vaticano 1968 [= Studi e testi 250]; *R. Mousnier*, The assassination of Henry IV. The tyrannicide problem and the consolidation of the French Absolute Monarchy in the early XVII Century (London 1973), engl. Übersetzung.

England, Schottland, Irland: Aus der umfangreichen Literatur über den Ausbau der Anglikanischen Kirche unter Elisabeth I. und über das Schicksal der katholischen Minderheit kann nur eine Auswahl geboten werden: *W. P. Haugaard*, Elizabeth and the English Reformation. The struggle for a stable settlement of religion (Cambridge 1968), über die Approbation der 39 Artikel 1563; für Südengland *R. B. Manning*, Religion and Society in Elizabethan Sussex. A study of the enforcement of the religious settlement 1558—1603 (Leicester 1969), mit vielen Notizen über die katholischen Recusants; *H. Davies*, Worship and Theology in England I: From Cranmer to Hooker 1534—1603 (Princeton 1970). — Für die Anfänge die auf den Briefen Benthams beruhende Studie von *R. O'Day*, Thomas Bentham: Journal of Eccl. History 23 (1972) 137—159; *P. MacGrath*, Papists and Puritans under Elizabeth I (London 1967). — Nach *C. Cross*, The Royal Supremacy in the Elizabethan Church (London 1969) entsprach die Ausführung der antipuritanischen Gesetze nicht immer deren Härte, aber auch der Akt von 1587 war keine Konfiskation von 2/3 des Eigentums der Recusants, weil dieses öfter Verwandten übertragen wurde. The Welsh Elizabethan Catholic Martyrs: The Trial Documents of Saint Richard Gwynn and of the Venerable Williams Davies, ed. *A. Thoma* (Cardiff 1971), Dokumente; Letters of William Allen and Richard Barret 1572—1598, ed. *P. Renold* (London 1967), 120 Briefe der beiden ersten Präsidenten des Kollegs von Douay; The Seminary Priests. A Dictionary of the Secular Clergy of England and Wales 1558—1850; Bd. I: Elizabethan, ed. *G. Anstruthe* (Ware-Durham 1969); *L. Rostenberg*, The Minority Press and the English Crown. A Study in Repression 1558 to 1625 (Nieuwkoop 1971); *K. L. Lindley*, The Lay Catholics of England in the Reign of Charles I: Journal of Eccl. History 22 (1971) 199—221; ebenfalls schon über unseren Zeitabschnitt hinausgreifend *R. J. Bradley*, Blacklo and the Counter-Reformation. An inquiry into the strange death of Catholic England: Essays in honor of Garrett-Mattingly, ed. *Ch. H. Carter* (London 1966) 348—370.

Für Schottland die Biographien von *P. Janton*, John Knox. L'homme et l'œuvre (Paris 1967) und *J. Ridley*, John Knox (Oxford/New York 1968); *L. Hammermayer*, Herrschaftlich-staatliche Gewalt, Gesellschaft und Katholizismus in Irland vom 16. bis 18. Jh. Aspekte des postreformatorischen Katholizismus auf den britischen Inseln während der Penal Times: Festgabe Karl Bosl (München 1969) 191—218.

Osteuropa: Reiches Material über die nachtridentinischen Synoden in Polen in Sawickis Concilia Poloniae. Ein Beispiel tridentinischer Visitation im Erzbistum Krakau (1599, nachdem schon 1565/70 dort eine Visitation stattgefunden hatte): Materly do Dziejow Kosciola w Polsce, Bd. II, ed. *Cz. Skowron* (Lublin 1965); Eretici italiani in Moravia, Polonia, Transilvania 1558—1611, ed. *D. Caccamo* (Florenz-Chicago 1970); *L. Szilas,* Der Jesuit Alfons Carillo in Siebenbürgen 1591/99 (Rom 1966); Documenta Unionis Berestensis eiusque auctorum 1590—1600, ed. *A. G. Welykyj* (Rom 1970).

Mitteleuropa, das Reich und die Habsburgischen Erbländer: Viele neue Aufschlüsse brachte die Fortführung der Edition der Kölner Nuntiatur durch B. Roberg (II/2 und II/3: O. M. Frangipani 1590—1593, München 1969/71), K. Wittstadt (IV/1: A. Amalteo 1606/07 u. W. Reinhard (V/1: A. Albergati 1610/14, München 1972); vorzügliche Zusammenfassung der Ergebnisse durch W. Reinhard in: RQ 66 (1971) 8—65 u. K. Wittstadt, in: Festgabe Franzen 695—711. Die Berichte des Grazer Nuntius G. Malaspina u. des A. Possevino 1580/82 wurden hrsg. v. *J. Rainer* (Wien 1972), der vorher die Berichte G. Delfinos u. G. F. Commendones vom Kaiserhofe 1571/72 bearbeitet hatte (NB II/8, Graz-Köln 1967). Die Deutung des Augsburger Religionsfriedens: *M. Heckel,* Autonomie u. Pacis compositio. Der Augsburger Religionsfriede in der Deutung der Gegenreformation: ZSavRGMan 45 (1959) 141—248; *H. Raab,* Die oberdeutschen Hochstifte zwischen Habsburg u. Wittelsbach in der frühen Neuzeit: Blätter f. deutsche Landesgesch. 109 (1973) 69—101.

Beispiele territorialgeschichtlicher Arbeiten über die kirchliche Erneuerung: Julius Echter u. seine Zeit, hrsg. v. *F. Merzbacher* (Würzburg 1974); *O. Schaffrath,* Fürstabt Balthasar v. Dernbach u. seine Zeit. Studien zur Geschichte der Gegenreformation in Fulda (Fulda 1967); *H. G. Molitor,* Kirchliche Reformversuche der Kurfürsten u. Erzbischöfe v. Trier im Zeitalter der Gegenreformation 1567—1648 (Wiesbaden 1968); *E. Camenzin,* Weihbischof Balthasar Würer v. Konstanz 1574—1598 u. die kirchl. Reformbewegung in den Fünf Orten (Fribourg 1968); *J. Bücking,* Frühabsolutismus u. Kirchenreform in Tirol 1565—1665 (Wiesbaden 1972); *J. Köhler,* Das Ringen um die tridentinische Erneuerung im Bistum Breslau vom Abschluß des Trienter Konzils bis zur Schlacht am Weißen Berg (Köln-Wien 1973); Die Protokolle des Geistlichen Rates in Münster 1601—1612, hrsg. v. *H. Immenkötter* (Münster 1972). — Ein bisher vernachlässigtes Gebiet behandeln *U. Eisenhardt,* Die kaiserliche Aufsicht über Buchdruck, Buchhandel u. Presse im Hl. Römischen Reich deutscher Nation 1496—1806 (Karlsruhe 1970); *H. Raab,* Apostolische Bücherkommission in Frankfurt a. M.: HJ 87 (1967) 326—354, wo der erstmals 1614 erschienene Index empfehlenswerter katholischer Bücher erwähnt ist; *R. Becker,* Die Berichte des kaiserlichen und apostolischen Bücherkommissars Joh. Ludwig von Hagen an die Röm. Kurie 1623—1649: QF 51 (1971) 422.

Dritter Abschnitt: Religiöse Triebkräfte u. geistiger Gehalt der katholischen Erneuerung (S. 561ff)

Literaturbericht über den Aufschwung der spanischen Theologie v. *C. Pozo* in: Arch. teol. Granatino 29 (1966) 87—124; *E. Llamas Martinez,* Orientaciones sobre la historia de la teología española en la primera mitad del siglo XVI: Repertorio de historia de la ciencias eclesiásticas en España I (Salamanca 1967) 95—174; *V. Beltrán de Heredia,* Domingo Bañez y la controversia sobre la gracia. Textos y documentos (Madrid 1968); *B. Hamilton,* Political Thought in Sixteenth Century Spain. A study of the political ideas of Vitoria, De Soto, Suárez and Molina (Oxford 1963); *M. A. Huesbe Llanos,* Henning Arnisaeus 1575—1636. Untersuchungen zum Einfluß der Schule von Salamanca auf das lutherische Staatsdenken (Mainz 1965); *G. Galeota,* Bellarmino contro Baio a Lovanio. Studio e testo di un inedito Bellarminiano (Rom 1966), dazu *G. Colombo* in: La Scuola Cattolica 95 (1967) 307—338; *J. Stöhr,* Die theologische Wissenschaftslehre des Juan de Perlin (1569—1638) (Münster 1967). Ein Überblick über die Entwicklung der Priesterbildung im ausgehenden 16. und 17. Jh. bei *M. Arneth,* Das Ringen um Geist u. Form der Priesterbildung im Säkularklerus des 17. Jhs. (Würzburg 1970).

Spiritualität: Überblick bei *L. Cognet,* La Spiritualité moderne (Aubier 1966) 15—230; *F. Chiwaro,* Bernardino Rossignoli SJ (1547—1613). Orientamenti della Spiritualità post-tridentina (Rom 1967). Eine auf breiter Quellengrundlage beruhende chronologisch genaue Biographie der hl. Teresa v. Ávila: *Efren de la Madre de Dios — O. Steggink,* Tiempo y vida de Santa Teresa (Madrid 1968); über den Kampf um die Reform des Karmelitenordens *O. Steggink,* La Reforma del Carmelo español. La visita canónica del General Rubeo y su encuentro con S. Teresa 1566/7 (Rom 1965); *H. J. Prien,* Francisco de Ossuna. Mystik u. Rechtfertigung (Hamburg 1967); *A. Barrado Manzano,* San Pedro de Alcántara (Madrid 1965); *A. Cistellini,* S. Filippo Neri e la sua patria: RSTI 23 (1669) 54—119, über den Einfluß von S. Marco u. Savonarola; *R. Razzi,* Vita di S. Caterina di Ricci (Florenz 1965); Donna Battista Vernazza da Genova, Commento al Paternoster, ed. *G. J. Scatena* (Rom 1968), mit ausführlicher Einleitung u. Schriftenverzeichnis; *P. Lopez,* Riforma cattolica e vita religiosa e culturale a Napoli dalla fine del Cinquecento ai primi del Settecento (Napoli 1964); *ders.,* Le Confraternità laicali in Italia e la Riforma Cattolica: Rivista di studi Salernitani 4 (1969) 153—238; *H. Reifenberg,* Sakramente, Sakramentalien und Ritualien im Bistum Mainz seit dem Spätmittelalter I (Münster 1971), bis 1671; *K. Pörnbacher,* Jeremias Drexel. Leben u. Werk eines Barockpredigers (München 1965); *L. Intorp,* Westfälische Barockpredigten in volkstümlicher Sicht (Münster 1964); *B. Hubensteiner,* Vom Geist des Barock. Kultur u. Frömmigkeit im alten Bayern (München 1967); *Friedrich Spee,* Guldenes Tugendbuch, hrsg. v. *Th. G. M. van Oorschot* (München 1968).

Zur Ordensgeschichte: Von der Storia della Compagnia di Gesù in Italia ist inzwischen Bd. IV (Abschluß des Generalates Laínez) erschienen; eine Sammelbesprechung der Arbeiten über das Jesuitentheater von M. Scaduto in: AHSJ 36 (1967) 194—215; eine Bestandsaufnahme für die deutsch-sprachigen Länder *R. G. Dimler,* A Geographic and Genetic Survey of Jesuit Drama in German-speaking Territories 1555—1609: AHSJ 43 (1974) 133—146; *A. Rodríguez Gutiérrez de Ceballos,* Bartolomé de Bustamente y los orígenes de la arquitectura Jesuítica en España (Rom 1967). Für die sonstige außerordentliche umfangreiche Literatur muß auf die Bibliographie im AHSJ verwiesen werden. — Die Reform der Kapuziner ordnet in die allgemeine Reformbewegung ein: *Optat de Veghel,* La réforme de frères Mineurs Capucins dans l'ordre franciscain et dans l'Église: CollFr 35 (1965) 5—108; *Carmelo de la Cruz,* Derecho reformatorio de Trento en los primeros pasos de su aplicación a la Reforma Teresiana: MonteCarm (Burgos 1965) 49—97; *H. Schwendenwein,* Franz v. Sales u. die Entwicklung neuer Formen des Ordenslebens (Eichstätt/Wien 1966); *J. Grisar,* Mary Wards Institut vor römischen Kongregationen (1616—1630) (Rom 1966) [= Misc. Hist. Pont. XXVII].

Fünfter Abschnitt: Europäische Gegenreformation u. konfessioneller Absolutismus (1605—1655) (S. 650 ff)

Pontifikat Pauls V.: *J. Semmler,* Das Päpstliche Staatssekretariat in den Pontifikaten Pauls V. u. Gregors XV. (1605—1623) (Rom 1969); über die Pulververschwörung *Ph. G. Caraman,* Henry Garnet and the Gun-Powder-Plot (London 1964): Zum Konflikt mit Venedig *W. J. Bouwsma,* Venice and the Defense of Republican Liberty. Renaissance Values in the Age of the Counter-Reformation (Berkeley - Los Angeles 1968); *P. Sarpi,* Opere, ed. G. u. L. Cozzi (Mailand 1969). Über den Herausgeber von Sarpis Istoria: *A. Russo,* Marcantonio De Dominis, Arcivescovo di Spalato e Apostata 1560—1624 (Neapel 1965); *W. Reinhard,* Ein römisches Gutachten vom Juli 1612 zur Strategie der Gegenreformation im Rheinland: RQ 64 (1969) 168—190; *F. Neuer-Landfried,* Die katholische Liga. Gründung, Neugründung u. Organisation eines Sonderbundes 1608—1620 (Kellmünz 1968); *E. A. Seils,* Die Staatslehre des Jesuiten Adam Contzen, Beichtvater Kurfürst Maximilians I. v. Bayern (Lübeck - Hamburg 1968).

Pontifikat Urbans VIII.: *A. Springhetti,* Urbanus VIII. P. M. poeta latinus et hymnorum Breviarii emendator: AHPont 6 (1968) 163—190. Zur Deutung der „Neutralitätspolitik" Urbans VIII.: *G. Lutz,* Kard. G. Fr. da Bagno. Politik u. Religion im Zeitalter Richelieus u. Urbans VIII. (Tübingen 1971); *A. Kraus,* Der Kardinalnepot Francesco Barberini u. das Staatssekretariat Urbans VIII.: RQ 64 (1969) 191—208; Französische Nuntiaturberichte: Ranuccio Scotti 1639/41, ed. *P. Blet* (Rom 1965).

Zum „Fall Galilei": G. G. Celebrazioni del IV Centenario (Rom 1965); Galilée. Aspects de sa vie et de son œuvre (Paris 1968); *G. Galli,* Il Card. Maculano al processo di Galileo: Memorie domenicane NS 41 (1965) 24—42, 65—101; *W. Brandmüller, Der* Fall Galilei — im Konflikt Naturwissenschaft u. Kirche?: StdZ 162 (1968) 333—342, 399—411; *E. Gentili,* Bibliografia Gallileana fra i due Centenari 1942—1964: SC 17 (1964) 267—309.

Konversionen: *G. Christ,* Fürst, Dynastie, Territorium u. Konfession. Beobachtungen zu Fürstenkonversionen des ausgehenden 17. u. beginnenden 18. Jh.: Saeculum 24 (1973) 367—387; *H. Tüchle,* Zum Kirchenwesen fürstlicher Konvertiten des 17. u. 18. Jh.: Festschrift Ferdinand Maas (Wien 1973) 231—247.

Hexenglauben in Italien: *C. Ginzburg,* I benendanti. Ricerche sulla stegonería e sui culti agrari Cinquecento e Seicento (Turin 1966); s. auch den Literaturbericht in: RSCI 25 (1971) 231—237. Gegen den herkömmlichen Begriff „Säkularisierung": *H. Blumenberg,* Säkularisierung und Selbstbehauptung (Frankfurt 1974).

ERGÄNZENDE BIBLIOGRAPHISCHE NACHTRÄGE ZUM ERSTEN TEIL

von Erwin Iserloh

Darstellungen des Zeitalters der Reformation: H. Lutz, Reformation und Gegenreformation (München 1979); *R. Wohlfeil,* Einführung in die deutsche Reformation (München 1982); *G. R. Elton,* Europa im Zeitalter der Reformation 1517–1559 (München 1982); *E. Iserloh,* Geschichte und Theologie der Reformation im Grundriß (Paderborn ²1982); *F. P. Sonntag,* Ruhelose Zeit. Das Jahrhundert der Reformation und der Reform (Leipzig 1984).

1. Kapitel: H. Oberman, Werden und Wertung der Reformation (Tübingen 1977); *O. de la Brosse – L. Lecler* u.a., Lateran V und Trient. 1. Teil (Mainz 1978); *E. Meuthen,* Das 15. Jahrhundert (München 1980); *F. Machilek,* Die Frömmigkeit und die Krise des 14. und 15. Jahrhunderts: Mediaevalia Bohemia 3 (1970) 209–227; *J. Leineweber,* Das Hochstift Fulda vor der Reformation (Fulda 1972); *W. Ernst,* Gott und Mensch am Vorabend der Reformation. Eine Untersuchung zur Moralphil. und -theol. bei Gabriel Biel (Leipzig 1972); *R. Lorenz,* Die unvollendete Befreiung vom

Nominalismus. Martin Luther und die Grenzen hermeneutischer Theologie bei G. Ebeling (Gütersloh 1973); *K. Bannach*, Die Lehre von der doppelten Macht Gottes bei W. v. Ockham (Wiesbaden 1975); *H. Schüssler*, Der Primat der Hl. Schrift als theologisches und kanonistisches Problem im Spätmittelalter (Wiesbaden 1977); *N. Hecker*, Bettelorden und Bürgertum! Konflikt und Kooperation in dt. Städten des Spätmittelalters (Frankfurt 1980); *B. Hamm*, Frömmigkeitstheologie am Anfang des 16. Jhs. Studien zu Joh. von Paltz und seinem Umkreis (Tübingen 1982).

2. Kapitel: **1.** *H. Bornkamm*, Martin Luther in der Mitte seines Lebens. Das Jahrzehnt zwischen dem Wormser und dem Augsburger Reichstag (Göttingen 1979); *B. Lohse*, M. L. Eine Einführung in sein Leben und Werk (München 1981); *H. A. Oberman*, L.: Mensch zwischen Gott und Teufel (Berlin 1982); *W. von Loewenich*, M. L. Der Mann und das Werk (München 1982); *G. Brendler*, M. L. Theologie und Revolution (Berlin 1983); *H. Junghans* (Hrsg.), Leben und Werk M. L.s von 1526–1546, 2 Bde. (Göttingen 1983); *M. Lienhard*, M. L. Un Temps, une Vie, un Message (Paris 1983); *E. Iserloh*, L. und die Kirchenspaltung: KatBl 108 (1983) 27–41. – **2.** *H. Kasten*, Taufe und Rechtfertigung bei Thomas v. A. und M. L. (München 1970); *G. Ebeling*, Lutherstudien, Bd. II: Disputatio de homine, 1. Tl.: Text und Traditionshintergrund (Tübingen 1977); 2. Tl.: Die philosophische Definition des Menschen (Tübingen 1982); *O. Bayer*, Promissio. Geschichte der reformatorischen Wende in L.s Theologie (Göttingen 1971); *W. v. Loewenich*, Duplex Justitia (Wiesbaden 1973); *Dorothea Vorländer*, Deus incarnatus. Die Zweinaturenchristologie L.s bis 1521 (Witten 1974); *R. Weier*, Das Theologieverständnis M. L.s (Paderborn 1976); *W. Stein*, Das kirchliche Amt bei L. (Wiesbaden 1974); *W. Schwab*, Entwicklung und Gestalt der Sakramententheologie bei M. L. (Frankfurt 1976); *G. Bavaud*, „Fides formata caritate". La critique par Luther de cette formule dans son Commentaire de l'Épître aux Galates (1531): FZPhTh 24 (1977) 234–250; *H. M. Stamm*, L.s Stellung zum Ordensleben (Wiesbaden 1980); *Th. Beer*, Der fröhliche Wechsel und Streit (Einsiedeln ²1980); Rez. von *E. Iserloh*: Catholica 36 (1982) 101–104; *O. H. Pesch – A. Peters*, Einführung in die Lehre von der Gnade und Rechtfertigung (Darmstadt 1981); *O. H. Pesch*, Hinführung zu L. (Mainz 1982); *ders.*, Gerechtfertigt aus Glauben (Freiburg 1982); *U. Stock*, Die Bedeutung der Sakramente in L.s Sermonen von 1519 (Leiden 1982); *Y. Congar*, M. L., sa foi, sa réforme (Paris 1983); *R. Bäumer*, M. L. und der Papst (Münster ⁴1985). – **3.** *P. Manns* (Hrsg.), Zur Lage der Lutherforschung heute (Wiesbaden 1982); *P. Manns – H. Meyer*, Ökumenische Erschließung M. L.s (Paderborn 1983). – **5.** Joh. v. Staupitz, Sämtl. Schriften Teil 2: Lat. Schriften, 2. Libellus de exsecutione aeternae praedestinationis, hrsg. v. *L. Graf zu Dohna – R. Wetzel* (Berlin 1979); *D. C. Steinmetz*, L. und Staupitz (Durham, N.C. 1980); *M. Brecht*, M. L., Sein Weg zur Reformation (Stuttgart 1981). – **6.** *L. Grane*, Modus loquendus theologicus. L.s Kampf um d. Erneuerung d. Theologie (1515–1518) (Leiden 1975). – **12.** *O. H. Pesch*, Neuere Beiträge z. Frage n. L.s „Reformatorischer Wende": Catholica 37 (1983) 259–287; 38 (1984) 66–133.

4. Kapitel: J. Vercruysse, „Disputatio Heidelbergae habita": Bijdragen 35 (1974) 17–48; *ders.*, L.'s Theology of the cross at the Time of the Heidelberg Disputation: Gregorianum 57 (1976) 523–548; *H. Beschorner*, Die sog. Bannbulle und ihre angebliche Verbrennung: Forschungen aus mittelalterlichen Archiven, hrsg. v. *H. Kretzschmar* (Berlin 1953) 315–327; *J. Vercruysse*, Gesetz und Liebe, Die Struktur der „Heidelberger Disputation" L.s (1518): LuJ 48 (1981) 7–43; *R. Söderlund*, Der meritum-Begriff der „Heidelberger Disputation": ebd. 44–53; *E. Thaidigsmann*, Kreuz und Wirklichkeit. Zur Aneignung der „Heidelberger Disputation": ebd. 80–96; *K. V. Selge*, Die Leipziger Disputation zwischen L. und Eck: ZKG 86 (1975) 26–40; *H. G. Leder*, Ausgleich mit dem Papst? L.s Haltung in den Verhandlungen mit Miltiz 1520 (Stuttgart 1969).

7. Kapitel: M. Stirn, Die Bilderfrage in der Reformation (Gütersloh 1979); *W. v. Loewenich*, Bilder: TRE VI, 540–557; *H. M. Stamm*, L.s Stellung zum Ordensleben (Wiesbaden 1980).

8. Kapitel: Nikolaus v. Amsdorf: *R. Kolb*, N. v. A. (1483–1565). Popular polemics in the Preservation of L.'s Legacy (Nieuwkopp 1978); *J. Rogge*, N. v. A.: TRE II, 487–497 (Lit.). – Johann Bugenhagen: *J. Rogge*, J. B. (Berlin 1962); *H. H. Holfelder*, B.: TRE VII, 354–363; *H. G. Leder*, Zum Stand und zur Kritik der Bugenhagenforschung: Herbergen der Christenheit (Berlin 1978) 65–100; *F. P. Lane*, J. B. und die Armenfürsorge der Reformationszeit: Braunschweig. Jb. 64 (1983) 147–186. – Philipp Melanchthon: M.s Briefwechsel, hrsg. v. *H. Scheible*, Bd. 1–3, Regesten 1–3420 (1514–1543) (Stuttgart 1977–1979); *S. Wiedenhofer*, Formalstrukturen humanistischer u. reformatischer Theologie bei Ph. M., 2 Bde. (Frankfurt 1976); *H. Scheible*, Ph. M.; Gestalten der KG., Bd. 6 (Stuttgart 1981) 75–101 (Lit); *M. Liebmann*, Urbanus Rhegius u. d. Anfänge d. Reformation (Münster 1980); *R. Stupperich*, Reformatoren-Lexikon (Gütersloh 1984).

9. Kapitel: K. H. Ducke, Handeln zum Heil. Eine Untersuchung zur Morallehre Hadrians VI. (Leipzig 1976).

11. Kapitel: W. Elliger, Außenseiter der Reformation: Thomas Müntzer. Ein Knecht Gottes (Göttingen 1975); *H. J. Hillerbrand*, Thomas Müntzer. A Bibliography (Saint Louis, Miss. 1975); *L. Fischer* (Hrsg.), Die lutherischen Pamphlete gegen Thomas Müntzer (Tübingen 1976); *Chr. Demke* (Hrsg.), Thomas Müntzer, Anfragen an Theologie und Kirche (Berlin 1977); *G. Wehr* (Hrsg.), Thomas Müntzer, Schriften und Briefe (Gütersloh 1978); *A. Friesen, H. J. Goertz* (Hrsg.), Thomas Müntzer (Darmstadt 1978); *Eike Wolgast*, Thomas Müntzer: Ein Verstörer der Ungläubigen (Göttingen 1981).

12. Kapitel: P. Blickle (Hrsg.), Revolte und Revolution in Europa: Beiheft 4 der HZ (München 1975); *B. Moeller*, Bauernkriegs-Studien (Gütersloh 1975).

13. Kapitel: E. W. Kohls, L. oder Erasmus (Basel 1972); *R. Stupperich*, Erasmus v. R. und seine Welt (Berlin 1977); *Chr. Christ v. Wedel*, Das Nichtwissen bei Erasmus v. R. (Basel 1951); *N. Holzberg*, Willibald Pirckheimer (München 1981); *W. Behnk*, Contra liberum arbitrium pro gratia Dei. Willenslehre und Christuszeugnis bei L. (Frankfurt 1982); *W. Joest*, Die Freiheit in L.s Verständnis des Menschen: KuD 29 (1983) 126–138.

14. Kapitel: G. R. Potter, Zwingli (Cambridge 1969); *F. Büsser*, Huldrych Zwingli (Göttingen 1973); *G. W. Locher*, Die Zwinglische Reformation im Rahmen der europäischen KG. (Göttingen 1979); *ders.*, Zwingli und die Schweizerische Reformation (Göttingen 1982); *E. Grötzinger*, L. und Zwingli (Gütersloh 1980); *F. E. Sciuto*, Ulrico Zwingli (Neapel 1980); *U. Gäbler*, Huldrych Zwingli, Leben und Werk (München 1983) (Lit); *J. v. Pollet*, Huldrych Zwingli (Freiburg, Schweiz 1985).

15. Kapitel: R. Stupperich (Hrsg.), Die Schriften der Münsterischen Täufer und ihrer Gegner. II. Die Schriften von katholischer Seite gegen die Täufer (Münster 1980); III. Die Schriften von evangelischer Seite gegen die Täufer (Münster 1983); *R. Friedmann*, Theology of Anabaptism (Scottdale 1973); *Ch. Windhorst*, Täuferisches Taufverständnis. Balthasar Hubmaiers Lehre zwischen traditioneller und reformatorischer Theologie (Leiden 1976); *H. J. Goertz*, Umstrittenes Täufertum 1525–1975 (Göttingen ^{2}1977); *ders.*, Radikale Reformatoren (München 1978); *ders.*, Die Täufer. Geschichte und Deutung (München 1980); *Ch. Dejung*, Wahrheit und Häresie. Untersuchungen zur Geschichtsphilosophie bei Sebastian Franck (Zürich 1979); *J. M. Stayer*, Die Anfänge des schweizerischen Täufertums: H. J. Goertz, Umstrittenes Täufertum, 19–49.

16. Kapitel: W. Klaiber (Hrsg.), Katholische Kontroverstheologen und Reformer des 16. Jh. (Münster 1978); *H. Smolinsky:* Reformationsgeschichte als Geschichte der Kirche. Katholische Kontroverstheologie und Kirchenreform: HJ 103 (1983) 372–394; *W. Glade*, Die Taufe in den vorcanisianischen Katechismen des 16. Jh. im dt. Sprachgebiet (Nieuwkoop 1979); *E. Iserloh* (Hrsg.), Katholische Theologen der Reformationszeit I (Münster 1984). – Johannes Eck: Enchiridion locorum communium adversus Lutherum et alios hostes ecclesiae (1525–1543), hrsg. von *P. Fraenkel* (Münster 1977) (Lit); Handbüchlein gemainer stell und Artickel der jetz schwebenden Neuwen leeren, hrsg. von *E. Iserloh* (Münster 1980); In Primum Librum Sententiarum, hrsg. v. *Walter L. Moore* (Leiden 1976); De sacrificio missae (1526), hrsg. v. *E. Iserloh – V. Pfnür – P. Fabisch* (Münster 1982); *E. Iserloh*, Johannes Eck (1486–1543). Scholastiker-Humanist-Kontroverstheologe (Münster 1981); *ders.:* TRE IX, 249–258; *W. L. Moore*, Doctor Maximus Lumen ecclesiae: The View of Augustine in John Ecks Early Writings: SCJ 13,2 (1982) 43–54. – Hieronymus Emser: *H. Smolinsky*, Augustin v. Alveldt und Hieronymus Emser (Münster 1983); *J. Steinruck*, H. Emser: TRE IX, 576–580. – Johannes Cochlaeus: *R. Bäumer*, Joh. C. (1479–1552) (Münster 1980); *ders.:* TRE VIII, 140–146 (Lit). – Johannes Fabri: *Ch. Radey*, Dr. Johannes Fabri (1530–1541). Diss. Phil. Masch. (Wien 1976); *H. Immenkötter*: TRE X, 784–788. – Berthold von Chiemsee: *J. Schmuck*, Die Prophetie „Onus ecclesiae" des Bischofs Berthold Pürstinger (Wien 1973). – Bartholomaeus Arnoldi von Usingen: Responsio contra apologiam Philippi Melanchthonis, hrsg. v. *P. Simoniti* (Würzburg 1978); *E. Hildebrand*, B. A. aus Usingen, Ein Lehrer L.s an der Universität Erfurt: Nassauische Ann. 94 (1983) 327–334. – Jakob Latomus: *J. E. Vercruysse*, J. Latomus und M. L.: Gregorianum 64 (1983) 515–538. – Albert Pigge: *G. Marx*, Glaube, Werke und Sakramente im Dienste der Rechtfertigung (Leipzig 1982). – John Fischer: *J. Rouchausse*: DSp VIII, 512–516; *E. E. Reynolds*, Saint John Fisher (Glasgow 1972). – Thomas Morus: The Complete Works of St. Th. M. Ed. by *R. S. Sylvester* (New Haven – London 1963 ff); Sir Thomas More. Neue Briefe. Hrsg. v. *H. Schulte Herbrüggen* (Münster 1966); *G. E. Haupt* (Hrsg.), St. Thomas More: The Tower Works. Devotional Writings (New Haven, London 1980); Thomas More 1477–1977. Colloque internationale tenu en Nov. 1977 (Brüssel 1980); *H. Schulte Herbrüggen* (Hrsg.), Th. M. Werke 2 Bde. (München 1983); *R. W. Chambers*, Thomas More (Brighton/Sussex 1982). – Johannes Dietenberger: *Konrad Fuchs*, Der Kontroverstheologe J. D. und seine Beurteilung durch die Geschichte: Nassauische Ann. 91 (1980) 307–313;

U. Horst, Das Verhältnis von Schrift und Kirche nach J. D.: ThPh 46 (1971) 223–247; *C. E. Masney*, Why Do Good? D.'s Reply to L.: ARG 75 (1984) 93–112; J. D., Phimostomus scripturariorum (Köln 1532), hrsg. v. *E. Iserloh* und *P. Fabisch* (Münster 1985). – Thomas de Vio Cajetanus: Cajetan Responds, in: A Reader in Reformation Controversy, ed. by *J. Wicks* (Washington 1978) 3–46; *E. Iserloh – B. Hallensleben*: TRE VII, 538–546; *J. Wicks*, C. und die Anfänge der Reformation (Münster 1983); *B. Hallensleben*, Communicatio. Anthropologie und Gnadenlehre bei Thomas de Vio C. (Münster 1985); *U. Horst*, Papst, Konzil, Unfehlbarkeit. Die Ekklesiologie der Summenkommentare von C. bis Billuart (Mainz 1978). – Kaspar Schatzgeyer: Schriften zur Verteidigung der Messe, hrsg. v. *E. Iserloh* und *P. Fabisch* (Münster 1984) (Lit); *P. Schäfer*, Freiheit – Gabe des Heils in dieser Welt. Zum Freiheitsverständnis K. Sch.s (1463–1527): Königsteiner Studien 25 (1979) 55–67. – Gasparo Contarini: *P. Matheson*, Cardinal C. at Regensburg (Oxford 1972); *James Bruce Ross*, The Emergence of G. C. A Bibliographical Essay, ChH 41 (1972) 22–45; *K. Ganzer*, C.: TRE VII, 202–206. – Johannes Gropper: *R. Braunisch* (Hrsg.), J. G. Briefwechsel. Bd. 1, 1529–1547 (Münster 1977) (Lit); *ders.*, J. G. zwischen Humanismus und Reformation. Zur Bestimmung seines geistigen Standortes bis 1543: RQ 69 (1974) 192–209; *ders.*, Cardinalis designatus. Zur Ablehnung des Rotes Hutes durch J. G.: AHVNRh 176 (1974) 58–82; *ders.*, J. G. Gestalten der Kirchengeschichte, Bd. 6 (Stuttgart 1981) 171–183; *J. Meier*, J. G.s Predigt vor den Trienter Konzilsvätern am Dreikönigsfest 1552: AHC 5 (1973) 134–151; *ders.*, Das „Enchiridion christianae institutionis" (1538) von J. G. Geschichte seiner Entstehung, Verbreitung und Nachwirkung: ZKG 86 (1975) 289–328; *ders.*, Der priesterliche Dienst nach J. G. (1503–1559) (Münster 1977) (Lit) – Georg Witzel: *J. Beumer*, Eine deutsche Meßerklärung. Festschr. f. Michael Schmaus II. (Paderborn 1967) 1087–1107; *ders.*, Die Wirren der frühen Reformationszeit. Dargestellt anhand von G. W., De Concilio: MThZ 26 (1975) 38–95; *W. Trusen*, G. W. (1501–1573): Fuldaer Gbl. 50 (1974) 50–65; *R. Pessenlehner*, Die Schriften G. W.s: ebd. 65–72; *W. Kaliner*, Katechese und Vermittlungstheologie im Reformationszeitalter (Leipzig 1981); *G. Marx*, Glaube, Werk und Sakramente im Dienst der Rechtfertigung (Leipzig 1982); *G. May*, Die dt. Bischöfe angesichts der Glaubensspaltung des 16. Jahrhunderts (Wien 1983) 642ff.

18. Kapitel: Niels Hasselmann (Hrsg.), Gottes Wirken in seiner Welt. Zur Diskussion um die Zweireichelehre, 2 Bde. (Hamburg 1980); *H. J. Gänsler*, Evangelium und weltliches Schwert (Wiesbaden 1983); *E. Iserloh*, „Mit dem Evangelium läßt sich die Welt nicht regieren" – L.s Lehre von den beiden Regimenten im Widerstreit: Gerda-Henkel-Vorlesung. Aus der Lutherforschung (Opladen 1983) 49–64; *E. Iserloh – G. Müller* (Hrsg.), L. und die politische Welt (Stuttgart 1984).

21. Kapitel: C. H. Ratschow, Von der Einheit der Kirche, Erwägungen zum Marburger Religionsgespräch 1529: JHKGV 30 (1979) 261–294. *F. Büsser*, H. Bullinger: TRE VII, 375–387 (Lit).

22. Kapitel: H. Immenkötter (Hrsg.), Die Confutatio der C. A. vom 3. 8. 1530 (Münster [2]1981); *ders.*, Der Reichstag zu Augsburg und die Confutatio (Münster [2]1981); *G. Gaßmann*, Die Rechtfertigungslehre in der Perspektive der C. A.: Lu 50 (1979) 49–59; *E. Iserloh* (Hrsg.), C. A. und Confutatio, Symposion der Gesellschaft zur Herausgabe des CC vom 3.–7. 9. 1979 (Münster [2]1981); *ders.*, Die Abendmahlslehre der C. A., ihrer Confutatio und ihrer Apologie: Catholica 34 (1980) 15–35; *ders.*, 450 Jahre C. A. Eine Bilanz: Catholica 35 (1981) 1–16; *F. Hoffmann – U. Kühn* (Hrsg.), Die C. A. im ökumenischen Gespräch (Berlin 1980); *H. Meyer – H. Schütte* (Hrsg.), C. A. Bekenntnis des einen Glaubens (Paderborn 1980); *B. Dittrich*, Das Traditionsverständnis in der C. A. und in der Confutatio (Leipzig 1983); *E. W. Kohl*, Martin Bucers Katechismus vom Jahre 1534 und seine Stellung innerhalb der Katechismusgeschichte: ZBKG 39 (1970) 83–94; *W. P. Steffens*, The Holy Spirit in the theology of Martin Bucer (Cambridge 1970); *R. Stupperich*, M. Bucer: TRE VII, 258–270 (Lit).

23. Kapitel: W. H. Neuser (Hrsg.), Die Vorbereitung der Religionsgespräche von Worms und Regensburg (Neukirchen 1974); *K. H. Zur Mühlen*, Die Einigung über den Rechtfertigungsartikel auf den Regensburger Religionsgesprächen von 1541: ZThK 76 (1979) 331–359; *G. Müller* (Hrsg.), Religionsgespräche der Reformationszeit (Gütersloh 1980); *M. Hollerbach*, Das Religionsgespräch als Mittel der konfessionellen und politischen Auseinandersetzung im Dt. des 16. Jh.s (Frankfurt 1982).

29. Kapitel: H. Schützeichel, Katholische Calvin-Studien (Trier 1980); *R. Stauffer*, Dieu, la création et la providence dans la prédication de Calvin (Bern 1978); *K. Reuter*, Vom Scholaren bis zum jungen Reformator (Neukirchen 1981); *E. Koch*, Erwägungen zum Bekehrungsbericht Calvins: NAK 61 (1981) 185–197; *A. Ganoczy – St. Scheld*, Die Hermeneutik Calvins (Mainz 1983); *W. Nijenhuis*: TRE VII, 568–592 (Lit).

REGISTER

HANDBUCH DER KIRCHENGESCHICHTE

III/2

HANDBUCH DER KIRCHENGESCHICHTE

Herausgegeben von

HUBERT JEDIN

Band III

Die mittelalterliche Kirche

Die mittelalterliche Kirche

Zweiter Halbband:

Vom kirchlichen Hochmittelalter bis zum Vorabend der Reformation

von

HANS-GEORG BECK
KARL AUGUST FINK
JOSEF GLAZIK
ERWIN ISERLOH
HANS WOLTER

HERDER
FREIBURG · BASEL · WIEN

Umschlaggestaltung:
Finken & Bumiller, Stuttgart

Unveränderter Nachdruck
der Sonderausgabe von 1985

Herstellung: Freiburger Graphische Betriebe 1999
ISBN 3-451-27100-1

VORWORT

Die Darstellung der Kirchengeschichte des hohen und späten Mittelalters, die in dem vorliegenden Band geboten wird, setzt beim Abschluß des Investiturstreites und dem Auslaufen der gregorianischen Reform ein und endet mit dem Papsttum der Renaissance. Wie schon in den Vorworten zu Band III/1 (von Friedrich Kempf) und zu Band IV (von Erwin Iserloh) ausgeführt wurde, sah der ursprüngliche, von den Mitarbeitern auf Konferenzen in Trier und Freiburg (1958/60) entworfene Plan des Gesamtwerkes eine andere Einteilung vor: das frühe und hohe Mittelalter (bis 1300) sollte in einem Bande (III), das ausgehende Mittelalter und die Reformation sowie die Katholische Reform im folgenden, dem vierten Bande zur Darstellung kommen. Äußere Umstände, nicht zuletzt der Umfang der mittelalterlichen Kirchengeschichte, haben die jetzige Bandeinteilung herbeigeführt, die, wie Kempf und Iserloh bemerkt haben, ebenfalls gute Gründe für sich hat: Die Kirche des Abendlandes wird in ihrem Werden, ihrer Entfaltung und ihren Krisen sowie in ihren Beziehungen zu den Kirchen des Ostens in den beiden Teilen des dritten Bandes zusammengefaßt; die Spaltung des abendländischen Christentums in der Reformation und im konfessionellen Zeitalter samt der Erschließung neuer Räume durch die Entdeckungen und die Mission im vierten Band.

Dennoch erscheint es zweckmäßig, die Verbindungslinien des hier vorliegenden Bandes zu seinem Vorgänger (III/1) und seinem Nachfolger (IV) aufzuzeigen und so zusammenzufügen, was durch die entstandene Einteilung der Bände äußerlich getrennt wurde. Denn im 12. und 13. Jahrhundert entwickelt sich das mittelalterliche System, das in der Ottonenzeit und in der gregorianischen Reform ausgebildet wurde, zur vollen Reife, sowohl was die Stellung des Papsttums angeht wie in seiner Geistigkeit und Frömmigkeit. Es treibt aber auch die oppositionellen Kräfte gegen die hierarchische Kirche hervor: die Armutsbewegung, die in den Bettelorden nur teilweise aufgefangen und verkirchlicht wird, die radikale Opposition der Katharer. Das große Thema der abendländischen Geschichte, die Auseinandersetzung zwischen den beiden Gewalten, kommt auch nach der Niederlage der Staufer nicht zur

Ruhe. Das avignonesische Papsttum gerät in drückende Abhängigkeit von Frankreich, das gespaltene Papsttum des großen Schismas muß sich, um die „Obedienzen“ zu erhalten, mit den weltlichen Mächten arrangieren.

Aber noch deutlicher, will mir scheinen, werden in dem vorliegenden Band die Verbindungslinien zur Reformation sichtbar. Die versäumte Kirchenreform, der Konziliarismus, der entscheidende Anteil der Staaten an der Liquidierung des Basler Konzils, die Verstrickung des Papsttums in die italienische Territorialpolitik sind unmittelbare Voraussetzungen der Reformation, nicht weniger als das Aufkommen der neuen humanistischen Bildung und der Renaissance, die sozialen und wirtschaftlichen Umschichtungen im Laufe des 14. und 15. Jahrhunderts. Der ganze Komplex der „Ursachen“, richtiger wohl: „Voraussetzungen“ der Reformation wird transparent. Aber auch die Wurzeln der katholischen Erneuerung im 16. Jahrhundert reichen in diese Zeit zurück. Von der Devotio moderna, die hier wohl zum ersten Male so eingehend gewürdigt wird, geht eine Linie zu Ignatius von Loyola; die Ordensreformen des 16. Jahrhunderts knüpfen vielfach an die des späten Mittelalters an; die tridentinische Reform ist weithin eine Ausführung im Spätmittelalter aufgestellter Reformprogramme; ohne den christlichen Humanismus ist die Entwicklung der positiven Theologie im 16. und 17. Jahrhundert nicht denkbar. Die ersten Anfänge der Mission in Asien, Afrika und Amerika, die chronologisch noch in den vorliegenden Band gehören würden, sind erst im IV. Band behandelt.

Die gesamte Kirchengeschichte des Mittelalters, die hier abgeschlossen wird, steht unter dem Zwang, das kirchliche Geschehen und die kirchlichen Zustände im Zusammenhang und in der Wechselwirkung mit der allgemeinen, insbesondere der politischen Geschichte des Mittelalters behandeln zu müssen. Man kann die Geschichte des Papsttums im 12. und 13. Jahrhundert nicht schreiben, ohne auf seine Stellung an der Spitze der abendländischen Völkergemeinschaft einzugehen, man kann die Geschichte des Renaissancepapsttums nicht verstehen, wenn man seine Verstrickung in die italienische Territorialpolitik beiseite läßt. Wie man auch immer zu diesen Phänomenen stehen mag — sie sind und bleiben geschichtliche Tatsachen, die respektiert werden müssen. So gewiß es ist, daß Kirchengeschichte niemals nur ein Tatsachenbericht über die Vergangenheit der Kirche sein darf und immer auch Auseinandersetzung mit dieser Vergangenheit sein muß, so glauben wir doch, daß diese Auseinandersetzung in einem Handbuch nicht dazu führen darf, das Blickfeld zu verengen und zu verkürzen, wie es in Darstellungen für einen weiteren Leserkreis vertretbar wäre. Die Leser und Benutzer dieses Handbuchs sollen über die Tatsachen und Zusammenhänge, so wie sie sich nach dem gegenwärtigen Stand der Forschung darstellen, vollständig informiert werden; sie können sich dann selbst ihr Urteil bilden und pragmatische Folgerungen für die Gegenwart ziehen. Darüber sind sich Mitarbeiter und Herausgeber grundsätzlich einig.

Nach den bei der Abfassung des Handbuchs geltenden Grundsätzen hat jeder der Autoren die Freiheit, seine eigenen wissenschaftlichen Ansichten zu vertreten; er übernimmt für den von ihm bearbeiteten Teil allein die Verantwortung. Dadurch ergeben sich gewisse Unterschiede in der Beurteilung von Ereignissen und Personen, die der Leser und Benutzer dieses Bandes alsbald bemerken wird. Die Mitwirkung des Herausgebers beschränkt sich auf die Einhaltung des Gesamtplanes, der von den Mitarbeitern in gemeinsamer Arbeit entworfen worden ist.

Die Fertigstellung der Manuskripte durch die einzelnen Verfasser und dementsprechend die Drucklegung des Bandes haben sich länger hingezogen als ursprünglich vorgesehen. Dadurch sind „die Ersten die Letzten" geworden, vor allem bei der Berücksichtigung der ständig neu erscheinenden Literatur. Sie wurde, soweit möglich, noch nachträglich eingefügt.

Es ist eine gern erfüllte Pflicht des Herausgebers, Herrn Professor Dr. Oskar Köhler für ständige Beratung und nie versagende Hilfe und Herrn Walter Burkart, Oberkorrektor im Verlag Herder, für die Anfertigung des Registers zu danken.

Bonn, 29. Juni 1968 *Hubert Jedin*

INHALT

ERSTER TEIL:
DAS HOCHMITTELALTER

ZWEITER TEIL: DAS SPÄTMITTELALTER

VERZEICHNIS DER ABKÜRZUNGEN

Die Hinweise in den eckigen Klammern beziehen sich auf die Allgemeine Bibliographie dieses Bandes.

AAB = Abhandlungen der Deutschen (bis 1944: Preußischen) Akademie der Wissenschaften zu Berlin. Phil.-hist. Klasse, Berlin 1815 ff

AAL = Abhandlungen der Sächsischen Akademie der Wissenschaften in Leipzig (bis 30, 1920: AGL), Leipzig 1850 ff

AAM = Abhandlungen der Bayerischen Akademie der Wissenschaften. Phil.-hist. Klasse, München 1835 ff

AAMz = Abhandlungen (der geistes- und sozialwissenschaftlichen Klasse) der Akademie der Wissenschaften und der Literatur, Mainz 1950 ff

AAug = Analecta Augustiniana, Rom 1905 ff

ActaSS = Acta Sanctorum, ed. Bollandus etc., (Antwerpen, Brüssel, Tongerloo) Paris 1643 ff, Venedig 1734 ff, Paris 1863 ff

ADipl = Archiv für Diplomatik, Schriftgeschichte, Siegel- und Wappenkunde, Münster-Köln 1955 ff

ADRomana = Archivio della Deputazione Romana di Storia Patria, Rom 1935 ff (1878 bis 1934: ASRomana)

AElsKG = Archiv für elsässische Kirchengeschichte, hrsg. v. der Gesellschaft für elsässische Kirchengeschichte, red. v. J. Brauner, Rixheim im Oberelsaß 1926 ff; ab 1946 red. v. A. M. Burg, Straßburg

AER = The American ecclesiastical Review, Washington 1889 ff

AFP = Archivum Fratrum Praedicatorum, Rom 1931 ff

AFranc = Analecta Franciscana sive Chronica aliaque varia Documenta ad historiam Fratrum Minorum spectantia, edita a Patribus Collegii s. Bonaventurae, Quaracchi 1885 ff

AFrH = Archivum Franciscanum Historicum, Florenz-Quaracchi 1908 ff

AGAU = Archief voor de Geschiedenis van het Aartsbisdom Utrecht

AGL = Abhandlungen der Sächsischen Gesellschaft der Wissenschaften Leipzig (ab 31, 1921: AAL), Leipzig 1850 ff

AH = Analecta hymnica, hrsg. v. G. Dreves u. C. Blume, 55 Bde, Leipzig 1886—1922

AHD = Archives d'Histoire doctrinale et littéraire du Moyen-âge, Paris 1926 ff

AHPont = Archivum Historiae Pontificiae, Rom 1963 ff

AHR = The American Historical Review, New York 1895 ff

AHVNrh = Annalen des Historischen Vereins für den Niederrhein, insbesondere das alte Erzbistum Köln, Köln 1855 ff

AkathKR = Archiv für Katholisches Kirchenrecht, (Innsbruck) Mainz 1857 ff

AKG = Archiv für Kulturgeschichte, (Leipzig) Münster u. Köln 1903 ff

ALKGMA = Archiv für Literatur- und Kirchengeschichte des Mittelalters, hrsg. v. H. Denifle u. F. Ehrle, 7 Bde, (Berlin) Freiburg i. Br. 1885—1900

ALMA = Archivum Latinitatis medii aevi, Brüssel 1924 ff
AMrhKG = Archiv für mittelrheinische Kirchengeschichte, Speyer 1949 ff
AnBoll = Analecta Bollandiana, Brüssel 1882 ff
Angelicum = Angelicum, Rom 1924 ff
AnGr = Analecta Gregoriana cura Pontificiae Universitatis Gregorianae edita, Rom 1930 ff
AnOCist = Analecta Sacri Ordinis Cisterciensis, Rom 1945 ff
Antonianum = Antonianum, Rom 1926 ff
AnzAW = Anzeiger der österreichischen Akademie der Wissenschaften, Wien 1864 ff
AÖG = Archiv für österreichische Geschichte, Wien 1865 ff
APhilHistOS = Annuaire de l'Institut de Philologie et d'Histoire Orientales et Slaves, Brüssel 1932 ff
APraem = Analecta Praemonstratensia, Tongerloo 1925 ff, ab 1953: Averbode
ARG = Archiv für Reformationsgeschichte, (Leipzig) Gütersloh 1903 ff
ASRomana = Archivio della Reale Società Romana di Storia Patria, Rom 1878—1934 (ab 1935: ADRomana)
AST = Analecta Sacra Tarraconensia, Barcelona 1925 ff
AstIt = Archivio storico Italiano, Florenz 1842 ff
AttiPontAc = Atti della Pontificia Accademia Romana di Archeologia, Rom 1923 ff
AUF = Archiv für Urkundenforschung, Berlin 1908 ff
AZ = Archivalische Zeitschrift, München 1876 ff

BAC = Biblioteca de Autores Cristianos, Madrid 1945 ff (bisher 138 Bde)
Baluze-Mollat = St. Baluze, Vitae Paparum Avenionensium, ed. G. Mollat, 4 Bde, Paris 1916/28
Baudot-Chaussin = Baudot et Chaussin, Vies des Saints et des Bienheureux selon l'ordre du calendrier avec l'historique des fêtes (par les RR. PP. Bénédictins de Paris), 12 Bde, Paris 1935—56
BÉCh = Bibliothèque de l'École des Chartes, Paris 1839 ff
Beck = H.-G. Beck, Kirche und theologische Lit. im byzantinischen Reich, München 1959
BÉH = Bibliothèque de l'École des Hautes Études, Sciences philologiques et historiques, Paris 1869 ff
Benedictina = Benedictina, Rom 1947 ff
BGPhMA = Beiträge zur Geschichte der Philosophie (nach 1930: und Theologie) des Mittelalters. Texte und Untersuchungen, 39 Bde, zuerst hrsg. von Cl. Baeumker, jetzt von M. Schmaus, Münster 1891 ff
BHL = Bibliotheca hagiographica latina antiquae et mediae aetatis, ed. socii Bollandiani, 2 Bde, Brüssel 1898—1901; Suppl. editio altera, ebd. 1911
BiblThom = Bibliothèque Thomiste, Le Saulchoir 1921 ff
BISI = Bollettino dell'Istituto storico Italiano, Rom
BIStIAM = Bollettino dell'Istituto Storico Italiano per il Medio Evo e Archivio Muratoriano, Roma 1886 ff
BJRL = The Bulletin of the John Rylands Library, Manchester 1903 ff
BLE = Bulletin de littérature ecclésiastique, Toulouse 1899 ff
BRN = Bibliotheca Reformatoria Neerlandica, hrsg. v. S. Cramer u. F. Pijper, 10 Bde, Den Haag 1903—14
BThAM = Bulletin de Théologie Ancienne et Médiévale, Löwen 1929 ff
Bullarium Taur. = Bullarium Romanum, hrsg. von A. Tomassetti, 24 Bde, Turin 1857/72
BullFr = Bullarium Franciscanum, I—IV hrsg. v. H. Sbaralea u. B. de Rossi, Rom 1759 bis 1768, V—VII hrsg. v. K. Eubel, Rom 1898—1904, VIII (= NF I) hrsg. v. U. Hüntemann, Quaracchi 1929, IX—X (= NF II—III) hrsg. v. J. Pou y Marti, ebd. 1939—49, Suppl. I hrsg. v. F. Annibali de Latera, Rom 1780, Suppl. II hrsg. v. K. Eubel, Quaracchi 1908

BullSocAHLiège = Bulletin de la Société d'Art et d'Histoire du Diocèse de Liège, Liège
BullThomiste = Bulletin Thomiste, Paris, Le Saulchoir
ByZ = Byzantinische Zeitschrift, Leipzig 1892 ff
Byz(B) = Byzantion, Brüssel 1924 ff
Byzslav = Byzantinoslavica, Prag 1929 ff
BZ = Biblische Zeitschrift, Freiburg i. Br. 1903—29; Paderborn 1931—39, 1957 ff

CahiersCivMéd = Cahiers de Civilisation Médiévale, Poitiers
CambrHJ = The Cambridge Historical Journal, Cambridge 1923 ff; seit 1958: The Historical Journal
CCivMéd = Cahiers de la Civilisation Médiévale, Poitiers 1958 ff
CH = Church History, New York - Chicago 1932 ff
CHR = The Catholic historical Review, Washington 1915 ff
CICfontes = P. Gasparri - I. Serédi, Codicis Iuris Canonici Fontes, 9 Bde, Rom 1923—39
Cist = Cistercienser-Chronik, hrsg. v. den PP. Cisterciensern in Mehrerau, Mehrerau 1889 ff
COD = Conciliorum oecumenicorum decreta, ed. Centro di Documentazione Bologna, Freiburg i. Br. ²1962
CollFr = Collectanea Franciscana, Rom 1931 ff
CollOCR = Collectanea Ordinis Cisterciensium Reformatorum, Rom - Westmalle 1934 ff
CSEL = Corpus scriptorum ecclesiasticorum latinorum, Wien 1866 ff
CSHB = Corpus Scriptorum Historiae Byzantinae, Bonn 1828 ff
CTom = Ciencia Tomista, Madrid 1910 ff

D = H. Denzinger - A. Schönmetzer, Enchiridion Symbolorum, Definitionum et Declarationum de rebus fidei et morum, Barcelona - Freiburg i. Br. ³⁴1967
DA = Deutsches Archiv für Erforschung des Mittelalters (1937—43: für Geschichte des Mittelalters, Weimar), Köln - Graz 1950 ff (vgl. NA)
Dahlmann-Waitz = F. C. Dahlmann u. G. Waitz, Quellenkunde der Deutschen Geschichte, 9. Aufl. hrsg. v. H. Haering, Leipzig 1931—32; Neuauflage in Vorbereitung
DDC = Dictionnaire de droit canonique, hrsg. v. R. Naz, Paris 1935 ff
Denzinger-Schönmetzer = D
DHGE = Dictionnaire d'histoire et de géographie ecclésiastiques, hrsg. v. A. Baudrillart u. a., Paris 1912 ff
Dölger Reg = Corpus der griechischen Urkunden des Mittelalters und der neueren Zeit. Reihe A: Regesten. Abt. 1: Regesten der Kaiserurkunden des oströmischen Reiches, bearb. v. F. Dölger. 1. Teil: von 565—1025, München 1924, 2. Teil: von 1025—1204, ebd. 1925, 3. Teil: von 1204—82, ebd. 1932
DOP = Dumbarton Oaks Papers, ed. Harvard University, Cambridge, Mass., 1941 ff
DSAM = Dictionnaire de Spiritualité ascétique et mystique. Doctrine et Histoire, hrsg. v. M. Viller, Paris 1932 ff
DTh = Divus Thomas (vor 1914: Jahrbuch für Philosophie und spekulative Theologie; ab 1954: Freiburger Zeitschrift für Theologie und Philosophie), Fribourg
DThC = Dictionnaire de théologie catholique, hrsg. v. A. Vacant u. E. Mangenot, fortges. v. É. Amann, Paris 1930 ff
DTh(P) = Divus Thomas, Piacenza 1880 ff
Duchesne LP = Liber pontificalis, ed. L. Duchesne, 2 Bde, Paris 1886—92; ErgBd III, ed. C. Vogel, Paris 1957
DVfLG = Deutsche Vierteljahresschrift für Literaturwissenschaft und Geistesgeschichte, Halle 1923 ff
DZGw = Deutsche Zeitschrift für Geschichtswissenschaft, Freiburg i. Br. 1889—98 (ab 1898: HV)

ECarm = Ephemerides Carmeliticae, Florenz 1947 ff
ECatt = Enciclopedia Cattolica, Rom 1949 ff
Éfranc = Études franciscaines, Paris 1909—40; NS Paris 1950 ff
EHR = English Historical Review, London 1886 ff
EIC = Ephemerides Iuris Canonici, Rom 1945 ff
ELit = Ephemerides Liturgicae, Rom 1887 ff
ÉO = Échos d'Orient, Paris 1897 ff
EThL = Ephemerides Theologicae Lovanienses, Brügge 1924 ff

FDG = Forschungen zur Deutschen Geschichte, 26 Bde, Göttingen 1860—86
Feine RG = H. E. Feine, Kirchliche Rechtsgeschichte, I: Die katholische Kirche, Köln-Graz ^{4}1964
FF = Forschungen und Fortschritte, Berlin 1925 ff
Fliche-Martin = Histoire de l'Église depuis les origines jusqu'à nos jours, publiée sous la direction de A. Fliche et V. Martin, Paris 1935 ff [Allg. Bibl. II, 3]
FlorPatr = Florilegium Patristicum, hrsg. v. J. Zellinger u. B. Geyer, Bonn 1904 ff (bisher 44 Hefte)
FontiStIt = Fonti per la Storia d'Italia, hrsg. v. Istituto Storico Italiano per il medio evo, 94 Bde, Rom 1887 ff
FreibDiözArch = Freiburger Diözesan-Archiv, Freiburg i. Br. 1865 ff
FreibGeschBl = Freiburger Geschichtsblätter, Freiburg/Schweiz
FStud = Franziskanische Studien, (Münster) Werl 1914 ff
FStudies = Franciscan Studies, St-Bonaventure, N. Y., 1940 ff
FZThPh = Freiburger Zeitschrift für Theologie und Philosophie (vor 1914: Jahrbuch für Philosophie und spekulative Theologie; 1914—54: DTh), Fribourg

Gebhardt-Grundmann = B. Gebhardt, Handbuch der deutschen Geschichte, 8. Aufl. hrsg. v. H. Grundmann, Stuttgart I 1954, II 1955
Giesebrecht = F. W. Giesebrecht, Geschichte der deutschen Kaiserzeit, I—V München 1855—88; VI 1895 v. B. v. Simson; teilw. in 5. Aufl.
Gilson-Böhner = É. Gilson u. Ph. Böhner, Die Geschichte der christlichen Philosophie von ihren Anfängen bis Nikolaus von Cues, 3 Bde, Paderborn ^{2}1952 f
Glorieux R = P. Glorieux, Répertoire des maîtres en théologie de Paris au XIIIe siècle, I—II Paris 1933
Glotz = Histoire Générale, hrsg. v. G. Glotz (und Nachfolgern) [Allg. Bibl. II, 1]
Grabmann G = M. Grabmann, Die Geschichte der katholischen Theologie seit dem Ausgang der Väterzeit, Freiburg i. Br. 1933
Grabmann MGL = M. Grabmann, Mittelalterl. Geistesleben, I—III München 1926—56
Grousset = R. Grousset, Histoire des Croisades et du royaume de Jérusalem, 3 Bde, Paris 1934—36
Grumel Reg = V. Grumel, Les Regestes des actes du patriarcat de Constantinople, Kadiköi-Bukarest I, 1 1932, I, 2 1936, I, 3 1947
GuL = Geist und Leben. Zeitschrift für Aszese und Mystik (bis 1947: ZAM), Würzburg 1947 ff

Haller = J. Haller, Das Papsttum, 5 Bde, verb. u. erg. Aufl. Stuttgart 1950—53
Hauck = A. Hauck, Kirchengeschichte Deutschlands, Leipzig I—IV $^{3-4}$1906—14, V $^{2-4}$1929; Berlin-Leipzig I—V ^{8}1954
Hefele-Leclercq = Histoire des conciles d'après les documents originaux, par Ch. J. Hefele. Traduite par H. Leclercq. T. I—IX Paris 1907 ff
Heimbucher = M. Heimbucher, Die Orden und Kongregationen der katholischen Kirche, 3 Bde, Paderborn ^{2}1907—08; ^{3}1932—34 ebd. in 2 Bdn

Hinschius = P. Hinschius, Das Kirchenrecht der Katholiken und Protestanten in Deutschland, 6 Bde, Berlin 1869—97, Neudruck 1959
HJ = Historisches Jahrbuch der Görres-Gesellschaft, (Köln 1880ff), München 1950ff
Hochland = Hochland, München 1903ff
Holzapfel = H. Holzapfel, Handbuch der Geschichte des Franziskanerordens, Freiburg i. Br. 1909
HPBl = Historisch-politische Blätter für das katholische Deutschland, hrsg. v. F. Binder u. G. Jochner, 171 Bde, München 1838—1923
HS = Hispania Sacra, Madrid 1948ff
HStud = Historische Studien, hrsg. v. E. Ebering, Berlin 1896ff
HV = Historische Vierteljahresschrift, Leipzig 1898—1937 (bis 1898: DZGw)
HZ = Historische Zeitschrift, München 1859ff

IER = The Irish ecclesiastical record, Dublin 1864ff
Istina = Istina, Boulogne-sur-Seine 1954ff
IThQ = The Irish Theological Quarterly, Dublin 1906—22, 1951ff

JA = Journal Asiatique, Paris 1822ff
Jaffé = Ph. Jaffé, Regesta pontificum Romanorum ad a. p. Ch. n. MCXCVIII, Leipzig 1851; ²1881—88 in 2 Bdn, besorgt v. S. Löwenfeld, F. Kaltenbrunner u. P. Ewald; photomechan. Nachdruck Graz 1956
JbbDG = Jahrbücher der deutschen Geschichte, hrsg. von der Historischen Kommission der Bayerischen Akad. der Wiss., 1862ff
Jedin = H. Jedin, Geschichte des Konzils von Trient, Freiburg i. Br. I ²1951, II 1957
JEH = The Journal of Ecclesiastical History, London 1950ff
JJS = Journal of Jewish Studies, London 1948ff
JL = JLW
JLW = Jahrbuch für Liturgiewissenschaft, Münster 1921—41 (jetzt: ALW)
JÖByzG = Jahrbuch der österreichischen byzantinischen Gesellschaft, Wien 1951ff
JRAS = Journal of the Royal Asiatic Society of Great Britain and Ireland, London 1833ff
JRelH = The Journal of Religious History, Sydney
JThS = The Journal of theological Studies, London 1899ff
Jungmann K = J. A. Jungmann, Katechetik, Wien ²1955
Jungmann MS = J. A. Jungmann, Missarum sollemnia. Eine genetische Erklärung der römischen Messe, I—II Wien ³1952

Katholik = Der Katholik, Mainz 1821ff (Generalregister für 1821—89)

Lavisse = Histoire de France depuis les origines jusqu'à la Révolution, Paris 1900ff [Allg. Bibl. II/2]
Le Bras D = Histoire du droit et des institutions de l'Église en Occident, hrsg. v. G. Le Bras, I: Prolégomènes, Paris 1955
LM = Lexikon der Marienkunde, hrsg. v. K. Algermissen, L. Böer, C. Feckes, J. Tyciak, Regensburg 1957ff
LPM = J. P. March, Liber Pontificalis completur ex codice Dertuseni, Barcelona 1925
LThK² = Lexikon für Theologie und Kirche, hrsg. v. J. Höfer und K. Rahner, Freiburg ²1957ff
LuJ = Lutherjahrbuch. Jahrbuch der Luthergesellschaft, 1919ff

MA = Le Moyen-âge. Revue d'histoire et de philologie, Paris 1888ff
MAH = Mélanges d'archéologie et d'histoire, Paris 1880ff
Manitius = M. Manitius, Geschichte der lateinischen Literatur des Mittelalters, München I 1911, II 1923, III 1931

Mansi = J. D. Mansi, Sacrorum conciliorum nova et amplissima collectio, 31 Bde, Florenz-Venedig 1757—98; Neudruck u. Forts. hrsg. v. L. Petit u. J. B. Martin in 60 Bdn, Paris 1899—1927

Maria = Maria. Études sur la Sainte Vierge, sous la direction d'H. Du Manoir, I—IV Paris 1949—56

Martène C = E. Martène, Veterum scriptorum et monumentorum ecclesiasticorum et dogmaticorum amplissima collectio, 9 Bde, Paris 1724—33

Med et Hum = Mediaevalia et Humanistica, Boulder/Col.

MF = Miscellanea francescana, Rom 1886 ff

MG = Monumenta Germaniae Historica inde ab a. C. 500 usque ad a. 1500; Indices v. O. Holder-Egger u. K. Zeumer, Hannover-Berlin 1826 ff

Abteilungen:

MGConst	=	Constitutiones
MGDD	=	Diplomata
MGEp	=	Epistolae
MG Ep. sel.	=	Epistolae selectae
MG Font. iur.	=	Fontes iuris germanici
MGLiblit	=	Libelli de lite
MGLL	=	Leges
MGSS	=	Scriptores
MGSS rer. Germ.	=	Scriptores rerum Germanicarum in usum scholarum ex Monumentis Germaniae historicis recusi *oder* separatim editi (Oktav-Reihe)
MGSS rer. Germ. NS	=	MG, Scriptores rerum Germanicarum, Nova series

MIÖG = Mitteilungen des Instituts für österreichische Geschichtsforschung, (Innsbruck) Graz-Köln 1880 ff

MiscFranc = MF

Misc. Hist. Pont. = Miscellanea Historiae Pontificiae

MiscMercati = Miscellanea Giovanni Mercati, 6 Bde, Rom 1946

Mitteis = H. Mitteis, Der Staat des hohen Mittelalters, Weimar [4]1953

MOP = Monumenta ordinis Fratrum Praedicatorum historica, ed. B. M. Reichert, 14 Bde, Rom 1896—1904; Forts. Paris 1931 ff

MRS = Mediaeval and Renaissance Studies, London 1949 ff

MS = Mediaeval Studies, hrsg. v. Pontifical Institute of Mediaeval Studies, Toronto 1939 ff

MthSt = Münchener theologische Studien, hrsg. v. F. X. Seppelt, J. Pascher u. K. Mörsdorf, München 1950 ff

MThZ = Münchener Theologische Zeitschrift, München 1950 ff

Muratori = L. A. Muratori, Rerum italicarum scriptores ab anno aerae christianae 500 ad 1500, 28 Bde, Mailand 1723—51; Forts. v. Tartini 1748—70 u. N. G. Mittarelli 1771; Neuausg. v. G. Carducci u. V. Fiorini, Città di Castello 1900 ff

NA = Neues Archiv der Gesellschaft für ältere deutsche Geschichtskunde zur Beförderung einer Gesamtausgabe der Quellenschriften deutscher Geschichte des Mittelalters, Hannover 1876 ff (ab 1937: DA)

NAG = Nachrichten von der Akademie der Wissenschaften in Göttingen (bis 1940: NGG), Göttingen 1941 ff

NAKG = Nederlands Archief voor Kerkgeschiedenis

NDB = Neue Deutsche Biographie, Berlin 1953 ff

NGG = Nachrichten von der Gesellschaft der Wissenschaften zu Göttingen (ab 1941: NAG), Berlin 1845—1940

NRTh = Nouvelle Revue Théologique, Tournai-Löwen-Paris 1879 ff

NZM = Neue Zeitschrift für Missionswissenschaft, Beckenried 1945 ff

OGE = Ons Geestelijk Erf, Antwerpen - Thielt 1927 ff
OrChr = Oriens Christianus, (Leipzig) Wiesbaden 1901 ff
OrChrP = Orientalia Christiana periodica, Rom 1935 ff
OstKSt = Ostkirchliche Studien, Würzburg 1951 ff

Pastor = L. v. Pastor, Geschichte der Päpste seit dem Ausgang des Mittelalters, 16 Bde, Freiburg i. Br. 1885 ff u. ö.
PhJ = Philosophisches Jahrbuch der Görres-Gesellschaft, Fulda 1888 ff
PL = Patrologia Latina, hrsg. v. J. P. Migne, 217 Bde u. 4 Reg.-Bde, Paris 1878—90
Potthast R = A. Potthast, Regesta Pontificum Romanorum inde ab a. 1198 ad a. 1304, 2 Bde, Berlin 1873—75; seit 1911 in Paris
Pourrat = P. Pourrat, La spiritualité chrétienne, 4 Bde, Paris 1947
Preger = J. W. Preger, Geschichte der deutschen Mystik im Mittelalter, 3 Bde, Leipzig 1874—93

QFIAB = Quellen und Forschungen aus italienischen Archiven und Bibliotheken, Rom 1897 ff

RAC = Reallexikon für Antike und Christentum, hrsg. v. Th. Klauser, Stuttgart 1941 (1950) ff
RAM = Revue d'ascétique et de mystique, Toulouse 1920 ff
RBén = Revue bénédictine, Maredsous 1884 ff
RDC = Revue de droit canonique, Straßburg 1951 ff
RDL = Reallexikon der deutschen Literaturgeschichte, hrsg. v. P. Merker u. W. Stammler, 4 Bde, Berlin 1925—31 (RDL²: 2. Aufl., neu bearb. u. hrsg. v. W. Kohlschmidt u. W. Mohr, 3 Bde, Berlin 1955 ff)
RE = Realencyklopädie für protestantische Theologie und Kirche, begr. v. J. J. Herzog, hrsg. v. A. Hauck, 24 Bde, Leipzig ³1896—1913
RÉB = Revue des Études byzantines, Paris 1946 ff
RecHistCrois = Recueil des historiens des croisades, 16 Bde, Paris 1841—1906
RepFont = Repertorium fontium historicorum medii aevi, Rom 1962 ff
RepGerm = Repertorium Germanicum, hrsg. v. Kgl. preuß. historischen Institut in Rom, 4 Bde, Berlin 1916—43, VI u. VII in Vorbereitung
RevSR = Revue des Sciences Religieuses, Straßburg 1921 ff
RFN = Rivista di filosofia neoscolastica, Mailand 1909 ff
RH = Revue historique, Paris 1876 ff
RHEF = Revue d'histoire de l'Église de France, Paris 1910 ff
RHD = Revue d'histoire diplomatique, Paris
RHE = Revue d'histoire ecclésiastique, Löwen 1900 ff
RHM = Revue d'histoire des missions, Paris 1924 ff
RHPhR = Revue d'histoire et de philosophie religieuses, Straßburg 1921 ff
RHR = Revue de l'histoire des religions, Paris 1880 ff
RI = J. F. Böhmer, Regesta Imperii (1831 ff), neu bearb. v. E. Mühlbacher, J. Fischer u. a.; I Innsbruck 1889, ²1901—08 ebd.; II/1 Innsbruck 1893; II/2 Graz 1950; II/3 in Vorber.; III/1 Graz 1951; V—VI, VIII u. XI Innsbruck 1877—1948
RivAC = Rivista di archeologia cristiana, Rom 1924 ff
RMA = Revue du Moyen-âge latin, Straßburg 1945 ff
RMab = Revue Mabillon, Ligugé 1921 ff
RNPh = Revue néoscolastique de philosophie, Löwen 1894 ff
ROC = Revue de l'Orient chrétien, Paris 1896 ff
Rolls Series = Rerum Britannicarum medii aevi Scriptores, hrsg. von dem Master of the Rolls, 99 Bde, London 1858/96
RömHM = Römische Historische Mitteilungen, Graz - Köln 1958 ff

RQ = Römische Quartalschrift für christliche Altertumskunde und für Kirchengeschichte, Freiburg i. Br. 1887 ff
RQH = Revue des questions historiques, Paris 1866 ff
RSF = Rivista critica di Storia della Filosofia
RSIt = Rivista storica Italiana, Neapel 1884 ff
RSPhTh = Revue des sciences philosophiques et théologiques, Paris 1907 ff
RSR = Recherches de science religieuse, Paris 1910 ff
RSTI = Rivista di storia della chiesa in Italia, Rom 1947 ff
RThAM = Recherches de Théologie ancienne et médiévale, Louvain 1929 ff
RThom = Revue Thomiste, Paris 1893 ff
Runciman = St. Runciman, Geschichte der Kreuzzüge, 3 Bde, München 1957—60

SA = Studia Anselmiana, Rom 1933 ff
SAB = Sitzungsberichte der Deutschen (bis 1944: Preußischen) Akademie der Wissenschaften zu Berlin. Phil-hist. Klasse, Berlin 1882 ff
Saeculum = Saeculum. Jahrbuch für Universalgeschichte, Freiburg i. Br. 1950 ff
SAH = Sitzungsberichte der Heidelberger Akademie der Wissenschaften. Phil.-hist. Klasse, Heidelberg 1910 ff
SAM = Sitzungsberichte der Bayerischen Akademie der Wissenschaften. Phil.-hist. Abt., München 1871 ff
SAW = Sitzungsberichte der (ab 225, 1, 1947: Österreichischen) Akademie der Wissenschaften in Wien, Wien 1831 ff
SC = Scuola Cattolica, Mailand 1873 ff
Schmaus ThGG = Theologie in Geschichte und Gegenwart (M. Schmaus zum 60. Geburtstag), hrsg. v. J. Auer u. H. Volk, München 1957
Scholastik = Scholastik, Freiburg i. Br. 1926 ff
Schottenloher = K. Schottenloher, Bibliographie zur deutschen Geschichte im Zeitalter der Glaubensspaltung 1517—85, 6 Bde, Leipzig 1933—40; Stuttgart ²1956 ff
Seppelt = F. X. Seppelt, Geschichte der Päpste von den Anfängen bis zur Mitte des 20. Jahrhunderts, I, II, IV, V Leipzig 1931—41; I München ²1954, II ebd. ²1955, III ebd. 1956, IV ebd. ²1957 (neubearbeitet von G. Schwaiger)
SM = Studien und Mitteilungen aus dem Benediktiner- und Zisterzienserorden bzw. zur Gesch. des Benediktinerordens und seiner Zweige, München 1880 ff (seit 1911, NF)
SourcesChr = Sources chrétiennes, hrsg. v. H. de Lubac u. J. Daniélou, Paris 1941 ff
Speculum = Speculum. A Journal of medieval studies, Cambridge, Mass., 1926 ff
Stammler-Langosch = Deutsche Literatur des Mittelalters. Verfasserlexikon, 5 Bde, Bd I—II hrsg. v. W. Stammler, Bd III—V hrsg. v. K. Langosch, Berlin-Leipzig 1933—55
StC = Studia Catholica, Roermond 1924 ff
StdZ = Stimmen der Zeit (vor 1914: Stimmen aus Maria-Laach), Freiburg i. Br. 1871 ff
Stegmüller RS = F. Stegmüller, Repertorium commentariorum in sententias Petri Lombardi, I—II Würzburg 1947
SteT = Studi e Testi, Rom 1900 ff
StG = Studia Gratiana, hrsg. v. J. Forchielli u. A. M. Stickler, I—III Bologna 1953 ff
StMis = Studia Missionalia, Rom 1943 ff
Streit = Bibliotheca Missionum, begonnen v. R. Streit, fortgef. v. J. Dindinger, (Münster, Aachen) Freiburg i. Br. 1916 ff (bis 1968: 26 Bde)
StRom = Studi Romani
StudFr = Studi francescani, Arezzo-Florenz 1903 ff
StudGreg = Studi Gregoriani, hrsg. v. G. B. Borino, I ff, Rom 1947 ff
StudMed = Studi Medievali, Turin 1904 ff, n. s. 1928 ff (Nuovi Studi Medievali, Bologna 1923—27); 3. s. Spoleto 1961 ff
StudMon = Studia Monastica, Montserrat (Barcelona)

TG = Tijdschrift voor Geschiedenis, Groningen
ThGl = Theologie und Glaube, Paderborn 1909 ff
ThL = Theologische Literaturzeitung, Berlin
ThLZ = Theologische Literaturzeitung, Leipzig 1878 ff
ThPQ = Theologisch-praktische Quartalschrift, Linz a. d. D. 1848 ff
ThQ = Theologische Quartalschrift, Tübingen 1819 ff; Stuttgart 1946 ff
ThRv = Theologische Revue, Münster 1902 ff
ThZ = Theologische Zeitschrift, Basel 1945 ff
Tr = Traditio, New York 1943 ff
TThZ = Trierer Theologische Zeitschrift (bis 1944: Pastor Bonus), Trier 1888 ff

Ueberweg = F. Ueberwegs Grundriß der Geschichte der Philosophie, Berlin I ^{12}1926 v. K. Praechter, II ^{11}1928 v. B. Geyer, III ^{12}1924 v. M. Frischeisen-Köhler u. W. Moog, IV ^{12}1923 v. K. Österreich, V ^{12}1928 v. K. Österreich

VigChr = Vigiliae christianae, Amsterdam 1947 ff
ViVr = Βυζαντινὰ Χρονικά. Vizantijskij Vremennik, Leningrad 1894 ff
VS = La Vie Spirituelle, (Ligugé, Juvisy) Paris 1869 ff

WA = M. Luther, Werke. Kritische Gesamtausgabe („Weimarer Ausgabe") 1883 ff
WATr = D. Martin Luthers Werke, Tischreden, 6 Bde, Weimar 1912—21
Waas = A. Waas, Geschichte der Kreuzzüge, 2 Bde, Freiburg 1956
Watterich = J. B. Watterich, Pontificum Romanorum qui fuerunt inde ab exeunte saeculo IX° usque ad finem saeculi XIII' vitae ab aequalibus conscriptae etc., I (972—1099) u. II (1099—1198) Leipzig 1862
Wulf = M. de Wulf, Histoire de la philosophie médiévale, Löwen - Paris I ^{6}1934, II ^{6}1936, III ^{6}1947
WZKM = Wiener Zeitschrift für die Kunde des Morgenlandes, Wien 1887 ff

ZAM = Zeitschrift für Aszese und Mystik (seit 1947: GuL), (Innsbruck, München) Würzburg 1926 ff
ZBKG = Zeitschrift für bayerische Kirchengeschichte, Gunzenhausen 1926 ff
ZBLG = Zeitschrift für Bayerische Landesgeschichte, München 1928 ff
ZdAdL = Zeitschrift für deutsches Altertum und deutsche Literatur, (Berlin) Wiesbaden 1841 ff (bis 1874: Zeitschrift für deutsches Altertum)
ZGObrh = Zeitschrift für die Geschichte des Oberrheins, Karlsruhe 1851 ff
ZKG = Zeitschrift für Kirchengeschichte, (Gotha) Stuttgart 1876 ff
ZKTh = Zeitschrift für Katholische Theologie, (Innsbruck) Wien 1877 ff
ZMR = Zeitschrift für Missionswissenschaft und Religionswissenschaft, 34 ff Münster 1950 ff (Zeitschrift für Missionswissenschaft 1—17 ebd. 1911—27; Zeitschrift für Missionswissenschaft und Religionswissenschaft 18—25 ebd. 1928—35; Zeitschrift für Missionswissenschaft, 26—27 ebd. 1935—37; Missionswissenschaft und Religionswissenschaft, 28—33 ebd. 1938—41, 1947—49)
ZRGG = Zeitschrift für Religions- und Geistesgeschichte, Marburg 1948 ff
ZSavRGgerm = Zeitschrift der Savigny-Stiftung für Rechtsgeschichte, Germanistische Abteilung, Weimar 1863 ff
ZSavRGkan = Zeitschrift der Savigny-Stiftung für Rechtsgeschichte, Kanonistische Abteilung, Weimar 1911 ff
ZSKG = Zeitschrift für Schweizer Kirchengeschichte, Fribourg 1907 ff
ZSTh = Zeitschrift für systematische Theologie, (Gütersloh) Berlin 1923 ff
ZThK = Zeitschrift für Theologie und Kirche, Tübingen 1891 ff

5. Konzils- und Papstgeschichte

Siehe Bd III/1 S. XXV; ferner:

C. J. v. Hefele - H. Leclercq, Histoire des conciles: V: 1073—1250; VI: 1250—1409; VII: 1409—1447.

Histoire des conciles œcuméniques, hrsg. von *G. Dumeige* (die deutsche Ausgabe betreut *H. Bacht*) (Paris 1961 ff - Mainz 1963 ff).

G. Mollat, Les Papes d'Avignon (Paris [10]1965).

F. X. Seppelt, Geschichte des Papsttums, IV: Das Papsttum im Spätmittelalter und in der Zeit der Renaissance, neubearb. von *G. Schwaiger* (München [2]1957).

Rom und Kirchenstaat:

Storia di Roma, hrsg. vom Istituto di Studi Romani (Bologna 1938 ff): XI. *E. Dupré-Theseider,* Roma dal comune di popolo alla signoria Pontificia 1252—1377 (1952). — *D. Waley,* The Papal State in the Thirteenth Century (London 1961). — *P. Paschini,* Roma nel Rinascimento (1940).

6. Kirchliche Rechts- und Verfassungsgeschichte

Siehe Bd III/1 S. XXVI; ferner:

Rechtsgeschichtliche Werke: *G. Le Bras - Ch. Lefèbvre - J. Rambaud,* L'âge classique 1140—1378. Sources et théorie du droit (Paris 1965).

7. Weltliche Rechts- und Verfassungsgeschichte

Siehe Bd III/1 S. XXVI.

8. Monographien zur kirchlichen und weltlichen Rechtsgeschichte

Siehe Bd III/1 S. XXVII; ferner:

b) Politische Ideengeschichte

F. A. von der Heydte, Die Geburtsstunde des modernen Staates. Ein Beitrag zur Geschichte der Völkerrechte, der allgemeinen Staatslehre und des politischen Denkens (Regensburg 1952). — *F. Calasso,* I glossatori e la teoria della sovranità (Mailand [2]1957). — *S. Mochi Onory,* Fonti canonistiche dell'idea moderna dello Stato (Mailand 1951).

9. Ordensgeschichte

Siehe Bd III/1 S. XXVII; ferner:

P. Cousin, Précis d'Histoire monastique (Paris o. J. [1958]). — *L. Lekai - A. Schneider,* Geschichte und Wirken der weißen Mönche (Köln 1958). — *B. Graßl,* Der Prämonstratenser-Orden (Tongerloo 1934). — *H. Holzapfel,* Handbuch der Geschichte des Franziskanerordens (Freiburg 1909). — *R. M. Huber,* A Documented History of the Franciscan Order (1182—1517) (Milwaukee 1954). — *A. Léon,* Histoire de l'Ordre des Frères Mineurs (Paris 1954). — *T. Nyberg,* Birgittinische Klostergründungen des Mittelalters (Leiden 1967). — *A. Walz,* Compendium historiae Ordinis Praedicatorum (Rom [2]1948). — *A. Mortier,* Histoire des maîtres généraux de l'ordre des frères prêcheurs (Paris 1903 ff).

F ü r e i n z e l n e L ä n d e r :

D. Knowles, The Religious Orders in England, 3 Bde (Cambridge 1961). — *Th. W. Parker,* The Knights Templar in England (Tucson/Arizona 1963). — *J. Hasenberg - A. Wienand,* Das Wirken der Orden und Klöster in Deutschland (Köln 1957).

10. Liturgie und Hagiographie

Siehe Bd III/1 S. XXVIII; ferner:

F. Doyé, Heilige und Selige der römisch-katholischen Kirche, 2 Bde (Leipzig 1930/32).

F. G. Holweck, A Biographical Dictionary of the Saints (St. Louis - London 1924).

Bibliotheca Sanctorum, hrsg. vom Istituto Giovanni XXIII (Rom 1961 ff, bisher 9 Bde).

11. Literatur- und allgemeine Bildungsgeschichte

L i t e r a t u r :

Siehe Bd III/1 S. XXVIII; ferner:

W. Stammler - K. Langosch, Deutsche Literatur des Mittelalters. Verfasserlexikon, 5 Bde (Berlin - Leipzig 1933/55).

S c h u l w e s e n u n d U n i v e r s i t ä t e n :

H. Denifle, Die Entstehung der Universitäten des Mittelalters bis 1400 (Berlin 1885). — *G. Kaufmann,* Die Geschichte der deutschen Universitäten, Bd I: Vorgeschichte (Stuttgart 1888). — *St. d'Irsay,* Histoire des universités françaises et étrangères, Bd I: Moyen Age et Renaissance (Paris 1933). — *H. Rashdall,* The Universities of Europe in the Middle Ages, hrsg. von *F. M. Powicke - A. B. Emden,* 3 Bde (Oxford 1936).

12. Philosophie, Theologie, Spiritualität

Siehe Bd III/1 S. XXVIII; ferner:

P h i l o s o p h i e :

H. H. Heimsoeth, Die sechs großen Themen der abendländischen Metaphysik und der Ausgang des Mittelalters (Berlin ^{3}1954).

T h e o l o g i e :

K. Werner, Die Scholastik des späteren Mittelalters, 5 Bde (Wien 1881/87). — *G. Ritter,* Studien zur Spätscholastik, 3 Bde (Heidelberg 1921/27). — *H. Obermann,* The Harvest of Medieval Theology. Gabriel Biel and Late Medieval Nominalism (Cambridge/Mass. 1963), dt.: Der Herbst der mittelalterlichen Theologie (Zürich 1965).

S p i r i t u a l i t ä t :

St. Axters, Geschiedenis van de vroomheid in de Nederlanden, 3 Bde (Antwerpen 1950/56).

13. Kreuzzüge

R. Grousset, Histoire des croisades et du royaume franc de Jérusalem, 3 Bde (Paris 1934/36).

S. Runciman, A History of the Crusades, 3 Bde (Cambridge 1951/51), dt. von *P. de Mendelssohn,* Geschichte der Kreuzzüge (München 1957/60).

A. Waas, Geschichte der Kreuzzüge, 2 Bde (Freiburg i. Br. 1956).

A History of the Crusades, ed. *K. M. Setton,* bisher erschienen: Bd I: The First Hundred Years, ed. *M. W. Baldwin* (Philadelphia 1955); Bd II: The Later Crusades, ed. *R. L. Wolff - W. Hazard* (Philadelphia 1962).

H. E. Mayer, Geschichte der Kreuzzüge (Stuttgart 1965).

14. Missionsgeschichte

J. Schmidlin, Katholische Missionsgeschichte (Steyl o. J. [1925]).
A. Mulders, Missionsgeschichte. Die Ausbreitung des katholischen Glaubens (Regensburg 1960).
Th. Ohm, Wichtige Daten der Missionsgeschichte (Münster ²1961).
K. S. Latourette, A History of the Expansion of Christianity, Bd II: The Thousand Years of Uncertainty (500—1500) (New York - London 1938).
Histoire universelle des Missions catholiques, ed. S. *Delacroix,* Bd I: Les Missions des origines au XIVᵉ siècle (Paris 1956).

B) Die Ostkirche

Siehe Allgemeine Bibliographie Bd III/1 S. XXIX ff.

NACHTRÄGE ZUR BIBLIOGRAPHIE

von Hans-Georg Beck

Zu Seite 144:

L. Oeconomos, La vie religieuse aux temps des Comnènes et des Anges (Paris 1918); *V. Tiftixoglu*, Gruppenbildung innerhalb des konstantinopolitanischen Klerus während der Komnenenzeit: ByZ 62 (1969) 25–27; *P. P. Joannou*, Christliche Metaphysik in Byzanz (Ettal 1956); *D. Gress-Wright*, Bogomilism in Constantinople: Byz(B) 47 (1977) 163–185; *J. Leroy*, Monachisme oriental aux Xe–XIIIe siècles: Cahiers d'Histoire 20 (1975) 303–331; *A. Feiller*, Le monachisme byzantin aux XIe–XIIe siècles: Cahiers d'Histoire 20 (1975) 279–302; *R. J. Lilie*, Byzanz und die Kreuzfahrerstaaten (München 1981).

Zu Seite 150:

J. Gill, The second encounter with the west: A. D. 1204–1453, in: Byzantium, an introduction (Oxford 1971) 111–134; *A. D. Karpozilos*, The ecclesiastical controversy between the kingdom of Nicaea and the principality of Epiros (Thessalonike 1973); *G. Fedalto*, La chiesa latina in Oriente, 3 Bde. (Verona 1973–1978); *J. Gill*, The church union of the council of Lyons (1274) portrayed in greek documents: OrChrP 40 (1974) 5–45; *ders.*, John Beccus, patriarch of Constantinople: Byz(B) 45 (1975) 251–266.

Zu Seite 589:

D. M. Nicol, The byzantine reaction to the second council of Lyons, in: Studies in Church History VII (Cambridge 1971) 113–146; *A. Padakis*, Crisis in Byzantium: The Filioque controversy of the patriarchate of Gregory II of Cyprus (New York 1982); *J. Decarreaux*, Les Grecs au concile de l'union: Ferrara-Florence (Paris 1970); *I. Ševčenko*, Intellectual repercussions of the council of Florence: CH 24 (1955) 291–323.

Zu Seite 600:

D. Stiernon, Bulletin sur le palamisme: RÉB 30 (1972) 231–341; *G. Every*, The study of eastern orthodoxy: Hesychasm: Religion 9 (1979) 73–91; *G. Podskalsky*, Theologie und Philosophie in Byzanz (München 1977); *St. G. Papadopulos*, Thomas in Byzanz, Theologie und Philosophie 49 (1974) 274–304; *G. Weiss*, Johannes Kantakuzenos (Wiesbaden 1969).

ERSTER TEIL

Das Hochmittelalter

ERSTER ABSCHNITT

Das nachgregorianische Zeitalter (1124—1154)

Professor Dr. Hans Wolter SJ, Frankfurt a. M.

QUELLEN: *Mansi* XXI; *Hefele-Leclercq* V 645—847; MGLiblit III; *Duchesne LP* II u. III; *Watterich* II 157—322; *Jaffé* n. 7182—9942; Bullarium Taur. II 349—621. — Papsturkunden in Deutschland, Italien, Frankreich, England u. Portugal (Allg. Bibl. I, 5), dazu *M. P. Sheely*, Pontificia Hibernica, 2 Bde (Dublin 1962). — Briefe der Päpste dieses Zeitraums: Honorius II.: PL 166; Innozenz II.: PL 179; Anaklet II.: PL 179; Cölestin II.: PL 179; Lucius II.: PL 179; Eugen III.: PL 180; Anastasius IV.: PL 188. — Akten u. Urkunden der Kaiser u. Könige: Lothar III.: MGDD 8; MGConst I; *H. C. W. Davis*, Regesta regum anglo-normannorum, Bd 2 (Heinrich I.), ed. *Ch. Johnson - H. A. Cronne* (Oxford 1956); *A. Luchaire*, Louis VI, Annales de sa vie et de son règne (Paris 1890); *J. F. Böhmer*, Regesten des Kaiserreiches (Frankfurt a. M. 1831) 108—123; *K. F. Stumpf-Brentano*, „Die Reichskanzler", 2 Bde (Innsbruck 1868/72). — Wichtig sind die Briefsammlungen: Reinhardsbrunner Briefsammlung, ed. *Peeck:* MG Ep. sel. 5 (1952); Epistolae Wibaldi, ed. *Ph. Jaffé:* Bibl. rer. germ. I 76—616 (Allg. Bibl. I, 3); Codex Udalrici (im Anhang Briefe von 1125—34), ed. *Ph. Jaffé;* ebd. Bd 5, 17—469; dazu jetzt: *F.-J. Schmale*, Die Bemühungen Innocenz' II. um seine Anerkennung in Deutschland: ZKG 65 (1953/54) 240—265; Briefe Bernhards von Clairvaux: PL 182 (die kritische Edition steht noch aus); Briefe des Petrus Venerabilis: PL 189; Briefe Hildeberts von Lavardin: PL 171; Briefwechsel der hl. Hildegard von Bingen, ed. *A. Führkötter* (Salzburg 1965) u. a.
ERZÄHLENDE QUELLEN: In Deutschland: Annalista Saxo (bis 1139), MGSS 6, 553—777; Chronica S. Petri Erfordensis, ed. *O. Holder-Egger:* MGSS 30/1, 335—457; Chronica Regia Coloniens., ed. *G. Waitz:* MGSS rer. Germ. (1880); in den Gesta Treverorum die Vita Adalberonis archiepiscopi Trevirensis: MGSS 8, 243—260, übers. von *E. Zenz*, Die Taten der Trierer, Bd 2 (1124—52) (1957); die Annalen von Paderborn, ed. *P. Scheffer-Boichorst* (1870); Gesta archiepiscoporum Magdeburgensium: MGSS 14, 361 bis 484; *Otto von Freising*, Chronica, ed. *A. Hofmeister:* MGSS rer. Germ. (²1912) (mit dieser Edition die Übers. von *A. Schmidt*, hrsg. von *W. Lammers* [1960, Neudruck 1961]); Gesta Friderici I. Imperatoris, ed. *A. Schmidt - F.-J. Schmale* (Darmstadt 1965); dazu Otto von Freising, Gedenkgabe zu seinem 800. Todesjahr, hrsg. von *J. A. Fischer* (1958) (Hist. Verein Freising); Lauterberger Chronik (Montis Sereni): MGSS 23, 138—226; Gesta pontificum Leodiensium: MGSS 25, 1—129; die Viten Ottos von Bamberg: MGSS 12, 746 bis 902; die Kaiserchronik (bis 1147): MG Deutsche Chroniken, Bd 1 (1892), dazu jetzt *E. Nellmann*, Die Reichsidee in deutschen Dichtungen der Salier- und frühen Stauferzeit. Annolied — Kaiserchronik — Rolandslied — Eraclius (Philologische Studien und Quellen 16) (Berlin 1963).

In Italien: *Caffaro*, Annalen von Genua, Bd 1 (1099—1174), ed. *L. T. Belgrano* (1890): Fonti per la storia d'Italia, 11; *Romuald von Salerno*, Chronicon (bis 1178), ed. *C. A. Garufi:* SS Rer. Ital. (²1935), MGSS 19, 398—461; *Alexander von Telese*, De rebus gestis Rogerii Siciliae regis (bis 1136), ed. *G. Del Re:* Cronisti e scrittori sincroni napolitani,

Bd 1 (Neapel 1845), dort auch *Falco von Benevent,* Chronicon; *Petrus Diaconus,* Chronica monasterii Casinensis (bis 1139): MGSS 7, 574—844 = PL 183, 479—978 (für unsere Zeit kommt nur die Fortsetzung der Chronik des Leo Marsicanus durch Petrus Diaconus in Frage); Annalen von Pisa: MGSS 19, 236—266; Annalen von Ceccano: MGSS 19, 275 bis 302. Vgl. zu Alexander von Telese jetzt *M. Reichenmiller,* Bisher unbekannte Traumerzählungen Alexanders von Telese: DA 19 (1963) 339—352.

In England: *Wilhelm von Malmesbury,* Gesta pontificum Anglorum, ed. *N. E. S. A. Hamilton,* London 1870 (Rolls Series 52); *ders.,* Gesta regum Anglorum u. Historia novella, ed. *W. Stubbs,* 2 Bde (London 1887/89) (Rolls Series 90), die Historia Novella jetzt ed., übers. u. kommentiert von *K. R. Potter* (Nelson's Medieval texts) (London 1955); Gesta Stephani (bis 1154), ed. *R. Howlett* (Chronicles of the reigns of Stephen, Henry II, and Richard I), Bd 3 (Rolls Series 82) (London 1884), jetzt ed., übers. u. kommentiert von *K. R. Potter* (Nelson's Medieval texts) (London 1955); *Robert von Torigny,* Chronik, ed. *W. Stubbs* (s. o.), Bd 4, dort auch als Bd 1: *Wilhelm von Newburgh,* Historia rerum Anglicarum (bis 1198); *Ordericus Vitalis,* Historia Ecclesiastica (bis 1141), ed. *A. Le Prévost - L. Delisle,* 5 Bde (Paris 1838/55), in der ed. von *A. Duchesne* auch PL 188; vgl. *H. Wolter,* Ordericus Vitalis (Wiesbaden 1955); *Heinrich von Huntingdon,* Historia Anglorum (bis 1154), ed. *Th. Arnold* (Rolls Series 74) (London 1879); *Johannes von Salisbury,* Historia Pontificalis (bis 1152), ed. *R. L. Poole* mit Übers. u. Kommentar, hrsg. von *M. Chibnall* (Nelson's Medieval texts) (London 1956).

In Frankreich: Ordericus Vitalis, s. o.; Vita Ludovici Grossi von Suger von Saint-Denis, ed. *H. Waquet* (Paris 1929); Historia pontificum et comitum Engolismensium, ed. *J. Boussard* (Paris 1957); Chronik von Morigny (bis 1147), ed. *A. Duchesne:* PL 180, 131 bis 176; *M. Bouquet,* Recueil des historiens de la France, Bd 12—15 (Allg. Bibl. I, 3); *Hermann von Tournai,* De restauratione Monasterii S. Martini Tornacensis: MGSS 14, 274—327; Chronik von Saint-Bertin (Auszüge: MGSS 25, 747—866, ed. *O. Holder-Egger*). Ferner: *Helmold von Bosau,* Chronica Slavorum, ed. *B. Schmeidler* (ed. tertia): MGSS rer. Germ. 32 (Hannover 1937); Chronica Adefonsi Imperatoris (bis 1147); *H. Florez,* España Sagrada, 21, 320—409: RepFont I 254; *Wilhelm von Tyrus,* Historia rerum in partibus transmarinis gestarum: RecHistCrois, Hist. Occ. 1 = PL 201; *Saxo Grammaticus,* Gesta Danorum, ed. *J. Olrik, H. Raeder* u. a., 2 Bde (Kopenhagen 1931/57); *Johannes* prior Haugustaldensis ecclesiae, Historia de regibus Anglorum et Danorum, ed. *Th. Arnold:* Symeonis monachi opera, Bd 2 (Rolls Series 75) (London 1885): MGSS 27, 14—16; Historia Compostelana, ed. *H. Florez* 20 = PL 170, 889—1236.

ALLGEMEINE LITERATUR: Historia Mundi VI; The Cambridge Mediaeval History V; *L. Halphen; H. Pirenne - G. Cohen - H. Focillon* (Allg. Bibl. II, 1 a); *A. Cartellieri,* Der Vorrang des Papsttums zur Zeit der Kreuzzüge 1095—1150 (München - Berlin 1941); *Gebhardt-Grundmann* I; *O. Brandt - A. O. Meyer - L. Just* I; *P. Rassow; W. v. Giesebrecht* IV ([2]1877) (Allg. Bibl. II, 2); *K. Hampe - F. Baethgen,* Deutsche Kaisergeschichte in der Zeit der Salier und Staufer (Heidelberg [11]1963); *F. Heer,* Aufgang Europas, 2 Bde (Wien - Zürich 1949); *ders.,* Die Tragödie des Heiligen Reiches, 2 Bde (Stuttgart 1952); *W. v. d. Steinen,* Der Kosmos des Mittelalters. Von Karl dem Großen zu Bernhard von Clairvaux (München 1959); *R. Folz,* L'idée d'empire en Occident du Ve au XIVe siècle (Paris 1953); *E. E. Stengel,* Abhandlungen u. Unters. zur Gesch. des Kaisergedankens im MA (Köln 1965); *F.-L. Ganshof,* Le moyen âge. Histoire des relations internationales I, hrsg. von *P. Renouvin,* (Paris [2]1958); *E. Jordan,* L'Allemagne et l'Italie aux XIIe et XIIIe siècles: *G. Glotz,* Histoire du moyen âge VI, 1 (Allg. Bibl. II, 1 a) (Paris 1939).

A. L. Poole, From Domesday Book to Magna Charta 1087—1216 (Oxford [2]1955, Neudruck 1964); *ders.,* Medieval England, 2 Bde (Oxford [2]1960); *D. M. Stenton,* English Society in the Early Middle Ages (1066—1307) (Harmondsworth [4]1965); *G. Barraclough,* The Medieval Empire, Idea and Reality (Historical association, Series G, 17) (London

1960); *H. W. C. Davis,* England under the Normans and Angevins (London [13]1961); *A. Luchaire,* Les premiers Capétiens (987—1137) (Paris 1901); *ders.,* Louis VII — Philippe Auguste — Louis VIII (1137—1226) (Paris 1902): *E. Lavisse* II/2, III/1; *J. Le Goff,* La civilisation de l'Occident médiéval (Paris 1964); Storia politica d'Italia, dir. da *A. Solmi,* Bd IV (Allg. Bibl. II, 2); *R. Soldevilla,* Historia de España; *P. Peres,* Historia de Portugal, 2 Bde (Barcelos 1928/29) (Allg. Bibl. II, 2).

Fliche-Martin IX 1 = *A. Fliche,* L'épilogue de la réforme grégorienne (1123—1153) (Paris 1944); *R. Garcia Villoslada,* Edad media 800—1303 (Madrid [2]1958); *A. Hauck,* Kirchengeschichte Deutschlands IV ([5]1925); *R. W. Southern,* The Medieval Church (Harmondsworth 1966); The English Church and the Papacy, hrsg. von *C. H. Lawrence* (London 1965). Weitere Literatur zur Kirchengeschichte einzelner Länder vgl. Allg. Bibl. II, 4. *J. Haller,* Das Papsttum. Idee und Wirklichkeit III, hrsg. von *H. Dannenbauer* (Esslingen [3]1962); *F. X. Seppelt,* Geschichte des Papsttums, III: Die Vormachtstellung des Papsttums von der Mitte des 11. Jh. bis zu Cölestin V. (München 1956); *K. Bierbach,* Kurie und Nationalstaaten im früheren MA (1032—1245) (Dresden 1938); *R. Foreville,* Latran I, II, III et Latran IV: Histoire des Conciles œcuméniques 6 (Paris 1965). Weitere Lit. bei den einzelnen Kapiteln.

1. Kapitel

Honorius II., das Schisma von 1130 und das 2. Laterankonzil

QUELLEN: Zu Honorius II.: PL 166, 1217—1320 (Briefe); *Jaffé* [2]I nn. 823—839, II 755; *Duchesne LP* II 327f 379, III 136f 170f; LPM 203—217 (Pandulfs Vita aus dem Liber Pontificalis Dertusensis); *Watterich* II 157—173; *Hefele-Leclercq* V 645—675. — Zu Innozenz II.: PL 179, 21—674 (Briefe); *Jaffé* [2]I nn. 840—911; *Duchesne LP* II 379 bis 385 449, III 138; *Watterich* II 174—275. — Zu Anaklet II.: PL 179, 687—732; *Jaffé* [2]I nn. 911—919; *Duchesne LP* II 319 328 379f 382f; *Arnulf von Lisieux,* Tractatus de schismate Petri Leonis orto post Honorii papae decessum: *L. d'Achery,* Spicilegium [2]I 152ff = PL 201, 173—194.

LITERATUR: *G. Tellenbach,* Der Sturz des Abtes Pontius von Cluny und seine geschichtliche Bedeutung: QFIAB 42/43 (1963) 13—55; *L. M. Smith,* Cluny in the Eleventh and Twelfth Centuries (London 1930); *J. Leclercq,* La vie de Pierre le Vénérable (Paris 1946); *A. Wilmart,* Deux pièces relatives à l'abdication de Pons abbé de Cluny en 1122: RBén 44 (1932) 351—353; *H. V. White,* Pontius of Cluny, the Curia Romana and the End of Gregorianism in Rome: Church History 27 (1958) 195—219; *U. Berlières,* Le cardinal Matthieu d'Albano: RBén 18 (1901) 113—140 280—303.

U. Balzani, Italia, papato e impero nella prima metà del sec. XII (1124—1167) (Messina 1930); Jahrbücher der deutschen Geschichte: *W. Bernhardi,* Lothar von Supplinburg (Leipzig 1879); *ders.,* Konrad III. (Leipzig 1883); *J. Bachmann,* Die päpstlichen Legaten in Deutschland und Skandinavien (1125—1159) (Berlin 1913); *W. Janssen,* Die päpstlichen Legaten vom Schisma Anaklets II. bis zum Tode Coelestins III. (Kölner historische Abh., 6) (Köln 1961).

Zum Schisma von 1130: *R. Zoepffel,* Die Doppelwahl des Jahres 1130 (als Anhang seines Werkes: Die Papstwahlen vom 11. bis zum 14. Jh.) (Göttingen 1871); *E. Mühlbacher,* Die streitige Papstwahl des Jahres 1130 (Innsbruck 1876, Neudruck Innsbruck 1966); *H.-W. Klewitz,* Das Ende des Reformpapsttums: DA 3 (1939) 372—412 (jetzt auch *H.-W. Klewitz,* Reformpapsttum und Kardinalkolleg [Darmstadt 1957] 209—259); *P. F. Palumbo,* Lo scisma del MCXXX, i precedenti, la vicenda Romana e le ripercussioni europee della lotta tra Anacleto ed Innocenzo II col regesto degl'atti di Anacleto II:

Miscellanea della Reale Deputazione di Storia Patria (Rom 1942); *ders.*, La cancelleria di Anacleto II: Scritti di paleografia e diplomatica in onore di V. Federici (Florenz 1944) 79 ff (jetzt auch: Studi Salentini 17 [1964] 5—52); *H. Bloch*, The Schism of Anacletus and the Glanfeuil Forgeries of Peter the Deacon: Tr 8 (1952) 159—264; *F.-J. Schmale*, Die Bemühungen Innocenz' II. um seine Anerkennung in Deutschland: ZKG 65 (1954) 240 bis 265; *ders.*, Studien zum Schisma des Jahres 1130: Forschungen zur kirchlichen Rechtsgeschichte und zum Kirchenrecht, 3 (Köln-Graz 1961); *ders.*, Papsttum und Kurie zwischen Gregor VII. und Innocenz II.: HZ 193 (1961) 265—285; *P. F. Palumbo*, Nuovi studi (1942—1962) sullo scisma di Anacleto II: BIStIAM 75 (1963) 71—103.

Die Normannen: *F. Chalandon*, Histoire de la domination normande en Italie et en Sicile, 2 Bde (Paris 1907, Neudruck New York 1960); *G. Pepe*, I normanni in Italia meridionale (1066—1194), ed. *G. Musca* (Bari 1964); *D. Clementi*, Alexandri Telesini „Ystoria serenissimi Rogerii primi regis Sicilie", Lib. IV 6—10 (Twelfth Century Political Propaganda): BIStIAM 77 (1965) 105—126; *J. R. Ménager*, L'institution monarchique dans les États normands d'Italie: Cahiers de Civilisation médiévale 2 (1959) 303—331 445 bis 468 (wichtig); *J. Béraud Villars*, Les Normands en Méditerranée (Paris 1951); *E. Caspar*, Roger II (1101—1154) und die Gründung der normannisch-sicilischen Monarchie (Innsbruck 1904, Neudruck Darmstadt 1963); *P. F. Kehr*, Belehnungen der Normannenfürsten durch die Päpste (1059—1192): SAB 1934, 1; *W. Holtzmann*, Il regno di Ruggero II e gli inizi di un sistema di stati europei: Atti del Convegno internazionale di Studi Ruggeriani (Palermo 1955); *J. Déer*, Der Anspruch der Herrscher des 12. Jh. auf die apostolische Legation: AHPont 2 (1964) 115—186; *W. Holtzmann*, Papsttum, Normannen und die griechische Kirche: Miscellanea Bibl. Herzianae (München 1961) 68—76; *J. Béraud Villars*, Les Normands en Méditerranée (Paris 1951); *P. Andrieu-Guitrancourt*, Histoire de l'empire normand et de sa civilisation (Paris 1952); *A. de Stefano*, La cultura in Sicilia nel periodo normanno (Bologna ²1954); *L. T. White*, Latin Monasticism in Norman Sicily (Cambridge/Mass. 1938); *L. R. Ménager*, Les fondations monastiques de Robert Guiscard, duc de Pouille et de Calabre: QFIAB 39 (1959) 1—116; *ders.*, La ‚byzantinisation' religieuse de l'Italie méridionale et la pratique monastique des Normands d'Italie: RHE 53 (1958) 747—774, 54 (1959) 5—40; *H. Niese*, Die Gesetzgebung der normannischen Dynastie im regnum Siciliae (Halle 1910); *E. Pontieri*, Tra i normanni nell'Italia Meridionale (Neapel ²1964).

Zu Roger II.: Atti del Convegno internazionale di Studi Ruggeriani, 2 Bde (Palermo 1955); *H. Wieruszowski*, Roger II of Sicily, Rex Tyrannus, in Twelfth-Century Political Thought: Speculum 38 (1963) 46—78; *R. Elze*, Zum Königtum Rogers II. von Sizilien: Festschr. P. E. Schramm I (Wiesbaden 1964) 102—116; *W. Holtzmann*, Maximilla regina, soror Rogeri regis: DA 19 (1963) 149—157.

Lateran II: *R. Foreville*, Latran I, II, III et Latran IV: Histoire des Conciles œcuméniques 6 (Paris 1965); *R. L. Poole*, The English Bishops at the Lateran Council of 1139: EHR 38 (1923) 61—63; *C. Leonardi*, Per la tradizione dei concili di Ardara, Lateranensi I—II e Tolosa: BIStIAM 75 (1963) 57—70.

Das Konkordat von Worms und seine Gutheißung durch die Kirche auf dem ersten Laterankonzil (vgl. III/1, Kap. 45), die dem Investiturstreit nun auch für das Reich in Deutschland und Italien ein Ende setzten, bedeuteten für die Christenheit den Beginn einer Epoche friedvoller Entwicklung. Jetzt konnten sich die Kräfte der Reform, wie sie von den neuen Orden getragen wurden (vgl. III/1, Kap. 52), allenthalben entfalten. Das Verhältnis der römischen Kirche zum Kaisertum und zu den Königen des Abendlandes stand im Zeichen vertrauensvoller Zusammenarbeit. Eine Ausnahme machte indes im südlichen Italien der unter der kraftvollen Politik des Großgrafen Roger II. sich ausbauende Herrschaftsbereich der Normannen. Seine Expansion nach Norden mußte der Kurie ein Grund ständiger Beunruhigung sein. Und doch waren die Normannen seit ihrer Belehnung durch den Papst (1059) auch immer ein Rückhalt der römischen Kirche gewesen, wenn der kaiserliche Druck von Norden her die Autonomie des Patrimoniums gefährdete.

Der äußere Friede, den die Kirche, wie oben erwähnt, gewonnen hatte, wurde allerdings beeinträchtigt durch eine schwere Krise im Innern der römisch-kirchlichen Führungsmächte, die im Schisma der Jahre 1130/38 zum Ausbruch kam und zu deren Beilegung die Entscheidung der ganzen Christenheit angerufen werden mußte. Die Forschungen der letzten Jahrzehnte[1] haben erkennen lassen, daß es sich dabei nicht so sehr um stadtrömische Rivalitäten handelte, wie sie im 10. und 11. Jh. das Schicksal des Papsttums in seinen Trägern vielfach bestimmt hatten. Es ging vielmehr um einen Richtungskampf innerhalb des Kardinalskollegiums, das in seiner neuen Gestalt einen bedeutungsvollen Einfluß auf die Regierung der Kirche gewonnen hatte. Die neuen Träger der Reformbewegung (Cîteaux, Prémontré und die Regularkanoniker) hatten bereits unter Kalixt II. (vgl. III/1, Kap. 45) in dem Kardinalkanzler Haimerich[2] einen Freund im Kollegium erhalten. Seiner zielbewußten Politik gelang es bald, innerhalb der Kurie dem Kreis der Altgregorianer (wie man sie genannt hat), die weiterzuleben gewillt waren in den Vorstellungen der kämpferischen Zeit des Investiturstreites, eine wachsende Front von Kardinälen gegenüberzustellen, die den Anliegen der eben gewonnenen Friedenszeit und der nun religiös stärker zu durchblutenden Reform der neuen Orden verbunden waren.

Die tumultgestörte Wahl nach dem Tode von Kalixt II. (13. 12. 1124) wurde bereits zum Zeichen für die sich wandelnde Lage an der Kurie. Zur Wahl standen der Kardinalbischof von Ostia, Lambert, und der Kardinaldiakon Saxo von S. Stefano. Beide waren an den Beratungen beteiligt gewesen, die zum Abschluß des Wormser Konkordats geführt hatten. Die Wähler entschieden sich indes für den Kardinalpriester Theobald von S. Anastasia, der als Cölestin II. mit dem roten Mantel bekleidet wurde. Schon stimmte man das Tedeum an, als unter Leo Frangipani die Versammlung tumultuarisch gestört wurde, wobei der eben gewählte Papst schwere Verletzungen erlitt. Kardinalkanzler Haimerich, dessen Verbindung mit den Frangipani bekannt war, konnte Cölestin II. zum Verzicht auf das Papsttum bewegen, und es gelang ihm, zumal der Kardinal Petrus Pierleoni offiziell auf die Kandidatur verzichtete (die ihm anscheinend nahegelegt worden

[1] Vgl. den Forschungsbericht (bis 1961) bei *F.-J. Schmale,* Studien zum Schisma des Jahres 1130 (Köln 1961) 2—12. Jetzt auch noch *G. Tellenbach,* Abt Pontius (Bibl. zum Kap.) u. *P. F. Palumbo,* Nuovi studi (Bibl. zum Kap.).

[2] Eine ausführliche Lebensskizze entwirft erstmalig *F.-J. Schmale,* Studien 93—191.

war), die Stimmen der Wähler am 21. Dezember 1124 auf Lambert von Ostia zu vereinigen. Der neue Papst, Honorius II., bestätigte Haimerich in seinem Amt und ermöglichte ihm so seinen weiteren Aufstieg. Von den zehn Kardinalsernennungen[3] dieses Pontifikats verstärkten sieben, wie sich 1130 zeigen sollte, den Kreis des Kanzlers. Auch für die Legationen nach Deutschland, England, Oberitalien, Venedig, Benevent und Kastilien wurden bis 1130 zumeist solche Männer bestimmt, die, wie ihre Entscheidung 1130 es auswies, auf seiten Haimerichs standen. Bis zum Ausgang dieses Pontifikats gelang es Haimerich, eine starke Minorität des Kollegiums, fast die Hälfte, für den „neuen Kurs" zu gewinnen. Als Burgunder stammte Haimerich aus dem Mutterland der monastischen Reformen (Cluny, Cîteaux) und war selbst Regularkanoniker, wie Lambert von Ostia, dessen Wahl er entscheidend ermöglicht hatte.

Wenige Monate nach dem Pontifikatsbeginn Honorius' II. starb in Deutschland Kaiser Heinrich V. (23. Mai 1125). Die Wahl seines Nachfolgers in Anwesenheit des päpstlichen Legaten Gerhard, Kardinals von S. Croce, fiel unter maßgeblicher Führung der Wahlversammlung durch Erzbischof Adalbert von Mainz auf den Sachsenherzog Lothar von Supplinburg. Man überging dabei Herzog Friedrich II. von Schwaben, der nach Geblütsrecht als Neffe des verstorbenen Kaisers die nächste Anwartschaft auf die Krone gehabt hätte. Doch fürchtete man, er würde die salische Kirchenpolitik fortsetzen; auch schien der kinderlose Lothar, mit 50 Jahren für jene Zeit ein alter Mann, dem freien Wahlrecht der Fürsten eine bessere Garantie zu bieten. Der neue König zeigte dem Papst seine Wahl an und bat sogar um ihre Bestätigung. Die Opposition der übergangenen Staufer meldete sich aber alsbald an. Zwar hatte Herzog Friedrich dem König gehuldigt, nicht aber sein Bruder Konrad, den schwäbische und fränkische Fürsten im Dezember 1127 in Nürnberg zum Gegenkönig erhoben. Auf seinem Zug nach Italien wurde Konrad am 29. Juni 1128 in Monza vom Mailänder Erzbischof Anselm mit der eisernen Krone der Lombarden gekrönt. Papst Honorius II. griff jetzt zugunsten Lothars ein. Er sandte den Kardinal Johannes von Crema nach Pisa und ließ dort auf einer Synode Erzbischof Anselm exkommunizieren. Dadurch wurde seine ablehnende Haltung gegenüber Konrad klar umrissen, der 1130, ohne seine italienischen Ziele erreicht zu haben, nach Deutschland zurückkehrte.

In Süditalien mußte Honorius sich mit Roger II. auseinandersetzen. Als nämlich 1127 Herzog Wilhelm von Apulien starb, wollte der sizilische Großgraf sein Erbe antreten. Die Kurie plante einen Zug gegen Roger, der allerdings nicht zustande kam. Verhandlungen, für die Kurie geführt von Kar-

[3] Der Methode von *H.-W. Klewitz*, Ende des Reformpapsttums, folgend, erarbeitet *F.-J. Schmale* prosopographisch eingehende Analysen aller Mitglieder des Kardinalskollegiums vor 1130, Studien 29—90 (hier auch eine knappe Charakterisierung der beiden Kandidaten von 1130, wobei die Akzente deutlich zugunsten Innozenz' II. gesetzt werden).

dinal Haimerich und Cencius Frangipani, welche notwendig wurden, als Roger II. 1128 Apulien gewaltsam besetzt hatte, endeten mit dem Vertrag von Benevent, einem Kompromiß, der den Machtzuwachs Rogers bestätigte. Roger verpflichtete sich, die Grafschaft Capua und die päpstlichen Besitzungen in Benevent zu respektieren. Der Friede von Benevent (22. 8. 1128) ließ indes erkennen, wo die endgültigen Grenzen des Normannenreichs liegen würden. Er war eher ein Waffenstillstand, wie so viele Friedensschlüsse dieser Zeit.

Für die innerkirchliche Politik des Honorius-Pontifikats aufschlußreicher erscheinen die Vorgänge um Cluny und Monte Cassino. Abt Pontius von Melgueil[4], der in Cluny 1109 die Nachfolge Hugos d. Gr. angetreten hatte und bis in die Zeit des Abschlusses des Wormser Konkordats zu den auch von der Kurie bevorzugtesten Prälaten gehört hatte, war 1122 über Rom nach Jerusalem gefahren. Ob Kalixt II. ihn hatte bewegen können, auf den Abbatiat zu verzichten, läßt sich nicht mehr nachweisen. Jedenfalls erlaubte der Papst in Cluny eine Neuwahl, die zunächst auf Hugo von Marcigny, nach dessen frühem Tod dann auf Petrus Venerabilis fiel. Nach des Pontius Rückkehr von Jerusalem kam es in Cluny zu einem gewaltsamen Kampf um den Abbatiat. Honorius II. rief die streitenden Parteien vor sein Gericht nach Rom. Abt Pontius wurde verurteilt und starb noch im gleichen Jahr (1126) in päpstlichem Gewahrsam. Die jüngste Forschung sieht in diesen Vorgängen einen Beweis dafür, daß sich an der Kurie die bereits unter Kalixt II. abzeichnende Wendung „vom Mönchtum zum Episkopat" verstärkte[5], und weist auf die schweren Spannungen hin, die unter Pontius zwischen Cluny und den Bischöfen zutage getreten waren. In ähnlicher Weise muß wohl auch das Vorgehen der Kurie in Monte Cassino verstanden werden, wo Honorius II. den Kardinalabt Oderisius zum Verzicht auf seinen Abbatiat zwang. Auch hier scheint man die Gravamina der Bischöfe gegen die machtvolle Abtei ernst genommen zu haben. Ein weiterer Wandel kurialer Kirchenpolitik wurde erkennbar an der steigenden Zahl von Privilegien für regulierte Chorherrenstifte[6]. Die Zisterzienser und Prämonstratenser aber waren in ihren Anfängen durch die Anerkennung der bischöflichen Jurisdiktion davor bewahrt, dieser kurialen Neuorientierung zu widerstreben. Es mußte ein Anliegen des Papsttums sein, für die Vertiefung der religiösen Reform des Abendlandes allenthalben die energische Mitarbeit des Episkopates zu gewinnen.

In Rom aber führte diese Wende, die zugleich ein Generationenwechsel im Kardinalskollegium war, zu Spannungen, die sich gegen Ende des Hono-

[4] Hierzu vor allem *G. Tellenbach*, Der Sturz des Abtes Pontius von Cluny: QFIAB 42/43 (1963) 13—55.

[5] *G. Tellenbach*, Pontius 55.

[6] Das Verhältnis von Benediktinerprivilegien zu Stiftsprivilegien war unter Kalixt II. noch 4 : 1 gewesen, änderte sich unter Honorius II. zu 1,6 : 1 und unter Innozenz II. zu 1,1 : 1. Vgl. *F.-J. Schmale*, Studien 139 f.

rius-Pontifikates auch dadurch steigerten, daß sich die rivalisierenden Adelsparteien der Frangipani und Pierleoni einschalteten, diese als Stütze der Altgregorianer, jene als Helfer der Richtung des Kardinalkanzlers Haimerich. Das verhängnisvolle Jahr 1130 brachte eine Lösung dieser Spannungen, doch nicht zum Frieden, sondern vorerst zu einem Schisma, wie es bis dahin seit den dunklen Zeiten der Adelspäpste bis 1046 der Kirche erspart geblieben war. Ein Schisma nicht von außen aufgezwungen, sondern im Schoß der Kirche selbst aufbrechend. Wie sehr sich aber die Zeiten seit dem ‚saeculum obscurum' gewandelt hatten, sollte sich an der Geschichte dieses Schismas erweisen. Das anfänglich wie eine stadtrömische Auseinandersetzung anmutende Ringen zweier Päpste wurde alsbald vor das Forum der Gesamtkirche gestellt und von dieser dann auch entschieden.

Als Papst Honorius II. Anfang des Jahres 1130 zu Tod erkrankte, begann Kardinal Haimerich, wohl in Erinnerung an die Tumulte bei der Wahl von 1124, die Vorbereitungen zu treffen[7], welche eine unbehinderte und kanonische Wahl ermöglichen sollten. Der sterbende Papst wurde in das von den Befestigungen der Frangipani beschützte Kloster S. Gregorio Magno gebracht. Das Kollegium der Kardinäle wählte in seinen drei Klassen Vertreter zu einem Wahlausschuß von acht Mitgliedern, dem nach Ableben und Beisetzung des Papstes die Wahl des Nachfolgers zustehen sollte. Fünf Mitglieder dieses Ausschusses gehörten der Richtung Haimerichs an, nur drei kamen aus dem Kreis der Altgregorianer[8]. Die Kirche S. Andrea sollte Wahlort sein, die Befestigungen der Frangipani für die Zeit der Wahl dem Kardinalskollegium überantwortet werden.

Tatsächlich hielt man sich nicht an diese Vereinbarungen. In der Nacht vom 13./14. Februar starb Honorius und wurde eiligst in einem vorläufigen Grab beigesetzt. Der Ausschuß konnte nicht vollzählig zusammentreten, da zwei Mitglieder (die Kardinäle Petrus Pierleoni und Jonathas) fehlten. So rief Haimerich in morgendlicher Frühe gegen den Protest des Kardinals Petrus von Pisa den Kardinaldiakon Gregor von S. Angelo unter Zustimmung seiner Freunde zum Papst aus. Bekleidet mit dem roten Papstmantel seines Vorgängers, wurde Innozenz II. im Lateran inthronisiert.

Als man am Morgen des 14. Februar in Rom von den Vorgängen der Nacht erfuhr, rief Kardinal Petrus Pierleoni die übrigen Kardinäle — die

[7] Die Quellen zur Doppelwahl hat *E. Mühlbacher* erschöpfend gesammelt (Die streitige Papstwahl, Innsbruck 1876). Ihre Kritik wurde weitergeführt in allen späteren Arbeiten zum Schisma. Wichtig wurde neuestens die Untersuchung von *F.-J. Schmale* zu den im Codex Udalrici überlieferten Schreiben, die er mit hoher Wahrscheinlichkeit als Fälschungen nachweisen konnte (Die Bemühungen Innozenz' II. um seine Anerkennung in Deutschland: ZKG 65 [1953/54] 240—265).

[8] Die beiden Kardinalbischöfe Wilhelm von Präneste und Konrad von Sabina, der Kardinalpriester Petrus Rufus, die Kardinaldiakone Haimerich und Gregor von S. Angelo, die anderen drei waren: die Kardinalpriester Petrus Pierleoni und Petrus von Pisa und der Kardinaldiakon Jonathas.

Mehrheit des Kollegiums — in S. Marco zusammen, protestierte gegen die unkanonisch vorgenommene Wahl und forderte die Versammlung auf, ihrerseits Honorius II. einen Nachfolger zu geben. Er selbst bezeichnete Petrus, den Kardinalbischof von Porto, als Kandidaten, doch lehnte dieser den Vorschlag ab und benannte seinerseits Petrus Pierleoni. Er wurde von den anwesenden Kardinälen einstimmig gewählt und vom anwesenden Klerus und Volk akklamiert. Man führte Anaklet II. zur Inthronisierung nach St. Peter. So hatte Rom an einem Tag zwei Päpste gewählt. Beide wurden am gleichen Tag (23. Februar 1130) zu Bischöfen geweiht: Innozenz II. in Haimerichs Titelkirche S. Maria Nuova vom Kardinalbischof von Ostia und Anaklet II. im Lateran vom Kardinalbischof Petrus von Porto.

Beide Päpste waren Römer, Innozenz II. gehörte zu den Papareschi aus Trastevere, Anaklet zur machtvollen Familie der Pierleoni[9], jüdischen Ursprungs („der Papst aus dem Ghetto"), doch schon seit den Zeiten Leos IX. konvertiert. Sie hatten den Päpsten bis Kalixt II. einschließlich große Dienste geleistet und waren den Altgregorianern eng verbunden. Kardinal Petrus, der in Paris studiert hatte und in Cluny Mönch geworden war, war von Paschalis II. ins Kollegium berufen worden und hatte ständig an Einfluß gewonnen. Unbestritten war er eine geistig überlegene Persönlichkeit, kraftvoll und schnell im Entschluß, dank seiner Erfahrung an der Kurie und auf wichtigen Legationsreisen in England und Frankreich mit dem Kirchenregiment vertraut, ein ebenbürtiger Gegenspieler des Kardinalkanzlers Haimerich. Neben Anaklet wirkte Innozenz eher blaß und mittelmäßig, man rühmte seine liebenswürdige Frömmigkeit, seinen tadelfreien Lebenswandel. Auch er besaß Erfahrung als Legat, bei den Wormser Konkordatsverhandlungen war er beteiligt gewesen und hatte zusammen mit Kardinal Pierleoni die Legation in Frankreich wahrgenommen. Beide Wahlgänge waren kanonisch nicht korrekt verlaufen, wenn man damals überhaupt von geltendem Wahlrecht sprechen kann — das Papstwahldekret von 1059 war seit langem nicht, wenn überhaupt je, in Geltung gewesen; jedenfalls hatte man sich nicht an die vorher verabredeten und beschworenen Richtlinien und Bedingungen gehalten. Eine schiedsrichterliche Instanz, die man hätte anrufen können, gab es nicht. So blieb praktisch, wenn in Rom keiner von beiden sich mit Ausschluß oder Verzicht des anderen durchsetzen konnte, nur ein Weg: der Appell an die Gesamtkirche, deren Zustimmung zu gewin-

[9] Die eingehendsten Studien über die Pierleoni haben wir von *P. F. Palumbo* (siehe Bibl. zum Kap.); das Charakterbild des Kardinals wurde durch die heftige Polemik der Zeit des Schismas so verzerrt, daß sich seine wirklichen Züge nur sehr schwer herausarbeiten lassen. Seine geistige Überlegenheit scheint ihm nur geringe Sympathien gewonnen zu haben, bei seinen mehrheitlich französischen Gegnern, die in seltener Einmütigkeit urteilten (man denke an den Cluniazenser Kardinal Matthaeus von Albano in der Darstellung von *U. Berlière:* RBén 18 [1901] 113—140), mag auch schon das damals sich regende Nationalgefühl eine Rolle gespielt haben.

nen sich nunmehr beide Päpste angelegen sein ließen. Innozenz II. hatte Rom verlassen müssen, da sich die Frangipani von ihm abwandten und Anaklet II. huldigten. Er war Regularkanoniker gewesen und stand so zusammen mit Haimerich den einflußreichen Kreisen der neuen Orden nahe. Anaklet II. hoffte, daß Cluny für ihn eintreten würde, der machtvollste monastische Verband des Abendlandes, dem er selbst angehört hatte. Die Entscheidung der Kirche indes fiel mehrheitlich Innozenz II. zu, zumal sich auch Cluny unter Petrus Venerabilis gegen Anaklet gewinnen ließ. Zuerst warb Innozenz um Frankreich, wo sich Bernhard von Clairvaux für ihn einsetzte. Allerdings folgte nicht ganz Frankreich, denn Aquitanien, Erzbischof Hildebert von Tours und Bischof Gerhard von Angoulême standen zunächst auf seiten Anaklets. Auch England, das anfangs zögerte, konnte durch Bernhards Einfluß auf König Heinrich I. schließlich umgestimmt werden, doch Schottland (König und Klerus) hielt zu Anaklet II. Spanien und Portugal unterwarfen sich Innozenz, von Skandinavien und den osteuropäischen Kirchen fehlen Nachrichten. Während die Kreuzfahrerstaaten und ihre lateinischen Patriarchen schließlich auf seiten Innozenz' II. traten, scheint der griechische Patriarch von Konstantinopel Anaklet II. anerkannt zu haben[10].

Wichtig wurde vor allem die Stellungnahme der deutschen Kirche und König Lothars. Beide Päpste meldeten dem König ihre Wahl und forderten ihn zum Romzug auf. Erst auf dem Hoftag in Würzburg (Oktober 1130) entsprach Lothar dem mehrheitlichen Beschluß der Bischöfe und Prälaten und anerkannte Innozenz II., mit dem er auf dem Reichstag zu Lüttich (März 1131) persönlich zusammentraf und die erbetene Romfahrt besprach. In Deutschland hatten vor allem Norbert von Magdeburg und Konrad von Salzburg, unterrichtet von Erzbischof Walter von Ravenna und Bischof Hubert von Lucca, von Haimerich und Bernhard von Clairvaux, für Innozenz geworben.

Anaklet II. konnte sich auf Rom, Mailand und Süditalien stützen, auf Roger II., dem Anaklet das eben jetzt sich selbst zugesprochene Königtum bestätigte[11]. Die Verbindung mit den Normannen erlaubte es Anaklet, bis zu seinem Tod (25. 1. 1138) seinen Pontifikat von Rom aus weiterzuführen. Zwar hatte Lothar III. auf seinem ersten Romzug (1133) wenigstens die Lateranbasilika gewonnen, wo ihn Innozenz II. am 4. Juni zum Kaiser krönte, doch als die Deutschen Rom wieder verließen, konnte Innozenz sich nicht halten und zog im September nach Pisa. Hier hielt er 1135 eine auch

[10] Beide Päpste rühmten sich der Zustimmung der östlichen Kirchen, die Unstimmigkeiten dieser Aussagen werden von *F.-J. Schmale*, Studien 248, Anm. 2, untersucht. Eine volle Klärung läßt sich bei der heutigen Quellenlage noch nicht erbringen.

[11] Vgl. hierzu die bisher beste Darstellung von *L. R. Ménager*, L'institution monarchique dans les États normands d'Italie: Cahiers de Civilisation médiévale 2 (1959) 445—448 (La promotion royale).

von jenseits der Alpen gut besuchte Synode, auf der Anaklet II. und Roger von Sizilien mit dem Bann belegt wurden.

Als Mailand schließlich, dank der Bemühungen Bernhards von Clairvaux für Innozenz gewonnen wurde, war der Weg für einen zweiten Italienzug des Kaisers frei (1136/37). Auch diesmal konnte man Rom nicht erobern, der Feldzug gegen Roger II. endete unentschieden. Auf seinem Heimzug nach Deutschland starb Kaiser Lothar (4. 12. 1137), ohne das Ende des Schismas erlebt zu haben. Allerdings hatten inzwischen Verhandlungen der Innozentianer mit Roger begonnen. Es kam zu Gesandtschaften beider Päpste, die vor dem König, wie einem Schiedsrichter, die Ansprüche und Rechte ihrer Herren darlegten, ohne ihn zu einer endgültigen Stellungnahme veranlassen zu können (Salerno im November 1137).

Erfolg hatte bei diesen Debatten nur Bernhard von Clairvaux, der Kardinal Petrus von Pisa, einen der bisher treuesten Anhänger Anaklets II., bewegen konnte, sich Innozenz II. zu unterwerfen.

Erst der Tod Papst Anaklets II. beendete das Schisma, denn sein Nachfolger, Kardinal Gregor Conti von SS. Apostoli (Viktor IV.), verzichtete bereits am 29. Mai 1138 auf den Pontifikat. Seine Wähler wie auch die Familie der Pierleoni anerkannten jetzt Innozenz II., der somit endlich den langen und schweren Kampf um die Zustimmung der ganzen Christenheit gewonnen hatte. Zu seinem Erfolg hatten vor allem beigetragen der fast einhellige Konsens der alten und neuen Orden, das Vertrauen der großen Regularkanoniker-Kongregationen, die Anerkennung seitens der führenden Fürsten des Abendlandes und ihrer Episkopate. Die in diesen Jahren sich voll entfaltende werbende Dynamik des großen Abtes von Clairvaux, der die Bemühungen Innozenz' II. vor allem um Italien in allen Phasen wirksam unterstützte, darf nicht unerwähnt bleiben[12].

Für April 1139 berief Innozenz II. eine allgemeine Synode nach Rom in den Lateran. Nach dem Vorbild von Lateran I (1123), das den Schlußstrich unter die Wirren des Investiturtreits gezogen hatte, sollten jetzt alle Probleme bereinigt werden, die sich aus dem Schisma ergeben hatten. Wie Lateran I hat auch Lateran II erst sehr spät als ökumenisches Konzil Anerkennung gefunden[13]. Anwesend waren über hundert Bischöfe, manche aus den Kreuzfahrerstaaten; die Zahl der Äbte und Stiftsprälaten muß weitaus größer gewesen sein, wurde aber nicht überliefert. Innozenz II. sprach zur Eröffnung des Konzils über die Einheit der Kirche, die zu zerreißen eine Sünde wider den Heiligen Geist sei. Jede Legitimität des Anaklet-Pontifikats

[12] *B. Jacqueline,* Bernard et le schisme d'Anaclet II: Bernard de Clairvaux (Commission d'Histoire de l'Ordre de Cîteaux, 3) (Paris 1953) 349—354 375—377. Doch kennt dieser Autor die deutsche Forschung offenbar nicht, viele Ungenauigkeiten in den Einzelangaben verwirren. Im übrigen sei auf die Bernhard-Darstellung in Kap. 3 verwiesen.

[13] Vgl. Conciliorum Oecumenicorum Decreta, ed. *J. Alberigo* u. a. (Freiburg ^{2}1962) 163 (für Lateran I) und 171 (für Lateran II); *R. Foreville,* Latran I, II, III et Latran IV (Paris 1965) 10—12.

bestritt Innozenz, da er nicht von der Zustimmung der Kirche getragen gewesen sei. So erklärte denn auch die Synode alle Akte und Entscheidungen, Ordinationen und Konsekrationen Anaklets und seiner Anhänger für null und nichtig. Diese verloren alle, selbst Petrus von Pisa, für den Bernhard sich eingesetzt hatte, Ämter und Würden. Bischof Gottfried von Chartres wurde als Legat für Frankreich und Aquitanien beauftragt, diese Entschlüsse dort durchzuführen. Auf dem Konzil sprach Innozenz II. auf Bitten des deutschen Episkopats Sturm von Fulda heilig. Die dreißig Dekrete der Synode umfaßten erneut das Reformprogramm der letzten Jahrzehnte und wiederholten die Kanones von Lateran I, der Synoden von Clermont (1130), Reims (1131) und Pisa (1135). Die Sanktionen wurden verschärft.

Man hat dieses Konzil mit seiner erneuten Verwerfung der Laieninvestitur, jedweder Simonie, seiner Straffung der Ordens- und Klerikerdisziplin, seiner Sorge für die Familien- und Gesellschaftsmoral (Betonung des Gottesfriedens), seinen Maßnahmen gegen Schisma und Häresie einen „Epilog des gregorianischen Zeitalters“ genannt[14].

2. Kapitel

Die Reformorden des 12. Jahrhunderts — Bernhard von Clairvaux

Zisterzienser

QUELLEN: *J. Laurent,* Cartulaires de l'abbaye de Molesme I (Paris 1907); Vita Roberti, ed. *K. Spahr,* Das Leben des hl. Robert von Molesme (Freiburg i. Schw. 1944); *J. Marilier,* Chartes et documents concernant l'abbaye de Cîteaux (1098—1182) (Rom 1961); *J. Turk,* Cistercii statuta antiquissima (Rom 1949); *J. Wacquet,* Recueil des chartes de l'abbaye de Clairvaux (Troyes 1950); *J. B. Van Damme,* Documenta pro Cisterciensis Ordinis historiae ac juris studio (Westmalle 1959); Exordium Cistercii nach Ms. 1207 v. Ste-Geneviève-Paris, ed. v. *J. A. Lefèvre:* CollOCR 16 (1954) 96—104; Exordium parvum, ed. v. *C. Noschitzka:* AnOCist 6 (1950) 6—22; Nomasticon Cisterciense seu antiquiores Ordinis Cisterciensis constitutiones, ed. *H. Séjalon* (Solesmes ²1892); Statuta capitulorum generalium Ordinis Cisterciensis 1116/1786, 8 Bde, ed. *J.-M. Canivez* (Löwen 1933/41); *C. de Visch,* Bibliotheca Scriptorum Ord. Cist. (Köln ²1656); *M.-A. Dimier,* Recueil de plans d'églises cisterciennes, 2 Bde (Paris 1949); *M. Aubert,* L'architecture cistercienne en France (Paris 1955); Menologium Cisterciense (Westmalle 1952); *C. H. Talbot,* A Cistercian Commentary on the Benedictine Rule: Analecta monastica V (Studia Anselmiana, 43) (Rom 1958) 101—158.

LITERATUR: *L. J. Lekai,* Les moines blancs (Paris 1957), dt. hrsg. von *A. Schneider,* Geschichte und Wirken der weißen Mönche (Köln 1958); *J.-B. Mahn,* L'ordre cistercien et son gouvernement des origines au milieu du XIIIᵉ siècle (Paris ²1951); *G. Müller,* Vom Cisterzienserorden (Bregenz 1927); *G. Schreiber,* Studien zur Exemtionsgeschichte der Zisterzienser: ZSavRGkan 4 (1914) 74—116; alt, aber noch nicht entbehrlich: *F. Winter,* Die

[14] So *A. Fliche,* Du premier Concile du Latran à l'avènement d'Innocent III, Teil 1 (Fliche-Martin IX 1) (Paris 1944) 178.

Cistercienser des nordöstlichen Deutschland, 3 Bde (Gotha 1868/71); *M. Gloning*, Verzeichnis der deutschen Cistercienser-Abteien und -Priorate: SM 36 (1915) 1—42; *R. Ohle*, Die Bedeutung der Zisterzienser für die Besiedelung der Mark Brandenburg (Prenzlau 1922; polemisch); *J. Eicheler*, Die Kongregationen des Zisterzienserordens (Diss. Freiburg/Schweiz 1931); *J. Rambaud-Buhot*, L'Abbaye normande de Savigny, chef d'Ordre et fille de Cîteaux: MA (1936) 1—19 249—272; *A. A. King*, Cîteaux and Her Elder Daughters (London 1954); *L. Bouyer*, La spiritualité de Cîteaux (Paris 1955). Über die Entstehung der Carta caritatis: *D. Knowles*, The Primitive Cistercian Documents: Great Historical Enterprises. Problems in Monastic History (London 1963) 197—224 mit einem Bericht über die Forschungen von *J. Turk* und *J.-A. Lefèvre* (bis 1956), die danach weitergeführten Untersuchungen bei *J. B. Van Damme*, Formation de la Constitution Cistercienne. Esquisse historique: StudMon 4 (1962) 111—137 (abgeschlossen im Juli 1961); *J.-M. Canivez*, L'Abbaye de Cîteaux: DHGE 12 (1953) 852—874; *ders.*, L'Ordre de Cîteaux: DHGE 12 (1953) 874—997 (Quellen, Lit. u. Karten); *C. Bock*, Les codifications du droit cistercien (Westmalle 1955); *K. Spahr*, Die Zisterzienser: LThK² X (1965) 1382 bis 1387; Bibliographie jährlich in den CollOCR (Westmalle), AnOCist (Rom), Cist (Mehrerau - Bregenz), Cîteaux in de Nederlanden (Westmalle), Cistercium (Palencia), RBén (Bulletin d'histoire bénédictine) (Maredsous); *L. Janauschek*, Originum Cisterciensium I (Wien 1877); *P. Zakar*, Die Anfänge des Zisterzienserordens: AnOCist 10 (1964) 103—138; *J. B. Van Damme:* AnOCist 21 (1965) 128—137 (kritisch ergänzend); *B. Schneider*, Cîteaux und die benediktinische Tradition: AnOCist 16 (1960) 160—254, 17 (1961) 73—114; *S. Roisin*, L'Efflorescence cistercienne et le courant féminin de Piété au XIIIᵉ siècle: RHE 39 (1943) 342—378. — Zur Marienverehrung: Maria II 581—624 u. LM 710 bis 720. — Zum Kult: *S. Marosszeki*, Les origines du chant cistercien: AnOCist 8 (1952) 1—179; *M. Cocheril*, Le „Tonale Sancti Bernardi" et la définition du „ton": Cîteaux 13 (1962) 35—66. — Zur Wissenschaftspflege: *A. Dimier*, Les premiers Cisterciens étaient-ils ennemis des études?: Los Monjes y los Estudios (Poblet 1963) 119 bis 146. — Zur Wirtschaftsgeschichte: *H. Wiswe*, Grangien niedersächsischer Zisterzienserklöster: Braunschweig. Jb. 34 (1953) 5—134 (Lit.); *R. A. Donkin*, The Cistercian Grange in England in the 12th and 13th Centuries, with Special Reference to Yorkshire: StudMon 6 (1964) 95—144 (Karten); *F. Van Der Meer*, Atlas de l'ordre cistercien (Haarlem 1965).

Regularkanoniker

QUELLEN: *E. Amort*, Vetus disciplina canonicorum regularium et saecularium (Venedig 1747); Institutio canonicorum Aquisgranensis, ed. *A. Werminghoff:* MGLL s. III, Concilia Bd 3 (Concilia aevi karolini, pars I) (Hannover 1906) 307—421; *Arno von Reichersberg*, Scutum canonicorum: PL 194, 1493—1528; *A. Carrier de Belleuse*, Coutumier du XIᵉ siècle de l'Ordre de Saint-Ruf en usage à la cathedrale de Maguelone (Études et documents sur l'Ordre de St-Ruf, 8) (Sherbroke bei Quebec 1950); dazu *Ch. Dereine*, Saint-Ruf et ses coutumes au XIᵉ et XIIᵉ siècle: RBén 59 (1949) 161—182; Die Chronik des Klosters Petershausen, hrsg. u. übers. von *O. Feger* (Casus Monasterii Petrishusenis: Schwäbische Chroniken der Stauferzeit 3) (Lindau - Konstanz 1956); *A. Hänggi*, Der Rheinauer Liber Ordinarius (Spicilegium Friburgense. Texte der Geschichte des kirchlichen Lebens, 1) (Freiburg/Schweiz 1957); *Ch. Hoffmann*, L'abbaye de Marbach et le nécrologe de 1241 (Bulletin de la société pour la conservation des monuments historiques d'Alsace — Mitteilungen der Gesellschaft für Erhaltung der geschichtlichen Denkmäler im Elsaß. 2. Folge, 20 (Straßburg 1902) 67—230 (Verbrüderungsliste und Obituar).

LITERATUR: *F. Bonnard*, Histoire de l'abbaye royale et de l'ordre des Chanoines réguliers de Saint-Victor de Paris, 2 Bde (Paris 1907); *J. Siegwart*, Die Chorherren- und Chorfrauengemeinschaften in der deutschen Schweiz vom 6. Jh. bis 1160. Mit einem Überblick über die deutsche Kanonikerreform des 10. und 11. Jh. (Studia Friburgensia, N. F. 30)

(Freiburg/Schweiz 1962; mit reichen Lit.-Angaben für die gesamte Reformbewegung); wichtig sind die Forschungsergebnisse von *Ch. Dereine* (zusammengefaßt bis 1953 in seinem Artikel „Chanoines": DHGE 12 [1953] 353—405); *A. Smith,* Chanoines réguliers: DSAM 2 (1953) 463—477; *J. C. Dickinson,* The Origins of the Austin Canons and their Introduction into England (London 1950); *Ch. Dereine,* Les chanoines réguliers au diocèse de Liège avant Saint Norbert (Brüssel 1952); *F. A. Goehlinger,* Histoire de l'Abbaye de Marbach (Colmar 1954); *Th. Humpert,* Chorherrenstift, Pfarrei und Kirche St. Stephan in Konstanz (Konstanz 1957); *J. Mois,* Das Stift Rottenbuch in der Kirchenreform des XI. bis XII. Jh. Ein Beitrag zur Ordensgeschichte der Augustinerchorherren: Beiträge zur altbayerischen Kirchengeschichte, 3. Folge, 19 (München 1953); *Ch. Giroud,* L'Ordre des Chanoines réguliers de Saint-Augustin et ses diverses formes de régime interne (Martigny 1961).

Prämonstratenser

J. Le Paige, Bibliotheca Ordinis Praem. (Paris 1633); *Ch. L. Hugo,* S. Ordinis Praemonstratensis annales, 2 Bde (Nancy 1734/36); *P. Winter,* Die Prämonstratenser des 12. Jh. und ihre Bedeutung für das nordöstliche Deutschland (Berlin 1865); *L. A. Goovaerts,* Dictionnaire bio-bibliographique des écrivains, artistes et savants de l'Ordre de Prémontré, 4 Bde (Brüssel 1900/09); *G. Schreiber,* Kurie und Kloster, 2 Bde (Stuttgart 1910, Neudruck Amsterdam 1965); *R. v. Waefelghem,* Les premiers statuts de Prémontré (Löwen-Brüssel 1913); *A. Zak,* Der Prämonstratenserorden in den alten deutschen Metropolen (Wien 1919); *U. Berlière,* Les monastères doubles au XIIe et XIIIe siècles: Mémoires de l'Académie Royale de Belgique, 18 (Brüssel 1923); *F. Petit,* L'Ordre de Prémontré (Paris 1927); *H. Heijman,* Untersuchungen über die Prämonstratensergewohnheiten (Tongerloo 1928); *B. Graßl,* Der Prämonstratenserorden (Tongerloo 1934); *G. Schreiber,* Prämonstratensische Frömmigkeit: ZKTh 64 (1940) 181—201; *ders.,* Prämonstratenserkultur des 12. Jh.: APraem 16 (1940) 41—108, 17 (1941) 5—33; *ders.,* Gregor VII., Cluny, Cîteaux, Prémontré zu Eigenkirche, Parochie und Seelsorge: Gemeinschaften des MA (Münster 1948) 283—370; *P. Lefèvre,* Les statuts de Prémontré (Löwen 1946); *F. Petit,* La spiritualité de l'ordre de Prémontré aux XIIe et XIIIe siècles (Paris 1947); *Ch. Dereine,* Les origines de Prémontré: RHE 42 (1947) 352—378; *ders.,* Le premier *ordo* de Prémontré: RBén 58 (1948) 84—92; *H. M. Colvin,* The White Canons in England (Oxford 1951; Hauptwerk); Monasticon Praemonstratense, ed. *N. Backmund,* 3 Bde (Straubing; reiche Lit. 1949/56); Bibliographie jährlich in den Analecta Praemonstratensia (Tongerloo, ab 1953: Averbode); *R. van Waefelghem,* Répertoire des sources imprimés et manuscrites relatives à l'histoire et à la liturgie des monastères de l'Ordre de Prémontré (Brüssel 1930); *A. Huber,* Die Prämonstratenser (Baden-Baden 1955); *P. Lefèvre,* La liturgie de Prémontré (Löwen 1957); *N. Backmund,* Die Prämonstratenser: LThK[2] VIII (1963) 688—694; *H. L. Mártin,* Initia historico-iuridica Capituli Generalis Ordinis Praemonstratensis (Diss. Rom 1964).

Bernhard von Clairvaux

BIBLIOGRAPHIE: *L. Janauschek,* Bibliographia Bernardina (bis 1890) (Xenia Bernardina, 4) (Wien 1891; Neudr. Hildesheim 1959); *M. Bernards,* Der Stand der Bernhardforschung (bis 1955): Bernhard von Clairvaux. Mönch und Mystiker. Internationaler Bernhardkongreß Mainz 1953 (Veröffentlichungen des Instituts für europäische Geschichte, 6) (Wiesbaden 1955) 3—43; *J. de la Croix Bouton,* Bibliographie Bernardine (1891—1957) (Commission d'Histoire de l'Ordre de Cîteaux, 5) (Paris 1958); über die vom Bernhardjubiläum 1953 angeregte Forschung, deren bedeutendster Träger Dom *J. Leclercq* (Clervaux-Luxemburg) ist, hat dieser selbst kritisch berichtet: Les études bernardines en 1963:

Bulletin de la Société internationale pour l'étude de la philosophie médiévale 5 (1963) 121—138.
WERKE: Sancti Bernardi Opera, ed. *J. Leclercq, C. H. Talbot, H. M. Rochais:* Sermones super Cantica Canticorum, Bd I (Rom 1957), Bd II (Rom 1958), Traktate, Bd III (Rom 1963). Alle weiteren Werke, vor allem die Briefe, sind noch in den Bänden der PL ediert: Sermones PL 183 und 184, Briefe PL 182; Parabeln und Sentenzen PL 183 und 184. Weitere Inedita, vor allem Briefe, haben J. Leclercq, P. Séjourné, G. Hüffer, A. Wilmart, C. H. Talbot u. a. ediert, vgl. Verzeichnis bei *D. Farkasfalvy,* L'inspiration de l'Écriture Sainte dans la Théologie de Saint Bernard: Studia Anselmiana 53 (Rom 1964) 18—19. Zur Korrespondenz Bernhards jetzt: *D. Van den Eynde,* La correspondance de Saint Bernard de 1115 à 1126: Antonianum 41 (1966) 189—259 (dort weitere Lit.). Bernhards Stellungnahme zu Abälard: Capitula haeresum Petri Abaelardi: PL 182, 1049—1054, De erroribus Abaelardi: PL 182, 1053—1072, Sermo de conversione ad clericos: PL 182, 833 bis 856; Briefe des hl. Bernhard von Clairvaux, übers. von *H. Michel* (Mainz 1928); Schriften des hl. Bernhard von Clairvaux (dt.), 6 Bde, von *A. Wolters - H. Michel* (Wittlich 1935/38); *B. Scott James,* The Letters of St. Bernard of Clairvaux (London 1953); *H. M. Rochais,* Inédits bernardins dans le manuscrit Harvard 185: Studia Anselmiana 50 (s. d.), 53—175; *ders.,* Enquête sur les sermons divers et les sentences de saint Bernard: AnOCist 18 (1962). Einen Überblick über die Mannigfaltigkeit der Forschung bieten die Kongreßberichte und Jubiläumsschriften von 1953 (*J. de la Croix Bouton,* Bibliographie Bernardine, 709—775), vor allem die bereits zitierte Sammlung von Mainz (Wiesbaden 1955), die Mélanges Saint Bernard (Kongreß von Dijon) (Dijon 1954); San Bernardo (Kongreß von Mailand) (Mailand 1954); Saint Bernard Théologien (2. Kongreß von Dijon): AnOCist 9 (Rom 1953) Fasz. 3—4; wichtig das Sammelwerk Bernard de Clairvaux (Commission d'Histoire de l'Ordre de Cîteaux, 3) (Paris 1953); das Gedenkbuch der holländischen Zisterzienser: Sint Bernardus van Clairvaux (Achel/Rotterdam 1953) und der Gedächtnisjahrgang der Collectanea OCistReform 1953 (Westmalle). Die Festschr. der österreichischen Cistercienserkongregation (Österreichische Beiträge zur Geschichte des Cistercienserordens, Wien 1953); vgl. *F. Grass,* Das Bernhardjubiläum 1953 im Spiegel des Schrifttums: ZSavRGkan 41 (1955) 415—421; *J. Leclercq,* Études sur Saint Bernard et le texte de ses écrits: AnOCist 9 (Rom 1953) Fasz. 1—2; *K. Spahr,* Festgabe und Festgaben zum Bernhardsjubiläum: Cist 61 (1954) 43—52 108—115, 62 (1955) 35—48 84—94; *J. Leclercq,* Recueil d'études sur saint Bernard et ses écrits (Rom 1962); *J. Leclercq,* Aspects littéraires de l'œuvre de saint Bernard: CahiersCivMéd 1 (1958) 435—450; *D. Van den Eynde,* Les débuts littéraires de Saint Bernard: AnOCist 19 (1963) 189—198; *J. Leclercq,* Nouveaux aspects littéraires de l'œuvre de Saint Bernard: CahiersCivMéd 8 (1965) 299—326; *ders.,* L'art de la composition dans les traités de saint Bernard: RBén 76 (1966) 87—115.
BIOGRAPHIE: BHL 1207—38; Das älteste Stück: Fragmenta Gaufridi de Vita et Miraculis S. Bernardi, ed. *R. Lechat:* AnBoll 50 (1932) 83—122; die Vita Prima von Wilhelm von Saint-Thierry, Arnold von Bonnevale und Gottfried von Auxerre: die erste wichtigste Quelle (PL 185, 225—466), dazu *A. H. Bredero,* Études sur la „Vita prima" de S. Bernard: AnOCist 17 (1961) 3—72 215—260, 18 (1962) 3—59 als Fundament für eine kritische Edition der ältesten Biographien; *P. Sinz,* Das Leben des heiligen Bernhard von Clairvaux („Vita prima"), ed. u. übers. (Düsseldorf 1962); Die klassische Biographie von *E. Vacandard,* 2 Bde (Paris 1895, [4]1910), dt. von *M. Sierp,* 2 Bde (Mainz 1897/98) ist heute noch für Chronologie und Reisewege wichtig, wenn auch in vielen Einzelheiten von der Forschung überholt. Ältere Biographien (*A. Neander - S. M. Deutsch, G. Hofmeister, A. Luchaire, A. K. Luddy* u. a. bei *M. Bernards* 24, Anm. 29), es gibt viele populäre Darstellungen (*R. Linhardt, H. Höver, G. Goyau, P. Miterre, A. Martin, J. Schuck,* selbst romanhafte wie die von *J. Weingärtner, K. Vogt, J. Schenk, E. Schmidt-Pauli* u. a.). Wissenschaftlich bedeutsamer sind *É. Gilson,* La théologie mystique de s. Bernard (Paris 1932), dt. von *Ph. Böhner* (Paderborn [3]1953); *W. W. Williams,* S. Bernard of Clairvaux:

Publications of the University of Manchester, Historical Series 69 (Manchester 1935, [2]1953); *J. Calmette - H. David,* S. Bernard (Les grandes études historiques) (Paris 1953); *A. Dimier,* Saint Bernard „pécheur de Dieu“ (Paris 1953); *A. Dimier,* C'est en 1174, et non en 1175 que Saint Bernard fut canonisé: Cîteaux 12 (1961) 79—85; *I. Vallery-Radot,* Bernard de Fontaines, abbé de Clairvaux, ou les noces de la grâce et de la nature. Les années de formation (1090—1130) (Paris 1963); *J. Leclercq,* Saint Bernard, le dernier des Pères: La spiritualité du Moyen Age (Paris 1961) 238—249; *ders.,* Saint Bernard mystique (Paris - Brügge 1948); *E. Bertola,* S. Bernardo e la teologia speculativa (Padua 1959); *M. Dumontier,* Saint Bernard et la Bible (Brügge - Paris 1953); *P. Delhaye,* Le problème de la conscience morale chez saint Bernard (Namur 1957); *A. van den Bosch,* La personne du Christ dans l'œuvre de Saint Bernard (Rom 1957); *R. Fritegotta,* De vocatione christiana S. Bernardi doctrina: Studia Antoniana 15 (Rom 1961); *A. H. Bredero,* Studien zu den Kreuzzugsbriefen Bernhards von Clairvaux und seine Reise nach Deutschland im Jahre 1142: MIÖG 66 (1958) 331—343; *R. Kereszty,* Die Weisheit in der mystischen Erfahrung beim hl. Bernhard von Clairvaux: Cîteaux 16 (1963) 6—24 105—134 185—201; ferner die oben zitierte Arbeit von *D. Farkasfalvy* (Rom 1964); *P. Zerbi,* Bernardo di Chiaravalle: Bibliotheca sanctorum 3 (Rom 1963) 1—37; *B. Jacqueline,* Papauté et Épiscopat selon Saint Bernard de Clairvaux (Paris 1963); *K. Knotzinger,* Das Amt des Bischofs nach Bernhard von Clairvaux. Ein Traditionsbeitrag: Scholastik 38 (1963) 519—535; *L. Grill,* Bernhard von Clairvaux und die Ostkirche: AnOCist 19 (1963) 165—188; *R. Bultot,* S. Bernard, la Somme, le Roi et le double idéal antique de la magnanimité (Westmalle 1964).

Bernhard und Gilbert de la Porrée: *N. M. Häring,* Dialogus Ratii et Everardi: MS 15 (1953) 243—289; *ders.,* Everard von Ypern als Autor des gen. Dialogs: MS 17 (1955) 143—172; *S. Gammersbach,* Gilbert von Poitiers und seine Prozesse im Urteil der Zeitgenossen (Köln - Graz 1959).

Bernhard und Abälard: *A. M. Landgraf,* Probleme um den hl. Bernhard von Clairvaux: Cist 61 (1954) 1—16; *A. Borst,* Abälard und Bernhard: HZ 186 (1958) 497 bis 526; *R. Klibansky,* Peter Abailard and Bernard of Clairvaux. A Letter by Abailard: MRS 5 (1961) 1—27; *J. R. Sommerfeldt,* Abelard and Bernard of Clairvaux: Papers of the Michigan Academy of Science, Arts and Letters, 46 (1961) 493—501; *P. Zerbi,* I rapporti di san Bernardo di Chiaravalle con i vescovi e le diocesi d'Italia: Vescovi e diocesi in Italia nel medioevo (Padua 1964) 219—314; *K.-H. Esser,* Der Kirchenbau des hl. Bernhard von Clairvaux: AMrhKG 5 (1953) 195—222.

Die Reformorden des 12. Jahrhunderts

Vom Ursprung der neuen Orden zur Zeit der gregorianischen Reform ist oben gehandelt worden (Bd III/1, Kap. 52). Hatte auch das Papsttum unter mancher Hinsicht dazu beigetragen, so war es im Grunde doch um eine von unten aufsteigende religiöse Bewegung gegangen, um das heroische Streben von Mönchen, Kanonikern und Laien, in strengster Armut, in der Einöde oder bei der Wanderpredigt den Geist des Evangeliums und der Urkirche in die Tat umzusetzen. Daß nicht wenige Neugründungen sich auf die Dauer wieder mit der gemäßigten Lebensweise des älteren Benediktinertums abfanden, mußte nicht ohne weiteres Dekadenz bedeuten, denn die Benediktiner standen immer noch auf beachtlicher Höhe. Manche ihrer Klöster zeigten sich sogar den neuen Ideen gegenüber aufgeschlossen, auch Cluny selbst, dessen Verband unter dem bedeutenden Großabt Petrus Venerabilis (1122 bis 1156) seine größte Ausdehnung erreichte[1]. Und doch gehörte die Zukunft jenen neuen monastischen und kanonikalen Gemeinschaften, die das Ideal der vita evangelica reiner bewahrten und langsam auch institutionell verankerten. Ihre erstaunlich schnelle, das ganze Abendland erfassende Verbreitung, der überzeugende Ernst ihrer Lebensführung, teilweise auch ihr seelsorgerischer und missionarischer Einsatz haben sie zu den wichtigsten geschichtsbildenden Mächten dieser Epoche werden lassen[2]. Sie haben die christliche Frömmigkeit (auch des Kirchenvolkes) tiefgehend geformt und in ihrem reichen Schrifttum viele Motive anklingen lassen, die weit über die eigenen Zeiten hinaus lebendig blieben. Sie waren die Brücke, welche von der gregorianischen Reform hinüberführte zum Zeitalter der Bettelorden. So spiegelte sich in der hier zu beschreibenden Entwicklung ein gut Teil des Prozesses wider, den die Reform in der nachgregorianischen Zeit genommen hat.

Die Zisterzienser

Keine andere Gemeinschaft vermag innerhalb des monastischen Bereichs eine so deutliche Vorstellung von den dort wirkenden Reformkräften zu geben wie der Zisterzienserorden. Die Anfänge (Bd III/1, Kap. 52) und die folgenden entscheidenden Jahrzehnte sind leider in viel größeres Dunkel gehüllt, als die Forschung bis vor kurzem gemeint hat[3]. Als sichere Fakten haben zu gelten: Cîteaux' Gründung (1098) durch Robert von Molesme; Roberts Rückkehr in sein Kloster; die Leitung Cîteaux' erst durch Abt Alberich und nach dessen Tod (wohl 1109) durch Stephan Harding (1109/33), einem gebürtigen Engländer (aus Sherborne), der in Paris studiert hatte,

[1] *G. Constable - J. Kritzek*, Petrus Venerabilis (1156—1956). Studies and Texts commemorating the eigth centenary of his death: Studia Anselmiana 40 (Rom 1956). Über den Konflikt von Cluny und Cîteaux über das wahre Verständnis monastischer Vollkommenheit vgl. *A. Wilmart*, Une riposte de l'ancien monachisme au manifeste de S. Bernard: RBén 46 (1934) 296—344, wo die bekanntesten Texte analysiert werden, doch werden immer noch weitere Zeugen bekannt: *M.-A. Dimier*, Un témoin tardif peu connu du conflit entre cisterciens et clunisiens: *G. Constable - J. Kritzek*, Petrus Venerabilis (s. o.) 81 bis 94; Dialogus inter Cluniacensem monachum et Cisterciensem de diversis utriusque ordinis observantiis, ed. *Martène*, Thesaurus novorum anecdotorum V 1569—1654, dazu *W. Williams*, A Dialogue between a Cluniac and a Cistercian: JThS 31 (1930) 164—175 und *A. Wilmart* (s. o.) 302—303.

[2] Zur Entwicklung sowohl der Benediktiner als auch der Reformorden im 12. Jh. vgl. *B. Bligny*, L'Église et les Ordres Religieux dans le royaume de Bourgogne aux XIe et XIIe siècles (Paris 1960); die Untersuchung beschränkt sich zwar auf den burgundischen Raum, doch weitet sie sich im Grundsätzlichen auf die ganze Kirche, zumal Burgund in monastischem Bezug ein Kernland des Abendlandes war.

[3] Über die Anfänge des Zisterzienserordens jetzt: *P. Zakar*: AnOCist 10 (1964) 103—138;

Rom kannte und in Moslesme unter Robert Mönch geworden war. Auch die Ideen der Gründergeneration sind uns genügend bekannt: auf strenge Armut und ein Leben in abgeschiedener, unwirtschaftlicher Gegend bedacht, erstrebten die Mönche von Cîteaux nichts anderes als viele andere damals entstehende Gemeinschaften. 1113 konnten sie in der Nähe von Cluny das erste Tochterkloster, La Ferté, gründen. In rascher Folge entstanden dann 1114 Pontigny, 1115 Clairvaux und Morimond. Mit La Ferté bildeten sie die Gruppe der später so genannten Primarabteien, von denen in weit sich verzweigenden Filiationsreihen alle Zisterzienserklöster ihren Ursprung nahmen. 1119 zählte der Orden 10, 1123 bereits 20, beim Tod Stephan Hardings (1134, er hatte 1130 sein Amt niedergelegt) 80 Häuser.

Das schnelle Wachstum stellte Stephan Harding und die anderen Zisterzienseräbte vor die Frage, wie sich in der Vielfalt der Gründungen die Einheit bewahren lasse. Aus der Bestätigungsbulle Kalixts II. (1119) geht hervor, daß dem Papst schon damals ein erster Verfassungsentwurf vorgelegt worden ist, dessen Einzelheiten wir jedoch nicht kennen. Gewiß handelte es sich um den Grundstock der sogenannten Carta caritatis, nicht aber, wie man früher angenommen hat, um diese selbst. Ihre Urform muß heute wohl als verloren gelten, und die jüngst unternommenen Versuche, sie aus den vorliegenden Texten zu rekonstruieren, dürften nicht geglückt sein. Solange eine sichere zeitliche Bestimmung der drei erhaltenen Texte: der Carta caritatis prior, ihrer Summa und einer Carta caritatis posterior, aussteht, wird man sich mit folgenden Ergebnissen bescheiden müssen: Bis zur Bulle Alexanders III. vom 5. August 1165 hat die Carta caritatis Wandlungen erfahren, deren Stadien sich zwar von den Bullen Eugens III. ab (1152, 1153) ziemlich gut, dagegen für die vorausgehende Zeit, zumindest vorläufig, nicht erfassen lassen. Auch nach Alexander III. stand die Verfassungsentwicklung nicht still, änderte aber nichts mehr am Text der Carta, sondern fand Ausdruck in den Dekreten der Generalkapitel, die in größeren Abständen gesammelt herausgegeben wurden (Libellus definitionum von 1202 bis 1212, Institutiones capituli generalis um 1256, die dann 1298 ergänzt wurden).

Die Zisterzienser wollten die Benediktsregel in ihrer ursprünglichen Reinheit beobachten. Sie betonten, schon um dem Vorwurf der Neuerung zu entgehen, diese Rückkehr zum Alten, zu den Quellen. Tatsächlich aber wurde es doch nicht durchweg eine Beobachtung des Buchstabens der Regel. Das Oblatenwesen übernahm man nicht mehr, das Institut der Laienbrüder wurde ausgebaut, die Beschränkung der Abtsautorität durch die Ordensverfassung war neu.

das Werden der Verfassung (Carta caritatis) wird am besten von *J. B. Van Damme* dargestellt: Formation de la constitution cistercienne. Esquisse historique: StudMon 4 (1962) 111—137, und: AnOCist 21 (1965) 128—137.

Neu war auch die Institution des jährlichen Generalkapitels, dessen Besuch für alle Äbte verpflichtend war. Unter dem Vorsitz des Abtes von Cîteaux besaß und übte es die volle Gewalt im Orden aus (Legislative, Verwaltung und Gerichtsbarkeit), beließ aber den Abteien volle finanzielle und innerklösterliche Verwaltungsautonomie. Jährliche Visitation sorgte für die Kontrolle, auch hinsichtlich der Weisungen des Generalkapitels. Sie wurde in der Filiationsfolge jeweils von der Mutterabtei wahrgenommen. Die Visitation von Cîteaux lag bei den vier Primarabteien.

Im Gegensatz zu dem vorwiegend personal ausgerichteten Cluniazenserverband (Abhängigkeit der Prioren und z. T. der Äbte vom Großabt) ist es den Zisterziensern gelungen, ihre Gemeinschaft auf eine objektive genossenschaftliche Grundlage zu stellen. An sich autonome Einzelabteien, organisch durchgegliedert nach Filiationsfamilien und korporativ vereint in dem von allen Äbten besuchten Generalkapitel — diese Verfassungsprinzipien ließen einen Orden entstehen, in dem sowohl das Recht des einzelnen Klosters wie auch die Interessen des Gesamtordens gesichert waren. Es nimmt daher nicht wunder, wenn andere Reformorden jener Zeit, wie etwa die Prämonstratenser und Kartäuser, sich die Carta caritatis zum Vorbild nahmen.

Während bis zur Jahrhundertmitte eine Unterstellung unter die bischöfliche Jurisdiktion im Gegensatz zu Cluny und dem älteren Benediktinertum gewollt war, entwickelte sich dann die päpstliche Exemtion, so daß unter dem Papst das Generalkapitel zur höchsten Berufungsinstanz im Orden wurde[4]. Untereinander versprachen die Abteien sich wirtschaftliche Hilfe, die Bewahrung einheitlicher Disziplin und die Pflege einer vereinfachten Liturgie, deren Rahmen (Kirchenbau, Gewänder, Gefäße und Gesang) so schlicht wie möglich gehalten werden sollte.

Da der Orden sich aus den bei Cluny beobachteten feudalen Bindungen lösen wollte, lehnte er Benefizien ab, führte dagegen körperliche Arbeit wieder ein. Das weiße Gewand, die strenge Weltabgeschiedenheit (im Zeichen der Siedlung in der Einöde), die Härte der Lebensführung (in Nahrung, Wohnung und Kleidung), die Einfachheit der Liturgie haben den Orden unter ähnlichen Neubildungen in der monastischen Welt einen hohen Rang zu verschaffen vermocht. Die Beobachtung der Benediktsregel ließ ihn mit dieser Welt innerlich verbunden bleiben.

Die Dynamik der Ausbreitung wurde bis zur Jahrhundertmitte von der Persönlichkeit Bernhards von Clairvaux bestimmt. Als dieser 1153 starb, gab es bereits 350 Abteien, von denen er allein 66 gegründet hatte. In rascher Folge wurde in Italien (seit 1120), Deutschland (seit 1123), England (seit 1128) und Spanien (seit 1132) gesiedelt. Es folgten Belgien

[4] Keimhaft bereits angedeutet im Privilegium Romanum Paschalis' II. (1100), deutlicher in der Bestätigung der Carta caritatis durch Kalixt II. (1119), wird die Exemtion absolut durch die Bulle Lucius' III. (21. 11. 1184). Vgl. *K. Spahr*, Die Anfänge von Cîteaux (Mainz 1953).

(1132), die Schweiz (1133), Savoyen (1134), Schottland (1136), Portugal (1138), Ungarn (1142), Irland (1142) und Polen (1143). In Skandinavien kam der Orden 1143 nach Schweden, 1144 nach Dänemark und 1146 nach Norwegen. In manchen Abteien wuchs die Zahl der Konventsmitglieder zu erstaunlicher Ziffernhöhe an (Clairvaux mit 700, Rievaulx mit 650, Les Dunes in Flandern mit 530, Walkenried mit 260 wären zu nennen). Allerdings gehörten hier, wie auch sonst, die Mehrzahl der Mitglieder dem Konversenstand an.

Über den Ursprung des Laienbrüderinstituts wurde bereits früher gehandelt (Bd III/1, Kap. 52). Cîteaux hat sich dieses neuen, von anderen Gemeinschaften längst eingeführten Instituts in hervorragender Weise bedient. Wie anderswo, so leisteten die Zisterzienser-Laienbrüder die monastischen Verzichte, ohne dadurch aber eigentliche Mönche zu werden, sie besaßen weder aktives noch passives Wahlrecht in ihrem Konvent. Am Chorgebet nahmen sie nur an Sonn- und Festtagen teil. Sie entstammten (mit Ausnahmen) dem einfachen Volk. Ihr Arbeitseifer ermöglichte dem Orden im 12. Jh. eine hohe wirtschaftliche Blüte und war vor allem bei den nach Osten vorgeschobenen Gründungen mit den dort extensiv zu schaffenden Rodungsgebieten unersetzlich. Die Konversen lebten in der Abtei und auf den ringsum, näher oder auch weiter entfernt angelegten Gutshöfen (Grangien)[5]. Die Spannungen zur eigentlichen Mönchskommunität blieben nicht aus. Seit der Jahrhundertmitte kam es zu Revolten, Boykotten, selbst zu Mordanschlägen gegen Äbte und Vorgesetzte. Das disziplinäre Problem war bei den z. T. weitverstreuten Gruppen und der hohen Gesamtzahl (Pontigny z. B. hatte bei 100 Mönchen mehr als 300 Konversen) kaum zu bewältigen.

Reich war der Beitrag des neuen Ordens zur Entfaltung der geistlichen Kultur der Kirche[6]. In Frankreich ist neben dem hl. Bernhard Wilhelm von Saint-Thierry († 1148) zu nennen, Guerric von Igny († 1157) und Isaac von Stella († 1169), im 13. Jh. noch Adam von Perseigne († 1221) und Hélinand von Froidmont († 1235). In England Aelred von Rievaulx († 1167), in Deutschland vor allem der Geschichtsschreiber Otto von Freising († 1158). Die Literaturgeschichte des 12. Jh. rühmt nicht nur die Historiographen aus dem Zisterzienserorden, sondern auch seine Dichter (Hélinand von Froidmont, Theobald von Marly, Troubadoure traten ein: Bernhard von Ventadour, Bertrand de Born, Fulco von Marseille; Alanus von Lille gehört hierher und Serlo von Wilton).

[5] Beispielhaft für den Ausbau der Grangien jetzt die Arbeit von *R. A. Donkin,* The Cistercian Grange in England in the 12th and 13th Centuries, with Special Reference to Yorkshire: StudMon 6 (1964) 95—144.

[6] Die vermeintliche Abneigung Cîteaux' gegen Studien und literarische Tätigkeit wurde von *A. Dimier,* Les premiers Cisterciens étaient-ils ennemis des Études?: StudMon 4 (1962) 69—91 erläutert. Es gab sie nicht. Man hat entsprechende Anweisungen der Generalkapitel mißverstanden.

Die Päpste haben den Orden — auch hier wurde das Schicksal Bernhards von Clairvaux zum Paradigma — in vielfältigster Weise in Dienst genommen. Zunächst bedeutete das weite, dabei äußerst dicht gewobene Netz der Niederlassungen, mit ihrem regelmäßigen Verkehr untereinander (Generalkapitel) ein vorzügliches Mittel der Kommunikation (aktiv und passiv). Sehr bald war der Orden regelmäßig im Kardinalskollegium vertreten, Eugen III. war Zisterzienser. Er stellte viele Bischöfe, hervorragende Mitglieder wurden mit Legationen beauftragt, unter denen die wichtigsten wohl in der 2. Jahrhunderthälfte zur Bekämpfung der Häresie nach Südfrankreich entsandt wurden. Die Kreuzzugspredigt lag vielfach in seinen Händen, wiederum setzte Bernhards berühmte Predigt zur Vorbereitung des 2. Kreuzzugs das Vorbild. Im Zuge des von der Kurie zentralisierten kirchlichen Gerichtswesens erhielten viele Zisterzienseräbte als delegierte Richter Aufgaben zugewiesen. Eine Folge dieser Inanspruchnahme des Ordens durch die Kurie war dann auch eine Fülle von Privilegien, obzwar bereits Bernhard von Clairvaux davor gewarnt hatte. Die Entwicklung der Exemtion des Ordens im Lauf des späteren 12. Jh. läßt sich an der Geschichte dieser Privilegienerteilung ablesen.

So blieb denn die Kritik nicht aus (nicht nur in den eigenen Reihen), sondern auch von außen[7]. Bekannt ist die Polemik zwischen Cluny und Cîteaux (Petrus Venerabilis und Bernhard von Clairvaux), in satirischer Schärfe sprachen sich gegen Ende des Jahrhunderts der Oxforder Archidiakon Walter Map und Giraldus Cambrensis gegen den damals allerdings bereits nicht mehr vom Enthusiasmus der Anfänge getragenen Orden aus.

Die regulierten Chorherren

Erst nach Abschluß des Investiturstreites konnten sich die Regularkanoniker — die Anfänge der Bewegung wurden bereits geschildert (Bd III/1, Kap. 52) — ungehindert entfalten. Daß sie eine große Zukunft haben würden, war bereits seit dem Pontifikat Urbans II. deutlicher geworden. Je mehr nämlich im Lauf der gregorianischen Reform die Zahl der reformzugewandten Bischöfe wuchs, desto dringender wurde die Aufgabe, die Reform nunmehr in den Klerus und in das Volk hineinzutragen. Die Bischöfe selbst in den ihnen unterstellten Diözesen mußten sie zu lösen versuchen, doch dazu bedurften sie natürlich vieler Helfer. Die Benediktiner und andere monastische Gemeinschaften kamen wegen ihres klösterlich gebundenen Lebens dafür weniger in Betracht; außerdem war das Verhältnis zwischen dem

[7] Vgl. *C. H. Talbot,* The English Cistercians and the Universities: StudMon 4 (1962) 197 bis 220, der die für das religiöse Leben im Konvent weniger glücklichen Folgen des Universitätsstudiums der Mönche betont.

Episkopat und zumindest den Benediktinern älteren Stils belastet durch deren Exemtionsbestreben. Die Spannungen äußerten sich sowohl in Streitigkeiten über Exemtionsrechte als auch in dem Bestreben, den Mönchen jede Seelsorgstätigkeit zu verwehren. So war es begreiflich, daß die Bischöfe sich den Regularkanonikern zuwandten. Hier fielen vorerst alle Exemtionsschwierigkeiten aus, die Reform des höheren Klerus war durch die Regularkanoniker weithin garantiert, auch konnte man sie in der Seelsorge direkt einsetzen.

Die Bedeutung der Regularkanoniker-Bewegung wurde vom Papsttum früh erkannt und, seit Urban II. vor allem, nachhaltig gefördert. Einen Höhepunkt dieser Förderung erlebten die regulierten Chorherren unter der Amtszeit des Kanzlers Haimerich, der ihren eigenen Kreisen entstammte. Privilegien wurden in steigender Zahl gewährt, im Kardinalskollegium mehrten sich ihre Stimmen, von Honorius II. bis zu Hadrian IV. waren alle Päpste (mit Ausnahme von Cölestin II. und Eugen III.) Regularkanoniker. Damit hoben sie sich klar gegenüber den fünf Benediktinerpäpsten der gregorianischen Reform ab (von Gregor VII. bis Gelasius II.), während der im Schisma von 1130 erhobene Anaklet II. bezeichnenderweise Mönch von Cluny gewesen war, demnach wie der Exponent der alten, jetzt bereits überholten Tradition angesehen werden konnte.

Gemeinsam mit dem Papsttum förderten viele Bischöfe nunmehr die Regularkanoniker, unter denen als bedeutendste Gruppe die Stiftung des hl. Norbert von Xanten hervortrat, die sich dann auch zum eigentlichen Orden entwickeln konnte.

Die Prämonstratenser

Ihre Anfänge (Bd III/1, Kap. 52) standen zunächst weithin unter maßgebendem Einfluß des Gründers, zumal Norbert seit 1126 Erzbischof von Magdeburg geworden war. Im gleichen Jahr erhielt er von Honorius II. die feierliche Bestätigung seines Ordens. 1128 übergab er die Leitung Prémontrés seinem Schüler Hugo von Fosses. Seine Freundschaft mit Bernhard von Clairvaux mag mit dazu beigetragen haben, daß in den ältesten bekannten Ordensstatuten (um 1140) eine weitgehende Anlehnung an die Carta caritatis des Zisterzienserordens zu finden ist. Dazu kam, daß unter Hugo von Fosses auch das den regulierten Chorherren sonst eigene Verlangen, sich in der Seelsorge zu betätigen, zurückgedrängt und die vita contemplativa stärker betont wurde. Die Verfassung kannte wie bei Cîteaux Generalkapitel und einheitliche Leitung, aber nicht das Filiationssystem. Vielmehr wurde der Orden in Provinzen (Zirkarien) untergeteilt, denen ein „circator" (später: Generalvikar) vorstand. Da Norbert für Magdeburg (die Zirkarien schlossen sich den Grenzen der Kirchenprovinzen an) eine Unterstellung unter den Bischof forderte, setzte sich ein ähnliches Verhältnis auch bei vielen Neugründungen durch. Exemt wurden die Prämonstratenser erst relativ spät (1409). Der Abt von Prémontré galt als Generalabt, dem als Rat die drei Äbte von St-Martin (Laon), Floreffe und Cuissy beigegeben waren. Nur in Sachsen und Ungarn erhielt sich der ursprüngliche Propsttitel für den Klosteroberen. Die Domkapitel von Brandenburg, Riga, Havelberg, Ratzeburg, Börglum und Leitomischl waren prämonstratensisch besetzt. Neben den Generalkapiteln in Prémontré entwickelten sich allmählich auch Provinzkapitel. Das Visitationsrecht lag sowohl beim Generalabt wie auch bei den Generalvikaren der Provinzen.

Ursprünglich waren, wie Norbert es gewollt hatte, alle Prämonstratenserstifte Doppelklöster, in denen die Nonnen die Rolle von weiblichen Konversen einnehmen sollten (aber auch Laienbrüder waren vorgesehen). Schon 1140 wurde diese Einrichtung abgeschafft. Allerdings siedelte man die nunmehr eigenständigen Prämonstratenserinnen in der Nähe eines Stiftes an, das auch die geistliche Leitung beibehielt. In Deutschland überwog die Zahl der Nonnenklöster bald die der Abteien.

Die stärkste Ausbreitung fand der Orden in Deutschland, Böhmen, Belgien und Frankreich, auch in England und Spanien, in den übrigen Ländern dagegen weniger. Zu den bedeutendsten deutschen Klöstern gehörten Steinfeld, Wadgassen, Knechtsteden, Arnstein, Roggenburg, Schussenried, Obermarchtal, Ursberg, Rot und Weißenau (die sechs letzteren wurden später Reichsabteien).

Wie die Zisterzienser, so entwickelten auch die regulierten Chorherren eine kraftvolle eigengeprägte Spiritualität. Führend war die theologische Schule von Saint-Victor de Paris in Frankreich, die Brüder von Reichersberg in Deutschland. Augustinus, Johannes der Evangelist, Paulus und Gregor der Große wurden besonders verehrt. Passionsfrömmigkeit, Herz-Jesu-Verehrung, Kreuzesmystik waren bei ihnen beheimatet, hierin vielfach verwandt mit bernhardinischer Haltung, zu verstehen aber auch auf dem Hintergrund der dem Zeitalter eigenen Kreuzzugsfrömmigkeit. Besonders bemerkenswerte Vertreter der asketisch-mystischen Literatur aus Kanonikerkreisen wurden neben Norbert von Xanten und den Theologen von Saint-Victor Lucas von Mont-Cornillon (Lüttich) und Philipp von Harvengt, der Abt von Bonne-Espérance im Hennegau.

Die Betonung der Pfarrseelsorge, vor allem durch die Prämonstratenser, die selbst vielfach von Adel waren, bedeutete eine soziale Rangerhöhung des Dienstes an der Niederkirche und zugleich die Erschließung bedeutender Nachwuchsquellen. Da sich die Prämonstratenser, ebenso wie Cîteaux, am Werk der Kolonisierung und der Missionierung des Ostens beteiligt haben, mußte ihnen dabei die Pflege der Pfarrseelsorge für eine bleibende Wirkung ihrer Bemühungen sehr zugute kommen.

Bernhard von Clairvaux

Die stärkste kirchliche Persönlichkeit während der Jahrzehnte zwischen 1120 und 1150 kam aus der zisterziensischen Reform. Neben Norbert von Xanten und dem Kanzler Haimerich gehörte Bernhard von Clairvaux zu den Führern der gregorianischen Spätreform und prägte seine Zeit in einem Maß, daß man sie oft nach ihm benannt hat: das bernhardinische Zeitalter.

Bernhard stammte aus Dijon, fast an der Grenze zwischen der zum Reich gehörenden Grafschaft und dem zu Frankreich gehörenden Herzogtum Burgund. Vom Vater (Tezzelin le Sor) und von der Mutter (Aleth von Montbard) her gehörte er zu einem weitverzweigten Sippenverband burgundisch-ritterlicher Dienstherren. Mit fünf Brüdern und einer Schwester zusammen wuchs er heran, ging bei den Stiftsherren von Notre-Dame de Saint-Vorles zur Schule, widmete sich literarischen und theologischen Studien. Die endgültige Berufswahl traf er nach längerem Zögern erst 1111/12 und ging, wohl bestimmt von der asketischen Härte des neugegründeten Cîteaux, dorthin. Nicht allein, sondern mit zahlreichen (30) Verwandten und Freunden, die er für das gleiche Ideal zu gewinnen vermochte. Für Cîteaux und seine nun erst einsetzende schnelle Ausbreitung bedeutete dieser Eintritt eine Wende.

Im April 1112 begann Bernhard unter Stephan Harding sein Noviziat, das er 1113 vollendete, als Cîteaux die erste Tochterabtei errichtete (La Ferté). Ihr Stifter war Bernhards Vetter, Josbert der Rote von Châtillon. In der zweiten Tochterabtei von Cîteaux (Pontigny, gegründet 1114) wurde Bernhards Freund, Hugo von Mâcon, zum Abt bestellt. Schließlich wurde er selbst 1115 mit der Gründung von Clairvaux betraut, wohin ihm vier seiner Brüder, sein Oheim Gaudri von Montbard und sein Vetter Gottfried von La Roche-Vanneau folgten. Clairvaux wurde auf dem Grundbesitz von Bernhards Oheim, des Vicomte von Dijon, errichtet. Es lag in der Diözese Langres, 116 Kilometer nordwestlich von Cîteaux. Statt des abwesenden Bischofs Joceran von Langres weihte der Bischof von Châlons-sur-Marne, Wilhelm von Champeaux, Bernhard zum Abt. Er wurde zum wirksamsten Förderer der jungen Stiftung.

Trotzdem Bernhard oft krank und bettlägerig war, weiß man von vielen Reisen. Bis 1125 war er zweimal in Langres, dann in Dijon, Auxerre, Foigny, Châlons, Reims, Igny, Châteaulandon. Bereits 1118 konnte Clairvaux an Tochtergründungen denken. Für den so oft abwesenden Abt leitete Bernhards Vetter, Gottfried von La Roche-Vanneau, als Prior den Konvent. Ihn wählte man 1138 zum Bischof von Langres[8], Widerstände dagegen verstand Bernhard selbst auszuräumen. So war für Clairvaux die Zuneigung des Ortsbischofs gesichert; das Wohlwollen des Landesherrn (Theobald

[8] Zur umstrittenen Bischofswahl von Langres jetzt: *G. Constable*, The Disputed Election at Langres in 1138: Tr 13 (1957) 119—152.

von der Champagne) sicherte Bernhard sich durch vermittelnde Tätigkeit zwischen Theobald, den Bischöfen von Langres und den Herzögen von Burgund. Durch andauernde Stiftungen der eigenen Sippe und der ihm geneigten großen Herren wuchs Clairvaux schnell heran.

Die geistliche Autorität seines Abtes stieg gleichfalls erstaunlich schnell und in weiten Räumen. Zunächst im eigenen Orden, wo er 1119 zu den Unterzeichnern der ersten Verfassungsurkunde von Cîteaux, der Carta caritatis, gehörte. Im Filiationsverband von Clairvaux war seine Autorität unbestritten, aber auch in den verwandten Gruppen, die von La Ferté und Morimund ausgingen.

Mit dem Stifter von Prémontré verband ihn bis zu dessen Tod als Erzbischof von Magdeburg enge Freundschaft. Das gleiche galt für Petrus von Cluny. Doch mußte diese Freundschaft schwere Belastungsproben aushalten, denn Bernhard setzte sich kritisch mit dem Lebensstil der burgundischen Großabtei und ihrem Verband auseinander. Es gereichte dem Abt von Cluny zur Ehre, daß er darob die Beziehungen zu Bernhard nicht abreißen, sich sogar von ihm bei der Reform des eigenen Verbandes beeinflussen ließ. Ähnliches ereignete sich im Umkreis der Kanonikerreform, wo Bernhard sich für die Umwandlung von Weltklerikerstiften zu regulierten Chorherrenstiften einsetzte. Das geschah oft durch die Förderung von Wahlen, die einen reformierten Prälaten erhoben (so in Toussaint-en-l'Isle zu Châlons).

Wie stark die Autorität des Abtes von Clairvaux um 1130 bereits geworden war, erweist die entscheidende Stellungnahme für Innozenz II. auf der Synode von Étampes. Durch die aktive Beteiligung an der Beilegung des Schismas von 1130/38 in Frankreich und Italien, durch die ständig sich weitende Korrespondenz mit den führenden Persönlichkeiten der abendländischen Christenheit, durch die immer häufiger erbetene und geleistete Intervention Bernhards bei kirchenpolitischen Krisen wurde er allmählich „le personnage le plus en vue de l'Europe", wie man es formuliert hat[9], zum Mahner der Großen in Staat und Kirche. Seine Freunde und Verwandten nahmen bald einflußreichste Positionen in der Kirche ein. Hugo von Mâcon, Abt von Pontigny, wurde Bischof von Auxerre; seinem Vetter Gottfried von La Roche-Vanneau, Prior von Clairvaux, erkämpfte Bernhard gegen Petrus von Cluny den Bischofssitz von Langres. Hugo, Abt von Trois- Fontaine, der ersten Tochterabtei von Clairvaux, wurde 1150 Kardinalbischof von Ostia. Bernhard von Pisa, Abt von Sant'Anastasio bei Rom, schließlich zum Papst gewählt (Eugen III.). Der Bruder des französischen Königs, Mönch in Clairvaux, wurde 1149 Bischof von Beauvais.

Mit der Kurie in Rom war Bernhard verbunden dank seiner Freundschaft mit Kanzler Haimerich[10]. Seine Briefe an Honorius II., Innozenz II. und

[9] *Fliche-Martin* IX, 1 (1944), 13—41 (Saint Bernard).

[10] *F.-J. Schmale,* Studien zum Schisma des Jahres 1130 (Köln - Graz 1961) hat das Verhält-

Eugen III. erweisen die enge Verbundenheit des Abtes mit der unter diesen Päpsten, vor allem durch Haimerich geförderten Reformrichtung der Regularkanoniker. Den Kongregationen von Saint-Ruf (Avignon), Saint-Victor (Paris), Arrouaise im Artois blieb Bernhard stets Freund und Berater. Das galt für den Stifter von Saint-Victor (Wilhelm von Champeaux) wie für die großen Theologen in Paris (Hugo und Richard). Der Orden des hl. Gilbert von Sempringham in England wurde in seiner Verfassung von Cîteaux nachhaltig beeinflußt. Für die Kurie mußte ein Mann, der nicht nur im eigenen Orden, sondern auch im Verband von Cluny, Prémontré, der Kartause, bei den Regularkanonikern, ja selbst in der Welt der Einsiedler ein so gewaltiges Ansehen gewonnen hatte[11], wie ein fast unersetzlicher Mitarbeiter gewertet werden. Zwar wurden auch Mißstimmungen zwischen ihm und den römischen Prälaten nicht vermieden, was bei Bernhards Temperament nicht wunderzunehmen braucht, aber der Gleichklang der geistlichen Interessen sorgte stets für neuen Frieden.

Die Vorbereitungen zum zweiten Kreuzzug erbrachten dafür erneut den Beweis. Bernhard war von jeher mit der Welt des Kreuzzugs vertraut gewesen. Er hatte auf dem Konzil von Troyes (1128) mitgearbeitet an der Verfassung für den Templerorden, dessen erster Großmeister mit ihm verwandt war. Dem Orden hat er in seinem Werk „De laude novae militiae" ein geistliches Programm entworfen. Man hatte ihm nahegelegt, im Heiligen Land Zisterzienserabteien zu gründen, was er aber ablehnte mit einem Hinweis auf Prémontré, das er besser dafür geeignet hielt. Mit der Königin Melisende von Jerusalem stand er im Briefwechsel. Als nun nach dem Fall von Edessa (1144) Ludwig VII. von Frankreich sich zur erbetenen Waffenhilfe entschloß und Papst Eugen III. um die Sendung von Kreuzzugspredigern ersuchte, erhielt Bernhard den Auftrag, in Frankreich das Kreuz zu predigen (zuerst in Vézelay am 31. März 1146). Eigener Enthusiasmus trieb ihn aber über die französischen Grenzen hinaus nach Flandern, an den Rhein, bis in die Schweiz. Beim Weihnachtsfest in Speyer vermochte er (was wohl gegen Eugens III. Absichten ging) den deutschen König Konrad III., nach längeren Verhandlungen übrigens, für eine Teilnahme am Kreuzzug zu gewinnen. Erst am 6. Februar 1147 kehrte Bernhard, über Köln, die Niederlande und Flandern reisend, predigend und Wunder wirkend, nach Clairvaux zurück. Doch schon am 13. März 1147 nahm er an einem Reichstag in Frankfurt a. M. teil, wo er sich zu einer Gutheißung des Wendenkreuzzuges überreden läßt, der gleichwertig wie der Orientkreuzzug zu predigen, zu privilegieren und durchzuführen wäre. Nur zögernd hat dann Eugen III. diese Frankfurter

nis Bernhards zu Kanzler Haimerich zurückhaltender beurteilt und auch seinen Einfluß auf die Anerkennung Innocenz' II. stärker hinter den der Regularkanoniker zurücktreten lassen.

[11] Das Verhältnis Bernhards zu den verschiedenen Ordensfamilien wird besonders eingehend dargestellt in Saint Bernard (Paris 1953) 193—338.

Entschlüsse bestätigt. Die außerordentliche Predigtfahrt des Heiligen von Clairvaux vermittelte sowohl den Zeitgenossen wie den späteren Betrachtern ein scharf konturiertes Bild des großen Abtes. Die entscheidenden Tiefen seines geistlichen Wesens enthüllen sich aber eindeutiger noch in seinem literarischen Werk.

„Der letzte der Kirchenväter“, wie man Bernhard genannt hat, hinterließ ein umfangreiches literarisches Corpus von Briefen, Predigten und Abhandlungen, Meisterwerke des geistlichen Schrifttums. Die Mehrzahl der Traktate beschäftigt sich mit Fragen der monastischen Spiritualität, so „Die Grade der Demut und des Stolzes“ (1124), die Apologie des zisterziensischen Lebensideals im Vergleich mit Cluny (1125), mehrere Schriften über die Gottesliebe (1128/36), die Ausführung über „Gebot und Dispens“ (vor 1144), auch „Das Lob der neuen Ritterschaft“ (vor 1130) kann hierzu gezählt werden, ferner der Traktat über „Gnade und Willensfreiheit“ (vor 1128). 1135 begann Bernhard seine Arbeit an dem Hauptwerk, den „Sermones super Canticum Canticorum“, von denen er bis zu seinem Tod insgesamt 86 fertigstellen konnte. Sein Alterswerk, die fünf Bücher „De consideratione“, schrieb er für Papst Eugen III. Schließlich verfaßte er noch die Lebensbeschreibung seines Freundes Malachias, des Erzbischofs von Armagh in Irland.

Bei aller Vielfalt der literarischen Gestalt ging es Bernhard im Grunde immer nur um das eine: wie die Kirchenväter seiner Umwelt die Lehre der Heiligen Schrift vorzutragen, in deren Vorstellungswelt er selber lebte und deren Sprache er in genialer Identifikation sich anzueignen vermochte [12]. Forscher wie A. Dimier und J. Leclercq haben Bernhard als den besten Spiegel des geistlichen Lebens seiner Zeit gerühmt. Solange er lebte und erst recht nach seinem Tod ging von ihm ein weitreichender und dauernder Einfluß auf das Leben der ganzen Kirche aus.

Schon Johannes von Salisbury nannte Bernhard ohne Ironie den „sanctissimus abbas“ [13]. Als Heiliger wurde Bernhard von Clairvaux eine bewegende Kraft seines Zeitalters. Aus seiner Gottesliebe erhielt er die ständigen Impulse, welche sowohl seine Aktivität wie seine Kontemplation bestimmten. Er sah seine Sache stets als Sache Gottes an. Zisterziensische Lebensform und treu beobachtete benediktinische Gesetzlichkeit waren der Rahmen für die ‚schola caritatis‘ strenger Askese, wo der geistliche Vater-Abt mehr noch durch das Beispiel als nur durch sein Wort zu wirken verstand. Er wurde,

[12] Zu Sprache und Stil Bernhards vgl. *Chr. Mohrmann*, Observations sur la langue et le style de Saint Bernard: S. Bernardi Opera II, ed. *J. Leclercq* u. a. (Rom 1958) IX bis XXXIII.

[13] Historia ecclesiastica, ed. *M. Chibnall* (London 1956) 25; dort auch weitere Urteile über Bernhard: „abbatem, cuius tunc summa erat auctoritas, cuius consilio tam sacerdotium quam regnum pre ceteris agebatur“, 16 und: „erat religiosissimus et dissertissimus“, 17.

nicht ohne menschliche Fehler, die er eingestand und auszumerzen versuchte, der „heilige Abt“. Erfahrungen mit sich selbst und bei seinen Mönchen, seinen Freunden allenthalben in der Kirche, lehrten ihn, die benediktinische „discretio“ immer besser zu verstehen und handzuhaben. Diese Erfahrung war (nachweisbar) eine mystische Erfahrung der Gottesnähe, aus der ihm auch die Weisheit letzter Gotteserkenntnis zuströmte. Ihre wichtigste Voraussetzung, so lehrte Bernhard, war die „humilitas“, welche alle geistlichen Bemühungen zu durchformen hatte. Von ihr geht der Aufstieg zu Gott an, sie bedingt aber auch alle weiteren Stufen, weil sie im Grunde die Haltung Christi selbst war („habes commendatam a Deo humilitatem in Christo“). Dieser Aufstieg ist ein ständiges Wachsen der Liebe, ein unaufhörliches Suchen nach der Vereinigung mit dem dreifaltigen Gott, die Bernhard als eine Vereinigung des Geistes mit dem Wort, das Gott ist, wie in einem Testament in den letzten Sermones zum Hohen Lied beschrieben hat.

3. Kapitel

Das Papsttum und die Könige des Abendlandes im bernhardinischen Zeitalter

QUELLEN: *Mansi* XXI 540—785; *Hefele-Leclercq* V 747—847; *Duchesne LP* II u. III. — Zu Cölestin II.: *Watterich* II 276—278; *Duchesne LP* II 385 449, III 138; *Jaffé* ²II 1—7 716 758; PL 179, 765—822. — Zu Lucius II.: *Watterich* II 278—281; *Duchesne LP* II 385—386 449, III 138; *Jaffé* ²II 7—9 717 758; PL 179, 819—938. — Zu Eugen III.: *Watterich* II 281—321; *Duchesne LP* II 386—387 449, III 138—139; *Jaffé* ²II 20—89; Nachträge bei *H. Gleber* (s. u.) 191—208; *Johannes von Salisbury,* Historia pontificalis, ed. *R. L. Poole* (1927), danach mit engl. Übers. *M. Chibnall* (London 1956); *Bernhard von Clairvaux,* De consideratione, ed. *J. Leclercq - H. M. Rochais,* Sancti Bernardi Opera omnia III (Rom 1963) 379—493; ferner die in der Bibliogr. zum Abschnitt angegebenen erzählenden Quellen. — Zu Anastasius IV.: *Watterich* II 321—322; *Duchesne LP* II 388 449, III 139; *Jaffé* ²II 89—102.

LITERATUR: Neben den bereits zu Kap. 1 angeführten Werken: *J. Bachmann,* Die päpstlichen Legaten in Deutschland und Skandinavien (1125—59): HStud 115 (Berlin 1913); *G. Säbekow,* Die päpstlichen Legationen nach Spanien und Portugal bis zum Ausgang des 12. Jh. (Diss. Berlin 1931); *H. Tillmann,* Die päpstlichen Legaten in England bis zur Beendigung der Legation Gualas (1218) (Diss. Bonn 1926); *L. Spätling,* Kardinal Guido und seine Legation in Böhmen-Mähren (1142—46): MIÖG 66 (1958) 306—330; *R. Manselli,* Alberico, cardinale vescovo d'Ostia e la sua attività di legato pontificio: ADRomana 78 (1955); *O. Kolsrud,* Kardinal-legaten Nicolaus av Albano i Norge 1152 (Oslo 1943/46); *A. O. Johnsen,* Studier vedrørende kardinal Nicolaus Breakspears legasjon til Norden (Diss. Oslo 1945); *A. Gwynn,* Papal Legates in Ireland During the Twelfth Century: IER 63 (1941) 361—370.

H. Gleber, Papst Eugen III. (1145—53) unter besonderer Berücksichtigung seiner politischen Tätigkeit (Jena 1936), dazu *E. Jordans* Besprechung: RHE 33 (1937) 367—372, welche die Perspektiven auf ein nüchternes Maß zurechtrückt; *G. Del Guerra, N. Caturegli, G. L. Bentivoglio,* Il beato Eugenio III (Pisa 1954); die Bernhard-Bibliogr. ist beim 2. Kapitel einzusehen; *P. Rassow,* Honor Imperii (München 1940); *P. Brezzi,* Roma e l'impero medioevale (Bologna 1947); *P. Lamma,* Comneni e Staufer, 2 Bde (Rom 1955/57); *G. Edelsbrunner,* Arnold von Brescia. Untersuchungen über die weltliche Herrschaft der Kurie und die häretischen Bewegungen um die Mitte des 12. Jh. (Diss. masch. Graz 1958); (über Arnold von Brescia wird später in Kap. 8 u. 13 eingehender berichtet).

Die Kurie und England: *A. L. Poole,* From Domesday Book to Magna Carta (Oxford ²1964) 190—196; *H. Böhmer,* Kirche und Staat in England und in der Normandie im 11. und 12. Jh. (bis 1154) (Leipzig 1899; Standardwerk); *Z. N. Brooke,* The English Church and the Papacy (Cambridge 1931); *D. Knowles,* The Monastic Order in England, a History of Its Development from the Times of St. Dunstan to the IVth Lateran Council (940—1212) (Cambridge ²1963); *C. R. Cheney,* English Bishops' Chanceries (1100—1250) (Manchester 1950); *L. Voss,* Heinrich von Blois, Bischof von Winchester (1129—71) (Berlin 1932).

Die Kurie und Frankreich: *E. Lavisse* III/1, 1—11; *E. R. Labande,* Pour une image véridique d'Aliénor d'Aquitaine: Bull. de la Société des Antiquaires de l'Ouest, 4. série II (1952) 175—234; *M. Pacaut,* Louis VII et les élections épiscopales dans le royaume de France (Paris 1958); *Ch. Petit-Dutaillis,* La monarchie féodale en France et en Angleterre (Xᵉ—XIIIᵉ siècles) (Paris 1933).

Die Kurie und Deutschland: *Hauck* ⁵IV 114—195; *Gebhardt-Grundmann* I 285 bis 301; *R. Holtzmann,* Der Kaiser als Marschall des Papstes: SAB 1928; *E. Eichmann,* Das Officium stratoris et strepae: HZ 142 (1930) 16—40; *R. Holtzmann,* Zum Strator- und Marschalldienst: HZ 145 (1932) 301—350; *G. Ladner,* I mosaici e gli affreschi ecclesiastico-politici nell'antico Palazzo Lateranense: RAC 12 (1935) 265—292. — Über die Verhältnisse in Süditalien beim 2. Italienzug Lothars III.: *P. F. Kehr,* Italia pontificia 8 (1935) 40—43 und seine Arbeit: Die Belehnungen der süditalienischen Normannenfürsten durch die Päpste: SAB 1934; *H. Zatschek,* Wibald von Stablo. Studien zur Geschichte der Reichskanzlei und Reichspolitik unter den älteren Staufern, MIÖG Ergbd 10 (Wien 1928) 237 bis 292; *W. Ohnsorge,* „Kaiser" Konrad III.: MIÖG 46 (1932); *F. Geldner,* Zur neueren Beurteilung König Konrads III.: Monumentum Bambergense. Festgabe für B. Kraft (München 1955) 395—412; *P. Acht,* Die Gesandtschaft König Konrads III. an Papst Eugen III. in Dijon: HJ 74 (1955) 668—673.

Kurie und Spanien: *J. Vincke,* Staat und Kirche in Katalonien und Aragón (Münster 1931); *G. Säbekow,* Die päpstlichen Legationen nach Spanien und Portugal (s. o.).

Zur Ostmission: *M. Bünding,* Das Imperium Christianum und die deutschen Ostkriege vom 10. bis zum 12. Jh. (Berlin 1940); *H. Beumann,* Kreuzzugsgedanke und Ostpolitik im hohen Mittelalter: HJ 72 (1953) 112—132; Heidenmission und Kreuzzugsgedanke in der deutschen Ostpolitik des Mittelalters, hrsg. von *H. Beumann* (Darmstadt 1963).

Dem Friedensinstrument des Wormser Konkordats für das Reich waren in den anderen Ländern der Christenheit ähnliche Übereinkommen zwischen Kirche und weltlicher Gewalt voraufgegangen, in England 1106/07 und zur gleichen Zeit in Frankreich, doch hier ohne formellen Vertragsschluß [1]. Über die Funktion der Könige und weltlichen Machtträger innerhalb der Christenheit mit Hinblick auf die Kirche, gesehen als die Kirche der Kleriker und Mönche, der Bischöfe und Äbte, des römischen Papstes, war man sich theo-

[1] Vgl. III/1, Kap. 45. Zu England: *N. F. Cantor,* Church, Kingship and Lay Investiture in England (Princeton 1958); zu Frankreich: *A. Becker,* Studien zum Investiturproblem in Frankreich (Saarbrücken 1955); *Th. Schieffer,* Investiturstreit: LThK² V (1960) 742—746. Vgl. III/1, Kap. 50 und die dortige Bibliogr.

retisch, nach der intensiven Diskussion des Investiturstreites, einigermaßen im klaren und wohl auch einig. Schutz und im gegebenen Fall selbst ausgreifende Verteidigung mit den weltlicher Gewalt angemessenen Mitteln waren gemeint: Wahrung der Ordnung, welche eine die ganze Christenheit in allen ihren Gliedern und Ständen umfassende Rechtsordnung war, mittels einer bereitwillig angebotenen oder doch zum mindesten nicht verweigerten Unterstützung des geistlichen Urteils durch Sanktionen, die über rein geistliche Maßnahmen hinwegreichten und in den „bürgerlich-zivilen" Raum eingriffen. Bernhard selbst fand dafür (in seinen Briefen an Konrad III. und Kaiser Lothar) eine durchaus gregorianisch zu verstehende Formulierung[2].

Tatsächlich aber, selbst wenn man einer härteren Interpretation bernhardinischer Auffassung folgen wollte, wie Walter Ullmann sie zeichnet[3], mußten sich Bischöfe und Päpste in ihren Beziehungen zu Kaisern, Königen und Fürsten doch dem Gesetz des politisch Möglichen unterwerfen. Im Zeitalter der öffentlichen Macht des Reformgeistes, der, von Cîteaux und Prémontré und den weiteren Kongregationen der regulierten Chorherren bestimmt, in der Entscheidung während des Schismas von 1130—38 sich gesamtkirchlich und damit gesamtpolitisch durchsetzte, lag aber dieses Gesetz oft in der Hand des Klerus. Das wird exemplarisch spürbar bei dem zwar nicht immer erfolgreichen, aber doch in vielen Fällen durchaus gewichtigen Eingreifen Bernhards von Clairvaux[4] in Konfliktsfälle (umstrittene Bischofswahlen, Ausgleichsverhandlungen zwischen Fürsten und Königen, Durchführung päpstlicher Urteile, die in staatliche Bezirke hineingreifen, u. ä.). Unter diesem Gesichtspunkt müssen die Beziehungen gesehen werden, von denen im folgenden die Rede sein wird.

Das Reich und die Kirche

In der deutschen Geschichte umspannt das bernhardinische Zeitalter die Regierungszeiten Kaiser Lothars III. (1125—37) und König Konrads III. (1138 bis 1152). Beide Regierungen stehen unter dem Einfluß des herrschenden Reformgeistes und im Zeichen des Friedens mit dem Papsttum. Lothar hatte durch seine Entscheidung für Innozenz II. erkennen lassen, daß er dieser neuen Richtung in der Kirche folgen werde. Mit seinen beiden Italienzügen (1133 und 1136/37) entsprach er dem Verlangen des Heiligen Stuh-

[2] Ep. 139 u. 140 (an Lothar), 183 u. 244 (an Konrad), PL 182.

[3] The Growth of Papal Government (London [2]1955) (dt. von *G. Möser-Mersky* [Graz 1960; vom Verf. durchgesehen und vermehrt] 619—635).

[4] Bernard de Clairvaux (Commission d'Histoire de l'Ordre de Cîteaux, 3) (Paris 1953) Table analytique II: Bernard et l'épiscopat, 627—647; Table analytique III: Bernard, les princes et la société féodale, 649—657; *B. Jacqueline,* Papauté et Épiscopat selon Saint Bernard de Clairvaux (Paris 1963).

les, wenn auch (zumal 1137) Reibungen nicht ausblieben[5]. Die Bischofswahlen in Deutschland vollzogen sich frei (Eichstätt 1125, Magdeburg 1126 u. a.), Lothar verzichtete auf königliches Eingreifen in kirchliche Streitfälle, auch wenn sie, um der Verfassung des Reiches willen, königliche Interessen berührten (Trier, Verdun, Halberstadt)[6]. In Würzburg überließ er dem Mainzer Erzbischof Adalbert die Initiative. Gebhard von Henneberg, von Heinrich V., und Rugger, von Erzbischof Adalbert gehalten, kämpften um die Kathedra. Rugger starb 1125. Nach längeren Verhandlungen wurde Weihnachten 1127 Propst Embrich von Leiningen zum Bischof gewählt. Ein Appell Gebhards an Lothar blieb ohne Wirkung. Nur im Straßburger Bischofsstreit setzte Lothar seinen Willen durch, dadurch, daß er Ende 1129 Brun anerkannte, den seinerzeit Heinrich V. anstelle des seines Amtes entsetzten Bischofs Konrad hatte wählen lassen, dessen Stellung aber mit dem Tode des Kaisers fragwürdig geworden war[7].

Die Tätigkeit der päpstlichen Legaten[8] wandte sich in diesem Zeitraum nicht mehr bevorzugt den politischen, sondern ausgesprochen kirchlichen Fragen zu und ließ eine enge Zusammenarbeit des deutschen Episkopats mit der Kurie erkennen. Sie berufen und leiten Provinzialsynoden, schlichten zwischenbischöfliche Streitfragen, bestätigen Wahlen und weihen Bischöfe, visitieren Diözesen und regeln Fragen der Kirchenzucht, übermitteln päpstliche Privilegien. Jahr um Jahr kommt wenigstens ein Legat, manchmal wirken drei oder mehr gleichzeitig. Die großen Erzbischöfe am Rhein werden gemaßregelt, viele Streitfälle unter Umgehung der Metropolitangerichtsbarkeit sofort dem Heiligen Stuhl vorgelegt, die Zahl der Exemtionen nimmt zu, viele Bischöfe lassen sich in Rom weihen. Die Wahl Konrads III. (7. März 1138 zu Koblenz) wurde von Erzbischof Adalbero von Trier maßgebend geleitet. Auch dieser König hielt sich an die Bestimmungen des Wormser Konkordats; eine Hilfe für den Heiligen Stuhl in Rom und gegen die Normannen, wie Lothar es gewesen war, wurde er nicht[9].

Frankreich

Die Landkarte Frankreichs im 12. Jh. zeigt die königliche Krondomäne, in der allein der Herrscher wirklich regierte, als eine im Verhältnis zum ganzen Land auffallend kleine Enklave, umklammert von dem Gebiet der mächti-

[5] *Gebhardt-Grundmann* I 292; *Seppelt* IV 182.

[6] *Hauck* [5]IV 126—129. [7] *Hauck* [5]IV 133—134.

[8] *W. Janssen,* Die Päpstlichen Legaten in Frankreich vom Schisma Anaklets II. bis zum Tode Cölestins III. (1130—98) (Köln-Graz 1961) 1—54; *J. Bachmann,* Die päpstlichen Legaten in Deutschland und Skandinavien (Berlin 1913) 21—116.

[9] *H. Gleber,* Papst Eugen III. (1145—53) unter besonderer Berücksichtigung seiner politischen Tätigkeit (Jena 1936), dazu die kritischen Bemerkungen von *E. Jordan:* RHE 33 (1937) 367—372.

gen Grafen von Blois-Champagne. Flandern, die Normandie, das Herzogtum der Bretagne, Anjou und Poitou, Aquitanien (Guyenne) und die Gascogne, Toulouse und die Auvergne, Burgund — die großen Kronvasallen — entzogen sich dem königlichen Einfluß. Die beiden Lothringen, die Grafschaft Burgund, das Königtum des Arelat mit der Provence gehörten zum Reich. Das kirchliche Leben war also in seiner Entfaltung angewiesen auf ein Zusammenwirken mit vielen Herren, unter denen der König fast wie einer unter anderen, kaum als der entscheidende erscheint. In der Korrespondenz Bernhards von Clairvaux mit den Fürsten seiner Zeit wird das deutlich.

Auf Ludwig VI. folgte 1137 sein Sohn Ludwig VII. (bis 1180). Kein Fürst im Westen stand so sehr unter dem Einfluß von Kirche und Papsttum wie dieser König, der aber als Gatte der Eleonore von Aquitanien (bis 1152) wenigstens eine Zeitlang den königlichen Einfluß auszudehnen versuchte. Von ihr bestimmt, begann er bei verschiedenen Bischofswahlen eine der römischen entgegengesetzte Personalpolitik zu treiben[10]. Allerdings zwang ihn dann das Bündnis des Grafen Theobald IV. von der Champagne (über Bernhard von Clairvaux) mit Episkopat und Kurie zum Einlenken. Das zeigte sich im Ehestreit Rudolfs von Vermandois, der eine Nichte Theobalds geheiratet, doch diese um einer Schwester Eleonores von Aquitanien willen verlassen hatte. Ein päpstlicher Legat[11] erklärte die zweite Ehe für ungültig, exkommunizierte Rudolf und Petronilla, belegte das Vermandois mit dem Interdikt. Ludwig VII., von Eleonore dazu getrieben, zog gegen Theobald, der für seine Nichte eintrat, ins Feld. In den Flammen von Vitry (1144) kamen 1300 Menschen ums Leben. Berhard stiftete Frieden zwischen dem König und Theobald, Ludwig ließ Rudolf fallen und entschied sich für ein Einlenken gegenüber Rom. Der Einfluß der Königin trat von jetzt an hinter dem des Klerus zurück, Bernhards Autorität stieg, Suger, der Abt von Saint-Denis, gewann Ansehen; bei Abwesenheit Ludwigs VII. (während des 2. Kreuzzugs) nahm Suger die königlichen Interessen wahr (von einem eigentlichen Reichsregiment kann wohl kaum die Rede sein). Nicht die Krone, sondern die französische Kirche (vor allem die neuen Orden und die Reformkanoniker) darf man als die führenden Mächte des öffentlichen Lebens ansehen.

Die Wirren in England

König Heinrich I. hatte bis zu seinem Tod (1135) nach der friedlichen Beilegung der Investiturfragen (1107) die englische Kirche mit der festen Hand, die schon seinem Vater, dem Eroberer, eigen gewesen war, zu kontrollieren

[10] *E. Lavisse* III 1, 1—11.

[11] Kardinalpriester Ivo von S. Lorenzo in Damaso, vgl. *W. Janssen*, Legaten 35—37.

verstanden. Man kann zwar nicht von einer englischen Landeskirche sprechen, aber sowohl auf der Insel als auch in der Normandie war man es gewohnt, daß etwa die Teilnahme der Bischöfe an Konzilien jenseits des Machtgebietes des Königs von dessen ausdrücklicher Erlaubnis abhing. Kein Legat des Papstes konnte ohne königliche Zustimmung einreisen. Heinrich hat sich durch wohlwollende Klosterpolitik einen guten Ruf bei den geistlichen Historiographen gesichert, aber frei war die Kirche nach den Vorstellungen der Gregorianer sicher nicht. Es ging ihr aber gut, der Friede in einem kraftvoll geleiteten, im Gegensatz zu den übrigen westeuropäischen Ländern einheitlich verfaßten Reich konnte der Entfaltung des religiösen Lebens nur dienlich sein. Das wurde anders in der langen Phase des Thronstreites zwischen Mathilde (der Witwe Kaiser Heinrichs V. und Gattin Gottfrieds von Anjou), der Heinrich vor seinem Tod noch die Erbhuldigung der Barone erzwungen hatte, und Stefan von Blois, dem Enkel des Eroberers durch dessen Tochter Adele. Erst mit dem Regierungsantritt Heinrichs II. (1154) begann wieder eine Epoche staatlicher Beruhigung. Der Heilige Stuhl nahm seine Vollmachten wahr durch die Übertragung (permanenter) legatärer Vollmachten an die Erzbischöfe von Canterbury (Wilhelm von Corbeil 1123—36 und Theobald 1139—61), zeitweilig (1139 bis 1143) auch an den Bischof von Winchester, Heinrich von Blois, den Bruder König Stefans. 1138 wirkte Kardinal Alberich als Legat mit auch staatlicherseits unbeschränkten Vollmachten. Sein Helfer im Süden war der Augustinerchorherr Robert von Hereford, im Norden der Zisterzienserabt Richard von Fountains. Der Episkopat konnte erst jetzt, dank der Kämpfe um die Nachfolge Heinrichs I., seine freiheitliche Stellung sichern und sich der Krone gegenüber auch jenes Rechtes großzügiger bedienen, das ihr Heinrich I. zugestanden hatte: in Zweifelsfällen nach Rom zu appellieren. Zugleich setzte in dieser Zeit der schon unter Heinrich I. angebahnte, aber erst jetzt machtvoller werdende Zustrom zisterziensischer und regularkanonischer Kräfte ein. Wilhelm von Corbeil war reformierter Stiftsherr. König Heinrichs I. Beichtvater Aldulf gleichfalls, 1133 wurde er Bischof von Carlisle. Die ersten Zisterzienser hatten 1128/29 in Waverley und 1131/32 in Rievaulx siedeln können. Bis 1153 wurden 57 Abteien gegründet (wenn man die Klöster der Kongregation von Savigny mitrechnet). Im Kampf um den Erzstuhl von York[12] konnten sie (nach dem Modell von Langres 1138) ihren

[12] Vgl. *D. Knowles,* The Case of Saint William of York: CambrHJ 5 (1936) 162—177; jetzt auch *ders.,* The Historian and Character (Cambridge 1963) 76—97; *A. L. Poole,* From Domesday Book to Magna Carta (Oxford ²1964) 191; *D. Nicholl,* Thurstan, Archbishop of York (1114—40) (York 1964). Der ähnlich verlaufende Fall der Wahl in Langres, wo gegen den Willen des Königs die bereits getätigte Wahl von Innozenz II. kassiert wird und der Prior von Clairvaux, Gottfried de la Roche-Vanneau, das Bistum erhält (1138), vgl. *E. Vacandard,* Bernhard von Clairvaux, 2 Bde (Mainz 1898, dt. von *M. Sierp*), II 28 bis 38.

Kandidaten Heinrich Murdach gegen Wilhelm Fitzherbert, den Neffen Heinrichs von Blois, mit brieflicher Unterstützung Bernhards von Clairvaux in Rom und England durchsetzen. Der Zisterzienserpapst Eugen III. sprach das entscheidende Wort (1146/47)[13].

Die Iberische Halbinsel

Auf der Iberischen Halbinsel war der schwierige Gang der Reconquista für eine ruhige Entwicklung des kirchlichen Lebens kaum das günstigste Klima. Mit Hilfe französischer Ritter und begleitet vom wohlwollenden Interesse des Römischen Stuhles (Kalixt II. beauftragte auf dem 1. Laterankonzil den Erzbischof von Tarragona Olegar, als päpstlicher Legat mit gegen die Mauren zu ziehen), stieß Alfons I. von Aragón weiter nach Süden vor. Nach seinem Tod (1134) konnte Raimund-Berengar IV. (1137—62) sich die Nachfolge in Aragón sichern und den Kampf gegen den Islam fortsetzen, der ihm 1148 die Einnahme Tortosas sicherte. Die päpstlichen Legaten dieser Jahrzehnte — Kardinal Guido von S. Cosmas und Damian nahm am Konzil von Gerona (1143) teil — erscheinen mit den Kämpfen der Reconquista nicht sonderlich beschäftigt. Durch ihre kirchliche Tätigkeit verstärkten sie den gesamteuropäischen Einfluß der Kurie im Zuge der Zentralisation der römischen Verwaltung und Gerichtsbarkeit. Während des Schismas von 1130 war Erzbischof Didacus von Compostela die entscheidende Stütze Innozenz' II. Von Bedeutung wurde die Lösung Alfons-Heinrichs, des Grafen von Portugal, aus dem Lehnsverband Kastiliens. Er nahm sein Land, das er mit Hilfe der Kreuzfahrer von 1147 nahezu von der maurischen Herrschaft befreien konnte, 1143 vom Papst zu Lehen, nachdem er bereits 1139 den Königstitel zu führen begonnen hatte[14]. Vor dem Kardinallegaten Guido leistete er den Lehnseid. Die endgültige Bestätigung seines Titels, den Lucius II. wohl mit Rücksicht auf König Alfons VII. von Kastilien noch nicht im Verkehr mit Portugal gebrauchte, erfolgte erst durch Alexander III.

Die Verbindung zwischen Portugal und dem Papsttum konnte sich dank

[13] Nachdem 1153 Eugen III., Bernhard von Clairvaux und Erzbischof Heinrich Murdach gestorben waren, konnte Wilhelm Fitzherbert unter Zustimmung von Anastasius IV. seinen Sitz wieder einnehmen. Er selbst starb am 8. Juni 1154 und wurde 1226 von Honorius III. heiliggesprochen. — Ohne auf das Abkommen ihres Vaters mit Anselm von Canterbury (1107) Rücksicht zu nehmen, investierte Kaiserin Mathilde 1141 durch Übergabe von Ring und Stab Wilhelm Cummin mit dem Bistum Durham, vgl. *A. L. Poole*, From Domesday Book to Magna Carta 191.

[14] Alfons-Heinrich = Alfons I. (1128—85), gen. der Eroberer. Die Lehnsnahme Portugals vom Heiligen Stuhl durch Vermittlung des Legaten Guido de Vico erfolgte am 12. Dezember 1143. Lucius II. bestätigte sie 1144 und anerkannte zugleich den Königstitel, den Alexander III. mit der Bulle „Manifestis probatum" (23. 5. 1179) bestätigte. Vgl. *Rui de Azevedo*, Documentos Medievais Portugueses I (Lissabon 1958) 114 ff.

der Arbeit des Kardinallegaten ständig enger gestalten. Auch der Friede zwischen Kastilien und Portugal ging auf päpstliche Initiative zurück. Unter Innozenz kam man zur Verständigung über die Gliederung des portugiesischen Episkopats und zur Einführung von päpstlichen Schutzklöstern. Ein wichtiges Element für die Entfaltung des kirchlichen Lebens bildeten die Regularkanoniker, die nach den neuesten Forschungen die Betreuung des Pilgerweges nach Compostela übernahmen [15]. Führend war die Kongregation von Saint-Ruf bei Avignon. In Skandinavien hat vor allem die große und erfolgreiche Legationsreise des Kardinalbischofs Nikolaus Spreakspear von Albano (1152) die Zusammenarbeit von Krone und Kurie zur Voraussetzung gehabt [16].

Die christliche Expansion nach Osten unter dem Vorzeichen der Zusammenarbeit mit der weltlichen Gewalt

Während Otto, Bischof von Bamberg, seine sog. 1. Missionsreise (1124/25) nach Pommern unter dem Schutz Heinrichs V. und mit päpstlicher Genehmigung in polnischem Auftrag angetreten hatte, der Erfolg aber weitgehend durch eine heidnische Reaktion zunichte gemacht worden war, konnte er seine 2. Missionsreise (1128) in Auftrag und unter Schutz Lothars III. durchführen, der Pommern als zum Reich gehörig ansah. Norbert von Magdeburg hatte sich die Respektierung der Metropolitanrechte seines Erzstuhles zusichern lassen und dem Bischof von Bamberg nahegelegt, eine Mission bei den heidnischen Liutizen, die zum Territorium Magdeburg gehörten, nicht in Angriff zu nehmen. Die Leitung des missionierten Gebietes behielt der Bamberger Bischof. Das Christentum in Pommern konnte endgültig gesichert werden. Die kirchlich-diözesane Gliederung wurde erst nach Ottos Tod (1139) von Innozenz II. (1140) mit der Errichtung der Diözese Wollin begonnen. Posen, das er Magdeburg untergeordnet hatte, und Gnesen, das seine Metropolitanrechte verlieren sollte, wurden nach Norberts Tod (1134) wieder selbständig. Innozenz bestätigte Erzbischof Jakob (1136) als Metropolit von Gnesen.

Die Verbindung mit der ostdeutschen Kolonisation hat die Missionsarbeit entscheidend fördern können. Gleichzeitig mit Otto von Bamberg begann Erzbischof Adalbero von Hamburg - Bremen die Mission, deren Hauptträger der Bremer Kanoniker und Scholaster Vizelin wurde, von dessen Tätigkeit Helmolds Slawenchronik berichtet. Zusammen mit den Stiftsherrn Rudolf

[15] *F.-J. Schmale,* Studien zum Schisma des Jahres 1130, 217—218 (bisher hatte man gemeint, es seien die Cluniazenser gewesen, die diesen Schutz wahrgenommen).

[16] *W. Holtzmann,* Krone und Kirche in Norwegen im 12. Jh.: DA 2 (1938) 341—400; ferner die in der Bibliogr. zum Kapitel angeführte Lit. der Legationsreise des Kardinals Nikolaus Breakspear.

von Hildesheim und Ludolf von Verden begann er seine Arbeit, schuf aus der Landpfarrei, die ihm Adalbero 1125 übertragen hatte, das Stift Neumünster als Basis für weitere Missionstätigkeit. Kaiser Lothar übernahm die Förderung. Durch den Wendenkreuzzug 1147 kam eine jähe Unterbrechung. Kardinal Guido unternahm eine Legationsreise (1148/49) nach Polen und Mähren[17]. 1149 wurden die Bistümer Oldenburg (mit Vizelin) und Mecklenburg (mit Emmenhard) neu besetzt. Vizelin erhielt die Investitur aus der Hand Herzog Heinrichs des Löwen (1150)[18]. 1154 wurde diese Maßnahme von Friedrich I. gutgeheißen, aber dahin eingeschränkt, daß der Herzog die Investitur nur in Ausübung der ihm übertragenen königlichen Gewalt, nicht als Landesherr zu geben habe. Die Römische Kurie scheint in dieser Frage nicht auf seiten des Erzbischofs Hartwig von Bremen-Hamburg gestanden zu haben, der sich als Metropolit der wendischen Bistümer befugt glaubte, selbständig ohne Einvernehmen mit Heinrich vorgehen zu können.

Der Dienst des Reiches und der Könige an der Kirche bestand in diesen Jahrzehnten des bernhardinischen Zeitalters in der schnellen und eindeutigen Entscheidung für Innozenz II., in der Freiheit, die nach dem Investiturstreit der Kirche zugestanden wurde, zumal in der Frage der Bischofswahlen, der Abtswahlen, der Beziehungen des hohen Klerus zur Römischen Kurie. Ferner in dem Rechtsschutz, den die Könige und Fürsten den Bischofs-, Abtei- und Stiftskirchen gewährten. In Frankreich war die enge Beziehung des Königtums mit den Bischöfen in den großen Gebieten der Kronvasallen der einzige Weg, auf dem die Krone ihren Einfluß auch jenseits der Grenzen der Krondomäne geltend machen konnte; es war demnach eine gegenseitige Dienstbezogenheit, die hier gepflegt worden ist. Von Ludwig VI. weiß man, wie eng er mit der Kirche verbunden war, die ihm und seinem Sohn in der Leitung des Königtums assistierte (man denke an Stefan de Garlande und Suger von Saint-Denis). Bistümer, Stifter und Abteien wurden reich ausgestattet, beide Könige waren bewußte Förderer der neuen Orden von Cîteaux, Prémontré, Tiron und Fontevrault. Saint-Victor in Paris erhielt von Ludwig VI. seine wesentliche Ausstattung. Der Kurie gewährten beide Könige Gastfreundschaft in den Krisenzeiten der Pontifikate Innozenz' II. und Eugens III. Spannungen, selbst mit Bernhard von Clairvaux, blieben nicht aus, doch die große Linie zeigte das Königtum in Frankreich in fruchtbarer Zusammenarbeit mit der Kirche des Landes und der römischen Kirche als der Repräsentantin der Christenheit. Das gleiche galt für Deutschland und, mit gewissen Einschränkungen, für England und die Iberische

[17] *R. Wenskus*, Zu einigen päpstlichen Legationen nach Böhmen und Mähren im 12. Jh.: ZKG 70 (1959) 141—146 (Korrekturen zu *J. Bachmann*, Die päpstlichen Legaten in Deutschland und Skandinavien [1125—59] [Berlin 1913]); *L. Spätling*, Kardinal Guido und seine Legation in Böhmen und Mähren (1142—46): MIÖG 66 (1958) 306—330.

[18] *K. Jordan*, Die Bistumsgründungen Heinrichs des Löwen (= Schriften des Reichsinstituts für ältere deutsche Geschichtskunde 3) (Stuttgart 1939, Neudruck 1952) 81—91.

Halbinsel. Italien blieb eine bewegte Vielheit, mit dem ständig wechselnden Verhältnis der Kurie zu den Normannen, den labilen Beziehungen zu den norditalienischen Kommunen, dem revolutionären Rom, das am Ausgang dieser Epoche zu einem schwierigen Problem der Kurienpolitik wurde.

4. Kapitel

Ausbau der Kurie. Kritik an Kirche und Papsttum aus eigenen Reihen

QUELLEN: *M. Andrieu,* Le Pontifical Romain au Moyen Age I, Le Pontifical Romain du XIIe siècle: SteT 86 (Rom 1938); *R. Elze,* Die Ordines für die Weihe und Krönung des Kaisers und der Kaiserin: MG Font. iur. 9 (Hannover 1960); *Duchesne LP* I—III; *P. Fabre - L. Duchesne - G. Mollat,* Le Liber Censuum de l'Église Romaine, 3 Bde (Paris ^{2}1963) 25—68 (Gegen die römische Kurie und die hohe Geistlichkeit); *B. Jacqueline,* Pap-379—493 (De consideratione libri quinque): PL 182, 727—808; Sancti Bernardi Sermo de conversione ad clericos: PL 182, 833—856 (eine knappere Redaktion dieses Sermons bei *J. Leclercq,* Deux sermons de S. Bernard selon une rédaction inédite: Analecta monastica I [Rom 1948] 127—133); Gerhoch von Reichersberg: Auszüge aus seinen Werken mit kirchenpolitischem Inhalt bringt *E. Sackur:* MGLiblit III 131—525; Gerhohi Praepositi Reichersbergensis Opera inedita, Tractatus et Libelli, ed. *D.* ac *O. Van den Eynde* et *P. A. Rijmersdael* (Rom 1955) 309—350 (Opusculum ad Cardinales) (Auszug bei *Sackur:* MGLiblit III 400—411); Gerhochs Werke sind größtenteils in PL 193 u. 194 greifbar, neue Editionen und ergänzende Ausgaben verzeichnet *P. Classen* (s. u.) 407—444; *Johannes von Salisbury,* Policraticus (Joannis Saresberiensis Epicopi Carnotensis Policratici sive de nugis curialium libri VIII), ed. *C. C. I. Webb,* 2 Bde (Oxford 1909); The Letters of John of Salisbury I (1153—61), ed. *W. J. Millor, H. E. Butler* u. *C. N. L. Brooke:* Nelson's Medieval Texts (London 1955); *A. Frugoni,* Arnaldo da Brescia nelle fonti del secolo XII (Rom 1954).

LITERATUR: Zum Ausbau der Kurie: *B. Rusch,* Die Behörden und Hofbeamten der päpstl. Kurie des 13. Jh.: Schriften der Albertusuniversität, Geistesw. Reihe, 3 (Königsberg - Berlin 1936); *K. Jordan,* Die Entstehung der römischen Kurie. Ein Versuch: ZSavRGkan 28 (1939) 97—152; *ders.,* Das Eindringen der Lehnsidee in das Rechtsleben der römischen Kurie: AUF 12 (1932) 13—110; *ders.,* Zur päpstlichen Finanzgeschichte im 11. u. 12. Jh.: QFIAB 25 (1933/34) 61—104; *J. Sydow,* Untersuchungen zur kurialen Verwaltungsgeschichte im Zeitalter des Reformpapsttums: DA 11 (1954) 18—73; *F. Salerno,* Problemi costituzionali nelle vicende storiche della Curia Romana: Rev. it. Sc. Giur. 10 (1959/62) 327—396; *C. Bauer,* Die Epochen der Papstfinanz: HZ 133 (1928) 457—504; *R. Elze,* Die päpstliche Kapelle im 12. und 13. Jh.: ZSavRGkan 36 (1950) 145—204; *E. Eichmann,* Die Kaiserkrönung im Abendland II (Würzburg 1942), 210—279 (Palatium Lateranense); zu den einzelnen Behörden vgl. Bibliogr. bei *Feine RG* 287—289.

Zur Kritik an der Kurie: *P. Lehmann,* Die Parodie im Mittelalter, (Stuttgart ^{2}1963) 25—68 (Gegen die römische Kurie und die hohe Geistlichkeit); *B. Jacqueline,* Papauté et Épiscopat selon Saint Bernard de Clairvaux (Paris 1963); *E. Meuthen,* Kirche und Heilsgeschichte bei Gerhoh von Reichersberg (Leiden - Köln 1959) 94—110 (6. Kap. Regnum und Sacerdotium: Die moralische Beurteilung der Reformträger); *P. Classen,* Gerhoch von Reichersberg. Eine Biographie (Wiesbaden 1960) (Standardwerk) 141—149 (Zion und Babel), 173—183 (Gegen die Neuerungen dieser Zeit), 215—233 (Das Aufspüren des Antichrist) u. a. m.; *C. C. J. Webb,* John of Salisbury (London 1932); *H. Liebe-*

schütz, Mediaeval Humanism in the Life and Writings of John of Salisbury (London 1950); vgl. auch die Einleitungen zu den oben verzeichneten Editionen; vgl. *Haller* III 104—115 (Kritik und Selbstkritik).

Die gregorianische Reform hatte in der Struktur der römischen Kirchenverwaltung Änderungen mit sich geführt, die bis zur Mitte des 12. Jh. noch nicht abgeschlossen sind. Doch werden jetzt die Grundlinien dessen deutlich erkennbar, was man Kurie zu nennen beginnt: Hof, Hofhaltung und Hoftag in einem, wie bei dem germanisch-königlichen Vorbild, dem Modell für die römische Entwicklung. Eigene, das heißt römische Traditionselemente kommen im Zuge der Erneuerung des Romgedankens hinzu, Erinnerung an die diokletianische Senats- und Gerichtsverfassung. Zugleich wächst diese Kurie auch zahlenmäßig schnell[1].

Bei der zwiespältigen Wahl von 1130, als es keine Instanz gab über beiden Päpsten, welche autoritativ oder schiedsrichterlich zwischen ihnen hätte entscheiden können, überließ man es der Kirche als ganzer, der Christenheit selbst, das endgültige Urteil zu sprechen. Sie tat es, indem sie mit großer Mehrheit Innozenz II. als Papst anerkannte. Zum erstenmal hatte die Christenheit damit als Einheit gehandelt, als das „corpus mysticum Christi"[2], wie man sie im frühen 12. Jh. zu nennen begann. Zu diesem Wissen um ihre Einheit hatte der Christenheit natürlich auch das Kreuzzugserleben verholfen, das die vielen Landeschristen miteinander bekannt machte, das für sie gemeinsam getragenes Leid und gemeinsam geleisteter Einsatz der seelischen und leiblichen Energien besagte, ein von allen in gleicher Weise zu erstrebendes Ziel. Der Kreuzzug hatte gleichzeitig eindrucksvoll das Haupt dieses „corpus mysticum" in Erscheinung treten lassen, Papst Urban II., Organisator und — in seinen Legaten — auch Führer des Zuges. Der zweite Kreuzzug bestätigte, daß die Christenheit dieses Erlebnis als dauerndes Bewußtsein in sich weitertrug, denn man wandte sich an Eugen III., der nach dem Vorbild Urbans II. zum Kreuzzug aufrief, Kreuzprediger bestellte, Legaten ernannte, während der Abwesenheit der Könige — und das ist ein neues Element der Entwicklung — in Frankreich und Deutschland politisch handelnd eingriff[3]. Er übernahm hier gleichsam auf höchster Ebene jenen Schutz (und damit nach mittelalterlicher Vorstellung auch Herrschaft), den die Kirche jedem abwesenden Kreuzfahrer für seine Rechte, seinen Besitz, seine Familie daheim versprach. Eine folgerichtige Auswirkung dessen war aber natürlich auch, daß man den Mißerfolg dieses Kreuzzugs zunächst dem Papst selbst zurechnete. Diesen sich ständig noch mehrenden Funktionen

[1] Vgl. Bd III/1, Kap. 34 u. 35 sowie 49.

[2] Zur Kirche als ‚corpus mysticum' vgl. *E. H. Kantorowicz,* The King's Two Bodies. A Study in Mediaeval Political Theology (Princeton 1957) 194—206 (Corpus Ecclesiae mysticum).

[3] *H. Gleber,* Eugen III. (Jena 1936), der aber diese Tatsachen als „erstmalige Durchsetzung des päpstlichen Weltherrschaftsgedankens" (S. 83) übersteigernd interpretiert.

des Papsttums im gesellschaftlich-politischen und kirchlichen Bereich diente die neue Kurie; von ihnen erhielt sie die Impulse zu weiterem Ausbau[4]. Der Wandel von stadtrömischer Geistlichkeit und Verwaltung zu einem Regierungsinstrument, das für die ganze Christenheit gehandhabt werden konnte, war natürlich zu Beginn unserer Epoche im wesentlichen bereits vollzogen, das Kardinalskollegium hatte sich gebildet, die Gesamtzahlen nahmen zu. Doch lassen die Urkunden jetzt erkennen (an den Unterschriften der Kardinäle)[5], wie das Kollegium als beratende Körperschaft dem Papst beim Kirchenregiment zur Seite tritt. Die Leiter der früheren Ämter des Arcarius (Schatzmeister), Sacellarius (Zahlmeister), Nomenclators (Armenpfleger), Protoscriniarius (Archiv), Bibliothecarius, der beiden Primicerii der Schola notariorum (Schriftverkehr) und der Schola defensorum (Rechtssachen), die sogenannten „Judices de clero" oder „Judices palatini" behalten als Siebenerkollegium nur mehr richterliche Funktionen. Statt ihrer erscheinen der Kämmerer des Papstes (für die Finanzen) und der Kanzler (für den Schriftverkehr). Wie bei den königlichen Höfen gibt es jetzt auch bei der Kurie den Dapifer bzw. Seneschall, den Mundschenk (pincerna), den Marschall[6]. Wie die Höfe des Nordens ist auch die Kurie jetzt viel auf Reisen. In Umrissen wird auch eine „capella" des Papstes erkennbar[7], offenbar nach Modellen der fränkischen Hofkapellen. Zwar heißen ihre Mitglieder zunächst noch „subdiaconi SRE (sacrae Romanae ecclesiae)", auch wohl „subdiaconi domini nostri papae", bald aber auch „subdiaconi et capellani" — im 13. Jh. nur mehr „capellani". Ein Kern dieses neuen Gebildes war das Kollegium der Pfalznotare (die schola notariorum bzw. die notarii palatini), die unter dem Kanzler, der in sich die Ämter des früheren Scriniarius und des Primicerius notariorum vereinigte, den Schriftverkehr des Papstes wahrnahm. Weitere Gruppen führten die Tradition der früheren sieben Pfalzsubdiakone weiter (für den Gottesdienst), der Regionarsubdiakone (für den Sozialdienst), der Subdiakone der schola cantorum (für den Gesang). Jetzt wurden ihnen allen je nach Bedarf neben dem Gottesdienst und der Verwaltung wohl auch Gesandtschaften aufgetragen; sie begleiteten Legaten auf deren Visitationsreisen. Sie bildeten ein Kollegium im Lateran, wo sie gemeinschaftlich wohnten, arbeiteten, aus der päpstlichen Küche verpflegt wurden. Für ihren standesgemäßen Unterhalt erhielt jeder einzelne seine Pfründe; doch waren sie nicht wie die Kardinäle an Titelkirchen gebunden. Soweit sie als Advokaten oder Auditoren gerichtliche Funktionen erhielten, konnten sie

[4] *G. Le Bras,* Institutions ecclésiastiques de la Chrétienté médievale (Paris 1959) 349 bis 362 (Structure et Vie du Centre): *Fliche-Martin* XII.

[5] *B. Katterbach - W. M. Peitz,* Die Unterschriften der Päpste und Kardinäle in den „Bulla majores" vom 11. bis 14. Jh.: Miscellanea Francesco Ehrle IV (Rom 1924) 177—274.

[6] *G. Le Bras* (s. Anm. 4) 359—361 (La cour); *E. Eichmann,* Die Kaiserkrönung im Abendland II 247—249 (Der päpstliche Hofstaat im 12./13. Jh.).

[7] *R. Elze,* Die päpstliche Kapelle im 12. und 13. Jh.: ZSavRGkan 36 (1950) 145—204.

auch am Konsistorium teilnehmen, das in diesen Jahrzehnten die früheren römischen Fastensynoden ablöst und als regelmäßig tagende Versammlung der Kardinäle unter dem Vorsitz des Papstes die „causae majores" berät und entscheidet. Die Gesamtleitung des Kollegiums der „subdiaconi" oder „capellani" lag in der Hand des Kämmerers. Der Kanzler, der nur einer Gruppe von ihnen vorstand, blieb ihm nachgeordnet. Deshalb wohl führte im 13. Jh. statt des Kanzlers selbst, der Kardinal war, ein Vizekanzler die eigentlichen Geschäfte. Im späten 12. Jh. erhielt auch das Kardinalskollegium selbst einen Kämmerer für die eigene, von der päpstlichen sich trennende Finanzverwaltung.

Dieser ansehnliche Apparat wächst beständig[8]. Zumal sich seit dem Pontifikat Innozenz' II. die Zahl der Prozesse an der Römischen Kurie in schnellem Rhythmus mehrt, über die eigentlichen „causae majores" hinaus. Das steigende Ansehen des Papstes in der gesamten Christenheit, das allenthalben vordringende Kirchenrecht, der verstärkte Zug zur Exemtion bei den Klöstern und Einzelkirchen trug dazu bei. Zur Kurie des Papstes gehören nicht nur Geistliche, sondern nach wie vor auch Laien (die meist den großen römischen Familien entstammen). Kardinalskollegium und Capella, beide zusammen mit dem Papst die Kurie bildend, zeigen im 12. Jh. auch in den unteren Rängen eine bemerkenswert internationale, durchaus nicht etwa stadtrömisch geprägte personale Zusammensetzung.

Wie der erste Reformpapst, Leo IX., sind die Päpste des 12. Jh. viel unterwegs, zwar nicht immer freiwillig, häufig genug von römischen Unruhen oder von der kirchenpolitischen Gesamtlage dazu gezwungen. Dadurch wird zwar der wichtige Kontakt zwischen dem Papst und der Christenheit erhalten und vertieft, aber auch das Handeln der Kurie und ihre Mitglieder selbst dem durch die Reform geschärften kritischen Sinn der Kirche ausgesetzt.

Wenn schon seit je (während des Investiturstreits natürlich polemisch verschärft) an den römischen Verhältnissen (häufig auf die Römer als solche bezogener) Tadel laut geworden war[9], mußte nun das Reformpapsttum selbst, und zwar von den Vertretern der wichtigsten Kräfte dieser Reform, erfahren, wie schwer in dieser Kirche „aus Sündern und Heiligen" ein Anspruch auf Besserung des Lebens und Heiligung des Volkes sich aufrechterhalten läßt, wenn man ihn durch Sünder und nicht durch Heilige erhebt. Die Kurie, Kardinäle oder „capellani", auch der Papst fanden sich jetzt im Kreuzfeuer der Kritik, ohne wirklich Abwehr leisten zu können, weil dieser Kritik eben einfache, unbestrittene Tatsachen zugrunde lagen. Den Reformbewegungen ist das Moment der Kritik eigentümlich, ebenso wie es der Kirche, solange sie auf Pilgerschaft ist, wesentlich ist, sich zu reformieren. Wenn aber nun die Reform selbst oder doch wenigstens einige ihrer

[8] *K. Jordan,* Die Entstehung der römischen Kurie 148.

[9] Über die Anfänge vgl. *P. Lehmann,* Parodie 25—30.

Früchte bei untadeligen Sprechern harten Verdikten begegnet, horcht man auf.

Nicht der zum spiritualen Radikalismus neigende Regularkanoniker Arnold von Brescia repräsentierte diese Kritik[10], sondern der hl. Bernhard, der zu humanistischer Milde neigende „common-sense" des Johannes von Salisbury, Gerhoh von Reichersberg mit seinen Gutachten und Traktaten, die er den Päpsten Eugen III. und Hadrian IV. widmete. Während Arnold von Papst und Bischöfen den Verzicht auf Besitz und Herrschaft verlangte, um sie frei sein zu lassen für die Seelsorge allein, lag für die anderen die Lösung im Menschlichen. Sie verlangten den rechten Gebrauch der in sich nicht als tadelnswert empfundenen Einrichtungen und schienen nicht einmal an dem seit 1059 in wachsendem Maß im Leben der römischen Kirche sich durchsetzenden Lehnswesen[11] Anstoß zu nehmen. Offenbar sahen sie darin jene „elementa mundi", deren sich die Kirche bedient, ja die sie assimilieren muß, wenn sie ihrem inneren Gesetz treu bleiben will als eine Darstellung des Inkarnationsgeheimnisses. Die Kirche als „corpus mysticum Christi" anverwandelt sich notwendig in Raum und Zeit die eben dieser Zeit und diesem Raum eigentümlichen Daseinsformen. Die Radikalität Arnolds hingegen bewegte sich mit ihrem Spiritualismus durchaus auf jener Linie, deren Ansätze in der Armutsbewegung um die Jahrhundertwende (der „pauperes Christi", der „vita apostolica") zu finden waren und aus denen, nicht bei Arnold erst, oft genug häretische Extreme sich entwickelten. Bernhard von Clairvaux besaß hohe Achtung vor der Autorität des Papstes und der Bischöfe in der Kirche Christi. Eben darum warnte er aber eindringlich vor jedem Mißbrauch dieser Autorität, bekämpfte Tendenzen an der Kurie[12] (ewa freigebiger zu werden mit Exemtionsprivilegien), welche die bischöfliche Freiheit und Autorität einschränkten, als einer Verkehrung der überlieferten, von Gott selbst gestifteten Ordnung. Auch das Appellationswesen war ihm ein Greuel; wiederum nicht an sich, wohl aber sein Übermaß, die praktische Handhabung. Er machte sich zum Sprecher der Klagen aller Kirchen: den Bischöfen werden die Äbte, den Erzbischöfen die Bischöfe, den Patriarchen die Erzbischöfe entzogen. Die Appellationen aber, so meinte er, dienten meist dazu, die heimischen richterlichen Instanzen zu umgehen, die doch über genauere Orts- und Sachkenntnis verfügen und oft bereits nach Billigkeit und Gesetz das Urteil gefällt haben. Man sucht gleich bei der höchsten Instanz eine Absolution oder einen Vorteil. Die bischöfliche Autorität wird dadurch schwer geschädigt, Rom aber schließlich mit Geschäften überbürdet, die zumeist doch halbwegs in zeitlich-weltliche Bereiche

[10] Über Arnold von Brescia vgl. Kap. 8.

[11] *K. Jordan,* Das Eindringen der Lehnsidee in das Rechtsleben der römischen Kurie: AUF 12 (1932) 13—110.

[12] De consideratione I 4 (Weltliche Geschäfte): PL 182, 732 f, III 2 (Mißbrauch der Appellationen), PL 182, 761—764, III 4 (Aufhebung des Instanzenzugs), PL 182, 766—769.

fallen: mit Fragen der Zehntleistung, von Bauvorschriften über Mindestabstände von Haus zu Haus, Scheune zu Scheune, Stall zu Stall, mit Genehmigungen zum Angeln in diesem oder jenem Karpfenteich. Die Kurie, so schreibt Bernhard, stehe im Begriff, ein großes weltliches Geschäftszentrum zu werden. Händler dringen in den Tempel ein, eine Armee geschäftiger Advokaten und Anwälte mit allem Zank und Streit der Christenheit. Ganz ähnlich hatte bereits der Erzbischof von Tours, Hildebert von Lavardin, geschrieben[13]. Gerhoh von Reichersberg fügte den gleichen Klagen noch die bittere Bemerkung bei, „den Römern selbst kämen dem Anschein nach diese Appellationen auch nicht ungelegen“[14]. „Gravatur iam ecce universa terra, fastum et avariciam Romanorum non sustinens.“[15] Man spürt das echte Anliegen, zugleich die diskrete Tendenz, nicht dem Papst selbst, nicht einmal der Kurie, sondern nur deren (stadt)römischen Mitgliedern die Schuld aufzubürden. Johannes von Salisbury forderte vor allem eine saubere Prozeßführung in Rom, jede Beeinflussung durch Geld oder Geschenke sei zu meiden. Was vor allem die Amtshandlungen der Legaten anging, die kraft richterlicher und weitgehender administrativer Vollmachten das Regiment der Kurie in der Christenheit allgegenwärtig zu machen vermochten, so entwirft der spätere Bischof von Chartres im Policraticus aus eigenem Erleben oder mit bestens bezeugtem Material ein Bild der zeitgenössischen Kirchenregierung, dessen tiefe Schatten auch die treuen Freunde der römischen Kirche, des Papstes und der Kurie mit schweren Sorgen erfüllten.

5. Kapitel

Der zweite Kreuzzug. Missionskriege in Spanien und im slawischen Osten

QUELLEN: Die lateinische Hauptquelle für den zweiten Kreuzzug ist *Odo von Deuil,* La croisade de Louis VII Roi de France, ed. *H. Wacquet* (Paris 1949); *Suger von Saint-Denis,* Vie de Louis le Gros (darin auch seine Histoire du roi Louis VII), ed. *A. Molinier* (Paris 1887); Sugers Korrespondenz findet sich in seinen Œuvres complètes, ed. *A. Lecoy de la Marche* (Paris 1867); *Otto von Freising,* Chronica sive Historia de duabus civitatibus, ed. *A. Hofmeister:* MGSS rer. Germ. (Hannover u. Leipzig ²1912); *ders.,* Gesta Friderici I. Imperatoris, ed. *G. Waitz-B. v. Simson* (Hannover-Leipzig ³1912); *Wibald von Stablo,* Epistolae, ed. *Ph. Jaffé,* Bibl. rer. germ. I (Berlin 1864); *Bernhard von Clairvaux,* Epistolae: PL 182, 67—716; *Wilhelm von Tyrus,* Historia rerum in partibus transmarinis gestarum, ed. RecHistCrois., Hist. Occ. 1 (eine Edition wird vorbereitet von R. B. C. Huygens und H. E. Mayer), engl. Übers. von *E. A. Babcock* u. *A. C. Krey,* 2 Bde

[13] Epistolae Hildeberti II 41, PL 171, 265—267.

[14] De investigatione Antichristi I 52 (Mißbrauch der Appellationen): MGLiblit III 358 f.

[15] Wobei Gerhoch aber meist an die unersättlichen Stadtrömer denkt, denen der Papst um des Friedens in der Stadt willen entgegenkommen muß: „Romanus Pontifex compellitur undecumque colligere, quod expendat in Romanos, plus Crasso tyranno avaros“ (Opusculum ad Cardinales, ed. *D.* ac *O. Van den Eynde,* 312); De investigatione Antichristi I 49 (De avaricia Romanorum civium), MGLiblit III 356 f.

(New York 1943); *Osbernus,* De expugnatione Lyxbonensi, ed. mit engl. Übers. von *C. W. David* (New York 1933).

Zu Wilhelm: Vgl. *A. C. Krey,* William of Tyre. The Making of an Historian in the Middle Ages: Speculum 16 (1941) 149—166; The Chronicle of Morea (Crusaders as Conquerors), ed. u. übers. von *H. E. Lurier* (New York 1964); *Johannes von Salisbury,* Historia pontificalis, ed. *M. Chibnall* (London 1956; nach der Ed. von *R. L. Poole,* 1927); *Gerhoch von Reichersberg,* De investigatione Antichristi, ed. *E. Sackur:* MGLiblit III 304—395 (Auszug), vollständig ed. von *F. Scheibelberger,* 2 Bde (Linz 1875); The First and Second Crusades from an Anonymous Syriac Chronicle, ed. *A. S. Tritton-H. A. R. Gibb:* JRAS 1933, 69—101 273—305; Chronik Michaels des Syrers, ed. *J.-B. Chabot,* 4 Bde (Paris 1899/1924); *Johannes Konnamos,* Epitome historiarum, ed. *A. Meinecke* (Bonn 1836) = PG 133 (Auszüge mit lat. Übers. als De secunda expeditione: RecHistCrois Grecs 1); *Niketas Choniates,* Historia, ed. *I. Bekker* (Bonn 1835) = PG 139 (Auszüge mit lat. Übers. als De secunda tertiaque expeditionibus: RecHistCrois Grecs 1); die arabischen, syrischen und armenischen Quellen werden von *V. G. Berry,* The second Crusade, aufgeführt und besprochen: A History of the Crusades I, ed. *K. M. Setton* I (Philadelphia 1958) 463 Anm.

LITERATUR: *H. E. Mayer,* Bibliographie der Kreuzzüge, nn. 2015—2061; *B. Kugler,* Studien zur Gesch. des zweiten Kreuzzuges (Stuttgart 1866); *ders.,* Analekten zur Gesch. des zweiten Kreuzzuges (Tübingen 1878); *ders.,* Neue Analekten (Tübingen 1883); *G. Hüffner,* Die Anfänge des zweiten Kreuzzugs: HJ 8 (1887) 391—429; *F. Chalandon,* Les Comnènes: Jean II Comnène (1118—43) et Manuel I Comnène (1143—80) (Paris 1912); *H. Cosack,* Konrads III. Entschluß zum Kreuzzug: MIÖG 35 (1914) 278—296; *P. Rassow,* Die Kanzlei St. Bernhards von Clairvaux: SM 34 (1913) 1—62 201—242; *E. Caspar,* Die Kreuzzugsbullen Eugens III.: NA 45 (1924) 285—300; *J. L. La Monte,* Feudal Monarchy in the Latin Kingdom of Jerusalem (1100—1291) (Cambridge 1932); *H. Gleber,* Eugen III. (Jena 1936); *E. Pfeiffer,* Die Cistercienser und der zweite Kreuzzug: Cist 47 (1935) 78 bis 150; *H. Conrad,* Gottesfrieden und Heersverfassung in der Zeit der Kreuzzüge: ZSavRGgerm 61 (1941) 71—126; *C. Cahen,* La Syrie du Nord à l'époque des croisades et la principauté d'Antioche (Paris 1940); *E. Delaruelle,* L'idée de croisade chez Saint Bernard: Mélanges de Saint Bernard (Dijon 1953) 53—67; *A. Seguin,* Bernard et la seconde Croisade: Bernard de Clairvaux (Paris 1953) 379—409; *E. Willems,* Cîteaux et la seconde croisade: RHE 49 (1954) 116—151; *P. Lamma,* Comneni e Staufer, 2 Bde (Rom 1955/57); *V. G. Berry,* The Second Crusade: The Crusades I, ed. *K. M. Setton* (Philadelphia 1958) 463—512; *St. Runciman,* Gesch. der Kreuzzüge (dt. von *P. de Mendelssohn*), 3 Bde (München 1957/60) II 237—280 (Der zweite Kreuzzug) (vgl. auch *R. Grousset,* Histoire des Croisades, 3 Bde [Paris 1934/36] II 225—270 und *A. Waas,* Gesch. der Kreuzzüge, 2 Bde [Freiburg 1956] I 166—182); *R. L. Nicholson,* Jocelyn I, Prince of Edessa (Urbana/Ill. 1954); *H. E. Mayer,* Geschichte der Kreuzzüge (Stuttgart 1965) 96—108.

Iberische Halbinsel und Slawenkreuzzug: *F. Kurth,* Der Anteil der niederdeutschen Kreuzfahrer an den Kämpfen der Portugiesen gegen die Mauren: MIÖG ErgBd 8 (1911) 133 ff; *H. A. R. Gibb,* English Crusaders in Portugal: Chapters in Anglo-Portuguese Relations, ed. *E. Prestage* (London 1935); *G. Constable,* The Route of the Anglo-Flemish Crusaders: Speculum 28 (1953) 525—526; *M. Bünding,* Das Imperium christianum und die deutschen Ostkriege vom 10.—12. Jh.: HStud 366 (Berlin 1940); *H. Beumann,* Heidenmission und Kreuzzugsgedanke in der deutschen Ostpolitik des Mittelalters (Sammelband) (Darmstadt 1963).

Papsttum, Kurie und Abendland sahen sich um die Mitte des Jahrhunderts erneut vor einer Aufgabe, die alle Kräfte zum Einsatz rief: die Not der Kreuzfahrerstaaten[1]. Als in Jerusalem bekannt wurde, daß Edessa gefallen sei, setzte sich Königin Melisende mit Antiochia in Verbindung zur Entsendung eines Botschafters nach Rom, der den Papst benachrichtigen und ihn um einen neuen Kreuzzug ersuchen sollte. Bischof Hugo von Dschabal erreichte Eugen III. in Viterbo (Herbst 1145). Gleichzeitig traf eine Abordnung armenischer Bischöfe von Kilikien ein, die um Unterstützung gegen Byzanz warb. Otto von Freising hat als Teilnehmer dieser Audienzen davon berichtet[2]. Der Papst beschloß — indes Bischof Hugo nach Frankreich und Deutschland weiterreiste —, zum Kreuzzug aufzurufen und erließ am 1. Dezember 1145 eine Bulle an den König von Frankreich[3] mit der Aufforderung an ihn, alle Fürsten und Gläubigen Frankreichs, dem Osten zu helfen. Wegen der Unruhen in Rom[4] konnte er vorerst nicht, wie Urban II., jenseits der Alpen die Organisation in Gang bringen, sie überwachen, den Kreuzzug predigen. An Konrad III. wandte er sich nicht, weil er dessen Hilfe selbst in Rom und gegen Roger II. brauchte. Auch an Roger nicht, weil seine Unzuverlässigkeit und eigenwillige Politik zu befürchten waren[5]. Er mochte seine Unternehmungen in Nordafrika (Tripolis) weiterführen. Ein erster Anruf Ludwigs VII. von Bourges aus (Weihnachten 1145) verhallte. Der König bat Bernhard von Clairvaux um Unterstützung, die dieser leisten wollte, falls Eugen III. es befahl. Natürlich blieb dieser Befehl nicht aus, und in Vézelay (31. 3. 1146) begann Bernhard seine erstaunlich wirkungsvolle Kreuzzugspredigt, von der an anderer Stelle bereits die Rede war[6]. Der Papst kam 1147 nach Frankreich, und Bernhard mußte ihn zunächst wegen der Ausweitung der Kreuzzugswerbung auf Deutschland beruhigen. Mit Ludwig VII. traf Eugen zweimal zusammen (im April in Dijon, im Juni zu St-Denis). zu einem Treffen mit Konrad III.[7], das dieser für Straßburg vorschlug, kam es nicht.

[1] Vgl. Bd III/1 Kap. 51.

[2] Chronica VII 32, ed. *Hofmeister,* 360—361. Treffpunkt war Vetralla bei Viterbo, vgl. auch Chronica VII 3, ed. *Hofmeister,* 363—367.

[3] *E. Caspar,* Die Kreuzzugsbullen Eugens III.: NA 45 (1924) 285—300; vgl. auch *U. Schwerin,* Die Aufrufe der Päpste zur Befreiuung des Heiligen Landes: HStud (Berlin 1937).

[4] Von Norden herkommend, hatte die kommunale Bewegung 1143 auch Rom erreicht (vgl. *C. W. Previté-Orton,* The Italian Cities c. 1200: The Cambridge Medieval History V [Cambridge 1926] 208—241). Im Sommer proklamierten die Bürger auf dem Kapitol den „heiligen Senat der Stadt". Nach dem Tode Innocenz' II. (23. 9. 1143) konnten auch seine Nachfolger (Cölestin II. und Lucius II). die Bewegung nicht eindämmen, vielmehr festigte sie sich auch unter Eugen III., der sich außerhalb der Stadt (in Viterbo) Residenz suchen mußte. *F. Bartolini,* Codice diplomatico del Senato Romano: FontiStIt (Rom 1948); *ders.,* Per la storia del Senato Romano nel secolo XII: BIStIAM 60 (1946); *A. Frugoni,* Sulla „Renovatio Senatus" del 1143 e l'ordo equestris: BIStIAM 62 (1950) 159—174; *A. Rota,* La costituzione originaria del comune di Roma. L'epoca del comune liber (Luglio 1143 — Dicembre 1145): ebd. 64 (1953) 19—131.

[5] *E. Caspar,* Roger II., 370—398 (der zweite Kreuzzug und Rogers Kampf gegen Byzanz).

[6] Vgl. oben Kap. 3.

[7] König Konrad III. hatte am 27. 12. 1146, beeinflußt wohl auch von Bernhard von Clair-

Ende Mai 1147 zog das deutsche, Ende Juni das französische Heer unter der Leitung der Könige auf dem Landweg gen Osten. Ein Angebot Rogers II., sie zu Schiff ins Heilige Land transportieren zu lassen, hatte man abgelehnt. Konrad III. war im September in Byzanz, Ludwig VII. traf bald darauf (4. 10.) dort ein. Da er denselben, von den Deutschen bereits gezogenen Weg gekommen und deshalb schlechter verpflegt und behandelt worden war, wegen der Ausschreitungen, die von deutscher Seite offenbar nicht hatten vermieden werden können, waren die Beziehungen der beiden Kreuzzugsheere bereits in Byzanz von Bitterkeit und Verdächtigung durchsetzt. Auf Byzanz selbst waren beide gleicherweise schlecht zu sprechen. Der Anfang versprach nichts Gutes. Mit Ludwig VII. reisten seine Gattin, Eleonore, die Erbin Aquitaniens, die Bischöfe Arnulf von Lisieux und Gottfried von Langres, denen Johannes von Salisbury in seiner Historia Pontificalis ein unrühmliches Gedenken widmete [8]. Bei Konrad III. führte Herzog Friedrich von Schwaben den Adel, die Bischöfe Stefan von Metz und Heinrich von Toul die Lothringer. Otto von Freising hat später als Teilnehmer berichten können. Mit Kaiser Manuel Komnenos verband Konrad III. eine gemeinsame Politik gegen Roger II. von Sizilien und die Heirat Manuels mit Konrads Schwägerin, Bertha von Sulzbach. Manuel drängte auf Eile, denn die Belastung der Stadt durch die Kreuzfahrer war nicht gering. Auch Ludwig VII. wurde freundlich aufgenommen und hatte keine Bedenken, etwaige Eroberungen den Byzantinern als ihr Eigen zu überantworten. Er ließ auch alle Barone im gleichen Sinn vereidigen. Als das französische Heer Anfang November nach Nikäa kam, hatte Konrad bereits in der verlorenen Schlacht vom 25. Oktober bei Doryläum fast alle Truppen und den gesamten Bestand seines Feldlagers eingebüßt. Der Rest schloß sich mit dem französischen Heer zusammen. Man zog gemeinsam bis Ephesos, wo Konrad erkrankte und von Manuel nach Byzanz gebeten wurde. Dort konnte der deutsche König sich erholen und im März 1148 auf byzantinischen Schiffen mit seinem Gefolge nach Palästina weiterreisen, wo man Mitte April in Akkon eintraf. Das französische Heer kam, nach schweren Verlusten auf weniger als die Hälfte zusammengeschmolzen, im Spätfrühling 1148 in Antiochia an. Hier kam es wegen des intimen Umgangs der französischen Königin mit Fürst Raimund von Antiochia zu der bekannten schweren Ehekrisis zwischen Ludwig und Eleonore [9]. Der König zwang sie, mit ihm und dem Heer nach Jerusalem

vaux, in Speyer das Kreuz genommen (mit ihm auch Welf VI., viele andere Fürsten und Bischöfe). Heinrich der Löwe hatte versprochen (Frankfurt März 1147), er werde seine Ansprüche auf Bayern zurückstellen bis zur Beendigung des Kreuzzugs. Die ausführlichste Darstellung des deutschen Anteils bei *W. Bernhardi*, Konrad III. (Leipzig 1883) 503—684.

[8] Historia Pontificalis, ed. *M. Chibnall*, 54—56.

[9] Historia Pontificalis, ed. *M. Chibnall*, 52—53. Vgl. *F. McNimm Chambers*, Some Legends concerning Eleanor of Aquitaine: Speculum 16 (1941) 459—468. Eine wissenschaftlich befriedigende Biographie Eleonores gibt es trotz vieler Versuche noch nicht.

weiterzuziehen, wo man im Mai eintraf und von Königin Melisende herzlich aufgenommen wurde. Noch nie hatte Jerusalem eine so glänzende Versammlung von Rittern und Damen gesehen. Für den 24. Juni war eine große Ratstagung in Akkon vorgesehen, wo König Balduin, der Patriarch Fulcher, die Erzbischöfe von Cäsarea und Nazareth, die Großmeister des Templer- und Hospitaliterordens Gastgeber waren. Man beschloß, die gesamten Streitkräfte zu einem Angriff auf Damaskus zusammenzufassen. So richtig vom strategischen Gesichtspunkt her der Plan war, mit Damaskus hätte man den ägyptisch-afrikanischen vom nordsyrischen und östlichen Islam abgeschnitten, so unklug war er politisch, weil damals einzig dem Buriden-Königreich von Damaskus daran lag, mit den Franken Freundschaft zu halten, gegen den gemeinsamen Feind Nur-ed-Din. So aber trieb man auch Damaskus nun in das Lager des Kalifen. Die Stadt wurde vergeblich belagert, die Herren aus dem Westen kehrten gedemütigt zurück, die Legende von den unbesiegbaren Rittern des Westens war zerschlagen. In der Welt des Islams erwachte neue Zuversicht. Konrad III. trat am 8. September 1148 von Akkon aus zu Schiff die Heimreise an, verbrachte Weihnachten auf Einladung Kaiser Manuels in Byzanz, wo man die Hochzeit Herzog Heinrichs von Österreich mit der Prinzessin Theodora, einer Nichte Manuels, feierte. Ein festes Bündnis zwischen Byzanz und dem Reich wurde geschlossen gegen Roger II., dessen Länder auf der italienischen Halbinsel man unter sich aufzuteilen gedachte.

Ludwig VII. zögerte seine Heimkehr hinaus, wollte Ostern in Jerusalem feiern, fürchtete die unausweichliche Auseinandersetzung mit Eleonore, die auf Scheidung ihrer Ehe drängte. Die Freundschaft Konrads mit Manuel ließ ihn ein Bündnis mit Roger II. suchen, zumal er dadurch auch seiner Abneigung gegen Byzanz freien Lauf lassen konnte. Auf sizilianischen Schiffen verließ er Anfang des Sommers 1149 das Heilige Land. Er kam Anfang August mit Roger II. in Potenza zusammen. Man vereinbarte unverzüglich einen neuen gemeinsamen Kreuzzug, doch diesmal zunächst gegen Byzanz (ein Vorspiel dessen, was 1204 geschehen sollte). Papst Eugen III. war davon nicht sehr angetan, seine Kurie indes setzte sich lebhaft dafür ein. In Paris konnte Ludwig selbst Abt Suger von der Vernünftigkeit des Planes überzeugen. Bernhard von Clairvaux, tief enttäuscht über den jämmerlichen Ausgang „seines Kreuzzugs", schien bereit, nochmals die Last der Kreuzzugspredigt mitzutragen. Aber König Konrad, dessen Mitwirkung wesentlich gewesen wäre, verweigerte diesmal seine Zustimmung. Er fürchtete die Hand Rogers II., die er in der Zeichnung des Plans mit Recht zu sehen glaubte. Der Plan mußte fallengelassen werden.

Kein Unternehmen des Mittelalters begann mit glänzenderen Hoffnungen [10]. Vom Papst geplant, von der goldenen Beredsamkeit des heiligen Bernhard gepredigt und befeuert und von den zwei Hauptmächten des Abend-

[10] So *St. Runciman*, Gesch. der Kreuzzüge II 277.

landes geführt, hatte der Kreuzzug so viel für Ruhm und Rettung der Christenheit verheißen. Aber als er mit dem beschwerlichen Rückzug von Damaskus sein schmähliches Ende fand, hatte er nichts anderes zuwege gebracht, als die Beziehungen zwischen den westlichen Christen und Byzanz fast bis zum Bruch zu verschlechtern, zwischen den neu eingetroffenen Kreuzfahrern und den im Osten ansässigen Franken Mißtrauen und Argwohn zu säen, die fränkischen Fürsten des Westens voneinander zu trennen, die Mohammedaner enger zusammenzuschließen und dem militärischen Ruf der Franken tödlichen Abbruch zu tun. In Syrien beginnt eine neue Epoche, denn die Christen sind nun in die Defensive zurückgedrängt. Im Abendland selbst verbreiteten die Berichte der Heimkehrer ein tiefes Mißtrauen gegenüber den im Heiligen Land, in den Kreuzfahrerstaaten ansässigen Franken, von denen man sich im Stich gelassen fühlte. Für das geistige und religiöse Leben der lateinischen Christenheit brachte der Mißerfolg des zweiten Kreuzzuges es mit sich, daß der Kreuzzugsgedanke seinen Glanz verlor. Man wollte den Franken in Palästina nicht mehr helfen. Der Unwille richtete sich auch gegen den Papst und den heiligen Bernhard, die zu ihm aufgerufen hatten. Das Ansehen des Abtes von Clairvaux sank, zum mindesten in Deutschland. Seine Apologia [11] schrieb er im Einleitungskapitel zum zweiten Buch „De consideratione“: mit sich selbst geht er ernst ins Gericht, tiefe seelische Not wird darin erkennbar. Sie verrät, was der Heilige auch in der eigenen Umgebung feststellen konnte, daß dieser Mißerfolg die Menschen an ihrem Gottesglauben irre werden ließ.

Auch der Wendenkreuzzug, zu dem Bernhard auf dem Frankfurter Reichstag im März 1147 seine Zustimmung gegeben hatte und zu dem er einen Aufruf hatte ergehen lassen, endete mit einem Mißerfolg [12]. Ein innerer Widerspruch wurde hier sichtbar und eine Unklarheit in Zielgedanken und Planung. Teilweise erwiesen sich nämlich die Slawen, die man unterwerfen wollte, als gute Christen, so daß man einen Krieg gegen sie nicht als Kreuzzug hätte bezeichnen sollen. Oder wenn die Slawen, die man unterwarf, Heiden waren und bleiben wollten, erschien es sinnlos, sie zu vernichten und ihr Land zu verwüsten, aus dem man unter eigener Herrschaft doch Nutzen ziehen wollte. Das aber widersprach den ausdrücklichen Kreuzzugsanweisungen Bernhards. Er hatte „Vernichtung oder Bekehrung der Heiden“ verlangt [13] und einen Friedensschluß oder Vertragsschluß so lange verboten, als

[11] De consideratione II, 1: PL 182, 741—745. Auch Otto von Freising meditierte über den Mißerfolg in seinen Gesta I 65, ed. *Waitz-Simson*, 91—93.

[12] Der wendische Obodritenfürst Niklot kam 1143 dem Angriff zuvor. Gegen seine Invasion ging der geplante Kreuzzug zu Feld, konnte aber mit Ausnahme einer Scheintaufe der Wenden nichts erreichen, vgl. *H. Beumann;* Heidenmission und Kreuzzugsgedanke, 275—316.

[13] Epp. Bernhardi, n. 457: PL 182, 651 D: „ad delendas penitus aut certe convertendas nationes illas“.

die Völker noch Heiden waren. Die Fürsten haben sich an Bernhards Weisungen nicht gehalten.

Bleibender Erfolg lag nur in der Erwerbung Lissabons[14] und dem damit ermöglichten Ausbau des neuen Königreichs Portugal. Damit war der rechte Flügel jenes das ganze Mittelmeer umfassenden Feldzugs gegen den Islam verstärkt. Auf dem Mittelabschnitt konnte sich Roger II. in Tripolis festsetzen (1143 erst, dann endgültig 1146)[15]. Der linke Flügel indes, die Kreuzfahrerstaaten, geriet in steigende Not.

6. Kapitel

Monastischer Humanismus

QUELLEN: Die Quellen zu diesem Kapitel sind zumeist die Werke der genannten Schriftsteller und Theologen. Ihre alten Ausgaben wurden von J. P. Migne, PL gesammelt, seitdem aber hat die editorische Arbeit unausgesetzt Neuausgaben veranstaltet und weitere Handschriften zugänglich gemacht. Zu nennen sind u. a. Studia Anselmiana (Rom 1933 ff); Studies in Mediaeval and Renaissance Latin (Washington 1933 ff); Studies of the Warburg Institute (London 1936 ff); Textes philosophiques du Moyen Age (Paris 1955 ff); Beiträge zur Gesch. der Philosophie und Theologie des Mittelalters (Münster i. W 1891 ff); Medieval Classics-Medieval Texts (London 1949 ff); Sources chrétiennes (Paris 1942 ff). Vgl. Allg. Bibl. II, 11 in Bd III/1.

LITERATUR: Allg. Bibl. II, 11 in Bd III/1; *Ch. H. Haskins,* The Renaissance of the Twelfth Century (Cambridge/Mass. 1927); *R. W. Southern,* The Place of England in the Twelfth Century Renaissance: History 45 (1960) 201—216; *B. Geyer,* Ueberwegs Grundriß der Gesch. der Philosophie II (Berlin 1928); *M. Manitius,* Gesch. der lat. Lit. des MA III (München 1931); *F. J. E. Raby,* A History of Christian Latin Poetry (Oxford ²1953); *ders.,* A History of Secular Latin Poetry in the Middle Ages (Oxford ²1957); *J. de Ghellinck,* L'Essor de la littérature latine au XIIe siècle, 2 Bde (Brüssel 1946); *E. R. Curtius,* Europäische Literatur und lateinisches Mittelalter (Bern 1948); *R. W. Southern,* The Making of the Middle Ages (London 1953); *P. Lehmann,* Erforschung des Mittelalters, Ausgewählte Abhandlungen und Aufsätze, 5 Bde (Stuttgart 1959/62); *G. Misch,* Gesch. der Autobiographie, III: Das Mittelalter, 2. Teil: Das Hochmittelalter, 2 Bde (Frankfurt 1959/62); *M.-D. Chenu,* La théologie au douzième siècle (Paris 1957); *J. Leclercq,* L'amour des lettres et le désir de Dieu (Paris 1957), dt. von *J. N. Stöber,* Wissenschaft und Gottverlangen. Zur Mönchstheologie des Mittelalters (Düsseldorf 1963).

J. Leclercq, F. Vandenbroucke, L. Bouyer, Histoire de la spiritualité chrétienne, II: La Spiritualité du Moyen Age (Paris 1961); *M. N. Scivoletto,* Spiritualità medioevale e tradizione scolastica nel secolo XII in Francia (Neapel 1954); *P. Vignaux,* La philosophie au moyen âge (Paris 1958); Artes liberales. Von der antiken Bildung zur Wissenschaft des Mittelalters, hrsg. von *J. Koch* (Leiden - Köln 1959).

[14] Hier hatte eine Gruppe englischer, flämischer und friesischer Kreuzfahrer, die auf dem Seeweg ins Heilige Land unterwegs den Tejo hinaufgesegelt war, bei der mehrmonatigen Belagerung Lissabons geholfen und die Eroberung der Stadt ermöglicht.

[15] *E. Caspar,* Roger II. 415—423.

Petrus Venerabilis: WW: PL 189; *G. Constable - J. Kritzek,* Studies and Texts Commemorating the Eighth Centenary of his Death (= SA 40) (Rom 1956); *J. Leclercq,* Pierre le Vénérable (Saint-Wandrille 1946); *D. Knowles,* Peter the Venerable: Bulletin of the John Ryland's Library 39 (1956) 132—145; *J. Leclercq,* Cluny fut-il ennemi de la culture?: RMab 47 (1957) 172—182; *P. Lamma,* Momenti di storiografia cluniacense (Rom 1961); *G. Vinay,* Spiritualità cluniacense (Todi 1960).

Ordericus Vitalis: Historia Ecclesiastica: PL 188, ed. *A. Le Prévost - L. Delisle,* 5 Bde (Paris 1838/55) (M. Chibnall [London] bereitet eine neue Edition vor); *H. Wolter,* Ordericus Vitalis. Ein Beitrag zur kluniazensischen Geschichtsschreibung (Wiesbaden 1955).

Guibert von Nogent: WW: PL 156; Edition der Selbstbiographie von *G. Bourgin* (Paris 1907); *G. Misch* (s. o.), III/2/1, 108—162 (Die Autobiographie des Abtes Wibert von Nogent, Confessio laudis, Visionsbericht und Studiengeschichte, Klosterchronik und kirchenpolitische Memoiren).

Wilhelm von Malmesbury: WW: ed. *W. Stubbs* (= Rolls Series 90) (London 1887/89); ed. *N. E. S. A. Hamilton* (= Rolls Series 52) (London 1870); ed. *R. R. Darlington,* Vita Wulfstani (London 1928); *H. Farmer,* W. of M.'s Commentary of Lamentations: Studia Monastica 4 (1962) 283—311.

Hariulf von Saint-Riquier: WW: PL 174; Chronik, ed. *F. Lot* (Paris 1894); *H. Wolter,* La Chronique de l'abbaye de Saint-Riquier, témoin de l'humanisme bénédictin: Saint-Riquier, Études concernant l'Abbaye depuis le huitième siècle jusqu'à la Révolution I (Saint-Riquier 1962) 68—86.

Rupert von Deutz: WW: PL 167—170; zur Unechtheit des Chronicon vgl. *H. Silvestre,* Le Chronicon s. Laurentii Leodiensis (Löwen 1952); *M. Magrassi,* Teologia e Storia nel pensiero de Ruperto di Deutz (Rom 1959); *M. Bernards,* Die Welt der Laien in der kölnischen Theologie des 12. Jh. Beobachtungen zur Ekklesiologie Ruperts von Deutz: Die Kirche und ihre Ämter und Stände, Festschr. Kardinal Frings (Köln 1960) 391—416 (Lit.). Eine moderne Darstellung des Lebens und der Werke Ruperts fehlt, vgl. *P. Classen,* Gerhoch von Reichersberg (Wiesbaden 1960) 36—40 (Meister Rupert). Eine neue Edition bereitet *R. Haacke* vor. Vgl. *ders.,* Die Überlieferung der Schriften Ruperts von Deutz: DA 16 (1960) 397—436.

Wilhelm von Saint-Thierry: WW: PL 180 184 185; *M.-M. Davy,* Théologie et Mystique de Guillaume de Saint-Thierry (Paris 1954); die beste Bibliographie bei *M.-M. Davy,* Wilhelm von St-Thierry: LThK² X (1965) 1150—52.

Aelred von Rievaulx: WW: PL 195; Sermones inediti, ed. *C. H. Talbot* (Rom 1952); Speculum charitatis, ed. *A. Hoste* (SourcesChr) (Paris 1958). Sein Leben wurde geschrieben von Walter Daniel, ed. *F. M. Powicke* (London 1950); *A. Hallier,* Un éducateur monastique: Aelred de Rievaulx (Paris 1959).

Hugo von Sankt-Viktor: WW: Index bei *R. Baron,* Études sur Hugues de Saint-Victor (Paris 1963) 261—267; PL 175—177; Didascalicon, ed. *Ch. H. Buttimer* (Washington 1939); De contemplatione, ed. *R. Baron* (Toulouse-Paris 1958); *L. Ott,* Hugo von St-Victor: LThK² V (1960) 518—519 (Lit.). R. Baron bereitet weitere Editionen vor.

Gerhoch von Reichersberg: WW: Index bei *P. Classen,* Gerhoch von Reichersberg, eine Biographie. Mit einem Anhang über die Quellen, ihre handschriftliche Überlieferung und ihre Chronologie (Wiesbaden 1960) 407—444; PL 193—194; *E. Meuthen,* Kirche und Heilsgeschichte bei Gerhoch von Reichersberg (Köln 1959). Classens Biographie ist das Standardwerk.

Prämonstratenser: *F. Petit,* La Spiritualité des Prémontrés au XIIe et XIIIe siècles (Paris 1947); *H. M. Colvin,* The White Canons in England (London 1951); *P. Lefèvre,* La liturgie de Prémontré (Löwen 1957).

Guigo von Kastell: WW: PL 153; Meditationes, ed. *A. Wilmart* (Paris 1936), dt.

P. A. Schlüter, Guigo von Kastell, Tagebuch eines Mönchs (Paderborn 1952); *C. A. de Meyer - J.-M. de Smet,* Notes sur quelques sources littéraires relatives à Guiges Ier: RHE 48 (1953) 168—195; *G. Hocquard,* La vie cartusienne d'après le prieur Guiges Ier: RevSR 31 (1957) 364—382.

Das 12. Jh. war eine Epoche sozialer Umschichtung, städtischer Entwicklung und kommunaler Bewegung. Durch die Züge nach Osten (Kolonisation und Kreuzzüge) weitete sich der abendländische Horizont, die Kontakte mit der geistigen Welt des Islam wurden häufiger. Die jungen Kleriker begannen unruhig zu wandern von Schule zu Schule, das heißt von einem berühmten Lehrer zum andern, wobei sie keine Diözesan- oder Landesgrenzen zu kennen schienen. Bis zur Jahrhundertmitte besaß im Raum geistiger Auseinandersetzung und literarischen Schaffens bei aller Beweglichkeit der neuen klerikalen Kräfte immer noch der von jeher herrschende monastische Humanismus[1] den Primat. Man muß diese Tatsache wohl in Verbindung bringen mit dem Vorrang, den die neuen Orden von Cîteaux und Prémontré, das heißt reformiertes Benediktinertum und reformierter Stiftsklerus[2], in der zweiten Phase der Kirchenreform einnahmen.

Ein soziologisches Gesetz führte in dieser Zeit, da der Enthusiasmus der Anfänge noch in beiden Orden wirksam war, nicht nur die Frommen, sondern auch die geistig lebendigsten Kräfte ihnen zu. Zwar ging auch die Entwicklung der Kathedral- und Stiftsschulen (der nicht regulierten Chorherren) weiter[3], aber die geistig-literarische Leistung in Cluny, Cîteaux und den Kongregationen der regulierten Kanoniker blieb führend, zumal bei diesen letzteren vielfach auch öffentliche Lehrtätigkeit anzutreffen war (wie etwa in Saint-Victor zu Paris)[4].

Die Kultur der „artes liberales" beherrschte noch den gesamten Bildungsgang des Abendlandes, wurde aber auf den Kathedralschulen allmählich eingeengt. Es meldete sich dort eine Verkümmerung an in Richtung auf eine reine Zweckdienlichkeit zur schnellen Vorbereitung auf das eigentliche Spezialstudium von Theologie, Recht und Medizin; auch begann schon die Isolierung eines ihrer Elemente (der Dialektik etwa) sich abzuzeichnen, um sich zu eigengesetzlicher Spezialwissenschaft auszuformen. Dagegen hat Johannes von Salisbury nach der Jahrhundertmitte bereits heftig polemisiert[5].

[1] Den Begriff prägte *J. Leclercq* und hat ihn außer in vielen Einzelarbeiten vor allem in seinem Werk: Wissenschaft und Gottverlangen (Düsseldorf 1963) (L'amour des lettres et le désir de Dieu, Paris 1957) dargestellt.

[2] Obwohl der regulierte Stiftsklerus (und Prémontré) nicht eigentlich zum monastischen Raum gehören, kann man ihn mit seinem literarischen Schaffen wohl in der gleichen Richtung eingliedern.

[3] Vgl. dazu das folgende Kapitel.

[4] Hier setzte monastische Theologie die Patristik fort und lief zeitlich neben der Frühscholastik einher, vgl. *J. Leclercq,* Wissenschaft und Gottverlangen 302, wo er sich auf das Einverständnis von A. M. Landgraf beruft.

[5] Vor allem in seinen großen Werken: Metalogicon und Policraticus, vgl. *H. Liebeschütz,*

In den Abteien aber und den Stiften der regulierten Chorherren sah man nach wie vor in den „artes liberales" den besten Weg zu einem vertieften Schriftverständnis und zu einem vollen Begreifen patristisch-kirchlicher Überlieferung. Dazu kam, daß diese „humanistische" Kultur der Grammatik, Rhetorik und Dialektik eine Pflege jener literarischen Formen nahelegte, welche von den Trägern des monastischen Humanismus mit Vorliebe verwandt wurden: des „sermo", des Dialogs, des Briefes, der Florilegien, der Lebensbeschreibung, ja aller Formen der Geschichtsschreibung überhaupt. Das mittelalterliche Latein erhielt dabei jetzt jene Geschmeidigkeit, Lebendigkeit und dichterische Prägnanz, wie J. de Ghellinck und P. Lehmann sie rühmten[6]. In dem Augenblick, da die Volkssprachen zu ersten bedeutenderen literarischen Aussagen ansetzten, erlebte das Latein als Sprache der abendländischen Christenheit noch einmal eine Fülle, deren Brillanz an die Farben des Herbstes erinnert.

Da dieses sprachlich schöne Gewand dazu diente, zumeist Gedanken einer vertieften Religiösität, mystischer Theologie, reformerischer Strenge, hoher Ansprüche im Raum der umstrittenen Kirchenfreiheit einzukleiden, bekamen die Werke des monastischen Humanismus dieser Epoche ein vermehrtes Gewicht als literarische, publizistische und theologische Leistungen. Die Fülle der Namen ließe sich aufgliedern unter den bereits genannten Stichworten Cluny, Cîteaux, Prémontré, Saint-Victor und andere.

Cluny war vor allem vertreten mit Petrus Venerabilis († 1156), in dem zugleich die Reform des berühmten Klosterverbandes im Geist der neuen Orden ihren Inspirator besaß. Hier interessiert aber vor allem sein literarisches Werk, dessen umfangreichster Teil, die Briefsammlung, deutlich die Feder des Humanisten verrät. Seine apologetischen Traktate (Adversus Judaeos und Adversus sectam Saracenorum) wie auch der Plan, den Koran und andere arabische Schriften übersetzen zu lassen, erweisen die Offenheit des verantwortlichen Generalabtes eines über viele Landesgrenzen sich erstreckenden monastischen Verbandes, der vor allem im Süden vielfache Kontakte mit der nichtchristlichen Welt schuf, die geistig zu verarbeiten waren. Innerhalb der benediktinischen Welt, auch jenseits von Cluny, wurde nach wie vor Geschichtsschreibung betrieben, eine neben dem Brief besonders charakteristische Literarform des Humanismus. Erinnert sei an Ordericus Vitalis in der normannischen Abtei Saint-Évroul († 1142), an Guibert von Nogent († 1124), Wilhelm von Malmesbury († 1142), Hariulf von Saint-Riquier († 1143), Leo und Petrus von Monte Cassino († 1115 bzw. † 1140). Hugo von Reading, später Erzbischof von Rouen, gehört in diesen Zusam-

Mediaeval Humanism in the Life and Writings of J. of Salisbury (London 1950). Das Metalogicon jetzt übers. u. kommentiert von *D. D. MacGarry* (Berkeley - Los Angeles 1955).

[6] L'Essor de la littérature latine au XIIe siècle II 300—321; *P. Lehmann*, Die Vielgestalt des zwölften Jh.: Erforschung des Mittelalters III 225—246, bes. 228—231.

menhang, ferner Heimo von Michelsberg († 1139), Bernhard von Morlay († Mitte des Jahrhunderts), Suger von Saint-Denis († 1151) und Wibald von Stablo († 1158). Damit sind nur die wichtigeren Namen genannt, die alle zugleich stellvertretend für viele andere und in der weiten Streuung ihrer Heimatländer einen Begriff vermitteln von der Intensität dieser abendländischen Kulturepoche. Dichtung und Prosa wurden gleichermaßen gepflegt.

Die Theologie der Benediktiner besaß in diesem Zeitraum ihren bedeutendsten Namen in Rupert von Deutz († 1129). Das Humanistische seines Ansatzes muß darin gesehen werden, daß für ihn ein Verständnis der Heilsgeschichte, nicht dogmatische Abstraktion, das eigentliche Forschungsanliegen war. Bildhaftes Denken bestimmte seine Exegese: Schau göttlicher Geheimnisse in den Bildern des Heilsgeschehens. Rupert gilt als Begründer der biblischen Theologie. Als Mönch in Lüttich, dann in Siegburg, schließlich Abt in Deutz verband er die beiden wichtigsten Landschaften an den Rheinufern miteinander. Sein Einfluß ging nach Osten und Süden, durch Gerhoch von Reichersberg führte er auch in die Welt der Regularkanoniker[7]. Mit Bernhard von Clairvaux und den Zisterziensern hatte Rupert gemeinsam die Hochschätzung der Heiligen Schrift, neben der die Kirchenväter zwar als wichtige Träger der kirchlichen Überlieferung erscheinen, doch theologisch eine geringere Aussagekraft besitzen. Bernhards Verhältnis zur Heiligen Schrift ist aber viel intimer als bei Rupert, sein meditatives Studium drang tiefer ein, wirkte sich dynamischer aus.

Zwischen Cîteaux und Cluny vermittelte nicht nur der irenische Petrus Venerabilis, sondern auch Wilhelm von Saint-Thierry, der wie Rupert von Lüttich herkam, in Reims Benediktiner wurde (Saint-Nicaise), schließlich Abt von Saint-Thierry wurde (1119), um als Zisterziensermönch (1135) bis zu seinem Tod in Signy zu arbeiten (1148). Für die Kartause schrieb er den berühmt gewordenen Goldenen Brief (Lettre d'or). So stand er gleichsam im Zentrum aller geistlichen Anliegen der neuen Orden als Theologe des mystischen Lebens[8].

Leben, nicht Wissen und Lehre (wie bei den Lehrern der städtischen Schulen), war für den monastischen Humanismus das Wichtigere. Deshalb ging Bernhard von Clairvaux auch unter die Geschichtsschreiber mit seiner Vita Malachiae. Wilhelm von Saint-Thierry wurde zum Biographen seines (noch lebenden) Freundes Bernhard von Clairvaux. Von den Zisterziensern muß Aelred von Rievaulx († 1167) genannt werden, dessen literarisches Werk durch die moderne Forschung eine neue Würdigung erfährt. Gleiches gilt für Isaak von Stella († 1169) und Guerric von Igny († 1157), von Amadeus von Lausanne († 1159) und Gilbert von Hoyland († 1172), den ersten

[7] Vgl. *P. Classen,* Gerhoch von Reichersberg 36—40 (Meister Rupert).

[8] Das hat besonders *M.-M. Davy* herausgearbeitet (Bibliogr. zum Kap.).

Fortsetzer und Nachahmer des Kommentars zum Hohen Lied von Bernhard von Clairvaux[9].

Bei den Regularkanonikern nahmen die erste Stellung ein in Frankreich Hugo von Sankt-Viktor († 1141) und in Deutschland Gerhoch von Reichersberg († 1169), wobei der theologisch überlegene Rang Hugos unbestritten bleibt. Die enzyklopädische Weite seines Schaffens berechtigt dazu, ihn dem hier behandelten Humanismus beizuzählen, wenn ihn seine Lehrtätigkeit und die Systematik seiner theologischen Werke auch gleichzeitig der Frühscholastik zuweisen. Aber auch bei ihm kreist die exegetisch-theologische Aussage um eine heilsgeschichtliche Schau. Sein Schaffen dient dem geistigen Leben, der Reform der Seelen. Hugo und die ganze Schule von Sankt Viktor (Richard † 1173, Achard † 1171, Gottfried † nach 1194) verbanden ihre betont biblische Theologie mit reicher geistlicher Erfahrung[10].

Gerhoch von Reichersberg († 1169) kam aus der Schule Ruperts von Deutz, von dem er die heilsgeschichtliche Richtung seiner Theologie übernahm. Seine typologische Zeitdeutung und gegenwartsbezogene Exegese, seine historisch-kritische Methode (soweit man davon bereits reden kann) hoben ihn ab von der aufkommenden scholastischen Arbeitsweise. Man darf in ihm nicht nur einen konservativen Theologen, sondern auch einen Vertreter des Humanismus sehen, obwohl natürlich Gerhoch kein Mönch war, die Regularkanoniker aber ob ihrer strengen Armut und ihrer klaustral gebundenen Lebensweise dem monastischen Stil verbunden blieben („pene eiusdem propositi", hatte Urban II. gemeint). Auch in der Distanz zur emporkommenden Scholastik blieben sich beide Richtungen der Reformorden gleich.

Norbert von Xanten, der Stifter von Prémontré, hinterließ keine eigenen Schriften, aber seine Einstellung übertrug er auf aussagefreudige Schüler, unter denen Anselm von Havelberg († 1158) vor allem zu nennen ist[11]. Berühmt wurden seine drei Bücher (Dialoge) über seine Religionsgespräche in Byzanz. Wiederum wie bei Rupert, Gerhoch und Hugo handelt es sich auch bei Anselm um ein heilsgeschichtliches Begreifen der weltbewegenden Ereignisse in Vergangenheit und Gegenwart. Prämonstratenser waren auch Philipp von Harvengt († 1183), Abt von Bonne-Espérance, und Adam der Schotte von Dryburgh († 1212), der später in Witham Kartäuser wurde. In

[9] Zu Isaak von Stella vgl. *L. Ott:* LThK² V (1960) 777—778 mit Bibliogr. der Arbeiten von W. Meuser, J. Beumer, J. Debray-Mulatier u. M.-R. Milcamps.

Die Werke des Guerric von Igny: PL 185, 11—214. Vgl. *D. De Wilde,* De Beato Guerrico (Westmalle 1935); Guerric et l'école monastique: Collectanea O. Cist. Ref. 19 (1957) 238—247. Zu Amadeus von Lausanne vgl. *A. Dimier,* Amédée de Lausanne (Saint-Wandrille 1949). Zu Gilbert von Hoyland, Werke: PL 184, 11—298. Vgl. zur gesamten Zisterzienser-Schule *J. Leclercq,* Histoire de la Spiritualité chrétienne II 233—272.

[10] Zur Viktoriner-Schule vgl. *F. Vandenbroucke,* Histoire de la Spiritualité chrétienne II 282—298.

[11] Zu Anselm von Havelberg vgl. *F. Petit,* La Spiritualité des Prémontrés 56—64.

der Magna Vita Hugos von Lincoln heißt es von ihm, er habe eine „incomparanda eruditio et doctrina" besessen[12].

Selbst die schweigsame Kartause konnte wenigstens schreiben. Ihr Stifter, Bruno von Köln, galt in Reims als ein „doctor doctorum", und etwas von seiner Freude am schönen Wort erhielt sich in seinen Stiftungen. Guigo von Kastel († 1137), der fünfte Prior der Großen Kartause, schrieb Briefe, ein Leben des hl. Hugo von Grenoble, Betrachtungen (Meditationes), die Verfassung des Ordens. Man hat ihn unter die bemerkenswertesten geistlichen Schriftsteller seines Jahrhunderts eingereiht (Jean Leclercq)[13].

7. Kapitel

Die neue Theologie: Abälard, Petrus Lombardus und Gratian

ALLGEMEINE LITERATUR: Vgl. Allg. Bibl. III, 11 u. 12, vor allem *Fliche-Martin* XIII; Z. *Alszeghy*, Frühscholastik: LThK² IV (1960) 433—438; *M. Grabmann*, Geschichte der scholastischen Methode, 2 Bde (Freiburg i. Br. 1909/11, Neudruck Graz 1956); *B. Geyer*, Die patristische und scholastische Philosophie (Berlin ¹¹1927) = Bd II: *F. Ueberweg*, Grundriß der Geschichte der Philosophie (Neudruck 1951); *M. de Wulf*, Histoire de la philosophie médiévale, 3 Bde (Paris ⁶1934/47); *J. Hirschberger*, Gesch. der Philosophie, 2 Bde (Freiburg i. Br. ⁸1965); *Fr. Copleston*, A History of Philosophy, Bd 2: Mediaeval Philosophy (Westminster/Maryland ⁴1957); *M. Grabmann*, Mittelalterliches Geistesleben, Abhandlungen zur Geschichte der Scholastik und Mystik, 3 Bde (1926/56); *ders.*, Gesch. der katholischen Theologie (Freiburg i. Br. 1933; die it. Übers. Mailand ²1939 mit Nachträgen); *O. Lottin*, Psychologie et morale aux XIIᵉ et XIIIᵉ siècles, 6 Bde (Löwen 1942/60); *M.-D. Chenu*, La Théologie au douzième siècle: Études de Philosophie Médiévale 45 (Paris 1957); *A.-M. Landgraf*, Einführung in die Gesch. der theologischen Lit. der Frühscholastik (Regensburg 1948; spanisch mit Ergänzungen: Introducción a la historia de la literatura teológica de la escolástica incipiente, Barcelona 1956); *ders.*, Dogmengeschichte der Frühscholastik I/1—IV/2 (Regensburg 1952/56); *St. Otto*, Die Funktion des Bildbegriffs in der Theologie des 12. Jh.: BGPhMA 40, 1 (Münster i. W. 1963, reiche Lit.-Angaben zu Anselm von Laon, Abälard, Robert von Melun und ihren Schulen, zum Viktorinerkreis, Gilbert von Poitiers und Petrus Lombardus und ihren Schulen wie auch zu den monastischen Theologen [s. voriges Kap.] Rupert von Deutz, Wilhelm von Saint-Thierry, Hugo von Amiens, Aelred von Rievaulx).

Anselm von Laon: *E. Michaud*, Guillaume de Champeaux et les écoles de Paris au XIIᵉ siècle (Paris 1867); *G. Lefèvre*, Anselmi Laudunensis et Radulphi fratris eius sententiae excerptae (Évreux 1895); *ders.*, Les variations de Guillaume de Champeaux et la question des universaux (Lille 1898); *J. de Ghellinck*, The Sentences of Anselm de Laon and their Place in the Codification of Theology during the Twelfth Century: IThQ 6 (1911) 427—441; *F. Bliemetzrieder*, Anselms von Laon systematische Sentenzen: BGPhMA 18, 2—3 (Münster i. W. 1919); *ders.*, Autour de l'œuvre théologique d'Anselm de Laon: RThAM 1 (1929) 435—483; *ders.*, Trentetrois pièces inédites de l'œuvre théologique d'An-

[12] Zu Adam dem Schotten vgl. *J. Bulloch*, Adam of Dryburgh (London 1958); *F. Petit*, Ad viros religiosos, 14 sermons d'Adam Scot (Tongerloo 1934); die meisten seiner WW: PL 198, 20—872.

[13] *J. Leclercq*, Histoire de la Spiritualité chrétienne II 193.

selme de Laon: RThAM 2 (1930) 54—79; *ders.*, Gratian und die Schule Anselms von Laon: AkathKR 112 (1932) 37—63; *H. Weisweiler*, L'école d'Anselme de Laon et de Guillaume de Champeaux: RThAM 4 (1932) 237—269; *F. Bliemetzrieder*, L'œuvre d'Anselme de Laon et la littérature théologique contemporaine, I: Honorius d'Autun: RThAM 5 (1933) 275—291, II: Hugues de Rouen: ebd. 6 (1934) 261—283, 7 (1935) 28—51; *H. Weisweiler*, Das Schrifttum der Schule Anselms von Laon und Wilhelms von Champeaux in deutschen Bibliotheken: BGPhMA 33, 1—2 (Münster i. W. 1936); *A. M. Landgraf*, Werke aus dem Bereich der Summa Sententiarum und Anselms von Laon: DTh 14 (1936) 209—220; *O. Lottin*, Aux origines de l'école théologique d'Anselme de Laon: RThAM 10 (1938) 101 bis 122; *E. Lesne*, Les écoles de la fin du VIIIe siècle à la fin du XIIe siècle (Lille 1940); *R. Silvain*, La tradition des Sentences d'Anselme de Laon: AHD 22/23 (1947/48) 1—52; *H. Cloes*, La systématisation théologique pendant la première moitié du XIIe siècle: EThL 14 (1958) 277—328; *H. Weisweiler*, Die Arbeitsweise der sogenannten Sententiae Anselmi: Scholastik 34 (1959) 190—233; *ders.*, Paschasius Radbertus als Vermittler des Gedankenguts der karolingischen Renaissance in den Matthäuskommentaren des Kreises um Anselm von Laon: Scholastik 35 (1960) 363—402. Bibliographie und Darstellung dieser Schule und ihrer Werke jetzt bei *St. Otto*, Die Funktion des Bildbegriffs in der Theologie des 12. Jh.: BGPhMA 40, 1 (Münster i. W. 1963) 24—69.

Die Schule von Sankt Viktor: *L. Ott*, Untersuchungen zur theologischen Briefliteratur der Frühscholastik: BGPhMA 34 (Münster i. W. 1937); *J. Châtillon*, De Guillaume de Champeaux à Thomas Gallus. Chronique d'histoire littéraire et doctrinale de l'école de Saint-Victor: RMA 8 (1952) 139—162; *R. Baron*, L'influence de Hugues de Saint-Victor: RThAM 22 (1955) 56—71; *ders.*, Science et Sagesse chez Hugues de Saint-Victor (Paris 1957); *ders.*, Études sur Hugues de Saint-Victor (biographiques, critique chronologique, stylistique, doctrinale [Le Commentaire de la ‚Hiérarchie Céleste'], textes inédites) (Paris 1963); *D. Van den Eynde*, Essai sur la succession et la date des écrits de Hugues de Saint-Victor (Rom 1960); *H. R. Schlette*, Die Nichtigkeit der Welt. Der philosophische Horizont des Hugo von St. Viktor (München 1961); *H. Weisweiler*, Die Arbeitsweise Hugos von St. Viktor: Scholastik 24 (1949) 59—87 232—267; *ders.*, Sakrament als Symbol und Teilhabe — Der Einfluß des Ps-Dionysius auf die allgemeine Sakramentenlehre Hugos von St. Viktor: Scholastik 27 (1952) 321—343.

Richard von Sankt Viktor: *C. Ottaviano*, Riccardo di S. Vittore. La vita, le opere, il pensiero (Rom 1933); *G. Dumeige*, Richard de Saint-Victor et l'idée chrétienne de l'amour (Paris 1952); *C. Kirchberger*, Richard of St. Victor (London 1957). Für die Verbindung der Viktoriner mit der Schule von Chartres ist als Zeuge zu verzeichnen Gottfried von Sankt Viktor: *Ph. Delhaye*, Godefroy de Saint-Victor, Microcosmus: Mémoires et travaux publiés par les professeurs des Facultés catholiques de Lille, Fasz. 56 (Lille 1951).

Petrus Abälard: WERKE: Œuvres inédites d'Abélard, ed. *V. Cousin* (Paris 1836); Petri Abaelardi Opera, ed. *V. Cousin*, 2 Bde (Paris 1849/59); PL 178; De unitate et trinitate divina, ed. *R. Stölzle* (Freiburg 1891); Theologia „Summi boni", ed. *H. Ostlender:* BGPhMA 35, 2—3 (Münster i. W. 1939); Dialectica, ed. *L. M. de Rijk* (Assen 1956); Historia calamitatum, ed. *J. Monfrin* (Paris 1959); Abaelards philosophische Schriften, ed. *B. Geyer:* BGPhMA 21, 1—4 (Münster i. W. 1919/33); Scito te ipsum, italien. Übers. von *M. Dal Pra* (Vicenza 1941); Œuvres choisis d'Abélard, *M. de Gandillac* (Paris 1945); Hymnarius, ed. *G. Dreves:* AH 48 (1905) 141—232; Astrolabius, Gedicht Abälards an seinen Sohn, ed. *H. Brinkmann:* Münchener Museum für Philologie 5 (1928/33) 168—201; Epistola consolatoria, ed. *J. Th. Muckle* (Abelard's Letter of Consolation to a Friend): MS 12 (1950) 163—213; Heloissa epistola, ed. *J. Th. Muckle:* The Personal Letters between Abelard and Heloise: MS 15 (1953) 47—94; Epistolario completo di Pietro Abelardo, ed. *C. Ottaviano* (Rom 1934); Petri Abaelardi Dialogus inter Philosophum, Judaeum et Christianum, ed. *Fr. H. Rheinwald* (Berlin 1831); Petri Abaelardi Sic et Non, ed. *E. L. Th.*

Henke - G. St. Lindenkohl (Marburg 1851); *P. Ruf - M. Grabmann,* Ein neu aufgefundenes Bruchstück der Apologie Abaelards: SAM (1930) Nr. 5; Abaelards Leidensgeschichte und Briefwechsel mit Heloisa, dt. von *E. Brost* (Heidelberg ²1954); Epistola Petri Abailardi contra Bernhardum Abbatem, ed. *J. Leclercq,* Études sur saint Bernard et le texte de ses écrits: AnOCist IX, 1—2 (Rom 1953) 104—105; *T. P. McLaughlin,* Abelard's Rule for Religious Women: MS 18 (1956) 241—292.

LITERATUR: *H. Reuter,* Die Geschichte der religiösen Aufklärung im Mittelalter (Berlin 1875); *S. M. Deutsch,* Peter Abälard. Ein kritischer Theologe des zwölften Jh. (Leipzig 1883); *E. Portalié:* DThC I (1903) 36—55; *E. Vacandard:* DHGE I (1912) 71—91; *Fliche-Martin* XIII 93—105; *R. L. Poole,* Illustrations of the History of Medieval Thought and Learning (London ²1920, frz. Paris 1938, Neudruck Frankfurt 1963) 116—145; *É. Gilson,* Héloïse und Abaelard, zugleich ein Beitrag zum Problem von Mittelalter und Humanismus (Freiburg ³1955). Die beste Biographie schrieb *J. G. Sikes,* Peter Abailard Cambridge 1932, ²1946). — *M. Grabmann,* Gesch. der scholastischen Methode II 168—229; *Manitius* III, 105—112; *J. de Ghellinck,* L'Essor (s. Bibliogr. zu Kap. 6), 41—50; *ders.,* Le mouvement théologique du XIIe siècle (Brügge ²1948) 149—175; *A. M. Landgraf,* Einführung in die Gesch. der theol. Lit. der Frühscholastik (Regensburg 1948) 62—72.

MONOGRAPHIEN: *H. Denifle,* Die Sentenzen Abaelards und die Bearbeitungen seiner „Theologia" vor der Mitte des 12. Jh.: ALKGMA I (1885) 402—624; *B. Geyer,* Die Stellung Abaelards in der Universalienfrage nach neuen handschriftlichen Texten: Festgabe Bäumker: BGPhMA, Suppl. I (1913) 101—127; *W. Betzendörfer,* Glauben und Wissen bei Peter Abälard: ZSTh 3 (1925) 334—352; *J. Rivière,* Le dogme de la Rédemption chez Abélard: RevSR 12 (1932) 355—388; *J. Cottiaux,* La conception de la théologie chez Abélard: RHE 28 (1932) 247—295 533—551 788—828; *H. Weisweiler,* Eine neue Bearbeitung von Abaelards „Introductio" und der Summa Sententiarum: Scholastik 9 (1934) 346 bis 371; *B. Schmeidler,* Der Briefwechsel zwischen Abaelard und Heloïse als eine literarische Fiktion Abälards: ZKG 54 (1935) 323—338 (diese Auffassung wird heute nach É. Gilsons Vorgang nicht mehr vertreten); *A. Borst,* Abälard und Bernhard: HZ 186 (1958) 497 bis 526; *R. Oursel,* La Dispute et la Grace. Essai sur la Rédemption d'Abélard: Publications de l'Université de Dijon 19 (Paris 1959); *R. Klibanski,* Peter Abailard and Bernard de Clairvaux: MRS 5 (1961) 1—27 (ohne Bezug auf A. Borst); *J. Jolivet,* Abélard et la Philosophie: RHR 164 (1963) 181—189; *ders.,* Sur quelques critiques de la théologie d'Abélard: AHD 30 (1963) 7—51; *E. M. Buytaert,* Thomas of Morigny and the „Theologia Scholarium" of Abelard: Antonianum 40 (1965) 71—95; *R. Thomas,* Der philosophisch-theologische Erkenntnisweg Peter Abaelards im Dialogus inter Philosophum, Judaeum et Christianum: Untersuchungen zur allgemeinen Religionsgeschichte, NF 6 (Bonn 1966).

Zur Schule Abälards: *A. M. Landgraf,* Écrits théologiques de l'école d'Abélard. Textes inédits (Löwen 1934); *ders.,* Commentarius Cantabrigiensis in Epistolas Pauli e schola Abaelardi, 2 Bde (Notre-Dame/Ind., 1937/48); *H. Ostlender,* Die Sentenzenbücher der Schule Abaelards: ThQ 117 (1936) 208—252; *A. M. Landgraf,* Beiträge zur Erkenntnis der Schule Abälards: ZKTh 54 (1930) 367—405; *H. Ostlender,* Die „Theologia scholarium" des Peter Abälard: BGPhMA, Suppl. III, 1 (Münster i. W. 1935) 263—281; *A. M. Gietl,* Die Sentenzen Rolands, nachmals Papstes Alexander III. (Freiburg i. Br. 1891); *L. Ostlender,* Sententiae Florianenses: FlorPatr 19 (Bonn 1929); *ders.,* Peter Abaelards Theologia und die Sentenzenbücher seiner Schule (Breslau 1926).

. Petrus Lombardus: WERKE: Petri Lombardi Libri IV Sententiarum, ed. studio et cura PP. Collegii S. Bonaventurae, 2 Bde (Quaracchi 1916); PL 192, 521—962; Commentarius in Psalmos: PL 191, 55—1296; Collectanea in Epistolas Pauli: PL 191, 1297 bis 1696; PL 192, 9—520; 29 Sermones (verstreut unter den Sermones des Hildebert von Lavardin): PL 171, 339—963; Bruchstücke aus exegetischen Werken bei *B. Smalley - C.*

Lacombe, The Lombard's Commentary on Isaias and Other Fragments: The New Scholasticism 5 (1931) 123—162; *F. Stegmüller,* Repertorium commentariorum in Sententias Petri Lombardi, 2 Bde (Würzburg 1947); Supplement dazu von *V. Doucet* (Quaracchi 1954); *F. Stegmüller,* Repertorium Biblicum Medii Aevi, bisher 7 Bde (Madrid 1953/61). LITERATUR: *J. de Ghellinck:* DThC 12 (1935) 1941—2019 (Lit.); *ders.,* L'Essor I 70—76; *ders.,* Le mouvement théologique du XIIe siècle (Brügge [2]1948) 213—277; *ders.,* La carrière de Pierre Lombard: RHE 27 (1931) 792—830, 30 (1934) 95—100; *I. Brady,* Peter Lombard, Canon of Notre-Dame: RThAM 32 (1965) 277—295; *A. M. Landgraf,* Einführung 93—109; *F. Stegmüller,* Repertorium Biblicum (s. o.) IV, nr. 6624—6669; Miscellanea Lombardiana (Novara 1957) (Akten des Zentenarkongresses mit Beiträgen *L. Ott,* Pietro Lombardo: Personalità e opera; *D. Van den Eynde,* Essai chronologique sur l'œuvre de Pierre Lombard; *F. Pelster,* Petrus Lombardus und die Verhandlungen über die Streitfrage des Gilbertus Porreta in Paris [1147] und Reims [1148]; *N. M. Häring,* Petrus Lombardus und die Sprachlogik in der Trinitätslehre der Porretanerschule; *G. Le Bras,* Pierre Lombard, prince du droit canon; *A. Gambaro,* Pier Lombardo e la civiltà del suo secolo; u. a.); seit 1957 erscheint auch in Novara eine Zschr.: Pier Lombardo. Über die Arbeitsweise des Petrus Lombardus vgl. *J. Schupp,* Die Gnadenlehre des Petrus Lombardus (Freiburg 1932) 289—298; *E. M. Buytaert,* St. John Damascene, Peter Lombard and Gerhoh of Reichersberg: FStudies 10 (1950) 323—343; *L. Ott,* Walter von Mortagne und Petrus Lombardus in ihrem Verhältnis zueinander: Mélanges J. de Ghellinck II (Gembloux 1951) 646—697; *H. Weisweiler,* La „Summa Sententiarum" source de Pierre Lombard: RThAM 6 (1934) 143—183; *L. Ott,* Die Trinitätslehre der „Summa Sententiarum" als Quelle des Petrus Lombardus: DTh 21 (1943) 159—186; *Ph. Delhaye,* Pierre Lombard (Montreal - Paris 1961); Über die Frömmigkeit des Lombarden vgl. *F. Vandenbroucke,* Histoire de la Spiritualité du Moyen Age (Paris 1961) 280—283. Über die mehr als fünfhundert Kommentatoren vgl. *F. Stegmüller,* Repertorium (s. o.); *A. M. Landgraf,* Dogmengeschichte der Frühscholastik (Regensburg 1952/56, passim); *Fliche-Martin* XIII 157 bis 160.

Gratians Dekret: Bevor die geplante kritische Neuausgabe erscheint, bleibt maßgebend immer noch *E. Friedberg* (Leipzig 1879, Neudruck 1955); Der Zentenarkongreß von Bologna (1952) hat die Reihe Studia Gratiana (seit 1953) ins Leben gerufen (bisher 7 Bde), ed. *G. Forchielli - A. M. Stickler; Fliche-Martin* XII (1959); *G. Le Bras,* Institutions ecclésiastiques de la chrétienté médiévale I 45—55; *G. Fransen,* La Date du Decret de Gratien: RHE 51 (1956) 521—531; *P. Pinedo,* Intorno al titulo del Decreto di Graziano: Anuario de Historia del Derecho español 25 (1955) 845—868; Vorarbeiten für eine kritische Ausgabe: Tr 11 (1955), 12 (1956) usf. als Jahresbericht. *J. F. McCarthy,* The Genius of Concord in Gratian's Decree: EIC 19 (1963) 105—151 259—295; *C. Munier,* Droit canonique et Droit romain d'après Gratien et les Décrétistes: Études d'histoire du droit canonique dédiées à Gabriel Le Bras (Paris 1965) 943—954.

Biographie Gratians von *St. Kuttner:* StG I (Bologna 1953) 15—29. Über Inhalt, Struktur und Bedeutung des Dekrets vgl. *A. M. Stickler,* Historia Iuris Canonici Latini, I: Historia Fontium (Turin 1950) 200—216; *St. Kuttner,* Zur Frage der theologischen Vorlagen Gratians: ZSavRGkan 23 (1934) 243—268; *H. E. Feine,* Kirchliche Rechtsgeschichte, I: Die katholische Kirche (Köln - Graz [4]1964) (Das Decretum Gratiani und die Dekretisten, 276—282); *G. Le Bras,* Histoire du Droit et des Institutions de l'Église en Occident, 7: L'âge classique (1140—1378) von *G. Le Bras - Ch. Lefebvre - J. Rambaud* (Paris 1965) 52—99 (Le legs de l'ancien droit: Gratien).

An der Seite des monastischen Humanismus entfaltete sich im 12. Jh. eine neue Theologie im Bereich der Kathedral- und Stiftsschulen. Anders als in den Abteien, wo theologische Erkenntnis auf das religiöse Leben selbst, auf

Gebet, Meditation und mystische Einigung mit Gott ausgerichtet schien, bemühte sich die neue Theologie um eine Erhellung der Glaubensgeheimnisse, überliefert und mitgeteilt durch Schrift und Vätertradition, um eine systematische Gesamtschau der Glaubenswahrheiten kraft intensiver rationaler Reflexion. Sie entsprach damit einem fragenden Bedürfnis der Zeit, in der wirtschaftliche, soziale und politische Wandlungen einen anderen Menschentyp zu formen begannen, als ihn die Jahrhunderte zuvor gekannt hatten. Die großen Pilgerfahrten des 11. und die Kreuzzüge des 12. Jh., die einsetzende siedelnde Expansion im deutsch-slawischen Grenzraum, auch der zahlenmäßig zwar nicht sehr ins Gewicht fallende, aber doch beachtliche Austausch von Männern und Institutionen, wie er mit den normannischen Staatengründungen verbunden war (sowohl in England wie in Süditalien und in der Levante), trugen dazu bei, daß im weiter werdenden Bewußtseinshorizont der abendländischen Christenheit, zumal durch den beunruhigenden Kontakt mit nicht-christlichen Menschen, auch die Lebensfragen der traditionellen Glaubenswelt kritischer und besorgter gestellt wurden. Die neue Theologie kann nicht von der Mentalität ihrer ersten Träger her allein verstanden werden, als ob hier weniger kontemplativ gestimmte Männer oder rationalistisch veranlagte Gelehrte sich eine neue Methode des Glaubensverständnisses zurechtgelegt hätten, sie wollte vielmehr durchaus einem umfassenderen neuen geistigen Bedürfnis entgegenkommen, das sich in den Fragen der Schüler, in den Problemen der Publizistik (etwa des Investiturstreites) anmeldete. Die Kontinuität der geistigen Entwicklung läßt es nicht als überraschend erscheinen, daß die ersten Anfänge der neuen Theologie mit den Namen von Mönchen verknüpft sind, daß Anselm von Bec-Canterbury als der Vater der Scholastik gilt und Anselm von Laon aus seiner Schule stammte, wie Abälard wiederum bei diesem Anselm gehört hat. Es ist denn auch nicht ohne symbolische Bedeutung, wenn Abälard als Mönch von Saint-Denis, als Abt von Saint-Gildas gelebt hat und in Cluny seinen Ausgang nehmen konnte. Er starb (1142) bekanntlich im Priorat Saint-Marcel bei Chalon-sur-Saône, das Cluny gehörte.

Später hat man dieser neuen Theologie den Namen Scholastik gegeben, sie als Frühscholastik dem 12. und als Hochscholastik dem 13. Jh. zugewiesen. Schultheologie nannte man sie, weil sie an den Stadtschulen, aus denen sich um die Wende der beiden Jahrhunderte die Universitäten entwickeln werden, beheimatet war und weil auch ihre führenden Lehrer Schulen bildeten, die sich der Pflege jeweils der theologischen Eigenart des Begründers annahmen. So spricht man von der Schule Anselms von Laon, der Schule Abälards, der Schule des Gilbert de la Porrée, der Schule von Sankt Viktor, aber auch von den Schulen von Orléans, Chartres, Paris, Bologna. Sie treten in dieser Vielzahl fast gleichzeitig auf, ihre früheste gehört noch ins 11. Jh., die Schule nämlich von Le Bec mit ihren beiden großen Lehrern Lanfranc und Anselm von Canterbury. Während diese nicht mehr in den Bereich unserer Darstellung gehört, mag die ihr nahestehende Schule von Laon[1] als erste genannt werden.

Anselm (ca 1050—1117) und sein Bruder Radulf, beide Schüler Anselms von Canterbury, lehrten an der Kathedralschule von Laon. Aus dem Umkreis ihres Einflusses hat die Forschung viele Sentenzenwerke wieder entdeckt (Johannes von Tours, die meisten anderen anonym überliefert). Zu den berühmten Schülern von Laon gehören Adam von Le Petit Pont, Gilbert universalis, Abälard, Gilbert de la Porrée. Wie nach Le Bec kamen auch nach Laon die Hörer von weit her, selbst aus slawischen Ländern; die Handschriften der Schule von Laon, über das ganze Abendland verteilt, zeugen für eine Ausstrahlung auf die ganze christianitas latina. Durch Abälards scharfe kritische Absetzung von Laon wurde Anselms Name bei den Zeitgenossen verdunkelt, erst recht vergaßen ihn nachfolgende Jahrhunderte. Johannes von Salisbury[2] urteilte noch sehr positiv über die „clarissimi doctores fratres" von Laon[3]. Neu an den Sentenzensammlungen der Schule von Laon war die Weise, wie man neben Texte der Kirchenväter nunmehr auch Lehrtexte der Magistri selbst stellte, die dann im weiteren Gang der Entwicklung so sehr den Primat übernahmen, daß die Vätertexte nur mehr im Rahmen der Theologumena der Lehrer behandelt wurden. Auch Ansätze zur berühmten Form der Quaestio wurden sichtbar, der klassischen Lehrform und Problembehandlung scholastischer Theologie.

Neben Anselm von Laon wird immer zugleich Wilhelm von Champeaux genannt (1068—1122), wie Abälard ein Schüler Roscelins von Compiègne. Wilhelm lehrte an der Pariser Kathedralschule, bis ihn eine Auseinandersetzung mit Abälard (1108) veranlaßte, sich auf das linke Seine-Ufer zurückzuziehen; er ließ sich bei der Sankt-Viktors-Kapelle nieder, wo sich bald das Chorherrenstift erheben wird, als dessen Gründer Wilhelm gilt. 1113 wurde er, wie mancher andere berühmte Lehrer dieser Jahrzehnte, Bischof (Châlons-sur-Marne). Als Freund und Förderer des jungen Abtes von Clairvaux gewann er später einen besseren Nachruhm als Anselm von Laon. Seine „Sententiae vel Quaestiones", welche nicht etwa nur um das Problem der Universalien kreisen, sondern, augustinisch geprägt, vor allem auch moraltheologische Fragen originell behandeln, haben durch seine Schüler, vor allem aus Deutschland[4], weiter wirken können. Auch Bernhard von Clairvaux stand Wilhelms Gedankenwelt nahe.

Wichtig als Bindeglied zwischen Frankreich und Deutschland gilt die

[1] Dazu jetzt *St. Otto,* Die Funktion des Bildbegriffs in der Theologie des 12. Jh. (Münster i. W. 1963), 2. Kapitel: Die Schule des Anselm von Laon, 24—69; Bibliogr. zum Kap.

[2] Metalogicon I, 5, ed. *C. C. Webb* (Oxford 1929) 18.

[3] Historia Pontificalis c. 8, ed. *M. Chibnall* (London 1956) 19.

[4] *H. Weisweiler,* Das Schrifttum der Schule Anselms von Laon und Wilhelms von Champeaux in deutschen Bibliotheken: BGPhMA 33 (Münster i. W. 1936).

Schule von Lüttich[5], deren hohe Zeit zwar ins 11. Jh. fällt, deren bekanntester Lehrer aber, Alger[6] (seit 1126 Mönch in Cluny, wo er als Priestermönch 1131/32 starb), mit seinem noch ungedruckten, aber zur damaligen Zeit viel benützten dogmatischen Florilegium: Liber sententiarum magistri A., in die Vorgeschichte der Libri sententiarum des Lombarden gehört.

Maßgebender als der Gründer von Sankt Viktor wurde für die neue Theologie der größte Lehrer des jungen Stiftes, Hugo[7] (Ende 11. Jh. —1141), der wohl doch aus Deutschland stammte, denn in Hamersleben (Sankt Pankraz) erhielt er seine erste Ausbildung und die Einführung in das Lebensideal der regulierten Chorherren, dem er sich durch seinen Eintritt in das Stift Sankt Viktor in Paris (1115/20) endgültig anschloß. Ein enzyklopädischer Geist[8], angesehener Lehrer, umfassend schriftstellerisch tätig, nahm Hugo vor allem mit seinen systematisch angelegten theologischen Werken (De sacramentis christianae fidei), seinen Schriftkommentaren und der aus seiner Schule stammenden Summa Sententiarum maßgebenden Einfluß (auch über Petrus Lombardus, der ihm vielfach folgte) auf die Theologiegeschichte des Jahrhunderts. Neben dem überragenden Einfluß der lateinischen Vätertheologie, zumal des hl. Augustinus, machte sich auch pseudo-dionysisches Denken bei Hugo geltend, im Kommentar zur „Hierarchia coelestis". Über Richard von Sankt Viktor blieb Hugo bis zu Gerson und Dionysius dem Kartäuser auf die mittelalterliche Mystik von anregender Wirkung.

Zusammen mit Hugo wurde von den zeitgenössischen Geschichtsschreibern Abälard als eines der beiden „luminaria" gefeiert, die in Frankreich für Hörer aus dem ganzen Abendland Theologie vortrugen. Abälard steht neben Anselm von Canterbury als eigentlicher Begründer der scholastischen Theologie, nicht zwar ihrer Lehren, wohl aber ihrer wissenschaftlichen Methode. Von ihm stammt wohl auch der Name „Theologie", während es bisher „divina pagina", „sacra doctrina" geheißen hatte. Durch Abälard rückte die dialektisch geschulte „ratio" führend neben die „auctoritas patrum", und mit ihm vor allem begann die spekulative Durchdringung der bisher mehr nach Gesichtspunkten äußerer Systematik einander zugeordneten Einzelwahrheiten der Glaubensüberlieferung.

Wie durch die Einzelforschung der letztvergangenen dreißig Jahre die theologische Leistung Anselms von Laon und seiner Schule eine Neubewertung gefunden hat, in der nicht nur die kosmopolitische Strahlung, die Mannigfaltigkeit der Werke, sondern auch die theologische Sicherheit der Aus-

[5] Les Écoles Liégeoises, bei *E. Lesne*, Histoire de la Propriété ecclésiastique en France, V: Les écoles de la fin du VIIIe siècle à la fin du XIIe (Lille 1940) 349—361.

[6] Petrus Venerabilis nennt Alger, Hezelo und Tezelin „magnos suis temporibus magistros", Ep. III 2 = PL 189, 278—279.

[7] Für Hugo vgl. jetzt *R. Baron*, Études sur Hugues de Saint-Victor (Paris 1963).

[8] Zur Wissenschaftslehre Hugos vgl. *R. Baron*, Science et Sagesse chez Hugues de Saint-Victor (Paris 1957) 35—96.

sage und die Originalität weiterführender theologischer Überlegung ihre wissenschaftliche Anerkennung finden konnte, so gewinnt nun zunehmend auch Abälard und seine theologische Schule für die Theologiegeschichte ein positiveres Gewicht als bisher. Abälard (geb. 1079 zu Pallet bei Nantes) trat mit seiner Kritik an Anselm von Laon und Wilhelm von Champeaux ins Licht der Theologiehistorie. Unter dem Schatten der zweimaligen Verurteilung von Soissons (1121) und Sens (1141) blieb sein Andenken trotz seiner Schriften und trotz der preisenden Stimmen der Zeitgenossen lange von Bernhards, seines Gegners, überwältigendem Ansehen getrübt, zumal seine Beziehungen zu Heloïse eine spätere Zeit mehr interessierten als seine Bedeutung innerhalb der Bewegung der neuen Theologie des 12. Jh. Den Bemühungen Denifles, Gietls, Vacandards, Geyers und anderer verdankt Abälards Name in der Theologie den wiederhergestellten Glanz. Die moderne Forschung wendet ihre Aufmerksamkeit vor allem seiner Schule zu, ihren Persönlichkeiten und deren Werken. J. de Ghellinck bemerkt, daß man die Geschichte der Theologie im 12. Jh. wie auch im besonderen die Geschichte des Lombarden und seiner Sentenzen nicht mehr schreiben könne, ohne Abälard und seinem theologischen Werk einen wesentlichen Raum darin zu geben[9].

Mit Abälard und seiner Schule ist der Scheitelpunkt zwischen patristischer und scholastischer Theologie erreicht. Methodisch vor allem, aber auch sachlich (wie etwa durch die Betonung der wesentlichen Stellung der Theologie der Sakramente im Gesamtgefüge der wissenschaftlichen Glaubenslehre) brachten sie einen Fortschritt, welche die Zukunft der Theologie als Wissenschaft zu sichern imstande war, wenn auch erst Wilhelm von Auxerre († 1231) das Problem „Theologie als Wissenschaft“ ausdrücklich stellen und behandeln wird. Zur theologischen Aufwertung Abälards hat die Forschung vor allem dadurch beigetragen, daß sie eine genaue Chronologie seiner Werke und ihrer verschiedenen Redaktionen aufzustellen vermochte und die philosophischen Voraussetzungen des theologischen Denkprozesses bei Abälard, vor allem seine Sprachlogik, klarer herausarbeitete. Abälards theologische Irrtümer und gewagte Folgerungen, wie er sie selbst in der Anwendung seiner Methode zog, werden durch diese neuen Erkenntnisse nicht beseitigt. Zumal die allzu optimistische Hinwendung zu einem fast exklusiv zu nennenden Intellektualismus barg ihre Gefahren, denen zu begegnen Bernhard von Clairvaux sich verpflichtet fühlte. Daß es sich dabei (gipfelnd in der Verurteilung von Sens 1141) um eine sachliche, nicht persönliche Auseinandersetzung handelte und von einer Feindschaft zwischen den beiden großen Theologen nicht gesprochen werden darf, hat Arno Borst nachweisen können[10].

[9] Le Mouvement 151. Vgl. Lit. zum Kap.

[10] *A. Borst,* Abälard und Bernhard: HZ 186 (1958) 497—526 und unabhängig von dieser Arbeit, zu ähnlichen Ergebnissen kommend, *R. Klibanski,* Peter Abailard and Bernard de Clairvaux: MRS 5 (1961) 1—27.

Fast gleichzeitig mit Abälard wurde die Theologie des Gilbert de la Porrée dem kirchlichen Urteil unterworfen. Auch Gilbert[11] (gest. als Bischof von Poitiers 1154) gehörte zu den Kräften, die Schule bildeten. In ihm wurde die spekulative Theologie in einem für die Scholastik eigentümlichen Sinn zuerst sichtbar und wirksam. Wenn Abälard zum Dialektiker der Glaubenswissenschaft wurde, so Gilbert zu ihrem Metaphysiker. Gilbert, der aus dem Schülerkreis um Anselm von Laon kam, war zugleich der Schule von Chartres verpflichtet[12]. Seine sprachlogische Methode, von Abälard bereits so erfolgreich angewandt, sein als Schulbuch sich durchsetzender „Liber sex principiorum" und seine theologischen Erkenntnisse haben bis ins 13. Jh. hinein durch seine Schule wirken können.

Die Schule von Chartres[13], an der Gilbert lehrte, pflegte mit ihrem Platonismus einen christlichen Humanismus enzyklopädischer Fassung, war aber auch bestrebt, mit Hilfe aller weltlichen Wissenschaften zu einem tieferen Verständnis der Offenbarungslehre zu gelangen. So gehörte sie zur neuen Theologie, die von allen großen Schulen der Zeit getragen und bereichert wurde. Der Ruhm der Schulen von Chartres (geknüpft an die Namen der Brüder Bernhard und Thierry von Chartres, Bernhard Silvestris, Clarenbald von Arras und Johannes von Salisbury) wurde erst in der 2. Hälfte des 12. Jh. von dem wachsenden Ansehen der Pariser Schulen gemindert.

Hier in Paris, wo bereits Hugo von Sankt Viktor bis 1142 gelehrt hatte, entstand das berühmteste theologische Werk des Jahrhunderts: die „Vier Bücher der Sentenzen" des Petrus Lombardus. Voraus ging die „Summa Sententiarum", in der sich die theologische Bewegung Abälards und Hugos von Sankt Viktor trafen und vereinigten. Sie hat als kurzer, prägnanter, systematisch verfaßter Gesamttraktat der Theologie einen außerordentlich weitgespannten Gebrauch gefunden.

Mit Petrus Lombardus (Anfang 12. Jh. — 1160) und seinem Hauptwerk kulminiert die Entwicklungslinie der neuen Theologie, insofern sie zur Systematik drängte, zu einer Kodifikation gleichsam und zu geordneter Zusammenfassung der theologisch verarbeiteten überlieferten Glaubenslehre. Aus dem Bann der Bibel- und Vätertradition und der alleinigen „auctoritas" trat die Theologie in die scharfe Luft der kritischen Vernunft und öffnete das Tor zu den großen Summen der Hochscholastik.

[11] Zu Gilbert von Poitiers und seiner Schule, vgl. *St. Otto,* Die Funktion des Bildbegriffs 176—194 224—250; *S. Gammersbach,* Gilbert von Poitiers und seine Prozesse im Urteil der Zeitgenossen (Köln - Graz 1959); *N. M. Häring,* Zur Gesch. der Schulen von Poitiers: AKG 47 (1965) 23—47.

[12] Das Konzil von Reims (1148) hat von einer Verurteilung der von Bernhard von Clairvaux verworfenen Trinitätslehre Gilberts abgesehen.

[13] Das klassische Werk von *A. Clerval,* Les Écoles de Chartres au moyen-âge (du Ve au XVIe siècle) (Paris 1895) liegt jetzt im Nachdruck vor (Frankfurt a. M. 1965); *E. Lesne,* Les Écoles 152—172 (L'École de Chartres).

Petrus Lombardus, der zwischen 1135 und 1139 nach Paris kam, gastlich aufgenommen von den Viktorinern, hörte dort vielleicht noch Abälard, kannte aber sicher dessen Werke. Bei einem Aufenthalt an der Kurie (1148/50) lernte er das theologische Werk des Johannes Damascenus kennen in der Übersetzung durch Burgundio von Pisa. Beim Konzil von Reims (1148) gehörte er zu den Gilbert de la Porrée feindlich gesinnten Theologen. Seine Vier Bücher der Sentenzen sind wahrscheinlich 1157 abgeschlossen worden[14].

Erstaunlich bleibt, daß der Verfasser dieses berühmten Werkes, anders als seine berühmteren Zeitgenossen, die wir bisher erwähnten, kaum von den zeitgenössischen Chronisten und Geschichtsschreibern erwähnt wird. Man möchte vermuten, daß seine Lehrtätigkeit selbst kaum einen lebhaften Widerhall gefunden hat[15]. Das erste Buch der Sentenzen handelt von Gott und der Dreifaltigkeit, das zweite von der Schöpfung, den Engeln, dem Sechstagewerk, dem Sündenfall und der Gnade. Das dritte von der Menschwerdung, von den Tugenden, den Sünden, den Geboten, schließlich das vierte von den Sakramenten und den Letzten Dingen. Das Werk verrät nichts von dem Genie Anselms, der Originalität Hugos von Sankt Viktor, von dem durchdringenden spekulativen Scharfsinn Abälards. Von diesem übernimmt es die Methode, nicht aber seine Theologumena. Wegen des klaren Aufbaus, der reichen, dabei wohlgeordneten Fülle seiner Texte und der „via media" seiner theologischen Aussagen konnte es sich, nicht ohne zuvor einiger Kritik ausgesetzt gewesen zu sein, als Schulbuch für den theologischen Unterricht allgemein im Abendland durchsetzen und hielt sich bis ins 16. Jh. unangefochten, um dann von der Summa theologica des hl. Thomas von Aquin abgelöst zu werden[16].

Früher als der Lombarde seine Sentenzenbücher verfaßte in Bologna der Kamaldulenser Gratian sein Dekret: die „Concordia discordantium canonum". Unmittelbar im Gefolge des Konzils vom Lateran (II) (1139) fertiggestellt, gehörte es in den Zusammenhang der neuen Theologie, weil auch in ihm systematisierende Zusammenfassung sich durchsetzte. Mit ihm wurde die neue Wissenschaft der Kanonistik geboren, welche gleichberechtigt neben die neue Glaubenswissenschaft der französischen Schulen trat. Wie diese wollte Gratian die vermeintlichen Widersprüche der gesammelten „auctoritates" mit dem Licht der „ratio" überwinden. Er diskutierte kritisch, aber auch ausgleichend den Stellenwert der Texte und zog verbindliche Fol-

[14] So jetzt *D. Van den Eynde,* Essai chronologique sur l'œuvre de Pierre Lombard: Miscellanea Lombardiana (Novara 1957) 45—64.

[15] Die Schriftkommentare des Petrus Lombardus werden häufig „Glossa magna" genannt, insbesondere der Paulinenkommentar heißt später schlechthin „Glossa".

[16] *A. M. Landgraf* wertete Petrus Lombardus „nicht gerade als einen starken Eigendenker" (Einführung 94), während er von der Porretanerschule meinte, „sie habe der Theologie des 12. u. 13. Jh. in vielen Punkten ihr Gepräge gegeben" (ebd. 91).

gerungen. Ein eigentliches System im Sinn der klassischen Kanonistik kannte das Dekret noch nicht, wohl aber einen folgerichtig angelegten und durchgeführten Gedankengang. Erst seine Schüler und Kommentatoren verstanden Gratians Dekret als dreigeteilt in Personenrecht (Ministri), Verfahrensrecht (Negotia) und Sakramentenrecht (Sacramenta).

In der Nachfolge der Ivo von Chartres, Bernold von Konstanz, Alger von Lüttich und Abälard hat Gratian versucht, die Diskordanz der Kanones zu überwinden. Sie war in dem Augenblick zum brennenden Problem geworden, als das Reformpapsttum sich durchgesetzt hatte, die Christenheit sich ihrer Einheit lebhafter bewußt wurde als zuvor, eine ihr gemäße, alle Sonderheiten in Gewohnheitsrecht und Privileg überformende gemeingültige Rechtsordnung gefordert zu sein schien. Da die Autorität des Papsttums selbst noch nicht allenthalben wirksam genug schien, trat ihr die „ratio" (die dialektische Methode) helfend zur Seite und schuf mit der neuen Wissenschaft der Dekretisten ein dienliches Instrument.

Mit dem Dekret war ein wesentlicher Anfang gemacht. Ein Anfang vorerst, denn die weisen Unterscheidungsregeln Gratians wurden von ihm selbst noch keineswegs konsequent gehandhabt. Aber neben den Lücken, Fehlern, Inkonsequenzen des Dekrets sahen die Zeitgenossen vor allem seine Vorzüge: Es enthielt alles Wesentliche aus den zahlreichen bisherigen Sammlungen, es ersetzte eine Bibliothek. Die Vernunft kam zu nützlichen Folgerungen und zeigte wichtige Problemkreise an. So erfüllte das Dekret, indem es zu einem verständlichen geordneten Ganzen alle Texte des ersten Jahrtausends der Kirche zusammenstellte, die doppelte Funktion: Sicheres wurde mitgeteilt, auf noch offene Fragen hingewiesen.

Die neuen Wissenschaften, vom Quellenmaterial her verbunden, blieben auch im Verlauf ihrer nächsten Entwicklung einander nahe, zumal manche ihrer Sachgebiete (wie etwa die Sakramentenlehre) sich überschnitten[17]. Bei beiden war das entscheidend Neue die dialektische Methode, kraft deren strukturierte Ordnung in die amorph scheinende Masse der überlieferten Texte gebracht wurde und Anstoß zu weiterer Erhellung der Zusammenhänge von Glaubens-, Sitten- und Rechtslehre zu erwarten war. So schöpfte Petrus Lombardus aus Ivo von Chartres und Gratians Dekret — dessen Werden er vielleicht in Bologna hatte beobachten können. Einige Lehren Gratians hat er in sein eigenes Werk übernommen, zugleich aber auch gewisse Schlußfolgerungen des Dekrets energisch zurechtgerückt.

Wenn Gratian die Textmassen noch nicht so glücklich zu meistern verstand wie der Lombarde, mag man bedenken, daß er noch keine Modelle besaß, der Lombarde aber auf Hugo von Sankt-Viktor, Abälard, die Summa Sententiarum und schließlich auf das Dekret selbst zurückgreifen konnte.

[17] *J. de Ghellinck,* Le Mouvement 203—213; *A. M. Landgraf,* Diritto canonico e teologia nel secolo XII: StG I (1953) 371—413.

ZWEITER ABSCHNITT

Bedrohte Kirchenfreiheit (1153—1198)

Professor Dr. Hans Wolter SJ, Frankfurt a. M.

8. Kapitel

Hadrian IV. und Alexander III. in Auseinandersetzung mit Kaiser Friedrich I. Das dritte Laterankonzil

QUELLEN: *Mansi* XXI 786—1222, XXII 1—686; *Hefele-Leclercq* V 849—1178; *Duchesne LP* II 351—446 (Boso, Gesta pontificum Romanorum), III 139; *Watterich* II 321 bis 748; *Jaffé* II, nn. 9736—17679; Bullar. Taur. II 596—836, III 7—112; Briefe und Dokumente der Päpste dieses Zeitraums: Anastasius IV. und Hadrian IV: PL 188; Alexander III.: PL 200; Lucius III.: PL 201; Urban III. und Gregor VIII.: PL 202; Clemens III.: PL 204; Cölestin III.: PL 206; ferner Papsturkunden in England, Italien, Deutschland, Spanien und Portugal (Allg. Bibl. I, 5). Akten und Urkunden der Könige und Kaiser: MGConst I; *J. F. Böhmer,* Regesten des Kaiserreiches (Frankfurt a. M. 1831); *K. F. Stumpf-Brentano,* „Die Reichskanzler", 2 Bde (Innsbruck 1868/72, Neudruck 1960); *J. F. Böhmer - J. Ficker,* Acta Imperii selecta (Innsbruck 1870); *E. Winkelmann,* Acta Imperii inedita, 2 Bde (Innsbruck 1880—85); *K. Jordan,* Die Urkunden Heinrichs des Löwen, bearb. von *K. Jordan* (Stuttgart 1949, Neudruck 1960); Urkundenbuch zur Geschichte der Babenberger in Österreich, bearb. von *H. Fichtenau* und *E. Zöllner,* Bd I: Die Siegelurkunden der Babenberger bis 1215 (Wien 1950); *Dahlmann-Waitz* 76—90; *L. Delisle - E. Berger,* Recueil des Actes de Henri II, 3 Bde (Paris 1909/27); *L. Landon,* The Itinerary of King Richard I (London 1935) (Pipe Roll Society, N. S. 13); *H.-F. Delaborde - E. Berger - Ch. Petit-Dutaillis - J. Monicat - C. Bunel,* Recueil des Actes de Philipp Auguste, roi de France, 2 Bde (Paris 1916/43).

Chroniken, Annalen und Briefe: Otto von Freising u. Rahewin, Gesta Friderici I. Imperatoris, ed. *G. Waitz - B. v. Simson:* MGSS rer. Germ. (Hannover [3]1912); Otto Morena et continuatorum, Historia Frederici I., ed. *F. Güterbock:* MGSS rer. Germ. NS 7 (Berlin 1930); Helmold von Bosau, Slawenchronik, ed. *B. Schmeidler:* MGSS rer. Germ. ([3]1937); Chronica Regia Coloniensis, ed. *G. Waitz:* MGSS rer. Germ. (1880); Hugo von Poitiers, Liber de Libertate Monasterii Vizeliacensis (Vézelay): MGSS 26, 143—150; Otto Morena, Historia Frederici I., ed. *F. Güterbock:* MGSS rer. Germ. NS 7 (Berlin 1930); Johannes von Salisbury, The Letters, Bd I (1153—61), ed. *W. J. Millor - H. E. Butler - C. N. L. Brooke* (London 1955); Gilbert Foliot, The Letters and Charter, ed. *A. Morey - C. L. N. Brooke* (Cambridge 1966) (vgl. *A. Morey - C. N. L. Brooke,* Gilbert Foliot and his Letters, Cambridge 1965); der „Ligurinus" (Friedrichs Taten bis 1160), ed. *C. G. Dumgé* 1812 (neue Ausgabe in Vorbereitung) = PL 212, 327—476; vgl. *E. Aßmann,* Bleibt der Ligurinus anonym?: DA 12 (1956) 453—472; heute gilt Gunther von Pairis im Oberelsaß als Verfasser; Gottfried von Viterbo, Gesta Friderici (bis 1181), ed. *G. Waitz:* MGSS rer. Germ. 30 (Hannover 1870); Lauterberger Chronik (Chronicon Montis Sereni), ed. *E. Ehrenfeuchter:* MGSS 23, 138—226; über weitere Chroniken und Annalen der Zeit vgl. *K. Jacob - H. Hohenleutner,* Quellenkunde der deutschen Geschichte im Mittelalter II (1961) 100—119; wichtig sind ferner noch die Annalen von Genua von Caffaro (bis 1163), von Obertus (bis 1173), Ottobonus (bis 1196): MGSS 18, 11—356 (Leipzig 1863) und von *L. T. Belgrano u. a.*: FontiStIt 11—14, 5 Bde (Rom 1890—1929); Bernardo Marago, Chronik von Pisa (bis 1181), fortgesetzt bis 1192: MGSS 19, 236—266, ed. *M. Lupo Gentile* (Muratori ed. altera, VI/2) (Bologna 1930/36); Romuald von Salerno, Chronik (bis 1178), ed. *C. A. Garufi* (Muratori ed. altera, VII/1) (Bologna 1935); Arnold von Lübeck, Chronik, ed. *J. M. Lappenberg*: MGSS rer. germ. 14 (Neudruck 1930, eine neue Edition wird vorbereitet).

LITERATUR: Allg. Bibl. II; *L. Halphen - H. Pirenne*, Historia Mundi VI; *F. L. Ganshof*, Le Moyen-Age I (Paris 1953); *F. W. v. Giesebrecht*, Gesch. der deutschen Kaiserzeit (bis 1190), 6 Bde, bes. IV ²1877, V 1880, VI, hrsg. von *B. v. Simson* (Leipzig 1895); *A. L. Poole*, From Domesday Book to Magna Carta (Oxford ²1964); *E. Lavisse*, Histoire de France, III/1 von *A. Luchaire* (Paris 1902); *N. Valeri*, Storia d'Italia I: Il medioevo (Turin 1959); *R. Soldevilla*, Historia de España, 2 Bde (Barcelona 1952/53); *P. Peres*, Historia de Portugal, 2 Bde (Barcelos 1928/29).

Fliche-Martin IX/2, Du Concile du Latran à l'avènement d'Innocent III, von *R. Foreville - J. Rousset de Pina* (Paris 1953); Handbücher s. Allg. Bibl. II, 3; *A. Hauck*, Kirchengeschichte Deutschlands IV (Leipzig ⁵1925) 196—685; neuere kirchl. Landesgeschichten Allg. Bibl. II, 4; *C. H. Lawrence*, The English Church and the Papacy (London 1965, Sammelband); Histoire du catholicisme en France, von *A. Latreille - E. Delaruelle - J. R. Palanque*, 2 Bde (Paris 1957/60); *J. Haller*, Das Papsttum III (Darmstadt ²1962) 116—295; *F. X. Seppelt*, Geschichte der Päpste III (München 1956) 213—318 (Lit.); *B. Tierney*, The Crisis of Church and State (1050—1300), with selected documents (Englewood/N. J. 1964); *J. G. Rowe*, The Papacy and the Ecclesiastical Province of Tyre (1100—1187); Bull of the J. Rylands Library Manchester 43 (1960) 160—189; *M. Schwarz*, Heiligsprechungen im 12. Jh. und die Beweggründe ihrer Urheber: AKG 39 (1957) 43—62.

Hadrian IV.: Epistolae et privilegia: PL 188, 1349—1644; *Duchesne LP* II 388 bis 397 (Boso); *Jaffé* ²II 102—145 720f 760f; *H. Schrörs*, Untersuchungen zu dem Streite Friedrichs I. mit Hadrian IV. (Freiburg i. Br. 1916); *E. M. Almedinger*, Hadrian IV. (London 1925); *A. O. Johnsen*, Studier vedrørende Kardinal Nicolaus Breakspears Legasjon til Norden (Oslo 1945); *O. Kolsrud*, Kardinal-legaten Nicolaus av Albano i Norge (1152): Hist. Tidskrift Oslo 33 (1945) 485—512; *W. Ullmann*, Cardinal Roland and Besançon: Miscellanea Historiae Pontificiae 18 (Rom 1954); *ders.*, The Pontificate of Hadrian IV: CambrHJ 11 (1955) 233—252; *P. Lamma*, Comneni e Staufer I (Rom 1955); *M. Maccarone*, La coronazione imperiale di 1155: Studi Romani 6 (1958) 16—38; *P. Lamma*, Adriano IV: Dizionario biografico degli Italiani I (1960) 330—335; *M. Maccarone*, Papato e Impero dalla elezione di Federico I alla Morte di Adriano IV (1152—59) (Rom 1959); *M. P. Sheehy*, The Bull Laudabiliter: A problem in medieval diplomacy and history: Galway Archaeolog. and Hist. Society Journal 29 (1961) 45—70; *ders.*, Pontificia Hibernica I (Dublin 1962) n. 4, S. 15—16; *G. Inger*, Das kirchliche Visitationsinstitut im mittelalterlichen Schweden (Lund 1961, Lit.).

Alexander III: Epistolae et privilegia: PL 200; *Duchesne LP* II 397—446; *Jaffé* ²II 145—431; *Watterich* II 377—649; *Hefele-Leclercq* V 916—1114; Die Summa Magistri Rolandi nachmals Papstes Alexander III., ed. *F. Thaner* (Innsbruck 1874, Neudruck Aalen 1962); *G. Möser-Mersky*, Das österreichische „Chronicon rhythmicum": MIÖG 73 (1965) 17—38; *W. Holtzmann - E. W. Kemp*, Papal Decretals to the Diocese of Lincoln, in the twelfth century (Lincoln 1954) (von 713 Alexander-Dekretalen waren 363 an England gerichtet); *M. Pacaut*, Alexandre III. Étude sur la conception du pouvoir pontifical dans sa pensée et dans son œuvre (Paris 1956), dazu *F. Kempf*: RHE 52 (1957) 932—937; *ders.*, Louis VII et Alessandre III: RHEF 39 (1953) 5—45; eine moderne Biographie Alexanders III. fehlt, das veraltete Werk von *H. Reuter*, Geschichte Alexanders III. und der Kirche seiner Zeit, 3 Bde (Leipzig 1860) bleibt zu beachten; *W. Ullmann*, Cardinal Roland and the Incident at Besançon: Miscellanea Historiae Pontificiae 18 (1954) 107.

B. W. Scholtz, The Canonisation of Edward the Confessor (1161): Speculum 36 (1961) 38—60; *J. Schlafke,* Das Recht der Bischöfe in causis Sanctorum bis zum Jahre 1234: Die Kirche und ihre Ämter, Festschrift Kardinal Frings (Köln 1960) 417—433; *G. Miletti,* Il monumento di Alessandro III nella Basilica Lateranense: Saggi d'istoria dell'architettura in onore (di) V. Fasolo (Rom 1961) 269—272; *N. M. Haring,* The Eulogium ad Alexandrum Papam tertium of John von Cornwall: MS 13 (1951) 253—300.

J. M. Brixius, Die Mitglieder des Kardinalkollegiums von 1130—1181 (Berlin 1912); *J. Bachmann,* Die päpstlichen Legaten in Deutschland und Skandinavien 1125—1159 (Marburg 1913); *H. Tillmann,* Die päpstlichen Legaten in England bis zur Beendigung der Legation Gualas (Bonn 1926); *W. Ohnsorge,* Die Legaten Alexanders III. im ersten Jahrzehnt seines Pontifikats (1159—1169) (Berlin 1928); *G. Dunken,* Die politische Wirksamkeit der päpstlichen Legaten in der Zeit des Kampfes zwischen Kaisertum und Papsttum in Oberitalien unter Friedrich I. (Berlin 1931); *I. Friedländer,* Die päpstlichen Legaten in Deutschland und Italien am Ende des 12. Jh. (1181—98) (Berlin 1928); *W. Ohnsorge,* Päpstliche und gegenpäpstliche Legaten in Deutschland und Skandinavien 1159 bis 1181 (Berlin 1929); *M. Pacaut,* Les légats d'Alexandre III (1159—81): RHE 50 (1955) 821—838; *K. Ruess,* Die rechtliche Stellung der päpstlichen Legaten bis Bonifaz VIII. (Paderborn 1912); *K. Walf,* Die Entwicklung des päpstlichen Gesandtschaftswesens in dem Zeitabschnitt zwischen Dekretalenrecht und Wiener Kongreß (1159—1815) (= MthSt Kan. Abt. 24) (München 1966); *W. Janssen,* Die päpstlichen Legaten in Frankreich vom Schisma Anaklets II. bis zum Tode Cölestins III. (= Kölner Historische Abhandlungen, 6) (Köln - Graz 1961).

Zum Schisma von 1159:

QUELLEN: *S. Tengnagel,* Vetera Monumenta contra Schismaticos (Ingolstadt 1612); Johannes von Salisbury, Brief an Magister Ralph von Sarre (Juni/Juli 1160): The Letters of John of Salisbury, ed. *W. J. Millor - H. E. Butler - C. N. L. Brooke,* I (London 1955) 204 bis 215; Anonymus, Tractatus de Scismaticis, ed. *J. Dieterich - H. Böhmer:* MGLiblit III 109—130; Gerhoch von Reichersberg, De investigatione Antichristi (1160/62): PL 194, 1445—80, ed. *H. Böhmer:* MGLiblit III 309—395; *Rahewin,* Dialogus de Pontificatu sanctae Romanae Ecclesiae inter Victorem IV et Alexandrum III, ed. *H. Böhmer:* MGLiblit III 526—546; Abt Johannes von St. Maria in Trastevere, De vera pace contra schisma sedis apostolicae, ed. *A. Wilmart:* Lateranum N. S. (Rom 1938).

LITERATUR: Neben älteren Arbeiten wie *M. Meyer,* Die Wahl Alexanders III. und Viktors IV., ein Beitrag zur Kirchenspaltung unter Kaiser Friedrich I. (Göttingen 1871) und *W. Ribbeck,* Der Traktat über die Papstwahl des Jahres 1159: FDG 25 (1885) 354 bis 364 jetzt *I. Schnack,* Richard von Cluny, seine Chronik und sein Kloster in den Anfängen der Kirchenspaltung von 1159. Ein Beitrag zur Geschichte der Anschauungen vom Kardinalkolleg und Papsttum im 12. und 13. Jh. (Berlin 1921); *P. Kehr,* Zur Geschichte Viktors IV.: NA 46 (1926) 53—85; *W. Holtzmann,* Quellen und Forschungen zur Geschichte Friedrich Barbarossas: NA 48 (1930) 284—413; *J. Engel,* Das Schisma Barbarossas im Bistum und Hochstift Freising (1159—1177) (Diss. Freiburg i. Br. 1930); *M. Preiss,* Die politische Tätigkeit der Cisterzienser im Schisma von 1159—1177 (Berlin 1934); *R. Jordan,* Die Stellung des deutschen Episkopats im Kampf um die Universalmacht unter Friedrich I. bis zum Frieden von Venedig (1177) (Würzburg 1939); *L. J. Barmann,* The Papal Election of 1159: AER (1963) 37—43.

Das 3. Laterankonzil: COD (Conciliorum oecumenicorum decreta, Allg. Bibl. I, 4) 181—201; *Hefele-Leclercq* V 1086—1112; Roger von Hoveden, Chronik, ed. *W. Stubbs* (London 1869) (= Rolls Series 51/2) II 173—189; Gesta regis (früher Benedikt von Peterborough zugeschrieben, jetzt als eine Redaktion der Chronik des Roger von Hoveden wahrscheinlich gemacht), ed. *W. Stubbs* (London 1867) (= Rolls Series 49/1) I 222—238; Epistolae convocationis: *Jaffé* 13097—13099 13070; *S. Löwenfeld,* Epistolae pontificum Romanorum ineditae (Leipzig 1855) 154—155, n. 271; PL 200, 1357—1358;

die Unterschriften bei *Mansi* 22, 213—217 239—240; vgl. *G. Tangl*, Die Teilnehmer an den allgemeinen Konzilien des Mittelalters (Weimar 1922) 196—201 210—219; *G. Morin*, Le discours d'ouverture du concil général de Latran (1179) et l'œuvre littéraire de maître Rufin, évêque d'Assise: AttiPontAc Ser. III Memorie 2 (Rom 1928) 116—120. Die Canones jetzt am besten in COD, 187—201, vgl. die einführenden Erläuterungen dazu mit ihren Erhebungen aus den Dekretalensammlungen des 12. und 13. Jh.; *St. Kuttner*, Repertorium der Kanonistik (1140—1234) (= SteT 71) (Rom 1937); die Feier des Konzils bestimmte ein „Ordo romanus", ed. *M. Andrieu*, Le Pontifical romain au Moyen Age I (= SteT 86) (Rom 1938) 255—260; die beste Darstellung jetzt bei *R. Foreville*, Latran I, II, III, et Latran IV: Histoire des Conciles œcuméniques 6 (Paris 1965) 116—162 194 bis 223 (Texte).

Kaiser Friedrich I. (Barbarossa): *H. Heimpel:* NDB 5 (1961) 459—478; *Dahlmann-Waitz* 6330—6333 6557—6619; *P. Kehr*, Der Vertrag von Anagni im Jahre 1176: NA 13 (1888) 75—118; *H. Simonsfeld*, Jahrbücher des Deutschen Reiches unter Friedrich I., 1. Bd (1152—1158) (Leipzig 1908); *K. Hampe - F. Baethgen*, Deutsche Kaisergeschichte in der Zeit der Salier und Staufer (Heidelberg 1949); *K. Hampe*, Herrschergestalten des deutschen Mittelalters (Leipzig [6]1955); *W. Kamlah*, Der Ludus de Antichristo: HV 28 (1933) 53—87; *E. Rundnagel*, Die Ehescheidung Friedrich Barbarossas: Festschrift R. Holtzmann (Berlin 1933) 145—159; *H. H. Jacobs*, Friedrich Barbarossa und Heinrich der Löwe: Die Großen Deutschen I (1935) 94—123; *W. Föhl*, Bischof Eberhard von Bamberg, ein Staatsmann Friedrichs I.: MIÖG 50 (1936) 73—131; *F. Böhm*, Das Bild Friedrich Barbarossas in den ausländischen Quellen seiner Zeit (Berlin 1937); *Th. Mayer - K. Heilig - C. Erdmann*, Kaisertum und Herzogsgewalt im Zeitalter Friedrichs I. (= Schriften des Reichsinstituts für ältere deutsche Geschichtskunde 9) (Stuttgart 1944, Nachdruck 1952); *F. B. Koeppler*, F. B. and the School of Bologna: EHR 54 (1939); *E. F. Otto*, Friedrich Barbarossa (Potsdam 1940); *ders.*, Friedrich Barbarossa in seinen Briefen: DA 5 (1941/42) 72—111; *P. Rassow*, Honor imperii (München 1940, Neudruck Darmstadt 1961); *ders.*, Der Prinzgemahl, ein Pactum matrimoniale aus dem Jahre 1188 (Weimar 1950); *P. Brezzi*, Caratteri, momenti e protagonisti dell'azione politica di Federico Barbarossa: RSIt 5 (Neapel 1940); *W. Ohnsorge*, Das Mitkaisertum in der abendländischen Geschichte des frühen Mittelalters: ZSavRGgerm 67 (1950) (Nachdruck in: Abendland und Byzanz, Homburg v. d. Höhe 1958, 261—287); *K. Langosch*, Politische Dichtung um Kaiser Friedrich Barbarossa (Berlin 1943); *K. Bosl*, Die Reichsministerialität der Salier und Staufer, 2 Bde (Schriften der MG 10, 1 und 2) (Stuttgart 1950/51); *F. Heer*, Die Tragödie des Heiligen Reichs (Stuttgart 1952), Kommentarband (ebd. 1953); *E. Maschke*, Der Kampf zwischen Kaisertum und Papsttum: Hdb. der dt. Gesch., hrsg. von *Leo Just*, I (1957) 4. Abschn.; *W. Heinemeyer*, Der Friede von Montebello (1175): DA 11 (1954) 101—139; *P. Lamma*, Comneni e Staufer, 2 Bde (Rom 1955/57); *G. de Vergottini*, Lo Studio di Bologna, l'Impero, il Papato: Studi e Memorie Stor. Univ. di Bologna NS 1 (1956); *H. Büttner*, Erzbischof Heinrich von Mainz und die Staufer (1142—53): ZKG 69 (1958) 247—267; *K. Jordan*, Friedrich Barbarossa, Kaiser des christlichen Abendlandes (= Persönlichkeit und Geschichte 13) (Göttingen 1959); *H. Appelt*, Der Vorbehalt kaiserlicher Rechte in den Diplomen Friedrich Barbarossas: MIÖG 68 (1960) 81—97; *P. Klopsch*, Zum Kaiserhymnus des Archipoeta: Euphorion 54 (1960); *W. Heinemeyer*, Die Verhandlungen an der Saône im Jahre 1162: DA 20 (1964) 155—189; *J.-Y. Mariotte*, Le comté de Bourgogne sous les Hohenstaufen (1156—1208) (= Annales littéraires de l'université de Besançon 56) (Paris 1963); *H. J. Kirfel*, Weltherrschaftsidee und Bündnispolitik. Untersuchungen zur auswärtigen Politik der Staufer (= Bonner Hist. Forschungen 12) (Bonn 1959); *J. Déer*, Die Siegel Kaiser Friedrichs I. Barbarossa und Heinrichs VI. in der Kunst und Politik ihrer Zeit: Festschr. H. R. Hahnloser, hrsg. von *E. J. Beer - P. Hofer - L. Mojon* (Basel - Stuttgart 1961) 47—102; *H. Appelt*, Friedrich Barbarossa und das römische Recht: RömHM 5 (1961/62) 18—34; *P. Munz*, Frederick Barbarossa and the „Holy Empire": JRelH 3 (1964 bis 1965) 20—37; *W. Ohnsorge*, Zu den außenpolitischen Anfängen Friedrich Barbarossas: Abendland und Byzanz (Bad Homburg v. d. Höhe 1963) 411—433; *ders.*, Ein Beitrag zur Geschichte Manuels I. von Byzanz (ebd.) 387—410; *F. Kempf*, Der „favor apostolicus" bei der Wahl Friedrich Barbarossas und im deutschen Thronstreit (1189—1208): Festschr. Spörl (Speculum historiale. Geschichte im Spiegel von Geschichtsschreibung und Geschichtsdeutung, hrsg. von *C. Bauer*, Freiburg i. Br. - München 1965) 469—478; *J. Ficker*, Rainald von Dassel, Reichskanzler und Erzbischof von Köln (Köln 1855, Neudruck Aalen 1966); *R. M. Herkenrath*, Rainald von Dassel, Reichskanzler u. Erzbischof von Köln (Diss. masch. Graz 1962).

Eugen III. war am 8. Juli 1153 zu Tivoli gestorben. Mit ihm neigte sich eine ganze Epoche ihrem Ende zu. Das Reformpapsttum hatte in diesem Pontifex aus dem in stürmischer Entfaltung begriffenen Zisterzienserorden seinen letzten Vertreter besessen. Eine lange Reihe von Mönchen und Regularkanonikern hatten ein Jahrhundert lang die Geschicke der römischen Kirche gelenkt, die in steigendem Maß die Gesamtkirche repräsentierte. Die Erben der Erfolge dieses Jahrhunderts unterschieden sich sehr deutlich von ihren Vorgängern. Sie waren eine neue Generation, geprägt von der neuen Theologie und der neuen Kirchenrechtswissenschaft, von der Geisteshaltung kühlerer Rationalität und nüchterner realpolitisch entscheidender Planung. Die Kirche und das Patrimonium Petri, in dem sie nach wie vor den Garanten ihrer gesamtkirchlichen Entscheidungsfreiheit sahen, wollten sie so zentral wie möglich regieren. Fast gleichzeitig mit Eugen III. starb auch Bernhard von Clairvaux (am 20. August 1153). Selten trat ein Generationswechsel in der Weltgeschichte so deutlich zutage wie jetzt, da in England Heinrich II. zu regieren begann (offiziell seit dem 19. Dezember 1154, praktisch bereits seitdem Stefans Sohn Eustachius am 17. August 1153 gestorben war). König Roger II. von Sizilien starb am 26. Februar 1154 zu Palermo. In den gleichen Jahren starben Abt Suger von Saint-Denis († 1151), Wibald von Stablo († 1158), Anselm von Havelberg († 1158), Erzbischof Albero von Trier († 1152), Gilbert von Poitiers († 1154). Auch das königliche Regiment in Deutschland wandelte sich. Eugen III. hatte es noch erlebt, daß Konrad III. starb (am 15. Februar 1152), ohne den vom Papst dringend wegen der ungebändigten Stadt Rom erbetenen und für Herbst 1152 geplanten Römerzug antreten zu können. Er hatte der Wahl Friedrichs I. (am 4. März 1152) seine Approbation erteilt, ohne daß er darum ersucht worden war; Friedrich hatte nur eine Anzeige seiner Wahl durchgeben lassen. Die alsbald geführten Verhandlungen zwischen Friedrich I. und der Kurie gehörten noch zum Ausklang des Pontifikats Eugens III. Sie schlossen ab mit dem neuartig bilateral gestalteten Vertrag von Konstanz[1] (23. März 1153), der zwischen König und Papst streng zweiseitig Leistung und Gegenleistung festsetzte. Beide Partner verpflichteten sich der Stadt Rom gegenüber zu solidarischer

[1] Der Text des Konstanzer Vertrages jetzt im Neudruck von *P. Rassow*, Honor imperii (Darmstadt 1961).

Politik, desgleichen gegenüber den Normannen. Auch sollte keiner sich Byzanz gegenüber zu territorialen Zugeständnissen bereit erklären. Man sagte sich gegenseitig Schutz und Sicherung des „*honor*", das heißt der „*Hoheitsrechte*", zu. Das Wormser Konkordat war nicht erwähnt worden; Friedrich I. war indes gewillt, in der Reichskirche die Herrschaft so auszuüben, wie es die Richtlinien von Worms ermöglichten. Ein Entgegenkommen der Kurie war es, wenn Eugen III. seinen beiden Legaten auch die Vollmacht mitgegeben hatte, die kinderlose Ehe Friedrichs I. mit Adele von Vohburg, die der König wegen Untreue geschieden sehen wollte, auf Grund zu naher Verwandtschaft für nichtig zu erklären. Während eine Suspendierung des Erzbischofs Heinrich von Mainz dem König genehm war, widersetzte er sich dem Eingreifen der Legaten in die Ordnung der Magdeburger Doppelwahl, die Friedrich mit der Erhebung des Bischofs von Zeitz-Naumburg, Wichmann, zu erledigen gedachte. Erst Anastasius IV. bestätigte Wichmann, der nach Rom gekommen war und dort das Pallium erhielt.

Dieser Nachfolger Eugens III., Kardinal Konrad von Suburra, ein Römer, enttäuschte in seinem kurzen Pontifikat (12. 7. 1153 — 3. 12. 1154) nicht nur Gerhoh von Reichersberg: „Nach Eugen wurde auf dem päpstlichen Stuhl nicht seinesgleichen gefunden, der das Gesetz des Höchsten wahrte (Sir 44, 20), wie Briefe und Taten seines Nachfolgers Papst Anastasius bezeugten, eines schwächlichen Greises." [2] Es war ein Pontifikat des Übergangs, und als solcher bereits bezeichnend dafür, daß eine neue Epoche anhob. Zwar kam Hadrian IV., der sie einleitete, noch aus den Kreisen der Regularkanoniker — er war Propst des berühmten Stiftes St-Rufus bei Avignon gewesen —, doch lenkte er bereits in andere Bahnen als die bisher beschrittenen. Nicht die von Bernhard verlangte „consideratio", die aus der Tiefe geistlicher Betrachtung schöpfende Verpflichtung des Oberhirten, sondern das Bewußtsein der von Gott verliehenen Machtfülle, der nüchtern-kühle Blick für das politisch Erreichbare und den rechtlichen Anspruch bestimmte sein Handeln, und immer mehr trat der Kanzler Roland hervor, der als Abälard-Schüler und Jurist schon seiner geistigen Herkunft nach bei Männern der alten Schule, wie etwa Gerhoh von Reichersberg, Mißtrauen erregen mußte [3].

Nikolaus Breakspear, bisher der einzige Papst englischer Herkunft, war ein Studienfreund des Johannes von Salisbury, vermutlich wie dieser und der Kanzler Roland in Paris ein Schüler Abälards und Gilberts de la Porrée. Nach seinem Eintritt ins regulierte Chorherrenstift St-Rufus (Avignon) stieg er dort bis zum Propst (Abt) auf, um nicht ganz friedlich von dort zu scheiden, als Eugen III. ihn zum Kardinalbischof von Albano erhob (1149). Sein Konvent hatte ihn wegen zu großer Härte in Rom verklagt. Als Kardinallegat war er 1152 in Norwegen gewesen [4], hatte ein großes Konzil dort ein-

[2] Commentarius in Ps. 65: MGLiblit III, 493^{25-27}.

[3] Vgl. *P. Classen*, Gerhoch von Reichersberg (Wiesbaden 1960) 156.

[4] *G. Inger*, Das kirchliche Visitationsinstitut im ma. Schweden (Lund 1961) 222—228.

berufen und geleitet, den Erzbischofssitz Nidaros (Drontheim) errichtet und die kirchlichen Verhältnisse im Sinn der Reformbewegung zu regeln versucht. Im Frühjahr 1153 vermutlich ging er nach Schweden, wo er in Linköping ein Konzil versammelte, an dem der König, die Bischöfe und Großen des Reiches teilnahmen, dessen Statuten aber leider nicht erhalten blieben. Den Peterspfennig konnte er in Norwegen wie in Schweden einführen, hier aber nicht, wie wohl geplant, eine besondere Kirchenprovinz errichten. Nach seiner Wahl[5] griff Hadrian IV. alsbald in Rom durch und erreichte durch Verhängung des Interdikts kurz vor Ostern 1155, daß der Senat Arnold von Brescia und seinen Anhang aus der Stadt verwies. Mit Friedrich I. erneuerte er (Januar 1155) den Konstanzer Vertrag für sich und seine Nachfolger, woran dem Papst schon deshalb viel gelegen war, weil der Nachfolger Rogers II. von Sizilien, Wilhelm I., inzwischen Benevent besetzt hatte und in die römische Campagna einzurücken begann. Der Papst sprach den Bann über ihn aus. In Sutri fand (8. Juni 1155) das erste Zusammentreffen des Papstes mit dem zur Krönung herannahenden Friedrich I. statt, das durch die zunächst verweigerten, dann aber geleisteten Zügel- und Bügeldienste des deutschen Königs bekannt und von der Forschung lebhaft durchdiskutiert worden ist[6]. Erst nach längeren Verhandlungen, bei denen ältere Fürsten wie auch die Kurie selbst auf den rein zeremoniellen Charakter des Marschalldienstes („aus Ehrerbietung gegen die seligen Apostel Petrus und Paulus") verwiesen hatten, konnte der Zwischenfall beigelegt werden. Ein Anerbieten der Stadtrömer, die Kaiserkrönung selbst (gegen ein Geschenk von fünftausend Pfund Goldes) auf dem Kapitol vorzunehmen, lehnte Friedrich mit dem Hinweis darauf ab, das Imperium sei schon längst auf die Deutschen übergegangen. Am Tag der Kaiserkrönung (18. Juni 1155) mußte Friedrich eine Erhebung der Römer blutig niederschlagen. Arnold von Brescia[7], dessen Auslieferung Friedrich durchgesetzt hatte, wurde auf Befehl des Stadtpräfekten hingerichtet. Ohne dem Papst in seiner Auseinandersetzung mit den Normannen beizustehen, wie der Konstanzer Vertrag es vor-

[5] Am 4. Dezmber 1154.

[6] Vgl. *R. Holtzmann*, Der Kaiser als Marschall des Papstes (Berlin - Leipzig 1928), dazu *E. Eichmann*, Das Officium stratoris et strepae: HZ 142 (1930) 16—40 und *R. Holtzmanns* Erwiderung: Zum Strator- und Marschalldienst: HZ 145 (1932) 301—350.

[7] Arnold von Brescia (ca. 1100—55), nach seinem Studium in Paris Propst eines Augustinerchorherrenstifts in Brescia, vertrat die radikale Armut des reformierten Klerus, forderte von Klerus und Bischof Verzicht auf Besitz, Kirchengüter und Regalien. 1139 (vielleicht vom 2. Laterankonzil) verbannt, verließ er Italien, lehrte in Paris, auf Betreiben Bernhards von Clairvaux von dort vertrieben, ging er über Zürich nach Böhmen, wo der Kardinallegat Guido von Castello ihn aufnahm und 1145 eine Versöhnung mit Eugen III. vermittelte. Nahm dann am Aufstand der Kommune gegen den Papst teil und predigte 1147 in Rom gegen Simonie und Verweltlichung des Klerus. Trotz päpstlichen Bannes (1148) blieb er in Rom und unterstützte mit seiner Predigt die Forderung der Bürger nach Stadtfreiheit. Vgl. *R. Foreville*, Latran I, II, III, et Latran IV (Paris 1965) 86—87 105 bis 106 111.

gesehen hatte, kehrte der Kaiser im Spätsommer des Jahres auf Verlangen der deutschen Fürsten nach Deutschland zurück. Rom hatte er dem Papst nicht unterworfen, wohl aber Tivoli, das sich dem Kaiser unterstellt hatte, dem Papst unter Vorbehalt der Reichsrechte überlassen. Über die Schlüsselbegriffe des Konstanzer Vertrags: honor imperii und honor S. Petri (papatus), einigte man sich nicht; auch die Normannenfrage blieb unerledigt. In der Enttäuschung über Friedrichs vorzeitige Rückkehr nach Deutschland gab Hadrian IV. seiner Politik jene Wendung, die Friedrich durch den Konstanzer Vertrag hatte verhindern wollen. Er schloß mit König Wilhelm I. von Sizilien den Frieden von Benevent (1156)[8]. Darin war Wilhelms Königstitel, der ihm zunächst verweigert worden war, sowie seine legitime Herrschaft über Capua, Apulien, Kalabrien und Sizilien anerkannt, weitgehende Rechte über die Kirche in seinen Landen (im wesentlichen als Erneuerung des dem Grafen Roger von Urban II. für Sizilien bewilligte Privileg) eingeräumt worden, während Wilhelm die Oberlehnsherrschaft des hl. Petrus bestätigte und sich zu einem beträchtlichen Jahreszins von 1000 Goldstücken für Süditalien an den Papst verpflichtete. Neapel, Salerno, Amalfi und das Marserland erhielt Wilhelm als erblichen Besitz zugesprochen. Dank des Friedens mit den Normannen konnte der Papst mit Hilfe des umsichtigen und energischen Kardinalkämmerers Boso[9] die päpstliche Herrschaft in den verschiedenen „terrae S. Petri" festigen; selbst die Rückkehr nach Rom wurde möglich (November 1156). Zum Kaiser sandte er, um diesen über Benevent zu unterrichten, zwei Legaten, seinen Kanzler Kardinal Roland Bandinelli und den Kardinalpriester Bernhard von S. Clemente. Auch sollten sie sich des gefangengesetzten Erzbischofs Eskil von Lund annehmen, den man auf Reichsgebiet in Burgund, während er von Rom nach dem Norden zurückreiste, festgenommen und eingekerkert hatte in Erwartung, er würde sich mit hohen Summen loskaufen. Eskil, dem Hadrian noch als Legat im Norden das Pallium hatte bringen können und den er zum Primas von Schweden und Legaten des Nordens bestellt hatte, galt als Reichsfeind, denn mit seinen Würden befand er sich im Widerstreit zu den von Friedrich unterstützten nordischen Bestrebungen von Hamburg-Bremen, die sich auf alte päpstliche Privilegierungen berufen konnten und durch die Friedrich sich seinen Einfluß in Skandinavien zu sichern gedachte. Auf dem Reichstag zu Besançon (Oktober 1157) kam es zu dem bekannten Zwischenfall, ausgelöst durch die von Rainald von Dassel (seit 1156 Kanzler Friedrichs I.) wohl bewußt als „Lehen" verdeutschte Wendung in Hadrians Schreiben an den Kaiser, wo ihm vom Papst unter Berufung auf das bereits erwiesene ‚beneficium' der Kaiserkrönung noch weitere maiora beneficia in Aussicht gestellt wurden, falls er den römischen Anliegen (wie etwa

[8] Der Text des Beneventer Vertrags: Constitutiones I, nn. 413/414.
[9] Vgl. F. *Geisthardt*, Der Kämmerer Boso: HStud 293 (Berlin 1936) 41—59.

der Befreiung des Erzbischofs von Lund und der geplanten Visitation der deutschen Kirchen durch die Legaten) entgegenkommen würde. Unter Berufung auf die Erregung seiner Großen ließ der Kaiser die Legaten unverrichteter Dinge wieder zurückreisen, nicht ohne dadurch sein Verhältnis zur Kurie schwer mit Mißverständnissen und Spannungen zu belasten.

In den Manifesten, die die kaiserliche Kanzlei über die Vorgänge von Besançon ausgehen ließ, findet das Reichsbewußtsein im Kreise um Friedrich I. zum erstenmal seinen programmatischen Ausdruck: Die Unabhängigkeit des Kaisertums von der römischen Kirche wird proklamiert, die Krone habe der Kaiser allein der Gnade Gottes und der freien Wahl der Fürsten zu danken. Ein Appell des Papstes an den deutschen Episkopat erhielt von den Bischöfen als unerwartete Antwort eine Bestätigung der kaiserlichen Auffassung und die Bitte, Hadrian IV. möge durch ein neues, milderes Schreiben den Kaiser um des Wohles der Kirche und des Reiches willen besänftigen. Ein solches Schreiben ließ der Papst (Juni 1158) durch zwei Legaten in Augsburg (Heinrich O. Cist. von SS. Nereus und Achilles und Hyazinth von S. Maria in Cosmedin) dem Kaiser überreichen. Das Wort „beneficium" sei (auch im Schreiben von Besançon) nicht als „Lehen", sondern als „Wohltat" zu verdeutschen; wenn es von der Kaiserkrone heiße: „conferre", so meine man damit nicht „verleihen", sondern „aufsetzen". Der Kaiser nahm diese Deutung hin, zumal ihm die Legaten noch zusichern konnten, der Papst werde bedacht bleiben auf den „honor imperii" und die Gerechtsame des Reiches zu wahren wissen.

Wie Hadrian IV. das Lehnsverhältnis zu den Normannen erneuerte und im Hinblick auf Sizilien sich auf die Konstantinische Schenkung berief, so hat er, wie Johannes von Salisbury, den er als Mittelsmann benutzte, berichtet, auch über Irland kraft seiner Herrschaft über die Inseln des Westens so verfügt, daß er durch Zusendung eines Smaragdrings Heinrich II. mit der Herrschaft über Irland investierte[10].

Der Kaiser hatte inzwischen die Vertretung der Reichsinteressen an der Ostgrenze neuen Dynastenfamilien anvertraut, um sich ganz dem italienischen Problem widmen zu können, und zog erneut gen Süden. Mit dem Reichstag von Roncaglia bei Piacenza (November 1158) setzte er die alten Reichsrechte, wie Friedrich sie von vier Bologneser Legisten und 28 Städtevertretern hatte feststellen lassen, das heißt die seit Jahrzehnten nicht mehr beanspruchten Regalien der Krone, in Reichsitalien wieder in Kraft. Mailand hatte sie nach seiner Eroberung (7. September 1158) bereits zurückgegeben. Die Ronkalischen Gesetze hätten, durchgeführt, nicht nur die Wiederherstellung der alten Königsmacht bedeutet und für die Städte den Verlust der Freiheit und Selbstverwaltung, sondern auch einen wirtschaft-

[10] Metalogion IV 42; vgl. *A. L. Poole,* From Domesday Book to Magna Carta (Oxford 1964) 303 Anm. 1; *M. P. Sheehy,* The Bull „Laudabiliter" (s. Bibliogr. zum Kapitel).

lich-politischen Machtzuwachs der Krone von gewaltigem Ausmaß. Die Städte (Mailand, Brescia, Piacenza) begannen deshalb Verhandlungen mit Hadrian IV. wegen eines Bündnisses gegen den Kaiser, der nun auch in der Toskana und selbst im Norden des Patrimoniums die Ronkalischen Gesetze anzuwenden begann. Hadrian setzte ihm eine Frist von vierzig Tagen, diese Maßnahmen rückgängig zu machen, andernfalls er sich genötigt sehen würde, den Bann über den Kaiser auszusprechen. Ehe diese Frist abgelaufen war, starb der Papst zu Anagni am 1. September 1159. Seine Auffassung vom „honor S. Petri“ hatte er kurz zuvor durch die Kardinallegaten Oktavian und Wilhelm dem Kaiser vortragen lassen: uneingeschränkte Herrschaft des Papstes über Rom und das gesamte Patrimonium Petri (wo Friedrich eine Stellung wie Karl d. Gr. bzw. Otto d. Gr. einzunehmen gedachte), die Beschlüsse von Roncaglia sollten nicht Anwendung finden auf die Bischöfe Reichsitaliens. Der Vertrag von Konstanz sei zu erneuern, zumal der Vertrag von Benevent durchaus nicht gegen Buchstaben und Geist von Konstanz verstoßen hätte. Ein vom Kaiser vorgeschlagenes Schiedsgericht, daß die strittige Auffassung beider Mächte durchsprechen und klären sollte, hatte Hadrian begreiflicherweise abgelehnt. Hadrians Leiche wurde nach Rom überführt und in Sankt Peter beigesetzt. Der Papst hatte seine Herrschaft im Patrimonium konsolidieren können, durch konsequente Weiterführung der Exemtionspolitik seiner Vorgänger (bei den Abteien und Stiftern indes unter Wahrung bischöflicher Rechte), die tatsächliche Verwaltung der Gesamtkirche durch die Römische Kurie weiter entwickelt, in Irland, Schottland, Spanien, ähnlich wie bereits als Kardinallegat im Norden, die kirchlichen Verbände erneuert und fester mit Rom in Verbindung gebracht, durch den Peterspfennig im Bewußtsein des Kirchenvolkes die Einheit der Christenheit und die Zugehörigkeit auch der einzelnen Christen (nicht nur der Fürsten und Prälaten) mit dem Stuhl Petri lebhafter in Erscheinung treten lassen. Den Jurisdiktionsprimat der römischen Kirche — zumal gegenüber Byzanz — hatte er sehr bewußt vertreten und, wenn auch gegen mannigfache Schwierigkeiten, auszuüben verstanden. Gegen die Italienpolitik Friedrichs I. schließlich, die sehr zielbewußt von der Lombardei über die Toskana nach Süden vorzustoßen sich anschickte, hatte er noch in letzter Stunde durch Vermittlung einer Verständigung zwischen Manuel Komnenos und Wilhelm I. von Sizilien (1158) einen Damm zu errichten versucht. Kurz vor seinem Tod waren auch die gemäßigten Berater des Kaisers gestorben, Wibald von Stablo auf der letzten Gesandtschaftsreise nach Byzanz (Juli 1158), Anselm von Havelberg-Ravenna (12. August 1158) und Otto von Freising (1158). Eine neue Phase des Kampfes der römischen Kirche um ihre Freiheit kündigte sich an.

Alexander III. und Friedrich I.

Die Doppelwahl vom 7. September 1159[11] stand unter dem Zeichen der zielbewußt vorgetriebenen Italienpolitik Kaiser Friedrichs I. Die Grenzen des Patrimoniums waren bereits überschritten, Kontakt mit den stadtrömischen Kreisen aufgenommen worden. Otto von Wittelsbach weilte während der Wahl in der Stadt. Die Mehrheit der Kardinäle (mindestens zwei Drittel) entschied sich für den Kardinalkanzler Roland, eine Minderheit, kaiserfreundlich gesinnt, für Kardinal Oktavian. Die stürmisch verlaufene Wahl ließ, ähnlich wie bei der Doppelwahl von 1130, bei jedem der beiden Päpste, Roland Bandinelli (Siena) als Alexander III. und Oktavian Monticello (Tivoli) als Viktor IV., Zweifel an ihrer Rechtmäßigkeit aufkommen. Wiederum mußte ein Urteil der Gesamtkirche entscheiden, da ein institutionelles Organ schiedsrichterlicher Klärung für solche Fälle fehlte[12]. Wenn beim Schisma von 1130 die Doppelwahl von innerkirchlichen Motiven, einer unterschiedlichen Auffassung von Aufgaben und Methoden der Kirchenreform im Kardinalskollegium bestimmend gewesen war, so wogen diesmal eindeutig kirchenpolitische Rücksichten vor. Die Wähler Alexanders wollten Hadrians IV. Ansätze weiterführen, die Wähler Viktors dagegen zeigten sich einverstanden mit der Reichs- und Italienpolitik des Kaisers. Gleichwohl ließ die Entwicklung der nächsten Jahre erkennen, daß tiefer ansetzende Grundkonzeptionen in dieser Doppelwahl und ihren Folgen dialektisch sich begegneten und in schweren, die Kirche erschütternden Kämpfen zur Auseinandersetzung drängten. Wie Friedrichs Auffassung von der Funktion des Kaisertums in der christlichen Welt weitgehend vom erneuerten Römischen Recht (in justinianisch-christlicher) Gestalt getragen wurde, so erschien der Pontifikat Alexanders vom konsequent sich entfaltenden und in der Praxis sich durchsetzenden kanonischen Recht bestimmt, das sich methodisch durchaus auch römisch-rechtlicher Kategorien zu bedienen wußte. Es ging erneut um den Austrag der Frage, welches Ordnungsprinzip in der Christenheit den Primat besitzen solle: die „auctoritas sacrata pontificum" oder die „regalis potestas". Nicht ohne Überlegung wurde das berühmte Gelasiuswort in die erste Botschaft Friedrichs an den Papst eingearbeitet[13].

Die Obedienzen schieden sich schnell. Nachdem der Kaiser durch das von ihm berufene Konzil von Pavia (5./11. Februar 1160), an dem hauptsächlich der Reichsepiskopat aus Deutschland, Burgund und Oberitalien teilnahm, Viktor IV. hatte anerkennen lassen, Alexander aber von der Synode gebannt wurde, versammelte sich im Herbst 1160 in Toulouse unter Anwesenheit der Könige von England und Frankreich Episkopat und Mönchtum der

[11] Seit der veralteten Dissertation von *M. Meyer*, Die Wahl Alexanders III. und Viktors IV. (Göttingen 1871) ist das Thema monographisch nicht mehr bearbeitet worden. Konstruktive Hinweise bei *J. Haller*, Das Papsttum III (^{2}1962) 503—504.

[12] Vgl. Kap. 1, S. 11.

[13] MGConst I, n. 137, S. 192^{7-14}.

westlichen Länder (auch Spanien war vertreten) und erklärte nach eingehender Prüfung der Wahl Alexander III. für den rechtmäßigen Papst und tat seinerseits, wie zu erwarten war, Viktor IV. in den Kirchenbann. Anders als im Reich hatten die Könige im Westen dem Druck ihres Klerus nachgegeben, der in seiner Mehrheit in Alexander III., dem Abälardschüler und Vertreter der neuen Theologie[14], einen Gesinnungsgenossen sah; auch wurden gewisse nationale Bedenken laut gegen einen unter kaiserlichem Schutz (und kaiserlichem Druck) wirkenden Papst[15].

Bei den Orden war die Reaktion weniger einheitlich. Cîteaux und die Kartause folgten Alexander III., Cluny entschied sich für Viktor IV. Prémontré war geteilt, die Regularkanoniker stimmten mit dem übrigen Klerus ihrer Länder oder blieben neutral wie Gerhoh von Reichersberg. In Deutschland gab es eine alexandrinische Enklave: die Kirchenprovinz Salzburg unter Erzbischof Eberhard I. von Biburg und Hilpoltstein, einem Benediktiner.

Da sich Kaiser Friedrichs Macht in Italien, zumal seit dem Fall Mailands (1. März 1162) weiter festigte, das normannische Reich, in dem aufständische Vasallen für Viktor, der König für Alexander eintraten, keinen wirklichen Schutz bedeutete, verließ Alexander III. Italien. Erzbischof Eberhard von Salzburg hatte zuvor in Mailand noch einmal eine Verständigung zwischen Friedrich I. und Alexander zu erreichen versucht; als sich der Versuch als vergeblich erwies, begab sich der Papst nach Genua und segelte zwei Monate später (April 1162) nach Südfrankreich. Er blieb drei Jahre in dem Land, in dem auch Innozenz II. Hilfe gesucht und gefunden hatte. Nur war Bernhard von Clairvaux bereits zehn Jahre tot, und statt Lothar herrschte Friedrich im Reich. Mit der Loyalität Heinrichs II. von England und Ludwigs VII. von Frankreich sah es gleichfalls anders aus als unter ihren Vorgängern von 1130. Für sie war das Schisma fast wie eine willkommene Gelegenheit, das ihnen innen- und außenpolitische Handlungsfreiheiten und Möglichkeiten verhieß. Heinrich II. konnte u. a. die geminderte Kirchenhoheit der Krone festigen, Ludwig seinen Beistand sich entsprechend honorieren lassen.

Alexander III. blieb zunächst in Montpellier, denn Ludwig VII. stand mit dem Kaiser in Verhandlungen. Man verabredete ein Treffen der Herr-

[14] *J. de Ghellinck*, Le mouvement théologique du XIIe siècle (Brügge-Paris ²1948) 250 bis 258.

[15] *Johannes von Salisbury*, Brief 124 an Magister Ralph von Sarre (Juni/Juli 1160): The letters of John of Salisbury (1153—61), ed. *W. J. Millor, H. E. Butler, C. N. L. Brooke* (London 1955) 204—215. Dieser Brief, ein Kommentar zum kaiserlichen Konzil von Pavia (Februar 1160) und rückschauend eine Analyse der Doppelwahl vom September 1159, nimmt in leidenschaftlicher Sprache Stellung für Alexander III. und die Freiheit der kirchlichen Wahlen: „electio pastoris est in ecclesia a clero libere et sine mundanae potestatis praenominatione celebranda, sic eadem in ecclesia a iudicibus ecclesiasticis, amotis saecularibus terribilibusque personis, libere et secundum regulas ecclesiasticas examinanda est" (ebd. 208).

scher auf der Saônebrücke bei St-Jean-de-Losne[16], beide Päpste sollten daran teilnehmen. Alexander lehnte es ab, sich dem dort geplanten Schiedsgericht zu stellen. Man mußte einen neuen Termin festlegen (19. September 1162). Doch auch dieser führte zu nichts, denn Friedrich hatte kurz vorher (am 7. September) auf einer Synode zu Dôle, auf der Viktor IV. präsidierte, Alexander III. erneut exkommunizieren lassen. So kam nur König Ludwig VII. und traf auf der Brücke den Kanzler Rainald von Dassel. Ein heftiger Wortwechsel zwischen beiden zerschlug fürs erste ein Übereinkommen. Vielmehr gelang es Alexander jetzt, den König mit Heinrich II. von England auszusöhnen. Die Könige trafen sich in Coucy-sur-Loire, südlich von Blois. Man plante ein Konzil, das im Mai 1163 in Tours zusammentrat, und zu einer eindrucksvollen Kundgebung für Alexander wurde. Man erneuerte den Bann gegen Viktor IV., Rainald von Dassel und andere, nicht aber gegen den Kaiser. Alexander nahm vielmehr seine Verständigungsversuche wieder auf, sandte im Sommer 1163 Vertreter nach Nürnberg, im April 1164 zwei Kardinäle, Hyazinth und Wilhelm, nach Susa, wo Friedrich residierte. Beide Versuche scheiterten daran, daß Friedrich an der von Alexander wiederholt als unannehmbar abgelehnten Idee eines Schiedsgerichtes festhielt.

Als Viktor IV. am 20. April 1164 in Lucca starb, beeilte sich Rainald von Dassel, ohne einen Entscheid des Kaisers abzuwarten, Kardinal Guido von Crema, Paschalis III., wählen zu lassen. Offen bleibt die Frage, ob er dabei ganz die Billigung Friedrichs besaß, doch bestätigte der Kaiser nachträglich das Vorgehen des Kanzlers.

In Oberitalien hatte sich nämlich unter Anregung von Venedig, geführt von Verona, ein Bund von Lombardenstädten gebildet gegen die strenge Durchführung der Ronkalischen Gesetze, vor allem die scharfe Besteuerung durch kaiserlich beamtete Podestàs. Mit der lombardischen Liga nahm Alexander III. Verbindung auf, um gemeinsam mit ihr dem Druck der kaiserlichen Politik, erfolgreich wie sich herausstellte, zu begegnen. Dazu kam nach Viktors Tod der in Deutschland einsetzende Zerfall der kirchlichen Front. In Burgund verweigerten die Bischöfe eine von Rainald von Dassel geforderte Anerkennung Paschalis' III. Im Sommer 1164 bekannte sich der neue Erzbischof Konrad von Salzburg, der als Bischof von Passau zu Viktor gestanden hatte, nunmehr zu Papst Alexander. Gerhoh von Reichersberg tat das gleiche. Erzbischof Konrad Wittelsbach von Mainz hatte gelegentlich einer Wallfahrt nach Sankt Jakob von Compostela Alexander in Frankreich aufgesucht, und auch die Erzbischöfe Hillin von Trier und Wichmann von Magdeburg wandten sich um der schweren Schäden der Kirchen durch das Schisma willen allmählich von der kaiserlichen Politik ab. Der Kaiser versuchte auf dem Reichstag von Würzburg (Pfingsten 1165) die Loyalität der Bischöfe dadurch zu erzwingen, daß er sie sich eidlich verpflichten

[16] W. *Heinemeyer*, Die Verhandlungen an der Saône im Jahre 1162: DA 20 (1964) 155 bis 189.

ließ, Alexander niemals anzuerkennen. Den gleichen Eid legte er als erster ab, die weltlichen Fürsten, unter Führung Heinrichs des Löwen, folgten. Konrad von Wittelsbach floh in der Nacht vor dem Tag der Eidesleistung zu Alexander nach Frankreich, sein Erzbistum wurde Christian von Buch übertragen. Erzbischof Konrad von Salzburg verfiel der Reichsacht, als er sich weigerte, innerhalb der für abwesende Fürsten angesetzten Frist den Eid zu leisten. Das Jahr 1165 schloß ab mit der feierlichen Erhebung der Gebeine Karls d. Gr. in Aachen, den Rainald von Dassel als zuständiger Metropolit kanonisierte in Anwesenheit Kaiser Friedrichs. Diese Manifeste des Jahres 1165 zeigten deutlich, in welchem Sinn Friedrich sein Kaisertum in der Kirche zur Geltung bringen wollte, vielleicht nicht in dem schroffen Sinn, daß er herrschend den Episkopat und das Papsttum in reiner Dienstfunktion ans Reich zu binden gedachte, sicher aber so, daß er seinen eigenen Dienst an der Kirche (als defensor) nur dann zu leisten gewillt war, wenn der „honor imperii" mit dem „honor papatus" in Einklang gebracht werden konnte. Praktisch sah das in Friedrichs Augen allerdings so aus, daß souverän nur der „honor imperii", der „honor papatus" aber höchstens autonom war im Verband des universalen Reiches, das mit der Christenheit (wenigstens der Idee nach) zusammenfiel. Hier trennten sich die Auffassungen so radikal, daß Alexander mit Recht ohne Kompromiß im Grundsätzlichen den Kampf weiterführen mußte, wenn ihm an der Freiheit der Kirche gelegen war. Dabei war die Überwindung des Schismas selbst nur als Vorbedingung zu verstehen, die wiedergewonnene Einheit verlangte nach einer rechten Ordnung.

Alexander III. hatte inzwischen im April 1165 Sens, wo er zwei Jahre lang residiert hatte, verlassen, um nach Italien zurückzukehren. Diesmal fand er an den Normannen eine feste Stütze. Verhandlungen mit Kaiser Manuel Komnenos waren eingeleitet worden, und dieser machte das große Angebot einer Union der griechischen mit der lateinischen Kirche, falls ihn Alexander zum Kaiser krönen würde. Frankreich und die Normannen sollten in die große Koalition zwischen Rom und Byzanz einbezogen werden, aber Ludwig VII. und Wilhelm von Sizilien versagten sich aus einleuchtenden Gründen. Auch war Alexander selbst nicht bereit, die abendländische Kaisertradition aufzugeben.

Angesichts dieser lebhaften diplomatischen Tätigkeit der Gegner gedachte Kaiser Friedrich I., die endgültige Entscheidung in Italien mit Gewalt herbeizuführen. Mit großem Heer, bei dem auch Söldner aus Brabant (Brabanzonen) mitzogen, brach er im Herbst 1166 zum vierten Male nach Italien auf, zog im Frühjahr 1167 nach Süden, eroberte das mit Byzanz verbündete Ancona, besiegte am 29. Mai die Römer bei Tuskulum, nahm Ende Juli die Leostadt ein und kam dadurch in den Besitz von St. Peter. Hier wurde Paschalis III. feierlich inthronisiert, der dann am 1. August Beatrix von Burgund, die Gattin Friedrichs, zur Kaiserin krönte. Alexander war nach Benevent geflohen unter den Schutz der Normannen.

Wenige Tage nach den Feiern in Sankt Peter brach im kaiserlichen Heer Malaria aus. Mehr als zweitausend Ritter, Fürsten und Bischöfe, unter ihnen Rainald von Dassel, starben, der Kaiser erkrankte und kehrte mit den Resten des Heeres nach Deutschland zurück. In der Lombardei setzte, weit um sich greifend, ein schneller Abfall vom Kaiser ein, Mailand baute wieder auf, 1168 gründete man eine Bundesfestung bei Tortona, die man, um den Papst zu ehren, Alessandria nannte. Italien war für den Kaiser verloren, der Versuch, gegen Kurie und Städte die Reichsgewalt in Italien wiederherzustellen, war gescheitert. Zwar erhielt Paschalis III. in Kalixt III. einen Nachfolger (September 1168), aber nach Rainald von Dassels Tod schien Friedrich I. geneigter zu sein, mit Alexander III. erneut zu verhandeln. Bischof Eberhard von Bamberg, den die beiden Äbte von Cîteaux und Clairvaux begleiteten, wurde damit beauftragt. 1169 gelang es nur den beiden Äbten, Kontakt mit dem Papst aufzunehmen, Bischof Eberhard erhielt von den Lombarden keine Durchreisegenehmigung. Erst 1170 gelang es ihm, den Papst in Veroli zu treffen (Ende März). Da der Lombardenbund nicht in den geplanten Frieden einbezogen werden sollte, scheiterte Eberhards Sendung an der Vertragstreue des Papstes.

So erneuerte der Kaiser auf einem Hoftag in Fulda (Juni 1170) seine Würzburger Unversöhnlichkeitsansage und näherte sich wiederum diplomatisch den Westmächten England und Frankreich. Er traf sich im Februar 1171 mit Ludwig VII. bei Vaucouleurs, begann auch Verhandlungen mit Byzanz. Doch war es nur zu natürlich, daß die wirkliche Entscheidung wiederum in Italien selbst gesucht werden mußte. So brach er im September 1174 zum fünften Male nach Süden auf. Nach langen kriegerischen Auseinandersetzungen mit den lombardischen Städten kam es am 10. April 1176 zum Vorfrieden von Montebello[17]. Ein endgültiger Frieden konnte aber nicht geschlossen werden, da diesmal die Lombarden darauf bestanden, den Papst einzubeziehen. So ging der Krieg weiter. Da sich Herzog Heinrich der Löwe, den Friedrich Ende Januar 1176 in Chiavenna traf, weigerte, Waffenhilfe zu leisten, zog Friedrich, schwächer als geplant, in die Schlußphase des langen Streites. Er verlor am 29. Mai 1176 die Schlacht bei Legnano (nordwestlich von Mailand). Die lange sich hinziehenden Friedensverhandlungen benützte Friedrich, um diplomatisch das zu erreichen, was ihm die Waffen versagt hatten. Er vermochte durch einen Vorvertrag in Anagni, zu dessen Verhandlungen Vertreter der Lombarden nicht beigezogen worden waren, mit dem Papst ein Sonderabkommen zu schließen, das bei den abschließenden Besprechungen aller beteiligten Partner als Grundlage dienen sollte. Dieser Vorvertrag stipulierte, daß Friedrich Alexander als rechtmäßigen Papst anerkennen, ihm die Regalien des Patrimoniums ausliefern, beschlagnahmte Besitzungen zurückgeben und auf das Mathildische Gut in Toskana ver-

[17] W. *Heinemeyer*, Der Friede von Montebello (1175): DA 11 (1954) 101—139.

zichten werde. Man kam überein, die Lombarden, die Normannen und Byzanz in den Gesamtfrieden einzubeziehen. Der Papst würde Friedrich vom Bann lösen und ihn als Kaiser, seinen Sohn Heinrich aber als römischen König anerkennen. Alle von Friedrich und von seinen Bischöfen während des Schismas getroffenen kirchlichen Entscheidungen sollten ihre Gültigkeit behalten.

Die abschließenden Verhandlungen wurden in Venedig geführt, nachdem Alexander III. das Mißtrauen seiner langobardischen Bundesgenossen nicht ohne Mühe zu zerstreuen versucht hatte. Die sehr geheim geführten Vorverhandlungen in Anagni ließen dieses Mißtrauen als nur zu gerechtfertigt erscheinen. Die Tagesordnung wurde vom Papst festgelegt, zunächst sollte über den Frieden zwischen dem Kaiser und der lombardischen Liga, gleichzeitig aber über den Frieden des Kaisers mit dem König von Sizilien und mit der römischen Kirche verhandelt werden. So konnte Alexander, als die Verhandlungen zwischen den Vertretern der Lombarden und des Kaisers stockten, den dann später auch angenommenen Kompromißvorschlag machen, statt eines Friedens möge man einen Waffenstillstand von zehn Jahren annehmen, desgleichen zwischen Sizilien und dem Kaiser einen fünfzehnjährigen Waffenstillstand festlegen. Der Vorfriede von Anagni wurde ratifiziert, doch die Abmachungen über das Mathildische Gut ausgeklammert; Friedrich erreichte vielmehr, daß ihm diese Güter auf weitere fünfzehn Jahre überlassen blieben. Man hatte vom 10. Mai bis zum 21. Juli miteinander verhandelt, während der Kaiser zunächst in Pomposa, dann in Chioggia residierte, wo er beinahe in letzter Stunde geneigt schien, mit Hilfe der venezianischen Popolani gegen Alexander vorzugehen. Die Bedenken und der Widerstand seiner kriegsmüden Umgebung jedoch veranlaßten Friedrich, den Plan fallenzulassen.

Am 24. Juli traf der zuvor vom Bann gelöste Kaiser in Venedig ein, wo der Papst ihn vor der Markuskirche erwartete; aus der Proskynesis hob ihn Alexander empor, gab ihm den Friedenskuß und segnete ihn, während die anwesenden Deutschen gemeinsam das Tedeum sangen. Andern Tags zelebrierte der Papst in Sankt Markus die heilige Messe, der der Kaiser beiwohnte, und hielt eine Predigt. Vorher und nachher leistete Friedrich I. die seinerzeit in Sutri umstrittenen Ehrendienste. Am 1. August ließ der Kaiser im Palais des Patriarchen von Venedig die Eide auf Frieden und Waffenstillstand ablegen. Nach Rovigo ging ein Kardinal, um entsprechende Versicherungen seitens der Kaiserin und König Heinrichs entgegenzunehmen, die beide in den Frieden von Venedig aufgenommen worden waren.

Damit war das Schisma beendet. Die ganze Christenheit atmete auf. Zwar hatte der Friede keine Grundsatzentscheidung über das Verhältnis von Imperium und Papsttum gebracht, der Kaiser ging praktisch unangefochten aus ihm hervor. Aber auch Alexander III. durfte sich als Gewinner betrachten, wenn er auch, um das Schisma endlich zu überwinden, auf eine Klärung der ideologischen Streitfragen verzichtete. Mehr als daran mußte ihm am Frieden liegen, der dem Wohlergehen der Gesamtkirche im Augenblick mehr diente als ein formelles, aber widerrufliches Wort des Kaisers.

Das dritte Laterankonzil

Sowohl im Vorfrieden von Anagni (Oktober/November 1176) als auch im Frieden von Venedig (21. Juli 1177) war ein Generalkonzil verabredet worden. Unverändert, in beiden Verträgen gleichlautend, hieß es: „Der Herr Papst wird auf dem alsbald einzuberufenden Konzil mit den Kardinälen, Bischöfen und anderen frommen Männern (Äbten), die daran teilnehmen, den Kirchenbann über alle aussprechen, die diesen Frieden zu brechen versuchen. Das gleiche soll alsdann auf dem Allgemeinen Konzil geschehen." Das erwähnte erste Konzil fand am 14. August in San Marco (Venedig) statt. Der Kaiser thronte neben dem Papst, der den Bann über alle aussprach, welche Frieden oder Waffenstillstand brächen und sich innerhalb von vierzig Tagen nicht zur Buße stellten; zugleich erneuerte Alexander III. auch den Bann über alle, die noch weiter dem Schisma anhingen. Als die Fackeln sich zu Boden senkten und erloschen, rief der Kaiser mit anderen ein lautes: Fiat, fiat.

Erzbischof Christian von Mainz führte den Papst ins Patrimonium zurück. Der Gegenpapst Kalixt III. verfiel der Reichsacht, als er sich nicht unterwerfen wollte. In Anagni empfing Alexander eine Abordnung der Römer und konnte unter dem Schutz Christians Bedingungen für die Rückkehr nach Rom stellen. Die Autonomie der Stadt, ein Ergebnis der Revolution von 1143, blieb erhalten, nur mußten die Senatoren dem Papst den Treueid leisten, die Regalien zurückgeben, des Papstes und der Pilger Sicherheit garantieren. Über Tuskulum zog Alexander III. schließlich am 12. März 1178 in seine Stadt zurück; er hatte sich nicht beeilt. Die Römer schienen begeistert, doch Alexander traute ihnen nicht. Er kehrte bald nach Tuskulum zurück, wo sich ihm Kalixt III. endlich unterwarf (29. August 1178).

Der Kaiser war bereits im September 1177 nach Deutschland zurückgekehrt und hielt sich vom verabredeten Generalkonzil fern. Die Vorbereitungen dazu seitens der Kurie begannen mit der Rückkehr ins Patrimonium. Im Herbst 1178 bereisten mehrere Legaten die europäischen Länder, um Bischöfe und Äbte zum Generalkonzil, das im Lateran tagen sollte, einzuladen. Die politische Gesamtsituation war nicht ungünstig. Ludwig VII. und Heinrich II. hatten in Nonancourt Frieden geschlossen (25. September 1177), kurz nach dem Frieden zwischen Kaiser und Papst. In Jerusalem herrschte noch Balduin IV., sieben Bischöfe, auch eine Abordnung der Templer und Hospitalritter, waren unterwegs nach Rom. Sizilien gab die Reise den Prälaten frei, auch Heinrich II. erlaubte den Iren und sechs englischen Bischöfen die Teilnahme.

Als der Papst am 5. März 1179 das Konzil eröffnete — die einleitende Rede überließ er dem Bischof von Assisi, Magister Rufinus, einem der führenden Kanonisten seiner Zeit —, waren etwa dreihundert Bischöfe aus Italien, Deutschland, Burgund, aus Frankreich, Spanien, England und Irland, aus Sizilien und den Kreuzfahrerstaaten, selbst aus Dänemark und Ungarn, anwesend, unter ihnen Johannes von Salisbury, jetzt Bischof von Chartres; von Deutschland kamen die Bischöfe von Mainz, Bamberg, Augsburg, Konstanz, Worms, Speyer, Chur, Salzburg, Regensburg, Passau, Trier, Metz, Lüttich, Zeitz, Meißen, Brandenburg, Hamburg-Bremen, Schwerin, ein imponierendes Zeugnis für den Frieden[18]. Köln, Magdeburg und die westfälischen Bischöfe blieben wegen der Wirren zwischen dem Kaiser und Heinrich dem Löwen daheim. Als Gesandter der griechischen Kirche erschien von Byzanz Nektarius von Casula. Von Lyon kam eine Gruppe Waldenser. Es war, wenn man noch der ungezählten Äbte, Prioren, Gelehrten und Bischofsbegleiter gedenkt, eine gewaltige Versammlung, eine wirkliche Repräsentanz der Gesamtkirche, vor der Rufinus von Assisi in seiner Eröffnungsansprache die Grundsätze des Primats der römischen Kirche entwickelte sowie Persönlichkeit und Werk Alexanders III. feierte.

Leider sind keine eigentlichen Konzilsakten erhalten geblieben[19]. Die Aufzeichnungen des Erzbischofs Wilhelm von Tyrus gingen verloren. Nur die knappen Andeutungen der Geschichtsschreiber und einige Hinweise von Teilnehmern wie Peter von Blois, Peter Comestor, Walter Map u. a. lassen das eine oder andere erkennen[20]. Siebenundzwanzig Canones waren das Ergebnis der Verhandlungen auf drei Sitzungen (5., 14., 19. März)[21].

Man hat in der Formulierung, der klaren und abgewogenen Sprache dieser Entscheidungen wohl mit Recht die Hand des Juristenpapstes erkennen wollen. Die Verschiedenheit der Inhalte spiegelt die Absicht, die großen Erlebnisse und Entscheidungen des Pontifikates auszuwerten und von der Gesamtkirche bestätigen zu lassen. Die in Anagni und Venedig vereinbarten Maßnahmen zur Erledigung des Schismas wurden ratifiziert. Man erinnerte daran, daß jede Kathedralkirche ihre Schule haben, kein Kleriker ohne Be-

[18] Die Teilnehmerliste bei *Mansi* 22, 213—217 239—240 458—468, zusammengestellt bei *R. Foreville,* Latran I, II, III, et Latran IV, 387—390.

[19] Verhältnismäßig am besten berichtete Roger von Hoveden, Chronik, ed. *W. Stubbs,* I (London 1868) (= Rolls Series 51, 1), 171 189.

[20] Albert von Stade, Annalen: MGSS 16, 348 (das Treubekenntnis Christians von Mainz und Philipps von Köln); Walter Map, De nugis curialium, D. 1, c. 31, ed. *M. R. James* (Oxford 1944) 60—61 (Petrus Valdes von Lyon und seine Jünger); Petrus Cantor, Verbum abbreviatum; PL 205, 158 235 f (Stellungnahme des Bischofs von Chartres, Johannes von Salisbury, auf dem Konzil).

[21] Die komplizierte und noch nicht völlig geklärte Überlieferungsgeschichte der Konzilsdekrete findet sich knapp skizziert in: Conciliorum Oecumenicorum Decreta (Basel - Barcelona - Freiburg - Rom - Wien ²1962) 182—186. Die Dekrete selbst ebd. 187—201, in frz. Übersetzung bei *R. Foreville,* Latran I, II, III, et Latran IV, 210—223.

nefizium bleiben solle, der Bischof für den Klerus zu sorgen habe. Wichtig und von bleibender Geltung wurde der einleitende Kanon (c. 1), der die Papstwahl regelte. Offensichtlich die Erfahrung von 1159 zugrunde legend, verlangt er für die Gültigkeit der Wahl eine Zweidrittelmehrheit, zugleich wird stillschweigend der 1059 betonte Unterschied von Bischöfen und Nicht-Bischöfen im Kardinalskollegium beseitigt und diesem allein die Wahl vorbehalten, denn weder der übrige Klerus noch das Volk werden erwähnt. Er „ist bis heute in Geltung, und wird es wohl immer bleiben, solange man Päpste wählen wird“ [22]. Grundlegend für die Entwicklung des Devolutionsrechtes wurden c. 3 und 8: Wenn ein Benefizium innerhalb von sechs Monaten nicht besetzt wird, geht das Besetzungsrecht an die konkurrierende oder nächsthöhere Instanz über.

Gegen Simonie und für den Zölibat müssen immer noch Weisungen erlassen werden (cc. 7 10 15), ein Jahrhundert hat demnach noch nicht genügt, der Mißstände Herr zu werden, und auch die folgenden, wie man weiß, werden nicht genügen. Schulgeldfreiheit verspricht Canon 18, Wucher und Handel (Kriegsmaterial) mit Ungläubigen werden verboten (c. 25), der gesellschaftliche Verkehr zwischen Christen und Juden bzw. Mohammedanern geregelt (cc. 24 25). Der letzte Kanon beschäftigt sich mit der Häresie, ein Auftakt für die nun einsetzende schwierige Epoche, die ihren Höhepunkt in den Albigenserkriegen späterer Pontifikate erleben wird. Canon 27 ist praktisch die Charta des Häretikerkreuzzugs; die bisher für die Kreuzfahrer geltenden Privilegien, Ablässe, der ihnen und ihrem Besitz gewährte päpstliche Schutz, sollen von nun auch denen gelten, welche sich dem Kampf gegen die Häresie mit der Waffe zur Verfügung stellen.

Die anwesenden Waldenser nahm Alexander verständnisvoll und gütig auf, lobte ihre freiwillige Armut, gab ihnen aber keine Predigterlaubnis: die zuständigen Bischöfe sollten darum gefragt werden. Gleich der erste Versuch in Lyon schlug fehl, der Erzbischof versagte sich der Waldenserbitte und trieb damit die Prediger in den Widerstand.

Wie die Waldensersache haben noch weitere Probleme das Konzil beschäftigt, ohne daß die Canones davon etwas verlauteten: so etwa die Rekonziliation der schismatischen Bischöfe. Dauernde Geltung gewann das Konzil mit seinen Maßnahmen betreffs der Papstwahl, des Devolutionsrechts, der Häretikerverfolgung und der Fürsorge für die Aussätzigen.

[22] *J. Haller*, Das Papsttum III (^{2}1962) 242.

9. Kapitel

Thomas Becket und Heinrich II. von England

QUELLEN: Materials for the History of Thomas Becket, Archbishop of Canterbury, canonized by Pope Alexander III, A. D. 1173, ed. Bd 1—6 von *J. Craigie Robertson,* Bd 7 von *J. C. Robertson* und *J. Brigstocke Sheppard* (= Rolls Series 67) (London 1875/85). Sie enthalten die Lebensbeschreibungen von Wilhelm von Canterbury (Bd 1), Benedikt von Peterborough, Johannes von Salisbury, Alan von Tewkesbury, Edward Grim (Bd 2), von Wilhelm Fitzstephen, Herbert von Bosham (Bd 3), anonyme Autoren und den Quadrilogus (Bd 4), Briefe von und an Thomas Becket (Bd 5—7). Diese Ausgabe ersetzte die zweibändige Edition von *J. A. Giles* (Oxford - London 1845), die Migne PL 190, 1—745 (auszugsweise) abdruckte. *E. Magnússon* edierte die isländische Vita „Thómas saga erkibyskups. A life of Archbishop Thomas Becket in Icelandic, with English translation, notes and glossary, 2 Bde (= Rolls Series 65) (London 1875/83); eine französische Vita in Versen edierte *E. Walberg,* La vie de S. Thomas le Martyr par Guernes de Pont-Sainte-Maxence (Lund 1922). Vgl. *E. Walberg,* La tradition hagiographique de Saint Thomas Becket avant la fin du XIIe siècle (Paris 1929); eine nicht überlieferte Vita des Robert von Cricklade wurde von *M. Orme* rekonstruiert: „A reconstruction of Robert of Cricklade's Vita et Miracula S. Thomae Cantuariensis“: AnBoll 84 (1966) 379—398; BHL 8170—8248; *P. G. Foote,* On the Fragmentary Text Concerning St. Thomas Becket in Stock. per. fol. nr. 2: Saga-Book 4 (1961) 407—450; ein anglonormannisches Gedicht auf Thomas Becket von dem Mönch Benedikt von St. Alban's, ed. von *B. Schlyter,* La vie de Thomas Becket par Benoît (= Études romanes de Lund 4) (Lund 1941). Wichtig sind ferner die Briefsammlungen der Zeitgenossen Gilbert Foliot (The Letters and Charters of Gilbert Foliot, ed. *A. Morey - C. N. L. Brooke,* Cambridge 1966) = PL 190, 739—1068 = ed. *J. A. Giles* (Oxford 1845); Arnulf von Lisieux (The Letters of Arnulf of Lisieux, ed. *F. Barlow:* Camden Society, Third Series, 61, London 1939) = PL 201, 17—152; Johannes von Salisbury (The Letters of John of Salisbury, ed. *W. J. Millor - H. E. Butler - C. N. L. Brooke,* Bd 1: Nelson's Medieval texts, London 1956), diese Ed. reicht nur bis 1161, die übrigen in der Ed. von *J. A. Giles,* 2 Bde (Oxford 1845/1848) = PL 199, 1—378; Annales monastici, 5 Bde, ed. *H. R. Luard* (= Rolls Series 36) (London 1864/69); Historia et Cartularium monasterii sancti Petri Gloucestriae, 3 Bde, ed. *W. H. Hart* (= Rolls Series 33) (London 1863/67); die Geschichtswerke des Radulf von Diceto wurden ed. von *W. Stubbs,* 2 Bde (=Rolls Series 68) (London 1876); die Werke des Gervasius von Canterbury ebenfalls von *W. Stubbs,* 2 Bde (= Rolls Series 73) (London 1879/80); Walter Map, De nugis curialium, ed. *Th. Wright* (Camden Society, Old Series, 50) (London 1850); engl. Übers. von M. R. James, kommentiert von J. E. Lloyd, hrsg. von *E. Sidney Hartland* (Cymmrodorion Record Series, 9) (1923); Roger von Hoveden (Howden), Gesta Henrici secundi u. Gesta Ricardi, ed. *W. Stubbs,* 2 Bde (= Rolls Series 49) (London 1867); Stubbs schreibt diese Gesta noch Benedikt von Peterborough zu, doch hat D. M. Stenton: EHR 68 (1953) 574—582 nachgewiesen, daß sie Roger von Howden zum Autor haben; Giraldus Cambrensis opera, 8 Bde, ed. *J. S. Brewer - J. F. Dimock* (= Rolls Series 21) (London 1861/91); *Wilhelm von Newburgh,* Historia rerum Anglicarum: Chronicles of the Reigns of Stephen, Henry II, and Richard I, ed. *R. Howlett* (= Rolls Series 82), Bd I (London 1884). Zu den Quellen vgl. die ausführliche Darstellung bei *R. Foreville,* L'Église et la Royauté en Angleterre sous Henri II Plantagenet (1154—1189) (Paris 1943) XI—XXXV.

LITERATUR: *L. B. Radford,* Thomas of London (Cambridge 1894, wichtig für die Frühzeit des Heiligen); *T. F. Tout,* The Place of St. Thomas of Canterbury in History: BJRL 6 (1921) 244—258; *D. M. Stenton,* England: Henry II: The Cambridge Medieval History Bd V (Cambridge 1926) 554—591 895—900; *Z. N. Brooke,* The English

Church and the Papacy (Cambridge 1931;) *Ch. R. Cheney*, From Becket to Langton (Manchester 1956); *J. Boussard*, Le gouvernement d'Henri Plantagenet (Paris 1956); *J. Haller*, Die Tragödie des Thomas Becket: Die Welt als Geschichte 4 (1938) 97—124; *J. Haller*, Das Papsttum III (Darmstadt [2]1962) 200—224 (Die Tragödie des Thomas Becket); am ausführlichsten im obengenannten Werk von *R. Foreville* 77—428. Hier auch eine bis 1943 reichende umfangreiche Bibliographie, 565—584; *Fliche-Martin* IX/2 83—126 (R. Foreville, L'Affaire Thomas Becket); *A. L. Poole*, From Domesday Book to Magna Carta (Oxford [2]1964) urteilt über R. Forevilles Werk, es sei erschöpfend gelehrt, aber „marred by bias and lack of judgement" (500); *D. Knowles* hält es aber trotz gewisser Einschränkungen für unumgänglich (The Episcopal Colleagues of Archbishop Thomas Becket, Cambridge 1951, 4). Ders. hat in der British Academy 1949 auch die beste Charakterstudie des Heiligen geschrieben, Archbishop Thomas Becket: Proceedings of the British Academy 35 (1949) 177—205; jetzt auch in: The Historian and Character and other Essays (Cambridge 1963) 98—129; *A. Duggan*, Thomas Becket (London 1952), dt. von *K. G. Walther* (Wiesbaden 1956) populär; *T. Borenius*, The Iconography of St. Thomas of Canterbury (Oxford 1929); *P. A. Brown*, The Development of the Legend of Th. Becket (Philadelphia 1930); *R. Foreville*, Le Jubilé de Saint Thomas Becket du XIIIe au XVe siècle (1220 bis 1470). Études et documents (Bibliothèque Générale de l'École des Hautes Études, VIe Section) (Paris 1958); vgl. *L. Buisson*: ZSavRGkan 46 (1960) 536—539; *dies.*, Tradition et comput dans la chronologie de Thomas Becket: Bulletin historique et philologique ... du comité des travaux historiques et scientifiques 1955/56 (1957) 7—20; *M. Barth*, Zum Kult des hl. Thomas Becket im deutschen Sprachgebiet, in Skandinavien und Italien: FreibDiözArch 80 (1960) 96—166; *S. A. Morey*, Bartholomew of Exeter, Bishop and Canonist (Cambridge 1937); *A. Saltman*, Theobald, Archbishop of Canterbury (London 1956); *A. Morey - C. N. L. Brooke*, Gilbert Foliot and his Letters (= Cambridge Studies in Medieval Life and Thought, New Series, 11) (Cambridge 1965); *C. Duggan*, The Becket Dispute and the Criminous Clerks: Bulletin of the Institute of Historical Research 35 (1962) 1—28; *F. J. West*, The Justiciarship in England (1066—1232) (= Cambridge Studies in Medieval Life and Thought, New Series, 12) (Cambridge 1966); *H. Tillmann*, Die päpstlichen Legaten in England bis zur Beendigung der Legation Gualas 1218 (Bonn 1926); *R. A. L. Smith*, The Canterbury Cathedral Priory (Cambridge 1943); *C. R. Cheney*, English bishops chanceries (1100—1250) (Manchester 1950); *M. Pacaut*, Les légats d'Alexandre III. (1159—1181): RHE 50 (1955) 821—838.

Mit dem achtzehnjährigen Ringen zwischen Alexander III. und Friedrich I. vielfach verschlungen und an einzelnen Wendepunkten nur von diesem Streit her voll zu begreifen, verläuft von 1162—70 im anglo-normannischen Reich Heinrichs II. Plantagenet die Auseinandersetzung des Königs mit dem Erzbischof-Primas Thomas von Canterbury. Es geht um die bedrohte, seit den Wirren (1135—52) um die Nachfolge Heinrichs I. in England stark ausgebaute Kirchenfreiheit (der Bischofswahlen, des Verkehrs mit Rom, der kirchlichen Gerichtsbarkeit). Dieser Kampf hat, wegen seines dramatischen Ausgangs und um der kräftig profilierten Persönlichkeiten willen, die ihn führten, mehr als selbst die Peripetien des Schismas im Blickfeld zeitgenössischer Beobachter gestanden. Ein Heiliger, der zudem ein brillanter Intellekt, kluger Diplomat, ein sicherer Verwaltungsmann und sozial empfindender Prälat war, emporsteigend aus den neuen Gesellschaftsschichten städtischen kaufmännischen Selbstbewußtseins, gebildet in den Schulen der neuen

Theologie und der sich eben entfaltenden Kirchenrechtswissenschaft, Exponent all dessen, was sich in Welt und Kirche (in der Christenheit) durchzusetzen anschickte. Ein noch junger König, mit der wohl bedeutendsten und bekanntesten Frau seiner Zeit vermählt, der ehemaligen Gattin des französischen Königs, die ihm Aquitanien mit in die Ehe gebracht hatte, Eleonore, vom 2. Kreuzzug her noch in wenig rühmlicher Erinnerung. Heinrich II., ein Sohn der Kaiserin Mathilde (nach Heinrichs V. Tod Gattin Gottfrieds von Anjou), hatte gleich nach seinem Regierungsantritt (1154) begonnen, die in den Wirren geminderten Rechte und Ansprüche der Krone zu erneuern, und dazu gehörte wegen ihrer wichtigen Stellung im lehnsrechtlich bestimmten sozialpolitischen Gesamtgefüge des Königreiches die Kontrolle über die englische Kirche der Bistümer und Abteien. Sein Leitgedanke war, die Stellung Heinrichs I. in Kirche und Land wieder einzunehmen, wenn nicht sogar die einmalige Autorität Wilhelms des Eroberers zurückzugewinnen.

Seit 1155 stand ihm als Kanzler der Archidiakon von Canterbury, Thomas Becket, zur Seite, der, 1108 in London geboren[1], bei Robert von Merton, in Frankreich bei Robert von Melun, einem Abälardschüler, und in Italien (Bologna) gebildet, von Erzbischof Theobald zum Archidiakon ernannt worden war, als die Stelle durch die Wahl Rogers von Pont-l'Évêque zum Erzbischof von York freigeworden war. Nach dem Tode von Erzbischof Theobald (18. April 1161) ließ Heinrich II. kanonisch korrekt seinen Kanzler Thomas zum Metropoliten und Primas der englischen Kirche wählen (27. Mai 1162)[2].

Der Erzbischof

Als Kanzler war Thomas Becket ein Freund des Königs geworden. Er hat die Interessen der Kirche aber sorgsam vertreten und sich bei Heinrich für die Rechtmäßigkeit Alexanders III. eingesetzt. Bei untadeliger Lebensführung trat er bei Hof, auf der Jagd und auf Reisen mit dem seiner Stellung gemäßen Aufwand in Erscheinung. Seit seiner Weihe aber erschien Thomas wie verwandelt. Gebet, Studium, geistliche Gespräche mit seinen gebildeten und reformbedachten Klerikern füllten den Tag. Auf das Kanzleramt verzichtete er und sandte Ende 1162 die Siegel dem König zurück. Man rühmte seine großzügige Gastlichkeit und seine Armenpflege, die durch des Erzbischofs persönliche Beteiligung geadelt wurde. Harte Selbstkasteiung,

[1] *R. Foreville* hat jetzt das Geburtsdatum auf den 21. Dezember 1120 festzulegen versucht (Tradition et comput dans la chronologie de Thomas Becket: Bulletin historique et philologique, 1955/56 [1957] 7—20).

[2] Zu der bereits bei der Wahl sichtbar werdenden Opposition Gilbert Foliots vgl. *A. Morey - C. N. L. Brooke*, Gilbert Foliot and his Letters (Cambridge 1965) 147—187 (Gilbert Foliot and Thomas Becket).

deren Formen z. T. erst bei seinem Tod (Bußhemd, Geißelung) sichtbar wurden, trat hinzu. Der Erzbischof nahm sein neues Amt ernst, er wollte nur mehr Priester, Bischof, Seelsorger, Theologe sein. Die Zeitgenossen wie auch die spätere Forschung haben darüber nicht einheitlich geurteilt, den einen erschien es wie ein Rollenwechsel, den anderen wie eine echte „conversio“[3].

Der König, sich berufend auf Gewohnheitsrecht und Präzedenzfälle (des common law), wollte die Kronherrschaft in der englischen Kirche wiederherstellen, die geistliche Gerichtsbarkeit einschränken und in Schach halten, sie letztlich wohl dem Königsgericht unterstellen, Berufungen an die Kurie aber unter königlicher Kontrolle halten.

Der Erzbischof dagegen zögerte nicht, für die bisher erworbenen oder unter König Stefan eroberten Rechte und Freiheiten der Kirche einzutreten, dem seit Gratians Dekret (1139/40) auch in England eindringenden allgemeinen Kirchenrecht weiteren Raum zu geben. Wie beim Erzbischof das sich erneuernde kanonische Recht, so spielte beim König, nach dem Vorbild Kaiser Friedrichs I., das sich erneuernde römische Recht eine wichtige Rolle, obwohl nach außen nur von Restauration der rechtlichen Landesgewohnheiten die Rede war. Eine Auseinandersetzung war unausweichlich, sie mußte um so schärfer und dramatischer werden, als beide, König wie Erzbischof, sich als Vertreter des guten und geltenden Rechtes ansahen und beide um höchster Ziele willen hohe Intelligenz, diplomatische Kunst, kraftvollen, ja stürmisch sich äußernden Willen, dabei alle geistigen, materiellen und persönlichen Hilfen einzusetzen bereit waren, die ihnen Staat oder Kirche zur Verfügung hielten.

Die Konstitutionen von Clarendon

Thomas von Canterbury erbat und erhielt gleich nach seinem Amtsantritt von Alexander III., der bereits in Montpellier weilte, das Pallium. Mit seinen Suffraganen konnte er mit Willen König Heinrichs am Konzil von Tours teilnehmen (1163), das die Sache Alexanders erneut bekräftigte und in Thomas das Bewußtsein stärkte, die Interessen der römischen Kirche und der Kirche von England (Canterbury) seien identisch. Allerdings machte Tours bereits den unversöhnlichen Gegensatz offenbar zwischen Canterbury und York wegen des Primats in England; Erzbischof Roger sollte bis ans Ende auf der Seite des Königs ein Gegner Thomas Beckets bleiben[4].

Die Auseinandersetzung mit der Krone begann mit Maßnahmen des Kö-

[3] Vgl. *R. Foreville*, L'Église et la Royauté en Angleterre 111—113.

[4] Vgl. *D. Knowles*, The Episcopal Colleagues 12—14. Über den Zwischenfall in Tours vgl. *R. Foreville*, L'Église et la Royauté 277 f.

nigs, welche die kirchliche Gerichtsbarkeit über Kleriker einschränkte. Auf der Reichsversammlung von Westminster (1. Oktober 1163) klagte Heinrich über wachsende Kriminalität von Klerikern und die Nachsicht der geistlichen Gerichte. Er hatte im Februar 1162 für die Normandie die alten Rechtsgewohnheiten (promulgiert 1080 in Lillebonne), die auch Heinrich I. erneuert hatte, wieder in Kraft setzen lassen. Ein Gleiches sollte in Westminster geschehen, scheiterte aber am geschlossenen Widerspruch des Episkopats unter Führung des Erzbischofs von Canterbury.

Für Ende Januar 1164 berief Heinrich II. einen Hoftag nach Clarendon, auf dem die Bischöfe Stellung nehmen sollten zu der Erneuerung der englischen Rechtsgewohnheiten aus der Zeit Heinrichs I. Nach langen Verhandlungen konnte Thomas den Episkopat schließlich bewegen zuzustimmen; er selbst gab mündlich seine Einwilligung. Als der König aber die schriftliche Fixierung der Gewohnheiten von ihnen unterzeichnet und besiegelt haben wollte, blieb Thomas mit seiner Weigerung allein. Denn er konnte wohl, wie auch die Kurie es zu tun pflegte, in der Praxis manches stillschweigend zulassen (dissimulieren), nicht aber durch Unterschrift und Siegel Maßnahmen gutheißen, die offensichtlich gegen das geltende kanonische Recht verstießen.

Die sechzehn Artikel der Urkunde von Clarendon[5], so unterschiedliche Fragen sie im einzelnen behandeln, wollen als Ganzes die wachsende Unabhängigkeit der englischen Kirche gegenüber der Krone wieder rückgängig machen. Die Lehnsabhängigkeit des Episkopats wird betont, die Bischofswahlen vollziehen sich unter Kontrolle des Königs, die Gewählten haben vor der Weihe den Lehnseid abzulegen, ihr Verfügungsrecht über Kirchengut wird eingeschränkt, sie sind zu gleichen Diensten und Leistungen der Krone gegenüber verpflichtet wie die weltlichen Vasallen. Die kirchlichen Gerichte müssen sich dem Gerichtsverfahren der weltlichen anpassen, ihre Kompetenz wird erheblich eingeschränkt, indem jene der weltlichen Gerichte ausgedehnt wird (auf Schuldsachen, Meineid, Pfründenstreit, Patronatsfragen, Kriminalfälle und Zivilsachen von Klerikern). Die Exkommunikationsvollmachten der Bischöfe gegenüber Kronvasallen und Mitgliedern des königlichen Hofes und der Gerichte werden gemindert. Jeder Appell von englischen Gerichten an die Kurie unterliegt königlicher Prüfung und Zustimmung, so auch die Reisen der Bischöfe zur Kurie oder zu Konzilien. Alles war im einzelnen nicht neu, aber hier zum erstenmal juridisch formuliert und mit der schriftlichen Zustimmung des Episkopats zum Gesetz erhoben.

Gegen die Minderung der kirchlichen Gerichtsbarkeit und der bischöflichen Freiheiten legte Thomas Becket Verwahrung ein, unter Berufung auf die im Dekret Gratians ausgesprochenen kanonistischen Grundsätze. Thomas fürchtete in den Konstitutionen von Clarendon eine völlige Feudalisierung

[5] Die Konstitutionen von Clarendon ed. von *W. Stubbs,* Select Charters (London [9]1913, Nachdruck 1921) 163—167 (frz. Übers. bei *R. Foreville,* L'Église et la Royauté 125—127).

der englischen Kirche, die Gefahr lief, nach und nach ihre beiden wesentlichen Privilegien (fori et canonis) zu verlieren, aus dem Jurisdiktionsbereich der Gesamtkirche ausgeklammert zu werden und so die Verbindung mit ihrem Glauben und ihrem Haupt zu mindern.

Heinrich II., enttäuscht von seinem Kanzler, der als Erzbischof zunächst die Kanzlerschaft aufgab und dann sich der restaurativen Rechtspolitik des Königs verweigerte, zog ihn bereits auf Grund der Konstitutionen von Clarendon (art. 9) in Northampton (Oktober 1164) vor Gericht. Der Erzbischof nahm das Urteil nicht an, legte Berufung beim Papst ein und stellte sich wie seine Kirche damit unter den Schutz des Römischen Stuhles. Der Episkopat distanzierte sich von ihm. Unter dem Schutz des Volkes, seit langem dankbar für die soziale Fürsorge des Kanzlers und Erzbischofs, verließ Thomas das königliche Schloß von Northampton. Die Ergebenheit der Regularkanoniker von Sempringham ermöglichte ihm in der Nacht nach dem Urteil die Flucht zur Küste und nach Frankreich, wo er sechs Jahre bleiben sollte.

Exil in Frankreich und Versöhnung mit dem König

Der flüchtende Primas von England erhielt Asyl bei König Ludwig VII. Dann trug er in Sens Papst und Kardinälen seine Sache vor, verlas die Konstitutionen von Clarendon, von denen Alexander fast zwei Drittel verurteilte (Nr. 1 3 4 5 8 9 10 12 15). Von dem seinerzeit mündlich gegebenen Versprechen, sie zu beobachten, befreite ihn der Papst. Ein Anerbieten des Erzbischofs, sein Amt niederzulegen, schlug Alexander aus, bestätigte ihn vielmehr in seiner Würde und anerkannte zugleich die Primatialstellung von Canterbury.

In der Zisterzienserabtei Pontigny bei Auxerre, nicht weit von Sens, nahm Thomas Becket Aufenthalt (Ende November 1164 — November 1166). Gekleidet wie ein Zisterzienser, widmete er sich dem Gebet, theologischen und kirchenrechtlichen Studien. Inzwischen beschlagnahmte Heinrich II. den Kirchenbesitz von Canterbury, verwies die Familie, die treu bleibenden Kleriker des Erzbischofs nebst ihren Verwandten des Landes. Vermittlungsversuche schlugen fehl, wie Kaiserin Mathilde, Alexander III. und auch König Ludwig von Frankreich (Ostern 1166) sie planten. Vor seiner Rückkehr nach Italien kassierte Alexander III. feierlich das Urteil von Northampton.

Da in den Jahren 1165/66 eine Annäherung Heinrichs an die Reichspolitik Friedrichs I. erfolgte, in Würzburg (1165) englische Gesandte die Unversöhnlichkeitsansage gegen Alexander unterzeichneten, ließ sich eine Einlenkung seitens Heinrichs II. nicht erwarten. Zwar weigerte sich der englische Episkopat, diese Unterschriften seinerseits anzuerkennen, aber dem König genügte schon der durch seine Freundschaft mit Friedrich ermöglichte Druck auf Alexander III., von dem er verlangte, den Erzbischof entweder abzusetzen oder ihm ein anderes Bistum anzuweisen. Trotz mehrfacher situationsbedingter Kompromisse mit dem englischen König in geringfügigen Angelegenheiten hat Alexander schließlich doch den Erzbischof gehalten, ihm am 5./8. April 1166 den Primat bestätigt und ihn am 24. April 1166 sogar zum Legaten in England ernannt, was er dem König für Erzbischof Roger von York verweigert hatte; dafür betraute er diesen allerdings, um Heinrich entgegenzukommen, mit der Legation in Schottland und klammerte den Metropolitanverband York aus dem Jurisdiktionsbezirk des Legaten in England aus. Pfingstsonntag 1166 sprach Thomas in Vézelay als Legat feierlich über die Räte des Königs und seine Beamten (nicht aber ihn selbst) den Kirchenbann aus. Damit nahm er ein Recht in Anspruch, das ihm die Konstitutionen von Clarendon verweigerten. Heinrich antwortete mit einem Druck auf das Generalkapitel von Cîteaux. Wenn man Thomas weiter in Pontigny Asyl gebe, sehe er sich gezwungen, alle Mitglieder des Ordens des Landes zu verweisen. Der Erzbischof verließ Pontigny und verbrachte die übrigen Jahre seines Exils bei den Benediktinern von Sainte-Colombe zu Sens. Es folgten verschiedenste Verhandlungen, die von eigens dazu bestellten päpstlichen Legaten[6] mit Heinrich II. geführt wurden; hier spiegelten sich jeweils die Schwierigkeiten der kirchenpolitischen Lage Alexanders III. gegenüber den andrängenden Unternehmungen Friedrichs I. Dabei verriet die Haltung des Papstes jene eigentümlich zögernde, kompromißbereite, ja in etwa auch unaufrichtige Art, die ihm bereits von den Zeitgenossen verübelt wurde.

Von 1169 an ließen sich mehrere Begegnungen zwischen Heinrich II. und Thomas Becket (6. Januar zu Montmirail; 18. November zu Montmartre) ermöglichen, ohne daß es zu einer wirklichen Versöhnung und zum Ausgleich der Standpunkte gekommen wäre.

Heinrich isolierte vielmehr seit Anfang des Jahres 1170 England völlig vom Kontinent, zumal von der Kurie. Die Konstitutionen von Clarendon wurden rigoros durchgeführt, die Krönung des jungen Heinrich vorbereitet. Gegen das von Thomas beim Papst erwirkte Verbot krönte der Erzbischof von York den Prinzen am 14. Juni in Sankt Peter von Westminster, assistiert von den Bischöfen von London (Gilbert Foliot), Salisbury (Jocelin de Bohun) Rochester (Walter) und Durham (Hugh de Puiset). Es war ein bewußter Affront des Königs gegen wiederholte Verbote seitens des Papstes, die kurz zuvor erneuert worden waren, und gegen die Rechte der alten Metropole Canterbury. Heinrich II., der nun fürchten mußte, Thomas würde von seinem Recht Gebrauch machen, das Interdikt über England oder Teile des Reiches auszusprechen, kam zum Kontinent, um mit dem Erzbischof in Fréteval-en-Dunois (Orléanais) am 22. Juli 1170 persönlich zu verhandeln. Er versprach dem Primas Frieden, Sicherheit, Rückgabe der Kirche und des

[6] Über die Legationen in Verbindung mit dem Streit um Thomas Becket vgl. *H. Tillmann,* Die päpstlichen Legaten in England 56—72 und *W. Janssen,* Die päpstlichen Legaten in Frankreich 84—88.

Kirchengutes von Canterbury, so wie beides sich zur Zeit des Ausbruchs des Streites befunden, versprach Wiederherstellung aller Rechte des Primatialsitzes, eine Wiederholung der Krönung durch Thomas selbst. Sie schieden, wie es scheinen mochte, versöhnt voneinander. Aber Garantien hatte der König nicht gegeben, und die Durchführung der verschiedenen Versprechen erschien fast aussichtslos, zumal die Bischöfe seit der Krönung alles daransetzten, eine Rehabilitation des Erzbischofs zu verhindern. Thomas ließ sich vor der Rückkehr nach England von Alexander mit weitestgehenden Vollmachten ausstatten, die Exkommunikation der Bischöfe aber sprach er noch vor Antritt der Reise aus, da er damit zu rechnen hatte, daß ihm die Dokumente bei der Einreise von den Behörden beschlagnahmt werden würden.

Die Rückkehr nach Canterbury im Dezember 1170 war für den Erzbischof eine hohe Genugtuung, zumal sie vom Volk wie ein Triumph gefeiert wurde. Von seiten des Königs und der Bischöfe wurden nur Schwierigkeiten gemacht: die Bischöfe legten gegen ihre Exkommunikation Berufung beim Papst ein, einen Gehorsamseid gegenüber ihrem Metropoliten und Primas verweigerten sie; dem Erzbischof wurde untersagt, den jungen König in Winchester aufzusuchen, und ihm befohlen, innerhalb der Grenzen seines eigenen Bistums zu bleiben, von den persönlichen Rüpeleien seitens königlicher Beamter und Begleiter zu schweigen. Die exkommunizierten Prälaten begaben sich übrigens sofort nach der Normandie zu Heinrich II. Im Ärger über die unerwartet erfolgte Bannung dieser Herren ließ sich Heinrich vernehmen: Gibt es denn niemand, der mich von diesem widerwärtigen Kleriker befreit?[7]

Der Mord am 29. Dezember 1170 in der Kathedrale von Canterbury

Vier Ritter aus dem Gefolge des Königs, denen Ranulf de Broc (der Verwalter des sequestrierten Kirchengutes von Canterbury) einige Bewaffnete zur Verfügung stellte, drangen am Nachmittag des 29. Dezember in das stets für Gäste und Arme offene Bischofshaus ein. Sie trafen den Erzbischof im Gespräch mit seinen Klerikern an und begannen einen langen Disput mit ihm, machten ihm Vorwürfe wegen der Exkommunikation von Mitgliedern des königlichen Hofes ohne vorherige Beratung mit dem König. Zur Stunde der Vesper drängte die Begleitung des Erzbischofs diesen, sich in die Kathedrale zu begeben, wo sich die Mönche eben versammelten. Die Tore hinter sich verrammeln zu lassen lehnte der Erzbischof ab. Die Ritter hatten sich entfernt, um ihre Waffen zu holen. Nachdem der Erzbischof mit den Seinen den Nordteil des Querschiffs erreicht hatte, wo ein gewaltiger Pfeiler eine Galerie trug und ein Altar des hl. Benedikt stand, versuchten die Ritter, den

[7] Materials VII 440 476 443 und Gesta regis I 32 = PL 190, 42 A, 97 C, 177 B.

Prälaten und seine Begleitung aus der Kirche herauszudrängen. Thomas Becket, den Pfeiler im Rücken, antwortete auf die Aufforderung, die Bischöfe vom Bann zu lösen: „Ich kann sie erst lossprechen, wenn sie Genugtuung geleistet haben." Die vier: „Dann empfange sterbend den Lohn, den du verdienst." Thomas: „Ich bin bereit, für meinen Gott zu sterben, wenn dadurch der Kirche Freiheit und Frieden zurückgegeben wird."[8] Da schlugen sie ihn beim Schein der Fackeln tot. Die Mörder plünderten das Bischofshaus und zogen spät in der Nacht ab. Dann erst wagten die Mönche und Kleriker sich hervor, setzten die Leiche des Martyrers in einem Marmorsarg in der Krypta bei vor dem Altar des hl. Johannes Baptist und hl. Augustins, des Apostels der Angeln. Das Blut hatte man bedachtsam gesammelt.

Die Folgen des Mordes für König und Kirche

Die Christenheit hörte von dem Ereignis in Canterbury sehr schnell, und überall zeigte man sich entsetzt, schob dem englischen König, dem Erzbischof von York und dem Bischof von London, Gilbert Foliot, die Verantwortung für den Mord zu. Am 25. Januar 1171 sprach der Erzbischof von Sens als päpstlicher Legat das Interdikt aus über die Besitzungen der Krone auf dem Festland. Heinrich, persönlich erschüttert über die Folgen seines zornigen Wortes, sandte eine Delegation nach Rom, die ein Interdikt über England verhindern, nicht aber den Papst davon abhalten konnte, am Gründonnerstag (1171) alle, die direkt und indirekt am Mord Thomas Beckets mitgewirkt hatten, in Bann zu tun. Alexander III. bestätigte die Sentenz des Erzbischofs von Sens und belegte Heinrich mit dem persönlichen Interdikt, von dem ihn nur eigens zu ernennende Legaten würden lossprechen können. Der König brach zur Expedition nach Irland auf, das er erobern konnte und wo er von den Teilkönigen zum König der Insel ausgerufen wurde. Gleichzeitig liefen die Verhandlungen mit der Kurie über die Wiedergutmachungen des Königs bezüglich des Mordes an Thomas. Den Feldzug gegen Irland hatte er zum Kreuzzug deklarieren lassen, zu einem Unternehmen, das die irische Kirche dem Römischen Stuhl unterwerfen sollte. Nach seiner Rückkehr im Frühjahr 1172 kam er in der Normandie mit den päpstlichen Legaten zusammen[9]. Am 21. Mai schwur Heinrich, wie auch die angeklagten Bischöfe, einen Reinigungseid, er habe den Tod des Erzbischofs von Canterbury weder angeordnet noch gewollt. Ein Jahr lang werde er 200 Ritter für

[8] Materials II 430—440 = PL 190, 46 A — 47 C (Bericht des Augenzeugen Edward Grim). Vgl. auch den Bericht Johannes' von Salisbury an Bischof Johannes von Poitiers: Materials VII 462—465.

[9] Kardinal Albert von S. Lorenzo in Lucina und Kardinal Theodin von S. Vitale vgl. *H. Tillmann*, Die päpstlichen Legaten in England 68—74 u. *W. Janssen*, Die päpstlichen Legaten in Frankreich 85—88.

die Verteidigung des Heiligen Landes bereithalten, Weihnachten (1172) für drei Jahre lang das Kreuz nehmen und im folgenden Sommer persönlich die Kreuzfahrt antreten, sich jedenfalls zur Disposition des Papstes halten. Sollte eine Fahrt nach Jerusalem unmöglich sein, werde er sich in Spanien gegen die Mauren einsetzen. Die Berufungen nach Rom gebe er frei für kirchliche Gerichtsfälle. Die der Kirche feindlichen Gewohnheitsrechte, wie sie unter seiner Herrschaft in Kraft gesetzt worden waren, wolle er widerrufen, der Kirche von Canterbury ihren gesamten Besitz zurückerstatten und schließlich den Klerikern und Laien, die treu zu Thomas Becket gehalten, in seinen Frieden aufnehmen und ihren Besitz freigeben. Nachdem Heinrich und sein Sohn diese Versprechen beschworen hatten, wurde er losgesprochen und mit der Kirche versöhnt[10]. Alexander III. bestätigte das Abkommen von Avranches in einer Bulle vom 2. September, am 27. September ratifizierte auch Heinrich in Sankt Andreas die Versprechen vom 21. Mai. Ein Verzicht auf die Konstitutionen von Clarendon als Ganzes war nicht ausgesprochen, wohl aber die Berufungen nach Rom freigegeben worden. Damit war Wichtiges erreicht. Denn die von nun an reichlich für England ausgestellten Dekretalen der Päpste haben den Grund legen können für ein englisches Kirchenrecht im Rahmen der gesamtkirchlichen Entwicklung. Das Grab des ermordeten Erzbischofs wurde sehr bald das Ziel der größten Wallfahrtsbewegung des hohen und späten Mittelalters. Am 21. Februar 1173 hatte Alexander III. Thomas Becket feierlich heiliggesprochen. König Heinrich selbst pilgerte Juli 1174 dorthin und tat erneut Buße für seinen Anteil am Tod des Heiligen. Auf seinen Wunsch sandte der Papst als Kardinallegaten Hugo Pierleoni nach England[11], der nicht nur die Besetzung der vielen vakanten Bistümer regeln konnte, sondern auch einen Kompromiß mit dem König wegen der umstrittenen geistlichen Gerichtsbarkeit erreichte. Nur Lehnssachen und Forstvergehen von Klerikern sollten künftighin vor dem weltlichen Richter verhandelt werden. Der Gesamtertrag des langen Streites sollte nicht als zu gering gewertet werden, der Tod des Erzbischofs war nicht vergebens.

10. Kapitel

Der dritte Kreuzzug; die Kreuzfahrerstaaten in Syrien und Palästina. Kreuzzugsfrömmigkeit

QUELLEN: Anonymi Chronicon Terrae Sanctae (bis 1187), ed. *H. Prutz,* Quellenbeiträge zur Geschichte der Kreuzzüge (Danzig 1876); *Niketas Choniates,* Historia (bis 1206), ed. *I. Bekker:* CSHB (Bonn 1835), auch RecHistCrois Grecs I 319—337, in deutscher Auswahlübersetzung von *F. Grabler:* Byzantinische Geschichtsschreiber 7/9 (Graz-Köln 1938);

[10] Zum Konkordat von Avranches vgl. *R. Foreville,* L'Église et la Royauté 356—361.

[11] Über die Legationstätigkeit des Kardinaldiakon Hugo Pierleoni von S. Angelo vgl. *H. Tillmann,* Die päpstlichen Legaten in England 73—76.

zu den arabischen Quellen vgl. *H. A. R. Gibb,* The Arabic Sources for the Life of Saladin: Speculum 25 (1950) 58—72; Quellen zur Geschichte des Kreuzzuges Kaiser Friedrichs I. (Historia de expeditione Friderici imperatoris, Historia peregrinorum, Epistola de morte Friderici imperatoris, Narratio itineris navalis ad Terram sanctam), ed. *A. Chroust:* MGSS rer. Germ. NS 5 (Berlin 1928); vgl. *A. Chroust,* Tageno, Ansbert und die Historia peregrinorum (Graz 1892); einige bei *Arnold von Lübeck,* Chronica Slavorum: MGSS 21, ed. *I. M. Lappenberg:* MGSS rer. Germ. (Hannover 1868), und in der Chronik Ottos von Sankt Blasien, ed. *A. Hofmeister:* MGSS rer. Germ. (Hannover - Leipzig 1912).

Ambroise, L'estoire de la Guerre Sainte, ed. *G. Paris* (mit neuer frz. Übersetzung), engl. Übers. mit Kommentar von *M. J. Hubert,* The Crusade of Richard Lion-hearted (New York 1941); *L. Landon,* The Itinerary of King Richard I (Pipe Roll Society 51) (London 1935); Das Itinerarium peregrinorum. Eine zeitgenössische Chronik zum 3. Kreuzzug in ursprünglicher Gestalt, ed. und kritisch untersucht von *H. E. Mayer* (Schriften der MG 18) (Stuttgart 1962); vgl. dazu die Bespr. von *M. L. Bulst:* HZ 198 (1964) 380—387, die Erwiderung von *H. E. Mayer:* DA 20 (1964) 210—221 und die letzte Erwiderung von *M. L. Bulst:* DA 21 (1965) 593—606; *Roger von Hoveden (Howden),* Gesta regis Henrici II u. Chronica (Teilnehmerbericht), ed. *W. Stubbs* (= Rolls Series 49, 51) (London 1867/71); *Richard von Devizes,* De rebus gestis Ricardi primi, ed. *R. Howlett* (= Rolls Series 82) (London 1884/89): Chronicles of the Reigns of Stephen, Henry II and Richard I, Bd 3; *Radulf von Diceto,* Opera historica, 2 Bde, ed. *W. Stubbs* (= Rolls Series 68) (London 1876); *Riford,* Gesta Philippi Augusti, ed. *H. F. Delaborde* (Paris 1871): Œuvres de Rigord et Guillaume de Breton, Bd 1; Baha-ad-Dins Biographie Saladins (RecHistCrois, Or., III), vgl. *H. A. R. Gibb,* The Achievement of Saladin: Bulletin of the John Rylands Library 35 (1952/53) 44—60; *J. Hartmann,* Die Persönlichkeit des Sultans Saladin im Urteil der abendländischen Quellen: HStud 239 (Berlin 1933); *M. Salloch,* Die lateinische Fortsetzung Wilhelms von Tyrus (Diss. Berlin 1934); *Sicard von Cremona,* Chronik: MGSS 31, 22—185; vgl. *E. Brocchieri,* Sicardo di Cremona e la sua opera letteraria (Cremona 1958).

LITERATUR: *H. E. Mayer,* Bibliogr. nn. 2066—2188.

Zum Kreuzzug Richards und Philipps II. August: *K. Norgate,* Richard the Lion Heart (London 1924); *A. Cartellieri,* Philipp II. August, Bd 2 (Leipzig 1906); *Y. M.-J. Congar,* Henri de Marcy, abbé de Clairvaux, Cardinal-évêque d'Albano: SA 43 (1958) 1—90; *M. W. Baldwin,* Raymond III of Tripolis and the Fall of Jerusalem (Princeton 1936); *F. Groh,* Der Zusammenbruch des Reiches Jerusalem (1187—89) (Jena 1909); *E. Jamison,* Admiral Eugenius of Sicily. His Life and Work (London 1957); *L. Usseglio,* I marchesi di Monferrato in Italia ed in Oriente durante i secoli XII e XIII, 2 Bde (Turin 1926); *H. Bettin,* Heinrich II. von Champagne, seine Kreuzfahrt und Wirksamkeit im Heiligen Lande (1190—97) (Berlin 1910).

Zum Kreuzzug Friedrichs I. und Heinrichs VI.: *K. Fischer,* Gesch. des Kreuzzugs Kaiser Friedrichs I. (Leipzig 1870); *S. O. Riezler,* Der Kreuzzug Kaiser Friedrichs I.: FDG 10 (1870) 3—149; *R. Röhricht,* Die Rüstungen des Abendlandes zum dritten großen Kreuzzuge: HZ 34 (1875) 1—73; *W. v. Giesebrecht - B. v. Simson,* Gesch. der dt. Kaiserzeit, Bd 6: Die letzten Zeiten Kaiser Friedrichs des Rotbarts (Berlin 1895); *A. Fürst,* Der Kreuzzugsbrief Kaiser Friedrichs I. an Saladin (Programm zum Jahresbericht des Kgl. Neuen Gymnasiums in Regensburg 1907/08) (Regensburg 1908); *H. E. Mayer,* Der Brief Kaiser Friedrichs I. an Saladin vom Jahre 1188: DA 14 (1958) 488—494; *K. Zimmer,* Der Friede von Adrianopel (Februar 1190): ByZ 11 (1902) 302—320; *ders.,* Der deutsch-byzantinische Konflikt vom Juli 1189 bis Februar 1190: ByZ 12 (1903) 42—77; *P. Scheffer-Boichorst,* Barbarossas Grab: Gesammelte Schriften von Paul Scheffer-Boichorst, Bd 2 (HStud 43, 2) (Berlin 1905) 154—164; *E. Traub,* Der Kreuzzugsplan Kaiser Heinrichs VI. im Zusammenhang mit der Politik der Jahre 1195—97 (Jena 1910), die andere Lit. in der Bibliogr. zum Kap. 11, S. 105 dieses Bandes.

Vgl. A History of the Crusades, ed. *K. M. Setton* u. a., Bd 2 (The Later Crusades 1189 to 1311) (Philadelphia 1962); *H. Wieruszowski,* The Norman Kingdom of Sicily and the Crusades, 3—44; *S. Painter,* The Third Crusade: Richard the Lionhearted and Philipp Augustus, 45—86; *E. N. Johnson,* The Crusades of Frederick Barbarossa and Henry VI, 87—122; *St. Runciman,* Geschichte der Kreuzzüge III (München 1960) 3—110; *R. Grousset,* Histoire des Croisades III (Paris 1936) 1—121; *A. Waas,* Gesch. der Kreuzzüge I (Freiburg 1956) 184—225; eine reiche Bibliographie bei *H. E. Mayer,* Das Itinerarium peregrinorum, XI—XXXIV; *F. Kurth,* Der Anteil niederdeutscher Kreuzfahrer an den Kämpfen der Portugiesen gegen die Mauren: MIÖG ErgBd 8 (1911) 131—252; *C. Cahen,* La Syrie du Nord à l'époque des croisades et la principauté franque d'Antioche (Institut de Damas. Bibliothèque orientale 1) (Paris 1940); *ders.,* Selǧukides, Turcomans et Allemands au temps de la troisième croisade: Wiener Zeitschrift für die Kunde des Morgenlandes 56 (= Festschrift H. W. Duda) (1960) 21—31; *A. Cartellieri,* Landgraf Ludwig III. von Thüringen und der dritte Kreuzzug: Zschr. des Vereins für thür. Gesch. u. Altertumskunde 42 (= NF 34) (1940) 42—64.

Kreuzzugsfrömmigkeit: *H. E. Mayer,* Bibliogr. nn. 1735—1797 4091—4111 5291—5311; *F. Vandenbroucke,* La piété des laïcs aux XIIe siècle: *J. Leclercq, F. Vandenbroucke, L. Bouyer,* La Spiritualité de Moyen Age (Paris 1961) 299—344; *H. Wolter,* Elemente der Kreuzzugsfrömmigkeit in der Spiritualität des heiligen Ignatius: *F. Wulf,* Ignatius von Loyola. Seine geistliche Gestalt und sein Vermächtnis (Würzburg 1956) 111—150; *C. Erdmann,* Die Entstehung des Kreuzzugsgedankens: Forschungen zur Kirchen- und Geistesgeschichte 6 (Stuttgart 1935); *P. Alphandéry,* La Chrétienté et l'idée de Croisade I: Les premières croisades (texte établi par A. Dupront) (Paris 1954); *P. Rousset,* L'idée de croisade chez les chroniqueurs d'Occident: Relazioni del X congresso internazionale di Scienze storiche. 3. Storia del Medio Evo (Florenz 1956) 547—563; *Y. M.-J. Congar,* Henri de Marcy, abbé de Clairvaux, Cardinal-évêque d'Albano et légat pontifical: SA 43 (1958) 1—90, vor allem 77—90 (Conception de la croisade); *A. Waas,* Gesch. der Kreuzzüge I (Freiburg 1956) 1—53 (Die Ritterschaft und die Entstehung der Kreuzzüge); *F. W. Wentzlaff-Eggebert,* Kreuzzugsidee und mittelalterliches Weltbild: DVfLG 30 (1956); *ders.,* Geschichtliche und dichterische Wirklichkeit in der deutschen Kreuzzugslyrik: Festschr. J. Lortz, Bd 2 (Mainz 1958); *ders.,* Die Kreuzzugslyrik des Mittelalters (Berlin 1960).

Das 3. Laterankonzil erwähnte im Gegensatz zu den anderen ökumenischen Synoden des 12. und 13. Jh. die Kreuzzugssorge der Christenheit nur indirekt. Sechs Bischöfe und zwei Äbte aus den Kreuzfahrerstaaten hatten an ihm teilgenommen, aber nicht einmal Erzbischof Wilhelm von Tyrus, der bedeutendste unter ihnen, deutet an, das Konzil habe sich eingehender mit der Lage im Königreich Jerusalem beschäftigt. Wilhelm, der Kanzler des aussätzigen Königs Balduin IV. (1174—85), wußte nur zu wohl, welcher Krise das Land unter den energischen Vorstößen Saladins (1171—93) entgegentrieb[1]. Werbungen in Sizilien, Frankreich und England wurden nicht unterlassen. Zahlreiche französische Ritter unter Peter von Courtenay fuhren

[1] *Imad ad-Din,* Conquête de la Syrie et de la Palestine, ed. *C. v. Landberg* (Leyden 1888); *H. A. R. Gibb,* The Achievement of Saladin: Bulletin of the John Rylands Library 35 (1952/53) 44—60; *J. Kraemer,* Der Sturz des Königsreichs Jerusalem in der Darstellung des Imad al-Din (Wiesbaden 1952); *H. A. R. Gibb,* The Rise of Saladin (1169—89): History of the Crusades I (1958) 563—589; *M. W. Baldwin,* The Decline and Fall of Jerusalem (1174—89): ebd. 590—621.

gleichzeitig mit den vom Konzil heimkehrenden Prälaten gen Osten. Man mochte der Meinung sein, der Friede zwischen Papst und Kaiser, die Beendigung und Bereinigung des Schismas würde im Abendland wieder den Willen zu gemeinsamer Hilfe für Jerusalem wach werden lassen. Alexander III. hatte ja auch während seines bewegten Pontifikates die Entwicklung in Syrien und Palästina aufmerksam verfolgt und noch kurz vor seinem Tod am 30. August 1181 einen Appell an die Christenheit richten können (16. 1. 1181). Seine Nachfolger bemühten sich gleichfalls im Hinblick auf den Kreuzzug um eine umfassende Friedenspolitik im Abendland, sowohl zwischen der Kurie und dem Kaisertum, mit der Stadt Rom, wie auch zwischen den Königen und Fürsten, vor allem zwischen England und Frankreich, wo in der Nachfolge Ludwigs VII. seit 1180 Philipp II. August kraftvoll zu regieren begonnen hatte.

Aber erst die Katastrophe der verlorenen Schlacht von Hattin in Galiläa und Saladins[2] Einzug in das eroberte Jerusalem (1187) vermochten das Abendland noch einmal so tief zu erschüttern, daß die seelischen Vorbereitungen zu einem gesamteuropäischen Kreuzzug gegeben waren. Das Papsttum übernahm wiederum die Aufgaben der Kreuzpredigt, verzichtete aber auf die Führung des Zuges selbst; sie sollte in den Händen der drei Herrscher, des Reiches, Englands und Frankreichs, liegen. Der zweimonatige Pontifikat Gregors VIII. (21. 10. — 17. 12. 1187) wurde von der Kreuzzugssorge ganz geprägt; die ersten Legaten gingen jetzt bereits nach Deutschland, Frankreich, Dänemark, selbst bis nach Polen, um das Kreuz zu predigen. Papst Clemens III. (1187—91) führte diese Anfänge konsequent weiter (Aufrufe vom 10. Februar und 27. Mai 1188). Mit besonderem Eifer ging der Zisterzienserkardinal Heinrich von Albano, den der Erzbischof Josse von Tyrus begleitete, ans Werk[3].

Er konnte den englisch-französischen Waffenstillstand von Gisors (21. 1. 1188) vermitteln, wo unter dem Druck der öffentlichen Meinung beide Könige das Kreuz nahmen. In Köln gelang es ihm, Erzbischof Philipp mit Kaiser Friedrich I. zu versöhnen. Am „Hoftag Jesu Christi“ (Sonntag Laetare) zu Mainz, auf dem der Legat und der Bischof von Würzburg (Gottfried I. von Helfenstein) predigten, nahmen Friedrich, sein ältester Sohn gleichen Namens, zahlreiche Fürsten das Kreuz. Der Beginn der Fahrt wurde auf das Frühjahr 1189 festgesetzt. Die Befreiung des Heiligen Grabes sollte des Kaisers Lebenswerk krönen. Die Grafen Philipp von Flandern und Balduin von Hennegau schlossen sich an. In Frankreich und England erhob man erstmalig eine Kreuzzugssteuer, den Saladin-Zehnt[4]. Schottland allerdings zahlte

[2] PL 200, 1294—1296.
[3]. *Y. M.-J. Congar*, Henri de Marcy, 43—54 77—90.
[4] Zu der umstrittenen Kreuzzugssteuer in England und Frankreich vgl. *F. A. Cazel*, The Tax of 1185 in Aid of the Holy Land: Speculum 30 (1955) 385—392 und *J. H. Round*, The Saladin Tithe: EHR 31 (1916) 447—450.

nichts, König Wilhelm der Löwe vermochte seine sparsamen Barone nicht umzustimmen. Der deutsche Kreuzzug wurde von den Teilnehmern selbst finanziert. Papst Clemens III. forderte von den Mitgliedern des hohen Klerus einen Geldbeitrag, dessen Höhe allerdings nicht festgelegt wurde. Man kann in dieser Maßnahme die Anfänge einer Entwicklung sehen, die im kommenden Jahrhundert dahin führte, die Kreuzzüge ganz allgemein mittels Besteuerung von kirchlichen Einkünften zu finanzieren.

Neben die Kreuzpredigt trat auch die werbende Schrift und vor allem das Kreuzlied in höfischer und volkstümlicher Form[5]; der Pfarrklerus warb sogar mit Hilfe lebender Bilder, welche Szenen aus dem Heiligen Land vom Kampf mit den Sarazenen vorstellten, um die Teilnahme des leseunkundigen Volkes zu wecken.

Der deutsche Kreuzzug setzte sich am 11. Mai 1189 von Regensburg aus in Bewegung; er stellte unstreitig die gewaltigste Streitmacht und wird von den Zeitgenossen wegen seiner guten Zucht und seiner umsichtigen Vorbereitung gerühmt. Unterdes hatte König Wilhelm II. von Sizilien († 18. 11. 1189) bereits eine erste Hilfe gesandt und die beiden Städte Tyrus und Tripolis retten helfen. Englische Kreuzfahrer, dem königlichen Zug voraus, wie auch Flamen und Dänen kamen zu Schiff. Während Kaiser Friedrich I. durch Ungarn und den Balkan zog, verzögerte sich das englisch-französische Unternehmen wegen des neuerdings ausgebrochenen Streites zwischen den Königen, der erst zwei Tage vor Heinrichs II. Tod mit einem den englischen König tief verdemütigenden Frieden (sein Sohn Richard stand auf der Seite des französischen Gegners) hatte beendigt werden können[6]. Kaiser Friedrich I. überwinterte in der Nähe von Byzanz, wo der neue Kaiser Isaak Angelos unerwartet Schwierigkeiten machte, konnte aber im Frühjahr 1190 nach Kleinasien übersetzen. Der Marsch quer durch das Innere des Landes ging langsam vorwärts. Nachdem man endlich das kilikische Vorgebirge überschritten und Armenien erreicht hatte, fand der Kaiser am 10. Juni 1190 im Flusse Saleph den Tod. Saladin konnte mit Recht darin seine Rettung erblicken. Herzog Friedrich von Schwaben, der Sohn des Kaisers, konnte das Heer nicht zusammenhalten. Viele Ritter kehrten um, andere fuhren zu Schiff weiter, den Rest führte er nach Antiochien, wo er selbst (21. 6. 1190) erkrankte und starb. Die Leiche Barbarossas wurde in Antiochia beigesetzt.

König Richard Löwenherz übernahm die Verpflichtung seines Vaters zur Kreuzfahrt[7]. In Vézelay kam das englische und französische Aufgebot zu-

[5] Dazu *F. W. Wentzlaff-Eggebert*, Kreuzzugsdichtung des Mittelalters (Berlin 1960).

[6] *A. L. Poole*, From Domesday Book to Magna Carta 347 f, wo als Datum der 4. Juli 1189 und als Ort der Übereinkunft Colombières zwischen Tours und Azay-le-Rideau mitgeteilt wird.

[7] *F. J. West*, The Justiciarship in England 1066—1232 (Cambridge Studies in Medieval Life and Thought 12) (Cambridge 1966) 64—74.

sammen (4. Juli 1190); man wählte den Seeweg nach Syrien. Die Heere überwinterten auf Sizilien (Messina), wo sich eine englische Kreuzfahrerflotte eingefunden hatte. Noch auf der Überfahrt zum Heiligen Land gelang es König Richard, die Insel Zypern zu erobern, wohin sich später das politische Schwergewicht der Kreuzfahrerstaaten verlegen sollte.

Zunächst befreite der englisch-französische Kreuzzug das seit zwei Jahren belagerte Akkon (13. 7. 1190). Dann brach Zwist bei den Kreuzfahrern aus, denn die seit dem sizilischen Winter verfeindeten Könige ergriffen Partei im Streit um die Königsnachfolge in Jerusalem; Richard unterstützte Guido von Lusignan, Philipp II. August Konrad von Montferrat. Da aber der König von Frankreich bald nach Akkons Fall sein Kreuzgelübde für erfüllt ansah und über Rom, wo er sich vorsichtigerweise von Clemens III. noch eigens absolvieren ließ, nach Hause zurückkehrte, konnte Richard Löwenherz die Führung des Feldzuges gegen Saladin übernehmen. Eine Rückeroberung Jerusalems gelang zwar nicht, doch verschafften Richards glänzende Siege bei Jaffa und in der Schlacht von Arsuf den Franken wenigstens eine militärische Ruhepause (zumal Saladin 1193 starb und eine zerfallende Herrschaft hinterließ). Ein Waffenstillstand (2. 9. 1192) war das Ende des dritten Kreuzzugs. Saladin sagte den Pilgern nach Jerusalem freien Zugang und entsprechenden Schutz zu, das Heilige Grab aber blieb vorerst in den Händen des Islams.

Da nur ein schmaler Küstenstreifen von Beirut bis Askalon gerettet werden konnte und auch seine politische Existenz vom Belieben des mächtigen islamischen Reiches abhing, zudem nur in engster Fühlungnahme mit dem lateinischen Abendland weiterzuführen war, trugen von jetzt an die jeweils führenden Herrscher der Christenheit die Krone von Jerusalem, zuerst die Staufer, dann Ludwig IX. der Heilige, schließlich Karl von Anjou. Die Kreuzfahrerstaaten selbst, nur mehr eine Reihe von einzelnen Städten und Burgen, vielfach von Zypern aus geführt, bildeten seit dem dritten Kreuzzug das Königreich Akkon, dessen Geschichte mit dem Fall dieser Stadt im Jahre 1291 endgültig zu Ende ging.

Die schweren Verluste des dritten Kreuzzugs und die geringen Erfolge enttäuschten die Christenheit, wenn auch nicht in dem Maß wie der zweite Kreuzzug. Bevor das Jahrhundert zu Ende ging, erlebte das verkleinerte Frankenreich noch einmal eine Hilfe vom Westen im Kreuzzug Kaiser Heinrichs VI., der in Zusammenhang der Mittelmeerpolitik dieses Herrschers verstanden sein will. Die Könige von Zypern und Armenien wurden in die Oberlehensherrschaft des Reiches aufgenommen. Den Zug selbst konnte der Kaiser (er starb im Januar 1198) nicht mehr selber führen. Sein Kanzler Konrad, Bischof von Hildesheim, und der zum päpstlichen Legaten ernannte Erzbischof Konrad von Mainz kamen mit einem zahlreichen Aufgebot aus den Rheinlanden und den staufischen Hoheitsgebieten. Von August 1197 an trafen einzelne Gruppen ein. Man konnte Sidon und Beirut erobern und die

Küste sichern, doch der Tod des Kaisers und die in Deutschland mit der Doppelwahl anhebenden Wirren ließen das Unternehmen vorzeitig zu Ende gehen. Ehe die Kreuzfahrer das Land verließen, erhob man in Akkon (am 5. 3. 1198) die bisherige deutsche Spitalbruderschaft zum Ritterorden, der als Deutschherrenorden einer bedeutenden Zukunft entgegengehen sollte, die sich aber nicht im Heiligen Land entfaltete.

Kreuzzugsfrömmigkeit

Im Rückblick auf ein Jahrhundert kriegerischen Handelns unter dem Zeichen des Kreuzes stellt sich die Frage, ob und wie dieses Geschehen die geistlich-fromme Haltung der Christen geformt und entfaltet habe. Die Geschichte der Frömmigkeit erfährt im 12. Jh. nicht nur jene Bereicherung, die durch eine Steigerung und weitere Entfaltung der monastischen Spiritualität in den neuen Orden bedingt wird, sondern es eröffnen sich ihr ganz neue Felder frommer Gebärde, opfervoller Hingabe, selbst mystischen Erlebens. Neben den Mönch und den Chorherrn tritt der Laie[8], allerdings nur selten als neuer Sprecher (Schriftsteller, Theologe), zumeist als der Handelnde, dessen Motive, Gesinnungen, Gebete indirekt aus den Quellen zu erschließen sind. Nur als Dichter gibt der Laie unmittelbar der neuen Frömmigkeit Ausdruck. Sie nimmt an den allen Trägern kirchlicher Reformbewegung gemeinsamen Tendenzen teil, entstammt der Sehnsucht nach einer „vita apostolica" und dem Willen, den „pauperes Christi" zugezählt zu werden. Ihre Formen aber werden bestimmt von dem Kreuzzugsgeschehen, dessen hohe Zeit nicht nur, aber doch vor allem in die bernhardinische Epoche fällt. Die Tatsache, daß die Aufrufe zu den Kreuzzügen einen so überwältigenden Erfolg bei allen Schichten des christlichen Volkes zeitigten und nach fast allgemeiner Meinung der Forscher das religiöse Motiv zum Entschluß, das Kreuz zu nehmen, Vorrang vor anderen besaß[9], läßt sich kaum anders erklären als durch das Erwachen und Erstarken einer frommen Haltung, in der die weiter unten darzulegenden Elemente religiöser Einsichten und Entscheidungen wirksam wurden. Pilgerfahrten (aus Buße, Devotion, Votivwillen) gab es seit je nach Compostela, Rom und Jerusalem. Die Pilgerfahrt in Waffen war das Neue, durch den christlich jetzt stärker geprägten ritterlichen Standesbegriff im lateinischen Westen mitbedingt. Hierfür spricht die eigenartige Entstehung von Orden, deren Mitglieder die Waffe berufsmäßig führen. Ihre Ursprünge liegen zudem im Hospitalgedanken[10], der par-

[8] Vgl. *J. R. Strayer,* The Laicization of French and English Society in the Thirteenth Century: Speculum 15 (1940) 76—86, der auf das 12. Jh. zurückgreift.

[9] Selbst *St. Runciman,* Geschichte der Kreuzzüge III 487 meint: „Die *Haupttriebkraft,* welche die christlichen Heere nach Osten dringen ließ, war der Glaube."

[10] *G. Schreiber,* Gemeinschaften des Mittelalters, Recht und Verfassung, Kult und Frömmigkeit (Münster 1948) 3—80 (Byzantinisches und abendländisches Hospital).

allel zu den Kreuzzügen in der ganzen Christenheit, vorab im 12. Jh., seine reichste und spontanste Entfaltung erlebt. Wesenszüge dieser Hospitalbereitschaft kehren wieder bei den Eremiten, die auch in das vielgestaltige Bild der Frömmigkeit dieser Epoche gehören. Die bindende Kraft im Zusammenspiel solcher einander auf den ersten Blick fremder, wenn nicht gar widerstreitender Einzeltendenzen ist eine lebhaftere und anders als früher gerichtete Christusfrömmigkeit. Die Predigt und der seelsorgliche Kontakt von Mönchen, Chorherren, Bischöfen und Weltklerikern, die von großer Vertrautheit mit der Heiligen Schrift, zumal des Neuen Testamentes, geprägt waren und bereits die Wendung vom königlichen Herrn Christus zum irdisch pilgernden, leidenden, menschlich nahen, erlösenden und nicht herrschenden Jesus von Nazareth in der eigenen Frömmigkeitshaltung zu vollziehen begannen, hatte bei den Laien das Verlangen zur vita apostolica geweckt, das heißt zu persönlicher Nähe zu dem Christus, der ihnen den Weg zum Heil wies, ihn möglich machte und geradezu beispielhaft vorlebte. Die gesamte katechetische Unterweisung gründete, wie die Forschung neuerdings aufweist[11], seit dem 12. Jh. auf dem theologischen Grundschema der „via salutis“. Daß die konkrete Gestalt dieser „via salutis“ jetzt zum Kreuzzug wurde, erstaunt dann nicht mehr. Die Kreuzzugsfrömmigkeit erscheint demnach als eine charakteristische Ausprägung der Suche des Christen nach dem Heil, das er in einer dreifachen Einigung findet: einer Einigung mit Gott in gehorsamem Dienst („Gott will es“), mit Christus in der leidenden, sterbenden, triumphierenden Nachfolge (für Christus, mit ihm), mit dem Heiligen Geist im Enthusiasmus des Aufbruchs, der als neues Pfingsterlebnis gewertet wird. Zu dieser dreifachen Einigung mit Gott führt vor allem der Weg der Buße und des Gebetes. Buße gehört zu den Zentralthemen der Kreuzzugspredigt und Kreuzzugsfrömmigkeit, ganz wie sie auch im soteriologischen Grundschema der Volkskatechese einen breiten Raum einnimmt. Durch den Gedanken der Christusnachfolge geadelt, befreit sich jetzt der Büßerwille aus dem Bereich eines nur auf das eigene Heil gerichteten Bestrebens, zumal den Kreuzfahrer auch das Bewußtsein erfüllte, stellvertretend für die Zurückbleibenden Buße zu leisten, denn der Kreuzzug als solcher war eine Pflicht, die an sich der ganzen Christenheit als solcher auferlegt war. Dem entspricht die Haltung der Heimat, welche durch Almosen, Geld- und Sachspenden, fürbittendes Gebet, Fasten, freiwillig übernommene Bußwerke die „expeditio sacra“ unterstützte und so an ihr teilnahm. Diese Selbstheiligung, angesehen als Teilnahme an der „via salutis“ des Kreuzzuges, schloß die ganze Christenheit zu gemeinsamen frommen Handeln zusammen und läßt die Kreuzzugsfrömmigkeit als die erste einheitlich geprägte Form christlicher Laienspiritualität in der Kirchengeschichte hervortreten. Die von einem

[11] *B. I. Kilström,* Den kateketiska undervisingen i Sverige under medeltiden (Der kath. Unterricht in Schweden während des MA) (Uppsala 1958) 147—162 318—319.

Laien verfaßten „Gesta Francorum" beginnen mit dem aufschlußreichen Satz: „Als jene Zeit angebrochen war, auf die der Herr Jesus täglich zwar seine Gläubigen hinweist, besonders wenn es im Evangelium heißt: Wer mir nachfolgen will, der verleugne sich selbst, er nehme sein Kreuz auf sich und folge mir (Mt 16, 24), ging eine kraftvolle Bewegung durch alle fränkischen Lande, so daß jeder, der Gott reinen Herzens und Sinnes eifrig zu folgen und ihm das Kreuz getreulich nachzutragen wünschte, nicht säumte, den Weg zum Heiligen Grab möglichst schnell anzutreten." [12]

Eine Frucht dieser Kreuzzugsfrömmigkeit sind die Ritterorden, die zugleich im Hospitaldienst ein beherrschendes Frömmigkeitsmotiv der Zeit verwirklichen. Die Kranken sieht man als die pauperes Christi, sieht in ihnen den Herrn und dient ihm, indem man den Kranken dient. Der Großmeister der Johanniter bezeichnet sich als „servus pauperum Christi". Der vom Kreuzzug heimkehrende Wilhelm von Malavalle († 1157) läßt sich als Eremit in der Silva Livallia (Monte Pisano) nieder und beginnt mit dem Bau eines „hospitale ad dei venerationem et pauperum Christi refectionem", womit vor allem Rompilger gemeint waren [13]. Die Hospitaliter vom heiligen Lazarus in Jerusalem wurden um 1120 gegründet und lebten nach der Augustinerregel. Das ausgehende 12. Jh. kennt eine ganze Reihe von Laiengenossenschaften für den Krankendienst, wie die Brüder vom heiligen Johannes Baptist in Beauvais (vor 1185), die Hospitaliter Unserer Lieben Frau, gen. della Scala, in Siena (1194), die Brüder vom Orden des Heiligen Geistes (um 1180) in Montpellier. Paul Alphandéry stellt in diesen Zusammenhang auch die aus dem Geist der neuen Frömmigkeit entstehende Baubewegung, „la croisade monumentale", die, von Chartres ausgehend, sich über die Normandie und einen großen Teil Frankreichs erstreckt [14]. Auch bei ihr ist der Bußgedanke zentrales Motiv. Am Bauplatz stellen die Pilger ihre Wagen „velut castra spiritualia" (wie ein geistliches Feldlager) zusammen, sie betrachten sich als einen „Heerzug des Herrn" (exercitus Domini). Selbst in den Klöstern der neuen Orden, hier aber verinnerlicht und stärker spiritualisiert, erfährt die Frömmigkeit vom Gesamterlebnis der Kirche in den Kreuzzügen her Impulse.

Aus der vielfach turbulenten, von eschatologischer Furcht bestimmten, zugleich aber auch von einer durch das Evangelium vertieften und sich zu enthusiastischer Hingabe steigernder Christusverehrung und Gottesliebe getriebenen Bewegung, die vor allem die breiten Massen der lateinischen Christenheit erfaßt, erwächst eine Form der Volksfrömmigkeit, welche die Zeit der Kreuzzüge selbst hindurch und weit über sie hinaus reicht und die zum Wurzelgrund vieler Andachtsformen der folgenden Epochen wird.

[12] Gesta Francorum et aliorum Hierosolimitarum, ed. *R. Hill* (= Nelson's Medieval Texts) (London 1962) 1.

[13] *K. Elm*, Beiträge zur Geschichte des Wilhelmitenordens (Köln - Graz 1962) 11—33.

[14] La Chrétienté et l'idée de Croisade 163—165.

11. Kapitel

Das Erbe Alexanders III.

QUELLEN: *Watterich* II 650—748; Liber Censuum Romanae Ecclesiae (1192 verfaßt von *Cencius Savelli*, dem Kämmerer der Kurie u. späteren Papst Honorius III.), ed. *P. Fabre - L. Duchesne*, 3 Bde (Paris 1889/52); Papsturkunden (Allg. Bibl. I, 5); Annalen von Montecassino, ed. *G. H. Pertz:* MGSS 19 (Hannover 1866); Annalen von Marbach, ed. *H. Block:* MGSS rer. Germ. (Hannover 1907); Gesta Treverorum (continuatio III): MGSS 24, 384—390; *Arnold von Lübeck* (continuatio der Chronica Slavorum), ed. *J. M. Lappenberg:* MGSS rer. Germ. ([2]1930); Gesta Henrici von Roger von Hoveden; *Robert von Torigny*, Chronicon; Chronica regia Coloniensis; *Radulf von Diceto*, Chronicon; die Annalen von Pegau, Wilhelm von Newburgh; die Chronik von Laon, vgl. Bibliogr. zum Abschn.; Cronaca di Pisa di Raineri Sardo, ed. Fonti per la Storia d'Italia 99 (Rom 1963); Constitutiones I; *K. F. Stumpf-Brentano*, Die Reichskanzler, 3 Bde (Innsbruck 1865/81. Neudruck Aalen 1964); *R. Ries*, Regesten der Kaiserin Konstanze: QFIAB 18 (1926) 30 bis 100.

LITERATUR: *Fliche-Martin* IX/2, 189—230 (*J. Rousset de Pina*, La papauté de la mort d'Alexandre III à l'avènement d'Innocent III); *Hefele-Leclercq* V 1114—78; *A. Hauck*, Kirchengeschichte Deutschlands IV (Berlin - Leipzig [5]1925) 307—324 686—711; *Gebhardt-Grundmann*, Hdb. der dt. Gesch. I (Stuttgart [8]1954) 322—340 (*K. Jordan*, Die frühe Stauferzeit); *F. L. Ganshof*, Le Moyen-Age (Paris [3]1964) (Bd I von *P. Renouvin*, Histoire des relations internationales); *ders.*, Das Hochmittelalter: Propyläen Weltgeschichte, hrsg. von *G. Mann - A. Nitschke*, V (1963) 395—488, bes. 435—455; *J. T. Appleby*, England without Richard (1189—1199) (London 1965); *M. Powicke*, The Loss of Normandy (1189—1204) (Manchester [2]1961); *A. Marongiu*, A Model State in the Middle Ages: The Norman and Swabian Kingdom of Sicily: Comparative Studies in Society and History 6 (1963/64) 307 bis 320; *A. Cartellieri*, Philipp II. August, König von Frankreich, 4 Bde (Leipzig 1899 bis 1921); *ders.*, Das deutsch-frz. Bündnis von 1187 u. seine Wandlungen: HV 27 (1932) 111 bis 123; *M. Jallut*, Philipp Auguste, fondateur de l'unité française (Paris 1963); *G. Falco*, La Santa Romana Repubblica. Profilo storico del Medio Evo (Neapel [4]1963, engl. Übers. London 1964); *L. Salvatorelli*, L'Italia comunale del secolo XI alla metà del secolo XIV (Mailand 1940); *E. Jordan*, L'Allemagne et l'Italie au XIIe siècle: *Glotz* III (Paris 1939); *K. Bosl*, Das Hochmittelalter in der Deutschen und Europäischen Geschichte: HZ 194 (1962) 529—567 (gute Strukturanalyse vor allem des 12. Jh.).

Seppelt III (1956) 213—318 (Das Papsttum im Kampf mit Friedrich Barbarossa und Heinrich VI.); *Haller* III ([3]1962) 225—295 (Des Kaisertums kurzer Siegestag); *W. v. Giesebrecht - B. v. Simson*, Gesch. der dt. Kaiserzeit VI (Leipzig 1895); *W. Lehnel*, Der Konstanzer Friede von 1183 und die italienische Politik Friedrichs I.: HZ 128 (1923) 189—261; *K. Wenk*, Die römischen Päpste zwischen Alexander III. und Innocenz III. und der Designationsversuch Weihnachten 1197: Papsttum und Kaisertum. Festschr. P. Kehr (München 1926) 415—474; *F. Güterbock*, Kaiser, Papst und Lombardenbund nach dem Frieden von Venedig: QFIAB 25 (1933/34) 158—191; *H. Müller*, Die Mitglieder des Kardinalskollegiums von 1181—1216 (Diss. masch. Göttingen 1941); *H. Grundmann*, Die Papstprophetien des Mittelalters: AKG 19 (1928) 77—138; *M. Maccarone*, Il papa „Vicarius Christi": Miscellanea P. Paschini I (Rom 1948) 437—500; *I. Friedländer*, Die päpstlichen Legaten in Deutschland und Italien (1181—1198) (Berlin 1928); *G. Saebekow*, Die päpstlichen Legationen nach Spanien und Portugal bis zum Ausgang des 12. Jh. (Diss. Berlin 1931); *W. Janssen*, Die päpstl. Legaten in Frankreich (1130—1198) (Köln - Graz 1961); *V. Pfaff*, Die Einnahmen der römischen Kurie am Ende des 12. Jh.: Vjschr. für Sozialwiss. u. Wirtschaftsgesch. 40 (1953) 97—118; *P. Zerbi*, Papato, Impero e „respublica Christiana" dal 1187 al 1198 (Mailand 1955); *J. A. Yunck,* Economic Conservatism, Papal Finance and the Medieval Satires on Rome: MS 23 (1961) 334—351; *G. V. Scammel,* Hugh de Puiset, Bishop of Durham (1153—95) (Cambridge 1956); *P. L. Feser,* Bischof Berthold von Livland (1196—98): FreibGeschBl 27 (1963/64) 101—128.

Lucius III.: PL 201, 1067—1380; *Jaffé* ²II 431—492 725 f 766—769. — *St. Kuttner,* Pope Lucius III and the Bigamous Archbishop of Palermo: MS, Festschr. für A. Gwynn (Dublin 1961) 409—453; *J. Ramackers,* Eine Kassation von Papstbriefen unter Lucius III.: HJ 55 (1935) 547/551.

Urban III.: PL 202, 1331—1534; *Jaffé* ²II 492—528 726 769—770. — *P. Scheffer-Boichorst,* Kaiser Friedrichs I. letzter Streit mit der Kurie (Berlin 1866); *H. Kauffmann,* Die italienische Politik Kaiser Friedrichs I. nach dem Frieden von Konstanz (1183—89) (Diss. Greifswald 1933); *M. C. de Fischer-Reichenbach,* Urban III et Barberousse et les trois cardinaux Crivelli (Bern 1940).

Gregor VIII.: PL 202, 1537—64; Jaffé ²II 528—535. — *C. D. Fonseca,* La professione canonicale del cardinale Alberto de Morra: RSTI 16 (1962) 136—137; *P. Kehr,* Papst Gregor VIII. als Ordensgründer: Miscellanea F. Ehrle II (= Studi e Testi 38) (Rom 1924) 248 bis 276, überholt die früheren Arbeiten von *G. Kleemann,* Papst Gregor VIII. (1187) (Bonn 1912) und *P. Nadig,* Gregor VIII. (Basel 1890); *W. Holtzmann,* Die Dekretalen Gregors VIII.: MIÖG 58 (1950) 113—123.

Clemens III.: PL 204, 1273—1506; Jaffé ²II 535—576 727 770. — *R. Foreville:* DHGE 12 (1953) 1096—1109; *J. Geyer,* Papst Clemens III. (1184—91) (Diss. Bonn 1914).

Cölestin III.: PL 206, 863—1280; Jaffé ²II 577—644 727 771—772. — *R. Mols:* DHGE 12 (1953) 62—77 (Lit.); *J. Leineweber,* Studien zur Gesch. Cölestins III. (Diss. Jena 1905); *O. Thielepape,* Das Verhältnis Papst Cölestins III. zu den Klöstern (Diss. Greifswald 1913); *V. Laurent,* Rome et Byzance sous le pontificat de Célestin III: ÉO 39 (1940) 26—58; *V. Pfaff,* Die Kardinäle unter Papst Cölestins III. (1191—98): ZSavRGkan 41 (1955) 58—94; *ders.,* Pro posse nostro. Die Ausübung der Kirchengewalt durch Papst Cölestin III: ZSavRGkan 43 (1957) 89—131; *ders.,* Feststellungen zu den Urkunden und dem Itinerar Papst Cölestins III: HJ 78 (1959) 110—139; *ders.,* Die soziale Stellung des Judentums in den Auseinandersetzungen zwischen Kaiser und Kirche vom 3. zum 4. Laterankonzil: Vjschr. für Sozialwiss. u. Wirtschaftsgesch. 52 (1965) 168—206; *W. Holtzmann,* La „Collectio Seguntina" et les décrétales de Clément III et de Célestin III: RHE 50 (1955) 400—453; V. *Pfaff,* Papst Cölestin III.: ZSavRGkan 47 (1961) 109—128.

Kaiser Heinrich VI.: Jbb. der dt. Gesch.: *Th. Toeche,* Heinrich VI. (Leipzig 1867), obwohl veraltet und nur noch als (lückenhafte) Materialsammlung brauchbar, neugedruckt Darmstadt 1965; *J. Haller,* Heinrich VI. und die römische Kirche: MIÖG 35 (1914) 384 bis 454 545—669 (Neudruck Darmstadt 1962); *W. Wohlfahrt,* Kaiser Heinrich VI. und die oberitalienischen Städte (Heidelberg 1939); *E. Perels,* Der Erbreichsplan Heinrichs VI. (Berlin 1927); *V. Pfaff,* Kaiser Heinrichs VI. höchstes Angebot an die römische Kurie (1196): Heidelberger Abhandlungen 55 (Heidelberg 1927); *E. Jordan,* Henri VI a-t-il offert à Clément III de lui faire hommage pour l'empire?: Mélanges F. Lot (Paris 1925) 285 bis 306; *M. Ch.-E. Perrin,* Les négociations de 1196 entre l'empereur Henri VI et le pape Célestin III: Mélanges L. Halphen (Paris 1951) 565—572; *W. Leonhardt,* Der Kreuzzugsplan Kaiser Heinrichs VI. (Diss. Gießen 1913); *J. Heinrich,* Kaiser Heinrich VI. und die Besetzung der deutschen Bistümer: RQ 51 (1956) 189—227. Zur Krönung Heinrichs VI. vgl. *P. Zerbi:* Miscellanea G. Belvederi (Rom 1954) 517—528; *D. Clementi,* Calendar of the Diplomas of the Hohenstaufen Emperor Henry VI Concerning the Kingdom of Sicily: QFIAB 35 (1955) 86—225; *E. Moreau,* Albert de Louvain, prince-évêque de Liège (Brüssel 1946); *G. Bullinger,* König Richard Löwenherz und Kaiser Heinrich VI. (Diss. masch. Tübingen 1947); *W. Holtzmann,* Das Ende des Bischofs Heinrich von Chur. Ein Beitrag zur Gesch. von Reich und Kirche in den Zeiten Heinrichs VI.: Zschr. für Schweizer Gesch. 29 (1949); *D. von der Nahmer,* Die Reichsverwaltung in Toscana unter

Friedrich I. und Heinrich VI. (Aalen 1966); *H. Grundmann,* Kirchenfreiheit und Kaisermacht um 1190 in der Sicht Joachims von Fiore: DA 19 (1962) 353—396; *D. Clementi,* Some Unnoticed Aspects of the Emperor Henry VI's Conquest of the Norman Kingdom of Sicily: BJRL 36 (1954).

Der Frieden von Venedig war eine Waffenruhe gewesen, den ein Kompromiß ermöglicht hatte. Die deutsche Kirche blieb in der Hand des Kaisers, der weiterhin das Spolienrecht wahrnahm und die Regalien in den Dienst des Reiches stellte. Alexanders Legaten ließen es geschehen. Der Papst selbst vermittelte zwischen Friedrich und den Lombarden[1]. Die Liga zerfiel, während die Feinde von gestern (Mailand, Alessandria) sich mit dem Kaiser verbündeten. Bis zu seinem Tod beobachtete Alexander loyal die Bestimmungen des Friedens, aber er hinterließ als offene Fragen die ungeklärte rechtspolitische Lage des Mathildischen Gutes, die Geltung der schismatischen Weihen in Deutschland und Reichsitalien, das Verhältnis des Apostolischen Stuhles zur römischen Kommune. Auf der Flucht aus dem rebellierenden Viterbo starb er in Cività Castellana[2]. Doch bestand sein Erbe nicht nur in ungelösten Schwierigkeiten, sondern dank des zähen Kampfes in der Zeit des Schismas und seiner trotz stets umstrittener Legitimität konsequent weitergeführten Gesamtregierung der Kirche in einer Festigung des Ansehens römischer Rechtsentscheidungen in der Christenheit, der Anerkennung des Römischen Stuhles als höchsten Richters und Gesetzgebers. Gleichzeitig hatten sich die Kompetenzen dieser höchsten Gerichtsbarkeit erweitert, die Berufungen aus allen Ländern an den Heiligen Stuhl gemehrt. Wie früher Eugen III. bereits und Hadrian IV., so versuchte auch Alexander III. auf dem Laterankonzil Maßnahmen gegen ein Übermaß von Appellationen zu treffen, doch ohne spürbare Wirkung.

Kardinalbischof Hubald Allucingoli von Ostia wurde am 1. September 1181 als Lucius III. Alexanders Nachfolger. Ein alter, weiser Zisterzienser, als Freund Bernhards von Clairvaux den Reformgedanken jener Zeit noch so verbunden, daß er Geldspenden an die Römer, wie man sie bei einem Pontifikatswechsel dort erwartete, als Mißstand ablehnte. Im November 1181 kam er, freudlos empfangen, für fünf Monate nach Rom, wo ein Kollegium von 25 Senatoren die Stadt regierte. Über Tuskulum, das die Römer entweder zu Unterwerfung unter die Stadtherrschaft zwingen oder vernichten wollten, kam es zum Streit. Lucius rief den stets nahen Erzbischof von Mainz, Christian v. Buch, zu Hilfe. Im September 1183 allerdings verlor er diesen seit dem Frieden von Venedig loyal die Interessen des Papsttums im Patrimonium und gegen die Stadt Rom wahrnehmenden Helfer; der kriegerische Herr erlag vor Tuskulum einem Fieber. Die Kurie wandte sich nach

[1] Der Frieden von Konstanz (25. 6. 1183) brachte den Verzicht Friedrichs I. auf die ronkalischen Beschlüsse. Das Bündnis mit Mailand wurde Anfang 1185 geschlossen.
[2] Am 30. August 1181.

Norden, wo ein Zusammentreffen mit Kaiser Friedrich I. in Verona ausgehandelt worden war.

Der Kaiser hatte in Konstanz (1183) mit den Lombarden Frieden geschlossen; und da es ihm daran lag, die noch offenen Fragen von Venedig mit Alexanders Nachfolger zu klären, zeigte er sich entgegenkommend. Lucius III. weilte seit dem 22. Juli in Verona, wo der Kaiser erst Ende September eintraf, nicht ohne vorher bei seinem neuen Bundesgenossen Mailand gewesen zu sein. Die Anwesenheit des Patriarchen Heraklius von Jerusalem und der Großmeister der Ritterorden, die als Gesandte Balduins IV. die kritische Lage im Heiligen Land offenherzig darstellten, benutzte der Papst dazu, dem Kaiser eindringlich einen Kreuzzug nahezulegen. Friedrich versicherte, man wolle mit den Vorbereitungen dazu noch Weihnachten dieses Jahres beginnen. Einheitliches Vorgehen von regnum und sacerdotium wurde in Verona auch geplant für den Kampf gegen die immer stärker sich ausbreitende und bedrohlich erscheinende häretische Bewegung, vor allem in Südfrankreich und in Norditalien. In der Dekretale „Ab abolendam" (4. November 1184) wurde die klassische Formel gefunden, nach der die Kirche in prozessualem Verfahren die Häretiker vernehmen und gegebenenfalls verurteilen sollte, den Vollzug des Urteils und der Strafe aber dem weltlichen Arm überlassen bzw. anempfehlen würde. Ein kaiserliches Edikt, dessen Text nicht erhalten blieb, entsprach dem päpstlichen Entscheid. Man hat diese päpstlich-kaiserliche Entscheidung die Charta der Inquisition genannt[3].

Lucius erhielt aber keine sichere Zusage kaiserlicher Hilfe für seinen Kampf um Rom, auch die Fragen um das Mathildische Gut blieben ungeklärt. Dem Drängen des Kaisers hingegen, die offene Problematik der schismatischen Weihen zu bereinigen, gab der Papst unter Hinweis auf ein neu zu berufendes Konzil (in Lyon) nicht nach. Auch den Trierer Bischofsstreit zwischen Folmar (gewählt Mai 1183) und Rudolf zu Wied, den Friedrich I. investiert hatte, entschied Lucius noch nicht, sondern zitierte beide Kandidaten an die Kurie. Desgleichen versagte er sich dem Verlangen Friedrichs, seinen Sohn Heinrich bereits jetzt zum Kaiser zu krönen[4]. Wenn man

[3] „Ipse (Lucius) et Imperator Veronae convenientes, ut inter spiritualem patrem et filium miscentur colloquia, et tamquam ex duabus principalibus curiis et duobus orbis capitibus una Republica effecta, ecclesiastica simul et saecularia inter eos tractantur negotia; ubi etiam vicissim alterutrius delectati praesentia et vigore suffulti communi consilio omnium qui convenerant ... contra diversas haereses et eorum auctores ... insurgunt et suo eos fine condemnant." Aus der Dekretale „Ad abolendam" vom 4. November 1184, vgl. *H. Maisonneuve*, Études sur les Origines de l'Inquisition (Paris ²1960) 151.

[4] Kaiser Friedrich hatte bereits 1169 mit Alexander III. vergeblich wegen eines Mitkaisertums seines Sohnes verhandelt; wie Lucius wird auch Urban III. das gleiche Ansinnen abschlagen. „Die Kurie verneinte das Mitkaisertum für das abendländische Imperium", vgl. *W. Ohnsorge*, Das Mitkaisertum in der abendländischen Geschichte des frühen Mittelalters: ZSavRGgerm 67 (1950) 309—339; jetzt auch *W. Ohnsorge*, Abendland und Byzanz (Darmstadt 1958) 261—299, bes. 281.

bedenkt, daß die Verhandlungen von Verona vom Papst selbst angeregt worden waren, mag diese betonte Reserve befremden. Teils der Kurie, teils den zum Kaiser in Opposition stehenden deutschen Bischöfen gab man die Schuld; ihre Führung lag beim Erzbischof von Köln, Philipp von Heinsberg, dem Friedrich I. 1180 das Herzogtum Westfalen zugesprochen hatte. Der wirkliche Grund muß aber wohl darin erblickt werden, daß Friedrich in Verona eine grundsätzliche Wende seiner Italienpolitik erkennen ließ, seine Absicht nämlich, mit dem Normannenreich im Süden der Halbinsel ins Einvernehmen zu kommen. Dem diente die am 29. Oktober 1184 in Augsburg zustande gekommene Verlobung seines Sohnes Heinrich mit Konstanze von Sizilien, einer Tochter König Rogers, mithin der Tante des regierenden Herrschers, Wilhelms II. Gegen Ende der Verhandlungen, kurz vor der Abreise des Kaisers, hatte man amtlich dies in seinen Folgen noch nicht absehbare Ereignis bekanntgegeben. Die Vermählung sollte in Mailand stattfinden, das nunmehr ja dem Reich sich verbündete. Sie wurde am 27. Januar 1186 gefeiert.

Mit hoher Wahrscheinlichkeit darf man aber wohl annehmen, daß Papst Lucius selbst diese Verbindung im Interesse des Friedens und der Kreuzzugsplanung nicht ungern sah, sie vielleicht sogar persönlich gefördert hat. Die Kurie indes mochte fürchten — wenn auch damals nicht eigentlich mit einer Erbfolge Konstanzes zu rechnen war —, daß für den Bestand des Patrimoniums ein solches Bündnis des Reiches mit Sizilien zusätzliche Bedrohungen in sich berge.

Nach der Abreise des Kaisers aus Verona liefen die Verhandlungen zwischen den beiden Kurien weiter, doch starb Lucius III. am 25. November, ohne irgenwelche abschließenden Regelungen getroffen zu haben. Noch am gleichen Tag wählten die Kardinäle Erzbischof Humbert Crivelli von Mailand, einen ausgesprochenen Gegner des Kaisers, und gaben damit zu erkennen, wie wenig ihnen der neue Kurs Friedrichs zusagte. Urban III. verzichtete als Papst nicht auf sein Erzbistum, um die Regalien während der Vakanz nicht vom Reich einziehen zu lassen. Eine Folge war, daß der Papst der staufisch-normannischen Hochzeit in Mailand fernblieb, während Heinrich vom Patriarchen von Aquileja zum König in Italien gekrönt wurde. Damit war ohne Zweifel ein Affront gegen Urban gemeint, der damit reagierte, daß er am 1. Juni 1186 den antikaiserlichen Trierer Kandidaten Folmar zum Bischof weihte. Der Bruch zwischen Papst und Kaiser schien unvermeidlich. Friedrich befahl seinem Sohn, das Patrimonium zu besetzen, Papst und Kurie in Verona so zu isolieren, daß jeder Verkehr mit der Kirche unterbunden würde. Auch gelang es dem Kaiser auf dem Reichstag von Gelnhausen (November 1186), die Opposition um Philipp von Heinsberg lahmzulegen, den Erzbischof zu isolieren, so daß der deutsche Episkopat wieder geschlossen beim Kaiser stand.

1187 entschloß Friedrich sich, eine Gesandschaft nach Verona abzuordnen, die dem Papst neue Vorschläge unterbreiten sollte. Urban III. aber entzog sich ihr. Er hatte die neue Kathedrale der Stadt geweiht und war von den klugen Veronesern davon abgehalten worden, den Bann über Friedrich auszusprechen. Jetzt verließ er Verona in Richtung Venedig. Bei einem Zwischenaufenthalt in Ferrara starb er in der Nacht vom 19./20. Oktober und ersparte dadurch der Kirche eine neue, höchst unwillkommene Krise.

Der kurze Pontifikat seines Nachfolgers, Gregors VIII. (21. Oktober bis 19. Dezember 1187) stand ganz unter dem Zeichen der Kreuzzugsvorbereitung. Als Kardinalkanzler hatte Albert de Morra in seiner Vaterstadt Benevent eine Kongregation von Regularkanonikern strengster Observanz gegründet und gehörte, wie sein Vorgänger Lucius III., noch zu den Trägern der bernhardinischen Reform. Nach ihren Leitgedanken wollte er eine Erneuerung der Kurie versuchen, sein früher Tod bewahrte ihn vor Mißerfolg und Enttäuschung. Er hatte aber wenigstens noch die intransigente Politik Urbans III. gegenüber dem Reich rückgängig machen können.

Angesichts der anlaufenden Organisation des Kreuzzugs, dessen wichtigster Führer Kaiser Friedrich selbst zu werden versprach, durfte die Wahl des neuen Papstes nur auf eine vermittelnde Persönlichkeit fallen. Der Kardinalbischof Paul Scolari, Clemens III., war geborener Römer, mit verschiedenen einflußreichen Familien der Ewigen Stadt verwandt. Ihm gelang ein Ausgleich der Kurie mit der Stadt. Auch ein endgültiger Friede mit dem Reich kam zustande. Die Trierer Streitfrage fand ihre Lösung dadurch, daß man anstelle der beiden bisher Gewählten (Folmar und Rudolf) einen dritten erhob, den kaiserlichen Kanzler Johannes[5].

Mit den Römern mußte Clemens lange verhandeln, ehe der Vertrag vom 31. Mai 1188 unterzeichnet werden konnte. Mit erheblichen finanziellen Leistungen und Einbußen an Rechten erkaufte sich die Kurie einen Frieden, der gleichwohl gefährdet blieb und nur mit ständig neuen Leistungen zu sichern war.

Das Reich gab im Vertrag von Straßburg (April 1189) dem Papst das Patrimonium zurück (unter Vorbehalt der Reichsrechte — des „honor imperii"), Clemens III. stellte dafür die Kaiserkrönung Heinrichs in Aussicht. Wieder blieb das Mathildische Gut in der Hand des Kaisers, der aber auf eine ausdrückliche Anerkennung seines Besitzstandes verzichtete. Um der Vorbereitung und Durchführung des Kreuzzugs willen nahm Clemens III. alle Belastungen dieser Verträge in Kauf.

Am 18. September dieses Jahres starb in Sizilien, kinderlos, Wilhelm II. Rechtmäßige Erbin war jetzt Konstanze, die Gattin Heinrichs, der eben für den abwesenden Kaiser im Reich die Regentschaft angetreten hatte.

[5] *M. Corsten gen. Lönartz,* Erzbischof Johann I. von Trier (1189—1212): Zschr. für die Gesch. der Saargegend 13 (1963) 127—200. Vgl. *J. Heinrich,* Kaiser Heinrich VI., 193 bis 199 215—216 221—223.

Kurz vor seinem Tod hatte Wilhelm für Sizilien dem Papst den Lehnseid geleistet. Würde sich Heinrich, in der Nachfolge des Vaters bald Herr des Sacrum Imperium, auch dazu bereit finden? Während man in Apulien sich für Konstanze und Heinrich entschied, erhoben die sizilischen Großen einen Halbbruder Wilhelms, den Grafen Tankred von Lecce, zum König. Mit Zustimmung Clemens' III. krönte ihn der Erzbischof von Palermo.

Heinrich war entschlossen, das ganze Erbe seiner Gattin anzutreten. Durch Vermittlung der Erzbischöfe von Mainz versöhnte er sich mit Heinrich dem Löwen (Fulda, Juli 1190) und brach, begleitet vom Sachsenherzog, nach Italien auf, doch ließ die Nachricht vom Tod seines Vaters in Kleinasien eine Verzögerung eintreten, so daß man erst Januar 1191 die Lombardei betrat. Indessen festigte sich durch die Anwesenheit der beiden Könige von Frankreich und England in Messina, die dort auf dem Zug nach Palästina ihre Winterquartiere aufgeschlagen hatten, Tankreds Stellung so sehr, daß er im April nach Apulien übersetzte, auch diesen Teil des Normannenreiches zu erobern begann, um für die Auseinandersetzung mit Heinrich gewappnet zu sein.

Ende März 1191 war Clemens III. gestorben, und die schwerwiegenden Entscheidungen, die das Nahen Heinrichs, der zur Krönung nach Rom kam und bereits in Anguillara stand, in sich schloß, mußte sein Nachfolger treffen. Man wählte den greisen Kardinal Hyazinth, einen 85jährigen Kurienprälaten, der schon 47 Jahre lang dem Kardinalskollegium angehört hatte. Er war noch Schüler Abälards gewesen und hatte Bernhard von Clairvaux ferngestanden. Als erfolgreicher Diplomat der Kurie bei Versöhnungslegationen (bei Friedrich I. zur Beilegung der Mißverständnisse von Besançon, bei Heinrich II. nach dem Mord an Thomas Becket) tätig, war Hyazinth auch während des Schismas Alexander III. treu geblieben. Für eine ausgleichende Politik gegenüber dem menschlich harten, die Italienpläne seines Vaters konsequent weiterführenden neuen Herrn im Reich schien Cölestin III. trotz seines hohen Alters der geeignete Pontifex[6].

Nach anfänglichem Zögern krönte Cölestin III. am Ostersonntag 1191 (14. April) Heinrich VI. zum römischen Kaiser. Er riet ihm ab, jetzt schon nach Süden weiterzuziehen, wo denn auch der Versuch, Tankreds Königtum zu beseitigen, vor Neapel scheiterte. Salerno lieferte sogar Heinrichs Gattin gefangen Tankred aus. Ohne Erfolg mußte der Kaiser Ende 1191 die Rückkehr nach Deutschland antreten.

Cölestin III. aber beschloß, Tankred anzuerkennen. Er belehnte ihn mit Sizilien und schloß mit ihm ein für die Kurie günstiges Konkordat (Gravina, Juni 1192).

Nach Deutschland zurückgekehrt, sah Kaiser Heinrich sich angegangen

[6] Vgl. die Forschungen von V. *Pfaff* (Bibliogr. zum Kap.).

um eine Entscheidung in Fragen der Doppelwahl im Bistum Lüttich[7]. Er lehnte beide Elekten ab und übertrug das Bistum (Januar 1192) Lothar von Hochstaden. Der von der Mehrheit des Kapitels gewählte Albert, aus dem Hause Brabant, begab sich zur Kurie, wo Cölestin III. ihn bestätigte. Da es Albert verwehrt wurde, das Bistum Lüttich zu betreten, ließ er sich vom Erzbischof von Reims konsekrieren und stellte sich unter dessen Schutz. Dort wurde er von Lütticher Ministerialen ermordet. Die Schuld daran gab man allgemein dem Kaiser, der zwar einen Reinigungseid leistete, die Mörder aber mit einem Verweis davonkommen ließ. So blieb der Verdacht wach, und der rheinische Episkopat schloß sich mit einigen weltlichen Großen zu einer Opposition gegen den Kaiser zusammen; man nahm Verbindungen auf mit England, Sizilien und der Kurie. Heinrich VI. selbst stand seit Herbst 1191 im Bündnis mit König Philipp II. August von Frankreich, mit dem er in Mailand zusammengetroffen war, als der König vom Kreuzzug zurückkehrte. Die kritische Lage des Kaisers fand ihre Lösung, als ihm Herzog Leopold von Österreich den bei Wien gefangengenommenen englischen König auslieferte[8]. Richard Löwenherz, der seine Taktlosigkeiten in Syrien auf diese Weise teuer bezahlen mußte, konnte sich nur gegen enormes Lösegeld und die Bereitschaft, England als Lehen aus der Hand des Kaisers zu empfangen, freikaufen. Die bischöflich-fürstliche Opposition im rheinischen Westen aber verlor ihre entscheidende Stütze. Die gewaltigen Summen, mit denen Richard sich befreite, ermöglichten dem Kaiser nunmehr den Zug zur Eroberung Siziliens, wo am 20. Februar 1194 Tankred gestorben war und seine Gattin Sibylle für den unmündigen Sohn Wilhelm die Regentschaft übernommen hatte, ernsthafte Gegner also nicht zu erwarten waren. Im Mai 1194 brach Heinrich von Trifels aus nach Italien auf, und Weihnachten konnte er sich bereits in Palermo zum König krönen lassen. Tags darauf gebar ihm Konstanze einen Sohn, der als Friedrich II. später dem Vater in der Herrschaft der Reiche folgen wird. Der Reichstag von Bari (März 1195) ließ die neue Ordnung erkennen: Kaiserin Konstanze wurde Regentin Siziliens, ihr zur Seite stand als Statthalter Konrad von Urslingen, den bereits Friedrich I. zum Herzog von Spoleto ernannt hatte. Die Mathildischen Güter sollte Heinrichs Bruder Philipp als Herzog von Tuszien verwalten. Auf das ihm früher übertragene Bistum Würzburg hatte dieser bereits 1193 verzichtet. Markgraf von Ancona und Herzog der Romagna wurde der Reichstruchseß Markward von Annweiler.

Mit der Kurie war seit der Anerkennung Tankreds durch Cölestin III. und

[7] Zur Doppelwahl in Lüttich und ihren Ausgang vgl. *E. Moreau,* Albert de Louvain, prince-évêque de Liège (Brüssel 1946).

[8] *K. A. Kneller,* Des Richard Löwenherz deutsche Gefangenschaft: Stimmen aus Maria Laach, ErgH. 59 (Freiburg 1893) und die bei *Dahlmann-Waitz* unter n. 6671 angegebene Lit., ferner *G. Bullinger,* König Richard Löwenherz und Kaiser Heinrich VI. (Diss. masch. Tübingen 1947).

der Bestätigung des Lütticher Elekten Albert die Verbindung unterbrochen. Um wieder mit ihr anzuknüpfen, erbot sich Kaiser Heinrich, einen gut organisierten Kreuzzug ins Werk zu setzen. Man sah bei der Kurie sehr wohl, daß dieser Kreuzzug zugleich den weitgreifenden mediterranen Reichsplänen des Kaisers dienen sollte. Leo von Armenien und Amalrich von Zypern hatten bereits ihre Kronen als Lehen vom Kaiser erhalten. Darum ließ sich Cölestin III. nur zögernd auf diesen Plan Heinrichs ein, den abzulehnen natürlich völlig außer Bereich des Möglichen lag. Er ließ aber nun das Kreuz auch in England, Böhmen, Dänemark, Polen und Spanien predigen, damit die ganze Christenheit gleichsam engagiert und so dem kaiserlichen Kreuzzug der politische Stachel genommen würde.

Zu den Verhandlungen Heinrichs mit der Kurie gehörte des weiteren auch sein Plan, das Reich nunmehr als Erbreich anerkennen zu lassen. Den deutschen Fürsten hatte er weitgehende Privilegierung angeboten (Erblichkeit der großen Lehen) und der Kurie vielleicht angeboten, das Reich als Ganzes vom Heiligen Stuhl als Lehen zu nehmen. Hinhaltende Verhandlungen ermöglichten es Cölestin, jeder Entscheidung einer so verfänglichen Fragestellung aus dem Wege zu gehen. Inzwischen brachen in Sizilien schwere Unruhen aus, die der Kaiser im Sommer 1197 grausam ersticken konnte. Doch am 6. August befiel ihn, noch bevor er sich seinem Kreuzzug anschließen konnte, die tödliche Krankheit, während der jenes (von der Forschung nicht einheitlich bewertete) Testament verfaßt worden sein soll, nach dem Sizilien als Lehen der römischen Kirche anzuerkennen war[9]. Konstanze und Friedrich sollten dem Papst den Lehnseid leisten, das Land selbst aber bei Aussterben des königlichen Hauses dem Papste heimfallen. Herzog Philipp sollte das besetzt gehaltene Patrimonium freigeben und die päpstliche Lehnshoheit über Ancona und Ravenna anerkennen, wo Markwart von Annweiler die Macht in Händen hielt.

Am 26. September 1197 starb der Kaiser in Messina und wurde im Dom von Palermo beigesetzt. Wenige Monate später, am 8. Januar 1197, folgte ihm Cölestin III. in den Tod. Er hatte beim Weihnachtsfest die Absicht laut werden lassen, auf seine päpstliche Würde zu verzichten, wenn das Kardinalskollegium sich einverstanden erklären würde, den von ihm designierten Nachfolger, Johannes, den Kardinal von St. Paul, als Papst anzunehmen. Beides, Resignation und Designation, verweigerten die Kardinäle. Das Erbe Alexanders III. schien gesichert. Wenn Cölestin III. und seine Vorgänger gegenüber den machtvollen Persönlichkeiten der beiden Staufer politisch auch immer am kürzeren Hebelarm gesessen hatten, zumal ihnen Rom stets eine Last, nie eine Hilfe gewesen war, hatten sie im Hinblick

[9] Das Testament wurde bruchstückweise in den Gesta Innocentii III überliefert, gedruckt Constitutiones I, n. 379. Es handelt sich nicht um ein rechtsgültiges Testament, sondern um eine Anweisung für Markward von Annweiler für Verhandlungen mit der Kurie.

auf die Gesamtkirche die Kontinuität der alexandrinischen Anfänge sichern können.

Vor allem der „innere Pontifikat" Cölestins III. verdient Beachtung[10]. Der Papst, von jeher mehr Verwaltungsmann als Politiker oder Charismatiker, besaß in Kardinal Cencius Savelli, der dank Hyazinths Einfluß bereits unter Clemens III. Kämmerer der römischen Kirche geworden war, einen hervorragenden Mitarbeiter. Das Amt des Kämmerers nahm unter Cölestin insofern noch an Bedeutung zu, als kein Kanzler ernannt worden war. Um der Ordnung der kirchlichen Finanzen willen, die seit dem Schisma und den unruhigen Nachfolgepontifikaten schwer gelitten hatten, legte Cencius ein umfassendes Grundbuch der römischen Kirche an, wie es in Städten, Klöstern und Territorien längst eingeführt worden war. Der Liber censuum wurde eine offizielle Erfassung und Aufzeichnung aller von der römischen Kirche abhängigen (ihr zinspflichtigen) geistlichen Institute (Bistümer, Abteien, Stifter) und weltlichen Herrschaften. Es konnte 1192 fertiggestellt werden und war von erstaunlicher, wenn auch nicht vollkommener Genauigkeit (von 682 wirklich bestehenden Abhängigkeiten konnte Cencius bis auf 154 alle erfassen). Es gelang dem Kardinalkämmerer zudem, nicht nur die Finanzen der Kurie zu ordnen, sondern sie auch wirklich zu heben.

Wie in früheren Pontifikaten strömten auch unter Cölestin die Rechtsfälle aus der Christenheit nach Rom, zumal er feierlich erklärt hatte, jeder könne und solle sich in Rom sein Recht holen, der sich durch andere bedroht fühle. So machte Cölestin die Kurie zur Zentrale aller letzten Rechtsentscheidungen der Kirche, setzte geschriebenes Recht vor Gewohnheitsrecht, baute seine Urteile, wie man bemerkt hat, modern auf und ist vor allem ihrer Ausführung kontrollierend nachgegangen. Mehr als früher wurde die päpstliche Gerichtsbarkeit durch delegierte Richter ausgeübt, so daß der Geschäftsgang der Kurie entlastet und der zentralen Gesetzgebung Bahn geschaffen wurde. Kanzlei und Kammer erhielten ihre festen Ordnungen, die Bedeutung des Kardinalskollegiums und sein Anteil an der Regierung der Gesamtkirche nahmen zu.

Es war, als ob alle Voraussetzungen hätten geschaffen werden sollen für den Nachfolger, Innozenz III., mit dem eine neue Epoche im historischen Entfaltungsprozeß der Christenheit einsetzte.

[10] So V. *Pfaff*, Papst Cölestin III.: ZSavRGkan 47 (1961) 109—128.

12. Kapitel

Frühscholastik und Frühkanonistik. Die Anfänge der mittelalterlichen Universität

QUELLEN: Allg. Bibliogr. I, 11; *H. Denifle - A. Chatelain*, Chartularium Universitatis Parisiensis I (Paris 1889); die Werke der zu nennenden Theologen und Kanonisten.

DARSTELLUNGEN: Allg. Bibliogr. II, 11 und 12, vor allem die Arbeiten von *F. Ueberweg - B. Geyer, M. de Wulf, É. Bréhier, É. Gilson - Ph. Böhner, P. F. Cayré, M. Grabmann, F. Stegmüller, H. Rost, B. Smalley, C. Spicq, H. de Lubac*, Exégèse médiévale, jetzt in 4 Bden abgeschlossen (Paris 1960/64); Allg. Bibliogr. II, 6, die Arbeiten von *H. E. Feine, G. Le Bras, B. Kurtscheid, A. Van Hove*, Commentarium Lovaniense in Codicem Iuris Canonici I/1, Prolegomena (Mecheln-Rom ²1945); *A. M. Stickler*, Historia Iuris Canonici Latini, I: Historia Fontium (Turin 1950); dazu vor allem *Fliche-Martin* Bd 13 (*A. Forest - F. van Steenberghen - M. de Gandillac*, Le mouvement doctrinal du XIᵉ au XIVᵉ siècle) (Paris 1951) 147—178; über die Frühkanonistik orientiert am besten *G. Le Bras - Ch. Lefebvre - J. Rambaud*, L'Age classique (1140—1378), Sources et théorie du Droit (Histoire du Droit et des Institutions de l'Église en Occident, Bd 7) (Paris 1965) 266—291 (Les Débuts de l'École); *St. Kuttner*, Repertorium der Kanonistik (1140 bis 1234), Prodromus Corporis Glossarum I (= Studi e Testi 71) (Rom 1937).

Zu den Anfängen der Universität: Allg. Bibliogr. II, 11 (die Arbeiten von *J. van den Driesch, W. Wühr, L. Maître, E. Lesne*). Daneben vor allem *G. Paré - A. Brunet - P. Tremblay*, La renaissance du XIIᵉ siècle. Les Écoles et l'enseignement (Ottawa 1933); *S. d'Irsay*, Histoire des Universités françaises et étrangères des origines à nos jours, I: Moyen-âge et Renaissance (Paris 1933); *H. Rashdall*, The Universities of Europe in the Middle Ages, neu hrsg. in 3 Bden von *F. M. Powicke - A. B. Emden* (Oxford 1936); immer noch zu konsultieren bleibt *H. Denifle*, Die Universitäten des Mittelalters bis 1400 (Berlin 1885); *G. Post*, Alexander III. The licentia docendi and the Rise of the Universities: Anniversary Essays in Medieval History by students of Ch. H. Haskins (Boston 1929) 255—277; *Ph. Delhaye*, L'organisation scolaire au XIIᵉ siècle: Tr 5 (1947) 211—268; *F. Battaglia*, L'unità del sapere nelle prime Università occidentali: Rivista internazionale di filosofia del diritto (1955) 190—201; *H. Grundmann*, Vom Ursprung der Universitäten im Mittelalter (Darmstadt ²1960, Nachträge); *R. Meister*, Beiträge zur Gründungsgeschichte der ma. Universitäten: AnzAW, Phil.-hist. Kl. 49 (1957) 27—50; *S. Stelling-Michaud*, L'histoire des universités au moyen-âge et à la renaissance au cours des vingt-cinq dernières années: Rapport I Comité International des Sciences historiques, XIᵉ Congrès Internat. Stockholm (1960) 97—143.

Bologna: *C. Calcaterra*, Alma Mater studiorum (Bologna 1948); *G. de Vergottini*, Lo studio di Bologna, l'Impero, il Papato: Studi e memorie per la storia dell'Università di Bologna (NS 1) (Bologna 1954).

Paris: *L. Halphen*, Les origines de l'Université de Paris: A travers l'histoire du Moyen-Age (Paris 1950); *St. Kuttner*, Les débuts de l'école canoniste française: Studia et documenta historiae et iuris 4 (1938) 1—14; *Fliche-Martin* IX/2, 371—381 (*R. Foreville*, La naissance des Universités médiévales); *E. Behler*, Die Entstehung der mittelalterlichen Universität von Paris: Perennitas. Festschr. für Thomas Michels, hrsg. von *H. Rahner - E. v. Severus* (Münster 1963) 294—321; *A. L. Gabriel*, Les écoles de la Cathédrale de Notre-Dame et le commencement de l'Université de Paris: RHEF 50 (1964) 73—99.

Frühscholastik

Aus den Sentenzenwerken, welche in der 1. Hälfte des 12. Jh. die Eigenart theologischen Bemühens, vor allem jenseits der Grenzen monastischer Bildungsarbeit, ausmachen, hob sich unter Anwendung der in Abälard zu bedeutender Reife gekommenen dialektischen Methode, gleichsam abschließend und diese Darstellungsform theologischer Wissenschaft verbindlich meisternd, das Werk des Petrus Lombardus in Paris[1]. Ihm gilt Augustinus als der Hauptzeuge der theologischen Tradition. In der Grundrichtung konservativ, gab es sich als systematische, klar und präzis gegliederte Zusammenfassung aller bis dahin von den Theologen diskutierten Hauptwahrheiten des christlichen Glaubens. Zu jeder Frage brachte es die einschlägigen Väterzitate und verlässige Lösungen. In einer verhältnismäßig lang währenden Rezeptionszeit, die mit dem bekannten Wort des Laterankonzils von 1215[2] abschloß, wurde des Lombarden Werk zum ersten und für Jahrhunderte führenden theologischen Schulbuch. Die Gegner des Lombarden, Johannes von Cornwall[3], Gerhoh von Reichersberg[4], hatten sich vor allem gegen christologische Thesen gewandt oder, wie Joachim von Fiore[5], gegen trinitätstheologische Formulierungen. Publizistisch wirksamer schien die heftige Anklage des Priors von Sankt Viktor, Walter[6], der vor dem 3. Laterankonzil von 1179 gegen die dialektische Theologie („Contra quatuor labyrinthos Franciae") eintrat, aber bei den Zeitgenossen das Ansehen der gemeinten Theologen (Petrus Lombardus, Gilbert de la Porrée, Petrus von Poitiers, Petrus Abälard) nicht zu erschüttern vermochte.

Vom Lombarden abhängig, entstanden bis 1200 noch weitere Sentenzen-

[1] Vgl. Kap. 7.

[2] COD 208$^{4-6}$ = Constitutio 2: De errore abbatis Joachim. „Nos autem, sacro et universali concilio approbante, credimus et confitemur cum Petro (= Lombardo) . . ."

[3] Johannes von Cornwall (1125/30—1199/1200) vor allem in seinem Eulogium ad Alexandrum Papam III. (1177/79) gegen den christologischen Nihilianismus, vgl. *N. M. Häring:* MS 13 (1951) 253—300 (Edition), Biographisches bei *E. Rathbone:* RThAM 17 (1950) 46—60.

[4] Dazu *P. Classen,* Gerhoch von Reichersberg (Wiesbaden 1960) 261, wo hervorgehoben wird, daß Gerhoch bei aller Kritik den Lombarden einen hervorragenden Lehrer und Sammler nannte, den er nicht (wie Abälard und Gilbert de la Porrée) als Haupt einer häretischen Schule bekämpfte. Zum Ganzen vgl. das Kap.: Um Ruhm und Ehre des Menschensohnes: der letzte große Dogmenstreit (248—272).

[5] Als Gegner der Trinitätslehre des Petrus Lombardus wurde er auf dem 4. Laterankonzil verurteilt, s. o. Anm. 2 und *E. Bertola,* La dottrina trinitaria di Pietro Lombardo: Miscellanea Lombardiana (Novara 1957) 129—135 (untersucht unter dem Gesichtspunkt der joachitischen Kritik); *J. de Ghellinck,* Mouvement 263—267.

[6] Walter von Sankt Viktor († nach 1180), seit 1173 Prior des Stifts. Die Streitschrift: PL 199, 1129—72, ed. von *P. Glorieux:* AHD 27 (1952) 187—335, dazu *ders.,* Mauvaise action et mauvais travail. Le „Contra IV labyrinthos Franciae": RThAM 19 (1954) 179—193; *J. de Ghellinck,* Mouvement 258—263.

und Quästionensammlungen, theologische Summen, denen frühe Exzerpte aus seinem Werk zugrunde lagen, Abbreviationen, wie sie in dieser Form auch in Bologna vom Dekretum Gratians hergestellt wurden. Eine Arbeit des Magister Bandinus[7] und die Abbreviatio „Filia magistri", die zugleich Abhängigkeiten von der Summa aurea Wilhelms von Auxerre aufweist, wurden schnell bekannt. Auf vielen Kopien des Sentenzenwerks des Lombarden, wie sie von geschäftstüchtigen Schreibschulen für den Schulbetrieb hergestellt wurden, finden sich Randglossen, die später gelegentlich zu vollständigen, selbständig herausgegebenen Kommentaren zusammengestellt wurden. Weitverstreut (meist noch unediert) in vielen Handschriftenfonds (Bamberg, München, Rom, Paris und anderswo), sind sie Zeugen der frühen Lombardenschule.

Neben dem Lombarden bleibt Robert von Melun, der 1167 als Bischof von Hereford starb, eine beachtenswerte theologische Gelehrtengestalt, ein origineller Schüler Abälards, in der Leitung der Schola artium von Sainte-Geneviève sein Nachfolger[8]. Die Quaestiones de divina pagina (zum Text des Matthäusevangeliums) und sein Sentenzenwerk, gleichzeitig mit dem des Lombarden (1152/60) entstanden, werden gerühmt. Auch die Sentenzen des Magisters Udo (1160/65) wollen genannt sein; ihr Plan entsprach dem Entwurf Hugos von Sankt Viktor in seinem „De sacramentis fidei", sie wurden exzerpiert, fanden Abbreviatoren und lassen erkennen, wie sehr sich die Schule von Paris zum führenden Zentrum europäischer theologischer Wissenschaft entwickelte.

Führend unter den Glossatoren des Petrus Lombardus, seinen Nachfolgern im Lehramt, wurde Magister Petrus Comestor (Manducator)[9] mit seiner „Historia scholastica", der Evangelienglosse und dem Traktat über die Sakramente, in dem er den später vom 4. Laterankonzil aufgegriffenen Begriff der „Transsubstantiatio" erstmalig einführte. Bis nach Bologna greift der bei Gandulphus (nach 1160) nachzuweisende Einfluß des Lombarden[10].

Nach Petrus Manducator übernahm als theologischer Magister in Paris ein weiterer Lombardenschüler, Petrus von Poitiers (1130—1205)[11], den Lehrstuhl des Sentenzenmeisters. Als Kanzler wird er bestimmenden Einfluß

[7] PL 192, 965—1112; *J. de Ghellinck*, Mouvement 270.

[8] *H. Horst*, Die Trinitäts- und Gotteslehre des Robert de Melun (Mainz 1963, Lit.).

[9] *Petrus Comestor* (Manducator) (um 1100 bis nach 1179), gen. Magister historiarum, Historia scholastica: PL 198, 1053—1644, ergänzt von Petrus von Poitiers, ebd. 1645 bis 1722; *S. R. Daly*, Petrus Comestor, Master of Histories: Speculum 32 (1957) 62—73; Bibliogr. bei *L. Hödl:* LThK² VIII (1963) 357—358.

[10] Zu Gandulf bes. *J. de Ghellinck*, Mouvement 297—373 (Les ‚Sententiae' de Gandulphe de Bologne et les ‚Libri Sententiarum' de Pierre Lombard).

[11] Petrus von Poitiers (um 1130—1205), seine Sententiae: PL 211, 789—1280, neue Ed. von Buch I von *Ph. S. Moore - M. Dulong* (Notre Dame/Ind. 1943), von Buch II von *dens.* u. *J. N. Garvin:* ebd. 1950; *Ph. S. Moore,* The Works of Peter of Poitiers (Notre Dame/Ind. 1936).

auf das Werden der Universität nehmen können. Seine „Fünf Bücher Sentenzen" stammen aus den Jahren um 1170; mehr als nur ein Kommentar des Lombarden, wurden sie zu einem theologischen Kompendium eigener Prägung. Zur Schule des Petrus Lombardus[12] gehören auch Magister Martinus, Simon von Tournai, Praepositinus von Cremona und Petrus von Capua. Mit der Summa des Praepositinus (1190/94), einer Sammlung von zuvor selbständig gearbeiteten Einzelquästionen, schließt das Jahrhundert gleichsam ab[13]. Bisher sind von ihr vierzig Handschriften bekanntgeworden; auch sie, alle noch unediert, landschaftlich weit gestreut, weisen auf die abendländische Einheit im theologischen Bemühen.

Außerhalb des Kreises der Lombardenschüler wirkte von 1169/70 an in Paris Petrus Cantor († 1197)[14], der ein vielgestaltiges, reiches theologisches Schrifttum hinterlassen hat, das, auf intensivem Schriftstudium beruhend, vor allem moraltheologisch ausgerichtet war. Petrus Cantor, in der Domschule von Reims wohl unter Magister Alberich theologisch gebildet und durch diesen mit Anselm von Laons Denken vertraut, wurde Kanonikus von Notre-Dame in Paris und erhielt 1178 das Stiftsamt des Kantors, von dem sein Beiname stammt. Seine meist noch unedierten Werke gehören der Dogmatik, der Moraltheologie, der theologischen Enzyklopädie und vor allem der Exegese an. Als Hauptwerk gilt seine „Summa de sacramentis et animae consiliis". Von der Kanonistik erhielt Petrus Cantor bedeutende formale und inhaltliche Anregungen. Am weitesten verbreitet scheint sein „Verbum abbreviatum" gewesen zu sein mit wichtigen Ausführungen zur Methodik theologischer Forschung. Kulturhistorisch mitteilsam, wird es zur wichtigen Quelle klerikaler Zustände in Paris und zugleich dank seiner Vertrautheit mit den Autoren der antiken Überlieferung noch ein später Zeuge der Renaissance des 12. Jh.

Martin Grabmann erwähnt als Schüler des Petrus Cantor den Benediktiner Liebhard von Prüfening und Guido von Orchelles, vor allem die Engländer Robert von Courçon, Wilhelm de Montibus und Richard von Leicester, die bereits ins 13. Jh. führen, auch Stephan Langton, der, seit 1206 Kardinalerzbischof von Canterbury, zu den gefeierten Theologen seiner Zeit gehört hat († 1228)[15].

[12] Zur Schule des Lombarden jetzt *St. Otto,* Die Funktion des Bildbegriffs in der Theologie des 12. Jh.: BGPhMA 40, 1 (Münster 1963) 200—223.

[13] *G. Lacombe,* Praepositini Cancellarii Parisiensis opera omnia, I: La vie et les œuvres de Prévostin: BiblThom 11, 1927; Praepositinus (* 1130/35 Cremona, † 1210 Paris) war 1206—09 Kanzler der Universität Paris; *St. Otto,* Bildbegriff 251—254; *J. N. Garvin:* LThK² VIII (1963) 696 (Lit.).

[14] Petrus Cantor (um 1130—97), 1191 Bischof von Tournai (gewählt, aber nicht bestätigt), zuletzt *Ph. Delhaye:* LThK² VIII (1963) 353—354 (Lit.); *J.-A. Dugauquier,* Pierre le Chantre. Summa de Sacramentis et animae consiliis, bisher 4 Bde (Analecta Mediaevalia Namurcensia 4 7 11 16) (Löwen - Lille 1954/63).

[15] Die Gesch. der kath. Theologie seit dem Ausgang der Väterzeit (Freiburg 1933) 46.

Neben den Theologen aus dem Umkreis der Lombardenschule lehren und schreiben Gelehrte im Gefolge Gilberts de la Porrée[16], wie Jordan de Fantasma, der Archidiakon Ivo von Chartres, Jean Beleth. Führend unter ihnen war Alanus von Lille (1120—1202)[17], Zisterzienser, Lehrer in Paris, später in der Albigensermission tätig. Mit seinen Regulae de sacra theologia schrieb er ein vielbenutztes theologisches Kompendium, eine Reihe von Thesen, die, jeweils argumentierend unterbaut, neben den bisher bevorzugten Quästionen etwas formal Neues waren. Die Distinctiones dictionum theologicalium geben sich als eine Art theologisches Lexikon, das biblische Ausdrücke und vor allem die damals gebräuchliche theologische Terminologie sammelt und erklärt. Das umfangreiche literarische Werk des Alanus umschließt weiterhin Dichtungen, Bußtraktate, Predigtwerke, die vielkommentierte Summa de arte praedicatoria, den Liber poenitentialis.

Porretaner war auch Odo von Ourscamp († 1171)[18], Abt dieses Zisterzienserklosters von 1167/70 und vorher theologischer Lehrer in Paris. Ein scharfsinniger Dialektiker, der in grundlegenden Fragen der Gotteslehre, der Christologie und der Sakramententheologie gegen Petrus Lombardus Stellung nahm. Er starb 1171 als Kardinalbischof von Tuskulum. Durch seinen Einfluß auf Simon von Tournai († 1201)[19] fand seine Theologie weitreichende Resonanz. Verschiedene Quästionensammlungen aus dem Kreis seiner Hörer beweisen, daß er schulbildend gewirkt hat. Das Hauptwerk des Simon von Tournai, die Summe „Institutiones in Sacram Paginam" (1170/75), bisher unediert, führt Gedankengut Abälards mit sich. Formal neu sind bei Simon die Disputationes, neben den bisher gebräuchlichen Lectiones, Quaestiones und Thesen. Aristoteles fand durch ihn Eingang in die theologische Spekulation.

Die früher Alanus von Lille zugeschriebene „Ars catholicae fidei" stammt von Nikolaus von Amiens, der damit den Porretanerkreis erweitert, zu dem vielleicht auch der erwähnte Petrus Cantor wegen seiner gedanklichen Nähe zu Alanus von Lille gehört. Abhängig von Nikolaus ist eine der umfangreichsten Ethikdarstellungen des 12. Jh., das „Speculum universale" des Radulfus Ardens[20], eine in 14 Büchern großangelegte, jedoch unvollendet

[16] Zur Porretanerschule jetzt *St. Otto,* Bildbegriff 224—250, mit Verweis auf *E. Bertola,* La scuola di Gilberto de la Porrée (Padua 1951); *N. M. Häring,* Zur Geschichte der Schulen von Poitiers: AKG 47 (1965) 23—47.

[17] *Alanus von Lille,* Werke: PL 210; *J. Longère,* Alain de Lille: Liber poenitentialis, I: Introduction doctrinale et littéraire (Analecta Mediaevalia Namurcensia 17) (Löwen - Lille 1965).

[18] Odo von Ourscamp, vgl. *L. Hödl,* Geschichte der scholastischen Literatur und der Theologie der Schlüsselgewalt I (Münster 1960) 116—141 210—214.

[19] Simon von Tournai, vgl. *St. Otto,* Bildbegriff 238—250; *L. Hödl,* Schlüsselgewalt I 240 (Datierungen).

[20] *Radulf Ardens,* Homilien: PL 155, 1301—1626 1667—2118, das Speculum Universale

gebliebene theologische Enzyklopädie. Gilbert de la Porrée wird ausgiebig benutzt. Bisher wurde nur eine Kapitelübersicht dieses um seiner Originalität gerühmten Werkes ediert. Radulfus ist noch vor Ende des Jahrhunderts gestorben.

Frühkanonistik

Während das Sentenzenwerk des Lombarden nur allmählich und nicht ohne Gegnerschaft sich im Schulbetrieb durchsetzen konnte, war es in Bologna dem Dekretum Gratians[21] wie mühelos und beachtenswert schnell gelungen, alsbald zum Grundbuch der jungen Kirchenrechtswissenschaft zu werden. Neben die Legisten, die sich seit Irnerius und seinen vier großen Schülern mit dem spätantik-römischen Recht beschäftigten, traten die Dekretisten, die das Dekret und seinen Inhalt in Vorlesungen und schriftlicher Bearbeitung in scholastischer Methode eingehend behandelten. Ähnlich wie in Paris das Sentenzenwerk des Lombarden wird hier das Dekret interlinear glossiert, die Textinterpretationen zu Summen zusammengefaßt, Rechtsfragen (Quaestiones) behandelt, Rechtsregeln aufgestellt und so die praktische Anwendung der Quellen gelehrt. Fußend auf Glossen und Summen, werden später vollständige, ausführliche Erklärungen des ganzen Textes (die sogenannten Apparatus) gegeben[22]. Neben den Dekretisten von Bologna erscheinen Kirchenrechtler auch in Frankreich, vor allem in der Normandie[23].

Der bekannteste Schüler Gratians, Paucapalea, dem man auch die Unterteilung von Teil I und Teil III des Dekrets in Distinktionen zuschreibt, hat 1145/48 mit einer Summa begonnen[24]. Die Summa (genannt Stroma) des Magister Roland Bandinelli liegt vor 1148, die Abbreviation Ognibenes von Verona um 1156. Johannes von Faenza († 1190) fußt auf dem auch sonst viel

(1193/1200) ist noch ungedruckt. *J. Gründel*, Das Speculum Universale des Radulf Ardens (München 1961); *ders.*, Die Lehre von den Umständen (Münster 1963) 204—215.

[21] Vgl. Kap. 7 zu Gratian.

[22] *St. Kuttner*, Repertorium der Kanonistik (= SteT 71) (Rom 1937); *J. Rambaud-Buhot*, Les divers types d'abrégés du Décret de Gratien: Recueil de travaux offert à M. Clovis Brunel (Paris 1955) 397—411. Zu den literarischen Formen der akademischen Aussage (Glosse, Apparatus, Notabilia, Generalia, Brocarda, Distinctiones, Quaestionen, Casus), vgl. *G. Le Bras - Ch. Lefebvre - J. Raumbaud*, L'Age classique 270—273.

[23] *St. Kuttner*, Les débuts de l'école canoniste française: Studia et documenta historiae et iuris 4 (1938) 1—14; *St. Kuttner - E. Rathbone*, Anglo-Norman Canonists of the Twelfth Century: Tr 7 (1949/50) 279—358.

[24] Die ältere Literatur bei *A. van Hove*, Prolegomena (Mecheln - Rom ²1945) (Commentarium Lovaniense in Codicem Iuris Canonici I/1) 423—435. Über die Dekretsummen der Bologneser und französischen Schule vgl. *St. Kuttner*, Repertorium 123—207, über die Summen der Anglo-Normannen und Kölner vgl. *St. Kuttner - E. Rathbone*, Anglo-Norman Canonists: Magister Honorius, der Kreis um Johannes von Tynmouth mit Johannes von Cornwall und Simon von Southwell, Thomas von Marlborough und andere gehören hierher. Richard Anglicus lehrte in Bologna.

benutzten Werk des Magister Rufinus (kurz vor 1159), das man als die erste große glossierende Dekretsumme überhaupt ansieht. Noch vor Johannes von Faenza hat Stefan von Tournai († 1203) um 1160 sowohl Bandinelli als vor allem auch Rufinus ausgewertet. Ein Schüler Gratians war auch Simon von Bisignano, dessen Summe 1177/79 geschrieben wurde. Der „größte der Dekretisten" aber war unbestritten Huguccio von Pisa, Abschluß und Höhepunkt der Schule von Bologna. Seine Summa wurde 1188/90 abgeschlossen, er selbst starb 1210 als Bischof von Ferrara, wie denn die meisten der Rechtslehrer von Bologna Bischöfe, einige, wie Bandinelli und Albert von Benevent, vor allem Lothar von Segni, Päpste geworden sind. Rufinus erhielt das Bistum Assisi, Ognibene Verona, Johannes Faenza, Sicard Cremona, Stefan Tournai. Andere stiegen zum Kardinalat auf, wie Laborans und ein Namensvetter des Verfassers des Dekrets, Gratian († 1197). Das Zeitalter der Juristenpäpste und Juristenbischöfe setzte ein.

Die französischen Dekretsummen sind durchweg anonym überliefert worden, sie heben sich oft auch durch eigenwillige Stoffeinteilung und durch ihre Methode von den italienischen Werken ab. Ihre Namen (Summa Coloniensis, Monacensis, Parisiensis, Lipsiensis u. a.) erhielten sie von den Fundorten der Handschriften, sie sind aber nicht notwendig dort entstanden, wo man sie später entdeckte; so stammt die Summa Coloniensis (um 1170) von Paris, die Summa Monacensis (1175/78) aus Kärnten. Zur französischen Schule rechnet man auch die Dekretsumme Sicards von Cremona (1179/81). Die französische Schule (Paris und Normandie) und die weite Streuung ihrer Handschriften beweist die schnelle und allgemeine Rezeption des Dekrets und seiner Bearbeitungen in der ganzen Christenheit. Auch bei der Kurie kam das Dekret unter Alexander III. in Gebrauch.

Das Dekret selbst hat nie eigentliche Gesetzeskraft erhalten, aber die umfangreiche Literatur zum Dekret und die darin geleistete intensive rechtsvergleichende und rechtsklärende Arbeit sowie ihre Verbreitung durch die führenden Schulen in alle Zentren kirchlichen Lebens haben die Grundlage geschaffen für die rechtsetzende Leistung der seit Alexander III. und vor allem Innozenz III. sich ständig universaler gebenden und die gesamte kirchliche Ordnung bestimmende Führungsmacht des Papsttums.

Die Anfänge der Universitäten

Die beiden bisher geschilderten jungen Wissenschaften der systematischen (theoretischen und praktischen) Theologie und der Kanonistik haben durch ihre Anziehungskraft auf Schüler aus allen Teilen der abendländischen Christenheit und durch die stets intensiver werdende Zusammenarbeit der Lehrer und ihrer Schulen, vor allem in Bologna und Paris, wenn auch nicht ausschließlich dort, die Grundlagen gelegt für eine Institution, deren eigentliche Geschichte dem 13. Jh. angehört, deren Anfänge aber im 12. Jh. aufzuzeigen sind: die Universitäten (studia, studia generalia) des Abendlandes.

Im 12. Jh. erfuhr auch das Bildungswesen des Abendlandes im Gefolge der allenthalben einsetzenden sozialen, wirtschaftlichen und politischen Strukturveränderungen einen bedeutsamen Wandel. Während zuvor Kleriker, Mönche und Laien an Abtei- und Kathedral- bzw. Stiftsschulen humanistisch und theologisch herangebildet wurden, dabei aber, wenn man von wenigen Ausnahmen absieht, nur der jeweilige Personalbedarf von Kloster, Stift oder Bistum erfaßt wurde, änderte sich das Bild im Verlauf dieses Jahrhunderts schnell. Die Bedeutung der Abteischulen trat zurück vor dem zunehmenden Einfluß der Stadtschulen, weil der Primat der Agrarordnung abgelöst wurde durch die Entfaltung der Stadtkultur. Wenn in den Städten vorerst Dom- und Stiftsschule dominierten, gab es bereits, wie etwa in Salerno, Montpellier und Bologna, Schulen, die nicht eigentlich kirchlicher Institution waren. In Paris mehrten sich seit Anfang des Jahrhunderts Lehrer, welche ihre Schüler zwar noch in kircheneigenen Räumen (den claustra der Kathedrale oder des Stifts Sainte-Geneviève) unterrichteten, die aber selbst so wenig wie ihre Schüler dem Personalverband des Dom- oder Stiftskapitels eingegliedert waren. Zumal in Paris, aber auch anderswo, mehrten sich solche Gruppen. Die Zahl der Lehrer nahm zu in dem Maß, wie eine zahlenmäßig kaum abschätzbare, aber der allgemeinen geistigen Ruhelosigkeit der Zeit entsprechend rapid zunehmende Wanderbewegung von scholares einsetzte, die aus allen Teilen der Christenheit aufbrach, aber vor allem Richtung nach Westen (Paris) und Süden (Bologna) nahm. Was bereits im 11. Jh. in Le Bec, Chartres, Orléans, wenn auch in bescheidenerem Umfang, festzustellen war, wird jetzt in breiter Bewegung sichtbar. Man wanderte, aus dem Reich zunächst nach Lüttich, dann nach Reims, nach Laon und Orléans, schließlich vor allem nach Paris.

Noch sind es nicht die Schulen selbst als Institutionen, welche die Anziehungskraft ausüben, sondern die Namen bekannt gewordener Lehrer, wie Anselm in Laon, Wilhelm von Champeaux und vor allem Petrus Abälard in Paris. Die Städte selbst weiten sich und bieten größere Möglichkeiten für den Aufenthalt der Lehrenden und Studierenden. In der 2. Hälfte des Jahrhunderts bilden sich Schwerpunkte, die nicht mehr vom Ruf eines überragenden Lehrers getragen werden, sondern wo die Schulen selbst zu beständigen Einrichtungen werden, an denen die Lehrer wechseln, wo ganze Lehrergruppen sich sammeln. Wir besitzen lange Namenlisten für Paris, wo Lehrer der Artes liberales und der Theologie bereits in bestimmten Quartieren unterrichten, wie etwa die Meister der Artes auf dem Petit-Pont und auf dem Genovevenberg, die Theologen im Stift Sankt Viktor, bei der Kathedrale, im Stift Sainte-Geneviève, in der Abtei Saint-Germain-des-Prés. Der Scholasticus canonicus oder Kanzler des Domkapitels von Notre-Dame (wie das auch an anderen Dom- und Stiftskapiteln der Fall war) konnte den

Lehrern die Erlaubnis zu lehren erteilen, von ihm mußte sie erbeten werden. Jeder qualifizierte Bewerber, so hatte Alexander III. auf dem 3. Laterankonzil[25] bestimmen lassen, solle sie erhalten. Der institutionelle Kern der Pariser Universität liegt demnach hier vor. Der Kanzler behielt die Oberaufsicht über die Lehrer, welche noch im 12. Jh., der Tendenz der Zeit entsprechend, sich als Gruppe (Gilde, societas, später: universitas) zusammenzuschließen begannen. Die Aufnahme neuer Mitglieder geschah gewöhnlich so, daß der Magister seinen Schüler, der sein Studium abgeschlossen hatte, durch die Zeremonie der inceptio (Graduierung) einführte. Das doppelte Element einer amtlichen Lizenzierung durch den Kanzler und einer akademischen Kooptation bleibt also zu beachten.

Ähnlich entwickelten sich die Verhältnisse auch in Bologna[26]. Umstritten bleibt die Frage, ob die Lehrer des römischen Rechtes (Irnerius und seine Schüler) mit oder ohne amtliche Beglaubigung (von seiten städtisch-kirchlicher Amtsstellen) lehren durften. Jedenfalls scheint die bekannte Constitutio Friedrichs I. (Habita), die er auf dem Reichstag von Roncaglia (1158) herausgab (nicht für Bologna ausdrücklich, sondern für alle scholares des italienischen Reichsteils), eine Art Vereinigung von Rechtslehrern vorauszusetzen, bei der in Konkurrenz mit bischöflicher Jurisdiktion im Streitfall Recht gesucht werden konnte. Sie besaß noch keine schriftlichen Statuten, sondern lebte nach gewohnheitsrechtlichen Regeln und ergänzte sich wie in Paris durch Kooptation seitens der Magister. Höchstwahrscheinlich traten die Lehrer des römischen mit denen des kanonischen Rechtes zu einer Körperschaft zusammen. Erst später bildeten sich auch die Vereinigungen der Studenten, denen im Lauf der Zeit die Kontrolle über die Universität als ganzer zufallen sollte. Sie nannten sich universitates, während die Lehrer zum collegium wurden. Zwar behielten die Magistri das wichtige Recht, über die wissenschaftliche Qualifikation jener zu urteilen, die ihrem Kollegium kooptiert werden wollten (conventus genannt, der inceptio in Paris entsprechend), aber in allem anderen behielten die Studentengilden den Primat.

Wenn man von einigen allgemein gehaltenen kaiserlichen und päpstlichen Bestimmungen absieht, die im 12. Jh. mit Hinblick auf die Studien ergangen waren, wurden königliche und kirchliche, städtische und kaiserliche Privilegien für bestimmte Hochschulen erst von 1200 an gegeben. Bis dahin haben

[25] Can. 18: COD 196.

[26] Über die Anfänge der Universität Bologna orientieren die Beiträge der Studi e memorie per la storia dell'Università di Bologna (NS 1) (Bologna 1954), wo neben dem in der Bibliogr. zum Kap. erwähnten G. de Vergottini *U. Gualazzini* über den Ursprung referierte (L'origine dello Studium bolognese nelle più antiche vicende della licentia docendi, 97—115) und *G. Rossi* über das Verhältnis der Studentenschaft zur Stadt („Universitas scholarium" e comune, 173—266) und schließlich *G. Le Bras* über Bologna als eine der geistigen Hauptstädte des Abendlandes (Bologne, monarchie médiévale des droits savants, 1—18).

sich vor allem in Paris und Bologna, Montpellier und Salerno, in Oxford jene Gemeinschaften der Lehrer und Studenten zusammengefunden, aus denen im 13. Jh. sich, vor allem vom Papsttum mit eigenem Recht ausgestattet, die Universitäten entwickeln. Sie geben sich demnach als eine spontane Bildung, nicht als eine von höchsten Autoritäten geplante und errichtete Institution; ihre Anfänge gehören dem 12. Jh. und seinem geistigen Aufbruch an, in dem nicht so sehr ein auf Berufsbildung ausgerichtetes Interesse, als vielmehr das Verlangen nach Wahrheitserkenntnis, nach einem Wissen, das die Bedürfnisse des täglichen Lebens überstieg, sich kundgab[27]. Natürlich trug die allgemeine rasche Entwicklung der Stadtkultur und der gesteigerte Verkehr von Volk zu Volk im Gefolge der Kreuzzüge einiges dazu bei. Von einer Kontinuität der spätklassisch-römischen oder nahöstlichen Bildungsinstitute kann weder in Italien noch in Südfrankreich gesprochen werden; auch byzantinische oder arabische Einflüsse sind von der Forschung nicht nachgewiesen worden. Zwar entstand ziemlich früh die Vorstellung von einer translatio studii[28] (analog zur translatio imperii) von Athen nach Rom, von dort nach Byzanz und schließlich nach Paris, deren Spuren bereits bei Alkuin und Notker in karolingischen Zeiten auftauchten und die im 12. und 13. Jh. in Deutschland und Frankreich bekannt war, doch entsprach ihr kein historisch faßbarer Vorgang. Die Frühgeschichte der Universitäten als rechtlich umschriebener Institution gehört ins 13. Jh.

13. Kapitel

Häretische Bewegungen und die Anfänge der kirchlichen Inquisition

QUELLEN: *Ekbert von Schönau,* Sermones adversus Catharorum errores (um 1163): PL 195, 11—98; dazu *A. Borst,* Die Katharer (Stuttgart 1953) 6—7; *Alanus von Lille,* De fide catholica contra hereticos sui temporis praesertim Albigenses: PL 205, 306—430; *Bonacorsi,* Manifestatio heresis Catarorum: PL 204, 775—794; ed. *Ilarino da Milano,* La „Manifestatio heresis Catarorum quam fecit Bonacursus", secondo il cod. Ott. lat. 136 della Bibl. Vaticana: Aevum 12 (1938) 281—333; *ders.,* L'eresia di Ugo Speroni nella confutazione del Maestro Vacario. Testo inedito del secolo XII con studio storico e dottrinale (= SteT 115) (Rom 1945); *E. Turdeanu,* Apocryphes bogomiles et apocryphes pseudo-

[27] Besonders betont von *H. Grundmann,* Vom Ursprung der Universitäten im Mittelalter (Darmstadt ²1960).

[28] Auf diese Translatio hat hingewiesen *É. Gilson,* Les Idées et les Lettres (Paris 1932) 183—185, dann auch *E. R. Curtius,* Europäische Lit. und lateinisches Mittelalter (Bern ²1954) 388—390. *H. Grundmann,* Sacerdotium — Regnum — Studium. Zur Wertung der Wissenschaft im 13. Jh.: AKG 34 (1952) 5—21; ausführlich dann *F. J. Worstbrock,* Translatio artium: AKG 47 (1965) 1—22: „Wanderung des studium von Griechenland über Rom nach Frankreich, diese Anschauung dürfte auf dem Boden der Pariser Schulen zur Blüte gekommen sein. Sie versteht sich, wie Hugo von St. Viktor erkennen läßt, als Fortsetzung antiker Translationstheorien und Translationsschemata", 18.

bogomiles: RHR 138 (1950) 22—52 176—218; *A. Dondaine,* Aux origines du Valdéisme. Une profession de foi de Valdès: AFP 16 (1946) 191—235; *ders.,* Nouvelles sources de l'histoire doctrinale du néo-manichéisme au moyen-âge: RSPhTh 28 (1939) 465—488; *Petrus Venerabilis,* Epistola sive tractatus adversus petrobrusianos (1139/42): PL 189, 719—850; *Hugo von Amiens,* Contra haereticos sui temporis sive de Ecclesia et ejus ministris: PL 192, 1141—1352; *Bernhard von Fontcaude,* Adversus Waldenses liber: PL 204, 793—840; Epistola Evervini (Propst von Steinfeld) (nach 1149) an Bernhard von Clairvaux: PL 182, 676—680; dazu *Bernhard von Clairvaux,* Sermones 65 et 66 super Cantica Canticorum, ed. *J. Leclercq - C. H. Talbot - H. M. Rochais,* S. Bernardi Opera II (Rom 1958) 172—188; Epistola Leodiensis ecclesie ad papam Lucium II (1144/45): PL 179, 937—938; Briefe des Kardinalbischofs Heinrich von Albano u. des Kardinals Petrus von S. Crisogono (1178): PL 199, 1120—1124; 204, 235—240; Epistola Henrici VI Romanorum imperatoris ad Coelestinum III papam de legatis et haereticis: MGConst I, n. 370 S. 519; *Walter Map,* De nugis curialium, ed. *Th. Wright* (Camden Society, Old Series, 50) (London 1850); übers. u. kommentiert von *M. R. James - J. E. Lloyd,* hrsg. von *E. S. Hartland* (Cymmrodorion Record Series 9) 1923; *Roger von Hoveden (Howden),* Chronica; *Otto von Freising,* Gesta Friderici imperatoris; *Johannes von Salisbury,* Historia pontificalis, Gesta pontificum Cenomanensium; *Hugo von Poitiers,* Histora Vizeliacensis monasterii (vgl. Bibliogr. zu Kapitel 6); Akten des Albigenserkonzils von Saint-Félix de Caraman, ed. *A. Dondaine:* MiscMercati V (1946) 326—327; Analyse der Quellen bei *J. Guiraud,* Histoire I, XI—XLIII u. *A. Borst,* Die Katharer 3—12; *C. du Plessis d'Argentré,* Collectio iudiciorum de novis erroribus qui ab initio XII. seculo usque ad annum 1735 in Ecclesia proscripti sunt et notati, 3 Bde (Paris 1724/36); *I. v. Döllinger,* Beiträge zur Sektengeschichte des MA, II: Dokumente vornehmlich zur Gesch. der Valdesier und Katharer (München 1890); *P. Frédéricq,* Corpus documentorum inquisitionis haereticae pravitatis Neerlandicae, 5 Bde (Gent 1889/1906).

LITERATUR: *Chr. U. Hahn,* Gesch. der Ketzer im Mittelalter, bes. im 11., 12. und 13. Jh., 3 Bde (Stuttgart 1845/50); *H. Reuter,* Gesch. der religiösen Aufklärung im MA, 2 Bde (Berlin 1875/77); *F. Tocco,* L'eresia nel medio evo (Florenz 1884); *H. Ch. Lea,* A History of the Inquisition of the Middle Ages, 3 Bde (London 1888, Neudruck New York 1955), dt. von *J. Hansen* (Leipzig 1905/13); vgl. *J. Dalberg-Acton:* EHR 3 (1888) 773—788; *P. Frédéricq,* Geschiedenis der Inquisitie in de Nederlanden (1025—1528) (Gent 1892); *A. S. Turberville,* Medieval Heresy and the Inquisition (London 1920, Neudruck London 1964); *G. Volpe,* Movimenti religiosi e sette ereticali nella società medioevale italiana sec. XI—XIV (1922, ²1926, Neudruck Florenz 1961); *H. Grundmann,* Religiöse Bewegungen im MA (Berlin 1935, Neudruck mit Erg. Darmstadt 1961); *J. Guiraud,* Histoire de l'Inquisition au Moyen-Age, 2 Bde (Paris 1935/38); *A. Aegerter,* Les hérésies du Moyen-Age (Paris 1939); *W. Nigg,* Das Buch der Ketzer (Zürich 1949); *G. Welter,* Histoire des sectes chrétiennes des origines à nos jours (Paris 1950); *R. Morghen,* Medioevo cristiano (Bari 1951, ²1958) 204 bis 281 (L'eresia nel Medioevo); *L. Sommariva,* Studi recenti sulle eresie medioevali: RSIt 64 (1952) 237—268; *E. Dupré-Theseider,* Introduzione alle eresie medioevali (Bologna 1953); *P. Ilarino da Milano,* Le eresie medioevali: Grande Antologia Filosofica II/4 (Mailand 1954) 1599—1689; Movimenti religiosi popolari ed eresie del Medioevo *(R. R. Betts, E. Delaruelle, H. Grundmann, R. Morghen, L. Salvatorelli):* Relazioni del X Congresso Internazionale di Scienze storiche III (Florenz 1955) 305—541; *H. Grundmann,* Ketzergeschichte des MA (Göttingen 1963) (Fasz. 2 G, 1 von Die Kirche in ihrer Gesch., hrsg. von *K. D. Schmidt - E. Wolf*); *J. Russell,* Interpretations of the Origins of Medieval Heresy: MS 25 (1963) 26—53; *E. Van der Vekené,* Bibliogr. der Inquisition. Ein Versuch (Hildesheim 1963), dazu *B. A. Vermaseren,* Een bibl. over de inquisitie: Tijdschr. v. Geschiedenis 77 (1964) 472—477.

C. Pozo, La noción de „herejía" en el derecho canónico medieval: Misc. Pérez Goyena (Madrid 1960) 235—251; *H. Flatten,* Der Häresieverdacht im Codex Iuris canonici: Kan.

Studien u. Texte 21 (Amsterdam 1963); *H. Grundmann,* Oportet et haereses esse. Das Problem der Ketzerei im Spiegel der mittelalterlichen Bibelexegese: AKG 45 (1963) 129 bis 164; *ders.,* Der Typus des Ketzers in mittelalterlicher Anschauung: Kultur- und Universalgeschichte, Festschrift für W. Goetz (Leipzig 1927) 91—107.

Die Katharer: *E. Broeckx,* Le Catharisme (Hoogstraten 1916); *S. Runciman,* The Medieval Manichee (Cambridge 1947); *A. Borst,* Die Katharer (Schriften der MG 12) (Stuttgart 1953); *F. Niel,* Albigeois et Cathares (Paris 1955); *E. Delaruelle,* Le Catharisme en Languedoc vers 1200, une enquête: Annales du Midi 72 (1960) 149—167; *P. de Berne-Lagarde,* Bibliographie du catharisme languedocien (Institut des Études cathares, Collection de textes et documents 1) (Toulouse 1957); *D. Walther,* A Survey of Recent Research on the Albigensian Cathari: Church History 34 (1965) 146—177; *Ch. Thouzellier,* Catharisme et valdéisme en Languedoc, à la fin du XIIe et au début du XIIIe siècle. Politique pontificale. Controverses (Paris 1966).

Die Waldenser: *A. Armand-Hugon - G. Gonnet,* Bibliografia valdese (Torre Pellice 1953); *G. Gonnet,* Enchiridion fontium Valdensium (Torre Pellice 1958; Bd I bis 1218); *ders.,* Il Valdismo medioevale, Prolegomeni (1942); *A. Dondaine,* Aux origines du Valdéisme: AFP 16 (1946) 191—235, 17 (1947) 85—194, 29 (1959) 228—276; *G. Gonnet,* Waldensia: RHPhR 33 (1953) 202—254; *G. Koch,* Neue Quellen und Forschungen über die Anfänge der Waldenser: FF 32 (1958) 141—149; *W. Mohr,* Waldes und das frühe Waldensertum: ZRGG 9 (1957) 357—363; *H. Wolter,* Aufbruch und Tragik der apostolischen Laienbewegung im MA. Die Anfänge der Waldenserbewegung: GuL 30 (1957) 357—369; *S. Dupré-Thescider,* Gli eretici sul mondo comunale italiano: Bolletino della Società di Studi Valdesi n. 114 (1963) 3—23.

Die Humiliaten: *H. Tiraboschi,* Vetera Humiliatorum monumenta (Mailand 1766/68); *A. de Stefano,* Le origini dell'Ordine degli Umiliati, Riv. stor.-crit. delle scienze teol. 2 (1906) 851—871; *ders.* zum gleichen Thema: Arch. Roman. 11 (1927) 31—75; *P. Guerrini,* Gli Umiliati a Brescia, Miscellanea P. Paschini I (1948) 187—214; *G. Mercati,* Due ricerche per la storia degli Umiliati: RSTI 11 (1957) 167—194.

Anfänge der Inquisition: *H. Maisonneuve,* Études sur les Origines de l'Inquisition: l'Église et l'État au Moyen-Age, hrsg. von *G. Le Bras,* 7 (Paris 1960); *H. Ch. Lea,* The Inquisition of the Middle Ages: Its Organisation and Operation. With an historical introduction by *W. Ullmann* (London 1963); *Y. Dossat,* Les débuts de l'Inquisition à Montpellier et en Provence: Bull. Phil. et Hist. du Comité des Travaux historiques et scientifiques (1961) 561—579; *M. Bévenot,* The Inquisition and its Antecedents: Heythrop Journal 7 (1966) 257—268 381—393, 8 (1967) 52—69.

Das Zeitalter der gregorianischen Reform hatte unter dem Zeichen der „vita apostolica" bereits radikale Prediger erlebt, deren antikirchliche und antisakramentale Haltung beim niederen Volk Anklang fand. Den wandernden Reformpredigern waren diese Demagogen gefolgt, so etwa seit 1105 Peter von Bruis in Südfrankreich, den eine aufgeregte Volksmenge vor 1126 verbrannte[1]. Antipriesterliche Einstellung fand sich auch in der Predigt Tanchelms[2] in Flandern und Brabant, wurde bei Bauern in Bucy-le-Long bei

[1] Vgl. *R. Manselli,* Studi sulle eresie del secolo XII (Rom 1953) 25—43. Manselli verlegt das Todesjahr auf 1132/33.

[2] *W. Mohr,* Tanchelm von Antwerpen, eine nochmalige Überprüfung der Quellenlage: Annales Universitatis Saraviensis (Saarbrücken) 3 (1954) 234—247; am wichtigsten ist der Brief des Utrechter Domklerus an Erzbischof Friedrich von Köln (1112/14): Codex Udalrici n. 168, ed. *Ph. Jaffé,* Bibl. rer. germ. V, 296—300.

Soissons bemerkt. In Florenz (1117) und Orvieto (1125), auch im Bistum Trier (1122) trat ähnliches in Erscheinung. Zur Zeit des Schismas der dreißiger Jahre verloren sich die Spuren zunächst; seltsam war nur, daß bei scheinbarer Unabhängigkeit voneinander allenthalben radikale Elemente sich zeigten.

Nach 1135 ging eine verstärkt auftretende neue Welle der Ketzerei durch die südliche und westliche Christenheit. Heinrich von Lausanne[3] predigte Buße in Le Mans, Lausanne, Pisa, Poitiers, Bordeaux, schließlich in Albi (bis 1145). Wie Peter von Bruis sprach er gegen die Kirche, ließ seine Anhänger die Gotteshäuser schänden, Altäre zerschlagen, Kreuze verbrennen, Priester verprügeln. Heinrich forderte ein apostolisches Leben, doch konnte der Haufe seiner Hörer sich nicht dauernd organisieren. In der Bretagne verstand es Eon von Stella[4] (seit 1145), wirksamer beim einfachen Volk gegen Kirchen und Klöster zu wettern und gläubige Gruppen zu gemeinsamem Bußleben zusammenzuschließen. Seine phantastische Lehre erschien den Theologen wie das Erzeugnis eines kranken Hirns; im Gefängnis des Erzbischofs von Reims ist er bald nach 1148 gestorben. Der Bedeutendste unter den Radikalen dieser Jahre war Arnold von Brescia[5] (bis 1155), ein Schüler Abälards, ein Regularkanoniker, der die Reformideen seiner Epoche zu Ende dachte, eine apostolisch arme, wandernde Kirche forderte, von Priestern und Bischöfen Weltverachtung und Demut verlangte. Arnold scheiterte dann, nicht nur an der Radikalität seiner Forderungen, sondern auch an seinem unbedachten Versuch, mit den Mitteln der Politik ihnen Bahn zu schaffen. Friedrich I. erzwang 1155 seine Auslieferung und übergab ihn den römischen Behörden, die kurzen Prozeß mit ihm machten. Auch seine Anhängerschaft löste sich auf wie bei Heinrich von Lausanne und Eon von Stella. Gemeinsam war ihnen allen, daß ihre Predigt nicht eigentlich eine Reaktion gegen die kirchliche Reform, sondern nur deren Übersteigerung ins Häretisch-Radikale gewesen war.

Zur Massenbewegung, nicht mehr von der Präsenz des einen oder anderen demagogischen Predigers abhängig, wurde die Ketzerei erst durch das Auftreten der Katharer[6] seit 1140. Als Massenbewegung gehörten sie in dieses

[3] *R. Manselli* über Heinrich von Lausanne: BIStIAM 65 (1953) 1—63; *ders.*, Studi sulle eresie del secolo XII (Rom 1953) 45—67.

[4] Eon de l'Étoile = Eudo de la Stella, vgl. *L. Spätling*, De Apostolicis, Pseudo-Apostolicis, Apostolinis (München 1947) 67—69; *H. Maisonneuve*, Études 106—108; *N. Cohn*, The Pursuit of the Millenium (London 1957) 38—40.

[5] *C. W. Greenaway*, Arnold of Brescia (Cambridge 1931); *A. Ragazzoni*, Arnoldo Brescia nella tradizione storica (Brescia 1937); *P. Fedele*, Fonti per la storia de Arnoldo Brescia (Rom 1938); *F. Bartolini*, Codico diplomatico del senato romano (1144—1347) I (Rom 1948); *A. Frugoni*, Arnoldo di Brescia nelle fonti del secolo XII (Rom 1954); *A. Suraci*: AnOCist (1957) 83—91 (Arnold und Bernhard von Clairvaux).

[6] Die maßgebende Monographie schrieb *A. Borst* (Stuttgart 1953), doch geht Forschung u. Darstellung weiter: *S. Savini*, Il catarismo italiano ed i suoi vescovi (Florenz 1958);

Jahrhundert der Kreuzzüge, der Bußfahrten zum Bau von Kirchen in Nordfrankreich, der kommunalen Bewegung allenthalben, in Südfrankreich und Norditalien, aber auch am Rhein und in Flandern, allen Landschaften mit schnell sich entfaltender städtischer Organisation.

Kaufleute und Kreuzfahrer brachten wohl zuerst bogomilische [7] Tendenzen vom Osten mit heim, wo von Bulgarien Bogomilen nach Byzanz gewandert waren, die dann, vom Regiment des Kaisers Manuel I. Komnenos (1143—80) verfolgt und ausgewiesen, nach Westen zogen. Als Lehre vertraten die Katharer (der Name kommt seit 1163 auf) einen manichäisch getönten Dualismus in der zweifachen Richtung einer absoluten und einer gemäßigten Form. Der gute Gott als Schöpfer der Geister, der böse Gott [8] als Schöpfer der sichtbaren Welt vertreten Ordnungen, die durch das Wirken Satans ineinander verschlungen werden. Das Wirken St. Michaels und Christi, welche den Dämon besiegen und dadurch die Geister aus der Herrschaft des Satans erlösen, wird die alte (dualistische, in der Trennung existierende) Ordnung wiederhergestellt. So lehrt der absolute Katharismus. Der gemäßigte kennt nur einen Schöpfergott, dessen Ordnung durch die Revolte Satans, der die Engel verführt und sie als Seelen den Leibern der Menschen einfügt, gestört wird. Erlöst aus diesem Gefängnis des Fleisches werden sie durch Christus, der nicht Sohn Gottes ist, sondern ein Engel, der in Maria scheinbar Mensch wird. In einem Scheinleib lebt, leidet, stirbt dieser Christus. Der Geist nimmt bei der Taufe im Jordan in ihm Wohnung und bleibt dort bis zur Verherrlichung Christi, kommt dann auf die Apostel herab, teilt sich den Gläubigen durch die Taufe mit, die bei den Katharern keine Wassertaufe ist, sondern ein Exorzismus, Berührung mit dem Evangelientext und eine Handauflegung: das Consolamentum. Den Vollkommenen (der führenden Elite) verleiht das Consolamentum Unsündlichkeit, während die einfachen Gläubigen von ihren Sünden jeweils durch das Apparellamentum, eine Art Buße, befreit werden können. Der Tod befreit die Engel für das Paradies, doch scheint auch eine Art Seelenwanderung nicht ausgeschlossen. Dämonen und Verdammte werden beim Weltende vernichtet, eine leibliche Auferstehung gibt es nicht. Gottes Sieg erscheint damit allumfassend. Die Trinität wird geleugnet, eine gottmenschliche Inkarnation nicht angenommen, viele altchrist-

R. Nelli, Écritures cathares. Textes originaux traduits et commentés (Paris 1959); *J. Russell,* Les cathares de 1048—1054 à Liège: BullSocAHLiège 42 (1961) 1—8; *D. Walther,* A Survey (s. Bibliogr. zum Kap.); *E. Werner,* Die Entstehung der Kabbala und die südfranzösischen Katharer: FF 37 (1963) 86—89; *Chr. Thuzellier,* Un traité cathare inédit du début du XIIIe siècle d'après le Liber contra Manicheos de Durand de Huesca (Bibliothèque de la RHE 37) (Löwen 1961).

[7] *A. Solovjev,* Autour des Bogomiles: Byz(B) 22 (1952); *ders.,* Le symbolisme des monuments funéraires Bogomiles et Cathares: Actes du Xe Congr. Internat. d'Études byzant. (Istanbul 1957) 162—165; *B. Primov,* Medieval Bulgaria and the Dualistic Heresies in Western Europe: Études historiques (Sofia 1960) 79—106.

[8] *H. Rousseau,* Le Dieu du Mal (Mythes et Religions 47) (Paris 1963).

liche Häresien (Gnosis, Monarchianismus, Doketismus, Manichäismus u. a.) scheinen erneuert.

Vielleicht sind bereits die Ketzer, denen man 1144 in Lüttich den Prozeß machte, um das letzte Urteil dannn Papst Lucius II. zu überlassen, erste Vertreter dieser neuen, bald überaus bedrohlich anwachsenden Bewegung, denn im Prozeß wurde eine regelrechte Hierarchie von Hörern, Glaubenden, Priestern, Prälaten bei ihnen erkennbar, wie denn auch in der Champagne und in Albi katharische Bischöfe wirkten und in der Stille eine wachsende Anhängerschaft zu organisieren verstanden. In der Gegend des Klosters Steinfeld im Erzbistum Köln tauchten sie auf; der Prämonstratenserpropst Eberwin korrespondierte ihrethalben mit Bernhard von Clairvaux, der darauf in den beiden Predigten 65 und 66 über das Hohelied antwortete. Nach einem dreitägigen Religionsgespräch mit den Katholiken hatte das Volk gegen den Widerstand des Klerus sie verbrannt[9]. Auch bei ihnen, die bereits viele Kölner Kleriker und Mönche gewonnen hatten, gab es „Erwählte", „Glaubende", „Apostel", „Continentes", Missionare der Häresie, die alle unter einer höchsten Autorität, gleichsam einem Ketzerpapst, zu leben vorgaben. Bernhard riet, die Ketzer zu belehren, zu warnen, schließlich zu exkommunizieren. Wenn die kanonischen Strafen nicht genügten, sollte man die weltliche Gewalt, wie Augustinus bereits geraten hatte, auffordern, gegen die Ketzer vorzugehen.

Seit 1165 verbreitete sich der Katharismus in Norditalien, in den Städten der Lombardei und Toskanas. Selbst in England tauchte er (um 1162) auf. In Köln konnte er Schulen eröffnen, in Lombez fand (1165) ein großes Religionsgespräch statt. Durch den bulgarischen Katharerbischof Niketas und seinen italienischen Schüler Markus drang der Katharismus in seiner radikal-absoluten Form nach Südfrankreich vor, wo er bei Saint-Félix de Caraman (1167) ein Konzil halten konnte.

Unabhängig von den Katharern brach in Südfrankreich eine Laienbewegung auf, die als Buß- und Armengenossenschaft von dem Lyoner Kaufmann Petrus Waldes um 1175 gestiftet worden war[10]. Er hatte sich das NT und einige Bücher des AT ins Provenzalische übertragen lassen, verschenkte sein Vermögen, nachdem er Gattin und Töchter versorgt hatte. Dann ging er auf Wanderpredigt und fand bald eine zahlreiche Gefolgschaft, aus allen Ständen der Gesellschaft. Zu zweit predigte man auf Straßen und Plätzen, in Häusern und Kirchen apostolische Armut und Nachfolge Christi. Zwar lobte

[9] „tormentum ignis non solum patientia, sed et cum laetitia introierunt et sustinuerunt", schrieb Eberwin: PL 182, 676—680, bes. 677 C.

[10] *A. Dondaine,* Aux origines du Valdéisme: AFP 16 (1946) 191—235; nach dem Laterankonzil (1179) hatte Waldes 1180 wohl vor dem Kardinallegaten Heinrich von Albano und Erzbischof Guichard v. Lyon ein Glaubensbekenntnis abgelegt, wie ein Augenzeuge, der Zisterzienser Gaufrid von Auxerre, Abt von Hautcombe, berichtet. Vgl. *J. Leclercq:* Analecta Monastica 2 (= SA 31) (Rom 1953) 194—197.

Alexander III. auf dem 3. Laterankonzil das Armutsverlangen des Petrus Waldes, verbot aber die Glaubenspredigt und erlaubte die Sittenpredigt nur unter Aufsicht des Klerus. Weil aber diese Zustimmung von Hierarchie und Pfarrklerus nicht zu erreichen war, machten Waldes und seine Anhänger sich selbständig und begannen jetzt auch gegen die Sünden des Klerus zu predigen. Auf der Synode von Verona (1184) verfielen sie dem Kirchenbann. Nachdem sie anfangs die Katharer abgelehnt und bekämpft hatten, gerieten sie seit 1184 unter deren Einfluß. Sie begannen jetzt die kirchliche Lehrautorität zu verwerfen, gegen Hierarchie, Tradition und Sakramente, Heiligen-, Bilder- und Reliquienverehrung Stellung zu nehmen. Ablaß, Eid, Zehnt, Kriegsdienst und Todesstrafe lehnten sie ab. Ihre streng moralische, am Evangelium orientierte Lebensform gewann ihnen zunehmend Anhänger. Auch sie gliederten sich in zwei Klassen (die Vollkommenen: Prediger, Vorsteher, Seelsorger, und die Gläubigen: Freunde, Förderer, Sympathisierende, gewöhnliche Anhänger). Waldes weihte eigenmächtig Bischöfe, Priester, Diakone. Die Ausbreitung der Waldenser im 12. Jh. verband sich in Oberitalien vor allem mit den Armen Lombarden, wo sie in ihrer antikirchlichen Haltung noch radikaler wurden als in Südfrankreich. In Metz und Straßburg werden sie früh erwähnt, doch fällt ihre weiteste Ausbreitung ins 13. Jh.

Das dichtbesiedelte, kommerziell wie industriell aufblühende Flandern wurde zum Siedlungsfeld der Häresie. Im Rheintal, entlang der Donau zogen ihre Missionare. In der Gascogne, Burgund, in der Champagne, überall in der Christenheit brachen die Wellen dieser unheimlichen Bewegung ein und wurden zu einer Flut, zu einer die Gesamtkirche bedrohenden Gefahr. Wie reagierte die Kirche auf diesen Angriff?

Die Bevölkerung im französischen Norden und im Rheinland schlug die Ketzer tot[11], während die hierarchische Kirche ihnen zumeist korrekt den kirchlichen Prozeß machte. Jedenfalls fand sich sowohl beim Volk wie bei den Amtsträgern ein lebhaftes Gespür für die Glaubens- und Kirchenfremdheit der Bewegung.

Anders verhielt sich der französische Süden, wo das Volk indifferent, uninteressiert blieb, wenn nicht sogar in ziemlichen Scharen einer Bewegung sich anschloß, die keine Sünde kannte, eine Hölle leugnete und mit einem Consolamentum auf dem Sterbebett leichte Erlösung versprach. Hatten dort schon Heinrich von Lausanne und vorher Peter von Bruis rasch Leute um sich sammeln können, so erst recht der organisierte Katharismus. Alexander III. nahm wiederholt Stellung dagegen, auf der Synode von Montpellier (1162), in Tours (1163). In seiner Korrespondenz mit Erzbischof Heinrich von Reims und König Ludwig VII.[12] hatte er bereits die Grundzüge

[11] Dazu vgl. W. *Maurer*, Bekenntnis und Sakrament (Berlin 1939) Kap. III: Bekenntnis und Ketzerrecht, 60—124, bes. 67—70 (Die Praxis unter Einwirkung der Volksjustiz).

[12] *Bouquet* (Allg. Bibl. I 3), Bd 15, Epistolae Alexandri papae, Dezember 1162 bis Januar 1163, nn. 66 67 69.

eines systematischen Einschreitens gegen die Häresie entworfen, die dann auf dem Konzil von Tours fixiert wurden[13]. Ein entscheidender Wandel der Methode kündigte sich dabei an. Statt auf Anklagen zu warten, die aus dem Volk oder vom Klerus bei den Behörden erhoben wurden, sollten nunmehr diese selbst ex officio gegen die Ketzer vorgehen. Damit ist im Prinzip die Inquisition umrissen.

Alexander III., früher Professor des Kirchenrechtes, ließ damit die Lehre Bolognas zur allgemeinen Kirchenlehre werden. Sie verlangte aktives Eingreifen angesichts der Gefährdung der kirchlichen Glaubensreinheit und Ordnungseinheit. Bischöfe und Priester hätten die Pflicht, sich über Leben und Treiben der Häretiker zu informieren, über Existenz und Art ihrer Konventikel Erkundigungen einzuziehen, mit kanonischen Strafen gegen sie vorzugehen (daß man damit ein Aufsuchen von Häretikern und die Einleitung eines Prozeßverfahrens meinte, scheint sicher zu sein).

Später versuchte Alexander III., unter Zurückstellung eines Kreuzzugs ins Heilige Land, durch seinen Legaten Kardinal Petrus von St. Chrysogonus, gedrängt vom Bericht des Abtes Heinrich von Clairvaux, eine kirchlich-militärische Aktion in Südfrankreich gegen die Katharer ins Werk zu setzen[14]. Der Klerus, die Magistrate, alle treugläubigen Bürger wurden aufgefordert, die Häretiker anzuzeigen. Angezeigte wurden exkommuniziert, eingekerkert, ihre Güter zog man ein, ihre Schlösser wurden vernichtet: Strafen verhängt, die bereits das Konzil von Tours vorgesehen hatte. Ihr Vollstrecker war Graf Raimund V. von Toulouse. Als der Kardinal nach Italien zurückkehrte, hatte drei Monate lang in der Grafschaft Toulouse ein regelrechtes Inquisitionstribunal getagt. Die Tätigkeit der Legation von 1178 spiegelte sich in der Gesetzgebung des 3. Laterankonzils von 1179. Canon 27[15] schilderte die religiöse Situation in der Gascogne und im Languedoc, richtete an die Fürsten die Mahnung, die kirchlichen Weisungen zu erfüllen und rief schließlich zum Kreuzzug in den häretisch verseuchten Landschaften auf, für den die gleichen Ablaßprivilegien verkündet wurden wie für den Kreuzzug ins Heilige Land. Die Führung des Heeres sollte bei den Bischöfen liegen. Alexander III. erhob noch während des Konzils Abt Heinrich von Clairvaux zum Kardinalbischof von Albano und schickte ihn als Legaten nach Südfrankreich, um den Kreuzzug ins Werk zu setzen. Das Spezifische des Inquisitionsprozesses allerdings, das Aufspüren der Häretiker, die ex-officio-Anklage seitens der kirchlichen Behörden und das Prozeßverfahren selbst wurden in Canon 27 noch mit keinem Wort erwähnt, nur die Zusammenarbeit der weltlichen und kirchlichen Autoritäten in dem Bemühen, mit den jeweilig ihnen zustehenden Mitteln die Häresie zu unterdrücken, wurde vom Canon

[13] *Mansi* XXI 1177—78 (can. 4).
[14] Dazu vgl. *H. Maisonneuve*, Études 129—133.
[15] COD 200—201; vgl. *R. Foreville*, Latran I, II, III (Paris 1965) 146—151.

deutlich und nachdrücklich verlangt. Der Kreuzzug des Legaten selbst brachte nur geringe, vor allem keine bleibenden Erfolge.

Alexander III. ging in seinen Entscheidungen von den Grundsätzen aus, die bereits im Dekretum Gratians und bei den Dekretisten zu finden gewesen waren[16]. Gratian sah in der Häresie einen schweren Angriff auf die dogmatische und gesellschaftliche Struktur der Kirche, eine Verletzung des öffentlichen Wohles (des bonum commune von Kirche und Staat). Die weltliche Gewalt erscheint bei der gemeinsamen Abwehr eines solchen Angriffs der geistlichen Weisungsgewalt untergeben und als Vollstreckerin ihrer Urteile. Auch vom Ketzerkrieg (als Kreuzzug) ist bei Gratian die Rede. Der Häretiker wird dem Ungläubigen gleichgestellt, ein Krieg gegen ihn ist verdienstlich, ein heiliger Krieg; ein Christ, der an ihm teilnehmend fällt, stirbt als Martyrer. Paucapalea, Gratians Schüler, vertrat den Satz: Malos ad bonum cogendos. Ähnlich Roland Bandinelli und die Summa Stefans von Tournai. Über dem Ketzerkrieg wird auch die Todesstrafe für den überwiesenen Ketzer andeutungsweise sichtbar.

Rufinus vertritt in seiner Summa Decretorum gleichfalls die Meinung: „Armis etiam haeretici compellendi sunt." Huguccio kommentiert, unter Bezugnahme auf das römische Recht, das Dekret wie seine Vorgänger, fügt aber noch einen Hinweis hinzu, den sein großer Schüler, Innozenz III., aufgreifen wird: Die Häresie sei als Majestätsverbrechen anzusehen. Sicard von Cremona hält die Todesstrafe für hartnäckige und unbekehrbare Ketzer für gerechtfertigt, sie soll aber von der weltlichen Gewalt vollzogen werden. Alle Dekretisten betonen, daß gegen die Ketzer nicht „zelo ultionis, sed amore correctionis" vorzugehen sei. Der heilige Krieg gegen sie und damit auch der Tod als Strafe bleiben als ultima ratio in Erwägung, werden systematisch durchdacht und eingeordnet in ein sich abzeichnendes Ketzerstrafrecht.

Diese Anfänge erhalten nach dem Frieden von Venedig (1177) und seiner Bestätigung in Verona (1184) durch die Dekretale Lucius' III. vom 4. November 1184 („Ad abolendam") eine erste gesetzliche Form[17]. Zunächst werden in ihr eine Reihe von Ketzergruppen namentlich vom Papst und Kaiser verurteilt (Katharer-Patarener, Humiliaten, Arme von Lyon, Waldenser, Arnoldisten u. a.), dann die Bischöfe mit ihrer Strafverfolgung beauftragt. Noch gilt dabei das akkusatorische (nicht das inquisitorische) Verfahren. Insofern faßte die Dekretale nur bisher geltende Rechtselemente zusammen. Erst die Dekretale Innozenz' III. für Viterbo (25. März 1199) „Vergentis in senium[18] führte die Entwicklung insofern weiter, als in ihr

[16] Vgl. zum folgenden *H. Maisonneuve,* Études 65—91.

[17] Vgl. Kap. 11, S. 107. *Mansi* XXII 476—478; *Jaffé* ²II, 469 (nn. 15101); *H. Maisonneuve,* Études 151.

[18] *Potthast R* n. 643 S. 61; PL 214, 537.

die Häresie als crimen laesae maiestatis bezeichnet wird. Damit laufen die römisch-rechtlichen und germanisch-rechtlichen Überlieferungslinien zusammen und sind die Voraussetzungen für den Ausbau der Inquisition geschaffen, der sich im 13. Jh. vollzieht.

Es wird deutlich, daß die Kirche die drohende Gefahr des Einbruchs auflösender Kräfte in den Organismus der Ecclesia deutlich erkannte und sich wappnete, ihr kraftvoll zu begegnen. Durch innere Reformen, durch einen kirchlich geleiteten Kreuzzug, durch eine ständig weitergeführte rechtliche Klärung der Strafprozeßmöglichkeiten gegen die Ketzer, durch anhebende Gesetzgebung. Der Pontifikat Innozenz' III. brachte die zusammengefaßte großangelegte Gegenwehr zur Geltung.

14. Kapitel

Laienbewegungen im 12. Jahrhundert, das Ethos des christlichen Ritters. Seelsorge, Volksfrömmigkeit und mystische Theologie

LITERATUR: Laienbewegungen: *G. Le Bras,* Institutions ecclésiastiques de la Chrétienté médievale (*Fliche-Martin* XII), 2 Bde (Paris 1959/64); *Y. M.-J. Congar,* Jalons pour une théologie du laïcat (Paris 1953, mit vielen hist. Hinweisen), dt.: Der Laie (Stuttgart [2]1959); *J. Fichet,* Histoire du laïcat dans l'Église: Le rôle des laïcs dans l'Église (Carrefour 1951, Montreal 1952); *L. Leitmaier,* Der Laie in der Kirche im MA und im 20. Jh.: ZSavRGkan 39 (1953) 28—45; *H. Grundmann,* Religiöse Bewegungen im Mittelalter. Untersuchungen über die geschichtlichen Zusammenhänge zwischen der Ketzerei, den Bettelorden und den religiösen Frauenbewegungen im 12. und 13. Jh. und über die geschichtlichen Grundlagen der deutschen Mystik, 2., verb. u. erg. Aufl. mit Forsch.-Ber. vom 10. internat. Historikerkongreß Rom 1955 (Darmstadt 1961); *ders.,* Literatus, illiteratus ...: AKG 40 (1958) 1—65; *G. Volpe,* Movimenti religiosi e sette ereticali nella società medioevale italiana (Florenz 1961); *A. Auer,* Weltoffener Christ. Grundsätzliches und Geschichtliches zur Laienfrömmigkeit (Düsseldorf 1960).

Bruderschaften: *G. Le Bras,* Les confréries chrétiennes: RHD (1940/41), 310 bis 363 (auch: Études de sociologie religieuse II [Paris 1956] 432—462); *P. Dubarc,* Confréries du Saint-Esprit et communautés d'habitants au moyen-âge: RHD (1958) 349—367; *R. Foreville,* La société laïque au XIIe siècle *(Fliche-Martin* IX/2, Paris 1953), 317—329; *Ch. Petit-Dutaillis,* Les communes françaises, caractères et évolution des origines au XVIIIe siècle (Paris 1947); *E. C. Lodge,* The Communal Movement, especially in France: The Cambridge Medieval History, 5 (1926) 624—657 903—908 (Lit.).

Kirchenpflege und Patronat: *S. Schröcker,* Die Kirchenpflegschaft (Paderborn 1934); *F. Fournier,* Le droit de propriété exercé par les laïcs sur les biens de l'église dans le haut moyen-âge (Lille 1943); *F.-J. Schmale,* Kanonie, Seelsorge und Eigenkirche: HJ 78 (1959) 38—63; *V. Chomel,* Droit de patronage et pratique religieuse dans l'archevêché de Narbonne: BÉCh 115 (1957) 58—137.

Rittertum: *G. Cohen,* Histoire de la chevelarie en France au moyen-âge (Paris 1949); *H. Naumann,* Deutsche Kultur im Zeitalter des Rittertums (Hdb. der Kulturgeschichte) (Potsdam 1938); *ders.,* Der staufische Ritter (Leipzig 1936); *G. Fliegner,* Geistliches und weltliches Rittertum im Rolandslied des Pfaffen Konrad (Diss. Breslau 1937); *W. Berges,* Die Fürstenspiegel des hohen und späten Mittelalters (Schriften der MG 1) (Leipzig 1938); *W. Kleineke,* Englische Fürstenspiegel vom Policraticus des Johannes von Salisbury bis zum Basilikon Doron Jakobs I. (Halle 1937); *G. Ehrismann,* Die Grundlagen des ritterlichen Tugendsystems: ZdAdL 56 (1919) 137—216; *E. R. Curtius,* Das ritterliche Tugendsystem: DVfLG 21 (1943) 343—368; *F. W. Wentzlaff-Eggebert,* Ritterliche Lebenslehre und antike Ethik: ebd. 23 (1949) 252—273; *F. Maurer,* Das ritterliche Tugendsystem: ebd. 23 (1949) 274—285; *ders.,* Zum ritterlichen „Tugendsystem": ebd. 24 (1950) 526—529; *E. Neumann,* Der Streit um das ritterliche Tugendsystem: Festschr. K. Helm (Tübingen 1951) 137—155; *S. Pivano,* Lineamenti storici e giuridici della cavalleria medioevale: Memorie della Reale Accademia delle Scienze di Torino (Serie 2, 55, Scienze morali) (Turin 1905) 255—336; *K.-E. Löfqvist,* Om Riddarväsen och Frälse i Nordisk Medeltid (Lund 1935); *Z. Wojciechowski,* Das Ritterrecht in Polen vor den Statuten Kasimirs des Großen (Bibliothek geschichtl. Werke aus den Literaturen Osteuropas 5) (Breslau 1930); *C. Sánchez-Albornoz,* Entorno a los orígenes del feudalismo, 2 Bde (Mendoza 1942); *P. B. Wessels,* Der höfische Ritter, ein Wanderer zwischen zwei Welten (Nijmegen-Utrecht 1952); *U. T. Holmes,* Daily Living in the Twelfth Century. Based on Observations of Alexander Neckam in London and Paris (Madison 1952); *P. Alphandéry,* La chrétienté et l'idée de croisade, II: Recommencements nécessaires (XIIe—XIIIe siècles) (Paris 1959); *D. Zorgi,* Valori religiosi nella letteratura provenzale. La spiritualità trinitaria (Mailand 1954); *E.-R. Labande,* Le „Credo" épique. A propos des prières dans les chansons de geste. Recueil M. Cl. Brunel (Paris 1955) 62—80; *J.-P. Ritter,* Ministérialité et chevalerie. Dignité humaine et liberté dans le droit médiéval (Diss. masch. Lausanne 1955); *R. Coulborn u. a.,* Feudalism in History (Princeton 1956); *S. Painter,* French Chivalry, Chivalric Ideas and Practices in Medieval France (Neudruck Ithaca/N. Y. ²1957); *O. Brunner,* Feudalismus (Sb. Mainz 1958, 10) (Wiesbaden 1959); *H. de Boor,* Die höfische Lit. (München 1964, passim), als Beispiel: *H.-J. Koppitz,* Wolframs Religiosität. Beobachtungen über das Verhältnis Wolframs von Eschenbach zur religiösen Tradition des Mittelalters (Abhandlungen zur Kunst-, Musik- und Literaturgeschichte 7) (Bonn 1959); *A. Borst,* Das Rittertum im Hochmittelalter: Saeculum 10 (1959) 213—231 (Lit.); *D. M. Stenton,* English Society in the Early Middle Ages (1066—1307) (Harmondsworth ⁴1965) (Baron and Knights, 60—99); *H. Kuhn,* Rittertum und Mystik (München 1963); *A. Waas,* Der Mensch im deutschen Mittelalter (Graz-Köln 1964); *E. H. Maßmann,* Schwertleite und Ritterschlag, dargestellt auf Grund der mittelhochdeutschen lit. Quellen (Diss. Hamburg 1932); Die Schwertleite (Ritterweihe): *M. Andrieu,* Le Pontifical romain au moyen-âge III (= SteT 88) (Rom 1940) 447—450 549—550; *F. M. Stenton,* The First Century of English Feudalism (1066—1166) (Oxford ²1950); *H. Spranaym,* Zu Hartmanns Kreuzzugslyrik: DVfLG 26 (1952) 162—177.

Seelsorge (Sakrament, Predigt, Andachtsformen): *D. Van den Eynde,* Les définitions des sacrements (1050—1240) (Rom 1950); *A. M. Landgraf,* Dogmengesch. der Frühscholastik III (Regensburg 1954/55); *A. Franz,* Die Messe im deutschen Mittelalter (Freiburg 1902); *F. Gillmann,* Die Siebenzahl der Sakramente bei den Glossatoren des Gratian. Dekrets (Mainz 1909); *J. de Ghellinck,* Über den Sakramentsbegriff des 12. Jh.: Mélanges Mandonnet II (Paris 1930) 79—96; *H. Weisweiler,* Die Wirksamkeit der Sakramente nach Hugo von Sankt Viktor (Freiburg 1932).

P. Browe, Die Kinderkommunion im Mittelalter: Scholastik 5 (1930) 1—45; *J. Baumgärtler,* Die Erstkommunion der Kinder bis zum Ausgang des MA (München 1929); *C. Clinton,* The Pascal Precept (Diss. Washington 1932); *P. Browe,* Die Verehrung der Eucharistie im Mittelalter (München 1933); *ders.,* Die Elevation in der Messe: JLW 9 (1929) 20—66; *ders.,* Die häufige Kommunion im MA (Münster 1938); *ders.,* Die Kommunionvorbereitung im MA: RKTh 56 (1932) 375—415; *ders.,* Die eucharistischen Verwandlungswunder des MA: RQ 38 (1929) 137—169; *ders.,* Die Pflichtkommunion im Mittelalter (Münster 1940); *ders.*, Die Kommunion der Heiligen im MA: StdZ 117 (1929) 425 bis 437; *ders.*, Mittelalterliche Kommunionriten — Die Sterbekommunion: JLW 15 (1941) 23—66; *E. Maffei*, La réservation eucharistique jusqu'à la Renaissance (Brüssel 1942); *E. Dumoutet*, Le désir de voir l'Hostie et les origines de la dévotion au S. Sacrement (Paris 1926); *ders.*, Le Christ selon la chair et la vie liturgique au moyen-âge (Paris 1932); *A. L. Mayer*, Die „heilbringende" Schau in Sitte und Kult: Festschr. I. Herwegen (Münster 1938) 234—261; *M. Andrieu*, Le Pontifical Romain au moyen-âge, 4 Bde (Rom 1938/41) (= SteT 86/88 99).

P. Schmoll, Die Bußlehre der Frühscholastik (München 1909); *J. A. Spitzig*, Sacramental Penance in the 12th and 13th centuries (Washington 1947); *P. Anciaux*, La théologie du sacrement de Pénitence au XIIe siècle (Löwen 1947); *R. Blomme*, La doctrine du péché dans les écoles théologiques de la primière moitié du XIIe siècle (Löwen 1958); *N. Paulus*, Die Gesch. des Ablasses im MA, 3 Bde (Paderborn 1922/23, grundlegend); *B. Poschmann*, Der Ablaß im Lichte der Bußgeschichte (Bonn 1948). *A. Teetaert*, La confession aux laïques dans l'Église latine du VIIIe au XIVe siècle (Brügge 1926); *F. Billmann:* AkathKR 107 (1927) 360—378 und dazu *H. Weisweiler:* Scholastik 3 (1928) 574—580.

H. Thurston, Familiar Prayers. Their Origin and History (London 1953) (Kap. VI: Das Ave-Maria); *L. Gougaud*, Dévotion et pratiques ascétiques du moyen-âge (Maredsous 1925); *A. Wilmart*, Auteurs spirituels et textes dévots du Moyen-Age latin (Paris 1932); *J. Leclercq*, Dévotion privée, piété populaire et liturgie au moyen-âge: Études de pastorale liturgique (Paris 1944) 149—183; *F. Vandenbroucke*, La piété des laïcs au XIIe siècle: Histoire de la Spiritualité chrétienne II (Paris 1961) 299—344 (Dévotion au Christ, Tendresse mariale, Saints - Anges - Démons, Vers la pauvreté évangélique, Ermites et reclus, Chevalerie et amour courtois).

Predigt: *J. B. Schneyer*, Die Predigt im Mittelalter: LThK^2 VIII (1963) 708—710 713; *W. Wackernagel*, Altdeutsche Predigten und Gebete (Basel 1876); *L. Bourgain*, La chaire française au XIIe siècle (Paris 1879); *R. Cruel*, Gesch. der dt. Predigt im MA (Detmold 1879); *A. Lecoy de la Marche*, La chaire française au moyen-âge (Paris ^{2}1886); *A. Linsenmayer*, Gesch. der Predigt in Dtl. von Karl d. Gr. bis zum Ausgang des 14. Jh. (München 1886); *G. R. Owst*, Preaching in Medieval England (Oxford, Cambridge ^{2}1926); *ders.*, Literature and Pulpit in Medieval England (Oxford ^{2}1961); *H. Caplan*, Mediaeval Artes praedicandi. A Handlist (Ithaca/N. Y. 1934) Suppl.-Bd (1936); *Th. M. Charland*, Artes praedicandi. Contributions à l'histoire de la rhétorique au moyen-âge (Paris - Ottawa 1936); *J. B. Schneyer*, Wegweiser zu lateinischen Predigtreihen des MA (München 1965); *J. Châtillon*, Sermons et prédicateurs victorins de la seconde moitié du XIIe siècle: AHD 32 (1965) 7—60.

Marienfrömmigkeit: Maria, Études sur la Sainte Vierge, hrsg. von *H. du Manoir*, 7 Bde (Paris 1949/64); *Th. Meier*, Die Gestalt Mariens im geistlichen Schauspiel des deutschen MA (Berlin 1959); *R. W. Southern*, The English Origins of the „Miracles of the Virgin": MRS 4 (1958) 176—216; *H. Graef*, Maria. Eine Gesch. der Lehre und Verehrung (Freiburg 1964) (Kap. 5: Das 12. Jh., 194—241); *E. Baumann*, Histoire des pèlerinages de la Sainte Vierge (Paris 1941); *M. V. Gripkey*, The Blessed Virgin Mary as Mediatrix in the Latin and Old French Legend prior to the Fourteenth Century (Washington 1938).

Mystische Theologie: *J. Leclercq - F. Vandenbroucke - L. Bouyer*, La Spiritualité du Moyen-Age (Paris 1961) 161—202 (Les ordres nouveaux), 203—232 (La tradition bénédictine), 233—274 (L'École cistercienne), 275—298 (Les milieux scolaires du XIIe siècle); *M. N. Scivoletto*, Spiritualità medioevale e tradizione scolastica nel secolo XII in Francia (Neapel 1954); *M.-D. Chenu*, La théologie au XIIe siècle (Paris 1957); *P. Wolff*, Die Viktoriner mystischen Schriften (Wien 1936); *R. Roques*, Connaissance de Dieu et théologie symbolique d'après „In Hierarchiam coelestem" de Hugues de Saint Victor: De la connaissance de Dieu: Recherches de Philosophie III—IV (Paris 1958) 187—266; *R. Javelet*,

Psychologie des auteurs spirituels du XIIe siècle (Épinal 1959); *D. Lasic*, Hugonis a S Victore theologia perfectiva, eius fundamentum philosophicum ac theologicum (Rom 1956); *G. Dumeige*, Richard de St-Victor et l'idée chrétienne de l'amour (Paris 1952); Liber exceptionum, ed. *J. Châtillon* (Paris 1958); *J. Beumer*, Richard von St. Viktor, Theologe und Mystiker: Scholastik 31 (1956) 213—238; *Gottfried von St. Viktor*, Microcosmus, ed. *Ph. Delhaye*, 2 Bde (Lille 1951) mit einer theologischen Interpretation. — Über Rupert von Deutz orientiert jetzt am besten *M. Bernards*, Die Welt der Laien in der kölnischen Theologie des 12. Jh. Beobachtungen zur Ekklesiologie Ruperts von Deutz: Die Kirche und ihre Ämter und Stände, Festschrift Kardinal Frings (Köln 1960) 391—416; Gerhoch von Reichersberg hat in P. Classens Biographie (Wiesbaden 1960) eine umfassende Darstellung gefunden.

Seit Beginn des Jahrhunderts tritt stärker als bisher der Laie[1] neben dem Klerus tätig im Leben der Kirche hervor. Der Kreuzzug und vor allem die sich lebhaft entfaltende Stadtkultur haben das bewirkt. In der Gesellschaft des Abendlandes erscheint die patrizisch-handwerklich gegliederte städtische Gemeinde als ein neues Element, das sich dem adelig-bäuerlichen Gefüge der feudalen, agrarisch fundierten Ordnung gegenüber nicht durchaus gegensätzlich, sondern, zumal in Italien, aber auch in Deutschland auf dem Weg über die Ministerialengeschlechter[2], offen verhält. Zum ständig wachsenden internationalen Verkehr der Heere, Kaufleute und Scholaren tritt noch die Abwanderung bäuerlicher Menschen in die Stadt[3].

Der große Anklang, den die Predigt der wandernden Kleriker[4] um die Jahrhundertwende gefunden hatte, zeigte sich nicht nur in den Zuhörerscharen, die zusammenströmten, sondern auch in den nicht kleinen Gruppen, die sich den Predigern, wenn sie weiterzogen, anschlossen, um gelegentlich als Asketengruppen siedelnd seßhaft zu werden. Nicht überraschen kann dabei, daß sich bei den Laien der Wunsch regte, im Vollzug der ihnen gepredigten und bereits von ihnen in Armut und gemeinsamem Leben geübten vita apostolica die Verkündigung der Lehre Christi selbst zu übernehmen. Mit der Verkündigung durch das Beispiel ist ihnen nicht genug gedient, sie wollen das Evangelium nun auch im Wort „aller Welt verkünden". Aus dem privaten Glaubensbekenntnis drängt das öffentliche

[1] Die Dekrete des 2. Vaticanums haben eine Fülle von Lit. über den Laien in der Kirche (vorbereitend und interpretierend) entstehen lassen. Vgl. *Y. Congar*, Laie: Hdb. theologischer Grundbegriffe II, hrsg. von *H. Fries* (München 1963) 7—25 u. Bibliogr. zum Kap.

[2] *K. Bosl*, Die Reichsministerialität der Salier und Staufer. Ein Beitrag zur Gesch. des hochmittelalterlichen deutschen Volkes, Staates und Reiches (Schriften der MG 10) 2 Bde (Stuttgart 1950/51).

[3] *E. Ennen*, Frühgeschichte der europäischen Stadt (Bonn 1953); *H. Planitz*, Die deutsche Stadtgemeinde: ZSavRGgerm 64 (1944) 1—85.

[4] Zur Wanderpredigt vgl. Bd III/1 Kap. 52; *M. D. Chenu*, Moines, clercs, laïcs au carrefour de la vie évangélique (XIIe siècle): RHE 49 (1954) 59—89; *L. Spätling*, De apostolis, pseudoapostolis, apostolinis (Diss. Rom, München 1947); *E. Werner*, Pauperes Christi. Studien zu sozial-religiösen Bewegungen in der Zeit des Reformpapsttums (Leipzig 1956).

in Form der Predigt hervor. Wenn Hildebert von Lavardin[5] noch auf die sinngemäße Erfüllung dieser Absicht im Kreis der Familie hingewiesen hatte, wo die Eltern ihren Kindern gegenüber gleichsam amtlich eine kirchliche Lehrverkündigung wahrnahmen, verlangten bald viele (zumal jene, die eben keine Familie gegründet hatten oder ihr entwachsen waren) nach weiteren Feldern. Die häretischen Strömungen kamen diesem Drang entgegen, und es verwundert nicht, daß neben Klerikern hier vor allem Laien das Wort ergriffen[6].

Aktivität der Laien im kirchlichen Raum nimmt man in diesem Jahrhundert vor allem in den Städten wahr, wo sich innerhalb des umfassenden Verbandes der Eidgenossenschaft die verschiedenen Stände der Kaufleute und Handwerker zu Bruderschaften, Gilden, Zünften, Stubengesellschaften zusammenschließen[7], die ihrerseits sowohl in der Intention als auch in den Statuten deutlich die Tendenz religiös kirchlichen Ausdruckswillens erkennen lassen. Am deutlichsten wohl bei den Hospitalgenossenschaften, in denen Brüder und Schwestern zum Liebesdienst an Kranken und Alten sich zusammenfanden, Laien, die damit keinen neuen Orden bilden wollten und auch keine ordensähnlichen Verpflichtungen (Gelübde) übernahmen[8]. Ihnen allen war gemeinsam, was Gerhoch von Reichersberg so ausdrückte: „Judices, milites, praefecti vectigalium, mercatores, rustici regulam apostolicam sequuntur.“[9] Das Evangelium selbst wird ihnen, wie später dem hl. Franziskus, zur (Lebens)regel.

Selbst in den neuen Schulen, deren klerikaler Charakter noch lange vorwalten wird, erscheinen die Laien als magistri unter den Medizinern, Juristen und den Lehrern der artes liberales wie unter den Studenten. Damit gewinnen die Laien zugleich, was ihnen bisher zumeist gefehlt hat, die Möglichkeit, ihren Anliegen mündlichen und vor allem schriftlichen Ausdruck zu verschaffen, Schule und Stadt weckt in den Laien natürlich vor allem den Geschmack an der Freiheit, und so versteht man zugleich, warum das neue Kirchenrecht sich u. a. auch bemüht, die Grenzen zwischen Laien und Klerus deutlicher herauszuarbeiten[10].

Betont wird zunächst der Unterschied, dann aber auch die Unterordnung

[5] *Hildebert von Lavardin,* Sermo 130 ad populum: PL 171, 923 A; zu Hildebert vgl. *P. v. Moos,* Hildebert von Lavardin (1067—1133). Humanitas an der Schwelle des höfischen Zeitalters (Pariser Hist. Studien 3) (Stuttgart 1965). Zur Hauskatechese vgl. *L. Bopp,* Katechese: LThK² VI (1961) 27—31, bes. 28.

[6] Vgl. Kap. 13.

[7] *H. Planitz,* Kaufmannsgilde und städtische Eidgenossenschaft ... im 11. und 12. Jh.: ZSavRGgerm 60 (1940) 1—116; von der gemeinschaftsbildenden Kraft des religiös unterbauten Gildegedankens spricht *K. Bosl:* Gebhardt-Grundmann I 669; *P. Wilpert - W. P. Eckert,* Beiträge zum Berufsbewußtsein des mittelalterlichen Menschen (Misc. Mediaevalia 3) (Berlin 1964).

[8] Vgl. Kap. 24, S. 231 ff.

[9] De aedificio Dei, c. 43 (PL 194, 1302).

[10] Zum folgenden vgl. *G. Le Bras,* Institutions I 170—177 404—423.

des Laientums unter den Klerus. Das Recht des Laien in der Kirche erscheint (in seiner schroffsten Auffassung) als eine Konzession des Klerus an ihn. Er darf Besitz haben, aber nur so viel, wie er für seinen Lebensunterhalt benötigt; er darf heiraten, vor Gericht gehen, Opfergaben spenden, den Zehnt zahlen. Er hat ein Recht, vom Klerus jenen geistlichen Beistand zu fordern, wie ihn die kirchlich verfaßte Heilsordnung vorsieht. Laien können (im Notfall) taufen und einander beichten. Daß sie einander das Sakrament der Ehe spenden, wird in theologischer Reflexion bereits jetzt deutlicher gesehen. Nicht aber haben sie Anteil am ministerium verbi, das dem Klerus vorbehalten bleibt. Innozenz III. wird ihnen allein zugestehen, daß sie am Klerus, falls er dieses Ministerium vernachlässigt, vor dem Bischof Kritik üben dürfen. Die Laien, so will es jetzt das Kirchenrecht mit hart errungener Deutlichkeit, haben keinerlei Recht an kirchlichem Besitz und an kirchlichen Personen. Zugleich aber entwickelt sich doch auch jetzt schon das Institut der Kirchenpflegschaft, das den Laien einen sehr wichtigen Anteil an der Verantwortlichkeit läßt hinsichtlich der Verwaltung kirchlichen Vermögens und der Pflege kirchlicher Bauten und Grundgüter.

In Ablösung des Eigenkirchenrechts wird bei Gratian der Ansatz zur Entwicklung des Patronatsrechtes geschaffen, mit dem ein wichtiges Recht der Laien in der Kirche umschrieben wird. Aber dafür werden sie aus den Wahlkörpern der Kirche verdrängt, auch aus den Kapiteln und dem Kreis der kirchlichen Notare, zumal ihnen jetzt grundsätzlich verwehrt wird, gegen den Klerus zu Gericht zu gehen (sie dürfen ihn nicht anzeigen, nicht gegen ihn zeugen, geschweige denn, ihn richten). Zwar blieb im ganzen dem Laientum ein wichtiges Weltamt im Dienst der Kirche: der Schutz der Religion (Kaiser und Könige als defensores der Ecclesia) und auch der Schutz der sittlichen Ordnung (die weltliche Gerichtspflege, soweit ihr nicht durch das privilegium fori der Klerus entzogen war). Die Stellung des Königs (bzw. Kaisers) bleibt ambivalent, weil im 12. Jh. die quasisakrale Stellung der Herrscher (trotz Investiturstreites und andauernder Spannung zwischen den Gewalten) noch behauptet wird und darum die Könige auch der Laienwelt nicht schlechthin beigezählt werden können[11].

Aufs Ganze gesehen, scheint den rechtlichen Bestimmungen des Dekrets und der Auffassung der Dekretisten eine Haltung des Mißtrauens gegenüber den Laien zugrunde zu liegen, welche diese Grenzziehung als eine Art Abwehr gegen Übergriffe erscheinen läßt. Man kann aber wohl kaum sagen, daß in der sozialen Wirklichkeit des Jahrhunderts (bei aller kanonistischen Geringerwertung und auch aller theoretischen, theologisch formulierten

[11] *W. Ullmann,* A History of Political Thought: Middle Ages (Harmondsworth 1965) 130—158 (Theocratic and feudal kingship); *ders.,* Papst und König, Grundlagen des Papsttums und der englischen Verfassung im MA (Salzburg-München 1966) 34: der König als persona ecclesiastica oder als rex canonicus; verwiesen wird auf *J. Fleckenstein,* Rex canonicus: Festschr. P. E. Schramm I (Wiesbaden 1964) 57.

Hochschätzung des Klerikalen, zumal des monastischen und kanonialen Lebensideals) das Laientum unterdrückt, verachtet oder geringgeschätzt worden wäre. Einzeluntersuchungen zur Haltung eines Rupert von Deutz, eines Bernhard von Clairvaux u. a. ergeben vielmehr eine durchaus positive Einschätzung des kirchlichen Auftrags der Laien innerhalb der Grenzen ihres Standes und ihrer Lebensberufe[12].

Das wird deutlich, wenn man das christliche Ethos des in diesem Jahrhundert scharf umrissen in Erscheinung tretenden Standes der Ritter[13] und seine Einschätzung seitens des Klerus untersucht.

Dem Zug zu einer Sakralisierung der Lebens- und Berufsstände[14] erschließt sich das abendländische *Rittertum*, der Hauptträger der Kreuzzugsbewegung, in besonderem Maß.

Wohl läßt sich die Spannung zwischen Idee und Wirklichkeit nicht verkennen. Auch gab es zu keiner Zeit des Mittelalters ein allgemein verpflichtendes Ritterideal (neben dem frühen Haudegen steht später der höfische Ritter, dann der Kreuzfahrer), wohl aber kann man wenigstens für die Zeit der Blüte des mittelalterlichen Rittertums (1150—1300) von einem einheitlich geformten Ethos sprechen, das sich verbindlich für die Ritter aller Länder der Christenheit gab. In jedem Land war das Rittertum eigenartig geformt und darum in seiner gesellschaftlichen Erscheinung vielgestaltig. Das vom gemeinsamen Erlebnis des Kreuzzugs geformte Ethos aber sah in ihm den Gottesstreiter (miles christianus), in dem Frömmigkeit und Tatendrang zusammengingen. Die religiöse Haltung hat Bernhard von Clairvaux in seinem Traktat vom Lob der neuen Ritterschaft umschrieben — wenn man auch einschränkend bedenkt, daß Bernhards Ausführungen zunächst und vor allem dem Ritterorden der Templer galten. Der christliche Ritter untersteht Christus als dem Heerkönig, das Kreuz ist sein Banner, der Tod Zeugnis des Glaubens (Martyrium) und Gewinn (sichere Seligkeit). Dabei werden die früheren (nicht eigentlich kirchlich-christlichen) Forderungen ritterlicher Sittlichkeit: Treue und Dienst, sakralisiert, wie denn auch Waffen und Fahnen gesegnet werden und die Schwertleite zur Ritterweihe

[12] *M. Bernards*, Die Welt der Laien in der kölnischen Theologie des 12. Jh. Beobachtungen zur Ekklesiologie Ruperts von Deutz: Die Kirche und ihre Ämter und Stände. Festschr. Kardinal Frings (Köln 1960) 391—416 (reiche Bibliogr.); *H. Wolter*, Bernhard von Clairvaux und die Laien. Aussagen monastischer Theologie über Ort und Berufung des Laien in der erlösten Welt: Scholastik 34 (1959) 161—189.

[13] *C. Erdmann*, Die Entstehung des Kreuzzugsgedankens (Neudruck Darmstadt 1955); *F.-L. Ganshof*, Qu'est-ce que la féodalité (Brüssel ^{3}1957); *ders.*, Qu'est-ce que la chevalerie?: Revue générale Belge 25 (Nov. 1947) 77—86; ferner Bibliogr. zum Kap. *A. Borst*, Das Rittertum im Hochmittelalter. Idee und Wirklichkeit: Saeculum 10 (1959) 213—231, der wie F.-L. Ganshof auf die vielfältige Gestalt des mittelalterlichen Ritters hinweist; vgl. auch *S. Painter*, French Chivalry (Neudruck Ithaca/N. Y. 1957). Borst bereitet eine umfassende Gesch. des mittelalterlichen Rittertums vor.

[14] *M. D. Chenu*, Moines, clercs, laïcs 77—80.

wird. Adolf Waas meint sogar, im Kreuzfahrer habe der Ritter seine eigentlichste Prägung gefunden und das christliche Ritterideal des Abendlandes wäre ohne das Erlebnis und den Einsatz im Kreuzzug nicht zur vollen Entfaltung gekommen [15]. Der Streiter Gottes schützt die Kirche und ihre Güter, kämpft gegen die Heiden, hält seine Hand über die Schwachen, Witwen und Waisen und errichtet selbstlos Gottes Ordnung auf Erden. Daß die Wirklichkeit diesem Ideal nicht voll entsprach und auch nicht alle Ritter sich ihm verpflichtet fühlten, kann der Tatsache keinen Abbruch tun, daß es bei der Mehrzahl (zumal auch in den Ritterorden) eine bestimmende Motivkraft besessen hat. Da es in der theologischen Aufarbeitung durch Bernhard von Clairvaux und Johannes von Salisbury [16] einen Widerhall in der ganzen Christenheit erfuhr, darf man in ihm eine für das 12. Jh. charakteristische Form religiöser Laienkultur erblicken, ihre wohl eindrucksvollste Gestalt mit geschichtlich nachhaltigster Auswirkung.

In der Laienbewegung um die Wanderprediger zu Beginn des Jahrhunderts ist eine starke Anteilnahme der *Frauenwelt* festgestellt worden [17]. Man wird sich demnach fragen müssen, welche Rolle die Frau in der bisher angedeuteten Teilnahme des Laien am religiös-kirchlichen Leben des 12. Jh. gespielt hat. Wir sehen dabei natürlich von den Frauenorden als solchen ab, da sie zum eigentlichen monastischen Raum gehören, der als dritter Stand neben Klerus und Laien zu zählen ist (auch wenn hier, wie etwa beim Institut der Laienbrüder und Laienschwestern, eine gewisse Überschneidung der Linien festzuhalten ist).

Im gesellschaftlichen Leben dieses Jahrhunderts beginnt die Frau eine lebhafter als früher bemerkte Rolle zu spielen [18]. Zumal im südfranzösischen Raum, wo die Troubadours ihr eine zentrale Stellung zuerkennen. Eine Persönlichkeit wie Eleonore von Aquitanien, deren Lebensschicksal fast das ganze Jahrhundert mitzubestimmen vermochte, kann als paradigmatisch herausgestellt werden. Sowohl bei den französisch-katalonischen Troubadours wie bei den deutschen Minnesängern beherrschte das Frauenlob die lyrische Aussage. Für die Bildungsfreudigkeit der Frau spricht wiederum als eine für viele Héloïse, Schülerin, Gattin und Seelenfreundin des Petrus Abälard. Innerhalb des Familien- und Sippenverbandes fiel der Frau, wenn sie einen

[15] Geschichte der Kreuzzüge I 1—52, II 57—70.

[16] *Policraticus,* lib. VI., ed. *C. C. I. Webb* II 1—89. Das ganze 6. Buch entwickelt einen ausführlichen Sittenkodex des Ritters im Dienst des Königs.

[17] *H. Grundmann,* Religiöse Bewegungen im MA (Darmstadt 1961, grundlegend); *G. Schreiber,* Gemeinschaften des MA (Münster 1948, Reg.).

[18] *R. Gout,* Le miroir des dames chrétiennes (Paris 1935); *M. R. Bezzola,* Les origines et la formation de littérature courtoise en Occident I (500—1200) (Paris 1944); *M. de Montoliu,* San Bernardo, la poesía de los Trobadores y la „Divina Comedia": Spanische Forschungen (1. Reihe, 12) (Münster 1956); *E. Russel,* Bernard et les dames de son temps: Bernard de Clairvaux (Paris 1952) 411—428.

entsprechend starken Charakter besaß, ein großer Teil der Verantwortung zu. Erinnert sei an Gräfin Adele von Blois, eine Tochter Wilhelms des Eroberers, deren Bild aus den wenigen erhaltenen Briefen, die sie von ihrem kreuzfahrenden Gatten erhielt, überzeugend und eindrucksvoll hervortritt. Auch die Frauenbriefe Bernhards von Clairvaux lassen bemerkenswerte Umrisse erkennen, die auf eine selbständige Stellung der Frau in der Familie hinweisen.

Der lebhafte Drang zu Formen gepflegter Frömmigkeit führte ungezählte Frauen dieses Jahrhunderts in die Klöster der Prämonstratenser, später zu den Zisterzienserinnen. Als diese der Nachfrage nicht mehr gerecht werden konnten, fanden sich Gruppen von Jungfrauen und Witwen zu einem Gemeinschaftsleben in der Nähe von Spitälern und Leproserien zusammen; aus ihnen entstand die Bewegung des Beginentums, das seine erste und stärkste Entfaltung im 13. Jh. erlebte. Auch das Inklusentum, wo Frauen in Zellen ein Einsiedlerleben führten, nach monastischer Tradition, manchmal in mehreren Zellen benachbart unter einer Meisterin, erlebte im 12. Jh. eine Blütezeit und hat bei den Anfängen des Beginentums mitgewirkt[19].

Seelsorge, Volksfrömmigkeit und Mystik

Die intensivere Teilnahme der Laien am kirchlichen Leben geht nicht nur auf die sozialen Strukturveränderungen des 12. Jh. zurück, sie läßt vielmehr vermuten, daß die Seelsorge an ihnen verantwortungsvoller wahrgenommen wurde, als man gemeinhin für das Jahrhundert anzunehmen geneigt ist (weil man unter dem Eindruck der Seelsorgserfolge der Bettelorden des 13. Jh. steht). Das christliche Volk erhielt religiöse Unterweisung, wurde dem sakramentalen Leben zugeführt, hielt durch Heiligenkult und Wallfahrt vielfache Verbindung mit dem Gesamt kirchlicher Frömmigkeit.

Die religiöse Unterweisung setzte ein in der Familie. Hildebert von Lavardie erläuterte eindringlich die Pflicht der Eltern, in der Teilnahme am kirchlichen Lehramt diese Erstverkündigung sorgfältig wahrzunehmen. Im Gotteshaus durch Kult und Predigt wurde diese Unterweisung aufgegriffen und weitergeführt. Eine reiche Predigtliteratur auch dieses Jahrhunderts zeugt von der ununterbrochenen Tradition (wenn auch bei den Bischöfen diese Seite ihres amtlichen Auftrags vielfach vor anderen Pflichten zurücktrat). Vor Laien predigten auch die gelehrten Theologen natürlich in der Volkssprache

[19] *L. Oliger,* Speculum inclusorum (Rom 1938); die bekannt englische Ancren Riwle wurde in letzter Zeit öfter ediert (engl. ed. *A. C. Baugh,* London 1956; lat. ed. *R. M. Wilson,* London 1954); *C. H. Talbot,* The „De institutis inclusarum" of Ailred of Rievaulx: AnOCist 7 (1951) 167—217.

(Petrus Comestor, Petrus Lombardus, Maurice de Sully, Petrus Cantor, Stefan von Tournai, Petrus von Blois). Im England des 12. Jh. wurde noch angelsächsisch gepredigt[20]. Alanus von Lille läßt durch Hinweise in seiner „Ars praedicatoria" vermuten, daß man Standespredigten kannte (er gibt Musterpredigten für milites, advocati = oratores, principes = iudices, conjugati, viduae, virgines, sacerdotes)[21]. Meist waren es Homilien oder katechetische Predigten, nur die Akademiker an den Hohen Schulen sprach man mit tiefer ansetzender theologischer Problematik an. Eine Sonderart der Volkspredigt, die aber sehr verbreitet und wirksam war, muß genannt werden: die Kreuzzugspredigt, deren Organisation bereits in diesem Jahrhundert einsetzt und ihre Grundformen ausbildet. Nach Diözesen organisiert, dort den bekanntesten Predigern anvertraut, nicht nur in Kirchen, sondern auch auf offenem Markt, auf Brücken, an Wegekreuzungen suchte sie eine möglichst weite und alle erfassende Verkündigung zu erreichen. Weil sie eine einheitliche Thematik zugrunde legte, erfuhr durch diese Predigt die Frömmigkeit des Volkes in allen Teilen der Christenheit eine bestimmte Form, die mit der bernhardinischen Wende zum leidenden Herrn, von der Christusfrömmigkeit zur Jesusfrömmigkeit charakterisiert werden kann.

Das sakramentale Leben des Volkes nimmt zu, insofern die private (Ohren)beichte sich durchsetzt bis zur empfohlenen Beichte bei Laien, über deren sakramentalen Charakter die Theologie noch zu keiner völlig klaren ablehnenden Erkenntnis zu kommen vermag. Vor allem in Schlachten und Gefechten, wenn kein Priester zu finden ist, wird gemäß Jak 5, 16 (So bekennet nun einander die Sünden) diese Form der Beichte nahegelegt. Der Kommunionempfang dagegen wird seltener, auf hohe Feste beschränkt und zu einem Teil des Versöhnungsritus, wobei die Parteien die geteilte Hostie empfangen. Bei feierlichen Anlässen, wie etwa bei der Schwertleite und bei Trauungen, wird sie gleichfalls gereicht. Die Taufe, früher auf Ostern und Pfingsten festgelegt, empfiehlt man jetzt, bald nach der Geburt, wenn möglich am gleichen Tag zu spenden. Nach wie vor bleibt die Aufnahme in eine Ordensgemeinschaft (professio ad succurrendum) für den Adel die standesgemäße Weise der Vorbereitung auf den Tod, wobei zugleich die Frage des Begräbnisses (Erbbegräbnis im Stiftungskloster) gelöst scheint.

Im 12. Jh. entfaltet sich in großartiger Form der Heiligenkult, wobei die königlichen Heiligen (der politischen Kanonisationen, wie etwa Karl d. Große [1164], Eduard der Bekenner [1161], Olav II. Haraldson in Norwegen, Knud in Dänemark [1100/01]), besonders hervortreten[22]. Die erstaunlich schnelle

[20] Abt Samson von Bury St. Edmund's (1182—1210) predigte im Norfolk-Dialekt, „anglice sermocinare solebat populo, set secundum linguam Norfolchie", Cronica des Jocelin von Brakelond, ed. *H. E. Butler* (Nelson's Medieval Texts) (London 1962) 40.

[21] Summa de arte praedicatoria, cap. 40—42: PL 210, 185—189.

[22] *J. Schlafke*, Das Recht der Bischöfe in Causis Sanctorum bis zum Jahre 1234: Die Kirche

Verbreitung der Verehrung des 1170 ermordeten Erzbischofs von Canterbury Thomas Becket (1173 kanonisiert) in der ganzen Christenheit bildet einen Höhepunkt[23]. Sein Grab wird neben Jerusalem, Rom und Compostela zum wichtigsten europäischen Wallfahrtsort, dann folgt Vézelay mit dem vermeintlichen Grab der hl. Maria Magdalena[24]. Da im Übergang von sehr mild gewährten Redemptionen zum Ablaß, dessen Praxis sich im 12. Jh. stark ausbreitet und noch vor Jahrhundertende „vollkommene Ablässe" kennt, auch die Wallfahrt (vor allem die Kreuzfahrt) als entsprechendes Bußwerk empfohlen wird, findet diese Frömmigkeitsform (auch im Gefolge des zunehmenden internationalen Verkehrs) weiteste Verbreitung. Vor allem Marienwallfahrtsorte entstehen allenthalben[25], wohl auch im Gefolge der ausgesprochenen Mariendevotion der neuen Orden. Bernhardinischer Einfluß wird, stärker noch als bei der Marienfrömmigkeit, bei der volksfrommen Wendung zu den Lebens- und Todesgeheimnissen des Erlösers spürbar.

Mystische Theologie[26]

Am Beginn des Jahrhunderts eröffnet Anselm von Canterbury die Reihe der Theologen der Mystik, die ihren Höhepunkt in Bernhard von Clairvaux und Wilhelm von Saint-Thierry sowie Aelred von Rievaulx erlebt, in der Schule von Sankt Viktor (vor allem bei Richard) gepflegt wird. Philipp von Harvengt († 1183) und Guerricus von Igny († 1157) zeigen, daß die mystische Theologie vor allem bei den neuen Orden beheimatet war, doch sind die Mönche und Regularkanoniker durchaus nicht die einzigen, welche die theologische Spekulation mit einem gewissen Maß von erfahrener Liebe verbinden[27].

Noch heute lebt die Kirche von diesem geistlichen Reichtum des 12. Jh. In Deutschland gehören zu den Vertretern der mystischen Theologie vor allem Rupert von Deutz († 1130) und in seinen Spuren Gerhoch von Reichersberg

und ihre Ämter und Stände. Festschr. Kardinal Frings (Köln 1960) 417—440 (dort auch die ältere Lit.).

[23] *R. Foreville,* Le jubilée de Saint Thomas de Cantorbéry (1220—1470) (Paris 1958).

[24] *V. Saxer,* Le culte de Marie-Madeleine en occident, 2 Bde (Paris 1959); *G. Schreiber,* Die hl. Maria Magdalena als Volksheilige und Bergwerksbesitzerin: Festschr. Karl Eder, (Innsbruck 1959) 259—275.

[25] *E. Baumann,* Histoire des pèlerinages de la Sainte Vierge (Paris 1941); *B. Kötting,* Wallfahrt: LThK² X (1965) 941—946 (Lit.).

[26] Die monastische Theologie ist in ihrem Wesen fromme Theologie und in ihren wichtigeren Aussagen mystische Theologie. Die besten Ausführungen dazu finden sich bei *J. Leclercq - F. Vandenbroucke - L. Bouyer,* La Spiritualité du Moyen-Age (Histoire de la Spiritualité chrétienne 2) (Paris 1961) und in den bisher erschienenen Artikeln des Dictionnaire du Spiritualité (bisher 41 Faszikel, Paris 1966). Die Lit. ist immens und wird in den Bibliographien der RHE u. ä. verzeichnet.

[27] *J. Leclercq,* Wissenschaft und Gottverlangen (Düsseldorf 1963) 240.

(† 1169), auch wenn bei ihm der kämpferische Ton das Beten manchmal übertönt. Stärker in der Aussage dagegen sind die Frauen, wie Herrad von Landsberg († 1195) mit ihrem Hortus deliciarum (1159/75) und Hildegard von Bingen († 1179) mit ihren mystischen Schriften im Stil von Offenbarungen (Liber Scivias, Liber vitae meritorum, Liber divinorum operum)[28]. Elisabeth von Schönau († 1164) mit ihren drei Büchern Visionen und dem Liber viarum Dei, von ihrem Bruder Ekbert redigiert, hat durch die weite Verbreitung dieser Schriften großen Einfluß ausüben können[29]. Den wichtigsten Beitrag zur mystischen Theologie des 12. Jh. aber haben unbestritten die eingangs genannten großen Zisterzienser in Frankreich und England geleistet, zumal ihre Werke bald zu den wichtigsten Elementen der theologischen Bibliotheken des Abendlandes geworden sind. Von ihnen wurde auch die systematische Theologie der kommenden Jahrhunderte in wesentlichen Fragen gefördert.

[28] Zu Hildegard von Bingen vgl. Scivias. Übers. u. bearb. von *M. Böckler* (Salzburg 1954). Gott ist am Werk. Aus dem Buch „De operatione Dei", übers. u. erkl. von *H. Schipperges* (Olten - Freiburg 1958).

[29] Zu Elisabeth von Schönau vgl. Schönauer Elisabeth-Jubiläum 1965, hrsg. vom Prämonstratenser-Chorherrenstift Tepl in Kloster Schönau (Limburg 1965), bes. *K. Köster*, Elisabeth von Schönau, Leben und Persönlichkeit. — Das visionäre Werk, seine Überlieferung, Verbreitung und Wirkung in der mittelalterlichen Welt, 17—46 (Lit.).

DRITTER ABSCHNITT

Die byzantinische Kirche im Zeitalter der Kreuzzüge

Univ.-Professor Dr. Hans-Georg Beck, München

15. Kapitel

Vom Schisma zum lateinischen Kaiserreich

LITERATUR: *F. Chalandon*, Essai sur le règne d'Alexis I Comnène (Paris 1900); *ders.*, Jean Comnène et Manuel Comnène (Paris 1912); *St. Runciman*, Geschichte der Kreuzzüge I—III (München 1957/60); *ders.*, The Eastern Schism (Oxford 1955); A History of the Crusades I—II, ed. *K. M. Setton* (Philadelphia 1955/62); *P. Lamma*, Comneni e Staufer I—II (Rom 1955/57); *A. Frolow*, Recherches sur la déviation de la IVe croisade vers Constantinople (Paris 1955); *W. Norden*, Das Papsttum und Byzanz (Berlin 1903).

So nachhaltig sich das Datum 1054 als Zeitpunkt der endgültigen Trennung der byzantinischen Kirche von Rom in der Historiographie durchgesetzt haben mag, so langsam fixierte es sich im Bewußtsein der Zeitgenossen und der nächsten Generation. In den Beziehungen der beiden Kirchen änderte sich jedenfalls zunächst wenig, nachdem diese schon vor 1054 jede Wärme verloren hatten. Das Kirchenvolk auf beiden Seiten, aber auch ein Gutteil des Klerus nahm das Datum zunächst nicht zur Kenntnis. Dafür lassen sich gewichtige Belege anführen[1], so etwa Kultwanderungen von hüben nach drüben und Heiligentranslationen, für deren konfessionelle Unvoreingenommenheit das Dossier der Übertragung des hl. Nikolaus von Myra nach Bari den besten Beleg liefert, oder die Kanonisierung des hl. Nikolaus von Trani, eines wandernden „Narren in Christo" aus Mittelgriechenland, durch Papst Urban II.; sodann die unbedenkliche communicatio in sacris von Pilgern auf der Fahrt vom Westen über Konstantinopel ins Heilige Land und zurück, der monastische Austausch, die vermittelnde Stellung von Monte Cassino zwischen Papsttum, Normannen und Byzanz und die nicht seltenen Heiratsverbindungen zwischen Partnern abendländischer und orthodoxer Obödienz. Selbst die Theologen spürten wenig Lust, dogmatische Gegensätze hochzuspielen; sie beschränkten sich gern auf die Rüge gegenüber den disziplinären Sonderheiten der westlichen Kirche und waren geneigt, die Differen-

[1] Eine gute Stoffsammlung zu diesem Thema bietet *B. Leib*, Rome, Kiev et Byzance à la fin du XIe siècle (Paris 1924). Vgl. außerdem den Literaturbericht von *F. Dölger*, Byzanz und das Abendland vor den Kreuzzügen: *F. Dölger*, Παρασπορά (Ettal 1961) 73 bis 106.

zen im Glauben auf Konto der sprachlichen Insuffizienz der Lateiner zu setzen[2].

Zwischen den Häuptern der beiden Kirchen freilich war das Mißvergnügen kaum zu verheimlichen, und auch auf politischer Ebene herrschte lange Zeit eine mehr als gereizte Stimmung. Die Schuld lag hier bei den Normannen. Vielleicht konnte man in Byzanz Verständnis dafür aufbringen, daß sich die Päpste mit diesen Eindringlingen arrangieren mußten, aber man konnte es nur als Feindseligkeit betrachten, wenn Papst Nikolaus II. im Anschluß an die Synode von Melfi im Jahre 1060 Robert Guiscard mit Gebieten belehnte, die altes byzantinisches Reichsland waren, ja sich z. T. noch in der Hand des Reiches befanden. Der Erbfeind der byzantinischen Besitzungen in Süditalien bekam damit in den Augen der Byzantiner den Segen des Papstes für seine weiteren Angriffe. Die normannischen Eroberungen in Italien bedeuteten außerdem, wenigstens in den Anfängen, eine systematische Zurückdrängung der griechischen Hierarchie und des griechischen Ritus, und Byzanz hatte keinen Anlaß, nicht auch hinter diesem Vorgang das Papsttum zu vermuten.

Trotz alledem mußte auch der byzantinische Kaiser nach der schweren Niederlage, welche die Seldschuken den Reichstruppen bei Manzikert (1071) beigebracht hatten — im selben Jahr fiel Bari, das letzte byzantinische Bollwerk in Italien, an die Normannen —, sich zu dem Versuch bequemen, mit den Normannen und den Päpsten zu einem Friedensschluß zu kommen, um für den Kampf im Osten den Rücken im Westen frei zu haben. Papst Gregor VII. war zu einer solchen Verständigung um so eher bereit, als sein eigenes Verhältnis zu den Normannen nicht das beste war und weil er sich damals mit hochfliegenden Kreuzzugsplänen trug, für welche er auf die byzantinische Mitarbeit nicht verzichten konnte — ein Plan, der nicht zuletzt die Hoffnung umschloß, im Verlauf eines solchen Zuges den päpstlichen Primatsanspruch in Konstantinopel durchzusetzen und die Trennung der Kirchen zu beheben[3]. Kaiser Michael VII. (1071—78) blieb angesichts der normannischen Drohung, nach Griechenland überzusetzen, nichts übrig, als auf die päpstlichen Pläne einzugehen. Er bot allem Anschein nach Gregor kirchenpolitische Verhandlungen an[4], die den Papst bewogen, die Heirats-

[2] Die Hauptrolle in den Kontroversen der Zeit spielt der Azymenstreit. Für die Stellungnahme zu den dogmatischen Fragen ist bes. interessant der Erzbischof Theophylaktos Hephaistos von Achrida (Bulgarien), † nach 1126. Er ist ein Verfechter der photianischen Lehre vom Ausgang des Heiligen Geistes, aber er verurteilt jede rechthaberische dogmatische Haarspalterei seiner orthodoxen Glaubensgenossen und jeden Hochmut und konzediert den Lateinern, daß es in ihrer Sprache nicht möglich sei, die Feinheiten der Trinitätslehre zum Ausdruck zu bringen: PG 126, 245—249.

[3] Vgl. *G. Hofmann*, Papst Gregor VII. und der christliche Osten: StudGreg 1 (1947) 169 bis 181; vgl. auch *W. Holtzmann*, Studien zur Orientpolitik des Reformpapsttums und zur Entstehung des ersten Kreuzzuges: HV 22 (1924/25).

[4] *Dölger Reg* 988.

offerte des Kaisers an Robert Guiscard zu unterstützen: Roberts Tochter Helene sollte den byzantinischen Kronprinzen Konstantin heiraten, Robert selbst damit in die familia des Kaisers eingegliedert und zur Treue verpflichtet werden. So wenigstens ein Urkundentext der byzantinischen Kanzlei, der freilich nicht über jeden Verdacht erhaben ist[5]. Seit Dezember 1074 mußte man sogar damit rechnen, daß Gregor VII. selbst nach Konstantinopel kommen würde. Die Pläne des Papstes zerschlugen sich sehr bald, aber Byzanz hatte einen Aufschub gewonnen. Freilich: Kaiser Michael VII. stürzte 1078 über seine eigene Unfähigkeit, und sein Nachfolger, Nikephoros III. Botaneiates (1078—81), annullierte den Heiratsvertrag. Robert rüstet nun zum Krieg, und der Papst belegt den Kaiser mit dem Bann — seit Jahrhunderten der erste formale Bruch zwischen Kurie und Kaiser —, ein schwerer Fehler nicht zuletzt deshalb, weil sich Rom damit die Möglichkeit nahm, das diplomatische Spiel mit *zwei* byzantinischen Partnern, Patriarch und Kaiser, weiterzuspielen, die man zur rechten Zeit gegeneinander ausspielen konnte. Aber auch aus diesen Ereignissen zog man keine Folgerungen, die es verdienen würden, als formelles Schisma bezeichnet zu werden. Dafür bieten die nächsten Jahre ein bemerkenswertes Beweismaterial. Auch der Nachfolger des Nikephoros Botaneiates, Kaiser Alexios I. Komnenos (1081 bis 1118), wurde von Gregor VII. gebannt, und die Normannen versuchten jahrelang, sich den Weg durch die Balkanhalbinsel nach Konstantinopel zu bahnen (1081—85). Aber Gregor VII. starb, und Alexios blieb Sieger über die Normannen. Der kluge Urban II. hob den Bann, der über ihn verhängt war, auf, und streckte friedliche Fühler nach Byzanz aus. Er wäre offenbar zufrieden gewesen, wenn man seiner in der byzantinischen Liturgie gedachte, daß heißt ihn in die „Diptychen" aufnahm. Seine Frage ging deshalb dahin, warum man dies bisher versäumt habe und warum man die Kirchen des lateinischen Ritus in Konstantinopel geschlossen habe. Der Kaiser ließ über diese Beschwerden im Patriarcheion eine Untersuchung anstellen mit dem Zweck, festzustellen, ob sich im Archiv ein Akt über die Trennung der beiden Kirchen finde. Die Untersuchung fiel nach Angabe der kirchlichen Behörden negativ aus, das heißt, es scheint, daß der Patriarch und seine Synode den Austausch von Bannflüchen zwischen Patriarch Michael Kerullarios und Kardinal Humbert für eine persönliche Angelegenheit zwischen den beiden Hierarchen, ohne Konsequenzen für die beiden Kirchen hielten. Was bestünde, seien disziplinäre Differenzen zwischen beiden Kirchen, die sich jedoch bereinigen ließen. Daß Urban nicht in den Diptychen erwähnt werde, hänge damit zusammen, daß er seinen Regierungsantritt nicht mit dem althergebrachten Schreiben

[5] *Dölger Reg* 1003, Text in ViVr 6 (1899) 140—143. Zur Echtheit *Dölger* a. a. O. Die Zweifel beziehen sich nur auf die Urkundenform, das Faktum des Vertrags wird von Anna Komnene bestätigt (I, 10).

angezeigt habe. Die lateinischen Kirchen aber seien nicht alle geschlossen worden, sondern nur die der Normannen auf Grund der kriegerischen Ereignisse. Der Patriarch schlägt dem Papst vor, das Antrittsschreiben nachzusenden, dem gewöhnlich ein Glaubensbekenntnis beigefügt war; dann würde die Aufnahme in die Diptychen erfolgen, und man könne über die Differenzen in Disziplinarfragen verhandeln[6]. Der Plan kam nicht zur Ausführung, nicht nur, weil der Bote des Patriarchen, Bischof Basileios von Reggio, die Sache mit seinem Kampf um die Restituierung des griechischen Ritus in seinem Bistum verquickte, sondern wohl auch deshalb, weil es der papalen Idee von damals nicht mehr entsprach, in einem solchen Zusammenhang ein Glaubensbekenntnis zu versenden. Die Ereignisse fallen ins Jahr 1089. Bezeichnend ist, daß trotz dieses Mißerfolgs die Beziehungen zwischen Urban und Kaiser Alexios keineswegs erkalteten, sondern der Kaiser offenbar schon damals vom Papst Hilfstruppen in Aussicht gestellt bekam. Man einigte sich nicht auf dem Boden des strengen Rechts oder des Dogmas, sondern auf dem nützlicheren der „Oikonomia", des gegenseitigen Sich-gelten-Lassens. Und dieser Boden war die Grundlage für die gemeinsamen Vorbereitungen des 1. Kreuzzuges. Ja gerade dieser Kreuzzug hatte die Aufgabe und hätte das Vermögen besessen, beide Teile der Christenheit in gemeinsamer Not und Hoffnung zusammenzuführen. Daß Papst und Kaiser gemeinsam geplant und vorbereitet haben, läßt sich heute nicht mehr bezweifeln — Alexios wurde durch die Ankunft der Kreuzfahrer durchaus nicht wie durch einen Blitz aus heiterem Himmel getroffen[7]. Und die Ziele und Ideen des Papstes und des Kaisers dürften im Grunde dieselben gewesen sein. Aber das Unternehmen entglitt nicht nur den Händen Urbans, sondern auch denen des Alexios, und was zum Frieden hätte führen können, brachte tatsächlich eine Vertiefung des Schismas mit sich. Das Entscheidende dabei war nicht etwa die Verschiedenheit des Grundgedankens — die Byzantiner erwarteten Hilfstruppen im Kampf gegen die Seldschuken, die Kreuzfahrer faßten als unmittelbares Ziel ins Auge, was wohl auch für Urban II. nur Fernziel gewesen war, nämlich die Eroberung Jerusalems, an der Alexios nach Lage seiner diplomatischen Beziehungen zu den Fatimiden wenig gelegen war —, sondern Äußerlichkeiten. Zwar gelang es Alexios, seine Souveränitätsansprüche auf die zu erobernden Gebiete bis etwa südlich von Antiocheia durch ein geschmeidiges System von Lehensformen sicherzustellen[8],

[6] Die Aktenstücke hat wiederentdeckt *W. Holtzmann*, Die Unionsverhandlungen zwischen Kaiser Alexios I. und Papst Urban II. im Jahre 1089. ByZ 28 (1928) 38—67 (mit Edition und Auswertung). Vgl. *Grumel Reg* 953 954.

[7] Vgl. *C. Erdmann*, Die Entstehung des Kreuzzugsgedankens (Stuttgart 1935, Neudruck 1955) 299ff; *P. Charanis*, Byzantium, the West and the Origin of the First Crusade: Byz(B) 19 (1949) 17—36.

[8] Dazu *F. Ganshof*, Recherches sur le lien juridique qui unissait les chefs de la première croisade à l'empereur byzantin. Mélanges M. P.-E. Martin (Genf 1961) 49—63.

aber die Tatsache, daß die Vortrupps des Kreuzzugs mehr Enthusiasmus als Ordnungssinn und Organisationstalent ihr eigen nannten, ja daß ganze Heere von Kreuzfahrern den Landweg nord-südlich durch den Balkan nahmen, der nicht vorgesehen war, führte zu immer lästigeren Nervenproben. Und wenn Alexios die von den Türken geschlagenen Vorhuten, die ihre Niederlage eben ihrer Disziplinlosigkeit verdankten, schließlich nach Hause schicken mußte, so haben sie dort bestimmt die perfidia Graecorum als Alibi für ihren Mißerfolg angegeben. Gefährlicher war die Tatsache, daß der alte Feind der Byzantiner, Bohemund von Tarent, gerade vor Antiocheia eine Rolle zu spielen begann, zu der sich weder Gottfried von Bouillon noch gar Raimund von Toulouse hergaben [9]. Der päpstliche Legat Adhemar von Puy hatte es immer wieder verstanden, die Reibungen zwischen den byzantinischen Geleittruppen und der Armee der Kreuzfahrer auszugleichen, und er ging dabei aus von der Idee einer durch kein Schisma getrennten Gesamtkirche. So war es für die Kreuzfahrer zunächst selbstverständlich, den befreiten orthodoxen Patriarchen von Antiocheia als den einzigen Bischof der Stadt anzuerkennen [10]. Als aber der Legat gestorben war, konnte Bohemund offen seine Politik betreiben, die darauf hinauslief, Antiocheia dem byzantinischen Kaiser wegzunehmen. Er eröffnete eine wohlüberlegte Propaganda gegen Byzanz, in der nun auch der Gedanke an das Schisma und die Glaubensdifferenzen eine große Rolle spielte. Der orthodoxe Patriarch von Antiocheia sah sich genötigt, sich nach Konstantinopel zurückzuziehen [11]. Dagobert von Pisa, der gewillt war, die Nachfolge Adhemars anzutreten, und der mit einer pisanischen Flottille ins Heilige Land fuhr, die auf ihrem Weg schon die Ionischen Inseln als Feindesland betrachtete, tat sich mit Bohemund zusammen. Er unterstützte die Bildung einer lateinischen Hierarchie und die Zurückdrängung der griechischen, ja er schloß die Griechen teilweise vom Gottesdienst an der Grabeskirche in Jerusalem aus. Bohemund selbst gelang es schließlich, den neuen Papst Paschalis II. für seine Auffassung von der perfidia Graecorum zu gewinnen, und der päpstliche Legat Bruno, der Bohemund im Jahre 1104 nach Frankreich begleitete, bekam den Auftrag, den Heiligen Krieg gegen Byzanz zu predigen — ein Wendepunkt und eine Katastrophe zugleich. Die Antwort der byzantinischen Hierarchie blieb nicht aus, der theologische Gegensatz verschärft sich, in Konstantinopel durchreisende lateinische Bischöfe, die in den theologischen Disput eintreten,

[9] Vgl. *A. C. Krey,* A Neglected Passage in the Gesta: The Crusaders and other historical essays, pres. to D. C. Munro (New York 1928) 57—78.

[10] *Albert von Aachen:* „. . . nostrae vero latinitatis patriarcham eo vivente qui pridem ibi ordinatus fuerat, eligere vel consecrare non praesumpserunt" (Hist. VI, 23).

[11] Der neue lateinische Patriarch von Antiocheia wurde nicht etwa ernannt, nachdem der griechische abgedankt hatte, sondern schon vorher. Der griechische Patriarch dankte erst in Konstantinopel ab. Vgl. *Runciman* I 307 und jetzt *P. Gautier,* Jean V l'Oxite, patriarche d'Antioche: RÉB 22 (1964) 128--135.

stoßen je länger desto mehr auf einen kaum noch zu überwindenden Widerstand[12].

Wenn trotzdem die Zeit der Komnenenkaiser eine ununterbrochene Folge von Versuchen ist, mit dem päpstlichen Rom und damit mit dem Westen auch auf religiöser Ebene zu einem Ausgleich zu kommen, so gehen diese Versuche fast regelmäßig von den Kaisern aus. Sie umgeben sich gern auch mit theologischen Beratern aus dem Westen — die bekanntesten sind Hugo Eteriano und sein Bruder Leo, zwei Pisaner am Hofe Manuels I.[13] —, sie suchen überall Kontakt, und wenn sie den Widerstand ihrer Hierarchie auch nicht mehr brechen können, so bringen sie ihn doch zeitweise zum Schweigen. Die Kaiser müssen ganz einfach mit den einzelnen Kreuzzugswellen fertigwerden, sie müssen unter allen Umständen verhindern, daß ihre eigene Hauptstadt Ziel eines Angriffes wird, und sie dürfen diese Gefahr, die Paschalis II. inauguriert hat, nicht noch dadurch verschärfen, daß sie sich von den Kreuzfahrern neben dem Vorwurf der Unzuverlässigkeit auch noch den des Schismatikertums machen lassen. So wird die Unionspolitik seit den Komnenenkaisern ein Stück Politik der Selbsterhaltung und schließlich zu einer diplomatischen Waffe, die man gebraucht, ohne dem eigentlich religiösen Gedanken noch allzuviel Aufmerksamkeit zu schenken. Damit beginnt auch das Spiel um die zeitliche Relation zwischen politisch-militärischer Hilfe vom Westen und der sie bedingenden kirchlichen Union. Die Hilfe, die der Kaiser dabei von der Hierarchie seines Reiches erhält, ist gering. Manchmal leistet sie widerwillig Gefolgschaft, im allgemeinen tut sie, was in ihren Möglichkeiten liegt, um den Abschluß einer Union zu verhindern. Die stärkste Affinität zur westlichen Geisteshaltung bewies ohne Zweifel Kaiser Manuel I. Komnenos (1143—80). Manuels weitgespannte weltpolitische Pläne führten schließlich zu einem Unionsversuch besonderer Art. Sein Ehrgeiz ging auf die Wiedereroberung der Italia byzantina. An erste militärische Erfolge schloß sich bald ein schwerer Rückschlag an, die Niederlage der byzantinischen Truppen bei Brindisi gegenüber den Normannen im Jahre 1156. Aber der Kaiser gab seine Pläne nicht auf, ja er versuchte jetzt den Streit zwischen Papst Alexander III. und Friedrich Barbarossa für sich auszumünzen. Im Jahre 1166 oder 1167 unterbreitete er dem Papst einen ebenso grandiosen wie unrealistischen Plan: der Papst solle ihn zum universalen römischen Kaiser krönen, da nun einmal die Gelegenheit günstig sei und da er, nicht aber Friedrich Barbarossa, ein Recht darauf habe. Die Gegenleistung des Kaisers: Schutz und Hilfe für den Papst gegen Barbarossa, aber auch ein Unionsgebot, das der römische Berichterstatter in die Formel

[12] So z. B. Pietro Grossolano von Mailand (1112), vgl. V. *Grumel,* Autour du voyage de Pierre Grossolanus à Constantinople: ÉO 32 (1933) 22—33, und Anselm von Havelberg (1154), vgl. *G. Schreiber,* Anselm von Havelberg und die Ostkirche: ZKG 60 (1942) 354 bis 411.

[13] Vgl. *O. Volk:* LThK² V 512—513 (mit Lit.).

bringt: „ut sub una divinae legis observantia et uno ecclesiae capite uterque clerus et populus latinus videlicet et graecus, perpetua firmitate subsisteret.“ [14] Der Papst mußte durch dieses Angebot in große Verlegenheit kommen, und seine Annahme hätte eine totale Wende der bisherigen päpstlichen Politik bedeutet. Jedenfalls wies er die Pläne nicht a limine ab, sondern schickte eine Legation nach Konstantinopel, wohl um die Verhandlungen in die Länge zu ziehen. Warum die Pläne dann völlig scheiterten, können wir nicht mit Gewißheit sagen [15].

Mit dem Tode Manuels I. festigte sich der Widerstand gegen den lateinischen, vorab venezianischen Einfluß im Reich, wobei wirtschaftliche und nationale Gesichtspunkte wahrscheinlich eine stärkere Rolle spielten als religiöse. Die Ausgangsposition für eine Union wurde immer schlechter, der Kreuzzug gegen Byzanz selbst rückte immer näher. Die Kaiser aus dem Hause der Angeloi schwankten unentschieden zwischen den verschiedenen politischen Möglichkeiten. Aus welchen Gründen immer der 4. Kreuzzug schließlich sich unmittelbar gegen Konstantinopel richtete: Papst Innozenz III. war es nicht, der ihm diese Richtung gab. Jedenfalls aber lassen die Quellen deutlich erkennen, daß für die einfachen Teilnehmer am Kreuzzug mit dem Schisma der Griechen die Wende der Expedition hinreichend begründet werden konnte. So kam es zur Katastrophe von 1204.

16. Kapitel

Zwischen dem 4. Kreuzzug und dem 2. Konzil von Lyon

LITERATUR: *A. Heisenberg,* Neue Quellen zur Geschichte des lateinischen Kaisertums und der Kirchenunion I—III: SAM 1922, 5; 1923, 2; 1923, 3 (München 1922/23); *W. Miller,* The Latins in the Levant (London 1908); *J. Lognon,* L'empire latin de Constantinople et la principauté de Morée (Paris 1949); *S. Lampros,* Αὐτοκρατόρων τοῦ Βυζαντίου χρυσόβουλλα καὶ χρυσᾶ γράμματα ἀναφερόμενα εἰς τὴν ἕνωσιν τῶν ἐκκλησιῶν: Νέος Ἑλληνομνήμων 11 (1904) 94—128 241—254; *A. L. Tautu,* Acta Urbani IV, Clementis IV, Gregorii X (Città del Vaticano 1953): *A. Gardner,* The Lascarids of Nicaea (London 1912); *D. J. Geanakoplos,* Emperor Michael Palaeologus and the West (Cambridge/Mass. 1959).

Der 4. Kreuzzug brachte die bedeutendsten Teile des byzantinischen Reiches, die Hauptstadt Konstantinopel eingeschlossen, in die Hand der „Lateiner“. Dieser Sieg, der sich doch als „Akt gigantischer politischer Torheit“ (St. Runciman) entpuppen sollte, brachte weder für den Kreuzzugsgedanken als solchen noch für die Sicherung des fränkischen Ostens irgendwelche dau-

[14] Zum ganzen Komplex *Lamma* II 123—143; *W. Ohnsorge,* Das Zweikaiserproblem im früheren Mittelalter (Hildesheim 1947) 104 ff; *A. van der Baar,* Die kirchliche Lehre der Translatio imperii romani bis zur Mitte des 13. Jahrhunderts (Rom 1956), bes. 78 ff.
[15] *Grumel Reg* 1121 1122; vgl. auch *G. Hofmann,* Papst und Patriarch unter Kaiser Manuel I. Komnenos: Ἐπετ. Ἑτ. Βυζ. Σπουδ. 23 (1953) 74—82.

ernden Vorteile. Für die Idee von der Wiedervereinigung der getrennten Christenheit aber erwies er sich als einer der schwersten Nachteile. Papst Innozenz III.[1] schwankte zunächst zwischen Empörung über die „Greuel der Verwüstung", die die Kreuzfahrer an christlicher Stätte verübt hatten, und der kaum unterdrückten Befriedigung, dieses Reich, das sich christlich gebärdet hatte, ohne willens zu sein, den päpstlichen Primat nachhaltig anzuerkennen, endlich zu Boden gezwungen zu sehen. Die Befriedigung gewann ersichtlich die Oberhand und erzeugte bei ihm eine Rechtsvorstellung, die bei diesem geschulten Juristen doch wohl nur aus der geschilderten Befriedigung erklärbar ist und die mit Fug auf den prekären Satz gebracht werden kann: Cuius regio, eius religio. Die päpstlichen Anweisungen für den Legaten Benedikt von S. Susanna enthalten jedenfalls den unmißverständlichen Satz: „. . .translato ergo imperio necessarium, ut ritus sacerdotii transferatur, quatenus Ephraim reversus ad Iudam in azymis sinceritatis et veritatis expurgato fermento veteri epuletur . . ."[2]

Man hat für das Auseinanderleben der beiden Kirchen schon immer die nationalen und kulturellen Unterschiede mitverantwortlich gemacht. Entscheidend aber werden diese Unterschiede wohl erst jetzt, da das Ehrgefühl der Byzantiner ins Herz getroffen war. An den Rändern des neuen lateinischen Kaiserreiches festigt sich der griechische Widerstand, und es entstehen staatliche Gebilde, die alle die Nachfolge des alten byzantinischen Reiches anstreben: Trapezunt, Nikaia und Epirus. Ihre Rivalität verhindert eine einheitliche Aktion gegen das Lateinische Reich, sie verzögert die Wiedereroberung Konstantinopels und die Restauration im alten Umfang. Aber einig sind sie sich alle in einem neuen, spezifisch griechisch-orthodoxen Nationalgefühl, in dem „griechisch" und „orthodox" mehr und mehr konvertierbare Begriffe werden, und das sich bei aller festzustellenden Anerkennung der politischen Rechte der Eroberer gerade gegen die ebensooft festzustellende Konvertierbarkeit der Begriffe „fränkisch" und „päpstlich" wendet. An dieser fatalen Verquickung der Begriffe werden im Grunde alle Unionsversuche scheitern.

Sowenig sich die meisten der Eroberer und päpstlichen Emissäre über diese gefährliche Situation Rechenschaft gaben, so wenig beachteten sie die alte balkanische religiöse Einheit. Der Bulgarenzar Kalojan hatte zwar erst im Jahre 1203 die Anerkennung des kirchlichen Primats von Tirnovo und 1204 seine eigene als Herrscher der „Bulgaren und Walachen" von seiten des Papstes erreicht, ja aus der Hand eines päpstlichen Legaten die Krone in Empfang genommen. Aber als er jetzt die Verbindung mit den lateinischen Eroberern Konstantinopels aufnahm, mußte er feststellen, daß Kaiser Bal-

[1] Vgl. W. *de Vries*, Innozenz III. (1198—1216) und der christliche Osten: AHPont 3 (1965) 87—126.

[2] Innocentii III epp. VIII, 55: PL 215, 623—624.

duin — hochfahrender Nachfolger des byzantinischen Autokrators — völlig unrealistische Gebietsansprüche auf das bulgarische Thrakien und Makedonien erhob. Unter solchen Umständen war es für die alten orthodoxen Glaubensgenossen der Bulgaren, die Griechen, nicht schwer, den Zaren auf ihre Seite zu ziehen, und in der Osterwoche des Jahres 1205, kaum ein Jahr nach dem Fall von Konstantinopel, brachte Kalojan bei Adrianopel den Kreuzfahrern eine schwere Niederlage bei, die Kaiser Balduin die Freiheit kostete und das junge Reich in die größten Schwierigkeiten stürzte. Balduins Bruder Heinrich von Flandern, der nun den Thron bestieg (1206—16), zog nicht zuletzt aus diesem Ereignis die Folgerung, mit den Gefühlen der Griechen seines Reiches glimpflicher umzugehen als sein Vorgänger[3], und führte deshalb auch die religiösen Verhandlungen weniger im Geiste des fernen Papstes als mit jener Rücksicht, die ihm die politische Opportunität aufzwang. Schließlich muß betont werden, daß die päpstlichen Legaten, die mit Unionsprojekten nach Konstantinopel kamen, dort keinen voll legitimierten Dialogpartner fanden[4]. Der letzte Patriarch des Byzantinischen Reiches, Joannes Kamateros, hatte bei Ankunft der Kreuzfahrer die Flucht ergriffen und war nicht mehr zu bewegen, nach Konstantinopel zu reisen[5]. Er starb im Jahre 1206 im freigewählten Exil. Das war die Chance des byzantinischen Mönchtums, das sich nun zum Herold der Orthodoxie aufwerfen konnte, ohne vom Patriarchen und seiner immer stark von politischen Erwägungen getragenen Einstellung weiterhin behindert zu werden. Diese Stunde des Mönchtums bleibt entscheidend: der Hierarchie wird in der Folgezeit sehr häufig in all diesen Fragen nicht mehr das letzthin entscheidende Wort bleiben. Schon 1204 scheiterte der Versuch eines Unionsgesprächs, das Kardinal Petrus Capuanus veranstaltete, am Widerstand des Mönches Joannes Mesarites. Ende 1205 oder Anfang 1206 traf Kardinal Benedikt von S. Susanna als päpstlicher Emissär in Konstantinopel ein. Er veranstaltete zunächst Versammlungen des byzantinischen Klerus, wo offenbar der Bruder des Joannes, der Diakon Nikolaos Mesarites[6], der Sprecher der Griechen war, dann aber, ersichtlich aus der Erkenntnis heraus, daß es weniger auf den Weltklerus der Hauptstadt als auf die Mönche ankam, eine Versammlung von Mönchen, in der wiederum Joannes Mesarites das Wort führte[7]. Offenbar waren auch die Mönche bis zu einem gewissen Grad bereit, Kaiser Heinrich als ihren Sou-

[3] Vgl. bes. *J. Lognon* 89 ff.

[4] Zu den folgenden Unionsgesprächen und Legationen bes. *Heisenberg* (vgl. Lit. zum Kap.) und die neueste Darstellung bei *J. M. Hoeck*, Nikolaos-Nekatarios von Otranto, Abt von Casole (Ettal 1965) 30 ff.

[5] Joannes Kamateros hat nie abgedankt, aber auch die Einladung nach Nikaia nicht angenommen, vgl. *Grumel Reg* 1202.

[6] Zu Nikolaos Mesarites vgl. *Beck* 666. Ein Bericht über eine Disputation mit Kardinal Benedikt: *Heisenberg* II 15—25.

[7] Konferenzbericht bei *Heisenberg* I 52 ff.

verän anzuerkennen, nicht aber einen Jurisdiktionsprimat des Papstes anzuerkennen oder gar in den dogmatischen Fragen nachzugeben. Eine schwache Aussicht auf Erfolg bahnte sich an, als Patriarch Joannes Kamateros gestorben war. Die Griechen wandten sich jetzt nicht an den Legaten, sondern an Kaiser Heinrich um die Erlaubnis, sich einen Patriarchen wählen zu dürfen. Heinrich scheint nicht abgeneigt gewesen zu sein, immerhin mußte er eine gewisse Anerkennung des Papstes voraussetzen. So kam es auf orthodoxer Seite zu zwei Entwürfen von Briefen an Papst Innozenz III., in deren zweitem dem Papst wenigstens eine postliturgische Akklamation zugestanden wird. Es ist fraglich, ob einer dieser Briefe wirklich abgesandt wurde[8]. Wenn ja, dann hat Innozenz ihnen jedenfalls nicht Rechnung getragen. Eine Gelegenheit war verpaßt; denn nun nahm der konstantinopolitanische Klerus die Verbindung mit Theodoros Laskaris, dem Herrscher von Nikaia, auf, und es kam dort zur Wahl eines orthodoxen Patriarchen, der auch im orthodoxen Konstantinopel anerkannt wurde. Ein weiterer und folgenschwerer Schritt zur Konsolidierung der Orthodoxie war damit getan.

Die Folge war, daß sich der nächste päpstliche Legat, Kardinal Pelagius von Albano, bereits veranlaßt sah, mit Nikaia Fühlung aufzunehmen. Zunächst scheint er nach seiner Ankunft in Konstantinopel 1214 den Versuch gemacht zu haben, die Mönche, und sei es mit Gewalt, zur Raison zu bringen, die sich nun mit ihren Klagen nicht mehr an Kaiser Heinrich von Flandern, sondern schon an Theodoros Laskaris wandten. So kam es zum Austausch von Unterhändlern mit Nikaia[9]. Theodoros Laskaris war den Verhandlungen nicht abgeneigt, denn allein die De-facto-Anerkennung seiner Herrscherwürde durch den päpstlichen Legaten war gegenüber dem Lateinischen Kaiserreich ein Gewinn. Aber dabei blieb es auch; von einem Erfolg kann nicht die Rede sein. In der Folge entpuppte sich das Faustpfand Konstantinopel bei jeder Verhandlung mit Nikaia als das größte Hindernis, denn für den griechischen Kaiser war, eingestanden oder nicht, die Rückgewinnung der alten Hauptstadt conditio sine qua non, für den Papst aber bildete dieses Lateinische Reich, das nicht leben und nicht sterben konnte, eine ärgerliche Belastung. Und als schließlich Innozenz IV. (1243—54) bereit zu sein schien, Konstantinopel aufzugeben, starb er über diesen Plänen, und außerdem konnte man zu diesem Zeitpunkt in Nikaia mit Grund glauben, daß die Stadt ohnedies bald wie eine reife Frucht dem griechischen Kaiser in den Schoß fallen würde[10]. In den Auseinandersetzungen im östlichen Mittelmeerraum spielte somit die Union bald nur noch die Rolle eines politischen Begleitumstandes, manipulierbar je nach der Situation der Gegner. Dann ist es nur folgerichtig, wenn ein Kaiser wie Joannes III. Vatatzes

[8] Der erste Briefentwurf (aus der Feder des Joannes Mesarites) bei *Heisenberg* I 63ff. Der zweite Entwurf PG 140, 291ff. Zur Datierung *Hoeck* (vgl. Anm. 4) 51.

[9] Darüber wiederum ein Bericht des Nikolaos Mesarites: *Heisenberg* III 19ff.

[10] Belege bei W. *Norden*, Papsttum und Byzanz 359ff.

(1222—54) den Konflikt zwischen Friedrich II. von Hohenstaufen und dem Papst für seine Zwecke auszunutzen unternahm. Die echten kirchlichen Auseinandersetzungen spielten nur noch eine geringe Rolle; die Begeisterung für den Kreuzzug war längst verglüht, ein unbeschwertes System von Koalitionen und Gegenkoalitionen mit dem einzigen Zweck des eigenen Vorteils griff um sich. Der Kaiser von Nikaia erfocht seine Siege nicht selten mit lateinischen Söldnern, und das Lateinische Kaiserreich verband sich ebensooft mit den Seldschuken. Die Religionspolitik in den Teilstaaten des Lateinischen Imperiums bestimmten weniger päpstliche Richtlinien als der Vorteil der Herzoge und Grafen, die hier zu Herrschaft und Besitz gekommen waren. Eine Sonderstellung nahm allenfalls der Berg Athos ein, über den Innozenz III. selbst das Protektorat übernahm, obwohl außer dem Iberon-Kloster kaum ein anderes seinen Primat anerkannt haben dürfte.

Im allgemeinen galt im Gesamtgebiet des Reiches die Regel, daß jeder griechische Bischof im Amt bleiben konnte, der dem Papst den Eid des Gehorsams leistete — und eine Reihe von Bischöfen hat ihn auch geleistet. Die anderen traten meist freiwillig ab oder versuchten, von irgendeinem sicheren Ort aus ihre Herde zu leiten. Für die Klöster dürfte es genügt haben, wenn sie den neuen Bischöfen zinsten, und auch der niedrige Klerus wird im allgemeinen mit diesem greifbaren Alibi davongekommen sein. Freilich gab es im Gefolge der Eroberer so viele lateinische Kleriker, die nun Kirchengut der Orthodoxie begehrten, daß mit einer starken Vergabe griechischer Pfründen und mit einer allgemeinen Verarmung des verbliebenen höheren und niederen griechischen Klerus durchaus gerechnet werden muß. In Kreta, das den Venezianern zugefallen war, gab es im Jahre 1224 von zehn Bischöfen nur noch zwei im Amt. Auch diese verschwanden bald. Und wenn Venedig auch keine ernsthaften Versuche machte, den Kretern die Union aufzudrängen, so beließen sie ihnen doch auch keine Hierarchie, sondern nur „Protopapades“ in den größeren Städten, während die Klöster ihre Autokephalie genossen. Auch auf der fränkischen Peloponnes etablierten sich acht lateinische Bischöfe, darunter zwei Erzbischöfe (in Patras und Korinth), so daß für die griechische Hierarchie nicht mehr viel Spielraum blieb. Der griechische Metropolit von Patras versuchte zeitweise, seine Gemeinde vom Kloster Megaspelaion aus zu regieren. Michael Choniates lenkte seine Athener Herde von der Insel Keos aus, in Athen selbst residierte ein lateinischer Erzbischof. Die genannten Beispiele stehen repräsentativ für das gesamte Kirchenwesen im eroberten Land: da oder dort Arrangements mit den Eroberern, oberflächliches Nachgeben, wohl auch Opportunismus, ebensooft harter Widerstand und unfreiwilliges Exil, Arbeit im Untergrund und Mission aus der Ferne. Keine der beiden Kirchen blieb Siegerin[11].

[11] Allgemeines zur Lage der orthodoxen Kirche unter unmittelbarer Herrschaft der Lateiner bei *Lognon* 135 ff.

Am 25. Juli 1261 fiel Konstantinopel wieder in die Hand der griechischen Kaiser. Ein Nachtmahr war vorüber, und ein Traum erfüllte sich. Doch am Tage darauf stellte es sich heraus, daß die Lage nichts weniger als rosig war. Michael VIII. (1259—82) war ein Usurpator, und die Opposition machte ihm im Namen der entthronten Laskariden bedeutende Schwierigkeiten, vor allem im mittleren und niederen Klerus[12]. Trapezunt blieb dem Reich verloren, und die dortigen „Großkomnenen" konnten sich nur zu Höflichkeitsleistungen gegenüber dem Kaiser in Byzanz aufraffen. Ebenso entzog sich Epirus immer wieder der byzantinischen Souveränität. Am meisten Erfolg hatte die Reconquista auf der Peloponnes. Das schlimmste für Michael war, daß der lateinische Westen zwar zunächst ruhig zugesehen hatte, wie Konstantinopel und der Kreuzfahrerstaat um die Stadt mehr und mehr verfielen, bis sie eine leichte Beute der Griechen wurden, in diesem Augenblick aber sich plötzlich wieder auf das verlorengegangene Imperium besann und aus den verschiedensten Gründen und von den verschiedensten Punkten aus Anstrengungen machte, den Griechen die Beute wieder abzujagen[13]. Auch der Hohenstaufe Manfred, und vor allem er, schloß sich diesen Bestrebungen an, uneingedenk der Allianz zwischen Friedrich II. und Joannes III. Vatatzes: eine Machtbasis, die Unteritalien und die griechischen Gebiete jenseits der Adria umfaßte, erschien ihm wichtig für seine hochfliegenden Pläne, die nach der Kaiserkrone zielten. Und wenn auch Genua bereit war, mit Michael VIII. zu gehen, so bedeutete dies automatisch die gefährliche Feindschaft Venedigs. Karl von Anjou aber, der Nachfolger der Hohenstaufen in Süditalien, übernahm sämtliche Erbansprüche Manfreds und fügte durch geschickte Politik neue hinzu. Es gab für Michael nur einen möglichen, freilich schwierigen Verbündeten: den Papst, der in ständiger Auseinandersetzung mit den Hohenstaufen unter Umständen auch mit einem griechischen Verbündeten zufrieden sein würde, der zwar in Karl von Anjou den gegebenen Mann fand, der ihn von den Hohenstaufen befreite, aber doch zugleich befürchten mußte, die Bäume dieses neuen süditalienischen Herren würden in den Himmel wachsen. Freilich, eine Allianz mit dem Papsttum bedeutete Union, und so machte sich Michael VIII. bald mit der Notwendigkeit vertraut, eine solche abzuschließen[14]. Der Ausgangspunkt mag politisch gewesen sein, aber der Kaiser nahm die Aufgabe ernst, und er hat sie aufrichtig und ausdauernd verfolgt. Die Schwierigkeiten lagen nie bei seinem guten Willen, sondern immer in den Umständen: Das unionsfeindliche Mönchtum war sich nach

[12] Einiges über diese Opposition bei V. *Laurent*, Les grandes crises religieuses à Byzance: La fin du schisme arsénite: Bulletin Sec. Hist. Acad. Roum. 26 (1945) 225—313.

[13] Vgl. E. *Dade*, Versuche zur Wiedererrichtung der lateinischen Herrschaft in Konstantinopel im Rahmen der abendländischen Politik 1261 bis etwa 1310 (Jena 1937).

[14] Zusammenfassend über das ganze Problem: B. *Roberg*, Die Union zwischen der griechischen und der lateinischen Kirche auf dem II. Konzil von Lyon (Bonn 1964).

wie vor seiner Bedeutung bewußt, und die Hierarchie mußte sich, wollte sie nicht das Volk verlieren, diesem Mönchtum immer wieder beugen und konnte höchstens in einem diplomatischen Zickzackkurs die Pläne des Kaisers von ferne begleiten. Der byzantinische Kaiser war — trotz des gegenteiligen Glaubens der Päpste — nicht mehr in der Lage, mit seiner Autorität in Sachen des Glaubens seinem Volk eine Union aufzudrängen. Was blieb, war mehr oder weniger ein Alleingang des Kaisers. Michael VIII. hat mit Strenge, ja Grausamkeit versucht[15], den Willen der Päpste in seinem Reich durchzudrücken; solange er lebte, ließ sich mancher Widerstand bannen, aber mit seinem Tod brach sein Werk sofort zusammen.

Rom gegenüber war die größte Schwierigkeit die Frage nach den Prioritäten. Der byzantinische Kaiser hatte zunächst das größte Interesse an der diplomatischen und militärischen Hilfe des Papsttums und argumentierte, daß eine solche der Union den Weg am besten bahnen würde. Urban IV. etwa schlug diese Reihenfolge rundweg ab und verlangte als erstes die kirchliche Unterwerfung[16]. Clemens IV. gegenüber versuchte es Michael mit dem Versprechen, alle Kontroverspunkte auf einem allgemeinen Konzil verhandeln zu lassen, ohne auch damit einen Erfolg zu erzielen[17]. Selbst sein Angebot, sich am Kreuzzug Ludwigs IX. von Frankreich zu beteiligen, hatte nicht den Erfolg, den Papst von seiner primären Forderung nach kirchlicher Unterwerfung abzubringen. Die Verhältnisse ändern sich erst mit dem Pontifikat Gregors X. (1271—74). Mag das Urteil über diesen Papst wie immer ausfallen, in seiner Ostpolitik besitzt er etwas von der Größe, der Mäßigung und der Klarsicht des ersten Kreuzzugspapstes, Urbans II. Er hatte vor allem immer Verständnis für die schwierige Situation seines byzantinischen Gesprächspartners, und wenn er auch im Prinzipiellen nicht nachgeben zu können glaubte, so war der Modus seiner Politik doch ganz vom Geist der „Oikonomia" getragen. Selbst byzantinische Antiunionisten wie Georgios Pachymeres haben dies unumwunden zugestanden. Gregor selbst war es, der den Kontakt zu Michael VIII. als erster wiederaufnahm. Wichtig war, daß der Papst Verhandlungen auf einem allgemeinen Konzil anbot, aber zugleich bereit war, sofort in die politischen Verhandlungen einzutreten, ferner daß er sich zufrieden erklärte, wenn zunächst auch nur ein Teil des byzantinischen Episkopats die Union anerkennen würde; eine allgemeine persönliche Eidesleistung auf die Union sollte erst nach Maßgabe der voll-

[15] Gelegentlich ist die Härte der Verfolgung der Antiunionisten durch Kaiser Michael auch übertrieben worden, so gab es z. B. nachweislich keine echte Verfolgung der Athosmönche. Darüber *J. Anastasiu*, Ὁ θρυλούμενος διωγμὸς τῶν Ἁγιωρειτῶν ὑπὸ Μιχαὴλ Η' τοῦ Παλαιαλόγου (Thessalonike 1963), abgedruckt auch in dem Sammelband Ἡ Ἀθωνικὴ πολιτεία (Thessalonike 1963) 207—257.

[16] Vgl. z. B. den Brief Urbans bei *Tautu* Nr. 6, 21.

[17] *Tautu* 69.

zogenen Annäherung zu einem vom Papst zu bestimmenden Zeitpunkt erfolgen. Was er zunächst für notwendig hielt, war nicht ein Eid, sondern ein einfaches Versprechen, nach Herstellung des weltlichen Friedensschlusses den römischen Glauben und den Primat anzuerkennen. „Agnoscere desideramus" war die Formel, die er als Minimalforderung vorschlug[18]. Hier wurde der Modellfall eines modus procedendi geschaffen, der in der Kirchengeschichte fast einzig dasteht. Michael mußte nun trachten, wenigstens eine Minderheit der Hierarchie für die Union zu gewinnen, versuchte aber tatsächlich, eine Mehrheit herzustellen. Eine erste Bestandsaufnahme ergab im hohen Klerus kein halbes Dutzend Parteigänger des Kaisers. Patriarch Joseph (1267—75) war mit den dogmatischen Fragen überfordert und bediente sich in der Auseinandersetzung der Hilfe eines Mönchs, Job Jasites', der ein ausgesprochener Gegner der Lateiner war. Der Patriarch ließ sich sogar zu einem Eid verleiten, er würde der Union nicht beitreten. Später hat ihn dieser Eid offenbar gereut, aber er hielt sich an ihn gebunden[19]. Immerhin gab er zu verstehen, daß er einer Union nicht im Wege stehen wolle. Schlimmer war, daß der gelehrteste Theologe seiner Zeit, der Chartophylax Joannes Bekkos[20], nicht gewillt war, die Bemühungen des Kaisers zu unterstützen. Da er sich allzu freimütig äußerte, mußte er ins Gefängnis, freilich begleitet von einer kleinen theologischen Bibliothek, damit er seine theologischen Ansichten revidieren könne. Das Mittel tat seine Wirkung. Daß diese Bekehrung politischer Natur gewesen sei, scheint mir kaum wahrscheinlich; denn wir wissen, daß Bekkos im Gefängnis auch die Werke eines byzantinischen Theologen las, der eben um diese Zeit (1272) starb, namens Nikephoros Blemmydes[21]. Von schwankender kirchenpolitischer Haltung hat Nikephoros doch gelegentlich in seinen theologischen Schriften jene Annäherung an die lateinische Position in der Frage nach dem Ausgang des Heiligen Geistes (a filio = per filium) vollzogen, die von weittragender Bedeutung wurde. Bekkos wird sich aber in der Folgezeit gerade auf Blemmydes berufen. Jedenfalls verließ er das Gefängnis und wurde nun der geschickte, theologisch kaum zu schlagende Verfechter der Union, dessen Schriften es zu verdanken ist, wenn in der Folgezeit eine kleine, aber gewichtige Partei von „Latinophrones" aus der byzantinischen Geistesgeschichte nicht mehr wegzudenken ist. Schon immer Unionsfreund, wurde jetzt der Archidiakon Kon-

[18] *Tautu* 101—102. Am liebsten hätte der Papst als Ausgangsformel „catholicae fidei veritatem agnoscimus", an zweiter Stelle schlägt er als Möglichkeit vor „convenimus in suprascriptam catholicae fidei veritatem", um sich schließlich auch mit dem zitierten „desideramus eandem fidem agnoscere, suscipere et profiteri" zu begnügen.

[19] V. *Laurent,* Le serment antilatin du patriarche Joseph Ier (juin 1273): ÉO 26 (1927) 396—407.

[20] Über ihn und seine Bedeutung siehe *Beck* 681—683. Eine Monographie bereitet V. Laurent vor.

[21] *Beck* 671—673.

stantinos Meliteniotes der engste Mitarbeiter des Bekkos. Als dritter im Bunde ist der Archidiakon Georgios Metochites zu nennen. In der hohen weltlichen Hierarchie hatte Michael in dem angesehenen Historiker Georgios Akropolites einen Verfechter seiner Ideen, der sich zwar ins Theologische nicht allzusehr vertiefte, aber die christliche Idee der Union als solche sich zu eigen machte. Dazu kam ohne Zweifel eine ganze Reihe von Klerikern und Laien, die den Schritt des Kaisers mitzumachen gedachten, teils aus Überzeugung, teils aus Indifferenz oder Opportunismus. Im Februar 1274 verabschiedete schließlich die imponierende Zahl von 44 Bischöfen samt dem hohen Klerus der Hagia Sophia einen Brief an den Papst, der den Primat (primum et summum pontificem esse et nominari) anerkannte und die Bereitwilligkeit zur Union ausdrückte[22]; gleichzeitig unterzeichnete der Kaiser mit Purpurtinte das ihm von Rom zugesandte Glaubensbekenntnis[23].

Am 11. März 1274 ging die byzantinische Delegation, bestehend aus dem ehemaligen Patriarchen Germanos III. und dem Metropoliten Theophanes von Nikaia sowie dem Großlogotheten Georgios Akropolites auf Schiff und traf am 24. Juni in Lyon ein. Das Glaubensbekenntnis, das der Kaiser überreichen ließ, enthielt die dogmatischen Formeln der lateinischen Kirche, auch das Filioque; zugleich bat jedoch der Kaiser den Papst, von einer Veränderung des Symbolums für die Griechen abzusehen und ihnen ihre Riten zu garantieren. Am 29. Juni wurde der feierliche Akt der Union vollzogen[24]. In Sachen des Zusatzes zum Symbol und der Riten scheint zwischen dem Papst und den griechischen Delegierten mündlich, aber mit Erfolg, verhandelt worden zu sein. Kurz darauf trat Patriarch Joseph in Konstantinopel von seinem Amt zurück, und am 16. Januar 1275 wurde in der kaiserlichen Palastkirche feierlich eine Unionsliturgie zelebriert. Im Mai 1275 erhielt die byzantinische Kirche in der Person des Chartophylax Joannes Bekkos einen neuen Patriarchen im Geiste der kirchlichen Wiedervereinigung. Am 10. Januar 1276 starb freilich Papst Gregor X., dessen Persönlichkeit für den Fortgang der Befriedung der griechischen Kirche so notwendig gewesen wäre. An der Kurie gewinnen die Griechenfeinde wieder an Boden[25]. War Michael VIII. dem Papst Gregor X. in einer Weise entgegengekommen, die den politischen Fragenkomplex gegenüber dem kirchlichen fast an die zweite Stelle rückte, so waren die neuen Päpste nicht geneigt, dies zu honorieren, vielmehr eher bereit, die alten Erbansprüche lateinischer Fürsten auf Konstantinopel anzuerkennen. Damit war die alte Übereinkunft am Zerbrechen. Man vermutet,

[22] Eine Neuausgabe dieses Briefes bietet *Roberg* (s. Anm. 14) 235—239. Vgl. auch die Editionen bei *Mansi* XXIV 74—77 und *Tautu* 124—127.

[23] *Dölger Reg* 2006, ed. bei *Mansi* XXIV 67—74.

[24] Vgl. *A. Fliche*, Le problème oriental au second concile œcuménique de Lyon: OrChrP 13 (1947) 475—485; *A. Franchi*, Il concilio II di Lione (Roma 1965).

[25] *V. Grumel*, Les ambassades pontificales à Byzance après le IIe concile de Lyon: ÉO 23 (1924) 437—447; *ders.*, En orient après le IIe concile de Lyon: ebd. 24 (1925) 321—325.

sicher nicht zu Unrecht, im Hintergrund der Kurie immer wieder Karl von Anjou, für den die Union von Lyon nur hinderlich sein konnte. Trotz aller erhöhten Forderungen der folgenden Päpste, trotz aller vermehrten Formalitäten und Eidesforderungen, war Michael VIII. lange Zeit der klassische Erfüllungspolitiker, ohne daß ihm Rom auf außenpolitischem Gebiet etwas von der versprochenen Hilfe geleistet hätte. Freilich verdichtete sich auch der Widerstand der kirchlichen Opposition in Konstantinopel immer mehr. Eine etwas vage Anerkennung des Primats, des römischen Appellationsrechtes und der Kommemoration des Papstes war wohl die Summe dessen, was bei einer Mehrzahl noch erreicht werden konnte; jetzt aber ging es den Päpsten nicht mehr nur um dies, sondern auch um die expresse Einfügung des Filioque ins Symbol, was den Gegnern der Union die Genugtuung gewährte, mit päpstlichem oder kaiserlichem Wortbruch argumentieren zu können.

Die fatale Entwicklung erreichte ihren Höhepunkt unter Papst Martin IV., der nicht nur einer Allianz zwischen Karl von Anjou, Philipp von Courtenay und Venedig zur Wiedereroberung Konstantinopels kein Hindernis in den Weg legte, sondern auch das letzte religiöse Bedenken dadurch ausräumte, daß er Kaiser Michael VIII. am 18. November 1281 ohne jeden triftigen Grund exkommunizierte und am 26. März 1282 bei Strafe des Bannes und Interdikts den Katholiken jede Verbindung mit Michael, auch jede Sendung von Kriegsmaterial, verbot. Es kann kein Zweifel darüber bestehen, wer das anfällige Pflänzchen der jungen Union bedenkenlos zu Boden getrampelt hat, denn der päpstliche Bannfluch traf keinen Schuldigen, sondern den Griechen, der für die Union, trotz aller Verfechtung seiner politischen Interessen, das meiste getan und geopfert hatte.

17. Kapitel

Das innere Leben der Kirche in der hochbyzantinischen Zeit

Während in den vorausgegangenen Perioden sich die byzantinische Reichskirche in Synoden oder auf Versammlungen beim Kaiser nur gelegentlich kollektiv zur Geltung bringt, im übrigen jedoch als Bevölkerungsgruppe und eigener Stand seltsam amorph bleibt und nur in Einzelpersönlichkeiten Profil gewinnt, offenbart sich seit der Mitte des 11. Jh. ein tiefgehender Wandel. Ein neuer Gruppengeist im Klerus greift um sich und macht sich sogar im Verfassungsleben des Reiches bemerkbar [1]. Die Gründe sind unterschiedlicher Natur. Die Art und Weise etwa, wie sich Patriarch Michael Kerullarios

[1] Vgl. *H.-G. Beck*, Kirche und Klerus im staatlichen Leben von Byzanz: RÉB 24 (1966) 1—24.

gegenüber der Kaisermacht durchsetzte, ging zunächst sicher auf Konto seiner eigenmächtigen Persönlichkeit und nicht auf Konto der Tradition seines Amtes. Obwohl er jedoch schließlich scheiterte — er starb 1058, nachdem der Kaiser ihn hatte deportieren lassen —, hat dieses Vorgehen seinen Eindruck offenbar nicht verfehlt. Zum erstenmal unter diesem Patriarchen tritt die Hierarchie auf die politische Bühne als geschlossene Gruppe anläßlich der Usurpation des Kaisers Isaak Komnenos im Jahre 1057[2]. Die entscheidende Wahlversammlung, die Isaak den Griff nach der Hauptstadt ermöglichte, umfaßte jetzt nicht mehr nur die alten „Kürfaktoren" Senat, Volk und Vertreter der Armee, sondern auch den Klerus, und es war der Patriarch, der den Vorsitz führte. Auch die Initiative zur verfassungsmäßigen Akklamation Isaaks wurde von einem Kleriker, dem Patriarchen von Antiochia, ergriffen. Was 1057 noch einigermaßen tumultuarisch vor sich ging, hatte sich im Jahre 1078 bereits so dem Gedächtnis eingeprägt, daß es fast protokollgerecht wiederholt werden konnte: Senat, Volk und Synode arbeiten einträchtig als gleichberechtigte Gruppen zusammen, um dem Kandidaten, Nikephorus III. Botaneiates, den Weg zu bereiten[3]. Und während des ganzen 12. Jh. suchen die Kaiser immer dann — freilich auch *nur* dann —, wenn die Thronfolge nicht gesichert ist, neben Senat, Heer und Volk auch die Synode des Klerus (mit oder ohne den Patriarchen) zur formellen Akklamation zu bewegen[4].

Wenn von Synode die Rede ist, dann ist hier die sogenannte Permanente Synode, die ἐνδημοῦσα, mit Vorzug gemeint. Sie setzt sich zusammen aus den höchsten Würdenträgern der Patriarchatskirche im Diakonsstand und aus allen zufällig in der Hauptstadt weilenden Erzbischöfen und Metropoliten des Reiches, die unter dem Vorsitz des Patriarchen regelmäßig die Angelegenheiten der Kirche beraten und entscheiden. Die ständig sich mehrenden Exemptionen von Bistümern von der Metropolitangewalt, die zur Schaffung immer neuer „autokephaler" Erzbistümer führte, der unheilvolle Hang der byzantinischen Provinzprälaten, möglichst häufig die Hauptstadt aufzusuchen und möglichst lang in ihr zu verweilen, und schließlich die durch die seldschukische Okkupation Kleinasiens immer steigende Zahl von flüchtigen Prälaten in Konstantinopel, die hier von irgendwelchen Renten lebten, muß die Zahl der berechtigten Teilnehmer an dieser Synode im Laufe des ausgehenden 11. und des beginnenden 12. Jh. stark haben anwachsen lassen, und es ist nur natürlich, daß viele dieser beschäftigungslosen Flüchtlingsbischöfe sich mit Eifer in das kirchenpolitische Getriebe der Hauptstadt warfen, das ihnen ein neues und bisher unbekanntes Betätigungsfeld bot, und

[2] Skylitzes II 636 *(Bonn)*; Attaleiates 57 *(Bonn)*.
[3] Skylitzes II 733; Attaleiates 270.
[4] Zum Beispiel Manuel I. vgl. Niketas Choniates 66/67; Alexios III. vgl. Choniates 601; Michael VIII. vgl. Pachymeres I 74.

daß sie als permanente Gäste einer Einrichtung, die nur als solche permanent gedacht war, die Bildung eines selbstbewußten Gruppengeistes förderten — und sei es nur durch die bald auftretenden Uneinigkeiten innerhalb der Gruppe. Zu letzterer halfen nicht zuletzt die sogenannten „Exokatakoiloi", das heißt die fünf (später sechs) höchsten Diakone der Hagia Sophia, die nicht selten mit den neu gekürten Erzbischöfen gegen den Patriarchen und die Vertreter der alten, klassischen Metropolitansitze in der Synode koalierten[5].

Die Waffe dieses hohen Klerus der Hagia Sophia war nicht zuletzt das kanonische Recht, dessen Renaissance vielleicht in Zusammenhang zu sehen ist mit der Reorganisation des höheren Schulwesens Konstantinopels durch Kaiser Konstantinos IX. Monomachos 1045. Der erste Leiter der Juristenfakultät[6], die allerdings in erster Linie dem Staatsrecht und der Ausbildung weltlicher Beamter diente, war Joannes Xiphilinos, der in Bälde Patriarch wurde (1064—75) und als solcher auch dem kanonischen Recht neue Impulse gab. Die besondere Pflege dieses Rechtszweiges fand dann eine Heimat vor allem beim Chartophylax des Patriarchen, der sich inzwischen eben wegen seiner juristischen Kenntnisse vom Bibliothekar und Archivar zu einer Art Generalvikar des Patriarchen entwickelt hatte. Von den drei großen Kanonisten des 12. Jh., Zonaras[7], Aristenos[8] und Balsamon[9], welche das ganze „Corpus" der Kirchenrechtsquellen kommentiert haben, gehören die beiden letzten zu diesem Klerus der Hagia Sophia, und der größte unter ihnen, Balsamon, war Chartophylax, bevor er auf den Stuhl von Antiochia promoviert wurde. Hier setzt eine scholastisch-kasuistische Betrachtung der Rechtsquellen ein, die zwar auf Grund der verschiedenen ekklesiologischen Entwicklung nie zu jener Souveränität der kanonistischen Betrachtungsweise führt, wie sie im Westen das Decretum Gratiani einleitet, aber doch einen Kontrapunkt gegenüber dem weltlichen Recht setzt und das Fundament legt zu einem Gegenüber von Staat und Kirche, das die frühe byzantinische Epoche in dieser Form nicht gekannt hatte. Auch der größte dieser Kanonisten, Theodoros Balsamon, entwickelt darüber keine schroffe Antithese zum Kaiserrecht, er verfolgt in der Verteilung der Gewichte überhaupt keine folgerichtige Linie, doch leitet er eine Betrachtungsweise ein, die trotz aller Garantie für die Privilegien des Kaisers in der Kirche geneigt ist, in diesen Privilegien eher eine Konzession der Kirche als göttliches Recht zu erblicken.

[5] Mit Vorzug bedienten sich die Chartophylakes unter Kaiser Alexios I. dieser Politik, um ihre eigene Position in der Synode gegen die alten Metropoliten zu festigen. Vgl. *Dölger Reg* n. 1175 und *J. Nicole,* Une ordonnance inédite de l'empereur Alexis I Comnène sur les privilèges du chartophylax: ByZ 3 (1894) 17—20.

[6] Statut für den Chef der Juristen: *Dölger Reg* n. 863. Zu Joannes Xiphilinos vgl. *K. Bonis,* Ἰωάννης ὁ Ξιφιλῖνος (Athen 1938).

[7] Über Zonaras vgl. *F. Dölger:* LThK² 1402/03 mit Lit.; sein und des Aristenos sowie Balsamons Kommentarwerk bilden Band II—IV von Rhallis sowie PG 137 und 138.

[8] *P.-P. Joannou:* LThK² I 852.

[9] *Beck* 657—658.

Die Zahl der Kleriker an der Hagia Sophia und an den übrigen großen Kirchen Konstantinopels übertrifft aller Wahrscheinlichkeit nach jede Vergleichszahl an einer westlichen Kathedrale. Sei es daß sie ihre Zeit vertreiben wollten, sei es daß sie an eine Vermehrung ihrer Einkünfte dachten: jedenfalls bestreiten sie auch ein Gutteil des höheren Unterrichts in der Hauptstadt[10]. Zwar ist es nicht angebracht, von einer Reform des Theologiestudiums durch Kaiser Alexios I. Komnenos zu sprechen — ein eigentliches Theologiestudium als Hochschulfach hat es in Konstantinopel nicht gegeben —, da der Erlaß des Kaisers vom Jahre 1107, der die Einführung verschiedener διδάσκαλοι veranlaßt, sich kaum auf den Schuldienst, sondern auf Predigt und Katechese bezieht[11]. Immerhin läßt sich für das 12. Jh. — ob im Zusammenhang mit dem Erlaß oder nicht, läßt sich nicht klären — ein Aufblühen der klassischen Studien gerade unter dem Klerus von Konstantinopel feststellen. Repräsentativ dafür ist die große Gestalt des Eustathios, des Kommentators Homers, Pindars und anderer Klassiker, der vor seiner Erhebung auf den Stuhl von Thessalonike Diakon der Großen Kirche war[12]. Daß diesem Klerus aber auch die Beschäftigung mit der Theologie nicht fremd war, zeigt sich in den dogmatischen Streitigkeiten, welche die ganze Zeit erfüllen.

Auch hier ist der Ausgangspunkt in der Reorganisation der „Universität" in der Mitte des 11. Jh. zu suchen. Neben dem juristischen Lehrbetrieb unter Joannes Xiphilinos stand der philosophische unter Michael Psellos, dem „Konsul der Philosophen", dessen Bestreben, den überkommenen Lehrbetrieb in Richtung auf eine platonisierende, „liberale" Philosophie weiterzuführen, unverkennbar ist[13]. Mit dem Nachfolger des Psellos, Joannes Italos[14], wurde diese Richtung, welcher der Zug zur Schönrednerei nicht abzusprechen ist, abgelöst von einem scharfen Logiker mit ausgesprochenem Interesse etwa für die Universalienfrage, das wahrscheinlich auf seine frühe Ausbildung im Geiste der neuen Scholastik in seiner italienischen Heimat zurückgeht. Etwas vom abälardischen Sic et Non schwingt in seiner Weise zu philosophieren mit. Der Konflikt mit der orthodoxen Kirche, die im freien Philosophieren dieses Mannes eine Gefahr für die Offenbarungswahrheiten erblickte, blieb denn auch nicht aus. Man machte ihm den Pro-

[10] Vgl. *F. Fuchs,* Die höheren Schulen von Konstantinopel (Leipzig 1926); *R. Browning,* The Patriarchal School at Constantinople in the Twelfth Century: Byz(B) 32 (1962) 167 bis 202, 33 (1963) 11—40.

[11] *Dölger Reg* n. 1236.

[12] *Beck* 634—636 und die Einleitung von *S. Kyriakides,* Eustazio di Tessalonica, La espugnazione di Tessalonica (Palermo 1961).

[13] Zu Psellos: *C. Zervos,* Un philosophe néoplatonicien du XIe siècle: Michel Psellos (Paris 1919); *Beck* 538—542; *P.-P. Joannou,* Die Illuminationslehre des Michael Psellos und Joannes Italos (Ettal 1956).

[14] *P. Stephanou,* Jean Italos, philosophe et humaniste (Rom 1949); *P.-P. Joannou,* Ioannes Italos: Quaestiones quodlibetales (Ettal 1956).

zeß, der allerdings nicht ohne politischen Einschlag war. Seine Schüler blieben ihm teilweise treu, und man hat sie wohl auch geraume Zeit nicht behelligt. Ohne Zweifel der beste unter denen, die wir kennen, war Eustratios[15], der später Metropolit von Nikaia wurde und sich der Gunst des Kaisers Alexios I. erfreute. Weitergehend als sein Lehrer, mißt er sein dialektisches Können an Fragen der Christologie, ohne darüber das Grundstudium der neuen Zeit, die aristotelischen Schriften, zu vernachlässigen. Damit aber taucht wiederum das Problem des Nominalismus auf — und auch der Schutz des Kaisers konnte ihn im Jahre 1117 nicht vor der kirchlichen Verurteilung retten. Rein christologisch betrachtet, kann man das Bemühen des Eustratios dahin deuten, daß er die mit immer weniger Vorsicht vorgetragenen Lehrsätze eines konventionellen und kaum noch überdachten „Neuchalzedonismus" auf ein erträgliches Maß zurückführen wollte.

Trotz seiner Verurteilung kamen die christologischen Kämpfe nicht zur Ruhe, und im Grunde ist es immer wieder dasselbe Problem, wenn auch variiert, das die Geister beschäftigte. Dazu macht sich jetzt doch auch der Niederschlag der theologischen Begegnung mit Leuten aus dem lateinischen Westen bemerkbar, die in Konstantinopel Station machten oder sich hier dauernd niederließen und nicht nur über das Filioque disputierten. Pietro Grossolano von Mailand, Anselm von Havelberg, Moyses von Bergamo, Jakob von Venedig und die Pisaner Burgundio, Leo Tuscus und Hugo Eteriano sind hier besonders zu nennen[16]. Ein erster Streit beschäftigt sich mit der Frage, unter welchem Gesichtspunkt Christus Darbringer und Empfänger des Kreuzesopfers zugleich sein kann. Soterichos Panteugenes, Kandidat für den Patriarchenstuhl von Antiochia, verfing sich in Distinktionen, die ihm den Vorwurf einbrachten, er verwechsle die Einheit der Person mit der Zweiheit der Naturen in Christo, und er verlor die Anwartschaft auf jede kirchliche Würde (1157)[17]. In seinen Fall wurden auch ein paar Bischöfe mit hineingezogen, vor allem aber auch der Initiator der Auseinandersetzung, Nikephoros Basilakes, einer der διδάσκαλοι der Großen Kirche, die freilich glimpflich wegkamen. Bald darauf entbrannte der Streit unter einem neuen Vorzeichen, nämlich über das Christuswort: „Der Vater ist größer als ich." Nachweisbar ist der Streit ein Reflex der Angriffe Gerhochs von Reichersberg auf die französischen und österreichischen Gilbertiner[18]. Ein gewisser Deme-

[15] Vgl. *S. Salaville,* Philosophie et théologie ou épisodes scolastiques à Byzance: ÉO 29 (1930) 142 ff; *F. Dölger:* LThK² III 1206 mit Lit. und Quellen.

[16] *V. Grumel,* Autour du voyage de Pierre Grossolanus à Constantinople en 1112: ÉO 32 (1933) 22—33; *K. Fina,* Anselm von Havelberg: APraem 32 und 33 (1956 und 1957) in mehreren Forts.; *W. Berges:* Jb. für die Gesch. Mittel- und Ostdeutschlands 1956, 39—57; *A. Dondaine,* Contra Graecos: AFP 21 (1951) 320—446; *ders.,* Hugues Étherien et Léon Tuscus: AHD 19 (1952) 67—134.

[17] *Grumel Reg* nn. 1039—1044.

[18] *P. Classen,* Das Konzil von Konstantinopel 1166 und die Lateiner: ByZ 48 (1956) 339 bis 368; *Grumel Reg* nn. 1059—1067.

trios von Lampe war mit den entsprechenden Kenntnissen aus Gesandtschaftsreisen aus dem Westen zurückgekehrt und trug die Auseinandersetzung in die byzantinische Theologenschaft, ohne daß wir über seine eigene Meinung genau Bescheid wüßten. In einer ganzen Reihe von Synoden wurde die Frage verhandelt, und die theologischen Kaprizen des Kaisers Manuel I. Komnenos erzwangen schließlich im Jahre 1166 eine Entscheidung, die der Präzision entbehrte und die Hugo Eteriano einen eitlen Skandal nannte, während man in Reichersberg eher der Meinung war, hier würden die eigenen Thesen eine Stütze finden. Einen letzten Nachhall dieser Streitigkeiten, die J. Gouillard „les déviations des didascales" nennt, brachten die Thesen eines Mönches Michael (Myron) Sikidites, der angeblich mit Michael Glykas identisch ist, in denen die Frage nach der Korruptibilität von Fleisch und Blut Christi in der Eucharistie ventiliert wurden — Fragen, denen sich die Synode im Jahre 1199—1200 im Grunde entzog, um sich auf einige Positionen zurückzuziehen, die niemand bezweifelte[19]. Das Auffallende an diesen Kontroversen ist, daß sie trotz gewisser „frühscholastischer" Züge den Trend zur Systematik vermissen lassen, so wie sie beweisen, daß man das neuentdeckte logische Instrumentar nicht mit letzter Folgerichtigkeit in Anwendung bringen wollte. Wenn Systematik, dann beschränkt sich das 12. Jh. auf die Systematisierung der Häresien und ihrer Widerlegung, wie die große Panoplia des Mönches Euthymios Zigabenos[20] beweist und die Neuauflage und Fortführung, die Niketas Choniates[21] zum Verfasser hat. Dabei ist von den klassischen Häresien höchstens noch der Monophysitismus aktuell, weil die politische Annäherung an Armenien die kirchliche Pazifizierung wünschenswert macht. Dafür erhebt der Bogomilismus sein Haupt[22]. In eben der Zeit, in der die hohe byzantinische Hierarchie in der Hauptstadt zu einem neuen Selbstbewußtsein gelangt, sieht sie sich von den Bogomilen besonders hart angegriffen — und die Gegner finden sich sogar bezeichnenderweise in den Reihen der Provinzbischöfe Kleinasiens. Alexios I. selbst befaßte sich sehr persönlich mit dem Prozeß eines gewissen Basileios, in dem man einen Führer der Bogomilen entdeckt zu haben glaubte. Er endete mit Zustimmung der Synode auf dem Scheiterhaufen (um 1110). Man spürt auch die Schriften eines Mönches Konstantinos Chrysomallos auf[23], denen die Verachtung der vom Klerus gespendeten Sakramente zu entnehmen war. In den Bistümern Sasima und Balbissa aber entdeckte man 1143 den Bogomilismus sogar bei den Bischöfen selbst[24].

[19] *Grumel* Reg n. 1195.
[20] *Beck* 614—615; *J. Wickert,* Die Panoplia dogmatica des Euthymios Zigabenos: OrChr 8 (o. J.) 278—388.
[21] *Beck* 663—664.
[22] Vgl. *D. Angelov,* Der Bogomilismus auf dem Gebiet des byzantinischen Reiches. 1, 2 (Sofia 1948/50); *D. Obolensky,* The Bogomils (Cambridge 1948).
[23] *Grumel Reg* n. 1007. [24] A. a. O. 1011 1012 1014.

Das klösterliche Leben der Zeit leidet immer noch unter den Folgen des Charistikarierunwesens[25]. Unter Kaiser Alexios I. entsteht eine der wichtigsten Reformschriften dagegen aus der Feder des abgedankten Patriarchen Joannes Oxeites von Antiocheia[26]. Zu den bekanntesten Klostergründern der Zeit gehört Christodulos, der nach einer Reihe von Gründungsversuchen schließlich durch Anna Dalassena, die Mutter des Kaisers Alexios, die Insel Patmos überlassen bekam (1088)[27], wo er das berühmte Joannes-Kloster stiftete, dem er die völlige Autonomie von jeder staatlichen und kirchlichen Aufsicht verschaffte. Er gab dem Kloster auch eine Regel, in der er seine strengen Grundsätze niederlegte. In der Hauptstadt selbst gründete Kaiser Joannes II. Komnenos im Jahre 1136 das Pantokratorkloster, dessen caritative Einrichtungen (Krankenhaus und Altersheim) zu den großartigsten des Mittelalters gehörten — jedenfalls nach Ausweisung der Stiftungsurkunde —, ohne jedoch direkt vom Kloster selbst versehen zu werden[28]. Auch die übrigen Klostergründungen der Zeit verraten die Tendenz der Verbindung zwischen Klosterstiftung und caritativer Einrichtung, zugleich aber auch die Tendenz, das Prinzip der „Autodespotie" zu forcieren und die Unabhängigkeit nach allen Seiten abzusichern. In das Ende des 12. Jh. gehört die erste serbische Gründung auf dem Athos, das Kloster Chilandarion, das der hl. Savas zusammen mit seinem Vater, dem abgedankten Kral Stephan Nemanja, zum Mittelpunkt des Serbentums in der Mönchsrepublik machte. Trotz vieler Neugründungen, die hier nicht im einzelnen aufgeführt werden können, und trotz steigender Vermehrung der klösterlichen Besitztümer, mit der eine steigende Privilegierung Hand in Hand ging, ließ die moralische Situation des Klosterwesens viel zu wünschen übrig. Die Zustände auf dem Athos machten immer wieder das Eingreifen der Kaiser und Patriarchen notwendig. Die Freigebigkeit, mit der die Athosmönche den vlachischen Hirten samt ihren Familien und Herden Weiderecht einräumten, hatte Zustände zur Folge, die sich mit den Idealen des Berges keineswegs vertrugen. Das Eingreifen des Patriarchen wurde erschwert durch die Art und Weise, wie sich die Mönche auf ihre kanonische Unabhängigkeit beriefen, wobei sie noch die Unterstützung von Metropoliten und Bischöfen fanden, die offenbar gewillt waren, jeder Ausdehnung der patriarchalen Gewalt entgegenzutreten, auch wenn es auf Kosten der Disziplin ging. Auch der Kaiser konnte gegen die Intervention des Patriarchen mobil gemacht werden[29]. Für den Bildungsstand der Mönche besonders beschämend sind die Klagen des Metropoliten Eustathios von Thessalonike[30]. Er bedauert vor allem, daß

[25] Darüber vgl. Bd III/1, 482—483.
[26] PG 132, 1117—1149. [27] *Beck* 646—647.
[28] *G. Schreiber*, Gemeinschaften des Mittelalters (Münster 1948) 1—80.
[29] *Ph. Meyer*, Die Haupturkunden für die Geschichte der Athosklöster (Leipzig 1894), bes. 166—169.
[30] *L. F. Tafel*, Eustathii opuscula (Frankfurt 1832) 214—267; PG 135, 729—909.

sich der Zuzug in den Klöstern zumeist aus Leuten rekrutiert, die nur an einem gesicherten Lebensunterhalt interessiert sind. Besonders aber irritiert ihn die Wende vom kontemplativen Ideal zu einer starken wirtschaftlichen Aktivität und zur völligen Vernachlässigung aller geistigen Interessen, die sogar zur Verschleuderung der Bücherschätze der Klosterbibliotheken führte. Auffällig ist, daß Eustathios die Klöster der Hauptstadt bis zu einem gewissen Grad ausnimmt. Da diese Klöster meist von Pensionen für die einzelnen Mönche lebten, waren sie wahrscheinlich nicht genötigt, den wirtschaftlichen Wiederaufbau der durch die Charistikarier prekär gewordenen Lebensgrundlage selbst in die Hand zu nehmen.

Von der kirchlich-theologischen Literatur der Zeit ist schon gelegentlich die Rede gewesen. Unter den Dogmatikern, deren Schriftstellerei sich nicht in der Polemik erschöpfte, muß an besonderer Stelle hier noch der Bischof Nikolaos von Methone mit seinem Werk genannt werden, das uns — wie immer es mit seiner Originalität bestellt sein mag — durch die Polemik gegen Proklos ein wertvolles Zeugnis vom Wiederaufleben des Neuplatonismus in seiner Zeit gibt[31]. Außerdem sei der wohl nie ganz durchgeführte Versuch einer Gesamtdarstellung des christlichen Heilswerkes durch einen Doxopatres (wahrscheinlich Neilos) erwähnt, von dessen großem Wurf in fünf Büchern die Handschriften, soweit sich sehen läßt, uns nur zwei mit insgesamt 466 Kapiteln erhalten haben[32].

Während die vorausgegangene Epoche die der großen Hagiographie ist, charakterisiert durch das Werk des Symeon Metaphrastes, beginnt nun in den großen Homiliaren der Zeit die „Kodifizierung" der homiletischen Überlieferung. An erster Stelle steht Joannes Xiphilinos, ein Neffe des Patriarchen Xiphilinos, der unter stärkster Benützung des Chrysostomos ein Standardhomiliar zusammenstellte[33]. Patriarch Joannes IX. Agapetos (1111—34) stellte im Anschluß an das Werk des Xiphilinos das heute so genannte Patriarchatshomiliar zusammen[34]. Vertreter der italo-griechischen Homiletik ist Philagathos von Cerami[35], dessen Predigtsammlung auch Eingang in die östliche Reichshälfte fand. Den Süden vertritt Neophytos Enkleistos, der auf Kypros ein Kloster stiftete und ein dreibändiges Panegyrikon hinterließ[36]. Unser Zeitraum stellt auch den Höhepunkt einer wenn auch extensiven byzantinischen Bibelexegese dar, so im Werk des Theophylaktos, Erzbischofs von Bulgarien, einer Epitomierung des Joannes Chrysostomos, zwar in

[31] Vgl. *Th. Niggl:* LThK² VII 993; *Beck* 624 ff.

[32] *Beck* 620—621.

[33] *A. Ehrhard,* Überlieferung und Bestand der hagiographischen u. homiletischen Lit. der griechischen Kirche I, 3 (Berlin 1943) 525—559.

[34] A. a. O. 559—631.

[35] A. a. O. 631—681; *G. Rossi Taibbi,* Sulla tradizione manoscritta dell'omiliario di Filagato da Cerami (Palermo 1965).

[36] *Ehrhard* a. a. O. 681—686.

Kommentarform zu den biblischen Büchern, aber doch mit stark katenenhaftem Charakter[37]. Der Metropolit Niketas von Herakleia, ein Zeitgenosse des Theophylaktos, ist der letzte große byzantinische Katenist, dessen Einfluß sich auch Thomas von Aquin nicht entziehen konnte[38].

In summa erscheint die Zeit voll von vielversprechenden Ansätzen. Wie sie sich ohne das Jahr 1204 ausgewirkt hätten, läßt sich natürlich nicht sagen. Das 12. Jh. ist die Zeit, in welcher der Westen stärker als je an den byzantinischen Osten heranrückt, gefährlich provozierend da und dort, an anderen Stellen zur Symbiose bereit. Der durch die außenpolitischen Notwendigkeiten erzwungene beginnende wirtschaftliche Ausverkauf an die italienischen Seestädte mußte in vielen Kreisen der Animosität gegen alles Westliche Nahrung geben, und hier ist wohl die Ursache zu suchen, warum gerade auf dem Gebiet der Theologie und der kirchlichen Einheit sich der byzantinische Widerstand versteift. Es ist allerdings nicht mehr jener Widerstand, der seine Kraft aus einem absoluten Überlegenheitsgefühl bezieht. Männer wie etwa Hugo Eteriano geben Byzanz eine Vorstellung von der theologischen Potenz des Westens. So macht sich in den byzantinischen Theologenkreisen des Jahrhunderts eine nicht unbedeutende Nervosität bemerkbar. Nicht von der Ursache her gesehen, aber concomitanter sind die zum Teil peniblen Auseinandersetzungen über die erwähnten „déviations des didascales“ mit ein Grund dafür, daß das Mißtrauen gegen alles, was nach „Scholastik“ aussieht, eher stärker als geringer wird. Damit aber schließt sich das offizielle Byzanz vom großen westlichen Fortschritt in der wissenschaftlichen Theologie auf die Dauer aus. Anderswo aber, auf dem Gebiet etwa der Mystik und der mönchischen Spiritualität, verfügt dieses byzantinische Jahrhundert nicht über jene führenden Köpfe, die in der Konzentration auf dieses Gebiet ein ebenbürtiges Gegengewicht zur Scholastik hätte bilden können, so wie es in der spätbyzantinischen Zeit — ob legitim oder illegitim, sei dahingestellt — der Hesychasmus und Palamismus bildete. Und wenn das 12. Jh. Byzanz zum erstenmal eine wirkliche Begegnung mit dem freieren westlichen Kirchenwesen vermittelte, so fehlten hier die politischen Voraussetzungen, um daraus für das eigene Kirchenwesen gesunde Folgerungen zu ziehen. Diese Voraussetzungen ergaben sich erst Generationen später. Dann wird man an die Erfahrungen des 12. Jh. anknüpfen, ohne doch noch genügend Zeit zu haben.

[37] *Beck* 649—651. [38] *Beck* 651—653.

VIERTER ABSCHNITT

Das Papsttum auf der Höhe seiner Macht (1198—1216)

Professor Dr. Hans Wolter SJ, Frankfurt a. M.

QUELLEN: *Mansi* XXII—XXIV; *Hefele-Leclercq* V 2 (Paris 1913); *Potthast R*; Liber Censuum Romanae Ecclesiae von Cencius Savelli (Honorius III.), ed. *P. Fabre - L. Duchesne - G. Mollat*, 3 Bde (Paris 1889/1952); dazu *V. Pfaff:* Vjschr. für Sozial- u. Wirtschaftsgesch. 44 (1957) 87—96 105—120 220—242 325—351; *J. Fr. Böhmer*, Regesta Imperii V (1198—1272), neubearb. von *J. Ficker - E. Winkelmann*, 5 Tle (Innsbruck 1881/1901), Ergänzungen *P. Zinsmaier:* ZGObrh 102 (1954) 183—273; MGConst II (1198 bis 1272); *A. Huillard-Bréholles*, Historia diplomatica Frederici secundi, 12 in 6 Bdn (Paris 1852/61, Neudr. Turin 1963); MGEpistolae s. XIII e regestis Pontificum Romanorum selectae (Honorius III. bis Clemens IV.), ed. *C. Rodenberg*, 3 Bde (Hannover 1883/94); Regesta Honorii papae III, ed. *P. Pressuti*, 2 Bde (Rom 1888/95), RegBde der folgenden Päpste hat die École française de Rome herausgegeben, vgl. folgende Kap. Chronica Fratris Salimbene (de Adam) (1168—1287), ed. *O. Holder-Egger:* MGSS 32 (Hannover 1905/13), dt. von *A. Doren*, 2 Bde (Leipzig 1914), dazu *O. Holder-Egger:* NA 37 (1912) 163—218, 38 (1913) 469—481; jetzt ed. *G. Scalia* (Scrittori d'Italia, 232/233), 2 Bde (Bari 1966); *Burchard von Ursperg*, Chronik (1126—1225), ed. *O. Holder-Egger - E. v. Simson:* MGSS rer. Germ. (Hannover ²1916); *Roland von Padua*, Liber chronicorum in factis et circa facta Marchie Triviciane: Muratori 8, 169—360; *Richard von San Germano*, Chronica regni Siciliae: Muratori 7, 967—1052; Annales Placentini (1012 bis 1235), ed. *O. Holder-Egger:* MGSS rer. Germ. (Hannover 1901); *Mathaeus Parisiensis*, Chronica majora, ed. *H. R. Luard* (= Rolls Series 57), 7 Bde (London 1872/83); *Walther von der Vogelweide*, Gedichte, ed. *K. Lachmann*, 10. Aufl. besorgt von C. v. Kraus (Berlin - Leipzig 1936); *Martin von Troppau* (Polonus), Chronica summorum Pontificum imperatorumque de VII aetatibus mundi (oft legendär) (bis 1277), ed. *L. Weiland:* MGSS 22, 377 bis 475; dazu jetzt *H. Grundmann*, Geschichtsschreibung im Mittelalter (Göttingen 1965); *Vinzenz von Beauvais*, Speculum majus (historiale) (bis 1250) (Douai 1624); Fortsetzung der Kölner Königschronik (bis 1220), ed. *G. Waitz:* MGSS rer. Germ. 18 (1880); Annales Marbacenses (bis 1238), ed. *H. Bloch:* MGSS rer. Germ. 9 (1907); Forts. der Casus St. Galli (1203—1233 von Conrad de Fabaria), ed. *G. Meyer v. Knonau:* St. Gallische Geschichtsquellen IV (1879); Sächsische Weltchronik (niederdeutsch) (bis 1248): MG Deutsche Chroniken II 65—258 (Hannover 1877); *Th. Rymer*, Foedera, conventiones, litterae et cuiuscumque generis acta publica inter reges Angliae et alios quosvis, 6 Bde (London 1816/30), ed. *A. Clarke - J. Caley - F. Holbrooke; L. Landon*, The Itinerary of King Richard I (Pipe Roll Society NS 13) (London 1935); Monasticon Anglicanum, ed. *J. Caley u. a.* (London 1849); *Ralph von Diceto*, Imagines Historiarum, ed. *W. Stubbs* (= Rolls Series 68) (London 1876); *Gervasius von Canterbury*, Opera historica, ed. *W. Stubbs* (= Rolls Series 73) 2 Bde (London 1879/80); *Ralph von Coggeshall*, Chronicon Anglicanum, ed. *J. Stevenson* (= Rolls Series 66) (London 1875); *Walter von Coventry*, Memoriale, ed. *W. Stubbs* (= Rolls Series 58) (London 1873); *Roger von Wendover*, Flores Historiarum, ed. *H. O.*

Coxe (English Historical Society) (London 1841/42), übernommen und ausgeschmückt von Matthaeus Paris in dessen historischen Werken, vgl. *V. H. Galbraith,* Roger Wendover and Matthew Paris (Glasgow 1944); Histoire des ducs de Normandie et des rois d'Angleterre, ed. *F. Michel* (Société de l'histoire de France) (Paris 1840); *Giraldus Cambrensis,* Opera, ed. *J. S. Brewer,* 4 Bde (London 1861/65); Histoire de Guillaume de Maréchal, ed. *P. Meyer,* 2 Bde (Paris 1891/1901); Epistolae Cantuariensis, ed. *W. Stubbs* (= Rolls Series 38) (London 1865); Gesta Philippi Augusti von Rigord und Wilhelm le Breton, ed. *H.-F. Delaborde* (Paris 1882); Philippide von Wilhelm le Breton, ed. *H.-F. Delaborde* (Paris 1885); *H.-F. Delaborde - E. Berger - Ch. Petit-Dutaillis - J. Monicat - C. Bunel,* Recueil des Actes de Philipp Auguste, roi de France, 2 Bde (Paris 1916/43); *Robert von Auxerre,* Chronik (bis 1211), ed. *O. Holder-Egger:* MGSS 26, 226—287.

LITERATUR: *Fliche-Martin* X = *A. Fliche - Ch. Thouzellier - Y. Azais,* La Chrétienté romaine (1198—1274) (Paris 1950); Kirchengeschichte, hrsg. von *P. J. Kisch,* II 2: *J. Hollnsteiner,* Die Kirche vom Anfang des 13. bis zur Mitte des 15. Jh. (Freiburg 1940); *F. X. Seppelt,* Geschichte der Päpste III (bis Cölestin V.) (München 1956); *J. Haller,* Das Papsttum III—IV (bis 1268) (Esslingen ²1962); *E. Delaruelle* u. a., Histoire du catholicisme en France, Bd II (13.—18. Jh.) (Paris 1960); *E. Lavisse,* Histoire de France III 1—2 (bis 1328) (Paris 1901); *A. Cartellieri,* Philipp II. August, Bd IV (1199—1223) (Leipzig 1921/22); *R. Davidsohn,* Geschichte von Florenz I—IV 3 (Berlin 1896/1927); *F. Gregorovius,* Gesch. der Stadt Rom im MA, ed. *W. Kampf,* 3 Bde (Darmstadt 1953/57); *K. Völker,* Kirchengesch. Polens (Berlin 1930); *B. Hóman,* Gesch. des ungarischen MA, 2 Bde (Berlin 1940/43): *ders.,* König Stephan I. der Heilige. Die Gründung des ungarischen Königtums (Pécs 1935); *G. Stadtmüller,* Die ungarische Großmacht des Mittelalters: HJ 70 (1951) 65—105; *K. Hampe,* Das Hochmittelalter (Graz - Wien - Köln ⁵1963; mit einem Nachwort von G. Tellenbach); *A. Hauck,* Kirchengeschichte Deutschlands IV 686—776 (Leipzig ⁵1925, Neudr. Berlin 1954); *A. L. Poole,* From Domesday Book to Magna Carta (bis 1216) (Oxford ²1964); *M. Powicke,* The Thirteenth Century (1216—1307) (Oxford ²1962); *J. E. A. Joliffe,* Angevin Kingship (London ²1963); *Ch. Duggan,* From the Conquest to the Death of John: The English Church and the Papacy, ed. *C. H. Lawrence* (London 1965) 63—115; *L. Salvatorelli,* L'Italia medioevale: L'Italia comunale dal sec. XI alla metà del sec. XIV (Mailand 1940); *J. Ficker,* Forschungen zur Reichs- und Rechtsgeschichte Italiens, 4 Bde (Innsbruck 1864/74); *F. Soldevila,* Historia de España, 3 Bde (Barcelona 1952/54); *D. Peres,* Historia de Portugal, 8 Bde (Barcelos 1928/37); *ders.,* Como nasceu Portugal (Barcelos 1938); *D. Mansilla,* Iglesia castellano-leonesa y Curia Romana en los tiempos del Rey San Fernando (Madrid 1945); *O. H. Green,* Spain and the Western Tradition. The Castilian Mind from El Cid to Calderon (Madison 1963; Kap. 1—3: Mittelalter, mit reicher Bibliogr.); *C. Erdmann,* Das Papsttum in Portugal im 1. Jh. der portugiesischen Gesch.: AAB (1938) n. 5; *M. de Oliveira,* Historia Eclesiástica de Portugal (Lissabon ³1958); *L. Musset,* Les peuples scandinaves au Moyen Age (Paris 1951); *H. Koch,* Danmarks Kirke i den begynende Højmiddelalder, 2 Bde (Kopenhagen 1936).

Die Zeit des hohen Mittelalters wird unbestritten beherrscht von der Persönlichkeit des Papstes, dessen Pontifikat die beiden Jahrhunderte miteinander verbindet. Hier kommen jene Kräfte der Theologie und des Kirchenrechtes zum Tragen, die im 12. Jh. sich zu entfalten begonnen hatten. Zugleich zeichnen sich in den kirchlichen Entscheidungen dieser Regierung die Grundzüge der Entwicklung des 13. Jh. ab. Selten fand ein Papst bei seinen Zeitgenossen fast einmütig eine so positive Beurteilung wie Innozenz III.[1],

[1] Kritische Stimmen, wie etwa die Walthers von der Vogelweide, gehören in den Bereich

und die spätere Geschichtsschreibung hat sich gefragt, warum ihm die Auszeichnung, „der Große" genannt zu werden, versagt blieb[2]. Die meisten Probleme, welche zum Grundbestand des geistigen Lebens der hochmittelalterlichen Kirchengeschichte gehören, fanden unter Innozenz einen Austrag, der sie einer wirklichen Lösung nahezubringen schien. Das Verhältnis von regnum und sacerdotium, auch in seiner Sonderform der Spannung zwischen Papsttum und Kaisertum, versuchte Innozenz einer sachlichen und theoretischen Lösung zuzuführen. Der Auftrag der Kirche, durch Verkündigung des Evangeliums und Verwaltung der Sakramente zur Heiligung der Welt beizutragen, erhielt in Innozenz einen außergewöhnlich befähigten Pontifex, der diesen Auftrag zu seinem Regierungsprogramm erhob. Die Armutsforderung an die Kirche des armen Heilandes, wie sie von den Heiligen, von Laien und Ketzern des 12. Jh. nachdrücklich, ja aufbegehrend gestellt worden war, verhallte nicht ungehört bei diesem Papst. Wenn von dem unaufhaltsam sich durchsetzenden Kirchenrecht eine Gefahr für die Kirche drohte, eine Institutionalisierung dessen, was eigentlich vom Charisma der Liebe erfüllt sein mußte, das religiöse Leben der Christenheit nämlich, dann hat Innozenz nicht ohne Erfolg den Ausgleich zwischen Recht und Liebe zu finden versucht. Zwischen der Theologie als Wissenschaft und der mystischen Gotteserkenntnis in der Nachfolge Christi baute sich eine Spannung auf, die zu einer Diastase, vielleicht sogar zu einer Entfremdung beider zu führen drohte. Auch hier konnte Innozenz sich vermittelnd einschalten. Es war sein hohes Verdienst, in vollem Umfang die Reformbedürftigkeit der Kirche gesehen und in ständigem Bemühen um sie, dem berechtigten Anliegen der Kritik (auch der Ketzer) entsprochen und damit zugleich den positivsten Beitrag zur Überwindung dieser gefährlichen Bedrohung der Einheit und Wahrheit der Christenheit geleistet zu haben.

Die Voraussetzung für diese Bemühungen war eine wirkliche, nicht nur im Anspruch gegebene Herrschaft über die Christenheit, der Besitz eines wirksamen dominium orbis christiani, mit dem die Möglichkeit verbunden war, dem planenden, ausgleichenden, klärenden Willen bis an die Grenzen der Christenheit Geltung zu verschaffen. Man kann zusammenfassend diesem einzigartigen Pontifikat des hohen Mittelalters darum auch das Kennwort geben, es habe ein geistliches „dominium mundi" zu verwirklichen gesucht.

kämpferischer Publizistik. Vgl. *K. Burdach*, Der Kampf Walthers von der Vogelweide gegen Innocenz III. und gegen das vierte Lateranische Konzil: ZKG 55 (1936) 445—522.

[2] *Haller* III 471 und *Seppelt* III 389.

18. Kapitel

Innozenz III., Persönlichkeit und Programm

QUELLEN: Briefe, Akten und Werke: PL 214—217; Regestum super negotio Romani Imperii, ed. *W. M. Peitz* (Rom 1927); *W. Holtzmann* (1947/48), *F. Kempf* (Rom 1947); in Auswahl dt. von *G. Tangl* (Leipzig 1923); die Register Innozenz' III. werden jetzt kritisch ediert vom Österreichischen Kulturinstitut in Rom unter *O. Hageneder-A. Haidacher,* Die Register Innozenz' III. Bd I (1. Pontifikatsjahr) (Publikationen der Abt. für Hist. Studien des Östr. Kulturinstituts, hrsg. in Verbindung mit der Östr. Akad. der Wiss. von *L. Santifaller,* II. Abt. Quellen, I. Reihe), Graz-Köln 1964 (dazu *H. Tillmann:* RQ 61 [1966] 228—236 mit wichtigen Korrekturen zum hist. Kommentar). Über Studien und Vorarbeiten berichten sowohl die MIÖG als auch die Römischen historischen Mitteilungen. Zu dieser Registerforschung vgl. u. a. *H. Tillmann:* QFIAB 23 (1931/32) 53—79; *R. v. Heckel:* HJ 57 (1937) 258—289; *F. Bock:* AZ 50/51 (1955) 329 bis 364; *F. Kempf,* Die Register Innocenz' III. (Rom 1945); *ders.:* QFIAB 36 (1956) 86 bis 137; *E. Pásztor:* Annali della Scuola Speciale per Archivisti e Bibliotecari dell'Università di Roma 2 (1962) 287—304; *A. Haidacher,* Sachkommentar zur Edition des ersten Jahrgangs der Register Papst Innocenz' III. Vorarbeiten: Aus dem Institut für österreichische Geschichtsforschung (Wien 1965). Vgl. weitere bibliogr. Angaben bei *P. Arató,* Bibliografia Historiae Pontificiae: AHPont 1 (1963) 465—719, 4 (1966) 401—669 (die bisher beste Bibliogr. zur Papst- und Kirchengeschichte); Pontificia Hibernica. Medieval Papal Chancery Documents concerning Ireland (640—1261) I (Dublin 1962) 91—182 (Innocent III), ed. *M. P. Sheehy: F. J. Dunning,* The Letters of Innocent III to Ireland: Tr 18 (1962) 229—253; Selected Letters of Pope Innocent III concerning England (1198—1216), ed. *C. R. Cheney-W. H. Semple* (London 1953), dazu *C. R. Cheney,* The Letters of Pope Innocent III: BJRL 35 (1952) 23—43; Acta Innocenti papae III (1198—1216), ed. *Th. Haluscynsky* (Pontificia Commissio ad redigendum codicem iuris orientalis, Fontes series III, vol. II) (Città del Vaticano 1944). — Gesta Innocentii III. papae (anonym, bis 1208), ed. *L. G. O. F. de Bréquigny-F. J. G. La Porte du Theil* (Paris 1791): PL 214, XVII bis CCXXVIII, dazu *H. Elkan,* Die Gesta Innocentii III., im Verhältnis zu den Registern des selben Papstes (Diss. Heidelberg 1876); *Y. Lefèvre,* Innocent III et son temps vus de Rome. Étude sur la biographie anonyme de ce pape: MAH 61 (1949) 242—245 hält die Gesta für eine Materialsammlung; *V. Pfaff,* Die Gesta Innocenz' III. und das Testament Heinrichs VI.: ZSavRGkan 50 (1964) 78—126. Eine wissenschaftlich genügende Edition liegt nicht vor. — Sermones: PL 217, 313—688, dazu *J. Scuppa,* I sermoni di Innocenzo III. (Diss. Lateran, Rom 1962). — De sacro altaris mysterio: PL 217, 763—964, dazu *M. Maccarone,* Innocenzo III teologo dell'Eucaristia: Divinitas 10 (1966) 362—412. — De contemptu mundi sive de miseria conditionis humanae: PL 217, 701—746.

Biographien und Monographien: *F. Hurter,* Geschichte Innocenz' III. und seiner Zeitgenossen, 4 Bde (Hamburg ³1841/43); *A. Luchaire,* Innocent III, 6 Bde (Paris 1904/08); *C. H. C. Pirie-Gordon,* Innocent the Great. An Essay on his life and times (London 1907); *J. Haller,* Innocenz III.: „Meister der Politik" I (Stuttgart ²1923) 517—559; *M. Florin,* Innocenz III. als Schriftsteller und als Papst: ZKG 45 (1926) 344—358; *L. E. Binns,* Innocent III, London 1931; *J. Clayton,* Pope Innocent III and his Times (Milwaukee 1940); *Ch. E. Smith,* Innocent III, Church Defender (Baton Rouge 1951); *S. Sibilia,* Innocenzo III (Rom 1951); *H. Tillmann,* Papst Innocenz III. (Bonner Historische Forschungen 3) (Bonn 1954); *F. Kempf,* Papsttum und Kaisertum bei Innocenz III. (Misc. Hist. Pont. 19) (Rom 1954); *E. F. Jacob,* Innocent III: Cambridge Medieval History 6

(1926) 1—43 857—862; *M. Maccarone,* Innocenzo III. prima del suo Pontificato: ADRomana 66 (1943) 59—134; *A. Fliche,* Le pontificat d'Innocent III: *Fliche-Martin* X 11 bis 216; *G. Martini,* Il pontificato d'Innocenzo III (Rom 1952); *R. Schneider,* Innocenz der Dritte (München 1963; dichterische Interpretation); *J. M. Powell,* Innocent III. Vicar of Christ or Lord of the World? (Boston 1963).

E. W. Meyer, Staatstheorien Papst Innocenz' III. (Bonn 1920); *G. Martini,* Traslazione dell'Impero e donazione di Costantino nel pensiero e nella politica d'Innocenzo III: ASRomana 56/57 (1933/34) 219—362; *E. v. Strube,* Innocenz' III. politische Korrespondenz und die religiöse Weltherrschaftsidee der Kurie (Diss. Berlin 1936); *M. Maccarone,* Chiesa e Stato nella dottrina del papa Innocenzo III. (Rom 1941); *H. Tillmann,* Zur Frage des Verhältnisses von Kirche und Staat in Lehre und Praxis Papst Innocenz' III.: DA 9 (1951) 136—181; *A. M. Stickler,* Imperator vicarius papae: MIÖG 62 (1954) 165—212; *A. Hof,* „Plenitudo potestatis" und „Imitatio Imperii" zur Zeit Innocenz' III.: ZKG 66 (1954/55) 39—71; *P. A. Van den Baar,* Die kirchliche Lehre der Translatio Imperii Romani (Rom 1956); *W. Goez,* Translatio Imperii (Tübingen 1958); *O. Hageneder,* Über das Sonne-Mond-Gleichnis bei Innocenz III.: MIÖG 65 (1957) 340—368; *O. Hageneder,* Exkommunikation und Thronverlust bei Innozenz III.: RömHM 2 (1959) 9—50; *ders.,* Das päpstliche Recht der Fürstenabsetzung (1150—1250): AHPont 1 (1963) 53—95; *D. Waley,* The Papal State in the Thirteenth Century (London 1961); *H. Hoffmann,* Die beiden Schwerter im hohen Mittelalter: DA 20 (1965) 78—114 (Beitrag Innozenz' III. zur Theorie); *B. Tierney,* The Continuity of Papal Political Theory in the Thirteenth Century. Some methodological considerations: MS 27 (1965) 227—245; *J. A. Watt,* The Theory of Papal Monarchy in the Thirteenth Century (London 1965).

Der Kardinaldiakon Lothar von Segni war noch nicht 38 Jahre alt, als ihm am Todestag seines Vorgängers Cölestin III. (8. Januar 1198) im Septizonium des Septimius Severus, dessen Ruinen die Frangipani zur Festung ausgebaut hatten, im ersten Wahlgang die Mehrheit, im zweiten alle Wähler ihre Stimmen gaben. Bei Annahme der Wahl nannte der neue Pontifex sich Innozenz, wohl in Erinnerung an Innozenz II., den er in Einheit mit dem hl. Bernhard von Clairvaux als einen Papst der Reform und den Berufer des 2. Laterankonzils hochachtete. Als Sohn Trasimunds von Segni war er auf Kastell Gavignano Ende 1160/Anfang 1161 geboren worden, durch seine Mutter aus dem Hause Scotti mit dem stadtrömischen Patriziat eng verbunden. Die frühe Übersiedlung der Familie ermöglichte in Rom eine erste Ausbildung, die unter Peter Ismael, wohl im Andreaskloster, weiterführend gepflegt, in Paris philosophisch-theologisch abgeschlossen wurde (bis 1187). Zu seinen Lehrern dort gehörte vor allem Petrus von Corbeil, den Innozenz später zum Bischof von Cambrai und schließlich zum Erzbischof von Sens ernannte. Studiengenossen waren Stefan Langton und Robert Courçon, die er beide ins Kardinalskollegium berief, auch Odo von Sully, später als Bischof von Paris der Vertrauensmann Papst Innozenz' III. in Frankreich. Der Schule von Paris unter dem Leitbild des Sentenzenmeisters hat der Papst auf dem 4. Laterankonzil durch die rühmende Nennung des Lombarden ein Denkmal gesetzt. Gelegentliche Bemerkungen in Predigt und Brief verraten, wie sehr ihm Paris gelegen hat, auch wenn er der dialektischen Methode später nicht mehr das gleiche Vertrauen entgegenbrachte wie während der Studien. 1187 verließ er Frankreich, um in Bologna Rechtswissenschaft zu treiben, vor allem unter dem berühmtesten der Dekretisten, Huguccio von Pisa. Auch ihn hat Innozenz später zum Bischof erhoben (von Ferrara). Im Jahr des Studienwechsels erhielt Lothar von Papst Gregor VIII. im November die Subdiakonatsweihe. Clemens III. (Paul Scolari) berief den jungen Verwandten ins Kardinalskollegium (1189) auf die früher von ihm selbst verwaltete Diakonie SS. Sergius und Bacchus[3]. Die Tätigkeit Lothars von Segni an der Kurie, vor allem beim geistlichen Gericht, weniger in politischen Fragen von größerer Bedeutung, ließ ihm Zeit zu literarischen Arbeiten asketisch-moralischer und dogmatischer bzw. kanonistischer Thematik. Am bekanntesten und bis ins 16. Jh. viel gelesen wurde seine Schrift De miseria humane conditionis[4], die das Bild des Menschen unter dem Schatten der Sünde entwirft; ein entsprechender Entwurf über die Würde des Menschen im Licht der Gnade, der ergänzend und vollendend das Werk abrunden sollte, kam nicht mehr zur Durchführung. Das Buch De missarum mysteriis[5] hat Innozenz als Papst erneut überarbeitet wie auch das Werk De quadripartita specie nuptiarum[6] [7].

Gegen Ende des Pontifikates Cölestins III. muß Kardinaldiakon Lothar stärker als bisher auch an den eigentlich kirchenpolitischen Verhandlungen und Entscheidungen der Kurie beteiligt gewesen sein, denn sonst wäre die

[3] Diese Diakonie, auch diaconia Fori Romani genannt, erlosch mit der Konstitution Sixtus' V. „Religiosa" vom 13. 4. 1587; vgl. CICfontes I (1923) n. 160, S. 295.

[4] PL 217, 701—746, jetzt kritisch ed. *M. Maccarone,* Lotharii Cardinalis (Innocentii III) De Miseria humane conditionis (Lugano 1955). Maccarone konnte 435 Handschriften zählen, doch werden immer noch weitere entdeckt, vgl. *D. R. Howard,* Thirty new Manuscripts of Pope Innocent III's De Miseria humanae conditionis: Manuscripta 7 (1963) 31—35. Monographien zu diesem Werk schrieben *A. Nagy,* De tractatu de miseria humanae conditionis Innocentii III (Budapest 1943); *W. Will,* Innocenz III. und sein Werk „Über das Elend des menschlichen Daseins": Humanismus, Mystik und Kunst in der Welt des Mittelalters, hrsg. von *J. Koch* (Leiden - Köln 1953) 125—136; *M. Di Pinto,* Il „De miseria conditionis humanae" di Innocenzo III: Studi medievali A. De Stefano (Palermo 1956) 177—201; *R. Bultot,* Mépris du monde, misère et dignité de l'homme dans la pensée d'Innocent III: CCivMéd 4 (1961) 441—456.

[5] PL 217, 763—916 unter dem Titel: Mysteriorum Evangelicae Legis et Sacramenti Eucharistiae Libri Sex, auch De Sacro Altaris Mysterio genannt. Die Identität des Werkes unter so verschiedenen Titeln hat M. Maccarone erhärtet in seiner Arbeit: Innocenzo III prima del pontificato: ADRomana 66 (1943) 59—134.

[6] PL 217, 921—968. H. Tillmann nennt das Werk „eine wenig persönliche Gelegenheitsschrift" (Papst Innocenz III., 14). Verwertet wurde es von *M. Wilks,* Chaucer and the Mystical Marriage in Medieval Political Thought: BJRL 44 (1961/62) 489—530.

[7] Diese Werke zeigen den jungen Kardinal in Übereinstimmung mit der theologischen Tradition des 12. Jh. Nicht so sehr der dialektischen Systematik Pariser Prägung nahe, als vielmehr der bernhardinisch-viktorinischen Mystik wie auch der konservativen moralisch-paränetischen Predigtliteratur. Die sechs Bücher De missarum mysteriis, eine allegorisch-mystische Auslegung der römischen Liturgie, vertreten ein ins frühe Mittelalter herabreichendes literarisch-theologisches Genus. Die Predigtweise Innozenz' III. wurde von der Pariser Tradition bestimmt, vgl. *J. Chatillon,* Sermons et prédicateurs victorins de la seconde moitié du XIIe siècle: AHD 32 (1965) 7—60.

schnell sich auf ihn sammelnde Aufmerksamkeit der Wähler des 8. Januar 1198 nicht zu erklären.

Seine Bischofsweihe und Krönung verschob Innozenz III. auf das Fest der Stuhlfeier Petri (22. Februar), eine natürlich um der symbolischen Bedeutung des Festes willen gewählte Frist, die an Gregor VII. erinnert, der nach seiner Wahl (22. April 1073) bis zu den Apostelfesten 29./30. Juni mit Weihe und Krönung gewartet hat.

Die Wähler mußten außergewöhnliche geistige und charakterliche Qualitäten in Lothar von Segni wahrgenommen haben, um dem jüngsten aus ihrer Mitte alle Stimmen zuzuwenden. Wenn sie erwartet hatten, daß er befähigt sein würde, die Kirche aus der überhandnehmenden Stagnation herauszuführen, in die seit Alexander III. eine Reihe von schwachen Pontifikaten überalterter Päpste geführt hatte, wurde ihre Erwartung durch die Geschichte bestätigt. Innozenz III. trat sein Amt im Bewußtsein göttlicher Berufung an, aus dem ihm bis zum Ende jene viel bewunderte Sicherheit der Entscheidung und die im wesentlichen gleichbleibende Konsequenz seiner Amtsführung geschenkt schien. Seine ausgezeichnete theologische Bildung diente ihm dazu, fast in jedem seiner ungezählten Briefe und Dekrete mit theologischen Grundsatzerklärungen einleitend ein Wort der Belehrung zu prägen, das ihn als souveränen Verkünder konservativ kirchlicher Doktrin erkennen läßt. Dazu kam seine gleichfalls hervorragende Kenntnis des Kirchenrechts, dessen Methoden er sowohl im Verfahren wie in den Entscheidungen so vollendet beherrschte und so magistral zu vollziehen verstand, daß die päpstliche Judikatur in seiner Hand von vielen Fachleuten als eine hohe Schule ihrer Wissenschaft empfunden wurde. Darüber hinaus besaß er, vielleicht von der römischen Familie seiner Mutter her, einen ausgeprägten Sinn für die Politik und ihre Wege, vor allem das Gespür für mögliche Verwirklichungen, das gerühmte „Augenmaß", das ihn „in jeder Lage nur das Mögliche wollen läßt, das aber ganz". Innozenz „war zum Herrschen geboren, alle Gaben hatte das Schicksal ihm dazu verliehen: unerschöpflichen Reichtum der Erfindung, feinste Menschenbehandlung, eine unvergleichliche Verbindung von Festigkeit im Wollen und Geschmeidigkeit im Ausführen, kühnsten Schwung des Strebens und nüchternste Berechnung der Mittel, genialen Überblick im Großen und peinlichen Fleiß im Einzelnen" [8]. Von Paris und von Bologna her (hier vor allem durch Huguccio [9]) besaß Innozenz eine klar durchdachte und für seinen Pontifikat maßgebende Auffassung von der Fülle der Amtsgewalt, die ihm als Papst zukam, von ihrem Verhältnis zur Gewalt der weltlichen Herrscher, zumal zu der des Kai-

[8] *Haller* III 301 f.

[9] Vgl. *M. Ríos Fernández,* El primado del Romano Pontífice en el pensamiento de Huguccio de Pisa decretista: Compostellanum 6 (1961) 47—97, 7 (1962) 97—149, 8 (1963) 65—90. *G. Catalano,* Impero, regni e sacerdozio nel pensiero di Uguccio da Pisa (Mailand 1959).

sers, bei dem das Königtum (in Deutschland, Burgund und Italien) sich unterschied von Funktion und Macht, die ihm als Herrn des Sacrum Imperium Romanum zukam[10].

Im eigentlichen Sinn von einem Regierungsprogramm zu reden wäre wohl wie bei jedem Pontifikatswechsel, so auch bei Innozenz III., verfehlt. Doch läßt sich aus den Erlassen und Briefen der ersten Monate ein Umriß der wichtigsten Probleme erheben, die (auch im Überblick über den Gesamtpontifikat) als Hauptanliegen des Papstes angesehen werden müssen: Ordnung im „Kirchenstaat" und seine Abschirmung gegen expansive Bedrohung von Süden und Norden, Intensivierung des Kreuzzugsgedankens und Förderung von Kreuzzugsvorhaben, Überwindung der stärker und gefährlicher werdenden häretischen Bewegung und schließlich, dem allen aber zugrunde liegend und vorrangig, die Reform der Kirche an Haupt und Gliedern. Jedes dieser vier Anliegen und auch alle zusammen waren nicht neu, sondern durchzogen als Programm und als Bemühung, ihm gerecht zu werden, irgendwie alle Pontifikate des 12. Jh. und bestimmten die Gesetzgebung der drei Laterankonzilien. Innozenz III. greift die Themen der Gregorianischen Reform wieder auf und wird sie nachhaltig zur Ausführung zu bringen versuchen. Der Zölibat war immer noch oder vielleicht sogar wieder im lateinischen Westen ein bei mangelhafter Verwirklichung fernes Ideal, die Simonie war keineswegs ausgerottet, sondern tauchte in mannigfacher Form auf unterster und oberster Ebene immer wieder auf. Die Freiheit der Niederkirchen wie der Bistümer, ja auch des Papsttums selbst, blieb nach wie vor entweder ein Postulat oder ein höchst gefährdeter Gewinn. Im monastischen Raum war der zisterziensische Elan, der das 12. Jh. vor anderem ausgezeichnet hatte, in Gefahr zu erlöschen; hatte nicht bereits Alexander III. warnende Schreiben an das Generalkapitel gerichtet? Auch die Regularkanoniker und die Prämonstratenser bedurften dringend neuer Impulse. Ob die behagliche Ruhe bei den Benediktinern aufgemuntert werden konnte, mag der Papst kaum gehofft haben. Indes sieht man in seinen Briefen das Bewußtsein sehr bestimmt sich äußern, als ob er von dem Einsatz der Orden wesentliche Hilfe gerade für sein Erneuerungswerk an der Kirche erwarte. Unter vielen Rücksichten litt Innozenz III. vor allem unter der politischen und menschlichen Zerrissenheit der lateinischen Christenheit, dem ständigen Hader der Könige und Fürsten, den unablässigen Fehden

[10] Grundlegend wurde die Arbeit von *F. Kempf*, Papsttum und Kaisertum bei Innocenz III. (Misc. Hist. Pont. 19) (Rom 1954), die er in weiteren Artikeln ausbaute, zuletzt: Kanonistik und kuriale Politik im 12. Jh.: AHPont 1 (1963) 11—52. Kempfs Thesen müssen aber zusammen gesehen werden mit den Forschungsergebnissen Walter Ullmanns und seiner Schule; dazu jetzt *B. Tierney*, The Continuity of Papal Political Theory in the Thirteenth Century. Some methodological considerations: MS 27 (1965) 227—245 und *W. Ullmann*, Papst und König. Grundlagen des Papsttums und der englischen Verfassung im Mittelalter (Salzburg - München 1966).

der Barone und Ritter, Städte und Kommunen. Der innere Friede um seiner selbst, aber auch um der Aufgaben nach außen willen, an den Grenzen der Christenheit, wurde eines seiner zentralen Anliegen.

Von Anfang an und ungebrochen bis ans Ende seines Pontifikates führte Innozenz III. sein Amt (officium pastorale) im Bewußtsein, die Fülle der Gewalt dazu zu besitzen. Sie entsprach der umfassenden Weite des Amtes, das einmal die römische Kirche und ihren Besitz (das patrimonium Petri), dann aber auch die gesamte Christenheit in Obsorge halten sollte. Jüngste Forschung[11] hat die frühere Auffassung der Geschichtsschreibung, Innozenz habe dieses Amt zu einer Art Weltherrschaft ausbauen wollen bzw. nur in wirklicher Weltbeherrschung sein Amt wahrnehmen zu können gemeint, überwunden. Sowohl die überlieferten Texte der Amtsbriefe, der Predigten, der Konzilsakten als auch die rechtlichen, seelsorglichen und kirchenpolitischen Entscheidungen selbst lassen solche Auslegung seiner Amtsführung nicht zu. Vielmehr tritt aus ihnen, je intensiver man alle im Zusammenhang der Pontifikatsentwicklung und auch einzeln im Kontext von Fall und Schreiben untersucht, betont ein im wesentlichen geistliches Profil dieses Papstes hervor. Die plenitudo potestatis verstand Innozenz (wie sein Lehrer Huguccio) als eine plenitudo potestatis ecclesiasticae, nicht als eine alle geistliche und weltliche Gewalt überhaupt in sich begreifende Fülle. Sie muß als eine Umschreibung dessen angesehen werden, was man heute den Jurisdiktionsprimat (Universalepiskopat) des römischen Bischofs nennt. Ein Übergreifen dieser Gewalt in das Gebiet weltlicher Rechtsverhältnisse war damit für Innozenz nicht ausgeschlossen, doch geschah das nur subsidiär, wenn (gemäß der Notstandstheorie der Zeit) Fälle zur Entscheidung an den Papst herangetragen wurden, bei denen der weltliche Instanzenzug versagte; wie etwa beim Streit zwischen Königen kein übergeordneter, verpflichtend entscheidender Richter angerufen werden konnte. Kaiser und Könige erhielten, wie Innozenz annahm, ihre Gewalt (wie das Papsttum) unmittelbar von Gott. Das von Innozenz selbst beanspruchte Königtum als weltliche Herrschaft bezog sich auf den königlichen Besitz der römischen Kirche in Mittelitalien (das patrimonium Petri). Hier verstand sich Innozenz als König unter Königen, nicht (nach karolingischem Modell) als autonomer Herr eines Reichsgebietes. Vielleicht bezog sich sein Anspruch, neben geistlicher auch weltliche Gewalt

[11] Dazu die Arbeiten S. *Mochy Onory*, Fonti Canonistiche dell'Idea Moderna dello Stato (Mailand 1951); *A. Hof*, „Plenitudo potestatis" und „Imitatio Imperii" zur Zeit Innocenz' III.: ZKG 66 (1954/55) 39—71, die Beiträge von *H. Tillmann, F. Kempf, A. M. Stickler* u. a. Vgl. auch die Übersicht von *A. Walz*, „Papstkaiser" Innocenz III. Stimmen zur Deutung: Sacerdozio e Regno da Gregorio VII a Bonifacio VIII (Misc. Hist. Pont. 18) (Rom 1954) 127—138. Am besten faßt jetzt den Stand der Diskussion zusammen *B. Tierney*, The Continuity (s. Anm. 10): „Innocent III and Innocent IV expressed substantially the same opinion on problems of church and state ... their position cannot be adequately characterized by the two currently fashionable terms, „dualistic" and „hierocratic" (S. 234).

zu besitzen, auf die auch in weltliche Rechtsverhältnisse eingreifende Koaktivgewalt der Kirche, den ordnenden Eingriff päpstlicher Weisungen „ratione peccati".

Mit knappen Worten ließ Innozenz auf dem 4. Laterankonzil seine Auffassung formulieren: Wir wollen nicht, daß die Laien Rechte der Kleriker beanspruchen, gleicherweise müssen wir aber auch verhindern, daß die Kleriker sich Laienrechte anmaßen. Deshalb verbieten wir allen Klerikern, unter dem Vorwand der Kirchenfreiheit ihre Gerechtsame zum Schaden weltlicher Gerichtsbarkeit auszudehnen; vielmehr seien sie zufrieden mit dem geschriebenen Gesetz und mit den bisher gutgeheißenen Gewohnheiten, damit „dem Kaiser gegeben werde, was des Kaisers, und Gott, was Gottes ist", nach Maßgabe der sachlich richtigen und unterschiedlichen Ordnung[12].

Neben der Trennung der Gewalten hat Innozenz wohl die höhere Einheit der Christianitas und die daraus fließenden Rechte des Heiligen Stuhles hervorgehoben und außerdem seine Sonderrechte bezüglich des Imperiums gewahrt wissen wollen[13], die nach seiner Auffassung die prinzipielle Ableitung der kaiserlichen Gewalt direkt aus Gott nicht berührten. Könige, Fürsten, Magistrate innerhalb der Grenzen der Christenheit erschienen dem Papst nicht nur als Träger eigenständiger jurisdiktioneller Gewalt, sondern zugleich auch als hervorragende Glieder des corpus mysticum der Kirche, und als solche betraf auch sie (nicht nur als Privatpersonen, sondern gerade auch als Amtsträger) die pastoralis cura des römischen Bischofs. Nur so lassen sich auch die amtlichen Aussagen der Kaiser und Könige im Verkehr mit dem Papst deuten, wenn sie von oboedientia, devotio, Bereitschaft sprechen, den Mandaten des Heiligen Stuhls Folge leisten zu wollen. Innozenz selbst hat die Grenzen seiner Vollgewalt umschrieben, die einerseits am ius divinum, anderseits am Gewissen des einzelnen unverrückbar festliegen. Durch ihr Wesen als potestas ecclesiastica unterschied sie sich deutlich von der potestas saecularis. Daß es dabei in der Praxis nicht immer zu klaren Grenzscheidungen kommen kann, verrät noch heute das Kirchenrecht[14]. Die Entscheidung, ob eine Angelegenheit in das Gebiet des göttlichen oder menschlichen Rechtes (wo der Papst Dispensgewalt besitzt) falle, hat Innozenz der Tradition (praktisch der Beratung durch das Konzil) anheimgestellt. „Unter Innozenz III. ist die Stellung des Papstes in der Kirche keine grundsätzlich andere geworden. Er hat aber der Lehre vom

[12] COD 229^{25-31} (constitutio 42): Sicut volumus ut iura clericorum non usurpent laici, ita velle debemus, ne clerici iura sibi vindicent laicorum. Quocirca universis clericis interdicimus, ne quis praetextu ecclesiasticae libertatis suam de caetero iurisdictionem extendat in praeiudicium iustitiae saecularis, sed contentus exsistat constitutionibus scriptis et consuetudinibus hactenus approbatis, ut quae sunt Caesaris reddantur Caesari, et quae sunt Dei Deo recta distributione reddantur.

[13] *F. Kempf*, Papsttum und Kaisertum 314—325.

[14] CIC c. 1553 § 2: „in causis in quibus tum Ecclesia tum civilis potestas aeque competentes sunt, quaeque dicuntur mixti fori, est locus praeventioni".

Primat die strenge Formulierung und systematische Begründung gegeben und die Stellung des römischen Bischofs als des ordentlichen Inhabers aller kirchlichen Gewalt (plenitudo potestatis = den päpstlichen Universalepiskopat) dem Bewußtsein der abendländischen Kirche tief eingeprägt[15].

19. Kapitel

Der geistliche Monarch als „arbiter mundi"

QUELLEN: Gesta Innocentii III, Das Register Innozenz' III.

LITERATUR: Das Patrimonium: *G. Ermini,* La libertà comunale nello Stato della Chiesa, 2 Bde (Rom 1926/27); *H. Tillmann,* Das Schicksal der päpstlichen Rekuperationen nach dem Friedensabkommen zwischen Philipp von Schwaben und der römischen Kirche: HJ 45 (1931) 341—365; *J. Seeger,* Die Reorganisation des Kirchenstaates unter Innocenz III. Grundlagen und Durchführung (Diss. Kiel 1937); *G. Ermini,* Caratteri della sovranità temporale dei papi nel sec. XIII e XIV: ZSavRGkan 27 (1938); viele Arbeiten Erminis betreffen das vorliegende Kapitel: Liste bei *D. Waley,* The Papal State 332 f; *B. Bartolini,* Per la storia del Senato Romano nei sec. XII e XIII: BIStIAM 60 (1946); *D. Waley,* The Papal State in the Thirteenth Century (London 1961). Hier finden sich auch die lokalgeschichtlichen Quellenschriften verzeichnet (325—331).

Die Vasallenreiche: *F. Baethgen,* Die Regentschaft Papst Innocenz' III. im Königreich Sizilien: Heidelberger Abhandlungen zur mittleren u. neueren Gesch. 44 (Heidelberg 1914); *R. Ries,* Regesten der Kaiserin Constanze, Königin von Sizilien, Gemahlin Heinrichs VI.: QFIAB 18 (1926) 30—100; *Th. C. van Cleve,* Markward of Annweiler and the Sicilian Regency (Princeton 1937); *L. Böhm,* Johann von Brienne, König von Jérusalem, Kaiser von Konstantinopel (Heidelberg 1938); *N. Kamp,* Istituzioni comunali in Viterbo nel Medioevo, I: Consoli, Podestà, Balivi e Capitani nei secoli XII e XII: Bibl. di Studi Viterbesi 1 (Viterbo 1963), dt.: Konsul und Podestà, Balivus und Volkskapitän in Viterbo im 12. u. 13. Jh. (Viterbo 1960); *A. Sacchetti-Sassetti,* Rieti e gli Urslingen: ADRomana 85/86 (1962/63) 3—24; *A. Marongiu,* A Model State in the Middle Ages: the Norman and Swabian Kingdom of Sicily: Comparative Studies in Society and History 6 (1963/64) 307—324.

Spanien: *D. Mansilla,* Innocencio III y los reinos hispanos: Anthologica annua (Publicaciones del instituto español de estudios eclesiásticos) 2 (1954) 9 ff; *J. Vincke,* Estado e Iglesia en la historia de la Corona de Aragón (siglos XI—XIV): Ponencias VII. Congreso de Historia de la Corona de Aragón (Barcelona 1962) 289—326; *D. Mansilla,* El cardenal hispano Pelayo Gaitáu (1206—1213): Anthologica annua 1 (1953) 11—66; *J. Vincke,* Der Eheprozeß Peters II. von Aragón (1206—1213): Gesammelte Aufsätze zur Kulturgeschichte Spaniens 5 (Münster 1935) 108—189.

Portugal: *A. Herculana-Fr. L. Gonzaga de Azevedo-D. M. Gomes dos Santos,* Historia de Portugal (bis 1250), 6 Bde (Lissabon 1940/44, hier bes. Bd IV u. V); *H. V. Livermore,* A New History of Portugal (Cambridge 1966) 50—99: The Agrarian Monarchy (bis 1383); Cronica dos sete primeiros reis de Portugal, ed. *C. Silva Tarouca,* 3 Bde (Lissabon 1952/53); Cronica de cinco reis, ed. *A. Magalhãis Basto* (Oporto 1945); *C. Erd-*

[15] *H. Tillmann,* Innocenz III 38. *O. Hageneder,* Über das Sonne-Mond-Gleichnis bei Innocenz III.: MIÖG 65 (1957) 340—368; *ders.,* Exkommunikation und Thronfolgeverlust bei Innocenz III.: RömHM 2 (1957/58) 9—50.

mann, Papsturkunden in Portugal (Göttingen 1927); *ders.*, O Papado e Portugal (Lissabon 1935); *D. Mansilla*, Disputas diocesanas entre Toledo, Braga y Compostela en los siglos XII al XV: Anthologica annua 3 (1955).

Ungarn: *A. Theiner*, Vetera monumenta historica Hungariam sacram illustrantia, 2 Bde (Rom 1859/60); *W. Fraknói*, Monumenta Vaticana historiam Hungariae illustrantia, 6 Bde (Budapest 1884/91); *ders.*, Die kirchlichen und politischen Verbindungen Ungarns mit dem Heiligen Stuhl, 3 Bde (Budapest 1901/03, ungarisch).

Zur Bulgarienfrage: Vgl. Einleitung zu *Th. Haluscynsky*, Acta Innocentii papae III. (1198—1216) (Rom 1944).

England: Vgl. Bibliogr. zum Abschnitt. *K. Norgate*, John Lackland (London 1902); *E. Gütschow*, Innocenz III. und England (Berlin 1905); *K. Norgate*, Richard the Lionhearted (London 1924); *H. Tillmann*, Die päpstlichen Legaten in England bis zur Beendigung der Legation Gualas 1218 (Bonn 1926); *Z. N. Brooke*, The English Church and the Papacy (Cambridge 1931); *F. M. Powicke*, Stephen Langton (Oxford 1935); *M. D. Knowles*, The Canterbury Election of 1205/6: EHR 53 (1938) 211—230; *H. G. Richardson*, The Morrow of the Great Charter: BJRL 28 (1944) 422—443, 29 (1945) 184—200; *F. M. Powicke*, King Henry III and the Lord Edward, 2 Bde (Oxford 1947); *C. R. Cheney*, King John and the Papal Interdict: BJRL 31 (1948) 295—317; *S. Painter*, The Reign of King John (London 1950, Baltimore 1949); Acta Stephani Langton, ed. *K. Major* (Oxford 1950) (Canterbury and Yorck Society 118); *C. R. Cheney*, King John's Reaction to the Interdict on England: Transactions of the Royal Historical Society 31 (1949) 129—150; Magna Carta libertatum, ed. *H. Wagner* (Bern 1951); *C. R. Cheney*, The Letters of Pope Innocent III: BJRL 35 (1952) 23—43; *ders.*, The Eve of Magna Carta: BJRL 38 (1956) 311 341; *J. C. Holt*, The Making of the Magna Carta: EHR 72 (1957) 401—422; *ders.*, The Northerners. A Study in the reign of King John (Oxford 1961); *W. L. Warren*, King John (London 1961); *J. C. Holt*, King John (London 1963).

Das Reich: *F. Kempf*, Papsttum und Kaisertum bei Innocenz III. Die geistigen und rechtlichen Grundlagen seiner Thronstreitpolitik (Rom 1954, grundlegend); *ders.*, Regestum Innocentii III papae super negotio Romani imperii: Misc. Hist. Pont. 9 (Rom 1947); *ders.*, Die zwei Versprechen Ottos IV. an die römische Kirche: Festschr. für E. E. Stengel (Münster-Köln 1952) 359—384; *J. Haller*, Innocenz III. und Otto IV: Papsttum und Kaisertum (Festschr. P. Kehr) (München 1926) 475—507; *H. Hirsch*, Das Recht auf die Königserhebung durch Papst u. Kaiser im hohen Mittelalter: Festschr. E. Heymann (Weimar 1940) 209—249; *H. Mitteis*, Die deutsche Königswahl. Ihre Rechtsgrundlagen bis zur Goldenen Bulle (München-Wien ²1944, Neudruck Darmstadt 1965); *A. Stickler*, Imperator Vicarius Papae. Die Lehren der französisch-deutschen Dekretistenschule des 12. und beginnenden 13. Jh. über die Beziehungen zwischen Papst und Kaiser: MIÖG 62 (1954) 165—212; *R. Folz*, L'idée d'empire en Occident (Paris 1953); *W. Winkelmann*, König Philipp von Schwaben (1197—1208): JbbDG (Leipzig 1873, Neudruck Darmstadt 1963); *ders.*, Kaiser Otto IV. von Braunschweig (1208—18) (Leipzig 1878, Neudruck Darmstadt 1963); *F. Baethgen*, Die Exkommunikation Philipps von Schwaben (zuerst 1913, jetzt): Mediaevalia I (Stuttgart 1960) 85—92; *ders.*, Kaiser Friedrich II. (1194—1250) (zuerst 1956, jetzt): Mediaevalia I (Stuttgart 1960) 93—109; *A. J. Walter*, Die deutsche Reichskanzlei während des Endkampfes zwischen Staufern und Welfen (Innsbruck-Leipzig 1938); dazu Quellen u. Literatur über Friedrich II. bei Kap. 25.

Frankreich: Vgl. Allg. Bibliogr. zum Abschnitt. *O. Cartellieri*, Die Schlacht bei Bouvines (27. Juli 1214) im Rahmen der europäischen Politik (Leipzig 1914); *R. H. Tenbrock*, Eherecht und Ehepolitik bei Innocenz III. (Diss. Münster 1933); *A. Hadengue*, Bouvines, victoire créatrice (Paris 1935); *Ch. Petit-Dutaillis*, The Feudal Monarchy in France and England from the Tenth to the Thirteenth Century (Neudruck London 1964), frz.: La Monarchie féodale en France et en Angleterre, X^{e}—XIIIe siècle (Paris 1950); *R. Da-*

vidsohn, Philipp II. August von Frankreich und Ingeborg (Stuttgart 1888), dazu *E. Michael:* ZKTh 14 (1890) 562—569; *M. Jallut,* Philippe-Auguste, fondateur de l'unité française (Paris 1963).

Skandinavien, Polen und der Balkan: *G. Inger,* Das kirchliche Visitationsinstitut im mittelalterlichen Schweden (Lund 1961); Monumenta Poloniae Vaticana. Analecta Vaticana 1207—1366, ed. *J. Ptasnik,* 2 Bde (Krakau 1903/04); *K. Völker,* Kirchengeschichte Polens (Berlin-Leipzig 1930) 37—41 (Polens Verhältnis zum Römischen Stuhl; Bibl.); *N. Banescu,* Un problème d'histoire médiévale: création et caractère du second empire bulgare (1185) (Bukarest 1943); *R. L. Wolff,* The „Second Bulgarian Empire". Its origin and history to 1204: Speculum 24 (1949) 167—206; *L. Tautu,* Le Conflit entre Johanitsa Asen et Éméric roi de Hongrie (1202—04). Contribution à l'étude du problème du second empire valaque-bulgare: Mélanges Eugène Tisserant III (SteT 233) (Rom 1964) 367—393.

Die Ordnung der Christenheit (pax et iustitia) war zwei Gewalten anvertraut, der geistlichen, deren Fülle dem Papst zukam, der weltlichen, die einer Pluralität von Trägern (Königen, Fürsten, Magistraten) zustand. Unter ihnen wurde traditionsgemäß dem deutschen König die Kaiserwürde übertragen, welcher dank ihrer Funktion als Vogtei der römischen Kirche eine gewisse, nie genau umschriebene Universalität eignete[1]. Die enge Verflechtung von Geistlichem und Weltlichem im Bereich der Christenheit im hohen Mittelalter ließ so den Papst, dessen geistliche Gewaltenfülle unbestritten war, als den eigentlichen Monarchen in ihr erscheinen. Die wirkliche Gewalt des Kaisers dagegen überschritt nie den Bezirk jener Bereiche, in denen er als König (Deutschland, Burgund, Teile Italiens) herrschte. Da überdies die geistliche Gewalt um der erwähnten Verflechtung willen sich auch in weltlichen Bezirken, die z. T. öffentlich-rechtlicher bzw. staatspolitischer Natur waren, geltend machte, kam der Monarchie ihres Trägers eine erhöhte Bedeutung zu, die während des Pontifikates Innozenz' III. dank seiner staatsmännischen Persönlichkeit, aber auch dank der für ihn günstigen gesamtpolitischen Lage bei der Jahrhundertwende in vielfacher Weise (wenn auch nicht immer erfolgreich) beansprucht worden ist. Eine Weltherrschaft (im eigentlichen Sinn des Wortes) wurde von Innozenz dabei nicht ins Auge gefaßt, vielmehr handelte er immer zuletzt aus den Motiven seiner (allerdings umfassend und universal verstandenen) Verantwortung für das Gesamtheil der Christenheit (pax et iustitia). Diesem *mundus christianus* und seiner Friedensordnung wollte er als *arbiter* dienen, wofür ihm, wie er wußte, nur beschränkte und keineswegs immer wirksame Zwangsgewalt zur Verfügung stand, wohl aber die moralische Macht seines allseits anerkannten Primates als Stellvertreters Christi. Wer immer sich zu Christus bekannte (also

[1] Vgl. *F.-J. Schmale,* Römisch-deutsches Kaisertum: LThK² V (1960) 1247—50 (Bibliogr.), vor allem *F. Kempf,* Das mittelalterliche Kaisertum: Mainau-Vorträge, hrsg. von *Th. Mayer* (Konstanz 1956) 225—242; *Th. Mayer,* Papsttum und Kaisertum: HZ 157 (1959) 1—53; *H. Grundmann,* Kirchenfreiheit und Kaisermacht um 1190 in der Sicht Joachims von Fiore: DA 19 (1963) 353—396.

auch die Könige, Fürsten und Magistrate), unterstand in bezug auf sein christliches Denken und Tun darum der Weisungsgewalt des *vicarius Christi*[2], deren sich Innozenz III. mit erstaunlicher Sicherheit und in ungezählten Fällen allenthalben im Bereich der gesamten Christenheit bedient hat.

Im Patrimonium

Für eine wirksame Ausübung dieser Weisungsgewalt war die Freiheit der römischen Kirche, ihrer Kurie und ihres Bischofs, Voraussetzung. Der Garant dieser Freiheit, nach damaliger Vorstellung, war Besitz und Ertrag des Patrimonium Petri, jener nach seinen wirklichen Grenzen stets umstrittene Länderkomplex, dessen staatsrechtliche Struktur, gleichfalls in kontinuierlichem Wandel begriffen, damals durchaus feudalistisch verstanden sein wollte. So begann Innozenz seinen Pontifikat mit der Verwirklichung der Friedens- und Rechtsordnung im Patrimonium und in jenen Staaten, die von alters Vasallen des Heiligen Stuhles waren.

Das Patrimonium, in dem Innozenz formell mit weltlich-königlicher Gewalt zu herrschen gedachte, mußte wegen der Wirren unter Heinrich VI. erneut unterworfen werden. In Rom setzte der Papst an die Spitze der städtischen Selbstverwaltung einen Senator, der ihm den Treueid leistete. Im Dukat fanden sich die Barone bereit, das gleiche zu tun. Im Streit zwischen Rom und Viterbo gewannen dank der Unterstützung des Papstes die Römer, aber auch Viterbo wußte der Papst sich zu verpflichten. Mit Berufung auf die von Cencius im Liber censuum zusammengestellten Schenkungstitel und Privilegien begann Innozenz dann seine sogenannte Rekuperationspolitik[3], die ihm das Herzogtum Spoleto, die Mark Ancona, nicht ohne Widerstand, unterwarf. Die Romagna verwehrte ihm der Einspruch des Erzbischofs von Ravenna. Auch im Mathildischen Erbe und der übrigen Toskana konnte er sich nicht durchsetzen, nur den Grenzstreifen um Radicofani und Montefiascone gewann er zurück. Was gewonnen war, lag von Meer zu Meer wie ein Riegel zwischen dem süditalienisch-sizilischen Königreich und dem zwischen den Städten und dem Kaiser strittigen Norden der Halbinsel. Innozenz betrachtete sich für dieses Gebiet als den souveränen, auch der Oberlehnsherrschaft des Kaisers nicht unterstellten Herrn.

[2] Zu dem unter Innozenz besonders betonten Gebrauch dieses Titels vgl. *M. Maccarone,* Il Papa „Vicarius Christi": Miscellanea Pio Paschini I (Rom 1948) 427—500.

[3] Die Rekuperationen wurden bereits unter Cölestin III. gleich nach Heinrichs VI. Tod eingeleitet, vgl. *V. Pfaff,* Coelestin III.: ZSavRGkan 47 (1961) 109—128.

Die Vasallenreiche

Gemäß der testamentarischen Verfügung Kaiser Heinrichs VI.[4] nahm die Regentin, Kaiserin Konstanze, im eigenen Namen und für den jungen Friedrich das Königreich vom Papst zu Lehen, bestimmte ihrerseits testamentarisch, daß der Papst nach ihrem Tod (28. November 1198) die Regentschaft im Reich und Vormundschaft über den (am 17. Mai 1198) gekrönten Friedrich übernehme. Zehn Jahre lang hat Innozenz dies getan. Zunächst erreichte er im Konkordat (Ende 1198) von der Krone den Verzicht auf die staatliche Kirchenhoheit. Die Personalunion zwischen dem Reich und Süditalien-Sizilien war aufgehoben worden, als Konstanze für sich und ihren Sohn (Mai 1198) auf die Führung des römischen Königstitels verzichtete. Von der Reichsgewalt ließ sich Innozenz diese Trennung bestätigen. Zunächst gaben die Gesandten Ottos von Braunschweig (1198) entsprechende Zusagen, Verhandlungen mit Philipp von Schwaben kurz vor dessen Ermordung (1208) erbrachten die Bereitschaft Philipps, auf die Reichsansprüche auf Sizilien zu verzichten. Kaiser Otto wurde von Innozenz im Augenblick, da er sich zur Eroberung Süditaliens anschickte (18. November 1210), gebannt und dieser Bann am 21. März 1211 feierlich verkündet. Friedrich II. schließlich, den Innozenz gegen den gebannten Kaiser zum Vorkämpfer der Kirche erklärte, erneuerte in der Goldbulle von Eger (12. Juli 1213) ein früher gegebenes Versprechen, Sizilien unabhängig zu erhalten, und verpflichtete sich überdies vor dem Kardinallegaten in Straßburg eidlich (1. Juli 1216), nach seiner Kaiserkrönung seinem bereits zum König von Sizilien gekrönten Sohn Heinrich das Königreich zu übergeben, selbst dieses Titels und der königlichen Gewalt zu entsagen, denn „der römischen Kirche stehe allein die oberste Gewalt über das Königreich zu"[5]. Bis zu seinem Tod vermochte Innozenz demnach die angestrebte Ordnung in Süditalien-Sizilien zu erhalten, auch die Versuche des (am 26. Dezember 1208) mündig erklärten Königs Friedrich, das Kirchenregiment seiner Vorfahren wieder einzuführen, vermochte der Papst in jedem Einzelfall erfolgreich zu verhindern. Trotzdem bedeutete die zehnjährige Regentschaft für Innozenz eine schwere finanzielle und politische Belastung, da er sich in nicht endenden Kämpfen mit den großen Kronvasallen (vor allem bis 1202 gegen Markwart von Anweiler) verwickelt sah. Genua und Pisa nutzten die Wirren aus und setzten sich auf der

[4] Dazu jetzt *V. Pfaff*, Die Gesta Innozenz' III. und das Testament Heinrichs VI.: ZSavRGkan 50 (1964) 78—126. Eine Urschrift des Testaments liegt nicht vor, das Fragment, in den Gesta Innocentii überliefert (c. 27 = PL 214, III), unterliegt schweren kritischen Bedenken. Ein Testament oder eine letztwillige Punktation sind nicht auszuschließen, doch erscheint das Überlieferte antikaiserlich stilisiert und z. T. sicher verfälscht.

[5] „ad quam (ecclesiam Romanam) solummodo ipsius regni dominium noscitur pertinere", Promissio Argentinensis vom 1. Juli 1216: MGLL Const II, n. 58, S. 72^{29-30}.

Insel fest. Süditalien hatte mit Unterstützung des Papstes Walter von Brienne (für Friedrich II., wie er sich eidlich verpflichten mußte) erobern können. Trotz allem konnte Innozenz am Ende der Regentschaft nur ein schwer zerrüttetes Reich dem jungen König übergeben. Dieser Versuch wirklicher Herrschaft (wenn auch für und im Namen eines Dritten) mißlang so gründlich, daß Innozenz, hätte er sich wirklich mit dem Gedanken einer „Weltherrschaft" getragen, diesen rechtzeitig aufgegeben haben würde.

Alle Teilreiche *Spaniens* sah der Heilige Stuhl als seine Lehnsstaaten an. Von ihnen war Aragón unter König Peter II. besonders treu ergeben und hatte seit 1207 die kirchlichen Wahlen für immer freigegeben. Innozenz hatte bereits 1199 dort eingreifen zu müssen geglaubt, als im Friedensvertrag zwischen Sancho VII. von Navarra und König Peter eine Heirat der Schwester Sanchos mit dem König von Aragón vorgesehen worden war. Peter II. hätte sich zu diesem Zweck von seiner Gattin, Maria von Montpellier, trennen müssen. Ein langer Eheprozeß war die Folge, der sich beim Tod des Königs (1213) noch hinzog. Die anderen spanischen Reiche waren weniger geneigt, sich dem Willen des Papstes zu fügen. So konnte Innozenz erst nach fünf Jahren den König von León, Alfons IX., veranlassen, sich von seiner Gattin Berengaria, einer Tochter seines Vetters Alfons VIII. von Kastilien, die er unrechtmäßig geheiratet hatte, zu trennen. Gegen den Willen des Papstes war es auch, wenn Sancho VII. von Navarra sich mit den Arabern verbündete. Als Alfons VIII. von Kastilien daraufhin Navarra besetzte, ließ Innozenz es ohne Protest geschehen. Auch gegen die von Sancho I. in Portugal schroff gehandhabte staatliche Kirchenhoheit ging der Papst ergebnislos vor, hat aber der Reue des sterbenden Königs (1210) seine Verzeihung nicht versagt. Im übrigen war er ständig wegen der Reconquista bemüht, Frieden zwischen den Königreichen zu erhalten, wenn er auch um der Aufrechterhaltung der kirchlichen Ehegesetze willen diesen Frieden selbst gelegentlich gefährden zu müssen glaubte. Einen Friedensschluß zwischen Alfons VIII. von Kastilien und Alfons IX. von León hat er 1214 feierlich bestätigt. Dem jungen Friedrich führte Innozenz III. in Konstanze (der Witwe König Emmerichs von Ungarn und Schwester König Peters von Aragón) 1209 seine erste Gemahlin zu.

Ohne im strengen Sinn Oberlehnsherr zu sein, obwohl Gregor VII. im Hinblick auf die Krönung Stefans I. mit einer ihm von Papst Silvester II. zugesandten Krone eine Lehnsabhängigkeit angenommen zu haben scheint, fühlte sich die Kurie auch deshalb mit *Ungarn* besonders verbunden, weil es ein wichtiges Durchgangsland für die dem Papsttum gleichsam in besonderer Verantwortung anvertrauten Kreuzzüge war. Zur Zeit Innozenz' III. litt das Land unter den Wirren, welche in den Kronansprüchen Emmerichs und seines Bruders Andreas einerseits und den Spannungen zwischen den Königen und dem oppositionellen Adel anderseits ihren Grund hatten. Nach Emmerichs Tod bestätigte Innozenz die Regentschaft des Herzogs Andreas für seinen kurzlebigen Neffen Ladislaus, und nach dessen Tod auch das Königtum des Andreas, nachdem er vorher, um der Beruhigung des Landes willen, diesen verpflichtet hatte, das Kreuzzugsgelöbnis seines Vaters, den der Tod an der Durchführung gehindert hatte, persönlich einzulösen. Innozenz appellierte verschiedentlich an den ungarischen Episkopat, den er zur Treue gegenüber Andreas mahnte, um den inneren Frieden des Landes zu wahren. Diese Mitarbeit der Landesepiskopate bei seinem Bestreben, der Christenheit Frieden und Ordnung zu geben, hat Innozenz auch in den anderen christlichen Ländern vielfach und nicht ohne Erfolg herangezogen.

Eine Art Lehnsverhältnis schien sich anzubahnen zwischen *Bulgarien* und dem Heiligen Stuhl. Dem Balkan hatte Innozenz sein Interesse wegen der Wiedervereinigung der westlichen und östlichen Kirche zugewandt. Unter dem Druck der politischen Verhältnisse ergab sich eine Annäherung der Serben, Albaner, Armenier und Ruthenen an das Papsttum. Als Zar Joannitza von Bulgarien im Gefolge dieser Strömung sich an Innozenz wandte, konnte dieser schreiben, „wir setzen Dich zum König über die Völker Bulgariens und der Walachei ein“ (25. Februar 1204)[6], wobei ihm bewußt war, daß Joannitza bereits die souveräne Gewalt über seine Völker innehatte und als Zar einen Königstitel besaß. Als sich die Verhältnisse änderten und ein lateinischer Kaiser in Byzanz die Politik seines oströmischen Vorgängers gegenüber den genannten Völkern sich zu eigen machte, wandten diese sich noch unter dem Pontifikat Innozenz' III. wieder vom Westen ab.

Das Reich

Zentral in mehr als einer Bedeutung stand im Denken, Planen und Entscheiden des Papstes in allen Jahren seines Pontifikates die Sorge um das Imperium und um das theoretische wie praktische Verhältnis zwischen Papsttum und Kaisertum. Das Reich war seit dem Tode Heinrichs VI. (1197) vakant. In Deutschland kam es zur Doppelwahl von 1198 (am 8. März wurde Philipp von Schwaben und am 9. Juli Otto von Braunschweig gewählt). Eine Entscheidung konnte, wie seit jeher, nur durch eine eindeutige machtmäßige Überlegenheit eines von beiden, das heißt durch den Appell an die Waffen, herbeigeführt werden. Im Hinblick auf die Kaiserkrönung

[6] „regem te statuimus super eos (Bulgaros et Blacos)“; Reg. VII 1 = PL 215, 279 C; vgl. zuletzt *R. L. Wolff*, The „Second Bulgarian Empire“. Its origin and history to 1204: Speculum 24 (1949) 167—206, bes. 190 198; *L. Tautu*, Le Conflit entre Johanitsa Asen et Éméric roi de Hongrie (1202—04): Mélanges Eugène Tisserant III (SteT 233) (Città del Vaticano 1964) 367—393. Der Briefwechsel Innozenz' III. mit Johanitsa Asen wurde ediert von *I. Duicev* („Innocentii III epistolae ad Bulgariae historiam spectantes“), (Sofia 1942).

behielt sich Innozenz III., den man zwar von der Wahl in Kenntnis gesetzt, nicht aber um schiedsrichterliche Entscheidung gebeten hatte, die Freiheit vor, die Krone jenem zuzusprechen, den er für den „geeigneteren" von beiden halten würde. Mit dieser Krone war der Auftrag verbunden, der römischen Kirche helfend beizustehen. Deshalb glaubte der Papst, es läge in seinem Ermessen, zu entscheiden, von welchem Träger dieser Auftrag am besten gewährleistet würde. Innozenz hat eine solche Entscheidung, als beide Könige der Kaiserkrone wegen sich nach Rom wandten, zunächst hinausgezögert. Durch Erzbischof Konrad Wittelsbach von Mainz ließ er (ohne Erfolg) nach dessen Rückkehr vom Kreuzzug den Versuch machen, beide Könige zum Thronverzicht zugunsten eines Dritten (wohl Friedrichs von Sizilien) zu bewegen. Otto von Braunschweig hatte inzwischen wichtige Zusicherungen gemacht, u. a. die Anerkennung der päpstlichen Rekuperationen in Italien und den Verzicht auf das umstrittene Spolienrecht in Deutschland. Philipp von Schwaben dagegen legte sich während der Verhandlungen mit der Kurie nicht fest. Obwohl sich in Deutschland die Entscheidung für Philipp bereits abzuzeichnen begann, entschied sich Innozenz um die Jahreswende 1200/01 für Otto. In einer längeren, scharfsinnig durchdachten und dialektisch kunstvoll aufgebauten Konsistorialansprache[7] gab er diese Entscheidung bekannt und teilte sie am 1. März 1201 Otto mit. Durch die Beziehung Ottos zu England, wo sich sein Onkel Richard Löwenherz (nicht aber dessen Bruder Johann) für ihn einsetzte, und die Verbundenheit Philipps mit Frankreich nahm die Auseinandersetzung europäische Ausmaße an. Die Aussichten Philipps, sich in Deutschland machtmäßig durchzusetzen, nahmen trotz der nunmehr gefällten Entscheidung des Papstes für Otto ständig zu. Die Verhandlungen der Kurie mit dem noch im Bann lebenden Staufer gingen unterdes weiter. Kardinallegaten versuchten 1207 Otto zum Thronverzicht zu bewegen und lösten Philipp vom Bann. Bevollmächtigte beider Könige gingen nach Rom, wo man eine Einigung erzielte: Ottos Rücktritt wurde vereinbart, Philipps Anerkennung als König und künftiger Kaiser beschlossen. Die Ermordung Philipps in Bamberg (am 21. Juni 1208) durch den Pfalzgrafen von Wittelsbach führte aber schließlich zur allgemeinen Anerkennung Ottos von Braunschweig in Deutschland, die durch eine einmütige Wahl in Frankfurt (am 11. November 1208) bestätigt wurde. Am 4. Oktober 1209 krönte Innozenz den deutschen König zum Kaiser. Als Otto IV. aber wider Erwarten des Papstes und entgegen früherer Zusicherungen einen Angriff auf das Königreich Süditalien-Sizilien begann, sprach Innozenz III. am 18. November 1210, im

[7] „te in regem recipere" soll nicht heißen, der Papst treffe hier eine innerdeutsche Entscheidung, sondern er betrachte unter den drei Königen Otto als den „rex in imperatorem coronandus". Die „Deliberatio super facto imperii de tribus electis" findet sich bei *F. Kempf*, Regestum Innocentii III papae super negotio Romani imperii (Misc. Hist. Pont. 12) (Rom 1947) n. 29.

Augenblick, da der Kaiser die Grenze nach Süden hin überschritt, den Bann über ihn aus, den er dann am Gründonnerstag des folgenden Jahres verschärft erneuerte, indem er alle dem Kaiser geleisteten Eide löste. Noch im September des gleichen Jahres erreichte es Innozenz, daß man in Nürnberg Friedrich von Sizilien zum König wählte. Als dieser im Herbst 1212 nach Deutschland kam, trat der Abfall der deutschen Fürsten von Kaiser Otto unaufhaltsam in Erscheinung. Im November 1212 schloß Friedrich in gut hohenstaufischer Überlieferung ein Bündnis mit Philipp II. August von Frankreich gegen Otto IV., der sich mit dem England des seit 1209 in päpstlichem Bann lebenden Johann ohne Land verbunden hatte. Eine erneute Wahl in Frankfurt (Dezember 1212) bestätigte die Nürnberger Entscheidung, ihr folgte die Krönung Friedrichs in Mainz. Die Entscheidung zwischen ihm und Kaiser Otto fiel in der Schlacht von Bouvines (27. Juli 1214), in der Otto IV., der für die Engländer ins Feld gezogen war, von den Franzosen besiegt wurde. Das war zugleich auch das Ende des deutschen Thronstreits, denn nun schlossen sich auch die niederdeutschen Fürsten König Friedrich an. Dem Papst versprach Friedrich in der Goldbulle von Eger (12. Juli 1213) alles, was Kaiser Otto IV. 1209 in Speyer zugesagt hatte: Anerkennung der Rekuperationen in Mittelitalien, Verzicht auf Spolien- und Regalienrecht gegenüber den geistlichen Fürsten, Verzicht auch auf Eingriff und Mitwirkung bei Abts- und Bischofswahlen, Freigabe der Berufungen an das Gericht der Kurie, schließlich Hilfe beim Kampf gegen die Häresie. Die Goldbulle schuf Reichsrecht, sie legalisierte die patrimoniale Territorialpolitik des Papstes und löste das Wormser Konkordat durch eine für die Kirche weit günstigere Neuregelung ab. Das Konzil im Lateran bestätigte 1215 Friedrichs Königtum. Kaiser Otto starb (auf der Harzburg) isoliert und verlassen, aber versöhnt mit der Kirche, erst am 19. Mai 1218. Ohne Wissen des Papstes hatte Friedrich bei seiner Aachener Krönung (23. Juli 1215) das Kreuz genommen. Kurz vor seinem Tode erhielt Innozenz III. von Friedrich noch das Versprechen, nach der Kaiserkrönung werde er das süditalienisch-sizilische Reich seinem (bereits gekrönten) Sohn Heinrich überlassen. Erneut bestätigte er dabei die Oberlehnsherrschaft der römischen Kirche über Sizilien. Innozenz mochte in dem Bewußtsein sterben, dem Kaisertum gegenüber als arbiter nicht ohne Erfolg tätig gewesen zu sein.

England

England hatte unter den beiden Königen Richard und Johann in diesem Streit eine wichtige Rolle gespielt, sowohl durch die lebhafte Anteilnahme Richards an der Königskandidatur seines Neffen Otto als auch durch die spätere Verbindung Johanns mit Kaiser Otto in seinem Kampf gegen Friedrich, auf dessen Seite Philipp II. von Frankreich stand. Richard hatte, um

Innozenz in seiner Neigung zu Otto zu bestärken, auf Verlangen des Papstes selbst mit dem französischen König (1199) einen fünfjährigen Waffenstillstand geschlossen, da dem Papst um des Kreuzzugs willen der Friede in der Christenheit ein wesentliches Anliegen war. Nach Richards Tod (29. November 1199) brach der Krieg erneut aus, da Philipp II. für die Nachfolge des Prinzen Arthur auf dem Kontinent eintrat. Im Frieden von Le Goulet (Mai 1200) hatte sich Johann verpflichten müssen, Otto von Braunschweig nicht zu unterstützen. Innozenz III. erklärte diesen Artikel des Vertrags für nichtig, mahnte vielmehr den englischen König, seinen Neffen nachhaltig zu fördern. Der englisch-französische Krieg wurde 1202 trotz drohender Mahnungen des Papstes fortgesetzt und endete mit der Eroberung der Normandie durch Philipp II. August, dem zugleich fast der ganze kontinentale Besitz der englischen Krone zufiel. Dem englischen König gegenüber blieb Innozenz III., solange der Thronstreit in Deutschland nicht entschieden war, nachsichtig, trotz des Königs gewalttätiger Kirchenpolitik, zumal sich Johann den Drohungen des Papstes gegenüber gelegentlich auch gefügig zeigte. Als aber die Kurie selbst auf eine Verständigung mit Philipp von Schwaben hinarbeitete, änderte sich auch die Nachsicht des Papstes gegenüber Johann ohne Land. Der Konflikt brach aus über der Nachfolge des Erzbischofs Walter von Canterbury († Juli 1205). Das Mönchskapitel der Kathedrale wählte seinen Subprior Reginald und bat um päpstliche Bestätigung. Die dabei übergangenen Suffraganbischöfe, die gewohnheitsrechtlich eine Beteiligung an der Wahl beanspruchten, erreichten, daß der König die Mönche zwang, Reginald fallenzulassen und statt seiner den Bischof Johann von Norwich, einen Kandidaten des Königs, zu wählen, der dann auch Besitz ergriff und vom König mit Canterbury belehnt wurde. Innozenz verwarf Dezember 1206 beide Wahlen und ließ durch in Rom weilende Mönche von Canterbury als seinen Kandidaten den englischen Kurienkardinal Stefan Langton wählen. Trotz der entrüsteten Ablehnung Langtons seitens des englischen Königs weihte der Papst ihn (Juni 1207) und verlieh ihm, ohne daß die königliche Bestätigung eingetroffen wäre, das Pallium. Seine Einführung in Canterbury wollte er mit der Androhung des Interdikts erzwingen. Im März 1208 verhängte der Papst über England dann in der Tat das dort im ganzen korrekt beobachtete Interdikt, während der König die Mönche von Canterbury vertrieb, Güter und Einkünfte der Geistlichen und Bischöfe, die das Interdikt einhielten, einzog, Bistümer und vakant werdende Abteien unbesetzt ließ. Ausgleichsverhandlungen scheiterten, und König Johann verfiel im Januar 1209 dem Bann.

Der König setzte seine Unterdrückungspolitik der Kirche gegenüber rücksichtslos fort, erneut angeknüpfte Verhandlungen (im Sommer 1211) scheiterten. Klagen der vertriebenen Bischöfe veranlaßten den Papst Ende Februar 1213, die Untertanen des Königs von ihren Eiden zu entbinden. Eine eigentliche Absetzung des Königs indes wurde nicht ausgesprochen, wenn

Innozenz sie auch angedroht hatte. Einen Krieg Frankreichs gegen Johann ohne Land ließ Innozenz zum Kreuzzug erklären. Da Philipp II. August die Vorbereitungen mit Intensität betrieb, Johann hingegen der Unterstützung seitens seiner Barone nicht sicher war, nahm er am 13. Mai 1213 die päpstlichen Friedensbedingungen an: Erzbischof Langton anzuerkennen, die geflüchteten Bischöfe zurückkehren zu lassen, das gesamte eingezogene Kirchengut zurückzuerstatten. Zwei Tage später unterstellte er aus eigener Initiative das Königreich als Lehen dem Schutz des Heiligen Stuhles. Als jährlichen Lehnszins versprach er für England 700 Pfund Sterling und für Irland 300 Pfund. Dieser Zins (neben dem der übliche Peterspfennig weiter geleistet wurde) wurde erst 1366 endgültig abgelöst.

Daraufhin entzog Innozenz dem französischen Unternehmen gegen England den Kreuzzugscharakter und verbot jeglichen Angriff auf England, das nunmehr ja seinem Schutz unterstand. Die Ordnung der kirchlichen Verhältnisse lag in den Händen der Kardinallegaten Pandulf und Nikolaus von Tuskulum. Im neuerdings durch Johann selbst begonnenen Krieg mit Frankreich, in dem es zu der erwähnten Schlacht von Bouvines kam, konnte durch den Kardinallegaten Robert von Courçon trotz des französischen Sieges ein fünfjähriger Waffenstillstand auf der Grundlage des augenblicklichen Besitzstandes (am 18. September 1214) vermittelt werden. Auch im Kampf gegen die rebellierenden Barone, die den König am 15. Juni 1215 zum Erlaß der Magna charta libertatum nötigten, welche die Lehns- und Hoheitsrechte der Krone einschränkte, stand Innozenz dem König bei, der zudem am 4. März 1215 das Kreuz genommen hatte, um sich erhöhten kirchlichen Schutzes zu versichern. Innozenz erklärte am 24. August 1215 die Magna Charta für null und nichtig, ohne daß diesem Spruch in England, nicht einmal vom Erzbischof von Canterbury, Folge geleistet worden wäre. Stefan Langton wurde suspendiert.

Vergebens bemühte er sich in Rom um Aufhebung der Suspension, nach England verweigerte ihm der Papst die Rückkehr. Auf dem Laterankonzil erneuerte Innozenz III. über die rebellierenden Barone den Bann, belegte London mit dem Interdikt, verwies dem französischen König die Unterstützung der Rebellen. Diese hatten den französischen Kronprinzen Ludwig, der eine Nichte Johanns[8] zur Gattin besaß, die englische Krone angeboten. Trotzdem der Kardinallegat Guala auf der Reichsversammlung zu Melun erneut einen Angriff auf England verbot, landete Ludwig am 21. Mai 1216 in England, wurde aber von Guala gebannt; die bereits besetzten Gebiete verfielen dem Interdikt. Während noch die Schreiben, mit denen Innozenz die französischen Bischöfe bat, diese Sentenzen ihrerseits zu verkündigen, unterwegs waren, starb der Papst (16. Juli). Johann ohne Land folgte ihm

[8] Blanka von Kastilien, eine Tochter von Johanns Schwester Eleonore. Sie wurde die Mutter Ludwigs IX. des Heiligen.

bereits am 19. Oktober in den Tod. Es gelang dem Kardinallegaten, Johanns unmündigen Sohn, Heinrich III., krönen zu lassen und die Barone zu bewegen, ihm den Treueid zu leisten (11. November 1216). Ludwig sah sich genötigt das englische Unternehmen aufzugeben, und der Kardinallegat vermittelte den Frieden von Kingston (12. September 1217). Ludwig verließ England, und Heinrich III. fand allgemeine Anerkennung. Die außergewöhnliche Entwicklung in England, mit einem zum mindesten äußerlichen Erfolg Innozenz' III. endend, zeigt den Papst fast in jeder Phase der dramatischen Abfolge des Geschehens nicht nur als den zähen „Meister der Politik", sondern auch jeweils durchaus bestimmt von den religiösen Anliegen und Motiven seines Pontifikats (Freiheit der Kirche, Kreuzzug, Frieden der Völker).

Frankreich

Mit Frankreich verbanden Kurie und Papst seit je besonders lebhafte, ja herzliche Beziehungen. Hier hatte Alexander III. Asyl gefunden, hatte von Paris aus Eugen III. für eine kurze Weile während des 2. Kreuzzuges das Abendland regiert, Innozenz II. seine entscheidende Anerkennung erhalten. Frankreich, die „älteste Tochter der Kirche", war aber zugleich ihre anspruchsvollste. In England hatte Johann ohne Land nach langem Widerstand der Kirche die Freiheit gelassen, in Sizilien Kaiserin Konstanze den Verzicht auf Eingriffe der Krone ausgesprochen. In Deutschland hatte der Thronstreit gleiches erreichen lassen. In Frankreich dagegen blieb sie in strenger Abhängigkeit von der Krone.

König Philipp II. August (1180—1223) gehörte zu den eigenwilligsten Fürsten, die sich den Maßnahmen Innozenz' III. zu widersetzen verstanden. Als er seine zweite Gattin, Ingeborg von Dänemark, nach der Hochzeitsnacht verließ und sich von ihr zu trennen versuchte, begann der Ehestreit, der das Verhältnis zu Innozenz den ganzen Pontifikat hindurch belastete. Gelegentlich sah sich der König gezwungen, scheinbar einzulenken. So infolge des Interdikts, das am 13. Januar 1200 über das königliche Frankreich verhängt wurde, trotzdem der Papst nicht mit der Loyalität aller dortigen Bischöfe rechnen konnte. Im ständigen Streit mit England versuchte der Papst mehrfach zu vermitteln. Als aber Philipp II. gegen Johann ohne Land auf Grund eines lehnsrechtlichen Verfahrens vorzugehen begann — der Krieg endete mit der Eroberung der Normandie Mai/Juni 1204 —, wandte sich der König gegen ein Einschreiten des Papstes und gab auf der Reichsversammlung in Mantes (22. August 1203) die berühmte Erklärung ab, nach Lehnsrecht sei er, was sein Verhältnis zu den Vasallen angehe, nicht gehalten, den Weisungen des Heiligen Stuhles Folge zu leisten[9], was der Papst dann aus-

[9] „Nihil ad pontificem pertinere de negotio, quod vertitur inter reges": Reg VI 163 = PL 215, 177 BC.

drücklich bestätigte. Aber auch innerhalb des königlichen Machtbereiches selbst war Philipp II. August durchaus abgeneigt, die Kirche vom Papst regieren zu lassen. Sich selbst betrachtete er in erster Linie als den Herrn, erst dann kam der Papst. Erstaunlich bleibt die ungemindert liebenswürdige Sprache Innozenz' im Verkehr mit diesem König, seine große Milde gegenüber der französischen Krone, obwohl Philipp II. in dem unerhörten Ehestreit keinen Schritt weicht, sich dem Willen des Papstes nicht unterwirft und die schließliche Bereinigung aus freiem Entschluß (um politischer Motive willen) vollzieht (April 1213). Seinen Klerus verteidigte der König gegen Ansprüche der Kronvasallen und die Forderungen der Kommunen, bestand aber auf Unterordnung unter die Krone und entsprechende Dienstleistungen. Bei Wahlen griff er allerdings nur selten ein. Doch blieb der Klerus dem königlichen Gericht unterstellt. Philipp II. August wollte Herr der Kirche in Frankreich sein und es bleiben: und Innozenz hat es geduldet.

Skandinavien, Polen und der Balkan

Während Innozenz III. in Schweden den rechtmäßigen (oder doch von ihm selbst als rechtmäßig angesehenen) König gegen einen wirklichen (oder vermeintlichen) Usurpator unterstützte [10], entschied er sich in Norwegen gegen die Ansprüche des Königs Sverre und half der Opposition im Lande gegen ihn. Ob mit Recht, läßt sich [11] heute nicht mehr ausmachen. Den Königen von Dänemark (Knut VI.) und Schweden (Sverker II. Carlsson) befahl Innozenz (per apostolica scripta mandamus) der kirchenfreundlichen Partei der Baglar (Krummstäbler) beizustehen, um den Schutz der Kirchen, die Freiheit des Klerus, die Fürsorge für die Armen sicherzustellen [12]. Der so gemeinsam bekämpfte Birkebeiner Sverre hat aber trotz Bann und Interdikt nicht eingelenkt; erst unter seinem Nachfolger Haakon kam eine Verständigung auf Grund der Ordnung von 1152 zustande.

In Dänemark erhielt Innozenz im klugen, energischen und mächtigen Erzbischof Absalon von Lund [13], dem Gründer Kopenhagens, bis zu dessen Tod (1201) einen verständnisvollen Mitarbeiter. Seit 1177 Primas von Dänemark und Schweden, gehörte Absalon zu den stärksten Persönlichkeiten der skandinavischen Kirchengeschichte.

Wie Absalon im Norden, so wirkte in Polen der Primas, Erzbischof Heinrich Kietlicz von Gnesen (1199—1219), ein Studienfreund des Papstes aus den Pariser Tagen, in enger Verbindung mit dem Heiligen Stuhl. Durch ihn

[10] *H. Tillmann*, Innocenz III., 57 mit Hinweis auf Reg. XI 174 = PL 215, 1485 f.
[11] *Dies.*, ebd. 76.
[12] Register, ed. Hageneder, Briefe I/383, S. 579.
[13] Absalon, Erzbischof von Lund (1177—1201) erhielt bereits am 22. September 1198 ein erstes Schreiben des Papstes, Register, ed. *Hageneder*, Briefe I/372, S. 564 f.

entzog Innozenz dem widerspenstigen Wladislaw III. durch dcn Bann (1206) die Herrschaft. 1210 erreichte der Papst sogar Anerkennung der bereits früher angebahnten Lehnsabhängigkeit Polens von der römischen Kirche.

Neben den Bulgaren, wie bereits erwähnt, wandten sich auch die Herren von Dalmatien (König Vulk) und Serbien (Großzupan Stefan, ein Bruder Vulks) 1198 an den Papst, der sich bereit erklärte, die kirchlichen Verhältnisse in Dalmatien durch Errichtung einer eigenen Kirchenprovinz zu regeln. Die Spannungen zwischen Ungarn und Serbien/Dalmatien einerseits wie zwischen Ungarn und den Ruthenen (Wolhynien) anderseits haben neben dem politischen Umbruch in Griechenland (1204) eine weiterführende Politik des Papstes unmöglich gemacht.

20. Kapitel

Der vierte Kreuzzug und das Lateinische Kaiserreich

QUELLEN: *Gottfried von Villehardouin,* La Conquête de Constantinople, ed. u. übers. von *E. Faral* (Classiques de l'histoire de France au moyen-âge), 2 Bde (Paris 1938/39); *Robert de Clari,* La Conquête de Constantinople, ed. *P. Lauer* (Classiques de l'histoire de France au moyen-âge) (Paris 1924); *Gunther von Pairis,* Historia Constantinopolitana, ed. *P. Riant* (Genf 1875), übers. u. erläutert von *E. Assmann* (Köln - Graz 1956); *P. Riant,* Exuviae sacrae Constantinopolitanae (Genf 1877) enthält u. a. die kurzen Berichte des Anonymus von Halberstadt, De peregrinacione in Greciam, des Anonymus von Soissons u. des Anonymus von Langres; *C. Hopf,* Chroniques gréco-romanes inédites ou peu connues (Berlin 1873) bringt (93—98) in lateinischer Übersetzung einen Abschnitt der russischen Chronik von Nowgorod über die Eroberung Konstantinopels, der vermutlich auf einen russischen Augenzeugen zurückgeht. Über den vierten Kreuzzug berichten auch die bereits (Bibliogr. zum Abschnitt) erwähnten Chroniken (die Kölner Königschronik, Alberich von Trois-Fontaines, Rigords Gesta Philippi Secundi, die Chronik Rogers von Hoveden u. a.). Wichtige Quellen sind auch die Gesta Innocentii III und die Briefe des Papstes (vgl. Bibliogr. zum Abschnitt). Die wichtigste griechische Quelle ist das Geschichtswerk des *Niketas Choniates,* ed. *J. Bekker,* Historia, (CSHB) (Bonn 1835), im Auszug übers., eingel. u. erläutert von *F. Grabler,* Die Kreuzfahrer erobern Konstantinopel (Byzantinische Geschichtsschreiber 9) (Graz - Wien - Köln 1958); Crusaders as Conquerors. The Chronicle of Morea, übers. u. ed. von *H. E. Lurier* (New York 1964), dazu vgl. *P. Topping:* Speculum 40 (1965) 735—742

LITERATUR: *H. E. Mayer,* Bibliogr. zur Gesch. der Kreuzzüge, 2119—59.

Zum vierten Kreuzzug: *A. Luchaire,* Innocent III: La Question d'orient (Paris 1907); *Ch. Diehl,* The Fourth Crusade and the Latin Empire: Cambridge Medieval History 4 (1927) 415—443 850—851; *R. Grousset,* Histoires des croisades III (1936) 169/177; *St. Runciman,* Gesch. der Kreuzzüge III (1960) 111—136; *E. H. McNeal,* The Fourth Crusade: *K. M. Setton,* A History of the Crusades II (1962) 153—185; *S. de Mundo Lo,* Cruzados en Byzancio. La cuarta cruzada a la luz de las fuentes latinas y orientales (Buenos Aires 1958); *J. Lognon,* Recherches sur la vie de Geoffroi de Villehardouin (Paris 1939); *H. Kretschmayr,* Gesch. von Venedig, 2 Bde (Gotha 1905/20); *A. Frolow,* Recherches sur la déviation de la IVe croisade vers Constantinople (Paris 1955); *R. Cressi,* Venezia e la quarta crociata: Archivio Veneto 81 (1951) 1 ff; *W. M. Daly,*

Christian Fraternity, the Crusaders and the Security of Constantinople: MS 22 (1960) 43—91, bes. 78—91; *B. Primov*, The Papacy, the Fourth Crusade and Bulgaria: Byzantino Bulgarica 1 (1962) 183—211; *D. E. Queller*, Innocent III and the Crusader-Venetian Treaty of 1201: Med et Hum 15 (1963) 31—34.

Lateinisches Kaiserreich: QUELLEN: die gleichen wie zum vierten Kreuzzug, dazu *Heinrich von Valenciennes*, Histoire de l'Empereur Henri de Constantinople, ed. *J. Lognon* (Paris 1948); *A. Heisenberg*, Neue Quellen zur Gesch. des lateinischen Kaisertums und der Kirchenunion: AAM 1922/23.

LITERATUR: *H. E. Mayer*, Bibliographie, 2771—88; *J. Lognon*, L'Empire latin de Constantinople et la principauté de Morée (Paris 1949); *E. Gerland*, Gesch. des lateinischen Kaiserreichs (Homburg v. d. Höhe 1905) (nur 1. Band erschienen, der bis 1216 reicht; Neudruck Darmstadt 1966); *R. L. Wolff*, Romania. The Latin Empire of Constantinople: Speculum 23 (1948) 1—34; *ders.*, Baldwin of Flanders and Hainaut, First Latin Emperor of Constantinople. His Life, Death and Resurrection (1172—1225): Speculum 27 (1952) 281—322; *ders.*, Mortgage and Redemption of an Emperor's Son. Castile and the Latin Empire of Constantinople: Speculum 29 (1954) 45—84; *ders.*, The Latin Empire of Constantinople (1204—1261): *K. M. Setton*, A History of the Crusades II (1962) 187—234; *L. Santifaller*, Beiträge zur Geschichte des lateinischen Patriarchats von Konstantinopel (Weimar 1938); *R. L. Wolff*, Politics in the Latin Patriarchate of Constantinople (1204—1261): Dumbarton Oaks Papers 8 (1954) 225—303; *ders.*, The Organisation of the Latin Patriarchate of Constantinople: Tr 6 (1948) 33—60; *P. L'Huillier*, La nature des relations ecclésiastiques gréco-latines après la prise de Constantinople par les croisés: XI. Intern. Byzantinisten-Kongreß (München 1958) 314—320; *A. Gardner*, The Lascarids of Nicaea. The Story of an Empire in Exile (Amsterdam 1964); *J. Folda*, The Fourth Crusade, 1201—1203. Some Reconsiderations: Byzslav 26 (1965) 277—290.

Die Sorge um den Osten beherrschte den ganzen Pontifikat Innozenz' III.[1]. Als Erbe gregorianischer Vorstellungen verband sich dabei im Papst ein Mehrfaches: Wiedervereinigung der griechischen und lateinischen Kirche, Sicherung der heiligen Stätten bzw. Rückeroberung verlorengegangener Gebiete der Kreuzfahrerstaaten, Friede der abendländischen Fürsten untereinander und innerhalb ihrer Herrschaftsgebiete (als Voraussetzung für eine Beteiligung am Kreuzzug und als Wert in sich [bonum pacis], das heißt als optimale Lebensbedingung geordneten kirchlichen Daseins)[2]. Das Königreich Jerusalem[3] war zudem ein Vasallenstaat des Heiligen Stuhles und dieser daher zu tätiger Hilfe verpflichtet. Im Reich gab es keinen Kaiser, und der Thronstreit band die fürstlichen Kräfte. Frankreichs und Englands Könige stritten um das Erbe Richard Löwenherz'. Süditalien und Sizilien waren

[1] Zu Innozenz III. und seinem Verhältnis zum kirchlichen Osten vgl. Kap. 16.

[2] Über die Friedensbemühungen des Papsttums vgl. *J. Gaudemet*, Le rôle de la Papauté dans le règlement des conflits entre États aux XIIIe et XIVe siècles: La Paix II (Recueils de la Société Jean Bodin 15) (Brüssel 1961) 79—106.

[3] Das Schicksal der Kreuzfahrerstaaten nach 1192 hat *M. N. Hardwicke* dargestellt in: *K. M. Setton*, A History of the Crusades II (Philadelphia 1962) 522—556. Das Königtum Jerusalem hatte seinen Hauptsitz nach Akkon verlegen müssen; vgl. auch *St. Runciman*, Gesch. der Kreuzzüge III, 78—108 (Das zweite Königreich).

durch Kaiserin Konstanze dem Papst als Regenten und Vormund ihres Sohnes Friedrich übergeben worden. So schien das Jahr 1200 für die Vorbereitung eines Kreuzzugs (in Wiederholung des Urbanschen Zuges vor hundert Jahren) günstig. Die Vorbereitungen begannen mit einem Schreiben des Papstes an Kaiser Alexios III. Angelos wegen der Wiedervereinigung der Kirche[4]. Als Kreuzzugsprediger wirkten in Frankreich Fulk von Neuilly und in Deutschland Abt Martin von Pairis. Nicht die Könige, sondern Barone und Grundherren wurden gewonnen, in Frankreich große Kronvasallen (Champagne, Flandern, Blois, Montfort), dazu Gottfried von Villehardouin, der Geschichtsschreiber des Zuges, in Deutschland Bischof Konrad von Halberstadt und Graf Berthold von Katzenelnbogen mit ihren Nachbarn. Dazu kamen große Herren aus Norditalien, unter ihnen führend Markgraf Bonifaz II. von Montferrat. Da der Landweg durch Kleinasien nicht gangbar war, mußte man eine Flotte beschaffen. Die flandrischen Schiffe genügten nicht und segelten für sich. Nach dem Tod Theobalds III. von der Champagne (1201) wählte man den Markgrafen von Montferrat zum Führer, einen Freund Philipps von Schwaben und Vater der Erbin des Jerusalemer Königtums. Als erstes Ziel des Kreuzzugs hatte man Ägypten als die verletzlichste Stelle des Sarazenenreiches ins Auge gefaßt. Indes besprach man bei einem Treffen zwischen Montferrat und Philipp von Schwaben, an dem dessen Schwager Alexios[5] teilnahm, ob man nicht unterwegs sich für Alexios in Byzanz einsetzen könnte. Inzwischen hatte Gottfried von Villehardouin mit Venedig einen Vertrag wegen der Transportmittel geschlossen. Für 85000 Kölnische Silbermark wollte die Republik Schiffe und Verpflegung zum 28. Juni 1202 auf ein Jahr stellen (für 4500 Ritter und ihre Pferde, 9000 Knappen und 20000 Mann Fußvolk)[6], außerdem fünfzig Galeeren als Begleitflotte unter der Bedingung, daß die Hälfte aller Eroberungen an Venedig falle. Als sich das Heer Juni 1202 in Venedig sammelte, fehlte das zugesagte Geld. So war man den Bedingungen Venedigs ausgeliefert. Zunächst mußte das Kreuzheer, das erst am 8. November in See ging, für die Republik von den Ungarn Zara zurückerobern (was Innozenz formell verboten hatte). Dort ließ man das Heer dann überwintern. Venedig bzw. der

[4] Register, ed. *Hageneder,* Briefe I/353, S. 525—528; vgl. den Kommentar dazu von *Haluscynsky,* Acta Innocentii III, 105f. Innozenz legt seine Worte, Klagen und Bitten dem christlichen Volk selbst in den Mund. „Murmurat populus Christianus", so heißt es, der Kaiser unterwerfe sich nicht Rom, er helfe dem Königreich Jerusalem nicht, die griechische Kirche habe sich von Rom getrennt und selbständig gemacht. Das christliche Volk fordere den Kaiser zu tatkräftiger Hilfe auf für die „terra Christi" und bitte ihn, die griechische Kirche mit dem Heiligen Stuhl wieder zu versöhnen.

[5] Alexios IV., Sohn des von seinem Bruder Alexios III. Angelos am 8. April 1195 enthronten Isaak II. Angelos und Bruder der Gattin Philipps von Schwaben (Irene).

[6] Die geschätzten Zahlen, welche dem Vertragsabschluß zugrunde lagen, waren sehr überhöht und wurden von den tatsächlich in Venedig sich sammelnden Kreuzfahrern nicht erreicht. Trotzdem hielt Venedig an dem einmal ausgehandelten Preis fest.

Doge Enrico Dandolo verfiel dem Bann. Philipp von Schwaben ließ nun mitteilen, man würde für die Schulden des Kreuzzugs bei Venedig aufkommen, falls Konstantinopel angesegelt und Alexios der Thron gesichert würde; man werde den Kreuzzug ins Heilige Land dann fernerhin mit Verpflegung und einem Truppenaufgebot (10 000) unterstützen. Trotz mancherlei Bedenken und einem warnenden Schreiben des Papstes ließ sich die Mehrheit der Kreuzfahrer für diesen Plan gewinnen. Am 24. Juni 1203 erschien die Flotte vor Byzanz. Der junge Alexios begleitete sie. Während Alexios III. selbst floh, holten die zurückbleibenden Beamten seinen blinden Vorgänger und Bruder, Kaiser Isaak II. Angelos, aus dem Gefängnis und setzten ihn wieder ein; sie glaubten damit den Venezianern und der Leitung des Kreuzzuges (die um des Thronprätendenten willen gekommen waren) das wesentliche Motiv für die Eroberung der Stadt entwunden zu haben. Tatsächlich begnügte man sich damit, Alexios als Mitkaiser am 1. August 1203 in der Hagia Sophia krönen zu lassen. Seine Regierung hatte sich verpflichtet, den Venezianern die zugesagten Gelder zu zahlen, ein unmögliches Vorhaben, und sich für die Anerkennung Roms durch die griechische Kirche einzusetzen, wogegen Klerus und Volk protestierten. Die Anwesenheit des Kreuzheeres in der Stadt und ihrer Umgebung verschärfte die Lage. Eine Palastrevolution erhob den Usurpator Murtzuphlos als Alexios V. (Februar 1204) zum Kaiser. Im April eroberte dann das Kreuzheer die Stadt; Konstantinopel wurde drei Tage zur Plünderung freigegeben. Plünderung und Blutvergießen machten aus der riesigen und schönen Stadt einen Trümmerhaufen. Selbst die Sarazenen würden barmherziger gewesen sein, schrieb Niketas Choniates[7]. Die lateinischen Führer wählten zusammen mit den Venezianern nicht Montferrat, sondern den schwächeren Grafen Balduin IX. von Flandern zum Kaiser, der Oberlehnsherr des gesamten eroberten Gebietes werden sollte, ausgenommen der Teile, die dem Dogen von Venedig zugeschrieben wurden (wie etwa die $^3/_8$ von Konstantinopel, wo ein venezianischer Podestà waltete). Da ein Franke Kaiser geworden, mußte verabredungsgemäß ein Venezianer Patriarch werden (Thomas Morosini). Eine Verfassung (die assises de Romania) machte den Kaiser zum Vorsitzenden einer erblichen Adelskammer. Man eroberte nahezu alle europäischen Provinzen des Byzantinischen Reiches und verteilte sie auf mehrere hundert Kreuzfahrerbarone; unter ihnen war Montferrat als König von Thessalonike der mächtigste. Im Rest der byzantinischen Herrschaft jenseits der Meerengen richteten sich in Trapezunt und Nikäa byzantinische Nachfolgestaaten ein[8]; auch in Epiros blieb einiges erhalten. Von Nikäa, wo Theo-

[7] Vgl. die Darstellung der Schicksale der Stadt nach der Einnahme bei *F. Grabler,* Die Kreuzfahrer erobern Konstantinopel (aus dem Geschichtswerk des Niketas Choniates), 161—230.

[8] *A. A. Vasiliev,* The Foundation of the Empire of Trebizond: Speculum 11 (1936) 3 bis

dor Laskaris, ein Schwiegersohn Kaiser Alexios' III., als Basileus regierte, und von Epiros aus wurde später die Rückeroberung geplant und durchgeführt.

Innozenz III. gab auf einen ersten Bericht des neuen Kaisers seine Zustimmung zur Entwicklung in Byzanz, doch genauere Nachrichten ließen den zutiefst über die Plünderung Konstantinopels empörten Papst, der zugleich als Staatsmann verhängnisvolle Wirkungen ahnte, lebhaft protestieren und drohende Klage erheben[9]. Doch hatte sein Legat inzwischen alle Kreuzfahrer von einer Weiterreise ins Heilige Land dispensiert, wenn sie sich zwei Jahre zur Unterstützung des Lateinischen Kaiserreiches, das man Romania nannte, verpflichten würden. Wenn der Papst trotzdem gehofft hatte, die Ereignisse in Byzanz würden die Wiedervereinigung mit der griechischen Kirche zur Folge haben, so verliefen die Verhandlungen wenig erfolgreich, zumal die Schroffheit des Kardinallegaten Pelagius kein geeignetes Mittel der Versöhnung war. Das Schicksal der Stadt und die unkluge Politik der lateinischen Hierarchie vertieften den Riß, anstatt ihn schließen zu helfen. Die Politik der Latinisierung Griechenlands war ein verhängnisvoller Fehler.

So erwies sich das verfehlte Unternehmen des vierten Kreuzzuges als eine gigantische Torheit (Runciman), brachte dem Heiligen Land selbst keine Hilfe, eher eine Belastung, insofern von jetzt ab viele Kreuzfahrer lieber zur Stützung der Romania in Griechenland blieben, statt die zusammenbrechende Herrschaft der Franken in Palästina noch weiter am Leben zu erhalten. Man hatte mit dem Byzantinischen Reich eine wichtige Mauer gegen den herandrängenden Türken fast zum Einsturz gebracht; man hatte Unvergeßliches geschehen lassen und einen Haß gesät, der die Beziehungen von christlichem Osten und christlichem Westen auf Generationen hinaus vergiften sollte.

Eine indirekte Hilfe war indes dem Heiligen Land doch durch den Fall von Byzanz geworden. Der erschreckte Sultan schloß einen zehnjährigen Waffenstillstand mit dem Königreich Akkon. Maria, die Erbin König Amalrichs, heiratete 1210 Johann von Brienne und erhielt bei dieser Gelegenheit sowohl vom französischen König wie von Papst Innozenz je die Summe von 40000 Pfund Silber. Der Waffenstillstand konnte 1212 auf fünf Jahre verlängert werden. Als Maria bei der Geburt Jolanthes starb (1212), heiratete Johann, der Regent blieb, Stephanie von Armenien (1214). In Antiochia versuchte der Papst zwischen Bohemund IV. und dessen Neffen Raimund-Ruben zu vermitteln. Bohemund erinnerte sich, daß Antiochia formell Lehen von

37; *G. Ostrogorsky*, Gesch. des byzantinischen Staates (München 1940) 298—322 (Die lateinische Herrschaft und die Restauration des byzantinischen Kaiserreiches).

[9] Das zwiespältige Verhalten Innozenz' III. gegenüber den Entwicklungen dieses Kreuzzugs wird gut herausgearbeitet von *H. E. Mayer*, Gesch. der Kreuzzüge (Stuttgart 1965) 170—187 (Der vierte Kreuzzug [1198—1204] und das fränkische Griechenland [1204—1311]).

Byzanz war, für den Neffen machte sich indes König Leo von Armenien stark, der dann auch persönlich mit dem Papst in Verhandlungen trat. Der lang sich hinziehende Streit sollte dann, da Innozenz seiner müde wurde (zumal Bohemund seinen Eingriff als unberechtigt zurückgewiesen, weil es sich um reine lehnsrechtliche Fragen handelte!), vom Jerusalemer Patriarchen geschlichtet werden. Trotz dieser und vieler anderer Streitigkeiten in dem christlichen Restgebiet von Syrien—Palästina mühte sich Innozenz weiterhin sehr um das Zustandekommen eines neuen Kreuzzuges, nicht entmutigt durch die Katastrophe des Zuges von 1203/04.

Daß die Stimmung im Abendland immer noch dafür anzusprechen war, mochte ihm das seltsame Geschehen des (französischen und deutschen) Kinderkreuzzuges[10] von 1212 zeigen. Von Niederlothringen und den Rheinlanden aus zogen viele junge Menschen, zehn- bis achtzehnjährig, nach Süden. Unbewaffnet und ohne Geld wollten sie das Heilige Grab zurückerobern. Man hat das Unternehmen „Triumph und Niederlage der Armutsidee" genannt[11]. Nikolaus von Köln war mit dem Rest seiner Schar bis Rom gekommen, doch hatte ihn Innozenz nach Hause geschickt. Die französischen Gruppen unter Stephan aus Cloeys hatten Marseille erreichen können, wo sie, von Kaufleuten auf Schiffe gebracht, teils im Sturm untergingen, teils in Ägypten und Nordafrika als Sklaven verkauft wurden. Papst Innozenz benutzte schließlich das Laterankonzil zu einer erneuten Werbung für den Kreuzzug, und es mag die Intensität seines Bemühens charakterisieren, daß er seinen Tod in Perugia fand, in dem Augenblick, da er die beiden Seestädte Genua und Pisa miteinander zu versöhnen sich anschickte, um dem Kreuzzug eine solidere Basis zu geben, als die Venezianer es zehn Jahre zuvor getan hatten.

[10] Zum Kinderkreuzzug: *R. Röhricht,* Der Kinderkreuzzug 1212: HZ 36 (1876) 1—9; *P. Alphandéry,* Les Croisades d'Enfants: RHR 73 (1916) 259—282; *D. C. Munro,* The Children's Crusade: AHR 19 (1913/14) 516—524 (kritische Bewertung der Quellen); *J. E. Hansbery,* The Children's Crusade: CHR 24 (1938) 30—38; *P. Alphandéry,* La Chrétienté et l'idée de Croisade (L'Évolution de l'humanité 38) (Paris 1959) 115—148; *G. Miccoli,* La „crociata dei fanciulli" del 1212: StudMed 3. Serie 2 (1961) 407—443; am besten jetzt *N. P. Zacour,* The Children's Crusade: *K. M. Setton,* A History of the Crusades II (Philadelphia 1962) 325—342, wo die Züge der Kinder als Zeichen der Volksfrömmigkeit gewertet werden. Es fehlte nicht an kritischer Zurückhaltung seitens des Klerus. *H. E. Mayer,* Geschichte der Kreuzzüge (Stuttgart 1965) 188—191 (Der Kinderkreuzzug) betont, daß die Kinderzüge nicht den offiziellen Segen der Kirche erhielten und theoretisch deshalb auch nicht als Kreuzzug bezeichnet werden können. Wohl aber zeigten sie, daß im Volk noch eine starke Bereitschaft zum Glaubenskampf vorhanden war.

[11] *H. E. Mayer,* Geschichte der Kreuzzüge 189.

21. Kapitel

Reform und Kampf gegen die Häresie

QUELLEN: Albigenser-Kreuzzug: *Petrus von Les Vaux-de-Cernay,* Hystoria Albigensis, ed. *P. Guébin-E. Lyon,* 3 Bde (Paris 1926/39; bester Augenzeugenbericht, Verf. war Neffe des Abtes Guido von Les Vaux-de-Cernay, der 1212 Bischof von Carcassonne wurde); frz. Übers. (Histoire Albigeoise) v. *P. Guébin-H. Maisonneuve* (Paris 1951); *Wilhelm von Tudela,* Chanson de la croisade contre les Albigeois, ed. *P. Meyer,* 2 Bde (Paris 1875/79); eine neue Edition von *E. Martin-Chabot* liegt bisher in 2 Bdn vor (Paris 1931, 1957; sie führt den Text nebst neufrz. Übers. bis 1217; Wilhelm von Tudela erzählt bis Sommer 1213, dann führt ein Anonymus den Bericht weiter); *Wilhelm von Puylaurens,* Cronica oder Historia albigensium, ed. zuletzt von *Beyssier,* „Guillaume de Puylaurens et sa chronique": Troisième Mélange d'histoire du moyen âge (Paris 1904) 85 bis 175; dazu vgl. *Y. Dosset,* Le Chroniqueur Guillaume de Puylaurens: Annales du Midi 65 (1953) 343—353; die Chronik geht bis 1272; man vermutet, Wilhelm habe die Partien über den Kreuzzug um 1250 verfaßt. Wichtig sind die Briefe Innozenz' III. (später auch Honorius' III.). Die Konzilsakten finden sich bei *Mansi* XXII und XXIII. Zu konsultieren sind ferner *A. Molinier,* Catalogue des actes de Raimond VI et de Raimond VII: Histoire générale de Languedoc VIII 1940—2008; *ders.,* Catalogue des actes de Simon et d'Amauri de Montfort: BÉCh 34 (1873) 153—203 445—501.

LITERATUR: Reform: *Fliche-Martin* X: La Chrétienté romaine (1198—1274) v. *A. Fliche-C. Thouzellier-Y. Azais* (Paris 1950); *A. Fliche,* La Réforme de l'Église 139 bis 193; *H. Tillmann,* Papst Innocenz III. (Bonn 1954) 152—185 (Seelsorger und Reformator); *M. Maccarone,* Riforma e sviluppo della vita religiosa con Innocenzo III: RSTI 16 (1962) 29—72; *U. Berlière,* Les chapitres généraux de l'ordre de saint Benoît: RBén 18 (1901) 364—371; *ders.,* Innocent III et la réorganisation des monastères bénédictins: ebd. 32 (1920) 22—42 145—159; *J.-B. Mahn,* L'ordre cistercien et son gouvernement des origines au milieu du XIIIe siècle (1098—1265) (Paris 1945); *P. Viard,* Histoire de la dîme ecclésiastique dans le royaume de France aux XIIe et XIIIe siècles (1150—1313) (Paris 1912); *D. W. Robertson,* Frequency of Preaching in Thirteenth-Century England: Speculum 24 (1949) 377—388; *H. Winterer,* Zur Priesterehe in Spanien bis zum Ausgang des MA: ZSavRGkan 52 (1966) 370—383.

Albigenser-Kreuzzug: Grundlegend ist die Histoire générale de Languedoc von *C. Devic-J. Vaissete,* Bd 6—8 in der Ausgabe von *A. Molinier* u. a. (Toulouse 1879/1904); *A. Luchaire,* Innocent III: La Croisade des Albigeois (Paris ^{3}1911); *P. Belperron,* La Croisade contre les Albigeois et l'union du Languedoc à la France (1209 bis 1249) (Paris 1942); zuletzt *A. P. Evans,* The Albigensian Crusade: *K. M. Setton,* A History of the Crusades II (Philadelphia 1962) 277—324, dort auch Bibliogr. der Einzelfragen.

Katharer und Waldenser: Vgl. Bibliogr. zum Kap. 13; *A. Dondaine,* Un Traité néo-manichéen du XIIIe siècle: Le Liber de duobus principiis, suivi d'un Fragment de Rituel Cathare (Institutum Historicum Fr. Praedicatorum) (Rom 1939); *C. Thouzellier,* La profession trinitaire du vaudois Durand de Huesca: RThAM 27 (1960) 267—289; *dies.,* Controverses vaudoises-cathares à la fin du XIIe siècle: AHD 35 (1960) 137—227; *dies.,* Un traité cathare inédit du début du XIIIe siècle d'après le Liber contra Manicheos de Durand de Huesca (Bibliothèque de la Revue d'histoire ecclésiastique 37) (Löwen 1961); *dies.,* Une somme anti-cathare. Le Liber contra Manicheos de Durand de Huesca (Spicilegium Sacrum Lovaniense 32) (Löwen 1964); dazu *B. Töpfer:* ThL 92 (1967) 118—120; *Hauck* IV (Leipzig ^{5}1925) 891—910 (Katharer und Waldenser in Deutschland).

Wie der Kreuzzug, so beherrschte auch der Wille zur Reform Innozenz' III. Denken und Handeln. Die Arengen seiner Briefe enthalten viele Hinweise auf die unablässige Sorge des Papstes, im Welt- und Ordensklerus, in allen Ständen der Kirche das Kranke zu heilen, die Ordnung zu sichern, das geknickte Rohr wieder aufzurichten und den glimmenden Funken zu neuer Flamme zu entfachen[1]. Diese Sorge umspannte den ganzen Orbis der Christenheit. So schrieb Innozenz im ersten Pontifikatsjahr bereits nach Island[2], um dort Episkopat und Klerus zu mahnen, „einiges besonders nachhaltig auszurotten, damit Dornen und Disteln den Samen des Evangeliums nicht erstickten". Kanonischer Gehorsam wird eingeschärft, die Prälaten angehalten zu vorbildlichem Leben, das einen solchen Gehorsam den Untergebenen leichter mache. Mord, Brandstiftung, Unzucht werden als Volksunsitten erwähnt, der Kontakt mit dem gebannten norwegischen Usurpator (Sverre) getadelt. Den Bischöfen wird Mut zum Tadel angeraten, „denn ein Hirt, der die Fehlenden nicht tadeln will, führt sie durch Schweigen zum Tode". Wie ein Leitmotiv kehrte die Sorge um die Reinerhaltung kirchlicher Sitte und Zucht in vielen Briefen wieder; Episkopat und Ordensleitungen, einzelne und Gruppen, Fürsten und Magistrate werden ermahnt. Die Kreuzzüge hatten neue Bedürfnisse geweckt und orientalisch-byzantinischen Luxus ins Abendland eingeführt. Die höfische Minne der Troubadours hatte sich zersetzend auf das Ehe- und Familienethos auszuwirken begonnen. Die Besserung der Dirnen und ihre eheliche Versorgung wird als Problem sichtbar[3]. Der Wucher fraß wie Krebs durch das wirtschaftlich-soziale Ordnungsgefüge und sollte bekämpft werden. Der Klerus war weithin dem allgemeinen Sittenverfall ausgesetzt, seine Geldgier zumal beim niederen Klerus, der vom höheren Klerus die schlechtesten Beispiele erfuhr, gefährdete die Seelsorge. Der Zölibat wurde weiterhin bei hoch und nieder wenig beobachtet[4]; auch

[1] Register, ed. *O. Hageneder,* Briefe I/6 (Innozenz unterstellt das Kloster Telki dem Erzbischof Job von Gran und trägt ihm auf, es zu reformieren): „Circa reformationem monasteriorum et augmentum eorum tanto potius tenemur esse solliciti et ipsorum gravaminibus precavere, quanto ad nos specialius pertinet et plantare religionem in Dei ecclesiis et fovere plantatam", S. 13; Briefe I/22: „Pastoralis officii debitum nos invitat et ipse rationis ordo deposcit, ut ea sollicitudine utilitatibus ecclesiarum intendere debeamus, quod ipsis ecclesiis ordo debitus conservetur et clerici earum ministerio deputati, sicut ab eis stipendia militie clericalis accipiunt, ita eis obsequia militie clericalis impendant", S. 33; Briefe I/31: „de grege nobis commisso sollicitam curam debemus gerere et tamquam pastores seduli faciente Domino providere, ne ovis morbo infecta incurabili oves ceteras suo cogat contagio morbo simili laborare", S. 44 f.

[2] Register, ed. *Hageneder,* Briefe I/320 v. 30. Juli 1198 an die Bischöfe Paul von Skalholt und Brando von Holar sowie den gesamten Klerus von Island, S. 464—466. Vgl. *G. Gathorne-Hardy,* The Royal Impostor. King Sverre of Norway (Oslo 1956).

[3] Register, ed. *Hageneder,* Briefe I/112 v. 29. April 1198, worin Innozenz III. allen Gläubigen, die Prostituierte heiraten und ihrem Lebenswandel entziehen, einen Ablaß gewährt.

[4] Für Spanien hat *H. Winterer* festgestellt, daß erst vom Laterankonzil (1215) an eine

beim Klerus machte sich das Bedürfnis nach Luxus und bequemer Lebensführung nachhaltig bemerkbar (Jagd, Trunk, Kleiderluxus, Spiel, selbst Tanz werden angeprangert). Der Gottesdienst wurde lässig gefeiert, die Seelsorge versäumt. Die Verweltlichung des hohen Klerus nahm zu, Klöster, wie die Abteien des Verbandes von Cluny, von Cîteaux, von Grandmont, Prémontré, bedurften der Reform.

Innozenz begann mit der Reform bei sich selbst und bei der Kurie. Die Zentralisation kirchlicher Administration und Rechtsprechung hatte im Lauf des 12. Jh. Ausmaße angenommen, welche für die Kurie eine untragbare Belastung zu bedeuten begannen. Der Episkopat hatte sich gewöhnt, die Kurie auch in Detailfragen um Entscheidung anzugehen. Innozenz versuchte das Gleichgewicht zwischen bischöflicher Amtsführung und päpstlicher Letztinstanz wiederherzustellen. So drang er darauf, mißbräuchliche Berufung an den Heiligen Stuhl einzuschränken oder abzuschaffen (Berufung soll Rechtsmittel Benachteiligter, nicht Hilfsmittel Schuldiger sein — da bei Berufung Urteile suspendiert wurden), verbot er in klaren Fällen jede Berufung (omni appellatione remota) nach Rom und schränkte die Appellationen ein. Er sendet Legaten nur mehr für kurzfristige Zeit, so daß die Metropoliten wieder stärker eingeschaltet werden können. Zumeist erhalten die Legaten a latere genau umgrenzte Aufträge. Dafür werden die Metropoliten an ihre Visitationspflicht gemahnt. Wird hier eine gewisse Tendenz zur Dezentralisation der Administrative sichtbar, behält sich Innozenz doch, sehr intensiv seiner plenitudo potestatis eingedenk, die causae majores selbst vor: die Neuordnung von Bistumsgrenzen und Bistumskompetenzen in Spanien (Compostela - Braga), in Frankreich (Dol - Tours), in Deutschland (Mainz - Prag, das er als selbständige Kirchenprovinz errichtet und aus dem Mainzer Metropolitanverband herauslöst), in Ungarn (Esztergom - Kalocsa); die Entscheidung bei strittigen Bischofswahlen, die Bestätigung der getroffenen Wahlen. Dem Papst allein steht es zu, den Übergang von einem zu einem anderen Bischofssitz gutzuheißen, auch kann er allein einen Bischof seines Amtes entheben. So wird der Episkopat eng mit dem Heiligen Stuhl verbunden, den Bischöfen aber in ihren Diözesen die Entscheidungsfreiheit gewährleistet. Neben der administrativen Reform stand für Innozenz die sittliche Erneuerung der Kirche als wichtigstes Anliegen im Sinn: Er vereinfachte die Lebenshaltung der Kurie, versuchte Anstand und Ehrlichkeit bei ihr zu beleben, legte eine genaue Taxordnung fest, verbot Annahme von Bestechungsgeldern. Beim Episkopat lag ihm daran, die Auswahl der Kandidaten so zu treffen oder treffen zu lassen, daß eine sittlich gesunde Generation heranwachsen konnte (zu junge, zu wenig gebildete, übel beleumundete Kandidaten wurden abgelehnt). Dazu gehört wohl auch

scharfe Reaktion gegen den unsittlichen Wandel der Geistlichen einsetzte, vgl. Zur Priesterehe in Spanien: ZSavRGkan 52 (1966) 374—375.

sein fortwährender Kampf gegen Fürsten und Herren um die Wahlfreiheit der Kapitel, weil von dort her der Mißbrauch einriß. Doch die Mahnung allein genügte nicht, die Kontrolle ihrer Durchführung tat not. So betonte Innozenz die bischöfliche Pflicht, alle vier Jahre „ad limina" zu kommen zum Bericht über den Stand ihrer Diözesen. Falls die häufig betonte Visitationspflicht erfüllt wurde, war ein Bericht unschwer zu erstellen. Oft bediente sich Innozenz bei der Mahnung lässiger Bischöfe des Wegs der brüderlichen Zurechtweisung, die ein Nachbarbischof zu geben hatte. Fehlenden oder in Rom angeklagten Prälaten gegenüber ging Innozenz taktvoll voran, versuchte zunächst Klarheit zu schaffen über den wirklichen Tatbestand, fragte den Betroffenen selbst oder ließ Erhebungen anstellen. Gegen wirklich als schuldig Befundene ging er dann streng vor. Sein Grundprinzip blieb das Wort, der Bischof sei für die Kirche, nicht aber die Kirche für den Bischof da. Vor allem dem niederen Klerus gegenüber forderte er von den Bischöfen eine feste Hand und zähe Durchführung von Gesetz und Befehl. Verletzungen des Zölibats, Verweltlichung äußeren Gehabens in Tracht und Haarpflege, Gewinnsucht, Fälschungsmanöver, Häufung von Pfründen, simonistische Praktiken, das sind einige der Vergehen, die beim niederen Klerus zu rügen und zu beseitigen waren. Der Bischof sollte sich des Instituts der Diözesansynoden wieder erinnern; der Metropolit aber sollte Provinzialsynoden halten.

In der Laienwelt machte sich Innozenz zum Beschützer der Unauflöslichkeit der Ehe und betonte, daß der consensus (de praesenti) das Eheband knüpft. Sein Verhalten bei den königlichen Ehefällen (Frankreich, Aragón, Böhmen, Kastilien) beweist, daß er keinen Unterschied machte zwischen hoch und nieder und um der Heiligkeit der Ehe willen auch politische Schwierigkeiten und Verluste in Kauf nahm. Gegen den Wucher machte er Front und unterstützte auch bischöfliche Maßnahmen gegen diese weitverbreitete Unsitte.

Klöster, Mönche und Stiftsherren wollte er zur Treue gegenüber ihrer Regel, ihren eigenen Konstitutionen zurückführen, um auch hier der Reform den Weg zu bahnen. Auf dem Konzil von Paris (1212) unter dem Vorsitz des päpstlichen Legaten Kardinal Robert de Courson[5] wurde dieser Reform der Klöster mit ausgezeichneten Canones der Weg gewiesen. Armut, Klausur, stabilitas loci, Gastfreundlichkeit, gerechtes väterliches Regiment seitens der Oberen, Gehorsam wurden erneut gefordert und eingeprägt. Innozenz förderte auch Initiativen zu neuen Ordensbildungen, wie etwa beim Hospitalorden vom Heiligen Geist[6], der Guy von Montpellier (1180) sein

[5] Der Familienname des englandbürtigen Kardinals wird sehr unterschiedlich geschrieben (Curzon, Courson, Courçon), vgl. *M. et C. Dickson,* Le Cardinal Robert de Courson. Sa vie: AHD 9 (1934) 61—142. Über die Ordensreform auf den von Robert de Courson während seiner Legatentätigkeit in Frankreich abgehaltenen Konzilien, vgl. ebd. 124—127.
[6] Zum Spitalorden vom Hl. Geist vgl. *G. Brune,* Histoire de l'ordre hospitalier du S.

Entstehen verdankte und dessen Regel Innozenz III. 1213 bestätigte. Er stiftete für ihn in Rom das Hospital zum Heiligen Geist. Ähnlich förderte er Johannes von Matha, der den Trinitarierorden gründete zum Loskauf und Austausch von Gefangenen, also eine für die Epoche der Kreuzzugsbewegung sehr zeitgemäße Genossenschaft, deren Regel Innozenz durch Bischof Odo von Paris und Abt Absalon von Sankt Viktor entwerfen ließ, um sie selbst am 17. Dezember 1198 zu bestätigen[7]. Die steigende Gefahr der Häresie vor allem in Frankreich veranlaßte den Papst sogar, dem Zisterzienserorden nahezulegen, auch die Predigt außerhalb des Klosters sich angelegen sein zu lassen. Indes hat das Generalkapitel von 1213 sich schwer damit getan, den Wunsch des Papstes mit dem Ideal der reinen contemplatio in Einklang zu bringen. Zu diesem Zeitpunkt allerdings waren dem Papst bereits andere Helfer zugeströmt[8], so daß er den Gedanken fallenlassen konnte.

Die Reform der Kirche war um so notwendiger, als die kritischen Kräfte, welche sich am Niedergang der kirchlichen Moral maßen und bis zum Irrewerden an der Kirche selbst getrieben wurden, immer weitere Kreise des Kirchenvolkes anzusprechen und für sich zu gewinnen vermochten. Eine Vielfalt von Gruppen war bereits von einem Vorgänger des Papstes namhaft gemacht und verurteilt worden[9]. Vor allem die Katharer wurden um die Jahrhundertwende zur wirklichen Gefahr für die Glaubenseinheit der Kirche. Abgesehen von den balkanischen Gruppen (Bogomilen)[10], traf man sie vor allem in der Lombardei, der Toskana, den Marken und in der Romagna, aber auch schon im Patrimonium. Eine besonders dicht und organisiert siedelnde Schicht beunruhigte den Süden Frankreichs, zumal in der Grafschaft Toulouse und den ihr benachbarten Gebieten. In den Städten (vor allem Albi, das ihnen den Namen Albigenser zutrug), aber auch auf dem Land erfreuten sie sich vielfach des Schutzes der Magistrate und Herren. Graf Raimund VI. von Toulouse scheint indes formell nie zu ihnen gehört zu haben. Der aristokratische Episkopat von Narbonne, Carcassonne, Béziers u. a. zeigte sich lässig und uninteressiert an der Bekämpfung der Irrlehre, die von vielen Predigern verbreitet, durch das caritative Wirken der „Vollkommenen" wirksam unterstützt, mächtig an Zahl und Einfluß zunahm. Selbst Frauenklöster wurden beeinflußt. Der Seelsorgsklerus stand vielfach durch täglichen Kontakt mit den Katharern ihren Ideen nahe, so daß alle

Esprit (Paris 1892); *P. De Angelis,* L'ospedale di S. Spirito in Saxia I (Rom 1960); zum Trinitarierorden *P. Deslandres,* L'ordre des Trinitaires, 2 Bde (Paris 1903); *Antonin de l'Assomption,* Les origines de l'ordre de la Très S. Trinité (Rom 1925).

[7] Register, ed. *Hageneder,* Briefe I/481 v. 17. Dezember 1198, S. 703—708.

[8] Vgl. Kap. 23.

[9] Lucius III. in seinem Dekretale „Ad abolendam" v. 4. November 1184, vgl. Kap. 13.

[10] Zur Bogomilenfrage vgl. jetzt *E. Werner,* Bogumil: Balkan Studies 7 (1966) 49—60. „An der Geschichtlichkeit des Stifters zu zweifeln besteht kein Anlaß" (60).

entscheidenden Kräfte (Hierarchie, Mönchtum, Seelsorgsklerus und weltliche Gewalten) zu versagen schienen und Innozenz III., von einer besorgten Minderheit des Landes gebeten, sich zum Eingreifen veranlaßt sah.

Innozenz III. hat sich in umfassender Weise überall in der Christenheit und unter Einsatz aller zur Verfügung stehenden geistlichen und weltlichen Mittel um eine energische Bekämpfung der Häresie bemüht. In den Ländern jenseits der Alpen, wie auch in Bosnien, in Aragón und Italien, vor allem aber in Südfrankreich, wurden seine Bemühungen spürbar. Er begann mit Mahnungen an die Bischöfe, sich der steigenden Gefahr der häretischen Bewegungen bewußt zu werden und gegen sie einzuschreiten. Er selbst ging in den Ländern und Städten des Patrimoniums wie etwa in Viterbo (1199) entsprechend voran. In diesen Zusammenhang gehört jene später berühmt gewordene Dekretale „Vergentis in senium" (25. März 1199), in der zum ersten Male die Häresie dem crimen laesae majestatis des römischen Rechts gleichgestellt wurde[11]. Bei aller Strenge des urteilenden, verwerfenden und bestrafenden Rechtes ließ Innozenz aber in Erweiterung der römisch-rechtlichen misericordia, welche den Nachfahren der Verurteilten zwar das Leben, nicht aber den beschlagnahmten Familienbesitz ließ, diesen bei aufrichtiger Konversion den Besitz zurückerstatten. In der Bekämpfung der Häresie[12] sah sich die Kirche, wie in Verona (1184) durch Lucius III. und Friedrich I. vorgesehen[13], angewiesen auf eine enge Zusammenarbeit der geistlichen und weltlichen Gewalten. Falls aber Fürsten und Städte (zumal in Italien und Südfrankreich) für eine solche Mitarbeit entweder zu lässig oder ihr sogar abgeneigt waren, blieb als letztes radikales Mittel: der Kreuzzug gegen die Ketzer.

Innozenz hatte zunächst Vertreter des Zisterzienserordens beauftragt, als seine Legaten bei den Bischöfen und Fürsten, als seine Theologen bei den Häretikern gegen die Ketzer vorzugehen. In Anwesenheit König Peters II. von Aragón, der dabei als Schiedsrichter tätig wurde, kam es 1204 in Carcassonne zu einem öffentlichen Religionsgespräch mit dem katharischen Bischof Bernard Simorre.

Das Auftreten der Zisterzienser (seit 1204 waren es Abt Arnold-Amalrich von Cîteaux[14] und die Mönche von Fontfroide, Rudolf und Peter von Castelnau) fand seine Kritiker in Bischof Diego de Acebes von Osma und dem hl. Dominikus, die mit praktischen Vorschlägen 1206 den Papst in Rom auf-

[11] Register II/1, PL 214, 537—539: „cum longe sit gravius aeternam quam temporalem laedere majestatem" (539 B).

[12] Zur Bekämpfung der Häresie durch Maßnahmen Innozenz' III. vgl. *H. Maisonneuve*, Études sur les origines de l'Inquisition (Paris ²1960): für die Gegenden zwischen Loire und Rhein, 158—165, Bosnien, 169—170, Aragón, 170, Italien, 171—175, Südfrankreich, 179—197.

[13] Vgl. dazu die Ausführungen von *H. Maisonneuve*, Études 151—155.

[14] Arnold-Amalrich wurde 1212 Erzbischof von Narbonne.

suchten und, von ihm mit entsprechenden Instruktionen und Aufträgen versehen, nach Südfrankreich zurückkehrten[15]. Sie vertraten die auch vom Papst seit jeher geteilte Meinung, man müsse mit jenen Mitteln arbeiten, die auch die Häretiker selbst erfolgreich für ihre Sache einsetzten: Predigt und einfaches Leben (der Prediger vor allem).

Inzwischen ging der Papst selbst mit Disziplinarmaßnahmen gegen den lässigen Episkopat vor, den er im Lauf der Jahre bis zum Konzil fast vollständig erneuern konnte; dann auch gegen den Grafen von Toulouse, Raimund VI., den wichtigsten Herrn des französischen Südens. Ob seiner neutralistischen Haltung gegenüber den Häretikern verfiel Raimund (1207) dem Bann. Als Peter von Castelnau am 14. Januar 1208 ermordet wurde, verschärfte sich die Gesamtsituation in so unerträglichem Maß, daß der Papst zu jenem letzten Mittel greifen zu müssen glaubte, das ihm sich anbot: zum Kreuzzug. Schon seit Pontifikatsbeginn hatte Innozenz den Fürsten ihren Kampf gegen die Häresie als Kreuzzug nahegelegt. Nun wandte er sich an König Philipp II. August von Frankreich, den Oberlehnsherrn des Grafen von Toulouse, und bat um kriegerisches Eingreifen. Innozenz versprach ihm Unterstützung und erklärte zu diesem Zweck den Krieg zum Kreuzzug, ordnete Kreuzpredigt zur Truppenwerbung an, verhieß den Teilnehmern vollen Ablaß, Rechtsschutz für ihren Besitz und ihre Familien. Der König durfte den Zehnten und Zwanzigsten der Jahreinkünfte kirchlicher Benefizien einziehen. Trotzdem lehnte Philipp II., den der Papst seit 1204 bereits mehrfach um Hilfe gebeten hatte, auch diesmal unter Hinweis auf sein gespanntes Verhältnis zu England eine persönliche Beteiligung am Kreuzzug ab. Doch hatte die Kreuzpredigt Erfolg, so sehr, daß Raimund VI. dem drohenden Feldzug durch eine spektakuläre Versöhnung mit der Kirche (1209) den Wind aus den Segeln zu nehmen versuchte, indem er sich selbst als Kreuzfahrer an die Spitze der nahenden Kontingente zu stellen verstand. Er wollte sie vor allem zur Unterwerfung seines opponierenden Vasallen Raimund-Roger von Béziers und Carcassonne ausnützen. Wenn auch die Führung des Zuges bei den Legaten lag, brauchten sie doch für militärische Strategie und Taktik einen Fachmann; deshalb nahmen sie Raimunds VI. Anerbieten an. Am 21. Juli 1209 konnte Béziers erobert werden. Das Blutbad der siebentausend Frauen, Kinder und Greise in der Kirche von Ste-Madeleine[16] und die Einäscherung der Kathedrale wurden zu unauslöschlichen Erinnerungen an die Härte dieser Kämpfe. Carcassonne fiel am 8. August 1209, Raimund-Roger wurde gefangengenommen und eingeker-

[15] Dazu vgl. jetzt die Biographie von *M.-H. Vicaire*, Geschichte des heiligen Dominikus I (Freiburg 1962, frz. Paris 1957) 86—130.

[16] Die Zahlen werden übertrieben hoch angegeben sein, da die gesamte Bevölkerung von Béziers damals die 9000 nicht überschritt; vgl. *A. P. Evans*, The Albigensian Crusade 289 Anm. 14.

kert. Sein Lehen übernahm Simon von Montfort, Graf von Leicester, der nach der erneuten Bannung des Grafen von Toulouse auf der Synode von Avignon (6. September 1209) die Führung des Kreuzzugs übernahm. Raimund ging nach Rom, um sich zu rechtfertigen, der Papst behandelte ihn entgegenkommend und übertrug seinen Fall erneut einem Legatengericht in Südfrankreich, doch wurde dort der Spruch von Avignon bestätigt. Noch einmal versuchte Innozenz die Sache des Grafen zu retten, doch auf einer Synode zu Montpellier (22. Januar 1211), an der auch des Grafen Schwager, König Peter II. von Aragón, teilnahm, wurde wiederum der Bann über Raimund erneuert, den Innozenz schließlich bestätigte (15. April 1211). Man hatte Raimund Bedingungen gestellt, die bei Annahme einem politischen Selbstmord gleichgekommen wären[17]. Offensichtlich hatten die Legaten mit Simon von Montfort zusammengearbeitet, der nunmehr den Kreuzzug gegen Toulouse selbst richtete. Mit Ausnahme der Stadt selbst und von Montauban konnte Simon schließlich das ganze Land erobern. In den Statuten von Pamiers (1. Dezember 1212) wurde der Kirche die Freiheit zugesichert, die Neuordnung des Gesamtgebietes grundgelegt. Von den Ketzern war nicht mehr die Rede.

Gegen den Spruch von Montpellier und die Politik Simons versuchte Peter von Aragón beim Papst ein Einlenken zu erreichen. Innozenz verwarnte daraufhin Simon, er solle, statt gegen Katholiken, ernsthaft gegen die Ketzer Krieg führen, auch solle er die dem König von Aragón unterstehenden Lehen von Foix, Comminges, Béarn, wo zudem keine Ketzer lebten, herausgeben. Es gelang den Legaten auf der Synode von Lavaur (Januar 1213), die Vermittlung Peters zu hintertreiben und den Papst von der Richtigkeit ihres Vorgehens zu überzeugen. Daraufhin ließ Innozenz die Sache Raimunds endgültig fallen. Im Kampf um Toulouse, das Peter II. seinem Schwager zu verteidigen half, fiel der König von Aragón (12. September 1213). Toulouse und Montauban gerieten schließlich ebenfalls in die Hand Simons. Innozenz, vielfach getäuscht von seinen Legaten und auch wohl zu schwach gegenüber Simon von Montfort, sandte einen Kardinallegaten (Petrus von Benevent), der den Sieg Simons neutralisieren und den Krieg wieder in die Bahn eines wirklichen Kampfes gegen die Ketzer bringen sollte. Trotzdem Simon den Legaten Robert de Courson für seine Ziele hatte gewinnen können, setzte die kluge Haltung des Kardinals von Benevent sich durch. Erste Schritte zu einer Bereinigung des Unternehmens wurden getan; das Konzil im Lateran sollte abschließend entscheiden.

Eins der Religionsgespräche, mit denen man zu Beginn der Bemühungen

[17] Raimund sollte alle Söldner entlassen, die Ketzer vertreiben oder ausliefern, seine Festungen schleifen, den Kreuzfahrern unbegrenzt Aufenthaltserlaubnis in seinen Landen zusichern, als Templer ins Heilige Land ziehen; vgl. Register XII 106 107 152 153 = PL 216, 124—128 171 173.

um die Katharer Konvertiten gewinnen wollte, brachte einen vielbeachteten Erfolg. In Pamiers (September 1207), auf dem Schloß des Grafen Raimund-Roger von Foix fand es statt und endete mit einem für die Katholiken günstigen Urteil des Schiedsrichters Arnold von Camprahan. In der Folge dieses Gespräches kehrte unter Führung des Durandus von Huesca eine Gruppe von Waldensern (Arme von Lyon) zur Kirche zurück. Innozenz III. hat sie verständnisvoll aufgenommen und sie das gleiche Bekenntnis ablegen lassen, das er den bekehrten Armen von Mailand vorgelegt hatte. Als Katholische Arme [18] breiteten sie sich unter dem Schutz des Papstes, der sie mehrfach gegen das Mißtrauen der Bischöfe verteidigen mußte, im Languedoc, in der Lombardei und in Aragón aus. Um Mailand trafen sie auf Gruppen ähnlicher bekehrter Häretiker, die Katholischen Armen, welche gleichfalls, durch die kluge und taktvolle Weisung des Papstes gehalten, ihrem bedachtsamen Vollkommenheitsideal ungestört nachleben konnten.

Innozenz wollte die Ketzer nicht vernichten, sondern gewinnen. Ihren Tod hat er in seinen Dekreten nicht verlangt, die Gesetzgebung auch nicht eigentlich verschärft, sie eher gemildert durch das betonte Prinzip der misericordia im Hinblick auf die Nachkommen der Verurteilten. Wenn sein Pontifikat durch den Albigenserkreuzzug belastet erscheint, so ist dafür das eigenmächtige Vorgehen des Legatenkollegiums und die kaum zu bändigende Dynamik der nordfranzösischen Kreuzfahrer unter Simon von Montfort mitverantwortlich. Einen durchschlagenden Erfolg gegenüber der noch weiter sich ausbreitenden Häresie hat sein Pontifikat trotz der kleineren Gewinne und der scheinbar abgeschlossenen Eroberung des südfranzösischen Gebietes nicht eigentlich aufzuweisen. Seinen Nachfolgern blieb das Problem noch lange eine ständige und schwer zu meisternde Aufgabe.

[18] Zu den Katholischen Armen vgl. *H. Tillmann,* Papst Innocenz III. 182—183 und die Editionen von *C. Thouzellier* (Bibliogr. zum Kap.).

22. *Kapitel*

Das vierte Laterankonzil

QUELLEN: Eine kritische Ausgabe der Konzilstexte fehlt noch; die bei *Mansi* XXII 953 bis 1086 gesammelten Texte müssen einzeln auf ihren Aussagewert geprüft werden. Die letzte Edition in den COD von Cl. Leonardi ist noch nicht definitiv (COD, Freiburg ²1962, 203—247). Die Dekrete wurden vor allem durch die Compilatio IV des Johannes Teutonicus 1216 tradiert, welche mit Ausnahme des can. 42 alle Dekrete bringt; von da sind sie mit Ausnahme von can. 42 und can. 49 in die Dekretalen (Liber Extra) Gregors IX. übernommen worden. Ihr Weiterwirken auf Provinz- und Diözesansynoden des 13. Jh. läßt sich anhand entsprechender Editionen nachweisen. Für Frankreich vgl. *O. Pontal,* Status synodaux des diocèses de l'ancienne France du XIIIe à la fin du XVIIIe siècle (Paris 1964); für Polen *J. Sawicki,* Concilia Poloniae, 9 Bde (Warschau-Lublin-Posen-Breslau 1943 ff); für England *F. M. Powicke - C. R. Cheney,* Councils and Synods with other Documents relating to the English Church II, 1 (Oxford 1964; Forts. von Councils and Ecclesiastical Documents, ed. *A. West Haddan - W. Stubbs,* 3 Bde [Oxford 1871/73]).

Über Teilnehmerlisten orientieren *A. Luchaire,* Un document retrouvé: Journal des Savants NS 3 (1905) 557—567; *St. Ketrzynski,* Wiadomosc o udziale Polski w IV soborze Lateranenskim: Przeglad Historyczny 3 (1906) 139—142; *J. Werner,* Die Teilnehmerliste des Laterankonzils v. J. 1215: NA 31 (1906) 577—592; *J. F. Rivera,* Personajes hispanos asistentes en 1215 al IV concilio de Letrán: Hispania Sacra 4 (1951) 335—355.

Zeitgenössische Berichte bei Richard von San Germano, Chronica priora, ed. *A. Gaudenzi* (Neapel 1888) 90—94; ed. *C. A. Garufi,* Rerum Italicarum Scriptores VII, 2 (²1938) 61—73; der Anonymus von Gießen (A New Eyewitness Account of the Fourth Lateran Council, ed. *St. Kuttner - A. García y García:* Tr 20 [1964] 123—129 nebst Kommentar ebd. 115—178); englische Stimmen finden sich bei *Matthaeus Paris,* Chronica majora II, ed. *H. R. Luard* (= Rolls Series 57) (London 1874); *Walter von Coventry,* Memoriale, ed. *W. Stubbs* (= Rolls Series 58) (London 1865); Gesta abbatum S. Albani, ed. *H. T. Riley* (= Rolls Series 28) (London 1865). Der Traktat des Joachim von Fiore über das Wesen der Dreifaltigkeit ist verloren, man konsultiere Joachimi abbatis Liber contra Lombardum. Scuola di Gioacchino da Fiore, ed. *C. Ottaviano* (Rom 1934); Scritti minori, ed. *E. Buonaiuti* (Rom 1936) (FontiStIt 78); *F. Russo,* Un documento sulla condanna di Gioacchino da Fiore nel 1215: Archivio storico per la Calabria e la Lucania 20 (1951) 69 bis 73. Über die Verhandlungen wegen der Albigenserwirren orientieren: Chanson de la croisade albigeoise, ed. *P. Meyer* II (Paris 1879) (Société de l'Histoire de France au moyen age); *Petrus von Les Vaux-de-Cernay,* Hystoria Albigensis, ed. *P. Guébin - E. Lyon,* 3 Bde (Paris 1926/39) (Société de l'Histoire de France), frz. Übers. v. *P. Guébin - H. Maisonneuve* (Paris 1951).

LITERATUR: *Hefele-Leclercq* V 1316—1318; *A. Luchaire,* Innocent III. Le concil de Latran et la réforme de l'Église (Paris 1908); *M. Gibbs - J. Lang,* Bishops and Reform, 1215—1272, with Special Reference to the Lateran Council of 1215 (Oxford 1934); *H. Tillmann,* Innocenz III. (Bonn 1954) 152—168 (Das vierte Laterankonzil); *A. García y García,* El concilio IV de Letrán (1215) y sus comentarios: Tr 14 (1958) 484—502; *M. Maccarone,* Il IV Concilio Lateranense, in: Divinitas 5 (1961) 270—298; *R. Foreville,* Latran I, II, III et Latran IV (Histoire des Conciles Œcuméniques 6) (Paris 1965; bisher beste Darstellung).

Teilnahme: *G. Tangl,* Die Teilnehmer an den allgemeinen Konzilien des MA (Weimar 1922); *H. Krabbo,* Die deutschen Bischöfe auf dem 4. Laterankonzil von 1215: QFIAB 10 (1907) 275—300; *M. et C. Dickson,* Le Cardinal Robert de Courson. Sa vie: AHD 9 (1934) 53—142.

Vorbereitung: *J. W. Baldwin,* The Intellectual Preparation for the Canon of 1215 against Ordeals: Speculum 36 (1961) 613—636; *B. Tierney,* „Tria quippe distinguit iudicia“. A Note on Innocent III's Decretal „Per Venerabilem“: Speculum 37 (1962) 48—59.

Die Dekrete: *E. Friedberg,* Die Canones-Sammlungen zwischen Gratian und Bernhard von Pavia (Leipzig 1887); *F. Gillmann,* Der Kommentar des Vincentius Hispanus zu den Kanones des vierten Laterankonzils (1215): AkathKR 109 (1929) 223—274; *St. Kuttner,* Repertorium der Kanonistik I (Città del Vaticano 1937) 369—371; *ders.,* Johannes Teutonicus, das vierte Laterankonzil und die Compilatio Quarta (Miscellanea Giovanni Mercati V = SteT 125) (Rom 1946) 608—634; *F. Gillmann,* Hat Johannes Teutonicus zu den Konstitutionen des 4. Laterankonzils (1215) als solchen einen Apparat verfaßt?: AkathKR 117 (1937) 55—68; *A. García y García,* Los comentarios de los canonistas a las constituciones del Concilio IV de Letrán (1215): Congrès de droit canonique médiéval de Louvain et Bruxelles (22—26 juillet 1956) (Löwen 1959) 151—160; *C. R. Cheney,* The Decretal Collections before Compilatio IV, Pragensis, Palatina I and Abrincensis II: Tr 15 (1959) 464—483; *H. J. Schroeder,* Disciplinary Decrees of the General Councils (Saint Louis 1937) 236—296.

Ihre Wirkung: *M. Maccarone,* Riforma e sviluppo della vita religiosa con Innocenzo III: RSTI 16 (1962) 29—72; *U. Berlière,* Les chapitres généraux de l'ordre de Saint Benoît: RBén 18 (1901) 364—371; *ders.,* Innocent III et la réorganisation des monastères bénédictins: RBén 32 (1920) 22—42 145—159; *J.-B. Mahn,* L'ordre cistercien et son gouvernement des origines au milieu du XIIIe siècle (1098—1265) (Paris 1945); *P. Viard,* Histoire de la dîme ecclésiastique dans le royaume de France aux XIIe et XIIIe siècles (1150—1313) (Paris 1912); *D. W. Robertson,* Frequency of Preaching in the Thirteenth-Century England: Speculum 24 (1949) 377—388; *K. G. Hugelmann,* Der Sachsenspiegel und das vierte Lateranische Konzil: ZSavRGkan 13 (1924) 427—487; *J. Dauvillier,* Le mariage dans le droit classique de l'Église depuis le Décret de Gratien (1140) jusqu'à la mort de Clément V (1314) (Paris 1933); *M. Peuchmaurd,* Le prêtre ministre de la parole dans la théologie du XIIe siècle: RThAM 29 (1962) 52—76; *A. McDevitt,* The Episcopate as an Order and Sacrament on the Eve of the High Scholastic Period: FStudies 20 (1960) 96—148; *P. A. Kirsch,* Der sacerdos proprius in der abendländischen Kirche vor dem Jahre 1215: AkathKR 84 (1904) 527—537; *A. Teetaert,* La confession aux laïques dans l'Église latine depuis le VIIIe jusqu'au XIVe siècle ... (Paris 1926); *P. Browe,* Die Pflichtkommunion im Mittelalter (Münster 1940); *G. G. Meersseman,* Dossier de l'ordre de la pénitence au XIIIe siècle (Freiburg/Schw. 1961); *R. Foreville,* L'idée de Jubilé chez les théologiens et les canonistes (XIIe—XIIIe siècles) avant l'institution du Jubilé romain (1300): RHE 56 (1961) 401—423; *P. Michaud-Quantin,* Sommes de casuistique et manuels de confession au Moyen Age XIIe—XVIe siècles (Analecta Mediaevalia Namurcensia 13) (Löwen 1962); *R. v. Heckel,* Das Aufkommen der ständigen Prokuratoren an der päpstlichen Kurie im 13. Jh. (Miscellanea Francesco Ehrle II = SteT 38) (Rom 1924) 290—321.

Auswirkung auf Provinz- u. Diözesansynoden: *C. R. Cheney,* English Synodalia of the Thirteenth Century (Oxford 1940); *ders.,* The Earliest English Diocesan Statutes: EHR 50 (1935) 198—216; *L. Guizard,* Recherches sur le texte des statuts synodaux d'Eudes de Sully, évêque de Paris: Bulletin d'information de l'Institut de Recherche et d'Histoire des Textes 5 (1956) 53—59; *P. C. Boeren,* Les plus anciens statuts du diocèse de Cambrai (XIIIe siècle): RDC 3 (1953); *O. Pontal,* Les plus anciens statuts synodaux d'Angers et leur expansion dans les diocèses de l'Ouest de la France: RHEF 46 (1960) 54—67; *O. Dobiache-Rojdestvensky,* La vie paroissiale en France d'après les actes épiscopaux (Paris 1911); *E. Diebold,* La pratique religieuse d'après les statuts synodaux (du IVe concile du Latran au concile de Trente). Mémoire de l'École pratique des Hautes Études (Paris o. J.); *E. Diebold,* L'application en France du canon 51 du IVe concile du Latran d'après les anciens statuts synodaux: L'Année canonique 2 (1951) 187—195.

Ein Generalkonzil tauchte schon beim Pontifikatsbeginn im Briefwechsel zwischen Rom und Byzanz auf als möglicher und erwünschter Rahmen für Unionsverhandlungen[1]. Diese standen jedoch nicht in sich, sondern als Voraussetzung für einen geforderten Einsatz der byzantinischen Kräfte im geplanten Kreuzzug dem Papst vor Augen. Während er von der Ostkirche die Wiedervereinigung als Rückkehr zur „Mater et Magistra", zu der im Petrusamt universal geeinten und geleiteten Christenheit, erwartete, wies der Patriarch und, von ihm unterrichtet, der byzantinische Kaiser[2] auf die synodal zu klärenden Unterschiede im Kirchenbegriff und im Dogma hin. Der eben begonnene Dialog verstummte rasch, und das Generalkonzil kam unter völlig veränderten Voraussetzungen erst gegen Pontifikatsende zustande.

Allerdings war immer noch oder vielmehr wiederum der Kreuzzug ein treibendes Motiv zur Einberufung der Synode. Das Unternehmen von 1204 konnte von niemanden als eine Erfüllung des Pontifikatsprogramms angesehen werden, das Heilige Grab war immer noch nicht befreit. Gleichzeitig mit dem Aufruf an das Abendland, sich für einen neuen Kreuzzug zu rüsten[3], erging nun die Einladung zur Teilnahme an einem Generalkonzil[4], das diesem Zug die publizistische, organisatorische und gesetzliche Fundierung geben sollte.

Darüber hinaus plante Innozenz III. das Konzil als eine Zusammenfassung seiner bisherigen Reformtätigkeit, die sich, in einem wohlvorbereiteten und systematisch durchdachten Gesetzeswerk fixiert und synodal bestätigt, als geeignet erweisen könnte, kommenden Zeiten konstruktive Impulse zu geben. Sowohl die Erfahrungen der eigenen langjährigen verwaltenden, rechtsprechenden und disziplinären Tätigkeit als auch jene aller geladenen Bischöfe und Prälaten sollten dazu beitragen, ein für die ganze Kirche angemessenes und verpflichtendes Modell der Erneuerung zu schaffen. Deshalb erging die Einladung so früh (am 19. April 1213) und so drängend.

Die ganze Kirche wurde aufgefordert, am 1. November 1215 in Rom zusammenzukommen, Klerus und Laien, Bischöfe und Fürsten, Klöster und Stifter, die Orden und Städte der Christenheit, alle sollten sich einfinden, sei es persönlich, sei es, namentlich die Korporationen: Kapitel, Orden, Städte, durch Vertreter.

Vor allem für die Bischöfe wurde die Teilnahme am Konzil eine kanonische Pflicht, von der nur im nachweisbaren Notfall befreit wurde. In jeder Kirchenprovinz konnte der eine oder andere Suffragan um der notwendig-

[1] Register, ed. *Hageneder*, Briefe I/353 (Innozenz III. an Kaiser Alexios III. August/September 1198: Mahnung, das Heilige Land von den Sarazenen zu befreien und die griechisch-orthodoxe Kirche mit der römischen zu vereinigen) 525—528; Briefe I/354 (Innozenz III. an Patriarch Georgios von Konstantinopel in gleichem Sinn) 528—530.

[2] Register II 208—211 = PL 214, 756—771.

[3] Register XVI 28 = PL 216, 817—832.

[4] Register XVI 30 = PL 216, 823—825.

sten Seelsorge willen zurückbleiben. Die Zeit bis zum Zusammentritt des Konzils sollte nicht nur für eifrige Kreuzzugswerbung benützt werden, sondern auch der Sammlung aller Gravamina dienen, zu deren Bereinigung das Konzil einberufen wurde.

Die Einladungsschreiben („Vineam Domini Sabaoth“) hatten das Programm der Synode eindeutig umrissen: es werde sich handeln um das Wohl der gesamten Christenheit, Laster sollten ausgerottet, Tugenden gepflanzt werden, Mißbräuche abgestellt, die Sitten erneuert, die Häresien unterdrückt werden, der Glaube bestärkt, Streitigkeiten beigelegt und der Friede gesichert werden, damit die christlichen Fürsten und Völker dem Heiligen Land zu Hilfe eilen könnten. Der Papst sandte persönliche Einladungen an die Äbte und Generalkapitel von Cîteaux und Prémontré, an die Großmeister der Templer und Hospitaliter. Neu war, daß er mit Nachdruck darum bat, die Kathedral- und Stiftskapitel möchten Vertreter senden, denn auf dem Konzil würden Fragen zu behandeln sein, welche die Kapitel besonders beträfen. Die Könige, Fürsten und städtischen Magistrate wurden vor allem um des Kreuzzugs willen geladen, wobei der Papst betonte, daß er Verantwortung, Organisation und Zielrichtung des Zuges sich vorbehalte.

Über die Vorbereitung des Konzils auf diözesaner Ebene sind wir im einzelnen nicht unterrichtet, wenn man von der Kreuzpredigt einmal absieht. Aber die ungewöhnlich zahlreiche Teilnahme der Geladenen und die Fülle der auf dem Konzil erledigten Probleme, nebst dem erhaltenen Gesetzeswerk selbst, lassen vermuten, daß die reichlich bemessene Anlaufzeit voll ausgewertet wurde.

Mehr als vierhundert Bischöfe (aus achtzig Kirchenprovinzen) und über achthundert Äbte und Stiftsprälaten nahmen an dieser größten mittelalterlichen Kirchensynode teil[5]. Der kirchliche Osten war allerdings, abgesehen vom Primas der Maroniten, nur mit dem lateinischen Episkopat aus Griechenland und den Kreuzfahrerstaaten vertreten. Friedrich II., der Kaiser von Konstantinopel, die Könige von Frankreich, Ungarn, Jerusalem, Zypern und England hatten Gesandtschaften abgeordnet wie auch Simon von Montfort; die Grafen von Toulouse, von Foix, von Béarn, von Comminges und ihre Vasallen kamen persönlich.

Innozenz III. durfte wohl mit Recht annehmen, diese einzigartige Repräsentation des Abendlandes bestätige seine vieljährigen Bemühungen, den päpstlichen Primat bis an die äußersten Grenzen der Christenheit zur praktischen Geltung zu bringen Die siebzehn irischen, vier schottischen, fünf

[5] Die Teilnehmerliste bei *R. Foreville,* Latran 391—395 mit Bezug auf *J. Werner,* Die Teilnehmerliste des Laterankonzils vom Jahre 1215: NA 31 (1906) 577 584—592, vgl. auch *J. F. Rivera,* Personajes hispanos asistentes en 1215 al IV concilio de Letrán: Hispania Sacra 4 (1951) 335—355; *H. Krabbo,* Die deutschen Bischöfe auf dem vierten Laterankonzil von 1215: QFIAB 10 (1907) 275—300.

polnischen und elf ungarischen Bischöfe legten dafür ein besonders eindrucksvolles Zeugnis ab.

Das Konzil vollzog sich innerhalb der Grenzen von drei feierlichen Sitzungen (am 11., 20. und 30. November), dauerte also praktisch einen Monat lang. Rein organisatorisch gesehen, in Anbetracht der Menschenmassen bei relativ bescheidenen Unterkunfts- und Verpflegungsmöglichkeiten, muß es als eine meisterliche Leistung der Kurie und des Papstes angesehen werden; die Chronisten melden kaum Klagen. Einige Unfälle mußten mit in Kauf genommen werden. Vor und zwischen den feierlichen Sitzungen gingen Verhandlungen und Beratungen, auch Entscheidungen betreffs vieler anhängiger Streitfälle einher. So wurde für England die Exkommunikation der Barone und die Suspension Stephan Langtons, des Erzbischofs von Canterbury — eine Maßnahme der päpstlichen Legaten dort — bestätigt, obwohl Langton persönlich nach Rom gekommen war. Der erwählte Erzbischof Waldemar von Bremen und der gebannte Erzbischof Dietrich von Köln, die Kaiser Otto IV. die Treue gehalten hatten, wurden zum Konzil nicht zugelassen, die Wahl Ulrichs von Passau dagegen bestätigt. Das kürzlich von Salzburg errichtete Bistum Chiemsee erhielt jetzt seine Konfirmation. Die Doppelwahl in Konstantinopel nach dem Tod des Patriarchen Thomas Morosini (1211) wurde zugunsten des Kandidaten Gervasius, Erzbischofs von Herakleia, entschieden, ein Nachfolger für Herakleia sofort ernannt. Ähnlich klärte man die umstrittene Nachfolge in York, wo statt des zunächst gewählten Simon Langton der bisherige Bischof von Worcester, Walter Gray, zum Erzbischof eingesetzt wurde.

Bei der Eröffnung des Konzils hielt Innozenz III. die von Richard von San Germano[6] überlieferte Ansprache über den Text: Mich hat sehnlich verlangt, dieses Passahmahl mit euch zu essen, bevor ich leide (Lk 22, 15). Reform der Kirche und der Kreuzzug wurden als Hauptthemen des Konzils angesprochen. Anschließend erläuterte der Patriarch von Jerusalem die erbetene Hilfe für das Heilige Land, während Bischof Thedisius von Agde über das Vorgehen gegen die Albigenser berichtete. Die Mehrheit des Konzils bestätigte Simon von Montfort und seine Eroberungen, so daß Raimund VI., nicht aber sein Sohn (Raimund VII.) alle Ansprüche verlor. In der zweiten feierlichen Sitzung fiel nach tumultuarischen Verhandlungen die Entscheidung im kaiserlichen Schisma für Friedrich II., doch wurde sie vom Papst erst in der letzten feierlichen Sitzung verkündet, indem er die Frankfurter Wahl Friedrichs II. bestätigte und Otto IV. endgültig fallenließ.

Diese Sitzung war eingeleitet worden mit einem feierlichen Glaubensbekenntnis (can. 1), der Verwerfung der Häresie (can. 2) und der einstim-

[6] Neben dem Bericht von *Richard von San Germano,* Chronica priora, ed. *A. Gaudenzi,* (Neapel 1888) 90—94 jetzt besonders das Gießener Fragment, ed. von *St. Kuttner - A. Garcia y Garcia,* A New Eyewitness Account of the Fourth Lateran Council: Tr 20 (1964) 115—178 (Text: 123—129).

migen Annahme der Dekrete[7]. Ein allgemeiner Friede wurde ausgerufen, der Kreuzzug angesagt, die vorher ausgehandelten Bestimmungen in Sachen Englands, des Reiches und Südfrankreichs mitgeteilt. Ein Tedeum und der päpstliche Segen mit einer Reliquie des wahren Kreuzes beschlossen das Konzil.

Die Union mit der Ostkirche, welche Innozenz bei der Errichtung des Lateinischen Kaiserreichs gewonnen zu haben glaubte, wurde indirekt mit can. 4 und can. 5 bestätigt[8]. Die Konstitution „Ad liberandam“ (can. 71) enthielt die Planung des Kreuzzugs. Zunächst die Veranlagung einer allgemeinen dreijährigen Kreuzzugssteuer, dann der Auftrag an die Bischöfe, den Zug zu predigen und die Fürsten zu bewegen, einen vierjährigen Waffenstillstand untereinander zu vereinbaren. Es folgte der Erlaß eines Embargos auf den Handel mit Kriegsmaterial und das Verbot, in den nächsten vier Jahren mit islamischen Staaten überhaupt Handel zu treiben. Kein kriegerisches Sonderunternehmen, nicht einmal die Weiterführung der Reconquista in Portugal sollte den gesammelten Einsatz mindern. Die Abfahrt wurde auf den 1. Juni 1217 festgesetzt, man sollte sich dazu in Süditalien (Brindisi) und Sizilien (Messina), also nicht wieder in Venedig, sammeln. Kein Kreuzzug war bisher so praktisch geplant und auf so breiter Basis entworfen worden[9]. Was das Konzil allen Bischöfen zur Pflicht machte, wollte Innozenz III. in erhöhtem Eifer verwirklichen. Er ist darüber in Perugia gestorben.

Die übrigen Konstitutionen des Konzils betrafen die Reinheit des Glaubens und die Erneuerung der Kirchenzucht. Das einleitende Glaubensbekenntnis (can. 1) wiederholte fast wörtlich jene Formel, die Bernard Primus 1210 für sich und seine Anhänger, die Armen Lombarden, hatte beschwören müssen; ferner waren ihm einige Elemente des von Durandus von Huesca beeidigten Bekenntnisses beigefügt worden. Einen breiten Raum nahm die Lehre von der Eucharistie und dem Amtspriestertum ein, wobei der von der Frühscholastik geprägte Begriff der „transsubstantiatio“ eingefügt wurde. Mitgeteilt wurde in diesem Bekenntnis auch die geltende Kirchenlehre von Taufe, Buße und Ehe. Im ergänzenden can. 2 lehnte das Konzil die Trinitätsauffassung des Joachim von Fiore ab und verwarf die Häresie des Amalrich von Bena. Can. 3 verurteilte schließlich jedwede Häre-

[7] Die Dekrete des Konzils wurden zuletzt ediert in COD (Freiburg ²1962) 203—247 mit kritischer Einleitung und der wichtigsten Bibliographie.

[8] Ferner müssen can. 9 (De diversis ritibus in eadem fide) und can. 14 beachtet werden. In can. 14 wird stillschweigend vorausgesetzt, daß man den in der Ostkirche milder gehandhabten Zölibat anerkennt („qui autem secundum regionis suae morem non abdicarunt copulam coniugalem, si lapsi fuerint, gravius puniantur, cum legitimo matrimonio possint uti“, COD 218[24–26]).

[9] Zur Vorbereitung des 5. Kreuzzugs vgl. *Th. C. Van Cleve*, The Fifth Crusade: *K. M. Setton*, A History of the Crusades II (1962) 377—428, bes. 377—384.

sie und formulierte Maßnahmen gegen sie, vor allem die Zusammenarbeit der geistlichen und weltlichen Gewalten bei ihrer Unterdrückung wurde betont. Can. 3 brachte nichts Neues, sondern war ein Niederschlag der Praxis, wie sie sich in Südfrankreich entwickelt hatte. Die bisher bereits eingeführte und gehandhabte bischöfliche Inquisition wurde jetzt für die ganze Kirche verbindlich erklärt.

Bei der Analyse der Gesetzgebung des Konzils hat man auf die Vorarbeiten verwiesen, zumal auf die dritte der bekannten fünf Dekretalensammlungen, die dem Liber Extra Gregors IX. voraufgingen. Magister Peter von Benevent hatte sie im Auftrag des Papstes 1209 zusammengestellt. Innozenz sandte sie nach Bologna zur Benützung im akademischen Unterricht. Die gesamte Erfahrung des langjährigen Pontifikats wurde bei den konziliaren Dekreten eingearbeitet, die in vielem auch die synodalen Entschlüsse des 12. Jh. aufnahmen und weiterentwickelten.

Die Richtlinien der Konzilsgesetzgebung betreffen Klerus, Mönchtum und Laien, das Kirchenregiment in Verwaltung und Rechtsprechung. Die Verantwortlichkeit des Episkopats wird oft betont (Synoden, Visitationen, Predigt, Priesterausbildung, Pfründenverleihungen). Das kirchliche Wahlrecht erhält seine endgültige Regelung, wobei die Rolle der Kapitel verstärkt wurde. Einige Dekrete umschreiben bis ins Detail Forderungen sittlicher Zucht beim Klerus. Diese Besserungswünsche des Konzils galten einschlußweise auch für die Mönche. Ihnen wird das Institut der Generalkapitel, wie es sich beim Zisterzienserorden bewährt hatte, empfohlen. Für die nicht exemten Klöster obliegt den Bischöfen die eigens eingeschärfte Reform- und Visitationspflicht. Neue Orden und Ordensregeln werden abgelehnt, doch sollte die nachfolgende Praxis der Päpste erweisen, daß es sich dabei kaum um ein absolutes Verbot handelte.

Die Verpflichtung der Christen zur Jahresbeichte (bei gleichzeitiger Einschärfung des Beichtsiegels) und zur Osterkommunion gehört zu den meistbeachteten Anordnungen des Konzils[10]. Die geistliche Betreuung der Kranken wird den Ärzten vorrangig vor der medizinischen Behandlung zur Pflicht gemacht, die mit scharfen Sanktionen (offenbar gegen mögliche Bedenken der Ärzte) angemahnt wird.

Gegen die steigende Flut der Appellationen nach Rom verweist das Konzil nachdrücklich auf den normalen Rechtsgang und fügt klärende Bestimmungen über den kirchlichen Prozeß hinzu. Eine deutliche Unterscheidung von kirchlicher und weltlicher Gerichtsbarkeit bringt der wichtige can. 42. Die kirchlichen Gerichte werden gewarnt vor einer Ausweitung ihres Kompetenzbereichs auf Kosten weltlicher Zuständigkeiten.

Schon das 3. Laterankonzil hatte (can. 19) für den Klerus in der Stadt steuerliche Immunität verlangt, ihm aber zugleich nahegelegt, in Zeiten der

[10] *P. Browe*, Die Pflichtkommunion im Mittelalter (Münster 1940).

Not freiwillige Beiträge zu den städtischen Lasten zu leisten. Jetzt wird das bestätigt (can. 46), doch eine vorherige Befragung der kirchlichen Oberen zur Bedingung gemacht. Maßnahmen exkommunizierter Stadtbehörden werden in diesem Zusammenhang für null und nichtig erklärt.

Im Eherecht regelte das Konzil das Hindernis der Verwandtschaft und Schwägerschaft einschränkend, erneuerte das Verbot der klandestinen Ehen und führte die Verpflichtung der öffentlichen Verkündigungen ein.

Die Zehntgesetzgebung wurde durch einige Hinweise auf bestehende Ordensprivilegien ergänzt, wobei im Sinn einer Stärkung bischöflicher Autorität das Verhältnis von Ordensklerus und Hierarchie genauer umschrieben wurde.

Gegen Mißbräuche beim Reliquienkult wandte sich can. 62 und bestimmte, daß neue Reliquien nur mit ausdrücklicher Genehmigung durch den Heiligen Stuhl zur Verehrung zugelassen werden dürften. Weitere Dekrete versuchen die immer noch praktizierte Simonie einzudämmen und bekämpfen das klerikale Laster der Gewinnsucht. In gewisser Verknüpfung damit muß man wohl die abschließenden Dekrete sehen, die sich mit der Wucherpraxis[11] der Juden beschäftigen und ihnen eine bestimmte Kleiderordnung vorschreiben. Diese wie auch die erklärte bürgerliche Zweitrangigkeit der Juden sind keine Neuerungen des Konzils[12]. Im Klima der Kreuzzugsvorbereitung werden sie verständlich; rassische Gründe waren nicht dafür maßgebend, vielmehr sollten sie wohl zu verhindern helfen, daß die Christen etwa aus Unkenntnis der Religionsverschiedenheit mit ihnen gesellschaftlichen Kontakt aufnähmen. Mohammedaner in christlichen Ländern unterlagen ähnlichen Vorschriften. Es handelte sich also mehr um eine seelsorgerische Maßnahme[13].

Während die politischen Entscheidungen des Konzils nicht von bleibender Bedeutung waren und durch die Ereignisse bald überholt erschienen, ist sein Gesetzeswerk durch die Aufnahme in das allgemeine Recht der Kirche erhalten geblieben. Dazu hat auch eine im Anschluß an das Konzil allenthalben lebhaft einsetzende Synodaltätigkeit beigetragen. Wichtiger aber wurde die Übernahme der meisten Dekrete (59 von insgesamt 70) in das Gesetzbuch Gregors IX. Unter den konziliaren Quellbereichen des modernen Codex Iuris Canonici nimmt Lateran IV nach dem Tridentinum den ersten Platz ein.

[11] Zum Problem des Wuchers vgl. *T. P. McLaughlin,* The Teaching of the Canonists on Usury (XII, XIII and XIV Centuries): MS 1 (1939) 81—147, 2 (1940).
[12] Vgl. die wichtige Arbeit von S. *Grayzel,* The Church and the Jews in the XIIIth Century (Philadelphia 1933).
[13] Vgl. *H. Tillmann,* Innocenz III. 163.

23. Kapitel

Die Bettelorden

Franziskus: QUELLEN: Opuscula S. Francisci, ed. *L. Lemmens* (Florenz-Quaracchi [2]1941), dt. von *W. v. den Steinen* (Heidelberg 1958); *H. Boehmer*, Analekten zur Gesch. des Franciscus von Assisi (Tübingen-Leipzig 1904, [2]1930); *K. Esser-L. Hardick*, Die Schriften des hl. Franz von Assisi (Werl [2]1956); *K. Esser*, Das Testament des hl. Franz von Assisi (Vorreformationsgeschichtliche Forschungen 15) (Münster 1949); *K. Esser*, Der Brief des hl. Franziskus an den hl. Antonius von Padua: FStud 31 (1949) 135—151; *Vittorio Branca*, Cantico di Frate Sole: AFrH 41 (1949) 1—87; Sonnengesang in deutscher Übers. von *O. Karrer* (Zürich 1942); *G. Sabatelli*, Neue Lit. zum Sonnengesang: AFrH 51 (1958) 3—24; *Thomas de Celano*, Vita I (1228) et Vita II (1247) S. Francisci Assis. u. Tractatus de miraculis S. Francisci, ed. AFranc 10 (Quaracchi 1926/28), dt. von *E. Grau* (Werl 1955); *Bonaventura*, Legendae duae de vita S. Francisci (1263): Opera S. Bonaventurae, Bd 8 (Quaracchi 1898), separat ebd. zuletzt 1941, dt. von *G. Menge* (Paderborn [2]1921); Testimonia minora saec. XIII de S. Francisco Assis., ed. *L. Lemmens* (Quaracchi 1926); Legenda trium sociorum, ed. *G. Abate*: MF 39 (1939) 375—432; Speculum perfectionis, auctore fratre Leone, ed. *P. Sabatier* (Paris 1898), in 2 Bden (British Society of franciscan studies 13, 17) (Manchester 1928/31); ed. *L. Lemmens* (Quaracchi 1901); dt. von *W. Rüttenauer* (München [2]1953); Actus S. Francisci et sociorum eius, ed. *P. Sabatier* (Paris 1902); I Fioretti di San Francesco, ed. *P. Sabatier* (Paris 1902); ed. *G. Pagnani* (Rom 1959); *A. G. Little*, Some Recently Discovered Franciscan Documents (London 1926); *ders.*, Franciscan Papers, Lists and Documents (Manchester 1943); Kritik und Problemgeschichte der Quellen bes. bei *A. Fortini*, Nova Vita di San Francesco, 4 Bde (Assisi [2]1959); *J. R. H. Moorman*, The Sources for the Life of St. Francis (Manchester 1940).

LITERATUR: Biographien: *P. Sabatier* (Paris 1893, letzte Ausgabe Paris 1931); *G. Schnürer* (Mainz [2]1907); *J. Jørgensen* (Kopenhagen 1907 u. ö.), dt. von *H. Holstein-Ledreborg* (München [2]1952); *C. Cuthbert* (London 1912), dt. von *J. Widlöcher* (Stuttgart [3]1948); *A. Fortini* (Mailand 1926); *ders.*, Nova Vita di S. Francesco, 4 Bde (Assisi [2]1959); *J. R. H. Moorman* (London 1950); *O. Englebert* (Paris [2]1957), übers. von *A. Haas-A. Hogg* (Speyer 1952); *H. Felder*, Die Ideale des hl. Franz v. Assisi (Paderborn [4]1951); *P. Sabatier*, Collection d'Études et de Documents sur l'histoire religieuse et littéraire du Moyen-Age, 8 Bde (Paris 1898 ff); *W. Goetz*, Die Quellen zur Geschichte des hl. Franziskus (Gotha 1904); *J. Cambell*, Les écrits de s. François devant la critique (Werl 1954).

Zur Stigmatisation: Vgl. *F. van den Borne*: FStud 6 (1917) 67—71 (Lit.); *A. Groeteken*, Franz von Assisi in der Poesie der Völker (Mönchen-Gladbach 1912); *E. Scott Davison*, Forerunners of St. Francis (Boston 1927); *A. Styra*, Franz von Assisi in der neuern dt. Lit. (Breslau 1928); *F. van den Borne*, Een rondgang langs de moderne F.-biografieën: Franciscana (St. Truiden 1949, 1950); *K. Esser*, Franziskus von Assisi und die Katharer seiner Zeit: AFrH 51 (1958) 225—264; *O. Bonmann*, Franziskus von Assisi: LThK[2] IV (1960) 231—234.

Ikonographie: *H. Thode*, Franz von Assisi (Wien [4]1934); *V. Facchinetti*, L'Iconografia Francescana (Mailand 1924); *B. Kleinschmidt*, St. Franziskus in Kunst und Legende (Mönchen-Gladbach [5]1926); *B. Bughetti*: AFrH 19 (1926) 636—732; *M. Villain*, St. François et les peintres d'Assise (Paris 1941); *L. Cellucci*, Le Leggende franciscane del sec. XIII nel loro aspetto artistico (Modena [2]1957).

Spiritualität: *H. Felder*, Die Ideale des hl. Franziskus von Assisi (Paderborn [4]1951); *J. Leclercq - F. Vandenbroucke*, La spiritualité du moyen-âge (Paris 1961) 299 bis 344; *E. Longpré*, Saint François d'Assise: DSAM 5 (1964) 1268—1303 (mit umfassender Bibliogr.). Progressive Bibliographien in AFrH, FStud, MF, AnBoll, RHE; ab 1931 vollständig in CollFr, auch in selbständiger Ausgabe erscheinend.

Franziskaner: QUELLEN: Bullarium Franciscanum, Bd I—IV, ed. *J. H. Sbaralea* (Rom 1759/68), Bd V—VII, ed. *C. Eubel* (Rom 1898/1904); Bullarii Franciscani Epitome, ed. *C. Eubel* (Quaracchi 1908); Bullarium Franciscanum, ed. *U. Hüntemann - J. M. Pou y Marti*, Nova Series, Bd I—III (1431—84) (Quaracchi 1929/49); *L. Wadding*, Annales Minorum, 8 Bde (bis 1540) (Lyon - Rom 1625/54); 2. Aufl., 25 Bde (bis 1622) (Rom - Neapel - Quaracchi 1731/1886); Neudruck als Editio III auctior et emendata, 31 Bde (Quaracchi 1931/56); Annales Minorum continuati von *A. Chiappini* u. a., Bd 26—31 (1623—70) (Quaracchi - Rom 1933/56); Documenta antiqua Franciscana, ed. *L. Lemmens*, 3 Bde (Quaracchi 1901/02); *L. Wadding*, Scriptores Ordinis Minorum (Rom ³1906); Supplementum, 2 Bde, ed. *J. H. Sbaralea* (Rom 1805/06); *Wadding-Sbaralea*, Scriptores Ord. Minorum, nova ed. (bis 1780), von *A. Nardecchia - A. Chiappini*, 4 Bde (Rom 1906/36); Chronologia historico-legalis seraphici ordinis, 4 Bde (Neapel - Venedig - Rom 1650/1795); Analecta Franciscana (Chroniken u. a.), 10 Bde (Quaracchi 1885/1951); Chronica Fratris Jordani de Jano (Collection d'études et de documents 6), ed. *H. Boehmer* (Paris 1908); Chronica Fratris Salimbene de Adam (bis 1272), ed. *O. Holder-Egger*: MGSS 32, 1905/13, dt. von *A. Doren*, 2 Bde (Leipzig 1914), vgl. *O. Holder-Egger*: NA 37 (1912) 163—218, 38 (1913) 469—481; ed. *F. Bernini*, 2 Bde (Bari 1942); dazu AFrH 48 (1955) 436—441; *F. Ehrle*, Die ältesten Redaktionen der Generalkonstitutionen des Franziskanerordens: ALKGMA 6 (1892) 1—138; *D. Mandic*, De legislatione antiqua Ordinis Fratrum Minorum I (1210—21) (Mostar 1924).
LITERATUR: *Heimbucher* ³I 656—828, ³II 661—663; *K. Müller*, Die Anfänge des Minoritenordens und der Bußbruderschaften (Breslau 1885); *H. Felder*, Gesch. der wissenschaftlichen Studien im Franziskanerorden bis um die Mitte des 13. Jh. (Freiburg 1904); *H. Holzapfel*, Hdb. der Gesch. des Franziskanerordens (Freiburg i. Br. 1909); *A. Léon*, Histoire de l'ordre des Frères Mineurs (Paris 1954); *Gratien de Paris*, Histoire de la fondation et de l'évolution de l'Ordre des Frères Mineurs au XIIIᵉ siècle (Paris 1928); *P.-M. Sevesi*, L'ordine dei frati minori, 3 Bde (Mailand 1942/60); *A. Gemelli*, Il Francescanesimo (Mailand ⁷1956), dt. von *H. Dausend*, Das Franziskanertum (Leipzig 1936); *A. Zawart*, A History of Franciscan Preaching and Preachers (1209—1927) (New York 1928); *A. Masseron*, Les Franciscains (Paris 1931); *F. Vernet*, Les ordres mendiants (Paris 1933); *E. Benz*, Ecclesia spiritualis, Kirchenidee und Geschichtstheologie der franziskanischen Reformation (Stuttgart 1934); *F. de Sessevalle*, Histoire générale de l'Ordre de S. François, I. Tl: Le Moyen-âge, 2 Bde (Paris 1935/37); *R. M. Huber*, A Documented History of the Franciscan Order (1182—1517) (Milwaukee 1944); *A. Matanic*, Compendio di storia dell'Ordine dei frati minori I (Rom 1956); *L. Cassut*, Die älteste franziskanische Lebensform (Graz - Wien - Köln 1955); *S. Clasen*, Franziskaner: LThK² IV (1960) 273 bis 279; *B. Mathis*, Die Privilegien des Franziskanerordens (Paderborn 1927); *B. v. Wolfenhagen*, Das franziskanische Privilegienrecht: CollFr 4 (1934) 337—362; *R. B. Brooke*, Early Franciscan Government (Elias to Bonaventure) (Cambridge 1959); *P. Gemelli*, Giacomo da Vitry e le origini del movimento francescano: Aevum 39 (1965) 474—495: *K. Esser*, Anfänge und ursprüngliche Zielsetzungen des Ordens der Minderbrüder (Studia et documenta franciscana 4) (Leiden 1966); *R. de Nantes*, La première prédication franciscaine: Éfranc 30 (1913) 357—377; *A. Murith*, Pour l'histoire de la prédication franciscaine: MF 39 (1939) 433—448; *L. Zarncke*, Der Anteil des Kardinal Ugolino an der Ausbildung der drei Orden des hl. Franz (Leipzig 1930).

Zeitschriften: Études Franciscaines (1909—40), NS (Paris 1950 ff); Archivum Franciscanum Historicum (Florenz - Quaracchi 1908 ff); Franziskanische Studien (Münster 1914 ff); Miscellanea Francescana (Rom 1886 ff); Collectanea Franciscana (Rom 1931 ff, mit Bibliografia Francescana); Analecta ord. min. capuccinorum (1937 ff); Antonianum (Rom 1926 ff); Wissenschaft u. Weisheit (Düsseldorf 1934 ff) u. a.

Zur Verbreitung des Ordens: Provinciale ordinis fratrum minorum vetustissimum, ed. *C. Eubel* (Quaracchi 1892); Die Chroniken der Minderbrüder Jordan v. Giano und Thomas v. Eccleston, ed. von *L. Hardick* (Werl 1957) (Deutschland und England); Bavaria Franciscana antiqua, ed. von *J. Glatz* (Ulm 1954 ff); Alemania Franciscana Antiqua, ed. von *J. Glatz* (Ulm 1956 ff); *C. Eubel*, Gesch. der oberdeutschen Minoritenprovinz (Würzburg 1886); Thomas de Eccleston, Liber de adventu Fratrum Minorum in Angliam, ed. *A. G. Little - J. R. H. Moorman* (Manchester ²1951); *V. Green*, The Franciscans in Medieval English Life (1224—1348) (Paterson N. J. 1939); *J. R. H. Moorman*, The Grey Friars in Cambridge (1225—1538) (Cambridge 1952); *M. Schoengen*, Monasticon Batavum I (Amsterdam 1941); *M. Roncaglia*, Biblioteca bio-bibliografica della Terra Santa e dell'Oriente Francescano I (Storia della provincia della Terra Santa), 1: I Francescani in Oriente durante la crociata (Kairo 1954); *E. Lempp*, Frère Élie de Cortone, Étude Biographique (Collection d'études et de documents 3) (Paris 1901); *S. Attal*, Frate Elia, Compagno di San Francesco (Rom 1936); *C. L. Sagui*, Frate Elia e la lotta fra la Chiesa e l'Impero nel tredicesimo secolo (Assisi 1928); *J. Toussaert*, Saint Antoine de Padoue, dt. von *S. Summerer - G. Kurz*, Antonius von Padua. Versuch einer kritischen Biographie (Köln 1967).

Dominikus: QUELLEN: *B. Altaner*, Der hl. Dominikus. Untersuchungen und Texte (Breslau 1922); *M.-H. Vicaire*, S. Dominique de Caleruega d'après les documents du XIIIe siècle (Paris 1955); Bullarium Ordinis Fr. Praedicatorum I, ed. *A. Bremond* (Rom 1729); Cartulaire ou histoire diplomatique de S. Dominique, ed. *Balme-Lelaidier-Colomb*, 3 Bde (Paris 1893/1901); *M.-H. Laurent*, Historia diplomatica S. Dominici: MOP XV (Paris 1933); Libellus, Legenden u. Kanonisationsverfahren: MOP XVI (Rom 1935); *Gerard de Frachet*, Vitae Fratrum Ordinis Praedicatorum: MOP I (Löwen 1896); Anecdotes historiques et apologues tirés du recueil inédit d'Étienne de Bourbon, dominicain du XIIIe siècle, ed. *A. Lecoy de la Marche* (Paris 1877); *Thomas de Cantinpré*, Bonum universale de apibus (Douai 1605); *Sr. Cécile*, Miracula beati Dominici, ed. *A. Walz*: Miscellanea Pio Paschini (Rom 1949) 306—326; *Étienne de Salagnac*, De quatuor in quibus Deus praedicatorum ordinem insignivit, ed. *Th. Kaeppeli*: MOP XXII (Rom 1949); *Dietrich von Apolda*, Leben des hl. Dominikus: ActaSS August I 558—628.
LITERATUR: Biographien: *H.-D. Lacordaire*, Vie de S. Dominique (Paris 1841); *H. Petitot*, Vie de S. Dominique (St-Maximin 1926); *H. Chr. Scheeben*, Der hl. Dominikus (Freiburg 1927); *P. Mandonnet - M.-H. Vicaire - R. Ladner*, S. Dominique, l'idée, l'homme et l'œuvre, 2 Bde (Paris 1938); *L. A. Getinom*, Santo Domingo de Guzmán ... (Madrid 1939); *M.-H. Vicaire*, Histoire de S. Dominique, 2 Bde (Paris 1957), dt. Gesch. des hl. Dominikus, 2 Bde (Freiburg i. Br. 1962/63) mit reichen bibliogr. Angaben; *W. J. Koudelka*, St. Dominicus: Biblioteca Sanctorum 4 (1964) 692—727; Saint Dominique en Languedoc (Cahiers de Fanjeaux 1) (Toulouse 1966); *P. A. Amato - G. G. Palmieri - F. Frassetto u. a.*, Le reliquie di S. Domenico. Storia e leggenda, ricerche scientifiche, ricostruzione fisica (Bologna 1946).

Ikonographie: *M. C. Nieuwbarn*, Verherrlichung des hl. Dominikus in der Kunst (Mönchen-Gladbach 1906); *F. Ferretti*, S. Domenico. Biografia e Iconografia (Florenz 1921); *L. G. Alonso-Getino*, Sto. Domingo en el arte (Madrid 1922); *G. Bazin*, S. Dominique (Paris 1937); *G. Kaftal*, St. Dominique in Early Tuscan Painting (Oxford 1948); *M.-H. Vicaire - L. v. Matt*, S. Dominique (Paris 1957); *A. Walz*, Zur dominikanischen Ikonographie: AFP 35 (1965) 255—263.

Dominikaner: QUELLEN: *Th. Ripoll - A. Bremond*, Bullarium OP, 8 Bde (Rom 1729/40); Epitome Bullarii OP, ed. *V. Ligiez - P. Mothon* (Rom 1898); Monumenta Ordinis Fratrum Praedicatorum historica, 14 Bde (Löwen - Rom 1896/1904), Bd 15 ff (Rom 1933 ff); Analecta Ordinis Fratrum Praedicatorum (Rom 1893 ff); Archivum Fratrum Praedicatorum (Rom 1931 ff); *J. Quétif - J. Échard*, Scriptores OP, 2 Bde (Paris 1719/21), ed. altera emendata, aucta ..., ed. *R. Coulon - A. Papillon* (Paris 1909/34).

LITERATUR: *Heimbucher* ³I 469—536; *D.-A. Mortier*, Histoire des Maîtres généraux de l'ordre des Frères Prêcheurs, 8 Bde (Paris 1903/20); *A. M. Walz*, Compendium historiae OP (Rom ²1948); *H. Denifle*, Die Constitutionen des Prediger-Ordens vom Jahre 1228: ALKGMA I (1885) 165—227; *ders.*, Die Constitutionen des Predigerordens in der Redaction Raimunds von Peñafort: ALKGMA V (1889) 530—564, dazu jetzt *R. Creytens*, Les Constitutions des Frères Prêcheurs dans la rédaction de S. Raymond de Peñafort: AFP 18 (1948) 5—68; *H. Chr. Scheeben*, Die Konstitutionen des Predigerordens unter Jordan von Sachsen (Köln 1939); *G. R. Galbraith*, The Constitution of the Dominican Order (1216—1360) (Manchester 1926); *J. Meyer*, Liber de illustribus viris OP, ed. *P. Loe* (Quellen u. Forschungen 12) (Leipzig 1918); *B. Altaner*, Die Dominikanermissionen des 13. Jh. (Habelschwerdt 1924); *R. C. T. Zeller*, La vie dominicaine (Paris 1927); *O. Decker*, Die Stellung des Predigerordens zu den Dominikanerinnen (1207—67) (Vechta 1935); *R. F. Bennet*, The Early Dominicans (London 1937); *J. Guiraud*, Cartulaire de Notre Dame de Prouille, 2 Bde (Paris 1907); *H. Ch. Scheeben*, Die Anfänge des zweiten Ordens des hl. Dominikus 2 (1932) 284—315; *P. Mandonnet*, Les règles et le gouvernement de l'Ordre de Paenitentia au XIIIe siècle (Paris 1902); *G. Meersseman*, Études sur les anciens confréries dominicaines I. Les confréries de Saint-Dominique: AFP 20 (1950) 1—113; II. Les Confréries de Saint-Pierre Martyr: ebd. 21 (1951) 51—196; III. Les congrégations de la Vierge: ebd. 22 (1952) 5—176; IV. Les Milices de Jésus-Christ: ebd. 23 (1953) 275—308; *R.-L. Oechslin*, Les origines du Tiers-Ordre et les Milices de Jésus-Christ: Vie dominicaine 18 (1959) 57—65 83—87; Quellen und Forschungen zur Gesch. des Dominikanerordens in Dtl., hrsg. von *P. v. Loe - B. M. Reichert - H. Wilms* u. a. (Leipzig - Köln 1907 ff); *H.-D. Simonin - R.-L. Oechslin* u. a., La Spiritualité des Frères Prêcheurs: DSAM 5 (1964) 1422—1524.

Einzelne Länder: *B. Jarrett*, The English Dominicans (London ²1937); *W. A. Hinnebusch*, The Early English Friars Preachers (Rom 1951); *D. Knowles*, The Religious Orders in England I (Cambridge 1948; auch für Franziskaner, Karmeliter u. Augustinereremiten zu konsultieren); *J. Gallén*, La province de Dacie de l'Ordre des Frères Prêcheurs (Helsinki 1946); *N. Pfeiffer*, Die ungarische Dominikanerprovinz (1221—42) (Zürich 1913); *M.-D. Chapotin*, Histoire des dominicains de la province de France. Le siècle des fondations (Rouen 1898); *M. Aron*, Un animateur de la jeunesse au XIIIe siècle. Vie, voyages du bx Jourdain de Saxe (Paris 1930); *A. Zucchi*, Roma domenicana. Note storiche I (Florenz 1938).

Karmeliter: QUELLEN: *E. Monsignani*, Bullarium Carmelitanum, 4 Bde (Rom 1715/68); *B. Zimmermann*, Monumenta historiae Carmelitana I (Lérins 1907); Acta capitulorum generalium Ordinis fratrum B. M. V. Mariae de Monte Carmelo I (1318—1593), ed. *G. Wessels* (Rom 1914); *Cosmas de Viliers*, Bibliotheca Carmelitana, 2 Bde (Orléans 1752), nova ed. von *G. Wessels* (Rom 1927); *B. M. Xiberta*, De scriptoribus scholasticis s. XIV ex ordine Carmelitarum (Löwen 1931).
LITERATUR: *Heimbucher* ³II, 54—95; *André de Sainte-Marie*, L'Ordre de N.-D. du Mont Carmel (Brügge 1910), engl. u. vermehrt The Order of Our Lady of Mount Carmel (Brügge 1913), dt. von *R. Weninger*, Gesch. des Karmeliterordens (Linz 1914); *Benoît Marie de la Sainte Croix* (= B. Zimmermann), Les saints déserts des Carmes déchaussés (Paris 1927); *L. Van den Bossche*, Les Carmes (Paris 1930); *Melchior de Sainte-Marie*, Carmel: DHGE 11 (1949) 1070—1104 (Lit.): „L'histoire de cet ordre est encore à faire" 1070; *P. McCaffrey*, The White Friars (Dublin 1926); *Silverius a S. Teresia*, Historia del Carmen Descalzo, 14 Bde (Burgos 1935/43); *G. Mesters*, Gesch. des Karmeliterordens (Mainz 1958).

Deutschland: *H. Koch*, Die Karmeliterklöster der niederdeutschen Provinz (13. bis 16. Jh.) (Freiburg 1889); *C. Martini*, Der deutsche Karmel, 2 Bde (Bamberg 1922); *G. Mesters*, Die rheinische Karmeliterprovinz während der Gegenreformation (Speyer 1958).

England: *L. Sheppard*, The English Carmelites (London 1943).

Frankreich: *Antoine M. de la Présentation,* Le Carmel en France, 7 Bde (Toulouse 1936/39).

Spiritualität: *Jérôme de la Mère de Dieu,* La tradition mystique du Carmel (Paris 1929); *Gabriel a S. Magdalena,* Les plus vieux textes du Carmel (Paris 1945); *T. Brandsma,* Das Erbe des Propheten (Köln 1958); *ders.,* Karmel. Gesetz und Geheimnis (Köln 1960); *ders.,* La Spiritualité de l'ordre des Carmes: DSAM 2 (1953) 156—171.

Zeitschriften: Analecta Ordinis Carmelitani (Rom 1909 ff); Études carmélitaines (Paris 1911 ff); Rivista storica Carmelit., 3 Bde (Florenz 1929/32); Carmelus (Rom 1954 ff); Ephemerides Carmeliticae (Rom 1947 ff); Carmel (Tilburg 1948 ff).

Augustiner-Eremiten: QUELLEN: *L. Empoli,* Bullarium Ord. Eremitarum S. Augustini (Rom 1628); *Jordani de Saxonia,* Liber Vitasfratrum, ed. *R. Arbesmann-W. Hümpfner* (New York 1943); *Heinrich von Friemar,* De origine et progressu ordinis . . ., ed. *R. Arbesmann:* Augustiniana 6 (1956) 37—145; *P. M. Vélez,* Leyendo nuestra Crónicas, 2 Bde (Escorial 1932; bringt kritische Anmerkungen zu allen Chroniken).

Bibliographie: *A. Perini,* Bibliographia Augustiniana, 4 Bde (Florenz 1929/35); *A. de Meijer-R. Kuiters,* Licet Ecclesiae Catholicae. Text, Commentary: Augustiniana 6 (1956) 9—36; *A. Zumkeller,* Manuskripte von Werken der Autoren des Augustiner-Eremiten-Ordens in mitteleuropäischen Bibliotheken: ebd. 11—16 (1961/66), bes. I. Anhang, Manuskripte zur Gesch. des Augustinerordens: ebd. 15 (1965) 73—130. LITERATUR: *Heimbucher* [3]I 537—570; *Th. Kolde,* Die deutsche Augustiner-Kongregation (Gotha 1879); *A. Sans,* Historia de los agostinos españoles (Madrid 1948); *W. Hümpfner,* Äußere Gesch. der Augustinereremiten in Dtl.: Festschr. St. Augustinus (Würzburg 1930) 147—196; *U. Mariani,* Gli Agostiniani e la grande unione del 1256 (Rom 1957); *V. Maturana,* Historia General de los Eremitanos de S. A., 6 Bde (Santiago/Chile 1912/31); *A.-C. de Romanis,* L'Ordine Agostiniano (Florenz 1935); *E. van Moé,* Recherches sur les Ermites de S. A. entre 1250 et 1350: RQH 60 (1932) 257—316; *F. Roth,* Die Augustiner-Generale des 13. Jh.: Cor Unum 8—9 (Würzburg 1950); *ders.,* Cardinal Richard Annibaldi, First Protector of the Augustinian Order (1243—76): Augustiniana 2—4 (1952 bis 1954); *J. Hemmerk,* Die Augustiner-Eremiten in Bayern: Augustiniana 6 (1956) 385 bis 490; *S. Rennhofer,* Augustinerklöster in Österreich: Augustiniana 6 (1956) 491—536; *A. Zumkeller,* Zur Frühgeschichte der Augustiner in Deutschland: Augustiniana 9 (1959) 93 bis 104; 700 Jahre Augustiner-Eremiten in Würzburg (1263—1963) (Würzburg 1963); *E. Braem-N. Teeuwen,* Augustiniana Belgica illustrata (Löwen 1956); *F. Roth,* A History of the English Austin Friars: Augustiniana 8 (1958) — 16 (1966).

Spiritualität: *D. Gutiérrez,* Ermites de Saint-Augustin: DSAM 4 (1960) 983—1042.

Wilhelmiten: *F. Roth,* Die Wilhelmiten: Cor Unum 8 (1950) 78—81; *K. Elm,* Beiträge zur Geschichte des Wilhelmitenordens (Köln-Graz 1962); *P. Janssens,* De Wilhelmieten en de Magna Unio Augustiniana: Augustiniana 12 (1962) 451—472; *K. Elm,* Die Bulle „Ea quae iudicio" Clemens' IV. (30. 8. 1266). Vorgeschichte, Überlieferung, Text und Bedeutung: Augustiniana 14 (1964) 500—522, 15 (1965) 54—67 493—520, 16 (1966).

Serviten: *Heimbucher* [3]I 576—588; *A. Morini-P. Soulier,* Monumenta Ord. Servorum S. Mariae, 20 Bde (Brüssel-Florenz 1897/1930); *A. Ph. M. Piermejus,* Memorabilium S. Ord. Servorum B. M. V. Breviarium, 3 Bde (Rom 1927/31); *A. M. Rossi,* Man. di Storia dell'Ord. dei Servi di Maria (Rom 1956); Studi storici sull'Ord. dei Servi di Maria (Rom 1933 ff); *P. Soulier,* Vie de S. Philippe Benizi (Paris 1886); *A. M. Wimmer,* Der hl. Philipp Benizi (Freiburg 1932); *M. Courayville,* Giuliana Falconieri (Florenz 1938).

Mercedarier: *Heimbucher* [3]I 571—576; *M. Even,* L'ordre de la Merci (Rom [2]1918); *G. Vázquez Núñez,* Manual de Historia de la Orden de N. Señora de la Merced (Toledo 1931); *F. Gazulla,* La Orden de Nuestra Señora de La Merced (Barcelona 1934); *M. Aime-Anizan,* Le quatrième vœu, N.-D. de La Merci et les captifs (Paris 1958); *P. N. Pérez,* San Pedro Nolasco (Barcelona 1915); *J. Rius Serra,* S. Raymundo de Peñafort. Diplomatario (Barcelona 1954).

Innozenz III. war zeit seines Pontifikats bemüht gewesen, das monastische Leben in der Kirche zu erneuern. Nicht nur die Benediktinerabteien waren vielfach wirtschaftlich und religiös in eine bedrohliche Krise geraten, auch die Reformorden des 12. Jh. (Zisterzienser und regulierte Chorherren) schienen ähnlich von religiösem Substanzverlust betroffen zu sein. Der Papst appellierte an die Orden selbst, beauftragte den Episkopat mit Visitationen, ließ seine Legaten Einsicht nehmen und versuchen, die Notstände zu beheben.

Gleichzeitig förderte Innozenz neue Bildungen, wie etwa Guido von Montpellier mit seinen Hospitalbruderschaften, Johannes von Matha und seinen Orden zum Austausch der Gefangenen (zwischen dem Islam und den christlichen Nationen), auch der Deutsche Orden erhielt am 19. Februar 1199 die päpstliche Bestätigung.

Vor allem aber versuchte Innozenz die genossenschaftsbildende Kraft, wie sie sich in der Armutsbewegung seiner Epoche in vielen Landschaften Frankreichs und Italiens (vor allem bei den häretischen Gruppen) zeigte, mit behutsamer Hand der Kirche zuzuwenden. Es gelang ihm, die Humiliaten der Lombardei teilweise zu gewinnen, so wie auch Teile der waldensischen Bewegung unter Durandus von Huesca in Spanien wieder in den Kirchenverband rückgegliedert wurden.

In diesen Gesamtzusammenhang gehören die Anfänge der beiden großen Bettelorden, Stiftungen, welche im Verlauf des 13. Jh. Modell standen für weitere Ordensgründungen. Es ist nicht erstaunlich, daß beide dort ihren Ursprung nahmen, wo sich die gefährlichsten Krisenherde gebildet hatten, in Südfrankreich und in Mittelitalien. Allerdings waren dabei die Kontakte mit der Häresie für den hl. Dominikus viel entscheidender als etwa die Kenntnis von entsprechenden Erscheinungen im Umkreis seiner umbrischen Heimat für Franziskus[1].

Sie bezeugen einmal den ungebrochenen Elan der apostolischen Armutsbewegung einerseits, belegen aber auch die Interdependenz von kirchlichen und ketzerischen Formen innerhalb dieses Drangs nach Verwirklichung der vita apostolica.

Die Dominikaner

Schon im Namen: „Predigerbrüder“ (Ordo Fratrum Praedicatorum) liegt ein Hinweis auf den Ursprung und der Umriß eines Programms. Dominikus de Guzmán (um 1170 zu Caleruega in Altkastilien geboren) hatte als Subprior des regulierten Domkapitels von Osma seinen Bischof Diego auf Reisen nach

[1] Vgl. *K. Esser,* Franziskus von Assisi und die Katharer seiner Zeit: AFrH 51 (1958) 225 bis 264; *J. Toussaert,* Antonius von Padua (Köln 1967) 360—363.

Dänemark und Rom begleitet. Beide Männer, apostolisch gesinnt und theologisch gut geschult, hatten in Südfrankreich die kirchengefährdende Bewegung der Katharer kennengelernt. In Rom (1206) erbaten sie sich von Innozenz III. zunächst zwar die Erlaubnis, Missionsarbeit unter den Kumanen in Ungarn zu übernehmen, doch verwies sie der Papst auf die drängenderen Aufgaben in Südfrankreich. Diego von Osma kehrte allerdings 1207 nach Hause zurück, wo er noch im gleichen Jahr starb. Dominikus, dem sich einige Gefährten anschlossen, übernahm zunächst in Prouille das von Diego gestiftete Haus für konvertierte Frauen, die dort nicht nur ein Gemeinschaftsleben frommer Armut pflegten, wie sie es bereits unter den Katharern getan hatten, sondern sich auch weiterhin der Mädchenbildung (Mädchenerziehung) annahmen. Diese Methode, vom Gegner gleichsam das Instrumentar zu übernehmen, seine geistlichen Sorgen zu verstehen und sich zu eigen zu machen, wie dieser „verbo et exemplo" die Frohe Botschaft des Herrn zu verkündigen, wurde zur Eigenart des dominikanischen Instituts. Prouille[2] hatte auch als Absteigequartier der wandernden Prediger, Dominikus' und seiner Gefährten, zu dienen, bis diese unter Bischof Fulko in Toulouse bei St-Romain ein eigenes Haus gründen konnten. Der Bischof setzte sie als Diözesanprediger ein, doch schien damit der ursprüngliche Elan des hl. Dominikus kaum erfüllt zu sein. Bischof und Prediger versuchten in Rom für die werdende Ordensgemeinschaft vom Papst Bestätigung und Förderung zu erhalten. Unter Hinweis auf c. 13 des eben abgeschlossenen Laterankonzils veranlaßte Innozenz die Annahme der Augustinerregel und gab dann der Bruderschaft die erbetene Bestätigung, deren amtliche Ausfertigung aber erst Honorius III. mit den Bullen vom 22. Dezember 1216 und vom 21. Januar 1217 vornahm. Das erste Generalkapitel des neuen Ordens in Bologna (Pfingsten 1220) erarbeitete eine Verfassung, die unter dem Generalat Raymunds von Peñaforte (1241) und Humberts von Romans (1259) ergänzt und endgültig abgeschlossen werden konnte.

Dominikus starb am 6. August 1221 in Bologna. Er hatte nach der ersten päpstlichen Bestätigung von Toulouse Brüder nach Paris und Spanien gesandt und damit den Willen bekundet, aus Diözesanmissionaren nunmehr Prediger für die Gesamtkirche werden zu lassen. Unermüdlich war er in den letzten Lebensjahren unterwegs von Land zu Land, um den rasch sich ausbreitenden Orden, der alsbald auch in Italien, Deutschland, England siedeln konnte, überall zu beraten, Erfahrungen zu sammeln, das Anliegen der inneren wie der äußeren Mission zu vertreten, die Beheimatung an den Universitäten (vor allem Paris und Bologna) zu verankern. Dies vor allem war für Dominikus wichtig. Schon seit der ersten Begegnung mit den südfranzösischen Katharern war ihm klargeworden, daß zur Predigt ein solides theo-

[2] Vgl. dazu jetzt vor allem Saint Dominique en Languedoc (Cahiers de Franjeaux, 1), (Toulouse 1966).

logisches Wissen gehöre: nicht nur zur Kontroverspredigt, sondern auch zur katechetischen Predigt im katholischen Raum. Die Bewegung der Laienpredigt (die so oft in häretische Seitenwege mündete) hatte zwar das Bedürfnis nach dem Wort im Kirchenvolk erkennen lassen, als unkontrollierte Verkündigung hatte sie aber zugleich die Notwendigkeit klaren dogmatischmoraltheologischen Wissens beim Prediger nur zu deutlich herausgestellt. Die erklärte Absicht, eine Erneuerung der Verkündigung der Glaubenslehre vom Theologischen her zu betreiben, gewann dem hl. Dominikus gleich von den Anfängen her viele Gefährten aus dem Bannkreis der Universitäten, wie etwa seinen Nachfolger in der Leitung des Ordens, den seligen Jordan von Sachsen (1222—37)[3], der in Paris studiert hatte. Unter ihm breitete sich der Orden bis nach Syrien und nach Schottland aus.

Die Verfassung betonte die Armut des einzelnen wie auch der Gemeinschaft, sie nahm Traditionselemente auf aus den Verbänden der regulierten Chorherren (zumal von Prémontré) und orientierte sich auch an monastischen Lebensformen, vor allem der Zisterzienser. Doch neu war die Forderung, vom Almosen zu leben; feste Einkünfte und Grundbesitz werden abgelehnt. Der Kirchenbau sollte so schlicht sein wie bei den frühen Zisterziensern. Häuser gründete man vorab in den Universitätsstädten sowie in den Bischofs- und Handelsstädten. Hier fand man die erhofften Felder für den Nachwuchs, für die Seelsorge, für das Studium und auch für den Unterhalt. Hier hielten die Dominikaner ihre jährlichen Generalkapitel, abwechselnd in allen Ländern, die sie besiedelten. Dieses Generalkapitel (offensichtlich hergeleitet vom Zisterzienser-Vorbild, das Innozenz III. auf dem Laterankonzil in c. 12 auch den anderen Orden zur Verpflichtung gemacht hatte) besaß die oberste rechtsetzende Gewalt im Orden und wählte den Generalmagister, den es auch absetzen konnte. Die Provinzialoberen wurden ebenfalls (von den Provinzialkapiteln) gewählt, dem Generalmagister stand ihnen gegenüber nur ein Bestätigungsrecht zu. Seit 1228 gab es Provinzen für Spanien, die Provence, Frankreich, die Lombardei, Rom, Deutschland, England, Ungarn, das Heilige Land, Griechenland, Polen und Skandinavien. Sowohl dem Generalkapitel wie den Provinzialkapiteln oblag die Funktion der Kontrolle der von ihnen gewählten Ordensoberen: eine eigenartige und, wie sich herausstellen sollte, sehr wirksame Mischung monarchischer und demokratischer Elemente in der Gesamtkonstruktion der Verfassung.

Die zentrale Funktion der Predigt im Ordensprogramm veranlaßte die Gesetzgeber für jede Niederlassung einen theologischen Lehrer und einen Studienleiter zu fordern, in jeder Provinz ein studium generale zu errichten, schließlich in Paris (St. Jakob) die besten Nachwuchskräfte ausbilden zu lassen. Die strenge Unterordnung unter den Papst (der Generalmagister nahm

[3] Die Briefe Jordans von Sachsen wurden hrsg. von *E. Bayonne:* MOP VII, dt. von *J. Mubauer* (Vechta 1927); Biographie von *H. Ch. Scheeben* (Vechta 1937).

Residenz in Rom) und unter den Episkopat in den Ländern sollte dem Verkündigungswerk dienen und garantierte den Gründungsgenerationen weitgehende Unterstützung durch die Ortsbischöfe und der Predigt den gesicherten Rahmen des kirchlichen Raumes. Die strenge Lebensführung (Armut, Fasten, Abstinenz, persönliche Bußwerke) gewann den Predigern die Aufmerksamkeit des Kirchenvolkes und eine stetig zunehmende Zahl von Berufen, vor allem aus den Kreisen der Universitäten wie aus den führenden Schichten des Bürgertums.

Dominikus hat seinem Orden die Züge seines eigenen Charakters deutlich aufgeprägt. Er lebte nach „der Regel der Apostel", war ein „Mann des Evangeliums auf den Spuren seines Erlösers", wie Gregor IX. in der Kanonisationsbulle von 1234 schrieb. Diese evangelische Haltung wollte er nicht nur im eigenen Leben verwirklichen, sondern die Formen des apostolischen Lebens als „Mann der Kirche" in ihr institutionell verankern. Er kannte das kanonische Recht und bejahte die universale Leitungsgewalt des Papstes. Evangelium und hierarchische Kirche gehörten für Dominikus zusammen. Liebenswürdige Menschlichkeit verband er mit planender Intellektualität, strenge Gebetsaskese und Treue zur gewählten Regel mit einer dem vielgestaltigen Apostolat entsprechenden Kraft zur sachlich-individuellen Entscheidung (Dispensationen). Der „geborene Prediger" (Vicaire) blieb für immer das Modell seiner Ordensbrüder wie auch der theologisch gebildete Gesprächspartner der Häretiker und der bis an sein Lebensende dem Wunsch, Heiden (Kumanen) für Christus zu gewinnen, getreue Apostel.

Unter der kraftvollen Leitung seiner ersten Nachfolger (Jordan von Sachsen 1222—37, Raymund von Peñaforte 1238—40, Johannes der Deutsche 1241—52, Humbert von Romans 1254—63)[4] erlebte der Orden einen schnellen und erstaunlichen Aufstieg. Am Ende des Jahrhunderts (1303) zählte man 557 Konvente in 18 Provinzen, die Zahl der Mitglieder betrug schätzungsweise 15000. Unter Humbert von Romans erhielt die Verfassung ihre endgültige Form, einen Rahmen für weitere ordensrechtliche Entwicklung, der in dieser Form bis 1924 nicht geändert zu werden brauchte. Bis 1259 konnte auch eine eigene Liturgie (im Rahmen der römischen Tradition) entworfen werden.

Während man zunächst in enger Zusammenarbeit mit den Bischöfen und dem Pfarrklerus volksmissionarische Arbeit leistete, traten von 1240 an die Konvente selbst als Seelsorgszentren in Erscheinung (mit Predigt, Sakramentenspendung, Bruderschaftswesen u. a.). Die Päpste, vor allem Gregor IX. und Innozenz IV., haben den Orden reich privilegiert, von ihm sich viele ihrer Berater stellen lassen (man denke an Raymund von Peñaforte und

[4] *K. Michel,* Das Opus tripartitum des Humbert von Romans (Graz [2]1926); Opera de vita regulari, ed. *J.-J. Berthier,* 2 Bde (Rom 1888/89); Biographie von *F. Heintke* (Berlin 1933).

Gregor IX.), beim Ausbau der Inquisition haben sie sich vor allem der Dominikaner bedient.

Der Dienst am Inquisitionsgericht schloß das kontroverstheologische Gespräch bzw. die Predigt nicht aus, förderte vielmehr die theologische Wissenschaft. Auf diesem Feld von Schule, Hochschule und theologischer Literatur lag die besondere Leistung des neuen Ordens. Die Konvente von Paris, Orléans, Bologna, Köln und Oxford vor allem beherbergten die führenden Theologen des Jahrhunderts. Der dominikanische Missionseifer fand Felder in Preußen, im Heiligen Land, in Spanien und Nordafrika; in Griechenland richtete er sich im Sinn der Päpste auf das Anliegen der Wiedervereinigung mit der Ostkirche. Sendungen zu den Kumanen und Mongolen sind zu verzeichnen.

Der zweite Orden des hl. Dominikus[5], von Prouille und San Sisto (Rom) ausgehend, konnte für weitere Bildung von Frauengemeinschaften Vorbild sein. Die Konstitutionen von San Sisto wurden neben der Zisterzienserinnenregel maßgebend für den Orden der „Büßerinnen der hl. Maria Magdalena" (Reuerinnen, Weißfrauen)[6], der vor allem in Deutschland sich rasch ausbreitete. Sein Stifter war auf Anregung des Kardinals Konrad von Urach (OCist) der Stiftsherr Rudolf von Hildesheim (1226—27).

Aus einer Laienbruderschaft der „Militia Christi" entwickelte sich der Dritte Orden (Brüder und Schwestern von der Buße des hl. Dominikus)[7].

Franz von Assisi und die Minderbrüder

Aus ähnlichen Quellgründen gespeist und vor dem gleichen zeitgeschichtlichen Hintergrund, von einer noch stärker charismatisch geformten Persönlichkeit ihre Impulse empfangend, entstand die Armuts- und Predigtbewegung der Minderen Brüder des hl. Franziskus.

Franz von Assisi (geboren um 1181/82) war der Sohn eines wohlhabenden Tuchhändlers (Pietro Bernardone) und einer Mutter (Pica) aus angesehener französischer Familie. Auf den Namen Johannes getauft, gab der Vater ihm den Rufnamen Francesco. Er war eine sensible Natur von überdurchschnitt-

[5] *J. Vesely*, Il secondo Ordine de S. Domenico (Bologna 1943); *H. Wilms*, Gesch. der deutschen Dominikanerinnen (Dülmen 1920).

[6] *Heimbucher* ³I 646—648; *H. Grotefend*, Die büßenden Schwestern der heiligen Maria Magdalena in Deutschland: Mitt. des Vereins für Gesch. u. Altertumskunde Frankfurt a. M. 6 (1881) 301—316; *A. Simon*, L'ordre des Pénitentes de Ste-Marie-Madeleine en Allemagne (Fribourg 1918); *J. Schuck*, Die Reuerinnen (Paderborn 1927); *O. Decker*, Die Stellung des Predigerordens zu den Dominikanerinnen (Vechta u. Leipzig 1935).

[7] Vgl. dazu vor allem die Forschungen von *G. Meersseman*, Études sur les anciens confréries dominicaines: AFP 20—23 (1950/53) (Bibliogr. zum Kap.); *P. Mandonnet*, Les Règles et le gouvernement du l'Ordre de Paenitentia au XIIIe siècle (Paris 1902).

licher Intelligenz, intuitiv und musisch begabt, offen und großherzig. In der Stadtschule von Assisi erwarb er sich die mittlere Bildung jener Tage. Eine längere Gefangenschaft während des Städtekrieges Assisi—Perugia (1202) und eine folgende Krankheit ließen seine religiöse Entwicklung, deren Stufen nicht leicht darzutun sind, einen tiefgehenden Wandel erleben, der bestimmt wurde vom Erlebnis der Majestät des Vater-Gottes, von der erwachenden Sorge um den Verfall der Kirche (konkret verwirklicht durch den Wiederaufbau von verfallenen Kapellen) und um die Not der Armen und Kranken (Aussätzigen) im Umkreis des reichen Assisi. Der Konflikt mit dem Vater (1206/07) endete mit seiner Enterbung, Franz begab sich arm in den Schutz der Kirche (des Bischofs). Zur Hingabe an die Armut trat der Wille zum Apostolat, ausgelöst durch die Schriftlesung von Mt 10, 5—16: Die Aussendung der zwölf Apostel. Die „imitatio" des armen, predigenden, helfenden Herrn wurde zum Lebensprogramm des hl. Franziskus.

Gefährten aus Assisi schlossen sich ihm an, sie gingen zu zweit durch die Städte und über Land und predigten die Frohe Botschaft. Die Zurückhaltung der Bischöfe gegenüber einer Bewegung, die der häretischen Laienpredigt so ähnlich sah, konnte nur durch päpstliche Gutheißung überwunden werden. Franziskus, der als Pilger bereits 1206 in Rom gewesen war, konnte 1210 durch Vermittlung des dort weilenden Bischofs von Assisi und des Kardinals Johannes Colonna bei Innozenz III. eine mündliche Bestätigung seiner (1.) Regel erhalten. Sie ist verschollen, war auch wohl nur eine kleine Sammlung von Schriftstellen. Der Papst nahm die Brüder unter kirchliche Jurisdiktion (Tonsurerteilung), Franziskus selbst erhielt die Diakonatsweihe. Die Brüder nannten sich die Minores (Minderbrüder), wohnten z. T. in Portiuncula, wo seit 1212 auch Klara von Assisi, die Gründerin des 2. Ordens[8] (Klarissen), mit ihrer Schwester Agnes sich einfand. Die Bewegung wurde allenthalben gut aufgenommen, der Kreis der Brüder wuchs schnell. Franziskus, der auch die Verkündigung des Wortes bei den Nichtchristen beabsichtigte, fuhr 1212 gen Osten, kam aber nur bis Dalmatien, wollte nach Nordafrika, erkrankte aber in Spanien (um 1213/15), schließlich begleitete er 1219 den 5. Kreuzzug, und es gelang ihm, persönlich vor Sultan El-Kamil zu predigen. Zwar bekehrte sich dieser nicht, doch gab er Franziskus Predigterlaubnis in seinen Territorien. Dieser ging noch nach Palästina, bevor er wohl im Herbst 1220 nach Italien zurückkehrte.

Dort wartete auf ihn die Notwendigkeit, seiner nun fast unübersehbar gewordenen Brüdergemeinschaft eine Verfassung zu geben. Doch dafür fehlte ihm, im Gegensatz zu dem anders veranlagten hl. Dominikus, die planende

[8] *E. Wauer,* Entstehung und Ausbreitung des Klarissenordens (Leipzig 1906); *J. Ancelet-Hustache,* Les Clarisses (Paris 1924); Santa Chiara d'Assisi, Studi e Cronaca del VII Centenario (Perugia 1954); Biographien der hl. Klara: *F. Casolini* (Assisi 1953); *E. Schneider* (Paris 1959).

und organisatorische Kraft. Die Kurie nahm sich der Sache an. Das sogenannte Mattenkapitel von 1221 (mit mehr als 3000 Teilnehmern) promulgierte eine neue (die 2.) Regel, ebenfalls eine Sammlung von Schriftstellen in 24 Kapiteln. Sie blieb erhalten (als Regula non bullata bekannt). Doch erst die stärker juridisch gefaßte Regula bullata von 1223 wurde zum wirklichen Grundgesetz des neuen Ordens. An ihr hatte Kardinal Hugolin von Ostia entschieden mitgearbeitet. Sie wurde in die Bestätigungsbulle vom 29. November 1223 von Honorius III. vollinhaltlich übernommen. Innere und äußere Mission wurden als Hauptziel des Ordens genannt, die Armut des einzelnen wie der Gemeinschaften (bis zum strikten Verbot der Annahme von Geld) streng gefordert. Das Mattenkapitel entsandte Brüder in alle Länder Europas.

Franziskus selbst hatte bereits die Leitung der Minderbrüder an einen seiner ersten Gefährten, Peter Catanii, abgegeben, den Papst um einen Kardinalprotektor für den Orden gebeten und in Kardinal Hugolin von Ostia erhalten. Während die Regula non bullata von einem Kardinalprotektor noch nichts weiß, verlangte ihn die Regula bullata. Die Einrichtung muß sich also zwischen 1221 und 1223 angebahnt haben. Als Peter Catanii starb (10. 3. 1221), wurde Elias von Cortona sein Nachfolger. Im gleichen Jahr stiftete Franziskus auch den Dritten Orden[9], eine Gemeinschaft von Laien (auch Eheleuten), welche das franziskanische Lebensideal außerhalb klösterlicher Ordnungen zu verwirklichen suchte.

In Bologna hatte Franziskus nach seiner Rückkehr aus dem Orient das dort errichtete Studienhaus aufgelöst, doch der Kardinalprotektor hatte sich für die Wiedererrichtung eingesetzt, und Franziskus gab nach, ernannte sogar den ersten Lehrer (Antonius von Padua)[10]. Die Notwendigkeit theologischer Studien für eine ergebnisreiche Predigttätigkeit konnte ihm nicht verborgen bleiben, zumal immer mehr Priester sich dem Orden anschlossen; die eigentümlichen Anfänge als eine Richtung der apostolischen Laienbewegung schienen überwunden zu sein.

Bis April 1224 blieb Franziskus in Greccio und nahm Pfingsten am Generalkapitel teil, auf dem die Regula bullata verkündigt wurde. Dann zog er sich mit einigen Gefährten zu einem Leben des Gebets, der Buße, der Kon-

[9] Der Dritte Orden entstand aus Bruderschaften, die sich unter dem Einfluß des hl. Franziskus zusammenschlossen. Wahrscheinlich in Florenz oder Bologna gab Kardinal Hugolin von Ostia, wohl nach Rücksprache mit Franziskus oder wenigstens mit Benützung einer schon vorhandenen Regelfassung, die offizielle Regel unter dem Titel „Memoriale propositi fratrum et sororum de poenitentia in domibus propriis existentium" heraus. Neugefaßt erhielt sie 1289 eine Bestätigung von Papst Nikolaus IV. Vgl. *F. van den Borne*, Die Anfänge des franziskanischen Dritten Ordens (Münster 1925); *ders.*: LThK² IX (1964) 1375—76.

[10] Dazu jetzt die kritische Monographie von *J. Toussaert*, Antonius von Padua (Köln 1967) 348—354 (Lektorat).

templation auf den Berg Alverna zurück, wo er am 14. September 1224 auch die Stigmata empfing. Viele Krankheiten plagten den armen Leib, vor allem hatte er sich im Orient ein schweres Augenleiden zugezogen, das er vergeblich in Rieti (auf Veranlassung Kardinal Hugolins) und in Siena (wie Frater Elias von Cortona anordnete) behandeln ließ. Von Februar 1226 an weilte er in seiner Vaterstadt, wo ihn der Bischof gastlich aufnahm. Am Pfingstkapitel von 1226 konnte er nicht mehr teilnehmen, dafür schrieb er im August des Jahres sein „Testament", das die strengste Armut und vor allem Gehorsam gegenüber der Römischen Kirche einschärfte. Vor seinem Tod am 3. Oktober konnte er noch Frieden stiften zwischen Bischof und Magistrat von Assisi und seinen berühmten Sonnengesang vollenden. Er starb in einer Hütte bei Portiuncula und wurde in der St.-Georgs-Kirche beigesetzt. Papst Gregor IX. (Hugolin von Ostia) sprach ihn bereits zwei Jahre später (29. 7. 1228) heilig. In der Unterkirche der Basilika von Assisi fand er seine letzte Ruhestätte. Sie konnte nach vergeblichen Versuchen im Jahre 1818 unter Pius VII. wieder aufgefunden werden.

Die Gestalt des „Poverello" hat Mitwelt und Nachwelt viel intensiver beschäftigt als Dominikus, der hinter seinem Werk stärker zurücktrat als jener. Während der Dominikanerorden bereits eine Institution war, als Dominikus starb, blieb der Franziskanerorden auch nach 1226 gleichsam noch eine Bewegung. Franziskus war eben kein Organisator, sondern nach Dante „ging er der Welt wie eine Sonne auf" (Parad. XI, 49 f), ein Mystiker, Dichter, Sänger und Beter, aber kein Kanonist, Theologe, Kontroversprediger. Doch war er kein reiner Tor, wie man gemeint hat, sondern ein intelligenter, kluger und glaubensstarker Mensch, der seine Grenzen kannte und darum schon so früh die Mitarbeit der Kurie wünschte. Der Kardinalprotektor wurde ihm nicht aufgezwungen, er hat selbst diesen „gubernator, protector et corrector" erbeten. In seinem Testament erklärte Franziskus ausdrücklich, es sei u. a. auch die Aufgabe des Kardinalprotektors, jeden Schatten der Häresie von dem Orden fernzuhalten. Zugleich erfüllte dieser die Funktion, an der Kurie wie bei der Hierarchie den Orden zu verteidigen und ihm in der Kirche die Wege zu ebnen. Weltfremdheit bei Franziskus verrät eine solche Konzeption wohl kaum. Auch findet man in den Quellen viele Zeugnisse für gute, wenn auch nicht für geniale Menschenkenntnis beim seraphischen Heiligen. Als er in den Orient reiste, ernannte er als Vikare Matthäus von Narni und Gregor von Neapel (1219), die in seiner Abwesenheit neue Regeln einführten und das Studienhaus in Bologna errichteten. Hatte Franziskus ihre Einstellung vorher nicht durchschaut? Als er sich von der eigentlichen Leitung des Ordens zurückzog, wurden Peter Catanii und dann Elias von Cortona seine Generalvikare. Wenn auch das Bild des Elias von späterer Polemik verzeichnet worden ist, so bleibt doch die Wahl gerade dieses Mannes, der auch den letzten Segen des sterbenden Heiligen empfing, ein Rätsel. Die Forschung verlegt heute allerdings die dem Orden abträgliche Entwicklung bei Elias von Cortona in die Zeit nach seiner Abwahl auf dem Kapitel von 1227, das nicht ihn, sondern Johannes Parenti zum Generalminister in der Nachfolge des hl. Franziskus erhob[11].

Jetzt erst begannen sich auch deutlicher jene Richtungen[12] abzuzeichnen, welche nach 1226 das Schicksal des Ordens bestimmten. Die Armutseiferer als Vertreter der buchstäblichen Regelerfüllung, welche sich vor allem auf das Testament des Heiligen (1226) beriefen. Gregor IX. erklärte allerdings 1230 auf Befragen, Gesetzeskraft komme dem Testament nicht zu. Aus dieser Richtung entwickelten sich später die Spiritualen.

Elias von Cortona vertrat, zumal während seiner Zeit als Generalminister (1232—39), Angleichung an andere Orden, wie denn tatsächlich das Modell des Dominikanerordens im Lauf der Jahre nachhaltig Einfluß gewann, so etwa bei der Verfassungssicherung (Stellung des Generalministers) und bei der Wende des Ordens zur Pflege der Wissenschaft.

Die Mitte wurde vertreten von Antonius von Padua, Bonaventura, Johannes Pecham u. a., die unter möglichster Wahrung der ursprünglichen Ideale doch eine Anpassung an die sich verändernden Zeitverhältnisse verlangten und durchsetzten. Die Spannungen zwischen diesen Richtungen waren anfänglich nicht sehr groß und verschärften sich erst nach 1250, um dann zu Beginn des 14. Jh. zur schweren Krise des Gesamtordens zu werden.

Bis dahin aber hatten die Minderbrüder sich allenthalben in der Kirche bis nach Irland, Schottland, Skandinavien, nach Syrien und dem Heiligen Land ausbreiten können, so daß man für 1300 schätzungsweise mit 30000 bis 40000 Mitgliedern rechnen muß. Durch die enge Verbindung, welche Franziskus (wie Dominikus) von den Anfängen her mit der Römischen Kurie einging, ließ sich die Wirksamkeit des Ordens von vornherein gesamtkirchlich an. Die Freizügigkeit (entgegen aller bisher gepflegten stabilitas loci der alten Orden) ließ alle Hauptkonvente international zusammengesetzt sein. Ein lebhafter Austausch von Land zu Land, in allen Ordensämtern, für vielerlei Missionen blieb für den Orden charakteristisch. Mit den Dominikanern konnte bald die Franziskanerschule (vor allem in Oxford und Paris) in ebenbürtiger Weise der theologischen Wissenschaft dienen.

Ihre Hauptwirksamkeit entfalteten die Minderbrüder natürlich im Dienst am Wort (Volkspredigt, Kreuzzugspredigt) und am Sakrament (Beichtstuhl) wie auch bei der Pflege von Volksandachten, deren Motive um Menschwerdung und Leiden des Herrn kreisten. Sie predigten in den Städten (bald auch in eigenen Konventskirchen) und, wie Franziskus, auf dem Land als

[11] Das Elias-Problem wurde zuletzt dargestellt von *R. B. Brooke*, Early Franciscan Government (Elias to Bonaventure) (Cambridge 1959).

[12] Der unterschiedlichen Armutsauffassung der frühen Franziskaner hat jetzt *M. D. Lambert* eine sorgfältige genetische Untersuchung gewidmet: Franciscan Poverty, The Doctrine of the absolute poverty of Christ and the Apostles in the Franciscan Order (1210 bis 1323) (London 1961).

Wanderprediger. Große Namen überlieferte vor allem das 13. Jh.: für Italien Antonius von Padua, Bonaventura von Jesi, für Frankreich Hugo von Digne, Odo Rigaldus, für Deutschland Konrad von Sachsen, Berthold von Regensburg.

Nach dem Vorbilde des hl. Franziskus und nach seinem Willen konnten sich die Minderbrüder vor allem als Pioniere beim Werk der Heidenmission einsetzen. Wie schon Franziskus mit seiner Predigt vor dem Sultan eine Wende vom Kreuzzug als militärischer Verteidigung christlicher Positionen zum Kreuzweg eines friedlichen Bemühens um den Glauben der nichtchristlichen Völker anzubahnen versuchte, so gingen die Minderbrüder als Prediger nach Nordafrika, Syrien, Palästina (Sarazenenmission), im Auftrag des Papstes zu den Mongolen (Johannes von Piano di Carpine 1245—47, Wilhelm von Rubruck 1253—55) und nach Peking (Johannes von Montecorvino 1294 u. a.)[13].

Dem Heiligen Stuhl bedeuteten sie, ähnlich wie die Dominikaner, eine wichtige Hilfe beim kirchlichen Reformwerk, beim Kampf gegen die Häresie, aber auch bei der Kirchenpolitik (Übernahme von Legationen, Friedensvermittlungen u. a.).

Beide Orden haben im Verlauf des Jahrhunderts für weitere Gründungen das Leitbild abgegeben. Die *Karmeliter* reihte Innozenz IV. 1247 den Bettelorden bei. Ihr erster Generaloberer wurde Simon Stock (1247—65). Seine Anfänge gehen allerdings noch ins 12. Jh. zurück und liegen in einer Einsiedlersiedlung, die der Kreuzfahrer Berthold aus Kalabrien († 1195) 1185 auf dem Berge Karmel ins Leben gerufen hatte. Von Patriarch Albert von Jerusalem hatten sie eine streng beschauliche Regel erhalten (1207/09), die Honorius III. 1226 bestätigte. Als sie, vom Islam bedrängt, nach Zypern, Sizilien, Frankreich und England auswanderten und nun ihre Lebensweise koinobitisch ausrichteten (seit 1238), lag es nahe, ihnen eine den Bettelorden entsprechende Verfassung zu geben.

Ähnlich aus Einsiedlergruppen hervorgegangen ist auch der Orden der *Augustiner-Eremiten*. Zunächst vereinigte Innozenz IV. (1243) die in der Toskana lebenden Eremiten, dann Alexander IV. (1256) alle übrigen zu einer Gesamtgemeinschaft, dem Orden der Eremiten vom hl. Augustin. Der noch aus dem 12. Jh. stammende Wilhelmitenorden entzog sich aber bald (1266) der Vereinigung wieder. Petrus Nolaskus († 1256) und der Dominikanergeneral Raymund von Peñaforte († 1275) gelten als die Stifter des Ordens der *Mercedarier*, der, aus einem frommen Laienverein in Barcelona (1222) hervorgegangen, sich ähnlich wie die Trinitarier um Gefangenenaustausch bemühte. Unter Jakob I. von Aragón wurde er zu einem geistlichen Ritterorden, den Gregor IX. 1235 als solchen bestätigte. Als Bettelorden kann er erst gelten, seit Johannes XXII. (1318) bestimmt hatte, daß

[13] Vgl. Kap. 29.

nur ein Priester Generaloberer sein dürfe, die Ritter ausschieden und der Orden ausschließlich geistlichen Charakter annahm.

1233 entstand in Florenz der *Servitenorden* (Servi B. Mariae Virginis), auch er aus einer Laienbruderschaft von Kaufleuten und Patriziern der Stadt. 1240 nahm man die Augustinerregel an und erhielt von Alexander IV. (1255) die Bestätigung. Als Bettelorden allerdings kann er erst durch die Erklärung von Martin V. gelten (1424). Der fünfte Generalobere des Ordens (Philipp Benitius, † 1285) gründete einen 2. Orden (der Servitinnen). Daneben gab es auch klösterlich lebende Tertiarinnen (Mantellaten), die auf die hl. Juliana Falconieri († 1341) zurückgehen; sie widmeten sich vor allem der Krankenpflege.

Die Bettelorden haben das kirchlich-religiöse Leben des 13. Jh. entscheidend geprägt, sicherlich stärker, als es die Reformorden des 12. Jh. in ihrer Zeit taten. Durch den Zentralismus ihrer Verfassung einerseits, der durch die relative Eigenständigkeit der Provinzialverbände gemildert wurde, durch die Freizügigkeit ihrer Personalpolitik auf internationaler Ebene andererseits und, zumal bei den Minderbrüdern, dank ihrer breiten seelsorgerlichen Kontakte zu allen Schichten der Gesellschaft, vor allem in den Städten, stellten sie dem Papsttum unvergleichliche Kräfte für die Leitung der Kirche (viele Bischöfe und Kardinäle, selbst Päpste gingen bereits im 13. Jh. aus ihnen hervor), für die Erneuerung der Volksfrömmigkeit (durch das Wirken der drei Ordensformen, die sie geschaffen hatten), für die Entfaltung der theologischen Wissenschaft, deren wichtigste Träger an allen Universitäten Dominikaner und Franziskaner wurden (von Alexander von Hales über Bonaventura zu Johannes Duns Scotus, von Hugo von St-Cher über Albertus Magnus zu Thomas von Aquin). Sie haben, zumal die Predigerbrüder, beim Kampf gegen die Häresie (Inquisition) und bei den wiederholten Versuchen, die beiden Kirchen des Ostens und des Westens wieder zu vereinigen, Großes geleistet. Die erste Phase in der Geschichte der Weltmission wurde von ihnen bestimmt. Die kirchliche Literatur wurde von ihnen auf allen Gebieten (Predigt, Katechese, Kontroverstheologie, Philosophie, Theologie, Geschichtsschreibung, Exegese, Liturgie und Dichtung) mit z. T. unvergänglichen Werken bereichert.

Zwar vollzog sich ihre Integrierung ins Universitätsleben und den Seelsorgsdienst nicht ohne Reibungen (vor allem in Paris 1250—60), doch ließen sich die Hauptschwierigkeiten durch die Vermittlung der Päpste wenigstens grundsätzlich überwinden. Die menschlichen Schatten konnten in diesem ersten Jahrhundert ihrer Geschichte stets von dem unbestrittenen Glanz ihrer Leistungen überstrahlt werden.

24. Kapitel

Das abendländische Spital im hohen Mittelalter

QUELLEN: Die Chroniken und Urkundenbücher der Städte, Klöster und Spitäler, Orden und Bruderschaften, Zinsbücher, Kopialbücher, Bischofsregesten u. a.

LITERATUR: Allgemeine: *L. Le Grand*, Statuts d'hôtels-Dieu et de léproseries (Paris 1901); *A. Hauck*, Wohltätigkeitsanstalten: RE ³XXI (1908) 435—452; *W. Schönfeld*, Die Xenodochien in Italien und Frankreich im frühen MA: ZSavRGkan 12 (1922) 1—54 (grundlegend); *W. Liese*, Gesch. der Caritas, 2 Bde (Freiburg 1922, Lit.); *D. L. Mackay*, Les hôpitaux et la charité à Paris au XIIIe siècle (Paris 1923); *G. Schnürer*, Kirche und Kultur im MA II (Paderborn 1926) 456—478; *F. Meffert*, Caritas und Krankenwesen bis zum Ausgang des MA (Freiburg 1927); *S. Reicke*, Das deutsche Spital und sein Recht im MA (Kirchenrechtliche Abhandlungen 111—114), 2 Bde (Stuttgart 1932, Lit.), dazu ergänzend *J. Sydow*, Kanonistische Fragen zur Gesch. des Spitals in Südwestdeutschland: HJ 83 (1964) 54—68; *S. Reicke*, Stiftungsbegriff und Stiftungsrecht im MA: ZSavRGgerm 53 (1933) 247—276; *W. J. Marx*, The Development of Charity in Medieval Louvain (New York 1936); *J. Imbert*, Les hôpitaux en droit canonique (L'Église et l'État au moyen âge 8) (Paris 1947); *G. Schreiber*, Byzantinisches und abendländisches Hospital: Gemeinschaften des MA (Münster 1948) 3—80; *P. de Angelis*, L'arci-confraternità ospitaliera di S. Spirito in Saxia (Terni 1951); *E. Nasalli-Rocca*, Il diritto ospedaliero nei suoi lineamenti storici (Mailand 1956); Atti del primo congresso italiano di storia ospedaliera (1956) (Reggio d'Emilia 1957); *B. Tierney*, Medieval Poor Law (Berkeley - Los Angeles 1959); *Fliche-Martin XII* = *G. Le Bras*, Institutions ecclésiastiques de la Chrétienté médievale (Paris 1960) 472—475 (Les établissements charitables); Atti del primo Congresso Europeo di Storia Ospitaliera (1960) (Reggio d'Emilia 1962); *J. H. Mundy*, Charity and Social Work in Toulouse (1100—1250): Tr 22 (1966) 203—287; *D. Jetter*, Gesch. des Hospitals I: Westdeutschland von den Anfängen bis 1850 (Wiesbaden 1966); *R. M. Clay*, The Mediaeval Hospitals of England (New York ²1966).

Einzelne Hospitäler (aus der umfangreichen Speziallitteratur werden nur einige jüngere Arbeiten angeführt): *F. F. Schäfer*, Das Hospital zum Hl. Geist auf dem Domhofe zu Köln (Köln 1910), mit einer Liste der deutschen Heilig-Geist-Spitäler, erg. von *G. Schreiber*: HV 15 (1912) 136—137; *O. Ulm*, Das Heilig-Geist-Hospital zu Überlingen am Bodensee im MA (Heidelberg 1913); *J. Kuhn*, Aus der Gesch. des Heiliggeistspitals zu Freiburg i. Br. (Hildesheim 1914); *H. Kluge*, Das Heilig-Geist-Hospital zu Schondorf (Marbach 1936); *A. Englisch*, Über Leproserien in Württemberg (Diss. masch. Frankfurt a. M. 1951); *B. Zeller*, Das Heilig-Geist-Spital zu Lindau im Bodensee (Schwäbische Geschichtsquellen und Forschungen 4) (Lindau 1952); *E. Wyde-Leemann*, Rechtsgeschichte des alten Spitals in Zürich (Zürich 1952); *W.-D. v. Kunatowski*, St. Leonhard vor Braunschweig (Braunschweiger Werkstücke 23) (Braunschweig 1958); *P. Gradauer*, Spital am Pyhrn in Oberösterreich (Linz 1957), dazu *H. E. Feine*: ZSavRGkan 45 (1959) 622—623; *V. M. I. Ottazzi*, Le principali fundazioni ospitaliere d'Italia nei loro statuti dal secolo XI fino al secolo XIV: Atti del primo congresso italiano di storia ospedaliera (1956) (Reggio d'Emilia 1957) 508—522; *G. Strodel*, Das Heiliggeistspital von Ravensburg (Diss. masch. Tübingen 1958); *R. van der Made*, Le grand hôpital de Huy (Löwen 1960); *P. de Angelis*, L'ospedale di Santo Spirito in Saxia I: Delle origini al 1300 (Rom 1960); *W. Haug*, Das St.-Katharinen-Hospital Esslingen a. N. (Diss. masch. Tübingen 1961); *A. Stollenwerk*, Zur Gesch. des Heilig-Geist-Hospitals in Boppard (Boppard 1961); *R. Kleiminger*, Das Heilig-Geist-Hospital in Wismar (Weimar 1962); *K. Wellschmied*, Die Hospitäler der Stadt Göttingen (Studien zur Geschichte der Stadt Göttingen 4) (Göttingen 1963); *W. Berweck*, Das Heilig-Geist-Hospital zu Villingen im Schwarzwald (Villingen 1963); *H. Muschel,* Das Spital der Reichen Siechen zu St. Katharina in Ulm (Forschungen zur Geschichte der Stadt Ulm 5) (Ulm 1965).

Johanniter-Orden: *Heimbucher* ³I 615—617; *J. v. Pflugk-Harttung,* Die Anfänge des Johanniterordens in Deutschland (Berlin 1899); *J. Delaville Le Roulx,* Cartulaire générale de l'ordre des Hospitaliers de St. Jean de Jérusalem, 4 Bde (Paris 1894/1906); *ders.,* Les Hospitaliers en Terre Sainte et à Chypre (1100—1310) (Paris 1904); *ders.,* Les Hospitaliers à Rhodos (Paris 1913); *M. Ambrazicjutè,* Studien über die Johanniterregel (Freiburg/Schweiz 1929); *E. J. King,* The Rule, Statutes and Customs of the Hospitallers (1099—1310) (London 1934); *C. H. C. Flugi van Aspermont,* De Johanniterorde in het Heilige Land (1100—1292) (Assen 1957); *S. Reicke* (s. o.) I 93—111.

Der Deutsche Orden (Deutschherrenorden): *Heimbucher* ³I 617—620. Aus der nahezu unübersehbaren Zahl der Quellenpublikationen und Darstellungen kann hier nur eine Auswahl gegeben werden: *R. ten Haaf,* Kurze Bibliogr. zur Gesch. des Deutschen Ordens (1198—1561) (Kitzingen 1949); *J. Rink,* Die christliche Liebestätigkeit im Ordensland Preußen bis 1525 (Breslau 1911); *M. Tumler,* Der Deutsche Orden im Werden, Wachsen und Wirken bis 1400 (Wien 1955, Literaturverzeichnis 631—672); *P. G. Thielen,* Die Verwaltung des Ordensstaates Preußen, vornehmlich im 15. Jh. (Köln-Graz 1965, Lit.); vgl. die Bibliogr. zum Kap. 29.

Hospitaliter vom hl. Lazarus: *Heimbucher* ³I 612—613; *E. Sauer,* Der Lazariter-Orden und das Statutenbuch von Seedorf (Freiburg 1930); *P. Bertrand,* Histoire des Chevaliers-Hospitaliers de St-Lazare (Paris 1932); S. *Reicke* (s. o.) I 132—148.

Antoniter: *Heimbucher* ³I 611—615; *V. Advielle,* Histoire de l'ordre hospitalier de Saint-Antoine de Viennois (Paris 1883); *H. Dijon,* L'église abbatiale de Saint-Antoine en Dauphiné (Grenoble-Paris 1902); *L. Maillet-Guy,* Les origines de Saint-Antoine (Valence 1908), ders. hat weitere Monographien über die Pfarreien, Großpriorate, Großmeister und Kommenden des Ordens in Südfrankreich im Bulletin de la Société archéologique de la Drôme erscheinen lassen, ferner in der Revue Mabillon (1926/28); *ders.,* Les commanderies de l'ordre de Saint Antoine de Viennois (Ligugé 1928); *A. C. Wand,* La chiesa de S. Antonio Abbate sull'Esquilino: RivAC 10 (1933) 71—104; *H. Chaumartin,* Le Mal des Ardents et le Feu St. Antoine (Vienne 1946); *J. Rauch,* Der Antoniterorden in Deutschland: AMrhKG 9 (1957) 33—50; A. *Mischlewski,* Der Antoniterorden in Deutschland: AMrhKG 10 (1958) 39—66; *J. Rauch-H. Becker,* Gesch. des Antoniterhauses Rossdorf-Höchst: AMrhKG 11 (1959) 76—159 (Lit.); *S. Reicke* (s. o.) I 156—166 (Das Spital des Antoniterordens).

Der Hl.-Geist-Orden: *Heimbucher* ³I 417—419; S. *Reicke* (s. o.) I 166—181; *K. Hofmann,* Hospitaliter: LThK² V (1960) 492—494; *P. Brune,* Histoire de l'ordre hospitalier du Saint-Esprit (Paris 1892).

Kreuzherren: *Heimbucher* ³I 419—422; *F. Jacksche,* Gesch. des ritterlichen Ordens der Kreuzherren mit dem roten Stern (Prag 1904); S. *Reicke* (s. o.) I 182—189.

Der Orden der Brüder vom Heiligen Grab zu Jerusalem: *F. Pasini,* Il sacro militare ordine Gerosolimitano del santo Sepolcro (Pisa 1888); S. *Reicke* (s. o.) I 189 bis 195.

Spitalverbrüderungen: *S. Reicke* (s. o.) I 48—71; *G. Le Bras,* Les confréries chrétiennes. Problèmes et propositions: Études de sociologie religieuse 2 (Paris 1956) 423 bis 462; *G. Schreiber,* Religiöse Verbände in mittelalterlicher Wertung: HJ 62/69 (1949) 284 bis 358. Dazu die reiche lokalgeschichtliche Lit. der Länder.

Für Arme und Kranke, Pilger und Reisende hatten im frühen Mittelalter Stift und Kloster gesorgt. In diesen „hospites", so verlangten es Regel und Verfassung, sollte man Christus selbst sehen und ihm dienen. Neben dem „opus Dei" in Kult, Arbeit und Selbstheiligung, der vita contemplativa, hatte der Gast- und Krankendienst allerdings nur Nebenbedeutung gehabt, war kaum irgendwo als ein zentrales Anliegen geistlicher Gemeinschaften angesehen worden.

Ein Wandel setzte ein im Zeitalter der Gregorianischen Reform, da sich die stärkere Beteiligung der Laien am öffentlichen Leben der Kirche anmeldete, unter den Motiven der „vita apostolica“ auch das heilende und helfende Beispiel Christi hervortrat, die „pauperes Christi“ arm werden wollten, um der Not anderer abhelfen zu können. Die Kreuzzüge brachten zu gleicher Zeit allenthalben, wo sie aufbrachen und wo sie hinführten, Heimatlosigkeit, Krankheit, Verkrüppelung und Armut mit sich. Dieser gehäuften Not gegenüber war die Caritas in bisheriger Form kaum noch zu durchgreifender Hilfe fähig, neue Formen mußten gefunden werden, um ihr wirklich zu steuern.

Eine dieser Formen wurde der erneuerte Spitaldienst im Westen wie im Osten, bei Stiften und Klöstern, vor allem in den Städten und an den Pilgerstraßen. Quelle der Erneuerung wurde im Abendland u. a. die Augustinus-Regel bei den reformierten Stiftskapiteln (bis zu den Domstiftern einschließlich); vor allem bei den Prämonstratensern wirkte sie sich belebend auf den Spitaldienst aus[1].

In den städtischen Siedlungen bildeten sich Spitalverbrüderungen, Männer und Frauen, vorerst bei bereits vorhandenen Spitälern, meist in Anlehnung an Stift oder Kloster. Doch zeigte sich bald die Tendenz, sich selbständig zu machen, was sich bei Erweiterung oder Verlegung des Spitals ermöglichen ließ. Die Verbrüderungen neigten allerdings vielfach auch dazu, sich eine klösterliche Verfassung zu geben. Aus bruderschaftlichen Spitälern wurden dann etwa Augustinerchorherrenstifte oder selbständige Nonnenklöster.

Im 13. Jh. ging neben diesem Prozeß der Verklösterlichung in den Städten die sogenannte Kommunalisierung des bruderschaftlichen Spitals einher[2], ob es sich nun dabei um eine bürgerliche Stiftung handelte oder um bereits bestehende geistliche Häuser. Dem Spitaldienst selbst mußte damit um so mehr gedient sein, als die Verklösterlichung meist seine Vernachlässigung im Gefolge hatte.

Vom 12. Jahrhundert an trifft man in allen Ländern des Abendlandes in relativ dichter Streuung Spitäler an unter bruderschaftlicher Führung, vor allem gefördert durch die jetzt einsetzende Entwicklung der europäischen Stadt. Auch im Kolonisations- und Missionsgebiet des ostelbischen Raums wurden von den Zisterziensern, Prämonstratensern und dem Deutschen Or-

[1] *N. Backmund,* Prämonstratenser: LThK² VIII (1963) 638—694: „die caritative Tätigkeit des Ordens im MA war bedeutend, fast alle Stifte unterhielten Spitäler ... auch eine wahre Kette von Pilgerhospitälern in Südfrankreich und Spanien“ (691).

[2] Vgl. dazu S. *Reicke,* Das deutsche Spital I 196—277 (Der Prozeß der Verbürgerlichung des Spitalwesens).

den überall dort Spitäler errichtet, wo man städtisch siedelte. Der Höhepunkt von Neugründungen war mit der Mitte des 13. Jh. erreicht.

Spitalgründer fanden sich in allen Schichten der christlichen Gesellschaft. Die Bischöfe erneuerten zumeist und erweiterten die alten Spitäler ihrer Diözesanbezirke. Weltliche Herren verschiedensten Standes (von den Königen herab bis zu den Ministerialen) waren vor allem an Neugründungen beteiligt. Oft trat ein Gründer als Spitalbruder seiner Stiftung bei.

Zur Führung von bestehenden Spitälern sammelten sich klerikale oder laikale Bruderschaften, aus denen sich manchmal neue Orden entwickelten: die ritterlichen und nichtritterlichen Spitalorden dieser Epoche.

Ritterliche Spitalorden

Von den Johannitern und Templern war bereits die Rede (Bd III/1 Kap. 52). Deutlicher noch als bei diesen trat der Spitalursprung beim Deutschen Orden hervor, der aus dem von Bremer und Lübecker Bürgern während der Belagerung von Akkon 1189/90 gestifteten Spital hervorging. Noch eindrucksvoller sind die Anfänge des Lazaritenordens aus einem Leprosenhaus zu Jerusalem (1120). Auch diese Spitalgenossenschaft lebte nach der Augustinus-Regel. Ritterorden wurde er nach dem Vorbild der anderen allerdings erst im 13. Jh.

Da diese Gründungen sich im Lauf der Zeit vor allem dem Ritterdienst zuwandten, trat der ursprüngliche Spitaldienst oft genug hinter den militärischen und wirtschaftlichen Aufgaben zurück, ohne indes völlig aufgegeben zu werden.

Die Johanniter hielten schon in ihrem Namen (Hospitaliter) den ständigen Bezug zu ihrem ursprünglichen Ordensziel aufrecht, doch blieb nach ihrer Wendung zum Ritterdienst vorab das Haupthaus in Jerusalem der Kranken- und Armenpflege gewidmet. Ihre schnell sich mehrenden Niederlassungen im Westen dienten mehr der militärisch-wirtschaftlichen Unterhaltung ihres Kriegsdienstes im Osten als der Führung und Entwicklung von Hospitälern. So kann man etwa in Deutschland bei ihren zahlreichen Häusern nur wenig Spitäler finden, wohl aber waren sie als Hospize tätig. Man mag in Deutschland allerdings die Konkurrenz des Deutschen Ordens im 13. Jh. für das Fehlen der Spitäler bei den Johannitern bedenken, Tatsache aber bleibt, daß die Anforderungen des Ostens in der Heimat eine Zusammenfassung aller verfügbaren finanziellen Mittel verlangten, so daß hier eine weitgehende Einschränkung der caritativen Wirksamkeit die Folge war.

Der Deutsche Orden hat stets, auch nach seiner Übersiedlung ins Abendland, den Krankendienst wahrgenommen. Hier standen seine ersten Jahrzehnte bis 1230 (d. h. bis zur Übernahme der Aufgaben in Preußen) sogar ausgesprochen unter dem Zeichen des Spitals (Schenkungen, Übernahmen,

Gründungen). Krankenpflege gehörte zu den Wesenselementen seiner Verfassung. Sie ordnete an, daß beim Haupthaus ein ständiges Hospital einzurichten sei, sonst aber nur, wenn Hochmeister und Ordenskapitel es beschließen würden. Sie kannte jene „hospitalia oblata" (die den Weg des Aufstiegs in Deutschland säumten) und unterstellte sie dem Landkomtur Niederlassungen ohne Spitäler dürfen solche allerdings nur mit besonderer Erlaubnis des Hochmeisters errichten. Tatsächlich hat der Orden in Deutschland und später im Ordensland weit mehr geleistet auf dem Gebiet der Wohlfahrtspflege als die anderen ritterlichen Spitalorden[3].

Unter ihnen konnte sich auch der Lazaritenorden erst spät (1253 nach seiner Vertreibung aus Syrien) in Europa ausbreiten (vor allem in Frankreich, wo in Boigny bei Orléans der Großmeister seinen Sitz nahm, in England, Schottland, Italien, der Schweiz, in Ungarn und auch in Deutschland). Er blieb insofern seinen Ursprüngen treu, als er sich vor allem der Aussätzigenpflege widmete, für die ihm Clemens IV. (1266) geradezu ein Monopol zuwies, das sich aber bei der weiten Verbreitung dieser Krankheit kaum behaupten ließ[4].

Nichtritterliche Spitalorden

Noch zu Ende des 11. Jh. entstand in Südfrankreich der Hospitalorden vom hl. Antonius (an der Kirche La Motte-des-Bois in St-Didier). Die dortige Spitalbruderschaft mußte bis 1297 in Abhängigkeit vom Benediktinerkloster St-Pierre-de-Montmajeur arbeiten. Sie selbst hatten sich wohl schon 1247 der Augustinus-Regel verpflichtet und die Verfassung der Augustinerchorherren angenommen. Seit Beginn des 13. Jh. verbreiteten sie sich allenthalben, in den romanischen Ländern vor allem, aber auch in Deutschland (Oberschwaben, Hessen, Elsaß, Mecklenburg). Allerdings war ihr Beitrag zum eigentlichen Spitaldienst verhältnismäßig gering (Spitäler in Straß-

[3] Ordensregel 4—6 (Die Statuten des Deutschen Ordens nach den ältesten Handschriften, hrsg. von *M. Perlbach* [Halle 1890] 31—34): „Von den spitâlen zu haldene", „Wie man die siechen in die spitâl entphâhe", „Wie man der sîchen phlegen sule in den spîtâlen". Vgl. dazu *P. G. Thielen,* Die Verwaltung des Ordensstaates Preußen (Köln-Graz 1965) 74—75 (Der Oberstspittler: obirster spittaler, summus hospitalarius). „Das Beispiel des Ordens wurde auch für das städtische Spitalwesen maßgebend" (*Thielen* 75 Anm. 20).

[4] Vgl. *A. Englisch,* Über Leproserien in Württemberg (Diss. masch. Frankfurt a. M. 1951); *J. H. Mundy,* Hospitals and Leprosaries in the Twelfth and Early Thirteenth Centuries: Essays in Medieval Life (New York 1955) 181—205; dazu auch die ältere Arbeit von *L. Le Grand,* Statuts d'hôtels-Dieu et de léproseries (Paris 1901); ferner *A. Viaene,* Leprozen en leprozerijen in het oude Graafschap Vlaanderen (Brügge 1962), ergänzend u. kritisch *H. Huyghebaert,* L'origine ecclésiastique des léproseries en Flandre et dans le Nord de la France: RHE 58 (1963) 848—857. Die Privilegierung von Leproserien im 12. Jh. weist nach *B. Bligny,* L'Église et les ordres religieux dans le royaume de Bourgogne aux XIe et XIIe siècles (Paris 1960) 433 Anm. 199.

burg, Basel, Memmingen); sonst wurden die Kranken wohl in den Häusern des Ordens selbst oder ambulant behandelt. Dagegen wird ihre Almosentätigkeit gerühmt und machte die Antoniter sehr populär.

Bedeutender griff der in Südfrankreich (Montpellier) entstandene Spitalorden vom Heiligen Geist die eigentliche Krankenpflege auf. Innozenz III. hatte (1198) den Orden bestätigt, der damals bereits zehn Tochterhäuser besaß und in Rom beim Hospital S. Spirito in Sassia seinen Hauptsitz nahm. Seine Regel erhob den Dienst an Armen und Kranken zur ersten Pflicht. Hauptländer der Verbreitung wurden Italien und Frankreich, in geringerem Maß auch Deutschland (zehn Häuser im 13. Jh., vor allem in Oberdeutschland). Die vielen Heiliggeistspitäler, welche man in Deutschland sonst findet, haben mit dem Orden keine Verbindung gehabt. So traten z. B. viele Deutschordensspitäler in Preußen unter den Patronat des Heiligen Geistes.

In Böhmen und angrenzenden Landschaften breitete sich um die Mitte des 13. Jh. der Orden der Kreuzträger mit dem roten Stern aus, der aus einer Spitalverbindung in Prag hervorgegangen war. Auch er lebte, wie viele Spitalorden, nach der Augustinus-Regel. Die Kreuzherren gründeten auch in Schlesien und Polen. Im 14. Jh. erlahmte bei ihnen, wie bei den anderen Spitalorden, vielfach ihre Tätigkeit im Krankendienst.

Schließlich gehört in diesen Zusammenhang noch der Orden der Brüder vom Heiligen Grab zu Jerusalem, der von dem Ritterorden vom Heiligen Grabe zu unterscheiden ist. Da die Brüder aber erst nach dem Fall von Akkon (1291) nach Westen übersiedelten, wo sie vorher nur vereinzelt Fuß gefaßt hatten, fällt ihre Tätigkeit als Spitalorden in die spätmittelalterliche Epoche.

Das bürgerliche Spital

Das sich vor allem im 13. Jh. mächtig entfaltende und nach Autonomie strebende Bürgertum der abendländischen Städte hat für die Entwicklung des Spitalwesens Bedeutendes beigetragen.

Die alten kirchlichen Institute erwiesen sich als unzulänglich angesichts der ständig wachsenden Stadtbevölkerung. Das Bürgertum selbst nahm sich infolgedessen der Wohlfahrtspflege an, besaß dazu auch in steigendem Maß reichliche Mittel. Die Zuweisung solcher Mittel brachte natürlich auch den Anspruch mit sich, Leitung bzw. Kontrolle des Spitalwesens mit zu übernehmen oder ganz in die Hand zu bekommen. Damit trat die Bürgerschaft in Konkurrenz zur Kirche. Doch bedeutete die nun einsetzende Kommunalisierung des Spitalwesens natürlich nicht etwa Entkirchlichung (Säkularisierung). Neben eine in der ersten Hälfte des 13. Jh. immer stärkere Durchsetzung der kirchlich-brüderschaftlichen Spitäler wie auch der Ordensspitäler mit bürgerschaftlichen Organen (Pfleger) traten vielfach auch bürgerliche Neugründungen. Dabei wurde der Zusammenhang mit der Kirche und ihrer Krankenseelsorge immer gewahrt. „Ein Spital ohne gottesdienstliche Einrichtung war dem Mittelalter unbekannt" (Reicke). Die Bürgerschaft übernahm die weltliche Verwaltung und Leitung, der Kirche blieb die geistliche Fürsorge unter bischöflicher Aufsicht.

In Italien, den Niederlanden und z. T. auch in Frankreich war diese Entwicklung zuerst in Gang gekommen, in Deutschland entfaltete sie sich vor allem im 13. Jh., wenn auch ihr Abschluß vor dem 14. Jh. nicht abzusehen war. Man kann sogar sagen, daß in der 1. Hälfte des 13. Jh. hier die kirchliche Gestaltung des Spitalwesens noch durchaus das Übergewicht hatte. Die bruderschaftlichen Spitäler und auch die Spitalorden standen so weitgehend im öffentlichen Interesse, daß man ihnen auch rein bürgerliche Stiftungen zur Verwaltung übertrug.

Allgemein tauchten dann nach der Jahrhundertmitte bürgerliche Laien als Pfleger („procuratores") und Verwalter des Hospitalgutes auf, vor allem da, wo aus rein bürgerlichen Mitteln die Krankenhäuser zustande kamen. Diese Pflegschaften besaßen die Zukunft, natürlich nicht nur beim Spital, sondern auch bei den übrigen kirchlichen Anstalten und Kirchen.

FÜNFTER ABSCHNITT

Der Kampf der Kurie um die Führung im Abendland (1216—74)

Professor Dr. Hans Wolter SJ, Frankfurt a. M.

25. *Kapitel*

Der Sieg des Papsttums über Kaiser Friedrich II.

QUELLEN: *Mansi* XXII—XXIV; *Hefele-Leclercq* V 1409—1759, VI 1—228; *P. Pressutti,* Regesta Honorii Papae III, 2 Bde (Rom 1888/95); *L. Auvray* u. a., Les Registres de Grégoire IX, 4 Bde (Paris 1896/1955); *E. Berger,* Les Registres d'Innocent IV, 4 Bde (Paris 1884/1921); *C. de la Roncière - J. de Loye - P. de Céneval,* Les Registres d'Alexandre IV, 3 Bde (Paris 1902/59); *J. Guiraud,* Les Registres d'Urbain IV, 4 Bde (Paris 1901/58); *E. Jordan,* Les Registres de Clément IV (Paris 1893/1945); *J. Guiraud,* Les Registres de Grégoire X (Paris 1892/1960); *C. Rodenberg,* Epistolae Saeculi XIII e regestis Pontificum Romanorum (MG), 3 Bde (Berlin 1883/94); Corpus Juris Canonici, ed. *E. Friedberg* (Freiburg 1881) (Bd II mit dem Liber Extra Gregors IX.); Innocentii IV Commentaria super Libros quinque Decretalium (Apparatus) (Frankfurt a. M. 1570); *Hostiensis* (Heinrich de Susa), Summa aurea (ed. Basel 1573); *ders.,* Lectura seu commentaria (ed. Venedig 1581); *J. F. Böhmer,* Regesta Imperii V 1—2, hrsg. von *F. Ficker* (Innsbruck 1881/82); *ders.,* Regesta Imperii V 3—5, hrsg. von *J. Ficker - E. Winkelmann* (Innsbruck 1892/1901); MGConst = Constitutiones et Acta Publica Imperatorum et Regum II (1198 bis 1272), ed. *L. Weiland* (Hannover 1896); *E. Winkelmann,* Acta Imperii inedita a saeculis XIII et XIV, 2 Bde (Innsbruck 1880/85); *J. L. A. Huillard-Bréholles,* Historia diplomatica Friderici II, 6 Bde (Paris 1852/61; Neudruck Turin 1963); *ders.,* Vie et correspondance de Pierre de la Vigne, ministre de l'empereur Frédéric II. Avec une étude sur le mouvement réformiste au XIIIe siècle (Paris 1864; Neudruck Aalen 1966); *Th. Rymer,* Foedera, conventiones, litterae et cuiuscumque generis acta publica inter reges Angliae et alios quosvis, ed. *A. Clarke - J. Caley - F. Holbrooke,* 6 Bde (London 1816/30).

Die sächsische Weltchronik (Eike von Repgow) (bis 1248), ed. *L. Weiland:* MG deutsche Chroniken II 65—258 (Hannover 1877); *Alberich von Troisfontaines,* Chronicon (bis 1241), ed. *P. Scheffer-Boichorst:* MGSS 26, 226—950; *Vincenz von Beauvais,* Speculum historiale (bis 1250) (ed. Douai 1624, im Speculum maius); dazu jetzt *A. L. Gabriel,* The Educational Ideas of Vincent of Beauvais (Notre Dame/Ind. [2]1962); *Martin von Troppau,* Chronicon pontificum et imperatorum (bis 1277), ed. *L. Weiland:* MGSS 22, 377—475; *Martinus Minorita,* Flores temporum (bis 1292): MGSS 24, 230—250; *Albert von Stade,* Annalen (bis 1256): MGSS 16, 283—378; Gesta Treverorum (bis 1259), vor allem für die Zeit Erzbischofs Arnolds II.: MGSS 24, 376—414, übers. von *E. Zenz,* Die Taten der Trierer, Tl 3 (1152—1259) (Trier 1959); unter Friedrich II. sind vor allem die italienischen Quellen wichtig: *Rolandin von Padua,* Chronik (bis 1262): MGSS 19, 38—147 und *Muratori,* NE, VIII 1; *Albert Milioli* (Reggio) (bis 1285): MGSS 31; *Salimbene de Adamo,* Chronik (bis 1287): MGSS 32; *Thomas von Pavia,* Gesta imperatorum et pontificum (bis 1278): MGSS 22, 490—528; *Richard von San Germano,* Chronica Regni Siciliae (bis 1243): MGSS 19 und *Muratori,* NE, VII 2 (1938); *Roger von Wendover,* Flores historiarum (bis 1235), ed. *H. G. Howlett* (= Rolls Series 84), 3 Bde (London 1886/89); *Matthaeus Paris,* Chronica majora (bis 1259), ed. *H. Luard* (= Rolls Series 57), 7 Bde (London 1872/84), auszugsweise auch: MGSS 27, 107—473; dazu jetzt *R. Vaughan*, Matthew Paris (Cambridge Studies in medieval life and thought, NS 6) (Cambridge 1958); vgl. auch *V. H. Galbraith*, Roger Wendover and Matthew Paris (Glasgow 1944).

LITERATUR: Historia Mundi VI, Propyläen-Weltgeschichte V, The Cambridge Mediaeval History VI, *L. Halphen - H. Pirenne - G. Cohen - H. Focillon* (vgl. Allg. Bibl. II, 1 a—c); ferner die bereits unter Abschnitt I genannte allg. Lit. zur Nationalgeschichte; *Fliche-Martin* X: *A. Fliche - C. Thouzellier - Y. Azais*, La Chrétienté romaine (1198 à 1274) (Paris 1950); *Hauck* IV (Leipzig [5]1925), V 1 (Leipzig 1911); *R. García Villoslada*, Edad Media (800—1303) (Madrid [2]1958); The English Church and the Papacy, ed. *C. H. Lawrence* (London 1965); *Seppelt* III: Die Vormachtstellung des Papsttums von der Mitte des 11. Jh. bis zu Cölestin V. (München 1956); *J. Haller*, Das Papsttum. Idee und Wirklichkeit IV, hrsg. von *H. Dannenbauer* (Esslingen 1962); *H. Wolter - H. Holstein*, Lyon I et Lyon II (Histoire des Conciles Œcuméniques 7) (Paris 1966). Weitere Lit. bei den einzelnen Kapiteln.

Honorius III.: *Potthast* R I 468—679; *Böhmer-Ficker*, Regesten V 3 (Innsbruck 1892) 1120—70; Honorii III opera, ed. *C. A. Horoy:* Medii aevi bibliotheca patristica, 5 Bde (Paris 1879/83); Briefe: MGEp saec. XIII, Bd I 1—260; Regesta, ed. *P. Pressutti*, 2 Bde (Rom 1888/95); *A. L. Tautu*, Acta Honorii III et Gregorii IX (Rom 1950); *D. Mansilla*, La documentación pontificia de Honorio III (1216—1227) (Rom 1965) (Monumenta Hispaniae Vat. Registros 2); *J. Clausen*, Papst Honorius III. (1216—1227) (Bonn 1895); *W. Knebel*, Kaiser Friedrich II. und Honorius III. (Münster 1905); *N. Mengozzi*, Onorio III e le sue relazioni col regno d'Inghilterra (Siena 1911); *A. Keutner*, Papsttum und Krieg unter dem Pontifikat Honorius' III. (Diss. Münster 1935); *St. Kuttner*, Papst Honorius III. und das Studium des Zivilrechts: Festschr. für Martin Wolff (Tübingen 1952) 79—101; *R. Manselli*, Onorio III e Federico II (Revisione d'un giudizio?): StRom 11 (1963) 142 bis 159.

Gregor IX.: *Potthast* R I 680—942; *Böhmer-Ficker*, Regesten V 3 (Innsbruck 1892) 1170—1258; Vita e curia und Vita des Bernhard Guidonis, ed. *Muratori*, III 575—587; *G. Levi*, Registro del Card. Ugolino d'Ostia (Rom 1890); *L. Auvray* u. a., Les Registres de Grégoire IX, 4 Bde (Paris 1896/1955); *H. Golubovich*, Disputatio seu Relatio Aprocrisiariorum Gregorii IX de gestis (1234): AFrH 12 (1919) 418—470; *J. Felten*, Papst Gregor IX. (Freiburg 1886); *E. Brem*, Gregor IX. bis zum Beginn seines Pontifikates (Heidelberg 1911); *W. Fuchs*, Die Besetzung der deutschen Bistümer unter Gregor IX. und bis zum Regierungsantritt Papst Innocenz' IV. (1243) (Diss. Berlin 1911); *W. Reich*, Die Besetzung der sizilischen Bistümer unter Friedrich II. (Heidelberg 1923); *G. A. Donner*, Kardinal Wilhelm von Sabina, Bischof von Modena (1222—34). Päpstl. Legat in den nordischen Ländern († 1251) (Helsingfors 1929); *L. Zarncke*, Der Anteil des Kardinal Ugolino an der Ausbildung der drei Orden des hl. Franziskus (Leipzig 1930); *B. Zöllig*, Die Beziehungen des Kardinal Hugolin zum hl. Franziskus und seinem I. Orden (Münster 1934); *G. Marchetti-Longhi*, Ricerche sulla famiglia di Gregorio IX: ADRomana 67 (1944) 275—307; *C. Thouzellier*, La légation du cardinal Hugolin en Lombardie (1221): RHE 45 (1950) 508—542; *H. M. Schaller*, Die Antwort Gregors IX. auf Petrus de Vinea I, 1 „Collegerunt pontifices“: DA 11 (1954) 140—165; *S. Sibilia*, Gregorio IX (1227—1241) (Mailand 1961).

Innozenz IV.: *Potthast* R II 943—1285 2110—24; *Böhmer-Ficker*, Regesten V 3 (Innsbruck 1892) 1260—1407; *E. Berger*, Les Registres d'Innocent IV, 4 Bde, Paris 1884 bis 1921; *Nicolas da Calvi*, Vita Innocentii IV papae, ed. F. Pagnotti: ASRomana 21 (1898); *P. Vogel*, Nikolaus von Calvi und seine Lebensbeschreibung des Papstes Innocenz IV. mit besonderer Berücksichtigung der Friedensverhandlungen zwischen Papst Innocenz IV. und Kaiser Friedrich II. in den Jahren 1243/44 (Diss. Münster 1939); *G. Abate*, Lettere secrete d'Innocenzo IV: MF 55 (1955) 317—373; *P. Sambin*, Problemi politici attraverso lettere inedite di Innocenzo IV (Venedig 1955); Acta Innocentii PP. IV (1243—1254) e regestis vaticanis collegerunt *Th. T. Haluscynskyj - M. M. Wojnar* (Pontificia commissio ad redigendum Codicem Iuris Canonici Orientalis, Fontes, ser. III, vol. IV, t. I) (Vatikan 1962); *F. Bock*, Studien zu den Registern Innozenz' IV.: AZ 52 (1956) 11—48. Eine kritische Biographie Innozenz' IV. fehlt; *H. Schulz:* RE [3]IX (Leipzig 1901) 122—130 sammelte die betreffenden Quellentexte aus den zeitgenössischen Chroniken; *F. Bernini*, Innocenzo IV e il suo parentado: Nuova Rivista storica 24 (1940) 178—197; *G. v. Puttkamer*, Papst Innocenz IV. Versuch einer Gesamtcharakteristik aus seiner Wirkung (Münster 1930); zuletzt *J. A. Cantini - Ch. Lefèbvre:* DDC VII (Paris 1958/62) 1029 bis 1062; *K. Hampe*, Ein ungedruckter Bericht über das Konklave von 1241 im römischen Septizonium: SAH 1913, 1; *K. Wenck*, Das erste Konklave der Papstgeschichte (August bis Oktober 1241): QFIAB 18 (1926) 101—170; *W. de Vries*, Innozenz IV. und der christliche Osten: OstKSt 12 (1963) 113—131; *P. L. Pisanu*, L'attività politica d'Innocenzo IV e i Francescani (Ann. dell'Istituto superiore di scienze e lettere Santa Chiara) (Neapel 1957); *J. A. Cantini*, De autonomia judicis saecularis et de romani pontificis plenitudine potestatis in temporalibus secundum Innocentium IV: Salesianum 23 (1961) 407—480; *H. Weber*, Kampf zwischen Innocenz IV. und Kaiser Friedrich II. bis zur Flucht des Papstes nach Lyon (Berlin 1900); *A. Folz*, Kaiser Friedrich II. und Papst Innocenz IV. Ihr Kampf in den Jahren 1244 und 1245 (Straßburg 1905); *C. Rodenberg*, Die Friedensverhandlungen zwischen Friedrich II. und Innocenz IV. 1243—1244: Festgabe für Gerold Meyer von Knonau (Zürich 1913) 165—204; *P. Aldinger*, Die Neubesetzung der deutschen Bistümer unter Papst Innocenz IV. (1243—54) (Leipzig 1900); *H. Kroppmann*, Ehedispensübung und Stauferkampf unter Innocenz IV. (Berlin 1937); *R. Morghen*, Il tramonto della potenza sueva in Italia (Rom 1936); *F. Bernini*, Come si preparò la rovina di Federico II: RSIt 60 (1948) 204—249; *C. Rodenberg*, Innocenz IV. und das Königreich Sizilien (1245—1254) (Halle 1892); *K. Hampe*, Papst Innocenz IV. und die sizilische Verschwörung von 1246: SAH 1923; *W. Groß*, Die Revolutionen in der Stadt Rom (1219—1254) (Berlin 1934); *E. Berger*, Saint Louis et Innocent IV (Paris 1893); *W. Meyer*, Ludwig IX. von Frankreich und Innocenz IV. (1244—1247) (Diss. Berlin 1915); *G. Martini*, La politica finanziaria dei papi in Francia alla metà del sec. 13 (Rom 1950); *L. Dehio*, Innocenz IV. und England (Leipzig 1914);

Kaiser Friedrich II.: Akten bei *Huillard-Bréholles* (s. Bibliogr. z. Abschnitt) und MGConst II 54—389; *Böhmer-Ficker*, Regesten I 1—2 (Innsbruck 1881/82) 153—692; *E. Sthamer*, Die sizilischen Register Friedrichs II.: SAB 1925; *Dahlmann-Waitz* 6713—96; Die maßgebende wissenschaftliche Biographie schrieb *E. Kantorowicz*, Kaiser Friedrich der Zweite (Berlin 1927, [4]1936), ErgBd (Berlin 1931, Neudruck 1963); *E. Winkelmann*, Kaiser Friedrich II. (Jahrbücher der dt. Gesch.), 2 Bde (bis 1233) (Leipzig 1889/97); *K. Hampe*, Kaiser Friedrich II. in der Auffassung der Nachwelt (Stuttgart 1925); *W. E. Heupel*, Der sizilische Großhof unter Kaiser Friedrich II. (Leipzig 1940); *A. de Stefano*, L'idea imperiale di Federico II (Florenz [2]1952); *F. Cognasso*, Il pensiero e l'opera politica di Federico II (Turin 1951); *A. de Stefano*, La cultura alla corte di Federico II (Palermo [2]1951); *G. Vergottini*, Studi sulla legislazione imperiale di Federico II in Italia (Mailand 1952); *R. M. Kloos*, Kaiser Friedrich II.: Literaturbericht 1950—1955: Tr 12 (1956) 426—456; Atti del convegno internazionale di studi federiciani 1950 (Palermo 1952); neuere Biographien von *E. Mogliano*, Federico II di Svevia (Mailand - Verona 1948); *M. Brion*, Frédéric II de Hohenstaufen (Paris 1948); *E. Pontieri*, Federico d'Hohenstaufen e i suoi tempi (Neapel o. J. [1959]); *H. M. Schaller*, Kaiser Friedrich II. (Persönlichkeit und Geschichte 34) (Göttingen 1964); *ders.*, Friedrich II.: NDB 5 (1961) 478 bis 484; Stupor Mundi. Zur Geschichte Friedrichs II. von Hohenstaufen, hrsg. von *G. Wolf* (Wege der Forschung 101) (Darmstadt 1966).

Zur Publizistik: *F. Graefe*, Die Publizistik in der letzten Epoche Kaiser Friedrichs II. (Heidelberg 1909); *W. v. den Steinen*, Das Kaisertum Friedrichs II. nach den

Anschauungen seiner Staatsbriefe (Berlin-Leipzig 1922); *O. Vehse*, Die amtliche Propaganda in der Staatskunst Kaiser Friedrichs II. (München 1929); *H. Wieruszowski*, Vom Imperium zum nationalen Königtum. Vergleichende Studien über die publizistischen Kämpfe Kaiser Friedrichs II. und König Philipps des Schönen mit der Kurie (München-Berlin 1933; Neudruck Aalen 1965); *P. E. Schramm*, Kaiser Friedrichs II. Herrschaftszeichen (Göttingen 1955); *H. M. Schaller*, Die Kanzlei Friedrichs II: ADipl 3 (1957) 207 bis 286, 4 (1958) 264—327; *F. Fehling*, Kaiser Friedrich II. und die römischen Kardinäle (1227—1239) (Berlin 1901); *B. Sütterlin*, Die Politik Kaiser Friedrichs II. und die römischen Kardinäle in den Jahren 1239—1250 (Heidelberg 1929); *E. u. O. Schönbauer*, Die Imperiumspolitik Kaiser Friedrichs II. in rechtsgeschichtlicher Bedeutung: Festschr. K. G. Hugelmann II (Aalen 1959) 523—559.

Der Kreuzzug: 5. *Kreuzzug: H. E. Mayer*, Bibliogr., 2171—80. QUELLEN: *Jakob von Vitry*, Lettres, ed. *R. B. C. Huygens* (Leiden 1960); *Jakob von Vitry*, Historia Hierosolimitana, ed. *J. Bongars:* Gesta Dei per Francos I 1047—1124 (Hannover 1611); *Oliver Scholasticus*, Historia Damiatina, ed. *H. Hoogeweg:* Die Schriften des Kölner Domscholasters, späteren Bischofs von Paderborn und Kardinal-Bischofs von S. Sabina (Bibliothek des litterarischen Vereins in Stuttgart 202 [Tübingen 1894] 159—282); *R. Röhricht*, Quinti belli sacri scriptores minores (Genf 1879); *ders.*, Testimonia minora de quinto bello sacro (Genf 1882); Chronique d'Ernoul et de Bernard le trésorier, ed. *L. de Mas Latrie* (Paris 1871).
LITERATUR: *Th. C. van Cleve*, The Fifth Crusade: *K. M. Setton*, A History of the Crusades II (Philadelphia 1962) 377—428; *H. E. Mayer*, Gesch. der Kreuzzüge (Stuttgart 1965) 188—203; *R. Grousset*, Histoire des Croisades III (Paris 1936) 196—245; *A. Waas*, Gesch. der Kreuzzüge I (Freiburg i. Br. 1956) 258—273; *St. Runciman*, Gesch. der Kreuzzüge III (München 1960) 137—173; ferner *H. L. Gottschalk*, Al-Malik al-Kamil von Ägypten und seine Zeit (Wiesbaden 1958); *R. Röhricht*, Studien zur Gesch. des fünften Kreuzzugs (Innsbruck 1891); *J. P. Donovan*, Pelagius and the Fifth Crusade (Philadelphia 1950); *D. Mansilla*, El Cardenal hispano Pelayo Gaitán (1206—1230): Anthologica Annua 1 (1953) 11—66; *L. Böhm*, Johann v. Brienne, König von Jerusalem, Kaiser von Konstantinopel (Heidelberg 1938); *G. Golubovich*, San Francesco e i Francescani in Damiata, 5. Nov. 1219 — 2. Febr. 1220: StudFr 23 (1926) 307—330; *L. Lemmens*, De Sancto Francisco Christum praedicante coram sultano Aegypti: AFrH 19 (1926) 559—578; *M. Roncaglia*, San Francesco d'Assisi in Oriente: StudFr 50 (1953) 97—106.

Kreuzzug Friedrichs II.: QUELLEN: Es gibt keine Sonderdarstellung dieses Kreuzzugs, die Nachrichten müssen den allgemeinen Quellen der Zeit entnommen werden, vgl. oben zu Abschnitt und Kap.
LITERATUR: *H. E. Mayer*, Bibliogr., 2181—95; *Th. C. van Cleve*, The Crusade of Frederick II: *K. M. Setton*, A History of the Crusades II (Philadelphia 1962) 429—462; *H. E. Mayer* 204—214; *Grousset* III 271—326; *Waas* I 274—289; *Runciman* III 176—211; vgl. auch die Lit. zu Kaiser Friedrich II. zum Kap.; eine wichtige Monographie schrieb *R. Röhricht*, Die Kreuzfahrt Kaiser Friedrichs des Zweiten (Berlin 1872), vermehrt auch in: Beitr. zur Gesch. der Kreuzzüge I (Berlin 1874) 1—112; *Philip von Novara*, The Wars of Frederick II against the Ibelins in Syria and Cyprus, ed. *J. L. La Monte* (New York 1936); *H. Heimpel*, Hermann von Salza: Der Mensch in seiner Gegenwart (Göttingen 1954) 87 bis 108; ältere Lit. bei *Th. C. van Cleve* 429—430.

Das 1. Konzil von Lyon. Dekrete: COD (Freiburg i. Br. ²1962) 249—277 mit quellenkritischer Einleitung; über den Verlauf orientiert die Brevis Nota der Kurie; MGConst II 513—516, dazu vgl. *M. Tangl*, Die sogenannte Brevis Nota über das Lyoner Concil von 1245: MIÖG 12 (1891) 246—253; ferner *Matthaeus Paris*, Chronica majora, ed. *H. R. Luard*, IV (London 1877) 430—437 445 456—478, ferner ed. *F. Liebermann:* MGSS 28, 250 256—268. Einige Texte zum Konzil finden sich auch bei *H. Cole*, Documents illustrative of English History in the Thirteenth-Fourteenth Centuries (London

1884) 351—356; *Th. v. Karajan,* Zur Gesch. des Concils von Lyon 1245: SAW 1851, 67 bis 118; *A. Folz,* Kaiser Friedrich II. und der Papst Innocenz IV., ihr Kampf in den Jahren 1244 und 1245 (Straßburg 1905); *St. Kuttner,* Die Konstitutionen des ersten allgemeinen Konzils von Lyon: Studia et documenta historiae et juris 6 (1940) 70—131; *ders.*, L'édition romaine des conciles généraux et les Actes du premier concile de Lyon (Misc. Hist. Pont. III 5) (Rom 1940); *P. J. Kessler,* Untersuchungen über die Novellengesetzgebung Papst Innocenz' IV., ein Beitrag zur Geschichte des kanonischen Rechts: ZSavRGkan 31 (1942) 142—320, 32 (1943) 300—383, 33 (1944) 56—128; *H. Wolter - H. Holstein,* Lyon I et Lyon II (Paris 1966).

In Innozenz III. war für eine knappe Weltstunde das Papsttum als die führende Ordnungsmacht der abendländischen Christenheit tätig gewesen; das 4. Laterankonzil konnte als sichtbares Zeichen dafür angesehen werden. Mit seinem Tod (16. Juli 1216) brach zwar das großartige Experiment nicht sogleich zusammen, doch erstand ihm in Friedrich II., zum mindesten in Italien, wenn nicht im lateinischen Westen, eine ständig anspruchsvoller werdende Konkurrenz. Noch war Friedrich, dessen römisches Königtum vom Konzil bestätigt worden war, nicht zum Kaiser gekrönt worden. Dem Papst hatte er zudem in letzter Stunde (1. Juli 1216) versprochen, gleich nach der Kaiserkrönung das Königreich Sizilien, dessen staatsrechtliche Trennung vom Reich er zugesichert hatte, seinem dort bereits (1212 auf Geheiß Innozenz' III.) gekrönten Sohn Heinrich zu überlassen. Den Nachfolgern des großen Innozenz oblag nun die Aufgabe, hier wie auch bei den anderen Ansätzen jenes Pontifikates (Kreuzzug, Reform, Kampf gegen die Häresie) das Erreichte weiterzuführen und zu vollenden.

Honorius III. (Cencio Savelli, Kämmerer der römischen Kirche und Verfasser des Liber censuum), bejahrt und kränklich, sah sich als erster (von 1216 bis 1227) aufgerufen, das Werk Innozenz' III. auszubauen. Der auf dem Lateranum geplante und berufene Kreuzzug blieb eine beherrschende Aufgabe seines Pontifikats, um seinetwillen ließ er die Wahl von Friedrichs Sohn Heinrich zum römischen König in Frankfurt (April 1220) unbeanstandet und krönte Friedrich II. in St. Peter zum Kaiser (23. November 1220). Aus der Hand Hugos von Ostia nahm der Kaiser erneut das Kreuz und versprach für 1221 den Aufbruch des Zuges. Doch die Ordnung des Königreichs Sizilien, die der Kaiser jetzt in Angriff nahm, wohl auch um damit eine gesicherte Ausgangsbasis für den Kreuzzug zu schaffen, dauerte länger, als diese kurzfristige Bestimmung es vorsah. Mehrfach gab Honorius deshalb Aufschub (in Veroli April 1222, in Ferentino März 1223 z. B.), bis der Vertrag von San Germano (Juli 1225) die Frist endgültig auf den Sommer des Jahres 1227 festsetzte. Der Kaiser mußte eidlich versichern, daß er bei erneutem Verfall dieses Termins den sofortigen Kirchenbann zu erwarten habe[1].

Inzwischen hatte sich der Kreuzzug selbst, wie ihn das 4. Laterankonzil geplant hatte, in Einzelaktionen verzettelt und war mit dem Mißerfolg der

[1] MGConst II n. 102: Promissio de expeditione in Terram Sanctam, S. 130, 38—45.

Niederlage von Mansurah zu Ende, denn der Friede mit Malik al-Kamil mußte mit der Räumung Ägyptens und der Herausgabe von Damiette, des einzigen Gewinns dieser Aktionen, erkauft werden. Der Kaiser hatte zwar unter Herzog Ludwig von Bayern und Hermann von Salza Hilfe geschickt, ohne damit jedoch entscheidend eingegriffen zu haben. So machte man ihn und nicht den wenig glücklich handelnden Kardinallegaten Pelagius für das Ergebnis verantwortlich[2].

Die Sorge um den Kreuzzug veranlaßte Honorius III., auch zwischen Frankreich und England zu vermitteln, wo Johann ohne Land († 19. Oktober 1216) seinen unmündigen Sohn Heinrich III. unter der Leitung des Kardinallegaten Guala zurückgelassen hatte und das Land vom Invasionsheer des französischen Thronfolgers Ludwig bedrängt wurde. Ludwigs Niederlage führte zum Frieden von Kingston (12. September 1217).

Honorius mußte vor allem den Kampf gegen die Häresie weiterführen, die keineswegs durch die Maßnahmen des 4. Laterankonzils zum Erliegen kam, sondern sich kraftvoll und in verschiedenster Auszweigung weiterentfaltete. Der Albigenserkrieg flammte erneut auf. Simon von Montfort fiel bei der Belagerung von Toulouse (25. Juni 1218), der Papst bat vergeblich König Philipp II. August um militärische Intervention. Erst Ludwig VIII., der als Thronfolger bereits eingegriffen hatte, sagte wirkliche Hilfe zu. Im Jahr 1226 eroberte er den Süden Frankreichs mit Ausnahme von Toulouse. Der Episkopat schloß sich dem König an, desgleichen der Adel. Die Katharer aus dem Volk flohen in die Berge, in die Lombardei und auch nach Aragón. Ludwig VIII. starb allerdings noch im gleichen Jahr (8. November). Das Ende der Albigenserkriege (Frieden von Paris 12. April 1229) bedeutete für Frankreich eine Ausweitung der Macht der Krone, für die Kirche aber keineswegs die endgültige Überwindung der Häresie im Süden des Landes.

Als Honorius III. am 18. März 1227 starb, waren die Vorbereitungen für den Kreuzzug des Kaisers in vollem Gang. Gregor IX. (ein Vetter Innozenz' III.), der Freund des hl. Franziskus, war im Gegensatz zu seinem milden Vorgänger eine temperamentvolle, zähe und kraftvoll agierende Persönlichkeit. Er übernahm im eigentlichen Sinn das Programm der innozentianischen Ideen. Sein Pontifikat sollte die erste Phase des Kampfes der Kurie mit den hegemonialen Absichten Friedrichs II., vor allem in Italien, darstellen. Den Auftakt dazu bildete die erste Exkommunikation des Kaisers. Als im August 1227, zu dem im Vertrag von San Germano bestimmten Termin, ein starkes, aber schon durch Epidemien geschwächtes Kreuzheer in See ging, wurde auch der Kaiser krank und kehrte zu einer Kur in Pozzuoli zurück, ließ aber die Flotte weitersegeln. Seine Entschuldigungen wurden von Gregor nicht angenommen, vielmehr erklärte der Papst die Strafe des

[2] Die beste Darstellung des Kreuzzuges jetzt von *Th. C. van Cleve,* The Fifth Crusade: *K. M. Setton,* A History of the Crusades II (Philadelphia 1962) 377—428.

Bannes, wie der Vertrag von San Germano sie ausgesprochen hatte, für vollstreckt (29. September 1227).

Trotzdem hielt Friedrich am Kreuzzug fest[3]. Das anklagende Manifest des Papstes beantwortete er mit einem Rundschreiben (6. Dezember 1227), das in sachlicher Ruhe die Vorwürfe Gregors zurückwies und ankündigte, der Kaiser werde im Mai 1228 zum Kreuzzug aufbrechen. Auch als Gregor IX. den Bann am Gründonnerstag 1228 (23. März) erneuerte, hinderte das Friedrich nicht, seine Ankündigung wahrzumachen. Am 28. Juni 1228 verließ er mit 40 Galeeren Brindisi zur Fahrt nach dem Osten. In Zypern erneuerte er die von Kaiser Heinrich VI. begründete Lehnshoheit des Reiches über die Insel, am 7. September erreichte er Akkon. Nach langen Verhandlungen konnte er am 18. Februar 1229 mit dem Sultan al-Kamil, der inzwischen Jerusalem erobert hatte, einen Vertrag schließen, in dem den Christen die Heilige Stadt (mit Ausnahme der Omar-Moschee) überlassen wurde, wie auch Bethlehem, Nazareth und ein Küstenstreifen von Jaffa bis Akkon mit den Pilgerstraßen nach Jerusalem und Nazareth. Der Vertrag sollte zehn Jahre Geltung haben und sah eine gegenseitige Hilfe der Vertragschließenden vor.

In Jerusalem setzte Friedrich sich ohne jede kirchliche Feierlichkeit die Krone des Königreichs Jerusalem aufs Haupt, die, strenggenommen, seinem Sohn Konrad durch die Mutter Jolanthe, der eigentlichen Erbin des Reiches, zukam. Auf den Gottesdienst hatte er verzichtet, weil noch im Bann, denn es lag ihm an einer Verständigung mit Gregor IX.

Der Papst hatte sich nämlich keineswegs mit dem erneuerten Bann über Friedrich begnügt, sondern weitere Maßnahmen ergriffen: in Deutschland versucht, einen Gegenkönig aufstellen zu lassen, die Untertanen im Königreich Sizilien von ihrem Treueid entbunden und, als Friedrichs Legat in Tuszien und der Mark Ancona, Rainald von Urslingen, Herzog von Spoleto, in das Patrimonium Petri einfiel, diesen exkommuniziert und militärische Gegenmaßnahmen anlaufen lassen. Unter Johann von Brienne drängten päpstliche Soldritter Rainald zurück, unter Kardinal Pelagius besetzten sie große Teile des unteritalienischen Regnum.

Der am 10. Juni 1229 zurückkehrende Kaiser konnte mit leichter Mühe diesen Einbruch ausgleichen, doch überschritt er die Grenzen des Patrimoniums nicht, vielmehr gelang es ihm, Verhandlungen mit Gregor IX. aufzunehmen, die für ihn Hermann von Salza, im Namen des Papstes Kardinal Thomas von Capua führten. Erst im Juli 1230 kam es zum Vertrag von San Germano, der in Ceprano ratifiziert wurde[4]. Am 28. August wurde Friedrich

[3] Zum Kreuzzug Kaiser Friedrichs vgl. *Th. C. van Cleve,* The Crusade of Frederick II: *K. M. Setton,* A History of the Crusades II (Philadelphia 1962) 429—462 und *H. E. Mayer,* Gesch. der Kreuzzüge (Stuttgart 1965) 204—214.

[4] Acta pacis ad S. Germanum anno 1230, ed. *K. Hampe* (MG Epistolae selectae 4) (Berlin 1926; Neudruck 1964).

vom Bann gelöst; ein Treffen mit Gregor IX. in Anagni (1. September 1230) besiegelte die Aussöhnung der beiden universalen Mächte. Die lombardische Frage blieb ausgeklammert. Die weitgehenden Zugeständnisse Friedrichs im Regnum gaben neben der militärischen Niederlage und den ergebnislosen Bemühungen in Deutschland dem Papst die Voraussetzungen für die Lösung Friedrichs vom Bann. Für den Kaiser war die Befreiung vom Bann eine wichtige Voraussetzung für den gesamtpolitischen Weiterbau seines Planes, der im Grunde auf eine Einigung Italiens unter seiner Herrschaft hinauslief. Dafür war aber zum mindesten die Neutralität der Kirche notwendig, ihre Gegnerschaft würde sich in jedem Fall als eine unerhörte Erschwerung auswirken müssen.

Fast neun Jahre lang hatte der Frieden von San Germano-Ceprano Bestand, und die beiden Mächte haben in mehrfacher Weise während dieser Zeit einander Unterstützung gewährt, beide zugleich auch Zeit gefunden, in ihrem Bereich die konstruktiven Seiten ihres Regierungsprogramms zu bearbeiten. Immer jedoch standen sie einander mißtrauisch gegenüber, denn die Spannung zwischen ihnen bestand trotz aller Friedensbeteuerungen fort.

Friedrich II. gelang es, die Basis seiner Macht, das Regnum, zu konsolidieren. Im September 1231 veröffentlichte er den Liber Augustalis[5] seiner Konstitutionen von Melfi, ein großartiges Gesetzeswerk, das älteres Staats- und Verwaltungsrecht sowie die Finanzgesetzgebung normannischer Provenienz mit eigenen Erlassen zusammenfaßte. Dann baute er das Regnum konsequent zu einem straff organisierten Beamtenstaat aus, in dem allein sein Wille galt und alles Recht von ihm ausging.

Er hatte beim Frieden von San Germano die sizilische Geistlichkeit von der staatlichen Gerichtsbarkeit ausgenommen, sie von den allgemeinen Steuern befreit und sogar auf das königliche Recht der Zustimmung bei Bischofswahlen verzichtet, alles scheinbar im Gegensatz zu dem zentralen Staatsaufbau. Hier lagen denn auch die Konfliktsherde zwischen Kaiser und Papst immer bereit. Denn die wirkliche Handhabung seiner absolutistisch orientierten Staatsauffassung konnte eine so weitgehende Exemtion wichtigster Elemente (es gab im Regnum 140 Erzbistümer und Bistümer) seiner Herrschaft kaum hinnehmen.

Gleichzeitig mit der Ordnung des Regnum griff Friedrich die oberitalienischen Fragen wieder auf, die Wiederherstellung der kaiserlichen Macht im lombardischen Raum. Ähnlich wie 1226 nach Cremona berief er für November 1231 einen Reichstag nach Ravenna ein. Wie 1226 sperrten sich wiederum die Städte. Friedrich verhängte daraufhin die Reichsacht über sie. Mehrfach übernahm Gregor IX. schiedsrichterliche Vermittlung ohne eigentlichen Erfolg, weil die Forderungen beider Seiten einander ausschlossen. Mit Hilfe

[5] Zum Liber Augustalis vgl. die bedeutenden Ausführungen von *E. H. Kantorowicz*, The King's Two Bodies. A Study in Mediaeval Political Theology (Princeton 1957) 97—107.

des Papstes, der den aufständischen König Heinrich in Deutschland in Bann tat, als dieser gegen den Vater sich sogar mit den Lombarden verband, konnte Friedrich II. 1235 diese Rebellion im Norden überwinden. Bis zu seinem Tod (1242) blieb Heinrich der Gefangene seines Vaters in Apulien. Von Deutschland aus proklamierte der Kaiser dann seinen Feldzug gegen die Lombarden, obwohl er wußte, daß Gregor IX. mit diplomatischen Mitteln einen solchen Reichskrieg gegen die Städte zu verhindern suchte.

Im September 1236 konnte Friedrich seinen Machtbereich im östlichen Oberitalien ausdehnen. Im Sommer 1237 zog er von Augsburg mit neuem Aufgebot über den Brenner, nachdem er auf einem Hoftag in Wien (Februar 1237) seinen neunjährigen Sohn Konrad zum deutschen König und künftigen Kaiser hatte wählen lassen. Letzte Verhandlungen zwischen Vertretern des Papstes, des Kaisers und der Städte waren gescheitert. Am 27. November 1237 besiegte Friedrich bei Cortenuova ein von Brescia heimkehrendes Heer der Lombarden. Der Sieg schien ihm die Herrschaft über Oberitalien zu sichern, doch scheiterte der Erfolg an Friedrichs Forderung, vor allem an Mailand, zu bedingungsloser Unterwerfung. Mailand setzte im Verein mit Alessandria, Brescia, Piacenza, Bologna und Faenza den Kampf fort. Vergeblich belagerte der Kaiser drei Monate lang (bis 9. Oktober 1238) Brescia. Er hatte dazu seine deutschen, sizilischen und sarazenischen Kontingente mit Söldnern aus England, Frankreich, Kastilien, Burgund, Ungarn, Griechenland und Ägypten verstärken können. Die steigende Macht des Kaisers, die Tatsache, daß er seinen Sohn Enzio Oktober 1238 mit der Erbin eines großen Teils von Sardinien sich vermählen ließ, ohne den Papst, der sich als Oberlehnsherr über Sardinien verstand, zu konsultieren, daß er sich darum zu bemühen schien, auch in Rom die Führung zu übernehmen, um es, wenn möglich, zum tatsächlichen oder wenigstens ideellen Mittelpunkt eines erneuerten Kaisertums zu machen, ließen den Widerstand gegen Friedrich an der Kurie, vor allem beim Papst, wachsen. Er sandte als Legaten Gregor von Montelongo in die Lombardei, der die kaiserfeindlichen Städte zusammenschloß. Es gelang Gregor IX., Venedig und Genua miteinander zu verbünden, in Rom selbst sich erneut durchzusetzen.

Als Friedrich im Februar 1239 in einem Erlaß gegen die „Reichsrebellen", wie er sie nannte, zum umfassenden Kampf gegen die Lombarden aufrief und zu einem sozialen und wirtschaftlichen Boykott, zu dem alle Reichsuntertanen angehalten wurden, entschloß sich Gregor IX., erneut den Bann über Friedrich zu verhängen (am 20. und 24. März). Er begründete ihn, ohne die Lombarden zu nennen, vor allem mit der Kirchenpolitik des Kaisers im Regnum, die den vertraglichen Zusagen von 1230 widersprach, und mit den kaiserlichen Bemühungen um Herrschaft in Rom.

Mit dieser Entscheidung setzt der Endkampf der Kurie gegen den Kaiser und sein Haus ein. Friedrich beantwortete die Maßnahme Gregors mit der Besetzung des Patrimoniums und der Einkreisung Roms. Gregor IX. seinerseits entschloß sich, an die Christenheit zu appellieren, und berief auf Ostern 1241 ein Konzil nach Rom, das Friedrich durch die Gefangennahme der meisten auswärtigen Konzilsteilnehmer, die auf einer genuesischen Flotte anreisten, verhinderte (Seegefecht vom 4. Mai 1241 bei Montecristo unweit der Insel Elba)[6].

Anfang August näherte sich der Kaiser Rom, ein geplanter Angriff auf die Stadt wurde nicht durchgeführt, da der Papst am 21. August 1241 starb. Friedrich ging ins Regnum zurück, um das Ergebnis der Neuwahl abzuwarten.

Durch die Kanzleipublizistik der letztvergangenen Jahre, welche mit feierlichen Manifesten seitens des Papstes wie des Kaisers den Streit vor das Forum der Christenheit zu tragen sich bemüht hatte, schien der Kampf zwischen Papsttum und Kaisertum erneut auf die Ebene grundsätzlicher Auseinandersetzung gehoben zu sein. Indes hatte Friedrich stets betont, es gehe ihm nicht um einen Streit mit der Kirche, sondern um die Persönlichkeit des Papstes. Gregor seinerseits bestritt nicht die Rolle des Imperiums in seiner Funktion als Defensor und Protector Ecclesiae (Romanae), sondern lehnte den gegenwärtigen Träger ab, der statt Verteidiger zu sein, die Kirche angreife, statt rechtgläubiger Kaiser zu sein, im Verdacht der Häresie lebe, ohne sich davon zu reinigen.

Aber die Sprache der Manifeste in ihrer apokalyptischen Färbung tat nichts zur Milderung des Konflikts, vielmehr ließ sie in ihren maßgeblichen Motiven ahnen, daß man beiderseits bereit war, hinter den Persönlichkeitsfragen auch Grundsatzentscheidungen anzugehen über das Verhältnis von weltlicher und geistlicher Macht in ihrem Anspruch auf die Führung im Abendland.

Die lange Sedisvakanz (vom 22. August 1241 bis 25. Juni 1243), während der zunächst der Mailänder Kardinal Gaufrid Castiglione gewählt wurde (Cölestin IV.), der aber bereits 17 Tage später starb (10. November 1241), konnte erst abgeschlossen werden, als der Kaiser zunächst Otto von Tuskulum (August 1242), dann den anderen bei Montecristo gefangengenommenen Kardinal Jakob von Praeneste (Mai 1243) aus der Haft entließ. Am 25. Juni 1243 wurde einstimmig der Genueser Kardinal Sinibald Fiescho gewählt: Innozenz IV. (1243—54).

Friedrich II. begrüßte die Wahl, weil er glaubte, in Innozenz einen Vertreter der Friedenspartei im Kardinalskollegium aufrücken zu sehen. Aber

[6] Vgl. *H. M. Schaller*, Das letzte Rundschreiben Gregors IX. gegen Friedrich II.: Festschr. Percy Ernst Schramm I (Wiesbaden 1964) 309—321. Der Papst berichtet einem Erzbischof über das gewaltsame Vorgehen Kaiser Friedrichs II., besonders über die Gefangennahme der zum Konzil nach Rom reisenden Prälaten, und fordert den Empfänger auf, eine Versammlung der Bischöfe und höheren Geistlichen seiner Erzdiözese einzuberufen und über beigefügte capitula zu beraten. Diese, vielleicht eine Reihe der Anklagen gegen den Kaiser, sind nicht erhalten.

bald mußte er einsehen, daß „ein Papst kein Ghibelline sein" könne[7]. Innozenz IV., ein bedeutender Jurist und als Diplomat durchaus dem Klima seiner Vaterstadt entsprechend, klug, sachlich, zäh und weitblickend, übernahm das Erbe Gregors IX. Dazu gehörte neben dem Konflikt mit dem Kaiser auch die Bedrohung des Abendlandes durch die Expansion der Mongolen, die Sorge um das zerfallende lateinische Kaisertum und die Eindämmung der Häresien. Dies alles, den Kreuzzug eingeschlossen, wollte der Papst miteinander abstimmen. Die Beilegung des Konfliktes mit Friedrich drängte sich als erstes Problem auf. Der Kaiser selbst eröffnete Verhandlungen[8], die sich mit Unterbrechung über Jahre hin erstreckten. Sie führten in der Karwoche 1244 (am 31. März) nahezu einen Frieden herbei, als Gesandte Friedrichs Bestimmungen eines vorläufigen Vertrags feierlich beschworen. Der Kaiser sollte vom Bann gelöst werden, dafür den Kirchenstaat räumen, Kirchenbuße leisten, den gefangenen Prälaten Freiheit und Schadenersatz geben, den Anhängern der Kirche Straflosigkeit zusichern. Wiederum blieb die Lombardenfrage unerledigt, das Mißtrauen zwischen Kaiser und Papst wurde nicht behoben, vielmehr versuchten beide Seiten ihre Positionen zu verbessern. Der Vertrag von Rom wurde nicht ratifiziert. Innozenz IV. entschloß sich vielmehr zu dem entscheidenden Schritt, Italien zu verlassen und außerhalb des Machtbereichs Friedrichs, wenn auch auf Reichsboden, das von Gregor IX. gewollte, vom Kaiser aber verhinderte Konzil einzuberufen, um vor dem Forum der Christenheit den Konflikt aufzurollen und zu einer verbindlichen Lösung zu bringen.

Am 28. Juni 1244 reiste er auf bereitgestellten genuesischen Schiffen nach Genua, wo er, erkrankt, mehrere Monate blieb, um dann im Spätherbst über die Alpen zu ziehen und Anfang Dezember im Chorherrenstift St-Just bei Lyon Wohnung zu nehmen. Er sollte, ohne das damals schon absehen zu können, bis zum Tod des Kaisers (1250) von Lyon aus die Kirche regieren.

Wie sehr dieser Schritt eine Befreiung bedeutete, erkennt man an der gesteigerten Tätigkeit der päpstlichen Kanzlei, an dem lebhaft einsetzenden Besuchsverkehr bei der Kurie, an der Fülle von weitreichenden Entscheidungen, die fast unmittelbar nach der Ankunft in Lyon getroffen wurden und auf den verschiedensten Sektoren des kirchlichen Lebens zu neuen Ansätzen und Lebensformen führten. Es zeigte sich (wie auch später in Avignon), daß Rom seit langem und noch für lange Zeit im Grunde nicht mehr als zentral gelegene Residenz der Päpste angesehen werden konnte, ganz abgesehen von den dauernden Schwierigkeiten, welche die kommunale Politik der Stadt bereitete, für eine ruhige Regierungsarbeit kaum das rechte Klima.

[7] *E. Kantorowicz*, Kaiser Friedrich der Zweite, ErgBd, 225: Das Wort des Kaisers: *Nullus papa potest esse Gibellinus* überliefert novellistisch Galvanus Flamma, bei *Muratori*, Scriptores XI 680.

[8] Am besten hat diese Verhandlungen dargestellt *A. Folz*, Kaiser Friedrich II. und Papst Innocenz IV. Ihr Kampf in den Jahren 1244 und 1245 (Straßburg 1905).

Das erste Konzil von Lyon (1245)

Am 27. Dezember 1244 kündigte Innozenz IV. an, er werde zu einem allgemeinen Konzil einladen, das am 24. Juni 1245 in Lyon zusammentreten solle [9]. Diese Einladungen wurden vom 3. Januar 1245 an versandt an den Episkopat, an Domkapitel und Äbte, an Fürsten und Städte. Verhandelt werden sollte über Reform (status debitus ecclesiae romanae), über den Kreuzzug, über Hilfe für Konstantinopel und Maßnahmen gegen die Mongolen, schließlich über den Konflikt mit dem Kaiser (de negotio, quod inter ecclesiam et principem vertitur). Neben den Mongolen wurden auch „andere Verächter des Glaubens und Verfolger des christlichen Volkes" erwähnt. Damit waren wohl die Ketzer gemeint, gegen die, trotz des nunmehr ein Halbjahrhundert anhaltenden Ringens, der Kampf der Kirche immer noch nötig war. Das waren neben dem Kaiserkonflikt die klassischen Konzilsthemen des Mittelalters.

Der Kaiser, so schrieb der Papst, sei von ihm in der Predigt vom 27. Dezember mündlich aufgefordert worden, zum Konzil zu kommen, nicht als Teilnehmer, wie die anderen Könige und Fürsten, sondern als Angeklagter (citavimus), der dort dem Papst und anderen Rede und Antwort (responsurus) stehen sollte.

Als die Nachrichten von den schweren Rückschlägen im Heiligen Land (Eroberung Jerusalems durch die Chorasmier, Niederlage der Ritter bei Gaza/Askalon) um die Jahreswende durch den Patriarchen von Antiochien in Italien eintrafen und der Kaiser in einem Rundschreiben die christlichen Fürsten um Hilfe anging, liefen gleichzeitig noch einmal letzte Friedensverhandlungen zwischen Kaiser und Papst an, bei denen der Patriarch eingeschaltet wurde. Zwar wiederholte Innozenz IV. am Gründonnerstag, wohl auf Drängen der Erzbischöfe von Mainz und Köln, die sich in Deutschland vom Kaiser distanziert hatten, den Bann über Friedrich. Doch besitzen wir ein Schreiben vom 6. Mai 1245, in dem der Papst sich zur Lösung des Bannes bereit erklärte, falls Friedrich nun wirklich mit seinen Zusicherungen ernst mache. Gleichzeitige Übergriffe kaiserlicher Truppen im Patrimonium und ungeschickte diplomatische Schritte des Kaisers in England, wo eine vom Papst erbetene finanzielle Hilfe vereitelt werden sollte, ließen aber auch diese Versuche der letzten Stunde nicht zum Tragen kommen.

So trat denn das Konzil mit unverändertem Programm zusammen. Die Teilnahme des Episkopates aus den von Friedrich beherrschten Ländern war natürlich gering. Es kamen einige exilierte Prälaten, aus dem Reich aber nur die Bischöfe von Prag und Lüttich sowie die Bischöfe aus Burgund und dem Königreich Arelat. Dagegen waren Spanien, Frankreich und England gut

[9] Zu Vorgeschichte, Verlauf und Ergebnis des Konzils vgl. *H. Wolter - H. Holstein*, Lyon I et Lyon II (Histoire des Conciles Œcuméniques 7) (Paris 1966).

vertreten. Insgesamt zählte man 150 Bischöfe, daneben natürlich noch Äbte, die Generaloberen der neuen Orden, Vertreter der geladenen großen Kapitel, der Städte, der Fürsten. Der Kaiser von Konstantinopel, Balduin II., die Grafen Raimund VII. von Toulouse und Raimund Berengar von der Provence waren persönlich erschienen.

In vier Sitzungen (vom 26. Juni bis zum 17. Juli 1245) tagte das Konzil, das seine Arbeiten zwischen den Sitzungen in Gesprächen, Konsistorien, Kommissionszusammenkünften weiterführte. Am 28. Juni hielt Innozenz IV. bei der ersten der drei Hauptsitzungen, die in der Kathedrale von Lyon stattfanden, nach dem Hochamt im Rahmen der kurzen liturgischen Einleitungszeremonie die programmatische Einführungsansprache: über den Verfall kirchlicher Zucht bei Klerus und Laien (status debitus ecclesie), die Not des Heiligen Landes durch den Übermut der Sarazenen, das Schisma der Griechen, wie es sich im Problem des Lateinischen Kaiserreichs widerspiegelte, das Mongolenproblem und schließlich die Verfolgung der Kirche seitens Kaiser Friedrichs II.

Für den Kaiser plädierten auf allen Sitzungen, nicht ohne mit seinen Ausführungen die Versammlung zu beeindrucken, vor allem der Großhofrichter Thaddaeus von Suessa, aber auch der Patriarch von Aquileja und die englischen Gesandten. Die Schlußsitzung, welche für den 12. Juli vorgesehen war, verschob der Papst auf Bitten der Vertreter Friedrichs auf den 17. Juli, weil man die Ankunft des, wie man annahm, anreisenden Kaisers erwarten wollte. Doch weiter als bis nach Turin kam dieser nicht, offensichtlich hatte er nicht die Absicht, sich persönlich dem Konzil zu stellen.

So fiel in der Schlußsitzung die Entscheidung. Der Papst hatte sie vorher mit den Prälaten einzeln durchgesprochen, und sie war von den meisten ohne Widerspruch gebilligt worden. Zunächst verkündigte Innozenz IV., das Fest Mariä Geburt (8. September) solle mit einer Oktav nunmehr in der ganzen Kirche gefeiert werden. Dann ließ er die Beschlüsse des Konzils verlesen, die, in Form von Rechtsdekreten und Konstitutionen erlassen, sich den verschiedenen Sachproblemen entsprechend als Gesetze, Weisungen, Aufforderungen und Proklamationen gaben. Der allgemeinen *Kirchenreform* diente das Konzil mit der Klärung rechtlicher, besonders prozeßrechtlicher Probleme, mit der Straffung der Verwaltungskontrolle, vor allem in Hinsicht auf eine Gesundung klösterlicher Wirtschaftsführung und mit der genaueren Umschreibung der Befugnisse päpstlicher Legaten. Der *Mongolengefahr* wollte das Konzil begegnen mit der Aufforderung zu intensiven Verteidigungsmaßnahmen. Zur Verteidigung des *Lateinischen Kaiserreichs* wurden Kirchensteuern ausgeschrieben, und für den *Kreuzzug* erneuerte man die Bestimmungen des 4. Laterankonzils, jedoch fehlten bezeichnenderweise konkrete Planungen. Bevor Innozenz dann die Bulla depositionis verlesen lassen konnte, legte Thaddaeus von Suessa formell Berufung gegen sie ein an den zukünftigen Papst und ein wirklich allgemeines Konzil. Innozenz IV.

verteidigte in ruhigen Worten die Allgemeinheit der Kirchenversammlung, zu der alle Berechtigten in der Christenheit geladen worden wären, das Fernbleiben ganzer Teilepiskopate habe Friedrich selbst verschuldet.

Der letzte Akt des Konzils war die Verlesung der Absetzungsbulle und ihre Bestätigung durch die Versammlung. Wegen der vier Vergehen des Meineids, des Friedensbruchs, des Sakrilegs durch Gefangennahme der Prälaten und des Verdachtes der Häresie wird Friedrich II. als römischer Kaiser, deutscher König und König im Regnum abgesetzt, aller Ehren und Würden entkleidet, die Untertanen ihres Treueids entbunden, die Kurfürsten aufgefordert, zur Neuwahl zu schreiten. Über das Königreich Sizilien will der Papst nach dem Rat der Kardinäle selbst entscheiden.

Ein Tedeum schloß die Sitzung, auf der übrigens der Bann über Friedrich nicht eigens erneuert worden war, so daß es sich um den bis dahin einzigartigen Fall einer Verwirklichung von Satz XII aus dem Dictatus papae Gregors VII. handelte[10].

Das 1. Konzil von Lyon war ein Wendepunkt. Der Kaiser gab zwar trotz scharfer Worte auch nach dem Konzil die Versuche nicht auf, mit der Kurie Frieden zu schließen, doch verschärfte die Sentenz von Lyon den Riß zwischen ihm und dem Papst. Aus dem Kampf um die Hegemonie in Italien und aus dem Abwehrkampf der Kurie, die um ihre kirchenpolitische Unabhängigkeit bangte, wurde jetzt ein Kampf um das kaiserliche Sein oder Nichtsein des staufischen Hauses, damit aber zugleich um die Geltung der staufischen Kaiseridee. In Deutschland, Italien und Sizilien mobilisierte der Papst alle Kräfte, um dem Spruch von Lyon Geltung zu verschaffen. England (Heinrich III., Friedrichs Schwager) und Frankreich (Ludwig IX., der Heilige) verharrten in strenger Neutralität. Ungarn, das vom Kaiser Hilfe gegen die Mongolen erwartet hatte, konnte der Papst zurückgewinnen, Spanien war, wie das Konzil bereits gezeigt hatte, ganz auf seiner Seite; doch blieben auch Ferdinand III. und Kastilien neutral.

Überall stellte sich auch der Kaiser mit Gesandten, Briefen, Drohungen und Forderungen ein. Die Publizistik der Jahre 1239/42 wurde aufgegriffen, aber ihr Tenor hatte sich gewandelt. Es ging jetzt um die Frage, ob der Papst das Recht habe, den Kaiser abzusetzen. Innozenz IV. bejahte sie und wies dabei auf seine Vollmacht hin, den Kaiser einzusetzen. den Kaiser „mache" der Papst. Daher könne er ihm gegebenenfalls Amt und Würde auch wieder entziehen[11].

[10] „Quod illi liceat imperatores deponere", Reg. II 55a, ed. *E. Caspar* 204, 5 (vgl. Hdb. der KG III/1 425 u. Anm. 4).

[11] Innozenz IV. hat das Absetzungsdekret des Konzils eingehend in seinem Apparatus (Commentaria super libros quinque Decretalium) (ed. Frankfurt 1570) erläutert, lib. II, tit. XXVII, cap. XXVII, 316ᵛ—317ᵛ: papa jure deponit imperatorem. Innozenz entwickelt den kühnen Gedanken, Jesus Christus sei der „dominus naturalis" der Kaiser und Könige und könne diese daher ein- und absetzen. Seinem irdischen Stellvertreter habe Christus diese Gewalt in umfassender Weise überantwortet.

Der Kaiser argumentierte gleichfalls vom Grundsätzlichen her, indem er mit einem Reformplan auftrat, der die Kirche (und in ihr den Papst) auf die eigentlich spirituellen Aufgaben zurückverwies, auf das urkirchlich-apostolische Ideal mit seiner Unterordnung unter die von Gott eingesetzte Gewalt der Könige. Als Plan einer wirklich zu vollziehenden Reform war Friedrichs Schreiben vom Februar 1246[12] natürlich nicht gemeint, sondern als Moment publizistischer Auseinandersetzung. Es fand ein Echo in einem Manifest französischer Barone (November 1246), die sogar einen Bund gegen den Klerus schlossen[13].

In Deutschland[14] konnte Innozenz dank einer konsequenten Personalpolitik auf hoher Ebene die Fronten zu seinen Gunsten stark verschieben. Im Königreich Sizilien ließ er gegen Friedrich das Kreuz predigen. Aber der Kampf blieb bis zum Tod des Kaisers (13. Dezember 1250) unentschieden. Innozenz kehrte nach Italien zurück zur Auseinandersetzung erst mit Konrad IV., der noch vor Innozenz IV. starb (21. Mai 1254), dann mit Manfred[15], der bis zu seinem Tod in der Schlacht bei Benevent (1266) das Papsttum beunruhigte. Als Konradin am 29. Oktober 1268 in Neapel hingerichtet wurde, erlosch das Haus der Staufer. Einen Kaiser hat Italien in diesem 13. Jh. nicht mehr gesehen.

26. Kapitel

Die Wendung des Papsttums nach Frankreich und die Herrschaft der Anjou in Italien

QUELLEN und LITERATUR: Alexander IV.: *Potthast R* 1286—1473 2124—29; *Böhmer-Ficker-Winkelmann,* RI V/3 1407—41; Register (vgl. Bibliogr. zum Abschnitt); Registro degli atti e delle lettere di Gregorio de Monte Longo (1233—69) (Rom 1965); Acta Alexandri P. P. IV, ed. *Th. T. Haluscynskyj* u. *M. M. Wojnar* (Rom 1966). — *F. Tenckhoff,* Papst Alexander IV. (Paderborn 1907); *S. Sibilia,* Alessandro IV (1254—61) (Anagni 1961); *J. Haller,* Die Herkunft Papst Alexanders IV.: QFIAB 32 (1942) 254 bis 259; *S. Andreotta,* La famiglia di Alessandro IV e l'Abbazia di Subiaco: Atti e Memorie della Società Tiburtina di Storia e d'Arte 35 (1962) 63—126, 36 (1963) 5—87.

Urban IV.: *Potthast R* 1474—1542; RI V/3 1441—1465; MGEp s. XIII, Bd III 474 bis 626; Register (vgl. Bibliogr. zum Abschnitt). — *W. Sievert,* Das Vorleben des Papstes Urban IV.: RQ 10 (1896) 451—505, 12 (1898) 127—161; *K. Hampe,* Urban IV. und

[12] *Huillard-Bréholles,* Historia diplomatica VI 391—392.

[13] *Ch. Petit-Dutaillis,* La Monarchie Féodale en France et en Angleterre, X^e—XIIIe siècle (Paris 1950) 295—296.

[14] Dazu vgl. *P. Aldinger,* Die Neubesetzung der deutschen Bistümer unter Papst Innocenz IV. (1243—54) (Leipzig 1900) und *H. Kroppmann,* Ehedispensübung und Stauferkampf unter Innocenz IV. (Berlin 1937).

[15] *M. Finano,* La città di Napoli nelle lotte tra Innocenzo IV e Manfredo: Studi in onore di Ricardo Filangeri, 3 Bde (Neapel 1961) I 259—282.

Manfred (1261—64) (Heidelberg 1905); AAM 27 (München 1912); *R. Davidsohn*, Beiträge zur Gesch. Manfreds: QFIAB 17 (1914/24) 78—107; *H. Grauert*, Magister Heinrich der Poet in Würzburg und die römische Kurie: VII Centenario della Bolla „Transiturus" (1264—1964). Studi eucaristici (Orvieto 1966); *F. Callaey*, Documentazione eucaristica liegese, dal vescovo di Liegi Roberto di Torote al papa Urbano IV (1240—64): Miscellanea Pio Paschini I (Rom 1948) 215—237; *F. Schneider*, Manfreds Versöhnungspolitik: QFIAB 15 (1913) 17—52.

Clemens IV.: *Potthast R* 1542—1650; RI V/3 1465—1512; *MGEp* s. XIII, Bd III 627 bis 726; Register (vgl. Bibliogr. zum Abschnitt). — *P. Brayda*, La responsabilità di Clemente IV e di Carlo I d'Anjou nella morte di Corradino di Svevia (Neapel 1900); *U. Bünger*, Ludwig IX. von Frankreich und die Kurie (1265—68) (Berlin 1898); *J. Heidemann*, Papst Clemens IV., Vorleben und Legationsregister (Münster 1903); *E. Horn*, Le rôle politique de Clément IV: Comtes rendues de l'Académie des sciences morales et politiques 1925 (273—300); *G. Mollat*, Clément IV: DHGE 12 (1953) 1109—15; *K. Elm*, Die Bulle „Ea quae iudicio" Clemens' IV. (30. 8. 1266). Vorgeschichte, Überlieferung und Bedeutung: Augustiniana 14 (1964) 500—522, 15 (1965) 54—67 492—520, 16 (1966) 95—145.

Die letzten Staufer: Konrad IV.: *H. Hartmann*, Die Urkunden Konrads IV.: AUF 18 (1944) 108—132; *G. Zeller*, Konrad IV. in Italien 1252—54 (Straßburg 1907); *W. Puhlmann*, Konrad IV. im Lichte der augustinisch-eschatologischen Geschichtsauffassung (Greifswald 1914); *K.-G. Hugelmann*, Die Wahl Konrads IV. zu Wien 1237 (Weimar 1914); *E. Michael*, Innocenz IV. und Konrad IV.: ZKTh 18 (1894) 457—472. — Manfred: *A. Bertmann*, König Manfred von Sizilien (1264—66) (Heidelberg 1909); *O. Cartellieri*, König Manfred (Palermo 1910); *K. Hampe*, Zum Manifest Manfreds an die Römer vom 24. Mai 1265: NA 36 (1911); *C. Brückner*, Die Auffassung des Staufers Manfred und seiner Gegner im Licht der augustinisch-eschatologischen Geschichtsauffassung (Greifswald 1914); *P. F. Palumbo*, Per una biografia di Manfredi: Studi Salentini 15 (1963) 193—205; *H. M. Schaller*, König Manfred und die Assassinen: DA 21 (1965) 173—193. — Konradin: *K. Hampe*, Gesch. Konradins von Hohenstaufen (Innsbruck 1894) (mit einem Anhang von *H. Kämpf*, [3]1942); *K. Pfister*, Konradin. Der Untergang der Hohenstaufen (München 1941); *A. Nitschke*, Der Prozeß gegen Konradin: ZSavRGkan 42 (1956) 25—54; dazu *H. M. Schaller:* QFIAB 37 (1957) 311—327 und *A. Nitschke:* QFIAB 38 (1958) 268—277; *L. Oelenheim*, Konradin von Hohenstaufen, König von Jerusalem und seine Vermählung auf der Coburg 1266 (Coburg 1930); *R. Kohlrausch*, Herrschaft und Untergang der Hohenstaufen in Italien (Jena 1926); *J. Maubach*, Die Kardinäle und ihre Politik um die Mitte des 13. Jh. (Bonn 1902); *H. L. Gottschalk*, Der Untergang der Hohenstaufen: WZKM 53 (1957) 267—282 (zeigt die lebhafte Anteilnahme der islamischen Welt am Schicksal auch der letzten Staufer); *P. F. Palumbo*, L'età sveva: i protagonisti: Studi Salentini 13 (1962) 3—37.

Anjou: *G. del Giudice*, Codice diplomatico del regno di Carlo I e II, 3 Bde (Neapel 1863/1902); *R. Sternfeld*, Karl von Anjou als Graf der Provence (1245—65) (Berlin 1888); *E. Jordan*, Les origines de la domination angevine en Italie (Paris 1909); *F. Kern*, Die Anfänge der französischen Ausdehnungspolitik bis zum Jahre 1308 (Tübingen 1910; Lit.); *E. Sthamer*, Die verlorenen Register Karls I. von Anjou: AAB (Berlin 1923); *R. Trifone*, La legislazione angioina (Neapel 1921); *R. Filangieri*, I registri della cancelleria angioina, 13 Bde (Neapel 1950/59); *G. M. Monti*, Da Carlo I a Roberto di Angiò, Ricerche e documenti (Neapel 1932); *A. Cutolo*, Gli Angioini (Florenz 1934); *R. Morghen*, Il tramonto della potenza sueva in Italia (1250—66) (Rom 1936); *C. W. Prévité-Orton*, Italy (1250—90); Cambridge Medieval History VI (Cambridge 1929, Neudruck 1957). 166 bis 204 (Bibliogr. 869—874); *E.-G. Léonard*, Les Angevines de Naples (Paris 1954); *C. Rodenberg*, Innocenz IV. und das Königreich Sizilien (Halle 1892); *F. Baethgen*, Der Anspruch des Papsttums auf das Reichsvikariat: ZSavRGkan 10 (1920) 168—268, jetzt auch in: Mediaevalia, Gesammelte Aufsätze von *F. Baethgen* I (Stuttgart 1960) 110—185; *A.*

Wachtel, Die sizilische Thronkandidatur des Prinzen Edmund von England: DA 4 (1941) 98—178; *N. Denholm-Young,* Richard of Cornwall (Oxford 1947); *H. Marc-Bonnet,* Le Saint-Siège et Charles d'Anjou sous Innocent IV et Alexandre IV (1245—61): RH 200 (1948) 38—65; *H. Marc-Bonnet,* Richard de Cornouailles et la Couronne de Sicile: Mélanges L. Halphen (Paris 1951) 483—489; *A. Hauß,* Kardinal Oktavian Ubaldini, ein Staatsmann des 13. Jh. (Heidelberg 1913); *F. Reh,* Kardinal Peter Capocci, ein Staatsmann und Feldherr des 13. Jh. (Berlin 1933); *N. Schöpp,* Papst Hadrian V. (Kardinal Ottobuono Fieschi) (Heidelberg 1916).

Interregnum: *Dahlmann-Waitz* 7033—35 8351 7025—31 7040. — *W. Neumann,* Die deutschen Königswahlen und die päpstlichen Machtansprüche während des Interregnums (1257—73) (Berlin 1921); *M. Lintzel,* Die Entstehung des Kurfürstenkollegs; AAL 99/2 (Berlin 1952); *I. Llampayas,* Alfonso X — El hombre, el rey y el sabio (Madrid 1947); *N. Denholm-Young,* Richard of Cornwall (Oxford 1947); *W. v. Schoen,* Alfons X. von Kastilien (München 1957); *A. de Bouard,* Le régime politique et les institutions de Rome au Moyen Age (1253—1347) (Paris 1920); *P. Schmitthenner,* Die Ansprüche des Adels und des Volkes der Stadt Rom auf Vergebung der Kaiserkrone während des Interregnums (1250—73) (Berlin 1923); *E. Dupré Theseider,* Roma dal Comune di popolo alla signoria pontificia (Bologna 1952).

Nach der Absetzung Friedrichs II. auf dem Konzil von Lyon hatte Innozenz IV. die Nachfolge der Staufer im Reich den zuständigen Wählern überlassen, im Regnum aber die Neuordnung sich selbst und den Kardinälen vorbehalten[1]. Die „sizilische Frage" sollte bis zum Jahrhundertende die Kurialpolitik weitgehend binden. Zwei Möglichkeiten, sie zu lösen, boten sich an. Die Römische Kirche konnte das Regnum in eigene Verwaltung nehmen oder eine neue Dynastie mit ihm belehnen. Zunächst schien Innozenz geneigt, die Herrschaft in Sizilien selbst zu übernehmen, obwohl die wenig glücklichen Erfahrungen, die sein Vorgänger, Innozenz III., als Vormund des jungen Friedrich mit einer solchen Direktregierung gemacht hatte, ihm nicht unbekannt gewesen sein dürften. Tatsächlich erwiesen sich denn auch die finanziellen, militärischen und personellen Mittel der Kurie schnell als zu schwach, so daß man die zweite Möglichkeit ernstlich in Betracht ziehen mußte.

Zunächst bot der Papst das Regnum Richard von Cornwall[2] an, alternativ aber fast gleichzeitig dem Bruder Ludwigs IX., Karl von Anjou, Grafen der Provence. Beide lehnten ab. Daraufhin begann Innozenz IV. Verhandlungen mit König Heinrich III. von England[3]. Durch Magister Albert von Parma

[1] Bulla depositionis Friderici II imperatoris: „Illi autem, ad quos in eodem imperio imperatoris specta electio, eligant libere successorem. De praefato vero Siciliae regno providere curabimus cum eorundem fratrum consilio, sicut viderimus expedire" (COD 259, 30—35).

[2] *H. Marc-Bonnet,* Richard de Cornouailles et la Couronne de Sicile: Mélanges L. Halphen (Paris 1951) 483—489 macht darauf aufmerksam, daß die ersten Kontakte Innozenz' IV. mit Richard, wenn auch nicht schon 1247, so doch wahrscheinlich bereits im April des Jahres 1250 in Lyon stattgefunden haben.

[3] Die beste Darstellung der englischen Kandidatur für Sizilien bei *A. Wachtel,* Die sizilische Thronkandidatur des Prinzen Edmund von England: DA 4 (1941) 98—178; vgl.

machte er ihm den Vorschlag, das Regnum für seinen achtjährigen Sohn Edmund zu übernehmen.

Nach dem Tode Konrads IV. (21. Mai 1254) glaubte der Papst in der Lage zu sein, Sizilien dem Patrimonium angliedern zu können, und unterbrach deshalb die Verhandlungen mit England. Die unter der Leitung der Papstneffen Fieschi geplante Eroberung Siziliens schlug fehl. Ihr Scheitern war die letzte Botschaft an Innozenz IV., der am 7. Dezember 1254 in Neapel starb. Die staufische Politik wurde alsbald von Manfred eigenwillig und erfolgreich wiederaufgenommen und weitergeführt. Ohne Rückhalt an Deutschland zu haben, versuchte Manfred, die italienischen Pläne seines kaiserlichen Vaters in vollem Umfang zu verwirklichen.

Angesichts dieser Entwicklung nahm Alexander IV., seit dem 12. Dezember 1254 Nachfolger Innozenz' IV., die Verhandlungen mit England wieder auf. Am 25. März 1255 exkommunizierte er Manfred und belehnte am folgenden 9. April Edmund mit Sizilien. Als Heinrich III. die vertraglich übernommenen hohen finanziellen und militärischen Leistungen nicht im vollen Umfang aufbringen konnte, trat Alexander, ohne eine Alternativlösung bereit zu haben, 1258 von dem Übereinkommen zurück. Im gleichen Jahr ließ sich Manfred am 10. August in Palermo zum König krönen. Sein Einfluß in Spoleto, der Mark Ancona und der Romagna wuchs beständig. Selbst in Rom vermochten die ghibellinischen Kräfte im Frühjahr 1261, gleichzeitig mit der Wahl Richards von Cornwall zum Senator [4], auch Manfred diese Würde zu sichern.

Alexander IV. starb am 25. Mai 1261. Drei Monate lang rang man im Kardinalskollegium um die Nachfolge, die schließlich einem Außenseiter zugesprochen wurde. Der Patriarch von Jerusalem, Jakob Pantaleon, ein Franzose aus Troyes in der Champagne, wurde gewählt. Er hatte als Archidiakon von Lüttich am Konzil von Lyon teilgenommen und dann im Dienst der Kurie auf ausgedehnten Legationsreisen Nord- und Ostdeutschland wie auch Polen kennengelernt. Ein kraftvoller, kluger, diplomatisch geduldiger Regent, war Urban IV. als Franzose den italienischen Problemen gegenüber distanzierter und darum auch freier. Er war gewillt, die sizilische Frage endgültig zu lösen, um für die Anliegen der Gesamtkirche freie Hand zu bekommen. Unter ihm vollzog sich die Wendung des Papsttums nach Frankreich.

M. Powicke, The Thirteenth Century (1216—1307) (Oxford [2]1962) 110—123 136 167, der das Unternehmen als sizilisches Abenteuer bezeichnet.

[4] Richard war seit der Wahl zum römischen König (1257) um die Kaiserkrönung bemüht. Seine Benennung zu einem der beiden römischen Senatoren, von den Kardinälen Ottobuono Fieschi und Johann von Toledo betrieben, sollte den zögernden Papst einer Entscheidung zuführen, vgl. *A. Wachtel,* Die sizilische Thronkandidatur 165, ferner *N. Schöpp,* Papst Hadrian V. (Kardinal Ottobuono Fieschi) (Heidelberg 1916) 72—75 und *F. R. Lewis,* The Election of Richard of Cornwall as Senator of Rome in 1261: EHR 52 (1937) 657—662.

Zunächst gelang es ihm, Manfred gegenüber dem päpstlichen Einfluß in Nord- und Mittelitalien wieder zu verstärken. Er verzichtete auf die Thronkandidatur des englischen Prinzen und bot Ludwig IX. für einen seiner Söhne die Belehnung mit Sizilien an. Der französische König lehnte ab unter Hinweis auf die Rechte Edmunds und die Ansprüche des staufischen Hauses (Konradin). Daraufhin wandte sich Urban IV. an Karl von Anjou. Der Vertrag mit England wurde formell gekündigt, die Einwilligung Ludwigs IX. gewonnen, ein Vertrag entworfen (am 17. Juni 1263), der in großen Zügen die Vorstellungen der Kurie von der geplanten Lösung der sizilischen Frage umriß. Süditalien und Sizilien sollten im Regnum geeint bleiben, mit dem Karl von Anjou dann belehnt würde gegen eine einmalige Zahlung von fünfzigtausend Sterlingmark. Ein Jahreszins von zehntausend Goldunzen wurde erwartet. Die Freiheit der Kirche im Regnum sollte gewährt bleiben. Der Kurie versprach Karl militärischen Schutz. Er mußte sich verpflichten, ein Angebot der deutschen Krone oder des Kaisertums auszuschlagen; auch eine Herrschaft in den kaiserlichen Provinzen Italiens oder im Patrimonium sollte nicht in Frage kommen. Weitere Bestimmungen erläuterten die Hilfe, welche die Kurie von Karl erwartete, der innerhalb eines Jahres sein Lehen antreten sollte. Als Manfred angesichts der gesichert erscheinenden Kandidatur des Anjou den Papst schwer bedrängte, konnte Karl den Vertragsentwurf zu seinen Gunsten leicht modifizieren. Doch bevor er noch unterzeichnet wurde, hatte Karl bereits gegen seine Bestimmungen verstoßen, als er eine römische Wahl zum Senator annahm. Trotzdem bestätigte Urban IV. die römische Entscheidung, welche kommende Weiterungen ahnen ließ. Bevor er am 2. Oktober 1264 starb, wurde der Vertrag der Kurie mit Karl von Anjou unterzeichnet. Die Herrschaft der Anjou war begründet: nicht nur im Regnum, sondern, wie sich erweisen sollte, auch in Italien.

Die lange Sedisvakanz, die erst mit der Wahl vom 5. Februar 1265 beendet werden konnte, erleichterte dem neuen Herrn von Sizilien die Übernahme der Herrschaft. Er bereitete sie vor und unterbaute sie mit einer langen Reihe von Bündnissen, die er mit norditalienischen Machthabern und Städten abschloß. Dieser Vorgang entsprach wohl kaum dem Geist des eben unterzeichneten Vertrags mit der Römischen Kirche. Aber der neue Papst, Clemens IV., weniger kraftvoll als sein Vorgänger, stand persönlich, auch als Franzose, dem Hause Anjou nahe. Am 28. Juni 1265 belehnte er in Rom feierlich den neuen Fürsten mit Sizilien. Dank seiner Vermittlung konnte Karl Verbindung aufnehmen mit Geldgebern in der Toskana, die ihm umfangreiche Kredite eröffneten auf Sicherheit eines dreißigjährigen französischen Kirchenzehnts. Damit wurde die Toskana in die neue Sizilienpolitik hineingenommen, Karl erschloß ihr sein neues Königtum zur wirtschaftlichen Eroberung. Die Auseinandersetzung mit Manfred führte zur Entscheidungsschlacht bei Benevent. Am 26. Februar 1266 verlor der letzte staufische Herr von Sizilien Reich und Leben. Der Weg ins Regnum stand dem neuen Herrn nun offen.

Noch aber lebte Konradin von Hohenstaufen, Herzog von Schwaben und König von Jerusalem, der Anspruch erhob auf die Erbfolge in Sizilien. Nach Manfreds Tod beschloß ein Reichstag in Augsburg im Oktober 1266 die Italienfahrt des jungen Konradin. An ihn hatten sich alle gewandt, die mit der Entscheidung des Papsttums für Anjou unzufrieden waren, die staufische Partei in Sizilien, die Opposition im Patrimonium, die Ghibellinen der Toskana unter der Führung Pisas. Condottieri aller Art schlossen sich an, unter ihnen zwei Infanten von Spanien, Heinrich und Friedrich, Brüder König Alfons' X. von Kastilien, der seit 1257 erwählter König der Römer war.

Eine Wahl Konradins zum König hatte der Einspruch der Päpste bisher verhindert. Clemens IV. versuchte nun den Zug Konradins aufzuhalten. Er drohte mit Bann und Interdikt, ernannte Karl im April 1267 zum „paciarius generalis", der bei Erledigung des Reiches unparteiisch die Gerechtsame aller wahrzunehmen habe, ließ es zu, daß der Anjou in Florenz und anderen Städten der Toskana als Podestà für sechs Jahre die Gewalt übernahm, erklärte am 18. November 1267 in der Kathedrale von Verona, Konradin sei dem Bann verfallen, weil er die Verbote, nach Italien zu kommen, nicht beachtet habe, bei weiterem Vorrücken werde er ihm das Königtum Jerusalem aberkennen. Diese Absetzung sprach er am Gründonnerstag (5. April 1268) formell aus, ließ gegen Konradin das Kreuz predigen, ernannte Karl von Anjou schließlich am 17. April zum Reichsvikar in der Toskana. Inzwischen aber zog Konradin von Verona über Pavia, Pisa und Siena nach Rom, wo man ihn zum Senator wählte (24. Juli 1268). Als er sich anschickte, erobernd das Regnum zu gewinnen, verlor er die entscheidende Schlacht bei Tagliacozzo (23. August 1268). Auf dem Rückzug gefangen, ließ ihm Karl von Anjou den Prozeß machen und ihn am 29. Oktober 1268 in Neapel enthaupten[5]. Genau einen Monat später starb zu Viterbo Clemens IV.

Karl von Anjou, jetzt unbestrittener Herr des Königsreichs Sizilien, im Besitz der Toskana, einflußreich in Norditalien, schickte sich an, ganz Italien zu gewinnen, als Erbe der Hohenstaufen. Schon hörte man von seiner Absicht, den entmachteten Kaiser Balduin II. bei der Rückeroberung von Byzanz zu unterstützen, dann sollte Jerusalem befreit werden. Ein umfassender imperialistischer Plan zeichnete sich ab[6].

[5] Über das Ende Konradins, den „Prozeß" und die Stellungnahme des Papstes dazu hat jetzt *A. Nitschke* sorgfältige Überlegungen angestellt: ZSavRGkan 42 (1956) 25—54 (Der Prozeß gegen Konradin). Im einzelnen widersprach ihm *H. M. Schaller*, Zur Verurteilung Konradins: QFIAB 37 (1957) 311—327, doch konnte A. Nitschke mit seiner Erwiderung: QFIAB 38 (1958) 268—277 (Konradin und Clemens IV.) seine Thesen behaupten.

[6] Vgl. *E. Dade*, Versuche zur Wiedererrichtung der lateinischen Herrschaft in Konstantinopel im Rahmen der abendländischen Politik 1261 bis etwa 1310 (Jena 1937), ferner *St. Runciman*, Die sizilianische Vesper (München 1959) (Cambridge 1957), 143—157 (Ein Mittelmeerreich).

Fast drei Jahre lang blieb der Heilige Stuhl vakant (29. November 1268 bis 1. September 1271). Karl von Anjou nützte die Zeit, um die Opposition im Königreich zu unterdrücken, die Toskana herrschaftlich zu ordnen, in Norditalien die ghibellinischen Gegner in Schach zu halten. In Rom wurde er zum Senator auf Lebenszeit gewählt. Im Jahre 1270 schien er ganz Italien zu beherrschen. Das Papsttum sah in ihm einen Helfer, der jetzt zum Herrn aufgestiegen war. Die gewaltigen Anstrengungen Innozenz' IV. schienen vergeblich gewesen zu sein.

Zwanzig Jahre lang nach dem Sieg über das staufische Kaisertum hatte sich die Kurie durch die Nachfolgesorgen im Regnum und durch die Unruhe im übrigen Italien so sehr binden lassen, daß wichtige Aufgaben im Osten und bei der Verwaltung der Gesamtkirche vernachlässigt worden waren. 1261 war Konstantinopel für den Westen verlorengegangen. Im Reich hatte die Doppelwahl von 1257 die dunkle Epoche des Interregnums heraufgeführt. Alfons X. von Kastilien kam nie ins Reich, Richard von Cornwall konnte bei seinen kurzen Aufenthalten sich nur im Westen durchsetzen. Die Christenheit, welche am Morgen des päpstlichen Sieges über Friedrich II. geeint und stark erschienen war, begann bei dem Mangel einer festen Führung Symptome innerer Unsicherheit zu zeigen. Es kündigte sich ein religiöser und sittlicher Verfall in vielen Schichten der christlichen Gesellschaft an. Allenthalben wurde die Kirchenherrschaft der Landesherren ausgebaut. Reform tat not, man suchte nach einem Mann, der die Wirren der Zeit mit ordnender Hand bewältigen könnte.

27. Kapitel

Papst Gregor X. und das zweite Konzil von Lyon

Gregor X.: *Potthast* 1651—1703; *Böhmer-Ficker-Winkelmann,* Regesta Imperii VI/1; *J. Guiraud-L. Cadier,* Les Registres de Grégoire X (1272—76) (Paris 1892/1960); *P. Glorieux,* Autour des registres de Grégoire X: RSTI 5 (1951) 305—325; *F. Bock,* Autour des registres de Grégoire X: ebd. 7 (1953) 307—336; *A. L. Tautu,* Acta Urbani IV, Clementis IV, Gregorii X (1261—76) (Pontificia commissio ad redigendum Codicem Iuris Canonici orientalis, Fontes, ser. III, vol. V, tom. I) (Vatican 1953); *F. Walter,* Die Politik der Kurie unter Gregor X. (Berlin 1894); *H. Otto,* Die Beziehungen Rudolfs von Habsburg zu Papst Gregor X. (Innsbruck 1895); *R. Diaccini,* Gregorio X e i domenicani: Memorie domenicane 43 (1926) 22—29; *J. Müller,* Studien zur Gesch. Gregors X. (Freiburg i. Br. 1929); *ders.,* Die Legationen unter Gregor X.: RQ 37 (1929) 57—135; *E. Nasalli-Rocca,* Problemi religiosi e politici del Duecento nell'opera di due grandi italiani (Kardinal G. de Pecorara u. Gregor X.) (Piacenza 1938); *W. Hotzelt,* Gregor X., der letzte Kreuzzugspapst: Das Heilige Land in Vergangenheit und Gegenwart III (Köln 1941) 92—110; *V. Laurent,* La croisade et la question d'Orient sous le pontificat de Grégoire X: Revue historique du Sud-Est européen (Bukarest 1945) 105—137; *L. Gatto,* Il pontificato di Gregorio X (Rom 1959); *R. Pasini,* Un sommo conciliatore (Gregorio X) (Mailand 1962); *B. Roberg,* Die Abdankung Alfons' X. von Kastilien als deutscher König: HJ 84 (1964) 334—351.

Das 2. Konzil von Lyon (1274): QUELLEN u. LITERATUR: *J. B. Martin*, Conciles et bullaires du diocèse de Lyon (Lyon 1905); *Mansi* XXIV 61—68 (Brevis nota eorum, quae in secundo concilio Lugdunensi acta sunt); *A. Franchi*, Il Concilio II di Lione (1274) secondo la Ordinatio Concilii Generalis Lugdunensis (edizione del testo e note) (Rom 1965); *Humbert de Romans*, Opus tripartitum, ed. *P. Crabbe*, Concilia omnia II (Köln 1551) 967—1003; die kürzere Redaktion bei *Mansi* XXIV 109—132; dazu *K. Michel*, Das Opus tripartitum des Humbertus de Romanis O. P. Ein Beitrag zur Gesch. der Kreuzzugsidee und der kirchlichen Unionsbestrebungen (Graz ²1926); Das Memorandum des Bischofs von Olmütz, Bruno v. Holstein-Schaumburg, ed. MGLL IV/3 589—594; *Gilbert von Tournai*, Collectio de scandalis, zuletzt ed. von *A. Stroick*: AFrH 24 (1931) 35—62; dazu: *J. Auer*, Studien zu den Reformschriften für das II. Lyoner Konzil (Freiburg 1910); *A. Stroick*, Verfasser und Quellen der „Collectio de scandalis Ecclesiae“: AFrH 23 (1930) 3—41 273—299 433—466; weitere Dokumente zum Konzil auch bei *B. Roberg*, Die Union zwischen der griechischen und der lateinischen Kirche auf dem II. Konzil von Lyon (1274): Bonner historische Studien 24 (Bonn 1964). Die Dekrete des Konzils: COD 279—307; Disciplinary Decrees of the General Councils, ed. *H. J. Schroeder* (Saint Louis - London 1937) 324—364 595—606; *St. Kuttner*, Conciliar Law in the Making. The Lyonese Constitutions (1274) of Gregory X: Miscellanea Pio Paschini II (Rom 1949) 39—81; *H. Finke*, Konzilienstudien zur Gesch. des 13. Jh. Ergänzungen und Berichtigungen zu *Hefele-Knöpfler*, „Conciliengeschichte“ V u. VI (Münster 1891); *Hefele-Leclercq* VI 153 bis 218; *Fliche-Martin* X: *A. Fliche - C. Thouzellier - Y. Azais*, La Chrétienté romaine (1198—1274) (Paris 1950) 487—503; *H. Wolter - H. Holstein*, Lyon I et Lyon II (Histoire des Conciles Œcuméniques 7) (Paris 1966, mit reichen Literaturangaben).

Zur Union mit den Griechen: Vgl. diesen Band 16. Kap.: *D. J. Geanakoplos*, Emperor Michael Palaeologus and the West (1258—1282). A Study in Byzantine-Latin Relations (Cambridge/Mass. 1959).

Am 1. September 1271 beendete die Wahl Theobald Viscontis die längste Sedisvakanz des 13. Jh. Der Archidiakon von Lüttich weilte damals im Heiligen Land. Erst im Februar 1272 traf er in Viterbo ein und wurde am 26. März in Rom gekrönt. Schon am 13. April gingen Einladungen heraus zu einem allgemeinen Konzil, das wiederum in Lyon tagen sollte [1]. Reform der Kirche, Union mit den Griechen, Hilfe für das Heilige Land sollten die Hauptthemen der Versammlung sein, sie waren auch die wesentlichen Anliegen des Regierungsprogramms Gregors X.

Das Leitmotiv war die Befreiung der heiligen Stätten, Voraussetzung dafür war der Friede mit Byzanz. Die Erneuerung des kirchlichen Lebens der abendländischen Christenheit sollte gleichfalls diesem Ziel dienen. Planungen Karls von Anjou mit Hinblick auf Byzanz mußten sistiert werden. Noch in Syrien hatte Gregor mit Kaiser Michael Paläologos [2] Verhandlungen auf-

[1] Lyon wurde gewählt, um den Einfluß Karls von Anjou auszuschalten. Diese Reise dorthin beschrieb *A. Callebaut*, Le voyage du B. Grégoire X et du S. Bonaventure au Concile de Lyon: AFrH 18 (1925) 169—180.

[2] *C. Chapman*, Michel Paléologue, restaurateur de l'Empire byzantin (1261—82) (Paris 1926); ferner *D. J. Geanakoplos*, Emperor Michael Paleologue and the West (1258—82). A Study in Byzantine-Latin Relations (Cambridge/Mass. 1959) u. *H. D. Nicol*, The Greeks and the Union of the Churches. The Preliminaries to the Second Council of Lyons (1261 to 1274): MS, presented to *A. Gwynn* (Dublin 1961) 454—480.

genommen[3]. Um sich gegen die Bedrohung durch Karl von Anjou zu sichern, war der Kaiser zu weitgehenden Konzessionen bereit, selbst zur Anerkennung des römischen Primats. Klerus und Volk indes machten dem Kaiser klar, daß er mit seiner Politik keinen Rückhalt bei ihnen finden würde. Der Patriarch Joseph trat von seinem Amt zurück.

In Italien beließ es Gregor zwar dabei, daß Karl von Anjou Senator von Rom und Reichsvikar in der Toskana blieb, vermied aber jeden Anschein, als ob das Papsttum von Karl abhängig sei. Er wollte energisch versuchen, den ganz Italien zerreißenden Streit zwischen Guelfen und Ghibellinen beizulegen. Die Hauptlösung dieses schwierigen Fragenkomplexes sollte die Wahl eines neuen Kaisers sein. In freundschaftlicher Zusammenarbeit mit diesem wollte der Papst versuchen, Italien den Frieden zurückzugeben. Auch hatte die steigende Anarchie in Deutschland während des Doppelkönigtums (Richard von Cornwall und Alfons von Kastilien) der Kirche wie dem Volk schwerste Schäden zugefügt. Nun war Richard gestorben (2. April 1272). Als König Alfons sich jetzt vom Papst als römischer König anerkannt sehen wollte, verwies ihn Gregor an die deutschen Kurfürsten, deren Sache es sei, zu entscheiden, wer römischer König sein solle.

Seit Richards Tod hatten diese sich bereits mit der Nachfolge beschäftigt. Als Kandidaten und Anwärter traten neben König Ottokar II. von Böhmen und König Philipp von Frankreich Herzog Heinrich von Bayern auf, Konradins Oheim und Erbe, ferner sein Bruder, Pfalzgraf Ludwig, selber einer der Wahlfürsten. Doch einigte man sich schließlich auf den Landgrafen vom Elsaß, Rudolf von Habsburg, der in Frankfurt am 1. Oktober 1273 gewählt und am 24. Oktober in Aachen gekrönt wurde. Ottokar war zu mächtig gewesen, Philipp von Frankreich von Papst Gregor abgelehnt worden. Herzog Heinrich von Bayern hatte verzichtet, und für Ludwig von der Pfalz war niemand eingetreten. Bei der Wahl war Ottokar nicht erschienen, seine Stimme war für dieses Mal dem Bayernherzog übertragen worden.

Wahl und Krönung Rudolfs teilten die Kurfürsten dem Papst mit und baten um die Kaiserkrone für den Erwählten. Auch Rudolf sandte eine Ergebenheitsbotschaft nach Rom und versicherte dem Papst seine Kreuzzugsbereitschaft. Von König Ottokar kam ein Protest, er legte Berufung ein gegen den Wahlausgang. Gregor X. nahm die deutschen Nachrichten freundlich auf, vertagte aber eine Stellungnahme bis zum Konzil[4].

Seiner Vorbereitung dienten Gutachten über den Zustand der Kirche, die sich der Papst von weither erbat.

Von den erhaltenen Antworten waren die Schreiben des Bischofs Brun von

[3] *Georg Pachymeres,* De Michaele Paleologo V, 11 = PG 143, 823 A.

[4] *A. Zisterer,* Gregor X. und Rudolf von Habsburg in ihren beiderseitigen Beziehungen (Freiburg 1891); *H. Otto,* Die Beziehungen Rudolfs von Habsburg zu Papst Gregor X. (Innsbruck 1895); *O. Redlich,* Rudolf von Habsburg (Innsbruck 1903); *K. u. M. Uhlirz,* Hdb. der Gesch. Österreich-Ungarns I (Graz - Köln [2]1963) 263—266 274—278 (Lit.).

Olmütz und des ehemaligen Dominikanergenerals Humbert de Romans die ergiebigsten[5]. Sie entwarfen ein düsteres Bild vom religiösen Zustand des Klerus wie auch des Volkes. Bischof Bruns Reformvorschlag lief auf eine Stärkung der bischöflichen Autorität hinaus, vor allem gegenüber den reich privilegierten Bettelorden. Humbert verlangte vor allem eine Reform der Kurie.

Am 7. Mai 1274 trat in Lyon das Konzil zusammen, zu dem fast dreihundert Bischöfe, sechzig Äbte, Ordensgenerale und Prälaten, führende Theologen (Thomas von Aquin war auf der Anreise gestorben) gekommen waren[6]. König Jakob von Aragón hatte als einziger Fürst persönlich der Einladung entsprochen, die anderen ließen sich durch ihre Gesandten vertreten. Die Gesandtschaft der Griechen traf verspätet ein (24. Juni), schließlich sah man auch eine Gruppe Mongolen.

Gregor X. hatte nicht eine Massenversammlung gewünscht (die Klöster und Stiftskirchen sollten ursprünglich nur durch einen Abt bzw. Propst vertreten sein), wohl aber eine die gesamte Christenheit in allen ihren Ständen würdig vertretende Versammlung. Von den drei Hauptthemen scheint das wichtigste, die Kirchenreform, zu dem auch die besten Vorarbeiten getätigt worden waren, am wenigsten behandelt worden zu sein. Die Union mit den Griechen kam zustande, weil der Kaiser bereits vorher sich zu ihr grundsätzlich bekannt hatte. Für den Kreuzzug lag das Versprechen Michaels vor, sich zu beteiligen, falls der Westen mit ihm zuvor ein haltbares Friedensabkommen schließen würde (was auf die Pläne Karls von Anjou und Baudouins II. zielte). Mit den Gesandten des Khans von Persien schloß man einen Vertrag, der eine gemeinsame Front gegen den Islam vorsah. Frankreichs, Englands, Aragóns und Neapels Könige gaben grundsätzlich ihre Zustimmung zur Teilnahme am Kreuzzug. Auf dem Konzilskonsistorium vom 6. Juni 1274 beschwor für Rudolf von Habsburg sein Kanzler Otto die Privilegien und Versprechen für die römische Kirche, wie Otto IV. und Fried-

[5] Das Opus tripartitum behandelte systematisch die drei Programmpunkte des Konzils: Kreuzzug, Union mit den Griechen, Reform der Kirche. Ein viertes Gutachten stammte von dem Franziskaner Fidenzius von Padua, das auf Bitten Gregors X. verfaßt, erst 1291 bekannt wurde. Es wurde aber wohl zur Zeit des Konzils geschrieben. Es hieß De recuperatione Terrae Sanctae, ed. *G. Golubovich:* Biblioteca bio-bibliografica della Terra Santa II (Quaracchi 1913) 1—60. Zu den Arbeitsunterlagen des Konzils muß auch das Werk des hl. Thomas von Aquin gerechnet werden: Contra errores Graecorum (1260). Thomas, der zur Teilnahme geladen war, starb bekanntlich auf der Reise nach Lyon (am 7. März 1274 in der Zisterzienserabtei Fossanuova). Die letzte Edition des genannten Werkes stammt von *P. Glorieux* (Tournai - Paris 1957).

[6] *J. Guiraud,* Les Registres de Grégoire X, n. 220 enthält die Liste der angeschriebenen Prälaten, zu denen neben den Bischöfen auch die Patriarchen von Jerusalem und Byzanz gehören, ferner die Äbte von Cluny, Prémontré, Cîteaux und Clairvaux, schließlich die Generaloberen der Dominikaner, Franziskaner und Augustinereremiten wie die Großmeister der drei Ritterorden.

rich II. sie gegeben hatten. Der Verzicht auf das Regnum gehörte dazu[7]. Die päpstliche Bestätigung Rudolfs wurde dann am 26. September erteilt; verspätet, weil Gregor vergebens gehofft hatte, Ottokar und Alfons von Kastilien würden inzwischen ihre Ansprüche fallenlassen.

Für die Kaiserkrönung setzte der Papst im Einverständnis mit den Kardinälen in Lyon den 23. Mai des folgenden Jahres fest, doch wurde der Termin bald auf den 1. November 1275 verschoben. In zähen Verhandlungen gelang es Gregor X., von König Alfons den Verzicht auf die Kaiserkrone zu erreichen. Im Oktober 1275 trafen sich der Papst und König Rudolf in Lausanne, wo Rudolf die bereits von seinem Kanzler beeidigten Versprechen nun auch persönlich leistete: das Königreich Sizilien wollte er, falls nötig, der Kirche erhalten und verteidigen, nicht aber, wie man versteht, selbst übernehmen. Man vereinbarte nunmehr den 2. Februar 1276 als Tag der Kaiserkrönung, Rudolf nahm dann mit anwesenden Fürsten und fünfhundert Rittern das Kreuz. Auch der neue Termin konnte nicht eingehalten werden, da Gregor X. vorher (10. Januar 1276 in Arezzo) starb.

Das Konzil tagte vom 7. Mai bis zum 17. Juli, länger als je eines seiner Vorgänger. Die Vertreter der Stiftskapitel waren bereits nach der 2. Sitzung vom 18. Mai verabschiedet worden. Die griechische Gesandtschaft hatte sich um einen Monat verspätet. Die Verhandlungen des Papstes mit den Kardinälen um die Konklaveordnung dauerten an. Auch die Auseinandersetzungen mit den Vertretern Alfons' von Kastilien und Rudolfs von Habsburg beanspruchten viel Zeit. Am 4. Juli empfing der Papst die sechzehn Gesandten des Mongolenkhans Abaga. Verteilt auf mehrere Sitzungen, erfolgte die Publikation der Konzilsdekrete, so daß man den Eindruck gewinnt, als habe das Konzil intensive Arbeit geleistet. Die großen Ansprachen hielt der Papst selbst und seine beiden vertrautesten Mitarbeiter, der Franziskanerkardinal Bonaventura und der zur gleichen Zeit erhobene Kardinal aus dem Dominikanerorden, Petrus von Tarantasia[8]. Zum Ertrag des Konzils gehörten neben der Union mit den Griechen, die sich auch in der Professio fidei[9] widerspiegelte, die Vorbereitungen für den Kreuzzug. Man sah einen auf sechs Jahre sich erstreckenden Zehnt von allen kirchlichen Einkünften vor. Grundsätzlich neue Erwägungen hatte man nicht entworfen, sondern die Texte von 1215 und 1245 verwertet. Teilnahme am Kreuzzug hatten

[7] „Cum prorsus intentionis sit Romane ecclesie, ut regnum ... nullo umquam tempore imperio uniatur, ut scilicet unus Romanus Imperator et Sicilie rex existat", so im Lehnseid, den Karl von Anjou am 7. Oktober 1276 leistete (*J. Guiraud,* Registres n. 163).

[8] Zu Peter von Tarantasia vgl. *M.-H. Laurent,* Le bienheureux Innocent V (Pierre de Tarentaise) et son temps: SteT 129 (Rom 1947); zu Bonaventura vgl. *R. Ménindès,* Saint Bonaventure, les Frères mineurs et l'unité de l'Église au concile de Lyon: La France franciscaine, ser. II, 18 (1935) 363—392.

[9] Constitutio „Fideli ac devota": COD 290; vgl. dazu die Ausführungen von *H. Holstein: H. Wolter - H. Holstein,* Lyon I et Lyon II 192—196.

Fürsten und Könige zugesichert, auch Michael Paläologos schien bereit, unter gewissen Bedingungen mitzuarbeiten. Genauere Pläne wurden nicht entworfen, Termine nicht benannt. Der frühe Tod des Papstes bedeutete für das Unternehmen einen schweren Schlag.

Die Dekrete des Konzils führten das Gesetzeswerk von 1215 und 1245 weiter. Unter ihnen nimmt die Konstitution *Ubi periculum*[10], welche die Papstwahl neu regelte, den ersten Rang ein. Sie hat, mehrfach überarbeitet, bis heute Geltung behalten. Die Kardinäle sollten vom Tode eines Papstes an nicht länger als zehn Tage auf das Eintreffen Abwesender warten. Die Wahl sei am Ort des Ablebens des Papstes vorzunehmen. Ohne Verbindung mit der Außenwelt (Konklave) sollten sie gemeinsam verharren, bis sie die Wahl getätigt hätten. Je länger sich die Wahl hinzöge, um so kärglicher sollten ihre Lebensbedingungen werden. Außerdem entzog die Konstitution den Kardinälen jedwede Einkünfte während der Sedisvakanz. Man versteht bei so harten Bedingungen den Widerstand der Betroffenen. Die Konstitution wurde denn auch von Gregors Nachfolgern aufgehoben und erst von Cölestin V. wieder in Kraft gesetzt, von Bonifaz VIII. in den Liber Sextus aufgenommen und von da an zum Bestandteil des bis heute geltenden Kirchenrechts.

Die übrigen Dekrete wandten sich gegen Mißbräuche, wie sie von den verschiedenen Gutachten namhaft gemacht worden waren. Überlange Vakanzen, zumal bei Seelsorgspfründen, sollten ausgeschlossen, nur würdige und gebildete Kandidaten, zumal für Pfarreien, bestellt werden. Residenzpflicht wurde eingeschärft, Pfründenkumulation erschwert. Mißstände bei Wahlen versuchte man auszuräumen. Das Konzil bemühte sich, den Stiftsgottesdienst, wo offensichtlich Verderb eingerissen war, zu erneuern, dem volksfrommen Verhalten in der Kirche wandte es seine Aufmerksamkeit zu. Die Konstitution *Religionum diversitatem*[11] wiederholte das Verbot von 1215, neue Orden und Kongregationen zu gründen, und unterdrückte alle Stiftungen, die seither ohne Zustimmung des Heiligen Stuhles vorgenommen worden waren. Die anderen wurden erheblichen Einschränkungen unterworfen. Ausgenommen von dieser harten Gesetzgebung wurden nur die beiden ältesten Bettelorden, während die Karmeliter und Augustinereremiten weitere Weisungen abwarten sollten. Das Verhältnis der neuen Orden zum Episkopat, vor allem hinsichtlich der vielfach umstrittenen Seelsorgsprivilegien, behielt der Papst späterer Regelung vor. Alle Ritterorden sollten zu einem einzigen zusammengeschlossen werden, doch scheiterte dieser Versuch an der von Spanien zu erwartenden Opposition. Für die weitere

[10] Constitutio „Ubi periculum": COD 290—294. Vgl. *E. Ruffini-Avondo,* Le origini del conclave papale: Atti della R. Accademia delle scienze di Torino 62 (Turin 1927) 409 bis 431; *O. Jölson,* Die Papstwahlen des 13. Jh. bis zur Einführung der Conclaveordnung Gregors X. (Berlin 1928).

[11] Constitutio „Religionum diversitatem": COD 302—303.

Entwicklung des Verhältnisses von Ordensklerus und Weltklerus sollte diese Konstitution von großem Einfluß werden.

Schließlich wurde erneut der Wucher verworfen, das Strafrecht genauer umschrieben und für das Prozeßverfahren Bestimmungen gegeben, die sich vor allem gegen die übermäßige Längung richteten. Für die Durchführung dieser Dekrete konnte der Papst nicht mehr sorgen, doch wurden sie fast alle in das Corpus Iuris aufgenommen und erhielten dadurch ihre weiterwirkende Kraft. In seiner Schlußrede hatte Gregor X. den Bischöfen aufgetragen, vor allem die Reform der Pfarrseelsorge sich angelegen sein zu lassen, sie sollten sich selbst und durch eine sorgsame Personalpolitik ihren Stand so erneuern, daß die erhoffte Überwindung des von so vielen Seiten beklagten und geschilderten Niedergangs des kirchlichen Lebens damit ihren Anfang nehme und ihre Weiterführung gewährleistet werde. Zur Tragik Gregors X. gehört es, daß die Union mit den Griechen keinen Bestand hatte, der Kreuzzug nicht durchgeführt wurde und die angestrebte Kirchenreform nicht zum Tragen kam.

28. Kapitel

Häresie und Inquisition im 13. Jahrhundert

Häresie: Vgl. Quellen und Literaturangaben zu den Kap. 13 und 21. Sammelwerke von *C. du Plessis d'Argentré, I. v. Döllinger, P. Frédéricq*. Die bis jetzt beste Übersicht, in knapper und dichter Fassung, mit reichen Literaturangaben bietet *H. Grundmann*, Ketzergeschichte des MA (Die Kirche in ihrer Geschichte, hrsg. von *K. D. Schmidt* - *E. Wolf* II G 1) (Göttingen 1963); *L. Zanoni*, Valdesi a Milano nel secolo XIII: Archivio storico lombardo IV/17 (1912) 5—22; *H. Haupt*, Waldensertum und Inquisition im südöstlichen Deutschland (Freiburg 1890); *A. E. Schönbach*, Das Wirken Bertholds von Regensburg gegen die Ketzer: SAW 147 (1904) 99—107; *W. Preger*, Der Traktat des David von Augsburg gegen die Waldenser: SAM 14/2 (1879) 181—235; *G. Biscaro*, Inquisitori ed eretici lombardi (1292—1318): Misc. di Storia Ital. 3. ser., 19 (1922) 445—557; *ders.*, Eretici ed inquisitori nella Marca Trevisana (1280—1308): Archivio Veneto 5. ser., 11 (1932) 148—180; *R. Manselli*, Per la storia dell'eresia catara nella Firenze del tempo di Dante: Boll. dell'Istituto storico italiano 62 (1950) 123—138; *E. Dupré-Theseider*, L'eresia a Bologna nei tempi di Dante: Studi storici in onore di G. Volpe, Bd 2 (1958) 383—444; *E. Renan*, Averroès et l'averroïsme (Paris 1852, ⁴1882); *P. Mandonnet*, Siger de Brabant et l'averroïsme latin au XIIIe siècle (Löwen 1908/11); *F. van Steenberghen*, Siger de Brabant d'après ses œuvres inédits (Löwen 1931/42); *ders.*, Averroismus: LThK² I (1957) 1144—1146; *A. C. Shannon*, The Popes and Heresy in the Thirteenth Century (Villanova 1949).

Inquisition: QUELLEN: *C. Douais*, Les sources de l'histoire de l'Inquisition dans le midi de la France (Paris 1882); *Bernard Guy*, Practica officii inquisitionis haeretice pravitatis, ed. *C. Douais* (Paris 1886), ed. *G. Mollat* (Paris 1926); Manuel de l'inquisiteur, ed. *G. Mollat* - *G. Drioux*, 2 Bde (Paris 1937); *A. Dondaine*, Le manuel de l'inquisiteur: AFP 17 (1947) 85—194; *P. Frédéricq*, Corpus documentorum Inquisitionis haereticae pravitatis Neerlandicae, 5 Bde (Gent 1889/1906); *A. Dondaine*, Un traité néo-manichéen du XIIIe siècle. Le Liber de duobus principiis (Rom 1939); *J. N. Garvin - J. A. Corbett,* The Summa contra haereticos, ascribed to Praepositinus of Cremona (Notre Dame 1958); vgl. *G. Lacombe,* La vie et les œuvres de Prévostin (Paris 1927); *Jacobus de Capellis,* De erroribus catharorum, ed. *D. Bazzocchi,* L'eresia catara (Bologna 1920; im Anhang); De heresi catharorum in Lombardia, ed. *A. Dondaine:* AFP 19 (1949) 280—312; Über den Tractatus de hereticis von Anselm v. Alessandria: *A. Dondaine:* AFP 20 (1950) 234—324 (Text 308—324); *Petrus Martyr von Verona,* Summa contra Paterenos, ed. *Th. Kaeppeli:* AFP 17 (1947) 295—335; dazu *A. Dondaine,* S. Pierre Martyr: AFP 23 (1953) 66—162; *Moneta von Cremona O. P.,* Summa adversus Catharos et Valdenses, ed. *T. A. Ricchini* (Rom 1743); *Rainer Sacconi,* Summa de Catharis et Pauperibus de Lugduno, ed. *A. Dondaine,* Un traité néo-manichéen (Rom 1939) 64—78.

LITERATUR: *Hinschius* V 449—492, VI 328—396 (Neudruck Graz 1959); *J. Ficker,* Die gesetzliche Einführung der Todesstrafe für Ketzerei: MIÖG 1 (1880) 177—226; *H. Ch. Lea,* History of the Inquisition in the Middle Ages, 3 Bde (New York 1888; Neudruck 1955), dt. von *H. Wieck - M. Rachel,* hrsg. von *J. Hansen* (Bonn 1905/13); *P. Frédéricq,* Geschiedenis de Inquisitie in de Nederlanden, 2 Bde (Gent 1892/98); *C. Douais,* L'Inquisition, ses origines, sa procédure (Paris 1906); *R. Gandrille,* L'Organisation de l'Inquisition en France de 1233 à 1500 (Paris 1908); *H. Maillet,* L'Église et la répression sanglante de l'hérésie (Lüttich 1909); *C. Vacandard,* L'Inquisition (Paris 1912); *H. Köhler,* Die Ketzerpolitik der deutschen Könige und Kaiser (1152—54) (Bonn 1913); *R. Schmidt,* Königsrecht, Kirchenrecht und Stadtrecht beim Aufbau des Inquisitionsprozesses (München 1915); *E. Tuberville,* Mediaeval Heresy and the Inquisition (London 1920); *Ch. H. Haskins,* Robert le Bougre and the Beginnings of the Inquisition in Northern France: AHR 7 (1902) 437—457, ergänzt auch in: Studies in mediaeval culture (Oxford 1929) 193—244; *L. Förg,* Die Ketzerverfolgungen in Deutschland unter Gregor IX. (Berlin 1932); *J. Guiraud,* Histoire de l'Inquisition au moyen âge, 2 Bde (Paris 1935/38; Hauptwerk); *G. della Veneria,* L'inquisizione medioevale e il processo inquisitorio (Mailand 1939); *B. Llorca,* La Inquisición en España (Madrid ²1946, ³1954); *Y. Dossat,* Les crises de l'Inquisition toulousaine (Bordeaux 1959); *H. Maisonneuve,* Études sur les origines de l'Inquisition (Paris 1942, ²1960); *Fliche-Martin* X 291—340 = *Ch. Thouzellier,* La Répression de l'hérésie et les débuts de l'inquisition; *J. Lecler,* Inquisition: Catholicisme 5 (1963) 1682—1693; *H. Grundmann,* Ketzerverhöre des Spätmittelalters als quellenkritisches Problem: DA 21 (1965) 519—575; *M. Bévenot,* The Inquisition and its Antecedents: The Heythrop Journal 7 (1966) 257—268 381—393, 8 (1967) 52—69 152—168.

Waldenser, Humiliaten und Katharer, ein Erbe des ausgehenden 12. Jh., waren weder durch die Versöhnungspolitik Innozenz' III. noch durch die Maßnahmen des 4. Laterankonzils der kirchlichen Einheit zurückgewonnen worden. Vielmehr breiteten sie sich, mit Ausnahme von England, weiter aus in ganz Europa. Vor allem im Languedoc blieben die Katharer beheimatet, fanden sich aber auch in der Lombardei[1]. Mit ihnen verwandt waren die Albanenses am Gardasee unter Johannes de Luglio[2]. Die Garatenses und Bagnolenses galten als gemäßigte Dualisten. Katharische Gruppen bildeten sich um Vicenza und in der Toskana. Untereinander verfeindet, schlossen sie

[1] Vgl. *A. Dondaine,* La Hiérarchie cathare en Italie: AFP 19 (1949) 280—312, 20 (1950) 234—305.

[2] Sie hatten sich vor 1190 zu einem Bistum (Desenzano am Gardasee) zusammengeschlossen und gehörten der radikaldualistischen Richtung der Katharer an.

sich aber jeweils bei Verfolgungen zusammen. Katharern begegnete man auch in Katalonien, Aragón und in Kastilien. Vielfach organisierten sie sich in kirchlichen Gemeinschaften; drei im Languedoc, sechs in Italien, weitere auf dem Balkan und im Nahen Osten, auch in Frankreich, Deutschland und in Spanien (Rainer Sacconi OP[3] machte 1250 16 namhaft). Ihre Lehre formulierten die Katharer vielfach während der Kreuzzugskämpfe und in Auseinandersetzung mit der Inquisition, sie gaben lateinische Schriften heraus. Weniges blieb erhalten, meistens kennt man sie aus Zitaten in der katholischen Literatur[4]. Der frühere Waldenser Durandus von Huesca zitierte eine 1220 im Languedoc verfaßte Glaubenslehre[5]. Der ehemalige Katharer Rainer Sacconi benutzte das Werk von Johannes de Luglio (1230). Der Liber de duobus principiis, nach 1240 geschrieben, enthält ein lateinisches Katharerritual, dem ein um 1280 provenzalisch verfaßtes Ritual entspricht. Der Katharerbewegung selbst haben diese Schriften keine neuen Impulse mehr geben können. Nach den Kämpfen in Südfrankreich haben sie sich nur mehr als harmlose Sektierer halten können. Die letzten Prozesse gegen sie fanden um 1300 in Südfrankreich und in Norditalien statt.

Die Waldenser dagegen, die sich bis heute gehalten haben, waren zäher. In Norditalien begannen sie als „Lombardische Arme" eine eigene Rolle zu spielen und unterschieden sich von den französischen „Armen von Lyon". Sie standen den Humiliaten nahe, lehnten die kirchliche Auffassung der Sakramente schroff ab, wollten nicht vom Bettel leben, sondern in Arbeitsgemeinschaften. Sie verwarfen auch eine Kontrolle ihres Glaubens durch die französischen Waldenser. In Deutschland traten sie als „Rünkler" (Runcarii) auf, offenbar nach Johannes von Ronco genannt, dem ersten Führer der „Lombardischen Armen". Deutsche Waldenser blieben in lockerem Kontakt mit den lombardischen Brüdern und Bischöfen, sandten ihnen Geld. In der Lombardei, Frankreich und Spanien erlagen sie der Inquisition. Waldensergemeinden hielten sich in Kalabrien und Apulien, in den Alpentälern Piemonts und Savoyens.

Im Zug der Ostkolonisation kamen die deutschen Waldenser nach Böhmen, Polen und Ungarn. Berthold von Regensburg predigte[6] und David von Augsburg schrieb gegen sie, beide ohne nachhaltigen Erfolg. Um 1315 fand man sie in über 40 österreichischen Gemeinden des Bistums Passau.

Neben Katharern und Waldensern tauchen im 13. Jh. erst vereinzelt, dann,

[3] Rainer Sacconi († 1262) war als Katharer aufgewachsen, von Petrus Martyr bekehrt, seit 1254 Leiter der Inquisition in der Lombardei. Seine um 1250 verfaßte Summa de catharis et de pauperibus de Lugduno, ed. *A. Dondaine*, Un traité néo-manichéen du XIIIe siècle. Le Liber de duobus principiis (Rom 1939) 64—78.

[4] Gemeint sind die in der Bibliogr. zum Kap. genannten Werke des Petrus von Verona, Jakob de Capellis, Moneta von Cremona, Salvo Burci u. a.

[5] *A. Dondaine*, Durand de Huesca et la polémique anti-cathare: AFP 29 (1959) 228—276.

[6] *L. Casutt*, Die Handschriften mit lateinischen Predigten Bertholds von Regensburg (1210—72) (Freiburg i. Br. 1961).

vielfältig anwachsend, allenthalben Ketzereien anderer Art auf, die sich aber nicht zur Sekte organisierten. Theologisch-philosophische Spekulationen gelehrter Kreise gehören zu ihren Quellgründen. Spiritualistische Richtungen, zumal unter den Frauen, werden sichtbar. Es sei daran erinnert, daß das 4. Laterankonzil die Trinitätslehre des Joachim von Fiore und die Lehren des Pariser Magister Amalrich von Bena verworfen hatte. Innozenz III. soll auch David von Dinant und den Straßburger Ortlieb verurteilt haben. Joachims Lehre[7] wurde erst durch Franziskaner um die Jahrhundertmitte popularisiert (Gherardo von Borgo San Donnino 1254 u. a.)[8]. Dagegen wandte sich in Paris Wilhelm von St-Amour. Gherardos Einleitung zum „Evangelium aeternum" des Joachim von Fiore[9] wurde verurteilt und verbrannt, aber auch die Gegenschrift des Wilhelm von St-Amour. Joachim selbst wurde unter Alexander IV. von einer Kardinalskommission untersucht, doch nicht als Ketzer bezeichnet. Bei den Franziskaner-Spiritualen wirkten seine Schriften weiter, vor allem unter dem Ordensgeneral Johann von Parma waren die „Joachiten" zahlreich; von Bonaventura alsdann konnten sie ausgeschaltet werden (vgl. Kap. 32).

Joachims Drei-Zeiten-Lehre (Altes Testament Zeit des Vaters, Neues Testament Zeit des Sohnes, ein mönchisch-spirituales Zeitalter als Zeit des Geistes) wirkte auch in einem Pariser Ketzerkreis aus Schülern des Amalrich von Bena (erste Verurteilung 1210). Sie betrachteten den Heiligen Geist als bei sich inkarniert, eine pantheistische Seinslehre (wie Amalrich sie vorgetragen) wurde bei ihnen zur schwärmerischen Lebenslehre, die auch bei Laien und Frauen Anklang fand. Von David von Dinant führte an der Pariser Universität bis zu Siger von Brabant und anderen eine Linie sogenannter „Averroisten", die ihren Aristoteles als ein vom Glauben (der Theologie) unabhängiges Seinsverständnis vertraten, als eine Wahrheit neben der theologischen Wahrheit („doppelte Wahrheit")[10]. Der Averroismus wirkte unter Laiengelehrten, Juristen und Medizinern weiter, obwohl er wiederholt verboten wurde und die Inquisition gegen seine Vertreter (u. a. Siger von Brabant) energisch vorging.

[7] Vgl. jedoch *M. W. Bloomfield - M. E. Reeves,* The Penetration of Joachism into Northern Europe: Speculum 29 (1954) 772—793, wo festgestellt wird, daß Joachim und seine Ideen lange vor 1256 diesseits der Alpen bekannt und besprochen worden sind.

[8] Zum franziskanischen Joachitismus vgl. Kap. 32.

[9] Lit. zum Streit über das Ewige Evangelium bei *M. W. Bloomfield - M. E. Reeves,* 772, Anm. 2: vor allem *H. Denifle,* Das Evangelium Aeternum und die Commission zu Anagni: ALKGMA 1 (1885) 49—142; *M. Perrod,* Étude sur la vie et sur les œuvres de Guillaume de Saint-Amour ...: Mémoires de la Société d'Émulation du Jura, 7. sér., 2 (Lons-le-Saunier 1902) 61—252; *A. van den Wyngaert,* Querelles du clergé séculier et des ordres mendiants à l'université de Paris au XIIIe siècle: La France Franciscaine 5 (1922) 257—281.

[10] *A. Hödl,* Siger von Brabant: LThK^{2} IX (1964) 746—747 bestreitet, daß Siger von Brabant je die Lehre von der „doppelten Wahrheit" vertreten habe.

Ähnliche Gedanken, wie sie die Amalrikaner und David von Dinant vertraten, tauchten auch bei Ortlieb von Straßburg auf, der nur auf den Geist hören wollte, der sich ihm innerlichst offenbarte. Die Ortlieber[11] in Deutschland glaubten weder an die Schöpfung, lehrten die Ewigkeit der Welt (wie die Averroisten), glaubten nicht an Auferstehung und Jüngstes Gericht. Wer sich nicht zu ihnen rette (in die Arche Noahs), gehe verloren. Die Sakramente und Glaubensartikel verstanden sie „mystisch", die Evangelien „moralisch", nicht aber wörtlich oder sakramental im Sinn der Überlieferung. Sie verwarfen wie die Waldenser und Katharer den Eid, jegliche Lüge und Tötung, erlaubten aber die Ehe, wollten streng leben (fasten und büßen). Eine Sektenbildung fand nicht statt. Sie waren überall und nirgends. Vagierende Scholaren, ordensmüde Bettelmönche und Prediger, umherziehende Begarden und Beginen mögen solche Gedanken vermittelt haben. Gelegentlich ergriff, verhörte und bestrafte man sie. So schrieb Albert d. Gr. bald nach 1270 in Köln ein Gutachten über etwa hundert Aussagen von Ketzern im schwäbischen Ries bei Nördlingen, das als „Compilatio de novo spiritu" dem Sammelwerk des sogenannten Passauer Anonymus eingefügt und dort durch eine Liste von Irrlehren dieser „Ketzerei des neuen Geistes" ergänzt wurde.

Auch in die Beginen-(Begarden-)Bewegung des 13. Jh.[12] mischten sich bereits ketzerische Elemente, doch werden diese erst im 14. Jh. als Gefahr empfunden. Sie sind bei der weiten Streuung und uneinheitlichen Verfassung der Beginen nicht zu lokalisieren und haben sich zunächst als schwärmerische Einschläge in das Gewebe eines an sich frommen und rechtgläubigen Organisationsvorgangs erwiesen. Immerhin mußte man diese Gruppen kirchlicherseits im Auge behalten, weil sie sich vor allem in den großen Städten schnell ansiedelten, diese aber Zentren jener Landschaften waren, wo die Häresie mit Vorliebe daheim war (Byzanz, die Donauländer, die Täler des Rheins, der Maas, der Rhône-Saône, der Loire, in der Champagne und Flandern, in Norditalien und der Provence, im Languedoc und in Aragón).

Gegen diese allenthalben sich verbreitenden häretischen Bewegungen erwies sich die päpstliche Abwehr als unzureichend. In Frankreich, Spanien, Italien und dem Reich rief sie den weltlichen Arm zu Hilfe und wandte mit Hilfe des Kreuzzugsgedankens kriegerische Maßnahmen an[13]. Dann aber entwickelte das Papsttum eine Institution, deren Anfänge ins 12. Jh. reichen, die aber erst im zweiten Viertel des 13. Jh. ihre Verfassung erhielt: die Inquisition. Lucius III. hatte in Verona (1184) in Anwesenheit Kaiser Friedrichs I. eine Entscheidung Alexanders III. (Konzil von Tours 1163) aufgegrif-

[11] Über die Ortlieber jetzt *H. Grundmann:* LThK² VII (1962) 1256—1257.

[12] Über Beginen und Begarden vgl. Kap. 32.

[13] Vgl. *A. P. Evans,* The Albigensian Crusade u. *J. R. Strayer,* The Political Crusades of the Thirteenth Century: A History of the Crusades II, ed. *K. M. Setton* (Philadelphia 1962) 277—324 343—376.

fen und allgemein verbindlich gemacht in seiner Bulle „Ad abolendam“, die später in das Dekretalenwerk Gregors IX. aufgenommen wurde. Der Bischof als ordentlicher Richter in Fragen der Ketzerei sollte zu ihrer Verfolgung von sich aus bei den alle zwei Jahre vorzunehmenden Visitationen seiner Diözese nach Ketzern fahnden, ohne eine formelle Anklage abzuwarten (Inquisitionsverfahren anstelle des Akkusationsverfahrens). Hier liegen die Anfänge der Inquisition. Innozenz III. hatte 1199 mit seiner Bulle „Vergentis in senium“ diese Anordnungen von 1184 nebst strengen Sanktionen bestätigt, die Schuld der Häresie als Majestätsbeleidigung (einem Begriff des römischen Rechts) erklärt und die dort vorgesehenen Strafen angeordnet, allerdings betont, die Kirche habe ihre Verpflichtung zur Barmherzigkeit dabei nicht zu vernachlässigen. Das 4. Laterankonzil erhob diese Verordnungen zum gemeinkirchlichen Gesetz[14], betonte die Rechtmäßigkeit der Untersuchungen von Pfarrei zu Pfarrei, verlangte Aufnahme des Prozesses „ex officio“ (nicht auf Anklage wartend), Güterkonfiskation und Überlassung (nicht Auslieferung) der Verurteilten an den weltlichen Arm zur Bestrafung mit der „animadversio debita“. Damit war die Prozeßordnung der Inquisition in ihren wesentlichen Zügen festgelegt.

Honorius III. führte diese Linie weiter. Zunächst intensivierte er den Albigenserkreuzzug, dem sich der französische Thronfolger zur Verfügung stellte und ihn als König (Ludwig VIII.) entscheidend abschloß, mit großem Gewinn für die Krone. Ludwig erließ im April 1226 eine Ordonnanz[15], die für die Entwicklung der Inquisition bedeutsam wurde: Jeder vom bischöflichen Gericht verurteilte Häretiker solle unverzüglich mit der „animadversio debita“ bestraft werden. Partisanen und Begünstiger treffe die Strafe der „Infamie“. Der Bischof war also der Ketzerrichter, und die kanonische Formel „animadversione debita“ von 1184 (Verona) wurde zum Element des französischen Königsrechts. Diese Ordonnanz von 1226 kann als Modell aller späteren Gesetzgebung angesehen werden.

Wie in Frankreich, so gewann Honorius III. auch von der Krone Aragóns die erbetene Hilfe. Jakob I. verbot auf Verlangen des Kardinallegaten Romanus seinen Vasallen, Häretiker aufzunehmen, und befahl, ihnen und ihren Freunden jegliche Hilfe zu versagen. Die wesentliche Stütze des päpstlichen Vorgehens gegen die Häresie aber sollte der Kaiser sein. Bei seiner

[14] COD 213—215.

[15] Text der Ordonnanz bei *Ch. Thouzellier* (*Fliche-Martin* X 300, Anm. 1): Statuimus quod haeretici qui a catholica fide deviant, quocumque nomine censentur, postquam fuerint de haeresi per episcopum loci vel per aliam personam ecclesiasticam quae potestatem habeat condemnati, indilate animadversione debita puniantur, ordinantes et firmiter decernentes ne quis haereticos receptare vel defensare quomodolibet aut ipsos fovere praesumat, et, si quis contra praedicta praesumpserit facere, nec ad testimonium nec ad honorem aliquem de caetero admittatur, nec possit facere testamentum, nec successionem alicuius hereditate habere; bona ipsius mobilia et immobilia ipso facto (sint confiscata) ad ipsum vel ad ipsius posteritatem nullatenus reversura.

Krönung erließ Friedrich II. einige Gesetze, von denen die Forschung feststellen konnte, daß sie von der Kurie formuliert worden waren. Dazu gehörte auch ein Edikt gegen die Häretiker[16].

Die kirchlich verurteilten Häretiker werden ins Exil geschickt und verfallen der Güterkonfiskation, so auch ihre Erben. Häresieverdächtige werden (wie das 4. Laterankonzil vorgesehen hatte) der Infamie, dem Bann, und im Fall von Hartnäckigkeit (contumacia) den gleichen Strafen verfallen wie die Häretiker. Die Magistrate der Städte werden eidlich verpflichtet, sie auszuweisen. Handelt es sich um Herren, wird ihr Land und Besitz der Okkupation freigegeben, unter Vorbehalt der Rechte des Oberlehnsherrn. Mit diesem Edikt erhielt Kanon 3 des 4. Laterankonzils reichsgesetzlichen Charakter. Friedrich II. schickte es nach Bologna, um es in die Register der Universität einschreiben und als Lehrnorm verkündigen zu lassen. Honorius III. tat ein Jahr später das gleiche. Im Jahr 1224 führte Kaiser Friedrich II. die Feuerstrafe ein. In einer Antwort auf Anfragen des Erzbischofs Albert von Magdeburg, der als kaiserlicher Legat in der Romagna tätig war, heißt es (März 1224)[17]: „Wer vom Bischof seiner Diözese als Häretiker überführt worden ist, soll auf dessen Bitte hin von der weltlichen Gerichtsautorität alsbald ergriffen und dem Scheiterhaufen überliefert werden. Falls die Richter in ihrer Barmherzigkeit ihm das Leben schenken, soll man ihm wenigstens die Zunge, mit der der katholische Glaube gelästert worden, herausreißen." Diese Order sollte nicht als einfaches Reskript, sondern als kaiserliche Konstitution Geltung haben für die ganze Lombardei. In Spanien hatte Peter von Aragón 1197 auf Feuertod erkennen lassen, doch Jakob I. dies nicht in seine Gesetzgebung von 1226 aufgenommen. Ähnlich hatte man zu Beginn des Jahrhunderts im Languedoc den Feuertod dekretiert, die königliche Ordonnanz von 1226 aber erwähnte ihn nicht.

In Italien ließ Friedrich II. die Feuerstrafe anwenden, während die Kurie damit noch zögerte. Die kaiserlichen Magistrate von Rimini und Macerata lieferten 1226 einige Häretiker an Friedrich aus, der sie verbrennen ließ. Die kaiserliche Konstitution von 1224 erschien jedoch weder in der Compilatio quinta noch in der Dekretalensammlung Gregors IX. Das Papsttum machte sie sich also nicht offiziell zu eigen, duldete aber stillschweigend ihre Anwendung. Die Städte blieben mehr als zurückhaltend, zumal sie sich seit 1226 gegen den Kaiser wieder zusammenzuschließen begannen.

Honorius III. befahl als Schiedsrichter zwischen Lombardenbund und Kaiser den Städteboten, sowohl die päpstlichen Konzilsdekrete als auch die kaiserlichen Konstitutionen gegen die Häresie in ihre städtische Gesetzgebung aufzunehmen[18]. Die lombardischen Städte entsprachen diesem

[16] MGConst II 106—109.

[17] MGConst II 126—127.

[18] MGEp. sec. XIII, Bd I, n. 327 (5. 1. 1227): Constitutiones vero, leges et statuta ab Ecclesia Romana et Romanis imperatoribus et specialiter ab ipso imperatore contra

Wunsch in ihrer Friedenserklärung vom 26. März 1227. Zu den empfohlenen kaiserlichen Konstitutionen gehörte sicherlich auch jene von 1224, die den Feuertod für die verurteilten Ketzer vorsah.

Gregor IX. führte die Politik seines Vorgängers, der die Kanones des 4. Laterankonzils in Frankreich, Spanien und dem Reich zur Geltung gebracht, die Barmherzigkeitseinschränkung Innozenz' III. dagegen aufgegeben hatte, energisch weiter.

Indem er die erwähnte Friedensformel der Lombarden zum Leitsatz erhob und allen Städten oktroyierte, anerkannte durch ihn die Kirche offiziell die Strafe des Feuertodes. Den zögernden und nachlässigen Bischöfen in der Lombardei empfahl Gregor, sich Prediger zu Hilfe zu holen, die in Wort und Beispiel das Volk erbauen könnten. Ob damit der neue Predigerorden gemeint war, läßt sich aus den Texten, die mehr auf weltgeistliche Prediger zu deuten scheinen, nicht erschließen. Doch beauftragte der Papst nunmehr auch Ordensleute mit inquisitorischen Aufgaben, so den Dominikanerprior von Santa Maria Novella in Florenz gegen den Häretiker Paterno und in Deutschland den Prämonstratenser Konrad von Marburg[19].

Am 12. April 1229 wurde in Paris jener Friede (zwischen Ludwig VIII. und dem Grafen Raimund VII. von Toulouse) geschlossen, den man als den endgültigen Abschluß der Albigenserkriege anzusehen hat. Die königliche Ordonnanz von 1229, welche im Hinblick auf den Friedensvertrag das Ketzerstrafverfahren behandelte, wiederholte die Order von 1226. Die Zusammenarbeit der kirchlichen und weltlichen Autoritäten beim Aufspüren und Bestrafen der Ketzer, grundgelegt in Verona (1184), im Reich sanktioniert 1220 und 1224, in Frankreich 1226, wurde 1229 von Ludwig IX. nun offiziell anerkannt und bestätigt.

Da der Kaiser künftig wegen der Auseinandersetzung mit der Kurie vielfach gehemmt war, wurde die Ketzerpolitik in Frankreich für die Weiterbildung der Ketzerstrafgesetzgebung und damit der Inquisition bedeutungsvoll. Das Konzil von Toulouse, im Herbst des Friedensjahres 1229 unter dem Vorsitz des Kardinallegaten Romanus tagend, hatte daran einen wichtigen Anteil, insofern hier zum erstenmal die Zusammenstellung eines *dauernden Gerichtshofes* dekretiert wurde, ein permanentes Richterkollegium mit delegierten bischöflichen Vollmachten, dessen Aufgabe einzig darin bestand, Häretiker aufzuspüren und vor ihr Gericht zu ziehen. Von den 45 Artikeln des Konzils befaßten sich ungefähr zwanzig mit der Ketzerfrage.

haereticos, receptatores, defensores, credentes et fautores eorum, hactenus promulgata vel in posterum promulganda, recipiant et observent inviolabiliter et efficaciter exequantur.

[19] Die Zugehörigkeit Konrads zum Prämonstratenserorden (Abtei Arnstein) haben die Forschungen von *K. H. May* wahrscheinlich gemacht (Hess. Jb. für Landesgeschichte 1 [1951] 87—109).

Sie behandelten die bischöfliche Inquisition, die Aufgaben der Pfarrkommission, welche dem Gericht die Angeklagten ermittelt und zuführt, ferner die Pflicht aller Gläubigen, sich dem Gericht als Zeugen zur Verfügung zu halten.

Nach dem Frieden von Paris und dem Konzil von Toulouse gingen die Katharer und andere Ketzer in den Untergrund, der offene Widerstand hörte auf.

Gregor IX. entwickelte die Ketzergesetzgebung der Kurie weiter. Er nahm Januar 1231 Friedrichs II. Konstitution von 1224 (mit der Feuertodesstrafe) in sein Register auf[20] und arbeitete sie Februar 1231 in die eigene Konstitution „Excommunicamus" ein[21], so daß von nun an im kanonischen Recht „animadversio debita" gleichbedeutend wurde mit Todesstrafe durch den Scheiterhaufen. In dieser Konstitution wurden Elemente von Verona (1184), von Narbonne und Toulouse aufgenommen. Öffentliche und private Glaubensgespräche unter Laien wurden verboten, das kirchliche Begräbnis den Hingerichteten verweigert. Die Mauer (das heißt lebenslängliche Kerkerstrafe für reuige Ketzer), Verbot jeglicher Berufung an weitere Instanzen, Untersagung jedes gerichtlichen Beistandes für die Angeklagten und schließlich der gesellschaftliche Boykott gegenüber den Nachkommen der Verurteilten (sie verlieren bis in die zweite Generation die Fähigkeit, kirchliche Ämter zu bekleiden) gehörten zu den wesentlichen Bestandteilen dieser Gesetzgebung. Gregor ließ auch die römisch-senatorische Entscheidung in Sachen der Verurteilung rückfälliger Ketzer gleich im Anschluß an seine Konstitution vom Februar 1231 ins Register aufnehmen, so daß sie mit seiner eigenen und mit der kaiserlichen Verfügung von 1224 gleichsam ein Corpus darstellt. Sie gab dem weltlichen Arm eine Frist von acht Tagen zur Durchführung der „animadversio debita" und verordnete die Vernichtung des Mobilienbesitzes, überwies den Denunziatoren ein Vermögensdrittel und verwies alle Partisanen des Verurteilten der Stadt, nicht ohne vorher ein Drittel ihres Vermögens zu beschlagnahmen.

Mit den Erlassen Gregors IX. aus dem Jahre 1231 ist die grundlegende Gesetzgebung für den Inquisitionsprozeß abgeschlossen. Alle wesentlichen Elemente lassen sich in ihr feststellen: Infamie, bürgerliche und politische Entrechtung, Verbannung, Auflassung des Lehnsgutes, animadversio debita als Feuertod (soweit die Strafserie); der Papst machte auch allgemeinverbindlich das Tragen des Kreuzes bei Verurteilten, das Prozeßgeheimnis und das Verschweigen der Namen der Zeugen, das Verbot, Berufung einzulegen und gerichtliche Assistenz (durch Anwälte) zu fordern; die Unterhaltspflicht der Gefangenen wurde umschrieben, die Exhumierung der Leichen von Ketzern angeordnet, die während ihres Lebens unentdeckt geblieben waren.

[20] *L. Auvray,* Registres de Grégoire IX, n. 535.
[21] *L. Auvray,* Registres de Grégoire IX, n. 539.

Damit besaßen die bischöflichen und weltgeistlichen Richter für die kommende Zeit das strafprozeßliche und strafrechtliche Handbuch; von jetzt an ging es um seine Handhabung und die Ingangsetzung der Inquisitionsgerichte allenthalben in der Kirche.

Zusätzlich zur bischöflichen Inquisition, wie sie, weithin allerdings unwirksam, in Verona 1184 dekretiert worden war, bestellte Gregor IX. nun päpstliche Inquisitoren mit der ständigen Aufgabe, systematisch nach Ketzern zu forschen und ihnen den Prozeß zu machen, sie zu verurteilen, wenn sie sich nicht vom Verdacht reinigen konnten, und dem weltlichen Arm zur Verbrennung zu übergeben.

Von 1232 an übertrug er, wie später auch seine Nachfolger, die Inquisition den neuen Orden, vor allem den Dominikanern, „die mit geradezu wissenschaftlichem Glaubenseifer ein unentrinnbares Rechtsverfahren im Sondergericht ausbauten" (Grundmann). Lehr- und Handbücher für Inquisitoren entstanden, in denen gründliche, wenn manchmal auch einseitig-polemische Aufschlüsse über die Ketzerei und die harten Methoden ihrer Bekämpfung zu finden waren.

Völlig auszurotten vermochte auch diese systematisch fundierte und allenthalben wirksam werdende Inquisition die Ketzerei nicht. Aber durch sie wurde jedenfalls bei jeder Abweichung vom Kirchenglauben ein scharfer Abwehrkampf möglich.

In Süddeutschland wirkte unter Gregor IX. nebeneinander die bischöfliche und die bestimmten Mönchen oder auch einzelnen Beauftragten überantwortete Inquisition. Die bald vorzugsweise beauftragten Dominikaner hatten stets unter der Kontrolle der Bischöfe vorzugehen. Ähnlich war es in Flandern, Preußen, Böhmen und Bayern.

Auch in Frankreich blieb vorerst die bischöfliche Inquisition wirksam, die von den meisten Bischöfen nachhaltig gehandhabt wurde. Im Süden allerdings ernannte Gregor IX. bald (1233) päpstliche Inquisitoren, die ihm unmittelbar unterstellt blieben, so etwa Pierre Cella und Wilhelm Arnaud von Montpellier für die Diözesen Toulouse und Cahors. Die Kontrolle über ihre Tätigkeit lag bei den päpstlichen Legaten.

Bischöfliche, legatine und die von Ordensleuten geführte Inquisition sollte nach dem Willen des Papstes grundsätzlich zusammenarbeiten, wenn auch die Akzente sich nach Landschaften verschoben. Unter Innozenz IV. kam die Ausbildung der Inquisition als eines Instituts des kanonischen Rechtes zum Abschluß. Dabei milderte er vielfach das Verfahren, dessen Anfangshärten nicht nur in Deutschland und Südfrankreich, sondern allenthalben bei Fürsten und Städten Widerstand wachgerufen hatten. Die würdigere Prozeßführung war in den Beschlüssen der Synoden von Narbonne (1243) und Béziers (1246) festgelegt worden; Innozenz IV. bestätigte sie. Im Kampf gegen Friedrich II. mußte ihm an einer schnellen und durchgreifenden Bereinigung der Unruheherde in Südfrankreich, einer Versöhnung mit dem Grafen Raimund VII. von Toulouse, an der Mitarbeit der deutschen Bischöfe gelegen sein. Es gelang ihm in Frankreich ein harmonisches Zusammenwirken von Krone und Papsttum, in Spanien und Deutschland fanden sich die Episkopate zur Unterstützung der Inquisition bereit. In Italien konnte Innozenz IV. nach dem Tod des Kaisers (1250) die Inquisition als ständige Einrichtung ausbauen. In der Bulle „Ad exstirpanda" (15. Mai 1252)[22] wurden alle früheren päpstlichen und kaiserlichen Verfügungen zusammengefaßt. Neu war die Einführung der Folter beim Verhör. Die tatsächliche Politik des Papstes brachte aber viele Milderungen und Amnestien für alle, die sich innerhalb eines Jahres mit der Kirche versöhnten. Die von Gregor IX. 1231 eingeführte Sippenhaft wurde abgeschafft. Es war, wie man wohl sagen kann, eine Rückkehr zu der barmherzigen Festigkeit Innozenz' III.

Einrichtung und Wirken der Inquisition, das Zusammengehen von kirchlicher und weltlicher Gewalt im Kampf gegen die Häresie, die Härten des Verfahrens und die Grausamkeit der Strafen: all das kann man nur von den Voraussetzungen der hochmittelalterlichen Gesellschaftsordnung her begreifen. Ihr einigendes Band war der Glaube, den die Häresie zu zersetzen drohte. Die Christenheit führte mit allen Mitteln ihrer kirchlichen und weltlichen Gewalten gegen diese Bedrohung einen Kampf um ihre Selbsterhaltung. Vielleicht war ihr eigentlich christliches Selbstverständnis in manchen Schichten verdunkelt. Diese Schatten bleiben und sollten den kommenden Generationen eine Mahnung sein. Bessere Erkenntnis verpflichtet zu reinerer Entscheidung, aber auch zu verständnisvollem Urteil über die Vergangenheit.

29. Kapitel

Das Missionswerk der Kirche

Vgl. die Bibliogr. zu den Kap. 30 und 31 von Bd III/1; *J. Schmidlin*, Katholische Missionsgeschichte (Kaldenkirchen 1925), engl. erweiterte Übers. von *M. Braun*, Catholic Mission History (Techny/Ill. 1933); *K. S. Latourette*, A History of the Expansion of Christianity II: The Thousand Years of Uncertainty (500—1500) (London 1938) Kap. 3, 150—222 (Roman Christianity in Central Europe); *A. Hauck*, KG Deutschlands IV (Leipzig ⁵1925) 576—685 (Ausgang der deutschen Missionsarbeit); *Dahlmann-Waitz* 6872 bis 6963 (*R. Kötzschke*, Ausbreitung des Christentums und des deutschen Volkstums nach dem Osten); *P. David*, Die polnische Kirche in Polen bis 1250: The Cambridge History of Poland, ed. von *W. F. Riddaway - J. H. Halecki - P. Diboski* (Cambridge 1950) Kap. 4; *S. Delacroix*, Histoire universelle des missions catholiques I: Les missions des origines au XVIe siècle (Paris 1956).

Allgemeines zur Ostmission: *R. Kötzschke*, Quellen zur Gesch. der ostdeutschen Kolonisation im 12./14. Jh. (Leipzig ²1931); *K. Hampe*, Der Zug nach Osten, die kolonisatorische Großtat des deutschen Volkes im MA (Leipzig ⁵1939); *A. Hofmeister*,

[22] *Potthast* 14592, Text: Bullarium Taur. III 552—558.

Der Kampf um die Ostsee vom 9.—12. Jh. (Greifswald 1931); *M. Seidlmayer:* RQ (1935) 187—204; *F. Baethgen,* Die Kurie und der Osten im MA: Mediaevalia I (Stuttgart 1960) 51—70; *B. Stasiewski,* Ostmission: LThK² VII (1962) 1289—92 (Lit.); *H. Beumann,* Kreuzzugsgedanke und Ostpolitik im hohen MA: HJ 72 (1953) 112—132, jetzt: Heidenmission und Kreuzzugsgedanke in der deutschen Ostpolitik des MA, hrsg. von *H. Beumann* (Darmstadt 1963) 121—145; *M. Bünding-Naujoks,* Das Imperium Christianum und die deutschen Ostkriege vom 10. bis zum 12. Jh.: ebd. 65—120; *H.-D. Kahl,* Zum Geist der deutschen Slawenmission des Hochmittelalters: ebd. 156—176; *ders.,* Zum Ergebnis des Wendenkreuzzuges von 1147. Zugleich ein Beitrag zur Gesch. des sächsischen Frühchristentums: ebd. 275—316; *W. Berges,* Reform und Ostmission im 12. Jh.: ebd. 317 bis 336.

Pommern: Pommersches Urkundenbuch, 8 Bde (Stettin-Köln 1868/1961); *H. Heyden,* Verzeichnis von Büchern zur KG Pommerns (Blomberg 1952); Vita Ottos von Bamberg, von Wolfger von Prüfening, ed. *A. Hofmeister* (Greifswald 1924), dt. von *A. Hofmeister* (Leipzig 1928); *M. Wehrmann,* Die Lehr- und Predigttätigkeit des Bischof Otto von Bamberg in Pommern (Baltische Studien 26) (Stettin 1924); *W. Kümmel,* Die Missionsmethode des Bischofs Otto von Bamberg und seiner Vorläufer in Pommern (Gütersloh 1926); *P. Großkopf,* Otto von Bamberg, der Pommernapostel (Berlin ²1932); *P. David,* La Pologne et l'évangélisation de la Poméranie au XIe et XIIe siècle (Paris 1928); *H. Heyden,* KG Pommerns I (Köln ²1957).

Wenden: *Helmold von Bosau,* Chronica Slavorum (bis 1171), ed. *B. Schmeidler* (Leipzig ³1937); *H. v. Schubert,* KG Schleswig-Holsteins I (Kiel 1907); *F. Hestermann,* St. Vizelin (Dülmen 1926); *W. Lammers,* Gesch. Schleswig-Holsteins, hrsg. von *O. Klose,* IV (Neumünster 1961 ff), 3. Lfg.; *W. Brüske,* Untersuchungen zur Gesch. des Liutizenbundes (Münster-Köln 1955); *G. Labuda,* Fragmente zur Gesch. der Westslawen (polnisch), 2 Bde (Posen 1960/64); *H.-D. Kahl,* Heidnisches Wendentum und christl. Stammesfürsten: AKG 44 (1962) 72—119 (Lit.).

Livland: QUELLEN: Scriptores rerum Livonicarum I (Riga-Leipzig 1853); Liv-, est- und kurländische Urkundenregesten bis zum Jahre 1300, von *F. G. v. Bunge,* mit Ergänzungen von *L. Arbusow,* neu hrsg. von *F. Benninghoven* (Hamburg 1959); Urkundenbuch der alten sächsischen Franziskanerprovinzen, hrsg. von Mitgliedern der sächsischen und schlesischen Provinz I: Die Observantenkustodie Livland und Preußen, bearb. von *L. Lemmens* (Düsseldorf o. J. [1913]); Heinrichs livländische Chronik, bearb. von *L. Arbusow - A. Bauer:* MGSS rer. Germ. (Hannover 1955); *Heinrich von Lettland,* Livländische Chronik, neu übers. von *A. Bauer* (Darmstadt 1959); *Hermanni de Artberge,* Chronicon Livoniae, hrsg. von *E. Strehlke* (Leipzig 1863); *Hartmann von Heldrungen,* Hochmeister des deutschen Ordens, Bericht über die Vereinigung des Schwertordens mit dem deutschen Orden und über die Erwerbung Livlands durch den letzteren, hrsg. von *E. Strehlke:* Mitteilungen aus dem Gebiete der Gesch. Liv-, Est- und Kurlands 11 (1868) 76—90; Die ältere livländische Reimchronik, hrsg. von *L. Meyer* (Paderborn 1876); *Bartholomäus Hoeneke,* Die jüngere livländische Reimchronik, hrsg. von *K. Höhlbaum* (Leipzig 1872); Livonica, vornähmlich aus dem 13. Jh. im Vatikanischen Archiv, hrsg. von *H. Hildebrand* (Riga 1887).

LITERATUR: *P. v. Goetze,* Albert Suerbeer, Erzbischof von Preußen, Livland und Estland (St. Petersburg 1854); *L. Arbusow,* Grundriß der Gesch. Liv-, Est- und Kurlands (Riga ⁴1918); *H. Laakmann,* Zur Gesch. Heinrichs von Lettland und seiner Zeit: Beiträge zur Kunde Estlands 18 (1933) 57—102; *P. Johansen,* Die Estlandliste des Liber Census Daniae (Kopenhagen-Reval 1933); *L. Arbusow,* Zur Würdigung der Kultur Altlivlands im MA: HZ 151 (1935) 18—47; *A. M. Ammann,* Kirchenpolitische Wandlungen im Ostbaltikum bis zum Tode Alexander Newskis (Rom 1936); *M. v. Taube,* Internationale und kirchenpolitische Wandlungen im Ostbaltikum und Rußland zur Zeit der deutschen Eroberung: Jbb. für Gesch. Osteuropas 3 (1938) 11 ff; *L. Arbusow,* Livland — Mark des

Reiches (1207—1561) (Riga 1944); *P. Johansen,* Nordische Mission, Revals Gründung und die Schwedensiedlung in Estland (Stockholm 1951); *M. Hellmann,* Das Lettenland im MA (Münster - Köln 1954); *P. Johansen,* Lippstadt, Freckenhorst und Fellin in Livland. Werk und Wirkung Bernhards II. zur Lippe im Ostseeraum: Veröff. des Prov.-Inst. für westf. Landes- u. Volkskunde, H. 7: Westfalen, Hanse, Ostseeraum (Münster 1955) 97—160; *A. Bauer,* Der Livlandkreuzzug: Baltische KG, hrsg. von *R. Wittram* (Göttingen 1956) 26—34; *B. Abers,* Zur päpstlichen Missionspolitik in Lettland und Estland zur Zeit Innozenz' III.: Commentationes Balticae 4/5 (1956/57) (Bonn 1958) 1—18; *H. Biezais,* Der friedliche Zeitabschnitt der katholischen Mission in Lettland bis zum Jahre 1196: Kyrkohistoriksk Arsskrift (Uppsala 1956) 13—29; *T. Grentrup,* Der Zisterzienser Dietrich in der altlivländischen Mission: ZMR 40 (1956) 265—281; *G. Gnegel-Waitschies,* Bischof Albert von Riga. Ein Bremer Domherr als Kirchenfürst im Osten (Hamburg 1958); *M. Hellmann,* Die Verfassungsgrundlagen Livlands und Preußens im MA. Ein Beitrag zur vergleichenden Verfassungsgeschichte (München 1958); *E. Weise,* Über die Herkunft Erzbischof Friedrichs I. von Bremen-Hamburg und Bischof Bertolds von Livland: Stader Jb. 1959, 95—101; *A. v. Transche-Roseneck,* Die ritterlichen Livlandfahrer des 13. Jh., eine genealogische Untersuchung, hrsg. von *W. Lenz* (Würzburg 1960); *F. Benninghoven,* Der Orden der Schwertbrüder. Fratres milicie Christi de Livonia (Köln - Graz 1965, Lit.).

Preußen: *J. Voigt,* Gesch. Preußens (bis 1525), 9 Bde (Königsberg 1827/39 grundlegend); *W. Roth,* Die Dominikaner und Franziskaner im Ordensland Preußen bis 1466 (Königsberg 1919); *P. Ostwald,* Das Werk des Deutschen Ritterordens in Preußen (Berlin 1926); *F. Blanke,* Die Missionsmethode des Bischofs Christian von Preußen: Altpreußische Forschungen 4 (1927) 3—25, jetzt bei *H. Beumann,* Heidenmission und Kreuzzugsgedanke (Darmstadt 1963) 337—363; *ders.,* Die Entscheidungsjahre der Preußenmission (1206 bis 1274): ZKG 47 (1928) 18—40 bzw. *H. Beumann* 389—416; *E. Maschke,* Der Deutsche Orden und die Preußen. Unterwerfung und Bekehrung (Berlin 1928); *ders.,* Polen und die Berufung des Deutschen Ordens nach Preußen: Ostländische Forschungen 4 (Berlin 1934); *ders.,* Der Deutsche Orden (Jena 1939); *G. A. Donner,* Kardinal Wilhelm von S. Sabina, Bischof von Modena (Helsingfors 1929); *W. Loos,* Die Beziehungen zwischen dem Deutschen Ordensstaat und Pommern (Königsberg 1937); *E. E. Stengel,* Hochmeister und Reich (Weimar 1938); *G. Kunze,* Glaube und Politik. Zur Idee des Deutschen Ordens (Jena 1938); *K. Forstreuter,* Preußen und Rußland im MA (13.—17. Jh.) (Berlin 1938); *ders.,* Die Gründung des Erzbistums Preußen: Jb. der Albertus-Univ. in Königsberg 10 (1960) 9—31; Festschr. Kurt Forstreuter: Preußenland und Deutscher Orden (Würzburg 1958).

Hermann von Salza: *A. Lorck,* Hermann von Salza, sein Itinerar (Kiel 1908); *E. Caspar,* Hermann von Salza und die Gründung des Deutschordensstaates (Tübingen 1924); *W. Cohn,* Hermann von Salza (Breslau 1930); *E. Maschke,* Die Herkunft Hermanns von Salza: Zschr. des Vereins für thüring. Gesch. u. Altertumskunde NF 34 (1940) 372 bis 389; *H. Heimpel,* Der Mensch in seiner Gegenwart (Göttingen 1954) 87—108.

Deutscher Orden: Scriptores rerum Prussicarum: Die Geschichtsschreiber der preußischen Vorzeit, ed. von *Th. Hirsch - M. Toeppen - E. Strehlke,* 5 Bde (Leipzig 1861 bis 1874); Preußisches Urkundenbuch, ed. von *F. Philippi, C. P. Woelky* u. a., I—III/2 (Königsberg - Marburg 1882/1958); *E. Joachim - W. Hubatsch,* Regesta Ordinis S. Mariae Theutonicorum, 4 Bde (Göttingen 1948/50); *R. ten Haaf,* Kurze Bibliogr. des Deutschen Ordens (Göttingen 1949); *M. Hellmann,* Neue Arbeiten zur Gesch. des Deutschen Ordens: HJ 75 (1956) 201—213; *W. Kuhn,* Ritterorden als Grenzhüter des Abendlandes gegen das östliche Heidentum: Ostdeutsche Wissenschaft 6 (1959) 7—70; *M. Hellmann,* Über die Grundlagen und die Entstehung des Ordensstaates in Preußen: Nachr. der Gießener Hochschulgesellschaft 31 (1962) 108—126; *B. Poschmann,* Bistümer und Deutscher Orden in Preußen: Zschr. für Gesch. u. Altertumskunde Ermlands 30 (1962) 227—356; *H. H. Hofmann,* Der Staat des Deutschmeisters. Studien zu einer Gesch. des Deutschen Ordens im Heiligen Römischen Reich deutscher Nation (München 1964); *E. Weise*, Der Heidenkampf des Deutschen Ordens: Zschr. für Ostforschung 12 (1963) 420—473 622—673, 13 (1964) 401—420; *I. Matison*, Die Lehnsexemtion des Deutschen Ordens und dessen staatsrechtliche Stellung in Preußen: DA 21 (1965) 194—248; *O. Engels*, Zur Historiographie des Deutschen Ordens im Mittelalter: AKG 48 (1966) 336—363.

Asien: *R. Streit*, Bibliotheca Missionum IV (Asiatische Missionsliteratur 1245/1599) (Aachen 1928); *R. Hennig*, Terrae incognitae II—III (Leyden ²1950/53); Sinica Franciscana I: Itinera et Relationes Fratrum Minorum saec. XII et XIV, ed. *A. van den Wyngaert* (Quaracchi 1929); *J. Becquet* - *L. Hambis*, Jean de Plan Carpin, Histoire des Mongols, traduit et annoté (Paris 1965), dt. von *F. Risch* (Leipzig 1930); *H. Matrod*, Miscellanea nel 7. centenario della sua (Johannes de Piano Carpini) morte (Assisi 1952); *Wilhelm von Rubruck*, Reisebericht, dt. von *F. Risch* (Leipzig 1934); *F. Soldi*, Undecima hora. La missione di Bartolomeo da Cremona al Gran Khan di Karakorum nel 1254 (Cremona 1954); *H. Dörrie*, Drei Texte zur Gesch. der Ungarn und Mongolen. Die Missionsreisen des Fr. Julianus O. P. ins Uralgebiet (1234/35) und nach Rußland (1237) und der Bericht des Erzbischofs Peter über die Tartaren (Nachrichten der Akad. der Wiss. Göttingen 1956, 6) (Göttingen 1956); *D. Sinor*, Les relations entre les Mongols et l'Europe jusqu'à la mort d'Arghun: Cahiers d'histoire mondiale 3 (1956) 39—62; *G. Vernadsky*, The Mongols and Russia (New Haven 1953); *C. Cahen*, The Mongols and the Near East: *K. M. Setton*, A History of the Crusades II (Philadelphia 1962) 715—734 (Lit.).

Papsttum und Mongolen: *P. Pelliot*, Les Mongols et la papauté: ROC 23 (1922 bis 1923) 3—30, 24 (1924) 225—335, 28 (1931/32) 3—84; *G. Soranzo*, Il papato, l'Europa e i Tartari (Mailand 1930); *G. Rocheau*, Innocent IV devant le péril tartare. Ses lettres à Daniel de Galicie et à Alexandre Nevsky: Istina 6 (1959) 167—186; *H. Serruys*, Early Mongols and the Catholic Church: NZM 19 (1963) 161—169.

China: *B. Altaner*, Die Dominikanermission des 13. Jh. (Habelschwerdt 1924); *J. de Ghellinck*, Les Franciscains en Chine au XIIIe et XIVe siècle (Löwen 1927); *J. Stewart*, Nestorian Missionary Enterprise (Edinburgh 1928); *L. Lemmens*, Gesch. der Franziskanermissionen (Münster 1929); *A. C. Moule*, Christians in China before 1550 (London 1930); *L. E. Browne*, The Eclipse of Christianity in Asia from Muhammed till the Fourteenth Century (Cambridge 1933); *O. van den Vat*, Die Anfänge der Franziskanermission ... während des 13. Jh. (Werl 1934); *M. d'Elia*, Katholische Kirche in China 635/1294/1948: StMis 1950/51, 3—67; *P. S. Hsiang*, The Catholic Missions in China 1294—1368 (Washington 1949); *F. Soldi*, Undecima hora. La missione di Bartolomeo da Cremona al Gran Khan di Karakorum nel 1254 (Cremona 1954); *C. Cary-Elwes*, China and the Cross (London 1957); *Ch. W. Troll*, Die Chinamission im MA: FStud 48 (1966) 109—150, 49 (1967) 22—79 (Lit.).

Die Zeit des Ausbaus der Rechtsstrukturen und der religiösen Erneuerung, theologischer Wissenschaft und mystischer Ergriffenheit konnte auch jene Aufgabe nicht aus dem Auge lassen, die dem Wesen der Kirche so zentral entsprach: allen Völkern das Heil zu künden. Das um so mehr, als die Kreuzzugsbewegung an den Grenzen der Christenheit ohne Unterlaß neue Völker, von den Sarazenen bis zu den Mongolen, in Erscheinung treten ließ. Dazu kam von Skandinavien bis nach Mitteldeutschland die ständige Begegnung mit der noch heidnischen Welt der Elbslawen, des Baltikums und Finnlands[1]. Hier hatten zwar im 9. und 10. Jh. bereits Versuche eingesetzt,

[1] *G. Stökl*, Gesch. der Slavenmission (Die Kirche in ihrer Gesch., hrsg. von *K. D. Schmidt* - *E. Wolf*, II/E) (Göttingen 1961) 90—91 (Elb- und Ostseeslawen).

nach Osten vorzudringen[2], waren Adalbert von Prag (997) und Brun von Querfurt (1009)[3] als Martyrer gestorben, doch hatte man mit Ausnahme von Polen (966) kein nordslawisches Volk gewonnen. Wenden, Pommern, Preußen und Liven, Esten und Finnen sollten erst im 12. und 13. Jh. der Christenheit eingegliedert werden.

Das Missionswerk bei diesen Völkern stand unter dem zeitgemäßen Gedanken einer „dilatatio imperii christiani" und blieb notwendig charakterisiert durch die enge Verflechtung politischer und religiöser Motive entsprechend dem damaligen Selbstverständnis der Kirche. Schwertmission und Wortmission griffen ineinander, Eroberung, kirchlicher Organisationsaufbau und ausgreifende Seelsorge durch Kloster und Pfarrei folgten aufeinander. Staatlicher Schutz blieb unerläßlich sowohl für den Beginn wie für die Weiterführung jeglicher Christianisierung. Die Hauptleistung lag nicht, wie man erwarten sollte, beim Papsttum, sondern bei den Reformorden des 12. Jh., den Zisterziensern, Prämonstratensern und regulierten Chorherren, sowie den Bettelorden des 13. Jh., wenn auch die übergreifende Verantwortung durch Privilegierung und Legatensendungen dem Apostolischen Stuhl vorbehalten blieb. Bei den weltlichen Gewalten trat die Initiative der Kaiser zurück und fiel an die Grenzfürsten der Marken und die Könige des Nordens, im Baltikum vor allem an die Ritterorden, wie in Preußen an die Brüder vom Deutschen Haus in Jerusalem. Der Kreuzzug spielte während dieser ganzen Zeit nur ein einziges Mal, und dann mit negativem Erfolg, eine Rolle. Gemeint ist der Wendenkreuzzug von 1147. Allerdings waren auch die kriegerischen Bemühungen Alberts von Riga in Livland echte Kreuzfahrerunternehmungen.

Der Neuaufbruch christlicher Mission im 12. Jh. setzte ein in *Pommern*, das König Boleslaw III. von Polen 1122 eroberte. Er rief Bischof Otto von Bamberg zu Hilfe, der in zwei Aufenthalten 1123/24 und 1128/29 taufend und predigend sich einsetzte (in Pyritz, Wollin, Stettin, Kammin und anderswo). Das Bistum Wollin, 1140 gegründet nach Ottos Tod, wurde weder Gnesen noch Magdeburg unterstellt, sondern unmittelbar der Kurie in Rom.

Nicht viel später als in Pommern setzte von Hamburg-Bremen aus die Bemühung ein, die *Slawen jenseits der Elbe* zu christianisieren. Erzbischof Adalbero sandte den Bremer Kanonikus Vizelin, der 1126 in Wagrien zu predigen begann. Er gründete nordwestlich von Lübeck das Chorherrenstift Neumünster. In den Marken wurden seit den vierziger Jahren vor allem Heinrich der Löwe von Sachsen aus und Albrecht der Bär für Brandenburg die maßgebenden Schutzmächte.

[2] Vgl. Kap. 30 u. 31 Bd III/1.

[3] *H.-D. Kahl*, Compellere intrare. Die Wendenpolitik Bruns von Querfurt im Licht hochmittelalterlichen Missions- und Völkerrechts: Zschr. für Ostforschung 4 (1955) 161—193 260—401, jetzt auch in *H. Beumann*, Heidenmission und Kreuzzugsgedanke in der dt. Ostpolitik des MA (Darmstadt 1963) 177—274.

Der *Wendenkreuzzug* von 1147[4] bedeutet nicht nur Unterbrechung der Missionsbemühungen, sondern auch eine Verhärtung der Fronten und Erschwerung der späteren seelsorglichen Arbeit an den Slawen. Die Losung „Tod oder Taufe", wie sie dem Kreuzzugsprediger Bernhard von Clairvaux zugeschrieben wird, klang hart, war aber auch als Kritik an der bisherigen Fürstenpolitik zu verstehen, die gegenüber einer nicht-bekehrten, aber unterworfenen Bevölkerung freiere Hand in Steuer- und Tributfragen zu behalten gewillt schien. Tatsächlich wurde dieser Losung in den wenigsten Fällen wirklich entsprochen.

In Fragen der Bistumsorganisation, die von Hamburg-Bremen und Magdeburg aus betrieben wurde, kam es zu einer Auseinandersetzung zwischen Erzbischof Hartwig von Stade in Bremen und Herzog Heinrich dem Löwen, der das Recht der Bischofseinsetzung für sich beanspruchte[5]. Vizelin, den Hartwig als Bischof von Oldenburg geweiht hatte, ließ sich nach längerem Zögern erst vom Herzog investieren (1151). Die Investitur übte der Herzog als Mandatar des Kaisers aus. Neben Oldenburg, das 1160 nach Lübeck verlegt wurde, wurden auch die seit 1066 verwaisten Bistümer Ratzeburg und Mecklenburg neu errichtet, letzteres kam 1161 nach Schwerin. Prämonstratenser siedelten in Leitzkau und Jerichow, Zisterzienser in Doberan und Lehnin, um nur die wichtigsten Abteien zu nennen.

Die Expansionspolitik Albrechts des Bären, die, wie überall, zugleich Siedlungspolitik war (man rief Holländer und Flamen ins Land rechts der Elbe), erlaubte 1150 die Einnahme von Brandenburg[6]. Die alten Bistümer Brandenburg und Havelberg waren bereits seit den dreißiger Jahren wiederhergestellt und wurden von Prämonstratensern verwaltet. Man war bemüht, vor allem auch das Pfarrsystem auszubauen, was bis 1200 in den Hauptzügen gelang. Eine wirkliche Konsolidierung der Verhältnisse zögerte sich noch bis zur Mitte des 13. Jh. hinaus.

In *Livland*[7] war seit 1180 der Augustinerchorherr Meinhard von Segeberg

[4] Vgl. *H.-D. Kahl*, Zum Ergebnis des Wendenkreuzzugs von 1147. Zugleich ein Beitrag zur Gesch. des sächsischen Frühchristentums: Wichmann-Jahrbuch 11/12 (1957/58) 99 bis 120, jetzt bei *H. Beumann*, Heidenmission 275—316. Kahl meint feststellen zu können, „daß der Kreuzzug selbst ... in weitem Umfang das Ziel erreicht hat, das ihm gesteckt war" (314).

[5] Vgl. hierzu *K. Jordan*, Die Bistumsgründungen Heinrichs des Löwen (Schriften der MGH 3) (Leipzig 1939).

[6] *M. Treiter*, Quellen und Darstellungen zur Gesch. der Mark Brandenburg im MA: Wichmann-Jahrbuch 1 (1930) 5—73; *G. Wentz*, Das Bistum Brandenburg I (Germania sacra I/1) (Berlin 1929).

[7] Für Livland vgl. jetzt die Biogr. von *G. Gnegel-Waitschies*, Bischof Albert von Riga (Hamburg 1958) und die großangelegte Monographie von *F. Benninghoven*, Der Orden der Schwertbrüder (Köln-Graz 1965). Dazu noch die Skizze von Th. Grentrup, Der Zisterzienser Dietrich in der altlivländischen Mission (1219): ZMR 40 (1956) 265—281. Während *G. Gnegel-Waitschies* Albert als den Stifter des Ordens ansieht (66), heben

tätig, der als Bremen unterstellter Bischof in Üxküll an der Düna Wohnung nahm. Doch heidnische Reaktion unterbrach diese Anfänge, bis Albert von Buxhövden, der als Bischof der Liven 1199 geweiht worden war, eine Kreuzfahrt organisierte, die unter seiner Leitung erfolgreich verlief. Albert gründete 1201 Riga und wurde Bischof dieser Stadt. Er stiftete den Ritterorden der Schwertbrüder (Fratres militiae Christi) und unterwarf mit dessen Hilfe Teile von Estland, Semgallen, Kurland und die Insel Ösel. Das Bistum Dorpat wurde wie Riga 1225 durch König Heinrich (VII.) reichsfürstliches Lehen. Alexander IV. erhob Riga 1255 zum Erzbistum. Erster Metropolit wurde Albert Suerbeer, bisher Erzbischof von Armagh[8]. Zum Schutz für das gesamte von Riga aus missionierte Gebiet wurden während des ganzen 13. Jh. Kreuzfahrer geworben zum Kampf gegen die Angriffe der Heiden. Die Herrschaft Bischof Alberts (man hat von seinem Plan gesprochen, einen Kirchenstaat zu errichten) wurde durch das Eingreifen der Kurie geteilt. Bischof, Schwertbrüderorden und Stadt Riga erhielten je ein Drittel. Albert hatte Livland zum „Eigentum der Gottesmutter" erklärt und es damit grundsätzlich der Kirche unterstellt. Auch nach der Teilung der Gewalt blieb diese Vorstellung das einigende Band für Bischof, Stadt und Orden.

Weiter im Norden bei den *Esten* hatte dänisches Eingreifen bereits seit 1170 das Missionswerk der Kirche weitergeführt. Die gewonnenen Gebiete wurden zunächst dem Metropolitanverband von Lund angegliedert. Erster Bischof wurde der französische Mönch Fulco. Strittige Fragen zwischen Dänen und Deutschen legte der päpstliche Legat Wilhelm von Modena im Vertrag von Stenby (1237) bei. Das Bistum Reval blieb Lund weiter unterstellt, Dorpat und Oesel-Wiek wurden Suffragane von Riga.

In *Finnland* machte sich bereits im 11. Jh. christlicher Einfluß geltend, doch haben erst die schwedischen Kreuzzüge (1157 unter König Erich IX. Jedvardson, 1239 und 1295) das Land unterworfen. In Begleitung König Erichs kam Bischof Heinrich von Uppsala[9] als Missionar, ein Engländer von Geburt. Er wurde um 1160 ermordet (Schutzpatron Finnlands). Das Bistum Abo (gegründet 1276) blieb Suffragan Uppsalas. Die Dominikaner haben wesentlichen Anteil an der Christianisierung Finnlands genommen, das Bistum übernahm sogar ihre Liturgie.

Erste Missionsversuche bei den heidnischen *Preußen* zwischen Weichsel und Memel hatte um die Wende zum 11. Jh. Boleslaw I. von Polen machen lassen. Doch erst die Initiative Innozenz' III. ließ das Werk ernstlich fortführen. Vor 1210 ging der Zisterzienser Christian (aus Lekno) ins Land; er

Th. Grentrup (268) und *Benninghoven* den ausschlaggebenden Anteil Dietrichs hervor (Theoderich von Treiden heißt er bei Benninghoven).

[8] Über Albert Suerbeer zuletzt *M. Hellmann*, Das Lettenland im MA (Münster-Köln 1954) 176—185.

[9] Über den hl. Heinrich von Uppsala zuletzt *A. Maliniemi*, De S. Henrico II (Helsinki 1942).

wurde 1215 von Innozenz zum Bischof der Preußen geweiht. Als das zu Masowien gehörende Kulmer Land von den Preußen erobert wurde, rief Herzog Konrad im Einverständnis mit Bischof Christian den Deutschen Orden zur Hilfe. Hermann von Salza (Hochmeister von 1209 bis 1239) nahm das Angebot an; Kaiser Friedrich II. gewährte ihm Reichsschutz, auch Papst Gregor IX. war einverstanden. Von 1230 bis 1283 dauerte der Unterwerfungskampf. Die Schwertbrüder von Livland leisteten Waffenhilfe, die Ritterbrüder Christi von Dobrin (von Bischof Christian 1228 gegründet) in geringerem Umfang desgleichen. Deutsche Bauern, vor allem Westfalen, wurden ins Land gerufen, die Bettelorden, wiederum vor allem die Dominikaner, mühten sich um die Seelsorge. Der päpstliche Legat, Wilhelm von Modena, errichtete 1243 Bistümer in Kulm, Pomesanien, Ermland und Samland, die zunächst zu einem Erzbistum Preußen zusammengefaßt, nach der Erhebung Rigas zur Metropole (1255) dieser Kirchenprovinz eingegliedert wurden. Mit Ausnahme Ermlands wurden diese Bistümer dem Deutschen Orden inkorporiert. Der noch junge (1198 in Akkon gestiftete) Orden „des Spitals S. Mariens vom Deutschen Haus in Jerusalem" hatte schon des längeren nach Arbeiten außerhalb Syrien-Palästinas Ausschau gehalten, wenn auch die Residenz des Hochmeisters noch bis 1271 die Burg Montfort bei Akkon blieb. Zunächst erhielt er von König Andreas II. den Schutz des siebenbürgischen Burzenlandes gegen die heidnischen Kumanen übertragen (1211). Da er sich dort ein autonomes Territorium zu schaffen begann, mußte er 1225 weichen. Eben jetzt (1226) kam der Ruf in den Norden. Kaiser Friedrich II. hatte, wohl auf Veranlassung Hermanns von Salza, bereits 1124 (wohl um dem dänischen Einfluß zu begegnen) die Völker Livlands, Estlands, Samlands, Preußens und Semgallens unter den Schutz des Reiches gestellt. Papst Honorius III. stellte sie alsbald (1225) auch unter seinen persönlichen Schutz, namentlich alle Neubekehrten in Preußen und Livland. Friedrichs II. Goldbulle von Rimini (1226) ermächtigte den Orden zur Herrschaft in dem zu erobernden Gebiet, der Hochmeister wurde zum Reichsfürsten. Das Ordensland wurde von Gregor IX. (1234) als „Recht und Eigen St. Peters" dem Orden zu ewigem freien Besitz überantwortet. Daß die konkurrierenden Interessen von Papst und Kaiser hier nicht stritten, sondern sich friedlich trafen, war das Verdienst des Hochmeisters. 1236 wurden die Reste des Schwertbrüderordens von Livland mit dem Deutschen Orden vereinigt, der jetzt auch für Livland verantwortlich wurde. Estland blieb den Dänen. Ein Aufstand der Preußen (1242) konnte erst 1247 niedergeworfen werden. Im Christburger Frieden (1249)[10] erhielten dank kurialer Vermittlung die Preußen persönliche Freiheit und Gleichberechtigung mit den Deutschen. Legat war damals Jakob von Troyes, der spätere Papst Urban IV. Von Livland

[10] *H. Patze*, Der Frieden von Christburg vom Jahre 1249: Jb. für die Gesch. Mittel- und Ostdeutschlands 7 (1958) 39—91, jetzt bei *H. Beumann*, Heidenmission 417—483.

aus unterwarf der Orden auch Kurland und gründete 1252 Memel. Litauen blieb unbesiegt und vorerst auch unbekehrt, wenn man von der kurzen Zeit absieht, in der 1250 Fürst Mindowe sich taufen ließ und von Innozenz IV. den Königstitel erhielt. 1260 fiel Fürst Mindowe ins Heidentum zurück. Erst gegen Ende des 13. Jh. war der Bestand des Ordensstaates so gesichert, daß der Hochmeister seine Residenz von Venedig auf die Marienburg verlegen konnte (1309).

Blieb so die Slawen- und Baltikumsmission eng gebunden an Eroberung und Beherrschung, wurde hier der Kreuzzug aus einem Mittel der Verteidigung zu einem Instrument machtmäßiger Expansion, lagen die Verhältnisse im östlichen Mittelmeer und an der afrikanischen Küste anders. Nur bei der Rückeroberung Spaniens läßt sich Ähnliches vermuten, wenn hier auch ganz andere soziale und traditionsgeschichtliche Zusammenhänge zu beachten sind (christliche Gemeinden auf islamisch beherrschtem Boden)[11].

Die Kreuzfahrerstaaten in *Syrien und Palästina* hatten natürlich nichtchristliche Bevölkerungsgruppen unter ihrer Herrschaft, aber von wenigen Hinweisen im 12. Jh. abgesehen, bemühte man sich dort kaum darum, ihnen das Evangelium zu verkündigen. Die Seelsorge, soweit sie ernst genommen wurde, diente der christlichen Bevölkerung, die, ungemein gemischt (Lateiner und Griechen, Franzosen und Italiener, landsässige Familien und Pilger), jeder systematischen Betreuung widerstanden. Die Erfahrungen des Bischofs von Akkon, Jakob von Vitry, in den Jahren 1216/18 zeigten das nur zu deutlich[12].

Ernsthafte Überlegungen darüber, daß die kriegerischen Kontakte mit der Welt des Islams, mochten sie auch nur in defensiver Absicht fortgeführt werden, das Abendland nicht von der Verantwortung befreien konnten, christliche Verkündigung auch im Raum des Islams zu versuchen, wurden erst im 13. Jh. angestellt. Bekannt ist die Einstellung des hl. Franziskus von Assisi, seine Aussprache mit dem Sultan al-Kamil von Damiette aus (1219), die ihm wenigstens die persönliche Predigtfreiheit einbrachte[13]. Er sandte Brüder nach Marokko, wo fünf von ihnen 1220 getötet wurden[14]. Jedenfalls wird jetzt immer stärker, vor allem bei den neuen Orden, die Pflicht ge-

[11] Zur Reconquista vgl. *R. Menéndez Pidal*, La España del Cid, 2 Bde (Madrid [4]1947); *J. Goñi Gaztambide*, Historia de la bula de la cruzada en España (Vitoria 1958, Lit.).

[12] Vgl. *Jakob von Vitry*, Lettres, ed. *R. B. C. Huygens* (Leiden 1960).

[13] Hierzu vgl. *M. Roncaglia*, Biblioteca bio-bibliografica della Terra Santa e dell'Oriente Francescano I: Storia della provincia della Terra Santa, Tl. 1: I Francescani in Oriente durante la crociata (Kairo 1954); zur Begegnung des hl. Franziskus mit dem Sultan vgl. *G. Golubovich*, San Francesco e i Francescani in Damiata (5. 11. 1219 — 2. 2. 1220): Studi Francescani 23 (1926) 307—330, ergänzend dazu *L. Lemmens*, De Sancto Francisco Christum praedicante coram sultano Aegypti: AFrH 19 (1926) 559—578; ferner *M. Roncaglia*, San Francesco d'Assisi in Oriente: Studi Francescani 50 (1953) 97—106.

[14] Über die Predigt der Franziskaner in Marokko und ihr Martyrium jetzt *J. Toussaert*, Antonius von Padua (Köln 1967) 191—201.

sehen, wo immer der Kreuzzug Möglichkeiten dazu gab, eine wahre Wortmission ins Werk zu setzen. Sie ist bei der grundsätzlich ablehnenden und in sich verschlossenen Haltung des Islams bekanntlich nirgendwo zu wirklichen Erfolgen vorgedrungen. Gegen Ende des Jahrhunderts wurde das Problem der Islammission von dem Franziskanertertiar Raimund Lullus († 1316) grundsätzlich angepackt[15]. Bei ihm trat der Glaubenskrieg deutlich hinter ein geistiges Werben um den Ungläubigen zurück. Er errichtete auf Mallorca ein Missionskolleg für Franziskaner. Selbst Kenner des Arabischen, warb er für die Errichtung von Lehrstühlen für Griechisch, Arabisch, Hebräisch und Syrisch an den Universitäten. Nach dem Fall Akkons (1291), der das Schicksal der Kreuzfahrerstaaten besiegelte, richtete Lullus an Nikolaus IV. seinen Traktat über die Bekehrung der Ungläubigen. Sein Plan war umfassend genug: Errichtung von Studienhäusern (Sprachstudien) für Missionare, einheitliche Leitung der Missionstätigkeit durch einen Kardinal, Vereinigung der Ritterorden, religiöse Erneuerung des Klerus wie der Laien. Allerdings spielte auch der Kreuzzug weiterhin dabei eine Rolle. Raimund war selbst als Missionar auf weiten Reisen tätig, in Nordafrika (1281/82, 1292, 1307, 1314 bis zu seinem Tod durch Steinigung 1316); ferner bei den Juden und Arabern in Neapel (1293/94), auf Mallorca (1300/01), Sizilien (1313/14). Er wandte sich mit seinen Vorschlägen auch an die Päpste Cölestin V. (1294) und Bonifaz VIII. (1296). Sein Werk: Liber de acquisitione Terrae Sanctae widmete er Clemens V. Er hatte die Genugtuung, daß das Konzil von Vienne (1311) seine Anregungen aufgriff und die Errichtung von Sprachlehrstühlen beschloß. Auch Raimund Lullus sah Eroberung und Bekehrung noch weitgehend zusammen; darin hat er der im Norden Europas allgemein üblichen Praxis durchaus entsprochen.

Wie die Franziskaner haben auch die Dominikaner die Islammission zu fördern gesucht. Raimund Lullus hat an ihren Generalkapiteln (1283, 1285, 1294) teilgenommen; von den Franziskanern war er 1287, 1289 und 1295 eingeladen worden.

Die tatsächlichen Erfolge solcher Missionstätigkeit waren allerdings gering. Die spärlichen Nachrichten melden vielfach nur Einzelbekehrungen, Tätigkeit bei Arabern und Mohammedanern in christlich beherrschten Gebieten; in *Nordafrika* kam es nur zu gelegentlichen Kontakten, da dort mit Genehmigung der Fürsten die eigentliche Seelsorgsarbeit den Christen diente. Wenn die Päpste, vor allem Gregor IX. und Innozenz IV., ihre Botschaften an die Sultane von Damaskus, Ikonium, Aleppo, Bagdad (zwischen 1233 und 1250) durch Mitglieder der Bettelorden überbringen ließen, war

[15] Über Raimund Lullus vgl. die mit reichen Lit.-Angaben ausgezeichnete Kurzdarstellung von *E. W. Platzeck:* LThK² VIII (1963) 974—976. Die anonyme Vita coetana Raimunds wurde ed. von *B. de Gaiffier:* AnBoll 48 (1930) 130—178, dt. von *E. W. Platzeck* (Düsseldorf 1963); die bisher umfassendste Biographie schrieb *E. W. Platzeck,* Raimund Lull, 2 Bde (Düsseldorf 1962/63).

mit diesen diplomatischen Reisen höchstwahrscheinlich eine Missionspredigt unvereinbar.

Schon unter Gregor IX. war die Kurie von der Gefahr der im Osten Europas eingebrochenen *Mongolen* unterrichtet worden[16]. Ungarische Dominikaner waren ins Wolgagebiet gezogen, um dort Missionsmöglichkeiten zu erkunden. Sie kamen mit höchst beunruhigenden Meldungen zurück. Der Patriarch von Aquileja, Berthold von Andechs, ließ von allen Kanzeln entsprechende Warnungen verlesen. Der Mongolensturm erreichte 1240/41 Polen und Ungarn. Die deutsche Niederlage von 1241 bei Liegnitz in Schlesien schien Schlimmstes bevorstehen zu lassen, aber gerade sie wurde zum zeitlichen Wendepunkt, denn der Tod des Mongolenkhans Ögödai (1242) veranlaßte den Rückzug der Mongolen aus Mitteleuropa, in Rußland aber blieben sie.

Man wußte im Westen, daß in *Asien* seit langem persische Nestorianer lebten, die bis nach Indien und China vorgedrungen waren. Im 11. Jh. hatten sie den Turkmenenfürsten Kerait am Baikalsee bekehren können, der sein Volk dann auch dem Christentum zuführte. Dieser Vasall des chinesischen Reiches wird als historischer Kern der damals aufkommenden und viel geglaubten Legende vom Priesterkönig Johannes anzusehen sein[17]. Die Meinung, jenseits der Grenzen Europas lebten im Fernen Osten christliche Reiche, mag auch den Mut der Kurie mitbelebt haben, eben um die Zeit der am weitesten nach Westen greifenden Mongoleneinfälle, ihrerseits Botschafter nach dem Osten zu senden. Sie hatte den bisherigen Berichten entnehmen können, daß die Mongolen, keiner der bekannten Weltreligionen angehörend, diesen gegenüber weitgehende Toleranz übten, Christen (Nestorianer) nicht ausgeschlossen. Die Gattin des Großkhans Hulagu (1259—65) war Nestorianerin.

So sandten Innozenz IV. und König Ludwig IX. von Frankreich mehrfach Franziskaner und Dominikaner zu den Mongolen. Johannes von Piano di Carpine (Abruzzen) ging 1245/47 über Rußland nach Karakorum, der Hauptresidenz der Großkhane, Wilhelm von Rubruck (Flandern) über Anatolien gleichfalls dorthin (1253/55). Von eigentlicher Missionsarbeit konnte wohl nicht die Rede sein, Erkundigungen und Kontaktnahme waren beabsichtigt. Mission als Glaubensverkündigung wurde erst von Johannes von Montecorvino OFM in Angriff genommen, der 1294 in Cambalu (Peking) mit einer Reihe von Ordensbrüdern (Arnold von Köln, Odorich von Pordenone) bis 1328 unter Nestorianern und Buddhisten wirkte. Er wurde von Clemens V. 1307 zum Erzbischof ernannt; von den vielen ihm zugesandten Hilfsbischöfen aus dem Franziskanerorden kamen nur vier bis Peking durch.

[16] Die entsprechenden Texte hat *H. Dörrie* herausgegeben: Drei Texte zur Gesch. der Ungarn und Mongolen. Die Missionsreisen des Fr. Julianus O. P. ins Uralgebiet (1234/35) und nach Rußland (1237) (Göttingen 1956).

[17] Über den Priesterkönig Johannes vgl. *F. Zarncke:* AGL phil. Kl. 7 (1879) 827—1030, 8 (1883) 1—186; *R. Hennig,* Terrae incognitae II (Leiden ²1950) 438—460.

Das Ende der Mongolenherrschaft in China und die Machtübernahme durch die Ming-Dynastie (1368) ließen die Pekinger Mission zusammenbrechen[18].

Missionarischer Eifer bei den Dominikanern wurde vor allem von dem Generalmagister Humbert de Romans (1254—63) wachgehalten. Um die Wende zum 14. Jh. gründete der Orden die „Societas fratrum peregrinantium propter Christum", die sich in den Gebieten rings um das Schwarze Meer und in Kleinasien überhaupt betätigte[19].

Im ganzen läßt sich zum missionarischen Einsatz der Kirche in diesem Zeitraum feststellen, daß im Zusammenhang mit der politischen Erschließung des baltischen Länderkreises für den Westen auch das Christentum sich dort einwurzeln konnte. Die Begegnung mit dem Islam blieb, weil zumeist militärisch-politisch bestimmt, auch wegen seiner Abgeschlossenheit gegen jede Religionspropaganda, ohne besondere Wirkung, wenn man von den katechetischen Bemühungen in Spanien in den zurückeroberten Gebieten absieht. Der Vorstoß in die Länder unter mongolischer Herrschaft hatte nur Gelegenheitscharakter, mit Ausnahme der franziskanischen Mission in Peking.

30. Kapitel

Kirchenrecht und kirchliche Verfassung im 13. Jahrhundert

QUELLEN: Die fünf Großen Kompilationen, ed. von *E. Friedberg,* Quinque compilationes antiquae (Leipzig 1882); Die Dekretalen Gregors IX. (Liber Extra): die letzte Edition besorgte *E. Friedberg* (Leipzig 1881, mehrfach neugedruckt), zu der Edition vgl. *A. M. Stickler,* Historia Iuris Canonici Latini I: Historia Fontium (Turin 1950) 249—250; Die Novellensammlungen Innozenz' IV., zuletzt ed. von *P. J. Kessler,* Untersuchungen über die Novellen-Gesetzgebung Papst Innocenz' IV. Ein Beitrag zur Gesch. des kanonischen Rechts: ZSavRGkan 31 (1942) 142—320, 32 (1943) 300—383, 33 (1944) 56—128; Die Dekretalen Gregors X. (fast ausschließlich die Konstitutionen von Lyon II), ed. *J. H. Böhmer,* Corpus Iuris Canonici, Bd II, Anhang 4; Die Novellensammlung Nikolaus' III., ed. (teilweise) von *F. v. Schulte:* SAW 55 (1867) 718—722; Der Liber Sextus Bonifaz' VIII., die letzte Edition (s. o.) von *E. Friedberg* (Leipzig 1881).

LITERATUR: *Feine RG* (Köln-Graz ^{4}1964) 283—292; *G. Le Bras - Ch. Lefebvre - J. Rambaud,* Histoire du Droit et des Institutions de l'Église en Occident VII: L'âge classique (1140—1378) (Paris 1965) 133—351; *H. Singer,* Neue Beiträge über die Dekretalen-Sammlungen vor und nach Bernhard von Pavia: SAW 171 (Wien 1914), dazu die weiterführenden Bespr. von *F. Heyer:* ZSavRGkan 3 (1913) 615—642, 4 (1914) 583—608; über die Sammlungen zwischen Gratian und Gregor IX. vgl. *St. Kuttner,* Repertorium der Kanonistik (= SteT 71) (Rom 1937) 272—385; zu den fünf Großen Kompilationen: u. a. *G. Fransen,* Les diverses formes de la Compilatio Ia: Scrinium lovaniense: Mélanges historiques E. van Cauwenbergh (Löwen 1961) 235—253; *C. R. Cheney,* Three Decretal

[18] Über die China-Mission im Mittelalter vgl. jetzt *C. W. Troll:* FStud 48 (1966) 109 bis 150, 49 (1967) 22—79.

[19] *R. Loenertz,* La Société des Frères Pérégrinants. Étude sur l'Orient dominicain (Rom 1937).

Collections before Compilatio IVa: Tr 15 (1959) 464—483; *St. Kuttner*, Johannes Teutonicus, das vierte Laterankonzil und die Compilatio IVa: MiscMercati V (= SteT 125) (Rom 1946) 608—634; zum Liber Extra: *Feine RG* 287; *Le Bras D* 233—243; zu den Novellen Innozenz' IV.: die oben erwähnte Arbeit von *P. J. Kessler;* zum Liber Sextus: *Feine RG* 288 f; *Le Bras D* 247—251; eine wichtige Arbeit über die gesetzgeberische Leistung der Päpste des 13. Jh.: *S. Gagnér*, Studien zur Ideengeschichte der Gesetzgebung (Uppsala 1960).

Dekretalisten: *Bernhard v. Pavia*, Summa decretalium, ed. *E. A. T. Laspeyres* (Regensburg 1860); *Sinibald dei Fieschi* (Innozenz IV.), Apparatus in V libros Decretalium (Frankfurt a. M. 1570, ed. princeps Straßburg 1477); *Heinrich von Susa* (Hostiensis), Summa super titulis Decretalium (Rom 1473); *A. Rivera Damas*, Pensamiento político de Hostiensis (Zürich 1964); um nur die berühmtesten zu nennen. Man unterscheidet die Schule der älteren Dekretalisten (bis auf Gregors IX. Liber Extra) und die der dann folgenden jüngeren Dekretalisten. Über die Apparate und Glossen vgl. *Le Bras D* 292 bis 301; über Innozenz IV. als Kanonisten vgl. *J. A. Cantini - Ch. Lefèbvre:* DDC 7 (1958/62) 1029—62; über Heinrich von Susa vgl. *Le Bras D* 312—314; *ders.*, Théologie et droit canonique dans l'œuvre de Henri de Suse: Études Didier (Paris 1961) 195—204.

Kirchliche Verfassung: Allgemeines: Zu konsultieren sind vor allem folgende Werke: *P. Hinschius*, Das Kirchenrecht der Katholiken und Protestanten in Deutschland. System des katholischen Kirchenrechts mit besonderer Rücksicht auf Deutschland, 6 Bde (Berlin 1869/97, Neudruck 1959); *J. B. Sägmüller*, Lehrbuch des katholischen Kirchenrechts I (Freiburg ⁴1934); *W. M. Plöchl*, Gesch. des Kirchenrechts, Bd II: Das Kirchenrecht der abendländischen Christenheit 1055—1517 (Wien ²1961); *G. Le Bras*, Institutions ecclésiastiques de la Chrétienté médiévale I (Fliche-Martin 12) (Paris 1959); *H. E. Feine*, Kirchliche Rechtsgeschichte. Die Katholische Kirche (Köln - Graz ⁴1964). Alle genannten Werke bringen jeweils eine umfassende Bibliogr. zu den einzelnen Kap. u. Problemkreisen.

Papsttum: *W. Ullmann*, The Growth of Papal Government in the Middle Ages (London ²1962), dt. Übers. erweitert: Die Machtstellung des Papsttums im MA (Graz - Köln 1960); *ders.*, Principles of Government and Politics in the Middle Ages (London 1961); *Hinschius* I 163—308; *Feine RG* 299—321; *Le Bras D* 305—333; *M. Wilks*, The Problem of Sovereignty in the Later Middle Ages (Cambridge 1963), bes. 354—407 (The supreme governor); kritisch zu Ullmann *F. Kempf*, Die päpstliche Gewalt in der mittelalterlichen Welt: Saggi storici intorno al Papato (Rom 1959) 117—169; zu dem Streit, ob die Päpste des 13. Jh. „Hierokraten" oder „Dualisten" gewesen seien, vgl. jetzt die wichtigen Bemerkungen von *B. Tierney*, The Continuity of Papal Political Theory in the Thirteenth Century: MS 27 (1965) 227—245; *M. Pacaut*, L'autorité pontificale selon Innocent IV: MA 66 (1960) 85—119; *M. Maccarone*, Vicarius Christi. Storia del titolo papale (Rom 1952); *D. P. Waley*, The Papal State in the XIIIth Century (London 1961); *J. H. Hackett*, State of the Church. A concept of the medieval canonists: The Jurist 1963, 259—290.

Konzilien: *A. Hauck*, Die Rezeption und Umbildung der allgemeinen Synode im MA: HV 10 (1907) 465—482; *H. Fuhrmann*, Das ökumenische Konzil und seine historischen Grundlagen: Gesch. in Wiss. u. Unterricht 12 (1961) 672—695; *F. Dvornik*, Histoire des Conciles (Paris 1962); *G. Tangl*, Die Teilnehmer an den allgemeinen Konzilien des MA (Weimar 1922); *B. Tierney*, Foundations of the Conciliar Theory (Cambridge 1955); *J. Leclercq*, Jean de Paris et l'ecclésiologie du XIIIe siècle (Paris 1942).

Bischöfe: *Hinschius* II 1—48, dazu I 538—575: Patriarchen, I 576—632: Primaten und Legaten; *Feine RG* 366—369; *Le Bras D* 365—376. Es gibt eine reiche Lit. zur Diözesangeschichte in Deutschand, Frankreich, England und Spanien, die meistens auch die Verfassungsfragen behandelt. In England sind in den letzten Jahrzehnten bedeutende Bischofsbiographien erschienen: *D. L. Douie*, Archbishop Pecham (Oxford 1952); *D. A. Callus*, Robert Grosseteste, Scholar and Bishop (Oxford 1955); *C. M. Fraser*,

A History of Antony Bek, Bishop of Durham (Oxford 1957); *C. H. Lawrence*, St. Edmund of Abingdon, Archbishop of Canterbury (Oxford 1690). Besondere Probleme behandeln *K. Rahner - J. Ratzinger*, Episkopat und Primat (Freiburg i. Br. 1961); *G. Barraclough*, The Making of a Bishop in the Middle Ages: CHR 19 (1933) 275—319; *Ph. Hofmeister*, Die kanonischen und nichtkanonischen Wahlen: ZKTh 77 (1955) 432—471; *A. Desprairies*, L'élection des évêques par les chapitres au XIIIe siècle (Paris 1922); *A. Diegel*, Der päpstliche Einfluß auf die Bischofswahlen in Dtl. während des 13. Jh. (Berlin 1932).

Archidiakon: *J. B. Sägmüller*, Lehrbuch des Kirchenrechts I (Freiburg [3]1914) 467 bis 469 (ältere Lit.); *Hinschius* II 183—204; *Feine RG* 369—375; *Le Bras D* 391—394. Die Reihe der Monographien über Archidiakonate setzte ein mit *N. Hilling* für Münster (1902), Halberstadt (1902), es folgten *H. Bastgen* für Trier (1906), *E. Baumgartner* für die rheinischen Diözesen (1907), *G. Gescher* für Köln (1920), *J. Machens* für Hildesheim (1921), *A. Schröder* für Augsburg (1925), *B. Panzram* für Schlesien (1937), *M. Hannappel* für Erfurt (1941), *H. Mulders* für Utrecht (1943), *A. Szentirmai* für Ungarn: ZSavRGkan 43 (1957) 132—201; *J. Krieg*, Kampf der Bischöfe gegen die Archidiakonate im Bistum Würzburg (Stuttgart 1914); *A. Franzen*, Die Kölner Archidiakonate in vor- und nachtridentinischer Zeit (Münster 1953, Lit.).

Pfarrei: *Hinschius* II 261—328; *Feine RG* 391—427; *Le Bras D* 404—423. Die ältere Bibliogr. bei *Feine* 411—414 und 424—427 (Stadtpfarrei). *A. Schultze*, Stadtgemeinde und Kirche im MA: Festschr. Rudolf Sohm (München - Leipzig 1914) 105—142, dazu *K. Frölich*: HV 20 (1920) 37—46; *R. A. R. Hartridge*, A History of Vicarages in the Middle Ages (Cambridge 1930); *K. Frölich*, Die Rechtsformen der mittelalterlichen Altarpfründen: ZSavRGkan 20 (1931) 457—544 (Lit.); *ders.*, Kirche und städtisches Verfassungsleben im MA: ZSavRGkan 22 (1933) 188—287; *L. Pfleger*, Untersuchungen zur Gesch. des Pfarr-Instituts im Elsaß (Straßburg 1936); *G. Mollat*, Le droit de patronage en Normandie du XIe au XVe siècle: RHE 33 (1937) 464—484 725—788, 34 (1938) 21—69; *B. Panzram*, Geschichtliche Grundlage der ältesten schlesischen Pfarreiorganisation (Breslau 1940); *L. Nanni*, La parrocchia studiata nei documenti lucchesi dei sec. VIII—XIII (Rom 1948); *H. Th. Hoederath*, Forensis Ecclesia: ZSavRGkan 36 (1950) 390—399; *H. Lentze*, Die Rechtsform der Altarpfründen im mittelalterlichen Wien: ZSavRGkan 37 (1951) 221 bis 302; *E. O. Kuujo*, Die rechtliche und wirtschaftliche Stellung der Pfarrkirchen in Alt-Livland (Helsinki 1953); *J. Nylander*, The Origins of the Office of Churchwardens (13. Jh.) (York 1954); *G. H. Cook*, The English Medieval Parish Church (London 1954); *H. B. Noser*, Pfarrei und Kirchgemeinde. Studie zu ihrem rechtlichen Begriff und grundsätzlichen Verhältnis (Freiburg/Schw. 1957); *H. E. Feine*, Kirche und Gemeindebildung: Recht und Kirche, ausgew. Abhandlungen, hrsg. von *F. Merzbacher* (Aalen 1966) 101 bis 118.

Domkapitel: *Hinschius* II 49—160; *Feine RG* 379—391; *Le Bras D* 376—390; *A. Schulte*, Der Adel und die deutsche Kirche (Darmstadt [3]1958); *G. v. Below*, Die Entstehung des ausschließlichen Wahlrechts der Domkapitel (Leipzig 1883); *Ph. Schneider*, Die Entwicklung der bischöflichen Domkapitel (Mainz 1892); *E. Mayer*, Der Ursprung der Domkapitel: ZSavRGkan 7 (1917) 1—33. Die Monographien der Domkapitelgeschichten für Deutschland, Frankreich, England, Irland, die Schweiz, Belgien und Polen bei *G. Le Bras*, Institutions 377 Anm. 3; *L. Santifaller*, Das Brixener Domkapitel in seiner persönlichen Zusammensetzung im MA, 2 Bde (Innsbruck 1924/25); *A. Hamilton-Thompson*, The Cathedral Churches of England (Oxford 1925); *Ph. Hofmeister*, Bischof und Domkapitel nach altem und nach neuem Recht (Neresheim 1931); *J. Oswald*, Das alte Passauer Domkapitel (München 1933); *M. Gibbs - J. Lang*, Bishops and Reform (1215 bis 1272) (London 1934); *R. Samulski*, Untersuchungen über die persönliche Zusammensetzung des Breslauer Domkapitels im MA (bis 1341) (Weimar 1940); *E. Fournier*, Nouvelles recherches sur les curies, chapitres et universités de l'Église de France (Arras 1942); *L. Santifaller*, Urkunden und Forschungen zur Gesch. des Trienter Domkapitels im MA I (Wien 1948); *C. N. L. Brooke,* The Composition of the Chapter of St. Paul's (1086—1163): The Cambridge Hist. Journal 10 (1951) 111—132; *J. Szymanski,* Les recherches sur l'histoire des chapitres polonais effectuées de 1945 à 1960: RHE 57 (1962) 484—492.

In Bologna und Paris, später auch in Montpellier, Oxford und Salamanca, hatte sich seit Gratians Dekret (1140) die Kirchenrechtswissenschaft entfaltet (vgl. Kap. 7 und 12). Mit scholastischer Methode hatten die Dekretisten in Glossen, Quaestionen, Traktaten und Summen die Stoffmassen für den Gebrauch des akademischen Unterrichts und der Gerichte aufbereitet. Es entstand in Zusammenarbeit von Theorie und Praxis das *Neue Recht* (G. Le Bras). Den wichtigsten Anteil daran hatte die Gesetzgebungstätigkeit der Päpste (Dekretalen) und Konzilien (Konstitutionen). Zumal seit dem Pontifikat Alexanders III. häuften sich diese neuen Entscheidungen. Man sammelte sie, zunächst privat[1], dann auch autorisiert von den Päpsten. Mehr als achtzig solcher Sammlungen sind entdeckt worden, unter ihnen sind die fünf großen Kompilationen von 1191 bis 1226 die bekanntesten. Zwei von ihnen wurden amtlich beglaubigt (von Innozenz III. 1209 die Compilatio tertia des Peter von Benevent und von Honorius III. 1220 die Compilatio quinta, vielleicht von Tankred) den Gerichten und Schulen zum Gebrauch überwiesen. Gregor IX. entschloß sich, die Dekretalengesetzgebung der letzten hundert Jahre einheitlich zusammenzufassen. Er beauftragte Raimund von Peñaforte 1230 mit dieser Kodifikation, die am 5. September 1234 vom Papst publiziert wurde. Dieser Liber Extra (= *Liber* decretalium *extra* decretum vagantium) Gregors IX. wurde damit zum ersten, „amtlichen, authentischen, einheitlichen, universalen und ausschließlichen" (H. E. Feine) Gesetzbuch der Kirche. Innozenz IV., Gregor X. und Nikolaus III. haben dann ihrerseits Dekretalensammlungen (Novellen) publiziert, weitere private, an sich unerwünschte Kompilationen traten hinzu. Der Gesetzeszustand wurde wieder so unübersichtlich, daß Bonifaz VIII. gegen Ende des Jahrhunderts sich entschloß, ein Gesetzbuch herauszugeben, das alle Sammlungen seit dem Liber Extra verarbeiten sollte. Eine Dreierkommission unter Wilhelm von Mandagout, Erzbischof von Embrun, erstellte das Werk, das neben 108 Dekretalen seiner Vorgänger 251 von Bonifaz VIII. selbst und die Kanones der beiden Konzilien von Lyon aufnahm. Der Papst veröffentlichte diesen Liber Sextus am 3. März 1298; neben ihm behielt der Liber Extra Gregors IX. Gesetzeskraft. Diese beiden Kodifikationen des Jahrhunderts regten an und wurden vorbildlich für die nunmehr allenthalben einsetzende Gesetzgebung der Könige und Fürsten[2].

[1] Vgl. *Ch. Duggan,* Twelfth-Century Decretal Collections and their Importance in English History (London 1963).

[2] Vgl. *St. Gagnér,* Studien zur Ideengeschichte der Gesetzgebung (Uppsala 1960) 288 bis 340; kritisch dazu *W. E. Brynteson,* Roman Law and Legislation in the Middle Ages: Speculum 41 (1966) 420—437.

Die Methoden des wissenschaftlichen Unterrichts im Kirchenrecht waren denen ähnlich, die man an den theologischen Fakultäten (vor allem in Paris) entwickelte. Neben der Vorlesung (lectio, praelectio, lectura) pflegte man die Übung (disputatio). In ihr wurden die bereits in der Vorlesung behandelten quaestiones erneut zwischen Lehrern und Studenten durchgesprochen, zumeist in analytisch-exegetischer Weise. Beides fand in der Literatur Niederschlag als lecturae (vom Lehrer selbst verfaßt) oder als reportatio (studentische Niederschrift) bzw. als quaestiones (disputatae). Wichtig wurden, wie in der Theologie, die Werke der Glossatoren (Glossensammlungen, später Glossenapparate). Schließlich entstanden die großen Summen, echte Kommentare als Lehrbücher und Handbücher für die Praxis gedacht. Unter ihnen nahmen die Apparatsummen einen hohen Rang ein; Innozenz IV. hat eine solche verfaßt, die ihm den Titel eines „princeps iuristarum" eintrug. Die Kommentare beschäftigten sich z. T. nur mit Teilgebieten (Eherecht, Gerichtsverfahren, Strafrecht, Wahlrecht). Auch die Beichtsummen (Poenitentialsummen) sind zu erwähnen, deren Bedeutung aber immer mehr in das Gebiet der Moraltheologie und Pastoraltheologie hinübergriff und ihren eigentlich rechtlichen Charakter zurücktreten ließ.

Die Dekretalisten des 13. Jh. beschäftigten sich zunächst mit den fünf großen Kompilationen: Bernhard von Pavia († 1213), Tankred († 1234/36), Johannes Teutonicus († 1245/46) und Jakob von Albenga († 1273?). England stellte eine Reihe Gelehrter (Richard Anglicus [† 1237], Gilbert Anglicus, Alanus Anglicus u. a.), desgleichen Spanien (Laurentius Hispanus [† 1248?], Vincentius und Petrus Hispanus). Auch Ungarn war vertreten mit Damasus, der zwischen 1210 und 1220 in Bologna Professor war. Das goldene Zeitalter der Dekretalisten setzte mit der Promulgierung des Liber Extra ein (1234) und führte bis zum Lebenswerk des berühmten Johannes Andreae (1270—1348), dauerte also ein Jahrhundert lang und war zugleich Ausdruck der kraftvollsten Zeit des Ausbaus und der Sicherung hochmittelalterlicher Kirchenverfassung und der abendländischen Geltung des Kirchenrechts als der allenthalben verbindlichen und wirksamen Rechtsordnung der Christenheit.

Zu den Dekretalisten dieser Epoche (man nennt sie auch die jüngeren Dekretalisten) gehörten, um nur einige zu nennen, Raimund von Peñaforte († 1275), Gottfried von Trani († 1245), Bernhard von Parma (de Botone) († 1266), Innozenz IV. (Sinibald Fiesco) († 1254) und ihr berühmtester: Heinrich von Susa (Hostiensis) († 1270). Auch in Frankreich, Spanien und Deutschland arbeiteten und schrieben viele Dekretalisten.

Die Kanonisten entwickelten keine Gesamttheorie von der Rechtsgewalt der Kirche, setzten sie gleichsam voraus und beschäftigten sich vielmehr in ihren Vorlesungen, Disputationen und Kommentaren mit den tausend Einzelproblemen, wie sie sich aus dem unaufhaltsamen Wandel der Strukturen ergaben. Auch die Theologie kannte noch keinen eigentlichen Kirchentraktat, wußte aber sehr wohl, daß die Rechtskirche der Juristen zusammen zu sehen war mit der im Glauben zu erfahrenden Kirche, die als „corpus Christi mysticum" (Thomas von Aquin) den eigentlichen Seinsgrund für alle im Recht sichtbar werdenden Lebensformen der Christenheit bildete. Die geschichtliche Entwicklung hatte dahin geführt, daß die hierarchische Ordnung (göttlicher Setzung) den Vorrang im Denken und Handeln des hohen Mittelalters gewann, die Vorstellung von der Kirche als „Volk Gottes auf Erden", das sich auf der Wanderung zu Gott hin befand, dagegen zurücktrat. So läßt sich von der Verfassung der Kirche in dieser Epoche ein von stabilen institutionellen Elementen bestimmtes Bild entwerfen, wobei allerdings zugleich bedacht werden muß, wie sich sie alle und jedes einzelne von ihnen doch kraft der Dynamik geschichtlicher Veränderung wandeln, zurücktreten, erneuern, gelegentlich durch Übertreibung ihrer Funktionen andere ungebührlich verdrängen oder doch wenigstens lahmlegen.

Das große Zeitalter der klassischen kirchlichen Rechtswissenschaft war zugleich die Epoche des die Geschicke der Christenheit maßgebend leitenden Papsttums, von Innozenz III. bis zu Bonifaz VIII.[3]. Weder vorher noch nachher konnte das Papsttum (gerade auch dank der so erfolgreich arbeitenden Rechtsgelehrten und ihrer Schüler in den Ämtern [Papst, Kurie, Bistum, Abtei und Stift], welche die Theorie in die Praxis umsetzten) den Anspruch erheben, so allgemein anerkannt als Lehrer, Richter und Leiter der „christianitas" zu handeln und zu führen.

Die Grundlinien der *Kirchenverfassung* veränderten sich im 13. Jh. nicht. Die Unterscheidung von Weihe- und Regierungsgewalt (in der einen potestas ecclesiastica) wurde deutlicher herausgearbeitet (auch hier war Thomas von Aquin besonders beteiligt). Stärker und bewußter wurde, vor allem durch den Papst, die Gesetzgebungsgewalt gehandhabt. Sie fand beim Papst ihre Grenze am göttlichen Recht (dem positiv offenbarten und natürlich gegebenen), konnte sich auch über das Konzilsrecht früherer Jahrhunderte hinaus entwickeln. Die Souveränität des Papstes auch dem Konzil gegenüber blieb unbestritten, solange der Papst nicht in Häresie fiel (das heißt aufhörte, Papst zu sein). Er berief die allgemeinen Synoden, leitete sie, verkündigte ihre Beschlüsse als seine Dekrete. Von einer wesentlichen Mitwirkung der Laien (des Kaisers etwa) war nicht mehr die Rede.

Das päpstliche Gesetzgebungsrecht umschloß das Recht, Privilegien zu erteilen und Dispensen zu geben, vom päpstlichen und gemeinen, wie vom Partikularrecht. Schon Cölestin II. (1143/44) hatte den Rechtsvorbehalt „salva Sedis Apostolicae auctoritate" eingeführt[4]. Im Dispensrecht lagen allerdings bei ungehemmter Ausübung schwere Gefahren für die Sicherheit

[3] Hierzu jetzt *J. A. Watt,* Papal Monarchy in the Thirteenth Century (London 1965). Rückblicke auf die Entwicklung des 13. Jh. bringt auch *M. Wilks,* The Problem of Sovereignty in the Later Middle Ages (Cambridge 1963).

[4] Vgl. *G. Le Bras,* L'âge classique (Paris 1965) 487—506.

der Rechtsstrukturen, die aber vorerst noch nicht bedrohlich zu werden schienen.

Der oberstrichterlichen Gewalt waren alle geistlichen und weltlichen Glieder der Christenheit unterworfen. Es entwickelte sich, vor allem seit Alexander III. (1159—81) das Institut der delegierten Gerichtsbarkeit. Die delegierten Richter übernahmen vor allem die Untersuchung der strittigen Fälle, erhielten aber auch gelegentlich Entscheidungsvollmachten. Gewisse Rechts- und Straffälle wurden ausschließlich der päpstlichen Zuständigkeit vorbehalten.

Das oberste Verwaltungsrecht des Papstes wurde ausgebaut. Das Aufsichtsrecht über die Gesamtkirche gehörte hierher. Seit Alexander III. und endgültig durch Verfügung Gregors IX. blieb die Kanonisation dem Heiligen Stuhl vorbehalten. Das kirchliche Ablaßwesen konzentrierte sich bei der Kurie und wurde im bischöflichen Bereich eingeschränkt. Durch Gründung und Privilegierung von Universitäten nahm der Papst auch im Bildungswesen der Epoche eine führende Stellung ein. Die wichtigste Abteilung der Verwaltung wurde das Stellenbesetzungswesen, wo sich eine Entwicklung zum allgemeinen Besetzungsrecht aller kirchlichen Pfründen durch den Papst anbahnte. Zunächst wurden bestimmte Klassen reserviert. Eine lebhafte Opposition, die sich an der Praxis Innozenz' IV. während seines Kampfes mit den Staufern entzündete, wurde überwunden. Die Kurie nahm immer mehr eigene Provisionen vor, erteilte Exspektanzen auf später frei werdende Benefizien, entwickelte ein Devolutionsrecht und nahm von überallher Postulationen entgegen. Rechtlich wurde dieses allgemeine Verfügungsrecht des Papstes über den gesamten Ämter- und Benefizialapparat der Kirche aber erst später fixiert.

Das Papstwahlrecht, erstmals 1059 unter Nikolaus II. geregelt, wurde von Alexander III. auf dem 3. Laterankonzil (1179) dahingehend modifiziert, daß nunmehr die Wahl zum ausschließlichen Vorrecht aller Kardinäle erklärt wurde. Wenn Einstimmigkeit nicht erreicht werden konnte, sollte eine Zweidrittelmehrheit genügen. Von einer Zustimmung (Beteiligung) des Kaisers, des Klerus und des Volkes von Rom war keine Rede mehr. Auch brauchte die Wahl nicht in Rom stattzufinden. Der Gewählte konnte sofort mit Annahme der Wahl die päpstlichen Rechte ausüben. Das passive Wahlrecht stand zwar allen Klerikern zu, doch wurden mit wenigen Ausnahmen nur Kardinäle gewählt. Auf dem 2. Konzil von Lyon (1274) erweiterte man das Recht noch mit einer Konklaveordnung, die wohl auf Vorbilder bei italienischen Kommunen bzw. auf die Wahlkonstitution der Dominikaner zurückging. Diese Ordnung wurde zwar bereits von Johannes XXI. (1276—77) suspendiert, dann aber von Cölestin V. (1294) wieder, diesmal endgültig, eingeführt. Zweidrittelmehrheit und Konklaveordnung haben sich mit wenigen Modifikationen in den folgenden Jahrhunderten gehalten und bewährt.

Zu den unter päpstlicher Dominanz einberufenen und durchgeführten *allgemeinen Kirchenversammlungen* wurden (neben den Kardinälen) Metropoliten, Bischöfe, Äbte, auch Prälaten der Dom- und Stiftskapitel geladen. Beschließendes Stimmrecht besaßen nur Kardinäle und Bischöfe, alle anderen hatten nur beratende Funktion, die man auch geladenen anwesenden Fürsten oder Städtevertretern zugestand. Eine strenge Konzilsordnung kannte man nicht, doch entwickelte sich die Praxis, daß man auf wenigen Hauptsitzungen Grundsatzerklärungen hörte und die Dekrete verkündigte, die auf zwischenzeitlichen Konsistorialsitzungen und in Ausschußberatungen vorbereitet worden waren. Die letzte Entscheidung über Konzilsbeschlüsse lag beim Papst, der zur Annahme nicht gezwungen werden konnte. Als päpstliche Synoden konnte man auch die Konzilien ansehen, welche von den Legaten auf ihrer Mission einberufen wurden. Das 4. Laterankonzil hatte (c. 6) die jährliche Einberufung von Provinzialkonzilien angeordnet, die vor allem Bekanntgabe und Durchführung von Beschlüssen der ökumenischen Synoden besorgten, zugleich aber nach wie vor der Weiterentwicklung des eigentlichen Partikularrechtes ihrer Sprengel dienten.

Die Papstregister des 13. Jh. lassen den intensiven Kontakt erkennen, der zwischen dem Römischen Stuhl und dem *Episkopat* der abendländischen Christenheit bestand. Dazu hatte nicht nur das wachsende Prestige des Papsttums, der Ausbau des allenthalben geltenden Kirchenrechts, der regelmäßige Zusammentritt allgemeiner Synoden geführt, sondern auch die Emanzipation der Bistümer von der Herrschaft fürstlicher Gewalten. Zwar hatte die rechtliche und geistliche Konzentration der kirchlichen Gewalt in der Hand des Papstes die Stellung der Bischöfe eingeschränkt, doch mußte es dem Papst auch daran gelegen sein, innerhalb der Diözesen die Stellung des Bischofs zu verstärken. Als Nachfolger der Apostel blieb dem Bischof auch im Zeitalter des kanonischen Rechts unbestritten die autonome Befugnis, innerhalb seines Bistums als Hoherpriester, Richter und Regent für sein Kirchenvolk tätig zu sein[5]. Errichtung, Teilung oder Aufhebung eines Bistums war zwar päpstliches Vorrecht geworden, das sich auch auf die Metropolitansprengel ausdehnte, innerhalb der Bistumsgrenzen aber waltete der Bischof, gemäß den Forderungen des allgemeinen Kirchenrechts, nach eigenem Ermessen. Die Jurisdiktionsverhältnisse komplizierten sich allerdings in jenen Bistümern, deren weltlicher Besitz mit staatlichen Funktionen belastet war, wie bei den Bistümern im Reich, aber auch bei einigen in Frankreich (Sens, Langres), in England (Durham) und in Spanien. Vielfach fielen die Grenzen dieser dem Bistum zukommenden Baronien (Hochstifte) nicht zusammen mit den Bistumsgrenzen.

Das Institut der Chorbischöfe war erloschen; als Hilfsbischöfe wirkten be-

[5] Über das Verhältnis des Episkopats zur weltlichen Gewalt und seine auch im 13. Jh. notwendigen Bemühungen um die Erhaltung der Kirchenfreiheit vgl. *W. R. Jones*, Bishops, Politics, and the Two Laws: the Gravamina of the English Clergy (1237—1399): Speculum 41 (1966) 209—245.

nachbarte Ordinarien, die man darum bat; oft waren es auch vertriebene Bischöfe aus Kreuzfahrerstaaten oder den Kolonisationsgebieten des Ostens. Daraus entwickelte sich die später sogenannte Einrichtung der „*Weihbischöfe*", deren Sprengel „in partibus infidelium" lagen. Sie hatten nur mehr geistliche Funktionen zu erfüllen. Dem Bischof konnte im Verhinderungsfall (Krankheit, Abwesenheit, Tätigkeit außerhalb seiner Diözese) ein Koadjutor gegeben werden. Bonifaz VIII. gab dafür grundlegende Regelung. Das Recht der Nachfolge kam dem Koadjutor von sich aus nicht zu, konnte aber vom Papst auf Bitten hin zuerkannt werden.

Während der Kreuzzugsjahrhunderte wurden in Jerusalem, Antiochien, von 1204 an auch in Byzanz Patriarchen des lateinischen Ritus ernannt, die allein oder parallel zu den griechischen Patriarchen amteten. Nach dem Zusammenbruch der Kreuzfahrerstaaten blieb davon nur mehr ein Titularamt.

Im Abendland mühten sich manche *Metropoliten* um die Würde eines *Primas*, doch hat das Institut solcher Primaten keine einheitliche und rechtsgeschichtlich erhebliche Bedeutung erlangt[6]. Die Primatialwürde wurde ein reiner Titel (oft mit dem eines „legatus natus" verbunden). So gab es ihn in Mainz, Köln, Trier, Magdeburg und Salzburg, in Schottland (St. Andrews), Irland (Armagh), Skandinavien (Lund), Polen (Gnesen), Spanien (Toledo und Tarragona), in Ungarn (Gran).

Als Metropoliten dagegen stand diesen Erzbischöfen die Konfirmation der Wahl ihrer Suffraganbischöfe zu, deren Weihe ihnen vorbehalten war. Sie hatten die jährlich zu haltenden Provinzialsynoden einzuberufen und zu leiten. Ihr Visitationsrecht war unbestritten, doch bestimmte Innozenz IV. (1246), daß sie es erst ausüben durften, wenn sie die eigene Diözese visitiert hatten. Eine Gesamtvisitation bedurfte überdies der Zustimmung der Komprovinzialen. Bei Rechtsversäumnissen devolvierte die Gerichtsbarkeit an den Metropoliten, dessen Gericht auch als zweite Instanz im ordentlichen Gerichtsverfahren galt. Direkte Regierungsgewalt über die Untergebenen der Suffraganbischöfe besaß der Metropolit nicht. Das Pallium, vom Papst gelegentlich auch einfachen Bischöfen gegeben, sollte er sich persönlich vom Papst erbitten.

Viele Bischöfe waren rechtlich durch ihren Obödienzeid an den Papst gebunden. Die sich ausdehnende päpstliche Gesetzgebung, vor allem das Dispensrecht, mußte das innerdiözesane Recht des Bischofs einschränken. Die bereits früher als Devotionsbesuch bei den Apostelgräbern entstandene Sitte, regelmäßig den Papst aufzusuchen und ihm Bericht zu erstatten, wurde seit Gregor IX. zur Pflicht (Limina-Besuch). Die Bischöfe konnten im Fall der Verhinderung beglaubigte Vertreter (Prokuratoren) damit beauftragen.

[6] Vgl. *G. Le Bras*, Institutions 536—537 (Lit.); u. a. *A. Felbinger*, Die Primatialprivilegien für Italien von Gregor VII. bis Innocenz III.: ZSavRGkan (1951) 95—163; *A. Matamic*, De origine tituli „Dalmatiae et totius Croatiae primas" (Rom - Subiaco 1952); *J. F. Rivera Recio*, La primacía eclesiástica de Toledo en el siglo XII: Anthologica annua 1962, 11-—88.

Größere Diözesen waren im Zug des sich verstärkenden und ausbauenden Gerichts- und Verwaltungswesens in Bezirke aufgeteilt, die von *Archidiakonen* geleitet wurden. Ursprünglich war der Archidiakon der engste (auch stellvertretende) Mitarbeiter des Bischofs gewesen. Als Bezirksleiter wurde er im 13. Jh. zum Prälaten mit *bischofsähnlicher* Gewalt. Ihm unterstand der Klerus seines Sprengels. Mit ordentlicher Amtsgewalt ausgestattet (doch war die Entwicklung nach Ländern verschieden), hielt der Archidiakon Jahresvisitationen, überwachte disziplinär den Klerus (seine Lebensführung, Finanzverwaltung, Amtsführung). Mehrmals jährlich trat der Klerus zu Archidiakonatskapiteln zusammen. Auch Teile der bischöflichen Gerichtsbarkeit gingen an den Archidiakon über. Allmählich begann bei den Bischöfen rückläufig eine Bewegung gegen dieses ihr Eigenrecht gefährliche Institut. Die bischöflichen Reservatrechte wurden stärker betont (Nomination der Landdekane, Visitation der Klöster, Gerichtsbarkeit im äußeren und im Gewissensbereich bei schweren Verfehlungen von Klerikern und Laien, Gerichtsbarkeit über Ordensleute, bei Eigentumsstreitigkeiten und in Ehesachen). Die Bischöfe ernannten Offiziale (für das Gerichtswesen) und Generalvikare (für die Verwaltung) als persönliche Amtsvertreter und drängten damit die Kompetenzen der Archidiakone zurück. Die Zeit des Niedergangs des Archidiakonats setzte mit der Wende zum 14. Jh. ein.

Die *Landdekanate,* welche mehrere Pfarreien zusammenfaßten, waren teils Unterteilungen der Archidiakonate, teils waren sie aber auch dem Bischof unmittelbar unterstellt. Der Dekan (Dechant, Erzpriester, Archipresbyter) hatte auf vielfache Weise zwischen Bischof und Pfarreien zu vermitteln, mußte bischöfliche Verordnungen bekanntgeben, das Dekanat visitieren, die Disziplin des Klerus überwachen. Er hielt ähnlich wie der Archidiakon mehrmals jährlich Dekanatsversammlungen des Klerus. In der korporationsfreudigen Zeit des 13. Jh. fand sich der Pfarrklerus auch organisatorisch zu Landkapiteln zusammen.

Durch Aufgliederung in den Städten[7] mehrte sich die Zahl der *Pfarreien.* Hier bildeten sich vorübergehend sogar pfarrliche Personalverbände (Zünfte, Bruderschaften, nationale Gruppen: vor allem im Osten Europas und in den Kreuzfahrerstaaten). Durchgehalten wurde aber nur die Gebietsorganisation der Pfarrei. Ihre Errichtung lag beim Bischof. Dem Pfarrer oblag die Seelsorge (Sakramente, Predigt, Krankendienst, Bestattung), in gewissem Umfang besaß er aber auch (als praelatus seiner Kirche) Jurisdiktionsgewalt.

Seine Stelle erhielt der Pfarrer durch bischöfliche oder kirchenherrliche Einsetzung (Patronat), nicht selten auch durch Gemeindewahl. Alle drei Faktoren konnten auch zusammenwirken. Residierte ein Pfarrer nicht, mußte er einen Vikar stellen und besolden. Bei inkorporierten Pfarreien oblag diese

[7] *K. Frölich,* Kirche und städtisches Verfassungsleben im MA: ZSavRGkan 22 (1933) 188 bis 287; vgl. auch das Kap. über die Stadtpfarrei bei *Feine,* 414—427 (Lit.).

Pflicht dem Stiftskapitel oder dem Kloster. Von diesen Vikaren zu unterscheiden waren die in größeren Pfarreien benötigten Hilfspriester (Gesellpriester, Unterherren, capellani, viceplebani, socii in divinis). Ihre Anstellung lag im 13. Jh. beim Pfarrer, der sie sogar aus fremden Diözesen berufen konnte. Andere Kapläne dienten neben der Pfarrei in der Sonderseelsorge als königliche Hofkapläne, Burgkapläne des Adels, in den Spitälern, an Nebenkirchen.

Der Klerus nahm in dieser Kirchenverfassung vor den Laien eine bevorzugte Stellung ein, bildete einen eigenen „ordo", fühlte sich als Elite. Er besaß neben Sonderpflichten auch Sonderrechte [8] und war dank des in einer Riesenzahl von Pfründen aufgegliederten Besitzes der Kirche weithin wirtschaftlich gesichert.

Nicht streng in die hierarchische Stufung von Pfarrer, Bischof, Metropolit und Papst sich einfügend müssen die Assoziationen von Klerikern angesehen werden, die sich um die genannten Amtsträger gruppierten, vom Kardinalskollegium abwärts über die Domkapitel und Dekanatskapitel bis zu den an großen Stadtkirchen später sich formierenden Vikarskollegien herabreichend. Da vom Kardinalskollegium in Kap. 34 die Rede sein wird, verlangt die in dieser Epoche bedeutsam anwachsende Macht der *Domkapitel* hier einen Hinweis. Aus dem Presbyterium entstanden, besaß das Domkapitel bereits eine lange Geschichte, baute im hohen Mittelalter seine Rechtsstruktur und seinen Einfluß aus, wurde zu einem integrierenden Bestandteil der Bistumsverfassung. Seine konkreten Formen waren natürlich in den achthundert Diözesen der Christenheit sehr unterschiedlich, doch das Dekretalenrecht zeichnete für alle einen gemeinsamen Grundriß. Das Domkapitel bestand aus Kapitularen, die für den Gottesdienst in der Kathedrale (Stundengebet und Meßfeier) und den Dienst beim Bistumsregiment zuständig wurden. Es wählte den Bischof. Dank des seit dem 12. Jh. rezipierten römischen Rechts wurden sie zur Körperschaft, zur Rechtsperson. Als solche waren sie Träger von Besitz- und Eigentumsrechten, konnten Verträge schließen, sich vor Gericht vertreten lassen. Ihr gemeinsames Eigentum wuchs zu ansehnlichem Umfang an; regelmäßige Kapitelsversammlungen unter einem gewählten Dekan fanden statt. Man gab sich ein Siegel und verstand sich neben dem Bischof als autonomes Rechtsgebilde, mit selbstgegebenen Statuten und eigener Gerichtsbarkeit über die Mitglieder. Die Leitung hatte der Propst, praktisch häufiger der Dekan. Er wurde vom Kapitel gewählt, mußte Mitglied des Kapitels und Priester sein. Ihm oblag die Seelsorge am gesamten Kathedralklerus, und er besaß ein eigenes Siegel; sein Einkommen überstieg gelegentlich selbst das des Bischofs. Es gab einen Kantor, einen

[8] Die Übersicht bei *G. Le Bras,* Institutions 150—171 ist zu ergänzen durch seine Ausführungen über die Autonomie des Klerus innerhalb der christlichen Gesellschaft (271 bis 282). Die Gerichtsfreiheit (privilegium fori) und Abgabenfreiheit (privilegium canonis) sind die Grundlagen der klerikalen Sonderrechte.

Kämmerer, einen Schatzmeister. In großen Kapiteln hatten sie im Subdekan, Subkantor eigene Stellvertreter. Bei Abwesenheit mußten die Kapitulare Vikare für den Chordienst stellen. In Deutschland wurden die Domkapitel vielfach Reservat des Adels. Sie besaßen auch wohl das Eigenrecht der Kooptation, mußten es aber meist mit dem Bischof teilen (ius simultaneae collationis). Der Nachwuchs wurde früh herangezogen (domicellares), auf bekannte Universitäten geschickt und wohlvorbereitet.

Das Domkapitel mußte seit Alexander III. zu Veräußerung von Bistumsgut seine Zustimmung geben, seit Klemens III. auch zu Güteraustausch; Innozenz III. bestimmte, daß das Domkapitel bei Pfründenzusammenlegung zu hören sei. Die Entwicklung führte schließlich dahin, daß Bonifaz VIII. dekretierte, ein alternder oder kranker Bischof könne nur mit Zustimmung des Kapitels einen Koadjutor erbitten. So mehrten sich die Rechte des Domkapitels, zumal ihm bei der Sedisvakanz im Bistum auch die Regierung zufiel. Zeichen dieser erhöhten Bedeutung wurde auch sein Recht, auf der Provinzsynode vertreten zu sein und in seinem Dekan auch zur ökumenischen Synode eingeladen zu werden. Der erstaunlich umfangreiche Briefwechsel zwischen dem Heiligen Stuhl und den Domkapiteln im 12. und 13. Jh. erweist die sich ständig erhöhende Bedeutung dieser Korporationen, die sich gelegentlich sogar als Exemtion vom Bischof bei unmittelbarer Unterstellung unter den Heiligen Stuhl erwies. Das Domkapitel wurde in dieser Zeit zu einer wirklichen Macht in der Kirche und in der bürgerlichen Gesellschaft.

Die *Laien*, die Massen des christlichen Volkes, wurden in der kirchlichen Gesetzgebung dem Anschein nach weniger berücksichtigt als der privilegiert beachtete Klerus[9]. Das kanonische Recht sah schließlich wie ein Klerusrecht aus. Indes regelte dieses Recht vielfach ja die Beziehungen des Laien zum Klerus; viele seiner Bestimmungen betrafen die Christen gemeinhin, nicht ausschließlich den Klerus. Eines der fünf Bücher des Dekretalenrechtes galt dem Eherecht. Auch das neben dem schriftlich fixierten Recht weithin geltende Gewohnheitsrecht diente den Laien. Im 13. Jh., das auf vielen Gebieten des gesellschaftlichen Lebens einen rapiden Aufstieg neuer gebildeter, begüterter, politisch aktiv werdender Schichten (im Bürgertum der Städte) erlebte, nahm auch das kirchliche Selbstbewußtsein der Laien zu. Es äußerte sich nicht selten als Opposition zum Klerus.

Doch war bei aller Distanz zum Klerus (der sich das Magisterium in der Kirche vorbehielt und seine Gerichtsbarkeit den Laien gegenüber auch auf rein weltliche Gebiete ausdehnte) das Laienrecht wirksam und konnte sich entwickeln. Die Laien waren Spender der Sakramente (Taufe, Ehe; umstritten blieb die Laienbeichte). Sie hatten dem Klerus gegenüber ein ver-

[9] Geschichtliches Material zur Stellung des Laien in der Kirche des MA bringt *Y. M. Congar*, Jalons pour une théologie du laïcat (Paris 1953); *L. Leitmaier*, Der Laie in der Kirche im MA und im 20. Jh.: ZSavRGkan 39 (1953) 28—45; *R. J. Cox*, A Study of the Juridic Status of Laymen in the Writings of the Medieval Canonists (Washington 1959).

brieftes Recht auf Seelsorge in allen ihren Formen (Sakrament, Predigt, Bestattung). Sie wurden vor allem tätig bei der Verwaltung des Kirchenvermögens, zumal in den Städten. Bei der Ablösung des Eigenkirchenrechts durch das Patronat (seit Gratian) behielten die Laien einen bestimmenden Einfluß auf die Personalpolitik in der Kirche. Die genossenschaftsbildende Tendenz der Zeit führte zu vielen Gruppenbildungen der Laien (Bruderschaften) mit ausgeprägt religiöser Zielrichtung (Hospital, Glaubensverteidigung, Frömmigkeit) und allmählich sich entwickelndem Eigenrecht.

Trotz mancher Streitigkeiten und Spannungen zwischen Klerus und Laien war der Grundzug des Zeitalters doch der friedlicher Zusammenarbeit und gemeinsamer Bemühungen um das geistliche, wirtschaftliche und gesellschaftliche Wohl der christianitas, der sie alle gleichermaßen durch die Taufe eingegliedert waren und die für alle das gleiche Ziel der Heiligung und Vollendung im Sinn trug.

SECHSTER ABSCHNITT

Die Krise des Papsttums und der Kirche im Ausgang des 13. Jahrhunderts (1274—1303)

Professor Dr. Hans Wolter SJ, Frankfurt a. M.

QUELLEN: *Mansi* XXIV und XXV; *Hefele-Leclercq* VI/1, 229—467; Bullarium Taur. IV 35—174; *Potthast* 1704—2024; *Duchesne LP* II, 457—471; MGConst III u. IV, ed. *J. Schwalm* (Hannover-Leipzig 1904/11); *E. Winkelmann,* Acta Imperii inedita saec XIII et XIV (1198—1400), 2 Bde (Innsbruck 1880/85, Neudruck Aalen 1964); Papstregister: Gregor X. u. Johannes XXI., ed. *J. Guiraud - E. Cadier* (Paris 1892/1960); Nikolaus III., ed. *J. Guy - S. Vitte* (Paris 1938); Martin IV., ed. *M. Olier-Martin* (Paris 1901/35); Honorius IV., ed. *M. Prou* (Paris 1888); Nikolaus IV., 2 Bde, ed. *E. Langlois* (Paris 1905); Bonifaz VIII., 4 Bde, ed. *G. Digard - M. Faucon - A. Thomas - R. Fawtier* (Paris 1907/39); Regesta Imperii VI/1 (Rudolf von Habsburg), ed. *O. Redlich* (Innsbruck 1898); Regesta Imperii VI/2 (Adolf von Nassau), ed. *V. Samanek* (Innsbruck 1948); für Albrecht I. liegt eine Neubearbeitung noch nicht vor, aber *A. Hessel,* Jahrbücher des Deutschen Reichs unter König Albrecht von Habsburg (München 1931, mit der gesamten Lit.); *Y. Lanhers,* Le dossier d'Albert d'Autriche aux Archives et à la Bibliothèque Nationale de Paris: Festschr. ... des Haus-, Hof- u. Staatsarchivs I (Mitt. des Österreichischen Staatsarchivs. ErgBd 2) (Wien 1949); *F. Kern,* Acta Imperii, Angliae et Franciae (Berlin 1911); *H. Finke,* Acta Aragonensia, 3 Bde (Berlin 1908/22); Ergänzungen: Ges. Aufsätze zur Kulturgeschichte Spaniens 4 (1933) 355—536; *J. Vincke,* Documenta selecta mutuas civitatis Arago-Cathalaunicae et Ecclesiae relationes illustrantia (Barcelona 1936); Die Geschichtsschreibung dieser Epoche (vielfach von den Bettelorden übernommen) ist zumeist territorial gebunden. Die Geschichtskompendien Martins von Troppau und Martins des Minoriten (vgl. Bibliogr. zum V. Abschnitt) sind umfassender gehalten. Die Fortsetzungen der italienischen Annalen sind wertvoll; von Piacenza bis 1284: MGSS 17, 457—481 (ghibellinisch); von Genua bis 1294: MGSS 18, 11—356; von Parma bis 1335: MGSS 18, 664—790; Albert Milioli für Reggio bis 1285: MGSS 31, 336—668; *Tolomeo von Lucca,* Historia Ecclesiastica nova (bis 1294), ed. *Muratori* XI 753—1216; *Saba Malaspina,* Rerum Sicularum libri VI (1250—76) u. Continuatio (bis 1285), ed. *Muratori* VIII 785—874; *Bartolomeo de Neocastro,* Historia Sicula, ed. *G. Paladino* (Bologna 1921/22).

Für Deutschland sind zu konsultieren: die Großen Marbacher Annalen (bis 1305): MGSS 17, 142—180; Ottokars Österreichische Reimchronik, ed. *J. Seemüller* (MG Deutsche Chroniken 5) (Hannover 1890/93); die Colmarer Chronik (bis 1304): MGSS 17, 183 bis 270; die Altaicher Annalen mit ihren Fortsetzungen, ed. *F. v. Oefele,* MGSS rer. Germ. (Hannover 1891); die Erfurter Chroniken (bis 1355), ed. *O. Holder-Egger:* MGSS rer. Germ. (Hannover 1899); die Reinhardsbrunner Chronik (bis 1338), ed. *O. Holder-Egger:* MGSS 30, 490—656; vgl. *K. Jacob - F. Werden,* Quellenkunde der deutschen Geschichte im MA III (Berlin 1952) 22—42.

In England sind die Chroniken von Bury St. Edmunds wichtig (bis 1301), zuletzt ed. *V. H. Galbraith:* EHR 53 (1943) 51—78; ferner Bartholomäus Cotton v. Norwich, Historia Anglicana (bis 1298), ed. *Luard* (= Rolls Series 16) (London 1859); zahlreich sind die Klosterannalen, auch hier übernehmen die Bettelorden gegen Ende des Jahrhunderts die Geschichtsschreibung wie etwa die Lanerost Chronik (1201—1346), ed. *J. Stevenson* (Bannatyne Club) (1839), übers. von *H. Maxwell* u. eingel. von *J. Wilson* (London 1913);

The Chronicle of Walter of Guisborough (früher: Walter of Hemmingford) (bis 1312), ed. *H. Rothwell* (Camden Third Series 89) (London 1957); über weitere englische Quellen vgl. *M. Powicke*, The Thirteenth Century (Oxford 1962) 730—743.

Für Frankreich ist von besonderer Bedeutung die Chronik des Guillaume de Nangis (1113—1300), ed. *H. Géraud*, 2 Bde (New York - London 1964).

Spanien: *Jakob I.*, Cronica, ed. *J. M. Casacuberta* u. a., 9 Bde (Barcelona 1926/62); *B. Desclot*, Libre del rey en Pere de Aragó e dels seus antecessors passats, ed. *M. Coll i Alentorn* (Barcelona 1949); *R. Muntaner*, Crónica, ed. *E. Bagué* (Barcelona 1927), dazu *F. Soldevilla*, Les gestes de Pere el Gran (Barcelona 1926).

LITERATUR: Außer den bereits zu Abschnitt V genannten Werken: *H. Heimpel*, Deutschland im späteren MA (Hdb. der Deutschen Gesch., hrsg. von *L. Just*, Bd I, V. Abschnitt) (Konstanz 1957); *E. de Moreau*, Histoire de l'Église en Belgique III (Brüssel 1945); *E. G. Léonard*, Les Angevins de Naples (Paris 1954); *M. Powicke*, The Thirteenth Century (1216—1307) (Oxford ²1962); *ders.*, King Henry III and the Lord Edward, 2 Bde (Oxford 1947); The Cambridge Medieval History VII (London 1932, Neudruck 1957); *E. Lavisse*, Histoire de France III/2 (1226—1328) (Paris 1901); *H. Hantsch*, Die Gesch. Österreichs I (Wien ⁴1959).

31. Kapitel

Das Papsttum unter dem Einfluß der Anjou

LITERATUR: *Seppelt* III 534—580; *Haller* V 42—89.

Innozenz V.: *M.-H. Laurent*, Le bienheureux Innocent V et son temps (= SteT 129) (Rom 1947); *E.-A. van Moe*, L'envoi des nonces à Constantinople par les papes Innocent V et Jean XXI (1276): MAH 47 (1930) 39—62; *M.-H. Laurent*, Georges le Métochite, ambassadeur de Michel VIII Paléologue auprès d'Innocent V: MiscMercati 3 (Rom 1956) 136—156; *L. F. Barmann*, Peter of Tarentaise, a Biographical Study: Revue de l'Université d'Ottawa 31 (1961) 96—125; Beatus Innocentius Papa V (Petrus de Tarantasia). Studia et documenta (Rom 1943).

Hadrian V.: *R. Graham*, Letters of Cardinal Ottoboni: EHR 15 (1900) 87—120; *N. Schöpp*, Papst Hadrian V. (Kardinal Ottobuono Fieschi) (Heidelberg 1916).

Johannes XXI.: *R. Stapper*, Papst Johannes XXI. Eine Monographie (Münster i. W. 1898); Obras filosóficas, 3 Bde, ed. *M. A. Alonso* (Madrid 1941/52, Barcelona ²1961); Summulae logicales, ed. *J. P. Mullally* (Notre Dame/Ind. 1945); *V. Ludovisi*, Vocabor Joannes. Il papa Giovanni (XXI) nel periodo ducentesco della sede Viterbese: Viterbo città dei papi (Viterbo 1961) 9—16; Peter of Spain, Tractatus syncategorematum and Selected Anonymous Treatises, übers. von *J. P. Mullally*, eingel. von *J. P. Mullally - R. Houde* (Milwaukee/Wisc. 1964).

Nikolaus III.: *A. Demski*, Papst Nikolaus III. (München 1903); *R. Sternfeld*, Der Kardinal Johann Gaetan Orsini (Papst Nikolaus III. 1244—77) (Berlin 1905); *E. Dupré-Theseider*, Roma dal Comune di popolo alla Signoria pontificia (Bologna 1952); *G. Barraclough*, The Chancery Ordinance of Nicholas III: QFIAB 25 (1933/34) 192—250; *F. Baethgen*, Ein Pamphlet Karls I. von Anjou zur Wahl Papst Nikolaus' III.: SAM 1960/7; *R. J. Loenertz*, Mémoire d'Ogier protonotaire, pour Marco et Marchetto nonces de Michel VIII Paléologue auprès du pape Nicholas III 1278: OrChrP 31 (1965) 374—408.

Martin IV.: *N. Backes*, Kardinal Simon de Brion (Breslau 1910); *R. Sternfeld*, Das Konklave von 1280 und die Wahl Martins IV.: MIÖG 31 (1910) 1—53; *J. R. Strayer*, The Crusade against Aragon: Speculum 28 (1953) 102—113; *A. Fabrega Grau*, Actitud de Pedro III el Grande de Aragón ante la propria deposición fulminada por Martín IV.:

Sacerdozio e regno da Greg. VII a Bonif. VIII (Misc. Hist. Pont. 18) (Rom 1954) 161—180; *R. Kay,* Martin IV and the Fugitive Bishop of Bayeux: Speculum 40 (1965) 460—483.

Honorius IV: *B. Pawlicki,* Papst Honorius IV. (Münster 1896); *G. v. Gaisberg-Schöckingen,* Das Konzil und der Reichstag von Würzburg 1287 (Marburg 1928).

Nikolaus IV.: *O. Schiff,* Studien zur Gesch. Papst Nikolaus' IV. (Berlin 1897); *G. I. Bratianu,* Autour du projet de croisade de Nicolas IV: la guerre ou le commerce avec l'Infidèle: Revue historique du Sud-Est européen 22 (Bukarest 1945) 250—255.

Die Anjou und Sizilien: Vgl. Bibliogr. zu Kap. 26. *V. Nicolini,* Codice diplomatico sui rapporti veneto-napoletani durante il regno di Carlo I d'Angiò (Rom 1965); *O. Cartellieri,* Peter von Aragón und die sizilianische Vesper (Heidelberg 1904); *E. Sthamer,* Aus der Vorgeschichte der sizilischen Vesper: QFIAB 19 (1927) 262—372; *H. Wieruszowski,* Der Anteil Johanns von Procida an der Verschwörung gegen Karl von Anjou: Ges. Aufs. zur Kulturgeschichte Spaniens I/5 (Münster 1935) 230—239; *dies.,* La corte di Pietro d'Aragona e i precedenti dell'impresa siciliana: AstIt 96 (1938) I 141—162, II 200—217; *G. La Mantia,* Studi sulla rivoluzione siciliana del 1282: Archivio storico per la Sicilia 6 (1939) 97—140; *M. Amari,* La guerra del Vespro Siciliano (Mazara 1947); *St. Runciman,* The Sicilian Vespers (Cambridge 1958), dt. von *P. de Mendelssohn,* Die sizilianische Vesper. Eine Gesch. der Mittelmeerwelt im Ausgang des 13. Jh. (München 1959); *A. Nitschke,* Karl von Anjou und Peter von Aragón. Ihre Stellung zur sizilianischen Bevölkerung: Festschr. P. E. Schramm I (1964) 322—333; *ders.,* Der sizilische Adel unter Karl von Anjou und Peter von Aragón: QFIAB 45 (1965) 241—273.

Spanien: *J. Vincke,* Staat und Kirche in Katalonien und Aragón während des MA (Münster 1931); *H. J. Chaytor,* A History of Aragon and Catalonia (London 1933); *J. B. Strayer,* The Crusade against Aragon: Speculum 28 (1953) 102—113; *J. M. Pou y Marti,* Conflictos entre el Pontificado y los reyes de Aragón en el siglo XIII: Sacerdozio e regno da Gregorio VII a Bonifacio VIII (Misc. Hist. Pont. 18) (Rom 1954) 139—160; *H. Wieruszowski,* Politische Verschwörungen und Bündnisse König Peters von Aragón gegen Karl von Anjou am Vorabend der Sizilianischen Vesper: QFIAB 37 (1957) 136—191; *F. Soldevilla,* L'ambaixada de Pere el Gran a l'emperador Rudolf de Habsburg: Homenaje a Aime Vicens Vives I (Barcelona 1965) 651—659.

Deutschland: *O. Redlich,* Rudolf von Habsburg. Das deutsche Reich nach dem Untergange des Kaisertums (Innsbruck 1903, Neudruck Aalen 1965); ältere Lit. *Dahlmann-Waitz* 7581—7597; *F. Baethgen,* Ein Versuch Rudolfs von Habsburg, die Reichsrechte in der Toskana wahrzunehmen: HV 22 (1924/25) 70—75. Zum Erbreichsplan: *W. Neumann,* Reichsreformpläne im 13. Jh.: Festschr. für Hermann Reincke-Bloch (Breslau 1927) 37—47; *H. Heimpel,* Alexander von Roes und das deutsche Selbstbewußtsein des 13. Jh.: AKG 26 (1935) 19—60; Die Schriften des Alexander von Roes, hrsg. u. übers. von *H. Grundmann - H. Heimpel* (Weimar 1949); *H. Grundmann,* Über die Schriften des Alexander von Roes: DA 8 (1950) 154—237; *ders.,* Sacerdotium — Regnum — Studium: AKG 34 (1951) 5—21; *H. Heimpel,* Über den Pavo des Alexander von Roes: DA 13 (1957) 171—227; *H. Otto,* Die Beziehungen Rudolfs von Habsburg zu Gregor X. (Innsbruck 1895); *A. Demski,* Rudolf von Habsburg und die römische Kaiserkrone unter Nikolaus III. (Breslau 1906); *H. Roeder,* Rudolf von Habsburg als römischer König (Bonn 1926); *H. Rössler,* Ein König für Deutschland (München 1960); *K. u. M. Uhlirz,* Hdb. der Gesch. Österreich-Ungarns I (Graz-Wien-Köln ²1963) 263—266 274—278 (Lit.); *V. Samanek,* Studien zur Gesch. König Adolfs I.: SAW 20 (Wien 1929); *G. Barraclough,* Edward I. and Adolf of Nassau: CambrHJ 6 (1940) 225—262; *F.-J. Schmale,* Eine thüringische Briefsammlung aus der Zeit Adolfs von Nassau: DA 9 (1952) 464—493; *W. H. Struck,* Eine neue Quelle zur Gesch. König Adolfs von Nassau: Nassauische Annalen 63 (1952) 72—105; *F. Baethgen,* Zur Wahl Adolfs von Nassau: DA 12 (1956) 536—543; ältere Lit. *Dahlmann-Waitz* 7598—7602; *O. Herding,* Das Römisch-Deutsche Reich in dt. und ital. Beurteilung von Rudolf von Habsburg zu Heinrich VII. (Erlangen 1937).

Gregor X. starb zu früh (10. Januar 1276), um die Ansätze des Konzils und das Programm seines Pontifikats mit der ihm eigenen Energie weiterführen zu können. Seine ersten Nachfolger, Innozenz V. (1276), Hadrian V. (1276), Johannes XXI. (1276—77), konnten wegen der kurzen Zeit, die ihnen auf dem Stuhl Petri vergönnt war, kaum Entscheidendes tun. Erst unter Nikolaus III. (1277—80) nahm man die Absichten Gregors X. wieder auf und versuchte, dem expansiven Imperialismus der Anjou gegenüber die Unabhängigkeit der Kurie abzuschirmen. Da aber unmittelbar nach ihm der Franzose Martin IV. (1281—85) das Steuer völlig herumwarf und sich den Interessen der Anjou fast rückhaltlos zur Verfügung hielt, bis zur Aufkündigung der in Lyon (1274) vereinbarten Vereinigung der beiden Kirchen, stand diese letzte Phase kirchlicher Entwicklung im 13. Jh. unter dem Zeichen der Abhängigkeit von Anjou - Frankreich.

Innozenz V. (Peter von Tarantasia OP) war Franzose, wenn auch noch innerhalb der Grenzen des Imperiums geboren, ein Gelehrter und als erster Dominikaner auf dem päpstlichen Stuhl ein Hinweis auf die kirchliche Bedeutung, zu der dieser Orden herangewachsen war. Er bestätigte Karl von Anjou in seinen Funktionen als römischer Senator und Reichsvikar in der Toskana und schien damit ein erneutes Einschwenken kurialer Politik auf die von Gregor X. verlassene Linie anzudeuten. Die Wahl seines Nachfolgers, Hadrians V., war ein Erfolg des Einwirkens Karls von Anjou auf das in Rom stattfindende Konklave. Seine einzige Regierungshandlung bestand in der Kassierung der Konklaveordnung Gregors X. Das gleiche tat dann auch Johannes XXI., wenn er auch nicht als Kreatur Karls von Anjou angesehen werden kann[1]. Beiden war es aber ob der Kürze ihrer Pontifikate nicht möglich, eine neue Wahlkonstitution zu erlassen, was zur Folge hatte, daß die nächsten Konklave wiederum von unerträglicher Dauer sein sollten.

Die Wahl des Orsinipapstes Nikolaus III. bedeutete eine Rückkehr zur Politik Gregors X. Als Kardinal hatte Orsini sich zwar für die Berufung Karls von Anjou in die staufische Herrschaft von Süditalien eingesetzt, schloß sich aber dann, als man im Machtstreben des neuen Königs eine Bedrohung der Freiheit des Kirchenstaates erkennen mußte, dem gregorianischen Widerstand an. Als Papst war er entschlossen, nach dem Vorbild Gregors X. durch Zusammenarbeit mit König Rudolf sich ein politisches Gegengewicht gegen den Anjou zu verschaffen, um dessen Stellung in Italien zu schwächen. Verhandlungen mit Rudolf sicherten dem Papst die Romagna als Gebiet des Kirchenstaates. Der deutsche König verzichtete am 14. Februar 1279 auf die Reichsinteressen in dieser Provinz. Eine Reihe erbetener und gewährter

[1] Die Aufhebung der Konklaveordnung Gregors X. ist auf die Härten des Konklaves zurückzuführen, in dem Hadrian V. gewählt wurde. Die Urkunde Hadrians V. blieb nicht erhalten, scheint aber in der entsprechenden Konstitution Johannes' XXI. verarbeitet worden zu sein: Reg. n. 159, ed. *E. Cadier,* 51 (30. 9. 1276), vgl. *N. Schöpp,* Papst Hadrian V. (Heidelberg 1916) 300 f.

Willebriefe deutscher Fürsten garantierte die wichtige Entscheidung. Rudolf erhielt erneut die Kaiserkrönung zugesichert.

Mit der Romagna rundete der Kirchenstaat seine Grenzen, so wie er sie bis 1860 erhalten konnte, endgültig ab.

In Rom gelang es dem Papst, als das Mandat König Karls als römischer Senator am 16. September 1278 erlosch, den Fürsten auf eine Neubewerbung verzichten zu lassen. Kurz vorher hatte man eine Wahlordnung erlassen, nach der kein auswärtiger König oder Herr die Senatorenwürde bekleiden durfte; sie sollte in einem Jahresturnus von Römern besetzt werden, die bei Amtsantritt dem Papst Treue geloben mußten. Nikolaus III. ließ sich das Amt aber auf Lebenszeit übertragen und ernannte seinen Verwandten Matthäus Orsini zum Stellvertreter. Damit begann die päpstliche *Signorie* über Rom. Der Papst übernahm bei seiner Wahl die Senatorenwürde auf Lebenszeit, die Senatoren (einer oder zwei) amteten in seinem Auftrag.

In der Lombardei und in der Toskana, wo Karl von Anjou seine Stellungen hatte ausbauen können, versuchte Nikolaus gleichfalls, diesen Einfluß einzudämmen, wobei ihm in der Lombardei die Erneuerung der ghibellinischen Opposition in Genua und Piemont (in Zusammenarbeit mit König Alfons von Kastilien) und die Übernahme der Herrschaft der Visconti über Mailand, die gleichfalls ghibellinisch gefärbt war, entgegenkam. In der Toskana gab sich Karl als Führer der guelfischen Partei. Nikolaus III. veranlaßte zunächst den König von Sizilien, das Reichsvikariat niederzulegen. Dann gab er sich daran, die verschiedenen Spannungen der Parteien und Städte in dieser Provinz auszugleichen und damit dem König jeden Grund zu weiterem Eingreifen zu nehmen. In Florenz z. B., wo 1267 die Guelfen an die Herrschaft gelangt waren, gelang es der Diplomatie des Papstneffen, Kardinals Latino Malabranca, Ende 1279/Anfang 1280, eine Versöhnung herbeizuführen. Die exilierten Ghibellinen durften heimkehren.

Zum Ausgleich zwischen dem Anjou (als Führer der italienischen Guelfen) und Rudolf von Habsburg als dem präsumtiven Führer der dortigen Ghibellinen plante Nikolaus III. die Verwirklichung eines bereits unter Gregor X. erörterten Vorhabens. Rudolfs Tochter Clementia sollte den Enkel Karls von Anjou heiraten (Karl Martell) und als Mitgift das Königreich Arelat erhalten. Tatsächlich belehnte Rudolf von Habsburg 1280 Karl von Anjou mit den Grafschaften der Provence und Forcalquier; Clementia wurde März 1281 den Botschaftern Karls übergeben (in Orvieto). Der Papst war über den Verhandlungen am 27. August 1280 gestorben.

Martin IV., der nach einer halbjährigen Sedisvakanz in einem durch Karls Druck schwer bedrängten Konklave gewählt wurde (22. Februar 1281), führte die Politik seines Vorgängers nicht weiter, vielmehr war er bereit, dem Anjou weitgehendst zu willfahren. Der französischste aller Päpste des 13. Jh. war emporgestiegen im Dienst der Krone Frankreichs, hatte als Kardinal wesentlichen Anteil an der Übernahme der italienischen Herrschaft durch Karl von Anjou gehabt, als Papst sollte er zu einem willigen Werkzeug in der Hand des Königs von Sizilien werden. Er stellte sich ganz in den Dienst der Guelfen und ihres Führers, weil er damit den Interessen der Könige Frankreichs zu dienen glaubte. Seine Abneigung gegenüber Deutschland und den Ghibellinen verbarg er nicht, nahm vielmehr jede Gelegenheit wahr, sie offen zu zeigen[2].

Zunächst ernannte er Karl zum römischen Senator und lieferte ihm den Kirchenstaat aus, indem er Beamte Karls zu Rektoren der Provinzen ernannte. Bei den Parteikämpfen in der Romagna unterstützte er die Guelfen, ersetzte den Neffen seines Vorgängers im Rektorat durch Jean d'Eppe aus dem Gefolge Karls von Anjou, der gleichzeitig die Bestallung als Generalissimus der pontifikalen Streitkräfte erhielt. Zum Generalvikar erhob der Papst den französischen Kanonisten Wilhelm Durant[3], der zum politischen Berater des neuen Rektors wurde, bevor er nach Frankreich ging, um dort Truppen für Karl zu werben. Die aus Söldnern aller westlichen Länder zusammengesetzte Armee erlitt später eine Niederlage durch den Ghibellinenführer Guido von Montefeltro (1. Mai 1282). Wenn dieser sich nicht 1283 seltsamerweise aus dem Streit zurückgezogen hätte, würden die Ghibellinen die Macht in der Romagna in der Hand gehabt haben.

Karl von Anjou nahm an diesen Auseinandersetzungen keinen Anteil, denn er beschäftigte sich bereits wieder mit seinen weit nach Osten ausgreifenden Plänen. Wenn Martin IV. 1281 den byzantinischen Kaiser Michael VIII. Paläologus exkommunizierte und damit das Einigungswerk des 2. Konzils von Lyon zerstörte, diente das den Orientplänen des sizilischen Königs. Allerdings war seit 1274 immer deutlicher geworden, daß die Einigung von Lyon nicht durch das Kirchenvolk angenommen wurde. Gregor X. hatte sie um des Kreuzzugs willen betrieben, Kaiser Michael dagegen, um Karl von Anjou lahmzulegen[4]. Die Union war zwar im April 1277 in Byzanz verkündigt worden, doch hatten die griechischen Bischöfe nicht den von Gregor X. geforderten persönlichen Treueid leisten wollen, sich auch geweigert, das Filioque dem Glaubensbekenntnis einzufügen, wie es vereinbart worden war.

Als Nikolaus III. Oktober 1278 erneut die Eidesleistung der Bischöfe und

[2] Die franzosenfreundliche Einstellung des Papstes wird kritisiert in den Schriften des Kölner Kanonikus Alexander von Roes (vgl. Bibliogr. zum Kap.).

[3] Wilhelm d. Ältere Durandus, Bischof von Mende (1230/31—96), war einer der bedeutendsten Kanonisten des 13. Jh., dessen „Speculum judiciale", eine Darstellung des gesamten kanonischen Rechts im Rahmen der Gerichtsprozedur (A. M. Stickler), einen nachhaltigen Einfluß ausübte. Vgl. *L. Falletti,* Guillaume Durand: DDC 5 (1953) 1014 bis 1075.

[4] Karl hatte am 15. Oktober seine Tochter Beatrice mit Philipp von Courtenay vermählt, der nach dem kurz darauf eintretenden Tod seines Vaters Balduin, des letzten lateinischen Kaisers von Konstantinopel, selbst den Kaisertitel annahm. In dem Ehevertrag war vorgesehen worden, Karl I. solle vor dem Sommer 1274 in das Kaiserreich einfallen. Vgl. *St. Runciman,* Die sizilianische Vesper 168—170.

darüber hinaus auch des gesamten griechischen Klerus forderte, zugleich durchblicken ließ, er wolle die griechischen Sonderriten nur soweit dulden, als es mit dem geltenden kanonischen Recht der lateinischen Kirche in Einklang zu bringen sei, verschärften sich die Spannungen. Inzwischen verhandelte Karl von Anjou mit dem Erben Kaiser Baudouins und mit der Signorie von Venedig; den Vertrag entwarf in Orvieto ein päpstlicher Notar (3. Juli 1281), was auf das Einverständnis Papst Martins IV. hindeutete. So kam die Exkommunizierung des byzantinischen Kaisers im Herbst des gleichen Jahres nicht überraschend. Sie hatte zugleich die Absicht, König Peter III. von Aragón von einer Allianz mit dem Kaiser Michael abzuhalten, die dieser als Gegengewicht gegen die Allianz zwischen Karl und Venedig zu schließen suchte. Statt eines Kreuzzugs zur Befreiung des Heiligen Landes nahm nun die Expedition Karls gegen Byzanz durch die Hilfe des Papstes den Charakter eines heiligen Krieges an.

Karl von Anjou hatte 1277 der Erbin des Königreichs Jerusalem, Maria von Antiochien, ihren Anspruch auf das Königreich abgekauft. Er nahm den Titel eines Königs von Jerusalem an und sandte Roger de San Severino, Grafen von Marseille, als seinen Bailli nach dem Osten. Dort hatte Hugo III. seinen Anspruch auf Jerusalem praktisch aufgegeben und sich in sein Königreich Zypern zurückgezogen. Mit Konradin war (1268) der letzte legitime Herr Jerusalems gestorben. Mit dem Sultan von Ägypten unterhielt Karl freundliche Handelsbeziehungen. Auf dem Balkan war er Herr Albaniens, hatte im Namen seiner Schwiegertochter die Grafschaft Achaia in Verwaltung genommen, den Herzog von Athen und andere lateinische Herren sich als Vasallen unterworfen. So schien Karl nach dem Vertragsschluß, der ihm Venedig verband (1281), im Begriff, das Lateinische Kaiserreich von Konstantinopel wiederzuerrichten.

Die Sizilianische Vesper (30. März 1282), der Aufstand Siziliens, zerschlug alle diese Pläne. Sizilien kam unter die Herrschaft von Aragón, Karl blieb auf Neapel beschränkt. Papst Martin IV. aber unterstützte Karl. Er und seine nächsten Nachfolger setzten alles daran, den Anjous wieder zu ihrem Recht zu verhelfen, jedoch vergebens. Tatsächlich befreite der Aufstand das Papsttum von der Gefahr des Imperialismus der Anjou, der dann nur noch während des kurzen Pontifikates Cölestins V. Einfluß gewinnen konnte. Bonifaz VIII. wird sich von ihm völlig befreien.

Die Geschichte der Sizilianischen Vesper hat Stephan Runciman jetzt abschließend dargestellt. Die absolutistische Herrschaft, von Franzosen ausgeübt, in Abwesenheit des Königs, hatte die Sizilianer zur Revolte getrieben, wobei ihnen Aragón beistand, das im westlichen Mittelmeer eine umfassende Herrschaft zu errichten gedachte. Das Königreich Mallorca-Valence diente als Brücke nach Sizilien (seit 1250). Peter III. hatte Konstanze, die Tochter König Manfreds, geheiratet und damit seinen Anspruch auf die Nachfolge der Hohenstaufen angemeldet. Mit Kaiser Michael VIII. Paläologus, den Karl von Anjou im Verein mit Venedig bedrohte, schloß Peter III. 1281 ein Bündnis; mit Sizilien stand er dauernd in Kontakt durch Flüchtlinge, Vertreter der nationalen stauferfreundlichen Partei.

Der Aufstand in Sizilien richtete sich gegen Karl, nicht gegen das Papsttum, dem die aufständische Regierung (Vertretung einer kommunalen Union der wichtigsten Städte der Insel) sich zur Lehnsnahme anbot. Martin IV. ging darauf nicht ein, forderte die Insel vielmehr auf, sich Karl erneut zu unterwerfen. Er bot dem König seine Hilfe bei der Rückeroberung Siziliens an. Kardinal Gerhard von Parma sollte als päpstlicher Legat in diesem Sinn in Messina tätig sein, doch weder das Angebot einer gemilderten Verfassung noch die Intervention des Papstes hatten Erfolg. So blieb dem König nur der Versuch, mit Gewalt die Insel wieder zu gewinnen. Inzwischen hatten die Sizilianer König Peter von Aragón die Krone angeboten. Er setzte mit seiner Flotte über und ließ sich am 1. September 1282 in Palermo krönen. Karl von Anjou hob die Blockade Messinas auf, weil er fürchtete, von der aragonischen Flotte von Neapel abgeschnitten zu werden. Er verließ damit für immer diesen Teil seines Reiches. Peter von Aragón versuchte auch, in langen Guerillagefechten Kalabrien zu erobern, wurde aber von Martin IV. exkommuniziert mit der Androhung, ihn bei Ungehorsam seines Königreichs Aragón zu entsetzen. Diese Absetzung[5] wurde von Martin IV. am 21. März 1283 ausgesprochen. Das Königreich bot der Papst dem König von Frankreich, Philipp III., für seinen Sohn Karl von Valois an.

Als Karl I. im Januar 1285 starb, war sein Sohn und Erbe, der Fürst von Salerno, Karl der Lahme, Gefangener der Siculo-Aragonesen, die zweimal seine Versuche zur Rückeroberung der Insel abgeschlagen hatten. Kalabrien war in ihren Händen, im restlichen Reich um Neapel drohte der Aufruhr. Karl starb als völlig geschlagener Mann. Als Erben hatte er seinen 12jährigen Enkel Karl Martell bezeichnet, für den als Regent Robert von Artois herrschen sollte. Zusammen mit dem päpstlichen Legaten Gerhard von Parma regierte Robert bis 1289, als Karl II. aus der Gefangenschaft zurückkehrte, das Königreich Süditalien-Sizilien im Auftrag des Papstes. Papst Martin starb drei Monate nach seinem Freund (am 28. März 1285) und hinterließ seinem Nachfolger, Honorius IV. (1285—87), das lästige Erbe der sizilischen Frage. Der Römer Jakob Savelli war gewählt (2. April 1285) worden, um die Kurie aus der angiovinischen Bindung zu befreien. In Rom ließ er sich, als ihm das Senatorenamt auf Lebenszeit übertragen worden war, durch seinen Bruder Pandulf Savelli vertreten. In der Romagna verzichtete er auf die kriegerische Politik seines Vorgängers, befriedete die Ghibellinen und erlebte die Unterwerfung ihres Führers Guido von Montefeltro, dem er Asti als Aufenthalt zuwies.

[5] *O. Hageneder,* Das päpstliche Recht der Fürstenabsetzung: seine kanonistische Grundlegung (1150—1250): AHPont 1 (1963) 53—95.

König Philipp III. von Frankreich hatte Martins IV. Angebot angenommen, Aragón, das der Papst Peter III. feierlich abgesprochen, für seinen Sohn Karl von Valois zu besetzen. Man bereitete in Frankreich einen regelrechten Kreuzzug zu diesem Zweck vor[6]. Honorius IV. glaubte, sich diesem Unternehmen nicht entziehen zu können, und unterstützte es finanziell, auch durch Kreuzzugsprediger. Der Kreuzzug selbst wurde ein Fehlschlag. Philipp starb in Perpignan, sein Sohn Philipp IV. verzichtete auf eine Fortsetzung des Unternehmens. Der gefangene Karl II. war um seiner Freiheit willen bereit, auf Sizilien zu verzichten. Am wichtigsten für eine dauerhafte Lösung der sizilischen Frage wurde aber der Tod König Peters III. von Aragón (am 10. November 1285). Seinen ältesten Sohn, Alfons, ließ er über Aragón, seinen zweiten, Jakob, über Sizilien herrschen. Man erwartete von Honorius IV., er würde Alfons vom Bann befreien, zumal sich Eduard I. von England eingeschaltet hatte und es dank seiner zwischen Frankreich und Aragón zu einem Waffenstillstand gekommen war. Der Papst hatte dieses Abkommen ratifiziert. Die Aufhebung des Bannes ließ sich von ihm jedoch nicht erreichen. Er blieb hartnäckig darauf bestehen, Sizilien gehöre den Anjou. Als sich Jakob in Palermo krönen ließ (2. Februar 1286), anerkannte der Papst ihn nicht, exkommunizierte vielmehr ihn und seine Mutter Konstanze, sanktionierte auch nicht den Vertrag, mit dem sich Karl II. aus der Gefangenschaft befreit hatte, indem er auf Sizilien und das Erzbistum Reggio in Kalabrien verzichtete. Inzwischen regierten die beiden Regenten das Restreich um Neapel.

Mit König Rudolf von Habsburg nahm Honorius IV. wiederum Kontakt auf, ganz im Sinn der Erneuerung der Politik Gregors X. Ein neuer Termin für die Kaiserkrönung wurde ausgehandelt: Lichtmeß 1287. Der Vorbereitung des Romzuges sollte die Legation des Kardinals Johannes von Tuskulum dienen. Sie scheiterte in Würzburg (März 1287). Die Opposition, geführt von Erzbischof Siegfried von Köln, versagte sich den Geldforderungen des Legaten. Man fürchtete nach der Kaiserkrönung die Erhebung Albrechts zum römischen König und damit eine Minderung der Wahlfreiheit der Kurfürsten. Gerüchte sprachen von einem Erbreichsplan, den die königlich-päpstliche Freundschaft verwirklichen sollte. Der Legat mußte Deutschland verlassen, die Kaiserkrönung wurde verschoben und kam auch unter dem Nachfolger des Papstes, Nikolaus IV., nicht zur Verwirklichung. Rudolf starb 1291, ohne die Krone des Imperiums getragen zu haben.

Mit Nikolaus IV., der nach einer längeren Sedisvakanz gewählt worden war (22. Februar 1288), bestieg zum erstenmal ein Franziskaner den päpstlichen Stuhl. Unter ihm zog sich die sizilische Frage ungelöst weiter, 1291 fiel Akkon, der letzte Stützpunkt der Christen im Heiligen Land. Karl II.

[6] Dazu jetzt *J. B. Strayer*, The Crusade against Aragon: Speculum 28 (1953) 102—113; *ders.*, The Political Crusades of the Thirteenth Century: *K. M. Setton*, A History of the Crusades II (Philadelphia 1962) 343—375, bes. 367—375.

hatte am 25. Juli 1287 seine Freiheit wiedererlangt, und Nikolaus IV. krönte ihn in Rieti (am 29. Mai 1289) zum König von Sizilien, Kalabrien und Apulien. Der Bann über Alfons von Aragón wurde gelöst, als dieser sich in einem Vertrag mit Karl II. und Philipp IV. von Frankreich verpflichtete, sich nicht für seinen Bruder Jakob in Sizilien einzusetzen. Doch Alfons starb bereits am 18. Juni 1291: alles war wieder in Frage gestellt. Denn jetzt war Jakob zugleich König über Aragón und Sizilien, wo er seinen Bruder Friedrich als Gouverneur einsetzte. Die Aragonesen drängten König Jakob zu einem Vertrag mit Karl II. (Figueras Dezember 1293), Sizilien sollte dem Papst zurückgegeben werden, der es nur im Einverständnis mit Aragón vergeben könnte, Friedrich aber anderweitig für den Verlust Siziliens schadlos gehalten werden. Der Papst versprach, den Bann über Jakob aufzuheben und die Vergabung Aragóns an Karl von Valois zu kassieren. Erst Cölestin V. sollte diesen Vertrag ratifizieren.

32. Kapitel

Christliches Schwärmertum im 13. Jahrhundert

LITERATUR: *H. Grundmann,* Religiöse Bewegungen im MA. Untersuchungen über die geschichtlichen Zusammenhänge zwischen der Ketzerei, den Bettelorden und den religiösen Frauenbewegungen im 12. und 13. Jh. und über die geschichtlichen Grundlagen der deutschen Mystik (Darmstadt ²1961) (im Anhang neue Beiträge zur Gesch. der religiösen Bewegungen im MA, auch in: AKG 37 [1955] 129—182); *E. Dupré-Theseider,* Introduzione alle eresie medioevali (Bologna 1952); *H. Grundmann,* Ketzergeschichte des MA (Göttingen 1963); *G. Leff,* Heresy in the Later Middle Ages, 2 Bde (Manchester 1967).

Joachim von Fiore: WW: Concordia novi ac veteris testamenti (Venedig 1519); Expositio in Apocalypsim (Venedig 1527); Psalterium decem chordarum (Venedig 1527); Tractatus super quatuor evangelia, ed. *E. Buonaiuti* (Rom 1930); De articulis fidei, ed. *E. Buonaiuti* (Rom 1936); Liber figurarum, ed. *L. Tondelli* (Turin ²1953); De vita et regula S. Benedicti, ed. *C. Baraut:* AST 24 (1951) 33—122; De septem sigillis, ed. *M. Reeves - B. Hirsch-Reich:* RThAM 21 (1954) 211—247; Adversus Judeos, ed. *A. Frugoni:* FontiStIt 95 (Rom 1957). — Literatur: *F. Russo,* Bibliografia gioachimita (Florenz 1954), dazu: RThAM 24 (1957) 27—44; *M. W. Bloomfield,* Joachim of Fiore, a Critical Survey: Tr 13 (1957) 249—311 (Lit.); *H. Denifle,* Das Evangelium aeternum und die Commission zu Anagni: ALKGMA 1 (1885) 49—142; *H. Grundmann,* Studien über Joachim von Fiore (Leipzig 1927); Biographien von *H. Bett* (London 1931) u. *E. Buonaiuti* (Rom 1931); *E. Benz:* ZKG 50 (1931) 24—111, 51 (1932) 415—455; *ders.,* Ecclesia spiritualis (Stuttgart 1934); *J. Ch. Huck,* Joachim von Floris und die joachitische Lit. (Freiburg 1938); *H. Grundmann,* Neue Forschungen über Joachim von Fiore (Marburg 1950); *M. W. Bloomfield - M. Reeves,* The Penetration of Joachim into Northern Europe: Speculum 29 (1954) 773—793; *F. Russo,* Gioacchino da Fiore e le fondazioni florensi (Neapel 1959); *H. Grundmann,* Zur Biographie Joachims von Fiore und Rainers von Ponza: DA 16 (1960) 437—546 (Text der Vita beati Joachimi abbatis, 528—544); *R. Manselli,* L'attesa dell'età nuova e il gioachimismo: L'attesa dell'età nuova nella spiritualità della fine del medioevo (Todi 1962) 145—170.

Spiritualen: *E. Benz,* Ecclesia spiritualis. Kirchenidee und Geschichtstheologie der franziskanischen Reformation (Stuttgart 1934); *L. Oliger,* Beiträge zur Gesch. der Spiritualen, Fratizellen und Clarener in Mittelitalien: ZKG 45 (1926) 215—242; *J. M. Pou y Martí,* Visionarios, beguinos y fraticelos catalanes (siglos XIII a XV) (Vich 1930); *D. Douie,* The Nature and the Effect of the Heresy of the Fraticelli (Manchester 1932); *L. v. Auw,* Angelo Clareno et les Spirituels Franciscains (Lausanne 1952); *M.D. Lambert,* Franciscan Poverty. The Doctrine of the Absolute Poverty of Christ and the Apostles in the Franciscan Order (1210—1323) (London 1961).

Arnald von Villanova: Obras catalanes, ed. *M. Batllori - J. Carreras,* 2 Bde (Barcelona 1947); *M. Menéndez y Pelayo,* Historia de los heterodoxos españoles, 2 Bde (Madrid 1880/82, ed. Madrid BAC 1956, Bd I 539—576); *R. Verrier,* Études sur Arnauld de Villeneuve, 2 Bde (Leiden 1947/49); *J. A. Paniagua,* Estudios y notas sobre Arnau de Vilanova (Madrid 1963); *P. Diepgen,* Arnald von Villanova als Politiker und Laientheologe (Berlin 1909); *R. Manselli,* La religiosità d'Arnaldo da Villanova: BIStIAM 63 (1951) 1—100; *ders.,* Arnaldo da Villanova e i papi del suo tempo tra religione e politica: Studi Romani 7 (1959) 146—161.

Beginen und Begarden: Grundlegend: *E. W. MacDonnell,* The Beguines and Beghards in Medieval Culture with Special Emphasis on the Belgian Scene (New Brunswick 1954); *J. Greven,* Die Anfänge der Beginen (Münster 1912); *H. Grundmann,* Zur Gesch. der Beginen im 13. Jh.: AKG 21 (1931) 296—320; *A. Mens,* Oorsprong en betekenis van de nederlandse Begijnen- en Begardenbeweging (Brüssel-Antwerpen 1947); *R. Manselli,* Spirituali e Beghini in Provenza (Rom 1959); *E. G. Neumann,* Rheinisches Beginen- und Begardenwesen (Meisenheim 1960); *J. Koch,* Frauenfrage und Ketzertum (Berlin 1962, marxistisch); dazu viele lokalgeschichtliche Studien über Beginenhäuser.

Katharer und Waldenser erlagen dem zusammengefaßten Verteidigungswillen der Kirche. Kreuzzug, Predigt (der Bettelorden), Inquisition hatten schließlich diese lebensgefährdende Krise überwunden, wenn auch in langen und verlustreichen Etappen. Neben dem organisierten Irrtum (in Lehre und Sektenbildung) und einer damit verbundenen kritischen Opposition gegen die hierarchische Kirche ging aber weiterhin einher das Verlangen vieler Volkskreise nach Frömmigkeitsformen, die den üblichen Weg frommer Gesinnung und Praxis überstiegen. Es war beheimatet in den volksnahen Schichten der Bettelorden, vor allem der Franziskaner, und in den ordensähnlichen Gruppierungen der Laienwelt (Beginen und Begarden). Quellgrund dieser Richtungen war, wie seit je, das Bewußtsein, man müsse sich die Forderungen der „vita vere apostolica“ zu eigen machen, um die Nachfolge Christi wirklich ernst zu nehmen. Doch liegt nicht hierin das Schwärmerische der Bewegung, sondern in ihrer Ansicht und ihrem Willen, diesen strengen Maßstab nicht für charismatisch Berufene allein gelten zu lassen, sondern ihn der ganzen Christenheit überhaupt vorzuschreiben. Wo immer dieser Maßstab mißachtet werde, sei ein Abfall vom Christentum gegeben, der zu rügen und dem entgegenzuwirken sei.

So wird vielfach die Forderung laut, die rechtlich-institutionelle Kirche müsse überhöht (wenn nicht abgelöst) werden von einer „Ecclesia spiritualis“, die mit den Forderungen des Evangeliums (besonders der Bergpredigt) radikal ernst mache. In dieser Forderung trafen sich verschiedenste spirituelle Überlieferungen, unter denen eine jüngere besonders wirksam wurde: die apokalyptische Geschichtstheologie des Gründerabtes von S. Giovanni in Fiore, *Joachim* († 1202). Nach ihr sollte die Zeit des Vaters (AT), des fleischlich-ehelichen Menschen, der die Zeit des Sohnes (NT), des fleischlich-geistigen Menschen (vor allem der Kleriker), gefolgt war, nunmehr abgelöst werden von der Zeit des Heiligen Geistes (des Ewigen Evangeliums), des geistig-pneumatischen Menschen, der im Mönchtum seine eigentliche Daseinsform fände. Bei Joachim noch ohne antihierarchischen Ton, werden jetzt Anschauungen vertreten, die in letzter Konsequenz eine unsichtbare Kirche ohne Hierarchie, Sakramente, äußern Kultus intendieren, in der der Geist der Armut, des Friedens, eines geistlichen Schriftverständnisses zu herrschen habe. Als Zeitpunkt zwischen der Zeit des Sohnes und dem Anbruch jener des Geistes wurde das Jahr 1260 errechnet. Joachitische Vorstellungen wurden vor allem in breiten Schichten des Franziskanerordens angetroffen, wo sie verknüpft waren mit den Auseinandersetzungen über das Verständnis des dem Orden spezifischen Armutsideals. Vor allem der Generalminister von 1247—57, Johannes von Parma, galt als joachitisch besonders interessiert. Wenn auch das extreme Werk des Pariser Lektors Gerhard (Gerardino) von Borgo San Donnino „Introductorius in evangelium aeternum" (1254) weder mit seinem Wissen noch in seiner Absicht erschienen war, mußte dessen Zensurierung durch die Universität Paris (1255) und die von ihm ausgehende zwielichtige Beurteilung joachitischer Begrifflichkeit das Ansehen des Generalministers schädigen. 1257 leistete er Amtsverzicht, durfte aber dank seiner integren, bei allen Kreisen in Kirche und Orden hochgeschätzten Persönlichkeit den Nachfolger benennen: Bonaventura [1]. Für die weite Verbreitung joachitischer Ideen, von denen sich übrigens Spuren auch in Bonaventuras Schrifttum aufzeigen lassen, sorgten fernerhin auch die populären Prophetien, die in diesen Jahrzehnten erschienen und auch außerhalb des Franziskanerordens natürlich in vielerlei Schichten und Gruppen des Volkes eine Exaltierung der religiösen Vorstellungen und Erwartungen zu fördern vermochten, die das allgemeine Unbehagen gegenüber einer in die Machtkämpfe der Zeit verstrickten Amtskirche nährten und ihren Reichtum, ihren führenden Klerus, ihre Sorglosigkeit gegenüber den geistlichen Bedürfnissen des Volkes kritisieren ließen.

Bedeutende Sprecher wurden dafür in den letzten Jahrzehnten des Jahrhunderts die *Franziskaner-Spiritualen*. Die Anfänge der Spiritualenrichtung reichten herab bis in die Generation des hl. Franziskus. Zunächst ging es um die konsequente Verwirklichung der Armutsauffassung des Stifters, seiner Regel und seines Testamentes. Diesem hatte jedoch die Bulle Gregors IX. „Quo elongati" (1230) Rechtsverbindlichkeit abgesprochen und die Entwick-

[1] *H. Denifle,* Das Evangelium aeternum und die Commission zu Anagni: ALKGMA 1 (1885) 49—142; vgl. auch *J. Ratzinger,* Die Geschichtstheologie des hl. Bonaventura (München 1959).

lung des Ordens auf eine mittlere Linie gewiesen, für die damals auch Bruder Elias sich einsetzte. Die strengeren Gefolgsleute des Stifters zogen sich zurück, vielfach in Einsiedeleien, wissenschaftsfeindlich, mehr der Beschauung lebend, dem Seelsorgsapostolat fernerrückend.

Unter Johannes von Parma fast versöhnt, den Kompromißstatuten Bonaventuras von 1260 (Narbonne)[2] weniger geneigt, steigerten sich ihre Befürchtungen für die reine Armut im Orden, als gerüchteweise verlautete, das Konzil in Lyon (1274) wolle ihr noch weiteren Abbruch tun, als es die bisherigen päpstlichen Privilegien bereits getan hatten. Jetzt formierten sich die Gruppen, in der Provence (wo Hugo von Digne, † 1255[3], als ihr „Vater" galt), in der Mark Ancona, wo bereits Crescentius von Jesi in den vierziger Jahren Schwierigkeiten mit ihnen gehabt hatte, in der Toskana. Vielfach gerieten sie von jetzt ab unter den Druck der Mehrheit des Ordens, den man die Kommunität nannte. Diesem mußte es an einer einheitlichen von allen Ordensangehörigen zu teilenden Auffassung des Armutsideals liegen. Anstatt aber den Dissidenten eigene Korporationsrechte zu gewähren, ging man mit Disziplinarmaßnahmen gegen sie vor, versuchte sie auf entlegene Häuser zu verteilen, sandte sie in ferne Missionsgebiete, so etwa die Spiritualen der Mark Ancona, die zu König Hethum II. von Armenien nach Kilikien abgeordnet wurden. Ihre Hauptanführer, Petrus von Macerata, genannt Libertus, und Angelo von Clareno[4], der Chronist der Bewegung, kehrten 1293 nach Italien zurück, wo sie sich mit Jacopone da Todi und Conrad von Offida zusammentaten. Unter Cölestin V. gelang es ihnen, sich als „Pauperes Eremitae Domini Coelestini" selbständig zu machen. Diese kurzfristige Regelung fiel aber alsbald der allgemeinen Kassation der cölestinischen Verwaltungsmaßnahmen zum Opfer, die Bonifaz VIII. sofort nach seinem Pontifikatsantritt vornahm. Die früheren Unruhen griffen wieder um sich, die Maßnahmen der Kommunität wurden härter. Ein Teil der Spiritualen floh nach Griechenland.

Die südfranzösische Gruppe fand ihren eigentlichen Sprecher in *Petrus Johannis Olivi* († 1298)[5], der als Lektor am Ordensstudium von Florenz (1285—89) auch für die Spiritualen der Toskana von Einfluß wurde. Zusammen mit seinem Schüler und Mitarbeiter in Florenz, Ubertino von Casale, vermochte er der ganzen Bewegung ein eigentliches theologisches Profil zu geben. Viele von den toskanischen Spiritualen flohen nach Sizilien.

[2] „Diffinitiones" Capituli Generalis Narbonensis (1260), ed. *F. M. Delorme:* AFrH 3 (1910) 491—504.

[3] *Hugo von Digne,* De Finibus Paupertatis, ed. *C. Florovsky:* AFrH 5 (1912) 277—290.

[4] *L. v. Auw,* Angelo Clareno et les Spirituels Franciscains (Lausanne 1952).

[5] *F. Ehrle,* Petrus Joannis Olivi, sein Leben und seine Schriften: ALKGMA 3 (1887) 409 bis 552; *G. Fussenegger,* „Littera septem sigillorum" contra doctrinam Petri Joannis Olivi edita: AFrH 47 (1954) 45—53; *R. Manselli,* La „Lectura super Apocalipsim" di P. di G. Olivi (Rom 1955); *L. Hödl,* Die Lehre des P. J. Olivi von der Universalgewalt des Papstes (München 1958).

Unterstützung fanden die Spiritualen bei den königlichen Häusern von Aragón und Anjou[6]. Auch der einflußreiche Laientheologe *Arnald von Villanova* versuchte ihnen zu helfen. Als erfolgreicher Leibarzt der Könige und auch Bonifaz' VIII., der selbst kein Freund der Spiritualen war, konnte Arnald drohende kirchliche Maßnahmen aufhalten. Erst das Konzil von Vienne (1311) und Johannes XXII. mit seinen Entscheidungen von 1317 und 1318 vermochten der Spiritualenbewegung den Lebensraum so einzuengen, daß ihr nur mehr der Weg ins Schisma und in die Häresie zu bleiben schien. Der theoretische Armutsstreit, der sich schließlich auf theologischer Ebene aus der Bewegung ergab, gehört in die folgende kirchengeschichtliche Epoche.

Die Spiritualenbewegung blieb zumeist auf den Orden selbst beschränkt und wirkte mehr beiläufig auf die öffentlich-kirchliche Meinung. Anders verhielt es sich mit den *Apostolikern* des Gerhard Segarelli aus Parma[7], die sich im joachitischen Jahr 1260 aus einer Bußbrüderschaft bildete. Von ihr gingen erste Geißlerzüge aus, die voll endzeitlicher Erwartungen den Ruf der Buße durch Stadt und Land trugen. Man forderte eine Rückkehr zum Armutsideal der Urkirche und verband damit lautstarke Kritik an der reichen, sich staatlich gebärdenden Kirche der Gegenwart. Vier Bußbrüder wurden 1294 in Parma verbrannt, Gerhard Segarelli gefangengesetzt und 1300 ebenfalls zum Scheiterhaufen verurteilt. Die Führung übernahm jetzt Fra Dolcino aus Novara, der sich in Sendschreiben an das Kirchenvolk wandte. Er proklamierte, die Zeit der Geistkirche sei angebrochen, verurteilte die Klerikerkirche, zu der er auch die Bettelmönche zählte, weil sie durch ihren Besitz der Fleischeskirche angehörten. Dolcino verwarf jede Regelgebundenheit, die der Freiheit des Geistes widerspreche, verlangte apostelgleiche Armut von allen. Die letzte Weltzeit habe begonnen, und man müsse sie durch die Tat gleichsam beschleunigen und mitverwirklichen helfen. Dolcino konnte Tausende von Anhängern gewinnen. Von der Inquisition verfolgt, zogen sich viele in die Berge der nördlichen Lombardei zurück, hofften auf die Ankunft des Friedenskaisers, des Engelpapstes. Von diesen erwarteten sie Hilfe. Ein Kreuzzug wurde gegen sie organisiert, der im März 1307 bei Novara das blutige Ende der Bewegung herbeiführte. 140 Apostelbrüder wurden zusammen mit Fra Dolcino gefangengenommen und hingerichtet.

Hier hatten sich Armutswille und Endzeiterwartung joachitischer Prägung mit gefährlichen sozialrevolutionären Tendenzen zusammengefunden. Einer

[6] *M. van Heuckelum,* Spiritualistische Strömungen an den Höfen von Aragón und Anjou während der Höhe des Armutsstreites (Berlin - Leipzig 1912).

[7] *F. Tocco,* Gli Apostolici e Fra Dolcino: AstIt V/19 (1897) 241—275; *J. C. de Haan,* De secte der apostolici en haar leiders: TG 42 (1927) 1—31 144—166; *B. Töper,* Die Apostelbrüder und der Aufstand des Dolcino: Städtische Volksbewegungen des 14. Jh. (Deutsche Historiker-Gesellschaft 1960, 62—84); *E. Anagnine,* Dolcino e il movimento ereticale all'inizio del trecento (Florenz 1964).

dieser Apostoliker, Bentivenga von Gubbio, der Franziskaner geworden war, begründete die *„Sekte des Geistes der Freiheit“* in Umbrien[8]. Seine schwärmerische Frömmigkeit wurde von der hl. Klara von Montefalcone als ketzerisch durchschaut (1306). Der als Spirituale hervorgetretene Franziskaner Ubertino von Casale wurde mit dem Verhör beauftragt und konnte Bentivenga als Ketzer überführen. Er und viele seiner Anhänger wurden 1307 in Arezzo zu ewigem Kerker verurteilt. Sie waren Quietisten, die sündlos zu sein glaubten, weil alles, was sie taten, Gott in ihnen tue. An die Gesetze der Kirche fühlten sie sich nicht gebunden, auch nicht an Regel, Sitte oder Gewissen. Eigentlich joachitisches Gedankengut führten sie allerdings nicht mit sich.

Aus all diesen Richtungen schwärmerischer Extreme sollten sich im folgenden Jahrhundert weitere Gruppen entwickeln, wie die *Fraticellen* und die Anhänger des Michael von Cesena.

Zusammen mit den südfranzösischen Spiritualen wurden dort von den kirchlichen Maßregelungen auch die *Beginen* betroffen, die als weltliche Anhänger der schwärmerischen Franziskaner gelten konnten. Die Beginen konnten auf eine längere, vom schwärmerischen Moment zunächst nicht betroffene Geschichte zurückblicken, die in die Frühzeit des 13. Jh. zurückging.

Es waren Vereinigungen von frommen Frauen (Jungfrauen und Witwen), die ohne Ordensgelübde ein gemeinschaftliches Leben führen wollten und sich vor allem in den Städten (Beginenhöfe) bildeten. Die Kanonissenstifter waren dem Adel vorbehalten, viele Benediktinerinnenklöster desgleichen. Die Reformorden des 12. Jh. hatten zunächst dem asketischen Verlangen vieler Frauen mit ihren Doppelklöstern wie Fontevrault und Prémontré Rechnung getragen. Prémontré hatte aber um 1140 bereits das Doppelkloster aufgegeben und die Nonnen selbständig werden lassen. Zisterzienserinnen fanden sich (bei der grundsätzlichen Distanz, die Cîteaux gegenüber der Nonnenseelsorge einnahm) erst spät im 12. Jh. zusammen, dann aber schnell und allenthalben. Was immer aber die verschiedenen Orden an Nonnenklöstern hatten entstehen lassen, genügte bei weitem nicht, die ständig noch wachsende Zahl jener Frauen aufzunehmen, die nach religiös geregeltem Leben, nach gemeinschaftlichem asketischem Dasein verlangten. Diese von wirtschaftlichen und religiös-mystischen Motiven getragene Frauenbewegung schuf sich im Beginentum (fast spontan) eine Form, deren Ursprünge auch im Reklusentum früherer Epochen zu suchen sind. Die Herkunft des Namens blieb bis heute ungeklärt, doch glaubt man jetzt, die graue Gewandung der Schwestern habe ihn mit sich geführt. Auch die Humiliaten und Franziskaner trugen grau (bigio = beige).

Die frühesten Gemeinschaften entstanden in Flandern-Brabant. Unter

[8] *L. Fumi,* Eretici e ribelli in Umbria (Todi 1916); *L. Oliger,* De secta spiritus libertatis in Umbria saec. XIV (Storia e Letteratura 3) (Rom 1943).

Lambert le Bègue in Lüttich (um 1175), in Mont-Cornillon, in Huy (um 1182), wo die selige Ivetta ihnen nahestand, in Willamsbroux bei Nivelles (um 1192) unter dem Einfluß der seligen Maria von Oignies, in Nivelles (um 1207) zusammen mit der seligen Ida. Diese Frauen gehörten, den Zisterzienserinnen nahe, dem Bannkreis der Kreuzzugsfrömmigkeit an. Der Seelenführer und Biograph der seligen Maria von Oignies, Jakob von Vitry, ein Augustinerchorherr, dann Bischof von Akkon, erwirkte von Honorius III. 1216 eine mündliche Anerkennung der neuen Genossenschaften, die vielfach ein Spital oder eine Leproserie in Obhut nahmen. Seitdem verbreiteten sie sich schnell, bildeten z. T. sehr große Gemeinschaften. In Frankreich und Deutschland, besonders am Niederrhein und in Bayern, beinahe in ganz Europa. Sie lebten teils vom Bettel, teils von Handarbeit, auch wohl im Lauf der Zeit vom Ertrag des sich mehrenden Besitzes. Angesiedelt sozusagen zwischen Kloster und Welt unter der Kontrolle des Bischofs, lebten sie nach einer Verfassung, die ihnen dieser gegeben hatte oder wie sie im Gründungsstatut aufgezeichnet war. Vom Kleinsthof bis zu stadtähnlichen Siedlungen reichend, haben die Beginenhöfe sich in fast allen Städten der genannten Länder Heimatrecht verschafft. Ohne Gelübde verpflichteten sich die Beginen zu täglichen geistlichen Übungen, zu Fasten und zu regelmäßigem Sakramentenempfang. Das uniforme graue Kleid unterschied sie von den Bürgerinnen. Die Leitung hatte eine Meisterin mit ihrem Rat, ein wöchentliches Schuldkapitel wachte über die Disziplin. Prokuratoren oder Provisoren nahmen sich vielfach der Wirtschaftsführung an.

Die Beginengemeinschaften wurden in Deutschland und Frankreich vielfach von den Bettelorden seelsorgerlich betreut. Besaßen sie eigene Kirchen, so stellten diese Orden, wenn kein eigener Kaplan ernannt war, den Rektor.

Wo immer die Beginenseelsorge sich so in geordneten Bahnen bewegen konnte, blieb das Beginentum vom Verdacht der Schwärmerei frei. Und doch begannen nach der Jahrhundertmitte die Schatten eines solchen Verdachtes über den Beginen sich zu sammeln. Das hatte auch wohl darin seinen Grund, daß um eben diese Zeit der Name Beginen allgemein verwandt wurde für alle Frauen und Männer, die sich außerhalb eines klosterähnlichen Verbandes dem frommen Leben zuwandten, sich ein besonderes Kleid (grau) zulegten, wie etwa die Brüder des „Neuen Geistes", Reklusen und Reklusinnen, konventsflüchtige Spiritualen, bettelnde und predigende Laien. Da gerade diese der Schwärmerei zu Recht verdächtigt wurden, bekam durch sie der Beginenname selbst einen minder guten Klang.

Während Jakob von Vitry († 1240)[9] die Beginen auch als Kardinal noch unter seinen Schutz nahm — er wußte, daß man sie in Flandern-Brabant Beginen, in Frankreich Papelarden und in Italien Bizocche nannte —, ging in

[9] *Jakob von Vitry,* Lettres, ed. *R. B. Huyghens* (Leiden 1960).

Paris Wilhelm von Saint-Amour[10] in seinen Schriften gegen die Ordensleute u. a. auch gegen die Beginen an. Der Franziskaner Simon von Tournay warnte das 2. Konzil von Lyon vor ihrem Treiben. Auch Provinzialsynoden begannen sich kritisch mit ihnen zu beschäftigen (Béziers 1299, Köln 1310). Schließlich erließ das Konzil von Vienne (1311) ein Verbot der Beginen[11], das allerdings erst Johannes XXII. publizierte. Sie waren einer quietistisch-pantheistischen Mystik angeklagt worden, als fühlten sie sich erhaben über alle menschlichen und göttlichen Gesetze. Ein solches alle ohne Unterschied betreffendes Verbot ließ sich natürlich kaum durchführen, zumal die richtige Grenzlinie zwischen irrenden und rechtgläubigen Beginen nur schwer zu ziehen war. Man mußte die ehrbaren und rechtgläubigen Beginen, die sicher nicht mit dem Verbot gemeint sein konnten, ausnehmen. Anlaß zum Verbot waren ja auch nicht die Beginen als solche gewesen, sondern ihre südfranzösischen Schwestern mit ihrer Verehrung des 1298 in Narbonne gestorbenen Spiritualentheologen Olivi. Man pilgerte zu seinem Grab, glaubte dort Wunder zu erleben, betrieb gerade in Beginenkreisen eine Art volkstümlicher Kanonisation. Die umstrittene theologische Bewertung der Schriften Olivis übertrug sich auch auf das Urteil über die ihm anhängenden Beginen. Die von Schwärmern bevorzugte Apokalypsenpostille Olivis wurde prozessualer Begutachtung unterzogen und als häretisch verworfen (allerdings erst 1326 durch Johannes XXII.). Inzwischen aber sahen sich die schwärmerischen Beginen in Südfrankreich den Maßnahmen der Inquisition ausgesetzt, deren Vorgehen denn auch im Lauf dieser ersten Jahrzehnte des 14. Jh. diese Herde möglicher Häresie auszumerzen vermochte.

Von einer Verfolgung der sonstigen französischen, niederländischen und deutschen Beginen ist in dieser Zeit allerdings wenig überliefert.

33. Kapitel

Die Blütezeit der Scholastik und der abendländischen Universität

LITERATUR: Verwiesen wird, wie bei den Kap. 7 und 12, auf die Allg. Bibl. I/11 u. II/11 u. 12, vor allem auf *Fliche-Martin* XIII, *Ueberweg-Geyer, M. de Wulf, J. Hirschberger, M. Grabmann, É. Gilson, F. Stegmüller, O. Lottin, H. de Lubac, F. Copleston, P. Glorieux, L. Bréhier, F. Cayré.* — Für die Universitäten auf *S. d'Irsay, H. Rashdall-Powicke-Emden, H. Denifle, H. Grundmann, S. Stelling-Michaud.* — Ferner: *H. Mayer,* Über den klerikalen Charakter der mittelalterlichen Universität: FreibDiözArch 36 (1935) 152—183; *N. Schachner,* The Medieval Universities (New York 1938); *M. Becht-*

[10] *P. Glorieux,* Le conflit de 1252—1257 (à l'université de Paris) à la lumière du Mémoire de Guillaume de Saint-Amour: RThAM 24 (1957) 364—372. Bibliogr. zu Wilhelm von Saint-Amour bei *Glorieux R* I nn. 343—346.

[11] Das Dekret gegen die Beginen: COD 350, frz. bei *J. Lecler,* Vienne (Histoire des Conciles œcuméniques 8) (Paris 1964) 195—196.

hum, Beweggründe und Bedeutung des Vagantentums in der lateinischen Kirche des MA (Jena 1941); *P. Kibre,* The Nations in the Medieval Universities (Cambridge 1950); *F. Pegues,* Ecclesiastical Provisions for the Support of Students in the XIIIth Century: Church History 26 (1957) 307—317; *H. Wieruszowski,* The Medieval University (New York 1966); *G. Ajo - C. M. Sáinz de Zuñiga,* Historia de las Universidades Hispánicas I: Medievo (Ávila 1957), II: Carlu Cario (Ávila 1960).

Paris: *H. Denifle - E. Chatelain u. a.,* Chartularium Universitatis Parisiensis, 4 Bde (Paris 1889/97), Auctarium, 5 Bde (Paris 1894/1952); *P. Perdrizet,* Le Calendrier de la Nation d'Allemagne de l'ancienne Université de Paris (Strasbourg 1937); *M. Fournier,* Les statuts et privilèges des universités françaises, 4 Bde (Paris 1890/94); *P. Féret,* La Faculté de théologie de Paris et ses docteurs les plus célèbres au Moyen âge, 3 Bde (Paris 1894/96); *M. Davy,* Les sermons universitaires parisiens de 1230/31 (Paris 1931); *P. Glorieux,* Les origines du Collège de Sorbonne (Notre-Dame/Ind. 1959); *A. L. Gabriel,* Student Life in Ave Maria College (Paris) (Notre-Dame/Ind. 1955).

Bologna: Chartularium Studii Bononiensis, 12 Bde, ed. *L. Nardi - E. Orioli* (Imola - Bologna 1909/41); *F. Ehrle,* I più antichi statuti della facoltà teologica dell'università di Bologna (1364) (Bologna 1932); *A. Sorbelli,* Storia della università di Bologna I (11. bis 15. Jh.) (Bologna 1940); *C. Calcaterra,* Alma mater studiorum (Bologna 1948); *G. Le Bras,* Bologne, monarchie médiévale des droits savants: Memorie per la storia dell'Università di Bologna (1956) 1—18; *G. Masi,* L'università di Bologna al suo primo albeggiare: Rivista di storia del diritto italiano 31 (1958) 269—331.

Oxford: *Ch. E. Mallet,* History of the University of Oxford, 3 Bde (London 1924/26); *A. B. Emden,* A Biographical Register of the University of Oxford to A. D. 1500, 3 Bde (Oxford 1957/59).

G. Théry, Tolède, ville de la renaissance médiévale, point de jonction entre la philosophie musulmane et la pensée chrétienne (Oran 1944); *Dominicus Gundissalinus,* De divisione philosophiae, ed. *L. Baur:* BGPhMA 1903; *H. Bédoret:* RNPh 4 (1938) 374 bis 400. — Über die Übersetzerschule von Neapel vgl. *A. Forest - F. van Steenberghen - M. de Gandillac,* Le mouvement doctrinal (Paris 1951) 180. — Die griechisch-arabischen Quellen der Scholastik behandelt É. Gilson: AHD 4 (1929) 5—107; den lateinischen Averroismus *M. Grabmann:* SAM 1931/32; *M. Grabmann,* Notes et textes sur l'Averroïsme latin (Paris 1934); Aristoteles latinus, ed. Rom - Cambridge - Paris 1939 ff; *M. Grabmann,* Forschungen über die lateinischen Aristoteles-Übersetzungen des 13. Jh.: SAM 1916; *ders.,* Mittelalterliches Geistesleben III (1956) 36—231; *ders.,* I divieti ecclesiastici di Aristotele sotto Innocenzo III e Gregorio IX (Rom 1941); *ders.,* Methoden und Hilfsmittel des Aristoteles-Studiums im MA (München 1939); *ders.,* Guglielmo da Moerbeke e le sue traduzioni d'Aristotele (Rom 1946). — Über Aristoteles und Augustinus in der Scholastik des 13. Jh. handelt *F. Ehrle:* Xenia Thomistica III (Rom 1925); *S. D. Wingate,* The Medieval Latin Versions of the Aristotelian Scientific Corpus (London 1931); *E. Franceschini,* Aristotele nel medio evo (Padua 1935); *D. A. Callus,* Introduction of Aristotelian Learning to Oxford (London 1944); *F. van Steenberghen,* Aristotle in the West (London 1955).

Franziskaner: *H. Felder,* Gesch. der wissenschaftlichen Studien im Franziskanerorden bis um die Mitte des 13. Jh. (Freiburg 1904); über die Franziskanerschule im allgemeinen *B. Vogt:* FStud 9 (1922) 137—153; über die Schule in Oxford *A. G. Little:* AFrH 19 (1926) 803—874; *D. E. Sharp,* Franciscan Philosophy at Oxford in the XIIIth Century (Oxford 1930); über Franziskaner-Magistri in Paris *V. Doucet:* AFrH 26 (1933) 257—281, 27 (1934) 531—564 585—589; *G. Bonafede,* Il pensiero francescano nel secolo 13 (Palermo 1952); über die Anfänge der Franziskanerschule u. den Thomismus: *H. a Krizovljan:* CollFr 31 (1961) 133—175.

Dominikaner: Vgl. *P. Mandonnet:* DTC 6 (1924) 863—924; Dominikanertheologen in Paris und Oxford 1229—79 behandelt *R.-M. Martin:* RSPhTh 9 (1920) 556—580; das Dominikanerstudium in Paris *F. Ehrle:* Misc. Dominicana (Rom 1923) 85—138; *E. Filthaut,* Roland von Cremona († 1259) und die Anfänge der Scholastik im Predigerorden (Vechta 1936).

Alexander von Hales: WW: Summa theologica, 5 Bde (Quaracchi 1924/48); Glossa in 4 libros sententiarum Petri Lombardi, 4 Bde (Quaracchi 1951/57); Quaestiones disputatae, 3 Bde (Quaracchi 1960); über Leben und psychologische Lehre des Alexander von Hales schrieb *J. A. Endres:* PhJ (1888) 24—25 203—225 257—296. — Literatur: Bis 1948 bei *V. Doucet:* Prolegomena ad Summam IV (Quaracchi 1948), ergänzt bis 1951 in der Einleitung zur Glossa. *A. Hufnagel,* Über das Wesen der Person bei Alexander von Hales: FZThPh 4 (1957) 148—174.

Bonaventura: WW: Opera omnia, 11 Bde (Quaracchi 1882/1902); Opera theologica selecta, 5 Bde (Quaracchi 1934/64); De reductione artium ad theologiam, ed. *E. Th. Healy* (New York 1940); Mystisch-aszetische Schriften I, deutsch von *S. J. Hamburger* (München 1923); Breviloquium, deutsch von *F. Imle* (Werl 1931); Pilgerbuch des Geistes, deutsch von *J. Kaup-Ph. Böhner* (Werl 1932); Obras de san Buenaventura, 6 Bde, ed. *L. Amoros* u. a.: BAC (Madrid 1946); De triplici via, ed. u. übers. von *K. Ruh* (München 1957); Soliloquium, lateinisch-deutsch von *J. Hosse* (Köln 1958); Itinerarium mentis in Deum, lat.-deutsch (München 1961); Collationes in Hexaemeron, lat.-deutsch (München 1964). — Literatur: Biographien von *L. Lemmens* (München 1909), *V. Breton* (Paris 1943), *E. Bettoni* (Brescia 1945), *R. Lazzarini* (Mailand 1946). — *O. Righi,* Il pensiero e l'opera di S. Bonaventura (Florenz 1932); *É. Gilson,* Die Philosophie des hl. Bonaventura, deutsch von *P. A. Schlüter* (Köln [2]1960); *A. Borak,* Philosophia S. Bonaventurae (Rom 1956); *F. Imle-J. Kaup,* Die Theologie des hl. Bonaventura (Werl 1931); *J. Kaup,* Das geistliche Leben nach der Lehre des hl. Bonaventura (Werl 1939); *J. F. Bonnefoy,* Une somme bonaventurienne de théologie mystique (Paris 1949); *J. Ratzinger,* Die Geschichtstheologie des hl. Bonaventura (München-Zürich 1959); *J. G. Bougerol,* Introduction à l'étude de Saint Bonaventure, Paris 1961.

Duns Scotus: WW: Opera omnia, ed. *L. Wadding* (Lyon 1639, Paris 1891/95); kritische Edition bisher 9 Bde (Rom 1950/66); dazu *C. Balič,* Ratio editionis criticae operum omnium J. Duns Scoti, 3 Bde (Rom 1939/51); A Treatise on God as First Principle, ed. *A. B. Wolter* (Chicago 1966). — Literatur: *E. Longpré,* La philosophie du B. Duns Scot (Paris 1924); *P. Minges,* J. Duns Scoti doctrina philosophica et theologica (Quaracchi 1930); *É. Gilson,* Jean Duns Scot. Introduction à ses positions fondamentales (Paris 1952); *H. Mühlen,* Sein und Person nach Johannes Duns Scotus (Werl 1954); *W. Pannenberg,* Die Prädestinationslehre des Johannes Duns Scotus (Göttingen 1954); Bibliogr. von *O. Schäfer* (Rom 1955); *J. F. Bonnefoy,* Le vén. Jean Duns Scot. (Rom 1960); *C. Bérubé,* L'année scotiste et le septième centenaire de la naissance de Jean Duns Scot (Forschungsbericht): CollFr 37 (1967) 145—185.

Siger von Brabant: WW: De aeternitate mundi, ed. *R. Barsotti* (Münster 1933); Questions sur la Physique d'Aristote, ed. *Ph. Delhaye* (Löwen 1941); Questions sur la métaphysique, ed. *C. A. Graiff* (Löwen 1948). — Literatur: Forschungsbericht von *A. A. Maurer:* Speculum 31 (1956) 49—56; *P. Mandonnet,* Siger de Brabant et l'Averroïsme latin au XIIIe siècle, 2 Bde (Löwen 1908/11); *F. van Steenberghen,* Siger de Brabant d'après ses œuvres inédites, 2 Bde (Löwen 1931/42; grundlegend). Über die Frage, ob Siger von Brabant die doppelte Wahrheit vertreten hat, vgl. *J. P. Müller:* Studia Anselmiana (1941) 35—50; *M. Grabmann,* Siger und Dante: Deutsches Dante-Jahrbuch 1939, 109—130; *G. Sajó,* Un traité récemment découvert de Boèce de Dacie „De aeternitate mundi" (Budapest 1954). Das Verhältnis der Franziskaner zu Siger von Brabant behandelt *H. a Krizovljan:* CollFr 27 (1957) 121—165.

Albertus Magnus: WW: Die kritische Editio Coloniensis (40 Bde) von *B. Geyer* u. a., hrsg. vom Albertus-Magnus-Institut (Köln) seit 1951; *Ueberweg-Geyer* [12]1951, 402 739—743 (Bibliogr.), regelmäßige Berichte in RThAM und BThAM seit 1929; *M. H. Laurent - Y. Congar,* Essai bibliographique albertienne: RThom 36 (1931) 260—292; *F. J. Catania,* A Bibliography of St. Albert the Great (1931—1958): The modern Schoolman 37 (1959) 11—28. — Literatur: *H. Wilms,* Albert der Große (München 1930); *G. Meersseman,* Introductio in opera omnia B. Alberti Magni (Brügge 1931); *H. Ch. Scheeben,* Albert der Große (Vechta - Leipzig 1931); *ders.,* Albertus Magnus (Köln [2]1955); *B. Geyer,* Albertus Magnus: Die Großen Deutschen I (Berlin 1956) 201—216. — Albertus-Festschriften: RThom 36 (1931) 225—468; DTh 10 (1932) 1—304; Angelicum 9 (1932) 2. u. 3. Heft; Serta Albertina (Rom 1944); Studia Albertina (Festschr. B. Geyer) (Münster 1952). — *M. Gorce,* L'essor de la pensée au moyen âge, Albert le Grand et Thomas d'Aquin (Paris 1933); *H. Ch. Scheeben - A. Walz,* Iconographia Albertina (Freiburg 1932); *A. Wendehorst,* Albertus Magnus und die Kirchenreform: MIÖG 64 (1956) 241 bis 261; *G. Meersseman,* Gesch. des Albertismus, 2 Bde (Rom 1933/35); *D. Salman,* Über Albert d. Gr. und den Averroismus: RSPhTh 24 (1935) 38—64; darüber desgl. *M. Feigl:* PhJ 63 (1955) 131—150; *A. Schneider,* Die Psychologie Alberts d. Gr., 2 Bde (Münster 1903/06); *H. Doms,* Die Gnadenlehre des sel. Albertus Magnus (Breslau 1929); *W. Arendt,* Die Staats- und Gesellschaftslehre Alberts d. Gr. (Jena 1929); *J. Goergen,* Des hl. Albertus Magnus Lehre von der göttlichen Vorsehung und von dem Fatum (Vechta 1932); *K. Schmieder,* Alberts d. Gr. Lehre vom natürlichen Gottwissen (Freiburg 1932); *F. Haberl,* Die Incarnationslehre des hl. Albertus Magnus (Freiburg 1939); *J. M. Vosté,* S. Albertus Magnus Sacrae Paginae Magister, 2 Bde (Rom 1932/33); *U. Daehnert,* Die Erkenntnislehre des Albertus Magnus (Leipzig 1934, Lit.); *B. Korosak,* Mariologia S. Alberti Magni eiusque coaequalium (Rom 1954); *A. Hufnagel,* Die Wahrheit als philosophisch-theologisches Problem bei Albert dem Deutschen (Bonn 1940); *R. Erni,* Die Herz-Jesu-Lehre Alberts d. Gr. (Luzern 1941); *A. Piolanti,* Il corpo mistico e le sue relazioni con l'Eucaristia in S. Alberto Magno (Rom 1939); *J. Rinna,* Die Kirche als Corpus Christi mysticum beim hl. Albertus (Rom 1940); *L. Brandl,* Die Sexualethik des hl. Albertus Magnus (Regensburg 1955); *H. Balß,* Albertus Magnus als Zoologe (München 1928); *ders.,* Albertus Magnus als Biologe (Stuttgart 1947); *R. Liertz,* Die Naturkunde von der menschlichen Seele nach Albert d. Gr. (Köln 1933).

Thomas von Aquin: Bibliogr.: P. Mandonnet, Bibliographie thomiste (Le Saulchoir [2]1960). — WW: Opera omnia, 18 Bde (Rom 1570/71 [Ed. Piana]), 34 Bde, ed. *L. Vivès* (Paris 1871/90); Editio Leonina, bisher 26 Bde (Rom 1882/1967); Opuscula omnia, ed. *P. Mandonnet,* 5 Bde (Paris 1927); ed. *J. Perrier* (Paris 1949 ff); Scriptum super libros Sententiarum Petri Lombardi, ed. *P. Mandonnet,* 3 Bde, Bd IV, ed. *M. F. Moos* (Paris 1929/47); Quaestiones disputatae et quodlibetales, ed. *R. Spiazzi* u. a. (Turin 1949); Expositio super librum Boethii de Trinitate, ed. *B. Decker* (Leiden [2]1959); Summa Theologica, deutsch-lat. Ausgabe, 36 Bde (Salzburg 1933/67); ErgBd von *M.-D. Chenu* (1960); Die Summe wider die Heiden, deutsch von *H. Nachod - P. Stern,* 4 Bde (Leipzig 1935/37); Untersuchungen über die Wahrheit (de veritate), deutsch von *E. Stein,* 2 Bde (Löwen - Freiburg [2]1952/55); Über das Sein und das Wesen (De ente et essentia), deutsch-lat. Ausg. von *R. Allers* (Köln [2]1953); Die Seele. Erklärungen zu den drei Büchern des Aristoteles über die Seele, deutsch von *A. Mager* (Wien 1937); *R. Erni,* Die theologische Summa des Thomas von Aquin in ihrem Grundaufbau, 4 Bde (Luzern 1947/50); *R. J. Deferrari - M. J. Barry,* Lexicon of St. Thomas Aquinas (Washington 1948/54). — Leben und Wirken: Fontes vitae S. Thomae Aquinatis, ed. *D. Prümmer - M. H. Laurent,* 6 Bde (Saint-Maximin [Var] 1911/37); Processus canonizationis S. Thomae Aquinatis: RThom 39/41 (1934 bis 1936). — Biographien: *A. D. Sertillanges,* 2 Bde (Paris 1910), deutsch von *R. Grosche* (Köln [2]1954); *M. Grabmann* (München 1949); *É. Gilson* (Paris 1925); *A. D. Sertillanges*

(Paris 1931); *A. Cresson* (Paris 1942); *A. Walz* (Basel 1953); *M. D'Arcy* (London 1954); *F. C. Copleston* (London 1955); *K. Foster* (London 1959); *P. Novarina* (Löwen-Paris 1962). — Chronologie und Authentizität der Werke: *P. Mandonnet*, Des écrits authentiques de S. Thomas d'Aquin (Fribourg ²1910); *M. Grabmann*, Die Werke des hl. Thomas von Aquin (München ²1949); *J. Destrez*, Études critiques sur les œuvres de S. Thomas d'Aquin d'après la tradition manuscrite I (Paris 1933); dazu *A. Pelzer:* BullThomiste 11 (1934) 225—240; *A. Dondaine*, Secrétaires de S. Thomas, 2 Bde (Rom 1956). — Einführungen: *M. Grabmann*, Einführung in die Summa Theologica des hl. Thomas von Aquin (München ²1928); *R. Sineu*, Initiation à la théologie de S. Thomas d'Aquin (Tournai 1953); *M.-D. Chenu*, Introduction à l'étude de S. Thomas d'Aquin (Paris ²1954); *J. Pieper*, Hinführung zu Thomas von Aquin (München 1958); *A. Michelitsch*, Kommentatoren zur Summa Theologica des hl. Thomas von Aquin (Graz-Wien 1924). — Thomismus: *É. Gilson*, Le Thomisme (Paris ⁵1945); *J. Maritain*, Le docteur angélique (Paris 1930); *G. M. Manser*, Das Wesen des Thomismus (Fribourg ³1949); *P. Wyser*, Der Thomismus (Bern 1951); *J. Ude*, Die Autorität des hl. Thomas von Aquin als Kirchenlehrer und seine Summa theologica (Salzburg 1932). — Thomas-Festschriften: Mélanges thomistes (Le Saulchoir 1923); Xenia Thomistica, ed. *S. Szabó*, 3 Bde (Rom 1925). — Philosophie: *A.-D. Sertillanges*, La philosophie de S. Thomas (1907, Paris ³1955, deutsch Köln ²1954); *H.-D. Gardeil*, Initiation à la philosophie de S. Thomas, 4 Bde (Paris 1952/53); *G. Siewerth*, Der Thomismus als Identitätssystem (1938, Frankfurt a. M. ²1961); *J. Legrand*, L'univers et l'homme dans la philosophie de S. Th., 2 Bde (Brüssel-Paris 1946); *L.-B. Geiger*, Le problème de l'amour chez S. Th. (Montreal-Paris 1952); *B. Lakebrink*, Hegels dialektische Ontologie und die thomistische Analektik (Köln 1955); *R. J. Henle*, St. Thomas and Platonism (Den Haag 1956); *A. Hayen*, La communication de l'être d'après S. Thomas, 2 Bde (Paris-Löwen 1957/59); *C. Fabro*, Participation et causalité selon S. Thomas (Löwen-Paris 1961); *F. J. Kovach*, Die Ästhetik des hl. Thomas (Berlin 1961); *A. Antweiler*, Die Anfangslosigkeit der Welt nach Thomas und Kant, 2 Bde (Trier 1961); *B. Montagnes*, La doctrine de l'analogie de l'être d'après S. Thomas (Löwen-Paris 1963); *W. Kluxen*, Philosophische Ethik bei Thomas von Aquin (Mainz 1964). — Theologie: *H. Meyer*, Thomas von Aquin, Sein System und seine geistesgeschichtliche Stellung (Paderborn ²1901); *M.-D. Chenu*, S. Thomas et la théologie (Paris 1959, dt. Hamburg 1960); *I. Backes*, Die Christologie des hl. Thomas und die griechischen Kirchenväter (Paderborn 1931); *H. Bouillard*, Conversion et grâce chez S. Thomas (Paris 1944); *H. Lais*, Die Gnadenlehre des hl. Thomas in der Summa contra Gentiles (München 1951); *P. Vanier*, Théologie trinitaire chez S. Thomas, Évolution du concept d'action notionelle (Paris 1953); *A. Horvath*, Studien zum Gottesbegriff (Freiburg 1954); *Q. van Roo*, Grace and Original Justice according to St. Thomas (Rom 1955); *A. Mallet*, Personne et amour dans la théologie trinitaire de S. Thomas (Paris 1956); *R. Guindon*, Béatitude et théologie morale chez S. Thomas (Ottawa 1956); *R. Völkl*, Die Selbstliebe in der Heiligen Schrift und bei Thomas (München 1956); *O. Schweizer*, Person und hypostatische Union bei Thomas (Fribourg 1957); *St. Pfürtner*, Triebleben und sittliche Vollendung nach Thomas (Fribourg 1958); *H. Christmann*, Thomas als Theologe der Liebe (Heidelberg 1958); *Th. Bonhoeffer*, Die Gotteslehre des Thomas als Sprachproblem (Tübingen 1961); *M. Seckler*, Instinkt und Glaubenswille nach Thomas (Mainz 1961); *B. Duroux*, La psychologie de la foi chez S. Thomas (Toulouse 1963); *M. Seckler*, Das Heil in der Geschichte, Geschichtstheologisches Denken bei Thomas (München 1964); *G. Ebeling*, Der hermeneutische Ort der Gotteslehre bei Petrus Lombardus und Thomas von Aquin: ZThK 61 (1964) 283—326; *H. Vorster*, Das Freiheitsverständnis bei Thomas und Martin Luther (Göttingen 1965); *U. Kühn*, Via caritatis. Theologie des Gesetzes bei Thomas (Göttingen 1965); *H. O. Pesch*, Theologie der Rechtfertigung bei Martin Luther und Thomas von Aquin (Mainz 1966).

Robert Grosseteste: WW: Epistolae, ed. *H. R. Luard* (London 1861); Die philosophischen Werke, ed. *L. Baur* (Münster 1912); *S. H. Thomson,* The Writings of Robert Grosseteste (Cambridge 1940); *U. Gamba,* Il commento di Roberto Grosseteste al „de mystica theologia" del Ps. Dionigi Areopagita (Mailand 1942). — Literatur: *B. C. Boulter,* Robert Grosseteste (London 1936); *D. A. Callus - F. M. Powicke* u. a., Robert Grosseteste, Scholar and Bishop. Essays in commemoration of the seventh centenary of his Death (Oxford 1955); *A. C. Crombie,* Robert Grosseteste and the Origins of the Experimental Science (Oxford 1953); *S. Gieben,* Robert Grosseteste on Preaching (with the edition of the ‚sermo ex rerum initiatarum' on redemption): CollFr 37 (1967) 100—141.

Roger Bacon: WW: Opus maius sive de utilitate scientiarum, ed. *J. H. Bridges,* 2 Bde (Oxford 1897); Opera quaedam hactenus inedita (Opus tertium, Opus minus, Compendium philosophiae), ed. *J. S. Brewer* (London 1859); Opera hactenus inedita, ed. *R. Steele - A. G. Little - E. Withington - F. M. Delorme,* 16 Fasc. (Oxford 1905/40); Compendium studii theologiae, ed. *H. Rashdall* (Aberdeen 1911); Summa Grammatica, ed. *R. Steele* (London 1940); Moralis philosophiae, ed. *E. Massa* (Rom 1953). — Literatur: Roger Bacon Essays, ed. *A. G. Little* u. a. (Oxford 1914); *T. Crowley,* Roger Bacon. The Problem of the Soul (Dublin 1950); *F. Alessio,* Mito e scienza in R. Bacone (Mailand 1957); *E. Heck,* Roger Bacon, ein mittelalterlicher Versuch einer historischen und systematischen Religionswissenschaft (Bonn 1957).

Die klassische Periode mittelalterlicher Geisteskultur vollendete sich im 13. Jh. Vor allem drei Momente haben zu ihrem Aufbau beigetragen: die Erschließung und Rezeption des *aristotelischen* Lehrganzen durch Übersetzung, Kommentar und Einarbeitung in die christliche Philosophie und Theologie. Das geschah in Auseinandersetzung mit arabischen Kommentatoren, jüdischen Denkern und nach 1260 mit griechischen Kommentatoren (Proklus). Dazu kam der in diesem Jahrhundert schnell voranschreitende Ausbau der *Universitäten,* vor allem in Paris, Oxford und Bologna. Schließlich muß der entscheidende Beitrag der *Bettelorden* gesehen werden, deren Mitglieder von der Mitte des Jahrhunderts an sowohl in Paris wie in Oxford an hervorragender Stelle die Entfaltung der Wissenschaften mitbestimmten.

Bereits im 12. Jh. hatten sich Schulzentren von europäischem Rang gebildet (Chartres, Paris, Reims, Laon, Bologna, Salerno, Toledo), doch traten einige von ihnen später zurück, während sich das Hauptinteresse der Gelehrten und Studenten Paris, Oxford und Bologna zuwandte. Daneben entstanden gleichzeitig dank fürstlicher und päpstlicher Initiative die Studien von Neapel, von Friedrich II. für Süditalien-Sizilien errichtet (1224), in Spanien, wo zu Toledo noch Palencia und León, vor allem aber Salamanca kam (1243 und 1254), schließlich an der Kurie, wo Innozenz IV. (1244/45) Theologie, kanonisches und Römisches Recht dozieren ließ. Doch nicht hier, sondern in Paris, Bologna und Oxford entwickelten sich die Strukturen, die den Begriff der hochmittelalterlichen Universität ausmachten.

Sie waren verwandt und entsprachen den genossenschaftlichen Organisationen, die sich in den großen Städten zur Bewältigung der sozialen und wirtschaftlichen Aufgaben einer sich ständig mehr differenzierenden Bevölkerung zusammenschlossen. So entstanden in Bologna, wo die Professoren bereits der Bürgerschaft integriert waren, für die Studenten die „universitates" der Lombarden, Ultramontanen, Römer. Städtische und päpstliche Statuten regelten im Ablauf des 13. Jh. die Verfassung von Bologna, wo vielfältige Streitigkeiten zwischen Stadt und Studentenschaft mehrfach zu Auswanderungen geführt hatten. Seit 1224 konnte sich der Heilige Stuhl bei der Kontrolle der Universität durchsetzen, für die es charakteristisch blieb, daß die Studenten und nicht die Lehrer sich korporativ zusammenschlossen. Die ursprünglich von den Laien bestimmte Verfassung wurde vom Heiligen Stuhl dahingehend geändert, daß alle, Lehrer und Studenten, Kleriker und Laien, der strengen Jurisdiktion des Ortsbischofs unterstellt wurden, der einen Archidiakon zum Kanzler bestellte. Seit 1245 konnten auch die „universitates" der Studenten dem Stadtorganismus einverleibt werden. Es waren nunmehr zwei: die Italiener (Citramontanen) und die Fremden (Ultramontanen), die sich ihren Rektor wählten, dem auch der wichtige Gehorsamseid zu leisten war, mit dem ein Student sich der Universität inkorporierte. Ihre Autonomie wurde vom Heiligen Stuhl garantiert.

Anders als in Bologna vollzog sich die Entwicklung in Paris. Im Widerstand gegen die Bürger und den Ortsbischof schlossen sich Lehrer und Studenten zusammen, wurden von König Philipp II. August (1200) von der weltlichen Gerichtsbarkeit freigestellt und zwischen 1212 und 1222 auch von der Jurisdiktion des Bischofs. Nunmehr behielt sich die Kurie, welche durch den Kardinallegaten Robert Curson 1215 „universis magistris et scolaribus Parisiensibus" ein Statut gab, die Oberaufsicht der „Universitas", wie sie 1219 zum erstenmal genannt wird, vor. Aus der Kathedralschule von Notre-Dame entstanden, durch Verschmelzung von Lehrer- und Studentengemeinschaften erwachsen, war die Pariser Universität 1222 in ihren wesentlichen Grundzügen vollendet. Man unterschied vier Fakultäten: Theologie, Medizin, die Artes (liberales) und das Dekretum (Kanonistik). Als erste von ihnen erhielt 1219 die Theologie eine autonome Verfassung mit eigenem Siegel, die anderen folgten diesem Beispiel. Daneben gliederte sich die Universitas in vier Nationen[1]. Seit 1217 siedelten sich die Dominikaner, seit 1219 auch die Franziskaner im Bereich der Universität an und wurden 1224/26 enger mit ihr verbunden. Nach längerem Streit mit Kanzler (Philipp) und Bischof (Wilhelm von Auvergne) wie auch mit den Bürgern verließ die Universität 1229 Paris; man zerstreute sich nach Toulouse, Angers, Reims, Orléans, England, Italien und Spanien. Gregor IX. konnte mit der Bulle „Parens Scientiarum" (13. 4. 1231) Frieden schaffen und die Universität erneut privilegieren. Während dieser Krise festigte sich die Stellung der Ordenstheo-

[1] Franzosen, Pikarden, Normannen und Engländer (zu ihnen gehörten auch die Deutschen und Skandinavier, vgl. *P. Kibre,* The Nations in the Medieval Universities [Cambridge 1950]). Erst später machte eine eigene deutsche Nation sich selbständig, vgl. *P. Perdrizet,* Le Calendrier de la Nation d'Allemagne de l'ancienne Université de Paris (Strasbourg 1937).

logen, so daß schließlich von den 12 theologischen Lehrstühlen nach 1231 drei von ihnen besetzt wurden, drei weitere versah das Domkapitel von Notre-Dame, die übrigen sechs blieben dem Weltklerus vorbehalten.

Innozenz IV. bestätigte die „Gründungsbulle“ seines Vorgängers von 1231 und verlieh 1245/46 der Universität ein eigenes Siegel und damit die volle legale Existenz. Unter förderndem Schutz der Könige konnte sie sich reich entfalten. In ihrer theologischen Fakultät kam es in den fünfziger Jahren zu einer Krise, als der Weltklerus die Lehrtätigkeit der Bettelorden in Frage stellte. Unter Alexander IV. wurde sie zugunsten der Orden gelöst.

Neben Paris, das den Primat in der Theologie, und Bologna, das den Primat im Recht hielt, haben im 13. Jh. die päpstlich privilegierten Studien von Padua (1222), Siena (1246), Orléans (1229) und Angers (1231) nur eine geringere Rolle spielen können. Auch die medizinische Hochschule von Montpellier erhielt von der Kurie ein Statut (1220), das 1240 erneuert wurde. Die während der Albigenserwirren 1229 in Toulouse errichtete Universität wurde 1245 nach dem Vorbild von Paris erneuert.

Als drittes abendländisches Hochschulzentrum neben Paris und Bologna konnte sich in England die Universität Oxford entwickeln. Aus einer Vielzahl von Ordensniederlassungen und Einzelschulen war dort bereits um die Wende zum 13. Jh. ein bedeutendes Lehrzentrum entstanden, an dem eben jetzt der Aristotelismus sich Bahn brach. Der Kardinallegat Nikolaus von Tuskulum legte 1214 Streitigkeiten zwischen Stadt und Lehrinstituten bei und privilegierte das Studium von Oxford in ähnlicher Weise wie Robert Curson 1215 in Paris. Die werdende Universität wurde dem Bischof von Lincoln unterstellt, der sie durch einen Kanzler leiten sollte. Unter ihm, den die Bischöfe von Lincoln stets aus den Reihen der Theologieprofessoren bestellten, konnte sich die Autonomie der Hochschule langsam entfalten. Der Pariser Exodus von 1229—31 brachte der jungen Universität auf Einladung Heinrichs III. erheblichen Zuwachs. Als Robert Grosseteste, der selbst Kanzler gewesen war, 1235 Bischof von Lincoln wurde, baute er die rechtliche Stellung des Kanzlers weiter aus. Im Gegensatz zu Paris wurde der Kanzler hier zum Mitglied der Universitätskorporation. Seine Statuten erhielt Oxford 1252/53 von Robert Grosseteste. Gegen Versuche des Königs und des Nachfolgers von Robert Grosseteste in Lincoln, die Freiheiten der Universität einzuschränken, wandte sich Innozenz IV. mit privilegierenden Schreiben von 1254 und bestellte die Bischöfe von London und Salisbury nunmehr zu offiziellen Schutzherren der hohen Schule.

Anders als in Paris konnten sich die Bettelorden, vor allem die Franziskaner, im Bezirk der Oxforder Theologischen Fakultät leicht durchsetzen und bald eine führende Stellung einnehmen. Die Zahl der Nationen blieb in Oxford neben den Engländern selbst auf zwei beschränkt: die Schotten (Borealen) und die Irländer (Hibernenses).

Cambridge, das sich 1209 von Oxford abgezweigt hatte, zog gleichfalls vom Pariser Exodus von 1229—31 Gewinn, von König Heinrich III. besonders gefördert.

Allen genannten Universitäten gemeinsam war eine Grundstruktur, die an ihre Ursprünge aus den Kathedralschulen erinnerte. Zunächst gab es den Kanzler; in Bologna war es ein Dekretist, in Paris und Oxford ein Theologe, aber mit je unterschiedlichen Vollmachten und Einflußmöglichkeiten. Die Nationen unter der Leitung von gewählten Rektoren gewannen weitreichende Autonomie. In Bologna nahmen sie sogar den Eid entgegen, der das bindende Element aller Genossenschaften war. In Paris spielten sich dank ihrer zahlenmäßigen Überlegenheit die Mitglieder der Artistenfakultät in den Nationen nach vorn. Geleitet wurden die Nationen von Prokuratoren, die ihrerseits den Rektor bestimmten, dessen Amtszeit drei Monate lang lief. 1245 konnte man ihn an der Spitze des Universitätsrates antreffen, der alle Magister der Universität umschloß, das Recht eigener Statutensetzung besaß und in Konfliktsfällen Schiedsrichter bestellen konnte. Von der Jahrhundertmitte an wurde der Leiter der Artistenfakultät zum Präsidenten der Gesamtuniversität. Das Artisten-Statut, das Lehrgang und Studienplan regelte, wurde zum Vorbild aller Fakultäten an allen damaligen Universitäten, mit Ausnahme der theologischen, die nach Sonderregeln lebte. Die geistige Verbindung von den Artes zur Theologie wurde dadurch bewahrt, daß fast alle Theologen zuvor in der Artistenfakultät gelehrt hatten, die sich im Lauf des Jahrhunderts zur eigentlichen philosophischen Fakultät entwickelte, da die literarische Kultur immer mehr zurücktrat und auch, wenn man von Oxford absieht, das Quadrivium vernachlässigt wurde. Da sie weniger als die Theologen unter der lehramtlichen Kontrolle des Heiligen Stuhles stand, konnte sie neben dieser Hochburg der Orthodoxie weithin sich auswirkenden Einfluß nehmen auf die Entfaltung philosophischer Bewegungen im Abendland.

Das Leben an diesen Universitäten, für die Paris und sein Stil immer ein Maßstab blieb, vollzog sich in kirchlichem Raum, da fast jeder Student Kleriker war. Die Lehrer (mit Ausnahme von Bologna) mußten dem Klerus angehören. Zwischen Magistern und Studenten bildeten sich Wohngemeinschaften, durch die Bindung der Scholares an einen bestimmten Lehrer auch eine Art Lebensgemeinschaft, die von der „universitas magistrorum et scholarium“ überwölbt wurde.

Der Unterricht sollte grundsätzlich kostenfrei erteilt werden, wenigstens bei den Artisten und den Theologen, das Rechts- und Medizinstudium aber bezahlt werden. Allmählich setzte sich die Gewohnheit durch, daß Studiengebühren erhoben wurden, was sich u. a. an den Examenstaxen nachweisen läßt. Die Magistri erhielten zum Unterhalt kirchliche Pfründen zugewiesen, eine ähnliche Unterstützung fanden später auch die Studenten, zumal jene, die aus dem Ausland kamen.

Geld- und Raumnot herrschten zumal an den großen Universitätszentren, wo die Zahl der Studenten in Tausende ging, ebenso Mangel an Wohnungen und Unterrichtsräumen. Soweit die Studenten nicht bei Privaten oder bei Lehrern wohnten, wurden sie in zu diesem Zweck erweiterten Hospitälern untergebracht, es fanden sich aber schon bald, besonders für arme Studenten, Stiftungen von Internaten ein, wie das Kolleg der Achtzehn, das für Paris ein reicher Engländer, Jocius von London, ausstattete. Die Ordenskonvente gliederten sich für auswärtige Studenten, auch wenn sie nicht dem Orden angehörten, Internate an, deren Organisation vorbildlich wurde für die sich mehrenden Kollegienhäuser (Bursen). So stiftete Robert de Sorbon[2] sein später berühmt gewordenes Kolleg (1257), das für Weltkleriker gedacht war, die dort als Magistri artium eintraten, um Theologie zu studieren. In Bologna waren solche Häuser seltener, in Oxford dagegen nahm die Entwicklung einen ähnlichen Gang wie in Paris (Merton 1264, Balliol 1263).

Die Universitäten wurden im 13. Jh., während Kloster- und Stiftsschulen zurücktraten, die bevorzugten Stätten der philosophisch-theologischen Wissenschaft, der wissenschaftlichen Medizin und der Pflege beider Rechte. Der lebhafte Austausch zwischen den Fakultäten war einer der Gründe für die von Generation zu Generation intensiver und methodischer werdende Forschungsarbeit sowohl der theoretischen wie der mehr praktischen Wissenschaften. Auf dem Feld der Philosophie und, von ihr beeinflußt und angeregt, der Theologie wurde in diesem 13. Jh. vor allem die Vermittlung eines Gedankengutes wirksam, in dessen Zentrum das Gesamtopus des Aristoteles stand.

Dafür wurden vor allem Toledo und Neapel, beide am Schnittpunkt der christlichen und arabischen Kultur beheimatet, wichtig, denn die aristotelische Erbschaft wurde durch arabisch-jüdische Kanäle an die abendländische Wissenschaft weitergegeben. In Toledo (seit 1085 erobert) wurden maßgebende arabische und jüdische Werke übersetzt. Im 12. Jh. zeichneten sich dabei Dominikus Gundisalvi, Johannes von Spanien, Gerhard von Cremona, Alfred Sareshel[3], Michael Scotus aus, die im 13. Jh. abgelöst wurden von Hermann dem Deutschen (1240—50), Petrus Gallego († 1267) und anderen. Diese Übersetzer schrieben ihrerseits auch Kommentare. Gundisalvi, von Alfarabis „De scientiis" angeregt, sein Werk „De divisione philosophiae". Auch Michael Scotus behandelte das gleiche Thema. Nikolaus de Damas verfaßte einen Kommentar zu dem vermeintlich von Aristoteles stammenden Traktat „De plantis". Schöpferische Gedankenführung war indes hier nicht zu entdecken.

Auch an der neuen Universität von Neapel (1224) wurde übersetzt und philosophiert. Araber, Juden und Lateiner wirkten hier einträchtig zusammen. Petrus von Irland kommentierte Aristoteles und Porphyrios. Michael Scotus, von Spanien kommend, wurde (1220) Hofastrologe, übersetzte als

[2] *P. Glorieux,* Les origines du Collège de Sorbonne (Notre-Dame/Ind. 1959).

[3] *Cl. Baeumker,* Die Stellung des Alfred von Sareshel (Alfredus Anglicus) und seine Schrift „De motu cordis" in der Wissenschaft des beginnenden 13. Jh. (München 1913).

Leiter eines ganzen Teams von Mitarbeitern die Werke des Averroes ins Lateinische. Noch unter Manfred (seit 1254) arbeitete man hier an arabisch-lateinischen und griechisch-lateinischen Übersetzungen: so Wilhelm de Luna, Theodor von Antiochien, Bartholomäus von Messina, Johannes de Dumpno u. a. An der von Innozenz IV. gestifteten Hochschule der Kurie traf Thomas von Aquin, der an ihr von 1259—65 und 1267—68 dozierte, den großen Aristoteles-Übersetzer, seinen Ordensbruder Wilhelm von Moerbeke[4]. In Oxford förderte der Kanzler Robert Grosseteste, der selbst Griechisch konnte, das Übersetzungswerk, an dem er vor allem seinen Franziskanerfreund Adam Marsh beteiligte.

Das Ergebnis dieser Tätigkeit war eine fast unübersehbare Fülle von literarischen Werken aus bisher unerschlossenen Räumen. Schriften arabisch-jüdischer Philosophen, welche über die Syrer aristotelische Werke (besonders das Organon), dazu eine Reihe von Aristoteleskommentaren (Alexander von Aphrodisias, Porphyrios, Themistios, Ammonios, zumeist Neuplatoniker) kennengelernt hatten. Auch andere syrische Übersetzungen übernahmen die Araber (Theophrast, Galen, Hippokrates, Euklid, Archimedes). Dieses aristotelische und neuplatonische Gedankengut und seine literarische Überlieferung wurde von der arabischen Philosophie selbständig verarbeitet. Hier sind nur die wichtigsten Namen zu nennen: Alfarabi († 950), Avicenna (Ibn Sina) († 1037). Aristotelischer als der Letztgenannte war Averroes (Ibn Roschd aus Córdoba) († 1198). Dazu kamen die jüdischen Philosophen, die aber bereits von den Arabern beeinflußt waren und einen neuplatonisch gesehenen Aristoteles benützten: Avencebrol (Avicebron = Salomon Ibn Gebirol) († 1070) mit seinem Hauptwerk „Fons vitae“, das einen Emanationspantheismus vertritt. Moses Maimonides († 1204), den Thomas von Aquin besonders schätzte und der von Alfarabi und Avicenna abhängig war. Diese jüdischen Philosophen waren wie Averroes in Spanien zu Hause. Deshalb wurde für ihre Überlieferung die Übersetzerschule von Toledo von so großer Bedeutung.

Aristoteles kam aber auch in direkten Übersetzungen aus dem Griechischen an die abendländischen Universitäten. Hatte man bisher in syrisch-arabisch-jüdischer Brechung einen meist neuplatonisch verstandenen Aristoteles zu studieren gelernt, wurde jetzt der originale Aristoteles bekannt, seine noch fehlenden logischen Schriften (bisher kannte man nur die sogenannte Logica Vetus), die ganze Metaphysik, die Ethik, die Politik und die „libri naturales“. Auch frühe Aristoteles-Kommentare fanden ihre Übersetzer: Alexander von Aphrodisias, Simplikios, Eustratios, Aspasios, Michael und Johannes Philoponos u. a.[5]

[4] *M. Grabmann,* Guglielmo da Moerbeke e le sue traduzioni d'Aristotele (Rom 1946).

[5] *Ders.,* Mittelalterliche lateinische Übersetzungen von Schriften der Aristoteleskommentatoren Johannes Philoponos, Alexander von Aphrodisias und Themistios (München 1929).

Die scholastische Aristoteles-Rezeption hatte ihre eigene Geschichte, die natürlich nur in ihren wesentlichen Momenten hier umrissen werden kann. In Oxford vollzog sie sich ungehinderter als an der Universität Paris, wo bereits 1210 ein Pariser Provinzialkonzil die Schriften des Aristoteles über Naturphilosophie und ihre Kommentare zu lesen untersagte. Das Verbot wurde 1215, als der Legat Robert Curson der Universität ihr grundlegendes Statut gab, wiederholt und auf die Metaphysik ausgedehnt. Allerdings blieb das traditionelle Aristotelesstudium unbehelligt. Vielleicht erklärt sich dieses Verbot durch die gleichzeitige Verurteilung des neuplatonisch inspirierten Pantheismus des Amalrich von Bène und des David von Dinant. Der arabisch-jüdisch tradierte Aristoteles war ja neuplatonisch gefärbt. In Toulouse gab es keine Aristoteles-Verbote. Hier wie in Oxford beschäftigte man sich weiterhin mit dem neuen Aristoteles. In Paris dagegen wurden die Verbote auch 1231 und 1245 erneuert, selbst 1263 wurde noch an sie erinnert. Doch scheinen sie schnell genug vergessen worden zu sein, denn die Rezeption ging weiter. Gregor IX. hatte seine Verbote bereits modifiziert, indem er eine Theologenkommission mit der Prüfung der „libri naturales" beauftragte; wenn diese auch nicht zusammentrat, sah man in der als möglich empfundenen Bereinigung bereits eine kirchliche Freigabe des Studiums, zumal nur der offizielle, nicht der private Gebrauch des Aristoteles verboten worden war.

In der Artistenfakultät jedenfalls beschäftigte man sich auch in Paris lebhaft mit dem neuen Gedankengut, während in der Theologie diese Richtung sich erst um die Mitte des Jahrhunderts mit Albert d. Gr. durchzusetzen begann. In Paris wurden vorerst nur das Organon und die Ethik des Aristoteles kommentiert und vorgetragen; in Oxford beschäftigte man sich dagegen auch mit seiner Naturphilosophie und Metaphysik. Zu nennen sind: Johannes Pagus (um 1230), Wilhelm von Shyreswood (vor 1240), Petrus Hispanus (vor 1246, später Johannes XXI. bis 1276), dessen Summulae logicales zum weitestverbreiteten Handbuch der Logik an den Universitäten des Abendlandes wurden[6]. Sein Liber de anima verband aristotelische mit augustinischen und avicennisch getönten Elementen. Pariser Artisten (vielfach später bekannte Theologen) waren vor allem Wilhelm von St-Amour (1236—47)[7], der in der Universitätskrise der fünfziger Jahre zum schärfsten

[6] Die „Summulae logicales" des Petrus Hispanus hat *J. P. Mullally* herausgegeben (Notre-Dame/Ind. 1945); Tractatus Syncategorematum and Selected Anonymous Treatises by Peter of Spain, übers. von *J. P. Mullally* (Milwaukee 1964).

[7] Zu Wilhelm von Saint-Amour vgl. *P. Glorieux,* Le conflit de 1252—1257 à la lumière du Mémoire de Guillaume de Saint-Amour: RThAM 24 (1957) 364—372 (Lit.); *Y. M.-J. Congar,* Aspects ecclésiologiques de la querelle entre mendiants et séculier: AHD 28 (1961) 35—151. Eine eigentliche Geschichte des Konflikts fehlt. *P. Michaud-Quantin,* Le Droit universitaire dans le conflit Parisien de 1252—1257: Studia Gratiana 8 (1962) 577 bis 599.

Gegner der Ordenstheologen wurde, Robert Kilwardby (1237—45), der spätere Dominikanerbischof von Canterbury[8], Lambert von Auxerre (bis 1250), Nikolaus von Paris (bis 1263). Dazu kam eine Fülle heute anonymer Arbeiten von Kollegen und Schülern dieser Männer.

In Oxford übersetzte und kommentierte Robert Grosseteste die Ethiken des Aristoteles, während sich von 1245 an der Franziskaner Roger Bacon mit den umstrittenen Libri naturales beschäftigte. Um den Oxforder Vorsprung aufzuholen, gab in Paris nach dem Tode Gregors IX. Bischof Wilhelm von Auvergne dieses Studium frei. Als philosophische Autoritäten wertete man auch Boethius, Avicenna und Averroes. Nach 1250 entwickelte sich in der Artistenfakultät der sogenannte lateinische Averroismus (heterodoxer Aristotelismus) unter Siger von Brabant. Mit ihm haben sich die Theologen aller Lager intensiv auseinandergesetzt.

In den Dienst der Theologie trat die neue Philosophie, ohne dabei die augustinische Tradition zu verdrängen. Vorerst bediente man sich ihrer eklektisch und sicherte im Konfliktsfall der Theologie unbedingt den Primat zu. Erst Albert d. Gr. und Thomas von Aquin haben Aristoteles neu durchdacht und die arabisch-jüdischen Kommentare, gewiß sehr kritisch, verwertet.

Die Theologie des beginnenden 13. Jh. teilte sich in die *konservative* Richtung aus der Schule des Lombarden (so Petrus von Poitiers bis 1205, Stefan Langton bis 1206, Robert Curson bis 1210 dozierend, Petrus von Capua bis 1219, der Kanzler Prévotin von Cremona bis 1210, Thomas Gallus von St-Victor bis 1218) und die *fortschrittliche* Richtung aus der Porretanerschule (Simon von Tournai bis 1203, Kanzler Philipp bis 1236, Wilhelm von Auxerre bis 1228, Wilhelm von Auvergne bis 1228, dann Bischof von Paris bis 1249). Ihr ausgebreitetes Schrifttum ist vielfach noch unediert und unerforscht. Es umfaßt Schriftkommentare von zunehmend systematischem Charakter und Sentenzenkommentare (wie die von Johannes von St-Gilles, vor 1228, und von Hugo von St-Cher OP, 1229/30)[9]. Auch theologische Summen wurden bereits entworfen (Prévotin von Cremona 1206/10, Magister Martin, Gottfried von Poitiers 1213/15), die Summa aurea des Wilhelm von Auxerre (1215/20), die Summa Duacensis (um 1230), die Summa de Bono des Kanzlers Philipp (nach 1230), ferner die Summa de virtutibus et vitiis des Wilhelm von Auvergne (vor 1228) und sein Magisterium divinale (1233/40), das ein kritisch gebautes philosophisches System einschloß. Einen Höhepunkt dieser theologischen Summenproduktion bildete die Summa universae theologiae des Alexander von Hales OFM (bis 1245). Daneben schrieb man ungezählte kleinere Arbeiten liturgischen, homiletischen und pastoralen

[8] *E. M. F. Sommer-Seckendorff*, Studies in the Life of Robert Kilwardby (Rom 1937); *W. A. Hinnebusch*, The Early English Friars (Rom 1951) 374—386; *A. B. Emden*, A Biographical Register of the University of Oxford to A. D. 1500 II (Oxford 1958) 1051—69.

[9] *Vgl. J. Fisher*, Hugh of St. Cher and the Development of Mediaeval Theology: Speculum 31 (1956) 57—69.

Charakters, Predigten und Predigtsammlungen. Apologetisch gemeint war die Summa contra haereticos des Prévotin (zwischen 1184 und 1210), kontroverstheologisch die Summa contra Catharos et Waldenses des Moneta von Cremona († 1260) und die Summa de Catharis et Leonistis des Rainer Sacchoni († 1262).

Dieser Reichtum akademisch-literarischer Produktion erwies die steigende Bedeutung der Pariser Universität, welche durch die alsbald einsetzende Tätigkeit der Gelehrten aus den Bettelorden zur klassischen Höhe der Leistung geführt werden sollte. Ihnen gelang die schon seit längerem angestrebte Synthese der Theologie mit der neuen Philosophie des Jahrhunderts.

Martin Grabmann unterscheidet bei den Franziskanern drei Phasen: *Alexander von Hales* und die Anfänge der Franziskanerschule, d. h. Alexanders Schüler Johannes von Rupella, Odo Rigaldus und Wilhelm von Melitona in Paris. Eine eigene Entwicklung muß für Oxford angesetzt werden. Diese Anfänge wurden unter *Bonaventura* entfaltet, zu dessen Schülern Wilhelm de la Mare, Johannes Pecham, Eustachius Buisine, Walter von Brügge gehörten. Der größte Schüler Bonaventuras war Matthaeus von Aquasparta († 1302). Zu einer zweiten, etwas jüngeren Generation von Bonaventuraschülern gehörten Roger Marston, Richard von Mediavilla (Middleton), Guibert von Tournai und kritisch Petrus Johannis Olivi. Den Übergang zur dritten Phase, die sich um *Duns Scotus* gruppiert, bildeten Petrus de Trabibus, Wilhelm von Ware (Guarra), der Franziskanergeneralminister Gonsalvus de Vallebona und Vitalis de Furno. Johannes Duns Scotus selbst (um 1270 bis 1308) steht schon an der Schwelle der neuen Zeit.

Die ältere Dominikanerschule setzte ein mit Roland von Cremona († 1259) und mit dem als Exegeten bekannten Dominikanerkardinal Hugo von St-Cher († 1264). Zu ihr gehörte Petrus von Tarantasia († 1276 als Innozenz V.). Diese Gelehrten gingen noch die Wege einer traditionell augustinisch bestimmten Lehre. Die aristotelische Richtung wurde durch *Albertus Magnus* (um 1193—1280) begründet. In einer umfassenden Aristoteles-Enzyklopädie, die auch pseudo-aristotelisches Schrifttum heranzog, schuf er die Grundlagen für den christlichen Aristotelismus. Albert erhielt den scholastischen Titel eines „doctor universalis“, weil nicht nur seine Quellenkenntnis universal war, sondern auch sein forschendes Wissen sich aller Gebiete der Philosophie, der Naturwissenschaften und der Theologie zu bemächtigen verstand. Universal wurde auch sein Einfluß in der akademischen Welt. Er schrieb Kommentare zu allen Büchern des Aristoteles, zum Sentenzenwerk des Lombarden, zur pseudo-areopagitischen Schrift „De divinis nominibus“. Seine Summa theologiae blieb unvollendet, berühmter wurde die Summa de creaturis (die u. a. eine systematische Ethik, eine Sakramentenlehre und eine Eschatologie enthielt). Viele kleinere Werke behandelten dogmatische Fragen der Mariologie, der Eucharistielehre u. a. m. Unmittelbare Schüler Alberts waren Hugo Ripelin von Straßburg und Ulrich Engelberti von Straßburg († 1277), der eine monumentale theologische Summe schuf, „das größte und geschlossenste Werk des von Albert ausgehenden deutschen Neuplatonismus" (Grabmann).

Thomas von Aquin (1225—74) gilt als der Hauptvertreter der klassischen Scholastik. Er war wohl in Paris schon Alberts Schüler, folgte ihm 1248—52 nach Köln. Er lehrte selbst in Paris (1252—59), dann am Generalstudium der Kurie (1259—68), wieder in Paris (1268—72) und schließlich in Neapel (1272—74). Er starb auf der Reise zum Zweiten Konzil von Lyon am 7. März 1274 im Zisterzienserkloster Fossanuova bei Neapel.

Sein literarisches Werk, von gewaltigem Umfang, läßt sich teilen

1. in philosophische Kommentare zu den wichtigsten Schriften des Aristoteles und zum Liber de causis, zu denen ihm Wilhelm von Moerbeeke einen zuverlässigen Text erstellte. Mit ihnen überwand er die unzureichenden Aristoteleskommentare des Averroes und seines Lehrers Albert.

2. in Schriftkommentare zu vielen Büchern des Alten und Neuen Testamentes. Seine Catena Aurea war eine Sammlung patristischer Texte zu den vier Evangelien, wohl als Handbuch für Prediger gedacht.

3. in theologische Kommentare der Werke des Boethius (De Trinitate, De hebdomadibus), des Pseudo-Dionysius (De divinis nominibus), des Petrus Lombardus (Liber sententiarum). Das Scriptum super sententiis wird bereits unter die großen Werke theologischer Synthese gezählt, die wir Thomas verdanken.

4. in Werke theologischer Synthese: die Summa contra gentiles, begonnen in Paris 1258 und in Italien abgeschlossen unter Urban IV. (1261—64). Es folgte die große, unvollendet gebliebene Summa theologica (in den sieben letzten Lebensjahren verfaßt und von Reginald von Priverno aus den Materialen des Scriptum super Sententiis ergänzend abgeschlossen). Diesem Freund und Schüler widmete er auch das gleichfalls unvollendet gebliebene Compendium theologiae.

5. in Niederschriften der akademischen Disputationen (Quaestiones disputatae und Quaestiones quodlibetales). Sie sind ein Spiegel der Ideen und Kontroversen der Epoche.

6. in kleinere Werke, meistens Gelegenheitsschriften verschiedensten Inhalts: philosophische (u. a. De ente et essentia, De aeternitate mundi, De unitate intellectus, De substantiis separatis), theologische (De articulis fidei et Ecclesiae sacramentis, De regimine Judaeorum u. a.), apologetische (De rationibus fidei contra Saracenos, Graecos et Armenos, Contra errores Graecorum), zur Verteidigung der Position der Bettelorden an der Universität (Contra impugnantes Dei cultum, De perfectione vitae spiritualis u. a.). Schließlich Schriften frommen, liturgischen, kanonistischen, homiletischen Inhalts. Vor allem das Offizium zum Fronleichnamsfest gehört hierher und die Expositio de Ave Maria.

Thomas von Aquin besaß eine umfassende Kenntnis der patristischen

Überlieferung, seine Exegese war allerdings behindert durch seine Unkenntnis des Hebräischen und Griechischen. Er blieb bei aller kritischen Methode wegen des Mangels an historischem Horizont, an Kenntnissen in den Hilfswissenschaften, einer technisch vervollkommneten Philologie, wie seine Zeitgenossen an einen theologischen Umgang mit dem heiligen Text gebunden, so wie ihn Patristik und Frühscholastik gepflegt hatten. Seine entscheidende Leistung lag auf dem Feld der spekulativen Theologie und der einmaligen denkerischen Leistung, mit der er die Philosophie der aristotelischen Genies in den Dienst der Offenbarungslehre und ihrer begrifflichen Erschließung stellte. Die Forschung der letztvergangenen Jahrzehnte betonte vor allem, daß Thomas von Aquin gerade im wissenschaftlichen Gewand seiner Theologie ein Meister des geistlichen Lebens gewesen sei.

Der methodische Ansatz seiner spekulativen Theologie wurde allerdings schon drei Jahre nach seinem Tod bestritten, als Bischof Stefan Tempier von Paris mit den 219 verurteilten Sätzen von 1277, die den an der Universität drohenden Rationalismus und Naturalismus (des heterodoxen Aristotelismus) verwarfen, auch 21 Texte aus dem Werk des heiligen Thomas traf. Mit der Kanonisation von 1323 (Johannes XXII.) wurde dieser Schatten allerdings im Bewußtsein der Kirche getilgt.

Die eigentlich von der Verurteilung Bischofs Tempiers betroffene Denkrichtung war in der Artistenfakultät beheimatet und betraf daher nicht so sehr theologische wie philosophische Irrtümer. Um die Mitte des Jahrhunderts war in der gelehrten Welt statt Avicenna Averroes „*der* Kommentator" des Aristoteles geworden. Das philosophische Bekenntnis zu ihm entwickelte sich in Paris zu einer lebhaften Bewegung. Die Lehre von der Ewigkeit der Welt, der Satz von der doppelten Wahrheit und der Monopsychismus wurden für sie charakteristisch. Ihr Führer war *Siger von Brabant* (1235—84), einer der bedeutendsten Aristoteles-Erklärer seiner Zeit, selbständig im Urteil und von konstruktiver Geisteskraft. Von einer anfänglichen radikalen averroistischen Aristotelesauffassung hat er sich später unter dem Einfluß der Werke des heiligen Thomas frei gemacht und dessen Aristotelesverständnis übernommen. Er verzichtete auf den Monopsychismus, hat auch formell nie die Lehre von der doppelten Wahrheit vertreten. Wenn er früher Determinist gewesen war, vertrat er in seiner Spätzeit die Freiheit des Willens.

Zusammen mit seinen Lehren wurde 1277 auch Boetius von Dacien verurteilt. Bei ihm fand sich aristotelischer, rein diesseitiger Paganismus. Weit gemäßigter waren die Magistri Jakob von Douai, Raoul der Bretone, Peter von Auvergne, Heinrich von Brüssel und in England Simon von Tavershan († 1306). Diese averroistische Richtung strahlte auch aus nach Bologna und Padua.

Der Beitrag Englands zur Geschichte der Hochscholastik hielt dem Frankreichs die Waage. Vor allem im Franziskanerorden fanden sich viele Gelehrte englischer Nationalität ein. Erinnert sei an den Begründer der Franziskanerschule in Paris, Alexander von Hales. Hier und vor allem in Oxford bildete sich eine Schule eigenen Gepräges. Zum Gründer des wissenschaftlichen Ruhmes der Universität Oxford wurde *Robert Grosseteste*, der auch die Franziskaner hier einführte. Bis zu seiner Erhebung zum Bischof von Lincoln war er Kanzler der Universität gewesen. Zuerst tief beeinflußt vom mittelalterlichen Augustinismus, hatte er als erster Engländer das philosophische System des Aristoteles übernommen und versucht, den ganzen Reichtum des nunmehr einströmenden Wissens der griechischen, arabischen und jüdischen Überlieferung zu verarbeiten. Im Gegensatz zu den Pariser Gelehrten legte er großes Gewicht auf die Pflege der Wissenschaften des Quadriviums, vor allem der Mathematik. Sein Bibelstudium war streng an den Text gebunden (wobei ihm seine Kenntnis des Griechischen zugute kam) und kritisch orientiert. Ein Humanist dagegen wie seine Zeitgenossen war er nicht. Als erster Regent des franziskanischen Studiums hatte er als Nachfolger zunächst noch die Weltpriester Peter (später Bischof von Aberdeen), Roger Welsham und Thomas den Walliser. Erst von 1247 an übernahmen die Franziskaner selbst die Leitung ihres Studiums. Zunächst tat es ein enger Mitarbeiter und Freund von Robert Grosseteste, Adam Marsh. Sein dritter Nachfolger wurde Thomas von York, dessen philosophische Summe, das „Sapientiale", berühmt wurde. Er war wie Grosseteste sehr vertraut mit der arabisch-jüdischen Philosophie. Thomas von York leitete dann von 1256 an das Franziskanerstudium in Cambridge. Sein Nachfolger in Oxford wurde Richard von Cornwall, dann Johannes von Wales, der mehr als seine Vorgänger theologisch hervortrat (Summa de Poenitentia). Nach ihm übernahm ein führender Exeget die Schulleitung, Thomas Docking aus Norfolk. Unter den englischen Franziskanern machte sich den größten Namen *Roger Bacon* (ca 1214—92). Beeinflußt von Grosseteste, Adam Marsh, Thomas von York und anderen Oxforder Gelehrten, wurde Roger Bacon selbst nicht Professor, vielleicht war er nicht einmal Priester. Vom spekulativen Denken wandte er sich enzyklopädisch umfassenden Forschungen auf dem Felde der Mathematik, der Naturwissenschaften und der Gesellschaftskunde zu. Er hat positive Wissenschaft um ihrer selbst willen, aber auch für den Dienst an der Theologie betrieben. Unabhängig und eigenwillig, intuitiv begabt und mit kritischer Schärfe ausgestattet, entwickelte er in seinem literarischen Werk Gedanken, deren Bedeutung in der Geistesgeschichte nicht so sehr in sich, als in ihrer anregenden Kraft für andere zu sehen ist. Er beklagte die Trennung von spekulativem Denken und der Erfahrungswissenschaft sowie die Unsicherheit, welche mit der unkritischen Handhabung überlieferter Texte gegeben war. Ein unsteter Wanderer, von Clemens IV. beauftragt, einen Reformplan für die kirchlichen Studien zu entwerfen, machte er sich viele Feinde, so daß er mehr als zehn Jahre bis kurz vor seinem Tod unter Hausarrest gestanden hat. Sein Hauptwerk war das „Opus majus". Darin forderte Bacon, daß die Wissenschaft dem praktischen Leben dienstbar zu machen sei. Revolutionierend war seine Forderung: die Einführung des Experiments. Im Theologischen blieb Bacon aber der augustinischen Tradition verbunden. Die hohe Bedeutung der englischen Gelehrten aus den Bettelorden wird besonders sichtbar an den beiden überragenden Persönlichkeiten, die einander auf dem Erzbischofsstuhl von Canterbury ablösten, Robert Kilwardby OP (ca 1210—79) und John Pecham OFM (ca 1220—92)[10].

Nach dem Urteil von Paris 1277, das auch Pecham in England sich zu eigen machte, setzten sich die Schulen der Thomisten und der Franziskaner im Gefolge des heiligen Bonaventura stärker gegeneinander ab. Der führende englische Thomist wurde in Oxford nach Richard Knapwell vor allem Thomas von Sutton. Ihnen überlegen an intellektueller Brillanz war allerdings immer noch der Franziskaner Richard von Middleton, der lange in Paris lehrte (1280/95). Er wird vielfach als ein Vorläufer des größten englischen Theologen angesehen, dessen Anfänge und auch sein früher Ausgang noch in unseren Zeitraum fallen: Johannes Duns Scotus (ca 1266—1308). Er studierte und lehrte abwechselnd in Oxford und Paris. 1307 sandte man ihn nach Köln, wo er bereits 1308 starb. Als Franziskaner blieb er der augustinischen Tradition verbunden, doch ging sein eklektischer Aristotelismus weit über das hinaus, was Bonaventura und Pecham zugelassen hatten. Die Oxforder Schule übermittelte ihm sein Interesse an der Mathematik und für das Experiment. Seine hohe kritische Kraft distanzierte ihn gleicherweise von der augustinischen und thomistisch-aristotelischen Sehweise. Doch auch er blieb bemüht um die Einheit von Glauben und Wissen, um eine Synthese von Metaphysik und Theologie.

In Paris und auf dem sonstigen Festland bedeutete die große Verdammung des Aristotelismus von 1277 eine Scheidung der Geister. Zwar zeigte sich ein gewisser Zug konservativer Reaktion, im großen und ganzen aber ging die Entwicklung auf den von den großen Meistern der Synthese bisher aufgewiesenen Bahnen weiter.

Das wissenschaftliche Leben vertiefte und bereicherte sich noch, eine große Zahl höchst bemerkenswerter Lehrer und Forscher traten auf, die sich den philosophischen und theologischen Problemkreisen in persönlicher, unabhängiger, kritischer Methode zuwandten.

Kurze Zeit nach 1277 erschien das „Correctorium fratris Thomae“ von Wilhelm de la Mare[11], gleichsam das Manifest der neu-augustinischen Franziskanerschule, in dem 117 thomistische Thesen kritisch untersucht wurden. Richard von Middleton (Mediavilla) gehörte ihr an, wenn er auch mit seiner

[10] *D. L. Douie,* Archbishop Pecham (Oxford 1952).

[11] Declarationes Magistri Gulielmi de la Mare O. F. M. de variis sententiis S. Thomae Aquinatis, ed. *F. Pelster* (Münster 1956); *V. Heynck,* Zur Datierung des „Correctorium fratris Thomae“ Wilhelms de la Mare. Ein unbeachtetes Zeugnis des Petrus Johannis Olivi: FStud 49 (1967) 1—21.

Erkenntnislehre sich Thomas näherte. Vital du Four ist zu nennen und vor allem Wilhelm von Ware, einer der Lehrer des Duns Scotus. Zur Franziskanerschule von Paris muß man auch Petrus Johannis Olivi (Olieu) zählen († 1298), von dem bereits im Zusammenhang mit der Spiritualenbewegung die Rede war. Er lehrte zwar nicht in Paris, wohl aber u. a. in Florenz und hinterließ ein umfangreiches theologisches Schrifttum. Gegen ihn sprach sich das Konzil von Vienne (1311/12) bekanntlich für die Lehre von der Seele als „forma corporis" des Menschen aus. Im allgemeinen blieb er der traditionellen Denkrichtung seines Ordens treu.

Neu-augustinisch im Gefolge von Pecham in seiner Reaktion gegen den Thomismus war auch Heinrich von Gent († 1293) in lebhafter Auseinandersetzung mit Aegidius von Rom und Gottfried von Fontaines. Er entwickelte eine neuplatonische Metaphysik mit deutlichem Einfluß von Avicenna.

Parallel zu dieser zumeist von Franziskanern vertretenen neu-augustinischen Richtung bildete sich die junge Thomistenschule heran, deren Vertreter zumeist dem Dominikanerorden angehörten. Bemerkenswerterweise traten dabei die unmittelbaren Schüler des heiligen Thomas weniger hervor wenn man von Ptolemäus von Lucca in Neapel absieht. Die bedeutendsten Gelehrten aus der Schule des heiligen Thomas wurden der Augustinereremit Aegidius von Rom († 1316), Gottfried von Fontaines († 1306), der Weltpriester Petrus von Auvergne († 1304) und Heinrich Bate von Mecheln († nach 1310).

Zusammenfassend kann man das 13. Jh. als ein Zeitalter philosophisch-theologischer Kultur bezeichnen. Maurice de Wulf nannte es das Goldene Zeitalter der Metaphysik. Durch sie wurde die Theologie spekulativ, ohne den Kontakt mit der Heiligen Schrift und der patristischen Tradition zu verlieren. Das griechisch-jüdisch-arabische Erbe hat sie nicht nur bereichert, sondern auch bereitgemacht, sich apologetisch auseinanderzusetzen mit der Welt des Judentums und des Islams.

Die literarische Kultur des 12. Jh. wurde abgelöst von der Pflege der Fachwissenschaften, die sich ihre eigenen Sprachen formten. Zwar besaßen die großen Gelehrten, wie Bonaventura und Thomas, einen persönlich geprägten literarischen Stil, erreichten aber nicht mehr die Brillanz und Lebendigkeit des 12. Jh.

Eine gewisse Ambivalenz der Zeit zeigte sich in der Entwicklung eines heterodoxen Aristotelismus bei den Artisten, die Gefahr eines rationalisierenden Naturalismus kündigte sich an. Siger von Brabant wurde zu seinem Exponenten, gegen den Bonaventura, Pecham und Thomas zu Felde zogen. Aber Thomas selbst entging nicht der Kritik seitens fast der gesamten theologischen Fakultät von Paris. Er hatte mit dem von ihm kritisch durchdachten und assimilierten aristotelischen Gedankengut (vor allem mit dessen Wissenschaftsbegriff) die erste christliche Philosophie origineller Prägung geschaffen, aber für seinen Kritiker Johannes Pecham lagen eben hier die künftigen Gefahren für die Theologie; er meinte, ein Nachgeben gegenüber den Positionen Sigers bei Thomas feststellen zu können, zu weitgehende Konzessionen an eine heidnische Philosophie. Und doch beherrscht in historischer Sicht die Gestalt des heiligen Thomas sein Jahrhundert. Sein Werk setzte die Bemühungen der ersten Jahrhunderthälfte voraus und baute auf ihnen auf. Die philosophisch-theologischen Auseinandersetzungen, die seine Lebenszeit erfüllten, haben sein Denken angeregt und zur Entfaltung gebracht. Die heftige Reaktion gegen seine Gesamtkonzeption und die scharfe Kritik des Duns Scotus haben seine Schüler und Nachfolger gezwungen, das Werk des Meisters zu vertiefen und zu genauerem Verständnis zu bringen. Der bleibende und zeitlose Wert der Synthese des heiligen Thomas sollte aber erst späteren Jahrhunderten voll zum Begriff kommen. In diesem Sinn gilt das Wort Gilsons: „Dieser einsame Gelehrte schrieb nicht für sein Jahrhundert, aber die Zukunft sollte ihm gehören."

34. Kapitel

Kardinäle und Kurie im 13. Jahrhundert

LITERATUR: Kardinäle: *A. Ciaconius,* Vitae et res gestae Pontificum Romanorum et S. R. E. Cardinalium ab A. Oldonio recognitae I (Rom 1677); *Hinschius* I 309—372 (Kardinäle), 373—497 (Die römische Curie); *J. P. Kirsch,* Die Finanzverwaltung des Kardinalskollegiums im 13. und 14. Jh. (Münster 1895); *J. B. Sägmüller,* Die Thätigkeit und Stellung der Cardinäle bis Papst Bonifaz VIII. (Freiburg i. Br. 1896); *P. M. Baumgarten,* Untersuchungen und Urkunden über die Camera Collegii Cardinalium für die Zeit von 1225 bis 1437 (Leipzig 1898); *J. B. Sägmüller,* Die oligarchischen Tendenzen des Kardinalskollegs bis Bonifaz VIII.: ThQ 83 (1901) 45—93; *J. Maubach,* Die Kardinäle und ihre Politik um die Mitte des XIII. Jh. (Bonn 1902); *J. Lulvès,* Die Machtbestrebungen des Kardinalats bis zur Aufstellung der ersten päpstlichen Wahlkapitulationen (Rom 1910); *ders.,* Die Machtbestrebungen des Kardinalskollegiums gegenüber dem Papsttum: MIÖG 35 (1914) 455—483; *E. Schelenz,* Studien zur Gesch. des Kardinalats im 13. und 14. Jh. (Marburg 1913); *B. Katterbach - W. M. Peitz,* Die Unterschriften der Päpste und Kardinäle in den „Bullae majores" vom 11. bis 14. Jh.: Misc. F. Ehrle IV (Rom 1924) 177—274; *H. Hofmann,* Kardinalat und kuriale Politik in der ersten Hälfte des 14. Jh. (Diss. Leipzig 1935); *E. Kartusch,* Das Kardinalskollegium (1181—1227) (Diss. Wien 1948); aufschlußreich ist auch im Rückblick *G. Mollat,* Le Sacré Collège de Clément V à Eugène IV: RHE 46 (1951) 22—112 566—594; *K. Ganzer,* Die Entwicklung des auswärtigen Kardinalats im hohen MA. Ein Beitrag zur Gesch. des Kardinalskollegiums vom 11. bis 13. Jh. (Tübingen 1963); *C. G. Fürst,* Die „geborenen" Kardinäle: ZKTh 88 (1966) 51—74; *Ph. Hofmeister,* Die Titelkirchen der Kardinäle: MThZ 17 (1966) 13—23.

Kurie: Liber diurnus, ed. *H. Foerster* (Bern 1958); *M. Tangl,* Die päpstlichen Kanzleiordnungen von 1200—1500 (Innsbruck 1894); *J. Teige,* Beiträge zum päpstlichen Kanzleiwesen des 13. u. 14. Jh.: MIÖG 17 (1896) 408—439; *P. M. Baumgarten,* Aus Kanzlei und Kammer (Freiburg i. Br. 1907); *W. V. Hofmann,* Forschungen zur Gesch. der Kurialbehörden (Rom 1914); *R. L. Poole,* Lectures on the History of the Papal Chancery down to the Time of Innocent III (London 1916); *R. Göller,* Die Kubikulare im Dienste der päpstlichen Hofverwaltung vom 12. bis 15. Jh.: Festschr. P. Kehr (München 1926) 622 bis 644; *C. Bauer,* Epochen der Papstfinanz: HZ 133 (1928) 457—504; *F. Baethgen,* Quellen und Untersuchungen zur Gesch. der päpstlichen Hof- und Finanzverwaltung unter Bonifaz VIII.: QFIAB 20 (1928/29) 114—195 (auch in: Medievalia I 228—295); *G. Barraclough,* The Chancery Ordinance of Nicolas III: QFIAB 25 (1933/34) 192—250; *H. Göring,* Die Beamten der Kurie unter Bonifaz VIII. (Diss. Königsberg 1934); *W. E. Lunt,* Papal Revenues in the Middle Ages, 2 Bde (New York 1934); *L. Nina,* Le finanze pontificie nel medioevo, 3 Bde (Mailand 1929/32); *B. Rusch,* Die Behörden und Hofbeamten der päpstlichen Kurie des 13. Jh. (Königsberg - Berlin 1936); *G. Felici,* La Reverenda Camera apostolica (Rom 1940); *R. Elze,* Die päpstliche Kapelle im 12. u. 13. Jh.: ZSavRGkan 36 (1950) 145—204; *R. Brentano,* York Metropolitan Jurisdiction and Papal Judges Delegate (1279—96) (Berkeley 1959); *P. Herde,* Beiträge zum päpstlichen Kanzlei- und Urkundenwesen im 13. Jh. (Kallmünz 1961); *J. Sayers,* Canterbury Proctors at the Court of „Audientia litterarum contradictarum": Tr 22 (1966) 311—345; *Ch. R. Cheney,* The Study of the Medieval Papal Chancery (Glasgow 1966); *W. Ullmann,* On the Heuristic Value of Medieval Chancery Products with Special Reference to Papal Documents: Annali della Fondazione Italiana per la Storia amministrativa 1 (Mailand 1964) 117—134; *P. Herde,* Marinus von Eboli „Super revocatoriis" and „De confirmationibus": QFIAB 42/43 (1964) 119—264.

Kaiser Friedrich II. hatte die Kardinäle als „Nachfolger der Apostel" angesprochen, als er ihnen 1239 nahelegte, ein Konzil einzuberufen, auf dem sein Streit mit Gregor IX. zum Austrag kommen sollte. Am Ende des Jahrhunderts nahm König Philipp IV. von Frankreich das gleiche Wort in ähnlichem Zusammenhang wieder auf. Wenn auch die Kanonisten alsbald den Unterschied hervorhoben, der zwischen einer solchen „Nachfolge" und der anerkannten Stellung der Bischöfe als „successores apostolorum" bestünde, wird anderseits doch deutlich, welch hohen Rang im Bewußtsein der Zeit der Kardinalat[1] mit dem machtvoll aufsteigenden Papsttum gewonnen hatte. Seine Anfänge aus dem römischen Stadtklerus lagen weit zurück. Innozenz IV. sprach unbefangen davon, die Kardinäle besäßen die Autorität von Senatoren. Als Berater des Papstes und Teilnehmer an der Regierung der Kirche tagten sie unter Vorsitz des Papstes im Konsistorium, das die römischen Synoden abgelöst hatte. Früh hießen sie bereits „pars corporis papae", so wie die Reichsfürsten als „pars corporis imperatoris" angesehen wurden. Hatte die Descriptio sanctuarii Lateranensis (um 1100) noch von 53 Kardinälen gewußt (7 Bischöfen, 28 Priestern, 18 Diakonen), sank diese Zahl im 13. Jh. auf weniger als 20, gelegentlich sogar auf weniger als 10. Dazu kam, daß sich die Kardinäle kraft des *korporativen* Denkens der Zeit immer stärker als Kollegium und Körperschaft herausstellten[2]. Die Anfänge eigener

[1] *S. Kuttner,* Cardinalis, the History of a Canonical Concept: Tr 3 (1945) 129—214; *M. Andrieu,* L'origine du titre de cardinal dans l'Église romaine: MiscMercati V (Rom 1946) 113—144.

[2] Über das Verhältnis von Papst und Kardinälen nach kanonistischem Verständnis vgl. *B. Tierney,* Foundations of the Conciliar Theory (Cambridge 1955) 68—84 (Pope and Cardinals).

Finanzverwaltung reichten bis in den Pontifikat Kalixts II. hinab (1119—24). Im 13. Jh. leitete sie ein Kardinalkämmerer, der von dem Vorstand der päpstlichen Kammer wohl zu unterscheiden war. Nikolaus IV. gewährte dem Kollegium (1289) den hälftigen Anteil am Einkommen des Heiligen Stuhles. Es mußte sich die Frage aufdrängen, zumal angesichts der lange währenden Sedisvakanzen dieser Epoche (alle zusammen genommen machten im 13. Jh. fast zehn Jahre aus), welche Gewalt dem Kollegium bei der Regierung der Kirche zustehe. Der führende Dekretalist (Hostiensis), selbst Kardinalbischof von Ostia und so „prior et decanus" des Kollegiums, glaubte, Kollegium und Papst bildeten eine Einheit (unum et idem est), es nehme teil an der „plenitudo potestatis"[3]. Andere dagegen beschränkten die eigentliche Vollmacht der Kardinäle auf ihr Recht (und ihre Pflicht), den Papst zu wählen, während ihnen sonst alle Autorität vom Papst zukomme, denn was sie sind, sind sie durch den Papst, der sie ernennt, privilegiert, ihnen Aufgaben zuweist, sie gegebenenfalls ihrer Würde entkleidet. Tatsächlich haben die Kardinäle während der Sedisvakanzen bei Rechts- und Verwaltungsentscheidungen sich stets so verhalten, daß sie die päpstlichen Primatialvollmachten nicht in Anspruch nahmen. So waren sie im Konsistorium Berater, aber nicht eigentlich mitbeschließende Teilnehmer, wenn auch in päpstlichen Schreiben (durchaus nicht immer übrigens) oft davon die Rede war, Entscheidungen seien getroffen „de fratrum nostrorum consilio (bzw. consensu)". Die Forschung ist sich heute darüber einig, daß damit weder eine Notwendigkeit der Beratung gemeint sei, noch auch die Zustimmung der Kardinäle zu päpstlichen Beschlüssen deren Rechtskraft mitbestimme. Ähnlich sind auch die Unterschriften der Kardinäle unter besonders feierliche Papsterlasse zu interpretieren. Was immer an Autorität und Würde dem Kardinalat zuwuchs, kam durch Verleihung seitens des Papstes und war mithin *positiv-kirchlichen* Rechts. Die Kardinäle erhielten keine Weihe, waren an sich keine Bischöfe, auch wenn sie im Lauf der Zeit diese an kirchlichem Rang übertrafen und wie sie Sitz und Stimme auf Konzilien hatten.

Im 13. Jh. bediente sich der Papst, wie schon vorher, der Kardinäle weitgehend bei der Regierung der Kirche und des Patrimoniums, wo sie die wichtigsten Rektorate (Provinzregierungen) übernahmen. Bei Legationen erhielten sie weitgehende (auch richterliche) Vollmachten und traten dabei in fast päpstlicher Gewandung und mit päpstlichem Zeremoniell auf. Innozenz IV. verlieh ihnen (1245) den roten Hut. In Rom wurden sie bei Lebzeiten des Papstes eine Art Staatsrat, nach seinem Tod übernahmen sie die Regentschaft[4]. Ihre Ehrenvorrechte begannen sich zu häufen. Der Papst war

[3] Die Meinung des Hostiensis referiert *B. Tierney,* Foundations 149—153 (Hostiensis and the Roman Church).

[4] *G. Le Bras,* Institutions I (Paris 1959) 346; vgl. das ganze Kapitel: „Ascension et soumission du Sacré Collège" (340—348).

ihr einziger Richter, ihm folgten sie (weltlich den Kurfürsten gleichgestellt) unmittelbar im Rang.

Wenn sie unter Leitung des Papstes im Konsistorium gleichsam auch den obersten Gerichts- und Verwaltungsorganismus der Kirche darstellten, entwickelte sich daneben die Kurie selbständig, deren Abteilungen, soweit sie sich im 13. Jh. ausbildeten, keineswegs (mit Ausnahme der Pönitentiarie) von Kardinälen geleitet wurden. Vielleicht war die Zahl der Kardinäle dafür zu gering; manche waren für längere Zeit auf Legationen von Rom abwesend. Vielleicht glaubten die Päpste aber auch auf diese Weise, den Apparat der Kurie unmittelbar zur eigenen Verfügung halten zu können. Die Bestrebungen des Kardinalskollegiums, sich gleichrangig und wesentlich in die oberste Führung der Kirche einzugliedern, waren ja, auch wenn sie später erst offen zutage traten, im 13. Jh. bereits nicht mehr zu verkennen.

Die Kurie. Im Ausbau der Kurie[5] brachte die Zeit der großen Juristenpäpste (von Innozenz III. bis Bonifaz VIII.) Vergrößerung und zugleich Vereinfachung mit sich. Sie wurde zum Verwaltungs- und Gerichtsapparat eines geistlichen „commonwealth", dem die Entwicklung des kanonischen Rechts (vor allem durch die Kodifikationen dieses Jahrhunderts, von den Dekretalen Gregors IX. bis zum Liber Sextus Bonifaz' VIII.) eine einheitliche, alle Länder der Christenheit durchwaltende Ordnung gegeben hatte. Sie zu wahren und auszubauen wurde eine der wesentlicheren Aufgaben der Kurie, die also Regierungs-, Verwaltungs- und Gerichtsfunktionen zu erfüllen hatte. Allerdings lag die letzte Entscheidung immer beim Papst, der diese meistens im Konsistorium zur Reife kommen ließ.

Die Verwaltung unterstand den beiden Ämtern der Kanzlei und der Kammer. Die richterlichen Arbeiten verteilten sich auf die Pönitentiarie (für den Gewissensbereich) und die Audientia causarum (oder Audientia Sacri Palatii), aus der seit Ende des 13. Jh. die Sacra Rota Romana hervorgehen sollte. Neben diesen Ämtern, deren Tätigkeiten noch nicht immer rein voneinander abgehoben werden konnten, verfügte der päpstliche Hof noch über die nach weltlichem Modell entwickelte „Capella" (für den Gottesdienst). Die „capellani", eine immer zahlreicher werdende Gruppe, mußten sich allerdings auch für weitere Dienste, diplomatische besonders, bereit halten. Weltliche Würdenträger, Beamte und Angestellte trugen Sorge für Unterbringung, Unterhalt und Ordnung dieses umfangreichen Gemeinwesens, das sich ja häufig auf Reisen befand und dafür entsprechende Vorkehrungen verlangte.

Die Kanzlei — der Name „Cancellaria" erscheint bereits 1182 — sollte grundsätzlich den gesamten Schriftverkehr zwischen Papst und Christenheit erledigen. Doch zweigten bald für die Pönitentiarie und für die Kammer eigene Register ab. Seit 1187 gab es, von kurzen Unterbrechungen abgesehen, keinen Kanzler mehr, bis Honorius III. das Amt endgültig ab-

[5] Vgl. über die Anfänge der Kurie Kap. 4

schaffte und durch das des „vice-cancellarius“ ersetzte. Bis zum Ende des 13. Jh. war der Vizekanzler nicht Kardinal.

Das Statut der Kanzlei befand sich zu dieser Zeit noch in voller Entwicklung. Unter dem Vizekanzler arbeiteten die Notare, der Korrektor, der Auditor litterarum contradictarum, Abbreviatoren, Skriptoren und Bullatoren. Das Siegel mußte übers Wochenende beim Kämmerer hinterlegt werden. Seit etwa der Mitte des 13. Jh. ging die Kanzleitätigkeit der Notare langsam zurück, während der Vizekanzler, bisher mehr „primus inter pares“, seine Autorität steigerte.

Neben den Urkunden, welche der Initiative des Papstes selbst entsprachen, bearbeitete die Kanzlei vor allem die Erledigung der von überall her schriftlich an die Kurie ergehenden Bitten (Suppliken), die sich mit Fragen aus den verschiedensten Bereichen der kirchlichen Rechtsordnung befaßten. Sie wurden in der sogenannten Data communis in Empfang genommen und geprüft, die wichtigeren sodann in knapper Form redigiert dem Papst zur Entscheidung vorgelegt. Falls dort bewilligt, fertigte man einen Briefentwurf (minuta) an, der sodann ins reine geschrieben, vom Korrektor oder anderen Beamten (Vizekanzler, Notare) kontrolliert und von den Bullatoren gesiegelt wurde. Wenn Papst, Kurie oder Bittsteller es wünschten, wurde die Urkunde ins Register eingetragen und dann ausgeliefert. Falls solche Rechts- oder Gnadenbriefe bei den beteiligten Parteien auf Widerspruch stießen und angefochten wurden, beschäftigte sich die Audientia litterarum contradictarum mit der Sache; die Organisation dieses Kurienorgans war aber im 13. Jh. noch nicht voll durchgebildet.

Die Hauptlast der Kanzleiarbeit lag beim Vizekanzler und seinen sechs (höchstens sieben) Notaren, welche die wichtigeren Bitten dem Papst vortrugen (später übernahm der Referendar diese Funktion). Sie hatten fehlerhaft verfaßte Bitten zurückzuweisen, bewilligte dagegen auszufertigen. Für die Anfertigung der Briefkonzepte beschäftigte jeder Notar eigene Abbreviatoren. Je weniger sich die Notare (seit etwa 1250) um die laufende Alltagsarbeit kümmerten, desto mehr gerieten die Abbreviatoren unter die Leitung des Vizekanzlers selbst. Siegelbewahrer blieb nach wie vor der Kämmerer. Zur Kammer hatte ja die Kanzlei enge Beziehungen, sei es, daß sie von dort ihre Materialien erhielt (Pergament, Blei, Seide), sei es, daß die Kammer an jenen Urkunden und Akten beteiligt blieb, die sich mit Geldfragen oder mit der Verwaltung des Kirchenstaates beschäftigten. Über die Leistungen der Kanzlei geben die erhaltenen oder registrierten Urkunden kein volles Bild, da nur ein Bruchteil von ihnen erhalten blieb bzw. registriert wurde. 1302 verfügte die Kanzlei über Materialien für 11 000 Urkunden, doch sind nur 1036 Schriftstücke für dieses Jahr nachweisbar.

Die Kammer versah die Finanzverwaltung des Heiligen Stuhles. Gewaltige Aufgaben hatte der Papst übernehmen müssen, vor allem bei der Organisation der Kreuzzüge, bei den Konflikten zwischen Kirchenstaat und Reich, bei den Subventionen, die sich allenthalben bei Spannungen innerhalb der Christenheit als nötig erwiesen. Dazu kam die steigende Last des Unterhalts eines sich ausdehnenden Verwaltungsorganismus, der Kurie selbst. So wurde eine eigene Finanzverwaltungsbürokratie notwendig. Für die Anfänge der Camera apostolica hat vielleicht Cluny das Modell abgegeben[6]. Die Einkünfte kamen aus dem Steueraufkommen des Patrimonium, aus den Erträgen des Peterspfennig[7], aus den Geschenken der Prälaten beim Besuch an der Kurie. Von Innozenz III. an wurden diese dann in Taxen und bestimmte Leistungen umgewandelt. Bei Ernennung und Bestätigung von Bischöfen und Äbten waren die servitia communia[8] (= ein Drittel eines Jahreseinkommens) fällig, die Ausfertigung von Kanzleiakten mit Bezahlung von diversen Gebühren verbunden. Aus dem Kreuzzugszehnten entwickelte sich allmählich ein System allgemeiner Besteuerung der Christenheit.

Die Leitung der Kammer lag stets bei einem Bischof, gelegentlich auch bei einem Kardinal (der nicht zu verwechseln war mit dem Kämmerer des Kardinalskollegiums). Ihm unterstanden die Kollektoren, welche ausgeschickt wurden, um an Ort und Stelle die entsprechenden Gelder zu sammeln (bzw. bei Naturalauflagen diese in Geld umzusetzen) und zu überweisen. Da seit der Mitte des 13. Jh. zu den servitia communia (für höhere) die Annaten (für niedere Pfründen) traten[9], d. h. ein Jahresaufkommen, das zumeist noch Naturallieferungen bedeutete, mehrten sich die Arbeiten der Kollektoren.

Da es noch keine Scheidung zwischen päpstlicher und kirchlicher Kassenführung gab (nach Entsprechung einer Trennung von mensa abbatis und mensa conventus, mensa episcopi und mensa capituli), gehörte der Kämmerer zu den engsten Mitarbeitern des Papstes selbst. Der eigene Schriftverkehr wurde im Kameralregister aufgezeichnet (seit Urban IV.). Kammerkleriker führten die Korrespondenz, überprüften Verträge, kontrollierten die Eingänge der Kollektoren. Die Kammer besaß eigene Gerichtsbeamte (Auditor, Fiskalprokurator, Advokaten), da natürlich Prozesse sich häuften. Für den Geldverkehr bediente die Kammer sich der Bankhäuser von Florenz, Genua u. a., deren Vertreter in Rom mercatores curie romane hießen. Unter dem Kämmerer stand der eigentliche Verwalter der Kasse (thesaurarius), das heißt der verfügbaren Bargelder.

Die Gerichtsbehörden. Während im 12. Jh. das Konsistorium unter dem Vorsitz des Papstes strittige Fälle und Berufungen erledigen konnte, entstanden im Lauf des 13. Jh. eigene Behörden, welche aber erst im 14. Jh. voll ausgebildet werden konnten. Für den Gewissensbereich zunächst die Pöni-

[6] *J. Sydow,* Cluny und die Anfänge der Apostolischen Kammer: SM 63 (1951) 45—66.

[7] *K. Jordan,* Zur päpstlichen Finanzgeschichte im 11. u. 12. Jh.: QFIAB 25 (1933/34) 61 bis 104; *C. Daux,* Le Denier de saint Pierre (Paris 1907).

[8] *A. Gottlob,* Die Servitientaxe im 13. Jh. (Stuttgart 1903).

[9] *J. Vincke,* Die Krone von Aragón und die Anfänge der päpstlichen Annaten: RQ 40 (1932) 117—182.

tentiarie. Seit langem (dem 7. Jh. etwa) hatte sich der Papst eines Pönitentiars bedient, doch war dessen Tätigkeit durch die wachsende Fülle der Reservationen und Dispensen außerordentlich gewachsen, so daß er sich entsprechende Hilfe nehmen mußte. Auch mehrten sich seit dem Pontifikat Alexanders III. (1159—81) die Delegationen, so daß nunmehr der Kardinalpönitentiar einen Stab von Mitarbeitern besitzen mußte und die Pönitentiarie[10] entstand, deren Struktur sich unter Gregor IX. (1227—41) ausbildete und bis ins 14. Jh. hinein ständig vervollkommnete.

Aus dem Formular des Thomas von Capua (unter Honorius III.) geht hervor, daß die Pönitentiarie von Fehlern und Zensuren lossprach, die dem Papst reserviert waren, Dispensen erteilte bei Irregularitäten und Ehehindernissen, illegale und ungerechte Entscheidungen kassieren, Gelübde lösen, abändern oder aufschieben konnte, Indulte expedierte, Privilegien erteilte, Bußen verringerte. Der Großpönitentiar war Beichtvater der Kardinäle und der bei der Kurie weilenden Prälaten. Unter Bonifaz VIII. gab es bis zu zwölf Unterpönitentiare, vielfach waren es Ordensleute aus verschiedenen Nationen.

Die öffentliche Rechtsprechung lag bei der Audientia sacri palatii, aus der sich im 14. Jh. die Rota entwickelte. Als im Verlauf des 12. Jh. die Zahl der Rechtsfälle, welche direkt oder auf dem Berufungsweg an die Kurie gelangten, immer mehr anstieg, wurden immer mehr Auditoren beauftragt, welche die Prozesse einleiteten und dem Papst (zusammen mit den Kardinälen) zur Entscheidung vorlegten, gegebenenfalls auch selbst mit der Entscheidung beauftragt wurden. Auditoren nahm man aus dem Kreis der Kardinäle, der Bischöfe, wohl auch aus den päpstlichen capellani. Um die Mitte des 13. Jh. gab es bereits hauptamtliche Auditoren (auditores generales causarum palatii), bis zu 14 unter Bonifaz VIII., die ein Kollegium bildeten: die Audientia sacri palatii. Diese beschäftigte sich mit allen Zivil- und Strafsachen, die unter die Kompetenz des Heiligen Stuhles fielen. Die causae majores und Wahlstreitigkeiten reservierte auch jetzt noch der Papst sich und den Kardinälen. Eine feste Organisation erhielt diese päpstliche Gerichtsbehörde erst 1331 in der Bulle „Ratio juris"; später nannte man sie Rota[11].

Neben ihr war die sogenannte, zur Kanzlei gehörende Audientia litterarum contradictarum tätig. Von Innozenz III. beauftragt, beschäftigte sie sich mit gerichtlichen Schriftstücken und auch mit Gnadenerweisen der Kurie, die von den Gegnern des Briefadressaten angefochten worden waren. Sie sollte im allgemeinen in dem umfangreichen Gerichtsgetriebe der Kurie

[10] *E. Göller,* Die päpstliche Pönitentiarie von ihrem Ursprung bis zu ihrer Umgestaltung unter Pius V., I: Die päpstliche Pönitentiarie bis Eugen IV. (Rom 1907); *Th. Majic,* Die Apostolische Pönitentiarie im 14. Jh.: RQ 50 (1955) 129—177.

[11] *E. Schneider,* Die römische Rota (Paderborn 1914); *Ch. Lefèbvre,* Rote romaine: DDC 7 (1961) 742—771 (Lit.).

Ordnung schaffen, sinnlose Streitfälle von vornherein ausschalten, vor Ingangsetzung eines Prozesses sich um schiedlichen Kompromiß bemühen. Das geschah durch Korrektur der Akten, Ausräumen von bürokratischen Schikanen, von Prozeßverschleppungen. Während sie so auf irenische Weise den Gang der Geschäfte regelte oder auch reformierte, wurden Kanzleiregeln und Gerichtsgebäude von der Audientia publica erstellt und veröffentlicht. Bei zunehmender Schriftlichkeit der Prozeßführung im 13. Jh. nahm sich die Audientia litterarum contradictarum auch der Regelung und Systematisierung der Reskripte an sowie der Prüfung von Prozeßeinreden (vor allem solcher, die dilatorischen Charakters waren). Sie sollte den Parteien bei der Wahl der Richter behilflich sein[12].

Neben den Behörden der eigentlichen Kurie entstand das Kollegium der päpstlichen Kapläne. Diese widmeten sich nicht nur dem Gottesdienst am päpstlichen Hof[13], sondern auch vielerlei diplomatischen und gerichtlichen Aufgaben. Im 12. Jh. bereits zahlreich, wuchs ihre Zahl unter Innozenz IV. auf nahezu zweihundert. Dem Weihegrad nach zunächst Subdiakone, später auch Diakone und Priester, entstammten sie stadtrömischen Patrizierfamilien, oft auch der päpstlichen Sippe. Sie taten Dienst als Pönitentiare, Almosenverwalter, Sakristane, waren auch Kammerherren, Schatzmeister, Lektoren der näheren päpstlichen Umgebung.

Die eigentlichen Palastämter wurden von Laien wahrgenommen, dazu kam das z. T. zahlreiche Personal von Küche, Stall, Hausdienst, Polizei und Kurieren.

Ein gewaltiger Apparat für die kirchliche Rechts- und Verwaltungsarbeit, der natürlich auch entsprechende Funktionen im Regiment des Kirchenstaates wahrzunehmen hatte, ließ gegen Ende des 13. Jh. erkennen, wie weitgreifend die praktische Leitung der Kirche durch den Papst geworden war. Belastet mit allen Schwächen großer Bürokratien, aber auch ausgezeichnet durch erstaunliche Leistungen von Gericht, Kammer und Kapelle, gehörte die Kurie des 13. Jh. zu den eindrucksvollsten Phänomenen kirchlichen Lebens im hohen Mittelalter.

35. Kapitel

Cölestin V. und Bonifaz VIII.

LITERATUR: Cölestin V.: *ActaSS* Maii IV (1685) 419—461; *P. M. Baumgarten,* Il regesto di Celestino V (Chieti 1896); *F. X. Seppelt,* Studien zum Pontifikat Cölestins V. (Berlin 1910); *ders.,* Monumenta Coelestiniana (Paderborn 1921); *J. Hollnsteiner,* Die

[12] *G. Mollat,* Contribution à l'histoire judiciaire de l'Église romaine au XIVe siècle: RHE 32 (1936) 877—928.

[13] *R. Elze,* Die päpstliche Kapelle im 12. u. 13. Jh.: ZSavRGkan 36 (1950) 145—204.

„Autobiographie" Cölestins V.: RQ 31 (1923) 29—40; *F. Baethgen,* Beiträge zur Gesch. Coelestins V. (Halle 1934); *P. Laurelli,* Dante e Celestino V (Isernia 1939); *F. Baethgen,* Der Engelpapst (Leipzig 1943); *R. Mols,* Célestin V: DHGE 12 (1953) 79—101 (Lit.); *A. Frugoni,* Celestiniana (Studi storici 6—7) (Rom 1954); *G. Celidonio,* S. Pietro del Morrone (Celestino V) (Pescara ²1954); *G. Marchetti-Longhi,* Considerazione sull'accettazione e la rinunzia di Celestino V al pontificato: Benedictina 11 (1957) 219—233; *ders.,* Castel Fumone e la prigione di Papa Celestino V: Strenna Ciociaria (Rom 1965) 81—90; *I. Hösl,* Kardinal Jacobus Gaetani Stefaneschi, Berlin 1908 (Stefaneschi war Verfasser eines „Opus metricum" über Cölestin V.), ed. *F. X. Seppelt,* Monumenta Coelestiniana [Paderborn 1921] 3—146; kritisch dazu *R. Morghen:* BIStIAM 46 [1931] 1 bis 39. — Amtsverzicht: *A. Graf,* Il rifiuto di Celestino V: Miti, leggende e superstizioni del Medio Evo II (Bologna 1965) 223—235 (Neudruck der Turiner Ausgabe von 1893); *J. Leclercq,* La renonciation de Célestin V et l'opinion théologique en France du vivant de Boniface VIII: RHEF 15 (1939) 183—192; S. *Garcia Palou,* El Beato Ramon Llul y la cuestión de la renunciabilidad de La Sede romana: AST 17 (1944) 67—96; *W. Ullmann,* Medieval Views Concerning Papal Ábdication: IER 71 (1949) 125—133; *F. Schneider,* Der große Verzicht Cölestins V.: Deutsches Dante-Jahrbuch 33 (1954) 212—214.

Bonifaz VIII.: *H. Finke,* Aus den Tagen Bonifaz' VIII. Funde und Forschungen (Münster 1902, Neudruck Rom 1964); *R. Scholz,* Die Publizistik zur Zeit Philipps des Schönen und Bonifaz' VIII., ein Beitrag zur Gesch. der politischen Anschauungen des MA (Stuttgart 1903, Neudruck Amsterdam 1962); *M. Brosch,* Bonifaz VIII. und die Republik Florenz: ZKG 25 (1904) 233—247; *K. Wenck,* War Bonifaz VIII. ein Ketzer?: HZ 94 (1904) 1—66; *R. Holtzmann,* Papst Bonifaz VIII. ein Ketzer?: MIÖG 26 (1905) 488 bis 498; *R. Scholz,* Zur Beurteilung Bonifaz' VIII. und seines sittlichen Charakters: HV 9 (1906) 470—515; *H. Finke,* Acta Aragonensia, 3 Bde (Berlin 1908/22); *P. Fedele,* Per la storia dell'attentato di Anagni: BISI 41 (1921) 195—232; *J. Rivière,* Le problème de l'Église et de l'État au temps de Philippe le Bel (Löwen-Paris 1926); *G. Caetani,* Domus Caetana I (Sancasciano-Pesa 1927); *F. Baethgen,* Quellen und Untersuchungen zur Gesch. der päpstl. Hof- und Finanzverwaltung unter Bonifaz VIII.: QFIAB 20 (1928/29) 114—195, jetzt auch in: Mediaevalia I 228—295; *T. S. R. Boase,* Boniface VIII (London 1933; bisher letzte wissenschaftl. Biogr.); *H. K. Mann,* The Lives of the Popes in the Middle Ages, Bd 18 (London 1932); *G. de Lagarde,* La naissance de l'esprit laïque au déclin du moyen âge I: Bilan du XIIIe siècle (Löwen-Paris ³1956; zuerst 1934); *F. M. Powicke,* Pope Boniface VIII: History 18 (1934) 307—329; *G. Digard,* Philippe le Bel et le Saint-Siège de 1185 à 1304, 2 Bde (Paris 1936); *R. Fawtier,* Introduction (zu den abgeschlossenen Registerbänden über die Kanzlei des Papstes) (Paris 1939); *ders.,* Histoire de Moyen Age VI, L'Europe occidentale de 1270 à 1380, Première partie: De 1270 à 1328 (Paris 1940); *M. Seidlmayer,* Papst Bonifaz VIII. u. der Kirchenstaat: HJ 60 (1940) 78—87; *F. Bock,* Reichsidee und Nationalstaaten vom Untergang des alten Reiches bis zur Kündigung des deutsch-englischen Bündnisses (München 1943) 82—116; *A. de Stefano,* Correnti politiche I: La polemica bonifaciana (Palermo 1948); *R. Fawtier,* L'Attentat d'Anagni: MAH (1948) 153—179; S. *Sibilia,* Bonifacio VIII (Rom 1949; Überblick, ohne neue Forschungen); *M. Melville,* Guillaume de Nogaret et Philippe le Bel: RHEF 36 (1950) 56—66; *G. Le Bras,* Boniface VIII, symphoniste et modérateur: Mélanges Louis Halphen (Paris 1951) 383—394; *F. X. Seppelt-G. Schwaiger,* Gesch. der Päpste IV (1957) 9—55; *St. Gagner,* Studien zur Ideengeschichte der Gesetzgebung (Uppsala 1960) 121—179; *R. Foreville,* L'idée de jubilé chez les théologiens et les canonistes avant l'institution du jubilé romain (1300): RHE 56 (1961) 401—423; *J. Haller,* Das Papsttum V (²1962) 91—216; *P. Dupuy,* Histoire du différend d'entre le Pape Boniface VIII et Philippe le Bel Roy de France (Paris 1655, Neudruck Tuscon [Ariz.] 1963), (als

Quellensammlung grundlegend); *H. Wieruszowski,* Vom Imperium zum nationalen Königtum. Vergleichende Studien über die publizistischen Kämpfe Kaiser Friedrichs II. und König Philipps des Schönen mit der Kurie (München 1933, Neudruck Aalen 1964); *H. Schmidinger,* Ein vergessener Bericht über das Attentat von Anagni: Mélanges Tisserant (= SteT 235) V (1964) 373—388.

Bonifaz VIII. und Frankreich: Neben den bereits genannten Arbeiten von *P. Dupuy, H. Wieruszowski, H. Schmidinger, J. Rivière, G. Digard, P. Fedele, R. Fawtier, M. Melville: F. Kern,* Die Anfänge der französischen Ausdehnungspolitik bis zum Jahre 1308 (Tübingen 1910); *W. Kienast,* Der Kreuzkrieg Philipps des Schönen von Frankreich gegen Aragón: HV 28 (1934) 673—698; *M. Curley,* The Conflict between Pope Boniface VIII and King Philip IV the Fair (Washington 1927); *Y. Renouard,* Les papes et le conflit franco-aragonais en Aquitaine de 1259 à 1337: MAH 51 (1934) 258—292; *R. Holtzmann,* Wilhelm von Nogaret (Freiburg i. Br. 1898); *Y. Dossat,* Guillaume de Nogaret, petit-fils d'hérétique: Annales du Midi 53 (1941) 391—402; *M. Delle Piane,* Vecchio e nuovo nelle idee politiche di P. Dubois: Studi Senesi 65 (1953) 299—349 454—491; *J. M. Vidal,* Bernard Saisset, évêque de Pamiers (1232—1311): RSR 5 (1925) 416—438 565 bis 590, 6 (1926) 50—77 177—198 371—393; *A. Baumhauer,* Philipp der Schöne und Bonifaz VIII. in ihrer Stellung zur französischen Kirche (Freiburg i. Br. 1920); *ders.,* Die Gründung des französischen Bistums Pamiers in Zusammenhang mit dem Streit zwischen Philipp dem Schönen und Papst Bonifaz VIII.: ZKG 45 (1926) 358—369; *B. A. Poquet de Haut Jussé,* Le second différend entre Boniface VIII et Philippe le Bel: Mélanges A. Dufourcq (Paris 1932) 73—108; *F. Bock,* Musciatto dei Francesi: DA 6 (1943) 521—544; *ders.,* Bonifacio VIII nella storiografia francese: RSTI 6 (1952) 248—259.

Bonifaz VIII. und Sizilien: *H. E. Rohde,* Der Kampf um Sizilien in den Jahren 1291—1302 (Berlin 1913); *E. Haberkorn,* Der Kampf um Sizilien in den Jahren 1302—37 (Berlin 1923); *A. de Stefano,* Federico d'Aragona, re di Sicilia (1296—1337) (Palermo 1937); *J. Vincke,* Krone, Kardinalat und Kirchenpfründe in Aragón zu Beginn des 14. Jh.: RQ 51 (1956) 34—53.

Bonifaz VIII. und die Colonna: *H. Denifle,* Die Denkschriften der Colonna gegen Bonifaz VIII.: ALKGMA 5 (1889) 403—520; *L. Mohler,* Die Kardinäle Jakob und Peter Colonna. Ein Beitrag zur Gesch. des Zeitalters Bonifaz.' VIII. (Paderborn 1914); *R. Neumann,* Die Colonna und ihre Politik von der Zeit Nikolaus' IV. bis zum Abzuge Ludwigs des Bayern aus Rom (Berlin 1914); *A. Maier,* Due documenti nuovi relativi alla lotta dei cardinali Colonna contro Bonifacio VIII: RSTI 3 (1949) 344—364.

Bonifaz VIII. und die Dichter: *H. Grundmann,* Bonifaz VIII. und Dante: Dante und die Mächtigen seiner Zeit (München 1960) 1—27; *F. Schneider,* Dantes Haß und Verachtung gegen Papst Bonifaz VIII.: HZ 193 (1962) 574—580; *F. Brambilla Ageno,* Sull'invettiva di Iacopone da Todi contro Bonifacio VIII: Lettere Italiane 16 (1964) 373—414; *F. Grisi,* Iacopone da Todi contro Bonifacio VIII: Nuova Antologia 100 (1965) 362—377; *S. Nessi,* Iacopone da Todi al vaglio della critica moderna: MiscFranc 64 (1964) 404—432.

V. Fenicchia, Il sepolcro del vescovo Pietro Caetani, qui nutrivit dominum Bonifacium pp. VIII: RSTI 2 (1948) 338—361; *R. Weiß,* Cinque lettere inedite del Card. Benedetto Caetani (Bonifaz VIII.): RSTI 3 (1949) 157—164; *P. H. Schmidt,* Bullarium Anni Sancti (Rom 1949); *A. Frugoni,* Il giubileo di Bonifacio VIII: BIStIAM 62 (1950) 1—121; *ders.,* De centesimo anno seu jubileo liber (Il libro del giubileo del card. Stefaneschi) (Brescia 1950); *C. Stange,* Der Jubelablaß Bonifaz' VIII. in Dantes Commedia: ZKG 63 (1950/51) 145—165. — *C. Paulus,* Welt- und Ordensklerus beim Ausgang des 13. Jh. im Kampf um die Pfarr-Rechte (Essen 1900); *B. Mathis,* Die Privilegien des Franziskanerordens bis zum Konzil von Vienne (1311) (Paderborn 1928); *K. L. Hitzfeld,* Krise in den Bettelorden im Pontifikat Bonifaz' VIII?: HJ 48 (1928) 1—30; *K. Schleyer,* Anfänge des Gallikanismus im 13. Jh. Der Widerstand des französischen Klerus gegen die Privilegierung der Bettelorden

(Berlin 1937). — *G. Ladner,* Die Statue Bonifaz' VIII. in der Lateranbasilika und die Entstehung der dreifach gekrönten Tiara: RQ 42 (1934) 35—69; dazu *P. E. Schramm:* HZ 152 (1935) 307—312; *F. X. Seppelt - G. Schwaiger,* Gesch. der Päpste IV (1957) 9—55.

Zur Ikonographie: *C. Sommer,* Die Anklage der Idololatrie gegen Papst Bonifaz VIII. und seine Porträtstatuen (Freiburg i. Br. 1920); *C. Ricci,* I ritratti di Bonifacio VIII: L'Italia artistica industriale I (Rom 1893) 4. Fasz.; *S. Sibilia,* L'Iconografia di Bonifacio VIII: Boll. della Sezione di Anagni della Soc. Rom. di Storia Patria 1 (1951) 10—13; *C. Mitchell,* The Lateran Fresco of Boniface VIII: Journal of the Warburg and Courtauld Institutes 14 (1951) 1—6.

Das 2. Konzil von Lyon (1274) war in seinem Ablauf, wenn auch nicht in seiner Wirkung, ein überzeugendes Zeichen für die noch unerschütterte ökumenische Geltung des Papsttums gewesen, vor allem natürlich im Abendland. Die Wirren um Anjou, ausgelöst von der Sizilianischen Vesper (1282), belasten die Kurie in der Folgezeit in ebenso unerwünschter wie unerwarteter Weise. Alle Bereinigungsversuche scheiterten und schmälerten zugleich das Ansehen des Römischen Stuhles. Die schnell aufeinander folgenden Pontifikate ließen zugleich erkennen, daß auch im Kardinalskollegium kein wirkliches Verständnis für die bedrohliche Lage lebendig war. Die geringe Zahl seiner Mitglieder und deren intensive Parteinahme für die betroffenen Partner der mittelmeerischen Spannungen verhinderten, daß man sich auf einen Pontifex einigte, der (wie Gregor X.), von außen kommend, Weitblick und Freiheit von parteilichen Bindungen verbindend, das Steuer auf größere Ziele hätte richten können. Tatsächlich fiel die Wahl am 5. Juli 1294 (zweieinhalb Jahre nach dem Tod Nikolaus' IV. [4. 4. 1292]) doch auf einen Mann, der nicht dem Kollegium angehörte. Der Gegensatz zwischen den Colonna und Orsini hatte keine Mehrheit für einen der ihrigen zustande kommen lassen. Aber es war keine glückliche Entscheidung. Frömmigkeit konnte man bei dem Einsiedlermönch Petrus von Murrone wohl voraussetzen, was bei Kardinal Latinus Malabranca (OFM) wohl auch das Motiv gewesen war, ihn vorzuschlagen. Der Gewählte war Benediktiner gewesen, hatte später aber als Einsiedler eine Eremitengenossenschaft gegründet, die von Urban IV. dem Benediktinerorden eingegliedert worden war. Später nannten sie sich Cölestiner, nach dem Namen, den sich der Papst aus ihren Reihen zugelegt hatte, nachdem er, vielfach gedrängt, trotz großer eigener Bedenken, die Wahl angenommen hatte. Vor Jahresfrist hatte der mehr als Achtzigjährige die Leitung seiner Genossenschaft (deren Hauptkloster Santo Spirito bei Sulmona war) in andere Hände gelegt. Man begrüßte den neuen Papst in Spiritualenkreisen als den von der joachitischen Bewegung erwarteten Engelpapst und glaubte, ein neues Zeitalter der Kirche bräche an. Ungewöhnlich war in der Tat diese Wahl, ebenso wie der Ausgang des Pontifikats, am Ende des gleichen Jahres, durch den Verzicht Cölestins V.

Karl II. von Anjou, der wohl bereits einen bestimmenden Einfluß auf das Konklave genommen hatte, glaubte sich befugt, während des Pontifikates maßgebend wirksam zu sein. Er vermochte nicht nur den neuen Papst davon abzuhalten, seine Residenz, wie die Kardinäle es wollten, nach Rom zu verlegen, es gelang ihm sogar, daß der Papst im Castel Nuovo von Neapel, das Karl zur Verfügung stellte, Wohnung nahm. Cölestin V. war am 29. August 1294 in Aquila (Santa Maria di Collemaggio, einer Kirche seiner eigenen Kongregation) gekrönt worden. Karl II. bewog ihn, die strenge Konklaveordnung Gregors X. wieder in Kraft zu setzen, und ließ sich zum Hüter des künftigen Konklaves bestellen. Der Papst ernannte zwölf Kardinäle, viele von ihnen hatte Karl vorgeschlagen, so die sieben Franzosen, von denen vier aus Karls eigenem Herrschaftsgebiet kamen. Zwei Kardinäle gehörten der Murroner Kongregation an.

Gegen den Widerstand der Kardinäle siedelte die Kurie von Aquila nach Neapel über, wo man am 5. November eintraf. Die wichtigsten Stellen am Hof wurden von Karls Kreaturen besetzt, denen es auch gelang, Schlüsselpositionen im Kirchenstaat zu übernehmen. Zu den z. T. überhasteten Maßnahmen des Pontifikates gehörte die reiche Privilegierung der Cölestiner Kongregation, die der Papst erneut bestätigte. Die wirkliche Verwaltung der Kirche aber geriet in heillose Verwirrung, zumal dem Papst ein Einblick in die Entscheidungen versagt blieb und er nicht die Kraft besaß, sich Überblick zu verschaffen. Pfründen wurden gleichzeitig an mehrere Antragsteller gegeben, Versuche liefen an, größere Abteien der Cölestiner Kongregation anzugliedern, selbst Monte Cassino war in Aussicht genommen. Karl erreichte eine Bestätigung des Friedens mit Aragón und eine Überlassung der Zehnten für vier Jahre aus Frankreich und Burgund, für ein Jahr aus England, Irland und Schottland. Er wurde schließlich auch zum Senator von Rom ernannt. Als die Kardinäle, denen Cölestin kein Mitspracherecht gewährte, mit ihren Beschwerden und Klagen kamen, wurde sich der Papst seiner zu schwierigen Lage bewußt. Er ließ sich vom Konsistorium bestätigen, daß eine Abdankung möglich sei (er hatte mit Kardinal Benedikt Gaetani darüber gesprochen). Am 10. Dezember erließ er eine Konstitution über die Abdankung des Papstes, verfügte die Rechtskraft der Konklaveordnung Gregors X. auch für den Fall seines Verzichtes und sprach diesen am 13. Dezember 1294 aus.

Sein Nachfolger erlaubte ihm nicht die Rückkehr in die alte Einsiedelei, da er mit Recht fürchten mußte, seine Gegner und die enttäuschten Freunde Cölestins möchten sich der Person des Verzichtenden bedienen, um ein Schisma in der Kirche herbeizuführen. Zwar gelang diesem zunächst eine Flucht, doch konnte man seiner wieder habhaft werden und hielt ihn in ehrenvoller Haft im Kastell Fumone bei Ferentino, wo er am 19. Mai 1296 starb. Er wurde in seiner Krönungskirche beigesetzt, Clemens V. sprach ihn 1313 auf Drängen König Philipps des Schönen im Zug des Ringens um das Andenken Bonifaz' VIII. heilig. Der Traum vom Engelpapst war gescheitert, fromme Askese genügte nicht für die Leitung der universalen Kirche, darüber hinaus fehlten die Eigenschaften, welche dem Träger der plenitudo potestatis ein fruchtbares Wirken erlaubten: Klugheit, Erfahrung, herrscherliche Autorität, Kraft und staatsmännischer Wille zum Entschluß. Das alles brachte Bonifaz VIII., der unmittelbare Nachfolger Cölestins V., in sein Amt mit.

Er war in dem Konklave nach Cölestins Verzicht (23. Dezember — man hatte zehn Tage wie beim Tod eines Papstes gewartet) einstimmig, nachdem der zuerst gewählte Kardinal Matteo Rosso Orsini abgelehnt hatte, nominiert worden. Benedikt Gaetani stammte aus einem römischen, aber weit nach Anagni (seinem Geburtsort), Pisa und Spanien sich verzweigenden Geschlecht. Seine Mutter war eine Nichte Alexanders IV., die Mutter Nikolaus' III. war mit ihm verwandt. Mit den Häusern der Orsini und Colonna war er versippt. Um 1240 in Anagni geboren, bei seinem Onkel, dem Bischof von Todi, erzogen, hatte er in Bologna die Rechte studiert, wurde an der Kurie Notar und begleitete als Sekretär die späteren Päpste Martin IV. und Hadrian V. auf Legationen nach Frankreich und England. An der Kurie wurde er mit wichtigen Geschäften beauftragt. Trotz der ghibellinischen Tradition seiner Familie blieb er nach Frankreich orientiert, so daß Martin IV. ihn zum Kardinal ernannte, erst als Diakon von St. Nikolaus, dann Priester von St. Martin. Seine bedeutendste Tätigkeit wurde die Legation nach Frankreich 1290/91. Er konnte den Frieden mit Aragón vermitteln, mit dem Vertrag von Tarascon den Ausbruch eines Krieges mit England verhindern und die guten Beziehungen Frankreichs mit der Kurie wiederherstellen. An der Universität von Paris trat er für die Rechte der Bettelorden ein, denen seitens des Weltklerus und der Universität vorgeworfen wurde, ihre zu reiche Privilegierung störe die ordentliche Seelsorge (in den Pfarreien). Als Freund volkstümlicher Frömmigkeit (ein Fachtheologe war er nicht) neigte der Kardinal dem Ideal der Bettelorden zu. Seine harte, im Reden unbeherrschte Art machte ihm keine Freunde. Wählten ihn seine Mitkardinäle trotzdem, so taten sie es wegen der Eigenschaften, die ihn für das von Cölestin schwer belastete Papsttum geeignet erschienen ließen: geschulter Verstand, Weltkenntnis und Erfahrung in den Geschäften, unerschrockene Kühnheit, eiserner Wille und erstaunliche Arbeitskraft.

Der neue Papst verabschiedete die von Karl II. eingeschobenen Kurialbeamten, siedelte nach Rom über und wurde dort am 23. Januar gekrönt. Er hatte alle Gnadenverleihungen seines Vorgängers für ungültig erklärt, nur die von diesem ernannten Prälaten behielten ihre Würde. Auch alle noch nicht zur Ausführung gekommenen Pfründenverleihungen und Anwartschaften wurden kassiert. Die Kassenverwaltung der Kurie übertrug er an drei Florentiner Bankhäuser, so daß die Kammer nur mehr Rechnungsbehörde wurde und damit Mißbrauch und Verdacht bei Zahlenden und Empfangenden schwanden. Die Finanzverwaltung wurde gestrafft und geordnet, die Umsätze des Staatshaushalts stiegen, und doch sammelte sich am Ende des Pontifikats ein bedeutender Barbestand. Die Stadt Rom blieb unter Bonifaz VIII. ruhig, der Kirchenstaat spürte seine starke Hand. Die Aufstände in der Mark konnten beigelegt werden, Orvieto unterwarf sich in Jahresfrist, nur die Romagna blieb unruhig. In vielen Orten ließ sich der Papst zum Stadtherrn wählen. Seit Innozenz III. hatte es für den Kirchenstaat keinen mächtigeren Herrn gegeben.

Zunächst versuchte Bonifatius das Problem Sizilien zu lösen. Karl II. hatte Ende 1293 mit Jakob von Aragón vertraglich geregelt die Räumung Kalabriens und nach drei Jahren eine Rückgabe Siziliens an den Papst, dafür erhielt Jakob Karls Tochter zur Gattin. Sizilien würde dann an Karl weitergegeben werden. Friedrich, der für Jakob Sizilien innehatte, sollte Katharina von Courtenay, die Erbin der lateinischen Krone von Konstantinopel, heiraten. Seine Berater (Manfred Lancia, Johann von Procida, Roger Loria) trafen mit Bonifaz entsprechende Verabredungen (20. 6. 1295), welche auch den von Cölestin V. bestätigten Frieden zwischen Karl II. und Jakob von Aragón einbezogen. Danach hätte Jakob Kalabrien räumen, Sizilien dem Papst ausliefern müssen, dafür aber Karls Tochter nebst einer hohen Mitgift erhalten, Valois hätte auf Aragón verzichtet und die Kirche ihm volle Begnadigung ausgesprochen. Das wäre eine für die Kurie zufriedenstellende Lösung gewesen, für deren Vollzug sich Bonifaz energisch einsetzte. Sie scheiterte an Frankreich, wo man Katharina von Courtenay nicht freigab, und an Friedrich und den Sizilianern, die aus Furcht vor den Anjous Friedrich zum König wählten und ihn am 26. März 1296 in Palermo krönten. Bonifaz kassierte enttäuscht Wahl und Krönung und wollte mit Jakobs Hilfe Sizilien erobern, doch dieser zögerte, verhandelte, verlangte Sardinien und Korsika als päpstliches Lehen und entsprechende finanzielle Beihilfe. Währenddessen eroberte Friedrich von Sizilien aus Kalabrien, fast ganz Apulien. Bonifaz schloß sich mit Jakob, Neapel und Konstanze zu einer Allianz gegen Friedrich zusammen, der Feldzug war für den Sommer 1297 festgesetzt.

Gleichzeitig war ein Krieg zwischen England und Frankreich im Gange. Frankreich ging es um die englischen Provinzen auf dem Festland (Guyenne und Gascogne). Als Kardinal hatte Bonifaz 1290 den Ausbruch der Feindseligkeiten für einige Zeit hintanhalten können, doch während der langen Sedisvakanz 1292—94 brach der Krieg aus, den Eduard I. trotz vielfacher Bemühungen um deutsche und spanische Bundesgenossen zu verlieren im Begriff war. Bonifaz sandte alsbald Legaten nach Deutschland, Frankreich und England, doch nur in Deutschland war man zum Einlenken bereit. Im Sommer 1296 wurde Bonifaz gebeten, nicht in seiner Eigenschaft als Papst, sondern als Privatmann schiedsrichterlich zu vermitteln. Beide Länder hatten zur Kriegsführung den Klerus steuerlich belastet. Da bei Kriegsausbruch ein Papst noch nicht gewählt war, hatte man die notwendige Zustimmung der Kurie, die das 4. Laterankonzil für eine Klerusbesteuerung vorgesehen hatte, nicht eingeholt. Als Anfang 1296 neue Jahreszehnten ausgeschrieben wurden (zwei für den Norden, vier für den Süden), protestierte der Klerus (nicht aber die Bischöfe) unter Führung der Zisterzienser. Bonifaz entsprach diesem Protest mit seiner Bulle (24. 2. 1296) „Clericis laicos", im Kanzleiregister eingetragen als „Satzung über die kirchliche Freiheit". Sie erneuerte die Verfügung des 4. Laterankonzils und verschärfte sie dahin, daß eine nicht ausdrücklich bewilligte Besteuerung mit Strafe belegt wurde. Als allgemeines Gesetz verkündet, richtete sie sich ebensogut gegen Frankreich wie gegen England und wollte unsicher gewordenes Recht unzweideutig feststellen. Damit griff der Papst als Gesetzgeber aber in wichtige Lebensbereiche des sich seiner Autonomie immer lebhafter bewußt werdenden Staates ein. Praktisch wären die Könige durch diese Verfügung bei ihren Kriegen abhängig gewesen von dem guten Willen des (Kriegssteuern freigebenden) Papstes.

Wollte Bonifaz mit diesem Erlaß seine Friedensbemühungen unterstützen? Jedenfalls verweigerte der englische Klerus jetzt mit Berufung auf die Bulle weitere Beisteuern, die Barone folgten seinem Beispiel. Ein Verfassungskampf folgte, der wie 1215 im Jahre 1297 mit der Unterwerfung des Königs und der Erneuerung der Magna Charta endete. In Frankreich zog der Episkopat seine Zehntbewilligung vorerst zurück, bat aber auf einer Reichssynode in Paris (Juni 1296) den Papst um Freigabe. Bonifaz wurde gleichzeitig von beiden Mächten um persönliche Vermittlung im Krieg ersucht. Überraschenderweise erfolgte kurz darauf am 18. August 1296 ein französisches Ausfuhrverbot für Edelmetall, Geld und Wechsel. Man erklärte es als gebräuchliche Kriegsmaßnahme, doch wurde vor allem der Papst dadurch betroffen, dessen Staatshaushalt von den französischen Abgaben abhängig war. Am 20. September reagierte er mit einem scharfen Schreiben an König Philipp IV., klagte ihn der Verletzung von Kirchenfreiheiten an, erinnerte daran, daß der Erlaß nichts Neues enthalte, den Papst zum Schutz über seinen Klerus ermächtige, aber eine Unterstützung des Königs durch Freigabe von Sondersteuern nicht ausschließe, zumal Bonifaz Frankreich stets freundlich gesinnt gewesen. Doch endete das Schreiben mit gewissen drohenden Mahnungen, der Papst sähe sich genötigt, zu außergewöhnlichen Mitteln zu greifen, falls man in Frankreich nicht einlenke. In Frankreich setzte daraufhin eine wohl vom Hof gesteuerte Publizistik ein, welche grundsätzliche Fragen des Verhältnisses zwischen Laien und Klerus innerhalb der Kirche (als Christenheit verstanden) polemisch behandelte. Die französische Kirche habe wegen ihrer reichen, von den Laien stammenden Güter besondere Verpflichtungen gegenüber der „staatlichen" Gemeinschaft, angedrohte Strafen seitens der Kurie werden als widerrechtlich empfunden. In dem sehr verbreiteten „Zwiegespräch zwischen Kleriker und Ritter"[1] wird zwar zugegeben, daß das Weltliche dem Geistlichen helfen

[1] Über die „Disputatio inter clericum et militem" vgl. *R. Scholz,* Die Publizistik 333—352.

müsse, die daraus abgeleitete Überordnung der geistlichen Gewalt über die weltliche aber bestritten. Der Kleruskirche rät man eine weitreichende Spiritualisierung an: Wort und Sakrament/Opfer sei ihr Beruf, das Himmelreich, nicht das Erdreich habe sie zu besorgen. Dem König habe die Kirche (des Landes) zu helfen, da dieser zu ihrem Schutz bestellt sei.

Im Zug dieser Polemik gruppierten sich die politischen Mächte neu. Flandern, von Frankreich bedroht, schloß sich England an. Die burgundischen Herren nahmen wieder Fühlung mit Deutschland auf. Eine Verständigung mit dem Papst, nicht Kampf gegen ihn, schien jetzt das Gegebenere für die französische Krone und ihre Berater zu sein. Das Ausbleiben der französischen Abgaben lähmte die Politik der Kurie, zumal gegen Sizilien, so daß auch sie für Verständigung war. Ein Florentiner Bankier, Johannes Francesi gen. Musciatto, übernahm die Kontakte. Bonifaz erklärte in einem Schreiben an den König, die Bulle „Clericis laicos" als allgemeingültiges Gesetz richte sich nicht speziell gegen ihn, er beschwerte sich aber über das Ausfuhrverbot und erklärte sich zum Entgegenkommen bereit. Eine beiliegende Interpretation des Gesetzes erklärte freiwillige Abgaben des Klerus für nicht bewilligungspflichtig, auch sei in Notfällen, wenn man den Papst nicht rechtzeitig darum angehen könne, die Bewilligung vorauszusetzen.

Als eine Bitte des französischen Episkopats eintraf, Sondersteuern zu bewilligen, gewährte Bonifaz diese für ein Jahr. Der französische Klerus sprach sich daraufhin dem König gegenüber für einen zweijährigen Zehnt aus. Der Krone genügte diese Zustimmung noch nicht, eine Gesandtschaft unter Pierre Flotte, dem Kanzler der Krone, ging zu Verhandlungen nach Rom, wo eine für sie günstige Situation entstanden war. Der Papst stand seit Mai 1297 dem Aufstand des Hauses Colonna gegenüber.

Der Anlaß war gegeben durch die private Güterpolitik des Papstes, der sein Barvermögen in Landbesitz investierte und dabei mit den Interessen der Colonna in Konflikt geriet. Konkret ging es um die Ortschaft Ninfa, angrenzend an die von Bonifaz bereits fast ganz erworbene Herrschaft Norma. Zugleich arbeiteten die Kardinäle Colonna (Jakob und Peter) gegen die päpstliche Sizilien-Politik, da sie seit jeher zur Partei von Aragón gehörten, trotzdem sie von Neapel Jahrgeld bezogen. Sie hatten sich auch dem widerspenstigen Friedrich angeschlossen. Beides, die Güterpolitik der Familie und ihre politische Einstellung, mag den Papst veranlaßt haben, die Erwerbung Ninfas seitens der Colonna zu kassieren, sie durch Ankauf dortiger Liegenschaften für die eigene Familie zu verdrängen. Die Kaufsumme wurde von Stefan Colonna bei ihrem Transport von Anagni nach Rom erbeutet. Der empörte Papst verlangte Rückgabe des Geldes, Auslieferung des Täters und, als Bürgschaft für die Zukunft, Übergabe der Colonna-Burgen in der Campagna. Nur zur Rücklieferung des Geldes erklärte man sich seitens der Colonna bereit. Als nach drei Tagen nichts Weiteres erfolgte, schlug Bonifaz zu, zumal die Colonna sich mit der Spiritualen-Opposition gegen den

Papst zusammengetan hatten. Die Spiritualen, denen Bonifaz an sich nicht abgeneigt war, waren vergrämt wegen der Abdankung „ihres" Papstes, hinter der sie nicht ganz zu Unrecht Kardinal Gaetani vermuteten. Als sich aber ihre Opposition mehrte, erklärte Bonifaz ihre durch Cölestin verordnete Trennung von den Konventualen für ungültig und integrierte sie dem Gesamtorden wieder ein, was ihre Feindschaft gegen ihn verschärfte. Man begann einen Verleumdungsfeldzug von weitem Ausmaß gegen den Papst, an dem sich alle Feinde des Papstes beteiligten. Die Opposition wuchs sich zu einer von den Colonna geführten Verschwörung gegen den Papst aus. Das erklärt die Härte des Eingriffs vom 9. Mai 1297. Zwar sandten die Colonna das geraubte Geld zurück, doch sprach Bonifaz am 10. Mai über die beiden Kardinäle Amtsentsetzung aus und Exkommunikation. Entsprechende Strafen fielen auch auf die Sippe und ihre Anhänger geistlichen und weltlichen Standes.

Alles geschah zwar consensu fratrum, aber ohne Gerichtsverfahren und entsprechendes Urteil, das vorbehalten blieb für den Fall, daß sich die betroffenen Kardinäle, wie Bonifaz gefordert hatte, persönlich einem Verfahren stellen würden. Die Colonna griffen zu Gegenmaßnahmen. Auf dem Altar von St. Peter legten sie eine Protesturkunde nieder, in der davon die Rede war, Bonifaz sei nicht rechtmäßiger Papst, man fordere die Entscheidung eines allgemeinen Konzils, auf dem Bonifaz auch wegen der Ermordung seines Vorgängers zur Rechenschaft gezogen werden sollte. Der Papst erneuerte am 23. Mai sein Verdikt über die Colonna, am 9. Juli erhielt die Inquisition Auftrag, das Verfahren gegen sie und zwei ihrer Anhänger zu eröffnen. Der Widerstand der Colonna gegen die Maßnahmen des Papstes fand Rückhalt an der französischen Krone. In einer umfassenden Denkschrift stellten sie alle Anklagen gegen den Papst zusammen und forderten die Gesamtkirche (Könige, Fürsten und Prälaten) auf, ein allgemeines Konzil über die Bestrafung und Absetzung des Papstes beschließen zu lassen. Abschriften gingen in alle Welt. Die erwähnte französische Gesandtschaft war davon unterrichtet. Für die Verhandlungen mit der Kurie erhielt sie dadurch eine günstige Ausgangsposition. Am 31. Juli konnten sie für Frankreich vorteilhaft abgeschlossen werden. Die Bulle „Clericis laicos" gelte nicht für Frankreich, die Entscheidung, wann ein Notstand gegeben sei, der eine Befragung des Papstes gegenstandslos mache, liege bei der Krone. Eine Reihe weiterer Privilegien wurde beigefügt und die Heiligsprechung Ludwigs IX. zugesagt. Der außerordentliche Erfolg der französischen Unterhändler kann nur begriffen werden, wenn man annimmt, sie hätten ein Zusammengehen mit den Colonna angedroht für den Fall, daß die Kurie nicht im freundlichen Sinn entscheiden würde. Trotz der nunmehr wiederhergestellten freundlichen Beziehungen zu Frankreich blieb dieser Schatten zurück.

Die Kosten für die Verständigung hatten die Colonna zu tragen, die nun nicht den erhofften Rückhalt an Frankreich fanden. Pierre Flotte distanzierte sich von ihnen. Die Front gegen Bonifaz zerfiel. Die Kardinäle fanden sich zu einer Solidaritätserklärung gegenüber Bonifaz bereit. Der Generalminister des Franziskanerordens forderte von den Seinen Unterwerfung, auch die Dominikaner erhielten von ihrem Generaloberen Befehl, Bonifaz offen als den wahren Papst anzuerkennen. Zugleich wurde ihnen verboten, sich den Colonna anzuschließen. Gegen diese wurde der Kreuzzug gepredigt, aber es dauerte noch bis Oktober 1298, bis ihre Hauptfestung Palestrina fiel und dem Erdboden gleichgemacht wurde. Die Colonna unterwarfen sich. Als aber die beiden Kardinäle nur vom Kirchenbann, nicht aber den anderen Strafen befreit wurden, nahmen sie den Widerstand wieder auf, der aber erst durch ihren Bund mit Frankreich nach der Jahrhundertwende zum Tragen kam. Das harte Vorgehen des Papstes gegen die Colonna belastete sein Ansehen in der öffentlichen Meinung sehr und führte zu den üblen Nachreden, welche sein Andenken in der Geschichte so verdunkelt haben.

Das Unternehmen gegen den aufsässigen Friedrich von Sizilien zog sich ergebnislos durch die Jahre 1297—99, da König Jakob von Aragón trotz großer finanzieller Hilfen seitens der Kurie (er war u. a. vollbezahlter Bannerträger der Kirche geworden mit einem Jahrgeld von 100000 Gulden) keine ernsthaften Anstrengungen machte, die Position seines Bruders zu erschüttern. Erst als Bonifaz ernsthaft mit Karl von Valois (dem „Hutkönig" von Aragón) um Hilfe zu verhandeln begann, griff Jakob endlich durch. Es kam zum Seesieg der Aragonesen am Vorgebirge von Orlanda am 5. Juli 1299. Aber der Sieg wurde nicht ausgenützt; Friedrich entkam, weil, wie man sagte, der Bruder ihm dazu verhalf. Bonifaz war enttäuscht und erzürnt. Seine Beziehungen zu Aragón standen vor dem Abbruch. Während er durch zwei Legaten friedlich um Sizilien warb, versuchte Neapel kriegerisch vorzugehen, was Friedrich mit seinem Sieg vom 1. Dezember bei Falconaria vereitelte. Das sizilische Problem mußte gleichsam wieder von neuem angepackt werden. Aber alle Bemühungen, Aragón, Frankreich und Neapel nebst allen verfügbaren italienischen Kräften (Städten, Ritterorden) dafür zusammenzuschließen, blieben vergeblich.

Vergeblich waren auch die Versuche des Papstes, zwischen Venedig und Genua zu vermitteln, bei der englischen Krone für Schottland einzutreten und in Ungarn den Anjous die Thronfolge zu retten.

Bei den Beziehungen zu Deutschland spielte Reichsitalien eine wichtige Rolle. Für die Lombardei interessierte sich Bonifaz weniger, mehr für die Toskana, welche er dem Kirchenstaat gern integriert hätte, womit er einem traditionellen Verlangen der Kurie entsprach, das sich aus den karolingischen Versprechungen und der Mathildischen Schenkung herleitete. Bonifaz besaß mit der Hauptstadt der Toskana, Florenz, enge Verbindungen. Wichtige ihrer Bankhäuser standen im Dienst der Kurie. In Florenz kämpften die Schwarzen und die Weißen um das Regiment. Beide Parteien gehörten zu den Reichen, die sich gegen das Niedervolk durchgesetzt hatten. Der Papst entschied sich für die Schwarzen, denen sich auch die päpstlichen Bankiers zuzählten.

In Deutschland war seit dem 5. Mai 1292 Adolf von Nassau König, der sich aber im Lauf der Jahre seinen Wählern so sehr entfremdete, daß er im Juni 1298 abgesetzt wurde. Sein Nachfolger wurde Herzog Albrecht von Österreich, ein Sohn Rudolfs von Habsburg, das Zentrum der Opposition gegen König Adolf. Im Kampf um die Krone fiel Adolf in der Reiterschlacht von Göllheim (2. 7. 1298). Die Kurfürsten meldeten dem Papst die Erhebung Albrechts zum König und baten, ihn zu gegebener Gelegenheit zur Kaiserkrönung zu berufen. Bonifaz betonte sein Recht zur Prüfung der Eignung des Gewählten wie auch der Rechtmäßigkeit selbst einer einstimmig erfolgten Wahl. Er distanzierte sich von Albrecht (wegen seiner Haltung zu König Adolf), und es kam zu langjährigen Verhandlungen, bei denen der Papst gegen eine Anerkennung Albrechts die Abtretung der Toskana forderte. Wie seinerzeit Adolf von Nassau mit England, so hatte Albrecht in der Opposition zu Frankreich Beziehungen aufgenommen, die er als König ausbaute (Freundschaftsvertrag im Herbst 1299, Quatrevaux). Den rheinischen Kurfürsten, die im April 1301 gegen Albrecht revoltierten, stellte sich der Papst zur Seite. Als aber der letzte Konflikt mit Frankreich sich verschärfte, lenkte Bonifaz ein, zumal der König auch der Kurfürstenfronde Herr geworden war. Am 30. April 1303 anerkannte Bonifaz VIII. in der Bulle „Aeterni Patris" feierlich Albrecht als römischen König und künftigen Kaiser. Albrecht löste nunmehr das Bündnis mit Frankreich, verpflichtete sich, in den nächsten 5 Jahren keinen Reichsvikar in der Lombardei und der Toskana einzusetzen ohne Zustimmung des Papstes und auch später nur einen dem Papst genehmen Vikar zu ernennen. Darin lag eine Anerkennung dieses Reichsbesitzes durch die Kurie. Den von seinen Gesandten geleisteten Eid erneuerte der König am 13. Juli 1303[2]. Es war das kein förmlicher Lehnseid, sondern ein Gehorsamsversprechen nach einer an der Kurie vielfach üblichen Formel. Die Kurie betrachtete ihn als Sicherheitseid, wie er in diesem Fall auch früher üblich gewesen war. Praktische politische Bedeutung hat er nicht erlangt.

Das Jubiläum von 1300 bildete eine gewisse Zäsur im Pontifikat Bonifaz' VIII., mindestens im Hinblick auf das Verhältnis zu Frankreich, das sich in diesem Jahr beruhigt hatte. Gerüchte zu Ende des Jahres 1299 hatten von großen Ablässen gewußt, die man zu Beginn des neuen Jahrhunderts in St. Peter gewinnen könnte. So trafen seit Jahresbeginn große Pilgerscharen in Rom ein. Erst durch sie fand der Papst sich veranlaßt, nach Beratung mit den Kardinälen, am 22. Februar 1300 die Bulle „Antiquorum habet fidem" zu

[2] Der König versprach, den Papst zu schützen und ihm treuen Gehorsam zu leisten, er wolle ihm „fidelis et oboediens" sein. Vgl. dazu *Gebhardt-Grundmann* I 410—412 (Albrecht I. und Bonifaz VIII.) mit ausführlicher Diskussion über das Versprechen, „das weniger den Sicherheitseiden früherer Kaiser als dem Untertanen- und Beamteneid im Kirchenstaat glich". Der Text findet sich in MGConst IV, n. 181.

erlassen. Wer in diesem Jahr (ein Jubeljahr, wie es forthin alle hundert Jahre gefeiert werden sollte) nach reumütiger Beichte die Basiliken der beiden Apostelfürsten besuchen würde (die Stadtrömer dreißigmal, fremde Pilger fünfzehnmal), erhielt vollkommenen Nachlaß zeitlicher Sündenstrafen. Gewaltige Scharen von Pilgern kamen, angezogen von diesem bis dahin noch nicht gewährten Nachlaß. Ein großes Bedürfnis nach Sühne, Buße und Umkehr schien die Christenheit zu erfüllen. Man mußte in Rom Vorkehrungen treffen, um den Besucherstrom schon rein verkehrsmäßig bewältigen zu können. Die Opfergaben der Pilger waren beträchtlich, aber sie flossen nicht in die Kassen des Papstes, sondern in die der besuchten Kirchen. Für den Papst brachte das Jubiläum einen Prestigegewinn gegenüber den Königen des Abendlandes, mit denen er sich in politischer Auseinandersetzung befand. Das unbestrittene Ansehen des Apostolischen Stuhles, seine religiöse Autorität fanden eine ungeahnte Bestätigung. Das Selbstbewußtsein Bonifaz' VIII. nahm zu, was ihn allerdings auch dazu verführte, das rechte Augenmaß für die politische Wirklichkeit außer acht zu lassen. Das sollte sich bei der Erneuerung des Konfliktes mit Frankreich alsbald herausstellen.

Ein unerheblicher Zwischenfall löste ihn aus. Erster Bischof des von Bonifaz VIII. 1295 geschaffenen Bistums Pamiers wurde der Propst des Chorherrenstifts St-Antonin Bernhard Saisset. Der König war nicht gefragt worden, auch der Bischof von Toulouse nicht, von dessen Diözese Pamiers z. T. abgezweigt worden war. Der neue Bischof hatte schon als Propst mit dem König Schwierigkeiten wegen des Patronats von Pamiers gehabt, das er im Kondominium mit dem Grafen von Foix ausübte. Man hatte sich zwar verständigt, aber als König Philipp IV. das Patronat, das er zeitweilig selbst übernommen, wieder dem Grafen von Foix übertrug, legte Bischof Saisset Berufung dagegen beim Papst ein. Bonifaz hatte vergeblich beim König protestiert und war dann gegen den Grafen mit Kirchenstrafen vorgegangen. Unvorsichtig kritische Reden des Bischofs über den König führten zu seiner Vorladung vor den Staatsrat, nachdem man seinen Besitz sequestriert hatte (24. Oktober 1301). Man machte ihm den Prozeß unter Führung des Kanzlers Pierre Flotte wegen Verunglimpfung des Königs, Aufruhrs, Hochverrats, Simonie und Häresie. Saisset wurde als schuldig verurteilt und seinem Metropoliten, dem Erzbischof von Narbonne, zur Inhaftierung übergeben. Man teilte das Ergebnis dem Papst mit, bat um Absetzung und Bestrafung des Bischofs von Pamiers. Ohne Prüfung des Dossiers verlangte Bonifaz die Freilassung des Bischofs (5. Dezember 1301). Mit der Bulle „Salvator mundi" nahm er die dem König gewährten Privilegien zurück, weil Freiheit und Immunität der Kirche verletzt worden seien. Praktisch wurde die Bulle „Clericis laicos" für Frankreich wieder in Kraft gesetzt. Der Papst berief den französischen Episkopat, die Domkapitel und Doktoren zu einer Sondersynode, die am 1. November 1302 in Rom zusammentreten sollte. Auch der König wurde geladen. Das Schreiben an ihn („Ausculta fili") enthielt alle Gravamina der Kirche gegen die Krone und ihre Helfer, wie sie auf der Synode behandelt werden sollten. Auch von der unbedingten Überordnung der päpstlichen über jede weltliche Gewalt war die Rede; es ging also, jenseits aller Sorgen um Pamiers, um eine Grundsatzdebatte. Ein Notar brachte die Schreiben nach Paris. Anstatt sich zu rechtfertigen, war König Philipp zum Kampf entschlossen. Die Bulle „Ausculta fili" durfte nicht veröffentlicht werden, vielmehr ließ Pierre Flotte eine Fälschung („Deum time") verbreiten, in der unter dem Namen des Papstes der Inhalt der zurückgehaltenen Bulle verzerrt und verschärft mitgeteilt wurde. Auch ein angebliches Antwortschreiben des Königs wurde gleichzeitig mit ihr versandt („Sciat maxima tua fatuitas"): Der König sei in weltlichen Dingen niemandem untertan, war der Inhalt. So bearbeitete man Frankreichs öffentliche Meinung. Um auch die führenden Kreise der Nation zu gewinnen, wurde eine Ständeversammlung nach Paris geladen; die Städte zum erstenmal neben Adel und Prälaten. Am 12. April 1302 trat man zusammen, Pierre Flotte verlas das Schreiben „Deum time" und vertrat die Sache des Königs. Die Stände ließen sich bewegen, den König zu verteidigen und in diesem Sinn nach Rom zu schreiben. Die Bischöfe — nur wenige waren überhaupt gekommen — schlossen sich zögernd an. Adel und Städte erhielten eine Antwort von den Kardinälen, der Episkopat vom Papst. Eine Konsistorialrede enthüllte und verwarf die Machenschaften des Pierre Flotte; der Papst beanspruche keine Lehnsoberhoheit über Frankreich, könne aber den König „ratione peccati" zur Verantwortung ziehen. Er drohte aber mit Absetzung Philipps IV. und erneuerte die Einberufung der angekündigten Sondersynode.

Trotz des Königs Verbot erschienen 39 Prälaten, Beschlüsse wurden aber nicht gefaßt. Vielleicht wurde die Bulle „Unam sanctam" besprochen, die kurz danach, am 18. November 1302, veröffentlicht wurde[3]. Sie wurde zu dem meistdiskutierten Dokument dieses Pontifikats, vielleicht sogar des mittelalterlichen Papsttums überhaupt. Sie führte aus, es gebe nur eine Kirche und außer ihr kein Heil. Ihr einziges Haupt sei Christus, der durch seinen Stellvertreter Petrus und dessen Nachfolger wirke. Beide Schwerter, das geistliche wie das weltliche, gehörten der Kirche, sie selbst führe das geistliche, das weltliche aber der König nach Weisung der Priester. Die geist-

[3] Text bei *Denzinger-Schönmetzer* [34]1967, nn. 870—875, S. 279—281; vgl. hier die kritische Einleitung, die auf eine Konsistorialäußerung des Papstes vom 24. Juni 1302 hinweist. Sie macht deutlich, wie wenig es in der Absicht des Papstes gelegen war, eine unbegrenzte und direkte Gewalt im Bereich des Weltlichen (= der Könige) zu beanspruchen: „quasi Nos mandaverimus regi, quod recognosceret regnum a Nobis. Quadraginta anni sunt, quod Nos sumus experti in iure, et scimus, quod duae sunt potestates ordinatae a Deo; quis ergo debet credere vel potest, quod tanta fatuitas, tanta insipientia sit vel fuerit in capite Nostro? Dicimus quod in nullo volumus usurpare iurisdictionem regis, et sic frater noster Portuensis dixit." Der erwähnte Kardinalbischof von Porto war Matthäus von Aquasparta.

liche Gewalt überrage an Würde jede weltliche, könne sie einsetzen[4] und über sie richten, falls sie sündige. Die höchste geistliche Gewalt könne nur von Gott gerichtet werden. Wer sich ihr widersetze, widerstehe Gott. Darum sei es für jeden Menschen heilsnotwendig, dem römischen Bischof untertan zu sein.

Das war alles nicht neu. Der berühmte Schlußsatz stammte von Thomas von Aquin[5]. Der Gedankengang der Bulle folgte dem Traktat des Augustinereremiten Aegidius Romanus „De ecclesiastica potestate", der kurz vorher entstanden war[6]. Bonifaz hatte den Verfasser, der in Paris Magister der Theologie, dann General seines Ordens gewesen war, 1295 zum Erzbischof von Bourges erhoben. Aber nicht er, sondern Kardinal Matthäus von Aquasparta (OFM) war wohl der Redaktor der berühmten Bulle[7].

Der heftige Widerspruch gegen dieses Dokument richtete sich nicht eigentlich gegen die darin zusammengefaßten theologischen und kanonistischen Doktrinen des eben vergangenen Jahrhunderts, sondern gegen das vermeintliche kirchenpolitische Programm, das man in ihr erblicken zu müssen glaubte. Dogmatische Bedeutung kam im übrigen nur dem Schlußsatz zu, der sein Gewicht erst durch die Bestätigung durch das 5. Laterankonzil erhielt[8].

Die Versuche, mit dem französischen König zum Ausgleich zu kommen, gingen auch nach Erlaß der Bulle weiter. Kardinal Le Moine (Johannes Monachus) wurde als Legat beauftragt, dem König die Forderungen des Papstes vorzulegen. Zunächst versagte Philipp IV. jede Stellungnahme, doch dann entschloß er sich zu schärferem Kampf, zum Angriff auf die Person des Papstes, auf seinen guten Namen, die Rechtmäßigkeit seiner Würde. Verantwortlich für diese Wende war Wilhelm von Nogaret, der an die Stelle Pierre Flottes getreten war, nachdem dieser in der für Frankreich verlorenen Schlacht von Courtray gegen Flandern gefallen war (11. 7. 1302). Durch ihn gewannen jetzt die Colonna-Kardinäle Einfluß auf das weitere Geschehen. Auch der Legat Le Moine verließ jetzt die Front des Papstes, zu dessen vertrautesten Beratern er gehört hatte, und schloß sich verräterisch der französischen Partei an. Im Staatsrat vom 12. März 1303 trug Nogaret die Gravamina gegen Bonifaz VIII. vor, die sachlich gleichlauteten mit den von den Colonna in ihren Memoranden bereits vorgetragenen Anklagen. Die Zustimmung des Königs wurde erteilt. Man machte Propaganda für ein allgemeines Konzil, auf dem der Papst sich zu rechtfertigen hätte. Nogaret er-

[4] Der Text lautet: Nam Veritate testante, spiritualis potestas terrenam potestatem *instituere* habet et iudicare: wobei das Wort „instituere" sowohl „einsetzen" als auch „unterweisen" bedeuten kann.

[5] Contra errores Graecorum, ed. *P. Mandonnet,* Opuscula omnia III (Paris 1927) 325.

[6] Ed. *R. Scholz* (Weimar 1929).

[7] So *I. B. Grasso,* Ecclesia et Status: De mutuis officiis et iuribus fontes selecti (Rom 1939) n. 430.

[8] COD 620 (Sessio XI v. 19. 12. 1516).

hielt Vollmachten für eine Sendung nach Italien. Offensichtlich sollte der Papst dort gefangengenommen und nach Frankreich gebracht werden, wo man ihn dem geplanten Konzil vorzuführen gedachte.

Bonifaz VIII. hielt die französische Antwort auf seine durch Kardinal Le Moine vorgebrachten Forderungen für ungenügend und erklärte den König der Exkommunikation verfallen (13. April 1302). Der Überbringer des Schreibens wurde in Frankreich inhaftiert, die Mitteilung selbst unterdrückt. Mitte Juni ließ Philipp IV. vor einer Reichsversammlung erneut, diesmal durch Wilhelm von Plaisians, Anklagen gegen den Papst erheben. Der König erklärte, die Notwendigkeit eines Konzils sei gegeben, er lege an ein solches Berufung ein. Die Zustimmung der Versammlung war allgemein, bei den Bischöfen gab es einigen Vorbehalt. Das Protokoll der Verhandlungen wurde verbreitet, Zustimmungsadressen gesammelt. Nur die Zisterzienser und einige Mendikantenkonvente versagten sich, man schritt zu Inhaftierungen und Ausweisungen. Eine große Volksversammlung in Paris (24. 6. 1303) fand sich zur Zustimmung bereit, auswärtige Fürsten wurden angeschrieben, auch die Kardinäle, selbst an den Papst ging ein Bote. Bonifaz wies von Anagni aus die Anwürfe zurück, erließ eine Reihe von Bullen gegen Philipp IV. und seine Ratgeber (15. 8. 1303), bereitete schließlich das Schreiben „Super Petri solio" vor, in dem die feierliche Exkommunikation des Königs und die Lösung seiner Untertanen vom Treueid ausgesprochen wurde. Sie sollte am 8. September 1303 verkündet werden.

Tags zuvor kam es zu dem bekannten Attentat von Anagni, das von Nogaret im Zusammenwirken mit Sciarra Colonna, dem Haupt der dem Papst verfeindeten Sippe, ausging. Man stürmte die Wohnungen der Kardinäle, den Papstpalast. Vom Papst verlangte man Rücktritt vom Amt, Restitution von Amt und Besitz an die Colonna, Auslieferung des Kirchenschatzes an einige ältere Kardinäle, Gefangenschaft. Bonifaz wies alles zurück und bot sein Leben an. Nogaret ließ nicht zu, daß Sciarra Colonna auf dieses Angebot einging, ihm lag nur an dem lebenden Papst, der in Frankreich abgeurteilt werden sollte. In der Stadt, die zunächst den Verschwörern beigestanden hatte, schlug die Stimmung um, man befreite Bonifaz und vertrieb die Verschwörer. Bonifaz kehrte aus dem unsicheren Anagni nach Rom zurück, seinen Schutz übernahmen die Orsini. Er kam am 25. September an, doch erlag er bereits am 12. Oktober im Vatikan seinen Leiden und den Enttäuschungen von Anagni. Er wurde in der Kapelle von St. Peter beigesetzt, die er erbaut, in einem Grabmal, das er bereits zu Lebzeiten von Arnolfo di Cambio hatte erstellen lassen.

Seine kirchenpolitischen Maßnahmen waren zumeist ergebnislos oder kritisch für die Kurie verlaufen. Seine innerkirchliche Tätigkeit dagegen sollte den Pontifikat überdauern. Zunächst die Publikation des Liber sextus[9], eine

[9] Über das Gesetzgebungswerk Bonifaz' VIII. jetzt ausführlich: *St. Gagner*, Studien zur Ideengeschichte der Gesetzgebung (Uppsala 1960) 121—287.

Ergänzung der Dekretalensammlung Gregors IX., dann die Ordnung der durch die früheren Pontifikate herbeigeführten chaotischen Zustände im Verwaltungswesen der Kurie, schließlich die Entscheidung in Fragen der Beziehungen zwischen Mendikanten und Weltklerus durch die Bulle „Super cathedram" (18. Februar 1300).

Die Mendikanten dürfen in eigenen Kirchen und auf öffentlichen Plätzen ungehindert predigen, in Pfarrkirchen nur mit Erlaubnis des Pfarrers. Beichtvollmacht müssen sie sich beim zuständigen Ortsbischof erbitten, sie erstreckt sich nur auf das Gebiet dieses Bistums. Die Zahl der bevollmächtigten Beichtväter richte sich nach den Bedürfnissen der Diözese. Verweigerung solcher Vollmacht seitens einzelner Bischöfe könnte gegebenenfalls durch eine päpstliche Entscheidung wettgemacht werden. Bei Reservatfällen dürfen die Mendikanten nicht mehr Vollmachten haben als die Pfarrer. Das Begräbnisrecht wird ihnen zugestanden, das heißt, sie dürfen in ihren Kirchen bestatten, wer immer sie darum ersucht, doch muß ein Viertel der anfallenden Gebühren als kanonischer Teil dem zuständigen Pfarrer zukommen. Das war eine wohlüberlegte Regelung, die sich durch Unparteilichkeit auszeichnete. Die jeweiligen Rechtsbefugnisse waren genau festgelegt, der Vorrang der ordentlichen Pfarrseelsorge gesichert, die Orden leisten außerordentliche Hilfe, die als Ergänzung verstanden werden soll. Bonifaz VIII. hat damit wohl zunächst die Mendikanten enttäuscht, doch ihr Feind war er nicht, zu viele Mitglieder der Orden hat er zu Bischöfen erhoben. Die Bulle blieb nach einem kurzen Rückschlag unter Benedikt XI. (OP), der sie aufhob, nach ihrer Erneuerung unter Clemens V. bis heute im wesentlichen das geltende Recht.

In Rom gründete der Papst eine Universität (Juni 1303), die spätere Sapienza, als Generalstudium. Er ließ Bibliothek und Archiv des Vatikans in pflegliche Behandlung nehmen. Auch in Avignon sollte eine Universität erstehen.

Das Schicksal des Papstes endete nicht mit seinem Tod, der Prozeß um Bonifaz VIII. beschäftigte nicht nur die folgenden Pontifikate. Bis heute, so hat man gesagt, sind seine Akten noch nicht geschlossen. Unbestritten bleibt seine hervorragende juristische und administrative Begabung, die kraftvolle Führung der Kurie, die intensive Arbeit, die er von sich selbst und von seinen Mitarbeitern verlangte. Seine umfassende Bildung, seine Kenntnis der Heiligen Schrift werden gerühmt. Aber die herrische Art seines Wesens, was man als seinen Hochmut und seine Menschenverachtung bezeichnete, schufen ihm keine Freunde. Die Mißerfolge seiner politischen Unternehmungen lassen ein Fehlen an Augenmaß vermuten, das ihm auch bei der Formulierung seiner Grundsatz-Bullen nicht gegeben schien. Sein Nepotismus stellt ihn neben viele seiner Vorgänger, nur nahm alles bei ihm zu schroffe Formen an (er wollte den Gaetani ein Fürstentum, wenn nicht in der Toskana sogar ein Königtum verschaffen). Als Gesetzgeber und Richter blieb er allen Zeitgenossen eine unübersehbare und weiterwirkende Gestalt, als Vater der Christenheit hat man ihn nicht verehren können. Die Spiritualen blieben ihm wegen Cölestin feind, obwohl seine Gesetzgebung den Mendikantenorden auf die Dauer besser diente als die weitgehende Privilegierung durch seine Vorgänger. Sein Andenken blieb überschattet von der hemmungslosen Publizistik seiner Gegner und den wiederholten Versuchen, ihm posthum den Ketzerprozeß zu machen. Er war nicht unschuldig an manchen Vorwürfen, die aber im Licht übergroßer Feindschaft völlig verzerrten, was von einem Papst eben nicht erwartet wird, einem Mitbürger leichter verziehen werden kann, ein hartes Wort, eine ungeduldige Redewendung, ein jähzorniges Aufbegehren. Alles in allem war er ein bedeutender Papst, würdig mit Innozenz III. und Innozenz IV. zusammen genannt zu werden.

36. Kapitel

Das Ende des Kreuzzugszeitalters

Zu vergleichen sind die vorhergehenden Kapitel zu den einzelnen Kreuzzügen. *G. Mazzoni,* La crociata alle fine del secolo XIII ed al principio del secolo XIV (Urbino 1938); *A. S. Atiya,* The Crusades in the Later Middle Ages (London 1938); Heidenmission und Kreuzzugsgedanke in der deutschen Ostpolitik des MA, hrsg. von *H. Beumann* (Darmstadt 1963); *A. S. Atiya,* Kreuzfahrer und Kaufleute. Die Begegnung von Christentum und Islam (Stuttgart 1964) (englisch erschienen 1962 [Bloomington] unter dem Titel: Crusade, Commerce and Culture); *H. E. Mayer,* Bibliogr. zur Gesch. der Kreuzzüge (Hannover ²1965); *ders.,* Gesch. der Kreuzzüge (Stuttgart 1965); *ders.,* Idee und Wirklichkeit der Kreuzzüge (Texte) (Germering 1966).

Der Fall von Akkon (1291) war das Ende der Kreuzfahrerherrschaft in Syrien-Palästina. Mit seinen Mameluken säuberte Sultan al-Ashraf Khalil nach dem Fall der Stadt im Mai das Land, Tyrus war bereits am 19. Mai genommen worden, Sidon wurde Ende Juni besetzt, Beirut ergab sich im Juli, die Templer gaben ihre Festungen Château Pèlerin und Tortosa auf. Nichts blieb den fränkischen Herren; nur die kleine wasserlose Insel Ruad vor Tortosa konnten sie noch zwölf Jahre halten. Wer das Zeitalter der Kreuzzüge vom Geschick der fränkischen Herrschaften im Heiligen Land bestimmt sein läßt, muß es mit dem endgültigen Zusammenbruch von 1291 zu Ende gehen lassen, auch wenn Kreuzzug und Kreuzzugsgedanke damit nicht notwendig aus Bewußtsein und Handeln der Christenheit verschwinden.

Es bleibt eine erstaunliche Tatsache, daß die Eroberungen des ersten Kreuzzuges (das Königreich Jerusalem und seine Vasallenstaaten) überhaupt, wenn auch in stets schmaler werdendem Umfang, fast zweihundert Jahre hindurch hatten gehalten werden können. Fast ohne Unterbrechung waren Pilger, Kaufleute, Ritter, Fürsten und Könige übers Meer gezogen. Die klassischen Kreuzzüge wirken nur wie besondere Schwerpunkte dieser Bewegung.

Erstaunlich vor allem deshalb, weil in den Kreuzfahrerstaaten (kleinen Herrschaften im Bannkreis der Hafenstädte) die Herrschaftsverhältnisse nach dem Modell abendländischer Lehnsbeziehungen sich ständig neu ausbalancieren mußten, ein starkes Königtum zumeist fehlte, die Ritterorden nicht zusammenarbeiteten, die Kaufmannssiedlungen von Venedig, Genua und Pisa in Akkon, Haifa, Beirut und Tripoli im Grunde nur an die Sicherung ihrer Handelsinteressen dachten. Wenn nicht der Islam selbst im Spannungsfeld zwischen Damaskus und Kairo vielfach gebunden gewesen wäre, im 13. Jh. der Einbruch der Mongolen den Franken nicht politische Entlastung gebracht hätte, wenn nicht von Jahrzehnt zu Jahrzehnt Hilfe aus der Heimat beigeströmt wäre, hätten diese zwei Jahrhunderte kaum durchgestanden werden können. Auch das 13. Jh. kannte, trotz aller Fehlschläge der vorangegangenen Zeit, noch seine Kreuzzüge.

Breiter als zuvor beherrschte der Kreuzzug das Programm der Konzilien, vom vierten Lateranum bis zum Konzil von Vienne (1311/12). Es gehörte zu den beinahe als wesentlich empfundenen Aufgaben der Päpste, sich um seine Weiterführung zu kümmern, die großen Züge zu planen, sie zu organisieren, sie finanzieren zu helfen, gelegentlich auch ihre Leitung zu übernehmen. Die Sorge um Erhaltung des Lateinischen Kaiserreichs (1204—61) wurde einbezogen in die päpstliche Kreuzzugspolitik, doch zersplitterte sie ständig den gesammelten Einsatz für das Heilige Land. Obwohl auch jetzt, wie eigentlich stets zuvor, die großen und kleinen Züge mit zumeist schweren Mißerfolgen endeten, schien der Eifer der Päpste nicht zu erlahmen. Die Bereitschaft breiter Schichten der christlichen Völker konnte immer wieder mit Erfolg angesprochen werden. Sie waren bereit, Geld, Güter und Menschen für den Kreuzzug zu stellen, heroischen Einsatz zu leisten, jenem Martyrium entgegenzuziehen, das der Mehrzahl aller Beteiligten immer noch der eigentliche Lohn blieb, der sie erwartete. Wenn auch abenteuerliche Hoffnungen, wirtschaftliche Erwartungen, politische Motive sich immer einmischten, für die meisten Kreuzfahrer war nach wie vor der Appell maßgebend, den die Kreuzzugspredigt an sie gerichtet hatte.

Innozenz III. hatte auf dem Laterankonzil (1215) alle Kräfte des Abendlandes für einen Kreuzzug zu mobilisieren versucht, der den Fehlschlag von 1204 wieder gutmachen sollte. Über den näheren Vorbereitungen war er 1216 gestorben und hatte seinem Nachfolger, Honorius III., die Durchführung überlassen müssen. Von 1217 bis 1221 blieb das gewaltige Unternehmen des fünften Kreuzzugs im Gang, an dem fast alle Völker der Christenheit mit zum Teil sehr großen Kontingenten beteiligt waren. Zuerst zogen König Andreas II. von Ungarn und Herzog Leopold VI. von Österreich mit deutschen Herren und Bischöfen aus, später folgten unter der Leitung des erfolgreichen Kreuzzugspredigers Oliver, des Kölner Domscholasters, Niederrheiner und Friesen. Dann kamen Flamen, Engländer, Franzosen, Schotten, schließlich Italiener aus den Städten und der Ritterschaft.

Seit 1218 leitete der Kardinallegat Pelagius das Unternehmen, dessen großer Erfolg die Einnahme von Damiette, des Schlüssels zu Ägypten, wurde (5. 11. 1219), der aber dann auch die alles wiederum vernichtende Niederlage von Mansurah (August 1221) zu verantworten hatte. Die Geschichte dieses Kreuzzugs wurde zu einem Trauerspiel christlicher Uneinigkeit, heroischen Einsatzes und diplomatischer Torheiten. Zuzeiten war Sultan al-Kamil bereit gewesen, gegen Friedensschluß das ganze Heilige Land zurückzugeben, aber der hartnäckige Eroberungswille des spanischen Kardinallegaten führte den Zusammenbruch aller Angebote und Hoffnungen herbei. Nie wieder sollte das Jahrhundert ein solches Massenaufgebot von Kreuzfahrern zusammenführen können.

Der oft versprochene und ebensooft aufgeschobene Kreuzzug Kaiser Friedrichs II. — ein Teil seines Aufgebotes hatte noch am fünften Kreuzzug teilgenommen — wurde schließlich 1228 geführt, als der Kaiser bereits in Bann getan war. Verhandlungen mit Sultan al-Kamil hatten Erfolg. Jerusalem, Nazareth und Bethlehem wurden zurückgegeben nebst einem Pilgerkorridor zur Küste. Ein zehnjähriger Waffenstillstand wurde 1229 geschlossen.

Einen weiteren Bodengewinn konnte der seltsame, von Gregor IX. ausdrücklich verbotene Doppelkreuzzug des Königs von Navarra (Graf Theobald von der Champagne) und des Grafen Richard von Cornwall erlangen[1]: Galiläa erhielt man von Damaskus zurück. Die offene Krise zwischen Gregor IX. und Friedrich II. hatte Vorbereitung und Durchführung erschwert. Die beiden Phasen dieses Kreuzzugs von 1239—41 folgten einander so, daß die genannten Führer sich nicht trafen, Richard von Cornwall aber die von Theobald vorbereiteten Verhandlungen mit den Sultanen von Damaskus und Kairo günstig abschließen konnte. Zwar wurde verschiedentlich gekämpft, doch kam es nicht zu entscheidenden Schlachten. Das Modell des Kaisers von 1228/29 wurde maßgebend.

Wenige Jahre später (1244) war alles wieder dahin: Jerusalem, diesmal für immer, gefallen, die Aufgebote der Ritterorden und Kreuzfahrer bei Gaza vernichtend geschlagen.

Das erste Konzil von Lyon (1245) beschäftigte sich erwartungsgemäß mit der Not des Heiligen Landes. Die Bedürfnisse des Lateinischen Kaiserreichs wurden indes vorrangig behandelt. Für Innozenz IV. aber blieb, auch nach dem Konzil, seine Auseinandersetzung mit Kaiser Friedrich II. die alles überschattende Sorge.

Gleichsam stellvertretend für die anderweitig so vielfach gebundene Christenheit, übernahm König Ludwig IX. von Frankreich die Aufgabe, dem Heiligen Land zu helfen[2]. Der von ihm sorgfältig Jahre hindurch vorbereitete

[1] *S. Painter,* The Crusades of Theobald of Champagne and Richard of Cornwall (1239 to 1241): *K. M. Setton,* A History of the Crusades II (Philadelphia 1962) 463—486.

[2] *J. R. Strayer,* The Crusades of Louis IX: ebd. 487—521. Wichtigste Quelle ist *Jean de Joinville,* Vie de St. Louis, ed. *Natalis de Wailly* (Paris 1874), die jüngste Edition von

Zug, zu dem der König 1248 aufbrach, wurde zum letzten großangelegten Kreuzzug des Jahrhunderts. Damiette wurde erobert, doch folgte, wie 1221, eine vernichtende Niederlage bei Mansurah, bei der Ludwig IX. gefangengenommen wurde. Gegen hohes Lösegeld freigelassen, blieb er bis 1254 im Heiligen Land, um dort die staatlichen Verhältnisse nach Möglichkeit zu ordnen und die auseinanderstrebenden Kräfte der Kaufmannschaft, der Ritter und Orden auf das einheitliche Ziel der Verteidigung zu binden. Nur solange er persönlich eingreifend, versöhnend und strafend tätig sein konnte, gelang der Schein inneren Friedens, der nach seiner Abfahrt sogleich wieder zerfiel.

Noch einmal zog König Ludwig auf Kreuzfahrt (1270). In Tunis landete er, doch Seuchen und Hunger zerstörten sein Heer; der König selbst starb am 25. August 1270. Sein Bruder, Karl von Anjou, kam rechtzeitig genug, um in einem für sein Königreich Sizilien vorteilhaften Friedensschluß das Unternehmen zu liquidieren. Weitere Züge dieses Jahrhunderts blieben ohne Bedeutung. Es waren jene zwischen allen klassischen Kreuzzügen des Zeitalters immer wieder organisierten Gruppen, halb Pilger, halb Krieger, die nach Osten zogen, um ihr Gelübde zu erfüllen oder ihr Glück zu machen.

Die Rückeroberung der Iberischen Halbinsel[3] hatte seit je Kreuzzugscharakter getragen, so daß während des fünften Kreuzzugs die Friesen mit gutem Gewissen auf dem Zug ins Heilige Land sich in Lissabon daran beteiligen konnten. Seit Innozenz III. waren auch die Eroberungskämpfe im Baltikum mit Kreuzzugsprivilegien versehen worden (nach dem Vorgang des Wendenkreuzzugs von 1147/48). Dazu trat zu gleicher Zeit der Albigenserkreuzzug zur Überwindung der schweren Katharerbedrohung in Südfrankreich. Aus diesem Kreuzzug wurde Krieg und schließlich nur mehr politisches Engagement der französischen Krone. Hier wird die Erweiterung und Politisierung des Kreuzzugsgedankens offenbar, welche im 13. Jh. vor allem zu verzeichnen ist. Dafür kann der Stedingerkreuzzug (1232—34) Erzbischof Gerhards II. von Bremen gegen die zehntverweigernden Bauern beiderseits der unteren Weser einen Beleg bringen[4]. Gregor IX. erließ entsprechende Bullen und verlieh den Kreuzfahrern den „Großen Kreuzzugsablaß". Stärker umstritten waren bereits den Zeitgenossen die Kreuzzüge Innozenz' IV. ge-

E. Jarry (Angers 1942); *R. Sternfeld*, Ludwigs des Heiligen Kreuzzug nach Tunis (1270) und die Politik Karls I. von Sizilien (Berlin 1896); *F. Jammes*, Saint Louis ou l'esprit de croisade (Paris 1941); *L. Buisson*, König Ludwig IX. der Heilige und das Recht (Freiburg 1954); *Th. Michaux*, Die Hauptentscheidungen des 1. Kreuzzugs Ludwigs IX. in ihrer politischen Bedingtheit (Diss. Köln 1954); *J. Levron*, Saint Louis ou l'apogée du moyen âge (Paris 1957).

[3] Zur Reconquista vgl. *J. Goñi Gaztambide*, Historia de la bula de la cruzada en España (Vitoria 1958, Lit.).

[4] Grundlegend *H. A. Schumacher*, Die Stedinger (Bremen 1865); *C. Woebken*, Die Schlacht bei Altenesch und ihre Vorgeschichte: Oldenburger Jbb. 37 (1933) 5—35; *L. Deike*, Die Entstehung der Grundherrschaft in den Hollerkolonien an der Niederweser (Bremen 1959).

gen den gebannten und abgesetzten Kaiser, zu denen der Papst in Deutschland, der Lombardei und in Sizilien aufrief. Zwar hatte hierfür bereits Innozenz III. mit seinem Zug gegen Markward von Anweiler (1199) den Präzedenzfall geschaffen und anläßlich des Albigenserkrieges Theorie und Praxis politischer Kreuzzüge entwickelt, doch erst Gregor IX. erlaubte in der letzten Phase seiner Auseinandersetzung mit Friedrich II. seinen Legaten in der Lombardei und in Deutschland, das Kreuz zu predigen, um Truppen im Kampf gegen den Kaiser aufstellen lassen zu können. Seinem Beispiel folgend, setzte Innozenz IV. nach dem Konzil von Lyon (1245) in Deutschland und Italien diese Waffe gegen Friedrich II. ein. Auch gegen Konrad IV. ließ er 1253 und 1254 in Deutschland das Kreuz predigen.

Urban IV. verlieh uneingeschränkte Kreuzzugsprivilegien an Karl von Anjou für dessen Kampf um das Regnum gegen Manfred, er ließ zur Finanzierung und zur Auffüllung der Kampfeinheiten das Kreuz in Frankreich und Italien predigen. Auch gegen Byzanz (1263) und gegen Manfreds Freunde auf Sardinien unternahm er ähnliche Schritte. Clemens IV. führte diese Politik weiter, zumal während des Zuges des jungen Konradin nach Italien und ins Regnum (1268).

Die Sizilianische Vesper (30. 3. 1282) machte die Insel strittig zwischen den Anjous und Aragón. Papst Martin IV., selbst Franzose, stellte sich gegen Aragón und entzog Peter III. das Königreich, ein Lehen des Heiligen Stuhles. Karl von Valois, ein Sohn König Philipps III. von Frankreich, sollte es erhalten und erobern. Der Feldzug von 1285 wurde wie ein Kreuzzug finanziert und privilegiert.

Den letzten dieser kirchenpolitischen Kreuzzüge führte Papst Bonifaz VIII. gegen die Colonna (1298).

Die ursprüngliche Idee des Kreuzzugs war bestimmt von dem Willen, die vom Islam bedrängten Christen im Osten zu verteidigen. So wurde der Kreuzzug ein Kampf gegen die Sarazenen (die „Ungläubigen"), wo immer die westliche und östliche Christenheit ihre Grenzen fand. Wenn die Schwertmission in Mitteldeutschland und im Baltikum Kreuzzugscharakter annahm, blieb der Vorgang im Grunde der ursprünglichen Auffasung von der kämpferischen *Verteidigung* des Glaubens treu, wenn er auch das Moment der Ausweitung des Glaubensgebietes hinzufügte. Hier machte sich die unvergessene Pflicht der Verkündigung des Glaubens in zeitentsprechenden Formen geltend. Selbst die zuletzt erwähnten kirchenpolitischen Kreuzzüge des 13. Jh. wurden theoretisch verantwortet als Glaubenskämpfe. Das lag bei den Albigenserkreuzzügen näher als bei den Kreuzzügen gegen Friedrich II. Aber auch hier darf man nicht außer acht lassen, daß der Häresiebegriff der Zeit den hartnäckigen Gegner der (römischen) Kirche umschloß.

Die von Innozenz III. verfaßte Kreuzzugsorganisation bewährte sich, zumal hinsichtlich der Vorbereitung von geplanten Fahrten. Versprochen wurde vollkommener Ablaß (bei aufrichtiger Reue, Beichte und Buße) bei der Ausfahrt, geworben wurde um Geldleistungen in Form von Einkommensabgaben, testamentarischen Vermächtnissen, auch Ablösung von Kreuzzugsgelübden. Hieraus entwickelten sich die Kreuzzugssteuern, welche zuerst dem Klerus, dann aber auch dem Volk auferlegt wurden. Ihre Höhe zu bestimmen oblag den Konzilien, aber auch dem Papst im Einvernehmen mit den Königen und Fürsten. Die Erhebung dieser Steuern ließ eine regelrechte Finanzorganisation entstehen, welche sowohl der Kurie wie auch den staatlichen Administrationen dienlich wurde. Gegen Ende des Jahrhunderts, als die eigentlichen Kreuzzüge ins Heilige Land längst nicht mehr zustande kamen, wurden dennoch die Steuern wiederholt erbeten (zumal von König Philipp IV. von Frankreich) und ihre Erhebung gewährt. Diese Fiskalisierung des Kreuzzugsgedankens hat viel zum Verfall der Idee beigetragen.

Mit der propagandistischen Vorbereitung des Kreuzzugs waren eigens ernannte Legaten und Prediger beauftragt. Die Geschichte der Predigt wurde dadurch ungemein bereichert. Humbert de Romans OP hat mit seinem Traktat „De predicatione crucis" (1268) eine Summa der Kreuzzugspredigt geschaffen. Ihre Thematik war vorgegeben durch die Aufrufe der Päpste zur Befreiung des Heiligen Landes. Im 13. Jh. immer mehr den Bettelorden anvertraut, konnte sie sich in liturgisch ausgestaltetem Rahmen zur Volksmission entwickeln. Der Erfolg dieser Predigt war, wenn auch im einzelnen wegen geringer Mitteilsamkeit der Quellen schwer belegbar, weit- und tiefgreifend genug, um den Strom der Pilger und Kämpfer ohne Unterbrechung bis zum Ende des eigentlichen Kreuzzugszeitalters anhalten zu lassen und die Kreuzzugsspiritualität sowohl der Fahrer wie der Daheimgebliebenen ständig zu erneuern und zu verinnerlichen.

Daran konnten auch die sich mehrenden Stimmen der Enttäuschung und des Zweifels, der Kritik und der Ablehnung im Grunde nicht viel ändern. Die Enttäuschung wuchs angesichts der Mißerfolge, namentlich der großen Züge, deren Ertrag in keiner Weise dem gewaltigen Aufwand an Geld und Menschen zu entsprechen schien. Zweifel wurde vor allem laut, weil man sich in diesen Mißerfolgen von Gott verlassen meinte, dessen Sache zu vertreten man im Kreuzzugsgelübde auf sich genommen hatte. Die Kritik wandte sich nicht nur gegen die schlechte Führung, die Zerrissenheit der Herrschaftsverhältnisse im Heiligen Land, wo man bereit war, mit den Ungläubigen Allianzen zu schließen, und dadurch den Eindruck erweckte, es handele sich dort nicht mehr um die Bewahrung der heiligen Stätten, sondern um den Ausbau machtpolitischer Positionen. Die Kritik wandte sich vor allem gegen den sich erweiternden Fiskalismus der Kreuzzüge und die ihn ausbauende Kurie. Je häufiger der Kreuzzugszehnt seiner eigentlichen Zwecksetzung entfremdet wurde, sei es, daß er den Bedürfnissen des Lateinischen Kaiserreichs zugewandt oder für die kirchenpolitischen Unternehmungen der Päpste einbehalten wurde, schließlich zum großen Teil den Kammern der Kronen zufloß, um so geringer wurde der Wille, ihn zu entrichten, und um so schwieriger seine Erhebung. Dazu kam eine zunehmende Bereitschaft seitens der Kurie, Kreuznahmen gegen entsprechende Geldbeträge abzulösen, was auf die Dauer den Ernst der geweckten Bereitschaft, solche Opfer überhaupt zu bringen, unterhöhlen mußte[5].

Erstaunlich bleibt die Tatsache, daß der Zusammenbruch der fränkischen Herrschaft im Heiligen Land noch einmal eine starke Welle literarischer Propaganda hervorrief, gleichsam als empfinde man im Abendland einen solchen Ausgang als beschämend; zugleich kann man darin aber auch eine Phase der Reflexion sehen, wie sie auf jedes Zeitalter betonter Aktion zu folgen scheint[6]. Nicht mehr die Prediger, sondern Gelehrte und Schriftsteller meldeten sich zu Wort. Noch im Jahr 1291 veröffentlichte Fidenzio von Padua OFM für Nikolaus IV. seinen „Liber de Recuperatione Terre Sancte". Von Akkons Fall selbst bestimmt war die Schrift des Thaddäus von Neapel, die in heftiger Sprache das Abendland anklagte und Papst, Fürsten und Gläubige aufforderte, das Heilige Land, Christi und der Christen Erbgut, zu retten. 1294 widmete der Genuese Galvano von Levanti, Arzt am päpstlichen Hof, eine Abhandlung ähnlicher Art dem König von Frankreich, Philipp IV. Besondere Bedeutung aber gewann das Schrifttum des Raimund Lull (1232—1316), der in vielen Denkschriften den Päpsten praktische Pläne für den Kampf gegen den Islam überreichte. Berühmt wurde sein „Liber de Fine" (1305) mit weitgreifenden strategischen Vorschlägen. Zwei Jahre später veröffentlichte der armenische Fürst Hethum (damals Prämonstratenser-Prior bei Poitiers) sein Buch „Flos Historiarum Terre Orientis", das ein Zusammengehen mit den Armeniern und den Mongolen empfahl. Für den französischen Raum wurden die Arbeiten des Juristen Pierre Dubois, als Denkschriften für die französische Krone gedacht, besonders wirksam. Hier erscheint der Kreuzzug vor allem als Mittel, die Hegemonie König Philipps IV. zu sichern und die königlichen Finanzen aufzubessern. Schon wurde vorgeschlagen, die Tempelritter zu verbieten, ihren Besitz einzuziehen und den Klerus mit Erbschaftsteuern zu belegen. Papst Clemens V. ließ sich auch von den beiden Großmeistern der Templer und Hospitaliter Denkschriften anfertigen (1307). Vom Hauptberater der französischen Krone, Wilhelm Nogaret, erhielt er 1310 unaufgefordert gleichfalls ein Gutachten, das sich aber vor allem mit Finanzfragen beschäftigte. Bei der Vorbereitung des Konzils von Vienne (1311/12) spielten diese literarischen Arbeiten, die teils von der Kurie angeregt wurden, teils ihr von allen Seiten zugingen, eine wichtige Rolle.

Man möchte meinen, mit dieser mehr besinnlichen Beschäftigung, die zugleich Gewissenserforschung und Planung war, sei das eigentlich klassische Kreuzzugszeitalter zu Ende gegangen, um die Epochen der spätmittelalterlichen Züge gegen die „Ungläubigen" vorzubereiten.

[5] Über das Verhältnis von Kreuzzug und Mission vgl. Kap. 29.

[6] Vgl. zum folgenden: *J. Lecler,* Vienne (Histoire des conciles œcuméniques 8) (Paris 1964) 68—76.

ZWEITER TEIL

Das Spätmittelalter

ERSTER ABSCHNITT

Die Päpste in Avignon

Univ.-Professor Dr. Karl August Fink, Tübingen/Unterjesingen (Kap. 37—40)
Univ.-Professor Dr. Erwin Iserloh, Münster (Kap. 41—44)
Univ.-Professor Dr. P. Josef Glazik MSC, Münster (Kap. 45)

QUELLEN: *St. Baluze-G. Mollat,* Vitae paparum Avenionensium I (Paris 1916), II (ebd. 1918), III (ebd. 1921), IV (ebd. 1922), dazu *G. Mollat,* Étude critique sur les Vitae paparum Avenionensium d'Étienne Baluze (Paris 1917); *ders.,* Baluze: DHGE 6 (1932) 439—452; Monumenta Germaniae historica, Constitutiones et acta publica IV—VI; *H. Finke,* Acta Aragonensia. Quellen zur deutschen, italienischen, französischen, spanischen, zur Kirchen- und Kulturgeschichte aus der diplomatischen Korrespondenz Jaymes II. 1291—1327, I, II (Berlin-Leipzig 1908), III (ebd. 1922). Nachträge und Ergänzungen zu den Acta Aragonensia (I—III): Ges. Aufsätze zur Kulturgeschichte Spaniens IV (1933) 355—536. Zur Korrespondenz der deutschen Könige und Fürsten mit den Herrschern Aragóns im 14. und 15. Jahrhundert: Ges. Aufsätze V (1935) 458—505. Nachträge und Ergänzungen zu den Acta Aragonensia I—III. Zur kulturellen Bedeutung des aragonischen Kronarchivs: Ges. Aufsätze VII (1938) 326—346; *E. E. Stengel,* Nova Alamanniae. Urkunden, Briefe und andere Quellen besonders zur deutschen Geschichte des 14. Jahrhunderts vornehmlich aus den Sammlungen des Trierers Notars und Offizials, Domdekans von Mainz Rudolf Losse aus Eisenach in der ständischen Landesbibliothek zu Kassel und im Staatsarchiv zu Darmstadt I (Berlin 1921), II 1 (ebd. 1930); *Th. Mommsen,* Italienische Analekten zur Reichsgeschichte des 14. Jahrhunderts, 1310 bis 1378 (Schriften der Monumenta Germaniae historica 11, 1952); *K. A. Fink,* Das Vatikanische Archiv. Einführung in die Bestände und ihre Erforschung (Rom [2]1951).

LITERATUR: Histoire du moyen âge VI. L'Europe occidentale de 1270 à 1380. Tl. 1: *R. Fawtier,* de 1270 à 1328 (Paris 1940), Tl. 2: *A. Coville,* de 1328 à 1380 (Paris 1941); The Oxford History of England, V, *M. Mckisak,* The Fourteenth Century 1307—1399 (Oxford 1959), VI, *E. F. Jacob,* The Fifteenth Century 1399—1485 (Oxford 1962); *E. Perroy,* The Hundred Years War with an Introduction to the English Edition by *D. C. Douglas* (London 1951); *E. R. Labande,* L'Italie de la Renaissance. Duecento-Trecento-Quattrocento. Évolution d'une société (Paris 1954); *N. Valeri,* L'Italia nell'età dei principati dal 1343 al 1516 (Verona 1949); *L. Simeoni,* Storia politica d'Italia VII, Le signorie I (Mailand 1950); Storia d'Italia I: Il Medioevo, hrsg. von *G. Arnaldi-C. Violante-P. Lamma-E. Cristiani-N. Valerie* (Turin 1959); *M. Seidlmayer,* Geschichte Italiens. Vom Zusammenbruch des römischen Reiches bis zum ersten Weltkrieg (Stuttgart 1962); *D. Hay,* Geschichte Italiens in der Renaissance (Stuttgart 1962); *G. Peyronnet,* Les relations politiques entre la France et l'Italie, principalement au XIVe et dans la première moitié du XVe siècle: MA 55 (1949) 301—342, 56 (1950) 85—113; *A. Latreille-E. Delaruelle-J.-R. Palanque,* Histoire du catholicisme en France II (Paris 1960); *E. E. Stengel,* Avignon und Rhens. Forschungen zur Geschichte des Kampfes um das Recht am Reich in der ersten Hälfte des 14. Jahrhunderts (Weimar 1930); *F. Bock,* Reichsidee und Nationalstaaten. Vom Untergang des alten Reiches bis zur Kündigung des deutsch-englischen

Bündnisses im Jahre 1341 (München 1943); *F. Trautz,* Die Könige von England und das Reich 1272—1377 (Heidelberg 1961); *E. Léonard,* Les Angevins de Naples (Paris 1954); *A. De Stefano,* Federico III d'Aragona re di Sicilia 1296—1337 (Palermo 1937); *R. Davidsohn,* Geschichte von Florenz III (Berlin 1912); *G. A. Brucker,* Florentine Politics and Society 1343—1378 (Princeton 1962); Storia di Milano V, VI (Mailand 1955); *F. Cognasso,* I Visconti (Mailand 1965); Storia di Brescia I (Brescia 1963); *G. Mollat,* Les papes d'Avignon (Paris [10]1965); *E. Dupré-Theseider,* I papi di Avignone e la questione Romana (Florenz 1939); *ders.,* Roma dal comune di popolo alla signoria pontificia 1252—1377 (Bologna 1952); *ders.,* Problemi del papato avignonese (Bologna 1961); *Y. Renouard,* La papauté à Avignon (Paris 1954); *B. Guillemain,* La cour pontificale d'Avignon 1309—1376 (Paris 1962); *St. Runciman,* Geschichte der Kreuzzüge III (München 1960); *J. Goñi* Gaztambide, Historia de la bula de la cruzada en España (Vitoria 1958); *P. Piur,* Petrarcas „Buch ohne Namen" und die päpstliche Kurie. Ein Beitrag zur Geistesgeschichte der Frührenaissance (Halle 1925); *V. Martin,* Les origines du Gallicanisme, 2 Bde (Paris 1939); *G. Mollat,* Les origines du gallicanisme parlementaire aux XIVe et XVe siècles: RHE 43 (1948) 90—147; *J. Rivière,* Le problème de l'église et de l'état au temps de Philippe le Bel (Paris 1926); *M. Pacaut,* La théocratie, l'église et le pouvoir au moyen âge (Paris 1957); *F. Merzbacher,* Wandlungen des Kirchenbegriffs im Spätmittelalter. Grundzüge der Ekklesiologie des ausgehenden 13., des 14. und 15. Jahrhunderts: ZSavRGkan 39 (1953) 274—361; *H. Helbling,* Saeculum Humanum. Ansätze zu einem Versuch über spätmittelalterliches Geschichtsdenken (Neapel 1958); *M. J. Wilks,* The Problem of Sovereignty in the Later Middle Ages (Cambridge 1963); *J. Haller,* Papsttum und Kirchenreform I (Berlin 1903); *L. Buisson,* Potestas und Caritas. Die päpstliche Gewalt im Spätmittelalter (Köln - Graz 1958).

37. Kapitel

Die Lage nach dem Tode Bonifaz' VIII. Benedikt XI. und Clemens V. (1303—1314)

QUELLEN: *Ch. Grandjean,* Le registre de Benoît XI (Paris 1905); Regestum Clementis papae V ex Vaticanis archetypis ... nunc primum editum, cura et studio monachorum OSB, I—IX (Rom 1885/92), appendices I (1892); Tables des registres de Clément V publiés par les Bénédictins = Bibliothèque des Écoles françaises d'Athènes et de Rome, 3e série (Paris 1948), enthält ein chronolog. Verzeichnis der Bullen, ein Incipit-Verzeichnis und das Itinerar Clemens' V.; Tables des registres de Clément V publiés par les Bénédictins, établies par *Y. Lanhers, C. Vogel* sous la direction de R. Fawtier et G. Mollat (Paris 1957); *T. Lecisotti,* Note in margine all'edizione dei regesti di Clemente V: SteT 235 (1964) 15—45; Dizionario biografico degli Italiani 8 (1966) 370—378: Benedetto XI papa.

LITERATUR: DHGE 8 (1935) 106—116: Benoît XI; ebd. 1115—1129: Clément V; *H. Finke,* Aus den Tagen Bonifaz VIII. (Münster 1902); *K. Wenck,* Philipp der Schöne von Frankreich, seine Persönlichkeit und das Urteil seiner Zeitgenossen (Marburg 1905); *G. Lizerand,* Clément V et Philippe le Bel (Paris 1910); *M. Delle Piane,* Vecchio e nuovo nelle idee politiche di Pietro Dubois (Florenz 1959); *E. Müller,* Das Konzil von Vienne 1311—1312. Seine Quellen und seine Geschichte (Münster 1934); *J. Lecler,* Vienne = Histoire des conciles œcuméniques 8 (Paris 1964); *G. Mollat,* Les papes d'Avignon 27—38 (ausführl. Lit.).

Zum Templerorden: *H. Finke,* Papsttum und Untergang des Templerordens, 2 Bde (Münster 1907) = Hauptwerk; *R. Gilles,* Les templiers sont-ils coupables? Leur histoire, leur règle, leur procès (Paris 1957); *G. Charpentier,* L'ordre des Templiers (Paris [2]1961), deutsche Ausgabe (Stuttgart 1965); *H. Neu,* Bibliographie des Templer-Ordens 1927—65 (Bonn 1965).

Als Bonifaz VIII. wenige Wochen nach dem Attentat von Anagni in Rom die Augen schloß, waren Stadt und Kirchenstaat in großer Unruhe, und der Streit zwischen den Caetani und Colonna flammte erneut und stärker auf[1]. Doch gelang es den Anhängern des verstorbenen Papstes im Kolleg der Kardinäle und ihrem Führer Matteo Rosso Orsini, nach Ablauf der üblichen Frist das Konklave bei St. Peter zu eröffnen und die Forderung der abgesetzten Kardinäle Jakob und Peter Colonna nach Teilnahme an der Wahl zurückzuweisen. Die französischen Gesandten und Nogaret unterstützten lebhaft die Colonna, aber König Karl von Neapel wehrte mit seinen Streitkräften alle Versuche, in die Ewige Stadt einzudringen, ab. Damit aber war die Papstwahl von vornherein in ihrer Gültigkeit gefährdet. Trotz der erheblichen Schwierigkeiten bei zwei gleich starken Parteien wurde sie schon in der ersten Abstimmung vollzogen und der Kardinalbischof von Ostia, der frühere Generalmagister der Dominikaner, Nikolaus Bocassini aus Treviso, zum Papst gewählt[2]. Damit waren freilich die schweren Spannungen nicht beseitigt und die Kluft zwischen den streitenden Gruppen nicht geschlossen. Im Gegenteil, die Lage erforderte vom neuen Papst Klugheit und Stärke, Eigenschaften, die Benedikt XI. nicht im Übermaß besaß. Daß er die Gegensätze auszugleichen begann, wurde ihm oft als Schwäche ausgelegt. Doch wie hätte er anders handeln können bei dem übermächtigen Einfluß Frankreichs in ganz Italien und der Erregung im Kirchenstaat? Das waren aber nur die äußeren Schwierigkeiten; der neue Stil Bonifaz' VIII. hatte das Papsttum als Institution verändert und Widerspruch hervorgerufen, der weit über die politischen Bezirke hinausging. Das kommt besonders im Prozeß gegen Bonifaz und den wiederholten Forderungen nach einem Konzil zum Ausdruck. Frankreich so weit entgegenzukommen, als ohne Selbstaufgabe möglich, schien dem neuen Papst geraten, war aber mit großen Risiken verbunden. Von französischen Gesandten entsprechend belehrt, holte er die bisher zurückgestellte Wahlanzeige nach, absolvierte den König von etwaigen Zensuren und nahm auch von den Colonna-Kardinälen die von Bonifaz verhängten Kirchenstrafen, ohne aber sie wieder ganz in Amt, Würden und Besitz einzusetzen. Als er das unruhige Rom verlassen konnte und im festen Perugia mehr Sicherheit fand, wurden Nogaret und seine näheren Helfer beim Überfall von Anagni aus der Kirche ausgeschlossen[3]. Als Kardinal

[1] *H. Finke - M. Gaibrois y Ballesteros,* Roma despuès de la muerte de Bonifacio VIII (Madrid 1924).

[2] *H. Finke,* Aus den Tagen Bonifaz VIII. 275 ff; *Haller* V 218 f; *A. M. Ferrero,* Benedetto XI papa domenicano (Roma 1934).

[3] Durch die Bulle „Flagitiosum scelus" bei *Grandjean,* Registre nr. 1276.

hatte sich der neue Papst auf Legationen offenbar bewährt und auch in Anagni tapfer verhalten. Doch den Aufgaben seines neuen, schweren Amtes war er nicht ganz gewachsen. Wenn er nichts ohne die Kardinäle tun wollte, so konnte man darin die Rückkehr zur kollegialen Verwaltung der kirchlichen Angelegenheiten und ein Abgehen von den Methoden des Caetani-Papstes erblicken. Daß die drei von ihm ernannten Kardinäle Dominikaner waren und er „nur zu Dominikanern und Lombarden" sprach, zeugt von Unsicherheit und Enge[4]. Als ihm Arnald von Villanova, der Leibarzt Bonifaz' VIII. und glühende Spirituale, Mahnungen und Drohungen in apokalyptischer Verhüllung übersandte, ließ er den Gegner der thomistischen Philosophie ohne Gehör in Haft nehmen[5]. Aber die Vorhersagen Arnalds gingen in Erfüllung. Am 7. Juli 1304 starb der Papst nach achtmonatiger Regierung in Perugia und wurde dort in der Kirche seines Ordens begraben[6].

In einer sehr schwierigen Lage traten die Kardinäle am Sterbeort des Papstes zum Konklave zusammen; wie die Ordnung es wollte, zehn Tage nach dem Tod des wenig glücklichen Benedikt. Die Zeitgenossen vermochten dieses Konklave, eines der folgenschwersten in der Geschichte der Kirche, nicht in seiner vollen Bedeutung einzuschätzen, denn aus ihm ging das Exil in Avignon und letztlich auch das Große Schisma hervor. So erklärt es sich, daß immer wieder die Geschichte dieses Konklaves die Forschung beschäftigte[7]. Zu Beginn, im Sommer 1304 waren es 19 Teilnehmer, darunter acht Angehörige von Orden. Im Laufe der elfmonatigen Dauer verließen vier Kardinäle wegen Erkrankung das Konklave, hielten sich in der Stadt auf, waren aber über alle Vorgänge gut unterrichtet. Beim eigentlichen Wahlakt waren es noch 15 Kardinäle. Die beiden von Bonifaz VIII. abgesetzten und von Benedikt XI. nur teilweise rehabilitierten Colonna-Kar-

[4] *H. Finke,* Acta Aragonensia I 162: quia vix aperit iste papa os suum nisi ad Predicatores et ad Lombardos.

[5] *R. Manselli,* Arnaldo de Villanova e i papi del suo tempo: Studi Romani 7 (1959) 146 ff.

[6] Von der angeblichen Vergiftung wissen die aragonischen Gesandten nichts (*H. Finke,* Acta Aragonensia I 173: lo papa es mort de disinteria e durali tro en XV dies). *R. Manselli* a. a. O. 152 weist mit Recht darauf hin, daß bei Vergiftung sich Arnald von Villanova wohl nicht seiner in Erfüllung gegangenen Prophezeiung hätte rühmen können.

[7] Zusammenstellung der Quellen bei *Baluze-Mollat* II 31. Wichtigste Quelle sind die Berichte der aragonischen Gesandten bei *H. Finke,* Acta Aragonensia I 169—195, III 128—139. Darstellungen: *H. Finke,* Aus den Tagen Bonifaz VIII. 279—290; *Haller* V 225—227 392; *C. A. Willemsen,* Kardinal Napoleon Orsini (Berlin 1927) 13—24; *E. Dupré-Theseider,* I papi di Avignone 3—8; *R. Morghen,* Il conclave di Perugia nel 1305 e la lettera di Dante ai cardinali: L'Umbria nella storia, nella letteratura, nell'arte (Bologna 1954) 103—124; *ders.,* La lettera di Dante ai cardinali italiani: Bollettino dell'Istituto storico italiano per il medio evo e Archivio Muratoriano 68 (1956) 1—31; *G. Fornaseri,* Il conclave Perugino del 1304—1305: RSTI 10 (1956) 321—344, dazu Ergänzungen von *R. Morghen,* Ancora sulla lettera di Dante ai cardinali: Bollettino ... e Archivio Muratoriano 70 (1958) 513—519.

dinäle konnten auch diesmal nicht teilnehmen. Von den zwei fast gleich starken Gruppen verlangte die eine die energische Bestrafung der Attentäter von Anagni, den französischen König nicht ausgenommen, und damit den Schutz des Andenkens des noch nach dem Tode verfolgten Bonifaz. Das Haupt dieser Gruppe, der würdige Kardinaldekan Matteo Rosso Orsini, galt von Anfang an als ihr Kandidat. Der Führer der andern Gruppe, der Kardinaldiakon Napoleon Orsini, Neffe Matteos, hielt eine Rücksichtnahme auf die Macht Frankreichs und damit die Aussöhnung mit den Colonna für geboten und wurde in seiner Gesinnung vom französischen König bestärkt und laufend mit Zuwendungen aller Art überhäuft. Beiden Gruppen gemeinsam war wohl der Wunsch, daß eine so starke Persönlichkeit wie Bonifaz VIII. nicht mehr die Tiara erhalten sollte; denn mit der Maßregelung der Colonna hatte er der Selbständigkeit des oligarchischen Kollegs gegenüber offenbar den Bogen überspannt. Da die Colonna zudem als Reformfreunde galten, finden wir die Mendikanten unter den Kardinälen auf seiten des Napoleon Orsini. Nach den Erfahrungen vergangener Jahrzehnte war bei dieser Spaltung des Kollegs eine rasche Wahl nur bei strenger Handhabung der Konklavevorschriften zu erwarten, zu der der Magistrat von Perugia anfangs entschlossen schien. Doch wurde die Frage der Zuständigkeit der Kardinäle in der Sedisvakanz für Einhaltung oder Abänderung der Ordnungen damals lebhaft diskutiert. So lockerte sich auch bald die anfänglich strenge Regelung, und nach dem Schwinden der Aussicht auf eine baldige Verständigung begann man, sich auf die Überwinterung einzurichten. Fast immer, wenn die Kardinäle sich zum Wahlgeschäft versammelten — und diese Konsistorien waren selten —, kam es zu erregten Auseinandersetzungen zwischen den beiden Orsini. Gegen Weihnachten 1304 war es klar, daß ein Mitglied des Kollegs die Zweidrittel nicht erreichen werde, und man mußte sich eifriger als bisher nach auswärtigen Kandidaten umsehen, wie auch die Einflüsse von außen zunahmen oder besser sichtbar wurden. Schon bald nach Beginn des Konklaves, noch im August 1304, hatten die Kardinäle den Patriarchen von Jerusalem zu König Karl II. von Neapel gesandt und um sein Erscheinen gebeten, galt er ja als „advocatus ecclesiae" und neutraler Vermittler. Doch als er gegen Ende Februar 1305 endlich kam, war er in die französische Linie eingeschwenkt, wurde erst nach langer Wartezeit ins Konklave eingelassen und konnte nach dreitägigem Aufenthalt unter den Kardinälen und vielen Besprechungen offenbar nichts erreichen, so stark einseitig schätzte der bonifazianische Teil der Kardinäle ihn jetzt ein. Um diese Zeit war auch eine französische Gesandtschaft erschienen, die nach offiziellen Angaben Verhandlungen zwischen den Caetani und Colonna zur Versöhnung und Beilegung ihrer Zwistigkeiten über Besitzungen in der südlichen Campagna führen sollte und die sich mehrere Monate in Perugia aufhielt. Mit ihrem verdächtigen Verhalten mußten sich auch die Stadtbehörden befassen.

In den ersten Wochen des Konklaves war von seiten der Bonifazianer, wenn nicht gar von Matteo Rosso Orsini selbst, der Name des Erzbischofs von Bordeaux, Bertrand de Got, kurz genannt worden, hielten sie ihn doch für einen Mann, dem das Andenken Bonifaz' VIII. heilig war und der dem König von Frankreich nicht zu weit entgegenkommen würde. Diesen Namen hatte Napoleon Orsini nicht vergessen, vielmehr in größtem Geheimnis mit ihm Fühlung genommen, wohl durch die in Perugia weilenden französischen Gesandten. Allem nach fielen die Erkundigungen günstig aus, und in einer höchst fein eingefädelten Täuschung wurden die Bonifazianer hintergangen, nachdem der alte Matteo Rosso wegen Krankheit das Konklave hatte verlassen müssen [8]. In seinem berühmten Brief an die Kardinäle machte Dante dem nunmehrigen Führer der bonifazianischen Gruppe, dem aus Trastevere stammenden Jakob Caetani Stefaneschi, den Vorwurf, daß er die römisch-italienischen Belange nicht genug verteidigt habe [9]. Mit genau Zweidrittelmehrheit wurde Bertrand de Got an der Vigil von Pfingsten (5. Juni 1305) gewählt trotz schärfsten Protestes der restlichen fünf Bonifazianer, die sich dann aber auch dem Ergebnis fügten.

Wer war der neue, nach einem so merkwürdigen Konklave von 11 Monaten erwählte Papst, dem die Leitung der Kirche in so drangvoller Zeit aufgebürdet wurde? Bertrand de Got stammte aus der Gascogne im südwestlichen Frankreich, sein älterer Bruder Berard war Erzbischof von Lyon und wurde von Bonifaz VIII. zum Kardinalbischof von Albano erhoben. Bertrand selbst wurde 1295 Bischof von Comminges und 1299 Erzbischof von Bordeaux, das seit 1303 unter englische Herrschaft kam. Für einen Anhänger Bonifaz' VIII. konnte man ihn halten, weil er kurze Zeit Familiar des Kardinals Franz Caetani gewesen und am Konzil in Rom 1302 teilgenommen hatte. Doch Napoleon Orsini wußte besser, daß er mit diesem Manne dem französischen König einen willfährigen Papst gegeben hat [10]. Der Neuerwählte stimmte Ende Juni der ihm überbrachten Nachricht zu, nannte sich Clemens V., traf Vorbereitungen zur Reise durch die Provence nach Rom, beschied dann aber sechs Kardinäle auf Allerheiligen zur Krönung nach Lyon [11]. Daß bei dem feierlichen Krönungsumzug am 14. November durch Einsturz einer Mauer mehrere hohe Persönlichkeiten umkamen, der Papst vom Pferde fiel und der kostbarste Stein aus der Tiara verlorenging, sah man als ein böses Omen

[8] *H. Finke,* Acta Aragonensia I 191 f: Ispanus respondit quod placeret sibi, set quod volebat loqui cum domino Napoleone, sic quod iverunt ad locum, ubi deponebant superflua, quia alibi secrete loqui non poterant ... Unde cum scrutinium legeretur per dictum dominum Franciscum et X predicti apparerent concordes, alii inceperunt clamare, quod non poterat fieri, eo quod decepti erant et quod modo patebant consilia latrinarum. *D. Mansilla,* El cardenal „Petrus Hispanus" obispo de Burgos (1300—1303): HS 9 (1956) 27 ff.

[9] *R. Morghen,* La lettera di Dante 18.

[10] *B. Guillemain,* La cour pontificale 156—157, Anm. 333 (Stammbaum Clemens' V.).

[11] *H. Finke,* Acta Aragonensia I 196—198, III 139; *ders.,* Ges. Aufsätze IV (1933) 448.

an[12]. Jetzt aber war es Zeit, den Zug nach Italien anzutreten. Immer wieder wird von Reiseplänen berichtet, auch aus Rom und der Toskana sollen Gesandtschaften beim neuen Papst vorstellig geworden sein; die für Ende Dezember 1305 überlieferte Drohung der Römer, daß sie beim Zögern des Papstes selbst einen Kaiser erheben wollen, ist mit Vorsicht aufzunehmen[13]. Man sollte nicht bezweifeln, daß Clemens in den Anfängen seines Pontifikates und auch noch später nach Rom gehen wollte. Jedenfalls kam es ihm niemals in den Sinn, den Sitz der Kurie von Rom wegzuverlegen. Daß er in den neun Jahren seiner Regierung sich nicht entschließen konnte, hängt mit seiner Schwäche und dem immer zunehmenden Druck von seiten des französischen Königs zusammen. Schon die erste Kardinalsernennung im Dezember 1305 zeigt das mit aller Deutlichkeit: neun Franzosen — darunter vier Neffen — und ein Engländer. Damit hatte das seit langem vorwiegend aus Italienern bestehende Kolleg sein Gesicht geändert. Aus der römischen Tradition geriet es in die Enge einer bisher kaum beachteten Landschaft. Eingeengt auf seine Heimat war in noch größerem Maße der Papst; er blieb ein südfranzösischer Bischof oder besser: ein Bischof der Gascogne. Ihm fehlte die Praxis der Kurie, über die seine Wähler verfügten, ihm fehlte zunächst auch noch der kuriale Apparat. Nach der Krönung hielt er sich längere Zeit in seinen heimatlichen Gefilden auf, allein in Poitiers 16 Monate[14]. Erst 1309 kam er nach Avignon wegen der Nähe von Vienne, wo bald das Konzil sich versammeln sollte. Doch war Avignon nicht seine dauernde Residenz; von 1309 bis zu seinem Tode verbrachte er den größeren Teil dieser Zeitspanne außerhalb der Stadt an der Rhône. Französische Forscher haben mit Recht auf die mangelnde „stabilitas loci" der Päpste des 13. Jahrhunderts hingewiesen. Aber es ist ein Unterschied, ob die römischen Päpste wenn nicht in Rom selbst, so doch in den Festungen des Kirchenstaates, wie Viterbo, Perugia, Orvieto und Anagni, residierten oder ob Clemens V. in der Gascogne und Provence umherzog. War er kein römischer Papst, so auch noch nicht ein avignonesischer. Als kranker Mann immer abhängig von Ort und Jahreszeit, immer auf der Suche nach dem seiner Gesundheit zuträglichsten Platz, gab er wochenlang keine Audienzen, und nur die Nepotenkardinäle konnten ihn sprechen. Sein früheres Bistum Bordeaux und die heimatlichen Kirchen und Kapellen versorgte er in rührender Weise mit geistlichen und weltlichen Gnaden. Seine große Verwandtschaft nützte den guten Onkel in schamloser Weise aus, wie an anderer Stelle noch zu zeigen ist. Das Rätsel der Persönlichkeit liegt in ihrer hypochondrischen Natur; obwohl klug bis zur Verschlagenheit und gelegentlich

[12] *Baluze-Mollat* I 61.

[13] *H. Finke,* Acta Aragonensia II 512.

[14] *E.-R. Labande,* Clément V et le Poitou: Bulletin de la société des antiquaires de l'Ouest, 4. Reihe 4 (1957) 11—33 83—109.

auch starrköpfig, war er im Grunde ein gutmütiger und labiler Mann[15]. Diese schwache Persönlichkeit hatte es mit Männern wie Philipp dem Schönen und seinen Ratgebern zu tun. In den Beziehungen zu Frankreich tritt die Abhängigkeit des Papstes vor allem in zwei Angelegenheiten in Erscheinung: im Prozeß gegen den toten Bonifaz und im Vorgehen gegen die Templer.

Der Prozeß um das Andenken Bonifaz' VIII.

Der vom französischen König und seinen Kronjuristen angestrengte Prozeß gegen Bonifaz VIII. steht in engster Verbindung mit dem weithin sichtbaren Zusammenstoß der beiden Gewalten im Attentat von Anagni[16]. In erster Linie war der von Benedikt XI. exkommunizierte Nogaret daran interessiert und mußte es sein, weil sein Schicksal — Verurteilung oder Rehabilitierung — von der Abrechnung mit dem toten Bonifaz abhing. Da nach allgemeiner Auffassung nur ein Konzil über den Papst richten konnte, begegnen wir seit Anagni solchen Bemühungen. Doch erhoben sich außerhalb Frankreichs warnende Stimmen vor einer Verunglimpfung des Andenkens des großen Caetani-Papstes. Schon bei der Krönung in Lyon kamen Konzil und Prozeß gegen Bonifaz zur Sprache, erneut bei dem ersten kurzen Zusammentreffen in Poitiers im April 1307. Wie sorgfältig die Dinge vorbereitet waren, lassen uns einige erhaltene Denkschriften erkennen. So soll vom Papst mit Nachdruck verlangt werden: Ungültigkeitserklärung aller Maßnahmen Bonifaz' VIII. gegen Frankreich und die Angreifer in Anagni, volle Entschädigung für die Colonna, Ausgrabung der Gebeine des Papstes und Aufhebung der Sentenzen Benedikts XI. Auch für die Formulierung der vom Papst zu erlassenden Bulle sind genaue Anweisungen gegeben. Geschieht diesem Verlangen Genüge, dann kann der Prozeß für einige Zeit ruhen. An der Kurie war man über diese Forderungen bestürzt, eine Kommission von sechs Kardinälen wurde eingesetzt, eine in vielen Beratungen entworfene Bulle aber nicht ausgefertigt[17]. In der langen Zusammenkunft zwischen König und Papst ein Jahr darauf wieder in Poitiers ging es vor allem um den Templerorden. Als Einleitung zu den Verhandlungen ließ

[15] *B. Guillemain* a. a. O. 114 129 151 174 ff; *J. Bernard,* Le népotisme de Clément V et ses complaisances pour la Gascogne: Annales du Midi 61 (1948/49) 369—411; *R. Gaignard,* Le gouvernement pontifical au travail. L'exemple des dernières années du règne de Clément V, 1er août 1311 — 20 avril 1314: ebd. 72 (1960) 169—214. Zur Gesamtbeurteilung: *H. Finke,* Papsttum und Untergang des Templerordens I 97—110; *ders.,* Aus den Tagen Bonifaz VIII., S. LXXXIII—IC; *Haller* V 295—301.

[16] *Haller* V 262—270 399 ff; *A. Corvi,* Il processo di Bonifacio VIII. Studio critico (Rom 1948).

[17] *R. Holtzmann,* Wilhelm von Nogaret (Freiburg 1898) 137 ff; *H. Finke,* Papsttum und Untergang des Templerordens I 128—139.

der König sein ganzes Programm vorlegen: dauernde Niederlassung der Kurie in Frankreich, Verurteilung der in Frankreich verhörten Templer, Abhaltung des geplanten Generalkonzils in Frankreich, Kanonisation Cölestins V., Verurteilung Bonifaz' VIII. und Verbrennung seiner Gebeine, Lossprechung Nogarets[18]. Wies der Papst zuerst das Vorgehen gegen Bonifaz VIII. energisch ab, so bestimmte er wenig später den Beginn des Prozesses für das Frühjahr 1309. Aber erst ein Jahr darauf wurde er in Avignon eröffnet. Mit dem Anklagematerial haben wir uns hier nicht näher zu befassen, da es bereits im letzten Jahr der Regierung Bonifaz' VIII. fast vollständig vorlag[19]. Offenbar hatten beide Seiten kein Interesse an einem raschen Voranschreiten des Prozesses. In vielen Konsistorien wurde die Angelegenheit behandelt und immer wieder vertagt, mehrere Kommissionen befaßten sich mit dem Verhör von Zeugen sehr zweifelhafter Herkunft; sie waren in Italien für den Schauprozeß angeworben worden. Die gefährlichste Anklage, nämlich wegen Häresie, enthüllt den politischen Sinn des Prozesses: den schwachen Papst für andere Ziele gefügig zu machen. Es war wohl der einflußreiche Enguerran de Marigny, der die Einstellung des Prozesses vorschlug, nachdem der Papst in der Bulle „Rex gloriae" vom 27. April 1311 dem König löblichen Eifer (bonum zelus) in seinem Vorgehen gegen Bonifaz bescheinigte und auch Nogaret „ad cautelam" absolvierte[20]. Die Tilgung der gegen Frankreich erlassenen Bullen Bonifaz' VIII. im amtlichen Register bedeutete eine schwere Demütigung. Auf dem Konzil von Vienne taucht das „Factum Bonifacianum" wieder auf, wurde aber nicht mehr eingehend behandelt[21].

Untergang des Templerordens. Das Konzil von Vienne

Zu den erregendsten Vorgängen der Kirchengeschichte des beginnenden 14. Jh. gehört der Untergang des Templerordens. Nachdem im Jahre 1291 mit Akkon der letzte Stützpunkt im Heiligen Land verlorenging, waren die Kreuzzüge für die Zeitgenossen nicht beendet: die Idee vor allem lebte fort, wenn sie auch im praktischen Bereich immer mehr nur als ein Vorwand für die Ausschreibung von Zehnten in den meisten Staaten benutzt wurde. Schon vor dem Pontifikat Clemens' V. hatte sich der französische

[18] *H. Finke* a. a. O. I 224.

[19] *H. Finke,* Aus den Tagen Bonifaz VIII. 227—268.

[20] *R. Holtzmann* a. a. O. 176—206; *J. Favier,* Un conseiller de Philippe le Bel, Enguerran de Marigny (Paris 1963) 135; *F. Merzbacher,* Enguerran de Marigny, Minister Philipps des Schönen von Frankreich: Speculum historiale (Freiburg - München 1965) 479—485.

[21] *E. Müller,* Das Konzil von Vienne 184—190. Die Forderung nach Kanonisation Coelestins V. war ein Kampfmittel gegen das Andenken Bonifaz' VIII. Sie wurde dann auch nach längerer Behandlung am 5. Mai 1313 verkündet.

König mit dem Templerorden beschäftigt, die Zusammenlegung aller Ritterorden unter ihm als Großmeister geplant und in Lyon bei der Krönung des Papstes Beschwerden vorgetragen; solche waren auch von anderer Seite geäußert worden. Der eigentliche Anlaß zur Verfolgung und Vernichtung der Templer entzieht sich weitgehend unserer Kenntnis. Sicher war die Selbständigkeit der Ritterorden und der große Reichtum an Grundbesitz und Geld der aufsteigenden Macht der sogenannten nationalen Staaten unbequem. Eine gewisse Diffamierung bestand ohne Zweifel; die bösen Gerüchte erhielten Nahrung durch den als Verräter des Ordens bekannten Esquiu de Floyran, der zuerst beim König von Aragón und dann mit mehr Erfolg bei Philipp IV. von Frankreich denunzierte, auch durch die von Nogaret in den Orden eingeschleusten Spione. Dem Papst wurden ebenfalls den Orden belastende Nachrichten zugetragen, und er zeigte darüber Besorgnis. Doch war die Bestürzung allgemein, als in der Morgenfrühe des 13. Oktober 1307 alle französischen Templer auf Befehl des Königs verhaftet und alsbald strengen Verhören unterworfen wurden, und zwar durch königliche Beamte und mit starker Anwendung der Folter. Dadurch wurden Geständnisse erzwungen, deren Widerruf nach der Verfahrensweise der Inquisition zum Scheiterhaufen führen konnte. Etwas später setzten Inquisitoren die Untersuchung fort, indem sie meist die schon erfolgten zahlreichen Geständnisse entgegennahmen. Was haben die gepeinigten Templer gestanden? Verleugnung und Bespeiung des Kreuzes, unsittliche Küsse und Aufforderung zur Sodomie, auch Anbetung eines Idols bei den Zeremonien zur Aufnahme in den Orden. Verwirrend war das Ende des Monats erfolgte Geständnis des Großmeisters Jakob von Molay und sein Rundschreiben an die eingekerkerten Ordensbrüder mit der Aufforderung, daß auch sie gestehen sollten[22]. Dem Papst wurden diese Geständnisse übermittelt, und unter ihrem Eindruck erließ er den Befehl, die Templer in allen Ländern gefangenzunehmen, auch wohl aus der Erwägung heraus, daß es der Kirche und ihrem Haupte zustehe, einen exemten Orden von solcher Bedeutung und bei solchen Bezichtigungen zu richten und um die Verfügung über die Templergüter in seiner Hand zu behalten. Aber nachdem er über die Art des Vorgehens und den Widerruf vieler Geständnisse unterrichtet war, suspendierte er im Februar 1308 die Vollmachten der Bischöfe und Inquisitoren. Die gefangenen Templer aber blieben weiterhin im Gewahrsam des Königs und seiner Beamten. Ein Bericht aus dieser Zeit erzählt, daß die von Clemens bisher ernannten zehn Kardinäle zum Papst kamen, ihre Kardinalshüte zurückgaben, da sie sich in ihrer Annahme getäuscht hätten, er sei wie alle früheren Päpste der Herr der Welt und über den Imperator und die Könige; denn er wäre dem König von Frankreich hörig, der in seinem Übermut ein großes Unrecht gegen den berühmten

[22] *H. Finke,* Acta Aragonensia III 168ff.

Orden begangen habe. Mögen hier Vorgänge im Konsistorium phantastisch übertrieben worden sein, so gibt die Nachricht doch einen guten Einblick in die verworrene Lage[23].

Es bedurfte eines neuen Anlaufes, um das Ziel, die Vernichtung des Ordens, zu erreichen. Der berühmten Zusammenkunft in Poitiers im Sommer 1308 gingen Bezichtigungen des Papstes als Begünstiger der Häresie, vor allem auf der großen Versammlung des Reichsstände in Tours voraus. Mit den Abgeordneten der Stände erschien der König in Poitiers am 26. Mai und blieb dort bis zum 20. Juli. In feierlichen Konsistorien wurde der Papst durch von Nogaret entworfene Reden in unerhörter Weise angegriffen und mit Drohungen überschüttet. Auch wiederholten sorgfältig ausgewählte Templer vor Papst und Kurie ihre früheren Geständnisse. Dagegen ließ der König den Großmeister und die Großgebietiger des Ordens nicht nach Poitiers kommen, sondern nur in der Nähe durch willfährige Kardinäle verhören, natürlich mit dem erwarteten Ergebnis. In Poitiers wurde dem Papst der Wille zum Widerstand vollends genommen. Er mußte zugestehen, ein Konzil in Frankreich abzuhalten, den Prozeß gegen das Andenken Bonifaz' VIII. zu eröffnen und hinsichtlich der Templer die Suspension der Bischöfe und Inquisitoren aufzuheben. Es scheint ziemlich sicher, daß er allmählich an der Unschuld des Ordens zu zweifeln begann. Deshalb zitierte er die Templer vor das auf den 1. Oktober 1310 nach Vienne einberufene Konzil und setzte zwei Untersuchungskommissionen ein, eine päpstliche für den ganzen Orden, die in größeren Bezirken tätig sein sollte. Ihre Mitglieder für die Untersuchung in Frankreich, aber auch in den auswärtigen Gebieten hatte der König vorgeschlagen. Diese Kommissionen hatten sich mit der Schuld des Ordens als Gesamtheit und mit den Großwürdenträgern zu befassen. Durch die bischöflichen Kommissionen sollten die in jeder Diözese anwesenden Templer als Einzelpersonen über mehr als hundert Fragepunkte verhört und das gesammelte Material dem Provinzialkonzil vorgelegt werden. Auch die Zusammensetzung der lokalen Kommissionen hat der König weitgehend mitbestimmt. Von der Tätigkeit dieser beiden Kommissionen sind zahlreiche Bruchstücke erhalten; sie zeigen ein mannigfaltiges Bild des Vorgehens, wobei in Frankreich das Ziel deutlich war, Geständnisse zu erzwingen und den Widerruf früherer durch die Drohung mit dem Feuertode für Rückfällige zu verhindern. Als die Geständnisse vor allem außerhalb Frankreichs auf sich warten ließen, befahl der Papst die allgemeine Anwendung der Folter. Trotzdem kam es an vielen Orten zu heldenmütigen Szenen, als ganze Gruppen von gefangenen Templern öffentlich ihre Unschuld und die des Ordens kundtaten. Darauf ließ der neue Erzbischof von Sens, ein Bruder

[23] *H. Finke,* Papsttum und Untergang des Templerordens II 110f; *ders.,* Ges. Aufsätze IV (1933) 454 535.

des allmächtigen Ministers Enguerran de Marigny, im Mai 1310 an einem Tage 54 und später mehrere kleine Gruppen den Scheiterhaufen besteigen; noch aus den Flammen heraus widerriefen sie die früheren erzwungenen Geständnisse. Da das Material nur langsam einging, wurde der Konzilsbeginn um ein Jahr auf den 1. Oktober 1311 verschoben, um inzwischen aus den dringend verlangten Protokollen Auszüge für die Beratungen auf der Generalsynode herstellen zu können[24].

Über das Vorgehen gegen die Templer außerhalb des Bereichs Philipps des Schönen sind wir besonders eingehend aus Aragón unterrichtet. König Jayme II. benutzte begierig die Gelegenheit, sich der zahlreichen und festen Burgen des Ordens zu bemächtigen und dies in undurchsichtiger und nicht immer einwandfreier Weise. Auf die Nachricht vom Beginn der Verfolgung setzten die aragonischen Templer ihre Kastelle in Verteidigungsbereitschaft, und es bedurfte langer Belagerung und Aushungerung zum Brechen ihres Widerstandes[25]. Gelegentlich wurde auch hier die Folter angewandt; neue Belege aus Barcelona zeigen aber, daß trotz mehrfacher Folterung Geständnisse nicht zu erzielen waren[26]. In den andern europäischen Ländern, wie Italien, Deutschland, England, und vor allem am Hauptsitz des Ordens auf Zypern wurde auch nach peinlicher Befragung die Unschuld des Ordens nicht bezweifelt. Der Erzbischof von Magdeburg erregte durch sein Vorgehen gegen die wenigen Templer in seinem Bereich den Unwillen der übrigen deutschen Bischöfe. So war noch nichts endgültig entschieden, als das Konzil in Vienne am 1. Oktober 1311 zusammentrat.

Das Konzil war hauptsächlich der Templerangelegenheit wegen einberufen worden; noch andere in der Berufungsbulle genannte Aufgaben, wie Kreuzzug, Reform der Kirche, waren hier übliche Gemeinplätze[27]. Die Einladung richtete sich formal an alle Jurisdiktionsträger der Kirche, aber es sollten nur jene Bischöfe kommen, die namentlich aufgeführt waren. Bezeichnend für das Interesse des Königs an den Geladenen ist die im königlichen Archiv aufbewahrte Liste, wahrscheinlich ein Konzept oder Vorstadium der späteren päpstlichen Liste. Ob der König sie verlangt oder ob sie ihm von der Kurie aus eigenem Antrieb vorgelegt wurde, ist nicht mehr zu entscheiden[28]. Wichtig aber ist die Ladung sämtlicher Erzbischöfe, meist mit

[24] Eine Zusammenstellung aller Prozeßakten bei *E. Müller* a. a. O. 32 f; dazu *A. J. Mur,* Aportación al estudio del proceso contra el Temple en Castilla: Revista de archivos, bibliotecas y museos 69 (1961) 47—100.

[25] *H. Finke,* Papsttum und Untergang des Templerordens I 282—306; *ders.,* Ges. Aufsätze IV (1933) 380—391.

[26] *A. Mercati,* Interrogatorio di Templari a Barcellona (1311): Ges. Aufsätze IV (1937) 240—251.

[27] *E. Müller* a. a. O. 13—19.

[28] *H. Finke,* Papsttum und Untergang des Templerordens II 303—306; *E. Müller* a. a. O. 663—670, hat beide Listen nebeneinander gestellt.

einem oder zwei Suffraganen, die dann die Gesamtheit der Kirche repräsentieren sollten, Vorstellungen, denen wir im Zeitalter der Reformkonzilien wieder begegnen werden. Dem Papst mußte zur Stärkung seiner Stellung daran gelegen sein, daß wenigstens die persönlich geladenen Bischöfe auch wirklich kämen. Doch war gerade außerhalb Frankreichs die Lust gering, an einer solchen Sache mitzuwirken. Die Zahl der Konzilsteilnehmer belief sich auf etwa 120 Patriarchen, Erzbischöfe, Bischöfe und infulierte Äbte; mit den Prokuratoren abwesender Bischöfe, von Kapiteln und Klöstern wird als Gesamtzahl rund 300 angegeben[29]. Bei der Eröffnung der Synode am 16. Oktober wies Clemens auf die wichtigste Aufgabe hin, die Regelung der Templerfrage. Auf Antrag des Papstes wählte das Plenum des Konzils aus den Teilnehmern einen großen Ausschuß, dem die Protokolle und Auszüge zur Prüfung übergeben wurden. Ein kleinerer Arbeitsausschuß leistete die notwendige Vorarbeit. Außerdem scheint eine Kardinalskommission sich mit den speziellen Problemen der Templer befaßt zu haben, und auch in Konsistorien wurde wiederholt verhandelt. Das Auftreten mehrerer Templerritter im großen Ausschuß löste die Frage nach der Verteidigung des Ordens aus. Auf mündliche und schriftliche Befragung der Mitglieder des Ausschusses durch den Papst erklärten sich gut vier Fünftel dafür, daß dem Orden die Möglichkeit zur Verteidigung zu gewähren sei, zum großen Ärger des Papstes und angstvoller Sorge der Konzilsväter wegen des „starken Ingrimms“ des Königs. Denn Clemens war jetzt offenbar entschlossen, mit Rücksicht auf den König auf jeden Fall den Orden aufzuheben. Während man auf dem Konzil, die weitere Entwicklung im Templerprozeß abwartend, sich Kreuzzugsplänen zuwandte und dem französischen König schon im voraus überaus weitgehende Zehntbewilligungen zugestand, fanden geheime Verhandlungen zwischen Kurie und Regierung statt; sie stellen den Höhepunkt der „Konzilsarbeit“ dar. Der französischen Gesandtschaft, geführt von Enguerran de Marigny, gelang es, wahrscheinlich mit Drohungen mit dem Prozeß gegen Bonifaz VIII. vom Papst die Aufhebung des Ordens auf dem Verwaltungswege zu erreichen, ein Resultat, mit dem bei der Stimmung des Konzils beide Teile zufrieden sein konnten. Anschließend fand eine Versammlung der Reichsstände in Lyon statt, das übliche Mittel mit dem üblichen Ergebnis. In Begleitung der Stände und mit sonstigem großem Gefolge erschien der König dann am 20. März in Vienne. Schon zwei Tage darauf trat der große Ausschuß zusammen und schloß sich mit großer Mehrheit dem Vorschlag des Papstes an, den Orden durch apostolische Verordnung aufzuheben. Und am 3. April, in der zweiten öffentlichen Sitzung des Konzils, wurde vom Papst die Aufhebung des Ordens verkündet. Dann begann das Ringen um den Besitz der Templer. Die meisten Prälaten wünschten die Überweisung an einen

[29] *E. Müller* a. a. O. 68–84.

neu zu gründenden Ritterorden. Der Papst aber und die französische Regierung unter dem Einfluß Marignys, der in dieser Frage als Sachbearbeiter erscheint, waren für Zuweisung an die Johanniter[30]. Vieles wissen wir aus den aragonischen Gesandtenberichten über die Verhandlungen um die Templerfesten. Kurz vor Beendigung des Konzils, am 2. Mai, wurde dann die Übertragung der Templergüter an die Hospitaliter bekanntgegeben, mit Ausnahmen für die Iberische Halbinsel (Kastilien, Aragón, Portugal und Mallorca).

Einige dogmatische Erörterungen ergaben sich aus dem andauernden Zwist der beiden Gruppen des Franziskanerordens. Sie kreisen um Person und Lehre des Petrus Johannis Olivi, den die sog. Kommunität schon seit langem verfolgte und dessen Verurteilung auf dem Konzil sie erzwingen wollte. Doch scheint man sich mit einem geschickten Kompromiß der Schwierigkeiten entledigt zu haben, indem die Konstitution „Fidei catholicae fundamento", verlesen in der Schlußsitzung vom 6. Mai, verkündete: Die Seite Christi ist erst nach dem Tode des Herrn geöffnet worden, die Substanz der vernünftigen Menschenseele ist durch sich selbst wahrhaft Form des menschlichen Körpers, Kinder und Erwachsene erhalten bei der Taufe in gleicher Weise die heiligmachende Gnade und die Tugenden. Da Olivi in dem Dekret nicht genannt wurde, sind später noch heftige Auseinandersetzungen um die Tragweite der Formulierungen entstanden; doch konnten die Schwierigkeiten wegen der Ungunst der Überlieferung nicht behoben werden[31]. Auch die Streitigkeiten in der Familie des hl. Franz von Assisi um die Deutung des „usus pauper" nahmen einen großen Platz ein. Zu ihrer Schlichtung wurde eine Kommission eingesetzt, deren Gutachten neuerdings zum Vorschein kam[32]. Der Streit endete mit der Veröffentlichung der Apostolischen Konstitution „Exivi de paradiso", ebenfalls in der Schlußsitzung der Synode. Sie geht in kluger Weise den Weg der Mitte und gibt ausführliche Erklärungen zur Ordensregel, ohne der dogmatischen Seite der Frage näherzutreten.

Ob das Konzil von Vienne als Reformkonzil im Sinne des späten Mittelalters zu bezeichnen sei, darüber gibt es verschiedene Ansichten; es ist aber wohl so, daß das Konzil wegen Reformfragen nicht einberufen wurde. Doch hatte der Papst von Anfang an Reformgutachten erbeten; einige Bruchstücke sind erhalten und lassen auf ein umfangreiches Material schließen.

[30] *J. Favier* a. a. O. 143.

[31] *E. Müller* a. a. O. 352—386; *J. Koch,* Das Gutachten des Aegidius Romanus über die Lehren des Petrus Johannis Olivi. Eine neue Quelle zum Konzil von Vienne, 1311—1312: Scientia sacra, Festgabe Kard. Schulte (Köln-Düsseldorf 1935) 142—168; *A. Emmen,* Doctrina Petri Johannis Olivi de baptismi parvulorum effectibus: Antonianum 37 (1962) 350—392; COD 336 ff.

[32] *G. Fussenegger,* Relatio commissionis in concilio Viennensi institutae ad decretalem „Exivi de paradiso" praeparandam: AFrH 50 (1957) 145—177.

Zur Entgegennahme der Beschwerden und Vorschläge ernannte Clemens in der ersten feierlichen Sitzung eine Kommission von Kardinälen, die dann mit der Redaktion des vielschichtigen Stoffes begann. An ihren Beratungen beteiligte sich gelegentlich auch der Papst selbst. Hauptsächlich ging es darum, die vielen, oft in eingehenden Schilderungen vorgeführten Eingriffe der staatlichen Organe in das kirchliche Rechtsleben abzustellen, und weiter um das Ausmaß der Exemtion der Religiosen, besonders der Mendikanten. Da unmittelbar nach Erledigung der Templersache das Konzil zu Ende ging, mußten die Beratungen über die Reform unvollendet abgebrochen werden. Nur wenige Dekrete waren fertiggestellt und wurden in der 3. und letzten Sitzung des Konzils am 6. Mai verlesen und für weitere die spätere Verlesung und die Inkraftsetzung für alle Reformbestimmungen angekündigt. Eine Verlesung fand dann noch in einem öffentlichen Konsistorium im Schloß Monteux vier Wochen vor dem Tode des Papstes statt. Da einige Dekrete oder Dekretentwürfe schon in Umlauf geraten waren, entstand eine große Unsicherheit, der Johann XXII. durch offizielle Publikation und übliche Versendung an die Universitäten ein Ende machte. Seitdem sind die nach dem Konzil noch teilweise überarbeiteten Dekrete als „Clementinen" Bestand des Corpus Iuris Canonici[32a]. Aus dem Reformmaterial ragen einige Gutachten von allgemeiner Bedeutung heraus, die in anderem Zusammenhang noch zu erwähnen sind. Für die missionarische Tätigkeit des späteren Mittelalters waren die auf Betreiben Raimund Lulls erlassenen Bestimmungen über die Errichtung von Sprachschulen von Wichtigkeit.

Nach den Weisungen des Konzils hätten die Güter der Templer an die Johanniter übergehen sollen, doch der Vollzug dieser Anordnung ging sehr langsam vonstatten und zog sich über Jahrzehnte hin. In Frankreich kam allem nach der größte Teil des Templerbesitzes in die Hand des Königs, da dieser für die Abwicklung des Prozesses eine entsprechende Rechnung aufstellte. Auch die Verfügung über die Großwürdenträger hatte sich der Papst vorbehalten. Als sie vor Notre-Dame in Paris ihr Schuldbekenntnis wiederholen und das Urteil auf lebenslänglichen Kerker entgegennehmen sollten, fand der Großmeister und der Großpräzeptor der Normandie zur Pflicht zurück. Sie widerriefen öffentlich alle Geständnisse und beteuerten die Unschuld des Ordens. Am selben Tage noch wurden sie ohne Rücksicht auf den Papst verbrannt. Die Verantwortung für das schauerliche Schicksal dieses so berühmten Ordens hat die Forschung und die historische Publizistik immer wieder beschäftigt. Es wird heute allgemein angenommen, daß der Orden als Ganzes an den ihm zugeschriebenen Vergehen unschuldig war. Neben H. Finke sprachen sich so bedeutende Kenner dieser Zeit wie

32a *St. Kuttner,* The Date of the Constitution „Saepe", the Vatican Manuscripts and the Roman Edition of the Clementines: SteT 234 (1964) 427—452.

G. Mollat und J. Haller für die Unschuld des Ordens aus und verurteilten das Vorgehen Philipps des Schönen in scharfer Form[33]. Doch ist in neuerer Zeit die berechtigte Frage gestellt worden, inwieweit der rätselhafte König persönliche Verantwortung trägt und ob er auch aus reinen religiösen Motiven gehandelt haben könnte[34]. Gewiß war er von der Erhabenheit der französischen Krone und dem Bewußtsein einer besonderen Auserwähltheit ebenso wie von tiefer, ja fanatischer Frömmigkeit erfüllt, aber die hier angewandten Mittel sind selbst für das Mittelalter nicht zu entschuldigen. Er trägt vor dem Forum der Geschichte die Hauptverantwortung für das Sterben und Verderben der Templer. Der Schuldanteil Wilhelms von Nogaret ist nicht viel kleiner, da die teuflische Art des Vorgehens fast ganz seinen auch sonst angewandten Methoden entspricht[35]. Die Beurteilung des Großmeisters Jakob von Molay schwankt im Urteil der Geschichtsschreiber, schwankend war auch sein Verhalten nach dem Losbrechen des Sturmes, indem er zuerst gestand, dann wiederholt die Geständnisse widerrief und wieder gestand. Dies ist aus dem furchtbaren Druck zu erklären, der auf ihn ausgeübt wurde. Ob er physisch der Tortur unterzogen wurde, ist eine offene Frage, da die nach Beseitigung der Geheimakten noch vorhandenen Quellen keine volle Klarheit ergeben[36]. Vielleicht versuchte er, durch das wenig wahrscheinliche Geständnis von der Verleugnung des Kreuzes Christi bei der Aufnahme in den Orden vor das Gericht der Kirche zu kommen, und setzte so alles auf die Hoffnung, vor Papst und Kardinälen den wahren Sachverhalt aufzudecken[37]. Daß ihm dies nicht gelang, ist seine große Tragik und auch die schwere Schuld des Papstes, der sich langsam, Schritt für Schritt, die Verteidigung des Ordens entwinden ließ.

[33] *H. Finke,* Papsttum und Untergang des Templerordens 326—344; *G. Mollat,* Les papes d'Avignon 384—389; *Haller* V 395f.

[34] Die Entlastung wird vor allem von *R. Fawtier,* Histoire du moyen âge VI. L'Europe occidentale de 1270 à 1328 (Paris 1940) 298—302 versucht; ihm folgt weitgehend *C. H. Peyer,* Philipp IV. von Frankreich und Dante: Dante und die Mächtigen seiner Zeit (= Münchener romanistische Arbeiten 15) (München 1960) 58—74.

[35] *G. Mollat* a. a. O. 389.

[36] Für die Anwendung der Folter sprechen sich aus: *A. Trunz,* Zur Geschichte des letzten Templermeisters (Diss. phil. Freiburg 1920) 40, auch *Posch:* LThK² V (1960) 843f, dagegen: *W. Schwarz,* Die Schuld des Jakob von Molay, des letzten Großmeisters der Templer: Die Welt als Geschichte 17 (1957) 259—279; *H. Finke,* Papsttum und Untergang des Templerordens I 169 187f, aber vorsichtiger in Ges. Aufsätze IV (1933) 387 bis 391.

[37] Diese Ansicht ist neuerdings wieder von *W. Schwarz* a. a. O. vertreten worden, findet sich auch schon bei *A. Busson:* MIÖG 9 (1888) 496—515.

Italien und der Kirchenstaat

Um das Verbleiben Clemens' V. und seiner Nachfolger in Avignon zu rechtfertigen, hat man die politische Lage in Italien und im Kirchenstaat in den schwärzesten Farben gemalt. Sie war aber kaum schlimmer als in den Jahrzehnten seit dem Untergang der Staufer. Den Süden hatten die Anjou fest in der Hand, außer Sizilien, wo unter Friedrich III. von Aragón eine neuartige Form der Herrschaft sich entwickelte. Aber auch weit über den Kirchenstaat hinaus nach Mittel- und Oberitalien erstreckte sich der angiovinische Einfluß unter Robert von Neapel. Neben Florenz war vor allem Mailand ein Machtzentrum von starker Anziehungskraft geworden mit einem unaufhörlichen und schier unübersehbaren Wandel der Verhältnisse und Beziehungen[38]. Dies gilt vor allem auch für das innere Leben der vielen Städte, dem raschen Wechsel ihrer Regierungen und dem daraus sich ergebenden schwierigen Problem der Exilierten. Die stärksten Einflüsse von außen kamen von Frankreich, aber auch die Besitzergreifung von Korsika und Sardinien zeichnete sich ab im Vollzug der schon 1297 erfolgten Belehnung Jaymes II. von Aragón durch Bonifaz VIII.[39]. Für den neuen Papst war natürlich die Lage im Kirchenstaat von besonderer Bedeutung. Ein eigentlicher Staat war es schon lange nicht mehr, sondern ein Konglomerat vieler Herrschaften. Starke Unterschiede bestanden zwischen dem baronalfeudalen Patrimonium mit Rom und der Mark Ancona und der Romagna mit ihren neuen Signorien[40]. Bonifaz VIII. trug dieser Lage Rechnung durch eine Reihe von vorzüglichen Reformen, die allerdings unter seinem nur kurz regierenden Nachfolger zurückgenommen wurden[41]. Das führte zu jahrelangen Aufständen, mit deren Beseitigung Clemens V. zu tun hatte. Die Befriedung der nördlichen Teile des Kirchenstaates war eine seiner Hauptaufgaben, der er sich mit Energie und einigem Erfolg widmete[42]. Daß er zuerst den Ghibellinen zuneigte, um sich später fast ausschließlich auf die Guelfen zu stützen, ist eine die geschichtlichen Abläufe zu sehr vereinfachende Theorie. Von großem Nachteil für eine geordnete Verwaltung war der hemmungslose Nepotismus in der Besetzung der wichtigen und einträglichen Rektorenstellen der Provinzen[43]. Im Kampf gegen Venedig um Ferrara, das seit langem von der Dynastie der Este regiert wurde und

[38] Storia di Milano V (1955).

[39] *V. Salavert y Roca,* Cerdeña y la expansión mediterránea de la corona de Aragón, 2 Bde (Madrid 1956).

[40] *D. Waley,* Lo stato papale nel tredicesimo secolo: RSIt 73 (1961) 429—472; *G. Marchetti-Longhi,* La carta feudale del Lazio nella mostra permanente del Lazio meridionale in Anagni: QFIAB 36 (1956) 324—327.

[41] *M. Seidlmayer,* Papst Bonifaz VIII. und der Kirchenstaat: HJ 60 (1940) 78—87.

[42] *A. Eitel,* Der Kirchenstaat unter Klemens V. (Berlin 1907).

[43] ALKGMA 5 (1889) 141: per predones potius quam per rectores est spoliata et confusa.

das der Papst bei günstiger Gelegenheit auf Grund der Konstantinischen Schenkung für den Kirchenstaat beanspruchte, zeigte sich Clemens von geradezu unmenschlicher Härte. Es gelang ihm auch, Stadt und Gebiet von Ferrara zu erwerben und das stolze Venedig zu demütigen, aber seine Erfolge waren nur von kurzer Dauer[44].

Clemens V. und das Reich

Nachdem der neue Papst den deutschen König zum Kreuzzug aufgefordert hatte, begab sich eine feierliche Gesandtschaft Albrechts I. nach Lyon mit folgenden Bitten: um die Krönung, Verwendung der in Deutschland gesammelten Zehntgelder nicht auswärts (d. h. in Frankreich), Ausschluß dem König verdächtiger Personen bei der Besetzung der deutschen Bistümer[45]. Ähnlich wie auch Bonifaz VIII. mußte Clemens im Reich und im deutschen König eine Stütze gegen den übermächtigen Einfluß Frankreichs sehen. Das war nur möglich, solange nicht Frankreich selbst auch das Imperium übernommen hatte, wie es Philipp und seinen Räten vorschwebte. Die Frage wurde akut, als Albrecht I. 1308 durch Mörderhand fiel. Jetzt nahm der Druck auf den Papst stark zu, besonders in den Besprechungen zu Poitiers im Sommer 1308, und nur mit List scheint sich der Papst einer wirksamen direkten Empfehlung Karls von Valois entzogen zu haben[46]. Der neue König Heinrich VII. von Luxemburg, der Bruder des Trierer Erzbischofs Balduin, stammte ebenfalls aus dem französischen Einflußgebiet; doch hat er bei aller Rücksicht auf Frankreich die Belange des Reiches würdig vertreten[47]. Es gelang ihm, die Approbation im Stil der habsburgischen Unterwerfung des Imperiums unter die Römische Kirche zu erhalten; die Kaiserkrönung wollte der Papst selbst vornehmen, etwa im Jahre 1312[48], freilich erst nach Regelung der wichtigsten kirchlichen Angelegenheiten, wie des Konzils von Vienne. Der Romzug wurde aber im Sommer 1309 beschlossen und im Herbst des folgenden Jahres angetreten. In Italien zunächst freudig begrüßt, mußte der deutsche König alsbald auf die Interessen der Anjou und damit Frankreichs stoßen; das konnte zu schwierigen Entwicklungen führen, vor allem, wenn der neue Kaiser die herkömmlichen Reichsrechte in Italien in Anspruch nehmen sollte. Als der

[44] *A. Eitel* a. a. O. 170—205; *H. Finke,* Acta Aragonensia II 641—660; *V. Salavert y Roca,* Notas sobre la política italiana de Clemente V y sus repercusiones en Aragón: Storia e letteratura 71 (Roma 1958) 255—298.

[45] *Baluze-Mollat* I 66 f; H. Finke, Acta Aragonensia III 144.

[46] *E. E. Stengel,* Avignon und Rhens 1—35.

[47] *F. Schneider,* Kaiser Heinrich VII. (Stuttgart ²1943).

[48] *W. Bowsky,* Clement V and the Emperor Elect: Medievalia et Humanistica 12 (1958) 52—69.

König endlich in Rom eintraf, war ein Teil der Stadt mit St. Peter von den Truppen Roberts von Neapel besetzt. Die Krönung durch drei Kardinäle fand am 29. Juni im Lateran statt[49]. Inzwischen war der Papst auch in diesem Bereich dem französischen Druck erlegen. Als der Kaiser nach seiner Krönung gegen Robert von Neapel vorging und ihm den Prozeß machte, trat der Papst offen auf die Seite der Guelfen. Jetzt begann wiederum ein großer theoretischer Streit um die Macht des Kaisers, ja um das Kaisertum selbst, durch die von beiden Seiten vorgelegten Gutachten und Denkschriften die Öffentlichkeit zu beschäftigen[50]. Wegen der Tiefe seiner Gedankengänge gebührt der erste Platz in diesen Erwägungen unstreitig Dante. Nachdem er den König bei seinem Zug nach dem „Garten des Reiches" überschwenglich gefeiert, behandelte er in den drei Büchern der „Monarchie", die wahrscheinlich in dieser Zeit entstanden sind, die theologisch begründete Notwendigkeit des Imperiums, die Rechtmäßigkeit der Ansprüche Roms auf das Kaisertum und beweist dann die direkte Abhängigkeit des Imperiums von Gott ohne Mittlerstellung des Papstes. Ziel seines großen Traktates war, die Selbständigkeit des Kaisers im politischen Bereich zu zeigen[51]. Auf der andern Seite, in den neapolitanischen Gutachten, wird das Imperium (der Deutschen) als Institution angegriffen und verneint, ja mit viel geschichtlichem Beiwerk als Quelle zahlreicher Übel nachgewiesen. Nach dem frühen Tode des Kaisers in Buonconvento bei Siena am 24. August 1313 nahm Clemens Stellung in der berühmten Bulle „Pastoralis cura", verfaßt zwischen Herbst 1313 und Frühjahr 1314, wohl unter Mitwirkung Roberts von Neapel. Er führte die Theokratie Bonifaz' VIII. weiter, indem er die kaiserliche Sentenz gegen Robert für ungültig erklärte und bei Vakanz des Reiches die Ernennung von Reichsvikaren für sich in Anspruch nahm. Bedeutsam ist in dieser Dekretale die räumliche Beschränkung des Imperiums und damit die Leugnung seiner Universalität[52]. Und so ernannte er dann 1314 Robert zum Reichsvikar in ganz

[49] *F. Bock,* Reichsidee und Nationalstaaten 125—145; *W. M. Bowsky,* Henry VII in Italy (Lincoln 1960); *W. Bowsky,* Florence and Henry of Luxemburg, King of the Romans: Speculum 33 (1958) 177—203; *F.-J. Heyen,* Kaiser Heinrichs Romfahrt. Die Bilderchronik von Kaiser Heinrich VII. und Kurfürst Balduin von Luxemburg (Boppard 1964).

[50] MGConst. IV, 2; *F. Bock,* Kaisertum, Kurie und Nationalstaat: RQ 44 (1936) 110ff; *M. Seidlmayer,* Geschichte Italiens (Stuttgart 1962) 202—215.

[51] *F. Schneider,* Dante, sein Leben und sein Werk (Weimar [5]1960); Neueste zusammenfassende Würdigung Dantes in Artikel Alighieri, Dante: Dizionario biografico degli Italiani 2 (Roma 1960) 385—451, zur Monarchia 418—420, Bibliographie 447f; *H. Conrad,* Dantes Staatslehre im Spiegel der scholastischen Philosophie seiner Zeit: Deutsches Dante-Jahrbuch 27 (1948) 43—80; *M. Seidlmayer,* Dantes Reichs- und Staatslehre (Heidelberg 1952); *M. Maccarrone,* Il terzo libro della „Monarchia": Studi Danteschi 33 (1955) 5—142; *H. Löwe,* Dante und das Kaisertum: HZ 190 (1960) 517—552; Grundmann-Herding-Peyer, Dante und die Mächtigen seiner Zeit (= Münchner romanistische Arbeiten 15) (München 1960), darin *O. Herding,* Über Dantes Monarchia 37—57.

[52] Text: MGConst. IV, 2 nr. 1166; *M. Delle Piane,* Intorno ad una bolla papale, la „Pa-

Italien[53]. Als Clemens am 20. April 1314 auf dem Wege nach der geliebten Gascogne in Roquemaure in der Nähe von Carpentras starb, hinterließ der unglückliche Papst ein verlassenes Rom, die Kirchenleitung in unwürdiger Abhängigkeit von Frankreich, ein hauptsächlich aus Franzosen bestehendes Kardinalskolleg und eine durch provinziellen Nepotismus aufgeblähte und ausgeraubte Kurie: eine schlimme Erbschaft für seinen Nachfolger.

38. Kapitel

Von Johann XXII. zu Clemens VI.

QUELLEN: S. *Riezler*, Vatikanische Akten zur deutschen Geschichte in der Zeit Kaiser Ludwigs des Bayern (Innsbruck 1891); *C. Erdmann*, Vatikanische Analekten zur Geschichte Ludwigs des Bayern: AZ 41 (1932) 1—47; *H. Schröder*, Die Protokollbücher der päpstlichen Kammerkleriker 1329—1347: AKG 27 (1937) 121—286.

LITERATUR: *E. Déprez*, Les préliminaires de la guerre de Cent Ans (Paris 1902); *E. E. Stengel*, Avignon und Rhens. Forschungen zur Geschichte des Kampfes um das Recht am Reich in der ersten Hälfte des 14. Jahrhunderts (Weimar 1930); *ders.*, Baldewin von Luxemburg, ein grenzdeutscher Staatsmann des 14. Jahrhunderts: Abhandlungen und Untersuchungen zur mittelalterlichen Geschichte (Köln-Graz 1960) 180—215; *O. Bornhak*, Staatskirchliche Anschauungen und Handlungen am Hofe Kaiser Ludwigs des Bayern (Weimar 1933); *K. Bosl*, Die „geistliche Hofakademie“ Kaiser Ludwigs des Bayern im alten Franziskanerkloster zu München: Der Mönch im Wappen. Aus Geschichte und Gegenwart des katholischen München (München 1960) 97—129; *C. K. Brampton*, Okham, Bonagratia and the Emperor Lewis IV: Medium aevum 31 (1962) 81—87; *H. S. Offler*, Über die Prokuratorien Ludwigs des Bayern für die römische Kirche: DA 8 (1951) 461—487; *Konrad von Megenberg*, Klagelied der Kirche in Deutschland (Planctus ecclesiae in Germaniam), bearb. von H. Kusch = Leipziger Übersetzungen und Abhandlungen zum Mittelalter, Reihe A, Band I (Berlin 1956); Kaiser, Volk und Avignon. Ausgewählte Quellen zur antikurialen Bewegung in Deutschland in der ersten Hälfte des 14. Jahrhunderts, hrsg. u. übers. von O. Berthold = Leipziger Übersetzungen, Reihe A, Bd III (Berlin 1960); *F. Bock*, Roma al tempo di Roberto d'Angiò: ASRomana 65 (1942) 163—208; *ders.*, Bemerkungen zur Beurteilung Kaiser Ludwigs IV. in der neueren Literatur: ZBLG 23 (1960) 115—127.

Zu Johann XXII. *G. Mollat*, Lettres communes analysées d'après les registres dits d'Avignon et du Vatican, 16 Bde (Paris 1904/46); *A. Coulon - S. Clemencet*, Lettres secrètes et curiales du pape Jean XXII relatives à la France, 8 Fasz. (Paris 1900/65); *G. Mollat*, Les papes d'Avignon 39—71 (Lit.); *N. Valois*, „Jacques Duèse, pape sous le nom de Jean XXII“: Histoire littéraire de la France 34 (1915) 391—630; *B. Guillemain*, La cour

storalis cura“ di Clemente V: Rivista di storia del diritto italiano 31 (1958) 23—56. Eine neuerdings bekanntgewordene Stellungnahme der ghibellinischen Richtung bei *K. Pivec - H. Heimpel*, Neue Forschungen zu Dietrich von Niem: NAG (1951) nr. 4, S. 97—122; *K. Hitzfeld*, Die letzte Gesandtschaft Heinrichs VII. nach Avignon und ihre Folgen: HJ 83 (1964) 43—53.

[53] *F. Baethgen*, Der Anspruch des Papsttums auf das Reichsvikariat: Mediaevalia Teil I = Schriften der Monumenta Germaniae 17/I (1960) 159—168.

pontificale d'Avignon (ausführl. Quellen und Lit.); *H. Otto,* Zur italienischen Politik Johanns XXII.: QFIAB 14 (1911) 140—265; *G. Tabacco,* La casa di Francia nell'azione politica di papa Giovanni XXII: Istituto storico italiano per il medio evo. Studi storici, Fasz. 1—4 (Rom 1953); *G. Dürrholder,* Die Kreuzzugspolitik unter Papst Johann XXII. (Diss. Straßburg 1913); *F. Bock,* Studien zum politischen Inquisitionsprozeß Johanns XXII.: QFIAB 26 (1935/36) 21—142; *ders.,* Processi di Giovanni XXII contro i ghibellini italiani: ASRomana 63 (1940) 129—143; *ders.,* Die Appellationsschriften König Ludwigs IV. in den Jahren 1323/24: DA 4 (1940) 179—205; *ders.,* Politik und kanonischer Prozeß zur Zeit Johanns XXII.: ZBLG 22 (1959) 1—12.

Zu Benedikt XII. *J. M. Vidal,* Lettres communes, 3 Bde (Paris 1903/11); *G. Daumet,* Lettres closes, patentes et curiales se rapportant à la France, 2 Bde (Paris 1899 bis 1920); *J. M. Vidal - G. Mollat,* Lettres closes et patentes intéressant les pays autres que la France, 8 Fasz. (Paris 1913/52); DHGE 8 (1935) 116—135 (L. Jadin, ausführl. Lit.); *G. Mollat,* Les papes d'Avignon 72—88 (Lit.); *K. Jacob,* Studien über Papst Benedikt XII. (Berlin 1910); *B. Guillemain,* La politique bénéficiale du pape Benoît XII (1334—1342) = BÉH 299 (Paris 1952); *C. Schmitt,* Un pape réformateur et un défenseur de l'unité de l'église. Benoît XII et l'ordre des frères mineurs (Florenz-Quaracchi 1959, mit ausführl. Lit.); *B. Guillemain,* La cour pontificale d'Avignon (ausführl. Quellen und Lit.); *F. Wetter,* Die Lehre Benedikts XII. vom intensiven Wachstum der Gottesschau: AnGr 92 (Rom 1958); *H. Otto,* Benedikt XII. als Reformer des Kirchenstaates: RQ 36 (1928) 59—110; *F. Bock,* Die Prokuratorien Kaiser Ludwigs IV. an Papst Benedikt XII.: QFIAB 25 (1933/34) 251—291; Dizionario biografico degli Italiani 8 (1966) 378—384: Benedetto papa XII.

Zu Clemens VI. *E. Déprez - J. Glénisson - G. Mollat,* Lettres closes, patentes et curiales se rapportant à la France, 3 Bde (Paris 1901/61); *E. Déprez - G. Mollat,* Lettres closes, patentes et curiales interéssant les pays autres que la France, 3 Fasz. (Paris 1960/61); *T. Gasparini Leporace,* Le suppliche di Clemente VI (Rom 1948); DHGE 12 (1953) 1129—1162 (G. Mollat mit Lit.); *G. Mollat,* Les papes d'Avignon 89—103 (Lit.); *B. Guillemain,* La cour pontificale d'Avignon (ausführl. Quellen und Lit.); *A. Pélissier,* Clément VI le magnifique, premier pape limousin (Brive 1951); *G. Mollat,* Le St-Siège et la France sous le pontificat de Clément VI (1342—1352): RHE 55 (1960) 5—24; *ders.,* Clément VI et la péninsule ibérique: Journal des Savants (1960) 122—129.

Johann XXII. (1316/34)

Die schwierige Lage der Kardinäle in Carpentras ergibt sich aus der Gruppierung des Kollegs in 10—11 Gascogner, 6 andere Franzosen oder Provenzalen und 7 Italiener. Durch die Kreationen Clemens' V. war nicht nur ein übermächtiges Anwachsen des französischen Einflusses im allgemeinen, sondern auch die starke Gruppe von Verwandten und engen Landsleuten entstanden in einem Ausmaß wie nie zuvor. Kaum hatte man mit dem Wahlgeschäft begonnen, da wurde durch die Anhänger Clemens' V. das Konklave unter Mißhandlung der italienischen Kurialen und Drohungen gegen die italienischen Kardinäle gesprengt. Nur mit Mühe konnten sich die Italiener einen Ausweg schaffen und die Stadt verlassen. Erst zwei Jahre später gelang es, die Kardinäle wieder zusammenzubringen, in Lyon, wo der Bruder des französischen Königs, der Graf von Poitiers, entgegen seinen eidlichen Zusagen für Bewegungsfreiheit, sie im Dominikanerkloster einschloß und ihnen die Namen von vier Kandidaten übergab. Nach wochenlangen Versuchen, zu einer Einigung zu kommen, war es wieder Napoleon Orsini, der drei seiner Landsleute zur Gruppe der Gascogner führte und damit die Wahl entschied. Man einigte sich am 7. August 1316 auf den Kardinalbischof von Ostia, Jacques Duèse aus Cahors, einen 72 Jahre alten und, wie es schien, kränklichen Mann [1]. Seiner engeren Heimat blieb er zeitlebens treu verbunden, wie die ungehemmte Bevorzugung der Caorsiner zeigt. Seit 1300 war er Bischof von Fréjus, 1308/10 Kanzler König Karls II. von Neapel, 1310 wurde er Bischof von Avignon und 1312 Kardinal. Von größter Erfahrung in allen Fragen der Politik und Verwaltung, fand er an der päpstlichen Kurie als Ergebnis der schwachen, um nicht zu sagen unordentlichen Regierung seines Vorgängers und der zweijährigen Sedisvakanz ein Chaos vor. Seine Angst vor Ermordung läßt auf eine starke Opposition gegen seine Wahl schließen [2]. Die Krönung fand am 5. September in Lyon statt, feierlicher, als bisher gewohnt, und im Beisein des französischen Königs. Im Oktober kam der neue Papst nach Avignon, nahm zunächst im Dominikanerkonvent und später im Bischofspalast Wohnung, nachdem er den bisherigen Bischof zum Kardinal erhoben und das Bistum durch einen Administrator verwalten ließ [3].

Mit vollem Recht haben gute Kenner diese Zeit als die Epoche des ausgesprochensten politischen Papsttums bezeichnet und hinzugefügt, daß den Päpsten für das rein Religiöse wenig Zeit blieb [4]. Mit der Wahl Johanns XXII. war die Entscheidung in diesem Sinne gefallen: für den Vorrang der Politik vor allen andern Gesichtspunkten. Auch insofern, als es sich zeigen sollte, ob die Rückkehr nach Rom ernstlich in Frage kam oder ob man das von Clemens V. hinterlassene Provisorium fortführen wollte oder mußte. War Clemens weitgehend der Geschobene, so kam mit Johann eine ganz anders geartete Persönlichkeit an die Regierung, die den Ablauf des Zeitgeschehens während seines langen Pontifikates mit Erfolg bestimmte. Sicher hat der neue Papst die Rückführung der Kurie nach Rom oder Italien nicht von vornherein ausgeschlossen; wiederholt äußerte er den Wunsch, noch vor Ende des Jahres, in dem er gewählt wurde, nach Rom zu ziehen. Aber gefangen in den Vorstellungen eines guelfisch-französischen Italiens, hielt er eine Rückkehr erst nach Erreichung dieses Zieles für möglich. Je länger aber der Aufschub dauerte, desto größer wurden auch die psychologischen Schwierigkeiten für eine Verlegung des päpstlichen Stuhls. Die Verhältnisse in Italien hätten nur durch einen im Kirchenstaat waltenden Papst gemei-

[1] Zur Wahl Johanns XXII.: *Haller* V 302ff 405ff (mit Lit.). Wichtigste Quelle ist ein Bericht an den König von Aragón: *H. Finke,* Aus den Tagen Bonifaz VIII. (Münster 1902) LXVII f.

[2] *H. Finke,* Acta Aragonensia III 336.

[3] *L.-H. Labande,* Le palais des papes (Marseille 1925) 18f.

[4] *H. Finke* a. a. O. I S. XVI f.

stert werden können, wie sich später zeigen sollte[5]. Im Mittelpunkt auch dieses Pontifikates steht immer das Verhältnis zu Frankreich und seinen Königen; auch zu der in Süd- und Mittelitalien herrschenden Linie der Anjou. Die Bemühungen um die Beilegung des langen Krieges in Flandern und der Auseinandersetzung mit England, das wenig gute Einvernehmen mit dem Sardinien in Besitz nehmenden Aragón sind von dem Wunsch nach einem erstarkten Frankreich geleitet, dessen der Papst zur Erreichung der ihm vorschwebenden Ziele bedarf[6]. Diesem Zweck dienen auch die vielen, nicht immer erwünschten Einmischungen in französische dynastische Verhältnisse, in Fragen der Verwaltung und die reichliche Gewährung von kirchlichen Zehnten und Subsidien mit fragwürdiger Abrechnung. Das Ziel ist klar: Weiterführung der seit der zweiten Hälfte des 13. Jh. eingeschlagenen kurialen Politik, die Vormachtstellung des angiovinischen Frankreichs in ganz Italien und dementsprechend die Zurückdrängung und Ausschaltung des Imperiums und Friedrichs von Sizilien. Wenn man die damals noch üblichen Namen für die politischen Gruppen: Guelfen und Ghibellinen benutzen will, so war Johann XXII. das Haupt des Guelfentums, mehr und erfolgreicher als Robert von Neapel, dessen Haltung und Tätigkeit nicht immer den Beifall des Papstes fand[7].

Im Reich war die Lage für den neuen Papst nicht ungünstig. Nach dem frühen Tod Heinrichs VII. in Buonconvento kam es 1314 zur Doppelwahl: Ludwig der Bayer und Friedrich der Schöne. Beide wandten sich an den Papst, beide waren für ihn Erwählte, und die Entscheidung nahm er für sich in Anspruch. Die ersten Maßnahmen in Italien wurden noch durch die Pflicht zur allgemeinen Friedensvermittlung begründet, bald aber griff der Papst in einer Konstitution auf den von seinem Vorgänger erhobenen Anspruch auf das Reichsvikariat zurück und verbot den noch von Heinrich VII. ernannten Vikaren ihre Tätigkeit. Und Robert von Neapel bestellte er zum Senator Roms und Reichsvikar in ganz Italien[8]. Es blieb nicht bei theoretischen Verfügungen, sondern es begann jetzt ein scharfes Vorgehen gegen alle, die mit der päpstlichen Politik nicht einverstanden waren, in den Formen des kanonischen Inquisitionsprozesses mit vielen Steigerungen bis zur Ketzererklärung von Personen und Verhängung des Interdikts über Städte und Gebiete[9]. Kardinal Bertrand du Poujet, ein Verwandter des Papstes,

[5] Zur Rückkehr nach Rom: *H. Finke* a. a. O. I 217; *E. Dupré-Theseider,* I papi di Avignone 48 ff; *F. Bock,* Roma al tempo di Roberto d'Angiò: ASRomana 65 (1942) 171 187.

[6] Reiches Material bei *H. Finke,* Acta Aragonensia I—III und den Nachträgen.

[7] *G. Tabacco,* La casa di Francia 129 ff.

[8] *F. Baethgen,* Der Anspruch des Papsttums auf das Reichsvikariat 169; *G. Mollat,* Les papes d'Avignon 162; *F. Bock,* Kaisertum, Kurie und Nationalstaat: RQ 44 (1936) 184 ff; *C. Erdmann,* Vatikanische Analekten 44.

[9] Zu den Prozessen zusammenfassend: *F. Bock,* Reichsidee 181 ff. Einzelnes: *ders.,* Stu-

wurde 1319 als Legat für die Lombardei ernannt und nahm seine Tätigkeit im Sommer des folgenden Jahres auf[10]. Es blieb ihm bis zu seinem unglücklichen Abgang im Jahre 1334 die Aufgabe der Niederwerfung der Tyrannen, wie im Sprachgebrauch des Papstes alle Nicht-Guelfen bezeichnet wurden. Die nun ausbrechenden Kämpfe zogen sich ohne Entscheidung jahrelang hin mit rasch wechselnden politischen Gruppierungen[11]. Wichtige Ereignisse sind das Eingreifen französischer Truppen in Oberitalien; auch Schiffe, die für den Kreuzzug ausgerüstet wurden, nahmen an den Kämpfen teil. Obwohl der französischen Regierung eine Änderung der Haltung der Visconti auf politischem Wege möglich und erstrebenswert schien, verlangte der Papst unerbittlich die gewaltsame Beseitigung ihrer Herrschaft in Mailand und in der Lombardei. Er ging so weit, „contra hereticos et rebelles partium Italiae" den Kreuzzugsablaß zu gewähren; von allen Bischöfen wurde Verkündigung verlangt mit Aufstellung von eigenen Geldtruhen für diesen Zweck[12]. Über diese Maßnahmen wurden die Kardinäle offenbar nicht befragt, und es waren auch nicht alle damit einverstanden[13]. Inwieweit Johann XXII. den eigentlichen Kreuzzugsgedanken ernst nahm, ist schwer zu sagen. Man kann sich des Eindrucks nicht erwehren, daß er weitgehend als Vorwand zur Stärkung der päpstlichen Finanzen und der französischen Vorherrschaft benutzt wurde. Denn nur unter der Führung des französischen Königs durfte ein solches Unternehmen stehen, und Philipp VI. war offenbar guten Willens[14].

Merkwürdig war es gewiß, den erwählten deutschen König Friedrich von Habsburg auf seiten der Guelfen in Italien zu finden. Sein Bruder Heinrich erschien 1322 mit Heeresmacht vor Brescia zur Stützung der schwer bedrohten guelfischen Stadt, zog aber dann zum großen Ärger des Papstes wieder ab, wahrscheinlich durch die Politik des Visconti bewogen, der

dien zum politischen Inquisitionsprozeß: QFIAB 26 (1935/36) 21—142; seine weiteren Beiträge sind aufgeführt: *ders.*, Processi di Giovanni XXII contro i ghibellini italiani: ASRomana 63 (1940) 143; Storia di Milano V (1955) 148—154.

[10] *F. Bock, Kaisertum,* Kurie und Nationalstaat 188 ff; DHGE 8 (1935) 1068—1074: Mollat.

[11] Storia di Milano V (1955) 131 ff.

[12] *F. Bock,* Studien zum politischen Inquisitionsprozeß 48 f; *P. Gasnault,* La perception dans le royaume de France, du subside solicité par Jean XXII „contra haereticos et rebelles partium Italiae": MAH 69 (1957) 273—319.

[13] *H. Finke,* Acta Aragonensia I 377.

[14] *F. Bock,* Reichsidee 339 f; *G. Dürrholder,* Die Kreuzzugspolitik unter Papst Johann XXII. (Diss. Straßburg 1913); *G. Tabacco* a. a. O. 213 ff; *J. Goñi Gaztambide,* Historia de la bula de la cruzada en España (Vitoria 1958) 282 ff; *Runciman* III 446 f 480: „bis schließlich unter einem Kreuzzug jedweder Krieg gegen die Feinde der päpstlichen Politik verstanden und alle geistliche Staffage wie Ablaß und himmlische Belohnung dazu verwendet wurde, die weltlichen Bestrebungen des Heiligen Stuhles zu unterstützen".

Friedrich über die Folgen seines Tuns für das Imperium die Augen öffnete[15]. Schwerwiegender und bestimmend für das Geschehen in Italien bis zum Ende des Pontifikats war das Eingreifen Ludwigs des Bayern nach der Schlacht bei Mühldorf 1322, die ihm die Alleinherrschaft bringen sollte. Der Papst änderte aber seine bisherige, angeblich neutrale Zurückhaltung nicht, für ihn war Ludwig nach wie vor nur Erwählter. Daß der im deutschen Bereich nun siegreiche König die herkömmlichen königlichen Rechte in Anspruch nahm — und dazu gehörte in Abstufungen auch Italien —, führte noch einmal zu einem erbitterten Kampf zwischen Imperium und Sacerdotium; nur war das Sacerdotium nicht mehr in Rom, sondern in unmittelbarer Nähe und starker Abhängigkeit von Frankreich. Von den Ghibellinen um Hilfe angegangen, entsandte König Ludwig im Frühjahr 1323 eine Abordnung nach Italien. Sie nahm zunächst einige schwankende ghibellinische Führer in Pflicht und trug zum Entsatz des vom Heer des Legaten belagerten Mailand entscheidend bei. Dadurch wurden die Aussichten des Papstes auf den unmittelbar bevorstehenden Sieg über die Visconti zerstört[16]. So begreift man seine zornige Empörung und sein Vorgehen gegen Ludwig seit dem Herbst 1323 trotz des heftigen Widerstands einiger Kardinäle[17]. Nach dem italienischen Vorbild wurde jetzt auch der deutsche König vermahnt, dann zitiert und in die Prozedur der kanonischen Prozesse verwickelt mit dem Ziel, ihn vom Königtum auszuschließen und eine andere, wohl französische Thronkandidatur einzuleiten[18]. Erst nach längerem Zögern entschloß sich Ludwig zur Gegenwehr, indem er in Nürnberg im Dezember 1323 und nach seiner Exkommunikation im März 1324 in der Kapelle der Deutschritter in Sachsenhausen bei Frankfurt im Mai Appellation gegen die Vorwürfe und Sentenzen des Papstes einlegte[19]. Er verwahrte sich zunächst gegen den Vorwurf der unberechtigten Führung des Königstitels und der Ausübung der königlichen Rechte, dann gegen den Vorwurf der Unterstützung von Ketzern und schließt mit der Bitte um die Einberufung eines allgemeinen Konzils. Mehr auf öffentliche Wirkung gegen die mit geschickter Propaganda weitverbreiteten päpstlichen Prozesse berechnet war die sog. Sachsenhäuser Appellation, die dem Papst die einseitige Verwendung von kirchlichen Strafmitteln zur Bekämpfung seiner politischen Gegner vorwarf, vor allem aber in Johanns Verhalten gegenüber dem Armutsideal der Spiritualen eine offensichtliche Ketzerei feststellte. Es sind die schon seit Philipp dem Schönen bekannten Bezichtigungen der Häresie, durch die auch ein Papst von der Gesamtkirche auf dem Konzil belangt werden konnte. Nach

[15] *F. Bock,* Kaisertum, Kurie und Nationalstaat 195—203.

[16] *F. Bock,* Studien zum politischen Inquisitionsprozeß 53 ff.

[17] *H. Finke,* Acta Aragonensia I 391 ff 395: Per Deum! Et furiam invenient et iterum furiam invenient!

[18] *F. Bock,* Reichsidee 212 ff; *G. Tabacco* a. a. O. 337 ff.

[19] *F. Bock,* Reichsidee 201 ff.

neueren Forschungen zeigen die Appellationen ihrem Inhalt und ihrer Formulierung nach starke Anklänge an ghibellinisches Gedankengut; der Umfang der Betätigung minoritischer Helfer ist noch nicht genau zu beurteilen[20].

Schärfer wurde der Konflikt, als Ludwig, von ghibellinischen Kreisen gerufen, seit 1327 in Italien persönlich einzugreifen begann. Sein Romzug unterscheidet sich von den früheren Zügen deutscher Könige und Kaiser in vieler Hinsicht. Zwar kam er nach Rom, aber fand dort keine geistlichen Würdenträger zu seiner Krönung vor. Auf die antike Kaiseridee zurückgreifend, setzte ihm der alte Sciarra Colonna im Lateran die Krone auf. Schwerwiegender und sicher ein politischer Fehler war die Aufstellung eines Gegenpapstes in der Person des Minoriten Peter von Corbara als Nikolaus V. Persönlich ohne größere Bedeutung und nur Instrument der ungeschickten Politik, ist er nach dem Abzug des Kaisers aus Italien bald verschwunden und hat seinen Frieden mit dem ihm sehr entgegenkommenden Papst in Avignon gemacht[21]. Dagegen waren die aus Avignon entwichenen und in Pisa zu Ludwig gestoßenen Häupter der Minoriten eine große Hilfe in den geistigen Auseinandersetzungen mit der Kurie[22]. Die Reaktion des Papstes blieb nicht auf die Wiederholung und Verschärfung der Prozesse beschränkt. Wie schon einige Jahre zuvor betrieb er jetzt wieder die Beseitigung des Königs; die von ihm angeregte und von einigen Kurfürsten beschlossene Neuwahl kam aber nicht zur Ausführung[23]. Durch einen fiktiven Abdankungsplan gelang es Ludwig, die Schwierigkeiten in Deutschland und auch in Italien zu meistern, obwohl die Visconti nach dem Weggang des Kaisers

[20] MGConst V (1909—13) 722 ff. Zum Inhalt der Appellationen: *F. Bock*, Reichsidee 201 ff; zum textlichen Problem: *ders.*, Die Appellationsschriften König Ludwigs IV. in den Jahren 1323/24: DA 4 (1940) 179—205; zu den Verfassern: *ders.*, Politik und kanonischer Prozeß zur Zeit Johanns XXII.: ZBLG 22 (1959) 1—12, wo die Beteiligung Michaels von Cesena wahrscheinlich gemacht wird; *K. Bosl*, Der geistige Widerstand am Hofe Ludwigs des Bayern gegen die Kurie. Die politische Ideenwelt um die Wende vom 13./14. Jh. und ihr historisches Milieu in Europa: Vorträge und Forschungen 9 (Konstanz 1965) 99—118.

[21] Zum Romzug: *H. Otto,* Zur italienischen Politik Johanns XXII.: QFIAB 14 (1911) 140—265; *F. Bock,* Reichsidee 225—285.

[22] *F. Bock,* Reichsidee 321—326; *H. Kämpf,* Die Codices latini 4008—4010 der Vatikanischen Bibliothek: QFIAB 26 (1935/36) 143—170, cod. vat. lat. 4009 enthält Handakten des Michael von Cesena; *H. S. Offler,* Meinungsverschiedenheiten am Hof Ludwigs des Bayern im Herbst 1331: DA 11 (1954) 191—206; *K. Bosl,* Die „geistliche Hofakademie" Kaiser Ludwigs des Bayern im alten Franziskanerkloster zu München: Der Mönch im Wappen. Aus Geschichte und Gegenwart des katholischen München (München 1960) 97—129; *F. Hofmann,* Der Anteil der Minoriten am Kampf Ludwigs des Bayern gegen Johann XXII. unter besonderer Berücksichtigung des Wilhelm von Ockham (Diss. phil. Münster 1959); *H.-J. Becker,* Zwei unbekannte kanonistische Schriften des Bonagratia von Bergamo in Cod. Vat. Lat. 4009: QFIAB 46 (1966) 219—276 (Lit.).

[23] *E. E. Stengel,* Avignon und Rhens 36—59; *G. Tabacco* a. a. O. 341 ff.

sich dem Papste näherten. Aber neue Verwicklungen ergaben sich in den letzten Jahren Johanns XXII. In der Lombardei erschien 1331 der junge König Johann von Böhmen, der Sohn Kaiser Heinrichs VII.; kaiserliches und päpstliches Einverständnis vortäuschend (rex pacificus, filius ecclesiae et vicarius imperii), wollte er offenbar eine eigene Herrschaft aufrichten. Aber auch der Papst erwog den Plan des französischen Königs, die Lombardei vom päpstlichen Stuhl zu Lehen zu nehmen, um so die deutschen Könige auf immer von Italien fernzuhalten. Und Johann dachte in seinem letzten Jahre selbst daran, nach Bologna zu gehen, freilich nicht im Einverständnis mit Frankreich. Alle diese Pläne scheiterten, als im Jahre 1333 Guelfen und Ghibellinen sich gegen die Fremdherrschaft zusammenfanden, den Böhmenkönig zum Abzug und den Legaten zur Flucht aus Italien zwangen [24]. Die ungeheuren Summen, die Johann aus kirchlichen Geldern für seine italienischen Ideen opferte, waren umsonst ausgegeben [25].

Durch seine schroffe Stellungnahme im Armutsstreit hatte sich der Papst nicht nur die Spiritualen zu erbitterten und unversöhnlichen Feinden gemacht, sondern weite Kreise von Geistlichen und Laien gegen sich aufgebracht, vor allem König Robert von Neapel und seine Gemahlin Sancia [26]. Schwere Zerwürfnisse belasteten das bisher so enge Verhältnis, besonders als auch die politischen Anschauungen über die Herrschaft in Oberitalien auseinandergingen. Dazu kamen die Differenzen mit einem Teil des Heiligen Kollegs, das unter Führung von Napoleon Orsini ernstlich ein allgemeines Konzil zur Aburteilung des Papstes anstrebte und Fühlung zu Kaiser Ludwig und deutschen Bischöfen aufnahm [27]. Im rein dogmatischen Bereich erregte der Papst gegen Ende seines Pontifikates in Predigten Anstoß, da er in der Frage der visio beatifica eine sehr selbständige, frühchristlichen Vorstellungen nicht fremde Ansicht vertrat, daß nämlich die Seelen der Gerechten nicht gleich nach dem Hinscheiden, sondern erst nach dem allgemeinen Gericht der vollen Anschauung Gottes teilhaftig werden sollten. Der darob ausbrechende Streit erfaßte weite Kreise, und der größte Teil der Gottesgelehrten wandte sich gegen den Papst. In vielen Sitzungen und ausgedehnten Disputationen wurden diese Probleme behandelt, eine Reihe von Gutachtern hat sich dazu geäußert. In Paris nahm die Regierung eindeutig gegen den Papst Stellung und bedrohte ihn mit einem Verfahren

[24] *G. Tabacco* a. a. O. 297 ff; *A. Mercati,* Dall'archivio Vaticano I. Proposte di Giovanni, il francofilo re di Boemia, a Giovanni XXII: MAH 61 (1949) 195—209; *C. Dumontel,* L'impresa italiana di Giovanni di Lussemburgo re di Boemia: Pubblicazioni della facoltà di lettere e filosofia IV 3 (Turin 1952).

[25] *E. Göller,* Die Einnahmen der apost. Kammer unter Johann XXII. (Paderborn 1910) 133*.

[26] Lit. zum Armutsstreit in Kap. 43.

[27] *O. Bornhak,* Staatskirchliche Anschauungen und Handlungen am Hofe Ludwigs des Bayern 37 ff.

wegen Ketzerei. Am Vorabend seines Todes soll er seine Sondermeinung aufgegeben haben[28].

Man weiß schon lange, daß der Papst oft und gerne vor den Kardinälen, Bischöfen und der kurialen Prälatur gepredigt hat, auch daß er diese Gelegenheit benutzte, um seine theologischen Ansichten und Anliegen bekanntzugeben und durch Nachschriften verbreiten zu lassen. Neuerdings ist nachgewiesen, daß er Predigtsammlungen genau studierte und mit Anmerkungen zur praktischen Benutzung versah; auch kennen wir über 30 Predigten von ihm, teils wörtlich, teils in zusammenfassender Wiedergabe. Inhaltlich sind es meist Marienpredigten mit deutlicher Spitze gegen die conceptio immaculata, auch Stellungnahmen zur Politik, wie es bei dem größten Politiker in Avignon nicht anders zu erwarten war. Viele heute noch erhaltene Codices seiner persönlichen oder der päpstlichen Bibliothek zeigen ihn als aufmerksamen Leser, so in den Randbemerkungen zu eingeforderten Gutachten; sie verraten eine eingehende Kenntnis der Theologie des Thomas von Aquin als Vorbereitung zu dessen Kanonisation. Überhaupt war der Papst ein Freund von Materialsammlungen und besaß viele solcher „tabulae". Am wichtigsten schienen ihm wohl juristische Fragen, auch davon sind eine Reihe eigenhändig geschriebener Quästionen überliefert[29]. Während wir im allgemeinen höchstens die Genehmigungsvermerke auf den seltenen originalen Bittschriften des 14. Jahrhunderts als Autographen der Päpste haben, ist Johanns XXII. schwer lesbare Schrift an zahlreichen Stellen erhalten; so in Entwürfen zu politischen Schreiben von großer Wichtigkeit. Sie zeigen den Papst an der Arbeit, die wiederholten Ansätze seiner zittrigen Greisenhand zu neuer Formulierung, selbst an der Abfassung wichtiger politischer Dokumente (cedulae) in Geheimschrift war er persönlich beteiligt[30].

Wenn ein Papst die Bezeichnung eines Politikers verdient, so ist es Johann XXII. In den Lebensjahren, in denen sich eigene Auffassungen bilden und Bestand gewinnen, war er am angiovinischen Hof in Neapel. Soll man

[28] *G. Hoffmann,* Der Streit über die sel. Schau Gottes, 1313—1338 (Leipzig 1917); *D. Douie,* John XXII and the Beatific Vision: Dominican Studies 3 (1950) 154—174; *M. Prados,* El papa Juan XXII y las controversias sobre la visión beatífica (Granada 1959); *A. Maier,* Die Pariser Disputation des Geraldus Odonis über die Visio beatifica Dei: Archivio italiano per la storia della pietà 4 (1965) 213—251; *F. Wetter,* Die Lehre Benedikts XII. vom intensiven Wachstum der Gottesschau: AnGr 92 (Rom 1958, mit Lit.).

[29] *A. Maier,* Zwei Vatikanische Handschriften und ihre Besitzer: RSTI 12 (1958) 262 bis 280; *E. Pásztor,* Una raccolta di sermoni di Giovanni XXII: Bollettino dell'Archivio paleografico italiano, Nuova serie 2—3 (1956) parte II 265—289; *A. Maier,* Annotazioni autografe di Giovanni XXII in codici Vaticani: RSTI 6 (1952) 317—332; *Th. Käppeli,* Predigten am päpstlichen Hof von Avignon: AFP 19 (1949) 388—393.

[30] *F. Bock,* Die Geheimschrift in der Kanzlei Johanns XXII.: RQ 42 (1934) 279—303; *A. Mercati,* Dagli Instrumenta Miscellanea dell'archivio segreto Vaticano: QFIAB 27 (1936/37) 137—167.

ihm zum Vorwurf machen, er habe die dort herrschende guelfische Doktrin nie mehr aufgegeben? Gewiß hätte er als Papst anders handeln müssen, ob können, das ist die Frage. So hat er den politisch-avignonesischen Stil auch für seine Nachfolger geschaffen und dadurch unermeßlichen Schaden angerichtet. Zur Erreichung seiner Ziele hat er sich rücksichtslos aller Mittel bedient, die ihm als Papst noch zur Verfügung standen. Den von Innozenz IV. und Bonifaz VIII. eingeschlagenen Weg in der eigenmächtigen Setzung neuen Rechtes ging er beharrlich weiter und wurde mit seinen Dekretalen zum Prototyp des gewalttätigen politisierenden Papstes[31]. Die seit dem 13. Jh. von der Kurie beanspruchten Rechte auf dem Gebiete der Ehedispense hat Johann XXII. mit größter Parteilichkeit für seine politischen Ziele ausgenützt, den Rat der Kardinäle freilich nur eingeholt, um sich bei Ablehnung zu decken[32]. Verhängung von kirchlichen Strafen aus rein politischen Gründen und willkürliche Gewährung oder Verweigerung von Dispensen wurden durch „necessitas et utilitas ecclesiae" oder „utilitas publica" verbrämt, in einer anmaßenden Gleichsetzung seiner Politik mit der Kirche, der Hierarchie mit der Religion. Sein Schalten und Walten mit den Benefizien und im kirchlichen Finanzwesen zum vollen Ausbau des Verwaltungsprimates wird an anderer Stelle sichtbar werden. Sein Pontifikat ist der Höhepunkt des hierokratischen Systems, und wer in diesem etwas Positives erblickt, kann Johann XXII. als einen der bedeutendsten Päpste bewundern[33].

Benedikt XII. (1334/42)

Das Konklave, das sich in üblicher Frist nach dem Ableben Johanns XXII. im bischöflichen Palast in Avignon versammelte, stand nicht nur vor persönlichen, sondern auch vor großen sachlichen Entscheidungen. Die Rückkehr nach Rom oder das vorläufige Verbleiben in Avignon hing davon ab. Daß der Kardinal von Comminges sich weigerte, das Versprechen, nicht nach Rom zu gehen, abzugeben, und deshalb nicht gewählt wurde, mag Übertreibung sein, aber die Nachricht beleuchtet scharf die Lage. Die bald erfolgte Wahl, am 20. Dezember 1334, des „weißen Kardinals" soll Überraschung ausgelöst haben. Vielleicht wollte man nach der durch den dilettantischen Theologen verursachten Unruhe einen wirklichen Fachmann haben — und ein solcher war Jacques Fournier, Benedikt XII. In früher

[31] *H. Finke*, Acta Aragonensia I 231 395.

[32] *A. Esch*, Die Ehedispense Johanns XXII. und ihre Beziehung zur Politik: HStud 183 (Berlin 1929); *H. Finke*, Acta Aragonensia I 409 415.

[33] Zur Charakteristik: *H. Finke*, Acta Aragonensia I 216 395 414f, III 315 342 351f; *J. Haller*, Papsttum und Kirchenreform 90ff; *G. Tabacco* a. a. O. 334ff; *F. Bock*, Reichsidee 171f 364ff.

Jugend trat er in den Zisterzienserorden ein, in dem sein Onkel Abt war, wurde 1311 dessen Nachfolger in Fontfroide, 1317 Bischof von Pamiers, 1326 von Mirepoix, 1327 Kardinal. In Paris hatte er gründliche Studien gemacht und den Magistergrad in Theologie erworben. Sein besonderes Interesse während seiner bischöflichen Tätigkeit und noch als Kardinal galt der Bekämpfung der Häretiker[33a]. Bedeutsam war auch seine Tätigkeit als theologischer Gutachter. Die bisherige Kenntnis seiner Ansichten im Prozeß gegen die Postille zur Apokalypse von Petrus Johannis Olivi[34], gegen Wilhelm von Ockham und Meister Eckhart ist durch neue Funde erweitert worden[35]. Im Streit um die visio beatifica nahm er schon früh Stellung. Johann XXII. beauftragte ihn mit dem Studium der Frage, ihr Resultat liegt in einem umfangreichen, ungedruckten Werke vor[36]. Im Prozeß gegen den Dominikaner Thomas Waleys hatte er den Vorsitz[37]. Diese gründliche Vertrautheit mit den Problemen erleichterte ihm dann als Papst die Schlichtung und vorläufige Beendigung der Diskussion in der herkömmlichen Weise[38].

Schwer zu beurteilen ist seine Stellung zur Rückkehr der Kurie nach Rom; vor allem, ob es ihm wirklich ernst war, als er den Abgesandten des römischen Volkes sein baldiges Kommen in Aussicht stellte und doch schon in den ersten Monaten seines Pontifikates mit dem Bau des großen Palastes begann. Damit war praktisch eine wichtige Entscheidung gefallen und an einen Aufbruch nach Italien nicht mehr zu denken. Von Bemühungen um die Ordnung im Kirchenstaat wird ziemlich ausführlich berichtet. Der von Johann XXII. nach Mittelitalien entsandte Erzbischof Bertrand von Embrun war auch unter Benedikt noch tätig, bis 1337. Ihm folgte, als „reformator generalis“ Johannes de Amelio, bekannt vor allem durch die Überführung des päpstlichen Archivs nach Avignon. In Rom versuchten wiederholte Friedensedikte die Streitigkeiten zwischen den Colonna und Orsini um die Tiberbrücken und die Festungstürme in der Stadt einzudämmen[39]. Es war

[33a] *J. Duvernoy,* Le registre d'inquisition de Jacques Fournier évêque de Pamiers, Benoît XII (Toulouse 1964).

[34] *R. Manselli,* La „lectura super apocalipsim“ di Pietro di Giovanni Olivi (Rom 1955).

[35] *J. Koch,* Der Kardinal Jacques Fournier (Benedikt XII.) als Gutachter in theologischen Prozessen: Die Kirche und ihre Ämter und Stände (Köln 1960) 441—452.

[36] *F. Wetter,* Die Lehre Benedikts XII. vom intensiven Wachstum der Gottesschau: AnGr 92 (Rom 1958).

[37] *Th. Käppeli,* Le procès contre Thomas Waleys OP (Rom 1936).

[38] Durch die Konstitution „Benedictus Deus“ vom 29. Januar 1336.

[39] *H. Otto,* Benedikt XII. als „Reformer“ des Kirchenstaates: RQ 36 (1928) 59—110; *A. Mercati,* Nell'Urbe dalla fine di settembre 1337 al 21 gennaio 1338: MiscHistPont. 10 (1945) 1—84; *G. Mollat,* Construction d'une forteresse à Bénévent sous les pontificats de Jean XXII et de Benoît XII: MAH 62 (1950) 149—164; *G. Tabacco,* La tradizione guelfa in Italia durante il pontificato di Benedetto XII: Studi di storia medievale e moderna (Rom 1958) 95—148.

ein Trugschluß, wenn man sagte: wegen der Unruhen in Italien und Rom könne der Papst nicht zurück; die Unruhen dauerten eben deswegen an, weil die Kurie sie nicht an Ort und Stelle bekämpfte.

Den von Johann XXII. vorgezeichneten Weg der Abhängigkeit von Frankreich mußte auch Benedikt gehen. Daran änderte nichts die große Zurückhaltung in der Gewährung von Zehnten für den Kreuzzug oder deren Rückforderung wegen Nichtausführung des Versprechens. Nach langen Verhandlungen über diese Frage und einem Besuch des französischen Königs Philipp VI. in Avignon gab der Papst nach. Für die politischen Bedürfnisse der Regierung wurde die französische Kirche immer wieder belastet, was im beginnenden Krieg gegen England der Kurie wiederholt den Vorwurf der Parteilichkeit eintrug. Auch standen die Nachrichtendienste Avignons dem französischen König zur Verfügung. Zur Friedensvermittlung entsandte der Papst zwei Kardinäle nach England, die allerdings nur vorübergehende Erfolge erzielten[40]. Der durch den Verwüstungskrieg 1339/40 stark geprüften Bevölkerung Nordfrankreichs wandte der Papst große finanzielle Hilfe zu[41]. Während seines ganzen Pontifikates vermochte Benedikt nicht, sich von den starken Bindungen an die französische Politik freizumachen.

Friedliche Äußerungen zu Beginn seiner Regierung erweckten Hoffnung auf eine Beilegung des Streites mit dem Imperium. Jedenfalls nahm der Kaiser schon im Frühjahr 1335 Fühlung mit der Kurie auf, um die Bedingungen für eine friedliche Lösung der die öffentliche Meinung immer stärker belastenden Angelegenheit zu erfahren. Über diese Verhandlungen sind wir ziemlich genau unterrichtet durch die Erhaltung eines Teiles der umständlichen Formulierungen im Rahmen des kanonischen Prozeßablaufes, die sog. Prokuratorien[42]. Trotz großer Nachgiebigkeit der kaiserlichen Gesandten kam eine Einigung nicht zustande, da sie der politischen Linie Philipps VI. nicht entsprach, der vom Papst über die komplizierten Auseinandersetzungen bis in alle Einzelheiten hinein auf dem laufenden gehalten wurde[43]. Aufs Ganze gesehen, war Benedikt noch mehr der französischen Politik hörig als sein Vorgänger. So mußte es zu neuem Bruch kommen, nachdem die beschwörenden, die Politik Johanns XXII. in aller Schärfe verurteilenden Reden der Gesandten im Konsistorium ohne Erfolg

[40] *F. Trautz,* Die Könige von England und das Reich 1272—1377 (Heidelberg 1961) 263 f.

[41] *L. Carolus-Barré,* Benoît XII et la mission charitable de Bertrand Carit dans les pays dévastés du nord de la France, Cambrésis, Vermandois, Thiérache 1340: MAH 62 (1950) 165—232.

[42] *F. Bock,* Reichsidee 367 ff; *ders.,* Die Prokuratorien Kaiser Ludwigs IV. an Papst Benedikt XII.: QFIAB 25 (1933/34) 251—291; *H. S. Offler,* Über die Prokuratorien Ludwigs des Bayern für die römische Kurie: DA 8 (1951) 461—487.

[43] *F. Bock,* Reichsidee 409; *F. Trautz* a. a. O. 264.

blieben[44]. Aber anders als unter seinem Vorgänger war jetzt die Haltung in deutschen Landen. Viele Stände des Reiches, Kurfürsten, der Adel und der hohe Klerus, vor allem die Städte, wandten sich von dieser Politik der Kurie ab[45]. Der Übergang des vom Papst providierten Mainzer Erzbischofs Heinrich von Virneburg war der Sache des Kaisers von großem Nutzen. Eine Mainzer Provinzialsynode Ende März 1338 in Speyer versammelte viele Bischöfe um den Kaiser und trat bei der Kurie vermittelnd für ihn ein, um die Antwort zu erhalten: er wolle seine Kardinäle nicht Bären und Löwen vorwerfen[46]. Bedeutende Kundgebungen folgten in diesem Jahre rasch aufeinander. Im Mai der erste Reichstag zu Frankfurt mit der Verkündigung des berühmten Manifests „Fidem catholicam", das unter starker Mitarbeit der minoritischen Hoftheologen entstanden war[47]. Darin wird in feierlichem Stil proklamiert, daß die kaiserliche Gewalt unmittelbar von Gott kommt und nicht vom Papste, so daß der Erwählte auch ohne Krönung über das Reich verfügen kann. Demnach ist das prozessuale Vorgehen Johanns XXII. zu Unrecht erfolgt, und es darf ihm nicht Folge geleistet werden. Auch das Reich selbst nahm Stellung in den Verlautbarungen der Kurfürsten am Königsstuhl in Rhense, wo nach einem Zusammenschluß zum Schutz ihrer herkömmlichen Rechte (Kurverein) das Weistum verkündet wurde: der von den Kurfürsten oder ihrer Majorität zum Römischen König Erwählte bedarf zur Verwaltung der Güter und Rechte des Reiches oder zur Annahme des Königstitels keiner Nominierung, Approbation, Bestätigung, Zustimmung oder Autorität des Apostolischen Stuhles[48]. Ein zweiter Reichstag dieses Jahres in Frankfurt im August brachte das Reichsgesetz „Licet iuris", das in Erweiterung der Rhenser Beschlüsse auch die kaiserliche Würde dem rechtmäßig Erwählten zugesteht, ohne daß er eine Approbation oder Konfirmation durch den Papst benötigt[49]. An der Vorbereitung dieser großen Kundgebung waren die Franziskaner der

[44] *F. Pelster,* Die zweite Rede Markwarts von Randeck für die Aussöhnung des Papstes mit Ludwig dem Bayern: HJ 60 (1940) 88—114.

[45] *Konrad von Megenberg,* Planctus ecclesiae in Germaniam, hrsg. von *R. Scholz* = MG Staatsschriften des späteren Mittelalters II, 1, 1941. In lateinisch und deutscher Ausgabe bearb. von *H. Kusch:* Leipziger Übersetzungen und Abhandlungen zum Mittelalter Reihe A Band 1 (Berlin 1956). Kaiser, Volk und Avignon. Quellen zur antikurialen Bewegung in Deutschland in der ersten Hälfte des 14. Jahrhunderts. Hrsg. u. übers. von *O. Berthold* = Leipziger Übersetzungen Reihe A Band 3 (Berlin 1960).

[46] *E. E. Stengel,* Nova Alamanniae 352 f. „Papa dixit, quod suos cardinales nollebat ursis et leonibus destinare."

[47] Text und deutsche Übers.: Kaiser, Volk und Avignon 248—271; *H.-J. Becker,* a. a. O. 246 ff.

[48] *E. E. Stengel,* Avignon und Rhens 112—153; *ders.,* Baldewin von Luxemburg. Ein grenzdeutscher Staatsmann des 14. Jh. 207 f; *F. Bock,* Reichsidee 398 ff. Kaiser, Volk und Avignon 274 f.

[49] Text und deutsche Übers: Kaiser, Volk und Avignon 282—285; *H. Lieberich,* Kaiser Ludwig der Baier als Gesetzgeber: ZSavRGgerm 76 (1959) 173—245.

„Münchner Akademie“ durch zahlreiche Gutachten und laufende Beratung beteiligt[50]. Gleich darauf folgte im September der Reichstag zu Koblenz, auf dem das von der Kurie vergeblich bekämpfte Bündnis mit König Eduard III. von England abgeschlossen wurde. Fünf Reichsgesetze verordneten die Durchführung der großen Beschlüsse dieses Jahres[51]. Angesichts dieser unerwarteten Entwicklung im Reich versuchte der Papst, im Interesse Frankreichs die abgebrochenen Verhandlungen wiederaufzunehmen und in die Länge zu ziehen, vor allem aber den englischen König vom deutschen Bündnis abzubringen[52]. Die antikuriale Stimmung in Deutschland nahm zu; Verkündigung der Prozesse und Beobachtung der verhängten Zensuren kam fast nicht mehr in Frage. Im Frühjahr 1339, wieder auf einem Reichstag in Frankfurt, gingen die Kurfürsten in einem neuen Weistum über ihre Rhenser Formulierungen hinaus und anerkannten das Kaisertum Ludwigs ohne Abschwächung[53]. Auch der durch seine zwiespältige Politik bekannte Erzbischof Balduin von Trier war dabei, und aus seiner Kanzlei sind Erwägungen über den Reichskrieg gegen Frankreich und dessen Auswirkung auf Avignon erhalten[54]. Das baldige Ausscheiden Ludwigs aus dem englischen Bündnis und seine Annäherung an Frankreich änderten nicht viel an der Lage. Eine größere Erschütterung seiner Stellung brachte auch der unglückliche Ehehandel um Tirol mit Margarete Maultasch nicht. Die Zerrüttung der kirchlichen Verhältnisse nahm eher noch zu. Anders als der taktisch geschicktere Johann XXII. gewährte Benedikt kaum eine Aufhebung des Interdikts. So schritt man jetzt in viel größerem Ausmaße als früher zur Selbsthilfe, sehr zum Schaden der kirchlichen Autorität. In Chroniken der Zeit, etwa bei Johann von Winterthur, Matthias von Neuenburg und beim Konstanzer Domherrn Heinrich von Diesenhofen sind die Zustände geschildert. Und der Dominikaner Johann von Dambach entwirft in seiner Mahnschrift an Karl IV. ein geradezu erschütterndes Bild, um den König zu Verhandlungen mit Rom zu veranlassen mit dem Ziel: Generalabsolution aller von Zensuren betroffenen Gebiete, nicht nur in Deutschland, und eine eindeutige Klärung der Frage, wer als Vitandus zu gelten habe[55].

Benedikt XII. rechnet man gerne zu den Reformpäpsten, nicht wegen

[50] *C. Schmitt,* a. a. O. 197—249; *K. Bosl,* Die „geistliche Hofakademie“ Kaiser Ludwigs des Bayern im alten Franziskanerkloster zu München.

[51] *F. Bock,* Reichsidee 436; *F. Trautz* a. a. O. 361; *F. Bock,* Das deutsch-englische Bündnis von 1335—1342 I, Quellen: Quellen und Erörterungen zur bayerischen Geschichte, NF XII (München 1956).

[52] Zur Sendung des Arnald de Verdalla *E. E. Stengel,* Avignon und Rhens 170 ff; *F. Bock,* Reichsidee 443 ff.

[53] *E. E. Stengel,* Avignon und Rhens 174 ff; *F. Bock,* Reichsidee 451 f.

[54] Über die Rolle Balduins von Luxemburg *E. E. Stengl,* Baldewin von Luxemburg 207 bis 214; *F. Bock,* Reichsidee 398—405.

[55] A. *Auer,* Eine verschollene Denkschrift über das große Interdikt des 14. Jh.: HJ 46 (1926) 532—549.

der üblichen programmatischen Äußerungen zu Beginn seines Pontifikates, sondern weil er tatsächlich eine umfassende reformerische Tätigkeit entfaltete. Wenige Tage nach seiner Krönung entließ er alle Geistlichen, die den Aufenthalt an der Kurie nicht ausreichend begründen konnten, zu ihren Benefizien[56]. In der Verwaltung der Kurie übernahm und erweiterte er die Prinzipien seines Vorgängers, aber er unterschied sich durch eine strenge Handhabung der vollen Verfügungsgewalt zur Vermeidung der vielen eingeschlichenen Mißbräuche. Das unglückliche und verhaßte Exspektanzenwesen schaffte er ab, ebenso die Kommenden der hohen Geistlichen mit Ausnahme der Kardinäle. Das von ihm eingeführte Examen zur Prüfung der Eignung der Bittsteller um eine Pfründe war sicher gut gemeint, aber in der Praxis ohne die erstrebte Wirkung. Im Gegensatz zur Großzügigkeit seines Vorgängers war er sparsam in der Gewährung von Dispensen[57]. Dem Papst, der noch als Kardinal den Habit der Zisterzienser trug, lag das Ordenswesen sehr am Herzen; ihm sind seine wichtigsten und gründlichsten Reformen gewidmet, gar nicht zur Freude der Betroffenen. Er begann bei seinem eigenen Orden mit der Bulle „Fulgens sicut stella"; mit ihm hatte sich schon Johann XXII. beschäftigen wollen. Die Bulle zur Reform der Benediktiner „Summi magistri", lange in ihrer Bedeutung umstritten, erfährt neuerdings eine maßvollere Beurteilung. Die Dominikaner wußten sich dem Reformeifer des Papstes geschickt zu entziehen. Dagegen rief die in autoritärem Ton gehaltene Bulle „Redemptor noster" für die Söhne des hl. Franz im Orden große Bestürzung hervor; vor allem wegen der bisher ungewohnten Form der päpstlichen Stellungnahme, ohne große Rücksicht auf die Ordenstradition, ohne ausreichendes Verständnis für die inneren Schwierigkeiten und die durch das schroffe Vorgehen Johanns XXII. gegen die Spiritualen noch verschärfte Lage. Von einer Kommission von Fachleuten — außer Kardinälen und Bischöfen auch sachverständige Theologen — vorbereitet, wurde sie von vielen Zeitgenossen ob ihrer bis ins einzelne gehenden Reglementierung als zu monastisch empfunden, von Clemens VI. zum Teil zurückgenommen. Doch trifft die weitverbreitete Ansicht nicht zu, daß nach dem Tod ihres Urhebers das Generalkapitel in Marseille (1343) die Reformbulle abgelehnt habe. Viele ihrer Verfügungen haben sich, im Wortlaut verändert, sachlich in den Statuten des Ordens erhalten oder waren für alle Ordensfamilien von Bedeutung, wie die Vorschriften über die Förderung der Studien und die zentrale Ausbildung der Novizen[58].

Die Beurteilung der Persönlichkeit Benedikts XII. ist nicht einheitlich[59]. Daß er von den besten Ansichten beseelt war, bestreitet niemand. Auch

[56] *Baluze-Mollat* I 217.

[57] Belege und weitere Ausführung in Kap. 40.

[58] *C. Schmitt* a. a. O.

[59] Neueste Charakteristik bei *B. Guillemain,* La cour pontificale 134 ff.

seine Lebensführung scheint schlicht gewesen zu sein, und die ihm zugeschriebenen Worte „bibamus papaliter“ sind nur in einer der acht Viten überliefert; aber auch die siebte Vita äußert sich in ähnlichem Sinne. Wahrscheinlich stammen diese Vorwürfe aus ihm feindlich gesinnten minoritischen Kreisen[60]. Überaus scharf verurteilt Petrarca den Papst in seinem ersten Sine-nomine-Brief, in dem er ihn als einen völlig ungeeigneten, schlaf- und weintrunkenen Steuermann des Schiffes der Kirche bezeichnet[61]. Das bezieht sich vor allem auf sein Verbleiben in Avignon, den folgenschweren Bau des Palastes, die Abhängigkeit von der französischen Regierung und die wenig biegsame, ja oft unkluge Politik. In Fragen der Theologie galt er zu Recht als gelehrt, aber auch von inquisitorischer Härte[62]. Wenn ihn Ockham als Herrn über den Glauben, auch gegen die Autorität der Heiligen Schrift charakterisierte, so mag das Übertreibung sein[63]. Den Ausbau der päpstlichen Macht in der Verwaltung der Kirche hat er unbeirrt gefördert: ein geistlicher Autokrat, aber ein strenger Wahrer der Rechtlichkeit.

Clemens VI. (1342/52)

Zur Wahl des Nachfolgers Benedikts XII. hatte Philipp VI. seinen Sohn, den Herzog der Normandie, nach Avignon entsandt. Ob ein direkter Einfluß auf die Wahl des Petrus Rogerii ausgeübt wurde, läßt sich nicht belegen; aber sicher hätte ein Frankreich nicht genehmer Kandidat verhindert werden können[64]. Die Wahl des aus dem Limousin stammenden Kardinals erfolgte am 7. Mai 1342, am 19. seine Krönung. Bei den Benediktinern von La Chaise-Dieu trat er früh ein. Ausgedehnte Studien in Paris vermittelten ihm eine breite Bildung. Früh bekannt durch seine oratorische Begabung, galt er bald als einer der größten Redner seiner Zeit; dieses Ansehen bezog sich mehr auf die Form als auf den Inhalt. Von seinem Studiengang und seiner literarischen Tätigkeit sind zahlreiche Zeugnisse erhalten. Hunderte von „eigenhändig beschriebenen Blättern“ geben eine Fülle von Einzelzügen zu dem Bild Clemens' VI., wie sie in einer solchen Unmittelbarkeit von kaum einer andern Persönlichkeit jener Zeit überliefert sind[65]. Nach kurzem Wirken als Abt von Fécamp wurde er Bischof von Arras, Erzbischof von Sens, um dann als Rat des Königs die reichste französische Pfründe zu

[60] *Baluze-Mollat* I 236f 234.

[61] *P. Piur,* Petrarcas „Buch ohne Namen“ und die päpstliche Kurie: DVfLG Buchreihe 6 (Halle 1925) 165f 317—324.

[62] *Baluze-Mollat* I 223: hic iustus et durus erat; 232: hic fuit homo durus et constans.

[63] Tractatus contra Benedictum: Opera politica III (1956) 244f.

[64] Die sieben Viten bei *Baluze-Mollat* I wirken ziemlich farblos.

[65] *A. Maier,* Der literarische Nachlaß des Petrus Rogerii (Clemens VI.) in der Borghesiana: RThAM 15 (1948) 332—356, 16 (1949) 72—98; *J. Barbet,* François de Meyronnes - Pière Roger. Disputatio 1320—1321 (Paris 1961).

übernehmen, Rouen. Dank seiner sprachlichen und diplomatischen Gewandtheit erhielt er von der Regierung zahlreiche Aufträge, war auch der Sprecher des Episkopats in den Verhandlungen über Besetzung und Besteuerung der Benefizien und offizieller Prediger des wieder einmal in Aussicht genommenen Kreuzzugs. Im Jahre 1338 zum Kardinal erhoben, nahm er bald eine bedeutende Stellung an der Kurie ein.

Mehr noch als die bisherigen Päpste in Avignon war Clemens VI. ein französischer Papst. Auch ohne die Verschärfung des englisch-französischen Gegensatzes zu Beginn seines Pontifikates konnte von ihm die Rückführung des Papsttums nach Rom nicht erwartet werden. Wie seine Vorgänger bemühte er sich — hauptsächlich im Interesse Frankreichs — um die Beilegung des Konfliktes. Kriegerische Zusammenstöße vermochte er nicht zu verhindern, war aber am Abschluß des Waffenstillstandes von Malestroit 1343 durch seine Legaten maßgebend beteiligt; die langen Verhandlungen wurden in Avignon geführt. Durch Anleihen, Gewährung von Zehnten und Subsidien und Überlassung von Kreuzzugsgeldern in jeweils sehr hohen Beträgen bekannte er sich zur französischen Sache[66]. Die sehr lebhaften Beziehungen zwischen Clemens und König Philipp behielten eine persönliche Note. Die größere Härte in den Auseinandersetzungen um die kirchliche Freiheit und die Privilegien und der größere Erfolg waren auf seiten der königlichen Regierung.

Bei diesem Stand der Dinge war an eine Aussöhnung mit Ludwig dem Bayern nicht zu denken, außer bei völligem Verzicht auf seine durch Kurfürsten und Reich anerkannten Rechte. Offenbar aber wurden die Forderungen Clemens' VI. dem Kaiser gegenüber nicht erheblich verschärft, wie man früher allgemein angenommen hat. Das geht auch aus einer kürzlich publizierten Rede des Papstes am Gründonnerstag des Jahres 1343 hervor[67]. Dagegen war er an der Absetzung des Kaisers und einer Neuwahl in Deutschland sehr interessiert, nachdem man von dem Plan einer neuen Romfahrt des Bayern wissen wollte. Der päpstlich-luxemburgischen Partei gelang es, 1346 den jungen Böhmenkönig Karl durch einen Teil des Kurfürstenkollegs wählen zu lassen (Karl IV.). Der Tod Ludwigs im Jahre darauf brachte ihm bald die allgemeine Anerkennung. Sein unterwürfiges Verhalten der Kurie gegenüber gab ihm den Namen des „Pfaffenkönigs", nicht ganz zu Recht. Freilich hat er zu Beginn der Verhandlungen um den Anspruch des Papstes zur Approbation des Erwählten die bisherige Linie verlassen und sehr weitgehende Zugeständnisse gemacht, sie aber dann in allzu gerissener Diplomatie langsam und stetig abgebaut[68]. Diese Ent-

[66] *F. Trautz* a. a. O. 317—319.

[67] *H. S. Offler,* Über die Prokuratorien Ludwigs des Bayern für die römische Kurie: DA 8 (1951) 477 480; *ders.,* A Political „collatio" of Pope Clement VI, O. S. B.: RBén 65 (1955) 126—144.

[68] *E. E. Stengel,* Avignon und Rhens 206—208.

wicklung in Deutschland wurde durch den für Frankreich ungünstigen Verlauf des Krieges mit England und die Ereignisse in Italien ermöglicht.

In Italien beschritt Clemens zunächst den Weg der Verhandlungen mit wechselndem Erfolg. Seit der kriegerische Erzbischof und Signore von Mailand, Giovanni Visconti, in Piemont einfiel und die Provence bedrohte, ging auch Clemens zum Angriff über. Im Bemühen um den Besitz Bolognas zog er allerdings dem schlaueren Visconti gegenüber den kürzeren. Karl IV. zu Hilfe zu rufen und eine italienische Liga gegen Mailand zu betreiben nutzten ebensowenig wie kirchliche Prozesse und Zensuren. In einem nach zähem Feilschen abgeschlossenen Vertrag unterwarf sich der Visconti dem Papst, nahm aber von ihm Bologna für 12 Jahre zu Lehen — und blieb der eigentliche Sieger[69]. In den Pontifikat Clemens' VI. fällt das nicht nur für Rom und Italien, sondern auch für die Geistesgeschichte des Mittelalters wichtige Ereignis: das Auftreten des Volkstribuns Cola di Rienzo. Einige Monate nach der Wahl des Papstes erschien eine große römische Gesandtschaft in Avignon, um dem Papst, wie nun mehr üblich als privater Person, die höchsten städtischen Ämter anzutragen und um die Herabsetzung des Jubiläums von 100 auf 50 Jahre zu bitten. In betont feierlicher Weise wurden die angebotenen Ämter entgegengenommen und die Gewährung des Jubiläums für 1350 in einem öffentlichen Konsistorium des Jahres 1343 verkündet[70]. Zugegen war der Mann, um dessen Deutung: ob nur Psychopath und Schauspieler oder ob gebildeter, wenn auch phantastischer Erneuerer vergangener römischer Größe, viel geschrieben wurde[71]. Zunächst noch in Verbindung mit dem päpstlichen Vikar, übernahm Cola di Rienzo an Pfingsten 1347 unter fast abenteuerlichen Riten die Verwaltung der Stadt, um bald mehr zu planen: die Souveränität des römischen Volkes nach Niederwerfung der Barone und der fremden Söldner, Unabhängigkeit von Papst und Kaiser, Einigung aller Bewohner der Halbinsel unter einem Herrscher italienischen Geblütes. Im siebten Monat seines Tribunats kam er zu Fall, nachdem auch die Kurie die Gefährlichkeit seines Programms erkannt hatte, und in Rom und im Kirchenstaat kehrte bald die alte Unordnung zurück. Doch konnte das Jubeljahr 1350 ohne größere Schwierigkeiten mit starkem Zustrom von Pilgern und beträchtlichen Einnahmen der Stadt gefeiert werden[72]. Die Kunde vom Kauf Avignons und der Grafschaft Venaissin von der Königin Johanna von Neapel durch Clemens im Jahre 1348 wie auch der grandiose Ausbau des Papstpalastes ließen in Italien alle Hoffnungen auf Rückkehr der Kurie schwinden. In Neapel begann nach

[69] Storia di Milano V (1955) 306—354.

[70] *H. Schröder*, Die Protokollbücher der päpstlichen Kammerkleriker 1329—1347: AKG 27 (1937) 228.

[71] *P. Piur*, Cola di Rienzo, Darstellung seines Lebens und seines Geistes (Wien 1931); *E. Dupré-Theseider*, Roma dalla comune di popolo alla signoria pontificia 517—608.

[72] *P. Brezzi*, Storia degli anni santi (Milano 1949) 43—62.

dem Tod König Roberts (1343) eine höchst unruhige Entwicklung unter der langen Regierung seiner Nichte Johanna I. Ihr erster Gemahl, Andreas von Ungarn, war der Kurie nicht genehm, und der Päpstliche Legat erhielt die Weisung, nur die Königin zu krönen; verständlich, denn eine künftige Besitznahme des südlichen Italiens durch eine auswärtige Großmacht widersprach den Interessen des Kirchenstaates. Auf die Ermordung des Andreas folgte der Rachezug seines Bruders Ludwig von Ungarn, was die inzwischen mit Ludwig von Tarent vermählte Königin zur Flucht nach Avignon veranlaßte. Ihre Rückkehr wurde durch eine große italienische Liga, an der auch der Papst teilnahm, ermöglicht[73]. Im aragonischen Sizilien, das Ludwig von Tarent wiederholt angriff, versuchte der Papst zu vermitteln. Aber auch seine Friedensbemühungen im Krieg zwischen Aragón und Mallorca wie zwischen Aragón und Genua waren ohne Erfolg. Dagegen kam trotz großer Schwierigkeiten die von der französischen Politik und damit auch vom Papst angestrebte Heirat des Königs von Kastilien mit der Tochter des Herzogs von Burgund zustande. Daß das Interesse am Osten die westliche Politik Clemens' VI. weitgehend bestimmt habe, ist wohl zuviel gesagt[74].

Clemens gilt als der glänzendste Vertreter des avignonesischen Systems, wenn man darunter großartige Repräsentation, fürstlich-luxuriöse Hofhaltung und ungehemmte Förderung der Verwandten und Landsleute versteht. Mit ihm beginnt die Periode der drei Limousiner-Päpste, die dem Papsttum noch mehr als in der ersten Hälfte des Jahrhunderts ein südfranzösisches Gepräge gab[75]. Unter Clemens unterschied sich die Kurie kaum von einem weltlichen Hof, gefiel ihm doch die Herausstellung seiner herrscherlichen Macht durch prunkvollen Hofstaat gemäß dem ihm zugeschriebenen Wort, daß seine Vorgänger nicht verstanden hätten, Papst zu sein[76]. Um seinem Namen Ehre zu machen, sollte kein Bittsteller unbefriedigt bleiben. Die Folgen in Finanz und Verwaltung sind an anderer Stelle behandelt. Die Vorwürfe in sittlicher Hinsicht werden auch durch neuerliche Abschwächung nicht beseitigt[77]. Nicht der Mann großer Entschlüsse und harter Durchführung, versuchte er in gerissener Diplomatie im Sinne des Temporisierens der Schwierigkeiten Herr zu werden. Sein Pontifikat trägt einen mondänen Charakter, und schon die Zeitgenossen sahen in dem in den Jahren 1347/52 über ganz Europa hereinbrechenden „Schwarzen Tod" die Strafe des Himmels.

[73] *E.-G. Léonard,* Histoire de Jeanne Ire reine de Naples (Paris 1932/37).

[74] *F. Giunta,* Sulla politica orientale di Clemente VI: Studi di storia medievale e moderna in onore di Ettore Rotta, Biblioteca storica 3 (Roma 1958) 149—162.

[75] *B. Guillemain,* La cour pontificale 137—140. [76] *H. Schröder* a. a. O. 179—192.

[77] *G. Mollat,* Clément VI et la vicomtesse de Turenne: MAH 73 (1961) 375—389, dazu *P. Piur,* Petrarcas „Buch ohne Namen" und die päpstliche Kurie (Halle 1925) 349 376f; *J. E. Wrigley,* A rehabilitation of Clement VI. Sine nomine 13 and the kingdom of Naples: Archivum historiae pontificiae 3 (1966) 127—138.

39. Kapitel

Von Innozenz VI. zu Gregor XI.

QUELLEN: Zu Innozenz VI. (1352/62): *P. Gasnault - M.-H. Laurent,* Lettres secrètes et curiales (Paris 1959 ff). — Zu Urban V. (1362/70): *M.-H. Laurent - P. Gasnault - M. Hayez,* Lettres communes (Paris 1954 ff); *P. Lecacheux - G. Mollat,* Lettres secrètes et curiales se rapportant à la France (Paris 1902/55). — Zu Gregor XI. (1370/78): *L. Mirot - H. Jassemin - J. Vielliard - G. Mollat - E. R. Labande,* Lettres secrètes et curiales relatives à la France (Paris 1935/57); *G. Mollat,* Lettres secrètes et curiales intéressant les pays autres que la France (Paris 1962/65); *A. Segre,* I dispacci di Cristoforo da Piacenza, procuratore Mantovano alla corte pontificia 1371/83; AstIt V. serie 43 (1909) 27—95, 44 (1909) 253—326; *G. Mollat,* Relations politiques de Grégoire XI avec les Siennois et les Florentins: MAH 68 (1956) 335—376.

Die Publikationen aus den Registerserien des Vatikanischen Archivs für einzelne Länder und sehr ausführliche Literaturangaben bei *B. Guillemain* 11—33.

LITERATUR: *G. Mollat,* Les papes d'Avignon 104—142 (mit ausführl. Lit.); Storia di Milano VI (Milano 1955); *J. P. Kirsch,* Die Rückkehr der Päpste Urban V. und Gregor XI. von Avignon nach Rom (Paderborn 1898); *L. Mirot,* La politique pontificale et le retour du Saint-Siège à Rome en 1376 (Paris 1899); *A. Pelissier,* Innocent VI le réformateur, deuxième pape Limousin (Tulle 1961); *G. Mollat,* Grégoire XI et sa légende: RHE 49 (1954) 873—877; *A. Pelissier,* Grégoire XI ramène la papauté à Rome, troisième pape Limousin (Tulle 1962); *G. Pirchan,* Italien und Kaiser Karl IV. in der Zeit seiner zweiten Romfahrt, 2 Bde (Prag 1930).

Innozenz VI. (1352/62)

Das Konklave nach dem Tode Clemens' VI., an dem 25 Kardinäle teilnahmen, dauerte nur zwei Tage. So war es gar nicht nötig, die vom verstorbenen Papst ein Jahr vorher verordnete Milderung der strengen Konklavevorschriften in Anspruch zu nehmen[1]. Daß die Wahl des weltfremden Kartäuserpriors durch den weltgewandten Kardinal Talleyrand de Périgord abgebogen worden sei, erscheint wenig wahrscheinlich[2]. Wichtiger ist die Nachricht über die erstmals überlieferte Wahlkapitulation, die den steigenden Einfluß des Kardinalskollegs auf die Regierung der Kirche sichern sollte und von allen Kardinälen, zum Teil mit Vorbehalten, beschworen wurde. Demnach kann der Papst erst wieder Kardinäle erheben, wenn die Zahl auf 16 gesunken ist, und mehr als 20 dürfen es nicht sein; er ist dabei an die Zustimmung aller Kardinäle oder wenigstens von zwei Dritteln gebunden, auch zum Vorgehen gegen einzelne Kardinäle, zur Veräußerung von Teilen des Kirchenstaates; die von Nikolaus IV. dem Kolleg zugestandenen Einkünfte sind zu garantieren; zur Bestellung der höheren Verwaltungsbeamten ist die Zustimmung der Kardinäle einzuholen, ebenso zur Ge-

[1] *Clément VI,* Lettres se rapportant à la France nr. 5137 (1351 Dezember 6).

[2] *N. P. Zacour,* Talleyrand the cardinal of Périgord, 1301—1364: Transactions of American Philosophical Society, new series vol. 50 part 7 (1960) 21 ff.

währung von Zehnten und Subsidien an Könige und Fürsten oder für die Ausschreibung von Zehnten zugunsten der apostolischen Kammer. Die freie Meinungsäußerung der Kardinäle darf der Papst nicht verhindern. Wie zu erwarten, setzte dann der neue Papst nach Beratung mit einigen Kardinälen und Rechtsgelehrten diese Kapitulation ein halbes Jahr nach seiner Wahl als unvereinbar mit der plenitudo potestatis außer Kraft[3]. Der Gewählte, Étienne Aubert (Stephanus Alberti), stammte aus dem Limousin, studierte kanonisches Recht, war Bischof von Noyon und Clermont; im Jahre 1342 erhob ihn sein Landsmann Clemens VI. zum Kardinal, später zum Kardinalbischof von Ostia und Großpönitentiar[4]. Gemessen an der glänzenden Repräsentation des vergangenen Pontifikats, galt er als ein „rauher Papst", seine Gesundheit war nicht die beste. Wenn er auch alsbald mit Reformen am päpstlichen Hof begann, viele Kurialen zu ihren Benefizien zurückschickte, den Hofstaat verminderte und ein sparsamer Verwalter der kirchlichen Güter sein wollte, so ist doch sein Reformstreben durch die Gegenüberstellung zum Vorgänger manchmal übertrieben worden. Seine Reformen trafen auch die Orden, besonders die Mendikanten und die Johanniter. In seiner Orientpolitik hatte Innozenz offenbar keine glückliche Hand. Zwar suchte er das bedrängte Smyrna zu stützen und zwischen den streitenden Seestädten Genua und Venedig unverdrossen zu vermitteln; aber in seinen Hilfsgeldern war er sehr sparsam, und die notwendige Union mit der Ostkirche war in seinen Augen nur durch eine volle Unterwerfung unter das Papsttum und die westliche Kirche möglich[5]. Entbehrte seine Haltung zu den Fragen des so oft geplanten Kreuzzugs der großen Linie, so waren seine Unternehmungen in Italien um so erfolgreicher; ihnen war sein ganzes Interesse gewidmet.

Seit der Mitte des Jahrhunderts gewann der Gedanke der Rückkehr nach Rom an Lebendigkeit, angeregt durch die immer schlimmer werdenden Zustände im Kirchenstaat und im übrigen Italien, auch weil die umherziehenden Söldnerbanden die bisher so friedliche Residenz in der Provence ernstlich bedrohten. Um gegen Überfälle und Plünderungen geschützt zu sein, wurde die Stadt in weitem Umkreis seit 1357 mit starken Mauern und Befestigungen umgeben und auch Kleriker zu Zahlungen und Dienstleistungen herangezogen. Meistens gelang es, durch finanzielle Abfindungen die Banden zum Abzug zu bewegen oder für die päpstlichen Heere in Italien zu verpflichten[6]. Schon bald nach seiner Wahl entschloß sich der Papst zur

[3] *Innocent VI*, Lettres secrètes et curiales nr. 435 (1353 Juli 6). Zur Sache: *W. Ullmann*, The Validity Legal of the Papal Electorial Pacts: EIC 12 (1956) 246—278.

[4] *B. Guillemain*, La cour pontificale d'Avignon, 1309—1376. Étude d'une société (Paris 1962) 140f; sein Stammbaum ebd. 161, Anm. 356.

[5] *F. Giunta*, Sulla politica orientale di Innocenzo VI: Storia e letteratura 71 (1958) 305—320.

[6] *B. Guillemain* a. a. O. 615—625.

Entsendung einer kraftvollen Persönlichkeit, wie es der frühere Erzbischof von Toledo und nunmehrige Kardinal von S. Clemente, Egidio Albornoz, ohne Zweifel war. Im August 1353 verließ dieser die Kurie, mit fast unbeschränkten Vollmachten ausgestattet[7]. Dreizehn Jahre mit kurzer Unterbrechung sollte er in Italien verbringen und trotz politischen Unverständnisses der Päpste und mangelnder Deckung durch die Kurie zum zweiten Gründer des Kirchenstaates werden. Im eigentlichen Patrimonium begann er mit dem Wiederaufbau und hatte es zunächst mit dem verhaßtesten Gegner der päpstlichen Macht zu tun, dem Präfekten von Vico, vom Papst als „abominationis ydolum“ bezeichnet[8]. Kurz nach dem Kardinallegaten war auch Cola di Rienzo nach Italien aufgebrochen[9]. Nach seiner Abdankung vom halbjährigen Tribunat im Dezember 1347 hielt er sich im Kirchenstaat und im Königreich Neapel, besonders aber bei den Fratizellen der Majella verborgen, bevor er im Juli 1350 bei Karl IV. in Prag eintraf. Dort wurde er in Haft genommen und im Sommer 1352 an die Kurie ausgeliefert, wo er als Gefangener im päpstlichen Palast ein Prozeßverfahren überstand. Innozenz VI. versprach sich offenbar viel vom Auftreten Rienzos als Senator zur Befriedung der Ewigen Stadt, zumal wiederholt Wünsche über die Rückkehr des Tribunen aus Perugia und Rom an die Kurie gelangt waren. Nach längerem Zögern ließ ihn auch Albornoz gewähren; doch fand er nach einem zweiten Tribunat von nur neun Wochen ein unrühmliches Ende[10].

Nach dem Patrimonium widmete sich Albornoz dem Dukat von Spoleto und dann den Marken und der Romagna, wo erst nach jahrelangen Bemühungen Erfolge zu erzielen waren. Den Umtrieben der Visconti gelang es, den Legaten vorübergehend aus Italien zu entfernen. Nach seiner erneuten Beauftragung gewann er das wichtige Bologna für den Kirchenstaat zurück. Wenn das Papsttum von Avignon nun wieder nach Rom verlegt werden konnte, so war es dem militärischen und administrativen Talent des Kardinals zu verdanken. Die auf dem Parlament von Fano im Jahre 1357 publizierten „Constitutiones Aegidianae“ (Liber constitutionum sanctae matris ecclesiae) boten eine sichere Rechtsgrundlage für die Verwaltung und die vielen auf seinen Befehl errichteten Festungen ausreichende Stützpunkte zur Niederwerfung lokaler Aufstände. Das von ihm in Bologna gegründete Spanische Kolleg bezeugt sein Interesse an der Wissenschaft. Die

[7] *Innocent VI,* Lettres secrètes et curiales nr. 352—432 (1353 Juni 30). Zu Albornoz: Dizionario biografico degli Italiani II (Rom 1960) 45—53 (mit umfassender Lit.). Außerdem: Il card. Albornoz nel VI centenario delle „Constitutiones“ 1357—1957: Studia Picena 27 (1959); *J. Glénisson - G. Mollat,* Gil Albornoz et Androin de la Roche 1353/67 (Paris 1964).

[8] *Innocent VI,* Lettres secrètes et curiales nr. 887.

[9] *Innocent VI,* Lettres secrètes et curiales nr. 559 563 564 566 568.

[10] *P. Piur,* Cola di Rienzo (Wien 1931) 195—216.

Ewige Stadt hat er allem nach nie betreten[11]. Aber der früh gealterte, kränkliche und auch unentschlossene Papst konnte seinen oft geäußerten Wunsch zur Fahrt nach Rom nicht mehr verwirklichen; am 12. September 1362 starb er in Avignon.

Urban V. (1362/70)

Die Schichtung im Kardinalskolleg war offenbar so schwierig, daß die Kandidatur eines Kardinals als aussichtslos erschien. Wohl nicht ganz zuverlässig wird von der Wahl des Kardinals Hugo Rogerii, eines Bruders Clemens' VI., berichtet; er habe aber die Wahl nicht angenommen. Auch von Versuchen, durch Kompromiß zum Ziel zu gelangen, ist die Rede. Guillaume d'Agrefeuille scheint den Blick der Wähler auf den Abt von St-Victor in Marseille gelenkt zu haben, der dann nach einem Konklave von fünf Tagen gewählt wurde[12]. Da er sich gerade auf einer Legation in Neapel befand, mußte man ihn erst zurückrufen, um dann seine Zustimmung zur Wahl zu erhalten und das Ergebnis bekanntzumachen.

Guillaume Grimoard stammte aus der Nähe von Avignon, galt als guter Kanonist, war Professor in Montpellier und Avignon und vor seiner Wahl kurze Zeit Abt von St-Victor in Marseille[13]. Der neue Papst behielt seine Mönchstracht bei, mehr noch seine mönchische Lebensweise. Doch fehlte ihm nicht die Einsicht in die Bedeutung der Studien, die er durch Gründung von Kollegien und Bursen förderte, womit er eine große Zahl von Studierenden sich verpflichtete, auch zu Informationen. Daß er gegen den Luxus am päpstlichen Hof einschritt und viele Kurialen nach Hause verwies, wird nicht verwundern[14]. Als Mönch und Nicht-Kardinal fand er nur schwer ein vertrauensvolles Verhältnis zum selbstbewußten Kolleg der Kardinäle und war oft unsicher den großen Herren gegenüber; so erklären sich seine manchmal schroffen Äußerungen und Maßnahmen, z. B. die Kreation des jungen Guillaume d'Agrefeuille in Marseille unmittelbar vor der Abfahrt nach Italien; den Vorstellungen einiger Mitglieder des Kollegs entgegnete er mit der Bemerkung, er habe noch mehr Kardinäle in seiner Kapuze[15]. Ein stark innerlicher Mensch von gewisser Weltfremdheit, durchschaute er nicht immer das diplomatische Spiel und verfiel in merkwürdiger Weise dem Reiz der politischen Macht. Schon sein Vorgänger hatte mit den umherschweifenden Söldnerbanden zu tun. Ihm war es mit der Beseitigung dieser

11 *V. Fanelli,* Roma e il cardinale Albornoz: Studi Romani 6 (1958) 413—421.

12 *N. P. Zacour* a. a. O. 64 f.

13 *B. Guillemain* a. a. O. 142 ff; Stammbaum der Familie Grimoard ebd. 164, Anm. 375.

14 *Baluze-Mollat* I 376 ff.

15 *Baluze-Mollat* I 403; *G. Pirchan,* Italien und Kaiser Karl IV. in der Zeit seiner zweiten Romfahrt II (Prag 1930) 159*—162*.

Plage sehr ernst; flammende Aufrufe gegen diese Horden gingen in die Lande, ohne großen Erfolg. Sein Bemühen, diese gewiß kriegserfahrenen Kämpfer im Kreuzzug oder überhaupt im Osten zu verwenden, war umsonst. Es gab auch Stimmen, die sich von solchen „Kreuzrittern" nicht viel versprachen[16].

Beim Regierungsantritt Urbans V. war die Lage in Italien nicht schlecht, eben durch Albornoz, den er in seiner Legation bestätigte. Als Abt von Marseille und schon früher kannte er aus mehreren Sendungen einigermaßen die Verhältnisse in Italien und hatte auch von der Gewaltherrschaft der Visconti eigene Erfahrungen. So erneuerte er alsbald die Prozesse gegen Bernabò Visconti, sprach im März 1363 alle nur möglichen Verdammungen über ihn aus und forderte zum Kreuzzug gegen ihn auf[17]. Schnell wurde ihm auch klar, daß er seine großen Pläne, wie Beseitigung der Soldkompagnien, Kreuzzug und Union mit der griechischen Kirche, nur in Italien verwirklichen konnte, eben nach Befriedung Italiens und Zusammenfassung aller Kräfte der Halbinsel. So kam es dann zu einer Änderung seiner Politik, gegen die Linie des großen Soldaten und Politikers Albornoz, nämlich zu geheimen Verhandlungen mit den Visconti hinter dem Rücken des Kardinallegaten und zur Ernennung des Kardinals Androin, des früheren Abtes von Cluny, der ein Gegner von Albornoz und Freund der Mailänder war. Der dann folgende Friedensschluß mit den Visconti legte der Kirche ungeheure Zahlungen an Bernabò für die Räumung Bolognas auf und wurde schon von den Zeitgenossen als verderblich und wenig würdig empfunden. Auch die nächste Aufgabe, eine Liga gegen die Söldner zu deren Vertreibung oder Vernichtung, war nicht befriedigend zu erledigen, da sie nur künftige Abmachungen mit ihnen verbot; zudem hielt Florenz sich fern. Eine Zusammenkunft zwischen Papst und Kaiser im Frühjahr 1365 in Avignon sollte der Erreichung der Ziele weiterhelfen und durch einen kaiserlichen Romzug die Rückkehr der Kurie nach Rom sichern. Doch bald machte sich Urban mit dem Gedanken vertraut, ohne den Kaiser in die Ewige Stadt einzuziehen. Die Widerstände aus allen Teilen Frankreichs und aus dem Kolleg der Kardinäle gegen des Papstes geplanten Zug nach Italien vermochten nicht, Urban von seinem Vorhaben abzubringen. Nach mehrfacher Verschiebung der Termine verließ er am 30. April Avignon und betrat am 4. Juni in Corneto den Boden des Kirchenstaates, begrüßt von dem, der diesen Staat wieder geschaffen. Nach kurzer Rast begab sich der Papst nach dem festen Viterbo, um am 16. Oktober unter starker militärischer Bedeckung in Rom einzuziehen[18]. Schon vorher, am 23. August,

[16] *A. Theiner,* Codex dipl. dom. temp. II nr. 410; *Baluze-Mollat* I 352 357. *P. Piur,* Petrarcas „Buch ohne Namen" und die päpstliche Kurie (Halle 1925) 97 ff; *A. Cretoni.* Il Petrarca e Urbano V: Studi Romani 9 (1961) 629—646.

[17] Storia di Milano V 420 ff; *Urban V,* Lettres secrètes et curiales nr. 414.

[18] *Baluze-Mollat* IV 131—137: Iter italicum Urbani V Romani pontificis.

war der große Kardinal gestorben, der so oft des Fürsten Dank erfahren durfte.

In Italien haben sich die politischen Ziele des Papstes rasch gewandelt[19]. In einer umfassenden Liga der Kurie mit den kleineren lombardischen Territorien bot man dem Visconti die Spitze, auch der Kaiser trat diesen Abmachungen bei, die Königin von Neapel, ebenso einige Städte der Toskana, ausgenommen Florenz. Daß aus dem weltfremden Mönch nun ein Politiker oder Gewaltpolitiker geworden sei, wäre zuviel gesagt, aber er wollte auf italienischem Boden keine größere Macht neben sich dulden. Das blieb der Florentiner Diplomatie nicht verborgen, die deshalb über die Rückkehr des Papstes nicht sehr erfreut war. Durch Einfall in das wichtige Gebiet von Mantua versuchte der Visconti der ihm drohenden Gefahr zu begegnen. Da trotz Aufmarsches eines großen Heeres der Liga Entscheidungen im Felde ausblieben, gelang es dem inzwischen in Italien erschienenen Kaiser, im Zuge seiner ausgleichenden Tätigkeit Frieden zu stiften, auch gegen die eigentlichen Absichten des Papstes, der die völlige Niederwerfung der Visconti erstrebt hatte.

Große Sorge widmete der nach vielen Jahrzehnten in Rom weilende Papst der Ausbesserung und Ausschmückung der römischen Kirchen, vor allem den Basiliken von St. Peter und dem Lateran. Im Sommer 1368 begab er sich nach Viterbo und weilte dann mehrere Monate, wie auch in den folgenden Jahren, im hochgelegenen Montefiascone am Bolsener See[20]. Der Kaiser kam im Oktober nach Rom, wo dann auch die Königin die Kaiserkrone empfing. Lange Verhandlungen fanden über die politische Lage in Ober- und Mittelitalien statt; die vom Papst erwogene stärkere Einflußnahme auf die Toskana wurde vom Kaiser nur widerwillig gefördert, von Florenz mit großer Sorge beobachtet. Aufs Ganze gesehen, blieb es gemäß der kaiserlichen Politik bei der seit der Mitte des Jahrhunderts bestehenden Abgrenzung der Machtgebilde. Für den Papst war dies eine große Enttäuschung. Langsam nahm der Gedanke von der Rückkehr nach der Provence von ihm Besitz. Die große Kardinalskreation in Montefiascone im September 1368 war ein böses Omen: fünf Franzosen, ein Engländer, ein Italiener. Unruhen in Rom, in Viterbo, die feindliche Haltung Perugias und der Visconti, der Zerfall der päpstlichen Liga und der von neuem aufflammende englisch-französische Krieg werden als Gründe für diese Wendung angegeben. Daß Katharina von Siena, Birgitta von Schweden und Pedro von Aragón — alle drei wurden als übernatürlich begabt angesehen — ihm abrieten, bedeutete nicht viel. Einflüsse französischer Kreise, vor allem der Kardinäle, waren stärker, und das Mißlingen seiner politischen Pläne war der Hauptgrund für diese Resignation. „Der Heilige Geist

[19] *G. Pirchan* a. a. O. 2 Bde (Prag 1930) (mit ausführl. Lit.).

[20] *M. Antonelli,* La dimora estiva in Italia di Urbano V: ASRomana 65 (1942) 153—161.

habe ihn hierher geführt, jetzt führe er ihn zurück zur Ehre der Kirche", so mochte er sich selbst beruhigen, aber für die Zeitgenossen war es eine furchtbare Enttäuschung und auch, von später her gesehen, ein schwerer Fehler und eine unverständliche Maßnahme[21]. Am 5. September 1370 verließ er Italien und traf am 27. des Monats wieder in Avignon ein. Des dortigen Jubels konnte er sich nicht lange erfreuen; schon am 19. Dezember war er nicht mehr unter den Lebenden. Erst fünfhundert Jahre später wurde er seliggesprochen.

Gregor XI. (1370/78)

Das am 29. Dezember mit 17 Kardinälen beginnende Konklave fand schon am Morgen des folgenden Tages sein Ende mit der Wahl des Kardinals Petrus Rogerii, eines Neffen Clemens' VI. Er nannte sich Gregor XI., wurde am 5. Januar 1371 gekrönt und hielt im Gegensatz zu seinem Vorgänger einen glanzvollen Umritt in Avignon[22]. Damit hatte die Gruppe der sogenannten Limousiner schon den dritten Papst gestellt[23]. Als dieser im Alter von 42 Jahren gewählt wurde, war er schon über zwei Jahrzehnte an der Kurie und hatte somit reichlich Gelegenheit zu kirchenpolitischer Ausbildung und Betätigung. Im Alter von noch nicht 18 Jahren hatte ihn sein Onkel im Jahre 1348 zum Kardinaldiakon erhoben; doch setzte er seine Studien fort und gewann eine sehr gründliche und umfassende Bildung[24]. Als Papst blieb auch er seiner Familie und seiner Heimat stark verhaftet. Von den 21 von ihm ernannten Kardinälen waren acht engere Landsleute, weitere acht Franzosen, zwei Italiener und je ein Genfer, Kastilier und Aragonier[25].

Die Beurteilung seiner Persönlichkeit und seines Charakters ist sehr verschieden ausgefallen. Von schwächlicher Gesundheit und starker Sensibilität, soll er ein unentschiedener Grübler gewesen sein, ein weicher, leicht beeinflußbarer Mensch, der die Lösung schwieriger Aufgaben besonders gerne von mystischer Erleuchtung erwartete. Gewiß war dies alles in dieser reichen Persönlichkeit vorhanden, aber auch andere Züge, zur Festigkeit

[21] *Baluze-Mollat* IV 136: Sanctus Spiritus duxit me ad partes istas, et reducet me ad alias ad honorem sancte Ecclesie.

[22] Wahlbericht: *Grégoire XI,* Lettres secrètes et curiales relatives a la France nr. 1 (ohne Datum); *G. Mollat,* Relations politiques de Grégoire XI avec les Siennois et les Florentins: MAH 68 (1956) 335—376.

[23] *B. Guillemain* a. a. O. 144—148; Stammbaum ebd. 160, Anm. 345.

[24] Daß er nach seiner Erhebung zum Studium nach Perugia gegangen sei *(G. Mollat,* Les papes d'Avignon 130 und *B. Guillemain* a. a. O. 118ff), scheint aber aus *Baluze-Mollat* I 460 nicht hervorzugehen.

[25] *B. Guillemain* a. a. O. 187.

und Energie, ja zu unerbittlicher Strenge, wie in dem in religiöser Sicht kaum zu verstehenden Vorgehen gegen Mailand und Florenz[26].

Gregor war erfahren genug, um die Notwendigkeit der Rückführung des Papsttums nach Rom von Anfang seines Pontifikates an einzusehen, ganz gleich, ob er früher einmal ein Gelübde in dieser Hinsicht gemacht haben soll oder nicht. Aber der gescheiterte Versuch seines Vorgängers war eine drückende Erbschaft; von den vielen und allzu vielen, die ein Verbleiben in Avignon vertraten, konnte ihm diese Katastrophe immer entgegengehalten werden. Zu dem, was bisher für Rom sprach, kam die durch den englisch-französischen Streit auch im südlichen Frankreich zunehmende Unsicherheit. Von 1372 an mehren sich die offiziellen Ankündigungen des baldigen Zuges nach Rom. Zuerst aber mußte die Lage in Oberitalien geklärt werden. Gregor war alsbald entschlossen, mit den Visconti als den Hauptfeinden des Kirchenstaates gründlich aufzuräumen[27]. Im August 1371 kam eine große Liga gegen Mailand zustande, ein neuer Kardinallegat ging nach der Lombardei, Amadeus VI. von Savoyen übernahm das Kommando über die Truppen, die auch durch Zuzug aus Frankreich unter dem Bruder des Papstes, dem Vicomte de Turenne, verstärkt werden sollten. Zu Beginn des Jahres 1373 begann die Publikation der Prozesse gegen die Visconti. bald folgte die Kreuzzugspredigt gegen sie. Von den Kardinälen und Kurialen wurden erhebliche Summen gefordert und allen Ländern Zahlungen auferlegt. Mailänder Gesandte, deren Instruktionen abgefangen wurden, bemühten sich umsonst um Verhandlungen, auch die Fürsprache des Herzogs von Anjou war vergeblich, die Mehrzahl der Kardinäle nicht für Nachgiebigkeit[28]. Schon zur Vernichtung der Visconti schien dem Papst der Zug nach Italien notwendig, das Frühjahr 1375 war in Aussicht genommen. Viele Kardinäle ließen in Rom Quartier besorgen, auch der „magister hospitii“ des Papstes wurde nach Rom gesandt, für den September waren Galeeren von Venedig und Neapel angefordert[29]. Die Festigkeit des Papstes fiel allgemein auf, so, als im Konsistorium am 7. Februar 1375 der Herzog von Anjou in großer Rede zehn Gründe für das Verbleiben der Kurie in Avignon vorbrachte. Die Entgegnung durch den Kardinal Jakob Orsini wies mit Nachdruck auf den Kirchenstaat als das Land des Papstes hin und daß die Unordnung vom Verweilen des Landesherrn im Ausland herkomme[30]. Auch die Bitten der engsten Verwandten und der Bürger von Avignon richteten nichts aus; immerhin wurde im August der Abreise-

[26] *E. Dupré-Theseider*, I papi di Avignone 193—199; *G. Mollat*, Grégoire XI et sa légende: RHE 49 (1954) 873—877; *A. Segre*, I dispacci di Cristoforo da Piacenza 89.

[27] Cristoforo da Piacenza 40: valde animosus ad guerram.

[28] Cristoforo da Piacenza 56: nullo modo sperandum est de pace vivente isto papa.

[29] Cristoforo da Piacenza 74: prima die septembris intrabit mare et ibit infallibiliter ad urbem, nisi mors ipsum impediat.

[30] Cristoforo da Piacenza 71.

termin auf Ostern 1376 verschoben[31]. Vorher, im Juni 1375 war die Kurie durch den Abfall vieler Bundesgenossen zum Frieden mit Mailand genötigt worden, allem nach kein guter Friede für den Papst. Auch ließ die Liga zwischen Mailand und Florenz im Sommer des gleichen Jahres nichts Gutes erwarten. Es gelang Florenz, zahlreiche Städte der Toskana und auch Teile des Kirchenstaates zu gewinnen und gegen die Herrschaft des Papstes aufzuwiegeln. Zur Verschlechterung der Stimmung hatten die maßlosen Forderungen an Subsidien erheblich beigetragen[32]. Außer Viterbo, Perugia und Città di Castello waren viele andere Städte und Gebiete in hellem Aufruhr. Trotzdem hielt der Papst an seinem Plan fest, und wenn ihm, wie er sagte, „auch nur ein Fußbreit Boden seines Staates verbleiben würde, wolle er im Frühjahr in Italien sein"[33]. Dafür traf er umfassende Vorbereitungen durch Verpflichtung von Söldnerführern, lange Konsistorien wurden abgehalten und der Kampf gegen Florenz mit allen Mitteln beschlossen. Dazu gehörte auch der Erlaß einer Annatenbulle, Verpfändungen aus dem päpstlichen Schatz und umfassende Münzprägungen in Avignon[34]. Im Sommer ergingen die schärfsten Drohungen gegen Florenz: Interdikt, Verbot des Aufenthalts für Kleriker, Aberkennung des Bischofsitzes und der Stadtrechte, Beschlagnahme aller Güter der Florentiner Bürger im Ausland, also Lahmlegung des Handels[35]. Unterdessen brachen „taxatores domorum" und die päpstliche Kapelle nach Rom auf; neue handfeste Bemühungen der Kardinäle, der Herzöge von Anjou und Burgund, der Angehörigen des Papstes, die zum Zeichen der Trauer in schwarzen Kleidern erschienen, konnten Gregor nicht in letzter Stunde noch von seinem Vorhaben abbringen. Am 13. September verließ er Avignon für immer[36].

Die Frage nach dem Einfluß der hl. Katharina von Siena auf die Rückkehr Gregors nach Rom fand sehr stark voneinander abweichende Beantwortungen. Caterina di Jacopo Benincasa war als Vermittlerin zwischen Florenz und dem Papst tätig, doch ohne offiziellen Auftrag von seiten der Arnostadt. Von Mitte Juni 1376 weilte sie drei Monate in Avignon und hatte allem nach eine Besprechung mit dem Papst. Ohne wie bisher oft ihre Bedeutung für die Politik der Zeit zu überschätzen, darf man wohl sagen,

[31] Cristoforo da Piacenza 76; *G. Mollat,* Relations politiques de Grégoire XI 369.

[32] *J. Glénisson,* Les origines de la revolte de l'état pontifical en 1375: RSTI 5 (1951) 145—168.

[33] Cristoforo da Piacenza 83.

[34] Cristoforo da Piacenza 86 f; *H. Hoberg,* Die Inventare des päpstlichen Schatzes in Avignon (Rom 1944) 535 ff.

[35] *G. Mollat,* Préliminaires de la guerre des otto santi (1371—1375): Académie des inscriptions et belles lettres, comptes rendus des séances (1955) 113—117; *G. A. Brucker,* Florentine Politics and Society 1343—1378 (Princeton 1962) (mit aller Lit.); *M. B. Becker,* Church and State in Florence on the Eve of the Renaissance 1343—1382: Speculum 37 (1962) 509—527.

[36] Cristoforo da Piacenza 94 f; *G. Mollat,* Relations politiques de Grégoire XI 371—374.

daß sie durch ihre wiederholten schriftlichen Mahnungen dem manchmal schwankenden und auf Zeichen des Himmels wartenden Gregor in seinem Vorhaben bestärkte, in diesem Punkt auch erfolgreicher war als in der Propaganda für den Kreuzzug. Doch ist das völlige Schweigen der aus Avignon berichtenden Gesandten Mantuas und Sienas über die Tätigkeit der Heiligen sehr auffallend[37].

Am 2. Oktober 1376 stach die päpstliche Flotte in Marseille in See, aber anhaltend stürmisches Wetter zwang zu vielen Landungen, und erst am 6. Dezember konnte Gregor in Corneto den Kirchenstaat erreichen; am 17. Januar 1377 hielt er mit 13 Kardinälen seinen feierlichen Einzug in Rom[38]. Es war höchste Zeit. Aufstände und allgemeine Unruhen hatten ein gefährliches Ausmaß angenommen. Mit unerwarteter Wucht war der Haß gegen die fremden Beherrscher und ihre Zwingburgen losgebrochen, genährt durch die wohl übertriebene Furcht vor der Errichtung eines Staates der Anjou in der Lombardei und Toskana. Die Möglichkeit des Verlustes des ganzen Kirchenstaates und Roms und auch einer kirchlichen Trennung von diesem Papsttum war nicht von der Hand zu weisen. Es gelang dann doch noch, das Schlimmste zu verhüten. Florenz, weniger im geistlichen als im geschäftlichen Bereich empfindlich getroffen, bediente sich der Vermittlung Mailands, und auch der Papst nahm diese Vermittlung in Anspruch. Für den Februar 1378 war ein großer Kongreß nach Sarzana einberufen; bevor seine Arbeiten zum Abschluß kamen, starb der Papst am 27. März, und der Friedensschluß mit Florenz und Mailand blieb seinem Nachfolger in Rom, Urban VI., vorbehalten.

[37] *E. Sommer v. Seckendorff,* Die kirchenpolitische Tätigkeit der hl. Katharina von Siena unter Papst Gregor XI. 1371—1378 (Berlin-Leipzig 1917); *R. Fawtier,* Sainte Catherine de Sienne. Essai de critique des sources I (Rom 1921), II (ebd. 1930); *E. Dupré-Theseider,* Epistolario di santa Caterina da Siena I (Rom 1940); *K. v. Siena,* Politische Briefe. Übertragung und Einführung v. F. Strobel (Einsiedeln-Köln 1944); *R. Fawtier-L. Canet,* La double expérience de Catherine Benincasa (sainte Catherine de Sienne) (Paris 1948); *A. Levasti,* Santa Caterina da Siena (Turin 1947); *I. Taurisano,* Santa Caterina da Siena (Roma 1948); *E. Dupré-Theseider,* La duplice esperienza di s. Caterina da Siena: RSIt 62 (1950) 533—574; *L. Zanini,* Bibliografia analitica di santa Caterina da Siena 1901 al 1950: Pubblicazioni dell'università cattolica del s. Cuore 58 (1956) 325—374, 62 (1958) 265—367 (bis jetzt 670 von 1044 geplanten Nummern).

[38] *Baluze-Mollat* I 440f; *P. Ronzy,* Le voyage de Grégoire XI ramenant la papauté d'Avignon à Rome (1376—1377), suivi du texte latin et la traduction française de l'„Itinerarium Gregorii XI" de Pierre Ameilh (Florenz 1952). Dazu *Baluze-Mollat* II 714. Die Beziehungen zwischen Papst und Kaiser waren wegen der Wahl Wenzels zum deutschen König gespannt, vgl. *H. Helbling,* Saeculum Humanum (Neapel 1958) 148 bis 168: Nicolaus de Beccariis an Karl IV.; *R. Folz,* Der Brief des italienischen Humanisten Niccolò dei Beccari an Karl IV: HJ 82 (1963) 148—162.

40. Kapitel

Die Kurie in Avignon

QUELLEN: Vatikanische Quellen zur Geschichte der päpstlichen Hof- und Finanzverwaltung 1316—1378, hrsg. von der Görres-Gesellschaft (Paderborn); I. *E. Göller,* Die Einnahmen der apostolischen Kammer unter Johann XXII. (1910); II. *K. H. Schäfer,* Die Ausgaben der apostolischen Kammer unter Johann XXII., nebst den Jahresbilanzen von 1316—1375 (1914); III. *K. H. Schäfer,* Die Ausgaben der apostolischen Kammer unter Benedikt XII., Klemens VI. und Innocenz VI., 1335—1362 (1914); IV. *E. Göller,* Die Einnahmen der apostolischen Kammer unter Benedikt XII. (1920); V. *L. Mohler,* Die Einnahmen der apostolischen Kammer unter Klemens VI. (1931); VI. *K. H. Schäfer,* Die Ausgaben der apostolischen Kammer unter den Päpsten Urban V. und Gregor XI., 1362—1378, nebst Nachträgen und einem Glossar für alle drei Ausgabenbände (1937); VII. *H. Hoberg,* Die Einnahmen der apostolischen Kammer unter Innocenz VI. (1955). Die Publikationen der Register der Päpste sind unter den jeweiligen Pontifikaten aufgeführt.

LITERATUR: *B. Guillemain,* La cour pontificale d'Avignon, 1309—1376. Étude d'une société (Paris 1962), bietet eine breite Darstellung mit vielen Plänen und Statistiken und sehr ausführlicher Literatur; *F. Lot - R. Fawtier,* Histoire des institutions françaises au moyen âge. III. Institutions ecclésiastiques (Paris 1962); *C. Lux,* Constitutionum apostolicarum de generali beneficiorum reservatione ab a. 1265 usque ad a. 1378 emissarum, tam intra quam extra corpus iuris exstantium, collectio et interpretatio (Breslau 1904); *G. Mollat,* La collation des bénéfices ecclésiastiques à l'époque des papes d'Avignon, 1305—1378 (Paris 1921); *G. Barraclough,* Papal Provisions (Oxford 1935); *G. Mollat,* La diplomatie pontificale au XIVe siècle: Mélanges Louis Halphen (Paris 1951); *Y. Renouard,* Les relations des papes d'Avignon et des compagnies commerciales et bancaires de 1316 à 1378 (Paris 1941); *Cl. Bauer,* Die Epochen der Papstfinanz: HZ 138 (1928) 457—503; *P. D. Partner,* Camera papae: Problems of the Papal Finance in the Later Middle Ages: JEH 4 (1953) 55—68; *R. de Roover,* The Rise and Decline of the Medici Bank (Harvard 1963); *G. Mollat,* Les papes d'Avignon 463—565 (Lit.); *A. Esch,* Bankiers der Kirche im Großen Schisma: QFIAB 46 (1966) 277—398 (auch für die vorhergehende Zeit wichtig, ausführl. Lit.); *T. Majic,* Die apostolische Pönitentiarie im 14. Jahrhundert: RQ 50 (1955) 129—177.

Avignon, die Stadt in der Provence, an den Ufern der Rhône, gab dem „Babylonischen Exil" den Namen. Sie war fast 70 Jahre lang Residenz der Päpste, ohne daß aber je der Sitz des Papsttums dorthin verlegt wurde. Die Bezeichnung „Babylonisches Exil" ist von der Verlassenheit Roms her formuliert und enthält eine anklagende Note; neuere Beschäftigungen mit der avignonesischen Periode erbrachten eine gewisse Milderung der bisherigen Verurteilung[1]. In der unmittelbaren Nähe des damaligen französischen Königreichs bot die Stadt durch ihre Größe und günstige Verkehrslage einen würdigen Platz für einen Hof. Nach dem Kauf der Stadt und des umliegenden Gebietes durch Clemens VI. im Jahre 1348 galt Avignon als ein Teil des Kirchenstaates.

[1] *B. Guillemain,* Punti di vista sul papato Avignonese: AstIt 111 (1953) 181—206.

Der Papstpalast entstand in zwei Jahrzehnten um die Mitte des Jahrhunderts; er wurde von Benedikt XII. bald nach seiner Wahl begonnen, zunächst als klosterähnliche finstere Wehrburg und dann von Clemens VI. zur fürstlichen Palastfestung ausgebaut. Die gewaltigen äußeren Formen sind von französischen Architekten entworfen, das Innere meist von italienischen Künstlern ausgeschmückt[2]. Die Kardinäle, die hohen Beamten der Kurie und ihre Behörden wurden zunächst in gemieteten oder beschlagnahmten Häusern untergebracht[3]. Aber bald folgten zahlreiche Neubauten von Palästen, Klöstern, Spitälern, Fremdenheimen, Handelshäusern, und die jetzt stark erweiterte Stadt erhielt durch mächtige Mauergürtel Schutz und Wehr. In der durch ihre Naturschönheit berühmten Umgebung ließ sich die sommerliche Hitze leicht ertragen, so in den von Johann XXII. erbauten Sommersitzen von Pont-Sorgue und Châteauneuf-du-Pape. Ganz in der Nähe, auf dem andern Ufer der Rhône, bot Villeneuve-lès-Avignon Päpsten und Kardinälen einen angenehmen und sicheren Aufenthalt. Die großen Einkünfte der Kardinäle wurden außer für eine fürstliche Hofhaltung auch für Kunst und Wissenschaft und den Bau und die Ausschmückung von Kirchen und Kapellen in Avignon verwendet. Die Rechnungsbücher der apostolischen Kammer geben gelegentlich darüber Aufschluß, welches unbekümmerte Leben und Treiben an diesem geistlichen Hofe geherrscht hat. Hing das Ausmaß oder Übermaß der Hofhaltung auch von der Persönlichkeit des jeweils residierenden Papstes ab, so bildete sich doch allmählich ein vornehmer, ja prunkvoller Stil heraus, der meist bei den großen kirchlichen Feierlichkeiten, in den Konsistorien und beim Empfang der zahlreichen Könige, Fürsten und Gesandten zur Entfaltung kam. Die Niederlassung der Päpste in Avignon brachte für die Stadt große bauliche Veränderungen, eine starke Zunahme der Bevölkerung, eine außerordentliche Belebung des Verkehrs und einen internationalen Lebensstil.

Die päpstliche Kurie war darin ein Staat für sich und hob sich trotz vieler gemeinsamer Lebensfunktionen und gegenseitiger Durchdringung von der städtischen Bevölkerung ab. Kurie im Sinne von Fürstenhof gab es in Rom schon im hohen Mittelalter; die Hofhaltung Bonifaz' VIII. ist näher bekannt. Aber jetzt wurde sie noch mehr ausgebaut und vor allem, wir haben darüber genauere Überlieferungen. In den höheren Stellen und Behörden überwogen zunächst noch die Italiener, das mittlere und niedere Personal wurde

[2] Beste Darstellung ist immer noch *L.-H. Labande,* Le palais des papes et les monuments d'Avignon au XIVe siècle, 2 Bde (Marseille 1925), mit sehr ausführlicher Literatur; *A. Pelzer,* Addenda et emendanda ad F. Ehrle historiae bibl. Rom. Pont. tomus I (Rom 1947) 167—178; *E. Castelnuovo,* Un pittore italiano alla corte di Avignone, Matteo Giovanetti e la pittura in Provenza nel secolo XIV (Turin 1962); *F. Enaud,* Les fresques de Simone Martini à Avignon: Les monuments hist. de la France 9 (1963) 115—171.

[3] Zum Wohnungswesen an der Kurie und besonders in Avignon *P. M. Baumgarten,* Aus Kanzlei und Kammer (Freiburg 1907) 54 ff.

alsbald aus Landsleuten des jeweiligen Papstes rekrutiert[4]. So hat Clemens V. eine Art Leibgarde aus seiner engeren Heimat angeworben. Das systematische Denken Johanns XXII. hat bis in die Hofhaltung hinein gewirkt und alles genauer geregelt, seine Festlegungen wurden aber von den folgenden Päpsten immer wieder abgewandelt. Mehr als sonst an Fürstenhöfen trat durch den Wechsel des Pontifikats ein Wechsel des Personals und der Gebräuche ein, auch in der Funktion der Behörden. Aber im ganzen glich der Stil der „officiales curie" stark den Verhältnissen am französischen Königshof[5]. Die Verwaltung des apostolischen Palastes oblag dem „magister hospitii papae", den liturgischen Dienst in der päpstlichen Kapelle besorgten die „clerici capelle" und die cantores. Die „capellani commensales", deren Dienstleistung nicht immer genau umschrieben, waren einflußreiche Leute, die oft auf Bischofsitze befördert wurden. Zur engeren Umgebung des Papstes gehörten die cubicularii, unter denen auch die Ärzte aufgeführt wurden, ebenso wie der „magister s. palatii", meist ein Dominikaner. Die Aufteilung der Hofverwaltung in vier Grundämter (Küche, Brotamt, Keller und Marstall) war schon älter. Man behielt sie bei, wenn auch Zuständigkeiten verändert und neue Abteilungen geschaffen wurden, wie der „magister aquae", „magister cere" und „magister folrarie". Auch in Zeiten starker finanzieller Anspannung erhielt das Almosenamt (panhota) seine großen Zuwendungen aus der päpstlichen Kasse zur Speisung und Kleidung von vielen Hunderten von Armen. Alle diese Ämter wurden von Geistlichen geleitet, obwohl es Laien ebensogut oder noch besser hätten machen können. Daneben gab es ein wohl ebenso zahlreiches Laienpersonal: Pförtner (hostiarii maiores et minores), Soldaten und Gendarmen (servientes armorum), eine Art Nobelgarde (scutiferi, domicelli). In der Hofhaltung waren etwa 500 Personen beschäftigt[6]. Viele Ämter waren auf Lebenszeit verliehen, andere erloschen mit dem Tod des Papstes, vor allem die in seiner näheren Umgebung. Nur ein Teil dieser Höflinge waren Familiaren des Papstes, ein Titel, der als Auszeichnung empfunden wurde und auch zur Erlangung von Benefizien nützlich war. Um die Eitelkeit vieler Geistlichen zu befriedigen, gab es in steigendem Maße Ernennungen zu päpstlichen Kaplänen ehrenhalber; für die Zeit von Johann XXII. bis Benedikt XIII. wird die Zahl auf 3000 geschätzt[7].

[4] *G. Mollat,* Clément VI et le Limousin: Journal des Savants (1959) 16—27; *B. Guillemain,* Les Français du Midi à la cour pontificale d'Avignon: Annales du Midi 74 (1962) 29—38.

[5] *B. Guillemain,* Les carrières des officiers pontificaux au XIVe siècle: MA 69 (1963) 565—581.

[6] *G. Mollat,* Règlement d'Urbain V sur les insignes des sergents d'armes des portiers et des courriers de la cour pontificale: SteT 235 (1964) 165—169.

[7] *B. Guillemain,* Les chapelains d'honneur des papes d'Avignon: MAH 64 (1952) 217 bis 238.

Am deutlichsten macht sich die Wendung nach Frankreich hin im Kardinalskolleg bemerkbar[8]. Clemens V. ernannte kurz nach seiner Krönung in Lyon zehn neue Kardinäle: neun Franzosen und einen Engländer. Damit war das Kräfteverhältnis zuungunsten der Italiener entscheidend verschoben, und so blieb es in der Folgezeit. In seinen drei Promotionen erhob er 24 Kardinäle, davon waren 20 Südfranzosen und von diesen 13 aus seiner heimatlichen Gascogne, drei aus dem nördlichen Frankreich und einer aus England, kein Italiener, kein Geistlicher aus dem Reichsgebiet. Ähnlich war es in den folgenden Pontifikaten. Von 1316 bis 1375 wurden ernannt: 90 Franzosen, 14 Italiener, 5 Spanier und ein Engländer. Geradezu aufdringlich stark sind in allen avignonesischen Pontifikaten, mit Ausnahme von Benedikt XII., die Verwandten und Landsleute aus der Gascogne, dem Quercy und dem Limousin. Von einer Vertretung der allgemeinen Christenheit konnte keine Rede sein; der Einfluß der französischen Krone war stetig und unvermindert stark, mehrere Mitglieder des Heiligen Kollegs standen früher in ihren Diensten. In der avignonesischen Zeit waren die Einkünfte beträchtlich, vor allem durch üppige Wahlgeschenke, zahlreiche Benefizien, gingen aber nach Ausbruch des Großen Schismas zurück. Die Mitwirkung in der Regierung der Kirche kam besonders im Konsistorium zum Ausdruck, in Aufträgen rechtlicher Natur und auf Legationen. Es sind mehrere Beispiele offener Meinungsäußerung im Konsistorium bekannt, allerdings auch oft ein schwächliches Nachgeben. Der Versuch im Konklave von 1352, durch eine schriftliche Wahlkapitulation den künftigen Papst auch juristisch auf Forderungen des Kollegs festzulegen, ist zum Teil gescheitert. Doch war im allgemeinen die Freiheit der Handlungsweise des Papstes durch das Kardinalskolleg eingeschränkt. Die Zahl der Kardinäle schwankte um zwanzig; die meisten führten ein großes Haus mit zahlreicher Dienerschaft und Klientel, so daß die Päpste öfters zum Maßhalten mahnen mußten. Aus erhaltenen Testamenten mehrerer Kardinäle ersieht man, daß sie über große Reichtümer verfügen konnten. Besonders bekannte Figuren, die jahrzehntelang die Kardinalswürde bekleideten, sind Napoleon Orsini[9], Jacopo Stefaneschi[10], Guglielmo de Longis[11] und Talleyrand de Périgord[12].

[8] *G. Mollat,* Contribution à l'histoire du sacré collège de Clément V à Eugène IV: RHE 46 (1951) 22—112 566—594; *H. Hofmann,* Kardinalat und kuriale Politik in der ersten Hälfte des 14. Jahrhunderts (Diss. phil. Leipzig 1935).

[9] *C. A. Willemsen,* Kardinal Napoleon Orsini 1263—1342 (Berlin 1927).

[10] *A. Frugoni,* La figura e l'opera del cardinale Jacopo Stefaneschi, 1270—1343: Atti della Accademia naz. dei Lincei, serie ottava, Rendiconti classe scienze morali, storiche e filologiche 5 (1950).

[11] *G. Marchetti Longhi,* Il cardinale Guglielmo de Longis di Adraria di Bergamo (Roma 1962).

[12] *N. P. Zacour,* Talleyrand the cardinal of Périgord, 1301—1364: Transactions of American Philosophical Society, new series vol. 50, part 7 (1960).

Unter avignonesischem Papsttum versteht man aber auch das zentralistische System der Kirchenregierung, das sich von den früheren Verhältnissen stark unterscheidet und neue Formen der kirchlichen Verfassung, des päpstlichen Finanzwesens und eine ausgesprochen kirchliche Bürokratie schuf. Zusammen mit der übermäßigen Förderung der engeren Landsleute und Verwandten in der Zuwendung kirchlicher Benefizien forderte es damals und später lebhafte Kritik heraus und wurde ein wichtiger Bestandteil der Gravamina für weitere Jahrhunderte. Allen Reformversuchen zum Trotz haben sich beachtliche Teile dieses päpstlichen Absolutismus bis heute erhalten.

Die juristische Basis für die „plenitudo administrationis" wurde schon im 13. Jh. gelegt. Die Päpste in Avignon übernahmen sie und bauten das System in geradezu virtuoser Weise aus in den sogenannten Reservationen. War von Bonifaz VIII. der Begriff „an der Kurie vakant" auf den Umkreis von zwei Tagereisen von Rom erweitert worden, so dehnte Clemens V. die Reservation auch aus auf Benefizien von Bischöfen, die an der Kurie konsekriert worden waren oder wenn Verzicht, Versetzung und Tausch an der Kurie getätigt wurden. Weiter ging Johann XXII. durch seine Konstitution „Ex debito" von 1316, indem er auch Absetzung eines Benefiziaten, Kassierung einer Wahl, Zurückweisung einer Postulation, Verzicht in die Hände des Papstes in die Vakanz an der Kurie einbezog; ferner die Benefizien der Kardinäle und fast aller kurialen Beamten. Außerdem wurden, wohl vorwiegend aus politischen Gründen, die höheren Benefizien im Kirchenstaat, in Mittel- und Oberitalien auf zwei Jahre reserviert und die Frist immer wieder verlängert. Ein Jahr darauf wandte sich der Papst in seiner Konstitution „Execrabilis" gegen die Pfründenhäufung: Es darf in Zukunft nur ein Benefizium mit Seelsorgeverpflichtung mit einem anderen ohne diese behalten werden; auf alle andern ist vor den Bischöfen Verzicht zu leisten, aber diese frei werdenden Benefizien sind alle dem Heiligen Stuhl reserviert. Die Konstitution „Ad regimen" Benedikts XII. von 1335 faßte alle früheren Reservationen zusammen mit einigen Erweiterungen. So kann es nicht verwundern, daß, auf diesem Wege fortschreitend, Urban V. im Jahre 1363 die Besetzung aller Patriarchalsitze, Bischofsitze, Männer- und Frauenklöster von einer bestimmten Einkommenshöhe an dem Heiligen Stuhl vorbehielt. Damit war die volle Ämterhoheit der Kurie in der Theorie erreicht[13]. Die Ausführung dieser bedeutsamen Konstitutionen erforderte

[13] *E. Göller*, Die Einnahmen Johanns XXII. 93; RepGerm I (1916); *Barraclough*, Papal Provisions; *B. Guillemain*, La politique bénéficiale du pape Benoît XII, 1334—1342 (Paris 1952); *C. J. Godfrey*, Pluralists in the Province of Canterbury in 1366: JEH 11 (1960) 23—40; *D. E. R. Watt*, University Clerks and Rolls of Petitions for Benefices: Speculum 34 (1959) 213—229; *G. Brucker*, An unpublished Source on the Avignonese Papacy. The etters of Francisco Bruni: Tr 19 (1963) 351—370.

zahlreiche Behörden und einen gewaltigen Beamtenapparat[14]. Für die technische Seite war die apostolische Kanzlei zuständig; ihr Vorstand, der Vizekanzler, gehörte dem Kardinalskolleg an, ihren Geschäftsgang bestimmten bis in die Einzelheiten hinein die Kanzleiordnungen und Kanzleiregeln. Zum Personal gehörten Notare, Referendare, Abbreviatoren, Skriptoren, Korrektoren, Registratoren, Bullatoren und der „auditor litterarum contradictarum". Prokuratoren und Agenten besorgten die Anliegen ihrer Auftraggeber; denn nur sie hatten Erfahrung in dem ungeheuer komplizierten Geschäftsgang. Normalerweise begann jedes Geschäft, vor allem die Benefizialsachen, durch Einreichung einer Bittschrift (Supplik), die je nach Bedeutung dem Papst, dem Vizekanzler oder einem der Referendare zur Genehmigung (Signierung) vorgelegt werden mußte. Dann folgte die Datierung, und dieses Datum war für den ganzen weiteren Ablauf maßgebend. Der größte Teil der genehmigten Suppliken wurde wohl schon seit Benedikt XII. zur leichteren Nachprüfung in Register eingetragen. Nach Ablegung einer etwa notwendigen Prüfung des Kandidaten ging die Supplik an die Abbreviatoren zur Herstellung eines Konzepts, dann folgten Reinschrift, Taxierung, Bullierung und Registrierung in den Bullenregistern, etwaige Zahlungsverpflichtungen in der apostolischen Kammer, die Bestellung von Exekutoren zur Durchführung der päpstlichen Anordnung. Damit war der formale Teil erledigt.

Aber nur in wenigen Fällen erreichte eine päpstliche Verfügung sofort ihr Ziel. Relativ einfach war der Fall, wenn ein Benefizium durch Tod des bisherigen Inhabers frei wurde; doch waren auch meist der Petenten mehrere. Die gebräuchlichen Gründe für die Vakanz eines Benefiziums waren sonst: Verzicht, Erlangung einer andern Pfründe, mangelnde Weihen bei Seelsorgsbenefizien, Heirat eines Geistlichen mit niederen Weihen, illegitime Geburt, mangelndes Alter, körperliche Defekte, Pfründenhäufung ohne ausreichende Dispens. Ergaben sich Schwierigkeiten, so wurde vor den „auditores sacri palatii" (Rota) ein Prozeß eröffnet, wieder beginnend mit der Einreichung einer Supplik, in vielen Stadien und langer Dauer — und oft ohne Ergebnis[15]. Alle diese Vorgänge waren mit Taxen, Sporteln und erheblichen Trinkgeldern verbunden. Trotz vieler Verluste sind in den Registerserien des Vatikanischen Archivs für das 14. Jh. Hunderttausende solcher Urkunden registriert, so für Johann XXII. etwa 65000 nur in den Kom-

[14] *E. v. Ottenthal,* Die päpstlichen Kanzleiregeln von Johannes XXII. bis Nicolaus V. (Innsbruck 1888); *M. Tangl,* Die päpstlichen Kanzleiordnungen von 1200—1500 (Innsbruck 1894); *F. Bock,* Einführung in das Registerwesen des avignonesischen Papsttums: QFIAB 21 (1941); *P. Herde,* Beiträge zum päpstlichen Kanzlei- und Urkundenwesen im 13. Jahrhundert (München 1961).

[15] *W. Engel,* Würzburg und Avignon. Kurienprozesse des Würzburger Domkapitels im 14. Jh.: ZSavRGkan 35 (1948) 150—200; *J. Reetz,* Kuriales Prozeßwesen um 1340. Nachrichten aus Avignonesischen Akten in Hamburg: ADipl 9/10 (1963/64) 395—414.

munregistern, für Clemens VI. etwa 90000, für Innozenz VI. 30000, Urban V. 25000, Gregor XI. 35000. Die riesigen Mengen von Schriftstücken, die von der Kurie ausgingen, hauptsächlich die Routinesachen der apostolischen Kanzlei, geben hinsichtlich ihrer Beförderung erhebliche Rätsel auf. Ein großer Teil, man schätzt die Hälfte, wurde von den Bittstellern selbst wieder mitgenommen; ein weiterer beträchtlicher Prozentsatz von solchen, die von Avignon aus in die betreffenden Gegenden reisten. Beide Arten gingen nicht zu Lasten der Kurie. Vieles wurde durch die weltweiten Geschäftsverbindungen der Banken transportiert, die in Avignon eine Niederlassung hatten. Nur bei besonders wichtigen, also vorwiegend politischen und eiligen Schriftstücken, kamen die Kursoren des Papstes in Frage oder höhere Geistliche, Mönche und unter diesen besonders häufig Dominikaner. Die „cursores papae" wurden für gewöhnliche Beförderungen nicht verwendet, eher für zeremonielle Zitationen. Ihre Zahl betrug in der Zeit von Avignon durchschnittlich etwa 50, sie waren in einer Art Kolleg zusammengeschlossen unter dem „magister cursorum" und genossen eine Vertrauensstellung, gehörten zu den höheren Chargen des kurialen Personalbestandes und zur näheren dauernden Umgebung des Papstes, vor allem im höheren Alter. Es oblagen ihnen dann die Einkäufe für den päpstlichen Palast und seine Küchen und Keller. Außer diesen apostolischen Cursores gab es noch „cursores curiam sequentes", die meist mit den „mercatores curie" in Zusammenhang standen und eine Art Post darstellten. Wichtige politische Mitteilungen wurden oft doppelt ausgefertigt und getrennt versandt. Dem Zweck der Geheimhaltung diente die Verwendung von Chiffren, meist als „cedulae interclusae", oft vom Papst persönlich geschrieben oder vom Kämmerer und nur selten, wie es scheint, registriert. Daneben war auch an der Kurie die Überbringung mündlicher Botschaften unter Ausfertigung eines Kredentials üblich[16].

Die wichtigste Behörde aber war die apostolische Kammer[17]. An ihrer Spitze stand der Kämmerer, meist ein Erzbischof, der vordem lange Jahre an der Kurie und als Kollektor draußen Dienst getan. Der Kämmerer und ein kleiner Stab von Kammerklerikern und Sekretären besorgten die politische Korrespondenz. Auch das Personal des päpstlichen Hofes legte in seine Hände den Amtseid ab. Von der geheimen Politik wissen wir relativ

[16] *Y. Renouard,* Comment les papes d'Avignon expédiaient leur courrier: RH 180 (1937) 1—29; *G. Mollat,* Correspondance de Clément VI par cédules: Bollettino dell'Archivio paleografico italiano, nuova serie II—III (1956/57) parte II 175—178.

[17] *P. M. Baumgarten,* Aus Kanzlei und Kammer (Freiburg 1907); *ders.,* Von der apostolischen Kanzlei (Köln 1908); *G. Mollat,* Contributions à l'histoire de la chambre apostolique au XIVe siècle: RHE 45 (1950) 82—94; *P. Gasnault,* Notes et documents sur la chambre apostolique à l'époque d'Urbain V: MAH 70 (1958) 367—394. Die Liste der Kämmerer und Thesaurare bei *K. H. Schäfer,* Die Ausgaben der apost. Kammer unter Johann XXII. 5—7.

wenig, um so mehr von der Finanzverwaltung der Kammer. Hauptbücher waren die „Introitus et Exitus“, also Einnahmen und Ausgaben, die Abrechnungen der Kollektoren, die als „nuntii et collectores“ im ganzen Bereich der damaligen Christenheit die der Kammer geschuldeten Gelder eintrieben[18]. Außerdem gab es eine ganze Reihe von Spezialregistern für Zehnten, Einkünfte aus vakanten Benefizien (fructus medii temporis), Prokurationen, Zahlungsverpflichtungen und erfolgte Zahlungen. Die Divisionsregister betrafen die Einnahmen aus Servitien, Visitationen und Zensus, die seit dem 13. Jh. zwischen Papst und Kardinälen hälftig geteilt wurden. Die wichtigsten Sparten der Einnahmen waren die Servitien, Annaten, Zehnten, Subsidien und Spolien. Schon seit dem hohen Mittelalter empfingen Papst und Kardinäle in größerem Umfange finanzielle Zuwendungen, die sich allmählich verfestigten und als eine pflichtmäßige Abgabe angesehen wurden. Obligationsregister für *Servitien* sind seit 1295 erhalten. Bistümer und Klöster mit einem Jahreseinkommen über 100 Goldgulden wurden anläßlich der Besetzung durch die Kurie zum Servitium herangezogen. Es betrug ein Drittel des ersten Jahreseinkommens und durfte nur einmal im Jahre gefordert werden. Der systematische Ausbau des Reservationswesens erweiterte die Zahl der Pflichtigen ständig, so daß seit der Mitte des 14. Jh. fast alle Konsistorialbenefizien erfaßt waren. Die Hälfte des Servitiums ging an den Papst, die andere Hälfte an das Kardinalskolleg, wobei die bei der Besetzung des Benefiziums im Konsistorium anwesenden Kardinäle gleiche Teile erhielten. Den Beamten der Kurie wurden außerdem fünf „servitia minuta“ in Höhe von fünf Kardinalsanteilen nach einem sehr detaillierten Schlüssel zugewiesen. Zur Feststellung der Höhe des Einkommens dienten zunächst die Obligationsregister, seit dem Ende des Jahrhunderts der „liber taxarum“ der apostolischen Kammer[19].

Annaten traten an der Kurie erstmals auf, als Clemens V. im Jahre 1306 von allen vakanten oder vakant werdenden Benefizien in England, Schottland und Irland die Einkünfte des ersten Jahres ohne Rücksicht auf die Art der Besetzung forderte. Er begründete es mit dem klassisch gewordenen Satze: „quia quod postulat inferior, potest etiam superior.“ Das Konzil von Vienne erhob starken Widerspruch und verlangte ein genügendes Auskommen für den Erwerber der Pfründe. Auch Johann XXII. schrieb Annaten aus, manchmal fast für ganz Europa, dann öfters für mehrere Kirchenprovinzen

[18] *J. P. Kirsch*, Die päpstlichen Kollektorien in Deutschland während des 14. Jahrhunderts (Paderborn 1894); *J. Favier*, Le niveau de vie d'un collecteur et d'un souscollecteur apostolique à la fin du XIVe siècle: Annales du Midi 75 (1963) 31—48.

[19] *E. Göller*, Die Einnahmen der apostolischen Kammer unter Johann XXII. 20*—52*; *ders.*, Der liber taxarum der päpstlichen Kammer: QFIAB 8 (1905) 113—173 305—343; *H. Hoberg*, Taxae de communibus servitiis ex libris obligationum ab anno 1295 usque ad annum 1455 confectis: SteT 144 (1949); *J. Favier*, Temporels ecclésiastiques et taxation fiscale, le poids de la fiscalité pontificale au XIVe siècle: Journal des Savants 1964 102—127.

oder Länder. Seit 1326 bestimmte er, daß die Annaten von allen bei der Kurie vakanten Benefizien entrichtet werden müssen, und wiederholte diese Reservationen laufend. Die Höhe der Annaten schwankt im 14. Jh., entsprach aber meist der Schätzung für die Zehnten. „Annata, seu medii fructus primi anni" ist seit dem Ende des Jahrhunderts eine beliebte Definition. Als pflichtig galten Benefizien mit einem Einkommen über 24 Goldgulden. Da die Annaten der päpstlichen Kasse ungeteilt zufielen, gehörten sie zu den sichersten Einkommensquellen und erreichten meist die Höhe der Servitien[20].

Gemessen am vorhergehenden Jahrhundert, ging der Ertrag der immer noch oft ausgeschriebenen Zehnten jedoch stark zurück[21]. Noch waren die großen Kreuzzugszehnten des II. Lyoner Konzils und die Bonifaz' VIII. nicht ganz bezahlt und abgerechnet, als das Konzil von Vienne wieder einen sechsjährigen Kreuzzugszehnten von der ganzen Christenheit verlangte. Dem folgte Johann XXII. am Ende seines Pontifikates, aber Benedikt XII. widerrief den Zehnten und befahl die Rückgabe der schon eingesammelten Gelder. Clemens VI., Innozenz VI. und Urban V. schrieben wieder allgemeine Zehnten aus, aber ohne großen Erfolg. An einzelne Territorien wurden im Laufe des Jahrhunderts sehr häufig Zehntforderungen gestellt, deren Erträge aber mit den Landesherren geteilt werden mußten. Die meisten Kreuzzugszehnten erhielten die Könige von Frankreich, ohne darüber abrechnen oder sie zurückzahlen zu müssen, wenn ein Kreuzzug nicht zustande kam.

War das *subsidium caritativum* anfänglich eine freiwillige Leistung für eine bestimmte Sache, so wurde auch es im Laufe des 14. Jh. in seiner Höhe normiert und zur Pflicht gemacht, jedoch meist lokal begrenzt eingefordert, vor allem für die dauernden Kriege in Italien. Ein von Johann XXII. in französischen Bistümern verlangtes Subsidium erbrachte Summen zwischen 200 000 und 300 000 Goldgulden[22]. Den Einzug des *Nachlasses* von an der Kurie verstorbenen Kardinälen und höheren Prälaten gab es schon seit langer Zeit; aber mit Beginn des 14. Jh. wurde er auf Grund spezieller Reservationen gefordert, bis dann Urban V. den Nachlaß aller Bischöfe, Äbte, Dekane, Pröpste und Rektoren sich reservierte.

Die Kassenführung an der Kurie oblag dem Thesaurar, dessen Amt manchmal doppelt besetzt war. Eng mit ihm zusammen arbeiteten die Depositare, nämlich die Vertreter der Bankhäuser, die Kredit und Vorschüsse gaben und den Transfer der Gelder besorgten. Trotz der imponie-

[20] *J. P. Kirsch,* Die päpstlichen Annaten in Deutschland während des 14. Jahrhunderts (Paderborn 1903); *F. Baix,* La chambre apostolique et les „Libri annatarum" de Martin V, 1417—1431, première partie (1947, mit ganz ausführlicher Lit.).

[21] *E. Hennig,* Die päpstlichen Zehnten aus Deutschland im Zeitalter des avignonesischen Papsttums und während des Großen Schismas (Halle 1909).

[22] *P. Gasnault,* Le perception, dans le royaume de France, du subside solicité par Jean XXII „contra haereticos et rebelles partium Italiae": MAH 69 (1957) 273—319.

renden Masse der Rechnungsbücher für das 14. Jh. muß man die Frage stellen, ob sie eine vollständige Übersicht über das kuriale Finanzgebaren und die Hintergründe erlauben. Neuerdings wird die Ansicht vertreten, daß sie nicht eine Bilanz darstellen, sondern eher als Quittungen für einbezahlte Summen und als Belege zur Entlastung der verwaltenden Beamten dienen, also im wesentlichen nur das aufzeichneten, was nachgewiesen werden mußte[23]. Jedenfalls gab es neben der ordentlichen Verwaltung noch Geheimfonds, die auch als Privatschatulle des Papstes bezeichnet wurden. Clemens V. hatte einen „liber tam de secretis receptis quam expensis" und Aufzeichnungen über „dona data domino" und „servitia secreta", die er kurz vor seinem Tode vernichten ließ. Für den Krieg in der Lombardei gab Johann XXII. mehr als 400 000 Goldgulden „ex coffinis suis, de bursa sua".

Als Jahresdurchschnitt der Einnahmen hat man berechnet für Johann XXII. 230 000, für Benedikt XII. 165 000, für Clemens VI. 190 000, für Innozenz VI. 250 000, für Urban V. 260 000 und für Gregor XI. 480 000 Goldgulden. Am wenigsten durchsichtig sind die Finanzen Clemens' V. Freilich hatte er aus dem in Perugia deponierten Schatz Bonifaz' VIII. und Benedikts XI. nur das erhalten, was er zur Krönung nach Lyon kommen ließ. Später angeordnete Transporte wurden in Lucca und Assisi ausgeraubt. Trotzdem hinterließ er große Summen Geldes, aber nicht der Kirche, sondern seinen Verwandten. Der von Johann XXII. angesammelte Schatz belief sich auf etwa eine Million, der des sparsamen Benedikt XII. auf eineinhalb Millionen Goldgulden. Dagegen war beim Ableben des sehr gastlichen und freigebigen Clemens VI. nur ein geringer Nachlaß vorhanden. In der festen Burg in Avignon war der Schatz in sicheren Gewölben der großen Türme ganz in der Nähe der päpstlichen Schlafgemächer untergebracht. Die aus dieser Zeit erhaltenen Inventare verzeichnen viele Kisten mit Gold- und Silbermünzen, dann goldene und silberne Gefäße und Kunstgegenstände, zahlreiche, wohl meist aus dem Nachlaß von Kardinälen und Bischöfen stammende kostbare goldene Ringe mit Edelsteinen, teure Tuche, Mitren und Bücher. Das Bargeld im Schatz wurde seit der Mitte des Jahrhunderts immer weniger, und öfters mußten Wertsachen aus Edelmetall in Münzen umgeschmolzen werden zur Bestreitung der Kriegsausgaben in Italien[24].

Die *Ausgaben* sind in den Hauptbüchern der zentralen Verwaltung gegliedert in die Gruppen: Küche, Brotamt, Keller, Marstall, Kleidung und Gewebe, Kunstgegenstände und Schmuck, Bibliothek, Bauten, Siegelamt, außerordentliche Gehälter und Rüstungen, pro cera et quibusdam aliis

[23] *J. Favier,* Introitus et Exitus sous Clément VII et Benoit XIII, problèmes de diplomatique et d'interpretation: Bollettino dell'Archivio paleografico italiano, nuova serie II—III (1956/57) parte I 285—294.

[24] *H. Hoberg,* Die Inventare des päpstlichen Schatzes in Avignon, 1314—1376: SteT 111 (1944); *P. Guidi,* Inventari di libri nelle serie dell'Archivio Vaticano, 1287—1459: SteT 135 (1948).

(hauptsächlich Kriegsausgaben), Gehaltszahlungen, Grund- und Hausbesitz, Almosenamt, Verschiedenes. Als Jahresdurchschnitt der Ausgaben wurde errechnet für Johann XXII. 233000, für Benedikt XII. 96000, für Clemens VI. 165000, für Innozenz VI. 260000, für Urban V. 300000 und für Gregor XI. 480000 Goldgulden. Doch ist immer zu beachten, daß wir über die außerordentlichen Einnahmen und Ausgaben nicht genügend unterrichtet sind. Große Summen verschlangen die Kriege in Italien, so im Pontifikat Johanns XXII. 63 Prozent der Ausgaben, dann besonders in den Regierungen Innozenz' VI. und Gregors XI. Für die Besoldung der Beamten wurden zwischen zehn und zwanzig Prozent verwendet. Dazu kamen die Ausgaben für den Unterhalt des Hofes und der Kurialen. Der Haushalt der Päpste in Avignon wurde im wesentlichen von der Umgebung beliefert, doch machen die Aufwendungen für Luxusimporte immerhin fünf bis zehn Prozent des jährlichen Etats aus, und die Kosten für das Krönungsmahl Clemens' VI. betrugen über 15000 Goldgulden. Im Unterschied zu der Verwaltung der einzelnen Staaten zeigt die Kurie ein durchaus internationales Gepräge, ein stetes Gehen und Kommen aus und nach allen Gegenden der Christenheit. Und diese Geschäfte wurden schon seit dem 13. Jh. meist von großen Handelsunternehmungen abgewickelt, und zwar nur von solchen, die auch politisch der Kurie nahestanden, vor allem also den Florentiner Großkaufleuten der Bardi, Peruzzi, Acciaiuoli, Bonacorsi und Alberti. Nur Clemens V. brach gleich nach seiner Wahl alle Beziehungen zu den Banken ab und ließ die Gelder durch Geistliche verwalten und in Klöstern deponieren. Aus seiner Persönlichkeit heraus wird es verständlich. Wenn auch unter seinem Pontifikat der rasche Ausbau des kurialen Finanzwesens eigentlich beginnt, so kamen bei seinem unsteten Wesen und seinen dauernden Wanderungen die Banken als Kreditinstitute nicht in Frage. Aber nachher wurde Avignon zu einem erstrangigen Handelsplatz als damals wohl drittgrößte Stadt mit rund 30000 Einwohnern, wo die meisten großen Handelshäuser ihre Kontore einrichteten. Nach dem Zusammenbruch der Florentiner Hochfinanz gegen die Mitte des Jahrhunderts wurden vorübergehend andere, auch guelfisch gesinnte italienische Banken in Dienst genommen, bis man bald wieder zu den Bankhäusern von Florenz zurückkehrte. Nicht nur Geldgeschäfte im engeren Sinne wurden durch die Handelshäuser besorgt, sie waren auch Beförderer von Post und als Lieferanten von Waren und Nachrichten bekannt[25]. Unter Johann XXII. und Benedikt XII. überstiegen die Einnahmen die Ausgaben und ermöglichten die Anlage von Reserven, die bei den höheren Ausgaben unter Clemens VI. und Innozenz VI. herangezogen werden mußten. Urban V. und Gregor XI.

[25] *Y. Renouard,* La consommation des grands vins du Bourbonnais et de Bourgogne à la cour pontificale d'Avignon: Annales de Bourgogne 24 (1952) 221—244; *R. Delort,* Note sur les achats de draps et d'étoffes effectués par la chambre apostolique des papes d'Avignon (1316—1417): MAH 74 (1962) 215—288.

konnten die immer mehr ansteigenden Ausgaben nur noch durch Anleihen meistern. Wenn auch im Vergleich mit den Königen von Frankreich, England und Neapel die Einnahmen der Kurie niedriger waren, so handelte es sich immer noch um imponierende Summen.

Nur schwer wird man sich des Eindrucks erwehren, daß die Kurie in Avignon über das aus der ganzen christlichen Welt eingezogene Geld nach Gutdünken glaubte verfügen zu können. Besonders Clemens V., der „pastor senza legge", ragt in der Willkür hervor. Auch aus dem unvollständigen Finanzmaterial seines Pontifikats ergibt sich mit Gewißheit, daß er in unverantwortlicher Weise mit dem materiellen Schatz der Kirche umging. Von der Million, über die er am Schlusse seiner Regierung verfügen konnte, kamen über 800 000 Goldgulden an seinen Neffen, den Vicomte de Lomagne, für den er schon früher das Schloß Monteux zur Verwahrung der Gelder und des Schatzes gekauft hatte. Riesige Beträge an Zehnten überließ er den Königen von Frankreich und England ohne Rechnungslegung. Der nach zweijähriger Vakanz gewählte Johann XXII. bekam nur noch 70 000 Goldgulden, von denen noch die Hälfte dem Kardinalskolleg zufiel. Lange Jahre dauerte der nach längerem Zuwarten von Johann XXII. angestrengte Prozeß gegen die Erben Clemens' V.; immerhin konnte der Papst noch 150 000 Goldgulden zurückerhalten[26].

Diese Verhältnisse blieben nicht ohne Kritik von seiten der Betroffenen. Das Konzil von Vienne faßte vieles zusammen, was schon früher an anklagenden Stimmen laut geworden war. Das ganze Jahrhundert hindurch, besonders im Großen Schisma, suchten sich Bischöfe und Äbte, ja ganze Kirchenprovinzen der Entmachtung durch die Kurie zu erwehren. Vor allem erregte die andauernde und rücksichtslose Forderung nach Geld und die unvollkommene Verwaltung des Benefizial- und Finanzwesens Anstoß. Freilich lag bei der Kurie nicht immer die Initiative, aber sie trug eben doch die Verantwortung, wenn sie den oft sehr aufdringlichen und drohenden Wünschen von Königen und Fürsten in der Stellenbesetzung und den Forderungen nach Zehnten nachgab. Jede Möglichkeit zum Erwerb von Geld wurde rücksichtslos ausgenützt. So blieben Benefizien oft bis zu einem Jahr und länger vakant, um der Kurie den Einzug der Interkalarfrüchte zu ermöglichen, oder wenn höhere Prälaten alle noch nicht bezahlten Servitien ihrer Vorgänger übernehmen mußten. Geradezu frivol war das Hantieren mit kirchlichen Zensuren, wenn die eidlich versprochenen Zahlungen nicht pünktlich geleistet wurden. Automatisch erfolgte die Verhängung von Suspension, Exkommunikation und Interdikt. So wurden am 5. Juli 1328 ein Patriarch, fünf Erzbischöfe, dreißig Bischöfe und sechsundvierzig Äbte als der Suspension, Exkommunikation und dem Interdikt verfallen verkündet wegen Nichtbezahlung der Servitien. In drei Urkunden der apostolischen

[26] *F. Ehrle,* Der Nachlaß Clemens' V. und der in Betreff desselben von Johann XXII. (1318—1334) geführte Prozeß: ALKGMA 5 (1889) 1—158.

Kammer zwischen 1365 und 1368 stehen als Zensurierte und Meineidige sieben Erzbischöfe, neunundvierzig Bischöfe, hundertdreiundzwanzig Äbte und zwei Archimandriten aus Frankreich und Spanien[27].

Die ungeistliche Handhabung der avignonesischen Verwaltung, die im Großen Schisma eine verstärkte Fortsetzung in den zwei bzw. drei Obedienzen fand, führte zu einem schlimmen Schwund des Vertrauens in Kurie und geistliches Amt[28]. So werden die erbitterten Vorwürfe während des Schismas gegen Päpste und Kardinäle und das harte Ringen um eine wahre Reform der Kirche in Konstanz und Basel verständlich. Denn diese Geldgeschäfte waren, wenn nicht direkt simonistisch, so doch unverträglich mit dem an sich vorwiegend geistlichen Charakter des Papsttums und leiteten von höchster kirchlicher Stelle aus eine gefährliche Säkularisierung ein. Fühlte dies etwa Johann XXII., als er wenige Stunden vor seinem Hinscheiden alle Reservationen widerrief?

41. Kapitel

Der Nominalismus. Die Universitäten zwischen via antiqua und via moderna

LITERATUR: *K. Werner,* Die Scholastik des späteren Mittelalters II—IV (Wien 1881—87); *B. Geyer,* Die patristische und scholastische Philosophie: *Ueberweg* II (Berlin ^{11}1928; Nachdruck Basel 1951, Darmstadt 1958); *Wulf* III (Löwen - Paris ^{6}1947); *Gilson - Böhner; M. de Gandillac,* Ockham et la „Via Moderna“: Histoire de l'Église (hrsg. Fliche - Martin) XIII: Le mouvement doctrinal du IXe au XIVe siècle (Paris 1951) 417—473; *F. Copleston,* A History of Philosophy (Westminster/Maryland ^{2}1959); *Grabmann G; G. Ritter,* Studien zur Spätscholastik I—III (Heidelberg 1921/27); *ders.,* Die Heidelberger Univ. (Heidelberg 1936); *F. Ehrle,* Der Sentenzenkommentar Peters von Candia (Münster 1925); *P. Vignaux,* Justification et prédestination au XIVe siècle (Paris 1934); *ders.,* Nominalisme au XIVe siècle (Montreal 1948); *Stegmüller RS; A. Maier,* Studien zur Naturphilosophie der Spätscholastik, 5 Bde (Rom 1949/58); *G. de Lagarde,* La naissance de l'esprit laïque, 5 Bde (Paris ^{3}1956/63); *W. Dettloff,* Die Entwicklung der Akzeptations- und Verdienstlehre von Duns Scotus bis Luther (Münster 1963); *H. Oberman,* The Harvest of Medieval Theology. Gabriel Biel and Late Medieval Nominalism (Cambridge/Mass. 1963); dt.: Der Herbst der mittelalterlichen Theologie (Zürich 1965).

Wilhelm von Ockham: WW: *Ph. Böhner,* Die unpolemischen Schriften Ockhams: FStud 32 (1950) 156—163; De Sacramento altaris, hrsg. von *T. Bruce Birch* (Burlington 1930); Quaestio prima principalis Prologi in I Sent., hrsg. von *Ph. Böhner* (Paterson/N. J. 1939); Centiloquium, hrsg. von *Ph. Böhner:* FStudies 1 (1941), 2 (1942); Summa logicae I—III/I, hrsg. von *Ph. Böhner* (St. Bonaventure/N. Y. ^{2}1957/62); Philosophical Writings, Auswahl hrsg. u. übers. von *Ph. Böhner* (Edinburgh - London 1957); Quotlibeta septem-Tractatus de sacramento altaris (Straßburg 1491; Faksimile-Ausgabe Löwen 1962); Opera

[27] *E. Göller,* Die Einnahmen der apostolischen Kammer unter Johann XXII. 45* f; *P. M. Baumgarten,* Untersuchungen und Urkunden über die Camera collegii cardinalium (Leipzig 1898) CLXXVII—CLXXXV; *P. M. Baumgarten,* Exkommunikation von Prälaten im Jahre 1390 wegen Nichtzahlung der Servitien: RQ 22 (1908) 47—55.

[28] *A. Esch,* a. a. O. 277—398.

plurima (Dialogus, Sent., Compendium error. u. a.) (Nachdruck London 1962). — Literatur: *V. Heynck*, Ockham-Literatur 1919—1949: FStud 32 (1950) 164—183; *R. Guelluy*, Philosophie et Théologie chez Guillaume d'Ockham (Paris 1947); *L. Baudry*, Guillaume d'Ockham, sa vie, ses œuvres, ses idées sociales et politiques I: L'homme et les œuvres (Paris 1950); *ders.*, Lexique Philosophique de Guillaume d'Ockham (Paris 1958); *T. Barth*, W. v. Ockham und die Philosophie der Ordnungen: PhJ 60 (1950) 323—334; *ders.*, Nuove interpretazioni della filosofia di Ockham: Studi Franc. 52 (1955) 187—204; *C. Vasoli*, G. d'Ockham (Florenz 1953); *W. Kölmel*, Von Ockham zu Gabriel Biel: FStud 37 (1955) 218 bis 259; *E. Iserloh*, Gnade u. Eucharistie in der philosophischen Theologie des W. v. Ockham (Wiesbaden 1956); *H. Shapiro*, Motion, Time and Place according to William Ockham (St. Bonaventure/N. Y. 1957); *Ph. Böhner*, Collected Articles on Ockham, hrsg. von *E. Buytaert* (St. Bonaventure/N. Y. 1958); *F. Hoffmann*, Die erste Kritik des Ockhamismus durch den Oxforder Kanzler Joh. Lutterell (Breslau 1941); *ders.*, Die Schriften des Oxforder Kanzlers Joh. Lutterell (Leipzig 1959).

Nikolaus von Autrecourt: *J. Lappe*, N. v. Autrecourt (Münster 1908); *J.-R. O'Donnel*, N. of Autrecourt: MS 1 (1939) 179—280, 4 (1942) 97—125; *J. R. Weinberg*, N. of Autrecourt (Princeton 1948); *E. Maccagnolo*, Metafisica e gnoseologia in N. d'Autrecourt: RFN 45 (1952) 36—53.

Johann von Mirecourt: *F. Stegmüller*, Die 2 Apologien des J. de Mirecourt: RThAM 5 (1933) 46—78 192—204; *A. Franzinelli:* RSF 13 (1958) 319—340 415—419.

Robert Holkot: *A. Meissner*, Gotteserkenntnis und Gotteslehre nach dem englischen Dominikanertheologen R. Holkot (Limburg 1953); *P. Molteni*, R. Holkot. Dottrina della gracia et della giustificazione (Diss. masch. Bonn 1962).

Gregor von Rimini: Super I et II Sent. (Nachdruck St. Bonaventure/N. Y. 1955); *M. Schüler*, Prädestination, Sünde u. Freiheit bei Gregor v. Rimini (Stuttgart 1934); ECatt VI 1156f; *D. Trapp* (Gregors Editionen u. Additionen): Augustiniana 6 (1956) 182ff, 8 (1958) 425ff.

Marsilius von Inghen: *G. Ritter*, Studien zur Spätscholastik I: M. v. Inghen und die okkamistische Schule in Deutschland (Heidelberg 1921); *A. Lang*, Die Wege der Glaubensbegründung bei den Scholastikern des 14. Jh. (Münster 1930); *W. Möhler*, Die Trinitätslehre des M. v. Inghen (Limburg 1949).

Heinrich Heinbuche von Langenstein: *A. Lang*, Die Katharinenpredigt H.s v. Langenstein: DTh 26 (1948) 123—159 233—258 361—394; *A. Emmen*, H. v. Langenstein und die Diskussion über die Empfängnis Mariens: Schmaus ThGG 625 bis 650.

Heinrich Totting von Oyta: *A. Lang*, H. T. v. Oyta (Münster 1937); *F. Rosenthal*, H. v. Oyta a Biblical Criticism in 14th Century: Speculum 25 (1950) 178—183.

Nikolaus von Dinkelsbühl: *A. Madre*, N. v. D. Leben u. Schriften (Münster 1965).

Pierre d'Ailly: *B. Meller*, Studien zur Erkenntnislehre des P. v. Ailly (Freiburg 1954); *M. Lieberman*, Gerson et d'Ailly: Romania 78 (Paris 1957) 433—462, 79 (1958) 339—375, 80 (1959) 289—336, 81 (1960) 44—98.

Johannes Gerson: Œuvres complètes, Introduction, texte et notes, hrsg. von *P. Glorieux*, bisher 7 Bde (Paris - Tournai - Rom - New York 1960/66); *J. B. Schwab*, J. Gerson (Würzburg 1858); *W. Dress*, Die Theologie J. Gersons (Gütersloh 1931); *A. Combes*, J. Gerson: commentateur dionysien (Paris 1940); *ders.*, Essai sur la critique de Ruysbroeck par G., 3 Bde (Paris 1945/59); *L. Mourin*, J. Gerson prédicateur français (Brügge 1952); *G. H. M. Posthumus Meyjes*, J. Gerson zijn kerkpolitiek en ecclesiologie ('s-Gravenhage 1963); (vgl. Lit. S. 463).

Johannes Wenck: *E. Vansteenberghe*, Le „De ignota litteratura“ (Münster 1910); *R. Haubst*, Studien zu N. v. Kues u. J. Wenck (Münster 1955); dazu: RQ 53 (1958) 81—88.

Heinrich von Gorkum: *A. G. Weiler*, H. v. Gorkum († 1431). Seine Stellung in der Philosophie und Theologie des Spätmittelalters (Hilversum - Einsiedeln 1962).

Dionysius der Kartäuser: (Dionysius Carth.) Opera omnia, Bd 1—44 (Montreuil - Tournai 1896/1935); DHGE XIV 256—260 (Lit.); *A. Mougel*, Dionysius der Kartäuser (dt. Übers. Mülheim a. d. Ruhr 1898); *E. Ewig*, Die Anschauungen des Kartäusers Dionysius von Roermond über den christlichen Ordo in Staat u. Kirche (Bonn 1936); *H. Pohlen*, Die Erkenntnislehre Dionysius' des Kartäusers (Leipzig 1941); *M. Beer*, Dionysius des Kartäusers Lehre vom Desiderium naturale (München 1963).

In der Philosophie und Theologie vollzog sich am Beginn des 14. Jh. eine Wende. Ganz allgemein kann sie gekennzeichnet werden als die Auflösung des Universalismus und Objektivismus, die in den „Summen" der Hochscholastik ihren großartigen Ausdruck gefunden hatten. Die philosophischen und theologischen Synthesen werden abgelöst durch die kritische Untersuchung einzelner Probleme. Hatte man bisher alles auf das Allgemeine zurückgeführt, an dem die Einzeldinge teilhatten, so wendet sich nun das Interesse mehr dem konkreten Ding zu. Dieses ist unmittelbar erkennbar, und es bedarf nicht des Umweges über das Allgemeine. Das Individuelle wird stärker betont, und das erkennende Subjekt wird sich in viel weiterem Ausmaß selbst zum Gegenstand. Der Vernunfteinsicht wird der Vorrang gegeben und gegenüber Lehrautorität und Lehrtradition mehr als bisher das Recht zur Kritik in Anspruch genommen. Die Erkenntnistheorie und die formale Logik bekommen damit größeres Gewicht. Ja, auf dem Gebiet der Logik werden die großen Leistungen des kommenden Jahrhunderts liegen. Das anzuerkennen schließt nicht aus, schon in dieser Verlagerung von der Seinsphilosophie auf die Logik eine beginnende Auflösung des Mittelalters zu sehen.

Die kritische Einstellung wird nach Duns Scotus besonders deutlich bei dem Dominikaner Durandus de S. Porciano († 1334) und dem Franziskaner Petrus Aureoli († 1322). Beide wenden sich gegen die großen Autoritäten ihres Ordens, Thomas von Aquin († 1274) und Duns Scotus († 1308). Denn menschliche Autorität ist geringzuachten, wenn klare Vernunfterkenntnis dagegensteht. Nach ihrer Meinung bedarf es keines Individuationsprinzips, um das einzelne zur Existenz zu bringen, und keiner species, um es zu erkennen. Petrus Aureoli unterscheidet das Ding in rerum natura und, sofern es von unserem Verstand begriffen wird (res apparens in intellectu). Der Allgemeinbegriff ist das Produkt unserer Erkenntnis (Konzeptualismus).

Was sozusagen in der Luft lag und sich vielfach ankündigte, bekam in *Wilhelm von Ockham* seinen entscheidenden Anstoß, ja seine die Zukunft prägende Gestalt. Die von ihm heraufgeführte Haltung pflegen wir als Nominalismus zu bezeichnen. Es wird allerdings vielfach bestritten, daß Ockham Nominalist war[1]. Ein so krasser Nominalismus, wie Anselm von

[1] *Ph. Böhner*, Realistic Conceptualism of William Ockham: Traditio 4 (1946) 307—355;

Canterbury († 1109) ihn Roscelin von Compiègne (ca. 1050—1120) nachgesagt hat, war im 14. Jh. auch kaum möglich. Dafür hatte die große Tradition des 13. Jh. eine viel zu stark prägende und bindende Kraft[2]. Schwerwiegender ist, daß bei der Bezeichnung Nominalismus zu einseitig die erkenntnistheoretische Seite, d. h. der Universalienstreit, im Vordergrund steht, während die damit gekennzeichnete Geisteshaltung sich auch und viel folgenschwerer in der Metaphysik, der Ethik und der Gesellschaftslehre, ja verheerender als in der Philosophie sich in der Theologie ausgewirkt hat. Einfach von Ockhamismus zu reden, verbietet wiederum die Tatsache, daß ein gewisser nominalistischer Zug der gesamten Theologie des 14. und 15. Jh. eigen ist und nicht nur die Schüler Ockhams kennzeichnet, sondern auch manche Theologen, die an sich der Schule des Thomas von Aquin oder des Duns Scotus zuzuzählen sind. So sind für Ockham charakteristische Ansichten, etwa über die souveräne Allmacht Gottes, die Akzeptation des Menschen oder den Akt der natürlichen und übernatürlichen Liebe, von seinen Zeitgenossen wie dem Dominikaner Petrus de Palude (ca. 1280 bis 1342) oder dem Scotus-Schüler Johannes de Bassolis († 1347) schon vor ihm und noch extremer geäußert worden[3].

Der Nominalismus des 14. Jh. ist richtig, aber nicht hinreichend gekennzeichnet, wenn man „als seinen innersten Kern einen ungezügelten Drang nach Neuem, verbunden mit einer starken Neigung zu rein skeptischer und zersetzender Kritik“, angibt[4]. Diese Beschreibung ist zu formal und zu wenig inhaltlich bestimmt. Denn die erkenntnistheoretische Ausgangsposition des Nominalismus, die eine Trennung von Denken und Sein bedeutet, hat sich viel unmittelbarer auf allen anderen Gebieten ausgewirkt, als es zunächst scheint. Schon die vielfach verstiegene Spekulation mit ihren subtilen und spitzfindigen Fragestellungen, die das Denken der Zeit auszeichnet, ist das Ergebnis einer Wissenschaft, die es nur noch mit Begriffen und nicht mit dem Sein zu tun hat. Je mehr die Begriffe an Seinsgewicht verloren, um so leichter ließen sie sich handhaben, um so weniger fühlte man sich veranlaßt, die Ergebnisse des Denkens an der Wirklichkeit zu prüfen. Die Trennung von Denken und Sein führte in der Theologie zu einer Vorliebe für die Untersuchung aller nur denkbaren Möglichkeiten auf Grund der potentia dei absoluta und zu einer Vernachlässigung des in den Offenbarungsquellen faktisch vorgegebenen und verbindlichen Heilsweges. War der echte Symbolcharakter des Wortes und Begriffes aufgegeben, dann blieb bald für Symbole überhaupt kein Platz mehr. Damit war aber

G. Martin, Ist Ockhams Relationstheorie Nominalismus?: FStud 32 (1950) 31—49; *E. Hochstetter,* Nominalismus?: FStudies 9 (1949) 370—403.

2 Vgl. *Wulf* III 38 f.

3 *W. Dettloff,* Die Entwicklung der Akzeptations- und Verdienstlehre von Duns Scotus bis Luther (Münster 1963) 289 f.

4 *F. Ehrle,* Die Scholastik und ihre Aufgaben in unserer Zeit (Freiburg ²1933) 21.

auch der Zugang zu einem tieferen Verständnis der Sakramente versperrt. In der Ethik beweisen eine radikale Trennung von Sein und Sollen und der damit verbundene Formalismus und Voluntarismus den nominalistischen Grundzug. Auch in den kirchenpolitischen Auseinandersetzungen wäre die Kritik oft nicht so maßlos, wären die verfochtenen Ansprüche nicht so übertrieben gewesen, wenn man die Wirklichkeit mehr im Auge behalten hätte[5].

Wilhelm von Ockham stellt in ursprünglicher Radikalität dar, was die beiden folgenden Jahrhunderte geprägt hat, aber in ihrem Verlaufe durch die traditionelle Schultheologie vielfach überdeckt oder zurechtgebogen wurde. Er wurde ca. 1285 in England geboren. Als Franziskaner erhielt er 1306 die Subdiakonatsweihe[6]. Über seine höheren Studien in Oxford können wir nur ausmachen, daß er etwa 1317/18 eine Ordinatio zum ersten Buch der Sentenzen angefertigt hat und 1318/20 die Sentenzenvorlesung gehalten hat[7], von der uns Reportationen zum 2. bis 4. Buch erhalten sind. Als Baccalaureus formatus hatte er die Voraussetzung für den Magister regens erfüllt. Er ist es jedoch nie geworden und so als Venerabilis Inceptor in die Geschichte eingegangen. Seine Laufbahn wurde unterbrochen, als seine philosophisch-theologischen Lehren Gegenstand eines heftigen Universitätsstreites in Oxford wurden. Der Kanzler der Universität, Johannes Lutterell, versuchte dabei, Ockhams Lehrtätigkeit durch disziplinäre Maßnahmen zu unterbinden. Wohl in Sorge um ihre Lehrfreiheit veranlaßten die Professoren den Bischof, Lutterell das Amt des Kanzlers zu nehmen. Daraufhin klagte dieser Ockham im Jahre 1323 unter Vorlage einer umfangreichen Kampfschrift wegen häretischer oder wenigstens gefährlicher Lehren bei der Kurie in Avignon an. Ausgehend von dem Schriftwort: „Sie täuschen durch Philosophie und leeren Trug“ (Kol 2, 8), wirft Lutterell Ockham Mißbrauch der Logik vor. Dabei verwendet er selbst die Logik als Instrument der theologischen Beweisführung und ist sich bewußt, daß darin eine Eigenart der englischen Theologen gesehen wird[8]. Die inhaltlichen Vorwürfe richten sich vor allem gegen die maßlose Spekulation „de potentia dei absoluta“ in der Lehre von der Eucharistie, der Akzeptation und der Gnade.

Der Papst ließ den Venerabilis Inceptor vorladen. Dieser erschien 1324 in Avignon, wo er sich vor einer Kommission zu verantworten hatte, die

[5] *E. Iserloh,* Gnade und Eucharistie 3.

[6] So in einer von C. Walmesley entdeckten Urkunde. Vgl. Guillelmi de Ockham Opera politica, hrsg. von *J. G. Sikes* (Manchester 1940) 288.

[7] *C. K. Brampton,* The Probable Date of Ockham's Lectura sententiarum: AFrH 55 (1962) 367—374, entscheidet sich für 1318.

[8] In der „Epistula de visione“ schreibt er: „Sed mihi opponitis, quod nobis Anglicis frequenter hic opponunt: Ecce secundum logicum respondisti. Tolle, tolle! Secundum theologiam responde!“: *F. Hoffmann,* Die Schriften des Oxforder Kanzlers Joh. Lutterell (Leipzig 1959) 117 Nr. 20.

zwei Gutachten gegen ihn verfaßte. Doch anscheinend konnten die Richter, zu denen ein so umstrittener Mann wie Durandus gehörte, sich selbst nicht einig werden. Der Prozeß zog sich in die Länge. Durch seine Flucht am 26./27. Mai 1328 zu Ludwig dem Bayern nach Pisa zusammen mit Michael von Cesena und Bonagratia von Bergamo, die wegen des Armutsstreites in Avignon festgehalten waren, entzog Ockham sich dem Gericht. Zu einer Verurteilung seiner philosophisch-theologischen Ansichten sollte es nicht mehr kommen. Denn fortan nahmen die Armutsfrage und der Streit Ludwigs des Bayern mit Johann XXII. das Interesse der Kurie voll in Anspruch. Ausschließlich damit sollten sich auch nun die Schriften Ockhams befassen, bis er 1349 bzw. 1347[9] in München starb, ohne daß es zur Aussöhnung mit der Kurie gekommen war. Die philosophisch-theologischen Werke des Venerabilis Inceptor sind demnach alle vor 1324, mindestens aber vor 1328 entstanden[10]. Neben dem Sentenzenkommentar bzw. den Quästionen zu den Sentenzen des Petrus Lombardus und den „Quotlibeta septem" sind es die „Summa logicae", die 1496 unter dem Titel „Expositio aurea" herausgegebene Erklärung der logischen Schriften des Aristoteles, die Schriften zur Physik[11] und mehrere kleinere Traktate, darunter die beiden „De sacramento altaris" oder „De corpore Christi".

Nach Ockham haben wir eine unmittelbare, intuitive Erkenntnis des Einzeldings. Sobald wir Aussagen machen, bedienen wir uns der Begriffe, die unser Geist bildet. Den Allgemeinbegriffen entspricht keine Allgemeinheit in den Dingen, auch keine allgemeine Natur. Anfangs sieht Ockham die Allgemeinbegriffe als bloße Gedankengebilde (ficta oder figmenta), später identifiziert er sie mit dem Akt des Erkennens. In dem passiv sich verhaltenden Verstand erzeugt das Einzelding eine Ähnlichkeit seiner selbst. Das Universale ist das Gedachtsein der Dinge und inhäriert der Seele als seinem Subjekt. Damit gründen die Begriffe zwar auf der Wirklichkeit, aber nicht allgemeiner Substanzen, sondern der Einzeldinge. Es bedarf keines Dritten, keines Erkenntnismittels zwischen Gegenstand und Verstand, und gerade darin, daß der Verstand sich passiv verhält, ist die Objektivität (Sachgerechtheit) der Erkenntnis gewährleistet.

In der Gotteslehre betont Ockham vor allem die Freiheit und Allmacht Gottes. Er vermag alles, was nicht einen Widerspruch in sich schließt. Der

[9] Gegen die Quellen, einschließlich der Grabinschrift, nimmt *R. Höhn*, Wilhelm Ockham in München: FStud 32 (1950) 142—155, als Todesjahr 1349 an; *C. K. Brampton*, Traditions Relating to the Death of William of Ockham: AFrH 53 (1960) 442—449, will dagegen an 1347 festhalten.

[10] *E. Iserloh*, Um die Echtheit des „Centiloquium": Gregorianum 30 (1949) 78—103 309—346, bes. 102; *A. Maier*, Zu einigen Problemen der Ockhamforschung: AFrH 46 (1953) 161—194, bes. 163.

[11] Summulae in libros Physicorum; Expositio super libros Physicorum; Quaestiones super libros Physicorum.

Wille Gottes ist weder von außen noch von innen gebunden. Er handelt, wann und wie er will. Zur Erklärung des faktischen „So" genügt der allmächtige göttliche Wille. Das Gute ist seine Anordnung. Auch der von ihm gesetzten Ordnung gegenüber ist Gott völlig frei. Er könnte die Gebote aufheben und Diebstahl, Unzucht, ja Gotteshaß gebieten. Im „Centiloquium", einer Zusammenstellung von 100 meist sehr zugespitzten Thesen, dessen Echtheit von Verehrern Ockhams heute bestritten wird, wird allerdings eingewendet, ein göttliches Gebot des Gotteshasses sei mit dem Widerspruchsprinzip unvereinbar. Denn wer auf Befehl Gottes ihn hasse, liebe ihn, weil er sein Gebot erfülle. Erfüllung eines göttlichen Gebotes und Gotteshaß schlössen sich damit gegenseitig aus (Cl. 5 u. 7).

Wenn schon von Gott selbst her sein Handeln keiner Notwendigkeit unterliegt, so ist es Ockham erst recht zuwider anzunehmen, daß vom Sein und Verhalten des Menschen her Gott irgendwie gebunden wäre. Sosehr er die Freiheit des Menschen betont und soviel er dessen natürlichen Fähigkeiten zutraut — der Mensch kann z. B. aus sich heraus Gott über alles lieben —, im Zweifel entscheidet er immer zugunsten der Souveränität Gottes. Dieser kann einen Menschen in der Sünde beseligen und einen Begnadeten verdammen. Mehrfach braucht Ockham für den Übergang a contradictorio in contradictorium durch bloßes Verstreichen der Zeit folgendes Beispiel: Gott kann bestimmen, daß alle, die heute an einem bestimmten Ort sind, verdammt werden und daß alle, die morgen dort sind, gerettet werden. Bleibt nun jemand zwei Tage dort, so ist er, der gestern verworfen war, heute in Gnaden aufgenommen, ohne daß er oder etwas an ihm sich geändert haben (IV Sent. q. 4 L ad 2).

Gott hat sich aber durch seine Anordnungen, an die er sich hält und die durch seine Verfügung für den Menschen ihre Notwendigkeit haben, selbst gebunden. Was Gott an sich kann, kann er nicht gemäß der von ihm erlassenen Ordnung, was er „de potentia sua absoluta" vermag, vermag er nicht „de potentia sua ordinata". Um die Kontingenz der faktischen Ordnung deutlich zu machen, gefällt sich Ockham darin, Möglichkeiten, die auf Grund der potentia absoluta dei bestehen, aufzuzeigen und aus ihnen weitere Möglichkeiten abzuleiten. Bei diesen seinen gewagten, die Grenze des Erträglichen oft überschreitenden Potentia-dei-absoluta-Spekulationen entwickelt er eine Theologie des Als-ob und verliert den tatsächlich von Gott beschrittenen Heilsweg aus dem Auge. Erst recht wird kein Versuch gemacht, ihn zu begründen bzw. der Weisheit der Wege Gottes in Ehrfurcht nachzugehen. Die Darstellung der Heilsgeschichte weicht der Erörterung bloßer Möglichkeit, und die Theologie wird zum Übungsfeld logisch-dialektischer Kunstfertigkeit. In dieser Linie liegt es, wenn Ockham mit Vorliebe Grenzfälle oder Ausnahmen ins Auge faßt und daraus weitere Möglichkeiten deduziert. Weil Gott all das, was er mittels Zweitursachen bewirkt, auch unmittelbar hervorbringen kann, kann z. B. nicht bewiesen werden, daß etwas von einer vorliegenden causa secunda bewirkt ist. Es ist nur ein post hoc und kein propter hoc festzustellen. Zum Beispiel kann daraus, daß etwas bei Annäherung an Feuer brennt, nicht bewiesen werden, daß das Feuer die Ursache der Verbrennung ist. Denn Gott kann genauso festsetzen, daß immer dann, wenn etwas dem Feuer sich nähert, er allein die Verbrennung bewirkt, wie er mit der Kirche abgemacht hat, daß beim Aussprechen bestimmter Worte die Gnade des Sakramentes unmittelbar durch ihn in der Seele bewirkt wird (II Sent. q. 5 R).

Von einer Ursächlichkeit der Sakramente kann man demnach nur sprechen, insofern das Zeichen bloße Bedingung für das unmittelbare Handeln Gottes ist. Diese Zeichen sind dazu ganz willkürlich festgelegt. Gott könnte die Taufgnade auch an die Berührung mit einem Stück Holz binden und bestimmen, daß mit Taufwasser auch die Firmung gespendet würde (IV Sent. q. 1 G).

Dieses Denken von der Ausnahme her wird besonders deutlich bei der Lehre von der Eucharistie, die bei Ockham auf die Transsubstantiationslehre, ja auf die Erörterung naturphilosophischer Fragen, wie das Verhältnis von Substanz und Quantität, beschränkt ist. An sich würde Ockham die Koexistenz von Brot und Leib Christi vorziehen. Diese Lehre widerstreite weder der Vernunft noch der Heiligen Schrift. Ja, sie sei „rationabilior" und mit dem Ökonomieprinzip, nach dem möglichst wenig Wunder anzunehmen sind, besser zu vereinbaren. Denn dann falle die größte Schwierigkeit, nämlich die Existenz von Akzidentien ohne ein sie tragendes Subjekt, fort (IV Sent. q. 6 D). Doch weil die Entscheidung der Kirche es verlangt, hält Ockham an der Transsubstantiation fest. Das mit ihr gegebene Wunder des Fortbestehens der Akzidentien nach Vernichtung der Substanz wird dann für ihn zum Hauptbeweis dafür, daß die körperliche Substanz in sich ausgedehnt ist und es dazu keines real verschiedenen Akzidens der Quantität bedarf. Denn wenn, so argumentiert er, Gott die Akzidentien für sich bestehen lassen kann, dann kann er sie sicher auch zerstören und die Substanz erhalten, ohne ihre Teile örtlich zu bewegen. Dann wäre aber die Substanz ausgedehnt ohne Quantität (De sacramento altaris cap. 25). Kann weiter Gott die Akzidentien des Brotes zerstören und den Leib Christi erhalten, dann muß dieser auch unmittelbar am Ort sein und nicht mittels der Gestalten (IV Sent. q. 4 N Resp. ad 2. dubium).

Ein anderer Fall der Suspension der causa secunda, daß nämlich Gott in mir die intuitive Erkenntnis eines Nichtexistierenden hervorbringt, wird zum Ausgangspunkt für den Beweis der Möglichkeit, Christus im Sakrament natürlicherweise zu sehen (IV Sent. q. 5 D).

Einen Unterschied zwischen einem natürlichen und übernatürlichen Akt gibt es im Grunde für Ockham nicht, sie sind „eiusdem rationis" (I Sent. d. 17 q. 1 K). Der Mensch kann auch aus rein natürlicher Kraft Gott über alles lieben. Hiermit und mit seiner ausschweifenden Spekulation darüber, daß an sich die habituelle Gnade zur Seligkeit nicht nötig sei, bringt Ockham sich in den Verdacht des Pelagianismus. Er dagegen behauptet, vor jeglichem Pelagianismus gefeit zu sein, weil nach ihm Gott allem Geschaffenen gegenüber unabhängig, niemandes Schuldner sei und nichts im Menschen, weder etwas Gutes noch etwas Böses, auch keine der Seele inhärierende übernatürliche Form, Gott nötigen könne, jemand zu beseligen oder zu verdammen (I Sent. d. 17 q. 1 M; q. 2 E; III Sent. q. 5 L; Quotl. VI q. 1). Kein Akt ist verdienstlich wegen seiner ihm eigenen Qualität, mag sie auch von Gott gewirkt sein, sondern nur auf Grund der göttlichen Annahme[12]. Nur ein Theologe, der die Heilige Schrift aus dem Auge verloren hat, und ein Nominalist, der nicht mehr fragt, welcher Seinsgehalt einem Begriff zukommt, kann die seinsmäßige und personale Bedeutung der Caritas so außer acht lassen. Nur er kann das Zusammenbestehen von Sündenhabitus und eingegossener Liebe für möglich halten, kann andererseits habituelle Gnade bzw. Liebe und Seligkeit so weit auseinanderreißen und nicht mehr realisieren, daß in die Liebe, mit der Gott sich selbst notwendig liebt, auch der einbezogen ist, der am göttlichen Leben Anteil hat und nicht nur Kind Gottes heißt, sondern auch ist (1 Jo 3, 1). Gnade ist für Ockham nicht eine Kraft, die sich dem Menschen mitteilt, ihn neu macht und zu verdienstlichem Handeln befähigt, sondern die Huld Gottes, mit der er den Menschen annimmt oder nicht, wie es ihm gefällt[13].

Dabei liegt die Bedeutung Ockhams und seine Wirkung auf die Nachwelt gar nicht so sehr in der einzelnen, mehr gewagt formulierten als wirklich originellen Lehre, sondern viel mehr in der Art seines Theologisierens. Der bedeutende und leidenschaftliche Logiker versäumt es, seine Kunst in den Dienst der Theologie zu stellen. Diese wird vielmehr zur Gelegenheit, logisches Artistentum unter Beweis zu stellen. Es fehlt das innere Verhältnis zum Gegenstand. Theologie ist nicht mehr Heilslehre, und der Theologe kann sich um so leichteren Sinnes gewagten Spekulationen überlassen, je weniger er sein Heil in sein theologisches Bemühen einbezogen sieht[14].

[12] „solum (actus) est meritorius per potentiam dei absolutam acceptantem" (Quotl. VI q. 1); „. . . ut deus per nullam rem possit necessitari ad conferendum unicuique vitam aeternam et sic ista (propria) opinio maxime recedit ab errore Pelagii" (I Sent. d. 17 q. 1 L quanto); vgl. *E. Iserloh,* Gnade und Eucharistie 127.

[13] *W. Dettloff,* Die Entwicklung der Akzeptations- und Verdienstlehre, macht gegen mich geltend, daß man nicht mit Recht behaupten kann, Ockham verstehe Gnade bloß als Wohlgefallen oder Huld Gottes (271 f 284 286). Ich habe nicht bestritten, sondern ausführlich dargelegt (Gnade und Eucharistie 104—126), daß Ockham in der gegebenen Heilsordnung die habituelle Gnade für notwendig hält. Das ist aber eine von ihm akzeptierte kirchliche Lehre, die bei ihm kein Gewicht bekommt, wie Dettloff selbst wiederholt betont.

[14] Nach *W. Dettloff* (a. a. O. 290) beruht die negative Bedeutung Ockhams darauf, „daß er eine ausgeprägte Vorliebe für gewagte Thesen, aber kaum Sinn für die Gegenstände seiner Spekulation zeigt, weder für Gott noch für die Gnade, noch für die göttliche

Auf Wilhelm von Ockham wurde schon zu seinen Lebzeiten eine Schulrichtung zurückgeführt, die bald die Universitäten, an der Spitze Paris, eroberte, aber auch schon früh als Neuerung heftig bekämpft wurde. Ihre Anhänger nannte man im Gegensatz zu den „Reales" „Nominales" bzw. „Moderni" und die von ihnen vertretene Richtung die „Via moderna". Unmittelbare Schüler Ockhams sind *Adam Wodham* († 1358) und *Joh. Buridanus* († nach 1358). Dieser nahm eine gemäßigte Haltung ein und unterschrieb sogar als Rektor der Universität Paris 1340 eine Verurteilung „neuer Lehren gewisser Ockhamisten". Er bemühte sich vor allem um die ockhamistische Logik und griff die neuen Ansätze zur Naturwissenschaft auf. Der Dominikaner *Robert Holkot* († 1349) tat sich dagegen im Banne Ockhams durch besondere Radikalität bei der Anwendung der nominalistischen Prinzipien hervor und gefiel sich in überspitzten Formulierungen. Er stellt die Geltung der aristotelischen Logik für den Glaubensbereich in Frage und sieht die tatsächliche Ordnung allein in der freien Bestimmung Gottes begründet.

Um die Mitte des 14. Jh. hatte sich an der Universität Paris die ockhamistische Richtung durchgesetzt. Schon 1339 und 1340 sah sich die Artistenfakultät veranlaßt, gegen Auswüchse des Ockhamismus vorzugehen[15]. Persönlich verurteilt wurden die Pariser Magister *Nikolaus von Autrecourt* († nach 1350) und Johann von Mirecourt. Der erste wurde 1340 Gegenstand eines Prozesses in Avignon, der 1346 mit der Verurteilung von 60 Artikeln seinen Abschluß fand. Vor allem wurde ihm die Leugnung des Kausalprinzips vorgeworfen[16]. Gleichzeitig wandte sich eine päpstliche Bulle gegen das Überwuchern formallogischer Erörterungen. Die Theologen wurden ermahnt, sich enger an die Texte der alten Meister zu halten und die Bibel wie die Kirchenväter nicht zu vernachlässigen zugunsten höchst unnützer philosophischer Quästionen, spitzfindiger Disputationen und verdächtiger Lehrmeinungen[17].

Der Zisterzienser *Johann von Mirecourt* wurde wegen 63 verdächtiger Sätze seines Sentenzenkommentars angezeigt. Trotz seiner Rechtfertigungsschrift wurden 1347 in Paris 41 seiner Thesen wegen ihrer Übertreibung der Willkür Gottes und der sich daraus ergebenden gefährlichen Konsequenzen für die Ethik verurteilt[18].

Nominalistische Tendenzen in der Erkenntnislehre und schroffen Antipelagianismus in der Gnadenlehre zeigt der 1358 in Wien verstorbene

Heilsökonomie". Kann das Urteil über einen Theologen vernichtender sein? Wieso dann die Kritik Dettloffs (288) an meiner Wertung Ockhams?

[15] *Denifle-Chatelain,* Chartularium Universitatis Parisiensis II (Paris 1891) Nr. 1023 1042; zur Deutung vgl. *E. Iserloh,* Gnade und Eucharistie 6f.

[16] *Denifle-Chatelain* II 576—587; *Denzinger-Schönmetzer* Nr. 1028—1049.

[17] *Denifle-Chatelain* II 587 Nr. 1125.

[18] *Denifle-Chatelain* II 610—614.

Augustinergeneral *Gregor von Rimini.* Er hatte in Paris studiert und gelehrt, war dort 1345 Magister geworden. In der Akzeptationslehre zeigt er sich von Ockham abhängig, teilt aber nicht dessen Optimismus bezüglich der natürlich guten Werke, sondern steht hier wie in der Lehre von der Erbsünde ganz im Banne seines Ordensvaters Augustinus. Der Mensch vermag ohne besondere göttliche Hilfe die Versuchung zur Sünde nicht zu bestehen, kein natürlich gutes Werk zu tun, ja nicht einmal zu erkennen, was zu einem sittlich guten Leben gehört[19].

Schon seit der Mitte des 14. Jh. weicht der anfängliche, über das Ziel hinausschießende Radikalismus einer gemäßigteren Auffassung. Für die zweite Hälfte des Jahrhunderts — die Zeit der Universitätsgründungen in Deutschland[20] — sind deutsche Theologen wie *Marsilius von Inghen* († 1396) aus Heidelberg und die zuletzt in Wien lehrenden *Heinrich Heinbuche von Langenstein* († 1397) und *Heinrich Totting von Oyta* († 1396) mit ihrem Schüler und Nachfolger *Nikolaus von Dinkelsbühl* († 1433) kennzeichnend. Sie sind Eklektiker, die „die verderbliche Richtung des Nominalismus abbiegen und fast unvermerkt den Anschluß an die scholastischen Traditionen wiedergewinnen konnten“ [21]. Dabei finden sich in dieser Periode eine solche Reihe bedeutender Theologen, daß man von ihr als dem Höhepunkt der nominalistisch beeinflußten Scholastik sprechen kann, „ein Höhepunkt, der um so wichtiger ist, als auf ihn im 15. Jh. nur noch Auszüge und Kompendien folgen, welche das im 14. Jh. Erarbeitete in gangbare Münzen umprägten“ [22].

Das 15. Jh. ist dazu ausgesprochen „untheologisch“ (A. v. Harnack). Das erbauliche Schrifttum, die praktisch-moralische Unterweisung und die Behandlung rubrizistisch-kanonistischer Fragen werden vorherrschend. Kennzeichnend für diesen Wandel ist in Paris der Übergang von *Pierre d'Ailly* († 1420), einem Hauptvertreter des „waschechten Ockhamismus“, zu seinem Schüler *Johannes Gerson* († 1429), der 1395 sein Nachfolger als Kanzler der Universität Paris wurde. „Gerade dieser Nominalist mit seinem erbaulich gelehrten Schrifttum, seiner Verbindung mystischer, ockhamistischer und thomistischer Ideen wurde das Vorbild einer ausgedehnten halbpopulären, synkretistisch gestimmten theologischen Literatur, die für das ganze 15. Jh. charakteristisch ist.“ [23] Er übt scharfe Kritik an der theologischen Wissenschaft mit ihrem sophistisch-logischen Ballast, wendet sich dagegen, daß man unnütze und sterile Lehren behandelt, die heilsnotwendigen Wahrheiten aber beiseite läßt und die Heilige Schrift verachtet. Er wendet sich

[19] (II Sent. d. 26—28) *P. Vignaux,* Justification et prédestination 154 ff.; *W. Dettloff,* Die Entwicklung der Akzeptations- und Verdienstlehre 320; ECatt VI 1156 f.

[20] Prag 1348; Wien 1365; Heidelberg 1386; Köln 1388; Erfurt 1392; Leipzig 1409.

[21] *A. Lang,* Heinrich Totting v. Oyta 244.

[22] *F. Ehrle,* Der Sentenzenkommentar Peters von Candia 78.

[23] *G. Ritter,* Studien zur Spätscholastik II (Heidelberg 1922) 133.

gegen die einseitige Beschäftigung mit dem ersten Buch der Sentenzen, das dem logischen Interesse und rein formalen Theologisieren mehr Raum bot, und fordert die ungeschmälerte Behandlung des zweiten bis vierten Buches mit den Geheimnissen der Heilsgeschichte[24]. Angesichts der Not der Zeit und der Gefahr für die Seelen dürfe man sich nicht darin gefallen, zu spielen oder gar zu phantasieren über überflüssige Dinge. Man solle es nicht für zu gering achten, die ungebildeten kleinen Leute im Glauben zu unterweisen. Es ist kein Zufall, daß dieser stark auf die Praxis eingestellte Nominalist, der den Vorrang der mystischen vor der scholastischen Theologie betonte, aber auch vor den Gefahren einer verstiegenen Mystik warnte, auf dem Konstanzer Konzil sich für die Devotio moderna einsetzte.

Kennzeichnend für sein Jahrhundert ist der große Kompilator *Dionysius der Kartäuser* aus Rijkel in Belgisch-Limburg (1402/03—1471). Schon der äußere Umfang seines Werkes — die moderne Ausgabe umfaßt 44 große Bände — erweist ihn als ebenso fleißig wie wenig ursprünglich. Mit großem Eifer hat er den Ertrag der Werke der großen Philosophen, der Kirchenväter und der Scholastik zusammengetragen und der praktischen Frömmigkeit nutzbar zu machen versucht. Neben einem ausführlichen Kommentar der Heiligen Schrift (Bd 1—14) und theologischen Werken hat er eine große Zahl von Predigten (Bd 29—32) und von Traktaten (Bd 33—41) hinterlassen, die sich vor allem mit Fragen des geistlichen Lebens, der Askese und Mystik befassen. Auf diesem Gebiet hat er über seine Zeit und die Niederlande hinaus einen großen Einfluß ausgeübt. Seiner Ausbildung in Köln entsprechend und in der Art, wie er die Großen der Vorzeit ausschreibt und kommentiert, ist er der Via antiqua zuzurechnen; anderseits zeigt er auch, wie im 15. Jh. die Parteigrenzen immer mehr zerflossen.

An den Universitäten zog sich allerdings der Wegestreit durch das ganze 15. Jh. hin. In seinem Verlauf gewann die Via antiqua wieder mehr an Boden. An der 1388 gegründeten Kölner Universität z. B. waren statutengemäß beide Wege zugelassen. Zunächst dominierte aber der Nominalismus. Schon 1414 mußte die Artistenfakultät Versuche der Antiqui, die moderne Methode zu verdrängen, abwehren[25]. Bald danach haben die Anhänger der Via antiqua doch das Übergewicht bekommen. Denn 1425 ersuchen die Kurfürsten die Stadt Köln, an der Universität wieder die moderne Lehrmethode einzuführen. Thomas, Albertus und die anderen Lehrer der alten Schule seien zwar tiefsinnig, aber zu schwer für die Studenten. Unverstandenes verführe sie zu Irrtümern und Ketzereien, wie die Wirren in Prag bewiesen[26]. Die Universität lehnte diplomatisch, aber bestimmt ab und wurde unter Männern wie *Heinrich von Gorkum* († 1431) zum Wegbereiter einer

[24] Epistula secunda de reformatione theologiae ad studentes collegii Navarrici: Opera omnia, ed. *Du Pin* I (Antwerpen 1706) 123.
[25] *A. G. Weiler,* Heinrich von Gorkum 57f.
[26] *F. Ehrle* a. a. O. 355—358.

Thomas-Renaissance, die die „Summa theologiae" allmählich als Schulbuch an die Stelle der Sentenzen des Petrus Lombardus treten ließ. Über ihren Aufbau und ihre Gedankenführung gab Heinrich von Gorkum in dem 1473 gedruckten „Compendium Summae theologiae S. Thomae" eine vorzügliche Übersicht[27]. Vorübergehend kam es in Köln durch Streitigkeiten im Lager der Realisten zu einer dritten Lehrrichtung, den Albertisten. Ihr Hauptvertreter war Heymeric van de Velde (de Campo † 1460), ein Schüler des Pariser Magisters Johann de Nova Domo. Sie leugneten den Realunterschied von Wesen und Sein und vertraten eine neuplatonisch-dynamische Auffassung vom Sein[28].

Ausschließlich nominalistisch unter den deutschen Universitäten waren nur Wien (1365) und Erfurt (1392). Andere waren es ursprünglich, öffneten aber später auch den Realisten ihre Tore. In Heidelberg (1386), wo 1435, 1444 und 1451 der Realist *Johannes Wenck* († 1460) Rektor war und eine nüchterne biblische, von allen Sophismen und Erfindungen menschlichen Scharfsinns befreite Theologie forderte, dekretierte 1452 der Kurfürst von der Pfalz die Zulassung der Via antiqua und die Gleichstellung der beiden Wege. In Basel (1460) wurde diese 1464 vollzogen, in Freiburg (1457) dagegen erst 1484[29].

Wie Köln waren paritätisch die Universitäten Krakau (1364), Leipzig (1409), Greifswald (1456), Ingolstadt (1472), Tübingen (1477) und Wittenberg (1502). Wenn die artistische Fakultät nominalistisch war, dann mußte es die theologische nicht auch sein. Hier war das Schwergewicht der Tradition stärker und wirkte sich vielfach der Einfluß der an die Schule ihres Ordens gebundenen Professoren aus. Ja, „viele Lehrer, die in der Logik sich der Neuerung ergaben, blieben in der Theologie konservativ"[30]. In Paris führte der Wegestreit noch Ende des 15. Jh. zum Verbot der Nominalisten. Sie wurden durch königliches Dekret am 1. 3. 1474 von der Universität verbannt, und die Einziehung ihrer Schriften wurde angeordnet. Allerdings wurden diese Maßnahmen 1481 wieder rückgängig gemacht.

Im Laufe der Zeit spielte der ursprünglich zugrunde liegende philosophische Gegensatz in der Erkenntnislehre, vor allem in der Beantwortung des Universalienproblems, eine mehr untergeordnete und vielfach nur künstlich aufrechterhaltene Rolle. Wichtiger waren Unterschiede im Lehrstoff und in der Methode. In den nominalistisch gefärbten Fakultäten wurde mehr Wert auf die „terministische Logik" gelegt. Diese stellte im Anschluß an die in

[27] *M. Grabmann,* Hilfsmittel des Thomasstudiums aus alter Zeit: Mittelalterliches Geistesleben II (München 1956) 440—443.

[28] *G. Meersseman,* Geschichte des Albertismus, 2 Bde (Paris 1933, Rom 1935); *R. Haubst,* Studien zu Nikolaus von Kues und Johannes Wenck (Münster 1955).

[29] Vgl. *Joh. J. Bauer,* Zur Frühgeschichte der Theol. Fakultät der Univ. Freiburg (1460 bis 1620) (Freiburg 1957) 118 ff.

[30] *A. Lang* a. a. O. 159.

der Bearbeitung des Johannes Buridanus dargebotenen Summulae des Petrus Hispanus († 1277) anstelle des Urteils den Begriff in den Mittelpunkt der Betrachtung und begnügte sich bei der Textauslegung nicht mit der Darlegung des Sachinhaltes, sondern befaßte sich mehr logisch mit dem Sprachausdruck. „Nos imus ad res, de terminis non curamus" hieß ein beliebtes Schlagwort der Realisten gegen die „Terministen".

Die Via antiqua rückte den Text des Aristoteles, des Petrus Lombardus oder des Thomas von Aquin wieder mehr in den Vordergrund und begnügte sich mit seiner Auslegung bzw. Paraphrase, statt in Quästionen zum Text Spezialfragen bis in subtile Einzelheiten hinein zu erörtern. Konnte man den Moderni Spitzfindigkeit und Sucht nach Neuem um jeden Preis vorwerfen, dann den Antiqui Verzicht auf selbständige Verarbeitung der bei den „Alten" vorliegenden Gedanken und Mangel an Entwicklung eigener Ideen. Die Hinwendung zum Text und die Vereinfachung der theologischen Lehrformen hat die Via antiqua Mitte des 15. Jh. gemeinsam mit dem Humanismus und mit kirchlichen Reformbestrebungen der Zeit, etwa mit der Devotio moderna. Jedenfalls stieß der Humanismus mit seiner Kritik nicht auf eine Scholastik, die sich durch besondere Radikalität und Spitzfindigkeit der Thesen auszeichnete — in dieser Hinsicht war der Höhepunkt schon um 1350 überschritten; er stieß eher auf eine Schultheologie, die selber stöhnte „unter der Last der literarischen Tradition, die im Laufe der Jahrhunderte unübersehbare Massen von ‚Autoritäten', Meinungen und Kontroversen aufgetürmt hatte, deren ewiges Wiederkäuen, Gegenüberstellen und Verarbeiten zu neuen (und im Grunde doch alten) ‚Konklusionen' ein endloses Geschäft geworden" war[31].

42. Kapitel

Kirchenbegriff und Staatsidee in der Polemik des 14. Jahrhunderts. Der laizistische Staat bei Marsilius von Padua

QUELLEN UND LITERATUR: *M. Goldast,* Monarchia S. Romani Imperii, 3 Bde (Hannover-Frankfurt 1611/14, Neudruck Graz 1960); *S. Riezler,* Die literarischen Widersacher der Päpste zur Zeit Ludwigs des Bayern (Leipzig 1874); *R. Scholz,* Die Publizistik zur Zeit Philipps des Schönen und Bonifaz' VIII. (Stuttgart 1903); *ders.,* Unbekannte kirchenpolit. Streitschriften aus der Zeit Ludwigs des Bayern, 2 Bde (Rom 1911/14); *J. Rivière,* Le problème de l'église et de l'état au temps de Philipe le Bel (Löwen 1926); *U. Mariani,* Scrittori politici Agostiniani del secolo XIV (Florenz 1930); *O. Bornhak,* Staatskirchl. Anschauungen und Handlungen am Hofe Ludwigs des Bayern (Weimar 1933); *V. Martin,* Les origines du gallicanisme, 2 Bde (Paris 1939); *G. de Lagarde,* La naissance de l'esprit laïque au déclin du Moyen Age, 5 Bde (Löwen-Paris ³1956/63); *F. Merzbacher,* Wandlungen des Kirchenbegriffs im Spätmittelalter: ZSavRGkan 39 (1953) 274—361.

[31] *G. Ritter,* Studien zur Spätscholastik II 98.

Aegidius Romanus: De ecclesiastica sive summi pontificis potestate, hrsg. von *R. Scholz* (Weimar 1929, Neudruck Aalen 1961); besprochen bei *R. Scholz,* Publizistik 46—129, *J. Rivière,* Le problème 191—228, *G. de Lagarde,* La naissance I 230—241; *G. Santonastoco,* Il pensiero politico di Egidio Romano (Florenz 1939); *E. Moody,* Ockham and Aegidius Romanus: RStudies 9 (1949) 417—442; *R. Kuiters,* De ecclesiastica sive de summi Pontificis potestate secundum Aegidium Romanum (Rom 1948, Lit.).

Jakob von Viterbo: De regimine christiano, hrsg. von *H. X. Arquillière* (Paris 1926), besprochen bei *R. Scholz,* Publizistik 131—152, *J. Rivière,* Le problème 228—252.

Augustinus Triumphus: Verz. der WW: *D. A. Perini,* Bibliographia Augustiniana IV (Florenz 1935) 20—28; *R. Scholz,* Publizistik 172—189; *ders.,* Unbekannte Streitschriften I 191—196; II 481—490; *R. van Gerven,* De wereldlijke macht van den paus volgens A. T. in het licht van het politiek Augustinisme (Löwen 1946); *F. Merzbacher* a. a. O.; *M. J. Wilks,* Papa est nomen iurisdictionis: A. T. and the Papal Vicariate of Christ: JThS 8 (1957) 71—91; *W. Kölmel,* Einheit und Zweiheit der Gewalt im Corpus Mysticum. Zur Souveränitätslehre des Augustinus Triumphus: HJ 82 (1963) 103—147.

Marsilius von Padua: WW: Defensor pacis, hrsg. von *C. W. Previté-Orton* (Cambridge 1928); *R. Scholz:* MG Fontes iuris, 2 Bde (Hannover 1932/33); *A. Gewirth* (New-York 1956, mit engl. Übers.); *H. Kusch,* 2 Bde (Darmstadt 1958, mit dt. Übers., Lit.); Defensor minor, hrsg. von *C. K. Brampton* (Birmingham 1922); Tractatus de translatione Romani imperii: *M. Goldast,* Monarchia II 147—153; Tractatus de iurisdictione imperatoris in causis matrimonialibus: ebd. 1383—1391. — Literatur: *F. Battaglia,* Marsilio da Padova e il Defensor pacis: Rivista internazionale di filosofia del diritto 4 (Rom 1924) 398 ff; *ders.,* M. e la filosofia politica del medio evo (Florenz 1928); *J. Haller,* Zur Lebensgeschichte des Marsilius von Padua: ZKG 48 (1929) 166—199; *M. Grabmann,* Studien über den Einfluß der aristotelischen Philosophie auf die ma. Theorien über das Verhältnis von Kirche u. Staat: SAM 2 (1934) 41—60; *R. Scholz,* Marsilius und die Genesis des modernen Staatsbewußtseins: HZ 156 (1937) 88—103; *A. Checchini - N. Bobbio* (Hrsg.), Marsilio da Padova, Studi raccolti nel VI centenario della morte (Padua 1942); *A. Dordett,* Der geistl. Charakter der kirchlichen Gerichtsbarkeit (Wien 1954); *A. Gewirth,* Marsilius and Medieval Political Philosophy (New York 1951); *J. Heckel,* Marsilius und Martin Luther: ZSavRGkan 75 (1958) 268—336; *H. Segall,* Der „Defensor pacis" des Marsilius (Wiesbaden 1959); *P. Mikat:* LThK VII (^{2}1962) 108—110; *G. de Lagarde,* Marsile de Padoue et Guillaume d'Ockham: Études d'histoire du droit canonique dédiées à Gabriel Le Bras I (Paris 1965) 593—605.

Wilhelm von Ockham: WW: Opera plurima (Lyon 1494/96, Neudruck London 1962); *M. Goldast,* Monarchia I, II; *R. Scholz,* Unbekannte Streitschriften II; Guilelmi de O. opera politica, hrsg. von *J. G. Sikes* u. a., 3 Bde (Manchester 1940/56). Opus XC dierum: *M. Goldast,* Monarchia II 993—1236; *Sikes* I, II. Dialogus: *Goldast,* Monarchia II 398 bis 957 (Fortsetzung bei *R. Scholz* II 392—395); Monumenta politica Ser. I Nr. I, ed. *L. Firpo* (Nachdruck: Turin 1959); Octo quaestiones: *M. Goldast,* Monarchia II 314—391; *Sikes* I 12—221. Breviloquium de principatu tyrannico, hrsg. von *R. Scholz* (Leipzig 1944, Nachdruck Stuttgart 1952); *V. L. Baudry* (Paris 1937). De imperatorum et pontificum potestate: *R. Scholz* II 453—480; Fortsetzung *W. Mulder:* AFrH 16 (1923) 469—492, 17 (1924) 72 bis 97; hrsg. von *C. K. Brampton* (New York 1927). — Literatur: *H. Köhler,* Der Kirchenbegriff bei W. v. Ockham (Diss. Würzburg 1937); *A. Hamman,* La doctrine de l'église et de l'état d'après le Breviloquium d'Occam: FStud 32 (1950) 135—141; *W. Kölmel,* Das Naturrecht bei W. v. Ockham: FStud 35 (1953) 35—85; *ders.,* W. Ockham und seine kirchenpolitischen Schriften (Essen 1962, Lit.); *E. Jacob,* Ockham as a Political Thinker: Essays in the Conciliar Epoch (Manchester 1953) 85—105; *B. Tiérny,* Ockham, The Conciliar Theory and the Canonists: Journal of the Hist. of Ideas 16 (1954) 40—70; *ders.,* Foundations of the Conciliar Theory (Cambridge 1955); *F. Hofmann,* Der Anteil der

Minoriten am Kampf Ludwigs des Bayern gegen Johannes XXII. unter besonderer Berücksichtigung des W. v. Ockham (Diss. Münster 1959); *E. K. Brampton,* Ockham, Bonagratia and the Emperor Lewis IV: Medium aevum 31 (1962).

Die Ansprüche Bonifaz' VIII. und Johanns XXII. bezüglich der Gewalt im weltlichen Bereich waren übersteigert und nicht im Einklang mit der seit Papst Gelasius (492—496) entwickelten und noch von Innozenz III. anerkannten Zweigewaltenlehre, nach der geistliche und weltliche Gewalt voneinander unabhängig, aber aufeinander hingeordnet sind, die geistliche zwar vornehmer, aber nicht übergeordnet ist. Sie waren dazu historisch überholt, weil das Abendland reif geworden und die Zeit eines situationsbedingten Universalismus und Klerikalismus vorüber war. Noch 1286 konnte der Dominikaner Joh. Balbi von Genua († 1298) in seinem Lexikon der freien Künste den Laien als „extraneus a scientia litterarum", als literarisch Ungebildeten, definieren [1]. Inzwischen war gerade im 13. Jh. ein weitgreifender Individualisierungsprozeß in Gang gekommen, das einzelne im Allgemeinen entdeckt und ungeheure geistige, künstlerische und religiöse Kräfte frei geworden. Im Zusammenhang damit stehen das Erwachen eines selbstverantwortlichen Laientums, die Entwicklung der Städte und die Bildung von Nationalstaaten. Es ging nicht mehr allein um das Verhältnis von Kaiser und Papst, sondern von kirchlicher und weltlicher Gemeinschaft und um die Stellung des Menschen, der zugleich Gläubiger und Bürger ist, in ihnen. Die Frage war, wieweit die Kirche sich fähig erwies, den neuen Ansprüchen Raum zu geben, und ihre religiöse Substanz ausreichte, diese in die Vereinzelung und Vielheit treibenden Kräfte von der Mitte her zu binden. Mit bloßer Abwehr war es nicht getan, erst recht mußte eine Übersteigerung der eigenen Position eine gegenteilige Wirkung auslösen. Mit Feststellungen, wie sie Bonifaz VIII. im Eingang seiner Bulle „Clericis laicos" (1296) trifft: „Daß die Laien Feinde des Klerus sind, bezeugt in hohem Maße das Altertum, und auch die Erfahrungen der Gegenwart lehren es deutlich", wurde man der Wirklichkeit nicht gerecht. Es war zu befürchten, daß an sich legitime Entwicklungen, denen die Kirche nicht rechtzeitig Rechnung trug, ja denen sie entgegentrat, sich mit Gewalt Raum schafften. In diesem Sinne war die Gefangennahme Bonifaz' VIII. 1303 in Anagni, zu der der Nationalstaat und das in Nogaret und Sciarra Colonna vertretene Laientum sich verbanden, ein Fanal. Boten Päpste den politischen Kräften berechtigten Grund, ihnen wegen überholter und übersteigerter Ansprüche Widerstand zu leisten, dann lag es nahe, daß der Kampf sich bald gegen das Papsttum selbst richtete. Dieser Kampf schlug sich nicht nur literarisch nieder, sondern wurde weitgehend durch Streitschriften und umfangreiche Traktate vorbereitet und vorangetragen.

[1] Summa quae vocatur Catholicon (ed. Nürnberg 1486) fol. ee I ra.

Auf der Seite der Päpste und der Kurie führten die Polemik vor allem die Augustiner Aegidius Romanus (1243/47—1316) mit „De ecclesiastica potestate“ (1302), Jakob von Viterbo († 1308) mit „De regimine christiano“ (1302) und Augustinus Triumphus (1243—1328) mit der „Summa de potestate ecclesiastica“ (1320).

Nach *Aegidius Romanus* hat die Kirche die universale Herrschaft. Wenn sie diese in der Regel über die weltlichen Dinge nicht unmittelbar ausübt, dann ist darin keine grundsätzliche Einschränkung zu sehen. Sie könnte jederzeit auch die weltliche Herrschaft an sich ziehen[2]. Im Normalfall ist aber gemäß 2 Tim 2, 4 das Schwert nicht von der Kirche, aber für sie und nach ihrem Wink zu führen (III 11 S. 205). Außerhalb der Kirche gibt es kein Recht im vollen Sinn. Die Taufe erst macht einen zum legitimen Herrscher und Eigentümer irdischer Dinge. Kein Mensch kann einen Acker oder Weinberg oder sonst etwas mit vollem Recht besitzen ohne die Kirche (III 11 S. 201). Kurz: „Die weltliche Gewalt ist durch die kirchliche und von der Kirche und zur Erreichung der Ziele der Kirche begründet.“[3]

Die Schrift des Aegidius Romanus bekam eine weittragende Bedeutung, weil sie der Bulle „Unam Sanctam“ zur Grundlage diente. *Jakob von Viterbo* eignete sich diese maßlosen Thesen seines Ordensbruders in „De regimine christiano“ bei allem Bemühen, die Politik Bonifaz' VIII. zu rechtfertigen, nicht an. Für ihn bedarf die weltliche Gewalt zu ihrer Legitimität nicht einer Weihe durch die Kirche. Wohl wird sie durch die geistliche Gewalt geformt und vollendet[4]. Wenn jedoch die geistliche Gewalt die Form der weltlichen ist wie das Licht die Form der Farbe, dann sind auch bei Jakob von Viterbo trotz allen Bemühens, die naturrechtliche Legitimität der weltlichen Gewalt zu wahren, einseitig kurialistischen Konsequenzen die Tür geöffnet. Zudem ist zu bedenken, daß wir am Beginn des 14. Jh. stehen, wo die formale Logik eine führende Rolle bekam. Allzu großes Vertrauen in die Richtigkeit ihrer Logik verführt die beiden Augustiner wie viele ihrer Zeitgenossen dazu, bisher schon geläufige Grundsätze, die man aber im Hinblick auf die lebendige Wirklichkeit klug und behutsam angewandt hatte, bis zu „absurder Konsequenz“[5] auf die Spitze zu treiben und dann das Ergebnis des Denkens nicht mehr an der Wirklichkeit nachzuprüfen, was auch als Nominalismus, zumindest als Konzeptualismus an-

[2] De eccl. potestate l. III c. 2, ed. *R. Scholz* 149; III 4, ebd. 161—164.

[3] „Bene itaque dictum est, quod terrena potestas est per ecclesiasticam et ab ecclesiastica et in opus ecclesiasticae constituta“ (II 5, S. 59).

[4] „Institutio potestatis temporalis materialiter et inchoative habet esse a naturali hominum inclinatione, ac per hoc a Deo inquantum opus naturae est opus Dei, perfective autem et formaliter habet esse a potestate spirituali quae a Deo speciali modo derivatur. Nam gratia non tollit naturam sed perficit eam et format et similiter, id quod est gratiae non tollit id quod est naturae, sed id format et perficit“ (II 7, ed. Arquillière 232).

[5] *R. Scholz:* Einleitung zu „De eccl. potestate“ S. X; *G. de Lagarde,* La naissance I ([3]1956) 196.

zusehen ist. Solche Obersätze waren z. B. das Prinzip der Unterordnung des Unvollkommenen unter das Vollkommenere, des Leibes unter die Seele, des Zeitlichen unter das Ewige, der weltlichen Gewalt unter die geistliche und der Einheit des sozialen Lebens. Der Vergleich von weltlicher und geistlicher Gewalt mit Leib und Seele bekam nach der Entscheidung des Konzils von Vienne (1311/12), daß die Seele die einzige unmittelbare Wesensform des Leibes ist, eine ganz andere Tragweite. Denn danach würde die weltliche Gewalt erst echte Gewalt durch die geistliche. So konnte dasselbe Bild im 14. Jh. eine ganz andere Bedeutung bekommen als etwa bei Augustinus oder im 11. Jh. Aus dem „Ein Herr . . ., ein Gott . . ." (Eph 4, 5) leitet Jakob von Viterbo „unus princeps, unus principatus, unus rector, una res publica" ab[6], und Aegidius Romanus folgert: „In der streitenden Kirche darf es nur eine Quelle der Macht, nur ein Haupt geben, das die Fülle der Macht . . . und beide Schwerter besitzt, ohne die die Gewalt nicht vollständig wäre. Aus dieser Quelle leiten sich alle anderen Gewalten her . . ."[7]

Augustinus Triumphus betont in der „Summa de potestate ecclesiastica" im Gegensatz zu Aegidius Romanus die Eigenständigkeit der Naturordnung. Diese ist aber auf die Gnadenordnung hingeordnet und wird von ihr in Dienst genommen. Der Papst begründet nicht die weltliche Macht, sondern bezieht sie kraft seiner geistlichen Gewalt in die Heilswirklichkeit ein. Das kann er aber nur auf Grund der Zugehörigkeit der betreffenden Fürsten oder Bürger zur Kirche. Der Staat als solcher wird nicht Teil der Kirche, aber insofern seine Glieder zur Kirche gehören und deren Normen in ihm wirksam machen, wird er zu einem sozialen Gefüge im populus christianus. Im weltlichen Sinn hat der König niemand über sich (q. 45, 1 ad 2), wohl aber insofern seine Gewalt als christliches Regiment in die Heilsordnung eingefügt ist. Um letzteres geht es Augustinus Triumphus, und von hier sind seine papalistischen Ansprüche zu verstehen. Es geht um die „Hereinnahme der weltlichen Ordnung in die Heilswirklichkeit und (um die) ordnende Durchdringung der Welt vom Heil her"[8].

Die extreme Formulierung des kurialen Standpunktes förderte die Entwicklung der gegenteiligen Lehre von der Unabhängigkeit des Staates und seines Führungsanspruches auf die Kirche. Von den Schriften der „Legisten", d. h. derer, die die Position des französischen Königs zu stützen suchten, sind vor allem zu nennen: die „Disputatio inter clericum et militem"[9],

[6] De regimine christiano I 3, S. 118.

[7] De eccl. potestate III 2, S. 152; vgl. Bulle „Unam Sanctam": „. . . Unum caput, non duo capita, quasi monstrum . . . Uterque ergo (gladius) est in potestate ecclesiae."

[8] W. *Kölmel*, Einheit und Zweiheit der Gewalt: HJ 82 (1963) 143.

[9] Ed. *M. Goldast,* Monarchia I (Hannover 1612) 13—18; vgl. *R. Scholz,* Publizistik 333—352; *J. Rivière,* Le problème 253—262.

die Traktate „Antequam essent clerici“ [10], „Rex pacificus“ [11] und als gemäßigte Stimme die „Quaestio in utramque partem“ [12]. Die Legisten gingen ebenfalls von der Einheit der Gewalt aus und werden darin bestärkt vom römischen Recht. Die nach diesem dem Kaiser zukommende Gewalt schreiben sie dem König von Frankreich zu, der „Kaiser ist in seinem Königreich“ [13]. Diese höchste Macht des Kaisers bzw. Königs ist unveräußerlich. Deshalb ist die Konstantinische Schenkung als unecht in Frage zu stellen und sind die Steuer- und Gerichtsprivilegien des Klerus abzuschaffen. Der Klerus, der „auf Grund der Frömmigkeit der Fürsten dick und fett geworden ist“, soll seinen Lohn haben. Doch wenn die Laien ihm schon ihre Mittel zur Verfügung stellen, dann sollen sie auch kontrollieren dürfen, ob sie zweckentsprechend verwandt werden. Grundsätzlich wird festgestellt: „Die heilige Mutter Kirche besteht nicht nur aus den Klerikern, sondern auch aus den Laien.“ [14] Ist Christus etwa nicht für alle Gläubigen gestorben? Unter den Laien hat der französische König eine besondere Funktion, er ist nach Pierre Dubois „der allerchristlichste König, der Verteidiger der Kirche“ und Frankreich die „Directrix veritatis“ [15].

Hat der Papst eine indirekte Gewalt im weltlichen Bereich, dann nach Johannes von Paris († 1306), einem Vertreter der Zweigewaltenlehre, der König im geistlichen Bereich. Er kann einen unwürdigen Papst „indirekt“ exkommunizieren und ihn „per accidens“ von sich aus oder durch die Kardinäle absetzen [16].

Aus diesen Auseinandersetzungen gingen das Laientum und der Staat mit einem lebendigeren Gefühl für ihre Selbständigkeit und mit einem wachsenden Bewußtsein für ihre Rechte und Aufgaben, auch in spiritueller Hinsicht, hervor. Während die Verteidiger der Kurie vielfach in verstiegener Weise ein abstraktes System vertraten, das weder der Vergangenheit der Kirche entsprach noch ihrer Zukunft Rechnung trug, sie also die Wirklichkeit und den Kairos verfehlten, meldeten die Vertreter des Staates für diesen elementare Rechte an, wie Souveränität über Güter und Personen. Gerichtshoheit, Autonomie der Gesetzgebung und eine gewisse Kontrolle des geistigen Lebens der Nation [17]. Mögen die Einzelforderungen auch unklar

[10] Text unter falschem Titel bei *P. Dupuy,* Histoire du différend d'entre le pape Boniface VIII et Philippe le Bel (Paris 1955) 21—23.

[11] *P. Dupuy* a. a. O. 262—271; vgl. *J. Rivière* a. a. O. 135—137 262—271; *R. Scholz,* Publizistik 252—275.

[12] *M. Goldast,* Monarchia II (Frankfurt 1614) 95—107; *R. Scholz,* Publizistik 224—251.

[13] Quaestio in utramque partem, *M. Goldast,* Monarchia II 98.

[14] Antequam essent clerici, ed. *P. Dupuy,* a. a. O. 21 f.

[15] Der König sagte 1303 selbst: „Cum in talibus et similibus casibus semper directrix veritatis exstiterit regia domus nostra“; vgl. *P. Dupuy* a. a. O. 124 f; *G. de Lagarde,* La naissance I 207.

[16] De potestate regia et papali, c. 13, ed. *J. Leclercq* (Paris 1942) 214.

[17] *G. de Lagarde,* La naissance I 210.

vorgetragen und übersteigert worden sein, in ihnen steckte ein berechtigtes Anliegen, dem dazu die Zukunft gehören sollte.

Marsilius von Padua

Der Kampf der Legisten im Namen der Fürsten und Städte für die Eigenständigkeit und Unabhängigkeit der weltlichen Gewalt gegen Übergriffe der geistlichen lief nicht auf eine Trennung von Kirche und Staat im modernen Sinne hinaus, sondern auf ein Staatskirchentum, zumindest auf eine weitgehende Kontrolle des kirchlichen Lebens durch die weltliche Macht. Bis zum vollen Abbau der kirchlichen Gewalt und zur totalen Beherrschung aller Lebensgebiete, einschließlich der Kirche, durch den rein weltlich-laizistisch verstandenen, weil schließlich letzten normativen Werten entzogenen Staat führte diese Tendenz im „Defensor pacis" des Marsilius von Padua. Man nimmt an, daß Marsilius 1275/80 in Padua geboren ist und hier sein Studium begonnen hat. Das erste sichere Datum ist sein Rektorat als Magister artium von Dezember 1312 bis März 1313 an der Pariser Universität. Als Parteigänger der Ghibellinen scheint er sich seit etwa 1314 in die italienischen Parteikämpfe eingelassen zu haben, für die Cangrande della Scala und M. Visconti leistete er diplomatische Dienste. Zwischendurch bemühte er sich an der Kurie in Avignon um eine Pfründe. Seit 1320 widmete er sich in Paris wieder naturphilosophischen, medizinischen und vielleicht auch theologischen Studien. Hier trat er in Verbindung mit dem Haupt des Pariser Averroismus, mit Johannes de Janduno († 1328), der den „Defensor pacis" wohl inspirierte, den man aber nicht als Mitverfasser bezeichnen kann[18]. Dieses sein Hauptwerk schloß Marsilius Juni 1324 kurz nach der Sachsenhausener Appellation Ludwigs des Bayern ab. Diese große Denkschrift war wohl von vornherein bestimmt, bei der antipäpstlichen Aktion, zu der sich Ghibellinen, frondierende Kardinäle und Spiritualen zusammengefunden hatten, mitzuwirken[19]. Doch erst 1326, wohl gezwungen durch die Entdeckung seiner Verfasserschaft, floh Marsilius zusammen mit Johannes de Janduno nach Deutschland an den Hof Ludwigs des Bayern. Zunächst wollte dieser seine Sache anscheinend nicht mit dem Werk dieser Männer belasten, die am 3. 4. 1327 als Ketzer verurteilt werden sollten[20]. Doch auf dem Romzug des Kaisers (1327/29) waren Marsilius und sein Freund die maßgebenden Ratgeber. Ereignisse wie die Krönung des Kaisers im Namen des römischen Volkes und die Einsetzung des Gegen-

[18] Ed. *R. Scholz* LIff; *A. Gewirth,* John of Jandun and the Defensor pacis: Speculum 23 (1948) 167—172.

[19] Ed. *R. Scholz* LVII.

[20] Bulle „Licet iuxta"; MGConst. 6, 1, 265, Nr. 361.

papstes erscheinen als Verwirklichung der Grundideen des „Defensor pacis“[21]. Nach dem Zusammenbruch der Italienpolitik des Kaisers lebte Marsilius als Arzt in München. Sein Einfluß scheint hinter dem des gemäßigteren Wilhelm von Ockham und der anderen Minoriten zurückgetreten zu sein. In dieser Zeit schrieb er den „Tractatus de translatione Romani imperii“, das Gutachten über „die kaiserliche Jurisdiktion in Ehesachen“ und den „Defensor minor“ (1342). Bald danach ist sein Tod anzusetzen, denn am 10. 4. 1343 bezeichnet Clemens VI. ihn als kürzlich verstorben.

Nach dem „Defensor pacis“ ist der Friede, das Ordnungsprinzip des Staates und die Grundvoraussetzung des menschlichen Glückes, zerrüttet. Um den Ursachen dafür nachzugehen und Grundsätze für die Sicherung des Friedens anzugeben, entwickelt Marsilius seine Lehre von Staat und Gesellschaft. Er läßt sich dabei leiten von seinen Erfahrungen in den oberitalienischen Stadtstaaten, von den Schriften der französischen Legisten und von der aristotelisch-averroistischen Staatslehre. Das Grundübel ist nach ihm der Anspruch des Papstes auf die Fülle der Gewalt, auf vis coactiva über Kirche, Fürsten und Reiche; ja, daß überhaupt neben dem Staat ein weiteres Gewaltenprinzip Anspruch auf Daseinsrecht erhebt. Dagegen betont Marsilius die Einheit der Gewalt. „Die Vielheit der höchsten Regierungsgewalten ... ist Wurzel und Ursprung des Verderbens“ (II 23, 11; vgl. I 17, 1—9).

Der Staat ist der Zusammenschluß von Menschen um des befriedigenden Daseins willen („sufficienter vivere“ I 5, 5). Was der einzelne nicht vermag, das erreicht der Staat in seinen verschiedenen Ständen. Zu diesen gehört auch der Priesterstand; denn der Staat hat das irdische wie das überirdische Wohl des Menschen sicherzustellen. „Gesetzgeber oder erste und spezifische bewirkende Ursache des Gesetzes ist das Volk oder die Gesamtheit der Bürger oder deren Mehrheit“ (I 12, 3). Das Volk als „legislator humanus“ überträgt die Ausübung der Gewalt einem Herrscher (princeps). Dieser hat den Frieden, der das Wohlleben der Bürger möglich macht, zu hüten und zu sichern.

Alle andere Gewalt, somit auch die der Kirche, ist delegiert. Soweit Priester und Bischöfe Gewalt ausüben, empfangen sie sie durch den gläubigen menschlichen Gesetzgeber, d. h. aus Laienhand. Kirche ist „die Gesamtheit der Gläubigen, die an den Namen Christi glauben und ihn anrufen“ (II 2, 3). „Deswegen sind alle Christgläubigen Männer der Kirche (viri ecclesiastici) in dieser wahrsten und eigentlichsten Bedeutung und müssen so genannt werden: die Priester wie die Nichtpriester, denn alle hat Christus erworben und erlöst durch sein Blut ...; also sind Bischöfe oder Priester und Diakone nicht allein die Kirche, die die Braut Christi ist“

[21] *O. Bornhak*, Staatskirchliche Anschauungen und Handlungen am Hofe Kaiser Ludwigs des Bayern (Weimar 1933).

(II 2, 3). Das Priestertum ist eine göttliche Einrichtung. „Christus hat den Aposteln die priesterliche Gewalt gegeben, und er übergibt sie bis heute, wenn einer von ihnen durch Handauflegung seine Nachfolger bevollmächtigt“ (II 15, 3). „Diese vom Priester als Priester untrennbare Vollmacht ... diesen priesterlichen Charakter besitzen alle Priester in der gleichen Weise, und der römische Bischof oder irgendein anderer besitzt keinen umfassenderen als jeder sogenannte einfache Priester“ (II 15, 4; ebd. 15, 5 7). Die Hierarchie ist also menschlichen Rechtes, „nicht Gott unmittelbar, sondern menschlicher Wille und Geist“ (I 19, 8; II 15, 6) haben sie um der Ordnung willen geschaffen „wie die übrigen Ämter des Staates“. Der Versuch, eine besondere Würde des römischen Bischofs aus der Nachfolge Petri herzuleiten, scheitert schon an der Unmöglichkeit, seinen Aufenthalt in Rom zu beweisen (II 16, 15). Mit dem von Gott verliehenen priesterlichen Charakter ist aber noch keine eigentliche, d. h. äußere Gewalt gegeben. Bei der Beichte kann der Priester nur „erklären, wem Gott die Sünden behalten oder vergeben hat“ (II 6, 7). Er hat keine vis coactiva; denn Verstöße gegen das göttliche Gesetz werden in dieser Welt nicht gestraft (II 9, 3—10; III 2, 3), es sei denn, sie seien auch durch menschliches Gesetz verboten. Dann ist es aber Sache des Staates, den Ketzer zu verfolgen und zu exkommunizieren. Der Priester wird höchstens als Fachmann zu einem Gutachten herangezogen.

Bei Streitigkeiten in Glaubensfragen oder Unklarheiten über den Sinn einer Schriftstelle steht „einem Konzil aller Gläubigen oder ihrer Beauftragten die Entscheidung zu“ (II 18, 8). Marsilius formuliert als Glaubensregel: „Allein die göttliche oder kanonische Schrift und jede aus ihr mit Notwendigkeit gefolgerte Deutung und die durch ein allgemeines Konzil gegebene ist wahr; diese zu glauben ist für die ewige Seligkeit notwendig“ (III 2, 1). Das Konzil ist aber keine selbständige Körperschaft neben dem Staat, sondern ist in ihn sozusagen als sein Organ für bestimmte Fragen eingeordnet. Allein er, d. h. „der gläubige menschliche Gesetzgeber, oder der, der kraft Ermächtigung durch ihn regiert“, haben die Befugnis, „ein Konzil einzuberufen oder anzuordnen, geeignete Personen dazu auszuwählen und zu bestimmen und die Befolgung der Konzilsbeschlüsse anzubefehlen und die Übertreter zu bestrafen“ (II 21, 1; II 18, 8). Vom Heiligen Geist haben die Konzilsentscheidungen zwar ihre Wahrheit, „vom menschlichen Gesetzgeber aber die Autorität, die ihre Anerkennung im Bekenntnis und ihre Verbreitung durch die Priester erzwingt“ (II 19, 3). Ist „durch ein Konzil oder den gläubigen menschlichen Gesetzgeber“ ein Bischof oder eine Kirche zum Haupt und zur Führung der übrigen eingesetzt, dann kann dieser Bischof zusammen mit dem ihm vom Gesetzgeber beigegebenen Priesterkollegium im Falle der Notwendigkeit um die Einberufung eines Konzils bitten (II 22, 6).

Es gibt also keine geistliche Person und kein Kollegium, die nicht vom

Legislator humanus, d. h. von der Gesamtheit der Bürger, delegiert wären. Die häufige Formulierung „concilium generale vel fidelis legislator humanus" beweist, wie weitgehend bei Marsilius die „universitas fidelium" und die „universitas civium" sich decken und daß das Konzil keine eigene Größe ist. Die Kirche ist für Marsilius weder monarchisch durch einen Papst noch kollegial durch den Episkopat, noch demokratisch durch ein Konzil geleitet; sie ist auch nicht bloß spiritualisiert, sondern völlig abgebaut. Sie entbehrt jeglichen Charakters einer Gesellschaft und ist zur bloßen Funktion des Staates geworden. Dabei ergeben sich zwei Schwierigkeiten: für Marsilius ist der Universalstaat nicht das Ideal, nach seiner Ansicht sind in mehreren Staaten der Friede und das Gemeinwohl besser sichergestellt (vgl. z. B. II 28, 15). Wenn aber die universitas civium und die universitas fidelium sich bei ihm decken, dann muß dem Konzil, das noch als universale Einrichtung gedacht ist, doch ein Reich, das die gesamte Christenheit eint und in dem die Konzilsbeschlüsse als Gesetz gelten, entsprechen. Kann der Fürst eines Nationalstaates der „gläubige menschliche Gesetzgeber, der keinen höheren über sich kennt" [22], sein, oder ist doch ein Kaiser bzw. Weltstaat gefordert? An dieser Frage geht Marsilius vorbei. Die andere will er aber „nicht mit Stillschweigen übergehen" (II 22, 12): Wenn der gläubige menschliche Gesetzgeber die Kirche erst funktionsfähig macht, er das Konzil beruft, die Priester ernennt, für den Kult sorgt usw., wer nimmt dann diese Aufgaben wahr, wenn die Gläubigen Untertanen von ungläubigen Gesetzgebern sind? In der Zeit der Verfolgung, so hilft Marsilius sich, wurde die Kirche charismatisch geführt. Die Gläubigen fanden sich bereit, den Bischöfen, unter ihnen vor allem den römischen, die durch Gottes Liebe und vorbildliche Armut hervorragten, zu gehorchen, um die Einheit des Glaubens und den Frieden zu erhalten. Denn das war „weder durch zwingende Gewalt noch auf eine zweckmäßigere Art zu erreichen, weil der menschliche Gesetzgeber damals fast überall ungläubig war" (II 25, 3). Die Urkirche war also ein Notstand, der erst durch Konstantin abgelöst wurde.

Am 23. Oktober 1327 wurden fünf Sätze des „Defensor pacis" als ketzerisch verurteilt: 1. Christus habe durch Zahlung des Zinsgroschens seine Unterordnung unter die weltliche Gewalt bezeugen wollen. 2. Petrus habe nicht mehr Autorität als die übrigen Apostel. 3. Der Kaiser könne den Papst ein- und absetzen u. bestrafen. 4. Alle Priester seien in der Rangstufe gleich. 5. Die Priester haben keine Strafgewalt aus sich heraus, sondern nur durch Verleihung des Kaisers [23]. Trotz dieser Verurteilung wirkten das Buch und seine Ideen weiter. Ludwig der Bayer ließ sich daraus vorlesen [24] und seine Italienpolitik davon bestimmen. Doch mit den Minoriten Michael

[22] „fidelis legislator humanus superiore carens" II 19, 3, S. 386. Vgl. *R. Scholz*, Marsilius und die Genesis des modernen Staatsbewußtseins: HZ 156 (1937) 88—103, bes. 102.

[23] D (^{32}1963) Nr. 941—946.

[24] Compendium maius: *R. Scholz*, Streitschriften II 184.

von Cesena und Ockham gewann eine mäßigende Richtung am Münchener Hof an Boden. Auch die für die Unabhängigkeit des deutschen Königtums kämpfenden deutschen Juristen, wie Lupold von Bebenburg († 1363) und Konrad von Mengenberg († 1374), teilten nicht die radikalen Grundsätze des Marsilius über das Verhältnis von Kirche und Staat. In den kirchlichen Verfassungskämpfen des 15. Jh. kam der „Defensor pacis“ erneut zur Wirkung. Doch wurde der Ketzer und entschiedene Feind des Papsttums abgelehnt und seine laizistische Staatslehre nicht übernommen, wohl aber seine historische und moralische Kritik an den Mißständen in der Kirche. Das gilt von Dietrich von Niem († 1418) in seiner Schrift „De modis uniendi et reformandi ecclesiam in concilio universali“ (1410)[25] und von Nikolaus von Kues († 1464) in seiner großen Reformschrift „De Concordantia Catholica“ (1432/33)[26]. Abschließend kann man sagen, um unmittelbar zu wirken, war der „Defensor pacis“ zu radikal, indirekt hat er aber einen großen und weittragenden Einfluß gehabt.

Wilhelm von Ockham

Erst in seiner Münchener Zeit hat Wilhelm von Ockham sich mit dem Armutsstreit und dem Verhältnis von geistlicher und weltlicher Gewalt befaßt. Liegen seine philosophisch-theologischen Werke vor seiner Flucht aus Avignon (1328), dann seine 15 kirchenpolitischen Schriften[27] ausnahmslos danach. „Kaiser, schütze mich mit dem Schwert, dann will ich dich mit meiner Feder verteidigen“, soll er als Flüchtling im Gefolge Ludwigs des Bayern gesagt haben[28].

Der Papst hatte in „Quia vir reprobus“ (1329)[29] bereits abschließend zur Armutsfrage Stellung genommen, der „Defensor pacis“ war geschrieben, und auf dem Italienzug Ludwigs des Bayern waren in der Kaiserkrönung und in der Einsetzung des Gegenpapstes die entscheidenden Taten schon gesetzt, als Ockham 1333/34 in die Diskussion eingriff mit dem „Opus nonaginta dierum“, so genannt, weil er das umfangreiche Werk in 90 Tagen verfaßt haben will. Ockham konnte nur begründen und verteidigen, was faktisch schon vollzogen war. Er war ein philosophisch-theologischer Denker

[25] Vgl. *D. v. Niem,* Dialog über Union und Reform der Kirche 1410, hrsg. von *H. Heimpel* (Leipzig-Berlin); *H. Heimpel,* Studien zur Kirchen- und Reichsreform des 15. Jh. I. Eine unbekannte Schrift Dietrichs von Niem über die Berufung der Generalkonzilien (1413/14) (Heidelberg 1929); *ders.,* Dietrich von Niem (Münster 1932).

[26] *R. Scholz,* Marsilius von Padua und Deutschland: Marsilio da Padova. Studi Raccolti, hrsg. von *A. Checchini* u. a. 3—35.

[27] Nach der Zählung von R. Scholz, der den 2. und 3. Teil des „Dialogus“ eigens anführt, sind es 17; vgl. Breviloquium S. 7 Anm. 1 mit dem Hinweis auf die Editionen.

[28] *Joh. Trithemius* († 1516), De scriptoribus ecclesiasticis (Köln 1546) 233.

[29] BullFr V. nr. 820 S. 408—449.

und ist es geblieben, gewohnt, die Fragen bis in die letzten Möglichkeiten kritisch und einseitig spekulativ zu verfolgen und möglichst auf die Prinzipien und Quellen zurückzugehen. Er konnte zwar seine eigene oppositionelle Haltung und den Ansatz von der Tagespolemik her nicht verleugnen, blieb aber nicht darin stecken.

Die großen kirchenpolitischen Schriften, das „Opus nonaginta dierum" (1333/34), sein umfangreiches, aber doch Torso gebliebenes Hauptwerk „Dialogus inter magistrum et discipulum de imperatorum et pontificum potestate" (1333/38) und die „Super potestate summi pontificis octo quaestiones", bieten die Schwierigkeit, daß der Verfasser mit seiner eigenen Meinung nicht klar heraustritt, sondern die verschiedenen Parteien sprechen läßt und sich nur den Rezitator nennt. Um der Disputation willen, sozusagen als Schülerübung, kann er so die gewagtesten Thesen vortragen, ohne sich mit ihnen zu identifizieren und ohne darauf festgelegt werden zu können[30]. Zum Nachweis von Ockhams Ansicht sind diese Schriften nur mit Vorsicht zu benützen. Unmittelbarer, in der Form schärfer, dem Inhalt nach aber abgeklärter und gemäßigter hat er sich geäußert in dem „Breviloquium de principatu tyrannico super divina et humana" (1342) und dem Traktat „De imperatorum et pontificum potestate" (1347), der letzten, zusammenfassenden Darstellung seiner kirchenpolitischen Ansichten.

Wie das Gottes- und Menschenbild Ockhams ist auch seine Lehre von Staat und Kirche und ihrem Verhältnis zueinander von der Freiheit her bestimmt, von der Freiheit des einzelnen in Kirche und Staat und der Freiheit des weltlichen Herrschers gegenüber dem Papst. Das Ökonomieprinzip seiner Philosophie besagt in der Gesellschaftslehre, daß man nicht mehr Bindung und Normen gelten lassen darf, als das Gemeinwohl verlangt. Vor allem gilt es, die Freiheit zu sichern gegenüber „der Kirche von Avignon, die Irrtümer, ja offensichtliche Häresien ... hartnäckig behauptet und sich laufend der schwersten Ungerechtigkeiten gegen die Rechte und Freiheiten der Gläubigen, der Großen und Kleinen, der Laien und Kleriker ... schuldig macht"[31].

Gegen den Monismus der Kurialisten, aber auch des Marsilius von Padua vertritt Ockham eine Zweigewaltenlehre, bei der beide Gewalten sich ergänzen, ja „in wechselseitiger Abhängigkeit einander zugeordnet sind"[32].

[30] Im „Dialog" sagt der „Schüler": „neque asserendo neque dubitando aliquid sis dicturus sed solummodo recitando, sicut pro toto isto Dialogo peractum est inter nos" (*Goldast,* Monarchia II 771) oder „Nolo, ut quod tenes in mente, reveles, sed responsiones aliquas, quae cogitari vel teneri potuerint a quocunque, non differas recitare" (ebd. 504). Im „Breviloquium" bemerkt Ockham dagegen: „Porro, quia in hoc opere non tantummodo recitando, sicut in praedicto dyalogo et quibusdam aliis operibus, sed in aliqua asserendo constanter, aliqua absque assertione temeraria opinando, verborum faleras relinquendo procedam ..." (ed. *R. Scholz* 40).

[31] De imperatorum et pontificum potestate c. 1, ed. *R. Scholz* 454.

[32] W. *Kölmel,* W. Ockham und seine kirchenpolitischen Schriften 223.

Kaiser und Papst haben auch in ihrem Bereich keine Vollgewalt, die nicht, vom göttlichen Gesetz abgesehen, ihre Grenzen fände an der Freiheit des einzelnen und am Gemeinwohl. Stark betont Ockham die Eigenständigkeit der staatlichen Gewalt. Es gibt legitime weltliche Ordnung vor Christus und vor der Kirche; nicht erst durch die Taufe Konstantins wurde das Reich legitimiert, sondern schon das heidnische Römische Reich hatte wirkliche Jurisdiktion und wurde deshalb von Christus und den Aposteln anerkannt (Breviloquium IV 10; III 2). Wie das Privateigentum leitet sich auch die politische Ordnung, „die Vollmacht, Herrscher einzusetzen, die weltliche Leitungsgewalt haben", aus göttlicher Anordnung her. Nach dem Sündenfall ließ sich wie die Eigentumslosigkeit auch die Freiheit des Urzustandes nicht mehr aufrechterhalten; um des „bene et politice vivere" willen war eine Leitungsgewalt notwendig (Brev. III 7). Auch wenn diese mittels von Menschen übertragen wird, kommt sie von Gott. „Von Gott und von Natur her haben alle Sterblichen, die frei geboren sind und nicht schon kraft menschlichen Rechtes einem anderen untertan sind, das Recht, sich freiwillig einen Vorsteher zu wählen" (Brev. IV 10). Sind Völker gewaltsam unterworfen, dann wird die Herrschaft erst durch deren innere Zustimmung legitim. Wann das etwa beim Römischen Reich der Fall war, vermag Ockham nicht anzugeben. Jedenfalls gilt: „Die Gewalt, Gesetze und menschliche Rechte zu gründen, lag zuerst und ursprünglich beim Volk. Dieses übertrug sie auf den Kaiser" (Brev. III 14). Doch Übertragung der Gewalt durch die Gesamtheit der Bürger schließt nicht das Recht zur Aufkündigung der Gefolgschaft ein. Wenn auch die Herrschaft der Fürsten im Gegensatz zur ministrativen des Papstes als dominative bezeichnet wird (De potestate c. 6 u. 7), so ist sie doch nicht unbeschränkt, sie findet ihre Grenzen an den Freiheiten des Menschen, die vorstaatlicher Natur sind, und am Gemeinwohl, für das sie eingesetzt ist (Brev. II 5).

Die Kirche ist die Gemeinschaft aller Gläubigen. Für den Nominalisten, der die Relation nicht als real anerkennt und für den das Ganze nicht mehr ist als die Summe der Teile, ist die Kirche eine Vielheit von Einzelpersonen. Was darüber hinausgeht, ist ein Phantom und eine Chimäre. Genau, wie es über die dem Gesetz der Armut unterworfenen Franziskaner hinaus keinen Orden als „persona repraesentata" gibt, der ein „ius utendi" besitzt, ist es eine Fiktion, von der Kirche als Rechtsperson zu sprechen[33]. Als Gemeinschaft der Gläubigen wird sie aber nach dem Willen Christi monarchisch regiert. Er hat Petrus zu seinem Stellvertreter bestimmt. Im Gegensatz zu Marsilius von Padua billigt Ockham dem Papst wirkliche, von Christus übertragene Gewalt zu. „Christus hätte nicht genügend für die Kirche gesorgt und etwas Notwendiges versäumt" (De potestate c. 8), wenn er ihr nicht im Papst

[33] „hoc dicunt fantastice dictum: quia ordo est verae personae, sicut ecclesia est verae personae" (Opus nonaginta dierum c. 62, *Goldast* II 1108).

den Vorsteher gegeben hätte, der alles zum Seelenheil der Gläubigen Notwendige besorgen und sie leiten soll. Christus gab aber dem Petrus nicht die Fülle der Gewalt, weder im weltlichen noch im geistlichen Bereich (De potestate c. 2). Ganz klar ist, daß er ihm nicht die Vollgewalt in temporalibus gab. Denn dann hätte er ja alle zu Sklaven gemacht, und es gäbe keine „evangelische Freiheit" mehr (De potestate c. 1). Aber auch die geistliche Gewalt hat ihre Grenzen; Ockham spricht von den „alten Grenzen" (De potestate c. 15, 1), in die die Kirche von Avignon wieder zurückzuweisen sei. Der Papst darf nicht alles anordnen, was dem göttlichen Gebot und dem Naturrecht nicht widerspricht (De potestate c. 1). Er muß z. B. die rechtmäßigen Titel der Könige, der gläubigen und der ungläubigen, respektieren. Weiter darf die Freiheit nicht unnötig eingeschränkt werden. Die Vollmacht des Papstes erstreckt sich nur auf das zum Seelenheil und zur Leitung der Gläubigen Notwendige. „Alles andere, mag es auch geistlich sein, darf er nicht befehlen, damit das Gesetz des Evangeliums nicht zu einem Gesetz der Knechtschaft wird" (De potestate c. 10; Brev. II 4). Die Gewalt des Papstes ist keine der Herrschaft, sondern des Dienstes[34].

Trotz der scharfen Tendenz, den Papst in seine Grenzen zu weisen, sieht Ockham den Fall vor, daß dieser unmittelbar weltliche Aufgaben übernimmt. Im Notfall nämlich, wenn die zuständigen Stellen ausfallen oder versagen, darf und soll er sich um des Gemeinwohls willen in die weltlichen Angelegenheiten mischen[35]. Ohne den Ausdruck zu gebrauchen, vertritt Ockham damit die Lehre von der potestas indirecta in temporalibus. Wann dieser Fall eintritt, dafür gibt es keine Regel. Hier ist größte Vorsicht am Platz und der Rat erfahrener, unvoreingenommener Männer nötig (De potestate c. 13).

So hoch die Würde des Papstes als des von Christus Beauftragten ist, über ihm steht die ecclesia universalis. Sie, die nicht zu identifizieren ist mit der kontingenten Erscheinung der ecclesia Romana oder Avionica, wird niemals dem Irrtum verfallen. Aber jeder einzelne in ihr kann irren, der Papst so gut wie ein Laie. Auch ein Konzil ist davor nicht bewahrt. Diese vom Heiligen Geist geleitete irrtumsfreie ecclesia universalis könnte schließlich nur noch in einem einzelnen Menschen, einer Frau, ja in unmündigen Kindern repräsentiert sein[36]. Ockham kann demnach nicht ohne weiteres als ein Vorläufer

[34] „principatus non dominativus, sed ministrativus" (de potest. c. 6); „Papa autem est pater fidelium, et principatus eius non assimilatur principatui despotico, sed paterno; ergo non habet talem plenitudinem potestatis" (Breviloquium II 6).

[35] „In casu autem necessitatis ... quando omnes alii, ad quos spectarent, deficerent, posset et deberet temporalibus se immiscere" (De potest. c. 10; vgl. Dialogus III 1, 1 c. 16, *Goldast,* Monarchia II 785 f).

[36] „Fides etiam beati Petri, pro qua Christus rogavit, nequaquam deficeret, quia reperiretur in parvulis. Parvuli enim habent habitum fidei; ergo errante tota multitudine Christianorum usum rationis habentium, possunt salvari promissiones Christi per par-

des Konziliarismus bezeichnet werden. Er ist selbst nicht den Weg des Konzils gegangen, und in seinem Schrifttum spielt, vom „Dialogus“ abgesehen, das Konzil keine besondere Rolle. Jedenfalls kann es kein absoluter Maßstab in Glaubensfragen sein. Letzte Instanz sind die Heilige Schrift und die Vernunft. Vor ihnen haben sich Papst, Klerus und Konzil zu verantworten[37].

Hatte Ockham in seinem Traktat „De corpore Christi“ (ca. 1323) noch beteuert, sein Glaube sei der der Römischen Kirche, er wolle nichts behaupten, als sie lehre und festhalte[38], so will er im „Breviloquium“ niemandes Korrektur unterwerfen, was durch die Heilige Schrift, durch Vernunfteinsicht oder sonstwie sicher ist[39]. In seinem letzten Werk „De imperatorum et pontificum potestate“ appelliert er an die Öffentlichkeit, weil der Papst als Richter nicht mehr in Frage komme und die „Kirche von Avignon“ den größten Häresien verfallen sei. Nicht der Mehrheit will er sich beugen, sondern nur vernünftiger Einsicht und einem klaren Zeugnis der Schrift. Die Menge habe öfter geirrt, und mehr als einmal in der Kirchengeschichte sei die Wahrheit bei einem einzelnen gewesen (c. 1). Hier ist Ockham dieser einzelne. Es kann aber auch der Kaiser sein. Im Notstand der Kirche kann dieser in den geistlichen Bereich eingreifen wie der Papst in Notfällen in den weltlichen. Der Kaiser kann z. B. ein Konzil einberufen oder den Papst gar absetzen. Er kann das aber nicht kraft seines Amtes, sondern nur als gläubiges Glied der Kirche (De potestate c. 12). Denn beim Versagen der Kleriker tragen die Laien die Verantwortung für die Kirche. Zu entscheiden aber, wann sie um des Glaubens und des Gemeinwohls willen eingreifen müssen, dafür gibt es keine Instanz.

Aus eigener Autorität darf der Kaiser im Falle der Not das Kirchengut zu weltlichen Aufgaben heranziehen[40]. Ockham unterscheidet zwischen den zum Unterhalt der Kleriker notwendigen zeitlichen Gütern, die der Kirche iure divino zukommen, und dem, was darüber hinaus der Kirche iure humano, auf Grund der Freigebigkeit der Könige und Laien ad pias causas anvertraut ist zur Armen- und Fremdenfürsorge, zum Kirchenbau u. ä. Der Spender kann den Verwendungszweck bestimmen, und der Papst ist über

vulos baptizatos; ergo temerarium est asserere, quod numquam tota multitudo Christianorum usum rationis habentium contra fidem errabit“ (Dialogus I 5 c. 35; *Goldast*, Monarchia II 506). Vgl. *G. de Lagarde,* La naissance V (1963) 151.

[37] *G. de Lagarde,* La naissance V 53—86; Ockham ist weder Konziliarist, noch beherrscht das Prinzip der Volkssouveränität seine Ekklesiologie, wie *Seeberg* III (Darmstadt [5]1963) 589 behauptet.

[38] „me nihil asserturum nisi quod Romana tenet et docet ecclesia“ (Prolog); „Quicquid enim Romana ecclesia credit hoc solum et non aliud vel explicite vel implicite credo“ (cap. 1; ed. Straßburg 1491 fol. C I ra); *G. de Lagarde,* La naissance V 139.

[39] Quae autem per scripturas sacras vel per rationem evidentem aut quocumque modo sunt certa, nullius correctioni subicio“ (Prolog, ed. *R. Scholz* 40).

[40] De potestate c. 24; vgl. Traktat: An rex angliae pro succursu guerrae possit recipere bona ecclesiarum: *R. Scholz* II 432—453.

diesen nicht Herr. Andererseits kann der König über das Kirchengut, das er oder einer seiner Vorgänger gespendet hat, verfügen, ohne den Papst zu fragen. Er kann „aus eigener Vollmacht im Notfall für fromme Zwecke von den Kirchen Subsidien fordern" (De potestate c. 24). Zu diesen „piae causae" gehört nach dem Traktat „An rex angliae" auch die Landesverteidigung. Denn das Wohl des Vaterlandes steht höher als das seiner Armen. Für sie müssen nun die Kleriker die Güter der Kirche bereitstellen, wieviel mehr also für den Schutz des Vaterlandes[41]. Es ist frömmer, das Vaterland zu verteidigen als die Armen zu pflegen. Zu den Notfällen, in denen es sogar unzulässig ist, den Papst zu fragen bzw. sein Verbot zu beachten, gehören Lebensgefahr des Königs, seine Gefangennahme, die Befreiung von Gefangenen und Brückenbau[42].

Ockhams Bemühungen um eine Abgrenzung der Zuständigkeit der weltlichen und geistlichen Macht sind bemerkenswert. Mit der Betonung ihrer beiderseitigen Selbständigkeit bei gegenseitiger Hilfeleistung hätte er an sich einem sachgerechten Ausgleich vorarbeiten können. Seine polemische Situation im Kampf für die Rechte des Kaisers gegen die Kurie und die von ihm verfochtene Meinung im Armutsstreit, wonach die Kirche, dem Beispiel der Armut und Machtlosigkeit Christi nacheifernd, tunlichst auf Positionen in der Welt verzichten solle, ließen ihn jedoch die Gefahr des Staatsabsolutismus unterschätzen und die Vollmachten der weltlichen Gewalt so weit ausweiten, daß er einem Etatismus Vorschub leistete. Die Freiheit des einzelnen und der Fürsten betont er, dem Papst billigt er dagegen nicht einmal die Verteidigung der Freiheit der Kirche als Entschuldigung für sein Verhalten zu, „denn die Freiheit der Kirche wie ihre Ehre in dieser Welt sind unter die geringsten Güter zu zählen" (De potestate c. 23). „Die libertas evangelica endet in gewissem Sinne vor den Thronen der Könige im Dienst ihrer Machtausweitung." [43]

43. Kapitel

Die Spiritualenbewegung und der Armutsstreit

LITERATUR: BullFr I—V; ALKGMA II—IV; *Holzapfel; K. Balthasar,* Geschichte des Armutsstreites im Franziskanerorden (Münster 1911); *L. Oliger,* Documenta inedita ad historiam Fraticellorum spectantia (Quaracchi 1913); *ders.,* Beiträge zur Geschichte der Spiritualen, Fratizellen und Clarener im MA: ZKG 45 (1926) 215—242; *ders.,* Bonagratia de B. et eius Tractatus ... de paupertate: AFrH 22 (1929) 292—335 487—511; vgl. ebd. 23 (1930) 57—69 106—171, 32 (1939) 274—411; *ders.,* De secta spiritus libertatis in Umbria (Rom 1943); *M. Bierbaum,* Bettelorden und Weltgeistlichkeit an der Universität Pa-

[41] An rex angliae c. 8; *R. Scholz* II 444.
[42] Ebd. c. 11.
[43] *W. Kölmel,* W. Ockham und seine kirchenpolitischen Schriften 150 f.

ris (Münster 1920); *P. Gratien*, Histoire de la fondation et de l'évolution de l'ordre des Frères Mineurs au XIIIe siècle (Paris 1930); *E. Müller*, Das Konzil von Vienne (Münster 1934); *E. Benz*, Ecclesia spiritualis (Stuttgart 1934); *F. de Sessevalle*, Histoire générale de l'ordre de s. François I 1—2 (Paris 1935/37); *R. M. Huber*, A Documented History of the Franciscan Order (1182—1517) (Milwaukee 1944); *A. Léon*, Histoire de l'ordre des Frères Mineurs (Paris 1954); *E. Wagner*, Historia Constitutionum generalium OFM (Würzburg-Rom 1954); *H. S. Offler*, Meinungsverschiedenheiten am Hofe Ludwigs des Bayern: DA 11 (1954) 191—206; *K. Bosl*, Die „Geistliche Hofakademie" Kaiser Ludwigs des Bayern im alten Franziskanerkloster zu München: Der Mönch im Wappen (München 1960) 97—129; *M. D. Lamtert*, Franciscan Poverty (London 1961); *Thaddäus v. New Durham*, The Doctrine of the Franciscan Spirituels (Rom 1963); LThK[2] 974 f.

Schon zu Lebzeiten des hl. Franz hatte unter seinen Brüdern ein heißes Ringen um das Ideal der vollkommenen Armut eingesetzt. Dabei hatten sich bald die Kreise durchgesetzt, die wegen der mit der weltweiten Ausbreitung des Ordens sich ergebenden Notwendigkeiten und um einer ersprießlichen Seelsorge willen mit Hilfe päpstlicher Privilegien und Regelerklärungen das Ideal des Heiligen so weit modifizierten, daß man die besitzlose Armut tatsächlich aufgab. Innozenz IV. (1243/54) hatte 1245 das bewegliche und unbewegliche Gut der Franziskaner zum Eigentum der römischen Kirche erklärt[1] und 1247 Prokuratoren gestattet, die nach dem Willen der Brüder deren Rechtsgeschäfte abwickeln konnten, d. h. „einfordern, verkaufen, umtauschen, veräußern, handeln, ausgeben ... und für die Bedürfnisse der Brüder verwenden dürfen"[2]. War diese Entwicklung notwendig, dann war es aber verhängnisvoll und Quelle von Kritik und Unruhe, daß man offiziell am Ideal des Stifters festhielt und beanspruchte, die von Franz gewollte Armut zu leben. Der Vorwurf gegen die Brüder, ihre Armut sei eine juristische Fiktion, ließ nicht auf sich warten.

Um dieselbe Zeit, Mitte des 13. Jh., faßte der Spiritualismus Joachims von Fiore († 1202) Boden in franziskanischen Kreisen. Gerhard von Borgo († 1276) gab in seinem „Liber Introductorius" (1254) die drei Hauptschriften des kalabrischen Abtes als das „ewige Evangelium" aus, das von 1260 an vom Franziskanerorden anstelle des alten Evangeliums gepredigt werden sollte. Der Orden sei die prophezeite Geistkirche, die die besitzende Priesterkirche ablöse. Papst Alexander IV. übergab den „Introductorius" 1255 dem Feuer. Gerhard wurde eingekerkert. Aber auch sein Gegner, der Magister Wilhelm von St-Amour, der im Pariser Universitätsstreit die Bettelorden als solche angegriffen und das Betteln als moralisch verwerflich hingestellt hatte, wurde 1256 vom Papst verurteilt. Der hl. Bonaventura, von 1257 bis kurz vor seinem Tod 1274 Generalminister des Ordens, hatte somit die franziskanische Armut zu verteidigen („Quaestio de paupertate") und gleichzeitig die joachimitischen apokalyptischen Strömungen im Orden zu

[1] „Ordinem vestrum" vom 14. 11. 1245: BullFr I nr. 114 S. 401.
[2] „Quanto studiosius" vom 19. 8. 1247: BullFr I nr. 235 S. 487.

bekämpfen. Er suchte das Armutsideal zu retten und den Gebrauch der Güter möglichst einzuschränken. In seinem Sinne gab Nikolaus III. (1277 bis 1280) in der Konstitution „Exiit qui seminat“ vom 14. 8. 1279[3] eine authentische Regelerklärung. Sie stellte zwar die Heiligkeit der evangelischen Armut und die Verpflichtung zu ihrer Beobachtung auf Grund der Regel heraus, machte es aber dann mit der Unterscheidung zwischen Eigentum oder Nutznießungsrecht und einfachem Gebrauch (usus moderatus) doch möglich, daß die Franziskaner ihre Konvente und den Gebrauch ihrer Güter behielten. Damit war die strengere Richtung um so weniger zufrieden, da selbst dieses gemilderte Armutsideal von einem großen Teil nicht gehalten wurde und seit dem Tode Bonaventuras ein Niedergang der Ordenszucht sich breitmachte. So ging der Armutsstreit weiter.

Wortführer war Petrus Johannis Olivi († 1298). Strittig war nicht, ob Eigentum oder nicht, sondern der beschränkte Gebrauch der irdischen Güter, die Frage, ob ein „usus pauper“ verlangt sei und ob dieser im Ordensgelübde selbst enthalten sei. Olivi setzte sich dafür entschieden ein, und er forderte auch von den Bischöfen aus dem Orden diesen „ärmlichen Gebrauch der Dinge“. Der Verzicht auf irdischen Besitz ohne tatsächlich armes Leben sei wie eine Materie ohne Form und mache die Ordensleute verächtlich vor der Welt[4]. Olivi mußte sich auf dem Generalkapitel in Montpellier (1287) rechtfertigen. Doch um ihn bildete sich in der Provence und in Italien ein immer größerer Kreis von Armutseiferern. Diese begann man nun „Spiritualen“ zu nennen im Gegensatz zur „Kommunität“, die sich an die Verhältnisse anzupassen und auf Grund der Regelerklärungen Gregors IX. und Nikolaus' III. eine Milderung zu erreichen suchte. Letztere hatte fortan einen schweren Stand, weil man ihr alle Mißbräuche in die Schuhe schob und sie für den Verfall der Regeltreue verantwortlich machte, obwohl auch sie dagegen ankämpfte. Mit Cölestin V. (1294) glaubten die Spiritualen zum Ziele zu kommen. Er gestattete einem Kreis von ihnen, unter Angelus von Clareno und Petrus von Macerata („Liberatus“) als eigener Zweig des Ordens die Regel nach dem Testament des hl. Franz in voller Strenge zu leben. Groß war die Enttäuschung, als dieser „Engelpapst“ dem ganz anders gearteten Bonifaz VIII. Platz machte. Ubertino von Casale, der nach dem Tode Olivis (1298) der Führer der Spiritualen wurde, bezeichnete später den neuen Papst als das apokalyptische Tier, als den „mystischen Antichrist“. Bonifaz hob die von Cölestin gewährten Exemtionsprivilegien auf und setzte 1295 den spiritualenfreundlichen General Raymund Gaufridi († 1310) ab.

Der Streit im Orden ging weiter. Das harte Vorgehen der Kommunität unter dem General Gonsalvo de Valboa (1304/13) gegen die Spiritualen,

[3] BullFr III nr. 127 S. 404.

[4] Qu. 9 des Armutstraktates vom Sommer 1279, hrsg. von *F. Ehrle:* ALKGMA III (1887) 507—514, bes. 508. Ähnlich in dem Traktat „De usu paupere“: ebd. 514—517.

deren Beschuldigungen gegen ihre Verfolger und das Eintreten ihrer einflußreichen Gönner unter den Fürsten und Kardinälen für sie machten es unausweichlich, daß Clemens V. sich mit der Armutsfrage befaßte. Als Wortführer der Spiritualen an der Kurie in Avignon betonte Ubertino von Casale in seiner Denkschrift „Sanctitas vestra“ [5] vom Ende 1309, der Orden sei tief herabgesunken durch vielerlei Verstöße gegen den Wortlaut und den Geist der Regel, vor allem durch die Ansicht, der „usus pauper“ verpflichte nicht auf Grund des Armutsgelübdes. Er bittet den Papst, daß die, die in aller Strenge die Armut beobachten wollen, ungestört leben dürften, die anderen sich wenigstens genau an die päpstlichen Regelerklärungen halten müßten. Konsequent betrieb Ubertino die Trennung der Spiritualen von der Kommunität.

Diese war angesichts der für die Spiritualen günstigen Stimmung an der Kurie und des nicht unberechtigten Vorwurfes der laxen Regelbeobachtung in Bedrängnis geraten. Im Gegenangriff beschuldigte sie den schon 12 Jahre toten Petrus Johannis Olivi († 1298) der Häresie und die Spiritualen der Begünstigung seiner häretischen Sonderlehren. Diese in der Mehrzahl rein dogmatischen Fragen wollte der Papst von dem bevorstehenden Konzil behandeln lassen. So kam der Armutsstreit vor das Konzil von Vienne (1311 bis 1312). Dieses entschied am 5. Mai 1312 im allgemeinen zugunsten der strengeren Richtung. Nach der Bulle „Exivi de paradiso“ [6] verpflichten die Regelgebote unter schwerer Sünde. Vorschriften, die solchen Geboten gleichzuachten sind, führt sie einzeln auf. „Die Brüder sind kraft ihrer Profeß in jenen Dingen zu einem wirklich armen Gebrauch (ad arctos usus seu pauperes) verpflichtet, die in der Regel als solche eigens angeführt sind.“ Sie sind einzeln und als Kloster unfähig zur Erbnachfolge, dürfen keine Prozesse führen, keine Weinberge besitzen, keine Vorratshäuser errichten und sollen mit schlichten Kirchen und Klöstern zufrieden sein. Die Bulle will einen praktischen Entscheid geben. Der Versuch, die Armut der Brüder mit der dogmatischen Frage über die Tragweite der Armut Christi zu verquicken und sich gegenseitig zu verketzern, je nachdem ob man den „usus pauper“ in das Gelübde der evangelischen Armut eingeschlossen sieht oder nicht, wird ausdrücklich als „vermessen und verwegen“ bezeichnet [7]. Über die Rückkehr der Spiritualen in ihre ursprünglichen Konvente und unter den Gehorsam der Ordensoberen sagt die Bulle nichts.

Das führte zu neuen Schwierigkeiten. Der 1316 gewählte Generalminister

[5] Hrsg. von *F. Ehrle:* ALKGMA III (1887) 51—89.

[6] Vom 6. 5. 1312: BullFr V nr. 195 S. 80—86; *G. Fussenegger,* Ratio commissionis in concilio Viennensi institutae ad decretalem „Exivi de paradiso“ praeparandam: AFrH 50 (1957) 145—177.

[7] „Dicere autem, sicut aliqui asserere perhibentur, quod haereticum sit, tenere usum pauperem includi vel non includi sub voto evangelicae paupertatis, praesumptuosum et temerarium iudicamus“ (ebd. 85).

Michael von Cesena versuchte, eigenmächtige und aufsässige Spiritualen in der Toskana und der Provence mit Hilfe Johanns XXII. zur Obedienz zurückzuführen. Dieser ließ eine Reihe von ihnen nach Avignon vorladen und verbot in der Konstitution „Quorumdam exigit" vom 7. Oktober 1317[8] den Spiritualen alle Eigenmächtigkeiten. Der Gehorsam stehe über der Armut, und die Ordensoberen hätten die Entscheidung über Kleidung und Umfang der Vorräte. Halsstarrige Spiritualen wurden der Inquisition übergeben und vier von ihnen am 7. Mai 1318 in Marseille verbrannt. In weiteren Schreiben wandte sich Johann XXII. gegen die Spiritualen, die er als Fraticelli bezeichnete, und nahm ihnen u. a. ihre eigenen Klöster.

Bald sollte sich der Papst aber dem ganzen Orden gegenübersehen und gerade die Männer maßregeln, die wie Bonagratia von Bergamo und Michael von Cesena bisher gegen die Spiritualen standen. Bei diesem Konflikt, dem „theoretischen Armutsstreit", ging es um die Frage, ob Christus und die Apostel, einzeln oder gemeinsam, Eigentum besessen haben. Damit betraf der Armutsstreit in viel tieferem Maß die ganze Christenheit und bekam unmittelbare Tragweite für das im Augenblick so umstrittene Verhältnis von geistlicher und weltlicher Gewalt. Hatte Christus als Mensch auf Eigentum und auf die Ausübung von Herrschaft über Menschen und Dinge verzichtet und sich dem Cäsar untergeordnet, dann mußte das auch Konsequenzen für seinen Stellvertreter auf Erden und alle die haben, die in seinem Namen die geistliche Vollmacht ausübten. Weiter wurde strittig, ob das Privateigentum erst nach dem Sündenfall entstand oder göttlicher Anordnung von Urbeginn an entsprach.

Der Dominikaner Johannes de Belna hatte als Inquisitor in einem Prozeß gegen Begarden den Satz von der völligen Besitzlosigkeit Christi für häretisch erklärt. Hiergegen erhob der Franziskaner Berengar von Perpignan mit Berufung auf Nikolaus III. Einspruch. So kam die Frage vor das päpstliche Tribunal. Als Johann XXII. in der Bulle „Quia nonnumquam" (26. März 1322)[9] die von Nikolaus III. untersagte Diskussion über „Exiit qui seminat" freigab, fürchteten die Franziskaner, er werde die Frage im Sinne der Dominikaner entscheiden. Das Generalkapitel in Perugia unter der Leitung Michaels von Cesena griff der päpstlichen Entscheidung vor, indem es am 6. Juni 1322 in einem Rundschreiben an die ganze Christenheit erklärte, „es sei gesunde, katholische und rechtgläubige Lehre, daß Christus und die Apostel nichts zu eigen besessen" haben. Dafür beriefen sie sich auf Nikolaus III., Clemens V. und sogar auf Johann XXII. selbst. Der empörte Papst parierte zunächst durch den Verzicht auf das Eigentum an dem Besitz des Ordens und durch ein Verbot der Bestellung von Prokuratoren[10]. Der dagegen protestierende Bonagratia von Bergamo wurde ein-

[8] BullFr V nr. 289 S. 128—130. [9] BullFr V nr. 464 S. 224 f.

[10] Konstitution „Ad conditorem canonum" vom 8. 12. 1322: BullFr V nr. 486 S. 233—246.

gekerkert. In der Bulle „Cum inter nonnullos" vom 12. November 1323[11] erklärte Johann XXII., die Behauptung, Christus und die Apostel hätten weder einzeln noch gemeinsam etwas besessen, für häretisch. Der gesamte Orden war aufgebracht. Manche seiner Mitglieder erklärten den Papst für häretisch. Das war um so aufreizender, als Ludwig der Bayer diesen Vorwurf in seiner Sachsenhausener Appellation vom 22. Mai 1324[12] sich zu eigen machte. Doch die Mehrzahl der Franziskaner fand zur Loyalität zurück, und das Pfingstkapitel 1325 zu Lyon unter Michael von Cesena forderte zur Achtung vor den päpstlichen Erlassen auf. Dennoch scheint der Papst sich der Haltung des Generals nicht sicher gewesen zu sein. Er zitierte ihn 1327 nach Avignon[13] und hielt ihn, als er seinem Willen nicht gefügig war, dort fest. Am Pfingstkapitel in Bologna 1328 ließ er ihn nicht teilnehmen[14], vermochte aber dort keinen anderen Ordensgeneral durchzusetzen. In der Nacht vom 26. auf den 27. Mai 1328 gelang es Michael von Cesena mit Bonagratia von Bergamo und Wilhelm von Ockham, der sich wegen seiner philosophisch-theologischen Lehren an der Kurie zu verantworten hatte, von Avignon zu entfliehen. Sie schlossen sich in Pisa Ludwig dem Bayern an, in dessen Umgebung sich schon Marsilius von Padua befand. Ludwigs Kampf wurde so durch den Armutsstreit noch mehr ideologisch belastet[15]. Michael von Cesena predigte gegen Johann XXII. und erließ schon von Pisa aus umfangreiche und gelehrte Appellationen gegen den Papst, der ihn am 6. Juni 1328 abgesetzt[16] und mit seinen Gefährten am 20. April 1329 exkommuniziert hatte[17]. Johann XXII. nahm in der Bulle „Quia vir reprobus" (16. November 1329) abschließend gegen Michael von Cesena Stellung. Er betont, daß Christus ein dominium über die irdischen Güter gehabt habe. Das Eigentum ist den Stammeltern von Gott schon im Paradies zugeteilt und nicht erst eine menschliche Einrichtung nach dem Sündenfall. Damals habe es nur einer positiv-rechtlichen Ordnung bedurft[18]. Ein Generalkapitel zu Paris erklärte die Absetzung Michaels von Cesena für rechtmäßig und wählte in Geraldus Oddonis einen neuen General.

Gegen ihn, der vom Geldverbot und anderen Regelgeboten dispensieren wollte, und gegen die Kurie von Avignon erhob Michael von Cesena

[11] BullFr V nr. 518 S. 256—259.

[12] Text hrsg. von *J. Schwalm:* MGConst V nr. 909 S. 722—744, nr. 910 S. 745—754.

[13] „Cum pro certis" v. 8. 6. 1327: BullFr V nr. 667 S. 325f.

[14] BullFr V nr. 706 S. 343 Anm. zum Regest.

[15] *K. Bosl,* Die „Geistliche Hofakademie" Kaiser Ludwigs des Bayern im alten Franziskanerkloster zu München: Der Mönch im Wappen (München 1960) 97—129; vgl. dagegen *H. S. Offler,* Meinungsverschiedenheiten am Hofe Ludwigs des Bayern: DA 11 (1954) 193 Anm. 5.

[16] BullFr V nr. 714 S. 346—349.

[17] BullFr V nr. 786 S. 383f.

[18] BullFr V nr. 820 S. 439ff; vgl. Michaels Appellation vom 26. 3. 1330 dagegen (BullFr V nr. 820 S. 426f Anm.) und seine Briefe an den Orden vom 24. 1. 1331 (ebd. 427—438 Anm.) und 25. 3. (ebd. 497—500 Anm. 7).

(† 1342), unterstützt von Bonagratia von Bergamo († 1340) und Wilhelm von Ockham († 1349), zeit seines Lebens in zahlreichen Streitschriften[19] heftige Vorwürfe, u. a. sandte er an das Generalkapitel von Perpignan die Schrift „Literas plurium", worin er sich als rechtgläubigen Minoriten und rechtmäßigen General, Johann XXII. aber als Häretiker hinstellte. Leider sollte der Papst für diesen Vorwurf in seiner Lehre von der Gottesschau noch weiteren Stoff bieten. Das Kapitel stieß die Franziskaner am Münchener Hof aus dem Orden. Diese wurden hier immer mehr in den kirchenpolitischen Kampf gezogen und zu Vorkämpfern der laizistischen Gewalt gegen das Papsttum von Avignon. Damit wurde fast genau 100 Jahre nach der Gründung ein Teil des Franziskanerordens zur Hauptstütze des Widerstandes gegen den Heiligen Stuhl. Sie kämpften mit Recht gegen den weltlichen und unchristlichen Geist, der sich an der Kurie wie in ihrem Orden breitmachte. Ihr Kampf war aber vielfach ein Hohn auf das Ideal, das sie zu erneuern vorgaben. „Jene Männer hatten nicht die Kraft, dieses Ideal so zu verteidigen, wie Franz es getan: schweigend, duldend, im Gehorsam; sie schritten im religiösen Fanatismus zu aktiver Rebellion."[20]

Der Armutsstreit selbst, die weitere Lockerung des Armutsideals und allgemeine Mißstände in der Christenheit wie das durch den Kampf zwischen Kaiser und Papst herbeigeführte langjährige Interdikt, der 100jährige Krieg (1333—1454) und das abendländische Schisma brachten einen weiteren Niedergang des Ordens. Das Bestreben, die von der Pest (1348/52) gerissenen Lücken — es sollen zwei Drittel der Mitglieder dem Schwarzen Tod zum Opfer gefallen sein — schnellstens wieder aufzufüllen, förderte nicht gerade die Ordenszucht. Es ist aber ein Beweis für die Lebenskraft des Ordens und die Macht seines Ideals, daß sich immer wieder und in all seinen Provinzen Reformkreise bildeten, um die Schäden abzustellen. So kam es in der zweiten Hälfte des 14. und im 15. Jh. zur Observantenbewegung, die zur Spaltung des Ordens in Observanten und Konventualen führte. Während jene an der Eigentumslosigkeit auch der Gemeinschaft selbst festhielten und auf regelmäßige Einkünfte und liegende Güter verzichten wollten, nahmen diese gemeinsamen Besitz, Renten und Liegenschaften an.

Das Konzil von Konstanz (1414/18) gewährte den Observanten Frankreichs eigene Provinzvikare und einen Generalvikar. Vergeblich waren die dauernden Versuche, den Orden als ganzen zu reformieren und so seine Einheit zu retten. In Italien wirkten die Heiligen Bernhardin von Siena († 1444) und Johannes von Capestrano († 1456) in dieser Richtung. Papst Eugen IV. gab 1443 den Observanten je einen Generalvikar für ihre

[19] Vgl. die bei *M. Goldast,* Monarchia S. Romani Imperii II (Frankfurt 1614) 1236—1361 abgedruckten Schriften „Tractatus contra errores Joh. XXII." (1331); „Litterae deprecatoriae"; „Littera ad omnes fratres Ordinis" (1333).

[20] *J. Lortz,* Der unvergleichliche Heilige (Düsseldorf 1952) 24.

cismontane und ultramontane „Familie" mit eigenem Kapitel. Die Stellung dieser Generalvikare machte er 1446 auf Vorschlag von Johannes von Capestrano so weit unabhängig vom Generalminister, daß die Observanten faktisch selbständig geworden waren, wenn auch der rechtliche Zusammenhang noch aufrechterhalten blieb. Zur vollen Zweiteilung des Ordens kam es 1517, als die Observanten schon die Mehrzahl ausmachten. Leo X. schloß auf dem Generalkapitel die Konventualen von der Wahl des Generalministers aus und führte alle Zweige der Observanten zum „Ordo Fratrum Minorum (regularis observantiae)" zusammen. In der Bulle „Ite et vos in vineam" (29. Mai 1517) wurde die neue Ordnung festgelegt und am 1. Juni ein neuer Generalminister gewählt, dem der bisherige das Ordenssiegel zu übergeben hatte. Die Konventualen wählten einen eigenen General, der auf Befehl des Papstes den Namen Generalmagister führen mußte.

44. Kapitel

Die deutsche Mystik

TEXTE: *F. Pfeiffer,* Dt. Mystiker des 14. Jh., 2 Bde (Göttingen ²1906/07, Neudruck Aalen 1962); *A. Spamer,* Texte aus der dt. Mystik des 14. u. 15. Jh. (Jena 1912); *F. Schulze-Maizier,* Mystische Dichtung aus 7 Jhh. (Leipzig 1925); *O. Karrer,* Die große Glut. Textgeschichte der Mystik im MA (München 1926); *W. Oehl,* Dt. Mystikerbriefe des MA (München 1931); *W. Stammler,* Gottsuchende Seelen (München 1948); *J. Quint,* Textbuch zur Mystik des dt. MA (Eckhart, Tauler, Seuse) (Tübingen u. Halle ²1957); *H. Kunisch* (Hrsg.), Eckhart, Tauler, Seuse. Ein Textbuch aus der altdeutschen Mystik (Hamburg 1958).

LITERATUR: *Stammler-Langosch; C. Greith,* Die dt. Mystik im Predigerorden (Freiburg 1861); *Preger; H. Denifle,* Über die Anfänge der Predigtweise der dt. Mystiker: ALKGMA 2 (1886) 641—652; *J. Bernhart,* Die philos. Mystik des MA (München 1922); *J. Quint,* Mystik: RDL IV (1933) 65—88; *W. Muschg,* Die Mystik in der Schweiz 1200 bis 1500 (Frauenfeld-Leipzig 1935); *Pourrat; F.-W. Wentzlaff-Eggebert,* Dt. Mystik zwischen MA u. Neuzeit (Tübingen 1947); *H. Denifle - O. Spieß,* Die dt. Mystiker des 14. Jh. (Fribourg 1951); *E. v. Ivánka,* Apex mentis, Wanderung und Wandlung eines stoischen Terminus: ZKTh 72 (1950) 149—155; *H. Grundmann,* Religiöse Bewegungen im MA (Darmstadt ²1961); *H. Grundmann,* Die geschichtlichen Grundlagen der dt. Mystik: DVfLG 12 (1934) 400—429; *K. Ruh,* Altdeutsche Mystik: Wirkendes Wort 7 (1957) 135—146 211—231 (Forschungsbericht); *ders.* (Hrsg.), Altdeutsche u. altniederländische Mystik (Darmstadt 1964).

Mechthild von Magdeburg: Texte: *G. Morel,* Das fließende Licht der Gottheit (mhd.) (1863, Darmstadt ²1963); Teildruck nach neugefundenem Ms hrsg. von *W. Schleußner* (Mainz 1929); Revelationes Gertrudianae ac Mechtildianae II (Poitiers 1877) 435—707; *M. Schmidt* (Übers.), Das fließende Licht der Gottheit (Einsiedeln 1956). — Literatur: *Stammler-Langosch* III 323—326; *H. Stierling,* Studien zu Mechthild von Magdeburg (Diss. Göttingen 1907); *G. Lüers,* Die Sprache der dt. Mystik des MA im Werke der Mechthild von Magdeburg (München 1926); *M. S. C. Molenaar,* Die Frau vom anderen Ufer (Heidelberg 1946); *H. Neumann,* Beiträge zur Textgeschichte des „Fließenden Lichts u. zur Lebensgeschichte Mechthilds von Magdeburg: NAG 1954, Nr. 3, 28—80.

M e c h t h i l d v o n H a c k e b o r n: Texte: Revelationes Gertrudianae ac Mechtildianae II (Poitiers 1877) 1—442; *J. Müller,* Leben und Offenbarung der hl. Mechthild, 2 Bde (Regensburg 1880/81); *H. U. v. Balthasar,* Mechthild von Hackeborn. Das Buch vom strömenden Lob (Einsiedeln 1956, Lit.), niederländ. Übers.: *M. Costanza,* M. v. H. Het bock der byzondere genade (Brügge 1958). — Literatur: *Stammler-Langosch* III 321 ff; *C. Vagaggini:* Cor Jesu II (Rom 1959) 31—48.

G e r t r u d d i e G r.: Texte: Revelationes Gertrudianae I (Poitiers 1875); Exercitia spiritualia, lat.-it., hrsg. von *R. Medici* (Praglia 1924), dt. von *M. Wolter* (Saarlouis [9]1919); *P. Doyère* (Hrsg. u. Übers.), Le mémorial spirituel de Ste. Gertrude (Buch I—II des Legatus divinae pietatis) (Paris 1954); *Gertrudis Sancta,* Œuvres spirituelles. Lat. Text u. frz. Übers., hrsg. von *J. Honlier* u. *A. Schmitt* (Paris 1967). — Literatur: *G. Ledos,* Ste. Gertrude (Paris 1901, [6]1916; dt. Regensburg 1904); *A. Vollmer,* Die hl. Gertrud d. Gr. (Kevelaer 1937); *Baudot-Chaussin* IX 520—536 (Lit.); *C. Vagaggini:* Cor Jesu II (Rom 1959) 29—48.

D i e t r i c h v o n F r e i b e r g: *E. Krebs,* Meister Dietrich: BGPhMA 5 (1906) 5—6; *E. Krebs:* RNPh 18 (1911) 516—536; *J. Würschmidt* (Hrsg.), De iride: BGPhMA 12 (1914) 5; *F. Stegmüller,* Meister Dietrich von Freiberg über die Zeit u. das Sein: AHD 13 (1942) 153—221; *A. Maurer:* MS 18 (1956) 173—203; *A. Wallace,* The Scientific Methodology of Theoderic of Fr. (Fribourg 1959); *W. Eckert:* LThK[2] III 384.

M e i s t e r E c k h a r t: Texte: Dt. WW, hrsg. von *J. Quint,* I (Stuttgart 1958), V (Stuttgart 1963); Lat. WW, hrsg. von *J. Koch - E. Benz - K. Weiß* u. a., IV (Stuttgart 1956); *F. Pfeiffer,* Dt. Mystiker II (Leipzig 1857, Neudruck Aalen 1962 [= Pf]); *J. Quint* (Hrsg. u. Übers.), Meister Eckhart. Dt. Predigten u. Traktate (München 1955 [= Qu]); *E. K. Pohl* (Übers.), Meister Eckhart. Von der Geburt der Seele. Predigten u. Traktate (Gütersloh 1959). *Prozeßakten. A. Daniels (Hrsg.),* Eine lat. Rechtfertigungsschrift: BGPhMA 23 (1923) 5; *G. Théry,* Édition critique des pièces relatives au procès d'Eckhart: AHD 1 (1926) 129—268; *O. Karrer - H. Piesch,* Meister Eckharts Rechtfertigungsschrift (Erfurt 1927); *M. H. Laurent,* Autour du procès de Maître Eckhart: DTh(P) (1936) 331—348. — Literatur: *Stammler-Langosch* I 485—502, V 163—171 (Lit.); *H. Denifle,* Meister Eckharts lat. Schriften u. die Grundanschauungen seiner Lehre: ALKGMA II (1886) 417—562 672—687 (Neudruck 1956); *O. Karrer,* Meister Eckart. Das System seiner religiösen Lehre u. Lebensweisheit (München 1923); *O. Karrer,* Das Göttliche in der Seele bei Meister Eckhart (Würzburg 1928); *E. Seeberg,* Meister Eckhart (Tübingen 1934); *A. Dempf,* Meister Eckhart (Leipzig 1934, Freiburg 1960); *W. Bange,* Meister Eckharts Lehre vom göttlichen u. geschöpflichen Sein (Limburg 1937); *O. Bolza,* Meister Eckhart als Mystiker (München 1938); *H. Ebeling,* Meister Eckharts Mystik (Stuttgart 1941); *H. Piesch,* Meister Eckharts Ethik (Luzern 1935, [2]1948); *H. Hof,* Scintilla animae (Lund 1952); *K. Weiß,* Meister Eckharts Stellung innerhalb der theol. Entwicklung des Spätmittelalters (Berlin 1953); *M. Bindschedler,* Meister Eckharts Lehre von der Gerechtigkeit: Studia philosophica 13 (Basel 1953) 58—71; *B. Schmoldt,* Die dt. Begriffssprache Meister Eckharts (Heidelberg 1954); *J. Kopper,* Die Metaphysik Meister Eckharts (Saarbrücken 1955); *J. Ancelet-Hustache,* Maître Eckhart et la mystique rhénane (Paris 1956); *J. M. Clark,* Meister Eckhart (London 1957); *U. M. Nix - R. Öchslin* (Hrsg.), Meister Eckhart der Prediger (Freiburg 1960); *V. Lossky,* Théologie negative et connaissance de Dieu chez Maître E. (Paris 1960); NDB IV 295—301; DSAM IV 93—116.

J o h a n n e s T a u l e r: Texte: Echt sind nur die Predigten und von den Briefen sicher echt nur je einer an E. Schappach und M. Ebner. Drucke: Leipzig 1498; Basel 1521; Köln 1543, ed. *P. Vanisius* u. a.; *F. Vetter,* Die Predigten Taulers (Berlin 1910); *A. L. Corin,* Sermons de J. Tauler, 2 Bde (Paris 1924/29); *J. Quint,* Textbuch zur Mystik des dt. MA (Tübingen [2]1957); Übers.: *W. Lehmann,* 2 Bde (Jena [2]1923); *L. Naumann,* Predigten (Ausw.) (Leipzig 1923); *G. Hofmann,* Predigten (Freiburg 1961). — Literatur: *Stammler-Langosch* IV 375—386, V 1078; *G. Siedel,* Die Mystik Taulers (Leipzig 1911); *A. Vogt-*

Terhost, Der bildliche Ausdruck in den Predigten Taulers (Breslau 1920); *J. Zahn*, Taulers Mystik in ihrer Stellung zur Kirche: Festschrift Joh. G. v. Sachsen (Freiburg 1920) 120—146; *E. Hugueny*, La doctrine mystique de Tauler: RSPhTh 15 (1921) 194 bis 291; *D. Helander*, Johannes Tauler als Prediger (Lund 1923); *Th. Absil*, Die Gaben des Heiligen Geistes in der Mystik Taulers: ZAM 2 (1927) 254—264; *A. Korn*, Tauler als Redner (Münster 1928); *K. Grunewald*, Studien zu Johannes Taulers Frömmigkeit (Leipzig 1930); *C. Kirmsse*, Die Terminologie des Mystikers Johannes Tauler (Diss. Leipzig) (Engelsdorf 1930); *E. Holzmair*, Eckhart und Tauler (Wien 1931); *F. W. Wentzlaff-Eggebert*, Stud. zur Lebenslehre Taulers (Berlin 1940); *P. Wyser*, Der „Seelengrund" in Taulers Predigten: Lebendiges MA (Fribourg 1958) 204—311; *M. de Gandillac*, De Jean Tauler à Henri Seuse: Études Germaniques 5 (Lyon 1950) 241—256; *ders.*, Valeur du temps dans la pédagogie spirituelle de Jean Tauler (Paris 1956); *E. Filthaut* (Hrsg.), Johannes Tauler, Gedenkschrift zum 600. Todestag (Essen 1961, Lit.); *I. Weilner*, Johannes Taulers Bekehrungsweg (Regensburg 1961).

Heinrich Seuse: Texte: Büchlein der ewigen Weisheit; Büchlein der Wahrheit, Großes und Kleines Briefbuch. *K. Bihlmeyer* (Hrsg.) Heinrich Seuse, Dt. Schriften (Stuttgart 1907, Nachdruck Freiburg 1961). Neuhochdeutsch: *M. Diepenbrock* (Regensburg 1829, [4]1884); *H. S. Denifle* (München 1876/80); *N. Heller* (Heidelberg 1926); *W. Lehmann*, 2 Bde (Jena [2]1922). — Literatur: *Stammler-Langosch* IV 164—180, V 1047; *H. Lichtenberg*, Le mysticisme allemand: Revue des Cours et Conférences 18 (Paris 1909) 600—612, 19 (Paris 1910) 683—695; *A. Niklas*, Die Terminologie des Mystikers Heinrich Seuse (Diss. Königsberg 1914); *C. Heyer*, Stilgeschichtliche Stud. über Heinrich Seuses Büchlein der ewigen Weisheit (Diss. Kiel 1915); *R. Senn*, Die Echtheit der Vita Heinrich Seuses (Diss. Bern 1930); *R. Schwarz*, Das Christusbild des dt. Mystikers Heinrich Seuse (Greifswald 1934); *M. A. Fischer*, Die Heilige Schrift in den Werken des dt. Mystikers Heinrich Seuse (Speyer 1936); *D. Planzer*, Das Horologium Sapientiae des sel. Heinrich Seuse (Rom 1937); *C. Gröber*, Der Mystiker Heinrich Seuse (Freiburg 1941); *J. Bühlmann*, Christuslehre u. Christusmystik des Heinrich Seuse (Luzern 1942); *J. A. Bizet*, Henri Suso et le déclin de la scolastique (Paris 1946, Lit.); *ders.*, Suso et le Minnesang ou la morale de l'amour courtois (Paris 1947); *D. Planzer*, Henry Suso on the Spiritual Life: Cross and Crown 2 (St. Louis/Mo. 1960) 58—79; *J. Schwietering*, Zur Autorschaft von Seuses Vita: Mystik u. höfische Dichtung im Hochmittelalter (Darmstadt 1960) 107—122; *J. Ancelet-Hustache*, Le problème de l'autenticité de la vie de Suso: La Mystique Rhénane (Paris 1963) 193—205; *E. Filthaut*, Heinrich Seuse. Studien zum 600. Geburtstag (1366—1966), (Köln 1966).

Gottesfreunde: *R. Egenter*, Die Lehre von der Gottesfreundschaft in der Scholastik u. Mystik des 12. u. 13. Jh. (Augsburg 1928); *ders.*, Die Idee der Gottesfreunde im 14. Jh.: BGPhMA Suppl. III (Münster 1935) 1021—1036; *Ph. Strauch* (Hrsg.), M. Ebner und Heinrich von Nördlingen (Freiburg und Tübingen 1882); *H. Wilms* (Hrsg.), Der sel. Margarethe Ebner Offenbarungen u. Briefe (Vechta 1928); *J. Prestel* (Hrsg.), Die Offenbarungen der Margarete Ebner und Adelheid Langmann (Weimar 1939); *A. Walz*, Gottesfreunde um Margarete Ebner: HJ 72 (1953) 253—265.

Jan Ruysbroeck: WW. ed. *J. B. David*, 6 Bde (Gent 1858/68); Nach der Standard-Hs. von Groenendael hrsg. von der Ruusbroec-Gesellschaft in Antwerpen, 4 Bde (Köln [2]1950); lat. ed. von *L. Surius* (Köln 1552); frz. Übers. hrsg. von den Benediktinern von St-Paul des Wisques, 6 Bde (Brüssel 1912/38); dt. Übers.: Zierde der geistlichen Hochzeit, von *F. A. Lambert* (Leipzig 1901), *W. Verkade* (Mainz 1922), *F. Hübner* (Leipzig 1924); *J. Kuckhoff*, J. van Ruysbroeck. Einführung in sein Leben. Auswahl aus seinen Werken (München 1938). — Literatur: Jan van Ruusbroec, Leven, werken, hrsg. von der Ruusbroec-Genootschaft (Mecheln 1931, Lit.); *A. Auger*, Étude sur les mystiques des Pays-Bas au moyen-âge (Brüssel 1892); *A. Wautier d'Aygalliers*, Ruysbroeck l'Admirable

(Paris 1923); *L. Reypens,* Ruusbroec (Brüssel 1926); *ders.,* Ruusbroec-studien: OGE 12 (1938) 158—186 392—411; *M. d'Asbeck,* La mystique de Ruysbroeck l'Admirable (Paris 1930); *G. Dolezich,* Die Mystik Johannes van Ruysbroecks des Wunderbaren (Habelschwerdt 1926); *M. J. Smits van Waesberghe,* Katholieke Nederlandse Mystiek (Amsterdam 1947); *A. Ampe,* Kernproblemen uit de leer van Ruusbroec, 3 Bde (Tielt 1950/57); *P. Henry,* La mystique trinitaire du bienheureux J. Ruysbroeck: RSR 40 (1952) 335—368, 51 (1953) 51—75; *A. Combes,* Essai sur la critique de Ruysbroeck par Gerson, 3 Bde (Paris 1945/59); *St. Axters,* Geschiedenis van de vroomheid in de Nederlanden, II De eeuw van Ruusbroec (Antwerpen 1953); *F. Hermans,* R. l'Admirable et son école (Paris 1958); *B. Fraling,* Der Mensch vor dem Geheimnis Gottes (Würzburg 1967); *L. Moereels,* R. en het rel. Leven (Tielt - Den Haag 1962).

Schwesternviten: *F. Vetter* (Hrsg.), Das Leben der Schwestern zu Töß (Berlin 1906); *C. Schröder* (Hrsg.), Der Nonne von Engelthal Büchlein von der Gnadenüberlast (Tübingen 1871); Übers. von *W. Oehl* (Paderborn 1924); *M. Weinhandl* (Hrsg.), Deutsches Nonnenleben. Das Leben der Schwestern zu Töß und der Nonne von Engelthal Büchlein von der Gnaden Überlast (München 1921); *W. Blank,* Die Nonnenviten des 14. Jh. (Freiburg 1962).

Johannes Gerson: Texte: Opera omnia, ed. *L.-E. Du Pin,* 5 Bde (Antwerpen 1706); Œuvres complètes, ed. *P. Glorieux* (Paris 1960 ff); Initiation à la vie mystique, ed. *P. Pascal* (Paris 1945); De mystica theologia, ed. *A. Combes* (Lugano 1958). — Literatur: *J. L. Connolly,* Johannes Gerson, Reformer and Mystic (Löwen 1928); *J. Stelzenberger,* Die Mystik des Johannes Gerson (Breslau 1928); *W. Dress,* Die Theologie Johannes Gersons (Gütersloh 1931); *P. Glorieux,* La vie et les œuvres de Gerson: AHD 18 (1950/51) 149—192; *A. Combes,* La théologie mystique de Gerson, 2 Bde (Rom 1963/64); (vgl. Lit. S. 426).

Rulman Merswin: Texte: *F. Lauchert* (Hrsg.), Des Gottesfreundes im Oberland Buch von den zwei Mannen (Bonn 1896); *P. H. Strauch* (Hrsg.), Schriften aus der Gottesfreund-Literatur: Altdeutsche Textbibliothek Nr. 22 23 (Halle 1927), Nr. 27 (Halle 1929). — Literatur: *H. Denifle:* ZdAdL 24 (1880) 200—219 280—324 463 ff, 25 (1881) 101 ff.; RE XVII 203—227; *K. Rieder,* Der Gottesfreund vom Oberland (Innsbruck 1905); *A. Chiquot,* Histoire au légende (Straßburg - Paris 1922); *W. Oehl,* Dt. Mystikerbriefe (München 1931) 397—424; *E. Dehnhardt,* Die Metaphorik der Mystiker Meister Eckhart u. Tauler in den Schriften des Rulman Merswin (Diss. Marburg 1940); *Stammler-Langosch* III 355—368, V 682 (Lit.).

Theologia Deutsch: Ausgaben: Theologia Deutsch, hrsg. von *H. Mandel* (Leipzig 1908); *F. Pfeiffer* (Gütersloh [5]1923); Der Franckforter, hrsg. von *Willo Uhl* (Bonn 1912) (Hs. von 1497); *G. Siedel* (Gotha 1929) (Lutherdruck von 1518). Übers.: *J. Bernhart* (München 1946) u. a.; *G. Baring,* Bibliographie der Ausgaben der Theologia Deutsch (Baden-Baden 1963). — Literatur: *F. G. Lisco,* Die Heilslehre der Theologia Deutsch (Stuttgart 1857); *J. Paquiers,* Un mystique allemand du XIVe siècle (Paris 1922); *K. Müller,* Zum Text der Deutschen Theologie: ZKG 49 (1930) 306—335; *E. Schröder,* Die Überlieferung des „Franckforters", NGG NF II 2 (1937) 49—65; RE XIX 626—631, XXIV 561—563; *R. Haubst:* Scholastik 33 (1958) 375—398.

In der Scholastik des 13. Jh. hatte sich die spekulativ-diskursive Theologie durchgesetzt, die Bernhard von Clairvaux bei Petrus Abälard noch als Wissensstolz (stultilogia) glaubte bekämpfen zu müssen. Trotzdem war der Strom der von Bernhard vertretenen Theologie der praktischen Aneignung und betenden Verwirklichung (théologie monastique) nie abgerissen[1]. Auch

[1] Vgl. *J. Leclercq,* Wissenschaft und Gottverlangen. Zur Mönchstheologie des MA (Düsseldorf 1963)

war neben und in der aristotelisch geprägten Denkrichtung der Neuplatonismus wirksam geblieben. Zeichen für seinen verstärkten Einfluß am Ende des 13. Jh. ist die Übersetzung der „Institutio theologica" des Proklos († 485) durch Wilhelm von Moerbecke aus dem Jahre 1264 [2].

Dazu brachte die zunehmende Mündigkeit der Laien einen großen Bildungshunger und ein religiöses Interesse mit, dem auf reichere und tiefere Weise entsprochen werden mußte. Vor allem verlangten die infolge der Kreuzzüge, anderer Kriege und Seuchen verwitweten oder ehelosen Frauen nach religiös-theologischer Unterweisung. Zahlreich waren im 13. Jh. die Gründungen von Frauenklöstern vor allem der Dominikanerinnen. In Straßburg allein waren es sieben. Erlasse des Papstes Clemens IV. von 1267 und des deutschen Provinzials Hermann von Minden 1286/87 übertrugen den Dominikanern, besonders den Lektoren und Magistern [3], die Seelsorge in den Frauenkonventen des Ordens. Damit war eine mehr praktische, die Geistigkeit des Herzens pflegende und zur Vereinigung mit Gott unmittelbar hinführende Theologie gerufen. Diese bediente sich naturgemäß der deutschen Sprache. Voraussetzung für das Entstehen der deutschen Mystik war somit die „Verknüpfung von dominikanischer Theologie und Seelsorge, volkssprachlicher Predigt, weiblicher Frömmigkeit und der besonderen Stellung Deutschlands in den religiösen Bewegungen des 13. und 14. Jh." [4]. Sie bietet sich dar als Lehre von der Gotteserfahrung in der Seele, als Wegweisung dorthin und als Zeugnis vom mystischen Erlebnis selbst. Wir dürfen den mit „Mystiker" gemeinten Personenkreis nicht zu eng nehmen und im 14. Jh. unter sie nicht nur rechnen, wem außerordentliche Gaben und Gesichte zuteil wurden, sondern alle, die in der Volkssprache über Frömmigkeit geschrieben haben.

Der Dominikaner Heinrich von Halle sammelte seit 1250 die Aufzeichnungen der *Mechthild von Magdeburg* (ca. 1212/94 bzw. 85), die nach einem mehr als dreißigjährigen Bußleben als Begine ihren Lebensabend im Zisterzienserkloster Helfta verbrachte. Diese Sammlung, „Das fließende Licht der Gottheit", ist das erste große deutsch geschriebene mystische Werk. Sein niederdeutsches Original ist verschollen und nur in einer freien lateinischen Übersetzung und in der oberdeutschen Fassung des Heinrich von Nördlingen († nach 1379) auf uns gekommen. In kühnen, dabei innigen und vom Minnegesang bestimmten Bildern schaut Mechthild in ihren Betrachtungen, Sprüchen und Versen die Geburt der Seele jenseits aller Welt

[2] Vgl. *Grabmann* MGL II, 413—423.

[3] Text bei *H. Denifle:* ALKGMA II 649 f, der nach *H. Chr. Scheeben* (Zur Biographie Johannes Taulers: Johannes Tauler, Gedenkschrift zum 600. Todestag, hrsg. von *E. Filthaut* [Essen 1961] 25 f) aber das „fratres docti" im Erlaß Hermanns von Minden zu eng versteht. Es gehe nicht um Magister und Lektoren, nicht einmal um wissenschaftlich Gebildete, sondern um tüchtige und erfahrene Prediger.

[4] *H. Grundmann,* Religiöse Bewegungen im MA (Darmstadt ²1961) 527.

und Zeit aus Gott dem Vater. Die übernatürliche Gottesgemeinschaft ist so das Lebenselement, die wahre „Natur" der Seele (I 44). Christus ist der ihr zugedachte Bräutigam, dem sie sich ohne Verhüllung und Vorbehalt hingibt, und der Heilige Geist der „verschwenderische Ausfluß des Vaters und des Sohnes" (VI 32), „Der selige fließende Minnebronn" (VII 24). Die im fließenden Licht göttlicher Gnade lebende Seele übersteigt ihre Grenze, gehört der Christenheit und der Welt, lebt und leidet für sie. Im Unterschied zur neuplatonischen Formel der via purgativa — via illuminativa — via unitiva erfüllt sich für Mechthild die Minne in dieser Erdenzeit im Leiden, in der leidenden Sehnsucht, ja im Abstieg mit Christus zur Hölle. „Es ist die Natur der Minne, daß sie zuerst in Süßigkeit fließt, dann wird sie reich in der Erkenntnis, und zum dritten wird sie verlangend und gierig nach Verworfensein" (VI 20).

In Helfta standen unter dem Einfluß Mechthilds von Magdeburg: *Mechthild von Hackeborn* (1241/99; Liber specialis gratiae) und *Gertrud die Große* (1256—1302; Legatus divinae pietatis; Exercitia spiritualia). Die deutsch und lateinisch niedergeschriebenen Visionen Gertruds d. Gr. haben im Anschluß an die Liturgie vornehmlich die Eucharistie und das heilige Herz Jesu zum Gegenstand. Sie gilt als Heroldin der Herz-Jesu-Verehrung im Mittelalter.

In Italien wurde *Angela von Foligno* (1249—1309), die als Tertiarin des hl. Franziskus ein strenges Bußleben in Armut und Gebet führte, mystischer Erlebnisse teilhaftig, die ihr Beichtvater im „Memorial" nach ihrem Diktat niederschrieb.

Unter den Dominikanern, die das Geistesgut der Scholastik mit stark neuplatonischen Elementen für die mystische Frömmigkeit fruchtbar machten und es an die Klosterfrauen vermittelten, ist neben Johannes und Gerhard Sterngassen[5] und Ulrich von Straßburg († 1277; „De summo bono") vor allem *Dietrich von Freiberg* († nach 1310) zu nennen. Seine von den Zeitgenossen gerühmten mystischen Predigten sind allerdings nicht erhalten, wohl Traktate zur Metaphysik und Naturphilosophie. Er betont die große Bedeutung der Erfahrung für das Naturwissen, schrieb z. B.: „De iride et radialibus impressionibus" mit einer Erklärung des Regenbogens, steht aber sonst im Banne des Neuplatonismus. Die Emanatio deutet er als Schöpfung. Ihr entspricht die Reversio zum Einen. Den intellectus agens setzt er gleich mit der augustinischen memoria interior, dem abditum mentis, dem Seelengrund, dem Herz der Seele, dem Gottförmigen im Menschen, in dem die Wahrheit gegenwärtig ist. Dietrich von Freiberg übte großen Einfluß auf Meister Eckhart, Berthold von Moosburg und Johannes Tauler aus.

[5] *Grabmann* MGL I 392—404; *N. Appel*, Gerhard von Sterngassen und sein Pratum animarum (Diss. theol. Bonn 1934).

Meister Eckhart

Meister Eckhart ist der bedeutendste und kühnste Vertreter der spekulativen deutschen Mystik, deutsch wegen der Gemütstiefe seiner Gedanken, wegen der Radikalität, ja Maßlosigkeit, mit denen er sie bis ins Paradox zu Ende zu denken sucht, und wegen der Sprachkraft, mit der er ihnen in deutscher Sprache Ausdruck zu geben weiß. Um 1260 zu Hochheim in Thüringen geboren, wurde er Dominikaner und nach dem Studium in Köln und Paris schon in jungen Jahren Prior in Erfurt und Vikar des Provinzials Dietrich von Freiberg für Thüringen. Als solcher hielt er jungen Ordensleuten die „Reden der Unterscheidung". Darin gibt er die Kriterien der echten Frömmigkeit und leitet er an, im Gehorsam „sich seiner selbst gänzlich für Gott zu entäußern". Damit klingt schon der Grundton der späteren Predigten an: die Abgeschiedenheit als Voraussetzung der Gottesgemeinschaft. In Paris wurde er 1302 Magister der Theologie und nach der Teilung der Teutonia Provinzial der neuen sächsischen Provinz (1303/11) mit 47 Konventen und über 70 Frauenklöstern. Dazu wurde er 1307 Generalvikar der böhmischen Provinz. Unter Kassierung der Wahl Eckharts zum Provinzial der süddeutschen Provinz schickte ihn der General für die Studienjahre 1311/12 und 1312/13 als Magister nach Paris. Seit 1314 finden wir ihn in Straßburg, von wo er bis 1322 Frauenklöster im Elsaß und in der Schweiz seelsorglich betreute. Die letzten ca. 5 Lebensjahre war er Leiter des Studiums in Köln und eifriger Prediger.

Nachschriften seiner deutschen Predigten lieferten das Material, auf Grund dessen der Erzbischof Heinrich von Virneburg 1326 ein Verfahren wegen Verbreitung irriger Lehren einleitete. Eckhart erklärte das erzbischöfliche Gericht für ihn, den Dominikaner und Magister, als nicht zuständig (26. 9. 1326), nahm aber dennoch in einer „Rechtfertigungsschrift" zur Anklage Stellung. Er beteuerte am 13. Februar 1327 in der Dominikanerkirche seine Rechtgläubigkeit und seine Bereitschaft, ihm nachgewiesene Irrtümer zu widerrufen. Trotz der Ablehnung von Eckharts Appellation (22. 2. 1327) wurde sein Prozeß nach Avignon überwiesen. Dort hat er selbst seine Sache vertreten. Aber erst nach seinem Tode (vor 30. 4. 1328) wurden in der Bulle Johanns XXII, „In agro dominico" vom 27. 3. 1329 15 + 2 Sätze als häretisch und 11 als verdächtig verurteilt (D 950—980).

Von dem geplanten „Opus tripartitum" hat er nur den dritten Teil ausgeführt: Bibelauslegungen (Genesis, Exodus, Liber Sapientiae, Johannesevangelium: Lat. WW I—III) und Sermones zu Bibeltexten (IV). Umstrittener, aber auch wirksamer wurden seine deutschen Schriften: „Reden der Unterscheidung", „Buch der göttlichen Tröstungen" mit der Predigt „Von dem edeln Menschen" und ca. 160 Predigten, die nur in Nachschriften überliefert und schwer restlos als echt nachweisbar sind.

In großartiger Einseitigkeit wiederholt Eckhart wenige Grundgedanken von Gott als dem Grund allen Seins, von der Geburt des Sohnes durch den göttlichen Vater im Seelenfunken und von der Abgeschiedenheit der Seele, damit sie Gottes trächtig werden kann. „Wenn ich predige, so pflege ich zu sprechen: Erstens von der Abgeschiedenheit, und daß der Mensch ledig werde seiner selbst und aller Dinge; zweitens, daß man wieder eingebildet werde in das eine Gut, das Gott ist; drittens, daß man gedenke der großen Edelkeit, die Gott in der Seele angelegt, auf daß der Mensch dadurch ins wunderbare Leben Gottes komme; viertens von der Lauterkeit göttlicher Natur" (Pf 91). Ausgehend von den Schriftworten „Ich bin, der ich bin" (Ex 3, 14) und „Im Anfang war das Wort" (Jo 1, 1), betont Eckhart das Erkennen als den Seinsgrund Gottes. Sofern das Sein dem göttlichen Erkennen folgt, ist Gott etwas Höheres als das Sein. „Und deshalb liegt alles, was immer in Gott ist, über dem Sein selbst und ist ganz Erkennen" (Lat. WW V 44). So kann Eckhart sagen, „daß in Gott kein Seiendes noch ein Sein ist", weil er die Ursache allen Seins ist. „Gott kommt also nicht das Sein zu, es sei denn, Du wolltest eine solche Lauterkeit Sein nennen." Das, was dieses alles Sein tragende und umfassende Erkennen erkennt, ist sein Selbst, das der Vater in seinem Wort, dem Sohn, schaut und ausspricht. Zugleich erfaßt er darin aber auch alle Weisen, in denen Geschöpfe sein Wesen abbilden können. „Der Vater erkennt nichts als dieses selbe Wort und sich selbst und die ganze göttliche Natur und alle Dinge in diesem selben Wort, und alles, was er darin erkennt, das ist dem Worte gleich und ist dasselbe Wort naturhaft in der Wahrheit" (Pf 290; Qu 25).

Eckhart bemüht sich so, die Überweltlichkeit Gottes sicherzustellen und gleichzeitig sein Innesein in der Welt deutlich zu machen. Die Geschöpfe ruft Gott aus dem Nichts zu sich; so erhalten und haben sie Sein in ihm und nur in dauernder Rückbeziehung auf ihn. Weil ihr Sein von der Gegenwart Gottes abhängt, sind sie, auf sich gestellt, nichts. In Übersteigerung kann so Eckhart sagen: Alle Kreaturen „sind ein reines Nichts" (Dt. WW I 80). Hängt aber das Sein der Geschöpfe an der Gegenwart Gottes, dann muß ein Berührungspunkt mit ihm gegeben sein. Dieser liegt beim Menschen in der Tiefe der begnadeten Geistseele, im Seelengrund. Hier ist der Mensch nicht nur für Gottes Wirken, sondern für Gott selbst empfänglich. „Ich habe eine Kraft in meiner Seele, die Gottes gar und gar empfänglich ist" (Qu 323). „Gott ist in allen Dingen; aber ... nirgends so eigentlich wie ... im Innersten der Seele und im Höchsten der Seele" (Qu 356). „Sie ist die Burg, die Jesus betritt, zwar mehr nach dem Sein als nach dem Wirken: indem er der Seele ein göttliches, gottförmiges Sein verleiht durch die Gnade, die sich auf das Wesen und Sein richtet nach dem Wort: Durch die Gnade Gottes bin ich, was ich bin."[6] „Gott hat keine eigentlichere Stätte als ein reines Herz und eine reine Seele; dort gebiert der Vater seinen Sohn, wie er ihn

[6] Rechtfertigungsschrift ed. *A. Daniels* 60; *O. Karrer - H. Piesch* 129; *G. Théry* 258.

in Ewigkeit gebiert, nicht mehr und nicht weniger" (Qu 175). Damit ist dem Menschen die Aufgabe gestellt: „Gottes Sohn von Gnaden" zu werden[7]. „Gottes Bild, Gottes Sohn ist in der Seele wie ein lebendiger Brunnen." Dieser muß von allen verdeckenden Schichten frei gemacht werden. Der Mensch muß sich von allem trennen, was nicht Gott ist, vor allem vom eigenen Willen. „Das ist rein, was von allen Kreaturen abgesondert und geschieden ist, denn alle Kreaturen beflecken, weil sie ein Nichts sind" (Qu 175). Mensch ist der, „der sich mit allem, was er ist und was sein ist, unter Gott beugt und fügt und aufwärts Gott anschaut" (Qu 145). Gemäß dem Evangelium (Mk 8, 35 u. a.) muß der Mensch die Demut, die Armut, die Gelassenheit, die Abgeschiedenheit, die Entwerdung üben, um für die Gottesbegegnung im Seelengrund frei zu werden. Er muß aus der Zerstreuung in die Sammlung, aus der Vielfalt in die Einheit. „Darum sage ich: Wenn sich der Mensch abkehrt von sich selbst und von allen geschaffenen Dingen — soweit du das tust, so weit wirst du geeint und beseligt in dem Fünklein der Seele, das weder Zeit noch Raum je berührte. Dieser Funke widersagt allen Kreaturen und will nichts als Gott, unverhüllt, wie er in sich selber ist" (Qu 315 f).

Obwohl die unio mystica im Seelengrund das Höchste ist, was der Mensch erreichen kann, darf er doch nicht dabei stehenbleiben. Zwar kann kein Geschöpf des Menschen Seligkeit und Vollkommenheit sein, weshalb er sich vom endlichen Sein distanzieren muß, um sich von Gott ergreifen zu lassen. Ist aber der Mensch einmal Gottes innegeworden, dann kann er Mitmenschen und Dinge recht erkennen und lieben. Ja, wer mit Gott innerlichst verbunden ist, „mit wem es recht steht", der findet Gott in allen Dingen und Verrichtungen. „Ein solcher Mensch trägt Gott in all seinen Werken und an allen Stätten" (Qu 59). „Wer Gott so, im Sein, hat, der nimmt Gott göttlich und dem leuchtet er in allen Dingen; denn alle Dinge schmecken ihm nach Gott, und Gottes Bild wird ihm aus allen Dingen sichtbar" (Qu 60). Die Jungfräulichkeit muß sich erfüllen in der Fruchtbarkeit des Weibes. „Daß der Mensch Gott in sich empfängt, das ist gut, und in dieser Empfänglichkeit ist er Jungfrau; daß aber Gott in ihm fruchtbar werde, das ist besser: denn fruchtbar werden der Gabe, das allein ist Dankbarkeit für die Gabe, und da ist der Geist in der wiedergebärenden Dankbarkeit . . ." (Dt. WW I 27). Beschauliches und wirkendes Leben fordern damit einander. Maria zu Füßen des Herrn stand erst am Anfang. „Denn als sie (noch) zu Füßen unseres Herrn saß, da war sie (noch) nicht (die wahre) Maria: wohl war sie's dem Namen nach, sie war's aber (noch) nicht in ihrem Sein; denn sie saß (noch) im Wohlgefühl und süßer Empfindung und war in die Schule genommen und lernte (erst) leben. Martha aber stand ganz wesenhaft da" (Qu 288).

„Wäre der Mensch so in Verzückung, wie's St. Paulus war, und wüßte

[7] Buch der göttlichen Tröstung, Dt. WW V 37 f.

einen kranken Menschen, der eines Süppleins von ihm bedürfte, ich erachte es für weit besser, du ließest aus Liebe von der Verzückung ab und dientest dem Bedürftigen in größerer Liebe" (Qu 67).

Die verurteilten Sätze aus dem Schrifttum Meister Eckharts, soweit sie seine Aussprüche sinngemäß wiedergeben, lassen sich im Zusammenhang seiner Lehre als rechtgläubig erweisen. Wir müssen auch die Not des Mystikers berücksichtigen, der subtile Erkenntnisse und Erfahrungen des geistlichen Lebens in menschlicher Sprache, zumal in einer hierfür kaum entwickelten Volkssprache, ausdrücken soll. Der Vorwurf, „zahlreiche Lehrsätze vorgetragen zu haben, die den wahren Glauben in vielen Herzen vernebeln, die er hauptsächlich vor dem einfachen Volke in seinen Predigten lehrte und die er auch in Schriften niedergelegt hat" [8], trifft ihn doch nicht ganz zu Unrecht. Schuld daran war sein grenzenloser, immer wieder zu Übersteigerungen und Paradoxen greifender Ausdruckswille, der in adeliger Einsamkeit auf die vielen, die ihn nicht verstanden, ja ihn mißverstehen mußten, nicht glaubte Rücksicht nehmen zu müssen. „Ist aber jemand, der dieses Wort unrecht versteht, was kann der Mensch dafür, der dieses Wort, das recht ist, recht äußert?" (Qu 139.) Doch wenn die Wahrheit in Liebe zu sagen ist (Eph 4, 15), muß der Theologe, besonders der Prediger, sich von pastoraler Rücksicht leiten lassen. Bedenklich ist auch, wie Eckhart bei seiner Logosspekulation den historischen Christus aus dem Auge verliert, den Wortsinn der Heiligen Schrift nicht zur Richtschnur nimmt und Kirche wie Sakramente bei ihm zwar nicht geleugnet werden, aber auch nicht gebührend zur Geltung kommen. Zur selben Zeit hatte die Kirche die Verstiegenheiten der Nominalisten zurückzuweisen. Für die Gefährdung der damaligen Theologie ist es bezeichnend, wenn Wilhelm von Ockham, der gleichzeitig mit Eckhart sich vor dem päpstlichen Gericht in Avignon zu verantworten hatte, seinerseits die Ansichten des Dominikaners absurd fand [9].

Johannes Tauler

Die bedeutendsten Schüler Meister Eckharts sind *Johannes Tauler* (ca. 1300 bis 1361) und *Heinrich Seuse* (1295—1366). Sie suchten unter Vermeidung gewagter Formulierungen die Rechtgläubigkeit von Eckharts Gedankengut deutlich zu machen und dessen Mißbrauch durch Schwarmgeister zu wehren.

Daß Johannes Tauler zugleich mit Seuse 1325/29 in Köln die Vorlesungen von Meister Eckhart und Nikolaus von Straßburg gehört hat, wird von den Quellen nicht bestätigt. Im Gegenteil, Tauler ist wohl nie Lektor gewesen, und so ist es unwahrscheinlich, daß er das Studium generale in Köln besucht

[8] Johann XXII. „In agro dominico": ALKGMA II (1886) 636.

[9] Dialogus III 2, 2 c. 8, ed. *M. Goldast*, Monarchia Sacri imperii II (Frankfurt 1614) 909.

hat[10]. Er wird in Straßburg oder sonstwo in Süddeutschland studiert haben. Eckhart konnte er kennen aus seinen Schriften, die ihm 1339 in Köln oder auch in Straßburg zugänglich waren. Vielleicht ist er dem Meister auch persönlich begegnet, als dieser in Wahrnehmung seiner Ordensfunktionen am Oberrhein weilte. Tauler wirkte seit 1330 als Prediger in seiner Heimatstadt Straßburg. Diese stand in dem Streit zwischen Ludwig dem Bayern und Johann XXII. auf der Seite des Kaisers und war deshalb 1329/53 mit dem Interdikt belegt. Als der Konflikt sich zuspitzte und Ludwig der Bayer öffentliche Gottesdienste abzuhalten befahl, wich Tauler mit seinem Konvent 1338/39 nach Basel aus. Hier hatte er Verbindung mit Heinrich von Nördlingen und den „Gottesfreunden". Mehrfach (1339 u. 1346) weilte er in Köln. Mit seinem Konvent wird er 1342 von Basel nach Straßburg zurückgekehrt sein, wo fortan der Schwerpunkt seiner Tätigkeit als Volksprediger und als Seelsorger für Nonnen und Beginen war. Er starb am 16. Juni 1361 in Straßburg.

Eine textkritische Ausgabe von Taulers Werken fehlt bis heute. Unbestritten echt sind nur seine deutschen Predigten, und zwar ca. 80 von den ihm zugeschriebenen 144. Seine Mystik beruht auf der Spekulation Eckharts, sie ist aber mehr ethisch-psychologisch orientiert, sehr viel praktischer auf die Bewältigung des Alltags ausgerichtet und stellt die Bemühung des Willens in der Via purgativa stärker in den Vordergrund. Bei Tauler ist die Gottesgeburt nicht so sehr Teilnahme am göttlichen Erkennen, sondern Angleichung an den göttlichen Willen nach dem Beispiel des Leidens und des Lebens Christi. Der praktische Mystiker, der Seelsorger und Lebemeister Tauler fand mit seinen Predigten in den Kreisen der „Gottesfreunde" begeisterte Zuhörer. „Wißt, es gibt manche Frau in der Welt, die Mann und Kinder hat, und mancher Mann stellt Schuhe her, und sie suchen Gott (indem sie arbeiten) und versuchen dadurch sich und ihre Kinder zu ernähren. Und mancher arme Mensch im Dorf fährt Mist und gewinnt sein bißchen Brot in harter, saurer Arbeit. Und es kann wohl sein, daß diese alle hundertmal besser fahren, indem sie in schlichter Weise dem Ruf (Gottes) folgen ... Diese Menschen leben in der Furcht Gottes in ihrer Armut, demütig, und folgen in Schlichtheit dem Ruf ... Der höchste und oberste Weg des Rufes (Gottes) besteht darin, dem liebevollen Vorbild seines über alles geliebten Sohnes nach außen und innen zu folgen, in wirkender und in leidender Weise, mit Hilfe der Bilder oder in der Beschauung jenseits aller Bilder. Und wer diesem (Vorbild) ganz lauter und gänzlich nachfolgt, der wird das alleroberste und allerhöchste Ziel erreichen." [11]

Wiederholt mahnt Tauler, die Beschauung in tätiger Liebe wirksam

[10] *H. Chr. Scheeben* hält „es für ausgeschlossen, daß er in Köln studiert hat" (Zur Biographie Taulers S. 23).

[11] Ed. *F. Vetter,* Predigt Nr. 53 S. 243; *G. Hofman* Nr. 65 S. 507.

werden zu lassen. Die vita activa ist also nicht lediglich eine Vorstufe der vita contemplativa, sondern ebenso deren Frucht. „Wisset, wäre ich nicht Priester und lebte nicht in einem Orden, ich hielte es für ein großes Ding, Schuhe machen zu können, und ich wollte es besser machen als alles andere und wollte gerne mein Brot mit meinen Händen verdienen ... Ich kenne einen der allerhöchsten Freunde Gottes: der ist all seine Tage ein Ackersmann gewesen, mehr denn vierzig Jahre, und ist es heute noch. Der fragte einst unseren Herrn, ob er seine Arbeit drangeben und zur Kirche gehen sollte. Da sprach dieser: Nein, das solle er nicht tun; er solle im Schweiße seines Angesichtes sein Brot gewinnen, zu Ehren des kostbaren Blutes des Herrn." [12]

Heinrich Seuse

Ist für Eckhart die kühne, einsame Spekulation kennzeichnend, für Tauler das praktisch-ethische Streben, dann für Heinrich Seuse die Wärme und Tiefe des Gemütes. Er ist als Sproß aus ritterlichem Geschlecht um 1295 in Konstanz geboren. Mit 13 Jahren Dominikaner geworden, schickte man ihn nach einem Hausstudium in Konstanz um 1322 an das Studium generale in Köln. Hier war er ein begeisterter Schüler Eckharts und erlebte dessen Prozeß aus nächster Nähe. Von ca. 1327 an wirkte er als Lektor in Konstanz. Wegen seiner Beziehungen zu Eckhart wurde er ca. 1330 gemaßregelt. Er verfolgte deshalb seine wissenschaftliche Laufbahn nicht weiter, sondern widmete sich ganz der Seelsorge vorzüglich in den Frauenklöstern am Oberrhein und in der Schweiz. Er stand mit den „Gottesfreunden" in Verbindung und pflegte mit ihnen und seinen geistlichen Schülerinnen einen lebhaften Briefverkehr, vor allem mit *Elsbeth Stagel.* Diese redigierte seine Selbstbiographie. Im „Büchlein der Wahrheit" verteidigte Seuse Eckharts Mystik und suchte sie vor Mißverständnissen zu sichern. Im „Büchlein der ewigen Weisheit" und seiner erweiterten, weitverbreiteten lateinischen Fassung, dem „Horologium Sapientiae", gibt Seuse eine praktische Mystik der Nachfolge des leidenden Christus und der Verbundenheit mit seiner Mutter unter dem Kreuz. Seine mystische Lehre faßt er in die Worte: „Ein gelassener Mensch muß entbildet werden von der Kreatur, gebildet werden mit Christus und überbildet in der Gottheit." [13] Damit steht Seuse in der Schule Eckharts. Im Stil seines mystischen Weges mit der Hinwendung zu den greifbaren, der Betrachtung und dem Nacherleben zugänglichen Ereignissen und Zuständen des Lebens Christi entfernt er sich aber weit von dem Meister. Dieses Nachgestalten und ausmalende Beschreiben der Heiligen Geschichte drängen geradezu zum Bild. So steht die Mystik Seuses in

[12] Ed. *F. Vetter,* Nr. 42 S. 179; *G. Hofman* Nr. 47 S. 361 364.
[13] „Seuses Leben", Kap. 49; ed. *K. Bihlmeyer* 168; *N. Heller* 155.

einer besonders engen, wohl wechselseitigen Beziehung zur bildenden Kunst seiner Zeit[14]. Als der Minnesänger und Dichter unter den Mystikern verbindet er Empfindsamkeit und Gefühlswärme mit ritterlicher Hochherzigkeit. Diese Einkleidung der „mystischen Hingabe an Gott in die Bildwelt ritterlicher Minne“ (H. Kunisch) läßt ihn deutlicher die Beziehung zum geliebten Du betonen und bewahrt ihn so vor einem pantheistischen Mißverständnis.

Die Mystik blieb nicht auf die wenigen großen Meister aus der Reihe der Dominikaner beschränkt. Dem Weltpriester *Heinrich von Nördlingen* († nach 1379) fehlt zwar deren Eigenständigkeit und Tiefe. Seine Bedeutung liegt darin, daß er als Führer und Berater der *„Gottesfreunde“* in Welt und Kloster unermüdlich an vielen Orten für die Ausbreitung der Gedanken und Praxis mystischen Lebens tätig war. Sein Briefwechsel mit *Margarete Ebner* († 1351) und ihrem Kreise ist die älteste uns erhaltene Briefsammlung in deutscher Sprache. Sie gibt uns Einblick in das Leben der Mystikerkreise des 14. Jh.

Starke Anklänge an die Mystiker zeigen die Predigtgedanken im Anschluß an die Heiligenleben, die der Laie *Hermann von Fritzlar* in den Jahren 1343/49 niederschreiben ließ. Eine weitgehende Wirkung bis auf die Exerzitien des hl. Ignatius von Loyola und auf Teresa von Ávila übte *Ludolf von Sachsen*[15] († 1378) aus mit seinen „Meditationes vitae Christi“, einer Summe des Lebens Jesu mit Erklärungen der Kirchenväter, Meditationen und Ermahnungen.

In seiner lebensnahen Art, mehr von Tauler als von Eckhart beeinflußt, zeigt sich der *Engelberger Prediger*, ein unbekannter Welt- oder Ordenspriester, dessen Identifizierung mit Bartholomäus Friedauer umstritten ist[16].

Johannes Ruysbroeck

Im niederländisch-flämischen Raum erlebte die deutsche Mystik einen Höhepunkt in Jan van Ruysbroeck (Ruusbroec). Er ist 1293 im gleichnamigen Dorf zwischen Brüssel und Hal geboren. Nach seiner Priesterweihe (1318) wirkte er als Vikar an St. Gudula in Brüssel. Im Alter von 50 Jahren (1343) zog er sich mit gleichgesinnten Kanonikern in die Einsamkeit von Groenendael zurück. Hier lebten sie als Einsiedlergemeinschaft, bis sie 1350 die Kanonikerregel des hl. Augustinus annahmen. Ruysbroeck wurde Prior des

[14] Vgl. die Hinweise von *K. Bihlmeyer* in seiner Seuse-Ausgabe 45—62 und *U. Weymann*, Die Seusische Mystik und ihre Wirkung auf die bildende Kunst (Berlin 1938).

[15] *N. Paulus:* AElsKG 2 (1927) 207—222; *M. I. Bodenstedt,* The Vita Christi of Ludolf the Carthusian (Diss. Washington 1944, Lit.).

[16] *S. Beck,* Untersuchungen zum Engelberger Prediger (Fribourg 1952); *W. Muschg,* Die Mystik in der Schweiz (Frauenfeld - Leipzig 1935) 310—332.

neuen Konvents. Er stand in lebhafter Verbindung mit Mystikern und Reformkreisen. Gert de Groot und vielleicht auch Tauler suchten ihn hier auf. Im hohen Alter von 88 Jahren starb er 1381.

Seine 11 zuverlässig überlieferten Schriften hat er zum großen Teil schon als Weltpriester verfaßt. Die Stadtbevölkerung der wirtschaftlich und kulturell hochentwickelten Niederlande war entsprechend ihrer größeren Reife und Eigenständigkeit auch zu einem tieferen religiösen Leben bereit und stellte höhere Anforderungen an sich wie an die Predigt und Seelsorge. Das beweisen die zahlreichen Gemeinschaften der Beginen und Begarden. Die religiös erregten, dabei theologisch kaum gebildeten Männer und Frauen standen in der Gefahr, in ihrem mystisch-religiösen Streben unerleuchtetem häretischem Überschwang zu verfallen. War es ohnehin nicht immer leicht, zwischem echtem religiösem Streben und Erleben und einer schwärmerischen Pseudomystik zu unterscheiden, dann war es besonders schwer, die Grenze zwischen Beginen und Begarden, die nicht wie die Orden von der Institution her und durch ihre theologische Bildung klar geprägt waren, und häretischen Gemeinschaften wie den „Brüdern und Schwestern des freien Geistes" festzustellen. Immer wieder sind jene mit diesen Sektierern verwechselt worden, die einem monistischen Pantheismus huldigten, durch Aufgehen in die All-Einheit Gottes schon in dieser Welt der Gottesschau teilhaftig zu werden meinten und sich über alle Gesetze erhaben und unsündig wähnten. Ihnen stand die Schwärmerin Blommaerdine († 1336) nahe, die zu Ruysbroecks Zeiten in Brüssel durch Lehre und Schriften viel von sich reden machte und von ihren Anhängern abgöttisch verehrt wurde.

Der junge Vikar von St. Gudula wollte mit seinen Schriften dem echten Hunger nach geistlicher Führung nachkommen und gleichzeitig der falschen Mystik der Blommaerdine entgegenwirken. Dazu schrieb er 1330 den Traktat „Von dem Reich der Liebenden" und bald danach sein am meisten bewundertes Werk, die „Zierde der geistlichen Hochzeit". In diese Zeit seiner seelsorglichen Wirksamkeit in Brüssel fallen auch noch die Schriften „Vom glänzenden Stein", „Von den vier Versuchungen" und „Vom Christenglauben", eine Erklärung des Glaubensbekenntnisses für die Hand des Seelsorgers. Das sehr umfangreiche „Buch von den geistlichen Tabernakeln (Bundeszelt)" ist schon in Groenendael zu Ende geführt. Es übt herbe Kritik an der Kirche und am Klerus der Zeit. Das Buch „Von den sieben Einschließungen (Klausuren)" richtet sich an Klosterschwestern. Im „Spiegel der ewigen Seligkeit" gibt Ruysbroeck eine zusammenfassende Unterweisung im geistlichen Leben. Das „Buch von den sieben Stufen auf der Treppe geistlicher Minne" legt stark den Ton auf die Askese, während „Das Buch von den zwölf Beginen" eine Sammlung frommer Betrachtungen ist. Um allen Mißverständnissen zu begegnen, greift der fast 70jährige noch einmal zur Feder und gibt auf Wunsch von Freunden in

„Samuel oder das Buch von der höchsten Wahrheit" eine zusammenfassende Erläuterung seiner Lehre.

Ausgang und Ziel der Mystik Ruysbroecks ist der eine und dreieine Gott. Seine Auffassung von der Welt und vom Menschen, erst recht seine Lehre von der Gnade und vom geistlichen und mystischen Leben sind trinitarisch bestimmt. Gottes Wesen übersteigt alle Grenzen, ist „wijseloos", ist „unzugängliche Höhe, abgründige Tiefe, unbegreifliche Breite, ewige Länge, eine düstere Stille, eine üppige Wüste" [17]. Doch seine Natur „ist fruchtbar; darum verbleibt sie nicht in der Einheit der Väterlichkeit, sondern sie muß ohne Unterlaß die ewige Weisheit, den Sohn des Vaters, hervorbringen ..." Da der Vater seinen Sohn, die ewige Weisheit, ansieht und alle Dinge in derselben Weisheit, da ist er geboren und ist eine andere Person als der Vater. Doch dieses Sich-Anschauen von Vater und Sohn ist zugleich ein Ja-zu-sich-Sagen, ist Liebe. Daraus, „daß der Sohn geboren ist als eine andere Person von dem Vater, da ihn der Vater ansieht als geboren und alle Dinge in ihm und mit ihm, als ein Leben aller Dinge, und daß der Sohn wiederum den Vater ansieht als Gebärenden und Fruchtbaren und sich selbst und alle Dinge in dem Vater: hieraus stammt eine Minne, das ist der Heilige Geist, und das ist ein Band von dem Vater zu dem Sohne und von dem Sohn zu dem Vater. Dieses Gebären und Wiedereinfließen der Einheit, das ist das Werk der Trinität: Einheit der Natur und Dreiheit der Personen." [18]

Diese Verbindung von Fruchtbarkeit der Natur und Ledigkeit des Wesens, von Werden und Sein, von Wirken und seligem Genuß, von Ergießen in die Vielheit und Einmünden in die Einheit, von Beginnen und Vollbringen ist das Ziel des mystischen Lebens. „Nach diesem ewigen Bilde und nach diesem Gleichnis hat uns die Heilige Dreifaltigkeit geschaffen. Darum will Gott, daß wir aus uns selbst ausgehen in diesem göttlichen Lichte und dies Bild, das unser eigenes Leben ist, übernatürlich zu erlangen suchen und mit ihm besitzen, wirkend und genießend in ewiger Seligkeit." [19] Als Bild, als Spiegel des dreifaltigen Gottes hat „die Substanz unserer Seele drei Eigenschaften, die ihrer Natur nach eins sind. Die erste Eigenschaft ist die bildlose und wesenhafte Nacktheit (blooetheit), durch die wir dem Vater und seiner göttlichen Natur ähnlich und mit ihm vereinigt sind. Die zweite Eigenschaft kann die obere Vernunft der Seele genannt werden. Sie ist spiegelnde Klarheit, darin wir Gottes Sohn, die ewige Wahrheit, aufnehmen. In der Klarheit sind wir ihm gleich, in der Aufnahme eins mit ihm. Die dritte Eigenschaft nennen wir den Funken der Seele; das ist eine natürliche Geneigtheit der Seele zu ihrem Ursprung, in der wir den Heiligen

[17] Zierde der geistlichen Hochzeit II 38; WW I 181.
[18] Ebd. WW I 60f.
[19] Zierde der geistlichen Hochzeit III 5; WW I 245.

Geist, die Liebe Gottes, aufnehmen. In der Hinwendung sind wir dem Heiligen Geist gleich, in der Aufnahme werden wir ein Geist und eine Minne mit Gott." [20] Diese drei Eigenschaften sind zugleich die Organe der Einwirkung der göttlichen Personen auf die Seele. Wir sind „zum" Bilde Gottes geschaffen, das heißt, das Bildsein ist Gabe und Aufgabe zugleich. „Daß wir dies Bilde finden, erkennen und besitzen in unserem Wesen und in der Reinheit unseres Seelengrundes (in puerheit onser ghedachten), dazu hat Gott uns erschaffen." [21] Im Seelenfunken berührt Gott den Menschen, so daß dieser sich von Gott angezogen fühlt und seine Rückkehr zur Reinheit und Einheit des Geistes beginnt. Diese Rückkehr zu Gott in Gnade und Tugenden, in beschauendem Leben und moralischer Bemühung erfolgt in drei Stufen, dem „wirkenden", „innigen" und „gottschauenden" Leben. Entsprechen diese Stufen ungefähr den drei Wegen der Mystik überhaupt, so ist bei Ruysbroeck der praktische und personale Zug besonders hervorzuheben. Beim „wirkenden" Leben geht es nicht so sehr um den Erwerb und die Übung mannigfaltiger Tugenden, sondern um die „Ankunft Christi", dem der Fromme in Brautschaft verbunden ist, um die Einheit und Ähnlichkeit mit Christi Weise und Werk.

Zweck und Ziel der „innigen" Übung ist die mystische Erkenntnis des Bräutigams, wie er in sich ist, und die mystische Vereinigung mit ihm im Seelengrund, der durch die Gnade Gottes und die Tugendwerke des wirkenden Lebens schon vorbereitet ist [22].

Die Verähnlichung und Vereinigung mit dem Sohn führt zum Vater als dem Urgrund der Gottheit. Wie in der ewigen Geburt der Sohn vom Vater ausgeht und wieder in Liebe zu der Einheit zurückflutet, so spricht er zu der ihm vereinigten Seele: „Folge mir zu meinem Vater." [23] So beruht alle Heiligkeit und Seligkeit darin, daß wir zum Vater, das heißt zur Ruhe in der wesentlichen Einheit, geführt werden [24]. Wie aber Gott seiner Einheit nach in seliger Ruhe verharrt und seiner Dreiheit nach in tätiger Liebe wirkt, so ist die liebende Seele im „gottschauenden Leben" eins mit Gott in der Ruhe und ihm ähnlich in den Werken der Liebe [25]. In Anlehnung an Ps 41, 8 heißt es: „Und der Abgrund (Gottes) ruft in den Abgrund hinein ... Dieses Hineinrufen ist ein Überfließen des Wesenslichtes, und dieses Wesenslicht läßt uns in der Umarmung einer grundlosen (= unergründlichen) Liebe uns selbst verlieren und ausströmen in die wilde Finsternis der Gottheit. Und so in unmittelbarer Vereinigung eins mit dem Geiste Gottes, können wir Gott durch Gott begegnen [26], das heißt Gott ähnlich und ihm

[20] Spiegel des ewigen Heiles, Kap. 8; WW III 167 f.
[21] Sieben Stufen der Liebe, Kap. 13; WW III 264.
[22] *G. Dolezich,* Die Mystik Johannes van Ruysbroecks 92.
[23] Zierde der geistlichen Hochzeit II 65; WW I 213.
[24] Ebd. II 60; WW I 207. [25] Ebd. II 66; WW I 216.
[26] Ebd. II 70; WW I 223.

ebenbildlich geworden durch Gott selbst, durch Vereinigung und Verähnlichung mit dem Heiligen Geist, dem Sohn und dem Vater können wir nun auch Gott in seiner Einheit und Ruhe, die göttliche Natur als solche in Besitz nehmen." [27]

Zu diesem Schauen, dieser Berührung des Seelengrundes mit dem Grunde der Gottheit „kann niemand kommen vermittels Wissenschaft und Scharfsinn, auch durch keinerlei Übung. Sondern wen Gott mit seinem Geiste eins machen und mit sich selbst erleuchten will, der kann Gott schauend ergreifen, und sonst niemand." [28]

Gegen diese Lehre vom gottschauenden Leben im dritten Buch der „Zierde der geistlichen Hochzeit", wonach „der Geist die Klarheit, die Gott ist, empfängt" und „er selbst die Klarheit wird, die er empfängt" [29], und gegen ähnlich pantheistisch klingende Sätze ist kurz nach 1400 Johannes Gerson angegangen [30]. Vorwürfe dieser Art nimmt Ruysbroeck jedoch schon vorweg, indem er in seinen späteren Schriften zum Schutz gegen Mißdeutungen öfter betont, daß dieses Einssein mit Gott verstanden werden muß als „eins mit ihm in seiner Liebe, aber nicht in seiner Natur. Denn sonst wären wir Gott, in uns selbst vernichtet, was unmöglich ist." [31] „Wohl werden wir überformt vom Geiste Gottes wie das Eisen vom Feuer, so daß, soweit Eisen da ist, auch Feuer ist, aber dennoch das Feuer nicht Eisen und das Eisen nicht Feuer wird." [32]

Unschwer sind die Beziehungen dieser mystischen Spekulation zu Meister Eckhart festzustellen. Ob eine direkte Abhängigkeit vorliegt oder die Ähnlichkeit mit den gemeinsamen Quellen, wie Dionysius Areopagita, den Viktorinern und anderen, genügend erklärt ist, läßt sich schwer sagen. Die Art des Flamen ist gefühlsmächtiger, herzhafter und erdnäher, dazu ist er mehr auf das Nacherleben der geschauten Wahrheiten aus; seine mystische Lehre ist aber weniger auf die tätige Verwirklichung und Bewährung im Alltag gerichtet wie die der großen rheinischen Mystiker. Ein quietistischer Zug ist nicht zu verkennen.

Wie sehr die Mystik als Erneuerungsbewegung breite Kreise erfaßt hat, beweisen die zahlreichen Memoiren und Viten aus den Frauenklöstern der Zeit. Unter diesen Lebensgeschichten mystisch begabter Klosterfrauen sind

[27] *G. Dolezich* a. a. O. 115.

[28] Zierde der geistlichen Hochzeit III 1; WW I 239.

[29] WW I 242.

[30] Epistola ... ad Fr. Bartholomaeum Carthusiensem: Opera omnia, ed. *Du Pin* I (Antwerpen 1706) 59—63 u. *A. Combes,* Essai sur la critique de Ruysbroeck par Gerson I (Paris 1945) 615—635. Die Verteidigungsschrift des Joh. v. Schoenhoven († 1432) bei *Du Pin* 63—78; *A. Combes,* Essai I 716—771.

[31] Spiegel des ewigen Heiles, Kap. 24; WW III 219; vgl. Kap. 25, WW III 216 f.

[32] Von den zwölf Beginen, Kap. 14; WW IV 26; Buch von der höchsten Wahrheit, Kap. 8; WW III 286 f.

die wertvollsten die der Schwestern zu Töß bei Winterthur von *Elsbeth Stagel* († 1350/60), der Freundin Seuses, und der Nonnen von Engelthal, die *Christine Ebner* († 1336) im „Büchlein von der Gnadenüberlast“ erzählt.

Naturgemäß barg die starke Ausbreitung der Mystik die Gefahr der Verflachung und Verfälschung in sich. Je größer der Kreis wurde, der nach mystischer Erfahrung strebte, je mehr die Mystik zur Weise des religiösen Daseins wurde, die man lehren und lernen wollte, um so eher wurde Vision zum Schema, einmaliges Erlebnis zur Manier und kam es zu Nachahmungssucht, unfruchtbarer Reflexion und Zergliederung innerseelischer Vorgänge. Mangel an Selbstkritik und Selbstzucht führte dann leicht zu sinnlichem Gefühlsüberschwang, zu Selbsttäuschungen und geschmacklosen Übersteigerungen. Gegen solche Irrwege der Mystik seiner Zeit wandte sich *Johannes Gerson* († 1429). Er, der in seinem Hauptwerk „De mystica theologia“ (1408)[33] der mystischen Theologie den Vorrang vor der scholastischen gibt und sie als Quelle der vollkommensten Gotteserkenntnis bezeichnet, warnte vor einem Abgleiten der mystischen Liebe in Sinnlichkeit und Süßlichkeitsschwelgerei und wies den Weg zu einer praktischen Frömmigkeit[34].

Wie Menschen, die auf Wunder und außerordentliche mystische Erlebnisse aus waren, denen aber die wirkliche mystische Begabung fehlte, zu Mystifikationen gegriffen haben, um sich selbst zu bestätigen und ihrem Anspruch vor anderen Nachdruck zu verleihen, zeigt die Gestalt des Laien *Rulman Merswin* (1307/82). Mit dem Einverständnis seiner zweiten Ehefrau entsagte dieser vornehme Straßburger Kaufmann und Bankier mit 40 Jahren der Welt, trat in Beziehung zu Tauler, Heinrich von Nördlingen, Margarete Ebner und anderen Gottesfreunden und erwarb 1367 von Benediktinern das Kloster auf dem Grünenwörth bei Straßburg, um dort mit Gleichgesinnten ein zurückgezogenes Leben zu führen. Auch nach der Übergabe dieser seiner Stiftung an die Johanniter (1371) sicherte er sich maßgeblichen Einfluß, ja die praktische Leitung. Er gab sich als Mittelsmann eines geheimnisvollen „großen Gottesfreundes vom Oberland“ aus. Nach seinem Tode (1382) fanden sich eine Reihe von Schriften aus seiner Hand, Traktate und Briefe, die dem sagenhaften „Gottesfreund vom Oberland“ zugeschrieben waren. In einem weitschweifigen, an frommen Schablonen reichen Stil ergeht deren Verfasser sich in Klagen über die Gebresten der Christenheit und verherrlicht in Bekehrungsgeschichten den vom Leben des Klerus vorteilhaft abstechenden Wandel der Gottesfreunde. Nach langer, heftig geführter Diskussion ist man sich heute einig, daß die Gestalt

[33] Ed. *A. Combes* (Lugano 1958).

[34] De distinctione verarum visionum a falsis, ed. *Du Pin* I 43—59; „potest fieri, ut amor a spiritu incipiat, sed vehementer formidandum est, ne per blanditias sensim carne consumatur“ (ebd. 55).

des „Gottesfreundes aus dem Oberland“ eine Fiktion ist und seine Schriften Fälschungen des R. Merswin selbst (Denifle, Strauch, Oehl) oder wenigstens seines Vertrauten, des Johanniter-Priesters Nikolaus von Loewen (Rieder), sind. Sie sollten jenem zu größerem Ansehen verhelfen und die von ihm gewollte Gestalt seiner Stiftung durchsetzen bzw. ihr Dauer verleihen.

Das mystisch-asketische Schrifttum des Benediktiners *Johannes aus Kastl* († ca. 1410), einer Reformabtei in der Oberpfalz, reicht schon ins 15. Jh. Die weitverbreitete, dem Albertus Magnus zugeschriebene Schrift „De adhaerendo Deo“ [35] hat erst Martin Grabmann als sein Werk erwiesen [36].

Von den Dominikanern, die das geistliche Erbe ihres Ordens im 15. Jh. fortführten, ist vor allem *Johann Nider* († 1438) zu nennen [37]. In seinen Schriften (u. a. „Vierundzwanzig guldin Harfen“, ed. Straßburg 1493, und „Formicarius“, ed. Straßburg 1517) finden sich viele Wendungen und Begriffe aus der Mystik des 14. Jh. und Ähnlichkeiten vor allem mit Heinrich Seuse und Johannes Tauler. Doch gerade wegen der weitgehenden Übereinstimmung wird die ganz andere Haltung des 15. Jh. und der Bedeutungswandel tragender Begriffe besonders deutlich. Aus der mystischen Spekulation ist eine von der Seelsorge her bestimmte Anweisung zum frommen Leben geworden. Diese Wende zum Ethischen, Praktischen und Konkreten, verbunden mit einer stärkeren Distanzierung gegenüber der Welt, ist kennzeichnend für das 15. Jh. überhaupt.

In dessen 1. Hälfte gab „Der Frankfurter“, ein weiter nicht bekannter „Priester und Custos im Deutschherrenhaus zu Frankfurt“ (Vorrede) [38], in seiner „Deutschen Theologie“ eine „Zusammenfassung des gedanklichen Ertrages der deutschen Mystik“ (J. Bernhart). Behutsam in der Spekulation, ist er wie Tauler praktisch, seelsorglich eingestellt. Er möchte in Abwehr der „unechten falschen freien Geister, die der Heiligen Kirche gar schädlich sind“, zur wahren, rechten Gottesfreundschaft führen. In diesem Buch, das Luther 1516 und 1518 im Druck herausgab, nahm die deutsche Mystik direkten Einfluß auf den Reformator und das Luthertum.

In der Mystik haben wir einen ersten größeren Ansatz zu einer deutschen Theologie vor uns, das heißt den Versuch, vom deutschen Denken her und

[35] Dt. Übersetzung hrsg. von W. *Oehl,* Dokumente der Religion II (Paderborn 1923).

[36] *Grabmann* MGL I 489—524. Zum Gesamtwerk Kastls vgl. *J. Sudbrack,* Die geistliche Theologie des Johannes von Kastl, 2 Bde (Münster 1967).

[37] *K. Schieler,* Magister Johannes Nider aus dem Orden der Predigerbrüder (Mainz 1885); *J. Gieraths,* Nider Johannes und die Mystik: DTh 321—346; *ders.,* Johannes Tauler und die Frömmigkeitshaltung des 15. Jh.: Johannes Tauler, Gedenkschrift zum 600. Todestag, 422—434.

[38] Für *R. Haubst:* Scholastik 33 (1958) 375—398 ist „Johannes von Frankfurt als der mutmaßliche Verf. von ‚Eyn deutsch Theologia‘“ anzusehen. Dieser war Theologieprofessor in Heidelberg und Prediger am Heiliggeiststift. Er starb 1440. Danach müßte die Theologia Deutsch 1420/40 entstanden sein.

mit den Möglichkeiten der deutschen Sprache die Offenbarung zu durchdringen. Dieses Bemühen ist über die ersten, allerdings großartigen Ansätze nicht hinausgekommen. Eckhart wurde verurteilt, Tauler im Zusammenhang mit der Reformation diffamiert und 1559 indiziert[39]. Damals versiegte der Strom der deutschen Mystik, wenigstens innerhalb der katholischen Kirche, und der Graben zwischen Spiritualität und Theologie klaffte im Abendland noch tiefer auf. Die Theologie wurde auf dem Konzil von Trient und seitdem ausschließlich vom romanischen Geist geprägt, und die lateinische Sprache bekam in ihr und in der Liturgie geradezu den Charakter der Rechtgläubigkeit.

45. Kapitel

Die Mission der Bettelorden außerhalb Europas

QUELLEN: Neben den päpstlichen Regesten und Ordensbullarien besonders *G. Golubovich,* Biblioteca Bio-Bibliografica della Terra Santa e dell'Ordine Francescano (Quaracchi 1906/27), dazu Documenti (ebd. ab 1921) [=Golubovich]; *A. van den Wyngaert,* Sinica Franciscana I (Quaracchi 1929) [=SF].
BIBLIOGRAPHIE: Bibliotheca Missionum, hrsg. von *R. Streit - J. Dindinger* [=Streit], IV: Asiatische Missionsliteratur 1245—1599 (Aachen 1928), XV: Afrikanische Missionsliteratur 1053—1599 (Freiburg 1951); *J. Beckmann,* Neuerscheinungen zur chinesischen Missionsgeschichte 1945—1955: Monumenta Serica 15 (Tokyo 1956) 378—462.
LITERATUR: Außer den Handbüchern der Missionsgeschichte von *Schmidlin, Latourette* II, *Delacroix* I, *Mulders* u. a.: *L. Lemmens,* Die Heidenmissionen des Spätmittelalters (Münster 1919); *B. Altaner,* Die Dominikanermissionen des 13. Jh. (Habelschwerdt 1924); *K. S. Latourette,* A History of Christian Missions in China (New York 1929); *G. Soranzo,* Il Papato, l'Europa cristiana e i Tartari (Mailand 1930); *O. van der Vat,* Die Anfänge der Franziskanermissionen im nahen Orient und in den mohammedanischen Ländern während des 13. Jh. (Werl 1934); *N. Simonut,* Il metodo d'evangelizzazione dei Francescani tra Musulmani e Mongoli nei secoli XIII—XIV (Mailand 1947); *M. Roncaglia,* I Francescani in Oriente durante le Crociate (Kairo 1954).

Zur Ausweitung der Missionstätigkeit über Europa hinaus haben vornehmlich die beiden Bettelorden der Dominikaner und Franziskaner beigetragen. Als erster Ordensstifter hat Franz von Assisi der Mission in seiner Regula

[39] Die 1565 in Frankfurt erschienene niederländische und überarbeitete Taulerausgabe wurde in den Antwerpener Anhang zum Trienter Index von 1570 aufgenommen. Von dort ging sie in den Index des spanischen Generalinquisitors Quiroga (1583/84) über, und aus diesem übernahm sie der römische Index Sixtus' V. von 1590. Dieser verbot „Jo. Taulerii Sermones et Institutio passionis Domini, donec corrigatur". Vgl. *H. Reusch,* Der Index der verbotenen Bücher I (Bonn 1883) 523; *ders.,* Die Indices librorum prohibitorum des 16. Jh. (Tübingen 1886) 317. Der Jesuitengeneral E. Mercurian (1573—80) verbot seinen Ordensangehörigen die Schriften Taulers und anderer Mystiker. Die belgischen Kapuziner folgten diesem Beispiel.

prima ein eigenes Kapitel gewidmet[1]. Dominikus ist „erst allmählich in die große Aufgabe weltumspannender Wirksamkeit hineingewachsen" (Altaner), aber die Predigerbrüder werden trotzdem nicht viel später als die Minderbrüder (1217/18) zur Missionsarbeit ausgesandt worden sein. In den Erwägungen der päpstlichen Kurie spielten die Bettelorden anfangs offensichtlich keine besondere Rolle. Ihre Gründung wurde nicht wie die der Trinitarier 1199[2] dem Sultan von Marokko mitgeteilt. Auch Honorius III. hat in seiner allgemeinen Missionsbulle[3] hauptsächlich noch Zisterzienser für die Heidenmission erwartet, obwohl schon sein Vorgänger 1212 das Ordenskapitel mahnen mußte, die einzelnen Klöster nicht in ihrer Missionsarbeit zu behindern[4]. Noch 1219 wurde ein Johanniter mit einer Botschaft des Papstes an den Miromomelinus (für arabisch: Emir-el-mumenin, d. h. Beherrscher der Gläubigen) gesandt[5].

Daß Franz von Assisi 1219/20 ins Heerlager des ägyptischen Sultans zog[6], um ihm den christlichen Glauben zu predigen, hat der schon während der Kreuzzüge dämmernden Erkenntnis, man dürfe das Christentum nicht mit Waffengewalt, sondern müsse es durch Predigt und Liebe verbreiten, zum Durchbruch verholfen. Jedenfalls trat neben die Kreuzzugsidee gleichberechtigt der Missionsgedanke, wenn es auch noch lange Zeit brauchte, bis die Meinungen sich völlig klärten. So vertrat Roger Bacon († 1294) die Ansicht, es sei besser, die Ungläubigen durch Wissenschaft und Weisheit zu bekehren als durch Kriege, während sein Ordensbruder Duns Skotus († 1308) die schärfste Bestrafung der Götzendiener forderte und den Fürsten das Recht zugestand, Gottes Reich mit Gewalt auszubreiten. Marsilius von Padua lehrte in seinem „Defensor pacis" (1324), die Kirche habe keine Zwangsgewalt über Häretiker und Ungläubige; das Konzil von Basel glaubte dagegen noch, die Juden könnten zum Anhören der christlichen Predigt gezwungen werden. Wie die Theorie, so schwankte auch die Praxis zwischen beiden Extremen. Die Bettelorden stellten sich nicht nur für die Mission, sondern ebenso für die Kreuzzugspredigt zur Verfügung. Die Christenheit wurde durch die Ereignisse immer wieder versucht, zum Schwert zu greifen. Der Sieg Alfons' VIII. von Kastilien über die Mauren bei Las Navas de Tolosa 1212 reizte dazu, den Krieg auf afrikanischen Boden zu übertragen. Honorius III. gewährte dazu die gleichen Ablässe wie für die Kreuzzüge[7]. Selbst an dem Erscheinen der Mongolen entzündete sich die Hoffnung, in ihnen Bundesgenossen gegen die Muslime zu finden. Man sah in ihren Khanen Nachfolger des Priesterkönigs Johannes, dessen Gestalt das Abend-

[1] *O. van der Vat* a. a. O. 9—25. [2] PL 214, 544.

[3] „Ne si secus" vom 25. 3. 1221: *Potthast R* 6599; *Streit* XV 50; vgl. *Altaner* a. a. O. 1—2.

[4] *Potthast R* 4573.

[5] *Streit* XV 24; *Potthast R* 6121.

[6] *Golubovich* I 1—104; *Streit* XV 41. [7] *Streit* XV 21.

land Jahrhunderte hindurch erregte [8]. Diese Legende ist nicht erst seit Otto von Freising (Chronicon VII 33) im Umlauf. Ein äthiopischer Priesterkönig Johannes ist bei italienischen Seefahrern schon vor den Kreuzzügen bekannt [9]. Mangelnde geographische Kenntnisse — Äthiopien wurde mit Indien gleichgesetzt — erklären, wieso das Gerücht von einem christlichen König in Äthiopien mit Nachrichten von dem Sieg eines christlichen Keraïtenfürsten über die islamischen Choresmier (1141) verquickt werden konnte. (Als der Irrtum später erkannt wurde, suchte man den Priesterkönig Johannes bis ins 16. Jh. hinein wieder in Afrika.)

Entgegen der öffentlichen Meinung haben die Bettelorden der Mission den Vorzug gegeben. Zwar war ihre Tätigkeit in Nordafrika und im Vorderen Orient mehr der Absicht nach als in Wirklichkeit Mission. Denn in Afrika wurde sie auf die Seelsorge unter den christlichen Kaufleuten, Söldnern und Sklaven eingeschränkt. Weder die Päpste noch die handeltreibenden christlichen Stadtstaaten konnten von den Sultanen mehr als Kultfreiheit für die Christen erreichen [10]. Die Predigt vor Muslimen blieb untersagt. Wo die Glaubensboten gegen das Verbot verstießen, wagten sie ihr Leben — wie die Erstlingsmartyrer des Franziskanerordens in Marokko, die zudem glaubten predigen zu können, wie man in Italien predigte, und die Lehren des Islams scharf zurückwiesen [11]. Ähnlich erging es Minderbrüdern 1225 in Tunis und 1227 in Ceuta. Immerhin konnten jedoch in Nordafrika die beiden Bistümer Marokko und Fes errichtet werden [12].

Im Vorderen Orient galt die Sorge der Bettelmönche vornehmlich der Rückführung der schismatischen Teilkirchen, und sie erreichten solche Erfolge, daß Gregor IX. 1238 anerkannte, es sei ebensogut, die Ungläubigen zum Lobpreis Gottes zu führen, wie sie mit Waffengewalt zu bekämpfen. Diese Tätigkeit unter den schismatischen Christen wurde als Vorbereitung auf die Mission unter den Muslimen angesehen [13], und die Päpste bestärkten die Bettelorden in dieser Anschauung. Sie gaben ihnen sogar Schreiben an die Sultane mit, in denen der christliche Glaube und seine Boten empfohlen wurden. Wir erfahren so von Missionsfahrten nach Aleppo, Damaskus, Kairo und Ikonium. Daß dabei Erfolge erzielt wurden, bezeugt Wilhelm von Tripolis, der über tausend Sarazenen zeit seines Lebens getauft haben will [14].

[8] *F. Zarnke,* Der Priesterkönig Johannes; AGL philos.-hist. Kl. 7 (1879) 827—1030, 8 (1883) 1—186; *R. Hennig,* Terrae incognitae II (Leiden 1937) 361—376.

[9] *R. Lefèvre,* Riflessi etiopici nella cultura del Medioevo e del Rinascimento I: Annali Lateranensi 8 (Rom 1944) 9—89.

[10] *Th. Grentrup,* Das Missionsprotektorat in den mohammedanischen Staaten Nordafrikas vom 12.—15. Jh.: ZMR 8 (1918) 88—96; *ders.,* Jus missionarium I (Steyl 1925) 361—369.

[11] *H. Koehler,* L'Église chrétienne du Maroc et la mission franciscaine 1221—1790 (Paris 1934) 22 f.

[12] *A. López,* Obispos en el África Septentrional (Tanger 1941).

[13] So erklärt sich der Name Orient-„Mission".

[14] Tractatus de statu Saracenorum (1273) im Schlußsatz.

Eine solche Zahlenangabe ist ungewöhnlich. Wilhelm begründete sie mit dem methodischen Hinweis, er habe seine Erfolge „mit dem einfältigen Wort Gottes ohne philosophische Beweisgründe und ohne Waffengewalt" errungen. Dieser Hinweis ist nicht ohne Absicht gegeben. Er widerspricht der bis dahin herrschenden Anschauung von der Unbekehrbarkeit der Muslime. Die Missionsarbeit der Bettelorden unter ihnen führte zu der Erkenntnis, daß die Gründe für die Erfolglosigkeit der bisherigen Bemühungen nicht allein auf seiten des Islams, sondern ebensosehr bei den Missionaren zu suchen seien. Da die Kenntnis der Sprache die erste Voraussetzung dafür ist, dem Missionsobjekt in der rechten Weise zu begegnen, haben die Bettelorden, hier besonders die Dominikaner, eigene Sprachschulen gegründet und das Islamstudium eifrig betrieben[15]. Seit 1237 bestanden solche Sprachschulen im Heiligen Land, 1250 wurde auf Veranlassung des hl. Raimund von Peñafort das Studium Arabicum in Tunis gegründet. Nach dem unglücklichen Ausgang des letzten Kreuzzuges wurden in Spanien Schulen für Arabisch und Hebräisch eröffnet. Literarisch hervorgetan haben sich so die Dominikaner Wilhelm von Tripolis („Tractatus de statu Saracenorum", 1273), Ramón Martí („Pugio fidei contra Mauros et Judaeos", 1278), Ricoldo da Monte Croce („Contra legem Saracenorum", bekannter unter dem Titel: „Confutatio Alcorani") u. a. Hier kann auch die „Summa contra gentiles" des Aquinaten genannt werden[16]. — Unter den Franziskanern hat Ramón Llull (Raimund Lullus, 1234—1315)[17] sich besonders verdient gemacht. Durch verschiedene Denkschriften an die Päpste, den König von Frankreich und die Pariser Universität bemühte er sich, das Gewissen der Christenheit zu schärfen und an die Pflicht zur Mission zu erinnern. Neben der Errichtung von Missionskollegien regte er auch die Gründung einer obersten Missionsbehörde an, die unter der Leitung eines Kardinals die Missionsbemühungen der verschiedenen Orden koordinieren sollte. Auf seine Veranlassung schrieb das Konzil von Vienne 1312 die Errichtung je zweier Lehrstühle für orientalische Sprachen an den bedeutendsten Universitäten vor[18]. Doch das Dekret kam nicht zur Ausführung. Das Konzil von Basel hat 1434 nochmals, aber vergeblich daran erinnert.

[15] Vgl. die Arbeiten von *B. Altaner:* ZMR 21 (1931) 113—126, 23 (1933) 233—241, 26 (1936) 165—171; BZ 21 (1933/34) 288—308; ZKG 53 (1934) 469—479, 55 (1936) 83—126; OrChrP 2 (1936) 437—452.

[16] *M. Grabmann,* Die Missionsidee der Dominikanertheologen des 13. Jh.: ZMR 1 (1911) 137—146; *B. Altaner,* Zur Geschichte der anti-islamischen Polemik während des 13. und 14. Jh.: HJ 56 (1936) 227—333.

[17] *R. Sugranyes de Franch,* Raymond Lulle, Docteur des Missions (Schöneck-Beckenried 1954) (Lit.).

[18] *B. Altaner,* Raymundus Lullus und der Sprachenkanon (can. 11) des Konzils von Vienne (1312): HJ 53 (1933) 190—319; *B. Altaner,* Die Durchführung des Vienner Konzilsbeschlusses über die Errichtung von Lehrstühlen für orientalische Sprachen: ZKG 52 (1933) 226—236. Cfr. Conciliorum Oecumenicorum Decreta (^{2}1962) 355 f 459.

Unmittelbarer hat das Erscheinen der Mongolen in Ost- und Mitteleuropa die Ausweitung der Missionstätigkeit über Europa hinaus gefördert. Zunächst hatte man auch ihnen mit Kreuzzugsmethoden zu begegnen gesucht. Aber als die größte Gefahr vom Abendland abgewandt schien — die Mongolen kehrten nach ihrem Sieg bei Liegnitz 1241 nach Innerasien zurück, um die Khan-Nachfolge zu regeln —, versuchte man, ihnen auf andere Weise beizukommen. Das remedium contra Tartaros zu finden war für Innozenz IV. einer der Beweggründe für die Einberufung des Lyoner Konzils[19]. Obwohl man kurz vorher die Mongolen als Ausgeburt der Hölle angesehen hatte — „Tartari, imo Tartarei!"[20] —, wollte man sie jetzt als Bundesgenossen gegen die Muslime gewinnen. Zu dem Zweck sandte der Papst schon vor der Eröffnung des Konzils die Franziskaner Laurentius von Portugal und Johannes von Piano di Carpine zu den Mongolen. Die Sendung des Laurentius war rein missionarisch; sein Begleitschreiben enthielt nichts als eine katechetische Darlegung des christlichen Glaubens. Die übrigen Gesandtschaften hatten überwiegend diplomatischen Charakter: Johannes sollte zum Frieden mahnen, die beiden Dominikaner Ascellin (oder Anselm) und Andreas von Longjumeau sollten das gewünschte Bündnis gegen die Muslime anbahnen. Die Reisen zeitigten jedoch keine greifbaren Ergebnisse, wenn auch von seiten der Mongolen Gesandtschaften an den Papst und an Ludwig IX. abgefertigt wurden. Unter den Mongolenfahrern der folgenden Jahre ragt Wilhelm von Rubruck (Ruysbroeck) hervor, der bis nach Karakorum gelangte und uns den ausführlichsten (im ganzen zuverlässigen und wertvollen) Reisebericht[21] hinterlassen hat. Die missionarischen Absichten all dieser Reisen sind unverkennbar[22]; aber schließlich und endlich waren sie nicht das geeignete Mittel, um bleibende Bekehrungen zu bewirken. Es scheint, daß auch Innozenz IV. von der Fruchtlosigkeit dieser Bemühungen überzeugt war. Wilhelm von Rubruck war noch nicht zurück, als die Dominikaner und Franziskaner, vom Papst ermutigt, zur direkten Missionsarbeit übergingen. Wie sehr die Bettelmönche als die eigentlichen Träger der kirchlichen Mission betrachtet wurden, beweist die Entschließung des Ordenskapitels der Zisterzienser, Gebet für die zu den Tataren ziehenden Glaubensboten anzuordnen. Nicht mit Unrecht ist diese Anordnung als die „Abdankungsurkunde des Ordens von seiner Missionstätigkeit" bezeichnet worden[23].

[19] *Potthast* R 11493; *Hefele* V 981—1002.

[20] So Friedrich II. an Eduard von England: *Matthaeus Parisius,* Historia Anglorum II (London 1886) 820, zitiert: *Streit* IV 1.

[21] SF I 164—332.

[22] *C. Schollmeyer,* Die missionarische Sendung des Fr. Wilhelm von Rubruk: OstKSt 5 (1955) 138—146; vgl. ZMR 40 (1956) 200—205.

[23] *B. Altaner,* Dominikanermissionen 2, nach *F. Winter,* Die Cisterzienser des nördlichen Deutschlands bis zum Auftreten der Bettelorden I (Gotha 1868) 294.

Von besonderer Tragweite für die Wirksamkeit der Bettelorden wurde die jurisdiktionelle Organisation ihrer Missionsarbeit. Nicht nur daß die Verfügungsgewalt über die einzelnen Ordensmitglieder nicht mehr beim jeweiligen Klosteroberen, sondern beim Generaloberen des Gesamtordens lag — die Ordensbrüder selbst, die sich für die Missionsarbeit entschlossen, bildeten eigene Missionsgemeinschaften innerhalb ihrer Ordensfamilie. Doch erhielten nicht diese Gruppen die kirchliche Sendung, sondern der Orden als solcher. Der Generalobere gab die Sendung weiter, indem er Präfekten oder Vikare bestellte, die im Auftrag und in Vertretung des Generaloberen über die Durchführung der Sendung zu wachen hatten. Diese Präfekten oder Vikare waren also nicht kirchliche Instanzen (wie die späteren Apostolischen Vikare), sondern Ordensinstitutionen. Besonders auffällig ist diese Ordnung bei den Franziskanern. Ihre Missionsfelder waren in sechs Vikarien aufgeteilt, von denen die Vikarien Tatariae Aquilonaris, Orientis und Cathai den Bereich der Mongolen umfaßten, die Vicaria Marocchii Nordafrika und die Vikarien Bosniae und Russiae die Missionen in Süd- und Osteuropa. Die Dominikaner kannten in den Missionsgebieten die heimatliche Einteilung in Provinzen. Doch entstand gegen Ende des 13. Jh. die sog. Societas fratrum peregrinantium propter Christum in gentes[24], die hauptsächlich die im Orient tätigen Predigerbrüder zusammengefaßt zu haben scheint. Sie ist 1304 erstmalig urkundlich bezeugt. Eine ähnliche Missionsvereinigung der Minderbrüder läßt sich erst unter Urban V. nachweisen. Über ihren Aufbau ist wenig bekannt, außer daß ihr ein heimatlicher Missionsverein, die Bruderschaft vom heiligen Franz, angegliedert war, die besonders die Minderbrüder in Osteuropa unterstützte[25]. Sie wurde 1421 von Martin V. gutgeheißen.

Als Ausgangspunkt für die Mission in Innerasien muß die Tätigkeit unter den Fremdvölkern Osteuropas angesehen werden. Schon 1211 hatte König Andreas II. von Ungarn zum Schutz gegen die ins Land drängenden Kumanen deutsche Ordensritter berufen. Ihre Erfolge rechtfertigten die Gründung eines eigenen Kumanenbistums. Als die Ordensritter wegen Streitigkeiten mit dem König Ungarn verließen, traten die Dominikaner an ihre Stelle. Ihnen gelang es, bis zum Dnjepr vorzustoßen und den Kumanenfürsten Bortz zu bekehren; er wurde 1227 vom Erzbischof von Gran getauft. Zum Bischof der Kumanen wurde der Dominikaner Theoderich geweiht; sein Bistum unterstand unmittelbar dem Heiligen Stuhl. Mehrere Tausend Kumanen müssen zum Glauben gefunden haben. Doch vernichtete der Mongolensturm die Mission vollkommen. 90 Missionare wurden getötet, die Kumanen zerstreuten sich über den ganzen Balkan. Erst 1253, nach den diplomatischen Mongolenfahrten, begannen die Missionsreisen nach Ost-

[24] *R. Loenertz,* La Société des Frères Pérégrinants (Rom 1937).
[25] *A. Groeteken,* Eine mittelalterliche Missionsgesellschaft: ZMR 1 (1911) 1—13.

europa wieder. Die ersten 25 Jahre dieses Neuanfangs sind vollkommen in Dunkel gehüllt. Erst 1278 sind Versuche, das Kumanenbistum zu erneuern, bezeugt. Hierbei ist die Rede von Franziskanermissionaren, die in Qipčaq, dem Reich der Goldenen Horde, arbeiteten[26]. 1287 erfahren wir von mehreren Franziskanerklöstern auf der Krim und in Sarai, der Hauptstadt von Qipčaq[27]. Es gelang den Minderbrüdern, die „Kaiserin" Yailaq und später sogar den Khan Toqtai (1300/12) mit mehreren Mitgliedern seiner Familie zu taufen[28]. Um 1320 wirkten Minderbrüder sogar unter den Baschkiren[29]. Leider hat der Übertritt des Khans Uzbek (1312/40) zum Islam bald den Großteil der Goldenen Horde zur Annahme der Religion des Propheten gezwungen. Zu Anfang seiner Regierungszeit zählte die Vikarie Tatariae Aquilonaris 17 Niederlassungen. Zwischen 1318 und 1321 wurde Sarai Sitz eines lateinischen Bischofs.

Zur Entfaltung der Mission in der Tataria Orientis haben die politischen Ereignisse wesentlich beigetragen. Hier weckte die ursprünglich islamfeindliche Haltung der Mongolen die meisten Hoffnungen. Den Anstoß gab die Eroberung Bagdads (1258) durch Hülägü, einen Bruder des Großkhans Möngke. Damit war dem Abbasiden-Kalifat in Persien ein Ende bereitet. Hülägü begründete die Dynastie der Il-Khane (1255—1335); sein Reich umfaßte den Iran, Teile Turkestans, Armeniens und Ostanatoliens sowie Aserbeidschan und den Irak. Sein Kampf galt hauptsächlich den Mameluken in Ägypten. So kam es zu mannigfachen Beziehungen zu den Christen in Syrien und infolgedessen auch zu missionarischen Unternehmungen im Reich der Il-Khane und den angrenzenden Gebieten. Christliche Mongolenfürstinnen wie Soyorgatani Baigi, die Mutter Möngkes, Kubilays und Hülägüs, und Dokuz Khatun, die Gattin Hülägüs, spielten hierbei eine bedeutende Rolle.

Mehr Gewicht als auf die Bekehrung der Muslime und Heiden legte man auf die Wiedervereinigung der nestorianischen Kirche, die die religiöse Duldsamkeit der Mongolen dazu genutzt hatte, sich in Asien zu reorganisieren. Unter dem Katholikos Jahballahā III. von Bagdad (1281—1317), einem Ongüt, erreichten die Unionsbestrebungen ihren Höhepunkt, als dieser seinen Vertrauten, den Uiguren Bar Sauma, 1287 nach Rom sandte[30]. Bar Sauma hatte keine Bedenken, den Primat des Papstes anzuerkennen; Jahballahā tat es 1304 ebenfalls. Trotzdem blieb es bei diesen Ansätzen. Unter dem Il-Khan Gazan (1295—1305) gewann der Islam Oberhand, und die Streitigkeiten zwischen Schiiten und Sunniten haben dazu beigetragen, daß das Reich der Il-Khane zerfiel. Seit 1295 war die Glaubenspredigt vor Muslimen Anlaß zu Verfolgungen und blutigen Martyrien. Immerhin zählten Dominikaner wie Franziskaner 1314 noch je 15 Klöster in diesen Breiten.

[26] *Streit* IV 48. [27] *Streit* IV 50. [28] *Golubovich* III 170—177. [29] *Streit* IV 130.
[30] *J.-B. Chabot*, Histoire du Patriarche Mar Jabalaha III et du Moine Bar Çauma (Paris 1895).

Viel bedeutsamer wurde die Missionstätigkeit am äußersten Rande der damals bekannten Welt, in China. Die ersten Kontakte mit der Mongolendynastie in China wurden von den venezianischen Kaufleuten Polo 1261/69 aufgenommen. Sie überbrachten dem Papst eine Botschaft des Großkhans Kubilay (1260/94), in der er um hundert Missionare bat. Aber zwei Expeditionen der Päpste erreichten ihr Ziel nicht. Erst der Franziskaner Johannes von Montecorvino[31], der 1289 von Nikolaus IV. ausgesandt wurde, kam bis nach China. Er wählte als erster nicht den Landweg durch Innerasien, sondern nahm vom Persischen Golf aus die Route zur See. Er überreichte die päpstlichen Schreiben Kubilays Nachfolger Timur (Ch'eng-tsung, 1294 bis 1307) und begann dann zunächst mit seinem Apostolat unter den nestorianischen Ongüt im nördlichen Tenduk. Es gelang ihm, dessen König Georg zur Union mit Rom zu bewegen, und baute in dessen Hauptstadt eine Kirche[32], in der er die lateinische Meßliturgie „auf tatarisch" feierte. Leider starb Georg 1298, und der heftige Widerstand der Nestorianer bewog Johannes, Khanbaliq, die „Stadt des Khans" (das spätere Peking), aufzusuchen und dort mit der eigentlichen Missionsarbeit zu beginnen. Nach manchen Rückschlägen konnte er eine zahlreiche Gemeinde aus Mongolen und Chinesen gründen. In einem Brief von 1305[33] berichtet er von seinen Erfolgen und bittet um Hilfe. Dieser Brief ist missionsmethodisch außerordentlich aufschlußreich: Johannes hat vor allem katechetisch und liturgisch gearbeitet und sich durch kluge und weitherzige Anpassung ausgezeichnet. Seine Erfolge bestimmten Clemens V. 1307, Johannes zum Erzbischof von Peking zu ernennen und Khanbaliq zur Metropole der gesamten Mongolenmissionen zu machen[34]. Sechs Bischöfe wurden vom Papst nach China gesandt; sie sollten Johannes konsekrieren und dann von ihm auf die Suffraganate Zaitun (Fukien), Almaligh (Dschagatai), Kaffa, Sarai, Tana und Kumuk (Qipčaq) verteilt werden. — Johannes leitete die Mission bis 1328. Bei seinem Tode zählte die katholische Christenheit in China rund 30 000 Gläubige, unter ihnen etwa 15 000 Alanen, die die Mongolen aus dem Kaukasus nach China verpflanzt hatten. (Das erste chinesische Plenarkonzil in Shanghai beantragte 1924 die Seligsprechung des Johannes von Montecorvino.)

Die Leistungen des Johannes sind um so höher anzuschlagen, als er jahrelang allein arbeitete. Erst 1303 erhielt er in Arnold von Köln — dem ersten deutschen Chinamissionar! — einen Gehilfen[35]. Als Johannes zum Erzbischof ernannt worden war, versuchten zahlreiche Bettelmönche ihm zu

[31] *A. van den Wyngaert,* Jean de Mont Corvin (Lille 1924); *J. de Ghellinck:* RHM 5 (1928) 506—544.

[32] *Namio Egami,* Olon-süme et la découverte de l'église catholique romaine de Jean de Montcorvin: JA 240 (1952) 154—167.

[33] SF I 345—351.

[34] *Streit* IV 97—100. [35] *Streit* IV 107.

Hilfe zu eilen. Wie viele ihr Ziel erreichten, steht nicht fest. Immerhin muß es in China mehrere Klöster gegeben haben. Einen abenteuerlichen Bericht über diese Zeit gibt der Franziskaner Odorich von Pordenone, der drei Jahre in Khanbaliq weilte und dann auf dem Landwege über Tibet nach Europa zurückkehrte[36].

Inzwischen hatte Papst Johann XXII.[37] die kirchlichen Verhältnisse in Asien neu geordnet. 1318 errichtete er die Kirchenprovinz Sultaniyah, der er ebenfalls sechs Suffraganate zuteilte und sie den Dominikanern anvertraute[38]. Der Schwerpunkt lag hier auf der Unionsarbeit unter den schismatischen Armeniern. Mönche des geschlossen zu Rom zurückgekehrten Klosters Qrna bildeten eine eigene Gemeinschaft und nannten sich im Hinblick auf ihr Ziel Fratres Unitores[39]. Sie standen in losem Verband mit dem Dominikanerorden und konnten sich bis ins 18. Jh. hinein halten.

Zur Kirchenprovinz Sultaniyah gehörten auch zwei Bistümer außerhalb des hier beschriebenen Raumes: Das eine war Samarkand in der Provinz Sogdiana des Khanats Dschagatai, das in dem Dominikaner Thomas Mancasole von Piacenza seinen ersten Bischof erhielt[40]. Das andere war Quilon (Columbo) in Südindien; es verdankte seinen Ursprung dem Umstand, daß die auf dem Seeweg nach China reisenden Missionare hier auf die chinesischen Dschunken überwechselten. Die Wartezeit wurde mit Missionsarbeit ausgefüllt. Der erste Bischof von Quilon wurde der Dominikaner Jordanus Cathala von Sévérac[41], der seine Reise nach China aufgab und in Indien blieb, als seine vier Reisegefährten aus dem Franziskanerorden in Tana (beim heutigen Bombay) von fanatisierten Muslimen zu Tode gemartert worden waren[42]. — Von Quilon aus ergaben sich auch erste Verbindungen zu Äthiopien; vielleicht ist der Dominikaner Guillaume Adam sogar bis Ostafrika südlich des Äquators gelangt[43].

Von den beiden Kirchenprovinzen Sultaniyah und Khanbaliq erfahren wir zum letztenmal ausführlich in dem Reisebericht des päpstlichen Legaten Johannes de Marignolli von Florenz[44], der von 1338 bis 1353 die gesamte Christenheit in Asien besuchte. Dann brach das Unheil über das spätmittelalterliche Missionswerk herein. Die Pest, die 1348 fast alle Missionare in Persien dahinraffte, entvölkerte auf ihrem Zug nach Europa auch die Klöster der Heimat, so daß es unmöglich wurde, die notwendige Zahl von Glau-

[36] SF I 411—495.

[37] *A. Fliche,* L'action missionnaire du Pape Jean XXII: Bulletin des Missions 22 (Brügge 1948) 1—8.

[38] *Streit* IV 121 f.

[39] Vgl. die Artikelreihe von *M. A. van den Oudenrijn:* Het Missiewerk 17—19 (Nijmegen 1935/36—1937/38).

[40] *Streit* IV 166. [41] *Streit* IV 167 f. [42] *Streit* IV 132—135.

[43] *R. Hennig,* Terrae incognitae III (Leiden 1938) 144—147.

[44] SF I 524—560.

bensboten für die entfernten Gebiete zu stellen. Hinzu kam die stets fortschreitende Islamisierung der Mongolen, die unter Temür Läng (Tamerlan, 1336—1405) zwangsweise vollendet wurde. Der religiösen Toleranz der Mongolen folgte der unduldsame sunnitische Fanatismus, der allen missionarischen Bemühungen feindlich gegenüberstand. Zudem verwehrten die Kriege, mit denen Temür Läng ein Menschenalter hindurch Asien überzog, jede Reise. — Für die Kirche in China wurde entscheidend, daß die Mongolendynastie 1368 durch die nationalistischen Ming gestürzt wurde. Zwar tauchen bis zum Beginn des 15. Jh. gelegentliche Nachrichten über das Christentum in China auf; aber dann scheinen die letzten Reste zugrunde gegangen zu sein. 1410 wurde das Erzbistum Sultaniyah mit Khanbaliq vereinigt; aber 1473 findet der Venezianer Contarini auch dort weder Kirchen noch Christen vor.

Weder die direkte Missionsarbeit unter den Muslimen in Nordafrika noch die Versuche, die Mongolen zu Bundesgenossen gegen den Islam zu gewinnen, hatten zum Erfolg geführt. Im Gegenteil! Die Schranke, die der Islam zwischen Europa und Afrika errichtet hatte, war durch die Hinwendung der Mongolen zum Islam über Vorderasien bis nach Zentralasien hin verlängert worden. Mehr denn je bedrängte die Christenheit der Wunsch, diese Schranke zu durchbrechen. Diesem Ziel wollte eine Gemeinschaft portugiesischer Ritter dienen, die sich nach Aufhebung des Templerordens zusammengetan hatte und 1319 von Johann XXII. unter dem Namen Militia Jesu Christi anerkannt wurde[45]. Die Bulle „Ad ea ex quibus cultus"[46] ist nicht nur die Magna Charta der Christusmiliz, sondern von ebenso grundlegender Bedeutung für die koloniale Ausbreitung Portugals, die kirchliche Jurisdiktion in den eroberten Gebieten und das künftige Patronatsrecht (padroado) der Könige von Portugal in den Missionen.

Im Gegensatz zu den übrigen Ritterorden hatte die Christusmiliz den Kampf gegen die Muslime hauptsächlich auf dem Meere zu führen. Da Südspanien noch in maurischem Besitz war, galt es, auf nordafrikanischem Boden Fuß zu fassen und dem Feind in den Rücken zu fallen. Diese taktische Konzeption erhielt sich auch, als Heinrich der Seefahrer (1394—1460) nach dem Sieg bei Ceuta (1415) den Grund zu den portugiesischen Entdeckungsfahrten legte. Der Heilige Stuhl tat alles, um diese Unternehmen zu fördern[47]. Martin V. rief 1418 ganz Portugal zum Kreuzzug gegen die

[45] *A. Jann,* Die katholischen Missionen in Indien, China und Japan (Paderborn 1915) 1—63.

[46] *Streit* XV 271.

[47] Zwischen 1415 und 1500 zählt man 69 päpstliche Bullen; vgl. *Ch.-M. De Witte,* Les Bulles pontificales et l'expansion portugaise au XVe siècle: RHE 48 (1953) 683—718, 49 (1954) 438—461, 51 (1956) 413—453 809—856, 53 (1958) 4—46 44—471; *F. Mateos,* Bulas portuguesas y españolas sobre descubrimientos geográficos: Missionalia Hispanica 19 (Madrid 1962) 5—34 129—168.

Mauren und zur Ausbreitung des Glaubens auf[48]. Eugen IV. sprach 1443 alle eroberten und noch zu erobernden Inseln (!) der Christusmiliz zu[49]. Nikolaus V. drückt in seiner Bulle „Romanus Pontifex“[50] die Erwartungen der gesamten Christenheit aus: Die Entdeckungsfahrten an den Küsten Afrikas dienen dazu, den Seeweg nach Indien zu finden, mit den dort lebenden (Thomas-)Christen ein Bündnis einzugehen und die Muslime im Rücken zu fassen. Die Bulle verleiht Portugal das Eroberungs- und Handelsmonopol auf allen Meeren und Inseln. Als Entgelt muß es nach Kräften für die Ausbreitung des Glaubens sorgen. Ein Protest Kastiliens wurde von Kallist III. 1456 verworfen und der Christusmiliz sogar für alle Zukunft die (quasi-episkopale) Jurisdiktion über alle noch zu erobernden Gebiete übertragen[51]. Das ist für die Missionierung der Folgezeit außerordentlich bedeutsam geworden, da alle für die Mission gegebenen Vollmachten nur als abgeleitete Vollmachten zu betrachten sind. Jurisdiktionsträger ist die Christusmiliz. Die Vikare und Präfekten der zeitgenössischen Quellen sind ebenfalls nicht kirchliche Instanzen, sondern Vertreter der Christusmiliz. Das bedeutet gleichzeitig, daß die Missionstätigkeit sich nur im Schußfeld der portugiesischen Kanonen entfalten kann.

[48] *Streit* XV 373; *J. Goñi Gaztambide,* Historia de la Bula de la Cruzada en España (Vitoria 1958).

[49] *Streit* XV 460. [50] Vom 8. 1. 1455; vgl. *Streit* XV 512—514.

[51] *Streit* XV 523; *F. Pérez Embid,* Los descubrimientos en el Atlántico y la rivalidad castellano-portuguesa hasta el Tradado de Tordesillas (Sevilla 1948).

ZWEITER ABSCHNITT

Das abendländische Schisma und die Konzilien

Univ.-Professor Dr. Erwin Iserloh, Münster (Kap. 47)
Univ.-Professor Dr. Karl August Fink, Tübingen/Unterjesingen
(Kap. 46 und 48—50)

46. Kapitel

Das große Schisma bis zum Konzil von Pisa

QUELLEN: *Mansi* 26, 27; RepGerm I: Clemens VII. von Avignon (1378—1394), bearb. von *E. Göller* (Berlin 1916), II: Urban VI., Bonifaz IX., Innocenz VII. und Gregor XII. (1378—1415), bearb. von *G. Tellenbach* (Berlin 1933/62), III: Alexander V., Johann XXIII., Konstanzer Konzil (1409/17), bearb. von *U. Kühne* (Berlin 1935); Analecta Vaticano-Belgica VIII (Brüssel - Rom 1924), XII (1930), XIII (1932); Monumenta Vaticana res gestas Bohemiae illustrantia V (1903—1905); Deutsche Reichstagsakten, ältere Reihe I—VI (Neudrucke 1956); Theodorici de Nyem, De schismate libri tres, ed. *G. Erler* (Leipzig 1890); *F. Ehrle,* Neue Materialien zur Gesch. Peters von Luna (Benedikt XIII.): ALKGMA 6 (1892), 7 (1900); *Baluze - Mollat,* Vitae paparum Avenionensium I—IV (Paris 1916/28); *F. Ehrle,* Martin de Alpartils chronica actitatorum temporibus domini Benedicti XIII. (Paderborn 1906); *J. Vincke,* Briefe zum Pisaner Konzil (Bonn 1940); *ders.,* Acta concilii Pisani: RQ 46 (1941) 81—331; *ders.,* Schriftstücke zum Pisaner Konzil (Bonn 1942).

LITERATUR: *E. Delaruelle - E.-R. Labande - P. Ourliac,* L'église au temps du Grand Schisme et de la crise conciliaire: Histoire de l'église 14 (Paris 1962, mit reichlicher Lit.); *L. Gayet,* Le grand schisme d'occident. Les origines, 2 Bde (Florenz - Berlin 1889); *L. Salembier,* Le grand schisme d'Occident (Paris [5]1922); *N. Valois,* La France et le Grand schisme d'occident, 4 Bde (Paris 1896—1902); *M. Seidlmayer,* Die Anfänge des großen abendländischen Schismas (Münster 1940); *W. Ullmann,* The Origins of the Great Schism (London 1948); *E. F. Jacob,* Essays in the Conciliar Epoch (Manchester [3]1963); *O. Přerovský,* L'elezione di Urbano VI e l'insorgere dello scisma d'occidente: Miscellanea della società Romana di storia patria XX (Rom 1960); *H. Angermeier,* Das Reich und der Konziliarismus: HZ 192 (1961) 529—583; *P. Brezzi,* Lo scisma d'occidente come problema italiano: ADRomana 67 (1944) 391—450; *A. Cutolo,* Re Ladislao d'Angiò-Durazzo, 2 Bde (Mailand 1936); *M. de Boüard,* La France et l'Italie au temps du grand schisme d'occident (Paris 1936); *E. Perroy,* L'Angleterre et le grand schisme d'occident. Étude sur la politique religieuse de l'Angleterre sous Richard II, 1378—1399 (Paris 1933); *W. Ullmann,* The University of Cambridge and the Great Schism: JThS NF 9 (1958) 53—77; *A. M. Rodríguez,* Benedicto XIII y el reino de Aragón: Hispania 19 (1959) 163 bis 191; *L. S. Fernández,* Castilla, el cisma y la crisis conciliar 1378—1440 (Madrid 1960); *A. Boscolo,* La politica italiana di Martino il vecchio re d'Aragona (Padua 1962); *S. Púig y Puig,* Pedro de Luna último papa de Aviñón (Barcelona 1920); *G. Pillement,* Pedro de Luna, le dernier pape d'Avignon (Paris 1955); *A. Glasfurd,* The Antipope (Peter de Luna, 1342—1423). A Study in Obstinacy (London 1965); *G. J. Jordan,* The Inner History of Great Schism of the West. A Problem in Church Unity (London 1930); *K. A. Fink,* Zur Beurteilung des Großen abendländischen Schismas: ZKG 73 (1962) 335—343; *R. G. Trexler,* Rome on the Eve of the Great Schism: Speculum 42 (1967) 489—509; *J. Favier,* Les finances pontificales à l'époque du Grand Schisme d'Occident (Paris 1966).

Konzil von Pisa: *Hefele - Leclercq* VI; *F. Stuhr,* Organisation und Geschäftsordnung des Pisaner und Konstanzer Konzils (Schwerin 1891); *L. Schmitz*, Zur Geschichte des Konzils von Pisa: RQ 9 (1895) 351—375; *L. Dax*, Die Universitäten und die Konzilien von Pisa und Konstanz (Diss. phil. Freiburg 1910); *A. Brüggen*, Die Predigten des Pisaner Konzils (Diss. theol. masch. Freiburg 1963).

Konziliare Idee: *F. Bliemetzrieder*, Das Generalkonzil im großen abendländischen Schisma (Paderborn 1904); *R. Scholz*, Eine Geschichte und Kritik der Kirchenverfassung vom Jahre 1406: Papsttum und Kaisertum, Festschrift P. Kehr (Berlin 1926) 595—621; *J. Klotzner*, Kardinal Dominikus Jacobazzi und sein Konzilswerk: AnGr 45 (1948); *F. Merzbacher*, Wandlungen des Kirchenbegriffs im Spätmittelalter. Grundzüge der Ekklesiologie des ausgehenden 13., des 14. und 15. Jh.: ZSavRGkan 39 (1953) 274 bis 361; *B. Tierney*, Foundations of the Conciliar Theory (Cambridge 1955); *L. Buisson*, Potestas und Caritas (Köln-Graz 1958); *J. M. Moynihan*, Papal Immunity and Liability in the Writings of the Medieval Canonists: AnGr 120 (1961); *A. Marongiu*, Il principio della democrazia e del consenso (quod omnes tangit, ab omnibus approbari debet) nel XIV secolo: StG 8 (1962) 553—575; *M. J. Wilks*, The Problem of Sovereignty in the Later Middle Ages (Cambridge 1963); *H. Jedin*, Bischöfliches Konzil oder Kirchenparlament (Basel 1963); *K. W. Nörr*, Kirche und Konzil bei Nicolaus de Tudeschis, Panormitanus (Köln-Graz 1964); *U. Horst*, Papst, Bischöfe und Konzil nach Antonin von Florenz: RThAM 32 (1965) 76—116; *K. A. Fink*, Die konziliare Idee im späten Mittelalter (Vorträge und Forschungen 9, 1965) 119—134; *F. Merzbacher*, Die ekklesiologische Konzeption des Kardinals Francesco Zabarella (Innsbrucker Beiträge zur Kulturwissenschaft 12, 1966) 279—287; *J. Lecler*, La crise conciliaire du XVe siècle: RSR 55 (1967) 76—87.

Der frühe Tod Gregors XI. brachte die Kirche in eine schwierige Lage. Die nach Rom zurückgeführte Kurie, vor allem die vielen französischen Kardinäle waren in Italien noch nicht heimisch, sechs Mitglieder des Kollegs waren in Avignon geblieben. Die Sorge der Römer, ihr eben erst wiedergewonnenes Papsttum erneut zu verlieren, macht die Bemühungen um einen römischen oder doch wenigstens italienischen Papst verständlich. Aber diese Bemühungen beschränkten sich nicht nur auf Bitten und Vorstellungen, sondern sie nahmen gewalttätige Formen an. Schon während der Exequien für Gregor XI. kam es zu Aufläufen in der Stadt, und nach Bezug des Konklaves im Vatikanischen Palast am Abend des 7. April nahmen die Unruhe und der Druck erheblich zu. Tausende von Römern verlangten in Sprechchören einen aus Rom stammenden oder doch in Italien Geborenen als Papst. Nur mit großer Mühe konnten bewaffnete Scharen aus den Räumen des Konklave entfernt werden. Den 16 Kardinälen (11 Franzosen, 4 Italiener, 1 Spanier) wurde von den Vorstehern der Regionen noch am selben Abend der Wunsch nach einem italienischen Papst vorgetragen, worauf die Kardinäle eine ausweichende Antwort erteilten. Auch ohne diese äußeren Bedrängnisse ließen die üblichen Gruppenbildungen einen schwierigen Verlauf des Wahlgeschäftes erwarten. Die stärkste Gruppe stellten die sogenannten Limousiner, denen an der Fortsetzung der bisherigen Tradition der drei Limousiner-Päpste lag. Ihnen stand die kleine sogenannte französische Gruppe gegenüber, gewillt, solche Pläne um jeden Preis zu vereiteln. Im Hinblick auf diese Lage waren schon auswärtige Kandidaten genannt worden, unter ihnen der Erzbischof von Bari, Bartolomeo Prignano, Regens der päpstlichen Kanzlei, da sich der eigentliche Vizekanzler noch in Avignon befand. Franzosen und Italienern mochte er genehm erscheinen, da er aus dem angiovinischen Neapel stammte und viele Jahre in Avignon verbracht hatte. Ein geordnetes Wahlverfahren erwies sich bald als unmöglich. Schon am nächsten Morgen, nach unruhiger Nacht, begannen die Störungen von neuem. Immer wieder mußte der Kustos des Konklaves, der Bischof von Marseille, die Rangältesten der drei Ordines herausrufen, um durch sie die Volksmenge zu beruhigen, indem man ihr im Laufe des Tages einen römischen oder italienischen Papst in Aussicht stellte. Am frühen Vormittag entschloß sich ein Teil der Kardinäle, für Prignano zu stimmen, ob mit allgemeinem Vorbehalt, ist nicht ganz sicher, aber für einige Kardinäle bezeugt. Am Nachmittag versuchten die Kardinäle, aber nicht alle, die Abstimmung über Prignano zu wiederholen und den inzwischen herbeigerufenen Kandidaten über die Annahme der Wahl zu befragen. Sie kamen damit nicht zu Ende, denn jetzt erfolgte der Sturm auf das Konklave, der vorübergehend beschwichtigt wurde, indem man den alten römischen Kardinal Tebaldeschi als gewählt erklärte. Gegen sein Sträuben wurde er durch die Volksmenge vor dem Altar der Kapelle inthronisiert; während dieser Pause entflohen die anderen Kardinäle, sechs in die Engelsburg, die übrigen in ihre festen Häuser oder außerhalb Roms. Am Nachmittag des andern Tages fanden sich freiwillig und herbeigerufen 12 Kardinäle im Vatikan ein, um den unterbrochenen Wahlgang zu beenden.

Nach dieser sehr unsicheren Wahl beginnt das eigentliche Problem, da die Kardinäle an der Inthronisation teilnahmen, Urban VI. als Papst behandelten, wenigstens nach außen hin, ihm ihre Suppliken vorlegten und die Wahlanzeigen an die Fürsten absandten. Damit, so liest man oft, sei der „tacitus consensus" gegeben, und die Kardinäle hätten ihr Einspruchsrecht gegen die „impressio" bei der Wahl verwirkt. Die Klärung und Beurteilung der Vorgänge in Rom in den Wochen von der Wahl bis zum offenen Abfall der Kardinäle im Juni gehört zu den schwierigsten Aufgaben der spätmittelalterlichen Kirchengeschichte. Unter den vielen zwiespältigen Papstwahlen des Mittelalters nehmen die des Jahres 1378 eine besondere Stellung ein, da nicht, wie früher oft geschehen, eine schnelle politische Entscheidung die theoretischen Erwägungen beseitigte. An Bemühungen über die Behebung der Unklarheit über den rechtmäßigen Papst hat es nicht gefehlt. Kein anderes Ereignis dieser Zeit hat ein solches Ausmaß an Überlieferung hinterlassen, für keine andere brennende Frage wurden so viele Verhöre angestellt und Zeugen aufgeboten.

In erster Linie kommt die Sammlung von etwa 60 Handschriften in Betracht, die unter der Bezeichnung „Libri de schismate" im Vatikanischen Archiv aufbewahrt wird. Es handelt sich um ein vielschichtiges Material, das vom Beginn des Schismas bis zur Jahrhundertwende geht und von dem treuen Anhänger Benedikts XIII., Martin de Zalva, Bischof von Pamplona und Kardinal, zusammengebracht wurde; später ging es in den Besitz Benedikts XIII. über, der zur raschen Benutzung eine „tabula" anfertigen ließ. Eine Sammlung also für den praktischen Zweck der Verteidigung der Rechtmäßigkeit, aber weiter ausgreifend und auch die Gegenseite ausgiebig berücksichtigend. Eine Form der Überlieferung, die sonst aus dem Mittelalter kaum in solcher Fülle erhalten ist und in ihrer Unmittelbarkeit die großen Verluste ähnlichen Materials bedauern läßt. Oft schon benutzt, so wie man es für die jeweilige Ansicht brauchen konnte, besonders von Raynald und Baluze, zuverlässiger von Gayet, Ehrle, Valois und zuletzt von Seidlmayer und Přerovský[1]. Ein großer Teil dieser Libri de schismate besteht aus Zeugenverhören über den Ursprung des Schismas, vor allem über die Wahl Urbans VI. und die darauf folgenden Wochen bis zur Wahl Clemens' VII. Sie beschäftigen sich also zunächst mit dem sogenannten „Factum". Im allgemeinen entscheiden sich die verhörten Personen je nach Obedienz nach dem zeitgenössischen Sprachgebrauch für den „primus electus" oder „secundus electus", aber sie sind nicht nur parteiisch und machen viele neutrale Aussagen über die Vorgänge. Die ersten größeren Vernehmungen fanden in Rom im März 1379 statt, zugunsten Urbans. Ein zweites Verhör wurde in Barcelona im Mai und September 1379 vom königlichen Rat veranstaltet mit positivem Ausgang für Clemens. Die im November 1379 in Rom befragten 23 Zeugen sprachen sich für Urban aus. Am besten sind wir über solche Bemühungen auf der Iberischen Halbinsel unterrichtet; sehr ausführlich über Kastilien, wo König Heinrich II. durch seine gerade in Italien weilenden Gesandten vorzüglich informiert wurde, angesichts der schwierigen Lage in strengstem Geheimnis und mit größter Vorsicht. Dann wurden aber im Auftrag des neuen Königs Johann I. umfangreiche Vernehmungen in Avignon im Mai 1380 und in Rom im Juli desselben Jahres durchgeführt als Grundlage für den großen Prozeß in Medina del Campo vom November 1380 bis Mai 1381, wo noch schriftliches Material vorgelegt wurde und mündliche Verhöre stattfanden. Über 100 Aussagen von allen Richtungen lagen hier vor und führten dann nach monatelangen Beratungen zur Entscheidung des Königreichs für Clemens VII.[2]. Viel später, im Sommer 1386 ließ dann auch der König von Aragón in Avignon noch 40 Personen verhören, die natürlich alle zugunsten des dortigen Papstes aussagten. Auch diese späten Aussagen sind trotz des großen zeitlichen Abstandes und der Verfestigung der Obedienzen nicht ohne Wert, doch überragt alle die

[1] *M. Seidlmayer,* Die spanischen „Libri de schismate" des Vatikanischen Archivs: Ges. Aufsätze zur Kulturgesch. Spaniens 8 (1940) 199—262.

[2] Paris Bibl. nat. cod. lat. 11745; zur Hs. *Baluze-Mollat* II 800—812; *N. Del Re,* Il „consilium pro Urbano VI" di Bartolomeo da Saliceto (Vat. lat. 5608): Collectanea Vaticana in honorem Anselmi M. card. Albareda I: SteT 219 (1962) 213—263; *L. Saggi,* Bartolomeo Peyroni O. Carm., vescovo di Elne e la sua testimonianza circa il conclave del 1378: AHPont 4 (1966) 59—77.

Veranstaltung des Prozesses in Kastilien. Was ist nun das Ergebnis dieser Bemühungen um die Erkenntnis des „Factums"? Dieses „Dubium in facto" wurde nach allen Seiten hin beleuchtet mit dem Ziel, die Vorgänge bei der Wahl Urbans bis ins kleinste und möglichst auch die Intention der Wähler zu erforschen. Die Beurteilung der Wahl ist fast einstimmig: Die Wahl war nicht frei, sondern durch „impressio" erfolgt, durch „metus qui cadit in constantem virum", weder absolut gültig noch absolut ungültig, aber auf jeden Fall anfechtbar. Versucht man aus dem Dickicht der zahllosen Aussagen (depositiones) sich ein Bild zu machen, so fällt es nicht zugunsten Urbans aus, und zwar nicht nur hinsichtlich der Wahlvorgänge und der Persönlichkeit, sondern auch was die Zeit unmittelbar nach der Wahl betrifft.

Die ersten nach außen gehenden Nachrichten brachten zunächst nur die Kunde von der vollzogenen Wahl und damit die Hinnahme oder Anerkennung des Gewählten; bald wußte man aber vielerorts Einzelheiten über die Ereignisse in Rom, und diese mahnten zur Vorsicht, wenn nicht zum Abwarten mit der Anerkennung des neuen Papstes. Selbst in Rom wurden in einer Predigt in Ara coeli, zwei Tage nach der Wahl, Zweifel über die Gültigkeit geäußert[3]. Und offizielle von Kardinälen an Fürsten gerichtete Briefe, deren Wortlaut gelegentlich vom neuen Papst mitbestimmt wurde, waren von geheimen Botschaften begleitet, die anders lauteten als der amtliche Text[4]. Alles hing nun davon ab, wie sich der neue Papst in seinem Auftreten gab und ob die Mängel des Wahlaktes durch nachfolgenden wirklichen Konsens behoben werden konnten. Gerade das war aber nicht der Fall. Bald kam es zu Auseinandersetzungen und Zusammenstößen mit fürstlichen Gesandten, Kardinälen, Bischöfen und kurialen Beamten, zu politisch höchst unklugem Verhalten etwa der Königin von Neapel und dem deutschen König Wenzel gegenüber. Dabei wurden sofort gründliche Reformen angekündigt; bei den Kardinälen sollten sie beginnen. Es geht hier nicht nur um die Sache, sondern um die unglückliche Art und Weise einer autoritären, diktatorischen Regierungsform des bisherigen subalternen kurialen „archiepiscopellus", wie ihm ein Kardinal ins Gesicht sagte[5], um eine krankhaft hohe, der wirklichen Situation des Papsttums nicht mehr entsprechende Vorstellung von seinem neuen Amt und eine daraus strömende verletzende Überheblichkeit. Das alles bestärkte den Eindruck einer pathologischen Persönlichkeit[6]. Neuerdings ist diese „incapacità" gründlich erforscht worden und führte zu der interessanten und zugespitzten Fragestellung: Können die Kardinäle ihr Votum zurücknehmen, wenn sie merken, daß der von ihnen

[3] *O. Přerovský,* L'elezione di Urbano VI 42.
[4] *M. Seidlmayer,* Die Anfänge des großen abendländischen Schismas 243 288 332.
[5] *M. Seidlmayer,* Anfänge 280.
[6] O. *Přerovský* a. a. O. 65ff 182ff. Einzelheiten bei *M. Seidlmayer,* Anfänge 8—18. Ein Mitglied des Consiglio von Florenz: singulariter et precipue seipsum destruit": Archivio storico per le provincie Napoletane 45 (1920) 40.

Erwählte sein Amt nicht in verständiger Weise ausüben kann, mit andern Worten, daß ein schwerwiegender Irrtum in der Person und ihren Eigenschaften vorliegt? Was vorher nur im Untergrund lebendig war und mit größter Vorsicht ausgedrückt wurde, kam nach Beginn der sommerlichen Villeggiatur rasch zum Vorschein. Kurz nacheinander gingen im Juni die Kardinäle mit päpstlicher Erlaubnis von Rom weg und fanden sich in Anagni zusammen, wohin die Kurie verlegt war und wohin auch der Papst kommen wollte. Jetzt mehrten sich die Stimmen, die von einer ungültigen Wahl sprachen, von neuen in Anagni zu führenden Verhandlungen, von Wiederwahl unter normalen Umständen, auch von Konzil und einer Art von Kuratel für den nicht voll regierungsfähigen Papst. Urban blieben diese Stimmen nicht verborgen, auch Kardinäle ließen ihm jetzt ihre Bedenken vortragen. Der Ernst der Lage wurde ihm aber nicht voll bewußt, doch zögerte er, nach Anagni zu gehen, und begab sich dann Ende Juli nach Tivoli. Kurz zuvor war ein offizieller Vertreter der in Anagni versammelten Kardinäle in Rom erschienen, um ihm ihre Ansicht mitzuteilen: Er habe kein Recht auf die päpstliche Würde; entweder würde er wiedergewählt oder anderweitig versorgt. Die noch unentschlossen in Rom zurückgebliebenen drei italienischen Kardinäle sandte Urban darauf nach Anagni mit nachgiebigen, Schwäche verratenden Vorschlägen. Doch bald fand er zu seiner starren Haltung zurück und wies die durch eine neue Gesandtschaft der Kardinäle vorgebrachten Erwägungen von sich ebenso wie die der italienischen Kardinäle, die zu ihm nach Tivoli zurückkehrten. Für einen oder mehrere Koadjutoren, die seine Unfähigkeit verdecken sollten, war er nicht zu haben, sondern verlangte unbedingte Anerkennung der Gültigkeit seiner Wahl. Im recht lebhaften Austausch von Vorschlägen den ganzen Juli hindurch nahm das Konzil eine besondere Stellung ein. Hauptvertreter dieser Idee waren die Italiener, am stärksten unter ihnen Orsini[7]. Die Erklärung der französischen Kardinäle vom 20. Juli bezüglich der Ungültigkeit der Wahl und damit der Sedisvakanz machten weitere Verhandlungen schwierig, während die drei Italiener, die immer noch im Konzil den letzten Ausweg sahen, doch nicht mehr zum Papst zurückgingen, sondern nur noch schriftlich den Verkehr aufrechterhielten. Ein Nachgeben Urbans war aber immer weniger zu erwarten.

Entscheidende Verhandlungen aller Kardinäle fanden von Mitte September an in Fondi statt. Von den Italienern wurde noch einmal auf das Konzil hingewiesen, das nicht alle Bischöfe zu versammeln brauche, sondern aus Vertretern jeder Kirchenprovinz bestehen könne. Venedig, Pisa und Neapel wurden vorgeschlagen oder wegen der Nähe Frankreichs auch das piemontesische Gebiet. An den Schwierigkeiten der Berufung und der Interimsregierung scheiterten diese Erwägungen, und es bedurfte jahrzehntelanger

[7] *M. Seidlmayer*, Anfänge 179 ff.

Erörterung, bis man sich darüber im klaren war. Am Ende dieser Beratungen in Fondi stand die Neuwahl. Allem nach war den Italienern Hoffnung gemacht worden, so daß auch sie am Konklave des 20. September teilnahmen. Aber keiner aus ihnen wurde gewählt, sondern der schon seit langem ins Auge gefaßte Kardinal Robert von Genf; wenn man wollte, konnte man in ihm einen Neutralen — zwischen Frankreich und Italien — sehen. Er wurde noch am 20. September gewählt, die Wahl am 21. publiziert und er am 31. Oktober als Clemens VII. gekrönt. Das Schisma war Wirklichkeit. Bei sorgfältiger Abwägung aller Tatsachen scheint es so zu sein, daß die Wahl Urbans auf keinen Fall und der sogenannte „tacitus consensus" nur in höchst fraglicher Weise die Legitimität der pontifikalen Anfänge stützen können, die „incapacità" war zu offenkundig. Das zurückhaltende Urteil von Valois ist, geschichtlich gesehen, wohl noch immer der richtige Standpunkt, und ein so hervorragender Kenner dieser Zeit wie G. Mollat hat sich dieser Ansicht angeschlossen[8]. Entscheidungen in diesem beginnenden Schisma sind zunächst auf politischem Gebiet gefallen.

Von der Kurie und ihrem Personal her gesehen, wurde von den meisten die Wahl Roberts begrüßt. Wer noch aus Rom entweichen konnte, tat es, und zwar mit Amtsbüchern, Registern und Siegelstempeln. Die höchsten Beamten der kurialen Verwaltung gingen zu Clemens VII. über, und so schien die Lage Urbans sehr gefährlich. Beide Erwählte versuchten mit vielen Briefen und Gesandtschaften an Könige, Fürsten, Bischöfe, Universitäten und Städte ihre Rechtmäßigkeit darzutun und Anerkennung zu erlangen. Die politische Lage schien für Clemens zunächst günstiger, doch gelang es ihm nicht, sich Roms und der Person Urbans zu bemächtigen. Im Gegenteil, nach dem Sieg der Söldner Urbans bei Marino (29. April 1379) und der Gewinnung der Engelsburg mußte Clemens trotz der Unterstützung durch die Königin von Neapel Italien verlassen und sich im Mai 1381 nach Avignon zurückziehen. Daraus hat man vorschnell auf ein enges Einverständnis mit dem französischen König seit den Ereignissen in Anagni und Fondi geschlossen. Frankreich scheint sich aber in der ersten Zeit zurückgehalten zu haben, wenn auch seine Sympathien für Clemens waren[9]. Für Urban galt es, eine neue Kurie einzurichten; er begann mit der Promotion von 29 Kardinälen, aber nicht alle Erkorenen nahmen an. Im italienischen Bereich mit seinen vielen größeren und kleineren Herrschaften wurde Urban fast allgemein anerkannt. Freilich gab es viele Schwankungen und Veränderungen, je nach der großen Politik, auch neutrale Haltungen waren nicht selten. Da es zwischen dem „primus electus" und dem „secundus electus" nicht zu einer baldigen Entscheidung und ein Konzil nicht zustande kam, begann die große Spaltung sich abzuzeichnen. Sie vollzog sich vorwiegend

[8] DHGE 12 (1953) 1166 f.

[9] *M. Seidlmayer,* Anfänge 16 69. Zu Clemens VII.: DHGE 12 (1953) 1162—1175.

unter politischen Aspekten. Auf die Seite Urbans stellte sich außerhalb Italiens vor allem das Reich und sein König Wenzel, mit ihm die östlichen und nordischen Länder, auch Ungarn, von den westlichen Staaten England als Gegner Frankreichs. Hauptstütze Clemens' VII. wurde nach kurzer Neutralität Frankreich und die von ihm abhängigen Gebiete Burgund, Savoyen und Neapel, auch Schottland, weil mit England verfeindet. Es gab auch politische Bereiche, in denen die Entscheidung für den einen oder andern Erwählten nicht so schnell fiel. Da der früh erhobene Ruf nach einem Konzil nicht oder nicht bald sich verwirklichen ließ, versuchte man, sich selbst ein Urteil zu bilden auf Grund möglichst genauer Prüfung der Fakta. Die gründlichen Bemühungen in Kastilien sind schon erwähnt worden; ihr Ergebnis war die Anerkennung Clemens' VII. im Jahre 1380. Mehr als in früheren Schismen trat eine abwartende Haltung ein, die sogenannte Indifferenz, die nicht Gleichgültigkeit oder mangelndes Interesse bedeutet, sondern neutrales Zuwarten bis zu einer allgemein annehmbaren Entscheidung der sehr schwierigen kanonistischen Fragen. Inzwischen forderte die Verwaltung der kirchlichen Benefizien und Finanzen in den Territorien der Indifferenz eine zuständige Instanz. Es waren nicht nur finanzielle Gesichtspunkte, die in Aragón vor allem zur Einrichtung einer königlichen „Camera apostolica" führten; an vielen Orten half man sich auf ähnliche Weise. Aragón war mehr für Urban, aber als Pedro de Luna als Kardinallegat ins Land kam, änderte sich bald die Stimmung. Doch dauerte es fast 10 Jahre, bis sich der neue König Johann für die avignonesische Obedienz entschied[10]. Aber das aragonische Sizilien unterstand Rom. Portugal blieb zunächst indifferent, erklärte sich 1380 für Avignon, wechselte 1381 zu Urban, 1382 wieder zu Clemens, um 1385 endgültig zu Urban überzugehen[11]. Der König von Navarra hat sich erst 1390, also nach langer Indifferenz für die avignonesische Obedienz ausgesprochen[12]. Mehr als in diesen gro-

[10] *M. Seidlmayer,* Anfänge 65—118; *ders.,* Peter de Luna (Benedikt XIII.) und die Entstehung des großen abendländischen Schismas: Ges. Aufsätze zur Kulturgesch. Spaniens 4 (1933) 206—247; *J. Zunzunegui,* La legación en España del card. Pedro de Luna 1379—1390: Miscellanea hist. Pont. 7 (1943) 83—137; *J. Vincke,* Der König von Aragón und die Camera apostolica in den Anfängen des Großen Schismas: Ges. Aufsätze zur Kulturgesch. Spaniens 7 (1938) 84—126; *ders.,* Die Berufung an den römischen Stuhl während der „Indifferenz" König Peters IV. von Aragón: ebd. 8 (1940) 263—279; *ders.,* Die Krone von Aragón und das große abendländische Schisma: Staatl. Akademie zu Braunsberg, Personal- und Vorlesungsverzeichnis SS 1944; *A. Boscolo,* Medio evo Aragonese, Kap.: Isole mediterranee, chiesa e Aragona durante lo scisma d'occidente (Padua 1958); *J. Morera Sabater,* Una curiosa correspondencia del año 1386 relativa al cisma de Occidente: Ges. Aufsätze zur Kulturgesch. Spaniens 22 (1965) 202—216.

[11] *M. Seidlmayer,* Anfänge 24; *J. C. Baptista,* Portugal e o cisma de occidente: Lusitania sacra 1 (1956) 65—203.

[12] *J. Zunzunegui,* El reino de Navarra y su obispado de Pamplona durante la primera época del cisma de occidente. Pontificado de Clemente VII de Aviñón 1378—1394 (San Sebastián 1942).

ßen Staaten gab es Schwierigkeiten an den Grenzen der Obedienzen, wo die Spaltung oft bizarre Formen annahm. So vor allem an der westlichen Reichsgrenze, die ja keine feste Linie darstellte und deshalb häufigen Wechsel aufwies.

In den Anfängen des Schismas entfaltete Clemens eine fieberhafte Tätigkeit, um in dem deutschen Raum — ein Gebiet ohne starke Zentralgewalt — sich Einfluß zu verschaffen. Viele Provisionen, Expektanzen und Eingriffe in strittige Sachen sind überliefert, ohne daß wir jeweils das Ergebnis kennen. Immerhin zeigt das von E. Göller bereitgestellte Material eine große Unsicherheit in der Abgrenzung der Obedienzen und weist zahlreiche Anhänger des Papstes von Avignon in allen deutschen Bistümern nach. Die oberrheinischen Diözesen Konstanz, Basel, Straßburg, Herzog Leopold von Österreich, Graf Eberhard von Wirtemberg, Markgraf Bernhard von Baden und niederrheinische Fürsten und Städte neigten zu Clemens[13]. Abgesehen von den Randgebieten, verfestigte sich aber die römische Obedienz zusehends im Reich, besonders durch die Tätigkeit König Wenzels und den auf Betreiben des Pfalzgrafen Ruprechts I. ins Leben gerufenen Urbansbund wie auch durch die erfolgreiche Legation des Kardinals Pileo da Prata. Aber nicht einmal alle deutschen Bischöfe traten dem Urbansbund bei; trotz der vorherrschenden Sympathie für Urban war an eine Reichseinung nicht zu denken[14]. Die Spaltung ergriff auch die zentral geleiteten Ordensfamilien, die bald doppelte Generalsreihen und doppelte Generalkapitel hatten. In Dom- und Stiftskapiteln gab es darob Zwiespalt, bis in die Familien hinein drang die Entzweiung, wenn wir auch über die Gewissensnöte verständlicherweise nicht viel wissen. Gerne weist man darauf hin, daß auf beiden Seiten Heilige mit Eifer ihren jeweils anerkannten Papst verteidigten. Das bedeutet sachlich nicht viel und ist nur ein weiterer Beleg dafür, daß es eben keinen allgemein anerkannten Papst, keinen „papa indubitatus" gab. Bezeichnend ist das Verhalten des einflußreichen und gelehrten Erzbischofs Pedro Tenorio von Toledo, der im Kanon der Messe den Papstnamen durch die Formel: „pro illo qui est verus papa" ersetzte[15]. Es ist

[13] *E. Göller,* RepGerm I (Berlin 1916) 99*—170*; *C. Schmitt,* Le parti clémentiste dans la province franciscaine de Strasbourg: AFrH 55 (1962) 82—102; *K. Schönenberger,* Das Bistum Konstanz während des großen Schismas (Fribourg 1926); *ders.,* Das Bistum Basel während des großen Schismas (Basel 1928); *J. Rott,* Le grand schisme d'occident et le diocèse de Strasbourg: MAH 52 (1935) 366—395; *A. Largiadèr,* Zum Großen abendländischen Schisma von 1378 bis 1415: Mélanges offerts à M. Paul-E. Martin (Genf 1961) 199—212; *G. A. van Asseldonk,* De Nederlanden en het western schisma tot 1398 (Utrecht 1955); *J. Paquet,* Le Schisme d'Occident à Louvain, Bruxelles et Anvers: RHE 59 (1964) 401—436.

[14] *H. Weigel,* Männer um König Wenzel. Das Problem der Reichspolitik 1379—1384: DA 5 (1942) 112—177; *ders.,* König Wenzels persönliche Politik. Reich und Hausmacht 1384—1389: DA 7 (1944) 133—199; *P. Stacul,* Il cardinale Pileo da Prata (Rom 1957).

[15] *F. Ehrle,* Martin de Alpartils chronica actitatorum (Paderborn 1896) 519.

müßig, darüber zu streiten, ob bei den Entscheidungen für den einen oder andern Papst der politischen oder der religiösen Seite das größere Gewicht zukommt. Auch bei überwiegend theologischen Erwägungen bedurfte es zur Durchsetzung der gewonnenen Überzeugung politischer Maßnahmen. Gewiß gab es auch Kleriker, die um der Bepfründung willen sich an beide Kurien wandten, aber der Wechsel von hochstehenden Persönlichkeiten von einer Obedienz zur andern ist meist durch politische Umstände bedingt, wie auch die Gutachten sich nach der jeweiligen politischen Lage richteten. Beispiele für die Aufsage der Obedienz sind der Franziskanerkardinal Leonardo Giffoni und Pileus da Prata, genannt der Kardinal mit den drei Hüten[16]. Nur auf dem Gebiete der internationalen Finanz merkte man nicht viel von der Zerreißung der Christenheit, da die meisten Banken für beide Obedienzen arbeiteten[16a].

Der äußerst geschickte Politiker Clemens VII. ließ es nicht mit dem Entwurf der Messe „de schismate tollendo" und der Anordnung von Prozessionen zur Abwendung des Übels bewenden, sondern strebte beharrlich die „via facti" an. Noch vor dem Verlassen Italiens hatte er in den Bullen von Sperlonga vom April 1381 Ludwig von Anjou mit einem großen Teil des nördlichen Kirchenstaats belehnt und so das Königreich Adria in Aussicht genommen. Italien wäre damit ganz unter die Herrschaft oder doch den Einfluß Frankreichs gekommen. Er konnte sich aber gegen Karl von Durazzo nicht durchsetzen[17]. Auch hier war es wieder die große Politik, die die Ausführung der „via facti" verhinderte, vor allem der Gegensatz England—Frankreich. Dieser wirkte sich auch auf die Verhältnisse in Italien aus. Kaum in einer andern Epoche der Geschichte der italienischen Halbinsel sind sie so verworren und sind Bündnisse und Verträge von so kurzer Dauer. Es ist die Zeit des größten Aufstiegs der Visconti in Mailand, besonders unter Gian Galeazzo. Ihm stellte sich Florenz entgegen, das auch am meisten Grund zur Furcht hatte, während Venedig sich zurückhielt. Fast alle Unternehmungen der italienischen Signorien gingen unter der stolzen Flagge der Italianità, in Wirklichkeit waren es meist Verbrämungen der eigensüchtigen politischen Ziele. Um das Gleichgewicht der Kräfte aber zu erhalten, sollten

[16] *C. Schmitt,* La position du card. Léonard de Giffoni ofm dans le conflit du Grand Schisme d'Occident: AFrH 50 (1957) 273—331, 51 (1958) 25—72 410—472; *P. Stacul* a. a. O.; weitere Beispiele der Unsicherheit: *F. Babudri,* Lo scisma d'occidente e i suoi riflessi sulla chiesa di Brindisi: Archivio storico Pugliese 8 (1955) 85—120; *ders.,* Oria e lo scisma d'Occidente: ebd. 9 (1956) 145—153; *G.-G. Meerssemann,* Études sur l'ordre des frères Prêcheurs au debut du Grand Schisme: AFP 25 (1955) 213—257, 26 (1956) 192—248, 27 (1957) 170—199.

[16a] *A. Esch,* Bankiers der Kirche im Großen Schisma: QFIAB 46 (1966) 369 ff.

[17] *M. de Boüard,* La France et l'Italie au temps du grand schisme d'occident (Paris 1936) 38—41; *P. Brezzi,* Lo scisma d'occidente come problema italiano: ADRomana 67 (1944) 404; *J. Zunzunegui,* Las cuentas de las galeras enviadas por Juan I de Castilla en favore de Clemente VII de Aviñón: Anthologica annua 5 (1957) 595—652.

Eingriffe Frankreichs und des deutschen Königs vermieden werden. Die beiden Päpste waren weitgehend nur Figuren der großen europäischen und der kleinstaatlichen italienischen Politik. Immer wieder stößt man auf die Bereitschaft, bei günstiger Gelegenheit die Obedienz zu wechseln. Aber es blieb der Zustand kurz nach Ausbruch des Schismas für lange Zeit erhalten. Urban geriet durch seine unglückliche Politik wiederholt in schwierige Lagen, so als er sich zuerst mit der Königin Johanna von Neapel und dann auch mit seinem Beschützer, Karl von Durazzo, überwarf. Sein Zug nach Neapel, auch aus nepotistischen Erwägungen unternommen, endete mit der Festhaltung in Nocera. Nur mit großer Mühe konnte er nach Genua entweichen, um dort einige unzufriedene Kardinäle grausam hinrichten zu lassen. Nach langer Abwesenheit kehrte er im Jahre 1388 nach Rom zurück und starb dort ein Jahr darauf [18].

In der normalen Frist nach dem Ableben Urbans begann das Konklave in Rom, ohne daß ein Hinausschieben der Wahl ernstlich in Frage gekommen wäre. Weder Poncello Orsini noch der von Florenz mit allen Mitteln unterstützte Angelo Acciaiuoli vermochten die zwei Drittel zu erreichen, und nach einigen Tagen einigte man sich auf den noch jungen, aus Neapel stammenden Kardinal Pietro Tomacelli, Bonifaz IX. (1389—1404) [19]. Sofort wandte sich der neue Papst gegen Ludwig von Anjou und damit gegen Frankreich. Von dort drohte ihm auch die größte Gefahr in den wiederholt geplanten Heereszügen nach Italien, bald im Einvernehmen mit Mailand, bald mit Florenz. Viele Städte des nördlichen Kirchenstaates zeigten offen Sympathien für Avignon, selbst Viterbo war eine Zeitlang klementistisch [20]. Doch vermochte sich der Papst in Rom selbst und dann auch im Kirchenstaat durchzusetzen. In der allgemeinen Politik ist sein Pontifikat ohne größere Bedeutung. Sosehr er gemeinsame italienische Argumente oft und gerne verwandte, eine große oder entscheidende Rolle in der Erhaltung des Gleichgewichts wird man ihm wohl nicht zuschreiben können [21]. Eine sehr ernste Lage schien sich zu ergeben, als von Frankreich aus das alte Projekt des Königreichs der Adria in den Jahren 1392/93 aufgegriffen wurde. Doch war diesmal Clemens VII. mit Rücksicht auf die Kardinäle nicht so rasch dafür zu haben; immerhin schlug er eine Belehnung des Herzogs von Orléans mit der Mark Ancona, der Romagna und mit Ferrara, Ravenna, Bologna, Perugia und Todi vor. Doch starb er noch während der Verhandlungen am 16. September 1394, und die Pläne wurden nicht weiter verfolgt [22].

Zwei Wochen nach dem Ableben Clemens' VII. wählte das Kardinals-

[18] *Theodorici de Nyem,* De schismate 78—123; Cosmidromius Gobelini Person 97—126.

[19] DHGE 8 (1935) 909—922 (E. Vansteenberghe).

[20] *P. Stacul* a. a. O. 195 ff.

[21] *P. Brezzi,* Lo scisma d'occidente hebt die Bedeutung Bonifaz' IX. für die italienische Politik stärker hervor.

[22] Storia di Milano VI (1955) 6—9.

kolleg in Avignon am 28. September 1394 einen Nachfolger, obwohl der Wunsch der französischen Regierung, von einer Wahl zunächst abzusehen, durch die Begünstiger der Zessionstheorie unter den Kardinälen noch im Konklave bekanntgemacht wurde. Pedro de Luna, der nunmehr Erwählte, jetzt Benedikt XIII., war sicher die hervorragendste Figur in diesem avignonesischen Kolleg und mit allen theologischen und kanonistischen Fragen des Schismas wohl vertraut. Er hatte mit den meisten seiner Kollegen im Konklave eine cedula unterschrieben und beschworen, mit allem Eifer der Union sich zu widmen und auch zurückzutreten, falls die Kardinäle es als erforderlich ansehen würden[23]. Die „via cessionis" stand schon seit Jahren im Vordergrund der Diskussionen und Erwägungen über die Beseitigung des Schismas, war auch unter Clemens VII. mehrfach erörtert worden und besaß eine beachtliche Mehrheit in beiden Kardinalskollegien. In vieler Hinsicht ist Benedikt der Erbe der Politik Clemens' VII., so im Vertrauen auf die „via facti", nämlich durch einen Zug nach Italien die Frage praktisch zu lösen; nur mit unvergleichlich größerer Energie und mehr diplomatischem Geschick. In den ersten Fühlungnahmen mit dem Pariser Hof zur Beseitigung des Schismas im Oktober 1394 sprach er sich sehr verbindlich aus, um dann alsbald im Januar 1395 seine Ansichten zu präzisieren und sich gegen die Beschlüsse des ersten Pariser Konzils vom Frühjahr zu wenden. Nachdem in Paris schon seit Jahren über die Wege zur Einigung diskutiert worden war, begann auch in Avignon eine lebhafte Tätigkeit in dieser Richtung. Eine Fülle von Vorschlägen wird erwähnt, Kardinalskommissionen befaßten sich damit, und die Kardinäle gaben einzeln schriftlich ihre Ansicht kund. Gutachten und Flugschriften kursierten, vorwiegend im Sinne der „via discussionis" (conventionis, compromissi, iustitiae), aber auch der „via cessionis" als letztem Mittel[24]. Inzwischen hatte das sogenannte erste Pariser Konzil (3.—8. Februar 1395) unter dem Einfluß einiger Kardinäle und der extremen Gruppen der Universität die Abdankung als allein einzuschlagenden Weg erklärt; gegen die maßvollen Vorschläge Aillys, der von einer Sendung an den Papst zurückkam, und unter nicht mehr ganz durchsichtiger Abstimmung[25]. So erschien dann im Sommer 1395 (22. Mai bis 9. Juli) die „hohe Gesandtschaft" in Avignon, bestehend aus den Oheimen des Königs, den Herzögen von Berry und Burgund, und seinem Bruder, dem Herzog von Orléans, mit vielen Sachverständigen und Ab-

[23] Zu Benedikt XIII: DHGE 8 (1935) 135—163 (Jadin); die cedula bei *F. Ehrle*, Afterconcil: ALKGMA V (1889) 403 und *Baluze-Mollat* I 541 f; *F. Ehrle*, Alpartil 217; *F. Stegmüller*, Die Consolatio theologiae des Papstes Pedro de Luna (Benedikt XIII.): Ges. Aufsätze zur Kulturgesch. Spaniens 21 (1963) 209—215.

[24] *F. Ehrle*, Afterconcil: ALKGMA V (1889) 406 f; *ders.*, Neue Materialien: ALKGMA VI (1892) 143—162; *ders.*, Alpartil 14 439—461; *C. Schmitt* a. a. O.

[25] *N. Valois*, La France et le grand schisme d'occident III 27—44; *F. Ehrle*, Alpartil 468—474.

gesandten der Universität. In mehreren Audienzen trugen sie dem Papst den nachdrücklich formulierten Wunsch des Königs vor, konnten freilich von Benedikt nur eine ausweichende und die „via cessionis" ablehnende Antwort erhalten. Mehr Erfolg hatte die Gesandtschaft bei den Kardinälen, von denen die meisten in persönlicher Befragung ihre Zustimmung zur „via cessionis" gaben [26]. In Paris bemühte sich die Regierung durch zahlreiche Gesandtschaften an die deutschen Reichsfürsten, die Könige Wenzel und Sigismund, den englischen König und nach Spanien um die Zustimmung zu diesem Projekt [27].

Eine zweite Synode des französischen Klerus in Paris (16. August bis 15. September) befaßte sich erneut mit der unbefriedigenden Lage. Nach königlicher Weisung war nicht mehr über die „via cessionis", sondern nur über den besten Weg zu ihrer Verwirklichung zu beraten. Die Mehrheit sprach sich für Entziehung der Obedienz aus, doch sollte vor entsprechenden Maßnahmen eine nochmalige Mahnung an den Papst gerichtet werden [28]. Dieser war inzwischen nicht müßig geblieben. Er versuchte mit Eifer, die „via conventionis" durch Verhandlungen mit dem römischen Papst zu betreiben, fast mehr noch durch die „via facti" die Beseitigung des römischen Rivalen zu erreichen. Schon 1395 gingen Gesandtschaften von Avignon nach Rom und eine des römischen Papstes nach Avignon. Dem von Benedikt entsandten Bischof von Elne gelang es nicht, über das Territorium des Grafen von Fondi und das ihm gehörende Marino nach Rom zu kommen; doch vermochte er eine gefährliche Verschwörung gegen Bonifaz IX. ins Werk zu setzen. Der im Sommer 1396 als Gesandter Benedikts in Rom zugelassene Bischof von Tarazona hatte höchst interessante Diskussionen mit Bonifaz und einigen Kardinälen, auch über die Vorgänge bei der Wahl Urbans VI., an der er als Konklavist teilgenommen. Die wiederholten Angebote zu einem Treffen beider Päpste oder doch zu Verhandlungen durch Bevollmächtigte wurden von Bonifaz zurückgewiesen [29]. Über die Tätigkeit seiner Gesandten nach Avignon in diesem Jahre haben wir keine nähere Kunde, außer daß sie von den bevorstehenden Schritten der französischen Regierung berichteten und von Zugeständnissen abrieten. Seine Befürchtungen waren nicht ohne Grund, da Benedikt in Italien viele Anhänger besaß und auch in Rom große Sympathien genoß. Mehrere Söldnerführer standen im nördlichen Patrimonium in seinen Diensten, und in dem östlich von Viterbo gelegenen festen Soriano unterhielt er viele Jahre

[26] *Martène C* VII 466—472; *N. Valois* a. a. O. III 44—67; *F. Ehrle,* Afterconcil: ALKGMA V (1889) 408—421; *ders.,* Alpartil 14f 449f.

[27] *F. Ehrle,* Neue Materialien: ALKGMA VI (1892) 200f.

[28] *N. Valois* a. a. O. III 104—123; *F. Ehrle,* Neue Materialien: ALKGMA VI (1892) 193—241; *ders.,* Alpartil 475—491.

[29] *F. Ehrle,* Neue Materialien: ALKGMA VI (1892) 162 193; *ders.,* Alpartil 19—23; *N. Valois* a. a. O. III 88—96.

hindurch eine starke Besatzung. Die Möglichkeit zur Einnahme von Civitavecchia im Komplott mit römischen Kreisen und dem Grafen von Fondi ließ Benedikt im Sommer 1396 ungenützt[30].

Auf der Rückkehr von Sizilien nach Aragón hatte König Martin den Papst in Avignon besucht und war für dessen Politik gewonnen worden. So beteiligte er sich dann an den Bemühungen Benedikts, um mit dem römischen Papst zu ernsten Verhandlungen zu kommen oder auch durch die „via facti" eine Entscheidung herbeizuführen. Zu dieser Politik wollte der Benedikt treu ergebene Aragonier auch den König von Kastilien bringen, allerdings ohne Erfolg, da die politische Entwicklung Kastilien immer stärker an Frankreich band[31]. Und diesem war es inzwischen gelungen, in dem bisher zur römischen Obedienz haltenden England Verständnis für die „via cessionis" zu finden. Wie sehr die Politik die kirchlichen Fragen bestimmte, zeigt dieses Verhalten Englands, das sich aus der Annäherung an Frankreich zwangsläufig ergab. Gesandte der Könige von England, Frankreich und Kastilien gingen nach Avignon und Rom, konnten aber nichts Entscheidendes erreichen[32].

Eine große Bedeutung für die Theorie und die Praxis kommt der dritten Pariser Synode zu, die von Mitte Mai bis Anfang August 1398 tagte und die Obedienzentziehung beschloß. Ihre Beurteilung ist sehr verschieden, doch erscheinen zwei Ansichten als besonders treffend: durch Beraubung seiner Einkünfte aus Frankreich soll der Papst zur Abdankung gezwungen und bei diesem Anlaß der Einfluß der Regierung auf die Verwaltung der französischen Kirche, natürlich auch in finanzieller Hinsicht, noch gestärkt werden. Das Ergebnis der Abstimmung, 247 gegen 34 oder 38, wird zu Unrecht als von der Regierung verfälscht dargestellt. Auch waren die Beratungen viel gründlicher, als bisher angenommen, wenn auch viele der auftauchenden Fragen vor allem für die praktische Durchführung noch offenbleiben mußten[33]. Die Urkunde der Substraktion datiert vom 27. Juli, tags darauf wurde sie vom König feierlich bekanntgegeben. In den folgenden Wochen ergingen die Weisungen an die Beamten. Den Beschlüssen der Synode widersetzte sich fast niemand im Königreich. In Avignon selbst verließen nacheinander 18 Kardinäle den Papst und begaben sich auf französisches Territorium in Villeneuve-lès-Avignon. Dort trafen sie Anstalten.

[30] *F. Ehrle,* Neue Materialien: ALKGMA VII (1900) 9—13; *ders.,* Alpartil 23—25 533—541.

[31] *F. Ehrle,* Neue Materialien: ALKGMA VII (1900) 1—15; *ders.,* Alpartil 252—266 509—520.

[32] *E. Perroy,* L'Angleterre et le grand schisme d'occident (Paris 1933) 352—387.

[33] *N. Valois* a. a. O. III 150—182; *F. Ehrle,* Neue Materialien: ALKGMA VI (1892) 115—149; *J. Haller,* Papsttum und Kirchenreform (Berlin 1903) 228—237 535—543; *G. Barraclough,* Un document sur la soustraction d'obédience en 1398; RHE 30 (1934) 101 bis 115; *G. Mollat,* L'application en France de la soustraction d'obédience à Benoît XIII jusqu'au concile de Pise: RMA 1 (1945) 149—163.

um Benedikt an der Ausübung seines Amtes zu hindern und ihn möglichst in ihre Gewalt zu bekommen.

So begann die denkwürdige Belagerung des Papstpalastes, den der Papst schon seit geraumer Zeit in eine mit allem Kriegsmaterial wohlversehene Festung verwandelt hatte. Die Beschießung und Bestürmung durch die Scharen des von den Kardinälen gedungenen Söldnerführers Boucicaut im Herbst 1398 war zunächst ohne Erfolg. Obwohl eine vom aragonischen König gesandte Flotte nicht bis Avignon vorzudringen vermochte, kam es zu einem Waffenstillstand im Mai 1399 und zum Abzug des größten Teils der Besatzung. Doch war Benedikt noch bis 1403 im Palast durch einen Gürtel von Pallisaden eingeschlossen und nur notdürftig versorgt, mehreren Schutzbriefen, die der Herzog von Orléans vom König erwirkt hatte, zum Trotz. Gegen alle ihm abgerungenen Zugeständnisse hatte sich Benedikt durch geheime Proteste im Sommer 1399 juristisch zur Wehr gesetzt[34]. Am 12. März 1403 entwich er in abenteuerlicher Flucht aus der Papstfestung, die Rhône hinunter auf das Schloß Château-Renard im Gebiet des Grafen der Provence. Damit begann ein neuer Abschnitt der bewegten Geschichte des großen Schismas.

Eine fast unübersehbare Fülle von Verhandlungen und Gesandtschaften hat dieses Ergebnis vorbereitet, begleitet und bewirkt. Noch während der Belagerung stand Benedikt in Kontakt mit den abtrünnigen Kardinälen und Paris[35]. Dort waren die durch die Substraktion entstandenen Schwierigkeiten immer größer geworden: in der Verwaltung der Benefizien und im kirchlichen Finanzwesen. Hatten die Bischöfe eine größere Selbständigkeit durch die „Freiheiten der gallikanischen Kirche" erhofft, so sahen sie sich schwer getäuscht; der Hof und die Regierung traten an die Stelle der päpstlichen Kurie. Weite Kreise zweifelten an der Rechtmäßigkeit des Vorgehens gegen den bisher als allein legitim verteidigten Papst. Seine Unbeugsamkeit machte tiefen Eindruck. Durch kriegerische Maßnahmen war er offenbar nicht zu bezwingen. Substraktion durch die Regierung und Belagerung durch das Kardinalskolleg galten nicht als rechte Mittel zur Beseitigung des unbefriedigenden Zustandes, dafür war eher ein Spruch der Kirche, also ein Konzil zuständig. Und um dieses Konzil verhandelten Vertreter der französischen Regierung mit dem nach der Absetzung Wenzels erwählten Ruprecht von der Pfalz in Metz und Mainz[36].

Schon seit 1402 war die Provence zu Benedikt zurückgekehrt; auch Ka-

[34] *F. Ehrle,* Afterconcil: ALKGMA V (1889) 425—429; *ders.,* Neue Materialien: ALKGMA VI (1892) 302—308; *ders.,* Alpartil 38—81 213—217; *G. Mollat,* Episodes du siège du palais des papes au temps de Benoît XIII, 1398—1399: RHE 23 (1927) 489—501; *J. Rius Serra,* Galeres catalanes al servei de Benet XIII: AST 11 (1935) 333—341.

[35] *F. Ehrle,* Afterconcil: ALKGMA V (1889) 425—487.

[36] *A. Mercati,* Dall'archivio vaticano II. Un'ignota missione francese nel 1401 presso Roberto del Palatinato eletto re dei Romani: MAH 61 (1949) 209—225; *H. Finke,* Zur

stilien bemühte sich in Paris um die Wiederherstellung der Obedienz, die der beste Weg aus der verfahrenen Lage schien. Nach Château-Renard kamen alsbald die Kardinäle, um sich mit Benedikt zu versöhnen. Dann unterwarf sich auch das treulose Avignon dem nunmehr befreiten Papst. Zwei Kardinäle gingen nach Paris, um die Obedienz zu betreiben, und schon am 28. Mai wurde sie, unter dem Einfluß des Herzogs von Orléans, vom König verfügt. Noch mußten aber gewisse Zugeständnisse Benedikts mit dem Herzog in Tarascon ausgehandelt werden. Dem König wurde vorsorglich Absolution erteilt, das neue friedliche Verhältnis durch ein Bündnis des Papstes mit dem König, der Königin und dem Herzog besiegelt[37]. Bald nach seiner Befreiung sandte Benedikt nach Rom mit wichtigen Vorschlägen: 1. zu einer Zusammenkunft der Päpste an den Grenzen der jeweiligen Obedienz oder auch in Italien, etwa in der Gegend von Genua, 2. zu Verhandlungen durch Bevollmächtigte, falls die Päpste sich nicht selbst treffen könnten, 3. zum Rücktritt. Alles dies wurde von Bonifaz mit Ausflüchten und schwachen Begründungen abgelehnt[38]. Auch bei Berücksichtigung der Tendenz in den uns einseitig überlieferten Berichten macht Bonifaz keine gute Figur. Sein Tod während der Anwesenheit der avignonesischen Gesandtschaft in Rom unterbrach die Fühlungnahmen, und der neue Papst, Innozenz VII. (Cosimo Migliorati, 1404/06), führte keine Verhandlungen. In Beratungen in Villafranca bei Nizza im Jahre 1405 mit König Martin dem Jüngeren von Sizilien, König Ludwig von Neapel und dem Herzog Ludwig von Bourbon faßte Benedikt den Plan zu einem großen Zug nach Italien. Doch kam das Projekt nicht zur Ausführung, da sowohl der König von Aragón als auch die französische Regierung nicht zustimmten. Und doch verfolgte Benedikt beharrlich diese Pläne weiter in Sendungen nach Sizilien und an viele italienische Städte und Herrschaften. Er selbst gewann einen großen Teil der Riviera mit Genua, das damals von Marschall Boucicaut regiert wurde, für seine Obedienz, stieß bis nach Genua vor, wurde aber durch den Ausbruch einer Epidemie zur Rückkehr nach Marseille gezwungen. Das Ausgreifen nach Italien sah man in Paris nicht ohne die Befürchtung, der Papst könnte bei Erfolg seiner italienischen Pläne in Rom residieren[39].

Der Tod Innozenz' VII. (1406) schien eine neue Lösung zu ermöglichen,

Korrespondenz der deutschen Könige und Fürsten mit den Herrschern Aragons im 14. und 15. Jahrhundert: Gesammelte Aufsätze zur Kulturgeschichte Spaniens 5 (1935) 458—505, auch wichtig für die aragonischen Bemühungen, König Wenzel für Avignon zu gewinnen, ebenso für Ruprecht.

[37] *F. Ehrle,* Neue Materialien: ALKGMA VII (1900) 278—310; *J. Schoos,* Der Machtkampf zwischen Burgund und Orléans unter den Herzögen Philipp dem Kühnen, Johann ohne Furcht von Burgund und Ludwig von Orléans: Publications de la section historique de l'Institut G.-D. de Luxembourg 75 (Luxembourg 1956).

[38] *F. Ehrle,* Afterconcil: ALKGMA VII (1900) 580—584; *ders.,* Alpartil 147 f.

[39] *F. Ehrle,* Alpartil 149 f.

nachdem Benedikt die römischen Kardinäle bat, von einer Wahl abzusehen. Doch war schon vor Ankunft seiner Gesandten der neue Papst gewählt: Gregor XII. (Angelo Correr aus Venedig). Ähnlich wie früher in Avignon bei der Wahl Benedikts XIII. hatte jeder Kardinal für den Fall seiner Wahl sich zum Rücktritt verpflichtet, wenn auch auf der Gegenseite Entsprechendes geschehen würde; einzelne Bestimmungen galten der Ernennung neuer Kardinäle, um beide Kollegien auf dem gleichen personellen Status zu halten: ein Fortschritt in Richtung auf ein Zusammentreffen der beiden Päpste oder doch der beiden Kardinalskollegien. Gregor hatte noch in der Nacht nach seiner Wahl feierlich diese Abmachungen übernommen und in zahlreichen Briefen an Könige, Fürsten und Städte seine Bereitschaft zum Rücktritt verkündet[40]. So kam es dann am 21. April 1407 zum Vertrag von Marseille, in dem als Hauptpunkt die Zusammenkunft der Päpste zum Tag des hl. Michael in Savona bei Genua vereinbart wurde[41]. Doch von hier ab wird das Verhalten Gregors schwer verständlich und hat bis heute nach Deutung verlangt. Sein Zögern in der Erfüllung des Vertrages bis zur offenen Weigerung wollte man nur mit dem unglücklichen Einfluß seiner Nepoten erklären. Aber die Gefährlichkeit seiner Lage war ihm selbst genugsam bekannt und seine Furcht, in eine Falle zu gehen, nicht ganz unbegründet. Doch zeigen seine Worte und Taten wenig Größe, gemessen an dem würdigen, gelehrten und diplomatisch äußerst geschickten Vorgehen Benedikts, der offenbar auch stärker von dem Bewußtsein seiner Rechtmäßigkeit und dem Erfolg seiner Pläne durchdrungen war. Freilich befand er sich trotz schwankender Obedienz in Frankreich in einer ungleich besseren Lage als Gregor. Treu zu ihm hielt der König von Aragón mit seiner beachtlichen Machtstellung im Mittelmeer, auch in Südfrankreich hatte er viele Anhänger. Eine unter der Führung des Patriarchen Cramaud stehende Gesandtschaft der französischen Regierung zu Benedikt sollte von ihm die Bereitschaft zur Zession durch eine Bulle bestätigen lassen, eine Verfügung des Papstes herbeiführen, daß nach seinem Tod die Kardinäle nicht wieder eine Wahl vornehmen dürften, und die Habilitation der Kardinäle des römischen Papstes erwirken, um im gegebenen Fall gemeinsam den neuen Papst wählen zu können — also ein Vorschlag, wie er dann in Pisa verwirklicht wurde. Nur zu Vorschlägen an die Kardinäle war Benedikt bereit; in den Berichten über die Verhandlungen fällt die gegenseitige Schonung der beiden Päpste auf, was vielleicht auf geheime Abmachungen schließen läßt, wie sie auf dem Pisaner Konzil oft den beiden „Prätendenten" vorgeworfen werden[42].

[40] *J. Vincke,* Schriftstücke zum Pisaner Konzil 27—29.

[41] *Hefele-Knöpfler* VI (1900) 890 f; *F. Ehrle,* Afterconcil: ALKGMA VII (1900) 594—623; *ders.,* Alpartil 160 f.

[42] *F. Ehrle,* Alpartil 161 163; *A. Bossuat,* Une relation inédite de l'ambassade française au pape Benoît XIII en 1407: MA 55 (1949) 77—101.

Erst Anfang August verließ Gregor Rom, ohne Entschlußkraft und schon zu spät, um zum vereinbarten Termin in Savona einzutreffen; von Anfang September bis in den Januar 1408 war er mit seiner Kurie in Siena. Eine für Gregor geradezu bedrohliche Situation entstand durch den Vormarsch des neapolitanischen Königs Ladislaus gegen Rom. Da wandten sich die Römer selbst an Benedikt um Geldhilfe. Die auf seinen Befehl auslaufende Flotte kam zu spät, um den Fall Roms zu verhindern; sie hatte wohl auch andere Aufgaben, als nur die Römer mit Geld zu versorgen[43]. Gemäß den Abmachungen von Marseille machte sich Benedikt auf den Weg, traf noch vor dem Termin in Savona ein und ließ die Hälfte der Stadt frei für Gregor. Von diesem kamen Gesandte mit Entschuldigungen und Wünschen nach einem neuen Treffpunkt. Inzwischen fuhr Benedikt mit seinen Galeeren nach Portovenere, während Gregor Ende Januar 1408 in Lucca erschien. Monatelang wurde verhandelt, auch französische Abordnungen verschiedener Richtungen besuchten beide Päpste. Es ist geradezu tragisch, zu sehen, wie die beiden Prätendenten bis auf wenige Meilen sich einander näherten und dann doch nicht persönlich zusammentrafen oder durch Abgeordnete das Werk der Einigung zum Abschluß brachten. Als weitere Orte der Zusammenkunft wurden erörtert: Portovenere, Pietrasanta, Carrara, Lucca, Livorno, zuletzt Pisa und Livorno. Die sich endlos ohne Ergebnis hinschleppenden Verhandlungen fanden dann ein jähes Ende, einmal durch den Abfall der Kardinäle von Gregor und durch das erneute Vorgehen Frankreichs gegen Benedikt. Mit der zögernden Haltung Gregors waren seine Kardinäle schon längst unzufrieden. Die Ernennung von vier neuen Kardinälen wurde als Bruch der Wahlverpflichtungen angesehen und bestimmte die meisten seiner Kardinäle zum Verlassen Gregors und zur Flucht nach Pisa im Mai 1408. Darauf zog sich Gregor nach Siena zurück, das Zusammentreffen der Päpste war gescheitert. Weite Kreise der Christenheit machten sich mit dem Gedanken an Neutralität und Konzil vertraut. So hatten die Kardinäle der römischen Obedienz nach ihrem Abzug von Lucca alsbald an ein Konzil appelliert, ohne jedoch alle Brücken zu ihrem Papst abzubrechen. Die Beziehungen zu den Kardinälen Benedikts wurden jetzt intensiver, vor allem nach der neuen Obedienzaufkündigung in Frankreich. Durch die Ermordung des Herzogs von Orléans im Jahre 1407 hatte Benedikt seine größte Stütze verloren. Als Frankreich dann im Frühjahr 1408 zur Neutralität überging, antwortete der Papst im April mit der Publikation der schon seit längerer Zeit vorbereiteten Exkommunikationsbulle. Es scheint auch, daß die französischen Gesandten unter Führung des Patriarchen Cramaud sich der Person des Papstes bemächtigen wollten. Da entschloß sich Benedikt zum Abzug von Portovenere, nachdem er ein Konzil nach Perpignan auf Allerheiligen des Jahres einberufen hatte. Am 15. Juli

[43] *F. Ehrle,* Alpartil 541—545.

stach seine Flotte in See und gelangte nach wenig freundlicher Behandlung an den Häfen der Riviera Ende Juli nach Perpignan. Der größere Teil seiner Kardinäle war ihm nicht gefolgt und hatte sich im August mit den Kardinälen Gregors vereinigt[44]. Nachdem alle Versuche Gregors zur Rückkehr zu den Verhandlungen gescheitert waren, wurden die von ihm abgefallenen Kardinäle wohl schon Anfang Juni über das durch sie einzuberufende Konzil schlüssig. Als Termin kam Februar 1409 in Frage und als Tagungsort das Gebiet des Markgrafen von Este oder das Fürstentum Montferrat. Nachdem Florenz von Gregor abrückte, wurde Pisa als Konzilsort bestimmt. In großem Stil begann die Konzilswerbung. Tausende von Schriftstücken ergingen an die Fürsten, die Hierarchie und die Städte. Die beiden Kardinalskollegien entsandten eigene Werbegesandtschaften[45]. Inzwischen begann das Konzil Benedikts in Perpignan im November 1408, hauptsächlich ausgefüllt durch die Verlesung der „informatio seriosa", einer ausführlichen Darstellung der Bemühungen Benedikts um die Einheit. Obwohl von seinem Standpunkt aus verfaßt, ist sie mit ihrer Fülle von Dokumenten eine der wichtigsten Quellen der Zeit. Die Synode war aus Spanien und Südfrankreich gut besucht, neben zahlreichen Bischöfen über 120 Äbte oder deren Prokuratoren, Vorsteher von Konventen und Domkapiteln, der Universitäten und Ritterorden. Trotz aller Mahnungen an den Papst zur Resignation kam nur die Absendung einer Gesandtschaft an die Synode in Pisa zustande. Dann wurde am 26. März 1409 die Sitzung unterbrochen und immer wieder bis ins Jahr 1416 vertagt[46].

Das Konzil von Pisa 1409

Den Bemühungen des vereinigten Kardinalkollegs um guten Besuch der angekündigten Synode war ein voller Erfolg beschieden. Außer 24 Kardinälen und vier Patriarchen zählte man über 80 Erzbischöfe und Bischöfe, ebenso viele Äbte, die Prokuratoren von über 100 Bischöfen und über 200 Äbten, viele Vertreter von Fürsten und Universitäten, die Generale der großen Orden und zahlreiche Doktoren der Theologie und des kanonischen Rechts[47]. Demonstrativ fern blieben der deutsche König Ruprecht sowie die Reiche der spanischen Halbinsel. Am 25. März konnte das Konzil

[44] *F. Ehrle,* Afterconcil: ALKGMA VII (1900) 623—652; *ders.,* Alpartil 165—169.

[45] *J. Vincke,* Briefe zum Pisaner Konzil 216—238.

[46] *F. Ehrle,* Afterconcil: ALKGMA VII (1900) 652—694, die Teilnehmerlisten 669—691. Eine weitere Überlieferung der „informatio seriosa" *Baluze-Mollat* IV 391—408; *F. Ehrle,* Alpartil 173—191.

[47] *Hefele-Leclercq* VII, 1 (1916); *Mansi* XXVI 1193—1256, XXVII 331—356 (mit wichtigen Ergänzungen); *J. Vincke,* Schriftstücke zum Pisaner Konzil 178—205; *Graziano di S. Teresa,* Un nuovo elenco dei participanti al concilio di Pisa: ECarm 16 (1965) 384—411.

mit den üblichen Feierlichkeiten im Dom zu Pisa eröffnet werden. Da die Kardinäle und nicht die Päpste das Konzil berufen hatten, unterschieden sich die äußeren Formen der Leitung ganz natürlich von den vorhergehenden Synoden des Mittelalters. Zudem war das Konzil zu dem Zweck berufen, den beiden „pro papa se gerentibus" den Prozeß zu machen, und so stehen die prozessualen Formalitäten im Vordergrund. Das zeigte sich gleich nach der Eröffnung bei der Bestellung der Beamten: zwei Marschälle, zwei Auditoren, vier Advokaten, vier Prokuratoren und zwölf Notare. Am meisten wird der Konsistorialadvokat Simon von Perugia genannt, der fast in allen Sitzungen die technische Leitung innehatte. Von den Notaren wurden laufend Protokolle und Instrumente angefertigt. Die Frage nach dem Präsidium der Synode wurde sehr verschieden beantwortet. Es war wohl so, daß das Kardinalskolleg in seiner Gesamtheit als Träger galt, aber nicht hervortrat. Als Repräsentant des Kollegs nahm der dienstälteste Kardinalbischof (Malesec) die Vereidigung der vom Plenum bestellten Beamten vor; er machte auch den Vorschlag zur Einleitung des Prozesses gegen die beiden Prätendenten. Die wichtigste Persönlichkeit aber war das Haupt der französischen Gesandtschaft, der Patriarch von Alexandrien, Simon de Cramaud, dem bei amtlichem Auftreten oft zwei andere Patriarchen assistierten. Nach der Papstwahl übernahm ganz selbstverständlich der neue Papst die Leitung der Synode. In 22 meist rasch aufeinanderfolgenden Sitzungen leistete das Konzil seine Arbeit. Zur Vorbereitung tagten die sogenannten Nationen: die deutsche, französische, englische, italienische und eine kleine provenzalische; außerdem die Kardinäle als Kolleg, mehrfach auch mit Vertretern der Nationen[48]. In der ersten Sitzung, am 26. März, hielt der Kardinal von Mailand die Eröffnungspredigt mit 16 wichtigen Sätzen über das Recht der Kardinäle zur Konzilseinberufung beim Versagen der Päpste: Thesen, die das wiedergaben, was von einem großen Teil der Theologen und Kanonisten seit Jahren und Jahrzehnten als richtig über die Repräsentanz der Kirche angesehen und gelehrt wurde[49].

Der Hauptaufgabe des Konzils, dem Prozeß gegen die beiden Päpste, diente die Ernennung einer Untersuchungskommission, die in der siebten Sitzung am 4. Mai auf Vorschlag der Nationen und Gesandten der Fürsten, Prälaten und Universitäten vorgenommen wurde[50]. Noch bevor der Prozeß

[48] *F. Stuhr,* Die Organisation und Geschäftsordnung des Pisaner und Konstanzer Konzils (Diss. Berlin 1891); *L. Schmitz,* Zur Geschichte des Konzils von Pisa 1409: RQ 9 (1895) 351—375; *H. Finke,* Die Nation in den spätmittelalterlichen allgemeinen Konzilien: HJ 57 (1937) 327f.

[49] *Mansi* XXVII 118ff; die Thesen bei *J. Vincke,* Acta concilii Pisani 91ff. Die nochmalige Erklärung der Rechtmäßigkeit am 10. Mai in der achten Sitzung war durch einen Antrag vom 24. April in der fünften Sitzung veranlaßt worden, vgl. *J. Vincke,* Acta concilii Pisani 133 149f.

[50] *J. Vincke,* Acta concilii Pisani 140—143.

begann, erschienen Gesandte des deutschen Königs Ruprecht, eines treuen Anhängers der römischen Obedienz, legten in längeren Reden und auch schriftlich Protest ein und verließen alsbald die Konzilsstadt. Später kamen auch Abgesandte König Martins von Aragón und von Benedikt XIII., die ebenfalls angehört wurden[51]. Der Prozeß weist die üblichen umständlichen und schwerfälligen Formen auf, die wir schon von den endlosen Verhören in Medina del Campo her kennen und denen wir in ähnlicher Weise beim Vorgehen gegen Johann XXIII. in Konstanz begegnen werden. In der fünften Sitzung, am 24. April, wurden die 37 Anklageartikel gegen beide Prätendenten verlesen und die Einleitung des Prozesses beantragt. Später kamen noch weitere Artikel dazu. Am 4. Mai, in der siebten Sitzung, erhielt die vorgesehene Kommission die Zustimmung des Konzils; sie bestand aus zwei Kardinälen, vier Deutschen, fünf Franzosen, einem Engländer, fünf Italienern und einem Provenzalen. Schon am 7. Mai erfolgte das öffentliche Aufgebot der Zeugen, die am 9. Mai in der Sakristei der Karmeliterkirche durch die Kommission vereidigt wurden. Zunächst waren es 66 Zeugen, später noch elf weitere. Am selben Tag begann die Einvernahme von Zeugen, im ganzen wurden zu den Hauptpunkten 62 Zeugen verhört. In einem umständlichen Verfahren wurden ihnen die Artikel mit den Unterteilungen Wort für Wort vorgelesen. Die Kommission arbeitete in mehreren Gruppen, oft waren die Vernehmungen in der Wohnung eines der Kardinäle der Kommission, und die Kardinäle selbst, die fast alle als Zeugen aussagten, konnten das in ihrer Wohnung tun. Manche gaben ihre Mitteilung schriftlich, so die Kardinäle Brancaccio und Orsini, der auch in Konstanz schriftlich deponierte, und der als Hauptfigur der Synode geltende Patriarch Simon von Alexandrien. Daneben wurden viele Dokumente als belastende Beweisstücke vorgelegt. Der Erzbischof von Pisa begann am 22. Mai mit seinem Bericht über das Ergebnis der Erhebungen. Da solche Prozesse ein bestimmtes Ziel verfolgen — in diesem Falle die Absetzung der beiden Prätendenten —, wurde ihnen der mangelnde Zessionswille in erster Linie vorgehalten: Dinge, die schon lange bekannt waren und deren Notorietät herausgestellt und unterstrichen werden sollte. Gewiß war bei diesem Prozeß wie bei dem in Konstanz gegen Johann XXIII. durchgeführten eine Menge Klatsch im Umlauf, und manche globale Urteile oder Eindrücke wurden nur vom Hörensagen weitergegeben; aber unter den Zeugen sind viele hervorragende Männer, Persönlichkeiten in hohen verantwortungsvollen Stellungen an beiden Kurien, die Tatsachen berichten, an denen sie beteiligt waren; und vor allem, viele der hier vorgebrachten Tatsachen lagen nur ganz kurze Zeit zurück, also anders als bei einem Teil der Untersuchungen über die Vorgänge des Jahres 1378.

Die lange Dauer des Schismas trotz vieler Versuche zur Behebung der

[51] *J. Vincke*, Acta concilii Pisani 129—136 305—307.

Entzweiung wird wohl zu sehr den einzelnen Päpsten zur Last gelegt und die Verworrenheit der Verhältnisse zuwenig berücksichtigt. Zuwenig Rechnung getragen ist auch der psychologischen Lage der jeweiligen Päpste, die als Kardinäle im Konklave wie ihre Kollegen den Rücktritt beschworen, aber natürlich für diesen schweren Schritt den für sie günstigsten Zeitpunkt abwarten wollten. Ganz abgesehen davon, daß das persönliche Bewußtsein der Rechtmäßigkeit eine Zession sehr schwierig machen mußte. Benedikt dachte freilich nie ernstlich an Rücktritt, obwohl er als Kardinal lebhaft dafür eintrat und auch im Konklave sich eidlich dazu verpflichtete. Von ihm wird aber dann aus seinem ersten Pontifikatsjahr die Äußerung berichtet, daß er sich lieber verbrennen lassen würde, als zu zedieren. Man wollte wissen, daß er alle Vertreter der „via cessionis“ zurücksetzte und jene beförderte, die ihm nach dem Munde redeten, den magister s. palatii, der ihm in einer Karfreitagspredigt den Verzicht nahelegte, absetzte und ihn zwei Jahre lang gefangenhielt. Zeugen wollten die Originale gesehen haben, in denen er nach dem Entzug der Obedienz seine Bereitschaft zum Rücktritt erklärte, aber gehalten habe er sein Versprechen nicht. Er ließ Beamte einsperren, die sich weigerten, Schriftstücke in seinem Sinne zu verfassen, in den Verhandlungen mit den römischen Kardinälen nach dem Tode Bonifaz' IX. den Artikel über die Zession streichen. Auf das klare Angebot Gregors zum Rücktritt gab er ausweichende Antworten. In Portovenere soll er dem Plan eines Generalkonzils zuerst zugestimmt, dann aber ihn abgelehnt haben, um sich nach Perpignan zurückzuziehen und dorthin ein Konzil einzuberufen. Viele einzelne Vorwürfe: Gewalttaten, Hinrichtung von Klerikern höherer Ordines, Festnahme von Priestern und Ordensleuten für seine Galeeren, Begünstigung von Häretikern und natürlich Magie, das gehört zum Prozeßmaterial der damaligen Zeit. Und Gregor XII. geht es nicht anders. Zu Fuß wollte er einst nach Paris gehen, wenn so das Schisma beseitigt werden könnte, und dann nimmt er es seinen Ratgebern übel, daß sie ihm den Landweg nach Savona vorschlagen, falls Schiffe nicht zur Verfügung stehen. Eine lange Liste von Versäumnissen und Machenschaften wird ihm vorgehalten: anstelle des Malatesta geht zu Benedikt XIII. der Nepot Antonio, er allein mit den geheimen Informationen versehen, und die andern Gesandten sehen sich hinters Licht geführt. Immer mehr rückt der Papst von Savona gedanklich ab trotz der von den Kardinälen eingeholten Gutachten; er nennt im öffentlichen Konsistorium in Lucca die via cessionis „diabolica et damnata“ und bezeichnet sie als häretisch, sagt „volo papa mori“. Auch von ihm werden die Befürworter des Rücktritts mißhandelt und eingesperrt, er trifft Vorkehrungen, um in Lucca die Kardinäle in Fesseln zu legen, und wird nur durch den Signore von Lucca daran gehindert. Der aus Lucca geflohene Kardinal von Lüttich soll lebend oder tot zurückgebracht werden. Gelder und Kostbarkeiten der Kirche und Teile des Kirchenstaates gehen an die Nepoten.

Alle diese Vorwürfe haben wohl einen geschichtlich wahren Kern, aber in der Formulierung der Anklage und in den Aussagen der Zeugen werden sie oft übertrieben. Mit einigem Recht klagt später der Vertraute Gregors, Kardinal Dominici, in seinem Auftrage: Manches ist einfach erfunden, anderes ungenau wiedergegeben und aus dem Zusammenhang gerissen und dabei verändert[52]. Über einen sehr wichtigen Punkt, die sogenannte „Collusio", die geheimen Verhandlungen und Absprachen zwischen den beiden Päpsten wird nie volle Klarheit zu erzielen sein. Die vielen geheimen Besprechungen in tiefer Nacht in der Kammer der Päpste oder in der Domsakristei von Siena zwischen den Nepoten Gregors und dem Abgesandten Benedikts gaben genug Stoff zu phantastischen Kombinationen. Aber was Leonardo Bruni, der Sekretär Gregors und bekannte Humanist zu berichten weiß, ist doch von Interesse: daß nämlich geplant worden sei, die Kardinäle gefangenzunehmen und von der Wahl auszuschalten und einem Viererausschuß die Wahl zu übertragen, je zwei Vertretern jeder Obedienz. Dazu gibt der Kardinal von S. Marco, der noch länger bei Gregor verblieb und erst am 16. Juni nach Pisa ins Konklave kam, schriftlich am 5. August zu Protokoll: Gregor habe es später bereut, auf dieses Angebot nicht eingegangen zu sein in der geradezu kindlichen Vorstellung, daß er seine an Entbehrungen gewöhnten Neffen delegiert haben würde und sie nach Einschließung mit den beiden andern diese durch Hunger zum Nachgeben und damit zu seiner Wahl gezwungen hätten. Die rasche Abwicklung der Verhöre wurde vom Konzil wegen der durch Ladislaus drohenden Gefahr gebilligt, und am 1. Juni auch die Berichterstattung abgeschlossen, während zur weiteren Information die Niederschriften auslagen. Inzwischen wurden die beiden Päpste wiederholt vor die Synode zitiert, und mehrfach gingen feierliche Deputationen vor die Türen des Domes, um mit lauter Stimme nach den Prätendenten oder ihren Vertretern zu rufen; alles in peinlicher Durchführung der prozessualen Formen. Der Prozeß wurde dann rasch abgeschlossen und am 5. Juni in der fünfzehnten Sitzung das Urteil von dem als Richter sitzenden Patriarchen von Alexandrien unter Assistenz der Patriarchen von Antiochien und Jerusalem verlesen: als notorische Schismatiker, Begünstiger des Schismas und notorische, verstockte Häretiker und Eidbrecher werden Gregor XII. und Benedikt XIII. aus der Kirche ausgeschlossen und ihnen die Obedienz entzogen sowie die Vakanz des päpstlichen Stuhles festgestellt[53]. Die Sentenz ist von fast allen Teilnehmern der Synode unterschrieben; die Liste der Unterschriften zählt 213 Einträge, darunter 24 Kardinäle[54]. Und gleich ging man an die Vorbereitung des Konklaves. Dazu gehörte die Verpflichtung des künftigen Papstes auf eine ver-

[52] *H. Finke,* Acta concilii Const. I (Münster 1896) 273 f.

[53] *J. Vincke,* Acta concilii Pisani 295—298.

[54] *J. Vincke,* Schriftstücke zum Pisaner Konzil 177—205.

ständige und ausreichende Reform der Kirche noch auf dieser Synode. Anscheinend war eine Übereinkunft zwischen den Kardinälen erzielt worden, daß zur Gültigkeit der Wahl mindestens zwei Drittel der Stimmen der Kardinäle aus jeder Obedienz erforderlich seien. Am 15. Juni begann im erzbischöflichen Palast das Konklave und wurde am 26. durch die einstimmige Wahl des Kardinals von Mailand, Peter Philargi, beendet (Alexander V. 1409—1410). Die Wahlurkunde mit den Unterschriften aller Kardinäle kam in der nächsten Sitzung zur Verlesung[55].

Peter Philargi, von griechischen Eltern im nördlichen Kreta geboren und von Franziskanern erzogen, trat in diesen Orden ein, ging bald nach Italien, dann zum Studium nach Oxford, später nach Paris und Pavia. Aus dieser Zeit stammt sein weitverbreiteter Sentenzenkommentar und sein Ansehen als Humanist. Durch Galeazzo Visconti wurde er nacheinander Bischof von Piacenza, Vicenza und Novara, war von 1392 diplomatisch für den Visconti tätig und verschaffte ihm 1395 bei König Wenzel den Herzogstitel. Seit 1402 war er Erzbischof von Mailand, 1405 Kardinal und Legat in Oberitalien[56]. Der neugewählte Papst war am Zustandekommen des Konzils hervorragend beteiligt; für seine Wahl hat sich Balthasar Cossa stark eingesetzt[57]. Wenn auch der französische Hof auf einen französischen Kandidaten und Residenz in Avignon verzichtet hatte, so verdankte doch der neue Papst Frankreich seine Erhebung[58]. Nach der Krönung am 7. Juli ging das Konzil rasch dem Ende entgegen. Zunächst bestätigte der Papst für die Anhänger des Konzils alle während des Schismas getätigten Maßnahmen in der Benefizialverwaltung. Eine Kommission für die Reform kam nicht mehr an die eigentliche Arbeit; dafür wurde ein neues Konzil auf 1412 angesagt und die Provinzial- und Diözesansynoden zur Vorbereitung aufgefordert. Am 7. August schloß die Synode[59]. Die Würdigung des Konzils von Pisa hängt davon ab, ob man sich auf den zeitgenössischen Standpunkt stellt oder von der späteren Entwicklung her die Dinge betrachtet. In letzterer Sicht ist Pisa schlecht weggekommen, als Afterkonzil, Pseudokonzil, Rumpfkonzil bezeichnet und nicht als ökumenisch angesehen worden[60]. Aus seiner Zeit heraus beurteilt, kann ihm die Anerkennung als „concilium generale" nicht verweigert werden. Schon was die Teilnehmer angeht, übertrifft es an Zahl

[55] *J. Vincke,* Acta concilii Pisani 309—314.

[56] Dizionario biografico degli Italiani II (1960) 193—196; *G. D. Oltrona Visconti,* Ancora sui natali di Pietro Filargo, vescovo di Novara poi papa Alessandro V: Bollettino storico per la provincia di Novara 51 (1960) 119—129.

[57] *Duchesne* LP II 511 f.

[58] *J. Vincke,* Schriftstücke zum Pisaner Konzil 176 f.

[59] *J. Vincke,* Zu den Konzilien in Perpignan und Pisa. 2. Ein auf dem Konzil von Pisa diskutierter Reformvorschlag, Pisa etwa Mitte Juli 1409: RQ 50 (1955) 91—94.

[60] *Pastor* I 190 202. So auch in der neueren Literatur, z. B. *A. Favale,* I concili ecumenici (Turin 1962).

und vor allem an Vertretung der „ecclesia universalis“ die Laterankonzilien mit Ausnahme des vierten, Vienne und auch die beiden ersten Tagungsperioden des Konzils von Trient. Da es sich in erster Linie um einen Prozeß gegen die beiden Päpste handelte, sind wenig theologische Diskussionen und an theoretischem Konziliarismus kaum etwas zu verzeichnen. Die konziliaren Ideen kommen erst in Konstanz in vollem Umfang zu Wort. Pisa aber hat den Weg zur völligen Beseitigung des Schismas mit großem Erfolg eingeschlagen, und ohne Pisa ist die glückliche Beendigung der Spaltung schwer denkbar.

Die konziliare Idee

Über die Bedeutung des Allgemeinen Konzils im hohen und späten Mittelalter haben neuere Forschungen wesentliche Beiträge geleistet. Doch war früher schon bekannt, daß das Generalkonzil in der Verfassung der Kirche jener Zeit einen wichtigen Platz einnahm. Freilich wurden die vielfältigen Auffassungen über die äußere Struktur und die Gewaltenverteilung kaum einmal in einem geschlossenen System vorgeführt, sondern in der glossierenden Tätigkeit der Dekretisten und Dekretalisten weithin verstreut. So erklärt es sich auch, daß bei dem gleichen Autor oft sehr widersprüchliche Thesen anzutreffen sind. Ockham und Marsilius von Padua gelten nicht mehr als die alleinigen Väter des sogenannten Konziliarismus. Theorien, die mit den Schlagworten Papalismus, Konziliarismus, Korporationssystem, Oligarchie bezeichnet werden, lassen sich überall nachweisen; weniger geglückt waren die Versuche einer biblischen Begründung der jeweiligen Meinung. Das verhinderte aber nicht ihre geschichtsmächtige Wirklichkeit und Wirkung. Nach dem Ausbruch des großen Schismas und den ersten verfehlten Bemühungen um seine Beilegung lag es nahe, sich nach einem gründlichen Heilmittel des aus den Fugen geratenen corpus politicum der Kirche umzusehen. Da bot sich die konziliare Idee als Helfer an. In einer fast unübersehbaren Fülle von meist noch ungedruckten Traktaten und Gutachten wurde das Konzil immer wieder als der Retter in der großen Not empfohlen. Man sollte endlich einmal zugeben, daß die meisten Gutachten, Denkschriften und theologischen Abhandlungen vorwiegend politischer Natur waren und bei aller wissenschaftlichen Verbrämung sich nach dem jeweiligen Machtbereich richten mußten. Als erste drängten die italienischen Kardinäle auf die Abhaltung eines Konzils, dem sich Urban VI. und nach der Wahl in Fondi auch Clemens VII. stellen sollten. Selbst Peter von Luna, der später als Benedikt XIII. das Konzil als Vereinigung der beiden oder später der drei Obedienzen schroff zurückwies, soll in den Anfängen des Schismas ein Konzil gewünscht haben. Auf starken Widerstand stieß der Konzilsgedanke bei den Kardinälen Clemens' VII., vor allem bei den bedeutenden Juristen Flandrin und

Amelii. In Kastilien und Aragón verlangte man danach, namentlich der wortgewaltige Inquisitor Nikolaus Eymerich und der feurige Vinzenz Ferrer. Am bekanntesten sind die Traktate „Epistola pacis" (Mai 1379) und „Epistola concilii pacis" (Sommer 1381) des Pariser Professors Heinrich von Langenstein und die Gutachten des Wormser Dompropstes Konrad von Gelnhausen „Epistola brevis" (August 1379) und „Epistola concordiae" (Mai 1380).

Dem Konzilsgedanken, der sich je nach der politischen Lage bald stärker bald schwächer äußerte, lag die Auffassung zugrunde, daß der Papst nicht der absolute Herr der Kirche sei. Unter normalen Umständen führt er oder die ecclesia Romana (im engeren Sinne) die Regierung der sichtbaren Kirche. Aber in besonderen Fällen (Schisma, Häresie, contra bonum commune ecclesiae) tritt die Gesamtkirche (ecclesia universalis, congregatio fidelium, corpus Christi mysticum) in Erscheinung nach dem häufig anzutreffenden Satz: „quod omnes tangit, ab omnibus approbari debet" oder „maior est auctoritas totius orbis quam urbis alicuius"[61]. Demnach ist die Gewalt der Gesamtkirche die größere. Sie allein ist auch unfehlbar. Eine Fülle von Begriffen sucht das schwierige Problem der plenitudo potestatis zu klären (potestas actualis, habitualis). Das beliebte Begriffspaar potestas — exercitium besagt meist, daß das exercitium, die potestas actualis gewöhnlich bei Papst und Kurie liegt (minister, dispensator, procurator, caput ministeriale), aber in Notfällen wird die größere potestas habitualis der Gesamtkirche im Konzil als dem großen Regulativ aktualisiert. Die bisher oft beliebte Herausstellung der Extreme (Papalismus — Konziliarismus) ließ die breite mittlere Linie zurücktreten. Demnach ist der Wille des Papstes nicht mehr oberstes Gesetz der Kirche oder der Papst recht eigentlich die Kirche, sondern seine Gewalt ist umschlossen von der höheren Gewalt der Gesamtkirche; aber nicht so, daß er nichts mehr zu sagen haben soll und nur noch Konzilsbeschlüsse auszuführen hätte. Aus diesem Bestand an Theorien mußte beim ersten großen praktischen Fall, nämlich bei der Doppelwahl des Jahres 1378 und in den folgenden Jahren, das richtige Mittel gefunden werden und zur Anwendung kommen, falls eine rasche politische Lösung nicht zu erreichen war. Daß der Papst oder jetzt die beiden Päpste von der Gesamtkirche auf ihre Rechtmäßigkeit geprüft werden konnten, stand außer Zweifel. Aber wer bringt die Gesamtkirche in Gang, wer vertritt sie, wie wird sie aussehen und handeln? Die erhoffte Berufung einer Synode durch Urban VI., durch Urban VI. gemeinsam mit Clemens VII. blieb aus. Unter den Anschauungen über die Gewaltenverteilung in der Kirche kam dem Kardinalskolleg eine sehr große Bedeutung zu. Jedenfalls noch in den Anfängen des Schismas, wo es darum ging, eine höchste Autorität für die Beurteilung der Rechtmäßigkeit der Wahlen zu finden. In den großen und trotz ihrer Länge wichtigen Traktaten

[61] *A. Marongiu,* Il principio della democrazia e del consenso (Quod omnes tangit, ab omnibus approbari debet): StG 8 (1962) 553—575.

der Kardinäle Clemens' VII. ist das Kolleg selbst der zuständige Richter über die Papstwahl. Als Begründung dient der Vergleich mit Bischof und Kapitel und die weithin vertretene Ansicht, daß die Kardinäle und nicht die Bischöfe die Nachfolger der Apostel seien[62]. Gelegentlich hat man auch den Patriarchen die Zuständigkeit zur Konzilsberufung zugeschrieben. In viel größerem Maße aber den Fürsten und unter ihnen besonders dem Kaiser oder dem römischen König. Wie die weltlichen Fürsten die Kardinäle zur Papstwahl zwingen müssen, so im Schisma die Kirche zum Konzil[63]. Dabei sind verschiedene Formen des Konzils zu unterscheiden: ein Generalkonzil in jeder Obedienz oder die conventio universalis utriusque partis oder die congregatio universalis unter der Leitung des Kardinalskollegs. Auch der Gedanke eines reinen Kardinalskonzils wird mehrfach erwähnt. Ebenso eine Synode aus wenigen, aber gut ausgewählten Vertretern aller kirchlichen Provinzen. Hinzu kommt die Notwendigkeit des Konzils für die schon längst fällige Kirchenreform. Schon auf dem Konzil von Vienne hatte Durandus der Jüngere die Abhaltung eines Generalkonzils alle zehn Jahre verlangt. Immer mehr wurde es allgemeine Überzeugung, daß die Reform ohne Konzil nicht zu verwirklichen sei. Es gab also eine Mannigfaltigkeit der Meinungen über das Konzil und die Kirchenverfassung, und es geht deshalb nicht an, von einer allein richtigen „gottgewollten monarchischen Struktur" der Kirche im späten Mittelalter zu sprechen.

47. Kapitel

Die Devotio moderna

LITERATUR: *J. M. Dols,* Bibliographie der Moderne Devotie (Nijmegen 1941); *W. Nijhoff - M. E. Kronenberg,* Nederlandsche Bibliogr. von 1500—1540, 3 Bde ('s-Gravenhage 1923/54); *W. Jappe Alberts,* Zur Historiographie der Devotio moderna u. ihre Erforschung: Westfälische Forsch. 11 (1958) 51—67; *G. Dumbar,* Analecta seu vetera aliquot scripta I (Deventer 1719); *J. Acquoy,* Het klooster te Windesheim en zijn invloed, 3 Bde (Utrecht 1875/80); *K. Grube* (Hrsg.), Des Augustinerpropstes Johannes Busch Chronicon Windeshemense u. Liber de reformatione monasteriorum (Halle 1886); *P. Mestwerdt,* Die Anfänge des Erasmus. Humanismus u. Devotio moderna (Leipzig 1917); *A. Hyma,* The Christian Renaissance, A history of the D. M. (Grand Rapids/Mich. 1924); teilweise Neubearb. in: The Brethern of the Common Life (ebd. 1950) u.: Renaissance to Reformation (ebd. 1951); dazu *J. De Jong,* Het karakter en de invloed van de „moderne devotie": Historisch Tijdschrift 4 (1925) 26—58; *R. Stadelmann,* Vom Geist des ausgehenden Mittelalters (Halle 1929); *P. Debognie:* DSAM III 727—747; *R. Post,* De Moderne Devotie (Amsterdam ²1950); *ders.,* Kerkgeschiedenis van Nederland in de middel-

[62] *O. Přerovsky,* Le idee oligarchiche nei diffensori di Clemente VII: Salesianum 22 (1960) 383—409.

[63] *H. Heimpel,* Studien zur Kirchen- und Reichsreform. Eine unbekannte Schrift Dietrichs von Niem über die Berufung der Generalkonzilien 1413/1414: SAH 1929, 1. Abhandlung.

eeuwen, 2 Bde (Utrecht-Antwerpen 1957); *St. Axters,* Geschiedenis van de vroomheid in de Nederlanden III: De Moderne Devotie 1380—1550 (Antwerpen 1956).

Gerhard Groote: Quellen: Gerardi Magni epistolae, ed. *W. Mulder* (Antwerpen 1933); Tractatus de quatuor generibus meditationum, ed. *A. Hyma:* AGAU 49 (1924) 296—326; *M. H. Mulders,* Geert Groote en het huvelijk (Ed. von De Matrimonio) (Nijmegen 1941); Incipiunt aliqua verba notabilia Domini Florencii et Magistri Gherardi Magni, ed. *F. van Vree* u. *J. Vregt:* AGAU 10 (1882) 427—472; Petrus Horn, Vita Magistri Gerardi Magni, ed. *W. J. Kühler:* NAKG 6 (1909) 332—370; Rudolf Dier van Muiden, Scriptum de magistro Gherardo Grote, Domino Florencia et multis aliis devotis fratribus, ed. *G. Dumbar,* Analecta I (Deventer 1719) 1—87; Thomas a Kempis, Vita Gerardi Magni, Operà omnia ed. *J. Pohl* VII (Freiburg 1927) 31—115; Gerrit Grote, Die Nachfolge Christi, hrsg. u. übers. von *F. Kern,* Olten 1947. — Literatur: *L. Smit,* Geert Groote over de Kerk: StC 10 (1934) 257—268 367—377; *K. de Beer,* Studie over de spiritualiteit van Geert Groote (Brüssel-Nijmegen 1938); *J. Tiecke,* De Werken van Geert Groote (Utrecht-Nijmegen 1941); *J. van Ginneken,* Geert Groote's Levensbeeld naar de oudste gegevens bewerkt (Amsterdam 1942); *T. P. van Zyl,* Gerard Groote, Ascetic and Reformer (Washington 1963).

Brüder vom gemeinsamen Leben: *J. Gerretsen,* Florentius Radewijns (Nijmegen 1891); *M. v. Woerkum,* Florentius Radewijns. Schets van zijn leven, geschriften persoonlijkheid en ideeën: OGE 24 (1950) 337—364; *C. van der Wansem,* Het ontstaan ende geschiedenis der Broederschap van het Gemene Leven tot 1400 (Löwen 1958).

Windesheimer Kongregation: *V. Becker,* Eene onbekende kronijk van het klooster te Windesheim: Bijdragen en Mededeeligen van het Historisch Genootschap 10 (1887) 376—445; *W. J. Kühler,* Joh. Brinckerinck en zijn klooster te Diepenveen (Rotterdam 1908); *L. Schmitz-Kallenberg,* Die Windesheimer Kongregation: HJ 36 (1915) 306—316 598—608; *E. de Schaepdrijver,* De congregatie van Windesheim gedurende de 16. eeuw: Bijdragen tot de Geschiedenis 14 (1924), 15 (1924), 16 (1925); *Ph. Hofmeister,* Die Verfassung der Windesheimer Augustinerkongregation: ZSavRGkan 30 (1941) 165 bis 270; *K. Löffler,* QQ zur Gesch. des Augustiner-Chorherrenstiftes Frenswegen (Soest 1930); *J. A. Bemolt van Longhum Slaterus,* Het klooster Frenswegen (Arnheim 1938); *W. J. Alberts - A. L. Hulshoff,* Het Frensweger Handschrift (Leiden 1958); *S. van der Woude,* Joh. Busch Windesheimer kloosterreformator en kroniekschrijver (Edam 1947); *ders.,* Acta Capituli Windeshemensis ('s-Gravenhage 1953); *W. Lourdaux - E. Persoons,* De Statuten van de Windesheimse mannenkloosters: Archief voor de geschiedenis van de Kath. Kerk in Nederland 6 (Utrecht 1964) 180—224; $LThK^2$ X 1177 f.

Die Brüder vom gemeinsamen Leben in Deutschland: Quellen: Urkunden der Brüder vom gemeinsamen Leben zu St. Michael in Rostock: Jb. des Ver. für Mecklenburgische Gesch. u. Altertumskunde 4 (Schwerin 1839) 211—281; *H. A. Erhard,* Gedächtnisbuch des Fraterhauses in Münster: Zschr. für vaterländische Geschichte u. Altertumskunde 6 (1843) 89—126; *F. J. Mone,* Jahrgeschichten der Stiftskirche zu Wolf: ZGObrh 18 (1865) 74—83; *J. Petry,* Die Hausordnung der Fraterherren ... zu Emmerich: Programm des Progymnasiums zu Steele (1899); *ders.,* Die Satzungen des St. Gregoriushauses zu Emmerich: AHVNrh 93 (1912) 103—122; *H. Doebner,* Annalen u. Akten der Brüder vom gemeinsamen Leben im Lüchtenhof zu Hildesheim: QQ u. Darstellungen zur Geschichte Niedersachsens IV (Hannover 1903); *H. A. Grimm,* Die Annalen des Klosters Wolf, 1478—1503: Trierer Chronik 12 (1916) 10—17; *K. Löffler,* Das Gedächtnisbuch des Kölner Fraterhauses Weidenbach: AHVNrh 103 (1919) 1—47; *ders.,* QQ zur Gesch. des Augustinerchorherrenstiftes Frenswegen (Soest 1930); *F. W. Oediger* (Hrsg.), Schriften des Arnold Heymerik (Bonn 1939). — Literatur: *L. Schulze,* Heinrich von Ahaus, der Stifter der Brüder vom gemeinsamen Leben in Dtl.: Zschr. f. kirchl. Wiss. u. kirchl. Leben 3 (Leipzig 1882) 38—48; *O. Gerland,* Beiträge zur Gesch. der Brüder vom gemeinsamen Leben in Hessen: Hessenland 18 (1904) 218—221 232—235 249—251 265ff; *G. Boerner*, Die Annalen und Akten der Brüder vom gemeinsamen Leben im Lüchtenhofe zu Hildesheim (Berlin-Fürstenwalde 1905); *K. Löffler*, Heinrich von Ahaus u. die Brüder vom gemeinsamen Leben: HJ 30 (1909) 762—798, vgl. Zschr. für vaterländische Gesch. u. Altertumskunde Westfalens 74 (1916) 229—240; *ders.*, Das Fraterhaus Weidenbach in Köln: AHVNrh 102 (1918) 99—128; vgl. AHVNrh 104 (1920) 174 bis 177; *O. Meyer*, Die Brüder vom gemeinsamen Leben in Württemberg: Blätter für württembergische KG 17 (1913) 97–138, 18 (1914) 142–160; *J. H. Richter*, Gesch. des Augustinerklosters Frenswegen in der Grafschaft Bentheim (Hildesheim 1913); *E. Barnikol*, Studien zur Gesch. der Brüder vom gemeinsamen Leben (Tübingen 1917); *H. Gleumes*, Das Wirken der Fraterherren in Emmerich: AHVNrh 124 (1934) 143—146; *H. Draht*. St. Martini Wesel (Gladbeck 1936); *W. Brüggeboes*, Die Fraterherren (Brüder vom gemeinsamen Leben) im Lüchtenhofe zu Hildesheim (Diss. Münster 1939); *H. Nottarp*, Die Brüder vom gemeinsamen Leben: ZSavRGkan 32 (1943) 384—418; *H. Stiesberg*, Die Wirksamkeit der Fraterherren in Emmerich (masch. Schrift) 1950; *B. Windeck*, Die Anfänge der Brüder vom gemeinsamen Leben (Diss. masch. Bonn 1951); *W. M. Landeen*, The Beginnings of the Devotio moderna in Germany: Research Studies of the State College of Washington 19 (1951) 162—202 221—253, 21 (1953) 275—309, 22 (1954) 53—75; *ders.*, Gabriel Biel and the Devotio moderna in Germany: ebd. 27 (1959) 135 bis 213, 28 (1960) 21—45 61—95; *F. J. Heyen*, Die Brüder vom gemeinsamen Leben in St. German: Neues Trierisches Jb. 1 (1962) 16—27.

Schrifttum und Spiritualität: Allgemein: *J. F. Vregt*, Eenige ascetische tractaten, afkomstig van de Deventersche Broederschap van het Gemene Leven: AGAU 10 (1882) 321—498; *G. G. Wilbrink*, Das geistliche Lied der Devotio moderna (Nijmegen 1930); *J. J. Mak*, Christus bij de Moderne Devoten: OGE 9 (1935) 106—166; *M. Goossens*, De Meditatie in de eerste tijd van de Moderne Devotie (Haarlem-Antwerpen 1954); *F. van d. Borne*, Geert Groote en de Moderne Devotie in de geschiedenis van het middeleeuwse ordewezen: StC 16 (1940) 397—414, 17 (1941) 120—133 197—209, 18 (1942) 19—40 203—224; *H. Watrigant*, La méditation méthodique et l'École des Frères de la vie commune: RAM 3 (1922) 134—155.

Quellen der Spiritualität: *M. Viller*, Le Speculum monachorum et la Devotio moderna: RAM 3 (1922) 45—56; *C. Smits*, David van Augsburg en de invloed van zijn Profectus op de Moderne Devotie: Coll. franciscana neerlandica (1927) 171—203; *H. Gleumes*, G. Groot u. die Windesheimer als Verehrer des hl. Bernhard von Clairvaux: ZAM 10 (1935) 90–112; *E. Mikkers*, Sint Bernardus en de Moderne Devotie: Cîteaux en de Nederlanden 10 (Westmalle 1953) 149—186; *M. A. Lücker*, Meister Eckhard und die Devotio moderna (Leiden 1950), dazu *L. Reypens:* OGE 25 (1951) 215; *D. de Man*, Heinrich Suso en de Moderne Devotie: NAKG 19 (1926) 279—283; *P. Debongnie*, Henri Suso et l'Imitation de Jésus-Christ: RAM 21 (1940) 242—268.

Florens Radewijns: Het libellus „Omnes, inquit, artes" een rapiarium van Florentius Radewijns: OGE 25 (1951) 113—158 225—268; Het Libellus „Multum valet", ed. *J. F. Vregt:* AGAU 10 (1882) 383—427.

Gerhard Zerbolt van Zutphen: De spiritualibus ascensionibus, ed *J. Mathieu* (Brügge 1941); *J. van Rooij*, Gerard Zerbolt van Zutphen. Leven en Geschriften (Nijmegen-Utrecht 1936); *A. Hyma*, Is Gerard Zerbolt of Zutphen the Autor of the „Super modo vivendi"?: NAKG 16 (1921) 107—128; *ders.* (Hrsg.), Super modo vivendi devotorum hominum simul commorantium: AGAU 52 (1926) 1—100.

Dirc van Herxen: De libris teutonicalibus, ed. *A. Hyma:* NAKG 17 (1924) 42—70; *Ph. H. J. Knierim*, Dirc van Herxen (1381—1457) rector van het Zwolse fraterhuis (Amsterdam 1926).

Hendrik Mande: *G. Visser*, Hendrik Mande, Bijdrage tot de kennis van de Noord-

Nederlandse mystiek ('s-Gravenhage 1899); *A. Combes,* Essai sur la critique de Ruysbroeck par Gerson: Études de théologie et d'histoire de la spiritualité, 3 Bde (Paris 1945/59).

Gerlach Peters: Soliloquium, ed. *J. Strange* (Köln - Bonn - Brüssel 1849); *W. Moll,* Gerlach Peters en zijne schriften: Kerkhistorisch Archief 2 (1859) 174—199; *E. Assemaine,* Gerlach Peters: VS 5 (1921) 117—123; *ders.* (Übers. u. Einl.), Gerlach Peters, Le soliloque enflammé (Juvisy 1936); *J. J. Mak,* De Dietse vertaling van Gerlach Peters' Soliloquium (Rotterdam 1936); *M. van Rijn,* Wessel Gansfort (Den Haag 1917); *ders.,* Studien over Wessel Gansfort en zijn tijd (Utrecht 1933).

Johannes Mauburnus, Exercitia utilissima pro horis solvendis et pro devota communione sacramentali cum considerationibus variis de vita et passione domini et sacramento eucharistiae (Zwolle 1491); *ders.,* Rosetum exercitiorum spiritualium et sacrarum meditationum (Basel 1504); *H. Watrigant,* La méditation méthodique et Jean Mauburnus: RAM 4 (1923) 13—29; *P. Debongnie,* Jean Mombaer de Bruxelles, ses écrits et ses réformes (Louvain - Toulouse 1927); *J. Donndorf,* Das Rosetum des Johannes Mauburnus (Diss. Halle 1929).

Johannes Veghe: Lectulus noster floridus. Unser Blumenbettchen, hrsg. von *H. Rademacher* (Hiltrup 1938); *ders.,* Wyngarden der sele, hrsg. von *H. Rademacher* (Hiltrup 1940); *F. Jostes,* Johannes Veghe. Ein dt. Prediger des 15. Jh. (Halle 1883); *ders.,* Drei unbekannte dt. Schriften von Johannes Veghe: HJ 6 (1885) 345—412; *H. Triloff,* Die Traktate u. Predigten Veghes (Halle 1904); *A. Bömer,* Johannes Veghe: Westfälische Lebensbilder I (Münster 1930) 166—182; *H. Rademacher,* Mystik u. Humanismus der Devotio moderna in den Predigten u. Traktaten des Johannes Veghe (Hiltrup 1935); *H. Kunisch,* Johannes Veghe u. die oberdt. Mystik des 14. Jh.: Zeitschr. f. dt. Altertum 75 (1938) 141—171.

Imitatio Christi: Thomas a Kempis, Omnia opera, ed. *J. Pohl* I—VII (Freiburg 1902/22); De Imitatione Christi, lat. mit dt. Übers. von *P. Mons* (Regensburg 1959); frz. Übers. von *L. Baudry* (Paris 1950, Lit. u. Übersicht über Gesch. der Verfasserfrage); *L. M. J. Delaissé,* Le manuscrit autographe de Thomas a Kempis et „L'Imitation de Jésus-Christ", 2 Bde (Brüssel 1956); *P. E. Puyol,* Descriptions des manuscrits et des principales éditions du livre De Imitatione Christi (Paris 1898); *ders.,* L'auteur du livre De Imitatione Christi, 2 Bde (Paris 1899/1900); *R. Storr,* Concordantia ad IV libros a Thoma Kempensi (London ^{2}1911).

Verfasserfrage: Abt Joh. Gersen OSB: *C. Wolfsgruber,* Giovanni Gersen, sein Leben u. sein Werk de Imitatione Christi (Augsburg 1880); *R. Pitigliani,* L'Abbate Giovanni Gersenio autore dell'Imitazione di Cristo (Turin 1937); *ders.,* Le fonti dell'Imitazione di Cristo: SC 65 (1937); *T. Lupo,* Validità della tesi gerseniana sull'autore della „Imitazione di Cristo": Salesianum 12 (Turin 1960) 56—106; *P. Bonardi - T. Lupo,* L'Imitazione di Cristo e il suo autore, 2 Bde (Turin 1964); *H. Denifle:* ZKTh 6 (1882) 692—718, 7 (1883) 692—743. — Joh. Gerson: *J. B. Monnoyeur,* Gerson, L'auteur de l'Imitation de Jésus-Christ (Paris 1936). Thomas v. Kempen: *J. Huijben - P. Debongnie,* L'auteur ou les auteurs de l'Imitation (Löwen 1957); *C. C. de Bruin,* De middelnederlandse vertaling van de Imitatio Christi in hs. Leiden ... 339 (Leiden 1954), dt. Kurzfassung: Altdt. u. Altniederl. Mystik, hrsg. von *K. Ruh* (Darmstadt 1964) 462—496. — Präkempisten: *P. Hagen,* Zwei Urschriften der Imitatio Christi in mittelniederdeutschen Übers. (Berlin 1930); *ders.,* De Imitatione Christi libri qui dicitur tractatus secundus et tertius recognovit et ad auctorem anonymum atque Thomam Kempensem reduxit (La Haye 1935); *ders.,* Untersuchungen über Buch II u. III der Imitatio Christi: Verhandelingen d. k. Ak. v. Wet. Afd. Letterk. 34 (Amsterdam 1935); *J. van Ginneken,* Trois textes pré-kempistes du premier livre de l'Imitation: ebd. 44 (Amsterdam 1940); *ders.,* Trois textes pré-kempistes du second livre de l'Imitation: ebd. 46 (Amsterdam 1941); *ders.,* De Navolging van Christus (Amsterdam

²1947); *L. Kern,* Zur Verfasserfrage der Imitatio Christi: OGE 28 (1954) 27—44 151—171; *A. Hyma,* The Original Version of de Imitatione Christi by Gerard Zerbolt of Zutphen: AGAU 69 (1950) 1—41; *J. Huby,* Les origines de l'Imitation de Jésus-Christ de G. Groote à Th. a Kempis: RSR 31 (1943) 102—139, 32 (1944) 211—244; *J. Tesser,* De eerste en de laatste faze van het auteursproblem der Navolging in Italië: OGE 23 (1949) 168—203; *M. Lücker:* GuL 22 (1949) 228—232; *B. Spaapen:* GuL 31 (1958) 303—308; *ders.:* OGE 23 (1949) 168—203; *L. Fernández,* El autor de „La Imitación de Cristo“: Manresa 32 (1960) 33—44.

Inhalt: *P. E. Puyol,* La doctrine du livre De Imitatione Christi (Paris ²1898); *G. Clamens,* La dévotion à l'humanité du Christ dans la spiritualité de Th. a K. (Lyon 1931); *P. Debongnie,* Les Thèmes de l'Imitation de Jésus-Christ: RHE 36 (1940) 289—344; *E. Iserloh,* Die Kirchenfrömmigkeit in der Imitatio Christi: Sentire Ecclesiam (Freiburg 1961) 251—267; *ders.,* Die Nachfolge Christi: Bücher der Entscheidung, hrsg. von *W. Sandfuchs* (Würzburg 1964) 55—66.

Fortwirkung: *H. Watrigant,* La méditation fondamentale avant saint Ignace (Enghin 1907); *P. Groult,* Les Mystiques des Pays-Bas et la Littérature espagnole du seizième siècle (Löwen 1927); *H. Gleumes,* Niederländische u. spanische Mystik im 16. Jh.: ZAM 11 (1936) 323—328; *J. Hashagen,* Die Devotio moderna in ihrer Einwirkung auf Humanismus, Reformation und Gegenreformation: ZKG 55 (1936) 523—531; *A. Suquia Goicoechea,* El Epistolario de Gerardo de Groote y el Libro de Ejercicios de San Ignacio de Loyola: Manresa 21 (1949) 305—324; *ders.,* La santa Misa en la espiritualidad de San Ignacio de Loyola (Madrid 1950).

Devotio moderna ist die schon bei Thomas von Kempen (1380—1471) und Johannes Busch (1399—1479)[1] sich findende Selbstbezeichnung für die geistliche Bewegung, die am Ende des 14. Jh. von den Niederlanden ihren Ausgang nahm und im Laufe des 15. Jh. auf das übrige Europa, vor allem auf Deutschland übergriff. Modern ist diese Frömmigkeit in der Hinwendung zur Erfahrung, in der Aktivierung der affektiven Kräfte und in der Anleitung zur Selbstkontrolle. Sie „will lieber Reue empfinden als ihren Begriff kennen“ (Im. Chr. I 1, 9). Mit diesem empirischen Zug steht die Devotio moderna in der Linie der via moderna des spätscholastischen Nominalismus. Gleichzeitig führte der Überdruß an dessen verstiegener und lebensfremder Spekulation bei den Devoten zu einer Abkehr von der Theologie zugunsten der im hausbackenen Alltag bewährten Tugend. „Was frommt's dir, über die Dreieinigkeit Hohes zu diskutieren, wenn dir die Demut fehlt, so daß du der Dreieinigkeit mißfällst? Wahrlich, hohe Worte machen nicht heilig und gerecht, aber ein tugendhaftes Leben macht Gott lieb“ (Im. Chr. I 1, 7 f). Mit dieser an sich gesunden und berechtigten Kritik an einer dekadenten Scholastik brach der Graben zwischen Theologie und Frömmigkeit in der abendländischen Kirche vollends auf[2]. Auch die spekulative Mystik eines Meister Eckhart lehnten die Devoten ab. Man suchte die Gottinnigkeit auf dem Wege tätiger Buße und Liebe. Dabei hat man

[1] Vgl. den Titel des 2. Teiles des „Chronicon Windeshemense“: Liber de origine devotionis modernae, ed. *K. Grube* 245—375.

[2] *F. Vandenbroucke,* Le divorce entre théologie et mystique: NRTh 82 (1950) 372—389.

jedoch das Gedankengut der großen Mystiker vielfach ausgewertet und in Kreisen fruchtbar gemacht, die zu den hohen Spekulationen keinen Zugang hatten.

Gerhard Groote

Der Vater dieser neuen Frömmigkeit ist Gerhard Groote (1340/84). Als Sohn eines Tuchhändlers und Patriziers 1340 in Deventer geboren, wurde er durch die Pest mit 10 Jahren ein reicher Vollwaise. Bald fand er an der heimischen Lateinschule nicht mehr genug und bezog 1355 die Universität Paris, wo er 1358 zum Magister der Freien Künste promoviert wurde. Nun stand ihm das Studium der Rechte, der Medizin und der Theologie offen. In seiner glühenden Wißbegier und seiner ungestümen Art scheint er sich allen drei zugewandt und dazu mit der Magie sich beschäftigt zu haben. Der Schwerpunkt seiner Studien lag auf dem kanonischen Recht. Als Student, der allen geistigen und sinnlichen Genüssen zugetan war, und in diplomatischer Mission hielt er sich außer in Paris in Prag, Köln, Avignon und Aachen auf. Hier bewarb er sich 1362 um ein Kanonikat, in dessen Besitz er 1370 kam; dazu erlangte er Pfründen in Soest, Nordmünster und Utrecht. Doch all diese Ehren und Erfolge konnten ihm ebensowenig Erfüllung sein wie das unrastige Lernen und Leben vorher. „Es ist keine Glückseligkeit dabei", bemerkt sein Biograph Peter Horn[3]. Nach 1370[4] führte eine Begegnung mit seinem ehemaligen Studienfreund Heinrich Eger von Kalkar (1328—1408), Prior des Kartäuserklosters Monnikhuizen bei Arnheim, zu einer tiefen Bekehrung. Der Kartäuser wies ihm den Weg zu einem geistlichen Leben. Dieses führte ihn für einige Jahre in dessen Kloster, wo er als Donatus, d. h. als Bruder ohne Gelübde, bei praktischer Arbeit und Lektüre, vor allem der Mystiker Hugo von St. Viktor, Heinrich Seuse, Gertrud von Helfta, Meister Eckhart, Ludolf von Sachsen und Johannes Ruysbroeck die Grundlage der neuen Frömmigkeit legte. Doch auf die Dauer sollte sein Weg zur Einswerdung mit Gott ein in der Welt tätiges Leben einschließen, sollte die Selbstheiligung für ihn mit dem Dienst am Mitmenschen verbunden sein. „Schlecht wäre es, selbst der beschaulichen Andacht, der Frömmigkeit und Gerechtigkeit halber, was nicht von

[3] Vita Magistri Gerardi Magni c. 1, ed. *W. J. Kühler:* NAKG 6 (1909) 333.

[4] Nach *R. Post* (Wanneer heeft G. Groote zich bekeerd?: StC 17 [1941] 293—312) fällt die Bekehrung in das Jahr 1374, frühestens 1372 und die Zeit der Einkehr in Monnikhuizen von 1376—1379 (*R. Post,* H. Eger von Kalkar en Gerd Groote: StC 21 [1946] 88—92; *ders.,* De Moderne Devotie 12). Nach *J. van Ginneken* (Geert Groote's Levensbeeld 134) begann die Umkehr schon bald nach 1370 und verbrachte Gerhard Groote die folgenden Jahre bis 1373 im Kloster, das er verließ, als H. Egers Priorat dort zu Ende war.

einem anderen geleistet werden kann und den gottgefälligen Nutzen deines Nächsten im Stiche zu lassen", schreibt er in seinen Aufzeichnungen „Beschlüsse und Vorsätze, keine Gelübde" [5].

Gerhard Groote verzichtete auf seine Pfründen und überließ sein Stadthaus in Deventer September 1374 frommen, gottsuchenden Frauen, die unter einer Meisterin ein klosterähnliches Leben führen, dabei sich aber mit eigener Hände Arbeit ernähren wollten. Groote gab nicht sein ganzes Vermögen weg. Er behielt zurück, was er brauchte, dazu zwei Zimmer in seinem Haus, von wo aus er seine Stiftung betreute. Dieser Gemeinschaft, der Urzelle der „Schwestern vom gemeinsamen Leben", gab er 1379 eine Ordnung, wir können sagen, eine Regel [6]. Es galt ja, gerade in einer solchen freien Gemeinschaft, die Zucht und Rechtgläubigkeit zu sichern und sie vor der Verwechselung mit den „Brüdern vom freien Geist" und anderen Schwärmern zu schützen.

Gleichzeitig fand sich in Deventer eine ähnliche Gemeinschaft von Brüdern in der Vikarie des Florens Radewijns (1350—1400) zusammen. Dieser hatte sich 1380/81 nach einem Studium in Prag auf eine Predigt Gerhard Grootes hin bekehrt. Er war der einzige, dem der Meister es nahelegte, sich die Priesterweihe geben zu lassen, und den er dafür nach Worms schickte, um einen Bischof mit reinen Händen zu finden [7]. Groote selbst ließ sich nur zum Diakon weihen (ca. 1379), um öffentlich predigen zu können. Vor dem Priestertum schreckte er wegen seiner Unwürde und angesichts der Simonie und des Konkubinates der Priester seiner Zeit zurück. Als Bußprediger führte er einen harten Kampf gegen die veräußerlichte Frömmigkeit, gegen die Sittenlosigkeit der Städte, gegen häretische Bewegungen (Bartholomäus von Dordrecht; Brüder vom freien Geist), gegen die Simonie und den Konkubinat des Klerus und gegen die Mißachtung des Armutsgelübdes durch die Ordensleute (proprietarii). Als Florens von Wewelinghoven 1379 Bischof von Utrecht wurde, fand Groote zunächst Rückhalt an ihm. Er bekam eine persönliche Predigterlaubnis und wurde zum Synodalprediger ernannt. Als solcher hielt er am 14. August 1383 [8] den „Sermo de focaristis". Als Traktat wurde diese Predigt zum weitverbreitetsten Werk des Meisters. Im Anschluß an den Prager Kanonisten Konrad von Soltau († 1407) stellt er es als schwere Sünde hin, der Messe eines notorischen Konkubinariers beizuwoh-

[5] Überliefert von Thomas Kempen, Opera ed. *J. Pohl* VII (1929) 87—97, bes. 97.

[6] *R. Post,* De statuten van het Mr.-Geertshuis te Deventer: AGAU 71 (1952) 1—46.

[7] Rudolf Dier van Muiden, Scriptum de magistro Gherardo Groote: „Dominus Florentius . . . quem magister Gherardus fecit ordinari presbyterum, mittens eum ad episcopum Wormatiensem, credo ad vitandam symoniam . . .", ed. *G. Dumbar,* Analecta I 7.

[8] So *J. van Ginneken,* Geert Groote's Levensbeeld 305; nach *St. Axters* III 39 wurde die Predigt am 14. 8. 1381 gehalten, nach *R. Post,* Kerkgeschiedenis I 294 am 14. 5. 1381. Wahrscheinlich hat Gerhard Groote zwei Synodalansprachen gehalten, davon die erste im Anschluß an Bernhards Predigt über Apg 9, 4, wie Johannes Busch (ed. *K. Grube* 252) berichtet.

nen, ebenso wenn ein Bischof einen solchen zur Meßfeier zuläßt. Der Widerstand der betroffenen Kleriker und der Bettelorden, die sich durch die Ablehnung des Bettels und die neue Lebensweise der Brüder und Schwestern bedroht fühlten, versteifte sich derart, daß der Bischof Bedenken bekam. Abgesehen von seiner rigoristischen Art, war Gerhard Groote nichts vorzuwerfen. So wurde er indirekt durch ein Predigtverbot für Diakone mundtot gemacht. Das genügte, um den Meister und seine Brüder als häretisch zu diffamieren. Er ließ eine protestatio fidei an die Kirchtüren von Deventer und Zwolle anschlagen und erbat von Urban VI. eine persönliche Predigterlaubnis. Bis dahin blieb ihm nur, seine Predigt vom leidenden Gehorsam wahrzumachen (Im. Chr. III 19, III 49, 18—27). Er bestimmte Florens, in Deventer zu bleiben[9], und verhütete so ein Auseinanderlaufen der Brüdergemeinschaft.

Ohne rehabilitiert zu sein, starb Gerhard Groote am 20. 8. 1384 an der Pest. Die von ihm begründete „moderne Frömmigkeit" entfaltete sich in den Gemeinschaften der Brüder und Schwestern vom gemeinsamen Leben und in den Augustiner-Chorherrenstiften der Windesheimer Kongregation. Ihrer Spiritualität gab er das Gepräge. Es wurde aber weniger seine zum Rigorismus neigende Strenge als seine praktische Art und seine von der dauernden Betrachtung des Lebens und Leidens Jesu bestimmte Christusnachfolge im Alltag maßgebend.

Die Brüder vom gemeinsamen Leben

Die Bruderschaft vom gemeinsamen Leben war nach dem Tode Gerhard Grootes schon so weit grundgelegt, daß ihr Fortbestand sichergestellt war und der weitere Ausbau gut vonstatten ging. Im Geiste ihres Meisters, der den Bettel ablehnte und die Handarbeit als Hilfe zur Tugend schätzte, verdienten die Brüder nach dem Beispiel des hl. Paulus ihren gemeinsamen Lebensunterhalt mit Abschreiben und Binden von Büchern[10]. So hatten sie gleichzeitig Gelegenheit zu geistlicher Lektüre, brauchten die Gemeinschaft bzw. das Haus nicht zu verlassen und wirkten mit an der Verbreitung christlichen Glaubens- und Bildungsgutes. Viel Möglichkeit zur apostolischen Arbeit nach außen blieb allerdings so nicht. Wohl deshalb hatte Gerhard Groote 1383 eine Stiftung angenommen zum Lebensunterhalt für zwei bis drei Priester, die in der Seelsorge tätig waren. Sonst galt das Streben nach dem Priestertum in der ersten Zeit als der Demut zuwider. Sosehr man auch um das Heil der anderen besorgt sein wollte, war man doch

[9] Ep. 62 De patientia, ed. *W. Mulder* 232—243.

[10] „Volo enim, quod, qui gratiam habent laborandi, laborent manibus suis ... labor mirabiliter homini necessarius est et reductivus mentis ad mundici(ti)am et diminuendam immundici(ti)am" (ep. 32, ed. *W. Mulder* 138).

froh, ohne die Bürde des Priestertums sich freier der eigenen Vollkommenheit widmen zu können. Den Mitmenschen wollte man durch Gebet, stilles Beispiel und Zuspruch helfen [11].

Geistliche Lesung, besonders der Heiligen Schrift, Betrachtung und Gebet füllten neben der Arbeit den Tag aus. Die brüderliche Zurechtweisung und gemeinsame Gewissenserforschung sollten zur Befolgung der Ordnung und zur Demut verhelfen. „Harret aus in demütiger Einfalt, und Christus wird mit euch sein" [12], mahnt Radewijns die Seinen. Die Nachfolge des demütigen Christus ist der zentrale Gedanke ihrer Frömmigkeit. Inmitten des spätmittelalterlichen Stadtbürgertums wollte man bei Gebet und Arbeit wie die Wüstenväter leben [13]. Im Unterschied zu den Beginen und Begarden hatten die Brüder und Schwestern vom gemeinsamen Leben allen Besitz gemeinsam. Bürgerlich sind der nüchterne, ja berechnende Zug dieser Frömmigkeit, die systematische und methodische Bekämpfung der Fehler und die starke Bewußtheit. Mit Mißtrauen begegnete man allem, was ein gesundes Mittelmaß überstieg. Lieber wollte man weniger hoch greifen, dafür aber durchhalten. Ideale Programme, die nicht realisiert wurden, hatte man im spätmittelalterlichen Ordensleben ja reichlich vor Augen. Dem Beispiel der „Beschlüsse und Vorsätze" ihres Meisters folgend, stellten viele Brüder sich eine persönliche Lebensregel auf und schrieben geistliche Tagebücher mit Lesefrüchten aus ihrer erbaulichen Lektüre (Rapiarien). Ein Großteil der devoten Literatur sind solche zunächst für die eigne Erbauung verfaßte bzw. zusammengetragene Schriften, weiter Briefe, die andere zum geistlichen Leben anleiten sollen. Nach dem „Exercitium" des Johann Kessel († 1398), eines Laien aus dem Deventer Brüderhaus, zu dem vier Priester, acht Kleriker und einige Laienbrüder gehörten, können wir uns ein Bild von der Tagesordnung machen: Um 3 Uhr begann der Tag mit frommer Betrachtung. Darauf folgten die Mette und Schriftlesung. Als Mittel gegen Schläfrigkeit wurde empfohlen, sich dabei Notizen zu machen. Um 5 Uhr ging jeder an die Arbeit, bis die Glocken der Pfarrkirche zur Messe läuteten. Unterwegs beteten die Brüder die Psalmen der Terz, auf dem Rückweg die der Sext. Während der Messe war das Leben und Leiden Christi zu überdenken. Zu Hause nahmen sie die Arbeit wieder auf. Erst um 10 Uhr war die gemeinsame Mahlzeit mit Tischlesung. Danach zog sich jeder zur Non

[11] Vita Florentii: „... ut non tantummodo sibi, sed et proximis suis proficerent ad salutem" (*J. Pohl* VII 133). „Tertia temptatio est, quando clericus et litteratus anhelat ad sacros ordines et praelaturam aut aliquam dignitatem" (ebd. 184). „Nam nisi iussus et compulsus pro communi utilitate, nemo hoc acceptare audebat: quia omnes altiorem statum fugiebant et in humiliori loco et officio minori manere eligebant. Unde dominus Florentius qui erat gemma sacerdotum fertur aliquando dixisse. Si non essem sacerdos, nec curam aliorum haberem, tunc possem me perfecte emendare" (ebd. 291).

[12] *J. Pohl* VII 190.

[13] *F. Radewijns,* Tractatus devotus, ed. *M. Goossens* (Harlem-Amsterdam 1954) 331; Imitatio I 18, 6.

in die Zelle zurück. Die Zeit bis zur Vesper gehörte wieder der Arbeit. Nach der Vesper hielt man eine Meditation. Die anschließende Arbeit bis zur Komplet wurde vom gemeinsamen Abendessen, der zweiten Mahlzeit, unterbrochen. Der Tag fand um 8 Uhr seinen Abschluß mit der Gewissenserforschung, bei der man seine Fehler des Tages aufschrieb. Um 9 Uhr war Nachtruhe [14], es sei denn, man führte nach dem Beispiel der Wüstenväter nachts noch geistliche Gespräche [15]. Vorbild für dieses Leben war nach Thomas von Kempen die Brüdergemeinde der Urkirche [16].

Für die Schönheit der Schöpfung hatten die Devoten kein Auge. Von einem christlichen Humanismus ist in ihrer Spiritualität, wenigstens der ersten Zeit, nichts zu spüren, sosehr sie durch das Studium und die Verbreitung der Heiligen Schrift und der Kirchenväter das neue Bildungsbemühen förderten.

Mit Berufung auf das dem Johannes Gerson zugeschriebene Wort: „Muß die Kirche reformiert werden, dann kann das nicht leichter geschehen als durch Menschen, die in der Blüte der Jugend durch gute Sitten und Tugendübung dazu in den Stand gesetzt wurden“ [17], richtete sich die apostolische Arbeit der Brüder vom gemeinsamen Leben auf die studierende Jugend. Zwar gründeten und übernahmen sie nicht selbst Schulen, sondern widmeten sich der religiösen Erziehung der Schüler außerhalb des Unterrichts [18]. Sie bekamen aber Einfluß auf das Schulwesen ihrer Zeit. Mit den Schulrektoren in Deventer, Kampen und Zwolle war Gerhard Groote befreundet. Erst seit der zweiten Hälfte des 15. Jh. haben sich die Brüder vom gemeinsamen Leben in einigen Städten, z. B. Utrecht, Lüttich und Groningen, in Deutschland in Magdeburg und Trier, direkt am Schulunterricht beteiligt.

Wer von den Schülern zum Priestertum oder Ordensstand neigte oder dazu geeignet war, fand Aufnahme in ihren Häusern. Andere brachten sie bei verläßlichen Bürgern unter. Sie versammelten die Schüler zu geistlichen Konferenzen (Collationes) und standen ihnen zu Aussprachen und als Beichtväter zur Verfügung [19]. Als die Brüder in Deventer 1391 ein eigenes größeres Haus erwerben konnten, richteten sie das bisherige als Konvikt für die Schüler ein. Das Brüderhaus in Deventer unter Florens Radewijns Leitung wurde Vorbild für viele andere. Es ergriff aber kaum eine direkte Initiative zu deren Gründung. Ihm selbst fehlte ja noch die kirchliche Be-

[14] *J. Pohl* VII 309–312; *R. Post,* De Moderne Devotie 41.

[15] *J. Pohl* VII 238 f.

[16] „Secundum primitivae ecclesiae formam, et sanctorum patrum laudabilem consuetudinem ab apostolis introductam“ (*J. Pohl* VII 486).

[17] *G. Dumbar,* Analecta I 184; *C. van der Wansem,* Broederschap 126.

[18] *R. Post,* Scholen en Onderwijs in Nederland gedurende de Middeleeuwen (1954).

[19] Vgl. die pädagogischen Traktate von Dirc van Herxen, z. B.: „Tractatus de iuvenibus trahendis ad Christum“ (s. u. Anm. 38).

stätigung. In Kampen und Zwolle gründeten von Gerhard Grootes Predigt ergriffene Bürger gleichgesinnte Hausgemeinschaften. Nach Zwolle schickte Florens 1394 als Rektor Gerhard Scadde. Unter dem zweiten Rektor, Dirc van Herxen (1381—1457), dem „Vater aller Devoten", trat dieses Haus stark in den Vordergrund und war nach 1420 der Ort der jährlichen Kapitel. Andere Gemeinschaften entstanden in Almelo, Hoorn, Amersfoort. Dazu kamen Schwesternhäuser in Deventer, Zwolle, Delft, Amersfoort, Hoorn, Hasselt, Leyden, Rhenen und Utrecht. Aber noch war die kirchenrechtliche Stellung der neuen Gemeinschaften nicht geklärt. Die Brüder waren kein Orden — einen solchen zu gründen, verbot ja auch das Laterankonzil von 1215 —, lebten aber klosterähnlich; sie hatten keine Gelübde und beobachteten doch die evangelischen Räte. Dazu verdienten sie ihren Lebensunterhalt mit eigener Hände Arbeit. Gelehrte Traktate, übel- und wohlwollende, über das Recht dieser Lebensweise gingen hin und her. Die bedeutendste Frucht dieses Disputes ist das „Libellum super modo vivendi hominum simul commorantium"[20] des Gerhard Zerbolt van Zutphen (1367/98). Er versucht, das Leben der Brüder trotz des Abweichens von der hergebrachten Gestalt des Klosters als Schule der Vollkommenheit zu erweisen. Erst 1401 nach dem Tode des Florens Radewijns († 24. 3. 1400), als die Leitung des Hauses an Emil van Buren übergegangen war, erfolgte im päpstlichen Auftrag die lang angestrebte Genehmigung der Bruderschaft vom gemeinsamen Leben durch den Bischof von Utrecht, Friedrich von Blankenheim[21]. Die Brüder dürfen gemeinsam ihre Mahlzeiten halten, ihr Eigentum und den Ertrag ihrer Arbeit zu Gemeinbesitz machen und miteinander fromme Übungen verrichten, aber keinen neuen Orden stiften oder ein neues Klostergewand annehmen.

Die Windesheimer Kongregation

Neben der Gemeinschaft der Brüder vom gemeinsamen Leben, die etwas Neues zwischen Kloster und Welt darstellt, führte die Devotio moderna noch zu einer klösterlichen Reformbewegung. Wenn wir Thomas von Kempen glauben können, hat schon Gerhard Groote im Anschluß an seinen Besuch bei Ruysbroeck in Groenendael an die Gründung eines Kanonikerstiftes für solche Brüder, die zum Klosterleben neigten, gedacht[22]. Tatsächlich empfahl er 1382 Berthold ten Have aus dem Haus in Deventer dem Propst von Emstein zur Aufnahme in dieses Stift. Angesichts der

[20] Ed. *A. Hyma:* AGAU 52 (1926) 1—100.

[21] Text bei *J. Hofmann*, De broeders van het Gemene Leven en de Windesheimse klooster-vereinigung: AGAU 2 (1875) 229—236 u. *P. Frédéricq*, Corpus documentorum inquisitionis haereticae pravitatis Nederlandicae II (Gent - Den Haag 1896) 190—193.

[22] Vita Gerhardi c. 15, ed. *J. Pohl* VII 77 f.

Schwierigkeiten von 1383/84 lag es nahe, an einem der alten Orden Rückhalt zu suchen und durch ein Kloster das Fortbestehen der Devotenbewegung zu garantieren. Entsprechend erzählt Johannes Busch in der Windesheimer Chronik, Groote habe auf dem Sterbebett seinen Brüdern empfohlen, ein Kloster zu gründen, in dem alle Brüder und Schwestern Zuflucht, Hilfe und Schutz finden könnten[23]. Dazu bot sich die Augustinerregel als die passendste an. So sicher es ist, daß Gerhard Groote, Florens Radewijns und andere Brüder bewußt für sich die offizielle klösterliche Lebensform ablehnten und eine größere Nähe zur Welt anstrebten, so wahrscheinlich befanden sich unter ihren Schülern aber auch manche, die sich zum Ordensstand berufen fühlten. Für viele wurden die Brüderhäuser zu Stätten der Vorbereitung für das Kloster. Das verbietet, die Kritik Gerhard Grootes und seiner Schüler an Ordensleuten, die ihre Gelübde nicht ernst nahmen, als grundsätzliche Ablehnung des Klosterlebens, sozusagen als Vorwegnahme der Reformation anzusehen.

Um ein Beispiel wahren klösterlichen Geistes zu geben, aber auch um die Eigenart der eigenen Lebensform zu wahren, lag es nahe, für die Brüder mit Neigung zum Ordensleben ein Kloster zu stiften. In dessen Windschatten konnten sie sich Schutz für den eigentlichen, kirchenrechtlich noch so wenig gesicherten und vielfach angefeindeten Zweig der Devotio moderna versprechen.

So kam es von Deventer aus zur Gründung des Chorherrenstiftes Windesheim bei Zwolle. Am 17. Oktober 1387 wurde die Kirche geweiht und legten sechs Schüler Gerhard Grootes die Gelübde ab. Vorher hatten sie sich in dem 1382 von Groenendael aus gegründeten Kloster Emstein mit den Gewohnheiten der Augustiner vertraut gemacht und waren hier zugleich mit der Spiritualität des Jan van Ruysbroeck in Berührung gekommen. Bald (1392) konnten zwei weitere Klöster in Marienborn bei Arnheim und in Neulicht bei Hoorn gegründet werden. Mit diesen und Emstein bildete Windesheim 1395 unter dem „Prior Superior“ Johannes Vos van Heusden (1391—1424) eine Kongregation. Zu ihr gehörten 1407 schon 12 Klöster, darunter Agnetenberg (Thomas von Kempen). Großen Zuwachs brachte die Vereinigung mit den Kapiteln von Groenendael (1417) und Neuß (1430). Bis 1500 sollten es 87 Stifte werden. Ihr Geist war rein kontemplativ. Schon die Lage von Windesheim und anderen Stiften außerhalb der Städte zeigt, daß sie nicht auf Seelsorge eingestellt waren. In den Statuten aus der Zeit vor der Reformation finden wir keinen Hinweis auf apostolische oder erzieherische Tätigkeit, vom Kopieren der Bücher und der Klosterreform

[23] „Verumtamen aliqui vestrum ordinem ab ecclesia approbatum debent assumere, ad quos omnes devoti utriusque sexus in cunctis suis necessitatibus securum habere debent recursum consilium et auxilium defensionisque presidium petentes recepturi“ (Chronicon Windeshemense II c. 5, ed. *K. Grube* 263).

abgesehen. Letztere wurde die eigentümliche historische Leistung der Windesheimer Kongregation im 15. Jh. Das Konzil zu Basel beauftragte 1435 Windesheim mit der Reform der deutschen Augustinerklöster. In dieser Mission kam Johannes Busch († 1479/80), der spätere Chronist der Kongregation[24], 1437 als Subprior nach Wittenburg westlich von Hildesheim, reformierte Sylte und wurde 1447 Propst des Stiftes Neuwerk bei Halle. Der päpstliche Legat Kardinal Nikolaus von Kues ernannte ihn 1451 zum Visitator der Augustinerkonvente von Sachsen und Thüringen. Widerspenstigen gegenüber bediente sich Johannes Busch bei seinen Visitationen bedenkenlos des weltlichen Arms. Obere wurden abgesetzt und Klosterleute vertrieben oder versetzt. Das nicht nur, wenn es galt, den Gelübden wieder Achtung zu verschaffen oder die Klausur neu einzuschärfen, sondern schon, um Windesheimer Gewohnheiten, einen bestimmten Habit oder eine Weise zu singen, einzuführen.

Wenn wir auch bei Leuten wie Johannes Busch die rechte religiöse Tiefe vermissen und formale Regeltreue an die Stelle der frommen Ergriffenheit, die Männer wie Johannes Vos und seinen Nachfolger Willem Vornken (1425/54) erfüllt hatte, getreten zu sein scheint, so bietet die Windesheimer Kongregation doch auch in der zweiten Hälfte des Jahrhunderts ein blühendes und kräftiges Klosterleben dar, das vorbildlich auf andere Gemeinschaften wirkte.

Die in einer so festen Kongregation zusammengeschlossenen Stifte waren naturgemäß institutionell viel stärker und gesicherter als die nicht so festgefügten Brüderhäuser. Ganz von selbst traten sie in den Vordergrund, übernahmen die Führung und stellten sich in der Literatur (Thomas von Kempen; Johannes Busch) als die eigentlichen Erben Gerhard Grootes hin. Anderseits boten sie den Brüdergemeinschaften Rückhalt und Schutz. So gaben schon am 19. März 1395 die Prioren der Klöster der Windesheimer Kongregation eine feierliche Erklärung über die Rechtgläubigkeit und rechte Lebensführung der Brüder in Deventer ab[25].

Die Brüder vom gemeinsamen Leben in Deutschland

Die Brüderbewegung in Deutschland nahm auch von Deventer ihren Ausgang. Nach hier kam April 1400 kurz nach dem Tod von Florens Radewijns der Münsteraner Domvikar Heinrich von Ahaus († 1439) zu Besuch. Er wurde tief beeindruckt von dem urchristlichen Geist in dem Fraterhaus,

[24] Vgl. *K. Grube,* Des Augustinerpropstes Johannes Busch Chronicon Windeshemense u. Liber de reformatione monasteriorum (Halle 1886).

[25] *J. Hofmann:* AGAU 2 (1875) 225—229; *P. Frédéricq,* Corpus documentorum II (156—158); *E. Barnikol,* Studien 158 f.

an dessen Leben er über ein Jahr teilnahm. In seine Heimat zurückgesandt, gründete er am 26. Oktober 1401 in Münster das erste Haus der Brüder vom gemeinsamen Leben. Nach der Gründungsurkunde sollten darin bei gemeinsamem Eigentum von Büchern und anderem Gut ständig „zwei oder mehr Priester mit einigen Klerikern und einem oder mehreren Laienbrüdern wohnen, die durch irgendwelche Hindernisse nicht in einen Orden eintreten könnten oder ihrer Berufung nach das nicht vorhätten, sondern bis zu ihrem Ende in dem Hause bleiben und, in Niedrigkeit, Keuschheit und den anderen Tugenden lebend, Gott dienen und in gemeinsamem Leben sich gegenseitig unterstützen wollten"[26]. Heinrich scheint anfangs nicht Rektor dieser noch loseren Brüdergemeinschaft gewesen zu sein. Wohl 15 Jahre hat er gebraucht, um das Haus fest im Geiste von Deventer zu gründen und den Widerstand der „groven ende onbesnedenen Westphalen" zu überwinden. Im weiteren 15. Jh. sind die Westfalen aber die Hauptträger der deutschen Brüderbewegung geworden. In allen Häusern West- und Mitteldeutschlands sind sie zu dieser Zeit anzutreffen.

In Köln gründete Heinrich von Ahaus 1416 ein weiteres Fraterhaus, das er drei Jahre bis zur Rückkehr nach Münster 1419 leitete, und kurz vor seinem Tode das in Wesel (1435). Dazu kamen Schwesternhäuser in Borken, Coesfeld, Wesel, Dinslaken, Lippstadt, Schüttorf und Münster. Heinrich von Ahaus begnügte sich nicht mit der Gründung der einzelnen Häuser. Es galt, ihren Bestand zu sichern und den rechten Geist in ihnen zu erhalten. Hierzu strebte er die Verbrüderung („Confederatio") zwischen den Häusern an. Diese kam 1425 zwischen Münster und Köln zustande. Daraus entwickelte sich das sogenannte Münsterische Kolloquium von 1431. Alljährlich sollten am Mittwoch vor dem Sonntag „Cantate" die Vorsteher der Brüder- und Schwesternhäuser Nordwestdeutschlands in Münster zusammenkommen, um über die gemeinsamen Angelegenheiten, wie Einsetzung von Rektoren, Bestellung von Beichtvätern und Visitatoren, Neugründungen usw., zu beraten. Die Verbindung mit den Brüdern in den Niederlanden hielt man aufrecht durch Austausch von je zwei Vertretern mit dem Kolloquium in Zwolle. Die späteren Versuche des Hauses in Münster, seine Vormachtstellung als regelmäßigen Kolloquiumsort auszubauen, um eine straffere Organisation und einheitliche Ausrichtung der 26 deutschen Brüderhäuser zu erreichen, scheiterten am Widerstand der anderen Häuser, besonders Hildesheims. Dieses entwickelte seit 1479 ein eigenes Kolloquium mit Kassel und Magdeburg. Die Unionsbestrebungen führten unter dem Einfluß des Rektors Jasper († 1502) von Deventer endlich 1499 zu einem Generalkapitel. Ob hier schon die Generalstatuten angenommen wurden und die Union zustande kam, ist allerdings ungewiß.

Die Entwicklung der Gemeinschaft der Fraterherren in Deutschland stellt

[26] *K. Löffler*, Heinrich von Ahaus 793.

sich in vier Schwerpunkten dar, die sich einigermaßen zeitlich und geographisch abgrenzen lassen:

1. der Westdeutsche oder Münsterische Kreis mit den Häusern in Münster (1401), Köln (1416) und Wesel (1435). Nicht von Münster gegründet, standen mit dem dortigen Haus in Verbindung: Osterberg bei Tecklenburg (1409/27), Osnabrück (1410/30?) und Herford (1426). Später wurden errichtet Rostock (1462) und Marburg (1477) von Münster aus und Emmerich (1467) von Deventer aus.

2. der Hildesheimer Kreis mit den mitteldeutschen, besonders hessischen Häusern: Hildesheim (1440), Kassel (1455), Kulm (1472), Magdeburg (1482), Berlikum in Friesland (1483) und Merseburg (1503). Von ihnen waren Kulm und Berlikum aber wie Emmerich zunächst nach Holland hin orientiert.

3. der Mittelrheinische Kreis, der von Köln ausging: Marienthal im Rheingau (1463), Wiesbaden (1465; aber wahrscheinlich tatsächlich nie zustande gekommen), Königstein (1466), Butzbach in Südhessen (1468); Wolf an der Mosel (1478) und Trier (1499).

Diese mittelrheinischen Gründungen bildeten gegen Münster seit 1471 einen besonderen Verband mit eigenem Generalkapitel, dem sich 1477 auch die württembergischen Häuser anschlossen. Die Gemeinschaften dieser „oberdeutschen" Union glichen sich stark den Chorherrenstiften an. Ihre Mitglieder waren „Kanoniker vom gemeinsamen Leben" und nannten sich nicht nur der Tarnung willen so. An ihrer Spitze standen Pröpste. So war z. B. Gabriel Biel 1477 Propst in Butzbach und ab 1479 in Urach.

4. der Württembergische Kreis: Von Butzbach aus gründete Gabriel Biel († 1495) Urach (1477) auf die Initiative Graf Eberhards im Barte. Dazu entstand Herrenberg (1481), Tübingen (1482), Dettingen (1482), Dachenhausen (1486) und Einsiedel im Schönbuch (1491). Von maßgeblicher Bedeutung für die Gründung und die innere wie äußere Gestaltung der württembergischen Brüderhäuser war Gabriel Biel. Auch als er nicht mehr Propst in Urach war, nahm dieses Stift eine leitende Stellung unter den württembergischen ein.

Zu diesen 26 deutschen Brüderhäusern kamen die noch zahlreicheren der Schwestern, die von den Brüdern seelsorglich betreut wurden. Wegen ihres Kapuzenmantels (cuculla) wurden die Brüder vielfach Kogel- oder Kugelherren, in Württemberg Kapuziaten oder Kappenherren genannt.

Widerstände: Matthäus Grabow OP

Die neue Lebensweise zwischen Welt und Kloster stieß auf mancherlei Unverständnis und Widerstand: bei den alten Orden, besonders den Mendikanten, die sich kritisiert bzw. durch die Ablehnung des Bettels diffamiert sahen, bei der Weltgeistlichkeit, die bisweilen den Brüdern die Seelsorge in den Schwesternhäusern nicht überlassen wollte, und in Kreisen des Handwerks, die in den vom Erlös ihrer Handarbeit lebenden Brüdern und Schwestern eine unliebsame Konkurrenz erblickten.

Anstoß erregte auch die Übersetzung der Heiligen Schrift in die Volkssprache und die Benutzung solcher Ausgaben in den Brüder- und Schwesternhäusern. Schon Gerhard Groote hatte seine letzten Lebenstage damit verbracht, Teile des Breviers zu übersetzen, um den Schwestern und anderen Ungelehrten die sinnvolle Teilnahme an der Liturgie zu ermöglichen. Im Kloster Windesheim gab es einen eigenen „Librarius teutonicorum librorum“ [27]. Wie sehr die Devoten deshalb verdächtigt wurden, zeigen die dem Gerhard Zerbolt van Zutphen († 1398) zugeschriebenen Verteidigungsschriften „De libris teutonicalibus“ und „De Precibus vernaculis“ oder das Gutachten, das der Abt Arnold des holländischen Benediktinerklosters Dickeninge am 2. Dezember 1397 zugunsten der Fraterherren abgab. Darin wird die Frage „Utrum sit licitum, sacrae scripturae libros in vulgari editos vel translatos legere et habere?“ positiv beantwortet [28].

Prinzipiellen Ausdruck hat die Gegnerschaft gegen die Brüder und Schwestern vom gemeinsamen Leben im Werk des Dominikaners Matthäus Grabow gefunden. Er gehörte dem Konvent in Wismar an, war Lektor der Theologie in Groningen und wird um 1400 als Inquisitor genannt. Er übergab eine nur in den Konklusionen [29] erhaltene Schrift gegen die Fraterherren dem Pfarrer von Deventer. Die Brüder wehrten sich mit einer Gegenklage beim Bischof von Utrecht, der Grabow verurteilte. Dieser brachte darauf seine Sache auf das Konzil von Konstanz. Hier wandten sich Pierre d'Ailly und Johannes Gerson gegen seine These: Niemand kann verdienstlich, ja nicht einmal wahrhaftig die allgemeinen Räte des Gehorsams, der Armut und der Keuschheit erfüllen, wenn er außerhalb der wahren und anerkannten religiösen Orden verbleibt. Mit Berufung auf Thomas von Aquin war für Grabow der Verzicht auf alles Eigentum in der Welt Sünde und Mord. Seine Thesen wurden 1419 in Florenz verworfen, seine Schriften dem Scheiterhaufen übergeben und er selbst zu Kerkerhaft verurteilt. Trotz Widerruf [30] wurde er noch Mai 1421 auf der Engelsburg gefangengehalten.

Wie schwer es war, der Eigenart der Brüder vom gemeinsamen Leben

[27] Chronicon Windeshemense, ed. *K. Grube* 125.

[28] *L. Korth,* Die ältesten Gutachten über die Brüder vom gemeinsamen Leben: Mitteilungen aus dem Stadtarchiv Köln 13 (1887) 1—27, bes. 14 f.

[29] „Conclusiones contra devotarios extra congregationem approbatam viventes“.

[30] So *St. Wachter* (Matthäus Grabow, ein Gegner der Brüder vom gemeinsamen Leben: Festschrift zum 50jährigen Bestandsjubiläum des Missionshauses St. Gabriel [Wien-Mödling 1939] 289—376, bes. 348—351 u. 362) gegen *H. Keussen* (Der Dominikaner Matthäus Grabow: Mitteilungen aus dem Stadtarchiv Köln 19 [1890] 103).

gerecht zu werden, und wie nahe es lag, sie unter die üblichen Orden einzureihen bzw., wie sie selbst es nötig hatten, unter einer „falschen kirchenrechtlichen Flagge“ [31] zu segeln, um anerkannt zu werden, zeigt die Bulle vom 18. April 1439, in der Eugen IV. den Fraterherren in Münster, Köln und Wesel die apostolische Bestätigung gibt [32]. Darin werden die Brüderhäuser zu Chorherrenstiften erklärt, die Brüder zu Kanonikern und ihr Rektor zum Propst gemacht.

Ähnlichen Mißverständnissen bzw. zentralistischen Tendenzen gegenüber und aus Sorge um die Erhaltung ihrer ursprünglichen Art erklärte Peter Dieburg († 1494), Leiter und Chronist des Hildesheimer Hauses, am 13. Mai 1490 in einem Brief an den Rektor von Münster: „Wir sind keine Mönche, sondern in der Welt fromm zu leben ist unser Bestreben und Wille.“ [33]

Angesichts solch vielfältiger Schwierigkeiten sind die wiederholten Bemühungen der Brüder um die ausdrückliche Billigung ihrer Lebensweise durch berufene Autoritäten und der Brauch, an die Spitze ihrer Wohltäterlisten die Kirchenfürsten zu stellen, die ihrem Haus die Bestätigung gegeben hatten, zu verstehen.

Schrifttum und Spiritualität

Die Devotio moderna hat keine großen Theologen hervorgebracht. Theologische Disputationen wollte sie meiden, Spekulationen hat sie nicht geschätzt und auch der Mystik gegenüber sich im allgemeinen reserviert verhalten. Ihre Bedeutung lag in der Praxis des geistlichen Lebens. Diesem wollte ihr Schrifttum dienen. Die Mitteilung der eigenen geistlichen Erfahrung (Briefe, Tagebücher oder Lebensregeln) als Anleitung für andere nimmt darin einen großen Raum ein. Dazu kommen Rapiarien und idealisierende Biographien der Männer der Gründergeneration, denen man in der Nachfolge Christi nacheifern wollte [34]. Als Quellen ihrer Spiritualität bevorzugten die Devoten neben der Heiligen Schrift und den Kirchenvätern

[31] *E. Barnikol,* Studien 32.

[32] Urkunde Nr. 1729 des Diözesan-Arch. Münster, Abt. Generalvikariat (Fraterhaus).

[33] „Non sumus religiosi, sed in saecula religiose vivere nitimur et volumus“, *H. Doebner,* Annalen 113.

[34] Vgl. *Thomas von Kempen,* Dialogi noviciorum, ed. *J. Pohl* VII 1—329; *Rudolf Dier* († 1458), Scriptum de magistro G. G., domino Florencio et multis aliis devotis, ed. *G. Dumbar,* Analecta I 1—11; *Johannes Busch,* Liber de viris illustribus: Chronicon Windeshemense, ed. *K. Grube;* Vita Johannis Brinckerinck: NAKG, NS 1 (1900) 314 bis 354. Auch die „Frensweger Handschrift“ (Univ. Utrecht Hs. 8 L. 16, hrsg. von *W. Jappe Albertz - A. L. Hulshoff* [Leiden 1958]) enthält zum größtenteil Lebensbeschreibungen von Devoten.

besonders Augustinus, Gregor d. Gr., Pseudodionys und Johannes Cassian (Collectiones), die Schriften Bernhards von Clairvaux († 1153), der Franziskaner Bonaventura († 1274; De triplici via) und David von Augsburg († 1272; Profectus religiosorum; Speculum monachorum), Heinrich Seuses und das „Leben Christi“ des Ludolf von Sachsen († 1378)[35].

Mitte und Wurzel der „modernen Frömmigkeit“ ist der historische Christus. „Unser erstes Bestreben sei, uns in das Leben Jesu zu versenken“ (Im. Chr. I 1, 3). „Das Leben unseres Herrn Jesus Christus, das er uns vorgelebt hat, ist die Quelle aller Tugenden und das Vorbild der gesamten Heiligkeit“, heißt es in der dem Joh. Vos van Heusden zugeschriebenen „Epistola“.

„Von der wahren Seelenspeise des heiligsten Lebens unseres Herrn Jesus Christus“ gilt es sich in der Betrachtung zu nähren. Vor allem seine Demut, seinen Gehorsam in der Niedrigkeit des Leidens gilt es nachzuahmen[36]. Die Nachahmung der Menschheit Christi öffnet den Zugang zu seiner Gottheit[37]. Man möchte „Jesus von innen kennen“. Die Bücher „Omnes, inquit, artes“ und „Multum valet“ des *Florens Radewijns* († 1400) bieten eine Reihe von Christusbetrachtungen. Vor allem sind hier zu nennen die „Devota exercitia passionis“ des *Dirc van Herxen* († 1457). Dieser soll sich in „De duplici modo se exercendi“ einen Plan der Meditationen für die einzelnen Tage und Stunden gemacht haben. Diese Pflege systematischer Betrachtung und die Entwicklung ihrer Methode ist kennzeichnend für die Devotio moderna. Dabei wird keine hinreißende Ekstase, nicht so sehr die mystische Einigung gesucht, sondern die schlichte Beschreibung und der liebend betrachtende Nachvollzug des Lebens Christi und der Leiden und Freuden seiner Mutter. *Gerhard Zerbolt van Zutphen* († 1398), der fruchtbarste Schriftsteller unter den Brüdern vom gemeinsamen Leben, leitet in „De spiritualibus ascensionibus“ an, das Gehörte und Gelesene zu überdenken und auf das eigene Leben in der Übung von Liebe und Demut anzuwenden. Er setzt im einzelnen Gegenstand und Zeitpunkt der Betrachtung fest.

Die besondere Sorge der Devoten um die Jugend hat ihren Ausdruck gefunden in den vier pädagogischen Traktaten des Dirc van Herxen: Trac-

[35] Vgl. Gerardus Groote, De sacris libris studendis, ed. *J. Pohl* VII 97 f; eine ähnliche Liste von Büchern geben F. Radewijns (Collationes Brugenses 14 [1909] 89) und Jan Mombaer im „Rosetum“ (*P. Debongnie*, Jean Mombaer [Löwen 1928] 320—331) an.

[36] *J. Mak*, Christus by de moderne devoten: OGE 9 (1935) 105—166. Vgl. *Johannes Busch*, Chronicon Windeshemense c. 4: „... Super fundamentum sancte paupertatis, verecunde simplicitatis ac profunde humilitatis originaliter se fundabant“ (ed. *K. Grube* 15).

[37] G. Groote, ep. 9, ed. *W. Mulder* 31; vgl. das „Rosetum“ des J. Mombaer: „Est enim meditatio humanitatis sc(h)ala qua pervenitur ad contemplationem divinitatis“ (ed. Basel 1504) 135.

tatus de iuvenibus trahendis ad Christum; De innocentia servanda; Libellus de parvulis trahendis ad Christum; Libellus de laudabili studio eorum trahentium. Die beiden ersten wenden sich an die Jugend selbst, Christus zu suchen und die Tugend zu bewahren. Die beiden letzten sind mehr für die Erzieher gedacht[38].

Von den Windesheimer Chorherren sind neben *Johannes Vos* († 1424) und *Thomas von Kempen* († 1471) zu nennen *Hendrik Mande* († 1431) mit 12 Traktaten in niederländischer Sprache, die sich stark an Ruysbroeck anlehnen, und *Gerlach Peters* († 1411). Dieser hat im „Breviloquium", in zwei Briefen an seine Schwester und vor allem im „Soliloquium" eine gemütsbetonte, praktische christusbezogene Frömmigkeit entwickelt. Diese geistliche Literatur der Devotio moderna entstand meist aus der Gemeinschaft, war bestimmt für ihre Zwecke, z. B. die Biographien als Lektüre bei den gemeinsamen Mahlzeiten, und wurde von ihr als gemeinsames Eigentum betrachtet. So läßt sich unser Begriff der Autorschaft vielfach auf sie nicht exakt anwenden. Das erklärt die Anonymität so mancher Schrift und wohl auch die Tatsache, daß gerade bei so bekannten und einflußreichen Werken wie der „Imitatio Christi" und der „Epistola de vita et passione Christi" die Verfasserschaft umstritten ist.

„Der Brief über das Leben und Leiden unseres Herrn Jesu Christi und andere fromme Übungen, nach welchem die Brüder und Laien in Windesheim ihre Exerzitien anzustellen pflegen", ist uns in lateinischer Übersetzung als dritter Teil des „Chronicon Windeshemense" von Johannes Busch überliefert[39]. Als Verfasser galt lange Johannes Vos, der „Prior Superior" der Windesheimer Kongregation. Jedenfalls hat er den Brief den ihm anvertrauten Devoten empfohlen und selbst danach seine Exerzitien gehalten. Die „Epistola" ist als Anleitung zu wöchentlichen religiösen Übungen für die Hand der Exerzitanten gedacht. Der Betrachtungsstoff ist auf die Woche verteilt. Täglich sind drei Betrachtungen vorgesehen: in der ersten soll man über ein Geheimnis aus der Jugendzeit des Herrn betrachten, in der zweiten über sein Leiden und Sterben, und in der dritten soll man sich an einen Heiligen wenden. „Was ist süßer, beruhigender, Gott wohlgefälliger, der einfältigen Taube heilsamer, als im Felsengeklüfte, d. h. in den Wunden unseres Herrn Jesus Christus, andächtig zu weilen. Dein süßer Herr und liebenswerter Bräutigam möge dir die Gunst ge-

[38] *Ph. H. J. Knierim,* Dirc van Herxen 105—112.

[39] Ed. *K. Grube* 226—244. Den Urtext der „Epistola" neuerdings bei *C. de Bruin,* De Dietse oertekst van de anonieme „Epistola de vita et passione domini nostri Jesu Christi et aliis devotis exercitiis". NAKG 34 (1944—45) 8—23. Übers. ins Hochdeutsche von *H. Gleumes* (Münster 1948). Zur Verfasserschaft: *J. G. R. Acquoy,* Is de Windesheimsche prior Joh. Vos van Heusden de schrijver van de „Epistola de vita . . .": Handelingen en Mededeelingen van de Maatschappij der Nederlandsche Letterkunde te Leiden, 1891 bis 1892 (Leiden 1892) 95—97, bes. 96; *S. van der Woude,* Joh. Busch Windesheimer kloosterreformator en kroniekschrijver (Edam 1947) 150.

währen, nicht bloß darin täglich zu weilen und wonnevoll zu ruhen, sondern auch in gleicher Liebe, mit welcher er Wunden und Tod empfing, selbst alle Tage, wenn auch lebend, zu sterben.“ [40] Hier wird dieselbe „via regia“ der Betrachtung und Nachfolge des Leidens Christi gewiesen wie in der *„Imitatio Christi“*.

Dieses Erbauungsbuch, das seit 1427 vier ursprünglich vielleicht selbständige Traktate zusammenfaßt, ist nicht nur das meistverbreitete Buch der Devotio moderna, sondern nach der Bibel der Weltliteratur überhaupt. Wir kennen von ihm allein 700 Handschriften (seit 1424 von Buch I, seit 1427 von I—IV). Es wurde in 95 Sprachen übersetzt und hat über 3000 Ausgaben erlebt. Das Werk ist anonym überliefert. In dem Autograph von 1441 (Hs 5855—5861 der Bibliothèque Royale, Brüssel) bezeichnet sich Thomas von Kempen nur als Schreiber, und zwar mit denselben Worten, mit denen er auch eine von ihm angefertigte Bibelhandschrift abschließt.

Gegen die Intention des Verfassers (vgl. I 5, 6) entspann sich seit dem 15. Jh. ein hitziger, selbst in die Politik reichender Streit über die Autorschaft. Mehr als 35 Namen, darunter Bernhard von Clairvaux, Bonaventura, Ludolf von Sachsen, Johannes Tauler, Heinrich Seuse, Dionysius der Kartäuser und Johannes Gerson wurden ins Feld geführt. Favoriten in diesem von Nationalgefühl und Ordensrivalität verschärften Streit waren neben Thomas von Kempen jahrhundertelang ein Benediktinerabt Joh. Gersen, der angeblich im 13. Jh. in Vercelli in Oberitalien gelebt hat, und Joh. Gerson († 1429), der Verteidiger der Brüder vom gemeinsamen Leben auf dem Konzil in Konstanz. Doch Sprache und Spiritualität verweisen auf die Niederlande, und heute sind sich fast alle Gelehrten darin einig, daß in den Reihen der Devotio moderna der Verfasser der „Imitatio“ zu suchen ist. Einig ist man sich auch, daß Thomas von Kempen die letzte Hand an das Werk gelegt hat. Die Diskussion geht noch darüber, wie weit Gerhard Groote an der Abfassung beteiligt ist. Ist er nur Inspirator, oder kann er als Verfasser einer ersten Fassung bezeichnet werden, die dann von anderen, zuletzt von Thomas von Kempen bearbeitet worden wäre? Die Verfasserfrage ist nur insofern beträchtlich, als es für die Bewertung nicht unerheblich ist, ob ein weltkundiger und aktiver Mann wie Gerhard Groote, der die Versuchungen der Welt am eigenen Leibe erfahren hat, zur Weltentsagung aufruft, oder ein unbeholfener, an der Welt leidender, introvertierter Frommer, der sich wie Thomas von Kempen für praktische Geschäfte als unbrauchbar erwiesen hat und für den die Aktivität in der Welt nie eine ernsthafte Versuchung war. Wichtiger ist die Frage nach dem Gehalt und der Spiritualität dieses Werkes. Es bietet keine systematische Lehre der Frömmigkeit oder gar des mystischen Lebens. Es ist eher ein geistliches Tagebuch oder besser eine Sammlung von Kernsprüchen des

[40] Ed. *K. Grube* 242; vgl. Imitatio II 1, 21 f.

geistlichen Lebens, ein sogenanntes Rapiarium. Der Verfasser scheint über längere Zeit hin Kapitel für Kapitel geschrieben zu haben, ohne sich um deren Zusammenhang und logische Ordnung sonderlich gekümmert zu haben.

Das 1. Buch will durch Verachtung der Welt und der eitlen Wissenschaft, durch Selbstüberwindung und Zerknirschung des Herzens zur Demut und zum inneren Frieden führen. Dazu soll der Blick auf den Tod und das Gericht helfen. Das 2. Buch zeigt, wie wir „durch viel Drangsal in das Reich Gottes eingehen müssen" (II 12, 62). Dieses Reich Gottes ist in uns. Deshalb die Mahnung: „Verschmähe, was äußerlich ist, gib dich dem Inneren hin, und du wirst sehen, das Reich Gottes wächst in dir" (II 1, 2). Der Fromme fühlt sich von den Menschen ungerecht behandelt, er ist von ihnen enttäuscht. Er tröstet sich in der Freundschaft Christi (II 8, 18 ff). Um dieser Freundschaft willen werden die Leiden gepriesen (II 3, 19), Trostlosigkeit und Verlassenheit angenommen (II 9), wird das Kreuz geliebt. Doch bei allem Verlangen nach innerem Trost weiß der Fromme der „Imitatio" auch, daß die reife Liebe zu Christus sich bewährt in der Trostlosigkeit, wenn man bei Jesus in der Verlassenheit des Kreuzes ausharrt (II 11, 1—11).

Die Bücher III und IV haben die Form eines Gespräches, das der Herr mit seinem Diener, Christus mit dem Jünger, führt. Wird im 1. Buch stark der menschliche Wille betont, dann ist im dritten die Gnade vorherrschend. Der Mensch hat aus sich nichts Gutes (III 49), je mehr er sich nackt findet (III 37, 6 16), er sich losläßt (III 37, 17 ff; 42, 9; 49, 9 ff; 54), erlangt er in der Gnade die wahre Freiheit. Das 4. Buch bringt in drei Übungen (Kap. 1—5, 6—11, 12—18) „fromme Ermahnungen zur heiligen Kommunion". Die „Imitatio" möchte wie die Mystik zur Vereinigung mit Gott führen (III 31, 5 ff). Diese Einigung ist aber nur echt und wirklich, wenn sie aus der Tugend hervorwächst (II 10, 5 f), und sie entbindet nicht von dauernder sittlicher Bemühung. Der unangefochtene, ruhige Besitz Gottes ist dem Jenseits vorbehalten, hier ist die Militia Christi unser Teil (III 25, 8; 6, 27). In diesem Kampf ist der kreuztragende Christus Vorbild und Hilfe zugleich (III 56, 28). Die Frage nach dem Willen Gottes und die Sorge um das reine Gewissen haben in dieser Weltenzeit den Vorrang vor der Beschauung (I 3, 23; 20, 14). Neben dieser stark ethischen Orientierung ist die Mystik der „Imitatio" beherrscht vom Gegensatz des Geistigen und Materiellen, des Innerlichen und Äußerlichen. „Sei bedacht, dein Herz von der Neigung zum Sichtbaren loszureißen und zum Unsichtbaren hinzuheben. Wer seinen Sinnen folgt, befleckt das Gewissen und verliert Gottes Gnade" (I 1, 20). Um dieser Innerlichkeit willen werden die äußeren Übungen der Frömmigkeit unterschätzt, wird am Wallfahrtswesen und Reliquienkult Kritik geübt (I 11, 13; 23, 25; III 58, 9 f; IV 1, 38 f). Mit dieser Kritik an der Veräußerlichung der spätmittelalterlichen Frömmigkeit, an der Multiplizierung der äußeren Formen auf Kosten der Tiefe und der Mitte, mit diesem Kampf gegen eine Werkfrömmigkeit und für eine bessere innere Gerechtigkeit steht die „Imitatio“ in der Linie sowohl der katholischen Reform wie der Reformation des 16. Jh.

Weil aber die Verinnerlichung mit einer Verkürzung des Geheimnisses der Schöpfung wie der Inkarnation verbunden ist, droht die Frömmigkeit der „Imitatio“ weltlos zu werden. Im Gegensatz zur deutschen Mystik sieht die „Nachfolge Christi“ nicht die in der Schöpfung begründete Würde der Dinge. Diese werden nur als verführerischer Glanz und nicht als Zeichen auf Gott hin erlebt. Die Welt ist nur noch dazu angetan, uns den Blick auf Gott zu verstellen. „Siehst du auf das Geschöpf, so entzieht sich dir der Schöpfer“ (III 42, 10).

Der Gedanke der „Nachfolge Christi“ wird nicht zum beherrschenden Gesichtspunkt. Vor allem wird die Verbindung mit Christus nicht in ihrer sakramental-ontischen Grundlegung gesehen. Es bleibt bei dem Beispiel des historischen Christus, dessen Leiden uns Trost und Kraft gibt. Von der Mittlerschaft des Gottmenschen, von dem „durch Christus im Heiligen Geist zum Vater“ ist nicht die Rede. Deshalb ist das Geheimnis der Kirche auch nicht gesehen, geschweige denn daß sie Grund und Gegenstand der Frömmigkeit ist[41]. Von Christozentrik kann man in der „Imitatio“ höchstens hinsichtlich des einzelnen sprechen. Dieser spürt nicht, daß seine Gottesliebe sich nur erfüllen kann, wenn sie sich ausweitet in Nächstenliebe und Apostolat. Die Synthese von Selbstheiligung und Apostolat wird nicht gefunden, ja die missionarische Verpflichtung des Frommen spielt keine Rolle. Es bleibt bei der Flucht aus der Welt, es fehlt die Kraft, sie in Christus heimzuholen und die Gefahr der Säkularisierung zu bannen.

Zu einer Verbindung von Mystik, Humanismus und Devotio moderna kommt es gegen Ende des Jahrhunderts bei dem Münsteraner Fraterherrn *Johannes Veghe* († 1504). Vorübergehend in Rostock, wurde er 1475 Rektor des Brüderhauses in Münster und 1481 des dortigen Niesinkklosters der Schwestern vom gemeinsamen Leben. In seinen niederdeutschen Traktaten („Gheystlike jagd“, „Lectulus noster floridus“, „Wyngaerden der sele“) und seinen Predigten bzw. Kollationen, von denen 24 Nachschriften in niederdeutscher Sprache erhalten sind, bietet er im Anschluß an das „Hohe Lied“ eine auf praktische Zwecke zugeschnittene Mystik und macht so die Lehre der Mystiker für die breite Schicht der Schwestern vom gemeinsamen Leben fruchtbar. Alle sind zur Brautschaft mit Gott berufen. „Gott hat den Menschen darum geschaffen, damit er seiner gebrauchen soll.“ Diese Vereinigung mit Gott, die Teilnahme an den göttlichen Freuden beginnt schon in diesem Leben, findet aber erst im Jenseits ihre Erfüllung. Der Mensch muß sich um sie bemühen. Diese beseligende Liebesvereinigung des Men-

[41] Vgl. *E. Iserloh,* Die Kirchenfrömmigkeit in der Imitatio Christi: Sentire Ecclesiam (Freiburg 1961) 251—267.

schen mit Gott macht Veghe deutlich unter dem Bilde der sakramentalen Kommunion und des bräutlichen Verhältnisses.

Der letzte bedeutende geistliche Schriftsteller aus dem Kreis von Windesheim ist *Jan Mombaer* (Johannes Mauburnus). In Brüssel um 1460 geboren, wurde er um 1480 Kanoniker im Kloster St. Agnetenberg. Wichtig und durchweg zuwenig gewürdigt ist seine Bedeutung als Klosterreformer in Frankreich am Ende des Jahrhunderts. Er wurde dort 1501 Abt von Livry, starb aber bald darauf (29. 12. 1501?) in Paris. Wie Wessel Gansfort († 1489) und im Anschluß an diesen wollte er Wege weisen zur Innerlichkeit, besonders zur Andacht beim Stundengebet, bei der heiligen Kommunion und bei der Betrachtung, d. h. den wichtigsten geistlichen Übungen des Devoten. Dabei entwickelt er aber die Methodik des geistlichen Lebens in einem Maße, daß die Gefahr mechanischer Routine, die er, wie die Devotio moderna überhaupt, bekämpfen wollte, bei ihm in neuer Form wieder akut wird. Im „Venatorium sanctorum ordinis canonicorum regularium" verteidigt er die Gebräuche seines Ordens, während er im „Rosetum exercitiorum spiritualium et sacrarum meditationum" (Zwolle? 1494; Basel 1504; Paris 1510) eine Summa der geistlichen Lehren und Praktiken der Devotio moderna gibt. Sozusagen ein großes „Rapiarium" bietet das „Rosetum" eine Fülle von geistlichen Erfahrungen des Schreibers und seines Kreises und die Früchte einer ungemeinen Belesenheit im religiösen Schrifttum.

Zur besseren Einprägung werden die Regeln der Betrachtung und ihr Inhalt in Versen gegeben. Diese sind wieder geordnet in Gruppen zu sieben für die Wochentage bzw. die sieben Tagzeiten oder in „Rosenkränzen" von 150 Punkten. Um den Kanonikern zum andächtigen Psalmengebet beim Offizium zu helfen, gibt er ihnen in der „Psalmodischen Hand" (Chiropsalterium) ein weiteres mnemotechnisches Hilfsmittel.

Durch das „Rosetum" hat die Devotio moderna größeren Einfluß auf Frankreich und darüber hinaus auf Spanien, z. B. auf den Abt von Montserrat *García Jiménez de Cisneros* († 1510) genommen. Dessen Traktate, die eine Hilfe für den inneren Vollzug des Chorgebetes (Directorium horarum canonicarum, Montserrat 1500) und für die Betrachtung (Exercitatorium spirituale, Montserrat 1500) geben wollen, lehnen sich stark an das „Rosetum" an. Ob Ignatius von Loyola über diesen Benediktinerabt oder direkt von Jan Mombaer Anregung für seine Methodik der Betrachtung bekommen hat, läßt sich nicht sicher ausmachen. Jedenfalls hat er in Manresa die „Nachfolge Christi" in die Hand bekommen und soll seitdem kein anderes Andachtsbuch lieber gehabt haben als sie[42]. Damit ist die direkte Verbindung der Devotio moderna zur katholischen Reform des 16. Jh. gegeben.

42 Tagebuch des Pater Gonçalves: Monumenta Ignatiana IV, 1 (Rom 1944) 200.

48. Kapitel

Die nationalen Irrlehren: Wyclif und Hus

Wyclif: QUELLEN: WW: John Wyclif, The Latin Works, 35 Bde (London 1883/1922, Neudr. Frankfurt 1964); *Thomas Netter of Walden,* Fasciculi zizaniorum magistri Joannis Wyclif cum tritico, ed. *W. Waddington Shirley* (London 1858); *F. Palacký,* Documenta Mag. Joannis Hus vitam, doctrinam, causam in Constantiensi concilio actam et controversias de religione in Bohemia annis 1403—1418 motas illustrantia (Prag 1869, Neudr. Osnabrück 1966).

LITERATUR: *Fliche-Martin* 14 (Paris 1964) 943—968; LThK² X (1965) 1278—81; *Hefele-Leclercq* VII; *H. Grundmann,* Ketzergeschichte des MA: Die Kirche in ihrer Geschichte Bd 2, Lfg. G 1. Teil (Göttingen 1963) G 60—G 62; *M. McKisack,* The Fourteenth Century 1307—1399: The Oxford History of England V (Oxford 1959) 510—524 554; *A. Molnár,* Recent Literature on Wyclif's Theology: Communio viatorum 7 (1964) 186—192; *B. A. Vermaseren,* Niewe studies over Wyclif en Hus: Tijdschrift voor Geschiedenis 76 (1963) 190—212; *H. B. Workman,* John Wyclif, 2 Bde (Oxford 1926); *J. H. Dahmus,* The Prosecution of John Wyclyf (New Haven 1952); *J. A. Robson,* Wyclif and the Oxford Schools (Cambridge 1961); *L. J. Daly,* The Political Theory of John Wyclif (Chicago 1962); *P. De Vooght,* Wiclif et la „Scriptura sola": EThL 39 (1963) 50—86; *G. A. Benrath,* Wyclifs Bibelkommentar (Berlin 1966); *ders.,* Wyclif und Hus: ZThK 62 (196—216); *A. Zumkeller,* Die Augustinereremiten in der Auseinandersetzung mit Wyclif und Hus, ihre Beteiligung an den Konzilien von Konstanz und Basel: AAug 28 (1965) 5—56; *G. Wendelborn,* Das Verhältnis von Schrift und Vernunft im Werk John Wiclifs (Diss. masch. Rostock 1964); *F. de Boor,* Die neue Definition der Simonie bei John Wyclif (Diss. masch. Halle 1964).

Hus: QUELLEN: WW: Joannis Hus atque Hieronymi Pragensis confessorum Christi historia et monumenta, 2 Bde (Nürnberg 1588); Mag. Johannis Hus Opera omnia, ed. *W. Flajšhans - M. Komínková,* 3 Bde (Prag 1903/07, Neudr. Osnabrück 1966); Mag. Johannis Hus Opera omnia, Bd 8: Sermones de tempore qui collecta dicuntur, ed. *A. Schmidtová* (Prag 1959), Bd 22: Polemica, ed. *F. Graus* (Prag 1966); Mag. Johannis Hus Tractatus de ecclesia, ed. *S. Harrison Thomson* (Cambridge/Mass. 1956); *F. Palacký,* Documenta Mag. Joannis Hus vitam, doctrinam, causam etc. illustrantia (Prag 1869, Neudr. Osnabrück 1966); Die Schriften und Predigten in tschechischer Sprache sind verzeichnet in der unten angegebenen Lit., ebenso die wichtigsten Arbeiten über Hus in tschechischer Sprache von *F. Bartoš, V. Novotný, Vl. Kybal, J. Sedlák* usw.

LITERATUR: *Fliche-Martin* 14 (Paris 1964) 989—1029 (Lit.); LThK² V (1960) 543—545 (Lit.); *H. Grundmann,* Ketzergeschichte des MA (Göttingen 1963) G 62—G 65; *Hefele-Leclercq* VII (1916) 110—166; *Hauck* V 870—950; *P. De Vooght,* L'hérésie de Jean Hus (Löwen 1960); *ders.,* Hussiana (Löwen 1960); *ders.,* Jean Hus au Symposium Hussianum Pragense: Istina 11 (1965/66) 41—60; *D. Girgensohn,* Peter von Pulkau und die Wiedereinführung des Laienkelches (Göttingen 1964); *H. Köpstein,* Über die Teilnahme von Deutschen an der hussitischen revolutionären Bewegung — speziell in Böhmen: Zschr. für Geschichtswiss. 11 (1963) 116—145; *J. Kejř,* Zur Entstehungsgeschichte des Hussitentums: Die Welt zur Zeit des Konstanzer Konzils (Konstanz 1965) 47—61; *A. Zumkeller,* Die Augustinereremiten in der Auseinandersetzung mit Wyclif und Hus usw.: AAug 28 (1965) 5—56; *F. Seibt,* Hus und die Hussiten in der tschechischen wiss. Lit. seit 1945: Zschr. für Ostforschung 8 (1958) 566—590; *ders.,* Hussitica. Zur Struktur einer Revolution (Köln-Graz 1965) mit ausführl. Lit.; *A. Molnár,* Gli studi su Jean Hus nel 550° anniversario della morte: Nuova Rivista storica 49 (1965) 696—699; *Jiři Kejř,* Husitský Pravník M. Jan z Jesenice, mit deutscher Zusammenfassung (Prag 1965); *M. Spinka,* John Hus' Concept of the Church (Princeton 1966); *F. M. Bartoš,* Husitská revoluce. Doba Žižkova 1415—1426.

Hussitische Revolution. Die Zeit des Žižka 1415—1426 I (Prag 1965), II (1966) mit Lit.; *I. Hlavacek*, Bohemicale Literatur in den mittelalterlichen Bibliotheken des Auslandes (nach den mittelalterlichen Bibliotheksverzeichnissen): Historica 13 (1966) 113 bis 155; *M. Kudelásek*, Bibliographie des Travaux sélectionnés des historiens tchécoslovaques parus au cours des années 1963—64: ebd. 13 (1966) 233—271; *J. Macek*, Jean Hus et son époque: ebd. 13 (1966) 51—80; *ders.*, Giovanni Hus e la riforma Boema: BIStIAM 78 (1967) 45—73; Handbuch der Gesch. der böhmischen Länder, hrsg. von *K. Bosl* I (Stuttgart 1957) 494—531; *R. Kalivoda*, Husitská Ideologie (Prag 1961); *ders.*, Seibt's „Hussitica" und die Hussitische Revolution: Historica 14 (1967) 225—246; *F. Šmahel*, Le mouvement des étudiants a Prague dans les années 1408—1412: Historica 14 (1967) 33—75 mit Lit.; *H. Kaminsky*, A History of the Hussite Revolution (Berkeley - Los Angeles 1967).

Allgemeine Bedeutung erlangten als ketzerisch angesehene Auffassungen, die in England und Böhmen gegen Ende des 14. und Anfang des 15. Jh. vertreten wurden. Und zwar deswegen, weil sie in den Auseinandersetzungen über Verfassung, Gestalt und Leben der Kirche umstürzende Ansichten äußerten. *John Wyclif*, um 1330 geboren in der Nähe von York, war nach seinen Studien in Oxford sein ganzes Leben lang an dieser Universität tätig als Magister der Theologie und besaß einige einträgliche Benefizien. Hat man ihn bisher mehr als Philosophen und Politiker angesehen, so zeigen zahlreiche neuere Untersuchungen sein primär theologisches und vor allem biblisches Interesse. Während er oft dem Nominalismus zugerechnet wurde, scheint die Betonung seines extremen Realismus der Wirklichkeit besser zu entsprechen[1]. Ausführliche Kommentare zur Heiligen Schrift und die Abhandlung „De veritate sacrae scripturae" trugen ihm den Titel Doctor evangelicus ein. Nachdem er Professor der Theologie geworden war, verfaßte er in mehreren Traktaten (De dominio divino, De civili dominio, De officio regis, De ecclesia) eine Art theologischer Summe. Stärker als in den Andeutungen seiner biblischen Erklärungen trat er nun als Reformer hervor, angeregt durch die betrüblichen Zustände in der kirchlichen Verwaltung und die Unsicherheit nach dem Ausbruch des Großen Schismas. Seine als gefährlich geltenden Thesen gaben der zuständigen kirchlichen Autorität Anlaß zum Einschreiten, zumal von mehreren Seiten Anzeigen erfolgten. Eine Vernehmung vor dem Bischof von London in St. Paul im Februar 1377 legte ihm 19, aus „De civili dominio" ausgezogene Artikel zur Last, doch verhinderte sein Gönner, der Herzog von Lancaster, ein scharfes Vorgehen[2]. So hatten auch die im Mai desselben Jahres von Gregor XI. erlassenen Bullen an König, Bischöfe und die Universität Oxford keinen Erfolg[3]. Im nächsten Jahr veranlaßte das Verhör vor mehreren Bischöfen in Lambeth bei London Wyclif zu teilweisem Widerruf oder doch ausweichender Interpretation der

[1] *R. Kalivoda*, Johannes Wyclifs Metaphysik des extremen Realismus und ihre Bedeutung im Endstadium der mittelalterlichen Philosophie: Miscellanea Mediaevalia 2 (Berlin 1963) 716—723. [2] *Dahmus*, The Prosecution 7—34.

[3] Überlieferung und englische Übersetzung der fünf Bullen bei *Dahmus*, The Prosecution 39—49; die Bulle an die Universität Oxford in: Fasciculi zizaniorum 242 ff mit Datum vom 31. 5. 1377.

19 Artikel[4]. Gegen seine Auffassung der Eucharistie (Remanenztheorie) in seiner Schrift „De eucharistia" wandten sich die Mendikanten, der Kanzler der Universität Oxford und ein Teil der Magister; gegen sie schrieb er eine Confessio[5]. An den Unruhen des Jahres 1381 war er nicht direkt beteiligt und erklärte sich gegen die Aufständischen. Erzbischof Courtenay von Canterbury (1381—96) versammelte im Mai 1382 ein Provinzialkonzil im Dominikanerkloster in London (Erdbebensynode). In längeren Verhandlungen wurden 24 Sätze teils als häretisch, teils als irrig bezeichnet[6], und eine Synode in Oxford im November desselben Jahres schloß sich diesem Vorgehen an[7]. Wyclif mußte jedenfalls seine Lehrtätigkeit aufgeben und zog sich auf seine Pfarrei Lutterworth zurück, wo er unbehelligt blieb bis zu seinem Tode am 31. Dezember 1384. In diese Zeit fallen eine Reihe von wichtigen Schriften, wie der „Trialogus". Auf die Zitation an die Kurie durch Urban VI. antwortete er in einem wenig unterwürfigen Schreiben[8] und dann in dem Traktat „De citationibus frivolis".

Die Kritik an Kirche und Theologie fand bald in weiten Kreisen Anklang und Nachahmung durch die sog. „Armen Priester". Doch wird neuerdings ihr Zusammenhang mit Wyclif und ihre Bedeutung und Verbreitung weniger betont als in früheren Darstellungen. Nachdem seine Anhänger an der Universität Oxford durch den Erzbischof und staatliche Stellen vertrieben waren oder sich unterwarfen, blieb ein vergröberter Wyclifismus noch einige Jahrzehnte in mittleren und unteren Volksschichten wirksam. Mit dem alten Ketzernamen „Lollarden" bezeichnet sind sie in den Katalog der Häretiker eingegangen; Lollarden-Bibel nannte man die von Wyclif angeregte Übersetzung der Vulgata in die Landessprache[9]. Gegen das Weiterleben wyclifitischer Lehren wurde in der Folgezeit von Staat und Kirche energisch eingeschritten. So verurteilte 1397 auf einer Provinzialsynode Erzbischof Arundel (1396—1414) 18 Sätze aus dem Trialogus. Zu Beginn des Jahrhunderts fügte der deutsche Magister Johann Hübner in Prag zu den 24 schon 1382 in London verdammten Sätzen noch 21 weitere hinzu[10]. In Böhmen wurde 1412 die Vertretung dieser 45 Artikel und von weiteren 7 unter Hinzufügung der theologischen Zensuren zu jedem Artikel verboten[11]. Und in Oxford er-

[4] *Dahmus,* The Prosecution 35—73.

[5] Fasciculi zizaniorum 105 f.

[6] *Mansi* XXVI 695—722; *Dahmus,* The Prosecution 89—128; Fasciculi zizaniorum 277 bis 282.

[7] *Mansi* XXVI 811—820; *Dahmus,* The Prosecution 136 f.

[8] Fasciculi zizaniorum 341 f.

[9] *K. B. McFarlane,* John Wycliffe and the Beginnings of English Nonconformity (London 1952); *M. E. Aston,* Lollardy and Sedition 1381—1431: Past and Present 17 (1960) 1—44; *M. Deanesly,* The Lollard Bible (Cambridge 1920).

[10] *Palacký,* Documenta 327—331.

[11] *Palacký,* Documenta 451—457; auch bei *M. Spinka,* John Hus' Concept of the Church (Princeton 1966) 397—400.

reichte der Erzbischof im Jahre 1411 nach einer Visitation der Universität die Aufstellung einer Liste von 267 falschen Meinungen Wyclifs, die er dann nach Rom weitergab. Die zunächst abweisende Haltung gegen die Visitation war weniger ein Eintreten für Wyclif als vielmehr ein Protest für die Freiheit der Universität. In Rom wurde in der einzigen feierlichen Sitzung des römischen Konzils (s. Seite 548) am 10. Februar 1413 die Bulle Johanns XXIII. vom 2. Februar verkündet. Sie enthielt die Verurteilung aller Schriften Wyclifs, vor allem des Dialogus und Trialogus, aber auch die Aufforderung: Wer das Andenken Wyclifs verteidigen wolle, müsse innerhalb von neun Monaten am päpstlichen Hof erscheinen[12]. Gleich nach Beginn des Konzils, noch im Jahre 1414, befaßte man sich auch in Konstanz mit Wyclif und Hus[13]. In der 8. Sitzung am 4. Mai 1415 verdammte das Konzil die 45 Sätze, nachdem sie durch Gutachten ausführlich untersucht worden waren[14], und auch über die 260, von der Universität Oxford verurteilten Thesen wurde die Aussprache begonnen, aber dann verschoben; es folgte die Verordnung, daß die Gebeine Wyclifs aus der geweihten Erde entfernt werden sollten. Auch in der 12. Sitzung vom 29. Mai war von 266 Artikeln Wyclifs die Rede[15], und am 6. Juli bestätigte die 15. Sitzung den Spruch der römischen Synode, nachdem 58 aus den 260 Artikeln verlesen worden waren[16]. Der neue Papst erließ noch in Konstanz eine Reihe von Verordnungen zur religiösen Lage in Böhmen unter Aufzählung der 45 Artikel Wyclifs und von 30 Artikeln des Johann Hus, die ebenfalls in der 15. Sitzung verurteilt wurden; außerdem einen Fragebogen mit 39 Fragen, die verdächtigen Personen vorgelegt werden sollten[17]. Nach England wandte er sich in wiederholten Schreiben und forderte die Vernichtung der Schriften Wyclifs und die Unterdrückung seiner Irrlehren. Im Dezember 1427 endlich erhielt der Bischof von Lincoln den Befehl, die Gebeine Wyclifs ausgraben und verbrennen zu lassen, was dann auch ausgeführt wurde[18].

Die Beurteilung der Persönlichkeit Wyclifs war von Anfang an zwiespältig, da sein streng scholastischer Stil, eine gewisse Verdunkelung der ätzen-

[12] *H. Finke,* Acta concilii Constanciensis I 123 f 162 f, IV 643; Calendar of entries in the Papal registers relating to Great Britain and Ireland. Papal letters VI (London 1904) 174 343 f.

[13] *H. Finke,* Acta concilii Constanciensis IV 17.

[14] *H. von der Hardt,* Magnum oecumenicum Constantiense concilium III (Frankfurt 1698), 168—211: Theologorum Constantiensium brevis censura XLV articulorum Wiclefi; 212—335: Theologorum Constantiensis concilii diffusa condemnatio XLV articulorum Wiclefi.

[15] *H. Finke,* Acta concilii Constanciensis II 362.

[16] Die Zahlenangaben über die Oxforder Artikel schwanken zwischen 260 und 266: Acta concilii Constanciensis II 34 40 48. Die 58 verlesenen Artikel bei *Mansi* XXVII 748—752, auch in COD 398—402.

[17] „Inter cunctas" vom 22. Februar 1418: *Hefele-Leclercq* VII 511—528.

[18] Calendar of entries in the Papal registers. Papal letters VII (London 1906) 21—23.

den Kritik und die häufige Wiederholung von Lieblingsgedanken das Studium seiner Schriften erschwerte. Galt er lange als ein typischer „Vorreformator", so neigt man heute eher dazu, ihn in die vorderste Reihe der Reformer aufzunehmen. Dabei muß freilich gesagt werden, daß er nicht bei der Kritik äußerer und äußerlicher Dinge stehenblieb (Reliquienverehrung, Heiligenverehrung, Ohrenbeichte, Fegfeuer, Ablaß, Mönchtum), sondern, von der lex Dei in der Heiligen Schrift ausgehend, die theologischen Grundlagen der mittelalterlichen Kirche angriff und deshalb als einer der schlimmsten Feinde der Hierarchie angesehen wurde. Als extremer Augustinist vertrat er in radikaler Weise eine Kirche der Prädestinierten, in der für die Hierarchie und kirchlichen Besitz in der damaligen Form kein Platz mehr blieb; der Kirche seiner Zeit (lex ecclesiae, epistulae papales) stellte er die alte Kirche anklagend gegenüber. Wenn die päpstlichen Bullen ihn mit Ockham und Marsilius von Padua verglichen, so bezog sich das wohl weniger auf seine Philosophie als auf die praktische Gefährlichkeit für die Gestalt der spätmittelalterlichen Kirche. Die oft vertretene Ansicht, daß er von der englischen Regierung wegen seiner feindlichen Einstellung gegen Rom und die Bischöfe besonders gefördert oder doch beschützt worden sei, hat begründeten Widerspruch gefunden[19]. Auch im Verständnis seiner Eucharistielehre zeigen sich neue Aspekte. So bedürfen noch viele Seiten seiner Lehre und die Deutung seiner rätselvollen Persönlichkeit einer eingehenden unpolemischen Klärung.

In Böhmen war seit der Mitte des 14. Jh. eine starke Reformbewegung im Gange, schon bevor die wyclifitischen Auffassungen dort bekannt wurden und bald eine weite Verbreitung fanden. Wie überall sind auch hier die üblichen Vorwürfe gegen den Reichtum und die Privilegierung des Klerus zu finden. Vertreter solcher Reformideen waren ziemlich zahlreich unter den theologischen Magistern der Universität. So versteht man, daß die Lehren und Schriften Wyclifs auf einen gut bereiteten Boden fielen. Denn durch die Heirat der Schwester des böhmischen Königs Wenzel mit Richard II. von England war der geistige Austausch, vor allem durch böhmische Studierende in Oxford, sehr lebhaft geworden. Es ist bezeichnend, daß sich in Böhmen mehr Handschriften Wyclifs befinden als in England. In diese auch politisch durch den Gegensatz zwischen Deutschen und Tschechen erregte Zeit war *Johannes Hus* (* um 1370) hineingestellt. Er hatte an der Prager Artistenfakultät den Magistergrad erworben und wandte sich nach Empfang der Priesterweihe im Jahre 1400 dem Studium der Theologie zu. Die Jahre bis zu seinem öffentlichen Auftreten sind nicht mehr deutlich; umstritten ist seine Gelehrsamkeit und theologische Originalität, umstritten seine Gestalt, seitdem sie hineingezogen wurde in die böhmische nationale Bewegung und

[19] *J. H. Dahmus*, John Wyclif and the English Government: Speculum 35 (1960) 51—68; *L. J. Daly*, Walter Burley and John Wyclif on Some Aspects of Kingship: SteT 234 (1964) 163—184.

neuerdings in die marxistische Geschichtsdeutung. In den ersten Jahren des neuen Jahrhunderts schien er ein Reformfreund unter vielen. Vom Prager Erzbischof zum Synodalprediger bestellt, begann er mit auffallend scharfer Zunge die Laster des Klerus anzuprangern und wandte sich in der von reformbegeisterten Laien für die Predigt in der Volkssprache gestifteten Bethlehemskapelle an das breite Volk. Die frühere Forschung hat auf die sehr weitgehende inhaltliche und textliche Abhängigkeit von Wyclif hingewiesen und die Originalität von Hus danach stark eingeschränkt. Doch wird mit Recht die selbständige Verarbeitung und politisch geschickte Nutzung des scholastisch schwerfälligen wyclifitischen Gedankengutes betont[20]. Die pauschale Verdammung Wyclifs lehnte er ab, da es beim englischen Magister auch viele rechtgläubige Formulierungen gäbe. Auch an dem Kuttenberger Dekret, das im Jahre 1409 die bisherigen Vorrechte der deutschen Nation an der Universität zurücknahm, war Hus nicht führend beteiligt[21]. Nach kleineren Zusammenstößen mit Erzbischof und Universität kam es durch das Vorgehen der Prager Kurie — gemäß der Weisung Alexanders V. — gegen die Anhänger Wyclifs, die öffentliche Verbrennung seiner Schriften und das Verbot der Predigt in Privatkapellen zu offenem Bruch und zur Verhängung des Bannes über Hus. Dieser appellierte wie schon früher an den Papst, jetzt Johann XXIII. Die Sache wurde dem Kardinal Colonna zur Bearbeitung und Entscheidung übergeben, der die Maßnahmen des Erzbischofs billigte und an Hus eine Vorladung zum Erscheinen an der Kurie ergehen ließ; die durch Prokuratoren vorgebrachten Entschuldigungen wies er zurück und sprach im Februar 1411 die Exkommunikation über Hus aus. Bald folgte in Prag die Verhängung des Interdikts. Der Papst aber bestellte eine neue Kommission von vier Kardinälen, aber nur Kardinal Brancaccio war in der Sache tätig. Jetzt schaltete sich König Wenzel stärker in die Auseinandersetzungen ein, schon um den Unruhen ein Ende zu machen und wegen der erhofften kaiserlichen Würde sein Land als frei von Ketzereien vorzustellen. Dann aber führte die Predigt von Hus im Sommer 1412 gegen den Kreuzzugsablaß, den Johann XXIII. wegen Ladislaus von Neapel verkünden ließ, zum Höhepunkt des Streites. Ein großer Teil des Klerus, viele Magister der Universität und zuletzt auch der König entzogen ihm ihre bisherige Unterstützung. Kardinal Brancaccio wiederholte die schon einmal ausgesprochene Exkommunikation und bedrohte die Anhänger Hussens mit Bann und Interdikt. Hus mußte die Stadt verlassen und hielt sich bei befreundeten böhmischen Adligen auf. In diese Zeit fällt die Abfassung seiner Schrift „De ecclesia“. In dieser unsystematischen, wiederum an Wyclif sich anlehnenden Streitschrift gegen die Prager theologische Fakultät tritt seine

[20] *P. De Vooght,* L'hérésie de Jean Hus 75ff; *J. Kejř,* Zur Entstehungsgeschichte des Hussitentums 52; *G. A. Benrath,* Wyclif und Hus 197f.
[21] *F. Seibt,* Hussitica 65—77.

Auffassung von der Kirche als Gemeinschaft der Prädestinierten stark hervor und damit die Fragwürdigkeit der bisherigen Struktur der hierarchischen Kirche und des ihr geschuldeten Gehorsams. Verständlich, daß eine mächtige Opposition sich gegen ihn wandte und daß aus dieser Schrift die meisten Anklagepunkte erhoben werden konnten. Die Lage im böhmischen Königreich war nun so gespannt, daß auch Sigismund als Erbe des Landes die Lösung der politischen und kirchlichen Schwierigkeiten vom kommenden Konzil erhoffte und Hus das Erscheinen nahelegte.

49. Kapitel

Das Konzil von Konstanz. Martin V.

QUELLEN: Acta scitu dignissima docteque concinnata Constantiensis concilii celebratissimi (Hagenau 1500); *H. von der Hardt,* Magnum oecumenicum Constantiense concilium, 6 Bde (Frankfurt-Leipzig 1696/1700, Indexband 1742); *J. Lenfant,* Histoire du concile de Constance, nouvelle éd. 2 Bde (Paris 1727); *H. Bourgeois du Chastenet,* Nouvelle histoire du concile de Constance (Paris 1718); *Mansi* 27 28; *H. Finke,* Acta concilii Constanciensis, 4 Bde (Münster 1896/1928); *Ulrich Richental,* Das Konzil zu Konstanz. Faksimileausgabe und Kommentarband (Konstanz 1964); *H. Heimpel,* Aus der Kanzlei Kaiser Sigismunds: AUF 12 (1932) 111—180; *ders.,* Regensburger Berichte vom Konstanzer Konzil: Festschrift G. Hugelmann I (Aalen 1959) 213—272; *H. Koeppen,* Die Berichte der Generalprokuratoren des deutschen Ordens an der Kurie. 2. Band, Peter von Wormditt (1403—19): Veröffentlichungen der Niedersächsischen Archivverwaltung, Heft 13 (Göttingen 1960); *C. M. D. Crowder,* Constance Acta in English Libraries: *Franzen-Müller,* Das Konzil von Konstanz 477—517; *ders.,* Correspondence between England and the Council of Constance 1414—1418: Studies in Church History I (London 1964) 184—206; *H. Finke,* Forschungen und Quellen zur Geschichte des Konstanzer Konzils (Paderborn 1889); *K. A. Fink,* Zu den Quellen für die Geschichte des Konstanzer Konzils: *Franzen-Müller,* Das Konzil von Konstanz 471—476.

LITERATUR: *Hefele-Leclercq* VII (1916); *Fliche-Martin* 14 (1962); *E. F. Jacob,* Reflections upon the Study of the General Councils in the Fifteenth Century: Studies in Church History I (1964) 80—97; *A. Franzen - W. Müller,* Das Konzil von Konstanz. Beiträge zu seiner Geschichte und Theologie (Freiburg 1964) mit ausführl. Lit.; *E. Hänggi,* Zur Gesch. des Konzils von Konstanz: ZSKG 60 (1966) 187—194; Die Welt zur Zeit des Konstanzer Konzils: Vorträge und Forschungen 9 (Konstanz 1964); *K. A. Fink,* Die weltgeschichtliche Bedeutung des Konstanzer Konzils: ZSavRGkan 51 (1965) 1—23; *P. Glorieux,* Le concile de Constance au jour le jour (Tournai 1964); *J. Gill,* Constance et Bâle-Florence (Paris 1965); *A. Franzen,* Das Konstanzer Konzil. Probleme, Aufgaben und Stand der Konzilsforschung: Concilium I (1965) 555—574; *F. Stuhr,* Die Organisation und Geschäftsordnung des Pisaner und Konstanzer Konzils (Diss. phil. Breslau 1891); *H. Finke,* Bilder vom Konstanzer Konzil (Heidelberg 1903); *P. Arendt,* Die Predigten des Konstanzer Konzils. Ein Beitrag zur Predigt- und Kirchengeschichte des ausgehenden Mittelalters (Freiburg 1933); *J. B. Schneyer,* Konstanzer Konzilspredigten. Eine Ergänzung zu H. Finkes Sermones- und Handschriftenlisten: ZGObRh 113 (1965) 361—388; *O. Engels,* Der Reichsgedanke auf dem Konstanzer Konzil: HJ 86 (1966) 80—106; *Graziano di S. Teresa,* Contributi alla Libellistica dello scisma occidentale (1378—1417): ECarm 15 (1964) 387—424.

Vorgeschichte: *E. Göller,* König Sigismunds Kirchenpolitik vom Tode Bonifaz' IX.

bis zur Berufung des Konstanzer Konzils 1404—1413 (Freiburg 1902); *F. Schoenstedt,* König Sigmund und die Westmächte: Die Welt als Geschichte 14 (1954) 149—164; *A. Franzen,* Die Vorgeschichte des Konstanzer Konzils. Vom Ausbruch des Schismas bis zum Pisanum: *Franzen-Müller,* Das Konzil von Konstanz 3—35; *J. Lenzenweger,* Von Pisa nach Konstanz: ebd. 36—54.

Teilnehmer: *J. Riegel,* Die Teilnehmerlisten des Konstanzer Konzils (Diss. phil. Freiburg 1916); *P. Lehmann,* Konstanz und Basel als Büchermärkte während der großen Kirchenversammlungen: Erforschung des Mittelalters 1 (1941) 253—280; *J. Goñi Gaztambide,* Los españoles en el concilio de Constanza. Notas biográficas: HS 15 (1962) 253—386, 18 (1965) 103—158 265—332; *ders.,* Los obispos de Pamplona del siglo XV y los Navarros en los Concilios de Constanza y Basilea: Estudios de Edad Media de la Corona de Aragón 7 (1962) 358—547; *B. Fromme,* Die spanische Nation und das Konstanzer Konzil (Münster 1896); *L. Suárez Fernández,* Castilia, el cisma y la crisis conciliar 1378—1440 (Madrid 1960); *K. Dieterle,* Die Stellung Neapels und der großen italienischen Kommunen zum Konstanzer Konzil: RQ 29 (1915) 3—21 45—72; *J. Hollerbach,* Die gregorianische Partei. Sigismund und das Konstanzer Konzil: ebd. 23 (1909) 129—165, 24 (1910) 3—39 121—140; *H. Keusen,* Die Stellung der Universität Köln im großen Schisma und zu den Reformkonzilien des 15. Jh.: AHVNrh 115 (1929) 225—254; *D. Girgensohn,* Die Universität Wien und das Konstanzer Konzil: *Franzen-Müller,* Das Konzil von Konstanz 252—281; *Th. Straub,* Herzog Ludwig der Bärtige von Bayern-Ingolstadt und seine Beziehungen zu Frankreich in der Zeit von 1391—1415: Münchner hist. Studien, Abt. Bayer. Gesch. VII (1965); *J. Keppler,* Die Politik des Kardinals-Kollegiums in Konstanz vom Januar bis März 1415 (Diss. phil. Münster 1899); *K. Zähringer,* Das Kardinalkollegium auf dem Konstanzer Konzil bis zur Absetzung Papst Johannes' XXIII.: Münsterische Beiträge zur Geschichtsforschung 59 (1935); *K. Gatzemeier,* Stellung und Politik der Kardinäle auf dem Konstanzer Konzil nach der Absetzung Johanns XXIII. (Diss. phil. Münster 1937); *J. Rest,* Kardinal Fillastre bis zur Absetzung Johanns XXIII. auf dem Konstanzer Konzil (Diss. phil. Freiburg 1908); *W. Hasenohr,* Patriarch Johannes Maurosii von Antiochien (Diss. phil. Freiburg 1909). Zu Kardinal d'Ailly siehe Kap. 41. *A. Gómez Moriana,* El pensamiento eclesiológico de Pierre d'Ailly: Anales de la cátedra Francisco Suárez (Granada) 3 (1963) 1—43; *F. Oakley,* The Political Thought of Pierre d'Ailly. The voluntarist tradition (New Haven - London 1964); *P. Glorieux,* Pierre d'Ailly, Jean XXIII et Thierry de Nieheim: RThAM 31 (1964) 100—121. Zu Gerson siehe Kap. 41. *G. H. M. Posthumus Meyjes,* Jean Gerson, zijn Kerkpolitiek en ecclesiologie ('s-Gravenhage 1963); *J. B. Morrall,* Gerson at the Great Schism (Manchester 1960); *P. Glorieux,* Jean Gerson. Œuvres complètes I (1960). Introduction générale, bis 1965 6 Bde.

Causa unionis: *A. Lenné,* Der erste literarische Kampf auf dem Konstanzer Konzil im November und Dezember 1414 (Diss. phil. Freiburg 1913); *J. Katterbach,* Der zweite literarische Kampf auf dem Konstanzer Konzil im Januar und Februar 1415 (Diss. phil. Freiburg 1919); *H. G. Peter,* Die Informationen Papst Johanns XXIII. und dessen Flucht von Konstanz bis Schaffhausen (Freiburg 1926); *J. A. Rubio,* La política de Benedicto XIII desde la substracción de Aragón a su obediencia hasta su destitución en el concilio de Constanza (Zamora 1926); *K. A. Fink,* Die Wahl Martins V.: *Franzen-Müller,* Das Konzil von Konstanz 138—151; *J. Goñi Gaztambide,* Recompensas de Martín V a sus electores españoles: Hispania sacra 11 (1958) 259—297; *H. Zimmermann,* Die Absetzung der Päpste auf dem Konstanzer Konzil: *Franzen-Müller,* Das Konzil von Konstanz 113—137.

Causa fidei: *D. Girgensohn,* Peter von Pulkau und die Wiedereinführung des Laienkelches: Veröffentlichungen des Max-Planck-Instituts für Geschichte 12 (Göttingen 1964, mit ausführl. Lit.); *J. Kejř,* Zur Entstehungsgeschichte des Hussitentums: Die Welt zur Zeit des Konstanzer Konzils 47—61; *F. Seibt,* Hussitica. Zur Struktur einer Revolution (Köln - Graz 1965); *P. De Vooght,* L'hérésie de Jean Hus (Louvain 1960); *ders.,* Hussiana (Louvain 1960); *ders.,* Jean Huss et ses juges: *Franzen-Müller,* Das Konstanzer Konzil 152 bis 173; Hus in Konstanz, Der Bericht des Peter von Mladoniowitz, übers., eingeleitet und erklärt von *J. Bujnoch:* Slavische Geschichtsschreiber 3 (Graz - Wien - Köln 1963); *F. Machilek,* Hus in Konstanz. Zu einer deutschen Übers. der relatio de magistro Johanne Hus des Peter von Mladoňovic: ZRGG 18 (1966) 163—170. Lit. zu Hus und Hussitismus bei *H. Grundmann,* Ketzergeschichte des Mittelalters: Die Kirche in ihrer Geschichte Bd 2 Lfg. G 1. Teil (Göttingen 1963) 62—65; *A. Coville,* Jean Petit. La question du tyrannicide au commencement du XV siècle (Paris 1932); *F. Schoenstedt,* Der Tyrannenmord im Spätmittelalter. Studien zum Begriff des Tyrannen und zum Problem des Tyrannenmordes im Spätmittelalter, insbesondere in Frankreich: Neue deutsche Forschungen 198 (Berlin 1938); *H. Koeppen,* Die Berichte der Generalprokuratoren des Deutschen Ordens an der Kurie. II Peter von Wormditt (Göttingen 1960); *St. Belch,* Magistri Pauli Vladimiri decr. doct. scriptum denunciatorium errorum Satyrae Joannis Falkenberg OP concilio Constantiensi datum: Sacrum Poloniae millennium 2 (1955) 165—192; *ders.,* Tractatus „Opinio Hostiensis“: ebd. 3 (1956) 385—431; *ders.,* Paulus Wladimiri and his Doctrine Concerning International Law and Politics, 2 Bde (London - Den Haag - Paris 1965); *R. Bäumer,* Das Verbot der Konzilsappellation Martins V. in Konstanz: *Franzen-Müller,* Das Konzil von Konstanz 187—213; *E. Weise,* Der Heidenkampf des Deutschen Ordens: Zschr. für Ostforschung 12 (1963) 420—473 622—672, 13 (1964) 401—420; *K. A. Fink,* Zum Streit zwischen dem Deutschen Orden und Polen auf den Konzilien zu Konstanz und Basel: Reformata reformanda — Festgabe H. Jedin I (Münster 1965) 74—86; *A. D. De Sousa Costa,* Canonistarum doctrina de Judaeis et Saracenis tempore concilii Constantiensis: Antonianum 40 (1965) 3—70; *F. Machilek,* Ludolf von Sagan und seine Stellung in der Auseinandersetzung um Konziliarismus und Hussitismus (Diss. phil. München 1967).

Causa reformationis: *B. Hübler,* Die Constanzer Reformation und die Concordate von 1418 (Leipzig 1867); *J. Haller,* Papsttum und Kirchenreform (Berlin 1903); *H. Heimpel,* Dietrich von Niem (Münster 1932); *ders.,* Dietrich von Niem, Dialog über Union und Reform der Kirche 1410 (Leipzig - Berlin 1933); *ders.,* Studien zur Kirchen- und Reichsreform des 15. Jh.: SAH 1929/30; *F. Merzbacher,* Wandlungen des Kirchenbegriffs im Spätmittelalter: ZSavRGkan 39 (1953) 274—361; *L. Buisson,* Potestas und Caritas (1958); *H. Jedin,* Bischöfliches Konzil oder Kirchenparlament. Ein Beitrag zur Ekklesiologie der Konzilien von Konstanz und Basel (Basel 1963); *K. A. Fink,* Die konziliare Idee im späten Mittelalter: Vorträge und Forschungen 9 (1965) 119—134; *P. De Vooght,* Les pouvoirs du concile et l'autorité du pape au concile de Constance (Paris 1965).

Martin V.: *Mansi* 28; *K. A. Fink:* RepGerm IV 1—3 (Berlin 1943—58); *ders.,* Die ältesten Breven und Brevenregister: QFIAB 25 (1933/34) 292—307; *ders.,* Die politische Korrespondenz Martins V. nach den Brevenregistern: ebd. 26 (1935/36) 172—244; *ders.,* Martin V. und Aragón (Berlin 1938); *ders.,* Martin V. und Bologna: QFIAB 23 (1931/32) 182—217; *ders.,* Papsttum und Kirchenreform nach dem Großen Schisma: ThQ 126 (1946) 110—122; *B. Partner,* The Papal State under Martin V (London 1958); *J. Haller,* England und Rom unter Martin V.: QFIAB 8 (1905) 249—304; *N. Valois,* Le Pape et le Concile I (Paris 1909); *R. Valentini,* Lo Stato di Braccio: ASRomana 52 (1931) 223—379.

Das Konzil von Konstanz 1414—1418

Trotz der großen Erfolge des Pisaner Konzils war die Einigung noch nicht ganz erreicht, vor allem nicht mit der Obedienz Benedikts XIII. auf der Iberischen Halbinsel. Die Politik bestimmte wieder einmal die weitere Entwicklung der kirchlichen Angelegenheiten. Das Schicksal der in Aussicht genommenen Synode hing von der Haltung der europäischen Staaten ab. Die höchst komplizierte *Vorgeschichte* des Konstanzer Konzils läßt sich am besten an der Tätigkeit des deutschen Königs Sigismund aufzeigen. Schon als König von Ungarn hatte er sich frühzeitig dem Konzil von Pisa und seinen Päpsten Alexander V. und Johann XXIII. angeschlossen. Seit er im Juni 1411 einhellig zum deutschen König gewählt worden war, galt sein Tun und Wirken vorwiegend der Einheit der Christenheit[1]. Ihm war von Anfang an klar, daß trotz der umfassenden Obedienz von Pisa nur eine radikale Lösung, nämlich das Ausscheiden aller drei Päpste, zum erwünschten Ziele führen konnte. Denn auch der von Gregor XII. im Sommer 1409 in *Cividale* abgehaltenen Synode war kein Erfolg beschieden. Sie wurde am 6. Juni eröffnet und nach acht oder neun Sitzungen am 6. September vom Papst heimlich verlassen. Der Besuch war schwach, da der größte Teil der italienischen Bischöfe dem Ruf nach Pisa folgte; sie war zudem behindert durch den zu Pisa haltenden Patriarchen von Aquileja, und auch im Vergleich zur Synode Benedikts XIII. in Perpignan schließt sie schlecht ab[2]. Die Schwierigkeiten des Einigungswerkes lagen hauptsächlich auf dem politischen Gebiet. Solange Johann XXIII. (senior) — als Nachfolger Alexanders V. 1410 in Bologna gewählt — sich in Italien halten konnte, kam ein Fortschritt auf dem Wege zur Einigung so rasch nicht in Frage. Diesem verschlagenen, in seinen Mitteln nicht wählerischen Manne gelang es, durch Anschluß an Ludwig von Anjou sich in Rom festzusetzen und den Papst der römischen Obedienz aus Süditalien zu verdrängen. So hatte Gregor XII. nur noch wenige Anhänger im Bereich der Herrschaft des Fürsten Carlo Malatesta von Rimini und in Deutschland im Gebiet des Pfalzgrafen bei Rhein und in den Diözesen Trier, Worms, Speyer und Verden.

Gemäß den Beschlüssen von Pisa berief Johann XXIII. ein *Konzil nach Rom* auf 1. April 1412. Es war aber mehr Ankündigung als Ausführung, obwohl durch den Frieden mit Ladislaus von Neapel im Juni 1412 eine kurze Ruhepause in der so bewegten italienischen Politik eintrat. Frankreich vor allem, aber auch italienische Kreise (Malatesta) legten großes Interesse an den Tag, weniger der Papst selbst. Nach der Eröffnung am 14. April fand, abgesehen von mehreren kleineren Sitzungen, nur eine feierliche Sessio statt, in der die Verurteilung von Sätzen Wyclifs erfolgte. Bei der Vertagung im März 1413 wurde zugleich ein neues Konzil angekündigt, noch ohne Angabe des Tagungsortes. Doch schon im Juni mußte der Papst, von Ladislaus erneut schwer bedroht, in hastiger Flucht Rom verlassen und fand eine Zuflucht vor den Toren von Florenz, während seine Kurie in der Stadt unter-

[1] *J. Leuschner,* Zur Wahlpolitik im Jahre 1410: DA 11 (1955) 506—533; *A. Gerlich,* Habsburg-Luxemburg-Wittelsbach im Kampf um die deutsche Königskrone. Studien zur Vorgeschichte des Königtums Ruprechts von der Pfalz (Wiesbaden 1960).

[2] *L. Schmitz,* Die Quellen zur Geschichte des Konzils von Cividale 1409: RQ 8 (1894) 217 bis 258; *J. Petersohn,* Papst Gregors XII. Flucht aus Cividale (1409) und die Sicherstellung des päpstlichen Paramentenschatzes: ebd. 58 (1963) 51—70.

gebracht wurde. Jetzt war die Zeit für Sigismund gekommen. Die Entwicklung im mittleren Italien ließ Johann nach einem Beschützer sich umsehen, da Ladislaus über Rom nach Norden vorzustoßen begann und auch Florenz die Annäherung an den neapolitanischen König beschloß. Doch wäre es falsch, Sigismund als den einzigen Retter in dieser Not zu betrachten. Aber in der Frage des Konzilsortes bekam der König die Oberhand. Nach langen Beratungen mit seiner Kurie kündigte Johann XXIII. Ende Juli 1413 die Absendung von Kardinälen zu Verhandlungen über Zeit und Ort des künftigen Konzils an; beauftragt wurden die Kardinäle de Chalant und Zabarella. Es war auch eine Zusammenkunft mit dem König in Genua oder Nizza in Aussicht genommen. Die Kardinäle trafen aber dann mit dem König vom 13. bis 31. Oktober in Viggiù bei Como zusammen. Ergebnis dieser ausführlichen Besprechungen war die Konzilsankündigung durch Sigismund vom 30. Oktober für den 1. November 1414 und für Konstanz, wie Sigismund es vorgeschlagen hatte. Über diese Abmachung wurde am 31. Oktober ein Notariatsinstrument ausgefertigt und ein Treffen des Papstes mit Sigismund innerhalb von 40 Tagen in Lodi verabredet. Dort begannen am 25. November die Verhandlungen und dauerten bis Ende Dezember; dann wurden sie bis Mitte Januar in Cremona fortgesetzt. Am 9. Dezember erließ der Papst die Berufungsbulle für das Konzil nach Konstanz. So hatte Sigismund politisch ganz richtig sich dem Papst mit der größten Obedienz angeschlossen und längere Zeit anscheinend jeden Verkehr mit Gregor XII. gemieden, ihm auch die Einladung nach Konstanz sehr spät zugestellt; denn vom römischen Papst war ein Nachgeben leichter zu erreichen, entweder durch Güte oder durch Gewalt.

Anders als Gregor war Benedikt XIII. ein gefährlicher Rivale, seine Obedienz noch fest und er im Begriff, sie zu erweitern und gar in Italien einzubrechen; mit Hilfe des aragonischen Königs Ferdinand, der seinen zweiten Sohn Johann mit der Erbin von Neapel, Johanna, der Schwester König Ladislaus', verheiraten wollte. Die von Sigismund, dem französischen König und von Johann XXIII. nach der Iberischen Halbinsel entsandten Unterhändler hatten deswegen zunächst einen schweren Stand. Nur der Unionseifer des aragonischen Königs brachte die große Versammlung in Morella, an der Grenze zwischen Katalonien und Valencia, zustande. Teilnehmer waren Benedikt XIII., Ferdinand von Aragonien, Gesandte der Könige von Kastilien, Frankreich und Deutschland. In den von Juni bis September 1414 dauernden Verhandlungen zeigten sich Benedikt und seine spanische Obedienz trotz vieler verbindlicher Worte nicht zum Nachgeben bereit. Immerhin wurden Gesandte des Papstes und des aragonischen Königs an Sigismund abgeschickt mit dem Vorschlag einer Zusammenkunft zwischen Benedikt, Ferdinand und dem deutschen König. An die Stelle der bisherigen schroffen Ablehnung trat nun die Fühlungnahme, und damit war schon sehr viel gewonnen. Nach diesen umsichtigen Vorbereitungen hing nun alles davon ab, ob die Staaten, vor allem die großen, wirklich am Konzil teilnehmen würden. Dafür mußte Sigismund seine ganze politisch-diplomatische Meisterschaft entfalten. Die größte Schwierigkeit war der Krieg oder doch die Feindschaft zwischen England und Frankreich, die wechselnde und unsichere Haltung Burgunds. Schon vor der offiziellen Konzilseinladung hatte Sigismund mit England und Frankreich gleichzeitig Bündnisverhandlungen geführt, mit Frankreich dann den geheimen Vertrag von Trino im Juni 1414 abgeschlossen, der weniger gegen England als gegen Burgund gerichtet war. Der in dieser Zeit übliche rasche Wechsel der Koalitionen zeigte sich schon im September in der Annäherung Frankreichs an Burgund im Frieden von Arras. Obwohl die Verhandlungen und Bündnispläne mit England der Politik Sigismunds mehr entsprachen, stand hier auch der Konzilsgedanke an erster Stelle; es ging also darum, den Ausbruch der Feindseligkeiten zu verschieben, bis das Konzil seinen Anfang nehmen konnte, und nachher das Verlassen der Synode durch die Mächte zu verhindern. Der Diplomatie Sigismunds und seinem Temporisieren ist beides gelungen, und so kommt ihm am Zustandekommen und an der Durchführung des Konzils das Hauptverdienst zu[3]. Die Politik vor der Synode war ebenso wichtig wie auf dem Konzil selbst. Das Konstanzer Konzil war wesentlich ein politischer Vorgang und kann wohl nur aus dieser Sicht verstanden und gewürdigt werden.

Dem starken Druck der Kardinäle war es zu verdanken, daß Johann XXIII. nach dem plötzlichen Tod des Königs Ladislaus von Neapel am 6. August 1414 nicht der Gewinnung des Kirchenstaates sich widmete, sondern sich auf den Weg nach Konstanz machte. Zu seiner Sicherheit verbündete er sich mit dem Herzog Friedrich von Österreich und dem Markgrafen von Baden. Am 28. Oktober zog er in Konstanz ein, am 5. November wurde das Konzil feierlich durch ihn eröffnet. Zunächst war die Zahl der Teilnehmer gering, weil viele abwarten wollten, ob das Konzil überhaupt zustande käme. In der Heiligen Nacht traf der König in Konstanz ein, seit Beginn des Jahres 1415 nahm der Besuch der Synode rasch zu: Kardinäle, Erzbischöfe und Bischöfe, Äbte, Ordensgenerale, Hochmeister der Ritterorden, viele Prokuratoren der höheren Geistlichkeit, Vertreter der Kapitel, Professoren der Theologie und des kanonischen Rechtes, Gesandte von Königen, Fürsten, Stadtstaaten und Städten und nicht zuletzt der Universitäten. Sehr stark war das Laienelement vertreten, vor allem deutsche Fürsten, Grafen und anderer Adel. Ein neuer Stand zeigte sich in diesem Ausmaß zum erstenmal nach Pisa auf einer Generalsynode: die Gelehrten, da seit dem hohen Mittelalter die hohen Schulen, allen voran Paris, die Aufgaben des magisterium ordinarium übernommen hatten. Viele Tausende strömten in der Konzilsstadt zusammen, wenn auch die Zahlenangaben des Konstanzer Chronisten Ulrich

[3] *E. Göller*, König Sigismunds Kirchenpolitik 166; *H. Finke*, Acta conc. Constanc. I 170; *H. Heimpel*, Aus der Kanzlei 136.

Richental in seinem kulturgeschichtlich so bedeutsamen Werk sicher übertrieben sind. Das Kardinalskolleg wies durch die Ernennungen Johanns XXIII. eine Reihe von hervorragenden Persönlichkeiten auf, ebenso der Stand der Kurialen. Auf diesem größten Kongreß des Mittelalters war die ganze damalige Christenheit, einschließlich der östlichen Kirche, präsent. Die Bedeutung dieser Völkerversammlung für die Ausbreitung des Humanismus kann man kaum überschätzen. In den Predigten, Traktaten und vor allem den Flugschriften zeigte sich ein neuer Stil. Alle wichtigen Fragen der Zeit wurden auf dem Konzil behandelt. In den dreieinhalb Jahren fanden 45 feierliche Sitzungen statt, Hunderte von Generalkongregationen, Sitzungen der Nationen und der verschiedenen Ausschüsse. Die Päpste Johann XXIII. und dann Martin V. präsidierten der Synode. Seit dem Frühjahr 1415 stimmte man in den feierlichen Sitzungen nach Nationen ab, wobei das Kardinalskolleg die Stellung einer Nation einnahm, in den Nationen selbst nach Köpfen nach dem Pisaner Vorgang[4].

Schon von den Zeitgenossen sind die Aufgaben des Konzils mit der kurzen Formulierung: causa unionis, reformationis, fidei zutreffend bezeichnet worden. Alle drei Aufgaben haben das Konzil laufend beschäftigt, je nach der politischen Lage bald im Vordergrund der Verhandlungen, bald aber nur in den Ausschüssen. Die Herstellung der *Einheit* war unstreitig die wichtigste und vordringlichste Aufgabe. Das harte Ringen um sie entbehrt nicht der dramatischen Momente. Johann XXIII. und sein großer italienischer Anhang kamen in der Absicht nach Konstanz, die Beschlüsse von Pisa gegen Gregor XII. und Benedikt XIII. bestätigen zu lassen und dann das Konzil aufzulösen. Das wäre nur sinnvoll gewesen, wenn alle Staaten diesen Beschluß befolgt hätten, was aber nicht zu erwarten war. Obwohl die Legitimität des Pisanums und der Wahl Johanns XXIII. fast durchweg anerkannt wurde, schien nur ein Rücktritt auch des Pisaner Papstes und der beiden dort Abgesetzten einen Erfolg zu versprechen. Dies war auch der Plan Sigismunds und der meisten Nationen. Die Publizistik des Konzils drängte in drohenden Anklagen auf den Verzicht des Papstes. Dieser gab schließlich dem Druck nach und stellte seine Zession in Aussicht, feilschte aber wochenlang um die Formulierung. Dann aber verließ er heimlich in der Nacht vom 20. zum 21. März 1415 verkleidet die Konzilsstadt und begab sich unter dem Schutz des österreichischen Herzogs nach Schaffhausen, floh dann weiter nach Freiburg und an den Rhein, wo ihn auf der anderen Seite burgundische Reiter erwarteten. Durch seine Flucht wollte er das Konzil auflösen, doch der deutsche König hielt es mit allen Mitteln zusammen. In diesen schicksalhaften Tagen, wo es um Sein oder Nichtsein der Synode und damit der Einigung ging, verkündete die Versammlung in der fünften Sitzung am 6. April die später so umstrittenen Beschlüsse über die höhere Gewalt des Allgemei-

[4] *H. Finke,* Die Nation in den spätmittelalterlichen allgemeinen Konzilien: HJ 57 (1937).

nen Konzils in der Kirche[5]. Sie eröffnete dann den Prozeß gegen den flüchtigen Papst, als Gefangener wurde er zurückgebracht und in der 12. feierlichen Sitzung am 29. Mai abgesetzt. Er nahm den Spruch des Konzils an, blieb aber bis 1419 im Gewahrsam des Pfalzgrafen bei Rhein. In die Reihe der berühmten Papstprozesse des Mittelalters gehört auch das Verfahren gegen Johann XXIII. Aus den vielen im Konzil herumgebotenen Greueln wurden in aller Eile 70 Anklagepunkte zusammengestellt. In knapp zwei Wochen fanden zahlreiche Verhöre von Kardinälen, Bischöfen und hohen Prälaten der Kurie statt. Ein Teil der im Prozeß beschäftigten Beamten und Notare hatte noch von Pisa her entsprechende Erfahrung. Aus den offiziellen Akten der Anklagen und der Verhöre wie aus den Schmähschriften des deutschen Kurialen Dietrich von Niem ergibt sich ein schauerliches Bild des Papstes, angefangen von seiner Jugend, über seine geistliche und kuriale Laufbahn bis zu Kardinalat und Papsttum. Vorgeworfen wurden ihm unsittliche Lebensführung schlimmster Art, Vergiftung seines Vorgängers Alexanders V., Verschleuderung kirchlichen und kirchenstaatlichen Besitzes, Simonie und unerträgliche Habgier bei der Besetzung der Benefizien. Wie bei solchen Prozessen üblich, bringen einige Artikel an sich bekannte Tatsachen, die aber durch möglichst viele Zeugen beglaubigt werden sollen. Vieles andere wird nur vom Hörensagen berichtet. Auch wenn einige Punkte dann fallengelassen wurden, so war doch die Diffamierung allgemein und unbestritten, und darauf kam es vor allem an[6]. Was ist von diesem Prozeß und den entsetzlichen Anklagen zu halten? Zunächst tritt das angestrebte Ziel einer raschen Beseitigung des Papstes deutlich hervor in hastigem und wohl auch überstürztem Vorgehen. Wenn aber ein guter Kenner der Zeit so formuliert: „Er war nicht besser, aber auch nicht schlechter als seine Zeitgenossen ... Als er aber auf dem Konzil zu Konstanz den Einheitsbestrebungen der christlichen Völker zum Opfer fallen mußte, häufte man alle Schuld und Sünde der Zeit auf sein Haupt, um mit einem Schein des Rechts

[5] Conciliorum oecumenicorum decreta 385: Haec sancta synodus Constantiensis generale concilium faciens, pro exstirpatione praesentis schismatis, et unione ac reformatione ecclesiae Dei in capite et membris fienda, ad laudem omnipotentis Dei in Spiritu sancto legitime congregata, ad consequendum facilius, securius, uberius et liberius unionem ac reformationem ecclesiae Dei ordinat, diffinit, statuit, decernit et declarat, ut sequitur. Et primo declarat, quod ipsa in Spiritu sancto legitime congregata, generale concilium faciens, et ecclesiam catholicam militantem repraesentans, potestatem a Christo immediate habet, cui quilibet cuiuscumque status vel dignitatis, etiam si papalis exsistat, obedire tenetur in his quae pertinent ad fidem et exstirpationem dicti schismatis, ac generalem reformationem dictae ecclesiae Dei in capite et membris. Item, declarat, quod quicumque cuiuscumque conditionis, status, dignitatis, etiam si papalis exsistat, qui mandatis, statutis seu ordinationibus, aut praeceptis huius sacrae synodi et cuiusqumque alterius concilii generalis legitime congregati, super praemissis, seu ad ea pertinentibus, factis, vel faciendis, obedire contumaciter contempserit, nisi resipuerit, condignae poenitentiae subiiciatur, et debite puniatur, etiam ad alia iuris subsidia, si opus fuerit, recurrendo.

[6] *H. Finke,* Acta conc. Constanc. III 11—29 157—209, IV 758—891.

ihn seiner Würde entsetzen zu können. Darum mußte er aus dem Schifflein Petri geworfen und mußte an seiner Statt ein getreuer und erfahrener Führer eingesetzt werden", so ist dieses Urteil sicher zu günstig[7]. Aber es wurde ihm vieles angelastet, für das seine Vorgänger und das System verantwortlich waren. Die Absetzung erfolgte wegen „unwürdigen Lebens, notorischer Simonie, Unverbesserlichkeit, schlechter Kirchenleitung, Förderung des Schismas und vieler der Kirche gegebenen Ärgernisse". Er galt also als unwürdiger, aber nicht als unrechtmäßiger Papst.

Schon bald nach dem Beginn des Konzils waren Abgesandte Gregors XII. nach Konstanz gekommen. Daß das an ihrem Quartier angebrachte Wappen ihres Papstes abgerissen wurde, war mehr als ein unbedeutender Vorfall; daran entzündete sich die lebhafte Diskussion um den Rücktritt aller drei Päpste in einer Art Ausklammerung der Pisaner Sentenzen. Dann konnte aber Gregor nicht zu einer von Johann XXIII. einberufenen Synode kommen, sondern mußte diese auch selbst berufen. Dies wurde ihm zugestanden, und in der 14. feierlichen Sitzung am 4. Juli berief sein Kardinal Johannes Dominici das Konzil, und anschließend erklärte Carlo Malatesta den Rücktritt seines Papstes. Die Synode ernannte ihn zum Kardinalbischof von Porto und Legaten der Mark Ancona. Alle diese Vorgänge liegen in der von der Politik vorgezeichneten Linie. Nach der nunmehr erreichten Vereinigung der römischen und der Pisaner Obedienz blieb die endgültige Beseitigung Benedikts XIII. und die Gewinnung seiner bisherigen spanisch-südfranzösischen Anhänger übrig. Auch hier wollte das Konzil ganze Arbeit leisten, bevor man zur Wahl eines neuen Papstes schritt. Schon bald nach der Eröffnung der Synode in Konstanz waren Gesandte Benedikts XIII. und des aragonischen Königs Ferdinand erschienen, die eine Zusammenkunft mit Sigismund in Nizza in Aussicht nahmen. Aber erst im Juli machte sich eine große Abordnung des Konzils mit Sigismund an der Spitze auf den Weg nach Perpignan. Auch lange und zähe Verhandlungen vermochten Benedikt nicht zum Rücktritt zu bewegen. Aber im Vertrag von Narbonne vom 13. Dezember 1415 wurden die Staaten der Iberischen Halbinsel für das Konzil gewonnen. Die Form einer gegenseitigen Einladung verrät auch hier den Primat der Politik. Dadurch sollte das schon über ein Jahr in Konstanz tagende Konzil auch für die bisherige Obedienz Benedikts XIII. zur rechtmäßig einberufenen Kirchenversammlung werden. Doch dauerte es noch fast zwei Jahre, bis alle spanischen Staaten als fünfte Nation auf dem Konzil vertreten waren. Auch die Entziehung der Obedienz ging langsam voran, und erst in der 37. Sitzung am 26. Juli 1417 wurde Benedikt XIII. abgesetzt, nachdem ein ausführliches Prozeßverfahren mit 90 Anklagepunkten voraufgegangen war. Bis zu seinem Tode im Jahre 1423 hielt sich der greise Papst in seiner festen Burg Peñíscola bei Tortosa für den einzig rechtmäßigen Nachfolger Petri.

[7] *G. Erler,* Dietrich von Nieheim (Leipzig 1887) 341 384.

Mit dem politischen Zusammenschluß aller bisherigen Obedienzen war nun endlich der Weg frei zur Wahl eines neuen Papstes. In den langen und erbitterten Debatten des Sommers 1417 wurde um den Vorrang der Papstwahl oder der Reform gerungen. Beide Standpunkte sind begreiflich, wenn auch der weitere Verlauf der Geschichte dem Ruf nach Reform mehr Verständnis zuerkennen dürfte. Schon die Form der Wahl war Gegenstand eingehender Verhandlungen. Daß bei Erledigung des Päpstlichen Stuhles während eines Konzils eben dieses Konzil an der Wahl des neuen Papstes zu beteiligen sei, war schon seit langem geäußert worden. Bei der politischen Struktur des Konstanzer Konzils kamen die Kardinäle als alleinige Papstwähler auf keinen Fall in Betracht. Das Kolleg hatte schon bei der Absetzung Johanns XXIII. und dem Verzicht Gregors XII. Zugeständnisse in dieser Hinsicht gemacht, versuchte aber, jetzt möglichst viel Einfluß zurückzugewinnen. So unterbreitete es an Pfingsten 1417 die berühmte Cedula: „Ad laudem", die ausnahmsweise die Zulassung von Vertretern der einzelnen Nationen vorschlug, doch so, daß sie sich gegenüber dem Kardinalskolleg in der Minderheit befinden mußten. Zwei Drittel der Stimmen seien in jedem der beiden Gremien für die Gültigkeit der Wahl erforderlich. Inzwischen gelang es dem deutschen König, die Absetzung Benedikts XIII. zu erreichen und die Kirchenreform durch einen Konzilsbeschluß zu sichern: Was nämlich bis jetzt an Reformartikeln erarbeitet war, wird ein Dekret verkünden und den künftigen Papst zur weiteren Reform vor Schluß der Synode verpflichten. Immerhin war so viel erreicht worden, als die französische Nation ihren dann zur Anwendung gebrachten neuen Vorschlag zur Papstwahl vorlegte. Der neue Papst, als der Papst der nunmehr geeinten Gesamtkirche, soll vom Kardinalskolleg und je sechs Vertretern der fünf Nationen gewählt werden, also politisch unangreifbar sein, denn die üblichen Zweidrittel werden nicht nur vom Kardinalskolleg verlangt, sondern von den Vertretern *jeder* einzelnen Nation. Damit wäre die so vollzogene Wahl gegen jeden späteren Einspruch abgesichert. Und so kam es dann auch. In der 40. Sitzung am 30. Oktober wurde dieser Wahlmodus beschlossen und der Beginn des Konklaves innerhalb von zehn Tagen anberaumt. Rasch nacheinander folgten die Wahlen der Deputierten in den Nationen — nicht immer ohne Schwierigkeiten —, die Bestellung der Konklavewächter, die Herrichtung und Abschließung des Wahllokals im Kaufhaus am See. Am 8. November bezogen die Wähler das Konklave und begannen am folgenden Tage mit der Beratung des Wahlverfahrens. Dem politischen Auftrag getreu konnte die Wahl nicht geheim stattfinden. Jeder Wähler wurde beim Verlesen der Stimmzettel genau befragt, ob es sein Zettel sei und ob er so stimmen wolle. Am 10. November ergab die erste Abstimmung eine ziemliche Zersplitterung, und man beschloß am Nachmittag, den auch sonst üblichen Akzeß zuzulassen, allerdings auch schriftlich. Der 11. November brachte schon die Entscheidung. Ernstliche Kandidaten waren die Kardinäle von Ostia, Saluzzo, Colonna und der Bischof von Genf. Wenn Colonna von den Kardinälen auch nur acht Stimmen bekam, so hatte er aus jeder Nation Stimmen, in der italienischen und englischen sogar die erforderliche Zahl. Während man mit dem Akzeß begann, kam die tägliche Prozession vor das Konklave und sang das „Veni creator Spiritus". Auch die nüchternen Berichterstatter erwähnen die dadurch hervorgerufene Ergriffenheit und Mahnung zur Einheit. Noch vor Mittag erhielt der Kardinal Oddo Colonna die Zweidrittel der Kardinäle und der Vertreter jeder Nation, nahm die Wahl an und nannte sich nach dem Tagesheiligen Martin V. Niemand hatte bei dem so überaus schwierigen Wahlmodus eine so rasche Wahl erwartet; um so größer war die allgemeine Freude in der Konzilsstadt. Nach der Weihe zum Priester fand die Konsekration und Krönung am 21. November statt. Das Konzil stand von nun an unter der Leitung des neuen Papstes.

In den Bereich der *causa fidei* gehört die umstrittene Kelchspendung, die Stellungnahme zu Hus und Wyclif, die Frage der Erlaubtheit des Tyrannenmordes und der Streit des Deutschen Ordens mit Polen.

Die Art der Kommunionspendung, mehr eine Frage der liturgischen Praxis, erhielt durch eigenartige Umstände größte politische Bedeutung. Bis ins hohe Mittelalter wurde die Eucharistie den Gläubigen meist unter beiden Gestalten gespendet, seit etwa der Mitte des 13. Jh. fast nur noch unter der Gestalt des Brotes. Allem nach läßt sich der Anfang der communio sub utraque in Böhmen ziemlich genau, nämlich in den Herbst des Jahres 1414 datieren und hauptsächlich dem Prager Magister Jacobus von Mies (Jacobellus) zuschreiben[7a]. Hus war daran nicht beteiligt, hat aber auf Befragen von seiten seiner Anhänger in seinen ersten Konstanzer Wochen sich vorsichtig zustimmend geäußert in seinem Traktat „De sanguine Christi sub specie vini a laicis sumendo"; später sprach er sich offen dafür aus. Doch ging die Behandlung dieses Themas neben dem Prozeß gegen Hus einher. Die Nachrichten über die Kelchspendung in Böhmen hatten sich gehäuft, und das Konzil befaßte sich mit der Angelegenheit im Frühjahr 1415 und verbot den Laienkelch im Synodaldekret der 13. Sitzung am 15. Juni. Als die Nachricht davon zugleich mit der Kunde von der Verurteilung und Hinrichtung des Hus in Böhmen ankam, wurde diese mehr disziplinäre Frage des Kelches zu einem markanten Zeichen des Widerspruchs und zum auch für weitere Kreise verständlichen Symbol des hussitischen Aufstandes. Nach langen Verhandlungen und internen Auseinandersetzungen hat dann auch die Prager Universität — jetzt die höchste kirchliche Instanz in Böhmen — im Frühjahr 1417 den Laienkelch gebilligt. Diese Stellungnahme wurde zusammen mit einer breiten geschichtlichen Beweisführung über die Kommunion unter beiden Gestalten dem Konzil durch Vermittlung König Sigis-

[7a] *F. Seibt,* Die revelatio des Jacobellus von Mies über die Kelchkommunion: DA 22 (1966) 618—624.

munds zugestellt; also ein Versuch, das Konzil zu einer erneuten Prüfung der gefällten Entscheidung zu veranlassen. Diese geschah jedoch nur durch die Einholung weiterer Gutachten, etwa von Gerson und Nikolaus von Dinkelsbühl, die natürlich im Sinne des Konzilsdekrets ausfielen. Die ablehnende Haltung wurde dann auch durch die Bullen „Inter cunctas" und „In eminentis" des neuen Papstes vom 22. Februar 1418 bestätigt. Es bedurfte der furchtbaren Erfahrungen der Hussitenkriege, um das Basler Konzil zu einem Entgegenkommen zu bewegen.

Der böhmische Reformer *Hus* machte sich am 11. Oktober 1414 auf den Weg und traf am 3. November in Konstanz ein. Die Reise verlief ohne Zwischenfälle, obwohl er damals den Geleitsbrief des Königs noch nicht hatte. Er fand in Konstanz von Anfang an keine günstige Stimmung vor. Seine größten böhmischen Gegner, Stephan Paletsch und Michael de Causis, wiesen mit großer Umsicht auf die Anwesenheit des Gebannten und der Häresie Verdächtigen hin. Die Kardinäle Colonna, Zabarella, Stefaneschi und kuriale Auditoren hatten schon seit Jahren mit Hus zu tun und Zensuren über ihn verhängt. Gerson und zahlreichen Pariser Doktoren galt er als ein gefährlicher Ketzer, gegen den man vorgehen müsse. Mit Rücksicht auf den König zeigte sich Johann XXIII. milde, hob die Zensuren auf und gestattete Hus die Zelebration der Messe. Doch schon Ende November wurde er trotz energischer Proteste der im Auftrag des Königs ihn schützenden Ritter und Berufung auf das königliche Geleit in Haft genommen. Versuche, seine Angelegenheit im kleinen Kreise zu behandeln und zu erledigen, scheiterten an seiner Forderung, vor dem ganzen Konzil sprechen zu wollen. Die am 4. Dezember zur Behandlung seiner Angelegenheit ernannte Kommission bestand aus dem Patriarchen von Antiochien und den Bischöfen von Castellammare und Lebus. Sie machte sich unverzüglich an die Arbeit, gestützt auf die oft sehr fragwürdigen Anklagen seiner böhmischen Gegner; viele dieser Artikel wurden später von der Kommission zurückgewiesen. Bis zur Flucht Johanns XXIII. war Hus im Dominikanerkloster auf der Insel in Haft, mit Antworten auf die Fragen der Kommissare beschäftigt[8]. Nach dem Entweichen des Papstes mußte der Konstanzer Bischof den Häftling übernehmen und ließ ihn nach seinem Schloß Gottlieben verbringen. Das Verlangen des Königs, Hus öffentliches Gehör zu geben, wurde Anfang Juni erfüllt. Am 5., 7. und 8. Juni stand er im Refektorium der Franziskaner vor zahlreichen Hierarchen und Theologen. Ging es bei der ersten Sitzung stürmisch zu, so waren die beiden andern der ruhigen Einvernahme des Magisters gewidmet. Hus verwahrte sich gegen viele ihm fälschlich zugeschriebene Artikel, vor allem hinsichtlich der Eucharistie; ohne großen Erfolg, er galt nach wie vor als Wyclefit. Das war um so schlimmer, als kurz zuvor, in der achten Sitzung

[8] Zur Stellungnahme auf die ihm vorgelegten 45 Artikel Wyclifs vgl. A. *Molnár*, Les réponses de Jean Huss aux quarante-cinq articles: RThAM 31 (1964) 85—99.

am 4. Mai, die 45 Artikel Wyclifs, seine Schriften und außerdem noch 260 von der Universität Oxford schon früher verurteilte Artikel erneut verworfen wurden. Sich dem Spruch des Konzils zu fügen lehnte Hus ab, auch gutes Zureden des Königs blieb ohne Erfolg. So war sein Schicksal besiegelt trotz vieler Bemühungen, ihn umzustimmen. Noch vor der Abreise des Königs nach Perpignan kam die Entscheidung, am 6. Juli in der 15. Sitzung. Vorher waren mehrere Versuche, ihn zu retten, an seinem Widerspruch gescheitert. Noch am Vortage der Sitzung legten ihm die Kardinäle Ailly und Zabarella mit vielen Prälaten und Doktoren aus allen Nationen eine sehr gemilderte Abschwörungsformel vor. Hus lehnte auch sie ab, und noch am Abend erschienen im Auftrag des Königs der Herzog Ludwig von Bayern und der Pfalzgraf bei Rhein mit den ihm befreundeten böhmischen Rittern, um ihn zum Nachgeben zu bewegen, vergebens. So nahm das Verhängnis seinen Fortgang. Nach der die feierliche Sitzung eröffnenden Messe wurde Hus in das Münster geführt, um die Verlesung der Anklage und den Urteilsspruch zu vernehmen. Wiederholt unterbrach er mit Zurufen, Protesten und Gebeten den feierlichen Akt, gab aber kein Zeichen der Unterwerfung. Zwei Sentenzen waren vorbereitet, eine für den Fall des Widerrufs, die andere für das Verharren in seiner bisherigen Haltung. Die zweite kam zur Verlesung, sofort wurde die Degradation vollzogen, Hus dem weltlichen Arm überliefert und das Urteil anschließend durch Verbrennung vollstreckt. Er starb als Martyrer seiner Überzeugung.

Die Stellung des deutschen Königs ist oft untersucht und meist getadelt worden[9]. Ohne Zweifel war es seine Absicht, durch das Konzil und die zu erwartende Rechtfertigung des Johannes Hus der Schwierigkeiten in Böhmen Herr zu werden. An einen fatalen Ausgang hat er wohl nicht gedacht und lange ernstlich versucht, einen solchen zu verhindern. So protestierte er sehr energisch gegen die Verhaftung, erzwang die drei großen Verhöre und die Vorlegung der authentischen, unverfälschten Schriften des Magisters. Erst spät ließ er sich von der Häresie, wohl aber noch mehr von dem gefährlichen Fanatismus überzeugen. Gegen den Spruch des Konzils auf das zu-

[9] Das Geleit bestand 1. aus einer schon im Frühjahr 1414 bestimmten persönlichen Begleitung durch zwei vom König beauftragte böhmische Edelleute; 2. aus einem Geleitsbrief in lateinischer und deutscher Ausfertigung. Erhalten ist nur die lateinische Fassung vom 28. Oktober 1414 (*F. Palacký*, Documenta 237 f). Die Reise nach Konstanz unternahm Hus ohne den Geleitsbrief, wie er selbst wiederholt nach Prag schreibt, doch im Schutz der beiden böhmischen Ritter. Von Papst oder Konzil ist offenbar kein eigenes Geleit für Hus ausgefertigt worden, doch stand er zunächst unter dem allgemeinen Salvusconduct der zum Konzil Kommenden. Über die Tragweite des königlichen Geleits gehen die Ansichten auseinander. Der Geleitsbrief war wohl nicht mehr als ein gewöhnlicher Reisepaß. Aus der scharfen Reaktion der Hus begleitenden Ritter und den wiederholten Protesten vieler böhmischer Adeliger wird man aber weitgehende Zusagen Sigismunds für die sichere Rückkehr vermuten dürfen. Vgl. *A. Hall*, Siegmund und Hus (Diss. phil. Freiburg 1912); *H. Finke*, Acta conc. Constanc. IV 495.

gesagte Geleit zu pochen war nur eine Zeitlang möglich; einen Häretiker konnte und wollte er nicht in Schutz nehmen, wie es uns auch ein Gutachten des Dietrich von Niem zeigt[10]. Gestalt und Schicksal des böhmischen Magisters haben viele Deutungen erfahren: Nationalist, Ketzer, Martyrer der Gewissensfreiheit, um nur die wichtigsten zu nennen. Daß er freiwillig nach Konstanz ging, bezeugt seinen Mut, aber auch eine merkwürdige Verkennung seiner Lage. Nicht als freier Konzilsteilnehmer kam er, sondern als Angeklagter und Gebannter, der sich vor der Synode verantworten sollte. Wenn er durch Diskussion belehrt und von der Unrichtigkeit seiner Thesen überzeugt werden wollte, so verwechselte er die höchste Autorität des Generalkonzils mit einer scholastischen Disputation. Ungünstig für ihn war vor allem der ihm zur Last gelegte Aufruhr in seiner Heimat und die gehässigen Angriffe seiner Landsleute. Bis an sein bitteres Ende wandte er sich gegen die Mißdeutung seiner Ansichten durch das Konzil; den größten Teil der ihm zugeschriebenen Artikel habe er nicht oder nicht so vertreten und könne daher sie auch nicht abschwören. In allerjüngster Zeit haben die tiefschürfenden, auf den Quellen fundierten Untersuchungen von P. De Vooght eine wesentlich mildere Beurteilung, um nicht zu sagen Rehabilitierung angebahnt. Demnach ist gegenüber allen früheren Behauptungen sowohl in Konstanz als auch bei den späteren Historikern über die starke Abhängigkeit von Wyclif Vorsicht geboten. Irrige theologische Anschauungen seien nur im Kirchenbegriff und in der Lehre vom Papsttum zu sehen. Nicht nur Mißverständnisse in der Terminologie, sondern zwei verschiedene Auffassungen standen sich gegenüber, in Hus ein mehr ethisch-spirituelles, stark augustinisch geprägtes Verständnis der Kirche, während bei den Konzilsvätern das juristisch-institutionelle Element überwog. Ein tragisches Geschick liegt über der schwer ringenden, von vielem Dunkel umdüsterten Persönlichkeit des böhmischen Reformers.

Ein Jahr nach Hus mußte auch Hieronymus von Prag in Konstanz den Scheiterhaufen besteigen. Weniger Theologe als sein Meister, erwarb er sich auf vielen akademischen Reisen umfassende Kenntnisse in der Philosophie und brachte Werke Wyclifs aus Oxford nach Böhmen und Polen. Wegen seiner propagandistischen Tätigkeit geriet er wiederholt in Schwierigkeiten, wurde von Universitäten verwiesen oder ergriff die Flucht. Als tschechischer Nationalist und Prager Patriot verteidigte er Hus in Konstanz, verließ dann die Stadt und wurde auf der Rückreise verhaftet und zum Konzil gebracht. Nach anfänglicher Unterwerfung widerrief er und wurde am 30. Mai 1416 verbrannt[10a].

[10] *H. Heimpel,* Dietrich von Niem 343—349; dazu auch *H. Finke,* Acta conc. Constanc. IV 662 f.

[10a] *F. Šmahel,* Leben und Werke des Magisters Hieronymus von Prag. Forschung ohne Probleme und Perspektiven?: Historica 13 (1966) 81—111.

Im Bereich der causa fidei hat die Frage der Erlaubtheit des *Tyrannenmordes* das Konzil am längsten beschäftigt und am stärksten aufgewühlt. Handelte es sich doch zunächst um ein Problem von akuter politischer Bedeutung. Die Veranlassung lag einige Jahre zurück, nämlich die Ermordung des Herzogs Ludwig von Orléans, Bruders des französischen Königs Karls VI., im Herbst 1407 auf Anstiftung des Herzogs Johann von Burgund. Im Frühjahr darauf hatte der Pariser Magister Johannes Parvus (Jean Petit) aus dem Franziskanerorden diese Tat vor dem Hof und einer erlauchten Versammlung gerechtfertigt in seiner berühmt und berüchtigt gewordenen „Iustificatio ducis Burgundiae". Nach Änderung der innenpolitischen Lage in Frankreich verurteilte auf Betreiben Gersons eine Pariser Synode und der Bischof von Paris im Frühjahr 1414 die Iustificatio, worauf der Burgunder Anfang März an Johann XXIII. appellierte. Der Papst übergab die Sache den Kardinälen Orsini, Zabarella und von Aquileja. Da eine Entscheidung nicht gleich erfolgte, kam auch diese Angelegenheit vor das Konzil, konnte aber auch hier keine glatte Erledigung finden, da zuviel politische Rücksichten zu nehmen waren und die Hauptaufgabe, die Union, nicht gefährdet werden durfte. So kam das Problem auch erst nach der Absetzung Johanns XXIII. zur Sprache. Zwar war immer noch die früher eingesetzte Kardinalskommission zuständig, aber bald wurde die Glaubenskommission dafür interessiert, mit dem Ergebnis der Verurteilung der These Quilibet tyrannus in allgemeiner Form und ohne Nennung von Jean Petit im Dekret der 15. Sitzung am 6. Juli 1415. Schon bei der Vorbereitung dieses Dekrets und vor allem nachher bis zum Ende des Konzils ging der Kampf der beiden Richtungen weiter. Die burgundische Partei und ihr Führer, der Bischof Martin Porré von Arras, wandte sich scharf dagegen, daß die umstrittenen Auszüge Petit zugeschrieben und dieser mit den verurteilten Thesen gemeint sei. Auf der anderen Seite war Gerson schon seit Jahren der Vorkämpfer, der in vielen Traktaten und Eingaben an die Glaubenskommission die Verurteilung der Petitschen Thesen forderte. In den Herbst 1415 und ins Frühjahr 1416 gehört der größte Teil der von der Kommission angeforderten und uns noch bekannten Gutachten. Es ist aber doch auffallend, daß in einer politisch so bedeutsamen und auch dogmatisch wichtigen Sache eine starke Majorität gegen Gerson stand: 61 Gutachten gegen die Verurteilung und nur 26 dafür[11]. Am besten freilich wäre es — so meinten viele —, wenn die Entscheidung auf das nächste Konzil verschoben würde. Dieser Stimmung entsprach die am 15. Januar 1416 durch die Kommission der drei Kardinäle ausgesprochene Aufhebung des Pariser Urteils. So hatte man sich zurückgezogen und keiner Partei direkt zugestimmt. Gerade das aber brachte immer neue Ver-

[11] Zu den Traktaten kommt noch *H. Heimpel,* Dietrich von Niems Gutachten gegen die Sätze Jean Petits vom erlaubten Tyrannenmord 28. Juni (1415): Studien zur Kirchen- und Reichsreform 62—64.

suche um einen klaren Spruch des Konzils; aber weder die Synode noch der neue Papst konnten einen solchen fällen. Die Schwierigkeiten waren nicht nur politischer Art. Schon die zugrunde liegenden Texte wurden in Konstanz wie früher in Paris bestritten. Man hatte den von Petit verteidigten Einzelfall ins Allgemeine gekleidet, eben um leichter zu einer Verurteilung zu kommen und doch den Herzog von Burgund zu schonen. Verstand Petit unter Tyrann offenbar nur den Hochverräter, so gab es daneben eine weit aufgefächerte Terminologie. Nicht ohne Bedeutung für die Hartnäckigkeit der Kämpfe ist die Sonderentwicklung der französischen Königsvorstellung. Von außen her gesehen, fällt vor allem auf, wie stark in dem endlosen Streit in Wort und Schrift die scholastische Form der Politik dienstbar geworden und alles und jedes beweisen zu können glaubte. So haben die Gutachten oft mehr politische als lehrmäßige Bedeutung, was schon seit Beginn des großen Schismas bekannt ist.

Zu einer grundsätzlichen Auseinandersetzung führte auch der Streit zwischen dem Deutschen Orden und Polen. Dem Frieden von Thorn 1411 folgte 1414 ein neuer Waffengang, der durch den Beifrieden (Waffenstillstand) von Strasburg vorläufig beendet wurde. Wie in allen großen und unentschiedenen Fragen sollte auch hier das Konzil letzte und höchste Instanz sein, zumal da der Angriff gegen den Orden und seine Existenzberechtigung von dem Mitglied der polnischen Konzilsgesandtschaft Paulus Wladimiri alsbald nach Beginn der Synode auf breiter theoretischer Front eingeleitet wurde. Wie in den anderen Angelegenheiten wurde auch hier eine Reihe von Gutachten von den Parteien vorgelegt und von den amtlichen Stellen eingefordert. Der Prokurator des Ordens, Peter von Wormdith, erreichte immerhin die Bestätigung der wichtigsten Privilegien durch das Konzil und damit die Anerkennung seiner bisherigen und künftigen Tätigkeit. Verschärft wurde der Streit durch die dem polnischen König und seinem Volke sehr feindselige „Satyra" des preußischen Dominikaners Johannes Falkenberg. Alle Anträge der polnischen Gesandten, die gegen den Schluß des Konzils auch die Unterstützung Sigismunds genossen, zur Verurteilung der Falkenbergschen Thesen als Häresie waren vergebens. Die Angelegenheit war oft in den Ausschüssen und den Nationen verhandelt worden, aber ein Konzilsbeschluß kam nicht zustande; auch nicht als die Polen in der letzten feierlichen Sitzung am 22. April, unmittelbar vor der Verkündigung des Abschlusses der Synode, in stürmischer Weise eine solche vom Konzil oder vom neuen Papst erzwingen wollten. Falkenberg selbst, dessen Schrift von einer von Martin V. eingesetzten Kardinalskommission als gefährlich und zum Verbrennen, jedoch nicht als direkt häretisch verurteilt wurde, blieb noch bis zu seinem Widerruf im Jahre 1424 in Haft an der Kurie.

Zu den in Konstanz behandelten Themen de fide gehört auch der Fall des Dominikaners Matthäus *Grabow*. Aus Wismar stammend und in Utrecht tätig, hatte er gegen die Brüder des gemeinsamen Lebens und alle ähnlichen

Formen wiederholt scharfe Anklagen gerichtet. Auf dem Konzil erschien er mit seinen Angriffen, wurde aber von den Angeklagten in die Verteidigung gedrängt und mußte auf der Synode bleiben, um sich zu verantworten. Dem neuen Papst legte er seine Ansichten vor, die aber von mehreren Gutachtern, darunter Ailly und Gerson, zurückgewiesen und als häretisch bezeichnet wurden. Im päpstlichen Auftrag hatte sich der Kardinal von Verona und nach dessen Tod der Kardinal von Aquileja mit der Sache zu befassen. Die Angelegenheit wurde jedoch nicht mehr in Konstanz, sondern während des langen Aufenthaltes Martins V. in Florenz durch die Verurteilung Grabows am 6. Mai 1419 und seinen Widerruf am 22. Oktober erledigt. Mit Falkenberg zusammen nach Rom gebracht, war er noch lange Zeit in der Engelsburg in Haft. Über sein späteres Schicksal ist nichts bekannt, er soll im Kerker gestorben sein[12].

War die Unio gewiß die wichtigste, aber doch begrenzte Aufgabe des Konstanzer Konzils, so die *Reform der Kirche* oder mindestens der Kurie das breiteste Programm. Sie war für das späte Mittelalter das eigentliche Thema und nicht nur ein vager oder mystischer Begriff. Denn die Einheit konnte nach Auffassung der Zeitgenossen nur durch die schon lange verlangte und ersehnte Reform gesichert werden. Die Begriffe Konzil und Reform sind im 14. und 15. Jh. unzertrennlich miteinander verbunden, und nach Vollzug der Reform sollte auch die Wiedervereinigung mit der griechischen Kirche sich ergeben. Diese Reform war keine Umwälzung, sondern eine Wiederherstellung der alten Ordnungen. Aber ohne Konzil keine Reform; dieser Satz ist in schicksalhafter Weise in Erfüllung gegangen. Reform der Kirche schien nur möglich, wenn das concilium generale als das grundsätzlich höchste Organ der Kirche galt. Die großen Denkschriften vertraten fast eindeutig diesen Standpunkt. Hatte schon Durandus der Jüngere zur Zeit des Vienner Konzils die Abhaltung von Generalkonzilien mindestens alle zehn Jahre gefordert, so wurde diese These zu Beginn des Großen Schismas lebhaft aufgegriffen und durch das 15. Jh. weitergeführt; besonders stark um die Jahrhundertwende und zwischen Pisa, Konstanz und Basel. Über den Zeitpunkt der Abhaltung gibt es viele Vorschläge, alle fünf, sieben, zehn, dreißig oder gar fünfzig Jahre. Jeder Papst soll wenigstens einmal in seiner Regierung ein solches feiern. Die ganze Kirche, alle Provinzen sollen vertreten sein, und die Teilnahme der Gelehrten ist bei der Unwissenheit vieler Bischöfe notwendig. Auf jeder Synode ist der Zeitpunkt für die nächste festzusetzen, so daß der Papst Ort und Termin nicht ändern oder verschieben kann. Von Konzilsbeschlüssen kann nur das Konzil selbst, aber nicht der Papst dispensieren. Abgesehen von den Vorschlägen zur Besserung der Sitten, vor allem des Klerus, sollen auf dem nächsten Konzil nach Pisa eine

[12] *St. Wachter,* Matthäus Grabow, ein Gegner der Brüder vom gemeinsamen Leben: St. Gabrieler Studien 8 (1939) 289—376; s. auch Kap. 47.

Revision der Heiligen Schrift und des kanonischen Rechts vorgenommen und kurze Abrisse der Glaubens- und Sittenlehre gebilligt und an alle Metropoliten und Bischöfe verteilt werden. Was fehlt, sind nämlich Theologen; der Juristen und Kanonisten gibt es zu viele auf den Konzilien. Durch das bisherige Versagen der Reform, durch die Simonie der Römischen Kurie kam es zu den Irrlehren, besonders in England und Böhmen. Fast allgemein wird als Ursache der Mißstände und des Großen Schismas die Nichtabhaltung von Generalkonzilien, das Verlassen der alten Canones und der mehr synodalen Verfassung der Kirche, die übertriebene Aufblähung der päpstlichen Macht angesehen. Immer wieder beruft man sich auf die alten Bestimmungen, die zugunsten einer juristischen Fehlentwicklung verlassen worden sind und zum hypertrophen Ausbau des kurialen Systems beigetragen haben. Der Luxus der päpstlichen Hofhaltung, der Kardinäle und Kurialen, der Bischöfe und Prälaten ist ein beliebtes Thema der Reformschriften und der Reformprediger; doch handelt es sich hier nur um die äußeren Aspekte. Das Benefizial- und Finanzwesen, die Reservationen und Provisionen als Ausfluß einer falsch aufgefaßten plenitudo potestatis sind als das Grundübel anzusehen. Eine Reformschrift aus dem Jahre 1406 sagt: „Die plenitudo potestatis ruht allein in Gott, nicht in einem einzelnen Menschen, auch nicht im Papst. Der Papst hat keine absolute Vollgewalt, er darf sich auch nicht summus pontifex nennen, sondern nur primae sedis episcopus. Daß er sich alle Geschäfte der Untergebenen reserviert, Dignitäten und Benefizien vergibt, ist eine neue Erfindung der lateinischen Kirche und gegen die Canones. — Seit Clemens V. herrschen die drei großen Übel: Kurie, Kammer und potestas plenaria. Alle Kirchen sind seitdem tributär; die Zehnten, Subsidien, Prokurationen, Reservationen, Häufung von Benefizien, Exemtionen, der willkürliche Verkauf der vollen Indulgenz an Reiche, die Provisionen, die Verwandlung der Bußen in Geldzahlungen, all das in der Hand eines einzigen Menschen! Nur Christus und die Gesamtkirche im Universalkonzil dürfen eine solche Macht haben."[13] Und in der alle Reformvorschläge zusammenfassenden Schrift des Dietrich von Niem heißt es an mehreren Stellen kurz und bündig: concilium ergo generale ... limitet ac terminet potestatem coactivam et usurpatam papalem[14]. Das bedeutet Abschaffung oder doch erhebliche Beschneidung der Exspektanzen, Reservationen, Dispense, Exemtionen, Kommenden, der Annaten, Zehnten, Subsidien und Spolien zur Vermeidung der Simonie, Vereinfachung der kurialen Verwaltung und der Kanzleiregeln. Die Reform muß

[13] *R. Scholz,* Eine Geschichte und Kritik der Kirchenverfassung vom Jahre 1406. Nach einer ungedruckten Reformschrift: Papsttum und Kaisertum, Paul Kehr zum 65. Geburtstag (München 1926) 609 616.

[14] *Dietrich von Niem,* De modis (ed. *H. Heimpel)* 43 47. 46: Ideo sacrum universale concilium reducat et reformet ecclesiam universalem in iure antiquo et abusivam papalem in decreto et decretalibus, Sexto et Clementinis nec non extravagantibus papalibus pretensam limitet potestatem.

oben beginnen, denn jetzt gilt nicht mehr „servus servorum Dei", sondern „dominus dominorum". Zum Verständnis der Konstanzer Reform war dieser kurze Ausblick auf die allgemeinen Reformwünsche nötig. Sie sind vor dem Konzil vorgetragen in der Schrift des Wormser Bischofs Matthäus von Krakau „De squaloribus Romanae curiae" etwa um 1404, in dem „Aureum speculum de titulis beneficiorum", in der schon genannten Reformschrift des Seneser Bischofs um 1406, im Traktat „De ruina et reparatione ecclesiae" des Nikolaus von Clémanges, bei Andreas von Escobar, in den „Capitula agendorum" und dem Traktat „De materia concilii generalis" des Kardinals Ailly. Auf dem Konzil selbst in zahlreichen Predigten und Anträgen, besonders in den „Avisamenta" des Dietrich von Niem, in den Abhandlungen Gersons „Tractatus de simonia" und „Ad reformationem contra simoniam"[15]. Kritisch äußern sich die Reformschriften zur Form der Papstwahl. Es sollen nicht nur die Kardinäle wählen, sondern abwechselnd auch ein anderer durch das Konzil zu bestimmender Wahlkörper. Der Papst darf nicht immer aus der gleichen Nation genommen werden, auf keinen Fall zweimal hintereinander aus derselben; am besten abwechselnd von diesseits und jenseits der Alpen. Damit hängt eng zusammen die Reform des Kardinalskollegs, das nach einigen sehr kritischen Stimmen ganz abzuschaffen sei. Nicht immer aus dem gleichen Land nur sollen die Kardinäle stammen, sondern aus den verschiedenen kirchlichen Provinzen; aus keiner Nation so viele, daß sie die Stimmenmehrheit hätten. Die Zahl ist zu verringern, etwa 18 bis 24, nicht mehr jedoch als 30. Ihre Erhebung soll durch Abstimmung im Konsistorium geschehen, und sie sollen in Zukunft keine Kommenden mehr erhalten und nur wenige Benefizien. Das ihnen zugebilligte Einkommen schwankt zwischen drei- und viertausend Goldgulden.

Mit diesem in Auswahl vorgelegten Reformprogramm hat sich das Konstanzer Konzil sehr eingehend beschäftigt, und die alte, oft wiederholte Behauptung, daß die Synode wenig für die Reform der Kirche getan habe, ist völlig ungerechtfertigt. Drei Kommissionen und außerdem je nach Bedarf eine Reihe von kleineren Ausschüssen wurden für die Bearbeitung der Reformfragen eingesetzt. Sie entsprechen der jeweiligen politischen Lage des

[15] Zur Reformliteratur vgl. die allg. Übersicht bei *Fliche-Martin* 14, 892; *J. Haller*, Papsttum und Kirchenreform. Zum Seneser Bischof: *Scholz*, a. a. O. (Anm. 13). Zu Nikolaus von Clémanges: LThK² 7 Sp. 983 f und die Ausgabe von *A. Coville*, Le traité de la ruine de l'église de Nicolas de Clamanges (Paris 1936). Zu Andreas von Escobar: *E. Candal* in Concilium Florentinum, Documenta et scriptores, series B vol. IV fasc. I (1952) p. XVIII bis LXXVII und V. Beltrán de Heredia: CTom 80 (1953) 335—340; *A. D. De Sousa Costa*, Tribulações de Mestre André Dias, apreciado poligrafo de Quatrocentos (1964). Die Capitula agendorum bei *H. Finke*, Acta conc. Constanc. IV 539—583. Der Tractatus de materia concilii generalis bei *B. Meller*, Studien zur Erkenntnislehre des Peter von Ailly 289—336, unvollständig. Vollständige Edition bei *F. Oakley*, The Political Thought of Pierre d'Ailly 244—342. Die Schriften Gersons in: *Jean Gerson*, Œuvres complètes VI (1965) 167—174 179—181.

Konzils. Die erste Kommission, je acht Mitglieder der vier Nationen und drei Kardinäle, tagte vom August 1415 bis zum Sommer 1417. Die zweite aus je fünf Abgeordneten der fünf Nationen konnte nur vom Sommer 1417 bis zur Wahl des neuen Papstes im Herbst des Jahres amtieren. Nach der Wahl Martins V. wurde noch im November ein dritter Ausschuß aus je sechs Vertretern der fünf Nationen und sechs Kardinälen eingesetzt. Was ist nun aus der Fülle der Reformanträge durch das Konzil beschlossen worden? Hier, mehr als bei den anderen Aufgaben der Synode war die allgemeine Politik ausschlaggebend. Als nach gründlicher Vorarbeit durch den ersten und zweiten Reformausschuß viele Materien zur Beschlußfassung bereitlagen, geriet die Reform im Sommer 1417 in den sogenannten Prioritätsstreit. Daß man nach der Absetzung Benedikts XIII. endlich zur Wahl eines neuen Papstes schreiten wollte, ist durchaus verständlich, zumal das Konzil schon im dritten Jahre tagte. Aber ebenso verständlich sind auch die Bemühungen Sigismunds und seiner Anhänger, zuvor die Reform irgendwie zu einem Abschluß zu bringen, da nur durch die Reform ein neues Schisma vermeidbar schien. So kam es dann zu einem Kompromiß: Die von allen Nationen schon gebilligten Reformartikel sollen vor der Papstwahl durch Konzilsbeschluß publiziert und in Kraft gesetzt werden. Dies geschah in der 39. Sitzung am 9. Oktober 1417 und umfaßte folgende Punkte: De conciliis generalibus — Provisio adversus futura schismata praecavenda — De professione facienda per papam — Ne praelati transferantur inviti — De spoliis et procurationibus. In den fünf Dekreten war enthalten: die Abhaltung eines Generalkonzils zunächst nach fünf, dann nach sieben und von da ab alle zehn Jahre; Vorkehrungen gegen den künftigen Ausbruch eines Schismas; Ablegung eines Glaubensbekenntnisses durch jeden neugewählten Papst; die Unversetzbarkeit des höheren Klerus; die Aufhebung des Spolien- und Prokurationsrechtes. Außerdem wird in dem Kompromiß der künftige, bald zu wählende Papst zur Kirchenreform in capite et curia Romana noch auf diesem Konzil verpflichtet. Die Ausführung dieser Abmachungen beschloß die Synode in der 40. Sitzung am 30. Oktober und spezifizierte die Aufgabe in 18 Untertitel: De numero, qualitate et natione dominorum cardinalium — De reservationibus sedis apostolicae — De annatis, communibus servitiis et minutis — De collationibus beneficiorum — De causis in Romana curia tractandis vel non — De appellationibus ad Romanam curiam — De officiis cancellariae et poenitentiariae — De exemtionibus et incorporationibus tempore schismatis factis — De commendis — De confirmationibus electionum — De fructibus medii temporis — De non alienandis bonis R. E. et aliarum ecclesiarum — Propter quae et quomodo papa possit corrigi vel deponi — De extirpatione simoniae — De dispensationibus — De provisione papae et cardinalium — De indulgentiis — De decimis. Die Tätigkeit der dritten Reformkommission stand unter anderem Vorzeichen als ihre Vorgänger, da der Papst jetzt auch mitzureden hatte. Gemäß der ihm auferlegten

Verpflichtung verhandelte er mit der Kommission und den einzelnen Nationen. Die Schwierigkeit, allgemeine Bestimmungen mit den Sonderwünschen der Nationen zu vereinen, wurde dann in der Weise gelöst, daß durch das Konzil in der 43. Sitzung am 21. März 1418 unter dem Namen des Papstes sieben Reformdekrete bekanntgegeben wurden, nämlich die gemeinsam vereinbarten Reformartikel: De exemtionibus — De unionibus et incorporationibus — De fructibus medii temporis — De simonia — De dispensationibus — De decimis et aliis oneribus — De vita et honestate clericorum. Außerdem kamen die durch den Papst mit den einzelnen Nationen abgeschlossenen, wenn auch formal noch nicht vollendeten Vereinbarungen in dieser Sitzung zur Verlesung. Die Reformdekrete wurden conciliariter, die Konkordate nationaliter gebilligt und dem Papst die Ausführung der ihm gemachten Auflage bescheinigt. Die Separatabkommen mit den fünf Nationen sind in drei Fassungen ausgefertigt, mit der deutschen, englischen und den drei romanischen Nationen. Alle außer dem englischen Konkordat waren auf die Dauer von 5 Jahren abgeschlossen, nämlich bis zum nächsten Konzil in Pavia, das die Reformarbeiten fortsetzen sollte[16]. Schon im Herbst 1416 hatte der Bischof von Lodi gefordert, daß zur Weiterführung der Reformdiskussion und zur Vorbereitung des nächsten Konzils eine jetzt einzusetzende Kommission Gutachten von Universitäten über wichtige Fragen einholen soll; die Vertreter der Universitäten sollen dann auf dem nächsten Konzil referieren[17]. Mit den Dekreten und Abkommen waren freilich nicht alle Reformwünsche erfüllt, aber das Konzil hatte gute Arbeit geleistet. Doch hing sehr viel oder alles von der Einstellung des neuen Papstes und seiner Nachfolger zum Dekret „Frequens" ab.

Die Bedeutung des Konstanzer Konzils wird bis heute verschieden beurteilt, und die Wertung erstreckt sich von der vollen und teilweisen Anerkennung bis zur Ablehnung. In der Zählung der Allgemeinen Konzilien, die von Bellarmin an laufend erfolgte, war das Konstanzer ebenso wie das Basler Konzil nicht enthalten. Diese Zählung erwuchs nicht aus wissenschaftlicher Erkenntnis, sondern aus einem vorwiegend apologetischen Bemühen und hat daher wenig Anspruch auf sachliche Richtigkeit. Konstanz und Basel gehörten zu den nur teilweise anzuerkennenden Synoden, da sie dem zur Beurteilung der Vergangenheit aufgestellten Kanon nicht entsprachen. Aber in der amtlichen römischen Ausgabe, die in einer eigens dafür eingesetzten Kongregation vorbereitet wurde, ist im vierten Band der Editio Romana (1612) ein Teil der Konstanzer Dekrete enthalten[18]. Gegen diese einseitige

[16] Raccolta di concordati su materie ecclesiastiche, ed. *A. Mercati* (Roma 1919) 144—168.
[17] *H. Finke,* Acta conc. Constanc. IV 712 f.
[18] *V. Peri,* Il numero dei concili ecumenici nella tradizione cattolica moderna: Aevum 37 (1963) 430—501; *K. A. Fink,* Konziliengeschichtsschreibung im Wandel?: Theologie im Wandel. Festschr. zum 150jährigen Jubiläum der kath.-theol. Fakultät der Universität Tübingen (München 1967) 179—189.

Stellungnahme und den Versuch, durch kirchliche Autorität geschichtliche Fakten zu entscheiden, wandten sich weniger apologetisch eingestellte Gelehrte[19]. Die Bewertung hängt vor allem von der Stellungnahme zu dem sogenannten Superioritätsdekret der fünften Sitzung ab[20]. Da wäre es nun besser, statt dieses Dekret an der Konstitution des 1. Vatikanischen Konzils zu messen, umgekehrt zu verfahren und somit der geschichtlichen Entwicklung gerecht zu werden[21]. Dann fällt auch die Frage nach der etwa notwendigen und ausdrücklichen Approbation der Dekrete durch Martin V. und Eugen IV. dahin[22]. Daß der neue Papst sich um die Bewahrung der im 13. und 14. Jh. erworbenen Stellung bemühte, ist verständlich[23]. Aber seine Bemühungen fanden eine Grenze an der fast allgemeinen Lehre der theologischen Umwelt über die höhere Gewalt des allgemeinen Konzils. Es wäre falsch, nur die extremen Richtungen als Ausdruck der Zeit zu nehmen; verschiedene Auffassungen standen nebeneinander. Aber es ist kein Zweifel, daß die höhere Stellung des allgemeinen Konzils schon lange und von dem weitaus größeren Teil der Theologen vertreten wurde. Die Flucht Jo-

[19] *K. A. Fink*, Zur Beurteilung des Großen abendländischen Schismas: ZKG 73 (1962).

[20] Statt von dem Dekret „Haec sancta" empfiehlt es sich von dem Dekret der fünften Sitzung zu sprechen. Mit ‚Haec sancta' beginnen etwa ein Dutzend Konstanzer Dekrete, die im allgemeinen nicht immer sicher überliefert sind hinsichtlich der Anfangsworte.

[21] Vgl. *H. Riedlinger*, Hermeneutische Überlegungen zu den Konstanzer Dekreten: *Franzen-Müller*, Das Konzil von Konstanz 214—238; *A. Franzen*, Das Konstanzer Konzil. Probleme, Aufgaben und Stand der Konzilsforschung: Concilium 1 (1965) 555—574; *P. De Vooght*, Les Pouvoirs du concile et l'autorité du pape au concile de Constance (Paris 1965); *W. Brandmüller*, Besitzt das Konstanzer Dekret Haec sancta dogmatische Verbindlichkeit?: RQ 62 (1967) 1—17; *B. Tierney*, Hermeneutics and History. The Problem of Haec sancta: Festschr. für Bertie Wilkinson (Toronto 1967); *J. Gill*, Il decreto Haec Sancta Synodus del Concilio di Costanza: RSTI 21 (1967) 123—130; *R. Bäumer*, Die Interpretation und Verbindlichkeit der Konstanzer Dekrete: ThPQ 116 (1968) 44—52; *I. H. Pichler*, Die Verbindlichkeit der Konstanzer Dekrete (Wien 1967).

[22] Zur faktischen Anerkennung: *K. A. Fink*, Die konziliare Idee im späten Mittelalter. Vorträge und Forschungen 9 (Konstanz 1965); *P. De Vooght*, Les Pouvoirs 55—80.

[23] Hierher gehört die Beurteilung des von Martin V. geplanten Verbotes der Appellation vom Papst an das Konzil im Zusammenhang mit der von den Polen eingelegten Appellation. Der Papst hatte sich in der letzten Sitzung geweigert, der Verurteilung Falkenbergs durch Konzilsbeschluß zuzustimmen, da die Sache nur nationaliter, aber nicht conciliariter erledigt sei. Die Polen legten dann Appellation an das (nächste) Konzil ein, worauf der Papst im Konsistorium den Entwurf einer Bulle mit dem Verbot einer solchen Appellation verlesen ließ; publiziert wurde die Bulle nicht. Gerson wandte sich scharf gegen den vom Papst geplanten Schritt (Œuvres complètes 6 [1965] 283—290). Mehrere Autoren betrachten die Angelegenheit als nur zum polnischen Konflikt mit dem Papst gehörig. Dagegen tritt *R. Bäumer*, Das Verbot der Konzilsappellation Martins V. in Konstanz: *Franzen-Müller*, Das Konzil von Konstanz 187—213, mit ausführlicher Literatur für die allgemeine Geltung des Verbotes ein. Ganz gleich, wie man sich entscheidet, es ändert nichts an der Tatsache, daß damals eben verschiedene Ansichten vertreten wurden und auch die späteren Verbote von Pius II. und Julius II. ohne Erfolg blieben, weil man in ihnen mit Recht nur die Stellungnahme der einen Partei sah.

hanns XXIII. war nur der Anlaß, gerade in diesem Zeitpunkt die bisher mehr habituelle Gewalt des Konzils zu aktualisieren und festzustellen. Alles, was mit der Reform zusammenhängt — ohne Konzil keine Reform —, weist in diese Richtung, besonders das Dekret „Frequens". Von der damaligen politischen und geistigen Lage her gesehen, ist das Konstanzer Konzil in seinem ganzen Verlauf als ökumenisch und sind seine Dekrete als allgemeinverpflichtend zu betrachten.

Martin V. (1417—1431)

Der erste und einzige Papst aus der Familie Colonna war ein Römer im vollen Sinne des Wortes. Immer an der Kurie, seit 1405 als Kardinal, hatte er unter den Päpsten Bonifaz IX., Innozenz VII. und Gregor XII. Gelegenheit genug, sich mit den verworrenen politischen und kirchlichen Verhältnissen vertraut zu machen. Doch hielt er sich zurück, außer in der Vorbereitung des Konzils von Pisa, für dessen Zustandekommen er eifrig tätig war. Mit Johann XXIII. kam er nach Konstanz, folgte dem fliehenden Papst kurze Zeit und kehrte wieder zum Konzil zurück. In vielen Kommissionen beschäftigt, trat er nach außen kaum hervor und galt so im Konklave als ein Mann, der wohl wenige Freunde, aber kaum Feinde hatte: ein echter Kompromißkandidat. Mit der Wahl dieses Mannes bekam das Konzil ein anderes Gesicht, da der Papst nach dem Herkommen die Leitung der Synode übernahm; freilich mit großen Schwierigkeiten, da nicht leicht zu unterscheiden war, was Sache des Konzils und des Papstes und seiner Kurie sei. Sofort ging der Papst an den Aufbau einer Kurie. Aus den drei nunmehr vereinigten Obedienzen standen genug Personen zur Verfügung, dagegen wenig flüssige Mittel. Zudem mußte nach den Konzilsbeschlüssen die Zahl der Beamten vermindert werden. Vorwiegend kamen die neuen Kurialen aus der Obedienz von Avignon, die über eine längere und ununterbrochene Tradition verfügte. Wie schon früher gesagt, erhielt die lange und ausführlich diskutierte Reform einen gewissen Abschluß, indem die allgemein gebilligten Anträge zu Beschlüssen erhoben und die mehr speziellen Fragen in den Konkordaten mit den Nationen vereinbart wurden. Die Wahlanzeigen fanden fast durchweg ein freundliches, freilich oft unverbindliches Echo. In geschickter, zurückhaltender und, wie es schien, entgegenkommender Weise hatte Martin V. ziemlich viel erreicht, ohne daß es zu größeren Zusammenstößen gekommen wäre. Die allgemeine Konzilsmüdigkeit tat das übrige, so daß manche noch unerledigte Frage auf das nächste, in fünf Jahren zusammentretende Konzil verschoben werden konnte. Bis dahin hatte der Papst also einen beachtlichen Teil seiner bisherigen Rechte und Einkünfte retten können. Seine Aufgabe war es nun, aus der neuen Lage das möglichste herauszuholen. Dazu brauchte er eine gewisse Unabhängigkeit in kirchenpolitischer und politischer Hinsicht. Wie aber war eine solche zu erreichen? Für die politische Seite des römischen Papsttums war Martin der rechte Mann. Da er als Papst der Deutschen und Engländer galt, mußte er alle Versuche Sigismunds zurückweisen, ihn noch einige Zeit im deutschen Raume zu behalten. Von Anfang seines Pontifikates an betrieb er die Rückkehr nach Rom, denn auch Avignon kam für ihn nicht in Frage, obwohl man ihn dort erwartete. Nur in Rom glaubte er, sich den manchmal massiven Einflußnahmen der Staaten und auch der Vorherrschaft des Konzils entziehen zu können. Zudem war für eine auch nur relative Selbständigkeit eine finanzielle Basis erforderlich, und diese mochte wohl nur ein Territorium bieten. Einer raschen Rückkehr nach Rom standen aber schier unüberwindliche Hindernisse entgegen. Der Kirchenstaat war schon im Schisma, vor allem nach dem Tode Bonifaz' IX. in eine schwere Krise geraten. Vom Staat der Kirche konnte kaum mehr die Rede sein, denn die eigentlichen Herren waren bis vor Beginn des Konzils König Ladislaus von Neapel und während des Konzils der erste große Kondottiere Braccio von Montone, der ganz Mittelitalien beherrschte und immer mehr Gebiete sich unterwarf. War auch in Rom unter neapolitanischem Einfluß der vom Konzil bestellte Legat scheinbar Herr der Stadt, so regierten in Wirklichkeit hier wie in vielen kleineren Städten und Territorien die lokalen Gewalten. Gegen Ende des Konzils und zu Beginn der Regierung des neuen Papstes bestand die Möglichkeit eines Einbruches Benedikts XIII. im Süden Italiens. Neben der Einrichtung einer Kurie, der Entsendung von Kardinallegaten nach Aragón und Frankreich bezogen sich die ersten Weisungen Martins auf die Verhältnisse im Kirchenstaat durch Bestellung von Rektoren und Beamten. Das Konzil und der neue Papst hatten genaue Bestimmungen über die Verwaltung des Kirchenstaates, die Rückgewinnung der verlorenen Gebiete und die Dauer der Vikariate getroffen[24]. Das Ziel, die Wiederherstellung der päpstlichen Hoheit, war klar, aber schwer zu verwirklichen, besonders aus der Ferne. So trachtete Martin V. bei aller scheinbaren Geduld auf die rasche Beendigung des Konzils und Abreise aus Konstanz. Es begann alsbald eine rege diplomatische Tätigkeit, die den ganzen Pontifikat über andauern sollte. Bei den schnell wechselnden Machtverhältnissen im damaligen Europa und besonders in Italien bedeutete das eine stete Anspannung, die dann die ganze Regierungszeit ausfüllte. Zunächst war der Weg nach Italien zu bahnen. Als Martin V. am 16. Mai 1418 die Konzilsstadt verließ und sich durch die Westschweiz nach Genf begab, war die weitere Route noch nicht ersichtlich; in Avignon rechnete man mit dem Kommen des Papstes. Nach einem Aufenthalt von mehreren Wochen in Genf und lebhafter politischer Tätigkeit zog die Kurie Anfang September über den Mont Cenis nach Oberitalien, wo in Turin, Pavia und Mailand jeweils mehrere Tage gerastet wurde. Über drei Monate war

[24] *B. Hübler,* Die Constanzer Reform und die Concordate von 1418 (Leipzig 1867) 39 99 144 238.

man sich in Mantua im unklaren, ob der Weg nach Rom über Pisa oder Florenz einzuschlagen sei, da das aufständische Bologna den Papst nicht empfangen wollte. Über Ferrara, Ravenna und Forlì ging der Zug nach Florenz, und dort mußte der Papst noch fast eineinhalb Jahre warten, bis er endlich am 28. September 1420 in die Ewige Stadt einziehen konnte. Aus diesen Einzelheiten wird ersichtlich, wie schwierig die Lage des neuen Papstes war.

Das Haupthindernis bildete der Söldnerführer großen Stils Braccio von Montone mit seiner Herrschaft in Perugia und weit über Umbrien hinaus; ein großer Teil des Kirchenstaates war ihm finanziell hörig geworden. Daß der Colonna-Papst seinem „Staat" nicht freundlich gesinnt sein konnte, war ihm klar, und so erfolgte die Anerkennung in den von Braccio abhängigen Gebieten nur sehr zögernd. Noch in Konstanz begann der Papst die Isolierung Braccios einzuleiten durch Fühlungnahmen mit Mailand, Florenz, Neapel und zahlreichen kleineren Signorien. Von Anfang an war er entschlossen, durch militärische Aktionen den gefährlichen Soldkapitän auszuschalten, zumal da die ersten Verhandlungen wenig günstig verliefen. Erst die weitgehenden Zusagen, die der Papst im Februar 1420 in Florenz gewähren mußte, gaben den Weg nach Rom frei[25]. Sie bedeuteten aber nicht mehr als einen Waffenstillstand, und die große Auseinandersetzung stand noch bevor. Aufstände in Bologna, die Martin mit Waffengewalt niederwarf, und der Kampf um Neapel schoben die Abrechnung mit Braccio hinaus. Sie kam im Mai 1424, als Braccio bei der Belagerung von Aquila geschlagen wurde und den Tod fand. Jetzt hatte der Papst endlich im Inneren freie Hand und konnte sich mit mehr Erfolg der Wiedergewinnung und Reorganisation seines Staates widmen.

Von großer Wichtigkeit war das Verhältnis zu Neapel[26]. Um das von neapolitanischen Truppen besetzte Rom freizubekommen, machte auch hier der Papst noch von Konstanz aus große Zugeständnisse, zunächst einmal die Krönung der Königin Johanna II. Innere Schwierigkeiten im Königreich veranlaßten die Kurie zur Rückkehr zu den Anjous und zur Belehnung Ludwigs III. mit der Krone von Neapel und dem Recht der Nachfolge nach dem Tod der Königin. Doch diese führte einen Gegenschlag mit der Adoption des für die Kurie sehr gefährlichen jungen aragonischen Königs Alfons V. Dazu kam noch der Übergang Braccios zur aragonischen Partei. Als Alfons im Sommer 1421 in Neapel einzog, wurde die Lage für den Papst und seinen noch im Aufbau befindlichen Staat sehr kritisch. Alles, was an Geld aufzubringen war, diente zur Anwerbung großer militärischer Verbände, da der Papst fest entschlossen war, den Kampf aufzunehmen. Die Macht seiner Rüstung bewahrte ihn vor einer Niederlage im Felde, und durch die Vermittlung florentinischer Gesandter kam es im Herbst 1421 zu einem Waffenstillstand, dem weitere Verhandlungen folgten. Im Frühjahr 1424 verließ der

[25] Text des Vertrages bei *Valentini,* Lo stato di Braccio 121—128 (nach dem Sonderdruck).
[26] *K. A. Fink,* Martin V. und Aragón 60—112.

aragonische König Neapel, um dann erst wieder unter dem Nachfolger Martins V. mit größerem Erfolg zurückzukehren. Es war dem Papst gelungen, die aragonische Großmacht von Italien und dem Kirchenstaat fernzuhalten.

Neben die Diplomatie, die der Papst wirklich beherrschte, trat bei ihm, wie wir schon sahen, laufend auch die Anwendung von Gewalt. So im ersten großen Aufstand von Bologna 1420 und bei der zweiten, ganz Oberitalien in Mitleidenschaft ziehenden Revolution von 1428/29. Durch ein beträchtliches militärisches Aufgebot zwang er die unbotmäßige Stadt zum Nachgeben und behielt so den wichtigen Nordpfeiler seines Staates[27]. Dieser Staat war nicht ein zentral verwaltetes Territorium im modernen Sinne, eine Vielfalt von Bindungen hielt ihn zusammen: direkte Unterstellung unter die Kurie durch Legaten, Gouverneure und Rektoren, auch kurzfristige Belehnungen mit Vikariaten. Das Entscheidende aber war, daß die Finanzen dieser Gebiete weitgehend der Kurie zur Verfügung standen. Soweit die Quellen zuverlässige Schlüsse erlauben, stammten zwei Drittel der Einkünfte des Pontifikates aus dem Kirchenstaat — und wurden auch wieder für ihn ausgegeben. Bei der Bedeutung der Finanzen war die apostolische Kammer die oberste Verwaltungsbehörde des Kirchenstaates. Das vorher so unruhige Rom unterstand der absoluten Herrschaft des Papstes seit seinem Einzug, wenn auch die Formen der Verwaltung anders aussehen mochten. Dafür wurde die verwahrloste Stadt in großzügiger Weise wieder hergerichtet, besonders die großen Basiliken, Straßen und Brücken, auch die Befestigungen der Stadt und der näheren Umgebung. Daß die weitverzweigte Familie Colonna in der Verwaltung des Kirchenstaates stark herangezogen wurde, versteht sich von selbst. Bei der ungemein schwierigen Lage, in der sich der Papst nach seiner Rückkehr vom Konzil befand, brauchte er absolut zuverlässige Leute, um seine Pläne verwirklichen zu können. Doch ging die Bevorzugung und dadurch die Bereicherung zu weit, führte zu Auseinandersetzungen mit anderen großen Familien, vor allem mit den Orsini, und war Anlaß zu Repressalien nach dem Tod des Papstes.

Bis jetzt war nur von politischen Unternehmungen die Rede, die der Wiederherstellung der weltlichen Gewalt der Kurie dienten. Wie stand es nun mit der geistlichen Gewalt, wie war das Verhältnis zu Kirche und Konzil? In vieler Hinsicht hatte das Konzil die weitere Entwicklung vorgezeichnet, aber sie war im einzelnen noch nicht übersehbar. Nach den bisherigen Ausführungen ist es naheliegend, daß auch hier der Papst die Dinge in die Hand nehmen würde, im Sinne der Restauration: von einem Colonna war nichts anderes zu erwarten. Das zeigte sich schon in den vorsichtigen, aber eindeutigen Bemühungen am Schluß der Synode. In den von den Konzilsdekreten gezogenen Grenzen versuchte er soviel als möglich an Rechten zurückzugewinnen, bevor etwa das in fünf Jahren erneut einzuberufende Generalkonzil neue Maßnahmen treffen konnte. Die üblichen Kanzleiregeln wur-

[27] *Ders.*, Martin V. und Bologna, dazu *Partner*, The Papal State 92.

den in Genf publiziert mit der herkömmlichen Datierung auf den Krönungstag, nachdem schon in Konstanz mit der Erteilung von Exspektanzen begonnen worden war. Hierher gehören auch die weniger bekannten, vom Papst meist zurückgewiesenen Reformvorschläge zweier Kardinalskommissionen, die vor den Synoden in Pavia und Basel gemacht wurden, wohl um den zu erwartenden stürmischen Reformwünschen zuvorzukommen[28]. War Martin V. kein Freund konziliarer Reform, die leicht an die von ihm verteidigte Verfassung Hand anlegen mochte, so tat er alles, um die Durchführung der ihm zustehenden Rechte in geordnete Bahnen zu lenken: also eine Reform der Verwaltung. Um die Einhaltung der von ihm dem Kardinallegaten in Deutschland mitgeteilten Grundsätze bei der Besetzung der Benefizien hat er sich redlich bemüht[29]. Das ergibt sich aus mehreren Reformerlassen für die Kurialen und kurialen Behörden und ist belegbar aus den zahlreichen Registerbänden seines Pontifikates. Nach Ablauf der auf fünf Jahre befristeten Konkordate kehrte er ohne weiteres zum alten Reservations- und Provisionswesen zurück, soweit nicht allgemeine Konzilsdekrete dem entgegenstanden und die Länder es hinnahmen. So waren die Einnahmen der apostolischen Kammer aus Servitien und Annaten nicht unbeträchtlich.

Hinsichtlich des Konzils hielt er sich an das Dekret „Frequens", wenn auch widerwillig und von der öffentlichen Meinung dazu gezwungen. Termingemäß wurde die nach fünf Jahren fällige Synode nach Pavia einberufen, bald aber nach Siena verlegt. Der Besucher waren noch wenige, und die politische Lage war äußerst gefährlich. Ob der Papst ernstlich zum Konzil kommen wollte, ist nicht mehr zu entscheiden. Die Furcht, daß es mitten im neapolitanischen Konflikt vom aragonischen König als Druckmittel benutzt würde, war gewiß nicht unberechtigt. Entschlossen, im Höhepunkt der Krise mit Braccio keine Auflebung des Konzils zu dulden, schritt er zur Auflösung, bevor es sich entfalten konnte. Beschlüsse über die Minderung der kurialen Einkünfte waren zu diesem Zeitpunkt für ihn nicht annehmbar. So wurden alle konziliaren Diskussionen auf weitere sieben Jahre hinausgeschoben, da „Frequens" dem Wortlaut nach Genüge getan war[30]. Kurz vor seinem Tode berief er dann — nicht freiwillig — die Synode nach Basel und bestellte den Kardinal Giuliano Cesarini zum Präsidenten mit der Vollmacht der Auflösung. Aus alledem ergibt sich, daß eine kontinuierliche ku-

[28] *J. Haller,* Concilium Basiliense I (1896) 107—110 163—183.

[29] *K. A. Fink,* Die polit. Korrespondenz 184 nr. 33: (circumspectio tua) que animum et propositum nostrum novit et quanto studio laboremus Romanam curiam a priorum temporum immoderata licentia et consuetudine revocare; quod enim de firmitate nostra loquuntur dicant ut velint; nos vero non intelligimus, ubi possint ostendere aliquid nostra scientia atque consensu iniuste aut turpiter factum esse. 185 nr. 37: quia intentio nostra est, ut omnia cum equitate et iustitia disponantur, ut nemo iuste querele causam habere possit.

[30] *W. J. Koudelka,* Eine neue Quelle zur Generalsynode von Siena 1423—1424: ZKG 74 (1963) 244—264.

riale Verwaltung einem in größeren Zeitabständen zusammentretenden Konzil weit überlegen war und ist. Der Papst hat diesen Vorteil in großartiger Weise ausgenutzt. Aus diesem Verhalten auf eine theologische Konzeption zu schließen ist wenig sinnvoll, wie es auch aussichtslos sein dürfte, ihn in eine der vielen Richtungen einzureihen und etwa als gemäßigten Konziliaristen zu bezeichnen. Er war nur ein Politiker, aber ein großer Politiker mit dem Hang zur Macht, und einen solchen brauchte die Kirche und die Kurie, um nach den Fahrnissen des Großen Schismas und des Konstanzer Konzils weiter bestehen zu können — im alten Stil. Von größter Einfachheit der Lebensweise, verwandte er alle Mittel, die ihm sein Staat und die Verwaltung der Gesamtkirche boten, auf die Wiederherstellung des Staates der Kirche, dessen dritten Gründer man ihn mit Recht nennt[31]. Wenn seine Grabschrift im Lateran ihn als „temporum suorum felicitas" rühmt, so mochte dies für Rom und den Kirchenstaat zutreffen. Als er am 20. Februar 1431 starb, hinterließ er trotz aller Spannungen seinem Nachfolger ein relativ geordnetes Staatswesen und damit eine Basis, auf der die römische Kurie der weiteren politischen und konziliaren Entwicklung ruhiger als vordem entgegensehen konnte. Es ist aber wohl nicht angängig, daraus zu schließen — wie es oft geschieht —, daß dies das Richtige und „Gottgewollte" gewesen sei.

50. Kapitel

Eugen IV. Konzil von Basel-Ferrara-Florenz

QUELLEN: Deutsche Reichstagsakten 9—17 (Nachdruck Göttingen 1957/63); *RepGerm*, Pontifikat Eugens IV. I. Band (Berlin 1897); *Mansi* 29—32; Monumenta conciliorum generalium saec. decimi quinti I—IV (Wien 1857—1935); Concilium Basiliense, Studien und Quellen zur Geschichte des Concils von Basel I—VIII (Basel 1896—1936). Zur Überlieferung der Quellen des Basler Konzils: Deutsche Reichstagsakten 10 S. XLV—CIX; Concilium Florentinum. Documenta et scriptores I—VIII (Rom 1940/64, noch nicht vollendet).

LITERATUR: *Hefele-Leclercq* Bd 7 (1916); *J. Gill*, Constance et Bâle-Florence (Paris 1965); *Fliche-Martin* Bd 14 (Paris 1962/64); *N. Valois*, Le pape et le concile, 2 Bde (Paris 1909); *J. Gill*, Eugenius IV Pope of Christian Union (Westminster, Maryland 1961); *ders.*, The Council of Florence (Cambridge 1959; mit ausführl. Lit.); *ders.*, Personalities of the Council of Florence (Oxford 1964); *J. Décarreaux*, L'arrivée des Grecs en Italie pour le concile de l'union des églises d'après les mémoires de Siropoulos 1437—1438: Revue des Études Italiennes 8 (1961); *ders.*, Les Grecs à Florence pour le concile de l'union des églises d'après les mémoires de Siropoulos: ebd. 9 (1962—63) 33—99, 10 (1964) 219—239; *D. Caccamo*, Eugenio IV e la crociata di Varna: ADRomana 79 (1956)

[31] *H. Zimmermann*, Thomas Ebendorfers Schismentraktat: AÖG 120. Bd, 2. Heft (1954). Hier ist S. 71—74 der Papst in primitiver Weise als habsüchtig bezeichnet und allgemein schlecht behandelt; doch werden die Dinge nur vom Hörensagen berichtet und halten einer Nachprüfung nicht stand.

35—87; *R. Bäumer,* Eugen IV. und der Plan eines „Dritten Konzils" zur Beilegung des Basler Schismas: Reformata reformanda, Festgabe für H. Jedin I (1965) 87—128; *J. Dephoff,* Zum Urkunden- und Kanzleiwesen des Konzils von Basel (Hildesheim 1930); *U. Fromherz,* Johannes von Segovia als Geschichtsschreiber des Konzils von Basel (Basel-Stuttgart 1960); *M. Lehmann,* Die Teilnehmer des Basler Konzils (Diss. Wien 1945); *H. Angermeier,* Das Reich und der Konziliarismus: HZ 192 (1961) 529—583; *H. Stutt,* Die nordwestdeutschen Diözesen und das Basler Konzil in den Jahren 1431 bis 1441: Niedersächs. Jahrbuch 5 (1928) 1—97; *C. Hanna,* Die südwestdeutschen Diözesen und das Baseler Konzil in den Jahren 1431 bis 1441 (Diss. phil. Erlangen 1929); *R. Wittram,* Die französische Politik auf dem Basler Konzil während der Zeit seiner Blüte (Diss. phil. Tübingen 1927); *N. Valois,* Histoire de la Pragmatique Sanction de Bourges sous Charles VII (Paris 1906); dazu *J. Haller:* HZ 103 (1909) 1—51; *A. N. E. D. Schofield,* England, the Pope and the Council of Basel: Church History 33 (1964) 248—278; *J. H. Burns,* Scottish Churchmen and the Council of Basle (Glasgow 1962); *L. Suárez Fernández,* Castilla, el cisma y la crisis conciliar 1378—1440 (Madrid 1960); *V. Beltrán de Heredia,* La embajada de Castilla en el concilio de Basilea y su discusión con los ingleses acerca de la precedencia: HS 10 (1957) 1—27; *J. Toussaint,* Philippe le Bon et le concile de Bâle (Brüssel 1942); *ders.,* Les relations diplomatiques de Philippe le Bon avec le concile de Bâle (Löwen 1942); *J. Goñi Gaztambide,* Los obispos de Pamplona del siglo XV y los Navarros en los concilios de Constanza y Basilea: Estudios de edad media de la corona de Aragón 7 (1962) 358—547; *A. Zumkeller,* Die Augustinereremiten in der Auseinandersetzung mit Wiclyf und Hus, ihre Beteiligung an den Konzilien von Konstanz und Basel: AAug 28 (1965) 5—56; *R. Zwölfer,* Die Reform der Kirchenverfassung auf dem Konzil zu Basel: Basler Zschr. für Gesch. und Altertumskunde 28 (1929) 141—247, 29 (1930) 1—58; *P. Clausen,* Heinrich Toke, ein Beitrag zur Geschichte der Reichs- und Kirchenreform in der Zeit des Baseler Konzils (Diss. phil. Jena 1939); *H. Dannenbauer,* Ein deutscher Reformantrag vom Konzil zu Ferrara 1438: HJ 62 (1942) 279—285, nur als Sonderdruck erhalten; *P. Becker,* Fragen um den Verfasser einer benediktinischen Reformschrift ans Basler Konzil. Studie über die Wirksamkeit des Abtes Johannes Rode von St. Matthias in Trier: SM 74 (1963) 293—301; *H. Hürten,* Die Mainzer Akzeptation von 1439: AMrhKG 11 (1959) 42—75; *J. B. Toews,* Pope Eugenius IV and the Concordat of Vienna 1448: Church History 34 (1965) 178—194; *H. Koller,* Reformation Kaiser Siegmunds (Stuttgart 1964); *L. Hödl,* Kirchengewalt und Kirchenverfassung nach dem liber de ecclesiastica potestate des Laurentius von Arezzo. Eine Studie zur Ekklesiologie des Basler Konzils: Theologie in Geschichte und Gegenwart (München 1957) 255—278; *F. Boularand,* La primauté du pape au concile de Florence: BLE 61 (1960) 161—203; *H. Hürten,* Zur Ekklesiologie der Konzilien von Konstanz und Basel: ThRv 59 (1963) 362 bis 372; *K. Binder,* Wesen und Eigenschaften der Kirche bei Kardinal J. de Torquemada (Innsbruck 1955); *H. Jedin,* Bischöfliches Konzil oder Kirchenparlament (Basel-Stuttgart 1963); *B. Duda,* Johannes Stojkovič de Ragusio OP: doctrina de cognoscibilitate ecclesiae (= Studia Antoniana 9, 1958); *N. López,* El cardenal Torquemada y la unidad de la iglesia: Burgense 1 (1960) 45—71; *V. Proaño,* Doctrina de Juan de Torquemada sobre el concilio: ebd. 1 (1960) 73—96; *Ch. Lefebvre,* L'enseignement de Nicolas de Tudeschis et l'autorité pontificale: EIC 14 (1958) 312—339; *K. W. Nörr,* Kirche und Konzil bei Nikolaus de Tudeschis, Panormitanus (Köln-Graz 1964); *E. F. Jacob,* Reflections upon the Study of the General Councils in the fifteenth Century: Studies in Church History I (1964) 80—97; *B. Schultze,* Das letzte ökumenische Einigungskonzil theologisch gesehen: OrChrP 25 (1959) 288—309; *H.-G. Beck,* Byzanz und der Westen im Zeitalter des Konziliarismus: Die Welt zur Zeit des Konstanzer Konzils (Konstanz-Stuttgart 1965) 134—148; *A. Leidl,* Die Einheit der Kirchen auf den spätmittelalterlichen Konzilien von Konstanz bis Florenz (Paderborn 1966); *G. Hödl,* Zur Reichspolitik des Basler Konzils: Bischof Johannes Schele von Lübeck: MIÖG 75 (1967) 46—65.

Hatte Martin V. bei seinem Tod am 20. Februar 1431 einen befriedeten Kirchenstaat hinterlassen, so kündigte schon das Konklave für die Wahl des Nachfolgers neue Schwierigkeiten an. In S. Maria sopra Minerva versammelten sich die Kardinäle, aber nicht alle. Dem noch nicht publizierten Domenico Capranica verwehrte die Mehrheit trotz der bindenden Vorschrift des Colonnapapstes die Teilnahme an der Wahl, die am 3. März auf den aus Venedig stammenden Neffen Gregors XII. Gabriel Condulmer fiel. Er nannte sich Eugen IV., sein Pontifikat gehört nicht zu den glücklichen. Da die Kardinäle mit der autoritären Regierungsweise Martins V. unzufrieden waren, wurde eine Wahlkapitulation beschlossen und von allen Kardinälen unterschrieben. Sie verlangte weniger eine Änderung der Kirchenverfassung, wie oft gesagt wird, als vielmehr die Durchführung des Konstanzer Konzils. In ihr kamen die Bestrebungen des Kardinalskollegs zur Teilnahme an der Regierung der Kirche deutlich zum Ausdruck; aber auch die Forderungen der Zeit sind ebenso deutlich angemeldet: Reform der Kurie an Haupt und Gliedern sowie allgemeine Reform auf dem Generalkonzil; Zustimmung des Kollegs bei Verlegung der Kurie; Beachtung der in Konstanz erlassenen Vorschriften über die Ernennung von Kardinälen; Beteiligung an den Einkünften nach der Verfügung Nikolaus' IV. und an der Regierung des Kirchenstaates; kein Vorgehen gegen Person und Besitz eines Kardinals ohne Zustimmung der Mehrheit; wenn in einem Dekret die Formel „de fratrum nostrorum consilio" steht, so müssen die zustimmenden Kardinäle namentlich angegeben werden. Diese Wahlkapitulation ist von Eugen IV. nach seiner Wahl erneut beschworen und nach seiner Krönung durch apostolische Konstitutionen bestätigt worden[1].

So geschickt Martin V. als Politiker und als Regent des Kirchenstaates war, so ungeschickt sein Nachfolger, der Mönchspapst Eugen IV. Sein unbedachtes Vorgehen gegen die Colonna rief langandauernde Streitigkeiten in allen Teilen des Kirchenstaates hervor. Aufstände in einzelnen Provinzen und in Rom selbst konnten nur mit Mühe niedergeschlagen werden. Der Papst mußte 1434 aus der Ewigen Stadt fliehen und fand in Florenz und dann in Bologna eine Zuflucht. Erst 1443 konnte er wieder nach Rom zurückkehren.

Der Pontifikat Eugens IV. stand ganz unter dem Zeichen des Basler Konzils. Von Martin V. war es noch termingemäß einberufen worden, und der neue Papst bestätigte alsbald den Kardinallegaten in Deutschland, Giuliano Cesarini, als Legaten und als Präsidenten der Synode. Da Cesarini noch im Felde gegen die Hussiten stand, ließ er das Konzil in Basel durch seine Stellvertreter Johannes von Ragusa und Johannes von Palomar am 23. Juli 1431

[1] *J. Lulvès*, Päpstliche Wahlkapitulationen: QFIAB 12 (1909) 212—235; *W. Ullmann*, The Legal Validity of the Papal Electoral Pacts: EIC 12 (1956) 246—278; *W. Brandmüller*, Der Übergang vom Pontifikat Martins V. zu Eugen IV.: QFIAB 47 (1967) 596 bis 629.

eröffnen. Die Teilnahme war noch sehr gering, als Cesarini im September in Basel eintraf. Entgegen der von ihm beschworenen Wahlkapitulation war Eugen IV. von Anfang an ein Gegner des Konzils. Dem Beispiel Martins V. mit der geglückten Auflösung der Synode in Siena folgend, brachte er durch sein unsicheres, schwankendes und wohl auch unehrliches Verhalten sich selbst, die Kurie und die ganze Christenheit in die allergrößten Schwierigkeiten. In der Bulle „Quoniam alto" vom 12. November 1431, die nur von zehn Kardinälen unterschrieben wurde, löste er das Konzil auf und berief eine neue Synode, die nach 18 Monaten in Bologna zusammentreten sollte. Dem Legaten wurde befohlen, die Auflösung zu vollziehen und abzureisen. Bevor jedoch in Basel etwas geschehen konnte, publizierte der Papst im Konsistorium vom 18. Dezember die Auflösungsbulle, obwohl einige Kardinäle mit diesem Vorgehen nicht einverstanden waren und das Recht des Papstes zur Auflösung eines rechtmäßig tagenden Konzils bestritten. Inzwischen hatte in Basel am 14. Dezember die erste feierliche Sitzung stattgefunden mit der Verlesung des Dekretes „Frequens" und der Einberufungsbullen. Der Legat lehnte den ihm gewordenen Auftrag ab, so daß ein Familiare des die Bulle überbringenden Bischofs von Parenzo am 13. Januar sie verlesen wollte, aber durch den Auszug der Konziliaren daran gehindert wurde. Das Konzil konstituierte sich in der zweiten Sitzung am 15. Februar 1432 unter Vorlage der Beschlüsse des Konstanzer Konzils und des Dekrets „Frequens". Dem Papst wurde dringend nahegelegt, die Auflösung zurückzunehmen, und verlangt, daß er und die Kardinäle in Basel erscheinen sollten. Für das Verständnis der Lage ist wichtig, daß die Mehrheit der Kardinäle zum Konzil hielt und nur sechs von 21 beim Papste verblieben. Von da ab standen Papst und Konzil sich feindlich gegenüber, und wie in Konstanz hing das weitere Schicksal der Synode wesentlich von der Politik der Staaten ab. Auf seiten des Konzils befanden sich zunächst der römische König, Frankreich, England, Schottland, Kastilien, Burgund und Mailand. In diesem Zeitpunkt konnte der Papst nur Venedig und Florenz als treue Anhänger zählen. Doch änderte sich laufend die Stellung der Mächte zum Konzil. Während der langwierigen Verhandlungen mit dem Papst gab sich das nun besser besuchte Konzil seine Organisation und sein Personal. Wie in Konstanz wollte man sich auch in Basel nach Nationen formieren, doch zwang die sehr unterschiedliche Beteiligung — Deutsche und Franzosen am stärksten vertreten — zur Einrichtung von festen Ausschüssen, den sogenannten Deputationen mit dem Zwölf-Männer-Kollegium als Führungsgruppe. Die politische Lage, vor allem die Unruhen im Kirchenstaat, zwang den Papst zum Nachgeben, obwohl ihm der deutsche König Sigismund wegen der bevorstehenden Kaiserkrönung seine Hilfe lieh und das Konzil vor übereilten Schritten zurückhielt. Da sich ein neues Schisma abzuzeichnen begann, rieten auch die meisten Staaten zur Nachgiebigkeit und zum Ausgleich. Das Konzil blieb fest, und der Papst mußte sich ganz den Vorschlägen Cesarinis fügen und in der von ihm verlangten Zurücknahme der Auflösungsbulle die Stelle, wo es sich um das legitime Weiterbestehen der Synode handelte, die von ihm gewählte Formulierung „volumus et contentamur“, durch „decernimus et declaramus“ ersetzen („Dudum sacrum“ vom 15. Dezember 1433). Die vom Papst entsandten Präsidenten wurden nur mit großen Einschränkungen zugelassen und leisteten den verlangten Eid auf die Konstanzer Dekrete[2]. Das lange unerfreuliche Hin und Her hatte zu einem Waffenstillstand, nicht zu einem Frieden, sondern nur zur Verschärfung der Positionen geführt, vor allem bei den Teilnehmern des Konzils. An der so entstandenen Lage trifft den Papst die größte Schuld.

Die Entscheidung im Kampf zwischen Konzil und Papst brachte die Frage der Union mit der griechischen Kirche. Schon Martin V. hatte eine Synode im Westen mit dem griechischen Hofe vereinbart, und Eugen IV. erhielt im ersten Pontifikatsjahr Zusicherungen über den Besuch des westlichen Konzils etwa in Bologna. Um die Griechen bemühten sich nun Papst und Konzil im Wissen um die politische Bedeutung für den, dem die Wiedervereinigung der getrennten Kirchen gelang. Gesandschaften des Konzils wie des Papstes gingen seit Frühjahr 1433 nach Konstantinopel, griechische kamen nach dem Westen. Die Mittel zur Gewinnung des griechischen Kaisers und zum Ausstechen der Gegenpartei waren nicht gerade erbaulich. Jahrelang ging der Streit um den Tagungsort des Unionskonzils fort. Waren der Papst und meist auch die Griechen — wenn man von Konstantinopel absah — für eine Stadt in Italien, so beharrte das Konzil aus verständlichen Gründen auf Basel selbst, Avignon oder Savoyen. Bei der endgültigen Abstimmung kam es zu einer Spaltung. Mehr als zwei Drittel der Synodalen blieben beim Vorschlag des Konzils. Trotz vieler Bemühungen um Verständigung ereignete sich am 7. Mai 1437 ein denkwürdiger Auftritt: Jede Gruppe verkündete im Basler Münster ihre Entscheidung, gesiegelt aber wurde nur die der Majorität. Doch der Papst bestätigte die Minorität (Salvatoris et Dei nostri vom 30. Mai 1437), und es gelang seinen Gesandten in Konstantinopel nach langen Debatten und unter Anwendung nicht einwandfreier Mittel, die Griechen für die Minorität, also für die Abhaltung des Konzils in Italien, zu gewinnen. Am 18. September 1437 verlegte er durch die Bulle „Doctoris gentium“ unter Anerkennung der Minorität als pars sanior das Konzil nach Ferrara. Damit war die erste Phase des Basler Konzils zu Ende, und man wird fragen müssen, was es an Leistung aufzuweisen hat.

Die wiederholten Niederlagen der Kreuzheere gegen die *Hussiten* legten den Gedanken an Verhandlungen nahe. So ist es nicht verwunderlich, daß der Kardinallegat nach der verlorenen Schlacht bei Taus im August 1431 und ein so guter Kenner der hussitischen Gefahr wie Johann von Ragusa auf

[2] *J. Haller,* Conc. Basil. I 22 f.

die Einladung der Führer der hussitischen Gruppen drängten. Schon am 15. November 1431, also kurz nach der Eröffnung der Synode, erging die Botschaft zum Erscheinen in Basel. Viele Verhandlungen über die Sicherheiten und freie Diskussion führten zu dem sehr entgegenkommenden Geleitsbrief vom 20. Juni 1432 in der vierten Sitzung. Am 4. Januar 1433 erschien die stattliche Gesandtschaft von etwa 300 Personen, und nach den üblichen formalen Begrüßungen begann die Disputation zwischen Rokycana und Prokop und den Sprechern des Konzils, Johannes von Ragusa, Heinrich Kalteisen, Ägidius Charlier und Johannes von Palomar. Die Böhmen verließen Basel am 14. April, doch wurden die Verhandlungen in Prag fortgesetzt und führten zur Übereinkunft über die vier inzwischen oft modifizierten Prager Artikel betreffend den Laienkelch, Freiheit der Predigt, Bestrafung der Todsünder und weitgehenden Verzicht auf kirchlichen Besitz. Diese Übereinkunft, die sogenannten Kompaktaten, wurde am 5. Juli 1436 auf dem Landtag zu Iglau im Beisein des Kaisers verkündet und am 15. Januar 1437 vom Basler Konzil ratifiziert. Die Kompaktaten blieben von der Kurie unbestätigt und wurden 1462 aufgehoben. Für das Konzil war diese Regelung der böhmischen Angelegenheit ein großer Erfolg. Hätte man sich in Konstanz zum Entgegenkommen in der Kelchfrage entschließen können, so wäre wohl vieles der Christenheit erspart geblieben.

Die *Reform* der Kirche konnte in Konstanz trotz großer Leistung nicht zu Ende geführt werden. Ein Blick auf die riesig angeschwollene Reformliteratur macht dies deutlich, und das Dekret „Frequens" war eben zur Sicherung der Reform erlassen worden. Auch sind Vorschläge überliefert, die bestimmte Materien — etwa die Union mit den Griechen — von Kommissionen aus Kardinälen und Universitätslehrern in der Zeit bis zum nächsten Konzil gründlich studiert sehen wollen[3]. Da das Konzil von Siena, kaum hatte man die Reformvorschläge vernommen, aufgelöst wurde, erwartete man von Basel entscheidende Fortschritte. Ähnlich wie dem Konstanzer Konzil waren auch der Basler Synode in der Einberufungsbulle Martins V. vom 1. Februar 1431 drei Aufgaben gestellt: die Sorge für den christlichen Glauben, die Herstellung des Friedens in der Christenheit und die Reform der Kirche. Daß die letztere Aufgabe als die wichtigste angesehen wurde, ist außer Zweifel[4]. Wenn später der Konflikt mit Eugen IV. Würdigung und Beurteilung des Konzils beherrschte, so ist die Reform doch als die eigentliche und bedeutendste Leistung der Synode anzusehen. Mit der Behandlung der Reform begann aber auch der Riß, der sich durch das ganze Konzil hindurchzog und für einige Zeit zur Spaltung führte. Bald nach dem Beginn der Synode wurde eine Reformdeputation von 24 Mitgliedern bestellt. Die bekannten 18 Artikel der Konstanzer Reformforderung waren nur zu einem

[3] *H. Finke,* Acta conc. Const. IV 712 f.

[4] Mon. conc. general. II 700: ad reformacionem faciendam principaliter fuerat congregata.

Teil behandelt und erledigt worden. Hier setzte man in Basel wieder an; aber es dauerte lange, bis sich in den Reformanträgen einen Ordnung abzuzeichnen begann, und immer wieder wurden die Reformarbeiten unterbrochen durch die Auseinandersetzung mit Papst und Kurie.

Nach dem Ablauf der Konkordate und dem unbefriedigenden Ausgang des Konzils von Siena war die *Besetzung der höheren Benefizien* wieder eine offene Frage. Dazu wurden alsbald eine Reihe von Anträgen und Denkschriften der Synode vorgelegt mit dem Ziel einer völligen Beseitigung der päpstlichen Reservationen: ein Thema, das seit Jahrzehnten im Mittelpunkt der „reformatio capitis et curiae Romanae" stand und zum alten Recht zurückführen sollte. Für die radikale Aufhebung des päpstlichen Kollationsrechtes waren die Franzosen und die Deutschen als die meist Betroffenen, während die Engländer, Italiener und Spanier sich dagegen aussprechen konnten, weil ihre Regierungen sie vor den Zugriffen der Kurie schützten. Das sogenannte Wahldekret, publiziert am 13. Juli 1433 in der 12. feierlichen Sitzung, ist mit Recht als maßvoll bezeichnet worden. Es hob die generellen und speziellen Reservationen von Bistümern und Klöstern auf und ordnete früherem Brauche gemäß Wahl durch die zuständigen Gremien an. Nur in Ausnahmefällen kann der Papst anders entscheiden, aber mit genauer Angabe seiner Gründe. Beim Amtsantritt hat sich jeder Papst eidlich zur Beachtung des Dekretes zu verpflichten. Da Eugen IV. es aber nicht beachtete, obwohl seine Präsidenten erklärt hatten, der Papst sei bereit, jede Reformmaßnahme des Konzils anzunehmen, wurde in der 23. Sitzung im März 1436 eine bestimmtere Fassung des Dekretes nachgeholt.

Auch in der Frage der Zahlungen an die Kurie, die unter dem Stichwort *Annaten* zusammengefaßt wurden, stand man wieder am Anfang. Hier wiederholte sich die Spaltung in zwei Gruppen: Deutsche und Franzosen gegen die Annaten, Spanier und Italiener uninteressiert, weil sie durch kuriale Forderungen nicht oder nur wenig belästigt werden konnten und bei der in Aussicht genommenen allgemeinen Besteuerung der kirchlichen Benefizien zugunsten der Kurie zu Zahlungen herangezogen zu werden fürchteten. So kam es zu langwierigen Beratungen und vielen Anträgen, wobei die Frage der Entschädigung der Kurie für den Ausfall der Annaten einen wichtigen Platz einnimmt. Bei der sehr schwierigen, wenn auch nicht unverschuldeten Lage des Papstes war dies auch verständlich. Vertieft, aber auch verlängert wurde die Diskussion durch die Vorbereitung eines grundlegenden Dekretes über die Simonie unter maßgeblicher Beteiligung des Kardinallegaten. Das Annatendekret der 21. Sitzung vom 9. Juni 1435 verbietet dann auch kurzerhand alle Zahlungen bei Besetzung von Benefizien, sei es durch die Kurie oder die Ordinarien. Damit war die spätmittelalterliche Entwicklung radikal beseitigt und vor allem der päpstlichen Kurie ein schwerer Schlag versetzt. Immerhin ist es beachtlich, daß gerade Cesarini als Kenner der Stimmung nördlich der Alpen sich mit aller Kraft für das Dekret aussprach.

Als reformbedürftig galt seit langem das kuriale *Prozeßwesen,* das einen geradezu ungeheueren Umfang angenommen hatte. Da in Konstanz auf diesem Gebiete nicht viel erreicht wurde, traten die alten Forderungen der Eindämmung der römischen Gerichtsbarkeit zugunsten der ordentlichen Gerichte in Basel erneut auf. Es wurden dann auch in mehreren Dekreten des Konzils die Beschränkung auf die „causae maiores" nach dem alten Recht verfügt, die Appellationen eingeschränkt und Vorsorge gegen die Belästigung der Inhaber von Benefizien getroffen.

Unter der Reform der Kurie ragen an Bedeutung die Bestimmungen über die *Papstwahl* und das *Kardinalskolleg* hervor. Könnte man nicht auf die Reformanträge vor, während und nach dem Konstanzer Konzil zurückgreifen, so würden die Basler Beschlüsse als weitgehend angesehen werden müssen. Bei genauer Betrachtung sind sie ein ausgewogenes Ergebnis aus früherer Reformliteratur und eingehenden Beratungen. Stand die Wahl des Einheitspapstes in Konstanz außerhalb des bisher Üblichen und durch Konzilsbeschlüsse und päpstliche Ausführungsbestimmungen Vorgeschriebenen, so kehrte die Basler Synode zu den alten Gewohnheiten zurück, indem sie die Wahl trotz vielen abmahnenden Stimmen wieder allein den Kardinälen zuwies. Etwas Neues war die Regelung der Stimmabgabe dahin, daß höchstens drei Kandidaten genannt werden dürfen; wenn mehr als ein Kandidat auf den Stimmzettel geschrieben wird, so muß einer der Genannten ein Nicht-Kardinal sein. Damit wäre die so oft beklagte Inzucht des Kollegs wenigstens theoretisch eingeschränkt.

Wie sehr Basel die Fortsetzung von Konstanz ist, zeigt sich vor allem bei dem vom neugewählten Papst zu leistenden Eid. Die Anträge in Konstanz verlangen außer der Ablegung des sogenannten Glaubensbekenntnisses Bonifaz' VIII. eine ganze Reihe von Versprechen über die Regierung der Kirche und des Kirchenstaates. Es ist keine Frage, daß hier das Kardinalskolleg lebhaft an der Formulierung des Eides interessiert war, und die Wahlkapitulation bei der Papstwahl 1431 weist in die gleiche Richtung. Der vom Basler Konzil vorgeschriebene Eid des Papstes hält sich ganz an die in Konstanz angewandte kurze Fassung, nur daß verständlicherweise zu den allgemeinen Konzilien auch Konstanz und Basel mit ihren Beschlüssen hinzugefügt werden, vor allem hinsichtlich der Beachtung des Dekretes „Frequens". Aus den Erfahrungen des 14. Jahrhunderts und der letzten Jahre erklärt sich dann die Zusammenstellung von „Richtlinien" für die Amtsführung der Päpste.

Auch die Bestimmungen „de numero et qualitate cardinalium" der 23. Sitzung schließen sich eng an die Konstanzer Vorschläge, Reformakte und Konkordate an. Die Zahl der Kardinäle soll höchstens 24 betragen, sie sollen Doktoren der Theologie, des kanonischen oder weltlichen Rechtes sein. Die Konstanzer Bestimmungen, daß nicht mehr nur durch ein mündliches Skrutinium (auricularia vota) die Kardinäle erhoben werden dürfen, wird in Basel durch die Vorschrift der schriftlichen Mehrheitswahl des Kollegs ergänzt. Die so schwierige und vieldiskutierte Frage der Vertretung aller Nationen oder Länder im Senat der Kirche ist vorsichtig dahin entschieden worden, daß keine Nation mehr als ein Drittel der jeweils vorhandenen Kardinäle stellen darf.

Ferrara - Florenz

Das von Eugen IV. nach Ferrara einberufene Konzil wurde im Januar 1438 eröffnet, noch ohne die Griechen, die erst Anfang März in Ferrara eintrafen, nachdem sie sich nach ihrer Ankunft in Venedig zu Beginn des Februar auf Anraten des Dogen endgültig für das Konzil des Papstes entschieden hatten. Während die Kurie auf ein rasches Vorgehen drängte, trachteten die Orientalen nach Verzögerung, um die abendländischen Fürsten oder doch deren Gesandte abzuwarten. So wurde zunächst eine viermonatige Pause vereinbart. Die Hoffnung des Papstes und des griechischen Kaisers Johann VIII. auf Vertreter der westlichen Staaten erfüllte sich nicht, nur die Anjous und der Herzog von Burgund schickten offizielle Gesandte. Im Juni begannen dann die theologischen Diskussionen. Die Formen der Beratungen waren sehr verschieden: wenige Gesamtsitzungen, meist jedoch Kommissionsberatungen, in denen vorbereitete „cedulae“ von Sachverständigen beider Gruppen erörtert wurden, oft in sehr scharfer Redeweise. Der Patriarch von Konstantinopel, Joseph II., war unionsfreudig, starb aber noch vor der Publikation des Unionsdekretes in Florenz. Wegen angeblicher Seuchengefahr, noch mehr aus finanziellen Gründen wurde die Synode im Januar 1439 nach Florenz verlegt. Die Kosten der Konzilstagung gingen zu Lasten der Kurie. Nach langen, ausgiebigen Diskussionen, Aussprachen zwischen Kaiser und Papst, wiederholten Drohungen der Griechen mit der Abreise kam es dann am 6. Juli 1439 zur Verlesung und Unterzeichnung des Unionsdekretes „Laetentur coeli“ in beiden Sprachen[5]. Bald darauf reisten die Griechen ab, und noch auf der Rückfahrt in ihre Heimat nahmen viele griechische Konzilsteilnehmer ihre Zustimmung zurück. Die Union wurde im Osten kaum anerkannt, wenn auch noch kleinere Gruppen von orientalischen Christen (Armenier, Kopten, Syrer, Chaldäer und Maroniten) sich mit der Kurie verständigten[6]. Mit der Rückkehr des Papstes nach Rom im Jahre 1443 wurde auch das Konzil dorthin in den Lateran verlegt; es verlor rasch an Bedeutung und ist nie offiziell geschlossen worden.

Im theologischen Bereich galten als Kontroverspunkte: das Filioque, das Fegfeuer, Materie und Form der Eucharistie und die Auffassung über den

[5] Texte der Unionsdekrete in: Conciliorum oecumenicorum decreta (Freiburg 1962) 499 bis 567.

[6] Zum weiteren Schicksal der Union siehe Kap. 51.

Primat des Papstes. Für die Griechen war das Filioque die wichtigste und geradezu entscheidende Frage. Trotzdem begannen die theologischen Gespräche mit der Lehre über das *Fegfeuer.* Lange Verhandlungen wurden in Ferrara und Florenz darüber geführt. Die Griechen stießen sich vor allem an der Vorstellung der Lateiner vom Läuterungsfeuer, da Schrift und Väter nichts darüber enthielten. Im Unionsdekret wich man einer genauen Definition aus und beschränkte sich auf die Feststellung, daß die in Frage kommenden Seelen nach dem Tode sich Reinigungsstrafen unterziehen müßten (penis purgatoriis post mortem purgari).

Das am längsten diskutierte Thema war das Filioque, das im frühen Mittelalter ins abendländische Credo eingeschoben wurde. Die Debatten begannen im September in Ferrara und wurden bis zum September fortgeführt, ohne Erfolg, dann in Florenz Anfang März 1439 wiederaufgenommen und im Juni zum Abschluß gebracht. Die Griechen gingen von der Bestimmung des 3. allgemeinen Konzils in Ephesus aus, wonach das Glaubensbekenntnis nicht durch Zusätze verändert werden dürfe, und sie sahen im Filioque eine inhaltliche Veränderung. In den langen und erbittert geführten Diskussionen mit wiederholtem Eingreifen des Kaisers trat der Unterschied in der Entwicklung der beiden Kirchenhälften deutlich zutage. Ablehnend standen die Griechen vor allem den scholastischen Deduktionen der abendländischen Theologen gegenüber. Eher konnte man die Orientalen auf dem Gebiete der Patristik überzeugen, daß der von ihnen so gehaßte Zusatz bei den Kirchenvätern in Ost und West eine gewisse Grundlage habe. Da sie aber das Filioque als die Ursache des Schismas betrachteten, dauerte ihr Widerstreben so lange. Wiederholt kam zum Ausdruck, daß sie lieber abreisen als nachgeben wollten. Das als Ausweg begeistert begrüßte, theologisch freilich zweifelhafte Axiom: „Zwischen den abendländischen und morgenländischen Vätern kann kein Widerspruch bestehen, da sie alle vom Heiligen Geist erleuchtet sind“, brachte rasch die Einigung, aber keine Lösung der theologischen Frage. Im Unionsdekret ist die Übereinstimmung und die Erlaubtheit der Aufnahme des Filioque ins Symbolum mit vielen Worten umschrieben, aber es wurde nicht gesagt, wer rechtens einen solchen Zusatz machen könne; und die Griechen wurden nicht zur Einfügung des abendländischen Zusatzes verpflichtet. Auch in den Verhandlungen über die *Eucharistie* kam es zu großen Schwierigkeiten, obwohl man in der Sache ziemlich einig zu sein schien. Ein Kompromiß umging die Schwierigkeiten, indem ungesäuertes und gesäuertes Brot als Materie anerkannt wurde, aber bezüglich der Form (Konsekrationsworte und Epiklese) keine Entscheidung fiel. Als letztes Thema kam der Primat des Papstes auf Drängen der Lateiner, vor allem Eugens IV., zur Behandlung, freilich in überstürzter Form. Der Kaiser war dagegen, mußte aber dann im Interesse der Union auf seine eigenen Synodalen einen erheblichen Druck ausüben. Die oberste Instanz in der Kirchenverfassung sahen die Griechen in der Pentarchie, den traditionellen fünf Patriarchaten Rom, Konstantinopel, Alexandrien, Antiochien und Jerusalem. Sie waren durchaus bereit, dem Patriarchen Altroms die Privilegien zuzugestehen, deren er sich vor dem Ausbruch des Schismas erfreute. Von einem Jurisdiktionsprimat konnte keine Rede sein. Aber in knapp drei Wochen wurden die Griechen zu weiterem Nachgeben gezwungen. Doch war es keine echte Lösung, wie die verschiedenen Interpretationsmöglichkeiten zeigten und zeigen.

Wenn auch die Bedeutung der dogmatischen Diskussionen und Entscheidungen nicht geschmälert werden darf, so ist zu beachten, daß sie in einem politisch bestimmten Klima stattfanden und daß die Teilnehmer ganz konkrete politische Ziele im Auge hatten und behielten. Papst und Kaiser brauchten die Union; der Kaiser wollte militärische Hilfe vom Westen gegen möglichst geringe dogmatische Zugeständnisse; der Papst Hilfe gegen Basel, deswegen die Forderung nach Anerkennung des Primates. Die Auseinandersetzung zwischen Kurie und dem Basler Konzil war auch für Ferrara-Florenz von großem Einfluß. Es scheint, als ob die Basler Synode sich von der Auffassung der Griechen über die alten Konzilien eine Unterstützung für ihre konziliare Idee erwartete. Hier wie auf päpstlicher Seite hatte man über die östliche Kirche unzutreffende, weil vorwiegend idealistische Vorstellungen. Doch waren Papst und Kurie geschickter, machten viele sonst nicht übliche Konzessionen und spielten die Union gegen die Basler aus. Der Titel der tendenziösen Schrift des Syropulos: „Vera historia unionis non verae" trifft in vieler Hinsicht das Richtige. Bedeutender als die nachfolgende „Einigung" ist wohl die Darlegung der Standpunkte und der stete Hinweis der Griechen auf Schrift und Väter als einzige Quelle gegenüber der Konklusionstheologie der Lateiner. Obwohl Griechen und Abendländer sich gegenseitig für Schismatiker, wenn nicht gar für Häretiker hielten, gab es am Schlusse keine Abschwörungen.

Der ökumenische Charakter des Konzils von Ferrara-Florenz wird als selbstverständlich hingenommen schon wegen der persönlichen Anwesenheit von Papst und Kaiser. Es ist aber zu beachten, daß relativ wenige Bischöfe und fast nur Italiener die lateinische Kirche vertraten. Die wenigen Bischöfe aus dem französischen Raum waren zum Teil auch Italiener oder nicht im Besitz ihrer Diözesen. Sonst zählte man drei Spanier, zwei Irländer und je einen Bischof aus Portugal und Polen, keine aus dem Reich und England. Außerdem waren mehrere Bischöfe als ‚electi' an der Kurie[7]. Von den Staaten hatten nur Burgund und die Anjous eine offizielle Gesandtschaft zum Konzil abgeordnet. Von einer Repräsentation der Gesamtkirche oder der europäischen Staaten kann also keine Rede sein, und das in einer Zeit, in der Basel von vielen Seiten erneut Anerkennung fand.

[7] Die Unterschriften des Unionsdekretes in: Conc. Flor. Documenta et scriptores, series A Epistolae II (1944) 68—79 und series B II, 1 (1942) 115—120. Dazu A. *Mercati*, Il decreto d'unione del 6 luglio 1439 nell'Archivio segreto Vaticano: OrChrP 11 (1945) 5—44.

Die Stellung *Frankreichs* zu Basel ist deswegen wichtig, weil die meisten Teilnehmer und die einflußreichsten Persönlichkeiten aus Frankreich kamen; von ihnen stammen auch zum großen Teil die Anträge für die Reformberatungen. Auch wenn man den Verdruß über den Verlust des Papsttums nach dem Konstanzer Konzil als ein wichtiges Motiv der antikurialen Politik gelten läßt, ohne die neapolitanische Frage wäre die wechselnde Haltung des französischen Königs nicht verständlich. Hatte Frankreich für die Verlegung in eine französische Stadt gestimmt, so begann die Annäherung an die Kurie mit dem Jahre 1435, als Eugen IV. die Belehnung des Königs René von Anjou von der Abkehr vom Konzil in Basel abhängig machte. Aber die Pragmatische Sanktion von Bourges 1438 war die Antwort auf das Mißlingen dieses Planes. In ihr übernahm die französische Kirche in 23 Artikeln Reformdekrete des Konzils mit einigen Änderungen, vor allem das Dekret „Frequens" und die Beschlüsse über die Autorität des Konzils; das Wahldekret und das Dekret über die Abschaffung der Annaten sowie eine Reihe von Verfügungen über die Reform des Gottesdienstes und des Klerus. Doch wurden die Suspension des Papstes nicht anerkannt und die Beziehungen zur Kurie nicht abgebrochen, ja wenige Jahre später waren sie wieder ziemlich lebhaft. Aber der Besuch des Konzils von Ferrara wurde nicht gestattet; anderseits machte Frankreich bei der Absetzung Eugens IV. nicht mit, verbot aber jede Belästigung des Konzils in Basel. *Aragón* war in Basel zunächst nur durch einen Gesandten als Beobachter vertreten. Erst als mit dem Tod Johannas II. von Neapel im Jahre 1435 die Nachfolge zu entscheiden war und Alfons V. von Aragón nach der Schlacht bei den Ponzainseln vom Gefangenen zum Bundesgenossen Mailands wurde, kam eine größere Gesandtschaft zum Konzil. Da allem Anschein nach der Papst das erledigte Lehen einziehen und dem Kirchenstaat einverleiben wollte, bestand die Aufgabe der aragonischen Gesandten hauptsächlich darin, das Konzil zu scharfem Vorgehen gegen die Kurie anzutreiben. Als es nicht gelang, im Auftrag der Synode dem Papst den Kirchenstaat zu entreißen, waren die Aragonier in Basel wenigstens eifrig für den Prozeß, die Suspension und Absetzung Eugens tätig. Nur so kann man die oft vertauschten Rollen der französischen und aragonischen Gesandtschaft verstehen, die beide durch Unterstützung des Konzils gegen den Papst die Entscheidung für ihre Partei zu erreichen suchten[8]. Die Politik *Kastiliens* war stark von Frankreich abhängig. Juan II. neigte zum Konzil, aber erst 1434 ging eine Gesandtschaft nach Basel. Im

[8] *E. Dupré Theseider*, La politica italiana di Alfonso d'Aragona (Bologna 1956); *G. F. Ryder*, La politica italiana di Alfonso d'Aragona 1442—58: Archivio storico per le province Napoletane N. S. 38 (1959) 45—106; *A. Javierre Mur*, Aportación documental a las relaciones entre Alfonso V de Aragón y el ducado de Milán: IV congreso de historia de la corona de Aragón. Actas y comunicaciones I (Palma de Mallorca 1959); Dizionario biografico degli Italiani II (1960) 323—331 mit Lit.; *W. Küchler*, Alfons V. von Aragón und das Basler Konzil: Ges. Aufsätze zur Kulturgesch. Spaniens 23 (1967) 131—146.

Streit mit England um den Platz nach den Franzosen im Juni 1434 blieb Kastilien Sieger. Seit 1437 war die Haltung abwartend, obwohl sich die Basler Väter sehr um Kastilien bemühten. Die Gesandten verließen 1438 die Stadt und kehrten nach einem Besuch des neuen Königs Albrecht II. in Breslau und des Mainzer Fürstentages 1439 in ihre Heimat zurück. Von da ab stand Kastilien auf der Seite des römischen Papstes[9]. Philipp der Gute von *Burgund* hielt sich lange Zeit neutral, machte Versprechungen nach beiden Seiten und erreichte die Billigung des Vertrages von Arras durch Papst und Konzil. Seit 1435 neigte er mehr zur Kurie, zog seine Gesandtschaft von Basel zurück und beschickte das Konzil von Ferrara; doch war seine Politik immer sehr zurückhaltend. *England* spielte in der Geschichte des Basler Konzils keine entscheidende Rolle. Seine Stellungnahme für die Kurie war weitgehend vom Gegensatz zu Frankreich bestimmt, obwohl die Basler immer wieder den englischen König auf ihre Seite zu ziehen versuchten. Dem Drängen des Konzils nachgebend, erschien 1433 eine kleine, sehr qualifizierte Gesandtschaft in der Konzilsstadt, hauptsächlich wohl veranlaßt durch die Hoffnung auf die Rückkehr der Hussiten zur Kirche. Doch ließen sich die Gesandten nicht inkorporieren und forderten die Organisation nach Nationen wie in Konstanz. Eine zweite Gesandtschaft kam im Jahre 1434 zur Friedensvermittlung mit Frankreich. Das englische Ansehen erlitt in Basel einen schweren Schlag im Streit um die Präzedenz mit Kastilien. Die Absetzung Eugens IV. und die Wahl Felix' V. wurden von England nicht anerkannt. Was Frankreich und Deutschland an Reformdekreten übernahmen, hatte der englische König sich schon lange selbst besorgt[10].

Seit 1438 gab es also zwei Generalkonzilien, die sich feindlich gegenüberstanden. Und beide bemühten sich um die Anerkennung durch die Staaten. Ging es im Großen Schisma um den „papa indubitatus", so jetzt um das „concilium indubitatum". Da das Konzil in Deutschland tagte, war die Haltung des Königs und der deutschen Kirche nicht unwichtig. Kaiser Sigismund hatte bis zu seinem Tod im Jahre 1437 sich stets um Ausgleich zwischen Papst und Konzil bemüht, wenn auch seine Sympathien mehr dem Konzil galten.

Nach seinem Ableben kam die Kirchenfrage auf zahllosen Reichstagen zur Behandlung, aber trotz ausführlicher Diskussion von Vertretern beider Parteien kaum zur Entscheidung. Die Unentschiedenheit fand ihren Ausdruck in der sogenannten Neutralität, die von Tagung zu Tagung verlängert wurde. Die Verkündigung der Neutralität sollte vor allem gegen die Zensuren des Papstes und des Konzils schützen, Unruhe unter den Gläubigen vermeiden

[9] *L. Suárez Fernández,* Castilla, el cisma y la crisis conciliar 1378—1440 (Madrid 1960) 112, Dokumente 347—438; *V. Laurent,* Les ambassadeurs du roi de Castille au concile de Bâle et le patriarche Joseph II février 1438: RÉB 18 (1960) 136—144.

[10] *J. Haller,* Piero da Monte (Rom 1941) 43ff; *A. N. E. D. Schofield,* The First English Delegation to the Council of Basel: JEH 12 (1961) 167—196.

und den Besitz der Benefizien garantieren. Die Mainzer Akzeptation von 1439, in der nach französischem Vorbild die Reformdekrete des Konzils mit einigen Modifizierungen zur gültigen Norm erklärt wurden, war wohl mehr eine Stellungnahme für das Konzil und seine Doktrin, ohne jedoch die Politik der Synode zu übernehmen. Da nach wie vor Kurie und Konzil vom hohen und niederen Klerus angegangen wurden, kann von strenger Neutralität nicht die Rede sein. So erreichte die Vertretung aus deutschen Bistümern in Basel um 1440 einen Höhepunkt, während die Gesuche an die Kurie stark zurückgingen. Die geistlichen Kurfürsten von Mainz und Köln unterstützten die Basler Synode, wurden dann von der Kurie im Jahre 1446 abgesetzt, ohne Erfolg. Einen Ausweg aus der verworrenen Lage schien der im deutschen Raum lebhaft vertretene Plan eines neuen dritten Konzils zu bieten; er wurde aber trotz scheinbarem Entgegenkommen von der Kurie abgelehnt. Da das Konzil im Gegensatz zum Papst keine reale Macht besaß, nahm seine Bedeutung stetig ab. Daran änderte auch nichts die Verkündigung schon früher formulierter Sätze am 16. Mai in der 33. Sitzung als „veritates catholicae“: Der Satz von der Gewalt des Konzils über den Papst und jeden anderen Gläubigen ist eine Wahrheit des katholischen Glaubens; der Satz, daß der Papst ein allgemeines Konzil nicht ohne dessen Zustimmung auflösen kann, ist eine Wahrheit des katholischen Glaubens; wer diesen Wahrheiten in Wort, Tat und Schrift hartnäckig widerspricht, ist als Häretiker anzusehen. Der nach der Absetzung Eugens IV. im Juni 1439 vom Konzil im November zum Papst gewählte Herzog Amadeus VIII. von Savoyen, der sich Felix V. nannte, vermochte sich nur in beschränktem Umfang durchzusetzen [11]. Das Konzil blieb in Basel bis zum Jahre 1448 und wurde dann nach Lausanne verlegt [12]. Die größte Gefahr für die Kurie war vorüber, als König Alfons von Aragón nach der Eroberung von Neapel gegen weitgehende Konzessionen im Jahre 1443 zum Papst überging und seine Bischöfe aus Basel abberief. Auch der neue deutsche König Friedrich III. ließ sich durch das Versprechen der Kaiserkrönung und zahlreiche kirchliche Begünstigungen gewinnen. Schwieriger war es, mit den Kurfürsten als dem eigentlichen Reichsregiment zu einer Vereinbarung zu kommen. Ihre Forderung nach Wiedereinsetzung der Erzbischöfe von Mainz und Köln, Anerkennung der Basler Reformen und der Dekrete von Konstanz und Basel sowie Einberufung eines dritten Konzils wurde in verhüllter, heute nicht mehr ganz durchsichtiger Form angenommen (Fürstenkonkordate). In diese Zwielichtigkeit gehört auch das von Eugen IV. drei Wochen vor seinem Tode signierte Geheimdokument: Er wolle nichts approbieren, was gegen den Glauben der Väter und zum Schaden des Heiligen Stuhles sei. Eugen starb am 23. Februar 1447, nachdem kurz zuvor Gesandte des deutschen Königs und einiger deut-

[11] Zu Felix V.: Dizionario biografico degli Italiani II (1960) 749—753 mit Lit.
[12] Deutsche Reichstagsakten 17 (1963) 624 f.

scher Fürsten dem Papst Obedienz geleistet hatten. Sein Nachfolger, Nikolaus V., bestätigte sofort die Übereinkunft mit der deutschen Kirche. Geschickter als sein Vorgänger kam er mit Friedrich III. im sogenannten Wiener Konkordat überein und konnte erhebliche Abschwächungen der Basler Reform erreichen. Verhandlungen über die Beendigung des Schismas wurden von Frankreich schon seit 1447 geführt, zuerst in Bourges, dann in Lyon und an der Kurie. Aber erst 1449 gelang es, den Basler Papst zum Rücktritt und sein Konzil nach der Wahl des römischen Papstes durch dieses Konzil zur Selbstauflösung zu bringen. Ohne Verurteilung der theologischen Anschauungen wurden die Zensuren und Prozesse gegenseitig aufgehoben, der Benefizienbesitz bestätigt, die Kardinäle des Basler Papstes zum Teil in das römische Kardinalskolleg übernommen und Felix V. die päpstlichen Rechte in seinem Territorium belassen. Die große Auseinandersetzung war damit vorläufig beendet, nicht etwa durch eine theologische Lösung der schwierigen Fragen, sondern unter politischem Vorzeichen. Die Problematik, aber auch die politische Bedeutung des langen Streites tritt bei einer Reihe von Persönlichkeiten deutlich hervor. Standen unerschütterlich auf seiten des Basler Konzils etwa Kardinal Louis d'Aleman, Johannes von Segovia, Nikolaus de Tudeschis, Erzbischof von Palermo, der Lübecker Bischof und königliche Gesandte Johannes Schele, Heinrich Toke, Thomas Ebendorfer, Johannes von Ragusa und Petrus von Rosenheim, so ebensosehr auf der anderen Seite Juan Torquemada, Johannes von Palomar und Ambrogio Traversari[13]. Der oft anzutreffende Wechsel von Gesinnung und Partei, die Furcht, trotz aller Vorsicht zwischen die beiden Mühlsteine zu geraten, ist so vielfältig bedingt, daß man nicht ohne weiteres von Opportunismus reden sollte. Als geradezu klassische Beispiele können gelten: Giuliano Cesarini, Nikolaus von Kues und Enea Silvio Piccolomini[14].

In politischer Sicht war das Konzil von Basel — eine Versammlung von

[13] *G. Pérouse,* Le cardinal Louis d'Aleman, président du concile de Bâle, et la fin du grand schisme (Paris 1904); Dizionario biografico degli Italiani II (1960) 145—147 mit Lit.; *H. Ammon,* Johannes Schele, Bischof von Lübeck auf dem Basler Konzil (Diss. phil. Erlangen 1931); *A. Lhotsky,* Thomas Ebendorfer, ein österreichischer Geschichtsschreiber, Theologe und Diplomat des 15. Jh. (Stuttgart 1957); *W. Jaroschka,* Thomas Ebendorfer als Theoretiker des Konziliarismus: MIÖG 71 (1963) 87—98; *H. Schmidinger,* Begegnungen Thomas Ebendorfers auf dem Konzil von Basel: Festschr. O. Vasella (Freiburg/Schw. 1964) 171—197; *A. Krchnák,* De vita et operibus Joannis de Ragusio (Lateranum N. S. 26, Rom 1961); *F. Thoma,* Petrus von Rosenheim: Das bayerische Inn-Oberland 32 (1962) 97—164; *C. Somigli,* Un amico dei Greci: Ambrogio Traversari (Arezzo 1964).

[14] *P. Becker,* Giuliano Cesarini (Diss. phil. Münster 1935); *J. Gill,* Personalities of the Council of Florence, 95—104: Cardinal Giuliano Cesarini. Zu Nikolaus von Kues siehe Kap. 59; *B. Widmer,* Enea Silvio Piccolomini in der sittlichen und politischen Entscheidung (Basel 1963); *L. M. Veit,* Pensiero e vita religiosa di Enea Silvio Piccolomini prima della sua consacrazione episcopale (Analecta Gregoriana 139) (Rom 1964). Weitere Lit. siehe Kap. 56.

nur geistiger Macht — mehr als der römische Papst von den Fürsten abhängig, die von beiden Parteien möglichst viel zu erreichen suchten. Nicht nur wurden politische Auseinandersetzungen an das Konzil herangetragen, in Rivalität mit dem römischen Papst erstrebte auch die Synode politische Erfolge durch Friedensvermittlung oder, besonders deutlich, die Union mit den Griechen. Immer angewiesen auf das Wohlwollen der großen und kleinen weltlichen Herren, mußte das Konzil in seiner Administration sehr vorsichtig vorgehen; ein gutes Beispiel ist der langwierige Trierer Bistumsstreit[15]. Die Reformfragen waren in Basel wegen der zeitlichen Befristung der Konstanzer Konkordate so wichtig. Viel deutlicher als in Konstanz traten in den langjährigen Beratungen die eigentlichen Schwierigkeiten hervor: die sehr verschiedene Lage in den einzelnen Staaten und Territorien, die nach praktischer Lösung verlangte. Daran können auch die theologisch und philosophisch gut fundierten Reden und Traktate nichts ändern, da die Gesandten und Prokuratoren die wechselnde Politik ihrer Herren vertreten mußten und dies mit großer Geschicklichkeit auch taten. Es war und ist zu bedauern, daß die wohlüberlegte und maßvoll formulierte Reform ein Gegenstand des politischen Handels wurde. In diesem von beiden Seiten mit unerfreulichen Mitteln geführten Streit hat die Kurie weithin ihren bisherigen Status retten können. Das ist eine beachtliche politische Leistung, aber von wahrem Reformwillen weit entfernt. Durch große Zugeständnisse hat sie ihre Anerkennung erkauft und sich auf den Kirchenstaat als einen der „cinque principati" Italiens zurückgezogen. Damit war ihre weltweite Wirkung stark behindert und die Reform zu Fall gebracht. Man verschließt sich dem zeitgeschichtlichen Verständnis, wenn die konziliare Idee als etwas Falsches angesehen und von Radikalismus der Basler gesprochen wird. Zwischen dem Festhalten am Basler Konzil und der Vertretung der konziliaren Idee ist wohl zu unterscheiden. Bereitete schon das Konstanzer Konzil der römischen „congregatio super editione conciliorum generalium" einige Schwierigkeiten, so beschloß die Kongregation die Streichung der Basler Synode aus der Reihe der Generalkonzilien; das zeugt nicht von wissenschaftlicher Einstellung, sondern von Parteilichkeit[16].

Von da aus wird auch die Person Eugens IV. zu würdigen sein. Die Urteile der Zeitgenossen sind im allgemeinen recht zurückhaltend. Getadelt wird die Härte seines Vorgehens, die rasche Anwendung von Gewalt und die stete Betonung seiner Stellung als Herrscher über die Kirche. Wenn es uns auch nicht „in den Annalen dieses venetianischen Papstes wie aus den Bleikam-

[15] *E. Meuthen,* Das Trierer Schisma von 1430 auf dem Basler Konzil (Münster 1964).

[16] *V. Peri,* Il numero dei concili ecumenici nella tradizione cattolica moderna: Aevum 37 (1963) 430—501; *C. Leonardi,* Per la storia dell'edizione Romana dei concili ecumenici 1608—12: SteT 236 (1964) 595; *K. A. Fink,* Konziliengeschichtsschreibung im Wandel?: Theologie im Wandel. Festschr. zum 150jährigen Jubiläum der kath.-theol. Fakultät der Universität Tübingen (München 1967) 179—189.

mern seiner Vaterstadt entgegenweht" (J. Haller), so bleibt noch genug des für Papst und Kurie Ungeziemlichen. Auf seine Unsicherheit, auf das Schwankende seiner Lehre und Politik hat De Vooght mit Recht hingewiesen[17]. Sieht man in ihm gerne den Retter des Papsttums aus der Gefahr des „Konziliarismus" (Pastor, Gill), so fällt in seine Verantwortung das Scheitern der Reform; denn ohne Konzil keine Reform, das war nun deutlich geworden. Um die Mitte des 15. Jahrhunderts liegt, kirchengeschichtlich gesehen, der entscheidende Einschnitt zwischen Mittelalter und Neuzeit. Rom hat die Reform verhindert und dafür wenig später die Reformation erhalten.

LITERATUR-NACHTRÄGE

Zum Schisma (Seite 490): *R. G. Trexler,* Rome on the Eve of the Great Schism: Speculum 42 (1967) 489—509; *J. Favier,* Les Finances Pontificales à l'époque du Grand Schisme d'Occident (Paris 1966).

Zu Wyclif (Seite 539): *M. Wilks,* Predestination, Property and Power. Wyclif's theory of dominion and grace: Studies in Church History 2 (1965) 220—236; *J. Dahmus,* William Courtenay, archbishop of Canterbury 1381—1396 (London 1966); *G. A. Benrath,* Stand und Aufgaben der Wyclif-Forschung: ThLZ 92 (1967) 261—264.

Zu Hus (Seite 540): *R. Kalivoda,* Husitská Ideologie (Prag 1961); *H. Kaminsky,* A History of the Hussite Revolution (Berkeley - Los Angeles 1967); *E. Werner,* Der Kirchenbegriff bei Jan Hus, Jakoubek von Mies, Jan Zelivsky und den linken Taboriten: SAB Klasse für Philosophie, Geschichte, Staats-, Rechts- und Wirtschaftswissenschaften (Jahrgang 1967) Nr. 10; *F. Smahel,* Le mouvement des Étudiants à Prague dans les années 1408—1412: Historica 14 (1967) 33—75 mit Lit.; *R. Kalivoda,* „Seibt's Hussitica" und die Hussitische Revolution: ebd. 14 (1967) 225—246; *J. Kejř,* Husitský Právník M. Jan z Jesenice, mit deutscher Zusammenfassung (Prag 1965).

Zu Causa fidei (Seite 547): *St. Belch,* Paulus Wladimiri and his doctrine concerning international law and politics 2 Bde (London - Den Haag - Paris 1965); *F. Machilek,* Ludolf von Sagan und seine Stellung in der Auseinandersetzung um Konziliarismus und Hussitismus (Diss. phil. München 1967).

Zu Seite 566, Anm. 21: *J. Gill,* Il Decreto Haec Sancta Synodus del Concilio di Costanza: RSTI 21 (1967) 123—130; *R. Bäumer,* Die Interpretation und Verbindlichkeit der Konstanzer Dekrete: ThPQ 116 (1968) 44—52: *L. H. Pichler,* Die Verbindlichkeit der Konstanzer Dekrete. Untersuchungen zur Frage der Interpretation und Verbindlichkeit der Superioritätsdekrete „Haec Sancta" und „Frequens" (Wien 1967).

Zu Konzil von Basel-Ferrara-Florenz (Seite 572f): *J. Gill,* Il Concilio di Firenze (Florenz 1967); *G. Hödl,* Zur Reichspolitik des Basler Konzils, Bischof Johannes Schele von Lübeck: MIÖG 75 (1967) 46—65; *A. N. E. D. Schofield,* The second English Delegation to the Council of Basel: JEH 17 (1966) 29—64; *W. Küchler,* Alfons V. von Aragón und das Basler Konzil: Ges. Aufs. zur Kulturgesch. Spaniens 23 (1967) 131—146.

[17] *D. Caccamo,* Eugenio IV e la crociata di Varna: ADRomana 79 (1956) 54ff; *P. De Vooght,* Les Pouvoirs du concile et l'autorité du pape (Paris 1965) 81—103: Les volte-face d'Eugène IV. In der Trauerrede des Enea Silvio Piccolomini: Alti cordis fuit. Sed nullum in eo magis vitium fuit, nisi quia sine mensura erat, et non quod potuit, sed quod voluit aggressus est (Muratori III 2, 861).

DRITTER ABSCHNITT

Die byzantinische Kirche: Das Zeitalter des Palamismus

Univ.-Professor Dr. Hans-Georg Beck, München

51. Kapitel

Vom Konzil von Lyon bis zum Konzil von Ferrara-Florenz

LITERATUR: W. *Norden,* Das Papsttum und Byzanz. Die Trennung beider Mächte und das Problem ihrer Wiedervereinigung bis zum Untergange des byzantinischen Reiches (Berlin 1903); *M. Viller,* La question de l'union des églises entre Grecs et Latins depuis le concile de Lyon jusqu'à celui de Florence: RHE 17 (1921) 260—305 515—533; 18 (1922) 20—60; *M. Jugie,* Le schisme byzantin. Aperçu historique et doctrinal (Paris 1941); *Runciman* III (München 1960); *Aziz S. Atiya,* The Crusade in the Later Middle Ages (London 1938).

Kaum jemals lagen die Beziehungen zwischen der orthodoxen Kirche im byzantinischen Reich und dem Papsttum so sehr danieder wie in den langen Jahrzehnten der Regierungszeit des byzantinischen Kaisers Andronikos II. (1282—1328). Das große Spiel seines Vaters Michael VIII. um die Behauptung der Macht gegenüber Karl von Anjou war auf die Unionspolitik als auf einen wesentlichen Einsatz angewiesen, wenn man auch nicht berechtigt ist, dem Kaiser, der in einer unionsfreundlichen Atmosphäre aufgewachsen war, die innere Anteilnahme abzusprechen. Mit dem Tod des Kaisers 1282 war das Spiel für geraume Zeit zu Ende. Sein Nachfolger benötigte es nicht mehr[1]. Die Sizilianische Vesper[2] hatte das Reich für lange Jahre von einem schweren, unmittelbaren Druck befreit. So kündigte Andronikos die Union auf, obwohl er sie noch im Jahre 1279 mit einem Eid bekräftigt hatte. Sein Entschluß dazu war freilich kein bloßer Akt der Willkür. Michael VIII., der die Union von Lyon im Alleingang abgeschlossen hatte, war es nie gelungen, den Widerstand im Volk zu brechen. Der hohe Klerus hatte sich zwar teilweise passiv verhalten, und der unionsfreundliche Patriarch Johannes XI. Bekkos, Theologe von Format, hatte es verstanden, viele Hemmnisse aus dem Weg zu räumen. Um so nachhaltiger war die Opposition der Mönchskreise, deren Einfluß nicht nur das Volk auf der Straße, sondern zum Teil sogar Familienmitglieder des Kaisers beherrschte. Dazu kam, daß die Päpste offenbar

[1] Vgl. *F. Dölger,* Regesten der Kaiserurkunden des oströmischen Reiches IV (München 1960) [= Dölger Reg].

[2] *St. Runciman,* Die Sizilianische Vesper (München 1959).

falsche Vorstellungen von der Machtfülle des Kaisers hegten und bei ihren Forderungen im Grunde jenen Cäsaropapismus unterstellten und förderten, der mit der Union doch beseitigt werden sollte. Sie brachten für die schwierige Lage des Kaisers nur geringes Verständnis auf, erblickten oft da, wo Michael zu zögern und zu taktieren gezwungen war, schlechten Willen und entbehrten bei ihren Forderungen an die Griechen in rituellen Fragen der klaren Linie, bis schließlich Papst Martin IV., völlig unter dem Einfluß der Anjous, Michael und seine Umgebung wegen Schisma und Häresie in den Bann tat.

Die Lage war für den Kaiser um so gefährlicher, als sich die Opposition gegen die Union auf hintergründige Weise zusammentat mit dem Widerstand gegen die Legitimität der kaiserlichen Dynastie. Michael VIII. hatte, als er sich des Thrones bemächtigte, den legitimen Erben Johannes IV. Laskaris zunächst auf den zweiten Platz verwiesen, dann aber durch Blendung für die Herrschaft disqualifiziert. Der damalige Patriarch Arsenios (1255/60 und 1261/63) nahm in der Angelegenheit zuerst eine zwiespältige, unentschlossene Haltung ein. Unter dem Eindruck einer starken kleinasiatischen Opposition aber gegen die Palaiologen zugunsten des Laskariden wurde er schließlich zum, wenigstens passiven, Haupt ebendieser Gruppe. Es bildete sich eine Partei, die Arseniten[3], die zwar kein anderes Programm hatte, als Arsenios die Treue zu halten und alle neuen Patriarchen abzulehnen, die sich aber aus gefährlichen anonymen Kräften ergänzte — der hohe Klerus fehlt in den Reihen der Arseniten fast vollständig —, deren Stellenhunger unersättlich war und die in der Wahl ihrer Mittel keine Bedenken kannten — Ausdruck jener Umschichtung der byzantinischen Gesellschaft, die sich im Gefolge der Verarmung des Reiches einerseits und der damit zusammenhängenden Auflösung der zentralen Reichsgewalt anderseits offenbarte. Die Theorie vom Kaiser als dem Herrn der Kirche blieb in den offiziellen Kreisen unangetastet, die Praxis des Verkehrs zwischen Palast und Patriarcheion änderte sich nicht, aber beide, Kaiser und Bischof, müssen je länger, desto öfter ihre Machtlosigkeit gegenüber dem Druck der von den Mönchen geführten Massen eingestehen. Es ist ein Zeichen der Einsicht des neuen Kaisers, daß er dem arsenitischen Problem sein ganzes Augenmerk schenkte. Er machte zahlreiche Versuche, die Partei zum Einlenken zu bewegen, die aber im Grunde immer daran scheiterten, daß die Forderungen der Arseniten die ganze Hierarchie auf den Kopf gestellt hätten. Erst nach Jahrzehnten waren sie zum Friedensschluß geneigt. Im Jahre 1310 machte ein detaillierter Pakt, besiegelt durch eine makabre Szene

[3] Zum arsenitischen Schisma: *I. Sykutres:* Ἑλληνικά 2 (1929) 267—332, 3 (1930) 15—44, 5 (1932) 107—126 (griech.); zusammenfassend: *V. Laurent*, Les grandes crises religieuses à Byzance, La fin du schisme arsénite: Bulletin Sect. Hist. Académie Roumaine 26/2 (Bukarest 1945) 225—313.

in der Hagia Sophia, bei der der Leichnam des Patriarchen Arsenios mit einer Absolutionsbulle in der Hand seine Gegner vom Anathem freisprach, dem Schisma ein ungefähres Ende[4].

Inzwischen hatten die Verhältnisse im Westen den Byzantinern in die Hände gearbeitet. Zwar versuchten es die Päpste immer noch, die Idee des Kreuzzuges lebendig zu erhalten, und immer wieder richtete sich der von ihnen geförderte Zug in der Planung gegen Konstantinopel, um das verfallene lateinische Kaiserreich wieder aufzurichten. Es fanden sich auch immer wieder französische Prinzen, Erben der entthronten Kaiser von Konstantinopel, die sich mit gezieltem Interesse in den Dienst solcher Ideen stellten. Aber der Predigt des Kreuzzuges fehlte der Widerhall. 1291 fiel Akkon, der letzte Ansatzpunkt einer fruchtbaren Aktion in Syrien; die kaufmännischen Interessen der italienischen Städte waren eher am Status quo als am Risiko eines Feldzuges interessiert; der Ablaß fand kaum noch Anklang, und die Könige des Westens waren zu sehr in die Festigung ihrer Territorialstaaten vertieft, als daß sie der Predigt des Papstes und seiner Legaten mit mehr als einem halben Ohr zugehört hätten. Zwar die Theoretiker gaben sich nicht zufrieden. Männer wie Ramón Lull, Guillaume d'Adam und Pierre Dubois setzten sich in z. T. wohlinformierten Schriften mit den Möglichkeiten eines Kreuzzuges auseinander, aber der geringe Erfolg, den sie hatten, strafte eben diese Aufzählung der Möglichkeiten Lügen[5]. War schon die geplante Heerfahrt Karls von Valois, der durch seine Heirat mit Katharina von Courtenay zum Prätendenten für Konstantinopel geworden war, in der Toskana steckengeblieben (1302), der Kreuzzugsobolus aber zum größten Teil in die Taschen Friedrichs des Schönen gewandert, so hatte der erste avignonesische Papst, Clemens V. (1305/14), keinen größeren Erfolg zu buchen. Zwar exkommunizierte er Andronikos erneut und gewährte dem Expeditionskorps nach Konstantinopel die Ablässe des Heiligen Landes, aber der „Fürst ohne Land", Karl von Valois, kam trotz eines Bündnisses mit dem Kral von Serbien, Stephan Uroš II., und dessen Unionsangebot an Rom, ja obwohl ihm die katalanische Kompanie Treue schwor, nicht über Italien hinaus; sein Generalkapitän Theobald von Cépoy nahm zwar die Insel Euböa, aber bald machten sich die Katalanen selbständig: sie leisteten für die Schwächung der fränkischen Macht in Griechenland mindestens ebensoviel wie für die Schwächung der byzantinischen, und Theobald mußte 1309/10 mit leeren Händen nach dem Westen zurückkehren[6]. Karl hatte seine Rolle ausgespielt. Weitere Unternehmungen, getragen von Philipp von Tarent, einem Sohn Karls von Anjou, der sich auf Erbschaftsansprüche in Epirus stützte, waren schon 1306 angelaufen. Aber erst 1323

[4] *Dölger Reg* 2321 und 2323.

[5] *Runciman* III 433 ff.

[6] *H. Moranville,* Les projets de Charles de Valois sur l'empire de Constantinople: BÉCh 51 (1890) 63 ff; *J. Petit,* Charles de Valois (Paris 1900).

gelang ihm nach zahlreichen Fehlschlägen eine größere Expedition. Doch auch sie sollte Konstantinopel nicht erreichen. Andronikos konnte bei diesen und ähnlichen Unternehmungen, die im Grunde gar nicht der Kreuzzugsidee, sondern der fränkischen Familienpolitik in France outre-mer dienten, mit Ruhe abwarten, bis sich die Streitkräfte in Achaia verzettelten. Dringend wurde die Gefahr erst wieder mit den größeren Plänen Karls IV. von Frankreich (1322/28) zugunsten des Königreichs Armenien. Daß dieser Zug nach Konstantinopel abgelenkt werden könnte, war nicht zu bestreiten. Und jetzt griff Andronikos auf die Politik seines Vaters zurück und bot Unionsverhandlungen an, die allerdings beim Schwinden der Gefahr und angesichts des Bürgerkrieges zwischen Andronikos und seinem Enkel bald auf die lange Bank geschoben wurden[7].

Inzwischen traten Verhältnisse ein, die der Kurie eine Neuorientierung der Unionspolitik aufdrängten, ja die gesamte Ostpolitik der westlichen Mächte, die daran interessiert waren, neue Wege suchen ließen. Es genügt, das Stichwort „Türkengefahr" zu nennen, um ein Thema anzuschlagen, das von diesem Zeitpunkt an in den folgenden vier Jahrhunderten auch aus der Kirchengeschichte nicht mehr weggedacht werden kann[8].

Die Wiedereinnahme der Stadt Konstantinopel durch die Byzantiner im Jahre 1261 und die Verlegung der Residenz dorthin hatten das Schwergewicht der byzantinischen Politik notgedrungen wieder sehr viel stärker nach dem Westen verlagert. Die Kräfte nach der Reconquista reichten nicht aus, um zugleich den Osten mit Nachdruck im Auge zu behalten: Kleinasien wurde vernachlässigt, die Grenzen von Truppen entblößt. Die Wohlfahrt der Ostprovinzen, besonders durch Kaiser Johannes III. Batatzes (1222/54) nachdrücklich gefördert, machte einer allgemeinen Stagnation Platz, die laskaridischen Legitimisten stürzten die Provinzen in Unruhe. Zwar war die Gefährdung durch die Seldschuken nicht mehr allzu groß, da ihre Macht schon im Jahre 1243 durch die Mongolen gebrochen worden war, aber als Ergebnis dieses Ereignisses erhoben sich an den Rändern des seldschukischen Imperiums türkische Stämme, die sich selbständig machten und auf eigene Faust nicht nur das Herrschaftsgebiet des Sultans bedrohten, sondern auch die schlecht gehüteten Grenzen des byzantinischen Reiches eindrückten. Einer der Führer unter diesen Stämmen war Osman, Sohn der Ertogrul, der Gründer des osmanischen Staates. Osmanen und Seldschuken ergossen sich wie

[7] *Dölger Reg* 2492 2556 2557; *H. Omont,* Projet de réunion des églises grecque et latine sous Charles le Bel en 1327: BÉCh 53 (1892) 254—257; *G. Dürrholder,* Die Kreuzzugspolitik unter Papst Johannes XXII. (Freiburg 1913).

[8] Vgl. *W. L. Langer - R. P. Blake,* The Rise of the Ottoman Turks and its Historical Background: AHR 37 (1932) 468—505; *P. Wittek,* The Rise of the Ottoman Empire (London 1938); *G. Georgiades Arnakes,* Οἱ πρῶτοι 'Οθομανοί (Athen 1947); *N. Jorga,* Latins et Grecs d'Orient et l'établissement des Turcs en Europe 1342—62: ByZ 15 (1906) 179—222.

eine Lawine über die kleinasiatischen Provinzen Konstantinopels. Schon um 1300 war fast das ganze flache Land türkisch geworden, und es dauerte nicht lange, bis auch die altberühmten kleinasiatischen Metropolen in ihre Hände fielen: 1326 ist es Prusa, 1331 Nikaia und 1337 Nikomedeia. Dazwischen erfolgen bereits die ersten Angriffe auf die Inselwelt der Ägäis sowie auf Thrakien und die Umgebung von Konstantinopel. Zunächst noch planlose Raubzüge, werden diese Expeditionen bald systematisch betrieben. 1354 wird die Dardanellenfestung Kallipolis (Gallipoli) ein fester türkischer Stützpunkt in Europa, 1362 wird Adrianopel (Edirne) türkisch, und um 1365 nimmt der osmanische Sultan hier, ca. 100 km im Rücken von Konstantinopel, seinen Regierungssitz. Seit dem Arabersturm im 7. Jh. hat keine Invasion der Kirche größere Verluste gebracht als der Osmanensturm. Damals gingen Syrien, Palästina, Ägypten und Afrika verloren, und nur unter sehr prekären Verhältnissen konnten sich die christlichen Gemeinden dort halten. Jetzt versanken die altchristlichen Metropolen Kleinasiens im Sandmeer des Islams, und bald sollte auch der Balkan ihr Schicksal teilen. Unter diesen Umständen war das politische Problem der Westmächte kaum noch die Wiedererrichtung des lateinischen Kaiserreichs, für das sich schwerlich ein ernsthafter Bewerber fand, sondern die Abwehr der Ungläubigen von Europa im Verein mit den zunächst gefährdeten Griechen, wobei die Kirchenunion zwar immer wieder, aber mit sehr viel geringerer politischer Rechtfertigung in die Debatte geworfen wurde. Und für die Griechen bestand die Schwierigkeit nicht mehr darin, die Lateiner aus dem Marmarameer fernzuhalten, sondern sie, und sei es um den Preis einer Union, als Hilfstruppen zu gewinnen. Solange die Gefahr im Bewußtsein des Westens erst dämmerte, glaubte man von einer Union noch nicht absehen zu können, und die politischen Kreise des byzantinischen Reiches rechneten mit dieser Bedingung. Sie erinnerten sich aber auch des Konzils von Lyon, das nicht zuletzt deshalb im Osten abgelehnt worden war, weil es nur von kaiserlichen Beauftragten, nicht aber von der orthodoxen Kirche beschickt worden war. So stellt jetzt der Osten immer wieder die Bedingung einer wahrhaft ökumenischen Synode. Der Gedanke findet jetzt auch im Westen stärkere Gegenliebe, freilich zunächst noch nicht bei den Päpsten, aber doch in jenen Kreisen, die Träger der konziliaren Idee sind. Leider wird dabei das Unionsproblem zu einem Politikum zwischen Papsttum und Konziliarismus[9].

Trotz allem bleiben die Schwierigkeiten fast unüberwindlich. Sie sind zu einem Gutteil psychologischer Natur. Der Osten kennt die Männer des Westens bisher entweder als Eroberer, die mit dem Kreuz auf der Schulter sich eine Hausmacht schaffen wollen und für welche Fragen der Kirchenunion, soweit sie eine Rolle spielen, nach Art von Eroberern zu lösen sind, oder

[9] Vgl. *G. Hofmann,* Papato, Conciliarismo, Patriarcato: Miscell. Hist. Pont. 2 (1940) 1—82.

als Söldner, Abenteurer und Kaufleute, die mit Geschick und Geld den Byzantinern alle Positionen des Handels und Erwerbs abgenommen haben [10]. Die geistigen Kräfte des Westens bleiben dem Osten bis zur Mitte des 14. Jh. so gut wie unbekannt. Einflüsse, die hätten wirksam werden können, wie etwa die Tätigkeit der Franziskaner und Dominikaner, bleiben unfruchtbar, da man sich gegenseitig der Ketzerei zeiht. Die Kunde aber, die der Westen vom Osten hat, geht fast ausschließlich auf jene zurück, die im Osten den Westen repräsentieren. So drehen sich die Beziehungen im Kreis, und die Ebene ist nicht sehr hoch. Die Kärrner der orthodoxen Theologie stellen lange Listen von Häresien zusammen, die im Westen grassieren, und vermehren sie jetzt noch durch einige attraktive neue Nummern, z. B. die Frage der Epiklese und des Fegfeuers. Ebenso eifrig aber schieben die westlichen Kollegen dieser Kärrner den Griechen Dutzende von Ketzereien in die Schuhe — und kein Mensch kann sagen, wie z. B. Guy Terrena de Perpignan († 1342) in seiner „Summa de haeresibus" zu seinem Katalog von 25 griechischen Häresien kam, es sei denn, man rechne mit der Tatsache, daß der Grieche für den Lateiner zum Prototyp des Häretikers geworden ist.

Das Erstaunliche dabei ist, daß es schließlich doch zur Union von Florenz kam. Dazu bedurfte es freilich noch eines ganzen Jahrhunderts. Die Anfangsphase wird am besten durch die Mission des kalabresischen orthodoxen Mönches und späteren Konvertiten Barlaam an den avignonesischen Hof im Jahre 1339 charakterisiert [11]. Er suggeriert Papst Benedikt XII. die Alternative, entweder die gelehrten byzantinischen Theologen allein von der Wahrheit der lateinischen Lehre zu überzeugen oder aber Volk und Theologen. Ersteres sei nicht schwierig, denn die Fachleute würden sich bald verständigen; heimgekehrt aber würden sich diese Theologen einer scharfen Opposition ausgesetzt finden, die mit dem immer wirksamen Argument arbeiten könnte: Laßt nicht zu, daß uns der Glaube, den wir von den Vätern ererbt haben, geraubt wird! Käme die Einigung zwischen Ost und West aber auf einem wirklich ökumenischen Konzil zustande mit delegierten Vertretern aller Patriarchate, so würde das griechische Volk, dessen Respekt vor einer ökumenischen Synode ungeheuer sei, sie auch annehmen. Das Gegenargument der Kardinäle, einmal festgestellte Wahrheiten vertrügen es nicht, nochmals diskutiert zu werden, lehnt Barlaam mit dem Hinweis ab, daß auch eine feststehende Wahrheit die Klärung vertrage. Fand dieses Argument schon wenig Gegenliebe, so noch weniger die Forderung Barlaams, die militärische Hilfe für Konstantinopel müsse der Union vorausgehen; eine

[10] Bes. aufschlußreich das Urteil bei *Demetrios Kydones*, Autobiographie, deutsch von H.-G. Beck: OstKSt 1 (1952) 208—225 264—282.

[11] PG 151, 1331—1342; *C. Giannelli*, Un progetto di Barlaam Calabro per l'unione delle chiese: MiscMercati III (1946) 157—208; *J. Meyendorff*, Un mauvais théologien de l'unité au XIVe s.: L'Église et les églises II (Chevetogne 1954) 47—64.

solche Wohltat würde dem griechischen Volk die Union erst schmackhaft machen. Der Papst ließ durch seine Kardinäle darauf antworten: Im Gegenteil! Hätte die Hilfe Erfolg, so würden die Griechen schnell von einer Union nichts mehr wissen wollen.

So blieb Barlaam, der erstaunlich viel von der künftigen Entwicklung voraussah, der Erfolg versagt; aber der damalige Großdomestikos Johannes Kantakuzenos, der hinter dieser Mission stand, verfolgte auch als Kaiser (Johannes VI., 1347/54) dieses hohe Ziel weiter. Um 1350 ging eine Gesandtschaft nach der anderen nach Avignon. Das Konzil sollte nach des Kaisers Willen an einem Ort in gleicher Entfernung von Rom und Konstantinopel tagen. Papst Clemens VI. war dem Gedanken zunächst nicht abgeneigt. Schließlich aber scheiterte der Plan doch, wobei der Aufstand Cola di Rienzos und der Krieg zwischen Frankreich und England sicher nicht entscheidend waren. Doch Kantakuzenos ließ in seinen Bemühungen nicht nach, und sein Nachfolger, Johannes V. Palaiologos (1354/91), trat in seine Fußstapfen, wenn auch wohl mit geringerem innerem Engagement. Neue Besprechungen fanden unter Zuziehung des Altkaisers Kantakuzenos im Jahre 1367 mit dem lateinischen Erzbischof Paul, dem Legaten des Papstes und Titularpatriarchen von Konstantinopel, statt. Das Ergebnis schien positiv, sogar Patriarch Philotheos Kokkinos von Konstantinopel (1353/54 und 1364/76) scheint es angenommen zu haben. Jedenfalls wurden bereits die ersten Schritte zur Einberufung des Konzils unternommen[12]. Aber unglücklicherweise hatte sich Johannes V. inzwischen wie einst Michael VIII. zum Alleingang entschlossen: er konvertierte 1369 in Rom — ein Schritt, der zwar das Prestige des Papstes im neugewonnenen Rom erhöhen mochte, für das Gesamt des Verhältnisses beider Kirchen aber keine Bedeutung hatte, ja nach dem Geschilderten gar nicht haben konnte[13]. In einer Enzyklika an die Kirchen wies der Papst noch einmal den Gedanken an ein Konzil zurück mit der Begründung, es sei unsinnig, definierte Wahrheiten erneut zum Gegenstand einer Kontroverse zu machen[14]. Aber bald brachte das große abendländische Schisma — und der daraus erwachsene Konziliarismus — einen Wechsel an der ganzen Front. Jetzt drängt der Westen dem Osten das Konzil geradezu auf, und das retardierende Moment ist der byzantinische Kaiser Manuel II. Palaiologos (1391—1425). Ein durch und durch religiöser

[12] *J. Gay,* Le pape Clément VI et les affaires d'Orient (Paris 1904); *R.-J. Loenertz,* Ambassadeurs grecs auprès du pape Clément VI (1348): OrChrP 19 (1953) 178—196; *J. Darrouzès,* Conférence sur la primauté du pape à Constantinople en 1357: RÉB 19 (1961) 76—109; *J. Meyendorff,* Jean-Joasaph Cantacuzène et le projet de concile œcuménique en 1367: Akten XI. Internat. Byzant.-Kongr. (München 1960) 363—369; *ders.,* Projet de concile œcuménique en 1367. Un dialogue inédit entre Jean Cantacuzène et le légat Paul: DOP 14 (1960) 149—177.

[13] *O. Halecki,* Un empereur de Byzance à Rome (Warschau 1930).

[14] *Raynaldus,* Annales eccl. 1370, nr. 3.

Mensch, wußte er doch genau, wie schwierig, wenn nicht unmöglich es sein würde, seinem Volk die Union schmackhaft zu machen. Ihr Mißlingen würde den Riß vergrößern und Byzanz der Gnade der Türken ausliefern, während die Drohung mit der Union immer noch ein Mittel sei, mit dem man die Türken beeindrucken könne[15]. So war der Kaiser a priori entschlossen, die letzten Folgerungen aus den Unionsgesprächen gar nicht erst zu ziehen, sondern das Heil für das Reich im rein politischen Bezirk zu suchen. Die Lage war inzwischen immer bedrohlicher geworden, und er mochte hoffen, daß sie auch den westlichen Regenten die Augen öffnete. 1371 wurde Bulgarien ein türkischer Vasallenstaat. 1389 wird die berühmte Schlacht auf dem Kosovo Polje (Amselfeld) geschlagen, die die Türken zu Herren des gesamten Balkans machte. Längst sind die Reste der Kreuzfahrerstaaten in Griechenland von der Gnade des Großherren abhängig. Theologische Prolegomena kommen zu spät. Tatsächlich sammelt sich hauptsächlich auf Initiative des französischen Königs Karl VI. und des ungarischen Königs Sigismund nochmals ein Heer von Kreuzfahrern. Aber die Schlacht von Nikopolis am 26. September 1396 wurde ein türkischer Sieg und bewies, „daß die Kreuzfahrer in all den Jahrhunderten nichts gelernt hatten" (St. Runciman)[16].

Unter diesen Umständen machte der byzantinische Kaiser Manuel den verzweifelten Versuch, durch einen persönlichen Besuch Westeuropas, der ihn über Venedig nach Paris und bis nach London führte, das christliche Abendland zu einem neuen Zug zu mobilisieren. Aber trotz des glänzenden Empfanges, der ihm allenthalben zuteil wurde, war der wirkliche Erfolg höchstens da und dort ein vages Versprechen[17]. Wenn Byzanz nicht schon damals die Beute der Türken wurde, so einzig deswegen, weil gerade zu diesem Zeitpunkt (1402) die Mongolen unter dem Khan Timur den osmanischen Sultan Bajezid in der Schlacht von Ankyra entscheidend schlugen und damit dem Reich eine Atempause verschafften.

Der Gedanke an die Vereinigung der Kirchen ist jetzt im Westen lebendiger als im Osten. Manuel erhält eine Einladung der Kardinäle, das Konzil von Pisa (1409) zu beschicken, und Kaiser Sigismund selbst informiert seinen Bruder in Konstantinopel von den Absichten des Konzils von Konstanz (1414/18), „contra infideles paganos et praecipue Turcos remedia vobisque et predicte civitati Constantinopolitane ... providere", und lud ihn ein, Ver-

[15] Dies dürfte der Inhalt jenes „Testaments" Manuels an seinen Sohn Johannes VIII. sein, das *Sphrantzes*, Chron. maius II 13 (PG 156, 784—785) wiedergibt.

[16] A. S. *Atiya*, The Crusade of Nicopolis (London 1934); *Runciman* III 467.

[17] A. A. *Vasil'ev*, Putešestvie vizantijskogo imperatora Manuila II Paleologa po zapadnoj Evrope: Žurnal Ministerstva Narod. Prosv. NS 39 (1912) 41—78 260—304; *M. Jugie*, Le voyage de l'empereur Manuel Paléologue en occident: ÉO 15 (1912) 322—332; *G. Schlumberger*, Un empereur de Byzance à Paris et à Londres: Byzance et croisades (Paris 1927) 87—147 361—362; *M. A. Andreeva*, Zur Reise Manuels II. nach Westeuropa: ByZ 34 (1934) 37—47 351.

treter zu entsenden[18]. Manuel entsprach der Einladung; aber sein angesehenster Geschäftsträger, Manuel Chrysoloras, starb schon 1415 am Konzilsort[19], und da die Synode sich bald Rechenschaft von der Undurchführbarkeit ihrer zahlreichen Programmpunkte gab, wurde auch die „reductio Graecorum" auf die Warteliste gesetzt. Inzwischen aber waren neue kaiserliche Gesandte eingetroffen, die 36 Artikel vorlegten, in denen die Griechen ihre Vorstellungen von der Vorbereitung einer Union niedergelegt hatten[20]. Die Gesandtschaft scheint nach jeder Richtung optimistisch gewesen zu sein. Sie schilderte ihren Auftraggebern in glühenden Farben die Bereitschaft der Synode und der päpstlichen Kurie zu jedem Entgegenkommen und benützte dieselbe Palette, um die Geneigtheit des Ostens, in Glaube und Ritus unter römische Obedienz zurückzukehren, auszumalen. Gerade diese leuchtenden Farben müssen es gewesen sein, die den neuen Papst Martin V. bewogen, sogar auf die Forderung der Griechen einzugehen, ein vom Kaiser nach Konstantinopel einzuberufendes Unionskonzil zu beschicken, eben weil er in einem solchen Konzil offenbar nichts anderes sah als den feierlichen Rahmen für den Abschluß einer de facto bereits festgestellten Einheit. Kardinal Fonseca sollte den Papst bei dieser Zeremonie vertreten. Aber der Akt verzögerte sich, weil in den 36 Artikeln die Finanzierung des Unternehmens durch den Papst stipuliert war, dieser aber im Augenblick nicht über die nötigen Mittel verfügte. Und als sich die päpstliche Kasse wieder gefüllt hatte, vereitelte ein Angriff der Türken auf Konstantinopel die geplante Versammlung (1422). So schickte Martin V. zunächst einen Nuntius nach Konstantinopel in der Person des Franziskaners Antonio da Massa, um die Vorbereitungen zu treffen. Dabei stellte sich freilich bald heraus, wie abwegig der Optimismus der byzantinischen Gesandten gewesen war, wie fern es den Griechen lag, eine Union unbesehen hinzunehmen und das ökumenische Konzil nur als Rahmen zu betrachten. Der Kaiser desavouierte seine Gesandten schlankweg und verlangte ein Konzil, auf dem Punkt für Punkt der Kontroverse der Kirchen vorgenommen würde[21]. Daß damit die Bereitschaft des Papstes für ein im Grunde griechisches Konzil in Konstantinopel mit einem einzigen Vertreter der lateinischen Kirche bald schwand, ist verständlich. Trotzdem bahnte sich ein Kompromiß an; aber Martin V. starb, und sein Nachfolger Eugen IV. hatte alle Hände voll zu tun, um mit dem Konziliarismus, der jetzt auf dem Konzil von Basel voll zum Ausbruch

[18] *H. Finke,* Acta conc. Constanc. I (Münster 1896) 491.

[19] Über ihn *G. Cammelli,* Manuele Crisolora (Florenz 1941).

[20] Die Führer der Legation waren Nikolaos Eudaimonoioannes und Joseph Bladynteros. Die Artikel sind nicht erhalten geblieben.

[21] Der Bericht da Massas ist erhalten geblieben: *Raynaldus,* Annales eccl. 1422, nr. 5—15, und *Mansi* XXVIII 1063—1068. Weitere Aktenstücke (griech. Übers. u. Stellungnahme der byzantinischen Synode) bei *V. Laurent,* Les neufs articles du Pape Martin V et la réponse inédite du patriarche de Constantinople Joseph II: RÉB 20 (1962) 5—60.

kam, fertig zu werden. Aber schließlich war es gerade dieser Machtkampf — „risit Oriens", bemerkt bei dieser Gelegenheit Aeneas Sylvius —, der die Unionsidee schließlich zum Reifen brachte. Für beide Parteien mußte die Gewinnung der Griechen ein mächtiger Zuwachs an Prestige werden, und so warben beide um sie. Alle möglichen Städte wurden als Tagungsort vorgeschlagen; Konstantinopel kam erneut ins Spiel, aber auch Wien und Buda und schließlich mit Vorzug Avignon oder Florenz (bzw. Ferrara). Noch unmittelbar vor der Abreise der Griechen war es unklar, ob sie die Flottille des Konzils von Basel oder diejenige des Papstes besteigen würden, und wenn sie schließlich auch mit letzterer nach Venedig kamen, so war es doch wohl erst der politische Rat der Serenissima, der sie endgültig bewog, nach Ferrara zu gehen[22].

Die Geschichte des Konzils von Ferrara und Florenz (1438/39) wird an anderer Stelle geschildert[23]. Für das Verständnis der Schicksale der Union im Osten sei hier nur folgendes angemerkt: Da der Sieg Eugens IV. über seine Gegner in Basel mit dem Beginn des Konzils noch nicht erfochten war, sondern zu seiner Krönung einer wirklichen Union bedurfte, war der Papst zu jedem nur denkbaren Entgegenkommen bereit. Die Synode ist eine Synode päpstlicher Epikie par excellence. Von einem Zwang zur Union, von einer Unfreiheit der Debatten oder auch nur von einer Kürzung der Kontroversen durch römisches Diktat kann nicht die Rede sein. Es war das Konzil, das sich die Griechen immer gewünscht hatten[24]. Aber der Zwang der politischen Verhältnisse, unter dem sie standen? Mit ihm zu rechnen hatte primär der Kaiser Johannes VIII. (1425/48), der persönlich am Konzil teilnahm und manche Weichen stellte. Aber man hat fast den Eindruck, daß er, je länger das Konzil dauerte, je genauer er die finanziellen Schwierigkeiten und Verschuldungen des Papstes kennenlernte und je enttäuschter er die geringe Teilnahme der weltlichen Fürsten feststellen mußte, um so weniger vom politischen Erfolg einer kirchlichen Union überzeugt war. Noch zuallerletzt ließ er die Bereitschaft durchblicken, ohne Abschluß nach Konstantinopel zurückzureisen. Und sein späteres Verhalten straft diesen Eindruck nicht Lügen. Die Union wurde schließlich am 6. Juli 1439 mit dem Dekret „Laetentur caeli" promulgiert[25], und alle Griechen, die berechtigt

[22] *J. Zhishman,* Die Unionsverhandlungen zwischen der orientalischen und römischen Kirche seit dem Anfang des 15. Jh. bis zum Conzil von Ferrara (Wien 1858); *M.-H. Laurent,* L'activité d'André Chrysoberges O. P. sous le pontificat de Martin V: ÉO 34 (1935) 414—438; *A. N. Diamantopulos,* Ἀπόπειραι πρὸς ἕνωσιν τῶν ἐκκλησιῶν κατὰ τὸν ιε' αἰῶνα (Athen 1924).

[23] Siehe S. 580ff.

[24] Vgl. bes. *J. Gill,* Greeks and Latins in a Common Council: OrChrP 25 (1959) 265 bis 287, und *B. Schultze,* Das letzte ökumenische Einigungskonzil theologisch gesehen: OrChrP 25 (1959) 288—309.

[25] Das Original liegt in der Laurenziana in Florenz; vgl. *A. Mercati,* Il decreto d'unione del 6 luglio 1439 nell'Archivio Segreto Vaticano: OrChrP 11 (1945) 5—44.

waren, unterschrieben, mit Ausnahme des Metropoliten Markos Eugenikos von Ephesos. Die Unterschriften waren nicht erzwungen und wohl auch nicht simuliert. Trotzdem kann nicht davon die Rede sein, daß eine Partei die andere argumentierend überzeugt hätte. Wenn man schließlich z. B. sowohl „a filio" wie „per filium" gelten ließ und unterstellte, es handle sich um ein und dieselbe dogmatische Wahrheit, dann nicht aus philologischen und auch primär nicht aus dogmatischen Erwägungen heraus, sondern weil sich beide Formulierungen bei anerkannten Kirchenvätern fanden und weil man auf gemeinsamem Boden stand mit dem Axiom, daß die Väter der Kirche, inspiriert wie sie waren, nicht hätten irren können, daß also verschiedene Formulierungen dasselbe bedeuten müßten. Diesem Argument konnte sich auch Markos Eugenikos nicht entziehen, und so läßt er immer wieder durchblicken, daß es sich in den Schriften der Lateiner wahrscheinlich um Fälschungen handle. So waren, sieht man etwa von Bessarion von Nikaia und Isidor von Kiev ab, die Griechen von der Unionsmöglichkeit zwar zu einem „notional assent" gezwungen, vom Vollzug der Union aber nicht enthusiastisch begeistert, weil die letzten inneren Widerstände gar nicht gebrochen waren — eine Gemütslage, die dem kühlen Empfang, der ihnen im Februar 1440 in Konstantinopel zuteil wurde, nicht lange standhalten konnte. Schlimmer war, daß der Kaiser selbst sich bis zu seinem Tode (1448) nicht entschließen konnte, die Union zu promulgieren[26], obwohl beide Patriarchen, die auf den in Florenz gestorbenen Patriarchen Joseph II.[27] folgten — Metrophanes II. (1440/43) und Gregorios III. (1443 bis 1451) —, ihn immer wieder drängten. Dabei hatte der Vollzug der Union inzwischen sogar politische Folgen gereift. Wie selten vorher schien die Möglichkeit gegeben, die Herrschaft der Türken auf dem Balkan zu beendigen: ein kombiniertes Unternehmen aus ungarischen, venezianischen und päpstlichen Kräften im Verein mit byzantinischen Abschirmmanövern sollte den Erfolg erzwingen. Aber die Schlacht von Varna (1444) endete wiederum mit einer Niederlage. Die Union hatte ihren politischen Zweck nicht erfüllt[28]. Der neue und letzte Kaiser von Byzanz, Konstantin XI. Dragases (1448/53), ein kühler politischer Kopf, sah in der Union trotz allem eine bessere Grundlage für weitere Bemühungen um die Verteidigung Konstantinopels als in der hinhaltenden Taktik seines verstorbenen Bruders Johannes VIII. Zunächst gab es starke Spannungen, auf Grund derer Patriarch Gregorios III. sogar seinen Sitz verließ und nach Rom ins freiwillige Exil ging, aber endlich, am 12. Dezember 1452 konnte in der Hagia Sophia eine feierliche Liturgie mit Kommemoration des Papstes vollzogen werden,

[26] *J. Gill*, John VIII Palaeologus. A Character Study: Silloge Bizantina in onore di S. G. Mercati (Rom 1957) 152—170.

[27] *J. Gill*, Joseph II. Patriarch of Constantinople: OrChrP 21 (1955) 79—101.

[28] *O. Halecki*, The Crusade of Varna (New York 1943).

bei der das Dekret „Laetentur caeli" promulgiert wurde[29]. Doch am Schicksal Konstantinopels änderte dies nichts mehr. Und der erste Patriarch unter mohammedanischer Herrschaft, Gennadios Scholarios, regierte die Reste seiner Kirche, als wäre der Akt von 1452 nie vollzogen worden.

52. *Kapitel*

Hesychasmus und Palamismus

QUELLEN: Hauptquelle sind die Synodalentscheidungen (Tomoi), die an Ort und Stelle zitiert werden. Zu den zahlreichen Kontroversschriften und Berichten vgl. die Editionsnachweise bei *Beck* S. 712 ff. Neues Material seit 1959: *Grégoire Palams,* Défense des saints hésychastes, hrsg. von J. Meyendorff, 2 Bde (Löwen 1959)(griech.-frz.). Weitere neue Texteditionen verzeichnet: *H.-G. Beck,* Humanismus und Palamismus: XIIe Congrès Intern. des Études byzantines, Ohrid 1961, Rapports III (Belgrad 1961) 63—82.
LITERATUR: *M. Jugie,* Theologia dogmatica christianorum orientalium II (Paris 1933) 48—183; *ders.,* Palamite, Controverse: DThC XI/2 1777—1818; *I. Hausherr,* L'hésychasme: OrChrP 22 (1956) 5—40 247—285; *S. Guichardan,* Le problème de la simplicité divine en Orient et en Occident aux XIVe et XVe s. (Lyon 1933); *G. Mercati,* Notizie di Procoro e Demetrio Cidone ... ed altri appunti ... (Città del Vaticano 1931); *E. v. Ivánka,* Hesychasmus und Palamismus: Jb. der Österr. Byzant. Gesellsch. 2 (1952) 23 bis 34. Zu Palamas speziell: *V. Krivošein,* Die asketische und theologische Lehre des hl. Gregorios Palamas (Würzburg 1939) (orthodox); *J. Meyendorff,* Introduction à l'étude de Grégoire Palamas (Paris 1959) (orthodox, die beste Monographie). Zu Barlaam vor allem die Einleitung zu *G. Schirò,* Barlaam Calabro: Epistole greche (Palermo 1954); *M. Jugie,* DHGE VI 817—834. Zu Akindynos: *M.-Th. Disdier:* DSAM I 263—268. Zu Gregoras: *R. Guilland,* Essai sur Nicéphore Grégoras (Paris 1926).

Noch einmal, bevor die Geschichte des byzantinischen Reiches zu Ende geht, wird das Gefüge der Reichskirche durch eine Auseinandersetzung erschüttert, die an den Bilderstreit des 8./9. Jh. erinnert. Es ist der Streit um eine Mystik, ausgefochten auf dogmatischem Boden. Man könnte unter Hesychasmus die gesamte byzantinische Mystik mit ihrem Streben nach Apatheia (Gelassenheit) und Seelenruhe verstehen. Aus Gründen terminologischer Opportunität tut man jedoch gut, den Begriff Hesychasmus auf einen Strang dieser Mystik zu beschränken, der sich zwar vom Ganzen nicht abtrennen läßt, aber doch Sonderzüge aufweist[1]. In der klassischen Trias des Aufstiegs zu Gott — Praxis (Askese), „Physische Theologie" (meditativ-kontemplatives Erfassen des Urgrunds der Dinge und ihrer Geschichte in Gott), Theoria oder Theo-

[29] Die „Akten" einer Synode in Konstantinopel im Jahre 1450, bei welcher die Union feierlich abgeschworen sein soll, sind Fälschungen. Vgl. *Chr. Papaioannou:* Ἐκκλησ. Ἀλήθεια 15 (1895/96), 16 (1896/97) in zahlreichen Forts., und *S. Petrides:* ÉO 14 (1911) 204—207.

[1] Vgl. *I. Hausherr,* Les grands courants de la spiritualité orientale: OrChrP 1 (1935) 114 bis 138.

logia (Vereinigung mit Gott) —, in dieser Trias verlagern sich die Schwergewichte langsam, aber stetig. An die Stelle des großen asketischen Themas der „Praxis“ schiebt sich zwar nicht vollständig, aber doch mit Nachdruck eine psychophysische Sammlungs- und Gebetstechnik: die rhythmische in yogiartiger Haltung vollzogene ständige Wiederholung einer Gebetsformel — der „Monologia“, heute meist „Jesusgebet“[2] genannt — hat die Aufgabe, den Geist völlig zu „entleeren“, jegliche meditative Phantasievorstellung, aber auch jeden λογισμός, jede Begriffsbildung, zu transzendieren, um die „Nacktheit“ des Geistes zu erreichen, in die hinein die Lichtvision der Gottheit erstrahlt, eine Vision, die den ganzen Menschen erfaßt und in einem unbestimmten Raum zwischen leiblicher Sichtbarkeit und Unsichtbarkeit beheimatet ist. Das, was die Klassiker der byzantinischen Mystik, vorab Maximos der Bekenner, besonders gepflegt haben, die „physische Theologie“, verliert immer mehr an Bedeutung, auch wenn sie terminologisch mitgeschleppt wird[3]. Damit aber fällt eines der Hauptverbindungsglieder zwischen Mystik und christlichem Humanismus, weil diese physische Theologie der Raum einer vergeistigten Weltinnigkeit, Weltergreifung und Weltergriffenheit war. Die Ungeduld der Hesychasten vermag es nicht mehr, sich auf dieser Stufe aufzuhalten.

Die Zeit der ersten Palaiologenkaiser ist die Zeit des Siegeszuges dieser Gebetsmethode, welche das Bestreben in sich trägt, sich absolut zu setzen. Es erscheinen Traktate, welche diese Methode erläutern, entschleiern und verschleiern; so von einem Athos-Mönch Nikephoros[4], einem Zeitgenossen Michaels VIII., und besonders von Gregorios Sinaites, den man den Vater dieser Mystik genannt hat, obwohl er sicherlich der vorsichtigste dieser Theoretiker ist[5]. Die Meister gewinnen Schüler. Die politischen Schwierigkeiten auf dem Athos — Raubzüge der Türken, Auseinandersetzungen mit den Serben usw. — führten Meister und Schüler immer wieder in die weitere Umgebung, vor allem nach Thessalonike. Es bildeten sich devote Zirkel, in denen die Hesychasten ihre Methode weitergaben, auch die Auseinandersetzung mit dem immer noch lebendigen Bogomilentum drängte sich auf. Je mehr diese Mystik in die Breite drang, desto stärker war sie naturgemäß

[2] Vgl. *I. Hausherr,* Noms du Christ et voies d'oraison (Rom 1960); *J. Brian-Chaninov,* On the Prayer of Jesus (London 1952); *B. Schultze,* Untersuchungen über das Jesusgebet: OrChrP 18 (1952) 319—343; *G. Wunderle,* Zur Psychologie des hesychastischen Gebets (Würzburg 1949).

[3] *I. Hausherr,* A propos de spiritualité hésychaste: OrChrP 3 (1935) 260—272.

[4] PG 147, 945—966; deutsch: *I. Smolitsch - M. Dietz,* Kleine Philokalie (Einsiedeln 1956) 121—133. — Älter ist die berühmteste der Methoden, die unter dem Namen Symeons des Neuen Theologen geht: *I. Hausherr* (Hrsg.), La méthode d'oraison hésychaste (Rom 1927) (mit frz. Übersetzung und Kommentar); vgl. auch *M. Jugie,* Les origines de la méthode d'oraison des hésychastes: ÉO 30 (1931) 179—185.

[5] Seine Werke: PG 150, 1240—1345; deutsch einiges bei *Smolitsch-Dietz* a. a. O. 147 bis 168.

der Mißdeutung und dem Mißbrauch ausgesetzt. Die Terminologie der Meister, zurückgehend bis auf Symeon den Neuen Theologen[6] und bis in messalianische Anfänge, die gegenüber den Lichtvisionen stärkstens zwischen Metapher und Materie schillerte, leistete jenen Vorschub, die geneigt waren — entgegen dem Rate des Gregorios Sinaites — jedes Lichterlebnis und jedes Nebenprodukt ihrer rigorosen Psychotechnik mit Gottes eigener Gnade und seinem eigenen Licht zu identifizieren.

Der Streit ließ nicht lange auf sich warten[7]. Seinen Anlaß hatte er letztlich in verletzten Eitelkeiten der Protagonisten. Der Mönch Barlaam aus Kalabrien, gebürtiger Orthodoxer und griechisch erzogen, aber eben doch von den „latinisierenden" Rändern des Reiches stammend — dies einer der Hauptgründe für die Abneigung, der er allenthalben begegnete —, hatte in seinen Traktaten über den Ausgang des Heiligen Geistes zwar energisch den byzantinischen Standpunkt vertreten, einer der Athos-Mönche aber, Gregorios Palamas, fand an der Art seiner Syllogistik etwas auszusetzen. Barlaam, leicht verletzlich und von seiner aristotelischen Bildung stark eingenommen, griff dafür die Argumentationsweise des Palamas an — vielleicht von der Sache her nicht ohne Grund. Der Streit vergiftete sich rasch und zusehends, und Palamas zog sich bald auf eine grundsätzlich antidialektische Haltung zurück, d. h. auf jene Art von Theologie, die nicht mehr rationaler, sondern rein mystischer Natur ist. Nun sah sich Barlaam bemüßigt, den geistigen Hintergrund seines Gegners abzuleuchten, und er stieß dabei rasch auf den ihm bisher unbekannt gebliebenen Hesychasmus, zu dessen feurigen Adepten Palamas gehörte. Er ließ sich durch Hesychasten — die Palamiten behaupteten später: durch unreife Schüler — erzählen, sie seien im Besitze einer untrüglichen Methode, die ihnen dazu verhelfe, jenes ungeschaffene Licht mit körperlichem Auge zu schauen, das Jesus auf dem Berge Tabor umfloß und das identisch sei mit der Gottheit selbst. Sie erzählten ihm von ihren Konzentrationsübungen und ihrer Gebetsmechanik —, und bald wußte Barlaam genug. Er sah in den Hesychasten eine Wiederkehr der alten Messalianer, Leute, die offenbar den Sitz der Seele irgendwo in der Nabelgegend suchten, weswegen er ihnen den Spottnamen „Omphalopsychen" beilegte, vor allem aber Menschen, die entweder Gott materialisierten, um ihn sehen zu können, oder aber einen illegitimen Unterschied zwischen Gottes Wesen und seinen Energien einführten. Ein gemeinsamer Freund Barlaams und des Palamas, der Athos-Mönch Gregorios Akindynos, warnte zwar ersteren vor unüberlegten Angriffen auf das sakrosankte athonitische Mönchtum, aber Barlaam ließ sich nicht mehr behindern und begann seit

[6] Über ihn konsultiert man immer noch am besten: *K. Holl*, Enthusiasmus und Bußgewalt (Leipzig 1898), und die große Einleitung bei *I. Hausherr - G. Horn*, Un grand mystique byzantin: Vie de Syméon le Nouveau Théologien (Rom 1928).

[7] Vgl. besonders *J. Meyendorff*, L'origine de la controverse palamite: Théologie 25 (1954) 602—627; *ders.*, Les débuts de la controverse hésychaste: Byzantion 23 (1953) 87—120.

1338 in Traktaten und bei der Synode in Konstantinopel diese Mystik zu denunzieren. Palamas fühlte sich zutiefst getroffen und entwickelte nun in einer ständig ansteigenden Spirale eine antibarlaamitische Pamphletliteratur, Kernstück einer Theologie, die man mit Fug als Palamismus bezeichnet. Diese Theologie arbeitet zwar zwischendurch auch mit Syllogismen, anerkennt aber im Grunde auf dem Boden der Theologie nur die Tradition der Väter und die persönliche mystische Inspiration des Theologen. Mittelpunkt ist — eben um die Lichtvisionen der Hesychasten zu retten — die Realdistinktion zwischen Gottes völlig unzugänglichem, auch den Seligen im Himmel nicht schaubarem Wesen und seinen Energien, deren vornehmste die gratia increata ist und zu denen auch das damit identische Taborlicht gehört. Nichts liegt Palamas ferner, als in Gott eine „Trennung" einzuführen; aber es gelingt ihm nur, Einheit und Realdistinktion antinomisch nebeneinander bestehen zu lassen. Der Versuch, diese Lehre auf die Tradition der Väter zurückzuführen, beruht, mindestens was den immer wieder zitierten Maximos den Bekenner anlangt[8], auf einer Fehlinterpretation, wenn sich auch gelegentlich die stark rhetorisierende und emphatische Sprechweise orthodoxer Prediger und Hymniker ohne allzu große Schwierigkeiten zugunsten von Palamas zurechtbiegen läßt. Aber im Grunde scheuten sich die Anhänger von Palamas keineswegs, auf den Traditionsbeweis auch zu verzichten und ihre Theologie als ein Novum, eine legitime Fortführung der neutestamentlichen Offenbarung durch ihren inspirierten Meister darzustellen.

Barlaam legte seine Schriften dem Patriarchen Johannes XIV. Kalekas (1334/47) vor, einem theologisch unentschiedenen und politisch schwankenden Prälaten, der aber ohne Zweifel der Theologie des Palamas innerlich fremd gegenüberstand, auch wenn er für Barlaam wenig Sympathien aufbrachte. Er wollte den Streit aus der Welt geschafft wissen und erkannte genau, wie gefährlich es sein müßte, es mit den Athoniten anzulegen. Das Mönchtum war ja längst und vorab seit dem Lugdunense und der mißglückten Union zu einer irrationalen Potenz geworden, der gegenüber die Verbindung von Patriarchat und Kaisermacht nicht allzuviel besagte. Die Athoniten hatten inzwischen mit großer Mehrheit, inspiriert von Palamas selbst, einen Tomos — ein dogmatisches Manifest — verabschiedet, der die Grundpositionen der palamitischen Lehre als ureigensten Bestandteil der Orthodoxie hinstellte und Barlaam als Ketzer verdammte[9]. Die Sache drängte zur Entscheidung.

Die Einzelheiten der beiden Synoden im Juni und August 1341, die in Konstantinopel abgehalten wurden, entziehen sich unserer Kenntnis, da die Bewertung der erhaltenen Aktenstücke strittig bleiben wird. Die erste Sitzung

[8] *E. v. Ivánka,* Palamismus und Vätertradition: L'Église et les églises II (Chevetogne 1954) 29—46.

[9] Der sog. Τόμος ἁγιορειτικός: PG 150, 1225—1236.

fand am 10. Juni in der Hagia Sophia unter dem Vorsitz des Kaisers Andronikos III. (1328/41) statt. Barlaam wurde das Recht abgesprochen, dogmatische Behauptungen aufzustellen, da dies Sache der Hierarchie sei. Palamas hingegen wurde vom Vorwurf des „Ditheismus" freigesprochen, die Lehre von der Realdistinktion zwischen Wesen und Wirken Gottes mehr en passant als expressis verbis angenommen, die Vorwürfe gegen die Gebetsweise der Hesychasten zurückgewiesen. Die Fragen wurden von den Synodalen keineswegs vertieft, aber Barlaam merkte, daß er auf keine Sympathien rechnen konnte, und unterwarf sich dem Verbot, Palamas und die Mystiker weiter anzugreifen. Damit schloß die Tagung; der Kaiser aber starb einige Tage später. Jetzt fühlte sich Barlaam an sein Versprechen nicht mehr gebunden, kehrte aber nach dem Westen zurück, wo er schließlich konvertierte und Bischof von Gerace wurde. Er starb schon im Jahre 1350. Ein neuer Gegner, der zurückblieb, war Gregorios Akindynos. Nicht daß er den mönchischen Idealen der Athoniten untreu geworden wäre, aber er lehnte jetzt die theologische Argumentation seines Freundes Palamas ab. Jetzt trat die Synode noch einmal zusammen, und den Vorsitz führte das Mitglied des Regentschaftsrates für den unmündigen Kaiser Johannes V. Palaiologos, der Großdomestikos Johannes Kantakuzenos. Damit beginnen aber die politischen Verflechtungen. Im Regentschaftsrat streiten sich der Patriarch und der Großdomestikos — über beiden steht die Kaiserin-Witwe Anna von Savoyen — um den bestimmenden Einfluß; und dies — zunächst wohl keine innere Affinität — dürfte der Grund sein, warum gegenüber dem lauen Patriarchen nun Kantakuzenos resolut die Partei der Palamiten ergreift. So wird der Palamismus dann auch in die bald ausbrechende Auseinandersetzung zwischen Kantakuzenos und den Palaiologen und damit in die parallelen sozialen Kämpfe im Reich hineingerissen, ohne daß man innere Gleichsetzungen vollziehen könnte. Jedenfalls wurde jetzt Akindynos verurteilt (August 1341). Als dann das Synodaldekret (Tomos)[10] beider Sitzungen fertiggestellt werden sollte, verweigerte der Patriarch seine Mitarbeit, es sei denn, man beschränke sich auf einen Tomos, der die Augustsitzung, der Kantakuzenos seiner Meinung nach illegitim präsidiert hatte, und die Verurteilung des Akindynos mit Schweigen übergehe. Der Tomos wurde doch ausgefertigt, befleißigte sich allerdings großer Zurückhaltung: es wurde nicht eigentlich eine weittragende Entscheidung getroffen, sondern jede weitere Erörterung der Materie unter Verbot gestellt. Der Streit in der Regentschaft aber glomm weiter; der Patriarch tat sich mit Alexios Apokaukos zusammen, um Kantakuzenos lahmzulegen. Als diesen schließlich ein Kriegszug von der Hauptstadt fernhielt, rissen Apokaukos und der Patriarch die Macht endgültig an sich. Palamas mußte fürchten, unter diesen Umständen der Erfolge

[10] PG 151, 679—692 und *Miklosich-Müller,* Acta et diplomata graeca medii aevi I (Wien 1860) 202—216.

des Jahres 1341 verlustig zu gehen, und schloß sich entschieden der Partei des Großdomestikos an; dieser aber ließ sich zum Kaiser ausrufen (26. 10. 1341). Er fand offenbar in den Palamiten ein geeignetes Instrument seiner Pläne und förderte sie seit dieser Zeit nachdrücklich, obwohl er zunächst Barlaam unterstützt hatte.

Palamas fuhr fort, seine Theorie in weiteren Schriften zu entwickeln. Dies gab dem Patriarchen Anlaß, ihn des Verstoßes gegen den Tomos von 1341 zu zeihen. Dafür gab er Akindynos immer mehr Freiheit zum Kampf gegen Palamas. Auf mehreren Konferenzen (1342 und 1344) wurden die Schriften des Palamas, den Kalekas zudem verhaften ließ, verurteilt und er selbst mit dem Anathem belegt. Doch die Tage des Patriarchen waren gezählt; Kantakuzenos näherte sich bedrohlich der Hauptstadt, und Anna von Savoyen machte sich mit dem Gedanken vertraut, den Patriarchen fallenzulassen und sich mit Kantakuzenos gütlich zu einigen. Nur so waren die Palamiten zu gewinnen und die Palaiologendynastie zu retten. Da Kalekas den seinerzeit verurteilten Akindynos inzwischen zum Diakon geweiht hatte, bot sich ein kanonistisches Argument, ihn abzusetzen. Dies geschah einen Tag, bevor Kantakuzenos am 2. Februar 1347 siegreich in die Hauptstadt eindrang und zum Kaiser gekrönt wurde[10a]. Sofort wurde Palamas auf freien Fuß gesetzt und Akindynos exkommuniziert. Isidoros, bisher Bischof von Monembasia, ein entschiedener Palamit, wurde zum Patriarchen gekürt (1347/50). Doch der Sieg des Palamismus war noch nicht gesichert. Die Opposition war lebendig; nicht wenige Prälaten und Kleriker sahen in der Theologie des Palamas eben doch einen illegitimen „Neoterismos"; auch nicht wenige Mönche wollten sich mit dem Gebaren der Hesychasten nicht identifizieren. Man darf unterstellen, daß es sich dabei um Zönobiten handelte, die sich darüber klar waren, daß der Hesychasmuns eben die Auflösung des zönobitischen Ideals bedeutete. Und schließlich hatte die Opposition ihren Hauptsitz bei den Intellektuellen und den Humanisten der Hauptstadt. Man darf diese Kreise deshalb nicht etwa des „Agnostizismus" zeihen; sie waren so orthodox, wie ihre Gegner es sein wollten, aber sie sahen durch Hesychasmus und Palamismus allzu viele Werte gefährdet, die bisher friedlich im Schatten der Orthodoxie gediehen waren[11]. So sollten alle Fragen auf einer Generalsynode bereinigt werden, die für den 28. Mai 1351 in den Kaiserpalast einberufen wurde. Johannes VI. Kantakuzenos präsidierte und hatte wohl auch Sorge dafür getroffen, daß die Opposition nur spärlich vertreten war. Ihre Führung hatte inzwischen der Historiker und Polyhistor Nikephoros Gregoras übernommen. Die Opposition wurde zwar gehört, aber es besteht kein Zweifel, daß sie ungeschickt operierte und sich nicht auf das

[10a] *J. Meyendorff,* Le tome synodal de 1347, Zbornik radova Vizant. Inst. 8 (1963) 209 bis 227; vgl. auch *G. T. Dennis:* JÖByzG 9 (1960) 51—55 u. *P. Wirth:* ByZ 56 (1963) 16 bis 23.

[11] Vgl. bes *H.-G. Beck,* Humanismus und Palamismus a. a. O.

Wesentliche der Argumentation konzentrierte. So wurden schließlich auf der 5. Sitzung alle exkommuniziert, die sich weigerten, die Orthodoxie der palamitischen Lehre anzuerkennen. Ein großer Synodaltomos wurde erstellt, der das Geschehen und die dogmatischen Entscheidungen zusammenfaßte. Die Publikation erfolgte am 15. August mit der Unterschrift des Kaisers Johannes Kantakuzenos und des Patriarchen, wozu erst später die Signatur des Mitkaisers Johannes V. Palaiologos kam[12]. Ein weiterer feierlicher Schritt folgte: in das Synodikon für die alljährliche Feier des „Sonntags der Orthodoxie" wurden neue Anathematismen aufgenommen gegen alle jene, die sich den Lehren des Palamas widersetzten[13]. Es war der größte Triumph, den sich Palamas, inzwischen zum Metropoliten von Thessalonike befördert, wünschen konnte. Kaum jemals hat die Orthodoxie ihr Dogma so exklusiv mit der Lehre einer einzigen Person identifiziert wie in diesem Fall. Und kaum jemals hat sie ihr ureigenstes Prinzip — den Traditionalismus — auf eine so harte Probe gestellt wie hier. An den Verhältnissen änderte sich auch nichts, als der große Protektor der Palamiten, Kantakuzenos, dem legitimen Palaiologen-Kaiser das Feld räumen mußte (1354). Johannes V. konnte es sich kaum noch leisten, die große Partei der Palamiten durch eine oppositionelle Religionspolitik zu vergrämen, war auch theologisch wahrscheinlich zu desinteressiert. Außerdem war Kantakuzenos nach wie vor die überragende Persönlichkeit, mit der Johannes V. immer rechnete und rechnen mußte. So hatte die palamitische Hierarchie, an ihrer Spitze der Patriarch Philotheos Kokkinos (1353/54 und 1364/76)[14] freies Spiel.

Der Palamismus ist keineswegs, wie immer wiederholt wird, eine Frucht der Auseinandersetzung zwischen lateinischer Scholastik — Barlaam war kein lateinischer Scholastiker — und griechisch-patristischem Denken. Der Sieg fiel ihm deswegen leicht, weil die stärksten Gegner, eben Barlaam und Akindynos, sehr rasch mundtot gemacht wurden und nun der Opposition geeignete Führer fehlten. Die Verhältnisse änderten sich erst, als durch die Übersetzungen des Demetrios Kydones (siehe S. 611) und seines Bruders Prochoros die Schriften des Thomas von Aquin und anderer Scholastiker in Byzanz bekannt wurden und Einfluß nahmen. Die straffe Gotteslehre des Aquinaten bot den Gegnern des Palamas scharfe Waffen, die in dem beschränkten Arsenal der byzantinischen Theologie des 14. Jh. nicht zu finden waren. Zwar entgeht auch Prochoros Kydones, ein Athos-Mönch, dem Bannstrahl des Patriarchen Philotheos nicht (1368), aber noch aus dem Tomos[15] seiner Verurteilung ersieht man, wie sehr Prochoros seine Gegner in die

[12] PG 151, 717—763 und *Mansi* XXVI 127—199; *F. Dölger*, Ein byzantinisches Staatsdokument in der Universitätsbibliothek Basel: HJ 72 (1953) 205—221; dazu *E. Honigmann:* ByZ 47 (1954) 104—115, und *R.-J. Loenertz:* ByZ 47 (1954) 116.

[13] *F. Uspenskij*, Sinodik v nedělju pravoslavija (Odessa 1893) 30—38.

[14] Über ihn vgl. *V. Laurent:* DThC XII/2 1498—1509.

[15] PG 151, 693—716. Die Synode kanonisierte auch den 1359 verstorbenen Palamas.

Enge getrieben hatte, und aus den Schriften des Demetrios Kydones ergibt sich deutlich, daß es nicht die palamitische Dogmatik allein war, die den Sieg herbeigeführt hatte. Weitere Theologen, Johannes Kyparissiotes, vor allem aber Manuel Kalekas, versteifen den Widerstand. Die Palamiten selbst lassen jetzt gewagte Formulierungen fallen — auch Kantakuzenos, der in seiner mönchischen Retraite inzwischen zum theologischen Schriftsteller geworden ist. Das Taborlicht spielt eine immer geringere Rolle, die Distinktionslehre wird verfeinert, so daß man bei späteren „Palamiten" von einem „palamisme mitigé" gesprochen hat. Dazu kommt, daß ein Mann wie Kantakuzenos — auch als Mönch noch Politiker (siehe oben S. 595) — sehr klar das Bedürfnis nach der Kirchenunion erkannt hat und klug genug ist, die Kontroverspunkte zwischen Ost und West nicht noch durch einen so schwerwiegenden wie die Gotteslehre zu vermehren. So wird der intransigente Palamismus aus der vordersten Gefechtslinie gezogen und aus den Verhandlungen mit Rom, vor allem auf dem Konzil von Ferrara-Florenz, bewußt herausgehalten[16].

Die Mystiker aber, auch die Hesychasten im engeren Sinne des Wortes, bedurften im Grunde der Stütze des Palamismus gar nicht. Der eigentliche Palamismus verebbt um die Mitte des 15. Jh. für Jahrhunderte fast völlig, die Mystik, die ihn ausgelöst hat, lebt ungebrochen weiter.

Ein Gesamturteil über die Bewegung läßt sich schwer abgeben, da noch zu wenig Quellen ediert sind und da wir die soziologische Schichtung der Bewegung zu wenig kennen. Palamas griff sicherlich auf ein altes Grundanliegen der östlichen Theologie zurück, besaß außerdem ein ausgebildetes Empfinden für die Grenzen theologischer Aussagen. Aber ihm sowenig wie seiner Zeit war es gegeben, mystische Tatbestände parapsychologischer Natur zu durchschauen und auf ihre Kontingenz zurückzuführen. Sein Fehler war es, die Warnungen der Klassiker byzantinischer Mystik vor solchen Phänomenen zu überhören oder doch nicht ernst genug zu nehmen. Und sein mystisch-polemischer Impetus verbaute ihm das Verständnis für den berechtigten Spielraum einer rationalen Theologie. Daß er die orthodoxe Theologie nachdrücklich beeinflußt hat, daß er den Rekurs auf die mystischen Quellen neu geöffnet und die Skepsis gegenüber der rationalen Theologie geschärft hat, läßt sich nicht leugnen. Er hat der Orthodoxie ein Couleur gegeben, das sich nicht mehr wegdenken läßt.

[16] Vgl. *J. Gill*, The Council of Florence (Cambridge 1961) 205 f 267.

53. Kapitel

Geistiges Leben in der byzantinischen Kirche des ausgehenden Mittelalters

LITERATUR: *F. Dölger,* Politische und geistige Strömungen im sterbenden Byzanz: Jb. der Österr. Byzant. Gesellsch. 3 (1954) 3—18; *H. Hunger,* Von Wissenschaft und Kunst der frühen Palaeologenzeit: ebd. 8 (1959) 123—155; *G. Zoras,* Περὶ τὴν ἅλωσιν τῆς Κωνσταντινουπόλεως (1959); *I. Ševčenko,* The Decline of Byzantium seen through the Eyes of his Intellectuals: DOP 15 (1961) 169—186; *ders.,* Intellectual Repercussions of the Council of Florence: CHR 24 (1955) 291—323; *E. Bouvy,* Saint Thomas. Ses traducteurs byzantins: RevAugustinienne 9 (1910) 401—408; *M. Rackl,* Die griechische Übersetzung der Summa theologiae des hl. Thomas von Aquin: ByZ 24 (1923—24) 48—60; *ders.,* Die griechischen Augustinusübersetzungen: Miscellanea F. Ehrle I (Rom 1924) 1—38; *G. Mercati,* Notizie di Procoro e Demetrio Cidone, Manuele Caleca e Teodoro Meliteniota ed altri appunti per la storia della teologia e della letteratura bizantina del secolo XIV (Città del Vaticano 1931).

Die große dogmatische Auseinandersetzung um die Kirchenunion in der zweiten Hälfte des 13. Jh. hatte die Theologen aller Richtungen und Schattierungen auf den Plan gerufen und schließlich ermüdet. Eine unverkennbare Uninteressiertheit an dogmatischen Fragen macht sich deshalb zu Beginn des 14. Jh. allenthalben bemerkbar, und manche Vertreter der byzantinischen Intelligenz in dieser Zeit machen daraus gar kein Hehl. Dafür sind diese Jahrzehnte eine hohe und glückliche Zeit des christlichen Humanismus in Byzanz. Nicht nur daß in dieser Periode etwa der handschriftliche Niederschlag der Beschäftigung mit den antiken Autoren besonders dicht ist, was kein Zufall, sondern Ausdruck der bemühten Arbeit der Geister ist, vielmehr wird jetzt mit neuen Ideen, einer neuen Aufgeschlossenheit und mit neuen theologischen Kategorien das heidnische Bildungsgut den christlichen Maßstäben entsprechend interpretiert und bereitgestellt, d. h., die bloße Rezeption, das unverbundene Nebeneinander wird überwunden zugunsten einer Synthese, wie gefährdet diese im Einzelfall auch sein mag. Zum erstenmal in der byzantinischen Geistesgeschichte steht auch bei Männern der Kirche das antike Erbe nicht mehr nur als Dekor neben dem unabdingbar Christlichen, ist es nicht mehr nur auf Abruf geduldet. Es ist dieselbe Zeit, in der der Begriff „Hellene“ nicht mehr fast ausschließlich, wie bisher, den Heiden bedeutet, sondern mit neuem Stolz von den „Romaioi“ als Ausdruck ihrer Geschichte und der Beflissenheit ihrer Bildung verwendet wird[1].

Viele Namen wären zu nennen. Es mag genügen, einen Maximos Planu-

[1] Vgl. dazu *D. S. Balanos,* Kirche und Nation in der orthodoxen Kirche: ZKG 57 (1938) 554—565; *F. Dölger,* Rom in der Gedankenwelt der Byzantiner: Byzanz und die europäische Staatenwelt (Ettal 1953) 70—115; *St. Runciman,* Byzantine and Hellene in the Fourteenth Century: Τόμος Κωνσταντίνου Ἁρμενοπούλου (Thessalonike 1952) 27—31; *K. Lechner,* Hellenen und Barbaren (München 1954).

des, einen Theodoros Metochites und einen Nikephoros Gregoras zu erwähnen und andere wenigstens am Rande zu verzeichnen. Ihre Betätigung ist vielseitig, jeder hat etwas von einem kleinen Polyhistor an sich, aber insgesamt bilden sie doch eine nicht zu schmale Schicht feinsinniger Humanisten, die, geleitet von christlichen Denkkategorien, die Fülle des Ererbten auf sich wirken lassen, aber doch den Ausgleich nicht erzwingen, sondern in geruhsamer Entwicklung anstreben — viatores in hoc saeculo.

Mit dem erstgenannten, Maximos Planudes († ca 1305)[2], stehen wir nicht nur mitten in der glücklichsten Überlieferungsgeschichte der klassischen Literatur, sondern auch am Beginn einer gewaltigen Erweiterung des Bildungsgutes und Bildungshorizontes, erreicht durch die Hereinnahme auch des lateinischen Erbes. Planudes hat nicht nur das „Somnium Scipionis", nicht nur Ovid und Macrobius, sondern auch „De consolatione philosophiae" des Boethius und Augustinus' „De Trinitate" ins Griechische übersetzt. Es spricht manches dafür, daß gerade letztere Übersetzung nicht in direkten Zusammenhang mit den theologischen Kontroversen der Zeit zu bringen ist, sondern im Zusammenhang mit den übrigen Übersetzungen Ausdruck einer glücklichen Neugierde darstellt, erweckt von einem weltweiten Interesse am Guten und Schönen, auch wenn es einer „Kirche" entstammt, der man bis dato innerlich fremd gegenüberstand. Nikephoros Chumnos[3], der langjährige kaiserliche Kanzler und Großwürdenträger (ca 1250—1327), schreibt zwar des öfteren gegen die verführerischen Künste Platons, und Aristoteles steht ihm näher als der Philosoph der Humanisten; aber das bedeutet eher eine Warnung vor denjenigen Lehren, des Platonismus und Neuplatonismus, die mit dem Christentum unverträglich sind, als den Kampf gegen den Platonismus insgesamt. Auch er lebt auf weite Strekken, wenn auch vorsichtig und betulich abgesichert, vom antiken Erbe. Und gerade die nicht wenigen Kontroversen, in die er sich auf Grund seiner Schriftstellerei verstrickt sah[4], zeigen, wie lebhaft die Probleme die Geister der Zeit beschäftigten. Sein Hauptgegner, Theodoros Metochites[5] (ca 1260 bis 1332), gehört derselben bildungs- und staatstragenden Laienschicht an wie Chumnos; auch er machte sein Glück am Hof des Kaisers Andronikos II. und stieg bis zur höchsten Würde eines Megas Logothetes auf. Er ist kein Systematiker, seine Gedanken entwickeln sich im Aperçu, seine literarische Form ist der Essay. Mehr als bei den übrigen Byzantinern ist sein literari-

[2] *C. Wendel,* Maximos Planudes: Pauly-Wissowa XX/2 2202—2253; *A. Pertusi,* La fortuna di Boezio a Bisanzio: APhilHistOS 11 (1951) 301—322; *M. Gigante,* La cultura latina a Bisanzio nel secolo XIII: La Parola del Passato 82 (1962) 32—51.

[3] *J. Verpeaux,* Nicéphore Choumnos, homme d'État et humaniste byzantin (Paris 1959).

[4] *I. Ševčenko,* Études sur la polémique entre Théodore Métrochite et Nicéphore Choumnos (Brüssel 1962).

[5] *H.-G. Beck,* Theodoros Metochites. Die Krise des byzantinischen Weltbildes im 14. Jh. (München 1952); *H. Hunger,* Theodoros Metochites als Vorläufer des Humanismus in Byzanz: ByZ 45 (1952) 4—19.

sches Schaffen geprägt von der stets eingestandenen inneren Unsicherheit, und oft vermag er nichts weiter als eine Lösung unversöhnt der anderen entgegenzusetzen. Das Problem des Rangverhältnisses zwischen vita activa und vita contemplativa durchdringt sein ganzes Schaffen und sehr deutlich seine ganze Existenz — zum Schaden der Politik seines Kaisers, für die er auf weite Strecken verantwortlich zeichnet—, ein Kernproblem jeder Geistesgeschichte, ein ganz elementares Problem aber der griechischen Orthodoxie. Seine Ansichten über den Wert und Rang der Praxis sind fortschrittlicher als diejenigen seiner Zeitgenossen, und er hat damit, ohne davon zu sprechen, den vom Christentum her zu postulierenden Ausgleich besser getroffen als jene — nicht zuletzt deswegen, weil er den Ausgleich in seiner ganzen Anfälligkeit und Gefährdetheit stehenläßt. Er ist kein Theologe, aber er hat damit der Theologie einen Dienst erwiesen, gerade weil er sich nicht unterfangen hat, dieses Gedankensystem in die theologischen Kategorien seiner Kirche zu pressen, der er treu ergeben war, was angesichts der Natur dieser Terminologie nur dazu geführt hätte, daß der erzielte gedankliche Fortschritt a priori unter den Tisch gefallen wäre.

Metochites beruft sich immer wieder dankbar und voller Verehrung auf den Mönch Joseph[6] mit dem Beinamen der Philosoph (ca 1280 — ca 1330), den Verfasser einer breitangelegten „Enzyklopädie", der die Einzelwissenschaften in diesem Werk voll zur Geltung kommen läßt, sie aber dann auf dem Wege über die vier Kardinaltugenden münden läßt in die Kontemplation Gottes und der Trinität.

Der Schüler des Metochites, Nikephoros Gregoras[7] (1295—1359/60), gehört bereits in die Zeit, da die halcyonischen Tage der byzantinischen Geistesgeschichte zu Ende sind. Er ist zunächst und mit Vorzug der Historiker seiner Epoche; aber wenn er auch als Protagonist der Antipalamiten (S. 605) nicht die beste Figur macht, so zeigt es doch den Humanisten, der für seine geistigen Ideale gegenüber der Intransigenz der Palamiten in die Arena steigt. Und gerade seine reiche hagiographische Tätigkeit beweist, daß diese Humanisten auch mitten im Raum der Kirche und mit kirchlichen Mitteln wirken wollten.

Wenn aber mit ihm die große Generation der Humanisten ins Grab sinkt, so ist daran sicherlich nicht primär der Sieg des Palamismus schuld, sondern ebenso stark fällt die trostlose Lage des Reiches ins Gewicht: Bürgerkriege, soziale Revolutionen und die ständig steigende Türkengefahr. Die geistigen Kräfte wurden zunächst freilich aufs stärkste durch die palamitische Kontroverse gebunden. Aber mitten in diesen Streit fällt ein Ereignis von weittragender Bedeutung: die Übersetzungen lateinischer Theologen ins Grie-

[6] Vgl. *G. Vitelli,* Indice de' codici greci Riccardiani: Studi Ital. di Filol. Class. 2 (1894) 490—492; *M. Treu,* Der Philosoph Joseph: ByZ 8 (1899) 1—64; *N. Terzaghi:* Studi Ital. di Fil. Class. 10 (1902) 121—132.

[7] *R. Guilland,* Essai sur Nicéphore Grégoras. L'homme et l'œuvre (Paris 1927).

chische. Facile princeps ist dabei Demetrios Kydones[8] (ca 1324—1397/98), ein hochgebildeter Bürger Thessalonikes, lange Jahre Kanzler der Kaiser und die führende Persönlichkeit der zweiten Jahrhunderthälfte. Im Auswärtigen Amt auf die schlechten Lateinkenntnisse seiner Dragomane angewiesen, entschloß er sich, selbst Latein zu lernen, und ging bei einem Dominikaner in die Schule, der ihn als erstes mit der „Summa contra Gentiles" vertraut machte. Angetan von der durchsichtigen Klarheit dieser Latinität, machte er sich an die Übersetzung und vollendete sie — in ebenso klassisch-durchsichtigem Griechisch — am 24. Dezember 1354. Dann nahm er Teile der „Summa theologica" in Angriff, ferner das opusculum „Ad cantorem Antiochenum" und kleinere Werke. Die Liebe führte ihn weiter zu Augustinus, zu Anselm von Canterbury, zu Pierre von Poitiers und zu Ricoldo da Monte Croce. Theologische Zielsetzungen lagen Kydones zunächst fern. Und da man griechisches Gedankengut in lateinischem Gewande entdeckte, waren die Übersetzungen ein voller Erfolg. Johannes Kantakuzenos z. B. und Neilos Kabasilas[9] begeisterten sich daran. Aber es konnte nicht ausbleiben, daß man auch den theologischen Gehalt entdeckte, daß die Unionsfreunde feststellten, welch wertvolle Bundesgenossenschaft sie gefunden, und die Unionsfeinde, wie schwer es sein dürfte, dagegen zu argumentieren. Die Übersetzungen vertieften den byzantinischen Zwiespalt — seit den Tagen des Lugdunense gab es eine nicht unbedeutende Gruppe von „Latinophrones" —, aber die Kontroverse mußte sich ebenfalls vertiefen. Auch in den Dienst der Auseinandersetzung mit den Palamiten trat jetzt das Gedankengut der lateinischen Scholastik. Demetrios trug die ganze Schwere dieses Konfliktes. Zwar wagte man sich kaum an ihn selbst, aber er mußte mit ansehen, wie sein Bruder Prochoros (siehe oben S. 606), der sich mit ihm in die Übersetzertätigkeit teilte und als erster die theologischen Konsequenzen zog, verketzert wurde, wie einige seiner übrigen Schüler, von denen so mancher zum katholischen Glauben fand, das Land verlassen mußten und wie er selbst in eine steigende Isolierung gedrängt wurde. Seine selbstbiographischen Schriften[10] sind der menschlich erschütternde Ausdruck dieser Geisteslage im sterbenden Byzanz. Bei Johannes Kyparissiotes, einem der bedeutendsten Gegner der Palamiten, ist eine Kenntnis des kydonianischen Übersetzungswerkes wohl noch kaum zur

[8] *M. Jugie,* Démétrius Cydonès et la théologie latine à Byzance aux XIVe et XVe s.: ÉO 27 (1928) 385—402; *M. Rackl,* Demetrius Kydones als Verteidiger und Übersetzer des hl. Thomas von Aquin: Katholik 95 I (1915) 21—40; *ders.,* Die ungedruckte Verteidigungsschrift des Demetrius Kydones für Thomas von Aquin: DTh 7 (1920) 303—317; *H.-G. Beck,* Der Kampf um den thomistischen Theologiebegriff in Byzanz: DTh 13 (1935) 1—22.

[9] *Beck* 727—728.

[10] *H.-G. Beck,* Die „Apologia pro vita sua": OstKSt 1 (1952) 208—225 264—282 (deutsche Übers.).

Wirkung gekommen. Der Kydones-Schüler Manuel Kalekas[11] aber († 1410) wandelt auf den Spuren seines Meisters und schreibt eine kleine Summe des Glaubens, in der Augustinus und Thomas voll zur Geltung kommen. Es ist bezeichnend für die Weite des Austausches, daß A. Traversari sein Werk gegen die Häresien der Griechen nun ins Lateinische übersetzt, so wie es schon nicht mehr überrascht, daß Kalekas als Dominikaner stirbt, nachdem er auch als Übersetzer (Anselm von Canterbury, Thomas von Aquin u. a.) in die Fußstapfen des Kydones getreten ist. Schließlich seien noch die Brüder Chrysoberges genannt: Maximos († ca 1429)[12], ebenfalls ein Kydones-Schüler, Katholik und Dominikaner, und Andreas († 1456)[13], Dolmetscher der griechischen Gesandten bei Papst Martin V., unablässig für die Union bemüht, päpstlicher Nuntius bei Kaiser Johannes VIII. und schließlich Erzbischof von Nikosia auf Zypern. Nicht zuletzt ist auch der berühmte Humanist, der erste Lehrer des Griechischen in Florenz, Manuel Chrysoloras, als Schüler des Kydones zu nennen († 1415).

Die Gegnerschaft gegen die Kydonianischen Übersetzungen formierte sich langsam. Das treffendste Beispiel ist Neilos Kabasilas, Metropolit von Thessalonike († ca 1363), der von Kydones hochverehrte Lehrer. Als die ersten Thomas-Übersetzungen erschienen, war er voll des Lobes für die Leistung seines Schülers. Als er erkannte, daß hier ein Arsenal zutage trat, dem die Byzantiner schwerlich Gleichwertiges würden entgegensetzen können, versuchte er es, Kydones von seinem Unternehmen abzubringen. Dabei führte er bereits jenes patriotische Argument ins Feld, das im Laufe der nächsten Jahre immer entscheidender werden sollte: Wie immer es um die Meinung der Lateiner bestellt sein mag, so soll man ihretwegen doch die von den Vätern ererbte Lehre nicht preisgeben; „es ist eine unsichere Sache, gegen Kaiser, Patriarch und Volk zu streiten". Und als auch dies nichts nützte, machte sich Kabasilas daran, eine umfangreiche Widerlegung des Aquinaten zu schreiben, die mit einem scharfen Angriff gegen die scholastische Methode überhaupt gekoppelt ist[14]. Weitere Traktate aus anderen Federn — von Joseph Philagrios, Angelos Panaretos, Georgios Boilas, Angelos Aeidaros — folgten; Demetrios Chrysoloras, der Freund Kaiser Manuels II., schrieb einen Dialog, in dem er Thomas von Aquin, Neilos Kabasilas, Kydones und sich selbst persönlich auftreten ließ. Enderfolg aber war ein

[11] *R.-J. Loenertz,* Manuel Calécas, sa vie et ses œuvres: AFP 17 (1947) 195—207; *Beck* 740—741.

[12] *Beck* 742; *R.-J. Loenertz,* Correspondance de Manuel Calécas (Città del Vaticano 1950) 57—63.

[13] *R.-J. Loenertz,* Les dominicains byzantins Théodore et André Chrysobergès: AFP 9 (1939) 5—61 128—183; *M.-H. Laurent,* L'activité d'André Chrysobergès: ÉO 34 (1935) 414—438.

[14] Teilweise herausgegeben von *E. Candal,* Nilus Cabasilas et theologia s. Thomae (Città del Vaticano 1945).

mächtiges Unbehagen. Die einen verwarfen einfach die scholastische Methode: „Streitet nur mit euren Syllogismen und zückt sie gegen uns ... Wenn ich wollte, könnte ich euren sophistischen Überlegungen bessere Syllogismen entgegenhalten. Aber ich will nicht. Ich hole die Beweise bei den Vätern und ihren Schriften. Ihr kommt mit Aristoteles und Platon, ich stelle dagegen die galiläischen Fischer und ihr freies Wort. Das Kreuz hat seine Kraft noch nicht verloren, auch wenn es für manche eine Torheit scheint, es zu predigen" (Symeon von Thessalonike)[15]. Andere trugen schwer an der Inferiorität der theologischen Bildung in Byzanz und machten sie ihren Volksgenossen zum Vorwurf; so z. B. Georgios Scholarios expressis verbis auf dem Konzil von Florenz: „... Leute, die allzuwenig geeignet sind, sich mit den Lateinern in Theologie und Philosophie zu messen. Denn bei uns stehen die Dinge nicht zum besten. Und so kann man die höchsten Stellen erklimmen, selbst wenn man gerade so viel Theologie intus hat, daß man nicht den Anschein völliger Unbildung erweckt; es fehlt ja an Stätten des Unterrichts, der Eifer zum Studium ist erloschen, und was geschieht, steht unter dem Druck der Verhältnisse." [16] Und selbst Syropulos, der anti-unionistische Historiker des Florentinums, schreibt gelegentlich: „Ich kenne unsere Prälaten. Mit einer oder zwei Ausnahmen — was sind sie wert? Ich habe keine Lust, Leuten zu folgen, deren Theologie nichts Besseres vermag." [17] Das Unbehagen der Gegenpartei aber spricht Kydones selbst aus: „Wir reiben uns auf mit diesen Streitigkeiten und legen den anderen nahe, sich von uns fernzuhalten, damit sie nicht durch die Berührung mit uns angesteckt werden ... Was ist es noch Großartiges mit unserem Reich — uns bleibt nur die Klage!" [18]

Wenn das geistige Leben im byzantinischen Reich mehr und mehr unter der steigenden Ungunst der äußeren Verhältnisse zu leiden hatte, so vermochte doch auch dieser Umstand die geistigen Kräfte nicht lahmzulegen, und es darf mit Nachdruck hervorgehoben werden, daß sich gerade in dieser Periode die Männer der Kirche mehr und mehr auf ihre sozialen Aufgaben besinnen. Hier wäre etwa die Predigttätigkeit des Metropoliten Isidoros Glabas von Thessalonike (1380/96) angesichts der politischen Schwierigkeiten seiner Gemeinde zu nennen, vor allem aber die sozialethischen Traktate des großen Mystikers Nikolaos Kabasilas[19], eines Neffen des Neilos Kabasilas († vor 1391), der gegen den Wucher predigte und sich

[15] PG 155, 140.

[16] *L. Petit-M. Jugie-X. A. Siderides,* Œuvres complètes de Georges (Gennade) Scholarios I (Paris 1928) 299.

[17] *S. Syropulos,* Vera historia unionis non verae (Den Haag 1660) 274.

[18] *G. Mercati* a. a. O. 374—376.

[19] Hauptwerke: Erklärung der Liturgie: PG 150, 368—492, und „Über das Leben in Christo": PG 150, 493—725; deutsch: *E. v. Ivánka,* Sakramentalmystik der Ostkirche (Klosterneuburg 1958); vgl. *Beck* 780—783; *M. Lot-Borodine,* Un maître de la spiritualité byzantine au XIVe s.: Nicolas Cabasilas (Paris 1958).

beim Kaiserhof um eine gerechtere Zinspolitik bemühte, der sich außerdem in einem großen Pamphlet gegen die rechtliche Verwilderung in Staat und Kirche wendet[20]. Zu nennen ferner jener Joseph Bryennios († ca 1431)[21], der als Missionar der Orthodoxie auf Kreta und Zypern nicht nur fleißig die orthodoxe Glaubenslehre gegen die Lateiner vertrat, sondern ebenso eifrig mit der sittlichen Verwilderung von Klerus und Volk ins Gericht ging, so daß ihm sogar der Übername „Priesterschreck“ anhaftete. Die verkürzte Sammlung seiner Missionspredigten ist eines der sprechendsten Dokumente der Kulturgeschichte der Zeit[22].

Doch selbst auf dem Gebiete der Mystik konnte weder die palamitische Kontroverse noch der Hesychasmus alle Kräfte binden. Ja es scheint geradezu, als habe die grandiose Simplifikation des Hesychasmus und Palamismus eine Gegenwirkung hervorgerufen, die sich an den Namen Nikolaos Kabasilas knüpft[23]. Zwar erweist auch dieser Laientheologe gelegentlich dem Palamismus eine kurze und knappe Reverenz, aber sein System erwächst auf ganz anderem Boden. Auch sein Ziel ist Teilnahme an Gott und Vergöttlichung; der Weg dazu umfaßt aber alles, was bei den Hesychasten zu kurz kommt, die „physische Theologie“ sowohl, d. h. die mystische Vertiefung in die Welt der Schöpfung, wie vor allem die Liturgie und nicht zuletzt eine lebendige Christusmystik. Die Meditation des Lebens Christi, die imaginative Versenkung in seine Lehre, sein Leben und Beispiel in franziskanischer Innigkeit, der bewußte kontemplative Anschluß an alle Phasen des liturgischen Vollzugs lassen seine Mystik geradezu als notwendigen Antipoden der abrupten hesychastischen Gottsuche erscheinen. Sie rettet mit der menschlichen Natur Christi den christlichen Humanismus selbst.

Die letzten Jahrzehnte des Reiches schmälern die Grundlagen des geistigen Lebens von Tag zu Tag, ohne es doch zum Erliegen zu bringen. Die gesteigerte Auseinandersetzung mit dem Westen bringt immer neue Anregungen, und die höchste Gefahr läßt schließlich zu verzweifelten Mitteln greifen. Drei Repräsentanten dieser Zeit bringen dies klar zum Bewußtsein: Bessarion von Nikaia, Georgios Scholarios und Georgios Gemistos Plethon. Bessarion[24] (ca 1403/72) ist der Byzantiner, der neben Plethon am

[20] Gegen den Wucher: PG 150, 727—750; über den Zins: ed. *R. Guilland*, Εἰς μνήμην Σπ. Λάμπρου (Athen 1933) 269—277; über Verwilderung in Staat und Kirche: ed. *I. Ševčenko*, Nicolas Cabasilas' „Anti-Zealot“ Discourse: DOP 11 (1957) 81—171.

[21] *N. Tomadakes*, Ὁ Ἰωσὴφ Βρυέννιος (Athen 1947), Neudruck: *ders.*: Σύλλαβος βυζαντινῶν μελετῶν καὶ κειμένων (Athen 1961) 491—611.

[22] Bd. III der Ausgabe der Werke (Leipzig 1784).

[23] Siehe Anm. 19.

[24] *L. Mohler*, Kardinal Bessarion als Theologe, Humanist und Staatsmann (Paderborn 1923); *ders.*, Aus Bessarions Gelehrtenkreis (Paderborn 1942); *ders.*, In Calumniatores Platonis (Paderborn 1927).

meisten für das Fortleben des Geistesgutes seiner Nation im Exil geleistet hat. Seine Entwicklung vom überzeugten Orthodoxen zum Katholiken und Kardinal vollzieht sich ohne Bruch, in gesunder Langsamkeit und auf Grund einer schon renaissancehaften Weite des Gewissens. Schüler und Intimus des paganisierenden Plethon, liegt ihm die kirchliche Union doch nicht nur politisch, sondern auch theologisch und religiös am Herzen. Sein Intellekt beugt sich den lateinischen Argumenten, aber auch als römischer Kardinal vergißt er keinesfalls die Not und die Bedürfnisse seiner Heimat. Sein Werk „Contra calumniatores Platonis" aber unternimmt mit Platon nichts Geringeres, als was vor Jahrhunderten Albertus Magnus und Thomas von Aquin mit Aristoteles ins Werk gesetzt hatten. Georgios Scholarios[25] geht den umgekehrten Weg (ca 1405 — ca 1472). Er wirkt zunächst als Schulmeister und im Gerichtssaal, wird bald kaiserlicher Oberrichter und Berater der Majestäten und begleitet als solcher Johannes VIII. nach Florenz. Seine Schriftstellerei verrät in ihrer Fülle, wessen der byzantinische Geist immer noch fähig war. Thomas von Aquin bedeutet für ihn kaum weniger als für Kydones. Er übersetzt „De ente et essentia" und epitomiert die „Summa contra Gentiles" und Teile der „Theologica", er schreibt die glänzendsten byzantinischen Traktate über Vorsehung und Vorherbestimmung und wendet sich gegen Simonie, Judaismus und Atheismus. Seine Bildung ist gediegen, und nichts bedauert er mehr als den geistigen Verfall seiner Heimat. Die Sarkasmen, denen er auf dem Konzil von Florenz Ausdruck gibt, richten sich nicht gegen die Lateiner. Man sei nach Florenz gekommen in der Überzeugung, mit der Ignoranz der Lateiner ein leichtes Spiel zu haben. Was wirklich passierte, habe völlig anders ausgesehen. Die Lateiner hätten ihren Glauben glänzend verteidigt; die Griechen könnten nur Worte dagegen vorbringen, die nicht von Bedeutung seien. Warum sollte man dann nicht einfach nachgeben und die Union abschließen? Aber derselbe Scholarios übernimmt beim Tode des Markos Eugenikos die führende Rolle der Antiunionisten (1445). Sein verzweifelter Patriotismus klammert sich an den „Glauben der Väter" als an das einzige, was den Byzantinern geblieben ist, und seine alte Liebe zu Thomas von Aquin läßt ihn nun ausrufen: „O Thomas, wärest du doch ein Grieche gewesen!"

Den eigenartigsten Weg aber geht Georgios Gemistos Plethon[26] († 1452). Er entstammt einer jener Familien, welche traditionsgemäß die hohen Patriarchalämter an der Hagia Sophia in Händen hatten. Früh schon mußte er auf Grund der Ideen, die er bei seinen Schülern verbreitete, Konstan-

[25] Die monumentale Ausgabe seiner Werke: *L. Petit - M. Jugie - X. A. Siderides,* Œuvres complètes de Georges (Gennade) Scholarios I—VII (Paris 1928/36), enthält zu jedem Teil jeweils eine thematische Einleitung und biographische Notizen. Vgl. auch *S. Salaville,* Un thomiste à Byzance au XVe s.: ÉO 23 (1924) 129—136; *ders.,* Georges Scholarios et St. Thomas d'Aquin: Mélanges Mandonnet I (Paris 1930) 423—440.

[26] *F. Masai,* Pléthon et le platonisme de Mistra (Paris 1956).

tinopel verlassen, fand aber Aufnahme am Hof der Despoten in Mistras, wo der Hellenismus noch etwas freie Luft atmen konnte. Nicht weniger als Scholarios leidet er unter dem Unglück der Heimat, aber er glaubt — geborener Reformer, der er ist — in der hellenischen Antike Material genug für ein religiöses und politisches Rinascimento der Griechen zu finden. So führt ihn der Weg vom Christentum, vor allem vom mönchisch geprägten Christentum der Byzantiner seiner Zeit weg zu einem politisch-reformatorisch interpretierten Platon. Sein Ziel ist eine neue Staatsgründung nach platonischem Muster, seine Kernidee der Schicksalsgedanke, eine Heimarmene, die über der Hierarchie der Götter waltet und von der er sich eine ähnliche Stärkung des Selbstbewußtseins seiner Volksgenossen erwartet wie die Muslimen vom Gedanken an das Kismet. Dabei handelt es sich nicht um Gedankenspielereien an den Kaminen von Mistras, sondern um ernstgenommene und bis ins Detail geplante Reformideen. Wir wissen, daß Plethon nicht allein stand, sondern einen nicht unbedeutenden Kreis enthusiastischer Schüler um sich sammeln konnte. Wir wissen aber auch, daß in anderen Landstrichen des Reiches ähnliche paganisierende Tendenzen zu beobachten waren. Sie hatten keine Zukunft, aber sie sind von historischem Interesse, weil sich hier ein Kreisbogen schließt, dessen Enden die ganzen byzantinischen Jahrhunderte hindurch oft nur scheinbar auseinanderstrebten.

54. Kapitel

Patriarchat — Kaiser und Kirche — Mission — Mönchtum

Der sich anbahnende Zusammenbruch des Reiches im Laufe des 14. und 15. Jh. brachte für die orthodoxe Kirche im Reich ungeheure Verluste[1]. Nicht jede seldschukische oder osmanische Eroberung eines Gebietsstreifens bedeutete die Vernichtung der Orthodoxie und die Beseitigung der kirchlichen Verwaltung, aber die ständigen Plünderungszüge undisziplinierter Stämme und das unstete Religionsprogramm der Eroberer führte zu großer Unsicherheit und zu gänzlicher Verarmung. Ununterbrochen hören wir von Klagen, daß selbst große und reiche alte Metropolen nun nicht mehr in der Lage seien, einen Kleriker, geschweige denn einen Bischof zu ernähren. Die griechischen Metropoliten waren von jeher geneigt, ihren Aufenthalt lieber in der Hauptstadt als in der Provinz zu nehmen. Was früher Vorwand gewesen, wurde jetzt zur Zwangslage. An den „Ranglisten der Bischofssitze" (Notitiae episcopatuum), deren jeweilige Revision die tatsächliche Bedeu-

[1] Zur Verdrängung der Griechen aus Kleinasien vgl. *K. Amantos*, Ὁ ἑλληνισμὸς τῆς Μ. Ἀσίας κατὰ τὸν μεσαιῶα (Athen 1919); *A. Wächter*, Der Verfall des Griechentums in Kleinasien im XIV. Jh. (Jena 1903); *I. K. Bogiatzides*, Ἱστορικαὶ μελέται (Thessalonike 1933) 1—60; *P. Wittek*, Das Fürstentum Mentesche (Istanbul 1934).

tung der Bistümer widerspiegeln, können wir ablesen, wie eine um die andere der kleinasiatischen Metropolen ihre Stellung an früher kaum sehr bedeutende, aber glücklicher gelegene Diözesen abgeben mußte. De facto aber half sich die Synode in Konstantinopel zumeist damit, daß sie zwei und mehr Bistümer, mochten sie noch so weit auseinanderliegen, in einer Hand vereinigte, damit die reicheren Hilfsmittel des einen der Verwaltung des anderen zugute käme. Diese auf Zeit gedachten Vergabungen und Verbindungen (κατ' ἐπίδοσιν) füllen die Patriarchalakten der Epoche. Der Verfall der Kirchen im eroberten Land konnte damit zeitweise aufgehalten werden, in vielen Fällen aber ließ sich der Gang der Dinge nicht mehr hemmen. Dazu kam, daß manche Gemeinden die politischen Vorteile einer Turkisierung und nicht selten sogar die einer Islamisierung wahrnahmen, zumindest religiös-synkretistische Lebensformen entwickelten, die in den Augen der Orthodoxen zu perhorreszieren waren. Klerus und Bischöfe selbst, die im Lande verblieben, paßten sich den Verhältnissen da und dort an, so daß das Gesamtbild der orthodoxen Kirche in Kleinasien immer trostloser wird.

Im großen Raum von Innerkleinasien bleiben berühmte Metropolen wie Sebaste, Euchaita, Ikonium, Mokissos und Nazianz jahrzehntelang ohne eigenen Bischof. Man überträgt — ein impossibile — ihre Verwaltung einem einzigen Mann, dem Metropoliten von Cäsarea in Kappadokien. Das geschieht 1327, und wir stellen fest, daß sich 1365 an diesem Zustand noch kaum etwas geändert hat[2]. Besser hielten sich die Metropolen an den nördlichen Rändern Kleinasiens, Trapezunt vor allem, das ja unter dem Schutz eines eigenen Kaisertums stand, aber auch Amaseia und Sinope im Helenopontus; freilich treten auch hier immer wieder lange Sedisvakanzen auf. Besondere Anstrengungen macht man, um den alten Apostelsitz Ephesus am Leben zu erhalten. Der Stuhl kann zwar fast das ganze 14. Jh. hindurch besetzt werden, doch ging dies nur deshalb, weil man die meisten Bistümer des ehemaligen ephesinischen Großsprengels, die inzwischen seit Jahrzehnten und Jahrhunderten selbständige Metropolen und Erzbistümer geworden waren, wieder mit Ephesus vereinigte[3]. In Sardeis muß die Vernichtung des Christentums schon anfangs des 14. Jh. begonnen haben. Um die Jahrhundertmitte tritt Philadelphia, die letzte Festung der Byzantiner in Kleinasien, in seine Rechte ein, zunächst auf Zeit, 1369 aber endgültig[4]. Smyrna mußte, ebenfalls schon zu Beginn des Jahrhunderts, zeitweise von der Insel Chios aus verwaltet werden. 1347 nahm ein Kreuzfahrerheer die Stadt ein und etablierte eine lateinische Hierarchie. Als dann einige Zeit später wieder ein griechischer Metropolit hätte eingesetzt werden können, konnte sich kaum jemand entschließen, den Posten anzutreten[5]. Das flache bithynische Land war schon in den ersten Jahrzehnten die Beute der Osmanen, auch

[2] *Miklosich-Müller*, Acta et diplomata graeca medii aevi I (Wien 1860) 143 ff 468 ff.
[3] Ebd. II 103 ff. [4] Ebd. I 270 509. [5] Ebd. I 447.

wenn die wichtigsten Städte erst zu Beginn des vierten Jahrzehnts osmanisch wurden. Dabei scheinen die Bewohner von Nikaia in Mengen zum Islam übergetreten zu sein. 1338 macht ihnen der Patriarch das Angebot, sie, wenn sie bereuten, wieder in die Kirche aufzunehmen. Ja er geht so weit, sie von der öffentlichen Ausübung und dem öffentlichen Bekenntnis des Christentums zu dispensieren, sofern die Furcht vor den Türken eine solche Haltung notwendig erscheinen lasse — für orthodoxe Begriffe ein einmaliges Verfahren [6].

Der Patriarch selbst war kaum in der Lage mit seinen finanziellen Mitteln die notleidenden Kirchen zu unterstützen. Die Hagia Sophia hatte durch den 4. Kreuzzug den größten Teil ihres Immobilienbesitzes verloren und seit 1261 nur wenig wieder zurückerhalten. 1324 verpflichten sich die Metropolen und Erzbistümer, Monembasia an der Spitze, durch finanzielle Sonderleistungen den Patriarchen zu unterstützen [7]. Je mehr Metropolen nun selbst in Schwierigkeiten gerieten, desto weniger konnte dieser Beschluß seine Wirkungen zeitigen. Schon 1381 hören wir die Klage, keine Metropole der orthodoxen Kirche sei ärmer als die „Große Kirche“ [8].

Trotzdem läßt Konstantinopel bis zuletzt nicht nach, den Rang seiner Kirche territorial, juristisch und geistig nachdrücklich in Erinnerung zu bringen.

Je geringer die wirkliche Ausdehnung des Patriarchats und je nachdrücklicher die Auseinandersetzung um den römischen Primat wird, um so stärker wächst Konstantinopel in ein zentralistisches Denken hinein, das gespeist wird vom Gedanken an den Universalprimat der eigenen Kirche. Auch hier sprechen die Patriarchalakten der Zeit eine klare Sprache. Die Konzeption einer „Pentarchie“, d. h. die Vorstellung, daß das Wesen des Aufbaues der Kirche im lockeren Zusammenwirken an sich selbständiger (autokephaler) fünf Patriarchate bestehe, läßt sich nicht nur in mittelbyzantinischer, sondern auch noch in spätbyzantinischer Zeit feststellen [9]. Mehr und mehr jedoch betonen die Patriarchen von Konstantinopel ihre Sonderstellung und bedienen sich dabei eines sozusagen papalen Wortschatzes. Die Kirche Christi hat ihre Spitze in Konstantinopel, der Gründung des „Erstberufenen“ Andreas; der Bischof von Konstantinopel ist „der gemeinsame Vater aller Christen auf Erden“, die Metropoliten sind seine Vikare. Jeder Christ hat das Recht, an ihn zu appellieren. Er ist aber auch der „katholische Lehrer“ des Erdkreises, Stellvertreter Christi und auf dessen Throne sitzend [10].

Theoretisch hat sich dabei das Verhältnis zum Kaiser kaum gewandelt. In hoc discrimine rerum waren beide Gewalten mehr als je auf Zusammenarbeit angewiesen. Die Erfahrungen etwa, die man mit dem Konzil von

[6] Ebd. I 183. [7] Ebd. I 126—129. [8] Ebd. II 35.
[9] Dazu *Beck* 33—34. [10] Belege bei *Beck* 35.

Lyon gemacht hatte, wo der Kaiser die Union ohne Zuziehung der Hierarchie als solcher vollzogen hatte, ließen es diesem mehr und mehr angemessen erscheinen, in kirchlichen Grundsatzfragen immer stärker den Patriarchen und seine Synode einzuschalten. Je mehr man mit den Verhältnissen im Westen vertraut wurde, desto mehr paßt man sich auch in den Verhandlungen dem westlichen Ideenkomplex vom Verhältnis zwischen Staat und Kirche an. Das beste Beispiel dafür ist das Verhalten Kaiser Johannes' VIII. auf dem Konzil von Ferrara-Florenz; er ließ zwar die Zügel der Verhandlungsführung nicht aus der Hand, gestattete aber dem Patriarchen und den Bischöfen in der theologischen Diskussion mehr Freiheit als irgendeiner seiner Vorgänger und führte nichts dagegen an, wenn die Männer der Kirchen auf die Eigenständigkeit ihrer Kompetenzen pochten. Trotzdem erschien dem Papst Eugen IV. der Zustand der Kirche gegenüber dem Kaiser bedauernswert, und Patriarch Joseph II. versprach sich vom Abschluß der Union mit Hilfe des Papstes eine Stärkung der kirchlichen Freiheit[11]. Auch bei den Bischöfen und hohen Kirchenbeamten, etwa bei Symeon von Thessalonike und bei Silvester Syropulos, regt sich mehr und mehr der Unwille über die Unfreiheit der Kirche. Dabei mußte die Kirche diese ihre Unfreiheit eben in dieser Zeit sogar schriftlich niederlegen. Kaiser Johannes V. verlangte von der Patriarchalsynode (zwischen 1380 und 1382) ein Dekret, das seine wesentlichen bisherigen Rechte in Sachen der Kirchenverwaltung sanktionierte[12]. Das Entscheidende ist freilich, daß jetzt, gegenüber den legistischen Theorien früherer Jahrhunderte, die Rechte der Kaiser als kirchliches Privileg zum Ausdruck kamen und nicht mehr als angeborene Rechte. Aber die Ironie der Situation — der Kaiser kann sich die Privilegierung erzwingen — zeigt die tatsächliche Verteilung der Gewichte. Doch kann wohl festgestellt werden, daß bei aller Hartnäckigkeit, mit der die Kaiser an ihren kirchlichen Verwaltungsrechten festhielten, sie sich aus den bis dato von ihnen wahrgenommenen Rechten in Fragen des Glaubens und der Dogmen mehr und mehr zurückzogen, salviert durch die Stipulation von 1380/82, daß es der Synode und dem Patriarchen nicht gestattet sei, den Kaiser und seinen Hof in den Bann zu tun.

Nochmals sei betont: trotz aller Gegenstimmen, welche die kaiserliche Ingerenz in dieser Zeit hervorrief, verlangte die Lage von Kirche und Staat, den Konflikt nach Möglichkeit zu vermeiden. Eine Trennung der Gewalten hätte beide aufs schwerste betroffen. Wir spüren die Sorge des Patriarchen gegenüber der Entwicklung in Rußland, wo sich Stimmen hören ließen, die zwar die kirchliche Verbindung mit dem konstantinopolitanischen Patriarchat aufrechterhalten wissen wollten, den rechtlichen Nexus zwischen Kirche und Kaisertum aber ablehnten. Beschwörend schreibt Patriarch Antonios im Jahre

[11] S. *Syropulos,* Vera historia unionis non verae (Den Haag 1660) 92 100.

[12] V. *Laurent,* Les droits de l'empereur en matière ecclésiastique: RÉB 13 (1955) 5—20.

1393 an den Großfürsten Vasilij: „Du sagst: wir haben zwar eine Kirche, Kaiser aber nehmen wir keinen an! Doch das ist nicht in Ordnung. Die heiligen Kaiser nehmen eine bedeutende Stellung in der Kirche ein, denn sie haben von Anfang an auf der ganzen Oikumene das christliche Leben gestützt und erhalten. Die Christen können unmöglich eine Kirche haben ohne einen Kaiser. Beide sind aufs engste miteinander verbunden und können nicht getrennt werden!“ [13] Doch selbst diese entflammte Stellungnahme konnte die russische Entwicklung nicht aufhalten. Und in dem Augenblick, in dem es keine byzantinischen Kaiser mehr gibt, wird Moskau auch kirchlich die Selbständigkeit anstreben und verwirklichen.

Das Wirken der Patriarchen in dieser Zeit hat aber nicht nur das Prestige der eigenen Stellung im Auge, sondern verfolgt wachsam auch die Konsolidierung und Ausbreitung der Orthodoxie, wo immer noch eine Möglichkeit besteht. Zeitweilig hat es den Anschein, als könnten Teile des mongolischen Herrschaftsgebietes, das weit ins ehemalige Reich hereinragt, verchristlicht werden. Besonders die Mongolen in Persien zeigen sich seit dem Khan Hulagu (1251—1265) dem Christentum vor allem in seiner nestorianischen Form geneigt. Aber auch die Orthodoxen hatten an dieser Toleranz teil, ja um die Wende zum 14. Jh. kann Konstantinopel sogar in der Person des Gregorios Chioniades einen Bischof nach Täbris entsenden[14]. War dieser Erfolg auch von kurzer Dauer — Chioniades scheint bald konfiniert worden zu sein —, so wandte sich der Patriarch um so energischer jenen ehemaligen Reichsgebieten zu, wo die Lockerung und der beginnende Verfall der lateinischen Herrschaft für die Orthodoxie Vorteile erhoffen ließen, vor allem Kreta, Zypern und der Peloponnes.

Auf Kreta war die griechische Kirche nominell mit den Lateinern uniert[15]. Doch duldeten die Venezianer keinen griechischen Bischof auf der Insel. Die Oberleitung der Griechen lag in den Händen des Erzpriesters (Protopapas) von Chandax, der dem lateinischen Erzbischof der Insel verantwortlich war. Ein kirchlicher Verkehr mit Konstantinopel war nicht erlaubt, die griechischen Kleriker wurden nach Prüfung durch die lateinischen Bischöfe Kretas von griechischen Bischöfen der venezianischen Besitzungen Modon

[13] *Miklosich-Müller* a. a. O. II 191.

[14] *J.-B. Papadopulos,* Une lettre de Grégoire Chioniadès, évêque de Tabris: Mélanges Ch. Diehl I (Paris 1930) 257—262; vgl. auch *R. Grousset,* L'empire des steppes (Paris 1952) 420 ff.

[15] *N. B. Tomadakes,* ’Ορθόδοξοι ἀρχιερεῖς ἐν Κρήτῃ ἐπὶ ‘Ενετοκρατίας: ’Ορθοδοξία 27 (1952) 63—75; *ders.,* Οἱ ὀρθόδοξοι παπάδες ἐπὶ ‘Ενετοκρατίας καὶ ἡ χειροτονία αὐτῶν: Κρητικὰ Χρονικά 13 (1959) 39—72; *G. Hofmann,* Wie stand es um die Frage der Kirchenunion auf Kreta im XV. Jh.?: OrChrP 10 (1944) 91—115; *ders.,* Nuove fonti per la storia profana ed ecclesiastica di Creta nella prima metà del secolo XV: ‘Ελληνικά, Παράρτημα 9 (1955) 462—469; *M. J. Manusakas,* Μέτρα τῆς Βενετίας ἔναντι τῆς ἐν Κρήτῃ ἐπιρροῆς τοῦ πατριαρχείου Κωνσταντινουπόλεως: ’Επετηρίς 30 (1960) 85—144.

und Kroton auf dem Peloponnes geweiht. Trotzdem hielt sich die Orthodoxie im wesentlichen ungebrochen, ja sie konnte nicht wenige venezianische Kolonisten im Innern der Insel für sich gewinnen. Immer wieder macht Konstantinopel Anstrengungen, auch direkten Einfluß zu gewinnen. Hierher gehört z. B. die Mission des Bischofs Anthimos nach Kreta in der zweiten Hälfte des 14. Jh., wohl im Gefolge des griechischen Aufstandes gegen die Serenissima in den sechziger Jahren[16]. Bald darauf ging Joseph Bryennios († ca 1430) für zwanzig Jahre nach Kreta[17], ohne Zweifel im Auftrag des Patriarchen, wenn dies auch kaum öffentlich gesagt wurde. Kreta war damals die Zuflucht so mancher Konvertiten, die Konstantinopel verlassen hatten, und Bryennios war bemüht, deren Einfluß einzudämmen, aber auch die Orthodoxen, vor allem Mönche und Kleriker, zu jenem sittlichen Leben zu bewegen, das offenbar im Zwielicht zwischen den beiden Konfessionen nachdrücklicher Stärkung bedurfte. Es scheint, daß orthodoxe Kreise, mit seinem Sitteneifer nicht einverstanden, seine Ausweisung durchsetzten.

Auf Zypern war die Lage der orthodoxen Kirche verzweifelt[18]. Sie lebte mehr schlecht als recht auf der juristischen Grundlage der „Bulla Cypria" des Papstes Alexander IV. aus dem Jahre 1260. Zwar gab es noch Bischöfe, vier an der Zahl, aber jeder von ihnen hatte einen lateinischen Kollegen an seiner Seite, und der einzige Metropolit war der lateinische Erzbischof. Ein neugewählter Bischof wird von der lateinischen Hierarchie geprüft und bestätigt und muß dem Papst den Treueid leisten. Streitfälle zwischen orthodoxen Klerikern entscheidet zwar ein orthodoxes Gericht, es bedarf aber der Relation an die Lateiner; gemischte Fälle unterstehen ausschließlich der kanonischen Entscheidung der lateinischen Hierarchie. So waren die Griechen auf der Insel nicht nur in völliger Abhängigkeit von den Lateinern, sondern genossen auch die Verachtung der orthodoxen Welt, besonders des Patriarchats. Unter diesen Umständen fassen die griechischen Bischöfe zu Beginn des 15. Jh. — allerdings nicht einmütig — den Beschluß, sich wieder Konstantinopel zu unterstellen. Wiederum geht Joseph Bryennios als Beauftragter des Patriarchen auf die Insel und versammelt eine Synode[19]. Seine Instruktionen verlangen von den zypriotischen Bischöfen, daß dem Papst der Gehorsam aufgesagt und die Zusammenarbeit mit den lateinischen Bischöfen eingestellt wird. Da die Bischöfe aus Furcht vor ihren Herren einen Geheimvertrag mit dem Patriarchat vorschlugen und an den äußeren Verhältnissen nichts geändert wissen wollten, empfahl Bryennios der Synode, von der Union Abstand zu nehmen.

[16] Darüber *I. Dyobuniotes:* 'Επετηρὶς 'Εταιρ. Βυζαντ. Σπουδῶν 8 (1931) 30—41, 9 (1932) 53—55.

[17] Über Bryennios siehe oben Anm. 21, 22.

[18] *G. Hill,* A History of Cyprus II (Cambridge 1948).

[19] Akten herausgegeben von *A. Papadopulos-Kerameus,* 'Ο ἐν Κω/πόλει Φιλολ. Σύλλογος: Παράρτημα zu Band 17 (1886) 48—51.

Wirkliche Fortschritte machte die Orthodoxie auf der Halbinsel Peloponnes[20]. Die glücklichen Feldzüge der Despoten von Mistras erlaubten der griechischen Hierarchie die effektive Inbesitznahme mancher der großen alten Metropolen, wie Patras und Korinth. Mit der Reorganisation der Kirche von Patras hatte man schon Dezennien vorher begonnen; griechisch wurde die Stadt 1429/30. In der Zwischenzeit war der Metropolit gezwungen gewesen, das Bistum vom Kloster Mega Spelaion aus zu regieren. Korinth wurde 1395 wieder griechisch. Die Wiederbelebung der Metropole, etwa seit der Mitte des 14. Jh., brachte freilich auch schwere Rangstreitigkeiten mit dem inzwischen groß gewordenen Monembasia, das sich den alten Privilegien des ersten Sitzes der Peloponnes mit Nachdruck widersetzte. In Mistras selbst erhob sich im Verlauf dieser Jahrzehnte eine neue Kapitale der Orthodoxie mit allem äußeren Glanz. Hier residierte der Bischof von Sparta, hier wurden neue Kirchen gebaut und neue Klöster errichtet. Um 1300 entstand das kaiserliche Kloster Brontochion, das Zoodotu-Kloster und die Pantanassa. Auch in den übrigen Gebieten des Despotats kann ein neuer Aufschwung der Klostergründungen festgestellt werden, so in Monembasia, in Messenien, in Kernitza usw. Mistras war auch der Schauplatz eines regen geistigen Lebens, hier konzentriert sich eine Bewegung, an dem auch die Theologie teilhat, und hier erwächst ein griechischer Nationalismus mit regenerativen Kräften — aber auch hier setzt Mehmed der Eroberer den Schlußstrich.

Der Sieg der palamitischen Theologie im 14. Jh. ist zugleich der Sieg des hesychastischen Mönchtums, und mit einem Schluß a potiori darf man wohl sagen, der Sieg des byzantinischen Mönchtums überhaupt. Zwar hat die Kontroverse gezeigt, daß dieses Mönchtum schon damals eine Art nationaler Einrichtung sakrosankter Natur war, daß die Verurteilungen, die damals ausgesprochen wurden, oft gar nicht so sehr auf einer genauen Analyse theologischer Meinungen der Antipalamiten, sondern einfach auf der Tatsache des crimen laesae religionis beruhten; aber der Antipalamismus, besonders in der Form, wie Barlaam ihn vortrug — doch auch Gregoras gehört in die Reihe —, war eben doch ein Angriff gegen den Athos; jedoch der letzte. Der Sieg bedeutet zugleich einen wenn möglich noch vergrößerten politischen Einfluß. Diese Entwicklung hatte sich seit langen Jahrzehnten angebahnt. Da, wo die griechische Hierarchie durch die lateinischen Eroberer verdrängt worden war, blieben häufig die Mönche, die ja im byzantinischen Reich wesentlich unabhängiger von äußeren klösterlichen Lebensformen ihre Ideale pflegten als etwa im gleichzeitigen Westen und deshalb im okkupierten Heimatbezirk leicht untertauchen konnten, um

[20] Vgl. *D. A. Zakythinos,* Le despotat grec de Morée II (Athen 1953) 270 ff.

als Führer und Berater des Volkes den Widerstand gegen die lateinische Herrschaft in Verwaltung und Kirche wachzuhalten. Sie trugen aber auch den Widerstand in das Reichsinnere, gegen den Kaiser oder die hohe Geistlichkeit und den Patriarchen, sooft sich hier eine Neigung bemerkbar machte, mit der Kirche des Westens zu paktieren. Sie steigerten sich oft und oft aus eigenen Gnaden in die Rolle der Heroen der Orthodoxie hinein und konnten es um so unbeschwerter, als es ihnen häufig an jeder, auch der theologischen Bildung mangelte. Dieses Ansehen der Mönche schließt nicht aus, daß sich Spott und Satire ihrer kräftig annimmt. Beide sind im Grunde ungefährlich und spielen nur jene kompensatorische Rolle, die in jeder stark klerikalisierten Kultur zu beobachten ist. Das Ansehen der Mönche wurde gestützt durch die großen Reichtümer an Boden und Hintersassen, welche die meisten Klöster seit Jahrzehnten durch fromme Stiftungen, kaiserliche Huld- und Werbeerweise und geschickte Wirtschaftspolitik in ihren Besitz gebracht hatten. Freilich: die wirtschaftliche Lage der Kaiser und des hohen Adels war im 14. und 15. Jh. nicht mehr derart, daß sich die Zahl der großen Feudalklöster noch wesentlich vermehrt hätte. Die Stiftungen, die noch erfolgten, scheinen alle bescheidenen Ausmaßes gewesen zu sein.

In das 14. Jh. muß man wohl auch die Hauptphase jener Entwicklung versetzen, welche allmählich zum Sieg der „Idiorrhythmie" in den älteren Klöstern führte[21]. Das Wort ist in der asketischen Sprache seit Jahrhunderten bekannt und bedeutet den durch kein Joch des Gehorsams gebändigten Eigenwillen — auf jeden Fall etwas Verwerfliches. In dieser Spätzeit behält der Begriff diese Bedeutung durchaus bei, wird aber — bald positiv, bald negativ bewertet — im engeren Sinn Ausdruck für eine klösterliche Lebensform, die ein Auflösungsprodukt des Koinobions ist. Die große klösterliche Familie zerfällt in kleinste Gruppen, die, abgesehen von den großen Linien des mönchischen Ideals, ihr Leben selbst regeln, Eigentum erwerben, testieren und kaum noch eines Abtes bedürfen. An seine Stelle tritt bald eine sogenannte Epitropia, ein dirigierender Ausschuß von Vertretern dieser Kleinstgemeinschaften, mit einem primus inter pares — in der Folge δικαῖος genannt — an der Spitze. In der Statuten-Literatur ist dieser Zustand zum erstenmal klar greifbar in dem Typikon, das Kaiser Manuel II. für den Athos erläßt (1394)[22]. Der Text lehnt diese Lebensform zwar ab, doch der geringe Nachdruck läßt vermuten, daß der Verfasser keine übertriebenen Hoffnungen hegte. Über den Ursprung dieser Lebensweise sind die verschiedensten Theorien aufgestellt worden. Man darf jedenfalls nicht übersehen, daß das strenge Zönobitentum in Byzanz immer auf große Widerstände gestoßen ist,

[21] *Ph. Meyer,* Die Haupturkunden für die Geschichte der Athosklöster (Leipzig 1894); *ders.,* Beiträge zur Kenntnis der neueren Geschichte und des gegenwärtigen Zustandes der Athos-Klöster: ZKG 11 (1890) 395 ff; *P. de Meester,* De monachico statu juxta disciplinam byzantinam (Città del Vaticano 1942) 78—80 380—381 u. passim.

[22] *Meyer* a. a. O. 195—203.

daß weder Kaiser Justinian noch etwa Athanasios Athonites es gewagt haben, Formen der Anachorese gänzlich auszuschließen. Die zahlreichen Mönchsviten verraten immer wieder, daß die tatsächlichen Verhältnisse selbst über die Zugeständnisse der Legislatoren weit hinausgingen. Gerade die Entwicklung der hesychastischen Mystik muß die Neigung zur Idiorrhythmie wesentlich gefördert haben. So wie die Liturgie, die „Psalmodia", im Leben der Hesychasten kaum eine nennenswerte Rolle spielt, ja von zahlreichen Enthusiasten abgelehnt wurde, so konnte eine kleine Gruppe von Hesychasten das zönobitische Leben insgesamt nur sprengen. Ihre Mystik widerspricht einer größeren Gruppenbildung, in welcher der Gemeinschaftsgedanke tragend sein soll. Kaum daß Byzanz gefallen ist, mehren sich die Stimmen, welche die Idiorrhythmie ablehnen — und zwar sind es die Stimmen der Bischöfe —, aber es hat nicht den Anschein, daß man den Zusammenhang zwischen Hesychasmus und Idiorrhythmie gesehen hat.

Eine Stimme freilich erhebt sich im späten Byzanz, die mit dieser und jeder Art von Mönchtum aufräumen will, freilich die Stimme eines Außenseiters: Gemistos Plethon, in seinen Reformschriften, welche den Palaiologen gewidmet sind und den byzantinischen Staat zu reorganisieren bestimmt sind[23]. Er spricht den Mönchen, „die unter dem Vorwand geistlicher Betrachtung auf einen reichen Anteil am Staatsgut Anspruch erheben", jedes Recht darauf ab, „da sie nichts für das Gemeinwesen leisten". Sie sollten vielmehr für ihren eigenen Unterhalt arbeiten, nicht aber andere erpressen. „Wenn schon die gesamten Staatseinkünfte kaum zur Bestreitung der Kosten der Verteidigung hinreichen, was wird dann erst übrigbleiben, wenn man auch noch einen Schwarm von Drohnen füttert, von denen die einen angeblich geistlicher Betrachtungen obliegen, die anderen aber müßig gehen."

Wie immer man über dieses Verdikt denken mag, die glücklichste Rolle hat das Mönchtum in der Endzeit von Byzanz nicht gespielt. Für den sozialen Beitrag des byzantinischen wie jeden Mönchtums zum Leben des Volkes und Staates müssen elastische Maßstäbe gesucht werden. Wo sich aber das byzantinische Mönchtum in die kirchenpolitischen Fragen der Zeit eingemischt hat, geschah es mit Unnachgiebigkeit und Intransigenz, die von vornherein wohlberechtigte Überlegungen, besonnene Vertiefung in die Materie und abgewogenes Urteil vermissen ließen[24].

[23] S. *Lampros*, Παλαιολόγεια καὶ Πελοποννησιακά III (Athen 1926) 257.

[24] Dazu eine orthodoxe Stimme: *D. Savramis*, Zur Soziologie des byzantinischen Mönchtums (Leiden-Köln 1962), bes. 92/93: „Der individuellen Moral der byzantinischen Mönche gelang niemals ein Ausgleich mit der sozialen Moral ... Ihr konservativer Geist bewahrte das Griechentum vor negativen Einflüssen aus dem Westen, er trug aber auch dazu bei, daß die positiven Einflüsse des Westens immer auf die feindliche Abwehr des Ostens stießen."

VIERTER ABSCHNITT

Vom Mittelalter zur Reformation

Univ.-Professor Dr. Karl August Fink, Tübingen (Kap. 55—57)
Univ.-Professor Dr. Erwin Iserloh, Münster (Kap. 58—61)

55. Kapitel

Renaissance und Humanismus

QUELLEN: *V. Ilardi,* Fifteenth-century Diplomatic Documents in Western European Archives and Libraries 1450—1494: Studies in the Renaissance 9 (1962) 64—112; Calendar of Entries in the Papal Registers relating to Great Britain and Ireland X—XIV 1447—1492 (1915/60); Repertorium Germanicum VI Nikolaus V. (im Druck); *Vespasiano da Bisticci,* Vite di Uomini illustri del secolo XV, hrsg. von *P. D'Ancona - E. Aeschlimann* (Mailand 1951); *L. Pastor,* Ungedruckte Akten zur Geschichte der Päpste I 1376—1464 (Freiburg 1904).

LITERATUR: *Fliche-Martin* XV (1951): L'Église et la Renaissance par *R. Aubenas - R. Richard; Pastor* I II, dazu *A. Strnad,* Francesco Todeschini-Piccolomini. Politik und Mäzenatentum im Quattrocento: RömHM 8/9 (1964/66) 101—425 mit laufenden Ergänzungen und Korrekturen zu Pastor und sehr ausführlicher Lit.; *Seppelt-Schwaiger* IV (1957); Storia d'Italia, coord. da *N. Valeri* II (Turin 1959); *N. Valeri,* L'Italia nell'Età dei Principati (Verona 1949); *P. Paschini,* Roma nel Rinascimento (Bologna 1940) 477—488 (Bibliografia); *H. Marc-Bonnet,* Les Papes de la Renaissance 1447—1527 (Paris 1953); *D. Hay,* Geschichte Italiens in der Renaissance (Stuttgart 1962); *F. Bérence,* Les Papes de la Renaissance (Paris 1966); *F. Cognasso,* L'Italia nel Rinascimento. Società e Costume II (Turin 1965) 275—372; *J. H. Plumb,* The Italian Renaissance. A Concise Survey of its History and Culture (New York 1965); *F. Babinger,* Mehmed der Eroberer und seine Zeit (München 1953); *S. Schüller-Piroli,* Borgia. Die Zerstörung einer Legende, die Geschichte einer Dynastie (Olten-Freiburg 1963); Handbuch der Geschichte der böhmischen Länder, hrsg. von *K. Bosl* I (Stuttgart 1967); *G. Urban,* Die Kirchenbaukunst des Quattrocento in Rom: Röm. Jahrbuch für Kunstgeschichte 9/10 (1961/62) 73—287; *D. Redig de Campos,* I Palazzi Vaticani (Bologna 1967); *R. U. Montini,* Le Tombe dei Papi (Rom 1957); *G. Ladner,* Die mittelalterliche Reform-Idee und ihr Verhältnis zur Idee der Renaissance: MIÖG 60 (1952) 31—59; *B. L. Ullmann,* Studies in the Italian Renaissance (Rom 1955); *P. O. Kristeller,* Studies on Renaissance Humanism during the Last Twenty Years: Studies in the Renaissance 9 (1962) 7—30; Bibliographie internationale de l'Humanisme et de la Renaissance. I Travaux parus en 1965 (Genf 1966); The Renaissance. A Reconsideration of the Theories and Interpretation of the Age, ed. by *T. Helton* (Madison 1964); *E. Raimondi,* Rinascimento inquieto (Palermo 1965); *F. Chabod,* Scritti sul Rinascimento (Turin 1967); Begriff und Problem der Renaissance. Wege der Forschung, hrsg. von *A. Buck* (Darmstadt 1968); *H. Baron,* Die politische Entwicklung der italienischen Renaissance: HZ 174 (1952) 31—56; *ders.,* Humanistic and Political Literature in Florence and Venice at the Beginning of the Quattrocento (Cambridge/Mass. 1955); *ders.,* The Crisis of Early Italian Renaissance. Civic Humanism and Republican Liberty in an Age of Classicism and Tyranny (Princeton 1955); dazu *M. Seidlmayer,* Wege und Wandlungen des Humanismus (Göttingen 1965) 47—74 und *Ferguson-Baron:* Journal of the History of Ideas 19 (1958) 14—34; *P. Herde,* Politik und Rhetorik in Florenz am Vorabend der Renaissance: AKG 47 (1965) 141—220; *G. Toffanin,* La religione degli Umanisti (Bologna 1950); *ders.,*

Storia dell'Umanesimo, 3 Bde (Bologna 1950); *E. Garin*, La cultura filosofica del Rinascimento Italiano (Florenz 1961); *ders.*, Medioevo e Rinascimento (Bari ²1961); *ders.*, Storia della Filosofia Italiana, 3 Bde (Turin 1966); *ders.*, Die Kultur der Renaissance: Propyläen Weltgeschichte VI (1964); *R. Weiss*, Humanism in England during the Fifteenth Century (Oxford ²1957); Renaissance und Humanismus in Mittel- und Osteuropa I, besorgt von *J. Irmscher* (Berlin 1962); *M. Gritz*, Die Stellungnahme der kath. Kirchenhistoriker Deutschlands im 19. Jh. zu Renaissance und Humanismus (Diss. theol. masch. Tübingen 1955).

Christlicher Humanismus: *A. Della Torre*, Storia dell'Accademia Platonica di Firenze (Florenz 1902, Neudruck Turin 1960); *P. O Kristeller*, Studies in the Renaissance Thought and Letters (Rom 1956); *A. Soria*, Los Humanistas de la Corte de Alfonso el Magnánimo (Granada 1956); *E. Garin*, Studi sul Platonismo medioevale (Florenz 1958); *F. Secret*, Les Kabbalistes chrétiens de la Renaissance (Paris 1964); *P. O. Kristeller*, Eight Philosophers of the Italian Renaissance (London 1965); *E. Wind*, Pagan Mysteries in the Renaissance (Bungay [Suffolk] 1967). Zu Valla: Laurentii Vallae Opera (Basel 1540, 1543, Neudruck Turin 1962 ff), ed. *E. Garin; G. Radetti*, L. Valla, Scritti filosofici e religiosi (Florenz 1953); *F. Gaeta*, Lorenzo Valla (Neapel 1955); Convegno di Studi per il V centenario della morte di L. Valla: Archivio storico per le prov. Parmensi IV serie 9 (1957). Zu Marsilio Ficino: Marsilii Ficini Florentini Opera, 2 Bde (Basel 1561, 1576, Neudruck Turin 1959); *P. O. Kristeller*, Supplementum Ficinianum, 2 Bde (Florenz 1937); *W. Dress*, Die Mystik des M. F. (Berlin-Leipzig 1929); *P. O. Kristeller*, Il Pensiero filosofico di M. F. (Florenz 1953); *M. Schiavone*, Problemi filosofici in M. F. (Mailand 1957). Zu Pico della Mirandola: Opera (Basel 1572), ed. *E. Garin*, 3 Bde (Florenz 1942/52); *E. Monnerjahn*, Giovanni Pico della Mirandola. Ein Beitrag zur philosophischen Theologie des italienischen Humanismus (Wiesbaden 1960); *P. Rocca*, Studi in onore di Giovanni Pico della Mirandola nel V centenario della nascita: Atti e memorie della Dep. prov. Ferrarese di storia Patria N. S. 26 (Ferrara 1963); *E. Garin*, Giovannni Pico della Mirandola (Parma 1963); *G. Di Napoli*, Giovanni Pico della Mirandola e la Problematica dottrinale del suo tempo (Rom 1965); L'Opera e il Pensiero di Giovanni Pico della Mirandola nella Storia dell'Umanesimo. I Relazioni, II Comunicazioni (Florenz 1966).

Wichtige Zeitschriften und Serien:
Medieval and Renaissance Studies (London 1950 ff); Renaissance News. Renaissance Society of America Publications (New York 1948 ff); Rinascimento. Rivista dell'Istituto Nazionale di Studi sul Rinascimento (Rom 1950 ff, seconda serie 1961 ff); Studies in the Renaissance. Publications of the Renaissance Society of America (New York 1954 ff).

Die Ereignisse um die Mitte des 15. Jh.: das Ende des Basler Konzils, die durch das Entgegenkommen Nikolaus' V. eingetretene Beruhigung in den europäischen Staaten, vor allem in Deutschland, die Restauration des Kirchenstaates mit dem Verzicht auf echte Kirchen- und Kurienreform bedeuten einen tiefen Einschnitt in der Geschichte der Kirche. Das nun anhebende sogenannte Zeitalter der Renaissance und Renaissancepäpste führt in raschem Übergang von der Frührenaissance zur Hochrenaissance. Dieser Umbruch größten Ausmaßes war von erheblichen krisenhaften Erscheinungen begleitet und findet in den kirchengeschichtlichen Darstellungen keine einheitliche Beurteilung.

In den letzten Jahrzehnten hat die Erforschung der Renaissance und des Humanismus gewaltige Fortschritte gemacht, mit einer kaum mehr überschaubaren Zahl von Untersuchungen, eigenen Zeitschriften und Publikationsserien. Sie widmen sich der Deutung eines überaus lebendigen Jahrhunderts, vorwiegend jedoch in der Sicht der Philologie, der Kunst-, Kultur- und Verfassungsgeschichte. Alle diese Fragen müssen hier beiseite gelassen werden, und nur die kirchlichen Belange, vor allem die Entwicklung des Papsttums, stehen zur Behandlung (vgl. Kap. 61). Seitdem Pastor von „braven“ und „bösen“ Humanisten zu sprechen beliebte, ist das Problem der Religiosität und Kirchlichkeit der Humanisten und führenden Gestalten der Renaissance nicht mehr zur Ruhe gekommen. Wenn auf der einen Seite etwa Toffanin die Gläubigkeit wohl zu stark betonte, so haben wir anderseits kaum ein Recht, von einem weitverbreiteten Paganismus zu reden[1].

Die Anfänge der Renaissance und des Humanismus als literarischer Bewegungen werden ganz verschieden angesetzt, auch schwankt die Beurteilung in den Bezeichnungen einer christlichen oder unchristlichen Renaissance von gläubigen oder ungläubigen Humanisten, von antichristlicher Verurteilung bis zur Auffassung als Reformbewegung. Die Abwendung von Aristoteles und der späten Scholastik, die Hinneigung zu Plato und zum Augustinismus konnte in vieler Hinsicht eine Erneuerung bedeuten. Die Renaissance der klassischen Studien war zunächst vorwiegend eine italienische Angelegenheit; von Florenz, Rom und den kleinen italienischen Fürstenhöfen des 15. Jh. wurde sie in Ausstrahlung auf ganz Europa eine neue Klammer, die das im Aufstieg der Nationalstaaten abgeschwächte Band des christlichen Imperiums ersetzen mochte.

Die humanistische Bewegung in Italien wurde stark gefördert durch griechische Gelehrte, die um die Wende vom 14. zum 15. Jahrhundert, zur Zeit der Reformkonzilien und nach dem Fall von Konstantinopel nach dem Westen kamen (Chrysoloras, Gemistos Plethon, Bessarion u. a.). Der sog. *christliche Humanismus* aber erhielt seine besondere Bedeutung durch Gestalten wie Lorenzo Valla, Marsilius Ficinus, Pico della Mirandola und die Platonische Akademie von Florenz. Lorenzo Valla (1407—57), ein gebürtiger Römer, war einige Jahre in Pavia tätig, bis ihn von dort ein Streit mit Juristen vertrieb, dann elf Jahre am Hofe des großen Gönners der Humanisten König Alfonso il Magnanimo von Neapel und unter dem Pontifikat Nikolaus' V. wieder in Rom. Als stärkste Begabung unter den italienischen Humanisten der ersten Hälfte des 15. Jh. blieb er nicht bei der philologischen Erörterung der bisher bekannten und neu aufgefundenen Texte stehen, sondern zog Folgerungen auf philosophischem und theologischem Gebiet. Besonders be-

[1] *G. Toffanin,* La religione degli Umanisti (Bologna 1950); *Ch. Trinkaus,* Humanist Treatise on the Status of the Religious: Petrarch, Salutati, Valla: Studies in the Renaissance 11 (1964) 7—45; *C. Angeleri,* Il Problema religioso del Rinascimento, Storia della Critica e Bibliografia (Florenz 1952); *M. Seidlmayer,* Religiös-ethische Probleme des italienischen Humanismus: Wege und Wandlungen des Humanismus (Göttingen 1965) 273—294; ein Überblick über die Auffassungen der Renaissance bei *E. Hassinger,* Das Werden des neuzeitlichen Europa (Braunschweig 1959) 23—50.

kannt wurde er durch seine scharfen, geistvollen, auf Nikolaus von Kues fußenden Angriffe gegen die Konstantinische Schenkung: De falso credita et ementita Constantini donatione declamatio (1440) mit der Forderung des Verzichtes auf die weltliche Macht des Papsttums. Wenn man diesen Frontalangriff gegen die römische Kirche in ihrer damaligen Gestalt auch mit dem Kampf des neapolitanischen Königs gegen Papst Eugen IV. in Zusammenhang bringen kann, so spricht darüber hinaus aus der Declamatio ein großes Verständnis für die religiösen Anliegen der Reformsynoden, vor allem des Basler Konzils[2]. Das bei den Humanisten auch sonst übliche Schelten der Habsucht der Geistlichkeit, der Falschheit und Lasterhaftigkeit der Mönche kommt bei Valla (De voluptate, De vero bono, De professione religiosorum) aus einer tiefen Schicht echter Religiosität und wahren Christentums[3]. Ähnlich wie der Cusanus wünschte auch er den religiösen Frieden (pax fidei) in der *einen* Religion, wenn sie auch in verschiedenen Riten ausgeprägt sei. Aus den vielen philologischen Streitigkeiten erwuchs ein kritischer geschichtlicher Sinn, der sich von der herkömmlichen scholastischen Theologie abwandte, zum hl. Paulus und den Kirchenvätern zurückkehrte, die neuen religiösen Bedürfnisse seiner Zeit des Umbruchs verstand und sich auch auf die erhabenste christliche Überlieferung ausdehnte, das Neue Testament. Der Vergleich der Vulgata mit dem griechischen Text (Collatio Novi Testamenti 1444) ergab eine Fülle von neuen theologischen Erkenntnissen und Fragen, die noch lange Zeit weiterwirken sollten. Die erst 1505 von Erasmus herausgegebenen „Annotationes" erlebten zahlreiche Auflagen und waren von großem Einfluß auf die Bibelkritik des 16. Jh. Freilich fanden sie auch starken Widerspruch und wurden im Jahre 1559 auf den Index Pauls IV. gesetzt, die anderen Werke folgten im Jahre 1590[4]. Sie hatten aber bis dahin schon ihre Wirkung getan, eine neue Art der Diskussion herbeigeführt und ein der „miseria humanae conditionis" des Mittelalters entgegengesetztes Lebensgefühl erweckt.

Aber Rom blieb trotz der Bemühungen Nikolaus' V. und der großzügigen Förderung der Humanisten durch Sixtus IV. nicht das Zentrum des Humanismus und der Renaissance, wenigstens nicht auf rein geistigem Gebiete. In *Florenz* kam der christliche Humanismus als Platonismus zu voller Entfaltung. Schon die erste Hälfte des 15. Jh. sah eine lebhafte wissenschaftliche Tätigkeit in der Arnostadt (Coluccio Salutati, Poggio Bracciolini, Leonardo Bruni u. a.).

[2] *G. Antonazzi,* Lorenzo Valla e la Donazione di Costantino nel secolo XV con un testo inedito di Antonio Cortesi: RSTI 4 (1950) 186—234.

[3] *G. Radetti,* La Religione di Lorenzo Valla: Medioevo e Rinascimento 2 (Florenz 1955) 595—620; *G. Zippel,* La defensio „Quaestionum in philosophia" di L. Valla, e un noto processo dell'Inquisizione Napoletana: Bullettino dell'Istituto storico Italiano per il Medio Evo 69 (1957) 319—347.

[4] *A. Morisi,* A proposito di due Redazioni della Collatio Novi Testamenti di L. Valla: ebd. 78 (1967) 346—381.

Zwar galt zunächst noch Aristoteles als der eigentliche Lehrer, der besonders von dem nach Italien geflüchteten und am Florentiner Studio angestellten Johannes Argyropulos erklärt wurde. Kurz nach der Mitte des Jh. entstand, gefördert durch Cosimo Medici, die „Akademie", die sich alsbald fast ausschließlich dem Platonismus zuwandte[5]. Wenn auch schon vorher Platons Schriften ins Lateinische übertragen wurden[6], so kam vor allem durch Marsilius Ficinus (1433—99) ein philosophierender Philologe, der sich voll und ganz in Lehre und Lebensgestaltung dem athenischen Philosophen verschrieben hatte, an die Akademie. Neben der Übersetzung fast aller Schriften Platons und der Neuplatoniker entstand sein Hauptwerk: Theologia Platonica seu de animorum immortalitate (1469/74). Das Interesse dieser Akademie galt also nicht nur Plato im engeren Sinne, sondern den von ihm befruchteten geistigen Strömungen der Antike und Spätantike und blieb nicht auf die eigentliche Philosophie beschränkt. „Der Platonismus bedeutete vielmehr eine Sprechweise und einen Geschmack als festgelegte Doktrinen: schließlich, wenn man will, eine Mode, die auf verschiedenen Wegen überall eindrang, in die Literatur, die darstellende Kunst, die Wissenschaften, Sitten und Gebräuche. Das läßt seine einzigartige Bedeutung, aber auch die Schwierigkeit verstehen, sein Bild zu fixieren" (Garin). Den Höhepunkt erreichte die Florentiner Akademie nach allgemeiner Ansicht unter Ficinos Schüler Giovanni Pico della Mirandola (1463/94), der in seinem kurzen Leben die religiösen Überlieferungen aller Völker zusammenfassen und dem Verständnis der christlichen Religion dienstbar machen wollte (Heptaplus, De ente et uno). Am bekanntesten wurde die Rede über die Würde des Menschen (De hominis dignitate), mit der er den von ihm für das Jahr 1486 in Rom geplanten Kongreß zur Disputation von 900 Thesen eröffnen wollte[7]. Esoterik, Hermetik, die Kabbala und der Areopagite spielen in seinen Gedankengängen eine große Rolle. Seine undogmatische, das kirchliche Lehramt häufig zurückweisende Haltung haben ihm den Ruf eines Synkretisten und unkirchlichen Mannes eingetragen. Wohl nicht ganz zu Recht, wenn man an seine engen Beziehungen zu Savonarola denkt. Hier wie auch sonst in dieser Zeit ist zu beachten, daß paganisierende Formulierungen christlicher Wahrheiten vorwiegend dem Erweis klassischer Bildung dienen und nicht ein religiöses Bekenntnis zu den antiken Göttern ablegen wollten. Was Ausstrahlung und Weiterwirken angeht, war er die bedeutendste Figur des christlichen Humanismus. In ihm und seinen bohrenden Fragen an die mittelalterliche Kirche und Theologie einen Vorläufer der Reformatoren des 16. Jh. zu sehen nimmt ihm nichts von seiner religiösen Größe und christlichen Eigenart.

[5] *V. R. Giustiniani,* Alamanno Rinuccini 1426—1499 (Köln - Graz 1965) 19 f.

[6] *E. Garin,* Ricerche sulle Traduzioni di Platone nella prima metà del sec. XV: Medioevo e Rinascimento 1 (Florenz 1955) 339—374.

[7] *Giovanni Pico della Mirandola,* Über die Würde des Menschen, ausgewählt und übertragen von H. W. Rüssel (Amsterdam 1940).

Ohne Rücksicht auf dieses ernst zu nehmende religiöse Ringen trat in Rom mehr als je zuvor der *Kirchenstaat* als Repräsentanz der Kirche in Erscheinung. Damit wird der Papst in erster Linie zum Regent eines Gebietes, das sich wie in den anderen italienischen Staaten vom Feudalstaat zur Signorie entwickelte. Doch bestehen gegenüber den italienischen und ausländischen Dynastien erhebliche Unterschiede. Zwar haben sich Aufstiege von Soldkapitänen zu fürstlicher Stellung von einiger Dauer ereignet, aber an der Kurie war es die Regel, daß beim Ableben des bisherigen Papstes ein neuer, kaum vorauszusehender Aufstieg erfolgte, und damit hängt der so häufige Wechsel der politischen Ausrichtung und der so oft beklagte, aber meist mißverstandene Nepotismus zusammen. In national-italienischer Sicht war es Aufgabe auch des Kirchenstaates, die großen europäischen Mächte, vor allem Frankreich und Spanien, von der italienischen Halbinsel fernzuhalten oder eine Vergrößerung ihrer schon bestehenden Territorien nicht zu dulden. Das tritt besonders deutlich in den Pontifikaten Alexanders VI. und Julius' II. in Erscheinung. Im inneritalienischen Bereich galt es, das durch den Frieden von Lodi (1454) erreichte Gleichgewicht der cinque principati zu bewahren. So war auch der Kirchenstaat gezwungen, in diesem raffiniert diplomatischen Spiel mit dem unaufhörlichen Wechsel der Verträge und Bündnisse mitzumachen in der Hoffnung, die jeweiligen Partner zu überlisten. Die Kurie hatte zudem eine überlegene Waffe zur Verfügung, die kirchlichen Zensuren, die, rasch und rücksichtslos angewandt, wohl wenig geistlichen Schaden anrichteten. Aber auch als geistliche Waffen konnten sie im irdischen Bereich recht wirksam werden, wenn die Verhängung des Interdikts eine Störung des Handels und eine Beschlagnahme der auswärtigen Güter durch die Konkurrenz zur Folge hatte.

Der Feind aus dem Osten, die Türken, machten den Päpsten viel zu schaffen, und es ist abwegig, von einer „Zusammenarbeit der Päpste mit den Türken" zu sprechen[8]. Mehr als alle anderen Mächte versuchte die Kurie, dem Vordringen des christlichen Erbfeindes Einhalt zu gebieten, wenn auch nicht immer mit Aufbietung aller Kräfte. Der alte Kreuzzugsgeist war im Zeitalter der nationalen Staaten erloschen, und niemand vermochte ihn zu neuem Leben zu erwecken.

Gegenüber der Politik traten die eigentlich religiösen Aufgaben des Papsttums in erschreckender Weise zurück. War schon seit dem 14. Jh. die Selbständigkeit der Staaten in kirchlicher Hinsicht stark angestiegen, so erfuhr im folgenden Jahrhundert der berühmte Satz „superiorem non recognoscens" in England, Frankreich, Spanien, Venedig, Mailand, Florenz, Neapel und einigen deutschen Territorien seine volle praktische Ausprägung und Durchführung. Da der größte Teil der Einkünfte jetzt aus Rom und dem Kirchen-

[8] *H. Pfeffermann*, Die Zusammenarbeit der Renaissancepäpste mit den Türken (Winterthur 1946).

staat kam, war diese Lage eher zu ertragen und machte die Kurie ziemlich unabhängig; doch handelte es sich bei dem sogenannten geistlichen Einkommen immer noch um große Summen. Diese geistlichen Einkünfte bestanden — wenn auch stark reduziert im Vergleich zur Zeit vor den Reformkonzilien — hauptsächlich aus Servitien und Annaten. Der Rückgang vieler Einkommensquellen aus der allgemeinen Kirche (Benefizialverwaltung) zwang zum Ausbau des Taxwesens und der nunmehr als wichtigsten Finanzbehörde fungierenden Datarie mit ihren oft recht fragwürdigen Kompositionen. Durch Höherbesteuerung vakanter Benefizien und Erhöhung der Dispensgebühren waren in außerordentlichen Fällen weitere Gewinne zu erzielen. Die starke Vermehrung der käuflichen Ämter (officia vacabilia), die als eine Art Staatsanleihe zu betrachten sind, suchte die zunehmende Verschuldung im Gleichgewicht zu halten. Im Pontifikat Leos X. waren es etwa zweitausend käufliche Ämter mit einem Kapitalwert von rund zweieinhalb Millionen Goldgulden und einer Verzinsung von 300 000 Goldgulden. Durch dieses System war eine wirkliche Reform der kurialen Verwaltung unmöglich. Die Angaben über die kuriale Finanzverwaltung schwanken ganz erheblich von Pontifikat zu Pontifikat und waren immer von der politischen Lage abhängig; ebenso die Einnahmen aus dem Kirchenstaat. Sie machten aber immer mehr als die Hälfte des gesamten Geldaufkommens aus. Eine unerwartete und reichlich fließende Quelle waren die im Pontifikat Pius' II. bei Tolfa entdeckten Alaungruben, die als Monopolbetrieb bedeutende Summen einbrachten und für den Türkenkrieg verwendet werden sollten. Über die immer vorhandenen geheimen Fonds wissen wir recht wenig. Da aus ihnen oft die Kosten für die Bautätigkeit und vor allem für die teueren politisch-militärischen Unternehmungen bestritten wurden, müssen sie von beträchtlichem Umfang gewesen sein[9].

Die Kurie als italienischer Fürstenhof nahm vollen Anteil an der sogenannten Kultur der Renaissance. Durch die übertriebene Repräsentation wurde die Hofhaltung eine sehr kostspielige Angelegenheit mit dem üblichen Aufwand für Bauten, Kunstwerke, Bücher, Musik, Theater und prunkvolle Feste, mit den Ausgaben für die große Zahl der Kurialen, die zum Teil auch durch Benefizien ihren Unterhalt erhielten. Dieser Hang zur Repräsentation war eine allgemeine Zeiterscheinung, aber man muß doch wohl fragen, ob die Päpste der Renaissance dem Zug der Zeit in solchem Ausmaß sich unterwerfen durften[10].

[9] *W. v. Hofmann*, Forschungen zur Geschichte der kurialen Behörden vom Schisma bis zur Reformation, 2 Bde (Rom 1913/14); *P. Partner*, The „Budget" of the Roman Church in the Renaissance Period: Italian Renaissance Studies, ed. by *E. F. Jacob* (London 1960) 256—278.

[10] Zur Repräsentation der Renaissance vgl. Les Fêtes de la Renaissance I (Paris 1956), hrsg. von *J. Jacquot*.

Eine besondere Stellung nimmt das Kardinalskolleg ein. Das Große Schisma und die Reformkonzilien hatten sein Ansehen stark geschmälert, aber die oft geforderte Reform kam trotz vieler hervorragender Reformentwürfe nicht zustande. Der durch Martin V. eingeleitete Rückzug des Papstes in den Kirchenstaat sicherte auch die Existenz des Kardinalskollegs in der hergebrachten Form, wenn auch gelegentlich auf Drängen auswärtiger Mächte weniger im Sinne des Kollegs geeignete Personen aufgenommen werden mußten. Die Haltung des Kollegs als Korporation spiegelte sich in den Wahlkapitulationen wider, die zwar nicht für jedes Konklave überliefert sind, aber immer vermutet werden können; vielleicht nicht immer schriftlich fixiert, aber doch als geheime mündliche Abmachungen. Es geht hier in erster Linie um den Schutz der wirklichen oder vermeintlichen Rechte des Kollegs vor Übergriffen des jeweiligen Papstes. Um den Einfluß der einzelnen Kardinäle zu erhöhen, muß die Zahl möglichst niedrig gehalten werden, und die Erhebung neuer Mitglieder ist an die Zustimmung des Kollegs zu binden. Damit hängt die Sicherung entsprechender Einkünfte zu fürstlicher Lebenshaltung, die als geziemend angesehen wurde, zusammen. Im Gewande der Bestimmungen und Abmachungen des Konstanzer Konzils kehren immer wieder: Verpflichtung des künftigen Papstes zum Kreuzzug gegen die Ungläubigen (Türken); Reform der Kurie, die drei Monate nach der Krönung in Angriff genommen, durchgeführt und in Zukunft beachtet werden muß; Abhaltung eines Generalkonzils innerhalb einer Frist von drei Jahren oder „quam primum commode fieri potest"; auf ihm ist zum Kreuzzug aufzurufen und die Reform der Gesamtkirche einzuleiten, die Zahl der Kardinäle darf vierundzwanzig nicht übersteigen, aus der Verwandtschaft des Papstes kann nur ein Kardinal stammen, und bei jeder Erhebung müssen zwei Drittel des Kollegs zustimmen, die Kandidaten über dreißig Jahre alt sein, Einkünfte und Besitz der Kardinäle, ihre Mitwirkung bei der Verwaltung des Kirchenstaates sind zu garantieren, Krieg oder Bündnis mit auswärtigen Fürsten zur Bekriegung eines anderen bedürfen ebenfalls der Zustimmung von zwei Dritteln des Kollegs; die wichtigsten Festungen des Kirchenstaats, vor allem die Engelsburg, dürfen nicht von Verwandten, sondern nur von Geistlichen und von diesen nicht länger als zwei Jahre verwaltet werden. Von großer Bedeutung hätten Schlußbestimmungen werden können, wenn sie beachtet worden wären, daß nämlich die Kapitulationen im ersten Konsistorium jedes Monats, später jedes Trimesters, in Gegenwart des Papstes zu verlesen seien und die Kardinäle zweimal im Jahre, am 1. November und 1. Mai, prüfen müßten, ob die Bestimmungen der Wahlkapitulation vom Papst beobachtet würden; wenn nicht, so sollen ihm Vorhaltungen gemacht werden bis zu dreimaliger Ermahnung. Weitere Sanktionen sind nicht ausgesprochen, aber es ist naheliegend, daß dann ein Konzil sich der Sache annehmen kann[11].

[11] *J. Lulvès,* Päpstliche Wahlkapitulationen. Ein Beitrag zur Entwicklungsgeschichte des

Neuere Untersuchungen zeigen, daß das Einkommen großen Schwankungen unterlag, daß es reiche und arme Kardinäle gab, daß Benefizien und Kommenden, Protektorate und Pensionen oft nicht ausreichten, um das als notwendig angesehene Einkommen von vier- bis sechstausend Goldgulden zu garantieren. In solchen Fällen sollte der Papst aus den Mitteln der Kirche und des Kirchenstaates monatliche Zuschüsse von 100 bis 200 Goldgulden gewähren. Wegen Ebbe in den päpstlichen Kassen mußten die erwähnten Zahlungen oft unterbleiben[12]. Man kann auch hier fragen, ob es nötig war, eine Klientel von Hunderten von Personen zu unterhalten, mit großem Gefolge in den Vatikan einzureiten, mächtige Paläste oder Palastburgen zu erbauen und rauschende Feste zu veranstalten.

Die Wahlkapitulationen enthalten aber auch eine Reihe allgemeiner Verpflichtungen, die mit der Zeit manchmal rein schematisch aufgenommen und an die Spitze gesetzt werden: Türkenkrieg, Reform der Kurie, Abhaltung eines Allgemeinen Konzils binnen kurzer Frist. Es ist aber ein großer Irrtum, vom Zusammenbruch der konziliaren Idee zu sprechen. Zwar konnte sich die Kurie durch die mit Erfolg betriebene Restauration des Kirchenstaates weitgehend der Gefahr der konziliaren Diskussion entziehen und die von den Staaten meist aus politischen Erwägungen angedrohte Berufung eines Generalkonzils verhindern. Aber im innerkirchlichen Bereich war die konziliare Idee noch lebendig; mehrere von der Kurie ausgesprochene Verbote der Berufung vom Papst an das Allgemeine Konzil wurden nur als Ansicht einer Richtung aufgefaßt. Namhafte Kanonisten betonten die Superiorität des Konzils mindestens in einigen wichtigen Fällen bis ins 16. Jahrhundert hinein. Durch die Reformation bekam die konziliare Idee ein anderes kirchliches und politisches Gewicht[13].

Als besonders unbefriedigend galt die andauernde Verletzung des unbestrittenen Dekretes des Konstanzer Konzils über die periodische Abhaltung von Generalkonzilien, das berühmte Dekret „Frequens", nach dem seit der Mitte des 15. Jh. spätestens alle zehn Jahre ein Konzil hätte einberufen werden müssen. Auch Päpste sahen in der Mißachtung dieses Konzilsbeschlusses die eigentliche Ursache der kirchlichen Krise und der Verweltlichung der Kurie. Wenn die Zeit der Renaissance unter religiös-kirchlichen Gesichtspunkten gewogen wird, kann man dieser Auffassung nur zustimmen.

Kardinalats: QFIAB 12 (1909) 212—235; *ders.*, Die Machtbestrebungen des Kardinalkollegiums gegenüber dem Papsttum: MIÖG 35 (1914) 455—483.

[12] *D. S. Chambers,* The Economic Predicament of Renaissance Cardinals: Studies in Medieval and Renaissance History III (1966) 289—313.

[13] *Jedin* I 1—92; *J. Klotzner,* Kardinal Dominikus Jacobazzi und sein Konzilswerk (Rom 1948); *O. de la Brosse,* Le Pape et le Concile. La comparaison de leurs pouvoirs à la veille de la Réforme (Paris 1965).

56. Kapitel

Päpste der Frührenaissance

LITERATUR: *A. Strnad,* Francesco Todeschini-Piccolomini. Politik und Mäzenatentum im Quattrocento: RömHM 8/9 (1964/66) 101—425, wichtigste Ergänzung zu *Pastor* I II mit sehr ausführl. Lit.; Storia d'Italia, coord. da *N. Valeri* II (1959); Storia di Milano VI (1955), VII VIII (1956); *F. Babinger,* Mehmed der Eroberer und seine Zeit (München 1953); *H. Pfeffermann,* Die Zusammenarbeit der Renaissancepäpste mit den Türken (Winterthur 1946); Handbuch der Gesch. der böhmischen Länder, hrsg. von *K. Bosl* I (Stuttgart 1967); *F. G. Heymann,* George of Bohemia. King of Heretics (Princeton - New Jersey 1965); *O. Odložilík,* The Hussite King. Bohemia in European Affairs 1440—1471 (New Brunswick - New Jersey 1965); *V. Ilardi,* The Italian League, Francesco Sforza, and Charles VII (1454—1461): Studies in the Renaissance. Publications of the Renaissance Society of America, New York VI (1959) 129—166; *E. Dupré-Theseider,* La politica Italiana di Alfonso d'Aragona. Lezioni tenuti nell'Università di Bologna durante l'anno accademico 1955—1956 (Bologna 1956); *G. F. Ryder,* La politica Italiana di Alfonso d'Aragona 1442—1458: Archivio storico per le provincie Napoletane N. S. 38 (1959) 43—106; *J. Hofer,* Johannes Kapistran. Ein Leben im Kampf um die Reform der Kirche. Neue Ausgabe von *O. Bonmann,* 2 Bde (Heidelberg - Rom 1964/65); *C. Santoro,* Gli Sforza (Mailand 1968).

Nikolaus V. QUELLEN: *Vespasiano da Bisticci,* Vite di Uomini illustri del secolo XV (Mailand 1951) 21—47: Nicola V Papa; *I. Manetti,* Vita Nicolai V summi pontificis ex manuscripto Florentino: Muratori III 2 (Mailand 1734) 908—960; RepGerm VI in Vorbereitung.

LITERATUR: *Pastor* I 371—652 (Lit.); *Seppelt-Schwaiger* IV 306—326 (Lit.); *F. K. Pleyer,* Die Politik Nikolaus' V. (Diss. phil. Tübingen 1927); *G. Soranzo,* La Lega Italica 1454—1455 (Mailand 1924); *ders.,* Studi e Discussioni su la Lega Italica del 1454—1455: Studi storici in Onore di G. Volpe (Florenz 1958) 969—995; *V. Ferrando,* Vita del Papa Niccolò V — Tommaso Parentucelli (Sarzana 1929).

Kalixt III. QUELLEN: *J. Rius Serra,* Regesto Ibérico de Calixto III. I (Barcelona 1948); RepGerm VII in Vorbereitung.

LITERATUR: *Pastor* I 655—794 (Lit.); *Seppelt-Schwaiger* IV 326—331 (Lit.); *J. Rius Serra,* Catalanes y Aragoneses en la Corte de Calixto III (Barcelona 1927); *P. Brezzi,* La Politica di Callisto III. Equilibrio Italiano e difesa dell'Europa alla Metà del secolo XV: StRom 7 (1959) 31—41; *S. Schüller-Piroli,* Borgia 100—139.

Pius II. QUELLEN: Opera quae extant omnia (Basel 1551, 1571; Neudruck Frankfurt 1967); Briefwechsel des Aeneas Silvius Piccolomini, hrsg. von *R. Wolkan:* Fontes rer. Austriacarum 61 62 67 68 (Wien 1909/20); Pii II Pont. Max. olim Aeneae Sylvii Piccolomini Senensis orationes politicae et ecclesiasticae, hrsg. von *G. D. Mansi* (Lucca 1755/59); Aeneae Silvii Piccolomini Senensis opera inedita, 3 Bde, hrsg. von *G. Cugnoni:* Atti della Real Accademia Nazionale dei Lincei S. 3 (1882/83); Commentarii rerum memorabilium, stark verändert hrsg. von *F. Bandini-Piccolomini* (Rom 1584), das 13. Buch von *G. Voigt,* Enea Silvio Piccolomini als Papst Pius II. (1858) 359—377, eine vollständige Ausg. in engl. Übersetzung The Commentaries of Pius II, 5 Bde (Northampton 1937/57) von *F. A. Gragg,* verkürzte Ausgabe (New York 1962); dazu *G. C. Zimolo,* Le vite di Pio II 73 f; *H. Kramer,* Untersuchungen über die Commentarii Pius' II.: MIÖG 48 (1934) 58—92; *R. Avesani,* Per la biblioteca di Agostino Patrizi Piccolomini, vescovo di Pienza: SteT 236 (1964) 1—87, eine kritische Ausgabe nach Cod. Vat. Regin. lat. 1995 wird von *F. Gaeta* und *G. Bernetti* vorbereitet; *L. Pastor,* Ungedruckte Akten zur Geschichte der Päpste (Rom 1904) 88—331; Le Vite di Pio II di Giovanni Antonio Campano e Barto-

lomeo Platina a cura di *G. C. Zimolo:* Muratori III parte II (Bologna 1964) mit großer Einleitung.
LITERATUR: *Pastor* II 3—289 (Lit.); *Seppelt-Schwaiger* IV 331—348 (Lit.); *G. Voigt,* Enea Silvio Piccolomini als Papst Pius II. und sein Zeitalter, 3 Bde (Berlin 1856/63; Neudruck Berlin 1967); *J. Paparelli,* Enea Silvio Piccolomini (Bari 1950); *G. Bürck,* Selbstdarstellung und Personenbildnis bei Enea Silvio Piccolomini (Pius II.) (Basel - Stuttgart 1956); *E. Dupré-Theseider,* Enea Silvio Piccolomini umanista (Bologna 1957); *E. Garin,* Ritratto di Enea Silvio Piccolomini: La cultura filosofica del Rinascimento italiano (Florenz 1961) 38—59; *B. Widmer,* Enea Silvio Piccolomini, Papst Pius II. Ausgewählte Texte (Basel 1960) mit biograph. Einleitung 13—139; *dies.,* Enea Silvio Piccolomini in der sittlichen und politischen Entscheidung (Basel 1963); *R. J. Mitchell,* The Laurels and the Tiara, Pope Pius II (London 1962); *L. M. Veit,* Pensiero e vita religiosa di Enea Silvio Piccolomini prima della sua consacrazione episcopale: Analecta Gregoriana 139 (Rom 1964); *G. Toffanin,* Cicerone fra i padri della chiesa e gli Umanisti (per il centenario di Pio II): AHPont 2 (1964) 187—210; *G. B. Picotti,* La dieta di Mantova e la politica de' Veneziani. Miscellanea di storia Veneta serie terza 4 (1912); *E. Meuthen,* Die letzten Jahre des Nikolaus von Kues (Köln - Opladen 1958); *A. Matanič,* L'idea per la crociata anti-turca del papa Pio II: StudFr 61 (1964) 382—394; *F. Wasner,* Piccolominibriefe. Ein Beitrag zum italienischen Humanismus: HJ 79 (1960) 199—219; *A. Lhotsky,* Aeneas Silvius und Österreich (Basel - Stuttgart 1965); Il Convegno Senese per il V centenario della morte di Pio II: RSTI 20 (1966) 204—206; Atti del Convegno storico Piccolominiano Ancona 9 maggio 1965. Estratto da Atti e Memorie serie VIII vol. 4 fasc. 2 (1964/65) (Ancona 1967); *L. F. Smith,* Lodrisio Crivelli of Milan and Aeneas Sylvius, 1457—1464: Studies in the Renaissance 9 (1962) 31—63; *H. Diener,* Enea Silvio Piccolominis Weg von Basel nach Rom. Aus päpstlichen Registern der Jahre 1442—1447: Adel und Kirche. Festschrift Tellenbach (Freiburg 1968).

Paul II. QUELLEN: Le Vite di Paolo II di Gaspare da Verona e Michele Canensi, a cura di *G. Zippel:* Muratori III parte XVI (1904); *B. Platina,* Liber de Vita Christi etc.: Muratori III 1, 363—398: Paulus II.
LITERATUR: *Pastor* II 294—447 (Lit.); *Seppelt-Schwaiger* IV 348—353 (Lit.); *R. Weiss,* Un Umanista Veneziano Papa Paolo II (Venedig 1958); *G. Soranzo,* Giovanni Battista Zeno, Nipote di Paolo II, cardinale di S. Maria in Portico (1469—1501): RSTI 16 (1962) 249—274; Storia di Milano VII (1966); weitere Spezialliteratur bei *A. Strnad,* Francesco Todeschini-Piccolomini.

Nikolaus V. (1447—1455)

Als Eugen IV. am 23. Februar 1447 starb, hinterließ er eine schwierige Erbschaft. Zwar waren kurz vor seinem Tode noch eine Reihe von Fragen in befriedigender Weise für die Kurie gelöst worden, doch bedurfte es jetzt einer maßvollen Persönlichkeit, um einen Ausgleich herbeizuführen. Das Konklave fand wiederum in S. Maria sopra Minerva statt; ob eine Wahlkapitulation abgeschlossen oder die von 1431 erneuert wurde, entzieht sich unserer Kenntnis. Der traditionelle Streit zwischen den Colonna und Orsini verhinderte die Wahl des Prospero Colonna, dem nur noch zwei Stimmen zur Zweidrittelmehrheit fehlten. Als Kompromißlösung wurde der erst seit einigen Monaten in das Heilige Kolleg aufgenommene Tommaso Parentucelli, der Kardinal von Bologna, zu seiner und allgemeinen Überraschung gewählt[1]. Aus Sarzana als Sohn eines Arztes stammend, war er nach entbehrungsreichen Studien lange im Gefolge des berühmten Kardinals Albergati, blieb nach dessen Tod an der Kurie und wurde 1444 Bischof von Bologna, ohne jedoch sein Amt wegen der politischen Wirren antreten zu können. Er galt als gebildet, wenn nicht gar als gelehrt, als Freund der Humanisten und humanistischen Studien und vor allem als ein friedliebender Mann. Eines solchen bedurfte die Kirche und die Römische Kurie, um die Fehler Eugens IV. wiedergutzumachen. In Rom und im Kirchenstaat fing er mit der Befriedung an, und es gelang ihm in kurzer Zeit, die streitenden Parteien zu mäßigen, eine Reihe von Städten zurückzugewinnen, darunter das wichtige Jesi von Sforza zurückzukaufen[2]. Die politische Lage in Italien wurde wenige Monate nach der Wahl des Papstes durch den im August 1447 erfolgten Tod des mailändischen Herrschers Filippo Maria Visconti beunruhigt. Die Frage der Nachfolge war für ganz Italien und auch für den Kirchenstaat von größter Bedeutung, da neben Frankreich und Neapel auch Venedig und der Kondottiere Francesco Sforza ihre Ansprüche anmeldeten. Zunächst kam es allerdings zur Ausrufung der Ambrosianischen Republik (1447—1450)[3]. Frankreich und Neapel hätten als ausländische Mächte das mühsam errungene Gleichgewicht entscheidend verändern können, und besonders bei Aragón-Neapel wäre der Kirchenstaat im Norden und Süden umklammert worden. Die Frage, ob der Visconti in seinem Testament tatsächlich den König Alfonso von Neapel als Erben eingesetzt hat, war lange umstritten, ist aber jetzt allem Anschein nach positiv zu beantworten[4]. Um einem französischen Zugriff zuvorzukommen und um Sforza die usurpierte Herrschaft streitig zu machen, eröffneten Venedig und Neapel den Krieg gegen Mailand. Der Papst hielt sich vorsichtig zurück, stand aber von Anfang an auf seiten des Sforza, weil dadurch der Status quo einigermaßen erhalten werden konnte. Gefährlich wurde es, als der Bund von Mailand und Florenz um französische Unterstützung bat. Im Jahre 1453 berief deswegen der Papst einen Kongreß nach Rom zur Lösung der schwelenden Krise und zur Befriedung Italiens, da es galt, nach dem Fall von Konstantinopel alle Kräfte zusammenzuhalten. Daß der Tagung kein Erfolg beschieden war, sollte Nikolaus nicht allein angelastet werden[5]. Schließlich

[1] Quellen zum Konklave bei *Pastor* I 373. [2] *Pleyer,* Die Politik Nikolaus' V. 46—54.

[3] Storia di Milano VI (1955) 387—448.

[4] *A. J. Mur,* Aportación documental a las relaciones entre Alfonso V de Aragón y el ducado de Milán (IV Congreso de historia de la Corona de Aragón). Actas y comunicaciones I (Palma de Mallorca 1959); *dies.,* Alfonso V de Aragón y la República Ambrosiana 1447—1450: Boletín de la real Academia de la historia Madrid 156 (1965) 191—269; *A. F. C. Ryder,* Alfonso d'Aragona e l'Avvento di Francesco Sforza al ducato di Milano: Archivio storico per le provincie Napoletane 80 (1962) 9—46; zu Alfons von Aragón: Dizionario biografico degli Italiani II (1960) 323—331 (mit Lit.); *A. Boscolo,* Ferdinando I e Alfonso il Magnanimo nella storiografia: Medio Evo Aragonese (Padua 1958).

[5] *Pleyer,* Die Politik Nikolaus' V.

führten Geheimverhandlungen zwischen Venedig und Mailand zum Frieden von Lodi (9. 4. 1454), dem sich nach langem Zögern auch Florenz anschloß und später mit einigen Vorbehalten der neapolitanische König[6]. Trotz seines Unwillens, weil er bisher nicht beachtet wurde, trat dann der Papst im Februar 1455 als Protector et Custos dem umfassenden Vertragswerk bei[7]. Der Vertrag von Lodi sollte den inneren Frieden Italiens entsprechend dem gegenwärtigen Besitzstand garantieren und die italienische Halbinsel nach außen abschirmen. Vertraglich festgelegte Truppenkontingente, Schaffung von Schlichtungsinstanzen, friedliche Beilegung aller Konflikte, Fernhalten ausländischer Interventionen waren die Hauptpunkte des so modern anmutenden Vertrages. In diese politischen Verwicklungen fällt der Romzug des deutschen Königs Friedrichs III. zur Kaiserkrönung im Jahre 1452. Auf die italienischen Verhältnisse hat er nur in bescheidenem Maß eingewirkt, und die Befürchtungen des Papstes erwiesen sich als unbegründet[8]. Das Ende des Basler Konzils, die Abmachungen mit den deutschen Kurfürsten und das Wiener Konkordat sind schon behandelt worden (Kap. 50). Nikolaus zeigte sich auch hier als guter Politiker, dem es in erster Linie auf Beruhigung ankam und der zur Erreichung dieses Zieles große Konzessionen machte. So konnte er dann 1450 das Jubeljahr in feierlicher Weise begehen und dem in großer Zahl herbeiströmenden christlichen Volke die geistliche Macht des Papstes vor Augen führen.

Wie schwierig aber die stadtrömischen Verhältnisse immer noch waren, zeigt die Verschwörung des Stefano Porcaro. Dieser gebürtige Römer und geistige Nachfahr des Cola di Rienzo in den Vorstellungen des antiken Rom und deshalb ein Feind der Geistlichen-Herrschaft hatte eine Reihe von hohen Verwaltungsstellen im Kirchenstaat inne und wurde wegen Aufruhrs nach Bologna verwiesen. Von dort kam er heimlich nach Rom und plante mit seiner Gruppe von Verschwörern einen Überfall auf den Vatikan und den Papst für den 6. Januar 1453. Das Mißlingen der abenteuerlichen Unternehmung führte zu seiner Hinrichtung. Für die Stadt Rom traf der Papst gerade auch wegen des Jubiläums eine Reihe von wichtigen Reformen und Maßnahmen, die den baulichen Zustand des mittelalterlichen Rom zu verändern begannen. Von seinen großen Plänen für die päpstliche Residenz konnte bei der Kürze seines Pontifikats und dem Ausmaß der Entwürfe

[6] *F. Antonini,* La pace di Lodi ed i segreti maneggi che la prepararono: Archivio storico Lombardo 57 (1930) 231—296.

[7] *A. Theiner,* Cod. diplom. dom. temp. III 379—386; Storia di Milano VII 56—81; G. *Soranzo,* La Lega Italica 1454—1455 (Mailand 1924); *ders.,* Studi e Discussioni su la Lega Italica del 1454—1455: Studi storici in onore di G. Volpe (Florenz 1958) 969—995; V. *Ilardi,* The Italian League, Francesco Sforza, and Charles VII (1454—1461): Studies in the Renaissance. Publications of the Renaissance Society of America, New York VI (1959) 129—166.

[8] *H. Quirin,* König Friedrich III. in Siena, 1452: Aus Reichstagen des 15. und 16. Jh. (Göttingen 1958) 24—79, gibt eine gute Übersicht.

nur wenig verwirklicht werden. Besonders die Leostadt und den vatikanischen Palast gedachte er als riesige Wehrburg gegen gefährliche Aufstände und Unruhen zu sichern und im Innern der neuen Richtung gemäß auszustatten[9]. Auf ihn geht auch der gigantische Plan zurück, die alte und baufällige Konstantinsbasilika durch einen Neubau von grandiosen Ausmaßen zu ersetzen.

Das Interesse dieses Papstes für die humanistischen Studien ist oft genug gewürdigt worden. Er versammelte an seinem Hof Hunderte von Gelehrten, die sich besonders der Übersetzung griechischer Schriftsteller ins Lateinische widmen sollten. Begünstigt wurde dieses Unternehmen durch die vielen Griechen, die nach dem Fall von Konstantinopel nach dem Westen flohen. Er und König Alfons von Neapel gelten in dieser Hinsicht als die größten Mäzene ihres Jahrhunderts. Die Vatikanische Bibliothek kann ihn als ihren eigentlichen Gründer ansehen, für den Ankauf von Handschriften scheute er keine Kosten, und in kurzer Zeit wurde seine Sammlung zur größten Bücherschatzkammer von Italien. Man hat ihm vorgehalten, daß er diese Gelder besser für die Verteidigung des Ostens verwendet hätte[10]. Doch versuchte er immer wieder eine Einigung der Fürsten zuwege zu bringen, um sich gegen das stetige Vordringen des Halbmondes wehren zu können. Die Durchführung dieses Zieles blieb ihm und den meisten seiner Nachfolger versagt. Ein Hemmnis war auch die Vorrangstellung, die man der Union einräumte[11]. An geldlicher Unterstützung der Ungarn und des heldenhaften Skander-Beg hat er es nicht fehlen lassen. Ein großer Teil der Kreuzzugsgelder blieb aber in den Händen der abendländischen Fürsten und wurde im Bruderkampf ausgegeben. In seinem letzten Regierungsjahr war Nikolaus durch andauernde Krankheit sehr gehemmt. Mit ihm starb der erste Papst der Renaissance; er war es im besten Sinne des Wortes.

Kalixt III. (1455—1458)

Das Konklave nach dem Tode Nikolaus' V. (24./25. 3. 1455) stand wieder im Zeichen der Rivalität zwischen den Colonna und Orsini. Es konnte im Vatikan abgehalten werden und fand am 8. April sein Ende mit einem Ergebnis, das niemand erwartet hatte. Offenbar als Verlegenheitskandidat und als Übergangspapst wurde der 77jährige katalanische Kardinal Alfonso Borgia erkoren, der den Namen Kalixt annahm. Schon in jungen Jahren galt er als Professor in Lérida als ein hervorragender Jurist und vor allem Kanonist und hatte sich am Hofe Alfons' V. von Aragón durch Geschäfts-

[9] *A. M. Frutaz,* Il Torrione de Niccolò V in Vaticano (Città del Vaticano 1956; Lit.).
[10] *Pleyer,* Die Politik Nikolaus' V. 108—118.
[11] Vgl. Kap. 51.

gewandtheit und diplomatisches Geschick ausgezeichnet. An der endgültigen Beilegung des Großen Schismas hatte er entscheidend mitgearbeitet und wurde vom aragonischen König mit dem reichen Bistum Valencia belohnt[12]. Später gelang ihm die Aussöhnung seines Königs, der inzwischen Neapel erobert hatte, mit Eugen IV., eine Tat, die das Konzil von Basel erheblich schwächte und zum Erliegen brachte und den in Florenz exilierten Papst wieder nach Rom zurückführte. Dafür wurde er 1444 in das Kardinalskolleg aufgenommen.

Die wichtigste Tätigkeit des nur drei Jahre regierenden Papstes war dem Kreuzzug gewidmet. Mit einer für sein hohes Alter staunenswerten Energie hat er unermüdlich sein ganzes Sinnen und Trachten dieser Aufgabe geschenkt. Bekannt ist das Gelöbnis bei der Übernahme seines Amtes: nicht zu ruhen, bis er Konstantinopel dem Feind des christlichen Glaubens entrissen, die gefangenen Christen befreit und den Glauben erhöht habe. Weithin hallende Aufrufe, Entsendung von Legaten in die wichtigsten Länder und an die bedrohten Grenzen, Verkündigung großer Ablässe für alle Teilnehmer am Heereszug gegen die Türken sind immer zu verzeichnen. Vor allem begann er selbst mit Rüstungen; so wurden in Rom an der Ripa grande Schiffe auf Kiel gelegt und die Angelegenheit einer Kommission von sachverständigen Kardinälen anvertraut[13]. Laufend gingen große Geldsummen nach dem Balkan, Ungarn und Albanien, und viele goldene und silberne Kunstwerke des päpstlichen Schatzes wanderten in die Schmelzöfen. Seinen Unternehmungsgeist haben zwei so bedeutende Gestalten wie Kardinal Carvajal[14] und Johannes von Capestrano[15] in die Länder hinausgetragen; doch war das Echo auf ihre feurigen Predigten meist ungenügend oder nur flüchtig. Einen großen Erfolg durfte der Papst erleben: den Entsatz der serbischen Hauptstadt Belgrad, die von Mehmed II. mit einem großen Heere belagert wurde und dem Falle nahe war. Bezeichnend für die Krise des christlichen Bewußtseins ist die Tatsache, daß hier wie auch sonst Christen — und nicht gezwungen — im türkischen Heer dienten und Geschützgießer, Geschützmeister sowie Hersteller von Belagerungsmaschinen fast immer Abendländer waren; von den geheimen Machenschaften der italienischen Seemächte am Sultanshof ganz zu schweigen. Im Juli 1456 gelang einem unter dem Befehl von Johannes Hunyadi und Johannes von Capestrano herbeigeführten Heerhaufen, den Ring um die belagerte Festung zu sprengen und den Großtürken zum Abzug zu zwingen, der eher einer Flucht gleichkam[16]. Der sicher große Erfolg wurde viel-

[12] *K. A. Fink*, Martin V. und Aragón (Berlin 1938; Neudruck Vaduz 1965) 113—141.

[13] *P. Paschini*, La flotta di Callisto III: ASRomana 53/55 (1930/32) 177—254.

[14] *A. Strnad*, Francesco Todeschini-Piccolomini 124 Anm. 62.

[15] *J. Hofer*, Johannes Kapistran. Ein Leben im Kampf um die Reform der Kirche. Neue Ausgabe von *O. Bonmann*, 2 Bde (Heidelberg - Rom 1964/65).

[16] *Babinger*, Mehmed der Eroberer 146—151.

fach übertrieben und vor allem nicht ausgenutzt, obwohl der Papst durch Legaten zum Endkampf aufrufen ließ. Die inneren Unruhen in Ungarn standen im Wege, und da in den folgenden Wochen Johannes Hunyadi und Johannes von Capestrano starben, fehlten die entscheidenden Antriebskräfte. Ebenfalls im Sommer 1456 konnte endlich ein päpstliches Geschwader unter dem Kommando des Kardinalpatriarchen Ludovico Trevisan, des Kardinal-Camerlengos, nach der Ägäis auslaufen, um dort die Anwesenheit der christlichen Flagge zu demonstrieren; dauernde Erfolge waren diesem Unternehmen nicht beschieden [17]. Auch über die kriegerischen Pläne hinaus zeigte der Papst ein warmes, vielleicht nicht immer erleuchtetes Interesse an den Christen unter türkischer Herrschaft und für die Union der östlichen christlichen Reste [18].

Das Verhältnis zu seinem früheren Herrscher Alfons von Aragón-Neapel war von Anfang an kein gutes und verschlimmerte sich zusehends, da der König den Eifer des Papstes nicht teilte oder jedenfalls andere Ziele im Osten verfolgte. Als Alfons wenige Wochen vor Kalixt starb, lehnte dieser die Nachfolge Ferrantes, des natürlichen Sohnes des Königs, ab, und es hieß, er wolle das Königreich als Lehen des Heiligen Stuhles einziehen, um es seinem Neffen Pedro Luis zu übergeben. Jedenfalls wurde dieser mit Benevent und Terracina noch in den letzten Tagen des todkranken Papstes belehnt. Gegen den durch den Frieden von Lodi brotlos gewordenen Soldkapitän Piccinino, der vor Siena sein Handwerk weiterbetreiben wollte, schritt der Papst mit Heeresmacht ein und wahrte so den Frieden auf der Halbinsel. Um sicher zu gehen, besetzte er die meisten Burgen und festen Plätze des Kirchenstaates mit katalanischen Befehlshabern, Generalkapitän der Kirche und Gouverneur der Engelsburg wurde eben der Neffe Pedro Luis, ein jüngerer Bruder Rodrigo Borgias, den er mit einem anderen Neffen schon im Februar 1456 ins Heilige Kolleg aufnahm. Im Vergleich zu Vorgänger und Nachfolger erscheint der erste Borgiapapst als ein unmusischer, freilich nicht ungebildeter Mann [19]. Sein Interesse und seine Leidenschaft galt anderen und, wie ihm dünkte, wichtigeren Dingen, und für sie hat er ohne Schonung die ihm noch verbliebenen Kräfte seiner Altersjahre eingesetzt.

Pius II. (1458—1464)

Nach dem Tod Kalixts III. kam es zunächst zu einer Verfolgung der Katalanen, die in Rom und im Kirchenstaat viele Stellen eingenommen hatten. Das Konklave im Vatikan stand nach dem kurz zuvor erfolgten Ableben des

[17] *P. Paschini,* Ludovico cardinal Camerlengo † 1465: Lateranum N. S. V 1 (Rom 1939).
[18] *G. Hofmann.* Papst Kalixt III. und die Frage der Kircheneinheit im Osten: SteT 123 (1946) 209—237.
[19] *F. Martorell,* Un inventario della biblioteca di Callisto III: SteT 41 (1924) 166—191.

aussichtsreichsten Kandidaten Domenico Capranica von Anfang an unter dem Zeichen des französischen Kardinals d'Estouteville, der durch seinen ungeheueren Reichtum eine beachtliche Zahl von Stimmen gewinnen konnte[20]. Ihm hatte der Kandidat der übrigen Italiener, Enea Silvio Piccolomini, der Kardinal von Siena, nichts anderes entgegenzustellen als seine Bildung und Erfahrung; war er doch ein weitgereister Mann und kannte die meisten europäischen Länder aus vielen politischen Aufträgen des Basler Konzils, des Kaisers und später der Römischen Kurie. Nach kurzem, spannendem Verlauf der Abstimmungen wurde er am 19. August 1458 gewählt und nahm, nicht aus religiösen, sondern aus antikisierenden Erwägungen den Namen Pius an. Im Konklave war eine Wahlkapitulation beschlossen und beschworen worden, die sich in mancher Hinsicht an die des Jahres 1431 anlehnte. An erster Stelle steht die Verpflichtung zur Fortsetzung des Türkenkrieges und der Reform der Römischen Kurie. Es folgen Bestimmungen über die Beteiligung der Kardinäle an wichtigen kirchlichen Maßnahmen und bei Besetzung der höheren Benefizien, eine Art Mitregierung in der Verwaltung des Kirchenstaates, ausreichende Versorgung und Beachtung der Verfügungen des Konstanzer Konzils über die Ernennung neuer Kardinäle. Einmal im Jahr soll das Kolleg sich versammeln und prüfen, ob der Papst die Wahlkapitulation eingehalten habe, und ihn nötigenfalls entsprechend ermahnen. Vor der Verkündigung der erfolgten Wahl muß der Neugewählte die Wahlkapitulation bestätigen und später eine Bulle darüber ausstellen lassen, was Pius auch tat[21].

Das Vorleben des Humanistenpapstes erschien schon den Zeitgenossen als interessant. Im Gefolge des Kardinals Capranica, der in Basel sein Recht suchte, und später als Sekretär des Basler Konzilspapstes trat er im Sinne der konziliaren Idee auf und war wiederholt im Auftrage der Synode in mehreren Staaten Europas und auf deutschen Reichstagen, ging dann in die Kanzlei des Kaisers und rechtzeitig zur Kurie über. Die Verhandlungen um die Aufhebung der kurfürstlichen Neutralität führte er erfolgreich und wurde mit den Bistümern Triest, Ermland und Siena belohnt, 1456 wurde er Kardinal. Seine Wahl fand allgemein eine gute Aufnahme.

Schon am ersten Tage seines Pontifikates gab er zu erkennen, daß er den Eifer seines Vorgängers für den Kreuzzug zu übernehmen und zu steigern gedenke. Kaum einen Monat nach seiner Krönung berief er für den folgenden Sommer einen europäischen Kongreß nach Mantua oder Udine ein und erließ eine stilistisch ungemein wirkungsvolle Kreuzzugsbulle. Seit seiner Jugend war er mit den Fragen des Türkenkrieges vertraut und hatte in großen Reden vor Papst, Kaiser und auf deutschen Reichstagen zum

[20] Wichtigste Quelle ist der Bericht in den Commentarii (ed. *Cugnoni* 185), wo wieder einmal Verhandlungen apud latrinas erwähnt werden.

[21] *J. Lulvès*, Päpstliche Wahlkapitulationen: QFIAB 12 (1909) 216f.

Kampf gegen die Ungläubigen aufgerufen. Bei aller Kenntnis der politischen Verhältnisse in Italien und im übrigen Europa rechnete er aber wohl nicht mit der großen Enttäuschung, die ihm in Mantua bevorstand. Venedig hatte Udine als Tagungsort abgelehnt. In Rom versuchte man den Papst mit den düstersten Voraussagen zurückzuhalten; aber alle Vorstellungen, auch hinsichtlich seiner geschwächten Gesundheit, vermochten ihn nicht von seinem Plane abzubringen. Zunächst freilich mußte die politische Lage entspannt werden[22].

Pius II. übernahm beim Antritt seines Amtes die heftige Feindschaft der Kurie gegen Ferrante von Neapel, den natürlichen Sohn König Alfonsos V. von Aragón und Eroberers von Neapel. Unterstützt wurde der in seinem Königreich noch nicht voll anerkannte Prätendent vor allem von Francesco Sforza, dem Herzog von Mailand. Und dies aus sehr naheliegenden Gründen, weil Frankreich mit der Eroberung des Reame auch Mailand gefährden mußte. Der neue Papst stand nun vor der Wahl zwischen Sforza/Ferrante und Frankreich und entschied sich für die italienische Lösung und das Fernhalten der Fremden. Man hat ihm deswegen italienisches Nationalgefühl nachgerühmt, auf alle Fälle war es ein politisches Denken und die berechtigte Furcht vor der Umklammerung des Kirchenstaates. Auch entsprach diese Haltung dem Frieden von Lodi, der eine Ausgewogenheit der Mächte auf der italienischen Halbinsel erreicht hatte. So entschied sich der Papst auf lebhaftes Drängen des Sforza für Ferrante, seine Belehnung und Krönung und die Vermählung des päpstlichen Neffen Antonio Piccolomini mit einer natürlichen Tochter des nunmehrigen Königs. Diese Entscheidung war von großer Tragweite, und trotz mehrfachen Schwankens in höchst kritischen Lagen blieb er in seiner ganzen Regierungszeit ihr treu. Das brachte ihm zunächst eine Minderung der dem Kirchenstaat von dem unternehmungslustigen Soldkapitän Piccinino drohenden Gefahr, aber auch die erbitterte Gegnerschaft der französischen Könige Karl VII. und Ludwig XI.[23]

Schon Ende Januar 1459 verließ der Papst Rom, wo Nikolaus von Kues als Legatus Urbis zurückblieb, mit dem Ziel Mantua. Langsam ging die Reise durch den Kirchenstaat, zwei Monate weilte Pius im heimatlichen Siena, längeren Aufenthalt gab es in Florenz, etwas kürzeren im unruhigen Bologna[24]. Am 27. Mai traf er in der Stadt der Gonzaga ein und eröffnete am 1. Juni den Kongreß. Hier erwartete ihn eine Enttäuschung nach der anderen. Nach Monaten noch war kein Herrscher erschienen, und nur wenige Gesandte waren allmählich zum Kongreß gekommen; erst Ende

[22] *Babinger,* Mehmed der Eroberer 178 ff.
[23] *G. Peyronnet,* La politica italiana di Luigi Delfino di Francia: RSIt 64 (1952) 19—44.
[24] *G. B. Mannucci,* Il viaggio di Pio II da Roma a Mantova 22 gennaio — 27 maggio 1459: Bullettino Senese di storia patria N. S. 12 (1941) 62—65; weitere Lit. bei *Strnad,* Francesco Todeschini-Piccolomini 162 Anm. 42.

September konnte die erste Sitzung abgehalten werden. Immer wieder erließ der Papst an die italienischen und ausländischen Fürsten flammende Appelle, angesichts der drohenden Gefahr sich endlich zusammenzufinden. Jedoch der Kaiser und der König von Frankreich hatten schon vorher abgesagt, der Herzog von Burgund, der die Führung übernehmen sollte, trat dann auch von seinem Kreuzzugsgelübde zurück, und von den italienischen Mächten dachte keine ernstlich an eine Teilnahme, ja auch die Einsammlung der unter großem Widerspruch beschlossenen Zehnten der Geistlichen, des Zwanzigsten der Juden und des Dreißigsten der Laien wurde in den meisten Ländern und Stadtstaaten abgelehnt. Die Haltung Venedigs wird allgemein getadelt und als Verrat an der christlichen Sache bezeichnet. Nach langem Zögern und wiederholter deutlicher Aufforderung kamen Gesandte der Serenissima nach Mantua. Venedig hatte kurz vorher Frieden mit dem Sultan geschlossen. Die von Picotti vorgebrachten Entschuldigungen für das Zögern sind weithin zutreffend[25]. Ohne seine Flotte konnte man an eine größere Unternehmung nicht denken. Aber Venedig war auch am meisten gefährdet zunächst in seinem Handel, und der war immerhin das Rückgrat des Staates, und in seinen griechischen Besitzungen. Sollte es allein den Krieg beginnen, so mußte es die Rache des Großherrn auch allein verspüren. So war die Politik des klugen Abwartens zwar nicht heroisch, aber der politischen Lage entsprechend. Francesco Sforza, der Herzog oder „Tyrann" von Mailand, trieb trotz seines Bündnisses mit dem Papst ein Doppelspiel. Im September erschien er endlich in Mantua und gab große Versprechungen ab. Auch bei ihm wird man die Furcht vor einem Einbruch Frankreichs in sein Gebiet verständlich finden. Florenz war ganz ablehnend, Genua unter französische Herrschaft geraten und Neapel durch seine wirklich schwierige Lage entschuldigt. Die italienischen Staaten dachten realistisch, einer fürchtete den anderen, und vor einer rechten Befriedigung war das Wagnis eines Kreuzzuges zu groß. „Der Tag von Mantua mißriet nicht, weil ihn Venedig tückisch zu Fall gebracht, sondern weil sie alle mattherzig und, schlimmer als dieses, hinterhältig waren."[26] Frankreich, früher der stolze Träger des Kreuzzugsgedankens, versagte dem Papst, seinem Kongreß, seinen beredten und flehenden Aufrufen jede Gefolgschaft. Ging es doch wie früher und in den folgenden Jahrzehnten um Neapel, um die Vertreibung der Aragonier und die Rückführung der Anjou. Als dann endlich französische Gesandte in Mantua eintrafen, forderten sie zuerst die Belehnung des Giovanni d'Angiò, bevor über den Kreuzzug zu sprechen wäre. Noch während des Kongresses lief ein in Genua für die Kreuzzugsfahrt bereitgestelltes Geschwader mit Erlaubnis des französischen Königs zur Eroberung des neapolitanischen

[25] *Picotti,* La dieta di Mantova 387—394.
[26] *H. Kretschmayr,* Gesch. von Venedig II (Gotha 1920) 369.

Königreiches aus. So ging langsam der Kongreß zu Ende, ohne sichtbaren Erfolg. Immerhin hatte sich das Papsttum an die Spitze Europas stellen wollen und seinen Führungsanspruch angemeldet.

Nach der Rückkehr vom Mantuaner Kongreß sah sich Pius in die üblichen Händel mit unbotmäßigen Signoren und römischen Baronen verwickelt. Sigismondo Malatesta von Rimini — von Pastor doch zu negativ beurteilt — rebellierte gegen die Kirche (Kirchenstaat) und konnte nur mit Mühe gebändigt werden; dabei waren aber auch nepotistische Erwägungen maßgebend, da ein Teil des Besitzes der Malatesta für den Neffen Antonio gedacht war[27]. In Neapel setzte sich Ferrante mit Hilfe des Papstes endlich durch und zwang den Anjou zum Abzug. Dafür bekam er die Feindschaft Ludwigs XI. von Frankreich zu verspüren. Ludwig stand als Dauphin im Gegensatz zu seinem Vater und hatte nach Burgund fliehen müssen; dort versprach er dem Papst die Aufhebung der Pragmatischen Sanktion von 1438, wenn er an die Regierung kommen sollte. Tatsächlich erfolgte die Aufhebung im Herbst 1461. Sie war aber erkauft durch die Ernennung von zwei Franzosen zu Kardinälen und sollte den Papst vom Bunde mit Ferrante abziehen; durch königliche Ordonnanz wurde sie praktisch wieder eingeführt. Der Papst vergaß aber ob der Sorgen um den Kirchenstaat und seine Verstrickung in die italienische Politik nicht die Hauptaufgabe seines Pontifikates, den Kreuzzug. Im Oktober 1463 rief er erneut zum Kreuzzug auf und bestimmte Ancona als Versammlungsort für den nächsten Sommer. Er selbst werde dabeisein trotz seiner Schwachheit. Der Aufruf fand Echo bei den niederen Schichten in ganz Europa, die in starken Gruppen sich auf den Weg nach Ancona machten, aber bald wieder die Rückkehr antreten mußten. Nicht aber bei den Fürsten, auf die es ankam. Der Rat von Venedig mußte den widerstrebenden Dogen zwingen, endlich sein Sträuben aufzugeben und mit der Flotte auszulaufen. Inzwischen verließ der schwerkranke Papst am 18. Juni 1464 die Ewige Stadt und machte sich mit vielen Kardinälen und Kurialen auf den Weg nach Ancona. Dort fand er zu seiner großen Enttäuschung nur mehr wenige Kreuzfahrer vor und erwartete mit Sehnsucht die Ankunft der venezianischen Galeeren. Als sie in Sicht kamen, erlosch sein Leben am 14. August; damit war das große Unternehmen gescheitert.

In die Zeit vom Herbst 1461 ab fällt die Arbeit an einer merkwürdigen Schrift des Papstes: der sogenannte Brief an Mehmed II. Die lange Abhandlung ist nach Inhalt und Schicksal bis heute rätselhaft. Was mag den Papst bewogen haben, neben einer ausführlichen Widerlegung des Korans eine Darlegung der christlichen Wahrheiten zu verfassen und den Sultan zum Übertritt zum Christentum aufzufordern, ja ihm beim Empfang der Taufe (pauxillum aquae) die Krone des Ostreiches anzubieten? Allem nach wurde

[27] *G. Soranzo,* Pio II e la politica italiana contro i Malatesta (Padua 1911).

der „Brief" nie abgesandt und kam nie in die Hände des Adressaten. Hat man bisher die Abhandlung des Nikolaus von Kues „Cribratio Alchorani" als wichtige Vorlage angesehen, so wird neuestens dem zwischen Oktober 1458 und Januar 1459 entstandenen Traktat des Torquemada „Contra principales errores perfidi Machometi" der Vorzug gegeben. In einem Zeitpunkt, in dem die Wirkung des Kreuzzugsaufrufes trotz aller Unsicherheit noch erhofft werden konnte, begab sich der Papst in seinem Europa-Traum in die Gebiete der Utopie und der Illusion und entwarf ein großartiges Bild und Programm der ihm vorschwebenden Universalität. Für die Deutung der Persönlichkeit Pius' II. ist der Brief an Mehmed ein überaus wichtiges Dokument[28].

In der Regierungszeit Pius' II. beginnt die lange Auseinandersetzung mit Böhmen und seinem König Georg von Podiebrad[29]. Wie immer war dieser Streit stark von der politischen Lage in Italien, im Reich, in Polen und Ungarn abhängig. Als Podiebrad im Jahre 1458 die böhmische Königskrone erlangte, schwur er den beiden ihn krönenden ungarischen Bischöfen und einer kleinen Gruppe von Zeugen einen Eid, dessen nicht ganz klarer Wortlaut offenbar die weitere Geltung der Prager Kompaktaten (freie Predigt, Laienkelch, keine weltliche Herrschaft des Klerus, Bestrafung der Todsünden) ausschloß[30]. Bei der religiösen Lage in Böhmen und Mähren war diese Zusage kaum durchzuführen. Und als Podiebrad 1462 um die Bestätigung der Kompaktaten nachsuchte, hob sie die Kurie auf; da sie vom Basler Konzil abgeschlossen wurden, bedurften sie aber keiner weiteren Bestätigung. Damit war der Bruch vollzogen, und kurz vor dem Tod des Papstes wurde der König nach Rom zitiert.

In den Jahren 1462—64 trat Podiebrad mit einem großen Projekt hervor, das von Pastor in seiner Geschichte der Päpste zu rasch abgetan wird. In den 23 Kapiteln des nunmehr nach einer guten Warschauer Überlieferung veröffentlichten Textes wird der Vorschlag gemacht, zur erfolgreichen Bekämpfung der Türken eine Art europäischen Staatenbund zu bilden unter der Devise Pax et Iustitia. Daß damit den beiden Schwertern, Papst und

[28] *G. Toffanin,* Introduzione a Pio II (E. S. Piccolomini), Lettera a Maometto (Neapel 1955); *F. Gaeta,* Sulla „Lettera a Maometto" di Pio II: Bullettino dell'Istituto storico italiano per il medio evo e Archivio Muratoriano 77 (1965) 127—227 (mit Lit.), 195—227 Edition des autographischen Entwurfs des 1. Teiles nach Cod. Vat. Regin. lat. 1995; *Babinger,* Mehmed der Eroberer 211 ff.

[29] Handbuch der Gesch. der böhmischen Länder I (1967) 537—561, sehr ausführl. Lit.; *A. Strnad,* Die Breslauer Bürgerschaft und das Königtum Georg Podiebrads: Zschr. für Ostforschung 14 (1965) 401—435 601—640; *R. Kalivoda,* Die hussitische Revolution und die Podiebrader Epoche: Cultus Pacis 167—178.

[30] Der Wortlaut der Eidesleistung vom 6. Mai 1458 ist erhalten in Vat. Archiv AA Arm. I—XVIII n. 639 in einem Notariatsinstrument vom 10. November 1466, das König Matthias von Ungarn an die Kurie sandte, gedruckt bei *A. Theiner,* Vetera Monumenta historica Hungariam sacram illustrantia II (1860) n. DLXXX.

Kaiser, die Initiative aus der Hand genommen werden soll, ist naheliegend, gerade weil der Wortlaut eine oft an kuriale Dokumente erinnernde Form aufweist. Neben dem Programm Pius' II. stand nun eine große Schau des vereinigten und befriedeten Europa mit einem Direktorium aus Vertretern der Vereinigung (congregatio, pax, unio, fraternitas, amicitia), das je für einen Zeitraum von fünf Jahren zuerst in Basel, dann in Frankreich und anschließend in Italien seinen Sitz haben soll. Eine größere politische Wirkung war dem merkwürdigen Plan allerdings nicht beschieden[31]. An dem Streit mit dem Papst war vor allem im folgenden Pontifikat der als gehässiger Feind der Kurie bekannte Gregor Heimburg als Berater und Gesandter tätig; er spielte auch eine wichtige Rolle in der Auflehnung des Mainzer Erzbischofs Dieter von Isenburg[32].

Pius wird mit Recht als reformwilliger Papst angesehen. Mehr als jeder andere seines Jahrhunderts hatte er Gelegenheit, die Gravamina gegen die Kurie in ganz Europa kennenzulernen und sich über die antikuriale Stimmung zu unterrichten. Die Reformarbeiten des Basler Konzils sah er aus der Nähe und war mit Eifer für ihre Durchführung tätig. Schon bald nach seiner Wahl begann er mit umfangreichen Vorarbeiten zur allgemeinen Reform und zur Reform der Römischen Kurie, forderte Gutachten ein und bemühte sich um die Fertigstellung einer großen Reformbulle, die dann doch nicht mehr zu seinen Lebzeiten erscheinen konnte. Darin machte er keinen großen Unterschied zu seinen Vorgängern und Nachfolgern, aber man wird ihm den echten Reformwillen nicht absprechen können, der anderen Päpsten öfters fehlte. Seine Vorstellungen von Reform, vor allem in bezug auf die Verfassung, haben sich seit der Basler Zeit sehr gewandelt, und es ist nur natürlich, daß er als Papst nicht mehr Anschauungen im Sinne der konziliaren Idee vertrat, sondern die primatialen Vorrechte gewahrt wissen wollte. Hierher gehört auch sein Verbot der Appellation an das Konzil in der Bulle „Execrabilis", eine Maßnahme, die der weitverbreiteten und von Kanonisten auch gebilligten Übung, das Konzil gegen den Papst anzurufen, steuern sollte. Das Verbot bedeutete aber nur die Reaktion einer Partei, an das sich auch in der folgenden Zeit niemand, der appellieren wollte, gebunden fühlte. Und die Frage war damit auch nicht erledigt, wie man oft lesen kann. Im Entwurf zur Bulle „Pastor aeternus" sind die beiden noch erhaltenen Gutachten des Domenico de' Domenichi und des Nikolaus

[31] *V. Vaněček,* Eine Weltfriedensorganisation nach den Vorschlägen des böhmischen Königs Georg von Podiebrad und nach den Ideen des Johannes Amos Comenius: SAB Kl. für Philosophie, Geschichte, Staats-, Rechts- u. Wirtschaftswissenschaften 1962 n. 3 (Berlin 1963); The Universal Peace Organization of King George of Bohemia. A Fifteenth Century Plan for World Peace 1462/1464 (Prag 1964); Cultus Pacis. Études e Documents du „Symposium Pragense Cultus Pacis generalis 1464—1964". Commemoratio pacis generalis ante quingentos annos a Georgio Bohemiae rege propositae (Prag 1966).

[32] *P. Joachimsen,* Gregor Heimburg (Bamberg 1891).

von Kues ausführlich benutzt, ebenso Stellen aus früheren Wahlkapitulationen und vor allem aus den Reformverordnungen des Konstanzer und Basler Konzils und den Reformdekreten seit Martin V. Eingehend beschäftigt sich der Entwurf mit Amt und Person des Papstes und seiner Kurie. Die Kardinäle sind als wichtigster Stand der Kirche besonders gründlich behandelt, dann die einzelnen Ämter oder Behörden der Kurie (Großpönitentiar, Vizekanzler, Protonotare, Referendare, Kämmerer, Rotaauditoren, Subdiakone des Papstes, Advokaten, Sekretäre, Kubikulare und untergeordnete Hofchargen). Den Beschluß bilden allgemeine Anordnungen über die Lebensführung der Kurialen, die Pluralität der Benefizien und die Einsetzung von drei officiales honestatis zur Überwachung der erlassenen Vorschriften. Diese geplante Reformbulle entsprach weithin den Anliegen der Zeit, blieb aber wie fast alle Reformforderungen des 15. Jh. eben nur Entwurf[33]. Reformen betrafen auch die Stadt Rom und ihre Verwaltung sowie den Kirchenstaat. Zur Sicherung seiner Stellung sah sich auch Pius II. genötigt, mehrere Verwandte zu Kardinälen zu erheben und sienesische Landsleute mit wichtigen Ämtern zu betrauen.

Kaum ein anderer Papst hat die Geschichtsschreiber und nicht nur sie so sehr beschäftigt wie Enea Silvio Piccolomini—Pius II.; schon deswegen, weil wir von den Päpsten bis in die neuere Zeit herauf nicht so viel Persönliches wissen wie von ihm und über ihn. Eine Reihe von Schriften, Dichtungen, zahlreiche Briefe, Berichte und die Commentarii geben einen guten Einblick in das Innere dieses Menschen, der nicht nur wie Nikolaus V. ein Förderer des Humanismus war, sondern selbst ein Humanist im Sinne des 15. Jh. Seit der einseitigen und fast immer abwertenden Darstellung von Voigt haben sich viele Deutungen zu Wort gemeldet und gerade in letzter Zeit das Bild freundlicher gestaltet, manchmal zum andern Extrem hinneigend. Ein Mann von breitem, nicht immer tiefem Wissen, mit wachem Sinn für Natur, Schönheit und Form, wußte er den Forderungen und Erwartungen seiner Zeit genugzutun und hatte in seiner Brust „Raum für verschiedene Schichtungen und Vorstellungen". So vollzog sich der Übergang vom Basler Konzil und seinem Papst in das andere Lager nicht ohne Rückversicherung. Doch stand hinter all den Wechselfällen dieses interessanten Lebens, besonders im reiferen Alter, eine Bekundung der Einheit, ein großzügig aufgefaßter Universalismus, der sich in Idee und Plan des Kreuzzuges zu voller Höhe entfaltete. Darin liegt der Unterschied zum Reconquista-Denken seines Vorgängers. Mit der Kraft seines Geistes und der Gewandtheit seiner sprachlichen Gestaltung verkündete er das geeinte christliche Europa, die Überlegenheit seiner Kultur und weiß doch um das Utopische seiner Botschaft, weiß aus bitterer Erfahrung, daß die hoch-

[33] *R. Haubst,* Der Reformentwurf Pius' II.: RQ 49 (1954) 188—242; *E. Iserloh,* Reform der Kirche bei Nikolaus von Kues (Wiesbaden 1965) und Kap. 59.

fliegenden Pläne und Monologe an die Wirklichkeit des italienischen und europäischen Staatensystems gebunden und dadurch entscheidend gehemmt sind. Der Ausgang in Ancona war das tragische Ende einer hochgemuten Seele.

Paul II. (1464—1471)

Die Vorbereitungen für die Nachfolge Pius' II. begannen schon in Ancona. Vor seinem Hinscheiden hatte der Papst verfügt, daß die Neuwahl an seinem Sterbeort stattfinden solle. Das Konklave versammelte sich aber dann doch in Rom und nach einigen Verhandlungen auch im Vatikanischen Palast. Schon im ersten Wahlgang erhielt der aus Venedig stammende Kardinal Pietro Barbo, ein Neffe Eugens IV., die erforderliche Mehrheit; er nannte sich Paul, nachdem er zuerst die Namen Formosus und Marcus vorgeschlagen hatte. Der Wahl ging wieder die Abfassung einer Wahlkapitulation voraus, die den Wortlaut der vorhergehenden Kapitulation weitgehend übernahm, aber auf Grund der mit Pius II. gemachten Erfahrungen noch eingehendere Bestimmungen traf[34]. Ihr Inhalt ist kurz folgender: Fortführung des Türkenkrieges und Verwendung der unter Pius II. in der Nähe von Tolfa entdeckten großen Alaungruben für den Kreuzzug, Reform der Kurie innerhalb von drei Monaten nach Übernahme des Amtes und Weiterführung der allgemeinen Reform, Belassung der Kanzleitaxen nach den Vorschriften der Kanzleiregeln Johanns XXII., Verbleiben der Kurie in Rom und nicht Herumziehen von Ort zu Ort, keine Ernennung von Kardinälen auf auswärtige Bitten hin, Geltung der in Konstanz festgesetzten Zahl von 24 Kardinälen und Beachtung der übrigen Konstanzer Bestimmungen. Abhaltung eines Konzils innerhalb der nächsten drei Jahre, Zahlung von 100 fl. monatlich an Kardinäle, die eine Jahreseinnahme von 4000 fl. nicht erreichen, Besetzung der höheren Benefizien nur im Konsistorium, Gewährung von Präsentationen oder Nominationen auf Benefizien bedürfen der Zustimmung der Mehrheit des Heiligen Kollegs, Belangung von Kardinälen nur mit Zustimmung der Mehrheit, pflichtmäßige Beratung von Belehnungen im Kirchenstaat, keine Beschlagnahme des Besitzes beim Ableben von Kardinälen, ausdrückliche Zustimmung des Kollegs zu kriegerischen Unternehmungen, Belassung der Höhe der Steuern und keine Zugeständnisse an Fürsten zur Besteuerung des Klerus, Treuschwur der Beamten des Kirchenstaates zur Rückgabe ihrer Ämter bei der Sedisvakanz, Verwandte des Papstes können nicht die Festungen des Kirchenstaates verwalten (Civitavecchia, Tivoli, Narni, Spoleto, Soriano, Viterbo, Rocca-

[34] *Pastor* II 298 307 ff; *J. Lulvès*, Päpstliche Wahlkapitulationen: QFIAB 12 (1909) 217 f; Storia di Milano VII (1956) 202 Anm. 4 bringt eine italienische Version in 22 Kapiteln von Ende August 1464.

contrada und Fano). Eine diesen Bestimmungen entgegenstehende Bulle darf nicht ausgefertigt werden. Im ersten Konsistorium jedes Monats sind diese Kapitel zu verlesen, und zweimal im Jahr sollen die Kardinäle ihre Beobachtung prüfen. Vor der Bekanntgabe der Wahl muß der neue Papst die Kapitel ratifizieren. Die Beurteilung der Wahlkapitulation durch Pastor ist unzutreffend, vor allem was die Bestimmung über die Verwaltung des Kirchenstaates angeht. Die rechtzeitige Einhaltung der Reformvorschriften hätte den Auswüchsen in der Periode des sogenannten Renaissancepapsttums Einhalt gebieten können. Der von Natur autoritäre und mißtrauische Papst weigerte sich alsbald, die Wahlkapitulation anzuerkennen, obwohl er sie beschworen hatte. Daß die eingeforderten Gutachten in seinem Sinne ausfielen, ist naheliegend, aber das Problem war und ist damit nicht gelöst. Die später in einigen entscheidenden Punkten veränderte Wahlkapitulation wurde unter starkem Druck von den meisten Kardinälen anerkannt, aber das Vertrauen in die Loyalität des Papstes war geschwunden.

Gewiß war es schwierig, Nachfolger von Enea Silvio Piccolomini zu sein, und die Urteile der Gesandten über den neuen Papst lauten nicht gerade freundlich, was Intelligenz und Benehmen angeht. Von seinem Onkel Eugen IV. war er im Alter von 23 Jahren noch ohne persönliche Verdienste in das Heilige Kolleg aufgenommen worden. Wie oft bei mittelmäßigen Begabungen, suchte er seinen Willen mit Gewalt durchzusetzen und war deswegen mehr gefürchtet als geliebt. Dafür bemühte er sich, das niedere Volk durch festliche Veranstaltungen für sich einzunehmen. Mit seinem großen Reichtum hatte er schon als Kardinal den Bau des riesigen Palastes bei San Marco (Palazzo Venezia) begonnen und große Sammlungen angelegt. Nicht ungebildet, aber kein einseitiger literarischer Typ, verfolgte er als Ästhet und Bibliophile vorwiegend antiquarische Interessen und legte großen Wert auf prunkvolles Auftreten. Für die Verwaltung und Versorgung der Stadt Rom und des Kirchenstaates erließ er eine Reihe von praktischen Bestimmungen.

Ein unüberwindliches Mißtrauen den Humanisten und Literaten gegenüber brachte ihn in einen schweren Konflikt mit der damaligen modernen Bildungsschicht und hat sein Andenken mit Makeln belastet. Die von Pius II. als käufliche Ämter errichteten 70 Abbreviatorenstellen schaffte er kurzerhand ab und machte sich dadurch eine große Zahl von Humanisten zu erbitterten Feinden. Als ihr Wortführer Bartolomeo Platina in heftigen Wendungen protestierte und das Konzil anzurufen drohte, wurde er in die Engelsburg abgeführt und gefoltert. Die sogenannte römische Akademie des Pomponius Laetus mit ihrem antikisierend-demokratischen Zeremoniell sah er — wohl zu Unrecht — als eine Bande von heidnischen Verschwörern an und ergriff Maßnahmen, die in keinem Verhältnis zum Sachverhalt standen. Das Verbot antiker Klassiker in den Schulen hat zu seinem Nachruhm auch nicht beigetragen.

Wie öfters vollzog sich beim Wechsel des Pontifikates auch ein Wechsel der leitenden Persönlichkeiten und der Politik. Zwar stand Paul II. in kirchlicher Hinsicht nicht in guten Beziehungen zu seiner Vaterstadt, aber in der italienischen Politik wandte er sich zunächst ihr zu, ebenso zu Florenz und verließ die vorherige enge Bindung an Mailand und Neapel. In die zur Genüge bekannte Unstetheit der italienischen Bündnisse brachte der Tod des Francesco Sforza im Jahre 1466 eine neue Unsicherheit, doch vermochte sein Sohn Galeazzo Maria die Nachfolge zu übernehmen; aber Venedig dachte die günstige Gelegenheit zu benutzen. Dem stand ein unter Mitwirkung des Papstes im Januar 1467 in Rom geschlossener Bund zwischen Florenz, Neapel und Mailand gegenüber. Zunächst wandte sich der Feldherr der Serenissima, Colleoni, gegen Florenz, wo die Medici von einer großen inneren Opposition bedroht waren, aber eine Erhebung niederschlagen konnten. In die Händel griff der Papst ein und gebot Frieden in offenbarer Überschätzung seiner wirklichen Macht. Allmählich traten dann die italienischen Staaten doch dem Frieden bei, aber nur für kurze Zeit. Ein neuer Streit entstand um die Städte der Malatesta, die sich die Kurie nicht entgehen lassen wollte; sie stieß aber auf den Widerstand von Mailand und Florenz. Eine allgemeine Liga, unter dem Eindruck der türkischen Bedrohung in Rom 1470 abgeschlossen, brachte vorübergehend Ruhe. Aber der Geist von 1454 (Lodi) war nicht mehr zu erwecken. Und der Papst spielte trotz seiner Ansprüche eine untergeordnete Rolle[35].

Pius II. hatte kurz vor seinem Tode den Böhmenkönig Podiebrad nach Rom vorgeladen. Mit dem Regierungsantritt Pauls II. geriet auch diese Angelegenheit ins Stocken, und man versuchte es zunächst mit gütlichen Mitteln. Der Kaiser, in seinen Schwierigkeiten von Podiebrad stark unterstützt, trat als Fürsprecher für ihn auf und ebenso eine Reihe von deutschen Fürsten. Doch nachdem sich der Böhme mit ihm und Matthias Corvinus von Ungarn entzweit hatte, sprach der Papst Ende Dezember 1466 Bann und Absetzung über ihn aus und rief zum Ketzerkreuzzug auf[36]. Trotz großer Bedrohung von innen und außen vermochte sich der böhmische König zu halten bis zu seinem Tod im März 1471, als man offenbar in Rom durch Verhandlungen zu einem Ausgleich kommen wollte[37].

Als das letzte Bollwerk Venedigs in der Levante, Negroponte (Euböa), von Mehmed II. im Jahre 1470 erobert wurde, erließ der Papst einen neuen allgemeinen Aufruf zum Kreuzzug gegen die Türken und lud zu einem Kongreß nach Rom ein. Mehr als die vorhin erwähnte Liga der italienischen Staaten kam aber nicht zustande[38].

[35] Storia di Milano VII (1956) 246—249.
[36] *K. A. Fink*, Der Kreuzablaß gegen Georg Podiebrad in Süd- und Westdeutschland: QFIAB 24 (1932/33) 207—243.
[37] Handbuch der Gesch. der böhmischen Länder I (1967) 549—554 (mit Lit.).
[38] *Babinger*, Mehmed der Eroberer 299—308.

In der ständigen Auseinandersetzung mit Frankreich trat gerade unter Paul II. der Plan eines Allgemeinen Konzils immer stärker hervor, war doch schon in seiner Wahlkapitulation die Abhaltung eines solchen innerhalb von drei Jahren verlangt worden. Nicht nur war es die verständliche Abneigung der Kurie gegen ein Konzil, da sie die Reform des Hauptes fürchten mußte, bei Pietro Barbo kam noch die autoritär-aristokratische Auffassung seines Amtes hinzu. Als Kaiser Friedrich III. im Jahre 1468 einen privaten Besuch in Rom abstattete, legte er dem Papst die Veranstaltung einer allgemeinen Versammlung unter Beteiligung von Papst und Kaiser in Konstanz nahe, konnte aber nur die Vertröstung auf einen Gesandtenkongreß in Rom erhalten[39]. Ganz unerwartet starb der Papst im Juli 1471 im Alter von erst 53 Jahren.

57. Kapitel

Päpste der Hochrenaissance

QUELLEN: *Stefano Infessura,* Diario della Città di Roma (1303—1394), ed. *O. Tommassini* (Rom 1890), dt. von *H. Hefele* (Jena 1913); *Sigismondo dei Conti da Foligno,* Le storie de' suoi tempi (1475—1510), 2 Bde (Rom 1883); *Iacobi Volaterani* (Jacopo Gherardi da Volterra) Diarium Romanum (1479—1484), ed. *E. Carusi:* Muratori XXIII, 3 (1904); *Jacopo Ammanati-Piccolomini,* Diario Concistoriale (1472—1479), ed. *E. Carusi:* Muratori XXIII, 3 (1904/11); *Sebastiano de Branco Tedalini,* Diario (1492—1524), ed. *P. Piccolomini:* Muratori XXIII (1906/11); *Antonio de Vascho,* Il diario della città di Roma (1480—1492), ed. *G. Chiesa:* Muratori XXIII, 3 (1910/11); Johannis Burckardi Liber notarum ab anno 1483 usque ad annum 1506, ed *E. Celani:* Muratori XXXII 1, 2 (1911/42; unvollendet); *Paris de Grassis,* Il diario di Leone X, ed. *P. Delicati - M. Armellini* (Rom 1884); *Marino Sanudo,* I diarii, 58 Bde (Venedig 1879—1903); Les „libri Annatarum“ pour les Pontificats d'Eugène IV à Alexandre VI. Tome IV: Pontificats d'Innocent VIII et d'Alexandre VI 1484—1503. Textes publiés par *E. Brouette* (Analecta Vaticano Belgica XXIV) (Brüssel 1963).

LITERATUR: *E. Rodocanacchi,* Histoire de Rome. Une cour princière au Vatican pendant la Renaissance. Sixte IV, Innocent VIII, Alexandre VI Borgia (Paris 1925); *ders.,* Le pontificat de Jules II, 1503—1513 (Paris 1928); *ders.,* Le pontificat de Léon X, 1513—1521 (Paris 1931); Storia d'Italia, hrsg. von *N. Valeri* II (Turin 1959); Storia di Milano VII (1956), VIII (1957); *F. Babinger,* Mehmed der Eroberer und seine Zeit (München 1953); *P. Partner,* The "Budget" of the Roman Church in the Renaissance Period: Italian Renaissance Studies by *E. F. Jacob* (London 1960) 256—278; *E. Gagliardi,* Der Anteil der Schweizer an den italienischen Kriegen 1494—1516 (Zürich 1918); *A. Büchi,* Kardinal Matthäus Schiner als Staatsmann und Kirchenfürst, 2 Bde (Freiburg/Schweiz 1923/37); *H. Pfeffermann,* Die Zusammenarbeit der Renaissancepäpste mit den Türken (Winterthur 1946); *J. Fernández Alonso,* Legaciones y nunciaturas en España de 1466 a 1521, I: 1466—1484 (Rom 1963); *E. Breisach,* Caterina Sforza. A Renaissance Virago (Chicago - London 1967).

[39] *H. Jedin,* Sánchez de Arevalo und die Konzilsfrage unter Paul II.: HJ 73 (1954) 95 bis 119; weitere Lit. bei *A. Strnad,* Francesco Todeschini-Piccolomini 213 Anm. 21

Sixtus IV. und Innozenz VIII.: *B. Platina,* Liber de vita Christi ac omnium Pontificum ed. G. Gaida Muratori III 1 (Bologna 1913—32) (ausführlich für Sixtus IV. bis 1475); *E. Carusi,* Dispacci e lettere di Giacomo Gheradi nunzio Pontificio 1487—90: SteT 21 (Rom 1909); I diarii di Cicco Simonetta, ed. *A. R. Natale,* I: 1473—1478 (Mailand 1962); weitere Lit. in den Anmerkungen.

Alexander VI.: Dizionario biografico degli Italiani II (1960) 196—205 (mit ausführl. Lit.); *G. Pepe,* La politica dei Borgia (Neapel 1946); *E. Olmos y Canalda,* Reivindicación de Alejandro VI (Valencia ^{7}1954); *O. Ferrara,* El papa Borgia (Madrid ^{4}1956), dt.: Alexander VI. Borgia (Zürich-Stuttgart 1957; mit einem Nachwort von Reinhold Schneider); *G. Schwaiger,* Savonarola und seine Zeit: MThZ 12 (1961) 210—214 (mit Lit.); *S. Schüller-Piroli,* Borgia. Die Zerstörung einer Legende, die Geschichte einer Dynastie (Olten-Freiburg 1963); *M. Batllori,* Alejandro VI y la casa real de Aragón, 1492—1498 (Real academia de la historia, Madrid 1958); *H. Kühner,* Der Charakter Alexanders VI.: ThZ 14 (1958) 214—221; *G. Soranzo,* Studi intorno a Papa Alessandro VI Borgia (Mailand 1950); *ders.,* Risposta al Prof. Giovanni Picotti: RSTI 6 (1952) 96—107; *ders.,* Documenti inediti o poco noti relativi all'assunzione al pontificato di Alessandro VI: Archivi 19 (1952) 157—178; *ders.,* Orsino Orsini, Adriana di Mila sua madre, e Giulia Farnese, sua moglie, nei loro rapporti con papa Alessandro VI: Archivi 26 (1959) 119—150; *ders.,* Il tempo di Alessandro VI Papa e di Fra Girolamo Savonarola (Mailand 1960); *ders.,* La più grave accusa data al papa Borgia: Archivi 28 (1961) 179—188; *G. B. Picotti,* Nuovi studi e documenti intorno a Papa Alessandro VI: RSTI 5 (1951) 169—262; *ders.,* Replica al Prof. Giovanni Soranzo: RSTI 6 (1952) 107—110; *ders.,* Ancora sul Borgia: RSTI 8 (1954) 313—355; *ders.,* Alessandro VI, il Savonarola ed il cardinale Giuliano della Rovere in una pubblicazione recente: ASRomana 83 (1960, erschienen 1963) 51—72.

Pius III.: *A. A. Strnad,* Francesco Todeschini-Piccolomini. Politik und Mäzenatentum im Quattrocento: RömHM 8/9 (1964/66) 101—425; diese ausführliche Studie behandelt die ganze zweite Hälfte des 15. Jh. und muß als Ergänzung zu *Pastor* benutzt werden, mit ausführl. Lit.

Julius II.: *De Terrateig,* Política en Italia del Rey Católico 1507—1516. Correspondencia inédita con el ambajador Vich, 2 Bde (Madrid 1963); *M. Brosch,* Papst Julius II. und die Gründung des Kirchenstaates (Gotha 1878); *E. Rodocanacchi,* Le pontificat de Jules II, 1503—1513 (Paris 1928); *G. B. Picotti,* La giovinezza di Leone X (Mailand 1928); *ders.,* La politica italiana sotto il pontificato di Giulio II (Pisa 1949); *A. Luzio,* I Preliminari della Lega di Cambrai concordati a Milano ed a Mantova: Archivio storico Lombardo 38 (1911) 245—310; *ders.,* Isabella d'Este di fronte a Giulio II negli ultimi tre anni del suo pontificato (Mailand 1912); *C. Fusero,* Giulio II (Mailand 1965); *G. de Beauville,* Jules II. Saveur de la Papauté (Paris 1965); *L. Bindi Senesi,* Giulio II. Un Papa con l'archibugio (Mailand 1967); *D. S. Chambers,* Cardinal Bainbridge in the Court of Rome 1509 to 1514 (London 1965); *R. Cessi,* Dispacci degli ambasciatori veneziani alla corte di Roma presso Giulio II (Venedig 1932); Storia di Milano VIII (1957); *F. Seneca,* Venezia e Papa Giulio II (Padua 1962).

Leo X.: *J. Hergenröther,* Regesta Leonis X, fasc. 1—8, 1513—1515 (Freiburg 1884/91); *P. Bembo,* Libri XVI epistolarum Leonis P. M. nomine scriptarum (Basel 1539 und öfters); *P. De Grassis,* Il Diario di Leone X, ed. *D. Delicati-M. Armellini* (Rom 1884); *M. Sanudo,* I diarii XVI—LVIII (Venedig 1886—1903); *S. Camerani,* Bibliografia Medicea (Biblioteca di Bibliografia Italiana XLV, Florenz 1964); *F. Nitti, Leone* X e la sua politica (Florenz 1892); *G. B. Picotti,* La giovinezza di Leone X (Mailand 1928); *E. Rodocanacchi,* Le pontificat de Léon X (Paris 1951); *D. Gnoli,* La Roma di Leone X (Mailand 1938); *P. Prodi,* Relazioni diplomatiche fra il Ducato di Milano e Roma sotto il duca Massimiliano Sforza 1512—1515: Aevum 30 (1956) 437—494; Storia di Milano

VIII (1957); *E. Dupré-Theseider,* I Papi Medicei e la loro politica domestica: Studi Fiorentini (Florenz 1963) 271—324.

Sixtus IV. (1471—1484)

Mit dem Pontifikat des früheren Generalministers des Franziskanerordens Francesco della Rovere läßt man mit Recht die sogenannte Hochrenaissance beginnen. Denn entgegen allen berechtigten Erwartungen folgte der Sohn des hl. Franz von Assisi seinem Meister nicht nach. Das zeigte sich schon bei der Wahl, die nach dreitägigem Konklave am 9. April 1471 zustande kam. Die Wahlkapitulation ist erhalten und bietet das übliche Bild der letzten zwei Jahrzehnte[1]. An diese Abmachungen, die dann von den jeweils Gewählten beschworen wurden, haben sich die Päpste kaum gehalten, auch Sixtus IV. nicht. Seine Wahl wurde vom Herzog von Mailand besonders gefördert; ihm und allen anderen Wählern wurden reichliche Geschenke zuteil[2]. Der aus Ligurien stammende Franziskaner galt als ein hervorragender Theologe, der sich mit Erfolg aktuellen Streitfragen widmete, und als bekannter und gesuchter Prediger. Um so mehr wunderte man sich über den raschen Wandel seiner Auffassungen, über das mit dem religiösen Auftrag des Papsttums nicht zu vereinbarende Überhandnehmen der Politik und den Ausbau des Kirchenstaates mit allen erlaubten und unerlaubten Mitteln zu einem italienischen Fürstentum, über die ungebührliche Förderung seiner Verwandtschaft.

Schon wenige Wochen nach seiner Wahl erhob er in offener Mißachtung der beschworenen Wahlkapitulation zwei Neffen zu Kardinälen, die Franziskaner Pietro Riario und Giuliano della Rovere, die schon zuvor mit Bistümern und Abteien reichlich ausgestattet wurden. In die Wahlkapitulation von 1471 war nämlich eine Verschärfung der Bestimmungen über die Ergänzung des Heiligen Kollegs aufgenommen worden. Sollte der Papst gegen den Willen der Kardinäle Ernennungen vornehmen, so verlieren diese Ernannten beim Tod des Papstes ihre Würde und das aktive und passive Wahlrecht. War die Ernennung des Giuliano della Rovere, später Julius II., noch zu verantworten, so fiel die päpstliche Gunst bei Pietro Riario auf einen Unwürdigen, der nach einem luxuriösen und lasterhaften Lebenswandel schon 1474 starb. An seine Stelle trat ein weiterer Neffe, Girolamo Riario, der zum „bösen Dämon" des Papstes wurde. Mit Caterina Sforza, einer natürlichen Tochter des Herzogs Galeazzo Sforza von Mailand vermählt und in den Grafenstand erhoben, erhielt er in Vorwegnahme der späteren Borgia-Politik Gebiete in der Romagna (Imola und Forlì). An der für einen

[1] *U. Manucci,* Le capitolazioni del conclave di Sisto IV, 1471: RQ 29 (1915) 73—90.
[2] Die Abstimmungslisten bei *Pastor* II 779 ff.

Papst unpassenden und auch unglücklichen Politik trägt er die Hauptschuld.

Die gespannte Haltung des Papstes zu Florenz, das dem Ausbau der benachbarten kirchenstaatlichen Macht nur mit Widerwillen und Argwohn zusehen konnte, fand ihren Höhepunkt in der sogenannten *Pazzi-Verschwörung*[3]. Auf Drängen seines Neffen Girolamo Riario unterstützte er die den Medici feindliche Florentiner Bankiersfamilie der Pazzi und das von Florenz bedrohte Siena. Im Stil der Zeit sollten die Führer der Familie Medici während des Aufenthaltes des erst 18jährigen, mit dem Papst verwandten Kardinals Sansoni-Riario in der Arnostadt durch einen Handstreich beseitigt und ihre Herrschaft durch Einfälle von verschiedenen Seiten in ihr Gebiet gestürzt werden. Die Frage, ob der Papst mit der beabsichtigten Ermordung des Lorenzo und Giuliano einverstanden war, kann wohl verneint werden. Doch hat er sich nicht genug von diesen gefährlichen Plänen distanziert, und es trifft ihn eine Mitschuld an der im Dom von Florenz am 26. April 1478 während des Hochamts ausgeführten ruchlosen Tat. Giuliano wurde getötet, während Lorenzo verwundet entkommen konnte. Der Aufstand wurde niedergeschlagen, und die Anhänger der Medici nahmen furchtbare Rache, der auch der in die Verschwörung verwickelte junge Erzbischof von Pisa, Francesco Salviati, zum Opfer fiel. Diese Verletzung der geistlichen Gerichtsbarkeit und die Verhaftung des Kardinals veranlaßten den Papst, über die Medici die Exkommunikation und später über Florenz das Interdikt zu verhängen. Wenn auch der Aufmarsch gegen Florenz wenig erreichte, so verschlechterte sich die politische Lage und zwang Lorenzo zum Friedensschluß mit Neapel, zum großen Ärger des Papstes, den auch ernstliche Vorstellungen italienischer und auswärtiger Herrscher wenig beeindruckten. Zwei Gruppen standen sich nun gegenüber: Florenz-Neapel-Mailand-Ferrara und auf der anderen Seite der Papst, Venedig und die Anjou, die ihre alten Ansprüche auf Neapel bei günstigen Aussichten immer wiederholten. Und wieder war Girolamo Riario, der wie später die Borgia in der Romagna sich einen eigenen, den Pontifikat seines Onkels möglichst überdauernden Staat aufbauen wollte, der Urheber eines neuen Krieges in Italien. Nachdem er zu Imola auch noch Forlì hinzuerworben hatte, richtete sich sein Auge auf Ferrara, für das auch Venedig Interesse zeigte. Das Jahr 1482 sah fast alle Mächte Italiens in den neuen Krieg verwickelt[4]. Der Sieg der päpstlich-venetianischen Truppen unter Roberto Malatesta bei Campo

[3] *Angelo Poliziano,* Della congiura dei Pazzi a cura di A. Perosa (Padua 1958), grundlegende Ausgabe mit wichtigen Anhängen; *F. Morandini,* Il conflitto tra Lorenzo il Magnifico e Sisto IV dopo la congiura de' Pazzi. Dal Carteggio di Lorenzo con Girolamo Morelli, ambasciatore Fiorentino a Milano:: AstIt 107 (1949) 113—154.

[4] *R. Cessi,* Per la storia della guerra di Ferrara, 1482—1483: Notizie degli Archivi di Stato 8 (1948) 63—72; *G. Coniglio,* La participazione del Regno di Napoli alla guerra di Ferrara, 1482—1484: Partenope (Neapel) 2 (1961) 53—74.

Morto in den Pontinischen Sümpfen im Sommer 1482 brachte keine Entscheidung, wie denn in dieser Zeit fast immer die politischen Verhandlungen die Kriegshandlungen an Erfolg übertrafen. Eine Konferenz in Cremona im Jahre 1483 vermochte nicht die Streitigkeiten zu beenden, und der Papst, wieder einmal rasch seine Bündnisse wechselnd, ging gegen Venedig mit geistlichen Strafen vor. Der Friede von Bagnolo 1484 bestätigte den Status quo und brachte dem Papst und seinem Nepoten nicht den erhofften Landgewinn in der Romagna, dafür aber bedrohliche Aufstände in Rom und Latium und Kämpfe zwischen den Colonna und Orsini. In diesen ereignisreichen Jahren von 1482—84 drohte auch die Gefahr eines Konzilsversuches.

Daß die Bestimmungen der Reformkonzilien von Konstanz und Basel nicht vergessen waren, zeigten die Wahlkapitulationen, wenn sie auch hier allmählich zu einem Topos wurden. Dies zeigten aber auch die im Laufe des 15. Jh. oft vertretenen Ansichten über die konziliare Idee, die zahlreichen Appellationen an das Konzil und die Bemühungen um die Einberufung. Daran änderten auch die päpstlichen Verbote nichts, da sie mit Recht als Maßnahmen *einer* Partei angesehen wurden und durch sie ein Konzil jederzeit verhindert werden konnte. Die Drohung mit dem Reformkonzil gehörte zu den Mitteln der politischen Auseinandersetzung mit Papsttum und Kirchenstaat, wurde aber nur selten verwirklicht[5]. Doch im Pontifikat Sixtus' IV. kam es soweit. Andrea Zamometič, Titularerzbischof von Granea (bei Saloniki), versuchte das seiner Ansicht nach noch nicht abgeschlossene Konzil von Basel wieder zu beleben[6]. Seine im März 1482 im Münster zu Basel proklamierte Berufung mit Zitation des Papstes war alles andere als politisch geschickt vorbereitet. Was ihn dazu veranlaßte, ist nie ganz klargeworden. Aus Südslawien stammend, trat er in jungen Jahren in den Dominikanerorden ein, studierte in Padua, wo er sich mit Francesco della Rovere anfreundete. Längere Zeit war er diplomatisch für Kaiser Friedrich III. tätig, machte sich aber durch seine scharfe Kritik an der Kurie unbeliebt und kam sogar vorübergehend in die Engelsburg. Offenbar hielt er die Bedrängnis des Papstes im Krieg um Ferrara für den rechten Zeitpunkt, um mit dem so oft geforderten Konzil Ernst zu machen, den Papst abzusetzen und die Reform von Kurie und Kirche endlich in Angriff zu nehmen und auch durchzuführen. Bei dem Fortleben der konziliaren Idee fehlte es nicht an Zustimmung und Ermunterung von allen Gegnern des

[5] *Jedin* I 73—79; *ders.*, Giovanni Gozzadini, ein Konziliarist am Hofe Julius' II. Ausgewählte Aufsätze und Vorträge II (1966) 17—74; *ders.*, Sánchez de Arevalo und die Konzilsfrage unter Paul II.: HJ 73 (1954) 95—119; *K. A. Fink*, Die konziliare Idee im späten Mittelalter: Vorträge und Forschungen 9 (1965) 119—134.

[6] *J. Schlecht*, Andrea Zamometič und der Basler Konzilsversuch vom Jahre 1482 (Paderborn 1903); *A. Stoecklin*, Der Basler Konzilsversuch des Andrea Zamometič vom Jahre 1482 (Basel 1938); *Jedin* I 80—84.

Rovere-Papstes, der über Basel das Interdikt verhängte. Doch das Konzil kam nicht recht in Gang, und der Kaiser wandte sich nach längerer unsicherer Stellungnahme gegen Konzil und Konzilsstadt und ließ Zamometič in Haft nehmen. Zwei Jahre später starb dieser, vielleicht durch Selbstmord, in Basel[7].

Die in der Wahlkapitulation von 1471 zuerst genannte Aufgabe des neuen Papstes, nämlich der Kreuzzug gegen die Türken, wurde von Sixtus IV. in den ersten Jahren seines Pontifikates sehr ernst genommen, und alsbald nach Regierungsantritt erließ er feierliche Aufrufe und entsandte fünf Kardinallegaten in alle größeren Staaten des Abendlandes. Mit großen Kosten wurde eine Flotte ausgerüstet, die aber nach mäßigen Erfolgen an der Küste Kleinasiens wieder zurückkehrte. Die weiteren Unternehmungen entsprachen nicht den großen Plänen des Anfangs, und auch die Hoffnung anläßlich der in Rom gefeierten Hochzeit zwischen dem russischen Großfürsten Iwan III. und der Nichte des letzten Kaisers von Byzanz auf Anschluß der russischen Kirche blieb nur ein Wunsch. Daß in einem so günstigen Zeitraum für entscheidendes Handeln gegen Mehmed II. — der Großherr wurde im Osten seines Reiches durch den Turkmenenherrscher Usun Hasan stark gefährdet — nichts Durchgreifendes geschah, war durch die mangelnde Entschlußkraft der venetianischen Flottenkapitäne und vor allem durch die Teilnahmslosigkeit des Kaisers und der übrigen westlichen Fürsten bedingt und ist dem Papst nicht anzulasten. Im weiteren Verlauf seiner Regierung änderte sich diese zögernde Haltung des Abendlandes nicht, und ihn selbst nahmen die italienische Politik und die Versorgung seiner aufdringlichen Verwandtschaft in immer größerem Maße in Anspruch. So kam es sogar zu einer Landung türkischer Truppen in Apulien, wo Otranto länger als ein Jahr von ihnen besetzt wurde. Die Nachricht vom Einbruch der Muslimen in die italienische Halbinsel erregte Furcht und Schrecken. Aber auch diese äußerst gefährliche Lage vermochte nicht die abendländische Christenheit zu einem gemeinsamen energischen Vorgehen gegen die Ungläubigen zu veranlassen, zumal im Jahre 1481 der große Sultan aus dem Leben schied und die Gefahr nun für längere Zeit gebannt schien[8].

Der Pontifikat Sixtus' IV. kann auch in religiöser Sicht nicht als glücklich bezeichnet werden. Die von ihm gegen die Wahlkapitulationen ernannten 34 Kardinäle (sechs Nepoten) waren zum großen Teil wenig würdige Männer und führten die Verweltlichung des Papsttums und des Kardinals-

[7] Das aus den Zeitverhältnissen heraus verständliche Interesse Sixtus' IV. an den Reformkonzilien spiegelt sich wider in seinen Bemerkungen zu Cod. Vat. lat. 1335, dazu *H. Finke,* Acta conc. Constant. IV (1928) S. XIX.

[8] *F. Babinger,* Mehmed der Eroberer 430—435; *O. Halecki,* Sixte IV e la Chrétienté orientale: SteT 232 (1964) 241—264, versucht das Interesse Sixtus' IV. für den Osten mehr als bisher herauszustellen.

kollegs weiter. Somit trägt der Rovere-Papst eine große Verantwortung vor der Geschichte des Christentums und der Kirche. Auch die ungezügelte Vermehrung der kurialen Beamten und des römischen Hofes gehören zu den Schattenseiten seiner Regierung. Der Fiskalismus der Kurie stieg unter Sixtus IV. rapid an, da der Geldbedarf durch die vielen kostspieligen politischen Unternehmungen und die dafür erforderlichen Soldzahlungen, durch die Aufwendungen für Kunst und Luxus, für die Hofhaltung und die Versorgung der Familie ebenso rasch zunahm[9]. Die Errichtung von zahlreichen neuen käuflichen Ämtern brachte bedeutende Einnahmen, ebenso die häufige Gewährung von Indulgenzen[10]. Die Finanzverwaltung, vor allem die außerordentliche, geriet immer mehr in die Hand des Datars, der damit zum mächtigsten Mann der Kurie wurde. Seine Zuständigkeit erstreckte sich auf die Kreuzzugsgelder, den Ämterkauf, die Ablässe, und als Verfahren diente im wesentlichen die Komposition (Abmachung); daß dabei vieles möglich war, liegt auf der Hand. Auf der anderen Seite soll nicht verschwiegen werden: die an Nikolaus V. erinnernde Fürsorge für die Humanisten und Literaten, für die Wissenschaft, die neue Einrichtung der Vatikanischen Bibliothek und die Anlage des Vatikanischen Archivs, wobei die wichtigsten Urkunden (Privilegien) in die Engelsburg verbracht wurden[11]. Mit seinem Namen ist für immer die Umwandlung des mittelalterlichen Roms in die Stadt der Renaissance verbunden. Dazu gehören die neuen Straßen, wie sie der Andrang der Pilger im Jubeljahr 1475 nahelegte, der Ponte Sisto über den Tiber, die Kirchen S. Maria del Popolo (Grabeskirche der Rovere) und S. Maria della Pace, das neue Spital von S. Spirito, zahlreiche Paläste der Kardinäle und hohen Prälaten und vor allem die große neue Palastkapelle im Vatikan, die Sixtinische Kapelle mit ihrer ersten Ausschmückung durch die umbrischen Meister. Sein Erzgrabmal von Pollaiuolo, heute in den Grotten von St. Peter, gilt als eines der schönsten Papstgräber. Die Betonung seiner persönlichen Güte und Frömmigkeit kann nicht hindern, in ihm den Störer des italienischen Gleichgewichts durch seine unglücklichen politischen Unternehmungen zu sehen; an dem weiteren Abgleiten der Römischen Kurie in schrankenlosen Nepotismus und Verweltlichung trägt er die Hauptschuld.

Innozenz VIII. (1484—1492)

Nach dem Tode Sixtus' IV. brach in Rom der Sturm gegen die „Genuesen" los, die nach Ansicht der Römer und der Bewohner des Kirchenstaates alle

[9] *C. Bauer*, Studi per la storia delle finanze papali durante il pontificato di Sisto IV: ASRomana 50 (1927) 319—400; *P. Partner*, The "Budget" of the Roman Church in the Renaissance Period (Italian Renaissance Studies, ed. *E. F. Jacob*, London 1960) 256—278.
[10] *E. Göller*, Deutsche Kirchenablässe unter Papst Sixtus IV.: RQ 31 (1923) 55—70.
[11] *K. A. Fink*, Das Vatikanische Archiv (Rom ²1951) 2.

guten Stellen unter dem ligurischen Papst eingenommen hatten: so wie schon früher gegen die „Katalanen" und „Senesen" nach dem Ableben Kalixt' III. und Pius' II. Die Chronisten werden nicht müde, von der Unsicherheit, den Unruhen, Plünderungen und Straßenkämpfen während der Sedisvakanz zu berichten, die aber auch über die ganze Regierung des kommenden Papstes andauerten. Der bisher allmächtige Girolamo Riario befand sich außerhalb Roms im Felde gegen die Colonna, aber seine tapfere Gemahlin Caterina Sforza bemächtigte sich der Engelsburg und rettete so die Herrschaft noch für einige Zeit. Nach längeren Verhandlungen des Kardinalskollegs mit den sich befeindenden Gruppen gelang es, die vielen Truppen aus Rom zu entfernen, und das Konklave konnte im Vatikan beginnen. Es dauerte nur vom 26. bis 29. August, es nahmen 25 Kardinäle teil, die wiederum in zwei Parteien gespalten waren: der Vizekanzler Borgia, die Orsini, Mailand und Neapel; auf der anderen Seite Giuliano della Rovere mit den Colonna und Venedig. Die vom Zeremonienmeister Burckard von Straßburg überlieferte Wahlkapitulation unterscheidet sich formal von den früheren Fassungen durch eine strenge Aufteilung in die allgemeinen Abmachungen (Konzil, Türkenkrieg, Kirchen- und Kurienreform) und die speziellen für die Kardinäle, weicht inhaltlich aber kaum von den vorhergehenden Festlegungen ab [12]. Es gelang Giuliano della Rovere, nachdem er selbst keine Aussichten mehr hatte, den von ihm ganz abhängigen und schwächlichen, aus einer genuesischen Adelsfamilie stammenden Kardinal Giovanni Battista Cibo, Bischof von Molfetta, durchzubringen. Daß er in der Nacht vor seiner Wahl in seiner Zelle Suppliken einiger Kardinäle signierte, kann nicht anders denn als offene Bestechung und Simonie angesehen werden [13]. Der am Morgen darauf noch formell Gewählte nannte sich Innozenz VIII. und knüpfte damit an die römische Papstreihe des Großen Schismas an. Aus der Zeit vor seinem Eintritt in den geistlichen Stand hatte er mehrere illegitime Kinder, die dann in dem neuen Stil durch Heirat in italienische Fürstenhäuser in entsprechender Weise versorgt wurden.

In der Politik stand der an sich friedliebende Papst der großen Liga von Neapel, Mailand, Florenz, Siena, Lucca, Spanien und den Orsini gegenüber, während Venedig neutral blieb. Der erbittertste Gegner war Ferrante von Neapel, der durch Konzilsdrohung, Aufstände im Kirchenstaat und Aufreizung des ungarischen Königs Matthias Corvinus den Papst bedrängte, nachdem sich dieser in nicht sehr geschickter und von den anderen Mächten

[12] Burckardi Liber notarum, ed. *Celani,* I 30—43.

[13] Ebd. 47: facte sunt diverse practice et tandem XVII vel circa, rr. morum dd. cardinalium vota addicta in favorem r.mi d. cardinalis Melfitensis, qui in nocte sequenti, ante horam sextam noctis, incepit in camera sua signare supplicationes ad instantiam quorundam cardinalium; genuflexus super uno genu, supplicationes super quodam forzerio ante se positas signabat, cardinalibus aliquibus circumstantibus, qui signaturas huiusmodi expectabant.

nicht gerne gesehenen Weise mit den aufständischen Baronen des neapolitanischen Königreichs verbündet hatte. Hilferufe an Frankreich blieben ohne Erfolg, so daß sich der Kirchenstaat im Sommer 1486 zu einem wenig günstigen Frieden bequemen mußte. Die Vermählung der Tochter des Lorenzo Medici, Maddalena, mit dem Sohn des Papstes, Franceschetto, brachte vorübergehend eine Aussöhnung mit Florenz zustande. Doch der schwelende Gegensatz zu Neapel führte 1489 zu neuem Krieg und zur Verhängung von kirchlichen Zensuren über den König und sein Land. Kurz vor dem Hinscheiden des Papstes im Jahre 1492 kam es dann zu Frieden und Verständigung mit Neapel[14].

Der fast stets kränkliche Papst stand unter dem Einfluß, ja der Herrschaft der starken Persönlichkeit des Giuliano della Rovere. Nur in dessen Abwesenheit von Rom gab es eigene Entschlüsse, die meist in schwächlicher Weise einen Ausgleich suchten. Der stetige Geldmangel konnte auch durch Vermehrung der käuflichen Ämter und ähnliche Praktiken nicht behoben werden. So wurden die traditionellen sechs Stellen des alten und durch die humanistische Bildung seiner Inhaber berühmten Kollegs der apostolischen Sekretäre auf dreißig erhöht und gegen entsprechende Zahlungen vergeben.

Eine merkwürdige Figur kam an die Kurie in der Person des türkischen Prinzen Dschem, Sohn Mehmeds II. und Bruder des regierenden Sultans Bajazet II. Vor den Nachstellungen seines Bruder, der mit Recht in ihm einen Rivalen um die Herrschaft sah, floh er zunächst nach Rhodos und wurde dann gegen Erhebung des Johanniter-Großmeisters zum Kardinal dem Papst übergeben als ein politisch höchst wertvolles Pfand. Der Sultan zahlte für die Festhaltung ein hohes Jahrgeld und sah auch von direkten Unternehmungen gegen Italien ab. Daß dadurch ein Bündnis mit den Ungläubigen geschlossen wurde, ist zuviel gesagt. Einer Konferenz in Rom im Jahre 1490, die das Abendland zu einem Kreuzzug gegen die Türken zusammenbringen sollte, blieb jeder Erfolg versagt. Die Regierung des Cibo-Papstes war fast ständig von stadtrömischen Unruhen erfüllt und machte Befestigungen des Vatikans und der Kardinalspaläste nötig; im ganzen ein unglücklicher und schwacher Pontifikat in einer Zeit, die eine starke reformatorische Persönlichkeit erfordert hätte.

[14] *P. Fedele,* La pace del 1486 tra Ferdinando d'Aragona e Innocenzo VIII: Archivio storico per le provincie Napoletane 30 (1905) 480—503; *R. Palmarocchi,* La politica italiana di Lorenzo de' Medici. Firenze nella guerra contro Innocenzo VIII: Biblioteca storica Toscana 8 (Florenz 1933); *E. Pontieri,* L'atteggiamento di Venezia nel conflitto tra papa Innocenzo VIII e Ferrante I d'Aragona, 1483—1492: Archivio storico Napoletano 81 (1962) 197—324.

Alexander VI. (1492—1503)

Innozenz VIII. starb in der Nacht zum 26. Juli 1492. Bei seiner schwachen Gesundheit und den häufigen Krankheiten hatte man sich öfters mit seiner Nachfolge befaßt, im Kardinalskolleg und in den Staatskanzleien. Unter den 23 Kardinälen, die am 6. August das Konklave im Vatikan bezogen, zeichneten sich zwei Gruppen ab, die eine um Ascanio Sforza und den Vizekanzler Rodrigo Borgia, die andere um den Neffen Sixtus' IV., Giuliano della Rovere, der größten Einfluß auf Innozenz ausgeübt hatte. In diesen beiden Parteien spiegelte sich der Gegensatz zwischen Ludovico il Moro von Mailand und König Ferrante von Neapel wider. Ziemlich zuverlässige Berichte wissen von der Bereitstellung großer Summen für das Konklave von mehreren Seiten. Eine Wahlkapitulation ist bisher nicht bekanntgeworden; allem Anschein nach hat sich das Kardinalskolleg mit der ausführlichen Kapitulation des vorhergehenden Konklave begnügt und einige Änderungen hinzugefügt. Die Abstimmungen in den drei Skrutinien des 8. bis 10. August sind überliefert, wenn auch die Listen mit gewisser Vorsicht benützt werden müssen. Immerhin zeigen sie, daß keine der beiden Parteien sich Hoffnungen auf rasche Erreichung der Zweidrittelmehrheit machen konnte. Dann aber, in den späten Abendstunden des 10. August, war die Wahl des Vizekanzlers für den folgendenen Morgen gesichert. Da der Dekan des Heiligen Kollegs, Rodrigo Borgia, zunächst nicht als ernstlicher Kandidat galt — weniger aus moralischen als nationalen Erwägungen —, fragt man nach einer Erklärung für die rasche Wendung. Es ist kaum ein Zweifel möglich, daß simonistische Machenschaften den Umschwung herbeiführten. Wenn auch schon früher nach vollzogener Wahl jeweils beträchtliche Geschenke an die Wähler verteilt wurden, so scheint es in der zweiten Hälfte des 15. Jh. üblich geworden zu sein, vorher genaue Abmachungen über Geld, Benefizien, kuriale Ämter für die Gewinnung der Stimme zu treffen, und das ist eben Simonie. Von den Zeitgenossen wird die Simonie bei dieser Wahl offen zugegeben und als möglicher Angriffspunkt gegen den neuen Papst im Bedarfsfall bezeichnet[15].

An den moralischen Defekten hatte man sich im Konklave nicht sehr gestoßen und ebensowenig in den Kanzleien der Könige, Fürsten und Städte beim Bekanntwerden des Wahlergebnisses. Die durch zahlreiche Gesandtschaften ausgesprochene Obedienz und Freude über diese Wahl lassen auch bei Berücksichtigung der bei dieser Gelegenheit immer üblichen Formalitäten und Schmeicheleien doch die Befriedigung erkennen, daß nach dem schwächlichen Innozenz VIII. ein bedeutender Politiker und fähiger Staats-

[15] *Soranzo,* Studi intorno a Papa Alessandro VI 1—33: L'assunzione al pontificato del cardinale Rodrigo Borgia; *F. La Torre,* Del conclave di Alessandro VI, papa Borgia (Florenz - Rom 1933); *Picotti,* Nuovi studi 181—207, die Abstimmungsliste 243—247.

mann erkoren wurde. Sollten sich Schwierigkeiten ergeben, so konnte man immer noch auf die simonistische Wahl und die wenig geistliche Lebensführung zurückkommen[16].

Alexander VI., wie er sich nannte, stammte aus Játiva in der Nähe von Valencia (geb. um 1430), kam als Neffe des Kardinals Alfonso Borja (ital. Borgia) nach Italien und studierte in Bologna. Nach der Wahl seines Onkels zum Papst (Kalixt III.) wurde er noch in dessen erstem Pontifikatsjahr unter Zustimmung sämtlicher anwesenden Kardinäle in das Heilige Kolleg aufgenommen und erhielt ein Jahr darauf das sehr einträgliche Amt des Vizekanzlers der römischen Kirche. Durch die große Zahl seiner Benefizien, darunter mehrere Bistümer und reiche Abteien, galt er neben dem Franzosen d'Estouteville als der reichste Kardinal seiner Zeit. Dem Reichtum entsprach eine wenig exemplarische Lebensführung, wie sie allerdings seit dem Pontifikat Sixtus' IV. an der Kurie und besonders bei den Kardinälen und hohen Prälaten verbreitet war. Da Rodrigo Borgia als Kardinal und noch als Papst wenig auf das Gerede der Leute gab, hat sich die Neugier der Skandalchronik damals und später ausgiebig mit der angeblichen oder wirklichen Zahl seiner Kinder befassen können. In den Jahren 1462—71 wurden ihm Pedro Luis, Jerónima und Isabella von Frauen geboren, deren Namen nicht überliefert sind. Am bekanntesten sind die aus der Verbindung mit Vannozza de Cattaneis stammenden Cesare, Juan, Joffré und Lucrezia, die nach der Wahl zum Papst alsbald in fürstlicher Weise versorgt wurden und die Interessen des Papstes in übermäßiger Weise in Anspruch nahmen[17]. Juan (geb. 1476) wurde als Erbe seines früh verstorbenen Bruders Pedro Luis Herzog von Gandia in Spanien und dann in Rom trotz seiner Untüchtigkeit mit Ehrenämtern ausgestattet, zum Generalkapitän der päpstlichen Truppen im Kampfe gegen die Orsini ernannt und mit dem aus dem Kirchenstaat abgezweigten Herzogtum Benevent belehnt. Seine Aufsehen erregende Ermordung im Jahre 1497 ist nie aufgeklärt worden, obwohl Verdächtigungen gegen Kardinal Ascanio Sforza, die Orsini und später auch gegen Cesare Borgia im Umlauf waren.

Am verhängnisvollsten war der Einfluß Cesares (geb. 1475) auf den Papst. Schon in jungen Jahren durch Sixtus IV. und Innozenz VIII. mit Benefizien reichlich ausgestattet, erhielt er nach der Wahl seines Vaters zum Papst im Alter von 18 Jahren unter andern Bistümern die reiche Diözese Valencia und 1493 das Kardinalat. Nach dem Tod seines Bruders Juan legte er (Diakon) ohne erheblichen Widerspruch im Heiligen Kolleg die Kardinals-

[16] *G. Soranzo,* Documenti inediti o poco noti all'assunzione al pontificato di Alessandro VI: Archivi, serie II 19 (1952) 157—178.

[17] Zur Reihenfolge der Kinder aus der Verbindung mit Vannozza: Cesare, Juan, Lucrezia, Joffré: *Bellonci* 27 71, *Schüller-Piroli* 179 559. Zum Grabstein der Vannozza, früher in S. Maria del Popolo, jetzt in S. Marco: *A. Ferrua,* Ritrovamento dell'epitafio di Vannozza Cattaneo: ASRomana 71 (1948) 139—141.

würde nieder und heiratete als Herzog von Valence eine französische Prinzessin. Sein Betätigungsfeld war vor allem die Romagna, wo er, von den reichlich fließenden Geldern der Kurie unterstützt, als vom Papst ernannter Herzog der Romagna die vielen kleinen Herrschaften zu einem großen Staatsgebiet zusammenzuschließen begann und auch die Toskana bedrohte. Von den Bewohnern wurde die Verwaltung Cesares geschätzt, von den benachbarten Stadtstaaten argwöhnisch betrachtet, da man eine Änderung der Gleichgewichtslage befürchtete. Diese Unternehmungen dienten der Zentralisation des Kirchenstaates und konnten später als ein Vorbild für die Politik Julius' II. angesehen werden. Doch bestand bei diesem Nepotismus größten Stils die Gefahr der Entfremdung von dem alten Besitz der römischen Kirche. Mit dem Tod des Papstes sank auch sein Stern, und der skrupellose Gewaltmensch fand nach wechselvollen Schicksalen 1507 in Navarra den Soldatentod[18].

Die Lieblingstochter Lucrezia (geb. 1480) sollte durch große Heiratsprojekte einer fürstlichen Zukunft entgegengehen. Nach früheren Verlobungen mit spanischen Edelleuten kam es 1493 zur ersten Heirat; ein Angehöriger des Hauses Sforza war aus politischen Gründen ausersehen worden, der Graf von Pesaro. Nichtigkeitserklärung wegen angeblicher Impotenz des Gatten brachte im Jahre 1497 die Auflösung der Ehe, der bald die Vermählung mit dem Neapolitaner Alfonso Herzog von Bisceglie folgte. Im Wechsel der päpstlichen Politik nach Frankreich hin wurde er im Heiligen Jahr 1500 durch Schergen Cesares im vatikanischen Palast umgebracht. Das Jahr darauf sah die dritte Ehe Lucrezias mit Alfonso d'Este von Ferrara. Dort überstand die Papsttochter den Sturz des Hauses Borgia († 1519)[19].

Das jüngste der Kinder Vannozzas, Joffré (geb. 1482), heiratete 1494 Sancia von Aragón, eine natürliche Tochter Alfonsos II. von Neapel, und wurde Fürst von Squillace († 1517).

Große Schwierigkeiten bereitet die Beurteilung des Verhältnisses Alexanders zu Giulia Farnese, der Schwester des Kardinals Alessandro Farnese (Paul III.), deren Hochzeit mit Orsino Orsini er selbst als Kardinal eingesegnet hatte. Der Versuch, die Beziehungen Rodrigo Borgias als Kardinal und noch als Papst zur „bella Giulia" als harmlos hinzustellen, ist Soranzo trotz dem aufgewandten Scharfsinn in der Deutung der berühmten Briefe des Papstes wohl nicht gelungen[20]. Auch die im Pontifikat Alexanders ge-

[18] *C. Fusero,* Cesare Borgia (Mailand 1958); *Schüller-Piroli* 319—397.

[19] *M. Bellonci,* Lucrezia Borgia, dt. Lucrezia Borgia, nicht Teufel, nicht Engel, nur Weib (Berlin - Wien - Leipzig 1941).

[20] *G. Soranzo,* Orsino Orsini, Adriana di Mila sua madre, e Giulia Farnese, sua moglie, nei loro rapporti con papa Alessandro VI: Archivi 26 (1959) 119—150; *ders.,* Studi intorno a papa Alessandro VI 92—129: il presunto scandalo di Giulia Farnese e papa Alessandro VI; *G. Gasca Queirazza,* Gli scritti autografi di Alessandro VI nell'„Archivum Arcis". Studi intorno alla Lingua (Quaderni di filologia Romanza 3, Turin 1959).

borenen Knaben Giovanni (Infans Romanus, geb. 1498) und Rodrigo (geb. 1503) haben mit sehr großer Wahrscheinlichkeit den Papst zum Vater; doch bleiben hier immer offene Fragen, weil diese Dinge von Anfang an aus verständlichen Gründen nicht durchsichtig waren[21].

Die Politik Alexanders als Herrscher des Kirchenstaates galt allgemein als geschickt. Das bedeutet viel, da in der Zeit des Renaissancepapsttums, noch mehr als früher und später, die Leitung des Kirchenstaates als Maßstab für die Beurteilung eines Pontifikates angesehen wurde. Die italienische Halbinsel war der Ort, auf dem die großen europäischen Auseinandersetzungen ausgetragen wurden. Die Staatsgebilde Italiens waren, trotz ihren sehr verschiedenen Interessen, doch eifrig auf die Wahrung des mühsam errungenen Gleichgewichtes bedacht und reagierten sehr empfindlich auf Eingriffe von außen. So versteht man das ständige Lavieren zwischen Spanien und Frankreich, die in Neapel und Mailand Fuß gefaßt hatten. Nach anfänglicher Hinneigung zu den Sforza in Mailand wandte sich der Papst Neapel zu und blieb auch bei dieser Haltung, als Karl VIII. von Frankreich 1494/95 seinen berühmten unglücklichen Zug durch Italien nach Neapel unternahm. Obwohl der französische König den Papst in Rom stark bedrängte, gab dieser der Forderung auf Investitur im Regnum nicht nach; er vertrat als einziger mit Nachdruck ein von Ausländern freies Italien. Bei dem durch den Abschluß der Heiligen Liga zwischen Papst, Venedig, Mailand, Maximilian und Spanien (März 1495) veranlaßten Rückzug des französischen Heeres vermied der Papst ein Zusammentreffen mit dem fremden König und entwich in die Festungen Orvieto und Perugia. In der zweiten Hälfte seines Pontifikates schloß er sich unter dem Einfluß Cesares immer mehr an Frankreich an und stimmte der Teilung Neapels zwischen Frankreich und Spanien zu. Große Schwierigkeiten bereiteten die andauernden Streitigkeiten der kleineren Herrscher des Kirchenstaates, vor allem die Rivalitäten der römischen Familien Colonna, Orsini und Savelli. Öfters mußte der Papst in der Engelsburg Schutz suchen; er scheute sich auch nicht, mit harten kirchlichen Strafen gegen die Ruhestörer vorzugehen. In der Wahl der Mittel war er nicht zimperlich und paßte sich in dieser Hinsicht dem Stil der übrigen Fürstenhöfe an. Dazu gehört auch das Paktieren mit dem Türkensultan Bajezit II., um die Franzosen von Süditalien fernzuhalten[22].

[21] *G. Soranzo,* La più grave accusa data a papa Borgia: Archivi 28 (1961) 179—188.

[22] *G. Soranzo,* Il tempo di Alessandro VI papa 53—157: Papa Alessandro VI e la discesa di Carlo VIII, re di Francia, in Italia; *H. Pfeffermann,* Die Zusammenarbeit der Renaissancepäpste mit den Türken (Winterthur 1946) 93—121, wo die Dinge übertrieben sind, vgl. *F. Babinger,* Mehmed II., der Eroberer, und Italien: Aufsätze und Abhandlungen zur Geschichte Südosteuropas und der Levante 1 (1962) 172—200, speziell 185; *A. Strnad,* Francesco Todeschini-Piccolomini 373 Anm. 78, mit ausführl. Lit.; *G. Soranzo,* Due singolari giudizi sul governo temporale dei Papi della fine del secolo XV e dei primi anni del secolo XVI: Studi Romagnoli (Faenza) 11 (1960) 335—347.

An der Gestalt des Priors von San Marco in Florenz, Girolamo Savonarola, scheiden sich die Geister, und von ihrer Deutung hängt die Beurteilung des Borgiapapstes weithin ab. Ein kenntnisreicher, mystisch begabter Theologe und eifriger Vertreter strenger Ordensdisziplin, wurde er als feuriger Prediger der Reform in die Politik hineingezogen und war vor allem an den Umwälzungen in Florenz im letzten Jahrzehnt des 15. Jh. führend beteiligt. Seine aus dem Bewußtsein einer besonderen Sendung stammende prophetische Verkündigung schien sich im Zug des französischen Königs nach Italien und den dadurch ausgelösten Sturz des Hauses Medici zu bestätigen. Die von ihm angeregte religiös-demokratische Verfassung in der Arnostadt und die Umkehr weiter Kreise zu einer erbaulichen Lebensführung waren aber nur von kurzer Dauer. Der Zusammenstoß mit dem Papst hatte mehr politische als theologische Ursachen, nämlich die von Savonarola unterstützte Weigerung der Florentiner Signorie, der großen italienischen Liga gegen Frankreich beizutreten. Dem König von Frankreich war — in Verkennung der wirklichen Verhältnisse — die Aufgabe zugedacht, durch Einberufung eines Generalkonzils Kirche und Kurie zu reformieren und den Papst durch einen würdigeren Pontifex zu ersetzen. Nach langem, geduldigem Warten griff die Kurie zu durch Exkommunikation Savonarolas und der Androhung des Interdikts über Florenz. Die Nichtbeachtung der kirchlichen Zensuren, die vom Publikum mit Spannung erwartete, aber dann doch nicht durchgeführte Feuerprobe brachte einen raschen Umschwung und die Verhaftung, Folterung und Hinrichtung im Mai 1498, nachdem auch ein willfähriges kirchliches Gericht die Verurteilung als Ketzer ausgesprochen hatte. Der streitbare Dominikaner war offenbar mehr ein Opfer der rasch wechselnden Sympathie der florentinischen Massen, der Anfeindung durch seine eigenen Ordensgenossen und der Rivalität anderer Orden. Hat Pastor in einseitiger Weise ihn vor allem an seinem Gehorsam oder Ungehorsam gegen die Kurie gemessen und zu leicht befunden, so neigen neuere Beurteiler dazu, ihn als Martyrer anzusehen und in der Frage, ob Ketzer oder Heiliger, sich für die letztere Aussage zu entscheiden[23].

[23] Edizione nazionale delle opere di Girolamo Savonarola (Rom 1955 ff); *M. Ferrara,* Savonarola, Prediche e scritti commentati e collegati da un racconto biografico, 2 Bde (Florenz 1952), II 75—234 bibliografia ragionata; *J. Schnitzer,* Savonarola. Ein Kulturbild aus der Zeit der Renaissance, 2 Bde (München 1924); *S. Merkle,* Der Streit um Savonarola: Hochland 27, 2 (1929/30) 462—485, auch in *S. Merkle,* Ausgewählte Reden und Aufsätze (Würzburg 1965) 177—198; *R. Ridolfi,* Studi Savonaroliani, 2 Bde (Florenz 1935); *ders.,* Vita di G. Savonarola, 2 Bde (Florenz 1952); Studi Savonaroliani: Deputazione provinciale Ferrarese di storia patria, Atti e memorie, Nuova serie, vol. 7 (1952) parte prima: *M. Ferrara,* Discorso, parte seconda: *I. Farneti,* Luoghi e tempi di edizioni e di raccolte Savonaroliane; Accademia d'Oropa. Alessandro VI e Savonarola. Brevi e lettere (Turin 1950), verschiedene Beiträge, 217—245: Saggio bibliografico; *M. de la Bedoyere,* The Meddlesome Friar (London 1958); *G. Soranzo,* Il tempo di Alessan-

Soviel man Alexander VI. Schlimmes nachsagen konnte, im vordergründig kirchlichen Bereich war er kaum zu tadeln. Bekannt ist seine Vorliebe für pompöse liturgische Veranstaltungen, denen seine imposante Gestalt besonderen Glanz verlieh. Das Jubiläum des Jahres 1500 wurde in Rom mit vielen kirchlichen Feiern begangen, an denen meist auch der Papst sich beteiligte. Die Zeremonien der Öffnung der Heiligen Pforte zu Beginn des Heiligen Jahres gehen auf ihn zurück. Der Tod seines Lieblingssohnes Juan durch Mörderhand und der Deckeneinsturz im vatikanischen Palast während eines schweren Unwetters unter starker Gefährdung des Papstes waren Anlaß, sich den lange schwebenden Fragen der Kirchenreform zuzuwenden. Die von ihm eingesetzte Reformkommission aus würdigen, gelehrten Kardinälen und sachverständigen Theologen hatte gute Arbeit geleistet und für Haupt und Glieder ein treffliches Reformprogramm aufgestellt. Die vorbereitete Reformbulle wurde aber nie ausgefertigt; doch nimmt ihr Entwurf in der langen Reihe der Reformgutachten eine wichtige Stellung ein. Die Förderung der Orden, besonders der Augustiner und der Minimen, lag dem Papst sehr am Herzen.

Die Festsetzung der berühmten Demarkationslinie 100 Meilen westlich der Azoren zwischen spanischen und portugiesischen Besitzungen und neuentdeckten Gebieten bestätigt das Ansehen, das der Heilige Stuhl und auch Alexander genoß. Abmachungen über die den Muslim entrissenen Länder und neuentdeckten Inseln waren schon früher zwischen den beiden seefahrenden Mächten mit Bestätigung durch die Kurie getroffen worden. In den Bullen des Jahres 1493 — kurz nach der Entdeckung Amerikas durch Columbus — handelt es sich um einen eindeutigen Belehnungsakt für Kastilien, dem dann der wichtige Vertrag von Tordesillas (1494) folgte. Eine besondere Kenntnis der behandelten Fragen scheint an der Kurie wie auch sonst nicht vorhanden gewesen zu sein[24].

dro VI Papa e di Fra G. Savonarola (Mailand 1960); *G. Picotti,* Alessandro VI, Savonarola etc. 60—67; *G. Gieraths,* Savonarola. Ketzer oder Heiliger (Freiburg-Basel-Wien 1961, mit Lit.); *E. Garin,* G. Savonarola: La cultura filosofica del Rinascimento italiano (Florenz 1961) 183—212; *G. Schwaiger,* Savonarola und seine Zeit: MThZ 12 (1961) 210—214; *R. Elia,* Precisazioni sulla figura del Savonarola: Sapienza 17 (Rom 1964) 545—550; *Ch. Loubet,* Savonarole prophète assassiné? (Paris 1967).

[24] *P. de Leturia,* Relaciones entre la S. Sede e Hispanoamérica I (AnGr 101, Rom 1959), bes. 153—204: Las grandes bulas misionales de Alejandro VI, 1493 (mit sehr ausführl. Lit.), 511—519: La bula Alejandrina „Inter coetera" del 4 de mayo de 1493 (mit Lit.); *E. Staedler,* Die „donatio Alexandrina" und die „divisio mundi" von 1493: AkathKR 117 (1937) 363—402; *ders.,* Die Urkunde Alexanders VI. zur westindischen Investitur der Krone Spaniens von 1493: AUF 15 (1938) 145—158; *ders.,* Die sog. westindische Schenkung Alexanders VI. von 1493 als kirchengeschichtliches Rechtsproblem: ZKG 62 (1943/44) 127—163; *ders.,* Die westindischen Lehnsedikte Alexanders VI. (1493): AkathKR 118 (1938) 337—378; *ders.,* Zum Datierungsproblem der vier vatikanischen Westindien-Urkunden vom 3. und 4. Mai 1493: AUF 18 (1944) 196—209; *Ch. de Witte,* Les bulles pontificales et l'expansion portugaise au XVe siècle: RHE 48 (1953) 683—718,

Zum Ableben des Papstes im August 1503 nach einem heftigen Fieber gibt es verschiedene Berichte und verschiedene Darstellungen. Eine Verwechslung des dem Gastgeber bei einem Gartenfest zugedachten Gifttrunkes soll nach einigen Tagen den Tod des Papstes zur Folge gehabt haben, während der ebenfalls schwer erkrankte Cesare mit dem Leben davonkam. Dagegen wird von vielen Historikern die wohl wahrscheinlichere Ansicht vertreten, daß das gefährliche römische Fieber die Todesursache gewesen sei[25].

Kaum einmal hat sich um die Deutung eines Pontifikates eine so lebhafte Diskussion und Dissonanz ergeben wie bei Alexander VI. Von grundlegender Wichtigkeit ist die Frage nach der Zuverlässigkeit der Berichte im Diarium des päpstlichen Zeremonienmeisters Burckard von Straßburg. Hat man ihm früher allzu leicht Glauben geschenkt und seine oft übertreibenden Erzählungen wörtlich genommen, so wird er heute erheblich vorsichtiger beurteilt und auf seine pathologischen Züge hingewiesen. Sicher sind seine Ausführungen über Alexander von Haß eingegeben und bedürfen deshalb einer genauen Nachprüfung, soweit dies aus den Quellen möglich ist[26]. Läßt man die vielen romanhaften und zur Befriedigung sensationeller Bedürfnisse geschriebenen, aber geschichtlich wertlosen Produkte beseite, so bleibt noch genug ernst zu nehmende Literatur übrig. Schon während des Pontifikates gab es zahlreiche kritische Stimmen, die allerdings oft politischen Ursprung hatten. In neuerer Zeit hat sich vor allem an der Darstellung in Pastors Papstgeschichte durch die Verurteilung Savonarolas der Streit entzündet und eine Reihe von Kritikern auf den Plan gerufen. Zudem versuchten mehrere katalanische und spanische Autoren die Vorwürfe gegen ihren Landsmann zu entkräften, ohne großen Erfolg. Das in vielen Auflagen erschienene Buch von Ferrara macht sich die Sache leicht, indem die meisten unzweifelhaft echten Dokumente des Vatikanischen Archivs als spätere Fälschungen ausgegeben werden. Dadurch verliert die Rechtfertigung, wenn sie auch gelegentliche Richtigstellungen enthalten mag, ihre Glaubwürdigkeit[27].

49 (1954) 438—461, 51 (1956) 413—453 809—836, 53 (1958) 5—46; A. *Garcia-Gallo,* Las bulas de Alejandro VI y el ordenamiento jurídico de la expansión portuguesa y castellana en África e Indias (Madrid 1958); A. *de la Hera,* El tema de las bulas indianas de Alejandro VI: Estudios Americanos 19 (1960) 257—268.

[25] *J. Schnitzer,* Der Tod Alexanders VI., eine quellenkritische Untersuchung (München 1929); *ders.,* Um den Tod Alexanders VI.: HJ 50 (1930) 256—260; *Seppelt-Schwaiger* IV (1957) 387.

[26] *J. Lesellier,* Les méfaits du cérémonier Jean Burckard: MAH 44 (1927) 11—34; *Picotti,* Nuovi Studi 173—180: II. La tradizione manoscritta e il valore storico dei „Libri" di Giovanni Burckard; *F. Wasner,* Eine unbekannte Handschrift des Diarium Burckardi: HJ 83 (1964) 300—331, weist tendenziöse Berichterstattung Burckards gegenüber Alexander VI. nach, vor allem in den Interpolationen, aus einem bisher unbekannten Codex in Neapel. [27] Die Titel siehe in der Bibliographie am Anfang des Kapitels.

Die Ehrenrettung Alexanders durch Olmos y Canalda hat noch weniger Wert. Von großer Bedeutung hingegen sind die jahrelangen Auseinandersetzungen zwischen den beiden italienischen Historikern Soranzo und Picotti. Die zahlreichen Studien Soranzos haben sich mit fast allen Vorwürfen gegen den Papst beschäftigt, viele Einzelheiten berichtigt, aber doch einen apologetischen Eifer nicht verleugnen können. Picotti scheint der geschichtlichen Wahrheit näherzukommen, doch wird man immer beide Ansichten gegeneinander aufwägen müssen, um sich ein Urteil bilden zu können. In der merkwürdigen Persönlichkeit Alexanders VI. erreicht das „Renaissancepapsttum" seinen Höhepunkt, da bisher üblich gewordene schlechte Gewohnheiten gehäuft auftreten und von den Kardinälen ertragen werden: mangelnde Beobachtung des Zölibats noch als Papst, Auflösung von Ehen aus rein politischen Motiven, Vergabung hoher kirchlicher Ämter einschließlich des Kardinalats gegen Zahlung bedeutender Summen, höchste Form des Nepotismus in der Versorgung der Kinder zu Lasten des Kirchenstaates, Verwaltung des apostolischen Palastes durch die Tochter Lucrezia, die auch ein Jahr Regentin in Spoleto war, und dies alles, obwohl sich Rodrigo Borgia in der Festigkeit des Glaubens von niemandem übertreffen lassen wollte.

Pius III. (1503). Julius II. (1503—1513)

Nach dem unerwarteten Hinscheiden Alexanders VI. war die Stadt Rom und der Kirchenstaat in großer Erregung. Die Gegner der Borgia sahen ihre Stunde gekommen, zumal Cesare noch schwerkrank darniederlag. Er verfügte aber immer noch über einen großen Einfluß und gedachte ihn auch zu nutzen. Dem Kardinalskolleg gelang es dann, ihn zum Verlassen Roms zu bewegen, und so konnte das Konklave vom 16. bis 21. September im Vatikan in Ruhe verlaufen. Auch diesmal wurde die Wahlkapitulation von 1484 übernommen mit der ausdrücklichen Auflage, daß innerhalb von zwei Jahren ein Allgemeines Konzil einberufen werden müsse und dann alle fünf Jahre ein solches tagen solle, vor allem für die Reform der Kirche. Offenbar stammten diese zeitlichen Festlegungen einer sonst allgemeinen Formulierung jeder Wahlkapitulation von dem sienesischen Kardinal Piccolomini, der auch die in den Reformbeschlüssen und Abmachungen des vergangenen Jahrhunderts enthaltene Höchstzahl von 24 Kardinälen einbrachte. Die Kandidaten mit der größten Aussicht waren Giuliano della Rovere und der französische Kardinal Georges d'Amboise, Erzbischof von Rouen. Da aber keiner von beiden die erforderliche Stimmenzahl erreichen konnte, wurde als Übergangspapst der schwerkranke Francesco Todeschini-Piccolomini, ein Neffe Pius' II., gewählt. Doch der Pontifikat Pius' III. dauerte nur 26 Tage. Die Zeitgenossen und die Nachwelt sahen in der Kürze dieser Regierung ein großes Unglück, da man von ihm die Berufung eines Generalkonzils und ernste Reformmaßnahmen hätte erwarten dürfen[28].

Das Geschehen sollte anders verlaufen und ein Mann die Tiara erhalten, der zu den gewaltigen und großen Päpsten, wenigstens in weltlicher Hinsicht, gerechnet wird: Julius II.

Die wenigen Tage der Regierung Pius' III. hatten an der allgemeinen Lage nichts ändern können, und so standen sich im neuen Konklave die gleichen Gruppen gegenüber. Doch jetzt gelang es Giuliano della Rovere, den man allseits als Papst erhoffte, den schlauen Cesare Borgia zu überlisten, indem er ihm seine Gunst versprach. Das verschaffte ihm die Stimmen der spanischen Kardinäle; sie, wie auch viele andere, wurden dazu noch durch reichliche Bestechungen gewonnen, so daß ohne Zweifel die Wahl als simonistisch bezeichnet werden muß. Eines der kürzesten Konklaven der Papstgeschichte endete schon am ersten Tage mit der Wahl Julius' II. Obwohl er wie üblich nach erfolgter Wahl die Abmachungen des Kardinalskollegs im Konklave beschwor, dachte er nicht daran, diese wie auch andere Versprechen zu halten, was vor allem Cesare Borgia zu spüren bekam. Mit festem Griff nahm der neue Papst die Zügel in die Hand und leitete einen Pontifikat ein, der wie kaum ein anderer von großer Politik und militärischen Unternehmungen erfüllt war. Der nunmehr 60jährige, schon 1471 als junger Franziskaner durch seinen Onkel Sixtus IV. in das Heilige Kolleg aufgenommen, verfügte über eine große Erfahrung in allen weltlichen Geschäften und Lebensgewohnheiten und über eine glänzende Ausstattung. Unter Innozenz VIII. galt er als regierender Papst, verließ aber unter Alexander VI. Italien und ging nach Frankreich, um dann für kurze Zeit mit dem französischen König auf seinem Zug nach Neapel zurückzukehren.

Auf den politischen Erfolgen der Borgia im Kirchenstaat aufbauend, galt sein Ziel der Stärkung seines Staates, was aber nur durch ein Fernhalten der großen Mächte aus Italien zu erreichen war. Seine Politik läßt sich in drei Phasen verfolgen: Sicherung der päpstlichen Autorität in Rom und im Kirchenstaat, Zurückgewinnung der verlorengegangenen Gebiete und Vertreibung der „Fremden" aus der italienischen Halbinsel. Insofern gilt er in der italienischen Geschichtsschreibung als ein Vertreter der italienischen Einigungsbewegung. Noch im ersten Jahr seiner Regierung unternahm er den berühmt gewordenen Feldzug, um die beiden wichtigen Städte Perugia und Bologna den lokalen Tyrannen, den Baglioni und Bentivogli, zu entreißen. Schwieriger war es, die Markusrepublik zur Herausgabe der beim Zusammenbruch der Borgia besetzten Gebiete in der Romagna zu bewegen[29]. Als alle Verhandlungen und Drohungen nichts halfen, griff der Papst

[28] *A. A. Strnad,* Francesco Todeschini-Piccolomini: RömHM 8/9 (1964/66) 101—425.
[29] *F. Seneca,* Venezia e papa Giulio II (Padua 1962).

zur Gewalt und verbündete sich 1509 in der Liga von Cambrai mit Frankreich, Kaiser Maximilian und den Schweizern, den alten Feinden der Serenissima. Die furchtbare Niederlage von Agnadello (1509), der schwärzeste Tag in der Geschichte Venedigs, bestimmte die Republik zur Rückgabe der in Besitz genommenen Städte und zur scheinbaren Aufgabe ihrer staatskirchlichen Haltung, den Papst aber, um einen der „cinque principati" Italiens nicht zu sehr zu schwächen, zu neuer Verbindung mit Venedig und Spanien in der Heiligen Liga von 1511 gegen die Franzosen. Doch war der Gewinn von Parma, Piacenza und Reggio-Emilia zu teuer erkauft, weil Frankreich dem päpstlichen Angriff auf kirchlichem Gebiet durch Erneuerung der Pragmatischen Sanktion von 1438 und Einberufung eines Konzils durch franzosenfreundliche Kardinäle nach Pisa im Sommer 1511 antwortete, mit dem Ziel der Absetzung des Papstes. Um der drohenden Gefahr zu entgehen, zumal auch Kaiser Maximilian dem Pisaner Konzil sich günstig zeigte, berief nun auch der Papst eine Synode nach Rom für das Jahr 1512 (5. Laterankonzil von 1512—1517)[30].

Dieses Jahr beschied der Heiligen Liga zunächst nicht den gewünschten Erfolg. Im Gegenteil, unter der Führung des jungen tüchtigen Gaston de Foix brachten die Franzosen dem spanisch-päpstlichen Heer am Ostersonntag bei Ravenna eine schwere Niederlage bei, und auch der päpstliche Legat Kardinal Giulio Medici fiel in Gefangenschaft. Doch wandte sich nach dem Tod des französischen Feldherrn bald das Glück, und nach wenigen Monaten mußten die Truppen Frankreichs den Boden Italiens verlassen. In Florenz kamen die Medici, in Mailand Massimiliano Sforza, der Sohn des Ludovico il Moro, an die Herrschaft, und der Kaiser zog sich vom Pisaner Konzil zurück und anerkannte das Konzil des Papstes. Dieses nahm in einigen Sitzungen seinen Fortgang, hatte aber nach dem Zusammenbruch der schismatischen Synode die ihm zugedachte Aufgabe eigentlich erfüllt.

Wie sehr die Politik alles beherrschte, zeigt sich auch in den Beziehungen zu König Maximilian. Ihn suchte der Papst mit allen Mitteln von Italien und der Kaiserkrönung fernzuhalten, wenn er sich auch im Rahmen seiner Italienpolitik gelegentlich mit ihm verbünden mußte. Er sah die Hindernisse, die Venedig einem Romzug in den Weg legte, nicht ungern. Doch war er damit einverstanden, als Maximilian im Jahre 1508 in Trient sich zum ‚Erwählten Römischen Kaiser' ausrufen ließ[31]. Auf die reichen Gebiete Italiens und die Finanzkraft der Kirche in Deutschland wollte der Kaiser nicht verzichten und hoffte sein Ziel im kirchlichen Bereich zu erreichen. So

[30] *Jedin* I 89—92 102—110.

[31] *H. Wiesflecker,* Maximilians I. Kaiserproklamation zu Trient (4. 2. 1508). Das Ereignis und seine Bedeutung: Österreich und Europa. Festgabe für Hugo Hantsch (Graz-Wien-Köln 1965) 15—38; *W. Stelzer,* Konstantin Arianiti als Diplomat zwischen König Maximilian I. und Papst Julius II. in den Jahren 1503—1508: RQ 63 (1968) 29—48.

wird auch eine Sache verständlich, die sehr verschiedene Beurteilung erfahren hat: der Plan des Kaisers, die Tiara zu erwerben. War man bisher in dieser Frage auf eine Überlieferung angewiesen, die zu Zweifeln berechtigte, so haben neue Funde die Ernsthaftigkeit des Planes und der unternommenen Schritte bestätigt. Als im Sommer 1511 der Papst schwer erkrankte und man sein Ende erwartete, traf auch Maximilian wie alle Welt Vorbereitungen für das bevorstehende Konklave, aber in der Weise, daß er selbst als Kandidat auftrat. Ein alter Wunsch schien der Erfüllung nahe zu sein. Schon seit dem letzten Jahrzehnt des 15. Jh. hörte man von den Absichten des Königs, nach dem Vorbild Frankreichs wenigsten die deutsche Kirche in die Hand zu bekommen, sei es durch ein Reformkonzil oder auch durch Entziehung der Obedienz und Schisma[32]. Für ein solches Unternehmen war das schismatische Konzil von Pisa eine günstige Gelegenheit. Jetzt aber bei der schweren Erkrankung des Papstes galt es, rasch zu handeln, um „zum Papsttum zu kommen" oder doch wenigstens die Verfügung über die Rechte und Finanzen der deutschen Kirche zu erlangen. In einem ausführlichen Schreiben, dessen Echtheit neuerdings erwiesen wurde, tauchen mehrere Möglichkeiten auf: Koadjutor des regierenden Papstes oder eines Gegenpapstes, er selbst als Gegenpapst oder sogar — was wenig wahrscheinlich — als rechtmäßig gewählter Papst nach dem Tod Julius' II. Darüber wurden lange Verhandlungen mit Frankreich und Spanien geführt, von beiden Seiten mit der Absicht, den anderen Partner zu überlisten. Der meisterhaften Diplomatie des spanischen Hofes gegenüber dem kaiserlichen Unterhändler Bischof Matthäus Lang von Gurk gelang es, die Sache in die Länge zu ziehen und nach der Genesung des Papstes den Kaiser von dem Bündnis mit Frankreich und der Unterstützung der Pisaner loszumachen[33].

Um die kirchliche Tätigkeit des Papstes herauszustreichen, sind eine Reihe von einzelnen Maßnahmen zusammengestellt worden: Teilnahme an feierlichen Gottesdiensten, Vorgehen gegen Häretiker, Kloster- und Ordensreformen, Erlasse gegen Duelle und Strandrecht. Dies alles gehört aber doch wohl zu den normalen Aufgaben des päpstlichen Amtes und der Kurie. Sie ändern deshalb nicht viel an dem bekannten Wort des florentinischen Geschichtsschreibers Guicciardini, daß Julius II. vom Priester nichts gehabt habe als den Rock und den Namen. Die vier feierlichen Sitzungen des Laterankonzils unter Julius II. waren im wesentlichen der Bekämpfung der Pisaner Synode und ihrer Begünstigung durch Frankreich gewidmet. Dabei drängt sich doch die Erinnerung auf, daß Julius als Kardinal dem französischen König die Berufung eines Konzils nahelegte, um Alexander VI. abzu-

[32] *Ders.,* Neue Beiträge zur Frage des Kaiser-Papstplanes Maximilians I. im Jahre 1511: MIÖG 71 (1963) 311—332; *J. M. Doussinague,* Fernando el Católico y el cisma de Pisa (Madrid 1946). [33] Ebd. 315 Anm. 23.

setzen. Das wichtige Verbot der Simonie bei künftigen Papstwahlen hätte bei Beachtung eine große Bedeutung erlangen können[34].

Obwohl persönlich weder theologisch noch literarisch sehr gebildet, hat sich der Papst als Mäzen unsterblichen Ruhm erworben. Der Neubau von St. Peter, aber auch der schonungslose Abbruch der altehrwürdigen Konstantinischen Basilika, die Ausmalung der Decke der Sixtina durch Michelangelo und die Fresken von Raffael in den Stanzen des vatikanischen Palastes sind hier vor allem zu nennen. Den Plan seines Hochgrabes in St. Peter kann man als gigantisch, aber auch als vermessen bezeichnen; übrig blieb das immer noch eindrucksvolle Grabmal in seiner früheren Titelkirche S. Pietro in Vincoli mit der Figur des Moses, in der die übermächtige Persönlichkeit des Papstes verkörpert sei. Die Huldigung, die Pastor seinem Helden widmet, kann wohl nur dem Politiker gelten. Und auch da sind Einschränkungen zu machen. War der Kirchenstaat durch die Politik und die militärischen Fähigkeiten seines königlichen Herrschers vorübergehend die erste Macht Italiens und auch in der europäischen Politik eine Zeitlang führend, so änderte sich diese Lage in den letzten Wochen der Regierung des Rovere-Papstes mit der Annäherung Venedigs an Frankreich und dem für die „Freiheit Italiens" gefährlichen Überhandnehmen des spanischen Einflusses. Julius II. mit Pastor als den „Retter des Papsttums" zu bezeichnen geht nicht an. Denn die Aufgaben des Papsttums liegen nicht in einer noch so geschickten, erfolgreichen, gewaltigen und gewalttätigen Politik, sondern in einem dem Beispiel Christi folgenden geistigen und geistlichen Dienen.

Leo X. (1513—1521)

Julius II. hinterließ eine zwiespältige Erbschaft: den Kirchenstaat in einem Zustand, der wieder den Namen eines Staates verdiente, und einen ansehnlichen Schatz in der Engelsburg. Aber auch die Feindschaft mit Frankreich und eine aus politischen Gründen ins Leben gerufene, nicht ungefährliche kirchliche Opposition; abgesehen davon, daß im kirchlichen Bereich für die so dringend notwendige und von vielen Seiten energisch geforderte Reform eigentlich noch alles zu tun war.

Am Konklave, das am 4. März 1513 im vatikanischen Palast begann, nahmen 25 Kardinäle teil, nicht aber die von Julius II. abgesetzten Schismatiker von Pisa. Wie seit langem üblich, wurde zunächst eine Wahlkapitulation beschlossen und von allen anwesenden Kardinälen beschworen. Die seit Jahrzehnten bestehenden großen Anliegen und Aufgaben kehren auch hier in traditioneller Form wieder: Bemühungen um den Frieden zwischen den christlichen Völkern und Staaten, um endlich den Krieg gegen die Tür-

[34] *Pastor* III 876.

ken aufnehmen zu können, Reform der Kirche, auch der Kurie, Weiterführung des Laterankonzils. Im Blick auf die autoritäre Regierungsweise des verstorbenen Papstes sind die besonderen Bestimmungen über das Kardinalskollegium zu verstehen, nämlich die erforderliche Zustimmung von zwei Dritteln für das Vorgehen gegen Kardinäle und für die Ernennung neuer Mitglieder, für wichtige Maßnahmen im Kirchenstaat und in der auswärtigen Politik; außerdem eine große Zahl von einzelnen Zusagen an Geld, Ämtern und Benefizien in einem Umfange, daß der neue Papst nicht allen Wünschen gerecht werden konnte. Zwei Gruppen, die „Alten" und die „Jungen", standen sich gegenüber. Doch erfolgte die Einigung rasch, und schon am 11. März wurde der erst 37jährige Giovanni Medici gewählt. Daß er krank ins Konklave getragen und sich sofort einer Operation unterziehen mußte, soll die Zustimmung der alten Kardinäle erleichtert haben; doch mehr als diese akute Erkrankung scheint die eifrige, aber wohl nicht simonistische Tätigkeit seines Sekretärs Bibbiena die Entscheidung für ihn herbeigeführt zu haben[35]. Durch seine große politische Erfahrung und seine Regierungstätigkeit in Florenz war er wohl auch der geeignetste Anwärter für die Tiara.

Seine Heimat war Florenz, sein Vater Lorenzo il Magnifico. Durch die Tonsur mit sieben Jahren in den geistlichen Stand aufgenommen, erhielt er bald eine Reihe von einträglichen Benefizien, darunter die Abtei Montecassino. Mit noch nicht 14 Jahren wurde er von Innozenz VIII. geheim zum Kardinal ernannt und trat im 17. Lebensjahr gemäß der Verfügung des Papstes ins Kolleg ein. Der Brief, den ihm sein Vater bei diesem Anlaß nach Rom mitgab, ist in seinem Mangel an echter Religiosität und seiner raffinierten Weltlichkeit ein bezeichnender Kardinals-Spiegel seiner Zeit[36].

Durch eine sorgfältige Erziehung verfügte der junge Kardinal über die vornehme Bildung und die kultivierte Ausstattung eines Renaissancefürsten. Und das blieb er auch, als er nach dem Tod des gewaltigen Julius II. zum Papst gewählt wurde. Er blieb es vor allem in der Politik, der Hauptaufgabe eines Papstes in der Renaissancezeit. Nicht ohne Geschick in allen Künsten der Diplomatie versuchte er den Kirchenstaat und sein Florenz aus dem Ringen der großen europäischen Mächte Frankreich und Spanien-Habsburg um Italien herauszuhalten und seiner Familie bei günstiger Gelegenheit eine Vormachtstellung in Italien auch außerhalb von Florenz zu verschaffen. Der unaufhörliche Wandel in der großen Politik zwang ihn zur Anpassung und zur Teilnahme an schnell sich ablösenden Bündnissen. Das Ziel der päpstlich-florentinischen Politik war es, die Vereinigung

[35] *G. L. Moncallero,* Il cardinale Bernardo Dovizi da Bibbiena, Umanista e Diplomatico 1470—1520 (Florenz 1953) 333—343; *ders.,* Epistolario di Bernardo Dovizi da Bibbiena I 1496—1513 (Florenz 1955).
[36] *Pastor* III 323—325.

Neapels mit dem umstrittenen und oft seinen Herrn wechselnden Mailand in einer Hand zu verhindern und der Familie Medici in Florenz die Herrschaft zu erhalten und zu sichern. So führte der Papst fast während seines ganzen Pontifikates auch die Regierungsgeschäfte des oft aufsässigen Florenz, und die dort waltenden Mitglieder seiner Familie, wie etwa Lorenzo „il Pensieroso“, waren nur ausführende Organe[37]. Wenn seine politischen Praktiken: gleichzeitige Verhandlungen und Bündnisse mit verschiedenen, sich feindlichen Partnern und zweideutige Verträge oft verurteilt wurden, so ist bei aller Hinterhältigkeit und Doppelzüngigkeit die friedliche Gesinnung in seiner Gleichgewichtspolitik hervorzuheben. Nur in wenigen Fällen ist er von ihr abgewichen. Auch hat man sein Schwanken und Zögern, das Hinausschieben von ihn bedrängenden Entscheidungen oft nur als Schwäche gelten lassen wollen, ohne die staatsmännische Leistung und die dadurch erzielten Erfolge genügend zu beachten.

Bei seinem Regierungsantritt befand sich der Kirchenstaat in einer antifranzösischen Koalition. Leo übernahm diese Lage, freilich ohne sie innerlich zu bejahen und das Bündnis gegen Frankreich offen zu unterstützen. Ihm ging es von Anfang an darum, die Selbständigkeit Mailands mit Hilfe der Schweizer zu erhalten und es nicht in die Hände einer ausländischen Macht fallen zu lassen. Dem entsprachen seine großen Bemühungen um eine italienische Liga, denen wegen des Widerstands Venedigs und der Großmächte kein Erfolg beschieden war. Die Rückschläge für die Franzosen in Oberitalien und die neuen großen Bündnisse gegen sie ebenso wie das Entgegenkommen des Papstes führten zu einer Verständigung und vor allem zur Aufgabe des Pisanums und zur Anerkennung des Laterankonzils. Neue Schwierigkeiten ergaben sich, als Franz I. 1515 die Herrschaft übernahm und alsbald für einen Zug nach Italien rüstete. Erst nach langem Zögern trat der Papst einem großen Bündnis gegen Frankreich bei, sah sich aber nach dem Siege des französischen Königs bei Marignano zu starkem Nachgeben im Vertrag von Viterbo genötigt. Bei einer Zusammenkunft des Papstes mit dem König in Bologna im Dezember 1515 mußte der Kirchenstaat auf Parma und Piacenza verzichten, Gebiete, die der Familie Medici zugedacht waren; ja es scheint der König Aussicht auf die Investitur in Neapel erhalten zu haben. In kirchlicher Hinsicht sind die Verhandlungen in Bologna vor allem durch die Einigung auf ein Konkordat und die Aufhebung der Pragmatischen Sanktion von Wichtigkeit. Das Konkordat gewährte der französischen Krone bisher unerhörte Zugeständnisse. Für fast alle im Konsistorium zu vergebenden Benefizien (Bistümer und Abteien) erhält der König volles Ernennungsrecht. Von den niederen Benefizien kann der Papst noch einen kleinen Teil besetzen. Exspektanzen und Reser-

[37] *H. Reinhard,* Lorenzo von Medici, Herzog von Urbino 1492—1515 (Diss. phil. Heidelberg 1935).

vationen werden für Frankreich abgeschafft, und nur causae maiores dürfen an die Kurie gebracht werden. Dem König persönlich wird außerdem eine Reihe von Privilegien verliehen[38]. Der Papst hatte große Schwierigkeiten das so weitgehende Konkordat im Konsistorium durchzubringen, und nur die Furcht, daß die französische Kirche sich ganz von Rom trennen würde, erleichterte den Kardinälen die Zustimmung. Gleichwohl waren die französischen Parlamente mit dem Konkordat unzufrieden. Im Laufe des Pontifikats und besonders in den letzten Jahren verschlechterte sich das Verhältnis zu Frankreich. Den ernsten Kreuzzugsbemühungen Leos gegen die Türken stand außer Venedig vor allem der französische König ablehnend gegenüber, obwohl er große Summen an Kreuzzugszehnten einnahm und sie für seine Unternehmungen in Italien verwenden konnte. Die religiöse Lage in Deutschland führte den Papst mit dem neuen römischen König zusammen mit dem Ergebnis, daß die französischen Truppen in Oberitalien zum Rückzug genötigt wurden.

Kaiser Maximilian hatte sich nach seinen früheren schlechten Erfahrungen, besonders im Kampf gegen Venedig, nur noch wenig am Ringen um die Vorherrschaft in Italien beteiligen können. Als die Frage seiner Nachfolge im Kaisertum akut wurde, kam der Kurie eine bedeutende Rolle zu; deswegen, weil die Bewerber Franz I. und Karl von Spanien hießen. Beide schienen bei ihrer großen Macht und ihrer Stellung in Italien dem Kirchenstaat gefährlich, mehr noch Karl als Herr von Neapel. So wünschte man in Rom einen Kandidaten aus den deutschen Fürsten und dachte an den Kurfürsten Friedrich von Sachsen. Als dieser ablehnte, sollten die drei geistlichen Kurfürsten durch verlockende Angebote für den französischen König gewonnen werden. Erst als die Wahl Karls unmittelbar bevorstand, gab die Kurie nach. Als Meisterstück der Diplomatie sind die gleichzeitigen Bündnisverträge des Papstes mit Frankreich und Karl von Spanien in die Geschichte eingegangen[39].

Aus dem Gewicht, das man der großen Politik beilegte, erklärt sich auch das unverständliche Zögern im Vorgehen gegen Martin Luther und die Verschleppung des gegen ihn eingeleiteten Prozesses. Bei der Weiterführung und Beendigung des von Julius II. als politischer Schachzug gegen Frankreich und die abtrünnigen Kardinäle einberufenen Laterankonzils steht die Politik wieder im Vordergrund[40]. Wenige Wochen nach der Wahl fand die 6. Sitzung statt (27. 4. 1513); wie schon bemerkt, gelang Leo die Verständigung mit Frankreich und damit die Unterwerfung der schismati-

[38] *Mercati,* Raccolta di concordati 233—251.

[39] *G. L. Moncallero,* La politica di Leone X e di Francesco I nella progettata crociata contro i Turchi e nella lotta per la successione imperiale: Rinascimento 8 (1957) 61—109.

[40] *Mansi* XXXII; *Hefele-Leclercq* VIII 297—558; *Pastor* IV 559—577; *J. Klotzner,* Kardinal Dominikus Jacobazzi und sein Konzilswerk (Rom 1948); *A. Deneffe,* Die Absicht des V. Laterankonzils: Scholastik 8 (1933) 359—379.

schen Kardinäle und die Anerkennung seines Konzils. Erst am 16. März 1517 war die 12. und letzte Sitzung. Es soll nicht bestritten werden, daß in den jahrelangen Beratungen der Reformkommission und in der großen Reformbulle der 9. Sitzung (5. 5. 1514) beachtliche Arbeit geleistet wurde, aber vorwiegend in der Theorie. Von den wenigen weiteren Beschlüssen verdient die Entscheidung über die Individualität der menschlichen Seele und die Verurteilung der Lehre von der doppelten Wahrheit Erwähnung[41]. Sieht man auf die schwache Beteiligung und den Geschäftsgang, so war es wohl ein päpstliches Konzil, aber keine Vertretung der Gesamtkirche in der nunmehr seit Jahrhunderten üblichen Form. Regungen der wenigen bischöflichen Teilnehmer zur solidarischen Wahrung ihrer Rechte wurden als Gefährdung der gottgewollten monarchischen Verfassung der Kirche zurückgewiesen. Das Interesse an der Beschickung der Synode aus Deutschland, Frankreich und Spanien war nicht sehr groß; im Gegenteil, der Papst befürchtete von einem solchen Konzil eine zu gründliche Reform an Haupt und Gliedern. Es fällt demnach schwer, diesem 5. Laterankonzil den Rang eines Allgemeinen Konzils zuzuerkennen.

Großes Aufsehen erregte das Vorgehen gegen einige Kardinäle unter der Beschuldigung der Verschwörung. Der aus Siena stammende Kardinal Alfonso Petrucci war wegen der Vertreibung seines Bruders aus Siena im Jahre 1516 dem daran beteiligten Papst übel gesinnt und galt bald als das Haupt einer nicht ungefährlichen Kardinalsfronde. Er soll versucht haben, den Papst durch einen Florentiner Arzt vergiften zu lassen. Auf die durch die Folter erpreßten Geständnisse von Bediensteten Petruccis hin wurden dieser und Kardinal Sauli beim Betreten des vatikanischen Palastes verhaftet und in den Verliesen der Engelsburg gefangengesetzt, später auch der Dekan des Kollegs und Kämmerer der römischen Kirche, Kardinal Riario, dort eingekerkert. Lange und stürmische Verhandlungen in mehreren Konsistorien begleiteten den ziemlich undurchsichtig geführten Prozeß. Petrucci wurde hingerichtet, die anderen angeklagten Kardinäle ihrer Würden, Benefizien und Einkünfte für längere Zeit beraubt und mit ungeheueren Geldstrafen belegt. Die finanzielle Seite der Angelegenheit ließ die weitverbreitete Meinung aufkommen, es habe sich nur um einen Vorwand gehandelt, um zu Geld zu kommen, wie bei der darauf folgenden großen Kardinalsernennung, der die eingeschüchterten Kardinäle zustimmen mußten. Neuere Studien beurteilen die Verschwörung ernster und billigen das oft getadelte und als grausam verschriene Vorgehen des Papstes[42].

[41] *S. Offelli,* Il pensiero del concilio Lateranense V sulla dimonstrabilità razionale dell'immortalità dell'anima umana: Studia Patavina 1 (1954) 7—40, 2 (1955) 3—17; neue Zusammenfassung von *F. Favale,* I concili ecumenici nella storia della chiesa (Turin 1962); *Jedin* I 102—110; *O. de la Brosse,* Le Pape et le Concile. La comparaison de leurs pouvoirs à la Veille de la Réforme (Paris 1965).

[42] *F. Winspeare,* La congiura dei cardinali contro Leone X: Biblioteca dell'Archivio

Die Kirchengeschichte ist mit Leo hart ins Gericht gegangen wegen seines Nepotismus. Da er praktisch auch Florenz regierte, ist die Sorge um die Familie Medici verständlich. Viele Zumutungen seiner Verwandtschaft wies er zurück, so die Ansprüche auf Piombino und Siena. Daß er seinem Bruder Giuliano Parma, Piacenza, Modena und Reggio und vielleicht auch Ferrara verschaffen wollte, konnte als Sicherung des Kirchenstaates angesehen werden, weniger die begehrlichen Blicke auf Neapel[43]. Ein großes Unglück — politisch und finanziell — war der Krieg um Urbino für seinen Neffen Lorenzo. Mit Geldern der Kurie und des Kirchenstaates wurden die den Medici bei ihrer Vertreibung enteigneten Güter zurückgekauft. Die Finanzen des Kirchenstaates erfuhren durch die riesigen Ausgaben für die Politik, für die luxuriöse Hofhaltung, für die großzügige Förderung von Kunst und Wissenschaft eine enorme Belastung. Den Schatz seines Vorgängers, die Einkünfte seines Pontifikates und die seines Nachfolgers soll er nach einem zeitgenössischen Wort verschleudert haben. Durch höchst bedenkliche finanzielle Praktiken wurde die Verwaltung des Kirchenstaates und der kirchlichen Benefizien weiter demoralisiert, die Zahl der käuflichen Ämter verantwortungslos vermehrt und selbst die Aufnahme ins Kolleg der Kardinäle von erheblichen Zahlungen abhängig gemacht. Diese Beanstandungen können auch nicht durch den Hinweis auf die unsterblichen Leistungen von Michelangelo und Raffael aufgehoben werden. Leo X. war eine schwer zu ergründende Persönlichkeit, ein feiner Genießer, ein Mäzen, aber ohne schöpferische Qualitäten. Vom echten Künstler und hochgeistigen Literaten bis zum Possenreißer war alles an seinem Hof vertreten. An festlichen Aufzügen und Schaugepränge fand er besonders Gefallen, die Theateraufführungen im päpstlichen Palast entsprachen meist nicht dem geistlichen Lebensstil, seine Vorliebe für die Jagd ist oft getadelt worden. Und doch trifft der Tadel nicht so sehr seine Person als das von ihm übernommene und weiter ausgebaute System, das in religiöser Hinsicht nicht zu rechtfertigen war.

58. Kapitel

Das innerkirchliche Leben
Stadtpfarrei, Liturgie, Predigt, Katechese und Ordenswesen

LITERATUR: Stadtpfarrei: *H. E. Feine,* Kirchliche Rechtsgeschichte I. Die kath. Kirche (Köln-Graz [4]1964); *F. X. Künstle,* Die dt. Pfarrei und ihr Recht zu Ausgang des MA (Stuttgart 1905); *A. Schultze,* Stadtgemeinde und Kirche im MA: Festgabe R. Sohm (München-Leipzig 1914); *A. Störmann,* Die städtischen Gravamina gegen den Klerus am

storico italiano 5 (Florenz 1957); *A. Mercati,* Minuzie intorno ad una lettera di Pietro Bembo: RSTI 9 (1955) 92—99; *A. Schiavo,* Profilo e testamento di Raffaele Riario: StRom 8 (1960) 414—429. [43] *E. Dupré-Theseider,* I papi Medicei 295 ff.

Ausgange des MA und in der Reformationszeit (Münster 1916); *L. v. Muralt,* Stadtgemeinde und Reformation: Recht und Staat in Gesch. und Gegenwart 11 (Tübingen 1918); *E. Rütimeyer,* Stadtherr u. Stadtbürgerschaft in den rheinischen Bischofsstädten (Stuttgart 1928); *S. Reicke,* Das dt. Spital und sein Recht im MA (Stuttgart 1932); *K. Frölich,* Kirche u. städtisches Verfassungsleben im MA: ZSavRGkan 22 (1933) 188 bis 287; *S. Schröcker,* Die Kirchenpflegschaft. Die Verwaltung des Niederkirchenwesens durch Laien seit dem ausgehenden MA (Paderborn 1934); *F. Röhrig,* Die europäische Stadt im MA (Göttingen o. J.); *E. Hegel,* Städtische Pfarrseelsorge im dt. Spätmittelalter: TThZ 57 (1948) 207—220.

Pfarrbücher: *F. Falk,* Die pfarramtlichen Aufzeichnungen des Fl. Diel zu St. Christoph in Mainz (1491—1518) (Freiburg 1904); *J. Greving,* Joh. Ecks Pfarrbuch für U. L. Frau in Ingolstadt (Münster 1908); *J. B. Götz,* Das Pfarrbuch des Stephan May in Hilpoltstein vom Jahre 1511 (Münster 1926).

Seelsorgsprivilegien der Bettelorden: *C. Paulus,* Welt- u. Ordensklerus beim Ausgang des 13. Jh. im Kampf um die Pfarrechte (Essen 1900); *B. Mathis,* Die Privilegien des Franziskanerordens bis zum Konzil von Vienne (1311) (Paderborn 1928); *K. L. Hitzfeld,* Krise in den Bettelorden im Pontifikat Bonifaz' VIII.: HJ 48 (1928) 1—30; *K. Schleyer,* Anfänge des Gallikanismus im 13. Jh. (Berlin 1937); *Sisino de Romallo,* Il ministero della confessione nei primordi dell'ordine francescano in relazione ai diritti parrocchiali (Mailand 1949); *L. Hödl,* Zum Streit um die Bußprivilegien der Mendikantenorden in Wien im 14. und beginnenden 15. Jh.: ZKTh 79 (1957) 170—189.

Gottesdienst: *A. Franz,* Die Messe im dt. MA (Freiburg 1902); *ders.,* Die kirchl. Benediktionen im MA, 2 Bde (Freiburg 1909); *L. A. Veit,* Volksfrommes Brauchtum und Kirche im dt. MA (Freiburg 1936); *P. Browe,* Die Verehrung der Eucharistie im MA (München 1933); *ders.,* Die häufige Kommunion im MA (Münster 1938); *ders.,* Die Pflichtkommunion im MA (Münster 1940); *J. A. Jungmann,* Missarum sollemnia I (Freiburg [5]1962); *ders.,* Der Stand des liturgischen Lebens am Vorabend der Reformation: Liturgisches Erbe und pastorale Gegenwart (Innsbruck 1960) 87—107; *A. L. Mayer,* Die Liturgie und der Geist der Gotik: JL 6 (1926) 68—97; *A. Kolping,* Eucharistie als bona gratia. Die Meßauffassung Alberts d. Gr.: Studia Albertina (Münster 1952) 249—278.

Predigt: *M. Kerker,* Die Predigt in der letzten Zeit des MA: ThQ 43 (1861) 373 bis 410, 44 (1862) 267—301; *R. Cruel,* Gesch. der dt. Predigt im MA (Detmold 1879); *A. Linsenmayer,* Gesch. der Predigt in Dtl. von Karl d. Gr. bis zum Ausgang des 14. Jh. (München 1886); *N. Paulus,* Zur Gesch. der Predigt des ausgehenden MA: Katholik 10 (1894) 279—287; *F. Landmann,* Das Predigtwesen in Westfalen in der letzten Zeit des MA (Münster 1900); *J. Rauscher,* Die Prädikaturen in Württemberg vor der Reformation: Württ. Jahrbücher für Statistik und Landeskunde 2 (1908) 152 ff; *ders.,* Die ältesten Prädikaturen Württembergs: Blätter für württembergische Kirchengesch. NF 25 (1921) 107—111; *R. Herrmann,* Die Prediger im ausgehenden MA: Beiträge zur Thüringischen KG 1 (1929) 20—68; *F. W. Oediger,* Über die Bildung der Geistlichen im Spätmittelalter (Leiden-Köln 1953); *Th. Freudenberger,* Der Würzburger Domprediger Dr. Joh. Rayss (Münster 1954).

Katechese: *J. Geffken,* Der Bilderkatechismus des 15. Jh. und die katechetischen Hauptstücke bis auf Luther (Leipzig 1855); *P. Göbl,* Geschichte der Katechese im Abendland (Köln 1880); *F. Probst,* Geschichte der kath. Katechese (Breslau 1886); *F. Falk,* Der Unterricht des Volkes in den katechetischen Hauptstücken am Ende des MA: HPBl 108 (1891) 553—560 682—694; *P. Bahlmann,* Deutschlands kath. Katechismen bis zum Ende des 16. Jh. (Münster 1894); *W. Burger,* Römische Beiträge zur Geschichte der Katechese im MA: RQ 21 (1907) II, 159—197; *L. Pfleger,* Beiträge zur Gesch. der Predigt und des rel. Volksunterrichtes im Elsaß während des MA: HJ 38 (1917) 661—717; *K. Schrems,* Die religiöse Volks- und Jugendunterweisung in der Diözese Regensburg vom Anfang des 15. Jh. bis gegen Ende des 18. Jh. Ein Beitrag zur Gesch. der Katechese (München 1929); *P. Browe,* Der Beichtunterricht im MA: ThGl 26 (1934) 427—442; *Jungmann K; E. Schoelen - W. Haerten,* Pädagogisches Gedankengut des christl. MA (Freiburg 1956); *R. Padberg,* Erasmus als Katechet (Freiburg 1956).

Bibel: Bibelübersetzungen: LThK[2] II 401—411 (Lit.); *W. Walther,* Die dt. Bibelübersetzungen des MA, 3 Tl.e (Braunschweig 1889/92); *F. Falk,* Die Bibel am Ausgang des MA (Köln 1905); *H. Vollmer,* Materialien zur Bibelgeschichte und religiösen Volkskunde des MA, 4 Bde (Berlin 1912/29); *ders.,* Neuere Beiträge zur Gesch. der Bibel im MA (Berlin 1938); *ders.,* Die Bibel im dt. Kulturleben (Salzburg - Leipzig 1938); *ders.,* Bibel und dt. Kultur I—XI (Potsdam 1931/41); *W. Hadorn,* Die dt. Bibel in der Schweiz (Leipzig 1925); *H. Rost,* Die Bibel im MA (Augsburg 1939); *A. Schramer,* Die ersten dt. Bibelübersetzungen und Bibeldrucke (Einsiedeln 1952); *W. Ziesemer,* Studien zur ma. Bibelübersetzung (Halle 1928); *F. Maurer,* Studien zur mitteldt. Bibelübersetzung vor Luther (Heidelberg 1929); *H. Volz,* Bibel und Bibeldruck im 15. u. 16. Jh. (Mainz 1960); *S. Berger,* La Bible française au Moyen Age (Paris 1884); *D. Lortsch,* Histoire de la Bible en France (Paris 1915).

Ordenswesen: *M. Heimbucher,* Die Orden und Kongregationen der kath. Kirche, 2 Bde (Paderborn [2]1932/34); *St. Hilpisch,* Gesch. des benediktinischen Mönchtums III (Freiburg 1929) 253—365 (Lit.); *Ph. Schmitz,* Gesch. des Benediktinerordens (dt. Einsiedeln 1955) (Lit.); *J. Zeller,* Das Provinzkapitel im Stift Petershausen im Jahre 1417: SM 41 (1921) 1—73; *V. Redlich,* Joh. Rode von St. Matthias bei Trier. Ein dt. Reformabt des 15. Jh. (Münster 1923). — Kastl: *B. Wöhrmüller,* Beiträge zur Gesch. der Kastler Reform: SM 42 (1924) 10—40; *J. Hemmerle,* Die Benediktinerklöster in Bayern (München 1951) 60 ff (Lit.); *J. Sudbrack,* Die geistliche Theologie des Joh. v. Kastl, 2 Bde (Münster 1967) (Lit.). — Melk: *F. X. Thoma,* Petrus von Rosenheim und die Melker Benediktinerreformbewegung: SM 45 (1927) 94—222. — Bursfeld: *P. Volk,* Die Generalkapitel der Bursfelder Benediktinerkongregation (Münster 1928); *ders.,* 500 Jahre Bursfelder Kongregation (Münster 1950); *H. Herbst,* Die Anfänge der Bursfelder Reform: Zschr. für niedersächsische KG 36 (1931) 13—30; *ders.,* Das Benediktinerkloster Klus und die Bursfelder Reform (Leipzig 1932). — Frankreich: *P. Imbart de la Tour,* Les Origines de la Réforme II (Melun [2]1946). — Valladolid: *M. del Alamo:* Enciclopedia España 66 (Barcelona 1929) 930—987 (Lit.); *Ph. Hofmeister,* Die Verfassung der Benediktinerkongregation von Valladolid: *H. Finke,* Gesammelte Aufsätze zur Kulturgesch. Spaniens 5 (1935) 311—336. — Birgitta: Revelationes celestes domine Birgitte de Swedia (Lübeck 1492, Rom 1628); Revelationes S. Birgittae, ed. von *E.* u. *M. Wessén:* Corpus codicum Suecicorum medii aevi 10 (Kopenhagen 1949), 13 (1952); schwed. Übers. von *T. Lundén,* Den heliga Birgitta, Himmelska uppenbarelser (Malmö 1957/59); dt. von *L. Clarus,* 4 Bde ([2]1882); Auswahl von *S. Stolpe,* Die Offenbarung der hl. Birgitta von Schweden (Frankfurt 1961); Acta et processus canonisationis Beatae Birgittae, hrsg. von *I. Collijn* (Upsala 1924/31); *E. Fogelklon,* Die hl. Birgitta (dt. München 1929); *K. Adalsten,* Licht aus dem Norden (Freiburg 1951). — Birgittenorden: DHGE X 728—731 (Lit.); *B. Berthelson,* Studier i birgittinordens byggnadsskick (Stockholm 1946); *T. Ahldén,* Nonnenspiegel und Mönchsvorschriften der Danziger Birgittinerkonvente (Göteborg 1952); *T. Nyberg,* Birgittinische Klostergründungen des MA (Lund 1965).

Die Stadtpfarrei

Das kirchliche Leben des Spätmittelalters steht wieder wie in der alten Kirche mehr im Zeichen der städtischen Pfarrei. Im 13. und 14. Jh. hatten die Städte eine lebhafte Entwicklung erfahren. Gab es um 1200 in Deutschland etwa 250 Städte, so wurden allein im 13. Jh. rund 800 gegründet. Bis zum Ende des Mittelalters hatten ungefähr 3000 Orte das Stadtrecht. Die europäische Stadt verdankt ihren Aufschwung dem Handel und nicht so sehr dem Gewerbe. Sobald und solange der Handel die kleineren Wirtschaftsgebilde zu einem Großraum verband (Hanse!), blühten die Städte. Sie stagnierten überall, wo die Zünfte sich mit ihren Autarkiebestrebungen durchsetzten. Erst recht stand die Kleinstaatlichkeit des territorialen Fürstentums am Ende des Mittelalters der Entwicklung der Städte im Wege. „An die Stelle der stolzen, aufrechten Haltung eines über sein Geschick selbst verfügenden, in weite Räume wirkenden Bürgertums trat die kleine, engbrüstige, devote Haltung des Untertanen der späteren Jahrhunderte ... In und zwischen den Territorien fristen von nun an die deutschen Städte ein bescheidenes Leben, bis der Dreißigjährige Krieg für die meisten von ihnen einen noch immer beträchtlichen Wohlstand vernichtet." [1]

Trotz der Bedeutung der Städte waren ihre Einwohnerzahlen klein. Von den 3000 deutschen Städten hatten 2800 unter 1000 Einwohner, 150 zwischen 1000 und 2000. Nur die restlichen 50 Städte mit mehr als 2000 Bürgern hatten größere Bedeutung für die Wirtschaft. Von ihnen überschritten nur 15 die 10000, an der Spitze Köln mit über 30000 Einwohnern. Es folgte Lübeck mit etwa 25000. Danach haben wohl nur noch Nürnberg, Straßburg, Danzig und Ulm die 20000 erreicht. In Erfurt zählte man 1493 ca. 18500 Einwohner, während man Leipzigs Bevölkerung für 1474 auf nur 4000 berechnet hat[2]. Unter den Einwohnern der Städte hatten die Frauen das Übergewicht. „In Städten wie Nürnberg, Basel und Rostock kamen im 15. oder 16. Jh. auf 1000 Männer 1207, 1246 ja 1295 Frauen." [3] Gründe dafür waren der Waffendienst der Männer, ihre ausschweifendere Lebensführung und ihre größere Anfälligkeit bei Seuchen. Dazu ist noch in Rechnung zu stellen, daß verhältnismäßig viele Männer als Welt- und Ordensgeistliche — Lübeck lag mit 300 bis 400 unter dem Durchschnitt — für die Ehe nicht in Betracht kamen. Bei diesem Frauenüberschuß hatten die Klöster und für die mittleren und unteren Bevölkerungsschichten die Beginenhäuser eine erhebliche soziale Bedeutung als Versorgungsstätten unverheirateter Frauen. In Köln sollen zwischen 1250 und 1350 rund 100 Beginenhäuser gegründet worden sein, die für mindestens 1000 Frauen Aufenthalt und Lebensinhalt boten. Hatten sie als Pflegestätten geprägten religiösen Lebens große Bedeutung für das Frömmigkeitsleben der mittelalterlichen Stadt, dann mußten umgekehrt Mangel an religiösem Geist, Müßiggang und Lockerung der Sitte in Frauenklöstern und Beginenhäusern die ohnehin erschreckend große Zunahme der öffentlichen Unzucht am Ausgang des Mittelalters noch steigern.

[1] *F. Röhrig,* Die europäische Stadt im MA (Göttingen o. J.) 124. [2] Ebd. 75 f. [3] Ebd. 78 f.

Die große Zahl der Priester und Ordensleute in den Städten — sie haben bis zu 1/10 der Gesamtbevölkerung ausgemacht — ergaben erhebliche soziale und wirtschaftspolitische Probleme. Kleriker und Religiosen nahmen für sich und für das Kirchen- bzw. Klostergut Steuerimmunität in Anspruch. Dabei besaßen sie nicht selten bis zur Hälfte des Grundvermögens einer Stadt. Die Vorteile des städtischen Lebens, etwa die Sicherheit und den Marktverkehr, nahmen sie für sich in Anspruch, ohne entsprechend die städtischen Lasten mitzutragen. So werden nach 1300 die Abwehrmaßnahmen der Städte gegen die Erweiterung des steuerfreien Besitzes von Klöstern und Kirchen immer schärfer. Der Neuerwerb von Liegenschaften durch die „tote Hand" wurde entweder untersagt, oder es wurde festgesetzt, daß Bürgergüter beim Übergang in geistlichen Besitz steuerpflichtig bleiben sollten. Auch auf dem Lande suchte man die Abgabenfreiheit der Geistlichen einzuschränken oder sich zum mindesten vor ihren Folgen zu schützen. So verbot man z. B., daß der einzige Sohn eines zinspflichtigen Bauern Kleriker wurde, schloß die Geistlichen vom Erwerb von Bauerngütern aus oder bestimmte, daß diese dann abgabepflichtig bleiben sollten. So verloren im 15. Jh. die klerikalen Privilegien immer mehr an Bedeutung[4].

Besonderer Grund zum Streit ergab sich in den Bischofsstädten. Im Gegensatz zu den meisten weltlichen Fürsten residierten die Bischöfe in den Städten und suchten ihre Vormachtstellung gegen die freiheitlichen Bestrebungen der Bürgerschaft zu behaupten. Wohl keiner Bischofsstadt ist ein Kampf mit dem Bischof erspart geblieben. In ständigen erbitterten Auseinandersetzungen mit seinen Erzbischöfen errang Köln 1288 seine Unabhängigkeit; es wurde aber erst 1475 von Friedrich III. förmlich als freie Reichsstadt anerkannt. Am Ende des 13. Jh. hatten die meisten wichtigen Städte Deutschlands wie der Niederlande Selbstverwaltung. Die Regierung der Bischöfe oder anderer Stadtherren war durch die des Rates als des Organs der bürgerlichen Oberschicht abgelöst. Einige geistliche Stadtherren wußten ihren Einfluß zu behaupten, z. B. in Trier und Bamberg. Hier blieb noch im 14. und 15. Jh. der Rat in Abhängigkeit von den an den Ratssitzungen teilnehmenden bischöflichen Schultheißen[5]. Wie der Steuerimmunität galt der Kampf der Städte auch der Gerichtsfreiheit der Kleriker. Umgekehrt mehren sich im 13. Jh. auf den Synoden die Klagen über Gewalttaten und Übergriffe von Laien, Behörden und Privatleuten[6].

Der Kampf gegen die Vorrechte des Klerus wurde im Namen ganz moderner Prinzipien, wie öffentliche Sicherheit und Gemeinwohl, geführt. Während

[4] *F. X. Künstle,* Die dt. Pfarrei und ihr Recht zu Ausgang des MA (Stuttgart 1905) 28.

[5] *W. Neukamm,* Immunitäten und Civitas in Bamberg von der Gründung des Bistums 1007 bis zum Ausgang des Immunitätsstreites 1410: 78. Bericht u. Jb. 1922/24 des Hist. Vereins für die Pflege der Geschichte des ehem. Fürstbistums Bamberg (o. J. [1925]) 189—369, bes. 337—341.

[6] Vgl. die Kölner Synode von 1266, *Mansi* XXIII 1140.

man ein laikales Regiment aufrichtete, verzichtete man aber nicht auf die Einmischung in die geistlichen Angelegenheiten. Im Gegenteil, die städtische Gemeinde versuchte immer mehr, die Kontrolle des kirchlichen Lebens in die Hand zu bekommen.

Die Durchbildung des Pfarrsystems in den Städten war im 13. Jh. im wesentlichen abgeschlossen. Die Kathedrale war längst nicht mehr die einzige Pfarrkirche der Stadt. Stiftskirchen und gelegentlich auch die Abteien in den Städten hatten Pfarrechte und eigene Pfarrbezirke erhalten. Darüber hinaus hatte das Selbstgefühl der selbständig gewordenen Bürgerschaft nach eigenen Pfarrkirchen verlangt. Zum mindesten wollte sie ihren eigenen Priester, einen Plebanus oder Leutpriester haben. Dieser und vielfach auch die Pfarrer wurden oft wie der Schultheiß, der Schulmeister und die Ratsmänner zu den Beamten der Stadt gezählt, sie gehörten zu den „officiales civitatis", wie es im Berner Stadtrecht von 1218 heißt. Das führte folgerichtig dazu, daß die Bürger bzw. die politisch maßgebende Schicht in den Städten das Recht forderten, ihren Pfarrer wie die übrigen Beamten zu wählen. Besonders den neugegründeten Städten wurde das Pfarrerwahlrecht gewährt. Doch sooft es vorkam, allgemein durchgesetzt hat es sich nicht. Häufig gelang es den Bürgern, das Patronat über ihre Stadtkirchen und damit das Benennungs- oder Präsentationsrecht des Pfarrers zu erwerben. Die Bürger sorgten für ihre Kirchen und wollten nach genossenschaftlichem Prinzip auch Anteil an der Verwaltung und Überwachung des Kirchengutes bekommen. Sie bedienten sich dabei des Kirchenpflegers, dessen Amt immer mehr in die städtische Verwaltungsorganisation eingegliedert und dem Rat unterstellt wurde. Die Städte übernahmen den Bau ihrer Kirchen und die Verwaltung des Fabrikvermögens in eigene Regie und Verantwortung [7]. Die Würzburger Synode von 1287 beklagt, „daß mancherorts unter dem Vorwand der Verbesserung der wirtschaftlichen Verwaltung der Kirche Laien durch Laien ohne Zustimmung der Prälaten und Kapitel bestellt werden, um die Oblationen und anderweitigen Einkünfte in Empfang zu nehmen" [8].

Der Rat der Stadt hatte aber mittels des Kirchenpflegers nicht nur die Leitung der Kirchenfabrik und die Kontrolle über die Oblationen und die sonstigen Zuwendungen der Gläubigen, er nahm auch maßgeblichen Einfluß auf die Bestellung der Meßpfründner und die Verwaltung der Stiftungskapitalien. Ähnlich wie die Klöster waren die Kanonikate, Vikariate, Pfarrstellen und die Meß- und Spitalpfründen Versorgungsmöglichkeiten

[7] *Feine RG* I 371; in fast allen Städten entstehen im Spätmittelalter neue Pfarrkirchen bzw. werden ältere umgebaut, z. B.: in München St. Peter (13. Jh., Wiederaufbau 1368) und die Frauenkirche (1468—88), in Nürnberg St. Lorenz (1439—77) und St. Sebaldus (Chor 1361—79), in Ulm das Münster (1377—1452) und in Münster (Westf.) St. Lamberti (1350—1450).

[8] *Mansi* XXIV 863 f.

für nachgeborene Kinder. Waren die Stifte dem Stadtpatriziat vorbehalten, dann suchten die übrigen Bürger und die Handwerker ihre Söhne als Seelsorger oder Meßpfründner unterzubringen. Von daher bestand nicht selten eine enge Lebens- und Interessengemeinschaft zwischen Bürgerschaft und Geistlichkeit[9].

Diese Verbürgerlichung des Kirchenwesens erfaßte auch die Schule und die Armen- und Krankenpflege. Sie gingen immer mehr in die Hände der Laien bzw. der weltlichen Behörde über. Beim Spitalwesen hat diese Entwicklung wohl überhaupt begonnen. Das Amt des bürgerlichen Spitalpflegers scheint älter zu sein als das des Kirchenpflegers[10]. Die enge Verbindung von Spital und Stift bzw. Kloster löste sich. Die Spitäler wurden selbständig, und die Sorge für sie übernahmen Spitalbruderschaften. Das Konzil von Vienne (1311/12) bestimmte, für die Leitung von Xenodochien und Hospitälern nicht Kleriker, sondern tüchtige und erfahrene Laien zu bestellen. Diese sollten unter dem Bischof stehen und ihm Rechenschaft ablegen[11]. Die Entwicklung ging aber vielfach weiter und führte zur Umbildung des kirchlichen Spitals in eine kommunale Anstalt. Vielfach kam die Verwaltung ausschließlich an den Rat der Stadt. Er bestellte den Verwalter und hatte das Recht, den Spitalpriester zu präsentieren und abzusetzen[12].

Mit der Gründung von Stadtschulen kam auch das Schulwesen aus geistlicher in städtische Hand. Dabei blieb aber das Amt des Schulmeisters wie das des Stadtschreibers vielfach mit Klerikern besetzt. Städte haben auf Grund päpstlicher Privilegien Universitäten gegründet: Köln 1389, Erfurt 1392, Basel 1460 und Breslau 1507. In Trier konnte die Universität 1473 Wirklichkeit werden, nachdem der Erzbischof das ihm 1454 vom Papst verliehene Recht der Gründung an die Stadt abgetreten hatte.

Auch „das Kloster wurde verbürgerlicht“[13]. Immer mehr sicherten sich die Städte die Kontrolle über die Klostergüter; ja, in vielen Fällen wurden die Klöster regelrecht in den Bereich der städtischen Verwaltung einbezogen. Große Verdienste für die Seelsorge der Stadtbevölkerung erwarben sich die Bettelorden der Franziskaner und Dominikaner, deren Niederlassungen in keiner Stadt von einiger Bedeutung fehlten. Weil sie ihre Volksseelsorge ohne Rücksicht auf Bistums- und Pfarrgrenzen ausübten, kam es zu Streit mit den Bischöfen und dem Pfarrklerus. Als Martin IV. in der Bulle „Ad fructus uberes“ vom 13. 12. 1281 die von ihren Oberen als Beichtväter oder Prediger beauftragten Mendikanten sogar bevollmächtigte, auch ohne Zustimmung und gegen den Willen der Bischöfe und Pfarrer ihr Amt aus-

[9] *K. Frölich,* Kirche und städt. Verfassungsleben im MA: ZSavRGkan 22 (1933) 188—287, bes. 252 ff.

[10] *S. Reicke,* Das dt. Spital und sein Recht im MA (Stuttgart 1932) I 200.

[11] *E. Müller,* Das Konzil von Vienne (Münster 1934) 575 f.

[12] *Hauck* IV 57 f; *Feine RG* I 371 f.

[13] *E. Schiller,* Bürgerschaft u. Geistlichkeit in Goslar (1290—1365) (Stuttgart 1912) 124.

zuüben, entbrannte ein heftiger Streit. Besonders die französischen Bischöfe und die Pariser Universität liefen dagegen Sturm, um einer geordneten und übersichtlichen Seelsorge willen. Bonifaz VIII. wies als Kardinallegat die Beschwerden zurück, mußte aber als Papst die Privilegien in der Bulle „Super cathedram" (18. 2. 1300) weitgehend aufheben. Die Bettelmönche sollten in ihren Kirchen und auf öffentlichen Plätzen außer in den Stunden des Pfarrgottesdienstes frei predigen dürfen, aber zum Beichthören wie der Pfarrklerus die Vollmacht des Bischofs benötigen. Je weniger die Pfarrseelsorger den neuen Bedürfnissen Rechnung trugen, ja durch Pfründenhäufung und Vernachlässigung der Residenzpflicht nicht einmal den traditionellen Verpflichtungen nachkamen, hatten die Bettelorden die Gunst des Volkes für sich.

Der Gottesdienst

Der Gottesdienst der Kirche mit der Messe als Mittel- und Höhepunkt erfuhr eine weitere Ausgestaltung, aber kaum im Sinne wirklicher Bereicherung, sondern mehr einer Vervielfältigung und Fortführung des Vorhandenen. Neue Ansätze sind nicht festzustellen, dafür um so mehr das Wuchern äußerer peripherer Formen. Das Individuelle und Subjektive trat in den Vordergrund, das greifbar Konkrete und zählbar Einzelne wurde betont. Der Gemeinschaftscharakter der Eucharistie wurde immer undeutlicher, und die Privatmesse beherrschte immer mehr das Feld. Sie bestimmte allmählich auch das Gesicht des Hochamtes. Seit dem 13. Jh., in dem sich die vollen Missalien anstelle der Sakramentare durchsetzten, mußte der Priester auch die vom Chor gesungenen Teile für sich beten und bald sogar die von den Altardienern vorgetragenen Epistel und Evangelium mitlesen. Die Liturgie wurde nicht mehr empfunden als der Dienst der ganzen Kirche, deren Gliederung in der Verteilung der Funktionen zwischen Priester, Chor und Gemeinde ihren Ausdruck findet, sondern war Klerus- oder gar Priesterliturgie. Nur was der Priester tat, war „gültig", er mußte deshalb alles selbst beten. Sogar von den Lesungen war das Volk ausgeschlossen. Man machte keinen Versuch, sie zu übersetzen, und vielfach wurden sie durch Orgelspiel überdeckt. Selbst in Pfarrkirchen, z. B. in Breisach, trennte ein Lettner den Priesterchor vom Laienschiff und verwehrte der Gemeinde die Teilnahme an der großen Liturgie. Die Messe war nicht mehr Wortverkündigung. Die unverständliche Sprache versperrte dem Volke den Zugang zum Verständnis. Um so mehr Bedeutung bekam der Ritus, das äußere Zeremonienwesen und das Zeichen des Sakramentes. Doch ohne das Wort drohte es zur glanzvollen, aber leeren Hülle zu werden. Die Liturgie wurde zum schönen und komplizierten, aber in sich stummen Spiel. Von außen her durch die Allegorese versuchte man sie künstlich zum Sprechen zu bringen. Die Predigt über die Messe, die das Mysterium hätte erschließen können, war nach Zahl und Inhalt ungenügend[14]. So konnte die Eucharistiefeier, der „Quell aller Heiligkeit" (Missale), nur sehr beschränkt für die Volksfrömmigkeit fruchtbar werden. Diese entwickelte neben der Liturgie Ersatzformen, die um so leichter der Gefahr der Veräußerlichung erlagen, als sie nicht mehr von der Mitte des Mysteriums her gebunden waren. Was unbekannt und unzugänglich war, mußte angepriesen werden. Predigten und Spekulationen über die Früchte der Messe und den Wert des Meßbesuches beherrschen die sonst dürftige Theologie der Messe und die Unterweisung in ihr. Diese Meßopferfrüchte werden zum Ausgang des Mittelalters immer massiver und diesseitiger verstanden[15]. War nichts zu hören, dann trat das Schauen ganz einseitig in den Vordergrund. Die Meßfrömmigkeit des Volkes konzentrierte sich auf den Anblick der Hostie bei der Elevation nach der Wandlung, die seit dem 13. Jh. große Bedeutung bekam. Schon Wilhelm von Auxerre († 1230) hatte gelehrt: „Viele Gebete werden beim Anschauen des Fronleichnams erhört, und viele Gnaden werden eingegossen."[16] Die Synoden hielten den Priester an, die Hostie so hoch emporzuheben, daß sie vom Volk gesehen werden konnte. Bald mußte man sich aber gegen die wenden, die dem Verlangen des Volkes allzusehr nachkamen und die Zahl der Elevationen auf drei vermehrten oder sie ungebührlich lange ausdehnten[17]. Die Elevation bekam ein solches Gewicht, daß mancherorts „in die Messe gehen" zur Wandlung kommen und die Hostie anschauen bedeutete. Zum Ende des 15. Jh. hin wurde die Schilderung der mit dem Ansehen der Hostie verbundenen Wirkungen immer maßloser und abergläubischer. Das führte zu dem Unfug, in Kirchen mit mehreren Altären von dem einen zum anderen zu laufen, um den Augenblick der Elevation zu erhaschen. Dem Schaubedürfnis des Volkes kamen auch die zahlreichen sakramentalen Prozessionen, die Aussetzung und der Segen mit dem Sakrament seit dem 14. Jh. entgegen. Das alles ließ die eucharistische Feier als Opfer und Mahl immer mehr in den Hintergrund treten. Es fehlte im 15. Jh. nicht an Stimmen gegen die Häufung der Prozessionen und Aussetzungen. Der päpstliche Legat Nikolaus von Kues betonte, die Eucharistie „sei als Speise und nicht als Schaumittel eingesetzt"[18], und er verbot in seinen Reformdekreten die Prozessionen und Aussetzungen außerhalb der Fronleichnamsoktav[19]. Sein Verbot der Verehrung von Bluthostien und der Wallfahrt nach Wilsnack scheiterte am Widerstand der örtlichen Stellen, die die Unterstützung der Kurie fanden.

[14] *A. Franz,* Die Messe im dt. MA (Freiburg 1902) 676. [15] Ebd. 40.

[16] Summa aurea (Paris 1500) 260. Zitat nach *E. Demoutet,* Le désir de voir l'hostie (Paris 1926) 18; vgl. *P. Browe,* Die Verehrung der Eucharistie im MA (München 1933).

[17] *P. Browe* a. a. O. 49—69.

[18] *A. Krautzius,* Metropolis (Frankfurt/M. 1576) XI c. 39; *P. Browe* a. a. O. 170.

[19] *J. Koch,* Der dt. Kardinal in dt. Landen (Trier 1964) 15.

Mißbräuche und Aberglaube hinsichtlich des Altarssakramentes konnten um so mehr um sich greifen, als das Wort, das verbum sacramenti im engeren Sinn und das der Liturgie überhaupt, nicht verstanden, ja überhaupt nicht laut wurde. Das Wort hat ja den Sinn, dem sinnenhaften Element seine Vieldeutigkeit zu nehmen und es in die Klarheit und Bestimmtheit des Geistes zu heben[20]. Ohne Vollzug des Wortes läuft man also Gefahr, den Sinn des Sakramentes zu verfehlen oder gar zu verfälschen. Das vom Laien nicht und vom Priester vielfach nur kümmerlich verstandene Wort erstarrte zur Formel. Zu leicht gefror damit das Geschehen (Ereignis) zu einer Sache, oder es war gar die Gefahr der Magie gegeben. Eine Sache kann ich auch beliebig vervielfältigen, was Lebensvorgänge und personale Akte nicht vertragen.

Tatsächlich steht die Messe im Spätmittelalter im Zeichen der Individualisierung und Multiplizierung. Jede Zunft oder Bruderschaft, ja eine Familie, die etwas auf sich hielt, wollte ihre Messe und möglichst noch an ihrem Altar haben. Diesem Bestreben kam eine Theologie entgegen, die den endlichen Wert der Messe lehrte und die Ansicht vertrat, daß eine von vornherein feststehende Zahl von Meßfrüchten auf den beteiligten Personenkreis verteilt würde, es also günstiger sei, in einer kleineren Pfarrei zu wohnen, weil dann der Anteil an der vom Pfarrer sonntäglich für seine Pfarrkinder dargebrachten Messe größer sei[21]. Um all diesen Ansprüchen zu genügen, mußte die Zahl der Messen wie die der Altäre ungemein vermehrt werden, was wiederum zu einem ungesunden Anwachsen der Zahl der Altaristen führte, d. h. der Priester, die nichts anderes zu tun hatten, als Messe zu lesen und eventuell am Chorgebet teilzunehmen. Pfarrkirchen hatten wie die Dom- und Stiftskirchen eine große Zahl von Altären, an denen zum Teil mehrere Priester bepfründet waren. „Der Konstanzer Dom z. B. besaß am Ausgang des Mittelalters 54 Altarstiftungen mit Altaristen, das Ulmer Münster, die größte Pfarrkirche der Diözese, deren über 60; an der Elisabethkirche zu Breslau waren 122 Benefizien an 47 Altären, an der Magdalenenkirche gab es 58 Altäre mit 114 Meßpfründen."[22] Ein Ort wie Breisach hatte an der Pfarrkirche neben dem Pfarrer und den Vikaren noch 16 Kaplanspfründen an 12 Altären[23]. Die Pflichten der Altaristen reichten nicht aus, um ihr Leben auszufüllen, und die Einkünfte genügten nicht, um ihnen den angemessenen Unterhalt zu sichern. Der naheliegende Versuch, durch Pfründenhäufung der Verelendung zu entgehen, führte zu weiteren

[20] Vgl. *Thomas von Aquin:* S. th. III q. 60 a. 6.

[21] Vgl. *E. Iserloh,* Der Wert der Messe in der Diskussion der Theologen vom MA bis zum Ausgang des 16. Jh.: ZKTh 83 (1961) 44—79, bes. 61.

[22] *Feine RG* I 373.

[23] *W. Müller,* Der Wandel des kirchl. Lebens vom MA in die Neuzeit, erörtert am Beispiel Breisach: FreibDiözArch 82/83 (1962/63) 227—247, bes. 229.

Mißständen. Die Meßpfründner unterstanden der Aufsicht des Pfarrers und des Bischofs, aber vielfach auch des weltlichen Patrons. Immer größer wurde der Einfluß der städtischen Behörden auf die Bestellung der Meßpfründner an den Stadtkirchen und die Verwaltung der Stiftungskapitalien. Die Vielzahl der Meßstiftungen machte eine dichte Folge verschiedenster Gottesdienste nötig. Handelte es sich um gesungene Messen, dann war die Durchführung trotz der Vielzahl der Altäre schwierig. So kamen Mißbräuche wie Schachtelämter auf, d. h., man führte ein Hochamt vom Credo an als stille Messe weiter, um schon ein neues Amt beginnen zu können, oder man hielt Missae bi- bzw. trifaciatae. Bei diesen wurden mehrere Wortmessen mit einer Opfermesse verbunden. Die Missa sicca, d. h. Messe ohne Kanon und Einsetzungsbericht, die als Kommunionfeier in der Krankenstube ihren Sinn hatte, wurde mißbraucht, um in den Genuß des Stipendiums zu kommen, ohne die Konsekration und Kommunion zu feiern. Um 1470 mußten in Thüringen Ablaßprediger gemaßregelt werden, die die Messe als Missa sicca beendeten, wenn ihnen vor Beginn des Kanons gemeldet wurde, daß die Sammlung der Ablaßgelder nicht der Erwartung entspreche[24].

Es fehlte nicht an Kritik der Meßpraxis. Johannes Gerson († 1429) ging mit Predigern ins Gericht, die dem Volke vormachten, daß man am Tage des Meßbesuches nicht älter werde, nicht erblinde und keines plötzlichen Todes sterbe. Das sei Verführung zu Judaismus und Aberglauben[25]. Diese Auffassung von der Messe, verbunden mit dem dem Spätmittelalter eigentümlichen Zug ins Private und Subjektive, führte zu dem Bestreben, sie möglichst den Bedürfnissen und Wünschen des einzelnen dienstbar zu machen. Das hatte ein starkes Überhandnehmen der Votivmessen zur Folge. „Es gab Heiligen-Votivmessen von den 24 Patriarchen oder Altherren; von den 14, 15 und mehr Nothelfern; von den Sieben Freuden und Schmerzen Mariä; Votivmessen gegen Krankheiten, unter ihnen eine gegen die Pest und eine Messe vom sel. Job gegen die Syphilis, eine vom hl. Christophorus gegen plötzlichen Tod, je eine vom hl. Rochus und Sebastian gegen die Pest, eine vom hl. Sigismund gegen das Fieber; Votivmessen in besonderen Anliegen: für eine glückliche Reise zu Ehren des heiligen Erzengels Raphael oder der Heiligen Drei Könige, eine Messe, um Diebe zu bannen und gestohlenes Gut wiederzufinden, eine Messe vor dem Zweikampf und vor Ordalien, eine gegen Hussiten und Türken und gegen Hexen; die siebener, dreizehner und dreißiger Notmessen, die während sieben bzw. dreizehn und dreißig Tagen von einem Priester gelesen werden mußten und zu deren Ende man sichere Befreiung von Krankheit und Trübsal erwartete, ferner die drei Notmessen vom hl. Nikolaus.“[26] Diese letztgenannten Meßreihen,

[24] *L. A. Veit*, Volksfrommes Brauchtum u. Kirche im dt. MA (Freiburg 1936) 25.
[25] Opera, ed. *Du Pin* II (Antwerpen 1706) 521—523.
[26] *L. A. Veit* a. a. O. 26; *A. Franz* a. a. O. 169—217.

die sich bis zu 45 in allen möglichen Anliegen steigerten, waren noch dadurch besonders fragwürdig, daß sie einen sicher eintretenden Erfolg für Lebende und Verstorbene in Aussicht stellten. Für den Vorabend der Reformation gilt die traurige Feststellung: „Das Heiligste, was die Kirche besaß, hörte zwar nicht auf, der Mittelpunkt echter Frömmigkeit zu sein, aber die Nebel und Schatten, die sich um diesen Mittelpunkt legten, brachten es, zusammen mit anderen Umständen, so weit, daß die Stiftung Jesu, der Lebensquell, aus dem die Kirche durch 1 1/2 Jahrtausende geschöpft, zum Gespött werden und als greulicher Götzendienst dem leidenschaftlichen Verwerfungsurteil ganzer Völker verfallen konnte." [27]

Die Predigt

Konnte der Gottesdienst selbst wegen der lateinischen Sprache die Gläubigen nicht in die christliche Lehre einführen, dann blieb diese Aufgabe allein der Predigt. Im Spätmittelalter ist viel gepredigt worden, mehr vielleicht als in neueren Zeiten. Die deutsche Predigt am Sonn- und Feiertag in oder vor der Messe war in Stadt und Land wohl die Regel [28]. Vielfach kamen dazu am Nachmittag eigene Predigtgottesdienste. Vor oder nach der Predigt wurden die Feste der kommenden Woche und die Jahresgedächtnisse angekündigt, die Namen der Toten und der Wohltäter verlesen, ein Fürbittgebet für alle Stände der Kirche, das Vaterunser, Ave Maria, das Glaubensbekenntnis und die 10 Gebote gesprochen. An die Predigt schlossen sich, mancherorts allerdings nur an bestimmten Tagen, ein allgemeines Sündenbekenntnis und die Lossprechung an [29]. Auch werktags wurde gepredigt, besonders in der Advent- und Fastenzeit am Mittwoch und Freitag. Die Predigtpflicht der Seelsorgsgeistlichen war selbstverständlich, allerdings beweist das häufige Einschärfen dieser Pflicht durch die Synoden [30], daß sie nicht selten vernachlässigt wurde, weniger in den Städten als auf dem Lande. „Das arme Landvolk bittet um Brot, aber selten sind die Pfarrer, die es ihm brechen", klagt Cornelius de Suckis um 1500 [31]. Wenn immer wieder gefordert wird, daß der Priester Vaterunser, Glaubensbekenntnis und die Gebote am Sonntag dem Volke in der Volkssprache vorsprechen soll [32], dann dürfen wir wohl keine allzu hohen Erwartungen an die Pfarrpredigt stellen. Es ist schwer,

[27] *Jungmann MS* I 174.
[28] *R. Cruel,* Gesch. der dt. Predigt im MA (Detmold 1879) 674.
[29] *J. U. Surgant,* Manuale curatorum praedicandi praebens modum (1506) lib. II consideratio 3—6; 16. Vgl. *E. Iserloh,* Die Eucharistie in der Darstellung des Johannes Eck (Münster 1950) 255 f.; *Jungmann MS* I 628—633.
[30] *F. W. Oediger,* Über die Bildung der Geistlichen im späten MA (Leiden-Köln 1953) 115, Anm. 5. [31] *F. W. Oediger* a. a. O. 116, Anm. 1.
[32] Der Katholik 71 (1891) II 383 f; *F. W. Oediger* a. a. O. 51, Anm. 5.

sich ein Bild zu machen. Das von Weltgeistlichen hinterlassene Material ist naturgemäß dürftig. Die Klagen reichen vom Vorwurf scholastischer Spitzfindigkeiten und Unterscheidungswut bis zur Empörung über Albernheiten und Banalitäten der Prediger. Der Hauptgrund für diese Mängel war die unzureichende Bildung der Priester, vor allem der schlecht bezahlten Vikare, durch die sich die vielfach abwesenden Inhaber der Seelsorgpfründen vertreten ließen. Der Mangel an priesterlichem Geist und seelsorglicher Verantwortung bei den Bischöfen wirkte sich hier besonders unheilvoll aus. Es war dem einzelnen überlassen, sich nach dem Besuch der Lateinschule seiner Stadt bei einem Pfarrer oder in einem Kloster die nötigen Kenntnisse zu verschaffen. Ohne besondere Prüfung konnte man meist von einem Bischof geweiht werden. An sich hatte der Domscholaster, im 15. Jh. vielfach auch eigens ein Domprediger, die Aufgabe der Ausbildung der Kleriker und der Prüfung der Weihekandidaten. Eine Universität besuchte nur ein kleiner Prozentsatz der Kleriker; wenn man hoch schätzt, war es 1/5. Diese kamen aber meist über ein bis zwei Jahre Studium der artes liberales nicht hinaus, erhielten also keine eigentliche Vorbildung auf das geistliche Amt.

Erschütternd gering ist das Mindestmaß an Wissen, das die Theologen des 13. Jh. vom Priester fordern und mit dem man sich praktisch wohl auch zufriedengab. Der Dominikaner Ulrich von Straßburg († 1277) hat es in folgende Fassung gebracht, die von den Kanonisten übernommen wurde: „Soweit der Priester zur Feier des Gottesdienstes verpflichtet ist, muß er so viel Grammatik kennen, daß er die Worte richtig aussprechen und betonen kann und daß er wenigstens den wörtlichen Sinn von dem versteht, was er liest. Als Verwalter der Sakramente muß er wissen, was die notwendige Form eines Sakramentes ist, ferner die richtige Spendeweise. Als Lehrer muß er wenigstens die Grundlehre des in der Liebe sich wirksam erweisenden Glaubens kennen. Als Richter in Gewissensfragen muß er zwischen Sünde und Nicht-Sünde, zwischen Sünde und Sünde unterscheiden können ...“ [33]

Es ist sicher kein Zufall, daß die Bettelorden, die zuerst für eine umfassende theologische Bildung ihrer Mitglieder gesorgt haben, im 13. und 14. Jh. die durch das gesteigerte religiöse Interesse der Stadtbevölkerung und angesichts der Sekten in höherem Maße gestellte Aufgabe der Predigt übernommen haben. Seit dem Ende des 14.Jh. traten an ihre Seite gebildete Prediger aus dem Weltpriesterstand. Für sie wurden damals an vielen Orten, besonders in Süddeutschland, durch private Stiftungen oder auf die Initiative des Rates hin eigene Predigerstellen geschaffen. Sie sollten die erhöhten Ansprüche der Zuhörer zufriedenstellen und deshalb auch möglichst einen Grad in der Theologie erworben haben. Diese Vorbedingung machte es aber bei dem Bildungsstand der Priester wieder schwierig, die Stellen zu beset-

[33] Summa de bono 6 tr. 4 c. 24; Zitat nach *F. W. Oediger* a. a. O. 55f.

zen. Diese Prädikanten sollten nicht die normale Predigt im Pfarrgottesdienst ersetzen. Vielfach wurde schon in den Stiftungsurkunden eine Abgrenzung der Rechte und Pflichten vorgenommen oder bestimmt, daß dieser Prediger zurücktreten sollte, wenn der Pfarrer selbst predigen möchte. Als das Kapitel den von ihm am 29. Januar 1518 auf die Predigerstelle von St. Moritz präsentierten Johannes Eck nicht akzeptieren wollte, schrieb Jakob Fugger: „Mehr ist gelegen an der Pfarre mit Predigen und Beichthören denn an des ganzen Kapitels Chorsingen.“ [34] Er gab damit der Einschätzung der Predigt durch das Großbürgertum und der Verantwortung, die dieses für sie spürte, lebendigen Ausdruck.

Neben die Hauptformen der Sonntags- („de tempore“) und Heiligenpredigten („de sanctis“) traten im Spätmittelalter die Passions- und Fastenpredigten und die Katechismuspredigten, d. h. Predigten über die Stücke der christlichen Lehre, die später im Katechismus zusammengestellt wurden: Glaubensartikel, Gebete, Zehn Gebote und Sieben Sakramente. Dazu kamen Predigten über die sieben Hauptsünden, die Kardinaltugenden und andere Fragen der Moral. Die scholastisch thematische Predigt pflegten Männer der Wissenschaft, wie Heinrich Heinbuche von Langenstein († 1397), Franciscus de Maironis († 1328), Robert Holcot († 1349), Johannes Gerson († 1429), Nikolaus von Dinkelsbühl († 1433), Nikolaus von Kues († 1464) und Gabriel Biel († 1495). Volkstümlicher und mehr dem Alltag des christlichen Lebens zugewandt, waren die großen Buß- und Wanderprediger, wie Vinzenz Ferrer († 1419), Bernhardin von Siena († 1456), Johann von Capestrano († 1456), Robert Caracciolo († 1495), Olivier Maillard († 1502), Gabriel Barletta († 1480) und Hieronymus Savonarola († 1498), der wohl gewaltigste und feurigste Prediger des Mittelalters. Er verband Klarheit des Denkens mit mystischer Tiefe und Gefühlswärme. Alles gelehrte und zur Formel erstarrte Beiwerk hinter sich lassend, predigte er die Heilige Schrift und stellte mit unerhört prophetischem Freimut das Leben in Welt und Kirche unter ihr Gericht. Im deutschen Sprachbereich war der bedeutendste Volksprediger am Ausgang des Mittelalters Joh. Geiler von Kaysersberg († 1510). Bevor er 1478 als Prediger an das Straßburger Münster kam, wirkte er als Magister der Philosophie in Freiburg (1465/70) und wurde Doktor der Theologie in Basel (1476). Er kannte das Leben und den Menschen, hatte vor allem die Gabe, seine Beobachtungen auf anschauliche und volkstümliche, oftmals derbe Art in Worte zu fassen. In großem Freimut geißelte er auf humorvolle Weise, nicht selten aber auch mit beißender Ironie und drastischem Spott, die Unsitten des Volkes wie der weltlichen und kirchlichen Autoritäten. Die Glaubensverkündigung trat bei ihm sehr deutlich hinter der Sittenlehre zurück, was die religiöse Unterweisung des Spätmittelalters überhaupt kennzeichnet.

[34] *G. v. Pölnitz,* Jakob Fugger I (Tübingen 1949) 381.

Durch homiletische Hilfsbücher, wie Predigtzyklen, Stoff- und Beispielsammlungen, Heiligenleben und Postillen, haben auf die Predigt Einfluß genommen: Jakob von Voragine († 1298; Legenda aurea; Sermones super Evangelia), Jordan von Quedlinburg bzw. von Sachsen OESA († ca. 1380), Johannes Nider OP († 1438; „Formicarius"; Sermones aurei), Johannes von Werden OFM († 1437; „Dormi secure"), Johannes von Herolt OP († 1468) u. a. Auch an homiletischen Lehrbüchern fehlte es nicht. Eine weite Verbreitung fanden der „Tractatus de modo discendi et docendi ad populum sacra seu de modo praedicandi" (u. a. 1514 in Landshut gedruckt) des Hieronymus Dungersheym (1465—1540) und das „Manuale curatorum praedicandi praebens modum ..." (1503 u. ö.) des Baseler Pfarrers und Professors Johann Ulrich Surgant (1450—1503)[35]. Von ihm ist auch eins der ersten Taufbücher erhalten, das er 1490/97 als Pfarrer von St. Theodor in Basel geführt hat. Während in Italien und Südfrankreich Kirchenbücher schon im 14. Jh. geführt wurden, war das in Deutschland nicht üblich. Ende des 15. Jh. wird immer häufiger von Synoden den Pfarrern nahegelegt oder zur Pflicht gemacht, Listen der Getauften, Verstorbenen, Beichtenden und Exkommunizierten anzulegen. Verpflichtend eingeführt wurden Tauf- und Traumatrikel erst durch das Konzil von Trient[36].

Die Katechese

Mit der Kindertaufe war das Katechumenat der Erwachsenen fortgefallen. An seine Stelle ist im Mittelalter keine regelmäßige kirchliche Kinderkatechese getreten. Nur vereinzelt und ziemlich spät finden wir Synodalbestimmungen, die den Seelsorger zur Unterweisung der Jugend in der Glaubens- und Sittenlehre verpflichten[37]. Das war die Aufgabe der Eltern und Paten. Sie sollten den Kindern das Glaubensbekenntnis und das Vaterunser beibringen. Seit dem Spätmittelalter pflegte man noch das Ave Maria und die Zehn Gebote hinzuzufügen. Erbauungsschriften, wie die „Himmelsstraße" des Wiener Propstes Stefan von Landskron († 1477) und der „Christenspiegel" des Dietrich Kolde (1435—1515), halten die Eltern an, dieser Verpflichtung nachzukommen. Der „Seelenführer" mahnt die Mutter: „Du sollst dein Kind segnen; den Glauben lehren und es frühzeitig zur Beichte führen, es auch unterweisen in allem, dessen es bedarf, um gut zu beichten."

[35] Inhaltliche, z. T. wörtliche Wiedergabe: Katholik 69 (1889) II 166—186 302—322 432—444 496—523. Vgl. *D. Roth,* Die mittelalterliche Predigttheorie und das Manuale curatorum des Joh. U. Surgant (Basel 1956).

[36] *H. Börsting,* Gesch. der Matrikeln von der Frühkirche bis zur Gegenwart (Freiburg 1959); *M. Simon,* Zur Entstehung der Kirchenbücher: ZBKG 28 (1959) 129—142; *F. W. Oediger* a. a. O. 119 f.

[37] Béziers 1246 (*Mansi* XXIII 693); Albi 1254 (*Mansi* XXIII 837); vgl. Decret. Gregor. IX l. 3 t. 1 c. 3.

Also auch die Vorbereitung auf das Buß- und Altarssakrament war Sache der Eltern. Einen eigenen Beicht- und Kommunionunterricht kannte das Mittelalter nicht[38]. Dazu kommt, daß der Anteil der Schule an der direkten religiösen Unterweisung gering war. Es gab keinen Religionsunterricht als Fach; wohl wurde im übrigen Unterricht praktisch viel religiöses Gut vermittelt, indem z. B. am Vaterunser und anderen Gebeten das Lesen beigebracht wurde. Die Schule erfaßte aber nur einen Teil der Jugend der Stadt; die Landjugend hatte kaum Gelegenheit zum Schulbesuch. Wie gering das religiöse Wissen war, kann man daraus ersehen, daß Nikolaus von Kues als Kardinallegat in Deutschland 1451/52 sich veranlaßt sah, Holztafeln mit dem Vaterunser, dem Ave Maria, dem Glaubensbekenntnis und den Zehn Geboten zur religiösen Unterweisung des Volkes in den Kirchen aufstellen zu lassen[39].

Bei dem Mangel an direktem und planmäßigem Unterricht, bei diesem „katechetischen Vakuum des Mittelalters“[40], waren die meisten darauf angewiesen, den christlichen Glauben durch das Leben und Erleben in einer christlich geprägten Umwelt kennenzulernen. Die Bilder an den Wänden, in den Fenstern und auf den Altären waren die Bibel der des Lesens und Schreibens Unkundigen. Durch Mysterienspiele, Krippen-, Passions- und Osterspiele und andere szenische Darstellungen wurde den Menschen die Heilsgeschichte nahegebracht und ihnen das moralisch rechte Verhalten vor Augen geführt. Reiches religiöses Brauchtum begleitete den Alltag des einzelnen und der Gemeinschaft von der Geburt bis zum Grabe. Die bildende Kraft der christlichen Sitte und Atmosphäre darf sicher nicht unterschätzt werden. Es ist aber auch keine Frage, daß ein solches Christentum bloßer Eingewöhnung ohne genügende Klärung durch Wissen und Verstehen für Massensuggestion und Aberglaube besonders anfällig war und ernsten Krisen schwerlich gewachsen sein konnte.

Der weitgehende Ausfall von persönlicher Unterweisung und Gewissensbildung verlieh der jährlichen Beichte, der Vorbereitung auf sie und dem Beichtgespräch selber erhöhte Bedeutung. Hilfsmittel dafür waren die Beichtspiegel und mit Ausgang des Mittelalters die Beichtbüchlein[41]. Diese sind lateinisch oder muttersprachlich abgefaßte Handreichungen für die gute Verwaltung und den fruchtbaren Empfang des Bußsakramentes. Von 1450—1520 lassen sich ca. 50 Drucke solcher Beichtbüchlein nachweisen. Daran wird deut-

[38] *P. Browe,* Der Beichtunterricht im MA: ThGl 26 (1934) 427—442.

[39] *Pastor* I (Freiburg [9]1926) 48 f. Wiedergabe von Tafel u. Text in: *J. Koch* u. *H. Teske,* Die Auslegung des Vaterunsers in vier Predigten: Cusanustexte I Predigten 6 (Heidelberg 1940) 280—285.

[40] *R. Padberg,* Erasmus als Katechet (Freiburg 1956) 27.

[41] *F. Falk,* Drei Beichtbüchlein nach den Zehn Geboten (Münster 1907); *C. H. Zimmermann,* Die dt. Beichte vom 9. Jh. bis zur Reformation (Veida 1934, Lit.); *R. Rudolf,* Ars moriendi (Köln-Graz 1957); LThK[2] II 126.

lich, welche neuen Möglichkeiten die Erfindung des Buchdrucks für die religiöse Unterweisung bot. Das gilt auch für sonstige Gebets- und Erbauungsliteratur und vor allem für kurze Zusammenfassungen der christlichen Glaubens- und Sittenlehre, die Luther später Katechismus nannte. Solche Zusammenstellungen der katechetischen Hauptstücke für Pfarrer und Lehrer gab es schon vorher, etwa das „Opus tripartitum de praeceptis decalogi, de confessione et de arte moriendi" des Johannes Gerson († 1429)[42] oder die Schrift des Dominikaners Johannes von Herolt († 1468) „Discipulus de eruditione Christifidelium", die von 1490—1521 zwölfmal gedruckt wurde. Mahnt Geiler von Kaysersberg in seiner Übersetzung von Gersons „Opus tripartitum" noch, die Priester, Eltern, Schul- und Spitalmeister sollten dafür sorgen, daß die Lehre dieses Büchleins auf Tafeln geschrieben und an öffentlichen Orten, wie Kirchen, Schulen und Spitälern, angeheftet werde, so ermöglichte es die Buchdruckerkunst, solche Schriften dem Schüler als Lernbuch in die Hand zu geben. Bei solchen Werken des 15. Jh. ist der Typus des Katechismus noch nicht rein ausgebildet. Sie sind ebenso Gebet- und Erbauungsbücher, wie schon an Titeln wie „Der Seele Trost", „Die Himmelsstraße" und „Spiegel der Laien" deutlich wird[43]. Das bekannteste dieser Volksbücher ist „Der Christenspiegel" des Franziskaners Dietrich Kolde († 1515), der seit 1470 in vielen Auflagen erschienen ist[44].

Hervorragende Bedeutung bekam der Buchdruck für die Verbreitung der Heiligen Schrift. Von der Vulgata erschienen bis zum Jahre 1500 ca. 100 Druckausgaben. Seit der ersten gedruckten deutschen Übersetzung 1461 oder spätestens 1466[45] bis zur Ausgabe von Luthers Neuem Testament 1522 erschienen 14 hochdeutsche und 4 niederdeutsche Vollbibeln im Druck, dazu eine große Anzahl deutscher Psalter, sonstiger Teildrucke und Ausgaben der Evangelien und Episteln (Postillen und Plenarien). In Frankreich war im Anschluß an einen Auszug des historischen biblischen Stoffes, der „Historia scholastica" des Petrus Comestor († 1179), nach 1200 die sogenannte „Historienbibel" entstanden. Diese erschien, vielfach ergänzt, 1477 bzw. 1487 im Druck. Auch die erste gedruckte Bibel in niederländischer Sprache von 1477 zu Delft war eine solche Historienbibel. In Venedig erschienen 1471 zwei verschiedene Übersetzungen in italienischer Sprache.

[42] Opera, ed. *Du Pin I* (Antwerpen 1706) 425—450.

[43] *P. Bahlmann*, Dtl.s kath. Katechismen bis zum Ende des 16. Jh. (Münster 1894) 12—23.

[44] Der Christenspiegel des Deutschen Katechismus von Münster, hrsg. von *C. Drees* (Werl 1954); hochdt. in: *Ch. Moufang*, Kath. Katechismen des 16. Jh. (Mainz 1881) I—L; über die Ausg.: *A. Groeteken*, Der älteste gedruckte dt. Katechismus und die Volksbücher Dietrich Koldes: FStud 37 (1955) 53—74 189—217 388—410.

[45] *J. Mentel*, Straßburg; Neuausgabe von *W. Kurrelmeyer*, 10 Bde (Tübingen 1904/15).

Das Ordenswesen

Das Ordenswesen des Spätmittelalters steht im Zeichen des Niedergangs. Die Gründe dafür sind recht vielfältig. Die Entwicklung bei den einzelnen Orden ist dazu sehr verschieden und nicht phasengleich. Als zu Beginn des 13. Jh. die Bettelorden ihren großen Aufschwung erlebten, stand der Benediktinerorden im Zeichen des Niedergangs. Die Antwort auf die neue Situation gaben die Bettelorden. Sie übten deshalb eine große Anziehungskraft auf die Jugend aus. Demgegenüber vermochten die alten Orden ihr Ideal nicht so zu künden und zu leben, daß sie in größerem Maße hochgemute und religiös aufgeschlossene junge Menschen gewinnen konnten. In Deutschland gab es zu Beginn des 12. Jh. ungefähr 260 Benediktinerklöster. Seitdem kam es zu keinen Neugründungen mehr. Wohl ging vom 12. bis 15. Jh. eine große Zahl von Häusern durch Säkularisation oder Umwandlung in Kollegiatstifte verloren. Der Orden war zu sehr mit dem Feudalismus verbunden, fand ebensowenig Anschluß an die neue soziale Situation und Wirtschaftsform wie an das moderne Bildungswesen der Generalstudien und Universitäten. Die Benediktiner schieden sozusagen aus dem religiösen, geistigen und kulturellen Leben aus, was nicht hinderte, daß ihre reichen und stattlichen Klöster materiellen Anreiz boten. Der Adel sah sie als Versorgungsinstitute für nachgeborene Kinder an. Diese wollten aber auch im Kloster das Leben ihrer Standesgenossen weiterführen, mißachteten das Armutsgelübde vielfach ebenso wie die Klausur. Es wurde immer mehr üblich, das Klostervermögen und die Einkünfte zwischen Abt und Konvent aufzuteilen, Abtei und Klosterämter als Pfründen anzusehen und den Mönchen Vermögen zum persönlichen Gebrauch zu lassen (peculium). Abteien wurden als Kommenden an Kardinäle, Bischöfe, ja an Laien vergeben. Diese bezogen ihre Einkünfte, ohne sich um das innere Leben der Klöster zu kümmern.

Die große Pest von 1348 brachte schwere materielle Not über die meisten Ordensgemeinschaften und raffte einen Großteil der Mitglieder dahin. Meist führte sie aber auch zu schweren Erschütterungen der religiös-sittlichen Haltung. Klosterinsassen, die vor der Pest geflohen waren und draußen frei gelebt hatten, wollten sich nicht mehr wie vorher der Regel unterwerfen. Im Bestreben, die gelichteten Reihen wieder aufzufüllen, war man nicht sehr wählerisch bei der Aufnahme des Nachwuchses. Bald darauf brachte das Große abendländische Schisma schwere Erschütterungen über die Orden nicht weniger als über die ganze Kirche. Die Spaltung ging vielfach durch die Orden, ja zuweilen mitten durch die Klöster. In Montserrat hielten die Mönche zu Rom, der Abt dagegen zu Avignon. In anderen Klöstern wählte jede Partei ihren Abt, z. B. in Korvey, wo beide Äbte sich heftig bekämpften[46]. Einzelne Orden, wie die Kartäuser, Zisterzienser und Karmeliter, spalteten sich in zwei Zweige auf, jeder mit einem eigenen General. Das brachte natürlich schwere Schäden für das geistliche Leben und die Disziplin der Klöster mit sich. Reform war unter diesen Umständen nicht möglich, weil ihre Gegner die eine Autorität gegen die andere auszuspielen wußten. An Reformversuchen hat es im 14. und 15. Jh. nicht gefehlt. Über die Auseinandersetzungen im Franziskanerorden, die 1517 zur Trennung von Konventualen und Observanten führten, wurde schon gesprochen; ebenfalls von der Reformkongregation der Windesheimer Augustiner. Auch in anderen Orden bildeten sich Kreise von Observanten, die die Regel in ihrer ursprünglichen Strenge beobachten wollten. Bei den Augustinereremiten schlossen sich die reformierten Konvente zu eigenen Reformkongregationen zusammen, die direkt dem General unterstanden.

Ernst bemühte sich um die Reform der Orden Benedikt XII. (1334/42). Zunächst suchte er den Zisterzienserorden, dem er entstammte, zum alten Geist zurückzuführen. In der Konstitution „Fulgens sicut stella" (1335) erließ er bis ins einzelne gehende Bestimmungen über das klösterliche Leben, über die theologischen Studien der Mönche und über die Verwaltung des Klostergutes. Tief griff er in das traditionelle Gefüge des Benediktinerordens ein durch die Bulle „Summi magistri dignatio" (1336), kurz „Benedictina" genannt. Darin sucht er durch eine geregelte Verwaltung die wirtschaftliche Grundlage der Klöster zu sichern und erläßt im Bewußtsein des Wertes einer guten Bildung und ernster geistiger Arbeit für die Ordenszucht Bestimmungen für das Studium der Mönche. Einschneidend war die vom Papst verfügte Zentralisation des Ordens. Dieser sollte in 36 genau umschriebene Provinzen aufgeteilt werden. Alle drei Jahre sollten Provinzialkapitel stattfinden, auf denen die vom Kapitel gewählten Visitatoren Bericht zu erstatten hatten und die Rechnungsablage jedes Klosters geprüft werden sollte. Obwohl der Papst selbst sich sehr um die praktische Durchführung seines Reformwerkes bemühte, war ihm kein Erfolg beschieden. Es scheiterte nicht selten schon am Widerspruch der weltlichen Herrscher, die den Äbten den Besuch der Provinzialkapitel verboten aus Sorge, dort könnte man Beschlüsse fassen, die den landesherrlichen Interessen zuwiderliefen.

Mit seinen Bemühungen um die Reform der regulierten Chorherren hatte Benedikt XII. nicht mehr Glück. Zu ernsten Zerwürfnissen kam es mit den Dominikanern und den Franziskanern. Grund dafür war nicht allein mangelnder Reformwille der Orden, sondern auch der Umstand, daß die Anordnungen des Papstes oft das rechte Verständnis für die Eigenart der einzelnen Orden vermissen ließen.

Hatte die „Benedictina" auch nicht viel ausgerichtet, so blieb der Ge-

[46] *J. Evelt,* Die Anfänge der Bursfelder Benediktiner-Congregation: Zschr. für vaterländische Gesch. u. Altertumskunde Westfalens, III. Folge 5 (1865) 125—127.

danke des Zusammenschlusses der einzelnen Klöster zu Provinzen oder Kongregationen doch wach. Alle Reformbestrebungen im 15. Jh. sind durch ihn gekennzeichnet. Von Santa Giustina in Padua aus gründete der Abt Ludwig Barbo 1419 unter Martin V. eine Reformkongregation, die 1432 unter Eugen IV. ihre endgültige Form erhielt: Alle Gewalt lag beim jährlich tagenden Generalkapitel aus den Delegierten und Oberen der Klöster. Die einzelne Abtei ist ein Glied der Kongregation und wird von ihr verwaltet. Die Äbte sind zwar auf Lebenszeit ernannt, wechseln aber jährlich, später alle 6 Jahre, ihr Kloster. Die Mönche legen die Profeß auf die Kongregation, nicht auf das Kloster ab und können vom Kongregationspräses oder Visitator in ein anderes Kloster versetzt werden. Damit nahm man der Abtswürde und den Klosterämtern jeglichen Charakter einer Pfründe und begegnete wirksam dem Unwesen der Kommenden und Präbenden. Der Kongregation von Santa Giustina schlossen sich im Laufe der Zeit fast alle Klöster Italiens an, darunter auch Monte Cassino, Subiaco, La Cava und Cervara, die selbst Stätten der Reform waren. Blieb diese auch auf die Halbinsel beschränkt, so übte sie doch großen Einfluß auf die Struktur vieler anderer Kongregationen aus.

In Deutschland erhielt die Reformbewegung Auftrieb durch das Konzil von Konstanz, an dem unter dem zahlreichen Ordensklerus viele Benediktiner teilnahmen. Sozusagen unter den Augen der Konzilsväter fand in der Abtei Petershausen bei Konstanz 1417 ein Kapitel statt, an dem die in Konstanz anwesenden Benediktiner und die Oberen der Provinz Mainz—Bamberg teilnahmen. Die „Benedictina" sollte wieder beachtet werden; vor allem wurde die Armut und das Leben in Gemeinschaft erneut eingeschärft. Weiter wandte sich das Kapitel gegen das Adelsprivileg gewisser Klöster. Es fehlte aber die zentrale Instanz, die für die Durchführung der Dekrete gesorgt hätte. Viele Abteien sperrten sich gegen die Reformen, zum Teil suchten sie sich ihr durch Umwandlung in ein weltliches Chorherrenstift zu entziehen. Immerhin war der Gedanke der Reform wach geworden. Zu Mittelpunkten der Erneuerung wurden die Abteien Kastl in der Oberpfalz, Melk an der Donau, St. Matthias in Trier, Tegernsee, das Schottenkloster in Wien und Bursfeld an der Weser.

Die Consuetudines von *Kastl*, die neben der Liturgie vor allem Stillschweigen, Armut und Gehorsam betonten, bestimmten die klösterlichen Reformerlasse des Kapitels von Petershausen und des Basler Konzils. Von Kastl aus wurden direkt oder indirekt 25 Abteien erneuert. Zur Bildung einer Kongregation kam es aber sowenig wie im Zuge der Melker Reform. Diese war von deutschen Mönchen aus Subiaco getragen und griff von Melk aus auf Klöster in Österreich, Bayern (Tegernsee), Schwaben und Ungarn über. Für Nord- und Westdeutschland war der Ausgangspunkt der Reform das Kloster *Bursfeld* bei Göttingen. Hier wurde 1433 Johannes Dederoth Abt. Er hatte anläßlich eines Italienaufenthaltes die Kongregation von Santa Giustina kennengelernt und als Abt von Clus die Reform eingeführt. Nun begab er sich 1434 nach Trier zum Abt Johannes Rode von St. Matthias, der als Kartäusermönch 1421 die Leitung dieses Benediktinerklosters übernommen und für es in langjähriger Arbeit neue Statuten ausgearbeitet hatte. Das Basler Konzil hatte ihn zum Reformer und Visitator der Klöster Südwestdeutschlands bestellt. Von ihm ließ sich der neue Bursfelder Abt Dederoth die Reformstatuten und vier seiner besten Mönche mitgeben. So konnte Bursfeld einer neuen Blüte entgegengehen und unter der Leitung des Abtes Johannes von Hagen seit 1439 Ausgangspunkt einer straff organisierten Kongregation mit seit 1446 jährlich tagendem Kapitel werden. Es gehörten 1469 schon 36 Klöster, darunter Hirsau dazu; 1530 waren es bereits 94 Abteien. Die Äbte mußten schwören, der Union treu zu sein und die Bursfelder Observanz in ihren Klöstern einzuhalten bzw. einzuführen. Anregung und Förderung erfuhr die Bursfelder Reform durch den Propst Johannes Busch († 1479) und den Kardinallegaten Nikolaus von Kues († 1464).

In Frankreich erlebte das Ordenswesen infolge des Hundertjährigen Krieges und der weitgehenden Eingriffe der weltlichen Gewalten (Pragmatische Sanktion 1438) im 15. Jh. einen besonderen Tiefstand. Zu Reformversuchen innerhalb des Benediktinerordens kam es in Cluny, Tiron und vor allem in Chezal-Benoît (Diözese Bourges). Zum Schaden der Reform sprach das Konkordat von 1516 dem König das Recht zur Abtsernennung zu.

In Spanien wurde das erst 1390 gegründete Kloster Valladolid Vorort einer Reformkongregation, der fast alle spanischen Klöster beitraten. Um dem Kommendeunwesen zu entgehen, hob man den Abtstitel auf und beschränkte die Amtszeit des Klosteroberen auf wenige Jahre.

Weniger tiefgreifend waren die Verfallserscheinungen beim *Zisterzienserorden.* Die 24 Neugründungen im 15. Jh. sind Beweis für eine gewisse Lebenskraft. Der *Kartäuserorden* erlebte im 14. und 15. Jh. geradezu eine Blütezeit. Trotz vielfacher Heimsuchungen und trotz Verfolgungen durch Hussiten und Türken bestanden 1510 195 Kartausen in 17 Provinzen. Für das geistliche Leben des Spätmittelalters über den eigenen Orden hinaus bekamen große Bedeutung: Ludolf von Sachsen († 1378), Heinrich von Kalkar († 1408), Heinrich von Coesfeld († 1410) und Dionysius der Kartäuser († 1471).

Neugründungen von Orden und ordensähnlichen Gemeinschaften und Bruderschaften beweisen, daß das Streben nach christlicher Vollkommenheit immer noch lebendig war. Neben den Brüdern und Schwestern vom gemeinsamen Leben fanden sich noch weitere laikal geprägte Bruderschaften zusammen, die sich der tätigen Nächstenliebe in Armen- und Krankenpflege und der Totenbestattung widmeten. Die *Alexianer,* auch Celliten, Lollarden oder Rollbrüder (Begräbnisbrüder) genannt, fanden sich nach der großen Pest (1348/49) in Flandern und am Niederrhein zusammen. Die Aachener Alexianer legten 1469 Gelübde ab. Sixtus IV. gab ihnen 1472 die Augustinerregel.

Die *Jesuaten* waren ursprünglich eine von Johannes Colombini um 1360 in Siena gestiftete Laienbruderschaft, die durch Gebet, Abtötung und Krankenpflege sich für das Heil der Mitmenschen einsetzen wollte. Sie lebten nach der Benediktiner-, später nach der Augustinerregel. Nach ihrem Patron wurden sie „Apostolische Kleriker vom hl. Hieronymus" genannt.

Nach ihm, dem Patron der Einsiedler, sind auch die *Hieronymiten* benannt. Sie lebten nach der mit Gedanken des Hieronymus erweiterten Augustinerregel. Es gab von ihnen ursprünglich 4 Kongregationen in Italien und Spanien. In Kastilien fanden sie sich unter Pedro Fernández Pecha zusammen. Sie wurden 1373 als Orden bestätigt und 1415 einem Generalsuperior in Spanien unterstellt.

Die *Minimen* (Minimiten) sind ein unter dem Namen „Eremiten des hl. Franz" 1454 in Kalabrien von Franz von Paula gegründeter Bettelorden. Ihre Regel ist die durch Speisevorschriften verschärfte Franziskanerregel. Nach ihrem Stifter heißen sie Paulaner, in Frankreich nannte man sie „Bons hommes" und in Spanien beim Sieg über die Mauren „Fratres de Victoria". Sie hatten 1520 ca. 450 Klöster.

Der *Birgitten*- oder Erlöserorden ist eine Gründung der hl. Birgitta von Schweden (1303/73). Sie lebte in einer glücklichen Ehe mit einem Adeligen, dem sie 8 Kinder schenkte, darunter die hl. Katharina von Schweden. Nach einer Wallfahrt nach Santiago de Compostela (1341/42) zog sich ihr Mann in ein Zisterzienserkloster zurück, wo er 1344 starb. Um diese Zeit begannen ihre „himmlischen Offenbarungen", die sie in schwedischer Sprache aufschrieb und die von ihren Beichtvätern ins Lateinische übersetzt wurden. In Vadstena gründete sie 1346 das erste Kloster und ging bald darauf 1349 nach Rom, um ihre Ordensgründung zu sichern. Die letzten 24 Jahre ihres Lebens verbrachte sie in der Ewigen Stadt. Mit flammenden Worten geißelte sie die Mißstände in der Kirche. Im Namen Christi beschwor sie die Päpste, nach Rom zurückzukehren. Die Konstitutionen ihrer Gründung wurden 1370 von Urban V., endgültig erst nach ihrem Tode 1378 von Urban VI. als Ergänzung zur Augustinerregel bestätigt. Wie Vadstena sollten die Klöster Doppelklöster mit zwei Konventen unter der Leitung einer Äbtissin sein. Zu 60 Nonnen sollten 13 Mönche, 4 Diakone und 8 Laienbrüder kommen. Der Orden verbreitete sich schnell über ganz Europa und soll bald 79 Klöster umfaßt haben, die vor allem für Skandinavien große religiöse und kulturelle Bedeutung hatten. Nach einer Pilgerfahrt ins Heilige Land starb Birgitta 1373 in Rom. Von Bonifaz IX. wurde sie 1391 heiliggesprochen.

59. *Kapitel*

Theologie im Umbruch vom Mittelalter zur Neuzeit

Nikolaus von Kues: Werke: Opera omnia, ed. *Faber Stapulensis* (Paris 1514; Nachdruck Frankfurt 1962); ed. *H. Petri* (Basel 1565); ed. Heidelberger Akademie der Wiss. (Leipzig-Hamburg 1932 ff); Cusanus-Texte: I Predigten, II Traktate, IV Briefwechsel, V Brixener Dokumente: SAH 1929 ff; Texte seiner philosophischen Schriften I, ed. A. *Petzelt* (Stuttgart 1949). — Dt. Übers. im Auftrag der Heidelberger Akademie der Wiss., 15 Bde (Leipzig-Hamburg 1936/64), 3 Bde (Heidelberg 1949/60); Philos.-Theol. Schriften lat.-dt., hrsg. von *L. Gabriel*, 3 Bde (Wien 1964/67).

Bibliographie: Mitteilungen und Forschungsbeiträge der Cusanusgesellschaft 1 (Mainz 1961) 95—126, 3 (1963) 223—237; *J. Koch*, Untersuchungen über Datierung, Form, Sprache und Quellen. Kritische Verz. sämtlicher Predigten (Heidelberg 1942); Cusanus-Konkordanz hrsg. von *E. Zellinger* (München 1960).

Literatur: *F. A. Scharpff*, Der Kardinal und Bischof Nicolaus von Cusa I (Mainz 1843); *J. M. Düx*, Der dt. Cardinal Nicolaus von Cusa, 2 Bde (Regensburg 1847); *E. Vansteenberghe*, Le cardinal Nicolas de Cues (Paris 1920, Nachdruck Frankfurt 1963); *P. Mennicken*, Nikolaus von Kues (Trier [2]1950); *J. Koch*, Nikolaus von Cues und seine Umwelt (Heidelberg 1948); *E. Meuthen*, Die letzten Jahre des Nikolaus von Kues (Köln-Opladen 1958); *ders.*, Nikolaus von Kues (Münster 1964); *ders.*, Das Trierer Schisma von 1430 auf dem Basler Konzil (Münster 1964); *St. Ehses*, Der Reformentwurf des Kardinals Nicolaus Cusanus: HJ 32 (1911) 281—297; *J. Lenz*, Die docta ignorantia des Nikolaus Cusanus (Würzburg 1923); *J. Hommes*, Die philos. Gotteslehre des Nikolaus Kusanus (München 1926); *A. Posch*, Die „Concordantia catholica" des Nikolaus von Cusa (Paderborn 1930); *M. de Gandillac*, La philosophie de Nicolas de Cues (Paris 1942), dt. Übers.: Nikolaus von Cues (Düsseldorf 1953); *R. Haubst*, Das Bild des Einen u. Dreieinen Gottes in der Welt nach Nikolaus von Kues (Trier 1952); *ders.*, Nikolaus von Kues u. Johannes Wenck (Münster 1955); *ders.*, Die Christologie des Nikolaus von Kues (Freiburg 1956); *M. Seidlmayer*, „Una religio in rituum varietate", zur Religionsauffassung des Nikolaus von Kues: AKG 36 (1954) 145—207; *G. Pöppel*, Die docta ignorantia des Nicolaus Cusanus als Bildungsprinzip (Freiburg 1956); *K. H. Volkmann-Schluck*, Nicolaus Cusanus (Frankfurt 1957); *G. Heinz-Mohr*, Unitas Christiana (Trier 1958); *E. Colomer*, Nikolaus von Kues u. Raimund Llull (Berlin 1961); *E. Iserloh*, Reform der Kirche bei Nikolaus von Kues (Wiesbaden 1965).

Johannes v. Wesel: Quellen: Disputatio adversus indulgentias (1475), hrsg. von *Ch. W. F. Walch*, Monimenta medii aevi I/1 (Göttingen 1757) 111—156; Relation A des Prozesses: Orthuinus Gratius, Fasciculus rerum expetendarum et fugiendarum (Köln 1535) u. D. d'Argentré, Collectio iudiciorum de novis erroribus I/2 (Paris 1724) 291 ff.

Literatur: *O. Clemen*, Über Leben u. Schriften des Johannes von Wesel: DZGw NF 2 (Freiburg 1898) 143—173 (mit Relation B des Prozesses); *ders.*, Zu dem Ketzerprozeß Johannes' von Wesel: HV 3 (1900) 521—523 (mit den 19 widerrufenen Sätzen); *ders.*: RE 21, 127—131; *N. Paulus*, Johannes von Wesel über Bußsakrament u. Ablaß: ZKTh 24 (1900) 644—656; *ders.*: ZKTh 27 (1903) 601; *ders.*, Gesch. des Ablasses III (Paderborn 1923) 524—527; *ders.*, Wimpheling als Verf. eines Berichtes über den Prozeß gegen Johannes von Wesel: ZGObrh 81 NF 42 (1929) 296—300 451 ff; *G. Ritter*, Studien zur Spätscholastik III (Heidelberg 1927); *R. Samoray*, Johannes von Wesel (Diss. masch. Münster 1954); *J. F. G. Goeters*, J. Ruchrat v. Wesel: Monatshefte für ev. KG des Rheinl. 16 (1967) 184—191 (Lit.).

Johannes Pupper v. Goch: Werke: De libertate christiana (1473; Antwerpen 1521); Epistola apologetica (1474; Antwerpen 1520); Dialogus de 4 erroribus circa evangelicam legem (Antwerpen 1523); In divinae gratiae et christianae fidei commendationem

... fragmenta (Antwerpen 1523); Ausg.: *Ch. W. F. Walch,* Monimenta medii aevi I/4 (Göttingen 1760) 73—239 (Dialogus), II/1 (Göttingen 1761) 3—24 (Epistula apologetica); *F. Pijper* (De lib. christ.; Fragmenta; Epist. apol.): BRN VI (Den Haag 1909); Luthers Vorrede zu den „Fragmenta": WA 10 II 327—330.

Literatur: *C. Ullmann,* Reformatoren vor der Reformation I (Gotha ²1866) 17—148; *C. Clemen,* Johannes Pupper von Goch (Leipzig 1896); *ders.:* RE 6, 740—743, 23, 565; *G. Ritter,* Studien zur Spätscholastik I—III (Heidelberg 1921/27); *ders.,* Romantische und revolutionäre Elemente in der dt. Theologie am Vorabend der Reformation: DVfLG 5 (1927) 342—380; *R. R. Post,* Joh. Pupper von Goch: Nederlands Archief voor Kerkgeschiedenis 47 (1965/66) 71—97; *L. Abramowski,* Die Lehre vom Gesetz und Evgl. bei Joh. Pupper von Goch im Rahmen seines nominalistischen Augustinismus: ZThK 64 (1967) 83—98.

Wessel Gansfort: Werke: Opera (Groningen 1614).

Literatur: RE 21, 131—147; *E. W. Miller,* Wessel Gansfort, Life and Writings, 2 Bde (New York-London 1917); *M. van Rhijn,* Wessel Gansfort (Den Haag 1917); *ders.,* Studien over Wessel Gansfort (Utrecht 1933); *H. J. J. Wachters,* Wessel Gansfort (Nijmegen 1940); *R. R. Post,* Kerkgeschiedenis van Nederland in de Middeleeuwen I (Utrecht 1957) 397 ff.

Gabriel Biel: Werke: Sermones, 4 Bde (Tübingen 1499 f; Hagenau 1510 u. ö.); Passionis dominicae sermo historialis (Tübingen 1489 u. ö.); Canonis missae expositio (Reutlingen 1488; Tübingen 1499 u. ö.), hrsg. von *H. A. Oberman* u. *W. J. Courtenay,* 4 Bde (Wiesbaden 1963/67); Epitoma expositionis canonis missae (Tübingen 1499 u. ö.; Antwerpen 1565); daraus: Sacri canonis missae expositio brevis et interlinearis (nach 1499); Epithoma et collectorium circa IV libros Sententiarum (Tübingen 1501 u. ö.; Neudruck Frankfurt 1965); Auszug daraus (IV Sent. d. 15 q. 9): De potestate et utilitate monetarum (Oppenheim 1516); engl. Übers. von *R. B. Burke* (Philadelphia 1930); Regula puerorum (Urach 1483; Leipzig ca. 1497); De communi vita clericorum (Hs. Den Haag 75—958), hrsg. von *W. M. Landren:* Research Studies, Washington State University 28 (1960) 79—95.

Literatur: *G. Plitt,* Gabriel Biel als Prediger (Erlangen 1879); *H. Hermelink,* Gesch. der Theol. Fakultät in Tübingen vor der Reformation 1477—1534 (Tübingen 1906) 204 bis 207; *O. Meyer,* Die Brüder des gemeinsamen Lebens in Württemberg 1477—1517: Blätter für württembergische KG 17 (1913) 109—138; *C. Feckes,* Die Rechtfertigungslehre des Gabriel Biel (Münster 1925); *ders.,* Der erste Dogmatiker der Univ. Tübingen in seiner wiss. Bedeutung: ThQ 118 (1927) 50—76; *J. Haller,* Die Anfänge der Univ. Tübingen 1477—1537 (Stuttgart 1927/29) I 153—172, II 54—64; DHGE VIII 1429—1435; *P. Anatriello,* La Dottrina di Gabriele Biel sull'Eucaristia (Mailand 1937); *A. M. Jodice,* L'efficacia del Sacramento della Penitenza negli Scolastici e in Gabriele Biel: SC 66 (1938) 141—160 430—442; *ders.:* DTh(P) 41 (1938) 113—129, 44 (1941) 273—292; *E. Bonke,* Doctrina nominalistica de fundamento ordinis moralis apud G. de Ockham et Gabrielem Biel: CollFr 14 (1944) 57—83; *W. M. Landren,* Gabriel Biel and the Brethren of the Common Life: Church History 20 (1951) 23—36; *ders.,* Gabriel Biel and the Devotio Moderna in Germany: Research Studies, Washington State University 27 (1959) 135—176 214—229, 28 (1960) 21—45 61—78; *L. Grane,* Gabriel Biels Lehre von der Allmacht Gottes: ZThK 53 (1956) 53—75; *ders.,* Contra Gabrielem (Kopenhagen 1962); *H. A. Oberman,* The Harvest of Medieval Theology. Gabriel Biel and Late Medieval Nominalism (Cambridge/Mass. 1963; Lit.): dt. Übers.: Spätscholastik und Reformation I: Der Herbst der mittelalterlichen Theologie (Zürich 1965); *R. Damerau,* Die Abendmahlslehre des Nominalismus insbesondere die des Gabriel Biel (Gießen 1963).

Nikolaus von Kues

An der Wende vom Mittelalter zur Neuzeit steht in Nikolaus von Kues ein Geist, der in einem unbändigen und hartnäckigen Willen zum Ganzen die widerstreitenden Kräfte seiner Zeit zu einer „katholischen Konkordanz" zusammenzwingt und gleichzeitig die schöpferischen Ansätze bietet, die den Brückenschlag in eine neue Zeit möglich gemacht hätten.

Er wurde 1401 als Sohn des Schiffers Henne Krebs (Chryfftz) in Kues an der Mosel geboren. Daß er die Schule der Fraterherren in Deventer besucht hat, läßt sich nicht belegen und ist wenig wahrscheinlich. Schon 1416 wurde er in Heidelberg als „clericus" immatrikuliert und 1417 Baccalaureus artium. Doch noch im selben Jahr zog er zum Studium des kanonischen Rechtes nach Padua. Hier wurde er mit der von Francesco Zabarella († 1417) ausgebauten Konsenslehre bekannt. Nach dieser muß von allen gebilligt werden, was alle angeht. Gleichzeitig bekam er Kontakt mit dem italienischen Humanismus, gewann Paolo del Pozzo Toscanelli zum Freund und studierte Mathematik, Physik und Astronomie. Er wurde 1423 zum Dr. decretorum promoviert. In die Heimat zurückgekehrt, erhielt er, ohne zum Priester geweiht zu sein[1], 1425 die Pfarrei Altrich. Seit Ostern 1425 dozierte er in Köln Kirchenrecht und studierte er Theologie. Sein Lehrer oder vielleicht besser sein anregender Freund war Heymericus de Campo, der Hauptvertreter der Albertisten, d. h. einer stark platonisch geprägten Scholastik, die ihm das Geistesgut des Pseudo-Dionys und des Raimundus Lullus, wahrscheinlich auch des Meisters Eckhart vermittelte. Die Entdeckung von 12 Komödien des Plautus und anderer lateinischer Klassiker, sein quellenkritischer Nachweis der Unechtheit der Konstantinischen Schenkung und sein Zweifel an der Identität des von ihm hochgeschätzten Dionys mit dem Areopagiten machten ihn zu einem Bahnbrecher des deutschen Humanismus.

Seine Dienste für den Erzbischof von Trier brachten ihm eine Reihe von Pfründen ein, darunter 1427 die Dekanei am Stift St. Florin in Koblenz, wo er seinen Wohnsitz nahm. Anfangs 1433 begab er sich zum Basler Konzil, um die Ansprüche Ulrichs von Manderscheid auf das Erzbistum Trier zu verfechten[2]. Hier vollendete er die Schrift „De concordantia catholica". Ursprünglich war wohl nur ein „Libellus de ecclesiastica concordantia" geplant, der in zwei Büchern über die Kirche, ihr Wesen und ihre Reform, und über die Aufgaben des Konzils handeln sollte. Durch Hinzufügung eines dritten Buches über die Reichsreform ist dann das bedeutende Werk über die allumfassende christliche Eintracht in Kirche und Reich entstanden[3]. Nach dem Schema der neuplatonischen Anthropologie (Geist — Seele — Leib) entwickelt Cusanus das Leitbild einer christlichen Ordnung, in der „die eine Kirche aller Christgläubigen einen harmonischen Zusammenklang aus dem

[1] Er war 1436 noch Diakon und empfing vor 1440 die Priesterweihe; vgl. *E. Meuthen:* Mitt. u. Forschungsbeiträge der Cusanusgesellschaft 2 (Mainz 1962) 33 f.

[2] Dazu *E. Meuthen,* Das Trierer Schisma von 1430 auf dem Basler Konzil (Münster 1964); *ders.,* Nikolaus von Kues und der Laie in der Kirche: HJ 81 (1962) 101—122, bes. 110 f.

[3] Vgl. *G. Kallen,* Die handschriftl. Überlieferung der „Concordantia catholica" des Nikolaus von Kues (Heidelberg 1963).

göttlichen Geist, der priesterlichen Seele und dem Leibe der Gläubigen" darstellt[4].

In der „Concordantia catholica" und in dem Gutachten „De auctoritate praesidendi in concilio generali"[5] (1434) ist Nikolaus von Kues gemäßigter Konziliarist. „Der römische Papst, der ein Glied der Kirche ist, wenn auch das oberste in der Verwaltung, untersteht dem allgemeinen Konzil" (S. 24). Dieses repräsentiert die Gesamtkirche mit größerer Wahrheit als der Papst allein. Der Papst stellt die Kirche nur unbestimmt (confuse) dar (S. 28). Diese kann daher „um ihrer Wohlfahrt willen oder in dringender Not über das Papsttum verfügen, wie es ihr gutdünkt" (S. 26). Der Papst hat die erste Stelle auf dem Konzil und ist als sein Haupt und Richter anzusehen. Deshalb sind er oder seine Legaten zur Teilnahme am Konzil zuzulassen; ja, wenn er anwesend sein will und die Möglichkeit dazu hat, kann kein Konzil ohne ihn stattfinden (S. 32).

Die Einheit, der consensus von Papst und Konzil ist für Cusanus das Zeichen der Wahrheit. So war der „Umfall", sein Wechsel von der Basler Partei zu Eugen IV., nicht so radikal, wie es schien. Denn der Papst bot ein Konzil, das die Einheit mit dem Osten versprach, während in Basel der Streit und Tumult immer offener wurden. Hier weggehen hieß sich für Papst und Konzil entscheiden. Weil die Einheit der Erweis der Wahrheit, das Konzil in Basel aber auf ein Schisma hinarbeitete, „konnte dort der Heilige Geist nicht sein"[6].

Die Einheit der Kirche sieht Nikolaus von Kues immer mehr in dem einen Haupt gewährleistet. „Das christliche Volk, das dem einen Hirten der einen Kathedra Petri und dem einen Hohenpriester verbunden ist, bildet die eine Kirche, wie der Mensch einer ist, weil all seine Glieder einem Haupte vereint sind."[7] Seine bisherige Auffassung, daß die Einheit der Kirche die Frucht des geordneten Zusammenwirkens der verschiedenen Stufen des einen Priestertums und des Konsenses aller Gläubigen ist (concordantia catholica), wird im Zusammenhang mit den philosophischen Einsichten der „Docta ignorantia" (1440) im Zeichen des Begriffspaares Complicatio—Explicatio abgelöst durch die Erkenntnis, daß die Vielheit die Entfaltung (Explicatio) der Einheit ist, diese als Complicatio allem vorausgeht. In Gott ist alles in Einheit zusammengefaltet, was in der Welt in Vielheit und Verschiedenheit

[4] „Deus enim spiritus est, qui per medium sacramentorum, quorum ministri sunt domini sacerdotes, tamquam per animas corpori id est fideli populo gratiose coniungitur, ut homo sit in deo" (III 41);

[5] Ed. *G. Kallen*, Cusanus-Texte II 1 (Heidelberg 1935). Daraus die folgenden Zitate.

[6] Rede in Mainz 1441, RTA 15, 643: „... legittimum esse Florentinum concilium constaret ex effectu unionis Graecorum, quia ‚arbor bona fructus bonos faceret', ex fine vero Basiliense illegittimum, quia scisma fecisset, et ubi scissio, non poterat esse spiritus sanctus." Vgl. Cusanus-Texte IV 1, hrsg. von *J. Koch* (Heidelberg 1944) 46.

[7] Brief an ein Kartäuserkloster 1439: Cusanus-Texte IV 1, S. 38.

auseinandergefaltet ist. Weil in ihm als ihrer Wirk- und Formursache alle Dinge sind, aber nicht in ihrer Vielheit, sondern in Einheit, ist er die coincidentia oppositorum. Er enthält aber die Gegensätze nicht in ihrer Gegensätzlichkeit, sondern steht über allem Gegensatz. „Gott ist nicht die Wurzel des Widerspruches, sondern die Einheit selbst vor jeder Wurzel.“ [8] Dieses eine und erste vor allem entzieht sich unserem Verstande. „Wo alle Vielheit sich in Einheit aufhebt, jede Bestimmbarkeit durch Andersheit aufhört, die Gegensätze in eins fallen, da verliert der Verstand sozusagen allen Boden unter den Füßen. Da beginnt jenes Nichtwissen, das aber für den Menschengeist zugleich die einzige Möglichkeit ist, doch irgendwie das Unendliche zu sichten, das Unbegreifliche ‚unbegreifenderweise‘ zu ‚berühren‘.“ [9] Wie nun das Viele nur vom Einen her erklärt und das Unten nur vom Oben her verstanden werden kann, so beruht die Einheit der Kirche auch auf dem einen Oberhaupt. Dessen Gewalt ist die Complicatio aller für die Erhaltung und Leitung der Kirche erforderlichen Gewalten [10].

Nikolaus von Kues unterscheidet den mystischen Leib Christi als unsichtbare Kirche, die nichts anderes ist als die entfaltete Christusgnade, von der sichtbaren Kirche, der ecclesia coniecturalis. Diese umfaßt zwar Gute und Böse, kann aber doch an Zeichen als die heilige Kirche erkannt und annähernd erfaßt werden. Sie besitzt im Papst ein sichtbares Haupt. In ihm ist die Kirche complicative mitgegeben, und umgekehrt ist der Papst in ihr, insofern sie sich auf Grund des Petrusbekenntnisses und seiner Predigt entfaltet hat [11].

Als „Herkules der Eugenianer“ — so Enea Silvio Piccolomini, der spätere Papst Pius II. — kämpft Nikolaus von Kues in den folgenden Jahren für die Anerkennung der päpstlichen Gewalt und tritt auf Reichs- und Fürstentagen für die Versöhnung von Papst und Reich ein. Auf dem Fürstentag zu Aschaffenburg (1447), auf dem Nikolaus V. allgemeine Anerkennung fand und das Wiener Konkordat (1448) verabredet wurde, kamen seine Bemühungen zum erfolgreichen Abschluß. Das unermüdliche Eintreten des Legaten für die Wiederherstellung der Kircheneinheit im päpstlichen Sinn wurde mit der Erhebung zum Kardinal (1448) und der Verleihung des Bistums

[8] „Nam non est radix contradictionis Deus, sed est ipsa simplicitas ante omnem radicem“ (ed. Basel 339; ed. *A. Petzelt* 206).

[9] *J. Stallmach,* Zusammenfall der Gegensätze: Mitt. u. Forschungsbeiträge der Cusanusgesellschaft 1 (Mainz 1961) 52—75, bes. 62.

[10] „Et hoc est iuxta regulam intellectualem doctae ignorantiae in pontifice esse ecclesiam complicative et ipsum esse pariter in ecclesia“: Brief an Rodrigo Sánchez de Arevalo (1442), hrsg. von *G. Kallen:* Cusanus-Texte II 1 (Heidelberg 1935) 111; vgl. *J. Koch,* Nikolaus von Cues und seine Umwelt 22.

[11] „Sensibilem enim ecclesiam sensibile caput habere convenit. Et ob hoc caput huius ecclesiae sensibile est pontifex ... In quo est haec ipsa ecclesia complicative ... et ob hoc Petrus a confessione petrae, quae Christus est, nomen accipiens, complicatam in se ecclesiam explicavit verbo doctrinae primo omnium ...“ (ebd. 108).

Brixen (1450) belohnt. Hier hatte Cusanus einen langwierigen, wenig erfolgreichen Kampf zu führen, um gegen die territorialstaatlichen und landeskirchlichen Bestrebungen des Erzherzogs Sigismund Graf von Tirol, die geistliche und weltliche Unabhängigkeit des Fürstbistums zu sichern bzw. wiederherzustellen.

Doch der Kardinal sollte die Leitung seiner Diözese erst im April 1452 übernehmen. Vorher bereiste er 5 Vierteljahre lang als päpstlicher Legat das Reich von Wien bis Brüssel, von Magdeburg bis Trier, um den Jubiläumsablaß zu predigen, Klerus und Volk religiös-sittlich zu erneuern, die Klöster zu visitieren, Frieden zu stiften und zur Hilfe gegen die Türken aufzurufen, kurz, die deutsche Kirche zu reformieren und ihre Kräfte zu aktivieren. Das Werk der Reform begann der Kardinallegat Februar 1451 in Salzburg[12], wo er eine Provinzialsynode hielt und die Reform der Klöster in die Wege leitete. Ostern hielt er in Bamberg eine Diözesansynode und im Mai in Würzburg ein Kapitel, auf dem sich 70 Benediktineräbte zur Reform ihrer Klöster innerhalb eines Jahres verpflichteten (24. 5. 1451). In Magdeburg bezog sich die Klosterreform hauptsächlich auf die Augustiner. Der Propst von Neuwerk, der Geschichtsschreiber der Windesheimer Kongregation, Johannes Busch, war dabei eine tatkräftige und sachkundige Hilfe. In den Benediktinerklöstern von Erfurt, Hildesheim und Minden verhalf er der Bursfelder Reform zum Durchbruch. Auf den Provinzialsynoden in Magdeburg (18. bis 28. 6.), Mainz (14. 11. — 3. 12.) und Köln (23. 2. — 8. 3. 1452) verkündete er den Jubiläumsablaß. Dabei betonte er, die Hauptsache sei nicht der Ablaß, sondern eine echte und wahre Bekehrung. Diese müsse vom würdigen Empfang des Bußsakraments ihren Ausgang nehmen. Streng verbot der Legat, für die Lossprechung Geld anzunehmen bzw. anzubieten. Die Höhe des für den Ablaß zur Bedingung gemachten Almosens sollte dem Gewissen des einzelnen überlassen bleiben. Die auf den Synoden verkündeten Dekrete ordneten Gebete für Papst und Bischof in der Messe an, gaben Anweisungen für die würdige Feier des Gottesdienstes und die Verehrung der Eucharistie, verboten die Einrichtungen neuer Bruderschaften, die Verehrung blutiger Hostien, die Verhängung des Interdiktes zwecks Eintreibung von Schulden, wandten sich gegen simonistische Machenschaften bei Pfründenverleihungen, gegen den Konkubinat der Priester, gegen die Verletzung der Klausur der Frauenklöster und verlangten allgemein Ordensreform durch strenge Regeltreue binnen Jahresfrist. Die Juden sollten sich durch besondere Abzeichen kenntlich machen und fortan keine Zinsgeschäfte mit den Christen mehr treiben[13]. In seinen zahlreichen Predigten drang der Kardinal auf eine vertiefte und verinnerlichte Religiosität. Er wandte sich gegen das übertriebene

[12] Itinerarium der Legationsreise siehe *J. Koch,* Nikolaus von Cues und seine Umwelt 111—152.

[13] Vgl. *J. Koch,* Nikolaus von Cues und seine Umwelt 112.

Wallfahrten, besonders zur Bluthostie von Wilsnack, und gegen abergläubische Bilder- und Heiligenverehrung. Er entband von Wallfahrtsgelübden und gebot, dafür das Altarssakrament in der Pfarrkirche zu besuchen, welches wirklich göttliche Kraft in sich berge. Nikolaus von Kues hatte seine Legationsreise sorgfältig vorbereitet, um eine umfassende religiöse Reform des deutschen Volkes zu erreichen oder wenigstens anzustoßen. Tiefgehender Erfolg war ihm nur dort beschieden, wo ihm Reformwille entgegenkam, wie im Erzbischof Friedrich von Magdeburg, im Propst Johannes Busch und den Mönchen der Bursfelder Kongregation. An manchen Mißerfolgen ist der zuweilen starre und wirklichkeitsfremde Sinn des Kardinals mit schuld. Die in sich fragwürdigen Maßnahmen gegen die Juden scheiterten z. B. schon an den wirtschaftlichen Notwendigkeiten, wie die Aufhebung des Verbots der Geldgeschäfte durch den Papst auf Drängen des Kaisers und des Erzbischofs von Salzburg beweist[14]. Vielfach versprachen Klosterobere die Reform, dachten aber nicht an die Durchführung. Aber der Legat stieß nicht nur auf versteckten Widerstand; besonders heftig war die Opposition in Lüttich, wo der Kardinal am 13. 10. 1451 festlich empfangen wurde, aber schon am nächsten Tag die Kanoniker von Maastricht und eine Äbtissin über die Strenge seiner Reform klagten und er sich bald in hitzige Streitgespräche mit dem Klerus verwickelt sah. Dabei wurden auch heftige Vorwürfe gegen seine Person laut[15]. Der Klerus der Stadt Utrecht appellierte gegen die Reformdekrete des Kardinallegaten nach Rom. In einem Mahnbrief macht dieser dem Klerus ernste Vorwürfe und stellt den Gegensatz zum gläubigen Volk heraus. Während dieses zu Christus zurückeile, verharre der Klerus, „der aus dem Blute Christi und der Märtyrer fette Einkünfte beziehe, im Kampf gegen Christus“[16]. Widerstand unter den Orden fand der Legat besonders bei den Mendikanten. Als er in Köln und Trier von ihnen die Annahme der Reform forderte, appellierten sie an den Papst und pochten auf ihre Exemtion. Der Papst entschied, wie schon betreffs des Judendekretes und der Wallfahrt nach Wilsnack, gegen seinen Legaten. Er habe seine Kompetenzen überschritten.

Wollten Widerspenstige ihren Sinn nicht ändern, drohte Nikolaus von Kues mit dem weltlichen Arm. Überhaupt hatte er wenig Hemmungen, die politische Gewalt zur Reform heranzuziehen, obwohl er aus seinem Bistum wissen mußte, wie zweischneidig es war, wenn man den weltlichen Mächten gestattete, in den innerkirchlichen Bereich einzugreifen. In den folgenden Jahren sollte die Klosterreform in Brixen ja gerade deshalb so langwierig sein und schließlich scheitern, weil nichtreformwillige Kreise wie die Äbtissin von Sonnenburg, Verena von Stuben, beim Adel des Landes, besonders

[14] *J. Uebinger,* Kardinal Nicolaus Cusanus in Dtl. 1451/52: HJ 8 (1887) 639.
[15] *J. Koch,* Nikolaus von Cues und seine Umwelt 46.
[16] Cusanus-Texte IV 1, S. 64.

bei Herzog Sigismund, Rückhalt gegen den Bischof fanden. Anderseits mußte dieser seine landesherrliche Gewalt als Fürstbischof wiederherstellen, wenn er mit der Reform durchdringen wollte. Das verwickelte ihn wiederum in einen unheilvollen politischen Machtkampf.

Selbst in diesen Jahren des Streites um sein Bistum (1453—1458/60), einer Zeit aufreibender Auseinandersetzungen um Reformen und Lehnsrechte, um geistliche und weltliche Gerichtshoheit, die mit Gewalt auf der einen und Bann und Interdikt auf der anderen Seite geführt wurden, fand Cusanus Zeit und Muße zu spekulativen Schriften, wie „De visione Dei“ (1453), „De beryllo“ (1458), „De principio“ (1459). Der Fall Konstantinopels 1453 und die darin deutlich werdende Ohnmacht der gespaltenen Christenheit gaben Nikolaus von Kues schmerzlichen Anlaß „Über den Frieden und die Einheit im Glauben“ (1453) tiefer nachzudenken. In einer Vision läßt er 17 Vertreter der verschiedenen Nationen und Religionsgemeinschaften vor dem Throne Gottes die Verschiedenheit und Gemeinsamkeit aller Religionen erörtern. In ihnen wird in unterschiedlicher Weise und mit vielfältigen Namen der eine Gott gesucht, der in seinem wahren Sein verborgen und unaussprechlich bleibt. Ziel ist die durch das Erbarmen Gottes herbeigeführte Einsicht, „daß unter der Verschiedenheit der religiösen Gebräuche nur eine Religion besteht“ (Kap. 1). „Es mag daher genügen, den Frieden im Glauben und in dem Gebot der Liebe zu befestigen, die verschiedenen Bräuche aber auf beiden Seiten zu dulden“ (Kap. 17). „Denn eine genaue Gleichmäßigkeit in allem zu erstreben hieße eher den Frieden zu stören ... Wo sich eine Gleichförmigkeit in der Durchführung nicht finden läßt, mögen die Nationen, sofern nur der Glaube und der Friede gewahrt bleiben, bei ihren Frömmigkeitsübungen und Zeremonien verharren“ (Kap. 20). In allen Formen der Gottesverehrung ist der eine, wahre Gott Jesu Christi gemeint, und im Christentum sind die religiösen Anliegen aller erfüllbar. Das sucht Cusanus später auch hinsichtlich des Islams zu erweisen. Nach der „Sichtung des Koran“ (Cribatio Alkoran, 1461) enthält der Koran, allerdings entstellt und verkürzt, die christliche Botschaft; er bedarf nur einer „Sichtung“.

Mit dem Pontifikat Pius' II. (1458/64) bekam Nikolaus von Kues die Gelegenheit, sich dem immer auswegloseren Kleinkrieg um sein Bistum zu entziehen und seine Kraft und seinen Reformwillen für die ganze Kirche fruchtbar zu machen. Schon Anfang 1457 hatte er von dem eben zum Kardinal erhobenen Enea Silvio Piccolomini die dringende Aufforderung erhalten, nach Rom zu kommen, damit sie gemeinsam die Last der Verantwortung trügen. „Unpassend“, so schrieb der spätere Papst, „ist jene Entschuldigung: Ich werde doch nicht gehört, wenn ich zum Rechten mahne. Die Zeiten ändern sich nämlich, und wer einst verachtet war, wird nun ganz besonders geehrt. Komm also, beschwöre ich Dich, komm! Denn gerade Deine Kraft darf nicht, eingeschlossen in Schnee und dunklen Tälern, dahinsiechen. Ich weiß, daß es viele gibt, die Dich sehen, hören, Dir folgen wollen, unter denen Du mich stets als gehorsamen Hörer und Schüler finden wirst."[17] Nach der Thronbesteigung Pius' II. traf Cusanus am 30. 9. 1458 in Rom ein. Der in seinem Bistum Gescheiterte schien in sein „Exil" zu kommen. In Wirklichkeit erlebte er an der Seite Pius' II. einen Höhepunkt seiner kirchenpolitischen und reformerischen Tätigkeit. Er gehörte der vom Papst noch Herbst 1458 berufenen Reformkommission von Kardinälen, Bischöfen und Prälaten an, die feststellen und berichten sollte, was an der Kurie änderungs- und reformbedürftig sei. Von den Beratungen und Gutachten sind uns nur die Schrift „De reformationibus romanae curiae" des Bischofs von Torcello, Domenico de' Domenichi[18], und die als Reformbulle entworfene „Reformatio generalis" des Cusanus erhalten[19]. Auf ihr fußt das Reformprogramm Pius' II. in der Bulle „Pastor aeternus"[20]. Diese wurde aber wegen des Todes des Papstes nicht mehr veröffentlicht.

Schon am 11. 12. 1458 hatte Pius II. vor seiner Abreise zum Fürstenkongreß in Mantua Nikolaus von Kues durch die Ernennung zum Legatus urbis und zum Statthalter der südlich des Apennin gelegenen Gebiete des Kirchenstaates mit der Reform des römischen Klerus betraut. Der Kardinal hatte sie unverzüglich auf einer Synode in Angriff genommen, aber kaum Erfolg dabei gehabt[21]. Der Mißerfolg konnte aber seinen Reformwillen nicht brechen. Um Frankreich und Deutschland gegenüber freie Hand zu bekommen, empfahl er 1461 ein Konzil für Mantua. Dieses sollte sich mit dem Kreuzzug und der Reform befassen[22]. Hatte er als Legat in Deutschland den Visitatoren eingeschärft, mit der Reform jeweils beim Vorsteher eines Klosters anzufangen, so sollte die Reform der Gesamtkirche nach der „Reformatio generalis" bei der „Kirche Roms und der Kurie beginnen"[23]. Cusanus wußte ja zu gut, wie weit seit dem Beginn des 15. Jh. die Meinung um sich gegriffen hatte, daß die Päpste und die Kurie hauptsächlich am Ruin der Kirche schuld seien, und wie wenig man der Selbstreform der Kurie traute. Wie berechtigt dieses Mißtrauen war, hatte er ja selbst schon reichlich erfahren[24]. Die Visitatoren sollen sich nicht scheuen, auch den Papst zu visitieren. Dieser ist zwar der Stellvertreter Christi, aber auch ein sündhafter und sterblicher Mensch[25]. Die Kardinäle sollen beispielhafte Männer und treue und

[17] Brief vom 27. 12. 1456, *E. Meuthen,* Die letzten Jahre des Nikolaus von Kues 133; vgl. ebd. S. 15.

[18] Über Hss. u. Inhalt vgl. *H. Jedin,* Studien über Domenico de' Domenichi (1416—78): AAMz 5 (Wiesbaden 1957) 177—300, bes. 247 ff.

[19] Hrsg. von *St. Ehses:* HJ 32 (1911) 281—297; vgl. *E. Iserloh,* Reform der Kirche bei Nikolaus von Kues (Wiesbaden 1965).

[20] *R. Haubst,* Der Reformentwurf Pius' II.: RQ 49 (1954) 188—242.

[21] *E. Meuthen,* Die letzten Jahre des Nikolaus von Kues 32.

[22] Ebd. 78 84 250—253. [23] Ed. *St. Ehses* 286.

[24] Vgl. die von *E. Meuthen,* Die letzten Jahre des Nikolaus von Kues 81 108 zitierten Äußerungen wie: „Wenn ich im Konsistorium endlich einmal von Reform spreche, werde ich ausgelacht." [25] Ed. *St. Ehses* 292.

von niemand abhängige Berater des Papstes sein. Sozusagen als dauernd dem Papst zur Verfügung stehendes Konzil im kleinen soll das Kollegium an der Kirchenregierung Anteil haben. Die den Visitatoren an die Hand gegebenen allgemeinen Regeln zielen darauf hin, jedes Glied der Kirche vom getauften Christen über Mönch, Priester, Kanoniker, Kardinal bis zum Papst zu der Lebensform zurückzuführen, die der betreffende Name besagt und die sein Träger in feierlichen Versprechen auf sich genommen hat. Besonders soll vorgegangen werden gegen jede Pfründenhäufung, die der Feier des Gottesdienstes und der Seelsorge im Wege steht, gegen Veruntreuung des Vermögens der Hospitäler und Pfarreien, gegen den Betrug der Ablaßhändler, gegen falsche Reliquien und angebliche um des schnöden Gewinns willen erfundene Hostienwunder. „Es genüge dem christlichen Volk, Christus wahrhaft in seiner Kirche im Sakrament der heiligen Eucharistie zu haben. In ihm hat es alles, was es zu seinem Heil ersehnen kann“ (S. 291). Nikolaus von Kues will keine grundstürzenden Änderungen, sondern Reform, d. h. Rückführung auf Christus, die Urgestalt aller Christen. „Wir, die wir alle Christen reformieren wollen, können ihnen kein anderes Urbild zur Nachahmung aufstellen als Christus, von dem sie den Namen erhalten haben“ (S. 285). Gott, der Vater, so heißt es in der weit ausholenden Einleitung der Reformschrift, hat sich in dem Wort, seinem geliebten Sohn, voll der Gnade und Wahrheit, geoffenbart, um alle, die ihn aufnahmen, an seinem Leben teilnehmen zu lassen. „Das einzige Gebot des Vaters ist es, an seinen Sohn und Gesandten, der sein Wort ist, zu glauben ... Dieser Glaube schenkt alle Heiligkeit, Weisheit, Gerechtigkeit und Seligkeit. Wer nämlich das wahrhaft glaubt, der beachtet seine Gebote und sündigt nicht ... Er weiß, daß wahres Leben nur in den Verheißungen Christi liegt und keiner gerechtfertigt wird, den er nicht rechtfertigt im Verdienst seines Todes. Der kann mit dem Apostel sagen, er wisse nichts als Christus, und zwar den Gekreuzigten, in dem er den höchsten und vollkommenen Glauben erreicht, den Glauben nämlich, durch den der Gerechte lebt“ (S. 282). Wer Christus „als den einzigen Lehrer des Lebens ergreift, dem gibt er in Glaube und Werk die Gestalt, die ihn des ewigen Lebens fähig macht ... Doch Christus muß es mitteilen und schenken ... Denn aus Gnade sind wir berufen zur Erbschaft. Diese können wir nur durch die Gerechtigkeit (auf Grund) der Verdienste Christi erlangen ... Daher ist er für uns zur Gerechtigkeit geworden ... Alles also, was zur vollkommenen Glückseligkeit notwendig ist, sei es Gnade oder Gerechtigkeit, haben wir nur von ihm. Er ist daher der einzige Mittler, in dem alles ist und ohne den wir unmöglich wahrhaft glücklich sein können“ (S. 284 f).

Klarer kann man die Rechtfertigung aus dem Glauben und schärfer die Absage an jede Werkgerechtigkeit wohl nicht formulieren. Das ist besonders beachtlich in einem Aufruf zur Reform, in dem man den Akzent eher auf der menschlichen Aktivität erwarten sollte. Es handelt sich auch nicht um eine vereinzelte Äußerung bei Cusanus. In „De pace fidei“ (1453) heißt es z. B.:

„Denn darin besteht die Rechtfertigung des Menschen, daß er aus dem einzigen Grunde die Verheißung erlangt, daß er Gott glaubt und hofft, das Wort Gottes werde in Erfüllung gehen“ (Kap. 17).

Wenn man den Kardinal wegen dieser seiner Lehre von der Rechtfertigung aus dem Glauben als Reformator vor der Reformation hinstellen will[26], dann sagt man damit zugleich, daß damals die Reformation noch eine katholische Möglichkeit war.

Geprägt von einer platonisch beeinflußten, realistischen Scholastik, hat Nikolaus von Kues sich in der Methode befreit von dem Prokrustesbett der Quästionen, Objektionen und Responsionen der Schulphilosophie und ihrem Autoritätenkult. Darin, wie in der Rückverbindung zur Antike und im Willen zu historischer Kritik dem Humanismus verwandt, drängte er dagegen viel zu sehr zu spekulativer Erfassung des Seins in seiner Einheit und Ganzheit, als daß er hätte genug haben können am rhetorischen Literatentum von Humanisten, wie sie ihm in Italien begegnet waren. Die Philosophie des Seins wird bei Cusanus zu einer Philosophie des Bewußtseins, des Wissens, ja des Wissens vom Nichtwissen. In dieser Rückwendung des Geistes auf sich selbst, in der Frage nach der eigenen Subjektivität und dem alles um- und übergreifenden personalen Geist erweist sich Cusanus wohl am deutlichsten als neuzeitlicher Denker. Dazu hat er die zukunftsträchtigen Ansätze zu mathematischem und naturwissenschaftlichem Denken in der Spätscholastik und bei den byzantinischen Mathematikern aufgegriffen und schöpferisch weiterentwickelt.

Vor allem war Nikolaus von Kues ein Mann der Kirche, für den alle Philosophie, alles Bemühen des Geistes in die Theologie einmündete und letzthin der Heimführung der Menschheit und der Geschichte in ihren göttlichen Ursprung zu dienen hatte. Dafür raffte er sich auch immer wieder aus der Muße der Spekulation auf, um in den aufreibenden geschichtlichen Alltag von Kirche und Reich verantwortlich einzugreifen, obwohl hier höchstens Kompromisse zu erwarten waren. Cusanus steht im „Herbst des Mittelalters“, aber auch im Frühling der Neuzeit. Er beweist die Möglichkeit, daß diese in Kontinuität zum Mittelalter und im Einvernehmen mit der Kirche hätte heraufkommen können, die Revolution also damals noch keine unbedingte historische Notwendigkeit war. Um so folgenschwerer, daß nach Pius II. die Reihe der Renaissancepäpste im üblen Sinn begann und das Papsttum sich nun für lange Zeit der so dringend geforderten Reform verschloß.

[26] Den zitierten Abschnitt von „De pace fidei“ hat der hessische Reformator Joh. Kymeus († 1552) in seiner Flugschrift „Des Babsts Hercules wider die Deutschen“ (1538, hrsg. von *O. Menzel:* Cusanusstudien VI 6, Heidelberg 1941) aufgenommen. Das 4. Kap. lautet: „Das inn sachen unser Iustification belangen, der Cardinal Cusanus dem Babst zu wider und an vielen örten unserm Evangelio gemes geschrieben hat.“

Angesichts der Gestalt des Nikolaus von Kues erscheinen die Männer, die man als „Reformatoren vor der Reformation" bezeichnet hat, etwa Johannes von Wesel, Johannes von Goch und Wessel Gansfort als klein, was die religiöse Tiefe und was den reformerischen Elan und die innere Nähe zu Luther angeht, es sei denn, man versteht das Wesen des Reformatorischen rein formal als Kritik an der Kirche. Wie schon gesagt, ist das 15. Jh. gekennzeichnet durch eine Rückbesinnung auf die Tradition. Thomas von Aquin und die via antiqua erlebten eine Renaissance. Man war der verstiegenen Spitzfindigkeiten der via moderna überdrüssig und es leid, das Erreichte immer wieder in Frage zu stellen. Besonders die 2. Hälfte dieses Jahrhunderts steht im Zeichen „romantisch-restaurativer Tendenzen"[27]. Zählte man sich weiter zur ockhamistischen Schule, dann war man bemüht, alle radikalen Thesen zu schulmäßiger Korrektheit zurechtzubiegen. Die Probleme verflachen, und Gegensätze werden ausgeglichen. Das Collectorium, die Blütenlese und die Sentenzensammlung aus vorliegenden Werken, wird der gängige literarische Typus, die paraphrasierende Wiederholung der „Alten" die übliche Methode. Hatten die deutschen Hochschulen gegenüber den radikalen Tendenzen des Basler Konzils schon ängstliche Zurückhaltung geübt, dann war man besonders mißtrauisch und ablehnend gegenüber allem, was mit den hussitischen Unruhen in Verbindung zu stehen schien. Was in den Schriften des 14. Jh., etwa bei Marsilius von Padua oder bei Wilhelm von Ockham, zu lesen war, konnte man nicht mehr unangefochten ohne weiteres wiederholen, erst recht nicht aus dem Bereich akademischer Disputation vor die Menge tragen.

Darin liegt das Verhängnis eines wenig ursprünglichen und ziemlich mittelmäßigen Geistes, der von einem Ketzergericht verurteilt und von der Nachwelt zu einem „Reformator vor der Reformation"[28] gemacht wurde: Johannes Ruch(e)rath von Oberwesel. Er hat seit 1441 in Erfurt studiert. Dort ist er 1445 Magister artium und 1456 Dr. theol. geworden. Anschließend war er Rektor der Universität. Aus der Erfurter Zeit stammen Kommentare zur Physik des Aristoteles und zu den Sentenzen des Petrus Lombardus, die einen simplen und flachen Ockhamismus bieten; „mit einer unendlichen Masse gelehrten Ballastes ist zugleich auch der Geist ausgetrieben"[29]. Aus unbekannten Gründen ging Johannes von Wesel nach Worms, wo wir ihn 1460 als Domherrn finden. Im Frühjahr 1461 trat er eine ihm angetragene theologische Professur in Basel an. Doch schon bald (1463) kehrte er als Domprediger nach Worms zurück. Neben seiner Predigttätigkeit gab er eine Reihe von populär-theologischen Schriften heraus, in denen der praktische Seelsorger auf moraltheologische und kirchenrechtliche Fragen antwortet. Es

[27] *G. Ritter,* Spätscholastik III 4.
[28] *C. Ullmann,* Reformatoren vor der Reformation I (Gotha ²1866) 202—346.
[29] *G. Ritter,* Spätscholastik III 9.

geht um die künstliche Samenentleerung aus Gesundheitsgründen, um die Pflichten eines Ehemanns, dessen Frau vor der Ehe ein Gelübde der Keuschheit gemacht hat, um die Unbefleckte Empfängnis Mariens, gegen die Astrologie, gegen die Einrichtung des Festes der Darstellung Mariens im Tempel und gegen die Ablässe. Der Verfasser übt dabei vielfach kecke und herausfordernde Kritik an kirchlichen Lehren und Einrichtungen, ohne daß ein tieferes religiöses Anliegen zu spüren ist, geschweige denn, daß ein neues reformatorisches Lebensgefühl sich ankündigt. Maßgebend für ihn sind die ockhamistischen Gesichtspunkte der Souveränität Gottes und der Freiheit des Menschen. Das läßt ihn gegen die Astrologie schreiben, läßt ihn aber vor allem die Gesetzgebung der Kirche in ihre Grenzen weisen. Er stellt scharf den Unterschied zwischen dem göttlichen und dem bloß kirchlichen Gesetz heraus. Gott schenkt die Gnade in absoluter Freiheit, kann sie auch verleihen, wenn der Mensch nicht tut, „was in ihm ist". Die Gnade setzt den Menschen in den Stand, das ewige Leben zu erwerben. In den Sakramenten handelt Gott unmittelbar, wenn der priesterliche Diener das Zeichen setzt. Den Ablaß lehnt Johannes von Wesel ab, weil die zeitlichen Sündenstrafen, wie Krankheit, Alter, Tod und die Leiden des Fegfeuers, erduldet werden müßten und nur Gott allein über die Verdienste der Heiligen verfügen könne. Ihm allein müßte die Festsetzung der zeitlichen Sündenstrafen überlassen bleiben. Die Schlüsselgewalt der Kirche beziehe sich nach Gottes Festsetzung nur auf die Sündenschuld. Aus der faktischen Einrichtung von Ablässen durch die Kirche auf deren Berechtigung zu schließen, ist nach ihm illegitim, weil die Kirche wie auch die Konzilien irren können. Nur die in der universalen Kirche enthaltene, aber empirisch nicht feststellbare Kirche Christi ist heilig und unbefleckt[30]. Christus ist nach Mt 28, 20 selbst bei seiner Kirche und leitet sie. Er bedarf keines Statthalters, und er hat im Grunde allein die Schlüsselgewalt. Der Papst ist der Ausführer seiner Befehle. Zum Aufbau der Kirche hat er eine gewisse Befugnis im Rahmen des positiven Rechtes. Er kann Feste einsetzen, Fasten anordnen und anderes, kann aber nicht unter Todsünde verpflichten. Maßgebend ist letztlich die in der Heiligen Schrift aufgezeichnete Wahrheit. Sie ist die Autorität, neben ihr haben Vernunfterkenntnis und Offenbarung durch Wunder nur noch sekundäre Bedeutung. In der Bibel ist das zum Heil Notwendige enthalten[31].

Ein Schriftbeweis für die Transsubstantiation läßt sich nach Johannes von

[30] „Ecclesiam Christi sic intelligit: Ecclesia est collectio omnium fidelium caritate copulatorum, iuxta opinionem suam motus verbis sequentibus in evangelio ‚Et portae inferi non praevalebunt adversus eam' (Mt 16, 18). Et credit eandem esse Christi ecclesiam quam nemo sciat nisi deus": *O. Clemen*, Über Leben und Schriften des Johannes von Wesel: DZGw NF 2 (1898) 143—173, bes. 170.

[31] „In quibus mysteria salutis plurima et fortassis omnia ad salutem necessaria continentur": Disputatio gegen die Ablässe, hrsg. von *Walch:* Monimenta medii aevi I 1, S. 111 bis 156, bes. 113.

Wesel nicht führen. Obwohl er wie Ockham der Konsubstantiation zuneigt, hält er wie dieser an der Wesensverwandlung als Lehre der Kirche fest. Auch in der Erbsündenlehre folgt Johannes von Wesel der ockhamistischen Schule und sieht mit Anselm ihr Wesen im Fehlen der Gerechtigkeit des Urstandes ohne weitere Verwundung der Natur, die durch die Zeugung vermittelt würde. Weil so die Erbsünde das bloße Fehlen eines dem Menschen an sich nicht Zukommenden ist, kann Johannes von Wesel die Erbsünde als ein Nichts bezeichnen[32], was nicht bedeutet, daß er sie leugnet, wie G. Ritter und andere ihm nachsagen[33]. Bis auf die Leugnung des Filioque, für das er keinen Grund in der Bibel sah, konnte man ihm im Ketzerprozeß eigentlich keine formalen Häresien[34], sondern nur verwegen vorgebrachte Schulmeinungen vorwerfen, die schon seit Jahrzehnten vorgetragen wurden. Zum Verhängnis wurde ihm, daß er, wie Wessel Gansfort es beklagt hat[35], alles auf die Kanzel vor die Leute brachte und durch Beziehungen zu Hussiten sich verdächtig machte. Er wurde 1477 als Domprediger und Kanonikus in Worms abgesetzt, kam aber zunächst noch als Dompfarrer in Mainz unter, bis er bald wieder wegen Ketzerei und wegen Beziehungen zu Hussiten angeklagt wurde. Er mußte sich Februar 1479 vor einem Inquisitionstribunal aus Professoren der Heidelberger, Kölner und Mainzer Universität und aus Mitgliedern des Mainzer Domkapitels verantworten. Den Vorsitz führte der Kölner Dominikaner und Inquisitor Gerhard von Elten mit Jakob Sprenger OP, dem späteren Mitverfasser des „Hexenhammers" (Köln 1489). Nach fast 14tägiger Verhandlung wurde er am 21. 2. 1479 nach Widerruf von 19 als häretisch bezeichneten Sätzen und nach Verbrennung seiner Bücher zu lebenslänglicher Klosterhaft bei den Mainzer Augustinern verurteilt. Dort starb er bald darauf (1481?) nach Empfang der Sakramente.

Johannes von Goch

Im Gegensatz zu der vielfach herausfordernden Kritik Johannes' von Wesel blieb Johannes Pupper von Goch im Bereich einer „Theologie stiller Erbau-

[32] „quidam ponunt aliquid reale parvulos contrahere a parentibus alii autem ponunt nihil reale esse peccatum originale, sed tantum esse privacionem iusticie originalis debite inesse. De numero eorum ego sum, qui dico: Peccatum originale nihil est": *G. Ritter,* Spätscholastik III 88.

[33] *O. Clemen* (Zu dem Ketzerprozeß Johannes' von Wesel: DZGw NF 2 [1898] 168) spricht von „Leugnung der Erbsündenlehre"; ebenfalls *G. Ritter,* Spätscholastik III 18. Ihm folgt *R. Samoray,* Johannes von Wesel (Diss. masch. Münster 1954), dem noch der schwere Fehler unterläuft, daß er durchgehend „iustitia originalis" mit „natürlicher Gerechtigkeit" übersetzt (z. B. 60 f 66 68).

[34] Dieser Meinung ist auch der Glossator des Prozeßberichtes; vgl. *G. Ritter,* Spätscholastik III 25 10; *O. Clemen:* DZGw NF 2 (1898) 167—169.

[35] Brief an Ludolf van Veen, Opera (Groningen 1614) 920 f; *G. Ritter,* Spätscholastik III 28.

lichkeit" im Geiste der „Devotio moderna"[36]. Anfang des 15. Jh. in Goch am Niederrhein geboren und von Fraterherren erzogen, studierte er als Priester vielleicht 1454 in Köln Rechtswissenschaft. Er gründete 1459 das Augustinerkanonissenkloster Thabor bei Mecheln, das er bis zu seinem Tode (28. 3. 1475) leitete. Seine Schriften wurden handschriftlich verbreitet und erschienen erst nach 1520 im Druck. Gegen jegliche institutionelle Erstarrung betont Johannes von Goch das freie Wirken des Heiligen Geistes im freien Tun des Menschen aus frommer Gesinnung. Tradition hat nur Autorität, soweit sie bibelnah ist. „Allein der kanonischen Schrift (sola scriptura) kommt Glaube ohne Zweifel und Autorität ohne Widerspruch zu. Die Schriften der alten Väter haben Autorität, soweit sie der kanonischen Wahrheit gleichförmig sind ... Die Schriften moderner Doktoren, besonders derer aus dem Mendikantenorden ... dienen mehr dem leeren Schein als der Wahrheit" (Epist. apologetica). Die Kirche bezeugt aber die Heilige Schrift, und für Johannes von Goch gilt der Satz Augustins, daß er dem Evangelium nicht glauben würde, wenn er nicht der Kirche glaubte. Allerdings gebührt der Kirche unumstößliche Autorität nur in Sachen des Glaubens und nicht bei praktischen Anweisungen. So kann Johannes von Goch Kritik am Mönchtum und den Gelübden üben. Die evangelischen Räte müssen sozusagen als Ausführungsbestimmungen zu den Geboten von allen Christen beachtet werden. Sie rufen uns auf, die guten Werke aus reiner Liebe zu tun.

Als Nominalist trennt Johannes von Goch Philosophie und Theologie; er lehnt aber den Satz von der doppelten Wahrheit ab. Die eine Wahrheit kann nur im Lichte des Glaubens erkannt werden. Seine Akzeptationslehre ist stark augustinisch bestimmt. Es steht in Gottes Belieben, ob er die Werke des Menschen mit nachsichtigem Auge ansieht und annimmt oder sie als das betrachtet, was sie faktisch sind, wie ein vom Blutfluß besudeltes Kleid (Is 64, 5). Letztlich ist Johannes von Goch Mystiker, dem es um die Vereinigung mit Gott in der Liebe geht. Der Mensch muß sich von der göttlichen Liebe erfüllen lassen und durch die Liebe zu Gott und dem Nächsten zur Verähnlichung und Einigung mit Gott gelangen. Das Einströmen der göttlichen Liebe in den menschlichen Willen führt zur fruitio dei, die kein Akt der Erkenntnis, sondern des Willens ist, nämlich die Fähigkeit zur höchsten Liebe.

Wessel Gansfort

Wie Johannes von Goch ist der bedeutendere und kühnere Wessel Gansfort (1419/89) aus der Welt der Devotio moderna hervorgegangen. In Groningen geboren, war er dort Schüler der Brüder vom gemeinsamen Leben und danach Lehrer in Zwolle (1432/49). Seine kritische Unruhe trieb ihn in die Welt. Zunächst studierte er in Köln (1449), dann in Heidelberg (1456/57); er

[36] *G. Ritter,* Romantische u. revolutionäre Elemente: DVfLG 5 (1927) 363.

weilte 1458 in Paris und ca. 1470 in Italien. Eifrig trieb er Sprachstudien und lernte Griechisch, Hebräisch, Chaldäisch und Arabisch. Doch am Frühhumanismus fand er ebensowenig Genüge wie an der Scholastik. Als Vorkämpfer des Kölner Neuthomismus hatte er begonnen, dann nacheinander alle Schulrichtungen der damaligen Universitäten durchlaufen und sie alle miteinander verachten gelernt[37]. Äußerlich rechnete er sich der ockhamistischen Schule zu, ohne einer Lehrkanzel seine Unabhängigkeit zu opfern. Kritisch äußerte er sich zur Autorität von Papst und Konzil, über die Binde- und Lösegewalt der Kirche, über Ablaß und Fegfeuer und über die Wirksamkeit der Sakramente: Allein die Heilige Schrift ist verbindlich. Die apostolischen Traditionen interpretieren den Inhalt der kanonischen Schriften. Wir glauben mit der Kirche, nicht an die Kirche[38]. Man kann nicht sagen, daß Wessel Gansfort in seinen Lehren die Grenzen des damals innerhalb der Kirche Möglichen überschritten hätte. Er beweist eben, wie groß der Spielraum im 15. Jh. war bzw. die dogmatische Unbestimmtheit ging. Nach langen Wanderjahren — Paris mußte er wahrscheinlich auf Grund des Verbotes des Nominalismus durch den König 1475 verlassen — kehrte er zu seinem Ausgangspunkt, der Welt der Devotio moderna, zurück. Er lebte einige Jahre auf dem Agnetenberg (1477/82) und erfreute sich des Schutzes des Bischofs David von Utrecht. In seinen letzten Jahren widmete er sich in Groningen dem Studium und der Betrachtung. Er, der Laie, verfaßte für die devoten Kanoniker vom Agnetenberg eine Reihe von Schriften als Anleitung zu Gebet und Betrachtung, z. B. „De Oratione" mit einer Erklärung des Vaterunsers, „Scala Meditationis", „Exempla scalae Meditationis", „De magnitudine Dominicae Passionis" und „De Sacramento Eucharistiae". Es geht ihm um die Begegnung mit Christus, vor allem mit dem Gekreuzigten, im von Gott geschenkten Glauben. „Es hat Gott gefallen, denen, die glauben, die Gerechtigkeit zu schenken, ihnen eine größere Rechtheit und Unversehrtheit zu verleihen, als es die Gerechtigkeit der Engel ist."[39] Auch in der Eucharistie will Christus im Glauben empfangen sein. Deshalb kann eine bloß geistliche Kommunion in Glaube und Liebe mehr Frucht bringen als ein sakramentaler Empfang der Eucharistie, bei dem es an der Disposition, am rechten geistlichen Hunger und Durst fehlt. Durch seine Anleitung zur Betrachtung ist Wessel Gansfort einer der Lehrer der Devotio moderna geworden; vor allem hat er auf Jan Mombaer († 1501) und sein „Rosetum" eingewirkt. Luther fühlte sich mit ihm geistesverwandt. Er gab 1522 den „Farrago rerum theologicarum", eine Sammlung von kleinen Schriften, heraus und bemerkte in der Vorrede, Böswillige könnten meinen, er, Luther, habe alles aus Wessel Gansfort entnommen, „so sehr stimme beider Sinn überein" (WA 10 II 317). Wir haben Wessel Gansfort aber zu sehen in der Linie von der Devotio moderna zur Kirchenkritik und zum spiritualistischen Bibelchristentum des Erasmus.

[37] Ebd. 372. [38] Opera (Groningen 1614) 888.
[39] De magnitudine passionis cap. 45, Opera 551.

Gabriel Biel

Den unmittelbaren Anschluß spätmittelalterlicher Theologie und Frömmigkeit an die Neuzeit stellt Gabriel Biel († 1495) dar, der als der „letzte der Scholastiker" des Mittelalters gilt und zugleich großen Einfluß auf Luther wie auf dessen altkirchliche Gegner ausgeübt hat. Zur selben Zeit wie der Reformator in Erfurt las sein Gegner Johannes Eck in Freiburg (1509/10) im Anschluß an Biel über die Sentenzen des Petrus Lombardus. Gabriel Biel ist ca. 1410 in Speyer geboren und wurde als Frühmesner von St. Peter dort 1432 in Heidelberg immatrikuliert, wo er 1438 Magister artium wurde. Wir finden ihn 1442/43 und wieder 1452 an der theologischen Fakultät Erfurt und 1453 in Köln. Wo er zum Lizentiaten der Theologie promoviert wurde, läßt sich nicht feststellen. Jedenfalls hat er nicht nur in Erfurt Ockham kennengelernt, sondern ist in Köln auch mit Thomas von Aquin und Albert bekannt geworden. Anfang der sechziger Jahre war er Vikar und Domprediger in Mainz. In der Bistumsfehde zwischen Dieter von Isenburg und Adolf von Nassau stand er auf der Seite des letzteren und damit auf der des Papstes. Seinen Standpunkt begründete er im „Defensorium oboedientiae apostolicae ad Pium Papam II" (1462). Gegen 1468 trat er bei den Brüdern vom gemeinsamen Leben in Marienthal im Rheingau ein und wurde bald Propst des Fraterhauses St. Markus in Butzbach. Seit 1476 wirkte er mit an der kirchlichen Reform Württembergs unter der Initiative des Grafen Eberhard im Barte. Er wurde 1479 Propst des von diesem gegründeten Stiftes Urach. Am 22. November 1484 übernahm er eine Professur an der 1477 gegründeten Universität Tübingen, wo er der via moderna zum Durchbruch verhalf. Nach seiner Emeritierung (1491) leitete er das neue Brüderhaus St. Peter in Einsiedel im Schönbuch bei Tübingen, wo er am 7. 12. 1495 starb.

Gabriel Biel ist nicht sonderlich eigenständig. Er vermittelte seiner Zeit die nominalistische Schultheologie in einer aus pastoraler Sicht ergänzten und abgemilderten Form. Seine Werke sind Kompilationen, die wegen ihrer praktischen Brauchbarkeit große Verbreitung fanden. Die Abhängigkeit von der jeweiligen Vorlage zeigt sich z. B. darin, daß er im Sentenzenkommentar bei der Eucharistielehre die Messe als Opfer überhaupt nicht behandelt, ihr aber in der Expositio einen weiten Raum bietet.

Der Sentenzenkommentar ist eine Zusammenfassung und Ergänzung der „Quaestiones in IV libros Sententiarum" Ockhams und ist deshalb auch Epitome oder Collectorium genannt. Er „wurde das klassische Werk des theologischen Nominalismus" (F. Stegmüller). Das erste Buch vollendete Biel vor dem 1. 5. 1486 und das dritte am 13. 8. 1488, während ihn das vierte wohl bis zu seinem Tod beschäftigt hat.

Der Schwerpunkt von Biels Werk liegt aber auf dem religiös-pastoralen Gebiet, seinen Predigten und der Erklärung des Meßkanons. Seine umfangreichen Predigten beweisen eine hohe Meinung von der Würde und Bedeutung des Wortes Gottes. Wer der Predigt nicht die rechte Aufmerksamkeit widmet, macht sich nicht weniger schuldig, als wer aus Nachlässigkeit den Leib Christi zu Boden fallen läßt. Ja, die Predigt ist wichtiger als das Altarssakrament; denn sie führt zum Glauben und zur Buße, ist also heilsnotwendig, während dieses nur die Gnade vermehrt[40]. Die „Canonis missae Expositio" ist eine am 4. 11. 1488 abgeschlossene Vorlesung, die sich eng an die Vorträge hält, die sein Freund der Magister Egeling Becker aus Braunschweig Ende der fünfziger Jahre in Mainz gehalten hatte. Biel will nur weniges ausgelassen, dafür „einiges hinzugefügt oder geändert" haben. Ein Vergleich beider Texte zeigt, „daß mehr als drei Viertel der Expositio dem Magister Egeling angehören"[41]. Dieses Werk, bei dessen Lektüre Luther das Herz vor Ergriffenheit geblutet hatte[42], steht zwischen Schultheologie — für die in den „scholastischen Subtilitäten" Ungeübten hat Biel die gekürzte Fassung, die Epitome, herausgebracht — und Pastoral.

In seiner Theologie hält Biel sich eng an Ockham, trägt sie aber nicht so herausfordernd vor und hat die Sorge, daß ihre philosophische Durchdringung den Glauben aushöhlt. Durchweg hat er mehr den faktischen Heilsweg im Auge. De potentia dei absoluta kann Gott jemand ohne die caritas creata zur Seligkeit annehmen, braucht aber umgekehrt jemandem. der die caritas besitzt, nicht das ewige Leben zu verleihen. Er ist ganz und gar frei und nicht an irgendeine Form oder vorliegende Gabe gebunden. Damit will Biel wie Ockham jeden Pelagianismus ausschalten[43]. Der göttliche Wille hat keine Regel über sich, nach der er sich richten müßte. Etwas ist recht und gerecht, weil Gott es will[44]. Er kann etwas an sich Ungerechtes tun. Wenn er es täte, dann wäre es aber gerecht, daß es geschieht[45]. Mit Recht kann man hier von einem „Willkürgott" sprechen. Tatsächlich hat Gott sich aber gebunden. Weil Biel nun den faktischen Heilsweg ausführlicher behandelt und die Frage der Vorbereitung auf die Gnade erörtert unter Verwendung des Satzes: „Wer sein Bestes tut, dem verweigert Gott die Gnade nicht", erliegt er der Gefahr des Semipelagianismus. Denn nun liegt die In-

[40] Sermones domenicales (Hagenau 1510) 59 D; vgl. *H. A. Obermann,* The Harvest of Medieval Theology (Cambridge/Mass. 1963) 23.

[41] *A. Franz,* Messe im MA (Freiburg 1902) 553. Daß diese Abhängigkeit in der Edition von *H. A. Oberman* u. *W. J. Courtenay* nicht ersichtlich wird, ist ein peinlicher Mangel.

[42] „Gabriel scribens librum super canonem missae, qui liber meo iudicio tum optimus fuerat; wenn ich darinnen las, da blutte mein hertz. Bibliae autoritas nulla fuit erga Gabrielem" (WATr III Nr. 3722).

[43] „Et hoc dictum maxime recedit ab errore Pelagii ..." (1 Sent. d. 17 q. 1 a. 2 F); *L. Grane,* Contra Gabrielem (Kopenhagen 1962) 149—153.

[44] „Non enim habet aliam regulam, cui tenatur se conformare, sed ipsa divina voluntas est regula omnium contingentium. Nec enim quia aliquid rectum est aut iustum, ideo deus vult, sed quia deus vult, ideo iustum et rectum" (1 Sent. d. 17 q. 1 a. 3 L).

[45] „Deus potest aliquid facere, quod non est iustum fieri a deo; si tamen faceret, iustum esse fieri" (1 Sent. d. 41 a. 1 E); vgl. *W. Dettloff,* Die Entwicklung der Akzeptations- und Verdienstlehre von Duns Scotus bis Luther (Münster 1963) 357 f.

itiative beim Menschen. Das „Facere quod est in se" wird nämlich als natürliches Handeln verstanden unter Ausschluß der aktuellen Gnade. Der Mensch ist von sich aus in der Lage, seine erste Pflicht zu tun, und Gott ist verpflichtet, weil er sich dahin gebunden hat, jedem seine Gnade zu schenken, der sein Bestes tut[46]. So ist die Gnade „nicht die Wurzel, sondern die Frucht der vorbereitenden guten Werke"[47], sie ist die Antwort Gottes auf das freie Tun des Menschen. Gabriel Biel sieht sich hier im Gegensatz zu Gregor von Rimini, der dem freien Willen des Menschen zu wenig zutraue (II Sent. d. 28 q. 1 A). Der Mensch tut sein Bestes, wenn er Gott über alles liebt. Diese Liebe liegt, wie schon Ockham gelehrt hat, in der Möglichkeit der natürlichen Kräfte des Menschen. Um so mehr muß der Mensch sich um sie bemühen bzw. muß in Sorge sein, ob er sie besitzt. Die Heilsangst ist demnach in einem solchen, pelagianisch akzentuierten System nicht kleiner, sondern größer. „Die Dialektik zwischen Furcht und Liebe ist (auch) das Generalthema von Biels Predigten."[48] Gegen Gabriel Biel vor allem wendet sich Luther in seiner „Disputation gegen die scholastische Theologie" vom 4. 9. 1517. Darin sucht er die „moderne Theologie" als pelagianisch zu entlarven. „Alle die Antithesen, die das theologische Thema der Disputation direkt behandeln, sind entweder direkt aus Biels Collectorium geholt worden oder jedenfalls dort zu finden."[49]

In seiner Erklärung des Meßkanons betont Biel, daß die Messe keine Wiederholung des einmal unmittelbar von Christus am Kreuze dargebrachten Opfers ist, sondern sein darstellendes Gedächtnis und seine Vergegenwärtigung[50]. Die verwandten Begriffe memoria, recordatio und repraesentatio

[46] Canonis missae Expositio, Lect. 59 P: „Ex quo hoc elicitur, quod iste facit quod est in se, qui illuminatus lumine rationis naturalis aut (!) fidei vel utroque cognoscit peccati turpitudinem et proponens ab ipso resurgere desiderat divinum adiutorium quo possit a peccato mundari et deo suo creatori adhaerere. Haec facienti deus gratiam suam tribuit necessario, necessitate non coactionis sed immutabilitatis." Vgl. *H. A. Oberman,* The Harvest of Medieval Theology 132ff. Über Ockham: *E. Iserloh,* Gnade und Eucharistie (Wiesbaden 1956) 126—133.

[47] *H. A. Oberman* a. a. O. 141 176; *L. Grane,* Contra Gabrielem 214—222; II Sent. q. 1 a. 2 concl. 1: Item voluntas ex suis naturalibus potest se disponere ad gratiae dispositionem"; Sermones dominicales (Hagenau 1510) 99 F: „peccator disponens se recipit gratiam."

[48] *H. A. Oberman* a. a. O. 133. Er kommt zu dem Ergebnis, das höchstens abzuschwächen, aber kaum zu widerlegen ist: „Es ist daher evident, daß Biels Rechtfertigungslehre wesentlich pelagianisch ist" (S. 177).

[49] *L. Grane,* Contra Gabrielem 46.

[50] „In cruce enim Christus se immediate obtulit, factus verum sacrificium ... In officio autem missae idem sacrificium est et oblatio, non per iteratam mortem sed per mortis semel passae rememorativam repraesentationem" (Lect. 27 K). „Unde nostra oblatio non est reiteratio suae oblationis sed repraesentatio" (Lect. 53 U). „... illius sacrificii veri et immolationis sanctae factae in cruce repraesentativa est et memoriale ... imago quaedam est passionis Christi repraesentativa, quae est vera eius immolatio, ideo et ipsa immolatio nominatur" (Lect. 85 F).

werden inhaltlich nicht geklärt. Es geht dabei nicht um die Identität mit dem Kreuzesopfer, sondern um den Unterschied in der Weise der Darbringung. Die Messe ist Sinnbild des Kreuzesopfers; sie ist Gedächtnis im Sinne von psychologischer Vergegenwärtigung der historischen Vergangenheit. Das Wirklichkeitsmoment und die Einheit des Opfers beruhen in der Opfergabe, die in der Messe von der Kirche dargebracht wird. Weil die Messe „nur" Sinnbild ist, steht sie auch an Wert weit hinter dem Kreuzesopfer zurück[51]. Das Ephhapax des Hebräerbriefes (7, 27; 9, 11; 10, 10) versteht Biel auf das blutige Opfer am Kreuze und nicht auch auf das tägliche Opfer unter der Gestalt von Brot und Wein hin[52]. So bleibt ungeklärt, wieso die Kirche ein Opfer haben kann, ohne die Einheit des neutestamentlichen Opfers zu gefährden. Eine Frage, die wenige Jahrzehnte später entscheidend zwischen Luther und der Kirche stehen sollte.

60. Kapitel

Die Juden in der Christenheit des Mittelalters

LITERATUR: *J. Aronius,* Regesten zur Gesch. der Juden in Dtl. bis zum Jahre 1273 (Berlin 1902); *I. Elbogen - A. Freimann - H. Tykocinski,* Germania Judaica. Von den ältesten Zeiten bis 1238 (Breslau 1934; Neudruck Tübingen 1963); *H. Graetz,* Gesch. der Juden von den ältesten Zeiten bis auf die Gegenwart, 11 in 13 Bden. 4. Aufl. (Leipzig o. J.; 1894—1908); *S. Dubnow,* Weltgesch. des jüdischen Volkes, 10 Bde (Berlin 1928/30); *I. Elbogen,* Gesch. der Juden in Dtl. (Berlin 1935); *H. Fischer,* Die verfassungsrechtliche Stellung der Juden in den dt. Städten des 13. Jh. (Breslau 1931); *E. L. Dietrich,* Das Judentum im Zeitalter der Kreuzzüge: Saeculum 3 (1952) 94—131; *G. Kisch,* Forschungen zur Rechts- und Sozialgesch. der Juden in Dtl. während des MA (Zürich 1955); *ders.,* Die Universitäten u. die Juden (Tübingen 1961); *E. L. Ehrlich,* Gesch. der Juden in Dtl. (Düsseldorf ²1958); *E. Meyer,* Juden und Judenfeinde in der christl. Welt (Köln 1962); *P. Wilpert* (Hrsg.), Judentum im MA. Beiträge zum Christlich-Jüdischen Gespräch (Berlin 1966).

Kirche und Juden: *M. Stern,* Urkundliche Beiträge über die Stellung der Päpste zu den Juden, 2 Bde (Kiel 1893/95); *ders.,* Die päpstlichen Bullen über Blutbeschuldigung (München 1900); *L. Erler,* Die Juden des MA: Die Päpste und die Juden: AkathKR 48 (1882) 369—416; 50 (1883) 3—64; 53 (1885) 3—70; *H. Loewe,* Die Juden in der kath. Legende (Berlin 1912); *P. Browe,* Die Hostienschändung der Juden im MA: RQ 34 (1926) 167—197; *ders.,* Die religiöse Duldung der Juden im MA: AkathKR 118 (1938) 3—76; *ders.,* Die Judenbekämpfung im MA: ZKTh 62 (1938) 197—231; 349—384; *ders.,* Die Judenmission im MA und die Päpste (Rom 1942); *S. Grayzel,* The Church and the Jews in the XIIIth Century (Philadelphia 1933); *H. Pflaum,* Die religiöse Disputation in der europ. Dichtung des MA I: Der allegorische Streit zwischen Synagoge und Kirche (Genf - Florenz 1935); *G. La Piana,* The Church and the Jews: Historia Judaica 11 (1949) 117—144;

[51] „Quis autem dubitat esse maioris efficaciae mortem semel in sanguinis effusione ... quam tantum mortis semel passae memoriam" (Lect. 27 K).

[52] „Quamvis autem semel oblatus est Christus in aperta carnis effigie, offertur nihilominus quottidie in altari velatus in panis vinique specie" (Lect. 85 F).

E. Peterson, Perfidia Judaica: ELit 50 (1936) 296–311; dazu: *J. Oesterreicher:* Cahiers Sioniens I (1947) 85–101; *H. Schmeck*, VigChr 5 (1951) 129–147; *B. Blumenkranz:* ALMA 22 (1952) 157–170; *E. Iserloh*, Werner von Oberwesel: TThZ 72 (1963) 270–285; *W. P. Eckert*, Das Verhältnis von Christen u. Juden im MA u. Humanismus: Monumenta Judaica. Hdb., hrsg. von *K. Schilling* (Köln 1963) 131—198; *K. Schilling* u. *E. L. Ehrlich*, Judenhaß — Schuld der Christen (Essen 1964); *W. Seiferth*, Synagoge u. Kirche im MA (München 1964); *K.-H. Rengstorf* - *S. v. Kortzfleisch* (Hrsg.), Kirche u. Synagoge. Handbuch z. Gesch. v. Christen u. Juden I (Stuttgart 1968).

Theologie und Philosophie: Bibliographie: *G. Vajda*, Jüdische Philosophie (Bern 1950); Texte: Jüdischer Glaube, hrsg. von *K. Wilhelm* (Bremen 1961); *A. Franck*, Die Kabbala oder die Religionsphilosophie der Hebräer (Leipzig 1844); *D. Neumark*, Gesch. der jüd. Philosophie des MA, 2 Bde (Berlin 1907/20); *J. Guttmann*, Philosophie des Judentums (München 1933); *L. G. Lévy*, Maimonide (Paris 1911; ²1932); Moses ben Maimon, hrsg. von *W. Bacher* u. a., 2 Bde (Leipzig 1908/14); *G. Vajda*, Introduction à la pensée juive du Moyen-Age (Paris 1947); *H. Köhler*, Wirkung des Judentums auf das abendländische Geistesleben (Berlin 1952); *A. Altmann*, Jewish Philosophy (New York 1953); *K. Schubert*, Die Religion des nachbiblischen Judentums (Wien 1955); *ders.*, Kabbala: LThK² V 1233/36; *G. Scholem*, Die jüdische Mystik in ihren Hauptströmungen (Frankfurt 1957); *ders.*, Ursprung und Anfänge der Kabbala (Berlin 1962).

Die abendländische Christenheit war bis zum Beginn der Neuzeit trotz völkisch-politischer Vielfalt geeint in dem einen Glauben an Christus in der einen Kirche. Das Heidentum, besonders der Islam, wurde ebenso als außenpolitische Bedrohung wie als religiöse Gefahr erlebt. Für das alltägliche Bewußtsein war die Welt als religiös bestimmte und geformte Wirklichkeit identisch mit dem Christentum.

Eine Ausnahme waren die Juden; sie bildeten eine religiöse und völkische Sondergruppe. Als solche waren sie allen Vorurteilen und Ressentiments ausgesetzt. Unverständliche und nicht jedem zugängliche Riten steigerten das Mißtrauen und die Scheu. An sich stand das Judentum den Christen viel näher als die Heiden. Nach den Mosaiken der Apsiden der christlichen Basiliken verstand sich die christliche Gemeinde bis ins Frühmittelalter hinein als Kirche aus Juden (Jerusalem) und Heiden (Bethlehem). In den Kreuzigungsdarstellungen der Buchmalerei und an den Portalen oder in den Vorhallen der gotischen Dome kündete die Synagoge in der Hoheit ihrer Gestalt die Würde des auserwählten Volkes, während die Binde vor den Augen und die gebrochene Lanze andeuteten, daß dieses Volk seine Berufung verfehlt und in seiner Verstockung das Blut des Messias über sich und seine Kinder herabgerufen hat (Mt 27, 25). Je weniger im Verlaufe des Mittelalters dieses Wissen getragen war von der paulinischen Botschaft, daß Gott seine Verheißung an Israel nicht zurückgezogen hat, vielmehr am Ende dieses Volk, dessen „Verwerfung die Versöhnung der Welt gebracht hat" (Röm 10, 15), als ganzes gerettet wird, und je weniger man mit Gregor I. beherzigte, daß Jesu Tod von der ganzen Menschheit verschuldet war, wurde der Vorwurf des Gottesmordes Wurzel eines religiös bestimmten Antisemitismus.

Die Theologie der Kirchenväter bildete den Begriff der Knechtschaft der

Juden (servitus judaeorum). Nach Augustinus[1], der hier Tertullian und Justin folgt, soll der Ältere (Esau) dem Jüngeren (Jakob) dienen (Gn 25, 23), ist das Volk der Juden, das sein Kindesrecht verwirkt hat, zum Knecht des jüngeren Volkes der Christen geworden[2]. Diese Auffassung wurde von den Theologen des Mittelalters, von Rupert von Deutz († 1129), Petrus Venerabilis († 1156), Bernhard von Clairvaux († 1153), Thomas von Aquin († 1274) u. a., übernommen. Als Zeugen der Prophezeiungen sind die Juden unter die Völker zerstreut und werden bis zum Ende aufbewahrt. Sie sind „Bücherverwalter der Christen"[3], tragen als Sklaven ihnen die Heilige Schrift nach, ohne sie selbst zu verstehen. So können die Heiden nicht behaupten, die Christen hätten die Weissagungen erfunden. Diese Theologen rechnen nur mit Einzelkonversionen, das Volk als ganzes wird sich nicht bekehren und in seiner Blindheit und Knechtschaft als Zeuge von Christi Tod bis zum Ende der Welt erhalten bleiben. Schon deshalb darf sich niemand an ihm vergreifen. Diese „Knechtschaft der Juden" galt zunächst nur im geistlichen und nicht im rechtlichen Sinn. Die im römischen Recht zuletzt unter Kaiser Justinian († 565) festgelegten Bestimmungen über die Juden wurden ins Mittelalter übernommen und förmlich nicht aufgehoben. Danach wurde ihnen grundsätzlich religiöse Toleranz gewährt, sie aber mancherlei Einschränkungen unterworfen. Übertritt zur jüdischen Religion war verboten. Die Juden waren frei und konnten Grund und Boden besitzen, von öffentlichen Ämtern und vom Militärdienst waren sie jedoch ausgeschlossen und durften keine christlichen Sklaven oder Dienstboten halten. Im Mittelalter konnten sie zunächst unbeschränkt Handel und Gewerbe treiben und brauchten auch nicht in geschlossenen Bezirken (Getto) zu wohnen. Wohl brachte es schon die gemeinsame Religionsübung in einer fremden Umwelt mit sich, daß sich die Juden von sich aus in eigenen Wohnvierteln zusammenfanden. Zu einem mauerumgrenzten und durch Tore verschlossenen Getto wurde das Judenviertel aber erst im Spätmittelalter. Im Frühmittelalter lebten Christen und Juden verhältnismäßig friedlich miteinander; die antijüdischen Schriften des Agobard von Lyon († 840) und des Claudius von Turin († ca. 827) bilden eher eine Ausnahme und sind durch örtliche Reibungen veranlaßt. Bischöfe und Könige stellten Schutzbriefe für die Juden aus, die dafür Gebühren entrichteten. So wurde den Juden von Speyer 1084 von Bischof Rüdiger und den Juden von Worms und Speyer 1090 von Kaiser Heinrich IV. Privilegien erteilt.

Kurz darauf kam es im Zusammenhang mit den Kreuzzügen zu schweren Judenverfolgungen. Schon als man 1063 den Christen Spaniens in ihrem

[1] Epistolae III 196, PL 33, 897, CSEL 57, 226f; Sermones de script. 5, PL 38, 56; De civit. XVI c. 35, CSEL 40 II, 187, PL 41, 513.

[2] *G. Kisch*, Forschungen 64f.

[3] Augustinus, Enarrationes in Ps. 56, 9, PL 36, 666, CSEL 39, 699f; *P. Browe*, Die Ju-

Kampf gegen die Araber zu Hilfe eilte, vergriff man sich unterwegs an den Juden. Papst Alexander II. tadelte damals die blinde Leidenschaft, die gegen diejenigen wüte, die die göttliche Güte vielleicht für das Heil bestimmt habe[4]. Schon dieser Papst unterstellte als Motiv für die Judenverfolgung Habsucht. Zu furchtbaren Ausschreitungen kam es, als die Kreuzfahrer von Nordfrankreich aus den Rhein hinab nach Südosten zogen. Man sah in den Juden „Feinde Christi", die man im eigenen Lande beseitigen müsse, ehe man das Heilige Land befreien könne. Der Chronist Ekkehard von Aura, der 1101 selbst am Kreuzzug teilnahm, berichtet: „Die Überreste der ruchlosen Juden, dieser inneren Feinde der Kirche, haben sie in allen Städten, durch die sie kamen, entweder ganz ausgetilgt oder zur Taufe gezwungen. Von diesen sind aber sehr viele zu ihrem alten Glauben zurückgekehrt wie der Hund zu dem, was er ausgebrochen." [5] Diese Ausschreitungen steigerten sich in den folgenden Kreuzzügen noch. Dem Zisterziensermönch Radulf, der die religiös Begeisterten und wirtschaftlich Unzufriedenen zum Mord an den „Feinden der christlichen Religion" aufrief, trat in Mainz der hl. Bernhard von Clairvaux entgegen. Nach ihm darf man die Juden weder verfolgen noch vertreiben; denn sie sind lebendige Zeugen unserer Erlösung, die uns des Herrn Leiden vor Augen stellen.

Bischöfe und Kaiser nahmen sich des Judenschutzes an und stellten ihnen zur Zeit der Verfolgung ihre Burgen und festen Plätze zur Verfügung. Mit Strafen gingen sie gegen die Ausschreitungen vor. Der Mainzer Landfrieden von 1103 stellte jede Verletzung von Leben und Vermögen der Juden unter öffentliche Strafandrohung (Todesstrafe)[6]. Anläßlich der Pogrome im Zusammenhang mit dem dritten Kreuzzug gab Friedrich I. einen Erlaß heraus, nach dem die Hand, die einen Juden verletzte, abgeschlagen und Judenmord mit dem Tode geahndet werden sollte[7]. Von diesem Kaiser werden die Juden als zur kaiserlichen Kasse (ad fiscum imperatoris) gehörend bezeichnet. Im 13. Jh. verschlechterte sich die Rechtslage der Juden. Die ursprünglich geistlich verstandene Knechtschaft wird zur rechtlichen und die Juden als „kaiserliche Kammerknechte" unter ein Sonderrecht gestellt[8]. In dem Privileg Kaiser Friedrichs II. für die Stadt Wien von 1237 heißt es: „Getreu den Pflichten eines katholischen Fürsten schließen wir die Juden von öffentlichen Ämtern aus, damit sie nicht die Amtsgewalt zur Bedrückung der Christen mißbrauchen: denn die kaiserliche Machtfülle hat von alters her zur Bestra-

dengesetzgebung Justinians: Miscellanea iuridica Iustiniani et Gregorii IX, hrsg. von der Pontificia Universitas Gregoriana (Rom 1935) 109—146, bes. 140 f.

[4] Epistola ad omnes episcopos Hispaniae: „Illi quippe stulta ignorantia, vel forte caeca cupiditate commoti, in eorum necem volebant saevire, quos fortasse divina pietas ad salutem praedestinavit" (PL 146, 1386 f).

[5] MGSS VI 208, PL 154, 959. [6] *G. Kisch*, Forschungen 57.

[7] *I. Elbogen* u. a., Germania Judaica I 182.

[8] *G. Kisch*, Forschungen 59 ff.

fung des jüdischen Verbrechens den Juden immerwährende Knechtschaft auferlegt."[9] Als Kammerknechte waren die Juden und ihr Eigentum Besitz des Kaisers, ihm abgabepflichtig und gleichzeitig unter seinen Schutz gestellt. Ludwig der Bayer forderte 1342 einen Gulden Zins, den „guldin pfenning", von jedem Juden ab 12 Jahren und belegte sie so mit einer regelmäßigen Kopfsteuer, „wofür er die Juden um so besser beschirmen wollte"[10]. Der Judenschutz wurde so zur Einnahmequelle, die mit dem Rückgang der Zentralgewalt auch von Bischöfen und Fürsten in Anspruch genommen oder ihnen regelrecht verkauft oder verpfändet wurde. Das Judenregal wurde im 14. Jh. immer mehr zum Handelsobjekt.

Der Weg der Juden in die Unfreiheit seit dem 13. Jh. ist begleitet von furchtbaren Pogromen, für die die Beschuldigung des Ritualmordes und der Hostienschändung den Vorwand lieferte. Danach sollen die Juden ihren Christenhaß an der Hostie und an unschuldigen Gliedern des Leibes Christi ausgelassen haben. Der erste namentlich genannte Fall eines angeblichen Ritualmordes ist William von Norwich († 1147), ein 12jähriger Gerberlehrling, den die Juden in eine Falle gelockt haben sollen, um dann an ihm die Kreuzigung Christi mit Dornenkrönung und Öffnung der Seite zu wiederholen. Weitere bekannte Fälle sind die Ermordung eines Knaben zu Blois 1171, des Richard von Paris 1179, der fünf Kinder in Fulda 1235, des Hugo von Lincoln 1255, des Werner von Oberwesel 1287, des Rudolf von Bern 1294, des Andreas von Rinn 1462 und des Simon von Trient 1475. Bei Werner von Oberwesel haben sich im Laufe der Ausbildung der Legende die beiden Motive der Blutbeschuldigung und der Hostienschändung verbunden: die Juden hätten in den Besitz der von dem Knaben empfangenen Hostie gelangen wollen, und als das mißlang, hätten sie ihre Wut statt am wahren am mystischen Leib Christi ausgelassen und den Knaben zu Tode gemartert[11].

Neben religiösem Fanatismus und nackter Habgier, die einen Vorwand für den Raub des Judengutes oder für die Annullierung von Schulden brauchte, hat Aberglaube zu dieser Blutbeschuldigung geführt. Seit Innozenz IV. (1243/54) haben die Päpste wiederholt dagegen Stellung genommen. Doch ihre Stimme wie die von Kaisern und Bischöfen vermochten nicht zu verhindern, daß man, „wenn irgendwo ein Leichnam gefunden wurde, den Mord böswillig den Juden zur Last legte" und man „durch solche und andere zahlreiche Greuelmärchen gegen sie wütete, sie ohne Anklage, Geständnis und Überführung . . . wider Gott und Gerechtigkeit all ihrer Habe beraubte, sie mit Hunger, Gefängnis und vielen Martern und Qualen bedrückte . . . und möglichst viele zum schimpflichen Tode verurteilte"[12]. In der oft erneuerten

[9] *J. Aronius* a. a. O. Nr. 509; *G. Kisch*, Forschungen 67.

[10] *M. Wiener*, Regesten zur Gesch. der Juden in Dtl. während des MA (Hannover 1862) Nr. 137, S. 44; *G. Kisch*, Forschungen 89.

[11] *E. Iserloh*, Werner von Oberwesel 274 f.

[12] Papst Innozenz IV. am 5. 7. 1247: MGEp saec. XIII, Bd II, 298; *M. Stern*, Die päpst-

Judenbulle „Sicut Judaeis" sicherten die Päpste den Juden Glaubensfreiheit zu, verboten die Zwangstaufe und forderten unter Androhung des Kirchenbannes die unbedingte Schonung von Eigentum und Leben[13]. So haben die Juden am Ende des Mittelalters in Italien relativ am sichersten gewohnt. Doch die Kirche hat die Juden höchstens geduldet, sie im übrigen möglichst eingeschränkt. Nur eine Synagoge durfte an jedem Orte sein, und diese sollte noch möglichst bescheiden aussehen[14]. Kirchliche Erlasse, die die Gefährdung der Christen durch jüdische Lehren und die Gemeinschaft, besonders Mischehen, zwischen Juden und Christen verhindern sollten, haben viel zum Judenhaß beigetragen. Das vierte Laterankonzil (1215) verfügte, „daß Juden und Sarazenen beiderlei Geschlechtes in jedem christlichen Lande und zu jeder Zeit durch ihre Kleidung öffentlich sich von den anderen Leuten unterscheiden sollen, zumal ihnen das schon Nm 15, 37—41 auferlegt ist"[15]. In Deutschland fanden diese Kleidervorschriften jedoch vor dem 15. Jh. keine Anwendung. Kardinal Nikolaus von Kues ließ sie auf seiner Legationsreise 1451/52 durch die Provinzialsynoden in Salzburg, Bamberg, Magdeburg, Mainz und Köln als kanonische Bestimmung und als Rechtsgewohnheit in Rom verordnen und gleichzeitig den Juden alle Zinsgeschäfte mit Christen verbieten[16].

Auf Vorstellungen des Kaisers und des Erzbischofs von Salzburg hin wurde letztere Bestimmung vom Papst wieder aufgehoben, weil sie viel zu sehr deren eigenen Interessen zuwider war. Denn die Geldgeschäfte, auf die die Juden verwiesen waren, nachdem sie vom Warengroßhandel und im Spätmittelalter auch vom Grundbesitzerwerb ausgeschlossen waren, wurden vom Kaiser und den Fürsten, die Bischöfe eingeschlossen, intensiv für die Staatskasse nutzbar gemacht. Diese setzten oftmals selbst die übersteigerten Zinsen fest, die den Juden zum Wucherer abstempelten. Der Bischof von Minden z. B. bestimmte 1270 als Höchstzins für die Woche 4 Pfennig von der Mark, das sind 2,7 % bzw. 140 % im Jahr.

Im 15. Jh. kam es zur fast völligen Ausrottung der Juden im Rheinland und vielen Städten Süddeutschlands. Schon Mitte des 14. Jh. hatten sich in ganz Deutschland furchtbare Pogrome abgespielt. Anlaß dafür war u. a. die Pest von 1348/49, die man auf Brunnenvergiftung durch die Juden zurückführte. Geißler schürten dazu auf ihren Fahrten einen zur Massenhysterie

lichen Bullen über die Blutbeschuldigungen (München 1900) 10—13; S. *Grayzel,* The Church and the Jews 268—271.

13 Decret. Greg. IX l. 5 t. 6 c. 9, *Friedberg* II 774.

14 *P. Browe,* Die religiöse Duldung der Juden 34 ff; Decret. Greg. IX, l. 5 t. 6 c. 7, *Friedberg* II 773.

15 Decret. Greg. IX l. 5 t. 6 c. 15, *Friedberg* II 776 f.

16 *J. Koch,* Nikolaus von Kues und seine Umwelt: SAH 1944/48, 2 (Heidelberg 1948) 112; *J. Uebinger,* Kardinal N. Cusanus in Dtl.: HJ 8 (1887) 638 f.

aufgepeitschten blinden religiösen Haß, dem gegenüber die Ermahnungen Karls IV. (1346/78) und Papst Clemens' VI. (1342/52) nichts ausrichteten. Der eigentliche Grund waren Neid und Besitzgier, die treibenden Kräfte vielfach die Zünfte. In Basel wurde der Stadtrat gezwungen, die Juden zu verbrennen. Ebenso wurde in Straßburg die Mehrzahl der an die 2000 Juden auf ihrem Friedhof dem Feuertod übergeben. Diesem Beispiel folgten Speyer, Worms, Köln und viele andere Orte. In Mainz, der größten Judengemeinde Deutschlands, übergaben sich die Juden nach vergeblicher Verteidigung selbst den Flammen. Obwohl man in vielen Städten ihnen wieder erlaubte, sich niederzulassen, ja um des finanziellen Vorteils willen sich darum bemühte, haben die jüdischen Gemeinden nach der Pestzeit sich nicht mehr erholt. Den finanziellen Forderungen vielfach dreier Stellen: des Königs, des Landesherrn und der Städte, konnten sie nicht gerecht werden. Streit um den Judenschutz zwischen Bischof und Stadtrat führte zu erneuten Judenvertreibungen am Ende des 14. und zu Beginn des 15. Jh.: 1386 aus Straßburg, 1390 aus der Pfalz, 1401 und 1424 aus Freiburg, 1405 und 1435 aus Speyer, 1418 aus Trier, 1420 und öfter aus Mainz, 1423 aus Köln. Kaiser Friedrich III. (1440/93), der schon aus Interesse an den Judensteuern sich seine Kammerknechte erhalten wollte und sie deshalb gegen Fürsten und Städte in Schutz nahm, konnte ihre Ausrottung nicht verhindern. Viele der aus West- und Süddeutschland vertriebenen Juden siedelten sich in den ostelbischen Ländern und in Italien an.

Auch in England, Frankreich und besonders in Spanien kam es zu Judenvertreibungen. Nach der Eroberung Granadas 1492 erließen die katholischen Majestäten Ferdinand und Isabella ein Gesetz, nach dem jeder, der an den Bekehrungspredigten nicht teilnahm und sich nicht innerhalb von 4 Monaten taufen lassen wollte, auswandern mußte[17]. Etwa 50000 mögen sich durch die Taufe dem Verlust von Heimat und Habe entzogen haben; die Mehrzahl jedoch wanderte aus. Die Scheintaufen waren wiederum Quelle neuen Mißtrauens und von Verdächtigungen bis zum Einsatz der Inquisition.

Die Päpste der Renaissancezeit, insbesondere die Mediceer, waren den Juden günstig gesinnt; Reuchlin wurde von Leo X. in Schutz genommen. Ein Umschwung bahnte sich bereits unter Julius II. an, als die Verurteilung des Talmud in Erwägung gezogen wurde, und vollendete sich durch Paul IV., der durch die Bulle vom 14. Juli 1555 die Juden in Rom und allen Städten des Kirchenstaates in ein Getto verbannte, ihnen den Besitz von Immobilien verbot und das Tragen des gelben Judenhutes auferlegte[17a].

[17] *P. Browe,* Die Judenbekämpfung 357.

[17a] *Pastor* VI 515f; *P. Rieger - H. Vogelstein,* Geschichte der Juden in Rom, 2 Bde (Berlin 1895/96).

Philosophie und Theologie der Juden

Für das Geistesleben bekamen besondere Bedeutung die Juden der Provence und Spaniens, wo christliche und muslimische Kultur sich berührten, aber vor allem auch jüdisches und arabisches Geistesleben wetteiferten. Mit arabischen Philosophen wie Averroes († 1198) vermittelten Juden dem Abendland die Werke und das Geistesgut des Aristoteles. Der um 1020 in Málaga geborene Philosoph und religiöse Dichter *Avicebron* († ca. 1070) oder Salomon ibn Gabirol bietet in einem stark pantheistischen System eine Mischung jüdischer Religionslehren mit aristotelischen und katholischen Gedanken. Durch sein im Mittelalter weitverbreitetes Hauptwerk „Fons vitae“ [18] wirkte er auf die Hoch- und Spätscholastik. Thomas von Aquin schrieb gegen ihn das Opusculum „De substantiis separatis“.

Der bedeutendste Vertreter der jüdischen mittelalterlichen Theologie und Philosophie ist *Moses Maimonides* (* 1135 in Córdoba; † 1204 in Kairo). Durch Kommentare des Talmud und durch systematische Darstellungen („Wiederholung des Gesetzes“) suchte er die jüdische Lehre zu erklären und dem einfachen Juden nahezubringen. In seinem philosophischen Hauptwerk „Führer der Schwankenden“ [19] will er seinen Glaubensgenossen, die durch die arabische Philosophie im Glauben ihrer Väter unsicher geworden sind, dessen Vernunftgemäßheit aufweisen. Das philosophische Wissen, dessen höchste Autorität Aristoteles ist, steht selbständig neben dem Offenbarungsglauben, widerspricht diesem nicht, sondern hilft, ihn tiefer zu erfassen. Selbst stark von der arabisch-aristotelischen Philosophie geprägt, nimmt Maimonides Einfluß auf Denker und Mystiker wie Albertus Magnus, Thomas von Aquin, Meister Eckhart und Nikolaus von Kues. Gegen Moses Maimonides und seinen Aristotelismus wandte sich entschieden Chasdai ben Abraham *Crescas* (1340—1412) mit seinem „Licht Gottes“. Für ihn ist Gott vor allem die höchste Liebe und nicht die höchste Vernunft. Der Weg zu Gott führt für den Menschen nicht über die Erkenntnis, sondern über die Liebe.

Im Gegensatz zum Rationalismus eines Maimonides stand auch die *Kabbala* (= „Überlieferung“), eine mystisch-theosophische Geheimlehre des Judentums. Sie hat ihren Ursprung in der Provence zwischen 1150 und 1250, breitete sich von dort in Spanien aus und wurde nach der Vertreibung von 1492 eine religiöse Volksbewegung. Das Hauptwerk „Zohar“ (= Lichtglanz) ist dem Gesetzeslehrer Simon bar Jochai aus dem 2. Jh. zugeschrieben, es ist aber als Werk des Moses de León († 1305) aus Kastilien anzusehen. Danach offenbart und entfaltet sich der verborgene Gott (En Soph = Unendlicher,

[18] Hebräisch u. deutsch hrsg. von S. *Munk* (Paris 1859; Neuauflage 1927); lat. Übers. v. Joh. Hispanus, hrsg. v. *Cl. Baeumker* (Münster 1895); frz. v. *F. Brunner* (Paris 1950). Bibliographie bei *G. Vajda,* Jüdische Philosophie (Bern 1950).

[19] S. *Munk,* Le guide des égarés (arab. mit frz. Übers.), 3 Bde (Paris 1856/66, ²1960 nur frz.), dt. von A. *Weiß* (Leipzig 1923/24).

Urgrund) in den 10 Sephirot (= Sphären). Durch sie gleichsam als den Pforten kann der Fromme bei rechter Erfüllung des Gesetzes, Gebet und Beschauung zum Mysterium Gottes Zugang gewinnen und mithelfen an der Restitution der gefallenen Welt. Diese ist an sich nach dem Vorbild der Sephirot geschaffen und so ein Spiegel der in diesen sich offenbarenden göttlichen Weisheit. Böse sind Mensch und Welt nur, sofern sie die Verbindung mit der göttlichen Liebe und Gnade gelöst und sich auf sich selbst gestellt haben. Die Ausweitung der Kabbala von einer esoterischen Geheimlehre zur Volksbewegung nach 1492 gab dem Messianismus neue Impulse, trug zur Verinnerlichung bei, führte aber auch zu Magie und abergläubischem Mißbrauch. Über das Judentum hinaus gewann die Kabbala Einfluß auf Humanisten wie Pico della Mirandola († 1494) und Johannes Reuchlin († 1522).

Judenmission und Glaubensgespräche

Bei aller Verfolgung der Juden hat es auch immer wieder Versuche gegeben, sie für die christliche Wahrheit zu gewinnen. Ein Mittel dazu war das *Glaubensgespräch.* Viel zu oft wurde dieses allerdings zur Streitrede oder Disputation, wo man über den Partner zu triumphieren suchte, statt ihn zu verstehen und ihn zu gewinnen. Gelegentlich, vor allem im früheren Mittelalter, kam es auch zu wirklichen Gesprächen. Der Abt Gisleberth Crispin von Westminster (1084—1117) erzählt, daß er ein solches mit einem befreundeten Londoner Juden geführt habe, sich daraufhin ein anderer Jude aus dieser Stadt bekehrt habe und in ein Kloster eingetreten sei[20]. Dem Trierer Erzbischof Bruno (1102/24) gelang es, in solchen Gesprächen seinen jüdischen Arzt Josue zu überzeugen und zur Taufe zu bewegen[21]. Das berühmteste Beispiel einer solchen Bekehrung ist Hermann Judaeus. Dieser hatte Geldgeschäfte mit dem Kölner Erzbischof und kam so mit dem Abt Rupert von Deutz in Verbindung, was zu eingehenden Glaubensgesprächen führte. Nach schweren Kämpfen ließ er sich taufen, wurde Prämonstratenser in Kappenberg und schließlich erster Propst des 1143 gegründeten Stiftes Scheda. In seiner Bekehrungsgeschichte beklagt er, daß der christliche Judenhaß die Juden vom Glauben an Christus fernhalte[22].

Seit dem 13. Jh. begegneten kirchliche Stellen den Glaubensgesprächen

[20] Disputatio iudaei cum christiano, PL 159, 1006; *P. Browe,* Die Judenmission 61; nach *Z. Werblowsky,* Crispins Disputation: JJS 11 (1960) 69—77 handelt es sich nur um ein fiktives Gespräch.

[21] Gesta Treverorum c. 21; MGSS VIII 195; Die Taten der Trierer, hrsg. von *E. Zenz* I (Trier 1955) 68.

[22] De Conversione sua opusculum, PL 170, 805—836; Textverbesserungen bei *J. Greven,* Die Schrift des Herimannus quondam iudaeus „De conversione sua opusculum": AHVNrh 115 (1929) 111—133; *G. Misch,* Gesch. der Autobiographie Bd 3, Teil 2, 1 (Frankfurt 1959) 505—522.

zwischen Juden und Christen mit immer größerem Mißtrauen. In der Kenntnis des AT waren die Juden den Christen vielfach überlegen, erst recht fiel es ihnen nicht schwer, haltlose Anwürfe aus dem Talmud zu widerlegen. Deshalb verbot die Trierer Provinzialsynode von 1227 ungebildeten Priestern („sacerdotes illiterati") solche Gespräche[23]. Das Verbot von Disputationen der Laien mit Häretikern durch Alexander IV. (1254/61), das 1298 ins allgemeine Recht einging[24], wurde auch auf Gespräche mit Juden bezogen. Bestimmungen dieser Art sollten aber nicht Disputationen verhindern, auf denen theologisch Gebildete und im Hebräischen und im Talmud bewanderte Geistliche auftraten und die Aussicht boten, die Überlegenheit des christlichen Glaubens zu demonstrieren. Schauplatz solcher öffentlichen Glaubensgespräche war vor allem das Spanien des Hoch- und Spätmittelalters. Berühmt wurden die Disputation von Barcelona 1263 und die von Tortosa. Diese erstreckte sich in 69 Sitzungen, die meist Benedikt XIII. (Peter von Luna) selbst leitete, vom 7. 2. 1413 bis zum 13. 11. 1414 und war mehr eine Aufforderung zur Bekehrung als eine wirkliche und freimütige Streitrede. Immerhin traten für die Juden die berühmtesten aragonesischen Rabbiner und Gelehrten ein, während die christliche Seite hauptsächlich durch die Konvertiten Andreas Bertram (Mosse) und Hieronymus de s. fide (Josua Halorqui) vertreten wurde[25]. In seiner Judenbulle gibt Benedikt XIII. die Zahl der im Anschluß an die Disputation bekehrten Juden mit 3000 an.

Die *Streitschriften* waren, auch wenn sie sich so nannten, vielfach keine echten Dialoge. Die jüdischen Gesprächspartner sind meist erfunden, um an ihren Einwänden die Wahrheit des christlichen Glaubens zu erweisen. Im „Annulus sive Dialogus inter Christianum et Judaeum"[26] will Rupert von Deutz aus den Weissagungen des AT die Wahrheit des christlichen Glaubens, vornehmlich die Mysterien der Trinität und der Inkarnation, beweisen. Der Jude ist für ihn der ältere Bruder, dem der Vater immer noch den Ring, das Zeichen des Glaubens, anbietet. Ähnlich und in derselben religiösen und versöhnlichen Sprache argumentiert die hl. Hildegard von Bingen in ihren Visionen. Je mehr wir uns jedoch vom Frühmittelalter entfernen, desto schonungsloser, verächtlicher und ironischer wird der Ton der Auseinandersetzung. „Das gilt besonders von den Disputationen, die in die dramatischen Spiele der späteren Zeit, in die Passions-, Fronleichnams- und Fastnachtsspiele eingeführt und zum Ergötzen der Zuhörer vorgetragen werden."[27] Größere Bedeutung unter den Streitschriften bekamen das Hauptwerk des Dominikaners Raimund Martini († 1286) „Pugio fidei adversus Mauros et Judaios", die alle Schmähung vermeidende Glaubensdisputation des gelehrten Missionars Raimundus Lullus († 1315/16) „Liber de gentili et

[23] *Mansi* XIII 32. [24] Liber Sextus Decret. l. 5 t. 2 c. 2.

[25] *P. Browe,* Die Judenmission 79—85. [26] PL 170, 559—610.

[27] *P. Browe,* Die Judenmission 113; vgl. hier 99—110 die Zusammenstellung der vom 7. Jh. bis 1560 verfaßten polemischen Schriften.

tribus sapientibus", die dem Pariser Dominikaner Theobaldus zugeschriebene Schrift „Pharetra fidei Catholicae contra Judaeos" und das scharf antijüdische Werk des spanischen Konvertiten Alfonso de Spina OMin († 1491) „Fortalitium fidei". Weite Verbreitung fanden auch der „Tractatus contra perfidos Judaeos" und „Der stern Meschiah" des Dominikaners Peter Schwarz (Petrus Nigri † 1481).

Am christlichen Gottesdienst teilzunehmen verboten die mittelalterlichen Theologen und Kirchenrechtler den Juden. Für Thomas von Aquin ist es unziemlich, wenn Ungläubige und Juden die heilige Hostie anschauen[28]. Wohl waren die Juden zur Predigt zugelassen. Papst Nikolaus III. forderte 1278 die Oberen der Franziskaner und Dominikaner auf, geeignete Prediger auszuwählen, die die Juden zur Wahrheit des Evangeliums führen könnten. Notfalls sollen sie dazu die Hilfe der weltlichen Obrigkeit heranziehen. Viel geschehen ist auf diesen Erlaß hin nicht. Nur in Spanien gab man sich seit dem 13. Jh. große Mühe, die Mauren und Juden zu bekehren und in die christliche Gesellschaft einzufügen. Da sie nicht freiwillig kamen, ging die Obrigkeit mit Gewalt vor. Diese Zwangspredigten, die mehrmals im Jahr in Kirchen, auf öffentlichen Plätzen oder gar in Synagogen gehalten wurden, hatten verständlicherweise nur wenig und meist bloß äußerlichen Erfolg, besonders wenn die Prediger aus Ärger über ihren Mißerfolg anfingen, die Juden zu beschimpfen. Erst im 15. Jh. hört man von solchen Predigten in Deutschland. Anläßlich seiner Legatentätigkeit gegen die Hussiten hat Johannes von Capestrano († 1456) in Wien und Nürnberg auch für die Juden gepredigt. Diese mußten erscheinen. Sonst wissen wir nur noch von dem großangelegten, aber auch erfolglosen Bekehrungsversuch des Dominikaners Petrus Nigri (Schwarz), der 1474 in Regensburg und später in Frankfurt, Worms, Bamberg und Nürnberg den Juden in hebräischer und deutscher Sprache Vorträge hielt, die sie anhören mußten. In Italien unternahmen im 15. Jh. solche Bekehrungsversuche große Prediger wie der genannte Johannes von Capestrano und Bernhardin von Siena († 1444). Aber sie scheinen im Bemühen, das wirtschaftliche Elend des Volkes zu lindern, mehr gegen die Juden und ihren Wucher als für ihre Bekehrung gepredigt zu haben. Das trug zu sonst in Italien kaum bekannten Ausschreitungen gegen die Juden bei, weshalb die Päpste die Prediger zur Ordnung rufen mußten. Unter dem Einfluß spanischer Bischöfe ordnete das Konzil von Basel 1434 an, daß die Bischöfe mehrmals im Jahr den Juden den christlichen Glauben verkündigen lassen sollten. Alle Juden sollten unter Strafe gezwungen sein, diese Predigten anzuhören. Das Konzil mahnt aber auch die Bischöfe und Prediger, sich so zu verhalten, daß sie nicht nur durch die Wahrheit, sondern auch durch Liebeswerke die Juden gewännen[29]. Doch in Deutschland geschah bis auf die erwähnten Bemühungen von Peter Schwarz nichts.

[28] S. th. III q. 80 a. 4. [29] Mansi XXIX 98.

Wenn die Zahl der Konvertiten äußerst gering blieb, dann lag das jedoch nicht allein an den befremdlichen Missionsmethoden bzw. am Fehlen echten, dem Evangelium gemäßen Missionsgeistes unter den Christen, auch nicht nur an der Treue und Liebe der Juden zu ihrem Väterglauben und ihrer Tradition, sondern nicht zuletzt daran, daß ihre Konversion den finanziellen Interessen der Fürsten — die Bischöfe nicht ausgeschlossen — im Wege stand und diese sie durch gesetzliche Maßnahmen fast unmöglich machten. Die Einnahmequelle, die jeder Jude auf Grund des Schutzrechtes, besonders der Kammerknechtschaft darstellte, versiegte ja mit seiner Taufe. Zum Ausgleich sollten die Konvertiten deshalb auf ihr Vermögen verzichten. Das verlangte z. B. schon Heinrich IV. 1090 von den Juden in Worms und Speyer, die seine Glaubensbrüder werden wollten, und Friedrich II. bestimmte im Privileg für die Juden in Wien: „Wenn einer von sich aus die Taufe begehrt, . . . soll er, wie er das Gesetz seiner Väter verlassen hat, so auch sein Erbe zurücklassen.“ [30] Dieser vollständige Verlust des Vermögens hielt naturgemäß viele davon ab, sich taufen zu lassen. Daß seit Alexander III. (1179) Päpste gegen diese Praxis vorgingen und die Enterbung der Konvertiten bzw. die Wegnahme ihres Vermögens mit Exkommunikation bedrohten[31], scheint nicht viel gefruchtet zu haben. Als bitterer Hohn erscheint es uns, wenn der Erzbischof Kuno II. (1362/88) von Trier einen Ablaß von 20 Tagen erteilt für diejenigen, die eine jüdische Familie unterstützen, die nach Empfang der Taufe all ihr im Judentum Besessenes vor der Kirchentür niedergelegt hatte[32]. Noch in Konstanz protestierte Kardinal d'Ailly, daß man den bekehrten Juden nicht einmal das Lebensnotwendige ließ, so daß sie wieder abfielen und die Christen der Lieblosigkeit beschuldigten[33]. Das Konzil verbot unter Exkommunikation, die Güter der Neubekehrten einzuziehen. Trotzdem ist die Vermögenswegnahme nach der Taufe eine Art Gewohnheitsrecht geblieben. Paul III. mußte sie noch 1542 verbieten[34].

61. Kapitel

Der deutsche Humanismus

LITERATUR: *Schottenloher* 37909—37970, 63158—63210; *R. Stupperich*, Vom Humanismus zur Reformation. Literaturbericht: AKG 36 (1954) 338—401; *P. Joachimsen*, Geschichtsauffassung und Geschichtsschreibung in Deutschland unter dem Einfluß des Humanismus (Leipzig-Berlin 1910); *ders.*, Der Humanismus und die Entwicklung des

[30] MGConst I 228, *P. Browe*, Die Judenmission 180 144.

[31] Decret. Greg. IX l. 5 t. 6 c. 5, *Friedberg* II 773; Extravag. comm. l. 5 t. 2 c. 2, *Friedberg* II 1290; weitere Beispiele vgl. *P. Browe*, Die Judenmission 188 f.

[32] *A. Goerz*, Regesten der Erzbischöfe zu Trier (Trier 1861) 120.

[33] *J. Gerson*, Opera, ed. du Pin II (Antwerpen 1706) App. 915; *P. Browe*, Die Judenmission 193.

[34] *P. Browe*, Die Judenmission 183 195.

dt. Geistes: DVfLG 8 (1930) 419—480; *ders.*, Loci communes. Untersuchungen zur Geistesgeschichte des Humanismus und der Reformation: LuJ 8 (1926) 27—97; *H. Hermelink,* Die religiösen Reformbestrebungen des dt. Humanismus (Tübingen 1907); *P. Mestwerdt,* Die Anfänge des Erasmus. Humanismus und Devotio moderna (Leipzig 1917); *G. Ritter,* Die geschichtliche Bedeutung des dt. Humanismus: HZ 127 (1923) 393—453; *M. P. Gilmore,* The World of Humanism (1453—1517) (New York 1925); *H. Baron,* Die religiösen Reformbestrebungen des dt. Humanismus: HZ 132 (1925) 413 bis 446; *H. v. Schubert,* Reformation und Humanismus: LuJ 8 (1926) 1—26; *P. Kalkhoff,* Die Stellung der dt. Humanisten zur Reformation: ZKG 46 (1928) 161—231; *H. Rupprich,* Humanismus und Renaissance in den dt. Städten und an den Universitäten (Leipzig 1935); *ders.*, Die Frühzeit des Humanismus und die Renaissance in Deutschland (Leipzig 1938); *R. Newald,* Deutsche Literatur im Zeitalter des Humanismus (Lit.-Übersicht 1939/53): DVfLG 27 (1953) 309—326; *A. Schreiber,* Petrarca und Erasmus. Der Humanismus in Italien und im Norden (Heidelberg 1947); *J. Sellmair,* Humanitas christiana. Gesch. des christlichen Humanismus (München [2]1948); *H. v. Srbik,* Geist und Gesch. vom dt. Humanismus bis zur Gegenwart I (München-Salzburg 1950); *R. Newald,* Dt. Literatur im Zeitalter des Humanismus: DVfLG 27 (1953) 309—326; *P. Renucci,* L'aventure de l'humanisme européen (Paris 1953); *A. Renaudet,* Préréforme et Humanisme à Paris (1494 bis 1517) (Paris 1953); *P. Lehmann,* Grundzüge des Humanismus dt. Lande: Aevum 31 (1957) 253—268; *H. Lutz,* Conrad Peutinger (Augsburg 1958); *B. Moeller,* Die dt. Humanisten und die Anfänge der Reformation: ZKG 70 (1959) 46—61; *L. W. Spitz,* The Religious Renaissance of the German Humanists (Cambridge/Mass. 1963).

Konrad Celtis: WW: Fünf Bücher Epigramme v. Konrad Celtis, hrsg. von *K. Hartfelder* (Berlin 1881); Briefwechsel, hrsg. von *H. Rupprich* (München 1934); Quatuor libri Amorum, Germania generalis, hrsg. von *F. Pindter* (Leipzig 1934); Libri Odarum, Liber Epodon, Carmen saeculare, hrsg. von *F. Pindter* (Leipzig 1937); Oratio in Gymnasio in Ingolstadio recitata, hrsg. von *J. (H.) Rupprich* (Leipzig 1932).

Literatur: *F. v. Bezold,* Konrad Celtis der dt. Erzhumanist ([1883] Darmstadt 1959); *E. Novotny,* Die Weltanschauung des Konrad Celtis (Diss. masch. Wien 1938); *L. Sponagel,* Konrad Celtis und das dt. Nationalbewußtsein (Diss. Heidelberg 1939); *D. Narr,* Conrad Celtis: Württembergisches Jb. für Volkskunde (Stuttgart 1955) 66—78; *H. Drewinc,* Vier Gestalten aus der Zeit des Humanismus (St. Gallen 1946) 60—124; *L. W. Spitz,* Conrad Celtis, The German Arch-Humanist (Cambridge/Mass. 1957); *M. Seidlmayer,* Konrad Celtis: ders., Wege u. Wandlungen des Humanismus (Göttingen 1965) 174—196.

Elsässer Kreis: *O. Herding,* Probleme des frühen Humanismus in Dtl.: AKG 38 (1956) 344—389; *R. Newald,* Elsässische Charakterköpfe aus dem Zeitalter des Humanismus (Colmar 1944); *W. Gilbert,* Sebastian Brant, Conservative Humanist: ARG 46 (1955) 145—167; *J. Knepper,* J. Wimpheling (Freiburg 1902) (Verz. der Schriften); *E. v. Borries,* Wimpheling und Murner im Kampf um die ältere Geschichte des Elsasses (Heidelberg 1926).

Erfurter Kreis: Der Briefwechsel des Mutianus Rufus, bearb. von *C. Krause* (Kassel 1885); Der Briefwechsel des Conradus M., bearb. von *K. Gilbert* (Halle 1890); *L. Geiger,* Humanismus u. Renaissance (Berlin 1882) 132—135; *G. Bauch,* Die Universität Erfurt im Zeitalter des Frühhumanismus (Breslau 1904); *P. Kalkhoff,* Humanismus und Reformation in Erfurt (Halle 1926); *M. Burgdorf,* Der Einfluß des Erfurter Humanismus auf Luthers Entwicklung bis 1510 (Leipzig 1928); *F. Halbauer,* Mutianus Rufus und seine geistesgeschichtliche Stellung (Leipzig-Berlin 1929); *L. W. Spitz,* The Conflict of Ideals in Mutianus Rufus: Journal of the Warburg 16 (London 1953) 121—143; *E. W. Krapp,* Der Erfurter Mutiankreis und seine Auswirkungen (Diss. Köln 1954).

Dunkelmännerbriefe: WW: *E. Böcking,* 2 Bde (Leipzig 1864/70); *F. G. Stokes* (London 1909, [2]1925); *A. Bömer,* 2 Bde (Heidelberg 1924); dt. Übers.: *W. Binder* (Stuttgart 1876); *J. O. Plaßmann* (Berlin 1941).

Literatur: *Schottenloher* 36720—36735; *W. Brecht,* Die Verfasser der Epistolae obscurorum virorum (Straßburg 1904); *P. Merker,* Die Verf. des Eccius dedolatus und anderer Reformationsdialoge (Halle 1923); *A. Bömer,* Verf. und Drucke der Epistolae obscurorum virorum: ZblB 41 (1924) 1—12; *L. Blum,* La Part de l'Alsace à l'origine des „Epistolae obscurorum virorum": Arch. de l'Église d'Alsace 19 (Rixheim 1949/50) 99—128.

Johannes Reuchlin: WW: Codex Reuchlinianus 3, mit Einl. von *A. Sperber* (Kopenhagen 1956); Augenspiegel, hrsg. von *J. Benzing* (München 1961); Johannes Reuchlins Briefwechsel, hrsg. von *L. Geiger* (Stuttgart 1875, Nachdr. Hildesheim 1962).

Literatur: *Schottenloher* 17841—17889a, 48848—48857a, 57727—57738; *L. Geiger,* Johannes Reuchlin (Leipzig 1871); *J. Wille,* Johannes Reuchlin: ZGObrh 76 (1922) 249 bis 275; *Th. Schmid,* Reuchlins Anschauung von Wesen u. Sinn der Sprache (Diss. Wien 1938); *W. Maurer,* Reuchlin und das Judentum: ThLZ 77 (1952) 539—544; Johannes Reuchlin (Festgabe), hrsg. von *M. Krebs* (Pforzheim 1955); *J. Benzing,* Bibliographie der Schr. Johannes Reuchlins im 15. und 16. Jh. (Bad Bocklet 1955); *L. W. Spitz,* Reuchlin's Philosophy: ARG 47 (1956) 1—20; *W. Maurer,* Melanchthon und Reuchlin: Philipp Melanchthon, hrsg. von *W. Elliger* (Göttingen 1961) 116—120.

Desiderius Erasmus: WW: B. Rhenanus, 9 Bde (Basel 1540); J. Clericus, 10 Bde (Leiden 1703/06; Nachdruck Hildesheim 1961); Ausgew. WW hrsg. von *H. Holborn* (München 1933; Nachdruck 1964); Opuscula, hrsg. von *W. K. Ferguson* (Den Haag 1933); Ausgewählte Schriften. Ausgabe in 8 Bden, lat. u. dt., hrsg. v. *W. Welzig* I (Darmstadt 1967); Opus Epistularum, ed. *P. S. Allen,* 12 Bde (Oxford 1906/58); De libero arbitrio, hrsg. von *J. v. Walter* (Leipzig ^{2}1935); Encomium Moriae, hrsg. von *H. A. Schmid* (Basel 1931). — Übers. *W. Köhler,* Briefe (Ausw.) (Bremen ^{3}1956); *O. Schumacher,* Vom freien Willen (Göttingen ^{2}1956); *H. Schiel,* Vertraute Gespräche (Köln 1947); *ders.,* Handbüchlein des christl. Streiters (Freiburg 1952); *A. Gail,* Auswahl (Düsseldorf 1948); Lob der Torheit, dt. von *A. Hartmann* (Basel ^{5}1960); Klage des Friedens: *K. v. Raumer,* Ewiger Friede (Freiburg 1953).

Literatur: *Schottenloher* 5492—5845, 46065—46187, 54279—54477; *P. Mestwerdt,* Die Anfänge des Erasmus (Leipzig 1917); *A. Renaudet,* Études érasmiennnes (1521—29) (Paris 1939); *ders.,* Érasme et l'Italie (Genf 1954); *R. Newald,* Erasmus (Freiburg 1947); *K. A. Meißinger,* Erasmus (Berlin ^{2}1948); *W. E. Campbell,* Erasmus, Tyndale and More (London 1949); *J. Lortz,* Erasmus — kirchengeschichtlich: Aus Theologie und Philosophie, Festschrift für F. Tillmann (Düsseldorf 1950) 271—326; *J. Huizinga,* Erasmus, dt. von W. Kaegi (Basel ^{4}1951); *A. Flitner,* Erasmus im Urteil seiner Nachwelt (Tübingen 1952); *A. Auer,* Die vollkommene Frömmigkeit des Christen nach dem Enchiridion (Düsseldorf 1954); *K. Schätti,* Erasmus und die römische Kurie (Basel 1954); *L. Bouyer,* Autour d'Érasme (Paris 1955); *E. Schneider,* Das Bild der Frau im Werk des Erasmus (Basel 1955); *J. Étienne,* Spiritualisme érasmien et théologiens louvanistes (Louvain - Gembloux 1956); *R. Padberg,* Erasmus als Katechet (Freiburg 1956); *C. Augustijn,* Die religiöse Gedankenwelt des Erasmus: Rheinische Vierteljahresblätter 28 (1963) 218—230; *G. Gebhardt,* Die Stellung des Erasmus v. R. zur römischen Kirche (Hamburg 1966); *E. W. Kohls,* Die Theologie des Erasmus, 2 Bde (Basel 1966; Lit.).

Der Humanismus war in Deutschland viel mehr als südlich der Alpen eine Sache der Bildung, eine Angelegenheit der Gelehrten und der kleinen Kreise. Er erscheint deshalb eigenständiger gegenüber der allgemeinen Kulturbewegung der Renaissance, deren Auswirkung auf dem Gebiet der literarischen Bildung, Sprache und Erziehung er an sich ist. Wohl bedienten sich auch deutsche Fürsten und deutsche Städte der von der neuen Laienbildung geprägten Literaten, Juristen und Mediziner; es kam aber nicht zu einem

Renaissancestaat oder einer Renaissancegesellschaft wie in Italien und entsprechend nicht zu einer Staatslehre ähnlich der Machiavellis. Von einer „Kultur der Renaissance“ kann man hinsichtlich des deutschen Raumes nicht sprechen, wohl vom deutschen Humanismus[1]. Die Beziehung zur Antike war hier nicht so unmittelbar; es lag keine ungebrochene Kontinuität vor. Deshalb war die Begegnung mit der Antike auch nicht so elementar, sondern mehr Gegenstand des Bildungsbemühens, und auch die Versuchung zum Paganismus nicht so echt wie in Italien. In der Kunst war die Gotik so tief eingewurzelt und noch so lebendig, daß der neue Stil es schwer hatte, sich durchzusetzen.

Schon auf dem Konstanzer und besonders auf dem Basler Konzil war es zu engerer Berührung mit dem italienischen Humanismus gekommen. Hier und durch seine spätere diplomatische und höfische Tätigkeit wurde Enea Silvio Piccolomini, der nachmalige Papst Pius II., zum „Apostel des deutschen Humanismus“ (Joachimsen). Nicht an den Universitäten, sondern in den Kanzleien der Fürstenhöfe und Städte, in Gelehrtenstuben, Klöstern und manchen Stadtschulen hatte die neue Bildung zunächst ihren Ort. Die Universitäten waren zu sehr institutionell und durch die überkommene Scholastik festgelegt. Die „artes liberales“ bildeten ja vor allem Vorstufe zu den anderen Wissenschaften, besonders zur Theologie. Kein Wunder, daß die hier heimatlosen Poeten und „Rhetoren“, die als Wanderlehrer nur gelegentliche Vorlesungen und Kurse hielten, wie z. B. Peter Luder († nach 1474) und Samuel Karoch aus Lichtenberg in Oberfranken, die regsten Kämpfer gegen die Scholastik wurden. Erst um die Jahrhundertwende hat man innerhalb der Artistenfakultät eigene Lehrstühle oder gar besondere Kollegien für Poesie geschaffen, so in Wien unter der Leitung des *Konrad Celtis* (1459/1508). Dieser „deutsche Erzhumanist“ (David Friedrich Strauß), der Winzersohn Konrad Bickel aus Wipfeld bei Würzburg, ist 1487 in Nürnberg als erster Deutscher von Friedrich III. mit dem Lorbeer des Dichters gekrönt worden. Im Verlaufe seines unsteten Wanderlebens gründete er an vielen Orten gelehrte Gesellschaften (sodalitates litterariae), so in Krakau, Prag, Preßburg, Ofen, Heidelberg (1491) und Wien (1497), bis er dort auf Wunsch Kaiser Maximilians ein Kollegium der Dichtkunst und Mathematik ins Leben rief (1502), als dessen Vorsteher er das Recht der Verleihung des Dichterlorbeers hatte. Von seinen Reisen versprach er sich den Stoff für eine „Germania illustrata“, in der er in 4 Büchern Deutschland nach allen vier Himmelsrichtungen beschreiben wollte. Zur Ausführung kam nur die „Norimberger“ (1495), ein Preislied auf die Stadt Nürnberg. In dichterischer Fas-

[1] Der Terminus „Humanismus“ wurde erst 1808 von dem bayerischen Schulreformer F. J. Niethammer geprägt. Im 14. Jh. finden wir in Italien die Cicero entlehnte Bezeichnung „studia humanitatis“ für das Studium der Rhetorik und Politik. Die Lehrer dieser Künste hießen Oratores und Poetae. Erst seit dem Ausgang des 15. Jh. findet sich dafür der Name „umanista“.

sung gewann einiges von dem geplanten Werk Gestalt in den „Quatuor libri Amorum secundum quatuor latera Germaniae" (1502), einer Mischung von Liebeslyrik und Länder- und Völkerbeschreibung. Mit seiner Ausgabe der „Germania" des Tacitus und mit der Entdeckung der „Tabula Peutingeriana", der Werke der Roswitha von Gandersheim und des Barbarossa-Epos „Ligurinus" legte Celtis den Grund zur deutschen Geschichts- und Altertumskunde. Schon er ist ein Beispiel dafür, wie die deutschen Humanisten in einer Art Haßliebe gegenüber Italien, das ihnen die Bildungsgüter der Antike vermittelt hatte, dazu kamen, die Werte deutschen Volkstums und deutscher Geschichte überschwenglich zu preisen, um den Vorwurf barbarischer Herkunft Lügen zu strafen. Vom Kampf gegen die geistige Fremdherrschaft und die materielle Ausbeutung durch die Römische Kurie ist auch seine Polemik gegen die Mißstände in der Kirche, gegen Ablaßschwindel und „stinkende Kutten" bestimmt.

Doch so gern er wie viele andere Humanisten sich heidnischen Stimmungen überließ und an Frivolitäten seine Freude hatte, ein Bruch mit der Kirche lag völlig fern. Vor allem sollte dem „Volke" verwehrt bleiben, was der Kreis der Eingeweihten zu denken und zu tun sich herausnehmen durfte. „Denn wenn die Masse gewisse Geheimnisse begreifen würde wie wir Philosophen, schwerlich wäre dann ihr Ungestüm im Zaume zu halten." [2]

In Kreisen des städtischen Patriziats fanden sich zuerst die Männer, die sich in Italien an der Antike, ihrer Sprache, Kunst und Lebensform begeisterten und diese Schätze ihren Landsleuten zu vermitteln suchten: Der Augsburger Kaufmann Sigismund Gossembrot († nach 1488), der in Nürnberg 1485 verstorbene Augsburger Stadtarzt Hermann Schedel, der Eßlinger Stadtschreiber Niklas v. Wyle († 1478), der Ulmer Stadtarzt Heinrich Steinhövel († 1482), der Eichstätter und Augsburger Domherr Albrecht von Eyb († 1475) und der Jurist und Diplomat Gregor von Heimburg († 1472). Auf Grund ihrer Anregungen und ihres Wirkens wurden die Reichsstädte Süddeutschlands zu Zentren des Humanismus. In Nürnberg war *Willibald Pirkheimer* (1470/1530) das gefeierte Haupt eines Humanistenkreises. Allseitig gebildet, kannte er sich in der Rechtswissenschaft, Geschichte und Geographie wie in der Theologie aus. Er übersetzte antike und patristische griechische Schriftsteller, schrieb eine von nationaler Begeisterung getragene Geographie des alten Germaniens und die „Beschreibung des Schweizerkrieges", in dem er das Nürnberger Kontingent geführt hatte. Auch sonst blieb es nicht bei liebhaberischer Beschäftigung mit Wissenschaft und Kunst. Vielseitig setzte Pirkheimer sich im öffentlichen Dienst der Stadt als Diplomat und Förderer des Schulwesens ein.

Der bedeutendste Humanist im patrizischen Bürgertum von Augsburg war *Konrad Peutinger* (1465/1542). Im Streit um Zins und Monopol stand er

[2] Ingolstädter Antrittsrede vom 31. 8. 1492, hrsg. von J. Rupprich (Leipzig 1932) 8.

auf der Seite des Frühkapitalismus. Den reichspatriotischen Bestrebungen des Kreises um Kaiser Maximilian dienten seine Kaisergeschichte und sein Sammeln und Edieren von Quellen zur deutschen Geschichte.

Der stark pädagogische Zug des deutschen Humanismus wird in einer Reihe von Schulmännern aus dem niederländisch-westfälischen Raum deutlich, die vielfach der „devotio moderna" nahestanden. Der Friese *Rudolf Agricola* (1444/85) hatte in Erfurt, Köln und Löwen noch in der herkömmlichen Form Philosophie studiert, hatte dann in Italien humanistische Studien getrieben und war schließlich 1484 nach Heidelberg gekommen. Hier hielt er Reden und Vorträge in Verbindung mit der Universität, lernte Hebräisch und entwickelte ein Programm für die Reform des Universitätsstudiums. Er selbst opferte aber sein freies Literatendasein nie einer festen Lehraufgabe, hielt die Ehe für unerträglichen Zwang und selbst die Bindung an seinen Gönner Bischof Dalberg von Worms für drückende Sklaverei.

Von Agricola lernte *Alexander Hegius* (1433/98) Griechisch. Er ließ nach einem Wort seines Schülers Erasmus die Schule von Deventer von einer barbarischen Lehranstalt zu einer Humanistenschule aufsteigen. Er ist einer der christlichen Frühhumanisten, die betont die Verbindung von Wissenschaft und Religion suchten. Hegius hielt jede „Wissenschaft für verderblich, die unter Verlust von Rechtschaffenheit gelernt" wird.

Rudolf von Langen (1438/1520) setzte die Reform der Domschule von Münster im humanistischen Sinn durch und berief den Schüler des Hegius, Johannes Murmellius (1480/1517), als Konrektor nach dort. Ein Schüler des Hegius und des Agricola war auch der Westfale *Hermann von dem Busche* (1468/1534)[3], der im Laufe seines unsteten Daseins als Wanderlehrer mit dem Erfurter Humanistenkreis in Verbindung kam und zu den Humanisten gehört, deren Weg von der Kirche wegführte.

Über den Westfalen Ludwig Dringenberg, der Leiter der Schule in *Schlettstadt* war (1441/77), geht die Verbindung zum oberrheinischen Humanismus mit den Zentren Schlettstadt, Straßburg, Freiburg und Basel. Im Elsaß gewann die patriotische Richtung des deutschen Humanismus besonders Boden. Neben der Freude am Sammeln von antiquarisch-historischen Zeugnissen deutscher Vergangenheit und der Kritik an der Römischen Kurie gab hier im Westen die Abwehr französischer Ansprüche den Schwärmern für deutsche Größe und dem Einsatz für nationale Interessen besonderen Auftrieb. Noch stark der Scholastik verbunden ist der in Straßburg geborene Dichter und Publizist *Sebastian Brant* (1457/1521), der seit 1500 in seiner Vaterstadt als Rechtsbeirat und Stadtschreiber diente. In volkstümlichen Rechtssammlungen („Layenspiegel", 1509, und „Klagspiegel", 1516), in religiösen Gedichten (Carmina in laudem beatae Mariae) und moralischen Schriften entwickelt er eine stark lehrhafte Art. Berühmt wurde er durch sein

[3] Vgl. LThK II 800.

„Narrenschiff" (1494). In volkstümlicher Sprache gibt er darin einen Zeit- und Weltspiegel der Fehler und Laster aller Stände und Berufe.

Der Weltpriester *Jakob Wimpheling* (1450/1528) wurde in seiner „Germania" (1501), deren deutscher Übersetzung er den Titel „Tutschland zu Ere der Statt Straßburg und des Rinstroms" gab, zum Künder deutsch-nationaler Größe. Er suchte zu beweisen, daß das linke Rheinufer nie zu Gallien gehört habe, die Vogesen und nicht der Rhein Deutschlands Grenze bildeten und alle römischen Könige seit Karl d. Gr. Deutsche gewesen seien. Weiter verfaßte er die erste umfassende Geschichte des deutschen Volkes mit starker Betonung der Kaiser- und Kulturgeschichte („Epitome rerum Germanicarum", 1505). Den zweiten Teil seiner „Germania" widmet Wimpheling seinen Gedanken über Schule und Erziehung. Er fordert eine „Fechtschul", die nach der Grundschule auf die Universität vorbereiten soll, und entwickelt damit den Plan des späteren lateinischen Gymnasiums. Dieses soll nicht nur den künftigen Geistlichen im Auge haben, sondern auch den jungen Menschen gerecht werden, die sich einem „bürgerlichen, ritterlichen oder dem Berufe eines Ratsherrn" widmen wollen. Deshalb soll der Lehrplan unter anderem auch Geschichte, Staatsverwaltung, Kriegswissenschaft, Baukunst und Landwirtschaft umfassen. Kaum Sympathie für die Franzosen oder Sorge um die Existenz der Klosterschulen, sondern die Freude des Humanisten an Streitgespräch und Satire ließen den Straßburger Franziskaner *Thomas Murner* (1475/1537) in der „Germania Nova" die feierlich-patriotischen, aber unkritischen Argumente Wimphelings schonungslos zerpflücken. Die Sprache des Volkspredigers, Satirikers und Dichters Murner ist unbarmherzig und derb, nicht so gravitätisch und gewichtig wie die Wimphelings, dafür aber um so treffender. In seinen von Sebastian Brants „Narrenschiff" beeinflußten Moralsatiren „Narrenbeschwörung" (1512), „Schelmenzunft" (1512), „Mühle von Schwindelsheim" (1515) und „Gäuchmatt" (1519) hat er sie meisterlich ausgebildet und gegen Mißstände und Laster aller Stände ins Feld geführt. In der „Geistlichen Badenfahrt" (1514), einer erbaulichen Reimdichtung, und in der ersten deutschen Versübersetzung von Vergils „Äneis" bewährte er seine Sprachkraft auf ernstere Weise. Beide, Wimpheling wie Murner, haben nicht mit der Kritik an den kirchlichen Zuständen gespart. Mochten sie dabei im Eifer des Gefechtes auch manchmal zu weit gehen. Daß sie in der Kirche standen, war außer Zweifel. Wimpheling gab 1510 auf Ersuchen des Kaisers die „Pragmatische Sanktion" und die „Beschwerden der deutschen Nation" von 1455/57 mehr oder weniger unverändert heraus. In dieser Linie lag es, daß er in Luther zunächst den Reformator begrüßte. Aber nicht weniger konsequent war es, daß er sich wie Murner gegen ihn wandte, als jener das Lehrgefüge der alten Kirche zerbrach. Die Elsässer Geiler von Kaysersberg (1445/1510), Sebastian Brant, Thomas Murner, Jakob Wimpheling, Beatus Rhenanus (1485/1547) sind somit als Vertreter eines moralisierenden Humanismus anzusehen, der auf die

Reform der Kirche, aber ebenso auf Erhaltung der alten Ordnung bedacht war.

Zu den Freunden Wimphelings gehörten der Freiburger Jurist *Ulrich Zasius* (1461/1536) und der Sponheimer und spätere Würzburger Benediktinerabt *Johannes Trithemius* (1462/1516), der in seinen historischen und literargeschichtlichen Werken (u. a. „Catalogus scriptorum ecclesiasticorum", 1494; „De viris illustribus Germaniae", 1495) reiches, bis heute aufschlußreiches Material gesammelt hat. Allerdings ließ er oft die Phantasie walten, wo ihm die Quellen fehlten. In seiner Begeisterung für Germaniens Größe ging er so weit, daß er im „Hunibald" einen Geschichtsschreiber der fränkischen Urzeit erfand, der das Bestehen eines fränkischen, von Rom unabhängigen Reiches ein halbes Jahrtausend vor Christi Geburt bezeugen sollte.

Unkirchlicher Geist und radikale, dabei distanzierte und spöttelnde Kritik gewannen am meisten Boden im Erfurter Humanistenkreis. Hier hatten Peter Luder (um 1460) und Konrad Celtis (1486) gewirkt und *Mutianus Rufus* (Konrad Muth 1470/1526) studiert. Nach einem längeren Aufenthalt in Italien und enger Fühlungnahme mit dem Florentiner Platonismus zog dieser sich als Kanonikus nach Gotha zurück (1503) und betreute von da den Erfurter Kreis, zu dem *Eobanus Hessus* (1488/1540), *Euricius Cordus* (1486/1535), *Ulrich von Hutten* (1488/1523), *Crotus Rubeanus* (1468/1534), *Justus Jonas* (1493/1555) und *Georg Spalatin* (1484/1545) gehörten. Um seiner „beata tranquillitas" zu leben, lehnte Mutian jedes Lehramt ab und schrieb keine Bücher, wie auch „Sokrates und Christus" nicht. Nur in Briefen hat er seinen Überzeugungen Ausdruck gegeben. Diese waren seiner Meinung nach auch nur dem kleinen Kreis der Eingeweihten zugänglich und eigneten sich nicht, vor die Menge gebracht zu werden. Um so mehr machte er sich lustig über die Torheiten und Schwäche der Menschen, vor allem über die Borniertheit der Frommen und besonders über die Heuchelei und Enge der Mönche. Christentum ist für ihn gleich Monotheismus. Dieser kann aber viele Gestalten haben. „Es gibt nur einen Gott und eine Göttin, aber viele Gestalten und Namen, z. B. Jupiter, Sol, Apollo, Moses, Christus, Luna, Ceres, Proserpina, Tellus, Maria. Doch hüte dich, das auszusprechen. Denn es muß wie die Geheimnisse der Eleusinischen Göttinnen mit Stillschweigen bedeckt werden. In Sachen der Religion muß man sich der Fabeln und der Hüllen von Gleichnissen bedienen ... Den ich Jupiter nenne, erkenne ich als Christus und als wahren Gott ..."[4] Paulus liest er durch die Brille der Stoa und deutet ihn moralistisch.

Anlaß zum offenen Kampf gegen Scholastik und äußeres Kirchentum gab der *Reuchlinstreit*. Der 1455 in Pforzheim geborene *Johannes Reuchlin* († 1522) hatte während seines Studiums in Paris und Basel (1474) im Umgang mit byzantinischen Emigranten Griechisch und seit 1482 von Juden in

[4] Brief von 1505 an den Zisterziensermönch H. Urban: Der Briefwechsel des Mutianus Rufus, hrsg. von C. Krause (Kassel 1885) 28.

Italien auch Hebräisch gelernt. Durch seine „Rudimenta linguae Hebraicae" (1506) ist er der Begründer der hebräischen Sprachwissenschaft in Deutschland geworden. Große Mühe gab er sich mit dem Studium der Kabbala, der er die Werke „De verbo mirifico" (1494) und „De arte cabbalistica" (1517) widmete. Als Jurist trat er 1482 in den Dienst Graf Eberhards V. von Württemberg, begleitete ihn nach Italien und diente ihm als Berater und Agent. Er war in Stuttgart Privatgelehrter (ab 1499) und Richter des Schwäbischen Bundes (1502/13), als sein Name zum Feldgeschrei der jüngeren Humanisten im Kampf gegen die Scholastik wurde.

Dem Konvertiteneifer des 1507 in Köln getauften Juden Johannes Pfefferkorn war es nicht genug, mit Schriften sich für die Bekehrung seiner ehemaligen Glaubensgenossen einzusetzen. Er erwirkte 1500 eine kaiserliche Anweisung zur Einziehung aller jüdischen Schriften theologischen Inhaltes. In einem Gutachten für den Kaiser (1510) schlug Reuchlin vor, nur solche jüdische Schriften zu vernichten, die offene Schmähungen des Christentums enthielten. Talmud und Kabbala ließen sich zur Stützung des christlichen Glaubens verwenden. Dagegen schrieb Pfefferkorn den „Handspiegel", und Reuchlin antwortete mit dem „Augenspiegel". Inzwischen wurde die Kölner Theologische Fakultät mit der Sache befaßt. In dem Dominikaner und Inquisitor *Jakob von Hoogstraeten* (1460/1527) trat Pfefferkorn ein gewichtiger Mann zur Seite. Er erklärte den „Augenspiegel" für häretisch und strengte einen Prozeß gegen Reuchlin an, den der Papst an den Bischof von Speyer verwies. Vor diesem Forum wurde der Humanist freigesprochen und seinen Gegnern Schweigen geboten (1514). Doch Hoogstraeten appellierte an den Papst. Es ging inzwischen weniger um die jüdischen Schriften; in Reuchlin sahen die Humanisten sich und die neue Art des Denkens und der Wissenschaft angegriffen. Zum Erweis seiner Integrität gab Reuchlin unter dem Titel „Clarorum virorum epistolae" (1514) Briefe heraus, die die erlauchtesten Geister der Zeit an ihn gerichtet hatten. Das Vorwort schrieb sein Großneffe und Schüler Philipp Melanchthon. Mehr Aufsehen erregte im nächsten Jahr eine weitere Briefsammlung, die an den Magister Ortwinus Gratius, den Wortführer der Kölner Scholastiker, gerichteten „Epistolae obscurorum virorum" (1515/17). Diese „Dunkelmännerbriefe" sind fingiert und in barbarischem Küchenlatein verfaßt. Sie sollen die Gegner Reuchlins lächerlich machen und sie als borniert und heuchlerisch hinstellen. Im Endergebnis erscheinen alle Mönche als dumm, eitel, verlogen und geil, und gefallen sich die Theologen in inhaltlosen und lächerlichen Spitzfindigkeiten. In derbem und obszönem Witz werden mit den Orden, Reliquien und Ablässen die Kirche und das Heilige überhaupt der Lächerlichkeit preisgegeben. Hier steht der Humanismus in einer Gegnerschaft zur Kirche, die ihm ursprünglich nicht eigen war. So wurde der Reuchlinstreit zu einem „unmittelbaren Vorspiel der Reformation" (Lortz). Verfasser der Dunkelmännerbriefe sind Crotus Rubeanus (Brief 1—41) und Ulrich von Hutten (7 Zusatzbriefe der 2. Aufl. Köln

1516 und die 62 Briefe des 2. Teils von 1517) aus dem Erfurter Kreis. Das Verfahren gegen Reuchlin zog sich lange hin und stand zuletzt unter dem Eindruck der Sache Luthers. So wurde unter Leo X. 1520 der „Augenspiegel" verurteilt. Trotzdem blieb Reuchlin, der zuletzt in Ingolstadt (1520/21) und Tübingen (1521/22) als Professor für Griechisch und Hebräisch tätig war, der alten Kirche bis zu seinem Tode treu. Er starb am 30. 6. 1522 in Stuttgart.

Der deutsche Humanismus erlebte seinen Höhepunkt in *Desiderius Erasmus*. Als zweiter unehelicher Sohn eines Priesters Rotger Gerard ist er am 28. 10. 1466[5] (1469?) in Rotterdam geboren. Schon mit ca. 14 Jahren verlor er seine Eltern. Der Makel seiner Geburt, den er nie verwand, und das Fehlen von Familie und Heim machen seine Unrast, sein argwöhnisches Ausweichen, seine Scheu, sich festzulegen, seine Empfindlichkeit und sein Geltungsbedürfnis weithin verständlich. Seine Selbstbezeichnung als Weltbürger („civis totius mundi") vermag über dieses Unbehaustsein nicht hinwegzutäuschen. Seine letzten Worte in der sonst kaum verwendeten Muttersprache „Lieve God" können als Schrei nach Geborgenheit und Heimat im Munde des Mannes verstanden werden, den für Jahre und Jahrzehnte beherbergt zu haben sieben europäische Staaten sich zur Ehre anrechnen. Auch bei der dauernden Not mit seinem „gebrechlichen Körperchen" ging es um mehr als um einen leicht verdorbenen Magen, um Ekel vor Fischgeruch, um Nierensteine und um Schlaflosigkeit. Erasmus kam nicht los von sich selbst, so wie er immer wieder auf die Peinlichkeit seiner Geburt gestoßen wurde, wenn er zum Erwerb einer Pfründe um Dispens einholen mußte.

Seine Schulausbildung in Deventer und 's-Hertogenbosch war geprägt vom Geist der devotio moderna. Zum Eintritt in das Augustinerkloster Steyn bei Gouda 1486/88 will er durch seinen Vormund gezwungen worden sein. Doch die schwärmerische Freundschaft zu einem früheren Mitschüler aus Deventer und die Gelegenheit zu ausgiebiger Lektüre antiker und patristischer Schriftsteller söhnten ihn zunächst mit dem Kloster aus. Hieronymus als Synthese von Christentum und antiker Bildung wurde sein Ideal. Später (1496) nannte er sich nach dessen Freund Desiderius. Bald nach der Priesterweihe (25. 4. 1492) trat Erasmus als Sekretär in die Dienste des Bischofs von Cambrai, Heinrich von Bergen. Die Reise nach Italien, die er sich als Begleiter des Bischofs erhofft hatte, kam aber nicht zustande. Dieser ermöglichte ihm jedoch seit Herbst 1495 das Studium in Paris. Die barbarische Strenge im Kolleg Montaigu behagte Erasmus sowenig wie die Scholastik und ihr „barbarisches" Latein. Die später gedruckten humanistischen Schriften „Antibarbari" (1520), „Adagia" (1500), „Colloquia" (1518) u. a. gewannen in diesen Jahren Gestalt. Nach einem Wanderleben kam Erasmus 1499 nach

[5] So *E. W. Kohls* (Das Geburtsjahr des Erasmus: ThZ 22 [1966] 96—121) gegen *R. R. Post* (Geboortejaar en opleiding van Erasmus: Mededelingen der Koninklijke Nederlandse Akademie van Wetenschapen. N. R. 16, Afdeling Letterkunde [1953] 327—348), der gegen die Selbstaussagen des Erasmus 1469 als Geburtsjahr annimmt.

England. Dieser erste Aufenthalt dort war von entscheidender Bedeutung. Hier begegnete er in Männern wie John Colet (1466/1519), dem Dekan von St. Paul in London, Thomas Morus (1478/1535) und John Fisher (1469/1535) einem christlichen Humanismus und einer auf der Bibel und den Kirchenvätern gründenden Theologie. Seine Begeisterung fand in dem Wort: „Wer England kennt, für den ist eine Italienreise überflüssig" ihren Niederschlag. Erasmus vollzog eine bewußte Wende zur Theologie. Die Bedeutung der biblischen Sprachen ging ihm auf. Fortan wollte er sich „mit ganzem Herzen an die Heilige Schrift machen" und ihr sein „ganzes weiteres Leben weihen". Einen Ruf nach Löwen (1502) lehnte er ab, wie er auch später sich nie seiner Unabhängigkeit begab.

Die erste Frucht der Wende zur Theologie ist das „Enchiridion militis Christiani" (1503), das Handbüchlein oder Handschwert des christlichen Streiters, für Laien als Anleitung zum christlichen Leben gedacht. Denn Frömmigkeit und selbst die Vollkommenheit sind keine Reservate des Klerus und der Mönche. Erst die Nachdrucke seit 1515 verschafften diesem Werk Eingang in weitere Kreise. Zum durchschlagenden Erfolg verhalf ihm die Ausgabe von 1518 mit einer Vorrede an den Abt Paulus Volz. Darin faßt Erasmus die Grundgedanken des Enchiridion zusammen und gibt einen Einblick in seine religiöse Gedankenwelt. Für den einfachen Mann, der nicht die dicken und umständlichen Bände der Scholastiker wälzen könne, für den aber auch Christus gestorben sei, soll man „aus den reinsten Quellen der Evangelien und Apostel, aus den bewährtesten Auslegern die ganze Philosophie Christi in ihren Grundzügen zusammenfassen, einfach und doch gelehrt, kurz und doch klar"[6]. Klarheit, Einfachheit und Reinheit durch Zurückgehen auf die „Quellen", die Heilige Schrift und die Kirchenväter, sind die Ziele des christlichen Humanismus, wie Erasmus ihn anstrebt. „Das Ziel ist so eines: Christus und seine heilige Lehre . . . Keine Berufsart ist von diesem Ziele auszuschließen." „Die himmlische Philosophie Christi darf man nicht mit Menschenwerk beflecken." „Das Wesentliche christlicher Frömmigkeit lehrt, wer zur Liebe zu Christus entflammt." Die christliche Vollkommenheit ist nicht Sache spitzfindiger Überlegungen, sondern der liebenden Tat, „sie zeigt sich im Affekt, nicht in einem besonderen Stand (Mönchtum), im Herzen, nicht in heiligen Gewändern oder Speisen"[7]. Alle Zeremonien sind nur Hilfen für die Unmündigen, das Vollkommene ist das Unsichtbare, die Religion des Herzens. Der geistliche Mensch bedarf nicht mehr der Hilfe des Äußerlichen. Das Streben nach biblischer Einfachheit und nach Innerlichkeit verbindet sich bei Erasmus mit einem platonischen Spiritualismus, der äußere Gestalt und Leiblichkeit unterschätzt und damit auch der Inkarnation, dem Geheimnis der Kirche und den Sakramenten nicht gerecht zu

[6] Desiderius Erasmus. Ausgewählte Werke, hrsg. von *H. Holborn* 7.
[7] Ebd. 12.

werden vermag. Um so rücksichtsloser ist seine Kritik an den vielen Zeremonien, an der Theologie, an den Sitten des Klerus und der Mönche.

Besonders geistreich, aber vor allem leichtfertig und boshaft äußerte sich diese Kritik in den „Vertraulichen Gesprächen", die Erasmus 1500 in Paris geschrieben hatte, die aber erst 1518 in Basel unter dem Titel „Familiarium colloquiorum formulae ..." erschienen sind. Sie waren als Schulbuch gedacht; als Sammlung lateinischer Redewendungen und von Beispielen gepflegter Unterhaltung sollte es den Schüler in lateinischer Eloquenz unterrichten und ihm die rechte Lebensführung beibringen. Der Italienaufenthalt von 1506/09, währenddessen er in Turin zum Doktor theol. promoviert wurde, hatte für den großen Humanisten nicht die Bedeutung, die wir vermuten möchten. Er war nur noch der Abschluß seiner humanistischen Bildung. Zu Beginn seines dritten Besuches in England (1509—14) schrieb Erasmus im Hause des Thomas Morus, der ihm in enger Freundschaft verbunden war, das „Encomium Moriae — Lob der Torheit" (1511). Darin hat die Torheit das Wort. Diese literarische Einkleidung machte es möglich, Ernstgemeintes unverbindlich zu sagen. Mochte der Verfasser auch noch so verfängliche Ansichten äußern, er war nicht festzulegen, hatte immer ein Alibi. Es war ja die Torheit, die sprach. Dieses „raffiniert indirekte Verfahren" (Meißinger) förderte einen Unernst, der im Religiösen zerstörerisch wirken mußte.

Schon 1504 hatte Erasmus die „Adnotationes" des Lorenzo Valla († 1457) zum Neuen Testament entdeckt und sie 1505 herausgegeben. Seitdem hatte er eifrig Griechisch studiert und sich mit dem Text der Heiligen Schrift befaßt. Diese Studien brachten ihre Frucht, als er 1514 für zwei Jahre nach Basel übersiedelte und in Johannes Froben einen geeigneten Drucker und Verleger fand für sein 1516 erschienenes „Novum Instrumentum", das heißt den griechischen Text des Neuen Testamentes mit Anmerkungen und einer von der Vulgata abweichenden lateinischen Übersetzung. In den Einleitungsschreiben: Paraclesis, Methodus und Apologia entwirft Erasmus eine biblische Theologie, seine „Philosophia Christi", die als „renascentia", das heißt als „Erneuerung (instauratio) der ursprünglichen guten Natur" einfach, klar, fromm und praktisch sein soll. Im Widmungsbrief an Leo X. schreibt er: „... da ich sehe, daß jene Heilslehre viel reiner und lebendiger in den Adern selbst gefunden, aus den Quellen selbst geschöpft wird als aus Tümpeln oder abgeleiteten Bächen, so habe ich das ganze Neue Testament getreu nach dem Originaltexte griechisch bearbeitet, nicht leichtfertig oder mit geringer Mühe, sondern unter Heranziehung mehrerer griechischer und lateinischer Handschriften, und zwar der ältesten und besten, nicht ganz beliebiger."[8] In der „Paraclesis", der Ermahnung an den frommen Leser, heißt es: „Gelehrt sein können bestenfalls wenige, aber Christ sein kann jeder, jeder kann fromm sein, ja, keck will ich hinzusetzen: jeder kann Theologe

[8] Opus epistularum, hrsg. von *P. S. Allen* II 185.

sein. Das Naturgemäße wird ja leicht Allgemeingut, was aber ist Christi Philosophie, die er selbst Wiedergeburt (renascentia) nennt, anderes als Erneuerung der ursprünglich guten Natur?" [9] „... jene reiche und echte Philosophie Christi wird nirgendwo glücklicher als aus den evangelischen und apostolischen Schriften geschöpft." [10] Im Methodus fordert Erasmus: „Der junge Theologe muß es lernen, gut aus der Heiligen Schrift zu zitieren, nicht nach Handbüchern, Schmökern oder Gott weiß was für Kollektaneen, die schon hundertmals durcheinandergerüttelt und gemengselt wurden, sondern nach den Quellen selbst." [11] „... Mach dein eigenes Herz zur Bibliothek Christi, aus ihm nimm wie aus einer Schatzkammer Neues oder Altes, wie immer es die Sache fordert. Viel lebendiger dringt das aus dem Herzen lebendig Quellende ins Herz der Hörer als aus fremder Krippe Aufgelesenes." [12]

Mit der Ausgabe des Neuen Testamentes und der Edition der Werke des Hieronymus (1517 ff), dem „bei weitem ersten und gelehrtesten" Kirchenvater, rückte Erasmus in die vorderste Reihe der Theologen seiner Zeit. Gleichzeitig trat er, der sich seit Mai 1516 wieder in den Niederlanden aufhielt und fürstlicher Rat geworden war, mit der „Institutio principis christiani" (1516) für Karl V. und mit der „Querela pacis" (1517) an die politische Öffentlichkeit. Durch englische Verbindungen erreichte er 1517 in Rom das Privileg, ohne Ordenskleid frei in der Welt zu leben und ungehindert durch seine uneheliche Geburt Pfründen annehmen zu dürfen [13]. Gemäß seiner Forderung, die Theologen sollten die Heilige Schrift erschließen, statt törichte Fragen zu behandeln, schrieb er Paraphrasen zum Römerbrief (1517), zu den übrigen Apostelbriefen (1517/21), zu den Evangelien (1522 ff) und zur Apostelgeschichte. Gleichzeitig arbeitete er an den Werken der Kirchenväter. Ihre Druckausgaben sollten ihn sein ganzes weiteres Leben beschäftigen: Cyprian (1521), Arnobius (1522), Hilarius (1523), Irenäus (1526), Ambrosius (1527), Origenes (1527), Augustinus (1527/29), Chrysostomus (1530).

In den Jahren 1516/18 stand Erasmus auf der Höhe seines Ansehens. Durch Wissenschaft und Bildung, näherhin durch seine Bemühungen um die Texte der Bibel und der Kirchenväter („ad fontes"!), dachte er, die Erneuerung zu bringen, und nicht wenige seiner Zeitgenossen schauten zu ihm als dem Mann der ersehnten Reform auf. Da brachen mit dem Auftreten Luthers Kräfte auf, die dem Fürsten der Humanisten in ihrer elementaren Wucht und ihrem existentiellen Ernst fremd, ja zuwider waren, zumal sie nicht im Bereich der „guten Wissenschaften" blieben, sondern den Mann der Straße mit ins Spiel brachten und von Erasmus, dem „vir duplex" [14], klare Parteinahme forderten.

[9] Ausgewählte Werke 145. [10] Ebd. 146. [11] Ebd. 158. [12] Ebd. 160.
[13] Dispensbreven Leos X. v. 26. 1. 1517: Opus epistularum II nr. 517 u. 518.
[14] M. Luther, WATr 1, Nr. 131.

REGISTER

HANDBUCH DER KIRCHENGESCHICHTE

III/1

HANDBUCH DER KIRCHENGESCHICHTE

Herausgegeben von

HUBERT JEDIN

Band III

Die mittelalterliche Kirche

Die mittelalterliche Kirche

Erster Halbband:

Vom kirchlichen Frühmittelalter zur gregorianischen Reform

von

FRIEDRICH KEMPF
HANS-GEORG BECK
EUGEN EWIG
JOSEF ANDREAS JUNGMANN

HERDER
FREIBURG · BASEL · WIEN

Umschlaggestaltung:
Finken & Bumiller, Stuttgart

Unveränderter Nachdruck
der Sonderausgabe von 1985

Herstellung: Freiburger Graphische Betriebe 1999
ISBN 3-451-27100-1

VORWORT

Der dritte Band, dessen erste Hälfte wir hier vorlegen, beginnt mit der Wende zum 8. Jahrhundert und wird mit dem Vorabend der Reformation abschließen. Ursprünglich war geplant, ihn bloß bis zum Ende des Hochmittelalters zu führen und im vierten Band die folgende, Spätmittelalter, Reformation und Gegenreformation umfassende Zeit darzustellen. Äußere Umstände nötigten uns, davon abzugehen. Gegen die jetzige, auch in anderen Geschichtswerken anzutreffende Ordnung ist prinzipiell wohl nichts einzuwenden; der eingegrenzte Zeitraum hebt sich von der vorhergehenden wie von der folgenden Periode durch deutliche Zäsuren ab. Dem Wertgehalt nach dürften sich das frühere und das jetzt geltende Grundschema in etwa die Waage halten. In den Bänden III und IV des Handbuches stehen zwei erregende Themen vornean: der im Mittelalter vollzogene Bruch zwischen Ost- und Westkirche und die Spaltung der abendländischen Christenheit während der Reformationszeit. Wer sich hauptsächlich für die abendländische Kirchengeschichte interessiert, wird Spätmittelalter und Reformation als eine zusammenhängende, mit der Gegenreformation endende Periode betrachten und sie in einem Band geschlossen dargestellt wünschen. In der Geschichte der lateinisch-griechischen Ökumene dagegen bildet das Spätmittelalter die Endphase eines Prozesses, der mit der Wende zum 8. Jahrhundert seinen Anfang nahm, im Schisma von 1054 den Höhepunkt erreichte und in den bis ins 15. Jahrhundert reichenden Unionsverhandlungen ausklang. Für diesen Zeitraum einen eigenen Band zu bestimmen hat daher seinen guten Sinn.

Wegen der Fülle des Stoffes erscheint der dritte Band in zwei Büchern. Der erste Halbband umfaßt die Zeitspanne 700—1124 und ist unterteilt in die Perioden: Kirchliches Frühmittelalter — Gregorianische Reform; der periodische Einschnitt liegt in der Mitte des 11. Jahrhunderts.

Um Mißverständnissen vorzubeugen, sei der Begriff „Kirchliches Frühmittelalter" kurz umrissen. Schon vor dem Jahr 700 hat es ein Frühmittelalter gegeben. Einerlei, ob man es mit dem 5. oder dem 6. Jahrhundert beginnen lassen will, jedenfalls ist in den neu erstandenen germanischen Reichen neben der bereits vorhandenen römischen eine germanisch-romanische, also frühmittelalterliche Kultur aufgekommen. Obgleich die Kirche von ihr berührt wurde, hat sie sich doch an ihre alte römische Tradition gehalten; sie vermochte es um so leichter, als sie nach dem römischen Kirchenrecht weiterleben durfte. Erst als sich seit der Wende zum 8. Jahrhundert drei Großmächte gegenübertraten — das byzantinische, das arabische und das karolingische Reich —, wuchsen Westkirche und frühmittelalterliche Kultur zusammen. Mit der nun anhebenden Periode des germanisch geprägten Kirchenrechts begann das kirchliche Frühmittelalter. Als seine Merkmale sind zu nennen: Verflechtung zwischen Regnum und Sacerdotium, Königstheokratie, Eigenkirchenwesen, Laieninvestitur, neue Formen in Liturgie, Frömmigkeit und Seelsorge. Was damals in die Kirche eingeströmt ist, war zu einem guten Teil zeitbedingt. Sobald das Abendland über die frühmittelalterliche Phase hinauswuchs und den Übergang zum Hochmittelalter vollzog, mußte sich die Kirche mit ihrer frühmittelalterlichen Prägung auseinandersetzen. Sie tat es im Zeitalter der gregorianischen Reform und machte so die Kräfte frei, die sich in den folgenden zwei Jahrhunderten entfalten sollten. Mit der gregorianischen Reform begann das kirchliche Hochmittelalter.

Von der abendländischen Geschichte her gesehen, hätte es daher nahegelegen, den ersten Halbband mit der Zäsur zwischen Früh- und Hochmittelalter abzuschließen und die gregorianische Reform in den zweiten Halbband zu setzen. Das Zeitalter der gregorianischen Reform ist jedoch auch für die Geschichte der griechischen Kirche, vor allem für ihr Verhältnis zur abendländischen Christenheit, von entscheidender Bedeutung. Und hier leitet es keine neue Periode ein, es bildet vielmehr den Abschluß eines langen, ins Schisma einmündenden Prozesses. Denn daran kann man nicht zweifeln: Daß im Jahre 1054 einerseits päpstliche Legaten und anderseits der Patriarch Kerullarios sich einander mit dem Anathem belegt haben, betraf im Grunde nur wenige Personen. Aus sich allein hatte dieser Konflikt nicht die Kraft, Ost- und Westkirche endgültig zu trennen, erst die unmittelbar folgende Zeit erweiterte den Riß zum eigentlichen Schisma. Hatten sich seit der Wende zum 8. Jahrhundert die in ihrer Tradition erstarrende griechische und die vom Elan junger Völker getragene lateinische Kirche mehr und mehr auseinanderentwickelt, so trat dieser Prozeß mit der gregorianischen Reformzeit in sein Endstadium ein: Gegenüber einer abendländischen Christenheit, die die Kreuzzugsbewegung erstehen und das Papsttum die Führung der christlichen Welt übernehmen ließ, hielten die besorgten Griechen die dauernde Trennung für angebracht. Zum Verständnis des Schismas gehört eine genaue Kenntnis der gregorianischen Reform. Ihr Verlauf wird daher mit gutem Grund in diesem Halbband geschildert.

An dem Band sind mehrere Autoren beteiligt: Hans-Georg Beck übernahm die Geschichte der griechischen Kirche (er wird sie im zweiten Halbband bis ins 15. Jahrhundert fortsetzen) sowie die Allgemeine Bibliographie für Byzantinistik, Eugen Ewig die karolingische Zeit, Josef Andreas Jungmann Liturgie, Seelsorge und Frömmigkeit des Frühmittelalters, der Schreiber dieser Zeilen die ottonisch-frühsalische Zeit, die gregorianische Reform, die Allgemeine Bibliographie für die Westkirche und die Redaktion des Bandes. Walter Burkart, Oberkorrektor im Verlag Herder, stellte das Namen- und Sachverzeichnis zusammen.

Bei den bibliographischen Angaben, der „crux“ aller Handbücher, ist zu beachten, daß die einzelnen Kapitel in einem Zeitraum von etwa 5 Jahren entstanden sind. Natürlich haben sich die Bearbeiter bemüht, später erschienene Studien zu bereits abgeschlossenen Kapiteln nachzutragen. Besondere Sorgfalt wurde auf die Allgemeine Bibliographie verwendet. Um das Auffinden der Kapitelsbibliographie zu erleichtern, enthalten die Seitenüberschriften auf der linken Seite jeweils auch die Nummer des betreffenden Kapitels.

Allen oben genannten Herren sowie dem Verlag Herder sei für die verständnisvolle, opferbereite Zusammenarbeit aufrichtig gedankt.

Friedrich Kempf

INHALT

ZWEITER TEIL: DIE KIRCHE IM ZEITALTER DER GREGORIANISCHEN REFORM

VERZEICHNIS DER ABKÜRZUNGEN

Die Hinweise in den eckigen Klammern beziehen sich auf die Allgemeine Bibliographie dieses Bandes.

AAB = Abhandlungen der Deutschen (bis 1944: Preußischen) Akademie der Wissenschaften zu Berlin. Phil.-hist. Klasse, Berlin 1815 ff

AAL = Abhandlungen der Sächsischen Akademie der Wissenschaften in Leipzig (bis 30, 1920 AGL) Leipzig 1850 ff

AAM = Abhandlungen der Bayerischen Akademie der Wissenschaften. Phil.-hist. Klasse, München 1835 ff

AAMz = Abhandlungen (der geistes- und sozialwissenschaftlichen Klasse) der Akademie der Wissenschaften und der Literatur, Mainz 1950 ff

ActaSS = Acta Sanctorum [Allg. Bibl. I, 10]

ADipl = Archiv für Diplomatik, Schriftgeschichte, Siegel- und Wappenkunde, Münster-Köln 1955 ff

ADRomana = Archivio della Deputazione Romana di Storia Patria, Rom 1935 ff (1878 bis 1934: ASRomana)

AGG = Abhandlungen der Gesellschaft der Wissenschaften zu Göttingen (ab Folge III, 27, 1942: AAG), Göttingen 1843 ff

AHD = Archives d'Histoire doctrinale et littéraire du Moyen-âge, Paris 1926 ff

AHPont = Archivum Historiae Pontificiae, Rom 1963 ff

AHR = The American Historical Review, New York 1895 ff

AHVNrh = Annalen des Historischen Vereins für den Niederrhein, insbesondere das alte Erzbistum Köln, Köln 1855 ff

AkathKR = Archiv für Katholisches Kirchenrecht, (Innsbruck) Mainz 1857 ff

AKG = Archiv für Kulturgeschichte, (Leipzig) Münster und Köln 1903 ff

AMrhKG = Archiv für mittelrheinische Kirchengeschichte, Speyer 1949 ff

AnBoll = Analecta Bollandiana, Brüssel 1882 ff

Andrieu OR = Les ordines romani du haut moyen-âge [Allg. Bibl. I, 9]

ASRomana = Archivio della Reale Società Romana di Storia Patria, Rom 1878—1934 (ab 1935: ADRomana)

AstIt = Archivio storico Italiano, Florenz 1842 ff

AUF = Archiv für Urkundenforschung, Berlin 1908 ff

BAL = Berichte über die Verhandlungen der Sächsischen Akademie der Wissenschaften zu Leipzig (bis 71, 1, 1919: BGL), Leipzig 1846 ff

BÉCh = Bibliothèque de l'École des Chartes, Paris 1839 ff

Beck = H.-G. Beck, Kirche und theologische Literatur im byzantinischen Reich, München 1959

BÉH = Bibliothèque de l'École des Hautes Études, Sciences philologiques et historiques, Paris 1869 ff

BeitrGPhMA = Beiträge zur Geschichte der Philosophie des Mittelalters [Allg. Bibl. I, 11]

Benedictina = Benedictina, Rom 1947 ff

BHG = Bibliotheca hagiographica graeca, ed. socii Bollandiani, Brüssel ^{2}1909

Bibl = Biblica, Rom 1920 ff
BIStIAM = Bollettino dell'Istituto Storico Italiano per il Medio Evo e Archivio Muratoriano, Roma 1886 ff
BJRL = The Bulletin of the John Rylands Library, Manchester 1903 ff
BLE = Bulletin de littérature ecclésiastique, Toulouse 1899 ff
BM = Benediktinische Monatsschrift (1877—1918: St. Benediktsstimmen), Beuron 1919 ff
Bouquet = Recueil des historiens des Gaules et de France [Allg. Bibl. I, 3]
Braun = J. Braun, Der christliche Altar, 2 Bde, München 1924
ByZ = Byzantinische Zeitschrift, Leipzig 1892 ff
Byz(B) = Byzantion, Brüssel 1924 ff
ByzNGrJb = Byzantinisch-Neugriechische Jahrbücher, Athen - Berlin 1920 ff
CahArch = Cahiers Archéologiques. Fin de l'Antiquité et Moyen-âge, Paris 1945 ff
CambrHJ = The Cambridge Historical Journal, Cambridge 1923 ff; seit 1958: The Historical Journal
Caspar = Geschichte des Papsttums [Allg. Bibl. II, 5]
Catholicisme = Catholicisme. Hier — Aujourd'hui — Demain, dir. par G. Jacquemet, Paris 1948 ff
CCivMéd = Cahiers de la Civilisation Médiévale, Poitiers 1958 ff
ChartDipl = Académie des Inscriptions et Belles Lettres: Chartes et diplômes relatifs à l'histoire de France [Allg. Bibl. I, 3]
CHR = The Catholic historical Review, Washington 1915 ff
CivCatt = La Civiltà Cattolica, Rom 1850 ff (1871—87 Florenz)
ClassHist = Les classiques de l'histoire de France au moyen-âge [Allg. Bibl. I, 3]
CollText = Collection de textes pour servir à l'étude et l'enseignement de l'histoire [Allg. Bibl. I, 3]
DA = Deutsches Archiv für Erforschung des Mittelalters (1937—43: für Geschichte des Mittelalters, Weimar), Köln - Graz 1950 ff (vgl. NA)
DACL = Dictionnaire d'archéologie chrétienne et de liturgie, hrsg. v. F. Cabrol u. H. Leclercq, Paris 1924 ff
Dahlmann-Waitz = Quellenkunde der Deutschen Geschichte [Allg. Bibl. I, 2]
DDC = Dictionnaire de droit canonique, hrsg. v. R. Naz, Paris 1935 ff
DHGE = Dictionnaire d'histoire et de géographie ecclésiastiques, hrsg. v. A. Baudrillart u. a., Paris 1912 ff
Dölger Reg = Corpus der griechischen Urkunden des Mittelalters und der neueren Zeit. Reihe A: Regesten. Abt. 1; Regesten der Kaiserurkunden des oströmischen Reiches von 565—1453, bearb. von F. Dölger, 5 Fasc., München 1924—65
DOP = Dumbarton Oaks Papers, ed. Harvard University, Cambridge, Mass., 1941 ff
DSAM = Dictionnaire de Spiritualité ascétique et mystique. Doctrine et Histoire, hrsg. v. M. Viller, Paris 1932 ff
DThC = Dictionnaire de théologie catholique, hrsg. v. A. Vacant u. E. Mangenot, fortges. v. É. Amann, Paris 1930 ff
Duchesne LP = Liber Pontificalis [Allg. Bibl. I, 5]
DVfLG = Deutsche Vierteljahresschrift für Literaturwissenschaft und Geistesgeschichte, Halle 1923 ff
ECatt = Enciclopedia Cattolica, Rom 1949 ff
EHR = English Historical Review, London 1886 ff
EI^1 = Enzyklopädie des Islams, Leipzig 1913—38
ELit = Ephemerides Liturgicae, Rom 1887 ff
ÉO = Échos d'Orient, Paris 1897 ff
Feine RG = Kirchliche Rechtsgeschichte [Allg. Bibl. II, 6]
Fliche-Martin = Histoire de l'Église [Allg. Bibl. II, 3]

FlorPatr = Florilegium Patristicum [Allg. Bibl. I, 11]
FontiStIt = Istituto Storico Italiano, Fonti per la Storia d'Italia [Allg. Bibl. I, 3]
Fournier-LeBras = Histoire des collections canoniques en Occident [Allg. Bibl. I, 4]
FZThPh = Freiburger Zeitschrift für Theologie und Philosophie (vor 1914: Jahrbuch für Philosophie und spekulative Theologie; 1914—54: Divus Thomas) Fribourg
García-Villada = Z. García-Villada, Historia eclesiástica de España [Allg. Bibl. II, 4]
GdV = Die Geschichtsschreiber der deutschen Vorzeit [Allg. Bibl. I, 3]
Gebhardt-Grundmann = Handbuch der deutschen Geschichte [Allg. Bibl. II, 2]
Geiselmann = J. R. Geiselmann, Die Eucharistielehre der Vorscholastik, Paderborn 1926
GGA = Göttingische Gelehrte Anzeigen, Berlin 1738 ff
Giesebrecht = Geschichte der deutschen Kaiserzeit [Allg. Bibl. II, 2]
Glotz = Histoire Générale, hrsg. v. G. Glotz: Le Moyen Âge [Allg. Bibl. II, 1 a]
Gr = Gregorianum, Rom 1920 ff
GRM = Germanisch-Romanische Monatsschrift, Heidelberg 1909—42 und 1951 ff
Grumel Reg = V. Grumel, Les Regestes des actes du patriarcat de Constantinople, Fasc. 1—3, Kadiköy 1932—47
Haller = Das Papsttum. Idee und Wirklichkeit [Allg. Bibl. II, 5]
Hartmann = Geschichte Italiens im Mittelalter [Allg. Bibl. II, 2]
Hauck KD = Kirchengeschichte Deutschlands [Allg. Bibl. II, 4]
Hefele-Leclercq = Histoire des conciles [Allg. Bibl. II, 5]
Hesbert = R. J. Hesbert, Antiphonale Missarum sextuplex, Brüssel 1935
HJ = Historisches Jahrbuch der Görres-Gesellschaft, (Köln 1880 ff), München 1950 ff
HS = Hispania Sacra, Madrid 1948 ff
HThR = The Harvard Theological Review, Cambridge, Mass., 1908
HV = Historische Vierteljahresschrift, Leipzig 1898—1937 (bis 1898: DZGw)
HZ = Historische Zeitschrift, München 1859 ff
IER = The Irish ecclesiastical record, Dublin 1864 ff
Ital. Pont. = P. Kehr, Regesta Pontificum Romanorum: Italia Pontificia [Allg. Bibl. I, 5]
Jacob-Hohenleutner = Quellenkunde der deutschen Geschichte [Allg. Bibl. I, 2]
Jaffé = Regesta pontificum Romanorum [Allg. Bibl. I, 5]
JbbDG = Jahrbücher der deutschen Geschichte [Allg. Bibl. II, 2]
JEH = The Journal of Ecclesiastical History, London 1950 ff
JLW = Jahrbuch für Liturgiewissenschaft, Münster 1921—41 (jetzt: ALW)
JÖByzG = Jahrbuch der österreichischen byzantinischen Gesellschaft, Wien 1951 ff
Jungmann LE = J. A. Jungmann, Liturgisches Erbe und pastorale Gegenwart, Innsbruck-Wien-München 1960
Jungmann MS = Missarum sollemnia [Allg. Bibl. II, 10]
KRA = Kirchenrechtliche Abhandlungen, begr. von U. Stutz, Stuttgart 1902 ff
Künstle = K. Künstle, Ikonographie der christlichen Kunst, 2 Bde Freiburg 1926—28
Lietzmann SG = H. Lietzmann, Das Sacramentarium Gregorianum nach dem Aachener Urexemplar (Liturgiegeschichtliche Quellen 3), Münster 1921
LQF = Liturgiegeschichtliche Quellen und Forschungen, Münster 1909—40, 1957 ff
LThK² = Lexikon für Theologie und Kirche, hrsg. v. J. Höfer und K. Rahner, Freiburg ²1957 ff
LuM = Liturgie und Mönchtum. Laacher Hefte, (Freiburg i. Br.) Maria Laach 1948 ff
MA = Le Moyen-âge. Revue d'histoire et de philologie, Paris, dann Brüssel: 1. Reihe: 1888—96; 2. R.: 1897—1929; 3. R.: 1930—41; 4. R.: 1946 ff
MAH = Mélanges d'archéologie et d'histoire, Paris 1880 ff
Manitius = Geschichte der lateinischen Literatur im Mittelalter [Allg. Bibl. II, 11]
Mansi = Sacrorum conciliorum ... collectio [Allg. Bibl. I, 4]
Martène R = E. Martène, De antiquis Ecclesiae ritibus, I—IV Antwerpen 1736—38

MG = Monumenta Germaniae Historica [Allg. Bibl. I, 3] inde ab a. C. 500 usque ad a. 1500; Indices v. O. Holder-Egger u. K. Zeumer, Hannover-Berlin 1826 ff
Abteilungen:

MG Auct. ant	=	Auctores antiquissimi
MGCap	=	Capitularia
MGConc	=	Concilia
MGConst	=	Constitutiones
MGDD	=	Diplomata
MGEp	=	Epistolae
MG Ep. sel.	=	Epistolae selectae
MG Font. iur.	=	Fontes iuris germanici
MGLiblit	=	Libelli de lite
MGLL	=	Leges
MGNecr	=	Necrologia
MGPoetae	=	Poetae
MGSS	=	Scriptores
MGSS rer. Germ.	=	Scriptores rerum Germanicarum in usum scholarum ex Monumentis Germaniae historicis recusi *oder* separatim editi (Oktav-Reihe)
MGSS rer. Germ. NS	=	MG, Scriptores rerum Germanicarum, Nova series (Oktav-Reihe)
MGSS rer. Lang.	=	Scriptores rerum Langobardicarum
MGSS rer. Mer.	=	Scriptores rerum Merovingicarum

MIÖG = Mitteilungen des Instituts für österreichische Geschichtsforschung, (Innsbruck) Graz-Köln 1880 ff

Mirbt = Quellen zur Geschichte des Papsttums und des römischen Katholizismus [Allg. Bibl. I, 4]

MiscMercati = Miscellanea Giovanni Mercati, 6 Bde, Rom 1946

Mitteis = Lehnrecht und Staatsgewalt [Allg. Bibl. II, 8 a]

Mohlberg = C. Mohlberg, Das fränkische Sacramentarium Gelasianum in alamannischer Überlieferung (Liturgiegeschichtliche Quellen 1/2) Münster ²1939

MS = Mediaeval Studies, hrsg. v. Pontifical Institute of Mediaeval Studies, Toronto 1939 ff

Muratori = Rerum Italicarum Scriptores [Allg. Bibl. I, 3]

NA = Neues Archiv der Gesellschaft für ältere deutsche Geschichtskunde zur Beförderung einer Gesamtausgabe der Quellenschriften deutscher Geschichte des Mittelalters, Hannover 1876 ff (ab 1937: DA)

NZM = Neue Zeitschrift für Missionswissenschaft, Beckenried 1945 ff

ÖAKR = Österreichisches Archiv für Kirchenrecht, Wien 1950 ff

OGE = Ons Geestelijk Erf, Antwerpen-Thielt 1927 ff

OrChrP = Orientalia Christiana periodica, Rom 1935 ff

OstKSt = Ostkirchliche Studien, Würzburg 1951 ff

Ostrogorsky = G. Ostrogorsky, Geschichte des byzantinischen Staates (= Byzantinisches Handbuch, Tl. I, Bd II), München ³1962

PG = Patrologia graeca [Allg. Bibl. III, 3]

Pitra S = J. B. Pitra, Spicilegium Solesmense, 4 Bde, Paris 1852—58

PL = Patrologia latina [Allg. Bibl. I, 3]

Plöchl = Geschichte des Kirchenrechts [Allg. Bibl. II, 6]

Potthast R = Regesta Romanorum Pontificum [Allg. Bibl. I, 5]

QF = Quellen und Forschungen aus dem Gebiet der Geschichte, hrsg. von der Görres-Gesellschaft, Paderborn 1892 ff

QFIAB = Quellen und Forschungen aus italienischen Archiven und Bibliotheken, Rom 1898 ff
RAC = Reallexikon für Antike und Christentum, hrsg. v. Th. Klauser, Stuttgart 1941 (1950) ff
RAM = Revue d'ascétique et de mystique, Toulouse 1920 ff
RBén = Revue bénédictine, Maredsous 1884 ff
RE = Realencyklopädie für protestantische Theologie und Kirche, begr. v. J. J. Herzog, hrsg. v. A. Hauck, 24 Bde, Leipzig [3]1896—1913
RÉB = Revue des Études byzantines, Paris 1946 ff
RÉG = Revue des Études Grecques, Paris 1888 ff
RepFont = Repertorium fontium historicorum medii aevi [Allg. Bibl. I, 2]
RET = Revista Española de teología, Madrid 1941 ff
RevSR = Revue des Sciences Religieuses, Straßburg 1921 ff
Rhallis = Rhallis und Potlis, Σύνταγμα τῶν Θειῶν καὶ ἱερῶν κανόνων... ἐκδοθὲν... ὑπὸ T. A. Ῥάλλη καὶ M. Πότλη, 6 Bde, Athen 1852—59
RH = Revue historique, Paris 1876 ff
RHE = Revue d'histoire ecclésiastique, Löwen 1900 ff
RHEF = Revue d'histoire de l'Église de France, Paris 1910 ff
RHR = Revue de l'histoire des religions, Paris 1880 ff
Righetti = Manuale di storia liturgica [Allg. Bibl. II, 11]
RivAC = Rivista di archeologia cristiana, Rom 1924 ff
RMab = Revue Mabillon, Ligugé 1921 ff
RNPh = Revue néoscolastique de philosophie, Löwen 1894 ff
Rolls Series = Rerum Britannicarum medii aevi Scriptores [Allg. Bibl. I, 3]
RQ = Römische Quartalschrift für christliche Altertumskunde und für Kirchengeschichte, Freiburg i. Br. 1887 ff
RQH = Revue des questions historiques, Paris 1866 ff
RSIt = Rivista storica Italiana, Neapel 1884 ff
RSPhTh = Revue des sciences philosophiques et théologiques, Paris 1907 ff
RSR = Recherches de science religieuse, Paris 1910 ff
RSTI = Rivista di storia della chiesa in Italia, Rom 1947 ff
SA = Studia Anselmiana, Rom 1933 ff
SAB = Sitzungsberichte der Deutschen (bis 1944: Preußischen) Akademie der Wissenschaften zu Berlin. Phil.-hist. Klasse, Berlin 1882 ff
Saeculum = Saeculum. Jahrbuch für Universalgeschichte, Freiburg i. Br. 1950 ff
SAM = Sitzungsberichte der Bayerischen Akademie der Wissenschaften. Phil.-hist. Abt., München 1871 ff
Santifaller NE = L. Santifaller, Neuere Editionen mittelalterlicher Königs- u. Papsturkunden: Österr. Akad. d. Wiss., Mitt. d. Wiener Dipl. Abt. der Mon. Germ. Hist. 6, Wien 1958
SAW = Sitzungsberichte der (ab 225, 1, 1947: Österreichischen) Akademie der Wissenschaften in Wien, Wien 1831 ff
SC = Scuola Cattolica, Mailand 1873 ff
Schnürer = Kirche und Kultur im Mittelalter [Allg. Bibl. II, 1 c]
Schubert = Geschichte der christlichen Kirche im Frühmittelalter [Allg. Bibl. II, 3]
SE = Sacris Erudiri. Jaarboek voor Godsdienstwetenschapen, Brügge 1948 ff
SM = Studien und Mitteilungen aus dem Benediktiner- und Zisterzienserorden bzw. zur Geschichte des Benediktinerordens und seiner Zweige, München 1880 ff (seit 1911 Neue Folge)
Speculum = Speculum. A Journal of medieval studies, Cambridge, Mass., 1926 ff
SteT = Studi e Testi, Rom 1900 ff

StGThK = Studien zur Geschichte der Theologie und Kirche, Leipzig 1897—1908
StudGreg = Studi Gregoriani, hrsg. v. G. B. Borino, 7 Bde, Rom 1947—61
StudiBiz = Studi Bizantini e Neoellenici, Rom 1925 ff
StudMed = Studi Medievali, Turin 1904 ff; N. S. 1928 ff (Nuovi Studi Medievali, Bologna 1923—27)
ThGl = Theologie und Glaube, Paderborn 1909 ff
THQ = Theologische Quartalschrift, Tübingen 1819 ff; Stuttgart 1946 ff
ThZ = Theologische Zeitschrift, Basel 1945 ff
Tr = Traditio, New York 1943 ff
TThZ = Trierer Theologische Zeitschrift (bis 1944: Pastor Bonus), Trier 1888 ff
Ueberweg = Grundriß der Geschichte der Philosophie [Allg. Bibl II, 12]
Veit = Volksfrommes Brauchtum und Kirche im Mittelalter [Allg. Bibl. II, 1 c]
VIÖG = Veröffentlichungen des Instituts für österreichische Geschichtsforschung, Wien 1935 f; 1946 ff
WaG = Die Welt als Geschichte, Stuttgart 1935 ff
Wattenbach = Deutschlands Geschichtsquellen im Mittelalter [Allg. Bibl. I, 2]
Wattenbach-Holtzmann = Deutschlands Geschichtsquellen im Mittelalter. Deutsche Kaiserzeit [Allg. Bibl. I, 2]
Wattenbach-Levison = Deutschlands Geschichtsquellen im Mittelalter. Vorzeit und Karolinger [Allg. Bibl. I, 2]
Watterich = Pontificum Romanorum Vitae [Allg. Bibl. I, 5]
ZBLG = Zeitschrift für Bayerische Landesgeschichte, München 1928 ff
ZGObrh = Zeitschrift für die Geschichte des Oberrheins, Karlsruhe 1851 ff
ZKG = Zeitschrift für Kirchengeschichte, (Gotha) Stuttgart 1876 ff
ZKTh = Zeitschrift für Katholische Theologie, (Innsbruck) Wien 1877 ff
ZRGG = Zeitschrift für Religions- und Geistesgeschichte, Marburg 1948 ff
ZSavRGgerm = Zeitschrift der Savigny-Stiftung für Rechtsgeschichte, Germanistische Abteilung, Weimar 1863 ff
ZSavRGkan = Zeitschrift der Savigny-Stiftung für Rechtsgeschichte, Kanonistische Abteilung, Weimar 1911 ff
ZSKG = Zeitschrift für Schweizer Kirchengeschichte, Fribourg 1907 ff

ALLGEMEINE BIBLIOGRAPHIE

Im Abschnitt A) Die Westkirche sind verschiedene, auch die Geschichte der Ostkirche betreffende Werke aufgeführt, z. B. die großen Konziliensammlungen, die im Abschnitt B „Die Ostkirche“ nicht wiederholt werden.

A) Die Westkirche

I. QUELLEN ZUR GESCHICHTE DER WESTKIRCHE

1. Hilfswissenschaften

Für die Hilfswissenschaften (Chronologie, Paläographie, Bibliothekskunde, Urkundenlehre, Archivkunde, Heraldik, Geographie und Kartographie, Statistik) vgl. Bd I dieses Handbuches 11—17 (*H. Jedin*, Einleitung in die Kirchengeschichte).

2. Quellenkunde

A. Potthast, Bibliotheca historica medii aevi. Wegweiser durch die Geschichtswerke des europäischen Mittelalters bis 1500, 2 Bde (Berlin ^{2}1896; Neudr. Graz 1954).

Repertorium fontium historiae medii aevi, primum ab A. Potthast digestum, nunc cura collegii historicorum e pluribus nationibus emendatum et auctum, hrsg. vom Istituto Storico Italiano und der Unione Internazionale degli Istituti di Archeologia, Storia e Storia dell'Arte in Roma (zit. RepFont); bisher erschienen Bd I: Series collectionum (Rom 1962).

U. Chevalier, Répertoire des sources historiques du moyen-âge: Bio-Bibliographie, 2 Bde (Paris ^{2}1905/07); *ders.*, Topo-Bibliographie, 2 Bde (Montbéliard 1894—1903).

Unter den nationalgeschichtlichen Quellenkunden sind wegen ihrer über das eigene Land hinausgehenden Angaben wichtig:

A. Molinier, Les sources de l'histoire de France, 6 Bde (Paris 1902/06).

Dahlmann-Waitz, Quellenkunde der deutschen Geschichte, hrsg. von *H. Haering*, 2 Bde (Leipzig ^{9}1930/31); Neuauflage in Vorbereitung.

W. Wattenbach, Deutschlands Geschichtsquellen im Mittelalter bis zur Mitte des 13. Jahrhunderts, I (Stuttgart-Berlin ^{7}1904), II (Berlin ^{6}1894).

Wattenbach-Levison, Deutschlands Geschichtsquellen im Mittelalter. Vorzeit und Karolinger, 4 Hefte, bearb. von *W. Levison* und *H. Löwe;* Beiheft: Die Rechtsquellen von *R. Buchner* (Weimar 1952/57).

Wattenbach-Holtzmann, Deutschlands Geschichtsquellen im Mittelalter. Deutsche Kaiserzeit, Bd I (900—1125) bisher in 4 Heften (Tübingen $^{2-3}$1948).

K. Jacob - H. Hohenleutner, Quellenkunde der deutschen Geschichte im Mittelalter, 2 Bde (Berlin 1959/61), bis 1250 reichend.

3. Die wichtigeren allgemeinen Quellensammlungen

J. P. Migne, Patrologiae cursus completus. Series latina (bis 1216), Bd 1—217: Texte, 218 bis 221: Indices (Paris 1841/64). Suppl. ed. A. Hamann, Paris 1957 ff; Hinweise auf neue Bearbeitungen und Autorenverzeichnis: RepFont I 434—454; genaueres Verzeichnis der Papsturkunden bei *Santifaller NE* (s. Abkürzungsverzeichnis) 57—62.

Monumenta Germaniae Historica (zit. MG), hrsg. vom Deutschen Institut zur Erforschung des Mittelalters (verschiedene Verlagsorte, 1826 ff). Die stark untergegliederten Hauptserien sind: Scriptores, Leges, Diplomata, Epistolae, Antiquitates; neue kleinere Reihen:

Staatsschriften des späteren Mittelalters; Quellen zur Geistesgeschichte; Deutsches Mittelalter, kritische Studientexte. Verzeichnis aller Werke mit Überblick über Geschichte der MG und Angabe bibliograph. Hilfsmittel in RepFont I 466—478.

Die Geschichtsschreiber der deutschen Vorzeit; Übersetzungen ins Deutsche nach den Texten der MG, 104 Bde (verschiedene Verlagsorte, 1847 ff); Verzeichnis in RepFont I 286—290.

J. F. Böhmer, Fontes rerum germanicarum, 4 Bde (Stuttgart 1843/68); RepFont I 102.

Ph. Jaffé, Bibliotheca rerum germanicarum, 6 Bde (Berlin 1864/73); RepFont I 349.

M. Bouquet, Recueil des historiens des Gaules et de la France. Rerum gallicarum et francicarum scriptores, 24 Bde (Paris 1738—1904); nouv. édit. par *L. Delisle* von Bd 1—19 (Paris 1868/80); RepFont I 7—9.

Académie des Inscriptions et Belles Lettres: Chartes et diplômes relatifs à l'histoire de France, 16 Bde (Paris 1908 ff); RepFont I 3 f. — Recueil des historiens de France mit den Serien: Documents financières, Obituaires, Pouillés; RepFont I 9 f. — Documents relatifs à l'histoire des croisades und Recueil des historiens des croisades, letztere Sammlung mit mehreren Serien; RepFont I 4—7.

Collection de textes pour servir à l'étude et l'enseignement de l'histoire, 51 Bde (Paris 1886—1929); RepFont I 161—163.

Collection de documents inédits sur l'histoire de France, 134 Bde (Paris 1835 ff); RepFont I 156—160.

Les classiques de l'histoire de France au moyen-âge (mit beigefügter Übersetzung), 25 Bde (Paris 1923 ff); RepFont I 130 f.

Les classiques français du moyen âge, 89 Bde (Paris 1910 ff), RepFont I 131—133.

L. A. Muratori, Rerum italicarum scriptores, 25 Bde (Mailand 1723/51); nuova ediz., iniziata da *G. Carducci* e *V. Fiorini*, continuata a cura dell'Istituto Storico Italiano, 34 Bde in 109 Heften (Città di Castello, dann Bologna 1900 ff); RepFont I 510—522.

Istituto Storico Italiano per il medio evo: Fonti per la storia d'Italia, 94 Bde (Rom 1887 ff); RepFont I 272—274. — Regesta chartarum Italiae, 34 Bde (Rom 1907 ff); RepFont I 606 f.

Rerum Britannicarum medii aevi scriptores, hrsg. von dem Master of the Rolls (zit. Rolls Series), 99 Bde (London 1858/96); RepFont I 612—619.

Royal Historical Society, Camden Third Series, 90 Bde (London 1900 ff); RepFont I 629 bis 631.

Medieval Classics, seit 1953: Medieval Texts (mit beigefügter Übersetzung), 16 Bde (London 1949 ff); RepFont I 413.

Quellensammlungen für andere Länder: RepFont I.

4. Konzilien, Glaubens- und Rechtsentscheidungen; Kirchenrecht

J. Hardouin, Acta conciliorum et epistolae decretales ac constitutiones summorum Pontificum, 12 Bde (Paris 1714/15); RepFont I 317.

J. D. Mansi, Sacrorum conciliorum nova et amplissima collectio, 31 Bde, bis 1440 reichend (Florenz, dann Venedig 1759/98); Neudruck mit Fortsetzung bis 1902 von *J. B. Martin* - *L. Petit*, 60 Bde (Paris 1899—1927); RepFont I 402—404.

Conciliorum oecumenicorum decreta, ed. Centro di Documentazione Bologna (Freiburg i. Br. ^{2}1962).

H. Denzinger - *A. Schönmetzer*, Enchiridion symbolorum, definitionum et declarationum de rebus fidei et morum (Barcelona - Freiburg ^{33}1965).

C. Mirbt, Quellen zur Geschichte des Papsttums und des römischen Katholizismus (Tübingen ^{4}1924 = ^{5}1934), etwas einseitig, aber wertvoll.

Corpus Iuris Canonici. Wichtigste Ausgaben: Editio Romana iussu Gregorii XIII (Rom 1582); *Aem. Richter* (Leipzig 1833/39); *E. Friedberg*, 2 Bde (Leipzig 1879/91).

Codicis Iuris Canonici Fontes, hrsg. von *Petrus Card. Gasparri*, seit vol. VII von *Iustinianus Card. Serédi*, I—VIII + IX: Tabellae (Rom 1923/39).

Werke zur Geschichte der kanonistischen Quellen:

A. van Hove, Prolegomena. Commentarium Lovaniense in Codicem Juris Canonici (Mecheln - Rom [2]1945). — *A. Stickler*, Historia iuris canonici. I: Historia fontium (Turin 1950). — *P. Fournier - G. Le Bras*, Histoire des collections canoniques en Occident depuis les fausses décrétales jusqu'au décret de Gratien, 2 Bde (Paris 1931/32).

5. *Papsttum*

Liber Pontificalis, ed *L. Duchesne*, I—II (Paris [2]1907/15; Neudr. 1955); ErgBd III, ed. *C. Vogel* (Paris 1957), mit Druck der in Tortosa überlieferten ursprünglichen Fassung der von Paschalis II. bis Honorius II. reichenden Papstviten Pandulfs, vorher hrsg. von *J. P. March*, Liber Pontificalis prout exstat in codice Dertusensi (Barcelona 1925). Über die Genesis des ganzen Buches vgl. LThK[2] VI (1961) 1016 f.

J. M. Watterich, Pontificum Romanorum qui fuerunt inde ab ex. saec. IX usque ad finem saec. XIII Vitae, 2 Bde (Leipzig 1862); enthält reiches, aus vielen Quellen gesammeltes Material.

Bullarium Romanum; von den verschiedenen weder vollständigen noch zuverlässigen Ausgaben ist die am meisten benutzte die Editio Taurinensis von *A. Tomassetti*, 24 Bde (Turin 1857/72).

Ph. Jaffé, Regesta Pontificum Romanorum ab condita ecclesia ad a. 1198, 2[a] edit. cur. *S. Loewenfeld, F. Kaltenbrunner, P. Ewald*, 2 Bde (Berlin 1885/88; Nachdr. Graz 1958). Das noch unentbehrliche Werk wird ergänzt durch die territorial gegliederte Sammlung von Papsturkunden (bis 1198), die *P. Kehr* im Auftrag der Göttinger Gesellschaft der Wissenschaften begonnen und seit 1931 in der „Pius-Stiftung für Papsturkunden und mittelalterliche Geschichtsforschung" institutionell verankert hat. Bisher sind erschienen:

P. Fr. Kehr, Regesta Pontificum Romanorum: Italia Pontificia I—VIII cong. *P. Kehr*, IX ed. *W. Holtzmann* (Berlin 1906/35; 1962); X für Kalabrien und die Inseln in Vorbereitung. — Germania Pontificia I—III cong. *A. Brackmann* (Berlin 1910—35); vgl. *Santifaller NE* (s. Abkürzungsverzeichnis) 69.

Studien und Vorarbeiten der „Pius-Stiftung" für die anderen Länder, veröffentlicht in NGG, seit 1926 in AGG; Übersicht bei *Santifaller NE* (s. Abkürzungsverzeichnis) 66 bis 68. Bearbeitet wurden die Papsturkunden in Spanien von *P. Kehr*, in Portugal von *C. Erdmann*, in Deutschland und der Schweiz von *A. Brackmann*, in Frankreich von *W. Wiederholt, H. Meinert, J. Ramackers*, in den Niederlanden und in Belgien von *J. Ramackers*, in England von *W. Holtzmann*.

6. *Staatliche Verfügungen*

Codex Theodosianus

— cum perp. commentariis Jac. Gothfredi ed. *J. P. Ritter*, 6 Bde (Leipzig 1739/43).

— cum constitutionibus Sirmondianis et leges novellae ed. *Th. Mommsen - P. Meyer*, 2 Bde (Berlin 1904/05).

— recogn. *P. Krueger* (Berlin 1923).

Corpus Iuris Civilis,

— ed. *Dion. Gothofredus*, 6 Bde (Lyon 1589).

— ed. *P. Krueger - Th. Mommsen - R. Schroell - G. Kroll*, 3 Bde (Berlin 1912/20).

Keltische und germanische Rechtskollektionen sind größtenteils veröffentlicht in den oben (Nr. 3) angeführten Quellensammlungen, wie etwa in den Rolls Series und in den MGLL; sie werden nach Bedarf unten bei den einzelnen Kapiteln zitiert.

Die Urkunden der weltlichen Herrscher sind ediert in den nationalgeschichtlichen Quellenwerken; vgl. dazu RepFont I. Wegen der engen Beziehung zwischen Papsttum und Kaisertum kommen besonders in Betracht:

MG Diplomata Karolinorum, — regum Germaniae ex stirpe Karolinorum, — regum et imperatorum Germaniae; einzeln zitiert in RepFont I 475.

J. F. Böhmer, Regesta Imperii, neu hrsg. vom Wiener Institut für östr. Geschichtsforschung nach der Einteilung: I. Karolinger: 751—918; II. Sächsisches Haus: 919 bis 1024. III. Salisches Haus: 1024—1125; genauere Zitate bei *Santifaller NE* (s. Abkürzungsverzeichnis) 14 f.

7. Historisch-statistische Werke mit oder ohne Quelleneditionen

P. B. Gams, Series episcoporum ecclesiae catholicae (Regensburg 1873; Suppl. 1879/86).

L. H. Cottineau, Répertoire topo-bibliographique des abbayes et prieurés, 2 Bde (Mâcon 1935/39).

Gallia Christiana, in provincias ecclesiasticas distributa, hrsg. von *D. de Saint Marthe* und von den Maurinern, 16 Bde (Paris 1717—1865); RepFont I 279 f.

Gallia Christiana novissima. Histoire des archevêchés, évêchés et abbayes de France, 7 Bde (Montbéliard, dann Valence 1899 ff); RepFont I 280.

F. Ughelli, Italia Sacra, 2ª edit. von *N. Coleti,* 10 Bde (Venedig 1717/22); RepFont I 753 bis 755.

España Sagrada, par *Henrique Flórez* (und Fortsetzern), 56 Bde (Madrid 1747—1879; 1918; 1950 ff); RepFont I 252—255 mit Angabe der Quellentexte.

J. L. Villanueva, Viage literario a las iglesias de España, 20 Bde (Madrid 1803/51).

W. Dugdale, Monasticum Anglicanum, 2ª edit. von *J. Calley - H. Ellis - B. Bandinel,* 6 Bde (London 1817/30; ³1846); RepFont I 236.

D. Farlati - J. Coleti, Illyricum Sacrum, 8 Bde (Venedig 1751—1819); RepFont I 256 f.

Germania Sacra. Hist.-stat. Darstellung der deutschen Bistümer, Domkapitel, Kollegiat- und Pfarrkirchen, Klöster und sonstiger kirchl. Institute, hrsg. vom Kaiser-Wilhelm-Institut für Geschichte (jetzt: Max-Planck-Inst.); bisher erschienen: Bist. Brandenburg von *Abb-Bünger-Wentz* (1929/41), Bist. Havelberg von *Wentz* (1933), Bist. Bamberg von *Frhr. v. Guttenberg* (1937), Archidiakonat Xanten von *Classen* (1938), Zist.-Abtei Altenberg von *Mosler* (1965), Bist. Würzburg 1 (Bischofsreihe bis 1254) von *Wendehorst* (1962).

Die Arbeiten der „Pius-Stiftung" (oben n. 5) mit wichtigen Quellenhinweisen.

8. Orden

L. Holstenius - M. Brockie, Codex regularum monasticarum et canonicarum, 6 Bde (Augsburg 1759).

B. Albers, Consuetudines monasticae, 5 Bde (Stuttgart - Wien, dann Montecassino 1900 bis 1912); RepFont I 181.

K. Hallinger, Corpus consuetudinum monasticarum, cura Pont. Athenaei S. Anselmi de Urbe editum; von den ca 25 vorgesehenen Bänden bis jetzt erschienen Bd 1—2 (Siegburg 1963).

9. Liturgie

Vgl. Bibliographie von *H. Baus* in diesem Handbuch I 59 f; für das Mittelalter sei hinzugefügt:

Henry Bradshaw Society, founded in the year of our Lord 1890 for the editing of rare liturgical texts, 92 Bde (London 1891 ff); RepFont I 322 f.

V.-M. Leroquais hat für Frankreich die liturgischen Handschriften gesammelt: Les sacramentaires et missels, 3 Bde (Paris 1924); Les bréviaires, 5 Bde (Paris 1934); Les pontificaux, 3 Bde (Paris 1937); Les psautiers, 2 Bde (Mâcon 1940/41).

Le Pontifical Romain au moyen âge, ed. *M. Andrieu:* Studi e Testi 86, 87, 88, 99 (Vatikanstadt 1938/41).

Les ordines Romani du haut moyen âge, ed. *M. Andrieu:* Spec. Sacr. Lovan. (Unten n. 11) 11, 23, 24, 28 (Löwen 1931/36).

U. Chevalier, Repertorium hymnologicum, 6 Bde (Brüssel 1892—1920).

G. M. Dreves - Cl. Blume, Analecta hymnica medii aevi, 55 Bde (Leipzig 1886 ff); RepFont I 29 f.

Hymnologische Beiträge, hrsg. von *Dreves-Blume,* 4 Bde (Leipzig 1897 ff); RepFont I 336.

10. Hagiographie

Acta Sanctorum, hrsg. von *J. Bolland* und seinen Nachfolgern, den „Bollandisten", 70 Bde (verschiedene Verlagsorte, 1643 ff); Neudrucke: Bd 1—43 (Venedig 1734/40); Bd 1—60 mit gewissen Änderungen (Paris - Rom 1863/70); nähere Hinweise und Übersicht über die nach Monaten und Heiligenkalender durchgeführte Gliederung: RepFont I 16 f.

Bibliotheca hagiographica Latina antiquae et mediae aetatis, 2 Bde (Brüssel 1898—1901; Suppl. 1911; Neudr. 1949); es handelt sich um einen Namensindex der ActaSS, jeweils mit Angabe der Codices und der Bibliographie.

Martyrologium Romanum, ed. 3ª post typicam (Rom 1949).

Martyrologium Romanum, ad formam editionis typicae scholiis historicis instructum, hrsg. von *H. Delehaye* u. a.: ActaSS. Propylaeum ad Acta Sanctorum Decembris (Brüssel 1940).

Fr. Doyé, Heilige und Selige der röm.-kath. Kirche, 2 Bde (Leipzig 1930/32).

Bibliotheca Sanctorum, hrsg. vom Istituto Giovanni XXIII, eine großangelegte Enzyklopädie, bis jetzt 6 Bde (Rom 1961 ff).

11. Philosophie und Theologie

Beiträge zur Geschichte der Philosophie (nach 1930: und Theologie) des Mittelalters. Texte und Untersuchungen, 39 Bde, zuerst hrsg. von *Cl. Baeumker,* jetzt von *M. Schmaus* (Münster 1891 ff); RepFont I 59—61.

Florilegium patristicum, seit 1930: tam veteris quam medii aevi auctores complectentes, zuerst hrsg. von *G. Rauschen,* dann von *B. Geyer - J. Zellinger,* 44 Bde (Bonn 1904/44); RepFont I 261 f.

Spicilegium sacrum Lovaniense. Études et documents pour servir à l'histoire des doctrines chrétiennes depuis la fin de l'âge apostolique jusqu'à la clôture du concile de Trente: Université catholique et collèges O. P. et S. J. de Louvain, Paris, 28 Bde (Löwen 1922 ff); RepFont I 711.

Textes philosophiques du moyen âge, 7 Bde (Paris 1955 ff); RepFont I 740.

II. DARSTELLUNGEN DER WESTLICHEN GESCHICHTE

1. Universalgeschichte

a) Größere Sammlungen:

Peuples et Civilisations. Histoire générale, hrsg. von *L. Halphen - Ph. Sagnac* (Paris 1926 ff): V. *L. Halphen,* Les barbares, des grandes invasions aux conquêtes turques du XIe s. (⁴1940); VI. *L. Halphen,* L'essor de l'Europe, XIe—XIIIe s. (²1940).

Histoire Générale, hrsg. von *G. Glotz* und Nachfolgern (Paris 1925 ff); mit Bd 14 beginnt die Serie „Le Moyen-Age": I, 1—2. *F. Lot - Ch. Pfister - F. L. Ganshof*, Les destinées de l'Europe en Occident de 395 à 888 (²1940/41); II. *A. Fliche*, L'Europe occidentale de 888 à 1125 (²1941); III. *Ch. Diehl - G. Marçais*, Le monde oriental de 395 à 1081 (1944); VIII. *H. Pirenne - G. Cohen - H. Focillon*, La civilisation occidentale du XIᵉ au milieu du XVᵉ s.; IX, 1. *Ch. Diehl - L. Oeconomos - R. Guilland - R. Grousset*, L'Europe orientale de 1081 à 1453 (1945).

The Cambridge Mediaeval History, planed by *J. B. Bury* (Cambridge 1911/36): II. The Rise of the Saracens and the Foundation of the Western Empire (1913); III. Germany and the Western Empire (1924); IV. The Eastern Roman Empire 717—1453 (1927); V. Contest of Empire and Papacy (1929). Bd II reicht bis ca 814, III bis ins 11. Jh., V von ca 1050—1200.

Historia Mundi, hrsg. von *F. Valjavec* (Bern 1952 ff): V. Frühes Mittelalter (1956), mit den Abschnitten: Das frühe Germanentum — Die Reitervölker Eurasiens — Das frühe Slaventum — Die Araber und der Islam — Die Grundlegung des Abendlandes (Karolingerzeit); VI. Hohes und spätes Mittelalter (1958), mit den Abschnitten: Das Abendland — Die byzantinische Welt — Die Welt des Islam — Ausklang und Übergang (Humanismus und Renaissance).

Propyläen-Weltgeschichte. Eine Universalgeschichte, hrsg. von *G. Mann - A. Nitschke:* V. Islam. Die Entstehung Europas (Berlin - Frankfurt - Wien 1963); umfaßt auch das Hoch- und gutenteils das Spätmittelalter. Noch wertvoll sind: Propyläen-Weltgeschichte, hrsg. von *W. Goetz:* III—IV (Berlin 1932/33); Neue Propyläen-Weltgeschichte, hrsg. von *W. Andreas:* II (Berlin 1940).

A. Cartellieri, Weltgeschichte als Machtgeschichte. 381—911: Die Zeit der Reichsgründungen (München - Berlin 1927); — Die Weltstellung des deutschen Reiches 911—1047 (ebd. 1932); — Der Aufstieg des Papsttums im Rahmen der Weltgeschichte 1047—1095 (ebd. 1936); — Der Vorrang des Papsttums zur Zeit der Kreuzzüge 1095—1150 (ebd. 1941).

b) Kleinere Zusammenfassungen:

J. Calmette, Le monde féodal: Clio. Introduction aux études historiques (Paris ⁵1951). — *J. Génicot*, Les lignes de faîte du moyen-âge (Casterman ³1961); deutsch: Das Mittelalter. Geschichte und Vermächtnis (Graz - Wien - Köln 1957). — *Chr. Dawson*, The Making of Europe 400—1000 (London ²1951); deutsch: Gestaltung des Abendlandes (Köln ²1950). — *R. W. Southern*, The Making of the Middle Ages (London 1953); deutsch: Die gestaltenden Kräfte des Abendlandes (Stuttgart 1960). — *W. v. den Steinen*, Der Kosmos des Mittelalters. Von Karl d. Gr. zu Bernhard von Clairvaux (Bern - München 1959). — *K. Hampe*, Das Hochmittelalter 900—1250 (München - Köln ⁴1953). — *F. L. Ganshof*, Le Moyen-Age: Histoire des relations internationales I (Paris 1953).

c) Kultur- und geistesgeschichtliche Werke:

G. Schnürer, Kirche und Kultur im Mittelalter, 3 Bde (Paderborn 1924/29; I ³1936). — *Chr. Dawson*, Religion and Rise of Western Culture (London 1950); deutsch: Die Religion im Aufbau der abendländischen Kultur (Düsseldorf 1953). — Histoire générale des Civilisations III, publ. par *E. Perroy* (Paris 1955). — *J. Bühler*, Die Kultur des Mittelalters (Stuttgart ³1941; Neudr. 1949). — *L. A. Veit*, Volksfrommes Brauchtum und Kirche im Mittelalter (Freiburg 1936). — *Th. Steinbüchel*, Christliches Mittelalter (Leipzig 1935). — *H. Meyer*, Geschichte der abendländischen Weltanschauung, III: Die Weltanschauung des Mittelalters (Paderborn - Würzburg ²1952).

2. *Nationalgeschichte*

Deutschland: *G. Gebhardt - H. Grundmann*, Handbuch der deutschen Geschichte, I: Frühzeit und Mittelalter (Stuttgart ⁸1954). — *O. Brandt - A. O. Meyer*, Handbuch der deutschen Geschichte I (Potsdam 1935/41); neu hrsg. von *L. Just*, I (Konstanz 1952 ff; unvollständig). — *P. Rassow*, Deutsche Geschichte im Überblick (Stuttgart ²1962). — Jahrbücher der deutschen Geschichte, hrsg. von der Hist. Kommission der Bayer. Akad. der Wiss. (verschiedene Verlagsorte, 1862 ff); unentbehrliches Nachschlagewerk, aufgeteilt auf Regierungszeiten, meist der einzelnen Herrscher (von den Anfängen der Karolinger bis 1158, 1190—1233, 1298—1308); chronologisch fortschreitende Darstellungen unter Anführung aller Quellen. — *W. v. Giesebrecht*, Geschichte der deutschen Kaiserzeit (bis 1190), 6 Bde., der letzte hrsg. von *B. v. Simson* (Leipzig I—III ⁵1881/90; IV ²1877; V—VI 1880/95). — *K. Hampe - F. Baethgen*, Deutsche Kaisergeschichte in der Zeit der Salier und Staufer (Heidelberg ¹⁰1949).

England: The Oxford History of England, hrsg. von *G. N. Clark* (Oxford 1934 ff): II. *F. M. Stenton*, Anglo-Saxon England (²1947; öfters Neudrucke); III. *A. L. Poole*, From Domesday Book to Magna Carta 1087—1216 (²1955). — *A. L. Poole*, Medieval England, 2 Bde (Oxford ²1960).

Frankreich: *E. Lavisse*, Histoire de France depuis les origines jusqu'à la Révolution (Paris 1900 ff): II, 1. *C. Bayet - Ch. Pfister - A. Kleinclausz*, Le christianisme, les barbares, Mérovingiens et Carolingiens (1903); II, 2. *A. Luchaire*, Les premiers Capétiens 987 à 1137 (1901). — *G. Duby - R. Mandrou*, Histoire de la civilisation française. Moyen âge — XVIᵉ siècle (Paris 1958).

Italien: *L. M. Hartmann*, Geschichte Italiens im Mittelalter (Gotha 1897 ff): II, 2 — IV, 1 (1903—1915); unvollendet, reicht von Karolingerzeit bis 1017. — Storia politica d'Italia, dir. da *A. Solmi*, 3ª ediz. (Mailand 1937 ff): VI. *G. Romano*, Le dominazioni barbariche in Italia 395—888 (1940); VII—VIII. *C. G. Mor*, L'età feudale (1952—1953). — Storia d'Italia Illustrata (Mailand 1936 ff): III. *L. Salvatorelli*, L'Italia medioevale dalle incursioni barbariche agli inizi del sec. XI (o. J.); IV. *L. Salvatorelli*, L'Italia comunale. Dagli inizi del sec. XI alla metà del sec. XIV (o. J.). — Storia d'Italia, hrsg. von *N. Valeri:* I. Il medioevo (Turin 1959).

Spanien und Portugal: *R. Konetzke*, Geschichte des spanischen und portugiesischen Volkes (Leipzig - Berlin 1939). — Historia de España, hrsg. von *R. Menéndez Pidal* (Madrid 1940 ff): III—IV. *E. Lévi-Provençal*, España musulmana hasta la caída del califato de Córdoba 711—1031, übers. und eingeleit. von *A. García Gómez* (1950 bis 1957); VI. *J. Pérez de Urbel - R. Arco y Garay*, España cristiana. Comienzo de la Reconquista 711—1038 (1956). — *R. Soldevilla*, Historia de España I—II (Barcelona 1952 bis 1953). — *L. García de Valdavellano*, Manual de la historia de España (Madrid 1952). — *A. Ballesteros y Beretta*, Historia de España, Bd II und Anfänge von III (Madrid 1920, 1922); 2. Aufl. von I—III in 5 Bden (Barcelona 1943/48). — *P. Peres*, Historia de Portugal I—II (Barcelos 1928/29).

Für die anderen Länder werden die Nationalgeschichten jeweils unten bei den Kapiteln zitiert.

3. *Allgemeine Kirchengeschichte*

Histoire de l'Église depuis les origines jusqu'à nos jours, hrsg. von *A. Fliche - V. Martin* und Nachfolgern (Paris 1934 ff):
VI. *E. Amann*, L'époque carolingienne (1947).
VII. *E. Amann - A. Dumas*, L'Église au pouvoir des laïques 888—1057 (1948).
VIII. *A. Fliche*, La réforme grégorienne et la reconquête chrétienne 1057—1125 (1946).
XII. Institutions ecclésiastiques de la chrétienté mediévale: Livre 1. *G. Le Bras*, Préliminaires et Iᵉʳᵉ partie (1959).

XIII. *A. Forest - F. van Steenberghen - M. de Gandillac,* Le mouvement doctrinal du IXe au XIVe s. (1951).

Die Kirche in ihrer Geschichte. Ein Handbuch, hrsg. von *K. D. Schmidt - E. Wolf* (Göttingen 1960 ff); für Mittelalter (= Bd II) bisher erschienen: Lief. E: *G. Haendler,* Geschichte des Frühmittelalters und der Germanenmission; *G. Stökl,* Geschichte der Slavenmission (1961). Lief. G, 1: *H. Grundmann,* Ketzergeschichte des Mittelalters (1963).

B. Llorca - R. García Villoslada - F. J. Montalban, Historia de la Iglesia católica (Madrid 1950 ff): II. *R. García Villoslada,* Edad media 800—1303 (^{2}1958).

K. Bihlmeyer - H. Tüchle, Kirchengeschichte, II: Das Mittelalter (Paderborn ^{17}1962).

J. Lortz, Geschichte der Kirche in ideengeschichtlicher Betrachtung, I: Altertum und Mittelalter (Münster ^{21}1962).

H. v. Schubert, Geschichte der christlichen Kirche im Frühmittelalter (Tübingen 1921), reicht bis Ende des 9. Jh.

4. Kirchengeschichte einzelner Länder

Belgien: *E. de Moreau,* Histoire de l'Église en Belgique, 5 Bde und ErgBd (Brüssel 1940 ff): I—II. Histoire de l'Église en Belgique des origines au XIIe s. (^{2}1945).

Böhmen: *A. Nägle,* KG Böhmens und Mährens I, 1—2 (Wien - Leipzig 1915/18), reicht nur bis 973.

Dänemark und andere nordische Länder: *P. G. Lindhardt,* Den nordiske kirkeshistorie, I (Kopenhagen 1950). — Handbok i Svensk kirkohistoria, I: *Y. Brilioth,* Medeltiden (Stockholm 1948). — Den Danske kirkeshistorie, hrsg. von *H. Koch - B. Kornerup:* I. *H. Koch,* Den aeldre middelalder indtil 1241 (Kopenhagen 1950). — *G. Gustafson,* Svensk kirkehistoria (Stockholm ^{2}1963).

Deutschland: *K. Hauck,* Kirchengeschichte Deutschlands, 5 Bde in 6 vol. (Leipzig I—IV ^{4}1904/13; V, 1 ^{2}1911; V, 2 1920, Neudruck 1950 ff); I: bis 751; II: 751—911; III: 911—1122; der Horizont des bedeutenden Werkes geht weit über Deutschland hinaus.

Einzelne deutsche Länder: KG Bayerns von *R. Bauerreiß,* 5 Bde (St. Otilien 1950/55). — KG Schwabens von *H. Tüchle,* 2 Bde (Stuttgart 1950/54). — Württemberg. KG I von *K. Weller* (Stuttgart 1936). — Pfälzische KG von *E. Mayer* (Kaiserslautern 1939). — KG der Pfalz von *L. Stamer,* 4 Teile (Speyer 1936/65). — Thüring. KG von *R. Herrmann,* 2 Bde (Jena 1937/47). — KG Sachsens von *W. Schlesinger,* 2 Bde (Köln - Graz 1962). — KG Mecklenburgs I von *K. Schmaltz* (Schwerin 1935). — KG Pommerns von *H. Heyden,* 2 Bde (Köln ^{2}1957). — KG Niedersachsens (Göttingen 1939). — Mittelalterl. KG Ostfrieslands von *H. Kochs* (Aurich 1934). — KG Schleswig-Holsteins I von *H. v. Schubert* (Kiel 1907), II von *E. Feddersen* (Kiel 1938).

England: History of the English Church, hrsg. von *W. R. W. Stephens - W. Hunt,* 8 Bde in 9 vol. (London 1899—1910, öfters Neudr.): II. *W. Hunt,* History of the English Church from its Foundation to the Norman Conquest 597—1066 (1899); III. *W. R. W. Stephens,* History of the English Church from the Norman Conquest to the Accession of Edward I 1066—1272 (1901). — Ecclesiastical History of England, hrsg. von *J. C. Dickinson: M. Deannesley,* The Pre-Conquest Church in England (London 1961). — *J. Moorman,* A History of the Church of England (London 1953). — *S. C. Carpenter,* The Church in England 597—1688 (London 1954). — *J. Godfrey,* The Church in Anglo-Saxon England (Cambridge 1962). — The English Church and the Papacy in the Middle Ages, hrsg. von *C. H. Lawrence* (London 1965).

Frankreich: *Ch. Poulet,* Histoire de l'Église de France, 3 Bde (Paris 1946/49). — *A. Latreille - E. Delaruelle - J. R. Palanque,* Histoire du catholicisme en France, 2 Bde (Paris 1957/60). — *M. Bury,* Histoire de l'Église d'Alsace (Colmar 1946).

Irland und Schottland: *L. Gougaud,* Chrétientés celtiques (Paris 1911); engl.: Christianity in Celtic Lands (London 1932). — *A. Bellesheim,* Geschichte der katholischen Kirche in Irland, 3 Bde (Mainz 1890/91). — *W. Delius,* Geschichte der irischen Kirche von den Anfängen bis zum 12. Jahrhundert (München - Basel 1954).
A. Bellesheim, Geschichte der katholischen Kirche in Schottland, 2 Bde (Mainz 1883). — *W. O. Simpson,* The Celtic Church in Scotland (Aberdeen 1935). — *J. H. S. Burleigh,* A Church History of Scotland (Oxford 1960).

Niederlande: *R. R. Post,* Kerkgeschiedenis van Nederland in de middeleeuwen, 2 Teile (Utrecht 1957).

Österreich: *E. Tomek,* KG Österreichs, 2 Bde (Innsbruck - Wien - München 1935/48). — *J. Wodka,* KG Österreichs. Wegweiser durch ihre Geschichte (Wien 1959). — *A. Maier,* KG Kärntens, Heft 2: Mittelalter (Klagenfurt 1953).

Polen: *K. Völker,* KG Polens (Berlin 1930).

Schweiz: *Th. Schwegler,* Geschichte der katholischen Kirche in der Schweiz (Stans ²1945).

Spanien: *P. Gams,* Kirchengeschichte von Spanien, 3 Bde (Regensburg 1862/79). — *Z. García Villada,* Historia eclesiástica de España, 3 Bde in 5 vol. (Madrid 1929/36), reicht bis 1085.

5. Konzils- und Papstgeschichte

C. J. v. Hefele - H. Leclercq, Histoire des conciles: III—V (Paris 1910/15); III 560 ff: 692—813; IV: 814—1073; V: 1073—1250.

J. Haller, Das Papsttum. Idee und Wirklichkeit, neue von H. Dannenbauer ergänzte Aufl. in 5 Bden (Stuttgart 1950 ff); I. Die Grundlagen (1950), bis gegen Ende des 8. Jh.; II. Der Aufbau (1952), bis 1125.

F. X. Seppelt, Geschichte des Papsttums, II: Geschichte des Papsttums im Frühmittelalter. Von Gregor d. Gr. bis zur Mitte des 11. Jh. (München ²1955); III: Die Vormachtstellung des Papsttums im Hochmittelalter von der Mitte des 11. Jh. bis zu Cölestin V. (ebd. 1956).

E. Caspar, Geschichte des Papsttums von den Anfängen bis zur Höhe der Weltherrschaft (unvollendet), II: Das Papsttum unter byzantinischer Herrschaft (Tübingen 1933), reicht bis etwa 750. Aus dem Nachlaß ausgewählt von U. Gmelin: *E. Caspar,* Das Papsttum unter fränkischer Herrschaft (Darmstadt 1956 = Nachdr. aus ZKG 54 [1935] 132—264).

W. Ullmann, The Growth of Papal Government in the Middle Ages. A study in the ideological relation of clerical to lay power (London 1955); deutsch: Die Machtstellung des Papsttums im Mittelalter. Idee und Wirklichkeit (Graz 1960), reicht bis etwa 1150; vgl. dazu *F. Kempf,* Die päpstliche Gewalt in der mittelalterlichen Welt: Saggi storici intorno al Papato (Rom 1959) 117—169.

Rom und Kirchenstaat:
Storia di Roma, hrsg. vom Istituto di Studi Romani (Bologna 1938 ff): IX. *O. Bertolini,* Roma di fronte a Bisanzio e ai Longobardi (1941); X. *P. Brezzi,* Roma e l'impero medioevale 774—1252 (1947); XII. Topografia e urbanistica di Roma (1958) 189—341. — *C. Cecchelli,* Roma medioevale. — *F. Schneider,* Rom und Romgedanke im Mittelalter (München 1926). — *L. Duchesne,* Les premiers temps de l'État Pontifical (Paris ³1911). — *L. Halphen,* Études sur l'administration de Rome au moyen âge 751 à 1252 (Paris 1907).

6. *Kirchliche Rechts- und Verfassungsgeschichte*

Systematische Darstellungen mit reichen historischen Hinweisen:
G. Phillips, Kirchenrecht, 7 Bde (Regensburg 1845/72); VIII von *F. Vering* (ebd. 1889). — *P. Hinschius,* Das Kirchenrecht der Katholiken und Protestanten, I—VI, 1 (Berlin 1869/97). — *J. B. Sägmüller,* Lehrbuch des kath. Kirchenrechts, 2 Bde (Freiburg i. Br. [3]1914; I, 1—4 [4]1925/34).

Rechtsgeschichtliche Werke:
Zur Quellengeschichte s. oben I, 4. — *H. E. Feine,* Kirchliche Rechtsgeschichte. Die katholische Kirche (Köln - Graz [4]1964). — *W. Plöchl,* Geschichte des Kirchenrechts, I: Das Recht des ersten christlichen Jahrtausends. Von der Urkirche bis zum großen Schisma (Wien [2]1960); II: Das Kirchenrecht der abendländischen Christenheit 1055 bis 1517 (Wien [2]1961). — Histoire du droit et des institutions de l'Église en Occident, hrsg. von *G. Le Bras* (Paris 1955 ff); I. *G. Le Bras,* Prolégomènes (1955). — S. auch oben n. 3: *Fliche-Martin* XII. — *R. Sohm,* Kirchenrecht, 2 Bde (Leipzig 1892—1923). — *B. Kurtscheid,* Historia iuris canonici. Historia institutionum. I: Ab ecclesiae fundatione usque ad Gratianum (Rom 1941). — *Ch. Munier,* Les sources patristiques du droit de l'Église du VIIIe au XIIIe siècle (Diss. Straßburg 1957).

Für einzelne Länder werden die Arbeiten unten bei den betreffenden Kapiteln zitiert; man beachte vor allem:
A. Werminghoff, Verfassungsgeschichte der deutschen Kirche im Mittelalter (Leipzig [2]1913). — *J. F. Lemarignier - J. Gaudemet - G. Mollat,* Institutions ecclésiastiques: *Lot-Fawtier* (s. n. 7) III (Paris 1962).

7. *Weltliche Rechts- und Verfassungsgeschichte*

Deutschland: *R. Schröder - E. v. Künßberg,* Lehrbuch der deutschen Rechtsgeschichte (Berlin [7]1932). — *H. Conrad,* Deutsche Rechtsgeschichte. I: Frühzeit und Mittelalter (Karlsruhe [2]1962). — *G. Waitz,* Deutsche Verfassungsgeschichte, 8 Bde (Berlin I—II [3]1880/82; III—VI [2]1883/96; VII—VIII 1876/78), wichtig wegen der reichen Quellenzitate.

England: *F. Pollock - F. W. Maitland,* The History of English Law before the Time of Edward I, 2 Bde (Cambridge [2]1911). — *J. E. A. Jollife,* Constitutional History of Medieval England from the English Settlement to 1485 (London [2]1947).

Frankreich: *P. Viollet,* Histoire des institutions de France, 3 Bde (Paris 1890—1903). — *E. Chénon,* Histoire générale du droit français public et privé (Paris 1926/27). — *F. Lot - R. Fawtier* u. a., Histoire des institutions françaises au moyen âge. I: Institutions seigneuriales (Paris 1957); II: Institutions royales (Paris 1958); III: Institutions ecclésiastiques (s. oben n. 6). — *R. Holtzmann,* Französische Verfassungsgeschichte (München 1910).

Italien: *A. Pertile,* Storia del diritto italiano, 7 Bde (Turin [2]1928). — *P. S. Leicht,* Storia del diritto italiano: Diritto pubblico (Mailand [2]1940); Le fonti (ebd. 1939); Il diritto privato (ebd. 1941/44). — *G. de Vergottini,* Lezioni di storia del diritto italiano. Il diritto pubblico italiano nei sec. XII—XIV (Mailand [2]1960).

Spanien: *A. García Gallo,* Historia del derecho español, 2 Bde (Madrid 1941/42; I [3]1945). — *E. Mayer,* Historia de los instituciones sociales y políticas de España y Portugal durante los siglos V a XIV, 2 Bde (Madrid 1925/26).

Für die anderen Länder wird die Literatur unten nach Bedarf zitiert.

8. *Monographien zur kirchlichen und weltlichen Rechtsgeschichte*

a) Staat und Gesellschaft:

O. Gierke, Das deutsche Genossenschaftsrecht, 4 Bde (Berlin 1868—1912). — *H. Mitteis,* Der Staat des hohen Mittelalters (Weimar ^{7}1962). — *F. Kern,* Gottesgnadentum und Widerstandsrecht im früheren Mittelalter (Darmstadt ^{2}1954). — *M. David,* La souveraineté et les limites juridiques du pouvoir monarchique du IXe au XVe siècle (Paris 1954). — *Th. Mayer,* Fürsten und Staat. Studien zur Verfassungsgeschichte des deutschen Mittelalters (Weimar 1950). — *H. Mitteis,* Lehnrecht und Staatsgewalt (Weimar 1933). — *F. L. Ganshof,* Qu'est-ce que la féodalité? (Brüssel ^{3}1957); deutsch: Was ist das Lehnswesen? (Darmstadt 1961). — *J. Calmette,* La société féodale (Paris ^{4}1938). — *M. Bloch,* La société féodale, 2 Bde (Paris 1939/40). — *E. Lesne,* Histoire de la propriété ecclésiastique en France, 6 Bde in 8 Teilen (Lille 1910/43). — *L. Santifaller,* Zur Geschichte des ottonisch-salischen Reichskirchensystems: SAW Phil.-Hist. Kl. 229, 1 (Wien ^{2}1964).

b) Politische Ideengeschichte:

P. E. Schramm, Herrschaftszeichen und Staatssymbolik, 3 Bde (Stuttgart 1954/56). — *R. W.-A. J. Carlyle,* A History of Mediaeval Political Theory in the West, 6 Bde, der letzte von 1300 bis 1600 (London I ^{3}1930; II—III ^{2}1928; IV—VI 1922—36). — *G. Tabacco,* La relazione fra i concetti di potere temporale e spirituale nella tradizione cristiana fino al sec. XVI (Turin 1950). — *G. Pilati,* Chiesa e Stato nei primi quindici secoli. Profilo dello sviluppo della teoria attraverso le fonti e la bibliografia (Rom 1961). — *M. Pacaut,* La théocratie. L'Église et le Pouvoir au moyen âge (Paris 1957). — *H. X. Arquillière,* L'Augustinisme politique. Essai sur la formation des théories politiques du moyen-âge (Paris ^{2}1955). — *E. H. Kantorowicz,* The King's Two Bodies. A Study in Mediaeval Political Theology (Princeton 1957). — *A. Dempf,* Sacrum Imperium. Geschichts- und Staatsphilosophie des Mittelalters und der politischen Renaissance (Darmstadt ^{2}1954). — *C. Erdmann,* Forschungen zur politischen Ideenwelt des Frühmittelalters, hrsg. von F. Baethgen (Berlin 1951).

c) Christliches Herrschertum:

Das Königtum. Seine geistigen und rechtlichen Grundlagen, Vorträge und Forschungen hrsg. von Th. Mayer 3 (Lindau-Konstanz 1956). — La regalità sacra. Contributi al tema del VIIIe congresso internaz. di Storia delle Religioni, Roma 1955 (Leiden 1959). — *A. Guinan,* The Christian Concept of Kingship: HThR 49 (1956) 219—269. — *R. Folz,* L'idée de l'empire en Occident du Ve au XIV siècle (Paris 1953). — *E. Eichmann,* Die Kaiserkrönung im Abendland, 2 Bde (Würzburg 1942). — *C. A. Bouman,* Sacring and Crowning. The development of the latin ritual for the anointing of kings and the coronation of the emperor before the eleventh century (Groningen 1957).

9. *Ordensgeschichte*

Allgemein:

P. Hélyot, Histoire des ordres monastiques, religieux et militaires, 8 Bde (Paris 1714/19); daraus: *J. P. Migne,* Dictionnaire des ordres religieux, 4 Bde (Paris 1847/59). — *H. Heimbucher,* Die Orden und Kongregationen der katholischen Kirche, 2 Bde (Paderborn ^{3}1933/34). — *U. Berlière,* L'ordre monastique des origines au XIIe siècle (Paris ^{4}1928). — Il monachesimo nell'alto medio evo: Settimane di studio del Centro Ital. di Studi sull'alto medioevo 4 (Spoleto 1957). — *G. G. Coulton,* Five Centuries of Religion, 4 Bde (Cambridge 1923/50), beginnt mit ca. 1000. — *Ph. Schmitz,* Histoire de l'ordre de Saint Benoît, 6 Bde (Maredsous ^{2}I—II; III—VI 1948/49); deutsch: Geschichte des Benediktinerordens, 5 Bde (Einsiedeln 1947 ff). — *St. Hilpisch,* Geschichte der Benediktinerinnen (St. Ottilien 1951).

Für einzelne Länder:

D. Knowles, The Monastic Order in England 943—1215 (Cambridge ²1949). — *G. Penco,* Storia del monachesimo in Italia (Rom 1961). — *J. Pérez de Urbel,* Los monjes españoles en la edad media, 2 Bde (Madrid 1933/34).

10. Liturgie

L. Eisenhofer, Handbuch der kathol. Liturgie, 2 Bde (Freiburg i. Br. ²1941).

M. Righetti, Manuale di storia liturgica, 4 Bde (Mailand I ²1950; II ²1955; III ³1964, IV 1955).

A. G. Martimort (und Mitarbeiter), L'Église en prière. Introduction à la Liturgie (Paris-Tournai-Rom ³1965), deutsch: Handbuch der Liturgiewissenschaft, 2 Bde (Freiburg 1963).

J. A. Jungmann, Missarum sollemnia (Wien ⁴1958).

Th. Klauser, Kleine abendländische Liturgiegeschichte. Bericht und Besinnung (Bonn 1965).

C. Vogel, Introduction aux sources de l'histoire du culte chrétien au moyen âge (Spoleto 1966).

11. Lateinische Literatur- und allgemeine Bildungsgeschichte

Literatur:

M. Manitius, Geschichte der lateinischen Literatur des Mittelalters, 3 Bde (München 1911/31), I: Von Justinian bis zur Mitte des 10. Jh.; II: bis zum Investiturstreit; III: bis zum Ende des 12. Jh. — *C. Gröber,* Grundriß der romanischen Philologie, Bd. II (Straßburg 1902) 97—432. — *J. de Ghellinck,* Littérature latine au moyen âge, 2 Bde (Paris 1939); I: bis zum Ende der karol. Renaissance; II: bis zu St. Anselm. — *E. R. Curtius,* Europäische Literatur und lateinisches Mittelalter (Bern-München ³1961). — *F. J. E. Raby,* A History of Christian Latin Poetry in the Middle Ages (Oxford ³1953). — *ders.,* A History of Secular Latin Poetry in the Middle Ages (Oxford ²1957). — *A. Siegmund,* Die Überlieferung der griechischen christlichen Literatur in der lateinischen Kirche bis zum 12. Jahrhundert (München-Pasing 1949).

Bibliotheken:

F. Milkau-G. Leyh, Handbuch der Bibliothekswissenschaft, Bd. III: Geschichte der Bibliotheken (Wiesbaden 1955), Beitrag über Mittelalter von K. Christ, 243—498. — *J. W. Thompson,* The Medieval Library (Chicago 1939). — *E. Lesne,* Hist. de la propriété (s. o. n. 8 a), IV: Les livres, scriptoria et bibliothèques (Lille 1938), reicht bis Ende des 11. Jahrhunderts.

Schulwesen:

J. van den Driesch-J. Esterhues, Geschichte der Erziehung und Bildung, I: Von den Griechen bis zum Ausgang des Zeitalters der Renaissance (Paderborn 1951). — *W. Wühr,* Das abendländische Bildungswesen im Mittelalter (München 1950). — *L. Maître,* Les écoles épiscopales et monastiques en Occident 768—1180 (Paris ²1924). — *E. Lesne,* Hist. de la propriété (s. o. n. 8 a), V: Les écoles de la fin du VIIIᵉ siècle à la fin du XIIᵉ (Lille 1940). — *R. M. Martin,* Arts libéraux: DHGE IV (1930) 827—843. — *H. Fuchs,* Enkyklios Paideia, in: RAC V (1962) 365—398. — Artes liberales. Von der antiken Bildung zur Wissenschaft des Mittelalters, hrsg. von *J. Koch* (Leiden-Köln 1959).

12. Philosophie, Theologie, Spiritualität

Allgemeine Lehrentwicklung:

Fliche-Martin XIII (s. o. n. 3). — *M. Grabmann,* Die Geschichte der scholastischen Methode, 2 Bde (Freiburg i. Br. 1909/11). — *A. C. Crombie,* Augustine to Galileo. The history of science 400—1560 (London ²1957).

Philosophie:

F. Ueberweg, Grundriß der Geschichte der Philosophie, Bd II von *B. Geyer*, Die patristische und scholastische Philosophie (Berlin [11]1927; Nachdr. 1951). — *M. de Wulf*, Histoire de la philosophie médiévale, 3 Bde (Paris [6]1934/47). — *É. Bréhier*, La philosophie du moyen âge (Paris 1937). — *E. Gilson*, La philosophie du moyen âge des origines patristiques à la fin du XIVe siècle (Paris [2]1947); deutsch: *E. Gilson - Ph. Böhner*, Die Geschichte der christlichen Philosophie bis zu Nikolaus von Cues, 3 Bde (Paderborn [2]1952).

Theologie:

H. Hurter, Nomenclator literarius theologiae catholicae, Bd I: bis 1109, II: 1109—1563 (Innsbruck I [4]1926, II [3]1906). — *P. F. Cayré*, Patrologie et histoire de la théologie, Bd II (Paris - Tournai - Rom [3]1945). — *M. Grabmann*, Die Geschichte der katholischen Theologie seit dem Ausgang der Väterzeit (Freiburg i. Br. 1933); ital. Ausgabe mit Nachträgen (Mailand [2]1939). — Bei dem Mangel an kathol. Dogmengeschichten sind systematische Werke heranzuziehen, wie *M. Schmaus*, Katholische Dogmatik, 5 Bde (München I—II [5]1953/55, III, 1—2 1940/[3]53, IV [3]1952/53, V 1955); *M. Schmaus - J. R. Geiselmann - A. Grillmeier*, Handbuch der Dogmengeschichte (Freiburg 1951 ff), sowie Dogmengeschichten protestantischer Autoren: *A. von Harnack*, Lehrbuch der DG, Bd III (Tübingen [5]1932); *R. Seeberg*, Lehrbuch der DG, Bd III (Leipzig [4]1930); *F. Loofs*, Leitfaden zum Studium der DG, Bd II (Tübingen [5]1953).

Bibelstudium:

F. Stegmüller, Repertorium Biblicum Medii Aevi, 7 Bde (Madrid 1950/61). — *H. Rost*, Die Bibel im Mittelalter (Augsburg 1939). — *B. Smalley*, The Study of the Bible in the Middle Ages (Oxford [2]1952). — *C. Spicq*, Esquisse d'une histoire de l'exégèse latine au moyen-âge (Paris 1944). — *H. de Lubac*, Exégèse médiévale, 2 Bde (Paris 1960/61). — *B. Bischoff*, Wendepunkte in der Geschichte der lateinischen Exegese im Frühmittelalter: SE 6 (1954) 189—281.

Spiritualität:

P. Pourrat, La spiritualité chrétienne, Bd II (Paris [4]1924). — *L. Génicot*, La spiritualité médiévale (Paris 1958). — *J. Leclercq - F. Vandenbroucke - L. Bouyer*, La spiritualité du moyen âge (Paris 1961).

B) Die Ostkirche

III. QUELLEN ZUR GESCHICHTE DER OSTKIRCHE

1. Hilfswissenschaften

a) Paläographie, Handschriften- und Bibliothekskunde:

V. Gardthausen, Griechische Paläographie, 2 Bde (Leipzig [2]1913). — *W. Schubart*, Griechische Paläographie (München 1925). — *E. M. Thompson*, Handbook of Greek and Latin Paleography ([2]1913). — *R. Devreesse*, Introduction à l'étude des manuscrits grecs (Paris 1954). — *R. Merkelbach - H. van Thiel*, Griechisches Leseheft zur Einführung in Paläographie und Textkritik (Göttingen 1965). — *L. Polites*, Ὁδηγὸς καταλόγου χειρογράφων (Athen 1961). — *A. Dain*, Les manuscrits (Paris [2]1964). — *M. Richard*, Répertoire des bibliothèques et des catalogues des manuscrits grecs (Paris [2]1958). — *ders.*, Supplément I (Paris 1965).

b) Diplomatik:

F. Dölger, Byzantinische Diplomatik (Ettal 1956). — *F. Dölger - J. Karayannopulos*, Einführung in die byzantinische Diplomatik (München 1966).

c) Sphragistik:

G. Schlumberger, Sigillographie de l'empire byzantin (Paris 1884). — *V. Laurent*, Documents de sigillographie byzantine: La collection C. Orghidan (Paris 1952). — *ders.*, Les sceaux byzantins du médaillier Vatican (Vatikan 1962). — *ders.*, Le Corpus des sceaux de l'empire byzantin V ff (Paris 1963 ff).

d) Numismatik:

G. Schlumberger, Numismatique de l'empire byzantin (Paris 1884). — *W. Wroth*, Catalogue of the Imperial Byzantine Coins of the British Museum, 2 Bde (London 1908). — *H. Goodacre*, A Handbook of the Coinage of the Byzantine Empire, 3 Bde (London 1928/33). — *H. Longuet*, Introduction à la numismatique byzantine (London 1962). — *A. Barozzi*, Byzantium and Numismatics. An annotated select bibliography: The Voice of the Turtle 4 (1965) 229—242.

Lexika:

Ch. du Fresne Ducange, Glossarium ad scriptores mediae et infimae Graecitatis (Paris 1688). — *E. A. Sophokles*, Greek Lexikon of the Roman and Byzantine Periods (New York 1887). — *G. W. H. Lampe*, A Patristic Greek Lexikon (Oxford 1961 ff). — Ἱστορικὸν λεξικὸν τῆς Ἑλληνικῆς γλώσσης (Athen 1933 ff).

2. *Quellenkunde*

K. Krumbacher, Geschichte der byzantinischen Litteratur von Justinian bis zum Ende des oströmischen Reiches (München ²1897).

M. E. Colonna, Gli storici bizantini dal IV al XV secolo I: Storici profani (Rom 1956).

S. Impellizzeri, La letteratura bizantina da Costantino agli iconoclasti (Bari 1965).

H.-G. Beck, Kirche und theologische Literatur im byzantinischen Reich (München 1959).

G. Moravcsik, Byzantinoturcica I: Die byzantinischen Quellen der Geschichte der Turkvölker (Berlin ²1958). Infolge der Tatsache, daß so gut wie jeder byzantinische Historiker ein Turkvolk behandelt, ist daraus eine vollständige bibliographisch bestens dokumentierte Neuauflage der Krumbacherschen Literaturgeschichte, Teil Historiographie, geworden.

H. E. Mayer, Bibliographie zur Geschichte der Kreuzzüge (Hannover 1960).

W. Buchwald - A. Hohlweg - O. Prinz, Tusculum-Lexikon griechischer und lateinischer Autoren des Altertums und des Mittelalters (München 1963).

E. Legrand, Bibliographie hellénique ou description raisonnée des ouvrages publiés en grec par des Grecs au XVe et XVIe siècles, 3 Bde (Paris 1885—1903).

3. *Allgemeine Quellensammlungen*

J. P. Migne, Patrologiae cursus completus. Series graeca (Paris 1867/76); Inhaltsangabe in RepFont I 420—429.

R. Graffin - F. Nau, Patrologia orientalis (Paris 1903 ff); RepFont I 302—305.

Sources chrétiennes (Paris 1942 ff); RepFont I 706—708.

J. Pitra, Spicilegium Solesmense, 4 Bde (Paris 1852/58).

J. Pitra, Analecta sacra Spicilegio Solesmensi parata, 8 Bde (Bd 6 nicht erschienen!) (Paris 1876/88).

A. Mai, Scriptorum veterum nova collectio, 10 Bde (Rom 1825/38).

A. Mai - J. Cozza-Luzi, Nova Patrum bibliotheca, 9 Bde (Rom 1852/88).
A. Demetrakopulos, Ἐκκλησιαστικὴ Βιβλιοθήκη I (Leipzig 1866).
A. Papadopulos-Kerameus, Ἀνάλεκτα Ἱεροσολυμιτικῆς σταχυολογίας, 5 Bde (St. Petersburg 1891).
A. Vasiliev, Analecta graeco-byzantina I (Moskau 1893).
W. Regel, Fontes rerum byzantinarum, 2 Fasc. (St. Petersburg 1892—1917).
C. Will, Acta et scripta quae de controversiis ecclesiae graecae et latinae saeculo undecimo composita extant (Leipzig - Marburg 1861).
Corpus scriptorum historiae byzantinae, 50 Bde (Bonn 1828/97); RepFont I 201—203.
K. N. Sathas, Μεσαιωνικὴ βιβλιοθήκη, 7 Bde (Athen - Paris - Venedig 1872/74).
J. B. Bury, Byzantine Texts, 5 Bde (London 1898—1904).
Collection byzantine, publiée sous le patronage de l'Association Guillaume Budé (Paris 1926 ff).
Bibliothèque byzantine, publiée sous la direction de *P. Lemerle*. Documents (Paris 1952 ff).
J. F. Boissonade, Anecdota graeca e codicibus regiis, 5 Bde (Paris 1829/33).
ders., Anecdota nova (Paris 1844).
S. Lampros, Παλαιολόγεια καὶ Πελοποννησιακά, 4 Bde (Athen 1912/30).
Μνημεῖα τῆς ἑλληνικῆς ἱστορίας (Athen 1932 ff).
J. C. Wolf, Anecdota graeca sacra et profana, 4 Bde (Hamburg 1722/24).
Scriptores byzantini (Bukarest 1958 ff).
E. v. Ivánka, Byzantinische Geschichtsschreiber (Graz - Wien - Köln 1954 ff): deutsche Übersetzungen.

4. *Konzilien, Glaubens- und Rechtsentscheidungen, Kirchenrecht*

E. Schwartz, Acta conciliorum oecumenicorum, 9 Bde (Straßburg - Berlin 1914/19); ein Band steht noch aus.
G. Hofmann, Concilium Florentinum, 2 Bde (Rom 1929/30).
ders., Documenta concilii Florentini de unione orientalium, 3 Bde (Rom 1935/36).
Concilium Florentinum (Rom 1940 ff).
G. A. Rhallis - M. Potlis, Σύνταγμα τῶν Θείων καὶ ἱερῶν κανόνων, 6 Bde (Athen 1852/59); enthält auch die großen byzantinischen Kommentatoren des kanonischen Rechts: Zonaras, Balsamon und Aristenos.
A. Alibizatos, Οἱ ἱεροὶ κανόνες καὶ οἱ ἐκκλησιαστικοὶ νόμοι (Athen ²1949).
P. P. Joannou, Discipline générale antique (IVᵉ—IXᵉ siècle), 4 Bde (Grottaferrata 1962 bis 1964).
V. Beneševič, Joannis Scholastici synagoga L titulorum ceteraque eiusdem opera iuridica I: AAM NF 14 (München 1937).
J. Pitra, Juris ecclesiastici Graecorum historia et monumenta, 2 Bde (Rom 1864/68).
J. B. Cotelier, Monumenta ecclesiae graecae I (Paris 1677).
W. Voel - C. Justel, Bibliotheca juris canonici vetus, 2 Bde (Paris 1661).
M. Gedeon, Κανονικαὶ διατάξεις, ἐπιστολαί, λύσεις, θεσπίσματα τῶν ἁγιωτάτων πατριαρχῶν Κωνσταντινουπόλεως, 2 Bde (Konstantinopel 1888/89).
F. Miklosich - J. Müller, Acta et diplomata graeca medii aevi, 6 Bde (Wien 1860/90); hier bes. Bd 1 und 2.
P. Croce, Textus selecti ex operibus commentatorum byzantinorum iuris ecclesiastici (Vatikan 1939), mit wichtiger Einleitung von *E. Herman*.
J. Oudot, Patriarchatus Constantinopolitani acta selecta I (Vatikan 1944).

5. *Staatliche Verfügungen über Kirchenangelegenheiten*

K. E. Zachariae von Lingenthal, Ius graeco-romanum, 7 Bde (Leipzig 1856/84).
J. et P. Zepos, Ius graecoromanum, 8 Bde (Athen 1931).
G. E. Heimbach, Basilicorum libri LX (Leipzig 1833/70).
H. J. Scheltema, Basilica (Groningen - 's Gravenhage 1953 ff).
P. Noailles - A. Dain, Les nouvelles de Léon le Sage (Paris 1944).
G. E. Heimbach, Constantini Harmenopuli Manuale legum sive Hexabiblos (Leipzig 1851).
C. Ferrini - J. Mercati - F. Dölger - St. Hörmann - E. Seidl, M. Κριτοῦ τοῦ Πατζῆ Τιπούκειτος. Librorum LX Basilicorum summarium (Vatikan 1914/57).

6. *Historisch-statistische Werke*

M. Le Quien, Oriens christianus, 3 Bde (Paris 1740).
O. Seeck, Notitia dignitatum. Accedunt Notitia urbis Constantinopolitanae et Latercula provinciarum (Berlin 1876).
G. Parthey, Hieroclis synecdemus et notitiae graecae episcopatuum (Berlin 1886).
E. Honigmann, Le synecdèmos d'Hiéroclès et l'opuscule géographique de Georges de Chypres (Brüssel 1939).
H. Gelzer, Georgii Cyprii descriptio orbis Romani (Leipzig 1890).
ders., Ungedruckte und ungenügend veröffentlichte Texte der Notitiae episcopatuum: AAM 21 (München 1901) 529—641.
ders., Ungedruckte und wenig bekannte Bistümerverzeichnisse der orientalischen Kirche: ByZ 1 (1892) 245—282, ByZ 2 (1893) 22—72.
H. Gerland, Die Genesis der Notitiae episcopatuum (Chalkedon 1931).
H. Gelzer - H. Hilgenfeld - O. Cuntz, Patrum Nicaenorum nomina latine graece coptice syriace arabice armenice (Leipzig 1898).
E. Schwartz, Über die Bischofslisten der Synoden von Chalkedon, Nicaea und Konstantinopel: AAM NF 13 (München 1937).
A. Pertusi, Costantino Porfirogenito De Thematibus (Vatikan 1952).
G. Moravcsik - R. J. H. Jenkins, Constantine Porphyrogenitus De administrando imperio (Budapest 1949).
F. Dölger, Regesten der Kaiserurkunden des oströmischen Reiches von 565—1453, 5 Fasc. (München 1924/65).
V. Grumel, Les regestes des actes du patriarcat de Constantinople, Fasc. 1—3 (Kadiköy 1932/47).
R. Janin, La géographie ecclésiastique de l'empire byzantin I. Le siège de Constantinople 3: Les églises et les monastères (Paris 1953).
ders., Constantinople Byzantin (Paris [2]1964).

7. *Mönchtum*

E. Schwartz, Kyrillos von Skythopolis (Leipzig 1939).
A. Dmitrievskij, Opisanie liturgičeskich rukopisej I: Typika (Kiev 1895).
Ph. Meyer, Die Haupturkunden für die Geschichte der Athosklöster (Leipzig 1894).
Actes de l'Athos (= Vizantijskij Vremennik, Priloženie) 10—13, 17, 20 (St. Petersburg 1903/13).
Archives de l'Athos (Paris 1936 ff).
F. Dölger, Aus den Schatzkammern des Heiligen Berges (München 1948).
ders., Sechs byzantinische Praktika des 14. Jh. für das Athoskloster Iberon: AAM NF 28 (1949).

8. Liturgie

E. Renaudot, Liturgiarum orientalium collectio, 2 Bde (Paris 1715/16).

J. A. Assemani, Codex liturgicus ecclesiae universae, 13 Bde (Rom 1749—66).

H. A. Daniel, Codex liturgicus ecclesiae universae IV (Leipzig 1853).

H. Denzinger, Ritus orientalium, 2 Bde (Würzburg 1863).

F. E. Brightman, Liturgies Eastern and Western I (Oxford 1896).

A. Dmitrievskij, Opisanie liturgićeskich rukopisej II: Euchologia (Kiev 1901).

J. Goar, Εὐχολόγιον sive Rituale Graecorum (Venedig 1730).

I. Mateos, Le typicon de la Grande Église, 2 Bde (Rom 1962/63). Die gebräuchlichen Ausgaben der wichtigsten liturgischen Bücher des griech.-byzant. Ritus (Euchologion, Triodion, Pentekostarion, Parakletike, Menäen) sind in Rom (1873/91) und Venedig (1862/85) erschienen.

E. Follieri, Initia hymnorum ecclesiae graecae, 5 Volumina in 6 Bden (Rom 1960/66).

W. Christ - M. Paranikas, Anthologia graeca carminum christianorum (Leipzig 1871).

P. Maas - C. A. Trypanis, Romani Melodi carmina genuina (Oxford 1863).

J. Grosdidier de Matons, Romanos le Mélode: Hymnes (Paris 1864 ff).

L. Petit, Bibliographie des accolouthies grecques (Brüssel 1926).

9. Hagiographie

Th. Joannu, Μνημεῖα ἁγιολογικά (Venedig 1884).

K. Dukakes, Μέγας συναξαριστὴς πάντων τῶν ἁγίων, 13 Bde (Athen 1889/97).

H. Delehaye, Synaxarium ecclesiae Constantinopolitanae (Brüssel 1902).

Bibliographie aller Drucke: *F. Halkin,* Bibliotheca Hagiographica graeca, 3 Bde (Brüssel ^{3}1957).

Bibliographie der Handschriften: *A. Ehrhard,* Überlieferung und Bestand der hagiographischen und homiletischen Literatur der griechischen Kirche, 3 Bde in 4 Teilen (Leipzig 1936/52).

IV. DARSTELLUNGEN DER ÖSTLICHEN GESCHICHTE

1. Politische Geschichte — Allgemeine Kulturgeschichte

G. Ostrogorsky, Geschichte des byzantinischen Staates (München ^{3}1962).

A. A. Vasiliev, History of the Byzantine Empire (Madison ^{2}1952; Paperbackausgabe, Madison 1958).

Ch. Diehl - G. Marçais, Le monde oriental de 395 à 1081 und *Ch. Diehl - R. Guilland,* L'Europe orientale de 1081 à 1453 (Paris 1936/45).

L. Bréhier, Vie et mort de Byzance (Paris 1948).

J. Lindsay, Byzantium into Europe (London 1952).

N. H. Baynes - H. S. L. B. Moss, Byzanz. Geschichte und Kultur des oströmischen Reiches (München 1964).

E. Stein, Geschichte des spätrömischen Reiches 284—467 (Wien 1928).

ders., Histoire du Bas-Empire 476—565 (Paris - Brüssel - Amsterdam ^{2}1957).

A. H. M. Jones, The Later Roman Empire, 3 Bde (Oxford 1964).

J. B. Bury, A History of the Later Roman Empire from Arcadius to Irene (395—800), 2 Bde (London 1889).

ders., A History of the Eastern Roman Empire (A. D. 802—867) (London 1912).

A. A. Vasiliev, Byzance et les Arabes, 2 Bde (Brüssel 1935/50).

C. Neumann, Die Weltstellung des byzantinischen Reiches vor den Kreuzzügen (Leipzig 1894).

K. M. Setton - M. W. Baldwin, A History of the Crusades (Philadelphia 1955 ff).
St. Runciman, Geschichte der Kreuzzüge, 3 Bde (München 1957/60).
F. Chalandon, Les Comnène (Paris 1900/12).
P. Lamma, Comneni e Staufer, 2 Bde (Rom 1955).
W. Miller, The Latins in the Levant (London 1908).
J. Lognon, L'empire latin de Constantinople et la principauté de Morée (Paris 1949).
A. Gardner, The Lascarids of Nicaea (London 1912).
D. J. Geanakoplos, Emperor Michael Palaeologus and the West (Cambridge, Mass, 1959).
St. Runciman, Die sizilianische Vesper (München 1959).
D. Zakythinos, Le despotat grec de Morée, 2 Bde (Paris - Athen 1932/53).
St. Runciman, The Fall of Constantinople 1453 (Cambridge 1965).
F. Babinger, Mehmed der Eroberer und seine Zeit (München 1953).
J. Ph. Fallmerayer, Geschichte des Kaisertums von Trapezunt (München 1827).
W. Miller, Trebizond — the Last Greek Empire (London 1926).
D. M. Nicol, The Despotate of Epiros (Oxford 1957).
Reiche bibliographische Angaben zu den Beziehungen zwischen Byzanz und den slawischen und türkischen Völkern bei *Moravcsik* (s. oben III, 2).
H. Gelzer, Byzantinische Kulturgeschichte (Tübingen 1909).
St. Runciman, Byzantine Civilization (London 1933; Paperbackausgabe London 1961).
J. M. Hussey, Die byzantinische Welt (Stuttgart 1958).
N. Jorga, Histoire de la vie byzantine, 3 Bde (Bukarest 1934).
W. Haussig, Byzantinische Kulturgeschichte (Stuttgart 1959).
H. Hunger, Reich der neuen Mitte (Graz - Köln 1965).
L. Bréhier, La civilisation byzantine (Paris 1950).
Ph. Kukules, Βυζαντινῶν βίος καὶ πολιτισμός (Athen 1954 ff).
Ch. Diehl, Byzance. Grandeur et décadence (Paris 1919); engl. (New Brunswick 1957).
ders., Choses et gens de Byzance (Paris 1926).

2. *Kirchengeschichte*

In den meisten Werken über die Geschichte von Byzanz im allgemeinen ist der Natur des byzantinischen Staatswesens entsprechend auch die Kirchengeschichte gebührend berücksichtigt. An eigenen Werken seien genannt:

Ph. Bapheides, Ἐκκλησιαστικὴ ἱστορία, 3 Bde (Konstantinopel 1884—1928).
B. Stephanides, Ἐκκλησιαστικὴ ἱστορία (Athen 1948).
G. I. Konidares, Ἐκκλησιαστικὴ ἱστορία τῆς Ἑλλάδος (Athen 1954 ff).
F. Haase, Altchristliche Kirchengeschichte nach orientalischen Quellen (Leipzig 1925).
C. Lagier, L'orient chrétien des apôtres jusqu'à Photius (Paris 1935).
ders., L'orient chrétien de Photius à l'empire latin de Constantinople (Paris 1950).
J. Pargoire, L'église byzantine de 527 à 847 (Paris [2]1905).
A. P. Stanley, Lectures on the History of the Eastern Church (London 1907).
R. M. French, The Eastern Orthodox Church (London 1951).
G. Zananiri, Histoire de l'église byzantine (Paris 1954).
W. de Vries, Rom und die Patriarchate des Ostens (Freiburg - München 1963).
F. Heiler, Urkirche und Ostkirche (München 1937).

3. *Konzilsgeschichte — Papsttum und Ostkirche*

A. Grillmeier - H. Bacht, Das Konzil von Chalkedon, 3 Bde (Würzburg 1951/54).
J. Haijar, Le synode permanent (σύνοδος ἐνδημοῦσα) dans l'église Byzantine des origines au XIe siècle (Rom 1962).

F. Diekamp, Die origenistischen Streitigkeiten im 6. Jh. und das 5. allgemeine Concil (Münster 1899).
F. Dvornik, The Idea of Apostolicity in Byzantium and the Legend of the Apostle Andrew (Cambridge/Mass. 1958).
ders., Byzance et la primauté Romaine (Paris 1964).
G. Ostrogorsky, Studien zur Geschichte des byzantinischen Bilderstreits (Breslau 1929).
E. J. Martin, A History of the Iconoclastic Controversy (London o. J.).
F. Dvornik, Les Slaves, Byzance et Rome au IXe siècle (Paris 1926).
ders., The Photian Schism — History and Legend (Cambridge 1948).
Cyrillo-Methodiana 863—1963 (Köln - Graz 1964).
A. Michel, Humbert und Kerullarios, 2 Bde (Paderborn 1925/30).
1054—1954: L'Église et les églises, 2 Bde (Chevetogne 1954).
St. Runciman, The Eastern Schism (Oxford 1955).
M. Jugie, Le schisme byzantin (Paris 1941).
W. Norden, Das Papsttum und Byzanz (Berlin 1903).
W. de Vries, Rom und die Patriarchate des Ostens (Freiburg - München 1963).
D. J. Geanakoplos, Emperor Michael Palaeologus and the West (Cambridge, Mass., 1959).
B. Roberg, Die Union zwischen der griechischen und der lateinischen Kirche auf dem II. Konzil von Lyon (Bonn 1964).
J. Gill, The Council of Florence (Oxford 1964).
ders., Personalities of the Council of Florence and Other Essays (Oxford 1964).

4. Geschichte einzelner Ostkirchen

H. Grotz, Die Hauptkirchen des Ostens von den Anfängen bis zum Konzil von Nikaia (325) (Rom 1964).
Th. A. Kane, The Jurisdiction of the Patriarchs of the Major Sees in Antiquity and in the Middle Ages (Washington 1949)
C. Lübeck, Reichseinteilung und kirchliche Hierarchie des Orients bis zum Ausgang des 4. Jh. (Münster 1901).
T. E. Dowling, The Orthodox Greek Patriarchate of Jerusalem (London ²1913).
Ch. Papadopulos, Ἱστορια τῆς ἐκκλησίας Ἱεροσολύμων (Jerusalem 1910).
W. Hotzelt, Kirchengeschichte Palästinas im Zeitalter der Kreuzzüge (Köln 1914).
Chr. Papadopulos, Ἱστορία τῆς ἐκκλησίας Ἀλεξανδρείας (Alexandrien 1935).
J. Maspéro, Histoire des patriarches d'Alexandrie 518—616 (Paris 1923).
Ch. Diehl, L'Égypte chrétienne et byzantine (Paris 1933).
W. Riedel, Die Kirchenrechtsquellen des Patriarchats von Alexandrien (Leipzig 1900).
P. Rohrbach, Die alexandrinischen Patriarchen als Großmacht in der kirchenpolitischen Entwicklung des Orients (Berlin 1891).
J. Charon, Histoire des patriarcats melkites depuis le schisme monophysite du VIe siècle jusqu'à nos jours, II 1 und III 1 (Paris 1909/10).
Chr. Papadopulos, Ἱστορία τῆς ἐκκλησίας Ἀντιοχείας (Alexandrien 1951).
R. Devreesse, Le patriarcat d'Antioche depuis la paix de l'église jusqu'à la conquête arabe (Paris 1945).
M. Gedeon, Πατριαρχικοὶ πίνακες (Konstantinopel 1890).
G. Every, The Byzantine Patriarchate (451—1204) (London 1947).
G. Arabazoglu, Ἱστορία τοῦ οἰκουμενικοῦ πατριαρχείου I (Athen 1953).
C. D. Cobham, The Patriarchs of Constantinople (Cambridge 1911).
G. Zananiri, Histoire de l'église byzantine (Paris 1954).
L. Bréhier, Les institutions de l'empire byzantin (Paris 1949) 461—506.
J. Hackett, A History of the Orthodox Church of Cyprus (London 1901).

Ph. Kurites, Ἡ ὀρθόδοξος ἐκκλησία ἐν κόπρῳ ἐπὶ Φραγκοκρατίας (Leukosia 1907).
M. Spinka, A History of the Christianity in the Balkans (Illinois 1933).
St. Zankov, Die Verfassung der bulgarischen orthodoxen Kirche (Zürich 1918).
I. Snegarov, Istorija na Okridskata arkiepiskopija patriarchija (Sofia 1935).
F. Dvornik, Les Slaves, Byzance et Rome au IXe siècle (Paris 1926).
A. Hudal, Die serbisch-orthodoxe Nationalkirche (Graz 1902).
L. K. Goetz, Staat und Kirche in Altrußland (Berlin 1908).
E. E. Golubinskij, Istorija russkoj cerkvi, 2 Bde (Moskau 1900/01).
A. M. Ammann, Abriß der ostslawischen Kirchengeschichte (Wien 1950).
L. Müller, Zum Problem des hierarchischen Status und der jurisdiktionellen Abhängigkeit der russischen Kirche vor 1039 (Köln 1959).

5. *Rechts- und Verfassungsgeschichte*

N. Milaš, Das Kirchenrecht der morgenländischen Kirche (Mostar ²1905).
A. Pavlov, Kursus des Kirchenrechts (russisch) (Moskau 1902).
A. Coussa, Epitome praelectionum de iure ecclesiastico orientali, 3 Bde (Grottaferrata 1948/50).
A. P. Christophilopulos, Ἑλληνικὸν ἐκκλησιαστικὸν δίκαιον (Athen ²1965).
N. P. Matses, Τὸ οἰκογενειακὸν δίκαιον κατὰ τὴν νομολογίαν τοῦ Πατριαχείρου Κωνσταντινουπόλεως τῶν ἐτῶν 1315—1401 (Athen 1962).
Sp. N. Troianos, Ἡ ἐκκλησιαστικὴ δικονομία μεχρὶ τοῦ θανάτου τοῦ Ἰουστινιανοῦ (Athen 1964).
K. E. Zachariä von Lingenthal, Geschichte des griechisch-römischen Rechts (Berlin ³1892).
A. Albertoni, Per una esposizione di diritto bizantino con riguardo all'Italia (Imola 1927).
L. Wenger, Die Quellen des römischen Rechts (Wien 1953).
A. Knecht, System des Justinianischen Kirchenvermögensrechtes (Stuttgart 1905).
M. Kaser, Das römische Privatrecht II (München 1959).
E. Seidl, Römische Rechtsgeschichte und römisches Zivilprozeßrecht (Köln 1962).
E. Russos, Λεξικολόγιον ἐκκλησιαστικοῦ δικαίου, 2 Bde (Athen 1948).

6. *Gesellschaft und Wirtschaft*

Vgl. auch n. 1 dieses Abschnittes!

J. B. Bury, The Constitution of the Later Roman Empire (Cambridge 1910).
W. Enßlin, Der Kaiser und die Reichsverwaltung: *N. H. Baynes - H. St. L. B. Moss*, Byzanz (München 1964) S. 332—375.
J. Karayannopulos, Das Finanzwesen des frühbyzantinischen Staates (München 1958).
F. Dölger, Beiträge zur Geschichte der byzantinischen Finanzverwaltung bes. des 10. und 11. Jh. (Darmstadt ²1960).
D. A. Zakynthinos, Crise monétaire et crise économique à Byzance du XIIIe au XVe siècle (Athen 1948).
E. Kirsten, Die byzantinische Stadt. Berichte zum XI. Intern. Byzantinistenkongreß München 1958 n. V (München 1958).
A. Stöckle, Spätrömische und byzantinische Zünfte (Leipzig 1911).
G. Mickwitz, Die Kartellfunktion der Zünfte (Helsingfors 1936).
A. P. Každan, Derevnja i gorod v Vizantii IX—X vv. (Moskau 1960).
P. Lemerle, Esquisse pour une histoire agraire de Byzance: RH 219—220 (1958).
G. Ostrogorsky, Die ländliche Steuergemeinde des byzantinischen Reiches im X. Jh.: Vjschr. Sozial- u. Wirtschaftsgesch. 20 (1927).
ders., Pour l'histoire de la féodalité byzantine (Brüssel 1954).
ders., Quelques problèmes de la paysannerie byzantine (Brüssel 1956).

R. S. Lopez - J. A. Raymond, Medieval Trade in the Mediterranean (New York 1955).
A. S. Atiya, Crusade, Commerce and Culture (Bloomington 1962).
A. R. Lewis, Naval Power und Trade in the Mediterranean (Princeton 1951).

7. *Politische Ideen — Staat und Kirche*

J. Straub, Vom Kaiserideal der Spätantike (Stuttgart 1939).
W. Enßlin, Gottkaiser und Kaiser von Gottes Gnaden: SAM 1943, 3 (München 1943).
O. Treitinger, Die oströmische Kaiser- und Reichsidee nach ihrer Gestaltung im höfischen Zeremoniell (Jena 1938).
A. Grabar, L'empereur dans l'art byzantin (Paris 1936).
H. Hunger, Prooimion. Elemente der byzantinischen Kaiseridee in den Arengen der Urkunden (Wien 1964).
F. Dölger, Byzanz und die europäische Staatenwelt (Darmstadt 1964).
W. Ohnsorge, Das Zweikaiserproblem im frühen Mittelalter (Hildesheim 1947).
ders., Abendland und Byzanz (Darmstadt 1958).
P. E. Schramm, Kaiser, Rom und Renovatio (Darmstadt ²1957).
H. Schaeder, Moskau — das dritte Rom (Darmstadt ²1957).
K. Voigt, Staat und Kirche von Konstantin d. Gr. bis zum Ende der Karolingerzeit (Stuttgart 1936).
J. Westbury-Jones, Roman and Christian Imperialism (London 1939).
A. Michel, Die Kaisermacht in der Ostkirche (Darmstadt 1959).
K. M. Setton, Christian Attitude towards the Emperor in the 4th Century (New York 1941).
H. Berkhof, Kirche und Kaiser (Zürich 1947).
B. K. Stephanides, Ἔρευναι περὶ τῶν ἐν τῷ βυζαντινῷ κράτει σχέσεων ἐκκλησίας καὶ πολιτείας (Athen 1923).

8. *Mönchtum*

Il monachesimo orientale (Rom 1958).
St. Schiwietz, Das morgenländische Mönchtum, 3 Bde (Mainz 1904/38).
R. Reitzenstein, Historia monachorum und Historia Lausiaca (Göttingen 1916).
J. Brémond, Les pères du désert, 2 Bde (Paris 1927).
K. Holl, Enthusiasmus und Bußgewalt im ältesten Mönchtum (Leipzig 1898).
A. J. Festugière, Les moines d'orient (Paris 1961 ff).
U. Ranke-Heinemann, Das frühe Mönchtum (Essen 1964).
H. v. Campenhausen, Die asketische Heimatlosigkeit im altchristlichen und frühmittelalterlichen Mönchtum (Tübingen 1930).
I. Hausherr, Direction spirituelle en orient autrefois (Rom 1955).
O. Rousseau, Monachisme et vie religieuse d'après l'ancienne tradition de l'église (Chevetogne 1957).
W. Nissen, Die Regelung des Klosterwesens im Rhomäerreich bis zum Ende des 9. Jh. (Hamburg 1897).
P. de Meester, De monachico statu juxta diciplinam byzantinam (Vatikan 1942).
D. Savramis, Zur Soziologie des byzantinischen Mönchtums (Leiden - Köln 1962).

9. *Liturgie*

J. M. Hanssens, Institutiones liturgicae de ritibus orientalibus II, III, Appendix (Rom 1930/32).
S. Salaville, Liturgies orientales: La messe, 2 Bde (Paris 1942).
A. Raes, Introductio in liturgiam orientalem (Rom 1947).

A. *Baumstark,* Liturgie comparée (Chevetogne [3]1953).
ders., Die Messe im Morgenland (Kempten-München [4]1921).
S. *Antoniades,* Place de la liturgie dans la tradition des lettres grecques (Leiden 1939).
J. *Tyciak,* Die Liturgie als Quelle östlicher Frömmigkeit (Freiburg 1937).
L. *Clugnet,* Dictionnaire grec-français des noms liturgiques en usage dans l'église grecque (Paris 1895).
P. *Oppenheim,* Introductio in literaturam liturgicam (Turin 1937).
J. M. *Sauget,* Bibliographie de liturgies orientales (1900—1960) (Rom 1962).

10. Allgemeine Lituratur- und Bildungsgeschichte

a) Literatur:
K. Krumbacher, Geschichte der byzantinischen Litteratur (München [2]1897). — *F. Dölger,* Die byzantinische Dichtung in der Reinsprache (Berlin 1948). — *S. Impellizzeri,* La letteratura bizantina da Costantino agli iconoclasti (Bari 1965). — *B. Knös,* Histoire de la littérature néogrecque. La période jusqu'en 1821 (Uppsala 1962). — *N. B. Tomadakes,* Βυζαντινὴ ἐπιστολογραφία (Athen 1955). — *O. Bardenhewer,* Geschichte der altkirchlichen Literatur. 5 Bde (Freiburg 1913/32). — *D. S. Balanos,* Οἱ ἐκκλησιαστικοὶ βυζαντινοὶ συγγραφεῖς (Athen 1951). — *H.-G. Beck,* Kirche und theol. Literatur im byzantinischen Reich (München 1959). — *G. Graf,* Geschichte der christlichen arabischen Literatur, 5 Bde (Vatikan 1944/53). — *A. Baumstark,* Geschichte der syrischen Literatur (Bonn 1922). — *M. Tarchnišvili,* Geschichte der kirchlichen georgischen Literatur (Vatikan 1955).

b) Bibliotheken:
V. Burr, Der byzantinische Kulturkreis: Handbuch der Bibliothekswissenschaft III (Wiesbaden 1955) 146—187. — *O. Volk,* Die byzantinischen Klosterbibliotheken Griechenlands, Konstantinopels und Kleinasiens (Diss. masch. München 1955). — *V. Gardthausen,* Griechische Paläographie I (Leipzig [2]1911).

c) Schule und Bildung:
F. Fuchs, Die höheren Schulen von Konstantinopel im Mittelalter (Leipzig 1926). — *J. M. Hussey,* Church and Learning in the Byzantine Empire (867—1185) (London 1937). — *G. C. Buckler,* Anna Comnena (Oxford 1929). — *ders.,* Byzantine Education: *N. H. Baynes - H. St. L. B. Moss,* Byzanz (München 1964) 254—277. — *H. Zilliacus,* Zum Kampf der Weltsprachen im oströmischen Reich (Helsinki 1935).

11. Philosophie — Theologie — Spiritualität

a) Philosophie:
B. Tatakis, La philosophie byzantine (Paris 1949). — *Ch. Zervos,* Un philosophe néoplatonicien du XIe siècle: Michel Psellos (Paris 1920). — *P. P. Joannou,* Christliche Metaphysik in Byzanz (Ettal 1956). — *P. E. Stéphanou,* Jean Italos, philosophe et humaniste (Rom 1949). — *S. Salaville,* Philosophie et Théologie ou épisodes scolastiques à Byzance de 1059—1117: ÉO 29 (1930) 142 ff. — *J. Verpeaux,* Nicéphore Choumnos (Paris 1959). — *H.-G. Beck,* Theodoros Metochites (München 1952). — *I. Ševčenko,* Études sur la polémique entre Théodore Métochite et Nicéphore Choumnos (Brüssel 1962). — *F. Masai,* Pléthon et le platonisme de Mistra (Paris 1956). — *L. Mohler,* Kardinal Bessarion als Theologe, Humanist und Staatsmann (Paderborn 1923). — *K. M. Setton,* The Byzantine Background to the Italian Renaissance: Proceed. American Philos. Soc. 100 (1956) 1—76. — *D. J. Geanakoplos,* Greek Scholars in Venice (Cambridge, Mass., 1962).

b) Theologie:

H.-G. Beck, Kirche und theol. Literatur im byzantinischen Reich (München 1959). — *M. Jugie*, Theologia dogmatica christianorum orientalium ab ecclesia dissidentium, 5 Bde (Paris 1926/35). — *M. Gordillo*, Compendium theologiae orientalis (Rom ^{3}1950). — *ders.*, Theologia orientalium cum latinorum comparata I (Rom 1960). — *J. Tyciak*, Wege östlicher Theologie (Bonn 1946). — *F. Heiler*, Urkirche und Ostkirche (München 1937). — *H.-G. Beck*, Vorsehung und Vorherbestimmung in der theologischen Literatur der Byzantiner (Rom 1937). — *M. Jugie*, De processione spiritus sancti ex fontibus revelationis et secundum orientales dissidentes (Rom 1936). — *U. Riedinger*, Die Heilige Schrift im Kampf der griechischen Kirche gegen die Astrologie (Innsbruck 1956). — S. *Guichardan*, Le problème de la simplicité divine en orient et en occident aux XIVe et XVe siècles (Lyon 1933). — *B. Studer*, Die theologische Arbeitsweise des Johannes von Damaskus (Ettal 1956).

c) Spiritualität:

M. Viller - K. Rahner, Aszese und Mystik in der Väterzeit (Freiburg 1938). — *I. Hausherr*, Les grands courants de la spiritualité orientale: OrChrP 1 (1935) 114—138. — *ders.*, La méthode d'oraison hésychaste (Rom 1927). — *ders.*, Direction spirituelle en Orient autrefois (Rom 1955). — *ders.*, Noms du Christ et voies d'oraison (Rom 1960). — *ders.*, Prière de vie et vie de prière (Paris 1965). — *F. Dörr*, Diadochus von Photike und die Messalianer (Freiburg 1937). — *H. Urs v. Balthasar*, Kosmische Liturgie (Einsiedeln ^{2}1961). — *I. Hausherr*, Un grand mystique byzantin: Vie de Syméon le Nouveau Théologien (Rom 1928). — *J. Meyendorff*, Introduction à l'étude de Grégoire Palamas (Paris 1959). — *M. Lot-Borodine*, Un maître de la spiritualité byzantine au XIVe siècle: Nicolas Cabasilas (Paris 1958). — *J. Gouillard*, Petite philocalie du cœur (Paris 1953).

NACHTRÄGE ZUR BIBLIOGRAPHIE

von Hans-Georg Beck

Zu Seite 31:

A. Bryer – J. Herrin (Hrsg.), Iconoclasm (Birmingham 1976); *J. Irmscher* (Hrsg.), Der Bilderstreit. Sozio-ökonomische Voraussetzungen – ideologische Grundlagen – geschichtliche Entwicklung (Leipzig 1980); *L. W. Barnard*, The graeco-roman and oriental background of the byzantine iconoclastic controversy (Leiden 1974); *D. Stein*, Der Beginn des byzantinischen Bilderstreites und seine Entwicklung bis in die 40er Jahre des 8. Jahrhunderts (München 1980); *S. Gero*, Byzantine iconoclasm during the reign of Leo III. (Louvain 1973); *ders.*, Byzantine iconoclasm during the reign of Constantine V. (Louvain 1975); *P. J. Alexander*, Religious persecution and resistance in the byzantine empire of the eighth and ninth centuries: Speculum 72 (1977) 238–284; *P. Speck*, Kaiser Konstantin VI. (München 1978); *P. Schreiner*, Legende und Wirklichkeit in der Darstellung des byzantinischen Bilderstreites: Saeculum 27 (1976) 165–179; *G. Dumeige*, Nicée II (Paris 1978).

Zu Seite 197:

F. Dvornik, Photius, Nicolas I and Hadrian II: Byzantinoslavica 34 (1973) 33–50; *H. Grotz*, Erbe wider Willen: Hadrian II (Wien 1970); *T. Smedovski*, The latin mission in Bulgaria in 866–870: Palaeobulgarica 2 (1978) 39–55; *L. Heiser*, Die Responsa ad consulta Bulgarorum des Papstes Nikolaus I. (Trier 1979); *C. Leonardi*, Das achte ökumenische Konzil: AHC 10 (1978) 61–66; *J. L. Boojamra*, The Photian synod of 879/80 and the papal commonitorium: Byzantine Studies 9 (1982) 1–23; *P. Lemerle*, Le premier humanisme byzantin (Paris 1971).

Zu Seite 467:

M. H. Smith, A taking bread. Cerularius and the azyme controversy of 1054 (Paris 1977); *J. Gauss*, Ost und West in der Kirchen- und Papstgeschichte des 11. Jahrhunderts (Zürich 1976).

Zu Seite 476:

P. Lemerle, Le premier humanisme byzantin (Paris 1971); *J. Guillard*, Le synodikon de l'orthodoxie: Travaux et Mémoires 2 (1967) 1–336; *P. Lemerle*, L'histoire des Pauliciens d'Asie Mineure: Travaux et Mémoires 5 (1973) 1–144.

ERSTER TEIL

Die Kirche unter der Herrschaft der Laien

ERSTER ABSCHNITT

Die Abwendung des Papsttums vom Imperium und seine Hinwendung zu den Franken

Univ.-Professor Dr. Eugen Ewig, Bonn

QUELLEN: *Wattenbach-Levison* (Allg. Bibl. I, 2); *Mansi* XII (Allg. Bibl. I, 4); L. P. (Allg. Bibl. I, 5); Papsturkunden (Allg. Bibl. I, 6); MGDD imperii I, ed. *Pertz* (Merowingische Königsurkunden und Hausmeierurkunden); *F. Böhmer - E. Mühlbacher*, Die Regesten des Kaiserreichs unter den Karolingern (Innsbruck ²1908); MGDD Carolinorum (Urkunden der ältesten Karolinger bis zu Karl d. Gr. einschließlich); MGEp III (Codex Carolinus: päpstliche Korrespondenz mit den Karolingern); MGLL Concilia II (Synoden des Frankenreichs) und Capitularia I; MGSS rer. Langobardicarum et Italicarum (Paulus Diaconus und andere italische Quellen); MG Auct. ant. XI 323 (Isidori Continuatio Hispana a. 754); MGSS rer. Mer. II 168—193 (Cont. Fredegarii); MGSS I und II (Karolingische Annalen); MGSS rer. Germ. (Einzeleditionen von Quellen, darunter der karol. Reichsannalen und Paulus Diaconus).

Allgemeine Geschichte: *Glotz*, Cambridge Medieval History, *Dawson, Génicot, Ganshof* vgl. Allg. Bibl. II, 1 a—c; *Gebhardt, Brandt-Meyer-Just, Rassow, Stenton, Hartmann, Solmi, Menéndez Pidal* III vgl. Allg. Bibl. II, 2. Ferner: *H. Dannenbauer*, Die Entstehung Europas II (Stuttgart 1962); *F. Lot*, La naissance de la France (Paris 1948); *O. Ostrogorsky*, Geschichte des byzantinischen Staates (München ³1963).

Verfassungs- und politische Ideengeschichte: *Mitteis, David, Kern, Ganshof, Bloch, Lesne, Schramm, Th. Mayer, Arquillière, Pacaut, Bouman, Folz* vgl. Allg. Bibl. II, 8 a—c. Ferner: *L. Knabe*, Die gelasianische Zweigewaltenlehre bis zum Ende des Investiturstreits (Berlin 1936); *H. Steger*, David rex et propheta (Nürnberg 1961); *W. Mohr*, Die karolingische Reichsidee (Münster 1962).

Kirchengeschichte: *Fliche-Martin* 6, *Biehlmeyer-Tüchle, Dietrich-Wolf, v. Schubert, Lortz* vgl. Allg. Bibl. II, 3. — *Hauck, de Moreau, Delius, Simpson, Deanesley, Godfrey, Garcia Villada* III, *Rost, Bauerreiß, Tüchle* vgl. Allg. Bibl. II, 4. Ferner: *W. A. Philipps*, History of the Church of Ireland (Oxford 1933); *L. Biehler*, Ireland. Harbinger of the Middle Ages (London 1963); *ders.*, Irland, Wegbereiter des Abendlandes (Olten-Lausanne 1961); *J. Descola*, Histoire de l'Espagne chrétienne (Paris 1951); Le Chiese nei regni dell'Europa occidentale e i loro rapporti con Roma sino all'800, 2 Bde (Spoleto 1960) [=Settimane di studio del Centro Italiano di studi sull'alto medioevo VII].

Konzilien- und Papstgeschichte: *Hefele-Leclercq, Haller* I, *Seppelt* II, *Caspar, Ullmann, Kempf* vgl. Allg. Bibl. II, 5; *Bertolini, Cecchelli, Duchesne, Halphen* vgl. Allg. Bibl. II, 5. Ferner: *P. Classen*, Karl der Große, das Papsttum und Byzanz: Karl der Große. Lebenswerk und Nachleben I (Düsseldorf 1965) 536—608.

Kirchenrecht und -verfassung: *Massen, Fournier-LeBras, Stickler* vgl. Allg. Bibl. I, 4; *Feine, Plöchl* I, *Le Bras, Werminghoff, Lot-Fawtier* vgl. Allg. Bibl. II, 6. Ferner: *C. de Clercq*, La législation religieuse franque de Clovis à Charlemagne (Löwen-Paris 1936); *H. Barion*, Das fränkisch-deutsche Synodalrecht des Frühmittelalters (Bonn 1931);

U. Stutz, Geschichte des kirchlichen Benefizialwesens (Nachdruck Aalen [2]1961); *K. Vogt*, Staat und Kirche von Constantin d. Gr. bis zum Ende der Karolingerzeit (Tübingen 1936).

Mönchtum und Liturgie: *Schmitz-Räber, Hilpisch, Knowles*, Settimane di studio vgl. Allg. Bibl. II, 9; *Eisenhofer, Righetti, Jungmann, Klauser* vgl. Allg. Bibl. II, 10.

Literatur und Bildung: *Manitius* I, *de Ghellinck* I, *Curtius, Raby, Siegmund, Lesne, Fuchs* vgl. Allg. Bibl. II, 11. Ferner: *D. Norberg*, Introduction à l'étude de la versification latine médiévale (Stockholm 1958) [= Studia Latina Stockholmensia 5]; *M. L. W. Laistner*, Thought and Letters in Western Europe 500—900 (London [2]1957); *R. R. Bezzola*, Les origines et la formation de la littérature courtoise en Occident I (Paris 1944) [= BÉH 286]; *R. Aigrain*, L'hagiographie. Ses sources, ses méthodes, son histoire (Paris 1953).

Philosophie und Theologie: *Fliche-Martin* XIII, *Grabmann, Crombie, Geyer (Ueberweg), de Wulf* I, *Gilson, Schmaus-Geiselmann-Grillmeier, Harnack, Seeberg, de Lubac, Génicot* vgl. Allg. Bibl. II, 12. Ferner: *J. Leclercq*, Aux sources de la spiritualité occidentale (Paris 1964).

1. Kapitel

Die Christenheit im frühen 8. Jahrhundert. Rom und Konstantinopel vom Trullanum bis zum Ausbruch des Bilderstreits

LITERATUR: Zu Afrika, Spanien und Italien: *Ch. Diehl*, L'Afrique byzantine (Paris 1896); *H. Leclercq*, L'Afrique chrétienne II (Paris [2]1904); España visigoda (Madrid 1940) [= *R. Menéndez Pidal* III vgl. Allg. Bibl. II, 2]; *Ch. Diehl*, Études sur l'administration byzantine dans l'exarchat de Ravenne (1888) [= Bibl. Écoles françaises d'Athènes et de Rome 53]; *L. M. Hartmann*, Untersuchungen zur Gesch. der byzantinischen Verwaltung in Italien (1889).

Rom, Byzanz und der Bilderstreit: *H. G. Beck*, Kirche und theologische Literatur im byzantinischen Reich (München 1959) [= Handbuch der Altertumswissensch. Byz. Abt. II 1]; *J. Kollwitz*, Zur Frühgeschichte der Bilderverehrung: RQ 48 (1953) 1—20; *E. Caspar*, Gregor II. und der Bilderstreit: ZKG 52 (1933) 29—89; *O. Bertolini* vgl. Allg. Bibl. II, 5; *V. Grumel*, L'annexion de l'Illyricum oriental, de la Sicile et de la Calabre au patriarcat de Constantinople [= Mélanges Lebreton]: RSR 40 (1952) 191—200; *L. R. Ménager*, La byzantinisation religieuse de l'Italie méridionale et la politique monastique des Normands: RHE 53 (1958) 747—774, 54 (1959) 5—40; *A. Michel*, Die Kaisermacht in der Ostkirche (Darmstadt 1959).

Griechische Sprache und griechische Klöster in Rom: *H. Steinacker*, Die römische Kirche und die griechischen Sprachkenntnisse des Frühmittelalters: MIÖG 62 (1954) 28—66; Topografia e urbanistica di Roma (Rom 1958) [= Storia di Roma XXII]; *F. Antonelli*, I primi monasteri di monaci orientali in Roma: RivAC 5 (1928) 105—121; *A. Michel*, Die griechische Klostersiedlung in Rom bis zur Mitte des 11. Jh. (1953) [= OstKSt 1]; *G. Ferrari*, Early Roman Monasteries (1957).

Vor- und Frühgeschichte des Kardinalkollegs: *J. Lestocquoy*, Administration de Rome et diaconies du 7e au 9e siècle: RivAC 7 (1930) 261—298; *J. Marrou*, L'origine orientale des diaconies romaines: MAH 57 (1940) 95—142; *O. Bertolini*, Per la storia delle diaconie romane nell'alto medioevo sino alla fine del secolo VIII: ADRomana 70 (1947) 1—145; *H. W. Klewitz*, Die Entstehung des Kardinalkollegiums: ZSavRGkan 26 (1936) 115—221; *St. Kuttner*, Cardinalis: The History of a Canonical Concept: Tr 3 (1945) 129—214.

Richterkolleg und Verwaltung der Stadt Rom: *P. E. Schramm,* Studien zu frühmittelalterlichen Aufzeichnungen über Staat und Verfassung: ZSavRGgerm 49 (1929) 167—232; *Th. Hirschfeld,* Das Gerichtswesen der Stadt Rom vom 8. bis 12. Jh.: AUF 4 (1912) 419—562.

Dunkle Wolken lagen über der Christenheit an der Wende vom 7. zum 8. Jh. Der Eintritt der Angelsachsen in den Kreis der christlichen Völker wird für den Zeitgenossen wenig bedeutet haben gegenüber dem Verlust der beiden alten christlichen Kulturprovinzen, die die zweite arabische Welle unter sich begrub: Afrika und Spanien. Die große Zeit des lateinischen Afrika war vorüber, als sich die Katastrophe abzeichnete. Justinian hatte dem Imperium nur stark reduzierte Provinzen zurückgewonnen. Aber das Land hatte unter oströmischer Herrschaft noch eine Nachblüte erlebt. Die afrikanische Kirche hatte im Dreikapitel- und Monotheletenstreit noch ein gewichtiges Wort gesprochen, sie hatte große Missionserfolge gegenüber den Berbern zu verzeichnen. Die islamische Expansion, die zunächst in Tripolis zum Stillstand gekommen war, setzte 669 ein. Die Araber besetzten die Provinz Byzacene, wo sie Kairuan, die künftige islamische Hauptstadt Nordafrikas, gründeten. 698 fiel Carthago. Der Widerstand der christlichen Berber und der letzten kaiserlichen Festungen im Westen wurde in den ersten Jahren des 8. Jh. gebrochen. Afrika schied aus dem christlichen Kulturkreis aus. Die fortbestehende christliche Minderheit schmolz zusammen und verlor jede historische Bedeutung.

Das Westgotenreich hatte in der germanisch-romanischen Kultur des 7. Jh. eine führende Stellung eingenommen. Aber innere Gegensätze erleichterten das Abenteuer des Berbers Tarik, der im Bunde mit den gotischen Thronprätendenten aus der Familie Witizas nach Spanien übersetzte. In der Schlacht am Guadalete (Jérez de la Frontera) verlor der letzte Gotenkönig Roderich am 19. Juli 711 Krone und Leben. Die Eroberung des Landes war das Werk des afrikanischen Statthalters Musa. Während die Araber auch Septimanien, die gallische Provinz des Gotenreichs, besetzten (719—721, 725), versuchte Pelagius, ein Schwertträger König Roderichs, den christlichen Widerstand in Asturien zu organisieren. Der Sieg des Pelagius bei Covadonga im Jahre 722 sicherte den Bestand des kleinen asturischen Reiches, das erst seit der 2. Hälfte des 9. Jh. an Bedeutung gewann. Im islamischen Spanien, dessen Statthalter in Córdoba Residenz nahm, bestand die Kirche fort; sie verlor aber mehr und mehr den Kontakt mit der freien Christenheit.

Die Hauptmacht des Kalifats wurde unterdessen gegen die Kaiserstadt am Bosporus aufgeboten. Das durch Thronwirren seit 695 erschütterte Imperium schien eine leichte Beute zu werden. Der Fall von Konstantinopel hätte nach menschlichem Ermessen die Heidenwelt Mittel- und Osteuropas dem Islam geöffnet und dadurch auch die lateinische Christenheit tödlich bedroht.

Ein volles Jahr — vom 15. August 717 bis zum 15. August 718 — berannten die Araber die Mauern der Kaiserstadt. Wider alle Erwartung hielt Konstantinopel stand. Sein Verteidiger, Kaiser Leon III., wurde zum Retter der Christenheit. Vierzehn Jahre später brachte Karl Martell durch den Sieg von Poitiers (732) auch im Westen die arabische Expansion zum Stehen. Die freie Christenheit hatte Afrika und Spanien verloren, aber den großen Angriff der arabischen Welt abgewehrt, Mittel- und Osteuropa gegen den Islam abgeschirmt. Der Verlust der Provinzen im Mittelmeergebiet war durch eine innereuropäische Mission auszugleichen. Der Schwerpunkt der christlichen Welt begann sich zu verlagern, ἐπὶ τὴν ἐσωτέραν χώραν τῆς δύσεως, „nach dem inneren Abendland"[1].

Eine Voraussetzung für diesen Wandel war die Lösung Roms vom alten Imperium, das ein griechisches geworden war und seinen Schwerpunkt am Bosporus hatte. Sie war für den Zeitgenossen ein kaum zu realisierender Gedanke, da das Imperium nicht nur eine politische, sondern auch eine geistige Wirklichkeit war, in der die Päpste nicht weniger lebten als die Kaiser — trotz den seit dem Henotikon von 482 immer wieder aufflammenden Konflikten. Diese Konflikte waren primär religiös-kirchlicher Art, wenn sich in ihnen auch ein italisch-griechischer Gegensatz immer deutlicher abzeichnete. Die Päpste wurden zwar Wortführer Italiens, blieben aber doch zugleich Sprecher einer religiös-kirchlichen Gruppe, die das Reich noch als Einheit sah. So kann es denn nicht wundernehmen, daß der griechisch-orientalische Einfluß mit der Wiederherstellung des Kirchenfriedens im Jahre 681 seinen Höhepunkt in Rom erreichte. Von dreizehn Päpsten der Zeit zwischen 678 und 752 waren elf Sizilianer, Griechen oder Syrer. Unter orientalischem Einfluß fanden in Rom das Fest Exaltatio Crucis und die vier großen Marienfeste (Lichtmeß, Verkündigung, Himmelfahrt und Geburt) Eingang, die hier erstmals unter Papst Sergius I. (687—701) bezeugt sind. Die Monasteria diaconiae, durchweg Gründungen des 6. und 7. Jh., zuerst unter Papst Benedikt II. (684—685) genannt, weisen meist griechisch-orientalisch geprägte Kulte auf. Sie gruppierten sich in großer Zahl um das alte Palatium der Kaiser, das zur römischen Residenz des byzantinischen Exarchen geworden war. Zentrum der griechischen Kolonie war das Forum Boarium mit S. Maria in Cosmedin. Andere Griechenviertel lagen bei S. Maria Antiqua (Graecostadium) und in der Suburra bei St. Sergius und Bacchus (Graecostasis). Griechische Kirchen und Klöster befanden sich auf dem Capitol (S. Maria de Ara coeli), auf dem Palatin (St. Caesarius), dem Aventin (S. Sabas), auf dem Coelius (St. Erasmus) und dem Esquilin (S. Lucia Renati). Papst Johannes VII. (705—707) ließ ein episcopium bei S. Maria Antiqua errichten; auch seine Nachfolger scheinen dort residiert zu haben bis zu Zacharias, der den Lateranpalast erneuern ließ.

[1] Gregor II. an Kaiser Leon III., vgl. Anm. 3.

Die Vorsteher der Monasteria diaconiae dürften auch im päpstlichen Rat eine Rolle gespielt haben, wenngleich sie noch nicht in den Kreis der Diakone eingegliedert wurden. Das Collegium der 7 Regionardiakone, das bis zu Gregor d. Gr. den päpstlichen Rat gebildet hatte, war nicht mehr allein maßgebend. Von Johannes V. (685—686) bis zu Gregor II. (715—731) hat kein Diakon mehr den Stuhl Petri bestiegen. Das Siebenergremium der späteren Kardinalbischöfe begegnet erstmals 732. Stephan III. (768—772) ordnete seine Funktionen im Gottesdienst der römischen Kathedrale, wahrscheinlich in Rückgriff auf einen schon bestehenden Ritus. Die Zahl der Titelkirchen, deren Vorsteher die Gruppe der späteren Kardinalpriester bildeten, scheint bei dieser Gelegenheit von 25 auf 28 erhöht worden zu sein. So zeichnete sich der Kreis der späteren Kardinäle im frühen 8. Jh. allmählich deutlicher ab.

Neben dem Klerus trat die hohe Bürokratie der Judices seit dem späteren 7. Jh. stärker hervor. Alte Würdenträger waren der Primicerius und Secundicerius notariorum (Vorsteher der Kanzlei) sowie der Primus defensorum (Vorsteher der kirchlichen Sachwalter). Ihnen gesellten sich zu der Arcarius (Verwalter der Einnahmen), der Saccellarius (Verwalter der Ausgaben) und der Nomenculator (Vorsteher des Armen- und Pilgerwesens). Den päpstlichen Haushalt leitete der Vicedominus, die Schatz- und Gewandkammer unterstand dem Vestararius; beide zählten nicht zu den höchsten Judices. Auch der gegen Ende des 8. Jh. ernannte Bibliothekar (Verwalter des Archivs und der Bibliothek) blieb außerhalb dieses Gremiums, dessen Mitgliederzahl erst im 9. Jh. durch den Zutritt des Protoscriniars (Vorsteher der städtischen Notare) auf sieben erhöht wurde. Die Judices gehörten durchweg dem römischen Adel an, in den freilich auch Angehörige des kaiserlichen Beamtenadels nichtrömischer Herkunft Eingang fanden.

Die griechisch-orientalischen Päpste waren loyale Untertanen des Kaisers, vertraten aber den römischen Standpunkt in kirchlichen Fragen nicht weniger fest als die Päpste römisch-italischer Herkunft. Der Syrer Sergius wandte sich gegen das trullanische Konzil (Quinisextum) von 692, das die ökumenische Geltung der griechisch-orientalischen Bräuche (Priesterehe, Fasten- und Kultordnung) dekretierte. Als Kaiser Justinian II. ihm das Schicksal Martins I. bereiten wollte, nahmen die kaiserlichen Truppen in Italien für den Papst Partei. Zum ersten Male blieb ein kaiserlicher Verhaftungsbefehl in Rom ohne Wirkung. Die seit 695 ausbrechenden Thronwirren schwächten die kaiserliche Autorität noch mehr. Papst Konstantin I. begab sich zwar 711 zum Friedensschluß mit Justinian II. nach Konstantinopel, doch sollte dies die letzte Reise eines Papstes an den Bosporus sein. Der Monothelet Philippicus Bardanes (711—713) wurde in Rom überhaupt nicht als Kaiser anerkannt. In Ravenna wurde der noch von Justinian II. ernannte Exarch ermordet. Die Führung im kaiserlichen Italien übernahm Georgius, der die kaiserlichen Truppen in italische Milizen umwandelte. Mit dem Sturz des

Philippicus Bardanes ging das italische Interregnum wieder zu Ende. Aber die chaotischen Verhältnisse im Imperium dauerten bis zur Abwehr der Araber durch Kaiser Leon III. an.

Kaiser Leon, der Begründer der syrischen Dynastie, nahm die Reorganisation des Imperiums energisch in Angriff. Als er jedoch eine neue Steuer ausschrieb, stieß er in Rom auf den heftigen Widerstand Papst Gregors II. (715—731), der als Stadtrömer für die italischen Belange ein größeres Verständnis hatte als seine griechisch-orientalischen Vorgänger, zugleich auch für das Vermögen seiner Kirche kämpfte. Die vom Kaiser angeordnete Verhaftung des Papstes scheiterte abermals am Widerstand der römischen Milizen, denen die Langobarden von Spoleto und Benevent beistanden. Auch die Truppen Venetiens und der Pentapolis traten in Aufstand. Der Exarch Paulus wurde um 726/727 ermordet. Sein Nachfolger Eutychius verbündete sich mit dem Langobardenkönig Liutprand, der die aufständischen Herzöge von Spoleto und Benevent unterwarf. Eutychius konnte 729 in Rom einziehen, aber der König sprach für den Papst, und der Exarch mußte angesichts der durch den Bilderstreit verschärften Situation im kaiserlichen Italien von weiteren Maßnahmen gegen Rom absehen.

Die Bewegung des Ikonoklasmus, die im Hinblick auf die Transzendenz Gottes die bildliche Darstellung Gottes und der Heiligen bekämpfte, ging vom Orient aus, wo Kalif Jesid 723 die Entfernung aller Bilder aus den Gotteshäusern anordnete. Sie griff dann auf Kleinasien über. Der Patriarch Germanus von Konstantinopel nahm gegen den Ikonoklasmus Stellung. Kaiser Leon, der selbst aus dem kilikisch-syrischen Grenzgebiet stammte, trat indessen den Bildergegnern bei. Die gefeierte Christusikone des Chalketores ließ er 726 demonstrativ zerstören. Er rief dadurch einen Sturm der Entrüstung bei den bilderfreundlichen Griechen hervor. Ein Teil der Armee rebellierte und stellte einen Gegenkaiser auf. Doch wurde der Aufstand am 28. April 727 niedergeschlagen. Der Kaiser suchte nun den Papst für seine Auffassung zu gewinnen. Die Korrespondenz, die sich über die Jahre 728 und 729 hinzog, führte aber zu keiner Einigung. Gregor II. stellte sich an die Seite des Patriarchen Germanus, der nach dem ausdrücklichen Bilderverbot am 17. Januar 730 einen dem Kaiser gefügigen Nachfolger erhielt. Das Verbot von 730 führte zu einer blutigen Verfolgung der Opposition. Theologischer Wortführer der Ikonodulen (Bilderverehrer) wurde ein hoher christlicher Beamter des Kalifenhofes, Johannes Damascenus, der 736 in das St.-Sabas-Kloster von Jerusalem eintrat. In der Sicht des Johannes Damascenus, der die sakrale Kunst und die Bilderverehrung mit der Menschwerdung Christi begründete, erschien der Ikonoklasmus als ein letzter Ausläufer des Monophysitismus. „Dem entfernten Italien vermochte der Kaiser den Ikonoklasmus nicht aufzuzwingen" (Ostrogorsky). Doch hielt der Papst die Linie der kirchlichen Opposition streng ein und verhinderte die Aufstellung eines Gegenkaisers durch die Truppen Italiens. An eine Abwendung vom

Imperium dachte er nicht. Unwiderrufliches war noch nicht geschehen, als Gregor II am 11. Februar 731 starb. Sein Nachfolger, der Syrer Gregor III. (731—741), nahm die Fühlung mit dem Kaiser wieder auf. Doch Leon III. war von der eingeschlagenen Bahn nicht mehr abzubringen. Eine römische Synode, auf der auch die Metropoliten von Ravenna und Grado cum ceteris episcopis istius (He)speriae partis erschienen, schloß im November 731 die Verächter des kirchlichen Brauchs, die den heiligen Bildern die Verehrung verweigerten und sie profanierten, aus der Gemeinschaft der Kirche aus. Was weiter geschah, liegt im dunkeln. Vielleicht traf Leon III. nach einem vergeblichen Versuch, Rom, Ravenna und Venetien durch eine Flottendemonstration seinem Willen zu unterwerfen, im Jahre 733 jene Verfügung, die Rom zur Bedeutungslosigkeit verurteilen sollte: indem er die päpstlichen Patrimonien in Süditalien und Sizilien konfiszierte, Sizilien, Calabrien und die illyrische Präfektur (Thessalonike mit Makedonien und Hellas), die bisher zum römischen Metropolitan- und Patriarchatssprengel gehört hatten, von Rom trennte und dem Patriarchat von Konstantinopel anschloß[2]. Vielleicht hat er auch die italische Opposition einfach als unwichtig ignoriert und die alte, von ihrer einstige Höhe abgesunkene Roma ihrem Schicksal überlassen. Wie immer dem sei — der Kaiser übersah, worauf ihn Gregor II. schon hingewiesen hatte: ὅτι οἱ ἄγριοι καὶ βάρβαροι ἥμεροι ἐγένοντο ... πᾶσα ἡ δύσις καρποφορίας πίστει προσφέρει τῷ ἁγίῳ κορυφαίῳ[3].

Es mußte sich freilich noch zeigen, ob die „abendländische“ Basis trug.

2. Kapitel

Der Neuaufstieg des Frankenreichs und das Übergreifen der Angelsachsen auf den Kontinent

WEITERE QUELLEN: Venerabilis Bedae opera historica, ed. *C. Plummer* (Oxford 1896); Vita Willibrordi: MGSS rer. Mer. VII; *H. A. Wilson*, The Calendar of St. Willibrord (London 1918) [= Henry Bradshaw Society 45]; *C. Wampach*, Gesch. der Grundherrschaft Echternach I 1 und 2 (Luxemburg 1929/30); Vitae s. Bonifatii archiepiscopi Moguntini, rec. *W. Levison* (1905): MGSS rer. Germ.; Epistolae ss. Bonifatii et Lulli, rec. *Tangl:* MG Ep. sel. I, Vitae der Gefährten und Schüler des hl. Bonifatius: MGSS XV. Weitere Literatur: *H. E. Bonnell*, Die Anfänge des karolingischen Hauses (Berlin 1866); *Th. Breysig*, Jbb. des fränkischen Reiches 714—741 (1869); *H. Hahn*, Jbb. des fränkischen

[2] So nach der älteren, bis heute noch in der deutschen und italienischen Forschung herrschenden Auffassung. Anders V. Grumel, der diese Maßnahme mit der „Apostasie“ des Papsttums vom Reiche, das heißt mit dem Frankenbündnis Stephans II. von 753/754 verbindet. Ostrogorsky (Gesch. des byzantinischen Staates [^{3}1963] 142 und n. 1) akzeptiert die von Grumel vorgeschlagene Datierung.

[3] Daß die Wilden und Barbaren gesittet wurden ... Das ganze Abendland bringt dem heiligen Fürsten (Petrus) Früchte im Glauben dar (Gregor II. an Kaiser Leon III.: *Caspar;* ZKG 52 [1933] 83).

Reiches 741—752 (1863); *H. Loewe,* Die karolingische Reichsgründung und der Südosten (Stuttgart 1937); *ders.,* Bonifatius und die bayrisch-fränkische Spannung: Jahrbuch für fränk. Landesforschung 15 (1955) 85—127; *W. Levison,* Aus rheinischer und fränkischer Frühzeit (Düsseldorf 1948); *ders.,* England and the Continent in the Eighth Century (Oxford 1946); *C. Wampach,* St. Willibrord. Sein Leben und Lebenswerk (Luxemburg 1953); *Th. Schieffer,* Angelsachsen und Franken. Zwei Studien zur Kirchengeschichte des 8. Jahrhunderts: AAMz 1950 n. 20 (1951); *ders.,* Winfrid-Bonifatius und die christliche Grundlegung Europas (Freiburg 1954); St. Bonifatius. Gedenkgabe zum 1200. Todestag, hrsg. von der Stadt Fulda in Verbindung mit den Diözesen Fulda und Mainz (Fulda 1954); *H. Büttner,* Bonifatius und die Karolinger: Hess. Jb. für Landesgesch. 4 (1954) 21—36; *W. Fritze,* Die Einbeziehung von Hessen und Thüringen in die Mainzer Diözese: ebd. 4 (1954) 37—63; *ders.,* Slawen und Awaren im angelsächs. Missionsprogramm I und II: Zschr. für slav. Philologie 31 (1964) 316—338, 32 (1965) 231—251; *E. Wiemann,* Bonifatius und das Bistum Erfurt: Herbergen der Christenheit 2 (1957); *H. Beumann,* Hersfelds Gründungsjahr: Hess. Jb. für Landesgesch. 6 (1956) 1—24; *H. Appelt,* Die Anfänge des päpstlichen Schutzes: MIÖG 62 (1954) 101—111; *W. Schwarz,* Jurisdicio und Condicio. Eine Untersuchung zu den Privilegia libertatis der Klöster: ZSavRGkan 45 (1959) 34—98.

Reform: *H. Barion,* Das fränkisch-deutsche Synodalrecht des Frühmittelalters (Bonn 1931); *H. Frank,* Die Klosterbischöfe des Frankenreichs (Münster 1932): Beiträge zur Geschichte des alten Mönchtums 17; *Th. Gottlob,* Der abendländische Chorepiskopat (Bonn 1928); dazu *F. Gescher:* ZSavRGkan 19 (1930) 708—717; *E. Lesne,* La hiérarchie épiscopale en Gaule et en Germanie 742—882 (Lille-Paris 1905); *P. Fournier,* Le droit de propriété exercé par les laïques sur les biens de l'Église au haut moyen âge (Lille 1943). Vgl. auch die zum Abschnitt angegebene Literatur.

Die große, Germanen- und Romanentum verbindende Macht des Abendlands war das Frankenreich, das zu Beginn des 7. Jh. einen ersten Höhepunkt seiner Geschichte erlebt hatte, seit dem Ende des Jahrhunderts aber infolge des Niedergangs der merowingischen Dynastie von innerer Auflösung bedroht war. Ausgelöst wurde die schwere Krise durch die Ermordung König Childerichs II. im Jahre 675. Aus dem Kampf der Großen um die Macht ging Pippin der Mittlere als Sieger hervor, der in väterlicher Linie von Arnulf von Metz, mütterlicherseits von Pippin dem Älteren abstammte und die Hausgüter beider Familien an Maas und Mosel in seiner Hand vereinigte. Der Sieg von Tertry im Jahre 687 machte ihn zum Herrn im Gesamtreich und gab ihm auch das Königtum in die Hand, das er um 700 völlig entmachtete. Obwohl Aquitanien und die rechtsrheinischen Herzogtümer ihre eigenen Wege gingen, festigte sich das Reich wieder. Aber der vorzeitige Tod der beiden Söhne Drogo und Grimoald stellte das Werk des Arnulfingers in Frage. Der erste Princeps Francorum, der Ende 714 starb, hatte keinen legitimen mündigen Erben, der das Lebenswerk des Vaters hätte fortführen können. So mußte das Regnum Francorum durch die eiserne Zeit des Friedelsohnes Karl Martell gehen, ehe es unter den Karolingern die Höhe seiner Geschichte erreichte.

Drei Parteien standen sich nach dem Tode Pippins im Frankenreich gegenüber: Pippins Witwe Plektrud, die für ihren unmündigen Enkel Theudoald kämpfte; Pippins Friedelsohn Karl, dem sich ein Teil der arnulfingischen Partei anschloß; der von den Neustriern erhobene Hausmeier Raganfred, der den merowingischen König in der Hand hatte. Karl schlug die Neustrier im März 717 zu Vinchy bei Cambrai. 717/718 unterwarf er seine Stiefmutter Plektrud in Köln. 719 kam es zu einem neuen Krieg mit den Neustriern, die diesmal bei Soissons besiegt wurden. Karl gewann die Herrschaft über Neustrien bis zur Loire, mußte aber Aquitanien als selbständigen Prinzipat anerkennen. Erst der Sieg über die Araber bei Poitiers vom Jahre 732 öffnete ihm Südgallien. Karl besetzte in den Jahren 733—736 Burgund. Die Provence, deren Präfekt Maurontus sogar sarazenische Hilfe in Anspruch nahm, wurde in den Jahren 737 und 738 erobert. Das Frankenreich ist so erneut zusammengefügt worden. Im Rechtsrheinischen konnten Thüringen und große Teile Frieslands eingegliedert werden. Die Einbeziehung Alemanniens wurde in Angriff genommen, aber nicht abgeschlossen. Gegenüber Bayern mußte sich Karl wie gegenüber Aquitanien mit einer mehr oder weniger effektiven Hoheit begnügen.

Eine zweite fränkische Welle ergoß sich im Zuge der karolingischen Rückeroberung des Frankenreiches über Gallien und Germanien. Die Gefolgsleute des Regenten von Maas, Mosel und Rhein rückten in die führenden Stellungen der eroberten Gebiete ein und bildeten den Grundstock der „karolingischen Reichsaristokratie“. Der Princeps Francorum stellte neue Machtmittel für die Zentralgewalt bereit. Da das Fiskalland und das konfiszierte Gut der Gegner nicht ausreichten, griff Karl Martell auf das im 6. und 7. Jh. stark angewachsene Kirchengut zurück. Die „Säkularisation“ erfolgte durch direkte Beschlagnahme oder durch Ernennung getreuer Laien zu Bischöfen und Äbten, die das Gut ihrer Kirchen für die Ausstattung der Truppen des Regenten zur Verfügung stellten. Die Eingriffe waren brutal und riefen in der Kirche ein wahres Chaos hervor. Die Metropolitanordnung geriet gänzlich in Verfall. Die „Säkularisierung“ hatte nicht zuletzt eine starke moralische Verwilderung zur Folge. Sie wirkte sich freilich nicht überall in gleicher Weise aus: am wenigsten in den Gebieten, die den ältesten Rückhalt Karls bildeten, am meisten in den Landen, die erst nach heftigen Kämpfen unterworfen wurden. Karls Eingriffe entsprangen nicht einer kirchenfeindlichen Gesinnung. Der Frankenfürst und seine Leute waren von einer handfesten Religiosität erfüllt, der der Kampf gegen die Sarazenen einen großen Auftrieb gab. Sie erfochten ihre Siege mit Hilfe Christi. Avignon fiel gleich Jericho im Schalle der Posaunen. Die Chronik, die Karls Bruder Childebrand redigieren ließ, sah den Frankenfürsten im Bilde Josuas. Dem Eroberer mußte eines Tages der Gesetzgeber folgen.

In den dreißiger Jahren hatte sich die Stellung Karls so weit gefestigt, daß er den Königsthron unbesetzt lassen und vor seinem Tod das Reich unter seine Söhne teilen konnte. Die Söhne Karlmann und Pippin setzten den am 22. Oktober 741 verstorbenen Vater in der Königsgruft von St-Denis bei. Sie schalteten den Halbbruder Grifo aus dem väterlichen Erbe aus. Die erste kritische Zeit des Herrschaftswechsels war bald überbrückt. Die Brüder erhoben zwar 743 noch einmal einen Merowinger auf den vakanten Thron, betrachteten aber das Regnum unverhohlen als ihr eigen. Die Unterwerfung der Alemannen wurde 746 vollendet. Karlmann, der über die Anhänger des letzten Alemannenherzogs Theudebald zu Cannstatt ein strenges Gericht gehalten hatte, zog sich 747 von der Regierung zurück. Er gründete ein Kloster auf dem Mons Soracte bei Rom und trat schließlich selbst als Mönch in St. Benedikts Abtei Monte Cassino ein. Nicht politische, sondern religiöse Motive führten den Entschluß Karlmanns herbei. Der Frankenfürst hatte seit dem Tode des Vaters mit Bonifatius zusammengearbeitet. „Das bestimmende Vorbild (für ihn) können nur jene angelsächsischen Könige gewesen sein, die auf solchem Wege vorangeschritten waren“ (Schieffer).

Die römischen Missionare waren einst durch das Frankenreich ins angelsächsische Britannien gereist; angelsächsische Pilger, Kirchenmänner und Könige hatten seit der Mitte des 7. Jh. den Weg in umgekehrter Richtung beschritten. Sie setzten gewöhnlich nach Quentowic (Boulogne) oder Rouen über und zogen von dort auf den über Lyon führenden Römerstraßen weiter nach Italien. Wilfried von York wählte 678 erstmals einen anderen Weg über die Rheinmündungen, da er sich mit dem neustroburgundischen Hausmeier Ebroin überworfen hatte. Er verbrachte den Winter 678/679 bei König Aldgisl in Friesland und predigte dort das Evangelium. Obwohl Wilfrids Wirken nur eine Episode war, wurde es zum Ausgangspunkt für die Friesenmission, die ein gutes Jahrzehnt später Wilfrids Schüler Willibrord in Angriff nahm.

Der um 658 geborene Northumbrier Willibrord ist in Wilfrids Kloster Ripon aufgewachsen. Als der Meister 678 als Bischof von York abgesetzt wurde. verließ auch der Schüler Ripon und verbrachte die nächsten 12 Jahre in Irland. Dort wurde der Angelsachse Egbert, der gleichfalls missionarischen Ehrgeiz hatte, sein Lehrer. Da die angelsächsischen Länder nach der Bekehrung von Sussex und Wight (681—686) für die Mission kein Tätigkeitsfeld mehr boten, sandte Egbert 688 seinen Gefährten Wiktbert zu den Friesen. Das Fernziel war die Mission der stammesverwandten Sachsen. Aber Wiktbert kehrte schon nach 2 Jahren unverrichteter Dinge wieder zurück. In Friesland war der Christenfeind Radbod an die Stelle Aldgisls getreten. Egbert ließ sich nicht entmutigen: auf sein Geheiß segelte 690 Willibrord mit 11 Gefährten zum Kontinent.

Willibrord begab sich nicht zu Radbod, sondern zu Pippin dem Mittleren, der soeben die fränkische Hoheit über das südwestliche Friesland wiederhergestellt hatte. Die ältere fränkische Mission des Flamenapostels Amandus war bis Antwerpen vorgedrungen. Antwerpen wurde nun der erste Stützpunkt Willibrords, der sich um 692 nach Rom begab und dort auch den Segen des Papstes für das begonnene Werk erhielt. Die Mission griff eben damals auch auf andere Grenzgebiete des Frankenreichs über. Willibrords Gefährte Suidbert ließ sich während der Abwesenheit des Meisters durch Wilfrid zum Bischof weihen und nahm die Predigt bei den Boruktuariern südlich der Lippe auf. Zwei andere Angelsachsen, die beiden Ewalde, zogen zu den Sachsen ins westliche Münsterland. Aber dieses Ausgreifen war verfrüht. Die beiden Ewalde wurden erschlagen, und eine sächsische Expansion zerstörte noch vor der Jahrhundertwende das Missionswerk bei den Boruktuariern. Suidbert erhielt von Pippin eine Rheininsel bei Neuß, das heutige Kaiserswerth, wo er 713 starb.

Unter diesen Umständen konzentrierte sich die angelsächsiche Mission zunächst ganz auf Friesland. Auf Veranlassung Pippins ging Willibrord erneut nach Rom, wo er am 21. November 695 von Sergius I. zum Missionserzbischof geweiht wurde und den Namen Clemens erhielt. Sitz des Erzbischofs wurde das Kastell Utrecht, das schon zu Beginn des 7. Jh. einmal in fränkischer Hand gewesen war. Willibrord ließ die zerstörte fränkische (Martins-)Kirche wieder aufbauen und eine Kathedrale errichten, die er nach dem Vorbild von Canterbury dem Erlöser weihte. Als rückwärtige Stützpunkte erhielt er die erst unlängst gegründete Abtei Echternach bei Trier und das Kloster Süsteren bei Maastricht. Die Mission machte zu Lebzeiten Pippins gute Fortschritte, brach aber beim Tod des Arnulfingers völlig zusammen. Erst nach dem Tode Radbods († 719), als Karl Martell die fränkische Herrschaft im südwestlichen Friesland wiederhergestellt hatte, konnte Willibrord das unterbrochene Werk wiederaufnehmen. Die Kirche von Utrecht lebte auf und wurde neu ausgestattet. Die darüber ausgestellte Urkunde Karl Martells vom 1. Januar 723 leitete eine zweite Phase kontinuierlicher Mission ein, die freilich nur innerhalb der fränkischen Grenzen westlich und südlich der Zuidersee bis zur Yssel dauernde Erfolge errang. Die Basis war zu schmal für eine neue Kirchenprovinz, wie sie dem Friesenapostel vorgeschwebt hatte. Aber als Willibrord am 7. November 739 starb, waren die Grundlagen für das künftige Bistum Utrecht geschaffen.

Damals war Winfrid-Bonifatius bereits die beherrschende Gestalt unter den angelsächsischen Kirchenmännern im Frankenreich. Winfrid stammte nicht aus dem anglischen Northumbrien, sondern aus Wessex. Er wurde um 672/673 bei Exeter geboren, um 680 dem Kloster von Exeter zur Erziehung übergeben. Später trat er in die Abtei Nursling bei Winchester ein, wo er auch zum Priester geweiht wurde. Den Entschluß zur Peregrinatio propter Christum faßte er in reifem Alter. Sein Fernziel war wohl von Anfang an die Bekehrung der stammverwandten Festlandssachsen. Den Ansatz dazu aber konnte nur ein den Sachsen benachbartes Missionsland bieten. So setzte Winfrid 716 von London nach Dorestad bei Utrecht über. Der Missionsversuch bei Radbod scheiterte indessen ebenso wie der Wiktberts in den Jahren 688/689. Winfrid kehrte noch einmal in seine Heimat zurück, verließ sie aber 718 erneut und diesmal für immer.

Im fränkischen Ostreich hatte sich eben damals Karl Martell durchgesetzt. Willibrord erhielt im Februar 718 ein Privileg des neuen Regenten. Winfrid nahm jedoch keine Fühlung mit Karl auf, sondern reiste über Neustrien nach Rom, wo ihm Gregor II. am 15. Mai 719 eine Missionsvollmacht und zugleich den Namen Bonifatius gab, den Winfrid von nun an ausschließlich führte. Das friesische Missionsfeld schien vorerst verschlossen. An der sächsischen Südgrenze waren die Aussichten günstiger. Der Thüringerherzog Heden hatte Willibrord 704 und 717 reiche Schenkungen gemacht und dadurch sein Interesse an den angelsächsischen Missionaren bekundet. So begab sich Bonifatius über Bayern, wo er anscheinend schon damals den Schüler Sturmi gewann, nach Thüringen. Hier stieß er jedoch auf den Widerstand eines schon vorhandenen Klerus. Der Konflikt bewog ihn zu einer Reise nach Franzien. Unterwegs erreichte ihn die Nachricht vom Tode des Friesenkönigs Radbod. Bonifatius wandte sich erneut der Friesenmission zu. Zwei Jahre wirkte er in Friesland unter der Ägide Willibrords.

Bonifatius hatte 716 und 718 seinen eigenen Weg eingeschlagen. Es nimmt daher nicht wunder, daß er sich 721 wieder von Willibrord trennte. Über Trier, wo sich ihm der junge Franke Gregor anschloß, zog er an die obere Lahn, um an der Sachsengrenze die noch heidnischen Hessen um Fritzlar und Kassel zu bekehren. Er fand Rückhalt an den Befehlshabern des fränkischen Kastells Amöneburg, wo er eine erste Klosterzelle gründete. Die Predigt bei den Hessen brachte ihm den ersten großen Erfolg. Bonifatius reiste nun zum zweiten Male nach Rom, wo er am 30. November 722 durch Gregor II. zum Bischof geweiht wurde. Er legte dabei den Obödienzeid ab, den die römischen Suffraganbischöfe dem Papst als ihrem Metropoliten zu leisten pflegten. Die zu diesem Eid gehörige Treueverpflichtung gegenüber dem Kaiser wurde ersetzt durch die Verpflichtung, mit den Bischöfen, die gegen die Instituta sanctorum patrum handelten, keine Gemeinschaft zu halten, gegen sie vorzugehen oder, falls dies nicht möglich war, dem Papst zu berichten. Der bonifatianische Missionssprengel wurde so aufs engste mit Rom verbunden. Gregor II. entließ den neuen Bischof mit einer Empfehlung an Karl Martell, der Bonifatius Anfang 723 einen Schutzbrief ausstellte. Die Gleichstellung mit Willibrord war damit erreicht.

Die hessische Mission machte unter dem Schutz des Frankenfürsten rasche Fortschritte. Bonifatius fällte 723 die Donareiche bei Geismar und errichtete aus ihrem Holz die erste Kirche von Fritzlar, um die sich eine zweite Mönchssiedlung gruppierte. 725 zog er über den Wald ins nordöstliche Thüringen, wo nach dem Erlöschen der Herzogsdynastie heidnisch-sächsischer Einfluß um sich gegriffen hatte. Als drittes Kloster erstand Ohrdruf am Ostabhang des Waldes. Nach einem Jahrzehnt war die missionarische Arbeit in Hessen und Thüringen beendet. Die Zeit schien reif zur Begründung einer neuen Kirchenprovinz. Gregor III. erhob Bonifatius 732 durch die Verleihung des Palliums zum Erzbischof.

Sollte die geplante Kirchenprovinz nur das bonifatianische Missionsgebiet umfassen? Auch das thüringische Mainland, das schon seit längerer Zeit christlich geworden war, besaß noch keine kirchliche Autonomie. In einem päpstlichen Schreiben von 738 sind unter den Stämmen des bonifatianischen Sprengels die Thüringer und Hessen, die Borthari (Boruktuarier?) et Nistresi (Nister- oder Diemelgebiet?), die Wedrecii (um Wetter? oder Wetterau?) et Lognai (Lahngau), die Suduodi (?) et Graffelti (Grabfeld) genannt. Man darf daher vermuten, daß die neue Kirchenprovinz den größten Teil der unter unmittelbarer fränkischer Herrschaft stehenden Gebiete „in Germanien" (rechts des Rheins) umfassen sollte, unter Ausschluß der politisch autonomen Herzogtümer der Alemannen und Bayern. Dann aber erklärt sich der starke Widerstand, den der große Plan weckte. Bonifatius war schon vorher auf eine lokale Opposition im Klerus gestoßen. Er war bisher damit fertig geworden. Solange er als Missionsleiter in entlegenen Grenzgebieten wirkte, bestanden wenig Reibungsflächen mit dem fränkischen Episkopat. Der neue Plan aber mußte die rheinischen Bischöfe gegen ihn aufbringen, die weite Teile des rechtsrheinischen „Germanien" als ihr Interessengebiet betrachteten. Die geplante Kirchenprovinz kam nicht zustande. Die notwendige Hilfe Karl Martells, „die über das bisherige Schutzverhältnis weit hätte hinausgehen müssen, blieb aus" (Schieffer).

Der Erzbischof verwandte die nächsten Jahre auf den Ausbau seiner Positionen. Der Zustrom angelsächsischer Helfer ermöglichte neue Gründungen. Im thüringischen Mainland entstanden die angelsächsischen Frauenklöster Tauberbischofsheim, Kitzingen und Ochsenfurt. Ein großer Erfolg war für Bonifatius die Aufnahme von Beziehungen zum Bayernherzog Hucbald († 736) und seinem Nachfolger Odilo. Der auf 738 angesetzte Sachsenfeldzug Karl Martells eröffnete gar die Aussicht auf die ersehnte Sachsenmission. So mag Bonifatius in diesen Jahren zwischen Hoffnung und Enttäuschung geschwankt haben, bis schließlich die dritte Romfahrt von 737/738 alle Hoffnungen zu bestätigen schien. Nicht nur Thüringen und Hessen, sondern auch Bayern und Sachsen wurden Bonifatius anvertraut. Gregor III. erweiterte den Auftrag des Erzbischofs, indem er ihn zu seinem Legaten in Germanien ernannte. Er gab ihm außer dem allgemeinen Empfehlungsbrief Schreiben an die Völker der von den Franken beherrschten rechtsrheinischen Lande, an die Bischöfe der Bayern und Alemannen (Augsburg) und einen Missionsaufruf an die „Altsachsen" mit auf den Weg.

Die Hoffnung auf eine Erschließung Sachsens war verfrüht und mußte bald begraben werden. Aber Bonifatius konnte noch im Jahre 739 mit Hilfe des Herzogs Odilo die bayerischen Verhältnisse ordnen und die freilich längst vorgeprägten Bistümer Regensburg, Freising, Salzburg und Passau ins Leben rufen. Eine eigene kirchliche Metropole erhielt Bayern noch nicht, die Oberleitung behielt Bonifatius in eigener Hand. Die kirchliche Ordnung in Thüringen und Hessen wurde nun erst recht brennend. Bonifatius hat sie aber wohl zu Lebzeiten Martells nicht mehr verwirklichen können. Erst der Tod des Frankenfürsten gab ihm den Weg frei.

Karlmann, der Erbe des fränkischen Ostreichs, strebte gleich eine enge Zusammenarbeit mit dem angelsächsischen Erzbischof in Germanien an. Diese Zusammenarbeit mußte Bonifatius freilich erkaufen mit einem Verzicht auf seine Stellung in Bayern. Schon in den letzten Jahren Karl Martells hatte die Emanzipation Bayerns von der fränkischen Hoheit neu eingesetzt. Die Ausschaltung des Halbbruders Grifo, dessen Mutter eine bayerische Prinzessin war, führte zum Bruch zwischen den Karolingern und Herzog Odilo. Bonifatius hatte zuerst mit Grifo gerechnet, ergriff aber dann bereitwillig die Hand Karlmanns. Denn nun eröffnete sich für ihn auch die Aussicht auf eine Reform der fränkischen Reichskirche. Noch im Jahre 742 kam es zur Gründung der „bonifatianischen“ Bistümer Würzburg, Büraburg (Fritzlar) und Erfurt, denen sich bald darauf Eichstätt in dem an die Franken zedierten bayerischen Grenzgebiet des Swalafelds und Nordgaus zugesellte. Am 21. April 743 trat das erste fränkische Reformkonzil zusammen. Ihm folgten im März 744 die Reformkonzilien von Les Estinnes im Hennegau (Reichsteil Karlmanns) und Soissons (Reichsteil Pippins).

Die drei fränkisch-bonifatianischen Reformkonzilien setzten sich die Wiederherstellung der kirchlichen Rechtsordnung und die Erneuerung der sittlich-religiösen Ordnung bei Klerus und Laien zum Ziel. Karlmann unterstellte den Episkopat seines Reichsteils dem Erzbischof und Legaten Bonifatius. Im Reichsteil Pippins sollten die alten Kirchenprovinzen Rouen, Reims und Sens wiederhergestellt werden. Jährliche Provinzialsynoden sollten den inneren Zusammenhang der Provinzen stärken und die sittliche Reform fördern.

Andere Beschlüsse dienten der Wiederherstellung der Diözesanverbände. Die Unterordnung des Klerus unter den Diözesanbischof wurde neu eingeschärft. Die Priester sollten ihrem Bischof regelmäßig Rechenschaft legen über ihre Lebens- und Amtsführung, Wanderbischöfe und -priester nicht ohne Prüfung durch eine Synode eingestellt werden. Die heikle Frage des Eigenkirchenwesens wurde jedoch nicht aufgegriffen.

Die Restauration erforderte auch eine Sicherung der materiellen Grundlagen. Die integrale Restitution des Kirchenguts, die Karlmann im ersten Überschwang 743 dekretierte, wurde in Les Estinnes und Soissons abgeschwächt. Ein Teil des Kirchenguts — sicher der größere — wurde angesichts der Kriegsnöte von der Restitution ausgenommen, sollte aber fortan als „zinspflichtige Landleihe“ betrachtet werden. Dieser Beschluß war von weittragender Bedeutung für die Entwicklung des fränkischen Lehenswesens.

Der inneren Reform dienten Sittenvorschriften für den Klerus und die Laien: das Waffenverbot (Jagd, Krieg) und Zölibatsgebot für die Priester, das Verbot heidnischer Bräuche und die Einschärfung des kanonischen

Eherechts für die Laien. Amtsentsetzt wurden nur Angehörige des niederen Klerus. Die personelle Erneuerung des Episkopats konnte nicht abrupt vorgenommen werden, sondern nur von Fall zu Fall, auf längere Sicht.

Die 743/744 eingeleitete Reform diente nicht nur der Kirche, sondern auch der Neuordnung des Reiches, wie schon die Satzungen über das säkularisierte Kirchengut erkennen lassen. Die beiden Karolinger traten wie Könige auf: sie beriefen und leiteten die Synoden, setzten Bischöfe ein und schufen Kirchenprovinzen. „Das landeskirchliche Prinzip beginnt sich sogar in einem monarchisch-theokratischen Sinn zu verfestigen, nicht zum wenigsten unter dem Eindruck angelsächsischer Vorbilder ... Es entsprach den Gepflogenheiten englischer Gesetzgebung, daß die Konzilsentscheidungen nicht mehr wie in merowingischer Zeit als Beschlüsse der Bischöfe, sondern als Herrscherverordnungen, als Capitular, verkündet wurden ... Neuer Brauch war es ferner, daß Karlmann und ... Pippin ihre ersten Synoden mit einer Reichsversammlung der weltlichen Großen ... verbanden ... Dem Papst fiel keine eigentlich aktive Rolle zu, er stand als Hüter und Zeuge wahren Glaubens und alter Sitte im Hintergrund, als respektheischende höchste Instanz ... Die Aufgabe, die sich vor Bonifatius auftat, entspricht der Rolle, zu der einstens der Erzbischof Theodor in seiner Heimatkirche berufen gewesen (war)" (Schieffer).

Bonifatius stand in diesen Jahren auf der Höhe seines Schaffens. Aber die drei Reformkonzilien bedeuteten nur einen Beginn, nicht die Vollendung, und das Werk zu vollenden war dem Erzbischof und Legaten nicht mehr vergönnt. An der ersten Reformsynode nahmen außer den „bonifatianischen" Bischöfen nur die von Köln und Straßburg teil — die Opposition im austrasischen Episkopat war also immer noch stark. Die Teilnehmer an der Synode von Les Estinnes sind nicht bekannt. In Soissons erschienen 23 Bischöfe, die durchweg den Provinzen Reims, Rouen und Sens angehörten. Die Neuordnung der Provinz Tours und der burgundisch-provençalischen Bistümer konnte also noch nicht in Angriff genommen werden, und Aquitanien stand wie Bayern ganz abseits.

Das Programm von 743 war selbst in der Francia nicht voll durchzusetzen. Die Wiederherstellung der drei Kirchenprovinzen des Westens kam nicht zustande. Der Antrag auf Erteilung des Palliums wurde nur für Grimo von Rouen aufrechterhalten. Bessere Fortschritte schien die Restauration zunächst im Ostreich zu machen. Ein gesamtfränkisches Konzil von 745 wies Bonifatius Köln als Metropole zu und setzte Bischof Gewiliob von Mainz ab, der sich der Blutrache schuldig gemacht hatte. Die Kirchenprovinz Köln sollte die rheinischen Bistümer von Speyer bis Utrecht und das Maasbistum Tongern-Lüttich umfassen. Die Trierer Provinz wurde also ausgeklammert. Trotz dieser Konzession an den Hauptgegner Milo von Trier kam man aber nicht weiter. Die Wiederherstellung der Metropolitanordnung scheiterte auch im Ostreich. Die Synode, die 747 unter dem Vorsitz des Erzbischofs und Legaten tagte, war gewiß eine imponierende Herrschau der Reformfreunde aus Austrasien und Neustrien — erhielt aber nicht mehr die Sanktion der Karolinger. Im gleichen Jahr verlor Bonifatius durch die Resignation Karlmanns seine stärkste Stütze. Pippin hatte von jeher eine vorsichtigere Kirchenpolitik vertreten. Nun, da er seinen Neffen Drogo beiseite schob und die Regierung im Gesamtreich übernahm, mußte er erst recht jeden Zusammenstoß mit den Großen vermeiden. Bonifatius trat in den Hintergrund.

Bonifatius ist Erzbischof und Legat geblieben, aber das Reich war nicht mehr Schauplatz seiner Tätigkeit. Die letzten Jahre seines Lebens waren der Sorge für den engeren hessisch-thüringischen Wirkungsbereich und für seine meist angelsächsischen Helfer gewidmet. In den Vordergrund traten nun die 744 gegründete Abtei Fulda und das Bistum Mainz, das ihm 746/747 nach dem Scheitern des Kölner Plans übertragen worden war. Das Kloster Fulda war von vornherein als großes monastisches Kulturzentrum geplant und wurde durch den Bonifatiusschüler Sturmi nach dem Vorbild der benediktinischen Erzabtei Monte Cassino eingerichtet. Fulda lag noch im Würzburger Sprengel, aber am äußersten Nordrand der Diözese, und sollte nach dem Willen des Gründers vor allem der christlichen Durchdringung der beiden Sprengel von Büraburg-Fritzlar und Erfurt „prope marcam paganorum“ dienen. Bonifatius erwirkte daher 751 von Papst Zacharias ein Exemtionsprivileg für die Abtei, das sie von der Gewalt des Würzburger Diözesanbischofs befreite[1]. Er schuf sich damit eine „erzbischöfliche Enklave“ in seinem alten Wirkungsbereich, mit dem er auch von Mainz aus in engster Verbindung blieb. Zum Nachfolger in Mainz ersah er seinen angelsächsischen Schüler Lul aus. Papst Zacharias ging auf die Absichten des Bonifatius ein und gestattete ihm 748, einen Chorbischof im Hinblick auf die Nachfolge zu bestellen. Aber erst 752 vollzog Bonifatius die Weihe. Er brauchte für seinen Plan das Einverständnis Pippins, das ihm schließlich durch die Vermittlung des Abts Fulrad von St-Denis erteilt wurde. Anscheinend hat er dann versucht, die Verbindung zwischen Mainz und Hessen-Thüringen, die vorerst nur auf seiner Person ruhte, institutionell zu verankern, indem er Büraburg und Erfurt als chorbischöfliche Sprengel der Diözese Mainz einordnete. So bereitete er seinem Nachfolger Lul den Weg, der die Einbeziehung der beiden bonifatianischen Missionsgebiete in die Mainzer Diözese durchführte.

Auch das angelsächsische Missionsgebiet Friesland blieb Bonifatius unterstellt. Der Erzbischof und Legat hatte hier 741 einen Bischof als Nachfolger Willibrords eingesetzt und die Utrechter Martinsabtei seinem fränkischen Schüler Gregor übertragen. Als das Bistum Utrecht 752/753 erneut vakant wurde, wollte Hildegar von Köln es seiner Diözese eingliedern. Es

[1] Nach W. Schwarz (Jurisdicio und Condicio 91 ff) handelt es sich um ein päpstliches Schutzprivileg, das die Autonomie der Abtei sicherte, aber die Konsekrationsrechte des Diözesanbischofs nicht antastete.

gelang Bonifatius, den Kölner Anspruch mit Hilfe Pippins abzuweisen, der ihm 753 persönlich die Leitung der friesischen Kirche übertrug. Noch im gleichen Jahre trat Bonifatius die Reise nach Friesland an, auf der sich sein Leben erfüllen sollte. In Ausübung seines friesischen Hirtenamts, als er am 5. Juni 754 in der Pfingstoktav die Neugetauften Mittelfrieslands firmen wollte, erlitt der Achtzigjährige bei Dokkum durch einen heidnischen Überfall den Martyrertod. Seine Leiche wurde durch eine fränkische Strafexpedition geborgen und nach dem eigenen Wunsch des großen Kirchenmanns in Fulda beigesetzt. Das Martyrium führte einen völligen Sinneswandel unter den fränkischen Großen herbei, die nun dem Heiligen die Verehrung zollten, die sie dem lebenden Erzbischof durchweg versagt hatten.

3. Kapitel

Die Begründung des karolingischen Königtums und der Fortgang der Reform

WEITERE QUELLEN: Vita s. Pirminii: MGSS XV 17—31; PL 89, 1029—1050 (Pirmin, Scarapsus); De unctione Pippini regis nota monachi s. Dionysii: MGSS XV 1.

LITERATUR: Zur fränkischen Geschichte: *L. Oelsner,* Jahrbücher des fränkischen Reichs unter König Pippin (1871).

Zum christlichen Weihekönigtum: *E. Perels,* Pippins Erhebung zum König: ZKG 53 (1934) 400—416; *Eva Müller,* Die Anfänge der Königssalbung im Mittelalter: HJ 58 (1938) 317—360; *A. Sprengler,* Gebete für den Herrscher im frühmittelalterlichen Abendland u. die verwandten Anschauungen im gleichzeitigen Schrifttum (Diss. masch. Göttingen 1950); *H. Helbig,* Fideles Dei et regis: AKG 33 (1951) 275—306; *E. H. Kantorowicz,* Laudes regiae. A Study in liturgical acclamations and mediaeval ruler worship (1946) [= Univ. of California publ. 33]; *B. Opfermann,* Die liturgischen Herrscherakklamationen im Sacrum Imperium des Mittelalters (Weimar 1953); dazu *R. Elze,* Die Herrscherlaudes im Mittelalter: ZSavRGkan 40 (1954) 201—223.

Zu Pirmin und Süddeutschland: *G. Jecker,* St. Pirmins Erden- und Ordensheimat: AMrhKG 5 (1953) 9—41; *A. Doll,* Das Pirminkloster Hornbach: ebd. 108—142; *Th. Mayer,* Die Anfänge der Reichenau: ZGObrh NF 62 (1953) 305—352; *H. Büttner,* Geschichte des Elsaß (Berlin 1939); *ders.,* Christentum und fränkischer Staat in Alamannien u. Rätien während des 8. Jh.: ZSKG 43 (1949) 1—150; *F. Zöpfl,* Das Bistum Augsburg u. seine Bischöfe im Mittelalter (München 1956); *K. Reindel,* Die Bistumsorganisation im Alpen-Donauraum in der Spätantike und im Frühmittelalter: MIÖG 72 (1964) 277—310; Die Reichsabtei Lorsch. Festschrift zum Gedenken an ihre Stiftung (Darmstadt 1964); *J. Fleckenstein,* Über die Herkunft der Welfen u. ihre Anfänge in Süddeutschland: Forschungen zur oberrhein. Landesgesch., hrsg. von *G. Tellenbach* 4 (1957) 71—136; *ders.,* Fulrad von St. Denis u. der fränk. Ausgriff in den süddeutschen Raum: ebd. 9—39.

Zur Reform von Reich und Kirche: *J. Fleckenstein,* Die Hofkapelle der deutschen Könige I. Grundlegung. Die karolingische Hofkapelle (Stuttgart 1959) [= Schriften der MG XII 1]; *U. Stutz,* Das karolingische Zehntgebot: ZSavRGgerm 29 (1908) 180 bis 224; *E. Morhain,* Origine et histoire de la Regula canonicorum de St. Chrodegang (1948) [= Misc. P. Paschini. Lateranum N. S. XIV]; *C. Gindele,* Die gallikanischen Laus perennis-Klöster und ihr Ordo officii: RBén. 69 (1959) 32—48; *E. Bourque,* Études sur les sacramentaires romains II. Les textes remaniés I. Le Gélasien du 8e siècle (Quebec 1925);

M. Andrieu, La liturgie romaine en pays franc et les Ordines Romani: Les Ordines Romani II (Löwen 1948) XVII—XLIX; *Th. Klauser,* Die liturgischen Austauschbeziehungen zwischen der römischen u. der fränkisch-deutschen Kirche vom 8. bis 11. Jh.: HJ 53 (1933) 169—189; *C. Vogel,* Les échanges liturgiques entre Rome et les pays francs jusqu'à l'époque de Charlemagne: Le chiese nei regni dell'Europa occidentale ... I 185—295; *ders.,* Introduction aux sources de l'histoire du culte chrétien au moyen âge I (Les sacramentaires), II (Les ordines, pontificaux et rituels): Studi medievali 3 (1962) 1—99, 4 (1963) 435—569; *ders.,* La réforme liturgique sous Charlemagne: Karl der Große. Lebenswerk und Nachleben II (Düsseldorf 1965) 217—232; *H. Hucke,* Die Einführung des gregorianischen Gesanges im Frankenreich: RQ 49 (1954) 172—187; *H. Büttner,* Mission und Kirchenorganisation des Frankenreiches bis zum Tode Karls d. Gr.: Karl der Große. Lebenswerk und Nachleben I (Düsseldorf 1965) 454—487.

Die Schicksale des Frankenreiches lagen seit 747 in der Hand des Hausmeiers Pippin. Der 714 geborene jüngere Sohn Karl Martells war in St-Denis erzogen worden. Der Vater hatte ihn zum Erben in Burgund und Neustrien bestimmt und 740 mit dem Oheim Childebrand nach Burgund geschickt. Der junge Fürst ist in der fränkischen Gedankenwelt aufgewachsen — den Angelsachsen stand er fern.

Wir kennen die Männer nicht, die in St-Denis Pippins Erziehung leiteten. Doch tritt uns unter Karl Martell ein Kirchenmann entgegen, der Willibrord und Bonifatius gegenübergestellt werden kann als repräsentativer Vertreter der auch in der fränkischen Kirche noch lebendigen religiösen Kräfte: Pirmin, der „Apostel der Alemannen". Pirmins „Erdenheimat" ist seit Jahren kontrovers, aber auch belanglos gegenüber seiner geistigen Welt, die sicher von der südgallischen Klosterkultur geprägt war und einen deutlichen spanischen Einschlag aufwies. Vielleicht war der alemannische Mönchsvater, der zwar nach irischer Weise die Bischofsweihe empfangen hatte, aber die Regel Benedikts vertrat und nach Art des Fructuosus von Braga einen Klosterverband ins Leben rief, ein Emigrant aus Spanien oder Septimanien. Anscheinend war die burgundische Abtei Flavigny (Diözese Autun) eine der Stationen seines Weges. Ins Licht der Geschichte trat er 724, als er unter Mithilfe Karl Martells die Abtei Reichenau gründete. Spannungen mit dem Alemannenherzog und wohl auch mit dem Bischof von Konstanz führten zu seiner Ausweisung. Pirmin begab sich ins Elsaß, wo er 728 die Abtei Murbach errichtete, der Karl Martell eine Schutzurkunde erteilte. Von der Reichenau ging das rätische Kloster Pfäfers (Diözese Chur), von Murbach die Luzerner Leodegarcella aus. Pirmin selbst wirkte fortan in den Diözesen Straßburg und Metz. Sein Schüler Eddo wurde 734 Bischof von Straßburg. In der Diözese Metz gingen auf Pirmin die Klöster Neuweiler und Hornbach zurück. Als das Bistum Basel nach der Auflösung des Elsässer Herzogtums (739) neu erstand und Straßburg durch die Ortenau für den Sundgau entschädigt wurde, trat Pirmin als Mönchsvater auch in der Ortenau auf: bei der Gründung von Gengenbach (nach 748), bei der Reform von Schwarzach (vor 749) und Schuttern. Sein Sitz war die Abtei Hornbach, wo er 753 starb.

Hornbach war das Hauptkloster der Widonen, einer mächtigen fränkischen Adelsfamilie, der auch Milo von Trier angehörte, der Hauptwidersacher des Bonifatius in Austrasien. Die Gründung und Reform der Ortenauklöster erfolgte mit Hilfe eines anderen fränkischen Großen aus dem Moselland: des Dux Rothard, der nach 746 gemeinsam mit Warin als Statthalter in Alemannien amtierte und dort die karolingische Grafschaftsverfassung einführte. Rothard war seinerseits aufs engste verbunden mit den Männern, die unter Pippin die Führung der fränkischen Kirche übernehmen sollten: mit Chrodegang von Metz, der aus der maasländischen Heimat der Pippiniden stammte, und Fulrad von St-Denis, der ein moselländischer Landsmann der Arnulfinger war. Fulrad gehörte der Kapelle Pippins an. Chrodegang hatte als Referendar unter Karl Martell gedient und 742 das Bistum Metz erhalten. Er gründete als Bischof von Metz 748 die Musterabtei Gorze, von der aus Mönche nach Gengenbach und 764 nach Lorsch gingen, einer Gründung des Rheingaugrafen Chancor.

Fulrad tritt an einer entscheidenden Wende der fränkischen Geschichte zum ersten Male hervor. Pippin hatte nach der Abdankung seines Bruders Karlmann die Herrschaft in Austrasien ohne Konflikt angetreten, mußte aber erneut gegen seinen Halbbruder Grifo vorgehen, der nach seiner Amnestierung mit sächsischer und bayerischer Hilfe Aufstände anzettelte. Erst nach zwei siegreichen Feldzügen gegen die Sachsen (748) und Bayern (747) trat Ruhe ein. Quievit terra a proeliis annis duobus, sagt die offiziöse Chronik des Oheims Childebrand in Anklang an das Buch Josue und unterstreicht damit den providentiellen Charakter dieses Friedens. Da entsandte Pippin seinen Kaplan Fulrad und den Bischof Burkhard von Würzburg an den Papst Zacharias mit der berühmten Frage „de regibus in Francia, qui illis temporibus non habentes regalem potestatem, si bene fuisset an non". Die beiden Gesandten brachten das päpstliche Responsum zurück: ut melius esset, illum regem vocari, qui potestatem haberet, quam illum qui sine regali potestate manebat, ut non conturbaretur ordo ...[1] Zu Ende des Jahres 751 wurde Pippin von den Franken zum König gewählt und auf den Thron erhoben, von den fränkischen Bischöfen zum König gesalbt. Der letzte Merowinger wurde ins Kloster geschickt.

Knapp 90 Jahre vorher hatte der Pippinide Grimoald für seinen Sohn nach der Krone gegriffen — der „Staatsstreich" war damals gescheitert. Grimoald hatte sich an die Formen des weltlichen Rechts gehalten und den Sohn durch Adoption in die merowingische Königsfamilie aufnehmen lassen. Pippins Wahl und Thronsetzung entsprach gleichfalls dem germanischen Recht, das aber nun durch die dem Alten Testament entlehnte Königssalbung ergänzt und verstärkt wurde. Der Rückgriff auf das Alte Testament kann spontan erfolgt sein, er wurde auch durch die Liturgie nahegelegt. Aber die Salbung

[1] Contin. Fredegarii 32: MGSS rer. Mer. II 182.

war schon vorher bei den Goten Spaniens üblich gewesen, und es ist keineswegs ausgeschlossen, daß das gotisch-spanische Vorbild im Frankenreich wirksam wurde. Für den spanischen Kulturstrom zeugt in frühkarolingischer Zeit nicht nur der Pirminkreis, der ja in Verbindung mit Chrodegang stand, sondern auch die Verbreitung der großen spanischen Kirchenrechtssammlung, der Collectio Hispana, die Bischof Rachis von Straßburg 787 abschreiben ließ und die dann in Autun überarbeitet wurde. Die Anfrage an den Papst setzt dagegen das Wirken der Angelsachsen, ihren regelmäßigen Botenverkehr mit Rom voraus, der sich seit dem Beginn der bonifatianischen Reform auch auf die Hausmeier ausdehnte. Nach dem unter Karl dem Großen redigierten Reichsannalen wäre Pippin durch Bonifatius gesalbt worden, aber eine Bestätigung der Nachricht durch zeitgenössische Quellen steht aus. Die päpstliche Antwort beruht auf dem Ordogedanken der Väter, nach dem sich Name und Sache in der göttlichen Weltordnung entsprachen. Sie war ein „in die überkommenen Formen des Schriftverkehrs gekleideter Bescheid" (Büttner) der höchsten religiösen Autorität, an keine politischen Bedingungen geknüpft. Der patristische Ordogedanke trat dabei in sinnvolle Beziehung zur germanischen Vorstellung, daß echtes Königtum sich durch ein Charisma, das „Königsheil", erweisen müsse.

Die Königsweihe Pippins war von entscheidender Bedeutung für die Entfaltung des christlichen Königsgedankens im Abendland. Die Stellung des Herrschers in der Kirche war fortan sakramental begründet, denn als Sakrament galt die Königssalbung bis zum Investiturstreit. Die Formel Dei gratia rex begegnet zuerst bei Karl dem Großen. Die Königsliturgie entfaltete sich bald nicht nur bei der Weihe, sondern auch an den hohen Festtagen, an denen der König unter der Krone ging. Sie fand einen großartigen Ausdruck in den Königslaudes, die zuerst unter Pippin erklungen sein mögen, wenn sie auch wiederum erst für Karl den Großen bezeugt sind. Der triumphale Ruf Christus vincit, Christus regnat, Christus imperat eröffnete und beschloß in den Laudes die mit Anrufungen Christi, der Engel und der Heiligen verbundenen Akklamationen des Papstes, des Königs und der Königin, des königlichen Hauses und des Exercitus Francorum. In der unter Karl d. Gr. festgelegten Grundfassung wurden die Apostel zum Papst, Maria und die Engel zum König, die Martyrer zum Heer gestellt. Diese Gruppen entsprachen im gotischen Spanien den drei göttlichen Personen, und zwar die Engel als Gefolge des Vaters, die Apostel als Gefolge des Sohnes, die Martyrer als Gefolge des Heiligen Geistes. So wurde trotz des christologischen Grundcharakters der Laudes symbolisch zum Ausdruck gebracht, daß das Königtum in der Schöpfungsordnung (Gott Vater), das Priestertum in der Erlösungsordnung (Gott Sohn) verankert war. Der Exercitus Francorum nahm in diesem Symbolismus den Platz des christlichen Volkes, der Ecclesia (Heiliger Geist) ein. Angerufen wurden für ihn die großen altgallischen Bischöfe Hilarius von Poitiers und Martinus von Tours sowie die altgallischen

Blutzeugen, die als Nationalpatrone galten. Die Franken erschienen also deutlich als das neue Israel. Der gleiche Gedanke ist ausgedrückt in dem pippinischen Prolog der Lex Salica, der die göttliche Erwählung, die Waffentüchtigkeit und die Orthodoxie des fränkischen Volkes betonte, das schon in seiner heidnischen Zeit durch göttliche Eingebung nach Weisheit suchte, „nach dem Grad seiner Sitte" die justitia erstrebte und die pietas wahrte. Dieses Lob der Franken steht dem über ein Jahrhundert älteren Lob der Goten zur Seite, das Isidor von Sevilla verfaßte — es scheint auch unmittelbar von ihm beeinflußt zu sein.

Der pippinische Prolog wurde 763/764 in der karolingischen Kanzlei von Baddilo redigiert, der von 757 an als Leiter der Schreibgeschäfte und von 760 bis 766 als alleiniger Kanzleivorstand nachweisbar ist. Baddilo war königlicher Kaplan. Die Kapläne traten wie die Vasallen durch Kommendation in den Dienst der Karolinger ein, die sie nicht zum Heeres-, sondern zum Gottesdienst am Hof verpflichtete. Zu dieser „Grundfunktion" traten bald weitere Aufgaben, wie das Urkunds- und Gesandtschaftswesen. Mit der Königskrönung Pippins wurde die Kapelle zum wichtigsten Instrument der christlichen Königsherrschaft. Pippin gab ihr eine festere Organisation, indem er den Kaplan Fulrad, dem er 750 die Abtei St-Denis, das vornehmste Königskloster, übertragen hatte, zum summus capellanus einsetzte. Auch die Kanzlei wurde als Geschäftsbereich der Kapelle straffer organisiert: Baddilo wurde 760 ihr erster Vorsteher.

Die kirchliche Reform kam erneut in Gang, nachdem Chrodegang 754 als Nachfolger des Bonifatius an die Spitze des fränkischen Episkopats getreten war. Dem Konzil von Ver (755) folgten die Synoden von Verberie (756), Compiègne (757), Attigny (ca. 760/762) und Gentilly (767), wo die Franken erstmals mit der Frage des Bilderstreits befaßt wurden. Man nahm in Ver einen neuen Anlauf zur Wiederherstellung der Metropolitanverfassung, auch diesmal ohne sichtbaren Erfolg. Nur Wilchar von Sens erscheint 769 als archiepiscopus. Neben den Fragen der bischöflichen Autorität in den Diözesen wurde besonders das Eherecht verhandelt. Um den Kirchen des Reichs materiell wieder aufzuhelfen, erließ Pippin 765 das Zehntgebot. Der Zehnt sollte ausschließlich der Seelsorge zugewandt werden und ging zu einem Viertel an den Bischof, zu drei Vierteln an den Pfarrklerus. Die generelle Einführung des Zehnten war von großer Bedeutung für die kirchliche Organisation: Durch die Abgrenzung der Zehntbezirke wurde „die Grundlage eines neuen Kleinpfarrsystems geschaffen". Der Sittenreform des Klerus diente die um 754 für den Metzer Kathedralklerus verfaßte Kanonikerregel Chrodegangs. Chrodegang folgte hier dem römischen Vorbild, entlehnte aber den größten Teil der Bestimmungen der Regel Benedikts und stützte sich auch auf das fränkische Synodalrecht. Im Gegensatz zu den Mönchen behielten die Kanoniker die Nutznießung ihres Privatbesitzes. Auf der Synode von Ver wurde erstmals der auf die Canones gegründete Ordo der Kleriker dem Ordo der Mönche gegenübergestellt. Chrodegang und Pippin leiteten auch die Romanisierung der gallikanischen Liturgie und des Kirchengesangs ein, die dann unter Karl dem Großen durchgeführt wurde. Hier zeigten sich schon die Auswirkungen der durch Pippins Italienzüge hergestellten engen Beziehungen zu Rom.

4. Kapitel

Der römische Appell an die Franken und die Anfänge des Kirchenstaats

QUELLENSAMMLUNG: *J. Haller,* Die Quellen zur Geschichte der Entstehung des Kirchenstaats (Leipzig 1907).

LITERATUR: Bester neuerer Gesamtüberblick: *P. Classen,* Karl der Große, das Papsttum und Byzanz: Karl der Große. Lebenswerk und Nachleben I (Düsseldorf 1965). — Einzelfragen: *P. Kehr,* Die sogenannte karolingische Schenkung von 774: HZ 70 (1893) 385—441; *E. Caspar,* Pippin u. die römische Kirche (Berlin 1914); *ders.*, Das Papsttum unter fränkischer Herrschaft: ZKG 54 (1935) 132—264; *R. Holtzmann,* Der Kaiser als Marschall des Papstes (Berlin - Leipzig 1928); *L. Wallach,* Amicus amicis, inimicus inimicis: ZKG 52 (1933) 614—615; *L. Levillain,* L'avènement de la dynastie carolingienne et les origines de l'État pontifical: BÉCh 94 (1933) 225—295; *P. E. Schramm,* Das Versprechen Pippins u. Karls d. Gr. für die römische Kirche: ZSavRGkan 27 (1938) 180—217; *R. Holtzmann,* Die Italienpolitik der Merowinger und des Königs Pippin: Das Reich. Festschrift für J. Haller (Stuttgart 1940) 95—132; *M. Lintzel,* Der Codex Carolinus u. die Motive für Pippins Italienpolitik: HZ 161 (1940) 33—41; *A. Brackmann,* Pippin u. die römische Kirche: Gesammelte Aufsätze (Weimar 1941) 397—420; *J. Haller,* Die Karolinger und das Papsttum: Abhh. zur Gesch. des MA (1944) 1—40; *O. Bertolini,* I papi e le relazioni politiche di Roma con i ducati longobardi di Spoleto e di Benevento III: RSTI 9 (1955) 1—57; *ders.*, I rapporti di Zaccaria con Costantino V e con Artavasdo ...: ADRomana 68 (1955) 1—21; *ders.*, Il primo periurium di Aistolfo verso la Chiesa di Roma: MiscMercati 5 (1946) [= Studi e Testi 125] 160—205; *ders.*, Il problema delle origini del potere temporale dei papi nei suoi presuppositi teoretici iniziali: il concetto di Restitutio nelle prime cessioni territoriali alla Chiesa di Roma: Misc. P. Paschini (1948) 103—171; *E. Griffe,* Aux origines de l'État pontifical: BLE 53 (1952) 216—231, 55 (1954) 65—89; *J. Deér,* Zum Patricius Romanorum-Titel Karls des Großen: AHPont 3 (1965) 31—86 (mit Literaturübersicht zum Patriziat der Karolinger); *G. Tangl,* Die Entsendung des ehemaligen Hausmeiers Karlmann in das Frankenreich im Jahre 754 und der Konflikt der Brüder: QFIAB 40 (1960) 1—42; *dies.*, Die Paßvorschrift des Königs Ratchis u. ihre Beziehung zu dem Verhältnis zwischen Franken und Langobarden: ebd. 38 (1958) 1—67.

Seit dem Konflikt mit Kaiser Leon III. blieben Rom und Ravenna — obzwar noch Teile des Imperiums — auf ihre eigene Kraft und List gegenüber der expansiven langobardischen Königsmacht angewiesen. Die Restauration der römischen Stadtmauer, die schon 708 begonnen und unter Gregor II. wiederaufgenommen worden war, wurde unter Gregor III. (731—741) vollendet. Die Basis der römischen Politik blieb weiterhin die Solidarität mit Ravenna, Spoleto und Benevent, die sich schon unter Gregor II. herausgebildet hatte.

Einen wirksameren Schutz als Stadtbefestigung und Koalition bot dem Papsttum das Ansehen des Apostelfürsten Petrus in der germanisch-romanischen Welt, nicht zuletzt auch beim Langobardenkönig Liutprand, der zwar den Exarchat und die beiden Herzogtümer Spoleto und Benevent seinem Regnum einzugliedern, die römische Kirche aber zu schonen suchte. Dank dem Ansehen des Apostelfürsten vermochte Gregor III. von Liutprand die Rückgabe des 732/733 besetzten Ravenna an den Exarchen zu erwirken. Die Freundschaft mit Spoleto führte den Papst 739 bis an den Rand des Abgrunds, da der König nach der Unterwerfung des Dukats vor Rom erschien. Gregor III. entschloß sich, die Hilfe Karl Martells anzurufen. Der Frankenfürst, dem der Langobardenkönig 737/738 gegen die Sarazenen in der Provence beigestanden hatte, schickte den Abt Grimo zu friedlicher Vermittlung. Die unmittelbare Gefahr wurde beschworen, aber das langobardische Damoklesschwert hing nach wie vor über Rom.

Gregors Nachfolger, der Grieche Zacharias, sandte 742 wieder Wahlanzeige und Glaubensbekenntnis an den Kaiser und den Patriarchen von Konstantinopel. Kaiser Leons Sohn und Nachfolger Konstantin V. war eben damals von einem bilderfreundlichen Gegenkaisertum bedroht, wurde aber 743 Herr der Lage. Der Langobardenkönig nutzte die Situation, um Rom in einem auf 20 Jahre abgeschlossenen Frieden zu neutralisieren. Zacharias mußte 742 das Bündnis mit Spoleto aufgeben und die königlichen Eroberungen gegenüber dem Exarchat anerkennen. Liutprand restituierte dafür päpstliche Patrimonien und sogar vier 739 besetzte Grenzkastelle des römischen Dukats. Er stand auch auf Grund einer päpstlichen Intervention nochmals von einem Angriff auf Ravenna ab. Der Friede blieb unter Liutprands Nachfolger Ratchis (744—749) erhalten. Aber es konnte den Langobarden kaum verborgen bleiben, daß die Selbständigkeit Ravennas und Roms nur von ihrem guten Willen abhing. König Aistulf, der 749 seinen Bruder Ratchis stürzte, war entschlossen, aufs Ganze zu gehen. 750/751 besetzte er Ravenna, im Frühjahr 752 eröffnete er den Wirtschaftskrieg gegen Rom.

Als die langobardischen Absichten auf Rom offenbar wurden, starb Papst Zacharias. Sein Nachfolger, der Römer Stephan II., nahm Verhandlungen auf und erreichte im Juni/Juli 752 den Abschluß eines Waffenstillstands. Aistulf erwartete, daß der Papst sich für die Anerkennung der langobardischen Eroberungen beim Kaiser einsetzen werde. Aber Stephan II. fühlte sich solidarisch mit den Ravennaten und ersuchte den Kaiser um militärische Hilfe. Als der Langobardenkönig diese Nachricht erhielt, stellte er im Oktober 752 den Römern das Ultimatum, seine Hoheit anzuerkennen und einen hohen Tribut an Pavia zu zahlen. Der Kaiser schickte kein Heer, sondern eine Gesandtschaft unter dem Silentiar Johannes, die wohl im November 752 in Rom eintraf und dann von Aistulf in Ravenna empfangen wurde. Die Verhandlungen gingen weiter. Den Silentiar begleiteten auf seiner Rückreise an den Kaiserhof Gesandte des Königs und des Papstes.

Der Papst erkannte, daß er vom Kaiser keine entscheidende Hilfe mehr zu erwarten hatte. Konstantinopel rüstete für ein neues Konzil, das den religiösen Konflikt mit Rom verschärfen mußte. In dieser Not wandte sich Stephan II. an Pippin. Eine erste Botschaft, die im März 753 insgeheim durch einen Pilger übermittelt wurde, schilderte die prekäre Lage Roms. Bald darauf ersuchte der Papst um eine offizielle Einladung ins Frankenreich. Pippins Gegengesandte trafen im Juni und Juli des Jahres in Rom ein. Nunmehr ging Aistulf zum militärischen Angriff auf Rom über — er wollte die Franken wohl vor vollendete Tatsachen stellen. Aber er kam zu spät. Im September überbrachten zwei höchste fränkische Würdenträger — Erzbischof Chrodegang und Herzog Autcar, Pippins Schwager — die fränkische Einladung. Gleichzeitig erschien der kaiserliche Silentiar mit dem Befehl an den Papst, im Namen des Kaisers mit dem Langobardenkönig zu verhandeln. Am 14. Oktober 753 verließ Stephan II. mit dem Silentiar Johannes und den fränkischen Geleitsherren die Ewige Stadt, um sich nach Pavia zu begeben. Der Langobardenkönig blieb unnachgiebig, wagte aber nicht, die Weiterreise des Papstes ins Frankenreich zu hindern, zu der der kaiserliche Gesandte seine Zustimmung gegeben zu haben scheint. Stephan II. verließ Pavia am 15. November. In der Abtei St-Maurice begrüßten ihn auf fränkischem Boden Abt Fulrad von St-Denis und Herzog Rothard. Der König erwartete den Papst in der Pfalz Ponthion südöstlich von Châlons und sandte ihm den damals 12jährigen Sohn Karl entgegen. Am Fest der Erscheinung des Herrn traf Stephan II. in Ponthion ein. Pippin ritt ihm entgegen, erwies ihm die Proskynese, die auch das kaiserliche Protokoll vorschrieb, und holte ihn ein, indem er das Pferd des Papstes am Zügel führte. Am folgenden Tage begannen die Verhandlungen. Stephan II. erschien als Schutzflehender vor Pippin, der ihm in seinem und seiner Söhne Namen durch einen Eid Hilfe (Defensio) versprach. Damit war die Entscheidung gefallen. Die vertraglichen Einzelheiten blieben einer späteren Regelung vorbehalten. Stephan II. verbrachte den Winter in der Königsabtei St-Denis, während der König seine Ziele zunächst durch Verhandlungen mit Aistulf zu erreichen suchte.

Nicht weniger als drei fränkische Gesandtschaften gingen 754 an den Hof von Pavia. Aber der Langobardenkönig erwies sich als ein hartnäckiger und gefährlicher Gegner. Er wußte, daß unter den fränkischen Großen eine starke Opposition gegen eine militärische Intervention in Italien bestand. Auf dem Märzfeld zu Berny-Rivière kam es in der Tat zu keiner Einigung zwischen Pippin und den Großen. Aistulf gab der Opposition Rückenstärkung, indem er Pippins Bruder Karlmann zu einer Reise ins Frankenreich veranlaßte. In dieser Gefahr schlossen sich Papst und Frankenkönig noch enger zusammen. Stephan II. lieh Pippin seine geistliche Autorität zur Verweisung Karlmanns und seiner Söhne ins Kloster. Ostern 754 setzte Pippin auf dem Tag von Quierzy bei Laon die Entscheidung für den italischen

Kriegszug durch. Der König gab dem Papst anscheinend das schriftliche Versprechen, den Gebietsstand von Rom und Ravenna, von Venetien und Istrien und die Autonomie von Spoleto und Benevent zu garantieren[1]. Beide Partner schlossen einen Freundschaftspakt. Kurz vor dem Aufbruch in den Krieg weihte Stephan in St-Denis Pippin und seine Söhne Karl und Karlmann feierlich zu Königen. Er schloß die karolingischen Nebenlinien vom Königtum aus und legte den drei Frankenkönigen — ungewiß, ob im Auftrage des Kaisers oder aus eigener Machtvollkommenheit — den Patriziustitel bei zum Ausdruck ihrer Schutzherrschaft über Rom[2].

Während Pippin im August 754 über den Mont Cenis nach Italien zog, starb sein Bruder Karlmann in einem Kloster der Stadt Vienne. Der Umsturzversuch im Frankenreich war gescheitert. Aistulf leitete Friedensverhandlungen ein, als die Franken ihn in Pavia belagerten. Er erkannte die fränkische Hoheit über das Langobardenreich im Friedensvertrag an und verpflichtete sich, Ravenna cum diversis civitatibus zurückzugeben.

Der Friede wurde abgeschlossen zwischen den „Römern, Franken und Langobarden". Doch waren weder der Kaiser noch die Stadt Rom in Pavia vertreten. Aistulf zog in der Folge seine Truppen aus Venetien und Istrien zurück, restituierte Ravenna an den dortigen Metropoliten, behielt aber Teile des Exarchats in seiner Hand und erfüllte auch die Restitutionen gegenüber Rom nicht vollständig. Die staatsrechtlich unklare Lage Roms und Ravennas erlaubte ihm, seine Verpflichtungen aufzuschieben und Ravenna gegen Rom auszuspielen. Da eben damals der Bilderstreit aufflammte, rückte eine langobardisch-byzantinische Koalition in den Bereich der Möglichkeit. Aber dem Langobardenkönig fehlte die Geduld. Im Dezember 755 mar-

[1] E. Griffe (Aux origines de l'État pontifical) hält die auszugsweise Wiedergabe der Donatio von Quierzy in der Vita Hadriani des Liber Pontificalis zu Unrecht für eine Interpolation. Es läßt sich lediglich darüber streiten, ob mit der Garantie von Quierzy auch schon die Schenkung der genannten Gebiete und der Insel Korsika an den heiligen Petrus ausgesprochen war — unbeschadet ihrer Zugehörigkeit zum Imperium resp. Regnum. Sicher ist, daß „die Päpste (seit Stephan II.) die Hoheit des heiligen Petrus über alle von den Franken aus Langobardenhand befreiten Gebiete in Anspruch (nahmen)" und „daß Pippin und Karl ... Dinge versprochen haben, die sie großenteils niemals erfüllten" (*Classen*, Karl der Große, das Papsttum und Byzanz 543 542).

[2] Die Auffassung, daß der Papst den Patriziustitel im Auftrag des Kaisers übertragen habe, vertreten außer Dannenbauer auch F. Dölger (ByZ 45 [1952] 187—190) und E. Stein. Vgl. zu dieser Frage zuletzt *J. Deér*, Zum Patricius Romanorum-Titel Karls des Großen (AHPont 3 [1965] 31—86 mit weiterer Lit.) und *P. Classen* (Karl der Große, das Papsttum und Byzanz 552). Classen sieht in der Titelform Patricius Romanorum das entscheidende Argument gegen eine kaiserliche Verleihung, da der Patriziat nach Reichsrecht eine vom Kaiser verliehene Würde ohne territorialen Bezug war. Deér nimmt mit Dölger an, daß der territoriale Bezug auf den Ducatus Romanus (Patricius — Schutzherr der Römer im engeren Sinne) erst durch den Papst hineininterpretiert wurde; in der Sicht des Kaisers habe der Zusatz Romanorum nur allgemein den Bezug auf das Imperium Romanum ausgedrückt (Patricius im Römischen Reich).

schierte er auf Rom, das am 1. Januar 756 völlig umzingelt war. Nur der Seeweg blieb noch offen. Ihn schlug der fränkische Missus Warnehar mit drei päpstlichen Boten ein, die dem Frankenkönig im März einen verzweifelten Hilferuf im Namen des Apostelfürsten Petrus überbrachten. Im Mai traf auch eine kaiserliche Gesandtschaft auf dem Weg zu Pippin in Rom ein. Sie nahm gleichfalls den Seeweg nach Marseille. Als sie dort ankam, stand Pippin bereits vor Pavia. Der Gesandte Georg reiste dem König nach und unterbreitete ihm die Forderung seines Herrn: Auslieferung Ravennas und des Exarchats an den Kaiser. Pippin antwortete, daß er nur pro amore beati Petri et venia delictorum ins Feld gezogen sei, bot dem Kaiser aber einen Freundschaftspakt an. Der Gesandte reiste mit diesem Angebot nach Byzanz.

Aistulf kapitulierte Ende Juni 756. Die Bedingungen des zweiten Friedens von Pavia waren wesentlich härter als die des ersten. Die Langobarden mußten ein Drittel ihres Kronschatzes ausliefern, den Jahrestribut aus merowingischer Zeit erneuern und die Restitutionen über Beauftragte des Frankenkönigs an den Papst leisten. So ist der römische „Kirchenstaat" Wirklichkeit geworden. Er umfaßte den Dukat von Rom und den Exarchat Ravenna mit der Pentapolis. Beamte und Volk wurden auf den Papst vereidigt, eine päpstliche Verwaltung aufgebaut. Rechtlich gehörte der „Kirchenstaat" freilich nach wie vor zum Imperium. Pippin führte den Titel eines Patricius Romanorum nicht; er wollte wohl einem Abkommen mit dem Kaiser nicht vorgreifen. Stephan II. und seine Nachfolger gaben in Münzprägung und Urkundendatierung zu erkennen, daß sie die kaiserliche Hoheit weiterhin anerkannten.

Die Ereignisse der nächsten Zeit schienen die Realisierung des römischen Maximalprogramms zu begünstigen. König Aistulf starb im Dezember 756. Sein Nachfolger Desiderius wurde 757 im Einvernehmen mit dem Papst und Abt Fulrad von St-Denis erhoben, der die Durchführung der Restitutionen zu überwachen hatte. Er versprach zusätzlich die Zession von Bologna, Ferrara, Imola und Faenza, von Ancona, Numana und Osimo. Die Herzöge von Spoleto und Benevent kommendierten sich dem Papst. Aber die hochgespannten Erwartungen Roms erfüllten sich nicht. Paul I., der am 19. Mai 757 seinem Bruder Stephan auf dem Stuhl Petri folgte und dem Frankenkönig eine Wahlanzeige nach Art der früheren Wahlanzeigen an den Exarchen sandte, mußte seine Forderungen bald wieder zurückstecken. Desiderius dachte nicht daran, seine Versprechungen zu halten. Er unterwarf 758 Spoleto und Benevent und nahm Verbindung zu Byzanz auf. König Pippin lehnte einen erneuten Zug nach Italien ab. Er widmete sich ganz dem Ausbau des Frankenreichs, in das die gotische Narbonensis (Septimanien) schon 759, das widerstrebende Aquitanien nach langen Kämpfen 768 einbezogen wurde. Um eine langobardisch-byzantinische Koalition zu verhindern, kam er Desiderius entgegen. Paul I. beugte sich und ging mit den Restitutionsforderungen im wesentlichen auf die Bestimmungen des zweiten Friedens von Pavia zurück. Er mußte auch in Ravenna nachgeben, wo die direkte päpstliche Verwaltung durch eine indirekte des Metropoliten ersetzt wurde.

Nachdem mit den Langobarden ein wenn auch labiler Modus vivendi gefunden war, trat für Paul I. das Verhältnis zu Konstantinopel in den Vordergrund. Im Schicksalsjahr 754 hatte zu Hiereia am Bosporus ein kaiserliches Ikonoklastenkonzil getagt, das die Hochflut des Bildersturms im Imperium auslöste. Eine neue Welle griechischer Emigranten erreichte Italien. Der Papst stellte den griechischen Mönchen sein 761 hergerichtetes Hauskloster St. Silvester in Capite zur Verfügung. Nachdem die fränkisch-byzantinischen Freundschaftsverhandlungen von 756/757 ergebnislos geblieben waren, gingen erst 763 wieder fränkische und päpstliche Gesandte an den Kaiserhof. Paul I. protestierte bei dieser Gelegenheit gegen die Verfolgung der Bilderfreunde. Er trat in Verbindung mit den drei orientalischen Patriarchen, die im gleichen Jahr auf einer Synode in Palästina gegen die Ikonoklasten Stellung genommen hatten. Eine fränkische Gesandtschaft, die 765 erstmals an den Abbassidenhof von Bagdad reiste, scheint vom Papste und vom Patriarchen von Alexandria angeregt worden zu sein. Gegen Ende dieses Jahres kehrte die königlich-päpstliche Mission nach einem ungewöhnlich langen Aufenthalt am Kaiserhof zurück. Sie wurde von griechischen Gesandten begleitet, die Pippin ein Heiratsbündnis vorschlugen. Der Kaiser suchte offenbar die Franken von Rom abzuziehen. Pippin wies den Heiratsvorschlag ab, ließ aber die Fäden nach Byzanz nicht abreißen. Als nach einer längeren, durch den Aquitanienkrieg verursachten Pause 767 wieder eine Reichssynode in Gentilly zusammentrat, kam es dort zu einem Religionsgespräch zwischen Griechen und Römern über die Bilderfrage. Die Befürchtungen Pauls I. erwiesen sich als grundlos. Die Franken blieben auf der römischen Seite[3].

Paul I. ist bald nach der Synode von Gentilly am 28. Juni 767 gestorben. Er hatte während seines Pontifikats allzu einseitig die Proceres ecclesiae, die hohe kirchliche Beamtenschaft, begünstigt, so daß es bei seinem Tod zu einer Reaktion der Judices militiae kam. Der römische Militäradel gruppierte sich um den Dux Theodor (Toto) von Nepi, dessen Gegenspieler der Primicerius Christophorus wurde. Theodor von Nepi scheute vor einem Staatsstreich nicht zurück. Ohne auch nur den Schein einer Wahl zu wahren, ließ er durch seine Freunde und Klienten seinen Bruder Konstantin zum Papst ausrufen, der die Weihen per saltum erhielt und am 5. Juli 767 den Stuhl Petri bestieg. Der neue Papst, der unter so zweifelhaften Umständen

[3] In diesem Zusammenhang sei nochmals verwiesen auf die umstrittene Datierung der Ausschaltung des Papstes aus dem kaiserlichen Herrschaftsgebiet (Konfiskation des römischen Kirchenguts, Unterstellung Unteritaliens, Siziliens und des Vikariats von Thessalonike unter Konstantinopel), die von einigen Forschern als kaiserliche Antwort auf die „Apostasie“ Stephans II. und die Begründung des Kirchenstaats aufgefaßt wird (Kap. 1 Anm. 2).

erhoben worden war, bemühte sich eifrig, aber vergeblich, um die Anerkennung des Frankenkönigs. Er war indessen fast ein Jahr lang der unumstrittene Herr in Rom. Der Gegenspieler Christophorus mußte die Stadt nach dem Osterfest 768 verlassen. Anstatt aber seinem Versprechen gemäß in ein spoletinisches Kloster einzutreten, begab er sich zum Herzog von Spoleto und zum König Desiderius, die er um Hilfe ersuchte. Die Langobarden ließen sich nicht lange bitten. Der Primicerius hatte in der Stadt Freunde, mit deren Hilfe ein Handstreich auf Rom in den letzten Julitagen gelang. Er verstand es, seine langobardischen Verbündeten auszuschalten, die in tumultuarischer Weise einen Papst zu kreieren versuchten, und berief als Servans locum s. Sedis zum 1. August eine reguläre Wahlversammlung ein, die den Presbyter Stephanus von S. Caecilia einhellig wählte. Konstantin wurde in einem Spottritt durch die Stadt geführt und am 6. August durch eine Lateransynode abgeurteilt. Am 7. August erhielt Stephan III. die Papstweihe.

Die siegreiche Partei ließ sich gegen den Willen des neuen Papstes zu schweren Greueln fortreißen. Der in das Sabaskloster eingewiesene Konstantin wurde durch eine Bande geblendet. Das gleiche Schicksal erlitt der langobardische Emissär Waldipert, der an den Verstümmelungen starb. Die revolutionären Vorgänge ließen es Stephan geraten erscheinen, eine neue Synode einzuberufen, zu der auch die Franken eingeladen wurden. Anfang September ging eine Gesandtschaft an den karolingischen Hof. Sie fand den König nicht mehr unter den Lebenden. Pippin war am 24. September gestorben und am folgenden Tag in der Königsgruft von St-Denis begraben worden. Der Schutz der römischen Kirche lag nun, in einem überaus kritischen Augenblick, bei den jungen Königen Karl und Karlmann.

ZWEITER ABSCHNITT

Die griechische Kirche im Zeitalter des Ikonoklasmus

Univ.-Professor Dr. Hans-Georg Beck, München

QUELLEN: 1: Chroniken und Geschichtswerke: Nicephori archiepiscopi Constantinopolitani opuscula historica, ed. *C. de Boor* (Lipsiae 1880); Theophanis Chronographia, rec. *C. de Boor* (Lipsiae 1883); Georgii monachi chronicon, ed. *C. de Boor* (Lipsiae 1904); Symeon Magistros u. Logothetes, Chronik, ed. sub nomine Leo Grammaticus *I. Bekker* (Bonn 1842); Genesius, rec. *C. Lachmann* (Bonn 1834); Theophanes Continuatus, rec. *I. Bekker* (Bonn 1838); Scriptor incertus de Leone Armeno, rec. *I. Bekker* in der Ausgabe des Leo Grammaticus (Bonn 1842) 335—362; *H. Grégoire*, Un nouveau fragment du „Scriptor incertus de Leone Armenio“: Byz(B) 11 (1936) 417—427.

2. Hagiographische Quellen: Vita Stephani Junioris auct. Stephano diacono: PG 100, 1069—1185; Vita Nicetae Mediciensis auct. Theostericto, ActaSS³ April I (1865) App. 18—27; Vita Germani I. Patriarchae, ed. *A. Papadopulos-Kerameus,* Μαυρογορδάτειος Βιβλιοθήκη, Ἀνέκδοτα Ἑλληνικά (Konstantinopel 1884) 3—17; Vita Nicephori Patriarchae auct. Ignatio diacono, ed. *C. de Boor* in Nicephori opuscula historica 139 bis 217; Vita s. Theodori Stud. auct. Michaele monacho: PG 99, 233—328; Vita s. Tarasii Patriarchae auct. Ignatio Diacono, ed. *I. A. Heikel,* Acta Soc. Sc. Fennicae 17 (1891) 395—423; Vita s. Methodii Patriarchae: PG 100, 1244—1261.

3. Synodalakten (an Ort und Stelle zitiert!). Kaiser- und Patriarchenurkunden verzeichnet bei *Dölger Reg* und *Grumel Reg* (nach Nummern zitiert).

4. Weitere Quellen: Briefe des Patriarchen Germanos: PG 98, 156 ff; Schriften und Briefe des Thodoros Studites: PG 99; Die Werke des Patriarchen Nikephoros: PG 100, 205—849; *Pitra* S I 302—503, IV 292—380 (Paris 1852/58).

LITERATUR: *K. Schwarzlose,* Der Bilderstreit (Gotha 1890); *L. Bréhier,* La querelle des images (Paris 1904); *E. J. Martin,* A History of the Iconoclastic Controversy (London 1930); *V. Grumel,* Images: DThC 7, 766—844; *ders.,* Recherches récentes sur l'iconoclasme: ÉO 29 (1930) 92—100; *G. Ladner,* Origin and Significance of the Byzantine Iconoclastic Controversy: MS 2 (1940) 127—149.

5. Kapitel

Die erste Phase des Streites (730—775)

Der Bilderstreit erschütterte das Byzantinische Reich in einem Ausmaße, das nur vergleichbar ist mit den arianischen Wirren nach dem ersten Nicaenum oder den monophysitischen Kämpfen im 5. und 6. Jh. Er unterscheidet sich aber von diesen dadurch, daß er zu Ende gebracht wurde, ohne daß eine neue konfessionelle Abspaltung die bleibende Folge gewesen wäre. Trotz seiner Auswirkungen auf den Westen, die in erster Linie politischer Natur waren, ist er bis zu einem gewissen Grad kennzeichnendes Merkmal einer sich schließenden und abschließenden orthodoxen Welt.

Er kam nicht aus dem Ungefähr und kann nicht als die Frucht kaiserlicher Willkür in Glaubenssachen abgetan werden. Die Bilderfeindlichkeit der frühen christlichen Welt wurde zwar im Laufe der Jahrhunderte aufgeweicht, man lernte unterscheiden und Akzente setzen, und das Historien- und Erinnerungsbild leitete ohne stürmischen Bruch zum Kultbild über. Aber die Stimmen, welche diese Entwicklung ablehnen, jedenfalls vor ihr warnen und in der gegebenen Richtung eine Abkehr von den urchristlichen Idealen sehen, verstummen nie ganz. Ihren Siegeszug als Kultbild trat die Ikone umfassend erst im 6. und 7. Jh. an, einen Siegeszug, den wuchernder Volksglaube, Sage, Legende und Mirakel stärkstens beförderten. Zahlreiche Wunderbilder tauchen auf, Christusbilder, die nicht von Menschenhand gemacht sind (Acheiropoieta), Madonnen des Malerevangelisten Lukas, Ikonen, die vom Himmel gefallen sind, die Blut vergießen und sich gegen Feinde des Kultes zur Wehr setzen, die Städte beschützen, Kranke heilen und Tote wieder zum Leben bringen[1]. Wenn diese Entwicklung heute den Eindruck einer geradlinigen, ungestörten Expansion macht, dann zum Teil nur deshalb, weil die gegnerische Literatur fast vollständig jener Vernichtung anheimgefallen ist, die das Nicaenum II im Jahre 787 angeordnet hat[2]. Aber wir können die Stimmen, die zur Mäßigung und Nüchternheit aufriefen, immer noch aus verstreuten Katenenfragmenten, aus der monophysitischen Literatur, aus Zitaten aus orthodoxen Schriften gegen die jüdische Propaganda usw. vernehmen. Es gab ganze Kirchenbezirke, die bilderfeindlich blieben, vor allem in Armenien, und es ist bezeichnend, daß die bedeutendste armenische Sekte, die damals entstand, die Paulikianer, offenbar um der „reinen christlichen Lehre" willen, die Bilderfeindschaft zum Panier erhob[3]. Der große Bilderstreit des 8. und 9. Jh. bedeutet nur den Versuch, diesen umstrittenen Fragenkomplex endgültig zu klären und zu einem reinen Selbstverständnis der Orthodoxie zu gelangen. So haben wir zu Beginn des 8. Jh. nicht so sehr nach den Ursachen des Streites zu fragen, sondern mehr nach dem äußeren Anlaß.

[1] Zusammenfassend immer noch am besten: *E. v. Dobschütz,* Christusbilder (Leipzig 1899).

[2] Nicaenum II can. 9.

[3] *N. H. Baynes,* The Icons before Iconoclasm: HThR 44 (1951) 93—106 [= *ders.,* Byzantine Studies and Other Essays (London 1955) 226—239]; *S. Der Nersessian,* Une apologie des images du VIIe siècle: Byz(B) 17 (1944/45) 58—87; *ders.,* Image Worship in Armenia and its Opponents: Armenian Quarterly 1 (1946) 67—81; *E. Kitzinger,* The Cult of Images in the Age before Iconoclasm: DOP 8 (1954) 83—150; *J.-B. Frey,* La question des images chez les Juifs a la lumière des récentes découvertes: Bibl 15 (1934) 265—300.

Die frommen Chronisten der Zeit und spätere Historiker, alle Anhänger des Bilderkultes, sehen den Initiator der Bewegung in Kaiser Leon III., dem Syrer (717—741): Leon sei schon auf Grund seiner Herkunft islamischen oder jüdischen Einflüssen erlegen und damit zum Bilderfeind vorherbestimmt gewesen; seine engsten Berater hätten sich aus dieser geistigen Provinz rekrutiert. Auch vom Einfluß der paulikianischen Sekte auf den Kaiser wird — besonders auch in der modernen Literatur — gesprochen. Doch ist dies alles Vermutung, für welche es keinen geschichtlich eindrucksvollen Beweis gibt — besser gesagt: Man sucht nach solchen Erklärungen, weil man sich das beweisbare Vorhandensein einer alten Strömung, die das Kultbild und den darum sich rankenden Legenden- und Wunderkranz ablehnt, zu wenig klarmacht. Auch die Übernahme monophysitischen Gedankengutes aus der syrischen Heimat des Kaisers bleibt reine Hypothese. Das bekannte Streben nach Filiation der Häresien und Häretiker steht sichtlich Pate[4].

Was wir aus einwandfreien zeitgenössischen Zeugnissen, nämlich den Briefen des Patriarchen Germanos I. (715—730), wirklich wissen, ist die Tatsache, daß die Initiative nicht beim Kaiser, sondern in kirchlichen Kreisen, bei Bischöfen Kleinasiens, lag. Es gibt wiederum keinen Grund für die Unterstellung, diese Bischöfe seien ihrerseits von irgendwelchen „phrygischen" Ketzereien beeinflußt gewesen und die alte bilderfeindliche Nebentradition der orthodoxen Kirche, die Sorge um Reinheit von Lehre und Kult, genüge nicht, um ihr Verhalten zu erklären. Genannt werden an erster Stelle der Bischof Konstantinos des phrygischen Nakoleia, Metropolit Thomas von Klaudiupolis und Metropolit Theodoros von Ephesos. Ob diese Bischöfe mit dem späteren Kaiser Leon schon Fühlung aufgenommen hatten, als dieser noch Militärkommandant in Kleinasien war, bleibt völlig unsicher. Sie reisten zu Beginn der zwanziger Jahre nach Konstantinopel, um den Patriarchen Germanos für ein Vorgehen gegen den Bilderkult zu gewinnen. Germanos lehnte ab, maß jedoch der Angelegenheit keine größere Bedeutung bei. Vielleicht besuchten die Bischöfe bei dieser Gelegenheit auch den Kaiser und fanden dort ein geneigteres Ohr. Nach Hause zurückgekehrt, begannen sie auf eigene Faust, die Kultbilder zu entfernen und ihre Verehrung zu verbieten, offenbar ohne auf größeren Widerstand zu stoßen[5].

[4] *N. Jorga,* Les origines de l'iconoclasme: Bulletin Sect. Hist. Acad. Roumaine 11 (1924) 143—156; *G. Ostrogorsky,* Les débuts de la querelle des images: Mélanges Ch. Diehl I (Paris 1930) 235—255; *L. Bréhier,* Sur un texte relatif au début de la querelle iconoclaste: ÉO 37 (1938) 17—22; *J. Starr,* An Iconodulic Legend and its Historical Basis: Speculum 8 (1933) 500—503. Was das berühmte Edikt des Kalifen Jezid II. gegen den Bilderkult der Christen seines Reiches angeht, über das Theophanes in seiner Chronik (AM 6215, 401/402 *de Boor*), so ist es auch in der Geschichte des Kalifats episodisch und nach Theophanes selbst ohne jede Tragweite; vgl. auch *Levi della Vida:* EI[1] IV, 1257 bis 1258; *A. Vasiliev,* The Iconoclastic Edict of the Caliph Yazid II: DOP 9/10 (1956) 23—47.

[5] Darüber die Korrespondenz des Patriarchen Germanos: PG 98, 147 ff.

Eine erste kaiserliche Verlautbarung erfolgte höchstwahrscheinlich im Jahre 726; sie bestand nicht in einem Erlaß, sondern in Exhorten an das Volk, die Bilder nicht mehr zu verehren, sondern zu entfernen[6]. Der Kaiser ging mit eigenem Beispiel voran und ließ ein berühmtes Christusbild am Chalketor des Palastes beseitigen. Dabei kam es zu einem Volksauflauf, einige der mit der Entfernung betrauten Soldaten wurden getötet. Die Maßnahmen des Kaisers beschränkten sich auf körperliche Züchtigung der Missetäter, auf Verbannungen und Geldbußen. Martyrer des Bilderkultes gab es keinen, Patriarch Germanos, in vorsichtiger Opposition, blieb im Amt. Es ist auch kaum vorstellbar, daß die Exhorten und die vortastenden Maßnahmen des Kaisers reichsweite Wirkung gehabt hätten, daß also etwa das ganze Thema Hellas sich gegen Leon III. erhoben und zur Verteidigung der Orthodoxie einen Gegenkaiser aufgestellt hätte. Der hellenische Aufstand ist zwar Tatsache, doch die Kürze der Zeit zwischen dem bilderfeindlichen Auftreten des Kaisers und der helladischen Flottenexpedition gegen Konstantinopel gestattete es nicht, die Ereignisse in einen ursächlichen Zusammenhang zu bringen, wenn es auch nicht auszuschließen ist, daß die Aufständischen, die sehr rasch niedergeschlagen wurden, sich im Verlauf der Revolte auch den Kampf gegen die Bilderfeindlichkeit des Kaisers zur Aufgabe machten, sofern ihnen dieser überhaupt bekannt war. Was es mit der Nachricht des Theophanes auf sich hat (Nikephoros der Patriarch kennt sie nicht), der Kaiser habe damals auch „die Schulen und die fromme Erziehungsweise beseitigt, die seit Konstantin dem Großen geherrscht hatte“[7], ist schwer zu entscheiden. Erst eine spätere Legende bauscht die Nachricht zur Kunde von der Verbrennung der Professoren der Universität Konstantinopel und ihrer Bibliothek auf.

Offiziell kann von Ikonoklasmus erst seit dem 17. Januar 730 gesprochen werden, dem Tag, an dem der Kaiser nach einem letzten vergeblichen Versuch, Patriarch Germanos für seine Politik zu gewinnen, ein Edikt gegen den Bilderkult veröffentlichte[8]. Germanos mußte abdanken, konnte aber seine Tage in Ruhe auf einem Landgut beschließen. Anastasios, sein ehemaliger Synkellos, wurde statt seiner Patriarch und unterstützte die kaiserliche Kirchenpolitik. Die theologische Begründung dieser Politik beschränkte sich im wesentlichen offenbar darauf, daß man die Bilderverehrer des Götzendienstes zieh. Erst von diesem Edikt ab datiert Patriarch Nikephoros die Verfolgung der Bilderfeinde. Theophanes spricht von vielen Geistlichen, Mönchen und frommen Laien, welche die Martyrerkrone erlangt hätten, scheint damit jedoch längere Jahrzehnte zusammenzufassen. Der hagiogra-

[6] Theophanes AM 6217 (404 *de Boor*): „... ἤρξατο τῆς κατὰ τῶν ἁγίων καὶ σεπτῶν εἰκόνων καθαιρέσεως λόγον ποιεῖσθαι ...“; Vita Stephani Junioris: „... καὶ τὸν ὑπ᾽αὐτοῦ λαὸν ἐκκλησιάσας μέσον πάντων λεοντοειδῶς βρύξας ... εἶπεν ...“ (PG 100, 1084 C).

[7] Theophanes AM 6218 (405 *de Boor*).

[8] *Dölger Reg* n. 294. Zur Datierung Ostrogorsky (s. Anm. 4).

phische Befund läßt kaum Platz für die Vermutung, daß unter Leon III. das Martyrium, abgesehen von Einzelfällen, die Regel geworden wäre.

In ein akutes, kirchenpolitisch gefährliches Stadium tritt der ikonoklastische Streit durch die Auseinandersetzung mit dem römischen Papsttum. Freilich traten hier wirtschafts- und finanzpolitische Fragen entscheidend neben die religiösen, ja haben erstere die religiöse wohl erst zu ihrer besonderen Bedeutung für Italien gebracht. Die intransigente Haltung des Kaisers hat jedenfalls wesentlich dazu beigetragen, Italien dem Reiche zu entfremden, den Anschluß an die Franken zu fördern und die alte konstantinische Reichskirchen-Oikumene zu zerbrechen.

Die geistige Fundierung der Auseinandersetzung über die kirchliche Praxis setzte sehr rasch ein[9]. Den wichtigsten Beitrag für die Bilderfreunde leistete der syrische Mönch Joannes von Damaskos, dem seine Freunde im Reich zu einem starken Widerhall verhalfen und der den Ikonodulen das christologische und soteriologische Argument pro cultu an die Hand gab. Daneben darf noch die Mahnrede des Georgios von Kypros genannt werden, während die Auslassungen des Patriarchen Germanos kaum zur eigentlichen Kontroversliteratur zu rechnen sind. Die Bildertheologie dieser Zeit beschränkt sich nicht auf Gründe liturgischer und moralischer Art, sondern zieht den Gegenstand sofort auf höchste dogmatische Ebene. Sie bestreitet den Kampf mit Argumenten aus der Schöpfungstheologie (Manichäismus) und Christologie (Monophysitismus). Die Gegner konnten sich bald nicht mehr mit dem Hinweis auf die Gefahr des Götzendienstes begnügen. Was schon Germanos postuliert hatte, ein allgemeines Konzil, stellte sich als Notwendigkeit heraus. Der Sohn Leons III., Kaiser Konstantin V. (741—775), war entschlossen, diese Synode auf seine Weise durchzuführen. Zunächst freilich hatte er die Hände voll zu tun mit der kriegerischen Außenpolitik des Reiches und mit seiner Selbstbehauptung gegen Insurgenten. Bald jedoch, vielleicht nachdem ihm die Beweismittel des Joannes von Damaskos bekannt geworden waren, trat er selbst als Theologe auf. Er leugnete die Möglichkeit eines adäquaten Christusbildes, einer εἰκών, die nicht εἴδωλον wäre, unter Hinweis auf die Nichtdarstellbarkeit der göttlichen Natur Christi. Nur die Eucharistie sei ein wahres Bild Christi, lebend von der Naturgleichheit zwischen Vorbild und Abbild[10]. Was sonst an bilderfeindlichen Schrif-

[9] Zur Theologie des Bilderstreites siehe S. 55ff; ferner *G. Ostrogorsky*, Der Zusammenhang der Frage der heiligen Bilder mit der christlichen Dogmatik (russ.): Seminarium Kondakovianum 1 (1927) 35—48; *ders.*, Die gnoseologischen Grundlagen des byzantinischen Streites um die heiligen Bilder (russ.): ebd. 2 (1928) 47—52; *G. Ladner*, The Concept of the Image in the Greek Fathers and the Byzantine Iconoclastic Controversy: DOP 7 (1953) 1—34; *L. Koch*, Zur Theologie der Christusikone: BM 19 (1937) 375—387, 20 (1938) 32—47 168—175 281—288 437—452.

[10] Fragmente der kaiserlichen Theologie bei *G. Ostrogorsky*, Studien zur Geschichte des byzantinischen Bilderstreites (Breslau 1929) 7ff.

ten in dieser Zeit entstand, ist uns verlorengegangen. Jedenfalls war nun der Boden vorbereitet für das allgemeine Konzil. Es trat am 10. Februar 754 in Hiereia, einem Kaiserpalast am asiatischen Ufer Konstantinopels, zusammen. Ob der Papst und die östlichen Patriarchate eingeladen wurden, wissen wir nicht; jedenfalls waren sie nicht vertreten, was 787 ein Hauptargument gegen die Ökumenizität der Synode bilden wird. Den Vorsitz führte Metropolit Theodoros von Ephesos, einer der ersten Verfechter des Bildersturzes. Die Zahl der Teilnehmer war mit 338 Vätern erstaunlich hoch. Die Sitzungen zogen sich bis zum 8. August hin. Es scheint, daß die Synode vom Kaiser weder unter Zeitdruck gestellt noch in der Freiheit der Beratungen beschnitten worden ist. Der Synode lag neben den theologischen Arbeiten des Kaisers offenbar auch ein Florileg von bilderfeindlichen Väterstellen vor, das offenbar seinen Eindruck nicht verfehlte. Noch nach einer Generation werden sich die Bilderfreunde mit den Beweisgründen der Synode von 754 befassen müssen (ohne ganz damit fertig zu werden). Daß einige Konvertiten von 787, die schon an den Beratungen von 754 teilgenommen hatten, sich bemüßigt fühlten, den modus procedendi von 754 zu bemäkeln, kann nicht überraschen.

Der Synodalentscheid [11] ist uns erhalten und verrät deutlich, daß der einmal beschrittene Weg der Dogmatisierung der Bilderfrage nicht mehr verlassen werden konnte. Christus ist undarstellbar, da jedes Bild Christi, je nach dem, was es darstellen soll, entweder den Monophysitismus oder den Nestorianismus als Christologie voraussetzt. Bilderherstellung und Bilderkult werden gleichermaßen verurteilt. Doch warnt das Konzil vor unterschiedsloser Vernichtung vorhandener Kunstwerke. Wie der Kaiser, so erblickt auch die Synode ausschließlich in der Eucharistie ein adäquates Bild Christi. Andererseits vermeiden die Synodalen allzu kühne Gedankengänge und Formulierungen des kaiserlichen Theologen — auch dies ein Beweis gegen die angebliche Hörigkeit des Konzils.

Der Ikonoklasmus, bisher gestützt auf einen kaiserlichen Erlaß, war nun Dogma der Gesamtkirche des Ostens. Dies ist kaum zuviel gesagt. Denn während frühere dogmatische Entschließungen immer mit dem Ausschluß einer meist bedeutenden Gruppe des Episkopats verbunden war, scheint dies in Hiereia nicht notwendig gewesen zu sein; von einem nur erwähnenswerten Widerstand bischöflicher Gruppen ist nirgendwo die Rede. Und man könnte die Vermutung wagen, die Kirche wäre auf dem Weg zu jener indifferenten Haltung gegenüber den Bildern gewesen, die die karolingischen Theologen vertreten, hätte nicht Kaiser Konstantin V. langsam zwar, aber immer nachdrücklicher den Bogen überspannt, indem er weit über die Konzilsbeschlüsse hinausging. Daß der allmählich sich versteifende Wider-

11 Der Entscheid wurde auf der Synode von Nikaia II zur Verlesung gebracht; siehe *Mansi* XIII 204—364.

stand von den Mönchen ausging, erbitterte ihn gegen diese Gruppe derart, daß bald nicht mehr zu unterscheiden ist, ob sich die Verfolgung primär gegen das Mönchtum oder gegen den Bilderkult richtet. Die Vermutung, das Mönchtum hätte sich aus wirtschaftlichen Gründen — Vernichtung der lukrativen Ikonenmalerei — gegen die Konzilsbeschlüsse gewendet, ist nicht zu beweisen. Es darf wohl vermutet werden, daß die Mönche der am Bilde haftenden Volksfrömmigkeit näherstanden als die Bischöfe, wobei sie damals wenigstens den Willen des Volkes nicht so sehr vollzogen, als erst bildeten. Denn allem Anschein nach hatte das Mönchtum nicht von vornherein die überwältigende Mehrheit des Volkes hinter sich, vielmehr dürfte erst die oppositionelle Stellung der Mönche gegenüber der staatlichen Exekutive ihnen die Gefolgschaft der Massen verschafft haben. Manches von dem, was die Bilderfreunde dem Kaiser anhängten, ist wohl nur logische Folgerung aus dem, was er tatsächlich vertrat, andere Vorwürfe jedoch passen vorzüglich in das Charakterbild dieses zwar gewaltigen, aber jähzornigen und unberechenbaren Herrschers, zu seinem Zorn und seiner Erbitterung, die er allmählich entwickelte. Er soll Maria das ehrwürdige Prädikat „Theotokos" abgesprochen und den Heiligen eben die Bezeichnung „Heilig" versagt haben. Er soll nicht nur den Bilderkult, sondern auch den Reliquienkult verboten haben. Er ließ, wo er Widerstand fand, Klöster konfiszieren und in Kasernen umwandeln sowie die Mönche in die Armee stecken[12]. Der eine oder andere der Provinzstatthalter ging noch weiter und zwang Mönche und Nonnen zur Aufgabe des Zölibats. Die Exekutive wütete in Folter und Verbannung und scheute auch vor Todesurteilen nicht zurück. Es dauerte allerdings geraume Zeit, bis der Kaiser die letzten Folgerungen zog. Etwa zehn Jahre vergingen seit der Synode von Hiereia, bis die Verfolgung in voller Schärfe zum Ausbruch kam. Führer der Opposition war Abt Stephanos der Jüngere vom Auxentios-Berg in Bithynien. Der Kaiser versuchte alles, um den Widerstand dieses Mannes zu brechen, der Prozeß zog sich lange hin; es ist möglich, daß Stephanos gar nicht zum Tode verurteilt wurde, sondern den Tod in der Preisgabe an die Wut des Mobs fand. Die Klöster Bithyniens, damals die wichtigste Klostersiedlung des Reiches, entvölkerten sich, weil die Mönche entweder in die Verbannung gingen oder die Kerker füllten. Kirchen wurden zerstört und profaniert, die Lebensform der Mönche der Lächerlichkeit preisgegeben. Das Mönchtum blieb aber nicht passiv. In seinen Kreisen entstanden heftige Pamphlete gegen den Kaiser, so z. B. die fälschlich Joannes von Damaskos zugeschriebene Abhandlung „Ad Constantinum Caballinum"[13]. Trotz der Verfolgung konsolidierte sich das Mönchtum zu einem gewissen Selbstbewußtsein; es erkannte sich als tragende Kraft der Gesamtkirche, als eine Macht, welche die Aufgabe und die

[12] Vgl. *Dölger Reg* nn. 324 327 333 337.
[13] PG 95, 309—344.

Möglichkeit hatte, gegenüber der Lethargie des Episkopats das Gewissen der Kirche zu vertreten.

Die Zahl der Martyrer im Vollsinn des Wortes dürfte auch unter Konstantin V. nicht allzu groß gewesen zu sein. Die Beteiligung des Volkes an der Opposition ließ für die Mönche zu wünschen übrig. Die Armee aber stand in unverbrüchlicher Treue auf seiten des Kaisers. Doch hatte sich dessen Politik im Laufe der Zeit derart verrannt, daß mit seinem Tod im Jahre 775 ein Rückschlag nicht ohne Aussicht war.

6. Kapitel

Die erste Restauration des Bilderkultes

Mit dem Tod des Kaisers Konstantin V. hatte die Verfolgung der Bilderfreunde ihren Höhepunkt ein für allemal überschritten, ohne daß damit die Sache der Ikonoklasten verloren gewesen wäre. Mit dem Namen des toten Kaisers und seines Vaters, Leon III., verband sich für viele selbstbewußte Byzantiner in der Armee und in hohen Staatsstellen die Erinnerung an eine Periode energischer nationaler Selbstverteidigung gegenüber dem Islam und den Barbaren. Darüber verlor der Eindruck der ikonoklastischen Verfolgung an Nachhaltigkeit, wenn er überhaupt je tief gewesen war und nicht vielmehr der Kampf um „Reinheit des Glaubens" als Parallele zum Kampf um die nationale Selbstbehauptung aufgefaßt wurde. Die Maßnahmen Konstantins zur Rekrutierung von Mönchen etwa mochte in diesen Kreisen um so verständlicher wirken, wenn die Araber, wie es der Fall war, bis in die bithynischen Mönchszentren vordrangen. Jedenfalls blieb das Andenken dieser Kaiser lebendig, und dies um so mehr, als ihre Nachfolger kaum nennenswerte außenpolitische Erfolge aufzuweisen hatten. Es kommt dazu, daß nun schon mindestens eine Generation byzantinischer Christen im Ikonoklasmus aufgewachsen war und vielleicht hatte feststellen können, daß das kirchliche Leben durch die Beseitigung der Bilder keine nennenswerten Einbußen erfahren hatte. So konnte eine Restauration des Bilderkultes nur mit größter Vorsicht und unter Schonung der memoria der toten Kaiser ins Werk gesetzt werden. Konstantins V. Sohn, Leon IV. (775—780), beabsichtigte offenbar keine solche Restauration. Immerhin scheint er die überspitzten Verfolgungsmaßnahmen seines Vaters eingestellt zu haben. Nach seinem Tode kam seine Witwe Irene als Regentin für seinen minderjährigen Sohn Konstantin VI. unter Umgehung der Brüder Leons IV. an die Macht — gewillt, sie voll auszukosten. Der Bilderkult war ihr Herzenssache, und niemand zweifelte, daß sie an seiner Wiederherstellung arbeiten würde. Eine solche Politik war rebus sic stantibus eine mönchtumsfreundliche Politik. Theophanes berichtet denn von allem Anfang an: „Die Anhänger der rechten Frömmigkeit bekamen allmählich wieder Zuversicht."[1] Wer Mönch werden wollte, konnte es wieder ungehindert, die Klöster wurden wieder hergestellt. Damals entstand in Bithynien das Kloster Sakkudion[2], dessen Leitung zunächst Abt Platon, der Onkel Theodors des Studiten, übernahm — Ausgangspunkt einer kirchenpolitischen Bewegung weiten Ausmaßes. Im Grunde jedoch war jede Restauration der vorikonoklastischen Zustände illusorisch, solange die Bestimmungen der Synode von Hiereia in Kraft waren, die sich als ökumenisch gegeben hatte. Das konnte nur durch ein neues Konzil geschehen, und dazu bedurfte es zwar nicht juristisch, aber faktisch eines neuen und unbelasteten Patriarchen. Der bisherige Patriarch Paulos war sicherlich kein Ikonoklast hohen Grades; immerhin hatte er einst geschworen, den Beschlüssen von Hiereia zu gehorchen. War es Zufall, daß er nun krankheitshalber abdanken wollte und die Abhaltung einer neuen Synode empfahl? Wie immer: Niemand hielt ihn mit Gewalt im Amt, obwohl ihn angeblich auch die Kaiserin hoch verehrte. Diese aber hatte jetzt die Möglichkeit, einen neuen Mann an die Spitze der Kirche zu stellen. Es spricht für ihre Klugheit und ihre Einsicht in die tatsächlichen Schwierigkeiten der Situation, daß sie keinen Vertreter der andrängenden Mönchspartei wählte, sondern einen hohen Beamten, der noch Laie war, den Protasekretis Tarasios, der ihr die Gewähr für einen politisch klugen, gemäßigten Kurs zu bieten schien und ihre Erwartungen nicht enttäuschte[3]. Wohl instruiert, stellt auch Tarasios die Forderung nach einer neuen allgemeinen Synode und erklärt sie zur Vorbedingung der Annahme seiner Wahl zum Patriarchen. Eine große Versammlung im Magnaurapalast akzeptiert die Forderung, wenn auch nicht ohne Gegenstimmen[4]. Daraufhin wird Tarasios am 25. Dezember 784 per saltum zum Bischof von Konstantinopel geweiht. Wohl im Frühjahr 785 nimmt er die Fühlung mit dem römischen Stuhl auf durch Entsendung eines Antrittsschreibens, einer sogenannten Synodika. Der Brief erläutert seine Erhebung zur Patriarchenwürde vom Laienstand, legt ein Glaubensbekenntnis ab, das auch die orthodoxe Bilderlehre umfaßt, erwähnt sein Verlangen nach einem ökumenischen Konzil und bittet den Papst, zwei Vertreter zu entsenden[5]. Etwa um dieselbe Zeit kündet auch Irene dem Papst ihre Konzilspläne an und bittet ihn (wahrscheinlich in einem zweiten Schreiben) um die Aufnahme friedlicher Beziehungen zu Tarasios[6]. Papst Hadrian hatte an den Schreiben, die an ihn gelangten,

[1] Theophanes AM 6273 (455 *de Boor*).

[2] Vgl. unten S. 60.

[3] DThC XV, 1, 54—57 (R. Janin); *J. Andreev*, German i Tarasij (Sergiev Posad 1907); *Beck* 489.

[4] Vorgang und Rede des Tarasios bei Theophanes AM 6277 (458 ff *de Boor*); über Gegenstimmen siehe *Mansi* XII 990.

[5] *Grumel Reg* n. 351.

[6] *Dölger Reg* nn. 341 343.

einiges auszusetzen. In den Briefschaften der Kaiserin sprach sich zwar der gute Wille aus, die Orthodoxie wiederherzustellen, nicht aber die Bereitschaft, das von ihren Vorgängern dem Heiligen Stuhl angetane Unrecht, das heißt die Wegnahme des Illyrikum, rückgängig zu machen. Die Erhebung des Tarasios aus dem Laienstand zum Bischofsamt war zweifelsohne dispensbedürftig, weil unkanonisch, und das verwendete Prädikat „ökumenischer Patriarch" verletzte die römische Auffassung immer noch. Aber die Aussicht auf ein ökumenisches Konzil, das die Erinnerung an die pseudoökumenische Synode von Hiereia beseitigen würde und den päpstlichen Primat energisch ins Bewußtsein zurückrufen könnte, ließ Hadrian über seine Bedenken hinweggehen, Tarasios bedingt anerkennen und den Konzilsplan der Kaiserin begrüßen. Er hatte um so mehr Anlaß dazu, weil er es sich wohl kaum leisten konnte, die geplante Verbindung zwischen Karls des Großen Tochter Rotrud und Konstantin VI. durch einen Refus zu gefährden. Jedenfalls benannte er in einem Schreiben, das eine Exposition seines Glaubens in Sachen Bilderkult enthielt, zwei Delegierte für die kommende Synode, Abt Petrus vom römischen Sabaskloster und den Archipresbyter Petrus. Sein Recht, die Beschlüsse der Synode zu bestätigen, betonte er ausdrücklich[7]. Die östlichen Patriarchate wurden ebenfalls zur Teilnahme eingeladen, doch war ihre Lage gegenüber den islamischen Machthabern derart, daß nur Alexandria und Antiocheia sich durch zwei Synkelloi vertreten lassen konnten — wobei fraglich bleibt, ob diese wirklich von ihren Patriarchen bevollmächtigt waren —, während Jerusalem nicht einmal dazu imstande war.

Die Ikonoklasten mußten um ihre Position bangen, doch gaben sie noch nicht auf. Wir hören von eifrigen Konferenzen ihrer Bischöfe, und diese Agitation verfehlte kaum ihren Eindruck, so daß Tarasios sich veranlaßt sah, solche Zusammenkünfte, die ohne seine Genehmigung erfolgten, als unkanonisch mit Strafen zu bedrohen[8]. Als dann am 1. oder 17. August 787 die Synode in der Apostelkirche zusammentrat, drangen schon während der Eröffnungssitzung in Gegenwart Irenes und ihres Sohnes Gardetruppen in die Kirche ein und sprengten die Versammlung unter dem Beifall eines Teiles der Bischöfe. Die Kaiserin mußte von vorn beginnen. Zunächst entfernte sie die Gardetruppen unter dem Vorwand einer Expedition gegen die Araber aus der Hauptstadt und ersetzte sie durch Linientruppen aus Thrakien, auf die ihres Erachtens mehr Verlaß war. Schließlich hielt sie es für geraten, das Konzil aufs Land zu verlegen, und wählte dazu das bithynische Nikaia, wohl auch um ihre Synode mit dem Glanz der Erinnerung an die erste ökumenische Kirchenversammlung zu umgeben. Hier konnte nun ohne weitere Behinderung am 28. September 787 die Eröffnung gefeiert werden[9]. Den Vorsitz führten nominell die päpstlichen Vertreter, doch baten

[7] *Mansi* XII 1078—1083. [8] *Grumel Reg* n. 354.
[9] Die Akten: *Mansi* XII 951—1154, XIII 1—485.

die sizilianischen Bischöfe schon in der ersten Sitzung Tarasios, die Leitung der Verhandlungen zu übernehmen. Die Kaiserin war durch Beobachter vertreten. Die Angaben über die Zahl der Teilnehmer schwanken zwischen 258 zu Beginn der Versammlung und 335 beim Abschluß der Sitzungen. Die Zahl der Bischöfe wurde ergänzt durch eine beträchtliche Schar von Mönchen und Äbten, die offenbar stimmberechtigt waren — eine Genugtuung für ihre Verdienste im vorausgegangenen Kirchenkampf. Die erlauchtesten Namen waren Abt Platon von Sakkudion, der Onkel des Theodoros Studites, Theophanes der Bekenner, Niketas und Nikephoros vom Kloster des Medikios und Sabas, Abt des Studios-Klosters. Die Mehrzahl der Bischöfe stammte aus Kleinasien, Thrakien und Makedonien. Süditalien war mit acht sizilianischen und sechs kalabresischen Bischöfen vertreten. Es ist klar, daß ein hoher Prozentsatz der Bischöfe, sieht man etwa von den Süditalienern ab, in irgendeiner Form mit dem vorausgegangenen Ikonoklasmus paktiert hatte. Hätte man sie alle von der Synode ausgeschlossen, hätte sie erst gar nicht zusammentreten können. Es steht zu vermuten, daß jene ohne Schwierigkeiten zugelassen wurden, die den Kurswechsel von 780 sofort mitgemacht hatten. Die Opposition richtete sich offenbar zunächst gegen alle jene, die mit ihrer recantatio bis zur Eröffnung des Konzils gewartet hatten. Dazu gehörten immerhin Vertreter so bedeutender Metropolen wie Ikonion, Nikaia, Rhodos, Pessinus, Neocäsarea usw. Selbstverständlich wurde auch wiederum die Frage nach der Gültigkeit der Weihen ikonoklastischer Bischöfe gestellt. Die Mönche stemmten sich mit aller Macht gegen die Zulassung dieser Bischöfe. Es bedurfte des ganzen Geschicks des Tarasios, der hier loyal von den päpstlichen Vertretern unterstützt wurde, um jede pauschale Verurteilung auszuschließen. Wer glaubhaft machen konnte, daß er seinen Sinn gewandelt hatte, sollte zur Synode zugelassen werden. Nur jene Bischöfe, welche sich an den Verfolgungen der Ikonodulen beteiligt hatten, sollten abgesetzt werden. Es scheint jedoch nicht, daß irgendeine nennenswerte Zahl davon betroffen wurde.

Unter den Vätern des Konzils scheint kein Theologe von Rang gewesen zu sein. Daß sich Tarasios in erster Linie des Rates des Abtes Platon bedient habe, liest man nur in der Vita des Theodoros Studites. Die kühnen Spekulationen der ersten Bilderrede des Joannes von Damaskos werden nicht berücksichtigt. Sowohl die Handhabung der ratio theologica wie vor allem des Traditionsbeweises war gegenüber der Synode von 680 in erschreckendem Maße verfallen. Mit dem Alten Testament wurde auf eine Weise verfahren, die kaum die Billigung eines einzigen Synodalen des 7. Jh. gefunden hätte. Im Nachweis der kirchlichen Überlieferung machen alle möglichen Legenden und Wundermärchen wesentlich tieferen Eindruck als wohlformulierte skeptische Bemerkungen älterer Väter, die man entweder überhaupt nicht berücksichtigt oder mit einer Handbewegung vom Tische wischt. So erstaunt es weiter auch nicht, daß im Gegensatz zur Synode gegen die Monotheleten die Anhänger der bisherigen ikonoklastischen Lehre keinen Finger rühren, um ihren ehemaligen Standpunkt auch nur verständlich zu machen. Die Opposition schweigt gänzlich, trotz der zu Beginn der Synode ergangenen Aufforderung zu freiem Meinungsaustausch. Theologiegeschichtlich bedeuten die Verhandlungen der Synode einen Tiefstand der östlichen Theologie. Man darf annehmen, daß diejenigen Theologen, die sich mit der Bilderverehrung wirklich „theologisch" befaßten, in einer verschwindenden Minderzahl waren und daß jede Entscheidung durch religiöses Gefühl präjudiziert war.

Wenn der Niederschlag der Debatten im „Horos"[10], d. h. der Definition des Konzils, so viel gesünder, theologisch nüchterner und handfester aussieht, so gehört das zu jenen Wundern, denen man in der Konzilsgeschichte immer wieder begegnet. Man darf nicht vergessen, daß das Schreiben Papst Hadrians, das zu Beginn der Synode verlesen und applaudiert wurde, jene westliche Bildertheologie repräsentierte, die ohnedies nicht auf dem Boden dogmatischer Spekulation, sondern moraltheologischer Erwägungen erwachsen war. Dazu kommt das Verdienst des Tarasios — es läßt sich schon aus seinen Zwischenbemerkungen bei den Verhandlungen erschließen —, der die Legendenfreudigkeit seiner Mitbischöfe immer wieder einzudämmen versuchte und die Terminologie immer wieder auf die Schärfe der Unterscheidung zwischen λατρεία (Anbetung) und προσκύνησις (Verehrung) zurückführte.

Der Horos erklärt die Bilderverehrung zur orthodoxen Lehre, der Ikonoklasmus wird als Häresie verdammt, die Vernichtung des bilderfeindlichen Schrifttums angeordnet. Die Definition des Kultes selbst beschränkt sich im wesentlichen auf die Charakteristik als „ehrende Proskynese (τιμητικὴ προσκύνησις), wozu auch Lichter und Räucherwerk gehören. Diese Proskynesis wird scharf unterschieden von der λατρεία, der eigentlichen Anbetung. Die Proskynesis selbst wird gerechtfertigt wegen ihrer Relation zur Person, die im Bilde dargestellt ist. Der moralische Wert des Kultes wird gebührend hervorgehoben, zwischen Kreuz, Christus- und Heiligenbildern kein Unterschied gemacht. Das christologische Argument wird zwar am Rande gestreift, jedoch in keiner Weise vertieft.

Zur Schlußsitzung wurden die Synodalen von der Kaiserin nach Konstantinopel in den Magnaurapalast geladen. Hier wurde am 23. Oktober 787 in Gegenwart der Majestäten der Horos nochmals verlesen. Nachdem die Frage der Kaiserin, ob er allgemeine Zustimmung finde, bejaht worden war, unterschrieb die Kaiserin — entgegen dem Protokoll — vor ihrem Sohn und hieß dann diesen unterschreiben. Wahrscheinlich wurden bei dieser Sitzung auch die zweiundzwanzig disziplinaren Kanones verabschiedet, welche den Abschluß der Akten bilden. Einige davon befassen sich mit der

[10] *Mansi* XIII 373—379.

durch den Ikonoklasmus entstandenen Situation, so z. B. das Gebot, Kirchen nicht ohne Deposition von Reliquien einzuweihen, das Verbot, häretische Schriften zu verwahren oder klösterliche Gebäude für profane Zwecke zu gebrauchen. Weitere Kanones richten sich gegen simonistische Mißbräuche und plädieren für Einfachheit und Sittenstrenge unter den Klerikern und Mönchen.

Patriarch Tarasios ließ Papst Hadrian einen kurzen Bericht über die Synode zukommen[11]. Die Akten erhielt er durch seine Legaten. Sie wurden in Rom mehr schlecht als recht übersetzt. Und gerade die Inkorrektheit dieser Übersetzung war es, welche auch in die Libri Carolini übernommen wurde und die Mißverständnisse nur steigern konnte.

Es scheint nicht, daß Tarasios um Bestätigung der Beschlüsse durch Rom bat.

Der Friede in der orthodoxen Kirche schien wiederhergestellt. Doch der Ikonoklasmus war noch nicht tot. Und die kluge Haltung des Patriarchen gegenüber den Lapsi der vorausgegangenen Zeit schuf im Mönchtum eine grollende Opposition, die nur auf eine Gelegenheit zum Ausbruch wartete.

7. Kapitel

Kirchenpolitisches Zwischenspiel

Das Konzil von Nikaia war nicht zuletzt der Triumph der Kaiserin Irene. Sie hatte es fertiggebracht, die Opposition der Armee auszuschalten, sich die Partei der Mönche zu verpflichten und einen Patriarchen herauszustellen, auf den sie bauen konnte. Ihre Herrschaft wurde getragen von der Versöhnung ihrer Kirche mit Rom. Und wenn sich auch die Verlobung zwischen Karls des Großen Tochter Rotrud und ihrem Sohn Konstantin VI. zerschlug, so konnte sie für ihre Politik im Innern des Reiches auf eine solche außenpolitische Stütze jetzt wohl verzichten, ja diesen Bruch aus eigener Initiative herbeiführen, da der byzantinische Nationalstolz solche auswärtigen Verbindungen selten hochschätzte[1]. Irenes Streben ging immer deutlicher nach der Alleinherrschaft. Ihre an sich schon außerordentliche Stellung als regierende Mitkaiserin genügte ihr nicht mehr. Konstantin VI. war jetzt aber in einem Alter, das ihn zur Ausübung der Herrschaft befähigte. Da er nicht hoffen konnte, seine Mutter würde zurücktreten, verband er sich mit Kreisen der Armee und der Amtsaristokratie, um mit ihrer — und das hieß mit ikonoklastischer — Hilfe seine Ansprüche durchzusetzen. Die Kaiserinmutter entdeckte jedoch das Komplott und griff energisch durch. Sie verlangte

[11] *Grumel Reg* n. 359.

[1] Die Auflösung des Verlöbnisses mit der karolingischen Prinzessin durch Irene ergibt sich klar aus der Reaktion ihres Sohnes.

von der Armee einen Eid, der ihr die Mitherrschaft garantiere. Die hauptstädtischen Truppen ließen sich dazu bewegen, die Linientruppen in den Themen leisteten jedoch erbitterten Widerstand und riefen Konstantin VI. zum Alleinherrscher aus (790). Vor diesem Widerstand kapitulierte Irene und zog sich zurück. Es dauerte jedoch nur zwei Jahre, und ihr Einfluß auf ihren Sohn war zurückgewonnen, ihre Stellung als Mitkaiserin wieder Tatsache. Da Konstantin VI. die Erwartung der Truppen nicht erfüllte, sondern sowohl an der bulgarischen wie an der Ostfront ohne Erfolg, ja teilweise mit schweren Verlusten operierte, auch von neuem mehr und mehr seine Anhänger dem Willen seiner Mutter opferte, isolierte er sich derart, daß die Truppen den Versuch machten, seine Onkel, die Söhne Leons IV., auf den Thron zu bringen. Der Versuch wurde blutig niedergeschlagen. Nun hatte der junge Kaiser ebensowenig von seiner Mutter wie von der Armee noch etwas zu erhoffen. Es waren die Intrigen seiner Mutter — der Mönchschronist Theophanes bezeugt es[2] —, die ihn in den Konflikt mit der Mönchspartei manövrierten und damit den Gnadenstoß gaben. Die juristische Situation ist weniger klar, als für gewöhnlich angenommen wird. Nach Theophanes besteht kein Zweifel, daß Irene ihren Sohn 788 gegen seinen Willen mit der Paphlagonierin Maria verheiratet und zur Aufgabe des Verlöbnisses mit Rotrud gezwungen hatte. Wieweit die Verleumdungen seiner Mutter jetzt gegen diese Kaiserin gingen, läßt sich nicht mehr ermessen. Die Rede ging von einem Giftmordversuch. Jedenfalls fühlte sich der Kaiser berechtigt, Maria zu verstoßen und zur klösterlichen Profeß zu veranlassen — und dies um so leichter, als er daran dachte, eine Hofdame seiner Mutter, Theodote, zu heiraten. Drei kanonische Probleme waren damit aufgeworfen: die Frage nach den Ehescheidungsgründen, nach dem Recht zur Wiederverheiratung und nach der kirchlichen Behandlung der sukzessiven Bigamie. Die Entwicklung des byzantinischen Eherechts war auch von kirchlicher Seite durchaus noch nicht abgeschlossen, und jede der drei Fragen konnte verschieden beantwortet werden. Dazu kam noch die exzeptionelle Stellung des Kaisers den Kanones gegenüber, die immer wieder gelegentlich angeschnitten und doch nie peremptorisch entschieden worden war. Die exakte Rechtslage ist kaum noch rekonstruierbar. Patriarch Tarasios, mit dem Fragenkomplex konfrontiert, stand vor der Wahl, entweder eine Wiederverheiratung des Kaisers zu verhindern und damit die ikonoklastischen Berater des Kaisers zu seinen offenen Gegnern zu machen und das Wiederaufleben des Kirchenkampfes herbeizuführen oder aber den Fall zu dissimulieren und damit einen Teil der zelotischen Mönchspartei, die seine mäßigende Politik schon auf der Synode von 787 nicht gebilligt hatte, zum offenen Widerstand zu veranlassen. Zunächst verweigerte er dem Kaiser die Erlaubnis zur Wiederverheiratung und drohte den Ausschluß aus dem kirchlichen Leben an.

[2] Theophanes AM 6282 (464 *de Boor*), AM 6287 (469 *de Boor*).

Doch Konstantin VI. heiratete Theodote trotzdem in feierlicher Form und ließ die Ehe durch den Priester Joseph einsegnen. Ob Tarasios Joseph dazu ermächtigt hatte, läßt sich nicht mehr feststellen. Jedenfalls zog der Patriarch keine weittragenden Folgerungen, das heißt, er verhängte nicht über den Kaiser, sondern nur über den Priester Kirchenstrafen — und dies erst nach dem Sturz des Kaisers —, und ließ „Oikonomia“ walten[3]. Ein solches Vorgehen war bei der Situation der byzantinischen Kirche nicht unverständlich. Der vorausgegangene Kirchenstreit aber hatte den Blick für die Problematik dieser Verhältnisse geschärft, und gerade die Mönche, welche die Last des Kirchenkampfes getragen hatten, waren nicht mehr gewillt, das Ansehen, das sie sich dabei erworben hatten, neuerdings diesem Kirchensystem unterzuordnen und wie der Patriarch Oikonomia statt Recht ergehen zu lassen. Abt Platon von Sakkudion und sein Neffe Theodoros stellten sich an die Spitze des Widerstandes, freilich ohne daß die Gesamtheit der Mönche ihnen Gefolgschaft geleistet hätte. Selbst der hochangesehene heilige Bekenner-Mönch Theophanes, der Chronist, zeigt für die intransigente Haltung dieser Mönchsgruppe kaum Verständnis und Billigung; er wird, je länger, desto nachdrücklicher, sich vom politischen Engagement der Studiten distanzieren, ja er läßt durchblicken, daß die Studiten das Schisma gewollt haben. Und derjenige, der getroffen werden sollte, war sicher ebensosehr der Patriarch wie der Kaiser. Sie brandmarkten die Wiederverehelichung des Kaisers als Ehebruch — daher die Bezeichnung „möchianischer Streit“ —, warfen dem Patriarchen Laxheit vor und kündigten ihm die Gemeinschaft auf. Der Kaiser sowohl wie die neue Kaiserin versuchten alles, um die Mönche umzustimmen. Da es nicht gelang, wurden Platon und Theodoros eingekerkert und verbannt. Damit hatte sich der Kaiser nun nicht nur die Armee, sondern auch die kirchlichen Reformkreise entfremdet, und die Stunde Irenes war gekommen. Im Jahre 797 ließ sie ihren Sohn blenden — er lebte nur noch einige Jahre — und trat als Alleinherrscherin des Reiches die Regierung an[4]. Platon und Theodoros ließen sich von ihr die Freiheit schenken, ohne gegen die Mörderin mit jener Vehemenz die Stimme zu erheben, mit der sie Konstantin VI. verfolgt hatten. Vielleicht war es gerade dieser Umstand, der sie in den Augen des Theophanes unglaubwürdig machte. Damals wurde Tarasios gezwungen, Joseph in den Kirchenbann zu tun. Kaiserin Theodote wurde als Ehebrecherin gebrandmarkt und ihr Kind enterbt[5]. Als Tarasios im Jahre 806 starb, blieb der Priester Joseph noch für lange Zeit das Opfer der Ambivalenz, die dem Begriff Oikonomia in By-

[3] *Grumel* Reg n. 368. Ein Summar des möchianischen Streites bei *R. Devreesse,* Une lettre de s. Théodore Studite relative au synode moechien (809): AnBoll 68 (1950) 44—57. Weiteres in der Literatur zu Theodoros Studites, siehe unten S. 60.

[4] Dazu W. *Ohnsorge,* Das Kaisertum der Eirene und die Kaiserkrönung Karls des Großen: Saeculum 14 (1963) 221—247.

[5] Theodoros Stud. Ep. I 31 (PG 99, 1012).

zanz immer eignet. Nachfolger des Tarasios wurde wiederum ein Laie, der kaiserliche Kanzler Nikephoros[6], bekannt als Chronist und Heiliger der zweiten Phase des Bilderstreites (806—815), Sproß einer Familie, die zu den Bekennern des Bilderkultes unter Konstantin V. gehört hatte, ein Mann, der offenbar Zeit brauchte, um seine Position in der kirchenpolitischen Auseinandersetzung der Zeit zu erkennen. Die Erhebung dieses Laien erregte wiederum den Ärger der Studiten — und wiederum setzten sie sich damit der Kritik des Theophanes aus. Schlimmer war, daß Kaiser Nikephoros den neuen Patriarchen veranlaßte, eine Synode einzuberufen, um den Priester Joseph wieder in die Kirchengemeinschaft aufzunehmen. Vermutlich handelte Nikephoros aus Ressentiment gegen seine Vorgängerin Irene. Nikephoros folgte dem kaiserlichen Gebot, und die Synode schloß sich ihm an[7]. Theodoros von Studios protestierte dagegen[8]. Nicht daß er prinzipiell gegen die Anwendung von Oikonomie sei, erklärte er, aber in diesem Falle würde der Gebrauch der Oikonomie nur zu einem großen Schisma in der Kirche führen. Das große Schisma war freilich wiederum nur ein studitisches Schisma. Im Grunde war der Fall belanglos und überaltet, aber Theodoros konnte es nicht ertragen, daß jetzt eine Angelegenheit human bereinigt werden sollte, bei der er sich vor langen Jahren aufs stärkste engagiert hatte. Eine neue Synode im Jahre 809 verurteilte die Prinzipien, nach welchen Theodoros gehandelt hatte[8]. Leider kennen wir die Leitsätze, welche die Synode aufgestellt haben soll, nur aus der Feder des Theodoros[9]. Es ist kaum zu bezweifeln, daß er sie überspitzt formuliert hat. Jedenfalls mußte er erneut in die Verbannung gehen. Damals appellierte er mit bewegten Worten an Papst Leo III.[10], der es sich jedoch versagte einzugreifen — er hatte kurz vorher den „Gegenkaiser" Karl gekrönt! — und Theodoros mit pastoraler Weisheit zur Geduld mahnte[11]. Mit dem Thronwechsel im Jahre 811 fand auch dieses Exil des Studiten sein Ende.

Kaiser Michael I. Rangabe (811—813) stand offenbar stärker unter dem Einfluß des studitischen Mönchtums als unter dem des Patriarchen Nikephoros, dem er die Krone verdankte. Immerhin hatte Patriarch Nikephoros jetzt Gelegenheit, an Papst Leo III. eine Synodika zu schicken[12], was Kaiser Nikephoros aus Erbitterung über die Krönung Karls des Großen nicht gestattet hatte. Die Gesandtschaft, welche die Synodika überbringt, ist dieselbe, welche in Aachen Karl den Großen als Basileus anerkennt[13]. Aller

[6] *P. J. Alexander,* The Patriarch Nicephorus of Constantinople (Oxford 1958). Dort auch ausführliches Verzeichnis der früheren Literatur.

[7] *Grumel Reg* n. 377.

[8] Epp. I 21; I 22; I 24 (PG 99, 969—988).

[9] Ep. I 33 (PG 99, 1017—1021).

[10] Ep. I 33 a. a. O.

[11] Theodoros Ep. I 34 (PG 99, 1021—1028).

[12] *Grumel Reg* n. 382. [13] *Dölger Reg* n. 385.

Wahrscheinlichkeit nach bemühte sich die Gesandtschaft in Rom auch um eine Stellungnahme im möchianischen Streit, dies wohl weniger auf Initiative des Patriarchen als des von Theodoros Studites dazu veranlaßten Kaisers, da die Supplik Theodors an den Papst bisher keinen Erfolg gehabt hatte. Ob nun der Papst sich tatsächlich zugunsten der studitischen Haltung aussprach, wie es die Vita des Theodoros Studites weiß, oder ob der Druck der Kaisers genügte: jedenfalls mußte sich der Patriarch im Jahre 812 dazu bequemen, den Priester Joseph wieder abzusetzen und seinen Frieden mit der studitischen Opposition zu machen[14]. Damit aber war die leidige möchianische Affäre beigelegt.

Sie war nicht der einzige Streitpunkt, der Patriarch und Mönchspartei entzweite. Schon während des Konzils von Nikaia hatte sich gezeigt, daß die milde Haltung des Patriarchen Tarasios gegenüber den Bischöfen der ikonoklastischen Ära den Mönchen nicht gefallen hatte. Von geringfügigen Ausnahmen abgesehen, waren die Bischöfe im Besitz ihrer Diözesen geblieben. Es scheint, daß die Mönche nach einem anderen Rechtstitel suchten, um den Episkopat in ihrem Sinn zu erneuern, und daß Tarasios auch in diesem Punkt einen anderen Kurs steuerte, nicht weil er ein Freund der Ikonoklasten gewesen wäre, sondern weil er keine starke Gruppe abgesetzter Bischöfe in der Kirche haben wollte, die nur dem Fortleben des Ikonoklasmus und der Restauration der Politik Kaiser Konstantins V. in die Hände gearbeitet hätte. Der Streitpunkt war die Frage der Simonie. Bei Durchsicht der Kanones der siebten Synode möchte man glauben, daß ein großer Teil der bisherigen Bischöfe durch Simonie zu ihren Diözesen gekommen wäre. Vergleicht man jedoch mit den Kanones spätere Verlautbarungen des Patriarchen Tarasios, etwa das Dekret von 787/788 zu diesem Punkte, das die Vita Tarasii erwähnt[15], so scheint sich daraus zu ergeben, daß die Mönche mit Nachdruck auch alle Weihesporteln, Oblationen an den Konsekrator usw. als Simonie bezeichneten. Jedenfalls versuchte Tarasios auch hier zunächst eine via media. Simonistische Bischöfe sollten nicht für immer abgesetzt bleiben, sondern nach einer Buße von mindestens einem Jahr, das heißt nach Suspension, wieder amtsfähig werden. Das entsprechende Dekret entsprach einem Wunsch der Kaiserin Irene und erging noch im Jahre 787 oder anfangs 788, jedenfalls noch unter Beteiligung der päpstlichen Konzilsvertreter[16]. Die Zeloten unter den Mönchen, an ihrer Spitze ein gewisser Sabas, liefen dagegen Sturm und wandten sich auch an Papst Hadrian I. Patriarch Tarasios sah sich schließlich zum Nachgeben gezwungen. Ein gewisses Entgegenkommen gegenüber reumütigen Simonisten hält er auch jetzt noch aufrecht, obwohl ihm selbst dies verübelt wurde, jedoch sollten sie ihre Ämter nicht mehr ausüben dürfen[17]. So gegen Ende 790,

[14] *Grumel Reg* n. 387. [15] *Grumel Reg* n. 361. [16] *Grumel Reg* n. 360.
[17] *Grumel Reg* nn. 363 364.

das heißt nachdem Irene aus der Herrschaft verdrängt worden war, in einem Schreiben an den Anachoreten und Abt Joannes und einem weiteren Brief an Papst Hadrian I., in dem er die Angelegenheit dem Urteil des Papstes unterwirft.

Die Auseinandersetzung zwischen den Patriarchen und den Mönchen ging sicher nicht um die Fundamente des orthodoxen Glaubens, sondern mehr um Fragen der Oikonomie, das heißt der Billigkeitserwägungen bei Anwendung der kirchlichen Kanones. Daß die Mönche darüber immer wieder bis zum Schisma gingen, zeigt, wie stark ihr Selbstbewußtsein inzwischen gestiegen war. Die behandelten Rechtsfragen waren Fragen des Ermessens — und insofern war das Vorgehen der Mönche gegen ihre Bischöfe unerhört. Das Bild der Patriarchen — beide werden von der orthodoxen Kirche als Heilige hoch verehrt — ist nicht ohne Schwankungen und Trübungen, denn ihr Vorgehen ist immer auch mitbestimmt vom Willen des Kaisers. Wieweit dieser integraler Bestandteil der Willensbildung der „Kirche“ in Byzanz war, blieb auch in dieser Generation ungeklärt, da auch die Studiten von den Machtbefugnissen des Kaisers anders dachten, wenn sie ihn auf ihrer Seite hatten.

Die kirchenpolitische Seite der Streitigkeiten liegt darin, daß die Mönchspartei das eigentliche Motiv der Patriarchen, den prekären Frieden der nachikonoklastischen Zeit keinen allzu starken Belastungsproben auszusetzen, offenbar nicht anerkennen wollte. Die Patriarchen, Männer des öffentlichen Lebens, konnten kaum übersehen, wie schwach die konsequente bilderfreundliche Mehrheit war, wie groß die Gefahr eines Wiederaufflackerns der ikonoklastischen Bewegung war. In dieser Situation wäre ein fester Zusammenschluß der Mönchspartei mit der ikonodulen Hierarchie das Gebot der Stunde gewesen. Es wurde versäumt.

8. Kapitel

Die zweite Phase des Bilderstreites

Der Glaube des byzantinischen Volkes hat das Schicksal seines Reiches fast immer in engem Zusammenhang mit seiner Religion, mit Gottes Segen oder Ungnade gesehen. Unter diesem Blickwinkel war das Erbarmen Gottes offenbar stärker auf seiten der Ikonoklasten und ihrer Kaiser gewesen als auf der ihrer Nachfolger, insbesondere der Kaiserin Irene und des Kaisers Michael I. Rangabe (811—813). Wer nicht dieses volkstümlichen Glaubens war, konnte sich seiner doch unter Umständen für politische Zwecke bedienen. Dies scheint die Handlungsweise Kaiser Leons V. (813—820) gewesen zu sein. Wie kam es dazu? Das bilderfreundliche Regime war optisch am stärksten mit der Regierung Irenes verbunden gewesen. Wie hoch die mönchische

Hagiographie und Chronistik diese Kaiserin auch preist, für das Reich war ihre Herrschaft ein Unsegen. Ihr schlechtes Verhältnis zur Armee, ihre militärischen Mißerfolge, die Verschleuderung von Steuergeldern und die üble Günstlingswirtschaft am Hof führten zur Revolte Nikephoros' I. (803 bis 811), durch die Irenes Herrschaft und Clique, rasch und ohne Mitleid zu erregen, hinweggefegt wurden. Das harte Regiment des neuen Kaisers rückte ihn für viele Fromme in die Nähe der Ikonoklasten; sicher war er kein Freund der Mönche. Ikonoklastische Propaganda unterband er nicht, und sein Zynismus erinnerte in manchem an Konstantin V. Im Jahre 811 brachten ihm freilich die Bulgaren eine schwere Niederlage bei, die ihm das Leben und seinem schwerverwundeten Sohn Staurakios noch vor dem Tod den Thron kostete. Der neue Kaiser, Michael I., operierte gegenüber den Bulgaren mit äußerstem Mißgeschick, wobei die Ratschläge, die er sich von Theodoros Studites erteilen ließ, nach Theophanes die Hauptschuld trugen[1]. Kleinasiatische Kommandeure ließen sich zur Revolte hinreißen, die eindeutig unter der Devise der Mönchs- und Bilderfeindschaft sowie der restauratio memoriae Konstantins V. stand. Die noch lebenden Söhne dieses Kaisers sollten auf den Thron gesetzt und die Beschlüsse der Synode von 754 erneuert werden. Doch war offenbar nicht mehr die ganze Armee für eine solche Devise zu gewinnen. Der Aufstand mißlang. Als aber die Bulgaren ihren Kordon um das Vorfeld der Hauptstadt immer enger zogen und der Kaiser in Thrakien immer unglücklicher manövrierte, stieg in Konstantinopel die Erregung gegen ihn immer höher. Die Ikonoklasten brachen das Mausoleum Konstantins V. auf mit dem Ruf: „Erhebe dich und hilf der Stadt, die zugrunde geht!", und sie verbreiteten das Gerücht, der Kaiser sei hoch zu Roß dem Grab entstiegen, um zum Vernichtungskampf gegen die Bulgaren auszureiten[2]. Eine neue schwere Niederlage des Kaisers seitens der Bulgaren veranlaßte ihn, hinter den Mauern der Hauptstadt Schutz zu suchen, die Kommandeure im Feldlager aber wählten den Chef des Militärthemas Anatolikon, Leon, zum Kaiser. Leon V. (813—820) war damit auf einer Welle emporgekommen, die eindeutig an die Mentalität unter den ersten beiden syrischen Kaisern erinnerte, und er hielt es, wenn nicht für richtig, so doch für tunlich, einen Restaurationsversuch in dieser Richtung zu unternehmen. Zunächst war er vollauf mit der bulgarischen Gefahr beschäftigt. Als jedoch 814 ein Friedensvertrag mit Krums Nachfolger, Umurtag, zustande gekommen war, sah er seine Zeit gekommen. Seine wichtigsten Berater in dieser Angelegenheit waren Theodotos Kassiteras, ein Verwandter der syrischen Dynastie, der Bischof Antonios von Sylaion und der gelehrte Grammatikos Joannes Hylilas, angeblich aus der Familie der Morocharzanioi. Die theologische Ausgangsposition, die man bezog, besagte, der Bilderkult könne

[1] Theophanes AM 6305 (498 *de Boor*).
[2] Theophanes AM 8305 (501 *de Boor*).

nur dann erlaubt sein, wenn er von der Bibel angeordnet sei. Da dies nicht der Fall sei, könne er nicht gestattet werden. Das populäre Argument war, wie schon erwähnt, daß die Herrschaft der ikonoklastischen Kaiser ein Segen für das Reich gewesen sei. Man wollte die theologische Beweisführung jedoch gründlich durcharbeiten und stellte Nachforschungen in den Bibliotheken an, wobei man offenbar bald auf die Akten der Synode von 754 stieß. So vorbereitet, trat man an Patriarch Nikephoros heran — etwa Spätherbst 814. Die kaiserliche Forderung an den Patriarchen ging zunächst dahin, er möge die Ikonen der unmittelbaren Verehrung durch das Volk entziehen, also keine allgemeine Vernichtung der Bilder[3]. Der Kaiser glaubte, sich auf eine Mehrheit in der Bevölkerung stützen zu können. Die Antwort des Patriarchen war ein entschiedenes Nein[4]. Die Verehrung der Bilder sei alte kirchliche Tradition und bedürfe deswegen auch keiner ausdrücklichen Anordnung durch die Bibel. Der Patriarch lehnte es auch ab, die Frage nochmals von einer Synode oder einer Bischofskonferenz erörtern zu lassen. Doch der Patriarch ahnte wohl die Gefahr und versuchte, die Partei der Bilderfreunde fest zusammenzuschließen. Eine Reihe von Bischöfen und Äbten, darunter vor allem Theodoros Studites, schlossen sich mit Nikephoros zusammen und versprachen unter Eid, den Zusammenhalt nicht aufzugeben und den Bilderfeinden auch um den Preis des Lebens zu widerstehen[5]. Besonders wichtig war, daß damit in der Stunde der Gefahr die Parteiungen unter den Orthodoxen endgültig beseitigt und der Friede zwischen Studiten und Hierarchie wiederhergestellt war. Die Bilderfreunde gingen, mit Erfahrungen gewappnet und von der Geschichte belehrt, in den Kampf. Ein Teil der Bischöfe, die der Absprache beigetreten waren, beugte sich freilich bald wieder dem kaiserlichen Diktat, da Leon es offenbar verstand, seine Forderungen zu minimalisieren. Der Patriarch solle nur eine kleine Konzession machen, das heißt die tiefhängenden Bilder in der Kirche der unmittelbaren Devotion der Gläubigen entziehen. Dabei solle es sein Bewenden haben. Da Nikephoros auch dazu seine Einwilligung nicht gab, wurde er nach Kleinasien deportiert, wo er — um nicht zum Hindernis für den Frieden in der Kirche zu werden — auf sein Amt verzichtete. Schon am 1. April 815 bestellte der Kaiser den schon genannten Theodotos Kassiteras (815—821) zum neuen Patriarchen, und noch im selben Monat versammelte sich in der Hagia Sophia eine Synode, welche die Beschlüsse der Kirchenversammlung von 754 erneuerte, das zweite Nicaenum scharf kritisierte und die Herstellung von Bildern Christi und der Heiligen wiederum verbot[6]. Von Ikonen als Götzenbildern ist jedoch mit Absicht nicht mehr die

[3] Scriptor incertus de Leone Armeno 352 *(Bonn)*. [4] Ebd.

[5] *Grumel Reg* n. 391.

[6] Rekonstruktion der Definitio und des sie begleitenden Florilegs: *D. Serruys*, Les actes du concile iconoclaste de l'an 815: MAH 23 (1903) 345—351; wesentlich verbessert: *G. Ostrogorsky*, Studien zur Geschichte des byzantinischen Bilderstreites (Breslau 1929) 48

Rede, „denn es gibt Abstufungen der Schlechtigkeit". Die christologischen Argumente werden ebenfalls nur noch obenhin berührt. Das patristische Florileg, das den Konzilsteilnehmern offenbar als Verhandlungsgrundlage diente, legte den Ton wahrscheinlich auf das Argument der „Heiligkeit": Heiligkeit sei eine von Gott den Auserwählten geschenkte Qualität; kein Künstler könne ohne Blasphemie für sich in Anspruch nehmen, einem stofflichen Gebilde ähnliche Eigenschaften zu verleihen. Die praktische Handhabung der Konzilsbeschlüsse sah vor, tiefhängende Bilder, die der Verehrung der Gläubigen zu nahe waren, zu entfernen, höherliegende jedoch zu belassen, sofern ihnen nur keine Kulthandlungen entgegengebracht wurden. Man beließ sie als „γραφή" (scriptura). Eigene Unterwerfungserklärungen oder gar einen Eid auf die Synode hat man höchstwahrscheinlich nicht gefordert, sich vielmehr damit begnügt, daß die Kommunion mit dem Patriarchen nicht abgebrochen wurde. Dem Konzil blieb der Erfolg nicht versagt. Zum Unterschied von der ersten Phase des Bilderstreites bilden aber jetzt nicht mehr so sehr Klöster und Mönche den Kern der Opposition. Die Briefe und Klagen des Theodoros Studites sprechen eine deutliche Sprache: Zahlreiche Äbte schlossen sich den Ikonoklasten an[7]. Dagegen kann eine namhafte Reihe von Bischöfen aufgeführt werden, die jetzt den Standpunkt der Bilderfreunde energisch vertraten. Alexander sieht den Grund dafür in der Tatsache, daß seit Kaiser Leon IV. die Mönche mehr und mehr Zugang zum Episkopat gefunden haben und daß die Aussicht auf einen Bischofsstuhl den Widerstand der mutmaßlichen Kandidaten in den Klöstern zu brechen imstande war[8]. Ebensogut könnte man freilich formulieren: Die besten aus den Mönchskreisen seien eben schon Bischöfe geworden und hätten als solche den Widerstand geleistet. Es mag dazukommen, daß die starke Einmischung der Studiten unter Führung Theodors in die politischen und kirchlichen Geschäfte, die nicht auf der ererbten Linie des byzantinischen Mönchtums lag, seiner Sache manchen Abtrag getan hatte. Und schließlich wurden keine expliziten ikonoklastischen Erklärungen verlangt, so daß viele Mönche in der Lage waren, ihre eigene Frömmigkeitslinie ohne Aufwand an Bekenntnis zu verfolgen. Die Behörden scheinen sich mehrfach damit begnügt zu haben, wenn man ihnen versicherte, man werde weder Versammlungen abhalten noch den Bilderkult öffentlich propagieren. Mit dem Tode bezahlt haben ihre Anhänglichkeit an die Bilderverehrung nur wenige. Häufiger waren Bestrafungen mit Auspeitschung und Verbannung. Die berühmtesten Exilierten waren der Patriarch Nikephoros und wiederum Theodoros Studites, deren gegenseitiges Verhältnis sich unter dem Zwang der

bis 51; ferner *P. J. Alexander:* DOP 7 (1953) 37—66. Lit.: *Hefele-Leclercq* III 2, 741 bis 798; *M. Anastos,* The Ethical Theory of Images formulated by the Iconoclasts in 754 and 815: DOP 8 (1954) 151—160.

[7] Vgl. *G. A. Schreiber,* Der hl. Theodor von Studion (Münster 1900) 84.

[8] *P. J. Alexander,* The Patriarch Nicephorus (Oxford 1958) 144—145.

Umstände verbesserte, ohne herzlich zu werden. Theodoros hatte trotz Anweisung eines Zwangsaufenthaltes die Möglichkeit, seinen weitverzweigten Nachrichtenapparat spielen zu lassen; er knüpfte Verbindung mit Rom und den östlichen Patriarchaten an, doch der Widerhall war gering.

Am Weihnachtsfest 820 wurde der Initiator der Verfolgung, Kaiser Leon V., ermordet. Expatriarch Nikephoros kommentierte das Ereignis mit den Worten, das Römische Reich habe zwar einen gottlosen, im übrigen aber bedeutenden Herrscher verloren[9]. Theodoros frohlockte, der Winter sei vorbei, wenn auch der Frühling noch zögere[10]. Auf Leon V. folgte sein Mörder, Kaiser Michael II. der Amorier (820—829), ein Mann, dessen Charakterbild und religiöse Einstellung aus den der amorischen Dynastie feindseligen späteren Chroniken in düsteren Farben hervorsticht. Nach ihnen wäre er eher dem Judentum als dem Christentum hold gewesen. Die wenigen objektiven zeitgenössischen Nachrichten geben diesen Gehässigkeiten nicht recht. Er war kein Freund des Bilderkultes, doch pochte er dabei weniger auf religiöse Überzeugungen als auf den Status quo, in dem er aufgewachsen war und den er ohne Erschütterung des Reiches zu verändern sich nicht in der Lage sah. An Verfolgung lag ihm nicht; zudem mußte er sein eigenes Regime zunächst festigen. So konnten die Verbannten zurückkehren, Theodoros Studites zum Beispiel, und selbst Nikephoros hätte seinen Patriarchenstuhl wieder einnehmen können, hätte er sich nur entschlossen, die Bilderfrage nicht mehr anzurühren. Dazu konnte sich aber Nikephoros nicht bereit finden. Der Kaiser aber erließ ein Thespisma, wonach der ganze Streit im Schweigen begraben bleiben solle, jeder einzelne aber seinem Gewissen folgen könne[11]. Wenn Michael diese Linie weiterhin nicht folgerichtig durchführte, dann wohl deshalb, weil bald ein Aufstand ausbrach, der auch die Parolen der Bilderfreunde in seinen Dienst stellte: die Revolution des Slawen Thomas, der sich vom Patriarchen von Antiochien zum Kaiser krönen ließ, alle Unzufriedenen, Steuerschuldner, verarmte Bauern, Bettler und Landstreicher, aber auch Kleriker und unzufriedene Provinzaristokraten unter seine Fahnen sammelte, ganz Kleinasien durchzog und Konstantinopel belagerte[12]. Der sozialrevolutionäre Charakter der Revolte scheint mir sekundär zu sein; manches spricht dafür, daß die Ursprünge der Bewegung höfischer und dynastiepolitischer Natur waren und mit dem Sturz Leons V. zusammenhingen. Auf keinen Fall handelte es sich um eine Erhebung der Bilderfreunde als solcher, vielmehr wurde diese Losung neben anderen einem disparaten, alle Möglichkeiten umfassenden Programm einverleibt. Der Aufstand konnte erst 823 nieder-

[9] Genesios I 17 *(Bonn)*.
[10] PG 99, 1397.
[11] *Dölger Reg* n. 402.
[12] Dazu (mit. Lit.) *G. Ostrogorsky*, Geschichte des byzantinischen Staates (München ³1963) 171 f.

geschlagen werden. Aber die arabische Macht, mit der sich Thomas zusammengetan hatte, war wieder voll aktiv geworden und fügte dem Reich schwersten Schaden zu. Die Katastrophe erlebte Michaels Sohn Theophilos (829—842) mit dem Fall der stärksten kleinasiatischen Festung, Amorion, im Jahre 838. Theophilos war ein strengerer Verfolger der Bilderverehrer als sein Vater. Er war der Zögling jenes Joannes Grammatikos, der 815 die Beschlüsse der ikonoklastischen Synode vorbereitet hatte und der nun als Joannes VII. Patriarch wurde (837—843)[13]. Er war die aktivste Persönlichkeit unter den ikonoklastischen Bischöfen, und der verleumderische Haß der Orthodoxen richtete sich in viel stärkerem Maße gegen ihn als gegen den Kaiser. Unter des Patriarchen Direktive intensivierte sich die Verfolgung, besonders der Mönche. Der Kaiser selbst war in seiner Haltung ohne Folgerichtigkeit. Seine Frau, Theodora, konnte offenbar ohne größere Behinderung dem Bilderkult huldigen, einen Bilderverehrer wie den sizilianischen Mönch Methodios ließ er zunächst auspeitschen und einkerkern, um ihm sehr bald — wenn auch abgeschlossen im Kaiserpalast — eine ehrenvolle Bleibe zu schaffen, weil er die Kenntnisse und das Wissen dieses Mannes goutierte.

Als Theophilos starb, brach der Ikonoklasmus in sich zusammen. Die Gründe sind komplexer Natur. Zunächst darf nicht angenommen werden, daß sich inzwischen das ganze Reich zur Bilderfreundschaft bekehrt hätte. Noch unter Photios wird von Ikonoklasten die Rede sein. Aber angesichts der eigenartigen politischen Theologie der Byzantiner, für welche das Gedeihen des Reiches Gottes Lohn für den rechten Glauben darstellte, hatten die politischen Mißerfolge gerade der letzten ikonoklastischen Kaiser den Bilderfreunden eindrucksvolle Argumente an die Hand gegeben. Die Quellen verraten es uns, daß gerade diese politischen Unglücksfälle weidlich gegen den Ikonoklasmus ausgeschlachtet wurden. Dazu kommt, daß die Ikonoklasten der zweiten Phase keine starke Linie mehr einhalten. Ihr Laisserfaire nahm der Politik die Überzeugungskraft, ebnete die Unterschiede ein und bereitete in den eigenen Kreisen die tödliche Indifferenz vor. Es kommt folgendes dazu: Tappt man in der ersten Periode des Bilderstreites mit den Versuchen, Paulikianer, Sarazenen, Monophysiten oder Juden für den Ausbruch des Kampfes verantwortlich zu machen, völlig im dunkeln, so ist der Einfluß paulikianischer Politiker, armenischer Sektierer und Theologen, denen das ikonoklastische Denken nahelag, für die Jahre 815 bis 820 und wohl bis 829 nicht zu verkennen. Eine gewisse Überfremdung der Hofgesellschaft mit solchen Elementen scheint nicht ausgeschlossen. Theophilos aber bereitet kulturgeschichtlich trotz aller Anleihen bei den von ihm bewunderten Kalifen Bagdads eine Selbstbesinnung griechischen Denkens

[13] V. *Grumel,* Jean Grammatikos et saint Théodore Studite: ÉO 36 (1937) 181—189; *Alexander* a. a. O. 235—236.

vor, das die fremden Einflüsse wieder zurückdrängte. Die Katastrophe von Amorion weckte außerdem bei ihm Kreuzzugspläne, welche die ganze Christenheit umfaßten und deren Einheit im Glauben voraussetzten. Und schließlich stand die Gruppe der Bilderfreunde dem Ausbruch der Feindseligkeiten im Jahre 815 geschlossener und nicht mehr theologisch so wehrlos gegenüber wie 730. Die Zeit des Friedens zwischen 780 und 815 hatte den Mönchen zu Ansehen beim Volk verholfen; sie durften sich als religiöse Führer der Massen betrachten; und wenn ihnen diese Massen als solche auch in der Zeit der zweiten Verfolgung die Gefolgschaft versagten, so doch nicht aus Überzeugung, sondern aus Schwäche, bereit, in jedem Augenblick, in dem der Druck sich lockern würde, wieder gemeinsame Sache mit ihnen zu machen. So blieb der Regierung nichts übrig, als ihre bisherige Politik zu revidieren, wobei die Frage, ob eine solche Revision im Sinne eines gesetzlich verankerten und nicht nur gelegentlich zugestandenen Laisser-faire ihren Zweck nicht ebenso erreicht hätte wie eine volle Kehrtwendung, mit den Mitteln unserer Quellen kaum entschieden werden kann.

Auf dem toten Theophilos folgte sein dreijähriger Sohn Michael III. (842 bis 867). Die Leitung der Regentschaft übernahm die Kaiserin-Witwe Theodora, von alters her Bilderfreundin. Die Initiative für die Wiederherstellung ging aber unmittelbar nicht von ihr, sondern von ihrem Berater und Minister Theoktistos aus. Die Kaiserin ließ sich gern von der politischen Notwendigkeit überzeugen, sofern man das Andenken ihres verstorbenen Gatten dabei nicht verunglimpfe. Dazu fanden sich Wege. So wurde Patriarch Joannes VII. zur Abdankung vermocht. An seine Stelle trat der Sizilianer Methodios (843—847). Im März 843 wurde sodann eine feierliche Synode abgehalten, die den Bilderkult wiederherstellte[14]. Damit war ein Kampf zu Ende, der die Kräfte der orthodoxen Welt durch Generationen gegeneinander ausgespielt hatte. Das Ergebnis brachte einen Frieden, der in diesem Punkte nie mehr gestört werden sollte. Die Orthodoxie schloß sich in einem neuen Selbstverständnis zusammen, freilich um den Preis, daß religiöse Haltungen, die in der älteren Kirche durchaus möglich und legitim, wenn auch vielleicht nicht verbindlich waren, nun den Rahmen der Kirche verlassen mußten. Die Orthodoxie schloß sich zusammen; sie schloß sich aber auch ab. Im Gesamt der Kirchengeschichte bildet der Streit um den Kult der Ikonen ein trennendes Element; nicht seiner Natur nach, aber auf Grund der Begleiterscheinungen. Die Entscheidung für den Bilderkult im Jahre 787 kann formal noch als ein gemeinsames Werk der päpstlichen und der byzantinischen Kirche verstanden werden. 843 führte die orthodoxe Kirche die Bereinigung ohne Zuziehung des Westens durch. Dazwischen liegen die Schwierigkeiten des Papsttums mit den theologischen Vorstellungen Karls des Großen und seiner theologischen Florilegisten. Theodoros Studites appellierte im Grunde

[14] Der Horos ist ungedruckt. Vgl. *Beck* 56.

vergeblich nach Rom, obwohl gerade er und Nikephoros, der Patriarch, die Bedeutung des Apostolischen Stuhls als Glaubensinstanz gerade in der Hitze des Kampfes schätzengelernt hatten. Aber ihre theoretische Erkenntnis wurde nicht mehr honoriert. Der Grund lag nicht zuletzt darin, daß die ersten Bilderstürmer den ersten Bischof ihres Reiches aus dem mediterranen Kirchenraum, wenn nicht verdrängt, so doch in Richtung Nordwesten hinausorientiert hatten. Das Papsttum war 787 in eine peinliche Situation zwischen östlicher Orthodoxie, der es sich noch verhaftet wußte, und dem theologischen Sonderkonzept des „orthodoxus imperator" Karl geraten. Der theologische Gegensatz, der hier ausbrach, konnte in späteren Jahrhunderten von souveränen Theologen, als es die Karls waren, überspielt werden; die politischen Folgen des Gegensatzes aber waren von weltgeschichtlichem Ausmaß und nicht mehr zu beseitigen. So festigt der Bilderstreit das Eigenleben der orthodoxen Kirche, ist aber zugleich einer der großen Meilensteine auf der Straße zur Trennung der Kirchen — kein Meilenstein auf der Straße dogmatischer Notwendigkeiten, wohl aber auf dem Wege langsamer Umformung und Ausformung von Ritus und Kult, auf dem Wege zu neuen Akzentsetzungen, zu neuen Kontrastwirkungen, welche die Aufrechterhaltung der alten ost-westlichen Koine in Kultur und Kirche auf die Dauer nicht mehr erlaubten.

9. Kapitel

Theologie und Mönchtum zur Zeit des Bilderstreites

Will man der geistigen Lage der byzantinischen Kirche in der ersten Phase des Bilderstreites gerecht werden, so muß man wohl von dem Eindruck ausgehen, daß bei den Theologen und Bischöfen der Widerstand gegen den Ikonoklasmus gering war. Dieser Eindruck kann nicht behoben werden durch den Hinweis auf den mächtigen Druck der Kaiser und ihrer Polizei, denn in der zweiten Phase des Streites vermochte es dieser Druck nicht, das Aufblühen einer ikonodulen Theologie zu verhindern. Eher scheint mir der Hinweis berechtigt, daß sich auch die übrige Theologie des 8. Jh., ähnlich der Profanliteratur der Zeit, keineswegs durch besonderen Reichtum auszeichnet, das heißt, daß die „dunklen Jahrhunderte" noch nicht überwunden sind, für die nicht etwa der „Ikonoklasmus" verantwortlich zeichnet[1].

[1] Zur berühmten Frage — oder besser gesagt Hypothese — vom bildungsfeindlichen Einfluß des Ikonoklasmus, eine Hypothese, die allein schon durch einen Kaiser wie Theophilos widerlegt werden kann, vgl. zuletzt *B. Hemmerdinger*, Ḥunain ibn Isḥâq et l'iconoclasme byzantin. Actes XIIe Congr. Intern. d'Études Byzant. 1961 II (Beograd 1964) 467—469; *ders.*, La culture grecque classique du VIe au IXe siècle: Byz(B) 34 (1964) 125—133.

Die einsame Größe der Zeit ist Johannes von Damaskus[2], ein Araber aus vornehmer Familie, aufgewachsen am Hofe des Kalifen, der schließlich in Mar Saba bei Jerusalem seiner geistlichen Berufung als Mönch folgte. Er starb sicher vor 754. Sein Werk zwingt uns, in Damaskus selbst, in Jerusalem und in den Lauren im Umkreis der Heiligen Stadt Bildungsmöglichkeiten, vor allem Handschriftenschätze zu unterstellen, die über das hinausgehen, was wir von den übrigen Metropolen des Reiches wissen. Als Theologe des Bilderkultes geht Johannes wie seine Nachfolger in seiner Argumentation gewiß von der fragwürdigen Existenz authentischer Christus- und Heiligenbilder aus, und gewiß verwechselt auch er das metaphysische Bild mit dem Kunstbild. So wird ihm das Bild zur Offenbarung und zum Gnadenträger. Aber wie immer man über diese Spekulationen denken mag, bei ihm erweitert sich das Ganze zu einem grandiosen System kosmischer Liturgie, zum Hymnus auf die von Gott geschaffene verklärte Materie und Welt, zum sichtbaren Ausdruck eines theandrischen Gesetzes, das die ganze erlöste Welt durchwaltet. Unbewußt und in anderer Wendung setzt er damit Maximos den Bekenner fort[3].

Sein Name freilich in der Geschichte der Theologie ist vor allem verknüpft mit seiner „Quelle der Erkenntnis" (Πηγὴ γνώσεως), bestehend neben einem literargeschichtlich schwierigen Abriß der Ketzergeschichte aus einem Kompendium der Dialektik und einer gedrängten Darstellung des orthodoxen Glaubensgutes (Ἔκθεσις ἀκριβής)[4]. Johannes erweist sich in diesem Werk nicht als originaler Denker, wohl aber als der originalste Mosaizist innerhalb der Kunst der Theologie. Ihm deshalb, wie es geschehen und üblich geworden ist, in der Entwicklung der Theologie keinen hervorragenden Platz einräumen zu wollen[5] geht am Thema dieses Mosaiks vorbei, dem das Depositum fidei Vorlage ist, verkennt aber auch grundsätzlich die Bedeutung der „Summierung" in der Wissenschaft im allgemeinen und in der Theologie im besonderen, die Bedeutung eines Koordinatenkreuzes und einer zuverlässigen Windrose. Die beginnende Scholastik des Westens hat, früh durch Übersetzungen mit dem Damaszener bekannt geworden[6], diesen Wert durchaus gewürdigt, und bei genauerem Zusehen kann man auch erkennen, wie tief

[2] Allgemein zum Leben und Werk siehe *J. M. Hoeck*, Johannes von Damaskus: LThK² V 1023—1026, womit alle früheren Darstellungen des Lebens überholt sind. Das Werk selbst: PG 94—96; kritische Sichtung bei *J. M. Hoeck;* OrChrP 17 (1951) 5—60.

[3] *H. Menges,* Die Bilderlehre des hl. Johannes von Damaskus (Münster 1938); vgl. auch *H.-G. Beck,* Kirche und Theologie im byzantinischen Reich (München 1959) 300—301.

[4] *B. Kotter,* Die Überlieferung der Pege gnoseos des hl. Johannes von Damaskos (Ettal 1959).

[5] So vor allem jüngst *B. Studer,* Die theologische Arbeitsweise des Johannes von Damaskus (Ettal 1956), dessen gewichtige Arbeit freilich durch dieses Urteil nicht an Bedeutung verliert.

[6] Literatur darüber bei *Beck* a. a. O. 480.

die Spuren des Damaszeners in der byzantinischen Theologie sind. Das Werk dieses Theologen, der bezeichnenderweise außerhalb der Reichsgrenzen beheimatet ist, bildet keinen Schlußpunkt der Entwicklung dessen, was die Väter geleistet haben, es bündelt aber diese Leistung äußerst geschickt und mit hohem Wissen und theologischem „Instinkt" und reicht es einer ärmeren Zeit zur Benützung weiter. Nicht vergessen werden darf, daß, rein formal, die offenbar erstmalig von Johannes vollzogene Trennung von philosophischen und rein theologischen Kapiteln ein Beitrag zur Systematisierung ist, der die Selbstbesinnung der Theologie auf die philosophischen Grundlagen ihres Denkens wesentlich erleichtern konnte [7]. Der Einfluß dieses Theologen auf die folgenden Generationen byzantinischer Theologen kann nur dann voll gewürdigt werden, wenn man es sich klarmacht, welch hohe Bedeutung dem liturgischen Lesegottesdienst für die Einführung junger Adepten der Gottesgelehrsamkeit in die Gedankenwelt der Theologie der Vorzeit zukommt — die Viten der Heiligen beweisen es zur Genüge. In diesen Lesegottesdiensten spielen aber die nicht wenigen Predigten, die hagiographischen Texte und die Hymnen des Heiligen keine geringe Rolle, wenn auch die kritische Sichtung noch lange nicht abgeschlossen ist. „*Sein* Ideal hat er mit hoher Vollkommenheit verwirklicht" (J. Hoeck).

Die Theologie der Ikonoklasten selbst ist uns wesentlich weniger bekannt. Doch aus den erhaltenen Fragmenten des Kaisers Konstantin V. und der großen Synode von 754 können Gedankengänge herausgeschält werden, die für die Geschichte der Theologie nicht ohne Bedeutung sind. Auch diese Theologie knüpfte an die Vorfahren an. Das allgemeine ist schon früher angedeutet worden (siehe oben S. 35 f). Hervorgehoben sei folgendes: Schon die Synode in Trullo, also die orthodoxe Ergänzung der großen Reichskonzilien von 553 und 680/681 hatte in ihrem Kanon 82 sich gegen die bildliche Darstellung von christlichen „Symbolen", etwa des Agnus Dei, gewandt, weil sie in diesen Symbolen „Schatten" der neutestamentlichen Fülle sah, nicht aber die Fülle selbst. Es scheint, als ob gerade für die ikonoklastischen Theologen dieser Gedankengang, das heißt die volle neutestamentliche Gnadenwirklichkeit, das Entscheidende gewesen wäre. Nur so ist es zu verstehen, wenn sie immer wieder darauf hinweisen, daß doch Bilder in der Kirche nur darauf vergessen ließen, daß es in der Kirche *das* authentische Bild Christi gebe, nämlich die Brotsgestalt der Eucharistie, und daß ihr gegenüber alles andere keinen Wirklichkeitsgehalt beanspruchen könne [8]. Die geringe Berücksichtigung, die dieses vielleicht nicht ganz geschickt vorgebrachte Argument bei den ikonodulen Theologen des zweiten Bilderstreits fand, mag nicht ohne Wirkung auf die spätere, einigermaßen flache Eucha-

[7] Vgl. G. Richter, Die Dialektik des Johannes von Damaskos (Ettal 1964).

[8] Konstantin V. Frgm. 21 bei *G. Ostrogorsky*, Studien zur Geschichte des byzantinischen Bilderstreites (Breslau 1929) 10.

ristietheologie der Byzantiner geblieben sein. Eine Synthese wurde in der Hitze des Kampfes nicht mehr angestrebt.

In der zweiten Phase spielt der Abt des Studiuklosters Theodoros (759 bis 826) keine geringe Rolle. Seine Arbeiten zum Bilderstreit sind nur als Torso überliefert. Theodoros ist eine Gestalt, die den Impetus des Martyrers mit dem eines Politikers verknüpft — eines Politikers, der auch in Friedenszeiten der Kirche fast immer in die Opposition gedrängt ist bzw. sich selbst hineindrängt. Er nimmt die Gedanken des Damaszeners auf, verschärft und überspitzt sie jedoch und macht aus dem Bilderkult einen essentiellen Bestandteil der Inkarnationstheologie, wobei, einem alten Grundzug griechischen Geistes entsprechend, der z. B. die meisten Abhandlungen byzantinischer Theologie über die Sakramente beherrscht, das Element des Lichts und der Schau, etwas Optisches also, beherrschend in den Vordergrund gerückt wird. Die Bedeutung Theodoros' liegt allerdings nicht auf dem Gebiet der spekulativen Theologie, sondern auf dem der Monastik, worüber noch zu sprechen ist[9].

Der größte Theologe der zweiten Phase des Bilderstreits ist ohne Zweifel der Patriarch Nikephoros (806—815, † 828 im Exil). Die Ikonoklasten der zweiten Phase ließen es sich nur noch selten einfallen, den Bilderkult als Götzendienst zu bezeichnen; um so mehr Gewicht legten sie auf die patristische Fundierung ihrer Lehre, die nun tatsächlich nicht allzu schwierig war. Nikephoros hatte hier nicht immer eine glückliche Hand und schob in einigen Fällen (bes. Epiphanios von Salamis) patristische Texte beiseite, wo ihm die moderne Kritik unmöglich folgen kann. Er tat es sicherlich nicht aus philologischer Gewissenlosigkeit, sondern weil sein kirchlicher Traditionsbegriff den tatsächlichen Bruch in der Überlieferung nicht mitzuvollziehen imstande war. Denn das Bezeichnende bei ihm ist es gerade, daß er stärker als etwa der Damaszener diesen Überlieferungsbegriff in die Argumentation einführt. Der Bilderkult muß legitim sein, weil er kirchliche Tradition ist. Bemerkenswert, daß gerade von dieser Argumentation her auch das gesamtkirchliche Denken, der theologische Rekurs auf Rom, zu seinem Rechte kommt. Doch ähnlich wie bei Theodoros Studites drängt sich auch bei ihm das „Schauen" als theologisches Grundelement sehr in den Vordergrund, das Evangelium des Hörens vollendet sich wesentlich in einem Evangelium des Schauens. Zum erstenmal begegnet bei Nikephoros auch mit einiger Entschiedenheit die Aburteilung des Ikonoklasmus als einer häretischen politischen Theologie, die das Bild des Kaisers (auf Münzen) anstelle des Bildes des himmlischen Pantokrator zu setzen versucht[10].

[9] Literatur unten Anm. 15.

[10] Das Werk des Nikephoros ist noch nicht zur Gänze publiziert. Fundorte des Publizierten bei *Beck* a. a. O. 490—491. Zur Bilderlehre *A. J. Visser*, Nikephoros und der Bilderstreit (Den Haag 1952); eine zuverlässige Monographie mit dem unedierten Material *P. J. Alexander*, The Patriarch Nicephorus of Constantinople (Oxford 1958).

Schon bei Johannes von Damaskus war auf die Bedeutung der Homiletik und Hymnographie der Zeit hinzuweisen. Hier steht am Anfang der Epoche repräsentativ Andreas von Kreta († 740) mit einem Bestand von rund 50 Homilien, die sich in den Sammlungen der byzantinischen Kirche für den liturgischen Gebrauch hoher Beliebtheit erfreuten. Andreas spielt aber auch in der liturgischen Dichtung eine bedeutsame Rolle als ein früher Vertreter jener „Kanon"-Dichtung, die das alte Kontakion ablöste und in der der dichterische Genius der byzantinischen Kirche seine kongeniale Form fand[11]. Die Hauptmasse der liturgischen Texte in den offiziellen Büchern der Kirche stellen heute noch dieser Andreas, aber auch Kosmas der Melode, der Ziehbruder des Damaszeners, Joseph, der Bruder des Theodoros Studites, und Joseph mit dem Beinamen der Hagiograph († 886).

Die Hagiographie der Zeit beginnt mit den ersten Viten der Bekenner des Bilderkults, während kanonisches Recht und Exegese kaum Beachtung fanden.

Von besonderer Wichtigkeit in der Zeit des Bilderstreits ist das byzantinische Mönchtum und seine Entwicklung. Der Kampf der byzantinischen Kaiser gegen die Mönche steht gewiß nicht am Anfang der Bewegung. Aber als sich der orthodoxe Widerstand verfestigte, waren es die Mönche, die die Führung übernahmen. Dieser Umstand gab ihnen ein kirchenpolitisches Gewicht, das sie erst in der spätbyzantinischen Zeit ein zweites Mal erreichten. Das große Zentrum des Mönchtums der Ikonoklastenzeit war zunächst der bithynische Olymp, der Heilige Berg der mittelbyzantinischen Zeit, und die umliegenden Landschaften vom Kara Dagh (Sigriane) an der Propontis über das Gebiet von Atroa, südwestlich von Prusa bis zum Golf von Mundania (Apamea). Mittelpunkt, der den Archimandriten, das heißt den Oberabt des Verbandes, stellte, war wenigstens zeitweise das Agauronkloster in der Ebene von Prusa, das höchstgelegene (1430 m), das Photeinodioskloster, besonders wichtig aber das Kloster der Symobola. Eine Reihe von Siedlungen entstand zwischen den beiden Epochen des Bilderstreites, so die Mönchskolonie Sigriane des berühmten Theophanes, des Bekenners und Chronisten, das Eustachioskloster, eine Gründung des Joannikios und das Abramitenkloster in der Nähe des Agauronklosters, das der Patriarch Tarasios stiftete. Auch das Kloster des jüngeren Stephanos, der 764 als Bekenner des Bilderkultes endigte, auf den Auxentiosberg bei Chalkedon, darf erwähnt werden. Manchen dieser Klöster fügten die Verfolgungsmaßnahmen des Kaisers Konstantin V. schwere Schäden zu, ohne doch verhindern zu können, daß sie bald wieder aufblühten, was schließlich damit zusammenhängt, daß wir uns diese Klöster, von wenigen Ausnahmen abgesehen, nicht als stabile Komplexe von „Reichsabteien" vorstellen dürfen, sondern als lockere Siedlungen, bestehend aus primitiven Lauren oder Berghöhlen, Institutionen also, die

[11] *Beck* a. a. O. 500—502.

nicht „verankert" waren, sondern die ganze Mobilität für sich in Anspruch nahmen, die das byzantinische Mönchswesen so lange auszeichnet[12]. Von dieser bithynischen Mönchssiedlung gingen nun auch die neuen Impulse des Mönchtums in der Hauptstadt aus. Im Kloster der Symbola, einer Gründung des 7. Jh., war jener hl. Theosteriktos Abt, der einen vornehmen Konstantinopolitaner namens Platon[13] zum Mönch weihte. Platon übernahm die Nachfolge des Theosteriktos als Abt, baute aber dann auf Familienbesitz ein Kloster in der Ebene, namens Sakkudion (781). Und hier in Sakkudion begann die monastische Karriere seines Neffen Theodoros, des späteren Studiten. Als Platon 794 resignierte, übernahm Theodoros die Abtei, transferierte aber die Gemeinde 798 vor drohenden Araberüberfällen nach Konstantinopel in das halbverlassene Studioskloster, das damit zum Mittelpunkt eines Kreises aktiver, kirchenpolitisch äußerst interessierter Mönche in der Hauptstadt wurde. Schon nach wenigen Jahren betrug die Zahl der Mönche angeblich (wahrscheinlich die Restsiedlungen in Bithynien und andere Metochien mitgezählt) mehr als 700.

Norm für das byzantinische Mönchtum, was die Organisation anlangt, war die Gesetzgebung Justinians, die mit einigen Abstrichen das koinobitische Ideal verbindlich gemacht hatte[14]. Aber dieses Ideal war längst durchlöchert durch das Prinzip der Freizügigkeit und durch das ständig vordrängende Ideal der Anachorese sowie durch das Institut der geistlichen Führung der Novizen durch Πατέρες πνευματικοί, charismatisch begabte alte Mönche, deren Einfluß den der Äbte stark reduzierte. Theodoros versucht es nun gerade, die Reinkultur des koinobitischen Ideals wiederherzustellen. Diesem Zwecke dienen seine Mönchskatechesen, die kurzen, in Verse gefaßten Regeln für die einzelnen Ämter und Beschäftigungen in seinem Kloster und vor allem seine Regel, die wir allerdings im Original nicht mehr besitzen. Theodoros, der Typ des vornehmen Byzantiners aus der hohen Amtshierarchie, übertrug damit seinen Führungsanspruch ins Kloster und schuf sich damit ein Instrument der Kirchenpolitik, über die schon das Nötige gesagt worden ist[15]. Aber es wäre verkehrt, zu glauben, daß er damit das byzanti-

[12] *B. Menthon*, Une terre de légende, l'Olympe de Bithynie (Paris 1935), sodann verschiedene Artikel von *A. Hergès:* ÉO 1 (1898/99), 2 (1899/1900) und *Bessarione* a. 3. vol. 5 (1898/99); vgl. auch *L. Laurent,* La vie miraculeuse de s. Pierre d'Atroa (Bruxelles 1956).

[13] Vgl. *O. Volk:* LThK² VIII 554—555.

[14] Aus der umfänglichen Literatur sei hier genannt *B. Granić,* Die Rechtsstellung und Organisation der griechischen Klöster nach dem justinianeischen Recht: ByZ 29 (1928/29) 6—34; *A. Tabera,* De ordinatione status monachalis in fontibus justinianeis: Commentarii pro Relig. 14 (1933) 87—95 199—206, 15 (1934) 412—418.

[15] Eine kritische Ausgabe seiner Werke fehlt. Das meiste in PG 99; die (überarbeitete) Klosterregel PG 99, 1681—1824; die Epigramme ed. *A. Garzya,*'Επετ. 'Εταιρ. Βυζ. Σπουδῶν 28 (1958) 11—64. Monographien: *G. A. Schneider,* Der hl. Theodor von Studion (Münster 1900); *I. Hausherr,* S. Théodore Studite (Rom 1926). Weitere Lit. bei *K. Baus:* LThK² X 45—46.

nische Mönchtum reformiert und neuen Engagements entgegengeführt hätte. Man hat vielmehr den Eindruck, daß ihm die meisten der übrigen Klöster auf dieser Linie nicht zu folgen bereit waren. Der Versuch beschränkt sich auf Studion, und der Erfolg dürfte nach ein paar Generationen zu Ende gewesen sein. Erst etwa zwei Jahrhunderte später wird Athanasios, der Gründer der Laura auf dem Athos, die Regel des Studiten zu neuem Leben erwecken, allerdings auf einem Territorium fern der Hauptstadt und damit ohne die Möglichkeiten allzu direkter kirchenpolitischer Ambitionen.

DRITTER ABSCHNITT

Das Zeitalter Karls des Großen (768—814)

Univ.-Professor Dr. Eugen Ewig, Bonn

QUELLEN: Vgl. Bibliographie zu Abschnitt I. Ferner: MGEp. IV.

LITERATUR: Karl der Große. Lebenswerk und Nachleben. Unter Mitwirkung von H. Beumann, B. Bischoff, H. Schnitzler und P. E. Schramm, hrsg. von W. *Braunfels* (Düsseldorf 1965). Bd I: Persönlichkeit und Geschichte. Bd II: Das Geistige Leben. Bd III: Karolingische Kunst (in der Folge zitiert als Karlswerk I, II, III). Ferner: S. *Abel* - *B. Simson*, Jbb. des fränk. Reichs unter Karl d. Gr. I, II (Leipzig ²1888 und 1883); *A. Kleinclausz*, Charlemagne (Paris 1934); *J. Calmette*, Charlemagne. Sa vie et son œuvre (Paris 1945), dt.: Karl d. Gr. (Innsbruck 1948); *L. Halphen*, Charlemagne et l'empire carolingien (Paris 1948) [= Évolution de l'Humanité 33]; *H. v. Fichtenau*, Das karolingische Imperium. Soziale und geistige Problematik eines Großreichs (Zürich 1949); *R. Folz*, Le couronnement impérial de Charlemagne (Paris 1964).

Kurzübersichten: *F. L. Ganshof*, Charlemagne: Speculum 24 (1949) 520—528; *E. Delaruelle*, Charlemagne et l'Église: RHEF 39 (1953) 165—199; *P. E. Schramm*, Karl d. Gr. im Lichte der Staatssymbolik (1957) [= Forschungen zur Kunstgesch. u. christl. Archäologie, hrsg. von *F. Gerke* III].

Einzelbeiträge zur Regierung: *M. Lintzel*, Ausgewählte Schriften I und II (Berlin 1961).

Zur Struktur des Frankenreichs und seiner Länder: *E. Zöllner*, Die politische Stellung der Völker im Frankenreich (Wien 1950) [= VIÖG 13]; *P. Vaccari*, Studi sull'Europa precarolingia e carolingia (Verona 1955); *L. Auzias*, L'Aquitaine carolingienne (Toulouse - Paris 1937); *F. L. Ganshof*, La Belgique carolingienne (Brüssel 1958). — *Ewig* (Francia), *Bligny* (Burgund), *Wolff* (Aquitanien), *Wenskus* (Deutsche Stämme), *Reindel* (Bayern): Karlswerk I.

Zur karolingischen Reichsaristokratie: *G. Tellenbach*, Königtum u. Stämme in der Werdezeit des Deutschen Reiches (Weimar 1939); Studien und Vorarbeiten zur Gesch. des großfränkischen und frühdeutschen Adels, hrsg. von *G. Tellenbach* (Freiburg 1957) [= Forschungen zur oberrhein. Landesgesch. IV]; *E. Hlawitschka*, Franken, Alemannen, Bayern u. Burgunder in Oberitalien 774—962 (Freiburg 1960) [= ebd. VIII]; *Werner:* Karlswerk I.

Zum Frankenreich und Byzanz: *W. Ohnsorge*, Das Zweikaiserproblem im früheren Mittelalter (Hildesheim 1947); *ders.*, Abendland und Byzanz (Darmstadt 1958); *ders.*, Byzanz u. das Abendland im 9. u. 10. Jh.: Saeculum 5 (1954) 194—220; *F. Dölger*, Byzanz u. die europäische Staatenwelt (Ettal 1953); *Classen:* Karlswerk I.

10. Kapitel

Die Anfänge Karls, die Eroberung des Langobardenreiches und die Abgrenzung des Patrimonium Petri

LITERATUR: Zur Eroberung Italiens und zum römischen Patriziat: *O. Bertolini,* La caduta del primicerio Cristoforo: RSTI 1 (1947). — *M. Lintzel,* Karl d. Gr. u. Karlmann (vgl. oben); *E. Delaruelle,* Charlemagne, Carloman, Didier et la politique du mariage franco-lombard: RH 170 (1932) 213—224; *E. Griffe,* Aux origines de l'État pontifical: BLE (1954) 65—89; dazu *H. Loewe,* Zur Vita Hadriani: DA 12 (1956) 493—498, 14 (1958) 531 f; *P. E. Schramm,* Die Anerkennung Karls d. Gr. als Kaiser: HZ 172 (1951) 449 bis 515; dazu *J. Deér,* Die Vorrechte des Kaisers in Rom 772—800: Schweizer Beiträge zur allgem. Gesch. 15 (1957) 5—63; *ders.,* Patricius Romanorum-Titel (vgl. Kap. 4); *Classen:* Karlswerk I.

Zur Konstantinischen Schenkung: *P. Scheffer-Boichorst,* Neuere Forschungen über die Const. Schenkung: Gesammelte Schriften I (1903) 1—62; *W. Levison,* Const. Schenkung u. Silvesterlegende: Aus rheinischer u. fränkischer Frühzeit (1948) 390—465; *W. Ohnsorge,* Die const. Schenkung: Abendland u. Byzanz (1958) 79—110; dazu kritisch: *R. Bork,* Zu einer neuen These über die Const. Schenkung: Festschrift A. Hofmeister (Halle 1955) 39—56; *E. Ewig,* Das Bild Constantins d. Gr. in den ersten Jhh. des abendländ. Mittelalters: HJ 75 (1956) 1—46; *W. Gericke,* Wann entstand die Const. Schenkung?: ZSavRGkan 43 (1957) 1—88; dazu: *H. Fuhrmann,* Const. Schenkung und Silvesterlegende in neuer Sicht: DA 15 (1959) 523—540; *S. Williams,* The Oldest Text of the „Constitutum Constantini": Tr 20 (1964) 448—461.

Pippins ältester Sohn Karl zählte beim Tode des Vaters 26, der jüngere Karlmann 17 Jahre. Die Großen huldigten Karl in Noyon, Karlmann in Soissons, wo schon Pippin 751 zum König erhoben worden war. Karl unterstanden die atlantischen Provinzen von der Gascogne bis nach Friesland, Karlmann die zentralen und mediterranen Länder des Frankenreichs. Beide Frankenkönige schickten eine Bischofsdelegation zur römischen Synode, die am 12. April 769 zusammentrat. Außer 13 fränkischen Bischöfen waren 7 Langobarden, 21 Bischöfe aus dem römischen Dukat und 11 aus dem Exarchat vertreten. Man verurteilte den geblendeten Papst Konstantin zur Buße, erklärte seine Wahl und seine Weihen für ungültig. Weitere Beschlüsse fixierten den Modus künftiger Papstwahlen. Das aktive Wahlrecht wurde auf den Klerus, das passive auf die Kardinalpriester und -diakone eingeschränkt. Den Laien blieb nur die Akklamation; doch war auch diese rechtsnotwendig, da erst nach der Akklamation das Wahldekret ausgefertigt werden konnte, das auch von den Laien unterzeichnet werden mußte. Die Wahlordnung blieb eine ideale Regelung, von der die Praxis oft genug abwich, auf die die Reformer aber später zurückgriffen. Abschließend nahm die Synode nochmals Stellung zum Bilderstreit, wohl angeregt durch die drei orientalischen Patriarchen, die den Ikonoklasmus verurteilt hatten.

Die römische Synode besiegelte den Sieg der Proceres ecclesiae über die Judices militiae. Herr der Stadt war der Primicerius Christophorus, dessen

Sohn Sergius zum Secundicerius und Nomenculator, dessen Schwiegersohn Gratiosus zum Dux von Rom erhoben wurde. Diese Partei vertrat gegenüber den Langobarden das römische Maximalprogramm. Die Intervention des Desiderius war zu seinem eigenen Nachteil ausgeschlagen. Aber der Langobardenkönig blieb nicht müßig. Er unterstützte beim Pontifikatswechsel in Ravenna Ende August 769 mit Erfolg den Kandidaten der Milizen und besetzte Teile Istriens, die er der Obödienz von Grado zu entziehen und der langobardischen Kirchenprovinz Aquileja anzuschließen suchte. Sehr zustatten kam dem Langobarden die innerfränkische Spannung, die schon im Frühjahr 769 zutage trat und im Sommer 770 erneut offenbar wurde.

Nachdem ein neuer Ausgleichsversuch der Königinmutter Bertrada bei Karlmann im Juni 770 gescheitert war, suchte Karl Bundesgenossen gegen seinen Bruder. Bertrada brachte ein Freundschaftsbündnis zwischen Desiderius und Karl zustande, der eine Tochter des Langobardenkönigs heiratete und dadurch zugleich Schwager Tassilos von Bayern und Arichis' von Benevent wurde, die kurz vorher andere Töchter des Desiderius heimgeführt hatten. Karl dachte freilich nicht daran, den Langobarden freie Hand gegen Rom zu lassen. Er verfolgte in Italien eine Ausgleichspolitik, wie sie auch Pippin nach dem zweiten Frieden von Pavia betrieben hatte. Auf seine Veranlassung wurde dem Papst das Patrimonium Samniticum im Herzogtum Benevent restituiert. Desiderius mußte in Ravenna zurückweichen: der Archidiakon Leo, Kandidat des Papstes, wurde zum Metropoliten gewählt und von Stephan III. selbst in Rom geweiht.

Stephan III. war mit der langobardischen Heirat Karls keineswegs einverstanden gewesen. Er näherte sich Karlmann, für dessen 770 geborenen Sohn Pippin er die Patenschaft übernehmen wollte. Der Primicerius Christophorus trat entschieden für den Anschluß an Karlmann ein, von dem man eine antilangobardische Politik erwarten konnte. Aber der Papst suchte sich von dem Einfluß des allmächtigen Mannes und seiner Anhänger zu befreien, deren Ausschreitungen er nie gebilligt hatte. Gegen den Primicerius wirkte der Cubicular Paulus Afiarta, der in geheimem Einverständnis mit Desiderius stand. Auf seinen Rat willigte Stephan III. in eine Unterredung mit dem Langobardenkönig ein, der in der Fastenzeit (Februar—März) des Jahres 771 mit einer Armee vor Rom erschien. Auf der Zusammenkunft zwischen Papst und König in St. Peter erklärte sich Desiderius zu großzügigen Restitutionen bereit, wenn Stephan den Primicerius fallenlasse. Der Papst ließ sich täuschen und opferte Christophorus, der von Desiderius an Paulus Afiarta ausgeliefert, seinerseits schwer verstümmelt wurde und an den Verletzungen drei Tage später starb. Die Hoffnungen, die Stephan III. auf das Abkommen mit dem Langobarden gesetzt hatte, gingen nicht in Erfüllung. Desiderius entzog sich seinen Verpflichtungen mit dem höhnischen Hinweis, daß Rom noch seine Hilfe gegen Karlmann brauchen werde. Der Langobardenkönig war zum Protektor Roms geworden. Stephan III. hatte die

Vormundschaft des Christophorus nur gegen die des Afiarta ausgetauscht. Er überlebte diese Demütigung nicht lange und starb am 3. Februar 772. Von den besten Impulsen beseelt, konnte er doch den hohen Anforderungen seines Amtes in einer skrupellosen Umgebung nicht gerecht werden. Sein Pontifikat war ein Fehlschlag.

Man kann sich ausmalen, mit welchen Gefühlen Karl die Nachricht vom römischen Umsturz aufnahm, dem seine Missi untätig zugesehen hatten. Die Politik des Langobardenkönigs hatte ihn in eine Sackgasse geführt; denn Karl konnte ebensowenig ein langobardisches Protektorat über Rom wie ein Eingreifen Karlmanns in Italien dulden. Wenn es trotz der Spannung zwischen den Brüdern 771 nicht zu einem Krieg kam, so mögen die römischen Ereignisse dazu beigetragen haben. Allem Anschein nach entließ Karl noch vor dem Jahresende die Tochter des Desiderius und vollzog damit den Bruch mit den Langobarden. Kurz zuvor ist wohl das Ereignis eingetreten, das die Lage völlig umkehrte und Karl alle Trümpfe in die Hand spielte: der Tod des zwanzigjährigen Karlmann, der am 4. Dezember 771 in der Pfalz Samoussy bei Laon starb und im Reimser Remigiuskloster bestattet wurde. Noch vor Weihnachten huldigten die Großen dem älteren Bruder in Corbeny. Karlmanns Witwe Gerberga aber floh mit ihren beiden Söhnen und wenigen Getreuen zum König der Langobarden.

Während Karl das Frankenreich wieder zusammenfügte, trat auch in Rom eine Wendung der Dinge ein. Zum Nachfolger Stephans III. wurde der Diakon Hadrian gewählt, der dem Stadtadel der Via Lata entstammte und nach Herkunft und Laufbahn die Gewähr für eine Überbrückung der Gegensätze zwischen den Proceres ecclesiae und den Judices militiae bot. Schon bald nach der Weihe, die am 9. Februar 772 erfolgte, richtete der Langobardenkönig an den neuen Papst die Forderung, mit ihm einen Freundschaftspakt abzuschließen. Hadrian machte zur Bedingung die Erfüllung des Restitutionsversprechens, das Desiderius seinem Vorgänger gegeben hatte, schickte Ende März Afiarta als Gesandten nach Pavia und entfernte so den gefährlichsten Mann aus Rom. Noch vor dem Eintreffen der päpstlichen Gesandtschaft eröffnete Desiderius den Angriff auf den Exarchat. Er eroberte Ferrara, Comacchio und Faenza und belagerte Ravenna.

Der Papst protestierte gegen den Bruch des Friedens. Desiderius verabredete mit Afiarta die Wiederholung des Spiels vom Vorjahr und forderte eine persönliche Zusammenkunft mit Hadrian, der mit Karl brechen und die unmündigen Söhne Karlmanns zu Königen weihen sollte. Aber Hadrian, der „ein Herz von Diamant" hatte, ließ sich nicht einschüchtern. Er blieb bei seiner Bedingung und eröffnete den Mordprozeß des Sergius, der von Afiartas Genossen während der Agonie Stephans III. getötet worden war. Die Schuld Afiartas kam bald ans Licht. Der Handlanger des Langobardenkönigs wurde bei der Rückreise durch den Exarchat verhaftet. Hadrian forderte Leo von Ravenna auf, Afiarta nach Griechenland zu senden und dem Kaiser auszuliefern. Der Metropolit leistete dieser Anweisung aber nicht Folge und gab schließlich eigenmächtig den Befehl zur Hinrichtung.

Die Krise spitzte sich in den folgenden Monaten zu; die Langobarden gingen gegen die Pentapolis und schließlich gegen den römischen Dukat selbst vor. Als sie im Winter 772/773 Rom belagerten, entschloß sich Hadrian „necessitate compulsus" zum Appell an Karl. Der päpstliche Bote nahm wiederum den Seeweg. Er erreichte den Frankenkönig Ende Februar oder Anfang März 773 in Diedenhofen. Erst nachdem sich Karl bei Desiderius über die päpstlichen Klagen erkundigt hatte, schickte er eine Gesandtschaft nach Rom. Die Franken unterbreiteten die päpstlichen Restitutionsforderungen auf der Rückreise in Pavia, stießen aber auf Ablehnung. Karl bot dem Langobardenkönig daraufhin eine finanzielle Entschädigung für die Restitutionen an. Als Desiderius auch jetzt noch bei seinem Nein verblieb, berief er die Großen zu Reichsversammlung und Heereszug nach Genf. Noch nach dem Aufmarsch in den Alpen wiederholte er sein letztes Angebot — diesmal aber wohl in der Absicht, den Langobardenkönig hinzuhalten bis zur Ausführung seines strategischen Plans.

Desiderius war wie sein Vorgänger bei den Klausen des Mont Cenis aufmarschiert, wo ihm Karl selbst gegenüberstand. Aber der Frankenkönig hatte eine zweite Herresgruppe unter seinem Oheim Bernhard zum Mons Jovis (Großer St. Bernhard) beordert, die den Paß ohne großen Widerstand überschritt und zur Poebene vorstieß. Das Heer des Desiderius wurde daraufhin von einer Panik erfaßt und floh in Richtung auf Pavia. Abermals wiederholten sich die Ereignisse der Jahre 754 und 756. Doch zeigte sich nun der „eiserne Karl", der die Bahnen des Vaters verließ und von den Langobarden die bedingungslose Kapitulation verlangte. Im September 773 richtete er sich auf eine lange Belagerung der langobardischen Hauptstadt ein. Der Widerstand der Langobarden in den übrigen Städten Norditaliens brach bald zusammen. In Verona fielen Gerberga und ihre Kinder in die Hand Karls, der sie wohl nach Corbie ins Kloster schickte. Der langobardische Königssohn Adalgis, der sich gleichfalls auf Verona zurückgezogen hatte, entkam und begab sich schließlich zu den Byzantinern.

Unterdessen hatte der Abfall von Desiderius auch in Mittelitalien eingesetzt. Schon beim Ausbruch des Krieges hatten sich Langobarden aus Spoleto und Rieti nach Rom geflüchtet. Nach den ersten fränkischen Erfolgen kommendierten sich nicht nur Città di Castello, Fermo, Osimo und Ancona, sondern auch die Spoletiner Langobarden dem Papst, der in Spoleto den neuen Herzog Hildebrand einsetzte. Nur Arichis von Benevent, der Schwiegersohn des Desiderius, blieb dem Langobardenkönig treu.

Der Gang der Dinge in Mittelitalien scheint Karl beunruhigt zu haben. So entschloß er sich zu einem weiteren Schritt, der ihn über den Vater hinaus führte. Ende März 774 brach er mit zahlreichem Gefolge zu einer Pilgerfahrt nach Rom auf. Der überraschte Papst rüstete sich in aller Eile zum

Empfang. Als Karl am Karsamstag (2. April) beim 30. Meilenstein in der Station Ad Novas (bei Trevignano) eintraf, erwartete ihn dort der römische Militäradel mit den Feldzeichen: eine besondere Ehrung, die dem König galt. Die folgenden Akte spielten sich nach dem für den Exarchen üblichen Zeremoniell ab. Am 1. Meilenstein, am Fuß des Monte Mario, wurde Karl von den Scholae der Milizen unter ihren Patroni (Offizieren) und der Schuljugend eingeholt. Der König ließ absitzen und begab sich wie ein Pilger zu Fuß nach St. Peter, wo ihn der Papst mit dem Klerus begrüßte. Nach dem Einzug in die Basilika und einem Gebet vor der Confessio s. Petri ersuchte der König um die Erlaubnis, die Stadt Rom zu betreten, sua orationum vota per diversas Dei ecclesias persolvenda[1]. Nachdem sich Franken und Römer vor dem Petrusgrab Sicherheitseide geschworen hatten, zogen Papst und König gemeinsam zum Lateran, wo der Papst das Taufsakrament spendete. Dann begab sich der König nach St. Peter zurück. Nicht im Kaiserpalast des Palatin, sondern bei St. Peter, wo sich auch die Scholae peregrinorum (Fremdenviertel) befanden, nahm Karl Quartier. Man darf darin eine Rücksichtnahme auf den Kaiser oder auch auf den Papst und die Römer sehen; denn den beamteten Exarchen hätte die Residenz auf dem Palatin zugestanden.

Am Ostersonntag, -montag und -dienstag nahm der Frankenkönig an den päpstlichen Pontifikalämtern teil, die traditionsgemäß in S. Maria Maggiore, St. Peter und St. Paul gefeiert wurden. Am Ostermontag erklangen zum ersten Male in Rom die fränkischen Königslaudes, die Hadrian seinem Gast zu Ehren anstimmen ließ.

Aber Karl war nicht nur als Beter nach Rom gekommen. Am Mittwoch nach Ostern wurden die entscheidenden politischen Absprachen getroffen, die gewiß schon früher vorbereitet waren. Der Papst begab sich mit den Judices cleri et militiae nach St. Peter und bat den König um die Erfüllung der Promissio von Quierzy, die nun eindeutig als Schenkungsversprechen aufgefaßt wurde. Die Promissio wurde verlesen und fand die Billigung Karls, der durch seinen Kanzler ein zweites Schenkungsversprechen gleich dem früheren (ad instar anterioris) aufzeichnen ließ. Karl sagte danach St. Peter und seinem Vikar außer dem (nicht eigens genannten) Dukat von Rom zu die Insel Korsika, den Exarchat Ravenna, die Provinzen Venetien und Istrien sowie die Herzogtümer Spoleto und Benevent. Die Nordgrenze des päpstlichen Interessengebiets wurde bezeichnet durch die Linie Luni — Sorgnano — Cisapaß — Parma — Reggio — Mantua — Monselice, die wohl einem Vertrag von etwa 600 entnommen und aus diesem in die Promissio von Quierzy übergegangen war. Der Passus ist wohl so zu verstehen, daß der Abschnitt vom Cisapaß bis Monselice die Grenze des Exarchats bilden sollte, die dann (nicht näher bezeichnet), dem Kamm des Apennin folgend, nach Südosten lief; vielleicht wurde dem Papst zusätzlich noch die Lunigiana

[1] Liber Pontificalis I 497.

zwischen dem Cisapaß und Luni, kaum aber die ganze langobardische Toskana zugesprochen. Karls Promissio wurde in zwei Exemplaren in St. Peter hinterlegt. Eine dritte Ausfertigung durch die päpstliche Kanzlei nahm der König mit sich, als er nach Pavia zurückkehrte.

Nicht weniger bedeutsam als die Promissio waren die staatsrechtlichen Konsequenzen, die Hadrian aus der neuen Lage zog. Bis zu Karls Italienzug hatte er wie seine Vorgänger die Urkunden nach Kaiserjahren datiert. Nun verschwanden die Kaiserjahre aus den päpstlichen Dokumenten, Kaisername und -bild aus den römischen Münzen. Pontifikatsjahre, Papstname und -bild traten an ihre Stelle[2]. Die Bedeutung dieser Veränderung ist klar: der Kirchenstaat schied aus dem Imperium aus, der Papst wurde souverän.

Auch diese Veränderung mag mit Karl abgesprochen worden sein, da dieser um die gleiche Zeit einen erweiterten Titel annahm. Am 5. Juni 774 ergab sich der Langobardenkönig dem Frankenherrscher; er teilte mit seiner Familie das Schicksal Gerbergas und ihrer Kinder. Am 7. Juni hielt Karl seinen Einzug in Pavia. Am 16. Juli begegnet zuerst der dreigliedrige Titel Rex Francorum et Langobardorum atque Patricius Romanorum zum Ausdruck der staatsrechtlichen Struktur des erweiterten Karlsreichs. Wenn Karl die Bezeichnung Patricius Romanorum, die schon seinem Vater von den Päpsten beigelegt worden war, von Pippin aber nie geführt wurde, in den offiziellen Titel übernahm, so gab er damit zu erkennen, daß der Schutz des Kirchenstaats nun aus der moralischen in die juristische Sphäre gerückt war und eine neue staatsrechtliche Bedeutung gewonnen hatte.

Der alte Konflikt zwischen dem langobardischen und römischen Italien war freilich nicht damit aus der Welt geschafft, daß Karl Rex Langobardorum und Patricius Romanorum geworden war. Der König hat vor seiner Rückkehr in die Francia zwar das Restitutionsversprechen des Desiderius erfüllt, nicht aber die eigene Promissio donationis. Er ließ auch zu, daß sich der Erzbischof von Ravenna als Zwischeninstanz in dem um Imola und Bologna erweiterten Exarchat durchsetzte. Der Papst wurde auf eine spätere Regelung vertröstet. Im Jahre 775 schien jedoch das ganze neuerrichtete Gebäude des karolingischen Italien zu wanken. Die national-langobardische Opposition fand einen Rückhalt in Benevent, dessen Herzog nach der Kapitulation von Pavia den Titel Princeps zum Zeichen seiner Unabhängigkeit angenommen hatte. Hadrian erfuhr von einer Verbindung Benevents mit den Herzögen von Spoleto, Chiusi und Friaul, mit dem Thronprätendenten Adalgis und den Byzantinern. Der Tod Kaiser Konstantins V. (14. Septem-

[2] Die neue Datierung tritt erst 781/782 in Erscheinung, da aus den voraufgehenden Jahren keine päpstlichen Briefe und Urkunden überliefert sind. Classen (a. a. O. 545) weist darauf hin, daß die Datierung nach Kaiserjahren zum erstenmal schon auf der römischen Synode von 769 unterblieb. Nach seiner Ansicht wurde die neue päpstliche Datierung vielleicht erst 781 eingeführt, als die Kaiserin Irene den Ausgleich mit dem Westen suchte (a. a. O. 559).

ber 775) trug dann freilich Verwirrung in die Reihen der Verschworenen. Nur Hrodgaud von Friaul schlug Ende 775 los. Die Rebellion war immerhin so ernst, daß Karl noch im Dezember 775 zum zweitenmal nach Italien zog und dort bis zum Juli 776 blieb. Er leitete nun die fränkische Überformung des langobardischen Regnums ein, tat aber auch jetzt nichts zur Verwirklichung seiner Promissio. Vergebens wartete Hadrian auf seinen Besuch in Rom.

Der Papst war enttäuscht und verstimmt. Seine Beziehungen zum Frankenkönig erkalteten merklich. Ravenna blieb weiter schwierig. Ein päpstlicher Versuch, in Istrien festen Fuß zu fassen, scheiterte. So entschloß sich Hadrian 777 schließlich doch zu einer neuen Gesandtschaft an Karl, der einen Osterbesuch für 778 versprach. Die Taufe des Königssohns Karlmann war für diesen Besuch vorgesehen. Aber der Spanienfeldzug machte einen neuen Aufschub notwendig. Hadrian versuchte im Mai 778 ein letztes Mal, den Frankenkönig an seine Promissio zu binden, indem er ihm das Beispiel Konstantins vor Augen hielt. Seinem Brief fügte er Urkunden über die römischen Kirchengüter in der Toskana und Sabina, in Korsika, Spoleto und Benevent bei. Die Reklamation des Patrimoniums in diesen Gebieten sollte den Anspruch der römischen Kirche auf die in der Promissio zugesagten Länder unterbauen. Doch war damit zugleich auch ein Ausweichprogramm aufgestellt für den Fall, daß sich die politischen Forderungen nicht durchsetzen ließen.

Die Berufung auf Konstantin läßt aufhorchen. Der Text des Papstschreibens enthält Anklänge an die sogenannte Konstantinische Schenkung (Constitutum Constantini), für deren Datierung das Schreiben Hadrians nach unserer Auffassung einen terminus ad quem bietet. Die berühmte Fälschung knüpft in ihrer Narratio an die schon um 500 nachweisbare Silvesterlegende an. Nach dem Constitutum übertrug Konstantin d. Gr. an St. Peter und seine Vikare, deren Universalprimat er reichsrechtlich sanktionierte, das kaiserliche Palatium (den Lateran), die kaiserlichen Hoheitszeichen sowie Romae urbis et omnes Italicae seu occidentalium regionum provincias, loca et civitates. Der römische Klerus erhält Würden und Vorrechte des Senats. Der Kaiser verlegt seine Residenz nach Byzanz und überläßt Rom und den Westen der römischen Kirche: quoniam, ubi principatus sacerdotum et christianae religionis caput ab imperatore celeste constitutum est, iustum non est, ut illic imperator terrenus habeat potestatem[3]. Die kaiserliche Sanktion des römischen Primats kann nur an die Adresse von Konstantinopel gerichtet gewesen sein, da dieser Punkt im Westen nicht strittig war. Sie findet sich allerdings schon in der Silvesterlegende. Das Constitutum unterstrich darüber hinaus die kaisergleiche Stellung des Papstes im Westen, das heißt die

[3] Const. Const., ed. *W. Gericke:* ZSavRGkan. 43 (1957) 88 (nach *K. Zeumer,* Festschrift für R. v. Gneist [Berlin 1888] 47 ff).

päpstliche Souveränität, die erst Hadrian nach 774 in Anspruch nahm, sowie die Herrschaftsrechte auf die Provinzen Roms und Italiens seu occidentalium regionum, die wohl als Anspruch auf einen großen italischen Kirchenstaat zu interpretieren sind. Die formalen Kriterien der Fälschung lassen auch einen früheren Ansatz in die Zeit der drei Vorgänger Hadrians zu. Der Rechtsinhalt weist jedoch deutlich auf den Pontifikat Hadrians, näherhin auf die Jahre 774 bis 778.

Hadrian machte sich wohl keine großen Illusionen mehr über den Erfolg seines letzten Appells an Karl. Der Frankenkönig, der nach dem Rückschlag von Roncesvalles einen neuen Sachsenaufstand niederzuschlagen hatte, konnte erst gegen Ende des Jahres 780 seine dritte Italienfahrt antreten und stattete den längst in Aussicht gestellten Rombesuch Ostern (5. April) 781 ab. Die Zeit war reif für eine Regelung der italischen Frage, zumal in Konstantinopel die Kaiserin Irene nach dem vorzeitigen Tod Leons IV. (8. September 780) die Vormundschaftsregierung für ihren unmündigen Sohn Konstantin VI. übernommen hatte und die Fühlung mit dem Westen wiederaufnahm. Feierliche Staatsakte, die der Sicherung der karolingischen Dynastie und der Entlastung Karls dienten, demonstrierten zugleich die Einigkeit von Papst und König. Hadrian hob den Königssohn Karlmann, der nun den Namen Pippin erhielt, aus der Taufe, salbte ihn zum König von Italien und seinen jüngeren Bruder Ludwig zum König von Aquitanien. Die Königstochter Rotrud wurde mit dem jungen Kaiser Konstantin VI. verlobt. Hadrian und Karl schickten gemeinsam eine Gesandtschaft an den Bayernherzog Tassilo mit der Mahnung zur Treue gegenüber dem Frankenkönig. Der Papst begrub den Traum eines großen Kirchenstaates. Er verzichtete auf Terracina, das zwischen ihm und Byzanz bzw. Neapel strittig war, und auf seine Ansprüche auf die Toscana und den Dukat Spoleto. Karl überließ ihm dafür die Sabina, die fränkische Missi gegenüber Spoleto abgrenzten, und die Einkünfte, die aus der Toskana und von Spoleto nach Pavia entrichtet wurden. Weitere Grenzverbesserungen wurden Hadrian wohl in Aussicht gestellt, aber erst 787 formell konzediert, als ihm Karl die südliche Toskana (Viterbo, Orvieto, Soana) mit den Seestädten Grosseto (Rosellae) und Piombino (Populonia), die Lirisgrenze mit Sora, Arpino und Arce gegen Benevent sowie die Städte Aquino, Teano und Capua zusprach. Die beneventanischen Zessionen konnten freilich nicht voll realisiert werden, aber der Kirchenstaat gewann nun seine endgültige Gestalt.

11. Kapitel

Die Abrundung des fränkischen Großreichs

ZUSÄTZLICHE QUELLEN: Zur Sachsengeschichte (außer den Quellen, die sich in den MGSS I, II XV, MGCap I finden): *Beda* (vgl. Kap. 2); *Widukind von Corvey,* Rerum gestarum Saxonicarum libri tres, rec. *Lohmann-Hirsch* (1935) [= MGSS rer. Germ.]: Vita Lebuini antiquior: MGSS XXX; *Altfrid,* Vita Liudgeri, ed. *Diekamp* (1881) [= Geschichtsquellen des Bistums Münster 4].

LITERATUR: Zum Sachsenvolk und den Sachsenkriegen: *M. Lintzel* (vgl. auch Kap. 10), Der sächsische Stammesstaat und seine Eroberung durch die Franken (1933); *W. Lammers,* Die Stammesbildung bei den Sachsen. Eine Forschungsbilanz: Westfäl. Forschungen 10 (1957) 25—57; Der Raum Westfalen I, II, hrsg. von *A. Aubin - F. Petri* (Münster 1952, 1955); *H. Krüger,* Die vorgeschichtl. Straßen in den Sachsenkriegen Karls d. Gr.: Korrespondenzblatt Gesamtverein deutscher Geschichts- u. Altertumsvereine 80 (1932) 223—280; *K. Brandi,* Karls d. Gr. Sachsenkriege: Niedersächs. Jb. für Landesgesch. 10 (1933) 29—52; *J. Ramackers,* Die rheinischen Aufmarschstraßen in den Sachsenkriegen Karls d. Gr.: AHVNrh 142/143 (1943) 1—27.

Zur Mission und kirchlichen Organisation Sachsens: *R. E. Sullivan,* The Carolingian Missionary and the Pagan: Saeculum 28 (1953) 705—740; *S. Gollub,* Zur Frage der ältesten christlichen Bestattungen in Westfalen: Westfäl. Forschungen 11 (1958) 10—16; *K. Hauck,* Ein Utrechter Missionar auf der altsächsischen Stammesversammlung: Das erste Jahrtausend, Textband II (1965) 734—745; *ders.,* Die Herkunft der Liudger-, Lebuin- und Marklo-Überlieferung. Ein brieflicher Vorbericht: Festschrift für Jost Trier zum 70. Geburtstag (Köln - Graz 1965) 221—239; *H. Wiedemann,* Die Sachsenbekehrung (Hiltrup 1932); Westfalia Sacra I, II (1948, 1950); *C. Honselmann,* Die Annahme des Christentums durch die Sachsen im Lichte sächsischer Quellen des 9. Jh.: Westfäl. Zschr. 108 (1958) 201—219; *A. K. Hömberg,* Das mittelalterliche Pfarrsystem des kölnischen Westfalen: Westfalen 29 (1951); *ders.,* Studien zur Entstehung der mittelalterl. Kirchenorganisation in Westfalen: Westfäl. Forschungen 6 (1943/52) 46—108; *H. E. Feine,* Die genossenschaftl. Gemeindekirche im german. Recht: MIÖG 68 (1960) 171—196; *G. Niemeyer,* Die Vita des ersten Bremer Bischofs Willehad u. seine kirchliche Verehrung (Münster 1953); *A. Schröer,* Das geistliche Bild Liudgers: Das erste Jahrtausend, Textband I (Düsseldorf 1964) 194—215; *A. Henkis,* Die Eingliederung Nordalbingiens in das Frankenreich: Schleswig-Holstein 79 (1955) 81—104; *H. Büttner:* Karlswerk I.

Zum Spanienzug: *R. de Abadal y de Vinyals,* La expedición de Carlomagno a Zaragoza. El hecho histórico, su carácter y su significación (Zaragoza 1956) [= Publ. de la Facultad de Filosofía y Letras, Serie II n. 2]; *P. Aebischer,* Le rôle de Pampelune lors de l'expédition franque de 778: Schweizer Zschr. für Gesch. 9 (1959) 305—333.

Zu Bayern: *Loewe* (vgl. Kap. 2); *Reindel:* Karlswerk I.

Zu Benevent: *R. Poupardin,* Études sur l'histoire des principautés lombards de l'Italie méridionale et de leurs rapports avec l'empire franc: MA (1907) 1—25; *J. Gay,* L'Italie méridionale et l'empire byzantin (Paris 1904) [= Bibl. des Éc. fr. d'Athènes et de Rome]; *O. Bertolini,* Langobardi e Bizantini nell'Italia meridionale: Atti 30 Congresso internazionale di studi sull'Alto Medioevo (Spoleto 1959) 103—124; *ders.:* Karlswerk I; *H. Belting,* Studien zum beneventanischen Hof im 8. Jh. (New York - Gluckstadt [1963]) [= The Dumbarton Oaks Center of Byzantine Studies].

Zu den Awaren: *G. Stadtmüller,* Geschichte Südosteuropas (München 1950); *A. Kollautz,* Die Awaren. Die Schichtung einer Nomadenherrschaft: Saeculum 5 (1954) 129 bis 178; *W. Fritze,* Slawen und Awaren im angelsächs. Missionsprogramm: Zschr. für slav. Philologie 31 (1964) 316—338; besonders *J. Deér:* Karlswerk I.

Pippin hatte seinen Söhnen nicht nur eine italische, sondern auch eine sächsische Frage hinterlassen. Die Ursachsen waren in Holstein beheimatet. Sie hatten sich im 3. Jh. mit den zwischen Ems und Elbe ansässigen Chauken vereinigt und waren dann erobernd sowohl nach Britannien wie nach Süden gezogen. Im 6. Jh. hatten sie gemeinsam mit den Franken das Thüringerreich zerstört und den Raum südlich Hannover zwischen Weser, Elbe, Unstrut und Saale besetzt. Zuletzt eroberten sie um 700 das zum Frankenreich gehörige Land der Boruktuarier südlich der Lippe. Am Vorabend der Sachsenkriege Karls erscheint der sächsische „Staat" als eine locker gefügte aristokratische Republik mit scharfer Standestrennung zwischen den ursächsischen Edelingen einerseits, den Frilingen und Laten der unterworfenen Gebiete anderseits.

Vom sächsischen Heidentum sind nur mehr oder weniger zufällige Einzelzüge bekannt. Die schon von Tacitus überlieferte göttliche Dreiheit erscheint in der sächsischen Abschwörungsformel unter den Namen Wodan, Donar und Saxnot (Ziu). Wodan und Saxnot begegnen als Ahnherren königlicher Geschlechter auch in angelsächsischen Genealogien. Das „Sachsenroß" spielte als Kulttier eine wichtige Rolle. Es folgte dem vornehmen Mann ins Grab, sein Fleisch wurde bei Kultmählern genossen. Ein sehr dunkles Kapitel der sächsischen Religionsgeschichte war der Hexenglaube, dem Züge eines kultischen Kannibalismus nicht fehlten.

Die älteren Karolinger brachten die sächsische Expansion zum Stehen und unterwarfen Grenzlandschaften West- und Ostfalens einem Tribut. Bei den fränkischen Grenzkastellen befanden sich in früher Zeit auch Kirchen. Willibrord, Swidbert und Bonifatius hatten hier mit ihrer Tätigkeit angesetzt, bald aber auch neue Kirchen in der Grenzzone gegründet. Als Missionszentren gewannen Bedeutung Utrecht, Swidbertswerth (heute Kaiserswerth als Vorläufer der Abtei Werden), Amöneburg, Büraburg-Fritzlar, Fulda und Hersfeld. In der Zeit Pippins standen die angelsächsischen Zentren Frieslands, Hessens und Thüringens vielfach in Konkurrenz mit den alten fränkischen Bischofsstädten Köln, Mainz und Worms. Im Nordabschnitt blieb Utrecht als angelsächsisches Zentrum selbständig neben Köln bestehen. Im Rhein-Main-Abschnitt wurde die Rivalität schon in den letzten Jahren Pippins durch die Vereinigung von Büraburg-Fritzlar und Erfurt mit Mainz teilweise überbrückt. Karl der Große schaltete sich hier selbst ein, indem er Lorsch (772/773), Fulda (774), Hersfeld (775), Fritzlar (775/782) und vielleicht auch Amöneburg durch Privilegien zu Königsklöstern erhob.

Die Möglichkeit einer „unpolitischen", nicht vom Frankenkönig geleiteten Mission bestand im hessisch-thüringischen Grenzgebiet nicht mehr. Im Nordabschnitt hatten sich die Verhältnisse noch nicht im gleichen Maße verfestigt.

Die Utrechter Mission strahlte in den ersten Jahren Karls in das friesisch-sächsische Grenzgebiet um Deventer aus, wo der Angelsachse Lebuin eine Kirche gründete. Durch sächsische Freunde erhielt er Zutritt zur Stammesversammlung in Marklo, wo er die Sachsen zur freiwilligen Annahme des Christentums aufforderte. Aber die Schicksalsstunde der Sachsen hatte schon geschlagen, für eine echte Entscheidung über die Annahme des christlichen Glaubens war es zu spät. Die politische und kirchliche Einbeziehung Sachsens ins Frankenreich dürfte eines der ersten Ziele Karls gewesen sein. Er nahm diese Aufgabe 772 nach der Vereinigung der beiden fränkischen Teilreiche in Angriff und nahm sie 775 gleich nach der Beendigung des italischen Feldzugs wieder auf. Die Sachsen unterwarfen sich 776 in Lippspringe in aller Form und wiederholten diese Unterwerfung 777 auf dem Reichstag zu Paderborn: der ersten Reichsversammlung, die im Sachsenland abgehalten wurde. Sie verpfändeten nach ihrem Recht Freiheit und Gut für ihre Treue. Die Anfänge der fränkischen Markenorganisation im südlichen Westfalen (Dortmund) und in Engern (Paderborn) reichen wohl in diese Zeit hinauf. Die ersten Massentaufen setzten ein. Abt Sturmi von Fulda übernahm das Kommando der Eresburg und die Leitung der Mission im Raum von Paderborn. Gewiß setzte auch die Kölner Mission in Westfalen südlich der Lippe, vielleicht die Mainzer im Eichsfeld und Leinetal (Göttingen, Nörten), die Hersfelder im Raum zwischen Saale, Unstrut und Bode ein.

Außerhalb der Markengebiete scheint sich die fränkische Herrschaft zunächst nur auf die frankenfreundliche Adelspartei gestützt zu haben. Aber es gab auch eine frankenfeindliche Partei. Zu ihr gehörte der Westfale Widukind, der einer im Gebiet von Münster und Osnabrück beheimateten Adelsfamilie entstammte. Widukind war in Paderborn nicht erschienen, sondern ins „Nordmannenland" geflohen. Er kehrte nach der fränkischen Niederlage von Roncesvalles im Herbst 778 zurück und entfesselte den Aufstand, der die zweite Phase des Sachsenkrieges einleitete. Karl war bisher nicht über Osnabrück — Minden und Wolfenbüttel — Schöningen hinaus vorgestoßen; nun zog er zum erstenmal bis zur Elbe, wo er auch Fühlung mit den benachbarten slawischen Stämmen aufnahm. Die Bewohner des Bardengaues (um Lüneburg) und die Nordleute ließen sich 780 taufen. Ganz Sachsen wurde in diesem Jahr in Missionssprengel eingeteilt. Im Juli 782 tagte zum zweitenmal eine fränkische Reichsversammlung in Sachsen, diesmal in Lippspringe. Hier erschienen erstmals Gesandte der Dänen und Awaren.

Karl glaubte nun die Zeit gekommen, ganz Sachsen in die karolingische Reichsverwaltung einzubeziehen. Das Land wurde in Grafschaften eingeteilt, die großenteils der frankenfreundlichen Adelsgruppe anvertraut wurden. Der König dehnte damals wohl auch die kirchliche Gesetzgebung des Reichs auf Sachsen aus und erließ die Capitulatio de partibus Saxoniae, die L. Halphen auf die furchtbare Formel brachte: Annahme des Christentums oder Tod. In schrecklicher Monotonie wiederholten sich die Worte morte moriatur — nicht nur bei Verweigerung der Taufe oder Gewalttaten gegen Kleriker und Christen, sondern auch bei Verstößen gegen rituelle Vorschriften, wie das 40tägige Fasten, oder gegen das Zehntgebot. Mildernd wirkten nur die Bestimmungen über das kirchliche Asylrecht und die Anordnung, daß bei nichtöffentlichen Verstößen Umwandlung in Kirchenbuße erfolgen könne.

Kritiker von Christentum und Kirche haben seit der Aufklärung immer wieder die Capitulatio zitiert, die in der Tat den christlichen Grundsätzen Hohn spricht. Der Historiker darf bei dieser absoluten Feststellung jedoch nicht stehenbleiben, sondern muß auch die Frage nach den historischen Zusammenhängen stellen. Die Todesstrafe war den Sachsen nicht fremd — sie stand auf Heiraten zwischen den Ständen und auf Eigentumsvergehen. Bei den Franken stand die Todesstrafe auf Hochverrat, und für Karl waren Gottes- und Königsdienst nicht zu trennen. Der König forderte Gehorsam nicht nur für sich, sondern auch für Gott, und zwar mit denselben Mitteln und im gleichen Geist. Christen wie Heiden der damaligen Zeit empfanden im religiösen Bereich vor allem das Tremendum. Der Timor Dei stand wie im Alten Testament vor dem Amor Dei. Man faßte die religiös-kirchlichen Gebote gemeinhin als Ganzheit auf, ohne feinere Unterschiede zwischen Ethos und Ritus zu machen. So erklärt sich die für modernes Verständnis unbegreifliche Diskrepanz zwischen Verstoß und Strafe in der Capitulatio. Freilich fehlte es auch im 8. Jh. nicht ganz an Kirchenmännern, die gegen die Härte des Gesetzes und die massiven religiösen Vorstellungen Front machten, die ihnen zugrunde lagen. Die Kritik an der Capitulatio und den Missionsmethoden dieser Jahre ist ein unvergänglicher Ruhmestitel Alkuins und Paulins von Aquileja. Sie blieb nicht ohne Wirkung auf Karl.

Die Capitulatio, die den Sachsen als eine gewaltsame Aufnötigung fremden Glaubens und fremden Rechts erscheinen mußte, ließ den Aufstand bald wieder aufflammen. Ein Heer, das der in die Francia zurückgekehrte König mit der Bekämpfung sorbischer Stämme beauftragt hatte, wurde am Süntel vernichtet, wo die Franken die schwerste Niederlage im Sachsenkrieg erlitten. Trotzdem wagten die Sachsen keine Schlacht, als Karl selbst auf dem Schauplatz erschien. Widukind floh abermals ins „Nordmannenland", und die frankenfreundliche Adelspartei lieferte zahlreiche Rebellen aus, die nun nach dem Recht der Capitulatio behandelt wurden. So kam es im Herbst 782 zum Blutgericht von Verden, dem nach den Reichsannalen 4500 Sachsen zum Opfer fielen. An der Überlieferung der Zahl ist nicht zu deuteln, doch darf man sie ebensowenig wie andere Zahlenangaben mittelalterlicher Quellen wörtlich nehmen. Der Annalist hat nur ausdrücken wollen, daß ungewöhnlich viele Sachsen hingerichtet wurden.

Die Exekution von Verden hatte die gegenteilige Wirkung. Der Sachsenkrieg erreichte in den Jahren 783—785 seinen Höhepunkt und griff 784 sogar auf Mittel- und Ostfriesland über. Als Karl schließlich im Frühling 785 bis zum Bardengau vorstieß, kam es zu Verhandlungen mit Widukind und Abbio, die sich mit ihm zur Pfalz Attigny begaben, wo sie die Taufe empfingen. Widukind hat vermutlich wie andere sächsische Edle ein fränkisches Grafenamt übernommen. Nach einer glaubwürdigen, freilich erst um 1100 nachweisbaren Tradition, wurde er in der von ihm zu Enger bei Herford gegründeten Kirche begraben. Sein Geschlecht blühte in Westfalen bis ins 11. Jh. hinein fort; aus ihm ging Mathilde, die Mutter Ottos des Großen, hervor. Mit der Unterwerfung Widukinds war die zweite und blutigste Phase des Sachsenkrieges beendet. Der König ordnete Dankgebete im ganzen Reich an. Der Friede blieb sieben Jahre lang ungestört. In dieser Zeit wurden die Grundlagen für die kirchliche Organisation Sachsens gelegt.

Im sächsischen Süden wurden die Bischofskirchen von Mainz und Würzburg und die Klöster Fulda, Hersfeld und Amorbach die Hauptträger der Mission. Das Missionsgebiet um Göttingen wurde der Mainzer Diözese eingegliedert. Hersfeld behauptete seine dominierende Stellung zwischen Unstrut, Saale und Bode. Fulda gab beim Tode Sturmis (779) die Missionsstation Paderborn an Würzburg ab und übernahm unter Abt Baugulf (780 bis 802) die Stationen Hameln und Minden. Amorbach erhielt die Station Verden.

Der sächsische Westen wurde von den Bischofskirchen Köln und Lüttich und den Klöstern Echternach und Corbie aus betreut. Das Land südlich der Lippe wurde der Kölner Diözese eingegliedert. Echternach übernahm das Münsterland, Lüttich Osnabrück, Corbie die Stationen Meppen und Visbeck. Der Utrechter Klerus konnte für die sächsische Frühmission keine Kräfte abgeben, da die Friesenbekehrung noch nicht abgeschlossen war. Zwei Utrechter Kleriker wechselten jedoch schließlich aus der Friesen- in die Sachsenmission über: der Angelsachse Willehad, der 780 in den Gau Wigmodia (Bremen) ging, und der Friese Liudger, der 792 Münster übernahm. Beide erhielten eigene rückwärtige Stützpunkte: Willehad die Cella Jüsten bei Jülich, Liudger die Cella Leuze in Brabant. Liudger gründete in größerer Nähe seines Missionssprengels die Abtei Werden.

Zur Missionierung des sächsischen Ostens reichten die kirchlichen Kräfte an der Front nicht aus. Der König zog daher innerfränkische Bistümer heran. Die Station Elze(-Hildesheim) wurde von Reims, die Station Seligenstadt (-Halberstadt) von Châlons betreut. Spuren von Trierer Einfluß sind um Hamburg, Spuren von Metzer Einfluß um Magdeburg festzustellen.

Aus den Missionssprengeln entwickelten sich allmählich selbständige Bistümer, jedoch nicht vor Beginn des 9. Jh. Am frühesten konstituierten sich die Bistümer Westfalens und Engerns (Münster, Osnabrück, Bremen, Paderborn, Minden um 803/807). Die ostfälischen Bistümer (Hildesheim, Halberstadt, Verden) verselbständigten sich anscheinend erst in der Zeit Ludwigs des Frommen. Die Bistümer Münster, Osnabrück und Bremen wurden der Kölner Provinz zugesprochen, in die auch das aus dem fuldischen Missionssprengel erwachsene engrische Bistum Minden Eingang fand; die Bistümer Paderborn, Verden, Hildesheim und Halberstadt wurden der Mainzer Provinz zugeteilt. Köln und Mainz, die sich in Sachsen teilten, waren nicht zufällig die kirchlichen Metropolen der beiden großen Aufmarschräume in den Sachsenkriegen.

Noch während der Sachsenkriege stellte sich für Karl die spanische Frage. Seit der Eingliederung der Narbonensis (Septimanien, Gothien) ins Frankenreich im Jahre 759 hatten die Pyrenäen eine feste Grenze zwischen den Franken und den Sarazenen gebildet. Die Sarazenen waren mit sich selbst beschäftigt. Im Jahre 750 war die Dynastie der Omajjaden durch die Abbasiden verdrängt worden, die den Sitz des Kalifats von Damaskus nach Bagdad verlegten. Abd er Rahman, der letzte Omajjade, floh nach Spanien. Er begründete den von Bagdad unabhängigen Emirat von Córdoba. Aber er hatte zeitlebens mit gegnerischen Faktionen zu kämpfen.

Auf dem Paderborner Reichstag des Jahres 777 erschien vor Karl Suleiman Ibn al Arabi, der Wali von Barcelona und Gerona, um Karls Hilfe gegen den Emir von Córdoba anzurufen. Er stand im Bunde mit Hussain Ibn Yahya und Abu Thawr, den Walis von Zaragoza und Huesca, und überreichte dem Frankenkönig die Schlüssel seiner Städte als Zeichen der symbolischen Übergabe. Karl stand damals als Sieger über Langobarden und Sachsen auf einem ersten Höhepunkt seiner Macht. Er nahm das Angebot an und erwartete wohl, daß ihm der Erfolg in Spanien ebenso leicht zufallen werde wie in Italien. Er scheint an die Errichtung eines sarazenisch-spanischen Vasallenstaats gedacht zu haben.

Die Rüstung läßt auf ein Großunternehmen schließen. Es wurden nicht nur alle Völker des alten Frankenreichs, sondern auch Langobarden und Bayern aufgeboten. Der König selbst führte 778 eine Heeresgruppe von Franken und Aquitaniern über die westlichen Pyrenäenpässe nach Pamplona. Die zweite Heeresgruppe marschierte über Septimanien und Le Perthus nach Barcelona. Beide Armeen vereinigten sich etwa Mitte Juni vor Zaragoza. Bis dahin war alles reibungslos verlaufen, nun aber verweigerte der Wali Hussain aus unbekannten Gründen die Übergabe der Stadt. Karl gab schließlich das Unternehmen auf und entschloß sich zum Rückzug. Nach der Zerstörung von Pamplona überschritten die Franken die Pyrenäen. Am 15. August wurde das Heer auf dem Paß von Roncesvalles durch „Basken" angegriffen. Der König war anscheinend mit einem Teil der Truppen vorausgeeilt. Aber der Angriff galt nicht nur der Nachhut, wie Einhard behauptete. Das ganze Heer geriet in Verwirrung, zahlreiche Führer fielen, deren Namen noch 60 Jahre später in aller Mund waren, unter ihnen der sagenberühmte Roland, Markgraf der Bretagne.

Die Angreifer waren keine Sarazenen, sondern christliche Basken Navarras oder gar der Gascogne. Karl scheint auch einen Aufstand in Aquitanien befürchtet zu haben. Er entschloß sich, seinen Sohn Ludwig zum Unterkönig für Aquitanien zu erheben, womit er dem Sonderbewußtsein der Aquitanier entgegenkam und zugleich die Zentrale entlastete. Das Unterkönigreich wurde 781 gleichzeitig mit dem Unterkönigreich Italien eingerichtet.

Von den Sarazenen war ein Angriff über die Pyrenäen hinweg nicht zu befürchten. Aber Abd er Rahman unternahm Feldzüge ins Ebrobecken und stellte in den Jahren 781—783 seine Autorität bis zu den Pyrenäen wieder her. Bei diesen Zügen kam es auch zu Vergeltungsmaßnahmen gegen die christliche Bevölkerung, bei denen die unglückliche Expedition Karls die Hoffnung auf eine Befreiung geweckt hatte. Zahlreiche Christen, die sich mit den Franken kompromittiert hatten, wanderten in den nächsten Jahren aus, unter ihnen Männer wie Theodulf und Agobard, die in der karolingischen Renaissance eine führende Rolle spielen sollten. In der Vorstellung dieser Kreise nahm das Unternehmen von 778 den Charakter eines Zugs zur Befreiung der Christen an. Der König selbst ließ die spanische Christenheit nicht mehr aus den Augen. Im Jahre 782 weihte Erzbischof Wilchar von Sens den Priester Egila zum Bischof mit dem Auftrag, in Spanien für eine „Reform", das heißt für eine Angleichung der Sitten und Gebräuche an die römisch-fränkische Kirche zu wirken. Hinter diesem Plan standen König und Papst. Man begnügte sich vorerst mit einer religiös-kirchlichen Einflußnahme. Die Befreiung der spanischen Christen wurde verschoben secundum temporis opportunitatem.

Bei der Eingliederung des Langobardenreichs in das Großreich Karls war das Schicksal Bayerns und Benevents noch offengeblieben. Tassilo von Bayern hatte seine Position im Innern durch die Synoden von Dingolfing (770) und Neuching (772) stärken können. 772 errang er einen entscheidenden Sieg über die Karantanen, die nun einen neuen christlichen Herzog erhielten und von Salzburg aus missioniert wurden. Höhen und Tiefen der fränkischen Macht lassen sich in der Folgezeit deutlich an den fränkisch-bayerischen Beziehungen ablesen. Erst 787 reifte die Entscheidung heran. Tassilo bat den Papst um Vermittlung bei den Franken. Aber Hadrian war bereits zu stark an Karl gebunden, der jede Vermittlung abwies. Eine königlich-päpstliche Gesandtschaft ging an den Hof von Regensburg und forderte Erfüllung der Lehenspflichten unter Androhung des Bannes. Tassilo unterwarf sich erst nach einem konzentrischen Aufmarsch der Franken gegen Bayern. Er konnte sich jedoch mit seinem Schicksal nicht abfinden. Auf den Rat seiner Gattin Liutberga, der Tochter des Desiderius, nahm er Beziehungen zu den Awaren auf. Daraufhin strengte die fränkische Partei unter den bayerischen Großen einen Hochverratsprozeß an, der 788 in Ingelheim verhandelt wurde, wo sich Tassilo gestellt hatte. Die Anklage lautete auf Treubruch, Bedrohung der königlichen Vasallen und Einvernehmen mit den heidnischen Awaren. Subsidiär wurden frühere Infidelitätsfälle gegen König Pippin herangezogen. Die Urteiler erkannten auf Todesstrafe, die Karl in

Klosterhaft umwandelte. Auch die Angehörigen des Herzogshauses wurden in Klöster eingewiesen. Bayern wurde Karls Schwager Gerold als Praefectus unterstellt. Das Herzogsgut fiel an den König.

Die beneventanische Frage griff Karl fast gleichzeitig mit der bayerischen auf. Herzog Arichis hatte nach der Eingliederung des langobardischen Regnums ins Kaiserreich den Titel Princeps angenommen und damit seinen Anspruch auf eine königliche Stellung dargetan. Auch in der Errichtung von Palästen in Benevent und Salerno, im Urkunden- und Münzwesen gab er seinem Anspruch Ausdruck. Er vermochte diese Politik dank der byzantinischen Rückendeckung eine Zeitlang durchzuhalten. Als aber die Kaiserin Irene, die nach dem Tode Kaiser Leons IV. die Regentschaft im Imperium übernahm, eine Verständigung mit den Franken suchte und ihren unmündigen Sohn Konstantin VI. 781 mit Karls Tochter Rotrud verlobte, war Benevent isoliert. Nach der Beendigung des zweiten Sachsenkrieges zog Karl noch im Winter 786 nach Italien. Im Januar 787 marschierte er in das süditalische Herzogtum ein. Als er bis Capua vorgestoßen war, machte Arichis einen Friedensvorschlag, den der König annahm. Arichis leistete Karl den Treueid, stellte Geiseln, verpflichtete sich wohl auch zu einem Tribut und trat an den Papst das Gebiet westlich und nördlich des Liris mit einer Anzahl von Städten ab. In Capua traf auch eine kaiserliche Gesandtschaft ein, die über die verabredete Hochzeit des jungen Kaisers mit der Königstochter Rotrud verhandeln sollte. Aber das Ehebündnis war unter anderen Voraussetzungen geschlossen worden. Nicht nur die beneventanische Frage, sondern auch die neue Kirchenpolitik der Kaiserin Irene, die 784 mit dem Ikonoklasmus gebrochen hatte, bot Anlaß zu Reibungen zwischen der Kaiserin und dem Großkönig des Westens. Denn Irene hatte zwar den Papst, nicht aber die Franken zu dem vom Kaiserhof einberufenen Konzil eingeladen, das den Bilderkult im Osten und damit die kirchliche Einheit in der Christenheit wiederherstellen sollte.

Der König zog sich Ende März nach Rom zurück, wo er mit Hadrian das Osterfest feierte. Arichis war nicht gewillt, den Frieden zu halten. Wie Hadrian erfuhr, nahm er Verbindungen zum Kaiserhof auf. Die Byzantiner wollten den Thronprätendenten Adalgis ins Langobardenreich zurückführen, Arichis von Benevent sollte die Patriciuswürde erhalten und Dux von Neapel werden. Aber der Herzog starb am 26. August 787 in Salerno. Der Frankenkönig einigte sich im Frühsommer 788 mit den Beneventanern, indem er Arichis' Sohn Grimoald unter der Kontrolle des fränkischen Missus Winigis zum Herzog bestellte. Grimoald mußte Karls Namen in seine Urkunden, Siegel und Münzen aufnehmen. Einen Angriff der erzürnten Griechen schlug Winigis im November 788 ab. Da König Pippin bald darauf auch Istrien besetzte, waren die Byzantiner, denen nur Venedig, Neapel und einige Seestädte Kalabriens und Apuliens verblieben, faktisch aus Italien ausgeschaltet.

Das Frankenreich hatte nach der Beendung des Sachsenkriegs (785) und der Niederwerfung des Thüringer- oder Hardradaufstands im Maingebiet (786) fünf Jahre relativer Ruhe erlebt, die für die Entfaltung der karolingischen Renaissance entscheidend gewesen waren. Karl hatte in dieser Zeit die Grenzen gegen die Bretonen, die Elbslawen (Wilzen) und Griechen (Benevent und Istrien) gesichert und Bayern dem Reich eingegliedert. Durch die Eingliederung Bayerns waren die Franken unmittelbare Nachbarn der Awaren geworden — sie übernahmen damit neue Aufgaben. Die Awaren, ein Turkvolk gleich den Hunnen und Bulgaren, waren um 400 aus Sibirien in die osteuropäische Steppe eingewandert, wo sie hunnisch-bulgarische Stämme besiegten und mit sich rissen. Zentrum ihres Reiches wurde das heutige Ungarn. Ihre Macht war nach der gescheiterten Belagerung von Konstantinopel (626) durch die Emanzipation slawischer Stämme und der Bulgaren im 7. Jh. zurückgegangen, im 8. Jh. aber wieder erstarkt. Als Tassilo 788 abgesetzt wurde, brachen die gefürchteten Nomaden in Bayern und Friaul ein. Sie wurden zurückgewiesen. In Karl reifte der Plan, die Gefahr durch ein Großunternehmen endgültig zu bannen.

Im Spätsommer 791 erfolgte der Aufmarsch in 3 Heeresgruppen. Karl stieß bis Komorn vor. Er verbrachte den folgenden Winter und das Frühjahr 792 in Regensburg. Damals wurde der Rhein-Donau-Kanal über Rezat und Altmühl (Bamberg — Regensburg) geplant. Aber die großen, für 792 vorgesehenen Operationen sollten nicht zur Ausführung kommen. Ende 791 ging Grimoald von Benevent zu den Byzantinern über. Die langobardischen Truppen mußten an die italische Südgrenze detachiert werden. Am 6. Juli 792 überfielen Sachsen die neu aufmarschierende Nordarmee, und im Herbst des Jahres erfuhr Karl durch den Langobarden Fardulf von der Verschwörung seines ältesten Sohnes Pippin, dessen Erbrecht in Frage gestellt worden war, mit einem Großteil des fränkischen Hochadels. Die anscheinend noch lokal beschränkte Sachsenrevolte konnte unterdrückt und die Verschwörung des Sohnes im Keim erstickt werden. Der König griff hart zu. Ein Teil der Verschwörer wurde hingerichtet, ein anderer verbannt — darunter auch Pippin, der in Klosterhaft nach Prüm kam. Aber die Krise war damit noch nicht überwunden. Eine schwere Hungersnot trat hinzu. Der Feldzug der Jungkönige Pippin von Italien und Ludwig von Aquitanien gegen Benevent scheiterte im Frühjahr 793. Die Sarazenen von Córdoba nutzten die Situation, stießen zum erstenmal seit 40 Jahren wieder über die Pyrenäen vor und brachten Markgraf Wilhelm von Toulouse bei Orbieu eine schwere Niederlage bei. Der sächsische Aufstand flackerte neu auf und weitete sich zu einem Großbrand aus. Das Reich befand sich in schwerer Gefahr.

Es ist erstaunlich, mit welcher Besonnenheit und Schnelligkeit der König dann doch die große Krise von 792/793 gemeistert hat. Er übersah richtig, daß an der beneventanischen Front und auch an den Pyrenäen wohl Rückschläge, aber keine Katastrophen eintreten konnten, und überließ die Defensive in beiden Abschnitten den Söhnen. Karl brach den Awarenkrieg nicht ab, beauftragte mit seiner Führung aber den Markgrafen Erich von Friaul und den Präfekten Gerold von Bayern. Die fränkische Offensive setzte 795 neu ein. Der Erfolg übertraf alle Erwartungen. Erich von Friaul konnte unter Ausnutzung innerawarischer Wirren bis zum „Ring" in der Theißebene vordringen und dieses Zentrum awarischer Macht erobern, wo ihm der seit über 200 Jahren gehortete Reichsschatz in die Hand fiel. Die unermeßliche Beute ließ in dem nächsten Jahrzehnt sogar die Lebensmittelpreise im Frankenreich steigen. Obwohl der Kleinkrieg noch bis 805 weiterging, hatte die Stunde des Awarenreichs geschlagen. König Pippin begab sich 796 nach Pannonien, um die Huldigung der Besiegten entgegenzunehmen. Der Awarenfürst Tudun begab sich nach Aachen und ließ sich am Königshof taufen. Wie bei Widukind übernahm Karl selbst die Patenschaft.

Der König hatte 794 die Leitung des Sachsenkriegs übernommen. Der Aufstand erfaßte noch einmal ganz Sachsen und das östliche Friesland. Karl marschierte in Mainz, sein gleichnamiger Sohn im Raum von Köln auf. Die Rebellen wurden im Gebiet der Eresburg zerniert und streckten die Waffen. Damit war das südliche Sachsen — der Raum, in dem sich später die sächsischen Domänen der deutschen Könige befanden — endgültig befriedet. Nur die nördlichen Gaue verharrten im Aufstand. Der König leitete die Feldzüge in Person bis zum Jahre 798. Die weiteren Operationen, die sich noch bis 804 hinzogen, überließ er seinem Sohn Karl. Die Franken griffen hart durch. Zahlreiche Sachsen wurden ins Innere des Reiches umgesiedelt. Nordalbingien zeitweise den verbündeten slawischen Abodriten überlassen.

Innerhalb eines knappen Jahrfünfts waren alle Gefahren beschworen, die sich 792/793 so drohend erhoben hatten. Die Friedensarbeit der achtziger Jahre konnte erneut aufgenommen werden. Karl hat die geistigen Fragen auch während der Krise nicht aus den Augen verloren. Auf der Frankfurter Synode von 794 demonstrierte er den fränkischen Anspruch, gegenüber Byzanz und Toledo auch in theologischen Dingen ein entscheidendes Wort zu sprechen. Das Regnum Francorum wandelte sich zum Imperium Christianum.

12. Kapitel

Die Reform von Reich und Kirche und der Beginn der karolingischen Renaissance

WEITERE QUELLEN: PL 99 (Paulinus von Aquileia), 100 und 101 (Alkuin), 105 (Theodulf von Orléans). Ferner MGEp IV (darin u. a. die Briefe Alkuins) und MGPoetae I (Dichter der Zeit Karls des Großen, darunter auch die vorgenannten Autoren). Vgl. im übrigen *Wattenbach-Levison* und *Manitius* I.

LITERATUR: Zu den Kapitularien: *F. L. Ganshof,* Recherches sur les capitulaires (Paris 1958); *W. E. Eckhardt,* Die capitularia missorum specialia von 802: DA 12 (1956) 418—516.

Zu Kirchen- und Reichsreform: *J. Fleckenstein,* Karl der Große und sein Hof: Karlswerk I 24—50; *H. Büttner,* Mission und Kirchenorganisation des Frankenreichs bis zum Tode Karls d. Gr.: ebd. 454—487; *F. Prinz,* Abriß der kirchlichen und monastischen Entwicklung des Frankenreiches bis zu Karl d. Gr.: Karlswerk II 290—299; *J. Semmler,* Karl d. Gr. und das fränkische Mönchtum: ebd. 255—289; *F. L. Ganshof,* Charlemagne et les institutions de la monarchie franque: Karlswerk I 349—393; *ders.,* Charlemagne et l'administration de la justice dans la monarchie franque: ebd. 394—419; *ders.,* The Impact of Charlemagne on the Institutions of the Frankish Realm: Speculum 40 (1965) 47—62; *ders.,* Les Liens de vassalité dans la monarchie franque (Brüssel 1958); *ders.,* L'immunité dans la monarchie franque (Brüssel 1958); *E. E. Stengel,* Grundherrschaft und Immunität: Abhh. und Unters. zur ma. Gesch. (Köln 1960) 35—68; *F. N. Estey,* The Scabini and the Local Courts: Speculum 26 (1951) 119—129; *V. Krause,* Gesch. des Institutes der Missi dominici: MIÖG 11 (1890) 193—300; *W. Metz,* Das karolingische Reichsgut (Berlin 1960).

Zur karolingischen Renaissance: *W. von den Steinen,* Der Neubeginn: Karlswerk II 9—27; *ders.,* Karl und die Dichter: ebd. 63—94; *B. Bischoff,* Die Hofbibliothek Karls des Großen: ebd. 42—62; *ders.,* Panorama der handschriftlichen Überlieferung aus der Zeit Karls d. Gr.: ebd. 233—254; *F. Brunhölzl,* Der Bildungsauftrag der Hofschule: ebd. 28—41; *F. Mütherich,* Die Buchmalerei am Hofe Karls des Großen: Karlswerk III 9—53; *W. Braunfels,* Karls d. Gr. Bronzewerkstatt: ebd. 168—202; *J. Beckwith,* Byzantine Influence on Art at the Court of Charlemagne: ebd. 288—300; *E. Lehmann,* Die Architektur z. Z. Karls d. Gr.: ebd. 301—319; *P. Lehmann,* Erforschung des Mittelalters, 5 Bde (Stuttgart 1941/62); *ders.,* Das Problem der karol. Renaissance: Settimane di studio ... I (Spoleto 1954) 310—358; *F. Heer,* Die Renaissanceideologie im früheren Mittelalter: MIÖG 57 (1949) 23—81; *H. Liebeschütz,* Wesen und Werden des karoling. Rationalismus: AKG 33 (1951) 17—44; *H. Grundmann,* Litteratus — illitteratus. Der Wandel einer Bildungsnorm vom Altertum zum Mittelalter: AKG 40 (1958) 1—65; *K. Hauck,* Mittellateinische Literatur: Deutsche Philologie im Aufriß², hrsg. von *W. Stammler* (o. J.); *J. Fleckenstein,* Die Bildungsreform Karls d. Gr. (1953); *P. Riché,* Éducation et culture dans l'Occident barbare, 6ᵉ—8ᵉ siècle (Paris 1962); *E. Lesne,* Les écoles de la fin du 8ᵉ à la fin du 9ᵉ siècle [= Hist. de la propr. eccl. V, vgl. Allg. Bibl. II, 8]; *R. Stachnik,* Die Bildung des Klerus im Frankenreich von Karl Martell bis auf Ludwig d. Fr. (Paderborn 1956); *B. Bischoff,* Das Problem der karoling. Hofschulen: Beihefte zur Gesch. in Wiss. u. Unterricht (1956) 50ff; *A. Hessel,* Zur Entstehung der karoling. Minuskel: AUF 8 (1923) 201—214; *D. W. Schwarz,* Die karoling. Schriftreform (1946) [= Schweizer Beitr. zur allg. Gesch. 4] 38—54; *B. Bischoff,* Paläographie: Deutsche Philologie im Aufriß², hrsg. von *W. Stammler* (o. J.).

Zur Liturgiereform: Vgl. Kap. 3. Ferner: *E. Bourque,* Étude sur les sacramentaires romains II 2. Le sacramentaire d'Hadrien: Studi di antichità cristiana 25 (Rom 1958); *E. Heitz,* Recherches sur les rapports entre architecture et liturgie à l'époque carolingienne (Paris 1963).

Zur Bibelrevision: *S. Berger,* Histoire de la Vulgate pendant les premiers siècles du moyen âge (Paris 1893); *B. Fischer,* Bibelausgaben des frühen Mittelalters: Settimane di studio del Centro Italiano di studi sull'alto medioevo X. La bibbia nell'alto medioevo (Spoleto 1963) 519—600; *ders.,* Bibeltext und Bibelreform unter Karl d. Gr.: Karlswerk II 156—216.

Zu Alkuin: *A. Kleinclausz,* Alcuin (Paris 1948); *E. S. Duckett,* Alcuin (New York 1951); *L. Wallach,* Alcuin and Charlemagne (New York 1959); *ders.,* The Unknown Author of the Libri Carolini: Didascaliae. Studies in Honor of A. M. Albareda (New York

1961) 469—515; *F. L. Ganshof*, La révision de la Bible par Alcuin (1947): Bibliothèque d'Humanisme et de Renaissance 9, 7—20; *B. Fischer*, Die Alcuinbibel (Freiburg 1957); *G. Ellard*, Master Alcuin Liturgist (Chicago 1956); *G. Hocquard*, Quelques réflexions sur les idées politico-religieuses d'Alcuin: Bull. des Fac. catholiques de Lyon 74 (1952); *F. C. Scheibe*, Alkuin und die Admonitio Generalis: DA 14 (1958) 221—229; *ders.*, Alkuin und die Briefe Karls d. Gr.: DA 15 (1959) 181—193; *ders.*, Geschichtsbild, Zeitbewußtsein und Reformwille bei Alkuin: AKG 41 (1959) 35—62; *A. Chélini*, Le vocabulaire politique et social dans la correspondance d'Alcuin (Aix en Provence 1959) [= Travaux et mém. Fac. Lettres d'Aix 220]; *H. B. Meyer*, Alkuin zwischen Antike und Mittelalter. Ein Kapitel frühmittelalterlicher Frömmigkeitsgeschichte: ZKTh 81 (1959) 405—454; *H. Hürten*, Alkuin und der Episkopat im Reiche Karls d. Gr.: HJ 82 (1963) 22—49. Vgl. auch Literatur zu Adoptianismus und Bilderstreit (Seite 91).

Zu Theodulf: *Ch. Cuissard*, Theodulphe évêque d'Orléans (Orléans 1892); *H. Liebeschütz*, Theodulf of Orléans and the Problem of the Carolingian Renaissance: Fritz Saxl 1890—1948. A Volume of Memorial Essays, ed. *J. Gordon* 77—92; *B. Bischoff*, Theodulf u. der Ire Cadac Andreas: HJ 74 (1955) 92—98; *D. Schaller*, Philologische Untersuchungen zu den Gedichten Theodulfs von Orléans: DA 18 (1962) 13—91; *Ann Freeman*, Theodulf of Orléans and the Libri Carolini: Speculum 32 (1957) 663—705; *dies.*, Further Studies in the Libri Carolini: ebd. 40 (1965) 203—289. Vgl. auch Literatur zu Bilderstreit (Kap. 13).

Zu den Anfängen der deutschen Literatur: *H. de Boor*, Von der karoling. zur cluniazensischen Epoche: Annalen der deutschen Literatur, hrsg. von *H. O. Burger* (Stuttgart ²1962); *ders.*, Die deutsche Literatur von Karl d. Gr. bis zum Beginn der höfischen Dichtung 770—1170 (München ⁶1964) [= de Boor/Newald, Geschichte der deutschen Literatur von den Anfängen bis zur Ggw. I]; *G. Baesecke*, Vor- und Frühgeschichte des deutschen Schrifttums (Halle 1950); *H. Loewe*, Arbeo von Freising: Rhein. Vierteljahresbll. 15/16 (1950/51) 87—120; *J. L. Weisgerber*, Der Sinn des Wortes Deutsch (Göttingen 1949); *H. Brinkmann*, Sprachwandel und Sprachbewegungen in althochdt. Zeit (Jena 1931); *K. F. Freudenthal*, Arnulfingisch-karolingische Rechtswörter (Göteborg 1949); *W. Betz*, Karl d. Gr. und die Lingua theodisca: Karlswerk II 300—306.

Karl d. Gr. war im ersten Jahrzehnt seiner Regierung von den großen Fragen der „Außenpolitik“ so stark in Anspruch genommen, daß ihm für die innere Ordnung des Reichs wenig Zeit blieb. Erst im zweiten Jahrzehnt seiner Herrschaft konnte er das väterliche Gesetzgebungswerk wieder aufgreifen. Sein erstes erhaltenes „Capitulare“ datiert von 779. Aus dem folgenden Jahrzehnt sind drei Kapitularien für Italien und die Capitulatio de partibus Saxoniae überliefert. Den Beschluß dieser frühen Gesetzgebung bilden drei Kapitularien des Jahres 789, darunter die Admonitio generalis an den Klerus, die einen ersten Höhepunkt darstellt. Der erhaltene Kapitularienbestand repräsentiert nicht das gesamte Gesetzgebungswerk dieser Jahre, läßt aber das Ansteigen der innerpolitischen Wirksamkeit Karls klar erkennen.

Das Wort Capitulare war neu: gewonnen aus der Gliederung der Texte in Kapitel und wohl aus dem langobardisch-italischen Sprachgebrauch übernommen. Der Sache nach entsprachen die Kapitularien den alten Dekreten und Edikten. Sie umfaßten sowohl Gesetze von dauernder Geltung, wie Verwaltungsverfügungen und Durchführungsbestimmungen, der Materie nach Strafrecht, öffentliches Recht, Verwaltungs- und Kirchenrecht, vor 800 jedoch nicht die Materie der Volksrechte (Personen- und Familienrecht; Güterrecht, soweit es nicht die Benefizien betraf; Bußsätze und Prozeßrecht). Ihre Rechtsgrundlage bildete die königliche Banngewalt: das Recht des Königs, unter Strafe zu befehlen. Nach der Vorbereitung durch Kommissionen von „Legislatores" wurden die Kapitularienprojekte der Großenversammlung vorgelegt, die aber nur ein Beratungs- und Anerkennungsrecht, kein Konsensrecht im modernen Sinne hatte. Rein kirchliche Angelegenheiten wurden oft von rein kirchlichen Gremien beraten, die dann auch als Konzilien erschienen. Die Verkündigung erfolgte mündlich durch den König (verbum regis), oft in der Form einer feierlichen Ansprache (adnuntiatio). Die überlieferten Kapitularien sind daher keine rechtsverbindlichen Gesetzestexte im spätrömischen oder modernen Sinn, sondern vielfach stichwortartige Aufzeichnungen von Projekten, Adnuntiationes oder Rundschreiben, meist ziemlich formlos hergestellt durch Sekretäre ad hoc. Nur in Sonderfällen wurden Kapitularien durch die Kanzlei redigiert.

Das große Capitulare von Herstal aus dem Jahre 779 sollte der Friedensordnung im Reich dienen. Es enthielt scharfe Bestimmungen gegen Räubereien und Bandenwesen. Auch Privatgefolgschaften und Schwurvereinigungen der Gilden wurden verboten. Grafen und Königsvasallen, die in der Rechtspflege säumig waren, sollten ihre Lehen verlieren; Immunitätsrichter, die flüchtige Verbrecher nicht auslieferten, sollten abgesetzt werden. Der König ordnete die Beilegung der Fehden durch Sühne an. Er sanktionierte das väterliche Zehntgesetz und regelte abschließend die Frage der Kirchenlehen durch die generelle Einführung des Doppelzehnts (Decima und Nona) sowie eines Rekognitionszinses.

Der Friedensgedanke leuchtete in der wohl von Alkuin formulierten Admonitio generalis wieder auf. Dem Frieden und der Ordnung dienten organisatorische Reformen von grundlegender Bedeutung, die in dieser Zeit durchgeführt wurden, wenn auch die entsprechenden Kapitularientexte nicht erhalten sind: die Einführung des Schöffeninstituts in den Grafschaften (Erstbeleg 780) und der Vogtei in den Immunitäten (vor 792). Die karolingischen Schöffen waren wie ihre Vorgänger, die Rachimburgen, Beisitzer und Urteiler im Grafengericht. Sie wurden wie diese aus den unbescholtenen, eingesessenen Grundbesitzern bestellt, aber nicht mehr von Fall zu Fall, sondern auf Lebenszeit, unter der Kontrolle der Königsboten. In ganz analoger Weise wurde die Vogtei geschaffen. An die Stelle der bisher nur ad hoc bestellten Sachwalter (Advocati) traten fest angestellte Vögte, die im Einvernehmen mit dem Grafen ernannt wurden. Sie nahmen innerhalb der Immunität die gleichen Funktionen (Niedergericht) wahr wie die Centenarii oder Vicarii in den Grafschaften, vertraten außerdem den Immunitätsherrn und seine Hintersassen vor dem Grafengericht und waren dem Grafen für Verbrecher verantwortlich, die sich in die Immunität geflüchtet hatten. Die Grafen wurden durch den Eintritt in die königliche Vasallität enger an den Herrscher gebunden. Sie unterstanden der Kontrolle der Königsboten, die auch bei ihrer Ernennung mitwirkten. Die Missi sind in dieser Funktion schon 779 genannt. Königsboten oder Missi dominici hatte es immer schon gegeben. Sie wurden nun aber regelmäßig entsandt. Karl teilte das ganze Reich in Missatssprengel ein, im Anschluß an Stammesgebiete, Marken, Kirchenprovinzen und -diözesen. Die Missi wurden aus dem hohen Klerus (Bischöfen und Äbten) und den Kaplänen, aus den Grafen und Vasallen bestellt, die nicht im Sprengel ansässig waren: jeweils ein Kleriker und ein Laie, deren Zusammenwirken die Concordia der beiden Stände des Reichs stärken sollte. Nicht nur die Kontrolle von Recht und Verwaltung, sondern auch die Publikation der Kapitularien gehörte zu ihren Aufgaben. Die Intensivierung der Gesetzgebung hat gewiß den Ausbau des Missats in den achtziger Jahren beschleunigt. Die Überprüfung der Amtsführung der residierenden Bischöfe, Äbte und Grafen förderte die Entwicklung des Inquisitionsverfahrens im Recht.

In der Admonitio generalis erscheint Karl als Kirchenreformer nach dem Vorbild von Israels König Josias, der das ihm von Gott verliehene Reich circumeundo, corrigendo, ammonendo zur wahren Religion zurückzuführen bestrebt war. Das Capitulare wurde anscheinend von Alkuin redigiert. Der erste Teil seiner Bestimmungen beruht auf der Kirchenrechtssammlung des Dionysius Exiguus, die Hadrian 774 dem König mitgegeben hatte, und bildet eine Art Summa der Rechtsordnung des Klerus im Rahmen von Diözese und Kirchenprovinz. Die Wiederherstellung der Disziplin in Mönchtum und Klerus durch die Erneuerung des altkirchlichen Diözesanrechts war seit Bonifatius ein feststehendes Ziel aller fränkischen Synoden. Die Unterordnung der Bischöfe unter Metropoliten hat Karl zuerst im Capitulare von Herstal wieder zum Programm erhoben. Neben Wilchar von Sens, der nach dem Tode Chrodegangs von Metz der einzige Erzbischof des Frankenreichs gewesen zu sein scheint, traten damals schon Tilpin von Reims, Possessor von Tarantaise, Weomad von Trier (um 780) und Lull von Mainz (782). Die Erhebung Eremberts von Bourges zum Erzbischof-Metropoliten (zwischen 784 und 791) zeigt, daß die Restauration auch Aquitanien erfaßte, wo Erembert freilich zunächst wohl der einzige Metropolit blieb. Die Einrichtung der Kirchenprovinzen konnte rasch fortschreiten, da man sich an die römisch-merowingische Metropolitanordnung hielt und in der Notitia Galliarum ein klares Schema zur Hand hatte. Nur in Südostgallien scheint sich die Reform verzögert zu haben, da der alte Streit zwischen Vienne und Arles 794 neu diskutiert wurde und damals auch Unklarheiten über den Rang von Tarantaise (Alpes Graiae), Embrun (Alpes Maritimae) und Aix (Narbonensis II) bestanden. Für Germanien und Rätien blieben Köln (Friesland, Westfalen) und Mainz zuständig. Nur Bayern wurde 798 als Kirchenprovinz Salzburg verselbständigt.

Trotz derAnknüpfung an die altkirchliche Rechtsordnung war die Wiederherstellung der Kirchenprovinzen im Frankenreich keine bloße Restauration.

Neu war die Verbindung der erzbischöflichen Würde mit dem Amt des Metropoliten, die von England (Canterbury, York) zuerst auf den fränkischen Westen (Sens), dann auf das Gesamtreich übertragen wurde. In früherer Zeit hatte man Prälaten von übermetropolitanem Rang (Patriarchen, päpstliche Vikare) als Erzbischöfe bezeichnet. Selbst Bonifatius und Chrodegang von Metz sind als Leiter der austrasischen Kirche zwar Erzbischöfe, nicht aber Metropoliten gewesen. Noch unter Karl d. Gr. wurde die erzbischöfliche Würde an Angilram von Metz und Theodulf von Orléans als persönliche Auszeichnung verliehen. In der Regel wurde sie aber fortan den Bischöfen der Metropolen übertragen. Das erzbischöfliche Pallium wurde zum Abzeichen der Metropoliten[1]. Diese waren nunmehr gehalten, die Insignie innerhalb von drei Monaten unter Vorlage eines Glaubensbekenntnisses in Rom einzuholen. Sie durften vor der Erteilung des Palliums keine Suffragane weihen. Die neuen Erzbischöfe wurden dadurch stärker an Rom gebunden als die alten Metropoliten. Sie gewannen zugleich als Teilhaber der päpstlichen Gewalt eine festere Stellung in ihren Kirchenprovinzen. Neben der römischen Auffassung, daß die Metropolitangewalt Teilhabe am Universalprimat sei, lebte indessen auch weiterhin noch die altkirchliche Vorstellung fort von einer ohne Mitwirkung des Papstes entstandenen Metropolitanverfassung.

Die Bestimmungen des zweiten Teils der Admonitio generalis lehnten sich sehr stark an die Zehn Gebote an, die im Sinne des öffentlichen Friedens interpretiert wurden. Karl schärfte dem Klerus in einem eigenen Kapitel die Pflicht der Glaubens- und Sittenpredigt ein. Die beiden Gruppen des Säkular- und Regularklerus (canonicae observantiae ordines vel monachici propositi congregationes) sind im Kapitel über die Lebensführung der Geistlichen genannt, aber nicht näher abgegrenzt. Für die Liturgie wurde der Cantus Romanus vorgeschrieben, unter Berufung auf die Anordnungen König Pippins, die freilich die bestehende Verwirrung in der gallofränkischen Liturgie noch keineswegs behoben hatten. Erst Karls Bemühungen führten zum Erfolg. Die liturgischen Handbücher (Sakramentare, Lektionare, Ordines, Homiliare, Antiphonare) wurden auf der Grundlage römischer oder frankorömischer Texte von den karolingischen Hoftheologen neu bearbeitet und allgemein verbreitet. Karl selbst hatte den Papst um ein authentisches Sakramentar gebeten und von Hadrian um 785/786 ein „Gregorianum" erhalten, das freilich nur Texte für die liturgischen Handlungen des Papstes enthielt und von Alkuin mit Hilfe des pippinischen Gelasianums vervollständigt werden mußte. Dieses „Gregorianum" oder „Hadrianum" hat in der Rezension Alkuins für die abendländische Liturgie die gleiche Bedeutung

[1] Das Pallium war ursprünglich eine kaiserliche Beamtenschärpe. Bei seiner Verleihung holte noch Gregor d. Gr. die kaiserliche Genehmigung ein. Vgl. *Th. Klauser,* Der Ursprung der bischöflichen Insignien und Ehrenrechte (Krefeld 1949) 19 ff.

gewonnen wie die „Dionyso-Hadriana" für das abendländische Kirchenrecht. So führt die Betrachtung von Karls Liturgiereform wiederum hin zu dem großen Lehrer der karolingischen Renaissance, der auch an der Abfassung der Admonitio von 789 maßgeblich beteiligt war. Nicht zufällig findet sich der erste sicher datierte Hinweis auf Karls Sorge für das Schulwesen in der gleichen Admonitio generalis.

Die besondere Begabung Karls, aus bescheidenen älteren Ansätzen Neues zu schaffen, zeigt sich auch bei der Betrachtung der karolingischen Renaissance. Ein „Pageninstitut" von Pueri palatini, jungen Leuten aus der Königsfamilie und dem Hochadel, hatte es seit alters am fränkischen Königshof gegeben. Die Pueri palatini bildeten nach Hinkmar von Reims einen eigenen Ordo. Sie standen in der Zeit Pippins wohl unter dem Patronat der Königin Bertrada, die bei der Erziehung der jungen Leute vielleicht erstmals „wissenschaftliche Akzente" setzte. Das „Pageninstitut" war nicht identisch mit der Kapelle, in die nur fertig ausgebildete Männer eintraten. Doch scheinen die Pueri palatini unter Karl gelegentlich auch die Funktion von Sekretären am Hof wahrgenommen zu haben.

Die Lehrer der Hofschule in der Zeit Pippins sind unbekannt. In der Frühzeit Karls begegnen zwei „Ausländer", Schüler Alkuins aus York: der Angelsachse Beornrad, der 777 die Abtei Echternach erhielt, und der Ire Josephus Scotus. Vielleicht befand sich damals auch schon Dungal, ein anderer Ire, berühmt durch seine astronomischen Kenntnisse, in der Umgebung des Königs. Zu den Männern aus England und Irland traten seit dem zweiten Italienzug auch Italiener: der Langobarde Fardulf, der 776 als Verbannter ins Frankenreich kam, die Grammatiker Paulinus und Petrus von Pisa 776 oder bald darauf. 782 reiste der Langobarde Paulus Diaconus an den fränkischen Hof wegen eines Gnadengesuchs für seinen Bruder, der wie Fardulf an der Rebellion Hrodgauds teilgenommen hatte. 782 wurde ein Epochejahr, da damals auch Alkuin, der seit 767 die Domschule von York geleitet hatte, an den fränkischen Königshof übersiedelte. Alkuin übernahm die Leitung der Hofschule, die bei seinem Abgang nach Tours 796 an Einhard überging und seither von fränkischen Hofkaplänen wahrgenommen wurde. Der letzte große Repräsentant der karolingischen Frührenaissance, der Gote Theodulf, dürfte mit der spanischen Emigrantenwelle von 780 ins Frankenreich gekommen sein. Er wurde zu unbekannter Zeit, sicher aber vor 790, in den Kreis der Hofgelehrten aufgenommen.

Die karolingische Frührenaissance schloß ab mit der Übersiedlung Alkuins nach Tours. Damals waren die älteren Lehrer der Hofschule schon ausgeschieden. Paulus Diaconus hatte sich nur kurze Zeit im Frankenreich aufgehalten und war 785 oder 786 nach Monte Cassino zurückgekehrt. Paulinus wurde 787 Patriarch von Aquileja. Auch Petrus von Pisa befand sich am Ende der achtziger Jahre wieder in Italien. Fardulf erhielt 793 die Abtei St-Denis, Theodulf vor 798 das Bistum Orléans.

Das Lehrsystem der Hofschule beruhte auf den von der Spätantike übernommenen Septem Artes, wobei der Schwerpunkt auf dem Trivium (Grammatik, Rhetorik, Dialektik) lag, wenn man auch das Quadrivium (Arithmetik, Geometrie, Astronomie, Musik) nicht gänzlich vernachlässigte. Der Unterricht war „nicht an feste ... Stunden gebunden, sondern erwuchs ... organisch aus dem engeren Zusammenleben von Lehrer und Schüler" (Fleckenstein). Er umfaßte sowohl die elementaren wie die höheren Stufen, war auch je nach dem Personenkreis der Schüler verschieden gestaltet, von denen nur ein Teil für die geistliche, ein anderer für die weltliche Laufbahn vorbereitet wurde. Lehrer und prominente Schüler waren unter dem Vorsitz des Königs zu einer Art „Akademie" vereinigt, die regelmäßig tagte. Man besprach gemeinsam wissenschaftliche Fragen, löste Rätsel und gab poetische Episteln zum besten. Die Mitglieder dieses vertrauten Kreises führten Pseudonyme: Zeichen der familiaritas, die aber nicht willkürlich gewählt wurden. Allen voran stand Karl als Rex David. Ihm folgte der Erzkaplan Hildebald, Erzbischof von Köln (ca 791—819), der als vornehmster Geistlicher des Reichs den Hohenpriester Aaron darstellte. Einhard, der Oberaufseher der königlichen Bauten, wurde nach dem Erbauer der Stiftshütte Beseleel genannt. Die Äbte führten Namen der alten Mönchsväter (Adalhard von Corbie = Antonius, Richbod von Lorch = Makarius) oder Propheten (Beornrad von Echternach = Samuel). Paulinus hieß Timotheus nach dem Schüler des Apostels Paulus. Karls Schwester Gisela wurde Lucia, die Königstochter Rotrud Columba genannt nach Heiligen, die auch in den Laudes regiae begegnen. Literarische Pseudonyme führten Alkuin (Flaccus), Angilbert (Homer), Modoin, der spätere Bischof von Autun (Naso), und ein Unbekannter (Maro), vielleicht auch Theodulf (Pindar). Der Dichtung entnommen waren die Namen der hohen weltlichen Würdenträger des Hofs: des Seneschalls Audulf (Menalcas), des Kämmerers Meginfrid (Thyrsis), des Schenken Eberhard (Nemias). Hierher gehört auch der Name des Diakons Riculf (Damoetas). Sieht man näher hin, so liegt trotz des zahlenmäßigen Übergewichts der klassischen Pseudonyme der Schwerpunkt auf den biblischen Beinamen. Die klassischen Pseudonyme der weltlichen Würdenträger hatten keine Eigenbedeutung, sie waren schematisch aus Vergils Eklogen genommen. Das gleiche gilt zwar nicht für die literarischen Pseudonyme. Horaz, Homer, Ovid und Vergil kennzeichneten Gelehrte und Dichter. Diese Beinamen drückten aber nicht nur Verehrung für die klassischen Autoren aus, sondern auch den Ehrgeiz, sie in einer gewandelten Welt aus christlichem Geist neu darzustellen. „Alcuin wollte nicht mit Horaz ein antiker Heide, sondern Horaz ... sollte in ihm ein christlicher Flaccus sein" (Fleckenstein).

Die Erneuerung der Septem Artes war kein Selbstzweck, sondern dem Reformanliegen Karls untergeordnet. Für die Emendation und Erklärung der heiligen Texte, für die rechte Ordnung und Gestaltung des Kults war das

Studium der Septem Artes die unerläßliche Voraussetzung. Die Reform mußte bei den einfachsten Dingen — Schrift und Orthographie — einsetzen. So steht es in der Admonitio generalis. Zwar sei Wissen ohne Werk tot, heißt es an anderer Stelle; aber Vorbedingung für rechtes Handeln sei doch die rechte Erkenntnis.

So war die erste Frucht von Karls Bemühungen um die Reform der Bildung die neue karolingische Schrift, die sich gegenüber den älteren Schriften durch Klarheit und Übersichtlichkeit der Buchstaben, des Wort- und Satzbildes auszeichnete. Ihr erstes Zeugnis — das Widmungsgedicht des am Hofe 781/783 verfertigten Godescalcevangelistars — bildet einen Markstein in der Geschichte der karolingischen Renaissance. Reinigung der Schrift und Reinigung der Sprache hingen eng zusammen. Die sprachliche Emendation führte nicht zur Wiederherstellung des klassischen Lateins, sondern nur zur Ausscheidung der Vulgarismen. Das Lateinische und die romanischen Sprachen trennten sich endgültig. Aus der karolingischen Reform ging das an die Bibel und die Väter angelehnte, in England schon vorgeprägte Mittellatein hervor, das flexibel genug war, um neue geistige Gehalte auszudrücken, und zur Bildungssprache des Abendlandes wurde. Außer den literarischen Werken des Hofkreises ist als erstes Dokument der Sprachreform der zweite, von 794 bis 807 reichende Teil der fränkischen Reichsannalen zu nennen.

Um die gleiche Zeit setzt die breitere handschriftliche Überlieferung klassischer Autoren ein. Sie zeugt für die Belebung der Septem Artes, insbesondere des Triviums, in dem man seit der Antike das Studium der Klassiker schulmäßig betrieb. Aber die heidnischen Autoren waren nicht bloß Schullektüre, sie boten auch eine fertige Form zum Ausdruck weltlicher Gehalte. So griff etwa Einhard im 9. Jh. für seine Karlsbiographie auf Sueton zurück, da das Schema der Heiligenvita auf ein Königsleben nicht anwendbar war. Es kann daher nicht wundernehmen, „daß die Werke und Gedichte, die um Karl d. Gr. kreisen, in einem stärkeren Maß antike Formen erkennen lassen als die übrigen" (Fleckenstein). Ähnlich hat später Aristoteles der Christenheit des 13. Jh. ein gut Stück „Welt" erschlossen. Aber auch David, auch Salomon, wie der Angelsachse Cathwulf 775 an Karl schrieb, war in sapientia divina et secularibus litteris inbutus[2]. „Als (der Hof) sich neben und über den Klöstern zum Träger der bisher klösterlichen Bildung machte, konnte diese wohl ihren christlichen, nicht aber ihren klösterlichen Charakter bewahren" (Fleckenstein). An der Unterordnung der Litterae saeculares unter die sapientia divina änderte sich nichts. Karl wünschte sich nicht einen neuen Vergil, sondern gleich 12 Kirchenväter wie Hieronymus und Augustinus. Wichtiger als die klassischen waren ihm die kirchlichen Texte: die Libri canonici veraces.

Der „authentische Text" des Kirchenrechts, die Karl 774 überreichte

[2] MGEp. IV 503.

Dionyso-Hadriana, eröffnete die Reihe dieser Libri canonici. Bald darauf fanden weitere Kanonessammlungen der „gelasianischen Renaissance" Eingang ins Frankenreich. Auch die Hispana wurde verbreitet. Erzbischof Riculf von Mainz scheint die Hispana Gallica in Umlauf gebracht zu haben, die sein Suffragan Rachis von Straßburg 787 transkribieren ließ. Die Dionyso-Hadriana wurde in verschiedenen Handschriften mit der Hispana verbunden. Analoge Verbindungen mit dem Kapitularienrecht lassen sich dagegen nicht feststellen. Die alten kanonistischen Texte sollten offenbar als authentisches Recht *die* Regel bilden.

Vom „authentischen" Sakramentar, dem um 786 Karl übersandten Gregorianum oder Hadrianum, das Alkuin aus dem pippinischen Gelasianum ergänzte, war schon die Rede. Alkuin gab auch ein auf das Hadrianum abgestimmtes Lektionar (Episteln und Evangelien) heraus. Die römischen Ordines (Anweisungen für den Ritus) wurden von einem unbekannten Gelehrten rezensiert. Karl erteilte Paulus Diaconus den Auftrag zur Erstellung eines Homiliars (Lesungen des Offiziums aus den Vätern), das durch die Epistola generalis allgemein eingeführt wurde. Ein römisches Antiphonar hatte Papst Paul I. schon 758/763 an König Pippin gesandt; es wurde als letztes liturgisches Buch durch Amalar redigiert und unter Ludwig dem Frommen publiziert. In Kirchenrecht und Liturgie bildeten also römische Texte die Grundlage der Libri „canonici". Auch die Regel Benedikts ist in diesem Zusammenhang zu nennen, da sie im Frankenreich schon seit dem 7. Jh. als die „römische" Mönchsregel galt. Karl ließ von ihr 787 eine „authentische" Abschrift aus Monte Cassino besorgen. Mit den liturgischen Büchern Roms wurde auch der römische Heiligenkalender rezipiert. Alkuin setzte ihn bereits ins Hadrianum ein. Die römischen Heiligenkulte drängten die gallofränkischen im Lauf des 9. Jh. zurück und beherrschten das Feld bis zum 11. Jh. Erst in den Kreuzzügen wurden sie durch die orientalischen Kulte ergänzt.

Karl d. Gr. hat sich auch um den Bibeltext gekümmert, allerdings nicht, wie man bisher glaubte, Alkuin mit der Anfertigung eines revidierten Normalexemplars beauftragt. Es ging dem König im wesentlichen um orthographisch und grammatisch korrekte Handschriften. Ein erstes Dokument dieser Bemühungen war die vor 781 in Corbie erstellte Maurdramnusbibel. Im gleichen Sinne hat Alkuin später als Abt von Tours (796—804) Ganzbibeln schreiben lassen. Eine wirkliche Textrevision unternahm nicht Alkuin, sondern Theodulf, der dabei sogar den für die Zeit „unerhörten Versuch machte, das Werk des Hieronymus nach dem hebräischen Text zu korrigieren" [3]. Keine der in Corbie, Tours, Orléans und vielen anderen Orten erstellten Bibeln ist jedoch vom Hof als Authenticum aufgenommen und verbreitet worden. Größere Bedeutung hatte der Hof nur für die Verbreitung des

[3] *Fischer*, Bibeltext und Bibelreform 178.

Psalteriums, das Hieronymus nach dem griechischen Text revidiert hatte. Es wurde anscheinend schon unter Pippin rezipiert und setzte sich als „Gallicanum" in der ganzen westlichen Christenheit durch. Der Evangelientext der Hofschule ist dagegen durch den der Alkuinbibeln seit der 2. Hälfte des 9. Jh. verdrängt worden[4].

Vom Hof war die Initiative zur Erneuerung des kulturellen Lebens ausgegangen; vom Hof aus verbreitete sich die karolingische Renaissance, und neue Kulturzentren traten neben die älteren Mittelpunkte. Lehrer und Schüler trugen den Geist der Hofschule an die Stätten, in denen sie neue Aufgaben übernahmen. In den alten und neuen Zentren wurde die Sapientia saecularis und divina nicht nur um ihrer selbst gepflegt. Von den großen Kirchen aus sollte auch die Pfarrseelsorge erneuert werden. Erhalten ist eine entsprechende Verordnung Theodulfs für die Diözese Orléans: Presbyteri per villas et vicos scholas habeant[5]. Pfarrschulen hatte es schon seit dem 6. Jh. gegeben. Sie vermittelten elementare Kenntnisse im Schreiben, Lesen und Rechnen, vor allem aber einen katechetischen Unterricht. Daß die Gläubigen das Credo und das Paternoster auswendig lernen sollten, war eine seit der Admonitio von 789 stets wiederholte Forderung der karolingischen Kapitularien.

Predigt und katechetischer Unterricht konnten nur in der Volkssprache erfolgen. Es kann daher nicht wundernehmen, daß Taufgelübde, Vaterunser und Glaubensbekenntnis, dann auch das Gloria, Sündenverzeichnisse und Beichtformeln zu den ältesten Aufzeichnungen in deutscher Sprache gehören. Die Admonitio generalis bildet im allgemeinen den terminus a quo für ihre Datierung. Ältere althochdeutsche Grenzbeschreibungen von 777 und 779 aus Fulda und Würzburg weisen auf angelsächsische Vorbilder, und von den Angelsachsen wurde wohl auch die religiöse Dichtung im Stabreim angeregt, deren älteste Zeugnisse das Wessobrunner Gebet und das Muspilli sind. In eine sehr frühe Zeit hinauf reichen die ältesten Glossare, die wohl aus Freising (Bischof Arbeo 764—783) und Fulda stammen und schon von gelehrten Bemühungen zeugen. Aus ihnen entwickelte sich eine Übersetzungsliteratur, die sich auf den Psalter, die Hymnen und die Benediktinerregel (Interlinearglossen) erstreckte und ihren Höhepunkt in der Übersetzung von Werken erreichte, die um Isidors Traktat De fide catholica gruppiert waren.

Setzte die althochdeutsche Literatur am frühesten in Bayern und Fulda ein, so stand ihre Entfaltung doch in einem deutlichen Zusammenhang mit der karolingischen Renaissance. Freilich ist keines der erhaltenen Sprachdenkmäler am Hof selbst entstanden. Die Zentren der frühdeutschen Literatur waren Fulda, Lorsch und Mainz, Freising und Regensburg, die Reichenau, Murbach und Weißenburg. Sie lagen ausnahmslos in der bonifatia-

[4] Ebd. 193 ff (Psalterium), 174 und 195 (Evangelien).

[5] PL 105, 196 C. — *Fleckenstein* 44.

nischen, der bayerischen und der pirminisch-alemannischen Provinz. Durch eine ältere, bayerische und eine jüngere, rheinfränkische Sprachbewegung wurde das Althochdeutsche lautlich geprägt. Das Rheinfränkische war nicht die Sprache des Hofes, wohl aber die Sprache von Mainz, dessen Bedeutung als kirchliche Metropolis Germaniae gerade aus der Betrachtung der Anfänge der deutschen Sprache und Literatur erhellt.

Die Muttersprache der Karolinger war das Fränkische des Köln-Maastrichter Raums, das die karolingische Rechts- und Verwaltungssprache bestimmt hat. In den alten fränkischen Gebieten zwischen Rhein und Seine war das Wort theodisk zur Bezeichnung der alten fränkischen Sprache geprägt worden, das auf die germanischen Sprachen insgesamt bezogen wurde (Erstbelege 786 und 788), als man in der Zeit Karls die Existenz einer germanischen Sprachenfamilie erkannte. Da sich in der gleichen Zeit das Romanische vom Lateinischen trennte, trat auch die Existenz einer romanischen Sprachenfamilie ins Bewußtsein der Menschen. Die Erkenntnis von der Gliederung des christlichen Abendlands in zwei große Sprachgemeinschaften — rustica Romana lingua aut theotisca heißen sie in den Synodalakten von Tours aus dem Jahre 813 — erwuchs also ebenfalls aus der Bildungsreform Karls d. Gr., aus der karolingischen „Renaissance“.

13. Kapitel

Bilderstreit, Adoptianismus und Processio Spiritus Sancti

WEITERE QUELLEN: MGConc II suppl. (Libri Carolini).

LITERATUR: Zum Bilderstreit: *W. von den Steinen,* Entstehungsgesch. der Libri Carolini: QFIAB 21 (1929/30) 1—93; *ders.,* Karl d. Gr. und die Libri Carolini: NA 49 (1932) 207—280; *H. v. Fichtenau,* Karl d. Gr. und das Kaisertum: MIÖG 61 (1953) 257 bis 334; *Freeman* und *Wallach* (vgl. Kap. 12 zu Theodulf u. Alkuin); *M. Vieillard-Troïekouroff,* Tables de canons et stucs carolingiens: CahArch 13 (1962) 154—178; *P. Bloch,* Das Apsismosaik von Germigny: Karlswerk III 234—261; *H. Schnitzler,* Das Apsismosaik der Aachener Pfalzkapelle: Aachener Kunstbll. 29 (1964) 1 ff; *H. Schade,* Die Libri Carolini und ihre Stellung zum Bild: ZKTh 79 (1957) 69—78; *G. Haendler,* Epochen karolingischer Theologie. Untersuchungen über die karolingischen Gutachten zum byz. Bilderstreit (Berlin 1958).

Zum Adoptianismus: *C. S. Robles,* Elipando y San Beato de Liébana (Madrid 1935); *J. F. Rivera,* Elipando de Toledo (Toledo 1940); *E. Amann,* L'adoptianisme espagnol du 8e siècle: RevSR 16 (1936) 281—317; *R. de Abadal y de Vinyals,* La batalla del Adopcianismo y la desintegración de la Iglesia visigoda (Barcelona 1949); *M. del Alamo,* Los comentarios de Beato al Apocalipsis y Elipando: MiscMercati II: SteT 122 (1946) 16—33; *J. Solano,* El concilio de Calcedonia y la controversia adopcionista del siglo VIII en España: Das Konzil von Chalkedon II (Würzburg 1953) 841—871; *F. Ansprenger,* Untersuchungen zum adoptianischen Streit im 8. Jh. (Diss. masch. Berlin 1952); *D. Bullough,* The Dating of Codex Carolinus Nr. 95, 96, 97, Wilchar and the Beginning of the Archbishopric of Sens (DA 18, 1962) 223—230; *W. Heil,* Der Adoptianismus. Alkuin u. Spanien: Karlswerk II 95—155.

Zu Frankfurt: *F. L. Ganshof,* Observations sur le synode de Francfort de 794: Misc. historica in honorem A. de Meyer (Löwen-Brüssel 1946) 306 ff.

In einem staunenswerten Aufstieg war das Frankenreich seit der Mitte des 8. Jh. zur ersten politischen Macht der Christenheit geworden. Gegen Ende des Jahrhunderts war es im Begriff, auch die geistige Führung im Abendland zu übernehmen. Das immer noch in schwere Kämpfe mit dem Kalifat verwickelte, in seinen europäischen Gebieten slawisch unterwanderte Imperium war an den Rand des Orbis christianus gerückt. Aber die Kaiser hatten den Anspruch aufrechterhalten, Herren dieses Orbis zu sein. Wie einst im Frankenreich waren nun auch in der Christenheit auctoritas und potestas auseinandergetreten. Solange der Bilderstreit Rom und Konstantinopel trennte, mochte dies belanglos erscheinen, zumal der kaiserliche Anspruch im Westen kaum noch anerkannt war. Die Versöhnung von Papst und Kaiser auf dem Konzil von Nikaia (787) mußte aber die Frage nach der Stellung des fränkischen Großkönigs in der Christenheit aufwerfen. Mit dieser Frage war die Stellungnahme der Franken zu den Beschlüssen von Nikaia von vornherein belastet.

Die Akten von Nikaia gingen Karl in einer schlechten lateinischen Übersetzung zu, die in Rom gefertigt worden war. Der König beauftragte 790 den Goten Theodulf mit einer ausführlichen Widerlegung. Der erste Entwurf Theodulfs wurde am Hof diskutiert. Dann erging eine das Konzil schroff ablehnende Denkschrift Karls an den Papst, das thesenartig abgefaßte Capitulare de imaginibus. Hadrian antwortete mit einer Verteidigung des Nizänums. Seine Antwort wurde am Hof diskutiert und in der Endredaktion von Theodulfs Werk berücksichtigt, doch hielt man den eigenen Standpunkt im wesentlichen unverändert aufrecht. So entstanden 791 die Libri Carolini als ein von Theodulf verfaßtes, im Hofkreis diskutiertes und korrigiertes, auf den Namen des Königs selbst lautendes Dokument der fränkischen Auffassung im Bilderstreit[1].

Theodulf hat sich nicht mit einer oberflächlichen Widerlegung der lateinischen Aktenübersetzung begnügt, sondern eine Wort- und Bildtheologie hohen Ranges entwickelt, außerdem auch die Frage nach der Stellung des Kaisers in der Kirche aufgegriffen. In der Bilderfrage unterbaute er die abendländische Auffassung im Anschluß an Gregor d. Gr. Eingangs steckte er die Grenzen gegen die Ikonoklasten ab, die Bilder- und Götzendienst verwechselten. Sachlich stimmte Theodulf mit den authentischen Akten von Nikaia durchaus überein, wenn er die Gott allein gebührende Anbetung (adoratio) klar von der Verehrung der Heiligen und ihrer Reliquien (veneratio) unterschied. Doch wollte er den Bildern auch die Veneratio nicht zu-

[1] Die Frage der Verfasserschaft und der Reaktion hat Ann Freeman in Auseinandersetzung mit L. Wallach definitiv geklärt (Speculum 40 [1965] 203—289).

erkennen. Die platonische Kunstauffassung der Griechen, die im Abbild das Urbild verehrten, blieb ihm fremd. Die bildende Kunst faßte er als Handwerk auf, das Kunstwerk als bloßen Schmuck, in der Qualität abhängig von der Güte des Materials und vom Geschick und der Erfahrung des Künstlers. Es vermöge wohl vergangene Taten und Ereignisse zu vergegenwärtigen, nicht aber einen religiösen Gehalt adäquat darzustellen, im Gegensatz zum geoffenbarten Wort. Höher als das religiöse Bild ständen daher die geoffenbarten Zeichen, wie die Bundeslade und das Kreuz. So mündete die rationale Kunstauffassung Theodulfs in einen auf das geoffenbarte Wort gegründeten Spiritualismus ein.

Die in die christliche Welt herübergenommenen Formen des Kaiserkults griffen die Libri Carolini gleich im ersten Kapitel scharf an. Die Polemik richtete sich gegen die Formel per eum qui conregnat nobis Deus — denn Gott regiert in uns, nicht mit uns. Sie richtete sich gegen die Bezeichnung der Kaiser als divi, ihrer Gesta als divalia — denn dies sind gentilia vocabula. Sie richtete sich nicht zuletzt gegen das Prädikat ἰσαπόστολος, denn: tanta est distantia inter apostolos et imperatores, quanta inter sanctos et peccatores[2]. In unmittelbarem Zusammenhang mit dem Thema des Bilderkults stand die Verehrung der Kaiserbilder: nullam enim hoc scelus fecisse legimus gentem, nisi Babylonios et Romanos. Hier die alte Gleichung Rom—Babylon für das Imperium wieder herausgeholt. Freilich sollte damit die kaiserliche Herrschaft als solche nicht abgewertet werden. An anderer Stelle heißt es erläuternd, daß nach der Schrift die Kaiser wie die Könige zu ehren seien, aber in gebührender Weise und nicht propter se, vel propter ordinem[3]. Im Angriff auf die Kaiserin Irene, deren Mitspracherecht als Frau im Konzil heftig kritisiert wird, klingt vielleicht schon die Frage des rechtmäßigen Kaisertums an[4].

Mit der Polemik gegen das Kaisertum hing auch die Polemik gegen den universalen Charakter des Konzils von Nikaia zusammen. Die Universalität eines Konzils war nach den Libri Carolini quantitativ und qualitativ bestimmbar. Im quantitativen Sinne sollte ein Konzil als universal gelten, wenn die Gesamtheit der christlichen Kirchen vertreten war oder befragt wurde; im qualitativen Sinn, wenn zwei oder drei Kirchen (Mt 18, 20) Entscheidun-

[2] Libri Carolini IV 20 S. 212. [3] Ebd. III 29 S. 166.

[4] Ebd. III 13. Dazu A. Freeman: Implicit in this issue is the further question of imperial dignity: may it be vested in a woman? At this point preeminently in the Libri Carolini the nascent ambitions of Charlemagne come into collision with Byzantium (Speculum 40, 218). In diesem Zusammenhang ist auch der Hinweis von Beckwith (Karlswerk III 297) von Bedeutung, daß die erste Generation der karolingischen Künstler (Godescalcevangelistar von 781/783 und noch Dagulfpsalter von 795) unter dem Einfluß der Kunst Roms stand, dann sich aber oströmisch-byzantinischer Einfluß deutlich bemerkbar machte. Beckwith stellt the atmosphere of an imperial audience in the great palace of Constantinople zuerst bei der Adagruppe (um 800), dann besonders in der Handschriftengruppe um das Wiener Evangeliar fest.

gen im Rahmen der katholischen Tradition fällten. Als maßgebende Garantien der Tradition aber galt die römische Kirche, die nullis synodicis constitutis ceteris ecclesiis praelata est, sed ipsius Domini auctoritate primatum tenet[5]. Damit war der älteren Auffassung von dem durch den Kaiser berufenen, auf die Teilnahme Roms und der vier östlichen Patriarchate gegründeten Universalkonzil der Boden entzogen. Stolz betonte Karl, in dessen Namen die Libri Carolini ergingen, daß die Kirche seines Reiches von der sancta et veneranda communio mit Rom niemals abgewichen sei; daß diese Bindung neuerdings durch die Rezeption der römischen Liturgie noch verstärkt worden sei; daß er nicht nur Gallien, Germanien und Italien beherrsche, sondern auch die Sachsen zum Glauben geführt habe. Damit war indirekt, aber unüberhörbar, ein fränkischer Anspruch auf Mitsprache in den großen Angelegenheiten der Christenheit angemeldet.

Die Tatsache, daß die Libri Carolini den römischen Primat scharf betonten und zugleich die Gültigkeit der im Einvernehmen mit dem Papst ergangenen Beschlüsse von Nikaia bestritten, entbehrt nicht der Ironie. Karl hat dem Papst die Endredaktion übersandt. Bald darauf brach jedoch die große Krise aus, und die Angelegenheit wurde vorerst nicht weiterverfolgt. Der König griff sie erst 794 wieder auf, zusammen mit der Frage des Adoptianismus, die mit der Bilderfrage parallel lief.

Karl hatte nach dem Mißerfolg von Zaragoza die spanischen Angelegenheiten nicht ganz aus den Augen verloren. Um 782 ging Egila, dem Namen nach ein Gote, den Wilchar von Sens zum Bischof ohne festen Sitz geweiht hatte, mit dem Auftrag nach Spanien, die fränkische Kirchenreform jenseits der Pyrenäen zu propagieren und Spanien fester an Rom zu binden. Die Mission Egilas wurde durch seinen übereifrigen Mitarbeiter Migetius kompromittiert, der nicht nur die Mischehen zwischen Christen und Moslems, sondern auch die Tischgemeinschaft mit den Sarazenen bekämpfte und durch seine Trinitätslehre Anlaß zum Einschreiten bot. Der spanische Primas Elipand von Toledo, der die fremde Einmischung ohnehin nicht gern gesehen haben wird, ließ Migetius noch vor Oktober 785 von einer Synode in Sevilla verurteilen. Er kennzeichnet auf dieser Synode das Verhältnis des Menschen Jesus zu Gott durch das Bild der Adoption: Christus adoptivus filius Altissimi humanitate, et nequaquam adoptivus divinitate[6].

Die Formel Elipands ist nicht als Nachhall älterer Häresien zu verstehen. In der spanischen Kirche hatte der Kampf gegen einander entgegengesetzte

[5] Libri Carolini I 6 S. 20.

[6] *W. Heil* (Der Adoptianismus, Alkuin und Spanien: Karlswerk II 95—155) erklärt den Adoptianismus im Anschluß an spanische Forschungen aus der Tradition der antiochenischen Theologie, die in Spanien, einem Lande, in dem man noch lange Zeit in der Opposition gegen das zweite ökumenische Konzil von Konstantinopel verharrte, lebendig geblieben sei. Die Sekte des Migetius stand nach der Ansicht Heils in pelagianischer Tradition.

Irrlehren — den Arianismus und Apollinarismus, den Priscillianismus, den Monophysitismus und Monotheletismus — dazu geführt, die beiden Naturen Christi scharf herauszuarbeiten. So kamen bei den spanischen Kirchenvätern ähnliche Formulierungen wie die Elipands zur Kennzeichnung des Menschen Jesus vor. Das Stichwort selbst lieferte die von Elipands Vorgängern Eugen II., Ildefons und Julian geprägte spanisch-gotische Liturgie. Das Anliegen, in dem sich der Metropolit von Toledo mit Nestorius berührte, war die Verteidigung der wahren Menschheit Jesu, vielleicht im Hinblick auf das Zusammenleben mit den Moslems, denen der Gottmensch ein Stein des Anstoßes war. Die Unterscheidung der beiden Naturen Christi im Bild des filius adoptivus (Menschheit) und filius proprius (Gottheit) war nicht heterodox, konnte aber außerhalb Spaniens mißverstanden werden, da die Adoption im germanischen Recht eine sehr lockere Bindung darstellte, im Gegensatz zur Lex Romana Visigothorum.

Elipands Formel wäre kaum angegriffen worden, wenn sich nicht in Spanien selbst ein Gegensatz herausgebildet hätte zwischen den freien Christen Asturiens und den Christen des Emirats von Córdoba. Der Widerspruch ging aus von dem durch seinen Apokalypsenkommentar berühmten Abt Beatus von Liébana und seinem Schüler, dem Bischof Etherius von Osma, die Elipand vorwarfen, er zerstöre die Einheit der Person Christi und leugne die Gottheit des Erlösers. Beide standen der Partei Alfons' II. nahe, der später den Selbstbehauptungskampf Asturiens gegen den Emirat führen sollte. Elipand antwortete 785 mit dem Anathem gegen seine Gegner. Darauf verfaßten Beatus und Etherius eine Streitschrift, die sie im März 786 publizierten. Der Papst, der durch Anhänger des Beatus informiert wurde und Elipand für einen Nestorianer hielt, forderte den spanischen Episkopat auf, den Primas zur Einheit des Glaubens zurückzuführen. Aber die Bischöfe des Reichs von Córdoba stellten sich bis auf Teudila von Sevilla hinter den Metropoliten von Toledo.

Auch die Franken wurden mit dem Konflikt befaßt durch die Asturier, die um 790 den Bischof Felix von Urgel, einen angesehenen Prälaten im karolingischen Hoheitsgebiet südlich der Pyrenäen, wegen seiner adoptianischen Einstellung anklagten. Elipands Formel mußte im fränkischen Bereich besonderen Anstoß erregen; denn in der karolingischen Christusvorstellung lag der Akzent auf der göttlichen Natur, und den Franken war die römische Auffassung von der Adoption mit ihren starken Bindungen fremd. Felix wurde im Sommer 792 vor eine Synode nach Regensburg zitiert. Paulinus von Aquileja scheint mit der Widerlegung beauftragt worden zu sein. Felix widerrief in Regensburg und ein zweites Mal in Rom. Er kehrte dann in sein Bistum zurück, floh aber auf islamisches Gebiet, wo er sich erneut zu Elipands Formel bekannte. Der sarazenische Vorstoß von 793 ermöglichte ihm die Rückkehr nach Urgel, und die adoptianische Propaganda erreichte nun auch die einst gotische Narbonensis.

Elipand und der Episkopat des Emirats protestierten 792/793 bei Karl und dem fränkischen Episkopat gegen die Behandlung des Bischofs von Urgel. Karl sandte die Schreiben der Spanier an Hadrian, der sie verurteilte. Der König berief dann eine Reichsversammlung und Synode auf den 1. Juni 794 nach Frankfurt. Unter dem Vorsitz des Königs und zweier päpstlicher Legaten tagten die Bischöfe des gesamten Reichs, vielleicht auch Abgesandte aus England und Asturien. Das Frankfurter Konzil begnügte sich gegenüber den Griechen mit der Verurteilung eines Satzes, der in der völlig entstellten lateinischen Übersetzung allerdings heterodox war. Eindeutiger und umfassender war die Verwerfung der toletanischen Adoptionsformel. Eine ausführliche Widerlegung des Adoptianismus erfolgte in zwei Denkschriften des fränkischen und des italischen Episkopats. Das italische Libell faßte Paulinus ab. Die fränkische Denkschrift und ein paralleles Königsschreiben an die Spanier wurden von Alkuin redigiert, der soeben von einem längeren Aufenthalt in England zurückgekehrt war. Alkuin stellte Elipands Formel Filius adoptivus die Formel Homo assumptus entgegen, die zum Ausdruck bringen sollte, daß der menschlichen Natur Jesu niemals eine autonome Existenz zugekommen sei. Ob die Toletaner die Nuance verstanden, bleibt allerdings fraglich, da in Spanien adoptivus und assumptus weithin synonym gebraucht wurden.

In der Bilderfrage begnügte man sich mit der bloßen Verurteilung der Adoratio, die den eigentlichen Kern der nizänischen Beschlüsse nicht traf. Die Libri Carolini sind nie offiziell publiziert und auch in Frankfurt nicht bestätigt worden, wohl aus Rücksicht auf den Papst. Die Bilderkontroverse wurde durch den Frankfurter Beschluß vorerst abgeschlossen und flammte im Okzident nur unter Ludwig dem Frommen noch einmal auf. Anders stand es mit der Frage der Processio Spiritus Sancti, die Theodulf in den Libri Carolini anscheinend zum ersten Male gegen die Griechen ausgespielt hatte. Streitpunkt war das Filioque im nizäno-konstantinopolitanischen Credo (qui ex Patre Filioque procedit), das im ursprünglichen Text fehlte, sporadisch erstmals bei Ambrosius auftauchte und dann vor allem im Credo des Toletaner Konzils von 589 erscheint, in das es wohl zur Verdeutlichung der katholischen Auffassung gegenüber dem Arianismus aufgenommen worden war. Aus dem gotisch-spanischen Symbolum war das Filioque in das gallikanische übergegangen. Es fand sich auch in „Karls Credo" von 794, mit dem das Königsschreiben an Elipand abschloß. Der Sache nach handelte es sich nicht um eine Neuerung, sondern um eine Erläuterung: c'était affirmer d'une autre manière la Trinité consubstantielle[7]. Aber Theodulf hatte die Frage der Processio Spiritus Sancti in seine Polemik eingebaut, und Hadrian I. hatte Theodulfs Polemik auch in diesem Punkt zurückgewiesen. In Frankfurt hatte die Frage keine Rolle gespielt. Paulin von Aquileja griff den Streit-

[7] Histoire de l'Église VI 175.

punkt jedoch auf einer Provinzialsynode in Cividale von 796/797 wieder auf, die den fränkischen Standpunkt ausführlicher begründete. Es handelte sich im Augenblick nur um einen Nachhall der fränkisch-griechischen Auseinandersetzung — die explosive Kraft der Streitfrage sollte sich erst später auswirken.

In Cividale wurde auch der Adoptianismus erneut behandelt, und Paulinus verfaßte in der Folgezeit auch eine Streitschrift gegen Felix. Es galt vor allem, die Adoptianer in der Narbonensis und in den seit 798 wieder eroberten Gebieten südlich der Pyrenäen zurückzugewinnen. Im Oktober 798 verurteilte Leo III. den Adoptianismus auf einer römischen Synode. Die Polemik diesseits der Alpen führte dazu, daß Alkuin, der im Frühjahr 798 eine Abhandlung an die Klöster der Provinz Narbonne sandte, 799 erneut an Elipand schrieb und eine 800 veröffentlichte neue Streitschrift gegen Felix verfaßte. Die Lage in der Narbonensis wurde 799 durch die Missi Theodulf von Orléans und Leidrad von Lyon bereinigt. Felix, dessen Bistum dem Frankenreich wieder eingegliedert worden war, wurde im Frühjahr 800 nach Aachen zitiert, wo er mit Alkuin disputierte[8]. Er widerrief abermals und starb um 818 nach einem vorbildlichen Lebenswandel in der Verbannung in Lyon. Nach seinem Tod verfaßte Agobard von Lyon eine neue und letzte Widerlegung seiner Anschauung.

In Asturien siegte die Gruppe um Beatus und Etherius mit dem Regierungsantritt Alfons' II. im Jahre 791. Der Franke Jonas, später Bischof von Orléans, bereiste in dieser Zeit das Land, und Beatus nahm spätestens 799 freundschaftliche Beziehungen zu Alkuin auf. Durch die Begründung des Erzbistums Oviedo im Jahre 811 schied das kleine christliche Königreich aus der Obödienz von Toledo aus. Länger klang der Adoptianismus im Emirat von Córdoba nach, doch war im Grund sein Schicksal auch hier mit dem Tode Elipands besiegelt.

14. Kapitel

Vom Regnum Francorum zum Imperium christianum

QUELLENSAMMLUNG: *H. Dannenbauer,* Die Quellen zur Gesch. der Kaiserkrönung Karls d. Gr. (Berlin 1931).

LITERATUR: Zu Aachen: *E. Lehmann* (wie Kap. 12): Karlswerk III 301—319; *G. Bandmann,* Die Vorbilder der Aachener Pfalzkapelle: ebd. 424—462; *F. Kreusch,* Kirche, Atrium und Portikus der Aachener Pfalz: ebd. 463—533; *L. Hugot,* Die Pfalz Karls d. Gr. in Aachen: ebd. 534—572; *W. Kämmerer,* Die Aachener Pfalz Karls d. Gr. in Anlage und Überlieferung: Karlswerk I 322—348; *E. Ewig,* Résidence et capitale pendant le haut moyen âge: RH 230 (1963) 25—72.

[8] Heil datiert in Wiederaufnahme älterer Thesen den Brief an Elipand auf 798, die Aachener Synode auf Mai 799.

Grenzsicherung: *E. Klebel*, Herzogtümer u. Marken bis 900: DA 2 (1938) 1—53; *A. Hofmeister*, Markgrafen u. Markgrafschaften im italischen Königreich in der Zeit von Karl d. Gr. bis zu Otto d. Gr.: MIÖG ErgBd 7 (1906); *S. Pivano*, I ducati del regno italico nell'età carolingia: Studi di storia e diritto in onore di E. Besta IV (Mailand 1939) 299 ff; *C. G. Mor*, Dal ducato longobardo del Friuli alla Marca Franca: Memorie storiche Forogiuliesi 42 (1956/57) 29—41; *J. Dhondt*, Études sur la naissance des principautés territoriales en France (Brügge 1948); *R. de Abadal y de Vinyals*, Nota sobre la locución Marca Hispánica (Barcelona 1958); *M. Bathe*, Die Sicherung der Reichsgrenze an der Mittelelbe durch Karl d. Gr.: Sachsen u. Anhalt: 16 (1940) 1—44.

Weltstellung des Frankenreiches: *H. Loewe*, Von Theoderich d. Gr. zu Karl d. Gr.: DA 9 (1952) 353—401; *ders.*, Von den Grenzen des Kaisergedankens in der Karolingerzeit: DA 14 (1958) 345—374; *J. Fischer*, Oriens Occidens Europa (Wiesbaden 1957); *J. M. Wallace-Hadrill*, Charlemagne and England: Karlswerk I 683—698; *H. Jankuhn*, Karl d. Gr. und der Norden: ebd. 699—707; *M. Hellmann*, Karl und die slawische Welt: ebd. 708—718.

Zur Papstfrage: *L. Wallach*, The Genuine and the Forged Oath of Pope Leo III: Tr 11 (1955) 37—63; *ders.*, The Roman Synod of December 800 and the Alleged Trial of Leo III: The Harvard Theol. Review 49 (1956) 123—142; gegen Wallach: *H. Loewe: Wattenbach-Levison*, Deutschlands Geschichtsquellen im Mittelalter, Vorzeit u. Karolinger IV 457; *H. Zimmermann*, Papstabsetzungen des Mittelalters I: MIÖG 69 (1961) 1—84.

Zur Vorgeschichte und Geschichte der Kaiserkrönung: *K. Heldmann*, Das Kaisertum Karls d. Gr. Theorie u. Wirklichkeit (1928); *F. L. Ganshof*, The Imperial Coronation of Charlemagne. Theories and Facts (Glasgow 1949); *W. Ohnsorge*, Abendland u. Byzanz (vgl. Kap. 10); *H. Loewe*, Eine Notiz zum Kaisertum Karls d. Gr.: Rhein. Vierteljahresbll. 14 (1949) 7—34; *C. Erdmann*, Forschungen zur politischen Ideenwelt des frühen Mittelalters (Berlin 1951); *E. E. Stengel*, Imperator und imperium bei den Angelsachsen: DA 16 (1960) 15—72; *H. Beumann*, Die Kaiserfrage in den Paderborner Verhandlungen 799: Das erste Jahrtausend, hrsg. von *V. Elbern*. Textband I (1962) 296 bis 317; *ders.*, Romkaiser und fränkisches Reichsvolk: Festschr. E. E. Stengel zum 70. Geburtstag (1952) 157—180; *ders.*, Nomen imperatoris: HZ 185 (1958) 515—549; *A. Borst*, Kaisertum und Nomentheorie im Jahre 800: Festschr. P. E. Schramm zum 70. Geburtstag (Wiesbaden 1964) 36—51; *W. Mohr*, Karl d. Gr., Leo III. u. der römische Aufstand: Archivum Latinitatis Medii Aevi 30 (1960) 39—98; *H. v. Fichtenau*, Karl d. Gr. u. das Kaisertum: MIÖG 61 (1953) 257—334; *Ph. Grierson*, The Coronation of Charlemagne and the Coinage of Pope Leo III: Revue belge de phil. et d'hist. 30 (1952) 825—833; *Schramm* und *Deér* (vgl. Kap. 10). Zusammenfassend: *R. Folz*, Le couronnement impérial de Charlemagne (Paris 1964); *P. Classen*, Karl d. Gr., das Papsttum und Byzanz: Karlswerk I 537 bis 608.

Zum Kaisertitel: *P. F. Kehr:* NA 49 (1932) 702—703; *P. Classen*, Romanum gubernans imperium: DA 9 (1952) 103—121.

Das Karlsreich hatte die Krisen von 778 und 792/793 überstanden, es ging aus der letzten und schwersten Krise gefestigter und größer hervor, als es gewesen war. Die Bemühungen der achtziger Jahre um die innere Ordnung und die geistige Erneuerung konnten wiederaufgenommen werden und Frucht tragen. Daß der König die Pläne und Maßnahmen von 786/791 nach der Krise wieder aufgriff, läßt sich an seinem „Hauptstadtprojekt" aufzeigen. Bis 784 war Herstal die bevorzugte Pfalz, in der der König meist weilte, wenn er nicht durch militärisch-politische Unternehmungen in Sachsen und Italien beansprucht war. Seit der Beendigung des Sachsenkrieges im Jahre

785 aber trat Aachen an die Stelle der bisherigen Lieblingspfalz. Historisch bedeutsam war nicht der Wechsel von Herstal nach Aachen, sondern der damit verbundene Plan, die neue Residenz zu einem festen Mittelpunkt des Reichs auszubauen. Auf dem Italienzug von 786/787 traf Karl die ersten Maßnahmen zur Verwirklichung dieser Absicht. Der Awarenkrieg und die Krise von 792/793 dürften den Ausbau der Residenz verzögert haben. Aber seit dem Ende des Jahres 794 tritt Aachen als Mittelpunkt des Reiches klar und eindeutig in Erscheinung, obwohl die Bauten noch nicht abgeschlossen waren.

Auch in der Gesetzgebung baute Karl auf den in den achtziger Jahren gelegten Grundlagen weiter. Das Frankfurter Capitulare von 794 nahm die Bestimmungen der beiden großen Kapitularien von 779 und 789 großenteils wieder auf, insbesondere das Verbot der Coniurationes, die Lastenregelung für Benefizien aus säkularisiertem Kirchengut (Decima, Nona, Census), die Bestimmungen über die kirchliche Disziplin, die näher ausgeführt wurden, die Anordnungen über die Einrichtung von Schulen und über die Seelsorge. Erstmals begegnet im Frankfurter Capitulare eine Vorschrift über das Eigenkirchenrecht, das die Karolinger bis dahin nicht anzutasten gewagt hatten. Karl ließ das Veräußerungsrecht der Kirchherren bestehen, setzte aber fest, daß einmal errichtete Kirchen erhalten bleiben müßten und daß auch der in ihnen abgehaltene Gottesdienst nicht in Frage gestellt werden dürfe. Indirekt war das Eigenkirchenwesen mitbetroffen durch die Verordnungen über die kirchliche Disziplin. So hatten schon Karlmann und Pippin 743 die allgemeine Verpflichtung des Klerus statuiert, dem Bischof Rechenschaft abzulegen, ihn bei Visitations- und Firmungsreisen aufzunehmen und von ihm jährlich das Chrisma zu holen. Karl hatte in Herstal ohne nähere Erläuterung die bischöfliche Leitungsbefugnis gegenüber dem Klerus secundum canones verordnet. Er untersagte in Frankfurt den Verkehr unbotmäßiger Kleriker mit seiner Hofgeistlichkeit. Daß die Kirchherren ihre Kleriker bei der Einstellung dem Bischof zu präsentieren hatten, wird in einem Schreiben Karls an seine Grafen und Vasallen in Italien von 779/781 vorausgesetzt. In Frankfurt erging an den Klerus das generelle Verbot, ohne Genehmigung des Diözesanbischofs von einer Kirche an eine andere hinüberzuwechseln.

Von Karls Bemühungen um die Wirtschaftskraft des Reiches zeugt die große Domänenordnung, das Capitulare de villis, das nach neuerer Ansicht in den letzten Jahren des 8. Jh. erlassen wurde. Es schrieb die Inventarisierung des Königsguts vor, enthielt Anordnungen über die Bereitstellung der Vorräte auf den Königshöfen und präzisierte die Aufgaben und Pflichten der Domänenbeamten. Es hat indirekt auch auf die kirchliche Wirtschaftsführung eingewirkt und exemplarische Güterbeschreibungen der Kirche angeregt.

Ein Rundschreiben von 794/800, die Epistola de litteris colendis, machte den Bischofskirchen und Abteien des Reichs die Einrichtung von Schulen zur Pflicht. Das schönste Zeichen des Reifeprozesses dieser Jahre aber war die neue Missionsmethode, die auf einer Synode in Bayern unter der Leitung Arns von Salzburg und Paulins von Aquileja 796 festgelegt wurde. Die Bischöfe wiesen eingangs darauf hin, daß die Bekehrung Gottes-, nicht Menschenwerk sei. Sie verlangten die Anpassung an eine Gens bruta et inrationalis, die der Unterweisung bedürfe. Massentaufe und Gewalt wurden abgelehnt. Die Unterweisung, die der Taufe voraufgehen muß, soll auf Einsicht, nicht auf Menschenfurcht abzielen. Die neuen Grundsätze basierten auf alten Einsichten Gregors d. Gr.; sie waren für die Awaren- und Slawenmission bestimmt, die zum Ressort der Erzbischöfe von Salzburg und Aquileja gehörte. Sie sollten aber auch auf die Sachsenmission Anwendung finden. Hier führte die Kritik Alkuins an der bisherigen Mission, die auch die übereilte Einführung des Zehnten tadelte, eine Wende herauf. Das in Aachen 797 erlassene Capitulare Saxonicum leitete die neue Politik der Versöhnung ein.

Die Zeit der großen Eroberungen war mit dem Awarenkrieg abgeschlossen; es galt nun, das Erworbene gegen äußere Angriffe zu sichern. Die fränkischen Kräfte reichten schon nicht mehr aus, das ganze Awarenreich zu besetzen. Die Theiß wurde zur Grenze gegen die Bulgaren, die sich den Osten des einstigen Awarenreichs angliederten. Aber auch diesseits der Theiß standen die Awaren und die einst von diesen beherrschten Mähren, Slowenen und Kroaten nur unter der Aufsicht des Präfekten von Bayern und der Markgrafen von Friaul und Istrien. König Pippin von Italien bestimmte 796 die Drau als Grenze zwischen Bayern und Italien, zwischen den Kirchenprovinzen Salzburg und Aquileja, und Karl bestätigte sie 803 und 811. Während im italischen Abschnitt bereits zwei Marken bestanden, fehlte eine eigentliche Markenorganisation im bayerischen Abschnitt bis zum Ende des Jahrhunderts. Sie wurde nach dem Tod des Präfekten Gerold im Jahre 799 geschaffen. Karl begründete damals die Ostmark, die kirchlich an Passau, und die karantanisch-pannonische Mark, die an Salzburg angeschlossen wurde.

In Italien traten keine Veränderungen ein. Hier versahen die Herzöge oder Markgrafen von Spoleto nach wie vor die Grenzwacht gegen Benevent und die Griechen. An den Pyrenäen stabilisierten sich die Verhältnisse dagegen erst um die Jahrhundertwende. Gesandtschaften spanischer Sarazenen, die Karls Hilfe gegen den Emir Al Hakam von Córdoba erbaten, erschienen 797 und 798 in Aachen. Aber der König war vorsichtig geworden. Die 798 wieder einsetzende fränkische Offensive hatte nur beschränkte Ziele, die erreicht wurden, als Barcelona 801 nach zweijähriger Belagerung in die Hand der Franken fiel. Das eroberte spanische Vorland — die spätere Grafschaft Katalonien — wurde der bestehenden Mark Septimanien (Toulouse) angeschlossen und kirchlich der Metropole Narbonne unterstellt.

Das in seinen Grenzen gefestigte fränkische Großreich hatte im christlichen Abendland nicht seinesgleichen. Außerhalb standen nur die Britischen Inseln, das Königreich Asturien und das Fürstentum Benevent. In Irland und Britannien gab es eine größere Zahl kleinerer Königreiche. Iren und Angelsachsen kannten aber die Institution eines hegemonialen Oberkönigtums, das in Irland bei den Königen von Meath und Connaught, im angelsächsischen England bei den Königen von Mercien lag.

Karl beanspruchte gegenüber Benevent als Nachfolger der Langobardenkönige eine effektive Hoheit, die freilich noch illusorisch blieb, gegenüber den anderen christlichen Regna lediglich die Anerkennung eines in die Formen der Amicitia gekleideten Vorrangs. Die irische Geschichte dieser Zeit liegt im dunkeln. Das Bistum Armagh, von St. Patrick gegründet, errang um 800 eine Art Primatialstellung auf der Grünen Insel; doch bleibt ungewiß, ob damit auch eine staatliche Konzentration verbunden war. Über die politischen Beziehungen des Frankenkönigs zu Irland liegt nur eine nicht überprüfbare Bemerkung Einhards vor. Auf Widerspruch stieß Karls Vorrangsanspruch in England bei dem selbstbewußten König Offa von Mercien (757 bis 796). Offa nahm 784 den Titel Rex Anglorum an, führte nach karolingischem Beispiel die Münzprägung mit dem Königsnamen ein, ließ 787 seinen Sohn Egfrith zum Mitregenten erheben und wiederum nach karolingischem Vorbild zum König salben. Es gelang ihm auch, die Genehmigung des Papstes für die Erhebung Merciens zu einer eigenen Kirchenprovinz mit der Metropole Lichfield zu erwirken. Im diplomatischen Verkehr mit Karl betonte er die gleichberechtigte Partnerschaft. Es kam darüber um 789 zum Bruch, der aber nach einigen Jahren wieder überbrückt wurde. Karl sandte 796 Geschenke aus der Awarenbeute an den Papst, König Offa und Aethelred von Northumbrien. Merciens Oberkönigtum lockerte sich indessen bald nach Offas Tod, und die Kirchenprovinz Lichfield löste sich wieder auf. Die Könige von Northumbrien und Wessex unterhielten freundschaftliche Beziehungen zu den Franken, aber nicht mehr auf der Basis der Parität. Es gab unter den Angelsachsen keinen König mehr, der sich auch nur entfernt mit Karl vergleichen konnte.

Die fränkisch-asturischen Beziehungen waren bestimmt durch die gemeinsame Gegnerschaft gegen den Emirat von Córdoba und die Adoptianer. Das asturische Regnum gewann erst unter Alfons II. (791—843) Gestalt, der sich nach der Art der alten Gotenkönige salben ließ, Oviedo zur Hauptstadt und zur kirchlichen Metropole erhob und so den Anspruch auf die Nachfolge von Toledo deutlich kundtat. Hier begegnete Karl einem König von dem Selbstbewußtsein Offas. Aber die Interessengemeinschaft gegen Córdoba war doch zu stark, als daß Mißhelligkeiten zwischen Karl und Alfons hätten aufkommen können, und das faktische Übergewicht des fränkischen Großkönigs in dieser Gemeinschaft konnte gewiß auch der asturische König nicht übersehen. Die Reichsannalen berichten von zwei asturischen Gesandschaften des Jahres 798, durch die Alfons den Franken Geschenke überbringen ließ, darunter einen Anteil der großen Beute, die er 797 bei einem Handstreich auf Lissabon gewonnen hatte.

Die Amicitia des fränkischen Großkönigs mit den übrigen christlichen Königen des Abendlands war eine Realität geworden, mochte man sie auch jenseits der fränkischen Grenzen manchmal in einem anderen Licht sehen als in Aachen. Mit neuen Worten suchte man die neue Wirklichkeit zu umschreiben. Schon um 776 hatte der Angelsachse Cathwulf vom Frankenreich als Regnum Europae gesprochen; 799 erschien Karl dem Dichter des „Paderborner Epos" als Pater Europae. Auch Alkuin war der antike Ländername nicht fremd, aber er dachte in anderen Kategorien. 796/797 begegnet in seinen Briefen zum ersten Male die Bezeichnung *Imperium christianum*, die er auch in seiner Ausgabe des gregorianischen Sakramentars für Imperium Romanum einsetzte. Paulin von Aquileja hatte Karl schon 794 als Gubernator omnium Christianorum bezeichnet. Der Davidname, den Karl in vertrautem Kreis gelegentlich seit den achtziger Jahren geführt hatte, erhielt nun ein anderes Gewicht, wie das Epitheton Novus David zeigt, das Alkuin zuerst in einem Brief von 794 verwandte. Der fränkische Großkönig erschien nun als „David" der Christenheit. Der Aachener Königsstuhl wurde dem Thron Salomos nachgebildet.

Die neuen Worte blieben indessen ausschließlich der religiös-literarischen Sphäre verhaftet. Auch mit dem Davidnamen ließ sich die Sonderstellung, die der fränkische Großkönig angenommen hat, nicht juristisch fixieren. Über den Königen stand in der Christenheit nur der Kaiser. Karl hat auch den Weg der Imitatio imperii beschritten und dem Kaisertum schon zu Beginn seiner Regierung das Monogramm, später die Metallbulle entlehnt. Der Bereich seiner Herrschaft wurde zuerst in den Libri Carolini, dann auch im Frankfurter Synodalbrief des fränkischen Episkopats und von Alkuin mit den antiken Ländernamen Gallien, Germanien, Italien umschrieben. Karl erschien als Herr zentraler Großprovinzen des alten Westreichs in der Sukzession der Kaiser. Imperiale Züge erschienen in der Hofkunst im letzten Jahrzehnt des 8. Jahrhunderts. Bei der Gestaltung der Aachener Hofkapelle hatte Karl wohl auch Kaiserbauten in Konstantinopel und das römische Kaisermausoleum der theodosianischen Dynastie in Rom vor Augen. Aber der Schritt zum Kaiserrecht war damit noch nicht getan. Erst in der letzten Steigerung, die die Imitatio imperii im „Paderborner Epos" um 799 erreichte, hat ein Dichter den Griff in die eigentliche Kaisertitulatur gewagt: Karl erscheint als Augustus, Aachen als Roma secunda. Damals war die Krise in Konstantinopel und Rom schon aller Welt offenbar: die Pforten zum Kaisertum hatten sich aufgetan.

Zwischen Byzanz und den Franken herrschte seit 788 Kriegszustand. Der Rückhalt am Kaiserhof ermöglichte Herzog Grimoald von Benevent, sich 791 der fränkischen Herrschaft zu entziehen. Die Feldzüge, die König Pippin von Italien in den Jahren 791—793 gegen ihn führte, blieben ohne Erfolg. Ein beträchtlicher Teil des italischen Heeres war im Awarenkrieg eingesetzt. Die Siege Erichs von Friaul an der awarischen Front in den Jahren 795/796 ließen aber eine neue fränkische Offensive in Unteritalien erwarten. So kann es nicht wundernehmen, daß Kaiser Konstantin VI. 797 durch den sizilischen Patricius Nicetas Friedensfühler ausstreckte. Der junge Herrscher, der der Vormundschaft seiner Mutter Irene überdrüssig war, lenkte auf kirchlichem Gebiet zum Ikonoklasmus zurück. Man hat vermutet, daß seine neue Frankenpolitik auch durch seine Religionspolitik bestimmt war.

Der Konflikt zwischen Mutter und Sohn endete in einer Tragödie. Irene ließ Konstantin VI. am 15. August 797 absetzen und blenden. Sie übernahm selbst die Regierung und schuf damit ein staatsrechtlich höchst anfechtbares Novum in der Geschichte des Imperiums. Da die innenpolitische Situation prekär blieb, brauchte auch Irene den Frieden. Im Herbst 798 traf eine Gesandtschaft der Kaiserin in Aachen ein, die den Verzicht auf das von den Franken besetzte Istrien und die Preisgabe Benevents anbot. Obwohl die Absetzung und Blendung Konstantins VI. auch im Frankenreich als ein unerhörter Frevel empfunden wurde, nahm Karl das Angebot an. Der Friede bedurfte noch der Ratifikation. Ehe es dazu kam, trat ein neues, dramatisches Ereignis ein: der Aufstand gegen Papst Leo III.

Leo III. war am 27. Dezember 795 zum Nachfolger Hadrians I. erhoben worden. Einhard berichtet, daß Karl den verstorbenen Papst wie einen Bruder betrauerte. Die Beziehungen zwischen Karl und Hadrian waren nicht immer ungetrübt gewesen. Der Papst hatte den Traum eines großen italischen Kirchenstaats aufgeben müssen und war dem König entgegengetreten, als dieser das Konzil von Nikaia angriff. Aber Hadrian hatte zeitlebens loyal zum fränkischen Bündnis gestanden und vor allem im Kirchenstaat Ordnung gehalten. Der König wird ihm das nicht vergessen haben.

Der Pontifikatswechsel vom Dezember 795 war der erste seit der Angliederung des Langobardenreichs an das Regnum Francorum. Die Römer nahmen die Wahl und Weihe Leos III. ohne Unterrichtung des Frankenkönigs vor und bekundeten damit ihre Souveränität. Der neue Papst übersandte dem Patricius-König nicht nur das Wahldekret, sondern auch die Schlüssel zur Confessio s. Petri und das Vexillum der Stadt mit der Bitte, durch einen Vertreter den Gehorsams- und Treueid der Römer entgegenzunehmen. Man kann bezeifeln, ob Hadrian die Eidesleistung in dieser Form angeboten hätte. Leo stammte nicht aus dem Stadtadel und brauchte den Rückhalt am königlichen Protektor, da er wohl von vornherein mit einer starken Opposition zu rechnen hatte, zu der auch die Familie seines Vorgängers gehörte.

Die Antwort Karls an Leo III. enthielt grundsätzliche Ausführungen über die Aufgaben der beiden Gewalten. Sie zeigen, wie sehr sich das Gewicht auf die Seite des Königs verschoben hatte, den Paulin von Aquileja 794 panegyrisch als Rex et Sacerdos bezeichnete. Die vielzitierten Sätze lauten: „Uns liegt es ob, mit Gottes Hilfe die heilige Kirche Christi nach außen durch die Waffen überall gegen die Einfälle der Heiden und die Verwüstungen der Ungläubigen zu verteidigen, nach innen sie durch die Erkenntnis des wahren Glaubens zu festigen. Eure Aufgabe, Heiliger Vater, ist es, wie Moses die Arme zum Gebet zu erheben und so unserm Heere zu helfen, damit durch eure Fürbitte unter Gottes Führung und Gewähr das christliche Volk allzeit Sieg habe über die Feinde seines heiligen Namens und der Name unseres Herrn Jesus Christus in der ganzen Welt verherrlicht werde." [1] Man darf diese Stelle gewiß nicht isoliert betrachten und muß sie mit den Ausführungen der Libri Carolini über den römischen Primat zusammensehen. Karl meinte mit seinen Ausführungen über die innere Festigung der Kirche sicher in erster Linie seine Sorge für die kirchliche Ordnung, für die Bildung des Klerus und die religiöse Unterweisung des Volkes, wie denn auch Alkuin die Rex-et-Sacerdos-Formel durch das Wort Pontifex in praedicatione erläuterte. Aber die Sorge um die innere Festigung der Kirche hatte sich in Frankfurt doch auch auf Glaubensfragen erstreckt, und sie nahm den Papst nicht aus, wie die Mahnung zeigt: „Haltet fest an den heiligen Canones, und beachtet sorgsam die Regeln der Väter ... damit euer Licht vor den Menschen leuchte." Man möchte fast annehmen, daß Karl schon Klagen über die Person Leos zu Ohren gekommen waren. Denn die Instruktion für den Missus Angilbert enthält die Sätze: „Mahnt den Papst, ein ehrenhaftes Leben zu führen, die heiligen Canones eifersüchtig zu bewahren und die heilige Kirche in Pietät zu regieren ... Insbesondere soll er die simonistische Häresie bekämpfen, die allzuoft den Leib der Kirche befleckt ..." [2] Ähnlich hatte einst Gregor d. Gr. an die Frankenkönige geschrieben, aber nunmehr waren die Rollen vertauscht.

Es läßt sich beobachten, daß der Einfluß des Patricius in diesen Jahren auch im Kirchenstaat anstieg. Leo III. nahm 798 die Herrscherjahre Karls in die päpstliche Datierung auf. Er ließ das Zusammenwirken von Papst und König auch bildlich in Rom darstellen. Das Stiftermosaik in der Apsis von S. Susanna zeigt den Papst zur Rechten, den König zur Linken Christi. Bedeutsamer waren die beiden großen Mosaiken, die Leo im Triklinium des Laterans, dem päpstlichen Repräsentationssaal für Synoden, Gerichtsverhandlungen und Empfänge anbringen ließ. Das erste Bild zeigte Christus mit Petrus und Konstantin d. Gr., das zweite Petrus mit Leo und Karl in der gleichen Anordnung wie in S. Susanna. Daß der König in repräsentative bildliche Darstellungen Roms aufgenommen wurde, war eine Neuerung, die sich mit der Aufnahme seiner Herrscherjahre in die Datierung vergleichen läßt. Staatsrechtlich trat damit freilich keine Änderung ein, da der König sowohl in den Urkunden wie in den Bildern den zweiten Platz einnahm. Leo III. münzte auch wie seine Vorgänger weiter als Souverän von Rom.

[1] MGEp IV (Epp. Alcuini) n. 93 S. 137 f.   [2] Ebd. n. 92 S. 135/136.

Führer der römischen Opposition gegen Leo waren der Primicerius Paschalis und der Sacellarius Campulus, Verwandte Hadrians I. Eine Anfrage Alkuins an Arn von Salzburg vom Juni 798 läßt erkennen, daß man im Frankenreich über die Entwicklung in Rom besorgt war. Die Revolution kam am 25. April 799 zum Ausbruch. Auf dem Weg vom Lateran zur Statio St. Laurentius in Lucina wurde der Papst vor dem Kloster St. Silvester in Capite überfallen. Man mißhandelte ihn und beraubte ihn der Pontifikalgewänder. Indizien lassen auf eine Absetzung vor dem Altar von St. Silvester schließen. Die Verstümmelung (Blendung und Herausreißen der Zunge) ist wohl angeordnet, aber nicht vollzogen worden. In der Nacht zum 26. April wurde Leo III. in das Erasmuskloster beim Lateran überführt. Die Verschwörer hatten ihn wohl zur Klosterhaft, der Strafe für abgesetzte Würdenträger geistlichen und weltlichen Standes, verurteilt. St. Silvester und St. Erasmus gehörten zu den griechischen Klöstern Roms. Man hat daher Verbindungen der Verschwörer mit dem Kaiserhof vermutet: kaum zu Recht, da die Kaiserin eben damals den Frieden mit Karl brauchte und sich keine Spur für eine byzantinische Intervention findet.

Zur Neuwahl eines Papstes kam es nicht, vielleicht aus Furcht vor den Franken, die schon durch die Revolution gegen Leo vor ein Fait accompli gestellt wurden. Der fränkische Herzog Winigis von Spoleto eilte mit dem königlichen Missus, Abt Wirund von Stablo-Malmédy, nach Rom. Die Dinge nahmen für die Verschwörer eine unerwartete Wendung, da es Leo gelang, aus St. Erasmus nach St. Peter zu fliehen, wo er mit den Franken zusammentraf. Nachdem ein fränkischer Vermittlungsversuch gescheitert war, führte Winigis den Papst mit sich nach Spoleto und berichtete an den König.

Karl befand sich in Aachen, als er die ersten Nachrichten über die römischen Geschehnisse erhielt. Er sagte einen schon angekündigten Sachsenzug nicht ab, sondern schickte eine Botschaft mit der Aufforderung an den Papst, nach Paderborn zu kommen, wo er Leo Ende Juli in feierlicher Weise empfing. Es war klar, daß der König die Absetzung nicht anerkannte. Aber dem Papst folgten Gesandte der Rebellen, die nun formelle Anklage vor Karl erhoben. Sie lautete auf Adulterium und Periurium.

Die Ereignisse hatten einen Verlauf genommen, der die päpstliche Souveränität in Rom ernstlich in Frage stellte. Die dramatische Wendung erhellt aus einem Brief Alkuins an den König vom Juni 799[3]: „Bis jetzt gab es in der Christenheit drei Männer, die zählten: den Vikar des Apostelfürsten Petrus — was ihm geschehen ist, habt ihr mich wissen lassen; den Träger des Kaisertums — der zeitliche Herr des neuen Rom, wie er nicht von Fremden, sondern von den Seinen abgesetzt wurde, ist in aller Mund; endlich euch, den König, den unser Herr Jesus Christus zum Haupt des christlichen Volks bestimmt hat und der die beiden andern an Macht, Weisheit

[3] MGEp IV (Epp. Alcuini) n. 174 S. 288.

und Würde übertrifft. Siehe, das Heil der Kirche Christi ruht nun ganz auf dir allein." Die Frage war, in welcher Weise der König abhelfen konnte. Eine einfache Restitution Leos schien angesichts der Anklage unmöglich. Der Papst hätte einen Reinigungseid nach germanischem Recht leisten oder seinen Rücktritt erklären können. Aber gegen diese Lösungen hatte gewiß nicht nur Alkuin Bedenken. Richter über den Papst konnte — wenn überhaupt jemand — nur der Kaiser sein. Aber auch die Kompetenz des Kaisers war fraglich nach dem zu Anfang des 6. Jh. formulierten kanonischen Satz Prima sedes a nemine iudicatur. So schob Karl schließlich die Entscheidung hinaus. Er ließ Leo nach Rom zurückführen und leitete durch seine Missi ein Informativverfahren ein.

Daß die Kaiserfrage in der Luft lag, zeigt das schon erwähnte „Paderborner Epos", das den Empfang des Papstes durch den Frankenkönig in imperialen Formen beschreibt. Bald nach der Abreise des Papstes traf beim König im September ein Gesandter des Patricius Michael von Sizilien ein. Der Gegenstand der Verhandlungen ist leider unbekannt. Die nächste byzantinische Gesandtschaft, von der Kaiserin abgeordnet propter pacem confirmandam, traf erst zu Beginn des Jahres 802 am fränkischen Hof ein.

Der Papst kam am 29. November in Rom an. Die Königsboten, an ihrer Spitze der Erzkaplan Hildebald von Köln und Arn von Salzburg, hielten im Dezember ein Placitum im Triklinium des Laterans ab, zu dem Paschalis und Campulus geladen wurden. Arn klagte bei Alkuin de moribus Apostolici in einer Art, daß Alkuin den Brief verbrannte. Aber die Ankläger hatten nach römischem Recht die Beweispflicht, und sie vermochten anscheinend nicht hinreichende Beweise beizubringen. Die Königsboten hatten keine Vollmacht zur definitiven Erledigung der Sache. Sie setzten Leo vorläufig wieder ein. Die Kläger wurden „auf Grund einer Erkenntnis über unbegründete Gewalttat und Friedensbruch" (Zimmermann) verhaftet und über die Alpen geschickt.

Der König nahm sich Zeit. Er verbrachte den Winter in Aachen und brach zu Beginn des Frühjahrs 800 zur Nordsee auf, wo er vorbeugende Sicherheitsmaßnahmen gegen die Normannen traf, die kurz zuvor ihre ersten Wikingerzüge gegen Northumbrien, Schottland und Ulster gerichtetet hatten. Ende April zog er über Rouen nach Tours, wo er die Unterwerfung der Bretonen entgegennahm, mit dem Sohn Ludwig den Fortgang der Operationen in Spanien und den Schutz der aquitanischen und septimanischen Küste gegen sarazenische Piraten besprach, gewiß aber auch mit Alkuin über die römische Frage konferierte, Der Aufenthalt zog sich wegen der Krankheit der Königin Luitgard, die am 4. Juni in Tours starb, länger hin. Alkuin begleitete Karl zurück nach Aachen, wo Mitte Juni die Synode stattfand, auf der er Felix von Urgel überwand. Die Synode wird aber auch Gelegenheit geboten haben, die römische Frage noch einmal eingehend mit fränkischen Bischöfen zu besprechen.

Erst auf der Mainzer Reichsversammlung von Anfang August wurde der Romzug festgesetzt. Nochmals verging einige Zeit bis zum Aufbruch. Mitte November befand sich Karl in Ravenna. Am 23. November traf er in Mentana, 12 Meilen von Rom, ein. Hier empfing ihn der Papst mit einem Festmahl. Am 1. Meilenstein versammelt man sich zur feierlichen Processio, dem berittenen Aufzug von Herrscher und Hofstaat, der unter den Akklamationen der römischen Korporationen und der ausländischen Scholen erfolgte, die am Weg des Königs aufgestellt waren. Das Zeremoniell, unter dem Karl 774 zum ersten Male in Rom einzog, war ganz anderer Art gewesen. Diesmal handelte es sich um eine kaiserliche Ehrung — und Karl mußte das wissen.

Der König berief in Rom ein Konzil nach dem Muster der fränkischen Reichssynoden, zu dem außer dem hohen Klerus aus Rom und dem Reich auch der römische Senat und die fränkischen Großen als Umstand geladen waren. Das Konzil hielt am 1. und 23. Dezember Plenarsitzungen in St. Peter unter dem Vorsitz des Königs ab. Doch gingen schon der ersten Plenarsitzung Vorverhandlungen vorauf. Die Synodalen waren nicht einig: ein Teil vertrat Alkuins Standpunkt, daß der Papst nicht gerichtet werden könne, ein anderer forderte eine Rechtfertigung Leos. Das Ergebnis der Vorverhandlungen war ein Kompromiß. Der König erklärte in der Eröffnungsansprache vom 1. Dezember, Zweck der Zusammenkunft sei die Prüfung der Anklage gegen den Papst. Die Versammlung erwiderte, daß sie nicht über den Papst richten wolle; worauf Leo sich bereit erklärte, „sich gemäß dem Beispiel seiner Vorgänger von den falschen Anschuldigungen vor der Versammlung zu reinigen". Auf der Plenarsitzung vom 23. Dezember legte der Papst einen Reinigungseid ab. Dieser bezog sich nur auf die Punkte der Anklage. „Was sonst gegen Leo einzuwenden war, blieb unerörtert" (Zimmermann).

Im Anschluß an die Konzilssitzung wurde nach den Lorscher Annalen von den Versammelten die Übertragung der Kaiserwürde auf Karl gefordert, weil das Kaisertum bei den Griechen vakant sei, Karl aber bereits die Kaiserstadt Rom sowie alle kaiserlichen Sedes per Italiam (Ravenna, vielleicht auch Mailand) seu Galliam (Trier und Arles) necnon et per Germaniam (wohl Mainz) innehabe, damit eigentlich schon ein Kaiser ohne Namen sei. Karl habe zugestimmt. Es besteht kein Anlaß, diesen Bericht zu bezweifeln. Mit dem Hinweis auf den Besitz von Italien, Gallien und Germanien hatten die Hoftheologen und der hohe Klerus schon seit 10 Jahren die kaiserliche Stellung Karls dargelegt. War es ein Zufall, daß am gleichen 23. Dezember der Hofkaplan Zacharias von einer Gesandtschaft nach Jerusalem zurückkehrte mit zwei Mönchen vom Ölberg- und Sabaskloster, die im Auftrag des Patriarchen die Schlüssel des Heiligen Grabes und der Davidstadt sowie eine Standarte überbrachten, damit aber Karl als Schutzherrn der Christen des Orients anerkannten? Die kaiserliche Stellung des fränkischen Großkönigs konnte nicht deutlicher demonstriert werden.

Die dritte Weihnachtsmesse des Jahres 800 feierte der Papst nach altem Brauch in St. Peter, wo auch die Konzilssitzung vom 23. Dezember stattgefunden hatte. Nach der Oratio, die liegend gebetet wurde, wurden an hohen Festtagen die Laudes intoniert. Noch ehe sie einsetzten, ergriff Leo III. eine Krone und setzte sie dem König mit einer kurzen Benediktionsformel aufs Haupt. Sogleich akklamierten die Römer Karl als Kaiser, und der Kaisertitel wurde auch in den Laudes des Umstands aufgegriffen: Carolo Augusto, a Deo coronato, magno et pacifico imperatori Romanorum, vita et victoria[4]. Einige Quellen berichten auch von der Bekleidung Karls mit dem kaiserlichen Purpurmantel und der Überreichung eines Szepters. Leo III. erwies dem neuen Kaiser die Proskynese, wie sie den alten Kaisern zukam. Es war die erste und letzte Proskynese eines Papstes vor einem Kaiser des mittelalterlichen Abendlands.

Umstritten ist bis auf den heutigen Tag die Interpretation der berühmten Stelle in Einhards Vita Caroli: Karl habe eine solche Abneigung gegen die Kaiserwürde (nomen imperatoris) verspürt, daß er trotz des hohen Festtages nicht in die Kirche gegangen wäre, wenn er die Absicht des Papstes vorausgesehen hätte[5]. Daß Karl durch den Akt als solchen überrascht und das Kaisertum schlechthin abgelehnt hätte, kann nach dem heutigen Stand der Forschung nicht mehr angenommen werden. Der Kontext bei Einhard läßt vermuten, daß die Äußerung Karls im Ärger über spätere Verwicklungen mit Konstantinopel gefallen ist. Doch läßt sich nicht verkennen, daß die Übertragung des römischen Kaisertums auf den fränkischen Großkönig auch interne staatsrechtliche Probleme aufwarf, die erst in der Folge geklärt werden konnten. Vielleicht hat Karl seinen Franken im Sinne des Konzils vom 23. Dezember eine größere Rolle beim Erhebungsakt zugedacht und an der Art Anstoß genommen, wie der Papst und die Römer sich in den Vordergrund gespielt hatten[6]. Eine Kaiserproklamation durch die Franken unter Ausschluß der Römer oder gar eine selbstherrliche Annahme des Kaisertitels kann ihm freilich nicht vorgeschwebt haben, da ein „fränkisches" Kaisertum juristisch belanglos gewesen wäre und niemand beeindruckt

[4] Annales regni 801. — Im Liber Pontificalis lautet die Formel: Karolo, piissimo Augusto, a Deo coronato, magno et pacifico imperatore, vita et victoria! Nach *Classen*, Karlswerk I 588, entspricht die Fassung des Liber Pontificalis dem „allein von den Römern gesprochenen Text".

[5] Vita Caroli 28.

[6] So *Folz*, Couronnement impérial 172 ff. Diese Vermutung bleibt jedoch problematisch. Keinesfalls kann man der Auffassung zustimmen, Leo III. sei in der Rolle eines Papstes erschienen, der selbst Rang und Attribute eines Kaisers besessen habe. Dagegen spricht entscheidend die Proskynese, die der Papst dem neuen Kaiser erwies. Für Leo III. dürften, wie Classen sagt, in diesem Moment persönliche Motive den Ausschlag gegeben haben: „Ihm war es wohl wichtiger, seine Gegner in Rom für alle Zeiten unschädlich zu machen, als das Postulat des Constitutum Constantini aufrechtzuerhalten, in Rom dürfe kein irdischer Kaiser herrschen" (Karlswerk I 574).

hätte. Wollte Karl das Kaisertum — was heute feststeht —, so mußte er auch die einzig mögliche Form akzeptieren, in der es rechtsgültig geschaffen werden konnte, nämlich die des römischen Staatsrechts. Daß innerhalb der vorgegebenen Form verschiedene Akzente gesetzt werden konnten, lassen die Quellen erkennen. Der Sinnzusammenhang, in dem Karl die von Einhard berichtete Äußerung tat, ist trotz aller Mühe der Forscher nicht mehr sicher zu ermitteln[7].

Wenige Tage nach der Kaiserkrönung hielt Karl Gericht über die römische Opposition. Die Führer der Rebellen wurden nach römischem Recht als rei maiestatis zum Tode verurteilt, dann aber auf Fürbitte Leos zum Exil begnadigt. Das Gericht über die römische Opposition zeigt, daß Karl als Kaiser zum Oberherrn in Rom und im Kirchenstaat geworden war. In der Datierung der Papsturkunden rückten die Kaiserjahre vor die Papstjahre. Daß im Bildrecht die gleiche Umstellung vorgenommen wurde, lehrt ein Zeugnis aus dem Ende des 9. Jh. Die päpstlichen Münzen führten fortan Karls Namen und Titel auf dem Avers, Leos Monogramm auf dem Revers.

Daß mit der Kaiserwürde auch die römisch-christliche Reichsideologie übernommen wurde, erhellt aus der Kaisertitulatur, die spätestens während Karls Aufenthalt in Ravenna im Mai 801 festgelegt wurde. Der alte Königstitel — Rex Francorum et Langobardorum atque Patricius Romanorum — drückte die staatsrechtliche Dreigliederung des Karlsreiches aus. Der römische Bezug mußte nach der Übernahme des Kaisertums an die erste Stelle rücken. Daraus konnten sich staatsrechtliche Schwierigkeiten ergeben, da das fränkische Königsvolk an die zweite Stelle verwiesen wurde. Sie wurden umgangen, indem man die in Italien gebräuchliche Formel Romanum gubernans imperium einfügte, so daß der Kaisertitel nunmehr lautete: Karolus serenissimus Augustus, a Deo coronatus, magnus et pacificus imperator, Romanum gubernans imperium, qui et per misericordiam Dei rex Francorum et Langobardorum. Das Imperium Romanum ist hier geschichtstheologisch aufzufassen als „eine Institution mit einem Auftrag Gottes als des Weltenlenkers“[8]. Den Auftrag nahm der König der Franken und Langobarden als Kaiser wahr. Die Stellung der Franken als des staatstragenden Volkes war damit aufrechterhalten, das Kaisertum zugleich als Herrschaft über die Christenheit definiert.

Die Kaisertitulatur blieb nicht die einzige Neuerung in der Staatssymbolik. Karl führte in seine Urkunden die feierliche Anrufung Gottes, die Kaiser- und Indiktionsjahre, für bullierte Diplome auch ein besonderes Eschatokoll mit einer Kanzlerunterfertigung byzantinischer Art ein. Er ließ eine Kaiserbulle prägen, die auf der Vorderseite das Herrscherbild, den Kaisertitel und die kaiserlichen Epitheta alter Art, auf der Rückseite ein

[7] Die beste Zusammenfassung der Problematik bietet *Classen*, Karlswerk I 589—591.

[8] *Schramm*, Karl d. Gr. im Lichte der Staatssymbolik 37.

Symbol der Stadt Rom mit der Umschrift Renovatio Romani imperii trug. Das Herrscherbild der neuen Kaisermünze schloß an ein Medaillon Konstantins an, auf dem Revers war eine Kirche mit der Aufschrift Religio christiana dargestellt. So betonte die Symbolik von Goldbulle und Münze den römischen und christlichen Reichsgedanken; das Münzbild scheint darauf hinzuweisen, daß Karl in Konstantin sein kaiserliches Vorbild sah.

15. Kapitel

Die Entfaltung der karolingischen Theokratie, der Friede mit Konstantinopel und der Tod Karls

LITERATUR: Zu Kaisergesetzgebung und Untertaneneid: *F. L. Ganshof,* Recherches (vgl. Kapitel 12): *ders.,* La fin du règne de Charlemagne, une décomposition: Zschr. für schweizer. Gesch. 28 (1948) 433—452; *ders.,* L'échec de Charlemagne: Comptes rendus Acad. Inscr. et Belles Lettres (1947) 248—254; *ders.,* Le programme de gouvernement impérial de Charlemagne: Renovatio imperii: Atti della giornata internazionale di Studio per il Millenario 1961 (Faenza 1963) 63—96; *F. Lot,* Le serment de fidélité à l'époque franque: Revue belge de phil. et d'hist. 12 (1933) 569—582; *L. Halphen,* L'idée d'État sous les Carolingiens: RH 185 (1939) 59—70; *Ch. Odegaard,* The Concept of Royal Power in Carolingian Oaths of Fidelity: Speculum 20 (1945) 279—289; *F. L. Ganshof,* Charlemagne et le serment: Mélanges Halphen (1951) 259—270; *Th. Mayer,* Staatsauffassung in der Karolingerzeit: HZ 173 (1952) 467—484.

Zur Klosterreform: *J. Semmler,* Karl d. Gr. und das fränkische Mönchtum: Karlswerk II 255—289.

Zu Bagdad und Byzanz: *F. W. Buckler,* Harunu'l Rashid and Charles the Great (Cambridge/Mass. 1931) [= The medieval academy of America Nr. 7]; *W. Björkman,* Karl und der Islam: Karlswerk I 672—682; *O. Bertolini,* Carlomagno e Benevento: Karlswerk I 609—671; *Ohnsorge* (vgl. Kap. 10); *R. Cessi,* Le origini del ducato veneziano (Neapel o. J.) [= Collectanea storica 4]; *F. Dölger* (vgl. Kap. 10); *P. Classen* (wie Kap. 14).

Zur Nachfolgeregelung: *Ohnsorge* (vgl. Kap. 10); *W. Schlesinger,* Kaisertum und Reichsteilung: Forschungen zu Staat und Verfassung. Festgabe für F. Hartung (Berlin 1958) 9—51; *ders.,* Karlingische Königswahlen (Berlin 1958); *W. Mohr,* Reichspolitik und Kaiserkrönung in den Jahren 813 und 816; WaG 20 (1960) 168—186; *P. Classen* (wie Kap. 14).

Beurteilung und Nachleben Karls d. Gr.: *E. Ewig,* Karl d. Gr. und die karolingischen Teilungen: Die Europäer u. ihre Geschichte (München 1961) 1—18; *R. Folz,* Le souvenir et la légende de Charlemagne dans l'Empire germanique médiéval (Paris 1950) [= Publ. Univ. Dijon VII]; Karl der Große. Lebenswerk und Nachleben IV (Das Nachleben): erscheint demnächst.

Die Kaiserjahre Karls waren für das Frankenreich eine Zeit relativen äußeren Friedens. Der Kaiser ließ Holstein als Mark gegen die Dänen einrichten. Im slawischen Vorland Ostfalens mußten die mit den Dänen verbündeten Wilzen schließlich ebenso wie die Abodriten und Sorben die fränkische Hoheit anerkennen. Die Wacht an der dänisch-slawischen Grenze übernahm der älteste Kaisersohn Karl, der schon die letzten Sachsenkämpfe (seit 798) selbständig geleitet hatte und 800 vom Papst zum König geweiht worden war. Ihm wurden damit die gleichen Aufgaben zugewiesen, die seine jüngeren Brüder an den Grenzen Italiens und Aquitaniens wahrnahmen.

Größere Sorgen machten dem König gewiß die Piratenfahrten spanischer und afrikanischer Sarazenen, die von 806 bis 813 regelmäßig die Inseln und Küsten des westlichen Mittelmeers heimsuchten. Die Sicherungsmaßnahmen Karls erstreckten sich auch auf die Nordsee- und Atlantikküste. Doch trat die Wikingergefahr in diesen Jahren noch nicht deutlich hervor. Die Hauptaufgabe des Kaisers lag auf dem Gebiet der Innenpolitik. Den historischen Auftrag des Imperiums hatte Vergil einst als eine Friedenssendung beschrieben, gegründet auf Herrschaft. Zum römischen Friedensgedanken war der christliche getreten, gegründet auf die Liebe. Er stand im Zentrum von Augustins Civitas Dei. Die Justitia, die den Ordo verwirklicht, der Ordo, dessen Frucht die Pax ist, und die Pax selber wurde nun nicht mehr innerweltlich-statisch aufgefaßt, sondern auf Christus bezogen; sie war steigerungsfähig, offen zu Gott.

Die Germanen kannten nicht den allgemeinen Frieden römisch-christlicher Prägung. Ihr Friede war vielgestaltig und abgestuft wie die Rechtskreise, in denen der Germane lebte. Die Rechtskreise des Hauses, der Sippe, des Bundes galten als autonome, nicht vom Staat abgeleitete Gemeinschaften, die der König nicht antasten durfte. Daher hatte auch der Königsfriede keine allgemeine Geltung. Er bezog sich auf bestimmte Sphären des öffentlichen Lebens: auf Kult, Gericht und Heer. Die Fehde infra patriam konnte der König nicht ausschließen, allenfalls beilegen. Wollte er den allgemeinen Frieden durchsetzen, so war dies nur möglich über die Pax christiana. Der christliche Friede, von Haus aus Sache der Kirche, wurde dadurch auch Sache des Herrschers. So erklärt sich die merkwürdige Mischung religiöser, politischer und sozialer Friedensaspekte in den Kapitularien der Karolinger.

Zum Träger der Pax christiana hatte den Herrscher schon die christliche Königswürde gemacht. Aber die Übertragung des Kaisertums gab nun neue Impulse und hat Karls Bemühungen um Justitia, Ordo und Pax noch einmal erheblich gesteigert. Die Masse der erhaltenen Kapitularien des großen Herrschers stammt aus den Kaiserjahren, und die wichtigsten unter ihnen datieren von 802/803 und 805/806. Am deutlichsten spricht das neue Ethos aus dem Kaisereid von 802. Karl hatte den merowingischen Untertaneneid nach der Verschwörung von 786 neu eingeführt und nach der Krise von 792/793 eine zweite Vereidigung vornehmen lassen. Die ältere Eidesformel enthielt nur die Verpflichtung, sich aller Handlungen der Untreue (infidelitas) gegen den König zu enthalten. Die Instruktion an die Königsboten von 802 zeigt, daß diese Verpflichtung nun umgewandelt und erweitert wurde. Der Kaisereid verpflichtete positiv zu aktiver Bereitschaft im Dienste Gottes, zu aktivem Einsatz bei der Verwirklichung der Aequitas; er verpflichtete negativ zum Verzicht auf jeden Angriff gegen den vom Kaiser besonders geschützten Kreis der Waffenlosen (Waisen, Witwen, Kirche, Pilger und Fremde) und auf jede Handlung gegen Anordnungen des Kaisers. Formell wurde die Treuverpflichtung durch die Aufnahme der Vasallitätsformel in den Kaisereid verstärkt. Nach einem erneuten Verbot aller „privaten" Schwurgemeinschaften (803 und 805) wurde die Eidesleistung als solche 805 eingeschränkt auf den Eid an den Kaiser (Untertaneneid), den Vasalleneid, der den Kaiser einschloß, und den Gerichtseid, das heißt auf die Verpflichtung gegenüber Gott und dem Herrscher.

Die Einbeziehung Gottes und seiner Gebote in die Eidesleistung hatte zur Folge die Ausdehnung der Fälle von infidelitas und periurium auf Antasten der Wehrlosen, auf Usurpation von Königsgut und Ausbeutung der Lehen zu privaten Zwecken, auf Mißbrauch der Vertretung vor Gericht, auf Vernachlässigung der Heerespflicht. Fortan galten auch Verstöße gegen den Dekalog als infidelitas und konnten mit den entsprechenden Strafen geahndet werden: der latro erscheint als infidelis noster et Francorum. Damit war auch ein Verbot der Fehde möglich geworden. Die Missatsinstruktionen von 802 und 805 enthielten solche Verbote und ordneten die Beilegung von Fehden durch Sühne an: distringantur ad pacem, etiamsi noluerint[1]. Die Instruktion von 805 untersagte die Führung von Kriegswaffen (scuti, lanceae, loricae) infra patriam. Damit war der Kampf des mittelalterlichen Königtums gegen das Fehdewesen eröffnet, wenn es auch noch Jahrhunderte dauerte, bis er endgültig zum Erfolg führte.

Der Amtsbereich des Herrschers war durch die Aufnahme der Pax christiana erheblich erweitert worden. Reminiszenzen an das alte Kaisertum haben zu einer weiteren Ausdehnung wohl beigetragen. In den Kaiserkapitularien Karls wurde die Lex scripta als Grundlage der Rechtsprechung in neuartiger Weise betont. Aufgezeichnet wurde die Lex Saxonum, die Lex Thuringorum, vorbereitet die Ausgabe der Lex Frisionum. Bedeutsamer noch erscheint die Einbeziehung der Materien des Volksrechts in die Gesetzgebung der Kapitularien und der Versuch, ein einheitliches Frankenrecht zu schaffen. Freilich blieb dieser Versuch nach dem ersten Impuls von 802/803 stecken.

In der weltlichen wie in der kirchlichen Gesetzgebung kam der Aachener Reichsversammlung vom Oktober 802 eine besondere Bedeutung zu. Wie den Laien die Volksrechte, so wurden dem Klerus die Dionyso-Hadriana und die Benediktinerregel vorgelegt. Die Dionyso-Hadriana sollte demnach im kirchlichen Leben die gleiche Stelle einnehmen wie das Volksrecht im weltlichen. Innerhalb des kirchlichen Bereichs aber trat eine deutlichere Unterscheidung von Welt- und Ordensklerus ein. Die an die Chrodegangregel angelehnte Vita canonica hob sich klarer als bisher von der benediktinischen

[1] MGCap I n. 44 S. 123 von 805. Vgl. dazu auch MGCap. I n. 33 S. 32 von 802.

Lex des Mönchtums ab. Die Einführung des römischen Offiziums im Weltklerus, des benediktinischen im Ordensklerus leitete eine Scheidung auch im liturgischen Bereich ein. Freilich blieb es auch hier zunächst bei Beschlüssen. Die Durchführung der Neuordnung war Ludwig dem Frommen vorbehalten, der an die Synode von 802 wieder anknüpfte.

Die dogmatischen Diskussionen waren zur Ruhe gekommen. Nur die Kontroverse über die Processio Spiritus Sancti flammte 809 noch einmal auf, da es in Palästina darüber zu Mißhelligkeiten zwischen fränkischen und orientalischen Mönchen gekommen war. Theodulf von Orléans und Abt Smaragd von St-Mihiel erstatteten Gutachten, und Karl befaßte mit dieser Frage auch noch einmal den Papst. Doch hielt selbst der schwache Leo an der Stellungnahme seines Vorgängers fest und lehnte die Aufnahme des Filioque in das römische Credo ab.

Die Kapitularien befaßten sich in diesen Jahren weiter mit Fragen des Rechts, der kirchlichen Disziplin, der Bildung und Seelsorge. Weiter ausgebaut wurde die eigenkirchliche Gesetzgebung. War die Mitsprache des Bischofs bei der Einstellung von Eigenklerikern und die bischöfliche Leitungsbefugnis schon früher festgesetzt worden, so wurde nunmehr auch das bischöfliche Aufsichtsrecht über die eigenkirchlichen Gebäude statuiert (803/813), die simonistische Übertragung von Eigenkirchen verboten und die Entlassung von Eigenklerikern an die bischöfliche Genehmigung gebunden (813). Um die Wirksamkeit der Kapitulariengesetzgebung zu erhöhen, um Bestechungen und Bedrückungen der Bevölkerung durch die Missi abzustellen, wählte der Kaiser seit 802 seine Missi nur noch aus dem Kreis der Bischöfe, Äbte und Grafen, nicht mehr aus den einfachen Vasallen. Er ging auch damit zur Einrichtung fester Missatssprengel über.

Es liegen Anzeichen vor, daß die Kraft des Herrschers seit 806 nachließ; ein ernsthaftes Siechtum befiel Karl im Jahre 811. In den Kapitularien dieser Zeit wurden Klagen laut, daß die Concordia zwischen den geistlichen und weltlichen Großen sehr zu wünschen übrigließ. Die kirchlichen Immunitäten auf der einen, Eigenkirchenwesen und Kirchenlehen auf der anderen Seite boten Anlaß zu Konflikten. Der Kaiser plante 809 eine Wiederaufnahme der kirchlichen Gesetzgebung in größerem Stil, mußte sie aber wegen der Dänengefahr von 810 zurückstellen. 813 schrieb er Synoden des ganzen Reichs nach Mainz, Reims, Tours, Chalon und Arles aus, die Mängel abstellen und die Fortführung der Reform beraten sollten. Er schnitt dabei auch die Frage der Bußdisziplin an und gab damit den Anstoß zum Kampf gegen die insularen Pönitentiale im Zeichen des kanonischen Rechts. Die Vollendung des Werks sollte ihm jedoch nicht vergönnt sein: sie ging als Aufgabe an den Nachfolger über.

Die Nachfolgefrage war seit dem Weihnachtstag des Jahres 800 aufs engste mit der staatsrechtlichen Ausformung des Kaisertums verknüpft, diese ihrerseits untrennbar von der Entwicklung der Beziehungen zum griechischen Osten. Die Kaiserkrönung Karls mußte am Bosporus als unerhörte Usurpation und unmittelbare Bedrohung empfunden werden. Der Krieg zwischen den Franken und den Beneventanern war noch nicht beendet. Man befürchtete in Byzanz einen fränkischen Angriff auf Sizilien. Auch die Beziehungen, die Karl Ende 797 mit dem Kalifen Harun al Raschid von Bagdad aufgenommen hatte, konnten sich gegen Konstantinopel und Córdoba richten. Man suchte indessen im Okzident nach friedlichen Lösungen. Als zu Beginn des Jahres 802 eine griechische Gesandtschaft in Aachen eintraf, soll Karl den Versuch gemacht haben, durch ein Heiratsangebot an die Kaiserin Irene die Union der beiden christlichen Imperien herbeizuführen[2]. Irene wurde bald nach der Ankunft der fränkischen Gesandtschaft am 31. Oktober 802 entthront und in ein Kloster verwiesen, wo sie am 9. August 803 starb. Der neue Kaiser Nikephoros ordnete an Karl eine Gesandtschaft ab, die im Sommer 803 in Salz eintraf. Aber die Verhandlungen zerschlugen sich. Karl bestand offenbar auf einer Anerkennung seines Kaisertums; seine Gegenvorschläge blieben ohne Antwort.

Es kam in der Folge zum Krieg, und Schauplatz der Auseinandersetzungen wurden die Küsten der Adria. Der Patriarch Fortunat von Grado, Venetiens vornehmster Kirchenfürst, hatte sich im August 803 bei Karl eingefunden, um sich seine Privilegien bestätigen zu lassen. Er betrieb wohl die Wiederherstellung der alten Kirchenprovinz Venetia (Aquileja), die seit 200 Jahren in die langobardische Provinz Aquileja (Cividale) und die kaiserliche Provinz Venetia (Grado) gespalten war. In der Tat trafen Kaiser und Papst im Januar 805 zu Aachen Vereinbarungen de Aquileiense ecclesia velut una, quae suam sedem haberet. Fortunats fränkische Politik stieß zunächst auf Widerstand bei den Venetianern, die den Patriarchen vertrieben, sich aber dann doch mit den Dalmatinern (Zara) um die Jahreswende 805/806 bei Karl einfanden, um ihm zu huldigen. Nikephoros sandte 806 eine Flotte zur Rückgewinnung der verlorenen Gebiete aus. Nach wechselvollen Kämpfen, die sich bis 810 hinzogen, vermochte König Pippin Venetien teilweise zu unterwerfen, doch scheiterte der fränkische Angriff auf die dalmatinischen Seestädte.

Der Frankenherrscher betrachtete Venetien gewiß nur als Faustpfand. Als der Griechenkaiser 810 einen Gesandten zu Pippin abordnete, nahm er die Gelegenheit wahr, den Krieg zu beenden. Er ließ den Gesandten, der Pippin nicht mehr unter den Lebenden antraf, nach Aachen kommen und schlug ihm den Verzicht auf Venetien und die dalmatinischen Städte gegen Anerkennung des westlichen Kaisertums vor. Eine fränkische Gesandtschaft ging im Frühjahr 811 nach Byzanz, um auf dieser Grundlage zu verhandeln. Nikephoros fiel im Juli dieses Jahres gegen die Bulgaren, sein Nachfolger

[2] Der phantastische Plan beruhte wohl nur auf Gerüchten, die in Konstantinopel umliefen, vgl. *Classen,* Karlswerk I 596—598.

Michael nahm den Vorschlag an. Eine griechische Gesandtschaft, die im April 812 in Aachen eintraf, sprach die Anerkennung des Westkaisers aus, und Anfang 813 zog eine neue fränkische Gesandtschaft zur Ratifikation des Friedens nach Konstantinopel. Karl hatte in den Verhandlungen von 811/812 den Verzicht auf den römischen Bezug seiner Kaiserwürde zugestanden, den die Griechen forderten. Das authentische „römische" Kaisertum, das allein in der antik-christlichen Geschichtstheologie als Weltkaisertum verankert war, behielt sich der Ostkaiser vor, der nach dem Frankenfrieden den erweiterten Titel Βασιλεὺς τῶν Ῥωμαίων (Imperator Romanorum) annahm.

Der Friede mit Konstantinopel zog den Frieden mit Benevent noch im Sommer 812 nach sich. Grimoald II., der seinen Rückhalt an den Griechen verloren hatte, erkannte die fränkische Hoheit an und verpflichtete sich zu einem Tribut. Der dritte Friede dieses Jahres wurde um die gleiche Zeit mit dem Emir von Córdoba abgeschlossen. Das westliche Imperium hatte sein Auskommen mit dem östlichen Imperium und dem islamischen Nachbarreich gefunden — es ist kaum ein Zufall, daß die Beziehungen zwischen Aachen und Bagdad daraufhin abbrachen.

Die Friedensschlüsse von 812 krönten das Werk Karls d. Gr. Die Zukunft des westlichen Kaisertums wurde endgültig erst durch die byzantinische Anerkennung gesichert. Der Ausgleich war auf der Basis des Doppelkaisertums gefunden worden, das von nun an eine Realität in der Geschichte der Christenheit blieb. Der Verzicht auf die Universalität seiner Kaiserwürde, den die Aufgabe des römischen Bezugs implizierte, dürfte Karl leichtgefallen sein. Denn ihm ging es vor allem um die Gleichberechtigung mit Konstantinopel, und die Gleichberechtigung schien mit der Anerkennung des westlichen Kaisertums erreicht. Daß das Doppelkaisertum die Spaltung der Christenheit vertiefen mußte, hat man kaum in Aachen, wohl aber in Rom empfunden.

Man war bei der Kaisererhebung des Jahres 800 auf fränkischer und römischer Seite von der Annahme ausgegangen, daß das Kaisertum vakant sei. Auch das phantastisch anmutende Projekt einer Heirat zwischen Karl und Irene beruhte auf der Auffassung, daß es in der Christenheit nur *einen* Kaiser geben könne. Die Absetzung Irenes, die im Westen kaum vor Beginn des Jahres 803 bekanntgeworden sein wird, zwang dazu, die Kaiserfrage neu zu überdenken. Die Lösung lag für Rom gewiß auf der gleichen Linie wie für Konstantinopel, da die römisch-christliche Reichsidee in beiden Städten noch eine lebendige Realität war: Mußte man sich schon mit einem zweiten Kaiser abfinden, so durfte der zweite Kaiser nur ein Imperator geringerer Ordnung sein. Aber die Vorzeichen waren natürlich entgegengesetzt: Wollten die Griechen sich das authentische „römische" Kaisertum reservieren, so ging es dem Papst darum, den *Herrn des Westens* als den eigentlichen Weltkaiser im geschichtstheologischen Sinn herauszustellen. Man hat vermutet, daß sich Leo III. dabei der Konstantinischen Schenkung bediente, in der der Vorrang Altroms vor Byzanz deutlich betont war. In der Tat sprechen Indizien für diese Vermutung. Doch ist das Constitutum Constantini gewiß nicht erst zu diesem Zweck geschaffen, sondern umgedeutet worden. In ihm war zu lesen, daß Konstantin dem Papst Silvester die Kaiserkrone übertragen, dieser sich aber geweigert habe, sie zu führen. Ging es dem Fälscher dabei um die ideelle Begründung der päpstlichen Souveränität in einer neuen kaiserlosen Zeit, so hat man nach der Wiederherstellung des westlichen Kaisertums aus dem gleichen Text eine Verfügungsgewalt des Papstes über die wahre Kaiserkrone Konstantins und Altroms herausgelesen. Vielleicht hat Leo III. nach 802 die Stelle schon in diesem Sinn interpretiert und „seinem" Kaiser diese Interpretation bei einem zweiten Besuch in der Francia (November 804 bis Januar 805) vorgetragen[3].

Trifft diese Annahme zu, so ist Karl d. Gr. auf die Anregung Leos III. nicht eingegangen. Er wollte den Vorrang des westlichen Kaisertums nicht auf eine Interpretation des Constitutums gründen, nach der das westliche Kaisertum vom Papst abgeleitet worden wäre; auch konnte und wollte er die Kaiserfrage nicht losgelöst vom fränkischen Reichs- und Hausrecht behandeln. Seine Antwort war die am 6. Februar 806 in Diedenhofen erlassene Erbfolgeordnung, die Divisio imperii, in der er das imperium vel regnum nach fränkischem Recht zu gleichen Teilen unter seine drei Söhne teilte. Die schon bestehenden Unterkönigreiche der jüngeren Söhne Pippin und Ludwig wurden für den Erbfall erweitert: Italien um Rätien, Bayern und Alemannien südlich der Donau; Aquitanien um den größeren Teil Burgunds bis zur Linie Auxerre—Chalon—Mâcon—Lyon—Savoyen. Der älteste Sohn Karl sollte den Kern des direkten väterlichen Herrschaftsbereichs erhalten: die Francia zwischen Loire und Rhein mit dem nördlichen Burgund und dem nördlichen Alemannien, mit Friesland, Sachsen und Thüringen. Den Kern dieses Teilreichs bildete die Francia, so daß man von einer Aufgliederung des Imperiums in die Teilreiche Francien, Italien und Aquitanien sprechen kann. Mit der Zuteilung der Francia an Karl war der Vorrang des ältesten Sohnes zum Ausdruck gebracht. Ein weiteres Charakteristikum der Divisio lag in der gleichmäßigen Zuweisung der wichtigsten Alpenpässe an die drei Söhne, die einander Hilfe leisten und gemeinsam den Schutz der römischen Kirche und der anderen Kirchen übernehmen sollten.

Die ältere Forschung meinte, daß Karl in der Divisio das Kaisertum gänzlich ignoriert habe: zu Unrecht, wie kürzlich von Schlesinger nachgewiesen wurde. Der Herr des Westens hat sich in Anbetracht der durch den Krieg mit Byzanz noch ungeklärten Lage zwei Möglichkeiten offengelassen: den Rückzug auf ein fränkisch umgeprägtes hegemoniales Kaisertum und das

[3] *Schlesinger,* Kaisertum und Reichsteilung 36 ff. Dazu *Ohnsorge,* Abendland und Byzanz 90 ff.

Kaisertum in der Nachfolge Konstantins, jedoch unter Ignorierung des Constitutums. Den drei Söhnen wurde durch die Erhebung zu Consortes die Anwartschaft auf das Kaisertum eingeräumt. Dabei behielt sich Karl die Möglichkeit vor, „einen der Consortes zum alleinigen Träger des Nomen imperatoris ... zu designieren" oder „sie nach dem Vorbild Konstantins alle drei zu Trägern des Kaisertitels zu machen" (Schlesinger).

Die beiden ältesten Söhne Karls starben vor dem Abschluß der Verhandlungen mit Konstantinopel, die die byzantinische Anerkennung des westlichen Kaisertums brachten. Nur Pippin von Italien hinterließ einen Sohn: Bernhard, dem der Großvater 812 das Langobardenreich übertrug. Als gleichberechtigter Erbpartner des letzten überlebenden Kaisersohnes konnte Bernhard nicht gelten — er wurde auch nur in das Unterkönigreich Italien, nicht in das erweiterte Erbe seines Vaters Pippin eingewiesen. Für die Nachfolge im Kaisertum und im Gesamtreich kam nur König Ludwig von Aquitanien in Betracht. Karl hatte die Absicht, ihn nach dem Kaiserrecht von Konstantinopel noch bei Lebzeiten zum Mitkaiser zu erheben. Nachdem er die Zustimmung der Großen zu diesem Plan eingeholt hatte, ließ er Ludwig nach Aachen kommen. Am 11. September 813 begab sich der Kaiser im Ornat mit dem Sohn und den Großen in die Aachener Kapelle. Nach einem gemeinsamen Gebet verpflichtete er den Sohn vor dem Altar auf die Aufgaben des Herrschers und des Hausherrn; dann krönte er Ludwig mit einer auf dem Altar niedergelegten Krone[4] und ließ ihn vom Volk als Imperator et Augustus akklamieren. Eine geistliche Krönung fand nicht statt. Der Akt von 813 zeigt, daß Karl sich trotz des Verzichts auf den römischen Bezug seines Titels als „echter" Kaiser in der Nachfolge Konstantins betrachtete. Zugleich war das Kaisertum nun aber auch fest mit Aachen und der Francia verbunden, die Polarität von Imperium christianum und Regnum Francorum wenigstens für die nächste Regierungszeit aufgehoben.

Das Reich war bestellt. Schon zu Beginn des Jahres 811, als Karl ernsthaft erkrankte, hatte er testamentarisch eine Aufteilung des Schatzes der Kammer verfügt. Am 22. Januar 814 befiel den fast 72jährigen Kaiser ein heftiges Fieber. Eine Lungenentzündung trat hinzu. Am 28. Januar verschied Karl. Sein Leichnam wurde nicht bei den Eltern und dem Großvater in St-Denis, sondern in der Aachener Marienkirche beigesetzt[5].

[4] Nach Thegan (Vita Hludowici, MGSS II 592) befahl Karl seinem Sohn Ludwig, die auf dem Altar niedergelegte Krone eigenhändig aufzusetzen. Thegan steht mit dieser Angabe im Gegensatz zu allen anderen Quellen, die von einer Krönung durch den Vater sprechen. Eine Selbstkrönung wäre auch ohne Parallele in dieser Zeit. Wenn man den Bericht Thegans trotzdem akzeptiert, so bleibt nur die Erklärung, daß der schwer erkrankte alte Kaiser physisch nicht mehr in der Lage war, den Sohn selbst zu krönen (so Eichmann und v. Fichtenau), der Akt aber gleichwohl als vom Vater vollzogen galt.

[5] Über die Stelle der Beisetzung vgl. zuletzt *Kreusch,* Kirche, Atrium und Porticus der Aachener Pfalz (Karlswerk III 499, mit weiterer Lit.): unter dem Ambo zwischen den beiden östlichen Oktogonpfeilern.

Man hat von einer Krise in den letzten Jahren der Regierung Karls gesprochen. Gegenüber Benevent und der Bretagne, den Elbslawen und den Böhmen, den Wikingern in der Nordsee und den Sarazenen im Mittelmeer habe der Kaiser keine wirklichen Erfolge mehr errungen. Vor allem sei der große Impuls von 802 wirkungslos verpufft. Die Teilung von 806 stehe im scharfen Kontrast zur Kaiser- und Reichsidee von 802. Dem Riesenreich habe der institutionelle Unterbau gefehlt: nur durch die ungewöhnlichen Qualitäten seines Schöpfers habe es eine Zeitlang bestehen können. Aber schon 811 seien die Risse im Gebäude deutlich geworden — Ludwig der Fromme habe ein innerlich schon zersetztes Imperium geerbt.

Diese herbe Kritik ist in Einzelheiten nicht unbegründet, geht aber im ganzen viel zu weit. Von Benevent, den Bretonen und den Slawen drohte dem Imperium keine Gefahr. Auch die normannischen und sarazenischen Piraten sind ihm erst nach dem Tode Ludwigs des Frommen wirklich gefährlich geworden. In der Teilung von 806 sehen wir heute keine Verleugnung der Kaiseridee von 802 mehr. Gewiß entbehrte das Riesenreich eines gefestigten Beamtenapparates, und es mag zutreffen, daß es als Ganzes früher oder später zerfallen mußte. Aber es hielt noch lange stand „dank seiner immanenten Festigkeit und Beharrungskraft“ (Schieffer). Vor allem aber ging seine prägende Kraft nicht mit seiner Auflösung verloren: Keines der Nachfolgereiche vermochte den karolingischen Ursprung zu verleugnen. Die Ordnung der Kirche, das Lehnswesen, die Währungs- und Gerichtsreform, der neue christliche Herrscher- und Staatsgedanke, die karolingische Bildungsreform überlebten das Imperium. Karl ist durch diese Leistungen einer der großen Baumeister Europas geworden: bei allem „Herrsch- und Machtwillen“ letztlich auch in der Eroberung nicht maßlos, im behutsamen Aufgreifen vorgefundener Elemente, in der Ordnung und Bindung dieser Elemente zu einem neuen, umfassenden Ganzen einem Augustus durchaus vergleichbar.

VIERTER ABSCHNITT

Kulmination und Wende der Karolingerzeit (814—840)

Univ.-Professor Dr. Eugen Ewig, Bonn

WEITERE QUELLEN: Ausführliche Übersicht bei *Wattenbach-Levison* 3; Viten Ludwigs des Frommen: MGSS II 604—648 (Astronomus), 585—604 (Thegan); MGCap II, Ep V und Poetae II (Schriftsteller und Dichter des 9. Jh., insbesondere Ermoldus Nigellus); PL 102 (Smaragd), 103 (Benedikt von Aniane), 104 (Agobard und Claudius von Turin), 105 (Ermoldus Nigellus, Dungal, Amalar), 106 (Hilduin, Jonas, Frechulf), 107—112 (Hrabanus Maurus), 113—114 (Walafrid Strabo), 119 (Florus von Lyon), 120 (Paschasius Radbertus); *Jonas*, De institutione regia, ed. *Reviron* (vgl. Kap. 17); Vita Anscarii: MGSS rer Germ. (rec. *Waitz*).

16. Kapitel

Reichs- und Kirchenreform unter Ludwig dem Frommen (814—828)

LITERATUR: Zu Ludwig dem Frommen und seiner Regierung: *H. Kuhn*, Das literarische Porträt Ludwigs des Frommen (Diss. Basel 1930); *F. L. Ganshof*, Louis the Pious Reconsidered: History 42 (1957) 171—180; *Th. Schieffer*, Die Krise des karolingischen Imperiums: Aus Mittelalter und Neuzeit. Festschrift zum 70. Geburtstag von G. Kallen (Bonn 1957) 1—15. — Zur Ordinatio: *F. L. Ganshof*, Over het idee van het kaizerschap bij Lodewijk de Vrome tijdens het eerste deel van zijn regering: Mededelingen der koninkl. vlaamse Academie Klasse der Letteren 15 (Brüssel 1953); *ders.*, Observations sur l'Ordinatio imperii de 817: Festschr. G. Kisch (Stuttgart 1955) 15—32; *Schlesinger*, Königswahlen (Kap. 15). — Zur Constitutio Romana: *O. Bertolini*, Osservazioni sulla Constitutio Romana e sul Sacramentum cleri et populi Romani dell'824: Studi medievali in onore di A. Stefano (Palermo 1956) 43—78.

Staatsidee und politische Ideengeschichte: *W. Ohnsorge* (vgl. Kap. 10); *H. Lilienfein*, Die Anschauungen von Staat und Kirche im Staat der Karolinger (Heidelberg 1902); *R. Faulhaber*, Der Reichseinheitsgedanke in der Literatur der Karolingerzeit bis zum Vertrag von Verdun (Berlin 1931); *P. Vaccari*, L'unità carolingia: Annali di scienze politiche 6/7 (1933); *Lester K. Born*, The specula principis of the Carolingian Renaissance: Revue belge de phil. et d'hist. 12 (1933) 583—612; *H. M. Klinkenberg*, Über karolingische Fürstenspiegel: Gesch. in Wiss. und Unterricht 7 (1956) 82—98; *J. Hashagen*, Spätkarolingische Staats- und Soziallehren: DVfLG (1939).

Reform: *J. Narberhaus*, Benedikt von Aniane (Münster 1930) [= Beiträge zur Gesch. des alten Mönchtums 16]; *J. Winandy*, L'œuvre monastique de Benoît d'Aniane: Mélanges bénédictins ... à l'occasion du 14e centenaire de la mort de St. Benoît (Fontenelle 1947); *A. E. Verhulst - J. Semmler*, Les statuts d'Adalhard de Corbie de l'an 822: MA (1962) 92—123 233—269; *E. Lesne*, Les ordonnances monastiques de Louis le Pieux et la Notitia de servitio monasteriorum: RHEF 6 (1920) 161—175 321—338 448—488; *J. Semmler*, Traditio und Königsschutz: ZSavRGkan 45 (1959) 1—33; *ders.*, Reichsidee und kirchliche Gesetzgebung bei Ludwig dem Frommen: ZKG 71 (1960) 37—65; *ders.*, Zur Überlieferung der monastischen Gesetzgebung Ludwigs d. Fr.: DA 16 (1960) 309—388; *ders.*, Die Beschlüsse des Aachener Konzils im Jahre 816: ZKG 74 (1963) 15—82; *ders.*, Karl d. Gr. und das fränkische Mönchtum: Karlswerk II 255—289; *J. Hubert*, La renaissance carolingienne et la topographie religieuse des citées épiscopales: I problemi della civiltà carolingia (Spoleto 1954) [= Settimane di studio del Centro italiano di studi sull'alto medioevo I] 219—226; *ders.*, Évolution de la topographie et de l'aspect des villes de Gaule du 5e au 10e siècle: La città nell'alto medioevo (Spoleto 1959) [ebd. VI] 549—558; *E. Lehmann*, Von der Kirchenfamilie zur Kathedrale: Festschr. F. Gerke (Baden-Baden 1962) 21—37; *E. Heitz* (wie Kap. 12).

Skandinavische Mission: *E. de Moreau*, St. Anschaire, missionnaire en Scandinavie au 9e siècle (Löwen 1930).

Der 35jährige Ludwig von Aquitanien stand beim Tod seines Vaters im besten Mannesalter. Er war eher ernst veranlagt, laute Geselligkeit liebte er nicht. Früh begegnete ihm der große Reformer seines Landes, dem er zeitlebens nahestand: der Gote Witiza, der als Mönch den Namen Benedikt annahm.

Witiza war 751 geboren als Sohn eines gotischen Grafen von Maguelonne, der sich den Franken angeschlossen hatte. Er wurde Page am Hof Pippins, Schenk der Königin Bertrada und zeichnete sich 774 bei der Belagerung von Pavia aus. Ein Unglücksfall, der seinen Bruder traf, mahnte ihn zur Besinnung. 780 trat Witiza in die Abtei St-Seine bei Dijon ein, wo er die orientalischen, griechischen und lateinischen Mönchsregeln studierte. Als er erkannte, daß die integrale Durchführung der Benediktinerregel in St-Seine nicht möglich war, gründete er auf väterlichem Besitz in der gotisch-septimanischen Heimat das Kloster Aniane. Das neue Mönchtum machte großen Eindruck auf Witiza-Benedikts Standesgenossen. 804 errichtete der Markgraf Wilhelm von Toulouse mit Benedikts Hilfe das Kloster Gellone. Am Hof des Königs gehörte der Kanzler Helisachar zu den Freunden des Abts von Aniane. Bis 814 sollen 25 Klöster in Ludwigs Reich reformiert oder gegründet worden sein. Die Reform strahlte auch auf die Nachbarlandschaften aus. Alkuin von Tours, Theodulf von Orléans und Leidrad von Lyon ließen Abteien erneuern, die ihnen unterstellt waren. Die Bischöfe, die 813 in Chalon-sur-Saône tagten, stellten fest, daß die reine Benediktinerregel in ihren Sprengeln überall durchgeführt war. Karl selbst wurde aufmerksam auf die Reform von Aniane, deren große Stunde aber erst mit seinem Nachfolger schlug.

Obwohl Ludwig bereits Kaiser und Mitregent war, scheint er mit Widerständen gegen seine Nachfolge gerechnet zu haben. Er fürchtete Karls Vettern, den Abt Adalhard von Corbie und den Grafen Wala, und traf wohl nicht nur aus moralischen Gründen Maßnahmen gegen die Liebhaber seiner Schwestern. Karls Töchter durften nicht, wie der Vater angeordnet hatte, zwischen Ehe und Schleier wählen, sondern wurden ins Kloster verwiesen. Die materiellen Bestimmungen des väterlichen Testaments führte Ludwig gewissenhaft durch. Er behielt auch seine Halbbrüder Drogo, Hugo und Theuderich am Hof und ließ die Söhne seiner Schwestern standesgemäß erziehen. Bernhard von Italien erschien zur Huldigung und wurde in Gnaden entlassen. Von Ludwigs eigenen Kindern erhielten die bereits mündigen Söhne Lothar und Pippin Bayern und Aquitanien als Unterkönigreiche; der noch unmündige dritte Sohn Ludwig (der Deutsche) blieb in der Umgebung des Vaters.

Der Kaiser reorganisierte durch eine neue Palastordnung die Aachener Ministeria und führte durch sie bei den Großen des Hofes eine strengere Zucht ein. Hofschule, Bibliothek und Bautendirektion blieben bestehen. Aber die Dichter verschwanden vorerst aus Aachen. Ludwig fehlte die Vielseitigkeit seines Vaters; seine Interessen galten vor allem der Theologie und der Kirchenreform. Benedikt von Aniane wurde an den Kaiserhof berufen. Er erhielt zunächst die elsässische Abtei Maursmünster, siedelte aber bald in die Abtei Inden (Cornelimünster) über, die als kaiserliche Gründung bei der Aachener Sedes 817 geweiht wurde. Neben der Aachener Palastschule, deren Glanz gegenüber den neuerblühenden Pflegestätten der karolingischen Renaissance im Reich verblaßte, trat die Benediktinerabtei als das beherrschende Aachener Reformzentrum.

Von den Räten und Freunden Karls d. Gr. hatten den alten Kaiser überlebt Karls Vettern Adalhard von Corbie († 826) und Graf Wala († 836), der Erzkaplan Hildebald († 818), Theodulf von Orléans († 821) und Arn von Salzburg († 821), endlich Jesse von Amiens († 837) und Einhard († 840), die altersmäßig der Generation des neuen Herrschers angehörten. Zum Bruch kam es noch 814 zwischen Ludwig und der karolingischen Seitenlinie Adalhards. Der Abt von Corbie wurde nach Noirmoutier an der Loiremündung verbannt, Graf Wala trat als Mönch in Corbie ein. Zwischen Adalhard und Benedikt von Aniane bestanden Gegensätze monastischer Art. Entscheidend aber waren wohl persönliche und familiäre Differenzen zwischen Ludwig dem Frommen und dem Abt von Corbie. Adalhard und Wala hatten in Karls letzten Jahren Bernhard von Italien nahegestanden — sie mögen seine Interessen energischer wahrgenommen haben, als dem neuen Herrscher lieb war.

Im übrigen führte der neue Kaiser seine Vertrauensleute am Hof ein, ohne die Räte des Vaters zu verdrängen. Hildebald von Köln behielt die Leitung der Hofkapelle, die erst nach seinem Tod an Hilduin von St-Denis kam. Einhard gab zwar die Leitung der Hofschule und der Bauten ab, blieb aber im Rat Ludwigs, der ihm eine Anzahl bedeutender Abteien und 815 die Mark Michelstadt im Odenwald übertrug. Bedeutsamer war der Wechsel in der Kanzlei, wo der aquitanische Kanzler Helisachar an die Stelle von Karls letztem Kanzler Hieremias trat. Aber Hieremias fiel keineswegs in Ungnade: er übernahm bald darauf das Erzstift Sens, eine der wichtigsten Kirchen des Reiches. Unter Helisachar führte Durandus die Kanzleigeschäfte. Beide Männer stammten anscheinend aus Septimanien, der Heimat Benedikts. Durandus behielt die Geschäftsführung, als Fridugis, ein angelsächsischer Schüler Alkuins, Helisachar 819 im Kanzleramt ablöste. Er hat wohl das neue Urkundenformular geschaffen, das der karolingischen Renaissance auch im Urkundenwesen Ausdruck gab und zugleich der Kirchenpolitik des neuen Herrschers diente. In der Leitung der Hofschule folgten auf Einhards Nachfolger Clemens die Kapläne Aldrich, Thomas, Gotabert und Walafrid Strabo. Aldrich wurde 821 Abt von Ferrières, 827 Kanzler Pippins von Aquitanien und 829 Erzbischof von Sens. Neben Hieremias und Aldrich von Sens waren die namhaften Vertreter der neuen Generation im Episkopat Agobard von Lyon (* 769, 816—840), Ebo von Reims (816—835, † 851), Hetti von Trier (814/816—847), Modoin von Autun (ca 815—840/843) und Jonas von Orléans (818—843). Der Spanier Agobard und der Aquitanier Jonas repräsentieren zusammen mit Witiza-Benedikt, Helisachar und Durandus die aquitanisch-spanische Gruppe unter den Räten Ludwigs.

Die Laien in der Umgebung des neuen Kaisers gehörten fast ausschließlich der fränkischen Reichsaristokratie an. Die Aachener Hofämter hat Ludwig anscheinend nicht neu besetzt, aber vermehrt. Die einflußreichsten Ratgeber waren Grafen der westlichen Francia. Den größten Einfluß im ersten Dezennium der Regierung hatte Matfried von Orléans. 821 trat auch Lothars Schwiegervater, Graf Hugo von Tours, in den Kreis der vornehmsten Räte ein. Der Kontakt dieser fränkischen Aristokratie mit ihren Stammlanden an Maas und Schelde, Mosel und Rhein war damals noch durchaus lebendig. Man wußte, daß von dort das Reich neu begründet worden war, und man fühlte sich stolz als Träger dieses Reiches.

Ludwig der Fromme regierte aber nicht nur mit einem engen Kreis von Vertrauten, er suchte auch den ständigen Kontakt mit den übrigen Großen. Die Reichsversammlungen, die bisher durchweg einmal im Jahr tagten, berief er bald zweimal oder sogar dreimal jährlich ein. Freilich traten auf ihnen nicht immer alle Großen des Reichs zusammen. Es gab auch kleinere Versammlungen, die über ein spezielles Programm befanden und eher einem Großen Rat glichen. Die Regierung im Rat kennzeichnete den neuen Regierungsstil. Sie war erfolgreich, solange eine führende Persönlichkeit die divergierenden Meinungen und Interessen der verschiedenen Gruppen zu binden verstand. Führende Persönlichkeiten dieser Art waren allem Anschein nach Benedikt von Aniane und Wala von Corbie, die nacheinander die Reichspolitik maßgeblich mitbestimmt haben.

Der Regierungswechsel vollzog sich in einer Zeit des Friedens, die eigentlichen Aufgaben des neuen Kaisers lagen daher auf dem Felde der Innenpolitik. Ludwig und seine Räte griffen diese Aufgaben mit Energie an. Schon 814 kam Bewegung in die seit einigen Jahren stagnierende Reichspolitik. Boten wurden in alle Teile des Imperiums entsandt, um Mißstände in der

Rechtspflege zu erkunden und abzustellen. Zugleich ließ der Kaiser die kirchlichen Privilegien zwecks Neubestätigung einziehen. Die Bestätigungen ergingen nach einem neuen Formular, in dem Immunität und Königsschutz, zwei bisher getrennte Institutionen, zu einer Einheit verschmolzen wurden. Die Immunität war eine Einrichtung des öffentlichen Rechts und bis zum 9. Jh. durchweg an Bischofskirchen verliehen worden. Sie gewährte dem Privilegierten eine gewisse Autonomie im Steuer- und Gerichtswesen. Der Königsschutz war dagegen mit dem Eintritt in die Sphäre der königlichen Muntherrschaft verbunden, ihn genossen vor allem die königlichen Eigenklöster. Durch die Verbindung von Immunität und Schutz wurden Bischofskirchen und Königsklöster einander angeglichen: diese erhielten die größere innere Bewegungsfreiheit der alten Immunitätskirchen, während jene in den Kreis der Königskirchen eintraten. So schuf Ludwig der Fromme eine einheitliche Reichskirche, und zwar zum Zweck einer umfassenden Kirchenreform.

Nachdem die verfassungsrechtlichen Voraussetzungen geschaffen waren, trat im August 816 ein großes Reformkonzil in Aachen zusammen. Die Beschlüsse betrafen die Kleriker, die Mönche und die Nonnen. Für die Mönche wurde nicht nur die Benediktinerregel, sondern auch eine Einheitsobservanz vorgeschrieben, die ein weltabgewandtes Leben sicherte und das Mönchtum „auf seine eigensten Aufgaben namentlich im liturgischen Gebet hinführte" (Loewe). Strenge Klausurvorschriften verwiesen die Laien an den Rand des Klosterlebens. Die Handarbeit wurde erneut eingeschärft, die Klosterschule für die Oblaten reserviert. Benedikts Liturgie wurde nicht nur gegenüber der römischen, sondern auch gegenüber der Laus perennis[1] und dem Cursus Scotorum durchgesetzt. Der Gesetzgeber der Mönche war Benedikt von Aniane: ... Monasteria ita ad formam unitatis redacta sunt, acsi ab uno magistro et in uno imbuerentur loco. Uniformis mensura in potu, in cibo, in vigiliis, in modulationibus cunctis observanda est et tradita[2].

Wie die Mönchsreform knüpfte auch die Stiftsreform an die Aachener Beschlüsse von 802 an. Die nunmehr fixierte Kanonikerregel (Institutio canonicorum) ging nicht einfach aus Chrodegangs Regel für den Metzer Klerus hervor, war aber vom gleichen Geiste wie diese getragen, wenn auch milder gefaßt. Sie baute auf Sentenzen der Kirchenväter auf. Man beließ den Klerikern an den Dom- und Stiftskirchen ihr Privateigentum, schrieb aber die vita communis mit Refectorium und Dormitorium vor. Auch hier wurde die uniformis mensura in cibo et potu eingeführt, aber abgestuft nach dem Besitz der Kirchen. Für das Gebetsleben galt die römische Liturgie. Analoge Bestimmungen enthielt die Kanonissenregel (Institutio sanctimonialium), die einen regelmäßigen Gottesdienst und eine eingeschränkte vita commu-

[1] Ununterbrochenes Stundengebet seit Anfang des 6. Jh., ausgehend von der burgundischen Königsabtei St-Maurice. [2] Vita Benedicti abb. An.: MGSS XV 215 f.

nis zur Pflicht machte. Wahrscheinlich waren Benedikt und Helisachar die Initiatoren des Reformwerks.

Ordo saecularis und Ordo regularis hatten in Aachen ihre Grundgesetze erhalten, die vita canonica des Weltklerus stand 816 deutlich abgegrenzt neben der vita regularis der Mönche. Die Kanoniker- und Kanonissenregel wurde den Bischöfen des Reichs zugesandt, die Einführung binnen Jahrespflicht vorgeschrieben. Den Klöstern wurden Kontrollkommissionen für den 1. September 817 angekündigt. Der Kaiser begab sich selbst nach dem Abschluß des Aachener Konzils zu Besprechungen mit dem neuerhobenen Papst Stephan IV. nach Reims.

In Rom war Leo III. am 12. Juni 816 gestorben. Zu seinem Nachfolger wurde Stephan IV. gewählt und am 22. Juni geweiht. Es war die erste Papstwahl, die nach der Begründung des abendländischen Kaisertums erfolgte. In byzantinischer Zeit waren die Papstwahlen durch den Kaiser oder den Exarchen vor der Weihe überprüft worden, doch war seit Zacharias keine kaiserliche Approbation mehr erfolgt. Die Römer kehrten 816 nicht zum alten Kaiserrecht zurück. Ludwig der Fromme wurde mit der Papstwahl nicht befaßt. Stephan IV. begnügte sich mit einer bloßen Anzeige. Er ließ jedoch die Römer auf den Karolinger vereidigen und ersuchte den Kaiser um eine Zusammenkunft.

Anfang Oktober 816 trafen Kaiser und Papst in Reims zusammen. Beim Festgottesdienst in der Kathedrale krönte und salbte Stephan IV. den Kaiser und die Kaiserin. Der Papst hatte zu diesem Zweck die „Krone Konstantins“ aus Rom mitgebracht und unterstrich so die römische Auffassung vom Kaisertum. Doch darf man die Reimser Vorgänge nicht überbewerten — der Biograph des Papstes hat sie überhaupt nicht verzeichnet. Die Reimser Krönung war kein konstitutiver Akt. Ludwig wird sie als „Befestigung“ seines Kaisertums aufgefaßt haben. Er erneuerte das pactum amicitiae mit dem Papst und genehmigte die Rückkehr der vor 16 Jahren ins Frankenreich verbannten Gegner Leos III. Die weiteren Abmachungen mit dem Papst fanden ihren Niederschlag im Privileg für die römische Kirche vom 24. Januar 817, in dem Ludwig die Freiheit der Papstwahlen und die Autonomie des Kirchenstaats in Verwaltung und Justiz verbriefte. Die Papstwahl war erst nach der Weihe anzuzeigen, und der Kaiser sollte als Instanz im Kirchenstaat nur bei Rechtsverweigerung in Erscheinung treten. Stephan IV. ist am Ausstellungstag des Ludovicianums verstorben. Die Erhebung seines Nachfolgers Paschalis I. vollzog sich in der seit Zacharias und Stephan II. üblichen, nun auch im Privileg formell anerkannten Weise.

Ludwig hatte sich in Rom mit einem Minimum von Rechten begnügt; aber seine und seiner Räte hohe Auffassung vom Kaisertum, das auf den Goldsolidi als Munus divinum gekennzeichnet war, wurde dadurch nicht berührt. Eine Neuformulierung des Kaisertitels war durch die Abmachungen mit den Byzantinern notwendig geworden. Bei der lapidaren Vereinfachung auf die

Formel Imperator Augustus fiel jedoch nicht nur der römische, sondern auch der fränkische und langobardische Bezug. Daß der Kaiser über den Nationen stehen sollte, kam deutlich zum Ausdruck in der Ordinatio imperii von 817.

Der Kaiser hatte am Gründonnerstag 817 einen Unfall erlitten, der ihn an die Vergänglichkeit des Irdischen ermahnte. Große seiner Umgebung ersuchten ihn, eine Erbregelung zu erlassen, wobei sie an eine Reichsteilung nach fränkischem Recht dachten. Sie gaben indessen den Anlaß zu einer Reichsordnung neuer Art, die nach einem Triduum beraten und beschlossen wurde. Der älteste Sohn Lothar wurde „auf göttliche Eingebung hin" zum Mitkaiser gewählt und gekrönt. Die jüngeren Brüder — Pippin von Aquitanien und Ludwig, der Bayern erhielt — wurden zu Königen erhoben; doch blieben sie und ihre Herrschaftsbereiche (potestates) dem Vater und seinen Nachfolgern im Kaisertum unterstellt. Weitere Erbteilungen wurden auch den Unterkönigen verboten. Waren mehrere Erben vorhanden, so sollte die Wahl des Volkes über die Successio entscheiden.

Reich und Kirche werden in der Ordinatio als Einheit aufgefaßt. Die Unitas imperii gilt daher als von Gott gewollt. Sie darf nicht „durch menschliche Teilung" den Kindern zuliebe zerrissen werden, damit kein Ärgernis in der heiligen Kirche entstehe. Auf der Einheit des Reiches basiert der ewige Friede des ganzen christlichen Volkes, dessen Erhaltung die Ordinatio dienen will. Kaiser- und Königsamt werden in Analogie zum Bischofsamt begriffen. Lothar wurde nach einem Triduum in inspirierter Wahl zum Mitkaiser erhoben, und dieser Wahlmodus war in bestimmten Fällen künftig auch für die Unterkönige vorgesehen. Das Strafrecht des Kaisers gegenüber den Königen wurde dem kirchlichen Strafrecht nachgebildet: dreimalige Verwarnung secreto per fideles legatos, dann monitio et castigatio coram altero fratre, schließlich Reichsexekution nach Befragung der Reichsversammlung.

In ihrer monumentalen Geschlossenheit und ihrer klaren Rationalität stellte die Ordinatio zweifellos einen Höhepunkt der karolingischen Gesetzgebung dar, einen Höhepunkt auch der karolingischen Renaissance, von deren führenden Männern sie entworfen wurde. Offen blieb zunächst die Frage, ob die kühne Reichskonstruktion sich geschichtlich bewähren werde, wenngleich sie die erste Feuerprobe, die Rebellion Bernhards von Italien, bestand. Die Gesetzgeber hatten dem italischen Regnum die gleiche Stellung zugewiesen wie Bayern und Aquitanien. Damit war Bernhard der Aufstieg zum Teilkönig alten Rechts verbaut. Der Kaiserneffe griff zu den Waffen. Sein Kampf für das alte Hausrecht endete jedoch mit dem völligen Zusammenbruch. Eine Aachener Reichsversammlung verurteilte den unglücklichen Fürsten, in dessen Sturz auch Theodulf von Orléans hineingezogen wurde, im März 818 zum Tode. Der Kaiser wandelte das Urteil in Blendung um, bei der Bernhard dann doch ums Leben kam. Italien erhielt keinen neuen Unterkönig, die Reichseinheit war für die nächste Zukunft gesichert.

Nachdem das Grundgesetz des Imperiums gegen alle Widerstände durchgesetzt war, nahm man die Reform von 816 wieder in Angriff. Eine Reichsversammlung trat nach dem Weihnachtsfest 818 in Aachen zusammen, um die kirchlichen Bindungen an den Kaiser und die kirchlichen Pflichten gegenüber dem Reich zu präzisieren. Das Proömium des Capitulars von 818/819 ist ein zweites bedeutsames Dokument des neuen Reichsgedankens. Es unterscheidet die sterbliche Person des Herrschers vom Kaiseramt, das auf einsamer Höhe steht. Der Kaiser ist Adiutor Dei, sein Aufgabenbereich umfaßt die ecclesiastica negotia und den status rei publicae. Das christliche Volk gliedert sich in die drei Stände der Kanoniker, Mönche und Laien. Der Kaiser lenkt sie und führt die Zügel des Reichs aequissimo libramine.

Die Besetzung der kirchlichen Prälaturen durch den Herrscher war seit dem 6. Jh. ein wesentliches Element des fränkischen Kirchenregiments. Formell besaßen die meisten Bistümer das Recht der Bischofswahl, während die Äbte der Klöster meist vom Gründer oder Eigenkirchenherrn bestimmt wurden. Aber die Kluft zwischen Praxis und Rechtsstatut war auf diesem Feld besonders tief. Ludwig der Fromme verlieh 818/819 allen Bistümern und Reichsklöstern des Ordo regularis das Wahlrecht, behielt sich aber das Konsens- und Einsetzungsrecht vor, mit dem eine Überprüfung der Wahl verbunden war. Die Kanonikerstifte des Reichs erhielten das Wahlprivileg nicht; hier war die direkte Ernennung des Abtes oder Propstes durch den Herrscher weiterhin möglich, auch in der Form der Vergabung an Laienäbte. Da bei der Scheidung von Vita canonica und Vita regularis viele alte Mönchsklöster auf die Seite der Stifte übertraten, blieb die Zahl der Kirchen beträchtlich, über die der Herrscher unmittelbar verfügen konnte.

Die Leistungen der Bischöfe an das Reich waren öffentlicher, nicht eigenkirchlicher Art. Sie blieben grundsätzlich bestehen. Soweit in Einzelprivilegien nicht anders verfügt war, hatten die Bischöfe also weiter ihre Hofpflichten (Besuch der Reichsversammlungen und -synoden, Übernahme missatischer Aufträge) nachzukommen, Steuern zu zahlen, den Herrscher und seine Boten bei Reisen zu beherbergen. Die bischöflichen Vasallen hatten dem Herrscher Heerfolge zu leisten.

Die Klöster hatten außer den öffentlichen Lasten das eigenkirchliche Servitium in Naturalabgaben zu entrichten. Ludwig stufte 818/819 ihre Lasten ab. Für die erste Stufe blieb der volle Dienst erhalten, bestehend in Heerfahrt, Jahresgeschenken und Gebet. Einer zweiten Gruppe wurde die Heerfahrt, einer dritten zusätzlich auch das Jahresgeschenk erlassen, so daß nur noch die Gebetspflicht für den Kaiser fortbestand. Die Ordnung der drei Gruppen erfolgte nach dem jeweiligen Vermögensstand. Im Zusammenhang mit dieser Bestimmung wurde eine allgemeine Inventarisierung des Klosterguts angeordnet.

Die Reichspflichten lasteten nichtsdestoweniger auch in Zukunft schwer auf den Kirchen. Um eine Störung des innerkirchlichen Lebens durch sie zu vermeiden, nahm man eine Scheidung von Bischofs- oder Abtsgut und Kapitels- oder Konventsgut vor. Die Reichslasten wurden auf das Bischofs- und Abtsgut radiziert. Das Kapitels- oder Konventsgut, die mensa fratrum, sollte dem Unterhalt der kirchlichen Gemeinschaft und ihrer Gebäude sowie der Armenpflege vorbehalten bleiben. Der Episkopat wurde angewiesen, Grund und Boden den kirchlichen Gemeinschaften zur Verfügung zu stellen ad claustra perficienda; dieses Land wurde von Abgaben an den Herrscher befreit. Diese Maßnahmen haben die Entwicklung der kirchlichen Verfassung auf Jahrhunderte hinaus bestimmt und den Dualismus von Prälat und Kapitel begründet. Die Reform hat zugleich eine neue Phase der Baugeschichte eingeleitet, die bei den Bischofskirchen zur Großkathedrale führte.

Das Capitulare ecclesiasticum von 818/819 regelte auch die Verhältnisse im Nieder- und Eigenkirchenwesen. Die bischöfliche Kontrolle der Einstellung, Entlassung und Lebensführung von Eigenklerikern und das Verbot der Zerstörung bestehender Eigenkirchen hatte schon Karl der Große dekretiert. Es ging nunmehr, analog zur Kloster- und Stiftsreform, um die wirtschaftliche und soziale Sicherung des Eigenklerus, die durch drei Grundbestimmungen garantiert werden sollte: 1. durch das Verbot der Ordination von Unfreien zu Priestern, 2. durch die Fixierung eines Existenzminimums, das in einer von grundherrlichen Lasten freien Hufe bestand, für die ebenso wie für Haus und Garten, Zehnten und Oblationen nur geistlicher Dienst zu leisten war, 3. durch die Bestimmung, daß für jede Kirche mit legalem Mindestvermögen ein Priester einzustellen sei. Diese Grundsätze wurden bald von den Eigenkirchen auch auf die unter direkter bischöflicher Aufsicht stehenden Pfarrkirchen übertragen, die man mehr und mehr als Eigenkirchen des Bischofs betrachtete. Zwei weitere Bestimmungen dienten sodann der Sicherung der Grundherrn: die Bischöfe wurden gehalten, die Weihe präsentierter Eigenkleriker von einwandfreier Lebensführung und Bildung vorzunehmen und ordnungsgemäß dotierten und besetzten Eigenkirchen den Zehnt zuzuweisen.

Die Reformtätigkeit dieser Jahre blieb nicht auf den kirchlichen Sektor beschränkt. Die Aachener Hof- und Fiskalverwaltung wurde schon in den ersten Jahren der neuen Regierung reorganisiert. Neben den Trägern der alten Hofämter erschienen unter Ludwig die Magistri ostiariorum, mendicorum, mercatorum, Judaeorum und ein für die Wohnungen der Großen verantwortlicher Mansionarius. Die Missatica wurden im Anschluß an Maßnahmen der Spätzeit Karls als feste Sprengel in Anlehnung an die Kirchenprovinzen eingerichtet. Innerhalb dieser Sprengel schuf man ein festes System der Befehlsübermittlung. Die Kapitularien wurden klarer formuliert, besser geordnet, grundsätzlich begründet und sorgfältiger aufbewahrt. Schon unter Karl waren Materien der Volksrechte in die Kapitulariengesetzgebung einbezogen worden. Ludwig der Fromme ging einen Schritt weiter, indem er Materien des Königsrechts in die Volksrechte aufnehmen ließ und damit dem Königsrecht das erhöhte Ansehen der Lex verlieh.

Die Kapitulariengesetzgebung scheint 821 zu einem vorläufigen Abschluß gekommen zu sein. Am 11. Februar 821 starb Benedikt von Aniane, der Mentor des Kaisers. Das karolingische Imperium trat in eine neue Phase seiner Geschichte.

Das augenfälligste Ereignis nach dem Tod Benedikts von Aniane war die Aussöhnung des Kaisers mit der Adalhardsippe und die Amnestierung der Rebellen von 817 auf der Reichsversammlung zu Diedenhofen im Oktober 821. Ihr folgte zu Attigny im August 822 die Aussöhnung Ludwigs mit seinen drei Halbbrüdern Drogo, Hugo und Theuderich, die 818 vom Hof entfernt und zum Eintritt in den Klerus gezwungen worden waren. Der Kaiser legte in Attigny ein öffentliches Bekenntnis seiner Verfehlungen gegen Adalhard, Wala und Bernhard von Italien ab und tat Buße für alles Unrecht, das etwa noch durch ihn oder seinen Vater geschehen sei. Dem Bekenntnis und der Buße schlossen sich die Bischöfe an. Man hat darin zu Unrecht eine Demütigung des Herrschers durch den stolzen Abt Adalhard gesehen. In Wirklichkeit handelte es sich um eine Bewährung des Kaisers, der ein Beispiel gab im Sinne des neuen Herrscherethos. Das Werk der Jahre 814—821 wurde nicht umgestoßen, sondern bestätigt durch die Vereidigung der Großen auf die Ordinatio zu Nimwegen im Mai und Diedenhofen im Oktober 821. „Was durch Satzung geregelt und machtmäßig gesichert schien, sollte im Geist der Gerechtigkeit, des Friedens, der Versöhnung auch moralisch gefestigt werden“ (Schieffer).

Im Rat des Kaisers gewann Adalhard eine führende Stellung neben dem Erzkaplan Hilduin, dem Abt Helisachar und dem Grafen Matfrid. Noch machte sich der Einfluß der Kaiserin Judith kaum bemerkbar, die Ludwig 819 nach dem Tode seiner ersten Gemahlin heimgeführt hatte. Im Episkopat war Agobard eine der stärksten Persönlichkeiten: ein verantwortungsbewußter, klar und konsequent, aber nicht immer realistisch denkender Mann. Seine 822 erhobene und 823 wiederholte Forderung auf integrale Restitution des Kirchengutes wiesen Adalhard und Hilduin im Hinblick auf den inneren Frieden des Reiches ab. Auch in der Judenfrage, die Agobard als Seelsorger aufgriff, ließen die beiden ersten Räte eine rein kirchliche Betrachtungsweise nicht gelten. Ebensowenig Erfolg hatte Agobard mit seinem Vorstoß gegen die Gottesurteile, den er im Geist des karolingischen „Rationalismus“ führte, und mit dem Vorschlag, die Lex Salica zur Grundlage eines einheitlichen Reichsrechtes zu machen. Dieser letzten kühnen Forderung aus dem Geist des Einheitsgedankens waren in den Zeitverhältnissen unüberwindliche Schranken gesetzt.

Adalhard zog sich 822 vom Hof zurück in seine Abtei Corbie, wo er wohl als eine Art politisches Testament seine Denkschrift De ordine palatii verfaßte. Der jüngere Bruder Wala war unterdessen zum Mentor des Zweitkaisers Lothar bestimmt worden. Lothar und Pippin, die beiden ältesten Kaisersöhne, waren herangewachsen und heirateten 821 und 822, während der jüngere Ludwig noch im Hause des Vaters verblieb. Als Lothar 822 zur Durchführung der karolingischen Gesetzgebung nach Italien entsandt wurde, begleitete ihn Wala, der von allen Räten am besten mit den italischen Verhältnissen vertraut war. Die Maßnahmen des jungen Kaisers in Italien waren wohl im wesentlichen das Werk Walas. Bis 825 weilte Lothar südlich der Alpen. Nur 823 kehrte er auf zwei Monate an den Hof des Vaters zurück, um dort die Patenschaft für seinen jüngsten Bruder Karl zu übernehmen. Italien wurde in diesen drei Jahren dem Imperium fest eingegliedert. Lothar begnügte sich aber nicht mit der bloßen Durchführung der karolingischen Gesetzgebung. Er traf darüber hinaus eine einzigartige Maßnahme für diese Zeit auf dem Gebiet der Kulturpolitik, indem er neun hohe Schulen mit entsprechenden Schulbezirken im langobardischen Regnum einrichtete.

Die Anwesenheit des zweiten Kaisers in Italien mußte sich auch auf Rom auswirken. Im Frühjahr 823 erreichte den jungen Kaiser eine Einladung Paschalis' I. Lothar nahm sie an und wurde am Osterfest vom Papst gekrönt— wie sein Vater fast neun Jahre vorher in Reims. Die römische Begegnung verlief aber nicht ganz nach dem Gefallen Paschalis', da Lothar und Wala nun auch im Kirchenstaat die Zügel straffer anzogen. Nach dem Abzug der Franken töteten Leute des Papstes zwei hohe päpstliche Amtsträger, „weil sie sich in jeder Hinsicht dem jungen Kaiser Lothar treu erwiesen hätten". Ludwig der Fromme setzte eine Untersuchungskommission ein, die Paschalis jedoch matt setzte, indem er für seine Person einen Reinigungseid ablegte und die Verantwortlichen durch die Erklärung deckte, daß die Getöteten rechtmäßig als Hochverräter hingerichtet worden seien. Das Blatt wandte sich, als Paschalis im Frühjahr 824 starb. Wala setzte den Adelskandidaten Eugen II. als Nachfolger durch. So waren die Voraussetzungen für eine Neuregelung der fränkisch-römischen Beziehungen geschaffen, die am 11. November 824 durch die Constitutio Romana erfolgte. Lothar erklärte in ihr alle päpstlichen und kaiserlichen Schützlinge für unantastbar und entzog damit seine Anhänger in Zukunft einem einseitigen Hochverratsverfahren. Er führte das Prinzip der Personalität des Rechts im Kirchenstaat ein, wo bisher das römische Recht gegolten hatte. Einschneidender noch war die Einsetzung einer in Rom amtierenden Kontrollinstanz, gebildet durch je einen päpstlichen und einen kaiserlichen Missus, die die Verwaltung des Kirchenstaates zu überwachen und jährlich darüber an den Kaiser zu berichten hatten. Der Mos canonicus der Papstwahl wurde sanktioniert, zugleich wurde aber auch festgesetzt, daß künftig die Elekten vor der Weihe dem kaiserlichen Abgesandten einen Eid pro conservatione omnium zu leisten hätten nach dem Muster des Eids, den zuerst Eugen II. geschworen hatte.

Der römische Kirchenstaat wurde durch die Constitutio fester als je zuvor dem karolingischen Imperium eingegliedert. Eugen II. übernahm 826 auf einer römischen Synode in summarischer Form auch die fränkische Gesetzgebung für die Eigenkirchen. Die Bindungen der Constitutio waren dauerhaft. Lothar verstärkte sie 844 noch, indem er die Papstwahl von einer besonderen kaiserlichen Iussio abhängig machte und ihre Vornahme in Gegenwart kaiserlicher Missi vorschrieb. Johann IX. hat diese Anordnung auf einer römischen Synode von 898 sanktioniert, obwohl sie selbst über das byzantinische Kaiserrecht hinausging.

Die Constitutio Romana berührte indessen nicht den Papst als geistliches Oberhaupt der Kirche. Dies zeigte sich, als am 17. November 824 eine Gesandtschaft der Ostkaiser Michael II. (820—829) und Theophilos bei Ludwig dem Frommen in Rouen eintraf, die nicht nur die seit dem Tode des Kaisers Michael I. Rhangabe (811—813) unterbrochenen Beziehungen aufnehmen, sondern die Franken auch an einem Kompromiß mit Rom in der Bilderfrage interessieren sollte. In Konstantinopel war der Ikonoklasmus unter Leon V. (813—820) neu aufgeflammt. Michael II. war den Bildergegnern geneigt, wollte aber den inneren Frieden erhalten. Die Haltung der Franken — Zulassung, aber keine Adoratio der Bilder — schien ihm eine Kompromißlösung zu bieten. Eine fränkische Gesandtschaft wurde in der Tat in diesem Sinne in Rom vorstellig. Eugen II. hielt an den Beschlüssen des zweiten nizänischen Konzils fest, erteilte dem Kaiser aber die Genehmigung zur Abhaltung einer Reichssynode in der Bilderfrage.

Die Synode trat am 1. November 825 in Paris zusammen, bei oder gar in der Abtei St-Denis, die der Erzkaplan Hilduin leitete. Hilduin war als Erzkaplan der erste Rat des Kaisers in kirchlichen Fragen, zudem auch persönlich an der griechischen Theologie interessiert. Die Teilnehmer der Synode, der die Korrespondenzen Papst Hadrians, die Akten von Nikaia und die Libri Carolini vorlagen, hielten am fränkischen Standpunkt fest, richteten ihre Polemik in erster Linie aber gegen die Ikonoklasten. Sie entwarfen sogar entsprechende Anwortschreiben des Kaisers an den Papst und des Papstes an den Basileus, die Ludwig der Fromme freilich nicht weiterleitete. Der Kaiser ließ das Schreiben an den Papst neu fassen und bot Eugen II. eine gemeinsame Gesandtschaft nach Byzanz an. Die Angelegenheit verlief im Sande. Von einer zweiten griechischen Gesandtschaft, die 827 in Compiègne eintraf propter foedus confirmandum, wissen wir nur, daß sie die Werke des Dionysius Areopagita überreichte, gewiß auf Wunsch Hilduins. Im Frankenreich hatte der Bilderstreit ein publizistisches Nachspiel, hervorgerufen durch die extrem bilderfeindlichen Schriften des Bischofs Claudius von Turin. An der Kontroverse beteiligten sich der Ire Dungal und der Bischof Jonas von Orléans. Im Osten brach der Ikonoklasmus mit dem Tod des Kaisers Theophilos zusammen. Die Orthodoxie wurde dort 843 wiederhergestellt.

Die Gesetzgebung des Imperiums war 821 zu einem vorläufigen Abschluß gekommen. Die Tätigkeit der folgenden Jahre war mehr auf Durchführung der vorhandenen als auf die Einführung neuer Kapitularien gerichtet. Erst aus den Jahren 825/826 sind wieder Kapitularien erhalten, und Abt Ansegis von St-Wandrille wird damals seine offiziöse Sammlung von Kapitularien begonnen haben, die er 827 vollendete. Zu den Stücken von 825 gehört die Admonitio ad omnes regni ordines, das dritte und letzte Dokument der Kaiser- und Reichsidee, das die Gedanken des Proömiums von 818/819 wieder aufnahm und fortbildete. Das Kaisertum wird hier zum erstenmal als Ministerium in Analogie zum Bischofsamt bezeichnet. Die beiden Sphären erscheinen unter den Namen Ecclesia und Regnum. Neu ist die Auffassung, daß jeder Große an seinem Platz und in seinem Stand am Ministerium des Kaisers teilhabe. Der Kaiser ist der Beweger (admonitor), die Großen sind die Helfer (adiutores), auch untereinander verpflichtet zu gegenseitiger Unterstützung. Aufgabe der Geistlichen ist die Lehre in Wort und Beispiel, die Sorge für Kirche, Kult und Schule. Aufgabe der weltlichen Großen ist die Verwirklichung des Friedens durch gerechtes Gericht, durch Wahrung der öffentlichen Sicherheit, durch den Schutz der Waffenlosen.

Die Admonitio wurde auf der Aachener Reichsversammlung im August 825 erlassen, auf der Wala über die Regierungstätigkeit in Italien berichtet zu haben scheint. Die Mitregentschaft Lothars fand von nun an auch offiziellen Ausdruck in den Urkunden und Akten, die künftig im Namen beider Kaiser ergingen. Wala kehrte nach dem Aachener Tag in das Kloster Corbie zurück, wo er Anfang 826 dem Bruder Adalhard in der Abtswürde folgte. Bei dieser Gelegenheit wurde die Filiale Corvey an der Weser, das erste Großkloster Sachsens, unter Abt Warin verselbständigt. An der Gründung von Corvey in den Jahren 821/822 hatte Wala, dessen Mutter einer sächsischen Familie entstammte, einen hervoragenden Anteil. Die Verbindung zwischen Mutter- und Tochterkloster riß auch nach 826 noch nicht ab. Corvey sollte gerade durch Wala wichtige Funktionen in der skandinavischen Mission erhalten, die sich eben damals zu entfalten begann.

Die skandinavische Mission ist aus der sächsischen herausgewachsen. Ihr Initiator war der Erzbischof Ebo von Reims, der nach der Verselbständigung des Reimser Missionssprengels in Sachsen durch die Gründung des Bistums Hildesheim im Jahre 815 ein neues Aufgabengebiet suchte. 822 wurde Ebo nach bonifatianischem Vorbild durch den Papst zum Legaten für den Norden bestellt, 823 übertrug ihm der Kaiser als Stützpunkt Münsterdorf in Holstein. Die Stunde für die Bekehrung des Nordens schien zu schlagen, als 825 innerdänische Kämpfe zwischen Horik, dem Sohn König Göttriks, und dem Prätendenten Harald beigelegt wurden. Harald, der als Unterkönigreich vermutlich das heutige Schleswig erhielt, erschien 826 zur Huldigung in Ingelheim und wurde am 24. Juni zu St. Alban in Mainz getauft. Ludwig der Fromme übertrug ihm die friesische Grafschaft Hriustri an der

Wesermündung als fränkisches Lehen. Zum Leiter der Mission im Herrschaftsbereich Haralds wurde der Flame Ansgar, damals Scholaster in Corvey, auf Vorschlag Walas bestellt.

Die hochgespannten Erwartungen von 826 erfüllten sich nicht. Harald wurde 827 aus Dänemark vertrieben. Ansgar kehrte mit dänischen Neophyten zurück, die in Corvey und anderen sächsischen Klöstern erzogen wurden. Als 829 Gesandte des Schwedenkönigs Björn im Frankenreich erschienen, trieb Wala zu neuer Mission. Ansgar begleitete die schwedische Gesandtschaft in ihre Heimat und wirkte nun mit besserem Erfolg. 831 schritt man zur Gründung des Bistums Hamburg für die Mission bei den Dänen, Schweden und Abodriten. Ansgar wurde durch den Kaiserbruder Drogo und die drei Metropoliten von Mainz, Trier und Reims zum Bischof geweiht. Der Papst übersandte das Pallium und ernannte ihn zum Legaten. Gauzbert, ein Verwandter Ebos von Reims, wurde 832 zum Schwedenbischof erhoben. So griff die fränkische Kirche in diesen Jahren zum erstenmal über die von Karl d. Gr. gesetzten Grenzen hinaus. Aber es war das Verhängnis der nordischen Mission, daß sie sich gerade entfaltete, als der Niedergang des Frankenreiches durch innere Wirren begann.

17. Kapitel

Die karolingische Renaissance in der Zeit Ludwigs des Frommen

LITERATUR: Zur karolingischen Renaissance: (vgl. auch die bereits Kap. 12 genannte Literatur); *E. K. Rand,* A Survey of the Manuscripts of Tours, 2 Bde (Cambridge/Mass. 1929); *S. Tafel,* The Lyons scriptorium: Palaeographia latina 2, 4 (1923, 1925) [= St. Andrews Univ. Publications 20]; *F. M. Carey,* De scriptura Floriacensi (1923) [= Harvard studies in classical philology 34]; *L. W. Jones,* The Scriptorium at Corbie: Speculum 22 (1947) 191—204; *ders.,* The Script of Cologne (Cambridge/Mass. 1932); *W. M. Lindsay - P. Lehmann,* The Early Mayence scriptorium: Palaeographia latina 4 (1925); *W. M. Lindsay,* The Early Lorsch Scriptorium: ebd. 3 (1924); *B. Bischoff,* Die südostdeutschen Schreibschulen und Bibliotheken in der Karolingerzeit I (1940); *G. Baesecke,* Das Schrifttum der Reichenau (1927) [= Beiträge zur Geschichte der deutschen Sprache und Literatur 51]; *G. Théry,* Études dionysiennes 1, 2 (Paris 1932, 1937) [= Études de phil. médiévale 16 und 19]; *B. Bischoff,* Das griechische Element in der abendländischen Bildung des Mittelalters: ByZ 44 (1951) 27—55.

Monographien: Benedikt von Aniane (vgl. Kap. 16); *L. Weinrich,* Wala. Graf, Mönch und Rebell (Lübeck - Hamburg 1963) [= Historische Studien 386]; *A. Bressolles,* St. Agobard, évêque de Lyon (Paris 1949); *A. Cabaniss,* Agobard of Lyons, Churchman and Critic (Syracuse Univ. Press 1953); *ders.,* Florus of Lyons: Classica et mediaevalia 19 (1958) 212—232; *ders.,* Amalarius of Metz (Amsterdam 1954); *H. Peltier,* Pascase Radbert (Amiens 1938); *J. Reviron,* Les idées politico-religieuses d'un évêque du 9e siècle. Jonas d'Orléans et son De institutione regia (Paris 1930); *W. Goez,* Zur Weltchronik des Bischofs Frechulf von Lisieux: Festgabe für P. Kirn zum 70. Geburtstag (1961) 93—110; *R. Drögereit,* Der Heliand. Entstehungsort und Entstehungszeit: Das erste Jahrtausend. Textband II (Düsseldorf 1964) 762—784 (mit älterer Lit.).

Die Anfänge der karolingischen Renaissance weisen zurück auf die Hofschule und den Gelehrtenkreis Karls des Großen. Hofschule und -bibliothek bestanden unter Ludwig dem Frommen fort, und immer noch gingen Männer der geistigen Elite aus der Hofschule hervor. Die Reichsannalen wurden weitergeführt, und Ludwigs Hofastronom schrieb eine Biographie des Kaisers. Dichtungen wurden dem Kaiser dediziert von Theodulf, Ermoldus Nigellus und Walafrid Strabo, dem einzigen Dichter unter den Lehrern der Hofschule. Frechulf von Lisieux schrieb eine Universalgeschichte für den Unterricht des jungen Prinzen Karl. Der Ire Dicuil widmete Ludwig seine vier Bücher über den Computus. Aber aufs Ganze gesehen, traten die Artes hinter der Theologie zurück. Hraban, Agobard, Dungal, Hilduin, Jonas, Prudentius, Amalar und Smaragd dedizierten dem Kaiser und der Kaiserin religiöse, kirchenpolitische und theologische Werke.

Es lag im Wesen der karolingischen Kulturbewegung, daß die Aachener Hofschule nicht das einzige Bildungszentrum blieb. Auch die Höfe der Unterkönige waren nicht bildungsfremd. Der Ire Dungal kam durch die Karolinger nach Pavia, das in Lothars Schulgesetzgebung eine zentrale Stellung einnahm. Am Hof Pippins von Aquitanien wirkte Ermoldus Nigellus, ehe er nach Straßburg verbannt wurde. Neben den Höfen waren schon unter Karl d. Gr. bedeutende regionale Zentren in Erscheinung getreten, unter Ludwig dem Frommen begegnen sie uns in noch weit größerer Zahl. Die meisten dieser Zentren lagen zwischen Loire und Rhein, doch fehlte es auch in Burgund (Lyon), im germanischen Franken (Würzburg, Fulda), in Schwaben (Reichenau) und in Bayern (Salzburg, Freising) nicht an Pflegestätten des Geistes. Nicht selten läßt sich beobachten, daß die ersten Anregungen vom Kaiserhof kamen. Angehörige des Karolingerhauses, Erzkapläne und Erzkanzler regierten Kirchen und Abteien, die in der karolingischen Renaissance einen ehrenvollen Platz einnahmen. Aus dem Hofklerus kamen zahlreiche Bischöfe mit Namen von Klang.

Die profilierteste Kathedralschule befand sich wohl in Lyon. Aus ihr gingen Agobard, sein Diakon und Helfer Florus, der spätere Erzbischof Amolo und Bischof Claudius von Turin hervor. Lyon repräsentierte die südeuropäische Geistesrichtung mit starken Beziehungen zu Spanien. Die Stadt war ein Zentrum der karolingischen Reformpartei und des karolingischen „Rationalismus". Agobard und Florus kämpften gegen die Laienherrschaft in der Kirche, für die Freiheit der Bischofswahlen und den kirchlichen Gerichtsstand des Klerus. Florus zog zur Begründung seiner kirchenpolitischen Forderungen auch Texte des römischen Rechts heran, was sonst nur in Italien (Pavia, Bobbio) geschah. Er wurde damit zu einem Hauptförderer der canonisation progressive du droit romain. Von Agobards politischen Ideen und seiner Polemik gegen die Gottesurteile wurde schon gehandelt. In der Liturgie ließen Agobard und Florus nur Texte der Bibel gelten. Sie lehnten nicht nur religiöse Dichtungen im Gottesdienst ab, sondern auch die liturgische Allegorese. Agobard stand auch dem Reliquienkult kühl gegenüber. Er unterschied die Gedächtnisstätten der Heiligen (memoriae) von den eigentlichen Gotteshäusern (templa). Das Enfant terrible der Schule war der Spanier Claudius von Turin, dessen extreme Bilderfeindlichkeit auch im Frankenreich Widerspruch hervorrief.

Hauptgegner der Lyoner Theologen in Fragen der Liturgie war Amalar von Metz, ein Schüler Alkuins von Tours. Amalar kam vielleicht erst 805 in die Diözese Metz, wo er wohl die Abtei Hornbach erhielt. Eine Zeitlang stand er auch der Trierer Kirche vor, doch war seine kontemplative Natur den damit gestellten organisatorischen Aufgaben nicht gewachsen. Metz war seit den Tagen Chrodegangs das bedeutendste liturgische Zentrum des Frankenreiches. Amalar beschloß 836/837 die Reihe der kanonischen Bücher Karls d. Gr. mit dem Antiphonar, das er aus römischen und Metzer Texten zusammenstellte. Sein Ruhm als Liturgiker stand damals längst fest. Er war begründet worden durch den 821 zuerst edierten, seither mehrfach aufgelegten und erweiterten Liber officialis, in dem seine liturgischen Studien zu einer großen allegorischen Erklärung der hohen Zeit des Kirchenjahres (Septuagesima bis Pfingsten), der kirchlichen Weihen, der liturgischen Gewänder, der Messe und schließlich der Lektionen zusammengefaßt waren. Die allegorische Methode Amalars fußte auf Beda, sie war durch Alkuin erstmals auf die Liturgie übertragen worden. Amalar handhabte sie souverän und originell, er nahm für seine Gedanken sogar direkte Inspiration in Anspruch. Die Messe verstand er als eine dramatische Handlung. Obwohl er im Streit mit Agobard und Florus unterlag, wurden seine Werke maßgebend für die weitere Entwicklung der liturgischen Symbolik des Mittelalters. Schon Walafrid Strabo benutzte sie in seinem Libellus de exordiis et incrementis ecclesiasticis.

Amalar war ein weltfremder, nur seinen theologisch-liturgischen Interessen lebender Gelehrter; die politischen und kirchenpolitischen Kontroversen der Zeit fanden nicht das geringste Echo in seinen Schriften. Er versagte deshalb auch als Bischof von Trier; denn ein Bischof konnte an diesen Fragen nicht vorbeisehen. Der Episkopat war auf Schritt und Tritt befaßt mit der Wahrung der kirchlichen Rechte gegenüber den Großen und der Durchführung des erneuerten Kirchenrechts. Eine irenische Natur wie Jonas von Orléans nahm nicht nur in der Bilderfrage Stellung, sondern schrieb auch De institutione laicali für Matfrid von Orléans und einen Fürstenspiegel für Pippin von Aquitanien. Er konzipierte die kirchenpolitisch bedeutsamen Akten der Pariser Synode von 829 und legte sie einer Admonitio an Pippin zugrunde. Von Jonas' Vorgänger Theodulf stammten die ersten Bischofskapitularien, denen andere in Lüttich, Basel und Freising folgten. Sie enthielten die wesentlichen Regeln der Pfarrverwaltung. Ihr Ziel war darüber hinaus die Festigung der bischöflichen Autorität gegenüber Klerus und Mönchtum in der Diözese, die Durchsetzung des kirchlichen Ehe- und Bußrechts gegenüber den Laien und die Abwehr laikaler Übergriffe in den kirchlichen Innenraum. Damit verschärfte sich auch der Kampf gegen die insularen Poenitentialien. Da die vorhandenen Kanonessammlungen zu umfangreich und daher schwer nachschlagbar waren, redigierte man spezielle Sammlungen (Laon) oder auch neue, im Geist der römisch-altkirchlichen Disziplin abgefaßte Poenitentialien, von denen die ersten auf Halitgar von Cambrai (817—831) zurückgingen. Zu den Aufgaben des Episkopats gehörte nicht zuletzt die Sicherung der materiellen Grundlagen des kirchlichen Lebens, die vor allem in den durch die Säkularisationen des frühen 8. Jh. stark betroffenen Gebieten oft noch unzulänglich waren. Die Sorge um das Kirchengut führte zu einer Sichtung der Besitztitel in den Archiven, dann auch zu dokumentarischen Darstellungen der Bistumsgeschichte mit Aufnahme echter oder auch gefälschter Urkunden wie in Le Mans unter Bischof Aldrich (832—857).

Das Schulwesen, das im großen Aufgabengebiet der Bischöfe nur einen Sektor bildete, nahm in den Klöstern einen zentralen Platz ein. Es kann daher nicht wundernehmen, daß der Schwerpunkt der Buchkunst und der literarischen Kultur bei den Klöstern lag. St-Martin von Tours verlor zwar nach dem Tod Alkuins seinen Rang einer zentralen Bildungsstätte, wurde aber zum großen Verlagshaus des 9. Jh., das Handschriften und reich illustrierte Bücher in alle Teile des Frankenreiches exportierte. Neben St-Martin traten unter Ludwig dem Frommen die Reimser Scriptorien (St-Remi, Hautvillers) stärker hervor. In Aniane, dem Mutterkloster der benediktinischen Reform, erwuchs keine neue zentrale Schule. Zu den geistigen Zentren der Francia gehörten St-Denis, wo der Erzkaplan Hilduin auch das Griechische pflegte (Übersetzung der Schriften des Dionysius Areopagita von 832/835), und Corbie, wo Paschasius Radbertus 831 mit dem Traktat De corpore et sanguine Domini die Abendmahlskontroversen des 9. Jh. eröffnete. In Ferrières (Diözese Sens) legte Abt Aldrich (821—829) die Grundlage für die Blüte des Klosters in der folgenden Periode.

Unter den Klosterschulen der Zeit Ludwigs des Frommen stand Fulda an erster Stelle. Die Bonifatiusabtei verdankte diesen Rang den Äbten Eigil (818/819—822) und Hraban (822—842). Hrabanus Maurus, ein Franke aus Mainz, war gleich Amalar von Metz Schüler Alkuins in Tours gewesen. Er war kein origineller Kopf wie Amalar, aber der beste Kenner der christlich-antiken Literatur, darin selbst seinem Lehrer Alkuin überlegen. Seine literarische Produktivität war außerordentlich und umfaßt die Artes ebenso wie die Theologie, bei der der Schwerpunkt seiner Arbeit lag. Mit diesen besonderen Fähigkeiten ist Hraban zum Praeceptor Germaniae geworden. Keine andere Schule in Germanien ließ sich mit der von Fulda vergleichen. Selbst die Reichenau, die unter Abt Tatto aufstieg und mit Walafrid einen bedeutenden Dichter und Gelehrten hervorbrachte, ist nur mit Abstand zu nennen. In Fulda bemühte man sich auch um eine Übertragung wesentlicher Stücke der Bibel, hier wurde zumal Tatians Evangelienharmonie ins Althochdeutsche übersetzt. Ob der Heliand und die altsächsische Genesis, die beide in Geist und Form (Stabreim) von der angelsächsischen Bibeldichtung beeinflußt sind, in Fulda oder in Werden entstanden, ist umstritten. Hraban war die Existenz einer germanischen Sprachgemeinschaft (lingua theodisca) bewußt, und von ihm ging diese Kenntnis auch auf seine Schüler über. Doch setzte sich das Wort theodiscus zur Bezeichnung der germanischen Sprachgemeinschaft zur gleichen Zeit auch bei anderen Autoren im romanischen Westen durch.

Die Entfaltung der karolingischen Renaissance unter Ludwig dem Frommen bietet ein imponierendes Bild. Es trifft zwar zu, daß die theologisch-kirchliche Literatur nun einen sehr viel breiteren Raum einnahm als unter Karl d. Gr. Aber man darf diese Hinwendung zu den kirchlichen Themen nicht einseitig auf die Interessen des Kaisers zurückführen. Es kam darin auch ein Reifeprozeß zum Ausdruck, da die vorausgehende Zeit zu einer so umfassenden Diskussion der Reichs- und Kirchenpolitik noch gar nicht fähig gewesen wäre. Die Artes sind darüber zwar zurückgetreten, aber sie haben ihre Funktion im Bildungsganzen deshalb nicht verloren. Die Ideen und Forderungen der führenden Männer standen nicht immer im Einklang mit der geschichtlichen Wirklichkeit. Der große Gedanke von der Einheit der Christenheit im karolingischen Imperium sollte sich bald als Illusion erweisen. Aber in der Diskussion um Kirchenreform und Reichseinheit, um die Aufgaben des Herrschers und der Großen vertieften und klärten sich die Vorstellungen von Herrschaft und Dienst, von Kirche, Reich und Recht. Diese Klärung und Objektivierung war ein bleibender Gewinn.

18. Kapitel

Krise in Reich und Kirche (828—840)

WEITERE QUELLEN: Paschasius Radbertus, Epitaphium Arsenii (= Vita Walae), ed. *E. Dümmler:* AAB 1900, 3—98; *Nithard,* Historiarum libri IV: MGSS II 649—782; SS rer. Germ. 1907 (ed. *Müller*); Class. Fr. 7 (1926) (ed. *Lauer*); Annales Bertiniani: SS rer. Germ. (rec. *Waitz*).
LITERATUR: Zu Wala, Agobard, Jonas vgl. Kap. 17; *H. Zatschek,* Die Reichsteilungen unter Kaiser Ludwig dem Frommen: MIÖG 49 (1935) 186—224.

Nach langer Friedenszeit erging im Februar 828 ein Alarmruf der beiden Kaiser an die Großen des Reichs: ... undique inimicos sanctae Dei ecclesiae commoveri et regnum ... infestare velle cognoscimus[1]. Anlaß zu diesem Alarmruf gaben Rückschläge an den Grenzen: in Holstein, in den Marken

[1] MGCap II n. 185 S. 5.

Pannonien und Friaul und in Katalonien. Aus der Distanz gesehen, war kein Anlaß für Panik gegeben, und die Verhältnisse an den Grenzen haben sich auch bald wieder stabilisiert. Karl d. Gr. hätte kaum die Ruhe verloren; aber auf der Reichsversammlung, die im Februar 828 in Aachen zusammentrat, herrschten Sorge und Angst. Hugo von Tours, Matfrid von Orléans und Balderich von Friaul wurden ihres Amtes enthoben. Die Absetzung von drei Großwürdenträgern löste eine Regierungskrise aus. In Aachen wurden auch generelle Klagen über die Reichsverwaltung laut. Zum nächsten Reichstag sollten Reformvorschläge eingereicht werden. Die für den Juni nach Ingelheim ausgeschriebene Versammlung fand wegen der bestehenden militärischen Spannungen jedoch keine Zeit, die Reformen zu diskutieren. Dies geschah erst im Dezember zu Aachen auf einem kleineren Winterplacitum, das sich bis Februar 829 hinzog. Hier trat Wala mit einer großen Reformdenkschrift hervor.

Der alte Paladin Karls d. Gr. begann mit einer scharfen Kritik des Hofes (Lässigkeit der Führung, Pfründenjagd der Höflinge), des Klerus (mangelnde Seelsorgetätigkeit und Disziplin) und der weltlichen Großen (Korruption, Fehden und Bandenwesen). Er sah die Ursachen der Übelstände in der Passivität der Zentrale und der unerlaubten Vermischung von geistlicher und weltlicher Sphäre. Der Kaiser wurde zu größerer Aktivität in der Rechtswahrung, zu größerer Sorgfalt in der Wahl seiner Amtsträger aufgerufen. Wala betrachtete ihn nach wie vor als Fundament des Reiches (totius stabilimentum regni), auf dem die beiden Stände (Ordo disciplinae und Status rei publicae) ruhten. Aber er sprach ihm gegenüber der Kirche nur ein Kontrollrecht, keine eigentliche Regierungsgewalt zu. Wie sein vertrauter Freund und Biograph Paschasius Radbertus dürfte auch er den Kaiser im Bild des Theodosius, nicht im Bild Konstantins gesehen haben.

Die Kirche war für Wala eine altera res publica, als solche basiert auf den Sakramenten und dem Kirchengut und regiert von den Bischöfen. Das Kirchengut galt ihm als Gotteslehen an den Klerus, über das Christus die alleinige Verfügung habe. Die Kirche sollte im Rahmen des kanonischen Rechts ihren eigenen Aufgaben leben und sich auf jährlichen Provinzialkonzilien über ihr Wirken Rechenschaft geben. Da die Kapläne keinen kanonisch sanktionierten Vorgesetzten besaßen und in die christliche Ständeordnung der Kanoniker, Mönche und Laien nicht hineinpaßten — die Kanonikerregel war für sie nicht eingeführt worden —, hatte die Kapelle für Wala keine Daseinsberechtigung. Der Abt von Corbie forderte die Freiheit der kirchlichen Wahlen und verweigerte dem Kaiser die Verfügung über kirchliche Ämter, gestand ihm aber ein noch näher zu bestimmendes Kontrollrecht zu. Er schloß die Verleihung von Kirchengut bei staatlichem Notstand nicht aus. Doch sollte die Verleihung ob defensionem magis quam ad rapinam und durch die Bischöfe, nicht durch direkten Eingriff des Herrschers erfolgen.

Als Zeugnis für die Reichsidee schließt sich die Denkschrift Walas dem

Prooemium von 818/819 und der Admonitio von 825 an. Der Abt von Corbie wich von der bisherigen Grundkonzeption nicht ab. Sein eigentliches Anliegen war die Entmischung des geistlichen und weltlichen Bereichs, damit sich die beiden Stände des Reiches fortan ihren eigenen Aufgaben widmen könnten. Hybride Einrichtungen wie Laienabbatiat und Hofkapelle waren Hauptziele seines Angriffs. Aber Wala blieb bei Einzelerscheinungen nicht stehen, und so kam er dazu, die kaiserlichen Rechte gegenüber der Kirche (Aufsicht, Kontrolle) von den kaiserlichen Rechten gegenüber der Res publica (Herrschaft) zu unterscheiden.

Obwohl die Denkschrift einen Sturm bei allen Parteien entfesselte, hinterließ sie doch einen nachhaltigen Eindruck. Ludwig der Fromme kündigte wöchentliche Gerichtssitzungen in Aachen an und schrieb vier Synoden in Paris, Mainz, Toulouse und Lyon zur Prüfung der Mißstände in Reich und Kirche aus. Die Missi, die in der Osteroktav 829 entsandt wurden, sollten die Schöffen und das Volk über Mißstände befragen. Die Synoden tagten in der Pfingstoktav. Erhalten sind nur die Pariser Akten, die Jonas von Orléans redigierte. Die beiden ersten Bücher, die den Beschlüssen voraufgehen, hat Jonas wohl schon im voraus entworfen. Sie enthalten außer der Selbstkritik des Episkopats, einem wahren Spiegel der bischöflichen Amtspflichten im Geist der ludovizianischen Reform, grundsätzliche Ausführungen über die Ordnungen in der Christenheit. Die Ecclesia, so wird gesagt, bildet einen Leib, der sich in zwei hier als persona sacerdotalis und persona regalis bezeichnete Stände gliedert. Der König rückt damit auf die Seite der Laien, was durch die Berufung auf Gelasius (gravius pondus sacerdotum) noch unterstrichen wird. Doch negiert Jonas damit nicht die Einordnung der Kirche in das Reich, hat er doch einleitend erklärt, daß die Kirche den beiden Kaisern zur Regierung und zum Schutz anvertraut sei. Der Herrscher hat sein Reich von Gott, nicht von seinen Vorfahren. Seine kirchliche Aufgabe wird im zweiten Buch als Defensio bezeichnet.

Mit Wala sahen die Pariser Konzilsväter in der Verquickung der Sphären ein Grundübel, das sie von ihren kirchlichen Pflichten, u. a. der Berufung jährlicher Provinzialkonzilien, abhalte. Freilich sei darin seit König Pippin eine ständige Besserung eingetreten. Mit Wala drangen die Pariser Synodalen auch auf die Abschaffung der Hofkapelle als einer hybriden Einrichtung. Doch findet sich in den Akten kein Angriff gegen den Laienabbatiat. Die Laienäbte, so heißt es, sollten wie die regulären Äbte ein ehrbares Leben führen. Man erkannte dem Kaiser das Recht zu, die geistlichen Würdenträger einzusetzen, und forderte ihn auf, größte Sorgfalt walten zu lassen in bonis pastoribus rectoribusque constituendis. Die gleiche Sorgfalt empfahl man ihm bei der Wahl seiner weltlichen Helfer in eligendis adiutoribus vestris et rei publicae ministris. Hier ist ein feiner Unterschied gemacht zwischen der Constitutio der geistlichen, der Electio der weltlichen Großen durch den Kaiser. Das entsprach den Gedanken Walas. Doch enthielten sich die Pariser Väter jeder Polemik. Die schwierige Frage der Entmischung der Sphären und der libertas episcopalis, sollte zu einem späteren Zeitpunkt — suo tempore — beraten werden. Walas Einfluß wirkte sich wohl auch in der Empfehlung aus, öffentliche Schulen in drei geeigneten Städten des Imperiums einzurichten, hatte doch Lothar bereits entsprechende Schulen in Italien geschaffen.

Im August 829 traten die Großen zur Reichsversammlung in Worms zusammen. Der Episkopat legte einen Gesamtbericht vor, der sich in allen Teilen den Pariser Beschlüssen anschloß. Aber der Kaiser ging auf die Relatio episcoporum überhaupt nicht ein. Er suspendierte die Reform und setzte durch einseitiges Dekret einen Erbanteil für den erst sechsjährigen Prinzen Karl fest, den Sohn der Kaiserin Judith, für den Schwaben, Rätien, das Elsaß und Teile Burgunds als Dukat konstituiert wurden. Dieser Länderkomplex bildete keine alte Einheit wie die Regna Aquitanien, Bayern und Italien. Dennoch stellte der Kaiser eine Erhebung zum Unterkönigreich in Aussicht. Die älteren Söhne wurden durch das Edikt offensichtlich überrascht. Nach Beendigung des Reichstags wurde Lothar nach Italien entlassen, seine Mitregentschaft beendet.

Die Opposition sammelte sich in Corbie. Der 56jährige Abt Wala repräsentierte die glorreiche karolingische Vergangenheit, die durch die Suspension der Reform und die einseitige Erbverfügung gefährdet erschien. Er gab die Parole pro principe contra principem aus. Die Verschworenen, zu denen fast alle bisher führenden Persönlichkeiten gehörten, nutzten für ihren Zweck den Zug gegen die Bretonen, den der Kaiser und sein neuer Ratgeber Bernhard von Barcelona unter Mißachtung der Karwoche auf den Gründonnerstag (14. April) 830 angesetzt hatten. Der Staatsstreich glückte. Der Kaiser nahm Lothar, der aus Italien herbeieilte, wieder zum Mitregenten an. Die Kaiserin Judith und ihre Brüder wurden ins Kloster geschickt, ihr Anhang wurde verbannt.

Der Regierungswechsel von 829 war rückgängig gemacht worden, aber unter den Siegern brachen neue Rivalitäten aus. Der Abt von Corbie, der ehrlichen Herzens die Fortführung des großen Reformwerkes in Reich und Kirche erstrebte, verlor die Kontrolle über die Ereignisse. So kam es zu einem völligen Umschwung auf den Reichsversammlungen von Nimwegen (Oktober 830) und Aachen (Februar 831). Die Häupter der Verschwörung wurden verhaftet, Lothar nach Italien entlassen. Die „kaiserliche Revolution" Walas war gescheitert an der Person des Kaisers und dem Egoismus der Großen.

Die Autorität des Kaisertums war durch die Ereignisse von 830/831 geschwächt, die inneren Gegensätze waren verschärft worden. Aber Unwiderrufliches geschah erst, als Ludwig der Fromme 831 mit der Ordinatio brach und das Reich diesseits der Alpen unter seine drei Söhne Pippin, Ludwig und Karl teilte. Die Basis für diese Teilung bildeten die Königreiche von

817 und der Dukat von 829. Daraus ergab sich eine Aufsplitterung der Francia, die Karl d. Gr. 806 intakt gelassen hatte. Obwohl man sich für das Prinzip der Teilung auf Karl berief — der Text der Divisio von 831 schloß sich eng an die Divisio von 806 an —, verstieß man in den Ausführungsbestimmungen gegen eine Grundkonzeption des ersten Frankenkaisers. Eine Stabilisierung der Verhältnisse wurde durch die neue Erbverfügung nicht erreicht. Es kam bald zu neuen Konflikten mit Pippin von Aquitanien und Ludwig von Bayern, die sich nun mit Lothar verbanden.

Anders als der Staatsstreich Walas von 830 mußte sich der Aufstand der Söhne von 833 unmittelbar gegen den alten Kaiser kehren. Die Führung der Opposition übernahm Lothar als Zweitkaiser, und Lothar gelang es auch, Papst Gregor IV. als Garanten der Ordinatio ins Spiel zu bringen. Die rechtliche Grundlage bot das im christlichen und germanischen Denken begründete Widerstandsrecht. Denn Ludwig der Fromme hatte durch die Aufhebung der Ordinatio und die von ihm 832 geplante Enterbung Pippins gegen das Haus- und Reichsrecht verstoßen. Ziel der Opposition war die Wiederherstellung der Ordinatio und der Mitregentschaft Lothars sowie die Garantie der Erbrechte Pippins und Ludwigs, deren Anteil wohl gegenüber der Ordnung von 817 vergrößert werden sollte. Der Papst sah seine Aufgabe in einem Schiedsspruch zwischen dem Vater und den Söhnen. Er sandte im April eine entsprechende Botschaft über die Alpen.

Ludwig der Fromme hatte im Februar 833 von der Verschwörung erfahren. Er begab sich von Aachen nach Worms, um einem Angriff von Italien und Bayern her zu begegnen, und berief dorthin den hohen Klerus und das Heer. Aber die Aufstandsbewegung griff rasch um sich. Lothar marschierte in Burgund ein, wo sich ihm die Erzbischöfe Agobard von Lyon und Bernhard von Vienne anschlossen. Auch Wala, der seit dem Aufstand König Ludwigs wieder in Corbie weilte, entschloß sich nach längerem Zögern, der Botschaft Lothars zu folgen. Agobard schrieb ein Manifest für das Recht der Söhne gegen den Vater. Die um den alten Kaiser gescharten Bischöfe ließen unterdessen eine scharfe Resolution an den Papst ergehen. Sie erklärten die päpstliche Einmischung für unstatthaft und erinnerten Gregor IV. an seinen Treueid. Der Kaiser habe die Ordinatio „iuxta rerum opportunitatem“ abgeändert, und diese Änderung sei unwiderruflich. Der Kaiser werde ihre Berechtigung dem Papst darlegen. Sie drohten abschließend mit der Gehorsamsaufsage. Gleichzeitig forderte der Kaiser die Söhne auf, sich ihm zu unterwerfen. Er schob dabei die Hauptschuld auf Lothar. Ludwig der Fromme und seine Großen beriefen sich auf die väterliche Zwangsgewalt, auf den Vasalleneid der Söhne und der Großen.

Die Vorstellungen der Gegenseite machten den Papst schwankend. Wala mußte ihn daran erinnern, daß er allein Richter sei und selbst nicht gerichtet werden könne. Das galt natürlich nur für die religiöse Sphäre, aber der alte Kaiser hatte sich ja nach Auffassung der Verschworenen durch die Aufhebung der divina inspiratione erlassenen Ordinatio auch religiös schuldig gemacht. In seiner Antwort an die Bischöfe betonte Gregor IV., daß er nicht als Parteigänger Lothars, sondern als Friedensvermittler aus eigener Initiative gekommen sei. Die Berechtigung dazu leitete er aus seinem kirchlichen Amt ab, dessen besondere Aufgabe und höhere Würde er im Geiste des Gelasius unterstrich. Der bedingungslos verstandenen Gehorsamspflicht des ludovizianischen Episkopates hielt er die christliche Auffassung des Treueids entgegen, die auch dazu verpflichtete, dem Kaiser Verstöße gegen die Einheit von Kirche und Reich vorzuhalten. Über die Ordinatio könne nicht eine Partei, sondern nur die Gesamtheit entscheiden, die auch das Recht habe, einseitige Entscheidungen des Kaisers erneut zu behandeln. Die Gehorsamsaufsage an den Papst aber bedeute Schisma.

Es steht außer Zweifel, daß die Argumente der päpstlichen Antwort dem Geist der kaiserlichen Gesetzgebung vor der Krise entsprachen — aber Ludwig der Fromme hatte eben dieses Fundament verlassen. Die militärische Entscheidung erschien unausweichlich. Beide Heere lagen sich am 24. Juni 833 bei Colmar gegenüber. In dieser Situation kam nun doch die päpstliche Vermittlung zu ihrem Recht. Der Papst begab sich zum Kaiser und kehrte mit Friedensvorschlägen ins Lager der Söhne zurück. Es war zu spät. Inzwischen hatte die Propaganda der Aufständischen ihre Wirkung getan, das Heer Ludwigs des Frommen lief zur Gegenseite über. Der alte Kaiser begab sich mit der Kaiserin in das Lager der Söhne. Gregor mußte bald einsehen, daß er mißbraucht worden war, und kehrte „voll Trauer" nach Rom zurück.

Es trat ein, was Wala resigniert vorausgesehen hatte: die völlige Entmachtung des alten Kaisers. Die drei Brüder verfügten selbständig über das Reich durch eine neue Teilung unter Ausschluß des zehnjährigen Karl, der Mönch in Prüm werden sollte. Es handelte sich diesmal um eine Realteilung, die mit sofortiger Besitznahme verbunden war. Die Anteile Pippins und Ludwigs entsprachen nicht der Divisio von 831, wurden aber größer bemessen als 817. Die strenge Unterordnung der Könige unter das Kaisertum fiel, aber eine lose kaiserliche Oberhoheit blieb gewahrt. Die Familie des Vaters blieb naturgemäß in der Hand Lothars, der Ludwig den Frommen nach St-Médard von Soissons, die Kaiserin nach Tortona, den Bruder Karl nach Prüm bringen ließ.

Im Oktober hielt Lothar eine allgemeine Reichsversammlung in Compiègne ab. Führend in seinem Rat waren zwar noch Hugo, Matfrid und Lambert, aber nicht mehr Wala und Hilduin, sondern Ebo von Reims und Agobard von Lyon. Sie trieben zur Absetzung Ludwigs des Frommen, die sich nach allem, was geschehen war, nicht mehr vermeiden ließ, wenn sich auch Wala und Hilduin dieser Erkenntnis verschlossen. Da es keinen Präzedenzfall für die Absetzung gab, mußte die Rechtsgrundlage erst geschaffen werden. Seit fast zwanzig Jahren war das Kaisertum „als göttlicher Auftrag und wie ein kirchliches Amt" (Schieffer) aufgefaßt worden. Ein Rechtsgrund für ein Verfahren war gegeben — so konnte man folgern —, wenn der Kaiser die Aufgaben seines Ministeriums, die Verwirklichung von pax et concordia in der christlichen Welt negierte. Ob dieser Tatbestand vorlag, konnten nur die Bischöfe als „berufene Repräsentanten der Kirche" feststellen. So trat der Episkopat noch während der Versammlung von Compiègne im benachbarten Soissons zusammen. Die Anklage, die Ebo von Reims vertrat, lautete auf Sacrilegium, Homicidium und Periurium. Ludwig der Fromme habe durch schlechte Behandlung seiner Verwandten das Karl d. Gr. 813 gegebene Versprechen gebrochen und 818 die Tötung Bernhards zugelassen. Er habe die Ordinatio umgestoßen und ein leichtfertiges Spiel mit den Reichsteilungen und den Eiden des Volkes getrieben. Er habe die Fastenzeit entweiht, die 830 eingegangenen Verpflichtungen gebrochen, den „Meineid" der Kaiserin zugelassen, das Heer gegen Christen geführt. Der Kaiser bekannte, das ihm anvertraute Herrscheramt unwürdig verwaltet zu haben. Er überreichte dem Klerus ein Verzeichnis seiner Verfehlungen, legte die Waffen ab und wurde mit dem Büßergewand bekleidet. Zweck des Verfahrens war, den Kaiser amtsunfähig zu machen.

Das Verfahren war konsequent aus der Idee des Imperium christianum entwickelt, aber die Anklage war parteipolitisch entstellt. Indem man die Anklagepunkte häufte, nahm man den entscheidenden Argumenten das Gewicht. Man konnte Ludwig nicht die Handlungen von 814 und 818 vorwerfen, für die er längst freiwillig Buße getan hatte. Anfechtbar war im Verfahren selbst die Verquickung von Kirchenbuße und Absetzung. Hrabanus Maurus legte den Finger auf die kritischen Punkte in seinem Liber de reverentia filiorum: die Exkommunikation könne nicht auf Grund von Verbrechen erfolgen, die der Kaiser gar nicht begangen habe, da die Bestrafung von Hochverrätern kaiserliches Recht sei; die Kirchenbuße könne nie zur Absetzung führen, da der Sünder durch die Buße ja gerade wieder in die kirchliche Gemeinschaft zurückkehre. Hraban umging das Kernproblem: die Umstoßung der Ordinatio und die Enterbung Pippins. Seine Ausführungen über die Kirchenbuße aber trafen ins Schwarze. Es gab in Wirklichkeit nur ein Mittel, den Kaiser regierungsunfähig zu machen: den Eintritt ins Kloster. Die Lotharianer haben Ludwig den Frommen dazu bringen wollen. Aber hier versagte sich der alte Kaiser, indem er sich weigerte, eine Entscheidung vor der Wiederherstellung seiner persönlichen Freiheit zu treffen. Auf diese Bedingung konnte Lothar nicht eingehen, da die Absetzung des Vaters im Reich einen Stimmungsumschwung hervorrief. So blieb Ludwig der Fromme weiterhin in der Haft seines ältesten Sohnes.

Diese Situation wurde um so unerträglicher, je länger sie dauerte. Pippin und Ludwig erkannten die Absetzung des Vaters nicht an. Sie hatten es leicht, da sie ohne Schädigung der eigenen Interessen den letzten Konsequenzen der Erhebung von 833 ausweichen konnten. So fiel das ganze Odium des Aufstandes schließlich auf Lothar. Es kam hinzu, daß unter

Lothars Räten Matfrid und Lambert neue Rivalitäten aufbrachen. Vergebens suchte Wala die Reform des Reiches wieder in Gang zu bringen.

Die Anhänger des alten Kaisers sammelten sich um Ludwig den Deutschen, der im Dezember 833 die Freilassung des Vaters forderte. Abermals kam es zu einem völligen Umschwung. Lothar wurde 834 erneut nach Italien abgedrängt, wohin ihm Wala mit führenden geistlichen und weltlichen Großen folgte. Ludwig der Fromme ließ nach seiner feierlichen Wiedereinsetzung im Februar 835 zwar die besonders kompromittierten Erzbischöfe von Reims, Lyon, Vienne und Narbonne absetzen, hielt aber mit neuen Erbverfügungen zurück. Er suchte den Frieden mit Lothar, für den sich auf der Seite des Zweitkaisers besonders Wala einsetzte. Der Abt von Corbie sollte die Versöhnung der beiden Kaiser freilich nicht mehr erleben. Er erlag 836 einer Seuche. Sein Tod war auch unter den gewandelten Verhältnissen noch ein schwerer Verlust für Haus und Reich der Karolinger. Die Tragödie des Imperium christianum war im Grunde die Tragödie Walas, da er an dem Platz, an dem er stand, das Verhängnis nicht aufhalten konnte, ja es durch seine Initiative erst recht beschleunigte. Virum magnum fuisse constat, sagt von ihm Leibniz, sed Catonis fato mala publica acrioribus remediis exasperasse.

Die Ausstattung des jüngsten Sohnes Karl blieb ein Hauptanliegen des alten Kaisers. Der Tod Pippins von Aquitanien gab den Weg zu einer neuen Erbregelung frei. Ludwig der Fromme teilte 839 zu Worms das Frankenreich zwischen Lothar und Karl. Die Söhne Pippins wurden enterbt, Ludwig der Deutsche auf Bayern beschränkt. Der Friede kehrte damit nicht ein, da sich die benachteiligten Parteien erhoben. Aber die Opposition war eindeutig unterlegen und mußte unterlegen bleiben, wenn Lothar und Karl zusammenstanden. In dieser Erwartung ist Ludwig der Fromme am 20. Juni 840 auf einer Rheininsel bei Ingelheim gestorben.

FÜNFTER ABSCHNITT

Die Kirche im Abendland vom Tode Ludwigs des Frommen bis zum Ende der Karolingerzeit

Univ.-Professor Dr. Eugen Ewig, Bonn

19. Kapitel

Die Frankenreiche vom Tode Ludwigs des Frommen bis zum Tode Kaiser Ludwigs II. (840—875)

WEITERE QUELLEN: Für die Gesamtübersicht ist noch die alte Auflage von *Wattenbach* heranzuziehen. Die Neuauflage *Wattenbach-Levison* 4 behandelt nur Italien und das Papsttum vom Vertrag von Verdun bis zum Ende der Karolingerzeit. — MGDD regum et imperatorum Germaniae e stirpe Carolinorum I (Ludwig der Deutsche); *L. Levillain,* Recueil des actes de Pépin Ier et Pépin II d'Aquitaine (Paris 1926); *G. Tessier,* Recueil des actes de Charles II le Chauve, I—III (Paris 1946/55); MGEp, Nithard und Annales Bertiniani (vgl. Kap. 18); Annales Fuldenses, rec. *Kurze:* SS rer. Germ.; Annales Xantenses, rec. *B. de Simson:* SS rer. Germ; *Regino von Prüm,* Chronicon, rec. *Kurze:* SS rer. Germ. Vgl. ferner die Quellen zu den folgenden Kapiteln.

LITERATUR: *W. Schlesinger,* Die Auflösung des Karlsreiches: Karlswerk I 792—857; *E. Dümmler,* Gesch. des ostfränkischen Reiches, 3 Bde (Leipzig 1887/88); *J. Calmette,* L'effondrement d'un empire et la naissance d'une Europe (Paris 1941); Der Vertrag von Verdun 843. Neun Aufsätze zur Begründung der europäischen Völker- und Staatenwelt, hrsg. von *Th. Mayer* (Leipzig 1943); *P. E. Hübinger,* Der Vertrag von Verdun und sein Rang in der abendländ. Gesch.: Düsseldorfer Jahrbuch 44 (1947) 1—16; *F. L. Ganshof,* Zur Entstehungsgeschichte und Bedeutung des Vertrags von Verdun: DA 12 (1956) 313 bis 330; *R. Schneider,* Brüdergemeine und Schwurfreundschaft. Der Auflösungsprozeß des Karlingerreiches im Spiegel der Caritas-Terminologie in den Verträgen der karlingischen Teilkönige des 9. Jh. (Lübeck-Hamburg 1964) [= Historische Studien 388]; *G. Tellenbach,* Die Entstehung des deutschen Reiches (München [3]1946); *R. Parisot,* Le royaume de Lorraine sous les Carolingiens (843—923) (Paris 1898); *R. Poupardin,* Le royaume de Provence sous les Carolingiens (Paris 1901); *L. M. Hartmann,* Geschichte Italiens im Mittelalter III 1, 2 (Gotha 1908, 1911); *F. Lot - L. Halphen,* Le règne de Charles le Chauve (nur bis 851): BÉH 175 (Paris 1909); *P. Zumthor,* Charles le Chauve (Straßburg 1957); *P. Classen,* Die Verträge von Verdun und Coulaines 843 als politische Grundlagen des westfränkischen Reiches: HZ 196 (1963) 1—35; *P. E. Schramm,* Der König von Frankreich. Das Wesen der Monarchie vom 9. bis zum 16. Jh., 2 Bde (Darmstadt [2]1960); *M. David,* Le serment du sacre du 9e au 15e siècle (Straßburg 1951).

Zur Kirche in den Teilreichen: *J. Schur,* Königtum und Kirche im ostfränkischen Reich (Diss. Berlin 1931); *K. Voigt,* Die karolingische Klosterpolitik und der Niedergang des westfränk. Königtums: KRA 90/91 (1917).

Zum lotharischen Ehestreit: *E. Perels,* Propagandatechnik im 9. Jh. Ein Originalaktenstück für Erzbischof Gunthar von Köln: AUF 15 (1938) 423—425; *H. Fuhrmann,* Eine im Original erhaltene Propagandaschrift des Erzbischofs Gunthar von Köln: ADipl 4 (1958) 1—51; vgl. auch Lit. zu Nikolaus I. (Kap. 21) und Hinkmar von Reims (Kap. 23).

Die geschichtliche Entscheidung über die Zukunft des Frankenreiches lag bei Lothar I. Der Kaiser hätte sich mit der Teilung von 839 zufriedengeben können und diese Regelung nach menschlichem Ermessen auch gegen Ludwig den Deutschen durchgesetzt. Dem karolingischen Reich wären damit die schweren Erschütterungen der nächsten Jahre erspart geblieben. Aber Lothar, der damals 45 Jahre zählte und im reifen Mannesalter stand, war nicht geneigt, seinen knapp 17jährigen Bruder Karl als gleichberechtigten Partner anzuerkennen, und nahm den Kampf um die Ordinatio auf. In diesem Kampf ist er unterlegen. Am 25. Juni behaupteten Ludwig und Karl das Feld im blutigen Kampf von Fontenoy bei Auxerre, von dem später Regino von Prüm sagte, daß er die Macht der Franken gebrochen habe. Der fränkische Hochadel drängte auf Verständigung. Am 5. Juni 842 trafen sich die drei Brüder in Mâcon, wo sie einen Waffenstillstand schlossen. Nach langen und zähen Verhandlungen in Metz und Koblenz kam es Anfang August 843 zum Vertrag von Verdun. Die Ausgangsbasis für die Teilung von Verdun bildeten die Regna Italien, Bayern und Aquitanien. Die übrigen Länder des Imperiums wurden nach dem Grundsatz der aequa portio aufgeteilt; doch stand wohl von Anfang an fest, daß Lothar als Kaiser und Senior des Hauses die Sedes Aachen erhalten sollte. So entstand das lotharische Mittelreich, das Italien, die provençalisch-burgundischen Gebiete zwischen Alpen, Rhône und Saône, die Francia media zwischen Rhein, Maas und Schelde und Friesland umfaßte. Ludwig erhielt Germanien außer Friesland und links des Rheins die Gebiete von Mainz, Worms und Speyer mit ihren reichen Domänen.

Die Verduner Reiche waren keine homogenen Gebilde. Man hat dies seit eh und je für das lotharische Mittelreich hervorgehoben. Aber der Satz gilt auch für das Ost- und Westreich. Denn national relevant waren noch nicht die großen Sprachgruppen, sondern die älteren Volks- und Landesgemeinschaften, in die sich das Karolingerreich gliederte. Ihr Zusammenschluß zu Großvölkern war noch nicht Tatsache, sondern Aufgabe. Das östliche Regnum besaß eine relativ archaische, durch die karolingische Theokratie noch wenig aufgelockerte Struktur. Auf verschiedenen Sektoren läßt sich eine Rückbildung der karolingischen Institutionen, ein „Entfrankungsprozeß" (Tellenbach) feststellen. Ludwig der Deutsche und seine Nachfolger haben keine ostfränkischen Kapitularien erlassen, Missat und Grafschaftsverfassung schrumpften ein und bildeten sich um. Der Episkopat, der in Sachsen noch mit missionarischen Aufgaben befaßt war, trat wohl als Helfer des Königtums, aber nicht als selbständiger politischer Faktor in Erscheinung. Erst gegen Ende des 9. Jh. bahnte sich hier eine Änderung an.

Im Gegensatz zum Ostreich besaßen Mittel- und Westreich ausgedehnte Küsten, die seit dem Bruderkrieg mehr und mehr das Ziel der normannischen und sarazenischen Piraten wurden. Die Instabilität beider Reiche kontrastierte mit der relativen Stabilität des östlichen Regnums. Den schwersten Start hatte das Westreich. Nirgends war die Stellung der fränkischen Reichsaristokratie und des „hochkirchlichen“ Episkopats so stark wie in der westlichen Francia und im westlichen Burgund, wo auch die Ideen aus der Zeit Ludwigs des Frommen am stärksten nachwirkten. In den Auseinandersetzungen zwischen dem König, dem Episkopat und den weltlichen Großen gewann das Westreich Gestalt. Hier wurde der Friedensgedanke der älteren Kapitularien zur Friedenseinung der Großen und des Königs mit den Großen weiterentwickelt. Noch im Jahre 843 mußte Karl mit den Großen den Vertrag von Coulaines schließen, in dem der Honor ecclesiae, der Honor regis und der Honor fidelium schriftlich definiert und garantiert wurden. Das westliche Regnum wurde zu einem auf die Gesamtheit der Fideles gegründeten Rechtsverband. Der Konsens der Großen zu den Kapitularien wurde obligatorisch. Karl hat die Schwächung des Königsrechts auszugleichen versucht durch eine neue sakrale Erhöhung des Königtums. Als er die Rückgewinnung Aquitaniens ins Auge faßte, ließ er sich 848 in Orléans durch den Erzbischof von Sens salben. Dieser Salbung folgte eine zweite im Jahre 869, die der Erzbischof von Reims in Metz vollzog. Sie galt der Befestigung von Karls Ansprüchen auf das Reich Lothars II. Der karolingische Reichs- und Staatsgedanke fand tiefen Ausdruck in der reichen Symbolik des Krönungsrituals. Hinkmar von Reims hat dieses Ritual geprägt und ihm im Krönungsordo von 877 abschließende Gestalt gegeben. „Der König war fortan ein Christus Domini, abgetrennt von den Laien, gesalbt wie ein Priester“ (Schramm). Er war trotzdem kein absoluter Herrscher; denn Hinkmar hat die zuerst in Coulaines fixierten Bindungen des Königs in die Promissio des Rituals aufgenommen, in der sich der König zu den Pflichten seines Amtes bekannte. Der Ordo von 877 blieb über zwei Jahrhunderte in Geltung und wurde auch später den Verhältnissen nur angepaßt, nicht in den Grundzügen verändert. Er ist vorbildlich geworden für die Ausgestaltung des Krönungsrituals in Spanien, England und Deutschland.

„Entfrankung“ im Osten, Fortbildung des hochkarolingischen Staatsgedankens im Westen, Stagnation in der Mitte, waren die Signa eines Individuationsprozesses, über dem man freilich nicht vergessen darf, daß das fränkische Imperium auch im späteren 9. Jh. noch als eine Einheit galt. Der Vertrag besiegelte die Niederlage des karolingischen Kaisertums. Man hielt aber am Begriff des *einen* Imperiums und des *einen* Populus christianus fest. Die Brüder regierten nicht getrennte Staaten, sondern Teile des *einen* Reiches, das fortan durch das Corpus fratrum repräsentiert wurde. Die rechtliche Bindung, die daraus folgte, ist im Vertrag von Verdun wohl mit den Worten amicitia, pax und mutuum adiutorium umschrieben worden. Sie bestand im gegenseitigen Erbrecht und in einer gemeinsamen Innen- und Außenpolitik, die auf den „Frankentagen“, regelmäßigen Zusammenkünften der karolingischen Teilherrscher, jeweils bestimmt werden sollte. Darüber hinaus kam die Gemeinsamkeit der Teilreiche auch in den Versammlungen des Episkopats und in den zunächst noch das ganze Imperium umspannenden Besitzungen, Rechten und Beziehungen der Reichsaristokratie zum Ausdruck.

Lothar hat den Gedanken an eine kaiserliche Suprematie 843 nicht gleich begraben. Die Verhältnisse waren im Westen noch nicht zur Ruhe gekommen. Der Kaiser suchte den König des Westens diplomatisch zu isolieren und seine Suprematie auf dem Umweg über die Kirche zu erneuern. Drogo von Metz erhielt 844 auf Lothars Wunsch den päpstlichen Vikariat diesseits der Alpen mit dem Recht, Generalkonzilien der drei Reiche zu berufen, die Provinzialkonzilien zu kontrollieren, alle Bischöfe und Äbte zu überwachen und als Zwischeninstanz bei Appellationen an Rom zu fungieren. Das päpstliche Dekret blieb jedoch wirkungslos, und der Versuch, Ludwig den Deutschen von Karl dem Kahlen abzuziehen, schlug fehl. Auf die Initiative Ludwigs kam der Diedenhofener Frankentag vom Oktober 844 zustande. Die drei karolingischen Herrscher unterstrichen in ihren Verlautbarungen den Gedanken der Fraternitas; sie ordneten die Wiederherstellung des Kirchenguts und Kirchenrechts an und drohten der Opposition im Westreich mit einer gemeinsamen Exekution.

Karl der Kahle brachte die Ernte von Diedenhofen ein, als er im April 845 an Stelle von Ebo den Mönch Hinkmar von St-Denis zum Erzbischof von Reims wählen ließ. Die Wahl war geschickt. Hinkmar hatte beim Staatsstreich Walas Ludwig dem Frommen die Treue gehalten. Er hatte sich auch für seinen Lehrer und Freund, den Abt Hilduin von St-Denis, eingesetzt, dem Lothar 842 das Erzbistum Köln und 843 das Amt des Erzkanzlers übertragen hatte. So mochte der neue Reimser Erzbischof als der gegebene Mittler zwischen Karl und Lothar erscheinen. Lothar ließ Ebo in der Tat 845 fallen, griff seine Beschwerden aber im folgenden Jahr erneut auf. Er erreichte vom Papst die Berufung einer Generalsynode nach Trier (846), wo die Reimser Frage erneut behandelt werden sollte. Im Februar 847 traten die Karolinger zum zweiten Frankentag in Meersen zusammen. Lothar gab bald nach dem Meersener Tag jeden Gedanken an eine kaiserliche Restauration auf und söhnte sich 849 zu Péronne endgültig mit Karl dem Kahlen aus. Die Normannengefahr, die das Mittel- und Westreich in gleicher Weise bedrohte, mag eine der Ursachen für die Versöhnung der Brüder gewesen sein. Aber andere Gründe traten hinzu. Lothar I. war gealtert und dachte daran, sein Haus zu bestellen. 850 ließ er seinen ältesten Sohn Ludwig (II.) durch den Papst zum Kaiser krönen. Für die von ihm geplante Erbregelung brauchte er das Einverständnis der Brüder. Der dritte Frankentag, der 851 in Meersen stattfand, bildete den Höhepunkt der Fraternitas. Im gemeinsamen Kapitular sprachen die Brüder nur von dem *einen* Regnum Francorum. Jeder einzelne verpflichtete sich, die Herrschaft der Partner fortan nicht mehr durch Propaganda oder gar Intervention zu stören. Das Einverständnis wurde ausdrücklich auf die gegenseitigen Erben ausgedehnt. Der zwanzigjährige Streit schien endgültig begraben zu sein. Große Hoffnungen knüpfte vor allem der Klerus an den Meersener Tag, denn er erwartete eine Neuordnung der kirchlichen Verhältnisse im ganzen Reich und die Wiederaufnahme der Reform Ludwigs des Frommen.

Im Spätsommer 855 teilte Lothar seinen Herrschaftsbereich unter seine drei Söhne Ludwig II., Lothar II. und Karl. Der Zweitkaiser Ludwig mußte sich mit Italien begnügen, das er schon seit 840 regierte. Lothar II. erhielt die Francia media mit der Residenz Aachen und den Nebenländern Friesland und Hochburgund (Kirchenprovinz Besançon und Genf), Karl Südburgund (Lyon—Vienne) und die Provence. Lothar I. besiegelte mit dieser Erbteilung den Verzicht auf den kaiserlichen Einheitsgedanken. Er trat nach der Erbverfügung in das Kloster Prüm ein, wo er wenige Tage später am 29. September 855 starb. Im gleichen Jahr starben auch Papst Leo IV. und Drogo von Metz, kaiserlicher Erzkaplan und päpstlicher Vikar diesseits der Alpen. Lothars Erzkanzler Hilduin, einst Abt von St-Denis, trat mit dem Kaiser in Prüm ein und schied so von der Bühne der großen Welt. Er hat seinen kaiserlichen Herrn in Prüm nicht lange überlebt. So sind mit Lothar I. die letzten Kämpfer für ein kaiserliches Imperium Francorum dahingegangen. Nun mußte sich zeigen, ob die Fraternitas das Imperium ersetzen konnte.

Von späterer Warte erscheinen die Jahre vom Vertrag von Verdun bis zum Tode Lothars I. wie eine Pause im Prozeß des fränkischen Niedergangs. Lothar I. war zugleich Kaiser und Senior der Dynastie gewesen. Sein Tod veränderte diese Verhältnisse von Grund auf. Die Teilung seines Erbes erschütterte das Gleichgewicht der Teilreiche und komplizierte die Beziehungen der Teilherrscher. Kaisertum und Seniorat traten auseinander. Senior des Hauses war nunmehr Ludwig der Deutsche. Das Kaisertum, das auf Ludwig II. von Italien übergegangen war, büßte jede Autorität innerhalb der karolingischen Familie ein. Sein Einfluß auf das Papsttum blieb freilich gewahrt.

Unter den fünf Teilherrschern schied der kränkliche Karl von der Provence, Lothars I. jüngster Sohn, als aktiver Partner aus. Im politischen Spiel blieben nur die beiden Oheime und die beiden Neffen Ludwig II. (von Italien) und Lothar II. (Francia media oder Lothringen). Der mächtigste unter ihnen war ohne Zweifel Ludwig der Deutsche, obgleich ihm das werdende Mährenreich seit 855 zu schaffen machte. An ihn wandte sich 858 eine westfränkische Adelsfaktion, die im Einvernehmen mit dem Erzbischof Wenilo von Sens den Senior des Hauses gegen Karl den Kahlen ins Land rief. Karls Lage schien zunächst verzweifelt, aber die Treue des Episkopats der Provinzen Reims und Rouen rettete ihm schließlich die Krone. Ludwig der Deutsche mußte sich im Januar 859 zurückziehen — die gescheiterte Aktion erschütterte sein Prestige im ganzen Reich. Auf einer westfränkisch-lothringischen Synode zu Metz wurde sein Vorgehen im Mai 859 als ein

Bruch der Fraternitas und Verletzung der kirchlichen Einheit scharf getadelt. Hinkmar von Reims und Gunthar von Köln überbrachten dem Ostfrankenkönig das Synodalschreiben. Ludwig der Deutsche zog sich hinter seinen eigenen Episkopat zurück und wirkte einer Klage beim Papst durch seinen kaiserlichen Neffen entgegen. Lothar II. brachte die Aussöhnung zwischen den Oheimen zustande. In Koblenz am 5. Juni 860 wurde auf dem Frankentag die Fraternitas auf der Grundlage der Meersener Beschlüsse von 851 wiederhergestellt. Der Versuch des karolingischen Seniors, seine Vormacht im Imperium zur Geltung zu bringen, war gescheitert.

Neue Wirren rief der Ehekonflikt Lothars II. hervor. Lothar II. scheint seine Gattin Theutberga, eine Schwester des mächtigen Dux Hukbert von Transjuranien (Genf—Lausanne—Sitten), nur aus politischen Gründen geheiratet zu haben. Da die Ehe kinderlos blieb, wandte er sich bald wieder seiner früheren Geliebten Waldrada zu, von der er einen Sohn Hugo und eine Tochter Gisela hatte. Hugo und Gisela sollten durch eine Ehe mit Waldrada legitimiert werden. Denn im Zuge der Reform hatte sich die kirchliche Auffassung durchgesetzt, daß nur legitime Kinder aus einer Muntehe erbberechtigt seien. Der Ehestreit spielte sich 858 und 860 zunächst vor lothringischen Gerichten ab. Die Königin Theutberga wurde nach einem erzwungenen Schuldbekenntnis vom Episkopat Lothars II. wegen Inzests zu öffentlicher Buße verurteilt. Im Herbst 860 gelang ihr jedoch die Flucht zu Karl dem Kahlen. Sobald sie sich in Freiheit befand, legte die unglückliche Fürstin Berufung in Rom ein. Nun schickte auch Lothar II. eine Gesandtschaft an den Papst.

Der Ehekonflikt hatte, wie erwähnt, nicht nur eine religiös-kirchliche, sondern auch eine politische Seite. Lothar II. konnte auf die Sympathien seiner Brüder rechnen, die gleichfalls ohne männliche Erben waren, zumal er ihnen 858/859 mit territorialen Zessionen entgegenkam. Die beiden Oheime glaubte er sich durch seine Friedensvermittlung von 859/860 verpflichtet zu haben. Karl der Kahle sprengte jedoch die karolingische Solidarität und unterstützte die Appellation Theutbergas. Die päpstliche Antwort ließ auf sich warten. Lothar II. entschloß sich zu handeln. Eine dritte Aachener Synode gestattete ihm im April 862 die Wiederverheiratung. Der König teilte den Beschluß dem Papst mit und ersuchte um seine Vollmacht. Aber er wartete den päpstlichen Entscheid nicht ab, sondern schloß die Ehe mit Waldrada noch im Jahre 862. Der Westfrankenkönig blieb auf der Seite Theutbergas. Er nahm eine Forderung Hinkmars von Reims auf und verlangte die Prüfung der Ehefrage auf einer gesamtfränkischen Synode. Papst Nikolaus I. griff erst im November 862 in den Ehestreit ein. Er ordnete die Bischöfe Radoald von Porto und Johannes von Cervia ab mit dem Auftrag, die Angelegenheit auf einer neuen Synode in Metz zu untersuchen, auf der auch die Teilreiche Ludwigs des Deutschen, Karls des Kahlen und Karls von der Provence durch je zwei Bischöfe vertreten sein sollten. Da Karl von der

Provence im Januar 863 starb und die Teilung des Erbes unter die Brüder Ludwig und Lothar einige Zeit in Anspruch nahm, konnte der zunächst angesetzte Märztermin nicht eingehalten werden. Unterdessen hatte der Papst Nachricht über die zweite Ehe Lothars erhalten. Er forderte den fränkischen Episkopat in Gallien und Germanien in einem Schreiben auf, den König zur Kirchenbuße zu verurteilen. Aber die Ereignisse nahmen zunächst einen ganz anderen Verlauf. Die Synode trat im Juni 863 in Metz zusammen. Aus dem Ost- und Westreich waren keine Vertreter erschienen. Die Legaten, von Lothar bestochen, gaben die päpstlichen Instruktionen nur in entstellter Form bekannt. Die Synode bestätigte die Annulierung der Ehe mit Theutberga und die Rechtmäßigkeit der Ehe mit Waldrada. Die Erzbischöfe Gunthar von Köln und Theutgaud von Trier erhielten den Auftrag, die Synodalbeschlüsse dem Papst zu überbringen.

Nikolaus I. muß über diesen Gang der Dinge aufs höchste erzürnt gewesen sein, bereitete aber seine Gegenmaßnahmen — wohl aus Sorge vor Verwicklungen mit Kaiser Ludwig II. — in aller Stille vor. Die beiden Erzbischöfe wurden im Oktober 863 zu einer Versammlung von Klerikern und Laien in den Lateran berufen. Dort holte der Papst zu einem großen Schlag aus. Er hob nicht nur die Metzer Beschlüsse auf, sondern setzte auch die beiden Erzbischöfe von Köln und Trier ab und verbot die Neubesetzung der beiden Erzstühle ohne seinen Konsens.

Die Entscheidungen des Papstes kamen für die beiden Erzbischöfe wie ein Blitz aus heiterem Himmel. Sie wandten sich protestierend an den Kaiser, der Anfang 864 mit Truppen in Rom erschien. Nikolaus I. hatte sich formal ins Unrecht gesetzt, da sein abruptes Vorgehen gegen Köln und Trier kirchenrechtlich irregulär war. Aber die moralische Position der Ankläger Lothars II. war äußerst schwach. Ludwig II. sah daher von Gewaltmaßnahmen gegen den Papst ab, der aber den kaiserlichen Vertrauensmann Arsenius von Orta als ständigen Apokrisiar in Rom annehmen mußte. Die beiden Erzbischöfe blieben abgesetzt.

Die beiden Oheime sahen diesem Lauf der Dinge nicht müßig zu. Sie trafen sich am 9. Februar zu Tusey bei Toul, wo sie die Koblenzer Fraternitas bekräftigten und in einer gemeinsamen Botschaft den Neffen mahnten, seinen Frieden mit der Kirche zu machen. Die päpstliche Einladung zu einer römischen Synode wiesen sie allerdings ab. Es war klar, daß Lothar sich nun seinerseits dem Papst unterwerfen mußte: er nahm Theutberga wieder zu sich und lieferte Waldrada dem päpstlichen Legaten aus. Waldrada entfloh freilich und kehrte zu Lothar II. zurück. Das Spiel begann von neuem, aber der Papst blieb fest und bannte Waldrada. Im Mai 867 (oder Juni 868?) trafen Ludwig der Deutsche und Karl der Kahle wiederum zusammen, diesmal in der alten Königsstadt Metz. Sie erneuerten hier nicht nur die Beschlüsse von Tusey, sondern vereinbarten darüber hinaus eine Eventualteilung der Reiche ihrer beiden Neffen und die gemeinsame Übernahme des

Schutzes der römischen Kirche. Die Tage des Kaisertums und des lotharischen Mittelreiches schienen gezählt. Ost- und Westfrankenkönig, einst vereint zur Abwehr der kaiserlichen Aspirationen des Herrn von Aachen und Rom, schlossen sich nun zusammen zur Aufteilung der Reiche von Rom (—Pavia) und Aachen.

Die Lage des Neffen schien verzweifelt. Lothar II. kündigte eine Romreise an. Der Papst stellte seine Vorbedingungen: Entfernung Waldradas, volle Rechte für Theutberga, kanonische Wahlen in Köln und Trier. In diesem dramatischen Augenblick trat eine unerwartete Wende ein: am 13. November 867 starb Papst Nikolaus I. Der Nachfolger, Hadrian II., galt als ein heiligmäßiger Mann. Man erwartete von ihm eine sanftere Hand in den großen kirchenpolitischen Angelegenheiten. Durch Vermittlung Ludwigs II. und der Kaiserin Angilberga traf Lothar am 1. Juli 869 in Monte Cassino mit Hadrian II. zusammen, der ihm sogar die Kommunion reichte — freilich in einer Form, die einem Gottesurteil gleichkam. Ein römisches Konzil, beschickt vom Episkopat aller fränkischen Teilreiche, sollte im Frühjahr 870 die Gesamtfrage neu behandeln. Es ist dazu nicht mehr gekommen. Am 8. August 869 starb Lothar II. auf der Rückreise aus Italien in Piacenza.

Der Tod des unseligen Fürsten beendete einen langen Konflikt, besiegelte aber auch das Schicksal der lotharischen Linie, die jetzt nur noch durch den söhnelosen Kaiser Ludwig II. vertreten war. Der Kaiser stand im Kampf mit den Sarazenen in Unteritalien. Noch ehe er seinen Anspruch auf das Erbe des Bruders realisieren konnte, erschien Karl der Kahle in Metz, wo er sich am 9. September 869 zum König von „Lothringen" krönen ließ. Ludwig der Deutsche, der durch eine Krankheit paralysiert war, erschien erst 870 auf dem Plan. Im August 870 teilten die beiden Oheime zu Meersen das lotharische Erbe, gemäß der Vereinbarung von 867. Der vom Papst unterstützte kaiserliche Protest gegen das Fait accompli blieb wirkungslos. Ludwig der Deutsche zedierte freilich im Mai 872 in einer persönlichen Besprechung mit der Kaiserin Angilberga seinen Anteil an Lothringen an den kaiserlichen Neffen. Aber diese rein formale Konzession, die wohl schon im Hinblick auf die Erbfolge in Italien gemacht wurde, berührte die faktischen Verhältnisse nicht. Dem Kaiser erschien die christliche Einheitsfront in Unteritalien schließlich wichtiger als der Erbstreit im eigenen Hause. Er hat seine Kräfte im Kampf gegen die Sarazenen verzehrt und starb am 12. August 875. Mit ihm erlosch der Mannesstamm der lotharischen Linie, in der das Kaisertum erblich geworden war. Die Frankenreiche traten in eine neue Phase ihrer Geschichte.

20. Kapitel

Spanien und die Britischen Inseln. Der Ansturm der Sarazenen und Normannen auf das Abendland

WEITERE LITERATUR: Zu Spanien: M. Díaz y Díaz, Die spanische Jacobuslegende bei Isidor von Sevilla: HJ 77 (1958) 467—472; *J. Pérez de Urbel,* San Eulogio de Córdoba o la vida andaluza en el siglo IX (Madrid 1942); *F. R. Franke,* Die freiwilligen Märtyrer von Córdoba und das Verhältnis der Mozaraber zum Islam: Gesammelte Aufsätze zur Gesch. Spaniens 13 (1958) 1—170. *A. Sánchez-Cadeira,* El regnum — imperium leonés hasta 1037 (Madrid 1951); Historia de España VI. España cristiana (Madrid 1956).

Zu England: *E. Shipley Duckett,* Alfred the Great (Chicago 1956).

Zu Irland: *E. Curtis,* A History of Ireland (Oxford [2]1950).

Normannen: *W. Vogel,* Die Normannen und das fränkische Reich (799—911): Heidelberger Abhh. zur mittleren u. neueren Gesch. 14 (1906); *U. Noack,* Nordische Frühgesch. u. Wikingerzeit (München-Berlin 1941); *L. Musset,* Les peuples scandinaves au moyen âge (Paris 1951); *F. Lot,* La grande invasion normande 856/862: BÉCh 69 (1908) 5—62; *ders.,* La Loire, l'Aquitaine et la Seine 862/866: ebd. 76 (1915) 473—510.

Sarazenen (vgl. auch Monographien über die betroffenen Länder): *J. Gay,* L'Italie méridionale et l'empire byzantin: Bibl. Écoles françaises d'Athènes et de Rome 90 (1904).

Das fränkische Imperium vertrat bis ins 9. Jh. hinein die abendländische Christenheit. Seine Grenzen umfaßten zwar nicht das ganze Abendland. Aber der karolingische Einfluß reichte auch unter Ludwig dem Frommen noch nach Spanien und England hinein. Erst die Krise des Imperiums brachte einen Rückgang des fränkischen Ansehens.

Alfons II. von Asturien (791—842), der die Tributherrschaft des Emirs von Córdoba abwarf, hatte sich in den Jahren 791—796 schwerer islamischer Angriffe zu erwehren, die die Existenz seines Reiches in Frage stellten. Er war auf die Freundschaft der Franken angewiesen. Das Frankenbündnis bewährte sich in den Jahren 797 bis 822. Die islamischen Vorstöße ließen nach und hörten schließlich ganz auf. Die Franken vermochten in dieser Zeit ihre Grenzen über die Pyrenäen vorzuschieben. Sie begründeten die Spanische Mark und eine Oberherrschaft über das baskische Navarra (Anschluß von Pamplona ca 796/798). Die fränkische Herrschaft über Pamplona blieb freilich unsicher, und 824 verselbständigte sich Navarra unter Iñigo II. aus dem Hause Asturien. So entstand ein zweites, freilich sehr kleines christliches Königreich in Spanien. Aber noch 828 baten die Christen im fernen Mérida nicht nur die Asturier, sondern auch Ludwig den Frommen um Hilfe bei einem Aufstand gegen den Emir von Córdoba. Die Christen von Asturien hatten damals eine zweite islamische Offensive (823—826/828) durchgestanden, der eine dritte (839—841) folgen sollte. Beide Wellen des heiligen Krieges richteten Ausläufer auch gegen die Franken. Aber sie verebbten schließlich vor den Pyrenäen und den asturisch-kantabrischen Bergen. Alfons II. hatte Asturien gerettet.

Quellen des späten 9. Jh. melden, daß der König den Ordo Gothorum wiederherstellte. Alfons II. erneuerte die Residenz Oviedo nach den Zerstörungen durch islamische Truppen in den Jahren 794 und 795. Er ließ sich als erster asturischer Herrscher 791 nach dem Vorbild der Gotenkönige zum König weihen. Er reorganisierte die Zentralverwaltung nach dem Muster des Königshofes von Toledo und richtete eine Provinzialverwaltung unter Comites und Judices ein. Die Lex Visigothorum wurde wieder Reichsrecht, und die Collectio Hispana bildete die Grundlage für die Neuordnung der Kirche. Auch die Anfänge des großen Heiligtums von Santiago reichen in die Zeit Alfons II. hinauf. Reliquien des Apostels sind vielleicht in den Jahren 711/712 von Mérida in die Marienkirche von Compostela bei der galicischen Bischofstadt Iria geflüchtet worden. Im Existenzkampf Asturiens gegen Córdoba wurde Jakobus der Ältere zum Patron der Christen, und Alfons II. ließ die erste Jakobskirche von Compostela erbauen.

Der König hinterließ seinen Nachfolgern ein noch kleines, aber schon gefestigtes Reich mit dem Anspruch auf ganz Spanien in der Nachfolge der Goten. Die Realisierung dieses Anspruches war freilich noch in weiter Ferne. „Al Andalus", der Emirat von Córdoba, erlebte gerade damals seinen „Honigmond" unter den Omajjaden Abd al Rahman II. (822—852) und Muhammad I. (852—886). Die arabische Kultur Andalusiens blühte auf und zog auch viele Christen in ihren Bann. Die Übertritte zum Islam mehrten sich. Die Christen (Mozaraber) genossen zwar Religionsfreiheit, aber nur als eine geduldete Ghettogemeinschaft, der jede öffentliche Betätigung untersagt war. Während die Religion der zahlenmäßig relativ kleinen Erobererschicht sich ungehemmt entfaltete, war der Kirche jede Werbung untersagt. Auf Bekehrungsversuchen stand die Todesstrafe. Die Bischöfe, die der Bestätigung durch die Eroberer bedurften, fügten sich. Aber im niederen Klerus, im Mönchtum und bei den Laien der Hauptstadt Córdoba erhob sich gegen Ende der vierziger Jahre Widerspruch gegen die wachsende Assimilation. Zwischen diesen Kreisen und den Moslems kam es in den Jahren 850—859 zu lebhaften Auseinandersetzungen. Die integralen Christen gingen Diskussionen über die Gottheit Jesu und Mohammeds Prophetentum nicht mehr aus dem Wege, forderten sie sogar heraus und nahmen dafür den Tod in Kauf. Der Episkopat der Provinz Sevilla verurteilte ihr Vorgehen 852 auf einer Synode zu Córdoba unter dem Vorsitz des Metropoliten Rekkafred. Haupt der Cordobeser Opposition, die bei der überwiegend christlich gebliebenen Bevölkerung von Mérida und Toledo Sympathien fand, wurde der Priester Eulogius. Eulogius wurde eingekerkert, weil er eine zum Christentum übergetretene Moslimin verborgen hatte, und schließlich — nachdem ihn die Toledaner demonstrativ, aber vergeblich zu ihrem Metropoliten gewählt hatten — 859 hingerichtet. Die Cordobeser Martyrien fanden selbst im Frankenreich Widerhall. Audradus von Sens erhoffte eine fränkische Intervention unter dem Patronat St. Martins von Tours zur Befreiung der spanischen Christenheit. Karl der Kahle konnte auf solche Erwartungen freilich nicht eingehen. Er hielt Frieden mit dem Emirat. Auf Grund dieses

Friedens erbaten und erhielten die Mönche von St-Germain-des-Prés Reliquien der Cordobeser Blutzeugen.

Träger der Reconquista blieben nach dem Ausfall der Franken die Asturier, die unter Alfons III. (866—910) über die asturisch-kantabrischen Berge hinausgriffen und die von Alfons I. (739—757) geschaffene defensive Ödlandzone bis zum Duero gegen den Widerstand der Emire neu besiedelten. Neu erstanden als Städte oder Festungen Viseu und Lamego, León, Zamora, Simancas und Burgos. Unter den Kolonisten befanden sich zahlreiche Mozaraber aus dem Emirat, besonders auch Toledaner. Durch die neu geschaffenen Marken León und Kastilien, die bald zu den Hauptträgern der Reconquista wurden, verdoppelte sich der Umfang des Reiches. Alfons III. ist dabei nicht stehengeblieben, sondern hat seinen Hof auch zu einem geistigen Mittelpunkt des Landes gemacht, hierin den Karolingern ähnlich. Von einem spanischen Seitenzweig der karolingischen Renaissance kann man gleichwohl nicht sprechen, da der Blick ganz überwiegend auf die gotisch-spanische Vergangenheit gerichtet war. Das zeigte sich klar in der Hofhistoriographie, die die um 700 abgebrochene Geschichtsschreibung der Gotenzeit wiederaufnahm und die Kontinuität der Reiche von Toledo und Oviedo stark betonte. Alfons III. hat zwar eine neue Freundschaftspolitik gegenüber Navarra eingeschlagen, aber dabei auf der Anerkennung der asturischen Hegemonie bestanden. Er dachte an den Erwerb einer Corona imperialis aus dem Schatz der Martinsabtei von Tours, die seiner hegemonialen Stellung symbolischen Ausdruck verliehen hätte. Im Schreiben an die Abtei von 906 bezeichnete er sich als Rex Hispaniae. Ob er zum Ausdruck seines gesamtspanischen Anspruchs noch den Kaisertitel einführte, läßt sich nicht sicher ausmachen.

Der kontinuierliche Aufstieg Asturiens im 9. Jh. war ohne Parallele in der abendländischen Christenheit. England teilte in dieser Zeit das Schicksal des karolingischen Imperiums. Die Oberherrschaft der Könige von Mercien hatte ihren Höhepunkt unter Offa (757—796) erreicht und ging 825 zu Ende. Wie die Karolinger hatten auch die mercischen Oberkönige gemischte geistlich-weltliche Versammlungen berufen, die von 746 bis 816 meist bei den Königssitzen tagten und besonders Landvergabungen an die Kirche, aber auch Fragen der kirchlichen Ordnung (Aufsichtsrecht und -pflicht der Bischöfe, Kloster- und Eigenkirchenwesen, Liturgie und Feste, Ehe und Wirtschaftsmoral) regelten. Offa förderte das in seinem engeren Machtbereich gelegene Heiligtum des britischen Erzmartyrers Alban von Verulam. Die von ihm gegründete mercische Kirchenprovinz Lichfield (788—802) hatte nur kurzen Bestand. Auch ein Versuch seines Nachfolgers, Cenwulf (796—821), die südenglische Metropole nach London zu verlegen, schlug fehl. Canterbury blieb Metropole der großen, bis zum Humber reichenden südenglischen Provinz. Die Angleichung der angelsächsischen an die fränkische Kirche, die unter Offa durch die päpstliche Legation von 786/787 eingeleitet worden war, machte nach Offas Tod weitere Fortschritte. Erzbischof Wulfred von Canterbury (805—832) führte an seiner Kathedrale die Vita canonica ein. Die religiöse Dichtung in der Volkssprache, die mit Caedmon in der Zeit Bedas eingesetzt hatte, wurde durch den Mercier Cynewulf im 9. Jh. weitergeführt und thematisch bereichert (Übernahme von Legenden, Homilien, Bibelkommentaren, liturgischen Dichtungen). Die verheißungsvolle Entwicklung der angelsächsischen Kirche nahm indessen ein vorzeitiges Ende durch den Einbruch der Normannen.

Die große Zeit Merciens war vorüber, als der Ansturm der Wikinger England traf. Um die Jahrhundertmitte bestanden vier selbständige angelsächsischen Reiche nebeneinander: Wessex, Mercien, Northumbrien und Ostangeln. Die ersten Wikingerzüge waren im späten 8. Jh. vom politisch zerklüfteten Norwegen ausgegangen, hatten aber England nur gestreift. Der Hauptstrom der norwegischen Wikinger hatte sich auf die Inselgruppen der Nordsee gerichtet und flutete weiter nach Schottland und Irland. Lindisfarne wurde 793, Jarrow 794 geplündert. Die Normannen zerstörten 795 Grab und Kirche des älteren Kolumban auf der Insel Rechru, 798 St. Patrick in Galloway und besetzten 820 die Insel Man. In der Folge erstanden Wikingerstaaten auf den Orkneys, den Hebriden und in Irland (Dublin), von wo die Norweger auch auf die schottisch-britischen Westküsten übergriffen. Sie befuhren bald die alten Seewege von Irland zur gallischen Westküste und tauchten früh an den Mündungen der Loire und der Garonne auf. Hier begegneten ihnen die Dänen.

In Dänemark hatte die staatliche Konzentration früher eingesetzt als in Norwegen. König Göttrik war schon Karl d. Gr. entgegengetreten. König Horik (ca 825—854), ein Nachkomme Göttriks, zeigte sich der Mission Ansgars gewogen, obwohl er selbst Heide blieb. Aber er fiel 854 im Kampf gegen seinen Neffen Guttorm, und mit ihm ging auch das dänische Großkönigtum vorerst zugrunde. Die Skandinavienmission, die schon durch die Zerstörung Hamburgs (845) schwer getroffen war, erlitt damit einen zweiten, anscheinend tödlichen Schlag. Erzbischof Ansgar, dem Ludwig der Deutsche Bremen als Sitz angewiesen hatte, hielt zwar bis zu seinem Tode (865) an seiner missionarischen Aufgabe fest; aber die wenigen Missionsstationen in Dänemark und Schweden, die unter seinem Nachfolger Rimbert (865—888) noch fortbestanden, waren zum Untergang verurteilt.

Die großen dänischen Wikingerzüge begannen 834/835 und richteten sich sowohl gegen die friesisch-fränkischen wie gegen die angelsächsischen Küstengebiete. In Britannien war Kent am stärksten exponiert, aber die Wikinger dehnten ihre Operationen bald auf Ostangeln und Lindsey aus. Die Situation verschärfte sich, als sie um 850 dazu übergingen, in ihren Operationsgebieten zu überwintern. Die Krise erreichte ihren Höhepunkt, als die verschiedenen Unternehmungen unter der Führung von Ivar und Halfdan, den Söhnen Ragnar Lodbroks, koordiniert wurden und das „Große Heer“

865 zum Sturm auf England ansetzte. Northumbrien, Ostangeln und Mercien fielen nacheinander in die Hand der Dänen, die zur Siedlung übergingen und eigene Reiche gründeten. Nur Wessex hielt stand. Alfred d. Gr. (871—899) übernahm die Regierung des Landes zu Beginn der Krise. Fast ein Jahrzehnt standen die Dinge auf des Messers Schneide, bis Alfred 879 bei Edington den entscheidenden Sieg über den Wikingerkönig Guttorm erfocht, der sich zum Eingeständnis seiner Niederlage taufen ließ. Im Frieden von 886 wurden die beiderseitigen Grenzen festgelegt: Alfred behauptete die Gebiete südlich der Stadt London, nördlich der Themse aber nur den Südwesten des alten Königreichs Mercien, der nun eine Provinz des Reiches von Wessex wurde. Die Rückeroberung des dänischen Gebiets (Danelaw) begann erst unter Alfreds Sohn Edward nach dem Sieg von Tettenhall (910).

Nach einem Halbjahrhundert des Kampfes und der Besetzung weiter Teile Englands durch die dänischen Normannen herrschte im kirchlichen Bereich ein vollständiges Chaos. Das Northumbrien Bedas, Willibrords und Alkuins bestand nicht mehr. Aber auch in den anderen Gebieten waren die Kathedralen verbrannt und die Klöster zerstört. Bischöfe und Äbte führten mit ihren Konventen oft jahrelang ein flüchtiges Wanderleben, viele Bistümer blieben auf Jahre, manche auf Jahrzehnte hinaus vakant. Zwar ist die Kirche schließlich auch in den Gebieten des Danelaw nicht untergegangen, und nur wenige Bischofssitze (u. a. Lindisfarne) waren so zerstört, daß sie nicht wieder bezogen werden konnten. Die eingewanderten skandinavischen Heiden konnten durch Assimilation allmählich absorbiert werden. Aber die geistige und sittliche Verwilderung war groß; denn mit der Zerstreuung der Kapitel und Konvente war die Elite verschwunden, die für den Nachwuchs im Klerus gesorgt hatte.

Alfred d. Gr. hat diesen Notstand erkannt und ihm abzuhelfen gesucht. Er berief an seinen Hof Männer aus Gebieten, die von den Verwüstungen am wenigsten betroffen worden waren: seinen Freund und Biographen Asser aus Wales; Waerferth und Plegmund, die Bischöfe von Worcester und Canterbury wurden, aus dem östlichen Mercien; vom Kontinent den Gallofranken Grimbald und den Altsachsen Johannes, dem er die Abtei Athelney, sein „St-Denis“, anvertraute. Der König, der es als Mangel empfand, daß er in seiner Jugend keine Ausbildung in den Artes und der Theologie erhalten hatte, ließ grundlegende Texte der christlichen Literatur ins Sächsische übertragen: die Regula pastoralis und die Dialogi Gregors d. Gr., De consolatione philosophiae des Boethius, die Soliloquia Augustins, die zu einer Anthologie über die Unsterblichkeit ausgeweitet wurden, endlich die historischen Schriften des Orosius (Adversus paganos) und Bedas (Historia ecclesiastica). Im Prolog seines Rechtscodex nahm Alfred auf das jüdisch-christliche Gesetz Bezug. Auf der Grundlage Bedas und anderer Quellen entstand das Anglo-Saxon Chronicle, eine Geschichte Britanniens von Cäsar bis zu Alfred in sächsischer Sprache. Was hier durch die Grundkonzeption angedeutet wurde — der Anspruch auf eine imperiale Hegemonie in Britannien —, hat dann Asser in seiner lateinischen Biographie des Königs auch expressis verbis ausgesprochen.

Alfred d. Gr. ist durch das literarische Werk seines Hofkreises, an dem er ähnlich seinem Zeitgenossen Alfons d. Gr. von Asturien auch persönlich mitwirkte, zum Begründer der angelsächsischen Prosaliteratur geworden. Bei seinen Übersetzungen hatte der König die freie Jugend seines Landes im Auge, die sich auf den Schulen künftig die Kenntnis des Lesens und Schreibens in der Muttersprache erwerben sollte. Für den Klerus war die höhere lateinische Bildung bestimmt. Auf diesem Gebiet hat der Hofkreis von Wessex allerdings keine Leistungen hervorgebracht, und so werden hier seine Grenzen sichtbar. Zu einer umfassenden geistigen und geistlichen Reform wie unter Karl d. Gr. ist es in Wessex nicht gekommen, zu ihr fehlten auch die äußeren Voraussetzungen in einer von schweren Kämpfen noch nicht genesenen Zeit.

Die Leiden des Frankenreiches standen den Prüfungen Britanniens und Irlands nicht nach, zumal sich die Karolinger gleichzeitig der Sarazenen erwehren mußten, die gleich den Wikingern in Seeräuberbanden auftraten und ihre Angriffe auf die Mündungsgebiete der großen Ströme richteten. Die Wikinger, die im Frankenreich heerten, waren wie die in England operierenden Normannen durchweg dänischer Herkunft. Zwischen den Aktionen im Frankenreich und in Britannien bestanden oft sogar Wechselwirkungen: die plündernden Scharen konzentrierten sich jeweils auf die Stellen geringsten Widerstandes. Erstes Ziel der dänischen Wikinger auf dem Kontinent war Friesland. Von 834 bis 837 wurde Dorestad jährlich geplündert. Nach einer kurzen Pause, die durch die letzten wirksamen Abwehrmaßnahmen Ludwigs des Frommen bedingt war, setzten neue Raubzüge 841 während des fränkischen Bruderkriegs ein. Lothar I. übertrug dem Dänen Rorik die Grafschaft Zeeland und machte ihn damit zum „Wächter" der Maas- und Scheldemündungen. Noch im gleichen Jahr erschien eine andere Dänenschar an der Seinemündung und verbrannte Rouen. 842 war die Reihe an Quentovic, dem wichtigsten Handelsplatz für den Transitverkehr von und nach England. Die Dänen setzten sich 845 an der Seinemündung, 846 an der Loiremündung fest, von wo sie eine norwegische Gruppe verdrängten, die bereits 843 Nantes zerstört hatte. 848 ging Bordeaux in Flammen auf. Ein eiserner Ring legte sich vom Rhein bis zur Garonne um die fränkischen Küsten.

Die fränkische Abwehr versagte zunächst vollkommen. Es gelang Lothar I. nicht, sich nach dem Vertrag von Verdun seines unbequemen dänischen Vasallen in Zeeland zu entledigen. Dorestad, der wichtigste karolingische Handelsplatz für den Verkehr mit Skandinavien, ging in diesen Auseinandersetzungen zugrunde (siebte und letzte Plünderung 863). Rorek begründete eine dano-friesische Herrschaft, die nach seinem Tod an seinen Landsmann und Verwandten (?) Gotfrid überging.

Die westliche Francia erlebte in den Jahren 856—862 eine große Invasion, die von den Seinenormannen ausging. Paris, das schon 843 geplündert worden war, wurde 856 und 861 erneut genommen. Die Invasion richtete sich zuerst auf das Land zwischen Loire und Seine, dann auf die Gebiete an der Somme, wo sie sich besonders schlimm auswirkte, da diese Landschaften die Flüchtlinge von der Seine aufgenommen hatten. Die großen karolingischen Abteien St-Wandrille, St-Riquier, St-Bertin und St-Omer gingen in Flammen auf. Nur mit Hilfe einer angeworbenen normannischen Gruppe gelang es schließlich Karl dem Kahlen, die Lage zu wenden.

Unterdessen stürzten sich jedoch andere normannische Gruppen, die von einer Mittelmeerfahrt zurückgekehrt waren, auf die Gebiete zwischen Loire und Garonne und drangen in den Jahren 862—866 tief ins Landesinnere (Orléans, Clermont) vor. Besonders schwer getroffen wurde Aquitanien, wo zahlreiche Bischofssitze aufgegeben wurden und für lange Zeit vakant blieben, unter ihnen auch die Metropole Bordeaux. An der Loire waren die Franken unter der Leitung des kapetingischen Ahnherrn Robert des Tapferen erfolgreicher. Karl der Kahle ordnete im Edikt von Pîtres (864) den Bau von Kastellen auf dem Lande an und schuf Marken an der Seine und an der Loire. Als der fränkische Widerstand sich aber versteifte, zogen die Normannen nach England ab, und das Westreich hatte auf ein gutes Jahrzehnt Ruhe.

Die letzte und schwerste Prüfung begann für die karolingischen Reiche, als zahlreiche Normannen mit Frauen und Kindern nach den Siegen Alfreds d. Gr. erneut von England auf den Kontinent zurückfluteten. Der Hauptstoß des „Großen Heeres“ (879—891) richtete sich zunächst auf die Gebiete zwischen Rhein und Somme. Das „Große Heer“ lief 879 in die Schelde ein. Im Jahre 880 erlitten auch die Sachsen eine schwere Niederlage, und gegen Ende des Jahres 881 stieß die normannische Hauptmacht maasaufwärts bis Lüttich, Maastricht und Aachen vor. Sie zog von dort weiter zum Rhein, zerstörte Köln, Andernach und Koblenz, schwenkte aber auf die Nachricht von Rüstungen des Ostfrankenkönigs im Gebiet von Mainz moselaufwärts ab. Anfang 882 sank Trier in Trümmer. Der Widerstand des Grafen Adalhard und des Bischofs Wala von Metz bei Remich bewog die Normannen zum Rückmarsch an die mittlere Maas. Sie verlagerten den Schwerpunkt ihres Angriffs 885 auf Paris. Karl III. erkaufte ihren Abzug, indem er ihnen für den Winter 886/887 Quartiere in Burgund anwies und damit ein bisher unberührtes Land zur Plünderung freigab. Erst der Sieg des Ostfrankenkönigs Arnulf bei Löwen im November 891 leitete die Wende ein und veranlaßte die Hauptgruppen zum Abzug nach England. Von dort wechselte 896/897 eine Gruppe wieder zum Festland hinüber, deren Führer Rollo zum Begründer der Normandie wurde.

Die Normannen stießen auf ihren Fahrten 859/862 auch tief ins Mittelmeer vor. Sie plünderten 860 Nîmes, Arles und Valence, 861 Pisa und Fiesole. Doch blieb das Mittelmeer eine Domäne der Sarazenen, die von Spanien und Afrika (Tunis—Kairuan) aus die christlichen Länder in Schrecken setzten. Ihre ersten Expeditionen richteten sich gegen das griechische Imperium. Sie begannen mit einem Zufallserfolg spanischer Sarazenen, die 825 Kreta besetzten. 827 begann der staatlich organisierte Angriff der Aglabiden von Tunis auf Sizilien. Der Kampf um Sizilien zog sich ein halbes Jahrhundert hin. Der erste Erfolg der Moslems war die Eroberung von Palermo im Jahre 831. Messina fiel 843, aber die alte sizilianische Hauptstadt Syrakus hielt bis 878 stand. Sitz der arabischen Verwaltung wurde Palermo. Als letzter, aber isolierter griechischer Stützpunkt hielt sich Taormina bis 902.

Noch bevor der sizilianische Krieg zu Ende ging, wechselten sarazenische Banden auch nach Unteritalien hinüber, zunächst als Söldner der untereinander verfeindeten christlichen Staaten. Innere Kämpfe schwächten seit 839 das langobardische Fürstentum Benevent und führten 847 und 858 zur Ausgliederung der Herzogtümer Salerno und Capua. Während dieser Wirren besetzten die Sarazenen Bari, bald darauf auch Tarent. Sarazenische Schiffe erschienen 840 vor Ancona, 846 vor Ostia. Der überraschende Vorstoß auf Rom blieb ohne Folgen, und ein zweiter Angriff auf die Hauptstadt der Christenheit wurde 849 erfolgreich abgewehrt. Zur gleichen Zeit entstand jedoch ein Sarazenenstaat mit der Hauptstadt Bari in Apulien. Kaiser und Papst vermochten die Lage in Mittelitalien zu stabilisieren, aber in Unteritalien scheiterten alle Anstrengungen Ludwigs II. schließlich an der Uneinigkeit der unteritalischen Fürstentümer. Nach dem Tod Ludwigs II. (875) fiel das abendländische Kaisertum als Ordnungsfaktor aus. Die Sarazenen setzten sich am Garigliano zwischen Capua und Gaeta fest, von wo sie nun auch Mittelitalien und den Kirchenstaat verheerten. 882 zerstörten sie Monte Cassino. Wie unter dem Ansturm der Wikinger in England und Aquitanien, so verödeten nun auch in Unter- und Mittelitalien zahlreiche Bistümer und Abteien. Wirksame Hilfe brachten nur die Griechen, die unter dem bedeutenden Feldherrn Nikephoros Phokas in den achtziger Jahren Kalabrien zurückgewannen und außerdem die von den Sarazenen besetzten Teile Apuliens und Lukaniens eroberten. In Mittelitalien schlossen sich die Christen unter päpstlicher Führung endlich zu einer Koalition zusammen, die durch den entscheidenden Sieg am Garigliano von 915 das Land befreite.

Während afrikanische Sarazenen Unter- und Mittelitalien heimsuchten, operierten spanische Sarazenen an der gallischen und oberitalischen Küste. Größere Streifzüge setzten auch hier um 840 ein, aber zu einer ernsten Bedrohung wurden die Raubscharen erst gegen Ende der sechziger Jahre, als sie zur Anlage ständiger Stützpunkte in der Camargue übergingen. In den neunziger Jahren errichteten die Sarazenen La Garde-Freinet, ihre berühmteste Festung, im Bistum Fréjus. Sie verwüsteten von hier aus die Provence und das Gebiet um Genua, setzten sich in den Besitz der Alpenpässe und dehnten ihre Streifzüge bis ins Wallis und nach St. Gallen aus. Die Prüfungen der von ihnen heimgesuchten Gebiete erreichten ihren Höhepunkt erst in den zwanziger Jahren des 10. Jh. Auch hier gingen zahlreiche Kirchen und Klöster ganz zugrunde. Bistümer der Provinzen Aix, Embrun und Arles blieben auf Jahrzehnte hinaus vakant.

Von den schweren Verwüstungen durch Normannen und Sarazenen blieben in der zweiten Hälfte des 9. Jh. nur Oberitalien, das Ostfrankenreich und das südliche Lothringen verschont. Aber diese Gebiete sollten den Ungarn zum Opfer fallen, die im 10. Jh. in die abendländische Welt einbrachen. So hat der Sturm der Sarazenen, Normannen und Ungarn nahezu den ganzen germanisch-romanischen Okzident verheert. Freilich wurden nicht alle Länder gleichmäßig betroffen. Die Binnenländer hatten naturgemäß weniger zu leiden als die Küsten- und Grenzprovinzen. Aber auch in den Gebieten, die dem Ansturm unmittelbar ausgesetzt waren, ergaben sich Abstufungen aus der Wirksamkeit der Abwehr. So war die Ausgangssituation für den Wiederaufbau jeweils verschieden, als der große Sturm nachließ. Die unterschiedliche Ausgangssituation führte zu einer Verschiebung der politischen und kulturellen Schwerpunkte innerhalb des Okzidents. Von noch größerer Bedeutung für die Zukunft war jedoch ein anderer Umstand. Während in Südeuropa die christliche und islamische Welt streng geschieden blieb und sich der Einbruch der Sarazenen infolgedessen nur zerstörend auswirkte, kam es in Nordeuropa schließlich zu einer Symbiose mit den Normannen, die sich der christlichen Kultur öffneten. In Mitteleuropa ergab sich eine ähnliche Situation, da die Missionare bald auch in Ungarn Eingang fanden. Die Männer und Mächte, die die Substanz der germanisch-romanischen Kultur in der Katastrophenzeit des späten 9. und frühen 10. Jh. erhielten, haben unter schweren Prüfungen die Einbeziehung Skandinaviens und des östlichen Mitteleuropa in die abendländische Welt vorbereitet.

21. Kapitel

Papsttum und Abendland vom Tode Ludwigs des Frommen bis zum Tode Ludwigs II. (840—875)

WEITERE QUELLEN: *Wattenbach-Levison* 4 (mit ausführlichen Literaturangaben); LP, Papsturkunden und -regesten (*Jaffé* und *Kehr*) vgl. Allg. Bibl I, 5; MGEp VI und VII (Nikolaus I., Hadrian II., Johannes VIII., Anast. Bibl.); Libellus de imperatoria potestate in urbe Roma: MGSS III 719—722. — Vgl. auch Kap. 19 und Kap. 23.

Zur Slawenmission: *F. Grivec,* Konstantin und Method, Lehrer der Slawen (Wiesbaden 1960); Zwischen Rom und Byzanz. Leben und Wirken der Slawenapostel Kyrillos und Methodius nach den Pannonischen Legenden und der Clemensvita ... Übersetzt, eingeleitet und erklärt von *J. Bujnoch:* Slawische Geschichtsschreiber, hrsg. von *G. Stökl* 1 (Graz 1958); *H. Loewe,* Der Streit um Methodius. Quellen zu den nationalkirch-

lichen Bestrebungen in Mähren u. Pannonien im 9. Jh.: Kölner Hefte für den akademischen Unterricht, Historische Reihe 2 (1948) (mit Lit.); *F. Dvornik,* The Slavs. Their Early History and Civilization (Boston 1956); *ders.,* Les Slaves, Byzance et Rome au 9e siècle (Paris 1926); *ders.,* La lutte entre Byzance et Rome à propos d'Illyricum au 9e siècle: Mélanges Diehl I (1930); *ders.,* Les légendes de Constantin et de Méthode vues de Byzance (1933); *P. Duthilleul,* L'évangélisation des Slaves. Cyrille et Méthode (Tournai 1963); *F. Zagiba,* Neue Probleme der kyrillomethodianischen Forschung: OstKSt 11 (Würzburg 1962); *ders.,* Das abendländische Bildungswesen bei den Slawen im 8./9. Jh.: Jb. für altbayr. KG (1962) 15—44; *ders.,* Die bayrische Slawenmission und ihre Fortsetzung durch Kyrill und Method: Jb. für Gesch. Osteuropas 9 (1961) 1—56 247—276; *K. Bosl,* Der Eintritt Böhmens in den westlichen Kulturkreis im Licht der Missionsgeschichte: Collegium Carolinum I, Böhmen und Bayern (München 1957) 43—64; *W. Fritze* (vgl. Kap. 11); Cyrillo-Methodiana. Zur Frühgeschichte des Christentums bei den Slawen. Hrsg. im Auftrag der Goerres-Ges. von *M. Hellmann, R. Olesch, B. Stasiewski* u. *F. Zagiba* (Köln 1964) (mit Beiträgen von Bosl, Burr, Dvornik, Grivec, Hellmann, Kniczsa, Sós, Zagiba u. a. m.). Ferner Loewes Übersicht in: *Wattenbach-Levison* 4, 471 n. 337 338 339.
LITERATUR: *Dölger* (vgl. Kap. 10); *Ohnsorge* (vgl. Kap. 10); *A. Henggeler,* Die Salbungen und Krönungen des Königs und Kaisers Ludwig II. (Diss. Freiburg/Schw. 1934); *A. Lapôtre,* De Anastasio bibliothecario sedis apostolicae (Paris 1885); *E. Perels,* Papst Nikolaus I. und Anastasius Bibliothecarius (Berlin 1920); *N. Ertl,* Briefdiktatoren frühmittelalterlicher Papstbriefe (Anast. Bibl.): AUF 15 (1938) 56—132; *J. Haller,* Nikolaus I. und Pseudo-Isidor (Stuttgart 1936); *K. Brandi,* Ravenna und Rom: AUF 9 (1926) 1—38; *H. Fuhrmann,* Nikolaus I. und die Absetzung des Erzbischof Johann von Ravenna: ZSavRGkan 44 (1958) 353—358. — Vgl. auch Hinkmar (Kap. 23).

Die Geschichte der römischen Kirche erreichte im 9. Jh. einen Höhepunkt in den Pontifikaten Nikolaus' I. (858—867), Hadrians II. (867—872) und Johanns VIII. (872—882). Im Verhältnis von Papsttum und Kaisertum bahnten sich grundlegende Änderungen an. Sie waren bedingt durch die Teilung von Verdun, später durch das Erlöschen des Mannesstammes der lotharischen Kaiserlinie.

Die Hoheit des Kaisers über den Kirchenstaat, deren Grundlage die Constitutio Romana von 824 bildete, blieb unverändert bestehen. Man suchte in Rom vergebens die kaiserliche Kontrolle zu lockern. Als 844 eine Doppelwahl drohte, wurde Sergius II. vor der kaiserlichen Bestätigung geweiht. Aber Lothar I. sandte seinen Erzkaplan Drogo von Metz und seinen Sohn Ludwig mit großem Gefolge nach Rom, und Drogo bestand auf einer synodalen Überprüfung der Vorgänge. Die Papstweihe sollte fortan nur noch auf Grund einer kaiserlichen Iussio und in Gegenwart kaiserlicher Missi vollzogen werden. Dieser Modus wurde zwar 847 unter dem Vorwand der Sarazenengefahr nicht beobachtet, aber in der Folge hat man sich an ihn gehalten. Der kaiserliche Konsens wurde sogar in den offiziellen Papstbiographien des Liber Pontificalis vermerkt. Auch innerhalb Roms machte sich die kaiserliche Autorität geltend. Die Ummauerung der Civitas Leonina wurde von Lothar I. 846 angeordnet, von Leo IV. 848/852 durchgeführt.

In die Papstwahl schaltete sich Ludwig II. in stärkerem Maße ein als Lothar I. Seine Missi versuchten 855 dem hochgebildeten, aber von Leo IV.

abgesetzten Kardinalpriester Anastasius (Bibliothecarius) zur päpstlichen Würde zu verhelfen. Dieser Versuch scheiterte, da Anastasius wegen seiner Absetzung durch den verstorbenen Papst selbst für kompromißbereite Kreise Roms nicht tragbar war. Die Wahl Nikolaus' I. erfolgte in Gegenwart des Kaisers. Hadrian II. ist nicht kaiserlicher Kandidat gewesen, wurde aber im Hinblick auf eine Aussöhnung mit Ludwig II. erhoben. Über die Wahl Johanns VIII. liegen keine genauen Nachrichten vor.

Eine Veränderung von großer Bedeutung bahnte sich durch die nach dem Vertrag von Verdun eintretende Verbindung der Kaisererhebung mit der päpstlichen Kaiserkrönung an. Als die fränkische „Monarchie" zerbrach und der Kaiser zu einem Teilherrscher neben anderen wurde, blieb die Schutzherrschaft über Rom das einzige Signum, das den Kaiser noch von den Königen unterschied. Die Sanktion der karolingischen Kaiserlinie durch den Papst gewann damit eine erhöhte Bedeutung. Lothars ältester Sohn Ludwig II. wurde 844 durch Sergius II. zum König von Italien und 850 durch Leo IV. zum Mitkaiser gekrönt. Da Lothar im Gegensatz zu seinen Vorgängern keine eigene Krönung mehr vornahm, gewann die römische Krönung eine perfizierende Wirkung. Nikolaus I. sah in ihr bereits das entscheidende Rechtselement. Ludwig hat sich 871 in einer polemischen Auseinandersetzung mit den Griechen auf seine Herrschaft über Rom und seine Weihe durch den Papst berufen. Die päpstliche Kaiserkrönung ist so zu einem konstitutiven Faktor der Kaisererhebung im Abendland geworden, was sich freilich erst nach dem Erlöschen der lotharischen Linie historisch auswirkte.

In der fränkischen Politik gingen Päpste und Kaiser bis zum Zerwürfnis über den lotharischen Ehestreit zusammen. Gleich den anderen großen Reichsordnungen scheint auch der Vertrag von Verdun nach Rom übersandt worden zu sein. Sergius II. verlieh Drogo von Metz den päpstlichen Vikariat. Leo IV. unterstützte gleichfalls die kaiserliche Politik. Benedikt III. sanktionierte den Ausgleich des Kaisers mit Reims. Er vermittelte nach dem Tod Lothars I. im Erbstreit der Kaisersöhne.

Ein gemeinsames päpstlich-kaiserliches Interessengebiet war seit Karl d. Gr. Unteritalien. Hier traten große Veränderungen ein, als sarazenische Söldner im Konflikt zwischen Benevent und Neapel (834—839) und in den beneventanischen Thronfolgekämpfen (839—847) eingesetzt wurden und schließlich den Sultanat Bari begründeten. Die Karolinger waren in dieser Zeit durch ihre Erbauseinandersetzungen gelähmt. So ging von den Griechen die erste Initiative zur Errichtung einer christlichen Einheitsfront aus. Sie verhandelten mit den Westkaisern 839, 842 und 843/844 über ein Bündnis gegen die Sarazenen, das durch die Ehe einer griechischen Prinzessin mit Lothars Sohn Ludwig II. gefestigt werden sollte. Obwohl Lothar I. diese Angebote freundlich aufnahm, blieb die Realisierung aus. Die Franken wurden erst aktiv, als die Sarazenen 846 Rom überfielen. Ludwig II. vertrieb 847 die Araber aus der Stadt Benevent und vermittelte einen Frieden zwischen den beiden langobardischen Thronprätendenten, der zur endgültigen Teilung des Fürstentums in die Herzogtümer Benevent und Salerno führte. Aber die Araber behaupteten sich in weiten Teilen Unteritaliens, und in der Folge löste sich Capua als drittes langobardisches Fürstentum von Salerno ab. Erneute fränkische Interventionen in den Jahren 852, 860 und 863 brachten nur Teilerfolge. Erst 866 gelang es Ludwig II., die Verhältnisse in Unteritalien zu ordnen und eine christliche Einheitsfront herzustellen. 867/868 kam es auch zu neuen Bündnisverhandlungen mit Byzanz, die aber 871 mit neuen Mißhelligkeiten endeten. Gleichwohl konnte Ludwig II. im Februar dieses Jahres Bari einnehmen. Der Sohn Lothars stand auf der Höhe seiner Macht, als eine Verschwörung der unteritalischen Fürsten alle errungenen Erfolge wieder in Frage stellte. Die Verschworenen setzten den Kaiser am 31. August in Benevent gefangen und ließen ihn erst am 17. September wieder frei, nachdem er Urfehde geschworen hatte. Die Sarazenen überfluteten von Tarent aus erneut die süditalischen Fürstentümer. Von Salerno und Capua ergingen wieder Hilfsgesuche an den Kaiser, der beide Städte 873 befreite. Aber Benevent und Neapel blieben weiterhin feindlich gesinnt. Der Herzog von Benevent suchte und fand Hilfe bei den Griechen. Er erkannte 873 die Hoheit des Ostkaisers Basilius I. an, dem die Langobarden auch Bari auslieferten. Die Kraft Ludwigs II. war gebrochen. Im Herbst 873 verließ er Unteritalien, am 12. August 875 ist er gestorben. In der Abwehr der Sarazenen traten die Griechen als führende Macht an die Stelle der Franken.

Die Päpste standen in der unteritalischen Politik fest an der Seite Ludwigs II. Sie unterstützten besonders die fränkischen Bemühungen um die Herstellung einer christlichen Einheitsfront, wenn sie auch gegenüber den Griechen mißtrauisch blieben. Zu Mißhelligkeiten zwischen Kaiser und Papst führte dagegen der lotharische Ehestreit, als Nikolaus I. Ende 863 die Akten der Metzer Synode kassierte und die Erzbischöfe von Trier und Köln absetzte. Ludwig II. verstärkte die Kontrolle über den Kirchenstaat, stand aber von einer gewaltsamen Lösung der Krise ab, obwohl ihm die Griechen 867 auf dem Höhepunkt des Photiuskonflikts die Absetzung des Papstes nahelegten. Nikolaus I. enthielt sich seinerseits jedes Eingriffs in die weltliche Sphäre. Er stand auf dem Boden der gelasianischen Zwei-Gewalten-Lehre, die 829 vom fränkischen Episkopat zu neuem Leben erweckt worden war. Nikolaus hat zwar die Kaiserkrönung als autonomes Recht der römischen Kirche verstanden und damit „die päpstliche Autorität vollwertig neben die Erblegitimität als Quelle kaiserlicher Macht gestellt" (Knabe), aber den gekrönten Kaiser als seinen weltlichen Herrn anerkannt und keine Potestas in temporalibus beansprucht.

Der Tod Nikolaus' I. am 13. November 867 behob die Krise in den Beziehungen zwischen Kaiser und Papst. Die enge Zusammenarbeit wurde unter Hadrian II. wiederhergestellt, der Ludwig II. 872 von seinem Eid gegenüber den unteritalischen Rebellen löste und ihn erneut zum Kaiser krönte, um die Schande der Gefangenschaft in Benevent zu löschen. Auch in der lotharischen Erbfrage unterstützte Hadrian II. seinen kaiserlichen Herrn. Nur in einem Punkt differierten die Auffassungen von Kaiser und Papst: während Ludwig II. zu seinem Nachfolger Ludwig den Deutschen oder dessen ältesten Sohn Karlmann ausersah, dachte man im päpstlichen Hof an die Nachfolge Karls des Kahlen.

Das Kaisertum repräsentierte nach 840 und erst recht nach 855 nicht mehr das Frankenreich, aber das Frankenreich bildete nach wie vor den Kern der westlichen Christenheit und blieb als solcher das eigentliche Aktionsfeld der Päpste. Die Intensität der Beziehungen Roms zu den nichtfränkischen Kleinreichen des Okzidents war gering. Über Kontakte mit Irland liegen keine Nachrichten vor. Bei der Lösung der Bretagne vom Frankenreich wurde die bretonische Kirchenprovinz Dol gegen den Willen der Päpste errichtet. Als Asturien unter Alfons III. erstarkte, hat Johann VIII. 876 vielleicht die Erhebung von Oviedo zur kirchlichen Metropole genehmigt, die Weihe von Santiago de Compostela und die Abhaltung einer spanischen Synode angeordnet[1]. Die alten Verbindungen zwischen Rom und England rissen nicht ab, litten aber unter dem Normannensturm. Erhalten sind päpstliche Schreiben an die Erzbischöfe von Canterbury und York von ca 874, an Canterbury von 878 und 891/896. Sie stammen aus einer Zeit, in der Wessex die Krise überstand und sich die Verhältnisse in Südengland allmählich wieder festigten. Um 875 zog sich Burgred von Mercien in die Stadt der Apostel zurück, nachdem er sein Königreich im Kampf gegen die Dänen verloren hatte. König Aethelwulf von Wessex (839—858) hatte seinen Sohn Alfred schon 835 nach Rom geschickt, wo Leo IV. den Knaben mit dem Ehrenkonsulat auszeichnete. Alfred begleitete den Vater, als dieser zwei Jahre später selbst wegen der Normannennot eine Pilgerfahrt zu den Gräbern der Apostel unternahm. 884 befreite Papst Marinus I. die Schola Saxonum bei St. Peter auf Bitten Alfreds d. Gr. von Zöllen und Abgaben. In der großen Masse der päpstlichen Urkunden und Briefe fallen die Stücke für England und Spanien aber kaum ins Gewicht. Der Ausbau des päpstlichen Jurisdiktionsprimats vollzog sich innerhalb des westlichen Imperiums. Ansätze dazu zeigten sich unter Leo IV. (847—855), entwickelt wurden sie erst unter Nikolaus I.

Innerhalb des Kirchenstaats bildete Ravenna, die alte Residenz der Kaiser, der Gotenkönige und der Exarchen einen Gegenpol zu Rom. Die Hauptstadt der Provinzen Aemilia und Flaminia hatte ursprünglich vielleicht einmal zur römischen Kirchenprovinz gehört, jedenfalls aber im 5. und 6. Jh. in engerer Abhängigkeit von Rom gestanden als andere kirchliche Metropolen. In byzantinischer Zeit suchten sich die Ravennaten von dieser Abhän-

[1] Das diesbezügliche Schreiben Johanns VIII. ist wahrscheinlich unecht: *Wattenbach-Levison* 4, 454 n. 291.

gigkeit zu befreien. Kaiser Constans II. verlieh ihnen 666 während des Monotheletenstreits ein Autokephalieprivileg, auf das sie freilich beim kirchlichen Friedensschluß von 680/682 wieder verzichten mußten. Die Metropoliten von Ravenna wurden fortan wieder wie zuvor in Rom geweiht, gewannen aber größere Freiheit in der Regierung ihrer Kirchenprovinz. Als die Franken in Italien intervenierten, suchten sie mit Hilfe der Karolinger einen eigenen Kirchenstaat zu gründen. Sie drangen damit nicht durch, doch wurden seither die alten Rivalitäten verschärft durch „die neue politische Eifersucht ... in bezug auf Besitzungen und territoriale Rechte in der Romagna und der Pentapolis“ (Brandi). Unter Leo IV. kam es 853 zum offenen Konflikt, da der Exarchat unter dem Dux Georg, einem Bruder des Erzbischofs Johannes, politisch nahezu autonom war und der Erzbischof römisches Kirchengut usurpierte. Die Frage wurde auf einer Synode geregelt, die der Papst in Anwesenheit des Kaisers in Ravenna abhielt. Der Streit flammte 861 wieder auf. Nikolaus I. zitierte den Erzbischof nach Rom. Er bannte ihn im März 861 und erschien anschließend in Ravenna. Erzbischof Johannes unterwarf sich auf der römischen Novembersynode. Er mußte sich verpflichten, fortan alle zwei Jahre in Rom zu erscheinen, seine Suffragane nur nach päpstlicher Genehmigung zu weihen und ihre Reisen nach Rom nicht mehr zu hindern. „Wenn die Unterwerfung von 682 lediglich die Autokephalie preisgab ..., so erstreckte sie sich bei dieser zweiten schweren Niederlage nach dem Geiste des 9. Jahrhunderts vor allem auf die Suffraganbischöfe, deren Zugehörigkeit zu Ravenna gelockert, zu Rom verstärkt wurde“ (Brandi).

Brandi hat gemeint, daß Rom an Ravenna „die eigene Überlegenheit und die Formen der Unterordnung zuerst erprobt habe“. Das ist nur cum grano salis zu verstehen, da die kirchenrechtlichen Voraussetzungen für die päpstliche Jurisdiktion über Ravenna und über die fränkischen Metropolen verschiedener Art waren. Bei Ravenna konnte man sich auf ein historisches Recht berufen. Bei den Franken mußte man auf das unveräußerliche Recht des Primats Petri zurückgreifen. Denn eine zentrale Kirchenregierung, wie Nikolaus sie anstrebte, kannte das traditionelle Kirchenrecht nicht — sie wurde als System erst von Pseudo-Isidor entwickelt (vgl. Kap. 22). Freilich war das Band zwischen Rom und den Metropolitankirchen durch die Einführung des erzbischöflichen Palliums im Okzident verstärkt worden, und man hat sich auch schon vor Pseudo-Isidor die rechtlichen Auswirkungen des päpstlichen Primats Gedanken gemacht, die sich von grundlegenden Sätzen der falschen Dekretalen kaum unterscheiden. ... Sunt qui Gallicanos canones aut aliarum regionum putent non recipiendos, eo quod legati Romani seu imperatoris in eorum constitutione non interfuerint, sagt Agobard von Lyon in seinem Traktat De dispensatione rerum ecclesiasticarum[2].

[2] PL 104, 241 A/B. Vgl. *Fournier-LeBras* 124 ff.

Strich man hier den Kaiser, was sehr nahelag — so gewann man den Satz Pseudo-Isidors, daß alle Konzilsbeschlüsse der römischen Autorisation bedürften.

Die Feststellung, wann die falschen Dekretalen zuerst in Rom bekannt wurden, wird dadurch erschwert, daß man mit fließenden gedanklichen Übergängen dieser Art rechnen muß. Den Terminus ad quem bietet ein päpstliches Schreiben an den westfränkischen Episkopat vom Januar 865, das klare Anspielungen auf Pseudo-Isidor enthält. Da Nikolaus aber darin bemerkt, „daß die römische Kirche die Papstbriefe, auch die gefälschten, penes se in suis archivis et vetustis rite monumentis recondita veneratur“ [3], vermutete Hauck, daß sich die Fälschungen schon seit einiger Zeit in Rom befanden. Haller glaubte die ersten Spuren einer Benutzung durch Leo IV. nachweisen zu können. Es ist nicht ausgeschlossen, daß die Reimser Opposition gegen Hinkmar 853 die Fälschungen nach Rom brachte, aber ein eindeutige Anspielung auf Pseudo-Isidor enthielt das diesbezügliche päpstliche Schreiben an Hinkmar nicht. Es muß daher offenbleiben, ob Nikolaus die Fälschung schon kannte, als er 863 die Erzbischöfe von Köln und Trier absetzte. Wahrscheinlicher ist die Annahme, daß erst Rothad von Soissons das Corpus Pseudo-Isidors nach Rom brachte. Rothad gehörte zu den Bischöfen der Reimser Provinz, die sich mit dem abgesetzten Erzbischof Ebo während seiner vorübergehenden Restitution durch Lothar I. im Jahre 841 eingelassen hatten. Der offene Konflikt zwischen ihm und Hinkmar brach 861 aus, als Hinkmar die Wiedereinsetzung eines von Rothad abgesetzten Klerikers nach geleisteter Buße verlangte. Der Erzbischof ließ den widerspenstigen Suffragan auf einer Provinzialsynode exkommunizieren. Rothad appellierte an Rom, ließ sich dann aber auf ein Bischofsgericht ein, das ihn 862 absetzte und zur Klosterhaft verurteilte. Die Angelegenheit wurde gleichwohl vor den Papst gebracht, und Nikolaus forderte im Herbst 863 ultimativ die Entsendung Rothads nach Rom. Im Januar 865 hob er auf einer römischen Synode die Absetzung auf. Das Verfahren lief ganz nach den Regeln der falschen Dekretalen, auf die Nikolaus dann in seinem Schreiben an Hinkmar anspielte.

Hinkmar hatte vergebens darauf hingewiesen, daß nach dem bestehenden Kirchenrecht der Papst zwar eine Appellation annehmen könne, die Sache aber an ein Bischofsgericht zurückverweisen müsse. Der Erzbischof und der König, der gleichfalls gegen Rothad gestanden hatte, beugten sich dem Urteil Roms. Um die gleiche Zeit kam es zu einer Entfremdung zwischen Hinkmar und Karl dem Kahlen. Wulfhad, einer der von Ebo geweihten Reimser Kleriker, hatte die Gunst des Hofes gewonnen, und der König wollte ihm das Erzbistum Bourges übertragen. Da der Episkopat sich nicht über das Synodalurteil von 853 hinwegsetzte, suchte Karl der Kahle die

[3] MGEp VI 394.

Reintegration Wulfhads durch Rom zu erzwingen. Nikolaus I. stellte den Reimser Erzbischof im Frühjahr 866 vor die Wahl, die Ebokleriker zu begnadigen, oder die Angelegenheit vor eine neue Synode zu bringen, von der Wulfhad die Appellation freistehen würde. Hinkmar, der dadurch die Rechtsgrundlagen seiner eigenen Stellung gefährdet sah, wollte weder die Begnadigung aussprechen noch den Prozeß neu aufrollen. Die Synode, die im August in Soissons zusammentrat, lehnte unter seinem Einfluß die Wiederaufnahme des Verfahrens ab und empfahl dem Papst, die Begnadigung selbst vorzunehmen. Karl der Kahle wartete den päpstlichen Entscheid gar nicht ab und ließ Wulfhad unverzüglich zum Erzbischof weihen. Nikolaus I. verfügte im Dezember 866 die Wiedereinsetzung der Ebokleriker. Er stellte Hinkmar in einem sehr ungnädigen Schreiben anheim, die Rechtmäßigkeit der von ihm verfügten Absetzungen binnen Jahresfrist darzutun und forderte alle Eboakten an. Der Papst oder seine Ratgeber hatten offenbar die Absicht. Hinkmar zu einem Prozeß in Rom zu zwingen. Der Reimser Erzbischof hatte keine Mühe, die Rechtmäßigkeit seiner Wahl und seiner Amtshandlungen nachzuweisen, aber er tat es bitteren Herzens. Eine zweite aktenmäßige Denkschrift wurde auf der Reichssynode zusammengestellt, die am 25. Oktober 867 in Troyes zusammentrat. Die versammelten fränkischen Bischöfe forderten den Papst auf, die Rechte und Pflichten der Metropoliten und ihrer Suffragane neu festzustellen und sich über den Gerichtsstand der Bischöfe in Rom grundsätzlich zu erklären. Das Nebeneinander des alten und neuen Rechts hatte so viel Verwirrung angerichtet, daß eine Grundsatzerklärung des Papstes notwendig erschien. Dazu ist es freilich nicht gekommen. Nikolaus hat die Botschaft des Konzils nicht mehr erhalten. Noch vor seinem Tod hat er sich mit Hinkmars Rechtfertigung für befriedigt erklärt und damit den Konflikt beendet.

Der dritte und letzte Konflikt zwischen Reims und Rom fiel in den Pontifikat Hadrians II. Des Erzbischofs gleichnamiger Neffe Hinkmar von Laon wurde im Sommer 868 vor ein Königsgericht zitiert, da er königlichen Vasallen Lehen der Kirche von Laon entzogen hatte. Der Reimser Erzbischof intervenierte zunächst zugunsten des Neffen und erreichte, daß dieser vor ein kirchliches Gericht gestellt wurde und dem König den Treueid leistete. Aber Hinkmar von Laon hatte schon vor der Intervention seines Oheims an Rom appelliert. Noch vor Ende des Jahres ordnete Hadrian die Aufhebung der vom König verfügten Beschlagnahme des Guts der Kirche von Laon und die Entsendung des Appellanten nach Rom an. Der König gab nicht nach und zitierte den Bischof im April 869 auf die Synode von Verberie, dieser verhängte vorsorglich — für den Fall seiner Festnahme — das Interdikt über seine Diözese. Karl ließ Hinkmar von Laon trotzdem festsetzen, und Hinkmar von Reims hob das angeordnete Interdikt auf. Wieder standen sich altes und neues Kirchenrecht gegenüber. Der Briefwechsel mit Rom nahm sehr scharfe Formen an, aber König und Erzbischof blieben fest. Der Bischof von Laon wurde im August 871 auf der Synode von Douzy abgesetzt. Karl der Kahle spielte schließlich den Papst gegen die päpstliche Kanzlei aus. Er erkannte, daß in den scharfen Noten Anastasius Bibliothecarius sprach, nicht Hadrian. Als er sich 872 durch seinen Missus unmittelbar an den Papst wandte, erhielt er in einem geheimen Schreiben eine versöhnliche Antwort: der König möge Hinkmar von Laon nach Rom senden, der Papst werde ihm dann Richter nach dem alten Kirchenrecht stellen. Darüber hinaus erklärte Hadrian, daß er nach dem Tode Ludwigs II. niemand anders in regnum et imperium Romanum annehmen werde als Karl. Der Papst hatte nicht nur eingelenkt, sondern einen überraschenden Kurswechsel vorgenommen. Der 10jährige Kampf zwischen Rom und Reims endete mit einem Sieg des alten Kirchenrechts — die Stunde für eine zentrale päpstliche Kirchenregierung hatte noch nicht geschlagen.

Kirchliche Konflikte von der Art der Zusammenstöße mit Köln, Trier und Reims hat es zwischen Rom und dem Episkopat des Ostreichs nicht gegeben. Freilich gab es im Ostreich nur drei Metropolitankirchen, von denen nur zwei — Mainz und Salzburg — noch zählten. Die Kirche von Hamburg war durch die Zerstörung von 845 schwer getroffen. Ludwig der Deutsche hoffte das Missionswerk zu halten, indem er Ansgar auch das Kölner Suffraganbistum Bremen übertrug. Die Union wurde auf der Mainzer Synode von 848 durchgeführt. Einige Jahre später gab der Kölner Erzbischof Gunthar seine Zustimmung. Papst Nikolaus I. genehmigte die Vereinigung der beiden Bistümer 864 und trennte dabei Bremen von der Kölner Kirchenprovinz. Die Erzbischöfe Ansgar († 865) und Rimbert hielten die Missionsstationen von Schleswig und Rügen in Dänemark und Birka in Schweden aufrecht. Aber der skandinavischen Mission fehlte jede Expansionskraft, in den achtziger Jahren brach sie völlig zusammen.

Anders stand es mit der Slawenmission im Südosten, die von Regensburg, Passau, Salzburg und Aquileja getragen wurde. Sie griff seit den dreißiger Jahren auf Böhmen und Mähren über und erfaßte auch Kroatien, wo römisch-christlicher Einfluß schon früher über Dalmatien zur Geltung gekommen war. Die Slawenfürsten, die die fränkische Hoheit anerkannten, nahmen durchweg auch das Christentum an. Der mährische Fürst Pribina ließ sich 835 im salzburgischen Traismauer taufen und erhielt von Ludwig dem Deutschen einen slowenischen Herrschaftsbereich an der Zala und am Plattensee. Zehn böhmische Duces erhielten 844/845 in Regensburg die Taufe. Der serbokroatische Bereich südlich der Drau war Missionsgebiet von Aquileja. Wir hören, daß die Salzburger Erzbischöfe in den vierziger und fünfziger Jahren 32 Kirchen in Pannonien gründeten, darunter Pettau, Szalavár (Moosburg) und Fünfkirchen, großenteils im slowenischen Fürstentum des Pribina. In seiner mährischen Heimat gründete Pribina die Kirche von Neitra. Auch im eigentlichen Mähren muß die Mission gute Fortschritte gemacht haben: auf der Mainzer Synode von 852 galt das mährische Volk als neubekehrt. Im gleichen Jahr tritt im Missionsgebiet von Aquileja das Kroatenbistum Nic ins Licht der Geschichte.

Das weitere Gebiet des einstigen Awarenreichs konnte indessen nicht vollständig an das fränkische Imperium angegliedert werden. In den dreißiger Jahren entstand ein neues Slawenreich an der March. Die Einigung der mährischen Stämme war wohl das Werk des Herzogs Moimir, vor dem der mährische Fürst Pribina 830/835 zu den Franken floh. Der Sturz Moimirs und die Einsetzung seines christlichen Neffen Rastislaw (846—870) waren das Werk Ludwigs des Deutschen, der damit die fränkische Hoheit über Mähren neu befestigte. Aber Rastislaw dachte nicht daran, sich mit der fränkischen Oberherrschaft abzufinden. 855 begann unter seiner Führung der Kampf um die mährische Unabhängigkeit. Rastislaw besetzte 861 das Gebiet bis zum Gran mit Neitra, fiel aber 870 in die Hand Ludwigs des Deutschen, der ihn blenden ließ und in ein Kloster schickte. Der neue Mährendux Swatopluk (870—894), der im Einverständnis mit den Franken an die Stelle seines Oheims Rastislaw getreten war, schüttelte die fränkische Hoheit bald wieder ab. 871 geriet auch Böhmen in den mährischen Machtbereich. Ludwig der Deutsche erkannte 874 im Frieden von Forchheim die Selbständigkeit Mährens gegen einen Tribut an, Arnulf von Kärnten fand sich 890 im Frieden von Omuntesberg auch mit der mährischen Herrschaft über Böhmen ab. So war nördlich der Donau ein mährisches Großreich entstanden, das die slawischen Völker bis nach Schlesien und Galizien hin in seinen Grenzen zusammenfaßte.

Der Mährenherzog Rastislaw war ein Herrscher von Format. Er erkannte, daß das neue Staatswesen durch die Annahme des Christentums gefestigt würde. Trat Mähren als christliches Reich in die abendländische Gemeinschaft ein, so konnte sein Bestand nicht mehr in Frage gestellt werden. Anderseits war aber die volle Unabhängigkeit nicht zu erreichen, solange Mähren der bayerischen Kirchenprovinz Salzburg angeschlossen blieb. So kam es, daß sich Rastislaw 862/863 an den Ostkaiser mit der Bitte um Priester wandte.

Die griechische Missionsgesandtschaft traf 863/864 im Mährenreich ein. Sie stand unter der Leitung der Brüder Konstantin (Kyrill) und Methodius aus Thessalonike. Der 827 geborene jüngere Bruder Konstantin war 842 zum Studium nach Konstantinopel gegangen, wo Leo von Thessalonike und Photius seine Lehrer wurden. Als Photius an den Kaiserhof ging, übernahm Konstantin seinen Lehrstuhl. Der junge Gelehrte trat aber bald in kirchliche Dienste, wurde Diakon und vielleicht auch Priester. 860 ging er als kaiserlicher Gesandter zu den Chasaren in der heutigen Ukraine. Nach seiner Rückkehr erreichte ihn der Auftrag, zu den Mähren zu ziehen. Sein Bruder Methodius (* 815), der ihn begleitete, war um 840 kaiserlicher Stratege am Strymon gewesen, dann ins Kloster gegangen und Abt geworden. Als Thessalonizensern war den Brüdern, insbesondere dem einstigen Strategen Methodius, das Slawische vertraut. Da die slawischen Dialekte noch wenig differenziert waren, konnten sie zu den Mähren Rastislaws in der Muttersprache reden. Da die Ostkirche im Gegensatz zum Westen keine einheitliche Kirchensprache kannte, hatten Konstantin und Methodius keine Bedenken, nicht nur die Bibel, sondern auch die liturgischen Texte (darunter die römische Messe = St.-Peters-Liturgie) in die Volkssprache zu übertragen. Sie schufen zu diesem Zweck die glagolitische Schrift, die von der griechischen Minuskel abgeleitet und um einige Zeichen für spezifisch slawische Laute vermehrt wurde.

Drei volle Jahre lehrten die Brüder im Reiche Rastislaws; ihre Erfolge stellten die bayerische Mission bald in den Schatten. Aber sie vermochten den herangezogenen slawischen Priesternachwuchs nicht zu weihen, da sie nicht Bischöfe waren. Sie wollten daher nach Konstantinopel reisen und begaben sich nach Venedig. Hier erreichte sie 867 eine Einladung Nikolaus' I. nach Rom. Als die beiden Brüder in Rom eintrafen, war Nikolaus schon gestorben. Aber Hadrian II. bereitete ihnen einen triumphalen Empfang, da Konstantin die Reliquien des hl. Clemens von Rom mit sich führte, die er bei seiner Reise zu den Chasaren auf der Krim gefunden hatte.

Der Widerspruch gegen die griechischen Missionare blieb jedoch nicht aus. Umstritten war nicht so sehr die griechische Liturgie — in Rom gab es genug griechische Klöster, die nach ihrer Art lebten — wie die Einführung der Volkssprache in die Messe. Schon in Venedig hatte sich Konstantin verteidigen müssen, in Rom wurden die gleichen Vorwürfe laut. Manche Kreise wollten nur drei sakrale Sprachen — das Hebräische, Griechische und Lateinische, geheiligt durch die Aufschrift auf Christi Kreuz — gelten lassen. Aber der Papst war von jeder Engherzigkeit frei. Er ließ in römischen Kirchen die slawische Liturgie feiern, weihte Methodius zum Priester und ließ von den slawischen Jüngern der Brüder einige zu Priestern, andere zu Diakonen weihen. Konstantin starb am 14. Februar 869 in Rom. Methodius kehrte mit päpstlichen Empfehlungen ins slawische Missionsland zurück. Man machte ihm nur die Auflage, Epistel und Evangelien vor der slawischen Verkündigung lateinisch zu lesen. Da 869/870 ein politischer Umschwung in Mähren eingetreten war, wirkte er zunächst im slowenischen Fürstentum am Plattensee, wo 861 Kozel auf seinen Vater Pribina gefolgt war. Schon sehr bald reiste Methodius nach Rom zurück, wo ihn Hadrian II. 870 zum Erzbischof von Sirmium (Mitrowitza bei Belgrad) weihte. Die neue Kirchenprovinz sollte den gesamten serbo-kroatischen, slowenischen und mährischen Missionsbereich umfassen. Es war ein Akt von besonderer Bedeutung. Denn gerade damals drohte Bulgarien Rom zu entgleiten, weil Nikolaus I. aus kirchenrechtlichen Gründen den Wunsch des Khans abgewiesen hatte, Formosus von Porto zum Missionserzbischof der Bulgaren zu erheben. Im Februar 870 kehrte Bulgarien in die byzantinische Obödienz zurück. Wenn Hadrian Methodius zum Erzbischof von Sirmium erhob, so unterstrich er damit das römische Recht auf Illyricum, dessen Hauptstadt einst Sirmium gewesen war. Methodius konnte im übrigen seinen Sitz gar nicht in der zerstörten spätrömischen Hauptstadt von Illyricum nehmen. Er begab sich zurück zu Kozel und residierte vorerst in dessen Hauptburg Szalavár.

Die Übersiedlung des Erzbischofs in ein Gebiet, das zur ostfränkischen Mark Pannonien gehörte, von Leo III. Salzburg attribuiert und auch bereits von Salzburg missioniert worden war, mußte zu einem Zusammenstoß mit dem bayerischen Metropoliten führen. Der in Pannonien amtierende Salzburger Archipresbyter kehrte 870 in seine Heimat zurück. Methodius wurde anscheinend im mährischen Teil seines Sprengels von Ludwig des Deutschen Sohn Karlmann verhaftet und im November 870 vor eine bayerische Synode in Regensburg (?) gebracht. Der Salzburger Erzbischof ließ einen umfangreichen Bericht über die Gründung und Missionstätigkeit seiner Kirche abfassen, den Libellus de conversione Bagoariorum et Carantanorum. Methodius berief sich auf das unveräußerliche Recht des Papstes, wurde nach Schwaben (Ellwangen?) gebracht und dort gefangengesetzt. Die Proteste Hadrians II. blieben fruchtlos. Erst Johann VIII. griff energisch ein. Er forderte und erreichte die Freilassung des Erzbischofs, untersagte diesem freilich den Gebrauch des Slawischen in der Liturgie. Methodius begab sich zu den Mähren, die 874 ihre Unabhängigkeit errangen. Er ist zum Apostel der Mähren geworden, obwohl Johann VIII. ihm auch den serbischen Dux Montemir von Sclavonien kirchlich unterstellte. Das Fürstentum des um diese Zeit verstorbenen Kozel blieb ostfränkisches Hoheits- und bayerisches Missionsgebiet.

Es ist nicht undenkbar, daß die schon von Hadrian II. vollzogene päpstliche Annäherung an Karl den Kahlen durch die Reibungen zwischen Rom und dem bayerischen Episkopat in den Jahren 870/873 mitbestimmt wurde. Der große Plan, den Verlust von Illyricum, des päpstlichen Vikariats Thessalonike, durch die Gründung einer umfassenden slawischen Kirchenprovinz wieder wettzumachen, ist von Nikolaus I. konzipiert und von Hadrian II. in großzügiger Weise weiter betrieben worden. Er erlitt durch den Verlust Bulgariens und den bayerischen Widerstand in Pannonien Einbußen. Aber auch die Gründung einer mährischen Reichskirche war ein bedeutender Erfolg. Methodius ist in seiner Wirksamkeit Bonifatius an die Seite zu stellen. Er fand an dem Mährenfürsten Swatopluk (870—894), dessen Sitten er scharf kritisierte, nicht den Rückhalt, den ihm Rastislaw geboten hatte, genoß aber das Vertrauen Papst Johanns VIII., der ihm gegen Swatopluk und dessen Günstling, den Bischof Wiching von Neitra, den Rücken stärkte und 880 das Verbot der slawischen Liturgie aufhob. Methodius reiste 882 nach Konstantinopel, wo er von Kaiser und Patriarch herzlich empfangen wurde. Am 6. April 884 ist er gestorben.

Der Tod des Slawenapostels löste eine Krise aus. Papst Stephan V. zitierte Gorazd, den Methodius zu seinem Nachfolger empfohlen hatte, nach Rom, verbot die slawische Liturgie und ernannte Wiching zum Administrator der Metropole. Der engere Kreis der Jünger Methodius' konnte sich nicht halten und wich 885 nach Bulgarien aus. Die Emigranten kehrten in Bulgarien zum griechischen Ritus (in slawischer Sprache) zurück und bildeten die glagolitische Schrift durch eine neue Angleichung an das griechische Alphabet zur kyrillischen Schrift um, die bis heute bei den orthodoxen Slawen in Gebrauch ist.

In Mähren überwarf sich Wiching unterdessen mit Swatopluk, der ihn 893 auswies. Die Reorganisation der Kirchenprovinz, zu der Papst Johann IX. (898—900) Legaten entsandte, scheiterte, da das Mährenreich 906 unter dem Ansturm der Ungarn zusammenbrach. Kirchliche Zentren erhielten sich in Böhmen, das 895 unter ostfränkische Hoheit zurückgekehrt war, anscheinend auch in Krakau und in Teilen Ungarns (Slowakei, Esztergom). Die Kroaten, deren Fürst Domagoj beim Tode Ludwigs II. die fränkische Hoheit abwarf, blieben der slawischen Liturgie römischer Prägung gleichfalls treu. Ihre Kirchen wurden bei der Erhebung des Fürsten Tomislaw zum König 925 der dalmatischen Provinz Spalato angeschlossen.

22. Kapitel

Der Niedergang von Papst- und Kaisertum (875—904)

LITERATUR: *C. G. Mor,* L'età feudale 887—1024 I: Storia politica d'Italia (Mailand 1952); *A. Lapôtre,* L'Europe et le St. Siège à l'époque carolingienne I (Paris 1895); *H. Steinacker,* Das Register Papst Johannes' VIII.: MIÖG 52 (1938) 171—194; *D. Pop,* La défense du pape Formose (Straßburg 1933); *G. Arnaldi,* Papa Formoso e gli imperatori della casa di Spoleto: Annali Fac. Lett. e Filos. Univ. Napoli 1 (1951) 85—104; *E. E. Stengel,* Die Entwicklung des Kaiserprivilegs für die römische Kirche: HZ 134 (1926) 216—241.

Der Tod Kaiser Ludwigs II. stellte die Zeitgenossen vor schwierige Rechtsfragen. Das erneuerte abendländische Kaisertum war bis 875 in der karolingischen Hauptlinie erblich gewesen, obgleich die päpstliche Krönung seit 850 konstitutiv geworden war. In diesem Punkte war die Ordinatio imperii von 817 in Geltung geblieben — auch in den innerfränkischen Wirren wurde das Anrecht Lothars und seiner Erben auf die Kaiserkrone nie diskutiert. Erst mit dem Erlöschen der lotharischen Linie stellte sich die Frage, wer über die Kaiserkrone zu bestimmen habe. Zugleich war die Nachfolge im italischen Regnum eröffnet. Die Oheime — Ludwig der Deutsche und Karl der Kahle — hatten 867 (oder 868) zu Metz die Eventualteilung des lotharischen Erbes und die gemeinsame Übernahme des Schutzes der römischen Kirche verabredet. Ludwig II. aber hatte 872 Ludwigs des Deutschen Sohn Karlmann von Bayern zum Nachfolger designiert, und Hadrian II. hatte das Kaisertum zur gleichen Zeit Karl dem Kahlen in Aussicht gestellt. Der Papst mochte sich dabei nicht nur auf das alte Recht des Populus Romanus und das päpstliche Krönungsrecht stützen, sondern auch auf die Bestimmung der Ordinatio imperii, daß bei söhnelosem Tod Lothars I. der Populus christianus den Nachfolger im Kaisertum aus den überlebenden Brüdern zu bestimmen habe.

Den Stuhl Petri hatte beim Tode des Kaisers Johann VIII. inne, der dritte und letzte unter den bedeutenden Päpsten des 9. Jh. Johann hatte als Archidiakon schon unter Nikolaus I. großen Einfluß ausgeübt. Er schuf vollendete Tatsachen, indem er noch im August 875 Klerus und Senat von Rom zusammenrief und durch sie Karl den Kahlen zum Kaiser proklamieren ließ. Dieser erschien am 29. September in Pavia, wo ihm ein Teil der italischen Großen huldigte, und begab sich nach Rom, wo Johann VIII. ihn Weihnachten 875 zum Kaiser krönte. Am 2. Januar 876 erhob der Papst den Erzbischof Ansegis von Sens zu seinem Vikar für Gallien und Germanien. Wie einst Lothar I. gedachte offenbar auch Karl der Kahle, auf dem Weg über die Kirche das Kaisertum zu neuer, gesamtfränkischer Geltung zu bringen. Dem Papst lag vor allem an einer größeren Autonomie im Kirchenstaat und an der Abwehr der Sarazenen. Karl der Kahle hob die Bestimmung auf, daß die Papstwahl in Gegenwart kaiserlicher Missi zu erfolgen habe, und übertrug Johann VIII. die Leitung der süditalischen Politik. Schon Ludwig II. hatte der römischen Kirche 7 spoletanische Städte sowie das byzantinische Gaeta übergeben und ihm die Restitution des unteritalisch-sizilischen Patrimoniums zugesagt. Karl der Kahle überließ dem Papst die Einkünfte der drei großen Klöster Farfa, Rieti und St. Andreas auf dem Soracte. Er unterstellte ihm die Dukate von Spoleto und Benevent und „schenkte" ihm die byzantinischen Dukate von Neapel und Kalabrien[1]. Im Februar 876 ließ er sich in Pavia von den italischen Großen huldigen, übertrug die Regierung Italiens seinem Schwager Boso und begab sich bald darauf zurück ins Westreich.

Es zeigte sich bald, daß der Papst die Lage in Süditalien trotz der Konzessionen Karls des Kahlen nicht meistern konnte. Johann VIII. tat daher alles, um eine wirksame kaiserliche Aktion gegen die Sarazenen zu ermöglichen. Eine gesamtfränkische Synode sollte in Ponthion zusammentreten und die Einigkeit im Imperium wiederherstellen. Aber von den Bischöfen Ludwigs des Deutschen erschien nur Willibert von Köln, und der Widerspruch Hinkmars von Reims blockierte selbst im Westreich den Vikariat des Erzbischofs von Sens. Karl der Kahle erreichte immerhin, daß die westfränkischen Großen ihn als Kaiser anerkannten, indem sie ihn zu ihrem kaiserlichen „Vogt" wählten.

Der Tod Ludwigs des Deutschen am 28. August 876 befreite den neuen

[1] Zu den Konzessionen Karls des Kahlen, die nur aus späteren Fassungen der Kaiserprivilegien zu rekonstruieren sind, vgl. *E. E. Stengel*, Die Entwicklung des Kaiserprivilegs. — Ebd. auch die Konzessionen Ludwigs II.

Kaiser von seinem gefährlichsten Widersacher. Die Söhne des Ostfrankenkönigs teilten das Reich des Vaters: der älteste — Karlmann — erhielt Bayern, der zweite — Ludwig (der Jüngere) — Franken und der jüngste — Karl — Schwaben. Da die drei Ostfrankenkönige untereinander keineswegs einig waren, hätte Karl der Kahle nunmehr die Möglichkeit gehabt, in Italien einzugreifen. Aber der Kaiser glaubte die Gelegenheit gekommen, die Reichseinheit wiederherzustellen, und marschierte im September 876 über Aachen und Köln gegen Ludwig den Jüngeren. Die hochgespannten Hoffnungen brachen bald zusammen: am 8. Oktober schlug der Neffe den Oheim bei Andernach. Das kaiserliche Prestige erlitt einen schweren Schlag. Aber politische Wirkungen ergaben sich aus der Niederlage nicht, da der Gegensatz unter den ostfränkischen Brüdern größer war als der Gegensatz von Oheim und Neffen.

Der zweite Romzug war unabweislich, da es in Italien brodelte. Johann VIII. verurteilte im April 876 in absentia die Häupter einer römischen Adelsopposition und den Kardinalbischof Formosus von Porto, der mit dieser Opposition in Verbindung stand. In Unteritalien wurden Neapel und Benevent, die sich der päpstlichen Führung nicht unterordnen wollten, insgeheim von den Spoletinern unterstützt. Der italische Statthalter Boso wurde von Karl dem Kahlen abberufen, nachdem er im Sommer 876 Irmgard, die einzige legitime Deszendentin der lotharischen Linie, im Einverständnis mit der Kaiserinwitwe Angilberga entführt hatte. Karlmann von Bayern war schon im September 875 in Italien eingefallen und bereitete einen neuen Feldzug vor. Johann VIII. hielt Anfang August 877 eine große Synode in Ravenna ab, auf der sich 150 Bischöfe hinter ihn und den Kaiser stellten. Karl der Kahle überschritt bald darauf die Alpen. Kaiser und Papst trafen sich in Vercelli und zogen Anfang September nach Pavia. Hier erreichte sie die Nachricht, daß Karlmann von Bayern mit einem großen Heer die Alpen überschritten habe. Da der Kaiser nur ein kleines Gefolge mitgeführt hatte und der angeforderte Zuzug der westfränkischen Großen ausblieb, sah er sich zum Rückzug ins Westreich gezwungen. Auf diesem Rückzug ist er am 6. Oktober 877 gestorben.

In dieser Situation mußte der Papst die Verbindung mit Karlmann aufnehmen, dem die italischen Großen schon in Pavia gehuldigt hatten. Der König von Bayern verschob jedoch selbst den Romzug auf das kommende Jahr. Er sollte die Ewige Stadt nie erblicken. Schwer erkrankt auf der Rückreise über die Alpen, blieb der älteste Sohn Ludwigs des Deutschen handlungsunfähig, bis ihn der Tod 880 von seinem Leiden erlöste. Johann VIII. verließ Rom Ende April 878 und begab sich zu Schiff nach Genua. Von dort lud er die Karolinger zu einer gesamtfränkischen Synode ein. Sein ursprünglicher Plan war wohl, Ludwig dem Stammler die Kaiserwürde anzutragen. Aber schon in der Provence, in die er sich von Genua aus begab, erfuhr er, daß es um die Gesundheit des Westfrankenkönigs schlecht bestellt war.

Schon damals scheint der Papst als Eventuallösung die Kandidatur Bosos ins Auge gefaßt zu haben, der durch seine Heirat mit der Kaisertochter Irmgard zum Repräsentanten der lotharischen Linie geworden war und in der Provence eine feste Machtstellung besaß. Johann hielt bis zum März 879 an Bosos Kandidatur fest. Erst Krankheit und Tod Ludwigs des Stammlers (10. April 879) gaben den Ereignissen eine andere Wendung. Boso ließ sich am 15. Oktober 879 von seinen Getreuen und dem Episkopat der Provinzen Vienne, Lyon, Besançon, Tarentaise, Aix und Arles nach den Regeln der Ordinatio von 817 zum König erheben. Die lotharische Linie trat damit wieder auf den Plan — aber nicht in Italien, sondern in Burgund.

Die Erbfolgefrage stürzte das Westreich in innere Wirren, da auch Ludwig der Jüngere von Ostfranken als Thronkandidat auftrat. Er gewann bei dieser Gelegenheit das westliche Lothringen, während Ludwig III. und Karlmann, die Söhne des Stammlers, sich schließlich in das verbliebene Erbe des Vaters teilten. West- und ostfränkische Karolinger fanden sich gegen Boso und Lothars II. Bastard Hugo zusammen, der seit 878 seinen Anspruch auf Lothringen geltend machte. Die gemeinsamen Aktionen gegen die beiden Prätendenten der lotharischen Linie bereiteten schließlich den Heimfall des Gesamtreiches an Ludwigs des Deutschen jüngsten Sohn Karl III. vor, der 882 seinen Bruder Ludwig den Jüngeren und 885 seine westfränkische Vettern beerbte. Nur Boso behauptete sein freilich stark zusammengeschmolzenes burgundisch-provenzalisches Teilreich.

Johann VIII. hat sich im April 879 der ostfränkischen Linie zugewandt und zuerst Fühlung mit Karl III. aufgenommen. Aber die Lage in der Francia gestattete zunächst keinem der Söhne Ludwigs des Deutschen eine Intervention in Italien. Erst im Herbst 879 erschien Karl III. in Pavia, im Januar 880 traf er den Papst in Ravenna. Der Zug brachte dem Schwabenherrscher nur die italische Königskrone ein. Erst auf seinem zweiten Italienzug (Dezember 880 — März 881) fand sich Zeit zur Kaiserkrönung in Rom (21. Februar 881). Wirksame Hilfe erhielt der Papst damals so wenig wie auf einer dritten Zusammenkunft in Ravenna im Februar 882. Die Sarazenen setzten sich gerade damals am Garigliano fest, von wo sie Rom terrorisierten. Wie tief die kaiserliche Autorität gesunken war, zeigt die grauenvolle Ermordung Johanns VIII. am 15. Dezember 882: Vorzeichen einer kommenden, dunklen Epoche der Papstgeschichte.

In kurzer Zeit folgten auf Johann VIII. Marinus (882—884), Hadrian III. (884—885) und Stephan V. (885—891). Marinus war der erste Papst, der vor der Besteigung des Stuhles Petri ein Bistum innehatte. Auch dieser Verstoß gegen die Canones war ein Indiz für die Erschütterung der alten Ordnungen. Der neue Papst begnadigte die Opposition von 876 und gab auch Formosus das Bistum Porto zurück. Er erreichte vom Kaiser 883 die Absetzung des Markgrafen Wido von Spoleto, die aber nur neue Wirren entfesselte. In der Zeit Hadrians III. schien sich die Lage des Reiches endlich zu bessern. Der Kaiser errang Erfolge gegen die Normannen und suchte die Lage zu nutzen, um die Nachfolge seines Bastards Bernhard durchzusetzen. Der Papst — welche Ironie der Geschichte — war bereit, ihm dabei zu helfen. Aber er starb auf der Reise ins Ostfrankenreich, und die Dinge wandten sich bald wieder zum Schlimmeren. Hadrians Nachfolger Stephan V. ist gegen den Willen des Kaisers erhoben worden. Als Karl III. 887 seine Hilfe zur Regelung der Nachfolge im Reich in Anspruch nahm — zum Erben war der noch unmündige Kaiserenkel Ludwig von Vienne ausersehen, ein Sohn Bosos —, hat er sich versagt und damit vielleicht die Auflösung des Reiches beschleunigt. Der Sturz Karls III. dürfte Stephan V. indifferent gelassen haben.

Abdankung und Tod Kaiser Karls III. bezeichneten eine Epoche in der Geschichte des Karolingerreiches. Regino von Prüm unterstrich diesen Einschnitt mit der Feststellung, daß nun zum erstenmal Nicht-Karolinger in den Teilreichen zu Königen erhoben wurden. Unter karolingischer Herrschaft blieben das Ostfrankenreich mit Lothringen und das niederburgundische Reich von Vienne, dessen unmündiger König Ludwig als Enkel Kaiser Ludwigs II. die lotharische Linie vertrat. Der neue Ostfrankenkönig Arnolf von Kärnten war ein Bastard Karlmanns von Bayern. Im Westreich setzte sich der Robertiner (Kapetinger) Odo, in Hochburgund (Provinz Besançon) der Welfe Rudolf durch. Italien war umstritten zwischen den Unruochingern von Friaul und den Widonen von Spoleto. Reich und Dynastie waren auseinandergetreten. Ein letztes, aber schwaches Band der Reichseinheit bildete die Oberhoheit des ostfränkischen Karolingers, die alle Teilherrscher außer den Spoletinern anerkannten. An das Kaisertum konnte Arnolf angesichts der Normannengefahr und der neu einsetzenden Kämpfe mit Mähren vorerst nicht denken. Papst Stephan V. bat ihn zwar 890 um Hilfe gegen mali christiani und imminentes pagani, mußte aber am 21. Februar 891 Wido von Spoleto zum Kaiser krönen.

Nachfolger Stephans auf dem Stuhle Petri wurde Formosus von Porto (891—896), obwohl auch seiner Erhebung die alte Bestimmung entgegenstand, daß kein Bischof von seinem Bistum auf ein anderes übergehen dürfe. Die Gegner warfen Formosus Ehrgeiz vor; in seiner persönlichen Lebensführung aber war der Papst ohne Makel, ein sittenstrenger, ja asketischer Mann. Das Kaisertum der Spoletiner mußte auch er hinnehmen; am 30. April 892 krönte er sogar Widos Sohn Lambert zum Mitkaiser. Abgefunden hat Formosus sich mit dieser Lösung nicht. Schon im Herbst 893 erging ein erstes Hilfegesuch an Arnolf. Der Italienzug Arnolfs scheiterte. Nach dem Tod Kaiser Widos (894) erging im September 895 ein neues päpstliches Hilfegesuch an den Ostfrankenkönig. Arnolf erschien im Dezember 895 in Pavia und zog von dort vor Rom. Die Ostfranken erstürmten die Civitas Leonina, die Kaiserinmutter Agiltrud räumte Rom, und Mitte Februar 896 empfing Arnolf aus der Hand des Papstes die Kaiserkrone. Der geplante Feldzug gegen Spoleto mußte indessen abgebrochen werden, da der neue Kaiser plötzlich von der Erbkrankheit der ostfränkischen Karolinger befallen wurde. Fluchtartig zog sich Arnolf im April nach Norden zurück. Noch bevor er die Alpen erreichte, ist Papst Formosus am 4. April 896 gestorben.

Der Tod ersparte Formosus schwere Prüfungen, nicht aber die Damnatio memoriae, die in grausiger Form vollzogen wurde. Man grub seine Leiche im Januar 897 aus und führte sie im Ornat vor eine Synode, wo ein Diakon stellvertretend das Schuldbekenntnis sprach. Die Synode erkannte auf Ungültigkeit der Erhebung und der Amtshandlungen des verstorbenen Papstes, die Leiche wurde schließlich in den Tiber geworfen und von einem Einsiedler geborgen, der sie neu bestattete. Der grausige Prozeß blieb nicht ungerächt. Noch im Jahre 897 erhoben sich die Formosus-Anhänger. Stephan VI. wurde abgesetzt und schließlich erdrosselt. Mit den beiden folgenden Päpsten hatten die Formosianer freilich wenig Glück: Romanus wie Theodor II. starben einer nach dem anderen hinweg. Dadurch ermutigt, ergriffen die Antiformosianer die Initiative und setzten im Frühjahr 898 die Wahl des Bischofs Sergius von Caere zum Papst durch. Daß Sergius durch diesen Bistumsübergang ein altes kirchliches Verbot verletzte, dürfte die Römer wenig beirrt haben; die drei binnen kurzer Zeit erfolgten Papsterhebungen auswärtiger Bischöfe hatten das früher geltende entgegenstehende Prinzip so gut wie ausgehöhlt. Nicht aus rechtlichen, sondern aus parteipolitischen Gründen vertrieben daher die Formosianer den gerade erwählten Sergius mit Waffengewalt und erhoben Papst Johann IX. (April 898 — Mai 900). Johanns erstes Bemühen ging dahin, im Verein mit Kaiser Lambert einigermaßen geordnete Verhältnisse zu schaffen. Eine römische, auch von oberitalischen Bischöfen besuchte Synode verdammte das Gericht über Formosus, verfluchte die Leichenschänder sowie die Anführer der Antiformosianer, insbesondere Sergius, und suchte die künftigen Papsterhebungen besser abzuschirmen, indem sie unter anderem verfügte, es solle, wie man es früher gehalten habe, wiederum ein kaiserlicher Missus der Papstweihe beiwohnen. Kaiser Lambert und Johann IX. hielten sodann in Ravenna eine weitere Synode ab, die die römischen Beschlüsse bestätigte und für Streitigkeiten unter Römern die Appellation an den Kaiser vorsah, hier also Lothars I. Constitutio Romana erneuerte.

Was immer man von der Zukunft erhoffte, wurde durch den plötzlichen Tod des jungen Kaisers hinfällig. Mit Lambert verlor die römische Kirche ihre letzte Stütze. Weder von Kaiser Arnolf, der am 8. Dezember 899 in Regensburg seinem unheilbaren Siechtum erlag, noch von seinem Nachfolger im Königtum, einem unmündigen Kind, war Hilfe zu erwarten. Johanns IX. Nachfolger, Benedikt IV. (900—903), krönte zwar 901 den jungen Ludwig von der Provence zum Kaiser, aber dieser unterlag im Kampf mit Berengar von Friaul; der Augen beraubt, kehrte er 905 in die Provence zurück. Schon vor diesem Zeitpunkt sind in Rom wichtige Entscheidungen gefallen. In der noch immer vorherrschenden Formosus-Partei kam es nach Benedikts IV. Ableben zur Spaltung. Nach etwa zwei Monaten stürzte der Priester Christophorus den rechtmäßig amtenden Papst Leo V. und nahm seine Stelle ein (September 903). Er sollte seines Erfolges nicht froh werden. Zu Beginn des Jahres 904 zog Sergius von Caere mit bewaffneter Mannschaft nach Rom und riß die Macht an sich. Sein Pontifikat machte Epoche, und zwar weniger durch die nunmehr endgültige Ausschaltung der Formosianer als wegen des Bundes, den Sergius mit einflußreichen Familien einging. Damit hob eine neue Periode römischer Geschichte an: die der Herrschaft des Adels über Stadt und Papsttum.

23. Kapitel

Reform, Theologie und Bildung unter den Enkeln und Urenkeln Karls d. Gr.

WEITERE QUELLEN: Übersichten bei *Wattenbach, Manitius* und besonders (für Rom und Italien) *Wattenbach-Levison* 4. Ferner für Notker Balbulus und den St. Galler Kreis (Iso, Marcellus, Ratpert, Tutilo, Hartmann, Waldo und Salomo): *W. v. den Steinen,* Notker der Dichter (Bern 1948) 519 ff.

Geschichtsschreibung (vgl. auch Dichtung): LP, allgemeine Chroniken, Annalen usw. vgl. Kap. 19 und Kap. 21. Ferner: MGSS rer. Lang. (Agnellus von Ravenna, Erchempert von Monte Cassino, Andreas von Bergamo, Gesta epp. Neapolitanorum); *G. Busson - A. Ledru,* Actus pontificum Cenomanis in urbe degentium (Le Mans 1901); *R. Charles - E. Froger,* Gesta domini Aldrici Cenom. urbis episcopi (Mamers 1889); *Flodoard,* Historia Remensis ecclesiae: MGSS XIII 405—599; Vita Anscari und Vita Rimberti, rec. *G. Waitz:* MGSS rer. Germ.; *Notker Balbulus,* Gesta Karoli Magni, rec. *Hans F. Haefele:* MGSS rer. Germ. NS 12; *Agius,* Vita Hathumodae: MGSS IV 165—189.

Dichtung: MG Poetae Latini II (Wandalbert von Prüm), III (Paschasius Radbertus, Gottschalk, Hinkmar, Johannes Scotus, Sedulius Scotus, Heiricus von Auxerre, Audradus, Milo von St-Amand, Agius von Corvey, Carmen de Ludovico II imperatore usw.), IV (Gottschalk, Hukbald von St-Amand, Salomo und Waldram, Johannes Diaconus, Eugenius Vulgarius, Poeta Saxo, Abbo de bello Parisiaco, Gesta Berengarii usw.), VI (Gottschalk, Waltharius); *G. M. Dreves - C. Blume - H. M. Bannister,* Analecta hymnica medii aevi 7—10 34 53 (dazu *W. v. d. Steinen,* Notker der Dichter 530); Notkers Sequenzen: *W. v. d. Steinen,* Notker der Dichter, Editionsband (Bern 1948).

Korrespondenzen: MGEp V—VIII (Amalar, Angelomus von Luxeuil, Lupus von Ferrières, Anastasius Bibliothecarius, Hinkmar von Reims; Kaiser Ludwig II., die Päpste Stephan V. und Formosus); vgl. auch Quellen Kap. 21. — Correspondance de Loup de Ferrières, éd. *L. Levillain:* Les Classiques de l'histoire de France 10 (1927), 16 (1935).

Einzelne Autoren bei Migne: Hraban, Amalar, Walafrid, Florus, Paschasius Radbertus, vgl. Kap. 16. Ferner: PL 75 (Johannes Diaconus), 103 (Sedulius Scotus), 115 (Angelomus von Luxeuil, Prudentius von Troyes), 116 (Amulo von Lyon), 116—118 (Haimo von Halberstadt), 121 (Ratram von Corbie, Aeneas von Paris), 122 (Johannes Scotus), 123—124 (Ado von Vienne und Usuard von St-Germain), 125—126 (Hinkmar von Reims), 127—129 (Anastasius Bibliothecarius), 129 (Auxilius und Eugenius Vulgarius), 131 (Remigius von Auxerre), 132 (Hucbald von St-Amand).

Sonderausgaben: *C. Lambot,* Œuvres théologiques et grammaticales de Godescalc d'Orbais (Löwen 1945); *W. Gundlach,* Zwei Schriften des Erzbischofs Hinkmar von Reims und De ecclesiis et capellis: ZKG 10 (1889) 258—310. — MGCap II (De ordine palatii) und MGSS rer. Mer. III (Vita Remigii); *Sedulius Scotus,* Liber de rectoribus christianis: *S. Hellmann,* Sedulius Scotus. Quellen und Untersuchungen zur lat. Philologie des Mittelalters I 1 (München 1906) 1—91; *E. Dümmler,* Auxilius und Vulgarius. Quellen und Forschungen zur Geschichte des Papsttums im Anfang des 10. Jh. (Leipzig 1866).

Rechtsquellen: Decretales Pseudo-Isidorianae et Capitula Angilramni, ed. *P. Hinschius* (Leipzig 1863; Neudruck Aalen 1963); *Benedictus Levita,* Capitularium Collectio: PL 97.

LITERATUR: Laienbildung: *E. Bondurand,* L'éducation carolingienne. Le Manuel de Dhuoda (Paris 1887); *J. Wollasch,* Eine adlige Familie des frühen Mittelalters. Ihr Selbstverständnis und ihre Wirklichkeit: AKG 39 (1957) 150—188; *P. Riché,* Recherches sur l'instruction des laïcs du 9e au 12e siècle: CCivMéd 5 (1962) 175—182; *ders.,* Les bibliothèques de trois aristocrates carolingiens: MA (1963) 87—104.

Persönlichkeiten: *E. v. Severus,* Lupus von Ferrières: Beiträge zur Gesch. des alten Mönchtums 21 (Münster 1940); *E. Pellegrin,* Les manuscrits de Loup de Ferrières: BÉCh 115 (1957) 5—31; *J. Wollasch,* Zu den persönlichen Notizen des Heiricus von St-Germain d'Auxerre: DA 15 (1959) 211—226; *B. de Gaiffier,* Le calendrier d'Héric d'Auxerre: AnBoll 77 (1959) 392—425; *M. Cappuyns,* Jean Scot Erigène (Löwen 1933); *H. Liebeschütz,* Texterklärung und Weltdeutung bei Johannes Eriugena: AKG 40 (1958) 66—96; *J. Huber,* Johannes Scotus Erigena. Beiträge zur Gesch. der Philosophie u. Theologie im Mittelalter (1960); *H. Peltier,* Pascase Radbert (Amiens 1938); *A. Ripberger,* Der Pseudo-Hieronymusbrief IX Cogitis me. Ein erster marianischer Traktat des Mittelalters von Paschasius Radbert: Spicilegium Friburgense 9 (1962); *K. Vielhaber,* Gottschalk der Sachse: Bonner hist. Forschungen 5 (Bonn 1956); *C. Lambot,* Lettre inédite de Godescalc d'Orbais: RBén 68 (1958) 41—51; *H. Schrörs,* Hinkmar von Reims (Freiburg 1884); *E. Perels,* Eine Denkschrift Hinkmars von Reims im Prozeß Rothads von Soissons: NA 44 (1922) 43—100; *G. Ehrenforth,* Hinkmar von Reims und Ludwig III. von Westfranken: ZKG 44 (1925) 65—98; *M. Andrieu,* Le sacre épiscopal d'après Hincmar de Reims: RHE 48 (1953) 22—73; *J. Devisse,* Hincmar et la Loi: Univ. de Dakar, Fac. des Lettres. Publications de la Section Histoire 5 (Dakar 1962); *A. Pothmann,* Altfrid. Ein Charakterbild seiner Persönlichkeit: Das erste Jahrtausend. Textband I (Düsseldorf 1964) 746—761; *Van der Essen,* Hucbald de St-Amand et sa place dans le mouvement hagiographique médiéval: RHEF 19 (1923) 522 ff; *H. Löwe,* Regino von Prüm u. das hist. Weltbild der Karolingerzeit: Rhein. Vjbl. 17 (1952) 151—179; *K. F. Werner,* Zur Arbeitsweise des Regino von Prüm: WaG 19 (1959) 96—116; *W. v. den Steinen,* Notker der Dichter, 2 Bde (Bern 1948); *H. F. Haefele,* Studien zu Notkers Gesta Karoli: DA 15 (1959) 358—392; *W. v. den Steinen,* Der Waltharius und sein Dichter: ZdAdL 84 (1952/53) 1—46; *K. Hauck,* Das Walthariusepos des Bruders Gerald von Eichstätt: GRM 35 (1954) 1—27; *D. Schaller,* Geraldus und St. Gallen: Mittellat. Jb. 2 (1965) 74—84.

Rom und Unteritalien: *G. Arnaldi,* Giovanni Immonide e la cultura di Giovanni VIII: BIStIAM 68 (1956) 33—89; *U. Westerbergh,* Beneventan Ninth Century Poetry: Acta univ. Stockholmiensis. Studia Latina Stockholmiensia 4 (Stockholm 1947); vgl. ferner *Löwe:* Wattenbach-Levison 4.

Theologie: *J. Geiselmann,* Die Eucharistielehre der Vorscholastik (Paderborn 1926); *ders.,* Studien zu den frühmittelalterlichen Abendmahlsschriften (Paderborn 1926); *C. Gliozzo,* La dottrina della conversione eucaristica in Pascasio Radberto e Ratramno: Ignatianum. Serie Teol. 1 (Palermo 1945); *J. Brinktrine,* Zur Lehre der mittelalterlichen Theologen über die Konsekrationsform der Eucharistie: ThGl 45 (1955) 188—206; *R. Schulte,* Die Messe als Opfer der Kirche. Die Lehre frühmittelalterlicher Autoren über das eucharistische Opfer: LQF 35 (1959); *E. Aegerter,* Gottschalk et le problème de la prédestination au 9e siècle: RHR 116 (1937) 187—223.

Kirchenrecht und Pseudo-Isidor: *F. Lot,* Textes manceaux et fausses décrétales: BÉCh 101 (1940) 5—48, 102 (1941) 5—34; *H. Fuhrmann*, Studien zur Geschichte der mittelalterlichen Patriarchate: ZSavRGkan 40 (1954) 1—84; *ders.*, Pseudo-Isidor und die Abbreviatio Ansegisi et Benedicti Levitae: ZKG 69 (1958) 309—311; *E. Seckel*, Die erste Zeile Pseudo-Isidors, die Hadrianarezension In nomine Domini ... u. die Geschichte der Invokationen in den Rechtsquellen (aus dem Nachlaß hrsg. von *H. Fuhrmann*): SAB, Kl. für Philosophie ... (1959) n. 4; *Schafer-Williams*, The Pseudo-Isidorian Problem to-day: Speculum 29 (1954) 702—707; Verwendung in Rom: *Löwe:* Wattenbach-Levison 4, 464 ff.

Zur Diözesanverfassung: *F. Gescher*, Der kölnische Dekanat und Archidiakonat in ihrer Entstehung und ersten Entwicklung: KRA 95 (1919); *E. Griffe*, Les origines de l'archiprêtre de district: RHEF (1927) 16—50; *F. Arnold*, Das Diözesanrecht nach den Schriften Hinkmars von Reims (Wien 1935); *A. Heintz*, Die Anfänge des Landdekanats im Rahmen der kirchlichen Verfassungsgeschichte des Erzbistums Trier (Trier 1951).

Die karolingische Renaissance ging nicht mit dem Einheitsreich zu Ende, sondern erreichte unter den Enkeln des großen Karl ihren dritten und letzten Höhepunkt. In Rom machten sich ihre Auswirkungen erst in dieser Phase deutlich bemerkbar. Im Frankenreich schritt die Dezentralisation, die unter Ludwig dem Frommen eingesetzt hatte, nach der Teilung von Verdun weiter fort. Statt des einzigen Kaiserhofs bestanden nun drei, später sogar fünf gleichberechtigte Höfe nebeneinander, die aber keineswegs die einzigen oder auch nur die hervorragendsten Bildungsstätten der Teilreiche waren. Nur der Hof Karls des Kahlen, an dem der große Ire Johannes Scotus (vor 845 bis nach 867) wirkte, polarisierte bis zu einem gewissen Grade das kulturelle Leben des westlichen Regnums.

Die Schlacht von Fontenoy hat ein Anhänger Lothars I. im Lied besungen. Die Geschichte des fränkischen Bruderkriegs schrieb Nithard, ein Vasall Karls des Kahlen, durch seine Mutter selbst ein Enkel des großen Karl. Für die Bildung der Laienaristokratie liegen noch andere Zeugnisse vor, z. B. das Manuale der Dhuoda, der Gattin Bernhards von Barcelona, für ihren Sohn Wilhelm und die Bibliothekskataloge des Markgrafen Eberhard von Friaul und des Grafen Eckehard von Mâcon. Aber Krieg und innere Wirren führten in den folgenden Jahrzehnten zu einer fortschreitenden Verwilderung in den Kreisen der Reichsaristokratie, Nithards Werk blieb ohne Nachfolge, die Ansätze einer Laienbildung verkümmerten.

Die Söhne Ludwigs des Frommen, die eine vorzügliche Erziehung genossen hatten, waren wie der Vater an theologischen Fragen interessiert. Kaiser Lothar, dem Walafrid 841 zwei Werke und Wandalbert von Prüm 848 sein Martyrolog widmete, bat Hraban und Angelomus von Luxeuil um Bibelkommentare. Der Praeceptor Germaniae hat einige seiner Werke auch Ludwig dem Deutschen dediziert, der ihn nach der Entfremdung im Bruderkrieg 847 zum Erzbischof von Mainz erhob. Der Ostfrankenkönig befragte Hinkmar von Reims über die Genesis und die Psalmen und beschaffte sich die Werke des Kirchenlehrers Ambrosius. Sedulius Scotus, der dem Aachener Hof nahestand, aber auch mit den anderen Karolingern Verbindung hielt, schrieb seinen Fürstenspiegel wohl für Lothar II. Den umfassendsten Gesichtskreis hatte Karl der Kahle, dem ein halbes Hundert zeitgenössischer Werke dediziert wurden. Der Westfrankenkönig hat maßgebliche theologische Gutachten selbst in Auftrag gegeben.

Das wichtigste Verbindungsglied zwischen dem Hof und den großen kirchlichen Bildungszentren war auch in dieser Zeit die königliche Kapelle. Die Kapellen von Aachen, Frankfurt, Regensburg und Compiègne wurden zu Stiftskirchen erhoben. Die Könige erfüllten damit einen alten Wunsch der kirchlichen Reformer. Die Kanoniker blieben Mitglieder des Hofklerus, hatten aber im Gegensatz zu den Kaplänen, die weiterhin zum Dienst in der unmittelbaren Umgebung des Königs verpflichtet waren, eine feste Residenz und ein kirchliches Statut. In Lothringen und der Provence bahnte sich zudem eine engere Verbindung zwischen der Kapelle und der angesehensten kirchlichen Metropole an. Im Ostreich zeichnete sich die gleiche Entwicklung in der Spätzeit Ludwigs des Deutschen ab. Auch mit der Übertragung der höchsten geistlichen Hofämter an die angesehensten Metropoliten ihrer Reiche scheinen die Könige dem Wunsch der Reformer nach Einordnung des Hofklerus in die bestehende kirchliche Ordnung entgegengekommen zu sein. Im Westreich wurden die Erzkapläne und Erzkanzler freilich nach wie vor mit Abteien (St-Denis, St-Germain-des-Prés und St-Martin in Tours) ausgestattet. In Italien läßt sich in dieser Zeit keine Zuordnung bestimmter Kirchen zu den Hofämtern erkennen.

Eine Anzahl großer Klöster war den Königshöfen als Ausstattungsgut der Königinnen, Prinzen und Prinzessinnen eng verbunden. Aus den Kapellen und den Königsklöstern gingen weiterhin Äbte und — besonders im Westreich — Bischöfe hervor. Aber neue Bildungsstätten sind durch unmittelbare Einwirkung des Hofklerus kaum noch entstanden. Deutlicher als in der voraufgehenden Periode trat der Episkopat als Träger der Bildung in Erscheinung. Die Bischöfe nahmen sich selbst der offiziösen Geschichtsschreibung an, die bisher Sache der Kapelle gewesen war.

An der Spätzeit der karolingischen Renaissance hatten die Länder des fränkischen Großreichs keinen gleichen Anteil, in einer Zeit wachsender äußerer Gefahren fielen manche ältere Zentren aus. Sachsen hatte sich der karolingischen Kultur noch nicht voll erschlossen. Die Provence lag peripher und hatte früh unter den Angriffen sarazenischer Piraten zu leiden. Aquitanien war durch innere Wirren zerrüttet, seine Küsten wurden von den Normannen heimgesucht. Nur die Bistümer Bourges und Poitiers standen in engerem Austausch mit der Francia. Aber selbst in der Francia traten die durch die Kämpfe mit den Normannen und Bretonen schwer geprüften Kirchenprovinzen von Tours und Rouen in den Hintergrund. Die Schwerpunkte des geistigen Lebens lagen im 3. Viertel des 9. Jh. in den Kirchenprovinzen Sens und Reims, Lyon und Vienne, Trier und Köln, Mainz und Salzburg. Neben den fränkischen Zentren trat in dieser Zeit Rom als geistiger Mittelpunkt neu hervor.

Die dritte Phase der karolingischen Renaissance erscheint gegenüber der Zeit Ludwigs des Frommen vielfältig und bunt. Die Artes sind nicht nur durch Schulgrammatiker, sondern auch durch Philologen und „Humanisten" von universalem Wissen vertreten, wie Lupus von Ferrières (Diözese Sens), Heiric von Auxerre und Johannes Scotus. An begabten Dichtern (Sedulius Scotus, Milo von St-Amand, Gottschalk, Wandalbert von Prüm) fehlte es nicht. Die meisten Autoren blieben nicht bei den Artes stehen, sondern versuchten sich auch in der Bibelexegese. Selbst Otfrids Gedicht vom Leben und Leiden Christi, das den viertaktigen Endreimvers der zeitgenössischen lateinischen Dichtung ins Althochdeutsche einführte, war ein gelehrtes, auf weiten Strecken exegetisches Werk. Geschichte und Hagiographie wurden gleichfalls gepflegt. Die neue Gattung der „historischen" Martyrologien nahm ihren Ausgang von Lyon und Vienne, wo Florus und Ado Bedas Martyrolog neu bearbeiteten. Auf ihnen fußte der Pariser Mönch Usuard von St-Germain-des-Prés, dessen Martyrolog 875 auf Wunsch Karls des Kahlen verfaßt wurde, bald weite Verbreitung fand und schließlich zur Grundlage des Martyrologium Romanum wurde.

Das Griechische beherrschten die beiden Iren Johannes und Sedulius Scotus an den Höfen des West- und Mittelreiches und der päpstliche Bibliothekar Anastasius. Johannes Scotus und Anastasius haben die Schriften des Pseudo-Dionysius ins Lateinische übersetzt, die für die künftige geistige Gestaltung des Abendlands von größter Bedeutung werden sollten und schon die philosophisch-theologischen Konzeptionen des Johannes Scotus inspirierten. Der Hoflehrer Karls des Kahlen hatte als origineller Denker in seiner Zeit nicht seinesgleichen. In seinem Hauptwerk De divisione naturae, das er 867 auf Bitten des Erzbischofs Wulfhard von Bourges verfaßte, stellte er die Schöpfung der Welt (natura creata non creans) durch Gott (natura creans non creata) über die Ideen (natura creans creata) und ihre Rückkehr zu Gott als dem Endziel (natura nec creans nec creata) durch die Mittlerschaft Christi dar. Die christliche Lehre von Schöpfung und Erlösung ist hier ohne Aufweichung des dogmatischen Gehalts neuplatonisch interpretiert. Gott bleibt für Johannes letztlich unzugänglich (negative Theologie), soweit er sich nicht selbst unmittelbar oder mittelbar über die Ideen und die Schöpfung offenbart. Der Mensch steigt zu ihm auf über die Sinne, die Vernunft und den Intellekt. Die sinnliche Erkenntnis ist erst durch den Sündenfall zur notwendigen Vorstufe der vernünftigen Erkenntnis geworden; sie ist aber zugleich Heilmittel der Sünde, insofern sie vom Sinnlich-Äußerlichen zum Geistigen führt. Die Ratio wird nicht losgelöst vom Glauben begriffen, sondern als eine von Gott geschenkte Kraft zur Erleuchtung des Glaubens. Sie leitet über zur intellektuellen Erkenntnis, nämlich zur Schau Gottes, die ihrerseits eine Theophanie voraussetzt. Die Rückkehr des Menschen zu Gott ist nur durch Christus, den selbstoffenbarten Gott, und seine Gnade möglich. Die Sünde wird neuplatonisch erklärt als Verharren in der gegebenen Form, ihre Strafe liegt in ihr selber. Der Tod erscheint als Fortschreiten zur höheren Form, als Rückkehr zu den Ideen, die nicht als Emanationen Gottes verstanden werden, sondern als Ausdruck des göttlichen Willens, und die im Logos Ewigkeit haben. Insofern die Ideen virtuell auch im Geist des Menschen bestehen, wird die ganze Schöpfung zugleich mit dem Menschen durch Christus erlöst.

Johannes Scotus war einer der bedeutendsten Repräsentanten karolingischer Geistigkeit im Westreich, aber er ist nicht ihr einziger Zeuge. Die karolingische Theologie erreichte gleichzeitig ihren Höhepunkt in der Diskussion über Eucharistie und Prädestination. In altchristlicher Zeit hatte man die Eucharistie als „Vergegenwärtigung (Anamnese) von Christi leibhafter Person und des an sie geknüpften Heils" aufgefaßt. Das große Mysterium blieb in der Schwebe. Man bezog die Gegenwart des Erlösers im Sakrament auf den Logos, auf den historischen Jesus und auf das Corpus Christi mysticum zugleich, wobei die verschiedenen theologischen Schulen verschiedene Akzente setzten. Der Anstoß zur eucharistischen Kontroverse des 9. Jh. dürfte von Amalar ausgegangen sein, der in seiner Meßerklärung von 821 auch die Fractio panis deutete und dabei die Teile der Hostie auf das triforme corpus des Herrn, nämlich auf den von Maria geborenen und in der Auferstehung verklärten Leib, auf die Ecclesia militans (Gemeinschaft der Lebenden) und triumphans (Gemeinschaft der Verstorbenen) bezog. Diese Konkretisierung des Mysteriums war von Florus bekämpft und auf der Synode von Quierzy 838 verurteilt worden. Aber noch vor Quierzy hatte Paschasius Radbertus von Corbie in den Jahren 831/833 die Schrift De corpore et sanguine Domini zur Erbauung seiner Mitbrüder von Corvey verfaßt, in der er die volle Identität der Eucharistie mit dem von Maria geborenen Leib Christi betonte und die Realität des Meßopfers als Wiederholung des Kreuzesopfers herausstellte. Die Schrift weckte das Interesse der Theologen erst, als Radbert von Corbie sie in überarbeiteter und erweiterter Form Karl dem Kahlen vorlegte. Der Abt von Corbie schloß an Ambrosius an; aber die karolingische Theologie stand im Zeichen Augustins, und Augustin hatte die Eucharistie zwar als „seinshaftes Abbild der Res ipsa" verstanden, doch zugleich ihre „Zeichenhaftigkeit als Sacramentum corporis in Abstand von der Res ipsa" betont. Der erste Widerspruch gegen Radbert kam nach 845 von Hrabanus Maurus, der die Kommunion als Vereinigung mit Christus zu einem Leib durch den Glauben definierte. Auch der sächsische Mönch Gottschalk, sonst ein Gegner Hrabans, nahm in einer um 850 verfaßten Schrift Stellung gegen den Abt von Corbie. Er verglich die Gegenwart Christi in Brot und Wein mit der hypostatischen Union der beiden Naturen des Gottessohnes, wie dies ein Jahrhundert vorher schon Johannes Damascenus getan hatte. Gottschalk sah in ihr also eine objektive Realität, jedoch nur in der Form einer der Eucharistie innewohnenden göttlichen Kraft. Die Deutung der Messe als einer realen Wiederholung des Kreuzesopfers lehnte er ab. Die

Grundansicht des Sachsen teilte sein Freund und Lehrer Ratram von Corbie, der — wie schon einige altchristliche Theologen — die Gegenwart Christi in der Eucharistie mit der Wirkkraft des Heiligen Geistes im Wasser der Taufe verglich.

Paschasius Radbertus verteidigte seine Lehre in seinem nach 853 wieder aufgenommenen Matthäuskommentar und in einem Schreiben an Fredegard von St-Riquier. Er unterstrich erneut seine Deutung des Meßopfers, verwahrte sich aber gegen Mißdeutungen, die einer allzu materiellen Auffassung des verklärten Herrenleibes entsprangen, und wies vor allem die ihm unterschobene These von einer Zerstückelung des Leibes Christi in der Kommunion zurück. Die Wandlung wollte er verstehen als eine jeweils wiederholte, geheimnisvolle Neuerschaffung von Leib und Blut des Herrn. Die Kontroverse fand damit ihr Ende und wurde unter veränderten Verhältnissen erst im 11. Jh. wiederaufgenommen.

Die Diskussion um die Eucharistie hatte sich in einem relativ kleinen Kreise abgespielt. Sehr viel stürmischer ging es zu im Streit um die Prädestinationslehre des Mönches Gottschalk, in dem auch der Episkopat Stellung nahm. Gottschalk war als Sohn des sächsischen Grafen Bern um 804 geboren und als Kind dem Kloster Fulda dargebracht worden. Zur Vollendung seiner Studien wurde er vor 824 in die Reichenau geschickt, aus der er um 827 in Begleitung seines Mitschülers Walafrid nach Fulda zurückkehrte. Hier lernte er auch Lupus von Ferrières kennen, der damals in der Bonifatiusabtei studierte. Bald darauf geriet der sächsische Mönch in Konflikt mit seinem Abt Hraban, da er seine Entlassung aus dem Kloster und die Rückgabe der von seinem Vater gestifteten Güter forderte. Erzbischof Otgar gestattete ihm auf einer Mainzer Synode im Juni 829 den Austritt unter Verzicht auf die dem Kloster dargebrachte Dos. Damit war keine der beiden Parteien zufrieden, und Hraban appellierte an den Kaiser. Der Entscheid Ludwigs des Frommen ist nicht überliefert, doch dürfte der Sachse von seinem Oblationsgelübde entbunden worden sein.

Gottschalk hat in der Folge Fulda verlassen, sich dann aber dem Mönchtum wieder zugewandt. Stationen seiner Wanderschaft dürften Corvey, Corbie, Hautvillers und Rebais gewesen sein. Der Sachse trat schließlich in das Kloster Orbais (Diözese Soissons) ein, wo er in den Jahren 835/840 die Priesterweihe empfing. Von einer Wallfahrt nach Rom zog er über Friaul, wo er eine Zeitlang am Hofe des Markgrafen Eberhard weilte, als Missionar zu den Kroaten und Bulgaren. 848 kehrte er in die Francia zurück.

Schon in Italien hatte Gottschalk als genialer, aber einseitiger Interpret Augustins seine Lehre von der doppelten Prädestination zur Seligkeit und zur Verdammung, von der Beschränkung der Erlösung auf die Auserwählten entwickelt, wie Briefe Hrabans aus den Jahren 840 und 845/846 zeigen. Nach seiner Rückkehr in die Francia wurde er noch im Oktober 848 vor eine Mainzer Synode zitiert, die unter dem Vorsitz Ludwigs des Deutschen tagte. Hier verteidigte er seine Lehre gegen den nunmehrigen Erzbischof Hraban, wurde aber als Häretiker und vagierender Mönch verurteilt, ausgepeitscht und nach Orbais zurückverwiesen. Hraban benachrichtigte den Metropoliten Hinkmar, der den Mönch im folgenden Jahre vor die von Karl dem Kahlen nach Quierzy berufene Synode zitierte. Gottschalk verweigerte auch hier den Widerruf, wurde erneut ausgepeitscht, zu ewigem Schweigen verurteilt und in das Reimser Kloster Hautvillers gebracht, da Hinkmar dem zuständigen Diözesanbischof Rothad von Soissons mißtraute.

Klosterhaft war nicht gleichbedeutend mit Kerker. Gottschalk lebte zwar im Arbeitshaus außerhalb der eigentlichen Mönchsgemeinschaft, scheint aber in Unterhalt und Kleidung wie seine Mitbrüder gehalten worden zu sein. Er schrieb weiter, und er fand Freunde, die seine Schriften verbreiteten. Hinkmar trat ihnen mit einem knapp gefaßten Traktat über die Prädestination entgegen — er brachte damit den Stein erst ins Rollen. Ratram von Corbie trat für seinen Schüler und Freund in die Schranken. Hinkmar wandte sich an fünf angesehene Theologen, darunter Amalar von Metz, Prudentius von Troyes und Lupus von Ferrières. Aber Prudentius und Lupus stellten sich, wenn auch im einzelnen nuancierend, auf die Seite Gottschalks, der seinerseits eine umfangreiche Denkschrift an die Teilnehmer der Synode von Quierzy sandte. Auch der Hof wurde aufmerksam. Karl der Kahle forderte Gutachten von Lupus und Ratram an. Beide antworteten 850 mit ausführlichen Abhandlungen: dem Liber de tribus quaestionibus und dem Traktat De praedestinatione. Hraban und Hinkmar hatten nur eine Vorherbestimmung zum Guten gelten lassen. Lupus hielt an der doppelten Prädestination fest, wenn er auch einen Unterschied zwischen der Praedestinatio ad gloriam und der Praedestinatio ad poenam machte und sich in der Frage der Beschränkung der Erlösung auf die Erwählten zurückhaltend äußerte. Ratram kennzeichnete die Vorherbestimmung zur Glorie als freien Akt der göttlichen Barmherzigkeit, die Praedestinatio ad poenam als Belassung in der Verworfenheit.

Hinkmar war theologisch isoliert, er suchte Hilfe bei Johannes Scotus. Die neuplatonische Philosophie versagte jedoch bei der Lösung des großen theologischen Mysteriums; der unzulängliche Versuch des Johannes rief die Metropoliten von Sens und Lyon auf den Plan. Wenilo von Sens beauftragte mit der Widerlegung des Iren seinen Suffragan Prudentius, der in einem neuen Traktat von 851/852 Stellung nahm. Im Namen der Kirche von Lyon, deren Erzbischof Amolo bisher eine vermittelnde Position eingenommen hatte, wandte sich Florus gegen den Hoflehrer Karls. Als Hinkmar darauf Amolo gegen Florus auszuspielen versuchte, ließ der neue Lyoner Erzbischof Remigius eine zweite Schrift redigieren, die sich hauptsächlich gegen den Reimser Konfrater richtete.

Gottschalk geriet in der Folge fast in Vergessenheit, der Streit rückte auf eine andere Ebene. Hauptgegenstand der Kontroverse wurden die 4 Capitula, die Hinkmar 853 in kleinem Kreis mit Hilfe Karls des Kahlen zu Quierzy sanktionieren ließ. Hier wurde die Praedestinatio ad poenam als Praescientia interpretiert, die Wiederherstellung des freien Willens in Harmonie mit der Tradition als Gnadengeschenk der Erlösung erklärt, der Heilswille Gottes und die Erlösung im Gegensatz zum herrschenden Augustinismus ausdrücklich auf die gesamte Menschheit bezogen. Gegen Hinkmars Capitula richtete sich die Kritik einer neuen Lyoner Streitschrift und die Synode von Valence des Jahres 855, deren Canones den in vielen Punkten gegensätzlichen Standpunkt des Episkopats von Lyon, Vienne und Arles fixierten. Der Episkopat der Provinz Sens legte den neuerwählten Bischof Aeneas von Paris 856 ausdrücklich auf die traditionelle augustinische Lehre fest. Auf dem Frankentag von Savonnières kam es 859 zu einem Zusammenstoß zwischen der Lyoner und der Reimser Partei. Die Frage mußte von der Tagesordnung abgesetzt werden. Hinkmar nahm in einem dritten und letzten Traktat Stellung, in den er auch die Lehren der griechischen Patres einbaute, die seiner Auffassung besser entsprachen als Augustin. Die Diskussion entspann sich 860 wiederum auf dem Frankentag von Tusey, dessen irenisches Kommuniqué manche Ansichten Hinkmars übernahm, aber den grundsätzlichen Zwiespalt nicht überbrückte. Der rhôneländische Episkopat brachte die Frage 859 vor den Papst. Nikolaus I. ließ Hinkmar und Gottschalk 863 vor die Synode von Metz laden, auf der aber keiner von beiden erschien. Die Initiative des Papstes, der allem Anschein nach der augustinischen Richtung nahestand, gab Gottschalks Freunden neue Hoffnung. 866 zog der Mönch Guntbert aus Hautvillers mit Gottschalks Schriften heimlich nach Rom. Aber im Westreich hatten sich die Fronten schon verwischt. Hinkmar betraute den Erzbischof Egilo von Sens mit der Vertretung seiner Sache. Nikolaus I., auf dem damals schwere Sorgen anderer Art lasteten, hat keine Entscheidung mehr gefällt — er starb im Herbst 867.

Der Mönch Gottschalk ist um die gleiche Zeit (zwischen 866 und 870) aus dem Leben geschieden. Er war eine faszinierende Persönlichkeit von großer Ausstrahlungskraft; kein Neuerer, aber ein im Innersten glühender Mensch, dem Kult und Lehre in so hohem Maße zu persönlichem Erleben wurden, daß ihm selbst tiefe Mysterien als evidente Wahrheiten erschienen. Die Schroffheit, die im Wesen von Menschen seiner Art zu liegen pflegt, steigerte sich im Verlauf seiner Klosterhaft bis zur Psychose. Aber das Erlebnis der göttlichen Gnade hat den unglücklichen Mönch auf der Höhe seines Leidens auch gestärkt, Gottschalk verlieh ihm Ausdruck im zeitlos gültigen Lied.

Eucharistie und Prädestination waren nicht die einzigen Probleme, die die Theologen der dritten karolingischen Generation beschäftigten. Die Trinitätslehre, die Fragen nach der Natur der Seele und der Schau Gottes sind gleichfalls erörtert und gerade auch von Gottschalk, Hinkmar und Ratram behandelt worden. Wichtiger erscheint die Bewegung, die die Konstantinopolitaner Synode vom Sommer 867 mit der Bannsentenz gegen Nikolaus I. im Okzident hervorrief. Der Papst mobilisierte gegen Byzanz auch den fränkischen Episkopat. Er wandte sich an Hinkmar von Reims, der Odo von Beauvais mit der Widerlegung der traditionellen griechischen Vorwürfe gegen die Lateiner beauftragte. Für die Provinz Sens schrieb Aeneas von Paris den Traktat Adversus Graecos. Der Osten nahm Stellung auf der Wormser Reichssynode von 868. Aber Ratram von Corbie stellte die Bischöfe in den Schatten mit seinem Werk Contra Graecorum opposita, mit dem er die Beschwerden des Ostens umfassend beantwortete. Ratram ging besonders auf die alte Streitfrage der Processio Spiritus Sancti ein und verteidigte den päpstlichen Primat gegenüber Byzanz. Die erneuerte griechisch-lateinische Kontroverse der Jahre 867/868 bildet den Schlußakt der großen theologischen Diskussionen, die nach dem Vertrag von Verdun eingesetzt hatten und von vornherein vorwiegend, seit dem Ausscheiden Hrabans ausschließlich vom Welt- und Ordensklerus der westlichen Francia (Provinzen Reims und Sens) und der lotharischen Rhôneländer (Lyon) geführt worden waren.

Im Episkopat des Westreichs wirkten auch die reichs- und kirchenpolitischen Impulse der Zeit Ludwigs des Frommen am stärksten nach. Der letzte große Repräsentant der karolingischen „Hochkirche" war Hinkmar von Reims, der treueste Helfer Karls des Kahlen und seiner Nachfolger, für den gleichwohl die Einheit des Reiches in der Form der Fraternitas weiterhin Geltung besaß. Die enge Zusammenarbeit des Erzbischofs mit dem Königtum setzte zu Beginn der fünfziger Jahre ein, als Karl sich von dem zunächst erdrückenden Einfluß seiner Laienaristokratie zu befreien suchte. Sie überstand die schwere Vertrauenskrise zwischen König und Erzbischof von 865 bis 867 und schließlich auch die Spannung, die Karls Italienpolitik ein Jahrzehnt später hervorrief. Der theokratische Staatsgedanke der Karolingerzeit hat durch Hinkmar seine letzte Ausprägung erfahren. Der Erzbischof ging von der gelasianischen Zwei-Gewalten-Lehre aus, die unter Ludwig dem Frommen ins Bewußtsein der Franken getreten war. Er grenzte den staatlichen Sektor — die Res publica — klar gegen den kirchlichen ab. Die Königsgewalt, die bei ihm an zentraler Stelle stand, definierte er als ein von Gott eingesetztes Amt (ministerium). Aber eine unbedingte Treupflicht lehnte er ab, besonders für die Bischöfe, die er von der Verstrickung in lehnrechtlichen Bindungen freihalten wollte (Th. Mayer). Sie schuldeten dem König Treue nicht in omnibus, sondern iuxta ministerium, auf der Grundlage ihres Amtes. Daß es Hinkmar nicht darum ging, die „staatlichen" Verpflichtungen des Episkopats zu bestreiten, zeigt sein Verhalten im Konflikt des Königs mit seinem Suffragan von Laon, in dem der Erzbischof die Kompetenz des Herrschers in kirchlichen Lehenssachen anerkannte.

Gelasius hatte in seiner Zwei-Gewalten-Lehre der auctoritas sacrata pontificum im Hinblick auf die höhere Verantwortung vor Gott ein größeres Gewicht zugesprochen als der regalis potestas. Hinkmar gründete die höhere

Autorität der Bischöfe auch auf die Königsweihe, deren Ritual er selbst ausgeformt hat. Gewiß war die Salbung nicht nur äußeres Zeichen für die göttliche Einsetzung des Königsamtes, sondern auch eine Erhöhung des Königs über die Laien. Gesalbte des Herrn anzutasten galt als ein besonders schweres Verbrechen. Aber der König wurde durch die Salbung ebensowenig unabsetzbar wie der Bischof, der gleich ihm ein Christus Domini war. Die Frage, ob die Bischöfe im Fall von Tyrannis, bei schweren Verfehlungen des Herrschers gegen Gottes Gesetz, als Richter zuständig seien, hatte sich schon 833 gestellt. Hinkmar hat sie grundsätzlich bejaht. Wie sein Verhalten gegenüber Ludwig dem Deutschen und Lothar II. in den Jahren 858/860 und 860/863 zeigt, sah er in der Reichssynode, das heißt im gesamtfränkischen Konzil, die Instanz, vor der sich die Könige zu verantworten hatten, die notfalls einen König auch absetzen konnte. Ob Hinkmar ein Absetzungsverfahren jemals konkret in Betracht zog, bleibt sehr fraglich.

Könige und Bischöfe blieben in allen Teilreichen aufeinander angewiesen. Nach der Beendigung des Bruderkrieges erhoffte der Episkopat eine Wiederaufnahme der Reformbestrebungen aus der Zeit Ludwigs des Frommen. Der hohe Klerus trat auf den Frankentagen, auf den Versammlungen der Teilreiche und Reichssynoden wieder regelmäßig zusammen. Die kirchliche Gesetzgebung nahm im Westen einen erheblichen Umfang an, während im Osten der Tod Hrabans einen Einschnitt markierte. Aber große Reformtage von programmatischer Bedeutung fanden auch im Westen nicht mehr statt. Zu den regelmäßig wiederkehrenden Themen gehörten die Fragen des Kirchenguts, des Eigenkirchenwesens, der Bußdisziplin und des kirchlichen Eherechts. In ihrer Gesamtheit betrafen sie den inneren Ausbau der Diözesen und die Autorität des Episkopats gegenüber den Klerikern, den Mönchen und Laien.

Neben den Reichsversammlungen und -konzilien fanden auch Provinzial- und Diözesansynoden statt, die einen im ganzen ähnlichen Themenkreis behandelten. Es scheint, daß die starke Inanspruchnahme des Episkopats durch den Reichsdienst die Provinzialsynoden weitgehend blockierte. Synoden großer Kirchenprovinzen, an deren Berufung oder Beschlußfassung der König direkten Anteil hatte, unterschieden sich jedoch wenig von Reichskonzilien. Die Kleinarbeit, die in den Diözesen geschah, war wohl beachtlicher, als die spärlichen Quellen erkennen lassen. Diözesanstatuten wurden in den Bistümern Reims, Bourges, Tours, Toul, Le Mans, Orléans, Châlons und Soissons erlassen. Das Pfarrnetz ist in der zweiten Hälfte des 9. Jh. weiter ausgebaut worden, der Kampf gegen die Chorbischöfe wurde mit Erfolg geführt. An die Stelle der älteren Großpfarreien, die einem Archipresbyter unterstanden, traten im Westen hie und da schon Dekanatsbezirke. Die Dekane beaufsichtigten Leben und Amtsführung der Kleriker ihres Distrikts und verstärkten damit die Autorität des Bischofs über die ländlichen Eigenkirchen. Der Name ist zuerst um 840 in der Diözese Le Mans bezeugt, aber die Institution fand auch in der Champagne bald Eingang. Hinkmar von Reims ließ 852 Instruktionen für die Dekane seines Sprengels redigieren. Um die gleiche Zeit ging man zur Einrichtung regionaler Archidiakonate über, die vielfach wohl an ältere chorbischöfliche Sprengel anschlossen. Die Archidiakone überwachten die Abgrenzung und Vermögensverwaltung der Pfarreien, kontrollierten aber auch die Erzpriester und die Diakone. Die ersten Zeugnisse stammen aus den Bistümern Langres (870), Orléans (871) und Reims (874). Mit Dekanat und Archidiakonat gewann die mittelalterliche Diözese Gestalt. Es dauerte aber noch geraume Zeit, bis diese Einrichtungen sich allgemein durchsetzten.

Blickt man von der Pfarr- und Bistumsorganisation auf die Klöster und Stifte, so ist die Bilanz weit negativer. Das Unwesen des Laienabbatiats nahm unter Karl dem Kahlen zuerst im Westen, dann aber auch in den Teilreichen der Mitte überhand, und manche alte Abbatia ging darüber zeitweise oder gar dauernd zugrunde. Aber man darf nicht übersehen, daß viele dieser Kirchen — wenn auch nicht gerade die reichsten und berühmtesten — in der Hand des Episkopats verblieben. Die unter Ludwig dem Frommen eingeleitete Reform kam nicht ganz zum Erliegen. Auch die späteren Karolinger bestätigten noch die freie Abtswahl und Mensenteilung. Karl der Kahle ordnete 853, Kaiser Ludwig II. 865 eine Klostervisitation durch die Missi an.

Obwohl die Provinzialsynoden weitgehend durch die Teilreichssynoden resorbiert wurden, spielten die Metropoliten im 9. Jh. eine bedeutende Rolle. Seit Karl d. Gr. führten sie den Titel von Erzbischöfen und das Pallium als Abzeichen ihrer Würde. Auf den Teilreichsversammlungen und -synoden dominierten die Erzbischöfe von Sens und Reims (Westen), Köln und Trier (Lothringen), Lyon (Provence), Mainz (Osten), Mailand und Aquileja (Italien). Der repräsentative Erzbischof der Zeit, der die Metropolitanrechte sowohl gegen rebellische Suffragane wie gegen Rom energisch verteidigte, war Hinkmar von Reims.

Nach altkirchlichem Recht war der Metropolit nicht Vorgesetzter der Bischöfe seiner Kirchenprovinz; er übte über sie nur ein Aufsichtsrecht aus. Er berief die Provinzialsynoden und leitete sie. Er bestätigte die Bischofswahlen (Vetorecht) und hatte ein Konsensrecht bei wichtigen Entscheidungen seiner Suffragane. Seitdem die Metropoliten als Erzbischöfe das Pallium trugen, das ursprünglich nur dem Metropoliten von Arles als Vikar des Papstes zustand, galten sie auch als Vertreter des Papstes: berufen in partem sollicitudinis in einem rechtlich freilich nicht näher definierten Sinn. Anderseits waren sie auch Mittler zwischen dem Episkopat und dem Kaiser und wurden häufig zu Missi in ihrer Provinz bestimmt. Als solche hatten sie den Auftrag, die Kapitularien bekanntzugeben und ihre Durchführung in ihrer Provinz zu überwachen. Beeinträchtigt waren ihre Befugnisse jedoch bei der Erhebung der Bischöfe, in die sie sich seit dem 6. Jh. eingeschaltet hatten.

Gestärkt durch die Reichs- und Kirchenreform, waren die Erzbischöfe des 9. Jh. vielfach bestrebt, das alte Aufsichtsrecht zu einer Leitungsgewalt umzugestalten. Hinkmar unterschied Metropoliten mit und ohne Pallium. Metropoliten ohne Pallium seien jeweils einem Patriarchen oder Primas unterstellt, Palliumsträger dagegen Rom unmittelbar. Die Erzbischöfe des Frankenreiches hätten mit dem Pallium auch die Rechte des Vikars von Arles erhalten: sie seien selbständig in der Ordination ihrer Suffragane wie in der Berufung der Provinzialsynoden. So wurden die alten Metropolitanrechte im Frankenreich präzisiert und erweitert. Ein Erzbischof hatte nach Hinkmar das Recht, die Provinzialsynoden, die er leitete, an einen Ort seiner Wahl einzuberufen und fehlende Bischöfe zu bestrafen, bei Bistumsvakanzen Visitatoren zu bestellen, Neuwahl und Weihe zu ordnen, den Gewählten zu prüfen und zu bestätigen, bei zwiespältiger Wahl zu entscheiden. Der Suffragan sollte an seine Genehmigung nicht nur bei Veräußerung von Kirchengut, sondern auch bei der Annahme von Ämtern und bei Reisen außerhalb der Provinz gebunden sein. Von Entscheidungen des Bischofs oder der Diözesansynode konnte man an den Erzbischof appellieren. Dieser durfte nach Hinkmar aber auch Prozesse an sich ziehen und in die Regierung seiner Suffragane nach freiem Entschluß eingreifen. Die Appellation an Rom war jedoch nur nach ergangenem Urteil einer Provinzialsynode möglich. Der Papst hatte sie zu prüfen, mußte die Streitsache aber nach altkirchlichem Recht (Sardica) der Synode einer Nachbarprovinz überweisen. Die kirchliche Gesetzgebung war nach seiner Ansicht Sache der allgemeinen Konzilien, den Dekretalen billigte er nur eine erklärende und vollziehende Funktion zu.

Die hohe Auffassung, die Hinkmar von seinem Amt hatte, führte zu Konflikten mit seinen Suffraganen Rothad von Soissons und Hinkmar von Laon in den Jahren 856/864 und 869/872. Die Spannungen in der Reimser Kirchenprovinz verschärften sich durch die Opposition der von Ebo während seiner vorübergehenden Restitution 841 geweihten Kleriker und Mönche, die Hinkmar suspendiert hatte. Allem Anschein nach stand die Reimser Opposition in enger Verbindung mit der großen Fälscherwerkstatt, aus der die Kapitularien des Benedictus Levita und die Dekretalen Pseudo-Isidors hervorgingen. Freilich deckten sich die Tendenzen der Fälscher nicht einfach mit den Zielen der Gegner Hinkmars; sie waren weit umfassender und bezweckten die Sicherung des durch die politische Entwicklung bedrohten karolingischen Reformwerks.

Die karolingische Reform hatte eine einheitliche Ordnung in den Diözesen und Kirchenprovinzen hergestellt, die geistige und religiöse Bildung und das sittliche Bewußtsein gehoben, aber die Verstrickung von Kirche und Welt nicht völlig entwirren können. Die Rückgabe des säkularisierten Kirchenguts stockte. Das Eigenkirchenwesen war rechtlich geregelt, aber durch diese Regelung auch legalisiert worden. Der Laienabbatiat war nur eingedämmt, aber nicht abgeschafft. Die Wahlen zu den hohen kirchlichen Ämtern waren trotz den Privilegien Ludwigs des Frommen nicht wirklich frei. Seit den Wirren der dreißiger Jahre machte sich auf all diesen Gebieten wieder eine rückläufige Entwicklung bemerkbar. Die sittliche Verwilderung der Laienaristokratie bedrohte das kirchliche Eherecht, die bischöfliche Autorität über den Eigenklerus blieb problematisch. Neue Säkularisationen erschütterten die materiellen Grundlagen der Kirche, und der Laienabbatiat nahm in weiten Teilen des Reiches wieder überhand. Der hohe Klerus war tief verstrickt in die Parteiungen der Karolinger, politische Leidenschaften und Verdächtigungen gefährdeten die Rechtssicherheit. Die Hauptpunkte des Reformprogramms der Fälscher entsprachen den immer wiederkehrenden Themen auf den Reichsversammlungen: Sicherung des Kirchenguts gegen Usurpation und Säkularisation, Freiheit des Klerus für seine religiös-kirchlichen Aufgaben, Rechtssicherheit für den Episkopat und den niederen Klerus durch die Achtung des kanonischen Prozesses und die Ausdehnung des Privilegium fori auf alle Kleriker. Als Garanten der Reform aber stellten die Fälscher nach dem Vertrag von Verdun nicht mehr den Kaiser, sondern den Papst heraus. Er galt ihnen als oberster Richter in allen Causae maiores, das heißt vor allem in Sachen des Episkopats; von Rom empfingen nach ihrer Auffassung auch alle Synoden ihre Autorität, so daß für sie kein Konzilsbeschluß Gültigkeit besaß ohne die ausdrückliche oder stillschweigende Zustimmung des Papstes.

Man kann die Fälschungen nur verstehen, wenn man sie in den historischen Zusammenhang einordnet. Rom galt im 9. Jh. bereits als Mutter vieler gallischer Kirchen. Von Arles aus hatten sich apostolische Gründungslegenden schon im 5. und 6. Jh. im gallischen Süden verbreitet, im frühen 8. und frühen 9. Jh. werden sie auch im gallofränkischen Norden, in Paris, Châlons, Trier und Köln greifbar. Die römische Kirche hatte in Lehre, Kult und Recht die Norm für die Reformen Pippins und Karls des Großen geliefert. Man ließ sich von ihr Rechte bestätigen und Exemptionen erteilen. „Die Fälscher erfanden nicht die Ideologie, sondern die Dekrete, die der Ideologie als historische Grundlage dienen sollten“ (Ullmann). Reform ist im Mittelalter stets als Rückkehr zum alten Recht verstanden worden. Auch unsere Fälscher empfanden sich nicht als Neuerer, sondern als Erneuerer. Und so kleideten sie ihre Gedanken in Kapitularien der großen Karolinger und Dekretalen der alten Päpste ein. Die Hand der Fälscher ist zuerst zu erkennen in der interpolierten Hispana von Autun. Aus der gleichen Werkstatt gingen dann in rascher Folge hervor: die angeblich von Hadrian I. an Angilram von Metz übergebenen Capitula Angilramni, die angeblich durch Benedictus Levita mit Rat des Erzbischofs Otgar von Mainz zusammengestellten Kapitularien und die Dekretalen des sogenannten Isidorus Mercator.

Die Fälschungen entstanden in den Jahren 847—852; denn 847 starb der in den Kapitularien bereits als verstorben bezeichnete Erzbischof Otgar von Mainz, und vom 1. November 852 datieren die Diözesanstatuten Hinkmars von Reims, in denen einige der falschen Dekretalen erstmals zitiert sind. Etwa gleichzeitig, in den Jahren 851/853, meldete Erzbischof Theutgaud von Trier seinen Anspruch auf den Primat in der Gallia Belgica (Kirchenprovinzen Trier und Reims) an, den er nur auf Grund der Fälschungen erheben konnte. Pseudo-isidorische Gedankengänge finden sich in einigen Dokumenten aus Le Mans, nämlich in einer auf den Namen Gregors IV. gefälschten Papstbulle, in den Gesta Aldrici und den Actus pontificum, die aber schon 841 bzw. 836/838 abgeschlossen wurden. In den westfränkischen Kapitularien wird Benedictus Levita zuerst 857 zitiert, und von dieser Zeit an werden die Belege häufiger. Eine große Rolle spielte Pseudo-Isidor in den Prozessen Rothads von Soissons (861/864) und besonders Hinkmars von Laon (869/872). Den unmittelbaren Anlaß für die Fälschungsaktion bot wohl die Reichsversammlung von Epernay (846), auf der der westfränkische Episkopat mit seinem Reformprogramm eine schwere Niederlage gegenüber der Reichsaristokratie erlitt. Die Werkstatt der Fälscher ist nach den ältesten Zeugnissen in der Kirchenprovinz Reims zu suchen. Der Rückschlag von Epernay traf in erster Linie Hinkmar von Reims, und er mag wohl den Anhängern Ebos einen zeitweiligen Auftrieb gegeben haben. Das seltsame Amt des Primas, das die Fälscher als „passive Appellationsinstanz" (Fuhrmann) zwischen Rom und den Metropoliten einschalteten, scheint eigens im Interesse der Ebopartei erfunden worden zu sein, die am Erzbischof von Trier einen Rückhalt gegen ihren eigenen Metropoliten suchte. Es kommt hinzu, daß Theutgaud von Trier zuerst und auf lange Zeit als einziger Erzbischof einen Primatsanspruch im Sinne Pseudo-Isidors anmeldete.

Die Auswirkungen der falschen Kapitularien und Dekretalen blieben im 9. Jh. begrenzt. Die Fälschungen boten Nikolaus I. zwar wichtige Handhabungen, gaben aber seinem Pontifikat nicht das Gepräge. Man hat mit Recht betont, daß die Fälschungen die Macht des Papsttums nicht begründeten, sondern voraussetzten. Sie haben aber der Autorität Roms eine juristische Form gegeben und sind im 11. Jh. zu einem wesentlichen Instrument der päpstlichen Kirchenregierung, zu einem Fundament des römischen Jurisdiktionsprimats geworden.

Die großen Kontroversen der Karolingerzeit klangen in den sechziger Jahren ab, die Entwicklung des Kirchenrechts geriet in den achtziger und neunziger Jahren ins Stocken. Pseudo-Isidor fand Eingang in die Collectio Anselmo dedicata, eine italische Canonessammlung von 882/896, und in die Akten der ostfränkischen Reichssynode von Tribur (895). Die Fälschungen spielten noch eine Rolle in den formosianischen Wirren; dann aber traten sie ganz in den Hintergrund. Die Synodalgesetzgebung lief im Westreich 881/884 (Fîmes und Ver), in Italien 891 (Pavia), in Burgund 892 (Vienne), im Ostreich 895 (Tribur) aus.

In Rom erreichte das geistige Leben im 9. Jh. seinen Höhepunkt unter Nikolaus I. (858—867), Hadrian II. (867—872) und Johann VIII. (872 bis 882). Die bedeutendste gelehrte Persönlichkeit war Anastasius Bibliothecarius, der Kaiser Ludwig II. nahestand[1], 855 sogar als kaiserlicher Gegenpapst auftrat, dann aber doch wieder den Anschluß an den Lateran fand. Anastasius schrieb die Vita Nikolaus' I. im Liber pontificalis und gewann „als eine Art Geheimsekretär seit 861/862" großen Einfluß auf die päpstliche Kirchenpolitik. Hadrian II. vertraute ihm die Leitung der Kanzlei an, indem er ihn zum Bibliothekar erhob. Berühmt wurde Anastasius nicht zuletzt durch seine Übersetzungen aus dem Griechischen (Heiligenviten, Akten der Universalkonzilien von 787 und 869/70, kirchenhistorische Dokumente des 7. Jh., Dionysius Areopagita und Theophanes). Das kirchengeschichtliche Interesse des Anastasius teilte der Diakon Johannes, der zwar eine in Zusammenarbeit mit Anastasius geplante Kirchengeschichte liegenließ, aber eine Vita Gregors d. Gr. verfaßte und eine für die Geschichte des Slawenapostels Kyrill-Konstantin wichtige Vita Clementis begann, die der Auftraggeber, Bischof Gauderich von Velletri, vor 882 zu Ende führte. Das Vierteljahrhundert römischer Kulturblüte ist auch für die Entwicklung des mittelalterlichen Romgedankens bedeutsam geworden. Es wurde beendet durch den Zusammenbruch des karolingischen Papsttums, der auch im Abbruch der traditionellen Papstviten im Liber Pontificalis sichtbar wird. Im Papstbuch fehlen schon die Viten des ermordeten Johannes VIII. und seiner kurzlebigen Nachfolger Marinus und Hadrian III. Der letzte römische Bischof, der eine Biographie alter Art erhielt, war Stephan V. (885—891), der Vorgänger des Formosus.

Ravenna, das formell zum Kirchenstaat gehörte, faktisch aber den Karolingern näherstand, hat in Agnellus († nach 846), dem Verfasser des Liber Pontificalis der Ravennater Kirche, einen Historiker von Rang hervorgebracht. In Süditalien war der Hof von Benevent unter Arichis in hochkarolingischer Zeit zu einem Bildungszentrum geworden, das nach der Jahrhundertmitte mit dem Zerfall des Prinzipats an Bedeutung einbüßte. Die Erzabtei Monte Cassino stand sowohl mit den Langobardenfürsten von Benevent wie mit den Karolingern und den Ostkaisern in Verbindung. Die Geschichtsschreibung des Klosters, die 867 mit einer Klosterchronik einsetzte, wurde nach der Zerstörung der Abtei durch die Araber (885) in Capua weiter gepflegt, wo der Mönch Erchempert († nach 904) seine von antifränkischen Ressentiments getragene, bis 889 geführte Fortsetzung der Langobardengeschichte des Paulus Diaconus schrieb. Überstrahlt wurden Bene-

[1] Anastasius verfaßte den berühmten Brief Ludwigs II. an Basileios I. von 871, der das „echte" Kaisertum auf Rom und die päpstliche Krönung gründete und damit eine Epoche in der Entwicklung des karolingischen Kaisergedankens markiert. Anastasius war vielleicht auch der Erzieher der Kaisertochter Irmgard (vgl. — auch für die folgenden Ausführungen — *H. Loewe:* Wattenbach-Levison 4, 394 ff 460 ff 465 ff 472).

vent und Capua im späteren 9. Jh. von Neapel, das wie Venedig politisch zum Ostreich gehörte, aber faktisch selbständig war und engere Beziehungen zu Rom unterhielt. Die Bistumshistoriographie setzte in Neapel um die Mitte des 9. Jh. ein und entfaltete sich in der Folgezeit. In den letzten Jahrzehnten des 9. Jh. entstand hier auch eine Übersetzungsliteratur aus dem Griechischen, die die Stadt als einen Brennpunkt griechisch-lateinischer Kultur ausweist. Die in Neapel wirkenden Schriftsteller Eugenius Vulgarius und Auxilius waren um die Jahrhundertwende die Wortführer der Formosianer und zeugen als solche für die Verbindung mit Rom.

Die karolingischen Höfe verloren nach dem Tod Kaiser Ludwigs II. († 875), Ludwigs des Deutschen († 876) und Karls des Kahlen († 877) allmählich ihre kulturelle Bedeutung. Allerdings pflegte man in Pavia, das eine große Tradition als „Hauptstadt" des langobardisch-fränkischen Italien hatte und eines der von Lothar I. eingerichteten großen Schulzentren war, auch weiterhin die Artes und das Recht. In Mailand, das in karolingischer Zeit gegen Pavia stärker aufkam, betrieb eine Gruppe irischer Mönche, aus deren Kreis ein Enkomium Lothars I. stammt, auch griechische Studien. Andreas von Bergamo schrieb 877 im Anschluß an Paulus Diaconus eine Geschichte des karolingischen Italien, die von Reserven gegen die Franken noch nicht ganz frei war. Aus Verona, dem neben Pavia bedeutendsten Schulzentrum Norditaliens, wo auch die Rechte gelehrt wurden, stammt das Carmen de Adelardo episcopo (um 900), das eine Totenklage auf Ludwig II., Karl den Kahlen und Johann VIII. enthält. Im Kreis der Widonenkaiser wurde der Libellus de imperatoria potestate in urbe Roma verfaßt, ein scharfer Protest gegen die Veräußerung von Kaiserrechten durch die letzten Karolinger. Die Taten des Friauler Gegenkaisers verherrlichten die Gesta Berengarii. Die letzten Fürstenspiegel gehören dem Westreich an: Hinkmar schrieb sie für Ludwig den Stammler (877—879) und seine Söhne Ludwig und Karlmann. Als Laudator temporis acti verfaßte der große Reimser Erzbischof in der Nachfolge Adalhards von Corbie noch kurz vor seinem Tod († 882) für den jungen König Karlmann und seine Großen die Abhandlung De ordine palatii — Über die Ordnung des karolingischen Kaiserhofs. Notker von St. Gallen hielt 884 mit seiner Vita Karoli in anderer Weise Karl III. den Spiegel des großen Ahnherrn vor. Den Widerstand von Paris gegen die Normannen feierte Abbo von St-Germain-des-Prés in seinem Epos De bello Parisiaco. Die Reichshistoriographie brach im Westen 882, im Osten 891 ab.

Die normannische Invasion von 879—891 hatte auch die Kernlandschaften der karolingischen Francia schwer getroffen. In der Champagne blieb jedoch die Kontinuität der Schulen von Laon ungestört. Aus Laon stammte Manno, der letzte Hoflehrer Karls des Kahlen (864—893), der seinen Herrn überlebte. Gegen Ende des Jahrhunderts wirkte eine Gruppe irischer Grammatiker in der festen Stadt, deren Mauern jedem Angriff trotzten. Mit der Wiederherstellung des geistigen Lebens im benachbarten Reims beauftragte Erzbischof Fulko 893 Remigius von Auxerre und Hukbald von St-Amand. Remigius, ein Verwandter des Abts Lupus von Ferrières, war der letzte in der Reihe der großen „Humanisten" von Auxerre. Als Nachfolger seines Meisters Heiric lehrte er in Auxerre von 876 bis zu seiner Abberufung nach Reims. Nach der Ermordung Erzbischof Fulkos (900) ging er nach Paris, wo er 908 starb. Hucbald von St-Amand (ca 840—930) hatte bei seinem Onkel Milo und bei Heiric studiert. Seine literarischen Beziehungen reichten von Soissons bis nach Utrecht und Mainz. Die Abtei St-Amand (Hennegau) hatte inmitten von Zerstörung und Untergang ihren Rang behauptet. Sie war nicht nur durch ihr Scriptorium, sondern auch als Pflegestätte der Artes berühmt: sind doch von hier die für Dichtung und Musik so bedeutsamen Sequenzen ausgegangen. Die Mittelstellung der Abtei zwischen der Champagne und dem Niederrhein enthüllt sich auch im erhaltenen Handschriftenbestand. Aus St-Amand ist sowohl die Eulaliasequenz, die älteste Dichtung in französischer Sprache, wie das althochdeutsche Preislied auf den Westfrankenkönig Ludwig, den Sieger von Saucourt (881), überliefert.

In der gleichfalls schwergeprüften Kölner Provinz war die von der Verwüstung nicht betroffenen Abtei Werden, die enge Verbindungen mit dem Hennegau unterhielt, das wichtigste spätkarolingische Kulturzentrum. Aus ihr stammte die Musica enchiriadis des Abts Hoger († 902). Neu entfalteten sich die Lütticher Schulen unter Bischof Stephan (901—920), der wie Radbod von Utrecht am westfränkischen Hof bei Manno von Laon studiert hatte.

Die Reorganisation der von den Normannen mehrfach geplünderten Abtei Prüm nahm Abt Regino (892—899) in die Hand. Als Regino schließlich das Eifelkloster im Zusammenhang mit Adelskämpfen verlassen mußte, gab ihm Erzbischof Radbod von Trier (883—915) das gleichfalls zerstörte Trierer Martinskloster, in dem der gelehrte Abt 915 starb. Der kirchlichen Restauration in Trier diente ein Lehrbuch der Harmonie, mit dem Regino neben Hoger von Werden und Hukbald von St-Amand trat, und das 906 abgeschlossene, dem Erzbischof Hatto von Mainz gewidmete kanonistische Handbuch De synodalibus causis. In der Nachwelt lebt Regino vor allem fort als Autor einer 908 abgeschlossenen Weltchronik, die eine in dieser Zeit ungewöhnliche Leistung darstellt.

Im Ostfrankenreich trat in der Endphase der karolingischen Renaissance zum erstenmal Sachsen ans Licht. Freilich war die literarische Produktion noch auf das Missionsbistum Bremen-Hamburg (Vita Anscarii, Vita Rimberti) und die Reichsabtei Corvey beschränkt, wo der Abt Bovo I. (879 bis 890) selbst schriftstellerisch tätig war. Der „Poeta Saxo" verfaßte im Weserkloster um 890 ein Epos zur Verherrlichung Karls des Großen; der Mönch Agius schrieb eine Vita Hathumods von Gandersheim, einer Tochter des Ahnherrn der Liudolfinger.

Die Schwerpunkte des ostfränkischen Geisteslebens lagen weiterhin in

Franken, Schwaben und Bayern. Unter Karl III. (876—887) bestand eine enge Verbindung der königlichen Kapelle mit den Bodenseeklöstern von St. Gallen und der Reichenau, unter Arnolf wurden die Reichsannalen in Regensburg und Niederaltaich fortgesetzt. St. Gallen erlebte damals seine erste Blüte mit dem Dreigestirn Ratpert († ca 890), Tutilo und Notker (ca 840—912). Ratpert schrieb die Geschichte seines Klosters (Casus s. Galli). Tutilo war ein bedeutender Künstler und Musiker (Tropen). Beide aber überstrahlte Notker Balbulus, trotz seines Sprachfehlers ein begnadeter Dichter, der die liturgische Aufgabe und die poetischen Gesetze der Sequenz prägte (v. den Steinen) und sich in der um 884 verfaßten Vita des großen Karl auch als Meister der Erzählung zeigte. St. Gallen und die Reichenau erscheinen in dieser Zeit auch als Zentren der religiösen Dichtung in althochdeutscher Sprache, die durch den Sankt Galler Schüler Waldo, einen Bruder Salomos III. von Konstanz, nach Freising verpflanzt wurde. So lösten die Bodenseeklöster damals Fulda und Weißenburg in ihrer Funktion für das ostfränkische Bildungswesen und die Literatur in deutscher Sprache ab, für die um 880 in St. Gallen und Mainz die „geschichtstiefere" Bezeichnung teutonica lingua (statt theodisca lingua) üblich wurde. Aus einem rheinfränkischen oder oberrheinischen Geschlecht stammte allem Anschein nach Gerald, ein dem Lyriker Notker ebenbürtiger Epiker, der seine lateinische Walthariusdichtung wohl in den letzten Jahren des 9. Jh. dem Eichstätter Bischof Erkanbald (ca 882—912) widmete[2]. Die Helden des Epos — der Westgote Waltharius und der Franke Hagano — erscheinen bei Gerald nicht nur als waffenmächtige, sondern auch in den Artes gebildete Männer, wie die karolingischen Großen des 9. Jh. aus den Familien Wilhelms von Toulouse und Erichs von Friaul.

Aufs Ganze gesehen, war auch die Leistung der vierten karolingischen Generation nicht unbeträchtlich, wenngleich eingeschränkt auf die Artes. In der Dichtung zumal entstanden Werte hohen Ranges. Nicht minder wichtig als Einzelleistungen aber war die Kontinuität der Schulen in einigen alten Bildungszentren, die bald einsetzende Wiederaufbauarbeit in den großen Metropolen, das Aufkeimen neuer Bildungsstätten in Sachsen. So ist das geistige Leben auch unter schwersten Prüfungen nicht erloschen, das Erbe der karolingischen Reform und Renaissance einer neuen Zeit im wesentlichen erhalten geblieben.

[2] Anders *Schaller* a. a. O., der zu den älteren Thesen über das Walthariusepos zurückkehrt.

SECHSTER ABSCHNITT

Die byzantinische Kirche im Zeitalter des photianischen Schismas

Univ.-Professor Dr. Hans-Georg Beck, München

QUELLEN: Die wichtigsten Papstbriefe, die an den byzantinischen Kaiser und seine Patriarchen adressiert wurden: Nicolai I. epistolae, MGEp VI 257—690 (ed. *E. Perels*); Hadriani II. epistolae: ebd. VI 691—765; Joannis VIII. epistolae: ebd. VII 1—133 (ed. *E. Caspar*); Stephani V. epistolae: ebd. VII 334—365; Formosi papae epistola ad Stylianum ep.: *Mansi* XVI 456—458.

Synodalakten: Konstantinopel 861: Die Originalakten sind verloren. Lat. Auszüge in der kanonistischen Sammlung des Kard. Deusdedit, ed. *W. v. Glanvell* (Paderborn 1905) 664ff. Die Kanones der Synode: *Mansi* XVI 536—549, *Rhallis* II 647—704 und *Joannou* I 2, 447—479. — Konstantinopel 867: Die Akten sind verloren. — Konstantinopel 869/870: Die Originalakten gingen verloren; eine griechische Epitome: *Mansi* XVI 320—409; die Akten in der Übersetzung des Anastasius: *Mansi* XVI 1—208; die Kanones: *Mansi* XVI 397—406, *Joannou* I 1, 293—342. — Konstantinopel 879/880: *Mansi* XVII 373 bis 526; lat. Auszüge des Deusdedit: Glanvell 610—617; Kanones: *Rhallis* II 705—712 und *Joannou* I 2, 482—486. — Ein wichtiges propagandistisches Aktenbündel der Gegner des Photios zum sog. II. photianischen Schisma: *Mansi* XVI 409—457. — Anastasii Bibliothecarii epistolae: MGEp VII 395—412; Vita Ignatii patr.: *Mansi* XVI 209—292, PG 105, 487 bis 574. Briefe des Patriarchen Photios: ed. *J. N. Balettas* (London 1864), PG 102, 585—989; weitere Briefe des Patriarchen: ed. *A. Papadopulos-Kerameus* (Petersburg 1896). Einzelheiten werden an Ort und Stelle zitiert; *J. Hergenröther,* Monumenta graeca ad Photium eiusque historiam pertinentia (Regensburg 1860); *A. Papadopulos-Kerameus,* Monumenta graeca et latina ad historiam Photii patriarchae pertinentia, 2 Bde (Petersburg 1899/1901); *G. Hofmann,* Photius et ecclesia romana. Textus et documenta. 2 Bde (Rom 1932); *J. N. Karmires,* Δύο βυζαντινοὶ ἱεράρχαι καὶ τὸ σχίσμα τῆς 'Ρωμαϊκῆς ἐκκλησίας (Athen 1950 [orthod.]).

LITERATUR (in Auswahl): *R. Janin,* Ignace: DThC VII 2, 713—722; *V. Grumel,* Ignace: Catholicisme V 1192—1195; *Grumel Reg* nn. 444—589; *J. Hergenröther,* Photius, Patriarch von Konstantinopel, 3 Bde (Regensburg 1867/69); *M. Jugie,* Le schisme byzantin (Paris 1941); *F. Dvornik,* The Photian Schism. History and Legend (Cambridge 1948); franz.: Le schisme de Photius (Paris 1950); *E. Amann,* Photius: DThC XII 2, 1536 bis 1604; *F. Dvornik,* The Patriarch Photius in the Light of Recent Research. Berichte zum XI. Internationalen Byzantinistenkongreß (München 1958) Heft III, 2. Dazu in denselben Berichten: Korreferate (von *P. Stéphanou* und *K. Bonis*) 17—26 und Diskussionsbeiträge zum XI. Internationalen Byzantinistenkongreß (München 1961) 41—54.

24. Kapitel

Vom Ende des Bilderstreites bis zum ersten Sturz des Patriarchen Photios

Trotz der Beendigung des Bilderstreites fand die Kirche im Byzantinischen Reich in den nächsten Jahrzehnten keine Ruhe. Ob die Partei der Bilderfeinde immer noch so stark war, daß sie als Element der Unruhe wirken konnte, mag dahingestellt bleiben. Aber der Gegensatz zwischen den Mönchen — besser gesagt: zwischen den „Zeloten“ unter ihnen — und einer gemäßigten kirchenpolitischen Richtung, die hauptsächlich der kaiserliche Hof und der hohe, nicht-mönchische Klerus vertrat — ein Gegensatz, der vor kurzem durch die beiden hervorragenden Gestalten des Theodoros Studites und des Patriarchen Nikephoros verkörpert worden war —, schwelte weiter und flackerte immer wieder auf. Der neue Patriarch Methodios († 847) sah sich schon 845/846 veranlaßt, die Studiten neuerdings mit dem Kirchenbann zu belegen[1]. Diese Mönche hatten in den letzten Jahren ihre eigene Vorstellung von der Rolle der Klöster in der Kirche entwickelt. Sie betrachteten sich als die Kontrollinstanz gegenüber dem Patriarchen und als die Wächter über die Kanones; sie waren vor allem die geschworenen Feinde jeder Ausgleichspolitik, jeder „Oikonomia“. Methodios konnte von vornherein kein Patriarch der Studiten sein; er sah sich vor einer schwierigen Situation. Es lag ihm daran, den Episkokat von ikonoklastischen Elementen und jeglicher Art kompromittierter Kleriker zu reinigen; man verfolgte diesen Kurs schärfer als unter Tarasios. Wer in der zweiten ikonoklastischen Periode schwach geworden war, wurde abgesetzt, ebenso jeder, der von einem solchen Bischof die Weihen empfangen hatte[2]. Doch wie sollten die entstandenen großen Lücken aufgefüllt werden? Methodios als gemäßigter Kirchenpolitiker konnte kein Interesse daran haben, alle Bischofssitze mit Studiten zu besetzen. Andererseits fehlte es an Kandidaten, die nun allen kanonischen Erfordernissen entsprachen. Es schien Methodios das geringere Übel zu sein, auf dem Gebiet der Irregularitäten Epikie walten zu lassen. Gerade dies aber rief die schärfste Opposition der Studiten hervor. Methodios sah nicht lange zu und verlangte von ihnen die Verurteilung all dessen, was gegen die Epikie-Anwendung seitens der Patriarchen Tarasios und Nikephoros geschrieben worden war[3]. Das bedeutete nicht weniger als die Verurteilung gar mancher Schriftsätze des Heros der Studiten, Theodoros'. Das Schisma brach aus; aber Methodios starb, bevor der Streit beigelegt werden konnte[4].

[1] *Grumel Reg* n. 434. [2] Ebd. n. 435. [3] Ebd. n. 432.

[4] Zum Studitenschisma vergleiche man den Aufsatz von *E. v. Dobschütz*, Methodios und die Studien: ByZ 18 (1908) 41—105, und die kritischen Bemerkungen von *V. Grumel* im Anschluß an Reg n. 436.

Es kam jetzt für die Mönche alles darauf an, einen Patriarchen ihrer Partei durchzusetzen und diesen in ihrem Sinne zu lenken. Die Wahl der Kaiserin Theodora fiel auf Ignatios, einen Mönch, Sohn des ehemaligen Kaisers Michael I. Rangabe. Die Anhänger des verstorbenen Methodios, vorab Gregorios Asbestas, Erzbischof von Syrakus, der vor den Arabern nach Konstantinopel ausgewichen war und unter Methodios an hervorragender Stelle in der Kirchenleitung stand, widersetzten sich der Wahl. Die Kaiserin setzte aber ihren Kandidaten durch, und zwar, wie es scheint, indem sie erst gar keine Wahl durch die Synode vornehmen ließ. Asbestas und seine Leute beugten sich dem kaiserlichen Willen. Doch Ignatios brüskierte den Erzbischof schon während der Weihezeremonie, und kurz danach setzte er ihn ab und bannte ihn, wobei wahrscheinlich irgendeine im Auftrag des Patriarchen Methodios vollzogene „irreguläre" Weihehandlung als Vorwand dienen mußte. Schon diese Absetzung brachte Ignatios den ersten Streit mit Rom, denn die Kurie zog den Fall des Asbestas an sich, da sich dieser an den Heiligen Stuhl gewandt hatte[5]. Die Sache wäre wohl eingeschlafen, wenn Ignatios es nicht meisterhaft verstanden hätte, sich auch am Hof Feinde zu machen. Kaiserin Theodora war kaum in der Lage, selbständig zu regieren, sie warf ihr ganzes Vertrauen auf den Logotheten Theoktistos, und diesem gelang es, gefährliche Rivalen im Regentschaftsrat, vor allem Bardas, den Bruder der Kaiserin, auszuschalten; die Mündigkeitserklärung Michaels III. wurde immer weiter hinausgeschoben und seine Vorbereitung auf die Regierung sträflich vernachlässigt, was Bardas benutzte, um einen bestimmenden Einfluß auf ihn zu gewinnen. Ignatios aber kümmerte sich kaum um den Kaiser, dafür war er der Kaiserin um so stärker zugetan. So kam es 856 zum Staatsstreich: Theoktistos wurde ermordet, Michael vom Senat zum Selbstherrscher ausgerufen, Theodora kaltgestellt. Bardas übernahm die Leitung der Geschäfte. Selbstverständlich kam damit auch Ignatios um seinen Einfluß bei Hofe, womit er sich freilich nicht abfinden wollte. Als plötzlich das Gerücht auftauchte, Bardas stehe in einem blutschänderischen Verhältnis zu seiner verwitweten Schwiegertochter, schenkte dem der Patriarch ohne jede Prüfung Glauben und verweigerte Bardas die Kommunion[6]. Bardas fand bald Gelegenheit zurückzuschlagen. Die Exkaiserin, unzufrieden mit der ihr aufgezwungenen Untätigkeit, scheint konspiriert zu haben, und der Patri-

[5] Der Fall des Asbestas ist weitgehend ungeklärt geblieben. Vgl. *V. Grumel,* Le schisme de Grégoire de Syracuse: ÉO 39 (1941—1942) 257—267. Daß Gregorios im Interstitium zwischen Ignatios und Photios durch die Synode rehabilitiert worden sei, scheint mir ungesichert und aus den Worten des Papstes Nikolaus I. (MGEp VI 498—499) nicht ableitbar, denn auf die Frage des Papstes „Quibus documentis?" hätte Byzanz mit den Protokollen der Synodalverhandlung antworten können. Wahrscheinlicher scheint mir eine formlose, aber eklatante Rehabilitierung durch Photios, indem er ihn zu seinem Konsekrator machte.

[6] Wie immer man die Gerüchte beurteilen mag — von einem Reinigungsverfahren oder dergleichen, das Ignatios hätte zunächst fordern müssen, hören wir nichts.

arch war vielleicht nicht ganz uneingeweiht. Bardas zwang Theodora zum Eintritt in ein Kloster, und Ignatios selbst sollte ihr den Schleier geben. Ignatios weigerte sich, und Bardas sah darin ein Eingeständnis seiner Mitwisserschaft. Kurz darauf, als eine Verschwörung gegen die Regierung entdeckt wurde, deren Leitung wiederum in höchsten Kreisen gesucht wurde, versuchte Ignatios die Verschwörer zu decken. Das war für Bardas Hochverrat, und er ließ den Patriarchen auf die Insel Terebinthos deportieren (Oktober 858). Was sich in den folgenden Monaten ereignete, bleibt trotz allem, was bisher darüber geforscht wurde, ziemlich im Dunkel[7]. Mit einiger Wahrscheinlichkeit läßt sich der Verlauf der Ereignisse etwa folgendermaßen zusammenfassen. Ignatios war bereit, bedingt zurückzutreten; er erklärte sich mit einer Neuwahl einverstanden unter der Voraussetzung, daß sich der Gewählte verpflichtete, die Legitimität seines — des Ignatios — Patriarchats anzuerkennen, mit ihm in Kommunion zu bleiben und seine patriarchalen Maßnahmen zu respektieren. Mit anderen Worten: Er war bereit, einen Nachfolger anzuerkennen, der mehr oder weniger deutlich der Mönchspartei angehörte. Die Suche nach einem Kandidaten war nicht einfach. Schließlich bahnte sich ein Kompromiß an, und die Wahl fiel auf Photios. Er empfahl sich in mancher Hinsicht. Seine Eltern hatten als Verfolgte des Bilderkultes Bekenner-Ehren gewonnen, der Patriarch Tarasios war sein Onkel, eine Tochter der Kaiserin seine Schwägerin. Er hatte das Vertrauen des Ministers Theoktistos genossen, galt als der größte Gelehrte seiner Zeit, stand im Augenblick seiner Wahl als Chef der kaiserlichen Kanzlei — noch von Theoktistos und nicht von Bardas dazu ernannt — an einem exponierten Posten der Verwaltung und war offenbar kirchenpolitisch noch nicht abgestempelt. Photios fand sich bereit, auf die Bedingungen des Ignatios einzugehen, und so konnte er noch vor Weihnachten 858 — als Laie — per saltum geweiht und inthronisiert werden. Alles schien in Ordnung, aber es dauerte nur ein paar Monate, bis der Kirchenstreit wiederum offen ausbrach. Daß sich Photios von Erzbischof Gregorios Asbestas weihen ließ, mag mitbestimmend gewesen sein. Es war jedenfalls eine Unklugheit, wenn nicht Ignatios gegenüber, so doch dem Römischen Stuhl, bei dem der Fall Gregorios, leider immer noch, anhängig war. Hauptgrund der Schwierigkeiten war aber doch wohl die grundverschiedene Auslegung der Wahlkapitulationen, das heißt der Zugeständnisse an den abgetretenen Patriarchen. Photios sah darin wohl eine Respektierung der Ehre seines Vorgängers, einen Schutz für Ignatios vor weiteren Maßnahmen gegen ihn; die Ignatianer aber scheinen in Photios kaum mehr gesehen zu haben als den

[7] Vgl. V. *Grumel,* La génèse du schisme photien: StudiBiz 5 (1939) I, 177—185; *P. Stéphanou,* Les débuts de la querelle photienne vus de Rome et de Byzance: OrChrP 18 (1952) 270—280; *ders.,* La violation du compromis entre Photius et les Ignatiens: ebd. 21 (1955) 291—307; *F. Dvornik,* Le premier schisme de Photius: Izvestija Bulgar. Archaeol. Inst. 9 (1935) 301—325.

Vollstrecker ihrer Politik, dessen Sein oder Nichtsein davon abhing, wieweit er sich als „Ignatianer" gerierte. Dazu nun ließ sich Photios auf keinen Fall herbei, und sehr bald sahen die Ignatianer das Kompromiß gebrochen, versammelten sich (im Februar 859) in der Hagia Eirene, setzten Photios ab und erklärten Ignatios zum einzig legitimen Patriarchen. Diese offene Kriegserklärung beantwortete Photios mit einer Synode von mindestens 170 Bischöfen in der Apostelkirche, etwa im März des Jahres 859[8]. Er hielt sich an das Kompromiß nicht mehr gebunden. Man griff auf die besonderen Umstände zurück, unter denen Ignatios Patriarch geworden war (Ausschaltung der Wahlsynode), und setzte ihn förmlich ab. Daß sich Ignatios anläßlich seiner Resignation so nachdrücklich die Anerkennung der Legitimität seines Patriarchats ausbedungen hatte, weist darauf hin, daß man hier schon früh den wunden Punkt erkannt hatte. Wenn aber dieses Argument jetzt nach Jahren in so förmlicher Weise gepreßt wurde, so zeigt dies allein schon, daß Photios zu keinem Einlenken mehr bereit war; denn im allgemeinen wurden solche Irregularitäten bei der Patriarchenwahl in Byzanz nicht allzu ernst genommen. Die Regierung des Bardas unterstützte — gegen den Willen des Photios — die synodalen Maßnahmen gegen die Ignatianer mit Brachialgewalt. Das Schisma war offenkundig. Jetzt fand sich Photios bereit, seinen Kollegen im Patriarchat und dem Römischen Stuhl seine Inthronistika zu schicken, in der offenbar in ziemlich allgemeinen Ausdrücken vom „Rücktritt" (ὑπεξελθόντος) des Ignatios die Rede war[9]. Die Gesandtschaft, welche dieses Schreiben nach Rom überbrachte, präsentierte Papst Nikolaus I. auch ein Schreiben des Kaisers Michael III.[10], in dem dieser um Entsendung von päpstlichen Legaten zu einem in Konstantinopel geplanten Konzil bat, auf dem die Reste des Ikonoklasmus beseitigt werden sollten[11]. Der Papst[12] anerkannte zwar die Orthodoxie der Synodika des Photios, fand jedoch den Fall Ignatios einigermaßen unklar und entsandte seine Legaten — Radoald von Porto und Zacharias von Anagni — nicht nur zur Teilnahme am Konzil, sondern auch mit der Aufgabe, den Fall des Ignatios zu untersuchen. Die Entscheidung behielt sich der Papst persönlich vor. Immerhin ließ er Photios verstehen, daß es trotz der fehlenden Weiheinterstitien noch zu einer Anerkennung kommen könne. Im April 861 trat die geplante Synode in der Apostelkirche in Konstantinopel im Beisein der päpstlichen Legaten zusammen[13]. Die Akten sind verloren, doch besitzen wir einen lateinischen Auszug

[8] *Grumel Reg* n. 459.

[9] Text PG 102, 585—593. — Vgl. *Grumel Reg* n. 464. Die Ausfertigung an die östlichen Patriarchate: PG 102, 1017—1024.

[10] *Dölger Reg* n. 457.

[11] Zum Ikonoklasmus der photianischen Zeit: *F. Dvornik,* The Patriarch Photius and Iconoclasm: DOP 7 (1953) 67—97; dazu *G. Ladner:* Tr 10 (1954) 591.

[12] MGEp VI 433 439.

[13] Zur Quellenlage siehe oben bei den allgemeinen Literaturangaben. Vgl. außerdem *Hefele-Leclercq* IV 1, 225—277; *Grumel Reg* nn. 466—468. Zu den Kanones der Synode vgl. Anm. 14.

in der Sammlung des Deusdedit. Was über die Ikonoklasten beschlossen wurde, wissen wir nicht. Der Fall des Ignatios wurde jedenfalls nochmals aufgerollt. Die Legaten ließen sich überzeugen, daß er gegen das kanonische Recht Patriarch geworden war und sprachen seine Absetzung aus. Damit hatten sie ihre Instruktionen ohne Zweifel überschritten. Immerhin war durch sie der Päpstliche Stuhl zum entscheidenden Faktor im Schisma der byzantinischen Kirche geworden, und dieser Erfolg war es wohl, der Nikolaus I. veranlaßte, sie zunächst nicht sonderlich zu maßregeln. Freilich brachten die Legaten auch die päpstliche Forderung nach Rückkehr des Illyrikum an den Papst vor. Hier war ihnen kein Erfolg beschieden, und es steht zu befürchten, daß gerade dieser Mißerfolg in Verbindung mit dem Problem der Bulgarenmission den Fall unnötig komplizierte. Photios gab seine Bemühungen in Rom noch nicht auf. Im Sommer 861 schrieb er dem Papst[14]. Es ist ihm natürlich ein leichtes, anhand geschichtlicher Beispiele seine Erhebung vom Laienstand in das Bischofsamt zu rechtfertigen. Wenn die Forderungen des Papstes nach dem Illyrikum nicht erfüllt worden waren, so sei nicht er daran schuld, sondern der Widerstand des Kaisers; er, Photios, wäre ohne weiteres damit einverstanden. Schließlich bittet er den Papst, im Einklang mit den Kanones keine sogenannten „Pilger" aus Konstantinopel zu empfangen ohne Empfehlungsschreiben des zuständigen Bischofs. Die päpstliche Antwort war hinhaltend[15]. Sie verlangte neue Beweise für die Schuld des Ignatios und ein neues Verfahren. Byzanz entzog sich diesen Forderungen durch Schweigen; es wäre wohl auch schwierig gewesen, anzugeben, was an neuem Material geliefert werden sollte. Damit war aber auch die Bitte des Photios, keine Pilger aus Konstantinopel ohne Rekommendation zu empfangen, in den Wind gesprochen: Emissäre der Ignatianer, an ihrer Spitze der Abt Theognostos, erzählten dem Papst eine Version der Ereignisse, die der Wahrheit sicher nicht näher kam als jene, die er aus dem Mund seiner Legaten vernommen hatte[16]. Nun war plötzlich von einer objektiven Überprüfung der Akte des Ignatios keine Rede mehr. Wahrscheinlich im August 863 hielt der Papst im Lateran eine Synode ab, die sowohl Asbestas wie Photios absetzte, die Absetzung des Ignatios für null und

[14] PG 102, 593—617. Die Anspielungen auf lokale Kanones, welche die Weihe eines Laien per saltum ablehnen, in Konstantinopel aber keine Geltung haben, beziehen sich wohl auf conc. Sard. can. 10 — eine Synode, deren Beschluß in dieser Frage in can. 17 der Synode von 861 übernommen wird, deren allgemeine Geltung aber in Byzanz nicht unbestritten war, wenn Photios auch can. Trull. 2 verschweigt. Der Passus über die Empfehlungsschreiben kann sich auf conc. Antioch. can. 7, aber auch auf Sard. can. 9 stützen.

[15] MGEp VI 443 447.

[16] Eine Relation des Theognostos findet sich bei *Mansi* XVI 296—301, PG 105, 856—861. Inwieweit diese Relation von Ignatios autorisiert oder gar als sein Werk betrachtet werden kann, muß unentschieden bleiben. Tatsache ist, daß noch 861 Ignatios jeden Appell nach Rom abgelehnt und sich die Einmischung Roms verbeten hatte.

nichtig erklärte und die päpstlichen Legaten — nach zwei Jahren — bestrafte[17]. Diese neue Haltung des Papstes rief Kaiser Michael III. auf den Plan, der in einem hochfahrenden Schreiben den Papst wie einen Untertan behandelte und die Bitte um päpstliche Legaten zum Konzil von 861 sowie die auf dieser Synode vorgenommene neuerliche Prüfung der Akte des Ignatios für reines Entgegenkommen erklärte[18]. Ebenso hochfahrend die Antwort des Papstes[19], über deren Worten zur Primatsfrage man leicht die Widersprüchlichkeit seiner sonstigen Äußerungen übersieht. Um so überraschender dann der Schluß: Bevollmächtigte beider byzantinischer Parteien und des Kaisers sollten in Rom den ganzen Fragenkomplex nochmals aufrollen — ein Schluß, nur verständlich, wenn man bedenkt, daß die Frage der Bulgarenmission es dem Papst nahelegte, nicht alle Brücken abzubrechen. Und doch kam es gerade über dieser Frage zum endgültigen Bruch. Der Papst war an der bulgarischen Mission nicht zuletzt deshalb interessiert, weil er das bulgarische Reich offenbar ganz, wenn auch zu Unrecht, zum Illyrikum rechnete. Die griechische Mission in Bulgarien in den Jahren 864 bis 866 konnte nicht in seinem Sinne sein. Da brachte der Kurswechsel des Fürsten Boris, der auf die Autokephalie seiner jungen Kirche bedacht war, die Photios aber nicht zu gewähren bereit war (sowenig wie der Papst!), für Nikolaus I. eine neue Hoffnung. Hier bot sich die Aussicht, dem Besitz des Illyrikums auf Umwegen näherzukommen. Man rühmt die Meisterhaftigkeit der „Responsa ad consulta Bulgarorum" vom missionarisch-pastoralen Standpunkt aus, man vergißt aber zu leicht die schwerwiegende Tatsache, daß es Papst Nikolaus I. ist, der hier ohne Rücksicht auf die Pflichten seines Amtes, Riten der griechischen Kirche angriff, ja der Lächerlichkeit preisgab[20]. Immerhin war er seines Erfolges so froh, daß er in einem neuen Schreiben nach Konstantinopel vom 28. September 865 ein nochmaliges Verhandlungsgebot unterbreitet, allerdings auf der Basis der Beschlüsse der Lateransynode von 863, das heißt mit der Unterstellung, daß Photios unrechtmäßig Patriarch geworden und Ignatios nach wie vor der einzig legitime Patriarch sei. Aber weder Photios noch sein Kaiser Michael III. waren bereit, weiter zu verhandeln. Im Gegenteil: Photios entschloß sich zum härtesten — soll man sagen: zu einem verzweifelten? — Gegenschlag, unerhört

[17] Die Vorgänge lassen sich am besten aus dem Narrationis ordo de Photii repulsione (MGEp VI 556—561) rekonstruieren.

[18] *Dölger Reg* n. 464. Nur fragmentarisch rekonstruierbar aus dem Antwortschreiben des Papstes MGEp VI 454—487. Daß Photios den Brief stilisiert habe, läßt sich nicht erweisen.

[19] Edition siehe vorige Anmerkung. Wenn jetzt dem Kaiser das Recht zur Einberufung der Synode von 861 abgesprochen wird, so steht das im Widerspruch mit der Tatsache, daß sie vom Papst beschickt wurde.

[20] Zu den Consulta vgl. zuletzt *G. T. Dennis,* The „anti-Greek" Character of the Responsa ad Bulgaros of Nicholas I: OrChrP 24 (1958) 165—174. Ich glaube nicht, daß sich die Responsa so einfach exkulpieren lassen. Photios und seine Kirche sahen darin jedenfalls einen Generalangriff gegen ihren Ritus.

in der Geschichte, seit Dioskoros von Alexandreia auf der Räubersynode von 449 das Wort Leons I. abgewürgt hatte, um eben deshalb zwei Jahre später von einer ökumenischen Synode abgesetzt zu werden. Der erste noch verständliche Gegenschlag[21] ist die Verteidigung der griechischen Riten gegenüber dem Verhalten der römischen Missionare in Bulgarien. Photios stand damit in einer nicht unberechtigten Defensive. Aber er beließ es dabei nicht und machte, ungeachtet der von ihm früher zum Ausdruck gebrachten Überzeugungen, nun selbst aus der Ritenfrage eine Frage des Glaubens und der Orthodoxie. Vor allem taucht jetzt auch der Vorwurf der Häresie in der Frage des „Filioque" auf, das heißt, Photios verurteilt nicht nur den Zusatz zum Symbol, sondern auch den Inhalt des Zusatzes. All dies wird in der feierlichen Form einer Enzyklika (im Frühjahr oder Sommer des Jahres 867) den Patriarchen des Ostens zur Kenntnis gebracht. Aus dem Streit in Sachen der puren Kirchendisziplin und des kanonischen Rechts wird — nun ex professo — eine säkulare Glaubensfrage gemacht. Nicht genug damit: Photios versammelt im August/September des gleichen Jahres eine Synode, über die wir sehr schlecht und nur tendenziös unterrichtet sind, die aber jedenfalls den Papst absetzt und mit dem Anathem belegt[22]. Photios muß sich der Zustimmung seines Kaisers sicher gewesen sein, sonst häte er es nicht wagen können, an Ludwig II. und Angilberga zu schreiben mit der Bitte, alles daranzusetzen, um Nikolaus von seinem Thron zu verjagen. Daß man um diese Zeit das westliche Kaiserpaar in Byzanz als βασιλεῖς akklamierte, gehört in den Rahmen dieser Koalitionspolitik[23]. Das Verfahren des Photios beweist, daß er kein großer Politiker war, sondern sich durch seine Verstimmung hinreißen ließ. Er hatte offenbar keine Ahnung von der Entwicklung der Primatslehre im Westen, so wie er sich offenbar auch vom selbständigen Leben der westlichen Kirche nur unzureichende Vorstellungen machte. Er überschätzte aber auch seine eigene Position in Konstantinopel und wußte die Zeichen der Zeit nicht zu deuten. Schon war sein wichtigster Protektor, der Cäsar Bardas, ermordet worden (21. 4. 865) und Kaiser Michael III. einer vielleicht zu selbstbewußten, aber doch zielstrebigen Führung durch seinen Minister entglitten, um in die Hände eines gewissenlosen Abenteurers, Basileios' des Makedoners, zu fallen, der seinerseits den Kaiser ein paar Wochen nach Absetzung des Papstes erschlagen ließ und selbst den Thron bestieg. Dieser Thronwechsel, für den Basileios nach Legitimation und propagandistischer Unterstützung bei denen suchen mußte, die bisher in der Opposition gestanden hatten, bedeutete den Sturz des Photios und die Wiedereinsetzung des Ignatios in seine alten Rechte (23. 11. 867).

[23] *Grumel Reg* n. 481, PG 102, 721—741. [22] *Grumel Reg* n. 482.

[23] Darüber *F. Dölger*, Byzanz und die europäische Staatenwelt (Ettal 1953) 312—315.

25. Kapitel

Der Triumph des Patriarchen Ignatios — neue Ablösung durch Photios

Der skrupellose Abenteurer Basileios wandelte sich sehr rasch zum überlegenen und diplomatisch geschulten byzantinischen Kaiser alter Schule. Die innenpolitische Wende von Photios zu Ignatios war eine erste Notwendigkeit, aber sie konnte nicht genügen. Sich nur auf die Ignatianer stützen hätte geheißen ohne genügende Mehrheit im Klerus regieren, ja wohl mit einer Minderheit. Es galt also auch die Photianer zu beruhigen, und es galt darüber hinaus, sich mit dem Papsttum zu einigen, ohne dessen Mitwirkung an eine echte Befriedung der byzantinischen Kirche nicht zu denken war. Als Abschluß der ganzen Verhandlungen faßte er von allem Anfang ein großes Konzil ins Auge, das allein die Autorität aufbringen konnte, die angesichts der komplizierten Probleme nötig war. Zunächst unterrichtete der Kaiser den Papst kurz von den Vorgängen[1]. Der Papst, der antwortete, war aber nicht mehr Nikolaus, sondern Hadrian II. (867—872). Dieser wandte sich sofort an den Kaiser und den neuen Patriarchen[2]. Er gibt seinen Willen kund, die Linie seines Vorgängers einzuhalten, empfiehlt den Ignatianer Theoktistos, der bis dato sich in Rom aufgehalten hatte, und wundert sich nur, daß ihm Ignatios noch keine Inthronistika geschickt hat. Da sich die Ankunft der päpstlichen Legation in Konstantinopel verzögerte, es dem Kaiser aber um Eile zu tun war, schrieben er[3] und jetzt auch der Patriarch[4] ein zweites Mal nach Rom. Aus dem erhaltenen Schreiben läßt sich die Linie des Kaisers unschwer feststellen. Er griff zurück auf das letzte Angebot des Papstes Nikolaus — der natürlich von seiner Absetzung durch Photios nichts mehr erfahren hatte —, daß beide kirchlichen Parteien ihre Sache nochmals dem Papst vortragen sollten, wobei kaum daran gedacht war, den Sturz des Photios eventuell rückgängig zu machen. Vielmehr ging es eher um die Obödienz des Photios, um das Schicksal der von ihm Geweihten und derjenigen, welche die Akten des Konzils von 867 unterzeichnet hatten. Hier empfahl der Kaiser eindringlich, Milde walten zu lassen. Alle Beteuerungen, die Angelegenheit dem Urteil des Papstes zu überlassen, beziehen sich jedoch praktisch auf eine Art Voruntersuchung durch den Papst; denn abschließend sollte die Angelegenheit auf dem Konzil in Konstantinopel behandelt werden. Diese Interpretation mag sich nicht unmittelbar aus dem Tenor des kaiserlichen Schreibens ergeben: die folgenden Ereignisse jedoch bestätigen sie vollauf. Um die römische Voruntersuchung wirklich instand zu

[1] Der Brief ist nicht erhalten und in den Regesten Dölgers auch nicht erwähnt bzw. mit dem zweiten Kaiserschreiben im Datum verwechselt.

[2] MGEp VI 747—750. [3] *Dölger Reg* n. 474.

[4] *Grumel Reg* n. 489; Resümee: *Mansi* XVI 325—328. Der vollständige Text in der lat. Übers. des Anastasius: *Mansi* XVI 47—49.

setzen, sich ein Urteil zu bilden, reisten in kaiserlichem Auftrag Vertreter sowohl des Patriarchen Ignatios wie des gestürzten Photios — für letzteren Petros von Sardeis — nach Rom. Aber auf der Seefahrt erlitt Petros Schiffbruch und ertrank. Ein Mönch namens Methodios aus seinem Gefolge, der gerettet werden konnte, weigerte sich, in Rom angekommen, die Sache des Photios zu vertreten. So tagte im Sommer 869 in St. Peter eine Synode, die sich weniger um die vom Kaiser gewünschte Befriedung der byzantinischen Kirche als um Vergeltung für die Synode von 867 bemühte[5]. Von einer Anhörung beider Parteien ist nicht mehr die Rede. Photios wird feierlich verurteilt und abgesetzt. Reuig, könne er höchstens zur Laienkommunion zugelassen werden. Wer die Synodalakten von 867 unterschrieben hat, kann nur vom Papst persönlich losgesprochen werden. Die von Photios Geweihten sind als abgesetzt zu betrachten. Bischöfe, welche ihre Weihe durch Ignatios erhalten, sich aber in der Folgezeit — verständlicherweise — Photios angeschlossen hatten, werden nur dann wieder eingesetzt, wenn sie einen libellus satisfactionis unterzeichnen, den man in Rom ausfertigte. Beschlossen wurde die Synode durch eine feierliche Verbrennung der Akten von 867, die als wunderbar empfunden wurde, weil die Akten trotz strömenden Regens brannten. Papst Hadrian II. delegierte die Bischöfe Donatus und Stephanus sowie den Diakon Marinus, den späteren Papst, nach Konstantinopel. Die Legaten hatten die Weisung, der konstantinopolitanischen Synode zu präsidieren und den Ablauf der Synode in dem Sinne zu gestalten, daß nicht etwa die Fragen nochmals erörtert würden, sondern die römischen Beschlüsse bedingungslos zur Durchführung kämen. So hatte sich Basileios die Synode nicht vorgestellt; seine Absichten gingen sicherlich dahin, daß in Rom eine Voruntersuchung geführt und wohl auch eine Vorentscheidung gefällt werden, die eigentliche Lösung aber durch das ökumenische Konzil durchgeführt werden sollte. Man darf sicher annehmen, daß auch Ignatios wenig geneigt war, die Sache definitiv durch Rom entscheiden zu lassen. Als die Legaten in Konstantinopel eintrafen und am 5. Oktober 869 die Synode eröffnet wurde[6], war die Atmosphäre gespannt. Zwölf Ignatianer stellten das bischöfliche Kontingent der Eröffnungssitzung. Die Leitung übernahmen nicht die päpstlichen Legaten, sondern in Vertretung des Kaisers nach altem Synodalrecht ein Kommissar, der Patrikios Baanes. Die Zahl der Teilnehmer erreichte erst mit der 9. Sitzung sechsundsechzig Bischöfe, und erst zur Schlußsitzung waren es hundertdrei. Das heißt, die Unterzeichnung des libellus stieß auf den größten Widerstand. Aber was im Jahre 861 die Legaten Radoald und Zacharias durch Nachgiebigkeit gefehlt hatten, machten die jetzigen Legaten durch eine äußerst unhöfliche Unnachgiebigkeit wett;

[5] Überblick über die Akten dieser Synode bietet die Sessio VII des Konzils von 869—870: *Mansi* XVI 121—131 372—380.

[6] *Hefele-Leclercq* IV 481—546; DThC III 1273—1307 *(M. Jugie)*.

sie verlangten ohne jede discretio spirituum die Unterzeichnung des Dokuments, dessen Grundstock, die Regula des Hormisdas, einmal aufgesetzt worden war, um Häretikern ein orthodoxes Glaubensbekenntnis abzunehmen. Peinlich wurde die Forderung dann, wenn byzantinische Bischöfe erklärten, Papst Nikolaus I. habe im Jahre 860 — also längst nach dem Patriarchenwechsel — mit ihnen in Kirchengemeinschaft gestanden, und den Legaten Marinus dafür als Zeugen anriefen, der sich offenbar durch eine subtile Unterscheidung aus der Affäre zu ziehen suchte. Um wenigstens einen Rest von echter Konzilsverhandlung zu retten, erklärte schließlich der Kaiser, er werde die Akten nicht unterzeichnen, wenn man Photios nicht höre. Der zitierte Expatriarch aber hüllte sich in verächtliches Schweigen. Als es ein Bischof unternahm, statt des Expatriarchen zur Sache zu sprechen, schnitten ihm die Legaten das Wort ab. Schließlich siegte ihre Hartnäckigkeit im großen und ganzen, ohne daß ihr Erfolg in jeder Hinsicht befriedigend gewesen wäre. Kanon 21 etwa, der Konstantinopel erneut an zweiter Stelle nach Rom setzt und den Versuch des Photios, den Papst abzusetzen, verdammt, um im gleichen Augenblick die übrigen Patriarchen auf ähnliche Weise mit Immunität auszustatten, kann kaum im Sinne der römischen Auffassung gewesen sein, wie denn die Idee der Pentarchie vernehmlich durch die Akten des Konzils zieht. Ihren eigentlichen Mißerfolg aber mußten die Legaten kurz nach Schluß des Konzils (28. 2. 870) hinnehmen. Schon an der letzten Sessio der Synode hatte eine bulgarische Delegation teilgenommen; sie sollten dem Konzil eine Entscheidung abverlangen, welchem Patriarchat, dem von Rom oder dem von Konstantinopel, die junge bulgarische Kirche nun wirklich angehöre, nachdem auch Rom dem Bulgarenkönig einen Erzbischof eigener Wahl abgeschlagen hatte. Die Byzantiner trugen Sorge, daß diese Frage außerhalb des Konzils unter dem Vorsitz des Kaisers und durch Beratung der Vertreter nur der östlichen Patriarchate entschieden würde. Die Legaten protestierten heftig, aber vergebens. Die Konferenz entschied ohne sie, daß Bulgarien zum konstantinopolitanischen Patriarchat zähle. Jetzt erst holten die päpstlichen Legaten einen Brief Hadrians hervor, der Ignatios jede Einmischung in Bulgarien verbot. Nun, da das Konzil schon beendet war, weigerte sich Ignatios, von diesem Brief Kenntnis zu nehmen[7]. Bulgarien war für lange Zeit der römischen Kirche verloren. Photios konnte trotz allem zufrieden sein. Selbstverständlich protestierte auch Papst Hadrian beim Kaiser und bei Ignatios über das Vorgehen in Bulgarien, wo nun die römischen Missionare ihren Abschied nehmen mußten, doch Ignatios konnte darauf hinweisen, daß Rom mit diesem Vorgehen begonnen habe, und Hadrian mußte dies zugeben[8]. Ob er trotzdem darüber die Kirchen-

[7] Liber Pontificalis II 182—185.

[8] *Grumel Reg* n. 505. Das Schreiben des Patriarchen ist zu erschließen aus der Antwort des Papstes (MGEp VI 762).

gemeinschaft mit Ignatios brach, bleibt unsicher; wahrscheinlicher ist jedenfalls, daß er nie öffentlich und feierlich seinen Gegenspieler in Konstantinopel anathematisierte, so wie er Photios anathematisiert hatte. Aber auch in geringfügigen Angelegenheiten konnte jetzt Ignatios auf kein römisches Entgegenkommen rechnen[9], ja manchmal hat es den Anschein, als sei man in Rom zur Überzeugung gekommen, daß die hierarchische Obstination bei Photios um einen Grad geringer gewesen wäre. Dabei hätte Ignatios die Hilfe Roms bitter nötig gehabt. Die Lücken im niedrigen und hohen Klerus, die durch die unüberlegten Maßnahmen Roms gerissen waren — wie sollten sie aufgefüllt werden? Nicht einmal einen von Photios geweihten Lektor ließ Rom zur Priesterweihe zu. Die alten, von Ignatios geweihten Bischöfe, die bona fide im Jahre 858 Photios die Treue gelobt hatten, konnten es schwer verwinden, daß man sie zur Unterzeichnung des libellus satisfactionis zwang, und haben es sicherlich Ignatios verdacht, daß er es so weit hatte kommen lassen. Jene Bischöfe aber, die wegen der Unterzeichnung der Konzilsakten von 867 nun gänzlich ausgeschieden waren, werden die Stimmung gegen Ignatios weidlich geschürt haben. Ein großer Teil des hohen byzantinischen Klerus sah im Konzil von 869/870 keine ökumenische Synode, sondern einen Akt der Verdemütigung der byzantinischen Kirche und des Verrates ihrer Freiheit an Rom. Und Photios war wieder im Kommen. Denn Basileios mußte als Kaiser nach wie vor darauf bedacht sein, die Opposition der Photianer nicht zu verhärten, ganz abgesehen davon, daß Photios ein viel zu gewiegter Taktiker war, um nicht Ignatios allmählich in der Gunst des Kaisers zu verdrängen. Ignatios scheint die Zeichen der Zeit erkannt und sich mit Photios gegen Ende seines Lebens versöhnt zu haben[10]. Letzterer war inzwischen aus dem Exil zurückgekehrt und zum Erzieher der kaiserlichen Prinzen aufgerückt; vielleicht hatte er auch seine Lehrtätigkeit wiederaufgenommen. Als Ignatios am 23. November 877 starb, konnte Photios ohne Schwierigkeiten den Patriarchenstuhl wieder einnehmen. Ignatios hat offenbar an der Rechtmäßigkeit der Bischofsweihe des Photios nie gezweifelt und, nachdem seine Beziehungen zu Rom erkaltet waren, keinen Grund mehr gesehen, die Laisierung des Expatriarchen durch Hadrian II. weiter als relevant zu betrachten. Noch vor dem Tod des Ignatios hatte der Kaiser neue Verhandlungen mit Rom angeknüpft[11], um die Differenzen zwischen

[9] So entsprach Rom nicht einmal seiner Bitte, die von Photios ordinierten Lektoren zu Priestern weihen zu dürfen, ebensowenig der anderen, Bischof Paul von Cäsarea zu rehabilitieren, der zwar von Photios geweiht worden war, aber schon sehr bald die Partei des Ignatios vertreten hatte (MGEp VI 760—761).

[10] Ob Ignatios allerdings in Rom für Photios um Absolution eingab, wie Bischof Stylianos von Neocäsarea später an Papst Stephan V. schrieb (*Mansi* XVI 432), ist höchst unsicher. Stylianos gibt zu verstehen, daß der Brief im Namen des Ignatios von Photios selbst verfaßt war (vgl. *Grumel Reg* n. 506).

[11] *Dölger Reg* n. 496.

Ignatianern und Photianern im Sinne einer Revision des Photios-Prozesses bereinigen zu lassen. Papst Johannes VIII. war nicht abgeneigt. Byzantinische Hilfe gegen die Sarazenengefahr in Italien war erwünscht, und keine Erfahrung zwang den Papst, mit Überzeugung den Kurs der unbelehrbaren Ignatianer, die mit der Haltung ihres Meisters Photios gegenüber unzufrieden waren, zu teilen, eben weil er mit Ignatios keine besseren Erfahrungen gemacht hatte als Nikolaus I. mit Photios. So ordnete der Papst die Bischöfe Paulus und Eugenius mit Schreiben an den Kaiser und Ignatios und mit dem Auftrag, Frieden zu stiften, nach Konstantinopel ab[12]. Die Gesandten trafen aber nicht mehr auf Ignatios, sondern auf Photios. Dafür hatten sie keine Instruktionen, und es war ihrem Geschick überlassen, wie sie mit dieser schwierigen Situation fertig werden würden. Zunächst entschlossen sie sich, überhaupt nicht zu handeln und den Kaiser zu veranlassen, sich nochmals an den Papst zu wenden. Er erbat die Anerkennung des Photios und die Einberufung einer neuen Synode[13]. Ein Schreiben des Klerus von Konstantinopel versicherte dem Papst die uneingeschränkte Anerkennung des neuen Patriarchen in seiner Bischofsstadt. Der Papst beriet sich mit seinen engsten Mitarbeitern und schrieb darauf dem Kaiser, daß er gewillt sei, Photios trotz allem anzuerkennen, wenn er sich vor der abzuhaltenden Synode für seine früheren Taten entschuldige. Er, der Papst, absolviere Photios und seinen Episkopat kraft höchster apostolischer Autorität. Doch stelle er als Bedingung, daß sich Photios jeder pastoralen Tätigkeit in Bulgarien enthalte. Würden diese Bedingungen eingehalten, so exkommuniziere der Papst jeden, der Photios nicht als Patriarchen anerkenne[14]. Die Legaten des Papstes erhielten von Rom ein Commonitorium, das sie mit der neuen Situation vertraut machte und das auf der Synode verlesen und von den Teilnehmern unterzeichnet wurde. Überbringer des Commonitorium war Kardinal Petrus, der die päpstliche Legation verstärken sollte. Unter diesen Umständen konnte endlich die große Synode Anfang November 879 unter dem Vorsitz des Patriarchen Photios eröffnet werden[15]. Sie hielt sieben Sitzungen ab. Fast vierhundert Bischöfe nahmen daran teil, ein eindrucksvoller Beleg für die Anhängerschaft des Photios, verglichen mit den hundertdrei Bischöfen, die nach langem Zögern für die letzte Sitzung der antiphotianischen Synode im Jahre 870 aufzubringen waren. Im Grunde gab es wenig zu verhandeln. Für Photios entscheidend war, den Vätern des Konzils gegen-

[12] MGEp VII 64. [13] *Dölger Reg* n. 497.

[14] MGEp VII 166—187 zusammen mit den gleichzeitigen Briefen an Photios, den Klerus von Konstantinopel und speziell an die Ignatianer.

[15] *Hefele-Leclercq* IV 585—606. Zur Frage der Echtheit und Vollständigkeit der Akten vgl. *V. Laurent,* Le cas de Photius dans l'apologétique du patriarche Jean XI Bekkos: ÉO 29 (1930) 396—415; *M. Jugie,* Les actes du synode photien de Sainte Sophie: ÉO 37 (1938) 89—99; dazu *F. Dvornik,* Le schisme de Photius 543—553; *ders.,* Les actes du synode photien et Georges le Métochite: ÉO 37 (1938) 89—106.

übertreten zu können nicht als Patriarch kraft römischer Indulgenz, sondern als wiedereingesetzter und nie legitim abgesetzter Bischof von Konstantinopel. Es ist möglich, daß die päpstlichen Legaten schon vor der Sitzung erkannt hatten, daß sich Photios deshalb der Synode kaum als reuiger Sünder präsentieren würde. Und wenn der Papst als conditio sine qua non einer Rehabilitierung des Patriarchen jeglichen Verzicht auf die bulgarische Kirche verlangt hatte, so fiel es Photios nicht schwer, auf sein Entgegenkommen gegenüber Nikolaus I. in dieser Frage zu verweisen und die Verantwortung der kaiserlichen Politik in die Schuhe zu schieben. Ob nun darüber das Commonitorium noch vor Beginn der Synode korrigiert wurde oder nicht, jedenfalls hörten die Väter einen Text, in dem von Entschuldigungen des Patriarchen nicht mehr die Rede war und die Befehle des Papstes in bezug auf Bulgarien in Bitten und Empfehlungen abgewandelt erschienen. Auch die übrigen römischen Briefschaften kamen mehr in „stilisierter" Paraphrase als in einer originaltreuen Übersetzung zur Verlesung[16]. Die Legaten haben es entweder nicht gemerkt oder aus taktischen Rücksichten dazu geschwiegen; denn ohne Zweifel wollten sie im Sinne des Papstes den Frieden, auch einen Frieden mit Konzessionen an die Mentalität der Byzantiner, vorausgesetzt, daß die bulgarische Frage nicht wieder zuungunsten Roms entschieden würde und daß die erwartete Hilfe des Kaisers gegen die Sarazenen in Italien nicht in Frage gestellt würde. Der außerordentlich geschickten Regie des Photios waren sie in keiner Weise gewachsen.

Das Verfahren der Legaten war aber nicht würdelos. Sie hielten unter allen Umständen die Lehre vom päpstlichen Primat aufrecht und betonten trotz aller Gegenbeteuerungen der photianischen Bischöfe, daß es Papst Johannes VIII. sei, der Photios wiederum kraft höchster Autorität in das Amt des Patriarchen einsetze. Sie versäumten auch nicht, zu betonen, daß sie in der Übernahme des Patriarchats durch Photios *vor* Ankunft der päpstlichen Entscheidung einen illegitimen Vorgriff sahen. Was die bulgarische Frage anlangte, so betonte Photios auch auf der Synode seinen guten Willen und erklärte, keine Amtshandlungen in Bulgarien vorgenommen zu haben. Damit war zunächst auch dieser päpstlichen Absolutionsbedingung Genüge getan. Daß auch die Legaten die Synode von 869/870 annullierten, mag vielleicht schon im lateinischen Original des Commonitorium vorgezeichnet gewesen sein, wenngleich dieser Punkt kontrovers bleiben muß. Die Beschlüsse der Synode — sie votierte eine Reihe von Kanones, z. B. gegen die Erhebung von Laien zum Episkopat, und erklärte das Konzil von 787 für ökumenisch — wurden in der 5. Sitzung vom 26. Januar 880 von allen Beteiligten unterzeichnet. Es folgten zwei weitere Sitzungen, an deren Authentizität zu Unrecht gezweifelt worden ist. Die erste im Kaiserpalast

[16] V. *Grumel*, Les lettres de Jean VIII pour le rétablissement de Photius: ÉO 39 (1940) 138—156.

in kleinerem Kreise promulgierte den Horos der Synode, ein Glaubensbekenntnis mit einer Ergänzung, die jeden Zusatz zum nizänisch-konstantinopolitanischen Symbol unter Anathem stellte, ohne die dogmatische Frage nach dem Filioque zu erörtern[17]. Das Protokoll dieser Sitzung wurde auf einer feierlichen Versammlung der Konzilsteilnehmer Mitte März in der Hagia Sophia verkündigt und damit die Synode abgeschlossen. Ungelöst blieb auf der Synode die Bulgarenfrage, in der sich die Väter für unzuständig erklärt hatten. Außerhalb der Synode scheint sich ein Kompromiß angebahnt zu haben in dem Sinne, daß Bulgarien zwar der römischen Jurisdiktion unterstellt sei, den griechischen Missionaren dort aber keine Schwierigkeiten gemacht werden dürften. Das Kompromiß kam freilich nicht zur Auswirkung, die Schuld lag aber bei den Bulgaren selbst, die sich in ihrem Streben nach einer selbständigen Kirche jeder Einmischung Roms entgegensetzten.

Papst Johannes VIII. hat die Beschlüsse der Synode von Konstantinopel ratifiziert, freilich mit dem etwas zweischneidigen Zusatz, daß er alles verwerfe, was die Legaten apostolischen Vorschriften zuwider getan hätten[18]. Er besteht nicht weiter auf der Forderung, daß Photios Abbitte zu leisten hätte, und beschränkt sich auf den Ausdruck seiner Verwunderung, daß so manches anders gekommen sei, als es in seinen Absichten gelegen hätte. Zufrieden mit dem Verlauf der Verhandlungen kann der Papst nicht gewesen sein. Sie anzunehmen mag ihm der Umstand erleichtert haben, daß inzwischen eine byzantinische Flotte dem Kirchenstaat eine weitgehende Entlastung von der Sarazenengefahr gebracht hatte. Die Größe des Papstes aber über alles Politische hinaus scheint mir darin zu bestehen, daß er trotz Widerstandes in den eigenen Reihen — es war vor allem Marinus, der Legat von 869/870 — alles reine Prestige-Denken hintansetzte, um der Kirche von Byzanz den Frieden zu gewährleisten. Er erkannte, daß Photios nicht zu umgehen war, und nachdem Photios sich gewillt zeigte, die Autorität des Heiligen Stuhles anzuerkennen — und dies tat er während der Synode mehrmals —, sah er keinen zwingenden Grund, ihn abzulehnen. Außerdem scheint er gesehen zu haben, daß nicht wenige der Gravamina der alten Ignatianer leeres Parteigezänke waren. Daß Ignatios sich mit Photios versöhnt hatte, sprach ebenfalls nicht gegen letzteren. Im Grunde erkannte Johannes VIII., was Nikolaus I. nicht wahrhaben wollte, daß sich nämlich Rom nicht so sehr mit einem einzelnen konstantinopolitanischen Widersacher auseinanderzusetzen hatte, sondern mit dem Geist einer Kirche, die eifersüchtig über ihren alten echten und erträumten Rechten wachte, die im

[17] Vgl. *V. Grumel,* Le filioque au concile photien de 879—880 et le témoignage de Michel d'Anchialos: ÉO 29 (1930) 257—263; *ders.,* Le décret du synode photien de 879 à 880 sur le symbole de la foi: ÉO 37 (1938) 357—372; dazu *M. Jugie,* Le schisme byzantin 127—128, und *F. Dvornik,* Le schisme de Photius 537—539.
[18] MGEp VII 227—228.

Grund trotz aller Zwietracht jederzeit bereit war, gemeinsame Sache gegen Rom zu machen (man vergleiche die Haltung der beiden Patriarchen in der Bulgarenfrage!), und daß das summum bonum der kirchlichen Einheit nur gewährleistet werden könne, wenn die Probleme im Geiste christlicher Liebe und weniger im Geiste autoritativen Denkens gelöst würden. Wie wenig in Rom diese verständnisvolle Haltung des Papstes gewürdigt wurde, zeigt die Tatsache, daß zu seinem Nachfolger der Opponent von gestern, Marinus, gewählt wurde. Er sah in Photios sicherlich keinen legitimen Patriarchen. Daß er offiziell die Gemeinschaft mit ihm gebrochen hätte, ist kaum erweislich und nicht sehr wahrscheinlich. Das zweite photianische Schisma scheint doch nicht stattgefunden zu haben[19]. Auch Papst Stephan V.[20], der vielleicht der orthodoxen Welt gegenüber weniger aufgeschlossen war, hat sicherlich die Beziehungen mit Photios offiziell nicht gebrochen, sondern sie eher unangetastet ruhen lassen. Viel Zeit zu einem solchen Schritt wäre ihm kaum geblieben, denn Photios stürzte bald ein zweites Mal im Jahre 886. Es scheint nicht, daß hinter diesem Schritt viel Kirchenpolitik zu suchen ist. Vielmehr darf man annehmen, daß ganz persönliche Gründe den neuen Kaiser Leon VI. bewogen haben, Photios, seinen alten, wohl etwas allzu didaktischen Lehrer fallenzulassen und ihn durch seinen (Leons) eigenen Bruder Stephanos (886—893) zu ersetzen. Das Todesdatum des Photios, der sich wohl in ein Kloster zurückzog, steht nicht fest. Vielleicht ist es das Jahr 891.

26. Kapitel

Photios — Werk und Gestalt

Während Ignatios einen festen Platz im byzantinischen Heiligenkalender und darüber hinaus einen — wenn auch noch so voreingenommenen — Hagiographen gefunden hat[1], ist Photios letzteres überhaupt und ersteres weitgehend versagt geblieben. Die Spuren seines Kultes sind spärlich, wenn nicht gar nichtssagend. Es läßt sich auch unschwer zeigen, daß die Väter des großen Bruches von 1054 sich kaum auf Photios berufen haben und daß *sein* Konzil, die Synode von 879/880, lange Zeit keine Aussicht hatte, als ökumenisch zu gelten, ja als solches sich nie vollständig durchgesetzt hat.

[19] *V. Grumel,* Y eut-il un second schisme de Photius?: RSPhTh 32 (1933) 432—457, und, unabhängig davon, *F. Dvornik,* Le second schisme de Photius — une mystification historique: Byz(B) 8 (1933) 425—474; *V. Grumel,* La liquidation de la querelle photienne: ÉO 33 (1934) 257—288.

[20] *V. Grumel,* La lettre du pape Étienne V à l'empereur Basile Ier: RÉB 11 (1953) 129 bis 155.

[1] Siehe oben S. 197 unter den Quellen.

Zum byzantinischen Kronzeugen der Lehr- und Meinungsunterschiede zwischen Ost und West wurde er verhältnismäßig spät — etwa im 12. Jh. — und selbst da zum Teil auf Grund von billigen Pseudepigraphen, wie das Opusculum contra Francos eines darstellt[2].

Die neueste Zeit tat ein übriges; sie hat die Grundlosigkeit der Annahme eines zweiten photianischen Schismas wenn nicht restlos überzeugend nachgewiesen, so doch äußerst wahrscheinlich gemacht. Manche gingen darüber hinaus und haben sich eine vollständige Rehabilitierung des Patriarchen zum Ziel gesetzt, ohne daß ihnen hierin auf Grund der Quellenlage blindlings gefolgt werden könnte. Daß Photios nicht der einzige Verantwortliche des Schismas genannt werden kann, ist wohl sicher. Die Art und Weise, wie Rom mit seinem Fall fertig zu werden versuchte, ist nicht zuletzt charakterisiert durch die Verquickung von Sachverhalten — Frage der Legitimität des Patriarchen einerseits, bulgarische Mission andererseits —, die in eine Relation zueinander gesetzt wurden, die ihnen nicht zukam. Photios aber hat mit seiner Enzyklika von 867 und der Synode desselben Jahres, auf der er den Papst bannte und absetzte, einen Schritt gewagt, dem eben doch keine Apologetik gewachsen ist. Und er hat sich nie dazu verstanden, ein öffentliches Wort des Bedauerns über diese horrende Fehlleistung auszusprechen. Das Gefühl seiner Unschuld, dem er dabei Ausdruck verlieh, kann selbst seine Anhänger schwerlich überzeugt haben. Unter dem Gesichtswinkel historischer Entwicklungen betrachtet, läßt sich das Schisma interpretieren als das Aufeinanderprallen zweier Auffassungen vom Wesen der Kirche, die sich längst auseinanderentwickelt hatten, ohne daß man dessen hüben oder drüben gewahr geworden wäre: der „konstantinisch"-byzantinischen. unterschwellig getragen vom Gedanken der „Pentarchie" der Patriarchate[3] und engstens verbunden mit der kaiserlichen Suprematie in kirchlichen Fragen, und der neuen römischen, geprägt von einem stark herausgestellten Primatialbewußtsein der Sedes Romana. Träger dieser Ideen waren zwei Persönlichkeiten, Photios und Nikolaus I., die beide nicht auf der Höhe ihres Hirtenamtes standen, weil sich keiner als servus servorum dei fühlte und betrug. Bei Photios bleibt darüber hinaus eine Frage, die wichtiger ist als jene nach der Tatsächlichkeit des zweiten Schismas: ob er nämlich seinen Frieden mit Rom rein vom Standpunkt der „Oikonomia" her gemacht hatte, das heißt aus Nützlichkeitserwägungen, oder ob er von seiner Enzyklika tatsächlich abgerückt und in den dogmatischen und disziplinären Vorwürfen nicht nur etwas Manipulierbares gesehen hat. Die berühmte Frage nach dem „Filioque" ist, soweit es sich um den Zusatz zum Glaubenssymbol han-

[2] Zum ganzen Komplex des „Nachlebens" vgl. man das vorzügliche Kapitel, das Dvornik seinem Buch über das Schisma (frz. Ausg. 518 ff) eingefügt hat.

[3] Die Lehre von fünf mehr oder weniger selbständigen Patriarchaten, deren Zusammenspiel die Einheit der Kirche ausmacht. Wie stark der Pentarchiegedanke bereits auf dem Konzil von 869/870 war, hat *Dvornik* a. a. O. 220 gezeigt.

delt, eine rein disziplinäre Frage, sie kann aber auch dogmatisch, das heißt auf den Inhalt der Aussage bezüglich, gestellt werden. Ohne Zweifel hat Photios in der Enzyklika beide Probleme besprochen. Er lehnt jeden Zusatz zum Symbolum ab, er verwirft aber auch die Lehre des Filioque, sieht in ihr eine Zerstörung der Einzigkeit des väterlichen Urgrundes in der Trinität und damit eine Häresie. Das bedeutete zunächst keinen Angriff gegen die römische Kirche, denn diese kannte den Zusatz in ihrem eigenen liturgischen Gebrauch noch nicht. Auch die „falsche Lehre“ wird nicht der römischen Kirche zur Last gelegt. Photios wendet sich gegen die lateinischen Missionare in Bulgarien. Aber niemand wußte besser als Photios, woher diese Missionare kamen. So bot der Vorwurf, der hier gemacht wurde, Handhaben zu einem subtilen diplomatischen Spiel. Merkwürdig bleibt, daß die antiphotianische Synode von 869/870 den Punkt überhaupt nicht aufgriff[4]. Aber selbst die große photianische Propagandasynode von 879/880 klammerte die dogmatische Frage vollständig aus und begnügte sich mit einem Verbot der Ergänzung des Symbolums. Allerdings mit zwei Einschränkungen, die meist zuwenig beachtet werden: 1) dieses Verbot gilt dann nicht mehr, wenn es sich um die Abwendung einer Häresie handelt, und 2) das Verbot spricht von der Hinzufügung von „falschen Wörtern“, nennt dabei zwar nicht ausdrücklich das Filioque, schafft aber auch damit eine Handhabe, die zur geeigneten Zeit hervorgeholt werden kann. Rein formal brauchten die päpstlichen Legaten ihre Zustimmung nicht zu verweigern, da der Glaube Roms nicht unmittelbar betroffen und die römische Disziplin nicht berührt war.

Die Kontroverse wird etwa um die Mitte der achtziger Jahre von Photios erneut aufgegriffen in einem Brief an den Erzbischof von Aquilea[5]. Auch hier ist es nicht nur der Zusatz, sondern auch die Lehre des Filioque, die abgelehnt wird. Der Vorwurf des Irrtums richtet sich aber wiederum nicht gegen Rom, wird vielmehr geradezu unter Zuhilfenahme der römischen Fassung des Symbols erhoben. Rom wird zum Eideshelfer des Photios. In diesem Sinne ist wohl auch die Mystagogie[6] zu interpretieren. Das dogmatische Problem bleibt also in der Schwebe. Dogmengeschichtlich darf man sagen, daß die Beweislast für das Filioque doch jenen zukam, welche es ins Symbolum eingeführt hatten. Früher als die gleichbedeutenden Wörter im Lateinischen hatten die Begriffe „aus“, „ausgehen“ usw. in der byzantinischen Theologie eine verengte, spezifisch trinitarische Bedeutung bekommen, in deren Licht der etwas konfuse Sprachgebrauch der lateinischen Theologie, von Byzanz aus gesehen, mit Recht verdächtig erscheinen mußte. Es bedurfte noch annähernd dreihundert und mehr Jahre, bis man begann, sich gegenseitig zu verstehen. Freilich war auch die trinitätstheologische Be-

[4] Obwohl sich doch Papst Nikolaus seiner Tragweite voll bewußt war.
[5] PG 102, 793—821. Vgl. *Grumel Reg* n. 529. [6] PG 102, 263—391.

grifflichkeit des Photios nicht auf der Höhe. Sein Rekurs auf die Lehre der griechischen Väter war — bewußt oder unbewußt (man muß sich bei einem so guten Kenner der Patristik, wie es der Patriarch war, die Frage stellen) — dürftig; Dokumente wie das Symbol der Synode von 787 mit der Formulierung „per filium" entbehren bei ihm des Gewichts. So war seine Theologie, bei aller Würdigung des byzantinischen Standpunkts, kein glücklicher Ausgangspunkt.

Es bleibt die Frage nach dem Verhältnis des Photios zum päpstlichen Primat. Daß die päpstliche Primatslehre in Byzanz unbekannt gewesen und erst durch Nikolaus ihm drohend nahegebracht worden wäre, ist, sooft es auch wiederholt wird, törichte Legende. Die Akzente des Papstes Nikolaus waren schärfer, die Extensität seiner Forderungen größer — die Substanz der Forderungen war Byzanz bekannt und wurde in wohldosierten Abständen, wenn sich die byzantinische Kirche in einer Zwangslage befand, auch anerkannt und zunutze gemacht. Daß Photios einen Papst absetzte und damit die grundsätzlichen Primatialrechte mißachtete, kann von keinem Wohlwollen für den Patriarchen hinweggedeutet werden, kann auch nicht als kirchenpolitischer Fauxpas verniedlicht werden. Mag man auch den guten Willen aufbringen, diese Phase als vorübergehenden Fall ad acta zu legen, so bleibt doch die Frage, ob nicht auch in diesem Punkt Photios auf seinem Standpunkt verblieben ist und ein Arsenal geschaffen hat, das er zwar selbst nicht mehr benützte, das aber von seinen tiefsten Überzeugungen jedoch mehr aussagt als die offiziellen Äußerungen Rom gegenüber während seines zweiten Patriarchats. Hier aber steht zum Teil noch die philologische Klärung aus. Es handelt sich um ein Werk mit dem Titel „Gegen diejenigen, welche behaupten, daß Rom Primatialsitz sei" [7]. Die Argumente Gordillos [8] und Dvorniks [9] gegen die Echtheit sind nicht stärker als die Hergenröthers [10], Dölgers [11] und Jugies [12] für die Echtheit. Eine umfassende Analyse steht noch aus. In dubiis pro reo. Interessanter ist ein unzweifelhaft photianisches Werk, „Collectanea über das Bischofs- und Metropolitenamt und damit zusammenhängende Fragen aus Synoden und historischen Werken" [13]. Hier geht es dem Anschein nach nicht um Polemik, sondern um eine Sammlung historischer Notizen, aber diese Notizen enthalten, säuberlich aufgereiht, alles, was nach Ansicht des Sammlers die Geschichte des Papst-

[7] *Rhallis* IV 409—415 und *M. Gordillo,* Photius et primatus Romanus: OrChrP 6 (1940) 1—39.

[8] Siehe Anmerkung 7.

[9] Le schisme de Photius 187 ff und *ders.,* The Idea of Apostolicity in Byzantium and the Legend of the Apostle Andrew (Cambridge, Mass. 1958) 253.

[10] *Hergenröther,* Photius I 662 ff, III 171.

[11] ByZ 40 (1940) 522—525.

[12] L'opuscule contre la primauté romaine attribué à Photius: Mélanges L. Vaganay II (Lyon 1938) 43—66.

[13] PG 104, 1219—1232.

tums an Verfehlungen und Irrtümern aufweist. Man legt eine solche Sammlung nur an, wenn man ein Bedürfnis fühlt, sich ihrer zu bedienen. Mit anderen Worten: Der Eindruck läßt sich nicht von der Hand weisen, daß nach des Patriarchen Überzeugung sowohl die Trinitätslehre des Westens, jenes Westens, dessen Führer Rom war, wie auch die Primatslehre Roms Angriffsflächen boten, die es festzustellen galt, um im Bedarfsfall mit der Wucht historischer Argumente auffahren zu können. Solange Rom ihn anerkannte, sah er keine Veranlassung, sein Arsenal hervorzuholen; aber er pflegte es und öffnete gelegentlich die Tore, um den Gegner von morgen seinen Reichtum sehen zu lassen. Grundfragen der Kirche und der Theologie erhielten damit den Charakter des Manipulierbaren. Die Kirchenpolitik triumphierte. Ob Photios darüber an einen Universalprimat der konstantinopolitanischen Kirche dachte, scheint mir eine andere Frage zu sein[14]. Von seinen Träumen wissen wir nichts. Daß er den Primat expressis verbis gefordert hätte, kann wohl kaum bewiesen werden, wenn man nicht übersieht, daß eine strenge Interpretation des Begriffes „erster Sitz" in Byzanz zunächst mit dem Primat innerhalb der Ostkirchen rechnen muß, während die Ausdehnung auf die Gesamtkirche zusätzlich formuliert sein müßte. Man kann m. E. vor allem aus der Epanagoge, deren Einleitung und erster Teil sicher von Photios stammen, keinen solchen Primatsgedanken herausschälen, wobei es gleichgültig für die Ansichten des Patriarchen bleibt, ob die Epanagoge jemals als Gesetzbuch veröffentlicht wurde oder nicht. Nicht einmal das konstantinische Kirchenwesen wird durch die Abhandlung über die Patriarchengewalt zerstört, und kein echter Papalismus läßt sich herauslesen. Die Akzente auf die Vollmachten des Patriarchen werden stärker gesetzt, als man es aus der byzantinischen Kirchengeschichte gewöhnt ist, das Prinzip der alten Kaisergewalt jedoch bleibt bestehen[15]. Im Auf und Ab des im Grunde immer ungeklärten verfassungsmäßigen Verhältnisses zwischen Kaiser und Patriarch stellt die Epanagoge nur eben eine Phase dar, während welcher ein imponierender Patriarch den Versuch macht, den Einfluß, den er tatsächlich ausübt, auch schriftlich zu verankern. Eine Beziehung zum Universalprimat ist in diesem Werk überhaupt nicht gegeben. Nicht einmal in der Enzyklika von 867 — und wo wäre es passender gewesen? — erhebt Photios dergleichen Ansprüche. Was aber die lateinische Polemik eines Ratramnus und seiner Genossen angeht, so erklärt sie sich unschwer aus den Vorwürfen des Papstes Nikolaus, für den die Widerspenstigkeit des Photios genügte, um ihn solcher Bestrebungen zu zeihen.

[14] Besonders stark betont diese Tendenz des Photios *F. Dölger*, Byzanz und die europäische Staatenwelt (Ettal 1953) 101—105. Die von ihm zitierte Stelle der Quaest. Amphil. spricht vom κοινὸν κράτος, das auf Byzanz übergegangen ist; dies aber bedeutet das universale Reich und nicht den kirchlichen Primat.

[15] Vgl. *A. Esser*, Die Lehre der Epanagoge und eine oströmische Reichstheologie: FZThPh 10 (1963) 63 ff.

So bleibt das Bild des Patriarchen schwankend. Rein hypothetisch mag man zu dem Ergebnis kommen, daß es Photios in erster Linie um die Anerkennung seines Patriarchats ging. Um sie durchzusetzen, war ihm die Anerkennung des römischen Primats ebenso recht wie seine Leugnung und Einschränkung. Allein schon damit bewies er, daß er immer eine umstrittene Persönlichkeit der Kirchengeschichte bleiben würde. Auch die Byzantiner selbst haben dies gewußt, zumindest gespürt. Der Fall Photios ist ein Modellfall der byzantinischen Kirchengeschichte geworden. So gering die Auswirkungen seines Schismas für das Jahr 1054 waren, wenn man unmittelbare Beziehungen sucht, so exemplarisch war der Vorgang seines Schismas als solcher.

Das Erstaunliche an dieser Persönlichkeit ist es, daß man mit einer Würdigung seiner Politik gegenüber dem Schisma im Innern und gegenüber Rom seiner Persönlichkeit nicht gerecht werden kann. Das gilt für die Geschichte des gesamten griechischen Schismas. Eine ökumenische Kirchengeschichtsschreibung kann sich nicht damit begnügen, auf die byzantinische Kirche und ihre Hierarchen nur einen Lichtkegel fallen zu lassen, der die Ost-West-Beziehungen beleuchtet. Photios ist der universalste Gelehrte seiner Zeit. Und diese Gelehrsamkeit ist nicht nur Apanage der klassischen Philologie. Seine berühmte „Bibliothek" behandelt zu mehr als fünfzig Prozent Autoren der christlichen Antike und hat damit der Patristik eine ungeheure Fülle von Material erhalten, die ohne ihn verloren wäre. In seinen „Quaestiones disputatae", den sogenannten Amphilochiana[16], leert er einen Exzerptenschatz vor uns aus, der ihn als Theologen von weitesten Interessen und vor allem als „Theologen von Geschmack" erweist. Seine größte Stärke ist ohne Zweifel die Exegese. Die „antiochenische" Methode seiner Bibeldeutung kombiniert philologische Akribie und theologischen Blick und sticht damit auf das vorteilhafteste von den krausen Allegoresen seiner Zeitgenossen und Nachfahren in Ost und West ab. Nicht wenigen Problemen ist er mit Überlegungen zu Leibe gerückt, die erst von der Theologie der Neuzeit wiederaufgenommen und als eigene Entdeckungen gerühmt wurden[17]. Eine der angenehmsten Überraschungen aber ist der Prediger Photios. Selbstverständlich opfert auch er dem Genius der byzantinischen Rhetorik, aber sie verdeckt nie das Grundanliegen der Ermahnung und Erbauung. Er findet Töne, die unmittelbar anrühren können und die einen besorgten Hirten fern aller Politik verraten[18].

In diesem Zusammenhang ist auch der byzantinischen Mission der Zeit

[16] PG 101, 45—1172.

[17] Man vgl. dazu jetzt *K. Staab,* Die Pauluskommentare der griechischen Kirche (Münster 1933) und *J. Reuss,* Matthäus-Kommentare aus der griechischen Kirche (Berlin 1957).

[18] Hrsg. von *S. Aristarches,* 2 Bde (Konstantinopel 1900/01); einiges PG 102, 548—576. Wichtig *C. Mango,* The Homilies of Photius, Patriarch of Constantinople, English Translation, Introduction and Commentary (Cambridge, Mass. 1958).

des Photios zu gedenken. Man darf seine Initiative sowohl bei der Chazaren- wie bei der Bulgaren- und Mährenmission unterstellen, und wir kennen seine Bemühungen, Armenien wieder für die Orthodoxie zu gewinnen. Schließlich sind auch seine zahlreichen Briefe und Patriarchalakten zu nennen[19]. Die Sorge um die sittliche Reinheit des Klerus hat ihm immer wieder die Feder in die Hand gedrückt. Ebensooft aber nimmt er die Bevölkerung vor der Willkür der Beamten in Schutz, tadelt in scharfen Worten deren Übergriffe, und zwar nicht nur da, wo es sich um kleine Steuerbeamte oder entfernte Gouverneure handelt, sondern auch so hohen Beamten gegenüber, wie es die Spitzen der konstantinopolitanischen Stadtverwaltung waren. Immer aber spricht aus seinen Schreiben das Bestreben, der Kirche den Frieden zu geben und selbst mit jenen, die nicht geneigt waren „Photianer" zu werden, zu einer Verständigung zu kommen. Ohne das Schisma könnte Photios in die Geschichte eingehen nicht nur als großer Gelehrter, sondern auch als bedeutender Patriarch. Fast ist man geneigt, einen im Grunde fehlerhaften circulus zu schließen und zu sagen: Photios sei der Byzantiner schlechthin. Jedenfalls repräsentiert er gültig die byzantinische Kirche seiner Zeit, ihr Tun und Träumen, ihren Ruhm und ihre Gefahr.

[19] Übersicht bei *Grumel Reg* nn. 508—589.

SIEBTER ABSCHNITT

Abendländische Völkergemeinschaft und Kirche von 900 bis 1046

Univ.-Professor Dr. Friedrich Kempf SJ, Rom

QUELLEN: *Mansi* XVIII 249 — XIX 620; *Hefele-Leclercq* IV 2, 721—994; die weiteren Angaben s. bei den Kapiteln.

LITERATUR: Gesamtdarstellungen: Unter den universalgeschichtlichen Werken, zit. in Allg. Bibl. II, 1 a—b, vgl. vor allem *Glotz* II; Historia Mundi V—VI; *Cartellieri*, Weltstellung des deutschen Reiches; *Hampe*, Hochmittelalter. — Zur Kirchengeschichte Allg. Bibl. II, 3, besonders wichtig dort *Fliche-Martin* VII; Allg. Bibl. II, 5, vor allem *Haller* II; vgl. ferner *Hauck KD* III.

Zu Staat und Gesellschaft: Allg. Bibl. II, 8 a—b, vor allem *Mitteis*, Staat des hohen Mittelalters, und *Erdmann*, Zur politischen Ideenwelt. — Settimane di studio del Centro italiano di studi sull'alto medio evo II: I problemi dell'Europa postcarolingia (Spoleto 1955); VII: La città nell'alto medio evo (Spoleto 1959); Studien zu den Anfängen des europäischen Städtewesens, Vorträge und Forschungen IV (Lindau - Konstanz 1958).

Zur Theokratie: Allg. Bibl. II, 8 c. — *H. Beumann*, Die sakrale Legitimierung des Herrschers im Denken der ottonischen Zeit: ZSavRGgerm 66 (1948) 1—45; *C. Erdmann*, Der Heidenkrieg in der Liturgie und die Kaiserkrönung Ottos I.: MIÖG 46 (1932) 129 bis 142; *J. Kirschberg*, Kaiseridee und Mission unter den Sachsenkaisern und den ersten Saliern (Berlin 1934); *H. Bünding*, Das Imperium christianum und die deutschen Ostkriege vom 10.—12. Jh. (Berlin 1940).

Zum Renovatio-Gedanken: *P. E. Schramm*, Kaiser, Rom und Renovatio (Darmstadt ²1957), bleibt grundlegend; *F. Heer*, Die „Renaissance"-Ideologie im frühen Mittelalter: MIÖG 57 (1949) 23—81; *G. Ladner*, Die mitteltalterliche Reformidee und ihr Verhältnis zur Renaissane: MIÖG 60 (1952) 31—59; *E. Anagnino*, Il concetto di rinascita attraverso il medio evo, V—X secolo (Milano - Napoli 1958); vgl. ferner Kap. 28.

27. Kapitel

Die Kirche in Frankreich, Italien und Deutschland

QUELLEN: Frankreich: *Flodoard*, Annales (919—966): CollText 39, ed. *M. Ph. Lauer* (1905); MGSS III 363—408; *Flodoard*, Historia Remensis ecclesiae (bis 948): MGSS XIII 405—599; *Richer*, Historiarum libri IV (bis 995 bzw. 998; nicht sehr zuverlässig): ClassHist 12, 17, ed. *R. Latouche* (1930, 1937); MGSS rer. Germ., ed. *G. Waitz* (1877); *Rodulphus Glaber*, Historiarum libri V (1000—1045; voller Wundergeschichten, kein eigentlicher historischer Zweck verfolgt): CollText 1, ed. *M. Prou* (1886); Auszüge: MGSS VII 48—72; *Ademar von Chabannes*, Chronicon (bis 1028): CollText 20, ed. *J. Chavanon* (1897); MGSS IV 106—148; die Briefe *Gerberts* vgl. in folg. Kap. — Königsurkunden: Recueil des actes de Charles III, ed. *Lauer* (Paris 1949); ... de Louis IV, ed. *Lauer* (Paris 1914); ... de Louis IV, ed. *Lauer* (Paris 1914); ... de Lothaire et de Louis V, ed. *M. L. Halphen* (Paris 1907); s. Allg. Bibl. I, 3: Académie etc., Chartres et diplômes. — Regesten: *Ch. Pfister,* Études sur le règne de Robert le Pieux (Paris 1885); *F. Soehnée,* Catalogue des actes d'Henry Ier (Paris 1907).

Deutschland: *Widukind von Corvey,* Rerum gestarum Saxonicarum libri III (bis 957/958; Zusätze 973): MGSS rer. Germ., ed. *P. Hirsch - A. E. Lohmann* ([5]1935); Continuator Reginonis (907—967; wahrscheinlich von *Adalbert,* damals Abt von Weißenburg, später Erzb. von Magdeburg): MGSS rer. Germ., ed. *F. Kurze* (1890, mit Regino); Annales Hildesheimenses (bes. wichtig für 974—1040): MGSS rer. Germ., ed. *G. Waitz* (1878); Annales Quedlingburgenses (wichtig für Otto III. und Heinrich II.): MGSS III 22—90; Annales Sangallenses maiores (bis 1024; fortgesetzt bis 1044): MGSS I 73—85; *Ruotger,* Vita Brunonis (Erzb. von Köln 953—965): MGSS rer. Germ. NS 10, ed. *I. Ott* (1951); *Gerhard,* Vita Uldalrici (Bisch. von Augsburg 923—973): MGSS IV 377—428; PL 135, 1001—1070; *Thietmar von Merseburg,* Chronicon (bis 1018): MGSS rer. Germ. NS 9, ed. *R. Holtzmann* (1935). — Königs-, Kaiserurkunden: MGDD I (Konrad II. — Otto I.); II (Otto II. — Otto III.); *J. F. Böhmer,* Regesta imperii I (für Karolinger bis 918), neu hrsg. von *E. Mühlbacher - J. Lechner* (Innsbruck [2]1908); II (für sächsisches Haus) Abt. 1 (Heinrich I. — Otto I.), neu hrsg. von *E. v. Ottenthal* (Innsbruck [2]1893); Abt. 2 (Otto II.) von *H.-L. Mikoletzky* (Graz 1950); Abt. 3 (Otto III.) von *M. Uhlirz* (Graz 1956/57). Für die folgenden Herrscher s. Kap. 32. — Konzilien: *M. Boye,* Quellenkatalog der Synoden Deutschlands und Reichsitaliens 922—1059: NA 48 (1930) 45—96.

Papsttum—Rom—Italien: *Duchesne LP* II, S. IX—XX 236—264; *Watterich* I 32—90; *Benedikt von S. Andrea,* Chronicon (bis 968): FontiStIt 50 (1020), ed. *G. Zucchetti;* MGSS III 695—722; *Liutprand von Cremona,* Antapodosis (888—949): MGSS rer. Germ., ed. *J. Becker* ([3]1915); Chronicon Salernitanum (bis 974): ed. *U. Westerbergh* (Stockholm 1956); MGSS III 467—561. — Königsurkunden: alle hrsg. von *L. Schiaparelli,* I diplomi di Berengario I: FontiStIt 35 (1903); ... di Guido e di Lamberto: ebd. 36 (1906); ... di Lodovico III e di Rodolfo II: ebd. 37 (1910); ... di Ugo e di Lotario, di Berengario II e di Adalberto: ebd. 38 (1924).

Genaueres über die Quellen bei *Wattenbach-Holtzmann* I 1—2; *Jacob-Hohenleutner* II.

LITERATUR: Frankreich: Noch immer wichtig die von *E. Lavisse* hrsg. Histoire de France II 1—2 (Allg. Bibl. II, 2); die Monographien für die einzelnen Könige s. in *Fliche-Martin* VII 11. — *P. Poupardin,* Le royaume de Provence sous les Carolingiens 855 bis 933 (Paris 1901); *ders.,* Le royaume de Bourgogne 888—1038 (Paris 1907); *A. Hofmeister,* Deutschland und Burgund im frühen Mittelalter (Leipzig 1914). — *F. Lot - R. Fawtier,* Histoire des institutions françaises au moyen âge, I: Institutions seigneurales (Paris 1957); *K. F. Werner,* Untersuchungen zur Frühzeit des französischen Königtums: WaG 18 (1958) 256—289, 19 (1959) 146—193, 20 (1960) 87—119; *P. E. Schramm,* Der König von Frankreich, 2 Bde (Weimar [2]1960). — Kirchengeschichte: Allg. Bibl. II, 4; *D. W. Lowis,* The History of the Church in France 950—1000 (London 1926); *E. Lesne,* Histoire de la propriété ecclésiastique en France du IXe au IXe siècle, II: La propriété ecclésiastique et les droits régaliens à l'époque carolingienne (in 4 Heften, Paris 1922/36); *Th. Schieffer,* Die päpstlichen Legaten in Frankreich 870—1130 (Berlin 1935); zu den Bischofswahlen s. Kap. 35.

Deutschland: Allg. Bibl. II, 2. — *Giesebrecht* I; JbbDG (Allg. Bibl. II, 2): für Konrad I. von *E. Dümmler,* Geschichte des ostfränk. Reiches III (Leipzig [2]1888); für Heinrich I. von *G. Waitz* (Leipzig [3]1885); für Otto I. von *R. Köpke - E. Dümmler* (ebd. 1876); für Otto II. von *K. Uhlirz* (ebd. 1902); für Otto III. von *M. Uhlirz* (Berlin 1954). Grundlegend ist *R. Holtzmann,* Geschichte der sächsischen Kaiserzeit 900—1024 (München

[3]1955); weitere Lit. zur politischen Geschichte: *Gebhardt-Grundmann* I § 48—65. — *Hauck* III 1—388; *L. Santifaller*, Zur Geschichte des ottonisch-salischen Reichskirchensystems: SAW Phil.-Hist. Kl. 229, 1 (Wien [2]1964) mit wichtigen Übersichten über Königs- und Papstprivilegien und ausführlichem Quellen- und Literaturverzeichnis zu den Päpsten von 955—1057; *M. Boye*, Die Synoden Deutschlands und Reichsitaliens 922—1059: ZSavRGkan 49 (1929) 131—284; *H. Barion*, Das fränkisch-deutsche Synodalrecht des Frühmittelalters (Bonn - Köln 1931); *O. Engelmann*, Die päpstlichen Legaten in Deutschland bis zur Mitte des 11. Jh. (Diss. Marburg 1911); vgl. auch Lit. zu Kap. 28, 30—31.

Italien: Allg. Bibl. II, 2, dort vor allem *Hartmann* III—IV; weitere Lit. für Italien und Rom in Kap. 28. — *J. Ficker*, Forschungen zur Reichs- und Rechtsgeschichte Italiens, 4 Bde (Innsbruck 1868/74); *P. S. Leicht*, Storia del diritto pubblico italiano (Milano 1938); *S. Pivano*, Stato e Chiesa da Berengario I ad Arduino 880—1015 (Torino 1908); *G. Fasoli*, I re d'Italia 888—962 (Firenze 1949); *A. Hofmeister*, Markgrafen und Markgrafschaften im italischen Königsreich 774—962: MIÖG ErgBd 7 (1907) 215—435; *E. Hlawitschka*, Franken, Alemannen, Bayern und Burgunder in Oberitalien 774—962 (Freiburg i. Br. 1960); *J. Gay*, L'Italie méridionale et l'empire byzantin (Paris 1904); *P. Lamma*, Il problema dei due imperi e dell'Italia meridionale nel giudizio delle fonti letterarie dei secoli IX—X: Atti del 3° congresso internazionale di studi sull'alto medio evo (Spoleto 1959) 155—253; *G. Dilcher*, Bischof und Stadtverfassung in Oberitalien: ZSavRGgerm 81 (1964) 225—266; Vescovi e diocesi in Italia nel medioevo, sec. IX—XIII: Atti del II convegno di Storia della Chiesa in Italia (Padova 1964).

Rom: Allg. Bibl. II, 5. — *W. Kölmel*, Rom und der Kirchenstaat im 10. und 11. Jh. bis in die Anfänge der Reform (Berlin 1935); *O. Gerstenberg*, Die politische Entwicklung des römischen Adels im 10. und 11. Jh. (Berlin 1933); *A. Solmi*, Il senato romano nell'alto medioevo 757—1143 (Roma 1944); *P. E. Schramm*, Kaiser, Rom und Renovatio (Darmstadt [2]1957).

Aus innerer Wahlverwandtschaft waren Kirche und karolingisches Imperium zusammengewachsen. Da beide Institutionen eine in der christlichen Existenz gründende übervölkische Einheit anstrebten, hatte die Universalität der Kirche zur Konsolidierung des Imperiums beigetragen und, umgekehrt, der weite Raum des Imperiums eine einheitliche, an der römischen Tradition orientierte Gestaltung kirchlicher Verhältnisse ermöglicht. Der Zerfall des Großreiches, in Frankreich und in Italien vom Zerfall der Königsgewalt begleitet, mußte daher die Kirche besonders schwer treffen. Der Sieg der Partikulargewalten ließ sie noch stärker als vorher in den Bannkreis germanisch-romanischer Rechtsvorstellungen geraten. Zur Anpassung an die regional verschiedenen Lebensformen genötigt, verlor sie viel von ihrer eigentlichen, auf Einheit und Universalität beruhenden Stoßkraft. Und da die Wissenschaft überprovinzieller Zusammenarbeit bedarf, bildeten sich die so glücklich eingeleiteten theologischen Studien zurück.

Der Kirchenhistoriker hat deswegen nicht unrecht, wenn er das 10. Jh. ein saeculum obscurum oder ferreum nennt. Nur sollte er damit weniger die Vorstellung des Zerfalls als der Umformung und Neuwerdung verbinden und sich bewußt sein, daß vieles von dem, was zunächst zerstörend wirkte, das künftige Abendland und die künftige Kirche aufbauen half.

Frankreich

Von äußeren Feinden hatte das Westreich im 10. Jh. verhältnismäßig wenig zu leiden. Die seit Ende des 9. Jh. einsetzenden Raubzüge der Ungarn gelangten nur selten über Lothringen hinaus[1]; die in Fraxinetum seit etwa 888 eingenisteten Mauren belästigten hauptsächlich die angrenzenden Gebiete, und der verschiedenen Normannengruppen konnte man allmählich Herr werden, seitdem die unter Rollo stehenden Seine-Wikinger von König Karl dem Einfältigen Land zu Lehen genommen hatten und unter Aufgabe ihrer Lebensformen, ihrer Sprache und Religion seßhaft zu werden begannen[2]. Wohl aber mußte Westfrancien innere Fehden bestehen; denn es gab kein starkes Königtum mehr, das die Anarchie hätte meistern können. Der Auflösungsprozeß der Königsgewalt, der schon unter Karl dem Kahlen († 878) eingesetzt hatte, schritt im 10. Jh. um so hemmungsloser voran, als das westfränkische Karolingergeschlecht seinen Legitimitätsanspruch nur mit größter Mühe gegenüber den nach der Krone strebenden, ungleich mächtigeren Robertinern behaupten konnte. Erst nach dem Tode des kinderlosen Ludwig V. (987) trat die Wende ein: der damals gewählte Robertiner, Hugo Capet, begründete eine Dynastie, die in gerader Linie bis 1328, in Nebenlinien bis 1848 herrschen sollte. Hugo Capet übernahm freilich ein gänzlich zerrüttetes Königtum. Hatten die unabhängigen Baronien schon zu Beginn des Jahrhunderts die beträchtliche Zahl von 29 erreicht, so waren sie im Jahre 987 auf 50 angewachsen.

Für die Kirchen ergab sich damit eine ganz eigene Situation. Da die Lehensfürsten: Grafen, Markgrafen oder Herzöge, nach und nach sämtliche Hoheitsrechte an sich rissen, geriet ein beträchtlicher Teil der französischen Bistümer unter ihre Herrschaft. Zur Zeit des Investiturstreites verfügten die Kapetinger von den insgesamt 77 zählenden Bistümern bloß über 25. Die Kirchenhoheit der Fürsten nahm teilweise den Rechtscharakter des Eigenkirchenwesens an und führte vor allem in den südlicheren Gegenden zu bedenklichen Auswüchsen. Wie jedes andere Wertobjekt, konnten dort die Bistümer ganz oder teilweise an Familienmitglieder, also auch an Ehefrauen und Töchter, verschenkt oder an Außenstehende verkauft werden. Außerdem dienten sie den die Bischofswahl beherrschenden Fürsten gerne zur Versorgung ihrer Söhne, so daß es in manchen Diözesen für geraume Zeit zu einer konstanten dynastischen Besetzung kam. Nicht selten wurden die Kirchen zum Spielball politischer Machtkämpfe. Das Erzbistum Reims, das

[1] Vgl. *R. Lüttich*, Ungarnzüge in Europa im 10. Jh. (Berlin 1910); *G. Fasoli*, Le incursioni ungare in Europa nel sec. X (Florenz 1945), und: CCivMéd 2 (1959) 17—35; über Ungarn s. auch Kap. 31.

[2] *W. Vogel*, Die Normannen und das fränkische Reich (Heidelberg 1906); *H. Prentou*, Essai sur les origines et la fondation du duché de Normandie (Paris 1911); *D. Douglas*, Rollo of Normandie: EHR 57 (1942) 417—436.

an sich dem König unterstand, mußte es besonders hart erfahren[3]. Mit dem Gegenkönig Rudolf verbündet, hatte der mächtige Graf Herbert von Vermandois 925 erreicht, daß sein fünfjähriger Sohn Hugo zum Erzbischof gewählt und er selbst mit der Verwaltung der Kirchengüter betraut wurde. Ein bald ausbrechender Zwist veranlaßte König Rudolf 931 zur Erhebung des Mönches Artold, der sich auch unter dem Karolinger Ludwig IV. hielt, bis die dem König verfeindeten Grafen Herbert von Vermandois und Hugo von Paris 940 Reims eroberten und Hugo von Vermandois als Erzbischof inthronisierten. Aber der deutsche König Otto I., der Ludwig von Frankreich vor seinen Vasallen schützte, führte Artold 948 mit Waffengewalt nach Reims zurück, und der Versuch der Söhne Herberts von Vermandois, wenigstens nach Artolds Tod (961) ihrem Bruder wieder den Erzstuhl zu verschaffen, mißlang. Neue Wirren begannen unter Hugo Capet. Hugo vertraute 988 Arnulf, einem natürlichen Sohn des vorletzten Karolingers, die Reimser Kirche an, ließ ihn aber 991 durch eine Synode absetzen, weil er die Stadt an seinen Onkel, Herzog Karl von Lothringen, verraten hatte. Als Nachfolger wurde der Reimser Domscholaster, Gerbert von Aurillac (der spätere Papst Silvester II.), gewählt. Der nun entbrennende Rechtsstreit, der mit der Wiedereinsetzung Arnulfs endete, erhielt durch die Beteiligung des Papsttums sowie des Kaisers Otto III. eine über Frankreich hinausführende Bedeutung und wird daher in anderm Zusammenhang zu behandeln sein (Kapitel 35). In jedem Fall entsprach Hugo Capets Vorgehen durchaus den Anschauungen der Zeit. Infolge der vasallitischen Bindung der Bischöfe an ihre Fürsten galt Felonie als vollgültiger Absetzungsgrund.

Und doch stand es um die Kirchen Frankreichs besser, als man auf den ersten Blick hin annehmen möchte. Der Sieg des Partikularismus hatte zur Folge, daß die Bischöfe und Äbte nicht wie in Deutschland mit neuen wichtigen Hoheitsrechten ausgestattet wurden. Sie verwuchsen daher weniger stark mit den neuen Herrschaftsformen; im Gegenteil, die Willkürakte so mancher Kirchenherren stärkten die Widerstandskräfte, über die die französischen Kirchen auf Grund einer langen Tradition verfügten. So blieb das alte kanonische Recht unvergessen. Ähnlich wie damals das französische Königtum trotz seiner Machtlosigkeit keineswegs auf seinen obersten Herrschaftsanspruch verzichtete, hielten Männer der Kirche gewisse Grundprinzipien, wie etwa das Recht auf freie kanonische Wahl, durchaus fest. Da sie nicht auf Gedeih und Verderb mit einem Regierungssystem verbunden waren, konnten sie zudem viel leichter eine eigene religiös-kirchliche Initiative entfalten, wobei ihnen nicht selten fromme Fürsten zur Seite standen. Es sei hier nur an die Reformarbeit Clunys oder an die Gottesfriedensbewe-

[3] Vgl. *A. Dumas,* L'église de Reims au temps des luttes entre Carolingiens et Robertiens: RHEF 30 (1944) 5—38; *H. Zimmermann,* Frankreich und Reims in der Politik der Ottonen: MIÖG ErgBd 20 (1962/63) 122—146.

gung erinnert. Als daher im 11. Jh. das Papsttum die innerkirchlichen Kräfte für die große Reform einsetzte, lag kein Land seinem Bemühen so offen wie Frankreich. Nicht allein der unter Klerikern und Laien gewachsene religiös-kirchliche Sinn trug dazu bei, sondern auch die unter König und Fürsten aufgeteilte Kirchenhoheit. Die Fürsten waren nicht mächtig genug, ihre Rechte gegenüber dem Druck des Reformpapsttums zu behaupten, und der König konnte sich leichter zu Verzichten entschließen als etwa der deutsche Herrscher, weil die politischen Rechte der französischen Kirchenfürsten geringeren Umfang hatten.

Italien

Die politischen und kirchlichen Verhältnisse Italiens bieten ein besonders verwirrtes Bild. Das lombardische Königtum, seit Lamberts Tod 898 wieder im Besitz Berengars von Friaul, war so schwach, daß es Berengar nur mit Mühe gegenüber dem Zugriff erst König Ludwigs von Niederburgund (er kehrte 905 geblendet in sein Stammland zurück), dann seit 921 König Rudolfs II. von Hochburgund verteidigen konnte. Berengars Ermordung 924 ebnete Rudolf den Weg, aber er mußte Hugo von Vienne weichen, der ca zwanzig Jahre die Herrschaft fest behauptete, bis ihn die Opposition Graf Berengars von Ivrea und seines Anhangs zur Flucht zwang. Als sein Sohn und Nachfolger Lothar 950 starb, gewann endlich wieder ein einheimischer Fürst, Berengar von Ivrea, die Krone. Ein Jahr darauf legte jedoch der deutsche Herrscher Otto I. seine Hand auf das lombardische Reich und besiegelte damit das Schicksal des mittelalterlichen Italien. Neben dem Königtum sind in Nord- und Mittelitalien große dynastische Herrschaften entstanden, so in den Gebieten der Markgrafen von Tuszien, von Ivrea, Friaul und der Aledramiden in Piemont. Weiter nach Süden zu hielten sich die selbständig gebliebenen Reste des langobardischen Reiches, die Herzogtümer Spoleto und Benevent, der Prinzipat von Salerno, die Grafschaft Capua. Die Griechen hatten nach Kaiser Ludwigs II. Tod in energischem Kampf mit den Arabern wieder festen Fuß fassen und ihre Themen von Kalabrien und Langobardien neu zusammenschließen können. Gaeta, Neapel und Amalfi standen unter ihrer nominellen Hoheit.

Das politische Chaos lockte die Feinde ins Land. Seit 899 fielen die Ungarn ein und stießen auf ihren häufigen Raubzügen bald auch in den Süden vor. Die spanischen Mauren suchten von Fraxinetum aus den westlichen Norden heim, die sizilischen und afrikanischen Sarazenen Süd- und Mittelitalien. Fraxinetum wäre 942 von König Hugo von Italien und von den verbündeten Griechen genommen worden, wenn Hugo ernstlich gewollt hätte; es fiel erst 983. Im Süden konnte die nordafrikanische Dynastie der Aghlabiden die 827 begonnene Eroberung Siziliens 902 abschließen, wogegen ihr 900—902 unternommener Vorstoß nach Unteritalien scheiterte. Ohne eigentliches Abhängigkeitsverhältnis von Sizilien oder Nordafrika standen die arabischen Banden, die am Ausfluß des Garigliano unweit von Gaeta auf dem Monte Argento ein festes Lager bezogen hatten und von da auf Brandschatzung auszogen, bis die vereinten Kräfte der Griechen, der Fürsten von Capua, Salerno und Spoleto sowie des Papstes Johann X. und der Römer ihrem Treiben ein Ende bereiteten (915)[4].

In dem ausgeplünderten und zersplitterten Land fand die Kirche territorial verschiedene Lebensbedingungen vor. Das galt sogar für den byzantinischen Besitz: Die Kirchen des Themas Langobardien waren außer der Terra d'Otranto größtenteils lateinisch und unterstanden nicht dem Patriarchat von Konstantinopel, während die des Themas Kalabrien zum griechischen Liturgie- und Rechtsbereich gehörten[5]. Sie alle hingen natürlich stark von der kaiserlichen Regierung ab. Ganz andere Verhältnisse herrschten im Norden Italiens. Da die inneren Fehden sowie die Einfälle der Ungarn die Städte zur Selbstverteidigung zwangen, gewannen die lombardischen Bischöfe durch Erweiterung der missatischen Gewalt, die Karl der Kahle 876 allen italienischen Bischöfen für das Stadtgebiet zugestanden hatte, eine überragende Position. Indem sie dem Stadtgebiet bedeutende Teile des flachen Landes angliederten, bald auch Grafschaftsrechte über die Stadt oder sogar über ganze Distrikte erwarben und weltliche Adelige in die Vasallität zwangen, bildeten sie regelrechte städtische Territorien aus. Von geringerem Umfang waren die Stadtrechte der Bischöfe Mittelitaliens. In großen Seestädten, wie etwa in Venedig, gelangte die Herrschaft an ein weltliches Patriziat.

In Rom bahnte sich eine ähnliche Entwicklung an wie in den Gebieten von Benevent, Capua und Neapel, wo die jeweiligen Herrscher über das Bistum verfügten. Die seit 882 einsetzenden Wirren hatten den Einfluß der römischen Aristokratie und benachbarter Fürsten ständig vermehrt. Mit der Erhebung machtloser Kaiser: Ludwigs von Niederburgund 901 und Berengars von Friaul 915, war nichts geleistet; Rom mußte sich selbst helfen. Den Anfang zu einer stärkeren Konzentration der Kräfte machte man 904. Damals kehrte der 897 gewählte, aber gegenüber dem Formosianer Johann IX. unterlegene Papst Sergius III. mit Hilfe des fränkischen Emporkömmlings, des Herzogs Alberich von Spoleto, und einer römischen, von Theophylakt angeführten Adelspartei in die Ewige Stadt zurück. Papst Christophorus, der 903 den kaum erhobenen Leo V. gestürzt hatte, erfuhr das Schicksal

[4] Zu den Ungarn oben Anm. 1; zu den Sarazenen Süditaliens im 9.—10. Jh.: *N. Cilento:* Archivio della storia della provincia Napoletana 77 (1959) 109—122; *M. Amari,* Storia dei musulmani di Sicilia, neubearb. von *C. A. Vallino,* II—III (Catania 1933/39). Zur Schlacht am Garigliano: *P. Fedele:* ASRomana 22 (1899) 181—211; *O. Vehse:* QFIAB 19 (1927) 181—204.

[5] So *W. Holtzmann,* Papsttum, Normannen und griechische Kirche 71 f, zitiert unten S. 403 mit weiterer Lit.

seines Vorgängers; er wurde eingekerkert und mit Leo wahrscheinlich umgebracht. Der Pontifikat des Sergius bedeutete den Endsieg der Antiformosianer. Sie zwangen den römischen Klerus, auf einer Synode sämtliche, von Formosus erteilten Weihen für ungültig zu erklären. Die Maßnahme, die sich weit über Rom hinaus bis nach Unteritalien auswirkte, löste einerseits scharfe Proteste und gehässige Anschuldigungen aus, anderseits warf sie die theologisch wichtige Frage nach der Gültigkeit der Weihen auf, die vor allem von dem fränkischen, in Neapel lebenden Formosianer Auxilius mit beachtlichem Niveau abgehandelt wurde[6]. Sergius III. saß freilich zu fest im Sattel, als daß er sich um seine außerhalb Roms lebenden Gegner hätte zu kümmern brauchen. Dem römischen Adel angehörig, stützte er sich auf Theophylakt, seit 904 Finanzmann des Heiligen Stuhles (vestararius) und zugleich Führer der römischen Miliz (magister militum). Theophylakts schwer zu definierender Vorrang, der in Titeln wie dux, senator Romanorum, consul et dux seinen Ausdruck fand, wurde durch die Vermählung seiner Tochter Marozia mit Alberich von Spoleto verstärkt und sicherte Rom für längere Zeit den Frieden.

Die Stellung des Papsttums hing zunächst noch von der Tüchtigkeit der jeweiligen römischen Bischöfe ab[7]. Auf den energischen Sergius III. folgten Anastasius III. (911—913) und Lando (913—914), von denen wir so gut wie nichts wissen, aber der dann nach Rom transferierte Erzbischof von Ravenna, Papst Johann X. (914—928), war zweifellos eine starke Persönlichkeit. Daß er früher mit Theophylakts Gemahlin Theodora in buhlerischem Verhältnis gestanden hätte, wird man dem skandalsüchtigen Berichterstatter Liutprand von Cremona ebensowenig glauben dürfen wie die von demselben behauptete Liebschaft zwischen Sergius III. und Marozia. Johann X., der mit Theophylakt und Alberich von Spoleto die gegen die Araber gerichtete Liga wesentlich gefördert und an der Garigliano-Schlacht 915 persönlich teilgenommen hat, war kein Höriger des römischen Adels. Nach Theophylakts und Alberichs Tod (ca. 924) begann er sogar, selbständig Politik zu treiben, indem er mit König Hugo von Italien unter dem Versprechen der Kaiserkrone ein Bündnis einging und seinen eigenen Bruder Petrus mit möglichst großer Macht auszustatten suchte. Hier trat ihm jedoch Marozia, das Haupt der Familie Theophylakts, entgegen, seit 926 Gemahlin des Markgrafen Guido von Tuszien. Petrus wurde 927 erschlagen, und Johann X. wanderte 928 ins Gefängnis, um dort, vielleicht erdrosselt, sein Leben zu enden. Die

[6] *E. Dümmler,* Auxilius und Vulgarius, Quellen und Forschungen zur Geschichte des Papsttums im Anfang des 10. Jh. (Leipzig 1866).

[7] Vgl. *G. Buzzi,* Per la cronologia di alcuni pontefici dei secoli X—XI: ASRomana 35 (1912) 611—622; *P. Fedele,* Ricerche per la storia di Roma e del papato: ebd. 33 (1910) 174—247, 34 (1911) 75—115 393—423 (wichtig für die Zerstörung der „Pornokratie"-Legenden); *L. Duchesne,* Serge III e Jean XI: MAH 33 (1913) 25—64; *T. Venni,* Giovanni X: ADRomana 59 (1936) 1—136.

folgenden Päpste: Leo VI. (928—929), Stephan VII. (929—931) und endlich Marozias Sohn Johann XI. (931—936) bedeuteten nichts; das Papsttum hatte seine Freiheit verloren.

Dabei blieb es auch, als Marozia zu Fall kam. Durch Guidos von Tuszien Hinscheiden frei geworden, bot sie König Hugo von Italien, der gerade damals auf dem Höhepunkt seiner Macht stand, ihre Hand und damit die Herrschaft über Rom an. Der ehrgeizige, von Hugo aufgegriffene Plan vertrug sich nicht mit dem Freiheitsbewußtsein der Römer. Durch Alberich, den Sohn Marozias und Alberichs von Spoleto, aufgewiegelt, stürmten sie die Engelsburg, wo die Hochzeit gefeiert wurde. Hugo entfloh schmählich; Marozia landete im Kerker; Alberich übernahm die Macht und führte sie, die Leistung seines Großvaters übertreffend, zum Gipfel (932—954). Allein schon die von ihm gebrauchten Titel: senator omnium Romanorum, patricius (vielleicht vom byzantinischen Kaiser verliehen) und endlich princeps, dann auch die Münzprägungen mit eigenem und des Papstes Namen zeigen den erhöhten, schließlich unverhüllt fürstlichen Herrschaftsanspruch an. Dank einer klugen Politik, die nicht auf Ausdehnung oder Rückgewinn (das Sabinerland ausgenommen) abgestellt war, sondern auf Sicherung und Ordnung des vorhandenen Territorialbesitzes, blieb Alberichs Stellung unerschüttert. Auch die kirchlichen Zustände wurden verbessert. Persönlich fromm, betraute der princeps keinen geringeren als Odo von Cluny mit der Reform römischer und außerrömischer Klöster und errichtete auf Eigenbesitz das Kloster S. Maria auf dem Aventin. Die Päpste freilich hielt er in strenger Abhängigkeit[8]. Daß dieses Verhältnis wegen des unbestreitbaren päpstlichen Rechtes auf die Regierung Roms und des Patrimoniums nicht ewig bleiben konnte, darüber war sich Alberich klar. Um seiner Familie auch in Zukunft die Herrschaft zu sichern, ließ er daher kurz vor seinem Tod die Römer schwören, als nächsten Papst seinen Sohn Oktavian zu erheben. Man ging darauf ein, und nach dem Ableben Agapitus' II. (946—955) bestieg Oktavian, indem er seinen Geburtsnamen ablegte[9], als Johann XII. den Stuhl Petri (955—963). In der Vereinigung von princeps und pontifex schien das Ziel Alberichs verwirklicht zu sein.

Und doch enthielt die Rechnung einen Fehler. Auf einen Stadtstaat angelegt, ließ sie das universale Element, also das eigentliche Wesen der Ewigen Stadt, zu kurz kommen. Immer noch sah das christliche Abendland Rom

[8] *W. Sickel,* Alberich II. und der Kirchenstaat: MIÖG 23 (1902) 50—126; *O. Vehse,* Die päpstliche Herrschaft in der Sabina bis zur Mitte des 12. Jh.: QFIAB 21 (1929/30) 120 bis 175; *A. Rota,* La riforma monastica del „princeps" Alberico: ADRomana 79 (1956) 11—22 (betont wohl zu einseitig die politischen Motive).

[9] Vor ihm hatte sich Mercurius den Namen Johann II. (533—535) gegeben; die Maßnahme Johanns XII., nachgeahmt von Johann XIV., wurde seit Gregor V. zur Regel; vgl. *F. Krämer,* Über die Anfänge und Beweggründe der Papstnamenänderungen im Mittelalter: RQ 51 (1956) 148—188.

als seine Hauptstadt an, als den Sitz des mit der Sorge für die Gesamtkirche betrauten vicarius Petri und zugleich als die Stätte, wo ein vom Papst zu weihender Kaiser die Schutzherrschaft über die Christenheit zu ergreifen hatte. Da das Kaisertum erloschen und das Papsttum in die Hände des römischen Adels gefallen war, gewann der Ruf nach einer renovatio imperii Auftrieb. Sobald ihm ein starker Herrscher entsprach, war es um Alberichs System geschehen. Dieser Herrscher erstand in Otto I. von Deutschland.

Deutschland

Als nach dem Tod Ludwigs des Kindes, des letzten ostfränkischen Karolingerherrschers, Konrad I. (911—918) zum König erhoben wurde, war die Reichsgewalt in Auflösung begriffen. Der ostfränkische Stammesadel, von jeher dem Königtum nicht allzu ergeben, schickte sich an, seine Immunitätsbezirke durch Kolonisation, durch Gründung von Kirchen und Klöstern, die er mit Familiengut ausstattete, mächtig zu entwickeln. Das uralte Eigenleben der deutschen Stämme hatte sich weiter entfaltet und in dem „jüngeren", durch die Kriege mit Normannen, Slawen und Ungarn hochgekommenen Stammesherzogtum einen Rückhalt gefunden. Wenn sich das Königtum durchsetzen wollte, mußte es auf das karolingische Erbe der staatlichen Einheit zurückgreifen und damit auch auf das fränkische Staatskirchentum. Dies gelang nicht sofort. Konrads I. mit Hilfe der Kirche[10] geführter Kampf gegen das Stammesherzogtum scheiterte. Sein Nachfolger, Heinrich I. von Sachsen (919—936), nahm daher zunächst einen andern, den Bund mit der Kirche vermeidenden und eine föderalistische Einung der Stämme unter sächsischer Führung anstrebenden Kurs[11], lenkte aber langsam, vor allem seit dem Rückgewinn des 911 an Frankreich übergegangenen Lothringen (926), in karolingische Bahnen ein. Für die Kirche war es von Bedeutung, daß Heinrich wieder die politisch wichtige Hofkapelle einrichtete und die Verfügungsgewalt über sämtliche Bistümer zurückgewann, Bayern ausgenommen, dessen Herzog erst unter Otto I. auf die Kirchenhoheit verzichten mußte. Unter Heinrichs Sohn, Otto dem Großen, lebte die karolingische Tradition in ihrer ganzen Stärke auf. Die schweren Kämpfe, die Otto mit dem Adel und den Stammesherzögen auszutragen hatte, dürfen hier übergangen werden. Sie wirkten sich jedoch auch auf die Kirche aus. Von der Einsicht geleitet, daß das Königtum die innerpolitischen Gegensätze ohne völlige Beherrschung der Kirche nicht meistern werde, ging Otto dazu

[10] *M. Hellmann,* Die Synode von Hohenaltheim (910). Bemerkungen über das Verhältnis von Königtum und Kirche im ostfränkischen Reich zu Beginn des 10. Jh.: HJ 73 (1954) 127—142; dazu *H. Fuhrmann:* ZBLG 20 (1954) 136—151.

[11] Vgl. *C. Erdmann,* Der ungesalbte König: DA 2 (1938) 412—441; *M. Linzel,* Heinrich I. und die fränkische Königssalbung (Berlin 1955).

über, „die Kirche zum Zentralinstitut des Reiches auszubauen“ (Mitteis). Was er begonnen, führten die nachfolgenden Herrscher, Ottonen und Salier, weiter.

In der so entstehenden Staatskirche galt fast unbeschränkt der Wille des Königs. Die Einsetzung der meist stammesfremden Bischöfe erfolgte nach staatspolitischen Gesichtspunkten. Gewöhnlich waren es Männer, die in der königlichen Kapelle herangezogen und im Dienste der Kanzlei oder in anderen Aufgaben geschult worden waren. Um von den Kirchen stärkere Leistungen für das Reich fordern zu können, sparten die Herrscher weder mit Schenkungen aus Krongut noch mit Immunitätsprivilegien, die den Bischöfen die volle Gerichtsbarkeit, auch über schwere Kriminalfälle, einräumten, also die kirchliche Vogtei der Grafschaft ebenbürtig werden ließen. Seit Otto III. wurden sogar ganze Grafschaften mit allen Rechten an Bischofskirchen oder Reichsabteien verliehen. Mit der Gerichtsbarkeit waren gewöhnlich andere nutzbare Rechte (Zölle, Markt- und Bannrechte) verbunden, so daß die ottonischen Privilegien die Basis legten, auf der eine bischöfliche Territorialmacht errichtet werden konnte. Der Zölibat der Kirchenfürsten ermöglichte es, die erledigten Ämter nach freiem Ermessen jeweils neu zu besetzen.

Eine so starke Abhängigkeit der Hochkirchen vom König war nur in einer Zeit denkbar, die noch nicht die ontologische Unterscheidung zwischen Staat und Kirche kannte, sondern bloß die funktionelle Unterscheidung zwischen Sacerdotium und Regnum. Da sich die beiden Gewalten als Glieder einer übergeordneten, unter der Herrschaft Christi stehenden Einheit demselben religiös-politischen Ziel verpflichtet fühlten, konnten Reichsdienst, weltliche Verwaltung und Gottesdienst als eine und dieselbe religiös-sittliche Leistung begriffen werden[12]. Der Herrscher, aus dessen Hand die Bischöfe in der Investitur mit Ring und Stab nicht nur die Güter und weltlichen Hoheitsrechte, sondern auch das kirchliche Amt empfingen, war in der Vorstellung jener Zeit nicht einfachhin ein Laie. Seine Weihe und Salbung, die nach dem Stand der damaligen Theologie als Sakrament gelten konnte, hob ihn in die Sphäre des vicarius Christi, machte ihn nach einer Weiheformel des Mainzer Ordo zum Teilhaber am Bischofsamt und zum Mittler zwischen Klerus und Volk[13]. So gewann die unter den Karolingern ausgebil-

[12] *O. Köhler,* Das Bild des geistlichen Fürsten in den Viten des 10., 11. und 12. Jh. (Berlin 1935); *J. Fleckenstein,* Königshof und Bischofsschule unter Otto d. Gr.: AKG 38 (1956) 32—62; *H. W. Klewitz,* Cancellaria: DA 1 (1937) 44—79; *ders.,* Königtum, Hofkapelle und Domkapitel im 10. und 11. Jh.: AUF 16 (1939) 102—156.

[13] Die Texte bei *P. E. Schramm,* Die Krönung in Deutschland bis zum Beginn des salischen Hauses: ZSavRGkan 55 (1935) 319 320; zum Mainzer Ordo vgl. auch *C. Erdmann,* Forschungen zur polit. Ideenwelt 54—91; zur Theokratie vgl. oben S. 219 Lit. zum Abschn. und *E. H. Kantorowicz,* The King's two Bodies (Princeton 1957) 42—86; dazu *F. Kempf:* RQ 54 (1959) 204—206.

dete theokratische Herrschaftsform neue Kraft und Gültigkeit. Sie erreichte ihren Höhepunkt in den religiös-politischen Ideen Ottos III. und veranlaßte Heinrich II. sowie Heinrich III. zu ernstem Reformeinsatz.

Da es in jener Zeit keine freie Kirche gab, war es im Grunde für die Bischöfe vorteilhafter, unter der Herrschaft eines Königs und nicht eines Fürsten zu stehen; verfolgte doch der theokratisch regierende Herrscher ein objektives, religiös-politisches Gesamtziel, während die Fürsten von eigensüchtigen Interessen bestimmt wurden. Der deutsche Episkopat des 10. und 11. Jh. bietet daher im großen und ganzen ein recht günstiges Bild, ja es heben sich in ihm sogar nicht wenige vorbildliche und heiligmäßige Kirchenfürsten heraus. Das ottonische System konnte freilich nicht ewig bestehen bleiben. Sobald das abendländische Denken schärfer zu unterscheiden und so die primitive Phase der Kohärenz zu überwinden begann, mußte die Kirche wieder die Hand auf das Bischofsamt legen und die theokratische Investiturform anfechten. Der Zusammenbruch der ottonischen Staatskirche, der in der Tat erfolgte, schwächte das Königtum erheblich; denn der deutsche Bischof blieb Reichsfürst bis 1803 und wurde seit dem Wormser Konkordat (1122) auf den Weg gewiesen, im Wetteifer mit den weltlichen Fürsten zum Schaden der Reichsgewalt seine Territorialmacht auszubauen.

Die ottonisch-salische Staatskirche ist niemals eine eigentliche National- oder Landeskirche gewesen. Für ein nationalstaatliches Denken fehlten damals die Voraussetzungen, insbesondere im Raume der karolingischen Nachfolgestaaten, wo das Bewußtsein der früheren Einheit nur langsam schwand[14]. Otto I. wollte nicht so sehr deutscher König denn Nachfolger Karls des Großen sein. Aus diesem Grunde hatte er sich im Aachener Münster, der Begräbnisstätte des großen Karl, zum König erheben, weihen und auf den mit vielen Heiltümern ausgestatteten Karlsstuhl setzen lassen. Zwar ließ sich das Imperium Karls nicht wiederherstellen, aber der abendländische, aus karolingischer und christlich-kirchlicher Tradition gespeiste Einheitsgedanke wies Otto in dem Maße über das deutsche Herrschaftsgebiet hinaus, als sich seine hegemoniale Stellung ausweitete und festigte. Es war mehr als eine nationale Tat, als er, den Sieg seines Vaters (bei Riate 933) übertreffend, die Ungarn auf dem Lechfeld bei Augsburg 955 so entscheidend schlug, daß sie ihre Einfälle aufgaben. Mag auch Widukinds Bericht, das siegreiche deutsche Heer habe Otto damals zum Kaiser ausgerufen[15], erfunden sein, die ganze abendländische Christenheit sah zu ihm

[14] *A. Schulze,* Kaiserpolitik und Einheitsgedanke in den karolingischen Nachfolgestaaten 876—962 (Diss. Berlin 1926); *O. Ebding,* Der politische Zusammenhang zwischen den karolingischen Nachfolgestaaten (Diss. masch. Freiburg i. Br. 1950); *G. Tellenbach,* Von der Tradition des fränkischen Reiches in der deutschen und französischen Geschichte: Der Vertrag von Verdun, hrsg. von *Th. Mayer* (Leipzig 1943); *W. Kienast,* Deutschland und Frankreich in der Kaiserzeit 900—1270 (Leipzig 1943).

[15] *Widukind* III 49 (ed. *Hirsch-Hohmann* 128f); vgl. dazu *H. Beumann,* Widukind

als zu ihrem Befreier auf. Auch die Kämpfe im Norden und Osten und die damit verbundene politische Expansion gingen nicht bloß das Reich an. Eine neue, von deutschen und andern Priestern getragene Missionsbewegung dehnte, wie unten geschildert werden soll, den Bereich der Kirche aus. Die Selbständigkeit der westlichen Nachbarstaaten wollte Otto offenbar nicht antasten, doch griff er bisweilen auch dort ein. So rettete er dem unmündigen Konrad von Burgund, Sohn des 937 verstorbenen Königs Rudolf II., die Krone, indem er ihn für eine Zeitlang an seinen Hof rief und dadurch die Annexionspläne König Hugos von Italien durchkreuzte, die Hugo durch die Heirat mit der verwitweten Königin und durch die Verlobung seines Sohnes mit Rudolfs Tochter Adelheid verfolgte. Und in Westfrancien unterstützte er den Karolinger Ludwig IV., sobald dieser auf Lothringen verzichtet hatte, gegenüber dem Robertiner Hugo von Francien durch mehrere Feldzüge sowie durch das Bemühen, das Reimser Schisma auf der Synode von Ingelheim (948) im Sinne Ludwigs IV. zu lösen.

Die hegemoniale Stellung, die den deutschen König über die abendländischen Herrscher hinaushob, wies von selbst auf eine letzte Erhöhung hin: auf ihre Sanktion durch den Papst in der Kaiserweihe und -krönung. Da dies den Besitz Italiens voraussetzte, war die Politik der sächsischen Dynastie auf die Eroberung des langobardisch-fränkischen Teilreiches gerichtet. Schon Heinrich I. dürfte in seinen letzten Lebensjahren an einen Italien- und Rom-Zug gedacht haben. Vielleicht hat er deswegen (wohl 935) von König Rudolf II. von Burgund mit großen materiellen Opfern die Heilige Lanze erworben, ein mit Nägeln vom Kreuz Christi versehenes Heiltum, das als Konstantinlanze galt, also wohl auch imperiales Herrschaftszeichen war und einen Anspruch auf Italien bedeuten konnte[16]. Otto I. war jedenfalls von jeher entschlossen, die italische Königs- und die römische Kaiserkrone zu gewinnen. Nationalistisch denkende Geschichtsschreiber des 19. Jh. haben ihm dies als schweren Fehler angekreidet. So kurios uns der von ihnen entzündete Gelehrtenstreit anmutet, seine mehr aus moderner denn aus mittelalterlicher Sicht genommenen Argumente sind auch heute noch teilweise zu hören[17]. Die Italienpolitik der Herzöge von Schwaben und Bayern,

von Korvei. Untersuchungen zur Geschichtsschreibung und Ideengeschichte des 10. Jh. (Weimar 1950) 228—265; *C. Erdmann,* Forschungen zur polit. Ideenwelt 44—46; *J. A. Brundage,* Widukind of Corvey and the „Non-Roman“ Imperial Idea: MS 22 (1960) 15 bis 26.

[16] *W. Holtzmann,* Heinrich I. und die heilige Lanze (Bonn 1947); *M. Lintzel:* HZ 171 (1951) 303—310; *H. E. Mayer:* DA 17 (1961) 507—517; *M. Uhlirz,* Zu den heiligen Lanzen der karolingischen Teilreiche: MIÖG 68 (1960) 197—208; *P. E. Schramm,* Herrschaftszeichen und Staatssymbolik II (Stuttgart 1955) 492—537.

[17] *H. Hostenkamp,* Die mittelalterliche Kaiserpolitik der deutschen Historiographie seit v. Sybel und Ficker (Berlin 1934); *F. Schneider,* Die neueren Anschauungen der deutschen Historiker über die deutsche Kaiserpolitik des Mittelalters und die mit ihr verbundene Ostpolitik (Weimar [5]1942); *L. Hauptmann,* Universalismus und Nationalismus im Kai-

so wird z. B. zu Ottos Gunsten gesagt, hätte den deutschen König gezwungen, auf Italien und folglich auf Rom die Hand zu legen; außerdem hätte er den Papst beherrschen müssen, um die deutsche Kirche in Abhängigkeit zu halten und seine Missionspläne im Osten und Norden durchzuführen. Diese und andere Erwägungen stellen jedoch nur mehr oder minder richtige Teilaspekte heraus. Die eigentlichen Beweggründe Ottos kamen aus geistig-seelischen Schichten, die uns heute kaum mehr zugänglich sind. Machtstreben, der christlich-universale Gedanke einer renovatio imperii Francorum und magisch-religiöse Wertschätzung der Kaiserweihe sind wohl hier zusammengeflossen, ohne daß sich der Anteil der einzelnen Elemente genau abmessen ließe.

28. Kapitel

Rom, Papsttum und ottonische Kaiser (962—1002)

QUELLEN: Die meisten sind zitiert S. 219 beim Abschn. und Kap. 27; *R. Elze,* Die Ordines für die Weihe und Krönung des Kaisers und der Kaiserin: MG Fontes iuris germ. antiqui in us. schol. 9 (Hannover 1960); *Liutprand von Cremona,* Historia Ottonis (960 bis 964) und Relatio de legatione Constantinopolitana (Sendung 968): Luitprandi opera, ed. *J. Becker;* MGSS rer. Germ. ([3]1915); *Johannes Diaconus,* Chronicon Venetum (bis 1008): FontiStIt 9, ed. *G. Monticolo* (1890); MGSS VII 4—38; *Gerbert von Aurillac,* Lettres (983—997): CollText 6, ed. *J. Havet* (1889); neue Ausgabe vorbereitet für MG von *W. Weigle;* dessen Vorstudien: DA 10 (1953/54) 19—70, 11 (1954/55) 393—421, 14 (1958) 149—220, 17 (1961) 385—419; *M. Uhlirz,* Untersuchungen über Inhalt und Datierung der Briefe Gerberts (Göttingen 1957); über die Viten Adalberts von Prag unten Kap. 31.

LITERATUR: S. 219 zum Abschn. und Kap. 27. Ferner *E. Eichmann,* Die Kaiserkrönung im Abendland, 2 Bde (Würzburg 1942); neuere Lit. zu Kaiserkrönung in der oben zitierten Edition von Elze. — *R. Folz,* L'idée d'empire en occident du Ve au XIVe siècle (Paris 1953); über das Wesen des Kaisertums vgl. ferner *G. Ladner:* WaG 11 (1951) 143 bis 153; *F. Kempf:* Das Königtum, Vorträge und Forschungen 3 (Lindau-Konstanz 1956) 225—242; *J. Spörl:* Festschr. H. Kunisch (Berlin 1961) 331—353; *W. Holtzmann,* Imperium und Nationen (Köln-Opladen 1953), auch in: X Congresso internazionale di scienze storiche, Relazione III (Firenze 1955) 271—303, diskutiert in: Atti (ebd.) 330 bis 337; *R. Holtzmann,* Der Weltherrschaftsgedanke des ma. Kaisertums und die Souveränität der europäischen Staaten: HZ 159 (1939) 251—264. — *H. Beumann,* Das imperiale Königtum im 10. Jh.: WaG 10 (1950) 117—130; *H. Keller,* Das Kaisertum Ottos d. Gr. im Verständnis seiner Zeit: DA 20 (1964) 325—388; *H. Löwe,* Kaisertum und Abendland in otton. und frühsal. Zeit: HZ 196 (1963) 529—562; *H. Beumann,* Das Imperium und die Regna bei Wipo: Festschr. Fr. Steinbach (Bonn 1960) 11—36; *W. Ohnsorge,* Das Zweikaiserproblem. Die Bedeutung des byzantinischen Reiches für die Entwicklung der Staats-

sertum der Ottonen: Festschr. K. G. Hugelmann I (Aalen 1959) 189—211; *W. Smidt,* Deutsches Königtum und deutscher Staat des Hochmittelalters während und unter dem Einfluß der italienischen Heerfahrten. Ein 200jähriger Gelehrtenstreit (Wiesbaden 1964); weitere Lit. (bes. *Litzel* und *Rörig*) im folg. Kapitel.

idee in Europa (Hildesheim 1947); *ders.* (Byzanz und das Abendland im 9. und 10. Jh.): Saeculum 5 (1954) 194—220; Festschr. zur Jahrtausendfeier der Kaiserkrönung Ottos d. Gr.: MIÖG ErgBd 20 (1962), in Heft 1: *P. E. Schramm* über Staatssymbolik und sächs. Kaiser, *E. Dupré-Theseider* über Otto und Italien, *H. F. Schmid* über Otto und Osten, *W. Ohnsorge* über Otto und Byzanz; Renovatio imperii. Atti della giornata internazionale di studio per il millenario (Faenza 1963); *M. Lintzel,* Die Kaiserpolitik Ottos d. Gr. (München - Berlin 1943); dazu *F. Rörig:* Festschr. E. E. Stengel (Münster - Köln 1952) 203—222; s. auch Kap. 27 Anm. 17; *G. A. Bezzola,* Das ottonische Kaisertum in der französischen Geschichtsschreibung des 10. und beginnenden 11. Jh.: VIÖG 18 (1956); *W. L. Grünewald,* Das fränkisch-deutsche Kaisertum in der Auffassung englischer Geschichtsschreiber 800—1273 (Diss. Frankfurt 1961); *K. F. Werner:* HZ 200 (1965) 1—60 (Imperium im Bewußtsein Frankreichs vom 10. bis 12. Jh.).

Kaisertum, Italien, Rom: oben Lit. zu Kap. 27; *H. Zimmermann,* Papstabsetzungen des Mittelalters, II: Die Zeit der Ottonen: MIÖG 69 (1961) 241—291 (wichtig); *P. E. Schramm,* Kaiser, Basileus und Papst in der Zeit der Ottonen: HZ 129 (1924) 424 bis 475; *G. Schwarz,* Die Besetzung der Bistümer Reichsitaliens unter den sächsischen und salischen Kaisern (Leipzig - Berlin 1913); *H. Pahnke,* Geschichte der Bischöfe Italiens deutscher Nation 951—1264 (Berlin 1913); *M. Uhlirz,* Die italienische Kirchenpolitik der Ottonen: MIÖG 48 (1934) 201—321; *dies.,* Die Restitution des Exarchates Ravenna durch die Ottonen: ebd. 50 (1936) 1—34; *G. Graf,* Die weltlichen Widerstände in Reichsitalien gegen die Herrschaft der Ottonen und die beiden ersten Salier 951—1056 (Erlangen 1936); *M. Uhlirz,* Die staatsrechtliche Stellung Venedigs zur Zeit Ottos III.: ZSavRGgerm 76 (1959) 82—110.

Zu Otto III: *M. Ter Braak,* Kaiser Otto III. (Diss. Amsterdam 1928); unentbehrlich ist *P. E. Schramm,* Kaiser, Rom und Renovatio (S. 219 Lit. z. Abschn.) I 87—187, II 3—33, und JbbDG: Jahrbücher des deutschen Reiches unter Otto III. von *M. Uhlirz* (Berlin 1954); vgl. auch *M. Uhlirz,* Otto III. und das Papsttum: HZ 162 (1940) 258—268, und ihre Ausführungen über das Werden von Ottos Renovationsideen: Settimane di studio II (S. 219 in Lit. zum Abschn.) 201—209; *R. Morghen,* Otto III., servus apostolorum: ebd. 13—25.

Ottos Wunsch, die lombardische Königs- und die römische Kaiserkrone zu gewinnen, lag durchaus im Bereich des Möglichen. Es galt nur, den richtigen Zeitpunkt abzupassen. Dieser schien sich von selbst anzubieten, als nach dem Tode König Lothars (950) die verwitwete junge Königin Adelheid, eine Tochter Rudolfs von Burgund, dem zur Macht gelangten Berengar von Ivrea nicht weichen wollte und dafür in Haft genommen wurde. Wahrscheinlich zu Hilfe gerufen, marschierte Otto I. mit einem starken Heer in die Lombardei ein, ergriff zu Pavia ohne Wahl und Krönung die Königsherrschaft und vermählte sich mit Adelheid (951). Zum Papst abgeschickte Boten verhandelten über die Kaiserkrönung. Der römische Stadtherr, Alberich, wünschte jedoch keinen neuen Kaiser, und so mußte Papst Agapet II. ablehnen. Sogar das italische Reich gab Otto, durch innerdeutsche Schwierigkeiten in Anspruch genommen, bald aus der Hand, indem er es (die nordöstliche, dem Herzog von Bayern unterstellte Lombardei ausgenommen) Berengar von Ivrea und dessen Sohn Adalbert gegen Lehenshuldigung übertrug. Ohne es zu wissen, hat er sich damit den Weg nach Rom geebnet. Denn Berengar, schon 956 mit Otto wegen Bruchs der territorialen Abmachungen in einen durch Ottos Sohn Liudolf geführten Krieg verwickelt (den Liudolfs Tod 957 vorläufig beendete), dehnte seine Machtsphäre ständig aus und wurde, indem er 959 das Herzogtum Spoleto eroberte und dabei auch kleinere zum Kirchenstaat gehörige Grenzgebiete plünderte oder in Besitz nahm, ein bedrohlicher Nachbar Johanns XII. Der junge Papst hatte Berengars Expansionsdrang um so mehr zu fürchten, als seine eigene Stellung durch einen unklugen, kläglich gescheiterten Vorstoß gegen Capua und durch sein religiös frivoles, ja sittenloses Leben erschüttert war. In seiner Notlage sandte er daher 960 zwei Unterhändler nach Deutschland, die Otto zu Hilfe rufen und ihn zur Kaiserkrönung nach Rom einladen sollten. Auch einige lombardische Fürsten und Bischöfe fanden sich am deutschen Hof ein und forderten den Krieg.

Otto nutzte die Gunst der Stunde. In einem mit den päpstlichen Gesandten abgeschlossenen Vertrag versprach er eidlich, offenbar in Anlehnung an eine 881 Karl III. vorgelegte Formel, die Person des Papstes sowie das Patrimonium Petri, dessen Gebietsumfang erhalten bleiben solle, zu schützen, ohne den Beirat des Papstes weder in Rom Gericht halten noch Verordnungen erlassen zu wollen, die den Papst oder die Römer beträfen, und den künftigen Regenten des italischen Reiches zur Verteidigung des Patrimoniums zu verpflichten[1]. Sodann bereitete er die Romfahrt vor. Zur Sicherung der Nachfolge ließ er seinen sechsjährigen gleichnamigen Sohn zum König wählen und krönen. Schon im Spätsommer erschien er, von Adelheid begleitet, mit starkem Aufgebot in der Lombardei, stellte dort fast kampflos die Reichshoheit vorläufig wieder her und zog im beginnenden neuen Jahr nach Rom aus. Am 2. Februar 962 empfing er mit seiner Gemahlin in St. Peter Weihe und Krönung[2].

Der feierliche Akt band Kirche, Reich und Christenheit zu einer schicksalsschweren Einheit zusammen. Soweit es die veränderten Zeitverhältnisse erlaubten, war die renovatio imperii Francorum Wirklichkeit geworden. Das große, zwei Reiche umgreifende Herrschaftsgebiet, die hegemoniale Stellung sowie die Siege über angrenzende Heidenvölker hatten Otto als Nachfolger Karls des Großen ausgewiesen und ihn nach Rom geführt, um sich seinen Vorrang sakramental bestätigen zu lassen. Außer gewissen Rechten in Rom und im Kirchenstaat vermochte die Kaiserweihe sei-

[1] Vgl. *K. Hampe,* Die Berufung Ottos d. Gr. nach Rom durch Papst Johann XII.: Festschr. K. Zeumer (Weimar 1910) 153—167; zum Eid *E. Eichmann,* Kaiserkrönung II 165 bis 183.

[2] Nach *H. Decker-Hauff,* Die „Reichskrone“: *P. E. Schramm,* Herrschaftszeichen und Staatssymbolik II (Stuttgart 1955) 560—637, wäre die „Wiener Krone“ schon vor 962 für die Kaiserkrönung angefertigt worden; dagegen *J. Deér,* Otto d. Gr. und die Reichskrone: Beitr. zur Kunstgesch. und Archäologie des Mittelalters, Akten zum 7. internationalen Kongreß für Frühmittelalterforsch. (Graz-Köln 1961) 261—277; zur Krönung vgl. *E. Eichmann,* Kaiserkrönung I 129—149.

ner herrscherlichen Gewalt nichts hinzuzufügen, und diese Gewalt blieb im Grunde Königsgewalt, wenn sie auch wegen des Besitzes zweier Reiche (Konrad II. konnte 1033 das Burgunderreich hinzufügen) quasi-imperialen Charakter hatte. Otto und seine Nachfolger haben daher von den andern christlichen Königen des Abendlandes kraft des Kaisertitels keine Unterwerfung verlangt; die Souveränitätsrechte, die sie bisweilen über benachbarte Herrscher im Norden oder Osten gewannen, waren Erfolge einer vom Kaisertum an sich unabhängigen Reichspolitik. Wohl aber übertrug die römische Weihe und Krönung den kaiserlichen Namen, die Kaiserwürde. Die Übertragung der Kaiserwürde hätte natürlich nicht viel bedeutet, wenn sie nicht einem mit Macht ausgestatteten Herrscher gegolten hätte. Es ging hier um einen fundamental wichtigen Doppelbezug: Die quasi-imperiale Gewalt der deutschen Herrscher und ihre hegemoniale Ausstrahlung verliehen der Kaiserwürde Gewicht und Ansehen, während die Kaiserwürde die im Grunde königliche Gewalt mit einem geheimnisvollen, von echter Symbolkraft getragenen Glanz umgab und als Kaisergewalt erscheinen ließ. An Würde und Autorität alle andern Herrscher übertreffend, schien der deutsche Kaiser den Weltenthron einzunehmen und von Gott an erster Stelle beauftragt zu sein, sich der Christenheit anzunehmen, wie er ja auch in besonderer Weise mit dem Schutz des Vaters der Christenheit, des Papstes, betraut war. Der universale, mit der christlichen Substanz des Kaisertums gegebene Grundzug sollte dadurch verstärkt werden, daß das deutsche Kaisertum mehr und mehr als Fortsetzer des weltweiten römischen Imperiums angesehen wurde. Die bald einsetzende Rivalität mit dem griechischen Kaiser sowie umlaufende, auf Antike und Rom zurückgreifende Renovationsideen und die Theologie der vier Weltreiche haben diese Entwicklung verursacht[3].

Über die Rechtsfragen, die die Verbindung von deutschem Königtum und römischem Kaisertum aufwarfen, dürften sich Otto I. und seine Nachfolger, Otto III. ausgenommen, wenig Gedanken gemacht haben. Die Dinge entwickelten sich gleichsam von selbst. Zwar blieb die römische Weihe und Krönung, seit 850 der einzige die Kaiserwürde übertragende Akt, als Vorrecht des Papstes voll und ganz erhalten, aber sie verlor an Bedeutung dadurch, daß die Päpste sich nicht mehr, wie einst Johann VIII., unter den

[3] Zum römischen Gehalt der Kaiseridee vor allem *P. E. Schramm,* Kaiser, Rom und Renovatio, passim, und *C. Erdmann,* Das ottonische Reich als Imperium Romanum: DA 6 (1943) 412—441. Es gab aber auch eine nicht-römische Kaiseridee; zu ihr vgl. *E. E. Stengel,* Kaisertitel und Souveränitätsidee: DA 3 (1939) 1—56, DA 16 (1960) 15—72 (Imperium bei den Angelsachsen); *C. Erdmann,* Forsch. zur politischen Ideenwelt 1—16 31 bis 43; zum ottonischen Kaisertum: ebd. 43—51. — Zur Theologie: *E. Kocken,* De theorie van de vier wereldrijken en van de overdracht der wereldheerschappij tot op Innocentius III (Nijmegen 1935); *P. van den Baar,* Die kirchliche Lehre der Translatio Imperii Romani (Rom 1956); *W. Goez,* Translatio imperii (Tübingen 1958).

abendländischen Königen einen Kaiser auswählen konnten. Otto I. ließ noch zu seinen Lebzeiten seinen gleichnamigen Sohn zum Kaiser krönen (967) und erhöhte das imperiale Ansehen seines Hauses durch die Vermählung Ottos II. mit der griechischen Prinzessin Theophanu, wohl einer Nichte des Kaisers Tsimiskes[4]. Obwohl in Zukunft die Erhebung des Thronfolgers zum Mitkaiser ausfiel, so sicherte doch die von den deutschen Herrschern des 10. und 11. Jh. im wesentlichen behauptete Macht, auch und gerade in Reichsitalien, den Anspruch auf die Kaiserwürde und ließ ihn langsam zu einem ius ad rem, zu einer rechtlichen Anwartschaft, werden. Regnum und Imperium wuchsen dadurch so ineinander, daß die Wahl und Weihe des deutschen Königs schon die Erhebung des künftigen Kaisers und, umgekehrt, die Kaiserweihe den Höhe- und Endpunkt der stufenweise fortschreitenden Erhebung des deutschen Herrschers bedeutete. Solange die ottonisch-frühsalische Theokratie andauerte, war damit das Kaisertum dem Einfluß der Päpste oder der Römer so gut wie entzogen. Als Reichsvolk erschienen nicht die Römer (von Ottos III. Ideen sei hier abgesehen), sondern die Deutschen; das deutsche Königtum und seine Gewalt nahm imperialen Charakter an, und der Papst hatte in der ihm zustehenden Kaiserweihe nur noch sakramental zu bekräftigen, was schon entschieden und in der Herrschaft ergriffen worden war. Freilich ging es hier bloß um eine unter mehreren mögliche Anschauung, die durch die Zeitumstände begünstigt wurde. Das Kaisertum war ein viel zu unbestimmtes, verschieden ausdeutbares Gebilde, als daß sein Verhältnis zum Regnum eindeutig hätte festgelegt werden können. Mochten auch die Deutschen, wie einst die Franken, meinen, ihre Herrscher verdankten das Imperium nächst Gott der eigenen Kraft[5], die Römer und der Papst hielten an der Überzeugung fest, daß das Imperium von ihnen zu vergeben sei. Das römische Volk vermochte seinen Anspruch nicht durchzusetzen, aber der Papst hatte einen festen Anhaltspunkt. Er war es, der die Kaiserwürde durch die Weihe und Krönung übertrug, und dies bedeutete nach römisch-kirchlicher Tradition nicht einen unbesehen vorzunehmenden, sondern einen irgendwie freien, die Prüfung des zu Weihenden voraussetzenden Akt, den Erweis einer Wohltat. Darauf gestützt, sollte das Papsttum, sobald es sich im Investiturstreit freigekämpft und die Führung der abendländischen Christenheit angetreten hatte, Forderungen stellen, die wegen der Verflechtung des Imperiums mit dem deutschen Regnum an die Grundlagen der deutschen Herrschaft rührten und den dramatischen Kampf mit den staufischen Kaisern mitverursachten.

Bald nach der Kaiserkrönung stellte Otto I., dem Beispiel der ihm vorhergegangenen Kaiser folgend, für die römische Kirche im eigenen Namen und

[4] Anders denkt *M. Uhlirz;* vgl. ihre JbbDG: Otto III. 1 f (mit Lit.).

[5] Für Ottos I. Zeit ist Widukind von Corvey ein besonders wichtiger Zeuge; s. Kap. 27 Anm. 15.

in dem seines Sohnes ein großes Pactum aus[6]. Trotz des Verlustes fast aller früheren Kaiserpacta darf man mit guten Gründen die Bestimmungen des Ottonianums auf einen Text zurückführen, der sich in den Pacta des 9. Jh. langsam ausgebildet und einmal — wahrscheinlich im Pactum Karls des Kahlen 876 — die Endfassung erreicht hat, um von da an fast unverändert als „der blasse Schemen einst lebendiger Machtgedanken beider Parteien" (Stengel) von einem Kaiserprivileg ins andere überzugehen. Nur das Vorweisen eines oder mehrerer solcher Pacta dürfte Otto veranlaßt haben, im ersten Teil seines Privilegs der römischen Kirche einen geradezu phantastischen, etwa zwei Drittel Italiens umfassenden Territorialbesitz zu bestätigen, obwohl der schlecht zusammengesetzte Text offensichtliche Widersprüche enthielt[7]. Die zu einem guten Teil utopischen Angaben brauchten freilich den Kaiser nicht zu beunruhigen. War er doch nur insoweit verpflichtet, der römischen Kirche zu ihrem Eigentum zu verhelfen, als es in seinen Kräften stand. Es sollte noch Jahre dauern, bis Otto das italische Reich einigermaßen beherrschte und an Restitutionen denken konnte. Je mehr er mit den territorialen Verhältnissen Italiens vertraut wurde, desto genauer lernte er zudem im Privileg zwischen Schein und Sein, zwischen nie verwirklichten Besitzwünschen und echten Rechtsansprüchen der römischen Kirche zu unterscheiden. Aber selbst bei den von Rechts wegen zu vollziehenden Restitutionen ging es keineswegs um eine absolute Entäußerung. Der Kaiser blieb auch im Kirchenstaat der oberste Herr. Die Bestimmungen des zweiten Teils der Urkunde, die unter anderem für den frei zu wählenden Papst einen Loyalitätseid vor der Weihe und für Klagen gegen päpstliche Beamte den Kaiser als letzte Instanz vorsehen, lassen keinen Zweifel zu. Auch sie gehörten höchst wahrscheinlich zum festen Bestand der Kaiserpacta, nachdem sie in einem nicht mehr erhaltenen, wohl 825 ausgefertigten Privileg im Anschluß an die Constitutio romana und andere 824 getroffene

[6] MGConst I n. 12. — *Th. Sickel,* Das Privilegium Ottos I. für die römische Kirche (Innsbruck 1883); *E. E. Stengel,* Die Entwicklung des Kaiserprivilegs für die römische Kirche 817—962: HZ 134 (1926) 216—241, überarbeitet in: *Stengel,* Abhandlungen und Untersuchungen zur mittelalterlichen Geschichte (Köln - Graz 1960) 218—248; *H. Zimmermann:* MIÖG ErgBd 20 (1962) 147—190 (über die Geschichte des kritischen Problems).

[7] Grundlage war das heute noch erhaltene Privileg Ludwigs d. Fr. von 817. Dem dort beschriebenen, hauptsächlich den Dukat von Rom, die Pentapolis und den Exarchat betreffenden Besitz wurden im Lauf der Zeit an wichtigeren Schenkungen hinzugefügt: das Gebiet von Neapel, Gaeta und Fondi, 7 spoletinische Städte und dann, wohl unter Karl dem Kahlen, durch Einfügen des von Karl d. Gr. erneuerten, auf Pippin zurückgehenden Versprechens von Quiercy: Korsika, Venetien, Istrien, die Herzogtümer Spoleto und Benevent sowie ein großes, über Tuszien ausgedehntes und mit der Grenzlinie Luni — Monselice in die Lombardei reichendes Gebiet. Gegenüber der im Text wiedergegebenen, von Stengel vertretenen Ansicht ist *Haller* II 208—210 551—553 der Meinung, der monströse Umfang des Kirchenstaates sei Eigengut des Ottonianums; der expansionslüsterne Johann XII. habe die arglosen Deutschen überlistet; vgl. dazu die Antwort *Stengels,* Abhandlungen 243—245.

Maßnahmen Lothars I. gültig formuliert worden waren[8]. Was sie für Otto I. bedeuteten, sollte Johann XII. bald erfahren.

In die Lombardei zurückgekehrt, eröffnete Otto den Kampf gegen Berengar, der sich auf eine im Exarchat Ravenna gelegene Burg zurückzog. Als der Kaiser während der Belagerung die umliegende Bevölkerung unter seine Hoheit stellte, hielt Johann XII. seine Rechte für verletzt und konspirierte, den dem Kaiser geleisteten Treueid mißachtend, mit Berengars Sohn Adalbert. Daraufhin zog Otto nach Rom (963). Das römische Volk mußte schwören, in Zukunft keinen Papst ohne Bestätigung und Verfügung des Kaisers zu wählen. Dann ließ Otto entgegen dem Rechtsgrundsatz, daß der Papst von niemand zu richten sei, den aus Rom geflüchteten Papst vor eine Synode laden, den nicht Erschienenen absetzen und Leo, Protoscriniar der römischen Kirche, als Papst Leo VIII. erheben. Der offenkundige Rechtsbruch führte nicht nur zu einem Aufstand, er erleichterte es auch Johann XII., nach Ottos Abzug wieder die Zügel zu ergreifen. Wenige Monate später traf ihn, angeblich bei einem Liebesabenteuer, der Schlag. Zu seinem Nachfolger wählten die Römer den unbescholtenen Benedikt V. Wiederum siegte jedoch die Macht: Otto zwang den Römern Leo VIII. auf und verbannte Benedikt V. nach Hamburg. Johanns Treuebruch war der römischen Kirche teuer zu stehen gekommen. Das neue Recht des Kaisers auf Bestätigung der Papstwahl brachte den römischen Bischof in eine folgenschwere Abhängigkeit[9].

Neben dem Kaiser hatte das Papsttum auch weiterhin mit den römischen Adeligen und ihren Rivalitäten zu rechnen. Auf einen ersten, gegen Johann XIII. (965—972) gerichteten Aufstand von kurzer Dauer, den der Kaiser schwer bestrafte (966), sollte nach Ottos Tod (973) ein zweiter folgen. Unter der Führung des Crescentius de Theodora wurde Benedikt VI. gestürzt (974). An seine Stelle trat Bonifaz VII. Er ließ Benedikt erdrosseln und entfloh, von dem kaiserlichen Missus bedrängt, mit dem Kirchenschatz zu den Griechen. Sein 980/981 unternommener Vorstoß nach Rom, der dem reformeifrigen Papst Benedikt VII. (974—983) die Gewalt entreißen sollte, scheiterte. Als aber dann Otto II. gegen Ende 983 starb, siegte der Abenteurer gegen den unbeliebten, vom Bistum Pavia auf Wunsch des Kaisers transferierten Johann XIV. (983—984), der im Kerker verhungerte oder

[8] Die kühne These von *W. Ullmann,* The Origins of the Ottonianum: CambrHJ 11 (1953) 114—128, der ganze zweite Teil sei 963 in einer kaiserlicherseits untergeschobenen Neuausfertigung hinzugefügt worden, ist wohl verfehlt; vgl. dazu *O. Bertolini,* Osservazioni sulla „Constitutio Romana" e sul „sacramentum cleri et populi Romani" dell'824: Studi medievali in onore di A. De Stefano (Palermo 1956) 43—78; *K. Hampe,* Berufung Ottos d. Gr., und *Stengel,* Abhandlungen 222—225.

[9] *H. Zimmermann,* Die Deposition Johanns XII., Leos VIII. und Benedikts V.: MIÖG 68 (1960) 209—225, und Papstabsetzungen (s. oben Lit.) 247—261; dort 254, Anm. 42 die beachtliche Ansicht, bei Johanns XII. Absetzung habe man versucht, die Gerichtsimmunität des Papstes, die ja nur galt: nisi a fide devius, durch Anklage auf Apostasie aufzuheben.

vergiftet wurde. Verhaßt und verachtet, verschied Bonifaz 985[10]. Der folgende Papst, Johann XV. (985—996), stützte sich zur Unzufriedenheit des niederen Klerus stark auf den Adel. Unter ihm kamen die beiden Söhne des Crescentius de Theodora hoch: Johannes und Crescentius II. Johannes war mit der Verwaltung der Kirchengüter betraut und führte den Titel Patricius. Der macht- und habgierige Crescentius II. verfügte über kein Amt, übte aber, vor allem nach dem Tod des Bruders, einen tyrannischen Druck auf die römische Kirche aus[11].

Das tragische Ende Benedikts VI. und Johanns XIV. zeigte erneut an, wie sehr die von den römischen Parteikämpfen bedrohten Päpste des Schutzes bedurften. Als Schutzherren waren aber die deutschen Kaiser sicher einer römischen, zur Herrschaft gelangten Adelsfamilie vorzuziehen. Haben doch die Ottonen das Papsttum aus der römischen Stadtenge herausgehoben und wieder in große Zusammenhänge hineingestellt. Und wenn die kaiserliche Schutzherrschaft auch die Freiheit der Papstwahl und des politischen Handelns beeinträchtigte, so tastete sie (den abweichenden Kurs Ottos III. ausgenommen) die geistliche Leitungsgewalt des Papsttums an sich nicht an, ganz im Gegensatz zur Herrschaft Karls des Großen, der die oberste Leitung von Kirche und Reich zu einem guten Teil in seiner Person vereint und dem Papst nicht viel mehr als die Stellung eines obersten Reichsbischofs eingeräumt hatte. Niemals hat die deutsche Reichskirche die Geschlossenheit der karolingischen Landeskirche erreicht, und sie sollte noch stärker als vorher zu einem Teil der allgemeinen Kirche werden, sobald sich mit dem erneuerten Kaisertum der kirchliche Schwerpunkt Roms fühlbarer auswirkte. Otto I. und seine Nachfolger ließen nicht selten wichtige, die deutsche Kirche betreffende Fragen auf päpstlichen, in Rom oder sonstwo in Italien abgehaltenen Synoden entscheiden, bisweilen sogar in einem den Wünschen deutscher Kirchenfürsten widersprechenden Sinn. Aber auch die Wünsche der Kaiser mußten nicht unbedingt erfüllt werden. So scheint Johann XIII. in seinem Privileg von 967 das Jurisdiktionsgebiet des zu gründenden Erzbistums Magdeburg mit Rücksicht auf Polen entgegen den Absichten Ottos I., eingegrenzt zu haben. Durch den deutschen, mit heidnischen Grenzvölkern kämpfenden Kaiser vor ganz neue Missionsprobleme gestellt, begann das Papsttum seinen Blick über das Reich hinaus auf Völker zu richten, um die es sich vorher kaum gekümmert hatte. Es wird noch davon die Rede sein.

[10] Zu Bonifaz VII. vgl. *M. Uhlirz,* JbbDG unter Otto III. 58—60; *Zimmermann,* Papstabsetzungen 266—269.

[11] Zur Familie der Crescentier außer den Arbeiten von *Kölmel* und *Gerstenberg* (s. Lit. zu Kap. 27) *G. Bossi,* I Crescenzi. Contributo alla storia di Roma 900—1012 (Roma 1915); *ders.:* ASRomana 41 (1918) 111—170 (Crescentier in der Sabina 1012—1106); *P. Brezzi,* Rom (s. Lit. zu Kap. 27) 148—152, bestreitet mit Gerstenberg den Ursprung aus der Familie Theophylakts; ferner hält er die Familie Johanns XIII. für nicht mehr bestimmbar: ebd. 142—144.

Sogar mit geistlichen Angelegenheiten Frankreichs mußte sich der Papst jetzt öfters befassen, weil sie nicht mehr allein aus Frankreich, sondern in bestimmten Fällen auch von deutschen Herrschern vorgebracht wurden.

Ein besonders wichtiges Gesprächsthema zwischen den beiden Häuptern der Christenheit bildete natürlich Italien. Als Otto I. 964 Berengar gefangennahm und ins Exil schickte, war die italische Herrschaft so wenig gefestigt, daß nach seiner Rückkehr ins Reich ein von Berengars Sohn, Adalbert, entfesselter Aufstand niedergeschlagen werden mußte. Erst der dritte Italienzug (966—972), der den Kaiser auch mit den langobardischen Fürsten Süditaliens Fühlung nehmen und die Reichsgrenze gegenüber den Griechen sichern ließ, schaffte einigermaßen geordnete Verhältnisse. Sie erlaubten es endlich, der römischen Kirche wenigstens teilweise die von italischen Herren usurpierten Gebiete nach und nach zurückzuerstatten. Die 967 beginnenden, noch von Otto II. fortgesetzten Restitutionen betrafen Ravenna und die Grafschaften des Exarchates[12]. Freilich scheint Johann XIII. die Gewalt über Ravenna und Comacchio an die Kaiserin Adelheid weiterverliehen zu haben, und später mußte Gregor V. den größten Teil seiner für den Exarchat geltenden Rechte dem Erzbischof von Ravenna überlassen. Um ein größeres Territorium mit eigenen Kräften zu verwalten, fehlten der römischen Kirche die Mittel. Überhaupt war es im 10. Jh. mit dem Güterbesitz der italischen Kirchen schlecht bestellt. Mit großer Sorge beobachteten die deutschen Kaiser, wie überall große und kleine Herren in steigendem Maße Kirchengut an sich gebracht hatten. Soweit es um Klosterbesitz ging, griffen auch die Bischöfe zu. Weitere Verluste entstanden durch die überall verbreitete Mißachtung des Zölibates: Bischöfe, Äbte und Priester versorgten ihre unehelichen Kinder möglichst mit geistlichem Gut. Allein schon aus politischen Gründen setzten sich die Ottonen für die Erhaltung und Rückgabe des Kirchengutes ein, besonders in den strategisch wichtigen Zonen und in den königlichen, zum Reichsdienst verpflichteten Klöstern. Seit 967 verhandelten sie auf Synoden und Reichstagen über das Kirchengut; sie erließen Gesetze — so das Capitulare de duello iudiciali 967, das den Zweikampf als Beweisverfahren für Besitzstreitigkeiten einführte und die Söhne von Zölibatspflichtigen von öffentlichen Ämtern ausschloß, ferner das die Verlehnung von Gütern zeitlich einschränkende Capitulare de praediis ecclesiasticis 998 —, verliehen Klöstern das Inquisitionsrecht, Immunitätsprivilegien, Schutzbriefe, Besitzbestätigungen und zogen die Klagen beraubter Klöster vor ihr Gericht[13]. Sowenig diese Reform in die Tiefe ging, das damit aufgeworfene Reformproblem sollte in Italien weiterwirken.

[12] Die grundlegende, oben in Lit. zitierte Studie von *M. Uhlirz* über die Restitution bringt u. a. einen wichtigen Versuch, die Grenzlinie Luni — Monselice (s. oben Anm. 7) zu deuten.

[13] 967: MGConst. I n. 13; dazu *M. Uhlirz* (s. oben Lit.): MIÖG 48 (1934) 231 f (mit Lit.); 998: MGConst I n. 23; *Uhlirz* a. a. O. 288—292; JbbDG unter Otto III. 276—279.

Im Süden zog inzwischen eine andere Gefahr herauf. Durch einen griechischen Überfall auf Messina herausgefordert, fielen die sizilischen Araber unter ihrem Emir Abul Kasim seit 976 in Kalabrien und Apulien ein. Der griechische Kaiser war durch die Revolte des Bardas Sklerus zu sehr beansprucht, als daß er hätte helfen können. Da zu allem Unglück auch noch der mächtigste Herr des langobardischen Gebietes, Pandulf Eisenkopf, 981 verschied, übernahm Otto II. die Verteidigung gegenüber den Ungläubigen. Seit dieser Zeit nannte er sich in offensichtlicher Rivalität zu dem Basileus, mit dem er seit dem Ableben Tsimiskes' auf gespanntem Fuße stand, Kaiser der Römer. Sein Feldzug endete beim Kap Colonne in Kalabrien mit einer Niederlage (Juli 983), aber die Schlacht kostete Abul Kasim das Leben und veranlaßte daher die ihres Führers beraubten Araber, das feste Land zu räumen. Schon hatte Otto eine zweite Heerfahrt beschlossen, da wurde er, erst 28 Jahre alt, zu Rom von einer Krankheit hinweggerafft (983) und im Atrium der Peterskirche beigesetzt (heute ruht er in den Vatikanischen Grotten). Er hinterließ einen noch nicht vierjährigen, aber bereits zum König gekrönten gleichnamigen Sohn. Theophanu und nach ihrem Tod (991) Adelheid führten die Regentschaft, bis der junge König 994 für mündig erklärt wurde.

Otto III. trat 996 den Romzug an. Johann XV. war mit Crescentius in Konflikt geraten und zum Verlassen der Stadt gezwungen, aber auf die Kunde von Ottos Kommen hin zurückgerufen worden und ist bald darauf gestorben[14]. Die Römer sandten Boten zu Otto, um ihn über die fällige Papstwahl zu befragen. Zu ihrer Überraschung designierte dieser einen deutschen Kleriker, seinen Verwandten Brun, Sohn Ottos von Kärnten, zum Papst, der als Gregor V. Petri Stuhl bestieg (996—999). Zum Kaiser gekrönt, wartete der junge Herrscher mit einer zweiten Überraschung auf. Er weigerte sich, das von Otto I. (auch im Namen seines Sohnes) ausgestellte Pactum zu erneuern, und ließ sich auf die Restitution der Pentapolis, die Gregor V. forderte, nicht ein. Wohl aber zog er Crescentius II. wegen seiner an Johann XV. und an römischen Bürgern verübten Gewalttaten vor Gericht und verurteilte ihn zum Exil. Der Papst erwirkte seine Begnadigung. Crescentius sollte ihm diesen Liebesdienst schlecht vergelten. Nach Ottos Heimkehr wieder zur Macht gelangt, scheint er den deutschen Papst aus Rom im Herbst 996 vertrieben zu haben. Es traf sich gut, daß ungefähr zu derselben Zeit der frühere Lehrer Ottos III., der griechische Kalabrese Johannes Philagathos, Bischof von Piacenza, der als Brautwerber Ottos nach Byzanz gegangen war, mit dem byzantinischen Gesandten Leo in Italien landete. Während Gregor V. in der Lombardei weilte und Ende Januar/Anfang Februar 997 eine Synode abhielt, ließ Crescentius unter Mitwirkung des sich in Rom aufhaltenden Byzantiners Leo den Johannes Philagathos zum Papst Jo-

[14] *F. Schneider,* Papst Johann XV. und Ottos III. Romfahrt: MIÖG 39 (1923) 193—218.

hann XVI. erheben[15]. Das verwegene Spiel löste ein furchtbares Strafgericht aus, sobald Otto III. 998 in Rom eingezogen war. Crescentius wurde auf der erstürmten Engelsburg enthauptet und mit zwölf Genossen am Galgen aufgehängt, während der von seinen Feinden gräßlich verstümmelte Johann XVI. die Absetzung durch eine Synode sowie einen schimpflichen Umzug durch Rom erdulden mußte, um endlich in lebenslängliche Klosterhaft genommen zu werden.

In Rom verbleibend, begann Otto III., mit der renovatio imperii, wie sie ihm vorschwebte, Ernst zu machen. Freilich war der hochbegabte, erst achtzehn Jahre zählende Herrscher noch keineswegs eine in sich geschlossene Persönlichkeit. Asketische Neigung und fast schwärmerische Frömmigkeit ließen ihn ebenso gerne Odilo von Cluny empfangen wie die großen italischen Eremiten Nilus und Romuald aufsuchen und innige Freundschaft mit Adalbert von Prag knüpfen, die auch dann noch andauerte, als der in den Konflikt zwischen Klosterfrieden und Apostolat hineingestellte Freund sich der Ostmission weihte und 997 im heidnischen Preußen das Martyrium erlitt. Auf der andern Seite besaß der junge Kaiser ein hohes, auf universale Geltung zielendes Herrscherbewußtsein, politische Leidenschaft und eine durch literarische Studien genährte Begeisterung für das Imperium Romanum. Nicht zuletzt ist hier der Einfluß Gerberts von Aurillac, des größten damals lebenden Gelehrten und Freundes, zu beachten[16]. In seinem Kloster Aurillac, dann in Vich (Mathematik und Naturwissenschaft) und in Reims ausgebildet und zum Leiter der Reimser Domschule berufen, hatte sich Gerbert durch eine staunenswerte Beherrschung sämtlicher Wissenschaftszweige des Triviums und Quadriviums einen solchen Namen verschafft, daß er von dem geistig interessierten Kaiser Otto II. 980 zu einem wissenschaftlichen, mit dem deutschen Gelehrten Ohtrich zu führenden Disput nach Ravenna eingeladen und 982 zum Abt von Bobbio bestellt worden war. Wegen der unmöglichen Verhältnisse seines Klosters hatte er sich 984 wieder nach Reims begeben und als Berater des Erzbischofs Adalbero (969—989) gewirkt. Als dann 991 der Nachfolger Adalberos, Erzbischof Arnulf, abgesetzt wurde, wählte man Gerbert. Der dadurch entfachte, unten zu besprechende Streit führte ihn 996 nach Rom, wo der Kaiser ihn kennen- und bewundern lernte.

15 *M. Uhlirz,* JbbDG unter Otto III. 511—514; *P. E. Schramm:* ByZ 25 (1925) 89—105 (Reisebriefe des byzant. Gesandten Leo), und die oben in Lit. zitierte Studie, Kaiser, Basileus und Papst; zu der im folgenden berichteten Hinrichtung des Crescentius vgl. *M. Uhlirz,* JbbDG unter Otto III. 526—533.

16 Zu Gerberts Briefen s. oben Quellen und *P. E. Schramm,* Die Briefe Ottos III. und Gerberts aus dem Jahre 997: AUF 9 (1926) 87—122; *M. Uhlirz,* JbbDG unter Otto III. 560—565 (Briefe und Urkunden Silvesters II.); *H. Glaesener,* Les rapports du moine Gerbert avec les Ottonides et Notger de Liège: Revue du Nord 31 (1949) 126—136. — *F. Eichengrün,* Gerbert (Silvester II.) als Persönlichkeit (Berlin 1928); *J. Leflon,* Gerbert. Humanisme et chrétienté au Xe siècle (Saint-Wandrille 1946); *O. G. Darlington,* Gerbert the Teacher: AHR 52 (1947) 456—476.

Dies entschied sein künftiges Schicksal; denn Otto III. nahm den 997 aus Reims Entflohenen an seinem Hof auf. Schon 998 ließ er ihn zum Erzbischof von Ravenna und 999 nach dem Tod Gregors V. zum Papst wählen. Gerbert nahm den Namen Silvester II. an. Er traf damit genau die Renovationsidee seines kaiserlichen Freundes. An die Spitze der Christenheit gestellt, waren Otto und Gerbert bestrebt, als neuer Konstantin und neuer Silvester die verderbte Welt zu ihrem Ursprung, den idealisierten Zeiten des ersten christlichen Kaisers und des damals lebenden Papstes, zurückzuführen.

Die Zusammenarbeit erfolgte freilich mehr in Form einer Unter- denn Gleichordnung des Papstes. Allein schon die Tatsache, daß Otto III. seinen festen Sitz in Rom aufgeschlagen hatte[17], mußte die Freiheit der römischen Kirche empfindlich beeinträchtigen. Wenn auch die einst von Stephan II. und seinen Nachfolgern angestrebte Autonomie, die im Constitutum Constantini ihren Niederschlag gefunden hatte, seit der Kaiserkrönung Karls des Großen nur noch in beschränktem Maße galt, das im Constitutum ausgesprochene Grundprinzip: die Gewalt über Rom sei den Päpsten zu überlassen und der Kaiser müsse anderswo residieren, ist in den Kaiserpacta des 9. und 10. Jh. immer wieder anerkannt worden. Aber Otto III. fühlte sich weder an das Constitutum noch an die Kaiserpacta gebunden. Das Constitutum erklärte er sogar mit Berufung auf das Täuschungsmanöver des Kardinaldiakons Johannes, der Otto I. zu einem nicht mehr bestimmbaren Zeitpunkt und Zweck eine eigens gefertigte Prachtschrift der Schenkung als scheinbar echte Urkunde vorgelegt hatte, für gefälscht. Und der römischen Kirche ersparte er nicht den Vorwurf, sie habe das Gut des heiligen Petrus verschachert, suche sich aber dafür an den Gütern und Rechten des Kaisers schadlos zu halten. Nicht ihr, sondern der Kirche von Ravenna übertrug er die letzten drei, noch nicht restituierten Grafschaften des Exarchats, und aus freien Stücken, unter ausdrücklicher Verwahrung gegen jede Restitutionspflicht, schenkte er dem heiligen Petrus in seinem Nachfolger Silvester II. jene acht, den größten Teil der Pentapolis ausfüllenden Grafschaften, die Gregor V. auf Grund des Ottonianums vergebens zurückgefordert hatte. Die staatsrechtliche Hoheit, die Otto III. in einem höheren Maße als seine Vorfahren gegenüber dem Papsttum geltend machte, blieb nicht ohne Folgen für den geistlichen Bereich. Der Kaiser nahm bisweilen an rein kirchlichen Verhandlungen teil. Einmal unterzeichnete er z. B. zusammen mit den Richtern und dem Papst eine die Besetzung des Bistums Vich betreffende Gerichtsurkunde[18]. Mag er auch in solchen Fällen keine eigentliche Kompetenz

[17] *P. E. Schramm*, Kaiser, Rom und Renovatio I 105—115, II 17—33; *K. Hampe*, Otto III. und Rom: HZ 140 (1929) 513—533; *C. Erdmann*, Forschungen zur polit. Ideenwelt 92 bis 111 (zur Patriziuswürde und zum Ämterwesen in Rom); *C. Brühl*, Die Kaiserpfalz bei St. Peter und die Pfalz Ottos III. auf dem Palatin: QFIAB 34 (1954) 1—30.

[18] *Jaffé* 3888; Faksimile: Pontificum Romanorum diplomata papyracea (Rom 1929) Tafel X.

beansprucht haben, so gab es doch Fragen, an denen nicht allein das Papsttum, sondern auch das Imperium wesentlich beteiligt war.

So hatte Otto III. sicher entscheidend dazu beigetragen, daß Polen und Ungarn den Anschluß an den christlichen Westen fanden. Leider sind wir über diese wichtigen Vorgänge nur ungenügend unterrichtet. Im Winter 999/1000 unternahm der Kaiser eine Wallfahrt zum Grab seines in Gnesen bestatteten Freundes, des Martyrers Adalbert. Daß der sorgfältig durchberatene Zug nicht bloß der persönlichen Devotion, sondern zugleich ausgesprochen politisch-religiösen Zielen dienen sollte, zeigte besonders deutlich die Devotionsformel Servus Jesu Christi, die sich Otto in den während der Reise ausgegebenen Urkunden zulegte. Von den Aposteln übernommen, muß sie wohl mit dem byzantinischen Kaiserattribut ἰσαπόστολος in Parallele gesetzt werden: Wie die griechischen Kaiser wollte sich Otto III. eine apostolische Mission zuschreiben. Tatsächlich brachte er dem Polenherzog Boleslaw ein Papstprivileg mit, das Gnesen zur Metropole einer noch auszubauenden polnischen Landeskirche erhob und so das am Beginn der Christianisierung stehende Polen in die Sphäre der römischen Kirche einbezog. Otto dachte jedoch auch an eine Ausweitung seines Imperiums. Einerlei, ob er dem Herzog die Patriziuswürde verliehen hat oder ob er ihn zum König erheben wollte, aber sein Vorhaben nicht ausführte, weil Boleslaw die Gebeine Adalberts herauszugeben sich weigerte, jedenfalls ist Boleslaw von Otto mit einer Nachbildung der Heiligen Lanze beschenkt, als frater et cooperator imperii in den Rang eines Verbündeten und feodalis imperii aufgenommen und damit dem westlichen Imperium irgendwie eingegliedert worden[19]. Nach Ottos Rückkehr sollte eine ähnliche Entscheidung für Ungarn fallen. 1000 oder 1001 errichtete Silvester II. die Metropole Gran mit dem Recht, eine ungarische Kirchenprovinz zu gründen. Außerdem wurde der Herrscher, Waik-Stephan, mit der Königswürde (vielleicht auch durch Übersendung einer eigenen Königskrone) ausgezeichnet. Auf wen der letztere Akt unter rechtlichem Gesichtspunkt zurückzuführen ist: auf den Kaiser oder auf den Papst oder auf beide, mag umstritten bleiben, doch geht es wohl zuweit, jedweden Anteil des Kaisers oder sogar des Papstes leugnen zu wollen[20]. So ist ein zweites Land endgültig für den Okzident gewonnen worden. Ottos Pläne gingen noch weiter. Wenn der junge Kaiser 1001 den Dogen von Venedig, Petrus II. Orseolo, inkognito besuchte, dürfte der eigentliche Grund in dem siegreichen Flottenunternehmen zu suchen sein, das Venedig die Herrschaft über die Küstenstädte Dalmatiens eingebracht

[19] *P. E. Schramm,* Kaiser, Rom und Renovatio I 135—146; *M. Uhlirz,* JbbDG unter Otto III. 310—326 538—559 (mit reicher Lit.); gegen Uhlirz' These, Otto habe Boleslav zum König erheben wollen, *R. Wenskus:* ADipl 1 (1955) 250—256; über Polen s. Lit. in Kap. 31.

[20] *M. Uhlirz,* JbbDG unter Otto III. 374—376, und Erörterung der Probleme mit Heranziehen der Lit. 566—582, zu Ungarn unten Kap. 31.

hatte. Offenbar wollte Otto das wachsende venezianische Herrschaftsgebiet, das unter Byzanz stand, irgendwie seinem Imperium einfügen, fand aber dafür bei dem Dogen kein Gehör. Die älteste russische Chronik berichtet ferner für 1001 von Boten Ottos, die in Kiew eingetroffen seien, und auf der Weihnachten 1001 zu Todi abgehaltenen Synode ist beschlossen worden, Brun von Querfurt zum Erzbischof für die Ostmission zu weihen (die Weihe erfolgte in Rom im Herbst 1002).

Die erhabene Stellung, die Kaiser und Papst 1001 im christlichen, nun auch nach dem Osten ausgeweiteten Abendland einnahmen, beruhte auf einer viel zu schwachen Basis. Weder die Deutschen noch die Römer waren mit Ottos III. imperialen Ideen einverstanden. Tatsächlich wich seine von der Kaiseridee getragene Ostpolitik von dem auf das Interesse des deutschen Reiches abgestellten Kurs des Großvaters erheblich ab und stieß in Deutschland, vor allem bei dem Erzbischof von Magdeburg, auf Widerstand. Weitaus bedenklicher war jedoch die Verlagerung des Imperiums nach Rom hin. Der tragende Faktor des Imperiums war nun einmal die deutsche Königsgewalt, und diese ließ sich nur von einem im Reich herumziehenden, nicht in Rom residierenden Herrscher wahren. Mindestens ebenso unzufrieden wie die Deutschen waren die Römer. Ottos III. Anwesenheit in Rom widersprach ihrem Recht auf relative Autonomie. So rotteten sie sich zusammen. Papst und Kaiser wurden im Februar 1001 gezwungen, die Stadt zu verlassen. Der Aufstand wäre wohl sicher auf die Dauer niedergeschlagen worden, aber der mit Streitkräften heranziehende Kaiser erkrankte schwer und verschied am 24. Januar 1002 auf der bei Città Castellana gelegenen Burg Paterno, 22 Jahre alt. Vielleicht hätte er bei einem längeren Wirken seine Kaiseridee den gegebenen Realitäten besser angepaßt, so aber ist die von ihm angestrebte renovatio imperii gescheitert. Der Zusammenbruch seines Systems sollte auch die römische Kirche empfindlich treffen. Sofort rissen die Crescentier die Herrschaft wieder an sich und machten die Päpste zu ihren Kreaturen.

Und doch sind die Spuren Ottos III. und Silvesters II. nicht einfachhin verweht worden. Mit der Eingliederung Polens und Ungarns hatte die römische Kirche einen bleibenden Gewinn erzielt. Das Ansehen des Heiligen Stuhles war gewachsen; seine übernationale Aufgabe war durch die Erhebung zweier nicht-italischer Päpste klar herausgestellt worden. Und wenn der Kaiser seine imperiale Stellung dadurch zu verstärken gesucht hatte, daß er die universalen Ausstrahlungsmöglichkeiten der römischen Kirche als sanctarum ecclesiarum devotissimus et fidelissimus dilatator sowie als servus apostolorum ausnutzte, so war damit von ihm ungewollt die prinzipielle Überlegenheit der Kirche zugegeben worden. Insoweit als das christliche Abendland überhaupt eine Einheit bildete, beruhte sie auf dem imperium spirituale et ecclesiasticum der römischen Kirche. Noch waren die Päpste nicht in der Lage, ohne einen Kaiser in die Weite zu wirken. Sobald sie jedoch die ihnen zukommende Gewalt frei gebrauchen und gegenüber den christlichen Völkern zur Geltung bringen konnten, sollte ihnen die Führung des christlichen Abendlandes zufallen. Dann sollte auch der Pontifikat Silvesters II. in einem neuen Lichte erscheinen: Kein Geringerer als Gregor VII. hat die Ungarn an die Beziehung ihres ersten christlichen Königs zu gerade diesem seinem Vorgänger erinnert.

29. Kapitel

Die Kirche in Spanien, Irland und England von 900 bis zur gregorianischen Reform

QUELLEN: Spanien: Vgl. die Bibliogr. von *B. Sánchez Alonso,* Fuentes de Historia Española e Hispano-Americana (Madrid ²1927); RepFont I 803 f (Register der Quellensammlungen); *P. Kehr,* Papsturkunden in Spanien, I: Katalonien, II: Navarra und Aragón: AGG 18, 2 (1926), 22, 1 (1928), und *C. Erdmann,* Papsturkunden in Portugal: AGG 20, 3 (1927), beide mit wichtigen archivalischen und bibliographischen Angaben; *M. C. Díaz y Díaz,* Index scriptorum latinorum medii aevi hispanorum (Salamanca 1958/59). — Unentbehrlich sind noch heute die geographisch angelegten großen Quellenwerke: *Henrique Flórez,* España Sagrada, *J. Villanueva,* Viage literario a las iglesias de España (Allg. Bibl. I, 7); wichtig auch: Marca Hispanica, auctore *P. de Marca,* hrsg. von *E. Baluze* (Paris 1688). — *Cl. Sánchez Albornoz,* La España musulmana, según los autores islamistas y cristianos medievales, 2 Bde (Buenos Aires 1946); *A. Huici,* Las crónicas latinas de la reconquista, 2 Bde (Valencia 1913); *M. Gómez-Moreno,* Las primeras crónicas de la reconquista: El ciclo de Alfonso III: Boletín de la Academia de la Historia 100 (1932); *J. M. Lacarra,* Documentos para el estudio de la reconquista y repoblación del valle del Ebro: Estudios de Edad Media de la Corona de Aragón: 1. Reihe 2 (1946), 2. Reihe 3 (1947/48); *A. Huici Miranda,* Colección de crónicas árabes de la Reconquista, bis jetzt 4 Bde (Tetuán 1951 ff); vgl. RepFont I 335.

Irland und Schottland: Weit mehr als eine Bibliographie gibt *J. Kenney,* Sources for the Early History of Ireland I: Ecclesiastical (New York 1929). Die wichtigsten Editionen finden sich in: Rolls Series; vgl. *Kenney* 104 und RepFont I 803 (Register aller irischen Quellensammlungen); *F. W. H. Wasserschleben,* Die irische Kanonessammlung (Gießen ²1874); *L. Bieler - D. Binchy,* Irish Penitentials (Dublin 1963). — *W. C. Dickinson - G. Donaldson - I. A. Miller,* A Source Book of Scottish History, I: bis 1424 (London 1952); *A. Orr Anderson,* Early Sources of Scottish History 500—1286, 2 Bde (Edinburgh 1922); *ders.,* Scottish Annals from English Chronicles 500—1286 (London 1908); *A. W. Haddan - W. Stubbs,* Councils and Ecclesiastical Documents relating to Great Britain and Ireland I—III in 4 Bden (Oxford 1869/78), bringt in Bd II für Schottland die Quellen bis 1188, für Irland nur bis 665.

England: Bibliographien von *C. Gross,* Sources and Literature of English History (London ²1915); *W. Bonser,* An Anglon-Saxon and Celtic Bibliography 450—1087, 2 Bde (Oxford 1957); für die monastische Reform vgl. die Übersicht bei *E. Shipley Duckett,* Saint Dunstan (s. unten) 233—238; sehr nützliche Einführungen in die Quellenbestände usw. gibt *W. Holtzmann,* Papsturkunden in England, 3 Bde: AGG 25 (1930/31); AGG 3. Folge 14 (1935), 33 (1952). — Die Konzilssammlung von *Haddan-Stubbs* III (s. oben) reicht nur bis 870; *B. Thorpe,* Ancient Laws and Institutes, also Monumenta ecclesiastica, 2 Bde (London 1840); *F. Liebermann,* Die Gesetze der Angelsachsen, 3 Bde (Halle

1898/1916); *F. W. H. Wasserschleben,* Die Bußordnungen der abendländischen Kirche (Halle 1851): für Irland und England S. 101—352; vgl. auch *W. J. Schmitz,* Die Bußbücher und die Bußdisziplin der Kirche, 2 Bde (Mainz 1883/98): für Angelsachsen I 490 bis 587, II 645—701; über die Editionen von Königsurkunden vgl. *Santifaller NE* 21 bis 24. — Obwohl erst im frühen 12. Jh. verfaßt, sind wegen Benützung verlorener Quellen wichtig die unten S. 402 zu Abschn. I zitierten Werke *Wilhelms von Malmesbury* und *Simeons von Durham,* Historia Dunelmensis ecclesiae, sowie seine Historia regum, ed. *Th. Arnold:* Rolls Series 75, 1—2 (1882/85); über die Reform vgl. Memorials of St. Dunstan (Viten und anderes Material), ed. *W. Stubbs:* Rolls Series 63 (London 1874); *Aelfric,* Vita S. Aethelwoldi episcopi Wintonensis: Chronicon monasterii de Abingdon, ed. *J. Stevenson:* Rolls Series 2, Bd II (London 1858) 253—266; erweitert durch *Wulfstan:* PL 137, 79—108; Vita Oswaldi, archiepiscopi Eboracensis: Historians of the Church of York, ed. *S. Raine:* Rolls Series 71, Bd I (London 1879) 399—475. — Cnutonis regis gesta sive Encomium Emmae: MGSS XIX, 509—525; *Wulfstan,* Sammlung der ihm zugeschriebenen Homilien, ed. *A. Napier* (Berlin 1883), siehe dort vor allem 156—167 den zeitgeschichtlich wichtigen, um 1014 verfaßten Sermo lupi ad Anglos; Lives of Edward the Confessor, ed. *H. R. Luard:* Rolls Series 3 (London 1858).

LITERATUR: Spanien: Zur Kirchengeschichte vgl. Allg. Bibl. II, 4; *Amann:* Fliche-Martin VII 417—427. — Zur weltlichen Geschichte Allg. Bibl. II, 2. — *R. P. A. Dozy,* Histoire des muselmans d'Espagne jusqu'à la conquête de l'Andalousie par les Almoravides (Leyden ²1932); *E. Lévi-Provençal,* Histoire de l'Espagne muselmane, 2 Bde (Paris 1951), die spanische Übersetzung s. in Allg. Bibl. II, 2; *L. de las Cagidas,* Los Mozárabes, 2 Bde (Madrid 1946—48). — *J. A. Maravall,* El concepto de España en la edad media (Madrid 1954); *E. Herrera Oria,* Historia de la reconquista de España (Madrid ²1943); *J. Pérez de Urbel - R. del Arco y Garay,* España cristiana. Comienzo de la reconquista 711—1038 (s. Allg. Bibl. II, 2); *A. Sánchez Candeira,* El „Regnum-Imperium" Leonés hasta 1037 (Madrid 1951); *J. Pérez de Urbel,* Historia del condado de Castilla, 3 Bde (Madrid 1945); *L. Serrano,* El obispado de Burgos y la Castilla primitiva desde el siglo V al XIII, 3 Bde (Madrid 1936); *R. Menéndez Pidal,* La España del Cid, 2 Bde (Madrid ²1947), dt. von *G. Henning - M. Marse* (München 1936/37); *J. Descola,* Histoire de l'Espagne chrétienne (Paris 1951); *P. David,* Études historiques sur la Galice et le Portugal du VIᵉ au XIIᵉ siècle (Lisboa - Paris 1947); *A. Ubieto Arteta,* Las diócesis navarro-aragonesas durante los siglos IX y X: Pirineos 10 (1954) 179—199; *A. Durán Gudiol,* La iglesia en Aragón durante el siglo XI: Estudios de edad media de la Corona de Aragón 4 (1951) 7—68; *P. Kehr,* Das Papsttum und der Katalanische Prinzipat bis zur Vereinigung mit Aragón: AAB 1926 n. 1; zu den Konzilien s. unten Anm. 6.

Irland und Schottland: Zur Kirchengeschichte vgl. Allg. Bibl. II, 4; *M. Leclercq:* DACL VII 1461—1552; *Amann:* Fliche-Martin VII 404—407. — Allgemeine Geschichte: *E. Curtis,* A History of Medieval Ireland (London ²1938); *E. MacNeill,* Early Irish Laws and Institutions (Dublin 1935); *W. Nugent,* Church and State in Early Christian Ireland (Diss. Dublin 1949); *L. Bieler,* Irland, Wegbereiter des Mittelalters: Stätten des Geistes (Olten 1963).

England: Zur Kirchengeschichte Allg. Bibl. II, 4; *Amann:* Fliche-Martin VII 407 bis 415; *F. Barlow,* The English Church 1000—1066. A Constitutional History (London 1963). — Politische Geschichte: Allg. Bibl. II, 2; *R. H. Hodgkin,* A History of the Anglon Saxons, 2 Bde (London ³1952); *P. E. Schramm,* Geschichte des englischen Königtums im Lichte der Krönung (Weimar 1937), übers. ins Englische von *L. G. Wickham* (London 1937). — *H. Böhmer,* Kirche und Staat in England im 10. und 11. Jh. (Leipzig 1899); *H. Tillmann,* Die päpstlichen Legaten in England bis zur Beendigung der Legation Gualas 1218 (Diss. Bonn 1926); *D. Knowles,* The Monastic Order in England 940—1216 (Cambridge ²1949, Neudr. 1963); *F. Cabrol,* L'Angleterre chrétienne avant les Normandes (Paris 1909); *E.*

John, The King and the Monks in the 10th Century Reformation: BJRL 42 (1959/60) 61 bis 87; *J. A. Robinson,* The Times of St. Dunstan (Oxford 1923); *E. Shipley Duckett,* Saint Dunstan of Canterbury (New York 1955); *K. Jost,* Wulfstanstudien (Bern 1950); *D. Whitelock:* Transact. of the Royal Hist. Soc., 4. ser. 24 (1942) 25—42 (Wulfstan als Homiletiker und Staatsmann); *ders.:* EHR 69 (1955) 72—85 (Wulfstan als Verfasser von Gesetzen Knuts).

Solange die aus dem zersplitterten karolingischen Imperium hervorgegangenen Länder um ihre Gestaltung ringen mußten, blieben Spanien, Irland und England noch mehr als vorher auf sich selbst angewiesen. Zwar fehlte es nicht da und dort an Kontakten, aber erst die um 1050 einsetzende Kirchenreform entband die Kräfte, die auch die an der Peripherie liegenden Kirchen erreichen und sie in die abendländische Christenheit, die sich von da an neu herausbildete, eingliedern sollten.

Spanien

Seitdem sich das kleine christliche Reich von Asturien als Nachfolger des Westgotenreiches zu fühlen begann und ihm der in Compostela aufblühende Jakobuskult die Überzeugung vermittelte, unter dem himmlischen Schutz eines Apostels zu stehen, war die Idee der Reconquista aufgekeimt (oben Kapitel 20). In der Regierungszeit Alfons' II. (791—842) unter ständiger Abwehr maurischer Angriffe konzipiert, sollte sie bald die ersten Früchte zeitigen. Die Gelegenheit dazu bot eine gefährliche Staatskrise, in die das Emirat von Córdoba im letzten Viertel des 9. Jh. aus politischen, religiösen und wahrscheinlich auch sozialen Ursachen geriet. In Sevilla brachen vornehme Familien mit der Regierung von Córdoba und errichteten eine oligarchische, freilich bald durch inneren Zwist zerfallende Herrschaft. Sie standen nicht allein; überall flammte Empörung auf, so daß die Macht des Emirs abd Allah (888—912) mehrmals auf das Weichbild seiner Residenzstadt eingeschränkt wurde. Der Aufstand wurde in erster Linie von Mullavadas, das heißt von zum Islam übergetretenen Spaniern, getragen. In dem Bergland zwischen Roda und Málaga konnte sogar ein rein spanischer Kleinstaat gegründet werden; sein Haupt, der Mullavada Oma ibn Hafsun, vertiefte den Gegensatz zu den fremden Herren, indem er zum Christenglauben seiner Väter zurückkehrte (899).

Die asturischen Christen ließen die günstige Zeit nicht ungenutzt verstreichen. Sie leisteten nicht bloß den aufrührerischen Toledanern Hilfe, sie gingen auch selber zu einem frontalen Angriff vor. Angeführt von Alfons III. (866—910), erweiterten sie das Reich im Westen (Portugal) bis an den Mondenego, in der Mitte bis zum Duero und drangen im östlich gelegenen Kastilien so lange vor, bis sie auch dort unter Alfons' III. erstem Sohn, García, den Duero erreichten. So konnte nun König Ordoño II. (914—922) die Hauptstadt des Reiches von Oviedo nach León verlegen. Mit diesen relativ großen Erfolgen hängt es wohl zusammen, daß seit jener Zeit in den Geschichtsquellen für die Könige von León bisweilen der Kaisertitel auftaucht, doch ist es bis heute umstritten, ob man der schwer definierbaren, nicht amtlichen und staatsrechtlich irrelevanten Bezeichnung für die damalige Zeit größere Bedeutung beimessen darf[1]. In das eroberte Land strömten Siedler ein: Asturier, Basken, aber auch Mozaraber, also Christen aus al-Andalus, die das islamische Joch mit christlicher Herrschaft zu vertauschen wünschten. Da sich auf dem Neuland freiere Wirtschaftsformen entwickeln konnten, als sie das traditionsgebundene Galicien kannte, wurde es zum tragenden Pfeiler des Reiches. Besondere Bedeutung erlangte der kastilische Raum; hier wuchs ein eigenartiges, hochgemutes Volk heran, das in der künftigen Geschichte Spaniens eine entscheidende Rolle spielen sollte. Auch die andern christlichen Herrschaftsgebiete des nördlichen Spaniens gewannen langsam Auftrieb. Im längst unabhängigen Navarra wurde 905 das bis dahin regierende Geschlecht der Arista, das mit der das mittlere Ebrotal autonom beherrschenden Mullavada-Familie Banu Quasi verwandt und von ihr gestützt worden war, durch eine neue, den angrenzenden Muslimen feindlich gesinnte Dynastie ersetzt. Auch die durch den Zerfall des karolingischen Imperiums selbständig gewordenen Grafschaften der spanischen Mark wandten ihr Interesse mehr und mehr den innerspanischen Vorgängen zu.

Freilich hielt die Schwäche des Emirates nicht an. Aus dem zähen Kampf — er fand erst 932 mit der Unterwerfung Toledos sein Ende — ging die Regierung von Córdoba als Siegerin hervor. Unter dem großen Herrscher Abd ar-Rahman III. (912—961), der sich 929 nach dem Beispiel der Fatimiden von Afrika sogar den Titel eines Chalifen zulegte, blühte al-Andalus auf und entwickelte eine staunenswerte Kultur[2]. Wenn auch der Cha-

[1] *R. Menéndez Pidal,* El imperio hispánico y los cinco reinos (Madrid 1950); *P. E. Schramm,* Das kastilische Königtum und Kaisertum während der Reconquista (11. Jh. bis 1252): Festschr. G. Ritter (Tübingen 1950) 87—139; *H. J. Hüffer,* Die mittelalterliche spanische Kaiseridee und ihre Probleme: Saeculum 3 (1952) 425—443; *A. Saitta:* RSIt 66 (1954) 377—409; *C. Erdmann,* Forschungen zur politischen Ideenwelt (Allg. Bibl. II 8b) 31—37; *H. Löwe:* HZ 196 (1963) 552—555. — Jedenfalls kann von einem Anspruch auf hegemonialen Vorrang, den später (seit 1077) Alfons VI. von Kastilien mit dem erweiterten Titel: imperator totius Hispaniae, offiziell vertrat und den Alfons VII. als Hispaniae imperator 1135 im Sinne einer imperialen Suzeränität für kurze Zeit ausbaute, für die frühere Zeit noch keine Rede sein.

[2] Aus politischen, die Fatimiden sowie Italien betreffenden Gründen bot Abd ar-Rahman III. 951 dem deutschen König Otto I. ein Freundschaftsbündnis an. Erschwert durch religionsfeindliche Äußerungen, die erst der Chalif, dann Otto in ihren Briefen einfließen ließen, scheinen die Verhandlungen ergebnislos verlaufen zu sein. Der interessante, leider unvollständige Bericht über die Erlebnisse des 954 von Otto nach Córdoba entsandten Gorzer Mönches und späteren Abtes Johannes findet sich in der Vita Johannis Gorziensis cc. 115—136: MGSS IV 369—377; zum Ganzen *R. Holtzmann,* Geschichte der sächs. Kaiserzeit (München [4]1960) 969—974.

lif Hisham II. (972—1009) persönlich nicht mehr sehr mächtig war, so herrschten an seiner Stelle die starken Hausmeier Ibn Abi Amir (978—1002) und al-Musafar (1002—08). Sobald das Chalifat von Córdoba die Reichskrise zu überwinden begann, nahm es wieder den Kampf mit dem christlichen Norden auf. Es fand in Ramiro II. von León einen würdigen Gegner (931—950). Dann aber zerrütteten Bürgerkriege das leonensische Reich. Sie ließen den mächtigen Grafen von Kastilien, Fernán González, die Autonomie gewinnen. Zu wenig geschlossen, hielt daher die christliche Front nicht stand, als der geniale maurische Feldherr, der Hausmeier Ibn Abi Amir, vorstieß; mit Recht nannte er sich al-Mansur (Almansor), das heißt: der Siegreiche. León, Pamplona, Barcelona, ja selbst das Nationalheiligtum in Compostela fielen in seine Hand und wurden zerstört. Die Duero-Grenze ging verloren. Was den Christen verblieb, war gebrandschatztes Land.

Auf diese letzte Kraftentfaltung der Mauren folgte ein jäher Absturz. Nach 1009 brach das Omajjadenreich langsam in viele kleine Fürstentümer auseinander: die Zeit der Zaunkönige, der „reyes de Taifas", war gekommen. Sie bot der Reconquista eine neue Chance. Tatsächlich konnte Kastilien für seinen Teil die Duero-Grenze zurückerobern, teilweise sogar überschreiten, aber eine großangelegte Reconquista wurde durch innerchristliche Zwistigkeiten verhindert. Daß ein so starker Herrscher wie Sancho III. von Navarra auf Gewinn christlicher Gebiete ausging, anstatt gegen die Mauren zu ziehen, hätte noch einen Sinn gehabt, wenn sein ausgedehntes Machtgebiet erhalten geblieben wäre, aber er teilte es bei seinem Tod (1035) auf. Neben León, dessen König den ihm entrissenen Teil zurückgewann, und neben Navarra standen nun infolge der Teilung zwei neue Königreiche: die früheren, in Sanchos Besitz gelangten Grafschaften Kastilien und Aragón. Das Kräfteverhältnis verschob sich, als Ferdinand I. von Kastilien (1035—65) León eroberte und mit Kastilien vereinte (1037). Durch kluge Verwaltung der beiden Länder mächtig geworden, nahm Ferdinand seit 1054 die Reconquista langsam wieder auf, zog es freilich oft vor, anstatt kriegerischer Eroberung von den maurischen Taifas Tributzahlungen anzunehmen. Sein Werk sollte der zweitgeborene, nach unglücklicher Reichsteilung zur Alleinherrschaft gelangte Sohn Alfons VI. (1065—1109) erfolgreich weiterführen. In der spanischen Mark war inzwischen der Graf von Barcelona hochgekommen, ohne jedoch die völlige politische Einigung Kataloniens zu erreichen. Auch er wandte sich nun mit wachsender Entschlossenheit gegen die Mauren.

Ganz auf Spanien ausgerichtet, unterschied sich die Idee der Reconquista in mehr als in einem Punkt von dem im 11. Jh. aufgekommenen Kreuzzugsgedanken des Abendlandes. Während die Kreuzritter gegen rassenfremde Ungläubige zu Feld zogen, um sie aus den christlichen Ländern des Ostens zu vertreiben und das Heilige Land zu befreien, waren die spanischen Christen und ihre Gegner, die Mauren, nur zu einem Bruchteil rassisch getrennt.

Auch strebte die Reconquista nicht an, die Muslimen zu vertreiben oder auszurotten; sie wollte sie vielmehr unterwerfen und ohne Bekehrungszwang den Christen dienstbar machen. Alfons VI. nannte sich gegenüber den Mauren „Kaiser beider Religionen", und die ins Land kommenden (meist französischen) Kreuzritter oder Mönche (Cluniazenser und später Zisterzienser) waren über die Freiheiten entsetzt, die die unterworfenen Mauren, die sogenannten Mudejaren, im christlichen Spanien genossen. Auf der andern Seite spielte natürlich das religiöse Motiv des Glaubenskampfes in der Reconquista eine entscheidende Rolle, besonders für die Propaganda. Und doch ging es dabei nicht so sehr um den Glauben an sich, als um seine konkrete Inkarnation in Spanien: durch Unterwerfung der Mauren wollte man die spanische, vor der islamischen Periode ausgebildete Lebensweise zurückgewinnen, die zwar ganz und gar von der christlichen Religion durchdrungen war, aber über den Bereich des rein Religiösen hinausging.

Wo immer die christliche Herrschaft Fuß faßte, blühte auch die Kirche wieder auf. Alte, untergegangene Bistümer wurden wiederhergestellt und neue Klöster gegründet. Für die Kontinuität des inneren Lebens war gesorgt. Die spanische Kirche besaß eine eigene, die sogenannte mozarabische Liturgie, eine bedeutende, aus westgotischer Zeit stammende Synodalgesetzgebung und theologische Literatur. Die maurische Kultur, die sich im 10. Jh. so großartig entfaltete, wurde hauptsächlich von den einwandernden Mozarabern vermittelt; sie befruchtete die kirchliche Wissenschaft vor allem in den Fächern des Quadriviums. Nicht zuletzt läßt sich der langsame Aufstieg der christlich-spanischen Kultur an der westgotischen Schrift ablesen, die im 8. bis 9. Jh. aufkam und in den folgenden zwei Saecula ihren Höhepunkt erreichte. Freilich lebte das christliche Spanien zunächst für sich. Aus dieser Isolierung heraus ist es wohl zu erklären, daß eine 959 zu Compostela tagende Synode die Bistümer Kataloniens vom Erzstuhl von Narbonne, dem sie nach dem Untergang des Westgotenreiches unterstellt worden waren, zu lösen beschloß und Caesarius, Abt von Montserrat, zum Erzbischof von Tarragona erhob, also die altspanische Kirchenprovinz Tarragona zum mindesten für das unter Christenherrschaft stehende Gebiet (die Stadt Tarragona war noch in maurischer Hand) wiederherzustellen suchte. Die an sich dem Papst zukommende[3], übrigens erfolglose Maßnahme sollte offenbar durch die Autorität des Apostels Jakobus, an dessen Grab die Synode tagte, gedeckt werden. Da Compostela zur Diözese Iria gehörte, schmückten sich die Bischöfe von Iria mit dem stolzen Titel: episcopus sedis apostolicae. Sie dachten dabei wohl weniger an eine Konkurrenz mit dem Papst als an einen Vorrang unter den Bischöfen des christlichen Spaniens. Ihre Hoffnungen sollte die folgende Entwicklung zunichte machen.

[3] 971 hat Johann XIII. Vich zum Erzbistum erhoben, eine Maßnahme, die noch im gleichen Jahr nach der Ermordung des neuen Erzbischofs ihr Ende fand; dazu *P. Kehr:* AAB 1926 n. 1, S. 13 ff.

Spanien trat nämlich im 11. Jh. aus seiner Isolierung heraus. Compostela selbst hat dazu beigetragen, indem es Pilger aus Frankreich, England, Deutschland und Italien anzog[4]. Schon um 950 scheint der Zustrom nicht unbeträchtlich gewesen zu sein; er wuchs während des 11. und 12. Jh. ins ungemessene. Ferner überstiegen seit der Jahrtausendwende Cluniazensermönche die Pyrenäen und gewannen in den christlichen Reichen ständig an Einfluß[5], auch und gerade auf die kirchliche Reform, die dort eingesetzt hatte und auf wichtigen Reformsynoden ihren Ausdruck fand[6]. Spanische Könige knüpften Blutsbande mit Fürstendynastien Frankreichs, und der außerhalb Spaniens langsam aufkommende Kreuzzugsgedanke veranlaßte französische Ritter, in der zweiten Hälfte des 11. Jh. an der Reconquista teilzunehmen. Das christliche Spanien war daher genügend vorbereitet, als Alexander II. und die folgenden Reformpäpste ihre Legaten schickten, um die spanische Kirche nach römisch-katholischen Prinzipien zu ordnen und so in die große Gemeinschaft der abendländischen Christenheit einzubeziehen. Dies führte natürlich auch zur Wiederherstellung der Kirchenprovinzen. Da Braga die Metropolitanstellung reklamierte, gerieten die Bischöfe von Iria-Compostela, denen schon Leo IX. auf der Synode von Reims den Titel des episcopus sedis apostolicae hatte absprechen lassen (1049), in Schwierigkeiten; sie mußten zufrieden sein, von Braga eximiert und endlich zu Erzbischöfen erhoben zu werden.

Irland

Die Lage der irischen und angelsächsischen Christen war von jener der spanischen Glaubensbrüder grundverschieden. Während der Islam von 711 an in raschem Siegeslauf fast ganz Spanien eroberte und in den folgenden Jahrhunderten nur Schritt für Schritt vor der christlichen Reconquista zurückwich, hatte die im 9. Jh. einsetzende Expansion der Wikinger eine viel geringere militärische wie geistige Stoßkraft. Wo immer die Nord-

[4] *P. A. López Ferreiro,* Historia de la iglesia de Santiago de Compostela, 3 Bde (Santiago 1898/1900); *L. Vázquez de Parga - J. M. Lacarra - J. Uría Riu,* Las peregrinaciones a Santiago de Compostela, 3 Bde (Madrid 1948/49); *H. J. Hüffer,* Sant'Jago. Entwicklung und Bedeutung des Jakobuskultes in Spanien und dem röm.-deutschen Reich (München 1957); *T. O. Kendrick,* Saint Jaimes in Spain (London 1960).

[5] *G. de Valous,* Les monastères et la pénétration française en Espagne du XIe au XIIIe siècle: RMab 30 (1940) 77—97; *M. Defourneaux,* Les Français en Espagne aux XIe et XIIe siècle (Paris 1949); zur Zeit vorher vgl. *G. J. Bishko,* Salvius of Albelda and Frontier Monasticism in Xth Century Navarre: Speculum 23 (1948) 559—590.

[6] *J. Zunzunegui,* Concilios y sínodos medievales españoles: HS 1 (1948) 125—133; sehr wichtig für die frühmittelalterliche kirchliche Rechtsgeschichte Spaniens ist *A. García Gallo,* El concilio de Coyanza (Madrid 1951); *J. Maldonado y Fernández del Torco,* Las relaciones entre el derecho canónico y el derecho secular en los concilios españoles del siglo XI: Anuario del derecho español 14 (1942/43) 227—381.

männer im christlichen Abendland Fuß faßten, mußten sie sich, auf kleine Gebiete beschränkt, langsam in die sie umgebende Kulturwelt eingliedern.

Während des 9. Jh. war dies freilich in Irland noch kaum erkennbar. Schon damals hatte die Insel unter der allgemeinen Normannennot zu leiden, ja sogar eine kleine Reichsgründung in Dublin hinnehmen müssen. Sie bereitete aber von 873 an keine großen Sorgen mehr. Erst mit dem beginnenden 10. Jh. wurde die Lage ernst. Die Wikinger setzten zu neuen Angriffen an und entfesselten damit einen hundertjährigen Kampf (914—1014). An der ganzen, von Liffey bis Shannon reichenden Küste erstanden nordische Kolonien mit den befestigten Plätzen von Dublin, Wexford, Waterford, Cork und Limerick; Dublin zählte zu den wichtigeren Hafenstädten des weltweiten nordischen Handelsraumes. Da die Eindringlinge durch Heiraten, politische Abkommen und kulturelle Angleichung in nähere Beziehung zu den Iren traten, verloren die ständig geführten Kriege an klarer Frontstellung. Zwei Männer brachen schließlich die Macht der Fremden: im Norden der König von Meath, Mael Seachlainn, im Süden der Nationalheld Brian Boru, der seit 976 das ganze Land Munster beherrschte, 1002 das Oberkönigtum über Irland, bisher ein Privileg der Familie Ui Néill, an sich brachte und 1014 in der Schlacht von Clontarf unter Einbuße seines Lebens dem Wikingerterror für immer ein Ende setzte.

Obschon die Nordmänner auch nach 1014 das schmale Küstenreich Dublin sowie die Städte Waterford, Limerick und Cork behielten, ja sogar ihre nationale Eigenart keineswegs ganz aufgaben, gliederten sie sich doch in sprachlicher, kultureller und politischer Hinsicht dem irischen Gemeinwesen ein. Dies hatte natürlich ihre völlige Christianisierung zur Folge. Missionsversuche waren längst, und zwar von England her, unternommen worden. Die irischen Wikinger standen in engerer Beziehung zu England, seitdem sie dort Cumberland erobert hatten und es von dort aus dem in Dublin vorherrschenden Fürstengeschlecht gelungen war, für kurze Zeit das dänische Reich von York zu beherrschen. Der Sohn des 927 verstorbenen Königs Sihtric, Olav Cuaran, wurde zwar durch König Athelstan von England an der Nachfolge in York gehindert, kehrte aber 940 von Dublin nach England zurück, um dort mit wechselndem Erfolg Fuß zu fassen; während dieser Zeit (943) ließ er sich am Hof König Edmunds von England, der dabei Pate stand, taufen. Obwohl er schon im folgenden Jahr Dublin wieder aufsuchen mußte, blieb er dem Glauben treu. Von ihm mitgebrachte angelsächsische Mönche verkündeten im Dubliner Gebiet mit gutem Erfolg das Evangelium. Der dadurch gewonnene Kontakt mit der angelsächsischen Kirche führte zu festeren Bindungen. Zu welchem Zeitpunkt, ist ungewiß. In jedem Falle ist der erste bekannte Dubliner Bischof, Duncan, 1028 vom Erzbischof von Canterbury geweiht und auf den Gehorsam verpflichtet worden[7]. Der 1028

[7] Vgl. *A. Gwynn,* The First Bishops of Dublin: Repertorium Novum. Dublin Diocesan Historical Record 1 (1955) 1—26 (Dublin 1955 ff).

zutage tretende Anschluß der jungen Kirche Dublins an das Erzbistum Canterbury fiel in die Regierungszeit Knuts des Großen, dessen weites, England—Dänemark—Norwegen umfassendes Reich der englischen Kirche für die Missionierung des Nordens ganz eigene Möglichkeiten bot. Es entsprach daher den gegebenen Verhältnissen, daß einerseits der Erzbischof von Canterbury dem Dubliner Wikingerstaat seine Aufmerksamkeit zuwandte und anderseits die Neuchristen in Dublin, der nordischen Herkunft eingedenk, sich ihre Kirche lieber von einem angelsächsischen Metropoliten als von irischen Äbten einrichten ließen. Das auf diese Weise entstandene Gebilde sah freilich anders aus, als man es in Irland gewohnt war. Nach den Prinzipien des römischen Kirchenrechts gestaltet, stellte die Kirche von Dublin ein echtes, von Weltpriestern und Bischof verwaltetes, territorial klar abgegrenztes Bistum vor. Ihr fiel damit eine wichtige Aufgabe zu. Je mehr das Dubliner Staatsgebilde in das irische Gesamtreich hineinwuchs, desto stärker sollte die römisch-katholische Form seiner Kirche von den irischen Reformern beachtet werden.

Eine Kirchenreform war in Irland tatsächlich geboten. Das keltisch-monastische System hatte sich überlebt. Viele blühende Klöster und Klosterbibliotheken waren von den Wikingern in Schutt und Asche gelegt worden. Die Verrohung der Gemüter, eine Folge des ständigen Kampfes, leistete außerdem einer Säkularisationsbewegung Vorschub, die unabhängig von der Wikingernot begonnen hatte. Sie hing mit dem angewachsenen reichen Güterbesitz der Klöster zusammen. Er mußte vor allem die Gründerfamilien anlocken. Sie besaßen nämlich das Recht, einen ihrer Angehörigen zum Abt wählen zu lassen. Für den Fall, daß sie keinen geeigneten Kandidaten stellen konnten, sah das Gesetz zwar die Erhebung eines andern Mönches vor, aber die Gründerfamilien bauten ihre privilegierte Stellung mehr und mehr zu einem richtigen Erbrecht aus. Unbekümmert um die Qualitäten, die das hohe Amt des Abtes erfordert, setzten sie in ihren Klöstern einen ihrer Angehörigen ein; er mußte nicht Mönch sein, ja es kam sogar dazu, daß die weitaus größere Zahl der Klöster von Laienäbten geleitet wurde. Diese Entwicklung traf die irische Kirche in ihrem Kern, war doch die ganze Seelsorge auf die Klöster übergegangen. Mönche übten in einem bestimmten, zum Kloster gehörigen Bereich die priesterlichen Funktionen aus, Bischofsmönche spendeten die Weihen, während die kirchliche Jurisdiktion von den Äbten wahrgenommen wurde. Da der Abt nicht unbedingt Bischof sein mußte und es sehr oft auch nicht war, gelangte nunmehr die volle Amtsgewalt mit Einschluß der kirchlichen Jurisdiktion an zahlreiche, wohl meist verheiratete Laienäbte. Keltisches Familienrecht hatte kirchliches Recht überwuchert und einen kaum mehr tragbaren Zustand geschaffen[8].

[8] Vgl. die ungedruckte Dissertation von *J. G. Sheehy*, The Proprietary Church in Pre-Norman Ireland (Rom, Univ. Greg. 1951).

Auf diesem Hintergrund muß die Gründung der Dubliner Kirche gesehen werden. Die Vorteile, die die dort aufgerichtete Bistums- und Pfarrorganisation im Vergleich zu dem problematisch gewordenen keltisch-monastischen Kirchensystem bot, waren nicht zu übersehen. Da das allzu verfestigte Recht der Laien eine Reform der monastischen Verfassung nicht erhoffen ließ, schien die Kirche von Dublin den einzig möglichen Ausweg anzuzeigen. An einer Reform interessiert waren nicht bloß aufgeschlossene Irländer, sondern auch die Erzbischöfe von Canterbury; sie hofften, auf diese Weise ihre Metropolitan- und Primatengewalt auf ganz Irland ausdehnen zu können. Sobald die gregorianische Reform in England durch Wilhelm den Eroberer stärker als vorher aktiviert wurde, versuchten die Erzbischöfe von Canterbury, Lanfrank und Anselm, sie auch auf der Nachbarinsel einzuführen. Obwohl ihre Bemühungen nichts fruchteten, setzte nun eine autochthone irische Reformbewegung ein. Nur mühsam vordringend, wurde sie durch die englisch-normannische Invasion (1172), die die „keltische" Periode irischer Geschichte gewaltsam abschloß, vor eine neue Situation gestellt. So ungerecht auch die Eroberer zunächst mit der irischen Kirche verfuhren, sie zwangen sie durch ihr Verhalten, sich endgültig in die Gesamtkirche einzugliedern.

Da die Tochterkirche von Schottland nach demselben keltisch-monastischen System aufgebaut war, nahm sie die gleiche verhängnisvolle Entwicklung. Nur hatte sie das Glück, in der angelsächsischen Prinzessin Margareta, die nach der Schlacht von Hastings (1066) nach Schottland geflohen war und sich dort mit König Malcolm III. vermählt hatte, eine reformeifrige Königin zu finden. Ihrem und ihrer Söhne energischen Bemühen war es zu verdanken, daß Schottland die überholte iroschottische kirchliche Form mit der römischen Ordnung vertauschte.

England

Das angelsächsische England hatte in der zweiten Hälfte des 9. Jh. unter den konzentrierten Angriffen der Wikinger ungleich mehr zu leiden als Irland. Ohne den heldenhaften Kampf Alfreds des Großen, des Königs über Wessex—Sussex—Kent (871—899), wäre wohl das ganze Land den Eroberern (meist Dänen) anheimgefallen. So aber blieb es bei einer unter Guthrum von Ostanglien und Halfdane von Northumbrien stehenden Wikingerzone, die wegen des dort geltenden dänischen Rechtes Danelag genannt wurde, und bei dem von Alfred behaupteten angelsächsischen Gebiet; die Grenze lief mitten durch Essex und Mercien. Aber Alfred hat nicht bloß das südliche England gerettet, er hat es auch dadurch, daß er die staatliche Macht straffte und einen echten Nationalgeist zu wecken vermochte, besser geeint. Von diesen Kräften getragen, konnten seine Nachkommen im 10. Jh. das

Verlorene zurückgewinnen und ein starkes angelsächsisches Einheitsreich aufbauen[9].

Schon unter seinem Sohn, Edward dem Älteren (901—924), setzte die Rückeroberung ein. Bis zur Humber-Bucht, also bis auf Northumbrien, wurde die dänische Herrschaft zurückgedrängt. Alfreds Enkel, Athelstan (925—939), brachte 926 das Reich von York nach dem Tod des aus Dublin gekommenen Sihtric an sich. Seine nun über Northumbrien sich ausdehnende Gewalt geriet in Gefahr, als ein Neffe Sihtrics, Olav Guthrithson, von Irland übersetzte und von den Schotten, den Briten aus Strathclyde sowie den Dänen von Cumberland und Northumbrien unterstützt wurde; Athelstans Sieg von Brunanburh 937 brach den Widerstand. Zwar fehlte es nicht an neuen Versuchen, Northumbrien ganz oder teilweise selbständig zu machen, sie hatten aber keinen anhaltenden Erfolg und hörten seit 954 völlig auf. So konnte denn König Edgar (959—975) das Werk seiner Vorgänger: den inneren Aufbau des angelsächsischen Staates, in friedlicher Arbeit vollenden. Was hier alles seit Alfred dem Großen für die Verwaltung, Rechtspflege und Verfassung geleistet worden ist, müssen wir übergehen. Das ständig erstarkende Reich gewann schon in der ersten Jahrhunderthälfte gegenüber den andern, auf der Insel wohnenden Völkern eine hegemoniale Stellung. Sie fand ihren bedeutsamen Ausdruck in dem Titel imperator totius Britanniae, den die Königskanzlei in dieser oder in abgewandelter Form seit Athelstan für die Urkunden ihrer Herrscher nicht selten verwendete[10]. Auf dem Festland besaß das angelsächsische Königshaus ein so hohes Ansehen, daß politisch wichtige Familienbande geknüpft wurden. Graf Balduin II. von Flandern heiratete eine Tochter Alfreds des Großen, Karl der Einfältige von Frankreich eine Tochter Edwards des Älteren, Athelstan vermählte eine Schwester mit Herzog Hugo von Francien, eine andere mit Otto dem Großen. Karls des Einfältigen Sohn, Ludwig IV. (d'Outremer), lebte von früher Kindheit an bis zu seiner Erhebung zum französischen König am englischen Königshof.

Die in England einfallenden Wikinger waren Heiden. Wenn sie ihre Angriffe mit Vorliebe auf Kirchen und Klöster richteten, so geschah es nicht bloß um der dort angesammelten Schätze willen, sondern auch aus haßerfüllter Abneigung gegenüber dem Christentum. König Edmund von Ostanglien mußte seine Bekenntnistreue mit einem grauenhaften Martertod büßen (870). Aber der Segen, der seit Alfred dem Großen offensichtlich auf den kriegerischen und politischen Unternehmungen der Angelsachsen ruhte, ließ die Wikinger nachdenklich werden: der Christengott erwies sich als der größere Heils- und Friedensbringer. Schon Guthrum von Ostanglien, den

[9] Über den angelsächsischen Staat zusammenfassend *H. Mitteis,* Der Staat des hohen Mittelalters (Weimar [3]1948) 91—97 108–110 156—162 175—177.

[10] Darüber zuletzt *E. E. Stengel,* Imperator und Imperium bei den Angelsachsen: DA 16 (1960) 15—72; s. auch *H. Löwe:* HZ 196 (1963) 548—552.

Alfred zum Frieden gezwungen hatte, wurde Christ. Wie viele seiner dänischen Landsleute ihm hierin gefolgt sind, ist nicht festzustellen. Das Christentum setzte sich zwar während des 10. Jh. im Danelag unaufhaltsam durch, brauchte aber seine Zeit. Wie oben erwähnt wurde, ließ sich der in England getaufte Olav Cuaran auf seiner Rückkehr nach Dublin von angelsächsischen Missionaren begleiten, die dort zu predigen begannen. Als Hakon der Gute oder Olav Tryggvason von England nach Norwegen übersetzten, um dort die Königsherrschaft anzutreten, führten sie englische Priester mit. Über diese auf die Initiative nordischer Herrscher zurückgehende Missionstätigkeit in Skandinavien wird im nächsten Kapitel zu handeln sein.

Der Aufstieg des angelsächsischen Reiches wäre ohne die Mitarbeit der Kirche kaum geglückt. Allein schon deswegen nahmen sich die Könige der Reform des religiös-kirchlichen Lebens an. Von Alfreds des Großen Bemühungen, die sich über den rein religiösen Bereich hinaus auf die gesamte Bildung erstreckten und dafür sogar Übersetzungen lateinischer Werke ins Angelsächsische vorsahen, war oben die Rede (Kap. 20). Für eine so groß angelegte Initiative war freilich die Zeit noch nicht reif. Alfreds Nachfolger erstrebten daher näherliegende Ziele an: sie führten eine kirchliche Gesetzgebung fort, ließen untergegangene Diözesen wiedererstehen und den Kirchen Schenkungen zukommen.

Mit der Besserung der kirchlichen Verhältnisse begannen sich natürlich auch die inneren Kräfte zu regen und auf eine Reform sowohl des Mönchtums wie des Säkularklerus und der Seelsorge hinzudrängen. Der trostlose Zustand der Klöster — die meisten waren verlassen oder zerstört worden oder in den Besitz von mehr oder weniger leichtlebigen Kanonikern übergegangen — traf die angelsächsische Kirche um so härter, als sie früher zu einem guten Teil Mönchskirche gewesen war. Aufgeschlossene Kirchenfürsten, wie der Däne Oda, Erzbischof von Canterbury (942—960), und Aelfheah, Bischof von Winchester (934—951), erhofften daher viel von einer Wiederbelebung gerade des monastischen Geistes. Was ihnen vorschwebte, führten jüngere, von ihnen begeisterte Männer durch, nämlich Aelfheahs Schüler Dunstan und Aethelwold sowie Oswald, ein Neffe Odas. Alle drei wurden Mönche; Dunstan leitete seit 942 das Kloster Glastonbury, Aethelwold seit ca. 954 Abington und Oswald wohl zu Anfang der fünfziger Jahre ein eigenes monastisches Anwesen in Winchester, das er aber bald aufgab. In ihrem ernsten Bemühen um Erneuerung der benediktinischen Lebensweise stießen sie auf Schwierigkeiten. Die altehrwürdige, inzwischen zerfallene angelsächsische Klostertradition war unter mancher Hinsicht längst überholt. So ließen sich die drei jungen Reformer von den neuen monastischen Bewegungen Frankreichs und Lothringens inspirieren. Zu Mittlern wurden einerseits das durch Odo von Cluny in den dreißiger Jahren reformierte Kloster Fleury-sur-Loire, anderseits Gent mit den beiden Stiftern St. Peter und St. Bavo, die seit 954 die Gorzer Prägung unter starker Beimischung der Bräuche von Brogne trugen. Dunstan studierte eifrig die lothringische Reformweise, als er eine ins Jahr 956 fallende Verbannungsfrist bei den Genter Benediktinern verbrachte. Oswald und Aethelwold bemühten sich um genauere Kenntnis der in Fleury eingeführten Bräuche; Aethelwold durch Sendung seines Schülers Oskar, während Oswald selber nach Fleury ging und mehrere Jahre dort verblieb.

Kaum hatte das angelsächsische Mönchtum auf diesem Weg den Kontakt mit den monastischen Reformbewegungen des Festlandes gefunden, da schlug seine große Stunde. Der reformeifrige König Edgar ergriff die Herrschaft und setzte die drei Mönche an führenden Stellen ein. Erst zum Bischof von Worcester, dann von London ernannt, rückte Dunstan zum Erzbischof von Canterbury (960—988) und zum Hauptberater des Königs auf, Oswald erhielt das Bistum Worcester (961) und später den Erzstuhl von York (971 bis 992), Aethelwold das Bistum Winchester (963—984). Die schon begonnene, hauptsächlich von Glastonbury und Abington getragene monastische Erneuerung kam nun in vollen Gang. Schon bestehende Klöster wurden reformiert, andere neu gegründet. Um dem aufblühenden Klosterwesen eine sichere Orientierung zu geben, arbeitete ein zu Winchester abgehaltenes Konzil (zwischen 965 und 975), wahrscheinlich auf Drängen Oswalds, die berühmte regularis concordia aus: einen bis ins einzelnste gehenden, wohl von Aethelwold formulierten ordo monasticus, worin Dunstan und seine beiden Freunde nach langer Beratung mit Bischöfen, Äbten und Mönchen die lothringische und die cluniazensisch-fleuriazensische Reforminitiative aufgriffen und für das angelsächsische Mönchtum umprägten[11].

Die Reform blieb keineswegs auf die Klöster beschränkt. Da ursprünglich die Mehrzahl der angelsächsischen Bischofssitze mit Klöstern verbunden gewesen war, lag der Gedanke nahe, den alten Zustand wiederherzustellen. Besonders eifrige, zu Bischöfen erhobene Mönche, wie z. B. Aethelwold, vertrieben kurzerhand von ihren Kathedralen die Kanoniker, die sich dort festgesetzt hatten, während Dunstan und andere Benediktinerbischöfe sie zwar zur monastischen Lebensweise zurückzuführen suchten oder auch Mönche unter sie einreihten, aber Gewaltmaßnahmen scheuten. In jedem Falle wurde im englischen Episkopat das mönchische Element durch König Edgar und durch Dunstan systematisch verstärkt, um die dringend notwendige Reform des Klerus und des Volkes voranzutreiben. Was von Erzbischof Oda von Canterbury und andern angebahnt wurde, setzte Dunstan fort, indem er der fast zur Regel gewordenen Priesterehe, der mangelhaften Ausbildung der Priester und den Mißständen in der Seelsorge nach Kräften entgegenwirkte. Edgar unterstützte ihn durch eine ausgedehnte, das kirchliche und

[11] Regularis Concordiae Anglicae nationis monachorum sanctimonialiumque, ed. *Th. Symons* (London 1953); zu den Reformeinflüssen von Lothringen und Frankreich vgl. *K. Hallinger,* Gorze-Kluny II (Rom 1951) 874—891 959—983; *H. Dauphin:* RBén 70 (1960) 177—196; *E. John:* ebd. 197—203 (leugnet wesentlichen Einfluß von Lothringen).

religiöse Leben bis ins einzelne regelnde Gesetzgebung. Seine Mitwirkung war in der Tat unerläßlich. Zwar durfte man auch von den Klöstern und ihren Schulen einen heilsamen Einfluß auf Klerus und Volk erwarten — eine Hoffnung, die z. B. Aelfric, Mönch von Cerne, gegen Ende des Jahrhunderts durch seine meisterhaften angelsächsischen Übersetzungen von Homilien und von Teilen der Heiligen Schrift zu erfüllen suchte [12] —, aber die eigentlichen Reformträger blieben König und Episkopat.

Es hatte daher einen tiefen Sinn, daß Dunstan für die merkwürdig spät vollzogene Königsweihe Edgars (973) seinen berühmten, in England immer wieder verwendeten Krönungsordo verfaßte und so die religiöse Funktion des Königtums in reicher, angelsächsischem und festländischem Brauchtum entnommener Symbolik herausstellte [13]. Um so mehr mußten ihn der zwei Jahre später eintretende Tod Edgars und der darauf folgende Niedergang der angelsächsischen Dynastie erschüttern. Im Grunde hatte das Geschlecht Alfreds des Großen schon seit Aethelstans Tod mehr und mehr an Lebenskraft verloren, eine Tatsache, die durch die segensreiche Regierung Edgars gar zu leicht verdeckt wird. Das nun einbrechende Verhängnis kam nicht unvorbereitet. Der Egoismus der Großen, die Unfähigkeit Aethelreds II., der 978 an die Stelle des ermordeten Edward getreten war, und 991 wieder einsetzende Wikingereinfälle schwächten das Reich so sehr, daß Aethelred 1013 zu seinem Schwager, Herzog Richard II. von der Normandie, floh, während der zur Eroberung Englands ausgezogene Dänenkönig Sven Gabelbart die Herrschaft antrat (1013—14). Sein Sohn, Knut der Große, konnte sie nach Aethelreds und seines Sohnes Edmund Tod (1016) endgültig sichern (1017—35). Der mächtige, seit 1018 auch über Dänemark und seit 1028 zugleich über Norwegen gebietende König betrachtete sich nicht als Eroberer Englands, sondern als rechtmäßig gesetzten, auf die Gesetze seiner Vorgänger verpflichteten Landesherrn. Weder die Fürsten noch das Volk, noch die Kirche — Knut war ihr treu ergeben — konnten sich beklagen. So klug es auch war, England nach dem ihm eigenen Recht zu regieren, die seit Edgars Tod zur Auswirkung gelangten staatszersetzenden Kräfte hätten jedoch energischer bekämpft werden müssen. Daß Knut es unterließ, sollte sich bald rächen. Schon seine Söhne, Harald († 1040) und Hardeknut († 1042), hatten es mit den Großen des Landes nicht leicht. Ihr hartes Regiment führte nach dem Ableben Hardeknuts zur Trennung von Dänemark; die Engländer riefen den in Frankreich lebenden Sohn Aethelreds, Edward den Bekenner, und erhoben ihn zum König (1042—66). Der fromme, aber wenig tüchtige Herrscher stand dem selbständig gewordenen Hochadel ziemlich hilflos gegenüber. Die Opposition wuchs, als er nach festländischen

[12] *M. M. Du Bois,* Aelfric: sermonaire, docteur et grammairien (Paris 1943).

[13] *P. E. Schramm,* Geschichte des engl. Königtums (s. oben Lit.); *ders.,* Die Krönung in England: AUF 15 (1938) 305—391; *H. G. Richardson,* The Coronation in Medieval England: Tr 16 (1960) 111—202.

Vorbildern eine Zentralverwaltung aufzubauen versuchte und Hof- wie Kirchenämter möglichst mit Normannen oder Franzosen besetzte. Daß es ihm glückte, seinen Hauptgegner, Earl Godwin von Wessex, für kurze Zeit zu verbannen, nützte wenig; denn der damit erreichte Sieg der normannischen Partei gab der nationalen Opposition neuen Auftrieb. Hinter der nationalen Partei stand Godwins Sohn, Earl Harold, hinter der normannischen Partei Herzog Wilhelm von der Normandie. Da Edward kinderlos war, erstrebten beide Fürsten die Krone. Nach des Königs Tod (6. Januar 1066) riß sie Harold durch einen Staatsstreich an sich und löste damit den Krieg mit Herzog Wilhelm aus, der England für immer unter normannische Herrschaft und damit in engeren Kontakt mit dem Festland bringen sollte.

Edgars Tod (975) traf die Kirche noch empfindlicher als das englische Reich. Sofort erhoben sich die Gegner der monastischen Reform. Magnaten nahmen Klöster in Besitz, Kanoniker forderten die Stellung zurück, die sie früher an den Bischofskirchen eingenommen hatten. Dunstan und seine Freunde verloren unter Aethelred ihren Einfluß am Königshof. So blieb die in Gang gebrachte Reform auf halbem Wege stehen. Mochte sie auch noch da und dort still weiterwirken, als Ganzes war sie gescheitert. Die englische Kirche sank zu einem guten Teil wieder auf das frühere Niveau zurück. Ihre starke Abhängigkeit von den Königen und Fürsten führte nach Knuts Tod zu schweren Mißständen: Bischöfe wurden willkürlich ein- und abgesetzt, Kumulationen von hohen Kirchenstellen und schamlose Simonie waren nicht selten. Der Zustand der Stagnation hob sich um so schärfer heraus, als die Reformbewegungen auf dem Festland seit Beginn des 11. Jh. ihren Rhythmus beschleunigten und das Papsttum um 1050 die Initiative zur großen Reform ergriff. Die englische Kirche war in eine isolierte Stellung geraten. Edward der Bekenner hat es offenbar empfunden und wohl auch deswegen hohe Kirchenstellen mit Normannen und Franzosen besetzt. Er erreichte damit nur, daß der national-englische Widerstand gegen die landfremden Kirchenfürsten aufflammte. Der verhaßteste unter ihnen, Erzbischof Robert von Canterbury, mußte 1052 aus dem Lande fliehen und hilflos zusehen, wie Bischof Stigand von Winchester sich an seine Stelle setzte. Einen solchen Rechtsbruch konnte natürlich das Reformpapsttum, an das Robert appellierte, nicht hinnehmen. Wahrscheinlich schon Leo IX., sicher aber die folgenden Päpste sandten Legaten nach England, die über Stigand die Suspension verhängten. Bei den englischen Bischöfen verfehlte zwar die Maßregelung nicht ganz ihren Eindruck, Stigand selbst jedoch verharrte im Trotz, ja er ließ sich sogar von dem Gegenpapst Benedikt X. das Pallium verleihen. Die Bedeutung dieses Konfliktes wird erst verständlich, wenn man über die persönlichen Interessen Stigands hinaus die größeren Zusammenhänge ins Auge faßt. Je mehr sich das Leben des kinderlosen Edward dem Ende zuneigte, desto dringlicher wurde die Wahl zwischen den zwei Kronanwärtern: Earl Harold, dem Haupt der national-englischen Partei, und Wilhelm von der Normandie. Stigand gehörte eindeutig zu Harolds Gruppe. Seine herausfordernde Haltung mußte das Reformpapsttum in der Ansicht bestärken, daß von Harold und seinem Anhang für die Erneuerung der englischen Kirche nichts zu erhoffen sei. So bereitete sich die künftige Entscheidung vor. Die römische Kirche unterstützte 1066 Wilhelms Invasion, um die festländische Reform der Kirche in England eindringen zu lassen.

30. Kapitel

Die Ausbreitung des Christentums unter den Nordgermanen im 10. und 11. Jahrhundert

QUELLEN: *Adam von Bremen,* Gesta Hammaburgensis ecclesiae pontificum: MGSS rer. Germ., ed. *B. Schneider* ([3]1917), eine 1074—76 verfaßte, bis 1080 überarbeitete, äußerst wertvolle Geschichte, insbesondere für die Zeit Erzbischof Adalberts (3. Buch) und für eine Völker- und Länderkunde Nordeuropas (4. Buch); *Saxo Grammaticus,* Historia Danica (Gesta Danorum), ed. *A. Holder* (Straßburg 1886); ed. *J. Olrik-H. Raeder* in 2 Bden (Kopenhagen 1931); *P. Herrmann,* Erläuterungen zu den ersten 9 Büchern, I: Übersetzung, II: Kommentar (Leipzig 1901, 1922); Saxos bis 1168 reichende Geschichte beruht für die ältere Zeit auf der heimischen Saga. — Obwohl erst im 13. Jh. aufgezeichnet, sind die ältere und jüngere Edda sowie die (meist isländischen) Sagas eine wichtige, freilich mit Vorsicht zu verwendende Quelle für die religiösen Verhältnisse im Norden; Sammelwerke: Altnordische Sagenbibliothek, hrsg. von *G. Cederskjöld-G. Gering-E. Mogk,* 18 Bde (Halle 1922/29); deutsche Übersetzungen: Sammlung Thule. Altnordische Dichtung und Prosa, hrsg. von *N. Niedner,* Bd III—XXI (Jena 1911/23); zu den beiden vgl. RepFont I 25 743. — *D. H. May,* Regesten der Erzbischöfe von Bremen (Hannover 1937); geht bis zum Jahr 1306.

LITERATUR: Vgl. Forschungsbericht von *H. Kellenbenz:* HZ 190 (1960) 618—655. — *O. Scheel,* Die Wikinger (Stuttgart 1939); *U. Noack,* Geschichte der nordischen Völker, I: Nordische Frühgeschichte und Wikingerzeit (München 1941); *L. Musset,* Les peuples scandinaves au moyen âge (Paris 1951). — *H. Ljunsberg,* Die nordische Religion und das Christentum. Studien über den nordischen Religionswechsel zur Wikingerzeit, übers. von *H. W. Schomerus* (Gütersloh 1940); im Gegensatz dazu schränkt den Quellenwert der Sagas mehr ein *W. Baetke,* Christliches Lehrgut in der Sagareligion: BAL 98, 6 (1951); vgl. ferner *W. Lange,* Studien zur christlichen Dichtung der Nordgermanen 1000—1200 (Göttingen 1958); *W. Trillmich,* Die Krise des nordgermanischen Heidentums: WaG 12 (1952) 27—43.

Missions- und Kirchengeschichte: *G. Haendler:* Die Kirche in ihrer Geschichte II, Lfg. E (Allg. Bibl. II, 3) E 69 — R 73 (mit reicher Lit.); die Hauptwerke s. in Allg. Bibl. II, 4. — *W. Trillmich,* Missionsbewegungen im Ostseeraum: Festgabe W. Aubin (Hamburg 1950) 229—240; *W. Göbell,* Die Christianisierung des Nordens und das Werden der ma. Kirche bis zur Errichtung des Erzbistums Lund (1103): ÖAKR 15 (1964) 8 bis 22 97—102; *H. v. Schubert,* Kirchengeschichte Schleswig-Holsteins I (Kiel 1907); *K. Maurer,* Die Bekehrung des norwegischen Stammes zum Christentum, 2 Bde (München 1855/56) ist noch heute wertvoll; *Ph. Zorn,* Staat und Kirche in Norwegen bis zum Schluß des 13. Jh. (München 1875); *J. Dehio,* Geschichte des Erzbistums Hamburg-Bremen bis zum Ausgang der Mission, 2 Bde (Berlin 1877); *J. G. Schröffel,* Kirchengeschichte Hamburgs I (Hamburg 1929); *B. Schmeidler,* Hamburg-Bremen und Nordost-Europa vom 9. bis 11. Jh. (Leipzig 1918); *F. J. Tschan,* History of the Archbishops of Hamburg-Bremen (New York 1959); *C. J. A. Oppermann,* The English Missionaries in Sweden and Finland (London 1937). — *K. Maurer,* Altnordische Kirchenverfassung und Eherecht: Vorlesungen über altnordische Rechtsgeschichte II (Leipzig 1908); *K. Haff,* Das Großkirchspiel im nordischen und niederdeutschen Rechte des Mittelalters: ZSavRGkan 63 (1943) 1—63.

Je mehr sich das christliche Abendland im Laufe des 10. Jh. innerlich festigte, desto stärker vermochte es wieder auf die im Norden und Osten wohnenden heidnischen Völker einzuwirken. Freilich erfolgte nun die Missionstätigkeit weniger systematisch als zur Zeit Karls des Großen. Abgesehen von der ottonischen, das Vorfeld des Reiches betreffenden Missionspolitik, lag die Initiative zu einem guten Teil bei jenen Fürsten, die ihre am Götterglauben und überhaupt an der althergebrachten primitiven Lebensform festhaltenden Völker auf eine höhere kulturelle, soziale und politische Stufe heben wollten. Ohne das Ordnungsgefüge und die erzieherische Leistung der Kirche konnten sie dieses Ziel kaum erreichen. Außerdem festigte sich ihre Stellung inner- und außerhalb des eigenen Landes, wenn sie als gleichberechtigte Mitglieder in die Großfamilie der christlichen Herrscher aufgenommen wurden. In den folgenden Ausführungen wird daher immer wieder auf die politische Komponente und auf ihre je nach Völkern und Zeiten verschiedenen Auswirkungen zu achten sein.

Es war wohl in erster Linie Überbevölkerung, die die Nordmänner die Schiffe besteigen ließ, um mit Raub, Handel oder Landnahme draußen in der Welt ihr Glück zu versuchen. Bisweilen gaben auch Sonderursachen den Ausschlag. So veranlaßte z. B. die von Harald dem Schönen († 933) über ganz Norwegen ausgedehnte, 872 endgültig durchgesetzte Königsherrschaft viele Unzufriedene zur Auswanderung. Die meisten von ihnen gingen nach dem kurz zuvor entdeckten Island, andere zu ihren Landsleuten, die inzwischen die Faröer-, Hebriden-, Orkney- und Shetland-Inseln besiedelt hatten. Neben den Abwanderungen in fremde, die Eindringlinge langsam absorbierende Länder wollen in der Wikingerbewegung die zurückflutenden Scharen als Bindeglied zwischen Norden und christlichem Europa wohl beachtet sein: Kaufleute, Piraten auf Zeit und aus dem Exil heimkehrende, nach der Herrschaft greifende Königssöhne.

Aufs Ganze gesehen, verlief die nordische Expansion in westlicher und zugleich in östlicher Richtung. Was die Wikinger, hauptsächlich Dänen und Norweger, in der westlichen Sphäre ausrichteten, ist oben an verschiedenen Stellen dargelegt worden; wohl aber steht noch ein kurzer Bericht über die vorwiegend von den Schweden bestrittene Ostinitiative aus. Schon im 7. bis 8. Jh. hatten sich Gotländer und Ostschweden an der Südostecke des Ostseeraumes festgesetzt. Mit Beginn der Wikingerzeit stießen sie in das Innere Rußlands vor, gründeten an wichtigen Wasserwegen, die sie für ihre Schiffe durch Schleppstrecken miteinander verbanden, Kolonien und eröffneten einen regelrechten Orienthandel mit den Ländern des Chasarenreiches, des Chalifates von Bagdad sowie mit dem griechischen Imperium. Der Wikinger Rurik (Rörek) baute von Nowgorod aus ein Reich auf, das nach seinem Tod (wohl 873) der ihm verwandte Oleg (Helge) bis nach Kiew hin erweiterte. Trotz Zuzug aus den nordischen Ländern war das Großreich von Kiew im Grunde kein schwedisches, sondern ein ostslawisches Staatengebilde, dessen Bevölkerung die Fremden allmählich aufsaugte. Dieser Prozeß sowie politische das Chasaren- und Araberreich betreffende Umwälzungen ließen den Orienthandel langsam unergiebig werden. Seit der Jahrtausendwende konzentrierten deswegen die Schweden ihre Energie mehr und mehr auf den Ostseeraum.

Die politische Entwicklung der drei nordischen Länder ist in den karg fließenden Quellen nur teilweise erkennbar. In der zweiten Hälfte des 9. Jh. dürfte zum mindesten Ostschweden mit den größeren zu seiner Peripherie gehörenden Inseln eine politische Einheit gebildet haben. Wann immer auch die übrigen Landesteile eingegliedert worden sind, zu Beginn des 11. Jh. stand wohl das schwedische Reich mehr oder minder fertig da. Norwegen hatte im 9. Jh. der schon erwähnte König Harald der Schönlockige zusammengefügt, doch litt das Land nach seinem Tod unter Thronkämpfen, die Haralds Nachkommen unter sich, bisweilen auch mit dem Fürstenhaus der Jarls von Trondheim ausfochten. Dänemark befand sich gegen 900 in einem Schwächestadium. So konnten die Schweden den wichtigen Hafen Haithabu (Schleswig) erobern und ein kleines, auch auf Kosten des deutschen Reiches erweitertes südjütländisches Reich gründen; die Schlei mit der Eider durch eine Schleppstrecke verbindend, gewannen sie für ihren Nordseehandel einen bequemen Transitweg. 934 stellte Heinrich I. die deutsche Mark wieder her, eroberte Haithabu und zwang König Gnupa zur Taufe. Bald fegte jedoch der über Nordjütland gebietende Däne Gorm († um 945) das schwedisch-südjütländische Reich hinweg[1]. Die von ihm begonnene politische Konzentration Dänemarks setzte sein Sohn, Harald Blauzahn, fort. Es gelang ihm sogar, für kurze Zeit Südnorwegen in Abhängigkeit zu bringen. Auch an einem innerschwedischen Krieg war er beteiligt. Seine Expansionspolitik leitete eine schwere Kampfzeit ein. König Erik von Schweden schlug zurück, eroberte Dänemark (wohl um 988) und nötigte Haralds Sohn, Sven Gabelbart, als Wikingerfahrer das Leben zu fristen. Nach Eriks Tod (um 995) kehrte Sven in die Heimat zurück, um die väterliche Expansionspolitik in großem Stil aufzunehmen: Norwegen, von König Olav Tryggvason um den Preis des eigenen Lebens verteidigt († 1000), wurde zwischen

[1] *H. Jankuhn,* Die Frühgeschichte Schleswig-Holsteins vom Ausgang der Völkerwanderung bis zum Ende der Wikingerzeit (Neumünster 1955); *O. Scheel,* Haithabu in der Kirchengeschichte: ZKG 50 (1931) 271—314.

Sven, dem ihm verbündeten schwedischen König und vielleicht auch dem Norweger Erik Jarl aufgeteilt, England von Sven im Eigengang erobert. Sein Sohn, Knut der Große, erreichte den Gipfel der Macht, als er dem Besitz von England und Dänemark auch noch die Herrschaft über das 1015 wieder frei gewordene Norwegen hinzufügte (1028)[2]. Mit seinem Ableben (1035) brach jedoch das unorganische Gefüge auseinander. England löste sich 1042, und in Norwegen ergriff schon 1035 Magnus, Sohn des von Knut vertriebenen und bei einem wiederaufgenommenen Kampf 1030 gefallenen Königs Olav des Heiligen, die Regierung, ja er konnte sogar in Dänemark 1042 die Nachfolge Hardeknuts antreten. Die Vereinigung der zwei Reiche veranlaßte nun den Schwedenkönig Anund Jakob, in Dänemark Knuts Neffen, Sven Estridson, in Norwegen Olavs des Heiligen Halbbruder, Harald den Strengen, gegen Magnus zu unterstützen. Beide erlangten nach Magnus Tod (1047) in ihrer Heimat die Königsherrschaft. Aber Harald hielt es nicht zu Hause. 1066 zur Eroberung Englands ausgezogen, verlor er Schlacht und Leben. Mit ihm versank die von soviel Vergeblichkeit gezeichnete Wikingerzeit. Die politische Konsolidierung Europas zwang nun die Nordgermanen, den längst begonnenen inneren Umbau ihrer Welt und die Eingliederung in die große Gemeinschaft des christlichen Abendlandes endgültig zu vollziehen.

Eine der wesentlichsten Voraussetzungen dafür war die Annahme des Christentums. Schon im 10. Jh. hatte die Missionstätigkeit wieder eingesetzt; sie wurde einerseits von deutschen, anderseits von englischen Priestern getragen. Heinrichs I. siegreicher Feldzug gegen König Gnupa von Südjütland hatte 934 den deutschen Predigern das Tor geöffnet. Erzbischof Unni von Hamburg-Bremen ging nach Dänemark und dann, den Spuren Ansgars folgend, nach der schwedischen Stadt Birka, wo er 936 starb, aber die eigentliche Aufbauarbeit begann erst unter seinem Nachfolger, Erzbischof Adelgang (937—988). Sie war zunächst auf Jütland beschränkt. In den Hafenstädten Haithabu (Schleswig), Ripen und Aarhus erstanden die ersten Suffraganbistümer des Erzbistums Hamburg-Bremen (um 948), auf dem Land feste Gemeinden. Die junge Kirche, die unter ihrer Priesterschaft bald auch Dänen zählte, schickte Glaubensboten auf die dänischen Inseln, im Zug der Expansion Harald Blauzahns nach dem südlichen Skandinavien und endlich zu den im holsteinischen Gebiet wohnenden Wagriern. Alle diese Erfolge wären ohne den Schutz der dänischen und deutschen Herrscher kaum möglich gewesen. Im Gegensatz zu seinem entschieden heidnisch eingestellten Vater Gorm verhielt sich Harald Blauzahn der Mission gegenüber zunächst abwartend freundlich und trat endlich (um 960) selbst über. Inwieweit der Religionswechsel durch Rücksicht auf Otto den Großen bedingt war, ist

[2] *L. M. Larson,* Canute the Great and the Rise of Danish Imperialism during the Viking Age (New York 1912).

nicht mehr auszumachen. Sicher hat Otto der Große die Ausbreitung des Christentums in Dänemark aus politischen Gründen gefördert und vor allem über die erstehende jütländische Kirche seine schützende Hand gehalten, aber sein größeres Interesse galt dem breiten, von den Wenden bewohnten Vorfeld des Reiches, das er durch die beiden Missionszentralen Magdeburg und Hamburg-Bremen kirchlich erschließen lassen wollte. Daß die Dänenmission weniger eng mit der ottonischen Reichspolitik verquickt war, erwies sich bald als Glück. 983 brach der Wendenaufstand aus; er löste auch in Dänemark eine heidnische Reaktion aus. Sie wurden von Sven Gabelbart, der gegen seinen Vater einen Aufstand entfesselte (Harald Blauzahn starb auf der Flucht 985/986) begünstigt. Aber die junge dänische Kirche verwand den Schlag, und als der durch Erik von Schweden vertriebene König Sven zurückkehrte, wurde er ein Freund des Christentums. Unter seinem und seines Sohnes Knut Schutz drang die christliche Religion in ganz Dänemark durch. Beide Herrscher zogen jedoch hauptsächlich die englische Kirche zur Hilfe heran. Unter Umgehung der deutschen Missionszentrale wurden für die neuen auf den dänischen Inseln gegründeten Bistümer die Bischöfe in England geweiht, bis endlich Erzbischof Unwan von Hamburg-Bremen sowohl bei einem durchreisenden dänischen Bischof wie auch bei Knut dem Großen die Anerkennung seiner Metropolitanrechte durchsetzte.

Etwas anders verlief die Missionierung Norwegens. Das Christentum verdankte dort seinen Sieg den Königen, und zwar hauptsächlich jenen Nachkommen Haralds des Schönen, die sich im Ausland aufgehalten, dort die christliche Religion angenommen und nach ihrer Rückkehr in die Heimat die Herrschaft gewonnen hatten. Der erste christliche König war der am englischen Königshof erzogene Sohn Haralds des Schönlockigen, Hakon der Gute; als er nach des Vaters Tod (933) in Norwegen landete, um seinen Halbbruder Erich Blutaxt zu vertreiben, brachte er englische Priester mit. Aber weder er noch sein Nachfolger, der aus York kommende und dort getaufte Sohn Erich Blutaxts, Harald Blaumantel (960—975), hatten wesentliche Missionserfolge zu verzeichnen. Erst Olav Tryggvason (995—1000) — er stammte aus einer dritten Linie des Königshauses — brach mit grausamer Gewalt den Bann. Sein Werk führte Olav der Heilige (1015—1028; † 1030) einigermaßen zu Ende [3]. Die von beiden Olavs angewandte Zwangsmethode war zu einem guten Teil politisch bedingt: wenn das aufsteigende Königtum den Asen- und Vanenkult zerschlug, traf es den Widerstand der an ihren alten Rechten festhaltenden Sippen- und Thingverbände in seiner tiefsten Wurzel. Freilich war mit der Zwangstaufe bloß ein äußerlicher Wechsel erreicht worden; die wirkliche Aufnahme des christlichen Glaubens, wie sie die friedliche dänisch-deutsche Missionsarbeit in südlichen Gegenden Nor-

[3] *A. Wolf*, Olav Tryggvason und die Christianisierung des Nordens (Innsbruck 1959); *C. Riederer*, Saint Olaf (Avignon 1930); *O. Kolsrud*, Nidaros og Stiklestad (Bericht über das Olav-Jubiläum und Bibliographie): Norwegia Sacra X (Oslo 1937).

wegens wenigstens teilweise erzielt hatte, stand für den Großteil des Landes noch aus. Mochten auch die am Grab Olavs des Heiligen auftretenden Wundererscheinungen die Norweger tief beeindrucken, der von König Magnus eifrig geförderte Olavkult kam mehr dem magischen Glauben an das Königsheil zugute als der christlichen Religion. Es bedurfte einer vertiefenden und zugleich die christliche Organisation aufbauenden Tätigkeit sowohl in Norwegen selbst wie in Island, wo man schon im Jahre 1000 den Übertritt nicht ohne heidnische Zugeständnisse vollzogen hatte[4]. Diese Arbeit wurde in der Tat angegriffen, und zwar vorwiegend von englischen Priestern. Der Zuzug aus England wuchs sogar in der zweiten Hälfte des 11. Jh. an, da die kirchlich-normannische Politik Wilhelms des Eroberers vielen angelsächsischen Geistlichen die Heimat verleidete Mit ihnen zogen englisch-kirchliche Rechtsgebräuche, englische Architektur und Sitte in Norwegen ein. Trotzdem bestand seit Olav dem Heiligen eine lockere Verbindung mit dem Erzbistum Hamburg-Bremen.

Am längsten hielt der heidnische Glaube in Schweden stand. Erzbischof Unnis Reise nach Birka blieb nur eine Episode. Erst die Christianisierung Dänemarks und Norwegens, aber auch Rußlands und Polens sowie die stärkere Teilnahme der Schweden an den Machtkämpfen im Ostseeraum schafften günstigere Voraussetzungen. Dänische, deutsche, englische, wahrscheinlich auch russische Glaubensboten drangen auf verschiedenen Wegen vor. Unter Olov Schoßkönig (995—1021/22), der sich um 1008 taufen ließ, breitete sich das Christentum vor allem in West- und Ostgötland aus; um 1014 erstand das erste schwedische Bistum in Skara. Olovs Sohn Anund Jakob (bis etwa 1050) wirkte im gleichen Sinn. Obwohl unter den folgenden Königen nicht wenige auf seiten des Christentums standen, flammte doch immer wieder der heidnische Widerstand auf. Er konnte erst gegen Ende des 11. Jh. gebrochen werden.

Je mehr im 11. Jh. die dänische Kirche aufblühte (sie zählte um 1060 neun Bistümer), desto dringlicher wurde der Wunsch nach einem eigenen Erzbistum. Der bedeutende und um die Mission hochverdiente Erzbischof Adalbert von Hamburg-Bremen (1043—72), dem Leo IX. 1053 für den Norden

[4] Zur Christianisierung Islands vgl. *E. Krenn:* NZM 4 (1948) 241—251; über den Machtgedanken in den Bekehrungsberichten *E. Krenn:* ZRGG 7 (1955) 127—142; die heidnischen Zugeständnisse hat Olav der Heilige beseitigt. — Auch auf den obengenannten, von Norwegern besetzten Inseln um Schottland fand seit Olav Tryggvason das Christentum Eingang. Von den Isländern wurde es nach dem seit Ende des 10. Jh. besiedelten Grönland gebracht, und von da ist es wohl in die Wikingerkolonien gelangt, die seit den ersten Jahrzehnten des 11. Jh. bis ins 14. in Nordamerika bestanden haben dürften; zur Entdeckung Grönlands vgl. *R. Hennig*, Terrae incognitae II (Leiden 1937) 253—258; zu der Amerikas: ebd. 262—267 277—295; ob dort zu Recht Neufundland als das in Frage kommende Gebiet abgelehnt wird, darf freilich bezweifelt werden. Eine neue, noch umstrittene Quelle ist erschlossen durch: *R. A. Skelton - T. E. Marston - G. D. Painter*, The Vinland Map and the Tartar Relation (New Haven - London 1965).

den Titel eines päpstlichen Legaten und Vikars verliehen hatte, lehnte die dahingehenden Pläne des dänischen Königs Sven Estridson nicht einfachhin ab, wollte aber seiner Kirche die übergeordnete Stellung eines Primats- oder Patriarchatssitzes sichern. Im Zug romantischer und nationalistischer Geschichtsauffassungen ist die Bedeutung dieses Planes oft überschätzt und zudem in seiner Anlage wohl nicht ganz zutreffend dargelegt worden[5]. Adalbert nahm ihn mit ins Grab. Die Zukunft gehörte völlig selbständigen nordischen Kirchenprovinzen; Dänemark machte 1104 mit dem Erzbistum Lund den Anfang, Norwegen folgte 1152 mit Nidaros-Trondheim, Schweden 1164 mit Uppsala.

31. Kapitel

Die Missionierung der Slawen und Ungarn im 10. und 11. Jahrhundert

QUELLEN: Wenden-Böhmen-Polen: *G. Jakob,* Ibrahim ibn Jaqub's Bericht über die Slavenländer aus dem Jahre 973; Anhang zu Widukinds Sachsengeschichte, übers. von *P. Hirsch:* GdV 33 (Leipzig 1931) 177ff; *Adam von Bremen,* Gesta Hammaburgensis ecclesiae pontificum (s. Kap. 30); zur Ostpolitik der sächsischen Kaiser s. Kap. 27: Annales Quedlinburgenses sowie Hildesheimenses und Thietmar von Merseburg, Chronicon; zu Adalbert von Prag: *Johannes Canaparius* (?), Vita S. Adalberti: MGSS IV 581—595; *Brun von Querfurt,* Vita et passio S. Adalberti: Monumenta Polon. hist. I (ed. *A. Bielowski*) 184—222 (1. Fassung) und MGSS IV 596—612 (2. Fassung mit Varianten von Fass. 1); nicht unwichtig ist Bruns Brief an Heinrich II.: Giesebrecht II[5] 702—705 und seine Vita quinque fratrum: MGSS XV 709—738; die ihm geltende Vita et passio: MGSS XXX 1350 bis 1367; *Cosmas von Prag,* Cronica Boemorum (um 1110 entstanden, bis 1125 gehend): MGSS rer. Germ. NS 2, ed. *B. Bretholz* (1923), enthält für unsere Zeit meist Fabeln; Annales Poloniae (aus dem 11. Jh. und dann fortgesetzt): MGSS XIX 612—665, XXIX 421 bis 470 (Nachträge); *Anonymus Gallus,* Chronicae Polonorum (aus dem 1. Jahrzehnt des 12. Jh.): MGSS IX 423—478.

Rußland: Von einzelnen Hinweisen in byzantinischen und lateinischen Quellen abgesehen, kommen vor allem die altrussischen Chroniken in Betracht; beste Ausgabe: Polnoe sobranie russkich letopisej, das heißt „Vollständige Sammlung russischer Chroniken" (Leningrad 1926); in Bd I besonders wichtig die sog. Laurentius-Chronik (ed. *E. F. Karskij*); ihre älteste, auch Nestor-Chronik genannte Fassung ist neuerdings mit Kommentar hrsg. von *D. S. Lichčev,* Povest' vremenniych let, das heißt „Erzählung von den vergangenen Jahren", 2 Bde (Moskau - Leningrad 1950); dt. Übers. von *R. Trautmann,* Die Nestorchronik (Leipzig 1931).

Ungarn: Gesammelt in: SS. rer. Hung., ed. *E. Szentpétery,* 2 Bde (Budapest 1937/38); für die Leges ist noch unentbehrlich *L. Endlicher,* Rerum Hungaricarum Monumenta Arpadiana (Leipzig [2]1931). Die Geschichtsschreibung beginnt erst gegen Ende des 11. Jh.;

[5] *H. Fuhrmann,* Studien zur Geschichte mittelalterlicher Patriarchate III: ZSavRGkan 72 (1955) 120—170 177f (mit weiterer Lit.), zeigt, daß sich Adalbert wahrscheinlich an die pseudo-isidorianische Anschauung vom Patriarchen-Primas gehalten hat. Sein Vorhaben, durch Teilung der Diözese 12 Bistümer zu gewinnen, hatte wohl nur insofern etwas mit dem Patriarchatsplan zu tun, als er dem Erzbistum Hamburg-Bremen eine Suffraganbasis schaffen wollte, „die nach Abtrennung der dänischen Gebiete auch strengen kirchenrechtlichen Forderungen gerecht wurde" (ebd. 177).

sie ist meist hagiographischer Art; ferner die kurzen Annales Posonienses: SS. rer. Hung. I 119 ff; MGSS XIX 571 ff; Reste von Gesta Hungarorum: SS. rer. Hung. I 13 ff.

Für Böhmen-Polen-Rußland-Ungarn vgl. *Wattenbach-Holtzmann* I 798 bis 820; ferner die Angaben bei den unten zitierten: *F. Dvornik,* The Slavs; *G. Stökl,* Slavenmission; *P. David,* Les sources de l'histoire de Pologne à l'époque des Piasts (Paris 1924); *C. M. Macartney,* The Medieval Hungarian Historians. A Critical and Analytical Guide (Cambridge 1953).

LITERATUR: Allgemeine: *L. I. Strakhovsky,* A Handbook of Slavic Studies (Cambridge, Mass. 1949); *R. Trautmann,* Die slavischen Völker und Sprachen. Eine Einführung in die Slavistik (Göttingen 1947). — *F. Dvornik,* The Making of Central and Eastern Europe (London 1949); *ders.,* The Slavs. Their Early History and Civilisation (Boston [2]1959); *G. Stökl,* Geschichte der Slavenmission: Die Kirche in ihrer Geschichte II, Lfg. E (Allg. Bibl. II, 3) E 75 — E 91 (mit reicher Lit.); *O. Halecki,* Grenzraum des Abendlandes. Eine Geschichte Ostmitteleuropas (Salzburg 1957); *M. Hellmann,* Slavisches, insbesondere ostslavisches Herrschertum des Mittelalters: Das Königtum, Vorträge und Forschungen 3 (Lindau-Konstanz 1956) 243—277; *F. Baethgen,* Die Kurie und der Osten: Deutsche Ostforschung 1 (Leipzig 1942) 310—339; *H. Ludat,* Die ältesten geschichtlichen Grundlagen für das deutsch-slavische Verhältnis: Das östliche Deutschland (Würzburg 1959) 127 bis 160; zu Kaiser- und Königsidee und Mission vgl. Lit. zum Abschn. S. 219 und zu Kap. 28; *Th. Mayer,* Das Kaisertum und der Osten im Mittelalter: Deutsche Ostforschung 1 (Leipzig 1942) 291—309; *W. Füllner,* Der Stand der deutsch-slavischen Auseinandersetzung zur Zeit Thietmars von Merseburg (Jena 1937).

Wenden: *M. Hellmann,* Ostpolitik Kaiser Ottos II.: Festschr. H. Aubin (Lindau-Konstanz 1956) 46—76; *G. Lukas,* Die deutsche Politik gegen die Elbslaven von 982 bis Ende der Polenkriege Heinrichs II. (Diss. Halle 1940); *A. Dieck,* Die Errichtung der Havelbistümer unter Otto d. Gr. (Diss. masch. Heidelberg 1944); *K. Schmaltz,* Kirchengeschichte Mecklenburgs I (Schwerin 1935); *W. Schlesinger,* Kirchengeschichte Sachsens im Mittelalter, I: Von den Anfängen christlicher Verkündigung bis zum Ende des Investiturstreites (Köln-Graz 1962); *R. Herrmann,* Thüringische Kirchengeschichte I (Jena 1937); *H. F. Schmid,* Die rechtlichen Grundlagen der Pfarrorganisation auf westslavischem Boden und ihre Entwicklung während des Mittelalters (Weimar 1938); dazu kritisch *W. Schlesinger,* Die deutsche Kirche im Sorbenland und die Kirchenverfassung auf westslavischem Boden: Zschr. für Ostforsch. 1 (1952) 345—371; wichtig ferner *H. Beumann - W. Schlesinger,* Urkundenstudien zur deutschen Ostpolitik unter Otto III: ADipl 1 (1955) 132—256.

Böhmen: *B. Bretholz,* Geschichte Böhmens und Mährens I (Reichenberg 1921); *A. Naegle,* Kirchengeschichte Böhmens I, 1—2 (Wien-Leipzig 1915/18); *W. Wegener,* Böhmen, Mähren und das Reich im Hochmittelalter (Köln 1959); *K. Bosl,* Der Eintritt Böhmens und Mährens in den westlichen Kulturraum im Lichte der Missionsgeschichte: Collegium Carolinum, II: Böhmen und Bayern (München 1958) 43—64.

Polen: Cambridge History of Poland from the Origins to Sobieski 1696 (Cambridge 1950); vgl. dazu *F. Baethgen:* DA 9 (1951) 240 f; *K. Völker,* Kirchengeschichte Polens (Berlin-Leipzig 1930); ein Abriß auch in der soeben zitierten Cambridge History von *P. David* 60—85; *B. Stasiewski,* Die ersten Spuren des Christentums in Polen: Zschr. für osteurop. Gesch. NF 4 (1934) 238—260, 5 (1935) 572—604; über die Anfänge auch in polnisch *L. Koczy:* Sacrum Poloniae Millennium I (Rom 1954) 9—69; *B. Stasiewski,* Untersuchungen über drei Quellen zur ältesten Geschichte und Kirchengeschichte Polens (Breslau 1933); *ders.,* Kirchengeschichtliche Beiträge zur Entwicklung des deutsch-polnischen Grenzraums im Hochmittelalter (Berlin 1955); *P. Fabre,* La Pologne et le Saint Siège du Xe au XIIe siècle (Paris 1896); *L. Kulczycki,* L'organisation de l'église de Pologne avant le XIIIe siècle (Diss. Strasbourg 1928).

Rußland: *G. Stökl,* Russisches Mittelalter und sowjetische Mediävistik: Jbb. für

Gesch. Osteuropas NF 3 (1955) 1—40 105—122. — *K. Stählin,* Geschichte Rußlands I (Berlin-Leipzig 1923); *P. Miliunow - C. Seignobos - C. Eisenmann,* Histoire de Russie I (Paris 1932); *G. Vernadsky,* Kievan Russia (New Haven 1948); *H. Paszkiewicz,* The Origins of Russia (London 1954); *G. Vernadsky,* The Origins of Russia (Oxford 1959). — *A. M. Ammann,* Abriß der ostslavischen Kirchengeschichte (Wien 1950); *S. H. Cross,* Medieval Russian Churches (Cambridge, Mass. 1949); *G. P. Fedotov,* The Russian Religious Mind. Kievan Christianity (Cambridge, Mass. 1946); *M. Vladimirskij-Budanow,* übers. von *L. K. Goetz,* Staat und Kirche in Altrußland (Berlin 1908); *L. K. Goetz,* Kirchengeschichtliche und kulturgeschichtliche Denkmäler Altrußlands nebst Geschichte des russischen Kirchenrechts (Stuttgart 1905); *A. Pszywyi,* Die Rechtslage der Kirche im Kiewer Staat auf Grund der fürstlichen Statuten (Diss. masch. Graz 1950); *A. M. Ammann,* Die ostslavische Kirche im jurisdiktionellen Verband der byzantinischen Großkirche 988 bis 1459 (Würzburg 1955); *Aem. Herman,* De fontibus iuris ecclesiastici Russorum (Città del Vaticano 1936); *R. P. Casey,* Early Russian Monasticism: OrChrP 19 (1953) 373—423.

Südslawen: *G. Stadtmüller,* Geschichte Südosteuropas (Wien 1950); *C. Jireček,* Geschichte der Serben I (Gotha 1911); *F. Šišic,* Geschichte der Kroaten (Zagreb 1917); erweiterte kroatische Ausgabe 1925; *F. R. Preveden,* A History of the Croatian People, I: Prehistory and Early Period until 1397 (New York 1955); *L. Vojnović,* Histoire de Dalmatie (Paris 1934); *A. Maier,* Kirchengeschichte von Kärnten, Heft 2: Mittelalter (Klagenfurt 1953); *E. Tomek,* Kirchengeschichte Österreichs I (Innsbruck-Wien-Leipzig 1925); *J. Wodka,* Kirche in Österreich. Wegweiser durch ihre Geschichte (Wien 1959); *F. Valjavec,* Geschichte der deutschen Kulturbeziehungen zu Südosteuropa, I: Mittelalter (München [2]1953); *G. Stadtmüller,* Die Christianisierung Südosteuropas als Forschungsproblem: Kyrios 6 (1942/43) 61—102.

Ungarn: *B. Hóman,* Geschichte des ungarischen Mittelalters (Berlin 1940); *P. v. Váczy,* Die erste Epoche des ungarischen Königtums (Pécs [Fünfkirchen] 1936); *B. Hóman,* König Stephan I. der Heilige. Die Gründung des ungarischen Staates (Breslau 1941); *A. Szentirmai,* Die „apostolische Legation" des Ungarnkönigs Stephan des Heiligen: ÖAKR 8 (1957) 253—267; *G. Bónis,* Die Entwicklung der geistlichen Gerichtsbarkeit in Ungarn: ZSavRGkan (1963) 174—235.

Der breite Siedlungsraum der Slawen — er reichte vom Djnepr bis zur Elbe und Saale, umgriff ferner Böhmen, Mähren, Teile des Donaubeckens sowie die Balkanhalbinsel — war im 9. Jh. von der Mission nur im Südosten bis nach Mähren und Böhmen hinauf erfaßt worden. Ähnlich wie bei den Nordgermanen, brachte auch hier das so viel geschmähte Saeculum obscurum die entscheidende Wende. Weite Gebiete des slawischen Ostens öffneten sich dem Christentum und wuchsen von da an in die europäische Kulturgemeinschaft des lateinischen Abendlandes oder des byzantinisch-slawischen Ostens hinein. Der keineswegs einheitliche Prozeß fordert eine nach Ländern und Völkern getrennte Betrachtung.

Die Wenden

Unmittelbar an die Slawen angrenzend, erwuchs dem deutschen Reich eine besondere, sowohl im eigenen wie im abendländischen Interesse wahrzunehmende politisch-religiöse Aufgabe. Die ersten Ottonen waren natürlich bestrebt, vor allem ihre sächsische Heimat vor den benachbarten Wenden besser abzuschirmen. Schon Karl der Große hatte zu diesem Zweck jenseits der Elbe eine Zone tributärer Abhängigkeit geschaffen. Da sie im 9. Jh. zerfallen war, stellte sie Heinrich I. in mehreren Feldzügen wieder her. Otto der Große dagegen zielte höher: sämtliche zwischen Elbe, Saale und Oder wohnenden Wenden sollten unterworfen werden. Es gelang ihm einigermaßen bei den Hevellern, Sprevanen und Lebusern sowie bei den Sorben, während er die im Peene-Gebiet ansässigen Ljutizenstämme (Wilzen) nicht recht erfaßte und die westlich angrenzenden Abodriten bloß in Tributabhängigkeit hielt. Die unterworfenen Gebiete suchte er nicht allein politisch durch Mark- und Burgwardverfassung, sondern auch kirchlich zu durchdringen. So erstanden schon 948 die Bistümer Brandenburg und Havelberg, im Sorbenland folgten 968 die Diözesen Meißen, Merseburg und Zeitz (um 1030 nach Naumburg verlegt). Für die Wagrier und Abodriten konnte (wahrscheinlich erst 968) das Bistum Oldenburg errichtet werden; es unterstand seit 968 dem Erzbistum Hamburg-Bremen, dessen Aktionsbereich also außer den Nordgermanen auch die im äußersten Westen wohnenden Wenden umfaßte. Die andern genannten Diözesen wurden dagegen dem Erzbistum Magdeburg unterstellt. Schon um 955 hatte Papst Agapet II. Ottos Plan gebilligt, das 937 von Otto gestiftete Magdeburger Mauritiuskloster in einen für die Slawenmission bestimmten Metropolitansitz umzuwandeln; desgleichen Johann XII. in einer kurz nach der Kaiserkrönung ausgefertigten Urkunde. Der Plan ist auf scharfen Widerstand gestoßen, zunächst bei Ottos Sohn, Erzbischof Wilhelm von Mainz, mit dem sich der Kaiser 962 einigermaßen geeinigt haben dürfte, und dann bei Bischof Bernhard von Halberstadt, bis Johann XIII. 967 auf der Synode von Ravenna die Erhebung zur Metropole endgültig verfügte und der Tod der beiden Gegner es erlaubte, 968 den Beschluß in die Tat umzusetzen. Dabei wurde das neue Erzbistum mit reichen Ehrenprivilegien für seine Kleriker und mit dem primatialen Ehrenvorrang unter allen Kirchen rechts des Rheins ausgestattet. Wie weit sich das Jurisdiktionsgebiet nach Nordosten hin erstrecken sollte, hat man offenbar nicht genau bestimmt. Jedenfalls übergehen die Bullen Johanns XIII. und Benedikts VII. (981) in der Aufzählung der Suffraganbistümer die in der damaligen Hauptstadt des polnischen Herzogs um 968 gegründete Diözese Posen. Magdeburg hat zwar dann seine Ansprüche auf Posen durchgesetzt, verlor sie aber für immer nach dem Tod des zweiten Posener Bischofs (Unger), eines Deutschen[1].

[1] Neuste kritische Zusammenfassung bei *W. Schlesinger,* Kirchengeschichte Sachsens I 21—32. — *K. Uhlirz,* Geschichte des Erzbistums Magdeburg (Magdeburg 1887); *P. Kehr,* Das Erzbistum Magdeburg und die erste Organisation der christlichen Kirche in Polen: AAB (1920) n. 1; *G. Sappok,* Die Anfänge des Bistums Posen und die Reihe seiner Bischöfe 968—1498 (Leipzig 1937); *A. Brackmann,* Magdeburg als Hauptstadt des Ostens im frühen Mittelalter (Leipzig 1937); vgl. auch *ders.,* Gesammelte Aufsätze (Weimar 1941)

Die Missionsarbeit war zu sehr mit politischen Zielen verquickt, als daß sie bei den Wenden hätte großen Anklang finden können. Als daher die Ljutizen 983 den großen Aufstand entfesselten, brach jenseits der Elbe das aufgebaute kirchliche Werk mit den Diözesen Havelberg, Brandenburg und Oldenburg gänzlich zusammen. Im Sorbenland hielt es stand und konnte fortgeführt werden. Auch bei den Abodriten, die am Aufstand teilgenommen hatten, ging die Mission weiter, wurde aber 1018 für ein Jahr gestört und 1066 von der stets vorhandenen heidnischen Reaktion größtenteils vernichtet. Die unerbittlichsten Gegner blieben die Ljutizen, deren Bund sich die Stämme an der Havel und Prignitz wohl in lockerer Form während des Aufstandes angeschlossen hatten[2]. Da die Ljutizen keine eigentlichen Stammesfürsten besaßen, konnten sie lange an ihrer pluralistischen Bundesverfassung sowie an ihrer polytheistischen Religion festhalten. Bis ins 12. Jh. blieb dieses Gebiet der Mission so gut wie verschlossen.

Ganz anders verlief die Entwicklung in Böhmen, Polen und im Kiewer Reich; denn dort kam es zu großräumigen Staatenbildungen, deren Herrscher aus innen- und außenpolitischen Gründen entweder von vornherein oder doch im Laufe der Zeit das Christentum förderten.

Böhmen und Mähren

Dank der im 9. Jh. geleisteten Arbeit waren Böhmen und Mähren nicht mehr Missionsländer im eigentlichen Sinne, doch schaffte das 10. Jh. insofern eine neue Lage, als die Zerstörung des großmährischen Reiches durch die Ungarn die politische wie kirchliche Initiative nach Böhmen verlagerte. Allein schon wegen der ungarischen Gefahr hielten es die böhmischen Fürsten, unter denen die Přemysliden im westlichen[3], die Slavnikinger im östlichen Landesteil eine herzogliche Gewalt ausübten, für geraten, sich an Deutschland anzulehnen und damit den endgültigen Anschluß an den christlich-abendländischen Kulturraum zu vollziehen. Während sie zunächst mit Bayern in Beziehung standen, wurden ihre Herzöge durch Heinrich I. und Otto den Großen an das deutsche Königtum gebunden, eine Abhängigkeit, die sie in keiner Weise hinderte, ihre Herrschaft auf Mähren und die Slowakei, auf Schlesien und den um Krakau gelegenen Rest Weißkroatiens

140—153 154—187 188—210; über die älteren Papsturkunden für Magdeburg und die Posener Frage vgl. *H. Beumann - W. Schlesinger:* ADipl 1 (1955) 163—207; gute Bibliogr. zu den Anfängen der deutsch-polnischen Beziehungen bei *M. Uhlirz,* JbbDG unter Otto III. 549 f.

[2] *W. Brüske,* Untersuchungen zur Geschichte des Lutizenbundes (Köln - Graz 1955); *W. H. Fritze,* Beobachtungen zu Entstehung und Wesen des Lutizenbundes: Jb. für Gesch. Mittel- u. Ost-Dtl.s 7 (1958) 1—38.

[3] *W. Wostry,* Die Ursprünge der Primisliden: Prager Festschr. für Th. Mayer (Freilassing - Salzburg 1953) 156—253.

auszudehnen und so das untergegangene großmährische Reich gleichsam wiederherzustellen. Das weite, zu einem guten Teil schon christliche Herrschaftsgebiet, das bisher hauptsächlich die Regensburger Bischöfe betreut hatten, brauchte nunmehr eine Kirchenorganisation.

Über die ins 9. Jh. fallende Missionstätigkeit einerseits der bayerischen Kirche, anderseits der Slawenapostel Kyrill und Method ist oben gehandelt worden (Kapitel 21). Da und dort mag es auch noch zu Beginn des 10. Jh. in Böhmen heidnische Widerstände gegeben haben. Sie oder eine breiter angelegte, nicht bloß von heidnischer Opposition getragene Unzufriedenheit mit der allzu kirchenfreundlichen Haltung des jungen, unter dem Einfluß seiner Großmutter Ludmilla stehenden Přemysliden-Herzogs Wenzel haben vielleicht die Ermordung erst Ludmillas (921), dann Wenzels (929) mitverursacht (beide wurden sehr bald vom tschechischen Volk als Martyrer und Heilige verehrt), aber die eigentümlichen Gründe für diese Gewalttaten sind in persönlichen und politischen Spannungen zwischen Wenzel und einer um seine Mutter Dranomira und seinen Bruder Boleslaw gescharten Opposition zu suchen[4]. Jedenfalls haben die nachfolgenden Přemysliden-Herzöge, Boleslaw I. († 972) und sein Sohn Boleslaw II. († 999), am Christentum durchaus festgehalten, ja sogar zu seiner Festigung beigetragen. Die Kirche konnte um so leichter mit dem Land verwachsen, als die beiden dort eingeführten Liturgieformen anstelle der früheren Rivalität friedlich nebeneinander fortlebten, wenn auch der lateinische den slawischen Ritus, vor allem in Böhmen, stark zurückdrängte. Dafür waren andere Probleme zu lösen. Die böhmischen Herzöge hegten den begreiflichen Wunsch nach einer eigenen, von Rom direkt abhängigen Diözese. Sollte tatsächlich Papst Johann XIII. 966 sowohl vom böhmischen wie vom polnischen Herzog um die Errichtung selbständiger Kirchen gebeten worden sein, hätte Otto der Große zum mindesten die böhmischen Pläne wirksam durchkreuzt. Für ihn, den politischen Oberherrn, stand es von vornherein fest, daß die zu gründenden böhmischen Bistümer in eine deutsche, und zwar in die Magdeburger oder in die Mainzer Kirchenprovinz einzugliedern seien. Salzburg kam nicht in Betracht, da die Ottonen den bayerischen Einfluß auf Böhmen, für die kirchlichen Dinge bisher unbestritten von der Diözese Regensburg wahrgenommen, möglichst auszuschalten suchten. So wurde die endgültig 976 erstehende Prager Diözese dem Mainzer Erzstuhl unterstellt[5]; auf diese Weise sollte wohl Mainz für die Verdrängung aus dem wendischen Missionsgebiet entschädigt werden. Auch Mähren erhielt damals einen Bischof, wohl noch ohne festen Sitz; seine Funktionen wurden jedoch bald auf Bitten des zweiten Prager

[4] *F. Dvornik*, S. Wenceslas, Duke of Bohemia (Prag 1929); *J. Pekař*, Die Wenzels- und Ludmillalegenden und die Echtheit Christians (Prag 1906); dazu *Wattenbach-Holtzmann* I 321 f.

[5] Zur Urkunde Heinrichs IV. (MGDD VI 2 n. 390) *H. Beumann* - *W. Schlesinger:* ADipl 1 (1955) 236—250.

Oberhirten, des Slavnikingers Voytech-Adalbert, aufgehoben. Unter den Prager Bischöfen verdient der soeben genannte Adalbert besondere Beachtung[6]. Politische, wegen polnischer Expansionsbestrebungen entstandene Spannungen zwischen seinem Bruder, dem Slavnikinger-Herzog Sobleslaw, und dem Přemysliden Boleslaw II. zwangen ihn, Prag zu verlassen. Seinen frommen Neigungen folgend, trat er in das römische Alexiuskloster ein. 992 nach Prag zurückgerufen, scheiterte er nach drei Jahren aus denselben politischen Gründen. Während seine Familie von Boleslaw II. fast gänzlich umgebracht und für immer der Herrschaft beraubt wurde, wirkte er als Missionar erst am Hof des jungen Stephan von Ungarn und schließlich, nach längeren Reisen und einem kurzen Aufenthalt beim polnischen Herzog, unter den heidnischen Preußen, um dort 997 den Martertod zu erleiden. Adalbert war keineswegs der einzige, der von Böhmen aus die christliche Religion zu den Nachbarvölkern getragen hat. Vor und nach ihm sind tschechische oder deutsche und andere nach Böhmen gelangte Missionare in die umliegenden heidnischen Gebiete gegangen. Ihre Arbeit wirkte sich vor allem in Polen höchst segensreich aus.

Polen

Zur Zeit Ottos des Großen trat Polen unter dem Piasten-Fürsten Mieszko I. († 992) aus nicht mehr faßbarer Vergangenheit ins Licht der Geschichte. Mieszkos beträchtliche, auf Reiterheer und Burgen beruhende Macht griff rasch um sich[7]. Zwar wurde der Herzog gezwungen, für sein Land bis zur Warthe Otto dem Großen einen Jahreszins zu zahlen und ein persönliches Treuegelöbnis zu leisten, blieb aber im wesentlichen unabhängig. Nach Ottos II. Tod dehnte er seine Herrschaft über Pommern bis zur Odermündung aus, wo die wichtige Handelsstadt Wollin in seine Hände fiel, unterwarf die im alten Weißkroatien wohnenden Stämme und nahm den Böhmen Schlesien sowie die Gegend um Krakau ab. Sein ihm nachfolgender Sohn Boleslaw Chrobry (992—1025) erhielt von Heinrich II. die Nieder- und Oberlausitz zu Lehen und ließ sich, von den Böhmen gegen ihren gewalttätigen Herzog Boleslaw III. zu Hilfe gerufen, 1003 in Prag zum Herzog ausrufen. Da er dem deutschen König die für Böhmen geltende Lehenshuldigung verweigerte, kam es zu einem bis 1018 dauernden, freilich öfters unterbrochenen Krieg, in dem Heinrich II. auch die ihm verbündeten heidni-

[6] *H. G. Voigt,* Adalbert von Prag (Berlin 1898); *J. Loserth,* Der Sturz des Hauses Slavnik: Abhh. für östr. Gesch. 65 (1895).

[7] *H. Ludat,* Die Anfänge des polnischen Staates (Krakau 1942); *A. Gieysztor,* Die Entstehung des polnischen Staates im Lichte neuer Forschungen (Marburg 1956); *Z. Wojciechowski,* Mieszko and the Rise of the Polish State (London 1936); *M. Hellmann,* Slavisches Herrschertum (Lit. zum Kap.) 260—262. Es gibt keine durchschlagenden Beweise für die Herkunft Mieszkos aus einem Wikingergeschlecht.

schen Ljutizen einsetzte. Boleslaw Chrobry mußte zwar auf Böhmen verzichten, behielt aber beide Lausitzen, Mähren und die Slowakei. 1018 nach Kiew ziehend, konnte er Rotrußland hinzugewinnen. Auf der Höhe des Ruhmes angelangt, ließ er sich kurz vor seinem Tod zum König krönen (1025). Unter seinem Sohn, Mieszko II. (1025—34), erfolgte der Absturz. Rotrußland fiel an Kiew zurück, Mähren an Böhmen, die Lausitzen an Deutschland, während die Ungarn die Slowakei für dauernd (bis 1918) in Besitz nahmen. Nach Mieszkos II. Tod löste sich Pommern los. Bretizlaw I. von Böhmen (1034—55) besetzte Schlesien und verheerte das polnische Land bis nach Gnesen hin (1038), mußte aber seine Eroberungspläne aufgeben, da die Deutschen Herzog Kasimir, den Sohn Mieszkos II., in seine Heimat zurückführten; 1052 wurde er gezwungen, Schlesien wieder an die Polen abzutreten (die freilich einen Jahrestribut zahlen mußten). Kasimir verlegte seine Residenz aus dem 1038 zerstörten Gnesen nach Krakau; infolgedessen gewann die polnische Politik eine mehr nach Kiew und Ungarn gehende Richtung.

Der erstaunlich rasche Anstieg des polnischen Reiches war von einer ebenso stürmischen Taufbewegung begleitet. Der große Missionserfolg ist zu einem guten Teil darauf zurückzuführen, daß infolge der 965 vollzogenen Heirat Mieszkos mit Dubravka, Tochter des Přemysliden-Herzogs Boleslaw I., die Prediger hauptsächlich aus dem slawischen Nachbarland Böhmen kamen. Welch bedeutenden Einfluß die Tschechen auf die sich bildende polnische Kirche tatsächlich ausgeübt haben, geht einesteils aus sprachlichen Untersuchungen hervor, anderseits aus dem slawischen Ritus, der neben dem lateinischen Ritus aus Mähren und Böhmen vor allem in das südliche Polen eingedrungen ist[8]. Schon 966 ließ sich Mieszko selbst taufen. Bald (frühestens 968) wurde das erste polnische Bistum in der damaligen Residenz Posen errichtet, wohl ohne direkte Mitwirkung des Erzstuhles Magdeburg und vielleicht zunächst noch ohne Suffraganabhängigkeit von ihm. Jedenfalls ist Mieszko I. in so enge Fühlung mit dem Papsttum getreten, daß er um das Jahr 990 sein Reich zum besseren Schutz gegenüber Deutschland und Böhmen dem heiligen Petrus schenkte[9]. Dahinter stand natürlich auch die Absicht, Rom für die Gründung einer polnischen Kirchenprovinz zu gewinnen. Über die Verhandlungen wissen wir so gut wie nichts. Mieszkos Sohn, Boleslaw Chrobry, muß sie in den letzten Jahren vor der Jahrtausendwende energischer betrieben haben. Er hatte Grund zur Eile. Bemühte sich doch Erzbischof Giseler von Magdeburg, seine Kirchenprovinz über Polen auszudehnen, indem er auf Posen als Suffraganbistum Anspruch erhob und

[8] *B. Stasiewski,* Zur Verbreitung des slavischen Ritus in Südpolen während des 10. Jh.: Forsch. zur osteurop. Gesch. 7 (1959) 7—25.

[9] Die Urkunde, überliefert von *Deusdedit,* Kanonessammlung III 199 (ed. *Wolf von Glanvell* 359), ist sehr umstritten; vgl. *W. Leitsch,* Deusdedit und die Urkunde „Dagone iudex": Studien für ältere Gesch. Osteuropas 2 (Graz 1959) 166—185 (mit weiterer Lit.).

durch Otto III. 995 in sein Suffraganbistum Meißen das schlesische, unter polnischer Herrschaft stehende Gebiet bis zur Oder einbeziehen ließ. Schon bei Gregor V. scheint es Boleslaw Chrobry gelungen zu sein, die Magdeburger Pläne in Rom zu vereiteln und seinen eigenen Wunsch durchzusetzen[10]. Da sich schließlich auch Otto III. gewinnen ließ, sind im Jahre 999 wohl die konkreten Beschlüsse gefaßt worden. Kraft der päpstlichen Urkunde vom Jahre 1000, die Otto auf seiner oben geschilderten Wallfahrt nach Gnesen brachte, erhielt Polen mit der Metropole Gnesen (damals Residenz des Herzogs) und den gleichfalls errichteten Suffraganbistümern Krakau, Breslau, Kolberg seine eigene kirchliche Organisation, der bald auch die Diözese Posen angeschlossen wurde. So wirklichkeitsfremd auch die Kaiseridee Ottos III. unter vieler Hinsicht war, sowenig der universale Grundzug dem rein polnisch ausgerichteten Streben Boleslaw Chrobrys entsprach, in Gnesen zeigte sie eine überlegene Weitsicht. Der starke, seit Mieszko zu beobachtende Ostdrang hätte ein vom christlichen Abendland enttäuschtes Polen veranlassen können, den kirchlichen und kulturellen Anschluß an die östliche, von Byzanz angeführte Christenheit zu suchen. Dieser Gefahr sind Papst und Kaiser zur rechten Zeit begegnet. Mit der Gründung von Bistümern war natürlich nur wenig erreicht. Das Christentum brauchte noch lange Zeit, bis es die im polnischen Reich vereinigten Völker nicht bloß durch den Taufakt, sondern auch innerlich erfaßte. Von dieser Arbeit wissen wir leider so gut wie nichts. Daß aber das Heidentum zäh weiterlebte, sollte die polnische Kirche während der chaotischen Jahre 1034—40 schmerzlich erfahren. Noch in der zweiten Hälfte des 11. Jh. hatte sie für den Ausbau ihrer Organisation viel zu tun.

„Rus"-Reich

Das Reich von Kiew oder das „Rus"-Reich (griechisch: Rhosía)[11] verdankte seine Entstehung den Wikingern (auch Waräger genannt), genauer dem

[10] Dazu W. *Schlesinger*, Kirchengeschichte Sachsens I 71—73: zu Otto III. in Gnesen s. oben Kap. 28 mit Anm. 19.

[11] Der Ursprung des Namens „Rus" ist strittig. Er wird abgeleitet 1. von dem iranischen, in uralter Zeit in Südrußland eingewanderten Volk der Ruxs (so noch heute Vernadsky); 2. von einer slawischen Form des finnischen Wortes „Ruotsi", das eine altschwedische Sprachwurzel enthalten und die eingewanderten Wikinger bezeichnet haben soll (so viele Forscher außerhalb Sowjetrußlands); 3. von dem in der gemeinslawischen Sprache wurzelnden Wort „rod", das Familie, Verwandtschaft, Herkunft bedeute und sich wegen seines vielfältigen Sinns nicht recht fassen lasse; so etwa der sowjetische Historiker *B. D. Grekov*, Kievskaja Rus' (Moskau 1949), zitiert von *M. Hellmann*, Slavisches Herrschertum 248 Anm. 15, der seinerseits das Wort „Rus" im Sinne von „Herrschaft der Fürsten — als Gesamtheit — aus dem Hause der skandinavischen Waräger" verstehen möchte (ebd. 264); dieser philologische Streit ist nur eine Teilfrage der seit 200 Jahren geführten Diskussion über den Anteil der Wikinger (Waräger) an der Bildung des Kiewer Reiches; dazu die bibliogr. Angaben von *Hellmann:* ebd. Anm. 40.

Wikingergeschlecht der Rurikiden. Nordsüdlich, längs des vom Finnischen Meerbusen und vom Ladogasee nach dem Schwarzen Meer führenden Handelsweges ausgerichtet, umfaßte das Reich mit seinen zwei politischen Mittelpunkten Nowgorod und Kiew ein Gebiet, das sich nach Westen hin unter Ausschluß des Baltikums bis zum westlichen Bug, zum San und bis zu den Karpaten erstreckte, im Osten an die Wolgabulgaren grenzte, während im südöstlichen und südlichen, nomadischen Einfällen besonders ausgesetzten Steppenland die Ausdehnung je nach den Zeiten differierte. Schon der Kiewer Fürst Swjatoslaw (964—972) verfügte über eine außerordentlich große Macht. Er zerschlug das Chasarenreich (969), bedrängte die Wolgabulgaren, deren Hauptstadt er plünderte, und wandte sich dann, zunächst im Einverständnis mit Byzanz, gegen die Donaubulgaren, verlegte sogar seine Hauptstadt dorthin, bis er von den Griechen vertrieben wurde. Unter seinem Sohn und Enkel, Wladimir I. (978—1015) und Jaroslaw dem Weisen (1036—54), die beide erst nach vielen Kämpfen zur Alleinherrschaft gelangten, festigte sich das Staatswesen durch bessere Absicherung gegenüber den Petschenegen (1036 wurden sie entscheidend geschlagen) sowie durch innenpolitische Maßnahmen. Wladimir führte das Christentum ein, Jaroslaw förderte die künstlerischen und literarischen Bestrebungen und entfaltete eine wichtige gesetzgeberische Tätigkeit. Nach seinem Tod zerfiel das „Rus"-Reich in einzelne, von seinen Söhnen regierte und durch weitere Erbteilungen verkleinerte Fürstentümer, doch hielt das Rurikidengeschlecht unter dem Großfürsten von Kiew als Haupt trotz ständiger Reibereien noch irgendwie zusammen. Als 1139 Kiew seine Sonderstellung endgültig verlor, begann eine neue Phase russischer Geschichte.

Zur Zeit der Reichsgründung waren die ostslawischen Untertanen gleich ihren nordischen Beherrschern noch Heiden, wenn ihnen auch schon vorher da und dort das Evangelium verkündet worden ist. Eine erste konkrete Nachricht über Missionserfolge hinterließ 867 der griechische Patriarch Photios. Über den Ausgang dieser Aktion sind wir nicht unterrichtet[12]. Zwar gab es sicher 944 in Kiew eine christliche Kirche, aber sie muß nicht unbedingt, zum mindesten nicht ausschließlich, auf griechische Priester zurückgegangen sein. Als ein Jahr darauf Fürst Igor starb, ergriff Fürstin Olga für ihren minderjährigen Sohn Swjatoslaw die Regierung. Sie ließ sich taufen, entweder 957 in Konstantinopel oder schon vorher in Kiew. Jedenfalls gibt es zu denken, daß sie nach ihrer Rückkehr aus Byzanz Otto den Großen um Missionare bat (959/960). Außer rein politischen Gründen ist dieser Schritt unter Umständen durch längst vorhandene westliche Beziehungen der Kiewer Christengemeinde veranlaßt worden. Otto der Große ließ sich na-

[12] *M. de Taube,* Rome et la Russie avant l'invasion des Tartares, I: Le prince Askold, les origines de l'état de Kiev et la première concession des Russes 856—882 (Paris 1947); *G. v. Rauch,* Frühe christliche Spuren in Rußland: Saeculum 7 (1956) 40—67.

türlich die vielversprechende Chance nicht entgehen, aber der von ihm entsandte, in Mainz geweihte Bischof Adalbert, vorher Mönch in St. Maximin in Trier, mußte Kiew nach kurzem Aufenthalt (961—962) wieder verlassen (er wurde 968 der erste Erzbischof Magdeburgs). Olgas Einfluß hatte nicht ausgereicht, um die heidnischen Widerstände zu besiegen; außerdem ergriff nun ihr dem Heidentum ergebener Sohn die Herrschaft. Für die nächste Zeit mußten die „Rus"-Christen noch ohne Hilfe des Fürstenhauses auskommen. Doch mögen ihnen die politischen Beziehungen der Großfürsten zu christlichen Herrschern des Westens und Ostens eine gewisse Rückendeckung verschafft haben [13]. Jaropolk, der 973 Gesandte zu Otto I. schickte, empfing 977 sogar Boten des Papstes Benedikt VII.

Je festere Gestalt das „Rus"-Reich nach Swjatoslaws abenteuerlichen Eroberungszügen annahm, desto deutlicher traten die Vorteile zutage, die mit einer Eingliederung in die christliche Völkergemeinschaft verbunden waren. Die Entscheidung wurde Großfürst Wladimir förmlich aufgedrängt, als er zum Entgelt für militärische Hilfe von den griechischen Kaisern Basileios II. und Konstantin die purpurgeborene Schwester zur Frau forderte. Nach manchen Schwierigkeiten setzte er seinen Willen auch durch, mußte sich dafür aber taufen lassen (988/989) und sorgte nun seinerseits für die Taufe seines Volkes [14]. So erstand die russische Kirche. Wer sie im Grunde aufgebaut hat, ist bis heute umstritten [15]. Wahrscheinlich haben sich an der Arbeit sowohl abendländische wie griechisch-slawische Missionare beteiligt. Tatsächlich weisen gewisse Züge, wie etwa Zehntrecht, Kenntnis der tschechischen Heiligen Ludmilla und Wenzel sowie des Prager Patrons, des heiligen Veit, eindeutig nach dem Westen [16]. Von Anfang an aber überwog das byzantinisch-slawische Element. Da die Rus-Völker des Griechischen nicht mächtig waren, erreichte sie das griechische christliche Geistesgut einerseits von der slawischen, auf Kyrill und Method zurückgehenden Liturgie her, die teilweise in Böhmen-Mähren, vor allem aber in Bulgarien weiterlebte und dort ausgestaltet worden war, anderseits durch slawische, in Bulgarien und bald auch in Rußland hergestellte Übersetzungen griechischer Werke. Dunkel und umstritten sind die Anfänge der kirchlichen Organisation [17]. Obwohl die wenigen bezeugten Priester und Bischöfe (bis-

[13] *F. Dvornik,* The Kiev State and its Relation with Western Europe: Transact. of the Royal Hist. Soc. ser. IV, 29 (1947) 27—46.

[14] *N. de Baumgarten,* S. Vladimir et la conversion de la Russie (Rome 1932); *N. Zernov,* Vladimir and the Origin of the Russian Church: Slavon. and East Europ. Rev. 28 (1949/50) 123—138 425—428.

[15] Zu der viel diskutierten Frage vgl. *G. Stökl,* Slavenmission (Lit. zum Kap.) E 85 mit reichen, kritisch gesichteten Literaturangaben in Anm. 8—16 auf S. 86 f.

[16] *H. F. Schmid,* Byzantinisches Zehntwesen: JÖByzG 6 (1957) 45—110; *F. Dvornik,* Die Benediktiner und die Christianisierung Rußlands: BM 35 (1959) 292—310.

[17] Vgl. dazu *G. Stökl,* Slavenmission (Lit. zum Kap.) E 86 f Anm. 10—12.

weilen auch Erzbischöfe genannt) der byzantinischen Großkirche nähergestanden haben dürften, fehlte es doch nicht an Beziehungen zur römisch-abendländischen Kirche. Wladimir und die Päpste Johann XV., Silvester II. sandten sich z. B. gegenseitig Boten zu. Für die damals im Werden begriffene kirchliche Hierarchie gab es noch nicht die Frage, ob sie sich an Byzanz oder an Rom anschließen sollte. Und wenn auch der erste nachweisbare Metropolit von Kiew, der Grieche Theopempt, 1040 einer in Konstantinopel tagenden Synode beiwohnte und sich damit als Glied der byzantinischen Großkirche bekannte, so zeigten einige seiner unmittelbaren Nachfolger immer noch eine gewisse Offenheit gegenüber Rom und der abendländischen Christenheit, zumal da damals die Großfürsten von Kiew, mit westlichen Herrscherfamilien verschwägert, gegenüber lateinisch-abendländischen Einwirkungen nicht unzugänglich waren[18]. Dennoch hätte die schon unter Theopempt bestehende kirchliche Abhängigkeit vom konstantinopolitanischen Patriarchat kaum mehr rückgängig gemacht werden können. Das 1054 beginnende, aber erst nach Jahrzehnten endgültig werdende Schisma schloß jede weitere Rivalität zwischen Ost und West aus: ohne förmlichen Bruch, aber unaufhaltsam trennte sich die russische Kirche von Rom.

Die Südslawen

Die auf der Balkanhalbinsel wohnenden Südslawen sind ohne offizielle Missionierung christlich geworden. Zwischen östlicher und westlicher Kirche stehend, entschieden sich die Serben nach längerem Schwanken für die byzantinisch-slawische Sphäre[19]. Was sie dort vor allem anzog, war die Form der slawischen Volkskirche, wie sie Bulgarien seit dem Einsatz der aus Böhmen vertriebenen Methodius-Schüler (885) gefunden und während der glänzenden Regierung des Zaren Symeon (893—927) ausgestaltet hatte. Die dalmatinischen Kroaten dagegen, deren Fürst Branimir sich 880 mit Hilfe des Papsttums politisch unabhängig gemacht hatte, gehörten zum Bereich der lateinischen Kirche. Von der Bekehrung der Slowenen ist oben gehandelt worden (Kap. 21 u. 14). Das ziemlich weit fortgeschrittene Werk brach unter dem Ungarnsturm zusammen, um nach etwa hundert Jahren von neuem zu erstehen, und zwar nicht bloß in den von Bayern aus zurückeroberten, durch Markverfassung und Kolonisation gesicherten Gebieten, sondern auch im ungarischen Gebiet. Im deutschen Teil nahmen sich des kirchlichen Aufbaus das Erzbistum Salzburg, die Bistümer Freising und Passau an.

[18] *N. de Baumgarten,* Généalogies et mariages occidentaux des Rurikides russes du Xe au XIIIe siècle, 2 Hh. (Rom 1927, 1934).

[19] *A. Schmaus,* Zur Frage der Kultorientierung der Serben im Mittelalter: Südostforschungen 15 (1956) 149—201.

Die Ungarn

Als 895/896 unter der Führung des Fürsten Arpad madjarische Stämme die Karpaten überschritten, um die Donau-Theiß-Ebene sowie den ganzen Karpatenkessel zu besetzen, schien sich das zu wiederholen, was unter den Hunnen und Awaren eingetreten war: ein Volk der osteuropäischen Steppe drang in die verletzlichste Stelle Mitteleuropas ein. Die Fremdlinge kamen aus der Gegend zwischen Wolga und Don, wo sie unter chasarischer und vorher unter onogurisch-bulgarischer Herrschaft gestanden und die eigenartige Form des Madjarentums entwickelt hatten. Zu den ugrischen Stämmen, dem damals südlichsten Zweig der großen finno-ugrischen Völkerfamilie gehörig, waren sie mit ihren Herren Bindungen des Blutes und zugleich der Lebensformen eingegangen, so daß sie ein Volk finno-ugrischer Sprache, aber bulgarisch-türkischer Kultur bildeten. Unter dem Druck der Petschenegen hatten sie sich langsam nach Westen abgesetzt, bis sie an der mittleren Donau eine neue Heimat fanden. Von einer eigentlichen Niederlassung kann jedoch nur bedingt die Rede sein. Die nomadische Lebensweise trieb sie zu Raubzügen in die umliegenden Länder[20]. Erst nach mehr als fünfzig Jahren wurde ihren schrecklich hausenden Horden von zwei Seiten her Einhalt geboten. Die aufsteigende Macht des deutschen Reiches, von Otto dem Großen in der vernichtenden Schlacht auf dem Lechfeld (955) unter Beweis gestellt, versperrte den Westen. Und im Osten, wo die Ungarn ihre Angriffe auf Byzanz richteten, veränderte das „Rus"-Reich die Lage. Es schnürte nämlich die Verbindung ab, die die Madjaren mit ihrer einstigen Heimat, vor allem mit den ostwärts abgewanderten madjarischen Stämmen, unterhielt. Als zudem Swjatoslaw von Kiew 969 das Chasarenreich vernichtete, entzog er den Ungarn den chasarischen Markt, auf dem sie ihre Beute abgesetzt hatten. Es gab für sie daher nur die Wahl, das Schicksal der ihnen vorausgegangenen Reiterhirtenvölker zu teilen und unterzugehen oder eine Lebensweise zu finden, die es erlaubte, bei aller Angleichung an den sie umgebenden Kulturkreis ihre Eigenart zu bewahren. Daß ihnen das letztere gelang, verdankten sie dem Arpaden Geisa († 997) und seinem großen Sohn Waik-Stephan († 1038).

Nach Arpads Tod (907) war die politische Macht an viele Einzelfürsten übergegangen. Geisa bahnte wieder die Alleinherrschaft an, indem er, wie einst Attila, den Clan Arpads fast ganz ausrottete und eine so beträchtliche Macht zusammenballte, daß Waik-Stephan das Werk vollenden, nämlich auch Südungarn und Siebenbürgen endgültig unterwerfen konnte. Über die staatliche Schöpfung Stephans, die madjarische Eigenart mit germanisch-lateinisch-slawischen Elementen organisch verband, kann hier nicht gehan-

[20] *R. Lüttich,* Ungarnzüge in Europa im 10. Jh. (Berlin 1910); *G. Fasoli,* Le incursioni ungare in Europa nel secolo X (Firenze 1945).

delt werden, wohl aber geht uns der nun einsetzende Christianisierungsprozeß an. Daß ihn Geisa förderte und Waik-Stephan systematisch betrieb, war eine Notwendigkeit. Konnten doch die ungarischen Herrscher nur auf diese Weise ihr Volk aus der Isolierung lösen. Das Missionsangebot erfolgte von bulgarisch-griechischer wie von lateinischer Seite. Schon um 950 hatte sich der „Gyula“ von Siebenbürgen taufen lassen[21], aber Geisas und Stephans Herrschaftsgebiet hatte seinen Schwerpunkt in Pannonien, war also auf das lateinische Abendland hin ausgerichtet. Geisa und Waik-Stephan ließen daher deutsche Ritter, Kolonisten und Missionare ins Land einströmen[22]. Die Vermählung Waik-Stephans mit der bayerischen Herzogstochter Gisela, vielleicht der unmittelbare Anlaß seiner Taufe[23], verstärkte noch die Beziehung zum Westen. Unter Geisa hatte sich Bischof Piligrim von Passau († 991) besonders eifrig der Ungarnmission angenommen und damit den Plan verbunden, für sein Bistum die Metropolitangewalt über Ungarn und Mähren zu erwerben. Obwohl er sogar gefälschte Papstbriefe herstellte, die Passau als legitimen Erben des römischen, von Piligrim zum Erzbistum umgefälschten Bistums Lorch an der Enns erscheinen ließen, setzte er seine Sonderabsicht nicht durch[24]. Stephan, der die Christianisierung Ungarns zu seiner Lebensaufgabe machte, wünschte natürlich eine eigene Kirchenprovinz. Er hatte das Glück, bei Kaiser Otto III. und Papst Silvester II. volles Verständnis zu finden. Schon 1000 oder 1001 fiel die Entscheidung: Stephan selbst wurde von Papst und Kaiser mit der Königswürde ausgezeichnet, Gran als kirchliche Metropole errichtet[25], der Stephan 1009 eine Reihe von Suffraganbistümern angliedern und schon um 1006 das für den östlichen Teil Ungarns bestimmte Erzbistum Kalocsa an die Seite stellen ließ; wahrscheinlich hat er, ähnlich wie Mieszko von Polen, sein Land dem heiligen Petrus angetragen.

Damit hatten die Madjaren den Anschluß an die christliche Völkergemeinschaft des Abendlandes gefunden. Stephan, seit den letzten Jahrzehnten des 11. Jh. als Heiliger verehrt, führte mit aller Energie die Verchristlichung

[21] *F. Dölger,* Ungarn in der byzantinischen Reichspolitik (Leipzig 1942); *G. Moravcsik,* Die byzantinische Kultur und das mittelalterliche Ungarn: SAB (1955) n. 4; *ders.,* The Role of the Byzantine Church in Medieval Hungary: The American Slavic and East European Review 6 (1947) 134—151; *E. v. Ivánka,* Griechische Kirche und griechisches Mönchtum im mittelalterlichen Ungarn: OrChrP 8 (1942) 183—194; *B. Fehér,* Bulgarisch-ungarische Beziehungen in den 5.—11. Jahrhunderten (Budapest 1921).

[22] *K. Schünemann,* Die Deutschen in Ungarn bis zum 12. Jh. (Berlin-Leipzig 1923).

[23] Zur Frage der Taufe Stephans (mit Quellen und Lit.) vgl. *M. Uhlirz,* JbbDG unter Otto III. 503—510.

[24] Über die Passauer Urkunden Ottos III. vgl. *M. Uhlirz,* JbbDG 471—477, dort Anm. 11 bis 12 die Lit. zu den Fälschungen; ferner *H. Fichtenau,* Zu den Fälschungen Pilgrims von Passau: Festgabe A. Hoffmann (Graz 1964) 8—100.

[25] *M. Uhlirz,* Die Weihe des Aschericus zum Erzbischof ad Sobottin: JbbDG unter Otto III. 566—571.

Ungarns durch. Seine Gesetze befahlen den Bau von Kirchen an, die Heiligung der Sonn- und Feiertage, das Fasten und regelten die kirchliche Gerichtsbarkeit. Freilich ging es hier um eine Initiative, die vorerst noch von weiten Kreisen des ungarischen Volkes abgelehnt wurde. Die aufgestaute Erbitterung, gerichtet gegen die christliche Religion, gegen die ins Land gezogenen Fremdlinge und gegen die neue Herrschaftsform überhaupt, sollte sich nach Stephans Tod (1038) in furchtbaren Aufständen entladen. Da 1031 der einzige Sohn, Emmerich, gestorben war, hatte Stephan den Sohn des vertriebenen Dogen von Venedig, Peter Orseolo zum Nachfolger bestimmt. Schon bald mußte dieser zu Heinrich III. nach Deutschland fliehen. Heinrich führte ihn zwar nach siegreichem Kampf mit den Aufrührern auf den Thron zurück, aber die Lehenshuldigung, die Peter dem deutschen König leisten mußte, erboste die Ungarn so sehr, daß sie 1046 nicht bloß den König verjagten und schließlich grausam umbrachten, sondern überhaupt gegen alles wüteten, was seit Geisa und Stephan aufgebaut worden war. Von diesem elementaren Ausbruch des Unwillens wurde die Kirche schwer getroffen; unter den Opfern befand sich Stephans bedeutender Mitarbeiter, Bischof Gerhard[26]. Trotzdem ging Stephans Werk nicht unter. Andreas I. (1046—61), Nachkomme der auf Geisas Bruder zurückgehenden Linie, der vor Stephan nach Kiew geflohen und Schwiegersohn Jaroslaws des Großen geworden war, gewann die ungarische Krone und setzte Stephans Politik fort, verbot sogar bei Todesstrafe, die heidnische Religion auszuüben. Das letzte Aufbäumen heidnischer Reaktionäre erstickte Bela I. (1061—63) so gründlich, daß fortan die Gefahr gebannt war. Unter Ladislaus dem Heiligen (1077—95) und Koloman (1095—1116) blühte die ungarische Kirche auf und fand zu Beginn des 12. Jh. den Anschluß an die gregorianische Reformbewegung.

Das verwirrend vielfältige Bild, das die Verchristlichung der einzelnen Länder im Norden und Osten bietet, gewinnt an Einheitlichkeit, sobald man auf die Beziehungen dieser Völker zueinander achtet. Zu einem guten Teil sind sie durch den nord-östlichen Handel zustande gekommen. Er verband nicht bloß Skandinavien und die Ostseegebiete mit dem Chasarenreich, mit arabischen und griechischen Ländern, er dehnte sich auch auf Böhmen aus (mit Prag als internationalem Markt), auf Mähren, Polen und Ungarn. Der damit gegebene wirtschaftliche Aufstieg, das Anknüpfen persön-

[26] Vitae S. Gerardi ep. Chanadensis: SS rer. Hung. II 461—506; zur Datierung der Legenda maior (ebd. 480—506) vgl. *E. Pásztor:* BIStIAM 73 (1962) 113—140. Vielleicht ist Gerhard, ein Venezianer und Erzieher von Stephans Sohn Emmerich, der Verfasser des Libellus de institutione morum: SS rer. Hung. II 611ff, einer Art Fürstenspiegel. Die hagiographische Literatur, die gegen Ende des 11. Jh. aufkommt, hängt mit der Verfügung Gregors VII. (wohl 1083) zusammen, die Gebeine aller an der Bekehrung Pannoniens Beteiligten zu verehren; vgl. *E. Pásztor* a. a. O. 113f.

licher, über den Handel hinausgehender Beziehungen und andere Umstände ließen die Völker über ihre alte primitive Kulturstufe hinauswachsen und gaben ihren Fürsten die Möglichkeit, neue Wege zu suchen. Wichtig waren ferner die Blutsbande. Skandinavische, aus der Heimat vertriebene Fürsten konnten sich in Kiew aufhalten, wie umgekehrt Wladimir vor seinem Bruder Jaropolk in Schweden Zuflucht gefunden hat. Und wenn Jaroslaw von Kiew seinem nach Ungarn zurückkehrenden Schwager Andreas Truppen zur Verfügung stellte, so handelte er aus einem Verwandtschaftsgefühl heraus, das für die jungen Völker des Ostens selbstverständlich und oft genug politisch wirksam war.

Alle diese Zusammenhänge haben die Missionsarbeit wesentlich gefördert. Brun von Querfurt ging als Glaubensbote zu den Ungarn, nach kurzem Aufenthalt in Kiew zu den Petschenegen, hielt sich dann in Polen bei Boleslaw Chrobry auf, sandte von dort Missionare nach Schweden und starb als Martyrer in Preußen[27]. Sein Leben dürfte zeigen, wie sehr die Missionsbewegung im Grunde ein Ganzes war. Wo immer die Glaubensboten wirkten und aus welchen Ländern sie immer kamen, sie arbeiteten, auch ohne es zu wissen, irgendwie Hand in Hand. Die günstige Situation als solche hätte freilich wenig bedeutet, wäre sie nicht im heroischen Einsatz so und so vieler Glaubensboten und durch die weitschauende Politik des Papsttums sowie Ottos III. genutzt worden. Über die karolingischen Grenzen hinaus wuchs nunmehr das christliche Abendland zu jener vielfältigen Völkergemeinschaft zusammen, die seine künftige Geschichte bestimmen sollte.

32. Kapitel

Papsttum und Kaisertum von 1002 bis 1046

QUELLEN: Siehe S. 219 die Angaben zum Abschnitt und zu Kap. 27; für Papsttum und Italien berichten die S. 401 in Teil II Abschn. I angeführten Quellen der gregorianischen Reformzeit manches über die vorhergehenden Jahrzehnte; vgl. ferner *L. Santifaller,* Chronologisches Verzeichnis der Urkunden Papst Johannes XIX.: Röm. Hist. Mitt. I (1956/57) 35—76; ausführliche Bibliogr. der Quellen und Lit. zu den einzelnen Päpsten in *L. Santifaller,* Ottonisch-salisches Reichskirchensystem (Allg. Bibl. II, 8 a) 193—205.

Kaisertum und Deutschland: Die Kaiser- und Königsurkunden: MGDD III (Heinrich II. und Arduin), IV (Konrad II.), V (Heinrich III.); *J. F. Böhmer,* Regesta imperii III (Salier): Konrad II., neu bearb. von *H. Appelt - N. v. Bischoff* (Graz 1951); für

[27] *H. G. Voigt,* Bruno von Querfurt (Stuttgart 1907); *R. Wenskus,* Studien zur historisch-politischen Gedankenwelt Bruns von Querfurt (Münster-Köln 1956); *H. D. Kahl,* Compellere intrare. Die Wendenpolitik Bruns von Querfurt im Lichte hochmittelalterlichen Missions- und Völkerrechts: Zschr. für Ostforsch. 4 (1955) 161—193, faßt Bruns berühmte Aufforderung zum Krieg nicht als Heidenkrieg im Sinne von Zwangsbekehrung auf, sondern als Krieg gegen abgefallene Christen.

die Regesten Heinrichs II. und Heinrichs III. vgl. *K. Stumpf-Brentano,* Die Reichskanzler vornehmlich des X., XI. und XII. Jh., II (Innsbruck 1879; Neudr. Aalen 1960) 151—208. — Die erzählenden Quellen für die Zeit Heinrichs II. oben in Kap. 27; für die Salier: *Wipo,* Gesta Chuonradi II imperatoris, hrsg. von *H. Bresslau,* Wiponis opera: MGSS rer. Germ. ([3]1915, Neudr. 1956); *Hermann von Reichenau,* Chronicon (bis 1054); *Anselm von St. Lambert,* Gesta episcoporum Leodiensium, für 11. Jh.: MGSS XIV 108—120 (bis zum Tod des Bischofs Wazo 1048).

LITERATUR: Siehe S. 219 Lit. zum Abschnitt und zu Kap. 27—28. — JbbDG: Jahrbücher des Deutschen Reiches unter Heinrich II., hrsg. von S. *Hirsch - H. Pabst - H. Bresslau,* 3 Bde (Leipzig 1862/75); unter Konrad II., hrsg. von *H. Bresslau,* 2 Bde (Leipzig 1879/84); unter Heinrich III., hrsg. von *E. Steindorff,* 2 Bde (Leipzig 1874/81); *K. Hampe - F. Baethgen,* Deutsche Kaisergeschichte in der Zeit der Salier und Staufer (Heidelberg [10]1949); *H. L. Mikoletzky,* Kaiser Heinrich II. und die Kirche (Wien 1946); *Th. H. Graff,* Beiträge zur deutschen Kirchenpolitik Heinrichs II. (Diss. masch. Graz 1959); *C. Violini,* Arduino d'Ivrea, re d'Italia, e il dramma del suo secolo (Torino 1942); *Th. Schieffer,* Heinrich II. und Konrad II. Die Umprägung des Geschichtsbildes durch die Kirchenreform des 11. Jh.: DA 8 (1951) 384—437; *M. L. Bulst-Thiele,* Kaiserin Agnes (Berlin 1933); *P. Kehr,* Vier Kapitel aus der Geschichte Kaiser Heinrichs III.: AAB (1930) n. 3; *G. Ladner,* Theologie und Politik vor dem Investiturstreit. Abendmahlsstreit, Kirchenreform, Cluny und Heinrich III.: VIÖG 2 (1936); *G. Tellenbach,* Libertas, Kirche und Weltordnung im Zeitalter des Investiturstreites (Stuttgart 1936), bes. 104—108 206—217; *Ph. Funk,* Ps.-Isidor gegen Heinrichs III. Kirchenhoheit: HJ 56 (1936) 305—330. — *J. Gay,* Les papes du XIe siècle et la chrétienté (Paris 1926); *P. Brezzi,* Aspetti di vita politica e religiosa di Roma tra la fine del sec. X e la prima metà del sec. XI: Bollettino di Badia greca di Grottaferrata 9 (1955) 115—126; *C. Violante,* Aspetti di politica italiana di Enrico III prima della sua discesa in Italia: RSIt 64 (1952) 157—176 293—314; *A. Mathis,* Il pontefice Benedetto IX: CivCatt 66 (1915) 549—571, 67 (1916) 285—296 535—548; *S. Messina,* Benedetto IX pontefice Romano (Catania 1922); *G. B. Borino,* L'elezione e la deposizione di Gregorio VI: ASRomana 39 (1916) 141—410; *R. L. Poole,* Benedict IX and Gregory VI: Proceedings Brit. Acad. 8 (1917/18) 200—235; *C. Violante,* La pataria milanese e la riforma ecclesiastica I (Milano 1955) 43—84 (wichtiges Kapitel über die religiös-politische Italienpolitik Heinrichs III.); *H. Zimmermann,* Papstabsetzungen des Mittelalters III: MIÖG 70 (1962) 60—83 (mit vollständiger Lit. über Sutri).

Nach Ottos III. Tod bahnten sich sowohl in Rom wie in Reichsitalien ähnliche Verhältnisse an, wie sie vor den Ottonen gegolten hatten: eine Adelsherrschaft in Rom und ein italisches, dem Markgrafen Arduin von Ivrea übertragenes Königtum. Auch in Deutschland fehlte es nicht an Bestrebungen, die Herrschaft in andere Hände zu geben, aber der letzte, in direkter Manneslinie auf Heinrich I. zurückgehende Sproß der sächsischen Dynastie, Herzog Heinrich von Bayern, vermochte sich durchzusetzen und als König Heinrich II. (1002—24) das Reich wieder zu festigen, indem er auf die gesunden Regierungsprinzipien Ottos I. zurückgriff. Nicht Rom und das universale Imperium galten ihm als tragender Grund seines Thrones, sondern die Königsherrschaft über Deutschland, über Italien und künftig auch über Burgund; die letztere sollte zwar erst seinem Nachfolger, Konrad II., zufallen (1033), sie ist aber von Heinrich II. für das deutsche Königtum durch Erbabsprache mit seinem Onkel, König Rudolf III. von Burgund, und durch

Übernahme der Lehensoberhoheit vorbereitet worden. Da die Königsherrschaft in Italien, wie die Erhebung Arduins zeigte, nur begrenzt wirksam war und das burgundische Königtum wenig Machtzuwachs (wohl aber die Sicherung der Alpenpässe) erwarten ließ, blieb Deutschland die eigentliche Basis. Gerade sie hat Heinrich II. gründlich ausgebaut, vor allem durch Heranziehen der Kirche.

Von der ottonischen Staatskirche als der wesentlichen Stütze des Königtums war schon oben die Rede (Kapitel 27), aber bis zu Heinrich II. gab es eigentlich nur Ansätze zu ihrer Bildung. Er erst hat sie folgerichtig entwickelt und zu einem System verbunden. Wie keiner seiner blutsverwandten Vorgänger zog er die Besetzung der Bischofsstühle an sich und zwang den Wählern einen von ihm designierten, meist der Hofkapelle entnommenen Kandidaten auf, so daß von freier Zustimmung, die doch das Wesen der electio canonica ausmachte, wenig übrigblieb. Mehrmals berief er Synoden oder griff in kirchliche Fragen ein. Die Bischofskirchen wurden durch die Gastung, die Heinrich in viel stärkerem Maße als vorher auf seinen ständigen Reisen für sich und den Hof beanspruchte, zusätzlich belastet. Empfindlichere Eingriffe hatten die Reichsklöster hinzunehmen; denn hier handelte der König als Eigenkirchenherr. Ohne Rücksicht auf Wahlrechte des Konvents wurden Äbte ab- oder eingesetzt, und über den Klosterbesitz verfügte Heinrich ähnlich wie über anderes Reichsgut. Abteien oder Teile ihrer Güter wies er andern Kirchen, meist Bischofskirchen, zu, sämtliche Klöster mußten ihm feste Abgaben, das servitium regale, entrichten, ja selbst Belehnungen weltlicher Vasallen mit Klosterbesitz wurden bisweilen anbefohlen. Bei diesen Maßnahmen leitete den persönlich frommen Herrscher nicht bloß das materielle Interesse des Reiches, sondern auch echter Reformwille. Schon längst hatte in Lothringen eine monastische Reformbewegung eingesetzt und war ins Reichsinnere ausgestrahlt. Von ihr ergriffen, schickte Heinrich II. zunächst süddeutsch-bayerische, später lothringische, von Gorze und Saint-Vannes geprägte Reformmönche als Äbte in nicht wenige Reichsklöster. Aus der Freundschaft, die die Ottonen mit den großen Mönchsgestalten ihrer Zeit gepflegt hatten, ist unter Heinrich II. für den deutschen Raum eine Mitarbeit an führender Stelle geworden. Hinter dieser religiös-politischen Aktivität stand natürlich der theokratische Königsgedanke des Frühmittelalters. Er erfuhr unter Heinrich II. und endlich unter Heinrich III. eine Steigerung, die sich für die Kirchenreform entscheidend auswirken sollte.

Durch innere und äußere Kämpfe beansprucht, überließ es Heinrich II. dem Herzog Otto von Kärnten, nach Italien zu ziehen und Arduin von Ivrea zu bekriegen. Erst Ottos Mißerfolg veranlaßte ihn, selbst die Alpen zu überschreiten und die Besitznahme Reichsitaliens durch eine festliche Krönungsfeier in Pavia zu bekunden. Da sich Arduin kampflos auf eine feste Burg zurückgezogen hatte, blieb er unbezwungen, aber sein Gegenkönigtum stand auf so schwachen Füßen, daß es keine ernste Gefahr für Heinrich bedeutete.

An einen Romzug und den Erwerb der Kaiserkrone durfte Heinrich damals noch nicht denken. Johannes, Sohn des Crescentius, der unter dem stolzen Titel eines Patricius das Stadtregiment führte, dürfte diesen vorläufigen Verzicht sehr begrüßt haben. Seine Herrschaft war so gut abgesichert, daß er nach Ottos III. Tod Papst Silvester II. nach Rom zurückkehren lassen und seinen Tod (1003) ruhig abwarten konnte. Die folgenden Päpste: Johann XVII. (1003), Johann XVIII. (1003—09), Sergius IV. (1009—12), waren selbstverständlich wieder geborene Römer. Um eine bedeutende Tätigkeit zu entfalten, fehlte ihnen die Zeit und wohl auch die Basis, die der Bund mit dem Kaisertum dargeboten hatte [1].

Die wiederaufgerichtete Adelsherrschaft in Rom führte notwendig zu Rivalitäten unter den Familien. Tatsächlich gelang es dem Grafenhaus von Tusculum — es ging in weiblicher Linie (über die Schwester der Marozia) auf das Geschlecht Theophylakts zurück —, den Crescentiern die Macht zu entreißen. Den Anlaß gab der fast gleichzeitige Tod Sergius' IV. und des Patricius Johannes (12. und 18. Mai 1012). Die Tusculaner Grafen ließen daraufhin ihren Bruder Theophylakt als Papst Benedikt VIII. erheben, während die Crescentierpartei einen gewissen Gregor wählte [2]. Im Kampf unterliegend, reiste Gregor nach Deutschland zu Heinrich II., der ihm zwar eine Untersuchung versprach, sobald er nach Rom käme, aber dann Benedikt VIII. anerkannte. Ganz gleich, ob Gregor diese Entscheidung noch erlebt hat oder nicht, jedenfalls hören wir nichts mehr von ihm. Der Sieg der Tusculaner war vollkommen; auf Jahrzehnte hinaus beherrschten sie nach Art eines Erbfürstentums Rom und Patrimonium, gründeten aber ihre Macht nicht wie einst Alberich auf die Gewalt eines Princeps, sondern auf die des Papstes, die jedesmal ein Glied der Familie in Besitz nahm, um dann den Brüdern die wichtigsten weltlichen Ämter zuzuteilen. Da auch andere Adelsfamilien mit Einschluß der Crescentier an der Verwaltung beteiligt wurden, kam es zu keinen Unruhen.

Die Tusculaner waren klug genug, sich dem 962 wiedererstandenen Imperium nicht prinzipiell zu widersetzen. So konnte Heinrich II. nach vorherigen Verhandlungen am 14. Februar 1014 in der Peterskirche die Kaiserweihe und -krönung empfangen. Inwieweit er und Benedikt VIII. damals die Zuständigkeiten gegenseitig abgegrenzt haben, wissen wir nicht. Es ist

[1] Zu denken gibt eine Enzyklika Sergius' IV.: *Jaffé* 3972 (als spurium), PL 139, 1498, dort werden die Ritter aufgefordert, auf italienischen Schiffen nach Syrien zu fahren und die Zerstörung der Grabeskirche von Jerusalem, eine Tat des Kalifen Hakim, blutig zu rächen sowie die Kirche wiederherzustellen. *P. Kehr*, Ital. Pont. VI 2 S. 322 nr. 1, und *C. Erdmann*: QFIAB 23 (1931/32), halten den Brief für echt, *A. Gieysztor*, The Encyclica of Sergius IV: Mediaevalia et Humanistica 5 (1948) 3—23, 6 (1950) 3—34, dürfte ihn jedoch als eine Fälschung erwiesen haben, die 1096, also ein Jahr nach Urbans II. Kreuzzugsaufruf, im Kloster Saint-Pierre de Moissac unweit von Toulouse entstanden ist.

[2] *H. Zimmermann*, Papstabsetzungen des Mittelalters: MIÖG 59 (1961) 280—284.

wohl in erster Linie dem Papst zuzuschreiben, daß damals das Kaiserpactum Ottos I. nicht erneuert wurde; die dort dem Kaiser zugesprochenen Herrschaftsrechte mögen Benedikt VIII. lästig gewesen sein. Auf der andern Seite jedoch hat Heinrich II. in Rom nicht auf jedwedes Recht verzichtet. Die Gerichtssitzungen, die er während seines kurzen Aufenthaltes abhielt, zeigen es, und es dürfte kein Zufall sein, daß der vom Crescentier Johannes usurpierte Patriciustitel unter den Tusculanern offiziell nicht mehr vorkommt. Im Grunde ließen jedoch Heinrich II., Konrad II. und Heinrich III. den bis 1045 herrschenden Tusculanern völlig freie Hand. Auch das Konsensrecht, das Otto I. für die Papstwahlen erworben und das seine Nachfolger bis zur Designation gesteigert hatten, spielte offenbar bei den in die Zeit Konrads II. fallenden Erhebungen Johanns XIX. und Benedikts IX. keine Rolle mehr. Der Geist eines faktisch unabhängigen Roms fand seinen Niederschlag in der Graphia aureae urbis Romae, dem ca 1030 entstandenen, archäologisch-politischen Werk eines unbekannten, wohl dem Laienstand angehörenden gelehrten Tusculaner-Anhängers, der die alte römische Kaiserherrlichkeit in die Erinnerung zurückzurufen und „die Leitung der Stadt aus der Hand des Kaisers in die eines Stellvertreters, eines römischen Patricius, zu legen“ versuchte (Schramm)[3].

Ohne sich gegenseitig zu stören, gingen Heinrich II. und Benedikt VIII. ihren Zielen nach. Sowohl auf der Romfahrt wie später suchte Heinrich seine Gewalt über Reichsitalien zu straffen. Da er in der Lombardei und in Mittelitalien hauptsächlich die Geistlichkeit begünstigt hatte, kam es nach seiner Rückkehr ins Reich zu einem Aufstand weltlicher Fürsten, der Arduin von Ivrea aus seinem Versteck hervortreten und die Führung übernehmen ließ. Aber Bonifaz von Canossa schlug im Verein mit reichstreuen Bischöfen die Rebellen so gründlich, daß Arduin auf sein Schattenkönigtum endgültig verzichtete (1014) und in das Kloster Fruttuaria eintrat († 1015). Heinrich verfügte in Italien über wenig Macht; er verstärkte sie, indem er die Bischofsstühle systematisch mit Deutschen zu besetzen begann, zunächst in den Metropolitansprengeln von Aquileja und Ravenna.

Benedikt VIII., über dessen Herkunft aus dem Kleriker- oder Laienstand nichts auszumachen ist, errang ob seiner Tüchtigkeit rasch Ansehen und Einfluß. Sein Interesse galt freilich vorwiegend der Politik und Verwaltung. Nachdem er den anfänglichen Widerstand der Crescentier und anderer Familien mit Hilfe seiner Brüder gebrochen hatte, konnten die Verhältnisse im Patrimonium einigermaßen geordnet werden. Sein Blick ging jedoch über das Patrimonium hinaus. Im Tyrrhenischen Meer bereiteten die Muslimen Sorge. 1004 und 1011 war Pisa geplündert worden, 1015 eroberten spanische Mauren unter dem Emir Mogehid Sardinien. Als sie von da aus 1016

[3] *P. E. Schramm,* Kaiser, Rom und Renovatio (s. Lit. zum Abschn.) I 193—217, II 34—44 68—111 (Textedition).

die alte Seestadt Luni zerstörten, griff Benedikt VIII. ein. Pisaner, Genuesen und päpstliche Truppen bestiegen die Schiffe, besiegten die Mauren in einer Seeschlacht und befreiten Sardinien. Große Aufmerksamkeit schenkte der Papst ferner den Aufständen, die 1009 in Bari und andern Orten gegen die byzantinische Herrschaft ausbrachen. 1011 zur Flucht genötigt, fanden die Führer der Rebellion, Meles (Ismahel) und sein Schwager Dattus, die Unterstützung sowohl Benedikts, der ihnen normannische Ritter zur Verfügung stellte[4], sowie der langobardisch-süditalischen Fürsten, so daß Meles 1017 den Norden Apuliens erobern konnte. Mit dem Sieg Katapans Basileios Bojoannes bei Cannae (1018) trat eine Wende ein: die Griechen stießen ins langobardische Gebiet vor und bedrohten Rom. Meles und bald darauf Benedikt selbst reisten daher hilfesuchend zu Heinrich II. In der Osterzeit 1020 berieten Papst und Kaiser zu Bamberg über ihre gemeinsamen Aufgaben. Bei dieser Gelegenheit erhielt der Papst von Heinrich ein das Ottonianum wörtlich wiederholendes, ein paar Schenkungen hinzufügendes Kaiserpactum[5] sowie das Versprechen, nach Italien zu kommen. Meles wurde mit Apulien belehnt, starb jedoch in Bamberg, während sein in Italien verbliebener Schwager von den Griechen gefangen und umgebracht wurde.

Im Herbst 1021 brach Heinrich II. endlich nach Italien auf und zog das Jahr darauf in drei Heeressäulen direkt nach dem Süden. Es gelang ihm zwar, die griechische Grenzfeste Troia zu nehmen (sie ging bald wieder verloren), den zu den Griechen abgefallenen Pandulf von Capua zu fangen und Waimar von Salerno wieder ans Reich zu binden, aber das war im Vergleich zu dem Kraftaufwand ein mageres Ergebnis. Der Papst mußte zufrieden sein, daß wenigstens der Vormarsch der Griechen zum Stillstand kam. Von größerer Wichtigkeit war die Reformsynode, die Papst und Kaiser vor dem Feldzug zu Pavia abhielten (März 1022). Schon die Ottonen hatten sich bemüht, den kirchlichen und klösterlichen Besitz vor Enteignung zu schützen (s. Kap. 28), und Heinrich II. war 1014 auf der zusammen mit Benedikt veranstalteten Synode von Ravenna darauf zurückgekommen, indem er den Kirchen die Anlage von Güterverzeichnissen befahl. Eine römische Synode unmittelbar nach der Kaiserkrönung, deren Beschlüsse wir nicht kennen, mag ähnliche Fragen behandelt haben. Zu Pavia jedoch wurden 1022, auch und gerade auf Drängen des Papstes, radikalere Beschlüsse gefaßt. Man bestand streng auf der alten, weithin in Vergessenheit geratenen Zölibatspflicht (bis zum Subdiakonat hinab) und verordnete, daß die Söhne unfreier Geistlicher im Stande des Vaters verblieben. Nicht um die innere Reform der Kirche ging es dabei, sondern um die Erhaltung des Kirchengutes, das durch Klerikerheirat gar zu leicht an die Kinder gelangte; aber die einmal

[4] Dazu *E. Joranson,* The Inception of the Career of the Normans in Italy: Speculum 23 (1948) 353—396.
[5] MGDD III, Dipl. Heinrichs II. 427 = MGConst I 65 n. 33.

gefaßten Beschlüsse sollten in dem Maße an Kraft gewinnen, als der Wunsch nach innerer Reform erstarkte. Viel mehr zu wirken war weder dem Papst noch dem Kaiser vergönnt: im April 1024 verschied Benedikt VIII., drei Monate später Heinrich II. Das gute Andenken, das man in Deutschland dem Kaiser, ungeachtet vereinzelter Vorwürfe (z. B. wegen seines gegen Polen gerichteten Bündnisses mit den heidnischen Ljutizen), bewahrte, steigerte sich unter eifriger Mitwirkung der von ihm gestifteten und sein Grab hütenden Bamberger Bischofskirche zu einem Kult, so daß 1146 Eugen III. die Kanonisation vornahm. Obwohl diese Erhöhung weniger auf echter historischer als auf idealisierender und legendarischer Tradition beruhte, so galt sie doch einem Manne, der das christliche Herrscherideal seiner Zeit ernst genommen hat[6].

Auf Benedikt VIII. folgte der Tusculaner Johann XIX. (1024—32), auf den kinderlos sterbenden Heinrich II. der Begründer des salischen Kaiserhauses, Konrad II. (1024—39). Von Johann ist wenig zu berichten; aus dem Laienstand hervorgegangen und um der Machtstellung seiner Familie willen Papst geworden, hat er offenbar nie ein inneres Verhältnis zu seinem hohen Amt gefunden. Konrad II. dagegen zeigte sich der ihm anvertrauten Aufgabe gewachsen. Die Aufbautätigkeit Heinrichs II. sollte nunmehr ihre eigentlichen Früchte zeitigen. Schon 1027 empfing Konrad in Anwesenheit der Könige Knut von Dänemark-England und Rudolf von Burgund zu Rom die Kaiserkrone; sie gewann größeres Gewicht durch den Erwerb des Burgunderreiches (1033) und durch Festigung der Reichsgewalt in Italien. Während sich der Kaiser in Süditalien mit der Huldigung der langobardischen Fürsten begnügte und nur notgedrungen bei einem zweiten Italienzug die Herrschaft von Capua dem aufsässigen Pandulf nahm, um sie Waimar von Salerno zu übertragen, griff er stärker in der Lombardei sowie in Tuszien durch, begünstigte jedoch nicht so vorwiegend, wie es Heinrich II. getan, die Geistlichkeit, sondern auch die weltlichen Fürsten, 1037 sogar die niederen Vasallen, die sogenannten valvassores, und geriet wegen der letzteren in einen Konflikt mit lombardischen Bischöfen, besonders mit Erzbischof Aribert von Mailand. Im Anschluß an einige ungünstige Quellenberichte des 11. Jh. wird Konrad gerne als rein weltlich denkender Machtpolitiker ohne Sinn für die geistlichen Aufgaben der Kirche dargestellt. Dieses Bild bedarf wohl der Korrektur. Obwohl weniger fromm als Heinrich II., hat der erste Salier die kirchenpolitische Linie seines Vorgängers im wesentlichen beibehalten, indem er einerseits die lothringisch-monastische Reformbewegung förderte, anderseits am Ausbau einer deutschen Staatskirche weiterarbeitete. Sein Bestreben, die Kirche möglichst in den Dienst des Rei-

[6] *R. Klauser*, Der Heinrichs- und Kunigundenkult im mittelalterlichen Bamberg (Bamberg 1957); *P. Pfaff*, Kaiser Heinrich II. Sein Nachleben und sein Kult in Basel (Basel-Stuttgart 1963).

ches zu stellen, führte ihn dazu (wie schon vorher Heinrich II.), bei Besetzung vermögender Bischofssitze eine finanzielle Abgabe zu fordern. Es ging hier nicht um Kauf—Verkauf der betreffenden Kirche, also nicht um eigentliche Simonie, sondern um den im Rahmen des Lehenswesens rechtlich möglichen Versuch, die Investitur mit einem dabei zu entrichtenden servitium regale zu verbinden. Je mehr freilich im Zug der Reformbewegung sich das religiöse Bewußtsein verfeinerte, desto empfindlicher reagierte es auf diese Praxis, so daß Konrad II. bald unter die Simonisten eingereiht wurde. Der hier zutage tretende Wandel der Wertmaßstäbe war Ausdruck einer tiefangelegten Wende: das Abendland schickte sich an, in eine neue Phase seiner Entwicklung einzutreten. Zu den wichtigsten vorwärtstreibenden Kräften gehörten die kirchlichen Reformbewegungen. Mit ihnen mußte der deutsche Herrscher, wollte er seine führende Stellung behaupten, in lebendigem Kontakt bleiben. Konrad II. fehlte dafür wohl das rechte Gespür, nicht aber seinem jungen Sohn und Nachfolger, Heinrich III. Die Reform von sich aus aufgreifend, sollte dieser eine folgenschwere Bewegung auslösen.

Wenige frühmittelalterliche Herrscher waren von der Erhabenheit des Priesterkönigtums und von der schweren, damit verbundenen Verpflichtung so durchdrungen wie Heinrich III. (1039—56). Schon sein in die ersten Regierungsjahre fallendes Bemühen um einen allgemeinen Frieden im Reich offenbarte es. Während die Kirche Frankreichs anstelle des damals noch recht schwachen Königtums das Fehdewesen bekämpfte und die Idee des Gottesfriedens entwickelte, machte sich Heinrich III. die religiöse Friedensforderung in ihrer ganzen Konsequenz zu eigen. Von der richtigen Erkenntnis geleitet, daß Gerechtigkeit mit Barmherzigkeit und Gnade gepaart sein muß, wenn echter christlicher Friede herrschen soll, begnügte er sich nicht bloß mit einem Friedensedikt, er kündete auch auf der Konstanzer Synode von 1043 vom Ambo oder vom Altar des Domes aus allen seinen Feinden Verzeihung an und forderte die Anwesenden auf, dasselbe zu tun. Eine ähnliche Erklärung gab er in Trier ab, und seinen Sieg über die ungarischen, vom Usurpator Aba angeführten Aufständischen (1044), der Stephans rechtmäßigem Nachfolger, Peter Orseoli, für kurze Zeit die Herrschaft zurückgewann, ließ er noch auf dem Schlachtfeld von Menfö in eine ergreifende, Dank, Buße und allgemeine Vergebung verbindende Feier ausklingen. Mit Schwäche hatte dies nichts zu tun. Weltliche Fürsten bekamen den Willen eines auf stetige Mehrung der Königsgewalt bedachten Herrschers zu spüren. Und wenn Heinrich auch die von seinem Vater verfügte, kanonistisch anfechtbare Absetzung des Erbischofs Aribert von Mailand nicht billigte und mit Aribert Frieden schloß, so trat er doch den Bischöfen mit der ganzen Autorität des priesterlichen Herrschers gegenüber, ja er investierte sie sogar nicht mehr mit dem Hirtenstab allein, sondern auch mit dem Ring, dem Symbol der geistlichen Vermählung zwischen Bischof und Kirche. Einen eigenen Weg verfolgte seine Klosterpolitik. Während Heinrich II. die Abteien gerne Bischöfen unterstellt hatte, kam Heinrich III. dem monastischen Freiheitsstreben insofern entgegen, als er eine Reihe von Klöstern aus der Gewalt der bischöflichen oder adeligen Eigenkirchenherren löste und unmittelbar unter seinen Schutz nahm. Dieser Schutz bedeutete natürlich auch Herrschaft, aber die Herrschaft der obersten religiös-politischen Gewalt, die den Klöstern die Freiheit sichern sollte; denn Freiheit bedeutete dem mittelalterlichen Menschen zugleich Unterworfensein, Dienst (letztlich für Gott), so daß Heinrich die Unterstellung der Abteien unter seinen Gehorsam ihre Freiheit nennen durfte[7]. Sosehr auch diese Schutzherrschaft darauf angelegt war, der Reichsgewalt finanzielle Hilfsquellen zu erschließen, ihr eigentliches, wesentlicheres Ziel bestand für Heinrich III. in der Erhaltung und Förderung klösterlicher Zucht. Nicht umsonst standen er und seine zweite Gemahlin, Agnes von Poitou, die als Tochter Wilhelms V. von Aquitanien einem Cluny eng verbundenen Hause entstammte, mit den Führern der monastischen Bewegung: der Cluniazenser, Lothringer und der Eremiten Mittelitaliens, in enger Fühlung; Abt Hugo von Cluny hob sogar 1051 den Thronerben Heinrich IV. aus der Taufe. Daß der König von den Reformideen seiner Zeit ergriffen war, zeigte vor allem sein Verzicht auf die Abgaben, die nicht wenige Könige oder Fürsten seiner Zeit von zu investierenden Bischöfen und Äbten zu fordern keinen Anstand nahmen, er selber aber für Simonie hielt. Gewisse Vorgänge in Rom gaben ihm bald Gelegenheit, seinen strengen, im Sinne der Reformer gebildeten Anschauungen eine über das Reich hinausgehende Geltung zu verschaffen.

Auf Johann XIX. war der Neffe Theophylakt als Benedikt IX. gefolgt (1032—45). Obwohl die Nachrichten von seinem unkanonischen, beim Amtsantritt angeblich nur zwölf Jahre betragenden Alter sowie von seinem lasterhaften Lebenswandel zum mindesten stark übertrieben sein dürften, repräsentierte Benedikt das Papsttum sicher nicht so, wie es die in religiöse Unruhe geratende Christenheit erwartete. Aber weniger seine geistliche Unzulänglichkeit als innerrömische, gegen die Tusculanerherrschaft gerichtete Strömungen brachten ihn zu Fall. Im September 1044 zwang ein Aufruhr den Papst zur Flucht. An seine Stelle trat (wohl erst im Januar 1045) der von einer Seitenlinie der Crescentier unterstützte Bischof von Sabina, Silvester III. Nach wenigen Monaten konnte ihn zwar Benedikt wieder vertreiben, fand jedoch in Rom eine so gefährliche Lage vor, daß er bereit war abzudanken, falls man ihm das Geld ersetze, das er zur Steuerung seiner eigenen Wahl hatte verteilen lassen. Was folgte, ist leider weithin ins Dun-

[7] Über Heinrichs III. Freiheitsbegriff vgl. *G. Ladner,* Theologie und Politik (Lit. zum Kap.) 63—70; über den mittelalterlichen Freiheitsbegriff als solchen s. *G. Tellenbach,* Libertas (ebd.) 2—33 48—76 (passim); gegen einen spefizisch mittelalterlichen Freiheitsbegriff wendet sich in nicht ganz gelungener Polemik *H. Grundmann,* Freiheit als religiöses, politisches und persönliches Postulat im Mittelalter: HZ 183 (1957) 23—53.

kel gehüllt. Wahrscheinlich hat Benedikt mit einem engeren Kreis ihm vertrauter, offenbar ehrenwerter Männer — unter ihnen sein Taufpate, der fromme Erzpriester Johannes Gratianus von S. Giovanni a Porta Latina — über die finanzielle Abfindung verhandelt und sie vor oder nach seinem offiziellen Rücktritt aus den Händen des Judenchristen Baruch, nach der Konversion Benedikt genannt[8], in klingender Münze erhalten. Sodann wurde Johannes Gratianus unter dem Namen Gregor VI. (1045—46) zum Papst erhoben. Er fand keinen Widerspruch, in Reformkreisen, wenn Petrus Damiani, Prior von Fonte Avellana, als Beispiel gelten darf, sogar begeisterte Zustimmung, die sich freilich abkühlte oder, wie bei Petrus Damiani, ins Gegenteil umschlug, sobald die Nachricht von der Geldaffäre durchsickerte.

Auch Heinrich III. hat Gregor VI. zunächst anerkannt. Als er im Herbst 1046 über die Alpen zog, leitete ihn vielleicht nur die Absicht, das an sich befriedete italische Reich zu bereisen und in Rom die Kaiserweihe zu empfangen. Einerlei, ob er die Einzelheiten der Erhebung Gregors vor oder während der Reise erfahren hat, sie ließen den Entschluß zu einem radikalen Eingriff reifen. Schon die unter seinem Vorsitz abgehaltene Herbstsynode von Pavia dürfte die kommenden Ereignisse durch ein allgemeines Verbot der Simonie vorbereitet haben[9]. Anschließend traf sich Heinrich mit Gregor VI. in Piacenza; über die dort gepflogenen Verhandlungen sind wir nicht unterrichtet. Jedenfalls trat am 20. Dezember in der Nähe Roms, zu Sutri, eine Synode zusammen, um über die drei Päpste Gericht zu halten, ungeachtet der Tatsache, daß sich Benedikt IX. und Silvester III. längst zurückgezogen hatten. In Sutri wurden Silvester III. und Gregor VI. abgesetzt, drei Tage später auf einer römischen Synode Benedikt IX. Auf Heinrichs Vorschlag wählte man dann den Bischof Suitger von Bamberg. Am Weihnachtsfest 1046 unter dem Namen Clemens II. benediziert, vollzog der neue Papst an Heinrich III. und seiner Gattin Kaiserweihe und -krönung.

Bis zum heutigen Tag haben diese Vorgänge die Forscher beschäftigt. Ein Hauptgegenstand des Streites bildet Gregors Absetzung. Daß Gregor oder seine Freunde Geld gezahlt haben, dürfte (trotz Fliche)[10] feststehen, und selbst die beachtlichen Gründe, die vorgebracht worden sind, um einen Kauf—Verkauf oder ähnliche simonistische Machenschaften auszuschließen

[8] Zur Frage der Verwandtschaft des Baruch-Benedikt einerseits mit Gregor VI., anderseits mit Gregor VII. vgl. *G. B. Picotti:* AstIt 100 (1942) 2—44 (mit Lit.); *ders.:* ADRomana 69 (1946) 117—130 mit anschließender Entgegnung von R. Morghen; *Haller* II 573 f 578—580; *G. Marchetti-Longhi:* StudGreg II 287—333, gute kritische Übersicht bei *P. E. Schramm:* GGA 207 (1953) 67—70.

[9] Dazu *G. Tellenbach,* Libertas (Lit. zum Kap.) 210—212.

[10] *A. Fliche,* La réforme grégorienne I (Louvain - Paris 1924) 107 f; Widerlegung seiner These durch *D. Freytmans:* Revue belge de phil. et hist. 11 (1932) 130—137; von dem höchst ungünstigen Bild, das Fliche a. a. O. 104—113 von Heinrich III. zeichnet, ist auch Amann in *Fliche-Martin* VII 92—95 trotz stärkeren Abstrichen beeinflußt.

(Borino, Poole), lösen nicht das Problem: sosehr sie nämlich Gregor VI. persönlich entlasten mögen, so wenig setzen sie seine Richter ins Unrecht. Der Abscheu vor der Simonie hatte nun einmal dermaßen zugenommen, daß bei der Besetzung einer Kirche jedwedes Einfließen von Geld — wir haben es schon bei Konrad II. bemerkt — simonistisch ausgelegt wurde. Tatsächlich nahmen alle, auch die fast gleichzeitigen Quellenberichte, bei Gregor VI. den Tatbestand der Simonie an. Wo überhaupt Kritik laut wurde, richtete sie sich gegen eine Absetzung durch den unzuständigen Heinrich III. (so der unbekannte, wahrscheinlich französische Verfasser der Schrift De ordinando pontifice) oder sie urgierte die Gerichtsimmunität des Papstes (so Bischof Wazo von Lüttich)[11]. Vielleicht hat sich sogar Gregor VI. selber schuldig bekannt und der Würde entsagt, doch dürfte im letzteren Falle der Verzicht nicht ohne Druck erreicht worden, also von einer Deposition wenig unterschieden gewesen sein.

Was aber mag Heinrich III., der eigentliche Urheber, mit der Absetzung bezweckt haben? Die verschiedenen, von Ressentiments nicht immer freien Deutungen[12] einzeln vorzulegen hat wenig Sinn, doch wird es gut sein, von vornherein auf die Verflechtung religiöser und politischer Ziele zu achten, ohne die der hier vorliegende, typisch theokratische Eingriff unverständlich bleibt. Es ging dem Kaiser — daran sollte man nicht zweifeln — um die Reform der römischen Kirche, des geistlichen Angelpunktes der Christenheit; aber er, der priestergleiche Herrscher, wollte eine von Rom in die Gesamtkirche ausstrahlende Erneuerungsbewegung nicht bloß schützen, sondern auch nach Möglichkeit lenken und leiten. Vorbedingung war, daß das Papsttum von der Herrschaft des römischen Stadtadels befreit wurde. Daher griff Heinrich wieder zurück auf das alte, von Otto I. begründete Recht einer Teilnahme an der Papstwahl. Zwar pflegte er von 1046 an über den jeweils neu zu bestellenden Nachfolger Petri mit römischen Gesandten zu verhandeln, aber er war es, der die Designation aussprach und somit die anschließende Wahl durch Klerus und Volk von Rom festlegte. Um diese seit Otto III. nicht mehr ausgeübte Praxis rechtlich zu verankern, ließ er sich 1046 von den Römern den Patriziat übertragen, den die früheren Stadtherren von Rom zum mindesten faktisch (bisweilen auch unter Führung des Patriciustitels) ausgeübt hatten[13]. Die zweite Neuerung bestand darin, daß der Kaiser keinen einzigen Stadtrömer, ja nicht einmal einen Italiener zum

[11] De ordinando pontifice: MGLiblit I 8—14; für Wazo s. Gesta episcoporum Leodiensium II 65: MGSS VII 228 f; zu beiden Autoren vgl. auch unten Kap. 41.

[12] So vor allem *Fliche*, Réforme, und *Borino*, den mit guten Gründen kritisiert: *C. Violante*, La pataria (Lit. zum Kap.); zum Problem Sutri als solchem sind neben der in Lit. zitierten Arbeit von Zimmermann noch heute wertvoll die kritischen Anmerkungen von *G. Tellenbach*, Libertas 212—217.

[13] Über den Patriziat Heinrichs III. vgl. *P. E. Schramm*, Kaiser, Rom und Renovatio I 229—238.

Papst designieren sollte; hier nahm er also die Politik Ottos III. wieder auf, spitzte sie jedoch insofern zu, als er lediglich deutsche Reichsbischöfe designierte. An eine Eingliederung des Papsttums in die deutsche Staatskirche (Annahme P. Kehrs) war dabei nicht gedacht[14]. Heinrich III. erkannte die primatiale Sonderstellung des einmal erhobenen Papstes voll und ganz an und mischte sich nicht in die Amtsführung ein, doch sollte die Herkunft der neuen römischen Bischöfe aus dem deutschen Episkopat nicht allein die Reform besser absichern, sondern auch das Papsttum möglichst eng an das Imperium binden. Zugleich wird der Kaiser von den deutschen Päpsten eine Förderung seiner reichsitalischen Politik erwartet haben, obwohl dieser Gesichtspunkt 1046 wegen des damals herrschenden friedlichen Zustandes wohl kaum im Vordergrund stand.

Heinrichs III. Reforminitiative ist bisweilen hart verurteilt worden. Kirchenhistoriker sprachen von einem tyrannischen Attentat auf die kirchliche Freiheit, Profanhistoriker von der unverzeihlichen Kurzsichtigkeit des Kaisers, eine Reform zu entfesseln, die der staatlichen Gewalt bald schwersten Schaden zugefügt hätte. Auf welch unhistorischen Voraussetzungen solche Verdikte beruhen, mag ein Zeuge jener Zeit dartun. Als bescheidener, kaum beachteter römischer Kleriker hat er die Ereignisse von Sutri-Rom verfolgt und dann den abgesetzten Papst Gregor VI., den Heinrich III. der Sicherheit halber ins Exil schickte, nach Köln begleitet. Es war Hildebrand, der später als Gregor VII. Petri Stuhl besteigen und den Streit zwischen Regnum—Sacerdotium aufnehmen sollte[15]. Von einem so prinzipiellen Gegner theokratischen Herrschertums, der mit Gregor VI. sogar das Leid der Verbannung getragen hat, müßte man eigentlich eine leidenschaftliche Ablehnung Heinrichs III. erwarten. In Wirklichkeit aber hat er dem Kaiser zeitlebens ein gutes Andenken bewahrt und war sich hier mit fast allen führenden Reformern seiner Generation einig. Heinrichs III. Reforminitiative muß also von diesen Kreisen als eine die Kirche fördernde Tat angesehen worden sein, und Heinrichs Theokratie muß trotz da und dort laut werdender Kritik den Anschauungen seiner Zeit noch so sehr entsprochen haben, daß sich die künftige radikale Entwicklung, gefördert durch seinen allzu frühen Tod und andere widrige Umstände, nicht voraussehen ließ. In der Normandie und in England hat noch während des Investiturstreites Wilhelm der Eroberer, wie einst Heinrich III., theokratisch regieren können, ohne mit Gregor VII. in Konflikt zu geraten, ein Beweis, wie langsam sich der geistige, in der zweiten Jahrhunderthälfte einsetzende Umbruch vollzogen hat.

[14] These von *P. Kehr*, Vier Kapitel (Lit. zum Kap.); dazu die Kritik von *Tellenbach*, Libertas 206—210.

[15] Vgl. *G. B. Borino*, Invitus ultra montes cum domno papa Gregorio abii: StudGreg I (1947) 3—46.

ACHTER ABSCHNITT

Kirchenverfassung, Kultus, Seelsorge und Frömmigkeit vom 8. Jahrhundert bis zur gregorianischen Reform

Univ.-Professor Dr. Friedrich Kempf SJ, Rom (Kap. 33—35)
Univ.-Professor Dr. Josef Andreas Jungmann SJ, Innsbruck (Kap. 36—38)

33. Kapitel

Landkirchen-, Stadtkirchen-, Bistumsorganisation

QUELLEN: Für die Karolingerzeit MGLL sect. II: Capitularia regum Francorum, 2 Bde (1883/97); sect. III: Concilia, 2 Bde, bis 843 reichend (1893/1908); von 844 an *Mansi*, XIV 799 bis XIX 620; zu den Synoden Deutschlands und Reichsitaliens 922—1059 vgl. den Quellenkatalog von *M. Boye:* NA 48 (1930) 45—96; grundlegend ist *Ch. de Clercq*, La Législation religieuse franque, 2 Bde (Louvain 1936, Anvers 1958). — Rechtssammlungen: *Benedictus Levita:* MGLL sect. I Bd II, 2; PL 97, 698—912; *P. Hinschius*, Decretales Pseudo-Isidorianae et Capitula Angilramni (Leipzig 1863); zu Regino von Prüm und Burchard von Worms s. unten Kap. 40; die Werke über die Quellen des Kirchenrechts s. oben in Allg. Bibl. I, 4.

LITERATUR: Stets heranzuziehen, auch für die beiden folgenden Kap., sind die in Allg. Bibl. II, 6—7 zitierten Handbücher sowohl der allgemeinen Rechtsgeschichte wie der des Kirchenrechts; aus praktischen Gründen wird im folgenden meist Feine zitiert, gut ist die Darstellung von *A. Dumas:* Fliche-Martin VII 177—316; für das fränkisch-deutsche Synodalrecht s. in Kap. 27 das grundlegende Werk von *H. Barion* und die Studie von *M. Boye* (Lit. für Deutschland).

Kirchengut und Eigenkirche: *J. Balon*, Jus medii aevi, I: La structure et la gestion du domaine de l'église au moyen-âge dans l'Europe des Francs, 2 Bde (Namur [2]1963); *E. Lesne*, Histoire de la propriété ecclésiastique en France, 6 Bde (Paris-Lille 1910/43); *A. Dumas*, La notion de la propriété ecclésiastique du IXe au XIe siècle: RHEF 26 (1940) 14—34. — Trotz gewissen Einseitigkeiten bleiben grundlegend für die Institution der Eigenkirche die Arbeiten von *U. Stutz*, Die Eigenkirche als Element des ma.-german. Kirchenrechts (Berlin 1895); *ders.*, Geschichte des kirchlichen Benefizialwesens von seinen Anfängen bis auf Alexander III., T. I (Berlin 1895); *ders.*, Eigenkirche und Eigenklöster: RE 23 (1913) 363—377; *ders.:* ZSavRGkan 57 (1937) 1—85 (ausgewählte Kapitel zur Geschichte); ihm folgt, wenn auch in differenzierender Form, *Feine RG* § 18; vgl. auch § 19 I—II, § 20; *F. Fournier*, Le droit de propriété, exercé par les laïques sur les biens de l'église dans le haut moyen-âge (Lille 1943); über die Eigenkirche in einzelnen Ländern vgl. *Feine RG* § 18 (mit Lit.); sehr wichtig ist *H. E. Feine*, Studien zum langobardisch-italischen Eigenkirchenrecht I—III: ZSavRGkan 61 (1941) 1—95, 62 (1942) 1—105, 63 (1943) 64—190.

Landpfarreien: *P. Imbart de la Tour*, Les paroisses rurales dans l'ancienne France du IV au XI siècle (Paris 1900); *St. Zorell*, Die Entwicklung des Parochialsystems bis zum Ende der Karolingerzeit: AkathKR 82 (1902) 74—98; *G. Forchielli*, La pieve rurale. Richerche sulla storia della chiesa in Italia e particolarmente nel Veronese (Rom 1931, Neudr. 1938); *H. E. Feine*, Die genossenschaftliche Gemeindekirche im germanischen Recht: MIÖG 68 (1960) 171—196; *H. F. Schmid*, Gemeinschaftskirchen in Italien und Dalmatien: ZSavRGkan 77 (1960) 1—61; weitere Lit., auch für die einzelnen Länder, bei *Feine RG* § 19 I, § 18 II, V.

Benefizialwesen: *L. Thomassinus,* Vetus et nova disciplina circa beneficia et beneficiarios (Paris 1688); in frz. Sprache (Lyon 1676/79); *U. Stutz,* Benefizialwesen (s. oben); *ders.,* Lehen und Pfründe: ZSavRGgerm 20 (1899) 213 ff; eine andere Auffassung vertritt *A. Pöschl,* Die Entstehung des geistlichen Benefiziums: AkathKR 106 (1926) 3—121 363—471; vgl. ferner *H. E. Feine,* Kirchleihe und kirchliches Benefizium nach italienischen Rechtsquellen des frühen Mittelalters: HJ 72 (1953) 101—111; weitere Lit. bei *Feine RG* § 20 I.

Einkünfte der Landpfarreien: *F. de Berlendis,* De oblationibus ad altare communibus et particularibus (Venetiis 1743); *U. Stutz,* Stolgebühren: RE 19 (1906) 67 bis 75; *G. Schreiber:* ZSavRGkan 36 (1915) 414—483, 63 (1943) 191—299, 65 (1947) 31 bis 171 (Abgaben aus Anlaß von Ordinalien, von Segnungen und Gregors VII. Stellung zu Meßoblationen usw.), auch in: *G. Schreiber,* Gemeinschaftsformen des Mittelalters, Art. IV—VI (Münster i. W. 1948); zum Zehnt s. unten Anm. 5; zum Regalien- und Spolienrecht s. folgendes Kapitel.

Stadtpfarrei und Stift: Vgl. Lit. zu Kap. 39; *Ph. Schneider,* Die bischöflichen Domkapitel (Mainz 1885); *E. Mayer,* Der Ursprung der Domkapitel: ZSavRGkan 38 (1917) 1—33; s. auch unten Anm. 8; *J. Siegwart,* Die Chorherren- und Chorfrauengemeinschaften in der deutschsprachigen Schweiz vom 6. Jh. bis 1160. Mit einem Überblick über die deutsche Kanonikerreform des 10. und 11. Jh. (Freiburg/Schw. 1962); *A. Pöschl,* Bischofsgut und mensa episcopalis, 3 Bde (Bonn 1908/12); *K. H. Schäfer,* Pfarrkirche und Stift im deutschen Mittelalter (Stuttgart 1903); weitere Lit. bei *Feine RG* § 19 II; zur städtischen Präbende ebd. § 20 II.

Bistumsorganisation: *J. Leclef,* Chorévêque: DDC III (1942) 686—695; *Th. Gottlob,* Der abendländische Chorepiskopat (Bonn 1928); dazu Rezension von *F. Gillmann:* AkathKR 108 (1928) 712—723, von *F. Gescher:* ZSavRGkan 50 (1930) 708—717; *A. Amanieu,* Archiprêtre: DDC I (1935) 1004—1026; *P. Andrieu-Guitrancourt,* Histoire du décanat rural de son commencement jusqu'au XIIIe siècle (Paris 1932); *J. Faure,* L'archiprêtre des origines au droit décrétalien (Paris 1911); *J. B. Sägmüller,* Die Entwicklung des Archipresbyterats und Dekanats bis zum Ende des Karolingerreiches (Progr. Tübingen 1898); *A. Hamilton Thompson,* Diocesan Organisation in the Middle Ages: Archdeacons and Rural Deacans. Raleigh Lecture on History 1949: Proc. of the Brit. Acad. 29; *A. Amanieu,* Archidiacre: DDC I (1935) 948—1004; *A. Schröder,* Die Entwicklung des Archidiakonats bis zum 11. Jh. (Augsburg 1890); *Feine RG* § 19 III; § 21 I—IV (mit reicher Lit.).

Je mehr im christlichen Abendland germanische, römische, zum Teil auch keltische Lebensformen zu einer eigenen, eben der frühmittelalterlichen Kultur verschmolzen, desto stärker mußten sich auch in der Kirche neue, auf germanisch-romanischen Rechtsanschauungen beruhende Institutionen herausbilden, die das streng hierarchische Gefüge der altchristlich-römischen Bistumsverfassung auflockerten, teilweise sogar auflösten oder überwucherten. Schon in merowingischer Zeit vorbereitet, setzte dieser Prozeß in voller Stärke etwa seit dem 8. Jh. ein. Eine neue, mit Vorzug vom germanischen Recht geprägte Periode der Kirchengeschichte nahm somit ihren Anfang. Sie dauerte ungefähr bis zum Ende der salischen Kaiserzeit. Zwar erfolgte bereits in der gregorianischen Reformzeit ein auf die römischen Verfassungsgrundlagen gestützter Gegenstoß, aber es bedurfte noch ernster Arbeit, bis im erstehenden kanonischen Recht, also seit dem um 1140 abgeschlossenen

Decretum Gratiani, die Synthese gefunden werden konnte. Sie gab dem römischen Element den Vorzug, so daß in der Folgezeit der germanische Einfluß zurückgedrängt, wenn auch niemals ganz beseitigt wurde.

Die Landkirchen

Die rechtsschöpferische Initiative der germanisch-romanischen Völker wurzelte wesentlich in einer von der antiken Stadtkultur verschiedenen bäuerlich-feudalen Lebensweise. Schon in spätantiker Zeit hatten die vom Senatorenadel gebildeten grundherrschaftlichen Machtbezirke eine der Stadt ungünstige Entwicklung eingeleitet. Sie erhielt durch die Völkerwanderung mächtigen Auftrieb. Unter anderem entstanden überall auf dem Land neue Kirchen. Daß sie von Gutsbesitzern oder genossenschaftlichen Verbänden gebaut, ausgestattet und unterhalten wurden, entlastete zwar die Bischöfe von einer Pflicht, der sie mit den ihnen zur Verfügung stehenden Mitteln kaum hätten genügen können, stellte sie aber zugleich vor schwere Probleme. Da nämlich die Gründer jener Kirchen Besitzrechte geltend machten, entwickelte sich eine neue, der römischen Kirchenverfassung widersprechende Rechtsform, die Institution der *Eigenkirche*. Sie war wohl nicht spezifisch germanischen Ursprungs. Mehr oder minder entfaltete Eigenkirchen hatte es sowohl im Westen (z. B. in Gallien) wie im Osten des Römischen Reiches gegeben (auf byzantinischem Gebiet sogar mit einer jahrhundertelangen, ins sogenannte Ktitorenrecht einmündenden Entwicklung) und schließlich, wiederum in eigener Prägung, bei den Slawen[1]. Im westlichen Abendland jedoch waren zweifelsohne die germanischen Völker das vorwärtstreibende Element. Wo immer sie wohnten: in Spanien, im langobardischen Italien, in England und Skandinavien, in Frankreich, bildeten sich eigenkirchliche Formen aus, während bei den romanischen Bevölkerungsschichten die römisch-kirchlichen Verfassungsgrundsätze stärker nachwirkten[2]. Im westgotischen Spanien, das bekanntlich in weitem Umfang an der Kontinuität des römischen Rechtes festhielt, führten die Bischöfe vom Ende des 6. Jh. bis zur islamiti-

[1] Das Eigenkirchenwesen wird abgeleitet entweder aus dem germanischen Hauspriestertum (Stutz) oder aus der Grundherrschaft als solcher (Hauptvertreter: A. Dopsch) oder aus beiden Elementen. An der Stutzschen These hält weiterhin fest *Feine RG* § 18, ist aber unter Umständen bereit, eine indogermanische Wurzel anzunehmen; zu ihr vgl. auch *R. Höslinger*, Die „alt-arische" Wurzel des Eigenkirchenrechts in ethnologischer Sicht: ÖAKR 3 (1952) 267—273. Die grundherrschaftliche Theorie, von *A. Dopsch* vorgelegt etwa in: Wirtschaftliche und soziale Grundlagen der europäischen Kulturentwicklung aus der Zeit von Cäsar bis auf Karl d. Gr., II (Wien ²1924) 230—249, wird von vielen Forschern inner- und vor allem außerhalb des deutschsprachigen Raums in je verschiedener Weise vertreten. Nicht mehr zur Diskussion dürfte der Versuch H. v. Schuberts stehen, das Eigenkirchenwesen mit dem Arianismus der Ostgermanen zu verbinden.

[2] Gerade die Forscher der romanischen Länder haben daher gegenüber der Lehre von *U. Stutz* manches einzuwenden; s. Lit. bei *Feine RG* § 18 II n. 4 (Frankreich), 6 (Italien),

schen Invasion einen ständigen Kampf gegen eigenkirchliche Gewohnheiten. Und in Italien behauptete sich zwar durch das ganze Frühmittelalter hindurch die Taufkirchenorganisation auf spätrömischer, die Bischofsrechte zu einem guten Teil bewahrender Grundlage, doch drangen seit dem 9. Jh. auch sachenrechtliche, vielleicht vom Eigenkirchenwesen beeinflußte Prinzipien ein. Die stärkste Wirkung ist jedenfalls von den fränkischen Eigenkirchen ausgegangen. Zur Merowingerzeit hatte es dort am prinzipiellen Widerstand der Bischöfe nicht gefehlt. Das wenige, was dadurch erreicht worden war, ging in den chaotischen, seit 639 einreißenden Zuständen unter. Als mit der Wende vom 7. zum 8. Jh. das Kirchengut in großem Stil säkularisiert wurde, gerieten sogar die bis dahin noch vom Bischof abhängigen Taufkirchen überwiegend in Laienhand. Um sich vor weiteren Verlusten zu schützen, übernahmen nun auch die Bischöfe das Eigenkirchenwesen für die ihnen verbliebenen Kirchen. Und da die Klöster dasselbe taten, ja sogar die Zahl der Eigenkirchen möglichst zu mehren suchten, gab es im fränkischen Reich bald keine Kirche mehr ohne einen weltlichen oder geistlichen Herrn. Die mehr oder minder erfolgreichen, im Kirchenkapitular Ludwigs des Frommen von 818/819 zusammengefaßten Bemühungen der Karolinger um eine rechtlich tragbare Form und die Anerkennung der Eigenkirche sowohl von seiten des karolingischen Episkopates (trotz wiederholten Protesten) wie der Päpste Eugen II. und Leo IV. — diese Vorgänge sind oben da und dort geschildert worden. Hier kommt es bloß darauf an, die Rechtsinstitution als solche und ihre Auswirkungen in den Blick zu nehmen.

Die Eigenkirche war ein sachenrechtliches Gebilde. Zur Rechtsfigur zusammengeschlossen wurde sie kraft des steinernen, mit der Erde fest verbundenen Altars; denn das Gotteshaus und seine Ausstattung, Pfarrhaus und Friedhof, die der Kirche geschenkten Ländereien mit ihren Hintersassen, die Einkünfte aus Kirchenzehnt, Oblationen und Stolgebühren, kurz alles, was der Altar um sich versammelte, stand zu ihm im Zubehörverhältnis und war, wie er selbst, Eigentum des Grundherrn. Seit Karl dem Großen durfte der Kirche diese Vermögensmasse nicht mehr entzogen werden. Sie sollte in erster Linie ihr und ihrer Funktion dienen. Da aber die überschüssigen Erträgnisse dem Grundherrn zustanden, war die Eigenkirche der Gefahr ausgesetzt, ausgebeutet zu werden. Um ihre Funktion erfüllen zu können, bedurfte sie eines Priesters, genauso wie die Mühle, die der Grundherr auf seinem Territorium (meist mit Mahlzwang) errichtete, einen Müller brauchte. Diesen Priester setzte nicht der Bischof ein, sondern der Eigenkirchenherr; wo es anging, nahm er ihn (wie den Müller) aus der Reihe seiner Unfreien

7 (Spanien). Einen guten Einblick in die Problematik geben *R. Bidagor,* La iglesia propria en España (Rom 1933), und die eingehenden Besprechungen von *Wohlhaupter:* ZSavRGkan 55 (1935) 367—377, sowie von *Vincke:* AkathKR 114 (1934) 308—318. Einen neuen Vorstoß gegen Stutz macht *G. Martínez Díez,* El patrimonio eclesiástico en la España visigoda. Estudio histórico-jurídico (Madrid 1959).

oder Hörigen, und in jedem Fall stellte er Bedingungen, die ihm eine möglichst große Nutznießung sicherten, oft sogar den Geistlichen erniedrigten. Die eigenkirchlichen Rechte konnten auf andere Personen übertragen werden, und zwar sowohl in Form von Leihe (nach Benefizial- oder Libellarrecht) wie auch auf dem Erbweg oder durch Verkauf, Schenkung, Verpfändung usw. Obgleich das Kirchenvermögen ein Ganzes bleiben sollte und in seiner Ganzheit auf mehrere Erben überging, führte die Habsucht dazu, daß sich der Herr besonders ergiebige Erträge, vor allem den Kirchenzehnt und die Oblationen, zum mindesten teilweise vorbehielt, indem er sie entweder selbst entgegennahm oder das Recht auf sie, sei es zur Gänze oder zu Teilen, veräußerte. Nachdem diese schiefe Ebene einmal betreten war, gab es auf die Dauer keinen Halt mehr: die Institution der Eigenkirche verfiel während des 11. und 12. Jh. zusehends in ein lockeres Bündel von Einzelrechten. Der Prozeß ist nicht zuletzt von der kirchlichen Reformbewegung beschleunigt worden.

In mehrfacher Hinsicht widersprach die Eigenkirche der kirchlichen Verfassung, wie sie vorher mit Hilfe des römischen Rechts ausgebildet worden war. Zwar hatte sich schon früher die dem Bischof zustehende Verfügungsgewalt über das Kirchenvermögen insofern aufgelockert, als einzelnen Kirchen Stiftungen zugewendet wurden, aber die zu eigenen Vermögensträgern entwickelten Kirchen waren durchaus noch in die Bistumsverfassung eingegliedert gewesen. Nach römischem Recht stellte nämlich die Kirche eine öffentlich rechtliche Institution vor. Ihre gleichsam monarchische Leitung hatte der Bischof inne. Er ordinierte seine Helfer: die Priester, Diakone und Kleriker, und setzte sie mit delegierter Gewalt in den kirchlichen Dienst ein. Zu ihrem Unterhalt verpflichtet, stattete er sie mit Stipendien oder mit leihweise übertragenen Kirchengütern aus. Eine so zentralisierte Organisationsform mußte die andersdenkenden und auf einer primitiveren Kulturstufe stehenden germanischen Völker fremd anmuten. Da sie weder die zugrunde liegende römisch-rechtliche Unterscheidung zwischen ius publicum und privatum noch die römische Form des Ämterrechtes kannten und Staat wie Gesellschaft weniger von oben als von unten her aufbauten, gewann bei ihren Eigenkirchen das privat- und sachenrechtliche Recht das Übergewicht. Um ein wirtschaftliches Unternehmen zu betreiben, nahm der Eigenkirchenherr einen Geistlichen in Dienst. Das Priesteramt war für ihn Mittel zum Zweck, während in der altchristlich-römischen Kirchenverfassung das umgekehrte Verhältnis obwaltete: die der Kirche zugewendete Gütermasse sollte dem priesterlichen Amte dienen.

Zu tief in der frühmittelalterlichen Kultur verwurzelt, konnte die Eigenkirche nicht mehr ausgerottet, sondern bloß in ihren Auswüchsen beschnitten werden. Die Reformgesetze Karls des Großen und seines Sohnes haben diese Aufgabe einigermaßen gelöst[3]. Mit dem dort erzielten Ausgleich zwischen

[3] Besonders wichtig ist das Capitulare Ludwigs d. Fr. von 819: MGCap I 276, cc. 6 9 bis

den Interessen der Laien und der Geistlichkeit wurde das fränkische Eigenkirchenwesen in eine Bahn gewiesen, die es trotz ständigen Rechtsverstößen beibehalten sollte. Wenn auch die Kirche dem Eigentümer verblieb, stand dem Bischof doch die Aufsicht über ihre Instandhaltung zu. Außerdem wurden die Eigenkirchenpriester der bischöflichen Jurisdiktionsgewalt ausdrücklich unterstellt: Sie sollten nicht bloß bei ihrer Ein- oder Absetzung des Bischofskonsenses bedürfen, sondern auch zu jährlicher Rechenschaftsablegung sowie zum Besuch der Synoden und Gerichtstage verpflichtet sein. Noch wichtiger war es, die Abhängigkeit der Geistlichen von den Eigenkirchenherren zu mindern. Man forderte daher für die Priester einerseits den Stand der Freiheit und das daraus folgende Recht, nur durch richterlichen Spruch abgesetzt werden zu können, anderseits zinsfreie Nutznießung mindestens einer Hufe Kirchenlandes (meist 30 Morgen), des Gebäudekomplexes mit Garten, des Zehntanteils und der Opfergaben; als Gegenleistung hatten sie die kirchlichen Funktionen zu verrichten, während darüber hinausgehende Nutzrechte durch Zinszahlung, Sonderdienste usw. vergütet werden mußten.

Dieser Bezug zwischen Leihe und Dienstpflicht kam im Grunde auf das inzwischen entstandene fränkische Lehnswesen hinaus. Es lag daher nahe, für die Einsetzung der Priester die üblich gewordene fränkische Benefizialleihe zu verwenden. In der Regel, die freilich für Frankreich vor allem im 11. Jh. nicht überall galt, verzichtete dabei der Eigenkirchenherr auf die vasallitische Kommendation, so daß der Priester, weil nicht vom Herrenfall betroffen, ein Recht auf lebenslängliche Nutznießung gewann. Gegenstand der Leihe bildete im Frühmittelalter die Eigenkirche mit all ihrem Zubehör, wobei dem Geistlichen im Sinne des Kapitulars Ludwigs des Frommen für einen Teil der Vermögenseinheit zinslose Nutznießung zustehen sollte. Die fränkische Eigenkirche hat somit nicht unwesentlich zur Bildung des kirchlichen *Benefizialwesens* beigetragen, wenngleich das kirchliche Benefizium in engerem Sinne erst im 11. bis 12. Jh. aus dem schon erwähnten Zerfall der Einheit des Eigenkirchenvermögens hervorgegangen ist; denn dann schrumpfte das Leiheverhältnis auf das Pfründgut ein, das zum Unterhalt des Geistlichen bestimmt war[4]. Im fränkischen Bereich nördlich der Alpen erfolgte die Einweisung mündlich, und zwar durch Investitur mit kirchlichen Symbolen (Buch, Stab, Stola, Glockenseil oder dgl.). Der Priester hatte dafür eine Gabe (exenium) oder Zins zu entrichten. Strittig blieb das Recht auf die Oblationen, den Kirchenzehnt und die Stolgebühren, doch setzte sich hier oft, vor allem in Frankreich, der Brauch einer Dreiteilung durch, die dem Kirchenherren meist zwei Drittel einbrachte. War die Kirche erledigt, so

12 29; vgl. auch ebd. 78, c. 54; 304, c. 5; MGCap II 35, c. 18; 39, c. 32; MGEp IV 203 f; das Gutachten Hincmars von Reims, De ecclesiis et capellis, bei *Mirbt*, Quellen 126—128; zum römischen Konzil 826: MGConc II 576, c. 21.

[4] So *Feine RG* § 20 I n. 3; vgl. dort auch die anderen Theorien über die Entstehung des kirchlichen Benefiziums.

stand dem Herrn bis zu ihrer Wiederbesetzung die Zwischennutzung zu, ein Recht, das auch auf die höheren Kirchen überging und dort ius regaliae genannt wurde. Trotz Widerstands der Geistlichkeit vermochten sich die Herren ferner das ius spolii zu sichern, das heißt das Recht, den Fahrnisnachlaß des Eigenkirchenpriesters ganz oder zum Teil einzuziehen.

Auch in Italien entwickelte sich ein Benefizialwesen, jedoch aus anderen, älteren Wurzeln, während die fränkische Form nur sehr langsam und unvollkommen eindrang. Schon längst hatten italische Bischöfe von ihnen abhängige Geistliche, vor allem die Leiter der großen Taufkirchen (plebes baptismales), mit den zu einer Landkirche gehörigen Gütern in den landesüblichen Leiheformen ausgestattet, ohne daß dadurch das Grundprinzip: die vom Bischof zu vollziehende Amtsübertragung, beeinträchtigt worden wäre. Im 9. Jh. gewann aber auch in Italien das sachenrechtliche Element Übergewicht; die Bestellung des Plebans erfolgte nunmehr durch Leih- und Pachtvertrag, am häufigsten in Form von Libellarpacht, ja es wurden sogar reich dotierte Kirchen nicht selten an Laien verliehen, die dann u. U. ihrerseits einen Geistlichen zu bestellen hatten. Im Gegensatz zum fränkischen Eigenkirchenpriester mußten die Plebane von vermögenden Kirchen einen hohen Zins zahlen. Der meist schriftlich vollzogene Vertrag regelte nicht allein die wirtschaftlichen Dinge, er legte auch oft die Amtsrechte und Pflichten des Priesters genau fest. Den kirchlichen Autoritäten: Bischof — Archidiakon — Dekan, blieben Abgabeansprüche sowie Aufsichtsrecht und Gerichtsbarkeit über die Priester. Zweifellos wirkte sich hier die Tradition der römischen Kirchenverfassung stärker aus als im fränkischen Benefizialwesen.

Da die Rentabilität der Eigenkirche zu einem guten Teil vom Zehnt, von den Oblationen und Stolgebühren abhing, strebten ihre Herren an, die bisher den Taufkirchen vorbehaltenen Rechte möglichst an sich zu bringen: das Recht auf den sonntäglichen Hauptgottesdienst, auf das Begräbnis, auf die Taufe usw. Es gelang ihnen auch nach und nach. Von besonders großer Wirkung war der Erwerb des *Zehntrechts*[5]. Die im 5. Jh. auftauchende, in der Folgezeit von der Kirche oft urgierte Zehntforderung gewann im Frankenreich dadurch allgemeine Geltung, daß sie die Karolinger, zuerst Pippin, dann endgültig Karl der Große im Kapitular von Heristal 779, zum Gesetz erhoben. Als Entschädigung für die große Säkularisation des Kirchengutes gedacht, kam der Zehnt zunächst nur den Taufkirchen und den auf Fiskalland errichteten Kirchen zugute. Aber schon unter Ludwig dem Frommen erschloß sich diese wichtige Einnahmequelle auch den Eigenkirchenherren,

[5] *E. Perels,* Die kirchlichen Zehnten im karolingischen Reich (Berlin 1904); *E. Lesne,* La dîme des biens ecclésiastiques au IX et X siècle: RHE 13 (1912) 477—503 659—673, 14 (1913) 97—112 489—510; *E. Widera,* Der Kirchenzehnt in Deutschland zur Zeit der sächsischen Kaiser: AkathKR 110 (1930) 33—110; *E. O. Kuujo,* Das Zehntwesen in der Erzdiözese Hamburg-Bremen (Helsinki 1949); *C. E. Boyd,* Tithes and Parishes in Medieval Italy (New York 1952); weitere Lit. in *Feine RG* § 19 I n. 3d.

so daß nun das alte, bereits durchlöcherte Taufkirchensystem noch mehr aufgelöst wurde. Mußten nun doch die Bischöfe die neuen Zehntsprengel abgrenzen. Sie taten es in den sogenannten Banndeterminationen, das heißt in Urkunden, die kraft des bischöflichen Bannes der betreffenden Kirche die ihr zustehenden Rechte und Einkünfte sicherten. So entstanden, besonders in Frankreich, zögernder in Deutschland, viele kleinere, wenige Flecken oder sogar nur ein Dorf umfassende Pfarrsprengel mit mehr oder minder begrenzten Rechten. Der Pfarrsprengel (Kirchspiel) beruhte auf dem *Pfarrbann,* einer nutzbaren Gerechtsame, die die Pfarrangehörigen im Sakramentenempfang, im Besuch des Gottesdienstes, in den Abgaben (Zehnt, Oblationen, Stolgebühren) an ihre Kirche band, ähnlich wie bestimmte Gruppen durch Mühlen-, Backofen-, Gewerbebann gebunden waren. Italien hatte die Auflösung der Taufkirchenorganisation nicht oder kaum mitgemacht. Am zähesten hielten sich die alten Mutterkirchen im Süden. Aber auch für die anwachsende Bevölkerung Mittel- und Norditaliens sorgten die Bischöfe meist durch neue Taufkirchen, an denen sich nicht selten ein kollegial organisierter Klerus mit vita communis und mit einer eigenen, schola genannten Stelle zur Verwaltung des Gesamtvermögens herausbildete. Die neben ihnen aufkommenden Eigenkirchen konnten zwar viele Pfarrechte erwerben, den Taufbrunnen mußten sie aber in der Regel den alten plebes belassen.

Die Entwicklung, die die Landpfarreien im Frühmittelalter genommen hatten, dürfte erst jetzt einigermaßen verständlich werden. Auszugehen ist von den alten *Taufkirchen,* die man seit dem 7. Jh. in Spanien und Gallien, im 8. Jh. in Mittel- und Oberitalien durch Sprengeleinteilung zu einem System von Großpfarreien zusammengeschlossen hatte. Im traditionsgebundenen Italien lebten sie, freilich nicht ohne Abwandlungen, bis ins hohe und späte Mittelalter fort, während die germanischen Völker die Urform der Großpfarreien zwar vielfach beibehielten, ja sogar noch im 10. und 11. Jh. nach Skandinavien brachten, aber die für die alten Taufkirchen wesentliche Bindung an den Bischof stärker, als es in Italien der Fall war, auflockerten. Eine mit Ausnahme Englands vom langobardischen Süden bis nach Skandinavien reichende, in Recht und Brauchtum variierende Sonderform bildeten *Genossenschaftskirchen* größerer oder kleinerer Verbände. Je mehr jedoch das flache Land besiedelt und seelsorglich erfaßt wurde, desto weniger reichten die Großkirchen aus. Von den Eigenkirchenherren kräftig gefördert, entstanden daher *kleinere Pfarrsprengel,* meist mit begrenzten, den Tauf- und Urkirchen abgerungenen Rechten. Das Ergebnis war eine nicht mehr übersehbare Vielfalt: jede Kirche hatte ihre eigene Geschichte, stellte ein individuelles, selbst typenmäßig nur unvollkommen einzuordnendes Rechtsgebilde vor.

Die Stadtkirchen und Stifter

Auch die Stadtkirchen sind in Bewegung geraten, nahmen aber eine andere Entwicklung. Von jeher wurden nicht bloß die Bischofskathedralen, sondern auch andere größere Stadtkirchen von mehreren Klerikern betreut, die seit dem ausgehenden 4. Jh. da und dort ein gemeinsames, unter dem Einfluß monastischer Ideale stehendes Leben zu führen begannen. Eine feste Form fand der Gedanke einer Klerikergemeinschaft durch Augustinus, doch läßt sich bei dem kargen Quellenbefund nicht feststellen, inwieweit er weitergewirkt hat. In Gallien gehen die ersten Bildungen ins 6. Jh. zurück. Für die bischöflichen Geistlichen kam damals im Abendland der Name clerici canonici auf und ging langsam auf die Glieder der nun entstehenden Gemeinschaften, die sogenannten Kanoniker, über[6]. Von der vita canonica wird unten gehandelt (Kap. 39), hier haben wir es bloß mit dem organisatorischen Zusammenschluß zum Kanonikerstift und zum Stiftskapitel zu tun; die Bezeichnung capitulum, capitularis rührt von der Regel her die Tag für Tag kapitelweise vorgelesen wurde. Der Ursprung der frühmittelalterlichen Kanonikerstifte ist umstritten. Wahrscheinlich muß man mehrere Wurzeln annehmen, so etwa Hausgemeinschaften der Bischöfe oder hochgestellter Kleriker, priesterliche Zusammenschlüsse unter dem Bischof zu administrativen oder liturgischen Zwecken und vor allem am Bischofssitz errichtete Mönchskonvente, die dem Bischof die Möglichkeit gaben, geeignete Mitglieder zur Mitarbeit heranzuziehen und so allmählich ein Domkapitel entstehen zu lassen. Jedenfalls muß es im 8. Jh. schon eine ganze Reihe von mehr oder minder klar bestimmten stiftsmäßigen Gemeinschaften gegeben haben. Die große Reformgesetzgebung Ludwigs des Frommen 816/817 schaffte endlich Klarheit: Stifter und Klöster wurden deutlich geschieden, und für beide wurden feste Regeln beschlossen[7].

Die erste Stelle nahmen die *Domkapitel* ein[8]. Ihre Zugehörigkeit zur Bischofskathedrale, dem Mittelpunkt aller Diözesankirchen, verschaffte ihnen steigenden Einfluß auf die Regierung der Diözese, der sich freilich erst vom 13. Jh. ab voll auswirkte. Die Dom- oder Hochstifter unterstanden zunächst

[6] Kanoniker wurden ursprünglich alle genannt, die als bischöfliche Kleriker in der offiziellen Liste (canon) gebucht waren, im Gegensatz zu den darin nicht aufgenommenen Eigenkirchenpriestern. Später brachte man mit der Bezeichnung auch die kanonischen, von den „Kanonikern" befolgten Vorschriften in Verbindung oder das von ihnen versehene officium canonicum, das heißt den Chordienst.

[7] Für die monastische Gesetzgebung s. Corpus consuetudinum monasticarum, hrsg. von *Kassius Hallinger* I (Rom - Siegburg 1963): Legislatio Aquisgranensis, ed. *J. Semmler*, 423—582; das Capitulare für die Kanoniker s. unten Kap. 39 (Quellen).

[8] Zu den oben in Lit. zitierten Arbeiten kommen viele Studien für einzelne Dom- und Stiftskapitel; vgl. dazu *Feine RG* § 19 II, 31 III n. 2 und für Deutschland *A. Werminghoff*, Verfassungsgeschichte der deutschen Kirche im Mittelalter (Leipzig - Berlin 1913) 143 bis 152.

dem Archidiakon, dann dem Propst (praepositus), für die Fragen der Disziplin dem Dekan, der später praktisch die ganze Leitung übernehmen sollte. Wie in jeder geordneten Gemeinschaft gab es für bestimmte Funktionen Sonderämter. Um die Liturgie und das Ritualwesen kümmerte sich der primicerius oder cantor; der scholasticus leitete die Domschule, beaufsichtigte auch des öfteren das Schulwesen der ganzen Diözese; dem custos war der Kirchenschatz anvertraut, doch konnte sein Amt auf den thesaurarius und sacrista aufgeteilt werden; dem für die Verwaltung zuständigen Propst halfen camerarius und cellerarius. Parallel zu den Domstiftern bildeten sich an den anderen größeren Kirchen sowohl der Bischofsstadt wie auch anderer im Bistum liegender Städte die *Kollegiatsstifter* aus, wie überhaupt das kollegiale Zusammenleben der Weltpriester aufblühte (insbesondere während des 8.—9. Jh. in der Lombardei), ja sogar auf den Landklerus übergriff. Bei allem monastischen Einschlag (gemeinsamer Tisch. Gesamtvermögen, Chorgebet) hatten die Kollegiatsstifter zugleich der Pfarrseelsorge zu dienen; sie lag in den Händen des Propstes, der sich später gerne vom custos vertreten ließ; den Gottesdienst verrichteten die Kanoniker in wöchentlichem Turnus (hebdomadarii). Bisweilen führte die Doppelfunktion von Pfarrseelsorge und Chorgebet zum Bau von Doppelkirchen. Falls die Domkapitel zur Pfarrseelsorge verpflichtet waren, wurden Dompfarreien, oft mit eigenen Kirchen, geschaffen. In bestimmten Gegenden (Süd- und Westdeutschland, Frankreich, vereinzelt Norditalien) erstanden nicht wenige, jedesmal einem Kanonikerstift angegliederte *Kanonissenstifter*[9]. Die Nähe der Kollegiatsstifter zum monastischen Bereich hatte zur Folge, daß Klöster in Stifter umgewandelt werden konnten und umgekehrt.

In der Stadt haben die Bischöfe das kirchliche Vermögen besser zusammenhalten können als auf dem Lande, bis dann im 9. Jh. der Auflösungsprozeß einsetzte. Da die starke Inanspruchnahme durch die weltlichen Herrscher, bisweilen auch Willkür von seiten der Bischöfe den Unterhalt der Kanoniker gefährdeten, schritt man zur Teilung zwischen bischöflichem Tafelgut (mensa episcopalis) und Kapitels- oder Stiftsgut; ein dritter Teil wurde bisweilen für die Lasten, die der Reichsdienst auferlegte, ausgeschieden. Aber auch die mensa canonicorum wurde mit der Zeit zwischen Kapitel als Ganzem (für die gemeinsamen Zwecke), Propst und Kanonikern geteilt. Eine neue Lage entstand dadurch, daß etwa seit dem 10. Jh. viele Kanoniker die vita communis aufgaben und deswegen ihren Anteil an den Einkünften des Gesamtvermögens ins Haus geliefert bekamen. Dieses Recht auf individuelle Nutznießung des immer noch gemeinsam verwalteten Stiftsgutes führte zum Begriff des *Kanonikats* (canonica, praebenda): jedes Stift besaß fortan eine

[9] *K. H. Schäfer*, Die Kanonissenstifter im Mittelalter (Stuttgart 1907); *ders.*: RQ 24 (1910) 49 ff; *J. Gampl*, Adelige Damenstifte (Wien 1960); neue, gegen Schäfer gerichtete Auffassungen vertritt *J. Siegwart*, Chorherren- und Chorfrauengemeinschaften (s. Lit.) 42 bis 48.

bestimmte Zahl von Kanonikerpräbenden. Sie wurden je länger, je häufiger nicht mehr vom Bischof, sondern vom Stiftskapitel (bisweilen unter bischöflicher Bestätigung) vergeben, wobei von der Mitte des 10. Jh. an der zu Installierende eine Zahlung (xenium, venditio) zu leisten hatte. So mündeten auch die Stifter ins *Benefizialwesen* ein. Sie hätten diesen Weg nicht nehmen können, wenn den Kanonikern nicht Privatbesitz erlaubt gewesen wäre. Gerade an diesem zentralen Punkt sollte in der zweiten Hälfte des 11. Jh. die Reformbewegung der Regularkanoniker ansetzen.

An den Chorherrenstiftern war in besonderer Weise der Adel interessiert. Obwohl an sich jeder Eigenkirchenpriester im Stand der Freiheit sein sollte, blieb seine soziale Stellung gedrückt, so daß in jener feudalistisch denkenden Zeit es einem Edelgeborenen so gut wie unmöglich war, an Niederkirchen als Seelsorger zu wirken. Er trat entweder in ein Kloster oder in ein Stift ein. Wie stark schon im Frühmittelalter das *adelige Element* in den Stiftern vertreten war, entzieht sich unserer Kenntnis; jedenfalls wurden im Lauf der Zeit die Kanonikate vom Adel als Versorgungsstellen für die nachgeborenen Söhne sehr begehrt, ja es setzte sogar da und dort die Tendenz ein, Nichtadelige auszuschließen; in der Tat gab es vom späteren Mittelalter an neben den gemeinständigen einige freiadelige und in etwas größerer Zahl gemischtadelige Stifter[10].

Die Bistumsorganisation

Obschon die Bischöfe über Kirchen und Klerus nicht mehr so unbeschränkt verfügten wie vorher, ja sogar für die ihnen zustehende, zu einem nicht geringen Teil aus Eigenkirchen und Eigenklöstern bestehende Vermögensmasse sich der privatrechtlichen Leihe- und Pachtformen bedienen mußten, ist doch ihre Diözesangewalt im wesentlichen erhalten geblieben. Im fränkischen Bereich mußte sie freilich durch die karolingische Reform wieder zur Geltung gebracht werden. Aus den capitula episcoporum, wie sie im 9. Jh. Theodolf von Orléans, Haito von Basel, Hinkmar von Reims und andere erlassen hatten, gewinnt man ein recht anschauliches Bild von der Tätigkeit eines fränkischen Bischofs[11]. Kraft der potestas ordinis spendete er Priesterweihe und Firmung, zu Ostern und Pfingsten auch die Taufe; er bereitete das heilige Öl, weihte Kirchen, Altäre und heilige Gefäße. Als magister ecclesiae hatte er für den Unterricht der Geistlichen zu sorgen, zu pre-

[10] Grundlegend noch heute A. *Schulte*, Der Adel und die deutsche Kirche im Mittelalter (Stuttgart 1910); weitere Literatur bei *Werminghoff*, Verfassungsgeschichte 111—118; *L. Santifaller*, Reichskirchensystem (s. Lit. zu folgendem Kap.) 123—157 bringt Übersichten über die Standesverhältnisse der Bischöfe und Domkapitel.

[11] Zu den Verordnungen einzelner Bischöfe vgl. die Verzeichnisse von A. *Werminghoff:* NA 26 (1901) 665—670, 27 (1902) 576—590; s. auch E. *Seckel:* NA 29 (1904) 287—294.

digen, Aberglauben und heidnisches Brauchtum auszurotten. Im Besitz der potestas iurisdictionis, bestimmte er die Feiertage, schärfte den Besuch des Gottesdienstes, das Halten der Fasten, die Zehntpflicht und andere kirchliche Gebote ein; er sorgte ferner für die Armen, Witwen, Waisen und Unfreien, beaufsichtigte die Sittenführung von Klerus und Laien, amtete als kirchlicher Richter, nötigenfalls unter Verhängung von Strafen, die bis zur Exkommunikation, bei Amtsvergehen von Klerikern bis zur Suspension und Absetzung gehen konnten, im letzteren Fall jedoch Appellation an die Synode oder an den König zuließen.

Der Bischof begab sich jährlich auf Visitationsreise und veranstaltete dabei den *Send* (s. unten Kap. 37). Außerdem versammelte er — nach der Regel sollte es ein- oder zweimal im Jahre sein — den Klerus auf *Diözesansynoden* (einer seit dem 6. Jh. bezeugten Einrichtung), an denen auch Laien, insbesondere bischöfliche Vasallen und Beamte, teilnahmen[12]. Obwohl auf der Synode alle möglichen Rechts-, Verwaltungs- und Prozeßfragen erledigt werden konnten, lag der Hauptakzent auf der Gesetzgebung. Zu karolingischer Zeit bestand sie meist in der Anpassung allgemeiner, von Reichs- und Provinzialsynoden beschlossener Kapitularien an die betreffende Diözese.

Dieses aus karolingischen Quellen gewonnene Bild von den Rechten und Pflichten des Bischofs blieb auch für die folgende Zeit maßgebend. Es bedeutete keineswegs eine Schmälerung der episkopalen Gewalt, wenn sie seit der Mitte des 9. Jh. im fränkischen Bereich parallel zum Königs- und Grafenbann als *bannus episcopalis* aufgefaßt wurde, das heißt als die Befugnis, bei Strafe zu gebieten und zu verbieten, so daß man, wie im weltlichen Recht, zwischen dem bischöflichen Verordnungs-, Gerichts-, (Friedens- und) Verwaltungsbann unterscheiden darf. Unter den Bannstrafen ist besonders auf die höchste Strafe, die große Exkommunikation, zu achten, die ja im Deutschen den bezeichnenden Namen „Kirchenbann" erhielt. Da sie bei allen Verfügungen angedroht werden konnte, ging sie über den Bereich des Bußwesens, des Straf- und Disziplinarrechtes hinaus, trat in deutliche Parallele zur germanischen Friedlosigkeit und Acht und geriet durch diese Ausweitung in Gefahr, zu stark verrechtlicht, also veräußerlicht zu werden.

Zur Bewältigung der vielfältigen Aufgaben bedurfte der Bischof außer der Mitarbeit des gesamten Klerus besonderer Helfer sowie einer Aufgliederung des Bistums in kleinere Bezirke. Eine nur episodenhafte Bedeutung hatten die *Chorbischöfe*. Vereinzelt schon vor dem 8. Jh. im Westen auftretend, ohne daß ein Zusammenhang mit dem östlichen, im 4. Jh. aufgekommenen und auf dem Land (chōra) wirkenden Chorepiskopat nach-

[12] *Benedictus XIV.*, De synodo diocesana libri VIII (Rom 1748); editio aucta libri XIII (Rom 1756); s. auch oben in Lit. *H. Barion*, *Ch. de Clercq* und *Feine RG* § 21 II.

weisbar wäre, nahmen sie in karolingischer Zeit an Zahl zu. Ihre Tätigkeit hing von den Umständen ab; sie konnten die Bischöfe in der Weihespendung, in der Missionsarbeit oder in der Verwaltung unterstützen, ja sogar in großen Diözesen eigene Sprengel zugeteilt erhalten. Die kaum vermeidbaren Rivalitäten veranlaßten den westfränkischen Episkopat, die Institution in der zweiten Hälfte des 9. Jh. ganz zu beseitigen, während die deutschen Bischöfe sie noch bis ins 10. Jh. bestehen ließen. Unter der Bistumsgeistlichkeit standen natürlich die an der Kathedrale tätigen Kleriker dem Bischof am nächsten, allen voran der *Archidiakon* und der *Archipresbyter*. Für Disziplinarsachen, Vermögensverwaltung und Armenpflege zuständig, begleitete der Archidiakon (älterer Ordnung) seinen Bischof auch auf den Visitationsreisen, der Archipresbyter dagegen betreute den Gottesdienst und die Seelsorge der Domkirche, war also mehr an die Stadt gebunden.

Je mehr sich die Diözese infolge stärkerer Besiedlung und kirchlicher Durchdringung des flachen Landes räumlich ausdehnte, desto notwendiger wurde es, das Bistumsgebiet in kleinere Bezirke aufzugliedern. So bildete sich im 7.—8. Jh. das Großsystem von territorial abgegrenzten Taufkirchen heraus, deren Leitung dem (Land-)Archipresbyter vom Bischof übertragen wurde. Sobald aber — es war schon davon die Rede — neben den alten Taufkirchen viele kleinere Pfarrsprengel aufkamen, mußten sie in einer neuen Einheit zusammengefaßt werden: daher entstanden, oft in Anknüpfung an die alten Taufkirchengrenzen, die *Dekanate* (decaniae). Unter Mitwirkung des Dekanatsklerus vom Bischof oder vom Archidiakon ernannt, versammelte der Dekan seine Geistlichen zu sogenannten *Kalendarkapiteln*, um Seelsorgs- und Disziplinfragen, insbesondere Bußangelegenheiten, zu besprechen (s. unten Kap. 37). Wo immer die alten Tauf- und Urkirchen erhalten blieben, entwickelte sich eine jüngere Form des Land-Archipresbyterates; sie war von der älteren Form dadurch unterschieden, daß sie eine Anzahl kleinerer, begrenzte Rechte besitzender Pfarreien umfaßte. Im angelsächsischen England sowie im sächsischen Gebiet fehlte jedwede Einteilung in Archipresbyterate oder Dekanate.

Über die Dekanate legten sich jedoch für Gerichts-, später auch Verwaltungsbefugnisse die Bezirke der *Archidiakonate,* die die bischöfliche Jurisdiktionsgewalt empfindlich einschränken sollten. Je mehr der Reformeifer im 9. Jh. erlahmte, desto drückender empfanden die Bischöfe die Last ihres Amtes, die sie ja nicht nur von seiten der Kirche, sondern auch des Staates zu tragen hatten. Seit Ende des 9. Jh. gingen sie deswegen dazu über, Archidiakone als kirchliche Richter in mehreren, festabgegrenzten Sprengeln, also in eigens geschaffenen Archidiakonatssprengeln, einzusetzen. Der Prozeß begann im Westen, griff dann langsam nach Osten über, bis er im 12. Jh. einerseits Salzburg, anderseits Sachsen, im 13. Jh. Polen erreichte; in England wurde die neue Einrichtung von Wilhelm dem Eroberer eingeführt.

Zahl und Umfang der Archidiakonate war sehr verschieden. Köln hatte ihrer 4, Trier 5, Konstanz 10, Mainz schließlich 22, Augsburg 8, Münster dagegen 34, Hildesheim 40, Halberstadt 38 (denn in den sächsischen Bistümern sind meist Urpfarreien zu Archidiakonaten erhoben worden). Es konnte aber auch, wie in Canterbury, einen einzigen Archidiakonat geben. Ähnlich bunt sah es mit der Bestellung der Archidiakone aus; in westlichen deutschen Bistümern war z. B. das Amt oft mit der Dompropstei, der Domdekanei und mit großen Stiftspropsteien verbunden.

Die Archidiakone jüngerer Ordnung stiegen zu beträchtlicher Macht auf. Weil mit dem Gerichtswesen bedeutende Einkünfte verbunden waren, konnte man ihr Amt als nutzbare Gerechtsame, also als verleihbares Benefizium betrachten und durch Investitur ausgeben; tatsächlich ist es im 11. Jh. zur Investitur gekommen. Einmal eingebürgert, sicherte die Amts- und Bannleihe dem Archidiakon die selbständige Stellung eines iudex ordinarius, der einen eigenen, den archidiakonalen Bann besaß und über einen Beamtenstab (missi, officiales) verfügte. Infolge des ihm zustehenden Visitationsrechts schaltete er sich langsam auch in Verwaltungsangelegenheiten ein, so daß er für die bischöfliche Jurisdiktion zu einem wahren Konkurrenten wurde. Erst vom 14. Jh. ab konnte von den Bischöfen die Macht der Archidiakone mit Hilfe des kanonischen Rechts langsam gemindert und endlich gebrochen werden.

34. Kapitel

Bischofskirchen, Abteien, Papsttum in ihrem Verhältnis zu den staatlichen Ordnungen

LITERATUR: Gute Zusammenfassung bei *K. Voigt,* Staat und Kirche von Konstantin d. Gr. bis zum Ende der Karolingerzeit (Stuttgart 1936); *L. Santifaller,* Zur Geschichte des ottonisch-salischen Reichskirchensystems: SAW 229, Abh. 1 ([2]1964) bringt außer der Übersicht wertvolle Listen zu den Wahlprivilegien der Kirchen, ihren Hoheitsrechten usw.; *A. Pöschl,* Die Regalien der mittelalterlichen Kirchen (Graz 1928); *J. Flach,* La royauté et l'église en France du IXe au XIe siècle: RHE 4 (1903) 432—447; *K. Voigt,* Die karolingische Klosterpolitik und der Niedergang des westfränkischen Königtums (Stuttgart 1917); *H. Ganahl,* Studien zur Geschichte des kirchlichen Verfassungsrechtes im 10. und 11. Jh. (Innsbruck-Wien-München 1935); weitere Lit. in den Kapiteln von Abschnitt VII.

Immunität, Königsschutz, Vogtei: Vgl. die Handbücher der Rechts- und Verfassungsgeschichte in Allg. Bibl. II, 6—7 sowie die Monographien: ebd. II, 8 a; dort vor allem *Th. Mayer,* Fürsten und Staat. — *E. Magnin,* Immunités ecclésiastiques: DThC VII (1922) 1218—1262; *M. Kroell,* L'immunité franque (Paris 1910); *E. E. Stengel,* Diplomatik der deutschen Immunitätsprivilegien vom 9. bis zum Ende des 11. Jh. (Innsbruck 1910); *ders.,* Abhandlungen und Untersuchungen zur mittelalterlichen Geschichte (Köln-Graz 1960) 30—34 (Immunität), 35—68 (Grundherrschaft und Immunität); *J. Ficker,* Über das Eigentum des Reiches am Reichskirchengut: SAW 72 (1872) 381—450; Listen bei

Santifaller, Reichskirchensystem 78—115; *J. Semmler,* Traditio und Königsschutz: ZSav-RGkan 76 (1959) 1—33; *A. Waas,* Vogtei und Bede in der deutschen Kaiserzeit, 2 Tle (Berlin 1919/23); *H. Hirsch,* Die hohe Gerichtsbarkeit im deutschen Mittelalter (Prag 1922); *E. F. Otto,* Die Entwicklung der deutschen Kirchenvogtei im 10. Jh. (Berlin 1933); *F. Senn,* L'institution des avoueries ecclésiastiques (Paris 1903); *H. Dubled:* Archives de l'église d'Alsace 26 (1959) 1—88 (Klostervogtei im Elsaß).

Weltliche Gewalt der Bischöfe: Eine zusammenfassende Arbeit fehlt, doch gibt es viele Studien über einzelne Diözesen; vgl. etwa Bibliogr. in *Fliche-Martin* VII 220; für Deutschland immer noch unentbehrlich *A. Werminghoff,* Verfassungsgeschichte der deutschen Kirche § 26 und § 25; zur Begriffsbildung des episcopatus als kirchliches Benefizium vgl. *E. Lesne,* Évêché et abbaye. Les origines du bénéfice ecclésiastique: RHEF 5 (1914) 15—20; *A. Pöschl,* Bischofsgut und mensa, bes. Bd III (s. Lit. in Kap. 33); *A. Dumas:* RHEF 26 (1940) 14—34.

Zur rechtlichen Stellung der Klöster vgl. Lit. bei *Feine RG* § 18 III; ferner *A. Dumas:* Fliche-Martin VII 293—316.

Wahl und Einsetzung der Bischöfe und Äbte: *G. Weise,* Königtum und Bischofswahlen im fränkischen und deutschen Reich vor dem Investiturstreit (Berlin 1912); *P. Imbart de la Tour,* Les élections épiscopales dans l'église de France du IXe au XIIe siècle (Paris 1891); *E. Laehns,* Die Bischofswahlen in Deutschland 936—1056 (Diss. Greifswald 1909); *P. Schmid,* Der Begriff der kanonischen Wahl in den Anfängen des Investiturstreites (Stuttgart 1926); *C. Magni,* Ricerche sopra le elezioni episcopali in Italia durante l'alto medio evo, 2 Bde (Roma 1928/30); s. auch *G. Schwarz,* Die Besetzung der italienischen Bistümer (Lit. zu Kap. 28); *J. Polzin,* Die Abtswahlen in den Reichsabteien 1024—1054 (Diss. Greifswald 1908); *H. Lévy-Bruhl,* Les élections abbatiales en France (Paris 1913); über Wahlprivilegien von seiten der deutschen Herrscher vgl. *H. Claus* (Diss. Greifswald 1911) und die Listen bei *Santifaller,* Reichskirchensystem 51—58. — *A. Scharnagl,* Der Begriff der Investitur in den Quellen und in der Literatur des Investiturstreites (Stuttgart 1908).

Regalien- und Spolienrecht: *U. Stutz,* Regalie: RE XVI (1905) 536—544; *E. Lesne,* Les origines du droit de régale: Nouv. rev. d'hist. de droit franç. et étr. 45 (1921) 5—52; *J. Gaudement,* La collation par le roi de France des bénéfices vacants en régale des origines à la fin du XIVe siècle (Paris 1935); *E. Friedberg,* Spolienrecht: RE XVIII (1906) 861—686; *F. Prochnov,* Das Spolienrecht und die Testierfähigkeit der Geistlichen im Abendland bis zum 13. Jh. (Berlin 1919); über beide Rechte vgl. auch *G. Forchielli:* Festschr. Joh. Heckel (Köln-Graz 1959) 13—53; *Werminghoff,* Verfassungsgeschichte 57 bis 59; Lit. bei *Feine RG* § 19 I, a—c.

Servitium regis: *B. Heusinger,* Das servitium regis in der deutschen Kaiserzeit: AUF 8 (1923) 26—159.

Papsttum und Kirchenstaat: Die Werke von *P. Brezzi, L. Duchesne, L. Halphen* s. in Allg. Bibl. II, 5, von *W. Kölmel* und *Gerstenberg* in Lit. zu Kap. 27. — *Th. Hirschfeld,* Das Gerichtswesen der Stadt Rom vom 8. bis 12. Jh.: AUF 4 (1912) 419 bis 562; *K. Jordan,* Das Eindringen des Lehenswesens in das Rechtsleben der römischen Kurie: AUF 12 (1932) 13—110; *ders.,* Die päpstliche Verwaltung im Zeitalter Gregors VII.: StudGreg I (1947) 111—135; *D. B. Zema,* Economic Reorganisation of the Roman See during the Gregorian Reform: ebd. 169—181 (beide Arbeiten geben gute Übersichten und Literatur für die vorgregorianische Zeit); *R. Elze,* Das „sacrum palatium Lateranense" im 10. und 11. Jh.: StudGreg IV (1952) 27—54; *L. M. Hartmann:* Vjschr. für Sozial- und Wirtschaftsgesch. 7 (1909) 142—158 (Grundherrschaft und Bürokratie im Kirchenstaat); *W. Sickel:* MIÖG 23 (1902) 50—126 (Alberich und der Kirchenstaat).

Päpstliche Kanzlei: *H. Bresslau,* Handbuch der Urkundenlehre für Deutschland und Italien I (Leipzig [2]1912) 76—78 191—240 266—269, II, 2 (Berlin-Leipzig [2]1931) 518 bis 520 531—533; *L. Santifaller*, Saggio di un elenco dei funzionari, impiegati e scrittori della cancellaria Pontificia dall'inizio all'anno 1099: BIStIAM 56 (1940) 1—865; *P. Rabikauskas*, Die römische Kuriale in der päpstlichen Kanzlei (Rom 1958), enthält zugleich gute Überblicke über die Kanzleigeschichte; für 11. Jh. sind grundlegend die beiden Aufsätze von *Kehr*, Scrinium und Palatium: MIÖG ErgBd 6 (1901) 70—112; *ders.*, Die ältesten Papsturkunden Spaniens: AAB (1926) Nr. 2.

Die Staatskirche, die Konstantin der Große und seine Nachfolger errichtet hatten, ist zwar in den germanischen Reichsgründungen der Völkerwanderungszeit nicht einfach untergegangen, aber den politisch-sozialen Zuständen der einzelnen Länder angeglichen worden. In vollem Sinne gilt dies freilich bloß für die Bistümer und Abteien, während das Papsttum bis zum Bund mit den karolingischen Herrschern außerhalb der germanischen Staatenwelt stand und selbst nach der Kaiserkrönung Karls des Großen die inzwischen erworbene Autonomie nur zu einem Teil verlor; seine Rechtsstellung bedarf daher einer eigenen Betrachtung.

Bischofskirchen und Abteien

Wie bei den Nieder-, so ist bei den Hochkirchen vor allem die Entwicklung zu berücksichtigen, die sich im fränkisch-karolingischen Machtbereich vollzog. Als das karolingische Imperium auseinanderbrach, war das Wesentliche erreicht: die Bildung von Formen, die Bischöfe und Äbte mit ihren Kirchen in den staatlichen Organismus fest einfügten. Als Handhabe hatten gedient und dienten weiterhin einerseits staatliche Oberherrschafts-, anderseits eigenkirchliche Ansprüche; die letzteren galten in erster Linie gegenüber den Klöstern, wogegen die Bischofskirchen auf Grund der ihnen verbliebenen öffentlich-rechtlichen Stellung vom Eigenkirchenwesen schwieriger erfaßt werden konnten. Unter den Institutionen, die auf die Eingliederung der Hochkirchen in das Staatsgefüge Einfluß gewannen, hoben sich vor allem drei hervor: die Immunität, der Königsschutz, die Vogtei; sie alle hingen mit dem Grundbesitz und der Grundherrschaft der Kirche zusammen.

Als eine römische Einrichtung, die die kaiserlichen Domänen von bestimmten Taxen und öffentlichen Leistungen befreite, ist die *Immunität* auf das fränkische Königsgut und von da — wiederum in Anknüpfung an spätrömische Bildungen — auf andere, in den Händen geistlicher und weltlicher Aristokratie befindliche Ländereien übergegangen und erweitert worden, ohne daß man den positiven Inhalt dieser Erweiterung ausgesprochen hätte; die Immunitätsprivilegien enthalten in der Regel bloß das Verbot für staatliche Beamte, die Immunitätsgebiete zu betreten (introitus), dort fiskalische Gefälle zu erheben (exactiones) sowie den Insassen gegenüber die öffentliche Gewalt (districtio) zu gebrauchen. Dieser negativen Seite mußte natürlich eine positive entsprechen, das heißt, der Immunitätsinhaber mußte innerhalb seines Gebietes über bestimmte eigene Rechte, vor allem gerichtlicher Art, verfügen. Handelte es sich um einen weltlichen Herren, so machte er hier wohl eine Schutzherrschaft geltend, die auf autogenem germanischem Recht beruhte, also nicht vom Königtum abgeleitet war und von Anfang an die Tendenz zur Hochgerichtsbarkeit in sich trug, wenn es auch dem merowingischen Königtum gelang, sie zunächst noch auf die Niedergerichtsbarkeit zu beschränken. Die Herrschaftsrechte der kirchlichen Immunitätsträger hingegen hatten einen weniger einheitlichen Ursprung. Und wenn auch die merowingischen und früheren karolingischen Herrscher die Immunität des Introitusverbotes oft genug verbrieften, so verliehen sie damit keine staatlichen Hoheitsrechte. Unter Ludwig dem Frommen trat jedoch eine entscheidende Wende ein. Seit ihm sind in den Immunitätsurkunden Immunität und Königsschutz verbunden. Der *Königsschutz* hob die gefreiten Kirchen in eine Rechtsstellung hinauf, die jener der weltlichen, mit autogenem Recht ausgestattenen Immunität gleichkam, ordnete sie jedoch zugleich in das System des Feudalstaates ein. Bisher hatte die größere Zahl der mit Immunität begabten Bistümer und Klöster nicht im Schutz oder im Eigentum des Herrschers gestanden; nun aber gerieten sie alle durch die Verbindung von Königsschutz und Immunität unter die Herrschaft des Königs, der fortan ein (freilich abgeschwächtes) Obereigentumsrecht geltend machen konnte. Aus dem somit angebahnten Reichskirchenrecht sollte, zumindest im deutschen Raum, die Reichsunmittelbarkeit der Hochkirchen und das geistliche Fürstentum hervorgehen.

Der Prozeß begann etwa in der zweiten Hälfte des 9. Jh., wurde seit dessen Ende in Westfrancien von den Grafen und Fürsten gestoppt, während ihn Otto der Große und seine Nachfolger in Deutschland wiederaufnahmen und konsequent weiterführten (s. oben Kap. 27). War bisher die Immunität der Kirchen auf den Rahmen der Grundherrschaft beschränkt geblieben, so erhielten fortan die kirchlichen Immunitätsherren öffentliche Rechte gerichtlicher und finanzieller Natur, auch an Orten (Märkten, Bischofsstädten) und in Bezirken (Forsten, bisweilen auch ganzen Grafschaften), die sie grundherrlich gar nicht oder nur zum Teil besaßen. So trat neben die grundherrschaftliche die Bann-Immunität, die wesentlich zur Bildung der kirchlichen Landeshoheit beitragen sollte. Außerdem erstarkte die Immunitätsgerichtsbarkeit; ihre Befugnisse wurden in Formen des Königsbannes gekleidet und langsam der Hochgerichtsbarkeit entgegengeführt, zunächst für Fälle, die durch finanzielle Leistungen sühnbar waren, und wohl erst seit Mitte des 12. Jh. im vollen, auch die Blutgerichtsbarkeit umfassenden Sinne[1]. Immu-

[1] So *Th. Mayer*, Fürsten und Staat 169—184, gegen *H. Hirsch*, der die Besitznahme der Blutgerichtsbarkeit mit dem 11. Jh. beginnen lassen wollte; bei armen Verbrechern, die die hohen Sühnezahlungen nicht aufbringen konnten, ist freilich auch nach Mayer die Todesstrafe schon vorher vollzogen worden.

nitätsrichter zu sein wurde daher mit der Zeit eine recht lohnende und dementsprechend begehrte Aufgabe; von den Kirchenvögten betreut, nahm sie eine eigene, je nach Ländern verschiedene Entwicklung.

Schon nach römischem Kaiserrecht mußten sich die Kirchen vor Gericht durch advocati vertreten lassen, die mit dem Niedergang des Imperiums mehr und mehr zu bischöflichen Beamten wurden, aber im fränkisch-deutschen Bereich an Bedeutung gewannen, sobald die dem Amt eigene Schutzfunktion — sie war in spätrömischer Zeit mit dem Begriff des patronus in Verbindung gebracht worden — den germanischen Gedanken der Munt, der Schutzherrschaft, zur Auswirkung brachte. Der Vogt mußte, um den vollen Rechtsschutz zu gewähren, ein waffen-, fehdefähiger Mann und deswegen ein Laie sein; war doch den Klerikern das Tragen von Waffen verboten. So schrieb denn Karl der Große 802 allen Bischöfen und Äbten die Bestellung von Vögten vor. Als advocati, agentes, defensores, causidici vertraten sie die betreffende Kirche mit ihrem Grundbesitz in person- wie vermögensrechtlichen Sachen gegenüber der öffentlichen Gewalt, schützten sie nach außen und übten über die Hintersassen die der Kirche zustehende Gerichtsbarkeit aus. Karl der Große ließ ihre Tätigkeit ebenso wie die der Grafen durch seine missi beaufsichtigen. Trotzdem amteten die Kirchenvögte noch nicht kraft königlichen oder eigenen Rechtes, sondern im Auftrag des Bischofs oder Abtes. Erst seit der Mitte des 9. Jh. begann die *karolingische Beamtenvogtei* langsam in die *mittelalterliche Herren-* oder *Edelvogtei* überzugehen; denn nun übernahmen Adelige, oft mächtige Fürsten, das Amt, teils von den schutzbedürftigen Kirchen darum gebeten, teils von dem Bestreben geleitet, auf diesem Weg ihre Macht zu erweitern. Ihr Schutz bedeutete natürlich zugleich Herrschaft. Freilich ging es hier um eine gebietsmäßig begrenzte Entwicklung. Italien (einige nördliche, unter deutschem Einfluß stehende Gegenden ausgenommen) und das südlich von Lyon—Bourges—Orléans—Chartres liegende Westfrancien nahmen daran nicht teil; dort blieben die Vögte auf die traditionelle Aufgabe beschränkt, ihre Kirchen vor Gericht zu vertreten. Und in der Normandie ließ die überragende Macht der Herzöge Vögte überhaupt nicht aufkommen. Im übrigen Westfrancien jedoch und seit Ende des 9. Jh. in Deutschland übten die Edelvögte vielfach hoheitliche Funktionen aus, nicht selten zum Schaden der betreffenden Kirchen. Frankreich schritt voran, fand aber ziemlich bald erträgliche Lösungen; je erfolgreicher dort die Fürsten ihre Landesherrschaft ausbildeten, desto williger waren sie (seit etwa Ende 11. Jh.), die Kirchenvogtei zu einer allgemeinen Schutzgewährung (custodia, garde) werden zu lassen, wobei sie die von ihnen eingesetzten Untervögte auf ihre Rechte und Pflichten (unter Einschränkung der Gerichtsbarkeit) genau festlegten und ihre Tätigkeit überwachten. In Deutschland dagegen, namentlich im Süden und Westen, erreichte der wirtschaftliche Feudalismus eine solche Höhe, daß der Bauer fast nichts mehr mit dem staatlichen Richter, sondern mit dem Vogt der grundherrschaftlichen, geistlichen oder weltlichen Immunitätsbezirke zu tun hatte und daß dadurch die Vogtei (sowohl als Schirm- wie als Gerichtsvogtei) zum dynamischen Element der Verfassungsgeschichte des 10.—12. Jh. wurde. An der Kirchenvogtei — sie galt seit Mitte des 11. Jh. als erbliches Lehen — zeigten sich daher sowohl die Könige wie die geistlichen und weltlichen Fürsten interessiert. Die deutschen Könige versuchten, zumindest die Gerichtsvogtei von ihrer Verleihung abhängig zu machen. Die geistlichen Immunitätsherren hatten sich vor allem mit den unmittelbaren Vögten auseinanderzusetzen. Hing doch die Bildung des kommenden Territorialstaats zu einem guten Teil davon ab, ob die mit der Vogtei gegebenen weltlichen Machtmittel der Kirche dem Edelvogt zum Ausbau der eigenen staatlichen Macht zugute kamen oder dem geistlichen Immunitätsherren, indem dieser die Vogtei einzog und durch Beamte verwalten ließ. Besonders viel hatten die Klöster unter den Vögten zu leiden. Während der gregorianischen Reformzeit gelang es zwar einer größeren Zahl von ihnen, sich unter den päpstlichen Schutz zu stellen und die praktisch weiterbestehende Erbvogtei der Gründerfamilien auf Gerichtsrechte zu beschränken, aber damit war der Kampf keineswegs beendet. Dies bezeugen die zahlreichen Urkundenfälschungen des 12.—13. Jh., mit denen deutsche Mönche zunächst gegen Vogteiwesen und Eigenkirchenrecht, dann gegen die geistlichen Eigenkirchenherren anzugehen versuchten. Neue Orden hatten es leichter; so wurden z. B. die Zisterzienserabteien von vornherein vogtfrei gegründet und der allgemeinen, in Frankreich üblich gewordenen Schutzherrschaft des Königs oder des Landesherrn unterstellt.

Allein schon der Machtkampf mit den Vögten empfahl es, Edelgeborene als Bischöfe und Äbte einzusetzen. Andere Umstände kamen hinzu: die mit der Verleihung von Hoheitsrechten wachsende Stellung der Reichsprälaten, das stark abgestufte soziale Empfinden, Familienpolitik der Dynasten und Reichspolitik der Könige — alles wirkte zusammen, daß in nach germanischem Recht lebenden Ländern die Leitung der Bischofskirchen und der bedeutenderen Abteien in der Regel einem Adeligen anvertraut wurde[2].

Aus alledem geht zur Genüge hervor, wie verschieden die rechtliche Lage der Bistümer und Abteien beschaffen sein konnte. Die deutschen Reichsbistümer stellten etwas anderes vor als die unter den Kapetingern oder westfränkischen Fürsten stehenden Bischofskirchen, und diese unterschieden sich wiederum von den Bistümern Südfrankreichs, die von den Grafen oder Vizegrafen wie gewöhnliche Eigenkirchen verkauft, verschenkt, vererbt oder verlehnt wurden. Eine ähnliche Abstufung gab es bei den Klöstern, doch galt für sie das umgekehrte Verhältnis: während eigenkirchliche Bistümer im strengen Wortsinn auf Südfrankreich beschränkt blieben, hatte in der

[2] Siehe Kap. 33 Anm. 10; über die Standesverhältnisse der deutschen Bischöfe gibt eine Übersicht *L. Santifaller,* Reichskirchensystem (Lit. zum Kap.) 123—133.

Regel jedes frühmittelalterliche Kloster, zumindest seit etwa 700, einen Eigenkirchenherren entweder aus dem niederen, mittleren oder höchsten Adel bis zum König hinauf oder aus der kirchlichen Hierarchie (Bischof oder Papst). Je höher der Herr stand, desto höher wurde das Recht (die sogenannte „Freiheit") der ihm unterstellten Kirche bewertet[3]. Wegen der geringen Macht, die der König von Frankreich im 10.—11. Jh. besaß, machte es damals wenig aus, ob ein Bistum und Kloster von ihm oder von einem großen Magnaten abhing. Im deutschen Reich dagegen bedeutete es etwas, direkt unter dem König zu stehen, reichsunmittelbare Kirche zu sein. Da nämlich nach dem Aussterben der ostfränkischen Karolinger die ganze karolingische Erbschaft, einerlei ob Familien- oder Reichsgut, an das nun entstehende deutsche Reich überging und dem jeweils regierenden König zur Verwaltung übertragen wurde, trat die karolingisch-ostfränkische Reichskirche (sie umfaßte sämtliche Bistümer und die immunitätbegabten, unter Königsschutz stehenden Abteien) als geschlossenes Ganzes in die neue, aus Stämmen gebildete Föderation Deutschlands ein, so daß diese Kirchen nicht Eigentum, sondern Teil, Glied des Reiches waren und ihre Vorsteher später den Reichsfürstenstand erlangten. Zwar wurden in ottonisch-salischer Zeit (bis 1045) neue Klöster dem Königsschutz unterstellt, aber diese (gleichfalls reichsunmittelbaren) Königsklöster erreichten nicht ganz die privilegierte Stellung der aus der karolingischen Erbmasse stammenden Reichsklöster; den Propst von Berchtesgaden ausgenommen, wurden z. B. ihre Äbte später nicht Reichsfürsten, sondern Reichsprälaten.

Wohl am stärksten trat die Abhängigkeit der Hochkirchen zutage in der *Wahl der Bischöfe und Äbte;* denn gerade hierfür hatten sich im fränkischen Raum seit der Merowingerzeit bedeutende herrscherliche Rechte herausgebildet. Die kirchlichen Kreise erinnerten zwar immer wieder an das alte kanonische Prinzip der Bischofswahl durch Klerus und Volk, an die electio canonica, die bisweilen einzelnen Kirchen, besonders Abteien, als Freiwahl ausdrücklich verbrieft und im deutschen Reich allen Bischofskirchen zugebilligt wurde — aber in der frühmittelalterlichen Gesellschaft war eben aus der electio canonica etwas Eigenes geworden. In spätrömischer Zeit hatte man sie der Kontrolle des Metropoliten und seiner Suffragane zu unterstellen versucht. Dieser an sich glückliche Ansatz einer Absicherung durch die hierarchische Autorität ging jedoch in der Merowingerzeit so gut wie ganz verloren und konnte auch unter den Karolingern trotz einigen im 9. Jh. von westfränkischen Erzbischöfen unternommenen Vorstößen nicht wieder belebt werden. So ist an die Stelle der kirchlichen Oberinstanz der König, in Westfrancien seit Ende des 9. Jh. vielfach ein Fürst getreten. Aus der Wählerschaft des Klerus und Volkes, die in sich sowohl sozial wie rechtlich stark abgeschichtet war, hoben sich heraus die Domkapitulare sowie einflußreiche

[3] Zum Freiheitsbegriff oben Kap. 32 Anm. 7.

adelige Laien und Stiftsvasallen. Falls es überhaupt zu einer wirklichen Wahl kam, gaben sie den Ausschlag, während Volk und Klerus praktisch auf eine Zustimmung beschränkt blieben. Der engere Wahlkreis stand mit dem an der Wahl beteiligten Herrscher in Rivalität. Selber dem Adel angehörig, vertraten seine Mitglieder nicht bloß und nicht immer die Interessen der betreffenden Kirche, sondern oft auch die bestimmter Dynastenfamilien, waren also unter Umständen egoistischer eingestellt als ein auf das Staatswohl bedachter Herrscher. Der Mangel an festen Regeln erlaubte eine recht verschiedene, von den konkreten Verhältnissen abhängige Praxis. Mächtige Fürsten hatten die Bischofswahl so gut wie ganz in der Hand. Von ihrer Entscheidung hing es ab, wann die verwaiste Kirche besetzt wurde; mitunter geschah dies durch einen einfachen Ernennungsakt. Fand jedoch eine Wahl statt, so konnte sie der Herrscher durch Designation festlegen oder nach ihrem Vollzug ein Konsensrecht geltend machen, das nicht selten zur Zurückweisung und dann unter Umständen zur eigenmächtigen Nominierung des Bischofs führte. Trotzdem gab es auch für die Fürsten eine unüberwindliche Rechtsgrenze. Da das Wahlgeschäft immer noch als ein lebendiger Gesamtvorgang begriffen wurde, an dem Klerus und Volk teilnahmen, durfte den Diözesanen ein unerwünschter Oberhirt nicht aufgezwungen werden. Einerlei, in welcher Form Klerus und Volk zustimmten, der Konsens mußte irgendwie vorhanden sein; andernfalls war die Wahl unkanonisch, ungültig[4].

Ähnlich und doch wieder anders stand es mit den Abtswahlen. Einerseits stellten hier die eigentlichen Wähler, die Mönche, eine ungleich geschlossenere Körperschaft vor als Klerus und Volk bei den Bischofswahlen (wenn auch die Klostervasallen ein Wort mitzureden hatten), anderseits hing eine Abtei in der Regel nicht bloß von dem Eigenkirchenherrn ab, sondern auch vom Diözesanbischof. Die Abtswahl gestaltete sich so, wie die verschiedenen Beteiligten ihren Einfluß durchsetzten. Hier bestimmte der Ortsbischof den neuen Abt, dort der Herr des Klosters, während den Mönchen nur ein Zustimmungsrecht blieb; es kam aber auch vor, daß beide mit dem Konvent zusammenwirkten oder daß die Konvente ihren Abt frei wählten (eventuell mit folgender Bestätigung durch Bischof oder Klosterherrn) oder daß der bisherige Abt seinen Nachfolger designierte. Die beiden letzten Formen sind natürlich von den Mönchen von jeher angestrebt und vielfach ganz oder teilweise errungen worden, eine Tradition, die die von Cluny ausgehende Reformbewegung mit aller Energie förderte[5].

[4] Nach *P. Schmid,* Kanonische Wahl (Lit. zum Kap.), soll sich die frühmittelalterliche Wahlauffassung von der im Investiturstreit aufkommenden auch dadurch unterschieden haben, daß sie eine electio ex ipsa ecclesia für notwendig gehalten habe. Aber dieses aus der Tradition stammende und in den Wahlprivilegien weitergeschleppte Prinzip hat schon seit Ende des 9. Jh. mehr und mehr an Geltung verloren und konnte daher von den ottonischen sowie frühsalischen Kaisern ohne große Skrupel verletzt werden.

[5] Zu den Bestrebungen der Mönche, Abtswahl und Investitur von jedem fremden Ein-

Auf die Wahl folgten Amtseinsetzung und Weihe, zwei gesonderte und an sich von verschiedenen Rechtsträgern ausgeführte Akte. Als Weihespender kamen natürlich nur Bischöfe in Betracht, während die *Einweisung in Amt und Besitz* eine Autorität voraussetzte, die gegenüber der betreffenden Kirche Herrschafts- oder Eigentumsrechte besaß; bei den Bischofskirchen waren es die Könige oder die an ihre Stelle getretenen Fürsten, bei den Klöstern, soweit sie keine privilegierte Stellung hatten, die Eigenkirchenherren, also Könige, Fürsten, Adelige, Bischöfe. Daß es zu einer so starken rechtlichen Abhängigkeit von weltlichen Institutionen kam, hing mit den Zeitumständen zusammen. Je mehr unter den Karolingern die feudal-vasallitischen Institutionen ausgeformt und zum Lehenswesen zusammengeschlossen wurden, desto mehr wurden die Bischöfe und Äbte in dieses System einbezogen. Die wichtigen Funktionen, die sie auch im politischen Bereich ausübten, legten von selbst den Gedanken nahe, sie durch Vasallität an das Königtum zu binden. Als willkommene Handhabe konnte der Königsschutz dienen, der seit Ludwig dem Frommen den mit Immunität begabten Hochkirchen verliehen wurde. Tatsächlich mußten von da ab sämtliche Bischöfe und Reichsäbte dem König Kommendation leisten, und zwar in der üblichen Form der Selbstübergabe (Legen der gefalteten Hände in die offenen, sie umschließenden Hände des Herrn), der dann der Treueid folgte [6]. Aber auch die andere vorwärtstreibende Kraft des Lehenswesens, das beneficium, machte sich bemerkbar. Nicht bloß die Kirchengüter, auch das Amt des Bischofs oder Abtes gerieten in den Sog des Benefizialwesens. Ähnlich wie man im Lauf des 9. Jh. außer den zur Amtsausstattung gehörenden Fiskalgütern das Grafenamt selbst als ein vom König zu verleihendes und schließlich erbliches Benefizium ansah und gerne honor nannte, wurde im 9. Jh. das Bischofsamt zur nutzbaren Gerechtsame, zu einer Herrschaft, einem honor. Diese Verdinglichung machte es möglich, daß der Herrscher fortan den episcopatus, das heißt das Bischofsamt mit allen seinen Besitz-, Verwaltungs- und Nutzrechten, nach Art eines Benefiziums übertrug, indem er das Amtssymbol, den Bischofsstab, aushändigte (unter Heinrich III. kam der Ring hinzu) [7]. Im Lauf der Zeit, regelmäßig seit Ende des 10. Jh., wurde dieser

fluß möglichst zu befreien, vgl. die wichtigen, das ganze Urkundenmaterial erfassenden Ausführungen von *K. Hallinger,* Cluniacensis s. religionis ordinem elegimus. Zur Rechtsfrage der Anfänge des Klosters Hasungen: Jahrbuch für das Bistum Mainz 8 (1958/60) 244—260.

[6] Zu dieser Entwicklung s. etwa *F.-L. Ganshof,* Was ist das Lehnswesen? (Darmstadt 1961) 57f; dort auch die Formel eines Treueids und eine Charakteristik der Haltung, die Hinkmar von Reims zur Kommendation eingenommen hat; zu beneficium und honor vgl. ebd. 54—56.

[7] *V. Habhart,* Zur Rechtssymbolik des Bischofsrings (Köln-Graz 1963); *P. Salmon,* Mitra und Stab. Die Pontifikalinsignien im römischen Ritus (Mainz 1960); *ders.,* Études sur les insignes du pontife dans le rit romain. Histoire et liturgie (Rom 1955); *ders.,* Aux origines de la crosse des évêques: Mélanges Mgr. Andrieu (Strasbourg 1956) 373—383.

Akt *Investitur* genannt. Freilich blieb sein rechtlicher Charakter trotz zweifellos vorhandenen Parallelen zur Lehensinvestitur problematisch. Die geistlich-kirchliche Substanz des Bischofsamtes ist hier zwar von dem germanischrechtlichen Verdinglichungsprozeß überlagert, aber nicht aufgehoben worden, so daß die gregorianische Reform sie wieder freizulegen und das Recht des Königtums auf eine bloße Regalieninvestitur zu beschränken vermochte. Die frühmittelalterliche Investitur der Bischöfe und Reichsäbte konnte um so leichter in lehensrechtlichem Sinne erscheinen, als mit ihr die vasallitischen Akte der Mannschaft und des Treueides verbunden waren. Genau besehen, fehlte zwar der Kausalnexus: die von den hohen Prälaten eingegangene Vasallität war nicht der Rechtsgrund für die Verleihung des Benefiziums — aber wer wird im 10. und 11. Jh., da das lehensrechtliche Denken Staat und Gesellschaft mehr und mehr durchdrang, diese Dinge genau auseinandergehalten haben?

Parallel zu den Bischofskirchen bürgerte sich bei den Klöstern die Investitur des Abtes durch den Klosterherrn ein, doch gelang es nicht wenigen Abteien, die Fremdinvestitur auszuschalten. Im letzteren Falle übergab entweder einer der Mönche (praepositus, prior, decanus) den Abtsstab oder der neugewählte Abbas nahm ihn sich selbst vom Altar.

Investituren pflegten etwas zu kosten. So hatten weltliche Vasallen bei Erbnachfolge in der Regel dem Lehnsherren eine Erbgebühr (relevium) zu entrichten, deren Höhe zunächst durch Absprache, später nach einer festen Taxe bestimmt wurde. Für das germanische Rechtsdenken lag kein Grund vor, vor den Investituren der Bischöfe und Äbte haltzumachen und sie mit den Geldforderungen zu verschonen. Tatsächlich sind solche Zahlungen oft geleistet worden. Ihnen stand jedoch das Kirchenrecht entgegen; es verbot nämlich jedes Einfließen von Geld bei Vergebung kirchlicher Ämter und prangerte es als Simonie an.

Wem die Investitur zustand, der konnte bei dem Tod des Bischofs oder Abtes leicht besondere Rechte auf die Güter der verwaisten Kirche oder des verstorbenen Prälaten geltend machen, ja es lag oft im Interesse der betreffenden Kirche, daß die Zwischennutzung ihrer Güter nicht der Willkür preisgegeben war, sondern nach einem einigermaßen geordneten Verfahren in den Händen des Königs lag. So schwierig es auch ist, den rechtlichen Ursprung genau zu fassen, jedenfalls haben sich entsprechende Befugnisse ausgebildet und zum sogenannten *Regalien-* und *Spolienrecht* verdichtet. Schon vorher ausgeübt, sollten sie im 12. Jh. eine nicht unwichtige Rolle spielen. Besonders drückend empfanden die Männer der Kirche natürlich das ius spolii (Recht auf den beweglichen Nachlaß), aber auch das ius regaliae (Recht der Zwischennutzung der kirchlichen Einkünfte) barg insofern Gefahren, als die Herrscher versucht waren, um der Erträgnisse willen die Neubesetzung der Kirche ungebührlich hinauszuschieben. Die Kirche erstrebte daher den Verzicht der Herrscher und erreichte ihn auch zu einem guten Teil, so für das Imperium bei Friedrich II. im Jahre 1216 (mit Ausnahme der Einkünfte aus Hoheitsrechten des Reiches). Aber die Rechte als solche wurden damit nicht aus der Welt geschafft; sie gingen auf kirchliche Stellen über und sollten für das päpstliche, im 14. Jh. voll ausgebildete Finanzsystem (Anspruch auf Spolien-, Interkalargefälle und Annaten) eine große Bedeutung erlangen.

Die Bindungen durch Mannschaft einerseits und Investitur anderseits hatten *Dienstleistungen* persönlicher und sachlicher Art zur Folge. In ähnlicher Weise wie weltliche Vasallen waren die Reichsprälaten ihrem Herrscher zur Treue und zum consilium-auxilium verpflichtet, während das ihnen verliehene Kirchengut als zum Reich gehörig betrachtet und daher mit bestimmten Auflagen belastet wurde. All dies dürfen wir unter dem Begriff *servitium regis* zusammenfassen. Bischöfe und Reichsäbte waren zur Hof- und Heerfahrt gehalten und mußten bereit sein, als Machtboten, Gesandte des Königs, als Reichskanzler usw. zu wirken. Die Kosten hatten dabei ihre Kirchen zu tragen; desgleichen mußten die Reichskirchen sämtliche in Kanzlei und Kapelle tätigen Hofkleriker mit Pfründen versorgen [8]. Wie beträchtlich die von ihnen zu stellenden Heereskontingente waren, zeigt eine glücklich erhaltene Aufzeichnung von 981: Für den Nachschub von 2090 Panzerreitern, den Otto II. von Deutschland angefordert hat, sind dort 20 Laien und 31 kirchliche Anstalten aufgeführt: die ersteren haben nur 586, die Kirchen 1504 Mann zu senden [9]. Ein anderes Beispiel: Als Bischof Wazo von Lüttich († 1048) vorgeworfen wurde, in einem bestimmten Falle den Heeresdienst nicht geleistet zu haben, bot er als Buße die Zahlung von 300 Pfund Silber an. Natürlich vermochten die Reichskirchen ihren Heeresverpflichtungen nur nachzukommen, indem sie eigene Vasallen hielten. Sehr lästig konnte das Recht des Königs werden, sich auf seinen Reisen von den Reichskirchen beherbergen zulassen. In Deutschland erst seit Heinrich II. mit steigender Konsequenz gebraucht, führte es dazu, daß der Herrscher während seines Aufenthaltes in einer Bischofsstadt sämtliche Hoheitsrechte, wie Gericht, Zoll, Münze und Geleit, an sich zog; erst Friedrich II. schränkte 1220 die Befugnisse wesentlich ein. Als weitere Lasten konnten noch Jahresgeschenke und bei Klöstern genau festgesetzte Jahresabgaben hinzukommen.

Eine so eigenartige, der altchristlich-römischen Bischofsverfassung teilweise zuwiderlaufende Entwicklung fand in ihrer ersten Phase, also in der Karolingerzeit, gewisse Widerstände. So kämpfte zur Zeit König Ludwigs III. (879—882) der westfränkische Episkopat mit Hinkmar von Reims an der Spitze nicht ohne Erfolg um die Freiheit der Bischofswahl. Auf der anderen Seite jedoch erkannte Hinkmar ein königliches Zustimmungsrecht durchaus an, wie er es überhaupt als Aufgabe der Herrscher betrachtete, sich

[8] *S. Görlitz,* Beiträge zur Geschichte der königlichen Hofkapelle im Zeitalter der Ottonen und Salier bis zum Beginn des Investiturstreits (Weimar 1936); *H. W. Klewitz,* Königtum, Hofkapelle und Domkapitel im 10. und 11. Jh.: AUF 16 (1939) 102—156.

[9] MGConst I 632.

um die ordnungsgemäße Erhebung geeigneter Kirchenfürsten zu kümmern. 844—846 haben fränkische Synoden dem König sogar das Recht auf Designation der zu wählenden Bischöfe zugesprochen[10]. Eine ähnlich schwankende Haltung ist zum Einsetzungsakt eingenommen worden. Die Kommendation als solche abzulehnen kam Hinkmar von Reims nicht in den Sinn, wohl aber dürfte er sich gegen die dabei übliche immixtio manuum gewandt haben. Und wenn er das Bistumsgut während der Vakanz durch den oeconomus unvermindert erhalten wissen wollte, so unterstand es seiner Ansicht nach doch der königlichen Gewalt, war vom Herrscher dem neuerwählten Bischof zu übertragen und galt als eine Art Königsbenefizium. Auch die Päpste jener Zeit lassen eine einheitliche Linie vermissen. Ihrem nicht seltenen Einsatz zugunsten der alten Wahlbestimmungen, der in einigen wenigen, seit Ende des 9. Jh. vorliegenden Wahlrechtsurkunden sich unter anderem auch gegen den beherrschenden Anteil der Könige wendet, steht die Anerkennung positiver Königsrechte gegenüber, z. B. des Rechts auf Erlaubnis der vorzunehmenden Wahl oder auf Erlaubnis zur Weihe (Johann VIII., Hadrian II.), so daß Johann X. feierlich erklären konnte, nach alter Gewohnheit stünden die Bistumsübertragungen auf einen Kleriker lediglich dem König zu und ohne seinen Befehl dürfe die Bischofsweihe nicht vollzogen werden[11].

Ohne Zweifel waren Papsttum und westfränkischer Episkopat so nachgiebig, weil die Kirche in jenen harten, allmählich chaotische Formen annehmenden Zeiten des weltlichen Schutzes bedurfte und tatsächlich unter einem König immer noch am besten aufgehoben war. Damit allein kann aber die Eingliederung der hohen Geistlichkeit, wie sie etwa mit dem 9. Jh. begonnen und dann ständig ausgebaut worden ist, nicht erklärt werden. Sie wäre kaum geglückt, hätte nicht die Königstheokratie den tragenden Grund abgegeben. Der theokratische Gedanke ist ja mit der Auflösung des karolingischen Imperiums keineswegs untergegangen, er hat sich sogar in den Krönungsordines, die im 9. und 10. Jh. entstanden, ebenso verfestigt wie in der ikonographischen Tradition und überhaupt im Denken und Fühlen der damals lebenden Menschen. Thietmar von Merseburg gab ein weithin verbreitetes Empfinden wieder, indem er die Könige über die Bischöfe stellte, sich aber gegen jede andere Abhängigkeit der Bischöfe, die Christus zu Fürsten dieser Erde erhoben habe, verwahrte[12].

[10] Synoden von Yütz, Meaux und Paris: MGCap II 114 399; zum Ganzen vgl. *K. Voigt*, Staat und Kirche (Lit. zum Kap.) 369—378 388—397.

[11] *Jaffé* 3564 3565; gedr. PL 132, 806—808, und *Santifaller*, Reichskirchensystem (Lit. zum Kap.) 118—122.

[12] Chron. I 26: MGSS rer. Germ., ed. *Holtzmann* 33 f; zur Theokratie s. S. 219 Lit. zu Abschn. VII und *G. Tellenbach*, Libertas (Lit. zu Kap. 32) 70—76 85—93.

Papsttum, Kirchenstaat, Papstkanzlei

Die staatsrechtliche Stellung des Papstes unterschied sich wesentlich von jener der Bischöfe und Äbte. Nicht als ob die römische Kirche gänzlich unabhängig gewesen wäre. Von der kaiserlichen Bestätigung der Papstwahlen, einem ursprünglich byzantinischen, unter den Karolingern Lothar I. und Ludwig II. wieder anzutreffenden Recht, ist oben gehandelt worden; desgleichen von der Befugnis der deutschen Kaiser, an den Wahlverhandlungen in maßgebender, bis zur Designation steigerungsfähiger Weise teilzuhaben. Es darf jedoch nicht vergessen werden, daß bei der Einsetzung eines römischen Bischofs die Kaiserrechte nicht über den Wahlakt hinausgingen. Kein Kaiser hat einen Papst durch Investitur in sein Amt eingewiesen, geschweige denn versucht, ihn durch Kommendation vasallitisch zu binden. Die oberherrschaftlichen und eigenkirchlichen Anschauungen, die im fränkischen Bereich Bischöfe wie Äbte in die staatlichen Ordnungen mehr und mehr einfügten, sind auf die römische Kirche nicht angewendet worden. Da es für die Kaiser keine ausreichende rechtliche Handhabe gab, um die dem Papst zukommende Gerichtsimmunität aufzuheben, blieben die oben besprochenen, von Otto I. und Heinrich III. vorgenommenen Absetzungen Episoden. Mochten auch die Päpste bisweilen in bedenkliche Abhängigkeit geraten, sie hielten das Prinzip fest, nicht unter, sondern neben dem Kaiser zu stehen; ja sie besaßen sogar in der Kaiserweihe und -krönung ein bedeutendes Recht; gab es doch seit 850 keinen anderen Akt mehr, durch den die imperiale Würde übertragen werden konnte.

Daß die römische Kirche ihre politische Freiheit behaupten konnte, verdankte sie in erster Linie dem *Kirchenstaat*, jenem mittelitalischen Restbestand byzantinischer Herrschaft, der das Papsttum dort an die Stelle des Basileus treten und es sogar imperiale Herrschaftszeichen, wie Gewandung oder Tiara, und höfisches Kaiserzeremoniell beanspruchen ließ[13]. Freilich ging es um eine Korrelation: Während Kirchenstaat und Übernahme imperialen Gepräges das Papsttum von politischer Untergebenheit weithin bewahrten, schützte die geistliche Autorität des *vicarius Petri* die Existenz des Kirchenstaates; denn die Begründung des Constitutum Constantini, der irdische Kaiser dürfe keine Gewalt an jenem Ort besitzen, wo der himmlische Kaiser das Haupt der christlichen Religion eingesetzt habe, hatte ein ganz eigenes Gewicht. Trotz kaiserlicher Schutzherrschaft und römisch-adeliger Gewaltherrschaft haben die römischen Bischöfe und ihre Mitarbeiter den

[13] Der innere Zusammenhang zwischen dem Programm eines autonomen, aus den Resten byzantinischer Herrschaft bestehenden Kirchenstaates und dem Anspruch auf imperiale Herrschaftszeichen geht aus dem Constitutum Constantini deutlich hervor; zum Constitutum s. oben Kap. 10; der im folgenden zitierte Text in Constitutum Constantini bei *Mirbt,* Quellen 112 (n. 18).

Autonomiegedanken nie aufgegeben. Dies zeigt z. B. der Ausdruck sacrum palatium Lateranense, der im 9. Jh. neben der üblichen Bezeichnung patriarchium aufkam, in der zweiten Hälfte des 10. Jh. sogar in den Vordergrund trat. Hinter ihm standen natürlich die Konzeptionen des Constitutum Constantini. Sie lebten gleichfalls fort in der sogenannten „älteren", wohl 867 bis 877 verfaßten, und der sogenannten „jüngeren Richterliste" aus der ersten Hälfte des 11. Jh., zwei literarischen Arbeiten, die die päpstlichen Würdenträger den Beamten des byzantinischen Kaiserhofes gleichzustellen suchen[14]. Das deutlichste Zeichen für den Anspruch auf kaisergleiche und damit autonome Stellung dürfte jedoch das im *Constitutum* eigens genannte Kaisersymbol der Tiara sein; mit ihr ist Sergius III. (904—911) auf einem Silberdenar abgebildet[15], und es besteht kein Grund, den Gebrauch des Symbols durch Sergius für eine Ausnahme zu halten. Ausgerechnet unter Sergius III. setzte die römische Adelsherrschaft ein, aber die in der Tiara verkörperte Idee sollte sie überdauern und überwinden. In der gregorianischen Reformzeit frei geworden, schickte sich die römische Kirche an, einen regelrechten Souveränitätsanspruch auf Rom und den Kirchenstaat auszubilden.

So zähe die römische Kirche an der Idee des Kirchenstaates festhielt, so kläglich war es für den weitaus größeren Teil des hier zu behandelnden Zeitraums um die Wirklichkeit bestellt. Gewiß mag von seiten der Päpste manches versäumt worden sein, aber die Hauptursache für die Mißerfolge lag an den gegebenen Verhältnissen. Das im spätrömischen Reich einsetzende Ringen zwischen dem Zentralismus einer kaiserlichen Beamtenbürokratie und der dezentralisierenden Tendenz einer neuen, durch soziale Umschichtungen hochgekommenen Klasse von Grundherren hatte im Osten des Imperiums zu einem Vorwiegen des bürokratischen, im Westen des grundherrschaftlichen Elementes geführt. Dem römischen Bischof war dabei eine merkwürdige Mittelstellung zugefallen: als Besitzer zahlreicher, inner- und außerhalb Italiens verstreuter Patrimonien gehörte er eigentlich zu den Grundherren, während ihn seine öffentlich-rechtliche, schon früh in den Dienst des Reiches einbezogene Stellung dazu nötigte, für die Stadt Rom in steigendem Umfang spezifisch staatliche Funktionen zu übernehmen. Solange die byzantinische Herrschaft bestand, verursachte die Erweiterung der päpstlichen Befugnisse keine Spannungen zu den italischen Grundherren, zumal da diese in den ihnen zugänglichen Gebieten gleichfalls möglichst viele staatliche Rechte an sich zu ziehen trachteten. Die Wende kam mit dem Kirchenstaat; denn nun richtete sich das Odium der erbgesessenen Landesaristokratie gegen die päpstlichen, an die Stelle der kaiserlichen Zentral-

[14] Die beiden Listen s. bei *P. E. Schramm:* ZSavRGgerm 49 (1929) 198—232; für die ältere Richterliste wird als mögliche Datierung die Zeit bis zu 962 erwogen von *R. Elze:* StudGreg IV (1952) 29—33.

[15] *S. Déer:* ByZ 50 (1957) 420—427, bes. 425.

gewalt tretenden Herrschaftsansprüche. In dem sofort anhebenden und bis etwa zum Tod Kaiser Lamberts dauernden Ringen zeigte es sich, daß der römischen Kirche nicht genügende weltliche Machtmittel zur Verfügung standen. Vielleicht hätte eine fest zusammengeschlossene Zentralregierung die schwierige Aufgabe lösen können, aber gerade sie fehlte.

Leider sind wir über die Verwaltungsorganisation des Laterans sehr schlecht unterrichtet. Als die leitenden Ressortchefs nennt man gerne die iudices de clero (ordinarii) oder iudices palatini, eine langsam angewachsene, zu Beginn des 8. Jh. 6, im 9. Jh. 7 Beamte zählende und zu einem Kolleg vereinigte Gruppe, bestehend aus dem primicerius, secundicerius, primus defensor, arcarius, sacellarius, nomenculator, protoscriniarius[16]. Gewiß haben diese Männer ursprünglich festumgrenzte Aufgaben betreut, sie dürften sich jedoch schon im Laufe des 8. Jh. jeweils weniger für konkrete Verwaltungsarbeit, um so mehr für die allgemeine Politik interessiert haben. Eine genaue, nach Ressorts vorgenommene Arbeitsteilung läßt sich zumindest nicht erweisen. Was die Quellen erwähnen, sind diplomatische, im Namen des Papstes ausgeführte Aufträge sowie richterliche Tätigkeit in Rom, und zwar in Sachen der streitigen und freiwilligen Gerichtsbarkeit; ferner spielten einzelne Pfalzrichter oft eine führende Rolle in römischen Aufständen, bald als Gegner, bald als Helfer des gerade regierenden Papstes. Auch bei andern hohen Beamten, wie etwa bei dem vestararius (Verwalter der Gewandkammer und der ungemünzten Kostbarkeiten) oder dem vicedominus (Aufseher über den Lateranpalast) ist zu fragen, ob ihre Ämter die ursprüngliche Prägung nicht etwa schon im 8. Jh. verloren haben. Dies schloß natürlich keineswegs die Möglichkeit aus, bedeutende Macht zu erlangen; gerade der Vestarar hat im 9. und 10. Jh. wichtige, mit dem Amt als solche nicht zusammenhängende Funktionen ausgeübt. Für die Bildung einer starken Zentralbehörde lag eine weitere unüberwindliche Schwierigkeit darin, daß es keinen zuverlässigen Beamtenadel gab. Gewiß wurden junge Edelleute im sacrum cubiculum für die höhere Verwaltungslaufbahn eigens geformt und durch Tonsur oder sogar durch niedere Weihen unter die Kleriker eingereiht[17], aber dieses Halbklerikat blieb letztlich Formsache. Es hinderte die Betreffenden weder an der Heirat noch an einer regelrechten Familienpolitik, die gar leicht die Interessen blutsverwandter Landesaristokraten einschließen konnte. Der tiefste Grund für die Schwäche des Kirchenstaates

[16] Zu den ersten 6 Richtern s. oben Kap. 1; das ursprüngliche Amt des letzten Pfalzrichters, des protoscriniarius, ist strittig. Nach *H. Bresslau* (Lit. zum Kap.), I 205—208, wäre er Vorstand der Stadttabellionen gewesen, nach Ansicht *Kehrs:* AAB (1926) Nr. 2 S. 21, und anderer der technische Leiter der Papstkanzlei. Jedenfalls hat er im 10. und beginnenden 11. Jh. eigenhändig ein paar Papsturkunden geschrieben; zum Problem vgl. *P. Rabishauskas,* Die römische Kuriale 69 f.

[17] Zum sacrum cubiculum und zur schola cantorum (orphanotrophium) *L. Duchesne,* L'état pontifical (Allg. Bibl. II, 5) 103—105.

ist letztlich im Papsttum selber zu suchen. Die Päpste hätten die innerlich zersetzten byzantinischen Provinzen zur Einheit nicht zusammenzwingen können, ohne die priesterlichen Ideale zu verleugnen und den Willen zur Macht über alles zu setzen. Daß solche rein weltlich gesinnten Männer in der Regel nicht Petri Stuhl bestiegen, dafür sorgte die Papstwahl, die nun einmal in erster Linie dem römischen Bischof und nicht dem weltlichen Fürsten galt. Selbstverständlich spielten bei ihr auch politische und wirtschaftliche Interessen eine große Rolle, wiederum zum Schaden des Kirchenstaates. Sie änderten nämlich die Machtverhältnisse fast bei jedem Pontifikatswechsel. Die damit gegebenen inneren Zwistigkeiten zersetzten die Kraft der Zentralgewalt. Eine konstante kirchenstaatliche Politik war so gut wie unmöglich.

Auf diesem Hintergrund muß die Geschichte des Kirchenstaates gesehen werden, die oben für die einzelnen Zeitabschnitte bis zur Mitte des 11. Jh. dargelegt ist. Schon unter Leo III. führten innere Streitigkeiten zur Wiederaufrichtung einer kaiserlichen Schutzherrschaft. Bis zu einem gewissen Grade haben die Kaiser des 9. Jh. die ihnen zugedachte Aufgabe tatsächlich erfüllt, wenn auch Ludwig II., dann in gröberer Form die Widonen von Spoleto das kirchenstaatliche Interesse mehr als einmal verletzten. Die mit Ludwigs II. Tod (875) beginnende Katastrophe brach nach Kaiser Lamberts Hinscheiden (898) vollends herein. Als Sergius III. 904 nach 6jährigem Exil zurückkehrte, gelangte die römische Grundherrenaristokratie endgültig zum Sieg. In allen Verwaltungszweigen wurden den Händen der Päpste, so dürfen wir annehmen, die Herrschaftsbefugnisse nach und nach entwunden, während das grundherrlich-feudale Prinzip vordrang und sich unter Alberich verfestigte. Fortan konnte die römische Kirche nur noch wenige, in der Nähe der Stadt gelegene Bruchstücke des alten Patrimonialbesitzes direkt bewirtschaften; fast alle anderen Ländereien und Territorien gingen faktisch in die Verfügungsgewalt des Adels über. Die deutschen Kaiser vermochten diese Verhältnisse nicht mehr zu ändern, ja sie werden das, was letztlich vorgegangen ist, überhaupt nicht verstanden haben; beherrschten sie doch das deutsche Reich, einen feudalistisch gegliederten Personenstaatsverband, mit anderen Prinzipien, als sie die byzantinische und dann die päpstliche Bürokratie im Gebiet des Kirchenstaates hatte anwenden wollen. So sah sich die römische Kirche vor eine neue Situation gestellt. Solange römische Adelsfamilien die weltliche Gewalt ausübten (keineswegs immer zum Schaden der Kirche), mußte das Papsttum den Dingen ihren Lauf lassen; der interessante Versuch Silvesters II., lehnsrechtliche Bindungen einzuführen, blieb ein vereinzelter und wirkungsloser Vorstoß. Im eigenen Haus jedoch, im Lateranpalast, hatte der Zusammenbruch der alten kirchenstaatlichen Ordnung die traditionellen Ämter dermaßen entwertet, daß sich die Päpste zumindest dort mit den Erfordernissen einer gewandelten Zeit auseinandersetzen mußten. Im vollen Umfang ist dies erst während der gregorianischen Reformzeit geschehen, aber bestimmte Ansätze gehen in die

Wende vom 10. zum 11. Jh. zurück. Sie betreffen in erster Linie die päpstliche Kanzlei.

Tatsächlich spiegelt die Geschichte der *Papstkanzlei* die Entwicklung der frümittelalterlichen Verwaltungsorganisation im Lateran besonders deutlich wider. Über ihren vielleicht schon ins 3. Jh. gehenden Ursprung braucht hier nicht gehandelt zu werden. Das Kanzleipersonal wurde von den kirchlichen Notaren gestellt, die sich langsam unter der Leitung des primicerius und seines Stellvertreters, des secundicerius, zu einer schola zusammengeschlossen hatten. Die beiden Vorsteher der schola und wohl eigens ausgewählte Notare erledigten die Kanzleigeschäfte. An erster Stelle standen spezifisch kirchliche Angelegenheiten. Je mehr aber der Patrimonialbesitz anwuchs und die römische Kirche für die Stadt Rom mit staatlichen Funktionen betraut wurde, desto häufiger ging es zugleich um weltliche Verwaltungssachen; nicht selten wurden kirchlichen Notaren die Bewirtschaftung von Patrimonien übertragen. Ihre Ausbildung erhielten die Notare in der schola cantorum (orphanotrophium); obgleich tonsuriert, werden sie in der Regel das Leben verheirateter Laien geführt haben. Für die Kanzlei sind wohl das 7. u. 8. Jh. eine besonders fruchtbare Zeit gewesen. Am Beginn dieser Periode dürfte das Formelbuch des Liber diurnus in seiner ersten, später wiederholt erweiterten Fassung angelegt worden sein[18]. Zugleich bemühte man sich um eine eigene Behördenschrift; die endgültige Form wurde im 8. Jh. — also zur Zeit der Loslösung von Byzanz — erreicht in der sogenannten „römischen Kuriale", einer kalligraphischen Sonderart der römischen Minuskelkursive, die in ihrer Feierlichkeit mit der byzantinischen kaiserlichen Kanzleischrift gleichsam wetteiferte. Wohl schon vor Hadrian I. im wesentlichen ausgeprägt, ist sie bis gegen Ende des 10. Jh. ausschließlich, in den folgenden hundert Jahren neben der siegreich vordringenden fränkischen Minuskel für die Papstprivilegien gebraucht und schließlich aufgegeben worden.

Dank der Privilegien, einer unter Hadrian I. eingeführten und von den Briefen abgehobenen Urkundenform, tritt das Kanzleipersonal aus der Anonymität heraus; denn dort nennt sich jeweils sowohl der Schreiber (notarius, scriniarius, notarius et scriniarius s. romanae ecclesiae oder später s. Lateranensis palatii) wie ein höhergestellter Beamter, der eigenhändig die große Schlußdatierung beifügt und so dem Privileg eine Art amtlicher Rekognition aufdrückt: Es ist entweder einer der obengenannten Pfalzrichter oder der Ende des 8. Jh. aufgekommene bibliothecarius, in der Regel ein Bischof (der berühmte, von Hadrian II. ernannte, aber schon unter Nikolaus I. am Dik-

[18] Ausgaben: Vom Vatikankodex von *Th. Sickel* (Wien 1889); von allen drei Codices von *H. Foerster* (Bern 1958); über die vielen Studien und die Problematik orientieren am besten *L. Santifaller:* HZ 161 (1940) 542—558; *Wattenbach-Levison,* Beiheft von *R. Bucher:* Die Rechtsquellen 55—57.

tat von Briefen beteiligte Anastasius war ausnahmsweise Abt). 7 Pfalzrichter und ein mit ihnen rivalisierender Bibliothekar können unmöglich die Papstkanzlei im eigentlichen Sinne des Wortes geleitet haben. Um ihre Funktionen zu verstehen, müssen wir wahrscheinlich die allzu hohen Vorstellungen, die man sich auch heute noch gerne vom Betrieb der damaligen Papstkanzlei macht, mindern. Die eigentliche Arbeit dürften die notarii et scriniarii erledigt haben, während die hochgestellten Datare unter die mundierte Urkunde gleichsam den amtlichen Schlußstrich setzten, also einen zwar ehrenvollen und finanziell ergiebigen, aber wenige Kenntnisse erfordernden formellen Akt vollzogen. Eine solche Organisation erwies sich gar leicht als unzulänglich, sobald die zu formulierenden Urkunden oder Briefe über den Routinebereich hinausgingen. Dies galt vor allem für schwierige kirchliche Fragen; zu ihrer Erledigung waren die faktisch dem Laienstand angehörenden Kanzleibeamten — den Bibliothekar ausgenommen — sicher nicht genügend geschult. Wenn aber die Diktatoren der Urkunden und Briefe höchstwahrscheinlich je nach den Umständen bestimmt wurden, ganz gleich, ob sie zur Kanzlei gehörten oder nicht, dann dürfte der Kanzlei zu einem guten Teil die innere Geschlossenheit gefehlt haben.

Patrimoniale und staatliche Verwaltungsaufgaben hatten in der Kanzlei das Laienelement hochkommen lassen. Je mehr also der weltliche Besitz der römischen Kirche zurückging, in desto größere Schwierigkeiten mußten Pfalzrichter und Notare geraten. Wohl schon im 9. Jh. im Abstieg begriffen, wurden die Pfalzrichter infolge der dann einsetzenden römischen Adelsherrschaft aus ihrer Stellung im Lateran vollends herausgedrängt, so daß sie gegen Ende des 10. Jh. sogar das Recht auf Datierung von Privilegien verloren, das sie bis dahin, wenn auch jeweils mühsamer, gegenüber dem rivalisierenden Bibliothekar behauptet hatten. Was sie retteten, waren einerseits wesenlose Ehrenrechte des päpstlichen Hofzeremoniells, anderseits ihre richterliche, bis etwa zum Ende des 12. Jh. ausgeübte Zuständigkeit für römische Zivilprozesse.

Auf die Institution der Kanzleinotare wirkte sich der Zerfallsprozeß insofern aus, als es jeweils weniger zu tun gab. Daher begannen die Beamten, zugleich römische Privaturkunden zu schreiben und so allmählich zur Schola der tabelliones urbis überzugehen. Wann immer diese Entwicklung eingesetzt hat: im 10. Jh. oder früher, jedenfalls bereitete sie dem kirchlich-päpstlichen Notariat ein Ende, so daß sich nun die Papstkanzlei den primitiven Verhältnissen, wie sie in den Kanzleien weltlicher Herrscher bestanden, entschieden näherte. Da ihr fortan ein voll organisiertes Personal nicht mehr zur Verfügung stand, brauchte sie um so dringender einen Mann, der sich der laufenden Geschäfte annahm und genug Autorität besaß, Hilfskräfte mobil zu machen. An den Königshöfen war dies der Kanzler. Es will deshalb beachtet sein, daß am Ende des 10. Jh. im Lateranpalast gleichfalls ein cancellarius sacri palatii aufgekommen ist. Über Ursprung und

Kompetenzen dieses neuen Amtsträgers hat man viele Mutmaßungen geäußert[19]. Wahrscheinlich ist er, wie der an den weltlichen Höfen amtierende Kanzler, als der eigentliche Leiter des gesamten päpstlichen Urkundenwesens anzusehen, der dem Bibliothekar nicht viel mehr als eine Art Ehrenpräsidentschaft übrigließ, so daß Benedikt VIII. 1023 das Bibliothekariat ohne Schwierigkeit dem Kölner Erzbischof Pilgrim verleihen konnte. Der Kanzler sorgte offenbar für alles: für das Diktat, für die Reinschrift (die er bisweilen selber erledigte, in der Regel jedoch einem ausgewählten, vielleicht auch in lockerem Angestelltenverhältnis stehenden Stadtskriniar, in geheimzuhaltenden Fällen unter Umständen einem Pfalzkleriker anvertraute) und schließlich für die offizielle Ausfertigung; ja sogar die große Datierung, an sich das Recht des Bibliothekars, wurde nicht selten von ihm hinzugefügt. Der Versuch des Bischofs von Silva Candida, die Kanzleileitung für immer seinem Bistum zu sichern, führte 1037 (nach Erzbischof Pilgrims Tod) zu einer Fusion von Bibliothekariat und Kanzellariat, aber die vorgesehene Bindung an Silva Candida setzte sich zum Glück nicht durch. Von kurzen Unterbrechungen abgesehen, blieben die Kanzler-Bibliothekare jeweils vom Papst ernannte, diensteifrige Diakone oder Priester, die langsam eine neue, von Klerikern getragene Kanzleiorganisation aufbauten sowie neue Urkundenformen entwickelten. Damit gerieten die Stadtskriniare völlig ins Hintertreffen. Zwar zog man sie immer noch zur Mundierung von in Rom ausgestellten Papstprivilegien heran, aber diese Rücksicht auf ein traditionelles Recht mußte einmal ihr Ende finden, und sie fand es auch, als im April 1123 der Franzose Haimerich das Kanzleramt übernahm.

35. Kapitel

Die überdiözesane Hierarchie: Metropoliten, Primaten, Papsttum

LITERATUR: Metropolitanverfassung: *Feine RG* §§ 6 I, 13 I, 22; *E. Lesne,* La hiérarchie épiscopale. Provinces, métropolitains, primats en Gaule et Germanie 742 bis 882 (Paris 1905); nützliche Hinweise bei *P. Imbart de la Tour,* Les élections épiscopales dans l'église de France du IXe au XIIe siècle (Paris 1891); *A. Werminghoff,* Verfassungsgeschichte der deutschen Kirche im Mittelalter (Berlin ²1913) §§ 9 11 31 33; *P. Wagner,* Die geschichtliche Entwicklung der Metropolitangewalt bis zum Zeitalter der dekretalen Gesetzgebung (Diss. masch. Bonn 1917); *H. Barion,* Das fränkisch-deutsche Synodalrecht des Frühmittelalters (Bonn - Köln 1931).

Primaten, Apostolische Vikare: *H. Fuhrmann,* Studien zur Geschichte der mittelalterlichen Patriarchate: ZSavRGkan 70 (1953) 112—176, 71 (1954) 1—84, 72 (1955) 95—183 (mit reicher Lit.).

Papsttum: *Haller* II 235—261; *Z. N. Brooke,* The English Church and the Papacy (Cambridge 1931); *H. M. Klinkenberg,* Der römische Primat im 10. Jh.: ZSavRGkan 72

[19] Zum folgenden *R. Elze:* StudGreg IV (1952) 38—40; *P. Rabikauskas,* Die römische Kuriale 89—100.

(1955) 1—57; mit Erlaubnis des Verf. ist im folgenden benutzt worden *St. Lindemans,* La primauté du pape dans la tradition littéraire de la fin du IXe au début du XIe siècle (Diss. Rom-Gregoriana 1959, im Druck). — Für die Gründung von Bistümern durch das Papsttum vgl. die Übersicht (mit weiterer Lit.) bei *L. Santifaller,* Reichskirchensystem (s. Lit. zu Kap. 34) 217—223.

Papsttum und Klöster: *P. Fabre,* Étude sur le Liber censuum de l'église Romaine (Paris 1892); *H. Hirsch,* Untersuchungen zur Geschichte des päpstlichen Schutzes: MIÖG 54 (1942) 363—433; *H. Appelt,* Die Anfänge des päpstlichen Schutzes: ebd. 62 (1954) 101—111; *W. Szaivert,* Die Entstehung und Entwicklung der Klosterexemtion: ebd. 59 (1951) 265—298; *J. F. Lemarignier,* L'exemption monastique et les origines de la réforme Grégorienne: À Cluny. Congrès scientifique (Dijon 1950) 280—340; *W. Schwarz,* Jurisdictio und Condicio. Eine Untersuchung zu den Privilegia libertatis der Klöster: ZSavRGkan 76 (1959) 34—98, weitere Lit. bei *Feine RG* § 18 III, bes. Anm. 15.

Heiligsprechung: *E. W. Kemp,* Canonization and Authority in the Western Church (London 1948); *R. Klauser,* Zur Entwicklung des Heiligsprechungsverfahrens bis zum 13. Jh.: ZSavRGkan 71 (1954) 85—101 (mit Lit.).

Bußwesen: *E. Göller,* Papsttum und Bußgewalt in spätrömischer und frühmittelalterlicher Zeit (Freiburg 1933).

Legaten: *K. Ruess,* Die rechtliche Stellung der päpstlichen Legaten bis zu Bonifaz VIII. (Paderborn 1912); *O. Engelmann,* Die päpstlichen Legaten in Deutschland bis zur Mitte des 11. Jh. (Diss. Marburg 1913); *Th. Schieffer,* Die päpstlichen Legaten in Frankreich vom Vertrag in Meersen (870) bis zum Schisma 1130 (Berlin 1935).

Reimser Streit 989—997: *Fliche-Martin* VII 68—75; *M. Uhlirz,* JbbDG unter Otto III. (passim); *P. Cousin,* Abbon de Fleury-sur-Loire (Paris 1954); zu Gerbert s. Lit. in Kap. 28 Anm. 16.

Die überdiözesanen Zusammenschlüsse der kirchlichen Hierarchie sind im Westen zu einem guten Teil den politischen Wirren des 7. und 8. Jh. zum Opfer gefallen. In Noricum, Pannonien, Illyrien, Thrakien, Griechenland hatten die mit Slawen und Awaren geführten Kämpfe verheerende Folgen, und in Gallien wurden unter den letzten Merowingern die Kirchen von den Magnaten so rücksichtslos ausgebeutet, daß die Metropolitanverbände zerfielen und nicht wenige Bistümer unbesetzt blieben. Den schwersten Schlag erlitt die abendländische Christenheit durch den Islam. Seine Herrschaft ließ mit der Zeit die Bistumsorganisation Nordafrikas (später auch Siziliens) völlig, die von Spanien teilweise untergehen. Daß gerade diese beiden selbstbewußten, je unter einem Primas stehenden Kirchen ausschieden, bedeutete für den christlichen Westen den Verlust eines guten Stücks altchristlicher Tradition. Um so stärker rückte nun die Institution ins Blickfeld, die ihr altes Recht nicht bloß prinzipiell festgehalten, sondern auch auf dem angelsächsischen, friesischen und mitteldeutschen Missionsboden durch die Gründung von Bistümern, in England auch von Metropolitansitzen, eindrucksvoll herausgestellt hatte: das Papsttum. Frei entfalten konnte es sich freilich nicht. Mehr denn je bezog das Königtum die kirchliche Hierarchie in den Dienst des Staates ein. Selbst im rein innerkirchlichen Bereich fehlte es nicht an Kräften, die den römischen Ansprüchen entgegenstanden. Das Verhältnis zwischen Papsttum und Episkopat litt daher während des hier zu behandelnden Zeitraums an einer gewissen Zwiespältigkeit. Und doch sind damals wesentliche Entscheidungen gefallen. Während die vorwärtsdringende Zeit das alte Metropolitanrecht stark abschwächte und echte übermetropolitane Bildungen, wie Landesprimaten, überhaupt nicht aufkommen ließ, konnte sie dem auf göttliches Recht gegründeten Papsttum im eigentlichen nichts anhaben. So bereitete sich die kirchliche, mit der gregorianischen Reform anhebende Entwicklung vor.

Die Metropolitanverfassung

Der altchristliche Metropolitanverband ist an sich aus der Kollegialität des in der apostolischen Sukzession stehenden Episkopates ohne direkte Beteiligung des Heiligen Stuhles hervorgegangen, wenn er auch mit dem Nachfolger Petri in der Communio stehen mußte und insofern die einende Funktion des römischen Primates zur Geltung kam. Durch diesen seinen autogenen Ursprung unterschied sich der Metropolitanverband wesentlich von den Apostolischen Vikariaten von Thessalonich und Arles, die das Papsttum im 5. Jh. als seine stellvertretenden Instanzen mit delegierten Teilvollmachten eingerichtet und im 6.—7. Jh. praktisch aufgegeben hatte. Seine Verfassung war, zumindest im Westen, vorwiegend kollegial bestimmt. Oberste Instanz war die Provinzialsynode. Ihr gegenüber spielte der Metropolit nicht viel mehr als die Rolle des Obmanns; er berief sie ein, leitete sie und wachte über die Durchführung ihrer Beschlüsse; doch konnte sich sein Oberaufsichtsrecht dahin ausweiten, daß er Bistümer visitierte und die Verwaltung einer verwaisten Diözese kontrollierte. Zuständig waren die westlichen Provinzialsynoden sowohl für Gesetzgebung wie für Verwaltung und Rechtsprechung. Sie errichteten z. B. neue Diözesen, waren maßgeblich an der Erhebung neuer Bischöfe beteiligt, sie erlaubten in Ausnahmefällen den Übergang eines Bischofs auf ein anderes Bistum, zogen angeschuldigte episcopi comprovinciales vor ihr Gericht und setzten sie unter Umständen ab. Ihre Tätigkeit konnte jedoch durch höhere Instanzen beeinträchtigt werden. In Italien gab der landesprimatiale Vorrang des Papstes den römischen, in Nordafrika der des Bischofs von Karthago den von ihm einberufenen Synoden das Übergewicht; auch im westgotischen Spanien hatte sich eine übermetropolitane Synodalpraxis stark entwickelt[1]. Neben und über allen diesen Verbänden stand natürlich der Heilige Stuhl, Träger des Universalprimats und zugleich des Patriarchats über den Westen.

Diese zu einem guten Teil fließenden Rechtsverhältnisse mußten von neuem in Bewegung geraten, sobald im karolingischen Imperium, im Kern-

[1] Über Karthago und Toledo vgl. *H. Fuhrmann*, Patriarchate: ZSavRGkan 70 (1953) 139 bis 147; über die oben erwähnten Vikariate von Arles und Tessalonich s. ebd. 147—176.

gebiet des christlichen Abendlandes, die Kirchenprovinzen wiederhergestellt oder, wie in Austrasien, überhaupt erst geschaffen wurden. Allein schon die Tatsache, daß Karl der Große in Übereinstimmung mit dem Heiligen Stuhl die hierarchische Ordnung durchführte, zeigte an, wie sehr sich die Lage gewandelt hatte. Während in altchristlicher Zeit Diözesen und Provinzialverbände vom Episkopat gebildet worden waren, gingen sie künftig aus dem Zusammenwirken der weltlichen und der päpstlichen Gewalt hervor, wobei dem Heiligen Stuhl der rechtlich entscheidende Akt, die kanonische Errichtung, zustand. Die Karolinger sahen wohl den Nutzen der Kirchenprovinzen hauptsächlich darin, daß der Episkopat durchgegliedert wurde und dadurch leichter in die Einheit des Reiches eingefügt werden konnte. Auf einen möglichst geschlossenen Reichsepiskopat kam es ihnen letztlich an. Ihn riefen sie zu den großen Reichssynoden, um dort die wichtigeren kirchlichen Fragen zu regeln. Die Folge davon war, daß die Provinzialsynoden an Bedeutung verloren, ja sogar die im Westen geltende Praxis, einmal im Jahr zusammenzutreten, mehr und mehr in Verfall geraten ließen.

Wie oben dargelegt worden ist (s. Kap. 34), hat der Niedergang des karolingischen Imperiums die Herrscher in steigendem Maße veranlaßt, die Erhebung der Bischöfe von sich abhängig zu machen. Sie raubten damit dem Metropolitanverband ein wichtiges Recht. Noch zur Zeit Hinkmars von Reims pflegten die fränkischen Metropoliten einen ihrer Suffragane als Visitator in die verwaiste Diözese zu senden, unter dessen Aufsicht die Wahl vollzogen wurde; es folgte die Prüfung sowohl des Wahlvorganges wie des Erwählten durch Metropolit und Suffragane, die Bestätigung durch den Metropoliten und endlich die Weihe. Damals hat sogar der westfränkische Episkopat versucht, eine Art Devolutionsrecht zu schaffen: Bei Mißbrauch des Wahlrechts durch Klerus und Volk sollten Metropolit und Suffragane den neuen Bischof von sich aus bestimmen dürfen[2]. Der Anspruch richtete sich in erster Linie gegen die inzwischen aufgekommene Designation durch den König. Obwohl er bisweilen von starken Persönlichkeiten, wie Hinkmar, durchgesetzt werden konnte, war jedes Bemühen gegenüber dem ständig wachsenden politischen Chaos vergeblich. Die Bestellung der Bischöfe gewann für die um ihre Macht ringenden weltlichen Fürsten einen solchen Wert, daß sie so gut wie ganz in ihre Hände überging, während die Rechte des Metropolitanverbandes auf die Weihe des schon investierten Bischofs und auf die damit verbundene Zeremonie des Scrutiniums eingeschränkt wurden.

[2] Wichtige Texte aus Werken Hinkmars von Reims: PL 126, 190—197 (bes. 194 C—D) 260 C—D 311 D; zu Hinkmar vgl. *H. G. J. Beck:* CHR 45 (1959/60) 273—308; zum Ganzen *P. Imbart de la Tour,* Les elections épiscopales 195—209. Gegen Ende des Jahrhunderts versuchten einzelne Erzbischöfe, die Wahl der Suffraganbischöfe ganz in ihre Hand zu bekommen; vgl. dazu auch *Dumas:* Fliche-Martin VII 212—215. Der Grundgedanke, ein Devolutionsrecht zu schaffen, wurde aufgegriffen von der römischen Synode 1080; s. Register Gregors VII., VII 14a Nr. 6 (ed. *Caspar* 182).

Nicht bloß die weltlichen Herrscher, auch die Bischöfe haben zur Schwächung der Metropolitanverfassung beigetragen. Der Rückgang der Synodalpraxis einerseits, anderseits das erhöhte Ansehen, das die Metropoliten durch den neuen Titel Erzbischof und durch das ihnen nunmehr zukommende Pallium besaßen (s. Kap. 12, 23), ließen die westfränkischen Erzbischöfe versuchen, gegenüber den episcopi comprovinciales — für die seit dem ausgehenden 8. Jh. der bezeichnende Ausdruck suffraganei, das heißt Gehilfen, aufzukommen begann — ihre Stellung im Sinne einer jurisdiktionellen Überordnung auszubauen. Der unter Hinkmar von Reims ausbrechende Konflikt mit den Suffraganen, von denen einige auch an den Papst appellierten, hätte keine allzu große Bedeutung erlangt, wenn er nicht in Briefen der Päpste, insbesondere Nikolaus' I., und vor allem in den pseudoisidorianischen Dekretalen seinen Niederschlag gefunden hätte. Die Verfasser des Pseudo-Isidor (Kap. 23) waren bemüht, die Befugnisse der Erzbischöfe von unten und zugleich von oben her einzuschränken: von unten, indem sie das synodale Prozeßverfahren bezüglich der Suffraganbischöfe möglichst erschwerten, von oben durch Hervorheben der päpstlichen Autorität. Anknüpfend an das Konzil von Sardica, das für angeklagte Bischöfe den Heiligen Stuhl als letzte Appellationsinstanz vorgesehen hatte, sowie an die Forderung Innozenz' I., alle causae maiores nach Rom zu leiten, spitzten sie mit gefälschten Texten das Recht in dem Sinne zu, daß der Bischof in jedem Prozeßstadium an den Heiligen Stuhl appellieren und der angerufene Papst die Sache sofort an sich ziehen dürfe, daß über Bischöfe gefällte Synodalurteile vom Papst approbiert werden müßten und daß unter den causae maiores (für die ja Rom zuständig sein sollte) insbesondere die die Bischöfe betreffenden Angelegenheiten zu verstehen seien. Eine weitere Sicherung bauten sie ein, indem sie den längst aufgestellten päpstlichen Anspruch auf Einberufung und Bestätigung der allgemeinen Synoden möglichst weit faßten und damit einen guten Teil des Synodalwesens dem Heiligen Stuhl unterstellten[3]. Nikolaus I. hat nicht versäumt, die neuen Prinzipien, die seinen eigenen Ideen entgegenkamen, zu verwenden. Weder er noch Pseudo-Isidor setzten sich zwar durch, aber ihre Ansprüche wirkten fort. Fast in jeder Rechtssammlung der vorgregorianischen Zeit (Süditalien ausgenommen) haben sie mehr oder minder starke, direkte oder indirekte Spuren hinterlassen, ganz zu schweigen von der gregorianischen Reformbewegung, die Pseudo-Isidor, zum Teil auch Nikolaus' I. Briefe aufgriff und weitgehend zur Geltung brachte.

In eine neue Richtung ist endlich das Metropolitanrecht durch die stärkere Romverbundenheit der Erzbischöfe gewiesen worden, und zwar auf dem

[3] Zu Pseudo-Isidor und Nikolaus I. s. Lit. bei *Feine RG* § 17 II (am Ende); die Fälscher wollten wohl dem Papst zwar ein Berufungsrecht für die Nationalsynoden prinzipiell zuerkennen, es aber bei Provinzialsynoden auf bestimmte Fälle, vor allem auf die gegen Bischöfe erfolgenden Synodalprozesse, beschränkt wissen; so *H. Barion*, Synodalrecht 370—373; vgl. auch ebd. 377—382 und *St. Kuttner:* StudGreg II (1947) 392 Anm. 20.

Weg über das Pallium. Das liturgische, wohl dem byzantinischen Hofzeremoniell entstammende Ehrenzeichen stand im Westen an sich bloß dem Papst zu, wurde aber von ihm an einzelne andere Bischöfe als besonderer Gunsterweis gegeben[4]. Eine rechtliche Bedeutung besaß es ursprünglich nicht. Die Missionierung der Angelsachsen veranlaßte zwar Gregor d. Gr., Bonifaz V. und Honorius I., den zu Erzbischöfen ernannten Missionsleitern das Pallium und in Verbindung mit ihm das Recht auf Ordination künftiger Suffraganbischöfe zu verleihen, und Gregor III. griff bei der Erhebung des heiligen Bonifatius zum Missionserzbischof auf diese Praxis zurück[5], das waren jedoch Sondermaßnahmen, die die übliche Form der Palliumverleihung nicht berührten. Erst der seit Ende des 8. Jh. aufkommende Brauch, sämtliche Metropoliten nach angelsächsischem Vorbild sowohl mit dem Titel eines Erzbischofs wie mit dem Pallium zu schmücken, führte zu Änderungen. Das Papsttum gestaltete nunmehr die Palliumvergebung an Erzbischöfe zu einem Akt um, der einer Konfirmation gleichkam und die Möglichkeit bot, die metropolitane Gewalt von der des Papstes abzuleiten. Die neuen, von Rom aufgestellten Normen verpflichteten jeden neuerhobenen Erzbischof, innerhalb dreier Monate um das Pallium zu bitten, dabei sein Glaubensbekenntnis vorzulegen und vor Empfang der Insignie — wir berühren den entscheidenden Punkt — weder Ordinationen von Suffraganbischöfen vorzunehmen noch den Thronsitz zu besetzen. Der rechtliche Sinn der zuletzt angeführten Forderung kann aus den erhaltenen Quellen des 9. Jh. nicht genau bestimmt werden, aber im 10. Jh. bringen mehrere Palliumprivilegien zum Ausdruck, daß der Papst mit der Insignie das Recht auf Weihe der Suffraganbischöfe gewähren wollte. In gleicher Weise wird bisweilen auch das Recht auf den Titel Erzbischof mit der Palliumverleihung verbunden, und in einem Privileg Johanns XIX. sind zum ersten Male typische Legatenrechte hinzugefügt: Vorantragen des Kreuzes, Reiten auf rot geziertem Pferde an Festtagen, Erledigung von eiligen, an sich dem Heiligen Stuhl zustehenden Fällen[6]. So entwickelte sich das Pallium jeweils deutlicher zu einem Symbol der Metropolitangewalt; seine Verleihung ließ den Erzbischof mehr und mehr als einen Stellvertreter des Papstes mit delegierter Teilhabe am Universalprimat erscheinen, eine Anschauung, die sich ja tatsächlich nach der Mitte des 11. Jh. langsam durchsetzen sollte. Bis dahin gelangte sie noch nicht zu allgemeiner Geltung. Johann VIII. beklagte sich über westfränkische Erzbischöfe, die vor dem Besitz des Pal-

[4] Für das Pallium ist unentbehrlich, wenn auch nicht immer zutreffend, *J. Braun,* Die liturgische Gewandung in Occident und Orient (Freiburg 1907) 620—676; *C. B. Graf von Hacke,* Die Palliumverleihungen bis 1143 (Göttingen 1898); über den Ursprung aus byzantinischem Hofzeremoniell s. *Th. Klauser,* Der Ursprung der bischöflichen Insignien und Ehrenrechte (Krefeld o. J.) 18—22.

[5] *Jaffé* 1829 2006 2020 2239.

[6] Germania Pontificia (Allg. Bibl. I, 5) I, n. 37; Salzburger Urkundenbuch II, n. 74.

liums Suffragane ordinierten[7], und die folgenden Zeitwirren waren sicher nicht geeignet, eine bessere Disziplin zu erzwingen. Aufs Ganze gesehen, machte dies wenig aus. Zu einer prinzipiellen, auf Ideen gründenden Widerstandsbewegung ist es nicht gekommen; die Mehrzahl der Erzbischöfe dürfte die römischen Vorschriften beobachtet haben. Selbst der mit der Palliumverleihung aufgekommene Gedanke einer Teilhabe am Primat scheint bei ihnen eingedrungen zu sein; so heißt es in der unter Erzbischof Friedrich von Salzburg wohl 974—977 angefertigten Fälschung eines Papstprivilegs[8] „Petri Apostoli successores per loca ... constituerunt archiepiscopos qui eorum vices tenerent in ecclesiis." Die hier vollzogene Gleichsetzung von Erzbischof und Apostolischem Vikar dürfte zeigen, daß ein Wesenszug der altchristlichen Metropolitanverfassung, nämlich ihr autogener, auf der Kollegialität des Episkopats beruhender Ursprung, dem lebendigen Bewußtsein der abendländischen Christenheit entschwunden war. Der Sieg der römischen Idee war nur eine Frage der Zeit.

Primaten, Apostolische Vikare und Legaten

Die Missionstätigkeit von Willibrord und Bonifatius sowie der Beginn einer fränkischen Kirchenreform haben im 8. Jh. die Päpste veranlaßt, einzelne Bischöfe mit der übermetropolitanen Würde eines Erzbischofs und mit vikariellen Vollmachten auszustatten. Diese Notbehelfe wurden überflüssig, als Karl der Große die Metropolitanverfassung wiederherstellte: Metropolitenamt und erzbischöfliche Würde vereinigten sich. Übermetropolitane Instanzen zu schaffen ist fortan nicht mehr gelungen, obwohl es zwei karolingische Kaiser und später einige Erzbischöfe versucht haben. Daß Papst Sergius II. 844 Bischof Drogo von Metz mit dem Vikariat über sämtliche transalpinen Kirchenprovinzen betraute, ist wohl auf die Initiative Kaiser Lothars I. zurückzuführen, und Karl der Kahle erwirkte nach seiner Kaiserkrönung von Johann VIII. ein ähnliches Privileg für Erzbischof Ansegis von Sens. Beide Verfügungen scheiterten sofort am Widerstand des Episkopates. Noch zu Lebzeiten Ansegis' erbat und erhielt Rostagnus von Arles den Vikariat für Gallien. Im 10. Jh. haben auch andere Hierarchen durch päpstliche Privilegien die übermetropolitane Autorität eines Primaten, Apostolischen Vikars oder Legaten zugesichert erhalten oder von sich aus einen Primat beansprucht. So ließen sich vom Heiligen Stuhl bestätigen: Mainz den Vikariat und die Legation für Germanien und (das lothringische) Gal-

[7] MGEE V, n. 120, S. 110; n. 99, S. 93; Synode von Ravenna c. 1: Mansi XVII 337; *P. Grierson*, Rostagnus of Arles and the Pallium: EHR 49 (1934) 74—83.

[8] Germania Pontificia (s. oben Anm. 6) I, n. 35: PL 135, 1081; zur Fälschung *A. Brackmann*, Studien und Vorarbeiten zur Germania Pontificia I (Berlin 1912) 93—103.

lien, Trier dasselbe, Magdeburg den Primat in den rechtsrheinischen und die Parität mit den übrigen Erzbischöfen in den linksrheinischen Gebieten; Sens soll (man darf daran zweifeln) den Ansegis übertragenen Primat über Gallien und Germanien bis zum Ende des 10. Jh. behauptet haben. Und 1049 ist der Erzbischof von Reims mit dem Anspruch aufgetreten, er sei der Primas in Gallien. Allein schon der Widerspruch, in dem die Privilegien oder die Ansprüche zueinander stehen, zeigt die praktische Bedeutungslosigkeit der in ihnen enthaltenen Vorrechte. Außerdem fehlte dem jeweils angestrebten primatialen Vorrang die klare juridische Form.

Es gab im Grunde nur eine einzige konsequent ausgebildete Primatenlehre, und sie beruhte auf Erfindung der pseudoisidorianischen Fälschergruppe. Um die Gewalt der Metropoliten von oben her besser einzugrenzen, hat sie als übermetropolitane, mit kargen Rechten ausgestattete Appellationsinstanz einen primas-patriarca aus dem Nichts geschaffen. Ihre gefälschten Belege knüpften an die altrömische, in der notitia Galliarum enthaltene Provinzeinteilung an; da jede Provinz in Unterbezirke (z. B. Belgica prima et secunda) gegliedert war, wurde der Bischof der sedes prima, das heißt der Metropole der ersten Unterprovinz, zum Primas-Patriarch über die Metropoliten der andern Unterprovinzen erklärt. Die Idee hat Thietgaud von Trier, dessen Sitz ja die Metropole der Belgica prima gewesen war, sofort aufgegriffen. Er ist jedoch von Hinkmar von Reims überspielt worden; denn dieser ließ sich nun in glatter Verkehrung der pseudoisidorianischen Konzeption von den Päpsten als Primas der Belgica secunda, das heißt seiner Kirchenprovinz, bestätigen. Erst 200 Jahre später schien der Wunsch der Fälscher in Erfüllung zu gehen; ihre Primatenkonstruktion wurde geglaubt und verwirklicht. Freilich gelangten die damit ausgezeichneten Kirchen gar nicht oder wenig über einen Ehrenvorrang hinaus (Kap. 49).

Das Papsttum

Je mehr im 8.—9. Jh. ost- und westkirchlicher Bereich politisch und geistig auseinandertraten, desto eindeutiger wurde die römische Kirche auf den germanisch-romanischen Westen verwiesen. Für die Entfaltung des römischen Primats bedeutete dies eine entscheidende Wende. Gab es doch im Abendland keinen Kaiser und keinen Patriarchen mehr, die gegenüber Rom eine konkurrierende kirchliche Gewalt hätten ausspielen können. Dank des Patriarchates über den Westen und zugleich des Universalprimates, der die patriarchalische Gewalt überstrahlte und gleichsam aufsog, nahm der römische Bischof innerhalb der abendländischen Hierarchie unbestritten den ersten Platz ein. Dem Nachfolger Petri brachten die germanischen Völker eine eigene Ehrfurcht entgegen. Seit dem 5. Jh. hatte sich innerhalb und außerhalb Roms, nicht zuletzt auch im merowingischen Gallien, ein Petruskult entwickelt, der die petrinische Binde-und-Löse-Gewalt in den Mittelpunkt stellte und den Apostelfürsten als Himmelspförtner feierte; von römischen Missionaren war der Kult zu den Angelsachsen getragen worden. Obschon nicht spezifisch germanischen, geschweige denn angelsächsischen Ursprungs[9], hat er die primitiv denkenden Germanen besonders stark angesprochen. Weiterhin kam es der römischen Kirche zustatten, daß man sie als die Mutter aller westlichen Kirchen betrachtete. Der schon von Innozenz I. geäußerte[10], im kirchlichen Gallien sehr bald legendarisch ausgestaltete Gedanke erfaßte während des 8.—9. Jh. zahlreiche Kirchen Neustriens, in Austrasien vor allem Trier und Köln. Sie alle führten ihre Gründung auf Männer zurück, die entweder Petrus oder sein Nachfolger Clemens ausgesandt habe, andere auf Paulus-Schüler, bis dann im 10. Jh. einzelne westfränkische Bistümer dazu übergingen, den Ursprung nicht mehr von Rom, sondern aus dem Kreis der 72 Jünger des Herrn abzuleiten[11].

Die nach Rom weisenden Legenden vermochten über die Vorrechte des Heiligen Stuhles so gut wie nichts, der Petruskult wenig Bestimmtes auszusagen. Selbst der auf göttliches Recht gegründete Universalprimat, von westfränkischen Theologen gegenüber Photius entschieden verteidigt[12], bedurfte der genaueren Fassung durch das positive, von Menschen gesetzte ius ecclesiasticum[13]. Hier wirkten leicht zeitbedingte Umstände oder sogar prinzipielle Meinungsverschiedenheiten ein. Das Papsttum hat es erfahren, als es

[9] So *Th. Zwölfer*, Sankt Peter, Apostelfürst und Himmelspförtner. Seine Verehrung bei den Angelsachsen und Franken (Stuttgart 1929), und im Anschluß an ihn *Haller* I, S. IXf 467—471, mit der These von dem germanischen, bei den Angelsachsen aufgekommenen Petruskult, der der Primatsidee wie ein fremdes Reis aufgepfropft worden sei und sie so neu belebt habe. Beide Autoren sind berichtigt worden durch *K. Hallinger*, Römische Voraussetzungen der bonifatianischen Wirksamkeit im Frankenreich: St. Bonifatius. Gedenkgabe (Fulda 1954) 320—361; *E. Ewig*, Der Petrus- und Apostelkult im spätrömischen und fränkischen Gallien: ZKG 71 (1960) 215—251; *ders.*, Die Kathedralpatrozinien im römischen und fränkischen Gallien: HJ 79 (1960) 1—61; *F. Susman*, Il culto di S. Pietro a Roma dalla morte die Leone M. a Vitaliano 461—672: ADRomana 84 (1961) 1—192; vgl. auch *J. Szöverffy*, St. Peter in Medieval Latin Hymns: Tr 10 (1954) 275—322.

[10] *Jaffé* 311; PL 20, 551 f.

[11] Für Frankreich s. *A. Dumas*: Fliche-Martin VII 179—186; vgl. ferner *E. Ewig*, Kaiserliche und apostolische Tradition im mittelalterlichen Trier: Trierer Zschr. für Gesch. u. Kunst 24—26 (1956/58) 147—186; Geschichte des Erzbistums Köln I, bearb. von *W. Neuss* und *F. W. Oediger* (Köln 1964).

[12] *Ratramnus*, Contra Graecorum opposita: PL 121, 334—346; *Aeneas von Paris*, Liber adversus Graecos, cap. 187—209: PL 121, 748—759.

[13] Wer von den mittelalterlichen Autoren die positiv-rechtlichen Primatsprivilegien im Auge hat, muß keineswegs den göttlich-rechtlichen Grundcharakter des römischen Primats geleugnet haben. Die absolute Gegenüberstellung der beiden Sichten in Form eines „leoninischen" und eines „cyprianischen Typus" in der oben (Lit.) zitierten Arbeit von Klinkenberg ist daher methodisch unzulässig, ganz zu schweigen von den wenig überzeugenden Deutungen einzelner Stellen; vgl. auch die Kritik von *H. Keller*: DA 20 (1964) 354 Anm. 134.

unter Nikolaus I. nicht bloß die alte Tradition in ihrer ganzen Fülle aufgriff, sondern auch energisch weiterzuführen suchte. Es wollte den Primatsanspruch an die neue Phase angleichen, in die es mit Beginn der Karolingerzeit eingetreten war. Daß die Initiative zeitgemäß war, zeigen die unabhängig von Rom in dieselbe Richtung drängenden pseudo-isidorianischen Dekretalen. Und doch standen unüberwindliche Hindernisse entgegen. Wenn auch die Bischöfe das göttlich-rechtliche Fundament des von Nikolaus beanspruchten Vorrangs nicht zu leugnen wagten, waren sie sich doch bewußt, als Nachfolger der Apostel eine Gewalt zu besitzen, die gleichfalls auf Christus zurückging. So lebte das uralte, in altchristlicher Zeit nicht durchgeklärte Problem des Verhältnisses zwischen primatialer und episkopaler Gewalt wieder auf. Um es zu lösen, reichten die damals vorhandenen geistigen Kräfte nicht aus. Die neuen Ansprüche des Papstes fanden um so weniger Verständnis, als die Menschen des Frühmittelalters eine statische, das alte Recht zäh bewahrende Rechtsauffassung hatten. Als dann mit der Auflösung des karolingischen Imperiums das politische Chaos hereinbrach, als sich die Nachfolgestaaten bildeten und das Papsttum, unter die Herrschaft des römischen Adels gebeugt, zutiefst erniedrigt wurde, da gehörte Nikolaus' I. Initiative der Vergangenheit an. Vergangenheit vermag jedoch weiterzuwirken. Sie hat es in unserm Falle getan, wenn auch in einem je nach Ländern und Persönlichkeiten verschiedenen Grade.

Befragen wir die Rechtssammlungen jener Zeit[14], heben sich sogleich zwei süditalische, von griechisch-kirchlichen Auffassungen bestimmte Werke als Fremdkörper ab: die Collectio IX librorum (entstanden 920—930) und die Collectio V librorum (ca 1020). Die typisch abendländischen Kompilationen halten in der Regel an der römischen Tradition durchaus fest, das heißt, sie erkennen eine auf Christus gegründete kirchliche Oberhoheit des Papstes an. Bezüglich der konkreten Primatsrechte enthalten sie jedoch beträchtliche Unterschiede. So faßt z. B. die kurz nach 882 in Mailand entstandene Collectio Anselmo dedicata die päpstliche Vollmacht im Anschluß an Pseudo-Isidor so weit wie irgendmöglich, Burchard von Worms (1025) dagegen hält in seinem Dekret bestimmte, durch Ansprüche des Episkopates gezogene Grenzen ein, was den wohl süddeutschen Kompilator der Collectio XII partium veranlaßt hat, den Primat wiederum stärker herauszustellen. In den gehaltvollen Schriften, die Auxilius zu Beginn des 10. Jh. zur Verteidigung der formosianischen Weihen verfaßte[15], sind sogar zwei Anschau-

[14] Zu den meist unedierten Rechtssammlungen vgl. *Fournier-LeBras* I (Allg. Bibl. I, 4); das Dekret Burchards: PL 140, 537—1058; vgl. *A. M. Koeniger,* Burchard von Worms und die deutsche Kirche seiner Zeit (München 1905); zur handschriftlichen Verbreitung des Dekrets *O. Meyer:* ZSavRGkan 55 (1935) 141—183; *F. Pelster:* MiscMercati II 114—157; StudGreg I (1947) 321—351; über die Aufnahme des Dekrets in Italien *C. G. Mor:* ebd. (1947) 197—206.

[15] *Auxilius,* In defensionem sacrae ordinationis papae Formosi, ed. *E. Dümmler,* Auxilius

ungen über den päpstlichen Primat, eine extrem papalistische und eine gemäßigte, anzutreffen. Um in dem verwirrenden Bild einen festen Anhalt zu finden, soll der Standpunkt Burchards von Worms, also des erfolgreichsten Autors, kurz umrissen werden. Trotz einer umstrittenen Stelle[16] kann kein Zweifel sein, daß Burchard kein episkopalistisches System vertreten, sondern eine echte, von Christus gestiftete römische Primatsgewalt bejaht hat. Der Papst bildet für ihn die höchste Instanz für die causae maiores, auch und gerade hinsichtlich der Streitfragen unter Bischöfen; seine Dekretalen nehmen unter den Rechtsquellen eine besondere Stellung ein; er hat das Recht auf Einberufung und Bestätigung der allgemeinen Synoden; die Tradition der römischen Kirche ist verbindlich; kanonische Bücher unterliegen ihrer Approbation; für Synodalurteile über Bischöfe gilt der Vorbehalt salva in omnibus apostolica auctoritate; die Bischöfe können an den Heiligen Stuhl appellieren, und der Papst darf Bischöfe ab- oder einsetzen; Translationen von Bischöfen bedürfen der Zustimmung des Provinzialepiskopates oder des Heiligen Stuhles; dagegen hat Burchard eine unmittelbare Jurisdiktionsgewalt des Papstes über die einzelnen Gläubigen nur in beschränktem Umfang zulassen wollen. Andere Sammlungen bringen mehr: so etwa die Irrtumslosigkeit der römischen Kirche; die Gerichtsimmunität des Papstes, sofern er nicht Häretiker ist[17]; sein Recht, alte Canones gegebenenfalls abzuändern oder neue Normen zu setzen, die Kleriker einer beliebigen Kirche zu weihen, von allen Sünden sowie vom Eid loszusprechen u. a.; auch die Erbheiligkeit des vicarius Petri muß zur Zeit des Auxilius, der gegen sie polemisiert, Anhänger gehabt haben[18]. Was wir hier aus verschiedenwertigen und untereinander abweichenden Quellen summarisch aufreihen, dürfte wenigstens zeigen, daß der Traditionsstrom bezüglich des römischen Primats sich zwar deltaförmig verteilt hat, aber weitergeflossen und zu einem guten Teil zusammen mit Pseudo-Isidor und andern älteren Quellen direkt in die gregorianische Reformbewegung eingemündet ist.

und Vulgarius (Leipzig 1866) 59—105; De ordinationibus a Formoso papa factis: PL 129, 1059—1074; zu ergänzen durch *E. Dümmler* a. a. O. 107—116; Infensor et defensor: PL 129, 1074—1102. Zumindest das zweite Werk war sowohl Petrus Damiani wie Humbert von Silva Candida bekannt; vgl. *J. Ryan,* Saint Peter Damian and his Canonical Sources (Toronto 1956) 162—164.

[16] I, c. 3: PL 140, 549 f; besser als die episkopalistische Deutung von Koeniger (s. Anm. 14) 60 ist wohl die von *P. Fournier,* Le Décret de Bourchard de Worms: RHE 12 (1911) 470 Anm. 1.

[17] Die Häresieklausel ist auf dem römischen Konzil 869 und bei Auxilius deutlich ausgesprochen; vgl. dazu *J. Ryan:* MS 20 (1958) 222—224 und *St. Lindemans* (oben Lit.). Nikolaus I. hielt die Dekrete seiner Vorgänger nur insoweit für verbindlich, als diese bis zum Lebensende rechtgläubig gewesen; so *A. Greinacher,* Die Anschauungen des Papstes Nikolaus I. (Berlin-Leipzig 1909) 15.

[18] *Auxilius,* In defensionem sacrae ordinationis papae Formosi, ed. *E. Dümmler* 81—84; aus der zitierten Arbeit von Lindemans mit gütiger Erlaubnis mitgeteilt.

Die kanonistischen Sammlungen waren Arbeiten von Gelehrten, die mit der Rechtspraxis keineswegs übereinstimmen mußten. Erst die konkrete Tätigkeit des Heiligen Stuhles vermag uns einen Begriff zu geben, was der Primat damals wirklich bedeutete. Von einer wichtigen Steigerung der Autorität Roms war schon oben die Rede. Während dem seit dem 9. Jh. einsetzenden Bestreben, durch das Pallium die Erzbischöfe stärker an den Heiligen Stuhl zu binden, noch kein voller Erfolg beschieden war, ist das Papsttum die kirchliche Instanz geworden, die zusammen mit den weltlichen Herrschern über die Gründung von Bistümern und Metropolitansitzen verfügte, keineswegs immer zur Zufriedenheit des Episkopates; so hat die Synode von Tribur 895 das harte Wort vom iugum vix ferendum, das der Heilige Stuhl auferlege [19], nicht zuletzt deswegen ausgesprochen, weil dem Kölner Erzbischof und seinen Freunden die römischen hinsichtlich des Erzbistums Hamburg-Bremen gefällten Entscheidungen mißfielen.

Wachsendes Ansehen brachte zweifellos das Verhältnis ein, das der Heilige Stuhl zu den Mönchen gewann. Schon in altchristlicher Zeit hatte die Eingliederung der klösterlichen Gemeinschaften in den Diözesanverband Streitigkeiten mit Bischöfen ausgelöst. Daß dem Episkopat die kirchliche Weihe- und Disziplinargewalt gegenüber den Mönchen zustand, war allgemein anerkannt; bis zur Wende vom 10. zum 11. Jh. ist wahrscheinlich kein einziges Kloster, Bobbio und Fulda eingeschlossen, durch päpstliches Exemtionsprivileg der kirchlichen Jurisdiktion des Ordinarius loci entzogen worden [20]. Wohl aber haben die Päpste seit etwa dem 7. Jh. einzelnen Klöstern Schutzurkunden ausgestellt, um ihren Besitz vor Entfremdung oder Ausbeutung zu sichern. Dasselbe taten die Herrscher, und es ist oben dargelegt worden (Kap. 34), wie sehr Ludwig der Fromme seine Herrschaft über die Bistümer und Klöster durch die Vereinigung von Immunität und Königsschutz gestärkt hat. Je mehr nun die westfränkische Königsgewalt zurückging, desto häufiger begaben sich die dortigen Klöster in den päpstlichen Schutz, ein Teil von ihnen kommendierte sich sogar in das Eigentum der römischen Kirche. Das Beispiel fand Nachahmung: Im Laufe des 10. und vor allem des 11. Jh. wurden Italien, Frankreich, Deutschland und die spanische Mark mit einem Netz von päpstlichen Schutz- und Eigenklöstern überzogen. Die Initiative ging nicht von Rom, sondern von den Mönchen aus. Sie erhofften sich vor allem Hilfe gegen Übergriffe von Bischöfen. Als dann das Papsttum um 1000 anfing, einzelne bevorzugte Klöster aus der kirchlichen Jurisdiktionsgewalt des Diözesanbischofs zu eximieren, da verwuchsen primatialer Anspruch Roms und klösterliches Exemtionsstreben zu einer wahren In-

[19] Tribur c. 30; Mansi XVIII 147; MGCap II 230 f.

[20] So Schwarz (s. oben Lit.). Daß Burchard von Worms die erst zu seiner Zeit aufkommenden Exemtionen in seinem Dekret mit Schweigen übergeht, wäre dann nicht verwunderlich.

teressengemeinschaft. Im monastischen Bereich, vor allem Frankreichs, zum Teil auch Italiens, erstanden nunmehr besonders eifrige Verteidiger der römischen Vorrechte. Abt Abbo von Fleury (988—1004) ist dafür ein typisches Beispiel; nicht nur in seinen Kämpfen um die Klosterprivilegien, die er mit dem Episkopat ausfocht, auch in den bald zu besprechenden Reimser Wirren sowie in seinen Schriften, insbesondere in seiner Compilatio canonum, hat er immer wieder in besonderer Weise die Autorität des Heiligen Stuhles hervorgehoben.

Am Ende des 10. Jh. kam im kultischen Bereich eine folgenschwere Neuerung auf. 993 ist Bischof Ulrich von Augsburg († 973) durch Papst Johann XV. auf einer römischen Synode heiliggesprochen worden. Bald darauf kanonisierte Johann XVIII. den hl. Martialis von Limoges, Benedikt IX. den Trierer Einsiedler Simeon von Syrakus. Fortan haben Päpste in steigender Zahl Heilige zur Ehre der Altäre erhoben, neben ihnen freilich auch Bischöfe und Synoden, bis sich der Heilige Stuhl unter Innozenz III. dieses Recht vorbehielt und es in den Dekretalen Gregors IX. (1234) fest verankerte. Es war das Endergebnis einer 200jährigen Entwicklung, die der Glaube an den im Papsttum fortlebenden Petrus angebahnt hatte. Wie stark muß dieser Glaube gewesen sein, wenn er das Papsttum ausgerechnet zur Zeit seiner tiefsten Erniedrigung zum erstenmal als besonders sicheren Bürgen für neue Heiligenkulte einsetzte!

Schon lange war die Petrusverehrung im Bußwesen wirksam. Mit unwiderstehlicher Gewalt fühlten sich nicht wenige Christen nach Rom gezogen, um den Stellvertreter des Schlüsselträgers und Himmelspförtners um Lossprechung von ihren Sünden zu bitten. Handelte es sich um schwere Verbrechen, schickten die Bischöfe gerne die Schuldigen zum Papst, weil sie ihm ein sichereres Urteil oder sogar eine größere Vollmacht zuschrieben. Im Grunde erkannten sie damit an, daß dem Heiligen Stuhl eine Jurisdiktion über alle Gläubigen zustehe. Allerdings fehlten feste juridische Normen; es gab weder Sünden, die schon damals dem Papst vorbehalten gewesen wären, noch eine Regelung für vom Heimatbischof bereits entschiedene und dann nach Rom getragene Fälle. Dies führte zu einem scharfen Zusammenstoß zwischen Benedikt VIII. und Erzbischof Aribo von Mainz[21]. Nachdem die Ehe des Grafen von Hammerstein wegen zu naher Verwandtschaft durch Synodalbeschluß getrennt und über die widerspenstigen Gatten die Exkommunikation verkündet worden war, appellierte 1023 die Gräfin Irmgard an den Papst. Daraufhin ließ Erzbischof Aribo auf der Synode von Seligenstadt (1023) den Beschluß fassen: Kein Pönitent dürfe in Rom um Sündenvergebung nachsuchen oder dorthin appellieren, bevor er die zu Hause auferlegte Buße abgeleistet habe; wer appellieren wolle, müsse die Erlaubnis des Heimatbischofs einholen und von ihm ein Schreiben, das dem Papst den Sach-

[21] *D. v. Kessler,* Der Eheprozeß Ottos und Irmingards von Hammerstein (Berlin 1923).

verhalt darlege, mitnehmen[22]. Obwohl das Dekret die Disziplinargewalt des zuständigen Bischofs scharf herausstellt und den Rekurs nach Rom, wohl im Anschluß an Pseudo-Isidor, erschwert, dürfte es weder gegen die Absolutionsbefugnis des Heiligen Stuhles noch gegen das Appellationsrecht der Gläubigen gerichtet sein. Für die primatiale, alle Gläubigen umfassende Gewalt des Papstes bedeutete freilich das dem Heimatbischof zugesprochene Recht eine empfindliche Einschränkung. Das Verhältnis zwischen Papsttum und Episkopat war hier so wenig abgeklärt, daß nunmehr Benedikt VIII. gegen Aribo vorging, indem er ihm den Gebrauch des Palliums untersagte, während Aribo, von seinen Suffraganen energisch verteidigt, im Widerstand verharrte. Benedikts VIII. Tod (1024) machte dem Streit ein Ende, so daß Aribo auf Druck des neuen Königs, Konrads II., das Verfahren gegen die Gräfin Irmgard ohne wesentlichen Prestigeverlust einstellen konnte. Aber das Problem dauerte an. Johann XIX. mußte die Absolution des Grafen von Auvergne, den sein Bischof wegen Ehebruchs gebannt hatte, widerrufen und in einem ähnlichen Falle hielt ihm eine französische Synode Prinzipien entgegen, die der in Seligenstadt eingenommenen Haltung entsprachen.

Nicht selten wurde Rom mit Streitigkeiten befaßt, die die Ab- oder Einsetzung von Bischöfen betrafen. Die Initiative ging in der Regel von einer der Parteien aus. Da fast immer politische Interessen direkt oder indirekt im Spiele waren, hatten die weltlichen Herrscher ein gewichtiges, oft entscheidendes Wort mitzureden. Trotz dieser drückenden Abhängigkeit in den Entschlüssen sowohl wie in ihrer Ausführung zog Rom aus seinem Eingreifen Nutzen. Es brachte die primatialen Ansprüche jeweils neu in Erinnerung. Die Päpste sind dabei bisweilen recht weit gegangen. So weihte Johann VIII. 881 in Rom den kaiserlichen Bischofskandidaten für Lausanne und scheint ihn endlich auch gegenüber dem Anhänger Bosos von Vienne, den der Erzbischof von Vienne ordinierte, durchgesetzt zu haben. Auf dieselbe Weise vereitelte Stephan V. 889 den Versuch des Lyoner Erzbischofs Aurelian, eines Parteigängers Odos von Paris, der Kirche von Langres anstatt des schon gewählten, mit Karl dem Einfältigen verwandten Bischofs einen ihm genehmen Mann aufzuzwingen[23]. In solchen Fällen schickten die Päpste gerne Legaten aus, die bei zustande kommenden Synoden den Vorsitz zu übernehmen pflegten und so dem von Rom beanspruchten synodalen Berufungs- und Leitungsrecht zu größerer Geltung verhalfen[24].

[22] Synode von Seligenstadt c. 18: MGConst I 633—639. Da Burchard von Worms an der Synode teilgenommen und in seinem Dekret eine ähnliche Stellung eingenommen hat, wird der Kanon mit seiner Hilfe formuliert worden sein; zur Auslegung des Kanons s. *Hauck* III 536 (mit Anm. 1) — 538.

[23] Dazu *Th. Schieffer*, Legaten (oben Lit.) 28—30; über Interventionen des Papsttums von 900 an *A. Dumas:* Fliche-Martin VII 215—217.

[24] Zu den Legaten vgl. *H. Barion*, Synodalrecht 386—391; Leitungs- und Berufungsrecht des Papstes: ebd. 370—386.

Wie es um die Zuständigkeit des Papstes in Bischofsprozessen stand, sollte sich gegen Ende des 10. Jh. erweisen. Es ging um die Reimser Wirren, ausgelöst durch den politischen Verrat des Karolingers Arnulf von Reims (989) und seine von König Hugo Capet veranlaßte Verurteilung auf der Synode von Senlis (990). Nach Pseudo-Isidor bedurfte der Synodalspruch des päpstlichen Konsenses. Das Prinzip muß damals weithin anerkannt gewesen sein; denn Synode wie König erbaten brieflich Johanns XV. Zustimmung. Erst als der Papst versäumte zu antworten, versammelten sich 991 zahlreiche französische Bischöfe und einige Äbte zu Vercy im Kloster Saint-Basle und setzten Arnulf endgültig ab. An seiner Stelle wurde Gerbert von Aurillac zum Reimser Erzbischof erhoben. Der Entscheidung ging eine lange Diskussion voraus[25]. Die anwesenden Äbte, unter ihnen Abbo von Fleury, legten wegen der fehlenden päpstlichen Approbation Verwahrung ein. Ihnen antwortete Bischof Arnulf von Orléans mit Gedanken, die ihm wohl Gerbert eingegeben hatte. Er begnügte sich nicht bloß mit dem Hinweis auf den vollzogenen Rekurs nach Rom und den Notstand, der durch das Schweigen des Papstes erwachsen sei, er stellte auch die prinzipielle Frage nach der Geltung des päpstlichen Rechtes. Seiner Ansicht nach darf eine Synode ohne Rom über Bischöfe richten, wenn — hier greift er Gedanken Hinkmars von Reims auf — der Fall klar und seine Behandlung gesetzlich festgelegt ist; Arnulf verweist zudem auf die afrikanische Kirche, die eine römische Gerichtshoheit über Bischöfe überhaupt nicht gekannt habe. Ferner ist der Papst in seinen Entscheidungen an das Recht und an die kirchlichen Gesetze gebunden; er kann daher die Absetzung Arnulfs bloß bestätigen. Falls er sie kassieren will, braucht man ihm nicht zu gehorchen. Die Gewalt allein macht nicht den Richter, er muß auch über die erforderlichen intellektuellen und moralischen Fähigkeiten verfügen. Gerade diese Voraussetzungen sind zur Zeit im verbrecherischen und käuflichen Rom — es folgt eine furchtbare Anklage gegen das Papsttum des 10. Jh. — nicht gegeben. Arnulfs Argumente sind von Gerbert auf den Synoden von Mouzon und Reims teilweise und in gemäßigter Form, ausführlich in einigen Briefen, dort scharf zugespitzt, wiederholt worden. Die Herausforderung von Vercy setzte natürlich Rom in Bewegung. Johann XV. entsandte Abt Leo von St. Alexius auf dem Aventin als Legaten und lud endlich die beiden Kapetinger sowie die Bischöfe nach Rom vor. Er erreichte damit nur, daß eine neue, wohl 994 in Chelles abgehaltene Bischofssynode römische Entscheidungen, die den Dekreten der Väter widersprächen, für null und nichtig erklärte; für einen solches wagenden Papst gälte das Apostelwort: „haereticum hominem et ab ecclesia dissentientem penitus evita.“[26] Die römische Kirche antwortete mit gleicher Unerbittlich-

[25] *A. Olleris,* Œuvres de Gerbert (Paris 1867) 173—236; PL 139, 289—338.

[26] Richeri Historiarum libri IV, IV, 89, ed. *R. Latouche:* ClassHist 17 290—292; über chronologische Fragen des Streites, Gerberts Berufung in den Dienst Ottos III. und Arnulfs Wiedereinsetzung handelt *M. Uhlirz,* JbbDG unter Otto III. 478—486 487—493 518—525.

keit. Gerbert wurde 995 vom Legaten Leo auf der Synode von Mouzon suspendiert. Dieselbe Strafe ereilte die Teilnehmer der Synode von Vercy, die von Gregor V. vor die Synode von Pavia 997 zitiert worden und nicht gekommen waren. Mit alledem hätte das Papsttum wenig erreicht, wenn nicht die Kapetinger, in ihrer ohnehin unsicheren Stellung durch das Zusammengehen Roms mit Otto III. und dem deutschen Episkopat bedroht, zum Nachgeben bereit gewesen wären. Als Unterhändler verwendeten sie Abbo von Fleury. König Robert, seit Oktober 996 Alleinherrscher, vermochte um so weniger weiterzukämpfen, als er durch eine unerlaubte Ehe belastet und Gerbert in Reims auf so große Schwierigkeiten gestoßen war, daß er zu Otto III. flüchtete. Im Sommer 997 wurde daher die Reimser Kirche an Arnulf zurückgegeben. Den endgültigen Schlußstrich sollte Gerbert als Papst Silvester II. ziehen. In einem Privileg erkannte er Arnulf an; der Erzbischof habe sich zwar verfehlt, könne aber romanae pietatis munere wieder eingesetzt werden, weil seine Deposition der römischen Zustimmung ermangelt hätte[27]. Was Gerbert als Rivale Arnulfs für sündhaft und ungültig erklärt hatte, vollzog er unbedenklich als Papst.

Nicht in dem faktischen Sieg Roms — er hing wesentlich von politischen Umständen ab — lag die Bedeutung des Streites, sondern in der vom französischen Episkopat eingenommenen Haltung. Wirft sie doch ein helles Licht auf die Oppositionskräfte, die unter den damals lebenden Bischöfen Rom gegenüber wirksam werden konnten. Der grundsätzliche, in Vercy und Chelles vertretene Standpunkt betraf die Geltung des guten alten Rechts; in den Canones der Vorzeit niedergelegt, sollte es auch den Papst binden. Da es hier um ein allgemeines, in ähnlicher Weise auf die weltliche Gewalt angewandtes Prinzip ging, zeigte die Stellungnahme der Bischöfe eine Grenze an, die das zeitbedingte Denken zog, nämlich das Unvermögen, einen über die positiven Gesetze souverän verfügenden Monarchen zu konzipieren. Nimmt man hinzu, daß die bischöfliche Gewalt göttlichen Rechtes ist und daß das Verhältnis zwischen Bischofskollegium und Papsttum nicht genug geklärt war, so wird der geleistete Widerstand noch besser verständlich. Er richtete sich nicht gegen die primatiale Gewalt als solche, zum mindesten nicht im Sinne eines echten Episkopalismus, geschweige denn eines Konziliarismus. Alle Beteiligten, Gerbert eingeschlossen, waren überzeugt, daß der Stellvertreter Petri den Universalprimat von Christus empfangen habe. Und innerhalb des positiv rechtlichen Bereiches, in dem ja der Primat seine konkrete Ausgestaltung erfahren muß, erkannten sie sogar das von Pseudo-Isidor geforderte Zustimmungsrecht Roms für synodale Verurteilungen von Bischöfen durchaus an, gestanden also dem Heiligen Stuhl eine sehr weitreichende oberste Gerichtshoheit zu. Die antirömischen Reaktionen einzelner Bischofsgruppen dürfen also nicht zu hoch bewertet werden. Prüft

[27] *Jaffé* 3908; PL 139, 273 f; *J. Havet,* Lettres de Gerbert (Paris 1889) 239 f.

man die verfassungsrechtliche Position, die die kirchliche Hierarchie während der karolingisch-ottonischen Ära eingenommen hat, so bietet sich für den Episkopat ein ungünstigeres Bild als für das Papsttum. So tief auch das letztere erniedrigt worden ist, so unbeirrbar stand ihm als Leitbild die Idee des Universalprimates vor Augen. Der Gedanke der kollegialen Einheit dagegen, auf dem die kirchenrechtliche Stellung der Bischöfe beruhte, ist damals nicht unbeträchtlich geschwächt worden. Gewiß gab es unter den Karolingern einen Reichsepiskopat, der nach dem Zerfall des Imperiums zumindest in Deutschland kräftig fortlebte, aber nicht auf diese zeitbedingte, vorwiegend vom Reichsrecht getragene Institution kam es an, sondern auf die schon von der alten Kirche gebildeten Bischofsverbände, und gerade sie haben sich, wie oben gezeigt wurde, nicht recht entfalten können. Für die kommende, mit der gregorianischen anhebende Entwicklung der Kirche war daher das Papsttum weitaus besser gerüstet als der Episkopat.

36. Kapitel

Sakramente und Gottesdienst

QUELLEN: Für das einzelne siehe die Handbücher von *Eisenhofer, Righetti* u. a.; weiter *Baumstark,* Missale Romanum (s. u.); *E. Dekkers,* Clavis Patrum latinorum (Steenbrügge 1951) 325—345; *Kl. Gamber,* Codices liturgici antiquiores (Freiburg/Schw. 1963). Laufende Literaturberichte (seit 1921) im Jahrbuch für Liturgiewissenschaft und (seit 1950) im Archiv für Liturgiewissenschaft. Hier sind nur die grundlegenden Texte zu nennen.

Sakramentare: *Mohlberg; Lietzmann SG;* (dasselbe Sakramentar mit dem Alkuinschen Anhang:) *H. A. Wilson,* The Gregorian Sacramentary under Charles the Great (London 1915); *G. Richter-A. Schönfelder,* Sacramentarium Fuldense saec. X. (Fulda 1912). — *C. Vogel,* Le Pontifical Romano-germanique: SteT 226/227 (Rom 1963).

Lesungen: *St. Beissel,* Entstehung der Perikopen des römischen Meßbuches (Freiburg 1907); *Th. Klauser,* Das römische Capitulare evangeliorum I (Münster 1935); *W. H. Frere,* The Roman Epistle-Lectionary (Oxford 1935); *G. Godu,* Epître: DACL V 245 bis 344. — Meßgesänge: *Hesbert.* — Für den rituellen Vorgang: *Andrieu OR.* — Amalarii episcopi opera liturgia omnia, ed. *J. M. Hanssens,* 3 Bde (Rom 1948/50); *Martène* R.

LITERATUR: *Eisenhofer; Righetti; L. Duchesne,* Origines du culte chrétien (Paris 1925); *A. Baumstark,* Vom geschichtlichen Werden der Liturgie (Freiburg 1923); *H. Netzer,* L'introduction de la Messe Romaine en France (Paris 1910); *G. Ellard,* Master Alcuin Liturgist (Chicago 1956); *F. Cabrol,* Charlemagne et la liturgie: DACL III 807—825; *A. L. Mayer,* Altchristliche Liturgie und Germanentum: JLW 5 (1925) 80—96; *I. Herwegen,* Germanische Rechtssymbolik in der römischen Liturgie (Heidelberg 1913); *Th. Klauser,* Die liturgischen Austauschbeziehungen zwischen der römischen und der fränkisch-deutschen Kirche vom 8. bis zum 11. Jh.: HJ 53 (1933) 169—189.

Sakramente: *A. Stenzel,* Die Taufe. Eine genetische Erklärung der Taufliturgie (Innsbruck 1958); *H. J. Schmitz,* Die Bußbücher und die Bußdisziplin der Kirche (Mainz 1883); *ders.,* Die Bußbücher und das kanonische Bußverfahren (Düsseldorf 1898); *L. Bieler,* The Irish Penitentials (Dublin 1963); *B. Poschmann,* Die abendländische Kirchenbuße im frühen Mittelalter (Breslau 1930); *ders.*, Buße und Letzte Ölung (Freiburg 1951); *J. A. Jungmann*, Die lateinischen Bußriten (Innsbruck 1932); *K. Ritzer*, Formen, Riten und religiöses Brauchtum der Eheschließung in den christlichen Kirchen des ersten Jahrtausends (Münster 1962); *H. Mayer*, Geschichte der Spendung der Sakramente in der alten Kirchenprovinz Salzburg: ZKTh 37 (1913) 760—804, 38 (1914) 1—36 267—296; *P. de Puniet*, Le Pontifical Romain, 2 Bde (Löwen 1930/31).

Messe: *A. Baumstark*, Missale Romanum. Seine Entwicklung, ihre wichtigsten Urkunden und Probleme (Eindhoven-Nimwegen 1929); *Jungmann MS*; *B. Luykx*, Der Ursprung der gleichbleibenden Teile der heiligen Messe: LuM 29 (1961) 72—119; *P. Browe*, Die häufige Kommunion im Mittelalter (Münster 1938); *ders.*, Die Pflichtkommunion im Mittelalter (Münster 1940); *G. Nickl*, Der Anteil des Volkes an der Meßliturgie im Frankenreiche von Chlodwig bis auf Karl den Großen (Innsbruck 1930); *C. De Clercq*, Gebed en sacramenten bij 't volk ten tijde van Karel den Groote: OGE 3 (1929) 278—290 375—393.

Zu Beginn der karolingischen Epoche zeigt das liturgische Leben in den einzelnen Gebieten des Abendlandes jene weitgehende Verschiedenheit, die sich in den Jahrhunderten des Übergangs herausgebildet hat. Neben der römischen Liturgie, die außer dem größeren Teil Italiens seit der Angelsachsenmission immerhin auch England umfaßt, gibt es die altspanische, die in sich wenig geschlossene gallikanische, die mailändische und die zum größten Teil aus Anleihen bestehende iro-schottische oder keltische Liturgie, alle in lateinischer Sprache; sie werden vielfach mit dem Sammelnamen gallische Liturgien der römischen gegenübergestellt.

Die Zurückdrängung dieser Liturgien beginnt in Gallien, wo Bischöfe und Äbte angesichts der mangelnden Ordnung in der eigenen Liturgie seit dem 7. Jh. Texte der wohlgeordneten römischen Liturgie zu bevorzugen beginnen. Diese Texte waren im Umlauf in Form von Libelli, die einzelne Formularien enthielten, und auch schon in der Gestalt des Sacramentarium Gelasianum, das um die Mitte des 8. Jh. auf gallischem Boden eine neue Fassung erhielt: das sogenannte jüngere Gelasianum. Der allgemeine Umschwung vollzog sich unter König Pippin, der um 754 den Übergang zur römischen Liturgie verordnete, und endgültig unter Karl dem Großen, der sich um 785/786 aus Rom ein gregorianisches Sakramentar verschaffte, das in Aachen als verpflichtendes Musterexemplar aufgelegt wurde. Auch römische Gesangbücher, Perikopenlisten und Ordines wurden schon länger in fränkischen Schreibstuben eifrig kopiert, wobei aber die rituellen Anweisungen der römischen Ordines nicht unbedeutende Anpassungen an den eigenen bodenständigen Brauch erfuhren. Da im Frankenreich nun die römische Liturgie herrschte, wurde sie auch in Spanien mit der von Norden her vordringenden Rückeroberung des Landes vorangetragen. Die Rückgewinnung von Toledo (1085) und schon vorher der von Gregor VII. ausgeübte Druck brachten den Untergang der seit der arabischen Eroberung als mozarabisch (Mozarabes: die Arabisierten) bezeichneten altspanischen Liturgie, die von da an nur noch in Resten fortlebt. Die keltische Liturgie wich der römischen in Schottland auf Betreiben der Königin Margareta († 1093), in Irland infolge Beschluß der Synode von Cashel (1172). Nur die mailändische hielt allen Bedrohungen (Petrus Damiani, Gregor VII.) stand und übernahm nur einzelne Elemente der römischen Liturgie.

Von entscheidender Bedeutung für die Zukunft wurde die Entwicklung auf dem Boden des Frankenreiches. Einerseits wurde der in den liturgischen Büchern enthaltene Textbestand mit großer Treue übernommen — die sämtlichen Gedenktage der römischen Lokalheiligen wurden beibehalten —, anderseits wurden bewußt und unbewußt mannigfache Beifügungen aus eigener Überlieferung und Anpassungen an eigene Bedürfnisse vorgenommen, die dann später auf die Gesamtkirche übergingen. Das gregorianische Sakramentar insbesondere erhielt durch Alkuin einen Anhang, der aus gelasianischem, spanischen und bodenständigem Material geschöpft war und der in jüngeren Handschriften alsbald mit dem Sakramentar selbst verschmolzen wurde. Das Sakramentar von Fulda (10. Jh.) kann als Typus der endgültigen Verschmelzung gelten. Ein bedeutsames Werk zeitigte die Blüte der deutschen Kirche in der Zeit der Ottonen für den bischöflichen Gottesdienst. Ein Mönch von St. Alban zu Mainz schuf um 950 das Römisch-Deutsche Pontifikale, das u. a. den vielgenannten Ordo Romanus Antiquus als Teil umschließt. Es ist das Pontifikale, das dem späteren Pontificale Romanum zugrunde liegt. Liturgischer Brauch aus west- und ostfränkischen Kirchen ist darin zusammengetragen und durch eigene Zugaben erweitert. Auch in der technischen Ausführung genossen liturgische Handschriften aus den nördlichen Ländern damals einen guten Ruf. Als Gregor V. 998 der Abtei Reichenau verschiedene Privilegien verbriefte, verlangte er als Gegenleistung bei bestimmten Anlässen die Lieferung eines Epistelkodex, eines Evangelienbuches und eines Sakramentars.

Nur mäßig wurde von der Neugestaltung berührt die Behandlung der *Taufe*. Sie sollte, wie Karl in einer Verfügung von 789 betont, secundum morem Romanum vollzogen werden. Auf eine Umfrage bei den Bischöfen erhielt er von diesen um 811 eine mehr oder weniger klare, zum Teil eingehende Darstellung des in ihren Sprengeln geübten Ritus[1], der tatsächlich der römischen Überlieferung entsprach. Nach exsufflatio, Kreuzzeichen und Salzdarreichung nahmen die Skrutinien einen größeren Raum ein. Theoretisch wurde sogar daran festgehalten, daß es sich dabei, wie im römischen Ordo scrutiniorum, um sieben voneinander zeitlich abgehobene Stufen der Vorbereitung handeln müsse, die übrigens schon in Rom seit dem Aufhören der Erwachsenentaufe, abgesehen von der traditio symboli et orationis dominicae, fast ausschließlich aus Exorzismen bestanden. Noch der eben erwähnte Ordo Romanus Antiquus gibt die sieben Skrutinien weiter. In der

[1] Eingehende Berichte sind erhalten von Leidrad von Lyon (PL 99, 853), Theodulf von Orléans (PL 105, 223—240), Amalar (PL 99, 893—901).

Wirklichkeit der karolingischen Kirche war aber wohl schon in der Zeit jener Umfrage, wie verschiedene Anzeichen erkennen lassen (Stenzel), von besonderen Anlässen abgesehen, die Hauptmasse der Skrutinien in einen einzigen Vorbereitungsakt (am Mittwoch der vierten Fastenwoche) zusammengezogen, auf den nur noch die abschließenden Riten mit der Taufe folgten, und zwar wurden nun gerade für die Kindertaufe Karsamstag und Pfingstsamstag als allein zulässige Tauftermine angesehen, während diese Termine ursprünglich umgekehrt nur für die Erwachsenentaufe vorgesehen waren. Die Taufe selbst wurde durch Untertauchen gespendet.

Die Mission an den Ostgrenzen des Frankenreiches brachte es mit sich, daß auch die Taufe der Erwachsenen ein lebendiges Anliegen blieb. Nach den bösen Erfahrungen mit den erzwungenen Massentaufen bei den Sachsen war man bereit, auf Alkuins Stimme zu hören, der ein geordnetes Vorgehen forderte, ohne Zwang und mit vorangehender Unterweisung. Augustins Schrift De catechizandis rudibus sollte bei der Belehrung als Muster dienen. Die Missionskonferenz an der Donau, die Karls Sohn Pippin nach der Niederwerfung der Awaren (796) veranstaltete, verlangte demgemäß eine Vorbereitung von 40, mindestens aber von sieben Tagen mit wirklichem Unterricht und darauf sieben Tage unmittelbar aszetisch-liturgischer Vorbereitung. Der vorbereitende Unterricht sollte sich mit der Glaubenslehre befassen; die sittliche Unterweisung glaubte man mit Berufung auf Mt 28, 20 im wesentlichen der Zeit nach der Taufe überlassen zu können[2]. Auf solche Weise und mit nachträglicher Eingewöhnung war ja auch bei der Germanenbekehrung verfahren worden.

Bedeutende Änderungen gingen in unserem Zeitraum hinsichtlich der Handhabung des *Bußsakramentes* vor sich. Für schwere öffentliche Vergehen (causae criminales) blieb die vom Bischof geleitete öffentliche Kirchenbuße unsern ganzen Zeitraum hindurch in Geltung. Sie begann mit der Eröffnung der Buße am Aschermittwoch. Die römische Überlieferung wurde unter dem Einfluß orientalischer Canones sogar noch verschärft. Die Büßer wurden am Aschermittwoch nicht bloß vom Gottesdienst ausgeschlossen, sondern aus der Kirche ausgetrieben („wie einst Adam aus dem Paradiese"; vgl. Adamspforte im Dom von Bamberg) und ihnen bis Ostern, in schweren Fällen auch auf längere Zeit (Synode von Worms 868, c. 30), die Kirche verboten, soweit ihnen nicht dann doch einzelne Kirchen, die dafür ein Privileg erhalten hatten, zugänglich blieben. Als Buße kam vor allem strenges Fasten in Betracht, das mit bestimmten Gebetsübungen zu verbinden war. Doch spielen nun die Redemptionen eine bedeutende Rolle. Man versteht dar-

[2] Über die Konferenz berichtet Bischof Paulinus von Aquileja (MGConc II 172—176). — Auch vom Glauben wird in der hierhergehörigen Sammlung katechetischer Schriften von St. Emmeran das Christusgeheimnis auffällig summarisch behandelt; *J. M. Heer*, Ein karolingischer Missionskatechismus (Freiburg 1911).

unter die Möglichkeit, von der auferlegten schweren Buße sich durch leichtere und kürzere Bußwerke „loszukaufen“. Die Redemptionen begleiten in Anfängen schon die ältesten irischen Bußbücher (6. Jh.) und verschwinden erst mit deren endlicher Überwindung und dem Aufhören ihrer „Tarifbuße“ im 11./12. Jh. Ursprünglich wurden sie nur in begründeten Fällen (Krankheit, schwere Arbeit) gewährt, wurden aber bald allgemeine Übung; vielfach waren die möglichen Ersatzleistungen schon im Bußbuch selber angegeben. Am beliebtesten war die Umwandlung des strengen Fastens in Psalmengebet, z. B. konnten drei Fasttage durch dreimal fünfzig Psalmen vertreten werden, die meist mit je einer Kniebeugung zu verbinden waren. Nach Regino von Prüm konnte ein Fasttag durch hundertmaliges Sichniederwerfen ersetzt werden. Auch Almosen kamen dafür in Betracht, ebenso die Wallfahrt. Beliebt war die Wallfahrt nach Rom, für die aber von der Synode von Seligenstadt (1022) die Zustimmung des Bischofs verlangt wurde. Die weitgehende Entpersönlichung der Buße wird sichtbar, wenn das Poenitentiale Bedae (8. Jh.) auch die Vertretung durch einen Ersatzmann zuläßt, der die Buße ableistet. Während die Synode von Tribur (895) sogar Geldredemption anerkannte, kämpften andere Synoden mit wenig Erfolg gegen die Redemptionen oder gegen einzelne Formen derselben.

Römischer Überlieferung entsprechend wurde die öffentliche Kirchenbuße am Gründonnerstag durch die Rekonziliation abgeschlossen, deren Ritus an den Kathedralen in bereicherter Form unsere ganze Periode hindurch weiterlebt. Die Büßer wurden in feierlicher Weise (Venite filii) dem Bischof vorgeführt, der sie mit Handauflegung und Gebet (in Orationsform) wieder in die Gemeinschaft der Gläubigen aufnahm.

Für die übrigen Gläubigen war die jährlich einmalige Beicht nun allgemeine Regel. Eine erste Bezeugung dafür liegt um 670 für England vor. Um die Wende des 8. Jh. wird sie im Frankenreich durch Theodulf (Capitulare I 36) als feste Vorschrift angeführt. Die Beicht war vor Beginn der Quadragesima abzulegen. In England erhielt der Vorabend des Aschermittwoch davon den Namen shrove Tuesday (= Beichtdienstag; to shrive = Beichthören, weil die nach den Bußbüchern sich ergebende Bußauflage und auch der Name des Beichtenden „geschrieben“ werden mußte). Als Schema für die Erforschung wurden die sieben (oder acht) Hauptsünden genannt, „ohne die kaum jemand leben kann“. Wo größere Vergehen nicht vorlagen, wurde der Beichtende anfangs mit einem Segenspruch, einer „absolutio“, entlassen, deren sakramentaler Charakter nicht deutlich ist. In anderen Fällen und im 9. Jh. auch allgemein mußte man nach entsprechender Buße am Gründonnerstag zur Rekonziliation erscheinen. Entsprechend der Tendenz, Formen der öffentlichen Buße auf alle zu übertragen, wurde von da an auch am Aschermittwoch allen die Asche aufgelegt. Doch schaut man seit dem Ausgang des 9. Jh. mehr und mehr nach Entschuldigungsgründen aus, die es erlaubten, die einzelnen Beichtenden sofort, vor Ableistung der Buße, zu rekonziliieren. Um die Wende des 10. Jh. ist diese Praxis allgemein. Damit löst sich die Beicht auch von der Fastenzeit ab.

In unserem Zeitraum tritt auch die *Krankensalbung* in helleres Licht, und zwar erscheint sie mit der Krankenbuße verquickt, das ist mit den für die Kranken angepaßten Formen der öffentlichen Kirchenbuße, die auf dem Sterbebette jeder zu übernehmen pflegte, die man den Gläubigen aber wegen der damit verbundenen schweren Verpflichtungen erst so spät als möglich zumuten wollte (Burchard von Worms, Decretum 1, 18: si infirmus in desperatione fuerit). Die Krankensalbung wurde in der Krankenbuße zwischen Bußerteilung und Rekonziliation eingeschaltet, seit dem 10. Jh. aber vielfach erst nach der Rekonziliation erteilt („letzte Ölung"). Wenn möglich sollte dabei eine Mehrzahl von Priestern zusammenwirken.

Ein starker Wandel hat sich auch in den Formen des *Weihesakramentes* vollzogen. Von den niederen Weihestufen waren in der Zeit der karolingischen Reform fast allgemein nur mehr Subdiakonat und Akolythat, anstelle des letzteren manchmal das Lektorat, vorhanden, diese immerhin als wirkliche Ämter. In den Büchern wurde aber auch die alte Reihe der sieben Ordines weitergegeben, die nun als Entfaltungen eines Gesamtordo gedeutet wurde. Im 10. Jh. beginnt man sie als Stufenleiter aufzufassen, auf der der einzelne zu den höheren Weihen aufsteigt. Der 963 als Laie zum Papst gewählte Leo VIII. durchläuft sie in wenigen Tagen. Die traditio instrumentorum, die für die niederen Weihestufen schon länger üblich war (vgl. Statuta Ecclesiae Antiquae), wird nun auch auf die höheren Weihen übertragen. Die Weihe zum Subdiakonat wird bereits im Ritus des Römisch-Deutschen Pontifikale derjenigen des Diakonates angenähert, jedoch ohne daß man vor dem 12. Jh. das Subdiakonat zu den höheren Weihen gerechnet hätte.

Bei der *Eheschließung*, die nach den Formen des germanischen Rechtes dadurch geschah, daß der Vater oder Vormund der Braut diese dem Bräutigam übergab, ist in unserem Zeitraum ein kirchlicher Ritus nur insofern beteiligt, als das so getraute Paar anschließend der Brautmesse beiwohnte und den priesterlichen Segen empfing. Doch mußte die kirchliche Prüfung vorangehen, ob nicht eines der Ehehindernisse vorlag, die besonders hinsichtlich der Verwandtschaftsgrade einen wichtigen Gegenstand synodaler Festlegungen bildeten.

Die Anpassung ist, bei aller Treue zum Wortlaut der überlieferten römischen Gebete, am großzügigsten geschehen im Kerngebiet aller Liturgie, bei der Feier der *Messe*. Es wurden dramatische Elemente in die Meßfeier eingebaut: Inzensierungen, wechselnde Stellung der Leuchter, Hervorhebung des Evangeliums durch feierlichen Aufzug und durch den Ort der Lesung. Die schlichten Volksgesänge des Ordinariums, nun meist vom Chor der Kleriker getragen, wurden musikalisch bereichert und mit Tropen (Texten, die Silbe für Silbe den Noten der Melodie entsprachen) ausgestattet. Der Alleluja-Jubilus wird zur Sequenz ausgebaut, und es entsteht alsbald ein

Frühling der Sequenzendichtung (Notker Balbulus, † 912). Auch das um 800 bezeugte Stillbeten des Kanons ist als dramatisches Element zu werten: Nach alttestamentlichem Vorbild sollte nämlich der Priester allein ins Heiligtum des Kanons eintreten. Nach dem Paternoster bleibt der gallikanische Pontifikalsegen weiter in Übung. Auch zum Friedenskuß wurde ausdrücklich ermuntert. Nach Verordnungen Karls des Großen sollten ihn alle Anwesenden empfangen. Er wurde vielfach als eine Art Kommunionersatz betrachtet. Doch bildete sich bald der Brauch heraus, daß er nur von den Kommunikanten geübt wurde, und zwar in der Weise, daß er nun vom Altar ausging und weitergegeben wurde. Die Kommunion empfing man noch unter beiden Gestalten. Es geschah meistens so, daß nur die Brotsgestalt ins heilige Blut getaucht wurde (intinctio), oder auch so, daß nur Wein gereicht wurde, der durch Berührung mit der heiligen Hostie „geheiligt" worden war. Obwohl in der karolingischen Reform versucht wurde, die allsonntägliche Kommunion wenigstens in der Fastenzeit durchzusetzen, mußte man sich für die Masse der Gläubigen bald mit dem Ausmaß begnügen, das der Kanon von Agde (506) angab, der die Kommunion an Weihnachten, Ostern und Pfingsten forderte. Dieser Kanon wurde von vielen Synoden des 9. Jh. eingeschärft. Aber selbst diese Norm wurde nur wenig befolgt, um so weniger, als man zur selben Zeit begann, dafür die jedesmalige Beicht zu verlangen.

Bei der dargestellten Umprägung der Liturgie war der Volkscharakter der nördlichen Völker mitbestimmend gewesen. Einzelne Bräuche entstammten unmittelbar germanischer Symbolsprache, so das Beten mit gefalteten Händen oder der verwandte Brauch, daß der neugeweihte Priester die gefalteten Hände beim Gehorsamsversprechen in die Hände des Bischofs legte, oder der Backenstreich bei der Firmung. Aber die Hervorhebung des Sinnlich-Faßbaren bei der Übernahme der römischen Liturgie hing auch damit zusammen, daß das Latein der Liturgie selbst dem romanischen Volksteil nicht mehr verständlich war. An der überlieferten Sprache der Liturgie zu rütteln und zu einer der Volkssprachen überzugehen, wie es weiter im Osten Kyrill und Methodius taten, galt im Westen als unmöglicher Gedanke, da der Grundsatz vertreten wurde, daß man im Gottesdienst nur die drei Sprachen der Kreuzesinschrift: Hebräisch, Griechisch und Latein, gebrauchen dürfe; mußte ja auf der Synode von Frankfurt 794 ausdrücklich betont werden, daß man in jeder Sprache wenigstens beten dürfe. So traten Volk und Altar nun weiter auseinander, und zwar bald auch im Kirchenbau. Der Altar erhält seine Stelle in der Regel nahe der Rückwand, an der Stelle, die in Kathedralen bis dahin der Cathedra des Bischofs zugeteilt gewesen war.

Immerhin wird in der karolingischen Renaissance mit vorübergehendem Erfolg noch darauf gedrängt, daß die Gläubigen dem Priester antworten und das Gloria Patri des Introitus, das Kyrie und das Sanctus mitsingen. Doch gehen diesese Gesänge bald allgemein auf den Klerus über. Für die Messe an den größeren Kirchen war ja regelmäßig ein Priesterkollegium vorhanden.

Der Abstand vom Alltag des Volkes wurde auch durch die Änderung der Brotform betont. Seit dem 9. Jh. kommt mehr und mehr die reine, weiße Gestalt des ungesäuerten Brotes in Gebrauch. Für die Kommunion des Volkes wird es bald auch schon in fertigen Partikeln auf den Altar gebracht. Die heilige Hostie wird dann nicht mehr in die Hand gegeben, sondern in den Mund gereicht.

Bei alledem ist die karolingische Reform an der Aufgabe, dem Volk die Liturgie auch verständlich zu machen, nicht gleichgültig vorübergegangen. Karl der Große verkündet es in einem Capitulare von 802 als eine Pflicht der Geistlichen, den Gläubigen totius religionis studium et christianitatis cultum zu erklären. Es ist bezeichnend, daß eine der um dieselbe Zeit entstandenen Meßerklärungen (Quotiens contra se), offenbar mit dem Blick auf das Volk, nur jene Teile der Messe erklärt, die für das Volk vernehmbar waren, also mit Ausnahme des Kanons. Einzelne dieser Meßerklärungen, wie die des Walafrid Strabo, zeichnen sich aus durch nüchterne Klarheit. Aber maßgebend für die Folgezeit wurde doch nur jene Art der Liturgieerklärung, die Amalar von Metz vor allem in seinem Liber officialis (in verschiedenen Ausgaben seit 823) planmäßig ausgebaut hat: es ist die allegorische Deutung. Darin wird die Messe gedeutet als Zusammenfassung und Abbild der gesamten Heilsgeschichte, beginnend mit den Rufen der Propheten des Alten Bundes, die im Introitus und Kyrie vernommen werden, und dem Gloria der Engel, bis zum letzten Segen des Herrn über seine Jünger bei der Himmelfahrt, dem der Schluß der Messe entspricht. Der heftige Kampf, den der Diakon Florus von Lyon gegen diese Weise der Meßerklärung eröffnete, und selbst ihre Verurteilung auf der Synode von Quierzy 838 konnte ihren Siegeszug durch das Mittelalter nicht aufhalten.

So wurde die Messe in den Einzelheiten ihres Verlaufes ausschließlich Sache des Priesters. Dementsprechend werden nun auch Gebete in die Messe eingefügt, die nur mehr seine persönliche Andacht stützen sollen und darum leise verrichtet werden. Einen ersten Entwurf dieser Art bezeugt das Sakramentar von Amiens (9. Jh.) mit seinen stillen Gebeten beim Hintreten zum Altar, zur Inzensierung, zum Offertorium, zur Kommunion, zum Schluß der Messe. Entwürfe mit anderen Texten folgten. Insbesondere erscheinen nun die sogenannten Apologien, wortreiche Selbstanklagen, in denen der Priester an verschiedenen Stellen, besonders im ersten Abschnitt der Messe, seine Unwürdigkeit bekennt und Gottes Erbarmen erfleht. Eine maßvolle Auswahl von stillen Gebeten mit Beschränkung der Apologien und mit Hinzunahme von Psalmen (Ps 42 am Anfang der Messe taucht hier zum erstenmal auf) bietet der Rheinische Messordo, der um die Mitte des 10. Jh. in St. Gallen entstanden ist und sich von Mainz aus schließlich allenthalben als Grundlage weiterer Gestaltungen durchgesetzt hat.

Mit der stärkeren Verselbständigung des zelebrierenden Priesters hängt es zusammen, daß die Privatmesse an Häufigkeit zunimmt. Die Gläubigen verlangen nach Votivmessen in ihren besonderen Anliegen. In den Klöstern, deren Mönche nun zum größten Teil Priester sind, wirken die Gebetsverbrüderungen mit der Verpflichtung zur wiederholten Messe für einen Verstorbenen in gleicher Richtung. Man zelebriert auch mehrmals am Tage und vielfach selbst unter Verzicht auf einen Meßdiener. Letzteres wird von verschiedenen Synoden schon des 9. Jh. als arger Mißbrauch gebrandmarkt. Einzelne Bischöfe ebenso wie die Reformsynode von Seligenstadt 1022 (c. 5) bestimmten schließlich die dreimalige Messe an einem Tag als äußerste Grenze. Die nur einmalige Messe erklärte dann Alexander II. († 1073) als Regel. In unserem Zeitraum wird in den meisten Klöstern das tägliche Konventamt zur dritten Stunde des Tages als Höhepunkt des Offiziums üblich, während anderswo noch die Mette in der frühen Morgenstunde das Übergewicht behält und von den Gläubigen besucht wird.

Eine nicht unbedeutende Bereicherung erfuhr in unserer Zeit auch der *Festkalender*. Zu Anfang des 9. Jh. galten im karolingischen Bereich nach Ausweis verschiedener Synoden, u. a. Aachen 809 (c. 19) oder Mainz 813 (c. 36), und nach den Statuta Bonifatii (c. 36) als gebotene Feiertage außer den Sonntagen: Weihnachten und die drei folgenden Tage sowie der Oktavtag, Epiphanie, zu Ostern alle Tage der Osterwoche oder (so an anderen Orten) wenigstens die ersten drei Tage, und ebenso auch an Pfingsten; weiter Christi Himmelfahrt; sodann zwei Marienfeste, das des 15. August und das des 2. Februar oder das des 8. September, die Feste von Johannes dem Täufer, Peter und Paul, Andreas. Dazu kamen noch jeweils das Kirchweihfest und das Patrozinium. Nur in einem Teil der Festverzeichnisse unserer Zeit werden genannt: Michael, Martinus, Remigius, Laurentius und Allerheiligen. Von letzterem Fest wird zwar Alkuin als Initiator betrachtet, es steht auch 799 auf der Liste der Synode von Reisbach, doch erscheint es erst gegen die Mitte des 9. Jahrhunderts allgemein unter den gebotenen Feiertagen. Zwei Jahrhunderte später, bei Burchard von Worms (Decretum II 77), gehören bereits sämtliche genannten Tage zur allgemeinen Liste der gebotenen Feiertage (mit Ausnahme von Remigius). Dazu kommen noch Silvester, die drei Bittage und, gemäß einem Beschluß der Synode von Erfurt 932, die Gedenktage der einzelnen Apostel.

Es ist klar, daß in den Einzelheiten des gottesdienstlichen Lebens, auch abgesehen vom Weiterwirken der vormaligen nichtrömischen Liturgien in den verschiedenen Ländern, keine strenge Einheitlichkeit bestand. Immerhin betont Burchard von Worms (Decretum III 66) den Grundsatz, daß man sich nach der Metropolitankirche richten solle. Daneben begegnen wir um so öfter, z. B. auch noch bei Fulbert von Chartres († 1029; Ep. 3), dem Wort, das auf Gregor d. Gr. zurückgeht[3]: Wenn der Glaube derselbe ist, kann die Verschiedenheit der Bräuche keinen Schaden bringen.

[3] Gregor d. Gr., Ep. I 43 (PL 77, 497): in una fide nil officit Ecclesiae consuetudo diversa.

Alle diese Entwicklungen in der Praxis der Liturgie und des sakramentalen Lebens haben sich im wesentlichen im 8.—10. Jh. in den nördlichen Ländern abgespielt. Sie haben dann aber rasch für die Gesamtkirche Geltung erlangt. Denn nachdem schon vorher einzelne liturgische Bräuche den Weg nach dem Süden gefunden hatten, ist im 10.—11. Jh. ein doppelter Strom mächtigen geistig-institutionellen Einflusses aus dem Norden nach Italien und zum Zentrum der Christenheit gegangen. Den einen bilden die Italienzüge der deutschen Kaiser seit Otto d. Gr., in deren Gefolge zahlreiche Kleriker nach dem Süden kamen. Der andere geht von Cluny aus; Monte Cassino wurde, wie zahlreiche Handschriften zeigen, ein wichtiger Umschlagplatz für die liturgische Überlieferung aus dem Norden. Auch durch die Normannen wurden liturgische Bräuche aus der Normandie nach dem Süden übertragen.

37. Kapitel

Klerus und Seelsorge

QUELLEN: Die Kapitularien (MGCap) und Konzilien (MGConc aevi Karolini; Mansi XII—XIX); *Regino von Prüm,* De synodalibus causis et disciplinis ecclesiasticis, ed. *Wasserschleben* (Leipzig 1840); *Burchard von Worms,* Decretum (PL 140, 337—1058). — Admonitio synodalis (eine der ursprünglichsten Textformen: PL 96, 1375—1380).

LITERATUR: *R. Stachnik,* Die Bildung des Weltklerus im Frankenreiche von Karl Martell bis auf Ludwig den Frommen (Paderborn 1926); *G. H. Hörle,* Frühmittelalterliche Mönchs- und Klerikerbildung in Italien (Freiburg 1914); *G. Flade,* Die Erziehung des Klerus durch die Visitationen bis zum 10. Jh. (Berlin 1933); *A. M. Königer,* Die Sendgerichte in Deutschland I (München 1907) 7—28. — *P. Imbart de la Tour,* Les paroisses rurales dans l'ancienne France du IVe au XIe siècle (Paris 1900); *L. Pfleger,* Die Entstehung und Entwicklung der elsässischen Pfarrei (Straßburg 1936); *St. Zorell,* Die Entwicklung des Parochialsystems bis zum Ende der Karolingerzeit II: AkathKR 82 (1902) 258—289; *L. Nanni,* L'evoluzione storica della parrocchia: SC 81 (1953) 475—544; *A. Heintz,* Die Anfänge des Landdekanates im Rahmen der kirchlichen Verfassungsgeschichte des Bistums Trier (Trier 1951). — *H. Leclercq,* Chanoines: DACL III 223 bis 248; *L. Hertling,* Kanoniker, Augustinusregel und Augustinerorden: ZKTh 54 (1930) 335 bis 359; *G. G. Meersseman,* Die Klerikervereine von Karl dem Großen bis Innocenz III: ZSKG 46 (1952) 1—42 81—112. — *A. Linsenmayer,* Geschichte der Predigt in Deutschland bis zum Ende des 14. Jh. (München 1886); *F. Wiegand,* Das Homiliarium Karls des Großen (Leipzig 1897); *Schnürer* II; *J. B. Schneyer,* Die Predigt im MA: LThK^{2} 8 (1963) 708—713.

Nachdem die Entwicklung der Land- und Stadtkirchen sowie die Aufgliederung des Bistums in kleinere Bezirke oben dargelegt worden ist (Kap. 33), stellt sich die Frage, welche konkreten Formen Leben und Wirken der Seelsorger innerhalb eines frühmittelalterlichen Bistums angenommen haben. Zu den dringlichsten Anliegen gehörte es zweifelsohne, den Landklerus möglichst zusammenzuschließen. Die Gefahr der Isolierung war vor allem bei den Eigenkirchenpriestern gegeben, und gerade sie bedurften in Anbetracht ihrer höchst mangelhaften Ausbildung und ihrer abhängigen Stellung sowohl für die liturgischen und seelsorgerischen Funktionen wie für ihr sittliches Verhalten der ständigen Aufsicht und des Ansporns. Selbst diese Aufgabe war nur lösbar, wenn man die Forderungen auf das Notwendigste beschränkte. Besser stand es zunächst mit dem Stadtklerus. Sicher kam der oben geschilderte Zusammenschluß in Stiftskapitel der Bewahrung religiösen Geistes zugute, auf der anderen Seite führte er freilich zu einer Ämteraufteilung, die die größere Zahl der Kanoniker der eigentlichen Seelsorgstätigkeit entzog. Nach der maßgebenden Aachener Regel von 816 zu Privatbesitz berechtigt und mit wenigen Ausnahmen durch Arbeit nicht sehr belastet, verloren die Stiftsherren nicht selten den religiösen Geist, gaben sogar zum Teil das gemeinsame Leben auf und gründeten einen eigenen Haushalt. Trotzdem erwies sich der Grundgedanke als so fruchtbar, daß er auch außerhalb der Stifter aufgegriffen wurde. Es gab in den Städten bisweilen Klerikervereinigungen von weniger straffer Organisation, als sie die Stifter besaßen. Bekannt ist eine Pariser Klerikerbruderschaft des 9.—11. Jh., die sich societas duodecim apostolorum nannte, mit wöchentlicher Zusammenkunft zu Gottesdienst, Gebet und Brudermahl, eine Vorläuferin jener im 11./12. Jh. neugegründeten oder reformierten Chorherrenstifte, die auf zwölf Mitglieder oder das Doppelte oder die Hälfte dieser Zahl festgelegt waren.

Der Grundsatz des Zusammenschlusses fand aber auch auf den Landklerus Anwendung. Als eine Art Notbehelf hatten im 8./9. Jh. bisweilen die Chorbischöfe hier Verbindungen hergestellt und eine gewisse Aufsicht durchgeführt. Nun bildete sich mit den oben beschriebenen Dekanaten eine neue Ordnung. Die Priester eines jeden Dekanates mußten sich nun, wie ein Capitulare Hinkmars von Reims von 852 (c. 15) näher umschreibt, an jedem Monatsanfang (per Kalendas) versammeln. Bei diesem auch später sogenannten *Kaland* wurde zuerst gemeinsam die Messe gefeiert; dann folgte die Konferenz (collatio) unter Vorsitz des Dekans. Hinkmar hatte Anlaß zur Mahnung, daß der darauffolgende gemeinsame Tisch nicht zu einem üppigen Festmahl oder zu einem Trinkgelage ausarten dürfe. Als Gegenstand der Konferenz kam, wie wir aus späteren Verordnungen erfahren, in Betracht: die pfarrlichen Amtspflichten, der Gang der Pfarreien, die Sakramente, Fragen des Glaubens und des religiösen Lebens, Zurechtweisung nachlässiger Amtsbrüder. Insbesondere sollten nach Hinkmar jedesmal über die öffentlichen Büßer der einzelnen Gemeinden und ihr Verhalten berichtet und dem Bischof Meldung erstattet werden. Auch gemeinsames Gebet mit Fürbitten für den König, die kirchlichen Obrigkeiten und für Lebende und Verstorbene gehörten zum Programm.

Ein wichtiges Mittel zur Hebung der Seelsorge, aus dem wir zugleich Näheres über ihre Einrichtung erfahren, waren sodann die *Visitationen*. Auf sie wurde schon seit Karlmann (Capitulare von 742) wieder großes Gewicht gelegt. Alljährlich besuchte der Bischof die dafür bestimmten Orte, in der Regel die alten Pfarren. Das war begreiflicherweise jedesmal ein Fest des betreffenden Ortes, konnte allerdings auch eine empfindliche Belastung des Gastgebers bedeuten, weshalb verschiedene Canones dem Aufwand Grenzen setzen. Der Bischof spendete die Firmung, predigte und prüfte mit Hilfe seines Archidiakons (oder des Archipresbyters), der ihn auch vertreten konnte, den Stand der Gemeinde. Diese Prüfung wird um 800 zum *Send* (synodus) oder Sendgericht, wobei die versammelte Gemeinde, später die ausgewählten Sendzeugen, vereidigt und zur Aussage, auch gegen den Priester, aufgefordert wurden.

Gegen Ende des 9. Jh. wird die Visitation des Priesters davon abgelöst. Für diese Visitationen und Sendgerichte schrieb Abt *Regino von Prüm* († 916) sein Werk De synodalibus causis in zwei Büchern. Das erste Buch ist der Visitation der Geistlichen gewidmet. Im zweiten sind Rechtsbestimmungen gesammelt, die für die Laien in Betracht kamen und zur Prüfung des sittlich-religiösen Standes einer Gemeinde dienten. Über seelsorgliche Verhältnisse erhalten wir reichlichen Aufschluß vor allem in den 96 Visitationsfragen, mit denen das erste Buch beginnt, zum Teil aber auch in den parallelen Fragen des zweiten Buches. Die darin ausgesprochenen Anforderungen decken sich zum großen Teil mit der um die Mitte des 9. Jh. entstandenen Admonitio synodalis, auch Homilia Leonis (Papst Leo IV., † 855) genannt, die von da an — und in erweiterter Form übrigens bis ins heutige Pontificale Romanum — als Schlußansprache des Bischofs bei Synoden weitergegeben wurde. Sie enthält Material aus karolingischen Kapitularien und Synoden und besonders aus den Verfügungen Hinkmars. Ihr Inhalt kehrt zu einem großen Teil im Decretum Burchards von Worms wieder.

Pflichten, auf die die Priester hingewiesen werden, betreffen die Unversehrtheit des Pfarrvermögens, den baulichen Zustand und die Sauberkeit der Kirche, die nicht als Getreidespeicher verwendet werden dürfe, die Reinlichkeit und die sichere Verwahrung von Paramenten und Gefäßen; das Atrium der Kirche muß umzäunt sein; hier dürfen nicht Tänzereien von Frauen zugelassen werden. Auf dem tischförmigen Altar liegt die Pyxis mit dem Allerheiligsten für die Kommunion der Kranken bereit. Außerdem dürfen nur noch die vier Evangelien und — im Gegensatz zum Brauch der vorausgegangenen Jahrhunderte[1] — nun auch in würdiger Fassung die Reliquien der Heiligen auf dem Altare liegen.

Der Priester muß alle Tage zur Mette aufstehen und tagsüber zur gegebenen Stunde die kanonischen Horen singen, zu denen auch — es werden bei Regino Prim, Terz, Sext und Non genannt — jedesmal ein Glockenzeichen

[1] In frühkarolingischer Zeit wurde in solchen Fällen eine Art Sarkophag an der Rückseite des Altars angebracht; s. *Braun* II 548—555.

gegeben werden soll. Er soll einen Kleriker haben, der mit ihm die Psalmen singt und der bei der Messe die Epistel liest und antwortet. Zur dritten Stunde soll er täglich die Messe feiern, soll aber dann bis Mittag nüchtern bleiben, um gegebenenfalls auch für ankommende Pilger noch dasselbe leisten zu können. An Sonn- und Festtagen sollen die Gläubigen zur Mette, zur Messe und zur Vesper kommen. In den einzelnen Dörfern sind Vertrauensmänner (decani) aufgestellt, die an diese Pflicht und an die Pflicht der Arbeitsruhe erinnern sollen, die a vespera ad vesperam gehalten werden mußte. Auch die Hirten (porcarii et alii pastores) müssen am Sonntag zur Messe kommen. Vor der Messe soll der Pfarrer das Weihwasser weihen und die Gläubigen besprengen. Beim Offertorium sollen die Gläubigen die Oblation darbringen, Kerzen und dergleichen aber vorher abgeben. Wenn nicht ein Diakon oder Subdiakon vorhanden ist, muß der Priester selber am Ende der Messe die Gefäße reinigen. Nach der Messe soll er aus der Oblation des Volkes das gesegnete Brot (eulogias) austeilen. Als Bücher, die der Priester besitzen soll, werden genannt: Missale (Sakramentar), Lektionar, Antiphonar (für die Meßgesänge), Homiliar, außerdem eine rechtgläubige Auslegung von Symbolum und Paternoster und ein Martyrologium (um den Gläubigen die jeweils treffenden Heiligenfeste anzukündigen), womöglich auch die 40 Homilien Gregors d. Gr. Die Psalmen muß er auswendig können, ebenso die (stehenden) Meßgebete, das Symbolum Quicumque und das Formular der Weihwasser-Weihe; die übrigen Texte soll er wenigstens imstande sein, ohne Fehler zu lesen. Er soll auch fähig sein, an Sonn- und Festtagen dem Volke etwas aus dem Evangelium, aus der Epistel oder aus der Heiligen Schrift zu erklären. Er soll dafür sorgen, daß alle Symbolum und Vaterunser auswendig wissen. Die Kinder sollen es von ihren Taufpaten lernen. Er soll darüber wachen, daß kein Kind ohne Taufe und Kommunion stirbt; er soll darum die heiligen Öle und auch die Eucharistie auf Wanderungen immer bei sich tragen[2].

Eine nicht unbedeutende Rolle spielte das *Bußwesen*. Am Beginn der Quadragesima muß der Pfarrer die Gläubigen zur Beichte auffordern. Um nicht nach Willkür die Buße aufzuerlegen, soll er ein Bußbuch besitzen — eine einigermaßen erstaunliche Forderung angesichts der entschiedenen Ablehnung, die die Bußbücher mit ihren starren und oft widerspruchsvollen Tarifen und mit ihren oft leichtfertigen Ablösungen der Buße („Redemtionen") durch verschiedene Synoden erfuhren: quorum errores certi, auctores sunt incerti, wie u. a. Radulf von Bourges († 868) sie kennzeichnete[3]. Der Pfarrer wird davor gewarnt, sich von öffentlichen Sündern, die er zur Kir-

[2] Diese Vorschrift auch bezüglich der Eucharistie jedenfalls in den Capitula des Ghaerbald von Leiden (MGCap I 244) und in den Statuta Bonifatii II 4 (*Mansi* XII 383 f).

[3] Die ältesten Bußbücher, noch ohne geordneten Aufbau, sind im 6. Jh. bei den Iren entstanden. Angelsächsischer Herkunft sind neue, in systematischer Ordnung abgefaßte Bußbücher, die unter den Namen Cummean, Theodor, Beda, Egbert gehen. Beide

chenbuße anmelden müßte, durch Geschenke bestechen zu lassen. Anderseits darf er öffentliche Büßer nicht zu Wein oder Fleisch einladen, ohne dafür gleichzeitig selber durch ein Almosen Ersatz zu leisten.

Daß dem Priester das gute Beispiel besonders ans Herz gelegt wird, ist verständlich. Er wird davor gewarnt, eine mulier subintroducta im Haus zu haben. Er darf keine Waffen tragen, eine Vorschrift, die aber sicher von manchem bischöflichen Lehensherrn nicht urgiert wurde. Er darf sich nicht mit Hunden und Falken vergnügen und darf nicht Kneipen besuchen. Er wird auch daraufhin geprüft, ob er nicht Kirchengerät dem Wirt oder dem Händler zum Pfand gegeben hat. An Hochzeiten darf er nicht teilnehmen. Bei Totenmählern soll er sich nicht verleiten lassen, zu Ehren der Heiligen den Gästen zuzutrinken und sich zu berauschen. Er soll immer das geistliche Kleid tragen, auch auf Reisen, wenigstens die Stola. Wird ein Priester ohne die Stola erschlagen, so brauchte für ihn nur das gewöhnliche Wergeld, nicht das dreifache bezahlt zu werden. Der Priester soll sich der Armen besonders annehmen; gegen Durchreisende soll er sich gastfreundlich zeigen. Er soll die Kranken besuchen, sie rekonziliieren und salben und ihnen selber und nicht durch Laienhand die Wegzehrung bringen.

Es ist klar, daß mit diesem Pflichtenspiegel, der im 9. und 10. Jh. auf Diözesansynoden und bei pfarrlichen Visitationen den Pfarrern vorgehalten wurde, zunächst nur ein Programm entworfen war, hinter dem die Wirklichkeit weit zurückbleiben konnte, aber immerhin ein Programm, hinter dem die ganze Autorität nicht nur der Kirche, sondern auch des damaligen Staates stand.

Soviel ergibt sich daraus: Die Seelsorge verlief in primitiven Formen, aber sie hatte feste Konturen. Die überlieferten Formen des Gottesdienstes und der Sakramente bildeten das tragende Gerüst für die Führung dieser vor allem liturgischen Seelsorge. Um wenigstens diesen Ausschnitt der religiösen Bildung einigermaßen sicherzustellen, hatte schon Karlmann im Einvernehmen mit dem heiligen Bonifatius auf dem Concilium Germaniae 742 verordnet, daß jeder Priester alljährlich in einer förmlichen Prüfung vor allem über den Ritus von Taufe und Messe seinem Bischof Rechenschaft geben müsse, eine Verordnung, die u. a. noch 852 Hinkmar erneuert hat. Eine Anzahl literarischer Befehle, die für diese Prüfung geschaffen wurden, meist in Form von Frage und Antwort, sind auf uns gekommen[4]. Eine kirch-

Arten wurden seit dem 8. Jh. auf dem Festland verbreitet und hier mit überlieferten Bußvorschriften kombiniert, was ihre Widersprüchlichkeit nur noch fühlbarer machte. Da sich die Ausschaltung der Bußbücher als unmöglich erwies, wurden im Gefolge der karolingischen Reformsynoden neue Bußbücher entworfen, unter denen diejenigen von Halitgar und von Rhabanus Maurus hervorragen; um 1010 erschien noch dasjenige von Burchard von Worms (Buch XIX seines Decretum). Eine klare Ordnung wurde auch von ihnen nicht erreicht.

[4] Beispiele aus dieser Literatur, die als Joca episcopi ad sacerdotes bezeichnet wurde, bei *A. Franz,* Die Messe im deutschen Mittelalter (Freiburg 1902) 342 f 411 f.

liche Katechese für die Kinder gab es nicht. Die religiöse Einführung und Führung der Jugend mußte im wesentlichen auf dem Wege der Gewöhnung geschehen. Doch waren die Eltern und die Paten angewiesen, den Kindern das Glaubensbekenntnis und das Vaterunser einzuprägen, und bei der alljährlichen Beichte sollte der Pfarrer nach Regino (I 275) damit beginnen, daß er jeden Beichtenden diese beiden Formeln hersagen ließ. Anderswo stellte der Priester nach dem Zeugnis der Beichtordines wenigstens die zwei Fragen nach dem Glauben an die drei Personen in der einen Gottheit und an die leibliche Auferstehung zum Gericht über Gute und Böse. Die Predigt, die an allen Sonn- und Festtagen verlangt wurde, konnte beim Bildungsstand des Klerus, wenn überhaupt gehalten, nur äußerst dürftig sein. Auf der Synode von Aachen 789 wurden als Gegenstände, von denen die Predigt (neben der anderswo verlangten Erklärung der Schrifttexte) in erster Linie handeln sollte, genannt: daß ein Gott ist, Vater, Sohn und Geist, daß der Sohn Mensch geworden ist, daß die Toten auferstehen, und welcher Sünden wegen der Mensch in die Hölle kommt.

Der Mangel einer weitergehenden Glaubensverkündigung mußte sich für die Erziehung des Volkes um so mehr nachteilig auswirken, als auch die Sprache der Liturgie nicht mehr verstanden wurde. Immerhin hatten die Reformsynoden von 813 und die Mainzer Synode von 847 ausdrücklich verlangt, daß der Geistliche dem Volk secundum proprietatem linguae predigen und die homiletischen Vorlagen in rusticam Romanam linguam aut Theotiscam übertragen müsse. Für die bei Regino (I 192) an die Predigt in mehreren Gliedern anschließenden Fürbitten für Lebende und Verstorbene ist der Gebrauch der Volkssprache wenigstens insoweit wahrscheinlich, daß die jedesmalige Gebetseinladung in der Volkssprache gesprochen wurde, worauf jeder still für sich das Vaterunser sprechen sollte. Der Gebrauch von Übersetzungen des Confiteor als Offene Schuld an gleicher Stelle des öffentlichen Gottesdienstes läßt sich aber vor dem 12. Jh. nicht erweisen, während solche Texte zur Verwendung bei der Beicht des einzelnen („Glaube und Beicht“) noch in karolingische Zeit zurückreichen[5]. Aber das Volk wußte sich in den Gottesdienst noch irgendwie einbezogen. Bischof Herard von Tours setzt in seinem Capitulare von 858 voraus, daß das Volk das Sanctus singt, und mahnt nur den Priester, es mitzusingen. Das Kyrie eleison als wiederkehrender Bittruf ist schon damals zum Ausgangspunkt der „Leise“ geworden (Petruslied), aus denen später das deutsche Kirchenlied erwachsen ist. Wenn sodann schon unter Karl d. Gr. und auf dessen Anregung verschiedene Erklärungen der Taufzeremonien und besonders der Messe entstanden waren, so wird dies auch in der Volksbelehrung seinen Widerhall gefunden haben. Schließlich muß die durch die Arbeitsruhe unterstrichene Feier der

[5] *E. v. Steinmeyer,* Die kleineren althochdeutschen Sprachdenkmäler (Berlin 1916) 309 bis 364.

Feste des Kirchenjahres doch das Volksbewußtsein tief geprägt haben. Allein damit sind wir bereits auf dem Gebiet des religiösen Lebens im engeren Sinn.

38. Kapitel

Frömmigkeitsformen

LITERATUR: Da die Frömmigkeit der Zeit sich noch ganz in der Nähe der Liturgie bewegt, kommt zum großen Teil die oben Kap. 36 angeführte Literatur in Betracht. Hierher gehört weiter: S. *Bäumer*, Geschichte des Breviers (Freiburg 1895); *J. Stadlhuber*, Das Laienstundengebet vom Leiden Christi in seinem mittelalterlichen Fortleben: ZKTh 72 (1950) 282—325. — Über die Hauptgegenstände der Frömmigkeit: *E. Dumoutet*, Le Christ selon la chair et la vie liturgique au moyen-âge (Paris 1932) 1—27; *R. Berger*, Die Darstellung des thronenden Christus in der romanischen Kunst (Reutlingen 1926); *Jungmann LE* (daraus besonders: Die Abwehr des germanischen Arianismus und der Umbruch der religiösen Kultur im frühen Mittelalter, 3—86; Beiträge zur Struktur des Stundengebetes, 208—264; Der liturgische Wochenzyklus, 332—365); *St. Beissel*, Geschichte der Verehrung Marias in Deutschland während des Mittelalters (Freiburg 1909); *ders.*, Die Verehrung der Heiligen und ihrer Reliquien in Deutschland bis zum Beginn des 13. Jh. (Freiburg 1890). — Zu den Anfängen der Gebetbuchliteratur: *A. Wilmart*, Precum libri quattuor aevi Karolini (Rom 1940); *ders.*, Auteurs spirituels et textes dévots du moyen-âge latin (Paris 1932); *ders.*, Prières médiévales pour l'adoration de la Croix: ELit 46 (1932) 22—65; *ders.*, Le manuel de prières de S. Jean Gualbert: RBén 48 (1936) 259—299 (mit dem Nachweis, daß es sich um eine Gebetssammlung des 9. Jh. aus Nonantola handelt); *A. Salvini*, Manuale precum S. Joannis Gualberti (Rom 1933); *F. X. Haimerl*, Mittelalterliche Frömmigkeit im Spiegel der Gebetbuchliteratur Süddeutschlands (München 1952). — *W. Godel*, Irisches Beten im frühen Mittelalter: ZKTh 85 (1963) 261—321 389 bis 439; *E. Iserloh*, Die Kontinuität des Christentums beim Übergang von der Antike zum Mittelalter im Lichte der Glaubensverkündigung des heiligen Bonifatius: TThZ 63 (1954) 193—205; *H. B. Meyer*, Alkuin zwischen Antike und Mittelalter. Ein Kapitel frühmittelalterlicher Frömmigkeitsgeschichte: ZKTh 81 (1959) 306—350 405—454; *U. Berlière*, L'ascèse bénédictine des origines à la fin du XIIe siècle (Paris 1927); *L. Gougaud*, Dévotions et pratiques ascétiques du moyen-âge (Paris 1925); *Veit; Künstle.*

Eine erste Aufgabe in der religiösen Erziehung des Volkes war noch um die Jahrtausendwende der Kampf gegen die Reste des Heidentums und gegen den Aberglauben. Die Bußbücher bis zu demjenigen des Burchard von Worms sprechen in dieser Hinsicht eine deutliche Sprache. Jene Überreste reichen von den Frauen, die beim Spinnen und Weben geheime Sprüche sagen, und von der Leichenwache, bei der „teuflische Lieder" gesungen werden, bis zur eigentlichen Zauberei und zu den heidnischen Opfern an Quellen, Steinen und Wegkreuzungen.

Es war mit dem Stand der Glaubensverkündigung gegeben, daß ein auf Innerlichkeit aufgebautes religiöses Leben in den breiteren Massen des Volkes nicht zu erwarten war. Die Kraft der Volkserziehung lag im Institutionellen. Es mußte genügen, wenn eingehalten wurde, was in Gesetz und

Vorschrift vorgezeichnet war. Ein religiöser Auftrieb konnte nur allmählich durch das Beispiel von Klöstern und Stiftern erhofft werden, deren Frömmigkeit allein uns einigermaßen faßbar ist.

Wie das kulturelle Leben unseres Zeitraumes, so ist auch das Frömmigkeitsleben monastisch geprägt. Das gilt vom Klerus. Aber auch Laien suchten in den Gebetsverbrüderungen, den Vorläufern der späteren Bruderschaften, den Anschluß an ein Kloster. Für die Kollegiatkapitel der Weltgeistlichen war das Kloster so sehr das Vorbild, daß damals nicht selten dieselbe Gründung von der kanonikalen zur monastischen Verfassung übergegangen ist und umgekehrt. Die Synode von Cloveshoe in England (747), die der heilige Bonifatius veranlaßt hatte, hatte erstmals für alle Kirchen die Forderung aufgestellt, daß überall die volle Reihe der sieben kanonischen Horen mit Psalmodie und Gesang nach dem Brauch der römischen Kirche (das heißt der römischen Basilika-Klöster) verrichtet werden müsse (can. 15). Das war eine Neuerung. Denn im Osten und im Westen war der Weltklerus nur zur Mette und zur Vesper verpflichtet gewesen, die gemeinsam mit dem Volke gehalten wurden, und selbst in den Bistümern in der Umgebung von Rom war, wie die Cautio episcopi des Liber diurnus im 6./7. Jh. zeigt, außerdem nur die der Mette vorausgehende „Vigil" (ungefähr der heutigen Matutin entsprechend) gefordert worden. Die genannte Forderung des vollen monastischen Offiziums ist von nun an aber nach dem Vorgang der Aachener Synode von 816 auch auf dem Festlande allenthalben wiederholt und, wie wir sahen, auch für die Pfarrkirchen erhoben worden, allerdings des öfteren, ohne daß auch die private Rezitation durch diejenigen, die verhindert waren, verlangt wurde.

Mit dem gemeinsamen Chorgebet war ein wichtiger Faktor religiöser Bildung gegeben: die gemeinsame geistliche Lesung. Die Lesungen waren wesentlich umfangreicher als in der nachfolgenden Zeit der Breviere. In den Cluniazenserklöstern legte man Wert darauf, daß jedes Jahr die ganze Heilige Schrift gelesen wurde. Dazu kam aus den Väterschriften, aus Heiligenleben und aus den Passiones der Martyrer, was die Kloster- oder Stiftsbibliothek eben bieten konnte. Die Lesung im Chor wurde vielfach im Refektorium weitergeführt. Die geistliche Lesung des einzelnen stand bei der Kostbarkeit der Bücher in der zweiten Linie. Aber sie wurde gepflegt und war besonders empfohlen als lectio divina, als besinnliches Lesen, das auch die Elemente des betrachtenden Gebetes enthielt.

Neben der Lesung stand im Chorgebet die Psalmodie. Die Psalmen nahmen auch außerhalb des Chorgebetes eine wichtige Stellung ein. Wer lesen lernte, lernte es anhand der Psalmen, so sehr, daß psalmos discere lesen lernen bedeutete. Zu den bedeutendsten aszetischen Schriften des 9. Jh. gehört die dem Alkuin zugeschriebene Schrift De psalmorum usu, die im Ton echter Begeisterung für den Gegenstand Anweisungen gibt, wie man das Psalmengebet für die verschiedensten Anliegen einsetzen und bei den verschiedensten Gelegenheiten gebrauchen könne. Die alte Praxis, zu jedem Psalm eine Oration oder sonst ein Gebet hinzuzufügen, war, obgleich im Chorgebet nicht mehr geübt, doch nicht vergessen, wie u. a. der Psalmenkommentar des Bischofs Bruno von Würzburg († 1045) zeigt. Daß man die Psalmen in das Licht der neutestamentlichen Erfüllung zu stellen und so für den Christen erst richtig betbar zu machen wußte, zeigen ebenso wie der genannte Psalmenkommentar die vielen, bis ins hohe Mittelalter reichenden Handschriften des Psalteriums, die jedem Psalm eine deutende Überschrift als vox Christi oder vox Ecclesiae zuteilen[1]. Auch in der Volksfrömmigkeit müssen wenigstens ausgewählte Psalmenverse und Psalmenstücke eine gewisse Rolle gespielt haben. Jedenfalls waren Sammlungen von geeigneten Psalmversen weit verbreitet. Sie waren schon früh unter dem Namen capitella de psalmis weitergegeben worden; in der Schrift De psalmorum usu heißen sie: Post Dominicam orationem versus. Es sind die Versikel, von denen einige in den Preces unseres Breviers fortleben.

Um die Jahrtausendwende beginnen die Psalmen an Beliebtheit zu verlieren. Das Gebetspensum, das einem Büßer auferlegt wird, wird nicht mehr in Psalmen ausgedrückt: 50 Psalmen, 150 Psalmen mit ebensoviel Kniebeugungen, sondern es wird anstelle der Psalmen in gleicher Anzahl der eine Psalm Miserere oder auch nur ein Gebetsruf, z. B. Miserere mei Deus, oder einfach das Paternoster angesetzt. Durch 150fache Wiederholung des Paternoster entsteht so der Paternoster-Psalter, der nach einer gewissen Blütezeit seit dem 12. Jh. mehr und mehr durch den Marianischen Psalter, der aus dem Ave Maria aufgebaut ist, und durch dessen endgültige Form, den Rosenkranz, abgelöst wird.

In unserer Periode beginnt auch die Geschichte des Gebetbuchs, das freilich damals nur Sache von wenigen sein konnte. In Irland ist das Book of Cerne (8./9. Jh.) überliefert; es ist eine Sammlung der verschiedenartigsten Gebetsstücke. Aus dem karolingischen Bereich ist am meisten bekannt das Gebetbuch Karls des Kahlen[2]; es fällt auf durch sein Bestreben, dem königlichen Beter auch Hilfen zu bieten zur Teilnahme am öffentlichen Gottesdienst. Starke Anlehnung an die Liturgie zeigen auch zwei andere Gebetssammlungen aus dem 9. Jh., die unter dem Namen Alkuins gehen: die schon erwähnte Schrift De psalmorum usu und die Officia per ferias, ebenso wie einige weitere Sammlungen derselben Zeit, die durch Wilmart näher bekannt geworden sind. Sie schöpfen aus der Liturgie und aus den Kirchenvätern, die Psalmen sind reichlich verwendet. Und dann treten aber auch mehr persönliche Gesichtspunkte in den Vordergrund: Apologien und Gebete um bestimmte Tugenden nehmen einen breiten Raum ein. Es werden

[1] *P. Salmon,* Les ‚tituli psalmorum' des manuscrits latins (Rom 1959).

[2] Das Gebetbuch Karls des Kahlen ist herausgegeben von *Felician Ninguarda,* Liber precationum (Ingolstadt 1583). Vgl. auch DACL III 865 f.

Texte geboten zur Verehrung der Heiligsten Dreifaltigkeit und der einzelnen göttlichen Personen. Von besonderer Innigkeit sind die Gebete zur Verehrung des Kreuzes, das neben den Reliquien der Heiligen als der vorzüglichste Gegenstand der Andacht jener Jahrhunderte gelten darf. Besonders zur Verehrung des Kreuzes am Karfreitag wurde ein großer Reichtum von Texten ausgebildet, die auch in die liturgischen Bücher eingedrungen sind, so wie überhaupt eine beständige Wechselwirkung zwischen jenen ältesten Gebetbüchern und den liturgischen Büchern der Zeit festzustellen ist.

In der Frömmigkeit dieses härteren Zeitalters hatten auch äußere Übungen eine viel größere Bedeutung als zu anderen Zeiten. Lehrmeister darin waren die irischen Mönche. Die Kniebeugung, 50mal in Verbindung mit 50 Psalmen oder in einem Mehrfachen dieser Zahl wiederholt, stundenlanges Beten mit ausgespannten Armen, Stehen im kalten Wasser ganze Nächte hindurch und dazu das aszetische Wandern und das Wallfahren nach den heiligen Stätten waren beliebte Übungen der großen Beter und zugleich Leistungen, die den Büßern vorgeschrieben wurden.

Wenn wir die Frömmigkeit des Zeitalters, wie sie sich in diesen und ähnlichen Formen kundgibt, charakterisieren wollen, so dürfen wir sie als eine Frömmigkeit des Übergangs bezeichnen. Einerseits sind noch starke Kräfte der Überlieferung aus dem christlichen Altertum wirksam. Diese offenbaren sich vielleicht am deutlichsten in der Kirchenkunst. Noch die Romanik, um so mehr die ihr vorausgehende Periode, atmet den Geist einer festen, objektiven Ordnung, mit klaren Verhältnissen. Es ist die Kunst, die bei aller Selbständigkeit mit dem Geist der römischen Liturgie am vollkommensten zusammenklingt. In der Hauptapsis vieler Kirchen dieser Zeit ist die Majestas Domini, der königlich thronende Christus, dargestellt. Auch die Darstellung des Gekreuzigten, die nun öfter auftaucht, ist noch weit entfernt von einer realistischen Wiedergabe des Geschehens auf Golgotha. Der Gekreuzigte ist noch wie in der irischen Kunst von Engelgestalten oder wie in der Buchmalerei auf dem Festland, von anderen symbolischen Begleitfiguren (Kirche und Synagoge, Evangelistensymbole, Sonne und Mond) umgeben, die auf den tieferen Sinn des Geschehens hindeuten. Und dann bildet sich der romanische Cruzifixus heraus, in siegreicher Haltung mit der Königskrone auf dem Haupt (Gerokreuz, um 976; Innichen, 11. Jh.). Das Kreuz als Zeichen des Sieges, schon vom österlichen Glanz umleuchtet, war ein Lieblingsthema karolingischer Zeichner und Verskünstler[3], wie es ein bevorzugter Gegenstand des frommen Gebetes war.

Mit welcher Kraft solche Denkweise noch wirksam war, zeigt ein kleiner Zug, der aber volkserzieherisch von großer Bedeutung sein konnte: In der

[3] Vgl. die akrostichischen Dichtungen und Zeichnungen von Rhabanus Maurus, De laudibus s. Crucis: PL 107, 133—294. Ähnliches aber auch bei Alkuin; vgl. *H. B. Meyer*, Crux decus es mundi. Alkuins Kreuzfrömmigkeit: Paschatis Sollemnia (Freiburg 1959) 96—107.

Missionierung der slawischen und baltischen Völker und der Ungarn hat sich noch die im Sonntag als Tag der Auferstehung kulminierende Auffassung der christlichen Woche in der Benennung der Wochentage durchgesetzt. An die Stelle der aus dem Judentum übernommenen Zählung, die mit dem Sonntag begann, den Montag also als feria II bezeichnete und im Sabbat kulminierte und die das christliche Altertum nur dadurch zu verchristlichen gewagt hatte, daß man den Sonntag weiterzählend als achten Tag zählte, tritt hier eine Zählung, in der der Montag als „erster“, der Sonntag als letzter, krönender Tag der Woche erscheint[4].

Aber der Übergangscharakter unseres Zeitalters erweist sich dann, und zwar sehr eindrucksvoll, auch nach der anderen Seite hin, im Hervortreten einer neuen Art von Frömmigkeit, derjenigen, die im weiteren Mittelalter zur Reife kommt und die bis in die Volksfrömmigkeit der Gegenwart fortwirkt. Gerade in der Auffassung der christlichen Woche ist schon Alkuin Vertreter eines Umschwungs. Alkuin beläßt zwar in der von ihm geschaffenen Reihe der Wochenvotivmessen am Freitag das herkömmliche Thema vom Kreuz, aber am Sonntag, den er an den Anfang der Woche setzt, ist der Gedanke der Auferstehung nun durch die Zueignung an die Heiligste Dreifaltigkeit verdrängt. Das Christusbild, das nun mehr und mehr in den Vordergrund tritt, ist, wie man zutreffend gesagt hat, nicht mehr der Christus passus et gloriosus der christlichen Frühzeit, sondern der Christus patiens, jedenfalls der Christus in den Grenzen der evangelischen Berichte.

Es ist erstaunlich, in welcher Stärke das trinitarische Geheimnis um diese Zeit das Bewußtsein zu beherrschen beginnt. Der christliche Glaube wird mit Vorliebe als fides sanctae Trinitatis bezeichnet. Unter diesem Titel hat Alkuin auch sein Hauptwerk verfaßt: De fide sanctae Trinitatis. In der Abtei des Theodulf von Orléans († 821) gehörte das Symbolum Quicumque zum täglichen Offizium. Nicht mehr das Christusgeheimnis, sondern die Lehre von den drei göttlichen Personen erscheint nun als zentraler Gegenstand des Glaubens.

Dem entspricht es, daß Christus nun oft einfach für Gott steht und umgekehrt. Sosehr das Menschliche der evangelischen Berichte nun in den Vordergrund tritt und in diesem Sinne von einer steigenden Beachtung der Menschheit des Herrn die Rede sein konnte: seine Gesamtgestalt wird als Erscheinung der Gottheit verstanden. In den karolingischen Musterkatechesen, die als Predigten des heiligen Bonifatius überliefert sind (PL 89, 842 bis 872), ist es einfach Gott, der aus der Jungfrau geboren wurde und der für uns gekreuzigt worden ist. Der uns erschaffen hat, so schließt eine Katechese, er möge uns zur ewigen Freude führen, Christus unser Herr. Es ist

[4] So heißt z. B. im Litauischen der Montag pirmadienis (= prima dies) und entsprechend die übrigen Tage bis Samstag. *J. A. Jungmann*, Gewordene Liturgie (Innsbruck 1941) 220 f.

dieselbe vereinfachende Denkweise, die uns in den althochdeutschen Dichtungen, vor allem im Heliand, begegnet, wo auch das germanische Heldenideal das Bild mitbestimmt. Christus ist der Gott-König, dem man die Gefolgschaft leistet, die man ihm in der Taufe zugeschworen hat.

Die Kraft dieser Denkweise ist daran zu erkennen, daß sie sogar auf die römische Liturgie umbildend eingewirkt hat. Der römische Orationsschluß mit Per Dominum nostrum, der die in der Menschheit des Gottmenschen gründende Mittlerschaft betont und sein verklärtes Fortleben beim Vater und sein Herrschen rühmt, wird nicht selten umgeprägt zu einem Qui vivis, das nur mehr seine Gottheit im Blickfeld beläßt. Es war eine notwendige Folge einer auf solche Weise verkürzten Darstellung, daß mit der Verdunkelung der Menschheit Christi auch das Bewußtsein von der gnadenvollen Gottesnähe verdunkelt wurde, in die der Christ durch den Gott-Menschen hineingenommen ist. Auch im Bild der Kirche verblassen die Züge der Gottesfamilie; die hierarchischen Linien treten um so stärker hervor. Der Abstand von Priester und Volk vergrößert sich so sehr, daß man die Aussage des römischen Meßkanons von den Gläubigen: qui tibi offerunt hoc sacrificium laudis, wenn nicht streicht, so doch durch die Worte: pro quibus tibi offerimus, ergänzen zu müssen glaubt. Kirche und christliche Ordnung erscheinen nun vor allem als eine Sache des Gesetzes, nicht unähnlich der staatlichen Ordnung, von der die Kirche nur mehr durch undeutliche Grenzlinien sich abhebt, und hinter dem Gesetz steht das göttliche Gericht. Das schon erwähnte Vordringen der leidenschaftlichen Selbstanklagen in den Apologien, die z. B. in der sogenannten Missa Illyrica des 11. Jh. wie ein Schlinggewächs auch die ganze Liturgie der Messe durchziehen, wird dadurch verständlich. Das Christentum hat einen moralistischen Zug und eine düstere Grundstimmung erhalten.

Anderseits mußte der bedrängte Mensch, wenn der eine Mittler Christus Jesus im Glanz seiner Gottheit den Blicken einigermaßen entschwand, um so mehr nach anderen Helfern Ausschau halten. Das frühe Mittelalter ist die Zeit einer hochgesteigerten Reliquienverehrung. Fürsten und Prälaten, unter ihnen auch schon Karl der Große und Rhabanus Maurus, waren eifrig bemüht, aus Rom und Italien und anderswoher Reliquien zu erwerben, wobei man in den Mitteln nicht immer wählerisch war. Translationen von Martyrerleibern gehören nun zu den großen Festen der Christenheit. Unzählig sind die Formen, in denen kostbare Reliquiare hergestellt wurden, und kaum übersehbar die Namen, mit denen sie bezeichnet wurden[5]. Durch die Überreste der Heiligen erhoffte man Schutz und Hilfe für Leib und Seele.

Neben und über den Martyrern gewinnt die Verehrung der Gottesmutter wachsende Bedeutung. Ein Großteil der neuen Kirchen, darunter die Pfalzkapelle zu Aachen, wurde zu ihrer Ehre geweiht. Bilder der Theotokos, die

[5] *J. Braun*, Die Reliquiare des christlichen Kultes und ihre Entwicklung (Freiburg 1940).

aus dem Orient kamen, fanden nun vielfache Nachbildung. Ein Tag der Woche, der Samstag, erscheint erstmals bei Alkuin als Marientag. Besonders die Bewegung von Cluny fördert die Verehrung Marias, der Mater Misericordiae, wie sie nun mit Vorliebe genannt wird. In jedem Kloster ist mindestens eine Kapelle ihr geweiht. Vom heiligen Ulrich von Augsburg berichtet sein Biograph, daß er nach dem gewöhnlichen Offizium noch drei kürzere Zusatzoffizien gebetet habe: eines vom heiligen Kreuz, eines von allen Heiligen und eines von Maria. Im 11. Jh. ist das tägliche Officium parvum beatae Mariae Virginis schon weit verbreitet. Seit dieser Zeit übt auch der aus Byzanz stammende Hymnus akathistus mit seiner langen Reihe von Ehrentiteln für Maria einen zunehmenden Einfluß aus, der sich von da an in einem Frühling der Marienpoesie kundgibt und später u. a. zu den marianischen Litaneien verdichtet[6].

Wie ist es zu dieser auffälligen Verschiebung der Akzente, zu dieser, wenn wir an die Sprache der Väter denken, so andersartigen Beleuchtung der einen Glaubenswelt gekommen? Denn daß es sich nicht um neue Glaubensinhalte handelt, ist klar; konnte in derselben Zeit doch schon der Schein einer Abweichung von den überlieferten Glaubenssätzen die größte Aufregung hervorrufen, wie etwa die Vorgänge um die Bilderfrage (libri Carolini) oder um die Formulierung der eucharistischen Gegenwart (Radbertus und Ratramnus) zeigen. Wir stehen hier vor den Auswirkungen jener großen Erregung, die am Ausgang des christlichen Altertums durch den abendländischen Arianismus hervorgerufen worden war. Und zwar muß der Herd jenes Bebens, dessen Schwingungen sich durch die Jahrhunderte fortgesetzt haben, im westgotischen Spanien des 6. Jh. gesucht werden. Der Bekehrung des westgotischen Volkes zur katholischen Kirche, die durch die Reichssynode von 589 besiegelt wurde, waren wiederholt heftige Kämpfe vorausgegangen, und zwar auch geistige Auseinandersetzungen, in der es um die rechte Christologie ging. Der arianischen Bestreitung der wesensgleichen Gottheit des Sohnes und ihrem Hinweis auf die Mittlerformel, auf das Per Christum, das ja auch in der katholischen Liturgie von alters her gebraucht wurde und das eine Unterordnung angeblich auch des Sohnes in seiner Gottheit besagen sollte, setzte die katholische Abwehr die ebenso bestimmte Betonung der Wesenseinheit des Vaters mit dem Sohne, der Einheit des göttlichen Wesens bei der Dreiheit der Personen entgegen, und dies nicht nur in den scharfgeschliffenen Definitionen trinitarischer Glaubensformeln, sondern auch in der Formulierung des liturgischen Gebetes, nicht zuletzt im praktischen Verzicht auf die mißverstandene Mittlerformel. Die Rückwirkung auf die katholische Denkweise mußte um so nachhaltiger sein, als die damals noch bildsame spanische Liturgie gerade eine Phase lebhafter Entwicklung durchlief und sich dann in dieser Phase endgültig verfestigte. Glau-

[6] *G. G. Meersseman,* Der Hymnos akathistos im Abendland (Freiburg/Schweiz 1958).

benskämpfe ähnlicher Art waren, wie wir u. a. durch Gregor von Tours erfahren, auch auf gallischem Boden auszufechten gewesen, aber die entscheidende Einwirkung muß doch von Spanien ausgegangen sein, dessen Kirche im 7. Jh. eine Blüteperiode erlebte (u. a. Isidor von Sevilla) und dadurch in der Christenheit führend wurde.

Doch ist die gallisch-fränkische Kirche nicht so sehr in unmittelbarer Übertragung von der geistigen Bewegung des Nachbarlandes ergriffen worden als vielmehr auf dem Umwege über die Britischen Inseln. In der iroschottischen Liturgie sind mehrfach „spanische Symptome“ nachgewiesen worden, also Einwirkungen Spaniens auf Irland im 7./8. Jh., die sich bald auch auf die Kirche der Angelsachsen übertragen mußten[7]. Bonifatius und Alkuin sind dann die großen Exponenten des angelsächsischen Einflusses auf den Kontinent und damit auf die religiöse Kultur der karolingischen Renaissance, die ja für die weiteren Jahrhunderte des Mittelalters entscheidend geworden ist. Der Weg, den das nicaeno-konstantinopolitanische Glaubensbekenntnis zurückgelegt hat — aus Spanien, wohin es aus der orientalischen Urheimat der christologischen Glaubenskämpfe gekommen war, nach Irland, von da zu den Angelsachsen, durch Alkuin aus England zur Pfalzkapelle Karls d. Gr. und schließlich gelegentlich des Römerzuges Heinrichs II. 1014 aus Deutschland an den Mittelpunkt der Christenheit —, dieser Weg ist auch der Weg, auf dem die neue Frömmigkeit des Mittelalters sich gebildet und durchgesetzt hat.

Wenn das religiöse Leben des frühen Mittelalters durch die angedeutete Entwicklung auch nicht wenig von der Frische und Zuversicht der früheren Jahrhunderte verloren hat, so können wir doch auf der neuen Basis auch Anzeichen einer neuen Blüte feststellen. Je mehr der österliche Gedankenkreis mit dem Christus der Verklärung zurücktritt, um so mehr wendet sich das gläubige Gemüt der Erscheinung des irdischen Christus zu. Das Weihnachtsfest mit seinem Festkreis gewinnt an Bedeutung und Volkstümlichkeit, und vom österlichen Erlösungsgeheimnis beschäftigt vor allem die irdisch-sichtbare Komponente den frommen Beter. Diese wird nun zum beliebten Gegenstand des nachahmenden Spiels. Die Prozession am Palmsonntag ist schon im Römisch-Deutschen Pontifikale um 950 ein dramatischer Vorgang. Um dieselbe Zeit wird vom heiligen Ulrich berichtet, daß er am Karfreitag die Eucharistie ins „Grab“ gelegt und am Ostermorgen in feierlicher Prozession an seine Stelle zurückgetragen habe. Ein ähnlicher Ritus, aber mit Verwendung eines Kruzifixes, wurde zufolge der Regularis Concordia, der Sammlung von Klosterregeln des 10. Jh., zur selben Zeit auch in fränkischen und englischen Kirchen geübt, und das Quem quaeritis der österlichen Matutin wurde damals zum Ausgangspunkt des Osterspiels, das be-

[7] Vgl. das Kapitel „Spanish symptoms“ bei *E. Bishop*, Liturgica Historica (Oxford 1918) 165—210.

sonders in St. Gallen frühzeitig liebevolle Pflege fand, dessen Spuren sich aber im 11. Jh. bereits im ganzen Abendland, von Silos in Spanien bis nach Melk an der Donau, finden[8]. Jüngeren Datums ist das Passionsspiel und das geistliche Spiel zum Weihnachtsfest und zu anderen Gelegenheiten; aber sie liegen auf der Verlängerung des eingeschlagenen Weges.

Wenn auch die sakrale Vergegenwärtigung und Gegenwärtigkeit des Heils nicht mehr dem vollen Verständnis begegnete, so wurde doch durch solch rückschauendes, reproduzierendes Spiel und die ihm entsprechende Festfeier das Kirchenjahr hindurch der Volksseele auf andere Weise ein enger Kontakt mit den Glaubensgeheimnissen vermittelt, der sich in den folgenden Jahrhunderten zu wachsender Innigkeit verstärkt.

[8] *K. Young*, The Drama of the Medieval Church I (Oxford 1933) 577 f.

NEUNTER ABSCHNITT

Renovations- und Reformbewegungen von 900 bis 1050

Univ.-Professor Dr. Friedrich Kempf SJ, Rom

39. Kapitel

Die Erneuerung des monastischen und kanonikalen Lebens

QUELLEN: Ordensregeln: Siehe in Allg. Bibl. I, 8 die Editionen von *Holstenius, Albers, Hallinger* I (mit neu edierter Aachener Mönchsregel). — Die Kanonikerregel Chrodegangs von Metz ist ediert in PL 89, 1097—1120 (erweiterte Fassung), 1057—1096 (interpolierte Fassung); ferner von *W. Schmitz* (Hannover 1889) und *Napier* (London 1917). — Institutio canonicorum Aquisgranensis: MGConc II 307—421.

Für Cluny: *M. Marrier*, Bibliotheca Cluniacensis (Paris 1614; Neudr. Mâcon 1915); *A. Bernard - A. Bruel*, Recueil des chartes de l'abb. de Cluny, 6 Bde (Paris 1876/1903); *G. F. Ducket*, Charters and Records among the Archives of the Ancient Abbay of Cluny 1077—1534, 2 Bde (Lewes 1890); *Johannes von Salerno*, Vita Odonis: PL 133, 43—89; *Odilo*, Vita Maioli: ActaSS Maii II 683—688; *Nalgold* und *Syrus*, Vita Maioli: ebd. 657 bis 683; *Jotsaldus*, Vita Odilonis: PL 142, 897—940; *Gilo*, Vita Hugonis: *A. L'Huillier*, Vie de Saint Hugues (Solesmes 1888) 565—618.

Für die anderen Reformzentren vgl. etwa *Heimbucher* I^2 (Allg. Bibl. II, 9).

LITERATUR: Zur Geschichte des Mönchtums vgl. Allg. Bibl. II, 9. — Kalendarium Benedictinum. Die Heiligen und Seligen des Benediktinerordens und seiner Zweige, 4 Bde (Metten 1933/39). — *R. Molitor*, Aus der Rechtsgeschichte benediktinischer Verbände, 3 Bde (Münster 1928/33). — Landesgeschichtliche Werke s. in Allg. Bibl. II, 9; ferner: L'Italia benedittina, hrsg. von *P. Lugano* (Rom 1929); *P. Grossi*, Le abbazie benedittine nell'alto medioevo italiano. Struttura giuridica, amministrazione e giurisdizione (Florenz 1957); für Deutschland und Belgien vgl. *Hauck* und *E. de Moreau* (Allg. Bibl. II, 4).

Zur monastischen Erneuerung im 10.—11. Jh.: *E. Sackur*, Die Cluniacenser in ihrer kirchlichen und allgemeingeschichtlichen Wirksamkeit bis zur Mitte des 11. Jh., 2 Bde (Halle 1892/94; Neudr. Darmstadt 1965), grundlegendes, über Cluny weit hinausgreifendes Werk; *K. Hallinger*, Gorze—Cluny. Studien zu den monastischen Lebensformen und Gegensätzen im Hochmittelalter, 2 Bde (Rom 1950/51); dazu *Th. Schieffer:* AMrhKG 4 (1952) 24—44; *E. Werner*, Die gesellschaftlichen Grundlagen der Klosterreform im 11. Jh. (Berlin 1953); zu dieser marxistischen Deutung vgl. *K. Hallinger:* AMrhKG 9 (1957) 19—32; *P. Doyère*, Erémitisme en Occident: DSAM IV (1960) 953 bis 982; *J. Sainsaulieu*, Ermites: DHGE XV (1963) 766—787; L'eremitismo in occidente nei secoli XI e XII: Atti della settimana di studio, Mendola 1962 (Mailand 1965).

Lothringen und Deutschland: *E. Tomek*, Studien zur Reform der deutschen Klöster im 11. Jh., T. I.: Die Frühreform (Wien 1910); *H. Büttner*, Verfassungsgeschichte und lothringische Klosterreform: Festschrift *G. Kallen* (Bonn 1957) 17—27; *R. Blouard*, S. Gérard de Brogne (Namur 1959); die Beiträge des zum 900jährigen Todestag Gerhards abgehaltenen Kongresses in Maredsous 1959 sind gesammelt in RBén 70 (1960). — Zu Gorze vgl. vor allem *Hallinger*, Gorze—Kluny (s. oben). — *H. Dauphin*, Le b. Richard, abbé de Saint-Vanne de Verdun (Löwen - Paris 1946); *H. Glaesener*, Saint Poppon, abbé de Stavelot-Malmédy: RBén 60 (1950) 163—179. — Über Burgund: *B. Bligny*, L'Église et les ordres religieux dans le royaume de Bourgogne aux XIe et XIIe siècle (Paris 1960).

Cluny: Die Quellen s. oben; *K. Hallinger:* ECatt III (1949) 1883—93; *G. de Valous:* DHGE XIII (1956) 35—174; *A. Chagny*, Cluny et son empire (Paris [4]1949); *E. Sackur, K. Hallinger* s. oben; *G. de Valous*, Le monachisme clunisien des origines au XVe siècle, 2 Bde (Paris 1935), grundlegendes Werk; *L. M. Smith*, Cluny in the XIth and XIIth Cent. (London 1930); *J. Evans*, Monastic Life at Cluny 910—1157 (Oxford 1931); *P. Lamma*, Momenti di storiografia cluniacense (Rom 1961); *W. Jorden*, Das cluniacensische Totengedächtniswesen, vornehmlich unter den ersten Äbten (Münster 1930). — Sammelwerke: A Cluny. Congrès scientifique ... en honneur des saints abbés Odom et Odilon (Dijon 1950); Spiritualità cluniacense, Convegni del Centro sulla Spiritualità Medievale 2 (Todi 1960); Neue Forschungen über Cluny und die Cluniacenser, hrsg. von *G. Tellenbach* (Freiburg 1959); vgl. auch die gesammelten Aufsätze von *G. Schreiber*, Gemeinschaftsformen des Mittelalters (Münster 1948), sowie die Kongreßbeiträge vieler Autoren in: Il monachesimo nell'alto medio evo (Allg. Bibl. II, 9). — Einzelstudien: *M. Chaume*, En marge de l'histoire de Cluny: RMab 29 (1939) 41—61, 30 (1940) 33 bis 62; *K. Hallinger*, Zur geistigen Welt der Anfänge Clunys: DA 10 (1954) 417—445, etwas erweitert in: RMab 46 (1956) 117—141; *H. E. Mager*, Studien über das Verhältnis der Cluniacenser zum Eigenkirchenwesen: Neue Forschungen über Cluny (s. oben) 167 bis 217; *H. Diener*, Das Verhältnis Clunys zu den Bischöfen: ebd. 219—352; *J. Fr. Lemarignier*, L'exemption monastique et les origines de la réforme grégorienne: À Cluny (s. oben) 288—334; *ders.*, Structures monastiques et structures politiques dans la France de la fin du Xe et des débuts du XIe siècle: Il monachesimo nell'alto medio evo (Allg. Bibl. II, 9) 357—400; *d*[illegible]. Hiérarchie monastique et hiérarchie féodale: Rev. d'hist. de droit franç. et étrang. 4[illegible] sér. 31 (1953) 171—174; *C. Violante*, Il monachesimo cluniacense di fronte al mondo politico ed ecclesiastico (sec. X e XI): Spiritualità cluniacense (s. oben) 155—242. — Über Clunys Consuetudines vgl. *H. R. Philippeau:* RMab 44 (1954) 141 bis 151, und *K. Hallinger:* ZSavRGkan 76 (1959) 99—140. — *Th. Schieffer*, Cluny et la querelle des investitures: RH 225 (1961) 47—72; *H. Hoffmann*, Cluny und gregorianische Reform: AKG 45 (1963) 165—209.

Andere französische Klosterzentren: *H. Leclercq*, Saint-Benôit-sur-Loire (Paris 1925), und mit gleichem Buchtitel *M. Thibout - J. Leclercq* (Paris 1945); *P. Cousin*, Abbon de Fleury-sur-Loire (Paris 1954). — Über Dijon vgl. *E Sackur*, Die Cluniacenser (s. oben) I 257—269 und dann passim; zu Fruttuaria ebd. II 1—16. — Normandie: Guter Überblick über Reform bei *H. Wolter*, Ordericus Vitalis (Wiesbaden 1955) 17—46; *J. Fr. Lemarignier*, Études sur les priviléges d'exemption et de jurisdiction des abbayes normandes depuis les origines jusqu'à 1140 (Paris 1937). — St-Victor: *P. Schmid*, Die Entstehung des Marseiller Kirchenstaates: AUF 10 (1928) 176—207, 11 (1930) 138—152.

Italien: Für die einzelnen Klöster ist unentbehrlich *P. Kehr*, Italia Pontificia (Allg. Bibl. I, 5); synthetische Darstellungen von *Sackur, Grossi, Lugano* (s. oben) und vor allem von *Penco* (Allg. Bibl. II, 9); vgl. auch *K. Hallinger:* AMrhKG 9 (1957) 13f 15—19. Süditalien und Nilus: *Penco* 220—229 (mit Lit.); *A. Boise*, Il monachesimo in Calabria, Sue origini e suo progresso (Cosenza 1947); *A. Guillou*, Il monachesimo greco in Italia meridionale e in Sicilia: L'eremitismo in occidente (s. oben: Zur monast. Erneuerung) 355—379; *A. Pertusi:* ebd. 382—426 (organisatorische und kulturelle Aspekte); *P. Battifol*, L'abbaye de Rossano (Paris 1891); zu den Anfängen in Rossano *B. Cappelli:* Bollet. d. Badia greca di Grottaferrata, NS 9 (1955) 3—26; *A. Rocchi*, La Badia di Grottaferrata (Rom 1904). — Romuald: *Penco* 211—219; *W. Franke*, Romuald von Camaldoli und seine Reformtätigkeit zur Zeit Ottos III. (Berlin 1913); *A. Pagnani*, Vita di S. Romualdo abbate, fondatore dei Camaldolesi (Sassoferrato 1927); *ders.*, Storia dei benedittini Camaldolesi (Sassoferrato 1949); *G. Palazzini,* S. Romualdo e le sue fondazioni tra i monti del Cagliese: Studia Picena 18 (1948) 61—76. — Petrus Damiani: Biographische Literatur s. bei Kap. 42; *P. M. Della Santa,* Ricerche sull'idea monastica di S. Pier Damiani (Camaldoli 1961); dazu *O. Capitani:* L'eremitismo in occidente (s. oben) 122 bis 163; *C. Roggi,* Vita e costumanza dei Romualdini del Pereo, di Fonte Avellana e di Camaldoli: Benedictina 4 (1950) 69—86.

Kanoniker: Zur Bildung und zur Organisation der Stifter s. oben Kap. 33 mit Lit. — Beste Zusammenfassung der Geschichte von *Ch. Dereine:* DHGE XII (1953) 353—405; vgl. auch *L. Hertling,* Kanoniker, Augustinerregel, Augustinerorden: ZKTh 53 (1930) 335 bis 369; *G. G. Meersseman,* Die Klerikervereine von Karl d. Gr. bis Innocenz III.: ZSKG 46 (1952) 1—42 81—112; *J. Siegwart,* Die Chorherren- und Chorfrauengemeinschaften in der deutschsprachigen Schweiz vom 6. Jh. bis 1160. Mit einem Überblick über die deutsche Kanonikerreform des 10. und 11. Jh. (Freiburg/Schweiz 1962). — *A. Werminghoff,* Die Beschlüsse des Aachener Konzils i. J. 816: NA 27 (1902) 605—675; *O. Hannemann,* Die Kanonikerregeln Chrodegangs von Metz und der Aachener Synode von 816 und das Verhältnis Gregors VII. dazu (Diss. Greifswald 1914); *L. Musset,* Recherches sur des communautés des clercs réguliers en Normandie au XIe siècle: Bull. de la Soc. des Antiquaires de Normandie 55 (1959/60) 5—38; vereinzeltes Material für die vorgregorianische Zeit enthält: La vita comune del clero nei sec. XI e XII: Atti della settimana di studio Mendola 1959, 2 Bde (Mailand 1962); wichtig dort vor allem: *J. Fr. Lemarignier,* Aspects politiques de fondations de collégiales dans le royaume de France en XIe siècle 19—40; *G. Duby,* Les chanoines réguliers et la vie économique des XIe et XIIe siècles 72—81.

Vier Hauptursachen hatten im Laufe des 9. Jh. zu einem weitgehenden Verfall des Kloster- und Stiftswesens geführt: Säkularisationseingriffe der Herrscher, Verschleuderung von Gütern durch Laienäbte, mangelnder Schutz wegen wachsender Schwäche der Königsgewalt, die verheerenden Einfälle der Normannen, Sarazenen und zuletzt der Ungarn. Aber die Lebenskraft der abendländischen Christenheit war ungebrochen. Es erstanden langsam monastische, bald über das Claustrum hinaus wirkende Kraftzentren. Auch die Stifter wurden von der Erneuerungsbewegung erfaßt, obschon in geringerem Umfang.

Die monastische Erneuerung

Nördlich der Alpen gingen die Impulse aus einerseits von Lothringen (Brogne, Gorze, Verdun), anderseits von Frankreich (Cluny in der Grafschaft Burgund und andere, meist von seinem Geist beeinflußte Abteien). Während die lothringischen Zentren hauptsächlich ins deutsche Reich ausstrahlten, griffen Cluny und die andern französischen Reformzweige nach allen umliegenden Ländern über. Eine eigene Initiative entfalteten italienische Eremiten. Bis etwa 1050 ist das Mönchtum so stark in Bewegung geraten, daß es über das Erreichte hinaus nach neuen Formen zu suchen und so in eine neue Periode seiner Geschichte einzutreten begann. Zu Anfang des 10. Jh. lebten die meisten Klöster vom geistigen Erbe Benedikts von

Aniane[1], das freilich da und dort Abwandlungen erfahren hatte und in der Folgezeit immer wieder erfahren sollte, so daß sich auf die Dauer hinsichtlich der Verfassung und der Consuetudines verschiedene Gruppen bildeten. Die bald einsetzenden Differenzierungen waren zunächst bloß Nuancen eines und desselben Erneuerungsstrebens; erst später, vor allem nach 1050, sollten sie bisweilen Konflikte untereinander auslösen.

Der lothringische und deutsche Raum

In Niederlothringen sind die ersten Versuche einer monastischen Erneuerung mit dem Namen Gerhards von Brogne verknüpft († 959). Wohl 913/914 stiftete Gerhard, Sproß einer nicht sehr mächtigen Adelsfamilie, auf eigenem Grund eine monastische Gemeinschaft, für die er von dem französischen Klösterchen Deuil die Reliquien des hl. Eugenius erwarb. Die Geschichte der Gründung ist ebenso in Dunkel gehüllt wie die der monastischen Formung Gerhards[2]. Jedenfalls muß Brogne unter Gerhards Leitung etwas bedeutet haben; denn 931/932 übertrug Herzog Giselbert von Lothringen dem Abt das völlig heruntergekommene, vielleicht von Kanonikern bewohnte Kloster Saint-Ghislain im Hennegau. Die dort geleistete Aufbauarbeit veranlaßte Markgraf Arnulf von Flandern (918—965), Gerhard mit der Wiederbelebung der flandrischen Abteien zu betrauen, die Genter Klöster Saint-Bavo und Saint-Pierre vom Mont-Blandain sowie das Kloster Saint-Bertin an der Spitze. So rückte Gerhard für das flandrische Gebiet in eine ähnliche Stellung ein, wie sie vordem Benedikt von Aniane für das karolingische Imperium zugefallen war. Und wenn Benedikts Initiative nach seinem Tod erlahmte, so widerfuhr dem Lebenswerk Gerhards dasselbe Schicksal und aus gleichem Grund. Nicht von einem monastischen Reformzentrum, sondern von der Persönlichkeit eines Herrschers und eines Abtes getragen, fand die Erneuerung mit dem Hinscheiden erst Gerhards, dann Arnulfs faktisch ihr Ende.

Die Bindung an bestimmte Personen will auch bei der monastischen Regenerierung beachtet sein, die in Oberlothringen einsetzte und sich bald in Niederlothringen sowie in Deutschland auswirkte. Fast immer ist sie teils aus religiösen, teils aus wirtschaftlichen Gründen von den Eigenkloster-

[1] *Ph. Schmitz,* L'influence de Saint Benoît d'Aniane dans l'histoire de l'ordre de Saint-Benoît: Il monachesimo nell'alto medio evo (Allg. Bibl. II, 9) 401—415.

[2] Gerhards Vita: MGSS XV, 2 654—673; grundlegende Studie von *J. M. De Smet,* Recherches critiques sur la Vita Gerardi abbatis Broniensis: RBén 70 (1960) 5—61; an ihr sind die früheren Arbeiten, insoweit sie die Vita verwerten, neu zu prüfen, so etwa *E. Sabbe,* Étude critique sur la biographie et la réforme de Gérard de Brogne: Mél. F. Rousseau (Brüssel 1958) 497—524; *J. Wollasch:* RBén 70 (1960) 62—82 (über Gerhards Klostergründung), 224—231 (über Gerhards Stellung im Reformmönchtum seiner Zeit).

herren, Laien und Bischöfen, ausgelöst worden. Die Förderer lassen sich in Oberlothringen größtenteils auf einige wenige Familien des Hochadels zurückführen. In Deutschland spielte dabei die reichsklösterliche Politik der Ottonen und frühen Salier eine große Rolle. Und doch bestand ein großer Unterschied zu den oben erwähnten Restaurationsbemühungen Arnulfs von Flandern. Während Arnulf im wesentlichen auf Gerhard von Brogne angewiesen war, konnten die lothringischen und deutschen Eigenklosterherren auf eine ganze Reihe von Abteien zurückgreifen, wo das monastische Leben aufgeblüht war. 933 hatte Bischof Adalbero von Metz ein echtes, von asketischem Ernst bestimmtes Zentrum in Gorze zu schaffen vermocht, desgleichen 934 Bischof Gauzelin von Toul im Touler Konvent Saint-Evre. Von beiden Häusern, vor allem von Gorze, wurden Mönche für die Erneuerung anderer Klöster angefordert. Die Ausstrahlung Gorzes erstreckte sich über die Diözesen Metz, Toul, Verdun hinaus nach Trier, Lüttich und weiter; vom Genter Kloster Saint-Pierre auf dem Blandinienberg wurden sogar gorzische Ideen durch Dunstan, der sich dort 956 aufhielt, nach England gebracht und in der angelsächsischen „Regularis Concordia“ verwendet (s. Kap. 29). In enger Beziehung zu Gorze stand das 934 durch Herzog Giselbert erneuerte Kloster St. Maximin in Trier. Otto d. Gr. hat die Trierer Mönche in Dienst genommen; in Magdeburg erhob er einen von ihnen zum Abt des Moritz-Klosters, einen andern, Adalbert, dem er vorher die Abtei Weißenburg übertragen hatte, zum ersten Erzbischof, und mehrere Reichsklöster ließ er durch Sandrad reformieren. Als Bischof Wolfgang von Regensburg Stiftskirche und Emmeran-Kloster voneinander trennte, holte er sich aus St. Maximin Ramwold als Abt für St. Emmeran. Dank der Freundschaft mit Herzog Heinrich, dem späteren Kaiser Heinrich II., wurde Ramwold zum Mittelpunkt einer bayerisch-monastischen Renovationsbewegung. Zur Königsherrschaft gelangt, ließ Heinrich II. eine ganze Reihe von Reichsklöstern reformieren: die Abteien Prüm und Reichenau durch Abt Immo von Gorze; Lorch, Fulda, Corvey durch den wohl aus St. Emmeran kommenden Poppo, Hersfeld durch den Ramwold nahestehenden Abt Godehard, den Heinrich als Herzog in Niederaltaich und Tegernsee eingesetzt und wegen der dort erzielten großen Erfolge schätzengelernt hatte. Konrad II. wird es wohl gewesen sein, der den Niederaltaicher Mönch Richer zum Abt des Klosters Leno bei Brescia bestimmte, und sicher hat er ihm 1038 zugleich die Abtei Monte Cassino übertragen, so daß das benediktinische Mutterkloster unter Richers Leitung († 1055) im Sinne Niederaltaichs geprägt wurde[3].

Die glücklich angelaufene Erneuerungsbewegung spornte zu Beginn des 11. Jh. zu höheren Leistungen an. So haben die Bischöfe Adalbero II. von Metz und Berthold von Toul einige der ihnen unterstehenden Klöster, unter

[3] W. *Wühr*, Die Wiedergeburt Montecassinos unter seinem ersten Reformabt Richer von Niederaltaich: StudGreg III (1948) 369—450.

ihnen Gorze, an den großen Reformer Wilhelm von Dijon gegeben, obwohl die Abteien einer eigentlichen Reform nicht bedurften. Ein stark cluniazensisch geprägter Zweig faßte damit Wurzel in Oberlothringen, konnte sich aber nicht sehr entfalten. Erstand doch nunmehr im Verduner Kloster Saint-Vanne unter der Führerpersönlichkeit des Abtes Richard (1005—46) ein neues lothringisches Reformzentrum, das cluniazensisches und lothringisches monastisches Brauchtum zu einer eigenen Form verband. In den Diözesen Metz, Verdun, Lüttich, Cambrai sowie in benachbarten französischen Bistümern zur Klosterreform herangezogen, wurde Saint-Vanne die Mutterkirche einer über 20 Niederlassungen zählenden Mönchsgenossenschaft. Wenngleich Richard den ihm übertragenen Klöstern mit wenigen Ausnahmen jeweils die Selbständigkeit zurückgab, ließ er doch die von ihm bestellten Äbte und praepositi jährlich nach Saint-Vanne kommen, um den Ordensgeist unter Kontrolle zu halten. Mehrere seiner Schüler wirkten wie er in die Breite, an erster Stelle Poppo von Stablo. Richard hatte ihn aus Saint-Thierry nach Saint-Vanne geholt und dann nacheinander mit der Leitung von Saint-Vaast und Beaulieu beauftragt, mußte ihn aber 1020 Heinrich II. überlassen, der dem erfahrenen Mann die Reichsklöster Stablo und Malmedy, 1022 auch St. Maximin in Trier anvertraute. Noch weiter ging Konrad II. Er übertrug dem Reformabt nicht allein sein Hauskloster Limburg an der Hardt, er ließ auch eine ganze Reihe von Reichsabteien von ihm leiten oder zumindest beaufsichtigen: Echternach, Saint-Ghislain, Hersfeld, Weißenburg und St. Gallen. Da nicht wenige Eigenklosterherren dem königlichen Beispiel folgten, wurde Poppo zum mächtigsten Abt des Reiches. Mit seinem (1048) und Richards (1046) Tod verlor die lothringisch-cluniazensische Mischobservanz ihre treibende Kraft. An ihre Stelle traten andere Impulse; es wird unten davon die Rede sein (Kap. 52).

Der Erfolg der lothringisch-deutschen Erneuerungswellen darf weder über- noch unterschätzt werden. Monastische Reformzentren gaben hier weniger den Ausschlag als die jeweils verschieden denkenden Eigenklosterherren. In ihrem Kreis stand Reformfreudigkeit neben Gleichgültigkeit, religiöse Motive konnten durch handfeste Wirtschaftsinteressen und durch Reichs- oder Familienpolitik beeinträchtigt werden, und bald wurde diese, bald jene Reformrichtung bevorzugt. Trotzdem nötigt das ernste, eher zu-, denn abnehmende Renovationsbemühen so vieler Eigenklosterherren Achtung ab. Die ausstrahlende Kraft einzelner Reformzentren fand ferner ihre Grenze an den benediktinischen, in Lothringen und Deutschland beibehaltenen Verfassungsgrundsätzen. Das große Ziel, alle Abteien auf eine einzige Regel und Consuetudo zu verpflichten und ihren Ordensgeist unter Kontrolle zu halten, hatte Benedikt von Aniane auf dem Weg über die Einheit des karolingischen Imperiums durchsetzen wollen. Sein frühzeitiges Hinscheiden und der Niedergang des Imperiums verhinderten den Erfolg. Auch weiterhin beruhte das Verhältnis der Klöster zueinander auf dem Prinzip der

Autonomie, das gerade im Ostreich seine Geltung behalten sollte. Im Gegensatz zu Cluny gab es in Lothringen und Deutschland keine Kongregationen während der ottonisch-frühsalischen Zeit, sondern höchstens lockere, auf dem Observanzgedanken und auf Gebetsverbrüderungen beruhende Klostergruppen, die sich verschieben oder sogar auflösen konnten. Die mangelnde Verankerung im Institutionellen hatte sicher ihre Nachteile; bei einer Erneuerungsbewegung entscheidet jedoch letztlich nicht die Organisation, sondern der Geist, und von ihm waren viele Lothringer und Deutsche ergriffen[4]. Ein weiterer Unterschied zu Cluny und andern französischen Reformklöstern betraf das Verhältnis zum Diözesanbischof. Der mangelnde Schutz von seiten der öffentlichen Gewalt in Frankreich weckte dort bei den Mönchen den Wunsch, der bischöflichen Jurisdiktion möglichst entzogen und direkt dem Papsttum unterstellt zu werden. Ein solches aus der Notlage hervorgegangenes Exemtionsstreben fehlte so gut wie ganz den rechtlich besser gesicherten lothringisch-deutschen Klöstern. Für die Reform bedeutete dieser Umstand wenig; für sich allein genommen, vermochte die Exemtion keineswegs vor Dekadenz zu schützen.

Frankreich

Aus bescheidenen Anfängen hat sich im französischen Burgund die Abtei Cluny zum bedeutendsten Reformzentrum entwickelt. Es verdankte seine Gründung (909) Wilhelm dem Frommen, Herzog von Aquitanien und Graf von Auvergne. Schon in der Stiftungsurkunde wurde das Klostergut dem Zugriff jeglicher weltlichen wie geistlichen Gewalt entzogen, die Abtei dem Schutz des Heiligen Stuhles unterstellt und ihr freie Abtswahl zugebilligt. Wilhelm übergab sie dem wegen seiner monastischen Strenge bekannten Mönchsvater Berno, Abt von Gigny und Beaume. Andere Herren taten dasselbe; Berno erhielt noch drei weitere Klöster: Déols und Massay in der Grafschaft Berry und wohl auf burgundischem Boden das Monasterium Aethicense. Kurz vor dem Tod (927) teilte er die sechs Häuser zwischen seinem Neffen Wido (Gigny, Beaume und Ethice) und seinem Schüler Odo (Cluny, Déols, Massay) mit der Auflage, dieselbe Observanz beizubehalten. Unter Odo (927—942) gewann die noch ziemlich kleine Mönchsgemeinschaft von Cluny rasch an Einfluß. Riefen doch nicht wenige Klosterherren seinen Abt zur Erneuerung alter und zur Leitung neugegründeter monastischer Niederlassungen, vor allem im aquitanischen Raum[5]. Als Odo persönlichen Kon-

[4] Auch iroschottische Mönche, die während des 10. Jh. auf den Kontinent kamen, waren an der Erneuerung beteiligt; vgl. dazu *Sackur*, Cluniacenser (s. Lit.) I 181—186, II 124 f; *B. Bischoff*: Il monachesimo nell'alto medio evo (Allg. Bibl. II, 9) 137 f.

[5] *J. Wollasch*, Königtum, Adel und Klöster im Berry während des 11. Jahrhunderts: Neue Forschungen (Lit. zu Cluny) 17—165.

takt mit den Päpsten aufnahm, wurde er vom Fürsten Alberich sogar mit der Reform römischer und umliegender Klöster betraut. Die 17 Niederlassungen, die ihm 937 unterstanden, waren freilich nur sehr locker durch die von ihm ausgeübte, abbatia genannte Abtsfunktion verbunden, wenn auch das eine oder andere Haus, wie Romainmôtier, Cluny für immer übergeben worden ist. Eine eigentliche Verbandsbildung dürfte Odo noch kaum angestrebt haben. Von dem tüchtigen Aimard (942—954) im Sinne Odos weitergeführt, war Cluny für den Aufschwung gerüstet, den es dank der hohen Befähigung und der ungewöhnlich langen Amtszeit der drei Nachfolger erleben sollte. Majolus (954—993), Odilo (993—1048), Hugo (1049—1109) haben ihrem Kloster Weltruf verschafft. Auf direktem oder indirektem Weg erfaßte die cluniazensische Prägung nicht bloß einen großen Teil der französischen Abteien, sie fand auch Eingang in Italien, mit Beginn des 11. Jahrhunderts in Spanien und seit etwa 1050 in Lothringen, Deutschland und England.

An sich fußte Cluny auf derselben, durch Benedikt von Aniane geschaffenen Tradition wie die lothringischen Erneuerungszentren. Neue geistige oder asketische Ideen hat es ihr nicht hinzugefügt, wohl aber bestimmte Grundtendenzen Benedikts von Aniane (verschärftes Stillschweigen, Verlängerung des Chorgebets) weitergeführt. Zum beherrschenden Element wurde die feierlich ausgestaltete Liturgie. Kostbare Gewänder, Geräte, großartige Architektur erhöhten den Glanz. Durch zusätzliche Auflagen erreichte man es, daß nach dem Zeugnis des Biographen Odos täglich mehr als 138 Psalmen gebetet wurden. Das ritualistische Übermaß ließ den Mönchen wenig Zeit zum Studium, und die körperliche Arbeit trat so gut wie ganz zurück. Wegen des letzteren Umstandes konnte sich auch ein hochgeborener Herr in Cluny wohlfühlen, zumal da für Kleidung, Tisch, Sauberkeit und Hygiene in angemessener Weise gesorgt war. Vermögende Familien mußte vor allem die außerordentlich starke Pflege des Totengedächtnisses zu Schenkungen und andern Gunsterweisen anlocken[6]. Daß die monastische Disziplin nicht erschlaffte, dazu trugen zwei Verfassungselemente bei: einmal das Recht des Großabtes, seinen Nachfolger zu designieren und so die Kontinuität zu wahren, dann die Bildung eines Klosterverbandes.

Die Anfänge der cluniazensischen Kongregation sind noch nicht aufgehellt. Jedenfalls ist es Cluny gelungen, einen guten Teil der zur Erneuerung anvertrauten monastischen Niederlassungen in mehr oder minder starke Abhängigkeit zu bringen. Das Kernstück des Verbandes bildeten die Priorate. Sie sind meist aus kleinen, auf Ländereien des Mutterklosters liegenden und cella genannten Mönchsgemeinschaften hervorgegangen. Auch wenn sie zur Stärke eines Klosters heranwuchsen, ja sogar eigene

[6] Um 1030 hat Abt Odilo alle angeschlossenen Häuser verpflichtet, den Allerseelentag einzuführen; vgl. *Sackur,* Cluniacenser II 245.

Priorate bildeten — Charité-sur-Loire besaß deren 50 bis nach England hinein —, beließ sie Cluny nach Möglichkeit in ihrer untergeordneten Stellung mit einem Prior als Leiter, den der Großabt von sich aus ernannte und nach Belieben durch einen andern ersetzte. Außer den Prioraten unterstanden dem Mutterkloster auch eine Reihe von Abteien, teils so gut wie ganz, teils bis zu einem gewissen Grad. Die abhängigen Oberen mußten in die Hände des Großabtes — ähnlich wie ein Vasall seinem Lehensherrn — ein Treuegelöbnis ablegen. Für alle Mitglieder des Verbandes war seit Ende des 11. Jh. die Mönchsweihe (nicht die Profeß) in Cluny vorgesehen. Alles in allem handelte es sich um eine recht unvollkommene, von den Zisterziensern bald überholte Form, deren einendes Band in der Person des Großabtes bestand. In gewisser Hinsicht erinnert sie an die Art und Weise, wie ein Adeliger weit verstreute und rechtlich verschieden beschaffene Güter oder Gerechtsame in seiner Person zu einer Besitzmasse zusammenschloß. Tatsächlich ist der cluniazensische Verband zu einem guten Teil aus wirtschaftlichen Gründen gebildet worden. Ohne Zentralisation war nicht gegen die Parzellierung des Güterbesitzes anzukommen, die seit Ende des 10. Jh. in Frankreich und in Italien einsetzte. Neben den ökonomischen Interessen stand natürlich das Reformanliegen: in die Kongregation eingegliedert, konnten die Mönchskonvente vom Großabt durch Visitation und andere Maßnahmen in Zucht gehalten werden.

Noch heute ist es eine Streitfrage, ob Cluny über den monastischen Bereich hinaus eine umfassende Reform der Kirche angestrebt und so die große, um 1050 einsetzende Bewegung zumindest mitverursacht habe. Bei dem komplexen Problem bedarf es wohl der Unterscheidung zwischen außerkirchlichem und kirchlichem Bereich. Auf eine prinzipielle Umgestaltung der frühmittelalterlichen Welt dürfte Cluny wenig hingearbeitet haben. So große Freiheiten ihm auch der Gründer Herzog Wilhelm gewährt hat, so wenig Grund besteht, diese als Auflehnung gegen die bestehenden Rechtsordnungen aufzufassen. Und wenn Cluny keinen Vogt hatte, muß man bedenken, daß die Edelvogtei in ganz Südfrankreich bis zu der Zone, wo Cluny lag, nicht üblich war, während im nördlichen Frankreich auch cluniazensische Häuser Vögte haben konnten, da und dort sogar begehrten. Bei allem Bemühen, den monastischen Geist der ihnen anvertrauten Häuser abzusichern, wußten sich die Äbte von Cluny den rechtlichen Ansprüchen der Eigenklosterherren jeweils anzupassen. Sie verstanden deren Sorgen. Da sie die vielen eigenen Ländereien nicht durch ihre Mönche und erst später (etwa seit 1100) möglichst durch Laienbrüder bearbeiten ließen, unterschied sich ihr Wirtschaftssystem in dem hier zu behandelnden Zeitraum in keiner Weise von dem der Feudalherren. Eine ganz eigene Bindung bedeuteten die Eigenkirchen, die die Cluniazenser während des 10. und 11. Jh. in steigendem Maße erwarben, auch und gerade von Laien. Sie hatten sogar keine Schwierigkeit, zur Abrundung des Besitzes ganze Kirchen oder

Teilrechte auf sie abzukaufen. Der Widerspruch zu den in der gregorianischen Reform aufkommenden Prinzipien liegt hier auf der Hand. Er zeigt, wie sehr Cluny der karolingisch-ottonischen Zeit verhaftet war. Daß vereinzelte Mönche schon im 10. oder 11. Jh. die damals herrschenden Zustände bisweilen kritisierten, beweist noch nicht eine prinzipielle Opposition gegen Feudalismus oder Theokratie; außerdem stammten solche Äußerungen, wie etwa die Abbos von Fleury oder Wilhelms von Dijon, meist aus nicht direkt zu Cluny gehörenden Kreisen. Hoch zu veranschlagen ist jedoch der mittelbare Einfluß der Cluniazenser auf die kommende große Kirchenreform. Neben der monastischen Erneuerung als solcher wirkte sich vor allem die erzieherische Tätigkeit aus, die die Cluniazenser dank ihrer freundschaftlichen Beziehungen auf die führenden Schichten ausübten.

Im innerkirchlichen Bereich dagegen hat Cluny der gregorianischen Reform von einer bestimmten Seite her direkt vorgearbeitet, und zwar durch seine Bindung an Rom. Seit der ersten Fühlungnahme durch Abt Odo ist vom Heiligen Stuhl immer wieder der in der Gründungsurkunde vorgesehene päpstliche Schutz bestätigt und nach Möglichkeit betätigt worden. Gregor V. ist darüber hinausgegangen, indem er typische Exemtionsrechte verlieh[7]: nur vom Großabt eingeladene Bischöfe sollten in Cluny zu Weihen, Ordinationen, Meßfeiern berechtigt sein, und die Mönche durften Weihegrade empfangen, wo immer es dem Großabt gefiel. Als deswegen 1025 ein Streit mit dem Bischof von Mâcon ausbrach (er sollte sich mit Unterbrechungen bis zu Kalixt II. hinziehen), bestätigte Johann XIX. nicht bloß die Verfügungen Gregors V., er nahm auch die Mönche von Cluny vom bischöflichen Bann und Interdikt aus[8]. Damit hatte das Mutterkloster die volle Exemtion erreicht. Andere cluniazensische Häuser suchten es ihm nachzutun, erzielten aber jeweils verschiedene oder gar keine Erfolge. Der Cluniazenserverband hat daher keinen geschlossenen Exemtionsblock gebildet, der das horizontal gegliederte Diözesansystem vertikal durchbrochen und mit seiner im Großabt gipfelnden, dem Papst unterstellten Pyramide einerseits die Festigkeit des Ordensverbandes, anderseits die päpstliche Ordensoberhoheit begründet hätte. Trotzdem wirkte sich das Exemtionsstreben folgenschwer aus: die diesbezüglichen auf den Heiligen Stuhl gesetzten Hoffnungen machten die Cluniazenser zu Förderern und Verteidigern der Primatsidee vor der gregorianischen Reform und während ihres Verlaufes.

Clunys Ausstrahlung war keineswegs auf die zur Kongregation gehören-

[7] *Jaffé* 3896 (ohne Datum); *M. Uhlirz,* JbbDG unter Otto III. 287, datiert ins Jahr 999.

[8] *Jaffé* 4079; neu edierter Text bei *L. Santifaller:* Röm. Hist. Mitt. 1 (1956/57) 55f mit historischer Einführung; vgl. auch *Jaffé* 4083 4080—4081. Zur Exemtion Clunys vgl. außer den in der Lit. zitierten Arbeiten von Lemarignier, der die Bedeutung der Exemtion zu hoch einschätzen dürfte, und von C. Violante auch *A. Hessel,* Cluny und Macon: ZKG 22 (1901) 516—524; *G. Tellenbach,* Der Sturz des Abtes Pontius von Cluny und seine geschichtliche Bedeutung: QFIAB 42/43 (1964) 13—55.

den Häuser beschränkt. Auch die von seinen Äbten nur für kurze Zeit geleiteten und dann in die Freiheit entlassenen Klöster behielten zu einem guten Teil die cluniazensische Prägung unter Hinzufügen eigener Züge bei und gaben diesen Geist an andere Mönchsgemeinschaften weiter. So ist das 930 durch Abt Odo erneuerte Benediktuskloster Fleury-sur-Loire ein für sich stehendes Reformzentrum geworden, das sogar in England von Dunstans Freunden Aethelwold und Oswald zur monastischen Erneuerung herangezogen wurde (Kap. 29). Noch weiter reichte der Aktionsradius von Saint-Bénigne de Dijon, seitdem dort der 990 eingesetzte Majolus-Schüler Wilhelm von Volpiano, ein adeliger Lombarde, die cluniazensische Strenge in verschärfter Form eingeführt hatte. Über das hauptsächlich in Frankreich liegende Betätigungsfeld hinaus stieß Wilhelms Reformbewegung sowohl nach Norditalien vor (wo vor allem das von Wilhelm gegründete Fruttuaria um sich greifen sollte) wie auch nach der Normandie. Die stark an den normannischen Herzog gebundenen Klöster öffneten sich zum Teil wohl auch dem Einfluß Richards von Saint-Vanne. Weitere Gruppen bildeten die von Cluny reformierten Klöster Aurillac, Marmoutier und Molesme. Natürlich gab es auch monastische Zentren, die von Cluny nicht direkt berührt worden sind. Unter ihnen ragte Saint-Victor de Marseille hervor. Seit der ersten Unterstellung eines Klosters (1034) hat Saint-Victor in rascher Folge eine ganze Reihe von Mönchsgemeinschaften Südfrankreichs, dann Kataloniens und Spaniens, wo es mit Cluny konkurrierte[9], an sich gezogen und seinen Einfluß bis nach Sardinien hin ausgedehnt.

Italien

In Italien faßte die cluniazensische Bewegung festen Fuß erst mit Majolus von Cluny und Wilhelm von Saint-Bénigne de Dijon. Die abhängigen Häuser, die sich damals die beiden Zentren verschafften, lagen vorwiegend im Norden. Odos Reformbemühungen in Rom konnte Abt Odilo wohl auf Betreiben Ottos III. wiederaufgreifen. Zu derselben Zeit nahm das wichtige Reichskloster Farfa aus eigenem Antrieb und unter Beibehalten seiner Freiheit cluniazensisches Brauchtum an[10]. Und als um 1011 der Odilo-Schüler Alferio in seine Heimat zurückkehrte, um mit Hilfe Waimars von Salerno die Abtei Cava dei Tirreni zu gründen, wurde der Geist Clunys endlich auch im Süden wirksam; denn Monte Cassino ist von ihm niemals recht erfaßt

[9] Über das Eindringen der beiden Klosterzentren in Spanien vgl. Lit. zu Kap. 29 Anm. 5.
[10] *G. Antonelli,* L'opera di Odone di Cluny in Italia: Benedictina 4 (1950) 19—40; für römische Klöster (5.—10. Jh.) ist immer heranzuziehen *G. Ferrari,* Early Roman Monasteries (Vatikanstadt 1957); vgl. ferner *J. Schuster,* L'imperiale abbazia di Farfa (Rom 1921) und RBén 24 (1907) 17—35 374—402 (über Farfas Erneuerung).

worden. Unabhängig von Cluny sollte Cava seit 1050 eine große, bis nach Sizilien reichende Kongregation bilden[11].

Inzwischen reifte in Italien eine eigene, eremitisch bestimmte Form heran, die neue Impulse auslösen sollte. Ursprung des christlichen Mönchtums überhaupt und heroische Verwirklichung der fuga mundi, hat die anachoretische Lebensweise immer und überall hochgesinnte Menschen angezogen, so etwa in Lothringen die kleine Gruppe, die 933 Gorze wiederbelebte, und später Richard von Saint-Vanne. Obwohl die Benediktiner einzelnen Mitgliedern erlaubten, mit Zustimmung des Abtes als Inklusen oder als Einsiedler zu leben[12], waren sie doch durchaus vom zönobitischen Gedanken beherrscht. Wo immer dieser erneuert und mit strenger Disziplin durchgeführt wurde, traten anachoretische Neigungen zurück; in Cluny z. B. sind sie erst nach dem Tod des Abtes Hugo zur Zeit der inneren Krise nachweisbar. Im Gegensatz dazu gestattete das östliche Mönchtum dem anachoretischen Element einen weitaus größeren Spielraum. Es ist daher kein Zufall, daß gerade in Italien, wo sich lateinische und byzantinische Kultur unmittelbar berührten, der Zug zum Eremitentum besonders lebendig war. Zwei große Persönlichkeiten gaben ihm eine eigene Prägung: der Kalabrese Nilus und der Ravennate Romuald.

Nilus verkörperte den italisch-griechischen Typus[13]. Süditalien war von vielen Mönchsgemeinschaften, die meist nach der Regel Basilius' d. Gr. lebten, durchsetzt. Ihre Zahl ist im 9. und 10. Jh. durch sizilische, vor den Arabern fliehende Mönche vermehrt worden. Ein besonders wichtiges, selbst nach dem Osten ausstrahlendes Zentrum bildete die monastische Heptarchie von Mercurion, einer Zone zwischen Orsomarso, Aieta, dem Fluß Lao und dem Meer[14]. Dort hat sich der um 905 in Rossano geborene Nilus zweimal aufgehalten und formen lassen. 950 gründete er bei Rossano eine Niederlassung, ging dann infolge der Arabereinfälle nach Kampanien, wo er auf cassinensischem Boden Valleluce errichtete. Nach größerer Einsamkeit strebend, begab er sich in das Gebiet von Gaeta; dort entstand das Kloster Serperi. Persönliche Beziehungen zu Otto III. veranlaßten ihn, erst die römische Abtei Tre Fontane zu übernehmen und schließlich die noch heute bestehende Abtei Grottaferrata zu gründen. Er starb ebenda 1004. Trotz seiner überragenden Persönlichkeit und einer hohen asketischen sowohl wie geistig-kulturellen Bildung (gerade sie war für das griechische Mönchtum typisch) hat Nilus auf die lateinische Welt nicht sehr stark eingewirkt. Selbst die ihm

[11] Zu Cava dei Tirreni vgl. *L. Mattei-Cerasoli:* P. Lugano, Italia benedittina (s. Lit.) 155 bis 227; *G. Colavolpe*, La congregazione Cavense (Badia di Cava 1923).

[12] *L. Gougaud*, Ermites et reclus (Ligugé 1928); *O. Doerr*, Das Institut der Inclusen in Süddeutschland (Münster 1934).

[13] Bartholomaeus von Grottaferrata, Vita S. Nili: PG 120, 15—165; ins Italien. übers. von *G. Giovanelli* (Grottaferrata 1942).

[14] *B. Cappelli*, Il Mercurion: Archivio storico per la Calabria e Lucania 25 (1956) 43—62.

eigene Vorliebe für das Anachoretentum hat höchstens zur Verstärkung von Tendenzen beigetragen, die in Mittel- und Norditalien längst vorhanden waren und sich in Romuald verdichteten.

Folgt man der wahrscheinlicheren Chronologie, ist Romuald, Sohn des Herzogs von Ravenna, um 972 mit etwa 20 Jahren in das Kloster Sant'Apollinare in Classe eingetreten, um eine Bluttat seines Vaters zu sühnen[15]. Unzufriedenheit mit dem dort herrschenden Geist trieb ihn in die Einsamkeit. Er verbrachte die ersten Jahre unter der Obhut eines Eremiten im Sumpfgebiet bei Venedig, begab sich dann mit seinem Lehrer und ein paar Venezianern nach dem katalonischen Kloster Cuxá, in dessen Nähe er für etwa zehn Jahre mit seinen Freunden als Anachoret lebte. Um 988 nach Italien zurückgekehrt, erregte seine außergewöhnliche, charismatisch begabte Persönlichkeit Bewunderung und den Wunsch zur Nachfolge. Otto III., sein schwärmerischer Verehrer, hatte wenig Erfolg, als er ihn 998 zum Abt von Classe wählen ließ; ein Jahr darauf warf ihm Romuald den Abtsstab buchstäblich vor die Füße. Auch später brachte er es nicht über sich, irgendwo für immer zu bleiben. Rastlos Mittelitalien durchwandernd, reformierte er bestehende Klöster oder gründete neue Eremitenniederlassungen, unter ihnen das zunächst noch unbedeutende Camaldoli. Bei seinem Tod in der Einsamkeit von Valdicastro 1027 hinterließ er weder schriftlich fixierte Regeln noch eine organisatorische Zusammenfassung der von ihm gebildeten Einsiedlergemeinschaften, von denen mehrere rasch zerfielen. Wenn trotzdem das Werk bestehenblieb, so war dies zu einem guten Teil Petrus Damiani zu verdanken, der 1034 in Fonte Avellana eintrat und 1043 zum Prior aufstieg († 1072). Er hat der italischen Eremitenbewegung sowohl eine theologische wie eine festere organisatorische und wirtschaftliche Grundlage gegeben, wenn auch die von ihm gebildete Kongregation nicht viel mehr als zehn Niederlassungen umfaßte. Unter dem Prior Rudolf (1074—89) begann der Aufstieg Camaldolis; dort wurde die auf Romuald zurückgehende Tradition in den Eremiticae Regulae festgelegt.

Romuald hat im Grunde nichts anderes angestrebt als eine zu äußerster Strenge gesteigerte, aber irgendwie im Rahmen der Benediktusregel verharrende monastische Lebensweise. Er interessierte sich daher für benediktinische Reformzentren und ihre consuetudines, besonders für die des von ihm hochgeschätzten Cluny. Von einem prinzipiellen Gegensatz konnte keine Rede sein: die in der alten Tradition stehenden Benediktiner schlossen nicht das Eremitentum aus, Romuald und die Seinen nicht das Zönobitentum. Neben dem Eremus, einem abgesonderten Bezirk mit auseinanderliegenden hüttenartigen Wohnungen und der Kirche in der Mitte, gab es in Ro-

[15] *Brun von Querfurt,* Vita quinque fratrum: MGSS XV 709—738, ist in seinen Berichten über Romuald, dessen Schüler er war, glaubwürdiger als *Petrus Damiani,* Vita B. Romualdi: FontiStIt 94, ed. *G. Tabacco* (1957).

mualds Gründungen ein Kloster. Wertmäßig betrachtet, stand freilich den Romualdinern die anachoretische Lebensform unvergleichlich höher als die zönobitische; der über beide Gemeinschaften gesetzte Prior mußte Eremit sein. Weder Romuald noch Petrus Damiani betrachteten das Kloster als Vorbereitung für den Eremus (beide ließen geeignete Schüler von vornherein als Einsiedler zu), sie wiesen ihm mehr die Funktion zu, den Weltlärm aufzufangen und die wirtschaftlichen Dinge zu regeln. Zweifellos enthielt diese Akzentverschiebung neue, sogar revolutionäre Elemente. Hier traten die mit dem Zönobitentum gegebenen Forderungen des Sich-Einordnens ins Ganze entschieden zurück vor dem persönlichen Streben des Eremiten, in heroischem Kampf gegen die eigene Natur und die Dämonen, in einem Übermaß an Fasten, Kasteiungen und Gebetsübungen Gott zu finden. Aus einer so subjektiv ausgerichteten Geistesschulung gingen unerschrockene, die Gebrechen der Zeit scharf geißelnde Männer hervor. Ihre Kritik betraf sowohl die Klöster mit ihrem reichen Besitz wie das Leben der Laien und des niederen sowie höheren Klerus, wo immer es anstößig erschien. So klein die Schar der Eremiten war, so groß war die Unruhe, die von ihnen ausging. Im Grunde waren sie Treibende und Getriebene zugleich, Getriebene insofern, als die abendländische Christenheit mit steigender Unruhe dem großen, mit der gregorianischen Reform sichtbar werdenden Umbruch entgegenging. Die Eremiten wurden dadurch zu einem dynamischen Element. Was sie in Italien schon vor 1050 angebahnt hatten, sollte sich auch andernorts, vor allem auf französischem Boden, vielfältig wiederholen und zu neuen monastischen Gemeinschaften inner- wie außerhalb des benediktinischen Ordenswesens führen (s. Kap. 52).

Die Kanoniker

Durch die Reformgesetzgebung Ludwigs des Frommen ist die vita canonica ein für allemal von der vita monastica geschieden und in der Aachener Institutio canonicorum (816) bis ins einzelne festgelegt worden; man übernahm dabei die wesentlichen Punkte, die die vorher verfaßte Kanonikerregel Bischof Chrodegangs von Metz († 766) enthalten hatte. Wie bei den Mönchen, so sollte die Hauptaufgabe der Kanoniker im Chorgebet bestehen und ihr Leben an das Claustrum mit gemeinsamem Dormitor und Refector sowie an die Regelvorschriften gebunden sein. Sie unterschieden sich von den Mönchen durch bessere Kleidung (Linnen), durch Abstufung ihrer Gemeinschaft nach Weihegraden und durch das Recht auf Privateigentum; außerdem durften sie innerhalb des Claustrums u. U. auch in Einzelhäusern wohnen. Das Zugeständnis von Eigenbesitz hat nicht allen Teilnehmern der Aachener Synode gefallen; vielleicht ist es ihrer Unzufriedenheit zuzuschreiben, daß die Aachener Regel einen Augustinus-Text bringt, der Privatbesitz verbietet[16]. Allein schon dadurch geriet das Armutsideal nicht einfachhin in Vergessenheit. Es konnte vor allem in jenen (meist deutschen) Bischofskirchen ernst genommen werden, wo Domkapitel und Domkloster noch nicht geschieden waren und so die Möglichkeit bestand, die Armut vom Mönchtum her zu urgieren. Wenn freilich dort kanonikale, auf die Aachener Regel pochende Elemente hochkamen, geriet das Domkloster in Gefahr, mit der Zersetzung des Armutsprinzips den monastischen Charakter zu verlieren oder sogar zu entarten. Welche Tendenz den Sieg errang, hing von örtlichen, heute meist nicht mehr feststellbaren Umständen ab. Die weitaus größere Zahl der Stifter hat jedenfalls Eigenbesitz der Kanoniker zugelassen.

Im großen und ganzen erwies sich die Aachener Kanonikerregel als eine säkulare Leistung. Nicht ihr, sondern den Zeitverhältnissen war es zuzuschreiben, daß viele Stifter im Laufe des 9. Jh. in Verfall gerieten. Sobald sich das Abendland zum Wiederaufbau anschickte, ist denn auch die vita canonica wieder aufgeblüht: parallel zu der Erneuerung der Klöster lief im 10. bis ins frühe 11. Jh. die der Stifter. Die ältere Forschung hat diese Tatsache nicht klar genug erkannt, da sie die abfälligen Urteile, die im Bereich des Mönchtums (später auch der Regularkanoniker) über die Chorherren gefallen sind, zu unkritisch übernommen und es anderseits unterlassen hat, die kargen, da und dort verstreuten positiven Zeugnisse sorgfältig zu sammeln. Obschon es noch vieler Einzelstudien bedarf, bietet sich schon jetzt ein recht günstiges Bild[17]. In Frankreich, Lothringen, Deutschland, in Nord- und Mittelitalien (dort vor allem seit Beginn des 11. Jh.) sind viele Kathedral- und Kollegiatsstifter nachzuweisen, wo sowohl Chorgebet wie regeltreues Gemeinschaftsleben sorgfältig gepflegt wurden. Unschätzbaren Dienst leisteten die Kanoniker an den Domschulen. Und wenn seit etwa 920 stets neue Stiftsgründungen erfolgten, muß die vita canonica vielerorts in glaubwürdiger Form dargestellt worden sein, obgleich auch oft ökonomische Interessen den Ausschlag gaben. Stiftsreformen gingen in der Regel auf Bischöfe oder auch auf Herrscher, wie Kaiser Heinrich II., zurück. Dies war, wie oben gezeigt wurde, auch bei nicht wenigen Klosterreformen der Fall, doch konnte dort der erneuerte Geist dank der monarchischen Stellung des Abtes oder sogar auf Grund von Kongregationsbildung leichter bewahrt werden als in den Stiftern; die kollegiale Gliederung unter den Kanonikern beeinträchtigte die Gewalt des Propstes, und verbandsähnliche Zusammenschlüsse wurden durch die Rechtsstruktur der Stifter so gut wie unmöglich gemacht. Insofern fehlte der kanonikalen Erneuerungsbewegung der große durchgehende Zug. Der Zerfall eines Stiftes mußte fast notwendig eintreten, wenn es nicht mehr in der Lage war, für den ausreichenden Unterhalt seiner Mitglieder zu

[16] c. 112 (MGConc II 386); vgl. auch c. 113 (ebd. 389).

[17] Viele einzelne Belege bei *Ch. Dereine:* DHGE 12, 366—375, für den deutschen Raum bei *Siegwart,* Chorherren- u. Chorfrauengemeinschaften (Lit.) 95—230.

sorgen. Und da seit Ende des 10. Jh. in Frankreich und in Italien eine weitgehende Aufsplitterung von Besitztümern und Gerechtsamen einsetzte, sind dort nicht wenige kleinere, meist von niederen Adeligen gegründete Stifter in ökonomische Nöte geraten, die die Disziplin untergruben, während monastische Großverbände, wie Cluny und andere, die Wirtschaftskrise überwinden, ja sogar vor dem Ruin stehende ländliche Kollegiatsstifte an sich ziehen konnten. Der armselige Zustand vieler Kanonikergemeinschaften Südfrankreichs und Italiens ist sicher einer der Gründe, warum die Reformbewegung der Regularkanoniker (s. Kap. 52) gerade dort eingesetzt hat und nicht etwa im deutschen Reichsgebiet. Wo immer die Stifter in gesicherten Verhältnissen lebten, hatte man wenig Anlaß, von der Aachener Regel abzugehen, und es wäre unbillig, dieses Festhalten an einer bewährten Tradition mit den Augen der Höheres anstrebenden Regularkanoniker als Abfall vom echten Geist anzusehen.

40. Kapitel

Bildung und Wissenschaft

LITERATUR: Zur latein. Literatur- und Bildungsgeschichte sind die grundlegenden Werke zitiert in Allg. Bibl. II, 11; vgl. dort vor allem *Manitius* II, *De Ghellinck,* Littérature latine au moyen âge II, *Curtius,* Europäische Literatur, bes. 46—88; ferner: *E. R. Curtius,* Das mittelalterliche Bildungswesen und die Grammatik: Roman. Forsch. 60 (1947) 1—26; *E. Faral,* Les conditions générales de la production littéraire en Europe occidentale pendant les IXe et Xe siècle: I problemi comuni dell'Europa postcarolingia (Spoleto 1955) 247—294; *E. Auerbach,* Lateinische Prosa des 9. und 10. Jh. Sermo humilis: Roman. Forsch. 66 (1954) 1—64.

Theologie und Philosophie: Inhaltsangaben der Werke und Lit. bei *Manitius* II, z. T. auch bei *De Ghellinck* (s. oben); für die Lehrentwicklung vgl. die Hauptwerke in Allg. Bibl. II, 12.

Kanon. Recht: Unter den in Allg. Bibl. I, 4 zitierten quellengeschichtlichen Arbeiten ist besonders wichtig *Fournier-LeBras* I 268—456; die Handbücher zur Geschichte des Kirchenrechts s. in Allg. Bibl. II, 6; weitere Lit. für die hier behandelte Zeit bei *Feine RG* § 17, III.

Geschichtsschreibung: Außer *Manitius* II vgl. *Wattenbach-Holtzmann,* Heft 1 bis 2, und *Jacob-Hohenleutner* II 1—50.

Als man im 10. Jh. daranging, Klöster und Stifter wiederherzustellen oder neue zu gründen, gewannen auch die in Verfall geratenen Studien Auftrieb. Große Leistungen waren freilich nicht zu erwarten. Die Zeit, da sich die Gelehrten aus allen Teilen des karolingischen Imperiums am Kaiserhof einfanden, um gemeinsam größere Themen zu bearbeiten, gehörte der Vergangenheit an. Mehr denn je zog sich das wissenschaftliche Bemühen in die Kloster- und Domschulen zurück. Sie waren es, die in stiller Aufbauarbeit die künftige Entwicklung der abendländischen Wissenschaft vorbereiteten.

Jedes Kloster besaß wenigstens für den eigenen Nachwuchs eine Lehranstalt. Zugleich unterhielten jedoch nicht wenige Abteien eine Außenschule, worin ihnen anvertraute, nicht zum Mönchtum bestimmte Zöglinge unterrichtet wurden. Der Lehrbetrieb setzte die karolingische Tradition fort. Unter den Meistern, die sie weitergaben, ragten um die Wende zum 10. Jh. drei hervor: Remigius von Auxerre († 908), Notker der Stammler von St. Gallen († 912), Hucbald von Saint-Amand († 930). Der größte von ihnen war Notker. Ihm verdankte es vor allem St. Gallen, daß es für die folgenden hundert Jahre ein bedeutendes geistiges Zentrum blieb. Wiederbelebte oder neugegründete Klöster mußten von vorn anfangen. Ihre Einstellung zu den Studien war verschieden. Cluny z. B. brachte für die Wissenschaft ein weniger umfassendes Interesse auf als etwa Fleury-sur-Loire oder lothringische und deutsche Klöster.

Geringer an Zahl, aber nicht von minderer Qualität waren die den Kanonikern unterstehenden Domschulen. Die Reimser Domschule erreichte unter Gerbert von Aurillac ihren Höhepunkt[1]. Gerberts Schüler Fulbert († 1029) begründete den Ruhm von Chartres[2]; was er als Lehrer anbahnte und als Bischof förderte, sollte ihn überdauern; noch im 12. Jh. hatte die Schule von Chartres eine eigenartige Prägung. Die deutschen Domschulen sind dank den Bemühungen des Erzbischofs Bruno von Köln und seines Bruders, Ottos d. Gr., aufgeblüht. Ottonen wie Salier bildeten an ihnen mit Vorliebe ihre künftigen Kapläne, Kanzleinotare und Bischöfe aus[3]. Italien war ein zu altes Kulturland, als daß die Studien hätten untergehen können. Im 10. Jh. lebten sie vor allem in langobardischen Gebieten weiter. Dom- und Stadtschulen, wie die von Pavia, Mailand, Vercelli, Parma, Verona, aber auch von Ravenna, hielten sich auf einem beachtlichen Niveau.

Der Wissenschaftsbetrieb war in den althergebrachten Rahmen der sieben artes liberales eingespannt. Auf das Trivium, bestehend aus Grammatik, Dialektik, Rhetorik, folgte das Quadrivium mit Arithmetik, Geometrie, Musik, Astronomie. Der Schwerpunkt lag auf dem Trivium und dort auf der Grammatik. In mühsamer Arbeit stieg man von der ars minor zur ars maior des Donatus und schließlich zu Priscians Ars grammatica auf. Als Leitfaden für die sich anschließende Dialektik dienten die Disagoge des Porphyrius in Übersetzungen von Victorinus und Boethius, die Kategorien und die Schrift Peri ermeneias des Aristoteles nach Boethius, Die Topik Ciceros, die Logik des Boethius usw. In die Rhetorik führten ein: verschiedene Schriften des Boethius, Lesungen antiker Dichter sowie Prosaiker, endlich Ciceros De inventione und andere systematische Werke. Von antiken Autoren las man

[1] *J. Leflon*, Gerbert, humanisme et chrétienté au Xe siècle (Paris 1946); *O. G. Darlington*, Gerbert the Teacher: AHR 52 (1947) 456—476.

[2] *L. C. MacKinney*, Bishop Fulbert and Education at the School of Chartres (Notre-Dame/Ind. 1957).

[3] *J. Fleckenstein*, Königshof und Bischofsschule unter Otto d. Gr.: AKG 38 (1956) 38—62.

Vergil, die Ilias latina (eine rohe, gekürzte Übersetzung aus dem 1. Jh. n. Chr.), Martianus Capella, Horaz, Persius, Juvenal, Boethius, Statius, Terenz, Lucan; unter den alten Historikern stand Sallust an erster Stelle. Weniger gut war es um die mathematischen Disziplinen des Quadriviums bestellt. Von den betreffenden Stellen bei Martianus Capella abgesehen, wurden vor allem die Schriften des Boethius über Arithmetik und Geometrie verwendet. Erst Gerbert von Aurillac, der einst Katalonien aufgesucht und sich die relativ hoch stehenden, vom maurischen Spanien befruchteten mathematischen Wissenschaften zu eigen gemacht hatte, ist darüber hinausgekommen, er konnte sogar einschlägige Werke der antiken Zeit neu auffinden und verwenden. Eine besondere Schwierigkeit bot die Musik. Man betrieb sie als musica speculativa, theoretica, practica[4]. Gerbert, die Reichenauer Schule und andere berücksichtigten noch die mathematischen Elemente, doch trat im 11. Jh. die Musiktheorie mehr und mehr vor der praktischen Anweisung zum Singen und Komponieren zurück. Eine der großen didaktischen Errungenschaften war damals das neue, Guido von Arezzo zugeschriebene Notenliniensystem.

Alle diese Studien, zu denen außer den heidnischen Autoren natürlich die Kirchenväter, vor allem Augustinus, Hieronymus, Gregor d. Gr., sodann Isidor von Sevilla, Beda und die karolingischen Autoren herangezogen wurden, schlugen sich in einer Reihe von Traktaten nieder. Sie sind zu zeitgebunden, als daß wir sie zu behandeln brauchen[5]. Nur ganz selten stieß der Geist von der Dialektik her zu echten philosophischen Problemen vor. So ist Gerbert durch eine Disputation, die er 980 zu Ravenna mit dem Sachsen Othric in Gegenwart Ottos II. geführt hatte, zu dem nicht uninteressanten, Otto III. gewidmeten Libellus de rationali et ratione uti veranlaßt worden[6]. Über die logische Beziehung zwischen Subjekt und Prädikat nachdenkend, berührt er dort bei der Zergliederung des Vernunftgebrauchs die aristotelische Akt-Potenz-Spekulation, ohne freilich über die logische Sphäre hinaus einen metaphysischen Höhenflug zu wagen.

Ziemlich dürftig war es mit der Theologie bestellt[7]. Sie zehrte von dem Vorrat, den das karolingische Zeitalter angesammelt hatte. Was Gregor von Tortona gegen Ende des 10. Jh. über die Eucharistie (mit christologischen Abschweifungen) schrieb, entnahm er unter Hinzufügen von ein paar Wunderberichten größtenteils Paschasius Radbertus. Höher zu schätzen ist dagegen die Eucharistie-Schrift des Abtes Heriger von Lobbes. Der wenig origi-

[4] In dem Sammelwerk: Artes liberales (Allg. Bibl. II, 11) vgl. *K. G. Fellerer*, Die Musica in den Artes liberales (33—49) und *H. M. Klinkenberg*, Der Verfall des Quadriviums im frühen Mittelalter (1—32); zum letzteren *K. Reindel*, Vom Beginn des Quadriviums: DA 15 (1959) 516—522.

[5] Zu ihnen *Manitius* II 638—725 (Trivium), 726—787 (Quadrivium).

[6] PL 139, 159—168.

[7] Die einzelnen Autoren und ihre Werke s. in *Manitius* II 18—81 (mit reicher Lit.).

nelle Traktat des Abtes Adso von Montier-en-Der († 999) De adventu antichristi verdiente eigentlich nicht den Einfluß, den er tatsächlich auf die eschatologischen Arbeiten der Folgezeit ausüben sollte. Kompilatorischen Charakter trugen ferner die wenigen damals verfaßten Bibelkommentare: Attos von Vercelli († 961) zu den Paulus-Briefen, Brunos von Würzburg († 1045) zu den Psalmen, Theoderichs von Fleury zu den Katholischen Briefen (entstanden um 1000). Gerhards von Czanád († 1047) Deliberatio supra hymnum trium puerorum fällt in seiner Weitschweifigkeit aus dem Rahmen heraus und nähert sich eher einer Predigt. Im Grunde waren die theologischen Bemühungen aufs Praktische ausgerichtet. Abt Bern von Reichenau († 1048) handelte von den Quatemberfasten, den vier Adventssonntagen, von Musik- und Choralfragen, von der Meßliturgie. Odo von Cluny († 942) stellte aus den Sentenzen der Väter eine dem monastischen Denken verhaftete Betrachtung über das Böse in der Welt zusammen, die sogenannten Collationes.

Drei Theologen müssen eigens hervorgehoben werden. Bischof Atto von Vercelli (924—961) hat uns in seinen Schriften eine weitgespannte Pastoraltätigkeit überliefert[8]. Neben den Briefen (unter ihnen auch ein Hirtenschreiben an die Diözesanen und an den Klerus), den Predigten und einer für den Klerus seines Bistums verfaßten, Capitulare genannten Canones-Sammlung steht das originelle Werk De pressuris ecclesiasticis. In dramatischer Anschaulichkeit schildert Atto die Übergriffe der Mächtigen, insbesondere bei Besetzung von Kirchen und Bistümern sowie während der Vakanz eines Bischofssitzes, und stellt ihnen mit reichen kanonistischen Belegen das Recht der Kirche gegenüber. Noch realistischer ist sein Polipticum quod appellatur perpendiculum; es handelt sich um eine unerbittliche Darlegung staatlicher Mißstände und ihrer verhängnisvollen, zu Fremd- und Zwangsherrschaft führenden Folgen.

In ungefähr dieselbe Zeit fällt das Wirken Rathers von Verona[9]. Bei Lüttich um 887 geboren, in dem durch seine Schule berühmten Kloster Lobbes (Laubach im Hennegau) erzogen und Mönch geworden, ging Rather 926 mit Abt Hilduin nach Italien und übernahm 931 dessen Stelle als Bischof von Verona. Der ohnehin schwierigen Aufgabe war der landfremde, des inneren Gleichgewichtes entbehrende Mönch nicht gewachsen. Gefangenschaft durch König Hugo von Italien, Verbannung, Rückkehr ins Reich, kurzes Inter-

[8] Werke: PL 134, 27—894; Polipticum, hrsg. von *G. Goetz:* AAL 37, 2 (1922); zur Schrift *P. E. Schramm:* ZSavRGgerm 49 (1929) 180—198. — Biographien: *J. Schultz* (Diss. Göttingen 1885); *E. Pasteris* (Mailand 1925); *R. Ordano* (Vercelli 1948).

[9] PL 136, 9—758; die Briefe, hrsg. von *F. Weigle:* MG Briefe der deutschen Kaiserzeit 1 (1949). — *A. Vogel,* Ratherius von Verona und das 10. Jh., 2 Bde (Jena 1854), noch unentbehrlich; *G. Monticelli,* Raterio di Verona (Mailand 1938); *G. Misch,* Geschichte der Autobiographie II, 2 (Frankfurt 1955) 519—650; über Absetzungsprozeß in Verona *F. Weigle:* Studi storici Veronesi 4 (1953) 29—44, *C. G. Mor:* ebd. 45—56, und *V. Cavallari:* Studi giuridici in onore di M. Cavallieri (Padua 1960) 41—99.

mezzo in Verona (946—948), Bischof von Lüttich (952—955), Abt in Niederlothringen, zum drittenmal Bischof von Verona (961—968), Heimkehr und Tod (974) — das waren die Hauptstadien seines bewegten Lebens. Schriftstellerisch hochbegabt und in der heidnisch-antiken wie patristisch-theologischen Literatur ungewöhnlich beschlagen, schrieb Rather leider die meisten seiner Werke, um sich entweder zu rechtfertigen oder mit quälerischer Selbstreflexion anzuklagen. Für die Kenntnis der Zeit sind die von ihm stammenden Briefe, Predigten, Traktate eine wahre Fundgrube. Unter den Werken stehen die Praeloquia voran[10]; man könnte sie eine große moral-soziologische Abhandlung nennen. Die ganze Bürgerschaft einer italienischen Stadt zieht da vor unsern Augen vorüber: der Künstler, Kaufmann, Anwalt, Richter, Beamte, Adelige, der Herr und Sklave, Lehrer und Schüler, Reiche und Bettler; es folgt ein Königs-, dann ein Bischofsspiegel, während das letzte Buch wieder an die Allgemeinheit gerichtet ist, um Trost zu spenden und die Menschen innerlich zu erwecken. Von pastoraltheologischem Wert ist Rathers Selbstbeichte Excerptum ex dialogo confessionali; desgleichen seine Synodica, worin er dem tiefstehenden Veroneser Klerus einen Elementarunterricht über die Amtspflichten erteilt. Vom Zölibat, vornehmlich von Heiraten zwischen Priestern und Priestertöchtern, handelt die Schrift De nuptu illicito, und der Traktat De contemptu canonum legt den unbotmäßigen Klerikern von Verona die Bischofsrechte dar[11].

Der dritte Autor, der sich als Theologe und Kanonist mit den Mißständen seiner Zeit auseinandersetzt, Abt Abbo von Fleury (988—1004), schreibt vom Standpunkt des Mönchtums her, ja seine zwei wichtigsten, den Königen Hugo und Robert von Frankreich gewidmeten Arbeiten, der Apologeticus und die Collectio canonum, sind sogar wesentlich durch die damals einsetzenden Kämpfe zwischen Episkopat und Klöstern bestimmt[12]. Trotz dieser einseitigen Tendenz bieten sie eine Fülle interessanter, vom Reformwillen getragener Gedanken. Die Notwendigkeit einer starken Königsgewalt, die Aufgabe der Herrscher, den Glauben zu schützen, kommen ebenso zur Sprache wie kirchliches Eherecht, die Stände innerhalb der Kirche, soziale Gruppen, simonistische Mißstände, Übergriffe der Bischöfe gegenüber den Klöstern und anderes.

Das vorwiegend praktische Interesse brachte im 10. Jh. eine relativ große Zahl von kirchenrechtlichen Arbeiten hervor. Die besten Leistungen stehen am Anfang und am Ende. So verteidigen Auxilius und Vulgarius gegenüber Papst Sergius III. die Gültigkeit der formosianischen Weihen mit profunden,

[10] PL 136, 143—344.

[11] Excerptum ex dialogo confessionali: PL 136, 391—444; Synodica: ebd. 551—568; De nuptu illicito: ebd. 567—574; De contemptu canonum: ebd. 485—522.

[12] Werke: PL 139, 418—578; Apologeticus: ebd. 461—472; Collectio canonum: ebd. 472 bis 508. — *P. Cousin*, Abbon de Fleury-sur-Loire (Paris 1954).

kanonistisch-theologischen Kenntnissen[13]. Noch höher muß das um 908 entstandene Werk Reginos von Prüm über die Sendgerichtspraxis bewertet werden; es ist ein gelungener Versuch, das tatsächliche, vom germanischen Recht geprägte Verfahren schriftlich einzufangen[14]. Was in der folgenden Zeit an Rechtskompilationen entstanden ist, dürfen wir übergehen. Sie alle werden übertroffen von dem 1008—12 verfaßten Decretum des Bischofs Burchard von Worms (1000—25)[15]. Für die Bedürfnisse der Praxis angelegt, unterrichtet die in zwanzig Bücher gegliederte Canones-Sammlung die Bischöfe über alle Fragen der geistlichen Jurisdiktion. Nicht zufällig fällt ihre Entstehungszeit in die Regierung Heinrichs II. Die kirchlichen Rechtsverhältnisse hatten sich stabilisiert und warfen ganz eigene Reformprobleme auf; es ging dabei um eine Reform, die Regnum und Sacerdotium trotz gewissen, auch bei Burchard bisweilen zu spürenden Spannungen noch durchaus als Einheit begriff. Innere Ausgewogenheit und Brauchbarkeit sicherten dem Werk eine bis dahin unerhörte Verbreitung im ganzen christlichen Abendland. Burchards praktischer Sinn tritt ferner zutage in seiner Lex familiae Wormatiensis; es handelt sich um ein ca 1020 verfaßtes Hofrecht, das die Hintersassen der Wormser Kirche vor Bedrückungen zu schützen und zugleich die finanziellen Interessen der Kirche zu wahren sucht.

Die aufsteigende Linie der Studien zeichnet sich besonders deutlich im Bereich der Geschichtsschreibung ab[16]. Erst über hundert Jahre nach dem Tod Reginos von Prüm wagte sich ein unbekannter Reichenauer Mönch wiederum an eine Welt- und Reichschronik (1040 oder 1044) heran[17]; sie ist uns heute nur durch jene Autoren bekannt, die sie ausgeschrieben haben. Auf ihr fußt z. B. die vielverbreitete kurze Weltchronik (bis 1054) Hermanns von Reichenau. Die Geschichte der sächsischen Dynastie, zur Zeit Ottos I. von Widukind von Corvey (bis 957/58; Zusätze 973) dargestellt, fand in Thietmar von Merseburg einen neuen, Widukind und andere Quellen benutzenden Bearbeiter (bis 1018), während Wipos Gesta Chuonradi imperatoris die Reichsgeschichte von 1024 bis 1039 schildern. Alle genannten Autoren stehen auf beachtlicher Höhe. Unter den zahlreichen biogra-

[13] Zum Teil hrsg. von *E. Dümmler,* Auxilius und Vulgarius (Leipzig 1866); sonst in PL 129, 1059—1112. — *O. Pop,* La défense du pape Formose (Paris 1933).

[14] Regino von Prüm, Libri duo de synodalibus causis, ed. *Wasserschleben* (Leipzig 1840); PL 132, 185—370; zu den Sendgerichten vgl. oben Kap. 37.

[15] Burchards Dekret: PL 140, 537—1058; das Wormser Hofrecht: MGConst I 640—644. — *A. M. Koeniger,* Burchard von Worms und die deutsche Kirche seiner Zeit (München 1905); über die Verbreitung des Dekrets vgl. *O. Meyer:* ZSavRGkan 60 (1940) 141—183, *F. Pelster:* MiscMercati II 114—157, und *ders.:* StudGreg I (1947) 321—351; *C. G. Mor:* ebd. 197—206, über das Dekret in Italien vor der gregorian. Reform.

[16] Im folgenden werden nur jene historischen Werke zitiert, die nicht aufgezählt sind in den Quellen zu den Kap. 27, 28, 32.

[17] Nach *R. Buchner:* DA 16 (1960) 389—396, ist Hermann von Reichenau als der Verfasser und das Werk als erste Fassung seiner Weltchronik anzusehen.

phischen Arbeiten ottonischer und frühsalischer Zeit heben sich durch ihren Gehalt hervor: das Werk von Ruodger über Brun von Köln († 968/969), von Gerhard über Ulrich von Augsburg († 973), des Abtes Johann von St. Arnulf in Metz über Johann von Gorze († 974)[18]. Adalbert von Prag († 997) hatte als Biographen den römischen Abt Johannes Canaparius und Brun von Querfurt[19], Bischof Bernward von Hildesheim († 1022) seinen ehemaligen Lehrer Tangmar[20]. Die Reihe setzte sich in der Folgezeit fort. Neben Flodoards († 966) vorzüglicher Historia Remensis ecclesiae (bis 948) traten in der ersten Hälfte des 11. Jh. die wertvollen Bistumsgeschichten von Cambrai und Lüttich, erstere von einem unbekannten Autor, letztere vom Domherr Anselm († 1056) verfaßt[21]. Im Westreich verdienen die Historiarum libri IV des Gerbert-Schülers Richer von Saint-Rémi zu Reims trotz Ungenauigkeit und Subjektivität Beachtung; hat doch Richer versucht, unter Aufgeben der annalistischen Form eine synthetisch angelegte Geschichte des französischen Königtums (862—995) zu schreiben. Für den westfränkischen monastischen Bereich sind vor allem die in Fleury-sur-Loire tätigen Mönche Aimoin und Andreas zu nennen, von denen der erste unter anderm ein Leben Abbos von Fleury († 1004), der zweite das des nachfolgenden Abtes und späteren Erzbischofs von Bourges († 1040/41) hinterlassen haben[22]. Odo von Cluny († 942) fand in seinem Schüler Johannes einen tüchtigen Biographen[23]. Ein merkwürdiges, im cluniazensischen Geist gehaltenes, in den Einzelheiten nicht sehr zuverlässiges Werk stellen die Historiarum libri V vor, die der unstete Mönch Rodulfus Glaber in Cluny begonnen und in Saint-Germain zu Auxerre 1045 abgeschlossen hat; von ihm, früher Mönch in Saint-Bénigne, rührt auch eine Lebensbeschreibung Wilhelms von Dijon her[24]. Italien, zur Zeit Ottos d. Gr. durch den tendenziös belasteten, doch wichtigen Liutprand von Cremona vertreten, trat mit historischen Arbeiten bis zur Zeit des Investiturstreites nicht besonders hervor[25].

[18] MGSS IV 337—377 (unvollendet, bis 956).

[19] Die Viten Adalberts s. in Quellen für Kap. 31.

[20] MGSS IV 757—782. — *F. J. Tschan,* St. Bernward of Hildesheim I—III (Notre-Dame/Ind. 1942—52).

[21] Gesta Pontificum Cameracensium: MGSS VII 402—425; über den Auftraggeber, Bischof Gerhard I., vgl. *Th. Schieffer:* DA 1 (1937) 323—360. — Anselms Bistumsgeschichte s. in Quellen zu Kap. 32.

[22] *Aimoin,* Vita Abbonis: PL 139, 387—414; *Andreas,* Vita Gauzlini, ed. *P. Ewald:* NA 3 (1878) 349—383; über die anderen Arbeiten der beiden s. *Manitius* II 239—246.

[23] Vgl. Quellen zu vorherg. Kap.; unter den dort zitierten Viten des Majolus ist die von Odilo verfaßte die bessere; über die Viten der Cluniazenseräbte s. *Manitius* II 130—155.

[24] Glabers Geschichtswerk oben in Quellen zu Kap. 27; die Vita Wilhelmi: ActaSS Ianuarii I 57—67. — *P. Rousset:* RHEF 36 (1950) 5—24 (Glaber als Interpret der Zeitanschauungen); *A. Michel:* HJ 70 (1951) 53—64 (Weltreichs- und Kirchenteilung); *M. Vogelsang:* SM 67 (1956) 24—38 277—294 (Glaber als cluniazensischer Geschichtsschreiber); vgl. auch *P. Lamma,* Momenti di storiografia cluniacense (Rom 1961).

[25] Zu Italien s. *Manitius* II 166—175 (Liutprand); 179—181 (Benedikt von S. Andrea);

Wissenschaftlicher Austausch und praktische Tätigkeit ließ mehrere gelehrte Männer einen regen Briefwechsel führen. Gerbert von Aurillac scheint der erste gewesen zu sein, der seine zahlreichen Briefe (220 für die Jahre 983—997) in einem privaten Registerbuch sammeln ließ[26]. Auch von seinem Schüler Fulbert von Chartres ist eine Sammlung erhalten. In Deutschland hat Froumund von Tegernsee ein fortlaufendes Briefbuch (993 bis ca 1008) geführt; es wurde von seinem Schüler Abt Ellinger von Tegernsee fortgesetzt. Abt Bern von Reichenau (1008—48) hinterließ ebenfalls eine Briefsammlung. Aus dem Schulbetrieb hervorgegangen, aber mit politischen Briefen vermischt, ist die ältere Wormser Briefsammlung; die datierten Stücke gehören in die dreißiger Jahre. In der anschließenden Zeit wurde das Briefschreiben langsam zu einer speziellen, von eigenen Schulen gepflegten Kunst, die man in geistigen wie politischen Kämpfen seit der gregorianischen Reform jeweils stärker als Waffe verwendete. Von einer solchen Tendenz ist in dem hier zu behandelnden Zeitraum noch nichts zu spüren, aber die Tatsache, daß man überhaupt anfing, Briefsammlungen zu bilden, ist wichtig; sie zeigt ein wachsendes Bewußtsein vom Wert schriftstellerischer Einflußnahme und geistigen Austauschs.

Das friedliche Bild, das Bildung und Wissenschaft vermitteln, entspricht nicht ganz der Wirklichkeit. In der ersten Hälfte des 11. Jh. ging von den artes liberales eine gewisse Unruhe aus. Wenn um das Jahr 1000 in Ravenna der Grammatiker Vilgardus die heidnischen Anschauungen antiker Autoren dem christlichen Dogma vorzog, so stand er damit wohl ziemlich allein. Die eigentliche Gefahr drohte von seiten der Dialektiker. So mußte ein sophistischer Versuch, die Lehre vom Verbum caro factum als logischen Widerspruch zu erweisen, schon durch Bischof Wolfgang von Regensburg († 994) zurückgewiesen werden. Ähnliche dialektische Angriffe auf christliche Dogmen erfolgten in steigender Zahl im Laufe des 11. Jh.; sie stellten die christliche Wissenschaft vor das Problem des Verhältnisses zwischen Glaube und Vernunft, Theologie und Philosophie und bereiteten der neuen scholastisch-dialektischen Methode den Weg (s. Kap. 53).

197—203 (Chronic. Salernit.); 246—253 (Venezian. Quellen); 294—299 (Chronic. Novaliense); ferner *Wattenbach-Holtzmann* I 313—344.

[26] Ausgaben der Briefe Gerberts s. in Quellen zu Kap. 28; vgl. die Studien von *F. Weigle:* DA 10 (1953) 19—70, 11 (1955) 393—421, 14 (1958) 149—220; über Inhalt und Datierung *M. Uhlirz:* Schrift der Hist. Komm. der Bayer. Akad. 2 (Göttingen 1957). — Über die im folgenden genannten Sammlungen und die Erscheinung als solche vgl. *Wattenbach-Holtzmann* I 415—426 (mit Lit.); zu Bern von Reichenau: *F. J. Schmale,* Edition der Briefe (Stuttgart 1961) und die Arbeit in ZKG 68 (1957) 69—95.

41. Kapitel

Ketzer- und Reformbewegungen bei Klerus und Laien (1000—50). Das Abendland an der Wende zum Hochmittelalter

LITERATUR: Häresien. Eine ausgezeichnete Zusammenfassung gibt *H. Grundmann*, Ketzergeschichte des Mittelalters: Die Kirche in ihrer Geschichte (Allg. Bibl. II, 3) II, G 8—G 11 (1963); vgl. auch *H. Grundmann*, Religiöse Bewegungen im Mittelalter (Berlin 1935; Neudr. 1961) 476—483; *A. Borst*, Die Katharer (Stuttgart 1953) 71—80; *P. Ilarino da Milano*, Le eresie popolari del sec. XI nell'Europa occidentale: StudGreg II (Rom 1947) 43—89; *R. Morghen*, Medioevo cristiano (Bari 1951) 212—286; dazu kritisch *A. Dondaine*, L'origine de l'hérésie médiévale: RSTI 6 (1952) 47—78; *R. Morghen*, Movimenti religiosi popolari nel periodo della riforma della Chiesa: X Congresso Internaz. di Scienze Storiche, Relazioni III (Florenz 1955) 333—356; *ders.*, Il cosidetto neo-manicheismo occidentale del sec. XI: Acad. nazion. dei Lincei, Convegno „Volta" (Rom 1957) 84—104; *E. Werner*, Klosterreform (Lit. zu Kap. 39) 71—79.

Opposition gegen Mißstände: *Hauck KD* (passim); *Fliche-Martin* VII (passim); *A. Dresdner*, Kultur- und Sittengeschichte der italienischen Geistlichkeit im 10. und 11. Jh. (Breslau 1890); nützlich, wenn auch öfters etwas konstruiert ist der Überblick bei *A. Fliche*, La réforme grégorienne I (Löwen-Paris 1924) 1—128; wichtig *G. Tellenbach*, Libertas, Kirche und Weltordnung im Zeitalter des Investiturstreites (Stuttgart 1936) 1—108 (mit Exkursen am Ende d. Bds.).

Simonie: *H. Meier-Welcker*, Die Simonie im frühen Mittelalter: ZKG 64 (1952/53) 61—93; *A. Kupper*, Beiträge zum Problem der Simonie im 11. Jh. (Diss. masch. Mainz 1954); *J. Leclercq*, Simoniaca haeresis: StudGreg I (1947) 523—530; *E. Hirsch*, Der Simoniebegriff und die angebliche Erweiterung im 11. Jh.: AkathKR 86 (1906) 3—19.

Gottesfrieden und Treuga Dei: Die älteren Werke von *A. Kluckhohn* (1857), *E. Sémichon* (1869), *L. Huberti* (1892 mit reichen Belegen), *G. C. W. Görris* (1912) u. a. sind jetzt überholt durch *H. Hoffmann*, Gottesfriede und Treuga Dei (Stuttgart 1964); wertvoll trotz marxistischem Einschlag ist *B. Töpfer*, Volk und Kirche zur Zeit der beginnenden Gottesfriedensbewegung in Frankreich (Berlin 1957).

Heiliger Krieg und christliches Rittertum: *C. Erdmann*, Die Entstehung des Kreuzzugsgedankens (Stuttgart 1935); dort auch Ausführungen über den Gottesfrieden.

Daß mit dem 11. Jh. das christliche Abendland langsam in eine neue Entwicklungsphase einzutreten begann, dafür gibt es ein untrügliches Zeichen. Zum erstenmal in seiner Geschichte tauchten an verschiedenen Orten *Ketzergruppen* auf. 1012 in Mainz, sechs und zehn Jahre später in Aquitanien, 1022 in Orléans, 1025 in Arras, bald darauf in Monteforte bei Turin und in Burgund, 1042/48 im Bistum Châlon-sur-Marne, 1051 in Goslar. Verbindungen untereinander dürften nicht bestanden haben. Und wenn man die untersten Volksschichten (R. Morghen) oder italienische Kaufleute, die vom Osten kommende häretische Ideen aufgenommen und dann in französische Handelszentren getragen haben sollen (E. Werner), als den eigentlichen Herd betrachtet, so sind das unbeweisbare Vermutungen, finden wir doch die genauer bezeugten Gemeinschaften in Arras aus rustici, die von Orléans aus Klerikern und die in Monteforte aus adeligen Laien zusammengesetzt.

Die Chronisten der Zeit fassen sie meist unter dem Begriff „Manichäer" zusammen, aber nirgendwo ist der eigentliche ontologische Manichäer-Dualismus anzutreffen, sondern bloß ein asketisch-moralischer Dualismus, der sich bei einzelnen bis zur Ablehnung der Ehe, des Fleischgenusses oder sogar des Tötens von Tieren steigern konnte. Die Ketzer entnahmen ihre religiös-sittlichen Forderungen zu einem Gutteil dem Neuen Testament und schrieben ihr Schriftverständnis gerne der Eingebung des Heiligen Geistes zu. Vor dem persönlichen Bemühen, ein frommes Leben zu führen, trat allerdings der Kernpunkt des Evangeliums: der Glaube an Christus, den Gottessohn und Heilsvermittler, entschieden zurück, konnte sogar dem Gesichtskreis völlig entschwinden. Bei einer solchen Einstellung verlor sich notwendig der Sinn für das sakramentale Wirken der Kirche. In den geistig hochstehenden Zentren von Orléans und Monteforte war tatsächlich die religiöse Dynamik unter Aufgabe des trinitarischen und christologischen Dogmas bloß auf den Schöpfer-Vater-Gott gerichtet, und in fast allen Gruppen galten Taufe, Abendmahl, Beichte und Buße, Ordination von Priestern, Altar- und Kirchweihe, Heiligen-, Kreuz- und Reliquienkult als unnütz; beibehalten wurde da und dort allein die geistspendende Handauflegung.

Der geistige Ursprung dieser schwer faßbaren, in einzelnen Punkten voneinander abweichenden und doch vieles Gemeinsame enthaltenden Bewegungen ist umstritten. Wer sich an den von Flacius Illyricus eingeschlagenen Weg hält, wird die Grundtendenz in einem spontan abendländischen Streben nach evangelisch-apostolischen Lebensidealen sehen (z. B. R. Morghen), während andere mit Baronius und Gleichgesinnten geneigt sind, mehr auf den Lehrgehalt zu achten und ihn in unserm Fall von den bulgarischen Bogomilen nach Möglichkeit abzuleiten (z. B. P. Dondaine)[1]. Die Wahrheit dürfte in der Mitte liegen. Irgendwelche Einflüsse der Alt-Bogomilen, die ja gleichfalls im Gegensatz zu der im 11. Jh. aufkommenden radikal-dualistischen Richtung der „dragowitischen" Kirche einen vorwiegend ethisch-religiösen Moralismus vertraten[2], müssen über Italien ins Abendland ein-

[1] Einen guten Überblick über die Erforschung der Ketzergeschichte seit der Reformation gibt *A. Borst*, Katharer (Lit.) 27—58.

[2] Die seit etwa der Mitte des 10. Jh. auftretenden Bogomilen trugen ihren Namen von dem um diese Zeit lebenden bulgarischen (makedonischen?) Dorfpriester Bogomil. Dieser vertrat insofern einen Dualismus, als er dem Teufel (er hielt ihn für Gottes Sohn und Bruder Christi) die Herrschaft über die Welt zuschrieb und daher die Loslösung von der Welt forderte. Zumindest der engere Kreis seiner Anhänger, die sog. Theoretiker, sollten ein reines, „apostolisches" Leben führen, die eheliche Gemeinschaft, Handarbeit, Fleisch- und Weingenuß meiden, beten, fasten und pilgern. Die Bogomilen wandten sich entschieden gegen den kirchlichen Prunk, gegen weltlichen Besitz und Macht. Sie breiteten sich auf dem Balkan aus, vor allem in Bulgarien, nach der Unterwerfung Bulgariens durch Basileios II. (1018) auch in Konstantinopel, und gewannen eine feste Gliederung. Mit der Zeit differenzierten sich ihre Lehren. Wann die spezifisch manichäische Unterscheidung zwischen einem Himmelsgott und einem bösen Schöpfer dieser Welt eingedrungen ist

gedrungen sein; ohne sie bleiben die vielen Ähnlichkeiten der an sich nicht zusammenhängenden Ketzergruppen wohl unerklärbar. Anderseits sind die Ketzer aus einer dem Okzident eigentümlichen Situation hervorgegangen. Da die abendländische Entwicklung zu einer bestimmten Reife gediehen war, setzten allmählich auf allen Gebieten des Lebens neue, die frühmittelalterliche Kultur weiterführende Bestrebungen ein. Es darf daher nicht wundernehmen, wenn religiös angelegte Naturen an der Amtskirche ein Ungenügen fanden und sich eine eigene Spiritualität zurechtlegten. In gewisser Hinsicht taten dies auch viele Menschen innerhalb der Kirche; vor allem im monastischen Bereich (vgl. Kap. 39) nahm der Zug zu strengerer Askese zu, ganz zu schweigen von den eremitischen Einzelgängern, deren Zahl nunmehr ständig wuchs. Die Ketzerbewegung ist nur eine, gleichsam die negative Seite der zum Radikalismus neigenden Religiosität, die damals die abendländische Christenheit erfaßte.

Je mehr Menschen von religiös-asketischen Idealen angezogen wurden, desto deutlicher traten gewisse moralische Mißstände der frühmittelalterlichen Kirche ins reflexe Bewußtsein. Die Kritik richtete sich vor allem gegen Priesterehe und gegen simonistische oder simonieähnliche Praktiken.

In der Tat war der *Zölibat*, auf den die Westkirche die höheren Kleriker seit dem 4.—5. Jh. verpflichtete, vielfach in Vergessenheit geraten. In fast allen Ländern lebten die Landpriester mit Frauen zusammen, entweder im Konkubinat oder in einer regelrechten Ehe. Nicht wenige an Stadtkirchen installierte Kleriker oder Kanoniker folgten ihrem Beispiel. Vereinzelt gab es sogar Bischöfe oder in verrotteten Klöstern Mönche, die Frauen und Kinder besaßen. Das Konkubinat eines Bischofs, Mönches oder Stiftsherrn hat man wohl ziemlich allgemein als untragbar empfunden, bei den Landpriestern dagegen weitgehend geduldet. Ihre niedere Herkunft, unzulängliche theologische und spirituelle Ausbildung, eine sehr begrenzte Aufsicht durch die kirchlichen Obern, die bäuerliche, ohne frauliche Hilfe schwer durchführbare Lebensweise — alle diese Umstände hatten dazu beigetragen, die Landpriester der Zölibatsidee zu entfremden; sie war zu hoch, um von ihnen und von einem guten Teil ihrer Pfarrkinder verstanden zu werden. Wenn vereinzelte Bischöfe, wie Atto von Vercelli, Rather von Verona und Dunstan

und inwieweit die von Armenien nach Thrakien umgesiedelten Paulikianer hier eingewirkt haben, ist nicht mehr genau festzustellen. Jedenfalls bildeten sich im 11. Jh. zwei Hauptrichtungen: Neben den älteren gemäßigten Dualismus der „bulgarischen Kirche" trat die radikal dualistische „dragowitische Kirche" (Dragowitsa war ein thrakischer Landbezirk). — *D. Obolensky,* The Bogomils (Cambridge 1948); *D. Angelov,* Der Bogomilismus auf dem Gebiete des byzantinischen Reiches: Annuaire Univ. Sofia, Fac. hist.-phil. 44, 46 (1947, 1950), und in Bulgarisch, unter stark sozial-politischer Betonung die 2. Auflage von: *ders.,* Das Bogomilentum in Bulgarien (Sofia 1961); einen guten Überblick geben: *H. Grundmann,* Ketzergeschichte (s. Lit.) G 24 f, *A. Schmaus,* Der Neumanichäismus auf dem Balkan: Saeculum 2 (1951) 271—299, *E. Werner,* Die Bogomilen in Bulgarien, Forschungen und Fortschritte: StudMed 3ª ser. 3 (1962) 249—278.

von Canterbury, oder auch Synoden, zuletzt noch das Konzil von Bourges (1031), die Zölibatspflicht wieder einschärften, sprachen sie weithin ins Leere. Die Sorge der offiziellen Kirche galt dabei nicht zuletzt dem Kirchengut; wurde es doch nach Möglichkeit für die Versorgung der Priesterkinder ausgebeutet. Um in erster Linie dieser Gefahr zu begegnen, hat 1022 die Synode von Pavia auf Betreiben Papst Benedikts VIII. scharfe Dekrete erlassen. Ökonomische Motive waren natürlich gegenüber einem so elementaren Trieb, wie er der Priesterehe zugrunde lag, machtlos. Der Zölibat mußte von breiteren Schichten der Christenheit innerlich bejaht, seine Verletzung verabscheut werden. Genau dies ist nach und nach eingetreten. Mag auch die Bewegung anfangs nur wenige Anhänger gefunden haben, sie wuchs langsam zu einer solchen Stärke heran, daß sie in der zweiten Jahrhunderthälfte vom Reformpapsttum verwendet werden konnte. Zugleich kam für die Priesterehe das Schlagwort „Nikolaitismus" auf; es bedeutete Unzucht[3].

Ein sehr komplexes Problem bildete die *Simonie*. Im Anschluß an Simon Magus, der von den Aposteln die Vollmacht der Geistspendung für Geld erwerben wollte (Apg 8, 18—24), verstand man und versteht noch heute darunter den Kauf oder Verkauf von geistlichen Gütern. Wenn in römischer und in frühmittelalterlicher Zeit nicht selten für Weihen, Sakramente, Begräbnisse, Amtsübernahmen u. a. Gebühren erhoben wurden, so hing das größtenteils mit legalen Gewohnheiten zusammen. Allerdings bestand die Gefahr, auf diesem Weg in echte Simonie hineinzuschlittern. Seit dem 4. Jh. haben daher Synoden und Konzilien strenge Verbote verkündet; sie verurteilten sogar Zahlungen, die sich auf zeitliche, mit der Kirche verbundene Güter bezogen. Gregor d. Gr. ging einen Schritt weiter: statt einer stellte er drei simonistische Formen heraus: das munus a manu (Gelder oder Geschenke), das munus ab obsequio (Dienstleistungen, Gefälligkeiten), das munus a lingua (Fürsprache). Ferner griff er mit Nachdruck den schon vor ihm entwickelten Gedanken der haeresis simoniaca auf; wer sich durch Simonie am Heiligen Geist versündigte, sollte als Ketzer gelten.

Mit einer derart globalen Verdammung war die Wirklichkeit um so weniger zu meistern, als die jungen germanischen Völker für die kirchliche Verwaltung Formen entwickelten, die ihrer Agrarkultur entsprachen und in den oben geschilderten Institutionen der Eigenkirche, der Investitur u. a. zur Auswirkung kamen (Kap. 33—34). So kehrten sie langsam das ursprüngliche Verhältnis zwischen Amt und kirchlichem Besitz um: Während nach römisch-kirchlicher Auffassung das Amt im Mittelpunkt stand und das Kirchengut ein für den Unterhalt des Amtsträgers und für andere Aufgaben bestimmtes Anhängsel bildete, rückte im germanisch geprägten Kirchenrecht der sachenrechtliche Aspekt an die erste Stelle, an die zweite der für die Funktion der Kirche notwendige Priester. Infolgedessen konnten Kirchen ganz oder zum Teil ver-

[3] Zum Ursprung des Wortes vgl. LThK² VII 975: Nikolaiten.

kauft oder sonstwie veräußert und bei der Besetzung einer Kirche Zahlungen gefordert werden. Da die Investitur zugleich das Amt übertrug, hatten diesbezügliche Zahlungen zumindest einen simonistischen Beigeschmack. Wohin der materialistische Grundzug führen konnte, zeigt besonders deutlich die 1016 erfolgte Übernahme des Erzbistums Narbonne. 100 000 Goldschillinge legte der Graf von Cerdaña für seinen zehnjährigen Sohn auf den Tisch, um den andern Bewerber, den durch Verkauf der Klostergüter finanzkräftig gewordenen Abt von Conques, zu überbieten; die maßgebenden Herren, ein Graf und Vizegraf, gingen darauf ein und teilten sich die Summe. Ein so schamloser Schacher gehörte wohl zu den Ausnahmen, häufiger dürften für die Investitur von Hochkirchen mehr oder minder feste Taxen bestanden haben[4]. Mit jeder Investitur war die Übernahme bestimmter Dienstleistungen gegeben, u. U. sind sogar zusätzliche Verpflichtungen aufgenötigt worden, und oft genug bedienten sich die Bewerber der Fürsprache einflußreicher Personen. Die drei von Gregor d. Gr. herausgestellten simonistischen Spielarten waren also allenthalben in Übung. Da die Investierten den begreiflichen Wunsch hegten, ihre Auslagen aus Kirche und Amt wieder herauszuwirtschaften, forderten nicht wenige auch für rein geistliche Amtshandlungen Geld und gerieten damit in den Sog echter Simonie. Wer die strengen Maßstäbe Gregors d. Gr. und der alten Synodalgesetze anlegte, mußte die simonistische Ketzerei für eines der schlimmsten Gebrechen seiner Zeit ansehen.

Es fehlte daher nicht an warnenden Stimmen. Atto von Vercelli, auch Rather von Verona riefen zur Ordnung. Noch entschiedener griff Abbo von Fleury die alte kirchliche Gesetzgebung und Gregors d. Gr. antisimonistische Äußerungen auf, ja er ging sogar als erster auf das rechtliche Problem ein: der schon zu seiner Zeit vollzogenen Unterscheidung zwischen dem Altar als Bereich des Bischofs und der Eigenkirche als Bereich des besitzenden Herrn und der daraus gezogenen Folgerung, die Finanzoperationen gälten nicht der Gnade des Heiligen Geistes, sondern der kirchlichen Gütermasse, stellte Abbo die untrennbare Einheit von Altar und Kirche entgegen; jedes händlerische Tun innerhalb dieses heiligen Gesamtbereiches war für ihn Simonie[5]. Je mehr sich das Gewissen verfeinerte, desto empfindlicher reagierte es auf die Rechtsformen der Zeit. Als Wilhelm von Volpiano, der spätere Abt von Saint-Bénigne zu Dijon, in Locedia vor seiner Weihe zum Diakon dem bischöflichen Ordinator den üblichen Treueid ablegen sollte, wies er dies als simonistische Zumutung ab; eine Weihe dürfe durch nichts, auch nicht durch ein Treuegelübde, erkauft werden. Wilhelms Schüler und Nachfolger, Abt Halinard von Saint-Bénigne, verweigerte bei seiner Erhebung zum Erzbischof von Lyon den Treueid, den er König Heinrich III.

4 Zur gesamten Praxis *Haller,* Papsttum II 269 f; *Fliche-Martin* VII 466—471.

5 Apologeticus: PL 139, 464 f; vgl. auch *Fliche,* La réforme grégorienne (Lit.) 48—59.

hätte leisten müssen. Wenn er sich auch auf das Eidesverbot des Evangeliums und der Benediktusregel berief, bei letzterer zudem auf die Verpflichtung, sich weltlicher Akte zu enthalten, dürfte doch die Furcht vor simonistischer Befleckung mit eingeflossen sein. Jedenfalls hat Wilhelm von Volpiano, seitdem er Saint-Bénigne leitete und zum Zentrum einer Reformgruppe machte, den ihm eigenen Haß gegen die Simonie sowohl unter seinen Mönchen wie außerhalb verbreitet[6]. Er stand nicht allein. Monastische Kreise, Eremiten, Ketzergemeinschaften, sie alle trugen zur Bildung einer antisimonistischen Bewegung bei. Ihre Kritik fand in Gebieten, die gegenüber Mißständen besonders anfällig waren, wachsenden Widerhall, so vor allem in Italien. Nicht von ungefähr sind dort in Tuszien, in der Romagna und Lombardei seit etwa 1050 ganze Volksgruppen gegen die Simonisten aufgestanden. Schon vor dieser Zeit, um 1035, gab der Florentiner Johannes Gualberto einen ersten Alarmschuß ab. Da er vor noch tauben Ohren predigte, verließ er die Stadt, formte in dem 1036 gegründeten Vallombrosa und anderen Klöstern eine Mönchsgemeinschaft (s. Kap. 52) und führte sie in der Reformzeit, vor allem seit 1062, gegen die simonistische Häresie ins Feld. Der an Fanatismus grenzende Kampfgeist von Vallombrosa sollte selbst so entschiedene Antisimonisten wie die italischen Eremiten in den Schatten stellen und Petrus Damiani mit nicht unberechtigter Sorge erfüllen[7].

Die simonistische Gefahr ist nicht allein von Laien heraufbeschworen worden; hoher und niederer Klerus, auch mönchische Kreise haben dazu beigetragen. Trotzdem bestand ein Unterschied: Kleriker oder Mönche konnten leichter den kirchlichen Normen unterworfen werden als die Laien. Eine durchgreifende Reform kam daher nicht daran vorbei, sich prinzipiell mit den *Herrschaftsrechten* auseinanderzusetzen, die der Adel mit dem Königtum an der Spitze über viele Kirchen erworben hatte. Hier waren Grundprinzipien der römischen Kirchenverfassung durch Institutionen des germanisch geprägten Kirchenrechts überdeckt worden. Sobald man sich dessen stärker bewußt wurde, geriet die religiös-politische Welt des Frühmittelalters ins Wanken. Derartige aufs Ganze gehende Erkenntnisse pflegen langsam zu reifen. In dem hier zu behandelnden Zeitraum sind deswegen bloß vereinzelte kritische Stimmen laut geworden. So mußten Heinrich III. und deutsche Bischöfe die oben erwähnte Verweigerung des Treueids durch Halinard fast wie einen Schlag gegen Königstheokratie und Reichskirche empfinden; daß Heinrich auf Bitten lothringischer Bischöfe Halinard den Eid erlassen hat, ehrt ihn. Eigene Ideen hegte ferner Wazo von Lüttich[8]. Bei der

[6] Zu Wilhelm und Halinard *H. Hoffmann*, Von Cluny zum Investiturstreit: AKG 45 (1963) 174—181; in der Arbeit als solcher dürfte das Problem etwas einseitig behandelt sein.

[7] *R. Davidsohn*, Geschichte von Florenz I (Berlin 1896) 163—170 178—181 226—251; *ders.*, Forschungen zur älteren Geschichte von Florenz (Berlin 1896) 41 47—60; weitere Lit. zu Gualberto und Vallombrosa unten Kap. 52.

[8] Gesta episcoporum Leodiensium II 65 58: MGSS VII 228—230 224.

Absetzung des Erzbischofs Witger von Ravenna, die Heinrich 1044 auf einer deutschen Bischofssynode vornahm, hielt ihm Wazo vor, eine solche Maßnahme stünde dem Papst, nicht dem König zu. Als der Kaiser nach Clemens' II. Tod den Episkopat über die Designation eines neuen Papstes befragte, trat Wazo für den noch lebenden Gregor VI. ein; seine in Sutri erfolgte Deposition (s. Kap. 32) sei nämlich ungültig, weil ein Papst von niemand gerichtet werden könne. Und zur Königssalbung, die Heinrich III. ihm gegenüber herausgestellt hatte, bemerkte er im Sinne des politischen Augustinismus, die Bischofssalbung stehe höher: ein Bischof habe Leben zu spenden, während dem König die niedere Funktion zukomme, das Böse mit dem todbringenden Schwert zu bekämpfen. Den radikalsten Angriff gegen die Königstheokratie überhaupt, insbesondere Heinrichs III., richtete kurz nach der Synode von Sutri der unbekannte Verfasser des Traktats De ordinando pontifice[9]. Kein Laie darf, so heißt es dort, Kleriker einsetzen und über Kirchengut verfügen, auch nicht der Kaiser; die auf Heinrichs Betreiben erfolgte Wahl Clemens' II. ist ungültig; zudem gehört die Schwertgewalt der Könige eher in den Bereich des Teufels denn Gottes; in jedem Fall unterstehen die Kaiser den Bischöfen und, wie alle Laien, der kirchlichen Disziplin. Selbst wenn die Schrift nicht westfränkischer, sondern lothringischer Herkunft wäre, ließe sie sich schwerlich in das von Wazo gebildete geistige Milieu einordnen; geht sie doch über die trotz allem königstreue Haltung Wazos weit hinaus. Eine lothringische, den Kampf um die Kirchenfreiheit anbahnende Rechtsschule (Fliche) oder andere Oppositionsgruppen sind für die damalige Zeit zumindest nicht zu erweisen; wahrscheinlich gab es sie noch nicht, wohl aber war da und dort eine Mentalität im Entstehen begriffen, die sich vertiefen, verbreiten und endlich unter päpstlicher Führung die frühmittelalterliche Theokratie überwinden sollte[10].

Was alles an neuer Initiative die Kirche seit der Jahrtausendwende zu entfalten vermochte, wurde in der Bewegung des *Gottesfriedens* und der *Treuga Dei* offenbar. Der Süden Frankreichs hat sie entstehen lassen. Der dort besonders stark fortschreitende staatliche Zersetzungsprozeß, der auch die Grafschaften in Machtbezirke der Vicomtes, Châtelains und Seigneurs aufsplitterte und dem Faustrecht Vorschub leistete, ließ die Bi-

[9] De ordinando pontifice: MGLiblit I 8—14; zu *F. Pelster,* Der Traktat „De ordinando pontifice" und sein Verfasser Humbert von Moyenmoutier: HJ 61 (1941) 88—115, vgl. die wohl berechtigte Kritik von *A. Michel:* StudGreg I (1947) 87 f.

[10] *A. Fliche,* La réforme grégorienne I 113—128; die wohl richtigere Deutung gibt *G. Tellenbach,* Libertas (Lit.) 123—127 mit Lit. zu Wazo und zum Verfasser von De ordinando pontifice in Anm. 16, 15; *Ch. Dereine,* L'école canonique liégeoise et la réforme grégorienne: Ann. du congrès arch. et hist. de Tournai (1949) 1—16, nimmt zwar eine niederlothringische Rechtsschule an, sieht aber ihre Eigenart in einer maßvollen, vom Verfasser des oben genannten Traktats abweichenden Haltung, die vor der Reform jener Burchards von Worms, gegen ihr Ende der Ivos von Chartres ähnlich ist.

schöfe eingreifen. Als erster schritt der Bischof von Le Puy zur Selbsthilfe; auf einer Synode zwang er 975 den Adeligen mit Gewalt das eidliche Versprechen ab, den Besitz der Kirchen sowie der pauperes nicht anzutasten und das Geraubte zurückzuerstatten. Von einem ähnlichen Vorstoß hören wir nichts mehr bis zu dem 989 für die Kirchenprovinz Bordeaux abgehaltenen Konzil von Charroux. Mit ihm beginnt die lange Reihe von Synoden, die sich durch das ganze 11. bis ins 12. Jh., teilweise sogar ins 13. Jh. um den Frieden bemühen sollten. Obwohl das Ziel auf verschiedene Weise angestrebt wurde, kann man doch gewisse Grundrichtungen herausheben. Begrüßt wurden die Versuche des 11. Jh. einerseits von den großen Fürsten sowie vom König, anderseits vom niederen Volk; der mittlere und niedere Adel hingegen, aus dessen Kreis die beklagten Räubereien und Gewalttaten größtenteils hervorgingen, hielt sich zurück, leistete u. U. auch Widerstand. Bisweilen sind solche Friedenssynoden nicht direkt von den Bischöfen, sondern von weltlichen Magnaten einberufen worden.

Die starke Beteiligung des Volkes gab nicht wenigen Konzilien den Charakter einer Massendemonstration. Mönche oder Kleriker pflegten die Reliquien ihrer Kirchenpatrone in feierlichem Zug herbeizutragen, Wunderheilungen geschahen, ein religiöser Enthusiasmus ergriff die Menge und ließ sie in den Ruf: pax — pax — pax, ausbrechen, während die Bischöfe zur Bekräftigung der Friedensdekrete ihre Krummstäbe gen Himmel hoben. Mit Recht hat man von einer ersten religiösen Volksbewegung gesprochen.

Die großen Massen gingen mit, weil der verkündete Friede nicht bloß die Kirchen und ihre Amtsträger, sondern auch Leib und Gut der Bauern, bisweilen auch der Kaufleute, schützen sollte. Gegen die Friedensbrecher setzte die Kirche ihre geistliche Strafgewalt ein. Als wirksame Kollektivstrafe erwies sich das über den Herrschaftsbezirk des Schuldigen verhängte Interdikt. Völlig neu war der Friedenseid, den viele Synoden dem Adel abforderten. Ferner wurde der naheliegende Gedanke verschiedentlich aufgegriffen, an die Stelle der Fehde ein Gerichtsverfahren treten zu lassen. Selbst vor dem Einsatz kriegerischen Zwangs scheute man nicht zurück. Die Maßnahme ist nicht bloß da und dort beschlossen worden, wie etwa auf der durch Wilhelm V. von Aquitanien einberufenen Synode von Poitiers (zwischen 1000 und 1014), es erstanden auch kampfbereite Friedensmilizen. Wohl keiner hat sich, zumindest bis 1050, so sehr um sie bemüht wie Erzbischof Aimo von Bourges und mit ihrer Hilfe manchem Raubritter das Handwerk gelegt. Seine Landmilizen erlitten zwar 1038 trotz zahlenmäßiger Überlegenheit eine furchtbare Niederlage durch Odo von Déols, aber die Institution eines Diözesanheeres blieb bestehen. Die Parole „Krieg dem Krieg" wurde in der zweiten Hälfte des Jh. vielerorts mit Erfolg ausgegeben.

Eine Sonderform der allgemeinen Friedensbewegung bildete die Treuga Dei. Sie bestand im Fehdeverbot für bestimmte Wochentage; vorwiegend sollte die Waffenruhe von Mittwochabend bis Montag früh dauern.

doch gab es auch kürzer bemessene Fristen. Wenig Erfolg hatten die Versuche, sie auf längere, z. B. vom Advent bis zur Epiphanieoktav oder von der Fastenzeit bis zum Weißen Sonntag laufende Zeiträume sowie auf einzelne Feste auszudehnen. An sich blieben die zum Schutz der Geistlichen und Bauern erlassenen Bestimmungen in Kraft, doch trat die alte, öfters vorgesehene Auflage, Besitzstreitigkeiten vor den Richter zu bringen, mehr und mehr zurück. Der Ursprung der Treuga ist dunkel. Zum erstenmal begegnet sie uns 1027 in den Akten des Konzils von Toulouges (Rousillon). Schon in den dreißiger Jahren griff der Gedanke rasch um sich, erst in Burgund und in Aquitanien und von da aus im übrigen Frankreich. Hauptsächlich über Katalonien drang er in Spanien ein, während ihn 1037 und 1042 abgesandte Aufrufe des französischen Episkopates sowie die Propaganda Odilos von Cluny im nordwestlichen Italien verbreiteten; Deutschland öffnete sich erst gegen Ende des Jahrhunderts. Wie immer man die Treuga verstehen will: als kompromißartiges Zurückweichen gegenüber den allzu hoch gespannten älteren Bestrebungen oder einfachhin als eine neue, neben andern Bemühungen eingesetzte Initiative, jedenfalls hat sie der Friedensbewegung frischen Auftrieb gegeben, zumal da man sich gleichfalls der eidlichen Bindung sowie des kriegerischen Zwangs bediente.

Obwohl die Gottesfriedens- und Treuga-Bewegung ihre eigentlichen Ziele nur sehr unvollkommen und auch dies bloß für beschränkte Zeit erreicht hat, war sie von bahnbrechender Bedeutung. Dadurch nämlich, daß der französische Episkopat nicht nur, wie es früher der Fall war, das Königtum in seiner Sorge um die öffentliche Ordnung unterstützte, sondern sich aus eigener Autorität um den Frieden bemühte, gewann er ein neues Verhältnis zur christlichen Welt. An sich war dieses in der religiös-politischen Einheitskultur des Frühmittelalters und dem daraus folgenden Zusammenwirken von Regnum und Sacerdotium längst grundgelegt, aber das Sacerdotium hatte bisher den Aufbau einer christlichen Welt in erster Linie dem Königtum überlassen müssen, weil nur eine harte Faust Ordnung zu schaffen vermochte. Inzwischen hatte sich jedoch das Kräfteverhältnis verlagert: das Regnum in Frankreich war schwach geworden, während das Sacerdotium infolge der ständig wachsenden Verchristlichung des Abendlandes an Autorität zunahm. Sein Einsatz für den Frieden fand um so mehr Zustimmung, als pax und iustitia für die mittelalterlichen, unter dem geistigen Einfluß Augustins stehenden Menschen letztlich im Religiös-Übernatürlichen wurzelten und so das Sacerdotium direkt angingen. Und da einerseits damals das natürliche Rechtsbewußtsein seine boden- und volksverbundene Kraft zu verlieren begann und anderseits das säkuläre, rationale, von einem Souverän effektiv erzwingbare Recht noch zu schaffen war[11], waren Volk und Fürsten

[11] Vgl. die anregende kleine Studie von *V. Achter*, Über den Ursprung des Gottesfriedens (Krefeld 1954); in ihr wird unter anderem die Tatsache, daß in Deutschland der Gottes-

für die religiöse Absicherung des Friedens besonders ansprechbar. So konnte der französische Episkopat in der Friedensfrage ein für die künftige Führerstellung der Kirche fundamentales Recht herausstellen: die Zuständigkeit des Sacerdotiums für die geistlich-politischen Ziele der abendländischen Christenheit. In die Zukunft wies ferner die nun aufkommende Praxis der Kirche, Hoch- und Niedergestellte gegen die Friedensbrecher unter die Waffen zu rufen und kleinere oder größere Heere, die die Priester mit den Kirchenfahnen begleiteten, in Bewegung zu setzen. Damit war im Grunde schon die Idee des heiligen Krieges gegeben und mit ihr der Rechtsanspruch des Sacerdotiums, durch Laien bewaffneten Zwang ausüben zu dürfen, wenn wesentliche Interessen der Christenheit bedroht waren.

Die Idee des heiligen Krieges sollte in den kommenden Kreuzzügen ihren machtvollen Ausdruck finden. Diese gingen zwar in erster Linie die *Ritter* an, aber auch den Rittern gegenüber begann die Kirche seit dem 10. Jh. eine neue Haltung einzunehmen. Hatten vorher die liturgischen Gebete dem König als dem Verteidiger der christlichen Religion, bisweilen auch dem von ihm angeführten Heer, gegolten, so wurden sie langsam auch auf den Ritter und seinen Kriegerberuf bezogen und fanden vor allem in der Segnung des Schwertes, mit dem der junge Ritter bei der Schwertleite umgürtet wurde, ihren Ausdruck. In der zweiten Hälfte des 10. Jh. aufkommende Formeln wiesen dem einzelnen Ritter den Schutz von Kirchen, Witwen und Waisen sowie die Verteidigung der Christenheit vor den Heiden, also spezifische Königspflichten, zu, und zwar in direktem Anschluß an Texte der Königsweihe. Kurz darauf, spätestens im 11. Jh., ging man von der Sachbenediktion des Schwertes zu einer personbezogenen Ritterweihe über; es kam zur Abfassung von regelrechten liturgischen Ordines, in denen der Ritter feierlich in sein Waffenhandwerk eingewiesen wurde. Diese in verschiedenen Ländern, gerade auch in Deutschland, vollzogene Entwicklung mußte natürlich durch die Gottesfriedensinitiative des französischen Episkopates eine eigene Aktualität erlangen. Hat sich doch dort die Kirche über die Bedenken, die aus ältester christlicher Tradition dem Gedanken des Krieges entgegenstanden, trotz dem Einspruch einzelner, z. B. Fulberts von Chartres, mehr und mehr hinweggesetzt. In der aufkommenden Idee des heiligen Krieges lagen Ideale bereit, die die Ritterschaft begeistern konnten, sobald man sie auf das große Ziel, die Verteidigung der Christenheit gegenüber dem Islam, hinwies. Der Kreuzzugsgedanke war im Kommen.

Überblickt man die Reform- und Renovationsbestrebungen der ottonisch-frühsalischen Zeit, so wird eine entschiedene Aufwärtsentwicklung deutlich, die seit der Jahrtausendwende ihren Rhythmus beschleunigte und eine stei-

friede so spät aufkam und neben den geistlichen die alten weltlichen Strafen in voller Schärfe beibehalten wurden, auf ein zäheres Beharren der alten germanisch-christlichen Rechts- und Reichsordnung zurückgeführt.

gende Unruhe erzeugte. Was sich da zusammenballte, sollte in der großen kommenden Reformperiode seine Entladung finden. Zweifelsohne wurde die Reform durch Mißstände, die eingerissen waren, mitverursacht, ihre eigentliche Triebkraft ist jedoch in einer tieferen Schicht zu suchen. Simonie, Priesterkonkubinat, zu äußerliche, juridisch-leistungsmäßig ausgerichtete Frömmigkeit und andere Gebrechen hafteten der abendländischen Christenheit längst an. Daß man im 11. Jh. auf sie empfindlicher reagierte, war die Folge eines Reifungsprozesses: das Abendland wuchs langsam vom Früh- ins Hochmittelalter hinein[12]. Bis etwa zum Jahre 1000 befand sich die romanisch-germanische Völkergemeinschaft in dem für Frühkulturen typischen Stadium der Kohärenz; es durchdrangen sich geistliche und weltliche Lebensformen: Regnum und Sacerdotium, Recht, Sitte und Religion. In dieser alles integrierenden, sakral-sakramentalen, auch mit magischen Vorstellungen durchsetzten Welt fühlte sich der Mensch so lange geborgen, als sie seinem inneren eigenen Zustand entsprach und er sie als objektive, von den Vätern überkommene Gegebenheit diskussionslos hinnahm. Sobald er aber geistig wacher zu werden begann, trat er in ein neues geschichtliches Stadium ein: in die Phase der Diastase. Dies ist seit der Jahrtausendwende geschehen[13]. Man zerschlug zwar nicht die alte Einheitskultur, aber es öffnete sich der Blick für ihre einzelnen Komponenten. In einem ständig zunehmenden Differenzierungsprozeß wurden sie klarer unterschieden, einander gegenübergestellt und als eigene Bereiche langsam ausgebaut. Ohne Spannungen und Kämpfe ging dies natürlich nicht ab. Die ersten Stimmen der Unzufriedenheit mit dem Bestehenden sind oben registriert worden. Je stärker sie anwuchsen, desto dringlicher wurde eine Reform, die sich mit der Zeitproblematik ernstlich auseinandersetzte.

[12] Zum folgenden *A. Mayer-Pfannholz,* Phasen des Mittelalters: Hochland 36, 1 (1938/39) 180—194.

[13] Daß das herankommende Jahr 1000 die abendländische Christenheit in Angst vor dem Weltende, dem Antichrist und Jüngstem Gericht versetzt habe, läßt sich in dieser allgemeinen Form nicht behaupten. Eschatologische Stimmungen gab es sicherlich da und dort, jedoch vor wie nach der Jahrtausendwende; zum Teil können sie eine Begleiterscheinung des Übergangs gewesen sein, der im Abendland mehr und mehr spürbar wurde, aber sie hatten wohl kaum eine weittragende Wirkung. Vgl. *F. Duval,* Les terreurs de l'an mille (Paris ³1908); *E. Sackur,* Die Cluniacenser (Lit. zu Kap. 39) II 223 bis 226; *E. Pognon,* L'an mille (Paris 1947).

ZWEITER TEIL

Die Kirche im Zeitalter der gregorianischen Reform

ERSTER ABSCHNITT

Die gregorianische Reform (1046—1124)

Univ.-Professor Dr. Friedrich Kempf SJ, Rom

QUELLEN: Allgemeiner Art: Die Streitschriften: MGLiblit, 3 Bde; dazu *Manitius* III 21—57; *Wattenbach-Holtzmann* I 394—414; *C. Mirbt,* Die Publizistik im Zeitalter Gregors VII. (Leipzig 1894); *A. Fauser,* Die Publizisten des Investiturstreites (Diss. München 1935).

Italien: Unzuverlässig, aber nicht wertlos ist *Bonizo von Sutri,* Liber ad amicum (—1085): MGLiblit I 568—620; wichtig: *Leo von Marsica,* Chronicon s. monasterii Casinensis (—1087), fortgesetzt (—1127) vom Mönch Guido, dann (nicht ohne Fälschungen) überarbeitet und weitergeführt (—1138) von Petrus Diaconus: MGSS 574—844; zum Forschungsstand vgl. etwa *W. Wühr:* StudGreg III (1948) 399—401; *Amatus von Montecassino,* Historia Normannorum, erhalten bloß in altfranzösischer Übersetzung: FontiStIt 76, ed. *V. de Bartolomeis* (1935); vgl. *W. Smidt:* StudGreg III (1948) 173—231; *Gaufred Malaterra,* De rebusgestis Rogerii ... comitis et Roberti Guiscardi ducis (—1099): Muratori² SS V 1, ed. *E. Pontieri* (1925/28); *Wilhelm von Apulien,* Gesta Roberti Wiscardi: MGSS IX 239—298; *Donizo von Canossa,* Vita Mathildis, carmine scripta: Muratori² SS V 2, ed. *L. Simeoni,* mit anderen Quellen zur Geschichte der Markgräfin (1931—40); MGSS XII 348—409; *Landulf der Ältere,* Historia Mediolanensis (—1085): Muratori² SS IV 2, ed. *A. Cutolo* (1942); MGSS VIII 32—100; objektiver ist *Arnulf,* Gesta archiepiscoporum Mediolanensium (—1077): MGSS VIII 6—31. — Vgl. *Manitius* III und *Jacob-Hohenleutner* II.

Deutschland und Lothringen: MGDD regnum et imperatorum Germaniae V: Die Urkunden Heinrichs III. (1931; Neudr. 1957); VI 1—2: Die Urkunden Heinrichs IV. (1941/59); MGConst I. — Die Briefe Heinrichs IV., ed. *C. Erdmann:* MG Deutsches MA 1 (1937); Briefsammlungen der Zeit Heinrichs IV., ed. *Erdmann-Fickermann:* MG Die Briefe der dt. Kaiserzeit 5 (1950); Codex Udalrici (—1125, mit Zusätzen —1134): *Jaffé,* Bibl. rer. germ. (Allg. Bibl. I, 3) V 17—469. — Vita Heinrici IV (wichtig für die späteren Jahre): MGSS rer. Germ. 58, ed. *W. Eberhard* (³1899; Neudr. 1949); *Bruno,* De bello saxonico: MG Deutsches MA 2, ed. *H. E. Lohmann* (1937). — Unter den nun aufkommenden Weltchroniken sind wichtig: *Hugo von Flavigny* (—1102): MGSS VIII 288 bis 502; *Sigebert von Gembloux* (—1111, dann Fortsetzungen): MGSS VI 300—374; *Frutolf von Michelsberg* (—1101), umgearbeitet und fortgeführt (—1125) durch Ekkehard von Aura: MGSS VI 33—265; *Berthold von Reichenau,* Fortsetzer der Chronik Hermanns des Lahmen (—1180): MGSS V 264—326, XIII 730—732; *Bernold von St. Blasien* (—1100): MGSS V 385—467. — Annalen: von Niederaltaich (—1073): MGSS rer. Germ. 4, ed. *E. v. Oefele* (²1892); *Lampert von Hersfeld* (—1077): MGSS rer. Germ. 38, ed. *Holder-Egger* (³1894; Neudr. 1956). — Wichtig für nordische Mission ist *Adam von Bremen,* Gesta Hammaburgensis ecclesiae pontificum: MGSS rer. Germ. 2, ed. *B. Schmeidler* (³1917). — Zu den oft schwierigen Quellenfragen und zum Wert der Quellen vgl. *Wattenbach-Holtzmann* I; *Jacob-Hohenleutner* II.

Frankreich (mit Ausnahme der Kreuzzugsliteratur und der Normandie): Recueil des actes de Philippe Ier (1059—1108): ChartDipl, ed. *M. Prou* (1908); das Regestenwerk von *A. Luchaire,* Louis le Gros, Annales de sa vie et de son règne 1081—1137 (Paris 1890). — *Suger von Saint Denis,* Vita Ludovici Grossi: ClassHist 11, ed. *H. Waquet* (1929); CollText 4, ed. *A. Molinier* (1887); *Hugo von Fleury,* Liber modernorum regnum Francorum (—1108): MGSS IX 376—395. — Guter Überblick mit Lit. bei *Wattenbach-Holtzmann* I 765—797.

England und Normandie: Regesta regum Anglo-Normannorum 1066—1154: vol. I 1—2 (für Wilhelm I. und II.), ed. *Davis* and *Whitwell* (Oxford 1913/56); vol. II (für Heinrich I.), ed. *Johnson* and *Cronne* (ebd. 1956). — *Eadmer,* Historia novorum in Anglia (—1122) und Vita Anselmi: Rolls Series 81, ed. *M. Rule* (1884); PL 159, 347—524; 158, 49—118; *Wilhelm von Malmesbury,* Historia regum Anglorum (—1128, eigene Nachträge —1140): Rolls Series 90, 2 Bde., ed. *W. Stubbs* (1887); *Wilhelm von Malmesbury,* Gesta pontificum Anglorum (—1125, in 2. Redaktion —1140): Rolls Series 52, ed. *N. Hamilton* (1870); PL 179, 1441—1680; *Ordericus Vitalis,* Historiae ecclesiasticae libri XIII (—1141), ed. *Le Prevost - Guérard - Delisle,* 5 Bde (Paris 1838/55); PL 188, 15—984; kritische Studie von *H. Wolter,* Ordericus Vitalis (Wiesbaden 1955). — Vgl. *Manitius* III und *Jacob-Hohenleutner.*

Böhmen, Polen, Ungarn: Siehe Quellen zu Kap. 31; gute Übersicht (mit Lit.) bei *Wattenbach-Holtzmann* I 798—820.

ALLGEMEINE LITERATUR: Für die Universalgeschichten vgl. Allg. Bibl. II, 1a, dort besonders Peuples et Civilisations VI; *Glotz* II, III, VIII, IX, 1; The Cambridge Med. History V; Historia Mundi VI, *Cartellieri,* Aufstieg des Papsttums, und: Vorrang des Papsttums; ferner: *K. Jordan,* Das Reformpapsttum und die abendländische Staatenwelt: WaG 18 (1958) 122—137. — Zur Kirchengeschichte s. Allg. Bibl. II, 3: *Fliche-Martin* VII 92—110 und passim (—1057), VIII (—1125); ferner: *A. Fliche,* La réforme grégorienne, 3 Bde (Löwen 1924/37); *ders.,* La querelle des investitures (Paris 1946); *G. Tellenbach,* Libertas. Kirche und Weltordnung im Zeitalter des Investiturstreites (Stuttgart 1936); die Studienreihe StudGreg, 7 Bde; für Bd I—IV vgl. den vorzüglichen Bericht von *P. E. Schramm:* GGA 207 (1953) 62—140. — Zur Konzils- u. Papstgeschichte s. Allg. Bibl. II, 5: *Hefele-Leclercq* IV—V; *Haller,* Papsttum II 283 bis Ende; *Seppelt* III 1—164; ferner: *J. Gay,* Les papes du XIe siècle et la chrétienté (Paris 1926) 134 bis Ende.

Einzelprobleme: *C. Erdmann,* Die Entstehung des Kreuzzugsgedankens (Stuttgart 1935). — Zur Simonie s. Lit. zu Kap. 41, für die Reordinationen s. Lit. zu Kap. 53. — *A. Scharnagl,* Der Begriff der Investitur in den Quellen und in der Literatur des Investiturstreites, 2 Hefte (Stuttgart 1908/09); *G. Kallen,* Der Investiturstreit als Kampf zwischen germanischem und romanischem Denken (Köln 1937); *N. Brooke,* Lay Investiture and its Relation to the Conflict of Empire and Papacy (Oxford 1939); *H. E. Feine,* Kirchenreform und Niederkirchenwesen. Beiträge zur Reformfrage, vornehmlich im Bistum Lucca im 11. Jh.: StudGreg III (1948) 505—524; *P. Schmid,* Der Begriff der kanonischen Wahl in den Anfängen des Investiturstreites (Stuttgart 1926).

Deutschland und Reichsitalien: Vgl. Allg. Bibl. II, 2, dort vor allem: JbbDG unter Heinrich III. von *E. Steindorff,* 2 Bde (Leipzig 1874/81), unter Heinrich IV. und Heinrich V. von *G. Meyer v. Knonau,* 7 Bde (Leipzig 1890/1909); *Giesebrecht* II 419 — III 963; *Hampe-Baethgen,* Kaisergeschichte 25—103; *Hauck KD* III 522 bis Ende; ferner: *M. L. Bulst-Thiele,* Kaiserin Agnes (Leipzig 1933); *O. Schumann,* Die päpstlichen Legaten in Deutschland zur Zeit Heinrichs IV. und Heinrichs V. (Marburg 1912).

Süditalien: *L. v. Heinemann,* Geschichte der Normannen in Unteritalien und Sizilien bis zum Aussterben des normannischen Königshauses (Leipzig 1894); *F. Chalandon,* Histoire de la domination normande en Italie et en Sicile, 2 Bde (Paris 1907); *P. Kehr,* Die Belehnungen der süditalienischen Normannenfürsten durch die Päpste 1059—1192:

SAB (1934, Nr. 1). — *H. W. Klewitz,* Studien zur Wiederherstellung der römischen Kirche in Süditalien durch das Reformpapsttum: QFIAB 25 (1933/34) 105—157; *W. Holtzmann,* Papsttum, Normannen und griechische Kirche: Miscellanea Bibliothecae Hertzianae (München 1961) 69—76; *L. R. Ménager,* La „byzantinisation" religieuse de l'Italie méridionale (IXe—XIIe siècle) et la politique monastique des Normands d'Italie: RHE 53 (1958) 747—774, 54 (1959) 5—40; *L. T. White,* Latin Monasticism in Norman Sicily (Cambridge/Mass. 1938); *M. Scaduto,* Il monachismo basiliano nella Sicilia medioevale. Rinascita e decadenza sec. XI—XIV (Rom 1947).

Frankreich: *A. Fliche,* Le règne de Philippe Ier, roi de France 1060—1108 (Paris 1912); *Lavisse* II 2 (Allg. Bibl. II, 2). — *W. Schwarz,* Der Investiturstreit in Frankreich: ZKG 42 (1923) 255—328, 43 (1924) 92—150; *A. Becker,* Studien zum Investiturproblem in Frankreich: Papsttum, Königtum und Episkopat im Zeitalter der gregor. Kirchenreform (Diss. Saarbrücken 1955); *Th. Schieffer,* Die päpstlichen Legaten in Frankreich vom Vertrag von Meersen bis zum Schisma von 1130 (Berlin 1935); *A. Fliche,* Premiers résultats d'une enquête sur la réforme grégorienne dans les diocèses français (durchgeführt für Kirchenprov. Narbonne): Comptes rendus des séanc. de l'Acad. d. Inscript. et Bell. Lettr. (1934) 152—180.

England, Irland und Schottland: Zur englischen Nationalgeschichte s. Allg. Bibl. II, 2 und *F. Barlow,* The Feudal Kingdom of England 1042—1216 (London 1955); zur irischen und schottischen Geschichte s. Lit. zu Kap. 29 und *E. Curtis,* A History of Medieval Ireland from 1086 to 1513 (Forest-Hills 1944). — Zur Kirchengeschichte vgl. Allg. Bibl. II, 4; ferner: *Z. N. Brooke,* The English Church and the Papacy from the Conquest to the Reign of John (Cambridge 1932); *H. Böhmer,* Kirche und Staat in England und in der Normandie im 11. u. 12. Jh. (Leipzig 1899); *J. Tracy Ellis,* Anti-Papal Legislation in Medieval England 1066—1377 (Diss. Washington, Cath. Univ. 1930); *H. Tillmann,* Die päpstlichen Legaten in England bis zur Beendigung der Legation Gualas (Diss. Bonn 1925); *C. N. L. Brooke,* Gregorian Reform in Action. Clerical marriage in England 1050—1200: CambrHJ 12 (1956) 1—21. — *A. Gwynn:* IER 57 (1941) 213—233 (Irland und Rom im 11. Jh.); ebd. 481—500, 58 (1941) 1—15 (Lanfranc und irische Kirche), 59 (1942) 1—14 (Anselm und irische Kirche).

Spanien: Allg. Bibl. II, 2 und II, 4; ferner: *R. Menéndez Pidal,* La España del Cid, 2 Bde (Madrid 1929), deutsch: Das Spanien des Cid, 2 Bde (München 1936); *L. de la Calzada,* Alfonso VI y la crisis occidental del siglo XI: An. de la Univ. de Murcia 12 (1953/54) 9—86; *G. Säbekow,* Die päpstlichen Legaten nach Spanien und Portugal bis zum Ausgang des 12. Jh. (Diss. Berlin 1931); *D. Mansilla,* La curia Romana y el reino de Castilla en un momento decisivo de su historia 1061—1085 (Burgos 1944); *C. Erdmann,* Das Papsttum und Portugal im ersten Jh. der portugiesischen Geschichte: AAB (1928, Nr. 5); *P. Kehr,* Das Papsttum und der Katalanische Prinzipat bis zur Vereinigung mit Aragón: AAB (1926) 1—91; *ders.,* Das Papsttum und die Königreiche Navarra und Aragón bis zur Mitte des 12. Jh.: AAB (1928) 1—58; *ders.,* Wie und wann wurde das Reich Aragón ein Lehen der römischen Kirche: AAB (1928) 196—233; *J. Vincke,* Kirche und Staat in Katalonien und Aragón während des Mittelalters I (Münster 1931); *ders.,* Der Übergang vom Eigenkirchenrecht zum Patronatsrecht bezüglich der Niederkirchen in Katalonien und Aragón: StudGreg III (1948) 451—461. — Vgl. auch Lit. zu Kap. 29 und unten zu Kap. 43—44.

42. Kapitel

Beginn der Reform unter den deutschen Päpsten (1046—1057)

QUELLEN: *Watterich* I 93—188; *Duchesne LP* II 273—277 332—334; vgl. *H. Tritz,* Die hagiographischen Quellen zur Geschichte Papst Leos IX.: StudGreg IV (1952) 191—353; die wichtigste, gewöhnlich Wibert zugeschriebene Vita: ActaSS Apr. II 648—665, PL 143, 465—504, hält Tritz für ein Werk Humberts von Silva Candida; dagegen mit beachtlichen Gründen *H. Hoffmann:* AKG 45 (1963) 203—209. — *Mansi* XIX 619—862; *Hefele-Leclercq* IV, 2 995—1125; andere Quellen unten in den Anmerkungen.

LITERATUR: S. 402f Lit. zum Abschnitt. — Papsttum: Reiche Bibl. mit Quellen in *Santifaller,* Reichskirchensystem (Allg. Bibl. II, 8a) 205—216; *C. Höfler,* Die deutschen Päpste, 2 Bde (Regensburg 1839), noch immer wertvoll; *P. Brucker,* L'Alsace et l'Église au temps du pape Saint Léon IX, 2 Bde (Paris 1889); *E. Martin,* Saint Léon IX (Paris 1904); *L. Sittler - P. Stintzi,* Saint Léon, le pape alsacien (Colmar 1950); *Larose,* Étude sur les origines du pape Saint Léon IX (Metz 1954); Centenaire de la mort de Saint Léon (Colmar 1954); *J. Drehmann,* Leo IX. und die Simonie (Leipzig 1908), nicht immer richtig; *N. N. Hugghebaert:* StudGreg I (1947) 417—432 (Leo und der Kampf gegen die Simonie in Verdun); *G. Drioux:* StudGreg II (1947) 31—41 (Leo und die Bischöfe von Langres). — Humbert von Silva Candida: *A. Michel,* Die Anfänge des Kard. Humbert bei Bruno von Toul: StudGreg III (1948) 299—319; *ders.,* Die folgenschweren Ideen des Kard. Humbert und ihr Einfluß auf Gregor VII.: StudGreg I (1947) 65—92; *ders.,* Humbert von Silva Candida bei Gratian. Eine Zusammenfassung: Studia Gratiana I (Bologna 1953) 83—117; weiteres unten in Anm. — Petrus Damiani: *F. Dressler,* Petrus Damiani. Leben und Werk (Rom 1954); *J. Leclercq,* Saint Pierre Damien, ermite et Homme d'Église (Rom 1960); *O. J. Blume,* St. Peter Damian. His Teaching on the Spiritual Life (Washington 1947); *ders.,* The Monitor of the Popes: St. Peter Damian: StudGreg II (1947) 459—476; *J. Ryan,* Saint Peter Damiani and his Canonical Sources (Toronto 1956); gute bibl. Übersicht bei *K. Reindel:* DA 15 (1959) 23 Anm. 1; weitere Lit. unten in Anm.

Es kann kein Zweifel sein: die gregorianische Reform begann mit den deutschen Päpsten. Allein schon die ungewöhnlichen Namen, die sich Clemens II., Damasus II. und Viktor II. zulegten, offenbarten den Wunsch, zur alten, reinen Kirche zurückzukehren, aber dieser Wunsch richtete sich bloß auf eine moralische, Simonie und Nikolaitismus bekämpfende Erneuerung. An den Grundfesten der karolingisch-ottonischen Einheitskultur zu rütteln kam den vom Kaiser designierten, ihm treu ergebenen Päpsten nicht in den Sinn. Und doch sollte die Reform, sobald sie in Gang kam, eine lawinenartige Bewegung auslösen. Schon unter Leo IX. bereitete sich die künftige Entwicklung vor.

Die ersten beiden deutschen Päpste gelangten nicht zum Einsatz. Eine am 5. Januar 1047 von Clemens II. und Heinrich III. veranstaltete Reformsynode ging zwar gegen die Simonie vor, indem sie den Verkauf von kirchlichen Ämtern und Weihen mit dem Anathem bedrohte und den Priestern, die sich wissentlich von einem Simonisten weihen ließen, die maßvolle Strafe einer 40tägigen Buße auferlegte[1], aber ihre Beschlüsse blieben vorläufig

[1] MGConst I 95 Nr. 49; vgl. *Hauck KD* III 594.

Programm. Der Papst begleitete den Kaiser auf seinem Zug durch Süditalien, kehrte dann nach Rom zurück und holte sich in der Sommerhitze die Malaria, an deren Folgen er auf einer Reise in das Gebiet der Romagna und Mark Ancona am 9. Oktober im Kloster des hl. Thomas (Prov. Pesaro) verstarb. Die Tuskulaner und Bonifaz von Tuszien jubelten; Benedikt IX. zog wieder in Rom ein, während die Römer zu Heinrich III. sandten. Die Weihnachten 1047 ausgesprochene Designation Poppos von Brixen erwies sich als neuer Fehlschlag: Poppo, der sich Damasus II. nannte, erlag 23 Tage nach seiner Inthronisation dem römischen Fieber (9. August 1048).

Die neuen Verhandlungen, zunächst wohl auf Halinard von Lyon gerichtet[2], endeten um Weihnachten des Jahres mit der Designation Bruns von Toul. Eine glücklichere Wahl hätte man kaum treffen können. Der erst 46jährige, hochbegabte Mann, aus dem mit dem Kaiserhaus verwandten elsässischen Grafengeschlecht von Egisheim gebürtig, in Toul erzogen und 1026 zum dortigen Bischof erhoben, hatte sich im Dienste sowohl des Reiches wie der kirchlichen Reform voll bewährt. Mit ihm, der am 12. Februar 1049 in Pilgerkleidung die Ewige Stadt betrat, um nach der Wahl durch Klerus und Volk als Leo IX. Petri Stuhl zu besteigen, kam endlich die Reform zum Zug. Schon die Wahl zeigte es irgendwie an. Hatte doch Brun dem Kaiser erklärt, er könne nur dann das neue Amt antreten, wenn ihn die Römer einstimmig zum Bischof annähmen. Sowenig Neues diese Forderung an sich enthielt — kein Zeitgenosse zweifelte daran, daß eine Designation ohne nachfolgende Wahl dem kanonischen Recht widersprach —, so ungewöhnlich war es, sie dem Kaiser gegenüber anzumelden. Brun wollte sich damit wohl kaum gegen das Designationsrecht wenden, sondern in echt lothringisch-kirchlichem Freiheitsbewußtsein zum Ausdruck bringen, daß die Wahl eine wesentliche, im Gewissen bindende Einrichtung des Kirchenrechts und nicht eine bloße Formsache sei[3]. Aus demselben Geiste heraus ließ er auf dem Reimser Konzil 1049 die Notwendigkeit der kirchlichen Wahl allgemein einschärfen. Weder hier noch in seiner vielberufenen Klosterpolitik läßt sich eine Frontstellung gegen die Laien oder sogar der Plan einer der Reichskirche entgegengesetzten Papstkirche erweisen[4]. Leo erstrebte keinen Verfassungsumsturz an, war sich jedoch der Unabhängigkeit der kirchlichen Rechtsordnung und damit seiner eigenen Stellung wohl bewußt.

[2] Trotz Hallers Zweifel, Papsttum II 578, war er vielleicht schon nach Clemens' II. Tod in Vorschlag gebracht; vgl. Chronik von Dijon: MGSS VII 237.

[3] Vgl. *Tritz:* StudGreg IV (1952) 257—259; die Deutung hängt nicht unbedingt von der Frage ab, wer die Vita (s. oben Quellen) verfaßt hat.

[4] Vgl. *Haller*, Papsttum II 581—583, mit wohl berechtigter Kritik an den Auffassungen von Fliche und P. Kehr; ferner: *R. Bloch*, Die Klosterpolitik Leos IX. in Deutschland, Burgund und Italien: AUF 11 (1930) 176—257; *A. Waas*, Leo IX. und das Kloster Muri: AUF 5 (1913/14) 241—268.

Der neue Papst scharte sofort einen Kreis tüchtiger Mitarbeiter um sich, die er größtenteils aus Lothringen und den Nachbargebieten holte. Außer Halinard, der Erzbischof von Lyon blieb, aber dem ihm befreundeten Papst jederzeit zur Verfügung stand, wurden diese Männer der römischen Diözese inkardiniert und mit Ämtern ausgestattet. Sie waren es, die die Reformarbeit auch nach Leos frühem Tod energisch vorantrieben. Nur die wichtigsten seien genannt: Humbert aus dem zu Toul gehörigen Kloster Moyenmoutier, seit 1050 Kardinalbischof von Silva Candida; Friedrich, Sohn des Herzogs von Lothringen und Archidiakon von Lüttich, 1051—55 Kanzler der römischen Kirche, der spätere Papst Stephan IX.; Hugo der Weiße aus dem in der Diözese Toul gelegenen Kloster Rémirmont, später Kardinalpriester; Hildebrand, den Brun mit nach Rom genommen hatte[5] (vielleicht als Verbindungsmann zu den römischen Reformkreisen), ihn dort zum Subdiakon weihte und mit der Güterverwaltung des Klosters St. Paul betraute. Ohne es zu wissen, hat Leo IX. damit eine folgenschwere Entwicklung angebahnt. Indem er und seine Nachfolger hervorragende Amtsträger des römischen Klerus über die gottesdienstlichen Pflichten hinaus immer stärker an der Reform der Gesamtkirche beteiligten, bildete sich langsam unter Zurücktreten der liturgischen, mit den Titelkirchen und Papstmessen verbundenen Funktionen die feste Institution des Kardinalkollegiums heraus.

Eine andere Neuerung trat sichtbarer in Erscheinung: Leo IX. residierte nicht mehr wie seine Vorgänger in Rom. Rastlos, den weltlichen Herrschern seiner Zeit vergleichbar, durchzog er die Lande. Seit 1050 sah ihn Süditalien in jedem Jahr, und seine drei langen Reisen über die Alpen führten ihn nicht nur kreuz und quer durch das Reichsgebiet, sondern auch bis nach Reims und 1052 sogar zur Friedensvermittlung ins Heerlager des Kaisers vor Preßburg. Den Zug unterbrachen Reformsynoden. Außerhalb Roms, wo er 1049, 1050, 1051 und 1053 Synoden abhielt, beriet er mit den Bischöfen: 1049 zu Pavia, Reims und Mainz; 1050 in Siponto, Salerno und Vercelli; 1053 in Mantua und Bari (1050?). Da der Papst überall um Privilegien angegangen wurde, die Kanzlei jedoch an die Stadt Rom gebunden war, mußten neue Wege der Beurkundung gefunden werden, die die Kanzlei allmählich von der Stadt Rom lösten und zu einem selbständigen Verwaltungsorgan des Papsttums werden ließen. Unabsehbaren Gewinn trugen schließlich Leos Reisen der päpstlichen Autorität ein. Hatte man schon immer den Bischof von Rom als das Haupt der Gesamtkirche angesehen, gewann jetzt diese Vorstellung Fleisch und Blut; ein großer Teil der Christenheit schaute den Papst mit eigenen Augen und ließ sich vom Zauber seines Wesens einnehmen.

[5] Die Quellen bei *Steindorff:* JbbDG unter Heinrich III., II 72—75; zum Eintritt Hildebrands in Cluny vgl. *G. B. Borino:* StudGreg IV (1952) 441—456; die Glaubwürdigkeit von *Bonizo,* Liber ad amicum: MGLiblit I 587, demzufolge Hildebrand im Gespräch mit Leo IX. den Designationsmodus rundweg verurteilt hätte, ist fraglich.

Drei schwere Aufgaben wurden Leo gestellt: 1. die Kirchenreform; 2. der Kampf mit den Normannen Süditaliens; 3. die Auseinandersetzung mit der griechischen Kirche, die zum Schisma führen sollte. Da über das Schisma unten eigens gehandelt wird (Kap. 47), haben wir es hier nur mit den beiden ersten Aufgaben zu tun.

Die Reform richtete sich gegen Simonie und Nikolaitismus. Wegen der allgemein verbreiteten, vor allem beim niederen, vom Papst schwer erreichbaren Klerus anzutreffenden Mißachtung des Zölibates griff der Papst nur in Rom und seiner Umgebung schärfer durch, indem er durch römische Synoden den Gläubigen den Verkehr mit unenthaltsamen Priestern untersagte und die Konkubinen römischer Priester für den Lateranpalast verknechten ließ. Sonst begnügte er sich, wie etwa auf den Synoden von Rom und Mainz 1049, mit allgemein gehaltenen Verboten der Priesterehe. Sein eigentlicher Kampf galt der Simonie. Simonistische Bischöfe Frankreichs und zum Teil auch Italiens — in Deutschland vertraute Leo offenbar der Simoniegegnerschaft des Kaisers — bekamen den ganzen Ernst der Synodalbeschlüsse von Rom, Reims und Mainz (1049) zu spüren. Die nun einsetzenden Untersuchungen, Strafen und Absetzungen sollten für Jahrzehnte nicht mehr aufhören.

Daß der keineswegs immer erfolgreiche Kampf nicht erlahmte, sondern mit wachsender Erbitterung geführt wurde, hatte seinen besonderen Grund. Es ging Leo IX. und seinen Freunden um etwas viel Tieferes als um die Ausrottung eines Lasters: die Glaubenssubstanz und das sakramentale Leben erschienen ihnen gefährdet. Ihr verfeinertes religiöses Gewissen nahm die seit dem 4. Jh. geläufige Anprangerung der Simonie als Ketzerei wieder ernst, ganz gleich, ob sie mit Humbert im Verkauf von Weihen und Ämtern die Gottheit des Heiligen Geistes direkt geleugnet glaubten oder mit Petrus Damiani nur eine indirekte Verletzung des Glaubens annahmen [6]. Außerdem sahen sie das Geheimnis der Kirche verraten: die Simonisten, so klagten sie, verhinderten das freie Geistwirken, verfälschten das rechte Verhältnis Christi zur Kirche, erniedrigten die sponsa Christi zur käuflichen Dirne, während die Nikolaiten die geistige Ehe des Priesters und Bischofs mit seiner Kirche entehrten. Leo IX. bedrückte vor allem die Sorge um das Seelenheil der Gläubigen. Mit Humbert von Silva Candida überzeugt, daß ein simonistischer Bischof keine gültigen Weihen spenden könne, fragte er sich, ob es in der simonistisch verseuchten Kirche überhaupt noch genügend Priester gäbe, die den Gläubigen die heilsnotwendigen Sakramente zu vermitteln imstande seien. Sein Versuch, 1049 sämtliche simonistischen Weihen für ungültig er-

[6] Über die Stellungnahme der beiden Theologen vgl. *G. Miccoli:* StudGreg V (1956) 77 bis 81; theologische Motive im Kampf gegen Simonie und Nikolaitismus bei *G. Tellenbach,* Libertas (Lit. zu Abschn.) 152—159; ein erschütterndes Bild von der tiefstehenden Sexualmoral in weiten Kreisen des italischen Klerus zeichnet Petrus Damiani im 1049 verfaßten Liber Gomorrhianus: PL 145, 159—190.

klären zu lassen, scheiterte zwar an dem Widerstand der römischen Synode, aber er hat der Sicherheit halber oft genug simonistisch geweihte Bischöfe und Priester „reordiniert“[7]. So übertrieben oder falsch die theologischen Kampfmotive der Reformer teilweise waren, sie sind nicht blindem Fanatismus entsprungen, sondern einer ehrlich erlittenen Angst, die insofern berechtigt war, als sich über Hoch- wie Niederkirchen ein ganzes Netz wirtschaftlicher und politischer Interessen gelegt hatte.

Leos Reordinationen riefen die Theologen auf den Plan; Petrus Damiani schrieb seinen Liber gratissimus, worin er die theologisch richtige Ansicht von der Gültigkeit simonistischer Weihen entwickelte, Humbert von Silva Candida vertrat dagegen in den beiden ersten Büchern seines Werkes Adversus simoniacos ihre Ungültigkeit[8]. So geriet die Sakramentstheologie neu in Fluß, beunruhigte das Simonieproblem und umgekehrt. Es war kein Zufall, daß kurz vorher Berengar von Tours den Abendmahlsstreit entfesselt hatte, in den Leo 1050 auf den Synoden von Rom und Vercelli zuungunsten Berengars eingriff (s. Kap. 53). Das Simonieproblem war ja nur Teilaspekt einer totalen Umwälzung: die Lebensformen der religiös-politischen Welt des Frühmittelalters waren fraglich geworden, so daß sich der Kirche von verschiedenen Seiten die Aufgabe stellte, das ihr eigentümliche Wirken in der Welt kraft der Sakramente und ihrer Spender genauer zu ergründen.

Auch in einem anderen Punkt führte die Reform von selbst über den rein moralischen Bereich hinaus. Durch den Kampf gegen die Simonie gezwungen, die päpstlichen Rechte kräftig zu gebrauchen, eröffnete Leo IX. eine neue Periode in der Geschichte des Primates. Andere Umstände griffen fördernd ein. Das Dekret des Reimser Konzils, das dem römischen Bischof den Namen des universalis ecclesiae primas et apostolicus vorbehielt, betraf freilich nur eine Titelfrage[9], doch gab der Konflikt mit der griechischen Kirche dem Berater Leos, Humbert von Silva Candida, Gelegenheit, in zwei

[7] So wohl richtig *L. Saltet*, Les réordinations (Paris 1907) 183—186; *A. Schebler*, Die Reordinationen (Bonn 1936) 219—223; *A. Michel:* RQ 46 (1938) 46 41 f; *ders.:* StudGreg I (1947) 20 Anm. 73; anders denken *A. Fliche*, La réforme grégorienne I 133 Anm. 2, und *F. Pelster:* Gr 23 (1942) 73 mit Anm. 19.

[8] Liber gratissimus: MGLiblit I 15—75; Libri tres adversus simoniacos: ebd. 95—253. Der Gegner im ersten Buch von Humberts Werk ist nicht Petrus Damiani, sondern Auxilius, De ordinationibus a Formoso papa factis, aus demselben Autor hatte vorher Petrus Damiani geschöpft; vgl. dazu *J. Ryan*, Saint Peter Damiani (s. Lit.) 162—164 mit weiterer Lit. Wichtig ist ferner der Brief über die simonistischen Weihen: MGLiblit I 1—7, der in den Hss. oft einem Papst Pascasius, Paschalis, von den Forschern meist Guido von Arezzo, von *A. Michel:* RQ 46 (1938) 25—41, jedoch Humbert von Silva Candida zugeschrieben wird.

[9] Das Reimser Dekret: *Mansi* XIX 738 war wohl gegen den Bischof von Compostela gerichtet, den das Konzil sogar wegen Führen des Titels apostolicus bannte; ob man auch Primas-Ideen, die in Frankreich umgelaufen sein sollen, treffen wollte (so Amann: *Fliche-Martin* VII 1027), ist fraglich.

fragmentarisch erhaltenen Stücken sowie in einem langen Lehrschreiben an Kerullarios die Größe der römischen Kirche wuchtig herauszustellen. Auf denselben Humbert geht vielleicht die zu Lebzeiten Leos oder kurz darauf verfaßte Rechtssammlung der 74 Titel: Diversorum sententiae patrum zurück, ein Werk, das die Reformideen in ihrem ganzen Umfang aufgriff, neu ordnete und die führende Stellung des Papsttums herausarbeitete[10].

Die so glücklich eingeleitete Reform wurde bald von der Sorge überschattet, die die Normannen Süditaliens dem Papst bereiteten. Seitdem Benedikt VIII. dem gegen die Griechenherrschaft aufgestandenen Süditaliener Meles normannische Krieger zugeführt hatte, waren immer wieder Ritter aus der Normandie über die Alpen gezogen, um im Dienste bald des einen, bald des anderen Herrn ihr Glück zu versuchen. Langsam faßten sie festen Fuß, erst Rainulf in Aversa, dann Wilhelm Eisenarm, Sohn Tankreds von Hauteville, der mit seinen Scharen das nördliche Gebiet des an der Adria liegenden byzantinischen Themas eroberte und sich seit 1042 comes Apuliae nannte; seine Abhängigkeit vom langobardischen Fürsten Waimar von Salerno war wohl nur formeller Natur. Als Heinrich III. 1047 den Normannen, die er wahrscheinlich in ihrem Besitz bestätigte, das Gebiet des aufsässigen Fürsten von Benevent preisgab, stießen sie nach dort vor und brachten bis 1059 den größeren Teil des Fürstentums in ihre Gewalt. Leo IX. war ihnen zunächst nicht feindlich gesinnt. 1050 hat er sogar für sich und den Kaiser ihre Huldigung entgegengenommen. In der berechtigten Hoffnung, durch sie die seit Kaiser Leo III. verlorene Jurisdiktion über Süditalien und Sizilien der römischen Kirche zurückzugewinnen, ernannte er damals Humbert zum Erzbischof von Sizilien. Auf die Dauer konnte er sich jedoch den Klagen der Bevölkerung über die Ungerechtigkeiten der normannischen Herren nicht verschließen. Es gelang ihm, zum mindesten für die Beneventaner den Schutz Waimars von Salerno und des Grafen Drogo von Apulien, des Bruders und Nachfolgers Wilhelm Eisenarms, zu gewinnen. Da aber die beiden eines gewaltsamen Todes starben (1052; 1051), sah er keine andere Möglichkeit als den Versuch, die Normannen für immer zu vertreiben, am besten im Verein mit den Griechen, deren aus Süditalien stammender Statthalter, Sohn des ehemals tragisch gescheiterten Meles, ein Bündnis angeboten hatte[11].

[10] *A. Michel,* Die Sentenzen des Kard. Humbert, das erste Rechtsbuch der päpstlichen Reform (Stuttgart 1943); die oben erwähnten Fragmente De s. Romana Ecclesia, überliefert bei Deusdedit, Collectio canonum I, 306, sind neu ediert von *A. Michel:* P. E. Schramm, Kaiser, Rom und Renovatio II (Berlin 1929) 120—136; dazu jetzt die wichtige Studie von *J. Ryan:* MS 20 (1958) 206—238; zu den Briefen und Akten hinsichtich des Schismas s. *A. Michel,* Humbert und Kerullarios, 2 Bde (Paderborn 1924/30).

[11] Zur süditalischen Politik und zum Krieg Leos gegen die Normannen vgl. in der Spezialstudie von *O. Vehse,* Benevent als Territorium des Kirchenstaates: QFIAB 22 (1930/31) 87—99; gegen P. Kehrs These, Leo habe sich vom Reich und der Reichskirche lösen wol-

Leo suchte daher 1052 den Kaiser in Deutschland auf. Heinrich ging auf seine Pläne ein, übertrug ihm gegen Abtretung der Eigentumsrechte auf das Bistum Bamberg, auf Fulda und mehrere Klöster das Fürstentum Benevent und anderen italischen Reichsbesitz entweder zu eigen oder zum mindesten zur Ausübung der Reichsgewalt, ja, er wollte sogar ein Reichsheer gegen die Normannen schicken, ließ sich jedoch durch den Einspruch seines Kanzlers, des Bischofs Gebehard von Eichstätt, von diesem Vorhaben abbringen. Da Leo nicht länger warten zu können glaubte, warb er aus eigenen Mitteln ein kleines deutsches Ritterheer an, vereinigte es mit italienischen Truppen und führte seine Leute nach Süden[12]. Bevor sich sein Heer mit den Griechen vereinen konnte, wurde es am 16. Juni 1053 bei Civitate südlich vom Fortore vernichtend geschlagen; der Papst geriet in normannische Gefangenschaft.

Das klägliche Scheitern des Feldzugs, die Sorge um die Reform und der Konflikt mit dem Patriarchen von Konstantinopel, der jetzt mit der Abreise der päpstlichen Legaten dem Verhängnis entgegentrieb, brachen die Kraft des Papstes. Nach Rom zurückgetragen, starb Leo am 19. April 1054.

Nach langen Verhandlungen designierte Heinrich III. im März 1055 endgültig seinen Kanzler Gebehard von Eichstätt zum Papst. Unter dem Namen Viktor II. nahm dieser am 13. April Besitz von der römischen Kirche. Obschon mit der direkten Reichspolitik mehr verbunden als sein Vorgänger, setzte sich Viktor doch energisch für die Reform ein. Er selbst hielt 1055 zusammen mit dem Kaiser zu Florenz eine Reformsynode ab und griff auch sonst bisweilen mit autoritativen Maßnahmen durch. In Frankreich brachten 1056 die mit der Legation beauftragten Erzbischöfe von Arles und Aix zu Toulouse, der römische Legat Hildebrand wohl zu Chalon-sur-Saône wichtige Reformkonzilien zustande. Hildebrands Entsendung zeigt, daß der Papst die in Rom verbliebenen Mitarbeiter Leos IX. nicht ausgeschaltet hat; Humberts Einfluß nahm sogar ständig zu. Nur Kanzler Friedrich von Lothringen mußte sich wegen der politischen Spannungen seines Bruders mit dem Kaiser dem Zugriff Heinrichs durch Eintritt in Monte Cassino entziehen. Gottfried der Bärtige von Lothringen, seit Jahren mit dem Kaiser in Fehde, hatte sich nämlich mit Beatrix von Tuszien, der Witwe des ermordeten Markgrafen Bonifaz, vermählt und so den Kaiser zu einem Italienzug veranlaßt, der Gottfried zur Flucht zwang.

len: AAB (1930, Nr. 3) 56 (s. Lit. zu Kap. 32), wendet sich wohl mit Recht *Haller,* Papstgeschichte II 582 f. Daß Leo in seinem Brief an Kerullarios c. 12—14: PL 143, 752—755 (der ganze Brief ebd. c. 744—769, bei *C. Will,* Acta et scripta de controversiis eccl. graecae et latinae s. XI, 65—85) das Constitutum Constantini verwendet, geschieht nicht so sehr zum Erweis seiner territorialen Gewalt, geschweige denn von Ansprüchen auf Süditalien, als seiner primatialen Sonderstellung; vgl. dazu *E. Petrucci,* I rapporti tra le redazioni latine e greche del Costituto: BIStIAM 74 (1962) 68—76.

[12] Leo IX. hat seinem Feldzug den Charakter eines heiligen Krieges gegeben; dazu *C. Erdmann,* Kreuzzugsgedanke (oben S. 402) 109—112 107—109; s. auch unten Kap. 51.

Die enge Verbindung mit dem Kaiser ließ Viktor die Verwaltung des Herzogtums Spoleto und der Markgrafschaft Fermo gewinnen. Mögen dabei auch verbriefte Besitzrechte der römischen Kirche auf bestimmte dort liegende Gebiete eine Rolle gespielt haben, den Kaiser leitete vor allem die Absicht, das Machtgebiet des deutschen Papstes im Interesse des Reiches gegenüber Tuszien und den Normannen zu vergrößern. Noch stärker sollte Viktor durch den Tod Heinrichs am 5. Oktober 1056 in die Reichspolitik einbezogen werden. Vom sterbenden Kaiser mit der Sorge für das Reich und den noch nicht 6jährigen, schon zum König erwählten Sohn betraut, gelang es Viktors diplomatischem Geschick, die Nachfolge Heinrichs IV. sowie die Reichsverweserschaft der Mutter zu sichern, ja sogar der letzteren für den Todesfall des Sohnes das Recht auf die Designation des Nachfolgers zu verschaffen, ein Verdienst, das später Gregor VII. ausnutzen sollte[13]. Daß er weiterhin zwischen dem Kaiserhaus und Gottfried dem Bärtigen Frieden stiftete, indem er Gottfried Niederlothringen und Tuszien zurückerstatten ließ, gewann ihm und der römischen Kirche Gottfrieds Freundschaft. Sie sollte den Reformern bald von größtem Nutzen sein.

Als Viktor im Februar 1057 nach Italien zurückkehrte, waren seine Tage gezählt. Nach einer römischen Reformsynode Mittelitalien bereisend, starb er am 23. Juni zu Arezzo. Mit ihm schließt die Reihe der deutschen Reformpäpste. Sein Nachfolger gehörte zwar auch noch dem Reichsverband an, aber seine Wahl vollzog sich unter anderen Voraussetzungen.

43. Kapitel

Steigerung der Reform unter den lothringisch-tuszischen Päpsten (1057—1073)

QUELLEN: Vgl. die oben S. 401 f zit. Quellen. — *Watterich* I 188—290; *Duchesne LP* II 278—281 334—337; *Mansi* XIX 861 — XX 56; Synoden Nikolaus' II. auch in MGConst I 537—551; *Hefele-Leclercq* IV, 2 1125—1289; für die Pataria außer den beiden beim Abschnitt zitierten Werken der Mailänder Landulf und Arnulf vgl. auch *Andreas von Strumi,* Vita S. Arialdi: ActaSS Junii V 281—303.

LITERATUR: Papsttum: *G. Despy,* La carrière lotharingienne du pape Étienne IX: Revue belge de phil. et d'hist. 31 (1953) 955—972; *G. B. Borino,* L'arcidiaconato di Ildebrando: StudGreg III (1948) 463—516; *A. Michel,* Humbert und Hildebrand bei Nikolaus II.: HJ 72 (1953) 133—161. — *R. Scheffer-Boichorst,* Die Neuordnung der Papstwahl durch Nikolaus II. (Straßburg 1879); *A. Michel,* Papstwahl und Königsrecht oder das Papstwahlkonkordat von 1059 (München 1936); *ders.,* Das Papstwahlpactum von 1059: HJ 59 (1939) 291—351; *H. G. Krause,* Das Papstwahldekret von 1059 und seine Rolle im Investiturstreit: StudGreg VII (1960); *F. Kempf,* Pier Damiani und das Papstwahldekret von 1059: ArchHP 2 (1964) 73—89. — *F. Heberhold,* Die Beziehungen des Cadalus von

[13] *W. Berges,* Gregor VII. und das deutsche Designationsrecht: StudGreg II (1947) 189 bis 209.

Parma zu Deutschland: HJ 54 (1934) 84—104; *ders.*, Die Angriffe des Cadalus von Parma auf Rom 1062—1063: StudGreg II (1947) 447—503; *G. B. Borino*, Cencio del prefetto, l'attentatore di Gregorio VII: StudGreg IV (1952) 373—410.

Einzelne Länder: Über die kriegerischen Aktionen in England, Spanien, Sizilien und Mailand und ihren Zusammenhang mit dem Reformpapsttum vgl. vor allem *Erdmann*, Kreuzzugsgedanke (oben S. 402) 116—130 137—141 167—169 sowie die S. 402f in Bibl. z. Abschn. gegebene Lit. zu den entsprechenden Ländern. Weitere Lit. für Italien: *H. Glaesener*, Un mariage fertile en consequences: Godefroid le Barbu et Béatrix de Toscana: RHE 42 (1947) 379—416; *A. Violante*, La Pataria milanese e la riforma ecclesiastica I: Le premesse 1045—1057 (Rom 1955); *G. Miccoli*, Per la storia della Pataria milanese: BIStIAM 70 (1958) 43—123; *ders.*: StudGreg V (1956) 33—81 (s. unten Anm. 9). — Für England: *T. J. Oleson*, Edward the Confessor's Promise of the Throne to Duke William of Normandy: EHR 72 (1957) 221—228; vgl. auch *D. Douglas*: EHR 68 (1953) 526—545. — Für Spanien: *P. Boissonade*, Cluny, la papauté et la première croisade internationale contre les Sarrasins: Barbastro 1063/64: RQH 117 (1932) 257—301; zum mozarabischen Ritus s. Lit. zum folg. Kapitel.

Der unerwartete Tod Viktors II. stellte die Reformer vor die Frage, wie sie das Papsttum vor einer erneuten Tusculanerherrschaft bewahren könnten. Der einzige, der ihnen wirksame Hilfe zu verbürgen vermochte — Heinrich IV. und seine schwache, die Regentschaft führende Mutter kamen nicht in Betracht —, war Herzog Gottfried von Lothringen, Markgraf von Tuszien. Die Reformer wußten sich seine Unterstützung zu verschaffen: Sie erhoben seinen leiblichen Bruder zum Papst und nahmen die zwei Nachfolger aus dem Episkopat Tusziens.

Nichts spiegelt die unsichere Lage der römischen Kirche so deutlich wider wie die Erhebung der drei lothringisch-tuszischen Päpste. Am reibungslosesten verlief noch die erste Wahl. Die Reformer kamen der Initiative des Adels dadurch zuvor, daß sie drei Tage nach dem Eintreffen der Nachricht von Viktors Tod den zufällig in Rom anwesenden Friedrich von Lothringen unter dem Namen Stephan IX. zum Papst wählten und schon den nächsten Tag (3. 8. 1057) weihen und inthronisieren ließen. Den deutschen Hof zu befragen verbot die Zeit; außer der Notlage mag die Unmündigkeit des Königs ein weiterer Entschuldigungsgrund gewesen sein. Jedenfalls lag diesem eigenmächtigen Vorgehen wohl kaum die Absicht zugrunde, für die Zukunft jede Wahlbeteiligung des deutschen Herrschers auszuschließen. Stephan IX. hat im Herbst des Jahres Hildebrand nach Deutschland gesandt; es darf mit guten Gründen angenommen werden, daß dieser die ungewöhnliche Papstwahl am Königshof rechtfertigen und die nachträgliche Billigung erlangen sollte.

Mit Stephan kam ein Mann aus der Schule Leos IX. ans Ruder. Nach Heinrichs III. Abscheiden hatte ihn Viktor II. wieder aus dem Dunkel hervorgeholt, seine Wahl zum Abt von Monte Cassino erzwungen und ihn zum römischen Kardinalpriester von S. Crisogono erhoben. Entsprechend seiner jüngsten Vergangenheit verstärkte der neue Papst unter den Reformern das mönchische Element: Monte Cassino lieh fortan der römischen Kirche für

Jahrzehnte hinaus wertvolle Dienste; und die für die Reform so wichtige, vorwiegend in Mittelitalien beheimatete Eremitenbewegung erhielt jetzt insofern offiziellen Einfluß, als Stephan ihren bedeutendsten Vertreter, den Prior von Fonte Avellana, Petrus Damiani, zum Kardinalbischof von Ostia machte. Der Pontifikat dauerte zu kurz, als daß Entscheidendes hätte geleistet werden können. Von einer 1057 veranstalteten römischen Synode sind heute nur strenge Bestimmungen gegen die Priesterehe bekannt. Große Pläne trug der Papst für Süditalien: die Politik Leos IX. wiederaufnehmend, dachte er an eine Vertreibung der Normannen. Schon sollte eine Gesandtschaft mit Desiderius von Monte Cassino an der Spitze nach Konstantinopel abgehen, als Stephan während einer Reise durch Tuszien am 29. März 1058 in Florenz verschied.

In Vorahnung seines Todes hatte Stephan vor dem Verlassen Roms Klerus und Volk schwören lassen, mit der Wahl seines Nachfolgers zu warten, bis Hildebrand aus Deutschland zurückgekehrt wäre. Dies hinderte jedoch die Tusculaner nicht, gleich nach Eintreffen der Todesnachricht in tumultuarischem Verfahren Bischof Johannes von Velletri als Benedikt X. erheben und, weil Petrus Damiani sich weigerte, durch den Erzpriester von Ostia benedizieren zu lassen. Die Reformer erkannten die Wahl nicht an. Nach Hildebrands Rückkehr einigten sie sich unter Beteiligung Gottfrieds von Lothringen auf den aus dem französischen Burgund stammenden Florentiner Bischof Gerhard und erlangten dafür die Zustimmung des deutschen Königshofes. Die offizielle Wahl erfolgte zu Siena; ob vor oder nach dem Königskonsens, ist strittig. Endlich brach der erwählte Papst, der sich Nikolaus II. nannte, mit den Kardinalbischöfen sowie mit Wibert, dem wohl von der deutschen Regierung entsandten Reichskanzler Italiens, unter dem Geleit des tuszischen, von Gottfried geführten Heeres nach Rom auf, bannte auf einer zu Sutri abgehaltenen Synode den Gegenpapst, und konnte, während Benedikt X. floh, in die Ewige Stadt einziehen, wo er am 24. Januar 1059 inthronisiert wurde.

Mit Nikolaus II. beginnt eine neue Reformlinie sichtbar zu werden. Fünf Kardinalbischöfe hatten es gewagt, entgegen jeder Gewohnheit außerhalb Roms im Verein mit wenigen Reformfreunden und mit dem deutschen Herrscher einen Papst zu wählen. Daß es hier um mehr gegangen ist als um einen Ausnahmefall, daß sich damals unter den Reformern die Erkenntnis angebahnt hat, sie müßten um der kirchlichen Freiheit willen bereit sein, herkömmliche Rechtsgewohnheiten auszuräumen, zeigt Humbert von Silva Candida in dem wohl 1058 abgefaßten 3. Buch seines Werkes Adversus simoniacos[1]. Hatte er in den vorher entstandenen Büchern die Ungültigkeit der simonistischen Weihen und den absolut häretischen Charakter der Simonie zu erweisen gesucht, so ging er nun den Ursachen dieses Übels nach. Was

[1] MGLiblit I 198—253; Lit. zu Simonie s. bei Kap. 41.

die Simonie in der Tat unausrottbar machte, war ihre Verflechtung mit der damaligen Welt. Die simonistische Gabe (munus a manu) sowie die mit Erlangung eines Amtes zusammenhängenden Dienstleistungen und Interventionen, die seit Gregor I. als munus ab obsequio — munus a lingua zur Simonie gerechnet wurden, beruhten ja nicht eigentlich auf simonistischer Absicht, sondern auf zeitbedingten, mit dem Eigenkirchenwesen gegebenen Rechts- und Lebensgewohnheiten. Die Hauptursache herausgreifend, verurteilt daher Humbert die Laieninvestitur als unerlaubten Mißstand und als Verkehrung des rechten Verhältnisses zwischen Priestern und Laien. Die Verkehrung stellte er insbesondere für die Bischofswahlen heraus: Während nach alter kirchlicher Vorschrift der Klerus gemäß dem Spruch des Metropoliten zuerst, darauf das Volk mit anschließender Zustimmung des Fürsten zu wählen habe, stünde nun die Entscheidung des Fürsten voran, der die übrigen Wähler mit dem Metropoliten an letzter Stelle blindlings folgen müßten. Humbert wies damit der Reform Ziele, die sich nicht mehr bloß gegen sittlich-religiöse Mißstände, sondern gegen die religiös-politische Welt des Frühmittelalters überhaupt richteten. Trotz bestimmter Verschiedenheiten wurde seine Haltung auch von anderen Reformern geteilt. Sie führte 1. zu einer größeren Freiheit der römischen Kirche, 2. zu einem radikaleren Kampf um die moralische Reform.

Von der Freiheit der römischen Kirche handelte das Papstwahldekret, das Nikolaus II. auf der römischen Synode 1059 zur Legalisierung seiner eigenen wie zur Sicherung der künftigen Papstwahl erließ[2]. Es sieht einen dreistufigen Wahlakt vor: die Kardinalbischöfe nehmen die Beratung auf und ziehen dann die Kardinalkleriker hinzu; dem von ihnen erzielten Ergebnis pflichten der übrige Klerus und das römische Volk bei. Ähnlich, wie Humbert den Metropoliten die erste Stelle beim Vollzug einer Bischofswahl zuweist, rückt das Papstwahldekret die Kardinalbischöfe — es nennt sie bezeichnenderweise Quasi-Metropoliten — an die führende Stelle. Ihr Recht geht so weit, daß sie im Falle einer wesentlichen Beeinträchtigung der Wahlfreiheit durch die Römer die Papstwahl außerhalb Roms unter Hinzuziehung einiger religiöser Kleriker und Laien vornehmen können; der so erwählte, noch nicht in Rom eingezogene und dort inthronisierte Papst besitzt die volle Regierungsgewalt. Mit dem neuen Gesetz, das die Kirche wieder als eine hier-

[2] Die im wesentlichen echte (sog. päpstliche) und die gefälschte (sog. kaiserliche) Fassung: MGConst I 537—546; vgl. dazu die kritischen Bemerkungen von *A. Michel* und *H. G. Krause* in ihren oben (Lit.) zitierten Arbeiten. Michels Annahme eines mit dem deutschen Hof förmlich abgeschlossenen Pactums dürfte zu weit gehen, aber auch die ihm entgegenstehende, viel verbreitete Ansicht, die Reformer hätten auf die Dauer jede Beteiligung des deutschen Herrschers an der Papstwahl ausschließen wollen und daher den Königsparagraphen im Dekret absichtlich unklar gehalten, ist wohl verfehlt; vgl. dazu die ausgezeichnete Studie von Krause, die sich jedoch zu sehr an die politische Bedeutung des Dekrets hält und seine vom hierarchischen Denken getragene Grundintention außer acht läßt; gerade an dieser Stelle setzt die Studie von F. Kempf (Lit.) an.

archische, von oben nach unten verlaufende Ordnungsmacht begreift, hat sich das Papsttum von seiner Bindung an die Stadtrömer prinzipiell gelöst. Während der Vakanz sind die eigentlichen Träger der römischen Kirche die quasi-metropolitanen Kardinalbischöfe. Wo immer sie und der dann erwählte Papst sich aufhalten, ob in Rom oder draußen, da ist die römische Kirche. Obwohl das Dekret in der Folgezeit nicht immer beobachtet wurde, setzte sich doch die in ihm ausgesprochene Grundidee durch und führte im 12. Jh. zum ausschließlichen Wahlrecht des Kardinalkollegiums.

Nikolaus II. wollte mit dem Dekret offensichtlich bloß die spezifisch römischen Verhältnisse ordnen; nur nebenbei spricht er von einem Recht Heinrichs IV. und seiner Nachfolger, das er durch Vermittlung Wiberts, des Kanzlers der Lombardei, schon Heinrich IV. gewährt habe und das die nachfolgenden Herrscher jeweils für sich erwirken sollten. Der Inhalt des Rechtes wird als bekannt vorausgesetzt. Sicher handelte es sich um das kaiserliche Zustimmungsrecht. Ob es dem erst zu wählenden Kandidaten oder dem schon erwählten Papst gelten sollte, wissen wir nicht; vielleicht spielte dieser Punkt bei der damals allgemein üblichen, juridisch nicht abgeklärten Form einer stufenweise fortschreitenden Erhebung keine große Rolle. Neu war jedenfalls der im Dekret enthaltene Anspruch, der Papst müsse ein solches Recht nach Art eines Privilegs jedem neuen deutschen Herrscher eigens gewähren. An eigenmächtige Verleihung war dabei nicht gedacht, sondern an Bestätigung eines althergekommenen, nicht einfach widerrufbaren Vorrechtes. Da aber Privilegien zum mindesten durch Mißbrauch verwirkt werden konnten, tritt in der päpstlichen Privilegierung des Kaiserrechtes wiederum der hierarchische Grundzug des Dekrets zutage: für alles, was die Papstwahl betraf, sollte letztlich die kirchliche Autorität zuständig sein.

Mit Gesetzen allein war es natürlich nicht getan. Benedikt X., durch den Grafen von Galeria beschützt, behauptete sich in der Nähe Roms. Da Gottfried von Lothringen keine Abhilfe schaffte, mußte sich die römische Kirche anderswo umsehen. Ihre Bedrängnis ließ sie, wohl auf Betreiben des Abtes Desiderius von Monte Cassino und Hildebrands, eine säkulare Entscheidung treffen. Im Sommer 1059 Süditalien bereisend, empfing Nikolaus II. von den Normannen Richard von Aversa, seit 1058 Fürst von Capua, und Robert Guiscard, Herzog über Apulien und Kalabrien, Lehenshuldigung und Treueid und investierte sie dafür mit den von ihnen eroberten Gebieten. Die neuen Vasallen übergaben dem Papst die Kirchen ihrer Länder samt den Besitzungen, verpflichteten sich zu treuer Hilfe und im Falle einer umstrittenen Papstwahl zur Unterstützung der „besseren Kardinäle". Lehenszins zahlten sie bloß für die von ihnen besessenen Teile der terra sancti Petri, Robert Guiscard auch für seine eigenen Güter[3]. Richard von Capua machte

[3] Der Lehnseid Robert Guiscards bei *Deusdedit*, Coll. can. III 285 (ed. *Glanvell* I 394), Richards von Capua ebd. III 288 (*Glanvell* 395); letzterer aus der Zeit Alexanders II.,

mit seinen Pflichten sofort ernst; er brach Burgen und feste Plätze von römischen Adeligen, unter ihnen auch Galeria, und lieferte Benedikt X. gefangen dem Papste aus.

Mit einem Schlage hatte also die römische Kirche über einen guten Teil Italiens die Lehensoberhoheit gewonnen. Die deutsche Geschichtsschreibung pflegt ihr dies als schweres Unrecht anzukreiden. Tatsächlich hat der Papst Länder zu Lehen vergabt, die vor der normannischen Eroberung teilweise zum Herrschaftsgebiet des Kaisers gehört hatten[4], aber es steht keineswegs fest, daß Nikolaus eine kaiserliche Oberhoheit über die früheren langobardischen Fürstentümer einfachhin ausschließen wollte. Gregor VII. verpflichtete z. B. 1073 Richard von Capua, auch dem deutschen Herrscher die Treue zu schwören. Der Gedanke eines Kondominiums lag nicht ferne; schon Leo IX. hatte 1050 von den Normannen die Huldigung für sich und den Kaiser entgegengenommen. Fast ein Jahrzehnt hindurch war die römische Kirche dem Druck der normannischen Eroberung ausgesetzt gewesen, ohne genügende Unterstützung von den deutschen Herrschern erhalten zu haben. Es läßt sich daher zum mindesten verstehen, daß sie die freiwillig angetragene Lehensoberhoheit annahm und so die normannische Feindschaft in ein rechtlich gebundenes Vasallitätsverhältnis verwandelte[5].

Von seinem Standpunkt aus hätte freilich der deutsche Königshof die eigenmächtige Normannenpolitik des Papstes als Rechtsverletzung betrachten und entsprechend reagieren können. Vielleicht war dies der tiefere Grund (das Papstwahldekret scheidet wohl ganz aus), warum es im Jahre 1061 (wohl nicht 1060) zu einer ernsten Spannung kam, vielleicht ist jedoch der Anlaß lediglich in einer Differenz zwischen Rom und Anno von Köln zu suchen. Jedenfalls verdammte eine höfische Synode Nikolaus und erklärte seine Entscheidungen für ungültig. Kardinal Stephan, den der Papst daraufhin zur Kaiserin entsandte, wurde nicht empfangen[6]. Der so vollzogene Bruch verursachte nach Nikolaus' II. Tod (20. 7. 1061) ein nicht ungefährliches Schisma. Diesmal handelte nämlich die römische Opposition klüger;

aber im wesentlichen wohl mit dem Wortlaut von 1059; dazu vor allem *Kehr*, Belehnungen (oben S. 402 f) 22—26 20 f.

[4] Es handelt sich 1059 bloß bei dem Fürstentum Capua um Reichsbesitz; Salerno war damals noch nicht in normannischer Hand, und Benevent hatte Heinrich III. der römischen Kirche übergeben (s. Kap. 42); in der Tradition des Reiches gab es freilich einen Anspruch auf ganz Süditalien.

[5] Die oft ausgesprochene Behauptung, für die Erwerbung der Lehnsoberhoheit habe der römischen Kirche das Constitutum Constantini als Rechtstitel gedient, bleibt wohl eine reine, weder aus den Quellen noch aus innerer Notwendigkeit beweisbare Vermutung. Überhaupt sollte man den territorialpolitischen Aspekt, der später in der Beziehung zwischen Papsttum und Süditalien eine so große Rolle spielte, für das Jahr 1059 zurückstellen; dem Reformpapsttum ging es nicht so sehr um Landbesitz als um militärisch einsetzbare Vasallen.

[6] Vgl. dazu *H. G. Krause* (Lit.) 126—141.

sie sandte an Heinrich IV. die Abzeichen der Patriziuswürde und erbat einen neuen Papst. Dagegen wählten die von Hildebrand angeführten Reformer — Humbert war gestorben — am 30. September Anselm von Lucca, einen gebürtigen Mailänder, unter dem Namen Alexander II. und inthronisierten ihn den folgenden Tag mit Hilfe der Truppen Richards von Capua. Daraufhin wurde Ende Oktober 1061 am deutschen Königshof im Verein mit den römischen Gesandten und mit lombardischen Bischöfen auf Betreiben des italienischen Kanzlers Wibert Bischof Cadalus von Parma zum Papst erkoren. Er nannte sich Honorius II. Die zwischen den zwei Päpsten um Rom geführten Kämpfe hatten kein Ergebnis, so daß sich Gottfried von Lothringen ins Mittel legen und beide Päpste veranlassen konnte, bis zur endgültigen Entscheidung durch den König in ihre Diözesen zurückzukehren. Die Entscheidung fiel gegen alles Erwarten zugunsten Alexanders aus; denn der Staatsstreich von Kaiserswerth, der Heinrich IV. der Mutter entzog und den reformgeneigten Erzbischof Anno von Köln zum mächtigsten Mann machte, änderte die bisherige Politik. Die Augsburger Synode vom Oktober 1062, für die Petrus Damiani seine Disceptatio synodalis verfaßte[7], ließ eine Alexander wohlgesinnte Prüfungskommission nach Italien abgehen. Alexander II. konnte daher 1063 mit Hilfe Gottfrieds in Rom einziehen. Cadalus' verzweifelter Sturm auf Rom zerbrach an den Waffen tuszischer und normannischer Krieger. Eine Pfingsten 1064 zu Mantua veranstaltete Synode, an der auch Anno von Köln mit deutschen Bischöfen teilnahm, erkannte Alexander endgültig an. Cadalus betrachtete sich zwar bis zu seinem Tode (1072) als rechtmäßigen Papst, bedeutete jedoch nichts mehr.

Aus dem Kampf um die Freiheit siegreich hervorgegangen, konnte sich die römische Kirche mit doppelter Kraft der Reform widmen. Der Pontifikat Nikolaus' II. hatte dafür mit wichtigen Beschlüssen vorgearbeitet. So war auf der römischen Synode 1059 den Klerikern und Priestern untersagt worden, von Laien eine Kirche zu erlangen, gleichviel, ob mit oder ohne Geldzahlung. Dieser im Sinne Humberts unternommene erste Vorstoß gegen die Laieninvestitur — ob er bloß die Niederkirchen oder auch die Bistümer betreffen sollte, ist strittig — war freilich lediglich programmatischer Natur: dem Dekret fehlten die Sanktionen[8]. Deswegen verzichtete der 1060 nach Frankreich entsandte Kardinallegat Stephan auf seine Anwendung. Auch Alexander II., der 1063 das Verbot erneuerte, wagte noch nicht den offenen Kampf. Um so schärfer ging die Synode von 1059 gegen den Nikolaitismus vor. Ihr Verbot, an der Messe eines beweibten Priesters teilzunehmen, mußte um so wirksamer sein, als schon lombardische Gläubige gegen den Nikolaitismus aufgestanden waren. Ein weiteres Dekret suspendierte die

[7] MGLiblit I 76—94; dazu *Kempf:* ArchHP 2 (1964) 82—85.

[8] Die Synodalbeschlüsse von 1059: MGConst I 546—548. An einem Investiturverbot (ebd. Nr. 6) wird man wohl trotz *G. B. Borino,* L'investitura laica dal decreto di Nicolò II al decreto di Gregorio VII: StudGreg V (1956) 345—359, festhalten müssen.

zölibatspflichtigen Kleriker, die sich seit den Verfügungen Leos IX. eine Konkubine hielten. Ein drittes, auf Betreiben Hildebrands erlassenes Gesetz befahl den Klerikern einer und derselben Kirche die vita communis et apostolica, förderte also die künftig so wichtige Bewegung der Regularkanoniker (Kap. 52). Die Simonie sollte vor allem die zwei folgenden Synoden beschäftigen[9]. Das wohl 1060 erlassene Dekret unterscheidet unter den Simonisten zwischen simonistisch von Simonisten, simonistisch von Nicht-Simonisten und nicht-simonistisch von Simonisten Geweihten. Wer zu den beiden ersten Klassen gehört, soll sein Amt verlieren, dagegen dürfen die Kleriker der dritten Klasse in Anbetracht der Notzeit im Amt verbleiben. Gewisse Unklarheiten veranlaßten wahrscheinlich die römische Synode von 1061, diesen Erlaß genauer zu erklären und vor allem einzuschärfen, daß das der dritten Klasse gewährte Zugeständnis bloß für die schon Geweihten und nicht mehr in Zukunft gelten sollte. Die theologische Frage nach der Gültigkeit oder Ungültigkeit der simonistischen Weihen ließ also die Synode trotz Humberts radikaler Position offen.

Nikolaus II. regierte zu kurz, um die Dekrete zur vollen Anwendung zu bringen, dagegen war Alexander II. als erstem der Reformpäpste ein relativ langer Pontifikat (1061—73) beschieden. Die Reform erreichte unter ihm eine nie dagewesene Intensität und Ausweitung. In Frankreich, dem seit Leo IX. bevorzugten Kampfgebiet, griffen von 1063 an päpstliche Legaten in fast ununterbrochener Folge mit Synoden und Prozessen durch. Aber auch die stolzen deutschen Reichsbischöfe, die infolge der wiedereingeführten simonistischen Praxis Heinrichs IV. Angriffsflächen boten, bekamen jetzt die harte Hand des Papstes zu spüren. Ja selbst der junge, unreife König hielt es für geraten, die geplante Verstoßung seiner Gemahlin Bertha von Turin aufzugeben, als ihm der eigens entsandte Petrus Damiani, von einer deutschen Synode unterstützt, entgegentrat.

Auch England sollte von der Reform erfaßt werden. Die politische und kirchliche Lage am Ende der Regierung König Edwards des Bekenners ist oben dargelegt worden (Kap. 29). Zwei Thronprätendenten standen sich gegenüber: Earl Harold von Wessex und Herzog Wilhelm von der Normandie, der seinen Anspruch auf eine ausdrückliche Zusage Edwards stützen zu dürfen glaubte. Nach Edwards Hinscheiden zu Beginn 1066 ließ sich Harold sofort zum König erheben. Daraufhin rief Wilhelm das Urteil des Papstes an, indem er Harold des Meineids bezichtigte. Für die römische Kirche gab die schwierige Rechtsfrage wohl weniger den Ausschlag als die Überlegung, wer von den beiden Bewerbern sie in ihren Reformbemühungen unterstütze und insofern der Geeignetere sei. Unter dieser Hinsicht mußte die Wahl für

[9] Die in: MGConst I 549—551 auf 1060 datierten Dekrete sind auf zwei Synoden zu verteilen; c. 1—3 gehören wohl ins Jahr 1061, c. 5 ins Jahr 1060; dazu *G. Miccoli,* Il problema delle ordinazioni simoniache e le sinodi Lateranensi del 1060 e 1061: StudGreg V (1956) 33—81.

Wilhelm und gegen Harold ausfallen; denn Wilhelm hatte sich durch eifrige Förderung der Reform in der Normandie ausgezeichnet, ohne freilich irgendein Herrschaftsrecht aus der Hand zu geben, während Harold infolge der oben geschilderten Usurpation des Erzstuhls von Canterbury, von seinem Parteigänger, Bischof Stigand von Winchester, durchgeführt und gegenüber den eigens entsandten päpstlichen Legaten trotzig behauptet, bei den römischen Reformern wenig oder gar kein Vertrauen besaß. Von Hildebrand beraten, entschied sich daher Alexander II. für den Normannen, übersandte ihm sogar zu dem Feldzug eine eigens geweihte Petrusfahne. Unter diesem Banner haben Wilhelm und mit ihm die römische Kirche in der Schlacht von Hastings 1066 gesiegt. Alexanders Hoffnung, Wilhelm werde nun England der römischen Kirche zu Lehen geben, erfüllte sich zwar nicht, doch zahlte der König den in Vergessenheit geratenen Peterspfennig und bahnte vor allem eine neue Entwicklung der englischen Kirche an. Daß 1070 auf seinen Wunsch drei Legaten nach England kamen, Synoden abhielten und die angelsächsischen Bistümer normannischen Klerikern, das Erzbistum Canterbury Lanfrank von Bec übergaben, war freilich nur ein Anfangserfolg — Wilhelm und seine nächsten Nachfolger erlaubten keinen großen Einfluß Roms —, aber der damals gewonnene engere Kontakt mit der Kirche des Festlandes blieb eine unverlorene, ausbaufähige Tatsache.

Einen weiteren Erfolg erzielte das Papsttum in Spanien. Hatte dort die monastische Reformbewegung von Cluny und Marseille aus seit Beginn des Jahrhunderts langsam eindringen können, so folgte jetzt Rom nach; 1065 bis 1067 hielt der Kardinallegat Hugo der Weiße in Kastilien, Navarra und Aragón Reformsynoden ab. König Sancho von Aragón ging einen Schritt weiter; er kommendierte 1068 sein Land dem Papst und führte 1071 die römische Liturgie ein, während die anderen christlichen Reiche trotz eifrigen Bemühens römischer Legaten an der althergekommenen mozarabischen Liturgie vorläufig festhielten. Das christliche Spanien war damals im Vordringen gegen den Islam begriffen. Rom begleitete diese Reconquista mit um so wacherem Interesse, als französische Ritter über die Pyrenäen zu ziehen begannen und 1064 zusammen mit den Spaniern die wichtige Feste Barbastro einnahmen, die jedoch bald wieder verlorenging. Eine Expedition, die 1072 der französische Graf von Roucy vorbereitete, wurde in Rom besprochen. Alexander segnete die Unternehmung und gewährte jedem Beteiligten, der gebeichtet habe, Bußerlaß; die erhofften Eroberungen sollten Lehensbesitz der römischen Kirche werden. Der Feldzug scheint nicht geglückt zu sein.

Auch in Süditalien fielen folgenschwere Entscheidungen. Mit der Kapitulation Baris 1071 verloren die Byzantiner ihren letzten Halt. Schon vorher hatte Robert Guiscard den Sprung nach Sizilien gewagt und 1061 Messina genommen; Palermo folgte 1072. Roberts Bruder Roger, dem 1063 Alexander eine Petrusfahne zugeschickt hatte, sollte nach und nach die ganze Insel unterwerfen und so der römischen Kirche ein neues Jurisdiktionsgebiet erschließen.

Andersgeartete Kämpfe spielten sich indessen in der Lombardei ab. Die Aufwärtsentwicklung dieses gesegneten Landes hatte eine allgemeine, auch den religiösen Bereich erfassende Gärung erzeugt, vor allem in den durch Handel und Gewerbe aufblühenden Städten. Anstatt die religiösen Strömungen aufzufangen und in die richtige Bahn zu lenken, verharrte jedoch der dem Adel zugehörige, meist verheiratete Stadtklerus in seiner verweltlichten Lebensform und forderte so die Kritik vieler Gläubigen heraus. Es war eine von echter Reformsehnsucht getragene Kritik, die mit klassenkämpferischen, antiklerikalen oder sogar häretischen Tendenzen an sich nichts zu tun hatte. Sie löste in Mailand die revolutionäre Bewegung der Pataria aus [10]. Unter der Führung des Priesters Ariald von Varese und des mailändischen Adeligen Landulf Cotta brach dort am 10. Mai 1057 ein Aufstand los, in dem die Priester mit Gewalt auf den Zölibat verpflichtet wurden. Stephan IX., von beiden Seiten angegangen, hieß den im Herbst 1057 nach Deutschland abgehenden Legaten Hildebrand Mailand aufsuchen, um Informationen einzuholen, und wartete ab, während sich in Mailand die Fronten versteiften: eine zu Fontaneto abgehaltene Bischofssynode verdammte Ariald und Landulf in absentia, die Patarener dagegen verschworen sich, keinen beweibten oder simonistischen Priester anzuerkennen. Sie durften sich in ihrer Opposition bestärkt fühlen, als die römische Synode 1059 die scharfen Dekrete gegen den Nikolaitismus erließ. Nikolaus II. war sich der mit der Pataria verbundenen Gefahren wohl bewußt. Daher sandte er gegen Ende 1059 Petrus Damiani und Anselm von Lucca, der zum mindesten mit der Pataria sympathisierte, nach Mailand. Es gelang Petrus Damiani, den anfänglichen Widerstand der auf die Sonderstellung der ambrosianischen Kirche pochenden Bürger durch eine glänzende Darlegung des römischen Primates zu besiegen und Ordnung zu schaffen; die Geistlichkeit schwur, die simonistischen und nikolaitischen Bräuche aufzugeben, und nahm die milden, für ihre simonistischen Vergehen verhängten Strafen gehorsam entgegen. Petrus hatte etwas zu viel gewagt. In offensichtlicher Korrektur seines zu milden Vorgehens erließ die römische Synode 1060 die schon erwähnten Dekrete gegen die Simonie, aber sie bestätigte den erzielten Frieden, indem sie den anwesenden Erzbischof Wido in Gnaden aufnahm und Arialds Klagen zurückwies. War doch die Unterwerfung des Erzbischofs nicht bloß ein wertvoller Sieg der Primatsidee, sondern auch die

[10] Außer den in Lit. zum Kap. zitierten Studien vgl. auch *Miccoli*, Le ordinazioni (Anm. 9) und *F. J. Schmale:* HZ 187 (1959) 376—385. Der später aufkommende, in seiner Deutung umstrittene Name Pataria hängt wohl mit dem Mailänder Trödelmarkt zusammen. Die wichtige Frage, ob der aus der Mailänder Familie der Baggio stammende Anselm I. von Lucca (Papst Alexander II.) an der Bildung der Pataria beteiligt oder sogar ihr geistiger Urheber war, ist noch ungelöst.

beste Lösung des Mailänder Reformproblems; eine von unten aufsteigende Revolution konnten die hierarchisch denkenden Reformer nur als Nothilfe ansehen. Da jedoch der schwache Erzbischof Wido dem alten Schlendrian seinen Lauf ließ, entfesselte die Pataria unter der hinreißenden Führung Erlembalds, eines Bruders des verstorbenen Landulf, im Sommer 1066 blutige Kämpfe und gewann in Ariald, der dabei umgebracht wurde, ihren ersten Martyrer. Auch andere Städte wurden unruhig: die Cremonenser verjagten verheiratete und simonistische Priester, die Piacenzer ihren Bischof. Der 1067 von päpstlichen Legaten verkündete Friede dauerte nicht lange. Als Wido von Mailand, des Amtes müde, 1070 Ring und Stab an Heinrich IV. sandte, investierte dieser sofort den vornehmen Geistlichen Gottfried. Die offenkundige Mißachtung ihres Wahlrechtes trieb die Mailänder zum Krieg gegen Gottfried, wobei Erlembald das vom Papst überreichte Petrusbanner entfaltete. Nach Widos Tod wurde in Mailand 1072 unter dem Vorsitz eines Kardinallegaten der Geistliche Atto zum Erzbischof gewählt. So kam es zum Schisma. Da Heinrich IV. an Gottfried festhielt, bannte der Papst auf der römischen Synode 1073 unter der Anklage der Simonie 5 königliche Räte.

Der Konflikt zwischen Papst und deutschem König, in dem sich schon der Investiturstreit ankündigte, zeigte die 1057—73 vollzogene Entwicklung deutlich an: Der Kampf gegen Nikolaitismus und Simonie hatte den schwereren Kampf um die prinzipielle Freiheit der Kirche heraufbeschworen. Die Zeichen standen auf Sturm, als Alexander II. am 21. April 1073 starb; denn jetzt bestieg Petri Stuhl der Mann, der Alexanders Politik gelenkt hatte: der Archidiakon Hildebrand.

44. Kapitel

Der Kampf Gregors VII.

QUELLEN: *Mansi* XX 55—630; *Hefele-Leclercq* V, 1 13—323. — Das Register Gregors VII.: MGEp. sel. 2, ed. *E. Caspar,* 2 Bde (1920/23); weitere Briefe *Jaffé,* Bibl. rer. germ. (Allg. Bibl. I, 3) II 520 ff; Privilegien: *L. Santifaller,* Quellen und Forschungen zum Urkunden- und Kanzleiwesen Gregors VII.: I. Quellen, Urkunden, Regesten, Facsimilia (Vatikanstadt 1957). — *W. M. Peitz,* Das Originalregister Gregors VII. im Vatikanischen Archiv: SAW 145, 5 (1911); *E. Caspar,* Studien zum Register Gregors VII.: NA 38 (1913) 143—226; *H. W. Klewitz,* Das „Privilegienregister" Gregors VII.: AUF 16 (1939) 385 bis 424; die von Peitz und Caspar solide begründete Ansicht, das Vatikanische Archiv besitze ein in der Kanzlei geführtes Originalregister, bestreiten neuerdings *F. Bock:* StudGreg V (1956) 243—279; *G. M. Borino:* ebd. 391—402, VI (1959/61) 363—389; *R. Morghen,* Ricerche sulla formazione del Registro di Gregorio VII: Annali di storia di Diritto 3/4 (1959/60) 35—65, der jedoch ein unter Gregors Leitung ausgewähltes Gedenkbuch annimmt; die Frage muß neu untersucht werden, und zwar unter Rückgriff auf die von Peitz und Caspar angewandte paläographisch-diplomatische Methode. — Biographisches: *Watterich* I 239—543; *Duchesne LP* II 282—291; zur Vita Pauls von Bernried (außer Watterich ActaSS Maii VI, 113—143) *H. Fuhrmann:* StudGreg V (1956) 299 bis 312. Nützlich ist die Vita Anselmi ep. Lucensis: MGSS XII 13—35; *Rangerius von Lucca,* Vita metrica S. Anselmi: MGSS XXX 1152—1155; vgl. *P. Guidi:* StudGreg I (1947) 263—280 (Heimat des Rangerius); über Bonizo von Sutri und Donizo von Canossa und andere s. Quellen zum Abschn. oben S. 401.

LITERATUR: Allgemeiner gehaltene Arbeiten: Vgl. Lit. auf S. 402. — *W. Martens,* Gregor VII. Sein Leben und Wirken, 2 Bde (Leipzig 1894); *E. Caspar,* Gregor VII. in seinen Briefen: HZ 130 (1924) 1—30; *A. Fliche,* Grégoire VII (Paris [4]1928); *W. Wühr,* Studien zu Gregor VII. Kirchenreform und Weltpolitik (München-Freising 1930); *M. J. MacDonald,* Hildebrand. Life of Gregory VII (London 1932); *J. P. Whitney,* Hildebrands Essays (Cambridge 1932); *H. X. Arquillière,* Saint Grégoire. Essai sur sa conception du pouvoir pontifical (Paris 1934); *R. Morghen,* Gregorio VII (Torino 1942). — *E. Bernheim,* Mittelalterliche Zeitanschauungen in ihrem Einfluß auf Politik und Geschichtsschreibung (Tübingen 1918) 202—221; *A. Nischke,* Die Wirksamkeit Gottes in der Welt Gregors VII.: StudGreg V (1956) 115—219; *H. X. Arquillière,* La signification théologique du pontificat de Gregoire VII: Rev. de l'Univ. d'Ottawa 20 (1950) 140—161; *G. Soranzo,* Aspetti del pensiero e dell'opera di Gregorio VII e lo spirito dei tempi: Aevum 22 (1948) 309—332; *ders.,* Gregorio VII e gli Stati vasalli della Chiesa: ebd. (1949) 131—158; *V. Ussani:* StudGreg II (1947) 341—359 (Gregors Stil); *P. S. Leicht:* StudGreg I (1947) 93—110 (Gregor und das römische Recht); *L. F. J. Meulenberg,* Der Primat der römischen Kirche im Denken und Handeln Gregors VII. ('s Gravenhage 1965).

Christlicher Osten: *G. Hofmann,* Papst Gregor und der christliche Osten: StudGreg I (1947) 169—181; *W. Ziegler,* Gregor VII. und der Kijewer Großfürst Izjaslav: StudGreg I (1947) 387—411; *V. Meystowicz,* L'union de Kiew avec Rome sous Grégoire VII. Avec notes sur les précédents et sur le rôle de Pologne: StudGreg V (1956) 83—108; *D. Oljančyn,* Zur Regierung des Großfürsten Izlasjav-Demeter von Kiev: Jbb. für Gesch. Osteuropas NS 8 (1960) 397—410; *W. Holtzmann,* Studien zur Orientpolitik und zur Entstehung des ersten Kreuzzugs: HV 22 (1924) 167—199, jetzt auch *ders.,* Beiträge zur Reichs- und Verfassungsgeschichte des hohen Mittelalters (Bonn 1957) 51—78.

Einzelne Länder des Okzidents: Vgl. oben S. 402f. — Irland: *A. Gwynn,* Gregory and the Irish Church: StudGreg III (1948) 105—128. — Spanien: *L. de la Calzada,* La proyección del pensamiento de Gregorio VII en los reinos de Castilla y León: StudGreg III (1948) 1—87; *B. Llorca,* Derechos de la Santa Sede sobre España. El Pensamiento de Gregorio VII: Sacerdozio e Regno da Gregorio VII a Bonifacio VIII (Rom 1954) 79—105; *J. F. Rivera,* Gregorio VII y la liturgia mozárabe: RET 2 (1942) 3—33; *F. Pérez,* San Gregorio VII y la liturgia española: Liturgia 3 (1948) 105—113 323—330; *A. Urbieto Arteta,* La introducción de rito romano en Aragón y Navarra: HS 1 (1948) 299—324; *R. B. Donovan,* The Liturgical Drama in Medieval Spain (Toronto 1958); *P. David,* Études historiques (Lit. zu Kap. 29) 341—439 (Grégoire, Cluny et Alphonse VI). — Frankreich: *O. Meyer,* Reims und Rom unter Gregor VII.: ZSavRGkan 59 (1939) 418—452; *H. Gaul,* Manasses I., Erzbischof von Reims, 1. T. (Essen 1940); *J. R. Williams:* AHR 54 (1949) 804—829 (Manasses und Gregor). — Italien: *G. B. Borino,* Cencio del Prefetto, l'attentatore di Gregorio VII: StudGreg IV (1952) 373—440; *ders.:* ebd. 456—465 (Zeitpunkt der Exkommunikationen Hugos des Weißen und Wiberts von Ravenna); *A. Overmann,* Gräfin Mathilde von Canossa (Innsbruck 1895); *G. Nencioni,* Matilde di Canossa (Mailand [2]1940); *L. Simeoni,* Il contributo della contessa Matilde nella lotta per le investiture: StudGreg I (1947) 353—372; zu den Schenkungen *P. Scheffer-Boichorst,* Gesammelte Schriften I (Berlin 1903) 87ff; *T. Leccisotti:* StudGreg I (1947) 306—319 (Treffen Desiderius' von Monte Cassino mit Heinrich IV. in Albano). — Deutschland: *A. Brackmann,* Gregor VII. und die kirchliche Reformbewegung in Deutschland: StudGreg II (1947) 7—30; *C. Erdmann,* Studien zur Briefliteratur Deutschlands im 11. Jh. (Leipzig 1938) 225—281 (Gregor und Deutschland in den Jahren 1073—1075); *A. Mayer-*

Pfannholz, Die Wende von Canossa: Hochland 30 (1933) 385—404; *R. Wahl,* Der Gang nach Canossa, Kaiser Heinrich IV. Eine Historie (München ²1951); *W. von den Steinen,* Canossa. Heinrich IV. und die Kirche (München 1957).

Mit Gregor VII., der am 22. April 1073 noch während der Beisetzung des toten Alexander II. vom römischen Volk in der Laterankirche zum Papst ausgerufen und erst dann durch den Kardinal- und Stadtklerus in San Pietro in Vincoli gewählt und inthronisiert wurde, trat die Reform in ihr entscheidendes Stadium ein. Denn nun nahm sie einer der größten unter den Nachfolgern Petri in die Hand und hauchte ihr, ohne Wesen und Ziel zu verändern, seinen Geist ein.

Lebensalter und Herkunft Gregors lassen sich nicht genau bestimmen. Als Sohn Bonizos, eines wohl nicht unbemittelten, aber kaum adeligen Mannes, im römischen Tuszien (zu Soana?) 1019/30 geboren, kam Hildebrand in jungen Jahren nach Rom, wo er in dem von seinem Onkel geleiteten Marienkloster auf dem Aventin und in dem nicht näher bestimmbaren palatium Romanum erzogen wurde. Nach Empfang der niederen Weihen diente er dem ihm nahestehenden Gregor VI. als Kleriker und begleitete ihn in die Verbannung nach Deutschland. Durch dessen Tod im Herbst 1047 frei geworden, trat er wahrscheinlich in Cluny oder in ein cluniazensisches Kloster ein, wurde aber nach wenigen Monaten von Leo IX. herausgerufen, nach Rom zurückgeführt und mit der Verwaltung von S. Paolo fuori le mura betraut. Sein wachsendes Ansehen unter den Reformern bezeugen Legationen nach Frankreich (1054, 1056) und Deutschland (1057) sowie die Ernennung zum Archidiakon (Herbst 1059). Schon unter Nikolaus II. galt er als einer der Hauptberater, unter Alexander II. als der mächtigste Mann im Lateran[1].

Nicht ganz zutreffend nennt man Gregor VII. den Mönch auf dem Papstthron. So ungern auch Hildebrand das Kloster verlassen haben mag — er trug auch weiterhin das Mönchskleid — und so gern er gerade Mönche zur Reformarbeit heranzog, so entschieden wandte er sich der ihm auferlegten apostolischen Tätigkeit zu, ja er stellte sie sogar in offenherziger Kritik am allzu mönchischen Denken etwa eines Petrus Damiani oder Hugo von Cluny über das rein monastische Ideal. Denn letztlich, davon war Gregor zutiefst überzeugt, ging es in der Welt nur um dieses: um das Ringen zwischen dem Gottes- und dem Teufelsreich, um den kämpferischen Einsatz der Gotteskinder, damit der Friede, die Gerechtigkeit und Liebe Gottes möglichst viele Menschen erfülle. Zu diesem Kampf waren alle Christen, vor allem jedoch die geistlichen und weltlichen Amtsträger gerufen. Gregor hielt durchaus an dem alten Weltbild fest: Gottes Reich, das war die ecclesia universalis mit

[1] Zur Familie vgl. die kritische bibliographische Übersicht bei *Schramm:* GGA 207 (1953) 67—70; zum Eintritt in Cluny *G. B. Borino,* Ildebrando non si fece monaco a Roma: StudGreg IV (1952) 441—456 (mit weiterer Lit.).

den vom Herrn eingesetzten Gewalten des Regnums und Sacerdotiums, nur wollte er, daß Gott in seinem Reiche wieder frei wirken könne. Da für die göttlichen Dinge in erster Linie die Priester zuständig sind, standen für ihn die beiden Gewalten nicht einfachhin nebeneinander; das Sacerdotium besaß den höheren Rang, und Gregor tat alles, um es wieder für Gottes Wirken frei zu machen sowie die ihm gebührende Autorität zu sichern, aber nur einer konnte seiner Ansicht nach beanspruchen, der eigentliche Deuter des göttlichen Willens zu sein: Petri Stellvertreter in Rom. Denn Christus, der Petrus die oberste Gewalt übergab und ihn die römische Kirche gründen hieß, hat für Petri Glauben gebetet, so daß die römische Kirche nicht irren kann, und Petrus lebt weiter, indem er mit jedem Nachfolger, wie Gregor fest glaubt, eine gleichsam personale Einheit eingeht und ihn kraft seiner Verdienste zu einem besseren, heiligeren Sein hinaufhebt[2]. Daher müssen alle Christen dem für ihr Seelenheil verantwortlichen Papst gehorchen und unter seiner Führung für das Gottesreich streiten, nicht nur die seiner oberbischöflichen Gewalt untergebenen Priester und Mönche, sondern auch die weltlichen Herrscher. Gregor hat mit diesem auf das Geistliche gerichteten Anspruch das Regnum nicht entmachten oder aus der ecclesia universalis hinausdrängen wollen, er verlangte nur, daß der Herrscher wirklich zum corpus Christi gehöre. Enthüllte er sich durch seine bösen Taten als Glied des Satansreiches, entmachtete er im Grunde sich selbst; denn dann gebot er nicht mehr im Namen Gottes, sondern des Teufels, und dies widersprach dem Wesen der ecclesia universalis. Gregor zog hieraus die radikale, selbst damals unerhörte Konsequenz: kraft des päpstlichen Rechtes, letztlich zu entscheiden, wer Gottes und wer des Teufels sei, forderte er, einen unwürdigen Herrscher absetzen und die Untertanen vom Treueid lösen zu dürfen[3].

Zu Unrecht hat man Gregors Denken direkt auf Augustinus zurückführen wollen. Der große Papst kannte Augustinus wenig und hatte auch zu den anderen Vätern, Gregor d. Gr. ausgenommen, kein Verhältnis. Um so unmittelbarer sprach ihn die Heilige Schrift an, vor allem das Neue Testament und dort mit Vorzug der geistverwandte Paulus. Darüber hinaus war er natürlich den Ideen verpflichtet, die ihm das kirchliche, augustinistisch gefärbte Milieu sowie die zeitgenössische Reformbewegung zutrugen, aber er

[2] Reg. II 55a (Nr. 23), VIII 21: ed. *Caspar* (oben Quellen) 207 561; *W. Ullmann*, Dictatus Papae 23 in Retrospect and Prospect: StudGreg VI (1959/61) 229—264 möchte die Heiligkeit bloß auf das Amt, nicht auf die Person des Papstes bezogen wissen, berücksichtigt jedoch nicht, daß eine personale Erbheiligkeit schon im Formosusstreit verfochten und damals von Auxilius zurückgewiesen worden ist; vgl. oben Kap. 35 mit Anm. 18. Vielleicht hat Gregor VII. die betreffende Auxiliusstelle (in der freilich das Ennodiuszitat fehlt) gekannt; sind doch andere Schriften des Auxilius von den Reformern nachweislich benutzt worden; vgl. *J. Ryan*, Saint Peter Damiani (Lit. zu Kap. 42) 162—165 203. Ferner dürfte hier trotz Ullmanns Einspruch Gregors „Petrusmystik“ eingeflossen sein.

[3] Reg. II 55 a (Nr. 12, 27), IV 2, VIII 21: ed. *Caspar* 204 208 293—297 544—563; die politische Lehre Gregors und seiner Freunde s. in Kap. 50.

hat sie, vom Depositionsanspruch abgesehen, weder durch neue Gedanken bereichert noch zu einem festen Reformprogramm, geschweige denn zu einem neuen, die Zukunft vorausnehmenden Weltbild zusammengefügt. Überhaupt ist Gregors Größe nicht in seinen Ideen zu suchen, sondern in seiner religiösen, wohl mystisch begnadeten Persönlichkeit, im Übermaß des ihm geschenkten, von seiner genialen Natur aufgegriffenen und in die Tat umgesetzten Gotteserlebnisses. Freilich hieße es zu weit gehen, wollte man den Maßstab seines Denkens und Tuns bloß aus seiner persönlichen religiösen Erfahrung ableiten. Daß sich Gregor an der kirchlichen Tradition orientieren wollte, zeigt sein Drängen auf Abfassung neuer Rechtskompilationen, die die ehrwürdigen, vom Heiligen Geist inspirierten Satzungen der kirchlichen Überlieferung unverfälscht herausarbeiten sollten. Bevor dieser Wunsch von seinen Freunden, Anselm von Lucca an der Spitze, mehr oder minder befriedigend erfüllt werden konnte, hat er selbst für den römischen Primat kanonistisches, meist Pseudo-Isidor entnommenes Material gesammelt, nach Gruppen geordnet und für jede Gruppe einen knappen, an die Indexkapitel von Rechtskompilationen erinnernden Satz geprägt. So ist der berühmte Dictatus papae entstanden, der in Gregors Briefregister Aufnahme fand[4]. In 27 Sätzen werden dort ohne jede Systematik mit den schon erwähnten Vorzügen der römischen Kirche (Gründung durch Christus und Infallibilität) sowie des Papsttums (persönliche Erbheiligkeit des Papstes und Depositionsrecht) die wichtigsten Primatialrechte zusammengefaßt: die Ehrenvorrechte, unter ihnen Fußkuß und ausschließliches, wohl gegen den byzantinischen Patriarchen gerichtetes Recht auf die kaiserlichen Insignien; die oberste Gesetzgebung und Gerichtsgewalt und ihre Auswirkungen; oberbischöfliche Befugnisse bezüglich Ab- und Einsetzung der Bischöfe, der Weihe von Klerikern, der Abgrenzung von Diözesen usw.; Bann und Eideslösung als Folge des päpstlichen Zwangsrechtes. Die Zusammenstellung war nicht auf ein konkretes, mit der Reform oder mit Unionsverhandlungen zusammenhängendes Ziel gerichtet, sie sollte bloß einen Überblick über die primatialen Rechte verschaffen, die sich in der Tradition nachweisen ließen. Ihr Gebrauch hing von der jeweiligen Situation ab, das heißt von der im konkreten Fall stets neu zu prüfenden Frage, ob und inwieweit die Belange des Gottesreiches ein Eingreifen erforderten.

Gregors Wahl war durch die Spannungen zu Heinrich IV. belastet, die wegen der Mailänder Frage die letzten Tage Alexanders II. verdüstert hatten. Sie erlaubten es wohl nicht, den jungen König um die Zustimmung zur

[4] Reg. II 55 a: ed. *Caspar* 201—208; grundlegend ist *K. Hofmann*, Der „Dictatus Papae" Gregors VII. Eine rechtsgeschichtliche Erklärung (Paderborn 1933). Die verschiedenen Theorien über Ursprung und Zweck des Dictatus vgl. bei *K. Hofmann*, Der „Dictatus Papae" als eine Indexsammlung?: StudGreg I (1947) 531—537; die Theorie der Indexsammlung ist aufgestellt worden von *G. B. Borino*, Un'ipotesi sul „Dictatus Papae" di Gregorio VII: ADRomana 67 (1944) 237—252; ihre Brauchbarkeit unter formaler Hinsicht

Wahl anzugehen. Da Heinrich mit den gebannten Räten verkehrte und so selbst dem Bann verfallen war, wird ihm nicht einmal eine Wahlanzeige zugestellt worden sein[5]. Es blieb abzuwarten, ob der König aufbegehren werde. Er tat es nicht. Und als der sächsische Aufstand losbrach, warf er sich dem Papst in einem übertrieben demütigen, seine Verfehlungen bekennenden Brief förmlich in die Arme. Gregor konnte aufatmen und sein Herzensanliegen, die Reform, in Angriff nehmen.

Die Reform

Die erste, 1074 veranstaltete römische Reformsynode erneuerte die alten Dekrete; gegen Simonie wurde Ausschluß aus dem kirchlichen Dienst, gegen Nikolaitismus Suspension verhängt. Die Synode des folgenden Jahres zog die Zügel schärfer an: für Simonisten sah sie jetzt dauernde Absetzung vor und hinsichtlich der nikolaitischen Priester griff sie auf die Verfügung von 1059 zurück, indem sie das Volk zum Boykott aufforderte. Der Widerstand blieb nicht aus; vor allem stieß die Zölibatsforderung auf weitgehende Ablehnung[6]. Streitschriften entstanden; in Rouen und an mehreren Stellen Deutschlands kam es zu gewalttätigen Szenen. Gregor blieb jedoch hart. So verpflichtete die römische Herbstsynode von 1078 jeden Bischof bei Strafe der Suspension, unter seinem Klerus keine fornicatio zu dulden. Ferner wurden Priester, die kirchliche Ämter verkauften, suspendiert. Der entscheidendste Schlag bezog sich auf die Weihen. Die Frühjahrssynode 1078 erklärte sämtliche von Gebannten gespendeten Ordinationen für rechtlich ungültig (irritas); die im Herbst folgende Synode verordnete dasselbe für Weihen, die um Geld oder auf Bitten oder Dienstleistungen hin oder ohne Zustimmung von Klerus und Volk und ohne Approbation der weiheberechtigten Oberen erteilt wurden[7]. Obwohl beide Dekrete höchstwahrscheinlich die dogmatische Frage nach der sakramentalen Gültigkeit oder Ungültigkeit solcher Weihen nicht entscheiden wollten, so vermehrten sie doch in ihrer unklaren Fassung die schon bestehende Unsicherheit. Selbst bei Gregor VII.

erweist *St. Kuttner,* Liber canonicus. A Note on „Dictatus Papae" c. 17: StudGreg II (1947) 387—401, doch dürfte Borinos Annahme einer reinen Indexsammlung, die mit den Ideen Gregors überhaupt nichts zu tun habe, ebensowenig zutreffen wie *Hallers* Ansicht, Papsttum 382 f, es liege hier ein über die gesammelten Quellen weit hinausgehendes revolutionäres Reformprogramm vor.

[5] So *G. B. Borino:* StudGreg V (1956) 313—343; weniger überzeugend *A. Michel,* Papstwahl und Königsdekret (s. Lit. zu vorhergehendem Kap.) 211—216.

[6] Zu den Konzilsdekreten *C. Erdmann,* Studien zur Briefliteratur (Lit. zum Kap.) 227 Anm. 3.

[7] Reg. V 14 a, VI 5 b: ed. *Caspar* 372 403 f; zur dogmatischen Frage *A. Schebler,* Die Reordination (Lit. zu Kap. 53) 235—245; *A. Nitschke:* StudGreg V (1956) 153—155; *G. B. Borino:* ebd. 411—415.

ist es zu spüren: einerseits hütete er sich, zur dogmatischen Frage Stellung zu nehmen, andererseits ließ er seinen Legaten Amatus von Oléron gewähren, als dieser auf der Synode von Gerona 1078 die absolute Ungültigkeit simonistischer Weihen aussprach. So darf es nicht verwundern, daß die Frage in den Streitschriften auftauchte und überhaupt viel Unruhe stiftete.

Den erbittertsten Kampf löste jedoch die Investiturfrage aus. Gregor dürfte hier in einen Konflikt geführt worden sein, den er nicht angestrebt hatte. Ließ er doch zunächst das von Nikolaus II. verkündete und von Alexander II. erneuerte, aber nie durchgeführte Dekret ganz außer acht. Erst auf der Fastensynode 1075 griff er darauf zurück[8]. Selbst wenn er damals das Dekret ordnungsgemäß veröffentlicht haben sollte[9], dürfte es zunächst ohne großen Nachdruck erfolgt sein. Die Gründe für diese Vorsicht sind uns nicht bekannt, doch gibt es zu denken, daß er ungefähr zu derselben Zeit den oben erwähnten Dictatus papae ins Briefregister eintragen ließ. Ähnlich wie er die dort zusammengestellten Rechte nur insoweit gebrauchen wollte, als es ihm geboten zu sein schien, gedachte er wohl auch das Investiturverbot den Umständen entsprechend anzuwenden. Vielleicht hätte es keine große Rolle im Reformwerk Gregors gespielt, wäre nicht etwas Unvorhergesehenes eingetreten: der maßlose Gegenangriff Heinrichs IV. (1076), von dem unten die Rede sein wird. Denn nun wurde Gregor unerbittlich. Er bestand nicht nur für Deutschland auf dem Verbot, er ließ es 1077 auch in Frankreich durch seine Legaten verkünden und auf der römischen Herbstsynode von 1078 klarer formulieren: unter Strafe des Bannes und Annullierung des vollzogenen Aktes wurde den Klerikern untersagt, aus Laienhand die Investitur von Bistümern, Abteien und Kirchen entgegenzunehmen. Die Fastensynode von 1080 verfügte dasselbe, dehnte aber das Verbot ausdrücklich auf die niederen Kirchenämter aus und belegte nun auch die investierenden Laien mit dem Bann[10]. Der damit ausgebrochene, aber keineswegs alle Länder ergreifende Investiturstreit sollte auf Jahrzehnte hinaus nicht zur Ruhe kommen.

Gregor ging es hier nicht um eine Machtfrage, geschweige denn um ökonomische Interessen, sondern um die Reform. Sie war seiner Ansicht nach nur zu erreichen, wenn die Bestellung der Priester und Bischöfe, von dem

[8] *C. Erdmann,* Studien zur Briefliteratur (Lit. zum Kap.) 254 Anm. 2, bezweifelt, ob die Synode überhaupt mit dem Dekret befaßt war.

[9] Die regelrechte Publikation vertritt *G. B. Borino,* Il decreto di Gregorio VII contro le investiture fu promulgato nel 1075: StudGreg VI (1959/61) 329—348; vgl. dort die entgegenstehenden, von Borino mit beachtlichen, aber nicht durchweg stichhaltigen Gründen zurückgewiesenen Meinungen, die die Veröffentlichung entweder ganz leugnen oder auf einen bestimmten Personenkreis einschränken. In einer früheren problematischen Studie (s. vorhergehendes Kap. Anm. 8) ist Borino noch weitergegangen: Nikolaus II. soll überhaupt kein Investiturverbot erlassen und Alexander II. es folglich nicht erneuert haben; sein Urheber sei Gregor VII.

[10] 1078: Reg. VI 5 b; 1080: Reg. VII 14 a: ed. *Caspar* 403 480 f.

erdrückenden Einfluß der Könige und Eigenkirchenherrn befreit, wieder nach den kanonischen, dem göttlichen Wirken Raum gebenden Bestimmungen erfolgte. Die vom alten kanonischen Recht vorgesehene freie Wahl verlangte freilich eine weitere Sicherung, und Gregor zögerte nicht, sie anzubringen. Ein Dekret der Fastensynode von 1080 schärfte nicht allein die nach altem Recht vorgesehene Wahlkontrolle, die jetzt ein zum Visitator ernannter Bischof ausüben sollte, sowie die Bestätigung der Wahl durch Metropolit oder Papst ein, es legte auch die Grundlagen zu dem bisher unbekannten Devolutionsrecht: im Falle einer unkanonischen Wahl sollte das den Wählern zustehende Besetzungsrecht auf den Metropoliten oder den Papst übergehen [11]. Was das Papstwahldekret von 1059 in unvollkommener Weise versucht hatte, indem es die quasi-metropolitanen Kardinalbischöfe ermächtigte, im Notfalle den neuen Papst außerhalb Roms zu küren, wurde 1080 für die Bischofserhebungen vollständig erreicht. Die letzte Entscheidung lag nicht mehr bei den Wählern, unter denen der weltliche Herrscher das maßgebende Wort gesprochen hatte, sondern bei der kirchlichen Autorität; das hierarchische, schon 1059 angewandte Prinzip hatte einen neuen, folgenschweren Sieg errungen.

Die Herbstsynode von 1078 wagte ferner einen ersten Vorstoß gegen das Eigenkirchenrecht, indem sie die Laien belehrt wünschte, welche Gefahr für das Seelenheil der Besitz von Kirchen und Zehnten bedeute. Im gleichen Jahre stellte die Reformsynode von Gerona fest, Laien dürften eigentlich keine Kirchen besitzen; wo es sich nicht vermeiden lasse, sei zum mindesten die Einnahme der Oblationen untersagt. Die maßvolle Haltung der Reformer konnte um so mehr auf Teilerfolge rechnen, als schon lange eine Bewegung eingesetzt hatte, die die Eigenkirchen aus Laien- in Kirchenhand überzuführen strebte [12].

Gregor VII. hat alles getan, um seine Reformgesetze in die Tat umzusetzen. Wie seine Vorgänger bediente er sich dabei der Legationen, führte aber eine wichtige Neuerung ein. Während er die bisher üblichen, nur für eine bestimmte Zeit ausgeschickten Legaten bloß mit Einzelaufgaben oder Visitationen entfernt liegender Länder betraute, ließ er die eigentliche Reformtätigkeit durch ständige, in der Regel aus dem betreffenden Land genommene Legaten wahrnehmen. So ernannte er 1075 Hugo von Die für Frankreich, Amatus von Oléron für Südfrankreich und Spanien, 1079 Kardinal Richard von St-Victor in Marseille für Spanien, 1080 Bischof Altmann von Passau für Deutschland und 1081 Anselm von Lucca für die Lombardei.

[11] Reg. VII 14 a: ed. *Caspar* 482.

[12] Reg. VI 5 b, Nr. XXXII; ebd. das Verbot des Zehntbesitzes: Nr. XVI und c. 7: ed. *Caspar* 402 401 404 f; Synode von Gerona c. 3—5: *Mansi* XX 519; dazu *H. E. Feine*, Kirchenreform und Niederkirchenwesen: StudGreg II (1947) 505—524 (mit weiterer Lit.); *Th. Mayer*, Gregor VII. und das Eigenkirchenrecht. Die ältesten Urkunden von Hirsau und Muri: Zschr. für Schweiz. Gesch. 28 (1948) 145—176.

Unter diesen, die außer Richard von St-Victor sämtlich Bischöfe waren, vermochten vor allem Hugo und Amatus eine große Aktivität zu entfalten. Zahlreiche von ihnen einberufene Provinzialsynoden schärften Gregors Reformdekrete ein. Es regnete an Strafen gegen simonistische und sich sonst verfehlende Bischöfe; selbst der stolze Erzbischof Manasses von Reims mußte seine Absetzung hinnehmen. Da sich Gregor VII. die letzte Entscheidung vorbehielt, kam es zu häufigen Appellationen nach Rom. Viele wichtige Fälle ließ der Papst auf den römischen Reformsynoden entscheiden, die in jedem Jahr eine Reihe neuer Exkommunikationen, Suspensionen und Absetzungen verkündeten. Der Endkampf mit Heinrich IV. nahm freilich Gregor VII. immer mehr die persönliche Leitung des Reformwerkes aus der Hand.

Zweifellos bedeutet Gregors Pontifikat einen Markstein in der Geschichte des römischen Primates. Nicht umsonst spricht man gerne von der nun beginnenden „hildebrandinischen Kirche". Sieht man sich jedoch die einzelnen Handlungen an, zeigen sie im Grunde wenig Neues. Die weitverbreitete Ansicht, Gregor habe die Stellung der Bischöfe und Metropoliten schwächen wollen, ist aus den Quellen nicht zu erweisen. Das oft angeführte, 1080 angebahnte Devolutionsrecht schloß das Recht des Metropoliten keineswegs aus. Und das weitere Argument, 1079 sei der Lyoner Primat errichtet worden, um einerseits die frühere Form des Vikariates durch den praktisch bedeutungslosen Primat zu ersetzen und anderseits den Reimser Erzbischof Manasses oder die Vertreter der Laieninvestitur zu treffen, hat sich als unhaltbar herausgestellt. Als Gregor der Bitte Gebuins von Lyon entsprach, war er des ehrlichen Glaubens, eine uralte Institution wiederherzustellen, ohne zu merken, daß er in Wahrheit eine Erfindung Pseudo-Isidors zum ersten Male in die Wirklichkeit umsetzte[13]. Wäre es ihm bloß um Zentralisation gegangen, hätte er Gebuins Bitte überhören und sich so die Zwischeninstanz ersparen können. Nein, Gregor strebte keine konstitutionalen Änderungen zugunsten des römischen Primates an. Was er aus Eigenem beitrug, war seine oben erwähnte Petrusmystik. Zutiefst überzeugt, daß kein Christ gerettet werden könne, der nicht mit dem Stellvertreter Petri in Einheit, Übereinstimmung und Gehorsam verbunden sei, gebrauchte er sämtliche im Dictatus papae gesammelten Rechte in dem Maße, als er es für notwendig hielt. Eine solche, ganz auf die persönliche Verantwortung des Papstes ausgerichtete religiöse Dynamik führte endgültig die Wende herbei. Mochte auch das eigentümliche Charisma Gregors mit seinem Tode erlöschen, die monarchische Regierungsweise der römischen Kirche war Wirklichkeit geworden; es blieb nur noch die Aufgabe, sie genauer zu begründen, zu sichern und auszubauen.

Gregors Petrusmystik ging nicht allein die Priester, sondern auch die Laien

[13] *H. Fuhrmann,* Studien zur Geschichte der mittelalterlichen Patriarchate: ZSavRGkan 71 (1954) 61—84, bes. 79 f; s. oben Kap. 35.

an. Vor allem erwartete er von den Fürsten treue Gefolgschaft gegenüber dem hl. Petrus und seinem Stellvertreter. Worte wie fidelitas, fidelis, miles S. Petri (s. romanae ecclesiae oder s. apostolicae sedis) kehren in seinen Briefen immer wieder. Schon zur Zeit Alexanders II. hatten sich die Grafen Wilhelm von Hochburgund, Raimund von Saint-Gilles, Amadeus von Savoyen und andere unter feierlichem Eid zur Verteidigung der res S. Petri verpflichtet. Gregor verfehlte nicht, die christlichen Fürsten für die religiösen und kirchlichen Belange einzusetzen. So ermächtigte er einige unter ihnen, gegen unwürdige, den kirchlichen Strafen trotzende Bischöfe mit Gewalt vorzugehen, oder er rief sie um Hilfe, wenn die römische Kirche oder bestimmte Gebiete der christlichen Welt bedroht waren. Überzeugt, daß die echte Liebe es verlange, sich den Machenschaften des corpus diaboli auch mit bewaffneter Hand entgegenzustellen und das Leben für die Brüder zu wagen, trug er kein Bedenken, die Laien zu einem heiligen Krieg aufzurufen. Ja, er schuf sich sogar eine eigene Truppe, die militia S. Petri, und suchte sie in kritischen Zeiten durch freiwilligen Zuzug, durch militärische Beihilfe, die er Bischöfen oder Lehensmannen abforderte, oder durch Söldner in ein regelrechtes Heer zu verwandeln. Es kam ihm daher viel darauf an, die Folgebereitschaft der fideles S. Petri zu steigern. Da die fidelitas auf der religiösen Bindung an Petrus beruhte, also einer klaren Rechtsform ermangelte, bemühte er sich, sie auf den verschiedensten Wegen zusätzlich zu verstärken: bloße Gehorsamsversprechen, Zinsleistungen, Zusagen militärischer Hilfe, lehnrechtliche Abhängigkeiten — alle Möglichkeiten wurden von ihm genutzt, oft unter Rückgriff auf echte oder für echt gehaltene Rechte [14]. Gerade dieser Mangel an jeglicher Systematik und rechtlicher Klarheit dürfte zeigen, wie wenig Gregor an einem weltlichen Herrschaftssystem gelegen war. Freilich führte sein Bestreben, die Fürsten auf irgendeine Weise zur Mitarbeit heranzuziehen, zu einer eigentümlichen Verflechtung von Reform und Politik. Die beiden bei ihm nicht zu trennenden Bereiche sollen daher im folgenden zusammen behandelt werden.

Die Reformpolitik in den einzelnen Ländern

Bezeichnend für den weiten, die ganze Christenheit umfassenden Blick Gregors VII. ist seine wache Sorge um das *nordische Missionsgebiet,* wo endlich auch in Schweden die endgültige Entscheidung zugunsten des Christentums fiel. Wie aufmerksam er die Entwicklung verfolgte, zeigten die 1080 bis 1081 an Olav III. von Norwegen sowie an die schwedischen Könige Inge

[14] *C. Erdmann,* Kreuzzugsgedanke (zit. auf S. 402) 185—211 134—165; *P. Zerbi,* Il termine fidelitas nelle lettere di Gregorio VII: StudGreg III (1948) 129—148. Die politisch-rechtlichen, von Gregor geforderten Abhängigkeiten einzelner Länder behandelt übersichtlich *W. Wühr,* Studien zu Gregor VII. (Lit. zum Kap.) 52—66.

und Alsten abgeschickten Pastoralschreiben, die außer Belehrungen über den Glauben und das Königsamt die Anregung enthielten, Kleriker zur Ausbildung nach Rom zu senden. Das schon verchristlichte Dänemark — es zählte um 1060 neun Bistümer — hatte unter Alexander II. engere Bande mit der römischen Kirche geknüpft. König Sven Estrithson war damals mit dem Wunsch eines eigenen Erzbistums und des Patrociniums Petri vorstellig geworden und hatte begonnen, den Peterspfennig zu zahlen. Wie Alexander, so verhielt sich auch Gregor gegenüber dem Gedanken eines dänischen Erzbistums durchaus wohlwollend, ohne eine Entscheidung zu wagen; darüber hinaus suchte er das einmal gewonnene Freundschaftsverhältnis zu festigen. So hätte er gerne das von Sven vorgeschlagene Patrocinium Petri geklärt, ferner schlug er vor, einer der Königssöhne solle mit kriegerischer Mannschaft nach Rom kommen, um über eine reiche Provinz am Meer — es war wohl Dalmatien gemeint — gesetzt zu werden und dort die Verteidigung der Christenheit zu übernehmen. Der 1075 abgesandte Brief traf Sven nicht mehr am Leben an; der dann einsetzende dänische Bruderzwist veranlaßte den Papst, dem norwegischen König Neutralität anzuempfehlen[15].

Auch zum *christlichen Osten* fehlte es nicht an Verbindungen. Boleslaw II. von Polen schickte freiwillige Abgaben, Wratislaw von Böhmen zahlte weiterhin den Zins, den sich Nikolaus II. ausbedungen hatte, als er Herzog Spitignev das Tragen der Mitra gestattete. Mit Böhmen beschäftigte sich Gregor hauptsächlich wegen des Streites zwischen den Bischöfen von Prag und Olmütz; sein im wesentlichen gutes Verhältnis zu Wratislaw kühlte jedoch wegen der Treue ab, die Wratislaw dem vom Papst gebannten und abgesetzten Heinrich IV. hielt. Boleslaw II. von Polen empfahl sich Gregor durch seine Aufgeschlossenheit gegenüber Reformwünschen. 1075 entsandte der Papst Legaten, die vor allem die Organisation der polnischen Kirche verbessern sollten. Der römische Einfluß ging zurück, als Boleslaw wegen der Ermordung des Krakauer Bischofs Stanislaus (1079) die Krone verlor. Das Verhältnis zu Ungarn stand im Schatten des Thronstreites zwischen Salomon und Geisa. Zum besseren Schutz war Salomon Heinrichs IV. Lehnsmann geworden. Gregor hielt dies für ein Unrecht gegenüber der römischen Kirche, der einst König Stephan das Reich zu eigen übergeben habe; Ungarn müsse in der ihm eigenen Freiheit verbleiben und dürfe keinem Herrscher eines anderen Reiches unterworfen sein als der römischen Mutter, der Kirche, die ihre Untertanen nicht als Knechte, sondern als Söhne behandle[16]. Konkrete Rechte aus diesem Anspruch abzuleiten fehlte jedoch die Gelegenheit; denn der vom Papst begünstigte, sich aber auch auf Byzanz stützende Geisa war nach seinem Sieg über Salomon an einem weiteren Schutz des

[15] Reg. II 51 75: ed. *Caspar* 192—194 237 f; andere Briefe an die Könige Dänemarks: Reg. I 4, V 10, VII 5 21; Schwedens: Reg. VII 5 21; Norwegens: Reg. VI 13. Zur vorhergehenden Entwicklung im Norden s. Kap. 30.
[16] Reg. II 13 63: ed. *Caspar* 144—146 218 f.

Papstes ebensowenig interessiert wie sein Nachfolger Ladislaus. Ein um so größerer Erfolg konnte im kroatisch-dalmatinischen Reich errungen werden. Der neue reformeifrige Herrscher Demetrius-Zwonimir, ein Schwager Geisas, ließ sich auf einer von päpstlichen Legaten geleiteten Reformsynode 1076 zum König krönen und die Petrusfahne überreichen; dabei leistete er dem Papst einen Treueid, der dem Formular eines Lehnseides nachgebildet war[17]. Das damit hergestellte Verhältnis, das zum mindesten nach römischer Auffassung lehnrechtlicher Art gewesen sein dürfte, benutzte Gregor zur Anbahnung besserer kirchlicher Zustände. Auf merkwürdige Weise kam er zu einem Kontakt mit Kiew. Demetrius-Izjaslaw, ein Schwager Boleslaws von Polen, war 1073 ein zweites Mal zur Flucht nach Polen gezwungen worden. Da ihm Boleslaw nicht half, ja sogar ihn eines Teiles seiner Schätze beraubte, wandte er sich hilfesuchend an Heinrich IV. und dann, als dies nichts fruchtete, an den Papst, dem er durch seinen Sohn Petrus-Jaropolk sein Reich antragen ließ. Nach einigem Warten verlieh Gregor das Reich an Jaropolk, sandte ihn mit Legaten zu den Eltern zurück und erreichte von Boleslaw die Herausgabe der Schätze. Die Hoffnungen, die er auf diese von ihm wohl lehnrechtlich aufgefaßte, aber nicht klar bestimmte Verbindung setzte, erfüllten sich nicht, als Izjaslaw 1076 mit polnischer Hilfe das Reich zurückgewann. Obwohl Izjaslaw wie auch der ihm nachfolgende Jaropolk der römischen Kirche gegenüber freundlich eingestellt blieben, gewann in Kiew der nie gewichene und stets stärkere griechische Einfluß nach Jaropolks Tod 1086 endgültig das Übergewicht.

In die Sorge um die Christenheit bezog Gregor bewußt die *griechische Kirche* ein. Bis zur Belehnung der Normannen mit Süditalien hatten die Päpste trotz dem Schisma in direkten Beziehungen zum Kaiser gestanden. Unter Alexander II. müssen konkrete Unionsverhandlungen aufgenommen worden sein. Mit ihnen hing wohl die byzantinische Gesandtschaft zusammen, die Gregor wenige Monate nach seiner Wahl empfing und durch den Patriarchen Dominikus von Grado in Byzanz erwidern ließ. Bevor Dominikus zurückkehrte, faßte Gregor im Frühjahr 1074 wohl aus eigenem Antrieb den Entschluß, ein abendländisches Heer in den Orient zu schicken, um die Christen Kleinasiens von der Seldschukengefahr zu befreien. Mit dieser Hilfeleistung hoffte er die Union der beiden Kirchen zu erreichen. Gegen Ende des Jahres gingen wiederum Briefe heraus, die die Getreuen des hl. Petrus zum heiligen, vom Papst persönlich anzuführenden Krieg in Kleinasien aufriefen[18]. Die Spanungen mit dem französischen König und bald mit Heinrich IV. ließen jedoch Gregor den unausgereiften Plan aufgeben. Mit Kaiser Michael VII. stand der Papst unentwegt in freundschaftlichem Kontakt; dies war um so eher möglich, als der den Griechen verhaßte

[17] *Deusdedit,* Collectio canonum III 278: ed. *Wolf v. Glanvell* 383.

[18] Reg. I 46 49, II 31 37: ed. *Caspar* 69 f 75 f 166 f 172 f.

Robert Guiscard gebannt worden war. Aber Michael mußte 1078 Nikephoros III. und dieser 1081 dem Komnenen Alexius I. weichen. Schon der erste Thronwechsel gab Robert Guiscard den Gedanken ein, als angeblicher Rächer Michaels VII. auf die Balkanhalbinsel überzusetzen und die Griechen zu bekämpfen. Gregor VII., der sich inzwischen mit Robert verglichen hatte, unterstützte das Unternehmen, während der neue, den Krieg mit Robert austragende Kaiser Alexius den Papst noch immer für einen Gegner des Normannen hielt und für sich zu gewinnen suchte. Gregor, der Alexius sogar gebannt zu haben scheint, hatte sich gründlich verrechnet. Roberts Balkanabenteuer, durch den Sieg von Durazzo glücklich eingeleitet, endete mit einem totalen Fiasko. Der inzwischen von Heinrich IV. aufgestellte Gegenpapst Wibert-Clemens III. verfehlte nicht, gute Beziehungen zur griechischen Welt anzuknüpfen. Erst die Notlage Alexius' I. und die überlegene Politik Urbans II. führten wieder zu einer Annäherung zwischen dem Reformpapsttum und Byzanz.

Ganz eigener Art war Gregors Haltung zur *englischen Kirche* und ihrem Beherrscher, Wilhelm dem Eroberer. Der neue König wies zwar eine Lehnshuldigung, die Gregor durch seinen Legaten einmal gefordert haben dürfte, zurück, zahlte aber den Peterspfennig und förderte die auch politisch gebotene Kirchenreform, unterstützt von Lanfrank, Erzbischof von Canterbury. Zahlreiche Reformsynoden sorgten für verbesserte Zustände. Wie gut man ernstes Streben mit kluger Maßhaltung zu verbinden wußte, zeigt etwa die Synode von Winchester 1076, die die schon verheirateten Priester im Amt beließ, aber für die Zukunft jede Vermählung verbot. Ferner schickte sich die englische Kirche an, nach Irland überzugreifen. Schon um 1028 war der Bischof von Dublin in Canterbury geweiht und zum Gehorsam verpflichtet worden. Lanfrank und sein Nachfolger Anselm von Canterbury betrachteten die irische Kirche als Teil ihres Jurisdiktionsgebietes. Von Lanfrank dürfte Gregor VII. auf die in Irland vorhandenen Reformaufgaben aufmerksam gemacht und u. U. veranlaßt worden sein, ein Pastoralschreiben an König Toirdelbach und die Iren zu richten. Es war ein schwaches, aber zukunftsverheißendes Zeichen. Unter Paschalis II. sollten päpstliche Legaten einer ersten irischen Reformsynode beiwohnen. Da Gregor in England das Wesentliche erreicht sah, fand er sich mit dem nun offen zutage tretenden staatskirchlichen Gebahren Wilhelms ab. Der König ernannte die Bischöfe, investierte sie — im ganzen 11. Jh. gab es für England und für die Normandie keinen Investiturstreit —, bestätigte die Synodaldekrete und bestimmte die Grenzen der kirchlichen Jurisdiktion. Das Reformideal Wilhelms und Lanfranks hielt sich offenbar in den alten konservativen Vorstellungen, wie sie Kaiser Heinrich III. und die deutschen Bischöfe beseelt hatten. Nur in einem Punkte begehrte der Papst auf; Wilhelm erlaubte es den englischen Bischöfen nicht, ohne sein Wissen nach Rom zu gehen oder überhaupt mit dem Papst in Verbindung zu stehen. Hierüber wäre es fast zu einem ernsten Konflikt gekommen. Dem König mag es nur recht gewesen sein, daß Lanfrank auf die Wahrung seiner kirchlichen Rechte Rom gegenüber bedacht war und den unbequemen Papst nicht liebte[19]. Nach der Eroberung Roms durch Heinrich IV. (1084) ist Lanfrank sogar mit den Wibertinern in Kontakt getreten. Ohne daß ein eigentlicher Abfall erfolgt wäre, hat die englische Kirche nach Gregors Tod jahrelang eine neutrale Haltung zum Schisma eingenommen.

Spanien hatte sich unter Alexander II. der römischen Reform geöffnet. Gregor führte die glücklichen Anfänge durch ständige Legaten energisch weiter. Reformkonzilien wie etwa das von Gerona (1078) und von Burgos (1080) richteteten sich vor allem gegen Simonie und Nikolaitismus. Den größten bleibenden Erfolg erzielte Gregor dadurch, daß jetzt auch außerhalb von Aragón der mozarabische Ritus durch den römischen ersetzt wurde. Die reformatorische und liturgische Initiative Roms erweckte unter den spanischen Cluniazensern die Furcht, ihren Einfluß zu verlieren. Der ihrem wichtigsten Kloster Sahagún vorstehende Abt Robert begann daher gegen den Legaten zu intrigieren und Alfons VI. für sich zu gewinnen. Gregor VII. brauste dermaßen auf, daß er dem König nicht allein den Bann, sondern auch einen Krieg androhte. Der Konflikt, der Robert von Sahagún das Amt kostete, löste sich sofort. Das Konzil von Burgos (1080) wurde zu einem vollen Erfolg des Legaten. Spanien befand sich mitten in einer Reconquista-Periode. Noch immer eilten, wie schon zur Zeit Alexanders II., aus Frankreich kreuzzugsbegeisterte oder auch beutelustige Ritter zu Hilfe. So unterstützten die reformeifrigen Fürsten Hugo I. von Burgund und Wilhelm VI. von Aquitanien die Unternehmungen des aragonensischen Königs. In den mit wechselndem Glück und wechselnden Fronten geführten Kämpfen — Mauren konnten mit spanischen Christen ins Feld ziehen und umgekehrt — gelang Alfons VI. 1085 die Eroberung Toledos. Wenn auch die Hoffnung, nunmehr ganz Andalusien zu unterwerfen, durch das Eingreifen der Almoraviden vereitelt wurde, war doch ein entscheidender Sieg errungen. Gregor VII. hat sich zu Beginn des Pontifikats vor allem um die französischen Ritter bemüht. Er verfolgte damit zugleich einen materiellen Zweck: sie sollten, wie Ebolus von Roucy es getan hatte, die zu erobernden Gebiete als Eigentum der römischen Kirche anerkennen; gehöre doch das spanische Reich nach uraltem Recht dem hl. Petrus. Einige Jahre später unterbreitete er dieselbe Ansicht den spanischen Königen und Großen in einem Pastoralschreiben: ex antiquis constitutionibus sei das Reich der römischen Kirche zu eigen übertragen worden[20]. Die päpstliche Mahnung hatte lediglich den Er-

[19] Lit. zu *Lanfrank* Kap. 53 Anm. 11; über Lanfranks Beziehung zu den Fälschungen, die zum Erweis der Primatialstellung Canterburys gegenüber York angefertigt worden sind, vgl. jetzt *R. W. Southern*, The Canterbury Forgeries: EHR 73 (1958) 193—226.

[20] Reg. I 7, IV 28: ed. *Caspar* II f 343—347. Was Gregor mit den antiquae constitutiones meint, bleibt dunkel. Für seine Forderung sind erwogen worden: nicht mehr greifbare

folg, daß sich Graf Bernhard von Besalú zum miles s. Petri bekannte und einen Lehenszins festsetzte.

In keinem Land wurde die Reform so energisch vorangetrieben wie in *Frankreich*, und doch blieb es sogar hier bei bescheidenen Erfolgen. Relativ willig zeigte sich der Süden, wo ja auch schon vorher mehrere Fürsten dem hl. Petrus besondere Treue geschworen hatten und wo nun Graf Bertrand von der Provence sein Land (1081), Graf Peter von Melgueil die Grafschaft Substantion (1085) der römischen Kirche als Lehen auftrugen. Nicht wenige Feudalherren und ihre geistlichen Verwandten verzichteten um ihres Seelenheiles willen oder aus Furcht vor dem Bann auf ihre eigenkirchlichen Rechte[21]. Schwieriger lagen die Dinge im Machtgebiet des Königs. Die friedlosen Zustände als solche, Erpressung von Kaufleuten und Rompilgern im besonderen ließen Gregor 1074 König Philipp I. nicht bloß Bann und Interdikt, sondern auch Entzug der Herrschaft androhen. Trotz diesen und anderen Spannungen kam es niemals zum Bruch. Die nicht erlahmende Energie der ständigen Legaten, bisweilen durch Gregor VII. gemildert, und der bald stärkere, bald schwächere, aber immer maßvolle Widerstand des Königs, mancher Bischöfe und Adeligen erzeugten eine allgemeine Gärung, ohne daß sich schon der Ausgang des Reformkampfes voraussagen ließ. Selbst das 1077 urgierte Investiturverbot führte zu keinem prinzipiellen Kampf[22].

Große Sorgen bereitete dem Papst *Italien*. Als er 1073 in den Süden zog, konnte er zwar von Benevent Besitz ergreifen und mit Richard von Capua das Lehnsverhältnis erneuern, aber Robert Guiscard hielt sich fern. Er und Richard gedachten, die wenigen übriggebliebenen Gebiete unter ihre Herrschaft zu bringen. 1073 eroberte Robert Amalfi, 1076 Salerno, 1077 belagerte er Benevent, während Richard vergeblich Neapel zu nehmen suchte. Der Angriff auf Benevent war nicht der einzige Akt, der die Gebietsrechte der römischen Kirche verletzte. Hatten doch die beiden Fürsten die ganze

Abmachungen Rekkareds mit Gregor I., das Constitutum Constantini, heute verlorene, zeitlich nicht fixierbare Dokumente, Rechtsansprüche auf das den Mauren entrissene Land, eine allgemeine, auf religiöse Abhängigkeit zielende Führungsidee Gregors; keine Deutung überzeugt; die Lit. am besten bei *Llorca* (Lit. zum Kap.).

[21] *L. de Lacger*, Aperçu de la réforme grégorienne dans l'Albigeoise: StudGreg II (1947) 211—234.

[22] Von Heinrich IV. bedrängt, ließ Gregor wohl 1081 durch eigens entsandte Legaten in Frankreich den Peterspfennig einsammeln, wobei er sich auf eine gefälschte, von ihm für echt gehaltene Urkunde Karls d. Gr. berief; die Instruktion für die Legaten in Reg. VIII 23: ed. *Caspar* 565—567. Die Tradition für einen gallischen Peterspfennig ist schon lange vorher nachweisbar; dazu *C. Erdmann*, Kreuzzugsgedanke (oben S. 402) 203. Ferner beanspruchte Gregor Rechte auf die Bretagne; vgl. *A. A. Pocquet du Haut-Jussé:* StudGreg I (1947) 189—196; *Erdmann*, Kreuzzugsgedanke 359—361; in einem Klosterprivileg Gregors erwähnt, stützt sich der Anspruch auf bretonische Aussagen; ob eine Anspielung auf das Constitutum Constantini vorliegt und wem sie gegebenenfalls zuzuschreiben wäre: den Bretonen oder Gregor, ist nicht sicher.

Zeit hindurch inner- und außerhalb des Kirchenstaates päpstliche Ländereien in Besitz genommen. Der Papst mußte hilflos zusehen; der mehrmals geschleuderte Bann verfing nicht bei Robert, und der 1074 im Bund mit Gisulf von Salerno, Beatrix und Mathilde von Tuszien sowie Gottfried von Lothringen vorbereitete Krieg gegen Robert, wozu Gregor die südfranzösischen Getreuen des hl. Petrus zu Hilfe rief, ohne Gehör zu finden, gelangte über klägliche Anfänge nicht hinaus. Erst der Vertrag von Ceprano 1080 bahnte den Frieden an. Gregor mußte nicht allein die Eroberungen stillschweigend hinnehmen, Robert gab auch für die terra s. Petri nur insoweit eine Garantie, als die römische Kirche ihr Recht erweisen konnte. Die Zinszahlung wurde wie 1059 und 1062 geregelt[23].

Über das Festland hinaus richtete sich Gregors Aufmerksamkeit auf Sardinien und Korsika. Da ihm auf Grund des Privilegs Ludwigs des Frommen beide Inseln als Eigentum der römischen Kirche galten, versuchte er diesen Anspruch in vorsichtigen Schreiben sowie durch Legaten geltend zu machen[24]. Gregors Hauptstütze waren die Markgräfinnen von Tuszien, Beatrix († 1076) und vor allem Mathilde, Gemahlin Gottfrieds von Niederlothringen, die zwischen 1077 und 1080 sogar ihre beträchtlichen Eigengüter der römischen Kirche übergab und sie zur freien Verfügung und lebenslänglicher Nutznießung zurückempfing. Ihr Leben wurde zum Spiegelbild der Reformkämpfe. 1081 von Heinrich IV. in die Acht getan, verlor sie für mehr als ein Jahrzehnt einen guten Teil ihrer Herrschaft. Die schwierigen Verhältnisse Italiens hinderten Gregor VII. an einer wirksamen Reformtätigkeit. Fiel der Süden wegen der politischen Wirren fast ganz aus, so versteifte sich in Mittel- und Norditalien der Widerstand des reformfeindlichen Klerus in dem Maß, als die Spannungen mit Heinrich IV. wuchsen. Haupt der Opposition wurde der 1076 gebannte, 1078 vergeblich abgesetzte Erzbischof Wibert von Ravenna. Auf der anderen Seite verlor die Vorkämpferin der Reform, die lombardische Volksbewegung der Pataria, zusehends an Kraft, seitdem Erlembald in einem Mailänder Stadtkampf gefallen war (1075); mit dem Italienzug Heinrichs IV. 1081 trat sie ganz in den Hintergrund. Nicht Robert Guiscards, sondern Heinrichs IV. Widerstand entschied letztlich Gregors Reformpolitik in Italien. Schon der erste dramatische Konflikt von 1076, der Papst und König für immer entfremdete, entzündete sich an Fragen, die die Kirche Nord- und Mittelitaliens betrafen.

23 Reg. VIII 1 a—c: ed. *Caspar* 514—517.

24 Daß die auf Sardinien, Korsika und Sizilien bezügliche Stelle des Pactum Ludovicianum später, und zwar zur Zeit Gregors VII., eingeschoben worden sei, bezweifelt *E. E. Stengel,* Untersuchungen über die Entwicklung des Kaiserprivilegs, in seinem Werk: Abhandlungen und Untersuchungen zur mittelalterlichen Geschichte (Köln - Graz 1960) 234 f 246 Anm. t; er hält die Stelle für wahrscheinlich echt; vgl. ferner *A. Dove,* Corsica und Sardinien in den Schenkungen an die Päpste: SAM (1894) 223 ff; *Wühr,* Studien zu Gregor VII. (Lit. zum Kap.) 54; *Erdmann,* Kreuzzugsgedanke (oben S. 402) 201.

Das Verhältnis Gregors VII. zu *Deutschland* und seinem König war durch das ottonisch-salische Reichskirchensystem objektiv belastet. Die um den theokratisch regierenden Herrscher gescharte Kirche hatte bisher jedem größeren Eingriff des Reformpapsttums widerstanden. Auch Alexander II. war über Einzelerfolge nicht hinausgelangt und hatte im Mailänder Konflikt erfahren, wie wenig er sich durchsetzen konnte. Heinrichs IV. durch den Sachsenaufstand veranlaßtes Einlenken vom Herbst 1073 ließ Gregor auf eine prinzipielle Wende hoffen. Er entsandte daher 1074 zwei Legaten zur Abhaltung eines Reformkonzils nach Deutschland. Das Vorhaben scheiterte nicht an Heinrich IV., den die Legaten wieder in die kirchliche Gemeinschaft aufnahmen, sondern an dem Rechtsstandpunkt des deutschen Episkopates. Hätte das Haupt der Opposition, Erzbischof Liemar von Bremen, nicht den Mut besessen, nach Rom zu gehen und den aufgebrachten Papst zu besänftigen, wäre es zu einem Zusammenstoß gekommen. Heinrich IV. hielt sich zurück, obwohl auf der Fastensynode 1075 fünf seiner Räte erneut gebannt worden und ihm das Investiturverbot mitgeteilt worden war, ja er trat sogar in die von Gregor angeregten Verhandlungen über die Investiturfrage ein und ließ im Herbst 1075 den simonistischen Bischof von Bamberg fallen. In Wahrheit dachte er jedoch nicht daran, den Reformwünschen des Papstes zu willfahren. Dies sollte seine nach dem Sieg über die Sachsen (9. 6. 1075) einsetzende Italienpolitik offenbaren. Einer der gebannten Räte, Graf Eberhard, ging über die Alpen, schritt in der Lombardei gegen die Patarener ein und verhandelte mit Robert Guiscard, wenn auch ohne Erfolg, über eine vasallitische Bindung an den deutschen König. Sodann zog Heinrich IV. stärkere Saiten auf. Entgegen dem 1073 gegebenen Versprechen investierte er anstelle des früher eingesetzten, aber nicht zum Zug gelangten Gottfried einen anderen Mailänder Kleriker, Tedald, als Erzbischof von Mailand und bestimmte für Fermo wie für Spoleto unter Verletzung der Metropolitanrechte Roms Männer zu Bischöfen, die dem Papst nicht einmal bekannt waren. Nicht zu Unrecht fühlte sich Gregor hintergangen und herausgefordert. Er sandte an Heinrich ein Mahnschreiben, das außer der unkanonischen Bestellung der drei italienischen Bischöfe auf den unerlaubten Umgang mit den gebannten Räten hinwies, und ließ ihm mündlich den Bann androhen.

Weder Heinrich IV. noch der deutsche Episkopat zeigten sich der gespannten, aber keineswegs unlösbaren Lage gewachsen. Aufgehetzt durch die widerwärtigen Verleumdungen des abtrünnigen Kardinals Hugo des Weißen und in dem Irrtum befangen, Gregors Stellung sei nicht nur in der Christenheit und in Italien erschüttert, sondern auch in Rom, wo Weihnachten 1075 Cencius de Prefecto ein Attentat auf den Papst verübt hatte, sandten die deutschen Bischöfe auf dem Wormser Tag vom 24. Januar 1076 einen förmlichen Absagebrief an den Papst, während Heinrich IV. in einem eigenen Schreiben kraft seines Patriziates Gregor VII. die Gewalt aberkannte und ihm zum Verzicht auf seine Würde aufforderte. Ein umgearbeitetes

Manifest ging aus der Königskanzlei an den deutschen Klerus. Die lombardischen Bischöfe schlossen sich zu Piacenza dem deutschen Episkopat an. Gregor erwiderte den maßlosen Angriff dadurch, daß er auf der römischen Fastensynode in einem feierlichen Gebet an den hl. Petrus Heinrich die Regierung widersagte, den Treueid löste und den Bann schleuderte[25]. Die Verfluchung des Königs, ein bis dahin unerhörter Eingriff, sollte ihre Wirkung nicht verfehlen. Es fruchtete wenig, daß Heinrich seinerseits Gregor bannen ließ. Fanden sich doch nun seine politischen Gegner, die Fürsten Sachsens und Süddeutschlands, zu gemeinsamem Handeln zusammen. Ihr Treffen zu Tribur im Oktober brachte dem König, der mit einem Heere gekommen war und in Oppenheim lagerte, infolge einer wachsenden Abfallsbewegung in um so größere Schwierigkeiten, als eine radikale Fürstengruppe auf sofortige Neuwahl hinarbeitete[26]. Gregor, der Heinrich zum Gehorsam zwingen, aber nicht fallenlassen wollte, hatte zwei Legaten gesandt. Ihrer Vermittlung gelang der Kompromiß: Die Neuwahl wurde verhütet, ja, es scheint sogar Heinrich geglückt zu sein, die heikle Investiturfrage zu umgehen; doch mußte er die gebannten Räte entlassen sowie dem Papst schriftlich Gehorsam und Buße versprechen. Die Fürsten vereinbarten zu ihrer Sicherheit, Heinrich nicht mehr anzuerkennen, falls er nicht bis zum Jahrestag der Exkommunikation vom Banne gelöst sei, und luden den Papst zu dem für Februar 1077 vorgesehenen Augsburger Tag ein, wo er ihren Streit mit Heinrich schlichten sollte. Gregor nahm an und begab sich auf den Weg. Nun eilte Heinrich, der um jeden Preis die Koalition zwischen Papst und Fürsten verhindern wollte, in kühnem Zug über die Alpen, um Gregor die Absolution abzulisten. Vor der Feste Canossa, wohin sich Gregor vorsichtshalber zurückgezogen hatte, erschien er an drei Tagen im Büßergewand, während in der Burg Mathilde von Tuszien und Abt Hugo von Cluny, Heinrichs Pate, den Papst um Milde anflehten. Trotz berechtigtem Mißtrauen und trotz der großen Chance des Schiedsgerichtes entschloß sich Gregor schließlich, seines priesterlichen Amtes zu walten. Unter der Bedingung, daß Heinrich den Fürsten Genugtuung leiste und dem Papst für den Fall einer Reise nach Deutschland freies Geleit gewähre, wurde Heinrich wieder in die kirchliche Gemeinschaft aufgenommen. Ob er damit auch in die Königswürde eingesetzt sein und der Treueid wieder gelten sollte, war für den spirituell, nicht juristisch denkenden Papst offenbar eine nebensächliche Frage[27].

[25] Reg. III 10 a: ed. *Caspar* 270; die mit dem Wormser Konzil zusammenhängenden Schreiben: MGConst I 106—113, jetzt besser bei *Erdmann*, Die Briefe Heinrichs IV. (zit. oben S. 401) n. 11—12 und Anhang A. Die kritischen Probleme bei *K. Jordan: Gebhardt-Grundmann* I § 86 Anm. 3. — Über den abtrünnigen Kardinal vgl. *F. Lerner*, Kardinal Hugo Candidus (München-Berlin 1931).

[26] Zu Tribur und dem darüber geführten Gelehrtenstreit *K. Jordan: Gebhardt-Grundmann* § 87.

[27] Lit. und kritische Wertung bei *Schramm:* GGA 207 (1953) 93—95; ferner: *G. Miccoli,*

Jedenfalls hat er in der Folgezeit für Heinrich den Königstitel gebraucht. Heinrich durfte also mit dem Erreichten zufrieden sein, aber an diesem seinem Erfolg kann der Unterwerfungsakt, die in Canossa vollzogene Umkehrung des frühmittelalterlichen Verhältnisses von Regnum und Sacerdotium, nicht eigentlich gemessen werden. Mit der Wende von Canossa kündigte sich eine neue Epoche abendländischer Geschichte an, deren Problematik in der folgenden, bis auf Bonifaz VIII. reichenden Zeit ausgetragen werden sollte.

Politisch betrachtet, hatte Gregor unklug gehandelt. Der Gegner — denn dies blieb der um seine Rechte kämpfende König — war seiner Fessel ledig, und seine Widersacher, die Fürsten, die den Papst bloß für ihre Zwecke hatten einspannen wollen, gingen nun eigene Wege. Kurzerhand zu einer Neuwahl entschlossen, erhoben sie zu Forchheim im März 1077 Herzog Rudolf von Schwaben zum König, der dabei auf das Erbrecht und auf die Designation der zu wählenden Bischöfe, wahrscheinlich aber nicht auf ihre Investitur verzichten mußte[28]. Schon im Herbst 1076, als eine Neuwahl erwogen worden war, hatte Gregor die Fürsten an das Designationsrecht erinnert, das sie 1056 auf Betreiben Viktors II. für die eventuelle Wahl eines Nachfolgers Heinrichs IV. der Kaiserin Agnes eidlich zugestanden hatten und das Gregor als Rechtsnachfolger Viktors II. zusammen mit der Kaiserin für den Fall einer Neuwahl ausüben wollte[29]. Da sich die Fürsten zu Forchheim über dieses Recht stillschweigend hinweggesetzt hatten und da Gregor an der Erhebung eines Gegenkönigs nicht interessiert war, erkannte er die Wahl Rudolfs nicht an, obwohl seine nach Forchheim entsandten Legaten an ihr mitgewirkt hatten und Rudolf alle Sicherungen anbot. Die von ihm nun jahrelang festgehaltene Neutralität, verbunden mit dem Anspruch auf das Schiedsrichteramt, hat ihm damals wie heute viel Tadel eingetragen. Gregor ließ sich eben nicht von eigentlich politischen Absichten leiten. König sollte nach seinem Urteil der sein, auf dessen Seite die iustitia und damit Gott selbst stand. Diese seine religiös bestimmte Haltung schreckte beide Parteien ab: Die ihre selbstischen Ziele verfolgenden Fürsten fürchteten, Gregor könne sich für Heinrich entscheiden, und Heinrich hätte dem als Schiedsrichter tätigen Papst kirchliche Zugeständnisse machen müssen, die er mit dem Kronrecht für unvereinbar hielt. So kam das Schiedsgericht nie zustande. Vor allem wußte es Heinrich immer wieder zu verhindern. Die damit gewonnene Zeit arbeitete für ihn. Verlor doch der Gegenkönig, praktisch auf Sachsen beschränkt, ständig an Boden. Je mehr Heinrich erstarkte, desto nachdrücklicher wahrte er seine kirchlichen Rechte. Gregor mußte sich

Il valore dell'assoluzione di Canossa: Annali di Scuola Norm. di Pisa 27 (1958) 150—157; *K. F. Morrison*, Canossa. A Revision: Tr 18 (1962) 121—148.

[28] Vgl. *H. Hoffmann:* DA 15 (1959) 398 f.

[29] *W. Berges*, Gregor VII. und das deutsche Designationsrecht: StudGreg II (1947) 189 bis 209.

entschließen, die Reformanhänger in Deutschland verstanden nicht mehr sein Zögern, und beide Könige drängten ihn zur Entscheidung. Heinrichs im Frühjahr 1080 entsandten Boten dürften den Ausschlag gegeben haben. Wenn man Bonizos Bericht trauen darf, drohten sie mit einem Gegenpapst, falls Rudolf nicht gebannt werde. Auf der Märzsynode 1080 fällte Gregor endlich das Urteil. In einem feierlichen Gebet an die Apostelfürsten verhängte er erneut über Heinrich IV. Bann und Absetzung[30]. Fest überzeugt, Gottes und der Apostelfürsten Gericht vollzogen zu haben, prophezeite er zu Ostern sogar Heinrichs bis zu Petri Kettenfeier sicher zu erwartenden Untergang. Es sollte ganz anders kommen.

Heinrich, hinter dem größtenteils der deutsche und lombardische Episkopat stand, ließ auf den Synoden von Bamberg und Mainz dem Papste den Gehorsam aufkündigen und dann zu Brixen im Juni 1080 Wibert von Ravenna zum Gegenpapst wählen[31]. Als dann im Herbst sein Rivale Rudolf bei einem Treffen auf der Walstatt blieb, konnte er sich zum Waffengang mit Gregor rüsten. Der erst im August 1081 erhobene Schattenkönig, Graf Hermann von Salm, bedeutete keine Gefahr[32]. Schon im Frühjahr 1081 zog Heinrich nach Italien und marschierte sofort gegen Rom, da ihm seine lombardischen Freunde im vergangenen Herbst durch ihren Sieg bei Mantua über die Truppen der Markgräfin Mathilde den Weg geöffnet hatten. Seine immer nur für kurze Zeit unternommenen Versuche, Rom zu nehmen, scheiterten in diesem wie im nächsten Jahre, doch fiel 1083 wenigstens die Leostadt in seine Hand. Gregors Lage wurde immer hoffnungsloser. Mathilde von Tuszien konnte nicht helfen, und Robert Guiscard führte gerade seinen Balkanfeldzug durch. Jordan von Capua unterwarf sich 1082 dem deutschen König. Heinrich IV., byzantinisches Geld unter den Römern ausstreuend, eröffnete Verhandlungen. Eine in Rom abgehaltene, von ihm gebilligte Synode führte zu keinem Ergebnis, da er, mißtrauisch geworden, sie nicht beschickte, ja sogar behinderte. Jedenfalls war er zur Aufgabe des Gegenpapstes bereit, wenn ihn Gregor zum Kaiser kröne. Sein maßvolles Angebot bestach alle politisch Denkenden. Für Gregor ging es jedoch nicht um eine politische, sondern um eine Gewissensfrage. Heinrich blieb für ihn so lange ein Feind der göttlichen Ordnung, als er nicht Buße tat und somit seine Handlungen widerrief. Diese unnachgiebige, der Gefahr nicht achtende Haltung trieb im Frühjahr 1084 13 Kardinäle, andere Prälaten sowie Kriegs-

[30] Reg. VII 14 a: ed. *Caspar* 483—487; Bonizos Bericht, Liber ad amicum l. 9: MGLiblit I 612—620; vgl. *Meyer v. Knonau,* JbbDG (oben S. 402) III 242 f.

[31] Synode von Brixen: MGConst I 117—120; Brief Heinrichs IV. bei *Erdmann,* Die Briefe Heinrichs IV. (oben S. 401) Anhang C.

[32] Während Gregor von Rudolf keine Lehensbindung gefordert haben dürfte, ist er gegenüber Hermann von Salm sehr weit gegangen; vgl. Reg. IX 3: ed. *Caspar* 575 f; zur ganzen Frage, auch zur Interpolationstheorie von Fliche, s. *Wühr,* Studien zu Gregor VII. (Lit. zum Kap.) 62—66.

männer ins feindliche Lager und veranlaßte die Römer, Heinrich die Tore zu öffnen. Während Gregor auf der uneinnehmbaren Engelsburg saß, wählten Klerus und Volk von Rom auf Heinrichs Vorschlag Wibert zum Papst, der den Namen Clemens III. annahm und zu Ostern Heinrich die Kaiserkrone aufsetzte.

Und doch war Gregor nicht verloren. Robert Guiscard rückte mit einem starken Heere heran. Heinrich verließ die Stadt, die Robert im ersten Sturm eroberte. Aber nun brach ein neues Verhängnis herein: Rom ging bei den Plünderungskämpfen zu einem guten Teil in Flammen auf. Gregor konnte nicht bleiben. Unter den Verwünschungen der Bevölkerung verließ er mit den Normannen die Stadt und begab sich, von wenigen Getreuen begleitet, nach Salerno. Dort starb er am 25. Mai 1085. Seine letzten, gut bezeugten Worte lauteten: „Ich habe die Gerechtigkeit geliebt, gottloses Wesen gehaßt; deswegen sterbe ich in der Verbannung." [33]

Gregor VII., den die Kirche 1606 heiliggesprochen hat, ragt für alle Zeiten als ein Zeichen der Verehrung und des Widerspruchs auf. Auch eine um größte Objektivität bemühte Wissenschaft wird den Streit nicht schlichten können. Diese säkulare Gestalt fordert mehr als historisches Verständnis, so wichtig es auch bleibt, ihr eigentliches Wesen von den zeitbedingten Hüllen des uns so fremden mittelalterlichen Denkens zu befreien; sie fordert den Glauben an die Möglichkeit, daß Gottes Sorge zu bestimmten Zeiten Menschen berufen kann, die, des Prophetenamtes waltend, niederreißen und aufbauen sollen, und daß Gregor dazu gesendet war. Aber selbst dann bleibt die unsere Urteilskraft größtenteils übersteigende Frage, inwieweit Gregor reines oder menschlich getrübtes Instrument des göttlichen Willens gewesen war. Gregor selbst dürfte unter dieser Ungewißheit gelitten haben. Eines ist jedoch nicht zu bezweifeln: der Papst fühlte sich als ein von Gott Ergriffener und handelte danach. Wenn er sogar in der äußersten Not mit Heinrich IV. keinen faulen Kompromiß schloß, so leitete ihn nicht Starrsinn, sondern sein Berge versetzender Glaube an die Sendung. Er verhalf der Reform in ihrer kritischsten Stunde zu ihrem endgültigen Durchbruch: der zum äußersten getriebene Gegensatz mußte ausgetragen werden. Gregors heroisches Beispiel rief die religiösen Widerstandskräfte auf und begeisterte zum Kampf. Der besiegte Papst siegte in seinen Nachfolgern, prägte das Antlitz des Abendlandes für mehr als zwei Jahrhunderte und bestimmte die Gestalt der Kirche bis in unsere Tage hinein.

[33] Dazu *G. B. Borino*, Storicità delle ultime parole di Gregorio VII: StudGreg V (1956) 403—411.

45. Kapitel

Zähes Ringen und Sieg: Die Reform von Viktor III. bis Kalixt II.

QUELLEN: *Watterich* I 559 bis II 153; *Duchesne LP* II 292—326 338—348 369—379, III (dazu Allg. Bibl. I, 5) 143—169. — *Mansi* XX 629 bis XXI 318; *Hefele-Leclercq* V, 1 325—644. — Weitere Quellen s. oben bei Abschn. S. 401 f.

LITERATUR: Immer heranzuziehen ist die Lit. auf S. 402f. — Clemens III.: *O. Köhncke,* Wibert von Ravenna: Papst Clemens III. (Leipzig 1888); *P. Kehr,* Zur Geschichte Wiberts von Ravenna: SAB (1921) 355—368 973—988; *K. Jordan,* Die Stellung Wiberts von Ravenna in der Publizistik des Investiturstreites: MIÖG 62 (1954) 155—164.

Viktor III.: *A. Fliche,* Le pontificat de Victor III: RHE 20 (1924) 387—412; *A. Rony,* L'élection de Victor III. Conflict entre le nouveau pape et Hugues, archevêque de Lyon: RHEF 14 (1928) 145—160.

Pontifikat Urbans II.: Die ganze Lit. ist gesammelt in dem grundlegenden Werk von *A. Becker,* Papst Urban II. Tl. I: Herkunft und kirchliche Laufbahn. Der Papst und die lateinische Christenheit (Stuttgart 1964); *F. J. Gossman,* Pope Urban II and Canon Law (Diss. Washington, Cath. Univ. 1960); *R. Crozet,* Le voyage d'Urbain II et ses négotiations avec le clergé de France 1095/96: RH 179 (1937) 271—310. — Zu Süditalien vgl. Lit. auf S. 402f, dort vor allem *Klewitz:* QFIAB 25 (1934/35) 105—157; ferner: *E. Caspar,* Roger II. und die Gründung der normannisch-sizilischen Monarchie (Innsbruck 1904); *E. Jordan,* La politique ecclésiastique de Roger I et les origines de la „légation sicilienne": MA 24 (1922) 237—273, 25 (1923) 32—65. — Über Beziehungen zu Byzanz und über 1. Kreuzzug s. Lit. zu Kap. 51.

Zu Paschalis II. und zum Investiturproblem: *B. Monod,* Essai sur les rapports de Pascal II et de Philippe Ier (Paris 1907); *H. Hoffmann,* Ivo von Chartres und die Lösung des Investiturproblems: DA 15 (1959) 393—440; *R. Sprandel,* Ivo von Chartres und seine Stellung in der Kirchengeschichte (Stuttgart 1962); *I. Ott,* Der Regalienbegriff im 12. Jh.: ZSavRGkan 66 (1948) 234—304; *N. F. Cantor,* Church, Kingship and Lay Investiture in England 1098—1135 (Princeton/N. J. 1958); *K. Pivec,* Die Bedeutung des ersten Romzugs Heinrichs V.: MIÖG 52 (1938) 217—225; *W. Kratz,* Der Armutsgedanke im Entäußerungsplan des Papstes Paschalis II. (Diss. Freiburg i. Br. 1933).

Pontifikat Gelasius' II. und Kalixts II.: *R. Krohn,* Der päpstliche Kanzler Johannes von Gaeta: Gelasius II. (Berlin 1918); *O. Engels,* Papst Gelasius II. als Hagiograph: QFIAB 35 (1955) 1—45; *C. Erdmann,* Mauritius Burdinus (Gregor VIII.): ebd. 19 (1927) 205—261; *P. David,* Études historiques (Lit. zu Kap. 28) 441—501 (L'énigme de Maurice Bourdin). — *A. Maurer,* Papst Calixt II., 2 Tl.e (München 1886/89); *U. Robert,* Histoire du pape Calixte II (Paris 1891); *Th. Schieffer,* Nochmals die Verhandlungen von Mouzon: Festschr. E. E. Stengel (Münster-Köln 1952) 324—341; *E. Bernheim,* Das Wormser Konkordat und seine Vorurkunde (Breslau 1906); *A. Hofmeister,* Das Wormser Konkordat. Zum Streit um seine Bedeutung: Festschr. Dietr. Schäfer (Jena 1915) 64—148.

Gregors VII. Tod bedeutete für die Reformpartei einen schwer verwindbaren Schlag. Erst nach einem Jahr gelang es ihr, in dem von Clemens III. verlassenen Rom über die Nachfolge ernstlich zu verhandeln und am 24. Mai 1086 Desiderius von Monte Cassino zu erwählen. Desiderius, der dem langobardisch-beneventanischen Fürstenhaus entstammte, war sicher eine bedeutende Persönlichkeit. Monte Cassino verdankte ihm eine nie wieder erreichte Blütezeit, und den Reformpäpsten hatte er, von Stephan IX. zum Kardinal erhoben, manche guten Dienste geleistet, vor allem in ihren Verhandlungen mit den Normannen. Ob aber seine mehr diplomatisch denn kämpferisch eingestellte und obendrein kränkelnde Natur der neuen Aufgabe gewachsen war, schien er selbst zu bezweifeln. Drohende Stadtkämpfe und wohl auch eine im eigenen Lager aufkommende Unzufriedenheit mit seiner Wahl veranlaßten ihn zur Rückkehr nach Monte Cassino, ohne die Weihe empfangen zu haben. Endlich wieder mit den Reformern in Capua zusammentreffend, entschloß er sich am 21. März 1087 nach erregten, vornehmlich durch Hugo von Lyon verursachten Szenen, die Wahl unter dem Namen Viktor III. anzunehmen[1]. Die Weihe konnte unter normannischem Schutz am Petrusgrab vollzogen werden, doch mußte Viktor die Ewige Stadt bald verlassen. Auch ein zweiter, mit Hilfe tuszischer Truppen unternommener Versuch, in Rom Fuß zu fassen, scheiterte. Welche Pläne auch immer der neue Papst im Sinne gehabt haben mag (der wohl an Viktor II. anknüpfende Name deutet trotz der vielleicht wiederholten Exkommunikation Heinrichs IV. auf Versöhnungsbereitschaft hin), es fehlte die Zeit, sie auszuführen. Kaum war eine erste zu Benevent abgehaltene Synode abgeschlossen, die nicht bloß den Gegenpapst, sondern auch die unzufriedenen Gregorianer Hugo von Lyon und Richard von St-Victor in Marseille bannte und wahrscheinlich Simonie sowie Investitur mit den früheren Verboten belegte, wurde Viktor vom Tod hinweggerafft (16. 9. 1087).

Ein halbes Jahr verging, bis die Reformer Kardinalbischof Odo von Ostia in Terracina unter dem Namen Urban II. zum Papst erhoben (12. 3. 1088) und daselbst benedizierten. Um 1035 als Sohn eines Edelmanns in Châtillon geboren, zu Reims in der Schule des hl. Bruno zum Kleriker herangebildet und dort 1055/60 als Archidiakon eingesetzt, war Odo wohl zwischen 1067 und 1070 in Cluny eingetreten und zum Prior emporgestiegen. Abt Hugo, dem 1078 Gregor VII. Mönche abgefordert hatte, mußte Odo 1079/80 Rom überlassen[2]. Der Papst erhob ihn zum Kardinalbischof von Ostia und sandte ihn 1084 als Legaten nach Deutschland. Die Wahl zum Papst, von Gregor VII. wie von Viktor III. empfohlen, sollte sich als glücklich erweisen. Gregors Prinzipien voll bejahend, aber ihre Durchführung der jeweiligen Lage elastisch anpassend, hat Urban II. das Reformpapsttum aus dem Engpaß heraus- und dem Sieg entgegengeführt.

Nichts spiegelt wohl besser die Situation wider, die der Papst vorfand, als die relativ gut überlieferte Streitschriftenliteratur seiner Zeit. Hatte 1074 bis 1075 das Gebot des Zölibates und des Boykotts der verheirateten Priester die Geister erregt[3], so standen seit den Entscheidungen der Jahre 1076,

[1] Zu den Schwierigkeiten bei Viktors Erhebung vgl. *Becker*, Urban II. (Lit. zum Kap.) 78—90.

[2] Die von der früheren Forschung etwas abweichenden Daten bei *Becker*, Urban II. 24—53.

[3] Zu den Streitschriften vgl. die bibliogr. Angaben bei den Quellen oben S. 401. Der

1080 weitere Themen zur Debatte: die Unbescholtenheit Gregors VII., sein Recht auf Absetzung und Bannung Heinrichs IV. sowie auf Lösung der Treueide, sein Einsatz von Waffengewalt, das strikte Verbot, mit Gebannten zu verkehren, die Rechtsimmunität des gesalbten Königs, Heinrichs IV. Patriziat, die Erhebung des Gegenpapstes u. a. Von den deutschen Verteidigern des Königtums sind mit Vorzug zu nennen Wenrich von Trier, Wido von Osnabrück und ein unbekannter Hersfelder Mönch, Verfasser des wohl 1092/93 entstandenen Traktats De unitate ecclesiae conservanda, während unter den Gregorianern Gebhard von Salzburg, Bernold von St. Blasien und Manegold von Lautenbach hervorragten, letzterer berühmt durch seine sog. Lehre der „Volkssouveränität", die das Königtum als ein vom Volk übertragenes und daher dem vertragsbrüchigen Herrscher kündbares Amt begriff[4]. Entscheidenderes leisteten jedoch die italienischen Autoren. In Ravenna, der Stadt des Gegenpapstes, entstand die Schrift des Juristen Petrus Crassus, die die Unabsetzbarkeit des Königs auf das römische Erbrecht zurückführte; hier fabrizierte ein anderer Jurist falsche, angeblich für Karl d. Gr. und Otto d. Gr. bestimmte Papstprivilegien und ließ dabei die ulpianische lex regia im Sinne einer unwiderruflichen Herrschaftsübergabe des römischen Volkes an den Kaiser zugunsten Heinrichs IV. einfließen. Aus der mit Gregors VII. Tod auflebenden Diskussion über das Schisma ging die Schrift des Wibertiners Wido von Ferrara hervor, die sich durch maßvolle Beurteilung Gregors und positives Bemühen um die Investiturfrage wohltuend von den ungefähr gleichzeitigen Haßprodukten des Kardinals Beno und des Bischofs Benzo von Alba abhebt. Von den Gregorianern griffen keine geringeren als Anselm von Lucca, Kardinal Deusdedit und Bonizo von Sutri in den jüngsten Streit ein, aber ihre eigentliche Leistung, die der Partei das geistige Übergewicht verschaffte, lag auf kanonistischem Gebiet. Der hochbedeutsamen, schon unter Gregor VII. verfaßten Rechtssammlung Anselms ließen nun Deusdedit und Bonizo, unbekümmert um die trotslose Lage, ihre wichtigen Kompilationen folgen[5].

Urban II. brauchte nicht zu verzweifeln. Eine so tiefgehende geistige Bewegung wie die Reform war nicht mit Waffengewalt zu unterdrücken, ja selbst das gegnerische Lager stand ihrem Einfluß offen. Ging es doch nur um

Zölibat wurde vor allem verurteilt durch den wohl in Deutschland verfaßten sog. Pseudo-Udalricus und durch Sigebert von Gembloux, verteidigt durch Bernold von St. Blasien; dazu *Wattenbach-Holtzmann* I 395 f.

[4] Quellen und Literatur bei *Wattenbach-Holtzmann* I 396—409; *H. Weisweiler,* Die päpstliche Gewalt in den Schriften Bernolds von St. Blasien: StudGreg V (1956) 129 bis 147.

[5] Über die italienischen Autoren *Manitius* III (passim); *K. Jordan,* Ravennater Fälschungen aus den Anfängen des Investiturstreites: AUF 15 (1938) 426—448; *K. Jordan,* Der Kaisergedanke in Ravenna zur Zeit Heinrichs IV.: DA 2 (1938) 85—128; *G. A. Krause,* Papstwahldekret (Lit. zu Kap. 43) 234—254. Die relativ späte und nicht sehr reiche Streitschriftenliteratur Frankreichs s. bei *Wattenbach-Holtzmann* I 772—774.

einen relativen Gegensatz. Clemens III. bekämpfte aufrichtig Simonie und Nikolaitismus. Da er aber das alte, mehr und mehr überholte Reichskirchensystem bejahte und mit dem Makel unkanonischer Erhebung behaftet war, hielt er im Grunde eine verlorene Position. Manche Wibertiner, ganz zu schweigen von den Bischöfen, die außerhalb des deutschen Machtgebiets von kirchlichen Reformzensuren betroffen worden waren, hegten daher den stillen Wunsch, mit dem Nachfolger Gregors VII. verbunden zu sein. Urban wußte es und suchte ihnen entgegenzukommen. So bekannte er sich zwar in seiner Wahlanzeige zu den Zielen Gregors VII. und ließ auf der Synode zu Melfi 1089 die Verbote der Simonie, der Priesterehe und der Laieninvestitur erneuern, wies jedoch schon im März 1089 den Legaten in Deutschland, Bischof Gebhard von Konstanz, an, weitherzig zu sein. Im Vertrauen auf seine Dispensgewalt ging er selber bis an die Grenzen des damals Möglichen. Von ihrem König investierte Bischöfe erkannte er in einzelnen Fällen an, unter ihnen sogar den kanonisch gewählten, aber von Heinrich IV. eingesetzten Erzbischof Anselm von Mailand. Mailänder, die der von Rom niemals anerkannte Erzbischof Tedald geweiht hatte, durften ihr Amt behalten, falls ihre Weihe nicht simonistisch und ihnen Tedalds Simonie unbekannt gewesen war, und das Meßopfer der in der katholischen Kirche geweihten, zum Schisma abgefallenen Priester sollte unangefochten bleiben. Die alten Zeloten Hugo von Lyon, Amatus von Oléron, Richard von St-Victor verloren ihr Legatenamt, ohne daß an ihrer Stelle neue Dauerlegaten ernannt worden wären. Und der Einsatz von Waffengewalt fand bei Urban wenig Sympathie. Seit dem Herbst 1088 auf der Tiberinsel zu Rom residierend, hat er zwar im folgenden Sommer die Stadt im Sturm genommen und ist nach der Krönungsmesse feierlich durch die Straßen gezogen, aber die geringen Erfolge, die ihm der Sieg einbrachte, ließen ihn auf weitere Kämpfe mit den römischen Wibertinern verzichten. Mit Geld eröffnete er sich 1094 den Eintritt in den Lateranpalast, und wahrscheinlich auf gleichem Wege gewann er 1098 die Engelsburg.

Die ersten Pontifikatsjahre standen unter dem Druck der kaiserlichen Übermacht. Urban versuchte sie zu vermindern, indem er 1089 die 43jährige Mathilde von Canossa, seine treue Kampfgefährtin, zu einer Ehe mit dem 17jährigen Welf V., dem Sohn des abgesetzten Bayernherzogs Welf IV., bestimmte und so einen nahezu geschlossenen, von Süddeutschland bis nach Tuszien reichenden Gebietszug herstellte, aber dieser Erfolg veranlaßte Heinrich IV. erst recht, nach Italien zu ziehen und eine endgültige Lösung anzustreben. Seine 1090—92 glücklich geführten Kämpfe mit den Truppen Mathildens bekam Urban insofern zu spüren, als er vor dem nun wieder in Rom einziehenden Clemens III. zu den Normannen flüchten mußte[6]. Doch

[6] Nach *Klewitz:* QFIAB 25 (1934/35) 120f, hielt sich Urban Ende Oktober 1088 bis Juli 1089, Ende 1089 bis ca. Ende Juli 1090 in Rom auf, die übrige Zeit in Süditalien.

dann brach über Heinrich die Katastrophe herein. Sie vollendete sich nach einer 1092 bei Canossa erlittenen Niederlage und nach Bildung einer feindlichen, aus Mailand—Cremona—Lodi—Piacenza bestehenden Städteliga im Abfall des eigenen Sohnes Konrad (1093), der sich in Mailand zum König Italiens krönen ließ. Von fast allen, ja selbst von seiner Gattin Praxedis verraten und von Deutschland abgeschnitten, blieb Heinrich in den Gebieten von Padua und Verona eingeschlossen, bis er sich 1096 mit Welf IV. versöhnte (die unnatürliche Ehe zwischen Welf V. und Mathilde war auseinandergebrochen) und 1097 nach Deutschland ziehen konnte.

Urban II., der Ende 1093 nach Rom endgültig zurückkehrte und 1094 den unerbittlichen Hugo von Lyon wieder zum ständigen Legaten Frankreichs ernannte, ergriff jetzt zielbewußt die Zügel. Schon 1094 brach er zu einer zweijährigen Reise über Tuszien und die Lombardei nach Frankreich auf. In der Tat bedurfte die Reform eingehender Beratung. Urbans Milde hatte vor allem die leidige Frage nach der Gültigkeit simonistischer und schismatischer Weihen wiederaufleben lassen. Bonizo von Sutri, Deusdedit, Bruno von Segni, Bernold von St. Blasien — sie alle bemühten sich in jenem Jahrzehnt darum, aber nur Bernold ist es gelungen, das schwierige theologische Problem einigermaßen zu lösen. Um so dringlicher war es, zum mindesten für das praktische Handeln bindende Normen aufzustellen. Das unter Urbans Vorsitz im März 1095 zu Piacenza tagende, stark besuchte Konzil hat es getan. Hinsichtlich der Schismatiker verfügte es: 1. die Ungültigkeit aller Weihen, die Wibert von Ravenna seit seiner Verurteilung gespendet hatte, sowie 2. der Weihen seiner namentlich gebannten Anhänger und aller Bischöfe, die einem katholischen Bischof das Bistum genommen hatten, es sei denn, der geweihte Kleriker hätte von der Verurteilung seines Ordinators nichts gewußt; dagegen sollten 3. die auf ursprünglich katholische, dann zum Schisma übergetretene Bischöfe zurückgehenden Weihen in Kraft bleiben. Strenger ging das Konzil gegen die simonistischen Ordinationen vor; es erklärte sie sämtlich für ungültig, nahm jedoch die Weihen jener Kleriker aus, denen die Simonie ihres Ordinators nicht bekannt gewesen war[7]. Daß die theologisch verschieden ausdeutbaren, einer konsequenten Linie ermangelnden Dekrete das dogmatische Problem offenließen, liegt auf der Hand.

Das Investiturverbot hatte Urban schon zu Melfi 1089 erneuert. Er kam darauf in Clermont zurück, wo er am 28. November 1095 eine weitere glänzende Synode eröffnete; es wurden nicht allein die entsprechenden Dekrete Gregors VII. wiederholt, die Synode untersagte jetzt den Bischöfen und Klerikern auch die vasallitische Bindung an den König oder an einen anderen Laien, trieb also die Freiheitsforderung des Sacerdotiums zu einem Punkt vor, den nicht einmal Gregors VII. Gesetzgebung anzugreifen ge-

[7] Cc. 8—10, 3—4: MGConst I 561 f; zum theologischen Problem Kap. 53.

wagt hatte[8]. Das neue, von mehreren französischen Synoden erneuerte Verbot (Rouen 1096, Poitiers 1100, Troyes 1107 usw.) ließ Urban II. auf seiner letzten römischen Synode 1099 in etwas modifizierter Form nochmals in Erinnerung bringen. Dieselbe Synode verschärfte auch das Investiturverbot, indem sie den Bann, der bisher nur für die Investierenden und Investierten galt, auch dem Ordinator des Investierten androhte. So spitzte sich der Reformkampf immer mehr auf das Investiturproblem zu.

Die besondere Liebe und Dankbarkeit des Cluniazenserpapstes gehörte dem Mönchtum. Zahlreiche Privilegien bezeugen es. Obwohl Urban nur selten völlige Exemtion gewährte, verminderte er doch gerne die Ortsgewalt des Bischofs und stellte zudem zahlreiche Klöster unter den päpstlichen Schutz. Mit sicherem Gespür für die geistigen Kräfte seiner Zeit hat Urban ferner den Regularkanonikern den ihnen zukommenden Platz in der Kirche gesichert, indem er ihr Ideal der vita apostolica gleichberechtigt neben das mönchische Vollkommenheitsideal stellte und es dem Regularkanoniker verwehrte, ohne Erlaubnis der Gemeinschaft und des Propstes in ein Mönchskloster überzutreten[9].

Urban wollte mehr sein als ein bloß innerkirchlicher Reformer. So scheute er nicht davor zurück, den in Frankreich ausgebildeten und von den Cluniazensern geförderten Gottesfrieden auf den Synoden von Melfi 1089 und Troia 1093 für Süditalien, zu Clermont aber 1095 allgemein zu verkünden und dort die Kleriker, Mönche, Frauen sowie Person und Güter der Kreuzfahrer selbst an den erlaubten Waffentagen dem Gottesfrieden zu unterstellen. Die Synode von Clermont ist vor allem berühmt geworden durch eine schöpferische Initiative des Papstes, unberechenbar in ihrer Wirkung auf die nähere und fernere Zeit: durch den Aufruf zum ersten Kreuzzug[10]. Während der Kaiser, in einem Winkel Italiens eingeschlossen, gleichsam vergessen war, setzte der Papst als wahrer, von den Gläubigen spontan anerkannter Führer des christlichen Abendlandes ohne Beteiligung der Könige ein übernationales Heer zur Verteidigung der östlichen Christenheit und zur Eroberung des Heiligen Landes in Bewegung. Von da an war der Endsieg

[8] C. 17: *Mansi* XX 817; vgl. dagegen Gregors VII. Reg. V, 5: ed. *Caspar* 353: quod ad servitium et debitam fidelitatem regis attinet, nequaquam contradicere aut impedire volumus. Wichtig sind auch die cc. 29—30: *Mansi*, ebd. 818, die es den Laien verbieten, Zehnten, Altäre oder Kirchen zu behalten.

[9] *Ch. Dereine*, L'éboration du statut canonique des chanoines réguliers, spécialment sous Urbain II: RHE 46 (1951) 534—565; zu den Regularkanonikern s. Kap. 52. Fliches Meinung: *Fliche-Martin* VIII 292, Urban habe den Mönchen die Seelsorge erlaubt, hängt mit der Frage zusammen, ob die cc. 2—3 des Konzils von Nîmes: *Mansi* XX 932, echt sind, was *Ch. Dereine* bestreitet: Studia Gratiana II (Bologna 1954) 317 f; zu der ganzen Frage des Verhältnisses zwischen Mönchtum und Episkopat zur Zeit Urbans vgl. *C. Violante*, Il monachesimo cluniacense (Lit. zu Cluny in Kap. 39) 206—218.

[10] Es gibt keine offizielle Fassung des Aufrufs; die Quellen sind zusammengestellt bei *A. Waas*, Kreuzzüge (Lit. zu Kap. 51) I 71 Anm. 241.

des Reformpapsttums nur noch eine Frage der Zeit. Und dieser Sieg dauerte an. Für zwei Jahrhunderte sollte der Stellvertreter Christi mit seiner geistlichen Autorität, die Macht des Kaisers und der Könige überschattend, der abendländischen Christenheit vorstehen.

Über die Ursachen und den Verlauf des Kreuzzugs wird unten gehandelt werden, desgleichen über die Beziehungen, die der Papst gleich nach seiner Erhebung mit Kaiser Alexius I. und mit der griechischen Kirche zur Beseitigung des Schismas angeknüpft hat (Kap. 51); wohl aber ist es an der Zeit, uns über sein Verhältnis zu den abendländischen Herrschern klarzuwerden. Wenig Schwierigkeiten bereitete die Reformpolitik in Spanien, zumal da der Papst die spanischen Cluniazenser nicht hinderte, ihren alten Einfluß zurückzugewinnen, und anstelle des früheren ständigen Legaten Richard von St-Victor römische Kardinäle entsandte. Den neuen, aus dem Cluniazenserkloster Sahagún kommenden Erzbischof von Toledo erhob er zum Primas, förderte aber zugleich mit dem Grafen von Barcelona den Aufbau der Stadt und Metropole Tarragona. Die kirchliche Neugliederung Spaniens nahm somit ihren Anfang.

Mit nicht geringen Schwierigkeiten hatte der Papst in England zu schaffen. Nach König Wilhelms I. Tod 1087 war das Machtgebiet unter zwei Söhne geteilt worden: Robert hatte die Normandie, Wilhelm II. das englische Reich erhalten. Während die Normandie Urban II. anerkannte, hielt Wilhelm II. noch an der Neutralität fest und ließ inzwischen seine Hab- und Herrschgier so ungehemmt an der englischen Kirche aus, daß die unter seinem Vater erzielten Reformfrüchte gefährdet wurden. Lanfranks Hinscheiden 1089 kam ihm dabei sehr gelegen. Erst eine schwere Krankheit bewog den König, 1093 das Erzbistum Canterbury durch Anselm, Abt von Bec, neu zu besetzen. Dieser große, in Lanfranks Schule erzogene Theologe dachte nicht daran, Wilhelms Willkürakte einfach hinzunehmen. Nach kleineren Reibungen stellte er den König vor die Entscheidung in der Schismafrage, indem er forderte, von Urban II. das Pallium entgegennehmen zu dürfen. Da ein Absetzungsversuch scheiterte, verhandelte Wilhelm direkt mit dem Papst, der den Kardinallegaten Walter von Albano nach England schickte. Walter erreichte zwar die endgültige Anerkennung Urbans, mußte aber dafür allerlei zugestehen, so vor allem das Sonderrecht, daß nur auf König Wilhelms Wunsch päpstliche Legaten nach England kommen dürften. Anselm wurde an den Verhandlungen überhaupt nicht beteiligt, sondern erst nach ihrem Abschluß an den Hof gerufen, um das vom Legaten mitgebrachte Pallium entgegenzunehmen, und zwar — so wurde ihm von Leuten des Königs nahegelegt — aus der Hand Wilhelms. Den letzteren Modus, der Wilhelm als päpstlichen Vikar hätte erscheinen lassen, wies Anselm mutig zurück. Er setzte es durch, daß er das Pallium vom Altar nehmen und sich umlegen durfte. Urban scheint das allzu elastische Verhalten Walters von Albano nicht ganz gebilligt zu haben. Vergeblich versuchte 1096 ein neuer

Legat bessere Bedingungen für die Kirche zu erwirken[11]. Wilhelm soll sogar durch eine Teilzahlung des Peterspfennigs in Rom die Vertagung der strittigen Fragen erreicht haben. Bald geriet Anselm in einen größeren Konflikt. Vom König wegen Sendung untauglicher Truppen angeklagt, hielt er ihm den Entzug von Kirchengütern sowie seinen mangelnden Reformwillen vor und wollte beim Papst vorstellig werden. Da er das abgeforderte eidliche Versprechen, niemals an den Papst appellieren zu wollen, verweigerte, mußte er England verlassen, während Wilhelm die Güter seiner Kirche beschlagnahmte. Anselm ging erst nach Lyon, dann nach Rom. Urban erlaubte ihm nicht abzudanken, ließ sogar den Streitfall auf den Synoden von Bari 1098 und Rom 1099 verhandeln, konnte sich jedoch zu ernstem Durchgreifen nicht ermannen, bis ihm der Tod die endlich versprochene Entscheidung aus der Hand nahm.

Größte Vorsicht beobachtete Urban auch gegenüber Philipp I. von Frankreich, als dieser 1092 seine Gemahlin verstieß und sich mit Bertrada von Montfort, der Frau des Grafen von Anjou, zu vermählen wagte. Das Ärgernis des doppelten Ehebruchs bestrafte Hugo von Lyon auf der Synode von Autun 1094 mit dem Bannfluch, dem er 1097 das persönliche Interdikt hinzufügte. Urban bestätigte den Bann erst 1095 auf der Synode von Clermont und ließ sich in der Folgezeit immer wieder durch Philipps windige Versprechen zur Milde bestimmen, ohne freilich in der Sache nachzugeben. Als er starb, war der König wieder dem Bann verfallen. Die Ehesache erlaubte Philipp keinen intensiven Kampf gegen die Reformforderungen. Unter dieser Hinsicht konnte der Papst überhaupt mit Frankreich zufrieden sein; in keinem anderen Land hat er trotz ziemlich häufigen Eingriffen soviel Gehorsam gefunden.

In Süditalien, dem bis zu 1093 immer wieder aufgesuchten Zufluchtsgebiet, hat sich Urban der kirchlichen Organisation angenommen, soweit es die nach Robert Guiscards Tod (1085) in Bewegung geratenen politischen Verhältnisse zuließen. Roberts Sohn, Herzog Roger von Apulien, der 1089 zu Urban in das Lehensverhältnis trat, war zu jung und unbedeutend, um die aufsässigen Barone im Zaume zu halten. Und die Herrschaft Richards II. von Capua (Jordan von Capua war 1090 gestorben) stand auf so schwachen Füßen, daß der Fürst 1098 die Hilfe Rogers von Apulien beanspruchen und dafür sein Land unter die Lehensoberhoheit Apuliens stellen mußte. So verlagerte sich das politische Schwergewicht nach Sizilien, wo Robert Guiscards Bruder Roger I. 1091 das letzte Widerstandsnest der Araber aushob und ein festgefügtes Reich aufzubauen sich anschickte. Urban nahm daher besonders enge Beziehungen zu Roger I. auf. Sie führten zu einer fruchtbaren Zusammenarbeit im Wiederaufbau der sizilischen Kirche. Roger dul-

[11] Außer *Becker,* Urban II. 210—212, vgl. auch *J. Deér,* Der Anspruch der Herrscher des 12. Jahrhunderts auf die apostolische Legation: ArchHP 2 (1964) 171—176.

dete freilich kein selbständiges Vorgehen Roms. Die ohne ihn erfolgte Ernennung Bischof Rogers von Troina zum Legaten verursachte sogar einen Konflikt. Er wurde beigelegt durch das folgenschwere Privileg vom 5. Juli 1098, worin Urban für Rogers I. und seines Nachfolgers Regierungszeit auf eine ohne Einverständnis der Herrscher erfolgende Bestellung von Legaten verzichtete, ihnen selbst eine stellvertretende Legatentätigkeit zubilligte und die Beschickung römischer Synoden Rogers Gutdünken überließ[12].

Das Verhältnis zu Heinrich IV. blieb unbereinigt. Ein Friede kam für Urban um so weniger in Betracht, als er 1095 mit Heinrichs rebellischem Sohn Konrad zu Cremona zusammengetroffen, ihm einen Sicherheitseid abgenommen, die Kaiserkrönung in Aussicht gestellt und die Vermählung des jungen Königs mit einer Tochter Rogers von Sizilien vermittelt hatte. Heinrichs Rückkehr nach Deutschland (1097) änderte wenig an den kirchlichen Verhältnissen. Zwar gelang es dem Kaiser, seine politische Herrschaft wiederherzustellen, doch konnte er im Episkopat die Auflösung der wibertinischen Einheitsfront, den Übertritt einzelner Bischöfe zu den Gregorianern nicht verhindern. Urbans Politik der offenen Türe trug ihre Früchte. Dazu kam die weite Volksmassen erfassende Propaganda der deutschen Gregorianer, vorangetragen vor allem von den Predigern, die Hirsau und die von seinem Geist geprägten Klöster seit etwa 1080 ausschickten. Auch in Deutschland war also die Reformpartei langsam im Fortschreiten begriffen, als Urban II. am 29. Juli 1099, zwei Wochen nach der Einnahme Jerusalems durch die Kreuzfahrer, das Zeitliche segnete.

Paschalis II.

Erst nach 16 Tagen erhob man unter dem Namen Paschalis II. den aus Bieda in der Romagna gebürtigen Rainer, der einem nicht mehr bestimmbaren italienischen, wohl nicht cluniazensischen Kloster angehört hatte[13], bevor er von Gregor VII. zum Kardinalpriester von S. Clemente ernannt worden war. Der neue Papst unterschied sich durch seine einfachere, teils starre, teils ängstliche Natur wesentlich von dem welterfahrenen Vorgänger. Zur Intransigenz neigend, sollte er in der Zeitproblematik die Gegensätze eher

[12] *Jaffé* 5706; Ital. Pont. VIII: Regnum Norman. n. 81, zur oben beim Kap. zit. Lit. kommt hinzu: *J. Deér* (s. Anm. 11) 125—133. Urbans Privileg führt zu dem berühmten, vom Beginn des 16. Jh. bis in die Zeit Pius' IX. reichenden Streit um die „Monarchia Sicula" (Anspruch auf Legatenrechte und auf absolute Kirchenregierung).

[13] Über des Papstes Heimat und Familie: *March,* Liber Pontificalis Dertusensis (Allg. Bibl. I, 5: Lib. Pont.) 91—95; über das Heimatkloster: ebd. 154 Anm. 3; die dort vertretene Meinung, es handle sich um ein Abruzzenkloster, überzeugt nicht, da der Gewährsmann, Ordericus Vitalis, unter dem monasterium Vallis Brutiorum gewöhnlich Vallombrosa verstehen dürfte.

herausstellen denn versöhnen, aber gerade dadurch die spätere Lösung vorbereiten. Es ging hauptsächlich um die Investiturfrage. Daß Simonie und Nikolaitismus zu bekämpfen seien, hatte sich als Prinzip ziemlich allgemein durchgesetzt. Und die mit dem Schisma gegebenen Schwierigkeiten löste das Hinscheiden des hochbetagten Wibert von Ravenna (8. 9. 1100). Denn die zwei noch 1100 von den römischen Wibertinern aufgestellten Gegenpäpste, die schismatischen Bischöfe Dietrich von S. Rufina und Albert von Sabina, wurden einer nach dem anderen gefangen und in süditalienische Klöster gesperrt; und der 1105 als Silvester IV. erhobene Erzpriester Maginulf mußte trotz der Waffenhilfe des Markgrafen Werner von Ancona nach wenigen Tagen aus Rom fliehen (er verzichtete freilich erst 1111). So konnte Paschalis auf der Synode von Guastalla 1106 den Schlußstrich ziehen und allen schismatischen Geistlichen das Amt belassen, falls keine Verfehlungen simonistischer oder sonstiger Art vorlagen. Nur das Investiturverbot stand noch als ungeklärtes Problem da, ja es hatte sogar seit den verschärften Bestimmungen Urbans II. eine Aktualität gewonnen, die ihm weder unter Gregor VII. noch in den Jahren Urbans zugekommen war. Die Auseinandersetzung ließ sich nicht mehr vermeiden; der eigentliche Investiturstreit nahm erst jetzt seinen Anfang.

Es ist bezeichnend für die neue Zeitlage, daß nun sogar in England ein regelrechter Investiturstreit ausbrach. Den Anlaß bildete der durch Wilhelms II. Tod verursachte Thronwechsel (August 1100). Um die rechtlich nicht ganz einwandfreie Nachfolge zu sichern, rief der neue König Heinrich I., auch er ein Sohn Wilhelms I., Anselm aus der Verbannung zurück, erlebte aber die Überraschung, daß Anselm die übliche Lehenshuldigung in Berufung auf die römische, von ihm selbst besuchte Synode von 1099 verweigerte. Freilich ging es Anselm weniger um die Investiturfrage als um den Gehorsam gegenüber den römischen Kirchengesetzen. Er unterstützte daher das Bestreben des Königs, für England eine päpstliche Dispens vom Investiturverbot zu erwirken, und ging deswegen nach Rom. Paschalis, der 1102 das Verbot gerade erneuert hatte, schlug jedoch die Bitte ab. Heinrich I. ließ daraufhin den von Rom zurückkehrenden Anselm nicht in England einreisen (1104), bis ihn die 1105 von Paschalis verkündete Exkommunikation der investierten englischen Geistlichen und der königlichen Räte bewog, sich mit Anselm zu einigen. Die von Paschalis gebilligte Übereinkunft zwischen den beiden sich gegenseitig achtenden Partnern fand auf dem Londoner Reichstag vom August 1107 ihren rechtlichen Abschluß: Heinrich verzichtete auf die Investitur mit Ring und Stab, behielt aber das Recht, von den Bischöfen vor der Konsekration die Mannschaft entgegenzunehmen. Außerdem wahrte er seinen Einfluß auf die Bischofswahlen, indem er ihnen persönlich beiwohnte.

Auch in Frankreich hatte sich inzwischen eine praktische Lösung angebahnt, ohne daß es, wie in England, zum offenen Streit oder zu einem offiziellen Konkordat gekommen wäre. Aber hier entfiel fortan nicht allein die Investitur mit Ring und Stab, sondern auch — im Gegensatz zu England — die Lehenshuldigung: der französische König begnügte sich mit einem Treueid. Doch verzichtete er weder auf die Verfügungsgewalt über die bischöflichen Temporalien mit ihren Rechtsfolgen (Nutzungsrecht während Vakanz, eventueller Entzug der Verwaltungsbefugnis usw.) noch auf die herkömmlichen Dienstleistungen und übertrug daher dem mit seiner Erlaubnis gewählten Bischof die Temporalien durch einen formlosen, concessio genannten Akt[14].

So ist in Frankreich wie in England eine erste Scheidung zwischen Kirchenamt und Temporalienbesitz vollzogen worden. Der Gedanke war an sich nicht neu[15], aber erst dem großen Kanonisten Ivo von Chartres kommt das Verdienst zu, die Investiturfrage tiefer durchdacht und der Lösung entgegengeführt zu haben. Die Übertragung des Bischofsamtes, so führte er aus, ist zwar den Laien zu versagen, da sie eine sakramentale Handlung bedeutet; dagegen kann die concessio der Temporalien dem König ohne Schwierigkeit zugestanden werden; ist sie doch ein rein weltlicher, in jeder beliebigen Form vollziehbarer Akt, auf den der König insofern einen gewissen Anspruch erheben kann, als nach Augustinus das Eigentum staatsrechtlich fundiert ist und so auch die Kirchen ihre Güter der Zuteilung durch den König verdanken. Ivos schon 1097 in einem Brief an Hugo von Lyon dargelegten Ideen wirkten in Frankreich auf die neue sich anbahnende Regelung ein, gewannen aber auch für den englischen Investiturstreit Bedeutung, da sie damals Ivos Schüler, Hugo von Fleury, in seinem wichtigen, dem englischen König gewidmeten Tractatus de regia potestate et sacerdotali dignitate aufgegriffen hat[16].

Paschalis war klug genug, die beiden ohne sein direktes Zutun erreichten Kompromisse zu dulden. Eine echte juridische Lösung bedeuteten sie zwar nicht: in England war das eigentliche Problem, die Temporalieninvestitur, umgangen worden, und unter der concessio des französischen Königs konnte

[14] Die neue Praxis darf wohl kaum schon mit 1098 angesetzt werden (Meinung von Haller, Schwarz), sie wird sich im ersten Jahrzehnt nach 1100 angebahnt haben; so *Becker*, Studien zum Investiturproblem (oben S. 403) 104—122 (mit. Lit.).

[15] Die Begriffsentwicklung bis zu Ivo von Chartres s. bei *Hoffmann* (Lit. zum Kap.): DA 15 (1959) 394—405.

[16] Ivos Brief: MGLiblit II 642—647; *Hugo von Fleury*, Tractatus de regia potestate et sacerdotali dignitate: ebd. 472—494; zu den Ideen: *Becker*, Studien zum Investiturproblem (oben S. 403) 143—153; *Hoffmann* (vorherige Anm.) 405—418 mit wertvoller Spezialliteratur; zu Recht leugnet Hoffmann das Vorhandensein einer fest gefügten oder sogar abschließenden „théorie chartraine", er dürfte jedoch Ivos Lehre etwas unterschätzen, bisweilen auch ihren Sinn verfehlen; so ist Ivo schwerlich ein eigentlicher Widerspruch nachzuweisen, wenn er einerseits Augustinus zitiert (Hoffmann 107f), anderseits eine Stelle aus Justinians Institutionen verwendet (Hoffmann 108f); denn diese bezieht sich auf eine spezielle, von Augustin nicht angezielte Frage, nämlich auf die Unveräußerlichkeit der Kirchengüter.

man sich vielerlei vorstellen. Aber das Wesentliche, der Verzicht auf die Amtsinvestitur, war erreicht, und die den Königen zugestandenen Rechte auf die herkömmlichen Dienstleistungen der Bischöfe ließen sich mit der von den Reformern geforderten inneren Einheit von Kirchenamt und Besitz durchaus vereinen. Für Deutschland reichten freilich die bis dahin gefundenen und von den Reformern mehr geduldeten als bejahten Kompromisse nicht aus. Bei der großen Einbuße, die die Königsmacht seit dem Tod Heinrichs III. gegenüber den weltlichen Fürsten erlitten hatte, konnte der deutsche Herrscher nicht nur nicht auf die Hoheitsrechte verzichten, die die höheren Kirchen seit den Ottonen im reichsten Maße empfangen hatten, er mußte auch gegenüber der Reform auf einer klaren Regelung seines Verhältnisses zu den Kirchen und ihrem Besitz bestehen. Denn das Reformprinzip der untrennbaren Einheit von Amt und Kirchengut ließ sich hier ohne vorsichtige Unterscheidung nicht anwenden. Wäre es nur um die von Privatpersonen geschenkten Güter und um die rein kirchlichen Abgaben, wie Oblationen, Stolgebühren und Zehnt, gegangen, hätte das Prinzip wohl durchgesetzt werden können; aber was hatten Grafschaften, Markgrafschaften oder sogar Herzogtümer, was wichtige staatliche Nutzungsrechte mit den Kirchen zu tun? Kein verantwortungsbewußter König durfte es zulassen, daß sie im Sinne unwiderruflicher Schenkungen einfachhin zum unantastbaren Kirchenbesitz geschlagen wurden.

Diese schwierigen Fragen sollten an Paschalis herangetragen werden, sobald ihm nicht mehr Heinrich IV. — er war auf der römischen Synode 1102 erneut gebannt worden —, sondern dessen Sohn Heinrich V. gegenüberstand (der aufständische König Konrad war 1101 gestorben). Heinrichs V. Empörung 1104, die verräterische Gefangennahme und erzwungene Abdankung des Vaters Ende 1105, der Mainzer Tag mit der Anerkennung Heinrichs V. Anfang 1106, der aufflammende Kampf, beendet im Sommer 1106 durch des Vaters Tod — dieses Tragödienstück des salischen Hauses geht uns hier insofern an, als Paschalis II. die Partei des jungen, sich zum Vorkämpfer der Reform aufspielenden Königs ergriff, indem er ihn von seinem Eid, ohne den Willen des Vaters nicht in die Regierung einzugreifen, löste und zum Mainzer Tag Legaten schickte. Er selbst brach im Frühjahr 1106 nach Norden auf, um endlich den Frieden zwischen Papsttum und Imperium herzustellen. Er sollte enttäuscht werden; der während der Synode von Guastalla 1106 ihn aufsuchende Bote Heinrichs V. bestand auf dem Recht des Reiches. Daraufhin reiste der Papst nicht, wie man erwartete, nach Deutschland, sondern nach Frankreich, wo er in der Tat nur die beste Aufnahme erwarten konnte. Philipp I. hatte 1104 endlich in der Ehefrage nachgegeben und war den Reformwünschen durch den praktisch bestehenden Verzicht auf die Investitur mit Ring und Stab genügend entgegengekommen. Er und sein Sohn Ludwig VI. schlossen nun zu St-Denis mit dem Papst einen Bund (1107). Frankreich und das Papsttum hatten sich zu einer

Freundschaft zusammengefunden, die für Jahrhunderte bestehen sollte. Um so härter stieß Paschalis dann in dem zu Châlons-sur-Marne geführten Gespräch mit Heinrichs V. Gesandtschaft zusammen. Auf die deutsche Forderung des königlichen Investiturrechtes antwortete er mit einem glatten Nein und ließ dies auf der folgenden Synode von Troyes, wie schon ein Jahr zuvor in Guastalla, durch Wiederholung des Investiturverbots bekräftigen.

Trotzdem war die Kluft nicht einfachhin unüberbrückbar. So schied 1109 eine wohl unter direkter Einwirkung ivonischer Ideen im Reich verfaßte, vielleicht offiziöse Denkschrift zwischen geistlichem Amt und weltlichem Besitz und erklärte bei allem Festhalten am Investiturrecht die Form der Investitur für unwesentlich[17]. Diese schon differenziertere Haltung sollte sich auf die Verhandlungen auswirken, die Heinrich V. aufnahm, als er im Sommer 1110 den Römerzug antrat. Zwar wies Paschalis wiederum die Investitur zurück, erkannte aber doch einen königlichen Anspruch auf die Regalien, das heißt auf die den Bischöfen übertragenen Güter und Rechte des Reiches, an und schlug daher die Radikallösung vor, den Kirchen nur die rein kirchlichen Abgaben, wie Zehnt usw., sowie die auf Privatschenkungen zurückgehenden Güter als Besitz zu belassen, während sie auf päpstlichen Befehl hin sämtliche Regalien zurückzugeben hätten; dafür sollte Heinrich auf die Investitur verzichten. So gut gemeint, so wirklichkeitsfremd war der Vorschlag. Als ob ein einziges Machtwort des Papstes entgegen dem Willen sowohl der an den Regalien interessierten Bischöfe wie der weltlichen Fürsten, die den mit der Restitution gegebenen Machtzuwachs des Königs fürchteten, eine so tief eingewurzelte Reichsordnung hätte aufheben können! Heinrich V. dürfte es klar durchschaut haben; da er aber die Kaiserkrone begehrte, erklärte er sich einverstanden und ließ am 9. Februar 1111 in Sutri den abgesprochenen Geheimvertrag, dessen Inhalt vor der Kaiserkrönung bekanntgegeben werden sollte, vollziehen. Als nun Paschalis am 12. Februar die Krönungszeremonien in der Peterskirche eröffnete und die beiderseitigen Urkunden vorlesen ließ, brach ein wahrer Aufruhr los. Bischöfe wie Fürsten wiesen den päpstlichen Befehl entrüstet zurück. Daraufhin forderte Heinrich V. Kaiserkrone und Investiturrecht. Da Paschalis beides zurückwies, kündigte er den Vertrag, verhaftete Papst und Kardinäle und führte sie gefangen aus dem tobenden, von Waffenlärm erfüllten Rom. Nach 2 Monaten gelang es ihm, im Vertrag von Mammolo die nach der kanonischen Wahl und vor der Konsekration zu erteilende Investitur mit Ring und Stab dem Papst abzupressen. Paschalis mußte zusätzlich versprechen, Heinrich niemals zu bannen, mußte ferner das Zugeständnis der Investitur durch Privileg verbriefen und am 13. April Heinrich zum Kaiser krönen[18]. Auf der Rückkehr

[17] Tractatus de investitura episcoporum: MGLiblit II 501—504; *Wattenbach-Holtzmann* I 411 f.

[18] Die Akten für 1111: MGConst I 134—152; das Privileg Paschalis' II. galt nur für Heinrich V., nicht für die Nachfolger.

nach Deutschland heimste der Kaiser einen weiteren Gewinn ein. Mit Mathilde von Tuszien zusammentreffend, ließ er sich zum Erben ihres der römischen Kirche zu Lehen aufgetragenen Hausgutes einsetzen, wird jedoch dabei wohl eine Anerkennung des päpstlichen Eigentumsrechtes kaum haben vermeiden können.

Mit dem brutal errungenen Sieg über Paschalis hatte Heinrich nichts gewonnen. Mochte auch der Papst schwach sein, die zu einem übernationalen Machtgebilde heranwachsende Reformkirche duldete für das Imperium keine Ausnahme. Überdies hatte der Kaiser den schweren psychologischen Fehler begangen, an Ring und Stab als Investitursymbolen festzuhalten, obwohl er die Investitur bloß auf die Regalien bezog[19]. Gerade hierüber gerieten die Reformkreise Italiens und Frankreichs in die größte Erregung. Sogar im Kardinalskollegium fielen harte Worte über Paschalis. Man verlangte von ihm Widerruf des „pravilegium" und Exkommunikation des „ketzerischen" Kaisers. Zum Bann konnte sich der Papst, seines Eides eingedenk, nicht verstehen, und den Bannfluch, den 1112 eine unter dem Erzbischof Guido von Vienne tagende Synode und 1115 zwei Kardinallegaten in Deutschland gegen den Kaiser schleuderten, wollte er weder ausdrücklich billigen noch verwerfen, wohl aber war er einverstanden, daß die römische Synode von 1112 das Privileg kassierte. Im Laufe der Jahre fester geworden, verurteilte er selbst auf der römischen Synode von 1116 das Privileg und erneuerte das Investiturverbot mit den darin enthaltenen Banndrohungen.

Und doch war 1111 eine wichtige Entscheidung gefallen. Die römische Kirche konnte die zu Sutri ausgesprochene Anerkennung des königlichen Regalienrechts, dessen Begriff erst damals genauer bestimmt worden war, nicht mehr zurücknehmen. So zeichnete sich in den bald erscheinenden gregorianischen Streitschriften eine gewisse Verständigungsbereitschaft ab. Selbst der intransigente Placidus von Nonantula, der ähnlich, wie es Guido von Vienne 1112 tat, die königliche Temporalieninvestitur verdammte und streng am freien Eigentumsrecht der Kirchen festhielt, wollte dem Kaiser nicht nur die Leistungspflichten der Bischöfe, sondern auch die Investitur mit staatlichen Sonderrechten (freilich unter Verwendung anderer Symbole als Ring und Stab) sowie die Möglichkeit zugestehen, einem geweihten Bischof den Besitz urkundlich zu bestätigen. Noch klarer zog die an der Kurie entstandene Disputatio vel defensio Paschalis papae den Trennungsstrich zwischen Temporalien und Spiritualien, wobei sie für die Temporalieninvestitur das später tatsächlich verwendete Szeptersymbol vorschlug. Und wenn Gottfried von Vendôme zunächst unentwegt gegen die häretische und simonistische Laieninvestitur wetterte, so reifte auch bei ihm zum mindesten die Erkenntnis,

19 Vgl. den päpstlichen Bericht: MGConst I 149: ... quamvis ille (Heinrich) per investituras illas non ecclesias, non officia quelibet, sed sola regalia se dare assereret; *Schieffer*, Mouzon (Lit. zum Kap.) 336.

eine nach der Weihe erteilte Temporalieninvestitur könne hingenommen werden[20].

Der gedanklich angebahnte Ausgleich ließ sich freilich unter Paschalis noch nicht in die Wirklichkeit umsetzen. Der Papst bestand immer fester auf dem Widerruf des Privilegs. Weder die bedrohliche Nähe des Kaisers — Heinrich war 1116 nach Italien gekommen, um die Erbschaft der 1115 verstorbenen Markgräfin anzutreten — noch Heinrichs Verhandlungsversuche konnten ihn davon abbringen. Als dann in Rom wegen der wachsenden Macht der das Papsttum stützenden Pierleoni ein Aufstand ausgebrochen war, hielt es Paschalis im Frühjahr 1117 für geraten, die Stadt zu verlassen, in die dann, von der Gegenpartei herbeigerufen, der Kaiser für wenige Monate einzog. Erst zu Beginn des Jahres 1118 konnte es Paschalis wagen, sich den Eintritt in die Stadt zu erkämpfen. Kaum angelangt, legte er sich in der sicheren Feste der Pierleoni zum Sterben nieder († 21. 1. 1118).

Gelasius II. und Kalixt II.

Die Wahl des Nachfolgers fiel am 24. Januar auf den einer angesehenen Familie Gaetas entstammenden Kanzler Johannes[21], einen früheren Mönch von Monte Cassino, der seit Urban II. die Papstkanzlei geleitet und Paschalis nahegestanden hatte. Gelasius II., so nannte sich der neue Papst, sollte schmerzlich erfahren, wie machtlos er in Rom war. Sofort nach seiner Erhebung von Cencius Frangipane aus persönlichen, uns unbekannten Gründen mißhandelt und gefangengesetzt, aber bald von den Römern befreit, mußte er am 1. März vor dem Kaiser, der die Leostadt besetzt hatte und auf ihn fahndete, nach Gaeta fliehen. In seiner Abwesenheit stellte die ihm feindliche Partei im Verein mit dem Kaiser einen Gegenpapst auf. Erzbischof Mauritius von Braga gab sich als Gregor VIII. dazu her, eine wenig ernstzunehmende Figur, dem die Römer den Spitznamen Burdinus = Eselein beilegten. Gelasius konnte zwar nach dem Abzug Heinrichs V. wieder in den Lateran zurückkehren, doch blieb seine Lage höchst unsicher, zumal da nun die gesamte Familie der Frangipani gegen ihn stand. Ihr Versuch, sich seiner zu bemächtigen, mißglückte zwar, veranlaßte ihn aber zum Verlassen

[20] *Placidus von Nonantula,* Liber de honore ecclesiae, bes. cap. 37 93 82 118: MGLiblit II 575—639, bes. 585 615 605 625. Disputatio vel defensio Paschalis papae: ebd. 659—666, bes. 666; *Gottfried von Vendôme:* ebd. 680—700, bes. 691 f. Ganz intransigent verhielt sich *Rangerius von Lucca* in seinem Streitgedicht, De anulo et baculo, bes. die Verse 879 f 891 ff 901 ff: MGLiblit II 508—533. Den kaiserlichen Standpunkt verfocht energisch die Farfenser Orthodoxa defensio imperialis: MGLiblit II 535—542. Vgl. *Schieffer,* Mouzon (Lit. zum Kap.) 336—338.

[21] Zur Familie vgl. *March,* Liber Pontificalis Dertusensis (Allg. Bibl. I, 5: Lib. Pont.) 181 Anm. 2.

der Stadt. Von wenigen Kardinälen begleitet, fuhr Gelasius zu Schiff nach Frankreich, erkrankte dort und starb in Cluny am 29. Januar 1119.

Daß der römische Bischof seine Kirche in der Fremde verwaist zurückließ, war im Grunde eine glückliche Fügung; das Reformpapsttum bedurfte in der verfahrenen Lage der Hilfe von außen. Die das Sterbebett umstehenden Kardinäle waren daher gut beraten, als sie gleich in Cluny zur Neuwahl schritten und nicht einen römischen Kardinal, sondern Erzbischof Guido von Vienne am 2. Februar für die Nachfolge bestimmten. Da die in Rom zurückgebliebenen Kurialen mit ihrem Anhang die Wahl billigten, wurde der neue, sich Kalixt II. nennende Papst allgemein anerkannt. Sohn eines burgundischen Grafen, dessen Stammbaum mit den Saliern und anderen Königshäusern verzweigt war, seit 30 Jahren eifriger, von den Reformideen erfüllter Bischof, weitblickend und voller Tatkraft, war Kalixt der richtige Mann, um die römischen Verhältnisse zu ordnen und die deutsche Frage zu lösen.

Noch vor seinem Zug nach Rom bot er dem Kaiser, den Gelasius zusammen mit dem Gegenpapst gebannt hatte, die Hand zum Frieden. Heinrich V. hatte im Reich zu große Schwierigkeiten, als daß er nicht eingeschlagen hätte. Die zu Straßburg eingeleiteten Verhandlungen zwischen ihm und den päpstlichen Boten, Wilhelm von Champeaux und Pontius von Cluny, fanden ihren vorläufigen Abschluß in Vertragsurkunden, die zwei Kardinäle mit dem Kaiser aufsetzten; es fehlte nur die Ratifizierung. Zu diesem Zweck begab sich Kalixt während des Reimser Konzils, das er gerade eröffnet hatte, noch Mouzon zu dem ihn erwartenden Kaiser. Da in den Vorverhandlungen offenbar auf beiden Seiten versäumt worden war, die Kontroverspunkte mit der erforderlichen Klarheit herauszustellen, verlangte er von Heinrich den ausdrücklichen Verzicht auf die Temporalieninvestitur sowie auf das Recht, Kirchenbesitz an sich ziehen zu können, gab also in letzter Minute zu erkennen, daß er lediglich die in Frankreich eingespielte Praxis zugestehen wolle, nämlich Fortdauer der dem König geschuldeten Leistungen bei Fortfall jeder, auch der weltlichen Investitur. Heinrich V. erstrebte dagegen zum mindesten die für England geduldete vasallitische Bindung der Bischöfe und darüber hinaus eine Regalieninvestitur. Er ging daher auf die neu formulierte päpstliche Forderung nicht ein, sondern verlangte Aufschub der Entscheidung. Darauf ritt der tief enttäuschte Papst zum Konzil zurück. Dort sollte er eine weitere Überraschung erleben. Zwar belegten die Teilnehmer, von der Schuld des Kaisers überzeugt, Heinrich und seine Anhänger mit dem Anathem, aber sie konnten sich nicht entschließen, das von Kalixt geforderte Investiturverbot auch auf den kirchlichen Besitz auszudehnen. Es wurde bloß die Investitur mit Bistümern und Abteien untersagt, während die Verfügung über die in Laienhand befindlichen Zehnten und über die Kirchenlehen eine offene Frage blieb. Kalixt hat sich dadurch nicht verbittern lassen. Er kannte jetzt die strittigen Punkte und war gewillt, sie bei neuen Friedensverhandlungen zu berücksichtigen.

Inzwischen bereitete er sorgfältig seine Reise nach Rom vor. Nach einem wahren Triumphzug durch die Lombardei und durch Tuszien wurde er im Sommer 1120 von den Römern mit offenen Armen empfangen. Endlich hatten sie wieder einen Regenten, unter dessen Herrschaft der Parteihader verstummte. Erst im April 1121 schickte Kalixt, der Süditalien bereist hatte, seine Truppen nach Sutri, um den dort verschanzten Gegenpapst auszuheben. Seiner Bischofswürde entkleidet, verschwand Burdinus in einem unteritalienischen Kloster. Nun ließ auch der Friede mit dem Kaiser nicht mehr lange auf sich warten. Durch Bürgerkriege mürbe gemacht, entschloß sich Heinrich im Herbst 1121, den deutschen Fürsten die einleitenden Verhandlungen mit Rom anzuvertrauen. Kalixt ging auf sie ein und sandte drei Kardinäle, unter ihnen den künftigen Papst, Lambert von Ostia, nach Deutschland. Nach 14tägigen schwierigen Beratungen fand der Investiturstreit am 23. September 1122 durch das Wormser Konkordat sein Ende.

Heinrich verzichtete darin auf die Investitur mit Ring und Stab, behielt aber das Recht auf die mit dem Szepter zu vollziehende Regalieninvestitur, die in Deutschland sofort nach der Wahl, für die burgundischen und reichsitalischen Bischöfe binnen 6 Monaten nach der Weihe erfolgen sollte. Er gestand ferner kanonische Wahl und freie Konsekration zu, doch verblieb ihm für das deutsche Reichsgebiet ein wesentlicher Einfluß auf die Wahl: sie sollte in seiner oder in seines Bevollmächtigten Gegenwart stattfinden und bei zwiespältigem Ausgang von ihm unter Mitwirkung des Metropoliten sowie der Suffragane zugunsten der sanior pars entschieden werden. Die Machtsphäre der römischen Kirche, das Patrimonium Petri, wurde von den Konkordatsbestimmungen ausgenommen[22].

Das Konkordat, das trotz gewissen Mängeln zu den besten Schlichtungsverträgen abendländischer Geschichte gehört, bestand aus zwei Urkunden; die eine enthielt die Zugeständnisse des Kaisers an Kalixt und an die römische Kirche, die andere jene des Papstes an Heinrich V., und zwar an ihn allein, ein Umstand, der in kirchlichen Kreisen die Meinung begünstigte, nach Heinrichs Tod sei das Papstprivileg erloschen. Diese unter formalem Aspekt durchaus vertretbare (selbst von einigen modernen Historikern gehaltene) These konnte jedoch gegen die tiefer gegründete Natur des nun einmal abgeschlossenen Vertrages nicht aufkommen. Nicht um Gewährung päpstlicher Vergünstigungen ist es im Calixtinum gegangen, sondern um altes Reichsrecht, das der Papst nach erfolgter Abstimmung mit den kirchlichen Rechtsansprüchen hatte bestätigen müssen. Mochten auch später sowohl die Vertreter der Kirche wie die Kaiser je nach dem Stand der Machtverhältnisse die Abmachungen zu ihren Gunsten zu ändern suchen, die Substanz des Konkordates erwies sich als eine feste Rechtsgrundlage.

[22] MGConst I 159—161. Die Entscheidung zwiespältiger Wahlen durch den König soll erfolgen: metropolitani et conprovincialium consilio vel iudicio; zu der unklaren Formulierung *D. Schäfer*, Consilio vel iudicio = mit minne oder mit rehte: SAB 37 (1913) 719 ff.

Gemessen an den in England und Frankreich eingegangenen Kompromissen, hat Kalixt dem Kaiser für Deutschland mehr, für Burgund und Reichsitalien weniger zugestanden. Das letztere konnte Heinrich hinnehmen; in Burgund spielte der König keine große Rolle, und in Reichsitalien traten die Bischöfe jeweils mehr hinter der wachsenden Macht der Städte zurück. Aber auch in Deutschland ist die Königsgewalt wesentlich geschwächt worden. Im Grunde brach mit dem Konkordat die ottonische Reichsverfassung zusammen. Die Abhängigkeit der Bischöfe und Reichsäbte, gesichert nicht bloß durch die im Calixtinum zugestandenen Rechte, sondern auch durch das dort nicht erwähnte, aber faktisch geleistete homagium, wurde dadurch beeinträchtigt, daß die Prälaten im Zug der deutschen Verfassungsentwicklung aus Reichsbeamten zu Kronvasallen wurden, zu geistlichen Reichsfürsten, die ihre rechtlich fundierte, nicht mehr willkürlich entziehbare weltliche Macht zu steigern trachteten und so mit den weltlichen Fürsten zu einer Interessengemeinschaft zusammenwuchsen. Als Träger eines Kirchenamtes, dessen rechtliches Eigensein Heinrich V. durch den Verzicht auf die Amtsinvestitur anerkennen mußte, gehörten sie außerdem dem übernationalen Verband der kirchlichen Hierarchie an. Und da das Papsttum die Kirche immer stärker zu einer echten Monarchie ausformte, hatten sie in Zukunft zwei Herren zu dienen. So bahnte sich ein ganz neues, auf dem Prinzip der Scheidung in die zwei öffentlich-rechtlichen Sphären des Staatlichen und Kirchlichen beruhendes Verhältnis an, dessen Problematik in den folgenden 180 Jahren ausgetragen werden sollte.

Beide Kontrahenten ließen sich den Vertrag innerhalb ihrer Rechtssphäre bestätigen: der Kaiser von den weltlichen Fürsten auf dem Tag zu Bamberg 1122, der Papst von dem im März 1123 eröffneten Laterankonzil. Den Widerstand, den Kalixt dort von seiten der strengen Gregorianer erfuhr, besiegte er durch die Erklärung, die Zugeständnisse an Heinrich sollten nicht gebilligt, sondern um des Friedens willen geduldet werden. Alles hing davon ab, wie man sich in Zukunft zu den mit dem Vertrag gegebenen, gedanklich noch keineswegs bewältigten Problemen verhalten werde. Von den alten, in festgefahrenen Kategorien denkenden Reformkämpfern war nicht die Elastizität zu erwarten, die die neue, auch und gerade im Konkordat sich ankündigende Zeit erforderte. Die römische Kirche bedurfte jüngerer vorwärtstreibender Kräfte. Kalixt scheint es zum mindesten geahnt zu haben; denn kurz vor dem Konzil erhob er unter anderen den Franzosen Haimerich zum Kardinaldiakon und vertraute ihm um dieselbe Zeit (vor dem 8. 5.) das wichtigste Kurienamt, das des Kanzlers, an. Dieser bedeutende Mann, Freund des hl. Bernhard und des Kartäuserpriors Guigo, sollte die römische Kirche in ein neues Reformstadium überführen und zur Erreichung dieses Zieles sogar das Schisma von 1130 auf seine Verantwortung nehmen.

Das Laterankonzil von 1123 steht am Ende der zahlreichen Generalsynoden, die seit Leo IX. von den Päpsten veranstaltet worden sind, um im

Verein mit den Bischöfen verschiedener Länder allgemeinverbindliche Beschlüsse zu fassen. Ohne sich von ihnen sachlich zu unterscheiden, hat es allein ökumenische Anerkennung gefunden und leitete als 9. ökumenisches, 1. Laterankonzil insofern eine neue Periode ein, als fortan die Päpste wichtigere kirchliche Fragen mit den Kardinälen und zufällig anwesenden Bischöfen im Konsistorium entschieden und nur selten allgemeine Synoden beriefen. Sein abschließender Charakter tritt auch in den Dekreten deutlich zutage. Was die Reform früher gegen die Priesterehe, gegen die Simonie und die Laienherrschaft über Kirchen und kirchliche Güter, was sie über den Gottesfrieden oder die Rechte und Pflichten der Kreuzfahrer verfügt hat, findet sich hier eindrucksvoll zusammengefaßt. In den die Seelsorge und Sakramentenspendung betreffenden Dekreten fällt jedoch auf, wie stark die Gewalt des Diözesanbischofs sowohl gegenüber dem eigenen Klerus wie gegenüber den Mönchen, denen die Seelsorgstätigkeit untersagt wird, berücksichtigt worden ist. Die Zeit des Notstandes, die so viele Eingriffe der Reformpäpste in die Rechte der Ortsbischöfe und die Privilegierung der für die Reform kämpfenden Mönche erfordert hatte, war vorbei. Sollte die Reform weitergehen, so bedurfte sie der Mitarbeit der Bischöfe und neuer, aus dem Klerus und dem Mönchtum aufsteigender Kräfte[23].

In der Tat gab es noch viel zu tun. In keinem Land, nicht einmal in Frankreich, war ein endgültiges Resultat erzielt worden. Deutschland und mit ihm Reichsitalien hatten sich erst seit 1122 der Reform ganz geöffnet. Die Kirche Spaniens stand mitten im Ausbau. In England war das Staatskirchentum keineswegs überwunden; Heinrich I. hielt fester denn je an den ihm verbliebenen Rechten fest und schnürte nach Anselms von Canterbury Tod (1109) die Bischöfe ungeachtet der Proteste Paschalis' II. vom Verkehr mit Rom ab. Irland befand sich in einer ersten zaghaften Wende, nachdem die Synoden von Cashel 1101 und von Rath Breasail 1111 die Kirche aus der Verflechtung mit den Laiengewalten zu lösen begonnen, die letztere sogar eine feste Hierarchie mit 26 Bistümern, 2 Metropolen, von denen eine den Primat innehaben sollte, vorgesehen hatte[24]. Unter den nordischen Königen war es Erich von Dänemark gelungen, bei Urban II. das Recht auf ein dänisches Erzbistum gegenüber Liemar von Bremen prinzipiell durchzusetzen, so daß 1104 ein von Paschalis II. entsandter Legat das Bistum Lund zur Metropole erheben konnte. Die Verfügung blieb faktisch auch dann in Kraft, als der Bremer Erzbischof Adalbero II. von Kalixt II. und von Innozenz II. die Bestätigung seiner Metropolitanrechte im Norden wiedererlangte. Es war nur noch eine Frage der Zeit, wann Norwegen und Schweden ihr eigenes Erzbistum erhielten. Die Verchristlichung des Nordens mußte das missionarische

[23] *F. J. Schmale*, Studien zum Schisma des Jahres 1130 (Köln-Graz 1961) 43—48 und passim.

[24] *A. Gwynn*, The First Synod of Cashel: IER 66 (1945) 81—92, 67 (1946) 109—122; *MacErlean*, The Synod of Rath Breasail: Archiv. Hibernic. 3 (1914) 1—33.

Interesse auf die noch heidnischen Ostseevölker lenken. Die Wendenmission kam neu in Fluß: Adalbero von Bremen schickte sich an, nach Mecklenburg vorzustoßen, Boleslaw III. von Polen ließ Bischof Otto von Bamberg mit deutschen Priestern nach Pommern gehen. Polen hatte 1103 den Kontakt mit der Reform neu gefunden, als Paschalis einen Legaten dorthin schickte, der zu Gnesen eine Reformsynode abhielt. Auch in Ungarn, dessen König Koloman auf der Synode von Guastalla (1106) den Verzicht auf die Investitur hatte vollziehen lassen, war der Anschluß erfolgt, vor allem durch die wichtigen Reformkonzilien von Gran (1104 und 1112)[25].

Der Geist der Reform hatte also überall Eingang gefunden; mit ihm war eine neue Weise, die Welt zu betrachten und zu gestalten, eingezogen. Denn der im Vorhergehenden beschriebene Reformkampf muß als Ausdruck einer viel tiefergehenden, alle Lebensverhältnisse erfassenden Wende verstanden werden, die damals das christliche Abendland vollzogen hat. Inwieweit sie sich auf die Kirche ausgewirkt hat, soll im übernächsten Abschnitt dargelegt werden.

[25] Über König Koloman und seine kirchenpolitischen Ideen s. *J. Deér* (oben Anm. 11) 156—162; zur Reform: *E. Pásztor*, Sulle origini della vita comune del clero in Ungheria: La vita comune del clero (Lit. zu Kap. 52) II 71—78.

ZWEITER ABSCHNITT

Die Ostkirche vom Anfang des 10. Jahrhunderts bis Kerullarios

Univ.-Professor Dr. Hans-Georg Beck, München

46. Kapitel

Die byzantinische Kirche nach Photios' Sturz

Mit der erzwungenen Abdankung des Patriarchen Photios im Jahre 886 war noch kein Ende der Wirren innerhalb der byzantinischen Reichskirche abzusehen. Der neue Patriarch Stephanos I. (886—893), ein Bruder des Kaisers Leon VI., konnte, da er von Photios zum Diakon geweiht worden war, die Anerkennung der bedingungslosen Ignatianer, die unter der Führung des Metropoliten Stylianos Mapas standen, nicht erreichen. Stylianos suchte immer wieder Rom für seine Partei zu gewinnen, ohne daß wir in jedem Falle sagen könnten, welche Stellung der Papst bezog, denn die päpstlichen Schreiben in der berühmten Dokumentensammlung der Antiphotianer dürften — soweit überhaupt echt — kaum durchwegs jene Form behalten haben, in der sie die römische Kanzlei verlassen hatten. 892 scheint Papst Formosus durch Entsendung von Legaten nach Konstantinopel einen Unionsversuch gemacht zu haben, gründend auf der Unterscheidung zwischen der Ungültigkeit der photianischen Weihen des ersten Patriarchats und der Gültigkeit derjenigen der zweiten Patriarchatszeit. Der Versuch scheiterte, ohne daß dies weitere Folgen nach sich zog. Erst unter Papst Johannes IX. gelang die Aussöhnung. Es war wohl Patriarch Antonios Kauleas (893—901), der Stylianos von der Sinnlosigkeit seines Widerstands überzeugen konnte. Außerdem war der neue Patriarch, wenn nicht schon unter Methodios, so spätestens unter Ignatios in den Klerus aufgenommen worden, bot also nicht die Angriffsflächen seines Vorgängers. Wir wissen weder, ob ein päpstliches Schreiben[1] die Aussöhnung der Parteien vorbereitete oder nur sanktionierte, noch können wir mit Sicherheit sagen, ob die Versöhnung in Gegenwart päpstlicher Legaten vollzogen wurde[2]. Rom und Byzanz anerkennen jetzt jedenfalls „Ignatios, Photios, Stephanos und Antonios" als legitime Patriarchen, das heißt, zumindest der zweite Patriarchat des Photios wurde nicht mehr in Frage gestellt[3]. Stylianos nahm die Formel an, und nur wenige seiner bisherigen Anhänger verblieben im Schisma.

[1] *Mansi* XVI 457 AB.
[2] Vgl. *F. Dvornik*, Le schisme de Photius 364 ff.
[3] *Grumel Reg* n. 596.

Patriarch Antonios starb bald nach diesem Friedensschluß, der ins Jahr 899 zu datieren ist. Wie eine späte Anerkennung für Photios wirkt es, wenn nun auf die Initiative des Kaisers hin in der Gestalt des Nikolaos I. Mystikos ein Mann den Patriarchenthron bestieg (901—907, 912—925), der ein (geistlicher?) Verwandter des Photios war[4]. Nikolaos ist unstreitig einer der großen Patriarchen von Konstantinopel, und manches in seinem Charakter und seinem Wirken erinnert an Photios. Auch er hatte zuerst die Verwaltungslaufbahn im Staat eingeschlagen. Der Sturz des Photios ließ ihn die Ungnade seines Jugendfreundes Leon VI. befürchten, und er zog sich in ein Kloster zurück. Aber der Kaiser berief ihn schließlich doch wieder an den Hof, wo er als Geheimsekretär (Mystikos) wirkte. Als Patriarch entwickelte er einen ungewöhnlichen Eifer. Das Dossier seiner Korrespondenz gehört zu den umfangreichsten der Patriarchatskanzlei[5]. Die byzantinische Kirche dehnt unter seiner Regierung ihre Grenzen weit nach dem Osten aus. Abasgien und Alanien (im Kubangebiet) bekehren sich zum Christentum, und Byzanz entsendet einen Erzbischof ins Missionsgebiet. Fern vom byzantinischen Kulturzentrum und in ständiger Auseinandersetzung mit den überlebenden Resten barbarischen Heidentums in seinem Sprengel bedarf er der ständigen Ermunterung durch den Patriarchen[6]. In Armenien zeichnet sich in manchen Kreisen eine Wende vom Monophysitismus zur byzantinischen Orthodoxie ab, die der Patriarch mit Interesse verfolgt[7]; die Christianisierung der Chazaren soll von Cherson aus weiter vorwärtsgetrieben werden[8]. Der Patriarch setzt sich sogar direkt mit dem islamischen Emir von Kreta in Verbindung, um den Christen der südlichen Ägäis Erleichterungen zu verschaffen[9]; er wendet sich schließlich auch an den Kalifen von Bagdad und versichert ihn des Schutzes der Moschee in Konstantinopel und der freien Religionsausübung für die islamischen Kriegsgefangenen in der byzantinischen Hauptstadt[10]. Er ordnet in Verbindung mit dem Kaiser die so wichtigen Rangverhältnisse der Bistümer im Reich durch die Einreihung der alten Bistümer des Illyrikums und Süditaliens in die offizielle Notitia[11] und versucht, das kirchliche Sportelwesen einzudämmen. Je länger, desto überzeugter wird er zum Vertreter der „Oikonomia", der Gnade, des Nachgebens und des Zuwartens in allen Disziplinen. Mit Recht ist darauf hingewiesen worden, daß die bisherige Geschichtsschreibung diesem Patriarchen nicht gerecht geworden ist, weil für den Betrachter immer der Politiker

[4] Zu Nikolaos Mystikos vgl. *Beck* 550; LThK² VII 995 (Baus); *C. de Boor,* Vita Euthymii 160—188. Eine wirkliche umfassende Würdigung des Patriarchen steht noch aus.

[5] Die Texte PG 111, 9—392.

[6] *Grumel Reg* nn. 599 609 610 619 715.

[7] Ebd. 647 648 649 716. [8] Ebd. 676 680. [9] Ebd. 600 646.

[10] Ebd. 659.

[11] Ebd. 598. Der authentische Text bei *H. Gelzer,* Ungedruckte und ungenügend veröffentlichte Texte der Notitiae episcopatuum: AAM XXI, 3 (München 1900) 550—559.

Nikolaos im Vordergrund stand. Drei Sachverhalte sind es vor allem, in denen Nikolaos sich als Politiker bewähren mußte. Es handelt sich zunächst um seine Beteiligung am Hochverrat des Andronikos Dux und später an der Revolte von dessen Sohn Konstantinos Dux. Die Nachrichten von der Beteiligung des Patriarchen an diesen Unternehmungen gehen auf Quellen zurück, denen man wohl allzu unbesehen großes Vertrauen geschenkt hat[12]. Der politische Hintergrund der ersten dieser Revolten ist zudem völlig unklar; ein Urteil über das Verhalten des Patriarchen läßt sich nach dem heutigen Stand unserer Kenntnisse kaum fällen. Wichtiger ist der berühmte Tetragamiestreit[13]. Leon VI. hatte im Jahre 901 seine dritte Frau durch den Tod verloren, ohne daß sie ihm einen Sohn geschenkt hätte. Diesen Sohn und Erben brachte ihm dafür bald darauf seine Geliebte Zoe Karbonopsina zur Welt, und der Kaiser war willens, diesen Sohn, den späteren Konstantin VII. Porphyrogennetos, zu legitimieren und zum Thronerben zu bestimmen. Patriarch Nikolaos I. war bereit, die feierliche Taufe vorzunehmen (6. 1. 906) und auch die Legitimität des Prinzen anzuerkennen, trotz aller staatlichen und kanonischen Sanktionen, die sich an sich schon gegen eine dritte Ehe richteten. Doch der Patriarch stellte die Bedingung, Leon müsse sich von seiner Geliebten trennen. Leon versprach es zunächst, aber nach kurzer Zeit brach er sein Versprechen, heiratete Zoe und erhob sie zur Augusta[14]. Daraufhin versagte der Patriarch dem Kaiser den Zugang zur Kirche. Der Gegenzug des Kaisers bestand darin, daß er Rom und die Patriarchen des Ostens in der Frage nach der Erlaubtheit einer vierten Ehe konsultierte. Angesichts einer solchen Beeinträchtigung seiner Autonomie scheint Nikolaos geneigt gewesen zu sein, dem Kaiser von sich aus eine Dispense anzutragen, doch der Kaiser war nicht mehr bereit, sich seinem Patriarchen zu beugen[15]. Rom schickte Legaten — ob ihnen Nikolaos aus dem Weg ging oder ob der Kaiser sie von ihm fernhielt, wissen wir nicht

[12] *Grumel Reg* n. 733.

[13] Vgl. DThC IX 365—379; LThK² IX 1381—1382. Die wichtigste Darstellung früherer Zeit findet sich unstreitig in dem Kommentar de Boors zur Vita Euthymii (vgl. Anm. 4). Ein russischer Kommentar zur Vita von *A. P. Každan* in: Dve bizantijskie chroniki X veka (Moskau 1959). Inzwischen hat die Forschung vor allem den berühmten Metropoliten Arethas von Kaisareia als den Theoretiker des Streites entdeckt, einen Theoretiker, der zudem einen entschiedenen Frontenwechsel durchgeführt hat. Seine zahlreichen Schriften zum Thema sind jetzt zu einem beträchtlichen Teil ediert; vgl. *R. J. H. Jenkins - B. Laurdas,* Eight letters of Arethas on the Fourth Marriage of Leo the Wise: Ἑλληνικά 14 (1956) 293 bis 372; *P. Karlin-Hayter,* New Arethas Texts: Byz(B) 31 (1961) 273—307, 34 (1964) 49—57.

[14] Durch Kaiserin Eirene war schon die dritte Ehe verboten worden (*Dölger Reg* n. 359); Kaiser Basileios I. hatte die vierte Ehe ausdrücklich verboten (*Rhallis-Potlis* V 252), und Leon VI. selbst hatte in seiner 22. Novelle im Grunde nur die erste Ehe für völlig legitim anerkannt und in Novelle 90 sein Verdikt über die dritte ausgesprochen.

[15] Nikolaos versuchte jetzt, sich durch einen Pakt mit seinen Metropoliten zu sichern, der alle, welche in der Frage nachgeben würden, mit Anathem und ewiger Absetzung bedrohte; *Grumel Reg* n. 611.

mehr —, die den päpstlichen Hinweis brachten, daß gegen eine vierte Ehe keine kanonischen Bedenken bestünden. Ebenso urteilten die Legaten der östlichen Patriarchen. Nikolaos mußte in die Verbannung gehen und seine Abdankung einreichen[16]. Wiederum wurde ein „Fall" geschaffen. Es ist leicht, von der Primatsidee her die Stellungnahme Roms zu verteidigen; schwerer ist es, das Fehlen jeder Rücksichtnahme auf die Entwicklung des kanonischen Rechts in der byzantinischen Kirche zu rechtfertigen. Man versucht keinen Ausgleich und keine Verständigung; jede Partei ist bemüht, ihren eigenen Standpunkt unbesehen durchzusetzen. Die östlichen Patriarchatsvertreter — niemand weiß, unter welchen Voraussetzungen — schließen sich dem römischen Votum an. Als Nachfolger des Nikolaos wird der Beichtvater Leons, der Mönch Euthymios, Patriarch (907—912), die byzantinische Kirche spaltet sich in unnachgiebige Nikolaiten und Euthymianer, obwohl sich die Stellungnahme des Euthymios von der seines Vorgängers nur wenig unterscheidet: er betrachtet die römische Entscheidung als eine Dispense im Einzelfall, die ihn keineswegs zwingt, eine vierte Ehe grundsätzlich anzuerkennen[17]. Zusammen mit seiner Synode verwirft er ein solches Ansinnen und erklärt auch jede dritte Ehe für illegitim; er setzt den Priester Thomas, der die vierte Ehe des Kaisers eingesegnet hat, ab und ist auch auf eine Intervention der Kaiserin hin nicht bereit, dieses Urteil zu revidieren[18]. Er verweigert der Kaiserin die kirchliche Krönung als Augusta[19]. Das Schisma innerhalb der byzantinischen Kirche kann sich also nicht an die kanonistische Einstellung des Euthymios klammern; es klammert sich vielmehr daran, daß Nikolaos gegen die Regeln der Kanones zur Abdankung gezwungen worden sei. So muß Euthymios die Rechnung bezahlen, nachdem Leon VI. im Jahre 912 gestorben ist. Leons Bruder Alexandros, der ihm folgt, setzt Nikolaos wieder in seine Rechte ein[20], und Euthymios wird mit Schmach in die Verbannung gejagt. Nikolaos seinerseits spricht über die Anhänger seines Vorgängers Anathem und Absetzung aus. Dieses Verdikt trifft zu allem Überfluß auch alle diejenigen, die Euthymios geweiht hat[21].

[16] *Grumel Reg* nn. 612—614. [17] Ebd. 626. [18] Ebd. 625 629. [19] Ebd. 627 628.
[20] Es gibt einen Text, der von Leon VI. stammen soll, worin er seine vierte Ehe bereut und Nikolaos als seinen Patriarchen bezeichnet, der in alle seine Rechte wieder einzusetzen sei. Der Text hat eine Kontroverse angeregt, die vor allem in die Frage mündet, ob noch Leon oder erst Alexandros den Patriarchen wieder eingesetzt habe. Es dürfte schwerfallen, den Text als eine glatte Fälschung des Patriarchen zu bezeichnen. Es ist gut möglich, daß Leon auf dem Totenbett seinen Frieden mit der Partei der Nikolaiten machen wollte und daß der vorliegende Text eine durch Nikolaos vollzogene Stilisierung der Gedanken des Kaisers ist. Doch spricht alles dafür, daß die Ausführung, das heißt die Wiedereinsetzung des Nikolaos, erst durch Alexandros erfolgte. Vgl. *N. Oikonomides,* La dernière volonté de Léon VI au sujet de la tetragamie: ByZ 56 (1963) 46—52; dazu *P. Karlin-Hayter:* Byz(B) 32 (1962, ersch. 1963) 317—322; wiederum *N. Oikonomides,* La „préhistoire" de la dernière volonté de Léon VI au sujet de la tétragamie: ByZ 56 (1963) 265—270; *P. Karlin-Hayter:* Byz(B) 33 (1963) 483—486. [21] *Grumel Reg* nn. 630 631 632.

In einem Brief an Papst Anastasius III.[22] wirft Nikolaos der lateinischen Kirche vor, mit ihrer Duldung der Tetragamie der Unzucht Tür und Tor zu öffnen und dies im Widerspruch zum Apostel Paulus. Er verlangt vom Papst, die Urheber der römischen Entscheidung mit dem Bann zu belegen, nicht freilich Papst Sergius III., da dieser schon tot sei, und auch nicht Kaiser Leon VI. selbst, da dieser bereut habe. Da Rom auf diese Forderungen nicht eingeht, wird der Papst aus den Diptychen gestrichen.

Inzwischen kamen auf den Patriarchen Aufgaben zu, die ihn tief in die drängendsten Fragen der byzantinischen Außenpolitik stürzten[23]. Es ist möglich, daß er nach dem Tode des Alexandros 913 dem kleinen Konstantin VII. in der Person des Konstantin Dux einen kräftigen Tutelarkaiser an die Seite geben wollte. Inzwischen erfuhr er jedoch, daß er selbst nebst einigen Senatorialen zum Vormund bestellt worden war. Jedenfalls hatte er nun zunächst mit der Insurrektion Konstantins Dux zu tun. Es gelang ihm, sie zu sprengen, aber er verscherzte sich damit wohl sehr viele Sympathien in der Öffentlichkeit. Auch die Mutter seines Mündels, die verwitwete Kaiserin Zoe, machte ihm seinen politischen Einfluß streitig. Am schlimmsten aber war die Auseinandersetzung mit dem siegreichen Zaren Symeon von Bulgarien, der unverhohlen nach der byzantinischen Kaiserkrone griff. Dieser Einbruch der Bulgaren rief alle Abwehrkräfte des Reiches, auch die einer geeinten Kirche, auf den Plan. So geht jetzt der Ruf nach Frieden und Einigung durch den ganzen zweiten Patriarchat des Nikolaos. Aber wie immer in Byzanz bedurfte es schließlich des kaiserlichen Druckes, um den Frieden auch wirklich herzustellen. Es ist Romanos Lakapenos, der sich bereits zum Vormund und Schwiegervater des Kaisers aufgeworfen hat, dem dies zu verdanken ist[24]. Schließlich kam es 920 zur Unionssynode. Das dabei verabschiedete Dokument[25] ist von bemerkenswerter Klugheit: die Ursache des Streites, die vierte Heirat Leons VI., wird völlig ausgeklammert. Man erläßt nur für die Zukunft neue Bestimmungen: die vierte Ehe soll ab der 8. Indiktion des Weltjahres 6428, das heißt ab 1. September 920, für alle Zeit verboten bleiben, eine dritte Ehe wird nur mit Einschränkungen und unter kirchlicher Buße ermöglicht.

Die Union erfolgte ohne Beteiligung Roms. Die Frage war, wie sich Rom dazu stellen würde. Bald nach der Synode bequemte sich Nikolaos zu einem neuen Schreiben nach Rom an Papst Johannes X.[26] Er ersuchte um die Entsendung von Legaten, welche die vierte Ehe in Einklang mit dem gemein-

[22] Ebd. 635.

[23] Vgl. *J. Gay*, Le patriarche Nicolas Mystique et son rôle politique: Mélanges Ch. Diehl I (Paris 1930) 91—100.

[24] Dies ergibt sich unschwer aus dem Brief des Patriarchen an Lakapenos aus dem Jahre 919/920 (*Grumel Reg* n. 665), PG 111, 273—277.

[25] *Grumel Reg* n. 669, *Rhallis-Potlis* V 4—9.

[26] *Grumel Reg* n. 671.

samen Glauben der ganzen Christenheit verurteilen sollten. Aber Rom ließ sich keine Bedingungen setzen. Wiederum mußte Nikolaos einen Schritt zurückweichen: in einem neuen Schreiben schlug er nun auch in Rom vor, die römische Erlaubnis für Kaiser Leon zur Eingehung einer vierten Ehe als reine „Oikonomia" zu betrachten; denn so habe auch Papst Sergius III. seine Stellungnahme aufgefaßt[27]. Er blieb offenbar wieder ohne Antwort, ebenso mit dem dritten Schreiben[28]. Erst ein viertes Schreiben, in dem keine Bedingungen mehr gestellt waren, hatte Erfolg. Wohl im Frühjahr 923 trafen päpstliche Gesandte in Konstantinopel ein. Was verhandelt wurde, wissen wir nur aus einem Brief des Patriarchen an den Zaren Symeon: die römischen Legaten hätten die Tetragamie verurteilt und feierlich mit der byzantinischen Kirche Frieden geschlossen[29]. Es ist kaum wahrscheinlich, daß Rom so plötzlich seine Stellungnahme geändert haben sollte oder daß wieder einmal die Legaten ihre Kompetenzen überschritten haben sollten, ohne daß sich in den römischen Quellen darüber Kunde fände. Möglich scheint mir zu sein, daß die Legaten die Rechtssatzungen der Synode von 920 als für die byzantinische Kirche bindendes Sonderrecht anerkannten.

Wiederum war ein schwerer Streit endlich geschlichtet. Rom hatte offenbar in keinem Punkt nachgegeben, und in Byzanz war man sich klar, daß ein echter Kirchenfriede ohne Beteiligung Roms nicht denkbar war. So hatte Rom gesiegt, klarer als in der Affäre des Patriarchen Photios. Doch der Sieg war erkauft mit einer in den folgenden Jahrzehnten immer stärker hervortretenden Uninteressiertheit der byzantinischen Kirche, die Wege der römischen zu kreuzen: Man kapselt sich ab, die Entfremdung nimmt zu, und der spätere Bruch ist nichts als ein Schlußstrich.

47. Kapitel

Auf dem Wege zum Schisma des Jahres 1054

QUELLEN: *C. Will*, Acta et scripta quae de controversiis ecclesiae graecae et latinae saeculo XI extant (Lipsiae 1861). Rede des Psellos gegen Kerullarios: *L. Bréhier*, Un discours inédit de Psellos: RÉG 16 (1903) 375—416, 17 (1904) 34—76; *J. Hergenröther*, Monumenta graeca ad Photium eiusque historiam pertinentia (Regensburg 1869) (enthält auch Quellen zum 11. Jh.); *A. Demetrakopulos*, Bibliotheca Ecclesiastica I (Leipzig 1866).
LITERATUR: *L. Bréhier*, Le schisme oriental di XIe siècle, Paris 1899; *A. Michel*, Humbert und Kerullarios, 2 Bde. (Paderborn 1924/30); *ders.:* Schisma und Kaiserhof im Jahre 1054 in: L'église et les églises I (Chevetogne 1954) 351—440.

Im weiteren Verfolg der konstantinopolitanischen Patriarchengeschichte des 10. Jh. tauchen geschichtliche Formen auf, die einerseits verblüffend an die

[27] Ebd. 675. [28] Ebd. 711. [29] Ebd. 712.

gleichzeitige Papstgeschichte erinnern, andererseits die besondere Markierung des „konstantinischen" Kirchenwesens, die enge Verbindung nämlich zwischen Kirchenpolitik und der Politik eines sich als Weltkaiser verstehenden Herrschers erneut stark hervortreten lassen. Mit anderen Worten: die Geschichte dieser Jahrzehnte ist nicht zu verstehen ohne die heftigen Auseinandersetzungen zwischen Ost und West in Fragen des „römischen" Kaisertums, und es ist kein allzu scharf formuliertes Axiom, daß „die schismatischen Neigungen in Neurom geradezu ein Barometer für den deutschen Einfluß in Altrom" (M. Michel) bilden.

Kaiser Romanos I. Lakapenos (920—944), dessen Bemühen es war, durch eine skrupellose Familienpolitik die makedonische Dynastie seines Mündels Konstantin VII. zu verdrängen, wollte auch den Patriarchenstuhl für seine eigene Familie reservieren. Solange sein Sohn Theophylaktos noch ein Kind war, bestellte er Patriarchen (Stephanos II. 925—928 und Tryphon 928 bis 931), die nur als Platzhalter gedacht waren und dementsprechend in völliger Anonymität verbleiben. Kaum war Theophylaktos sechzehn Jahre alt, machte ihn sein Vater zum Patriarchen (933—956), und Papst Johannes XI. — nach Liutprand unter dem Zwang Alberichs — gab sich dazu her, die groteske kanonische Lage durch seine Legaten feierlich legalisieren zu lassen. Es ist nicht unwahrscheinlich, daß derselbe Papst durch schriftliche Erklärungen über den Rang der Sedes Constantinopolitana die Autonomiebestrebungen in Byzanz nur noch förderte[1]. Was man sich über den Lebenswandel des jungen Patriarchen erzählte, entspricht ziemlich genau dem, was über Papst Johannes XII. berichtet wird. Bemerkenswert, daß seine Kirche das Vertrauen des bulgarischen Zaren Peter genoß, der sie über die Behandlung der neuaufgekommenen Sekte der Bogomilen konsultierte. Das ausführliche Lehrschreiben, das darauf die Kanzlei des Patriarchen verließ und eines der wichtigsten Dokumente für die Geschichte der Sekte bildet, geht freilich nicht auf das theologische Wissen des Patriarchen, sondern auf das seines Chartophylax Johannes zurück[2]. Es ist bezeichnend für die regenerative Kraft der byzantinischen Kirche, daß der Pontifikat des Theophylaktos Episode blieb. In der Person des Mönches Polyeuktos (956—970) bekam er einen Nachfolger von überragendem Ansehen: furchtlos gegenüber allen Machthabern, hart und rauh, besorgt um die Reinerhaltung der kirchlichen Disziplin, Vertreter der charismatischen Kaisermachtsvorstellung, aber zugleich Feind jeglicher „Identifizierung" der politischen mit den rein kanonischen und religiösen Belangen. Er verweigerte dem siegreichen Kaiser Nikephoros II. die Genugtuung, die im Kampf gegen den Islam gefallenen byzantinischen Soldaten als Martyrer verehren zu lassen[3], er verhinderte die

[1] Liutprandi Legatio 62.

[2] Neue Ausgabe und Kommentar von *I. Dujčev,* L'epistola sui Bogomili del patriarca costantinopolitano Teofilatto: Mélanges E. Tisserant II. (Vaticano 1964) 63—91.

[3] *Grumel Reg* n. 790.

Ehe desselben Kaisers mit der Witwe des Kaisers Romanos II., der berüchtigten Theophano, solange der Verdacht einer geistlichen Verwandtschaft zwischen den Partnern bestand[4], und er verweigerte nach der Ermordung des Nikephoros dem neuen Kaiser Johannes I. Tzimiskes, dem Inspirator des Mordes, das Betreten der Kirche und die Kaiserkrönung, solange Theophano am Hof verblieb und die Mörder ohne Strafe ausgingen[5]. Er stellte Tzimiskes eine weitere Bedingung: die Krönung würde nicht erfolgen, solange Tzimiskes nicht die „caesaropapistischen Maßnahmen" seines Vorgängers, das heißt ein Gesetz, das jede Bischofsweihe von der Erlaubnis des Kaisers abhängig machte, für nichtig erklärte[6]. Und die Kaiser beugen sich alle der Härte und Entschlossenheit dieses Mannes.

Das Fanal für die außenpolitische Lage des Reiches und der Kirche ist die Kaiserkrönung Ottos d. Gr. im Jahre 962[7], das heißt die Wiederholung einer Handlung, die bereits im Jahre 800 zu schweren Erschütterungen geführt hatte, weil sie zugleich Zeichen des bestimmenden Einflusses einer konkurrierenden „nichtrömischen" Kaisermacht auf das Papsttum war, das damit die für Byzanz erträgliche, relativ unabhängige Stellung zwischen den zwei Weltmächten aufgab. Daß sich die von den deutschen vertriebenen und lahmgelegten Vertreter der papalen Aristokratie Roms nach Byzanz wandten, ist nicht verwunderlich. Es wäre aber auch angesichts der Undurchsichtigkeit der kanonischen Lage in Rom vermessen, jede Unterstützung eines solchen Vertriebenen durch Byzanz als schismatisch zu bezeichnen, so wie es einfach Folge derselben Undurchsichtigkeit in der raschen Aufeinanderfolge der Päpste sein kann, wenn man das namentliche Memento dieser Päpste („Eintrag in die Diptychen") in der byzantinischen Liturgie allmählich auf die leichte Schulter nahm. Empfindlicher reagierte Byzanz darauf, daß der neue Kaiser deutscher Nation nach den byzantinischen Besitzungen in Süditalien griff und die römische Kirche in seinem Gefolge die alten Patriarchatsansprüche auf dieses Gebiet erhob. Der markanteste Gegenzug der byzantinischen Kirche war die Erhebung Otrantos zur Metropole mit dem Weiherecht für Acerentila, Turcicum, Gravina, Macceria und Tricarium[8]. Die folgenden, auf beiden Seiten wenig glücklich geführten kriegerischen Auseinandersetzungen in Süditalien, die schließlich zur Hochzeit zwischen Kaiser Otto II. und der byzantinischen Prinzessin Theophano führten, haben die kirchenpolitische Lage etwas entspannt, aber das Mißtrauen blieb die be-

[4] Leon Diakonos 50 *(Bonn).*

[5] A. a. O. 98.

[6] *Grumel Reg* n. 793: Der Patriarch verlangt die Rückgabe an die Synode eines Nomos des Kaisers Nikephoros II. von ca 964 (*Dölger Reg* n. 703), in dem verfügt wurde, keine Bischofswahl sei ohne Zustimmung des Kaisers gültig. Vgl. *Dölger Reg* n. 726.

[7] Zum Problem vgl. *W. Ohnsorge,* Das Zweikaiserproblem im früheren Mittelalter (Hildesheim 1947) 62 ff, und *A. Michel,* Humbert und Kerullarios I (Paderborn 1925) 9 ff.

[8] *Grumel Reg* n. 792.

herrschende Einstellung. Daß der unwürdige Papst Bonifaz VII. mit dem Schatz der Peterskirche vor dem ottonischen Grafen Sikko in byzantinisches Gebiet floh und von hier aus agierte, mußte diese Stimmung nur verstärken. Es gelang Bonifaz, nach Jahren (984) in Rom wieder Fuß zu fassen. Der Anteil des byzantinischen Hofes und Patriarchats an den folgenden Wirren in Rom dürfte kaum ins Gewicht fallen. Auch der Gegenpapst Johannes XVI. (997—998), der berühmte Rossanese Johannes Philagathos, geht eher auf Konto der Auseinandersetzung zwischen Crescentiern und Ottonen als auf das der Intrigen des byzantinischen Hofes. Patriarch in Konstantinopel war um diese Zeit Sisinnios II. (996—998). Er soll die Enzyklika des Patriarchen Photios mit den schweren Vorwürfen gegen Glaube und Disziplin Roms in einer neuen Auflage an die Patriarchen des Ostens versandt haben[9]. Für diejenigen, die dieser These anhängen, ist die Vertreibung des „byzantinischen" Papstes Johannes XVI. Anlaß genug für einen solchen Schritt des Patriarchen, obwohl doch zu bedenken wäre, daß die Enzyklika als solche in keiner Weise sich mit den drastischen Vorgängen in Rom befaßt und mit ihrem Hauptinhalt, der Klage über die römische Mission in Bulgarien, hoffnungslos unzeitgemäß wirken mußte. Was die äußere Bezeugung anlangt, so sind zwar die Argumente gegen die Echtheit nicht völlig durchschlagend, diejenigen dafür aber ebensowenig. Es dürfte sich empfehlen, beim hypothetischen Stand der Frage mit dem ganzen Vorgang kein Aufhebens in der Kirchengeschichte zu machen. Wie immer dem sei: der Friede mit Rom war in den Jahren des Papstes Johannes XVIII. (1003 bis 1009) wiederum Tatsache. Freilich dauerte dieser Friede nicht an. Es gibt eine Reihe, freilich nicht zweifelsfreier Zeugnisse, wonach der Patriarch Sergios II. (1001—19) den römischen Papst wiederum aus den Diptychen gestrichen habe[10]. Wahrscheinlicher als eine das Filioque enthaltende Inthronistika des Papstes Sergios IV. scheint die Unterstützung der normannischen Opposition gegen die byzantinische Herrschaft in Unteritalien durch Papst Benedikt VIII. dafür als Grund genannt werden zu können. Die Verquickung der päpstlichen Politik mit den rein politischen Interessen der Normannen und des deutschen Kaisers in Unteritalien bringt eine neue Lage für diesen Raum, die für die ganze Zeit der Kreuzzüge bestimmend bleiben, ja im Grund erst unter Karl von Anjou ihren Höhepunkt erreichen wird[11]. Die

[9] Vgl. *A. Michel* a. a. O. 16 f. Dagegen *Grumel Reg* n. 814. Antwort Michels: ByZ 38 (1938) 454 ff. Im negativen Sinne von Grumel auch *M. Jugie,* Le schisme byzantin 158 Anm. 1.

[10] *Michel* a. a. O. 19 ff. Vgl. *Grumel Reg* nn. 818 819.

[11] Nach *Rodulf Glaber,* Historiae sui temporis IV, 1: PL 142, 670—672, hätte Papst Johannes XIX. eine Gesandtschaft des byzantinischen Patriarchen Eustathios (1019—25) empfangen, die ihn bat, die Kirche von Konstantinopel als Primatialkirche des gesamten Ostens zu erklären, so wie die römische Patriarchalkirche der gesamten Welt sei (vgl. *Grumel Reg* n. 828 und *Dölger Reg* n. 817). Gewiß liegt darin nicht ein Ansinnen an den Papst, den römischen Primat zu verkaufen (wie *Michel:* ByZ 54 [1952] 414, unter-

Reaktion der Byzantiner dagegen vermengt Kirchliches und Weltliches ebenso heillos wie die Politik ihrer päpstlichen Gegner. Und dies ist der Boden, aus dem der byzantinische Patriarch Michael Kerullarios seine Kraft zieht. Michael ist der Nachfolger eines Patriarchen, des Alexios Studites (1025—43), der vom alten Geist seines Klosters wenig mit auf den Patriarchenthron bringt. Seine Patriarchalakten[12] sind voll von kanonistischen Verlautbarungen löblichen Reformeifers, aber in der Tat beugte er sich in der Verfallszeit der letzten Makedonier auf dem Kaiserthron jeder offenen Verletzung des Kirchenrechts, ohne — soweit sich sehen läßt — zu protestieren. Und wie auf Theophylaktos ein Polyeukt, so folgt jetzt auf ihn die herrscherliche Gestalt des Kerullarios (1043—58), der bezeichnenderweise die Donatio Constantini auf seinen Bischofsstuhl bezieht[13] und quasikaiserliche Rechte daraus ableitet. Ihm gerecht zu werden ist schwer, denn seine stürmische, um nicht zu sagen revolutionierende Persönlichkeit stellt in der byzantinischen Patriarchalgeschichte eine Ausnahme dar. Ihn mit den Maßstäben der beginnenden kirchlichen Reform im Westen zu messen ist historisch unmöglich, denn er resümiert eine kirchenpolitische Entwicklung, die auch dem Papsttum der Zeit nicht fremd war und in der der Reformgedanke auch im Westen nicht allein Pate stand. Schon als junger Aristokrat war Kerullarios in eine Revolte verwickelt, und es geht die Kunde, daß er nach der Krone strebte. Das Unternehmen wurde entdeckt, und wie so oft, war das Kloster die einzige Rettung. Aber es blieb nicht das Ende. Kerullarios wurde Kleriker und erreichte unter Kaiser Konstantin IX. Monomachos (1042—55) bald Einfluß auf die Politik und als Synkellos des Patriarchen die Anwartschaft auf dessen Nachfolge, die er denn auch 1043 antrat. Der kirchliche Zustand zwischen Ost und West, den er vorfand, kann kaum als Zustand eines formellen Schismas bezeichnet werden, wohl aber als Zustand einer steigenden kirchlichen Selbständigkeit des Patriarchats von Konstantinopel gegenüber den instabilen Verhältnissen in Rom, als Zustand gewollter Absentierung. Gefährlicher war, daß die politische Entfremdung auch zu einer „rituellen" Entfremdung geführt hatte, daß man mehr und mehr in Byzanz des Glaubens war, nur hier im Neuen Rom seien die religiösen Bräuche, das religiöse Leben insgesamt und schließlich der religiöse Glaube unversehrt, vielleicht besser gesagt: ungefährdet erhalten geblieben. Der Primatsgedanke, in Byzanz nie zu einer universalen, jeder Kraftprobe gewachsenen Überzeugung geworden, war schwächer denn je, und dies seit

stellt) — im Gegenteil! Das hat *M. Jugie* a. a. O. 168—169 evident gemacht. Andererseits sind die Argumente *Michels,* Weltreichs- und Kirchenteilung bei Rudolf Glaber: HJ 70 (1951) 53—64, gegen die Zuverlässigkeit Glabers sehr beachtlich.

[12] *Grumel Reg* nn. 829—855.

[13] Jedoch wohl erst später (vgl. Skylitzes II 643). Die D. C. war in Byzanz aller Wahrscheinlichkeit nach als *Text* erst 1054 bekannt geworden. Vgl. *E. Petrucci,* BIStIAM 74 (1962) 45—106.

geraumen Jahrzehnten. Nun hatte sich dieses Papsttum obendrein mit der rivalisierenden Kaisermacht des Westens verbunden und neuerdings sogar mit den gefährlichsten Feinden des Reiches in Süditalien, den Normannen. Doch gerade die Normannenfrage sollte den Stein ins Rollen bringen[14]. Die guten Dienste dieser Eindringlinge für das Papsttum schlugen bald ins Gegenteil um, und die Päpste selbst hatten einiges Interesse, den Spuk wieder lozuwerden. Hier trafen wohlverstandene byzantinische und päpstliche Politik plötzlich wieder zusammen. Doch beider Potential war wohl zu klein, um mit der Gefahr fertig zu werden. Jetzt keimte der Gedanke einer großen Allianz beider Kaiserreiche und des Papsttums. Einer der stärksten Befürworter dieser Idee war gerade jener Byzantiner, der die Verhältnisse am besten kennen mußte, der Katepan der italienischen Besitzungen des byzantinischen Reiches, Argyros. Der Kaiser Konstantin IX. (1042—55) konnte unschwer für den Plan gewonnen werden, aber in Kerullarios fand er einen erbitterten Gegner. Die Gründe dieser Gegnerschaft dürften komplexer Natur gewesen sein. Argyros war der Sohn jenes Meles, der 1009 unter päpstlichem und deutschem Protektorat in Apulien gegen Byzanz gekämpft hatte. Der Sohn wurde zwar in Byzanz erzogen, blieb aber rituell Lateiner und spielte zu Anfang der vierziger Jahre als byzantinischer Kommandeur in Süditalien eine höchst zweideutige Rolle. Wenn nicht von seinem Ritus her, so konnte Argyros für einen überzeugten Byzantiner schon seiner politischen Herkunft und Vergangenheit nach durchaus verdächtig wirken[15]. Kerullarios haßte ihn. Und es war wohl der Überlegung wert, wer schließlich die Früchte eines Sieges über die Normannen einheimsen würde, der Papst, der deutsche Kaiser, der byzantinische Kaiser oder wiederum ein „Dux et princeps Italiae" namens Argyros, zu dem er sich schon 1041 hatte ausrufen lassen. Außerdem stand zu vermuten, daß eine Koalition mit dem Papst nur wieder eine Kontrolle der römischen Kirche über die byzantinische herbeiführen würde. Sich einer solchen zu beugen war aber der eigenwillige Patriarch keineswegs geneigt. So begann er einen Feldzug zur Diskriminierung der lateinischen Kirche, wie er in solcher Schärfe auch von Photios nicht geführt worden war. Kerullarios ging es nicht um Schritte auf höchster Ebene, etwa um eine Enzyklika an die orientalischen Patriarchen, die nicht viel zu sagen hatten, sondern um den Aufruhr in der Hauptstadt gegen den neuen Kurs der kaiserlichen Politik. Seine Propaganda beschäftigte sich mit kirchlichen Riten (vor allem dem Gebrauch der Azymen in der lateinischen Kirche, dem Samstagsfasten usw.). Das Filioque entdeckte er dank seiner geringen theologischen Bildung sozusagen erst in letzter Stunde[16].

[14] Dazu A. *Michel,* Schisma und Kaiserhof im Jahre 1054: L'Église et les églises I (Chevetogne 1954) 352—440. [15] *Michel* a. a. O. 366 f.

[16] Wenigstens im Kern echt, bezeugt die sogenannte Panoplia des Patriarchen die Heftigkeit dieser Kämpfe. Edition bei A. *Michel,* Humbert und Kerularios II (Paderborn 1930).

Zunächst jedenfalls begann er mit drastischen Maßnahmen in seiner eigenen Bischofsstadt. Die Kirchen der Lateiner wurden auf seinen Befehl geschlossen, wobei es zu wüsten Auftritten kam und selbst die konsekrierten Spezies nicht immer geschont wurden. Als Propagandist des Patriarchen wirkte Erzbischof Leon von Ochrid mit einem Sendschreiben an den Bischof von Trani, einen Lateiner, das im Grunde an den Papst gerichtet war und das nicht weniger forderte als die Trennung der lateinischen Kirche von all den gewachsenen Riten, die in Byzanz mißfielen. Bemerkenswert bleibt freilich, daß diese Enzyklika kein Anathem ausspricht[17]. Der Bischof von Trani übermittelte das Schreiben an die Kurie, und der Kardinal Humbert von Silva Candida wurde mit der Beantwortung betraut. Damit fand Kerullarios einen Gegner, der ihm gewachsen war und dessen Temperament sich mit dem des Patriarchen messen konnte. Die folgende Ausschaltung des Papstes (siehe unten) überließ damit das Kampffeld zwei Kriegern, zwischen denen kein Kompromiß mehr möglich war. Die Antwort Humberts[18] auf das griechische Sendschreiben enthält alle Ansprüche des Reformpapsttums, aber verzerrt durch historisch fragwürdige Amplifikationen, durch den Einbau des Constitutum Constantini und durch die Ansprüche des Papsttums auf Süditalien. Der Kardinal rechnet der griechischen Kirche „mehr als neunzig Häresien" auf. Der Wille zur Verständigung kam zwar formell zum Ausdruck, aber die Heftigkeit der Intonation ließ wenig Hoffnung. Inzwischen hatte sich die Lage in Süditalien zugespitzt. Papst Leo war es gelungen, ein Truppenkontingent zusammenzubringen, an dessen Spitze er gegen die Normannen marschierte. Kurz vorher hatte Argyros von eben diesen Normannen bei Siponto eine Schlappe einstecken müssen, und es gelang ihm nicht mehr, seine Truppen mit denen des Papstes zu vereinigen. Leo IX. erlitt eine schwere Niederlage und geriet in normannische Gefangenschaft (28. 6. 1053), von der aus er, so gut es ging, die kirchlichen Angelegenheiten zu bestimmen suchte. Die Niederlage des Papstes war implizite eine Niederlage der byzantinischen Belange in Süditalien; die von Argyros gewünschte Allianz war dringender nötig als je, und der kaiserliche Hof mußte sich dieser Argumentation beugen. Kaiser Konstantin IX. schrieb an die Kurie und drückte seinen Wunsch nach Kirchenfrieden als Vorbedingung einer politischen Verbindung aus[19], und selbst Kerullarios mußte sich dem Druck beugen und dem Papst in gemäßigten Ausdrücken seinen Wunsch nach Verständigung zur Kenntnis bringen[20]. Jetzt beschloß die Kurie die Entsendung einer Legation nach Konstantinopel, die den Frieden herstellen sollte. An ihrer Spitze stand Humbert, neben ihm der römische Kanzler Friedrich von

[17] Text bei *Will* 52—64 und PG 120, 836—844.
[18] *Will* 65—85, die sog. erste Epistola Papst Leos IX. an Kerullarios; sie stammt aus der Feder Humberts, vgl. *Michel,* Humbert und Kerullarios I 44ff.
[19] *Dölger Reg* n. 911.
[20] *Grumel Reg* n. 864.

Lothringen und der Erzbischof Petrus von Amalfi. Vor der Abreise nach Konstantinopel konferierte Humbert noch eingehend mit Argyros, der mit Warnungen vor dem Patriarchen nicht gespart haben wird. In Konstantinopel angekommen, fand die Legation beim Kaiser ehrenvolle Aufnahme, während der Besuch bei dem Patriarchen mehr als frostig war. Die Römer sahen sich nicht gebührend gewürdigt, der Patriarch nicht protokollgerecht begrüßt. Die Szene endete sozusagen mit einer wortlosen Übergabe des päpstlichen Begleitschreibens, das — wiederum aus der Feder Humberts — nicht geeignet war, die Befürchtungen des Patriarchen, die politische Allianz könnte auf Kosten seiner Autorität in der byzantinischen Kirche gehen, zu zerstreuen. Es kam zu keinem Gespräch, und Humbert widmete sich um so eifriger der politischen Propaganda. Er ließ seine Streitschrift gegen die Griechen übersetzen, stürzte sich in die Polemik und griff schließlich den alten Mönch Niketas Stethatos an, der es gewagt hatte, gegen die Azymen zu schreiben. Der Druck Humberts auf den Kaiser führte zu einer kläglichen Disputation am 24. Juni 1054 im Kloster des Niketas, nach der Niketas widerrufen mußte und seine Schrift dem Feuer übergeben wurde[21]. In dieser Situation gelang es dem Patriarchen in einer vehementen Polemik, die den Hof nicht schonte, für sich Stimmung zu machen, und die Legaten beschlossen, unverrichteterdinge abzureisen, freilich nicht ohne vorher in einem feierlichen Akt eine Bannbulle gegen den Patriarchen und seine Helfershelfer auf dem Altar der Hagia Sophia niederzulegen (16. 7. 1054) — einen Text[22], der weit über das Ziel hinausschoß und den „Pseudopatriarchen" Kerullarios, den Erzbischof Leon von Ochrid sowie weitere Anhänger des Patriarchen als Simonisten, Arianer, Nikolaiten, Severianer, Pneumatomachen, Manichäer, Naziräer usw. mit dem Anathem belegte und damit dem Anathem nicht etwa bloß die griechische Lehre vom Ausgang des Heiligen Geistes, sondern z. B. auch die griechische Priesterehe und andere legitime griechische Bräuche unterwarf. Papst Leo IX. war längst gestorben; ob die Legaten es wußten, ist nicht mehr auszumachen. Die Fragwürdigkeit ihres Schrittes wird unterstrichen durch den unqualifizierbaren Mißbrauch dogmatischer Deduktionen. Nach diesem Akt verabschiedeten sich die Legaten in aller Freundschaft vom Kaiser, der, wie immer, ratlos war, und machten sich auf die Rückreise. Möglich, daß die Übersetzung der Bannbulle dem Kaiser beim Abschied noch nicht vorlag oder er sich über die Tragweite noch

[21] Zur Literatur vgl. *Beck* 535—536.

[22] Lat. Text der Bannbulle: PL 143, 1002—1004. Die griechische Übersetzung ist dem Synodalprotokoll über das griechische Gegenanathem einverleibt: PG 120, 736—748, vgl. *Will* 153—168. Von einer Fälschung des lateinischen Textes der Bulle in diesem Semeioma (*Grumel Reg* n. 869) kann kaum die Rede sein; anders ist es bestellt mit der Wiedergabe der Vorgänge in den Schreiben des Kerullarios an die östlichen Patriarchen (*Grumel Reg* nn. 870—872), vgl. *A. Michel*, Die Fälschung der römischen Bannbulle durch Michael Kerullarios: ByzNGrJb 9 (1932/33) 293—319.

keine Gedanken gemacht hatte. Das wurde jedoch sehr rasch nachgeholt, und Konstantin IX. sah sich veranlaßt, die Gesandten zurückzurufen, wohl um den Fragenkomplex in einer gemeinsamen Sitzung zu erörtern. Dies lag nicht im Interesse des Patriarchen. Er mobilisierte das Volk und schlug eine Sitzung in Räumlichkeiten vor, in denen sich die Legaten persönlich gefährdet sehen konnten. Der Versuch zur Befriedigung der Gemüter mißlang also, und jetzt legte der Kaiser den päpstlichen Legaten von sich aus nahe abzureisen, nachdem der Mob sogar begonnen hatte, den Kaiserpalast zu belagern. Der Kaiser gab jeden Widerstand auf und beugte sich der Propaganda des Patriarchen: Argyros wurde fallengelassen, und die nächsten Berater des Kaisers mußten den Palast räumen.

Was folgt, ist nur noch Epilog. Am Sonntag, dem 24. Juli, versammelte der Patriarch eine Synode, deren „Semeioma" die Ereignisse auf ihre Weise darstellte. Die Legaten werden als Legaten des Argyros disqualifiziert, der Text ihrer Bannbulle zum abschreckenden Beispiel dem Semeioma einverleibt, sie selbst aber gedeutet als Bannbulle gegen die gesamte orthodoxe Kirche. Der Bann wurde auf die Legaten und ihre Hintermänner zurückgeworfen[23].

Dies also das berühmte Schisma von 1054. Die historische Beurteilung braucht sich mit der juristischen kaum zu decken. Ob der Bann, nachdem der Papst längst gestorben war und noch keinen Nachfolger gefunden hatte, Rechtens war, ist umstritten[24]. Seinem Inhalt nach war er jedenfalls weitgehend eine illegitime Amplificatio von Humberts ureigensten Ressentiments, wenn auch die Kernfrage getroffen war. Der Form nach aber wandte er sich jedenfalls nicht gegen die orthodoxe Kirche als solche, schon gar nicht gegen deren Haupt, den Kaiser, sondern nur gegen Michael und seine Helfershelfer. Ebensowenig exkommunizierte Kerullarios den Papst oder die römische Kirche, sondern nur die Legaten und ihre Hintermänner, als die Argyros und sein Kreis ausgegeben werden. Was von beiden Seiten gemeint war, war jedenfalls etwas anderes; darüber kann kaum ein Zweifel bestehen. Formalrechtlich waren keine Akte gesetzt worden, die es erlauben würden, von einem „Schisma in aller Form" zu sprechen. Aber die Vehemenz, mit der gesprochen und gehandelt wurde, war neu und unerhört, das Repertoire der gegenseitigen Vorwürfe wesentlich erweitert gegenüber dem photianischen Schisma, die Generalisierung grotesk. Der kalte Krieg zwischen den beiden Hierarchien mußte sich, was immer man für Folgerungen aus den Geschehnissen zog, wesentlich versteifen, die Aufrüstung wurde auf beiden Seiten nachdrücklich weitergetrieben — eine Situation verhärtete sich, von der schließlich niemand mehr zu sagen wußte, welche Bezeichnung man

[23] *Grumel Reg* n. 869, vgl. vorige Anmerkung.

[24] Für die Ungültigkeit treten ein *M. Jugie,* Le schisme byzantin: DThC XIV 1356; teilweise auch *E. Herman:* OrChrP 8 (1942) 209—218; für die Gültigkeit *A. Michel:* ByZ 42 (1943/49) 193—205.

ihr beilegen sollte. Die Bezeichnung Schisma kann nicht ganz von der Hand gewiesen werden. Doch wäre falsch, die Lage von damals als hoffnungslos zu bezeichnen. Immer noch hatte grundsätzlich der Kaiser das Kirchenregiment in der Hand, und es blieb die Frage, ob ein anderer Kaiser als der schwache Konstantin IX. das Steuer nicht wieder herumwerfen würde. Außerdem war man sich in Byzanz durchaus über den gewalttätigen Charakter des Patriarchen im klaren und unterschätzte kaum, in welchem Grade alle Vorgänge Ergebnis dessen ureigenster, vehementen Politik waren. Und schließlich war nicht auszuschließen, daß Rom mit der Zeit Wege einschlagen würde, die nicht mehr auf der subjektiven Linie eines Humbert liegen würden. Die Kirchen des Ostens folgten der Politik des ökumenischen Patriarchen durchaus nicht mit fliegenden Fahnen. Vor allem war es der Patriarch Petros III. von Antiocheia, selbst ein ehemaliger Kleriker Konstantinopels, der seinen eigenen Kurs verfolgte und nicht geneigt war, auf die Linie des Kerullarios einzuschwenken[25]. Das Kirchenvolk aber nahm lange Zeit von diesem „Schisma" so gut wie überhaupt nicht Kenntnis, ebensowenig die byzantinische Geschichtsschreibung.

48. Kapitel

Das innere Leben der byzantinischen Kirche zwischen Photios und Kerullarios

Wenn es auch immer deutlicher wird, daß der Vorwurf der Bildungsfeindlichkeit, der den Ikonoklasten gegenüber erhoben worden ist, zu einem Gutteil aus der Polemik gegen die Häretiker stammt, daß vielmehr ein Kaiser wie Theophilos, der letzte Bilderstürmer, zu den bedeutsamen Initiatoren einer Selbstbesinnung des griechischen Geistes nach Generationen des Stillstandes gehört, so muß doch Patriarch Photios als der Gelehrte seiner Zeit zugleich als der erste große Repräsentant dieser Selbstbesinnung betrachtet werden, zu der die Liebe zum alten Bildungsgut ebenso gehört wie die Unvoreingenommenheit des Denkens, das Vertrauen in die Ratio und die Begeisterung für die Form und ihr klassisches Dekor. Dabei besteht Klassik für Photios ebenso aus dem antik-paganen Schrifttum wie aus dem der Väter der Kirche. Diese Bewegung gipfelt zwar in Photios, sie wird aber mit seinem Sturz nicht beendet. Seine Spuren sind allenthalben zu entdecken, und eine Generation nach seinem Tod bildet sich um den Kaiser Konstantin VII. Porphyrogennetos (913—959) ein Kreis betulicher Philologen und enzyklopädistischer Sammler, die vieles, freilich epitomierend, in die Scheune der Tradition eingebracht haben, vielleicht sogar in die Form einer Bildungs-

[25] Zu ihm und seinen Briefen vgl. *Michel,* Humbert und Kerullarios II 416ff; *Beck* 535.

konserve gebracht haben, was bei Photios unvoreingenommener und freier der Bildung diente. Diese Bewegung setzte sich auch in der Theologie durch.

Philologe von hohen Graden, auch Philologe der kirchlichen Literatur war vor allem der Photios-Schüler Arethas, Metropolit von Kaisareia in Kappadokien, ein gelehrter Glossator und Scholiast nicht nur klassischer Literatur, sondern auch der Bibel und der ältesten christlichen Literatur, eines Justin, Tatian, Athenagoras, Klemens usw.[1]. Ein jüngerer Zeitgenosse des Photios, Niketas Byzantios, Bekämpfer der armenischen Monophysiten, des Islams und der Lateiner, als solcher kaum original, überrascht doch durch eine für die Zeit fast rationalistisch anmutende, scholastische Argumentationsweise[2]. Seiner Art begegnet man wieder ein Jahrhundert später bei dem Metropoliten Stephanos von Nikomedeia, dem Verfasser kurzer Abrisse zur philosophischen Propädeutik und zu Einzelfragen der Theologie, von Interesse vor allem deshalb, weil sich an seinen Schriften der Widerstand der Pneumatiker und Enthusiasten, repräsentiert durch den großen Mystiker Symeon den Neuen Theologen, entzündete[3]. Hier darf auch ein eigenartiges Werk genannt werden, Χιλιόστιχος θεολογία betitelt, von Leon Choirosphaktes um die Wende zum 10. Jh. geschrieben, einem Mann, in dem Arethas einen hassenswerten „Hellenen" sah. Es handelt sich um eine Darstellung der Theologie in Versen, die offenbar ganz von der hellenistischen Mysterientheologie und der neuplatonischen Terminologie lebt[4]. Aber auch die enzyklopädistische Sammeltätigkeit um Konstantin VII. findet ihren Niederschlag in der theologischen Literatur. Theodoros Daphnopates, hoher Beamter des Kaisers Romanos II. (559—563), schafft Chrysostomos-Eklogen, Auszüge aus den Predigten des Kirchenvaters, die in Form von Homilien über die verschiedensten Tugenden und Laster, ähnlich den Excerpta Konstatins VII. aus der Profanliteratur, das Gedankengut des Johannes Chrysostomos zusammenstellen[5]. Hierher gehört auch Symeon Metaphrastes mit seinen Eklogen aus Basileios dem Großen, Chrysostomos und den Homilien des sogenannten Makarios[6].

Seinen Namen Metaphrastes verdankt dieser Symeon allerdings seiner

[1] Wir verfügen zu Arethas immer noch nur über die Monographie von *S. Kugeas*, Ὁ Καισαρείας Ἀρέθας καὶ τὸ ἔργον αὐτοῦ (Athen 1913). Neuere Literatur *Beck* 591—595, dort auch die Angaben über die weitverstreuten Editionen. Neuere Editionen v. Karlin-Hayter u. a. beziehen sich meist auf die Auseinandersetzungen im Tetragamiestreit. Vgl. Byz 28—34 (1958/64).

[2] PG 105, 588—841; *J. Hergenröther*, Monumenta graeca ad Photium eiusque historiam spectantia (Regensburg 1869) 84—138; *Beck* 530—531.

[3] Seine Werke sind noch nicht kritisch ediert. Über ihn und seinen Konflikt mit Symeon dem Neuen Theologen vgl. *I. Hausherr*, Un grand mystique byzantin: Vie de Syméon le Nouveau Théologien (Rom 1928) S. LI ff; *Beck* 531—532.

[4] Das Werk liegt vor im Vat. gr. 1257. Vgl. *Beck* 594.

[5] PG 63, 567—902; DHGE XIV 80—82 *(J. Darrouzès)*.

[6] Einiges davon ediert in PG 32, 1115—1382, und PG 34, 861—965.

hagiographischen Tätigkeit. Damit aber kommen wir auf jenes Gebiet theologischer Schriftstellerei, das in dieser Epoche intensiv wie nie betrieben wurde. Das Bekennertum der Ikonoklastenzeit gab diesem Genos einen ungeahnten Aufschwung. Schon zwischen den zwei Epochen des Bilderstreites hatte ein Diakon Stephanos das Leben des wichtigsten Martyrers des Kultes, Stephanos des Jüngeren, Mönches des Auxentios-Berges, niedergeschrieben[7]. Unmittelbar nach dem Tod des Theodoros Studites († 826) feierte sein Nachfolger Naukratios seine Verdienste in einem Rundschreiben, das Eingang in die Gedächtnisliturgie des Heiligen fand[8]. Ein Diakon Ignatios, später Metropolit von Nikaia, schrieb wohl um die Mitte des 9. Jahrhunderts den Bios der Bekenner-Patriarchen Tarasios und Nikephoros[9]. Wahrscheinlich der berühmte Verfehmte des photianischen Schismas, Erzbischof Gregorios Asbestas, ist der Verfasser des Lebens des Patriarchen Methodios[10]. Aber auch eine Reihe von weiteren Bekennern, Johannes von Damaskus[11], Joannikios[12], Petros von Atroa[13], Georgios von Mytilene[14] usw., fanden ihre Lobredner. Die Patriarchenbiographie fand Bearbeiter, die, das Genos der eigentlichen Hagiographie hinter sich lassend, zu Chronisten und Pamphletisten ihrer kirchenpolitisch bewegten Zeit wurden: so Niketas David mit einer sehr parteiischen Biographie des Patriarchen Ignatios, in der an Photios kaum ein gutes Haar bleibt[15], und ein anonymer Mönch mit einem Bios des Patriarchen Euthymios, in dem dem Patriarchen Nikolaos Mystikos dasselbe Schicksal zuteil wird wie Photios bei Niketas David[16]. Daneben steht repräsentativ für den erbaulichen hagiographischen Roman ohne historischen Hintergrund etwa die Vita der hl. Theoktiste von Lesbos eines Magistros Niketas[17] oder im Zeichen der monastischen Kommunikation zwischen Ost und West eine griechische Bearbeitung der Berichte Gregors d. Gr. über den hl. Benedikt von Nursia[18], oder als Indiz für eine nationale Hagiographie im Rahmen des Reiches der Bios des Georgiers Hilarion[19] — eine bunte Fülle teils schematischer Enkomien, teils phantasievoller Fabulierkunst, teils noch naiver Berichterstattung im Sinne der Hagiographie des beginnenden 7. Jh.

Aber gerade diese letztere Art sollte in unserer Epoche ihr Schicksal ereilen, und zwar im Namen des Klassizismus der rhetorischen Form, für die die Gelehrten der Zeit, auch die Theologen, sich mehr und mehr erwärm-

7 BHG 1666 1666 a. 8 BHG 2311. 9 BHG 1698 1335.
10 BHG 1278. 11 BHG 884. 12 BHG 935.
13 BHG 2364—2565. 14 BHG 2163.
15 PG 105, 488—574, und *Mansi* XVI 209—292.
16 Ed. von *C. de Boor* (Berlin 1888) und *P. Karlin-Hayter:* Byz(B) 25—27 (1955/57) 8 bis 152. Kommentar mit russischer Übers. v. *A. P. Každan*, Dve vizantijskie chroniki X veka (Moskau 1959).
17 BHG 1723. 18 BHG 273.
19 Ed. *P. Peeters:* AnBoll 32 (1913) 236—269.

ten. Es ist nicht unwahrscheinlich, daß der Plan, ein Gesamtmenologion dieses Stils herzustellen, auf Konstantin VII. zurückging. Ausgeführt hat die Aufgabe ein hoher kaiserlicher Beamter Symeon, der um die Jahrtausendwende gestorben ist und der als Metaphrast, als „Übersetzer“ der alten Viten in den rhetorischen Stil, in die Geschichte einging. Das Werk ist uneinheitlich, was die äußere Erscheinung angeht: die Sommermonate des Heiligenkalenders werden wesentlich kürzer abgehandelt als die Wintermonate, vielleicht aus liturgischen Gründen. Die Herrenfeste sind wohl mit Rücksicht auf die vorhandenen „Panegyriker“ ausgelassen. Manche alten Texte hat der Metaphrast fast unverändert übernommen, manche völlig neu geschaffen, in den meisten Fällen aber eben eine Metaphrase nach dem Geschmack der Zeit hergestellt. Der Metaphrast hat damit ein byzantinisches Standardwerk geschaffen, das zwar nicht frei blieb von Kontaminierungen und Mischformen, das aber doch das Gesicht der Hagiographie auf die Dauer beherrscht. Die Tradition der alten naiven Viten geriet darüber oft in Vergessenheit. Man mag dies bedauern, aber die Würdigung der Leistung des Metaphrasten muß zunächst von dem ausgehen, was er gewollt hat und was im Sinn seiner Zeit lag[20].

Mindestens ebenso wichtig wie der Beitrag der Zeit zur Hagiographie ist der zur Geschichte der byzantinischen Mystik. Ihr entsteht in der Gestalt Symeons, des sogenannten Neuen Theologen, ein Prophet eigener Art. Rein phänomenologisch beruht seine Bedeutung darauf, daß er den Durchbruch vom mystischen Traktat zum mystischen, ganz persönlich gehaltenen Bekenntnis, ja zum Hymnus gefunden hat. Zur Soziologie seiner Mystik aber ist zu bemerken, daß er immer versucht, ihr den Weg aus dem Kloster zum Laien in der Kirche zu bahnen. Inhaltlich aber verfolgt er eine Linie, die in Byzanz wohl nie unbekannt geblieben war, aber es doch zunächst schwer hatte, sich gegenüber der strengen Linie euagrianischer Mystik durchzusetzen: die Mystik des metaphysischen Fühlens, der αἴσθησις νοερά. Daß messalianische Vorstellungen hier Pate standen, läßt sich schwer widerlegen, aber in Diadochos von Photike hatte die Lehre von der Erfahrbarkeit der mystischen Begnadigung einen orthodoxen Herold gefunden, und die Einführung der sogenannten Makarios-Homilien messalianischer Provenienz in den Traditionsschatz orthodoxer Mystik tat ein übriges[21]. Der Impetus dieser Mystik, die „erfahren“ will, und zwar so schnell wie möglich, verband

[20] Das Menologion des Metaphrasten hat noch keine Gesamtausgabe erfahren. Die meisten Texte, aber stark untermischt mit nichtmetaphrastischen, in PG 114—116. Zur Sichtung vgl. *Beck* 572—575. Zur Überlieferung vor allem *A. Ehrhard,* Überlieferung und Bestand der hagiographischen und homiletischen Literatur der griechischen Kirche, bes. I, 2 (Leipzig 1938); *ders.,* Symeon Metaphrastes und die griechische Hagiographie: RQ 11 (1897) 531—553; *H. Zilliacus,* Zur stilistischen Umarbeitungstechnik des Symeon Metaphrastes: ByZ 38 (1938) 333—350.

[21] Vgl. *I. Hausherr,* Les grands courants de la spiritualité hésychaste: OrChrP 1 (1935) 114—138; *F. Dörr,* Diadochus von Photike und die Messalianer (Freiburg 1937).

sich frühzeitig mit der Methode[22] des sogenannten „Jesus-Gebets“, die auch Symeon nicht fremd ist. Sie kulminiert in Lichtvisionen, die in der Sprache Symeons so eigenartig formuliert werden, daß man ihre Heimat in einem kaum definierbaren Zwischenbezirk des Geist-Körperlichen zu suchen veranlaßt und gezwungen ist. Weil Symeon Hymniker und ekstatischer Bekenner ist und kein Theoretiker, kommen in seinen Schriften Bezirke der klassischen Mystik, etwa die sogenannte „physische Theorie“, das kontemplative Bemühen, in Geduld und Erwartung in die göttlichen rationes der Schöpfung und der Geschichte einzudringen, sicherlich zu kurz — beim Hymniker, der nur seine letzten Erfahrungen ausdrücken will, ohne Zweifel verständlich, gefährlich aber für die Methodiker der späteren Zeit, die den literarischen Charakter der Bekenntnisse Symeons nicht genügend berücksichtigen. In Symeon bricht auch jener Enthusiasmus des alten Mönchtums wieder auf, den die Hierarchie wohl zu Unrecht gebannt zu haben glaubte, die Überzeugung von der besonderen Mittlerrolle des Mönches als des Geistträgers zwischen Gott und dem Sünder[23]. Es ist dabei schon rein äußerlich interessant, festzustellen, daß sich Symeon zu seiner Eigenart voll entwickelt, nachdem er mit dem Studioskloster gebrochen hat, das offenbar dank seiner stark koinobitischen Ausrichtung und hierarchischen Gliederung solchen Gedankengängen fernstand. Der Konflikt mit der Hierarchie ist denn auch nicht ausgeblieben: zwei Auffassungen von Theologie, eine enthusiastisch, irrationale und eine scholastische standen sich unversöhnlich gegenüber, weil offenbar weder Symeon noch sein Antipode, der oben genannte Stephanos von Nikomedeia, die Bedingtheit ihrer eigenen „Methode“ gelten lassen wollten, und dementsprechend zwei sich ausschließende Auffassungen von Art und Tragweite des „Charismas“ in der Kirche. Im Laufe der Zeit werden die Gegensätze eingeebnet werden, ohne daß die Spuren ganz verwischt werden könnten[24].

Zeichnet sich im Lebensgang Symeons bereits das Abrücken vom kirchenpolitisch interessierten, mit der Hierarchie in freund-feindlicher Auseinandersetzung stehenden koinobitischen Ideal der Studiten ab, so bedeutet anderseits diese Zeit „topographisch“ eine Schwerpunktsverlagerung der

[22] Zur Entstehung vgl. *I. Hausherr,* Noms du Christ et voies d'oraison (Rom).

[23] Von ihm stammt das fälschlich Johannes von Damaskus zugeschriebene Werkchen über die Beichte: PG 95, 283—304; vgl. *K. Holl,* Enthusiasmus und Bußgewalt (Leipzig 1898).

[24] PG 120, 321—687 enthält die Hymnen nur in lateinischer Übers. Die deutsche Übersetzung von *K. Kirchhoff,* Licht vom Licht (München ^{2}1951), ist zwar ein dichterisches Werk, gibt aber von der Eigenart der symeonischen Poesie wenig wieder. Eine Sammlung seiner Werke in kritischer Ausgabe von *V. Krivoshein* in den „Sources chrétiennes“ umfaßt bisher 3 Bde (Paris 1963/65). Aus der Literatur: Neben dem in Anm. 23 genannten Buch von K. Holl und dem in Anm. 22 genannten von I. Hausherr seien noch erwähnt: *H. M. Biedermann,* Das Menschenbild bei Symeon dem Jüngeren, dem Theologen (Würzburg 1949); *D. L. Stathopulos,* Die Gottesliebe bei Symeon dem neuen Theologen (Diss. Bonn 1964). Weitere Literaturangaben bei *Beck* 583—587.

byzantinischen Mönchswelt von Bithynien auf den Athos, den Heiligen Berg der Zukunft[25]. Mit den arabischen Streifzügen bis nach Bithynien um die Wende zum 9. Jh. begann offenbar eine gewisse Verödung der Möchssiedlungen auf und um den Olymp. Und wenn dann im Gefolge der byzantinischen Offensive des 10. Jh. diese Gefahr auch gebannt werden konnte, so brachte die seldschukische Invasion in der zweiten Hälfte des 11. Jh. doch nur wieder neue und verstärkte Gefahren. Der Aufschwung des Mönchtums auf dem Athos hängt damit sicherlich zusammen. Die Ursprünge der athonitischen Klostersiedlung liegen in einem Dunkel, das von der Legende mehr und mehr verklärt wurde. Ins Licht der Geschichte treten etwa im 9. Jh. anachoretische Siedlungen, nur selten größeren Ausmaßes, die schließlich eine lockere Gemeinschaft eingehen und unter einem „Protos" die dringendsten Gemeinschaftsangelegenheiten beraten. Einen bedeutsamen Einschnitt in diese Entwicklung bildet die Gründung der sogenannten „Großen Laura" auf dem Athos durch den hl. Athanasios, einen gebürtigen Trapezuntiner, der, unterstützt durch seinen Gönner, den Kaiser Nikephoros II. Phokas, um 961 das erste Großkloster auf dem Athos erbaute und ihm eine Regel gab, die sich an die studitische anschloß, aber auch einiges aus der Benediktinerregel übernahm. Athanasios gelang es nicht nur, sein dem Gemeinschaftsleben gewidmetes Kloster dank der kaiserlichen Macht im Rücken gegen die Mißgunst der bisherigen Anachoreten durchzusetzen, er vermochte es auch, den Nachfolger des Nikephoros, Kaiser Johannes I. Tzimiskes (969—976), zu veranlassen, im Jahre 971 oder 972 dem gesamten Klosterland eine magna charta, den im Original erhaltenen sogenannten „Tragos" zu geben, in dem dem Vorhandensein einer neuen Großabtei im Gesamtgefüge der Verwaltung des Berges gebührend Rechnung getragen wurde[26]. Weitere Gründungen entstanden, von denen das Nationalkloster der Georgier (Iberon) genannt sei, die ebenfalls dem koinobitischen Ideal folgten. Eine Urkunde des Kaisers Konstantin IX. Monomachos aus dem Jahre 1046 bestätigte im großen und ganzen trotz aller noch vorhandenen Widerstände die Gemeinschaftsordnung, die Johannes I. Tzimiskes getroffen hatte. Damit war der Grund gelegt für die erstaunliche Entwicklung einer Mönchsrepublik, die bald zum Exponenten der Orthodoxie werden sollte.

[25] Eine Athosbibliographie mit nicht weniger als 2634 Nummern lieferte *I. Doens:* Le millénaire du Mont Athos II (Venezia - Chevetogne 1965) 336—495. Daraus seien eigens erwähnt *F. Dölger* (Hrsg.), Mönchsland Athos (München 1943); *R. M. Dawkins,* The Monks of Athos (London 1936); *E. Amand de Mendieta,* La presqu'île des caloyers (Bruges 1955).

[26] Zwei Bioi des Athanasios: a) ed. *L. Petit:* AnBoll 25 (1906) 5—89, b) ed. *M. J. Pomjalovskij* (St. Peterburg 1895). Regeln, Testament und Urkunden am bequemsten bei *Ph. Meyer,* Die Haupturkunden für die Geschichte der Athos-Klöster (Leipzig 1894).

Neben diesen vielversprechenden Anfängen eines neuen Klosterlandes erlebte die monastische Idee in dieser Zeit freilich auch schwerste Beeinträchtigungen, die man unter dem juristischen Begriff Charistikariat zusammenfassen kann, worunter die Vergabe von Klöstern an Laien durch Bischöfe oder Patriarchen und Kaiser zu verstehen ist. In manchen Fällen mag der Wille der Charistikarier nicht zu bestreiten sein, durch die Übernahme des Klosters diesem ein Patrocinium gegenüber Unterdrückung von allen Seiten, besonders seitens des Fiskus, zu garantieren, entstandene Schäden zu heilen und den Mönchen in bester Absicht die Last der weltlichen Geschäfte abzunehmen. Häufiger aber diente eine solche Vergabe nur der Habgier. Und in der Genesis muß das Charistikariat gesehen werden als ein Nebenaspekt jenes Versuches der Großen, der δυνατοί (potentes), ihren Besitz zu erweitern und auch in den kleinen Grundbesitz der freien Bauerngemeinde einzudringen — ein Versuch, mit dem sich die kaiserliche Gesetzgebung des 10. Jh. immer wieder auseinanderzusetzen hat, Die Bewegung ging sowohl von oben nach unten, wie von unten nach oben, das heißt, auch die kleinen Bauern erkauften sich gelegentlich den Schutz eines Großen gegenüber Steuerdruck und Härte der staatlichen Auflagen durch den freiwilligen Verzicht auf ihre Freiheit und das Eingehen eines Hintersassenverhältnisses. Auch bei den Kommende-Klöstern scheint gelegentlich am Anfang der Wunsch der Klöster selbst nach einem Protektor gestanden zu haben. Jedenfalls setzte sich die Bewegung durch und führte zu schweren Schädigungen der Disziplin in den Klöstern, ja auch der materiellen Substanz der Klöster. Die Gewalt des Abtes sank in ein Nichts zusammen, die Mönche orientierten sich mehr nach dem Charistikarier als nach ihrer geistlichen Obrigkeit. Ersterer bestimmte jetzt die Zahl der Mönche im Kloster, den Maximalsatz des materiellen Lebens, die Anschaffungen für Bibliothek und Liturgie im Kloster, und zwar meist im Interesse seiner eigenen Rente, die er aus dem Kloster ziehen wollte. Der Einbruch der potentes in den bäuerlichen Kleinbesitz konnte mit irgendwelchen rechtlichen Fiktionen (Adoption, Intestierung usw.) erreicht werden, beim klösterlichen Besitz bedurfte es einer kirchlichen Rechtsform, und diese fand man im Charistikariat. Zunächst erfolgte die Vergabe auf Zeit, aber selbstverständlich suchten die Charistikarier den Besitz erblich zu machen, und so bildeten sich Zwischenformen („für drei Personen") heraus, die das Nachgeben der kirchlichen Autoritäten, die man sich wohl mit den Charistikariern oft durch Familienbande verknüpft denken muß, nur schwach vertuschten. De jure handelte es sich natürlich nie um eine Besitzübertragung, sondern um eine Herrschaftsübertragung, aber da sich trotz anfänglicher Widerstände schon in mittelbyzantinischer Zeit das Eigenkirchenrecht der Stifter immer stärker durchsetzt, der Stifter aber (Κτήτωρ = Κτίστης) immer mehr zusammenfiel mit dem „Wohltäter" und „Restaurator" (= Charistikarier), übertrug man leicht die, wenn auch durch den Zweck der Stiftung bedingten Eigentumsrechte des Stifters auf den Charistikarier[27]. Ein Patriarch von der Energie eines Sisinnios II. (996—998)[28] verbot schlankweg jede derartige Vergabe; aber schon sein Nachfolger Sergios II. (1009—1019) sah sich veranlaßt, diese Verfügung aufzuheben und das Charistikariat mit geringen Einschränkungen anzuerkennen[29]. Patriarch Alexios Studites (1025—1043) klagt zwar in bewegten Worten über die Zustände, aber auch seine Verfügung greift das Übel nicht an der Wurzel an, begnügt sich vielmehr mit recht allgemeinen Kautelen[30]. So bleibt der Zustand die ganze Zeit über bestehen und treibt noch unter den Komnenen seine Blüten.

Die Macht des Patriarchen wuchs nicht gegenüber den inneren Zuständen seiner Kirche, wohl aber gegenüber den Nachbarkirchen und auch extensiv durch die Gewinnung neuer Territorien. Der byzantinische Vormarsch gegen den islamischen Osten brachte Geländegewinne von großen Ausmaßen; alte Bistümer, die seit Jahrhunderten nur noch pro forma auf den Listen figurierten, konnten wieder besetzt werden, andere wurden als neue Hauptstädte politischer Provinzen auch im kirchlichen Rang gehoben. Dabei wurden nicht einmal die Grenzen der alten „Patriarchate" eingehalten, vielmehr der Primat des „ökumenischen Patriarchen", der dieses Prädikat seit Kerullarios sogar in sein Siegel aufnahm, stark herausgestellt. Kaiserliche und patriarchale Politik gingen hier Hand in Hand. Hatten sich die bulgarischen Erzbischöfe unter ihrem starken Zaren Symeon (893—927) durch Byzanz die Autokephalie zugestehen lassen, so machten die siegreichen Feldzüge des byzantinischen Kaisers Basileios II. (976—1025) diesem Zustand ein Ende. Der Erzbischof von Ochrid unterstand nun wieder der Obödienz des Patriarchats, und was er an Autonomie genoß, genoß er eher von Kaisers als von eigenen Gnaden. Irgendwelche römischen Rechte im alten Illyrikum wurden von Byzanz nach wie vor ignoriert[31]. Das isaurische Seleukeia scheinen schon die syrischen Kaiser dem Patriarchat Antiocheia entzogen zu haben, und zwar unter Ausnützung der politischen Verhältnisse. Aber auch als Antiocheia selbst wieder zum Reich kam, sah man keine Notwendigkeit, den Zustand zu ändern. Neue Metropole im armenischen Bergland wurde zwischen 1020 und 1035 Koloneia, das bisher zur alten Metropole Sebaste gehört hatte, nun aber Themenhauptstadt war. Auch Melitene, die Hauptstadt der alten Armenia II, die vielumkämpfte Euphratfestung wurde im 10. Jh. wieder mit einem Metropoliten besetzt, aber auch jetzt währte die

[27] Die grundlegende Studie zur Institution ist *E. Herman,* Ricerche sulle istituzioni monastiche bizantine: OrChrP 6 (1940) 293—375. Daneben einführend *R. Janin,* Le monachisme byzantin au moyen âge: Commende et typica: RÉB 22 (1964) 5—44.

[28] *Grumel Reg* n. 809. Text verloren.

[29] *Grumel Reg* n. 821; *Balsamon: Rhallis-Potlis* II 614.

[30] *Grumel Reg* n. 833. Text bei *Rhallis-Potlis* V 20—24 und PG 119, 837—844.

[31] Vgl. z. B. *J. Snegarov,* La fondation de l'église orthodoxe bulgare, Εἰς μνήμην Σ. Λάμπρου (Athen 1935) 278—292; *H. Gelzer:* ByZ 2 (1893) 41 ff.

Zugehörigkeit zum Reich nicht über die Seldschukeneinfälle hinaus. Weitere neue Metropolen waren z. B. Kamachos im Thema Mesopotamia, Keltzene, Taron, Arsamosata, alle in Armenien, alle ihren kirchlichen Rang einzig und kurzfristig ihrer Bedeutung als Grenzfestungen des Reiches verdankend. Folge der fortschreitenden Regräzisierung war auch die Errichtung von Metropolen auf der Peloponnes, so Sparta (1081/82), vorher schon Christianupolis.

Das Übergreifen eines primatial verstandenen ökumenischen Patriarchen auf fremde Gebiete hatte, wie wir gesehen haben, vor allem Antiocheia zu erleiden. Nach der Reconquista von 969 setzen hier die Kaiser zunächst Patriarchen nach eigenem Gutdünken ein und lassen ihre Kandidaten durch die Synodos endemusa in Konstantinopel prüfen. Patriarch Johannes III. (996—1020) ließ sich sogar gegen kanonisches Recht in Konstantinopel weihen und übertrug dann als geweihter Patriarch dieses Weiherecht prinzipiell dem Stuhl von Konstantinopel. Noch Petros III. (1052—1056), selbst aus dem Patriarchaldienst von Konstantinopel hervorgegangen, protestiert gegen dieses falsche Recht, aber ohne Erfolg[32]. Der jurisdiktionelle Primat des ökumenischen Patriarchen im Schatten der Kaisermacht ist im besten Fortschreiten.

[32] Vgl. V. *Grumel,* Les patriarches grecs d'Antioche sous la seconde domination byzantine: ÉO 33 (1934) 130—147.

DRITTER ABSCHNITT

Die innere Wende des christlichen Abendlandes während der gregorianischen Reform

Univ.-Professor Dr. Friedrich Kempf SJ, Rom

49. Kapitel

Die neue Gestalt der Kirche: Recht und Organisation in der vorgratianischen Zeit

RECHTSQUELLEN: *Atto von Mailand,* Breviarium: ed. *A. Mai,* Scriptorum veterum nova collectio VI, 2 (Rom 1832) 60—102; Anselmi episcopi Lucensis collectio, ed. *F. Thaner* (Innsbruck 1906/15), es fehlen dort: ein Teil von lib. XI und ganz lib. XII—XIII; Die Kanonessammlung des Kardinals Deusdedit, hrsg. von *Wolf v. Glanvel* (Paderborn 1905); *P. Martinucci,* Deusdedit presbyteri cardinalis collectio (Venedig 1869); *Bonizo von Sutri,* Liber de vita christiana, hrsg. von *E. Perels* (Berlin 1930); *Cardinalis Gregorius,* Polycarpus, ed. *Ballerini,* De antiquis collectionibus IV c. 17: *A. Gallandius,* De vetustis canonum collectionibus sylloge I (Mainz 1790); *Ivo von Chartres,* Decretum: PL 161, 47 bis 1022, Panormia: ebd. 1041—1344 (Ivos Collectio tripartita ist noch unediert); Collectio Caesaraugustana, ed. *Ballerini* (s. oben) IV c. 18.

LITERATUR: Zu den Quellen und zur Entwicklung des Kirchenrechts: *Fournier-LeBras,* Histoire des collections (Allg. Bibl. I, 4) Bd. II; *Stickler,* Historia Fontium (Allg. Bibl. I, 4) 160—195; *Feine RG* § 17 III; *Plöchl,* Kirchenrecht (Allg. Bibl. II, 6) II (1955) 405—411; *A. Michel,* Die Sentenzen des Kardinals Humbert. Das erste Rechtsbuch der päpstlichen Reform (Stuttgart 1943), und Michels Antwort auf Einwände J. Hallers und Fr. Pelsters: StudGreg III (1948) 149—161; *A. Authenrieth,* Bernold von Konstanz und die erweiterte 74-Titel-Sammlung: DA 14 (1958) 375—394; *R. Montanari,* La „collectio canonum" di S. Anselmo di Lucca e la riforma gregoriana (Mantova 1941); *A. Fliche,* La valeur historique de la collectio canonum D'Anselme de Lucques: Misc. hist. in honor. A. De Meyer I (Löwen 1946) 348—357; *U. Lewald,* An der Schwelle der Scholastik. Bonizo von Sutri und das Kirchenrecht seiner Tage (Weimar 1938); zu Bonizo auch *E. Nasalli-Rocca di Corneliano:* StudGreg II (1947) 151—162. — *J. T. Gilchrist,* Canon Law Aspects of the 11th Century Reform: JEH 13 (1962) 21—38.

Zu den Laien in der Kirche: *Plöchl,* Kirchenrecht (Allg. Bibl. II, 6) II (1955) 160 f; *Feine RG* § 34; in beiden Handbüchern findet sich weiteres Material in den Kapiteln über die Pfarreien. — Patronatsrecht: *Feine RG* § 24 II, § 32 II; *Plöchl* a. a. O. 368 bis 371; *U. Stutz,* Patronat: RE 15 (1904) 13—26; *ders.,* Eigenkirche: ebd. 23 (1913) 375 bis 377; *ders.,* Gratian und die Eigenkirche: ZSavRGkan 32 (1911) 1—33, 33 (1912) 342 f.

Bischöfe, Metropoliten, Primaten: *Werminghoff,* Verfassungsgeschichte (Allg. Bibl. II, 6) 118—159; *Feine RG* § 31, § 24 III (mit Lit.); *Plöchl* a. a. O. 126—159; *H. Fuhrmann,* Studien zur Geschichte mittelalterlicher Patriarchate II—III: ZSavRGkan 71 (1954) 1—84, 72 (1955) 95—183; *A. Felbinger,* Die Primatialprivilegien von Gregor VII. bis Innozenz III.: ebd. 68 (1951) 15—163.

Papsttum: *Feine RG* § 28—30 (mit Lit.); *Plöchl* a. a. O. 20—100; *R. Zoepffel,* Die Papstwahlen vom 11. bis 14. Jh. (Göttingen 1872); *F. Wasner,* De consecratione, inthronisatione, coronatione Summi Pontificis (Rom 1936); *E. Eichmann,* Weihe und Krönung des Papstes im Mittelalter (München 1951). — *A. Hauck,* Rezeption und Umbildung der allgemeinen Synoden im Mittelalter: HV 10 (1907) 465—482. — *E. Voosen,* Papauté et pouvoir civil à l'époque de Grégoire VII (Gembloux 1927) 94—157 (über den kirchlichen Primat); *H. Weisweiler,* Die päpstliche Gewalt in den Schriften Bernolds von St. Blasien: StudGreg IV (1952) 129—147; *K. Hofmann,* Der „Dictatus Papae" Gregors VII. (Paderborn 1933).

Päpstliche Legaten: *K. Ruess,* Die rechtliche Stellung der päpstlichen Legaten bis Bonifaz VIII. (Paderborn 1912); wichtig die in Lit. zu Teil II Abschn. I zitierten Arbeiten über die Legationen in Deutschland *(O. Schumann),* in England *(H. Tillmann),* Frankreich *(Th. Schieffer),* Spanien *(G. Säbekow).*

Kardinäle: *V. Martin,* Les cardinaux et la curie (Paris 1930); *J. B. Sägmüller,* Die Tätigkeit und Stellung der Kardinäle bis Papst Bonifaz VIII. (Freiburg 1896); *H. W. Klewitz,* Die Entstehung des Kardinalkollegiums: ZSavRGkan 56 (1936) 115—221, Neudr. in: *Klewitz,* Reformpapsttum und Kardinalkolleg (Darmstadt 1957) 1—134; *St. Kuttner,* Cardinalis. The History of a Canonical Concept: Tr 3 (1945) 129—214; *M. Andrieu,* L'origine du titre de Cardinal: MiscMercati V (Vatikanstadt 1946) 113—144; *Kl. Ganzer,* Die Entwicklung des auswärtigen Kardinalats im hohen Mittelalter (Tübingen 1963); weitere Lit. bei *Feine RG* § 28 II.

Römische Kurie: *K. Jordan,* Die Entstehung der römischen Kurie: ZSavRGkan 59 (1939) 96—152; *ders.,* Die päpstliche Verwaltung im Zeitalter Gregors VII.: StudGreg I (1947) 111—135; *J. Sydow,* Untersuchungen zur kurialen Verwaltungsgeschichte im Zeitalter des Reformpapsttums: DA 11 (1954) 18—73; *R. Elze,* Die päpstliche Kapelle im 12—13. Jh.: ZSavRGkan 67 (1950) 145—204; *J. Sydow,* Cluny und die Anfänge der Apostol. Kammer: SM 63 (1951) 45—66; *D. B. Zema,* Economic Reorganisation of the Roman See during the Gregorian Reform: StudGreg I (1947) 137—168.

Der Kampf um die libertas ecclesiae war auf etwas viel Umfassenderes gerichtet als bloß auf die Befreiung von den Laiengewalten. Die Reformer wollten zur alten, reinen Kirche, zum freien Spiel der ihr eigentümlichen Kräfte zurückfinden. Um Klarheit zu gewinnen, mußten sie vor allem die Rechtsquellen erforschen. Da ihnen hierfür die gängigen Kompilationen, unter ihnen vor allem die Burchards von Worms, nicht genügten, zogen sie aus den Papstregistern, den Ordines romani, dem Liber diurnus, aus den Konzilsakten, den Schriften der Väter und historischen Werken, aus den Kaiserprivilegien und dem justinianischen Recht eine Fülle bisher nicht verwerteter Texte, ganz zu schweigen von den für echt gehaltenen Fälschungen Pseudo-Isidors, deren Inhalt erst jetzt ganz ausgeschöpft wurde. Das Material, in unsystematischen, heute verlorenen Sammlungen (die Collectio Britannica kommt ihnen am nächsten) vereint, scheint mehreren seit Gregor VII. arbeitenden Kanonisten zur Verfügung gestanden zu haben; es drängte von selbst zu systematisch geordneten Sammlungen.

So sind die ganze Reformzeit hindurch neue Rechtskompilationen entstanden. Den Anfang machte, um nur die wichtigeren zu nennen, die noch unedierte Sammlung in 74 Titeln: Sententiae diversorum patrum, die vielleicht Humbert von Silva Candida zuzuschreiben und zeitlich wohl vor Gregor VII. zu setzen ist[1]. Seit Gregor VII. verfaßten Kardinal Atto das Breviarium oder

[1] Bibliographie über die Sammlungen s. in Quellen und Literatur zum Kap. — Michels zeitlicher Ansatz für die 74-Titel-Sammlung findet eine Stütze durch die Feststellung von

Capitulare, Anselm von Lucca, Gregors Freund und Mitkämpfer († 1086), in seinen letzten Lebensjahren die viel benutzte und gewichtige Collectio canonum, Kardinal Deusdedit gegen 1087 eine gleichfalls beachtliche, mehr auf die römische Kirche ausgerichtete Canonessammlung, wenige Jahre darauf Bonizo von Sutri, auch er strenger Gregorianer, den Liber de vita christiana und endlich 1105—13 Kardinal Gregorius den Polycarpus. In Frankreich ließ der große Kanonist Ivo von Chartres 1094—96 drei Sammlungen erscheinen: die Collectio trium partium, das auf ihr und Burchard von Worms beruhende Decretum und die kürzere, praktischere und daher weit verbreitete Panormia. In Spanien entstand 1110—20 in Anlehnung an Ivo und zugleich an die gregorianischen Sammlungen die Collectio Caesaraugustana, von der weitere Kompilationen abhängen.

Den Verfassern dieser privaten Arbeiten war das schwere Problem gestellt, die echte von der falschen oder von der nur partikulär gültigen Tradition zu scheiden. Obwohl nach allgemeiner Ansicht im Papsttum die Norm gegeben war, bedurfte sie doch noch der näheren Bestimmung. Die Forderung einiger Radikaler, man solle nur die von den Päpsten erlassenen oder gebilligten Gesetze übernehmen, erwies sich als ungenügend. Die Einsichtigeren erkannten daher alle Texte an, die den Gesetzen der römischen Kirche nicht widersprachen; es schwebte ihnen also die Idee eines Ius commune vor als der Totalität eines irgendwie zusammenhängenden Rechtssystems, das in der Autorität des Heiligen Stuhles gipfelte, ohne daß jede Einzelbestimmung vom Papsttum positiv verfügt sein mußte[2]. Natürlich ergaben sich bei diesem reichlich unklaren Auswahlprinzip manche Widersprüche zwischen den einzelnen Canones. Sie zu lösen wurde die jeweils dringlichere Aufgabe. Die Kanonisten begnügten sich hierfür nicht bloß mit einer hierarchischen Abstufung der einzelnen Texte, sie arbeiteten auch beachtliche textkritische Regeln aus und setzten endlich die dialektische Methode ein, um mit Distinktionen und Subdistinktionen die Widersprüche aufzuheben. Bernold von St. Blasien, Ivo von Chartres und schließlich Alger von Lüttich haben sich um die Begründung einer Konkordanzmethode besonders bemüht. Langsam begann die Kanonistik das in den Sammlungen vorhandene Quellenmaterial geistig zu durchdringen, erreichte jedoch die angestrebte Concordia discordantium canonum erst um 1140 mit dem Dekret Gratians.

M. L. Levillain, Saint-Denis à l'époque mérovingienne: BECh 87 (1926) 299—324, daß das Kloster Saint-Denis schon vor 1065 eine Handschrift der Sammlung besessen hat; Hinweis von *Ch. Dereine,* L'école canonique liégeoise (Kap. 41 Anm. 10) 2 Anm. 2.

[2] Vgl. *St. Kuttner,* Liber canonicus. A note on „Dictatus Papae" c. 17: StudGreg II (1947) 389—397; *J. M. Salgrado,* La méthode d'interpretation du droit en usage chez les canonistes d'origine à Urbain II: Rev. d'Univ. d'Ottava 22 (1952) 23*—35*; *R. Losada Cosme,* La unificación interna del derecho y las colecciones anteriores a Graziano: Rev. Españ. de derecho canón. 10 (1955) 353—382.

Das Ringen um ein kirchliches Rechtssystem, getragen von der Einsicht, daß für das kanonische Recht das frühmittelalterliche, im Gewohnheitsrecht verwurzelte Bewußtsein nicht genüge, kündigte eine neue Zeit an. Sein vorwärtsdrängender Elan sicherte der Kirche einen weiten Vorsprung vor den staatlichen Kräften. Allmählich von allen christlichen Ländern des Okzidents anerkannt, schloß das jeweils festere Formen annehmende kanonische Recht die Kirche zu einem wahrhaft übernationalen Herrschaftsgebilde zusammen. Dies hatte zur Folge, daß der oberste Hüter und Deuter des kirchlichen Rechtes, der Papst, über die Herrschaftsstellung des Kaisers und der Könige hinauswuchs, eine Position, die seit Alexander III. durch eine ständig steigende Dekretalentätigkeit gefestigt und erweitert wurde. Trotzdem wäre es verfehlt, die Entwicklung des Kirchenrechts bloß auf die Erhöhung der päpstlichen Gewalt angelegt zu sehen. Was die Reformer nicht ohne scharfe Kritik am Frühmittelalter herausstellten, war das keineswegs auf den Papst beschränkte hierarchische Bauprinzip der Kirche. Indem sie es zur Rechtsform der Kirche erhoben, vollzogen sie eine schärfere Trennung zwischen Laien und Priestern und bahnten einen festeren, gleichsam korporativen Zusammenschluß der Kleriker als der eigentlichen Repräsentanten der Kirche an.

Trotz dem nun beginnenden Prozeß der Klerikalisierung sind die *Laien* nicht einfachhin zu passiven Hörern und Befehlsempfängern geworden. Außer ihrem Recht auf die Spendung bestimmter Sakramente, das von den Kanonisten mehr und mehr herausgearbeitet wurde, besaßen sie in Fragen des Klerus oder der kirchlichen Verwaltung nicht unerhebliche Befugnisse. So stand es z. B. den sogenannten Sendzeugen als Sprechern des Volkes zu, an den geistlichen Amtsträgern und ihrer Tätigkeit vor dem Visitator offene Kritik zu üben. Nicht wenige Pfarrgemeinden erlangten einen wirksamen Anteil am kirchlichen Leben durch gewisse, nach Gegenden verschiedene Kontrollrechte. Und wenn das Volk auch auf die Dauer sein ohnehin ausgehöhltes Recht auf die Bischofswahl verlor, so wählte es doch an viel mehr Orten, als die ältere Forschung wahrhaben wollte, seinen Pfarrer. In den aufblühenden und die Pfarreien ständig vermehrenden Städten wußten die Bürger nicht nur das Präsentations- oder Nominationsrecht zu gewinnen, sondern auch Einfluß auf die Verwaltung des Kirchen- und die Kontrolle des Stiftungsvermögens. Das Eigentumsrecht an Kirchen wurde freilich den Laien zum mindesten im Prinzip entzogen, nachdem der bisweilen in der Reformzeit unternommene Versuch, auch bei Niederkirchen zwischen Temporalien (ecclesia) und Spiritualien (altare) zu scheiden, gescheitert war. Die ersten zwei Laterankonzilien hielten daher an dem Grundsatz fest, Laien dürften kein kirchliches Eigentum besitzen und niedere Benefizien seien vom Bischof zu verleihen. Diesen Anspruch begünstigte der inzwischen eingetretene Zerfall des Eigenkirchenrechts, seine durch Übersättigung verursachte Zersplitterung in lauter Einzelrechte: in das ius fundi, das ius regaliae und spolii (Zwischen- und Nachlaßnutzung), in die Rechte auf einzelne kirchliche Einkünfte, wie auf den Zehnt, die Oblationen usw., in das Recht der Besetzung und Pfründenleihe und das der Übertragung des Kirchenamtes. So konnten Gratian und seine Nachfolger bis auf Alexander III. eine dem hierarchischen Prinzip gemäße Lösung herbeiführen. An die Stelle des Eigenkirchenrechts setzten sie den der kirchlichen Gesetzgebung als ius spirituali annexum (Alexander III.) untergebenen Patronat, der einerseits der Kirche das Eigentumsrecht wahrte, anderseits dem früheren Kirchenherren aus Dankbarkeit für die Stiftung das Präsentationsrecht des anzustellenden Geistlichen sowie bestimmte Ehrenrechte einräumte, aber auch Pflichten (subsidiäre Baulast) auferlegte. Das Ganze blieb freilich zum guten Teil Theorie; in der Praxis lebte allenthalben das alte Eigenkirchenrecht mehr oder minder kräftig fort.

Die Geschichte des Eigenkirchenwesens dürfte zeigen, wie mühsam die Reform bis zu den unteren Schichten der kirchlichen Organisation durchgefunden hat. So blieb der niedere Klerus trotz größerer Abhängigkeit von den übergeordneten kirchlichen Stellen im wesentlichen an die alten Verhältnisse gebunden. Das hierarchische Prinzip hatte eine abgestufte Wirkung: während es sich für das Papsttum völlig durchsetzte, war seine Kraft schon bei den *Bischöfen* geschwächt. Einen bleibenden Gewinn der Reform bedeutete zweifellos die freie Bischofswahl. Die den Herrschern noch zugestandene Einflußnahme konnte in manchen Ländern später (in England und Deutschland durch Innozenz III.) beseitigt werden. Die Beteiligung des Volkes trat im Laufe des 12. Jh. zurück, so daß die Wahl vorwiegend vom Diözesanklerus, seit Ende des Jahrhunderts allein vom Domkapitel vollzogen wurde. Und doch zeigen die häufigen Wahlstreitigkeiten, oft nicht durch innerkirchliche, sondern reichs- und familienpolitische Gegensätze verursacht, wie stark die Wahl immer noch von weltlichen Faktoren abhing. Auch die Bischofsgewalt war stark gebunden. Mit ihr konkurrierte die wachsende, im 13. Jh. den Gipfel erreichende Macht der Archidiakone sowohl in der Gerichtsbarkeit wie in wichtigen Verwaltungsaufgaben (Visitation und Besetzung von Pfarreien, Abhalten von Klerikersynoden usw.). Eine weit empfindlichere, weil dauernde Einbuße erlitt die bischöfliche Autorität durch das Domkapitel, das sich im 13. Jh. die Teilhabe an der Diözesanregierung zu sichern wußte. Gewiß hätten die Bischöfe diese ihre Konkurrenten nicht ganz ausschalten, vielleicht aber doch besser eingrenzen können, wenn sie nicht, besonders in Deutschland, durch reichs- und territorialpolitische Interessen abgelenkt gewesen wären. So sahen sie sich außerstande, mit der neuen, etwa seit Alexander III. einsetzenden Entwicklung der kirchlichen Verfassung, die die monarchische Gewalt des Papstes mächtig entfalten sollte, durch systematischen Ausbau der ihnen zukommenden hierarchischen Stellung genügend Schritt zu halten. Für die uns hier interessierende Frühzeit des 12. Jh. war freilich das Verhältnis zwischen Papst und Bischof noch kein eigentliches Problem. Obwohl die Reformpäpste mit einzelnen Bischöfen oft genug hart umgesprungen sind, darf man diese ihre Notmaßnahmen nicht gegen die Bischofsgewalt als solche gerichtet sehen. Je mehr sich der Investiturstreit dem Ende näherte, desto mehr waren die Päpste bestrebt, auf die Rechte der Bischöfe Rücksicht zu nehmen. Nicht allein das oben besprochene 1. Laterankonzil, auch die auffallende Vorsicht Kalixts II. und seiner nächsten Nachfolger gegenüber Klosterexemtionen zeigen es deutlich an. Und ist es nicht bezeichnend für den Geist jener Zeit, daß gerade die mächtig aufblühenden neuen Orden der Zisterzienser und Regularkanoniker den Ortsbischöfen untergeben sein wollten, die letzteren wegen ihrer natürlichen Verbindung mit dem Episkopat, die ersteren aus dem Idealismus der Gründungsperiode heraus, der freilich bald abklingen sollte?[3] Jedenfalls kann von einer Tendenz, nach Möglichkeit den ganzen Episkopat direkt an Rom zu binden, noch keine Rede sein. Wenn der Papst bisweilen die strittige Wahl eines ihm nicht direkt untergebenen Bischofs entschied, wenn er die Weihe vornahm (und dann den üblich gewordenen Obödienzeid forderte), so lag meist die Initiative bei dem Bischof und seiner Partei.

Viel ungünstiger standen die *Metropoliten.* Seit der Karolingerzeit war es Brauch geworden, daß sie das Pallium vom Papst erbaten (Kap. 35). Daran anknüpfend, begannen die Reformpäpste schon bald nach der Mitte des 11. Jh., von den neuen Erzbischöfen die persönliche Einholung des Palliums zu fordern. Mit seiner feierlichen Übergabe verbanden sie allmählich, allgemeiner seit Paschalis II., die Entgegennahme eines dem Lehneid nachgebildeten Obödienzeides, also jenes Eides, den vorher die Suffragane der römischen Kirche und einige andere, meist italienische Bischöfe nach einer älteren Formel hatten leisten müssen. Die neue Eidesformel enthielt auch die Verpflichtung zu periodischer Visitatio liminum apostolorum[4]. Mit der neuen Entwicklung drang die alte, schon in der späteren Karolingerzeit greifbare römische Auffassung, vom Besitz des Palliums hinge die Ausübung der metropolitanen Weiherechte ab, endgültig durch. Die symbolisch und rechtlich gefestigte Verbindung mit Rom erleichterte es, die Metropolitangewalt als Teilhabe an der Universalgewalt des Papstes anzusehen. Eine Schmälerung der erzbischöflichen Befugnisse war damit nicht notwendig gegeben. Tatsächlich blieben zunächst die meisten Rechte erhalten, für unregelmäßig verlaufene Bischofswahlen wurden sie sogar durch das 1080 geschaffene Devolutionsrecht erweitert. Trotzdem bedeuteten die Metropoliten praktisch noch weniger, als sie im Frühmittelalter bedeutet hatten. Die Ursache

[3] *G. Schreiber,* Kurie und Kloster im 12. Jh. I (Stuttgart 1910) 100—108, 83—91; zur Rücksicht der Päpste auf die bischöflichen Rechte vgl. ebd. 58—63 65—74 77f 112f 177 bis 179; *F. J. Schmale,* Studien zum Schisma des Jahres 1130 (Köln-Graz 1961) passim.

[4] *Th. Gottlob,* Der kirchliche Amtseid der Bischöfe (Bonn 1936); *E. H. Kantorowicz,* The King's Two Bodies (Princeton/N. J. 1957) 348—350; *J. B. Sägmüller,* Die Visitatio liminum bis Bonifaz VIII.: ThQ 82 (1900) 69—117. — Zum Pallium s. Kap. 35 Anm. 4.

ist mehr bei den Bischöfen denn bei den Päpsten zu suchen. Aus alter, vom Geiste Pseudo-Isidors getragener Gegnerschaft zogen es nämlich viele Bischöfe vor, sich in ihren Rechtssachen direkt oder durch Appellation an den Heiligen Stuhl zu wenden.

So gut wie keinen Einfluß besaßen die seit Gregor VII. aufkommenden *Primaten.* Von dieser Institution, gedacht als freiwillige Appellationsinstanz, war oben die Rede (Kap. 35). Sie ging auf eine gelehrte pseudoisidorianische Erfindung zurück, die im Rückgriff auf die römische Provinzeinteilung Galliens den Metropoliten der jeweils ersten Provinz (z. B. Lugdunensis prima) die Stellung eines Primas oder Patriarchen über die Metropoliten der nachgeordneten Provinzen gleichen Namens (Lugdunensis secunda usw.) zuschrieb. Erst in der Reformzeit gewann die Idee Wirklichkeit. Die Initiative ist wohl kaum vom Papsttum ausgegangen, sondern von französischen Erzbischöfen einer prima sedes, die auf Grund des für echt gehaltenen Pseudo-Isidor ein altes Recht zurückfordern zu dürfen glaubten. Sobald Gebuin von Lyon den Primat für seinen Stuhl erlangt hatte (1079), war zumindest in Frankreich die Errichtung anderer Primatssitze nur eine Frage der Zeit: sie erstanden für Narbonne 1097, für Bourges unter Paschalis II., für Vienne 1119. Außerhalb Frankreichs hoben die Päpste in die gleiche Stellung die Kirchen von Toledo 1088, von Salerno 1098, von Pisa 1138, von Grado 1155; der Anspruch Canterburys scheiterte an dem Widerspruch von York. Freilich wurden dadurch mehr Ehrenvorzüge denn reale Macht gewonnen. Zeigte sich doch für die vorgesehene Appellationsmöglichkeit wenig Interesse. Und wenn sie einmal ergriffen wurde, leisteten die betroffenen Metropoliten aktiven oder passiven Widerstand.

Da also weder die Bischöfe an einer starken Metropolitangewalt noch die Metropoliten an irgendeiner, selbst nur schwachen Primatengewalt interessiert waren, kam das hierarchische Prinzip mit seinem Streben nach zusammenfassender Einheit der Rechtskirche vor allem der Spitze, *dem Papsttum,* zugute. Die Reformzeit brachte die entscheidende Wende. Im Kampf um die libertas ecclesiae hat die römische Kirche die ihr eigene Freiheit, nämlich die primatialen, auf echter oder doch für echt gehaltener Tradition beruhenden Ansprüche endlich verwirklichen können: so vor allem die freie Papstwahl, jetzt genügend gesichert sowohl gegenüber dem deutschen Herrscher, der im Laufe des Investiturstreites sein noch von Nikolaus II. anerkanntes Konsensrecht verlor, wie gegenüber dem immer noch an der Wahl beteiligten, aber durch die Vorrechte der Kardinäle gebändigten und langsam zurückgedrängten römischen Volk und Klerus; ferner das alleinige Recht auf Berufung von Generalsynoden, die anstelle der früheren römischen Provinzialsynoden von den Reformpäpsten in Rom oder anderswo veranstaltet wurden und die Vorstufe zu den allgemeinen Konzilien des Mittelalters bildeten (als erster hat Innozenz III. das 4. Laterankonzil bewußt den alten ökumenischen Konzilien gleichgesetzt); und schließlich das Prinzip der obersten Rechts-, Gerichts- und Verwaltungsautorität, soweit man es in der Tradition greifen zu können glaubte. Den Umfang dieser keineswegs unbeschränkten, erst vom Dekretalenrecht weiter ausgefalteten Machtvollkommenheit für die Reformzeit und das frühe 12. Jh. abzugrenzen ist bei dem heutigen Stand der Forschung nicht immer leicht. Wenn z. B. Gregor VII. beanspruchte, nötigenfalls alte Canones zu ändern, so wollte er sich noch kein eigentliches Gesetzgebungsrecht zuschreiben [5]; erst die mit Gratian anhebende Entwicklung hat hierfür die Voraussetzungen geschaffen. Auch das Privilegien- und Dispensrecht war trotz einigen Ansätzen, wie etwa bei Ivo von Chartres für die päpstliche Dispensation, noch nicht genügend geklärt. Für die oberste Gerichtsgewalt galten damals etwa folgende Rechte: die Gerichtsimmunität des Papstes (ausgenommen den Fall der Häresie) [6], die richterliche Zuständigkeit sowohl für exemte Klöster wie für sämtliche Bischöfe und allgemein für die causae maiores, endlich die Stellung der römischen Kirche als oberster Appellationsinstanz. Die primatialen Verwaltungsrechte betrafen hauptsächlich die prinzipielle Oberaufsicht, Errichtung—Abgrenzung—Aufhebung von Diözesen, Ordenswechsel einer klösterlichen Niederlassung, Klosterexemtionen und Einflußnahme auf die Besetzung der Bistümer, ermöglicht durch einen beim Heiligen Stuhl angestrengten Prozeß oder durch Gebrauch des Devolutionsrechts, das die römische Synode von 1080 für den Fall unregelmäßig verlaufener Bischofswahlen sowohl dem Papst wie dem Metropoliten zuerkannt hatte; weitere Eingriffsmöglichkeiten kamen seit Ende des 12. Jh. durch die rechtliche Fixierung der Bischofswahl hinzu. Desgleichen gehören die Rechte auf Besetzung niederer Pfründen sowie die Ausbildung einer päpstlichen Finanz- und Ordenshoheit der späteren, mit dem Dekretalenrecht einsetzenden Entwicklung an.

Ist auch die päpstliche Monarchie erst später voll ausgebaut worden, so hat ihr doch die Reform zum Durchbruch verholfen und der weitgehenden Unabhängigkeit des frühmittelalterlichen Episkopates ein Ende bereitet. Um so mehr will beachtet sein, wie wenig Widerstand sie dabei erfahren hat. Gewiß fehlte es nicht an entrüsteten Protesten gegenüber einzelnen Maßnahmen oder auch gegenüber der Grundhaltung Gregors VII., der — so heißt es in der Absage von 1076 — den Bischöfen nach Möglichkeit alle Gewalt entreißen wolle, gewiß wurden einzelne Rechte des Papstes prinzi-

[5] Vgl. *St. Kuttner,* a. a. O. 396 Anm. 42; *G. Ladner,* Two Gregorian Letters: StudGreg V (1956) 225—242.

[6] Nach dem klaren Erweis von *J. Ryan,* Card. Humbert: De s. Romana ecclesia. Relics of Roman-Byzantine Relations 1053—1054: MS 20 (1958) 206—238, bes. 219—224, ist die Häresieklausel nicht von Humbert geprägt worden, wie *W. Ullmann,* Card. Humbert and the Ecclesia Romana: StudGreg IV (1954) 111—127, gemeint hat, sondern von ihm aus der kirchlichen Tradition spätkarolingischer Zeit übernommen worden, ohne daß er sie im eigentlichen Sinne ausgewertet hätte; zur spätkarolingischen Tradition vgl. Kap. 35 Anm. 17.

piell in Frage gestellt, und selbst Reformer wie Ivo von Chartres wünschten bisweilen eine sorgfältige Abgrenzung der päpstlichen Zuständigkeit; aber im großen und ganzen waren sich Freund und Feind einig: scharfe Antigregorianer haben den römischen Primat ebenso anerkannt wie seine direkten Verteidiger[7]. Ein einziger hatte die Verwegenheit, die Axt an die Wurzel zu legen: der Normannische Anonymus[8]. Nach ihm ist der Primat keine göttliche, sondern eine von den Menschen wegen der Welthauptstadt Rom geschaffene und daher keineswegs heilsnotwendige Einrichtung; alle Bischöfe sind Stellvertreter Christi und so von niemand zu richten. Die eigentliche Mutter aller Kirchen ist Jerusalem, nicht Rom. Wer eine Überordnung schaffen wolle, der spalte die *eine* Kirche. Diese Sprache war so unerhört, daß sie im leeren Raum verhallte.

Nicht so sehr das Primatsprinzip als solches hatte die Reform durchzusetzen als vielmehr seine praktische Anwendung. Daß dies gelang, war zu einem guten Teil den *päpstlichen Legaten* zu verdanken. Schon in frühesten Zeiten hatte die römische Kirche Legaten mit Einzelaufträgen ausgeschickt, ja sogar vom 5.—8. Jh. am Hof des byzantinischen Kaisers und des Exarchen von Ravenna ständige Gesandte, die sog. Apokrisiare, unterhalten; sie hatte ferner Bonifatius und andere Glaubensboten zu Missionslegaten erhoben und bereits im 5.—6. Jh. hervorragende Bischöfe für ferner liegende Länder mit dem apostolischen Vikariat betraut. Dieser fast versandete Traditionsstrom wurde von den Reformpäpsten seit etwa 1056 für das Legatenwesen nutzbar gemacht. Zwar blieb es noch bei dem alten Grundsatz, daß die Legaten so viele Vollmachten erhalten sollten, wie es ihre Aufgabe erfordere; da aber die umfassende Reformarbeit allgemeine Vollmachten verlangte, wurden die dafür bestimmten Legaten, meist Kardinäle oder einheimische Bischöfe, zu Stellvertretern des Papstes, die die volle primatiale Gewalt, soweit sie damals von Rom beansprucht wurde, einsetzten. Natürlich gab es auch Legationen mit Sonderaufgaben; sie wurden vorwiegend von niederen Klerikern übernommen. Die Tätigkeit der Reformlegaten bestand hauptsächlich in Visitation und im Abhalten von Synoden, wobei der Widerstand oft durch strenge, bis zur Deposition gehende Strafen und durch Eingriffe in die Besetzung der Bistümer gebrochen wurde. Die Päpste scheinen sich noch nicht, wie später, gewisse Kompetenzen vorbehalten zu haben, fühlten sich jedoch an die Entscheidungen ihrer Legaten nicht gebunden. Die mit dem Bischofs- und Metropolitenamt konkurrierende Legatentätigkeit schränkte sich in dem Maße ein, als die Reform Früchte zeitigte und die

[7] Vgl. *K. Mirbt,* Die Publizistik im Zeitalter Gregors VII. (Leipzig 1894) 553.

[8] Vor allem in den Traktaten III, V—VI: MGLiblit III 656—662 679—686; über den Autor vgl. *H. Scherrinski,* Untersuchungen zum sog. Anonymus von York (Würzburg 1940); *P. de Lapparent,* Un précurseur de la réforme anglaise, l'Anonyme de York: AHD 15 (1946) 149—168; *G. H. Williams,* The Norman Anonymus of 1100 A. D. Towards the Identification and Evaluation of the so-called Anonymus of York (Cambridge/Mass. 1951).

Päpste auf die Mitarbeit der Bischöfe rechnen konnten. Kalixts II. Weisung an den Legaten in Deutschland, Wilhelm von Palestrina, inoffensa caritate vorzugehen, dürfte für das frühe 12. Jh. als Leitsatz gegolten haben. Eine eigentliche Scheidung in Legatenklassen hatte noch nicht stattgefunden. Sie bahnte sich erst seit Alexander III. an und ergab folgende Gruppen: legati a latere, ausgestattet mit einer Fülle von Sonderrechten, die sich zu einer jurisdictio ordinaria verfestigten; legati missi (geringere Vollmacht); nuntii apostolici (Einzelaufträge); vicarii apostolici oder legati nati (einheimische Erzbischöfe und Bischöfe).

Noch entscheidender sollte sich eine andere Neuschöpfung der Reform, das *Kardinalkollegium*, auswirken. Seine Entstehung ist umstritten[9]. Seit dem 5. Jh. hatten die Priester der römischen Titelkirchen für die Cömiterialbasiliken S. Pietro, S. Paolo und S. Lorenzo, dann auch für S. Maria Maggiore und die Laterankirche einen liturgischen Hebdomadardienst zu versehen. Dieser Dienst ist wahrscheinlich im 8. Jh. insofern geändert worden, als ihn fortan in der Lateranbasilika 7 Bischöfe aus den benachbarten Diözesen, in den vier anderen Basiliken die Priester der in Siebenergruppen, auf die Zahl 28 erhöhten Titelkirchen betreuten. Da man seit Gregor d. Gr. Geistliche, die außerhalb ihrer Stammkirche an einer anderen Kirche verwendet („inkardiniert") wurden, cardinales nannte, wurde dieser Titel nun auch für die im römischen Hebdomadardienst tätigen Bischöfe und Priester gebraucht. Ihre Funktionen waren rein liturgischer Art, sie verliehen also an sich keinen Anspruch auf eine besondere Machtstellung in der römischen Kirche. Nun gab es aber auch an vielen Kirchen in Italien und außerhalb „Kardinäle"; sie dürfen mit den römischen nicht verwechselt werden. Die wichtigste Gruppe unter ihnen bildeten die sogenannten presbyteri de cardine; ihr Vorzug bestand darin, daß ihre Kirchen im Gegensatz zu den privaten Oratorien und Eigenkirchen zum Bistum oder zur Kathedrale gehörten, also mit dem Angelpunkt (cardo) der Diözese verbunden waren[10]. Beide Begriffe sind bei der Bildung des Kardinalkollegiums zu berücksichtigen. Da die Päpste die reformbegeisterten Männer, die sie um sich scharten, mit angesehenen römischen Kirchen ausstatten mußten, reihten sie sie größtenteils unter die Kardinalbischöfe und Kardinalpriester ein. Mit der Reformtätigkeit befaßt, lösten sich natürlich die neuen Kardinäle von den Pflichten des Hebdomadardienstes, wozu sie an sich der Besitz ihrer Kirchen verpflichtete.

[9] Die folgende Darstellung stützt sich auf die bahnbrechende Studie von *Klewitz* und auf die weiterführende Arbeit von *Kuttner* (beide zit. in Lit. zum Kap.).

[10] Dieser Begriff ist auch frühmittelalterlichen römischen und päpstlichen Quellen nicht ganz fremd. Andere „Kardinäle" waren liturgischen Ursprungs. So gestanden die Päpste wenigen Kathedralkirchen (zum erstenmal Magdeburg 968) einen mit liturgischen Vorrechten ausgestatteten Kardinalklerus zu, während es in Frankreich zu ähnlichen Bildungen auf dem Weg des Gewohnheitsrechtes gekommen ist; dazu *Kuttner* (Lit. zum Kap.) 165—172.

Als mitverantwortliche Träger der römischen Kirche, des Angelpunktes der Gesamtkirche, wurden sie so zu episcopi, presbyteri cardinis romani.

Den Anfang machten die Kardinalbischöfe; das Papstwahldekret von 1059 erhob sie für die Zeit der Vakanz zu den eigentlichen Repräsentanten der römischen Kirche. Die Kardinalpriester, nicht minder eifrige Helfer im Reformkampf, errangen sich ihre Stellung in der Zeit Clemens' III. und Urbans II.; zu Clemens waren nämlich fast nur gregorianische Kardinalpriester übergetreten und erlangten bei ihm einen solchen Einfluß, daß Urban II. auf die ihm anhängenden Kardinalpriester dieselbe Rücksicht nehmen mußte. Unter beiden Päpsten traten endlich auch Kardinaldiakone auf; zur Zeit Paschalis' II. zählten sie bereits 18 Mitglieder. Wie es dazu gekommen ist, bleibt umstritten. Daß die ursprünglich 7, durch Wegfall des Archidiakons 6 Diakone, die seit langem zur Laterankirche gehörten und dem Papst sowohl liturgische wie verwaltungsmäßige Dienste leisteten, Kardinalsrang erlangten, lag im Zuge der allgemeinen Entwicklung. Weniger einsichtig ist es jedoch, warum ihnen die 12 sogenannten Regionardiakone beigesellt worden sind, zumal da wir über diese Gruppe nichts Sicheres wissen (ihr zeitlich nicht feststehender Ursprung wird mit der neuen, wohl schon im 10. Jh. erfolgten Regionareinteilung der Stadt irgendwie zusammenhängen). Unter Paschalis II. hatte das Kardinalkolleg mit 7 (bald 6) Bischöfen, 28 Priestern und 18 Diakonen seinen Abschluß erreicht. International zusammengesetzt, stand es fortan als beratende und helfende Institution neben dem Papst und wußte seinen Einfluß in der Folgezeit, vor allem während des Schismas 1130—38, zu stärken, ohne daß es gegenüber dem Papsttum zu einer klaren Regelung des Mitspracherechts gekommen wäre. Die beratende Funktion der Kardinäle gewann zum mindesten im Konsistorium ein solches Gewicht, daß die Päpste auf häufigere Generalsynoden verzichten zu können glaubten. Die sich langsam anbahnende festere Organisation führte zu einer eigenen, vom Kardinalkämmerer verwalteten Kasse und einer genauen Regelung der Einkünfte.

Das zentralisierende Bestreben des Reformpapsttums mußte notwendig die alten Verwaltungsorgane umgestalten. Über die Geschichte der *päpstlichen Kanzlei* ist oben (Kap. 34) gehandelt worden. Sie löste sich jetzt allmählich von den Bindungen an die stadtrömischen Skriniare. Die mit Leo IX. beginnenden häufigen Reisen der Päpste führten von selbst dazu, daß die unterwegs auszustellenden Urkunden von den die Päpste begleitenden Kaplänen (die mit römischen Privaturkunden beschäftigten Skriniare blieben natürlich zu Hause) oder von Schreibern des betreffenden Landes mundiert wurden. Bald erfolgte der nächste Schritt: Der Bibliothekar-Kanzler stellte einen, später zwei und jeweils mehr Kleriker des Lateranpalastes als ständige Skriptoren an und legte so den Grund für ein beamtetes klerikales Skriptorenkollegium, das auf die Dauer (endgültig seit dem Amtsantritt des Kanzlers Haimerich im April 1123) den Stadtskriniaren jedwede Betätigungsmöglichkeit, selbst die bis dahin zugestandene Mundierung der in Rom auszustellenden feierlichen Privilegien, abschnitt. Die neue Entwicklung revolutionierte auch das päpstliche Urkundenwesen. An die Stelle der von den Skriniaren gebrauchten römischen Kuriale trat die fränkische, bald kanzleimäßig ausgestaltete Minuskel. Eine neue, die vergessenen rhythmischen Regeln des Cursus latinus aufnehmende Formelsprache entstand, und zu den alten, umgestalteten Urkunden kamen neue Arten hinzu. Als Kanzler Johannes von Gaeta 1118 den Papstthron bestieg, war dank seiner 30jährigen umfassenden Tätigkeit die neue Kanzleitradition festgelegt. International zusammengesetzt, bis gegen Ende des 12. Jh. von einem Kardinal geleitet und jeweils feiner durchorganisiert, stellte die Kanzlei bis ins 14. Jh. die wichtigste päpstliche Verwaltungsbehörde vor.

Ferner wurde das Finanzwesen neu geordnet; Urban II. unterstellte es nach dem Vorbild Clunys einem camerarius und begründete somit die *Apostolische Kammer*. Das zunächst noch bescheidene Amt gewann um 1140 zu der Verwaltung des Schatzes die der Bibliothek und des Archivs hinzu, und der Kämmerer Hadrians IV., Kardinal Boso, übernahm die Sorge für den päpstlichen Besitz im Kirchenstaat. Von da an ging es ständig aufwärts. Der Kämmerer erreichte die Stelle des höchsten päpstlichen Hofbeamten, und die Kammer sollte im 13.—14. Jh. die Bedeutung der Kanzlei zum mindesten beeinträchtigen, wenn nicht sogar übertreffen.

Kapläne des Papstes hat es vielleicht schon vor der Reform gegeben, aber von einer eigentlichen *päpstlichen Kapelle* darf man wohl erst seit Ende des 11. Jh. sprechen. Diese den königlichen und bischöflichen Höfen nachgebildete Einrichtung wirkte sich insofern auf die Entwicklung der römischen Kurie aus, als die in ihr vereinigten Kleriker zu jedem Dienst und für jedes neu zu schaffende Amt verwendet werden konnten. So besaß denn der Papst endlich einen eigenständigen, von der Stadt Rom losgelösten Hof, den er nach seinem Gutdünken ausgestalten durfte. Es ist daher kein Zufall, daß seit Ende des 11. Jh. anstelle der alten Bezeichnung sacrum palatium Lateranense sich das noch heute gültige Wort *curia romana* durchsetzte. Es stellte den päpstlichen Hof der germanisch-romanischen curia regis ebenbürtig gegenüber. Die Ebenbürtigkeit wurde so konsequent angestrebt, daß die Päpste seit Urban II. sogar die *Hofämter* des Truchsessen, Mundschenks usw. einführten, die freilich keine Bedeutung erlangten. Mit der freien Entfaltungsmöglichkeit seines Verwaltungsapparates hatte das Reformpapsttum einen entscheidenden Schritt vorwärts getan.

50. Kapitel

Das neue Verhältnis der Kirche zur abendländischen Christenheit

LITERATUR: Zur politischen Ideenwelt vgl. die Hauptwerke in Allg. Bibl. II, 8 b; ebd. II, 8 a bringt die Zitate von *Kern*, Gottesgnadentum, *David*, La souveraineté, und *O. Gierke*, Genossenschaftsrecht, in dessen Bd III 502—644 sich das wichtige Kapitel: Die publizistischen Lehren des Mittelalters, befindet. Ferner sind heranzuziehen: *L. Knabe*, Die gelasianische Zweigewaltenlehre bis zum Ende des Investiturstreites (Berlin 1936); *G. Tellenbach*, Libertas (Lit. zu Abschn. I, S. 402) 48—76 175—192; *W. Ullmann*, The Growth of Papal Government (Allg. Bibl. II, 5) 253—412, und dazu *F. Kempf* (ebd. zit.) 135—153; *E. Voosen*, Papauté et pouvoir civil à l'époque de Grégoire VII. Contribution à l'histoire du droit public (Gembloux 1927); *A. Fliche*, Les théories germaniques de la souveraineté à la fin du XIe siècle: RH 125 (1917) 1—67; *G. Ladner*, Aspects of Medieval Thought on Church and State: Review of Politics 9 (1947) 403—422; *F. Kempf*, Zur politischen Lehre der früh- und hochmittelalterlichen Kirche: ZSavRGkan 78 (1961) 403 bis 422; *ders.*, Kanonistik und kuriale Politik im 12. Jh.: AHPont 1 (1963) 11—52.

Zur Christianitas: *G. Tellenbach*, Die Bedeutung des Reformpapsttums für die Einigung des Abendlandes: StudGreg II (1947) 125—149; *J. Rupp*, L'idée de chrétienté dans la pensée Pontificale des origines à Innocent III (Paris 1939); *É. Gilson*, Les métamorphoses de la Cité de Dieu (Löwen - Paris 1952); *G. Ladner*, The Concepts of „Ecclesia" and „Christianitas" and their Relation to the Idea Papal „Plenitudo potestatis" from Gregory VII to Boniface VIII: Sacerdozio e Regno da Gregorio VII a Bonifacio VIII (Rom 1954) 49—77; *F. Kempf*, Das Problem der Christianitas im 12.—13. Jh.: HJ 79 (1960) 104—123; *J. van Laarhoven*, „Christianitas" et réforme grégorienne: StudGreg VI (1959/61) 1—98.

Zu den kaiserlichen Ehrenzeichen des Papstes: *H. W. Klewitz*, Die Krönung des Papstes: ZSavRGkan 61 (1941) 96—130; *P. E. Schramm*, Sacerdotium und Regnum im Austausch ihrer Vorrechte: StudGreg II (1947) 403—457; vgl. auch unten Anm. 8 und die in Lit. zum vorhergeh. Kap. zit. Werke von *Zoepffel, Wasner, Eichmann* über Wahl und Inthronisation.

Papsttum und Staaten: *K. Bierbach*, Kurie und nationale Staaten im frühen Mittelalter (Dresden 1938); *K. Jordan*, Das Eindringen des Lehnwesens in das Rechtsleben der römischen Kurie: AUF 12 (1932) 13—110; *K. Jordan*, Das Reformpapsttum und die abendländische Staatenwelt: WaG 18 (1958) 122—137; für die einzelnen Staaten vgl. Lit. zum vorletzten Abschn. I oben S. 402 f.

Das hierarchische Prinzip der Reform betraf nicht die Kirche, wie wir sie heute als eine von Staat und Gesellschaft unterschiedene Institution begreifen, sondern die vom Frühmittelalter überkommene, Staat und Gesellschaft einbeziehende ecclesia universalis. Die Reformer hielten an diesem religiöspolitischen Einheitsgebilde durchaus fest, wollten jedoch in ihm die religiöse Wertdimension endlich zu voller Geltung bringen. Und da nun einmal die Priester für die religiösen Belange zuständig sind, forderten sie, daß das Sacerdotium durch seine hierarchische Spitze, den Papst, die christliche Welt anführe.

So begründeten sie ein *neues Verhältnis zum christlichen Königtum*. Die Theokratie der weltlichen Herrscher erschien ihnen als Verkehrung der rechten Ordnung; sie widersprach dem höheren Wert und der höheren Funktion des priesterlichen Amtes. Zum Erweis wurden zwar die alten, den priesterlichen Vorrang herausstellenden Gedanken wieder hervorgeholt: die Vergleiche Gold—Blei, Sonne—Mond, Seele—Körper oder der Unterschied zwischen der lebenspendenden priesterlichen und der an den Terror des Schwertes gebundenen königlichen Aufgabe oder der direkte göttliche Ursprung des Priestertums gegenüber dem durch die Erbsünde notwendig gewordenen, von den Menschen bloß unter Gottes Zustimmung geschaffenen und im Zug der Erbsünde oft mißbrauchten Königtum; aber all dies hätte wenig genutzt, wäre nicht von den Reformern der sakramentale Charakter des Weihekönigtums im Sinne einer spezifischen Teilhabe am Priester- und Königtum Christi geleugnet worden. Für sie, die streng hierarchisch Denkenden, war der weltliche Herrscher ein Laie, der auch und gerade als wichtiger Funktionsträger der ecclesia universalis nicht über oder neben, sondern unter den Priestern zu stehen habe. Wie das Abhängigkeitsverhältnis konkret aufzufassen sei, darüber haben Gregor VII. und seine Freunde nicht systematisch nachgedacht (es geschah erst in den folgenden zwei Jahrhunderten), wohl aber beanspruchten sie für das Priestertum das Recht, über die Eignung eines Herrschers vor allem dann zu befinden, wenn er sich wegen gottloser tyrannischer Regierung als untragbar erweise. Für diesen Fall forderte Gregor VII. (s. o. Kap. 44) die richterliche Zuständigkeit des Papstes als des obersten, mit der Binde- und Lösegewalt ausgestatteten Seelenhirten sowie das Recht auf Exkommunikation, Lösung des Treueids und Absetzung. Seine Ideen blieben zwar nicht unwidersprochen, drangen aber außer dem Depositionsanspruch, der selbst in kirchlichen Kreisen starken Zweifeln begegnete und bis zum Jahre 1245 von keinem Papst mehr in die Tat umgesetzt wurde, ziemlich allgemein durch, wenn auch die von der kirchlichen Zwangsgewalt betroffenen Herrscher immer wieder den Gehorsam versagten[1].

Die einschneidende Initiative der Reform mußte das Gefüge der abendländischen Welt erschüttern. Die Anhänger des Königtums setzten sich natür-

[1] Gregor VII. war kein systematischer Denker. Seiner zweifellos augustinistischen Einstellung fehlte die Präzision. Obwohl er einen Eigenbereich des Staatlichen nicht kannte, leitete er doch die politische Gewalt eines christlichen Königs von Gott ab; über die ihm gerne angelastete Lehre vom teuflichen Ursprung weltlicher Herrschaft vgl. *A. Nitschke:* StudGreg 5 (1950) 190 f. Aus einer solchen, zwar hierokratisch ausgerichteten, aber spiritualistischen und nicht genug differenzierten Haltung ließen sich entgegengesetzte Folgerungen ziehen, und sie sind auch gezogen worden, sobald man seit Gratian daranging, das Problem des Verhältnisses zwischen Regnum und Sacerdotium genauer zu untersuchen. — Die beiden Gregors Depositionsanspruch enthaltenden Briefe sind: Reg. IV 4, VIII 21, ed. *Caspar* 293—297 544—563. Über die politische Lehre Gregors vgl. Lit. zum Kap. 44; über die Lehre der Reformer überhaupt: *Voosen* (Lit. zu diesem Kap.) passim (mit weiterer Bibliogr.); *A. Fliche,* La réforme grégorienne, sämtliche 3 Bde (Löwen 1924/37) passim; *C. Mirbt,* Die Publizistik im Zeitalter Gregors VII. (Leipzig 1894); *A. Fauser,* Die Publizisten des Investiturstreites (München 1935).

lich zur Wehr. Insofern, als sie die alte Theokratie verteidigten, wie es vor allem der Normannische Anonymus zu Beginn des 12. Jh. in kühner, überspitzter Dialektik versuchte[2], fochten sie freilich einen vergeblichen Kampf. Die Theokratie hatte sich überlebt. War doch das Abendland gerade im Begriff, dem frühmittelalterlichen Entwicklungsstadium der Kohärenz zu entwachsen und neue differenziertere Gesellschaftsformen auszubilden. Dieser Prozeß wirkte sich jedoch auch gegenüber der Reform aus. Das Abendland war nicht gewillt, für die überholte königliche Theokratie einfachhin eine päpstliche Hierokratie einzutauschen; und Gregors VII. radikal religiöser Impetus ging zweifellos in eine hierokratische Richtung. Die Gegenkräfte, die nun aufstanden, hat Gregor selbst ausgelöst. Seinem einseitig spirituellen Denken kam es nämlich im Grunde bloß auf das geistlich-politische Wollen der ecclesia universalis an; dafür sollte fortan die kirchliche Autorität zuständig sein. Ungewollt spaltete er damit die einheitliche Zielrichtung der früheren ecclesia universalis; denn dort waren geistlich-politisches und weltlich-politisches Wollen so innig verflochten gewesen, daß das religiös-politische Gesamtziel auch ein weltlicher Herrscher hatte betreuen können. Gregor wollte zwar die Einheit wahren, indem er von den Königen verlangte, ihre Interessen dem geistlich-politischen Ziel gänzlich unterzuordnen, aber die Herrscher gingen darauf nur sehr bedingt ein. Sie nahmen nun ihrerseits das weltlich-politische Wollen in Beschlag und entwickelten es zu relativer Selbständigkeit.

Der Verlauf des Investiturstreites, die von den Herrschern erreichte jeweils deutlichere Scheidung zwischen kirchlichem Amt und Temporalien, zeigt beispielhaft an, worauf die Entwicklung hinauslief. Trotz allzu konservativem Festhalten an überholten theokratischen Rechten bewiesen daher die deutschen und italienischen Verteidiger Heinrichs IV. (s. o. Kap. 45) ein gutes Gespür für die Problematik ihrer Zeit, wenn sie dem Anspruch der Reformer das traditionelle, auch im Frühmittelalter nie aufgegebene gelasianische Prinzip der Zweiteilung der Gewalten entgegenhielten und betonten, nicht allein der Priester, auch der König empfange seine Gewalt direkt von Gott. Ihre Position, die mit jener Gregors VII. und seiner Anhänger keines-

[2] Für den Normannischen Anonymus ist die Kirche nicht die Braut von Christus-Sacerdos, sondern von Christus-Rex. Da sowohl die Priester wie die Könige durch das Weihesakrament über das naturhafte Person-Sein in eine gnadenhafte Personhaftigkeit emporgehoben werden, repräsentieren sie den Gottmenschen Christus in der Weise, daß der Priester der menschlichen leidenden Natur Christi, der König dagegen der göttlichen herrscherlichen Natur des Erlösers zugeordnet ist. Auf Grund dieser zwei Prämissen weist der Autor dem weltlichen Herrscher die oberste Stelle in der Kirche zu: der König hat die Priester einzusetzen und ihnen dabei kraft seines sakramental fundierten Rechts sowohl die Administration der Kirchengüter wie die Regierungsgewalt über das Gottesvolk zu übertragen; er beruft die Konzilien und leitet sie; überhaupt steht er der Kirche vor als pastor, magister, custos, defensor, ordinator, liberator; vgl. die Traktate IV—V: MG-Liblit III 662—679 684—686.

wegs unvereinbar war, wurde in der Folgezeit jeweils stärker gefestigt. Gute Hilfe leistete dabei das römische Recht; schon im Investiturstreit verwendet, sollten es die bald aufblühenden Legistenschulen immer stärker heranziehen. So wandelte das Regnum seine frühere, auf der Weihe und dem Dienst an der ecclesia universalis beruhende Herrschaft langsam um zu einem Königtum durch göttliches Recht, zur Herrschaft über einen eigenständigen, kraft der direkt von Gott verliehenen potestas zu verwaltenden Rechts- und Aktionsbereich, den es während des 12.—13. Jh. jeweils zielbewußter ausbaute und der Souveränität entgegenzuführen begann. Im Grunde wetteiferte es hier mit dem in der nachgratianischen Zeit immer sichtbarer werdenden Bestreben des Papsttums, den ihm unterstehenden Rechtsbereich unter seiner monarchischen Gewalt möglichst fest zu einem regnum ecclesiasticum zusammenzuschließen. Nicht einmal im Sakralen wollten die Herrscher einfachhin nachstehen. Ihre Degradierung zu Laien innerhalb des kirchlichen Raumes ließ sie ein Gottesgnadentum ausbilden, das nicht mehr auf spezifisch kirchlicher Grundlage beruhte, ja sogar teilweise von ursprünglich heidnischen Kräften gespeist wurde, wie sie einerseits im römischen Kaiserrecht mit seiner Sakralisierung von Herrscher, Recht und Reich, anderseits in den germanischen magischen Vorstellungen von dem an das Dynastengeschlecht gebundenen „Königsheil" weiterlebten[3].

Der Prozeß des Auseinanderstrebens von Regnum und Sacerdotium brauchte seine Zeit. Wenn auch die frühmittelalterliche „Zweieinigkeit" der beiden nur funktional geschiedenen, gleichsam als Stände aufgefaßten Gewalten nun langsam abgelöst wurde von dem schärferen Gegensatz zwischen zwei gottesunmittelbaren, über eigenständige öffentlich-rechtliche Bereiche verfügenden Gewalten, so hatte das Abendland noch eine gute Wegstrecke zurückzulegen, bis sich zu Beginn der Neuzeit die ontologisch geschiedenen Gemeinschaften der Kirche und des Staates gegenüberstanden. Trotz zunehmender Zersetzung blieb die übergreifende, beide Rechtsbereiche umfassende Einheit der ecclesia universalis (christianitas) durch das ganze 12.—13. Jh. ein Grundfaktor des sozialen und politischen Lebens. Vor dem Investiturstreit hatten die deutschen Kaiser trotz der gleichgültigen oder sogar ablehnenden Haltung, die man außerhalb Deutschlands meistens einnahm, die Einheit des Abendlandes irgendwie repräsentiert (s. Kap. 28, 32).

[3] *F. Kern,* Gottesgnadentum (Allg. Bibl. II, 8a) 94—120 213—216; *M. Bloch,* Les rois thaumaturges (Straßburg 1924); *P. E. Schramm,* Der König von Frankreich I (Darmstadt ²1960) 145—155; *ders.,* Geschichte des englischen Königtums im Lichte der Krönung (Weimar 1937) 122—126. Es ist kein Zufall, daß die ersten Zeugnisse für Skrofelheilungen durch französische und englische Könige und für das Himmelsöl in das frühere 12. Jh. fallen. Zum Königsheil vgl. *K. Hauck,* Geblütsheiligkeit: Liber Floridus, Festschr. P. Lehmann (St. Ottilien 1950) 187—240. Von dem „Law-centered Kingship" des 12.—13. Jh. handelt eindrucksvoll *H. E. Kantorowicz,* The King's Two Bodies (Princeton/N. J. 1957) 87—192.

Sie hielten auch nachher daran fest, Führer der Christenheit zu sein (zum mindesten innerhalb des weltlichen Bereiches), aber die Wende, die das Abendland inzwischen vollzogen hatte, ließ ihren Anspruch immer fragwürdiger werden. Die seit dem 12. Jh. erstarkenden, auf ihre Eigenständigkeit bedachten Regna räumten dem Kaiser bloß einen Ehrenvorrang, aber keine übergreifende jurisdiktionelle Gewalt ein; und das Verhältnis zur römischen Kirche hatte sich im Investiturstreit umgekehrt: der Kaiser besaß fortan keine Rechte mehr über den Papst, wohl aber der Papst über den der Weihe und Krönung bedürftigen und zum Schutz der römischen Kirche verpflichteten Kaiser. Was der Glanz des Imperiums bisher überstrahlt hatte, trat nun ins volle Licht: Die abendländische Einheit beruhte letztlich auf dem gemeinsamen Glauben und auf der Zugehörigkeit zu derselben Kirche. Dieses Fundament gewann seit der Reform durch den übernationalen Zusammenschluß der kirchlichen Hierarchie sowie durch Ausbildung eines einheitlichen, in allen christlichen Ländern zur Geltung gebrachten Kirchenrechtes eine ganz neue Festigkeit. So wurde die Kirche zum eigentlichen Träger, das an ihrer Spitze stehende *Papsttum* aber zum *Führer der abendländischen Christenheit.*

Nicht allein die übernationale Weite des Jurisdiktionsgebietes, auch die Art und Weise der Machtausübung hoben den Papst über Kaiser und Könige hinaus. Während es in den meisten Reichen lange dauerte, bis die staatliche Gewalt die feudalistischen Schichten genügend durchdrang, um jeden Untertan mehr oder minder direkt zu erreichen, hatte es das Papsttum von vornherein leichter. Erstreckte sich doch seine Jurisdiktion nicht bloß auf die Bischöfe und vermittels dieser auf die Diözesanen, sondern auch direkt auf jeden einzelnen Christen. Priester, Mönche und Laien machten sich dies seit Beginn des 12. Jh. zunutze, indem sie ihre Rechtsfälle direkt oder durch Appellation nach Rom leiteten. Und wenn es auch einen weltlichen, zu jeweils größerer Selbständigkeit gelangenden Rechtsbereich gab, so kam doch dem geistlichen Rechtsbereich der Vorrang zu. Das zu allen Zeiten geltende Prinzip katholischer Staatslehre, wonach Staat und Gesellschaft an das Gottes- und Sittengesetz gebunden sind und der Kirche die Auslegung dieses Gesetzes zusteht, mußte sich im 12.—13. Jh. viel stärker auswirken, als es heute möglich wäre. Die Abhängigkeit der weltlichen Rechtssphäre ging damals so weit, daß königliche Verfügungen, die dem kanonischen Recht in wichtigen Dingen widersprachen, von der Kirche für ungültig erklärt werden konnten. Dabei reichte der kirchliche Einfluß weit ins Irdische hinein. Für grundlegende Probleme des menschlichen Zusammenlebens, wie etwa für die Erlaubtheit des Zinses, des Handelsprofits oder der Steuererhebung, gab die Kirche die Normen an. Ehesachen unterstanden fast ganz ihrer Kompetenz; desgleichen der für das öffentliche wie private Leben damals so wichtige Eid, von dem ausschließlich die Kirche in bestimmten Fällen dispensieren konnte. Das Bildungswesen und viele caritative Einrichtungen lagen in ihrer Hand. Schon immer hatte sich die für das Wohl des christlichen Volkes mitverantwortliche Kirche, soweit sie mit den weltlichen Instanzen konkurrieren konnte, des Friedens unter den Gläubigen angenommen. Die Friedensinitiative, die seit Beginn des 11. Jh. der französische Klerus genommen hatte (Kap. 41), griff das Reformpapsttum mit Urban II. auf, indem es auf allgemeinen Synoden Gesetze über den Gottesfrieden verkündete. In der folgenden Zeit gingen die Päpste einen Schritt weiter: Sie versuchten bisweilen unter kriegführenden Fürsten Frieden zu stiften, wurden dazu sogar nicht selten zum mindesten von einer der Parteien aufgerufen.

Eine ungemein große Bedeutung erlangte endlich die kirchliche Straf- und Zwangsgewalt. Bann und Interdikt, nunmehr auch über Könige verhängt, erzielten im Zug der sich festigenden Rechtsverhältnisse eine beträchtliche Wirkung. Sie war um so größer, als der kirchliche Bann seit fränkischer Zeit bürgerliche Rechtsfolgen nach sich zog[4]. Obwohl diese Bestimmungen nicht immer Beachtung fanden, vor allem, wenn sie Fürsten betrafen, waren sie doch auch im weltlichen Rechtsbereich prinzipiell anerkannt und wurden gegenüber den Häretikern, die sich seit dem 12. Jh. in beängstigender Weise ausbreiteten, voll und ganz angewendet; kirchliche und weltliche Strafgewalt verbanden sich hier zu unerbittlichem Kampf. In der Reformzeit hatte die Kirche außerdem das Recht gewonnen, die Interessen der Christenheit mit den Waffen zu verteidigen; mit anderen Worten: sie hatte die potestas coactiva materialis, die ihr früher nur in den unteren Graden körperlicher Bestrafung (Auferlegen von Fasten, Züchtigung, Einkerkerung von Klerikern und Mönchen) zugekommen war, entscheidend erweitert. Die höchsten Formen der Strafgewalt faßte man damals unter dem Bilde des Schwertes zusammen. Während also die Kirche bisher nur den gladius spiritualis besessen hatte (Bann, Anathem), führte sie fortan auch den gladius materialis im Sinne des Rechts auf kriegerischen Zwang, indem sie entweder die weltlichen Herrscher zum Gebrauch des ihnen eigenen materiellen Schwertes aufforderte oder kraft eigener Autorität, gleichsam durch Übertragung des ihr zukommenden materiellen Schwertes, die Ritter und andere Laien unter die Waffen rief[5]. Wie es zu dieser folgenschweren Ausweitung der kirch-

[4] Dazu *E. Eichmann,* Acht und Bann im Reichsrecht des Mittelalters (Paderborn 1909).

[5] Dazu die grundlegenden Studien von *A. Stickler,* Il potere coattivo materiale della Chiesa nella riforma gregoriana secondo Anselmo di Lucca: StudGreg II (1947) 235—285; *ders.,* Il gladius negli atti dei concilii e dei Romani Pontefici sino a Graziano e Bernardo di Clairvaux: Salesianum 13 (1951) 414—445; *ders.,* Il gladius nel registro di Gregorio VII: StudGreg III (1948) 89—103. Daß die Kirche hier ein neues Recht gewonnen hat, geht allein aus der leidenschaftlichen Diskussion hervor, die man seit Gregor VII. darüber geführte hat und die *C. Erdmann,* Kreuzzugsgedanke (Lit. zum folg. Kap.) 212—249, schildert. Was *H. Hoffmann,* Die beiden Schwerter im hohen Mittelalter: DA 20 (1964) 78 bis 114, gegen Stickler vorbringt, kann dem oben im Text beschriebenen neuen Recht der Kirche nichts anhaben; denn das von ihm behandelte Problem betrifft die ganz andere Frage, ob und inwieweit nach der Lehre der Kirchenmänner der König die von ihm

lichen Zwangsgewalt aus zeitbedingten Ursachen gekommen ist, wird bei der Entstehungsgeschichte des 1. Kreuzzugs (folg. Kap.) dargelegt.

Die geistlich-politische, auf dem Primat beruhende und die gesamte Christenheit umfassende Führungsgewalt des Papsttums wurde durch *partikuläre weltlich-staatliche Rechte* verstärkt. So gewann die mit der Bildung des Kirchenstaates (754) gegebene politische Autonomie der römischen Kirche, die von den fränkischen und deutschen Kaisern sowie vom römischen Adel zwar geschmälert, aber nie aufgehoben worden war, in der Reformzeit insofern eine neue Bedeutung, als das Freiheitsbewußtsein der römischen Kirche irgendeine politische Abhängigkeit nicht mehr ertrug. Ungeachtet der verwickelten Rechtsverhältnisse und des Widerstandes der 1144 entstehenden römischen Kommune sowie der staufischen Kaiser beanspruchte das Papsttum für Rom und das Patrimonium die volle staatliche Hoheit (schon der mit 1059 aufkommende Ausdruck regalia beati Petri ist höchstwahrscheinlich so zu deuten [6]) und setzte sie langsam, erst nach Jahrhunderten endgültig, durch. Das Autonomiestreben hatte sich im 8. Jh. nicht bloß in Territorialforderungen, sondern auch in der Übernahme kaiserlicher Insignien und Ehrenrechte geäußert und für beides in der Konstantinischen Fälschung gleichsam seine Rechtfertigung gefunden. Die Reformer, allen voran Gregor VII., handelten daher ganz folgerichtig, wenn sie zum Erweis der kaisergleichen, das heißt politisch unabhängigen und auch in dieser Hinsicht alle anderen Bischöfe überragenden Stellung des Papstes auf das Constitutum Constantini zurückgriffen (für Länderansprüche dagegen bleibt seine Verwendung in der Reformzeit mit Ausnahme Urbans II., der sich einmal im Hinblick auf Korsika und Lipari darauf berief [7], umstritten). Tatsächlich spielten fortan im päpstlichen Zeremoniell die in der Fälschung genannten kaiserlichen Ehrenrechte eine größere Rolle als vorher, besonders die Tiara und der Purpurmantel. Der Mantel wurde im 12. Jh. zum wichtigsten Investitursymbol für einen neugewählten Papst, während die von jeher mit einer reifartigen Gold-

gebrauchte materielle Schwertgewalt aus den Händen der Kirche empfange. Wenn Hoffmann die zahlreichen, auf dem althergekommenen politischen Augustinismus des Mittelalters beruhenden Texte wieder hervorholt, so ergänzt er in dankenswerter Weise das hauptsächlich juridische Quellenmaterial Sticklers, dürfte aber zu wenig beachten, daß die augustinistischen Texte sehr unbestimmt gehalten und daher von den schärfer zupackenden Kanonisten, die sich in der zweiten Hälfte des 12. Jh. des Problems annahmen, recht verschieden ausgedeutet worden sind; vgl. dazu *Kempf*, Kanonistik und kuriale Politik (Lit. zum Kap.).

[6] *J. Ficker*, Forschungen zur Reichs- und Rechtsgeschichte Italiens II (1869) 303 f. Für den Hoheitsanspruch berief man sich öfters auch auf das Constitutum Constantini; dazu *H. Löwe*, Kaisertum und Abendland: HZ 196 (1963) 542—544.

[7] *Jaffé* 5448 5449; Ital. Pont. III 320; zum Problem als solchem *L. Weckmann*, Las Bulas Alejandrinas de 1493 y la teoría política de Papado medieval. Estudio de la supremacía Papal sobre islas 1091—1493 (Mexico 1949); gegen diese Inseltheorie *J. Vincke:* ZSavRGkan 67 (1950) 462—465.

borte umzogene Tiara zwar keine neue Funktion, aber doch im Zug der wachsenden geistlich-politischen Autorität des Papstes eine größere Symbolkraft gewann[8].

Das neue Selbstbewußtsein wirkte sich konkret aus: der kaisergleiche Papst begann, eine *selbständige Staatenpolitik* zu treiben. Von dem Gewinn der Oberlehnsherrschaft über die Normannen Süditaliens und von dem weit ausholenden Versuch Gregors VII., möglichst viele Länder politisch an den Heiligen Stuhl zu binden, war oben (Kap. 43, 44) die Rede. Durch religiös-politische Ziele bestimmt, hielt jedoch Gregor gewisse Grenzen ein: nicht aus der Primatsgewalt, sondern aus alten für echt gehaltenen Rechtsansprüchen leitete er seine Forderungen ab und ließ sie bei Widerstand auf sich beruhen. Es hing daher im Grunde vom Willen der Fürsten ab, ob sie ein Abhängigkeitsverhältnis mit Rom eingehen wollten; oft genug taten sie es, weil sie sich davon politische Vorteile versprachen. Da England und Dänemark nur zur Zahlung des Peterspfennigs bereit waren und die 1076 zustande gekommene Lehnsoberhoheit über Kroatien-Dalmatien infolge der Fusion Kroatiens mit Ungarn 1091 ihr Ende fand, beschränkten sich außerhalb Italiens die Rechte der römischen Kirche einerseits auf einige kleinere Gebiete (es waren der Besitz des Grafen von der Provence, die Grafschaft Substantion mit dem Bistum Maguelone und die Grafschaft Besalú), anderseits auf die Länder Aragón und Katalonien[9]. Abgesehen von dem hohen, 500 Mankusen betragenden Zins Aragóns (Katalonien zahlte nur 30 Morabutinen), hatten diese Erwerbungen keine große Bedeutung. Einen unver-

[8] Die im Constitutum Constantini „phrygium" genannte Tiara ist aus dem byzantinischen Kaiserzeremoniell direkt übernommen und von den Päpsten als außerliturgisches, bei bestimmten Prozessionen zu tragendes Herrschaftssymbol verwendet worden; so wohl richtig *J. Deér,* Byzanz und die Herrschaftszeichen des Abendlandes: ByZ 50 (1957) 420 bis 427, gegen *P. E. Schramm,* Herrschaftszeichen (Allg. Bibl. II, 8 b) 51—98, der die Tiara aus dem kaiserlichen camelaucum ableiten möchte. Ein wesentlicher Einschnitt in der Geschichte der päpstlichen Tiara, wie ihn *Klewitz,* Die Krönung des Papstes (Lit. zum Kap.), mit 1059 ansetzen möchte, dürfte kaum vorliegen. — Bei der Prozession am Sonntag „Laetare" trugen die Päpste seit Leo IX. eine goldene Rose, die sie dann zu verschenken pflegten; dazu *A. H. Benna,* Zur kirchlichen Symbolik: Goldene Rose, Schwert und Hut: Mitt. des Österr. Staatsarchivs 4 (1951) 54—64. — Mit der kaisergleichen Stellung des Papsttums hing auch das Recht auf Königserhebung zusammen, das die Päpste seit Gregor VII. ohne Kaiser bisweilen ausübten; vgl. *H. Hirsch,* Das Recht auf Königserhebung durch Kaiser und Papst im hohen Mittelalter: Festschr. E. Heymann I (Weimar 1940) 209—249.

[9] *K. Jordan,* Reformpapsttum (Lit. zum Kap.): WaG 18 (1958) 132 f, nimmt in beiden Fällen einen Übergang vom Schutz- zum Lehnsverhältnis an: Aragón sei 1068 in den Schutz, 1089 in die Vasallität eingetreten; das zum Gebiet des Grafen von Barcelona gehörige Tarragona habe unter Urbans II. Schutz gestanden, der unter Paschalis II. ausgebaut worden sei und zur Lehnsabhängigkeit von ganz Katalonien geführt habe; *J. Sydow:* DA 11 (1954/55) 61, meint, es habe auch nach der 1116 erfolgten Ausdehnung auf ganz Katalonien bloß ein Schutzverhältnis bestanden.

gleichlich größeren Erfolg erzielte die zwischenstaatliche Politik des Papsttums in Italien. Die Ansprüche Gregors VII. auf Sardinien und Korsika (s. o. Kap. 44) sowie auf die Mark Fermo und auf das Herzogtum Spoleto blieben zwar ziemlich wirkungslos, und die große Schenkung Mathildens von Tuszien brachte nach dem Tod der Markgräfin bis zur Investitur Kaiser Lothars III. (1136) nichts ein, aber die 1059 begründete Lehnsoberhoheit über das normannische Süditalien blieb allen Schwierigkeiten zum Trotz bestehen und beeinflußte für Jahrhunderte hinaus die päpstliche Politik in entscheidender Weise. Ursprünglich mehr an dem für die Reform notwendigen Waffenschutz der normannischen Vasallen interessiert, wurde das Papsttum immer stärker auf den territorialpolitischen Gesichtspunkt hingelenkt. Die drei Etappen des normannischen Machtaufstiegs — zunächst Aufsaugen aller früheren Herrschaftsgebiete, dann Lehnsabhängigkeit Capuas von Apulien und damit Eingrenzung der direkten römischen Lehnsoberhoheit auf den Herzog von Apulien (1198), endlich der von Roger II. seit 1127 geschaffene normannisch-sizilische Großstaat — stellte die römische Kirche vor jeweils heiklere Fragen. So unvermeidlich die italienische Territorialpolitik gewesen sein mag, die römische Kirche mußte sie in der Folgezeit mit schweren, auch an der religiösen Substanz zehrenden Kämpfen bezahlen.

Die eigentliche Aufgabe, vor der die lehnsstaatliche und territoriale Politik zurücktrat, blieb die *geistlich-politische Leitung der abendländischen Christenheit.* Ihre Problematik sollte das Papsttum durch das ganze 12.—13. Jh. beschäftigen. Die Schwierigkeit lag in den vielfach ungeklärten Verhältnissen. Der Papst stand ja nicht, wie es heute noch in Geschichtsbüchern zu lesen ist, an der Spitze eines Universalstaates. Zu einer greifbaren politischen Einheit hat es die ecclesia universalis (christianitas) nie gebracht, auch nicht nach der Reform. Die einende Kraft des Papsttums, die zudem durch die Ausbildung der beiden Rechtsbereiche mehr und mehr beeinträchtigt wurde, beruhte auf der kirchlichen Primatsgewalt über den populus christianus. Da dieser wegen der noch nicht vollzogenen Scheidung zwischen Kirche und Staat eine kirchliche und zugleich irdisch-gesellschaftliche Einheit bildete und daher die spezifisch christlichen Werte nicht bloß mit innerlichen, im Gewissen und in der kirchlichen Disziplin wurzelnden Kräften, sondern auch mit weltlich-politischen Maßnahmen zu verwirklichen suchte, strahlte die kirchliche Gewalt auch in weltliche Bereiche hinein. Hier waren ihr freilich Grenzen gezogen. Wenn schon zu allen Zeiten der auf dem Glauben beruhende kirchliche Gehorsam insofern ein Moment der Freiwilligkeit enthält, als sich Glaube nicht erzwingen läßt, um wieviel mehr hing dann die im Weltlichen sich auswirkende Gewalt des mittelalterlichen Papsttums vom guten Willen der Gläubigen ab! Ging es doch um Rechte, die nur indirekt aus der kirchlichen Gewalt erflossen, größtenteils sogar nicht notwendig mit dem Wesen der Kirche gegeben, also zeitbedingt waren. Einen Kreuzzug z. B. konnte der Papst nur führen, wenn die Laien seinem Rufe folgten. Soweit also die päpstliche Initiative weltliche Bereiche erfaßte, beruhte sie nicht auf einer eigentlichen Herrschaft, sondern auf dem lebendigen, dem Wandel der Zeit unterworfenen Bezug zwischen dem Papst als Führer und dem christlichen Volk als Gefolgschaft. Je mehr das weltlich-politische Wollen des Königtums erstarkte und das Volk ergriff, desto mehr wurde das vom Papst betreute geistlich-politische Wollen auf den innerkirchlichen Bezug zwischen ecclesia congregans und ecclesia congregata verwiesen.

Das Papsttum sah sich ständig neu vor die Frage gestellt, wieweit dem weltlich-politischen Wollen und seinem wichtigsten Träger, dem Königtum, Eigenständigkeit zuzubilligen sei. Die Entscheidung fiel um so schwerer, als bis zum späten 13. Jh. eine naturrechtliche Begründung des Staates ausstand und die traditionelle Lehre des politischen Augustinismus, die das Regnum nur von seiner religiösen Funktion her begriff, der neuen Problematik nicht gewachsen war. Nicht wenige Forscher sind sogar der Ansicht, die Kirche des 12.—13. Jh. sei den augustinistischen Ideen völlig erlegen; sie habe die abendländische Christenheit ausschließlich auf das geistlich-politische Ziel ausgerichtet wissen wollen, dem weltlich-politischen Wollen keinerlei Eigenständigkeit zugestanden und daher von Gregor VII. bis auf Bonifaz VIII. unentwegt einen hierokratischen Anspruch vertreten. Ihre These läßt sich jedoch mit den Tatsachen nicht vereinen. Die Bereitschaft, das weltlich-politische Wollen des Königtums insoweit anzuerkennen, als es echte Rechte anmeldete, hat der Kirche keineswegs gefehlt. Schon im Wormser Konkordat wirksam, erstarkte sie in der folgenden Zeit. Seit der Reform war das Verhältnis der Kirche und des Papsttums zur Christenheit nicht allein von einer hierokratischen, sondern auch von einer dualistischen Komponente bestimmt. Wie das Zusammen- und Gegenspiel beider Elemente in der ungemein bewegten Zeit des 12.—13. Jh. verlaufen ist, wird in dem folgenden Halbband gezeigt werden.

51. Kapitel

Papsttum, heilige Kriege und erster Kreuzzug

QUELLEN: Für Quellen und Literatur ist immer heranzuziehen *H. E. Mayer*, Bibliogr. zur Geschichte der Kreuzzüge (Hannover 1960); vgl. auch *A. S. Atiya*, The Crusade. Historiography and Bibliography (Bloomington/Ind. 1962). — Urkunden u. Briefe: *R. Röhricht*, Regesta regni Hierosolimitani 1097—1291 (Innsbruck 1893) mit Additamentum (ebd. 1904); Epistolae et chartae historiam primi belli sacri spectantes, ed. *H. Hagenmeyer* (Innsbruck 1901); *H. Hagenmeyer*, Chronologie de la première croisade (Paris 1901). — Berichte: Anonymi Gesta Francorum et aliorum Hierosolimitanorum, ed. *Hagenmeyer* (Heidelberg 1890), neue Editionen von *R. Hill* (London 1962); *Fulcher von Chartres*, Historia Hierosolymitana: Recueil des historiens des croisades (Allg. Bibl. I, 3: Acad. des Inscr.) Historiens occid. III 319—485; ebd. 603—716: *Radulf von Caen*, Gesta Tancredi in expeditione Hierosolymitana; ebd. 235—309: *Raimund von Aguilers*, Historia Francorum qui ceperunt Hierusalem; ebd. IV: *Albert von Aachen,* Historia Hierosolymitana; *Ekkehard von Aura,* Hierosolymitica, ed. *H. Hagenmeyer* (Heidelberg 1877); *Anna Komnena,* Alexiade. Règne de l'empereur Alexis I Comnène, ed. *B. Leib* (mit frz. Übersetzung), 3 Bde (Paris 1937/45); für die arabischen, armenischen u. a. Quellen vgl. Bibliogr. von *H. E. Mayer.*

LITERATUR: Allgem. Kreuzzugsgeschichte: Dazu *Mayer,* Bibliogr. 1798 bis 1901. — Das glänzend, aber etwas frankophil geschriebene Werk von *R. Grousset,* Histoire des croisades et du royaume franc de Jerusalem, 3 Bde (Paris 1934/36) ist jetzt überholt, vor allem durch die drei Hauptwerke: S. *Runciman,* A History of the Crusades, 3 Bde (Cambridge 1951/54), übersetzt von *P. de Mendelsohn,* Geschichte der Kreuzzüge, 3 Bde (München 1957/60); A History of the Crusades, Editor-in-Chief *K. M. Setton:* Bd I hrsg. von *H. W. Baldwin:* The First Hundred Years (Philadelphia 1955), Bd II hrsg. von *R. L. Wolf - H. W. Hazard:* The Later Crusades 1189—1311 (ebd. 1962), es sollen noch drei Bände dieses Sammelwerkes folgen; *A. Waas,* Geschichte der Kreuzzüge, 2 Bde (Freiburg 1956); über die drei Werke vgl. *H. E. Mayer:* GGA 211 (1957) 234—246 (Rez. von Waas), 214 (1960) 42—63 (Rez. von Runciman); wertvoll sind ferner: *P. Rousset,* Histoire des croisades (Paris 1957); *A. S. Atiya,* Crusade, Commerce and Culture (Boomington/Ind. 1962); *H. E. Mayer,* Geschichte der Kreuzzüge (Stuttgart 1965), eine ausgezeichnete, kritisch weiterführende Zusammenfassung des bisher Erarbeiteten.

Der erste Kreuzzug: *Mayer,* Bibliogr. (s. oben) 1902—2007. — *F. Chalandon,* Histoire de la première croisade jusqu'à l'élection de Godefroi de Bouillon (Paris 1924); *C. D. J. Brandt,* Kruisvaarders naar Jeruzalem. Geschiedenis van de eerste kruistocht (Utrecht 1950); *R. Rousset,* Les origines et les caractères de la première croisade (Diss. Neuchâtel 1945).

Kreuzzugsgedanke und Entstehung der Kreuzzüge: *C. Erdmann,* Die Entstehung des Kreuzzugsgedankens (Stuttgart 1935, Neudr. 1955); *P. Alphandéry - A. Dupront,* La chrétienté et l'idée de croisade, I: Les premières croisades (Paris 1954); *M. Villey,* La croisade. Essai sur la formation d'une théorie juridique (Paris 1942); *W. Holtzmann,* Studien zur Orientpolitik des Reformpapsttums und zur Entstehung des 1. Kreuzzugs: HV 22 (1924/25) 167—199; *ders.,* Die Unionsverhandlungen zwischen Kaiser Alexios I. und Papst Urban II. im Jahre 1089: ByZ 28 (1928) 38—67.

Königreich Jerusalem und die anderen Staaten: *Mayer,* Bibliogr. (s. oben) 2958—3099. — *R. Röhricht,* Geschichte des Königreichs Jerusalem 1100—1291 (Innsbruck 1898); *J. L. La Monte,* Feudal Monarchy in the Latin Kingdom of Jerusalem (Cambridge/Mass. 1932); *D. C. Munro,* The Kingdom of the Crusaders (New York 1935); *J. Richard,* Le royaume latin de Jérusalem (Paris 1953); *J. Prawer,* Geschichte des lateinischen Königreichs Jerusalem (hebräisch), 2 Bde (Jerusalem 1963). — *C. Cahen,* La Syrie du Nord à l'époque des croisades et la principauté franque d'Antioche (Paris 1940); *J. Richard,* Le comté de Tripoli sous la dynastie toulousaine 1102—1187 (Paris 1945); *R. L. Nicholson,* Jocelin I, Prince of Edessa (Urbana 1954); *W. Hotzelt,* Kirchengeschichte Palästinas im Zeitalter der Kreuzzüge 1099—1291 (Köln 1940); zur Kirchengeschichte im Orient vgl. *Mayer,* Bibliogr. 3913—4090.

Die Führung der abendländischen Christenheit hat das Papsttum gleichsam mit dem ersten Kreuzzug angetreten. Sie war das Ergebnis einer langen, keineswegs einheitlichen Entwicklung. Wenn auch in früheren Zeiten bisweilen Päpste, Bischöfe oder Äbte zu den Waffen gerufen hatten, um sich der Wikinger, Ungarn oder Sarazenen zu erwehren, so war doch der Krieg an sich dem König vorbehalten gewesen. Erst mit der Wende zum 11. Jh. gewann die Kirche ein neues Verhältnis zum Krieg (Kap. 41), vor allem durch die in Frankreich aufkommende Bewegung des Gottesfriedens und der Treuga Dei. Zur Selbsthilfe genötigt, führten nicht selten geistliche Herren „heilige Kriege" gegen die Friedensbrecher. Aber auch bei dem Kriegerstand, den Rittern, vollzog sich ein Wandel. Ein christliches Ritterethos erstand; es verpflichtete zum Schwertschutz der Kirchen und bedrängter Mitchristen, also zu Aufgaben, die man bisher dem Königtum zugewiesen hatte. Daß hier neue Kräfte bereitlagen, wurde spürbar, als kurz nach 1050 im christlichen Spanien die Reconquista wieder einsetzte, mit der Einnahme von Toledo 1085 ihren Höhepunkt erreichte und dann durch die aus Afrika kommenden Almorawiden eingedämmt wurde. Haben sich doch seit 1064 französische Ritter an diesen Kämpfen, die sie als heilige Kriege ansahen, beteiligt. Ihre Hilfe steigerte sich nach der Niederlage Alfons' VI. von Kastilien bei Sagrajas (1086) und bereitete damit Frankreich gleichsam auf den Kreuzzugsgedanken vor. Von ähnlichen Ideen und nicht bloß von Erobererlust waren die Normannen Süditaliens geleitet, als sie sich unter der Führung Rogers anschickten, Sizilien dem Islam zu entreißen. Auch der Angriff, den die Pisaner 1087 im Verein mit Genuesen, Römern und Amalfitanern erfolgreich gegen die nordafrikanische Seeräuberstadt Mahdiya richteten, hatte kreuzzugsähnlichen Charakter[1].

Diese da und dort sich spontan herausbildenden ideellen Kräfte griff das Reformpapsttum auf, band sie zusammen und lenkte sie schließlich nach dem Orient. Den ersten Kontakt stellte Leo IX. her, indem er den ihm von Toul her vertrauten heiligen Krieg für die Ziele der Reform einsetzte, unverkennbar schon in dem wenig beachteten Vorgehen gegen die Tuskulaner (1049) und dann im großangelegten, „zur Befreiung der Christenheit" geführten Normannenfeldzug[2]. Das Unternehmen scheiterte, aber die Idee siegte trotz dem Widerspruch Petrus Damianis und anderer Reformer. Schon unter Alexander II. gewann sie ausstrahlende Kraft. Kein heiliger Krieg ist damals geführt worden, an dem sich das Papsttum nicht irgendwie beteiligt hätte. Die französischen Ritter, die 1063 zum spanischen Barbastrokrieg rüsteten, erhielten von Alexander den ersten nachweisbaren Kreuzzugsablaß. Graf Ebolus von Roucy unterbreitete seine Spanien betreffenden Feldzugspläne, und die inzwischen aufgekommene Petersfahne verlieh Alexander sowohl dem Grafen Roger für die Kämpfe in Sizilien wie dem nach England übersetzenden Herzog Wilhelm von der Normandie und dem ritterlichen Führer der Mailänder Pataria, Erlembald. Ganz gleich, ob der Krieg gegen Ungläubige oder Gläubige gerichtet war, sein religiöses Ziel entschied. Unter Gregor VII. traten sogar die innerchristlichen, zugunsten der Reform geführten

[1] Zur Reconquista *Mayer*, Bibliogr. (Lit. zum Kap.) 2606—2620; Beteiligung der Franzosen: ebd. 1720—1725; zum Ganzen *Erdmann*, Kreuzzugsgedanke (Lit. zum Kap.) 51 bis 106.

[2] Für die Zeit von Leo IX. bis zu Gregor VII. *Erdmann*, Kreuzzugsgedanke 107—211.

heiligen Kriege ganz in den Vordergrund und bekamen durch die ihm vorschwebende Idee einer übernationalen militia sancti Petri eine spezifisch hierarchische Prägung (s. o. Kap. 44). Große Erfolge waren freilich Gregor nicht beschieden; im Gegenteil, sein kriegerisches Gebaren rief den Widerspruch wach. Eine lebhafte Diskussion setzte ein, ob die Kirche oder der Papst überhaupt Kriege führen dürfen. Sie veranlaßte Anselm von Lucca, das Problem tiefer zu durchdenken; im Anschluß an Augustinus stellte er die Erlaubtheit des Defensivkrieges sowie die dabei zu beachtenden sittlich-religiösen Grundsätze heraus und verteidigte von dieser Position aus ein Recht der Kirche auf Verfolgung von Abtrünnigen, bahnte also die künftige, durch Gratian und die Dekretisten ausgeformte Lehre von der materiellen Zwangsgewalt der Kirche an im Sinne des Rechtes auf bewaffneten Zwang[3]. Die damit gegebene Ausweitung der kirchlichen potestas coactiva materialis wirkte sich vorläufig noch nicht recht aus, da sie auf die Verfolgung der zu Ketzern und Schismatikern gestempelten Reformgegner bezogen und zu sehr mit Gregors Kampf gegen Heinrich IV. verquickt war. Eine so komplexe, den Widerstand auch Gutgesinnter herausfordernde Initiative war nicht geeignet, die Massen der Ritter fortzureißen oder die Unterstützung des gesamten Klerus zu finden. Sobald aber das Papsttum die aufgestauten Energien des christlichen Rittertums von dem innerchristlichen hierarchischen auf einen gegen die Ungläubigen gerichteten Kreuzzug lenkte, durfte es eines weiten Widerhalls gewiß sein.

Genau diese Wende vollzog Urban II. Zwar gebrauchte auch er zu Beginn des Pontifikates die Waffen, verzichtete jedoch bald auf dieses Mittel. Dagegen trug er kein Bedenken, den heiligen Krieg gegen den Islam nach Kräften zu fördern. Die Not der Zeit trieb ihn dazu; sowohl im Orient wie in Spanien waren die Christen in die Defensive gedrängt worden. Den westlichen Frontabschnitt hielt Urban für so wichtig, daß er den Spaniern die Teilnahme am Orientkreuzzug verwehrte. Sein besonderes Interesse galt dem Wiederaufbau des strategisch bedeutenden Tarragona; 1089 hat er für dieses Werk denselben Nachlaß der Kirchenbuße gewährt, der mit einer Wallfahrt nach Jerusalem verbunden war. Einen Kreuzzug zur Befreiung der östlichen Christenheit hatte schon Gregor VII. geplant; er sollte das Schisma beseitigen helfen. Tatsächlich befand sich der christliche Osten seit dem großen Sieg der Seldschuken über Romanos IV. (1071 bei Manzikert) in äußerster Bedrängnis. Fast ganz Kleinasien wurde nach und nach von den Seldschuken beherrscht. Der tüchtige Komnenenkaiser Alexios I. (1082 bis 1118) konnte um so weniger ausrichten, als die Petschenegen Konstantinopel bedrohten. In seiner Not suchte er möglichst viele abendländische Ritter in Sold zu nehmen. So bewog er 1089/90 den von einer Jerusalemwallfahrt zu-

[3] Von der Diskussion als solcher handelt *Erdmann,* Kreuzzugsgedanke 212—249; das Rechtsproblem ist herausgearbeitet von *A. Stickler;* vgl. dazu vorhergeh. Kap. Anm. 5.

rückkehrenden Graf Robert von Flandern den Friesen zur Sendung von 500 Rittern[4]. Es kam ihm daher sehr gelegen, als Urban II. bald nach seiner Wahl Unionsverhandlungen anknüpfte. Alexios förderte sie und bat seinerseits um Truppen, die Urban auch versprach, aber zunächst nicht schicken konnte. Obwohl es dem Kaiser 1091 gelang, die Petschenegengefahr durch einen glänzenden Sieg zu bannen, ließ er 1095, wie aus dem glaubwürdigen Bericht Bernolds von St. Blasien hervorgeht, dem Papst auf der Synode von Piacenza seine Bitte erneut vortragen. Im Vertrauen auf sein gewachsenes Ansehen machte Urban nun ernst: er forderte in Piacenza die christlichen Ritter zur Verteidigung der östlichen Kirche auf. Aber das war nur ein Vorspiel. Erst in Frankreich ergriff er nach längerer Vorbereitung die eigentliche Initiative, indem er auf dem Konzil von Clermont am 27. November 1095 zum ersten Kreuzzug aufrief.

Wie Urban zu diesem folgenschweren Entschluß gelangt ist, bleibt umstritten. So gewiß auch der Aufruf von Clermont über den von Piacenza hinausgeht, es läßt sich nicht erweisen, daß der Papst erst in Frankreich die Kreuzzugsidee konzipiert und in Piacenza lediglich an Sendung von Söldnern gedacht habe. Unter Umständen schwebte ihm bereits zur Zeit der ersten Fühlungnahme mit Alexios (1089/91) die Idee einer kreuzzugsähnlichen Hilfe vor; zum mindesten hat er schon 1089 für den Wiederaufbau Tarragonas Sarazenenabwehr und Jerusalemwallfahrt, zwei für Clermont entscheidend wichtige Elemente, verbunden und in demselben Jahr die Absicht bekundet, nach Frankreich zu reisen. Möglicherweise kam er also 1095 mit längst erwogenen Absichten dorthin. Zunächst suchte er Bischof Adhémar von Le Puy auf und besprach sich mit ihm, der den Orient von einer kurz zuvor unternommenen Jerusalemfahrt kannte. Als in Le Puy die Einladungen für Clermont herausgingen, war wohl die Entscheidung gefallen. Urban traf dann Raimund von Saint-Gilles, Graf von Toulouse und Markgraf der Provence, um ihn für das Unternehmen zu gewinnen. Offenbar rechnete er mit einem relativ kleinen südfranzösischen Ritterheer. Seine Erwartungen sollten bei weitem übertroffen werden. Das in Clermont entzündete Feuer wurde zu einem lodernden, ganz Frankreich und andere Gebiete erfassenden Brand[5].

Soweit die ideellen Momente in Betracht kommen, lag das Geheimnis des Erfolges nicht allein in der seit einem Jahrhundert entwickelten und bereits auf den Heidenkrieg angewandten christlichen Ritter- und Kampfidee, sondern auch in der Aufnahme des Wallfahrtsgedankens. Die Jerusalemfahrt war von jeher der stille Wunsch vieler Christen; befreite sie doch von allen

[4] *F. L. Ganshof*, Robert le Frison et Alexis Comnène: Byz(B) 31 (1961) 57—74.

[5] Urbans Reise nach Frankreich vgl. bei *A. Becker*, Papst Urban II. (Stuttgart 1964) 213 bis 225, der freilich annimmt, Urban habe die Kreuzzugsidee erst in Frankreich konzipiert.

anderen Bußpflichten. Aber büßende Pilger durften keine Waffen tragen. Urban dagegen gewährte auf der Synode von Clermont den gleichen vollen Nachlaß der kanonischen Bußstrafen, wie ihn die Jerusalempilger erwarben, proklamierte also zum erstenmal die Idee der bewaffneten Wallfahrt. Ihre werbende Kraft wäre wohl begrenzt geblieben, wenn man sich an den Beschluß von Clermont gehalten hätte; war doch in ihm die bewaffnete Wallfahrt bloß als ein Ersatzwerk für die von der Kirche auferlegten Bußübungen im Sinne der üblichen sogenannten Redemtion aufgefaßt. Über das maßvolle Konzilsdekret hat sich jedoch sehr wahrscheinlich die nun in Gang kommende, der kirchlichen Aufsicht mehr und mehr entgleitende Kreuzzugspredigt hinweggesetzt und den Kreuzfahrern einen vollkommenen Ablaß, das heißt den Nachlaß aller von Gott zu erwartenden dies- oder jenseitigen Sündenstrafen, in Aussicht gestellt, wobei in vergröberter Form bisweilen auch einfachhin von Sündenvergebung die Rede gewesen sein mag. Durch den spontan aufkeimenden Ablaßgedanken, der den Theologen des 12. bis 13. Jh. noch schwere Arbeit kosten sollte, bis er in der Lehre vom Gnadenschatz der Kirche seine spekulative Lösung fand, gewann der Kreuzzug in den Augen der Christen einen unermeßlichen religiösen Wert[6]. Seine Gefährlichkeit verlor um so mehr ihren Schrecken, als man den dabei eintretenden Tod als eine Art Martyrium anzusehen begann. Die Verbindung von Kriegszug und Wallfahrt prägte sich sofort in symbolischen Formen aus, vor allem in dem Tuchkreuz, das sich die Ritter schon in Clermont aufs Kleid nähen ließen; es war das Zeichen für das religiös verpflichtende Kreuzzugsgelübde, zugleich aber auch Heereszeichen einer zum Kampf entschlossenen Armee. Ferner bildete sich ein gemeinsamer Schlachtruf „Deus le volt" aus sowie ein neuer Segensritus, der den alten beibehaltenen Pilgersymbolen, Stab und Tasche, das Schwert hinzufügte. Allen diesen Formen wohnte eine eigentümliche Werbekraft inne.

Wenn Urban mit feinem psychologischem Gespür Jerusalem als Marschziel stark herausstellte, so bedeutete dies keineswegs, es sei ihm eigentlich nur um die Heilige Stadt oder das Heilige Grab gegangen (vom Heiligen Land war damals überhaupt noch nicht die Rede). Vielmehr hielt er an dem ursprünglichen Vorhaben, die östliche Christenheit vom Türkenjoch zu befreien, unentwegt fest. Es ging hier zwar nicht allein, aber doch zum größe-

[6] Die Darstellung oben folgt *H. E. Mayer*, Kreuzzüge (Lit. zum Kap.) 31—46. Mayer wendet sich mit guten Gründen gegen die fast allgemein vertretene Auffassung, zu Clermont sei ein Plenarablaß verkündet worden (*Mansi* XX 815 c. 2). Er lehnt ferner Erdmanns These ab, bei Urban habe die Idee des kirchlich-ritterlichen Heidenkrieges im Vordergrund gestanden, der Wallfahrtsgedanke sei nur als Akzidenz hingetreten. Zum Ablaß: *A. Gottlob*, Kreuzzugsablaß und Almosenablaß. Eine Studie über die Frühzeit des Ablaßwesens (Stuttgart 1906); *N. Paulus*, Geschichte des Ablasses im Mittelalter. 3 Bde (Paderborn 1922/23); *B. Poschmann*, Der Ablaß im Lichte der Bußgeschichte (Bonn 1948).

ren Teil um byzantinisches Gebiet; der Papst wollte seinem Hilfeversprechen an Alexios durchaus treu bleiben, obwohl die Art und Weise der Hilfeleistung ganz anders ausfiel, als sie der Kaiser gewünscht hatte. Egoistische, auf Ländergewinn abzielende Machtpläne dürften Urban ferngelegen haben; zu Clermont bestimmte er sogar, die Kirchen der eroberten Gebiete sollten der Herrschaft der Eroberer unterstehen [7]. Den wesentlichen Erfolg konnte ihm freilich niemand nehmen: Indem er unter Ausschalten der Könige, allein auf die apostolische Autorität gestützt, die Ritter zum heiligen Krieg rief und ein so weites Echo fand, daß zum erstenmal in der abendländischen Geschichte ein übernationales Heer zur Verteidigung der Christenheit auszog, wurde er zum spontan anerkannten Führer des christlichen Abendlandes. Der Kontakt, den das Reformpapsttum mit den christlichen Rittern gefunden hatte, wirkte sich erst jetzt voll und ganz aus. Er führte notwendig zu einem eigenen Kreuzritterrecht. Die kirchliche Gesetzgebung dehnte den Gottesfrieden und den Schutz der Kirche auf die Güter der Kreuzfahrer aus; man förderte von kirchlicher Seite das Bestreben, für die Dauer des Kreuzzugs die Besitztümer der Teilnehmer von Abgaben zu befreien; selbst ein Schuldenmoratorium wurde vorgesehen.

Daß es um ein von Papst Urban geleitetes Unternehmen ging, hätte seinen sichtbaren Ausdruck finden sollen durch den wohl mit der politischen Leitung beauftragten päpstlichen Legaten Adhémar von Le Puy, während die militärische Führung ursprünglich dem Grafen Raimund von Saint-Gilles zugedacht war [8]. Beide Pläne gingen in der überbordenden Kreuzzugsbewegung unter. Da außer Raimund auch andere hohe Fürsten das Kreuz nahmen und mit eigenen Truppen auszogen, fiel das einheitliche Kommando von selbst weg; Raimund war nur Befehlshaber seiner eigenen Truppen. Die lockere Organisation ließ auch Adhémar zurücktreten. Seine Funktion beschränkte sich wohl mehr auf die geistliche Betreuung eines Kontingents; denn für zwei andere Abteilungen hat Urban II. nachweisbar je einen Kaplan mit der geistlichen Jurisdiktion versehen, also gleichsam zum Legaten ernannt [9].

Obwohl dem Papst die Leitung des Gesamtunternehmens aus den Händen glitt, blieb er doch für die Kreuzritter die oberste Autorität. Keinen Einfluß hatte jedoch Urban II. auf die Kreuzzugsbewegung des Eremiten Peter von Amiens [10]. Zu den Buß- und Wanderpredigern gehörend, die dem Volk

[7] *Erdmann,* Kreuzzugsgedanke 322 f.

[8] *J. H. and L. L. Hill,* Raymond IV de Saint-Gilles 1041(1042)—1105 (Toulouse 1959); *Mayer,* Bibliogr. (Lit. zum Kap.) 1963—1965.

[9] *H. E. Mayer,* Zur Beurteilung Adhémars von Le Puy: DA 16 (1960) 547—552; *Mayer,* Bibliogr. 1936—1941; *J. Richard,* La papauté et la direction de la première croisade: Journal des Savants (1960) 49—58.

[10] *H. Hagenmeyer,* Peter der Eremit. Ein kritischer Beitrag zur Geschichte des 1. Kreuzzugs (Leipzig 1879); *Mayer,* Bibliogr. 1924—1935.

das Ideal der vita apostolica et evangelica vorlebten (folg. Kap.), hat Peter gleich nach Urbans Aufruf begonnen, seine im mittleren und nordwestlichen Frankreich wohnenden Anhänger für die bewaffnete Wallfahrt zu begeistern. Die Zeit war günstiger denn je. Religiöse Erregung der Massen, nun wohl auch durch eschatologische Ideen gesteigert[11], sowie wirtschaftliche Nöte, vor allem des Bauernstandes, hatten die Erwartung eines besseren Lebens aufs höchste gespannt. Durch Peters Aufforderung, nach der heiligen Stadt Jerusalem zu ziehen, entlud sich diese Spannung mit einer Kraft, wie sie das Abendland noch nie erfahren hatte. Die ihm folgende, vorwiegend aus niederen Volksschichten bestehende Schar erhielt auf dem Weg über Deutschland aus dem Rheinland, aus Schwaben und anderen Gebieten so starken Zuzug, daß sich vom April bis Juni 1096 50000—70000 Menschen (darunter auch Frauen) in 5—6 großen Haufen nacheinander auf den Weg setzten. Religiöser Fanatismus und Raubgier führten bei den ungezügelten Massen zu furchtbaren Judenverfolgungen in deutschen Reichsstädten und in Prag[12]. Nur die beiden ersten Kontingente erreichten, über Ungarn und Bulgarien marschierend, Konstantinopel. Die nachfolgenden, durch Plünderungen und andere Gewalttaten sich Haß zuziehenden Scharen wurden schon in Ungarn fast ganz aufgerieben. Kaiser Alexios nahm die Ankommenden zunächst freundlich auf, machte aber so üble Erfahrungen, daß er die unbequemen Gäste schleunigst nach Kleinasien übersetzte. Anstatt auf die Ritterheere zu warten, griffen sie gegen den Rat Peters von Amiens, Fulchers von Orléans und einiger Adeligen die um Nikaia konzentrierten Türken an und verloren dabei, wenige ausgenommen, Leben oder Freiheit.

Urbans II. Aufruf hatte sich an kriegserfahrene Ritter gerichtet; sie sollten bis zum 15. August ihren Zug gründlich vorbereiten und dann aufbrechen. Unter den vielen edlen Herren, die das Kreuz nahmen, ragten natürlich die Fürsten hervor; stellten sie doch für sich eine mehr oder minder große Kampftruppe zusammen. So zogen im Sommer eine ganze Reihe von Heeresabteilungen auf verschiedenen Wegen: entweder über Ungarn und Bulgarien oder über Italien und die mit Schiffen erreichte Balkanhalbinsel nach Konstantinopel. Große Heere führten Herzog Gottfried von Niederlothringen (ein Sohn des Grafen Eustach von Boulogne, Neffe und Erbe Gottfrieds des Buckligen von Niederlothringen[13]) und Raimund von Saint-Gilles, während der Bruder des französischen Königs, Graf Hugo von Vermandois, dem Urban zu Rom eine Petersfahne überreichte, Bohemund von Tarent (ein Sohn Robert Guiscards) und die zusammen reisenden Grafen

[11] Die eschatologischen Motive sind herausgearbeitet in dem wichtigen Werk von *Alphandéry-Dupront,* L'idée de croisade (Lit. zum Kap.); vgl. dazu die einschränkenden Bemerkungen von *Mayer,* Kreuzzüge (Lit. zum Kap.) 17—19.

[12] *E. L. Dietrich,* Das Judentum im Zeitalter der Kreuzzüge: Saeculum 3 (1952) 94—131.

[13] *J. C Andressohn,* The Ancestry and Life of Godefroy of Bouillon (Bloomington/Ind. 1947); *Mayer,* Bibliogr. 1942—1962; die anderen Führer ebd. 1966—1976.

Robert von der Normandie, Stephan von Blois und Robert von Flandern über kleinere Abteilungen verfügten. Alexios geriet in größte Verlegenheit. Seine Lage hatte sich zum Bessern gewendet; nach dem Sieg über die Petschenegen (1091) war es ihm 1095 gelungen, die Kumanen entscheidend zu schlagen, so daß er sich nunmehr gegen die in Kleinasien sitzenden Türken, deren Großreich seit dem Tod Melikschahs (1092) zu zerfallen begann, hätte wenden können. Er war daher an westlichen Söldnern interessiert, aber nicht an abendländischen, unter eigenem Kommando stehenden Ritterheeren. Um sich vor den ungerufenen Helfern genügend zu sichern, nötigte er die Fürsten zu politischer Unterordnung, indem er einige von ihnen nach byzantinischem Brauch als Söhne in die kaiserliche Familie aufnahm und von allen den im Abendland üblichen Lehnseid verlangte. Tatsächlich sind die Fürsten mehr oder minder zögernd die Lehnsbindung eingegangen, Raimund von Saint-Gilles ausgenommen, der sich bloß zu einem das Leben und die Besitzungen des Kaisers betreffenden Sicherheitseid verstand[14].

Ein erster, im Verein mit den Griechen erzielter Erfolg war die Eroberung Nikaias. Die Herrschaft der Türken, die zum Entsatz herangezogen und geschlagen worden waren, brach damit in dieser Gegend zusammen. Nur noch von wenigen byzantinischen Truppen begleitet — das griechische Hauptheer nahm sich nun der Küstenländer an —, zogen die Kreuzfahrer durch Anatolien, besiegten die Türken am 1. Juli 1097 bei Doryläum und später bei Heraklea und trennten sich dann. Das Hauptheer marschierte auf einem Umweg über Cäsarea in Kappadokien nach Antiochia, während Bohemunds Neffe Tankred sowie Balduin, der Bruder Gottfrieds von Niederlothringen, auf eigene Eroberungen ausgingen; Balduin erwarb sich ein reiches Herrschaftsgebiet um Edessa. Antiochia, das nächste Kampfziel, kostete die Kreuzfahrer unsägliche Mühe. Erst nach 7monatiger Belagerung konnten sie die Stadt am 3. Juli 1098 einnehmen und durch Zurückschlagen eines großen türkischen Entsatzheeres sichern. Da sich die Fürsten an den dem Kaiser geschworenen Eid wegen der geringen und dann ganz ausgefallenen griechischen Hilfe nicht mehr gebunden hielten, suchte jeder von ihnen Land zu gewinnen. Bohemund legte die Hand auf Antiochia. Den Verlust gerade dieser wichtigen, erst 1085 unter türkische Herrschaft gelangten Stadt hat Byzanz nie verwunden. Nach langem Zögern brach man endlich dank Raimunds Initiative nach Jerusalem auf. Ein Hilfeangebot Alexios' I. wurde zurückgewiesen; die Kreuzfahrer wollten die zu erobernden Gebiete Syriens und Palästinas für sich behalten. Jerusalem, das die ägyptischen Fatimiden 1070/71, endgültig 1078 an die Seldschuken verloren und 1098 zurückgewonnen hatten, fiel am 15. Juli 1099. Die Sieger richteten unter den dort wohnenden Muslimen ein furchtbares Blutbad an.

[14] Über die juridischen Bindungen *F. L. Ganshof:* Mélanges M. Paul-E. Martin (Genève 1961) 49—63.

Zum Herrscher erkoren sie erst Raimund, der ablehnte, dann Gottfried von Niederlothringen. Er nahm nicht den Königstitel an, sondern den eines Vogtes des Heiligen Grabes. Seine rechtliche Stellung wurde durch die kirchenstaatlichen Ansprüche geschwächt, die der neue Patriarch von Jerusalem, Erzbischof Dagobert von Pisa, zugunsten des Patriarchates (nicht etwa der römischen Kirche) stellte[15]. Der nach Gottfrieds Tod (1100) mit der Regierung betraute Bruder Balduin (1100—18) machte jedoch allem Schwanken ein Ende: er ließ sich zum König krönen und wußte auch sonst seine Herrschaft zu festigen. Die fränkische Eroberung breitete sich sowohl im Binnenland wie an der Küste aus. 1111 waren fast alle Küstenstädte genommen; Tyrus behauptete sich freilich bis 1124 und Askalon sogar bis 1153. Das erworbene Land zerfiel in vier größere staatliche Gebiete, die unter dem König von Jerusalem locker geeint waren: in das Königreich Jerusalem, die Grafschaft Tripolis, das Fürstentum Antiochia und die Grafschaft Edessa. Ihre Erhaltung und Verteidigung sollte das Abendland noch schwere Opfer kosten. Schon die ersten Jahre brachten große Verluste. Während des Kreuzzuges und unmittelbar nachher setzten sich immer wieder abendländische Pilger und Kreuzritter auf den Weg. Die schlecht organisierten Züge endeten fast alle kläglich. Allein im Jahre 1101 sind drei große Unternehmungen, getragen von Lombarden, Deutschen und Franzosen, durch die Türken in Anatolien gänzlich vernichtet worden.

Die Hauptsorge für die Kreuzfahrerstaaten hatte fortan das Papsttum zu tragen. Sie brachte ihm zwar erhöhtes Ansehen und mit dem unter Innozenz III. eingeführten Kreuzzugszehnt auch finanzielle Macht ein, ließ aber zugleich die Grenzen des päpstlichen Einflusses jeweils stärker bewußt werden. Der schwankende Grund, worauf der Papst als Führer der Christenheit stand, tritt vielleicht nirgends so deutlich zutage wie in der Geschichte der Kreuzzüge. So folgenschwer sich auch der erste Kreuzzug auf das christliche Abendland und das Papsttum ausgewirkt hat, seine volle kirchengeschichtliche Bedeutung kann erst ermessen werden, wenn man die Reaktion der griechischen Welt in den Blick nimmt. Über sie wird im folgenden Halbband gehandelt.

52. Kapitel

Die vita-evangelica-Bewegung und das Aufkommen neuer Orden

QUELLEN: Die Regel- und Consuetudinesausgaben von *Holstenius-Brockie, Albers* und *Hallinger* s. in Allg. Bibl. I, 8; für die einzelnen Orden oder Klöster vgl. die Quellenangaben von *Heimbucher* (Allg. Bibl. II, 9) und *Cottineau* (ebd. I, 7); einige Hinweise sind auch unten in Literatur und in Anmerkungen.

[15] *J. G. Rowe,* Paschal II and the Relation between the Spiritual and Temporal Powers in the Kingdom of Jerusalem: Speculum 32 (1957) 470—501.

LITERATUR: Vgl. Allg. Bibl. II, 9 und Lit. zu Kap. 39. — Vita-apostolica-Bewegung, Eremiten, Wanderprediger: *H. Grundmann,* Religiöse Bewegungen im Mittelalter (Berlin 1935, Neudr. 1961); *ders.*, Neue Beiträge zur Geschichte der religiösen Bewegungen im Mittelalter: AKG 37 (1955) 129—182, bes. 147—157; *E. Mens,* Oorsprong en betekenis van de Nederlandse Begijnen- en Begardenbeweging (Brüssel 1947), enthält sehr viel über die gesamte religiöse Bewegung; *E. Werner,* Pauperes Christi. Studien zu sozial-religiösen Bewegungen in der Zeit des Reformpapsttums (Leipzig 1956), ist trotz marxistischer Fehldeutungen wertvoll; *M. D. Chenu,* Moines, clercs, laïcs au carrefour de la vie évangélique (XIIe siècle): RHE 49 (1954) 59—89. — Érémitisme: DSAM IV (1960) 953—982; Ermites: DHGE XV (1963) 766—787; L'eremitismo in occidente nei secoli XI e XII: Atti della 2^a Settimana internazionale di studio, Mendola 1962 (Mailand 1965), bes. wichtig dort: *L. Génicot,* L'érémitisme du XIe siècle dans son contexte économique et social (45—69); *G. G. Meersseman,* L'eremitismo e la predicazione itinerante (164—179); *J. Becquet,* L'érémitisme clérical et laïque dans l'ouest de la France (182 bis 202); *E. Delaruelle,* Les ermites et la spiritualité populaire (212—241). — *J. v. Walter,* Die ersten Wanderprediger Frankreichs I: StGThK 9, Heft 3 (Leipzig 1903) 1—195; II: ErgBd zu Bd 9 (ebd. 1906); *L. Spätling,* De apostolis, pseudoapostolis, apostolinis (Diss. Rom, München 1947). — *J. Leclercq,* La crise du monachisme aux XIe et XIIe siècle: BIStIAM 70 (1958) 19—41; *N. F. Cantor.* The Crisis of Western Monasticism 1050—1130: AHR 66 (1960/61) 47—67.

Vallombrosa: L'abbazia di Vallombrosa nel pensiero contemporaneo (Livorno 1953), enthält Kongreßberichte; *B. Quilici,* Giovanni Gualberto e la sua riforma monastica (Florenz 1943); weitere Biographien von *A. Salvini* (Rom 1950) und von *E. Lucchesi* (Florenz 1959); *G. Miccoli,* Pietro Igneo (Rom 1960), über die Anfänge der Kongregation dort 133—138; *S. Boesch Gajano,* Storia e tradizione Vallombrosiane: BIStIAM 76 (1964) 99—215.

Kartäuser: *B. Bligny,* Recueil des plus anciens actes de la Grande-Chartreuse 1086—1196 (Grenoble 1958); *A. De Mayer - J. M. De Smet,* Guigo's Consuetudines van de eerste Kartuizers (Brüssel 1951). — *Y. Gourdel,* Chartreux: DSAM II (1937) 705—776 (mit Lit.); *E. Baumann,* Les Chartreux (Paris 1928); *B. Bligny,* Les premiers Chartreux et la pauvreté: MA 4. Reihe 6 (1951) 27—60; *ders.*, L'érémitisme et les Chartreux: L'eremitismo (s. oben) 248—263. — *H. Löbbel,* Der Stifter des Karthäuserordens, der hl. Bruno von Köln (Münster 1899), noch heute unentbehrlich.

Zisterzienser: *J. M. Canivez,* Statuta capitulorum generalium O. Cist. 1116—1787, 8 Bde (Löwen 1933/41); *J. Turk,* Carta caritatis prior: Analecta S. O. Cist. 1 (1945) 11—61; *ders.*, Cistercii statuta antiquissima: ebd. 4 (1948) 1—159; *J. B. van Damme,* Documenta pro Ord. Cist. collecta (Westmalle 1959). — Zu den verwirrenden neuesten Quellenstudien über die erste Entwicklungsphase des Ordens, vorangetrieben vor allem durch J. A. Lefèvre und J. B. van Damme, vgl. den kritischen Lit.-Bericht von *P. Zakar,* Die Anfänge des Zisterzienserordens: Analecta S. O. Cist. 20 (1964) 103—138 und ebd. 21 (1965) 138—166 (Antwort auf van Damme); *E. Pásztor:* Annali di scuola spec. per arch. e bibl. 4 (1964) 137—144. — *J. M. Canivez,* Cîteaux: Abbaye; Ordre: DHGE XII (1953) 852—874 874—997; *J. B. Mahn,* L'ordre cistercien et son gouvernement 1098—1265 (Paris ²1951); *L. J. A. Lekai - A. Schneider,* Geschichte und Wirken der Weißen Mönche (Köln 1958); *L. Bouyer,* La spiritualité de Cîteaux (Paris 1955). — *F. Delehaye:* Collect. Ord. Cist. Ref. 14 (1952) 83—106 (über Robert als Gründer von Cîteaux); *R. Duvernay,* Cîteaux, Vallombreuse et Étienne Harding: Analecta S. O. Cist. 8 (1952) 379—495; zu Bernhard von Clairvaux vgl. 2. Halbband; *A. King,* Cîteaux and her Elder Daughters (London 1954); *P. Salmon,* L'ascèse monastique et les origines de Cîteaux: Mélanges Saint-Bernard (Dijon 1954) 268—283.

Regularkanoniker: Vgl. Lit. zu Kap. 39. — Die jüngst neu aufgenommene Forschung besteht hauptsächlich aus einer Fülle von Monographien und Aufsätzen; fundamental wichtig ist *Ch. Dereine,* Chanoines: DHGE XII (1953) 353—405, bes. von 376 an; *J. C. Dickinson,* The Origins of the Austin Canons and their Introduction into England (London 1950); *M. Mois,* Das Stift Rottenburg in der Kirchenreform des 11.—12. Jh. (München - Freising 1953); *A. van Ette,* Les chanoines réguliers de Saint-Augustin. Aperçu historique (Bressoux - Liège 1953); *J. Siegwart* (Lit. zu Kap. 39), für die Schweiz und Deutschland; La vita comune del clero nei secoli XI—XII: Atti di Settimana di studio, Mendola 1959, 2 Bde (Mailand 1962), ein über den jetzigen Forschungsstand gut orientierendes Sammelwerk; über seinen Inhalt *Th. Schieffer:* HZ 200 (1965) 632—641. — Wichtigere Einzelstudien: *Ch. Dereine,* Vie commune, règle de Saint Augustin et chanoines réguliers au XIe siècle: RHE 41 (1946) 365—406; *G. Bardy,* Saint Grégoire et la réforme canonicale: StudGreg I (1947) 47—64; *Ch. Dereine,* Le problème de la vie commune chez les canonistes réguliers d'Anselme de Lucques à Gratien: ebd. III (1948) 287—298; *ders.,* L'éboration du statut canonique des chanoines réguliers, spécialment sous Urbaine II: RHE 46 (1951) 534—565; *G. Schreiber,* Gregor VII., Cluny, Cîteaux, Prémontré zu Eigenkirche, Parochie, Seelsorge: ZSavRGkan 65 (1947) 51—171; *F. J. Schmale,* Kanonie, Seelsorge, Eigenkirche: HJ 78 (1959) 38—63.

Prämonstratenser: *N. Backmund,* Monasticon Praemonstratense, 3 Bde (Straubing 1949/56); *F. Petit,* L'ordre de Prémontré (Paris 1926); *B. F. Grassl,* Der Prämonstratenser-Orden (Tongerloo 1934); *F. Petit,* La spiritualitè des Prémontrés aux XIIe et XIIIe siècles (Paris 1947); *P. F. Lefèvre,* La liturgie de Prémontré (Löwen 1946); *Ch. Dereine,* Les origines de Prémontré: RHE 42 (1947) 352—378; *ders.,* Le premier „ordo" de Prémontré: RBén 58 (1948) 84—92. — *G. Madelaine,* Histoire de Saint Norbert, 2 Bde (Tongerloo ^{2}1928); weitere Biographien von *A. Zák* (Wien 1930) und von *W. P. Romain* (Paris 1960); *P. Lefèvre:* RHE 56 (1961) (über Norberts Bekehrung).

Ritterorden: *H. E. Mayer,* Bibliogr. zur Geschichte der Kreuzzüge (Hannover 1960) 3460—3477 (allg. Lit.); 3561—3621 (Templer); 3478—3560 (Johanniter). — Immer noch wertvoll ist *Héliot* (Allg. Bibl. II, 9); *G. A. Campbell,* The Knights Templars. Their Rise and Fall (London 1937), übers. von *C. ten Holder,* Die Tempelritter (Stuttgart 1938); *G. Schnürer,* Die ursprüngliche Templerregel (Freiburg 1903); *J. Delaville Le Roulx,* Les Hospitaliers en Terre-Sainte et à Chypre (Paris 1904); *G. Bottarelli - M. Montersi,* Storia politica e militare del ordine di S. Giovanni di Gerusalemme, 2 Bde (Mailand 1940); *E. J. King,* The Rule, Status and Customs of the Hospitallers 1099—1310 (London 1934).

Seit etwa der Mitte des 11. Jh. begann sich das Ordenswesen ein für allemal zu differenzieren. Zweifellos hat die gregorianische Reform zu dieser Wende beigetragen, bisweilen durch direkte Eingriffe, im Grunde ging es jedoch um eine spontane religiöse Bewegung, die ihre eigene Vorgeschichte und ihre eigene Dynamik hatte. Schon oben ist bemerkt worden, wie mit Beginn des 11. Jh. allmählich eine kritische Haltung gegenüber den reichen, in das feudale Wirtschafts- und Herrschaftssystem eingegliederten Klöstern und Stiftern aufgekommen ist (Kap. 39). Hier machte sich letztlich dasselbe Streben geltend wie bei dem um die Freiheit der Kirche kämpfenden Reformpapsttum, nämlich der Wille, zur ursprünglichen ecclesia apostolica et evangelica zurückzukehren, und der daraus folgende Protest gegenüber den frühmittelalterlichen, zu einem guten Teil vom germanischen Recht geprägten Lebensformen. Im monastisch-kanonikalen Bereich beruhte die Stoßkraft vor allem auf der Armutsidee. Hochgesinnten Menschen genügte es nicht mehr, daß der einzelne Mönch zwar nichts besitzen, die Klostergemeinschaft dagegen über große Einkünfte verfügen dürfe. Für sie bedeutete Armut den möglichst vollständigen Verzicht auf irdische Sicherungen. So zogen sie sich allein oder mit Gefährten in abgelegene Wälder zurück, um für Gott ganz frei zu sein. Den Lebensunterhalt erwarben sie mit ihrer Hände Arbeit, indem sie nach Bedarf Waldstücke in Acker- und Wiesenland umrodeten. Ihr Radikalismus konnte so weit gehen, daß sie Besitz von Eigenkirchen, von Zehnt- und Altarrechten u. dgl. für unvereinbar mit dem Mönchtum hielten, ja sogar Beurkundungen von geschenktem Land zurückwiesen. Bei Besitzstreitigkeiten nahmen sie lieber Unrecht hin, als daß sie einen Prozeß angestrengt hätten. Ihr Protest galt schließlich der großartigen Bautätigkeit, die Klöster alten Stiles nicht selten entfalteten, der aufwendigen Ausschmükkung von Klosterkirchen sowie den kostbaren Paramenten und Geräten; ihre eigenen Wohnungen, Oratorien und Kirchen waren arm und dürftig gehalten.

Die in der zweiten Jahrhunderthälfte mehr und mehr um sich greifende Bewegung wurde nicht allein von Mönchen getragen. War doch das Armutsprinzip schon in patristischer Zeit mit Berufung auf die Urgemeinde in Jerusalem auf die Kleriker bezogen und vereinzelt, z. B. von Augustin, in die Tat umgesetzt worden. Und wenn auch die Aachener Kanonikerregel von 816 Privateigentum gestattete (Kap. 39), die strengere Auffassung blieb unvergessen und gewann im 11. Jh. zündende Kraft. Wann und wo einzelne Kanoniker begonnen haben, eine echte, auf Privateigentum verzichtende vita communis einzurichten, ist schwer zu ermitteln; die karg fließenden Quellen weisen vorwiegend auf Mittel- und Norditalien. Schon auf der römischen Synode von 1059 machte sich Hildebrand zu ihrem Wortführer und verlangte unter scharfer Kritik an der Aachener Regel für alle Kanoniker die persönliche Armut. Ein so radikaler Vorstoß verfing natürlich wenig, die Reform mußte von unten kommen. Tatsächlich nahmen jeweils mehr Chorherren das Armutsprinzip an und traten damit als eine eigene, Regularkanoniker genannte Gruppe dem älteren, am Privatbesitz festhaltenden Chorherrentypus gegenüber. Das evangelisch-apostolische Armutsstreben drängte aber zu noch entschlossenerem Einsatz. Auch Weltkleriker suchten nunmehr den Eremus auf.

War das Ideal der vita evangelica und apostolica bis dahin auf die Armut von Zönobiten oder Anachoreten ausgerichtet, so nahm es gegen Ende des Jahrhunderts einen weiteren Sinn in sich auf. Wie Christus und die Apostel von Ort zu Ort zu ziehen, um das Reich Gottes zu verkünden, und keine Stelle sein eigen zu nennen, wohin man sein Haupt legen konnte, diese äußerste Selbstverleugnung um des Evangeliums willen wurde nunmehr von vereinzelten Mönchen, Klerikern und Eremiten in die Tat umgesetzt.

Die Beziehungen zwischen monastischen Zentren und Laien haben sich im 11. Jh. beträchtlich gewandelt. Da die Klöster älteren Stils einen feudalistischen Wirtschaftsbetrieb unterhielten, wurden sie mit ihren Knechten und Mägden, ihren Hörigen, zinsenden Bauern und Vasallen in die verschiedensten Bevölkerungsschichten hineingezogen. Eine Sonderstellung nahmen die sogenannten Halbkonversen ein, fromme Leute, die sich am Rand des Claustrums ansiedelten, auf Teile ihrer Eigentumsrechte verzichteten und ein halbmonastisches Leben führten. Während des 11. Jh. ging aus ihnen das Institut der Laienbrüder hervor, vor allem auf Betreiben der Eremiten romualdinischer Prägung und der Vallombrosaner[1]. Die Ursache für diese im 12. Jh. mächtig aufblühende Neubildung ist in dem Zug zu strengerer Askese zu suchen, der über Mönche und Kleriker hinaus auch Laien erfaßte und sie bereitmachte, als dienende Brüder die Armut, Ehelosigkeit und Claustraldisziplin auf sich zu nehmen. Als fördernder Umstand kam das Streben nicht weniger neuer Gemeinschaften hinzu, ihre Güter selber zu bewirtschaften; ohne mönchisch lebende Laienhelfer ließ sich nämlich ein solches Ziel schwer erreichen. Im Grunde ging es auch hier um ein spirituelles Anliegen: um die bessere Abriegelung des Claustrums von der Welt.

Dieser weltflüchtige Zug hinderte jedoch keineswegs den Einfluß auf die draußen lebenden Laien. Im Gegenteil, gerade die Eremiten und die zönobitischen Vertreter strengerer Askese standen in einem viel engeren Kontakt mit breiten Massen des Volkes als die Klosterkonvente älterer Ordnung. Sprachen doch ihre Ideale in steigendem Maße die in gärende Unruhe geratenden Laien an. Von den religiösen Volksbewegungen vor und während der gregorianischen Reform ist oben gehandelt worden (Kap. 41 43—45). Als Beispiel sei hier bloß die Pataria herausgegriffen. Was sie gegen Nikolaitismus und Simonie unternahm, das tat genau so unerbittlich, allerdings ohne Einsatz von Waffen, der Gründer von Vallombrosa, Johannes Gualberto; die Pataria wußte es und bat daher um Sendung von Vallombrosaner Mönchen. Zu einer vielleicht noch stärkeren Annäherung zwischen Asketen und Volk kam es in Frankreich und Niederlothringen. Bis in den Eremus hinein drängten die Gläubigen, um dort erbaut und seelsorgerisch betreut zu werden oder sich sogar dort anzusiedeln. Umgekehrt scheuten Vertreter der vita apostolica et evangelica nicht davor zurück, das Claustrum zu verlassen und dem zusammenlaufenden Volk unter scharfen Ausfällen gegen Mißstände das Gotteswort zu verkünden. So kamen gegen Ende des Jahr-

[1] *K. Hallinger,* Woher kommen die Laienbrüder?: Analecta S. O. Cist. 12 (1956) 1—104; auch als eigene Schrift (Rom 1956); vgl. dort 97 die Ausführungen über das Wort conversus: es wurde für zwei ganz verschiedene Klassen gebraucht, nämlich einerseits für jene vollberechtigten Mönche, die im Gegensatz zu den Oblaten (nutriti) erst im reiferen Alter in das Kloster eingetreten sind und sich vom 6. bis mindestens ins 15. Jh. nachweisen lassen, andererseits für die im 11. Jh. aufkommenden Laienbrüder; diese waren keine Mönche im eigentlichen Sinne; wenn sie auch größtenteils die monastischen Verzichte übernahmen, so legten sie bis zum 14. Jh. keine Mönchsgelübde ab.

hunderts die Wanderprediger auf. Wie stark sie auf die Massen wirkten, zeigte die unselige Kreuzzugsinitiative des Eremiten Peter von Amiens (Kap. 51).

Wie viele Wanderprediger, so hatte Peter von Amiens ohne kirchlichen Auftrag gehandelt. Kein Wunder, daß die Bischöfe bestrebt waren, das chaotische Predigtwesen abzustellen. Rein logisch betrachtet, hätte man die Bewegung durch neu zu gründende Predigerorden auffangen müssen, aber dazu war die Zeit offenbar noch nicht reif. So wurde die Wanderpredigt mehr und mehr zu einer illegalen Tätigkeit, ausgeübt von Ketzern. Überhaupt hörte innerhalb des christlich-orthodoxen Bereiches das fieberhafte Suchen nach neuen Formen der vita apostolica et evangelica langsam auf. Aus dem Gärungsprozeß gingen jeweils klarer umrissene, festes Brauchtum annehmende neue Ordensgemeinschaften hervor, während andere Gründungen den ursprünglichen Elan nicht durchhielten und zu den alten monastischen oder kanonikalen Institutionen zurückkehrten. Im dritten Jahrzehnt des 12. Jh. waren die Verhältnisse einigermaßen geordnet.

Der Differenzierungsprozeß im Bereich des Mönchtums

Das vielerorts einsetzende Suchen nach neuen Formen ist, von Einzelfällen abgesehen, nicht durch schlechte Lebensführung des an der Tradition festhaltenden Mönchtums ausgelöst worden; denn dieses stand dank der seit dem 10. Jh. in Gang gekommenen Erneuerung im großen und ganzen auf einer beachtlichen Höhe[2]. Monastische Zentren, wie Saint-Victor in Marseille und Cava dei Tirreni, breiteten sich vorwiegend nach 1050 aus. Desgleichen blühte die 1043 durch den Eremiten Robert von Tourlande gegründete, gutenteils schon mit neuem Geist erfüllte Abtei La Chaise de Dieu (Diöz. Clermont) rasch zu einer stattlichen Kongregation auf. Cluny erreichte erst damals, unter Abt Hugo d. Gr. (1049—1109), den Kulminationspunkt. Sein Brauchtum fand nunmehr teils auf direktem, teils auf indirektem Weg Eingang in England, Lothringen und Deutschland. So gab das zu Saint-Bénigne de Dijon gehörige Piemonter Kloster Fruttuaria die ihm eigene cluniazensische Prägung an die deutschen Abteien Siegburg und St. Blasien weiter (1068/70), die ihrerseits zu monastischen Reformzentren wurden. Noch größere Bedeutung erlangte die 1065 wiederbelebte Abtei Hirsau, sobald sie unter Abt Wilhelm (1069—91) für die prinzipiellen Fragen die Reformideen Gregors VII., für den monastischen Alltag die Consuetudines von Cluny übernahm. In steilem, freilich nur wenige Jahrzehnte andauerndem Aufstieg

[2] Zum folgenden die Lit. zu Kap. 39; *P. R. Gaussin,* L'abbaye de La Chaise de Dieu (Paris 1962); *J. Semmler,* Die Klosterreform von Siegburg (Bonn 1959); *H. Jakobs,* Die Hirsauer. Die Ausbreitung und Rechtsstellung im Zeitalter des Investiturstreites (Köln - Graz 1961).

wurde Hirsau mit seinen zahlreichen Mönchen, Laienbrüdern und andern, lockerer verbundenen Anhängern beiderlei Geschlechts nicht bloß zu einem monastischen Kraftzentrum, sondern auch zum Bollwerk und Zufluchtsort der gregorianischen, gegen Priesterehe, Simonie, Laieninvestitur und Königstheokratie kämpfenden Reform. Selbst Wanderprediger sind von Hirsau ausgegangen, wenn wir auch heute Inhalt und Umfang ihrer Propagandatätigkeit nicht mehr genau ermitteln können.

Die Bewegung der vita evangelica ist zu einem guten Teil von den Anhängern Romualds vorbereitet worden, die einerseits von Petrus Damiani, Prior in Fonte Avellana, anderseits von den Eremiten in Camaldoli zu Kongregationen zusammengefaßt wurden (Kap. 39). Einen andern Weg schlug der Florentiner Johannes Gualberto ein. Unzufriedenheit mit dem laxen Geist in der Abtei San Miniato, in die Johannes 1028 eingetreten war, und Opposition gegen die Simonie seines Abtes sowie des Florentiner Bischofs trieben ihn aus Kloster und Stadt und ließen ihn Eremiten, unter ihnen auch die von Camaldoli, aufsuchen, bis er 1036 in *Vallombrosa* Fuß faßte, um dort mit seinen Gefährten schließlich eine zönobitische Gemeinschaft zu formen. Noch zu seinen Lebzeiten, also bis 1073, entstanden eine Reihe von Tochterklöstern. Zönobitische, aber von eremitischer Strenge geprägte Lebensweise, Heranbildung von Laienbrüdern, eine unerbittliche antisimonistische Propaganda, die 1068 in der Feuerprobe des Vallombrosaners und späteren Kardinals Petrus Igneus ihren Gipfel erreichte[3], all dies gab der Gründung des Johannes Gualberto eine ganz eigene Aktualität.

Noch stärker als in Italien wirkten sich die neuen Ideen gegen Ende des Jahrhunderts in Frankreich und Lothringen aus. Wie verschieden die Initiativen sein konnten und wie schwer sie auf die Dauer durchzuhalten waren, dafür nur zwei Beispiele[4]. Die um Odo, Scholaster in Tournai, gescharte Gruppe übernahm zunächst die Lebensform der Kanoniker, dann der Benediktiner, huldigte in einer weiteren Phase dem radikalen Armutsgedanken und gab sich endlich, durch die Hungersnot 1095 vorsichtig geworden, mit dem cluniazensischen Brauchtum zufrieden; die ganze Entwicklung dauerte drei bis vier Jahre. Noch aufschlußreicher ist die Geschichte des Klosters Afflighem (Brabant). 1083 als Eremitage von sechs reuigen Raubrittern ge-

[3] Außer *Miccoli* (Lit. zum Kap.) vgl. Kap. 41 Anm. 7.

[4] *Ch. Dereine*, Odon de Tournai et la crise du cénobitisme au XIe siècle: RAM 3 (1947) 137—154; *ders.*, La spiritualité „apostolique" des premiers fondateurs d'Affigem 1083 bis 1100: RHE 54 (1959) 41—65. Der starke Zuzug von Laien, den Afflighem erlebte, ist bei vielen neuen eremitischen Gründungen, bisweilen sogar auch bei neuen Benediktinerklöstern, wie bei Hirsau, zu beobachten; nicht selten haben ihn Wanderprediger verursacht. *E. Werner*, Pauperes Christi (Lit. zum Kap.) passim, möchte ihn aus der ökonomischen und sozialen Lage sowie aus klassenkämpferischen Tendenzen herleiten; er berührt hier einen sehr wichtigen Punkt, ist jedoch der Gefahr, durch ideologische Voreingenommenheit das Bild zu verzeichnen, nicht immer entgangen; vgl. dazu die kritischen, Hirsau betreffenden Bemerkungen von *H. Jakobs* a. a. O. 190—195.

gründet und mit einem Hospiz für Durchreisende und sicher Weiterzugeleitende verbunden, entwickelte sich die Niederlassung unter dem 1088 eingesetzten Abt Fulgentius rasch zu einer großen, aus Mönchen und männlichen wie weiblichen Laienkonversen bestehenden Kommunität. Fulgentius († 1122) und die erste Generation folgten der strengen, bis zur Ablehnung des Besitzes von Kirchen oder villae gehenden Armutsidee, mußten aber auf Druck der Jüngeren langsam zu den Gewohnheiten des traditionellen Mönchtums zurücklenken.

Aus der verwirrenden Fülle der Neubildungen können hier bloß die wichtigeren herausgegriffen werden. Als der geistige Urheber des Ordens von *Grandmont*[5], Stephan von Thiers († 1124), die Einöde von Muret (bei Limoges) aufsuchte und sich Schüler um ihn sammelten, ließ er sich für die 1080/81 entstehende Gemeinschaft wohl wesentlich von den Eindrücken bestimmen, die er im Umgang mit Calabreser Eremiten gewonnen hatte. Dem westlichen Mönchtum stand er ziemlich ablehnend gegenüber. Ländereien, Viehherden, Zinsen, Eigenkirchen ließ er nicht zu, und für das innermonastische Leben galt ihm das Evangelium als einzige Norm; seine Söhne sollten weder Kanoniker noch Mönche, noch Anachoreten heißen und ihre Aufgabe in nichts anderem suchen als in der Buße. Obgleich Stephan an einer Art Profeß und Chordienst und damit an einer gewissen Gliederung der Gemeinschaft in Mönche und Laienbrüder nicht vorbeikam, führten doch die stark laikalen Züge seiner rudimentären Verfassung dazu, daß die Laienbrüder eine leitende, später Streitigkeiten auslösende Stellung einnahmen. So ängstlich Stephan feste Verfassungsformen vermied, einen so lebendigen monastischen Geist muß er geschaffen haben. Von ihm getragen, konnte die Gemeinschaft, die ihren Sitz nach dem nahen Grandmont verlegte, ihre Eigenart unter dem Großprior Stephan von Liciac (1139—63) in einer Regel zusammenfassen und sich zu einem angesehenen Orden entwickeln.

Einen ganz anderen Ursprung hatte der Orden von *Fontevrault*[6]. Sein Gründer, der Weltpriester, Eremit und Wanderprediger Robert von Arbrissel († wohl 1117), wirkte so stark auf die Massen, daß ihn viele für das evangelische Leben begeisterte Männer und Frauen ständig begleiteten. Um sie unterzubringen, errichtete er Doppelklöster, die er kurz vor dem Tod unter der Leitung des zuerst gegründeten Fontevrault (1100/01) zu einer Kongre-

[5] *J. Becquet,* Étienne de Muret: DSAM IV 2 (1961) 1504—1514; wichtig sind die Aufsätze von *J. Becquet:* RMab 42 (1952) 31—42 (über die Institutionen des Ordens), 43 (1953) 121—137 (über die ersten Berichte), 46 (1956) 15—32 (über das erste Brauchtum), und: Bull. de la Soc. archéol. et hist. du Limousin 87 (1958) 9—36 (La règle).

[6] *R. Niderst,* Robert d'Abrissel et les origines de l'ordre de Fontevrault (Rodez 1952); vgl. auch *J. Buhot,* L'abbaye normande de Savigny: MA 3. Reihe 7 (1936) 1—17; *L. Raison - R. Niderst,* Le mouvement érémitique dans l'ouest de la France à la fin du XIe siècle et au début du XIIe siècle: Annal. de Bretagne 55 (1948) 1—46.

gation zusammenschloß. Die oberste Leitung übergab er der Großäbtissin; wie Christus einst am Kreuz seinen Lieblingsjünger der Gottesmutter anvertraute, so sollten die Mönche des Ordens als neue Liebesjünger unter der mütterlichen Obhut der Äbtissin stehen. Aus einer ähnlichen Verbindung von Eremiten- und Wanderpredigerinitiative (aber unter Zurücktreten des fraulichen Elementes) gingen hervor die Orden von Tiron (Gründer: Bernhard von Abbeville, † 1117), von Savigny (Gründer: Vitalis, † 1122) und von Cadouin (Gründer: Girald von Salles, † 1120).

Während die Wanderpredigt auf die monastische Bewegung einen nur vorübergehenden und vereinzelten Einfluß ausübte, behielten Eremus und evangelische Armut ständige Anziehungskraft. Noch zu Ende des hier zu behandelnden Zeitraums führten die beiden Ideale in Italien zur Gründung des Klosters Pulsano (1120, Apulien) durch Johannes von Matera († 1139) sowie von Montevergine (1124) und anderer süditalischer sowie sizilianischer Klöster durch Wilhelm von Vercelli († 1142). Pulsano, vor allem aber Montevergine sind zu Ordenszentren geworden[7]. Wie sehr jedoch schon damals der Schwerpunkt der Bewegung in Frankreich lag, geht aus der Geschichte von Chartreuse und Cîteaux hervor.

La Grande Chartreuse verdankte ihren Ursprung dem aus Köln stammenden Weltpriester Bruno, der um 1056 an der Reimser Domschule die Leitung der philosophisch-theologischen Studien übernommen hatte, zu Erzbischof Manasses von Reims sowie zu dessen Nachfolger in Gegensatz geraten und dadurch in seinem Wunsch, die Welt zu verlassen, bestärkt worden war. Für kurze Zeit verweilte er in Molesme bei Abt Robert, ging dann mit Gefährten in die Einöde von Lêche-Fontaine, verließ sie jedoch bald, von sechs Freunden begleitet, und begann um 1084 im Talgrund von Chartreuse von neuem als Eremit zu leben. Eine Ordensgründung oder dergleichen war nicht beabsichtigt; die Gemeinschaft hätte sich sogar fast aufgelöst, als Bruno 1090 dem Ruf Urbans II., seines früheren Schülers, folgen und nach Rom ziehen mußte. Bereits ein Jahr darauf gestattete ihm der Papst, in Süditalien wiederum den Eremus aufzusuchen. Er errichtete im Waldgebiet von La Torre (Bistum Squillace) die Einsiedelei S. Maria dell'Eremo, der er 1097/99 für kränkliche Gefährten die zönobitisch ausgerichtete Filiale S. Stefano in Bosco angliederte. Daß sich die Spur seines Erdenwirkens nicht verlor (er starb 1101), ist weniger den Eremiten von La Torre als jenen von Chartreuse zuzuschreiben, besonders dem bedeutenden Prior Guigo de Chastel († 1137), der 1128 die von Bruno gegründete und wohl weiterentwickelte Lebensweise durch eine Regel festlegte. Was den langsam und in bescheidenem

[7] *Penco,* Monachesimo in Italia (Allg. Bibl. II, 9) 248—258; *L. Mattei Cerasoli,* La congregazione benedittina degli eremiti di Pulsano (Badia di Cava 1938); *G. Angelillis,* Pulsano e l'ordine monastico pulsanese: Arch. stor. Pugliese 6 (1953) 421—466; *G. Mongelli,* Abbazia di Montevergine, Regesto delle pergamene, 5 Bde (Rom 1956/57); *A. Tranfaglia,* Montevergine: L'Italia benedittina, hrsg. von *P. Lugano* (Rom 1929) 379—439.

Umfang sich ausbreitenden Kartäuserorden auszeichnete, waren die eigenartige Verbindung von anachoretischer und zönobitischer Form, eine äußerste, aber mit gesundem Sinn für das Tragbare gepaarte Strenge und endlich eine zweckentsprechende Organisation, bei der die beiden Errungenschaften jener Zeit: das Institut der Laienbrüder und die Ordensverfassung der Zisterzienser, verwendet worden sind. Hier hat der Geist, von dem die Armutsbewegung des 11. Jh. beseelt war, einen zwar partikulären, aber so gültigen Ausdruck gefunden, daß er in seiner ursprünglichen Strenge ohne wesentliche Milderung bis zum heutigen Tag den Kartäusern verblieb und, einmaliges Faktum in der Ordensgeschichte, niemals eine Reform erforderte.

Wie Chartreuse, ist auch *Cîteaux* aus der Liebe zum Eremus und zu strengerer Armut hervorgegangen, doch in ungleich stärkerer Gebundenheit an die benediktinisch-zönobitische Tradition. Der Gründer, Robert von Molesme (* ca. 1028, † 1111), hatte sich seit seiner Jugend in mehreren Benediktinerklöstern als Mönch aufgehalten, ohne befriedigt zu sein. Selbst die Abtei Molesme, die er 1075 mit Eremiten errichtete, lenkte infolge des anwachsenden Besitzes wieder in die alten feudalistischen Bahnen ein, so daß Robert mit zwanzig Gesinnungsgenossen auszog, um 1098 in der Wildnis von Cîteaux (bei Langres) ein neues Reformkloster aufzubauen. Er kam nicht weit; 1099 kehrte er auf Veranlassung des päpstlichen Legaten Hugo von Lyon nach Molesme zurück, aber seine Schüler führten das Werk weiter: in bescheidenen Grenzen unter Abt Alberich (1099—1109), mit wachsendem Erfolg unter Abt Stephan Harding, einem Engländer (1109—33). Die einzelnen Entwicklungsstadien lassen sich wohl erst mehr oder minder sicher bestimmen, wenn die neuerdings in Fluß geratene Forschung abgeschlossen ist. Daß Cîteaux von Anfang an in Opposition zum traditionellen Benediktinertum stand, bedeutete nichts Neues. Der Verzicht auf Eigenkirchen sowie auf zu verpachtende, also an Zins- und Rentenwirtschaft gebundene Klostergüter; das an die Stelle tretende Prinzip landwirtschaftlichen Eigenbetriebs, das die Übernahme des Laienbrüderinstituts erforderte; die mit der zeitraubenden Handarbeit gegebene Notwendigkeit, das allzu ausgedehnte Chorgebet der Cluniazenser und anderer Zweige einzuschränken; das Armutsprinzip, bezogen auf Kleidung, Tisch, Kirche und ihre Ausstattung — dieses Programm verband die Zisterzienser mit vielen anderen, zum Teil älteren Gemeinschaften. Und doch ist es ihnen gelungen, sämtliche monastischen, die vita evangelica anstrebenden Reformzentren zu überflügeln und das traditionelle Mönchtum mit Cluny an der Spitze in den Schatten zu stellen. Seinen Aufstieg verdankte Cîteaux hauptsächlich drei Umständen: 1. dem burgundischen Raum, in dem sich eine die neuen Ideen vertretende Gemeinschaft gegenüber Cluny und den andern zahlreichen Klöstern älteren Stils ohne kämpferischen Geist schwerlich durchsetzen konnte; 2. dem Eintritt des genialen, charismatisch begnadeten Bernhard von Clairvaux (wohl 1113); die dreißig Gefährten, die er mitbrachte, waren eine erste

Frucht seiner künftigen hinreißenden Werbetätigkeit; 3. einer elastischen, Zentralismus mit relativer Klosterautonomie vereinenden Ordensverfassung, die wohl ziemlich bald auf den beiden, später ausgebauten Grundpfeilern beruhte: auf der organischen Verbindung zwischen Mutter- und Tochterklöstern mit Visitationspflicht des dem Mutterkloster vorstehenden Abtes sowie auf dem jährlich in Cîteaux zusammentretenden Generalkapitel, der obersten Instanz für Aufsicht und Gesetzgebung. Die Entfaltung des Ordens wird im zweiten Halbband geschildert.

Die Regularkanoniker

Die Ausbreitung der Regularkanoniker — von ihrem Ursprung war schon die Rede — erfolgte auf verschiedenen Wegen. Am nächsten lag der Gedanke, die alten Gemeinschaften, insbesondere in den Domstiften, zum Verzicht auf Privateigentum zu bewegen. Bischöfe oder Chorherren, vor allem in Italien und Südfrankreich, vereinzelt auch sonstwo (in Deutschland z. B. die Erzbischöfe Konrad von Salzburg und Norbert von Magdeburg) betrieben diese Reform, freilich mit sehr verschiedenem, oft geringem Erfolg. Weitaus günstigere Voraussetzungen bestanden, wenn sich die zur Armut entschlossenen Chorherren absonderten und eigene Niederlassungen gründeten. Dies ist allenthalben geschehen. Schon bestehende Häuser halfen dabei nicht selten neu zu errichtenden über die ersten Anfänge hinweg. Gemeinsames Brauchtum, Gebetsverbrüderung oder sogar juridische Abhängigkeit knüpften bald lockere, bald engere Bande. Weiterer Zuwachs kam von seiten der Weltkleriker, die den Eremus aufsuchten und dort Gemeinschaften bildeten. Ein Teil von ihnen ist allerdings zum Mönchtum übergegangen, wie etwa die oben genannten Bruno von Köln, Vital von Savigny und Girald von Salles. Andere dagegen, darunter Norbert, der Stifter von Prémontré, hielten am ordo canonicorum fest. Ihre zahlreichen Gründungen sämtlich aufzuzählen würde zu weit führen. Wie sehr gerade diese Initiative der Zeit entsprach, erwies das mächtige, wenn auch gern überschätzte Aufblühen des Prämonstratenserordens. Eine letzte Gruppe ging auf Laiengemeinschaften zurück, die im Laufe der Zeit unter Zurückdrängen des Laienelementes zu Kanonien von Regularkanonikern geworden sind. Ihr Ursprung hing nicht selten mit dem Zweck zusammen, an gefahrvollen oder verödeten Wegstrecken Reisende zu beherbergen und, wenn nötig, zu geleiten. Das bekannteste Beispiel ist das Hospiz auf dem Großen Bernhard, dessen Entstehen allerdings noch der Klärung bedarf[8]. Wichtig wurden vor

[8] *L. Quaglia,* La maison du Grand-Saint-Bernard des origines aux temps actuels (Aosta 1955); *A. Donnet,* Saint Bernard et les origines de l'hospice du Mont-Joux (Saint-Maurice 1942).

allem die Pilgerstraßen. So haben sich die Regularkanoniker besondere Verdienste für die Sicherung der Wallfahrt nach Santiago erworben.

Im Gegensatz zu dem abendländischen Mönchtum, das seit dem 8.—9. Jh. eine fast alle Klöster bestimmende benediktinische Tradition besaß, mußten die Regularkanoniker ihre Lebensweise noch genauer festlegen[9]. Seit den letzten Jahrzehnten des 11. Jh. wird als Grundlage zwar jeweils häufiger die Augustinusregel genannt, neuere Forschungen haben jedoch ergeben, daß dies relativ zu verstehen ist. In der ersten Phase ihrer Entwicklung zogen die Regularkanoniker ein sehr vielschichtiges Traditionsgut heran: die Aachener Regel von 816, die sie unter Berufung auf die Apostelgeschichte zugunsten des Armutsprinzips abänderten, Konzilsdekrete und patristisches Schrifttum und somit auch Augustinus, insbesondere die sogenannte Regula ad servos Dei (in der Literatur oft auch Regula tertia genannt[10]), seine Predigten über das Klerikerleben und seine von Posidius geschriebene Vita. So entstanden 1070—1130 jene Statuten der Regularkanoniker, die man bald als ordo antiquus bezeichnete. Wenn wir von der Regel absehen, die bisher Gregor VII. zugeschrieben, ihm kürzlich jedoch abgestritten wurde[11], zeichnen sie sich durch weises Maßhalten aus. Meist noch unediert, bedürfen sie weiterer Erforschung. Ihre Verfasser sind nur zum Teil bekannt. Ivo von Chartres stellte einen Ordo für Saint-Quentin de Beauvais zusammen, desgleichen Petrus de Honestis, Prior von S. Maria Portuensis in Ravenna, für sein Haus und die ihm zugehörige Kongregation. Ein weit verbreiteter liber ordinis ist 1100—10 in Saint-Ruf entstanden.

Dieses Brauchtum entsprach jedoch nicht der asketischen Strenge, die die eremitisch eingestellten Regularkanoniker beobachteten. Ihre Versuche, eigene Consuetudines festzulegen, gewannen eine augustinische Traditions-

[9] Zum folgenden *Dereine:* DHGE XII 386—391; *Ch. Dereine,* Coutumiers et ordinaires des chanoines réguliers: Scriptorium 5 (1951) 107—113, Addenda: ebd. 13 (1959) 244 bis 246; *A. Carrier,* Coutumier du XIe siècle de l'ordre de Saint-Ruf en usage à la cathédrale de Maguelone (Sherbrooke près Québec 1950); *J. Leclercq,* Un témoignage sur l'influence de Grégoire VII dans la réforme canoniale: StudGreg VI (1959/61) 173—227; *P. Pauly,* Die Consuetudines von Springiersbach: TThZ 67 (1958) 106—111; *J. Siegwart,* Die Consuetudines des Augustiner-Chorherrenstiftes Marbach im Elsaß (Freiburg/Schweiz 1965).

[10] Editionen der Regula ad servos Dei und des im folgenden Absatz genannten Ordo monasterii: PL 32, 1377—1384; PL 66, 995—998 = PL 32, 1449—1452; *D. de Bruyne:* RBén 42 (1930) 320—326 318f; *J. C. Dickinson,* The Origins (Lit. zum Kap.) 274—279 273f; *Jordan de Saxonia,* Liber Vitasfratrum, ed. *R. Arbesmann - W. Hümpfner* (New York 1943) LXXVI—LXXX 485—504; über die Autorschaft Augustins ist jüngst eine lebhafte, wohl noch nicht ganz abgeschlossene Diskussion geführt worden; vgl. dazu den kritischen Literaturbericht von *J. C. Dickinson* (wie oben) 255—272, in dem freilich Hümpfners Stellungnahme (in der obengenannten Edition Jordans von Sachsen) nicht berücksichtigt ist.

[11] *Ch. Dereine,* La prétendue règle de Grégoire VII pour chanoines réguliers: RBén 71 (1961) 108—118.

grundlage in dem sogenannten Ordo monasterii (auch Regula secunda genannt). Da die Asketen dort ihre Ideen über Handarbeit, Fasten, Abstinenz usw. bestätigt fanden, kam unter ihnen die Meinung auf, es handle sich um die ursprüngliche Regel Augustins. Wohl zum erstenmal zu Beginn des 12. Jh. in Springiersbach (Diözese Trier) verwendet und von dort nach Prémontré gelangt, erhielt der Text eine große Bedeutung. Auf ihn gestützt, stellten die eremitisch lebenden Regularkanoniker der bisherigen Praxis, dem ordo antiquus, einen ordo novus gegenüber und entfachten so einen ähnlichen Streit, wie er zwischen Zisterziensern und Cluniazensern bestand. In der unmittelbar folgenden Phase bildeten sich dann Mischformen aus.

Ein weiteres spannungsgeladenes Element war mit dem Seelsorgeproblem gegeben[12]. Wenn schon die Aachener Regel vorwiegend auf Chorgebet und Claustraldisziplin ausgerichtet war, so mußte dieser im Grunde monastische Zug bei den Regularkanonikern noch stärker heraustreten, zumal da viele von ihnen den Eremus aufsuchten. Auf der andern Seite führte das innere Einverständnis zwischen den Verkündern der vita apostolica und den in religiöse Bewegung geratenden Laien zu ausgesprochen seelsorgerischen Kontakten, ja sogar zur Wanderpredigt. Ferner erwarben die neuen Kanonien nicht selten Eigenkirchen, so daß die Frage zu lösen war, ob dort die Regularkanoniker die Seelsorge selber übernehmen oder Weltpriester anstellen sollten. Viele ältere Stifter waren zudem mit Stadtpfarreien verbunden, und die Chorherren am Dom hatten bestimmte Aufgaben der Diözesanverwaltung zu betreuen. Sollte man den idealen Schwung, von dem die Regularkanoniker getragen waren, nicht für die dringend notwendige Reform der Seelsorge verwenden? Die Antwort ist verschieden ausgefallen. Sowohl unter den Bischöfen wie unter den Regularkanonikern gab es Stimmen, die das asketische Prinzip der Weltflucht für unvereinbar mit seelsorgerischer Tätigkeit hielten, während andere behaupteten, niemand sei für den pastoralen Einsatz besser geeignet als der Regularkanoniker, eine Ansicht, die das Reformpapsttum teilte. Beide Sentenzen wirkten sich aus: in Italien und Frankreich huldigte man mehr, wenn auch nicht ausschließlich, dem kontemplativen Prinzip, auf deutschem Boden dagegen vereinigte man es gerne mit Seelsorgsarbeit.

[12] *Dereine:* DHGE XII 391—395; *Schmale* (Lit. zum Kap.): HJ 78 (1959) 38—63; *Ch. Dereine,* Les chanoines réguliers dans l'ancienne province ecclésiastique de Salzbourg d'après les travaux récents: RHE 43 (1948) 902—916; *ders.,* Le problème de la cura animarum chez Gratien: Studia Gratiana II (Bologna 1954) 305—318. Das Seelsorgsproblem wurde damals auch und gerade im Hinblick auf die Mönche diskutiert; dazu: *P. Berlière,* L'exercice du ministère paroissial par les moines dans le haut moyen âge: RBén 39 (1927) 227—250; *Ph. Hofmeister,* Mönchtum und Seelsorge bis zum 13. Jh.: SM 65 (1953/54) 209—273; *R. Foreville - J. Leclercq,* Un débat sur le sacerdoce des moines: SA 41 (1957) 8—111; *C. Violante,* Il monachesimo cluniacense di fronte al mondo politico ed ecclesiastico: Spiritualità cluniacense (Bibl. zu Kap. 39) 197—227.

Die Organisationsformen der Kanonien zeigten, zumindest bei Beginn, eine große Mannigfaltigkeit[13]. Reformierte Chorherrenstifte z. B. waren anders durchgegliedert als eremitische oder hospitale Neugründungen. In den letzteren konnte das Laienelement, bestehend aus conversi oder auch conversae, eine gewichtige Rolle spielen. Wenn Frauen beteiligt waren, bildeten sich Doppelklöster, und die Männergemeinschaften, deren Haupt in Frankreich meist Abt, in Italien Prior, im Reichsgebiet Propst genannt wurde, schieden sich für gewöhnlich in Chorherren und Laienbrüder. Hier gab es also keine wesentlichen Unterschiede zu den Benediktinerklöstern. Dasselbe gilt für die Bildung von Kongregationen. Ohne auf die juridische Struktur der einzelnen Verbände (sie bedarf noch vielfach der Klärung) einzugehen, seien die wichtigsten, in unsern Zeitraum fallenden Kongregationszentren aufgezählt: in Italien S. Maria in Portu zu Ravenna (Gründer Petrus de Honestis, † 1119), die lateranensischen Chorherren, S. Maria del Reno in Bologna und S. Frediano in Lucca; in Frankreich Saint-Ruf bei Avignon (erste Anfänge wohl 1038/39), Saint-Quentin de Beauvais, Saint-Victor de Paris (ca 1110 durch Wilhelm von Champeaux), Arrouaise (1090, Bistum Arras); in Deutschland Rottenbuch (1079, Bistum München-Freising), Marbach bei Colmar (1087), Springiersbach (vor 1107, Bistum Trier). Sie alle sollte der von Norbert gegründete *Prämonstratenserorden* überstrahlen.

Norbert von Gennep (ca 1082—1134), Sproß eines niederrheinischen Adelsgeschlechtes, schon früh Kanoniker in Xanten und bald darauf königlicher Kaplan bei Heinrich V., vollzog in einer Stunde äußerster Lebensgefahr eine innere Umkehr und begann, nach Empfang der Priesterweihe (1115) als Wanderprediger zu wirken: bis ins Jahr 1118 in Deutschland, dann in Frankreich, wo er durch Papst Gelasius II. zur Predigt ermächtigt wurde. Daß Kalixt II. 1119 die Erlaubnis nicht mehr erneuert und Norbert verpflichtet habe, sich einer Kongregation anzuschließen, ist zumindest nicht beweisbar. Zwar übernahm Norbert auf Wunsch des Bischofs von Laon die Reform des dortigen Martinsstifts und suchte, als er scheiterte, 1120 eine nicht weit abliegende Einöde auf, um dort Prémontré zu gründen, aber derartige Übergänge waren für einen Wanderprediger keineswegs ungewöhnlich. Erst 1121 gewann das Eremitenleben in Prémontré durch Übernahme der kanonischen Lebensweise festere Gestalt, die dann konsequent im Sinne des ordo novus ausgeformt wurde. Obschon Norbert bis zu seiner Erhebung zum Erzbischof von Magdeburg 1126 immer wieder als Wanderprediger auszog, behielt Prémontré, durch Zuzug von conversae zu einem Doppelkloster geworden, seinen kontemplativ-asketischen Charakter bei. In den bald erstehenden Tochterklöstern kam allerdings das seelsorgerische Ele-

[13] *Dereine:* DHGE XII 398—401; für die einzelnen Kongregationen vgl. *Dereine:* ebd. von c. 379 an passim, sowie *Heimbucher* (Allg. Bibl. II, 9) und *Cottineau* (ebd. I, 7); hinzuzufügen ist *P. Pauly*, Springiersbach. Geschichte des Kanonikerstifts und seiner Tochtergründungen im Erzbistum Trier von den Anfängen bis zum Ende des 18. Jh. (Trier 1962).

ment, vor allem auf deutschem Boden, oft zu stärkerer Geltung. Jedenfalls ist aus Prémontré kein eigentlicher Predigerorden hervorgegangen, wenngleich vereinzelt, wie in der sächsischen Zirkarie, die Predigt ausgeübt wurde.

Die Geschichte der Prämonstratenser zeigt unverkennbare Parallelen zu der des Zisterzienserordens. Beide Verbände haben sich schnell ausgebreitet, obwohl die von ihnen vertretenen Ideen an sich nicht originell waren. Prémontré stellte nur eine unter vielen andern eremitisch ausgerichteten Kanonien vor, besaß jedoch in dem Gründer Norbert eine ähnlich überragende Persönlichkeit wie Cîteaux in Bernhard von Clairvaux. Religiöse Unbedingtheit, gepaart mit dem Charisma zu hinreißender Predigt, zielbewußter Wille und enge Beziehungen zum Adel, zu Fürsten, Kaisern und Päpsten, verschafften Norbert einen ungewöhnlich starken Einfluß. Als er 1126 nach Magdeburg ging, war der Bestand seines Werkes gesichert. Im gleichen Jahr bestätigte Honorius II. den Orden, den dann Norberts Schüler und Freund, Hugo von Fosses, als Generalabt von Prémontré (1129—61), unter Anlehnung an die Verbandsform der Zisterzienser, doch ohne Übernahme des Filiationsgedankens, glücklich weiterentwickelte.

Die Ritterorden

Die oben erwähnten, auch und gerade von Laien gebildeten Gemeinschaften, die sich des Hospiz- und Pilgerwesens annahmen, entsprachen nicht bloß im Abendland einem dringenden Anliegen. Mehr denn je suchten die Christen das Heilige Land auf, seitdem es von den Kreuzfahrern erobert worden war, und wollten dort betreut sein. Aus dem Bestreben, ihnen Hilfe zu bieten, sind die Templer und die Johanniter hervorgegangen.

Hugo von Payens († 1136), ein Ritter aus der Champagne, verband sich 1119 mit acht Gefährten zu einer religiösen, auf Armut, Ehelosigkeit und Gehorsam verpflichteten Gemeinschaft mit der weiteren Auflage, den Pilgern auf dem Weg von Jaffa nach Jerusalem bewaffneten Schutz zu bieten. Da Balduin II. von Jerusalem sie in dem königlichen Palast, dem sogenannten Templum Salomonis, unterbrachte, kam für sie die Bezeichnung „*Templer*“ auf. In ihrer Lebensweise richteten sie sich nach den Regularkanonikern. Die Schwierigkeiten des Anfangs wurden überwunden, als Hugo von Payens Frankreich besuchte und das Interesse Bernhards von Clairvaux gewann. Mit dessen Hilfe wurde auf der Synode von Troyes 1128 eine Ordensregel festgelegt, die der Patriarch Stephan von Jerusalem 1130 ergänzte. Bernhards Propaganda — er verfaßte dafür die Schrift De laude novae militiae ad milites Templi — sicherte dem Orden starken Zustrom[14]. Vom Groß-

[14] *P. Cousin,* Les débuts de l'ordre des Templiers et Saint-Bernard: Mélanges Saint-Bernard (Dijon 1954) 41—52; Bernhards Schrift: PL 182, 921—940.

meister geleitet, war er in drei Klassen gegliedert: in Ritter, dienende Brüder, Kapläne. Je mehr sich die Kreuzfahrerstaaten gegen Angriffe der Mohammedaner zu wehren hatten, desto stärker wurden die Templer, bald auch die Johanniter, als stets verfügbare Milizen in der Verteidigung eingesetzt. Allein schon dieser Umstand trug den Templern in allen Ländern des Okzidents reiche Schenkungen ein und ließ sie zu einem mächtigen, auch finanzerfahrenen internationalen Verband werden, jeweils unabhängiger vom König in Jerusalem und von der kirchlichen Hierarchie, zumal da ihm der Heilige Stuhl bedeutende Exemtionsprivilegien gewährte.

Etwas anders verlief die Gründungsgeschichte der *Johanniter*. Um 1070, also vor dem ersten Kreuzzug, hatten Kaufleute aus Amalfi, ältere Versuche aufgreifend, ein christliches Hospital in Jerusalem gestiftet und dem alexandrinischen Heiligen, Johannes dem Almosengeber, geweiht (an dessen Stelle später unmerklich Johannes der Täufer trat). Für die Krankenpflege bestimmt, gewann die Genossenschaft der Johanniter nach dem ersten Kreuzzug unter den Meistern Gerhard († um 1120) und Raymund du Puy (1120—60) erhöhte Aktualität. Im Morgen- und Abendland, dort besonders in Frankreich und in italienischen Hafenstädten, erstanden Niederlassungen und musterhaft geführte Hospitäler. Exemtionsprivilegien der Päpste und Gunsterweise von seiten der Laien verschafften dem Verband steigendes Ansehen. Zu der Krankenpflege trat seit 1137 die Pflicht bewaffneten Grenzschutzes; sie ließ die Johanniter zu einem ausgesprochenen Ritterorden werden, der sich wie die Templer in drei Klassen: Ritter, Brüder, Kapläne, teilte; die Spitalarbeit ging so gut wie ganz auf die dienenden Brüder über. Die neue Entwicklung fand in den um 1155 verfaßten, an die Lebensform der Regularkanoniker angelehnten Statuten ihren Abschluß.

Für die Geschichte des Ordenswesens im Abendland bedeutete der hier beschriebene Zeitraum eine epochale Wende. Der Gedanke der vita apostolica et evangelica, der die älteren monastischen Formen ins Hintertreffen geraten ließ, der darüber hinaus die Monopolstellung der Mönche brach und neben sie Augustinerchorherren sowie Laiengemeinschaften treten ließ, behielt seine vorwärtstreibende Kraft. Er sicherte den neuen Orden, vorab den Zisterziensern und Prämonstratensern, eine glänzende Entfaltung, ohne sich jedoch an sie zu binden. Als ihr Schwung gegen Ende des 12. Jh. erlahmte, wurde die vita apostolica erneut zum Problem. Sie fand den längst ersehnten zeitgemäßen Ausdruck in den Mendikanten.

53. Kapitel

Philosophisch-theologische Kämpfe. Die Anfänge der Frühscholastik

QUELLEN: Dialektiker—Antidialektiker: *Anselm von Beate*, Rhetorimachia, ed. *K. Manitius:* MG Quellen zur Geistesgesch. 2 (1958); *Otloh von St. Emmeram*, Gesamtausgabe: PL 146, 27—434; wichtig vor allem sein Dialogus de tribus quaestionibus: ebd. 59—136, und das autobiographische Werk Liber de tentationibus suis et scriptis: ebd. 27—58; *Manegold von Lautenbach*, Opusculum contra Wolfelmum Coloniensem: PL 155, 147—176; *Petrus Damiani*, Gesamtausgabe: PL 144—145; dort vor allem Op. 45: PL 145, 695—704, Op. 58: ebd. 831—838, und das vom Kontradiktionsprinzip handelnde Op. 36: De divina omnipotentia in reparatione corruptae et factis infectis reddendis: ebd. 595 bis 622.

Abendmahlstreit: Berengarii Turonensis opera quae supersunt, ed. *A. F. - F. Th. Vischer* (Berlin 1834); das dort zu findende Werk De sacra coena adversus Lanfrancum ist neu ed. von *W. H. Beekenkamp* (Den Haag 1941); Berengars Brief an Adelmann: *Martène-Durand*, Thesaurus novus anecdotorum IV (Paris 1717) 109—113, an Jocelin von Bordeaux, ed. *G. Morin:* RBén 46 (1934) 220—226; *Lanfrank*, De corpore et sanguine Domini adversus Berengarium Turonensem: PL 150, 407—442; *Guitmund von Aversa*, De corpore et sanguine Christi libri tres: PL 159, 1427—1494; *Anselm von Laon*, Systematische Sentenzen, hrsg. von *F. Pl. Bliemetzrieder:* BeitrGPhMA 18, 2—3 (1919); weitere Traktate s. bei *J. Geiselmann* (unten Lit.).

Streit um die Weihen: *Petrus Damiani*, Liber Gratissimus: MGLiblit I 15—75; *Humbert von Silva Candida*, Adversus simoniacos libri tres: ebd. 95—253; die von späteren Autoren verfaßten Traktate s. bei *A. Schebler* (unten Lit.).

Anselm von Canterbury: Ältere Ausg. der Werke: PL 158—159, jetzt überholt durch: S. Anselmi opera omnia, ed. *F. S. Schmitt*, I—V in 6 Bden (London 1938/51); Schmitt hat vorher hrsg. Cur Deus homo, Monologion, De incarnatione Verbi, Proslogion: FlorPatr (Allg. Bibl. I, 11) 18 (1929), 20 (1929), 28 (1931), 29 (1931); sowie: Cur Deus homo (München 1956).

LITERATUR: Die wichtigste allgemeine Lit. s. in Allg. Bibl. II, 12; besonders nützlich sind die reichen bibliogr. Angaben in dem dort zit. *Ueberweg* II; heranzuziehen ist ferner Allg. Bibl. II, 11, bes. dort *Manitius* und *J. de Ghellinck*, von *de Ghellinck* auch: Le mouvement théologique du XIIe siècle (Paris ^{2}1948).

Streit um die Dialektik und Anfänge der Frühscholastik: *J. Endres*, Forschungen zur Geschichte der frühmittelalterlichen Philosophie (Münster 1915); *M. Grabmann*, Geschichte der scholastischen Methode, 2 Bde (Freiburg 1909/11); *A. J. Macdonald*, Authority and Reason in the Early Middle Ages (Oxford 1933); zu Petrus Damiani s. Lit. zu Kap. 42 und *J. Endres*, Petrus Damiani und die weltliche Wissenschaft (Münster 1910).

Abendmahlsstreit: *J. Geiselmann*, Die Eucharistielehre der Vorscholastik (Paderborn 1926), grundlegendes, bis 1100 reichendes Werk; *Ch. E. Sheedy*, The Eucharistic Controversy of the 11th Century (Washington 1948); *A. J. Macdonald*, Berengar and the Reform of Sacramental Doctrine (London 1930); *M. Cappuyns:* DHGE VIII (1935) 385 bis 407; *G. Ladner*, Theologie und Politik vor dem Investiturstreit (Baden bei Wien 1936) 14—41; *W. H. Beekenkamp*, De avondmaalsleer van Berengarius v. Tours ('s Gravenhage 1941); *N. M. Haring*, Berengar's Definitions of Sacramentum and their Influence on Mediaeval Sacramentology: MS 29 (1951) 109—146; *O. Capitani*, Studi per Berengario di Tours: BIStIAM 69 (1957) 67—173; *ders.*, Per la storia dei rapporti tra Gregorio VII e Berengario di Tours: StudGreg VI (1959/61) 99—145.

Streit um das Weihesakrament: *L. Saltet,* Les réordinations (Paris 1907); *A. Schebler,* Die Reordinationen in der „altkatholischen Kirche" (Bonn 1936); *V. Fuchs,* Der Ordinationstitel von seiner Entstehung bis auf Innocenz III. (Bonn 1930); beide zuletzt zitierten Arbeiten sind geschrieben: „mit besonderer Berücksichtigung der Anschauungen R. Sohms"; noch heute wertvoll ist *E. Hirsch,* Die Auffassungen der simonistischen und schismatischen Weihen im 11. Jh., bes. bei Kard. Deusdedit: AkathKR 87 (1907) 25 bis 70; vgl. auch die brauchbare Arbeit von *M. Rosati,* La teologia sacramentaria nella lotta contro la simonia e l'investitura laica del secolo XI (Diss. Rom Gregoriana 1951).

Anselm von Canterbury: Außer *Ueberweg* II (s. o.) 192—203 698—700 (Lit.); *Fliche-Martin* XIII 49—66; DHGE III (1924) 464—485; DThC I (1923) 1327—1360; *G. Ceriani,* S. Anselmo (Brescia 1946); Specilegium Beccense (Paris 1959), Sammelwerk des Internat. Kongresses zur 900jährigen Wiederkehr von Anselms Ankunft in Bec. — *S. Vanni Rovighi,* S. Anselmo e la filosofia del secolo XI (Mailand 1949); *G. Söhngen,* Die Einheit der Theologie in Anselms Proslogion (Bonn 1938); *K. Barth,* Fides quaerens intellectum. Anselms Beweis der Existenz Gottes (München ²1958), zur 1. Aufl. (1931) vgl. *A. Stolz:* Catholica 2 (1933) 1—24, und *E. Gilson:* AHD 9 (1934) 5—51; *A. Kolping,* Anselms Proslogion-Beweis der Existenz Gottes (Bonn 1939); *J. McIntyre,* St. Anselm and his Critics. Re-Interpretation of the Cur Deus homo (London 1954); *R. Perino,* La dottrina trinitaria di S. Anselmo (Rom 1951); *J. Rivière,* Le dogme de la rédemption au début du moyen âge (Paris 1934); *A. Schmitt,* La Meditatio redemptionis humanae di s. Anselmo in relazione al Cur Deus homo: Benedittina 9 (1955) 197—213; *H. Ott,* Anselms Versöhnungslehre: ThZ 13 (1957) 183—199.

Die oben für das kanonische Recht dargelegte Problematik galt in verstärktem Maße für die philosophisch-theologischen Bemühungen. Je mehr sich die traditionsgebundenen Gelehrten das überkommene Geistesgut innerlich aneignen wollten, desto dringlicher wurde die Frage, wie die dort zutage tretenden Unterschiede und Widersprüche zu vereinen seien. Schon in karolingischer Zeit hatte das heterogene Traditionsmaterial bisweilen heftige Diskussionen hervorgerufen, aber das methodologische Problem wurde den abendländischen Wissenschaftern erst seit dem 11. Jh. mehr und mehr bewußt; es fand seine Lösung in der Scholastik.

Unter den vorwärtstreibenden Kräften spielte die *Dialektik* eine entscheidende Rolle. Manche ihrer Vertreter begannen im 11. Jh. die Lande zu durchwandern. So ging der Mailänder Kleriker Anselm von Bessate nach Abschluß der Studien, die er unter dem Philosophen Drogo in Parma betrieben hatte, von der Lombardei nach Burgund, von da nach Deutschland, wo er endlich in die Kanzlei Heinrichs III. eintrat. Seine Rhetorimachia, ein merkwürdiges, in affektiertem Stil um 1050 abgefaßtes rhetorisch-dialektisches Werk, behandelt u. a. das Kontradiktionsprinzip in einer so aufgeblasenen und unzulänglichen Weise, daß es peinlich wirkt. Andere Dialektiker trauten sich noch mehr zu. Mit ihrem dürftigen philosophischen Rüstzeug packten sie theologische Fragen an; Glaubensdogmen, wie die Geburt Christi aus der Jungfrau, sein Erlösungstod und seine Auferstehung oder die Unsterblichkeit der Seele, wurden syllogistisch zersetzt. Vorbild mögen ihnen die Einwände gewesen sein, die Marius Victorinus in dem vor seiner Bekehrung geschriebenen Kommentar zu Ciceros De inventione aufgeworfen hatte[1]. Wie weit diese skeptisch-frivole Richtung verbreitet war, ist nicht abzumessen; jedenfalls war sie stark genug, um im kirchlichen Lager eine antidialektische Opposition hervorzurufen.

Einer ihrer Wortführer war der Benediktiner Otloh von St. Emmeram-Regensburg († 1070). Die Glaubenszweifel, die er während seiner Studien vor dem Eintritt ins Kloster hatte durchmachen müssen, veranlaßten ihn zum radikalen Rückzug auf Bibel, Patristik und Hagiographie. Zwar verwarf er die weltliche Wissenschaft nicht schlechthin, hielt sie jedoch bei Mönchen geradezu für unerlaubt und wies die Tendenz, Plato, Aristoteles oder Boethius über die kirchliche Lehre zu stellen, scharf zurück. Noch entschiedener ging der Regularkanoniker Manegold von Lautenbach († 1103) mit der weltlichen Wissenschaft ins Gericht. In seinem Opusculum contra Wolfelmum, das auf dem Kommentar des Neuplatonikers Macrobius zum Somnium Scipionis beruht, versuchte er, die Lehren des Macrobius, des Pythagoras, Platos und der aristotelischen Logik als Sophistereien und Irrtümer zu erweisen, unvereinbar mit der christlichen Doktrin und heilsgefährlich. Die Glaubensdogmen machen seiner Ansicht nach die alte Philosophie zunichte. Manegold hing zu einem guten Teil von Petrus Damiani ab. Der temperamentvolle Eremitenprior († 1072) hat in der Tat bisweilen schwerstes Geschütz aufgefahren[2]. Er will nichts wissen von dialektischen Beweiskünsten, nennt die Grammatica einmal Teufelswerk, warnt vor den Artes liberales, die weniger als studia denn als stultitiae zu bezeichnen seien, und möchte alles menschliche Bemühen um Weisheit letztlich für unnütz halten. Über allem steht ihm Gottes Absolutheit und Transzendenz. Sie erträgt keine Beschränkung von seiten des Menschenverstandes; sogar das Widerspruchsgesetz — Damiani treibt es bis zur Frage vor, ob Gott etwas Geschehenes, z. B. die Gründung Roms, ungeschehen machen könne — läßt sich gegenüber Gottes grenzenloser Allmacht nicht anwenden. Das zuletzt genannte, an sich unhaltbare Postulat, von Damiani übrigens mit sichtlichem Zögern aufgestellt, darf nicht zu ernst genommen werden. Daß sich hier die Gefahr einer doppelten Wahrheit abzeichne (Endres), ist eine allzu logische, dem Denken Damianis nicht angemessene Deduktion. Mit derselben Vorsicht muß die Gesamthaltung der sogenannten Antidialektiker beurteilt werden. Bestand sie doch keineswegs in absoluter Negation. Otloh hat für theologische Fragen, und zwar recht ungeschickt, die Dialektik herangezogen; Manegold weist ausdrücklich auf Übereinstimmungen zwischen Philosophie und Glauben hin, insbesondere in der Ethik und Tugendlehre; und die Warnun-

[1] Dazu *J. de Ghellinck*, Réminiscenses de la dialectique de Marius Victorinus dans les conflicts théologiques du XIe et XIIe siècles: RNPh 18 (1911) 432—435.

[2] Zum folgenden die Belege bei *F. Dressler*, Petrus Damiani (Lit. zu Kap. 42) 175—185 200—204; zur Schrift über das Kontradiktionsprinzip s. o. Quellen; die Stelle über die Philosophie als ancilla theologiae ebd.: PL 145, 603 C—D.

gen Damianis gelten hauptsächlich seinen Eremiten, weniger den Laien und schon gar nicht dem Weltklerus, für den er eine solide wissenschaftliche Schulung sogar fordert. Sein eigentliches Anliegen betraf die rechte Ordnung zwischen Weltlichem und Geistlichem, Philosophie und Theologie; die Philosophie, hier greift er einen alten Gedanken auf, soll gegenüber der Theologie die dienende Funktion einer Magd ausüben. Richtig ist freilich, daß zur Verwirklichung dieses Anliegens Damiani, Otloh und Manegold wenig beigetragen haben. So knabenhaft sich auch das dialektische Bemühen oft genug gebärden mochte, so wenig war es aufzuhalten. Der Verlauf des Abendmahlsstreites liefert dafür ein anschauliches Beispiel.

Der Abendmahlsstreit kam nicht von ungefähr. Es fehlte der Westkirche eine einheitliche, die patristische Tradition zusammenfassende Eucharistielehre, wie sie Johannes von Damaskus († um 750) für die Ostkirche erarbeitet hatte. Sie wäre um so wünschenswerter gewesen, als die unvollkommenen Ansätze der lateinischen Kirchenväter in zwei Richtungen wiesen. Eine auf Ambrosius zurückgehende Gruppe betonte mehr die Verwandlung von Brot und Wein in Leib und Blut des Herrn, während eine andere Gruppe mit Augustinus die dynamisch-symbolische Kraft des Sakramentes, die die Gläubigen in Christus und in den mystischen Leib der Kirche eingliedert, hervorhoben. Die beiden Sehweisen führten in karolingischer Zeit zu dem oben erwähnten Lehrstreit zwischen dem realistisch-metabolisch (von griech. metaballein = wandeln) eingestellten Paschasius Radbertus und einer augustinisch denkenden Opposition mit Ratramnus an der Spitze (Kap. 23). Das Thema beschäftigte im 10. Jh. vor allem Rather von Verona und Heriger von Lobbes († 1007). Obwohl sich Heriger um eine Synthese von Realismus und Symbolismus bemühte, folgte er doch im wesentlichen Paschasius Radbertus, dessen Theorie im Laufe der Zeit ziemlich allgemein durchgedrungen war[3]. Allerdings befriedigte sie nicht ganz. Da Paschasius den eucharistischen und historischen Leib des Herrn identifiziert hatte, ohne die eucharistische Erscheinungsform genauer darzulegen, konnte seine Lehre einer grob-sinnlichen, „kapharnaitischen" (Jo 6, 52) Auffassung Vorschub leisten und hat es wohl auch getan. Die Gegenreaktion blieb nicht aus: Der Fulbert-Schüler *Berengar*, seit 1029 Scholaster in Tours und zugleich Archidiakon von Angers († 1088), suchte die dynamisch-symbolische augustinische Lehre wieder zur Geltung zu bringen. Die nun einsetzende Diskussion unterschied sich von der der karolingischen Zeit einerseits durch den ungleich stärkeren Einsatz dialektischen, bisweilen sogar zur Metaphysik vordringenden Denkens, anderseits durch die breite und tiefe Wirkung, die sie auslöste: das Problem ließ die Theologen nicht mehr los, bis es im wesentlichen geklärt war. Schon

[3] Außer *Geiselmann*, Eucharistielehre (Lit. zum Kap.) 267—281, vgl. *J. Lebon*, Sur la doctrine eucharistique d'Hériger de Lobbes: Studia mediaevalia in hon. R. J. Martin (Bruges 1948) 61—84.

in der ersten Kampfphase hatte Berengar mit einer ganzen Reihe gleichwertiger oder sogar überlegener Gegner zu ringen[4]. Außerdem schaltete sich die offizielle Kirche ein. Seine Lehre wurde verurteilt sowohl durch Leo IX. auf den Synoden von Rom und Vercelli (1050) wie durch eine Pariser Synode (1051), wogegen das vom Legaten Hildebrand geleitete Konzil von Tours (1054) Berengars Erklärung, nach der Konsekration sei Leib und Blut Christi vorhanden, hinnahm. 1059 wurde Berengar jedoch auf der römischen Synode gezwungen, eine von Humbert von Silva Candida verfaßte Formel zu unterschreiben, in der der im konsekrierten Brot enthaltene Leib des Herrn mit den schroffen Worten[5]: sensualiter manibus tractari vel frangi aut fidelium dentibus atteri umschrieben war. Sie leitete die zweite Kampfphase ein. Zehn Jahre später unterzog Berengar die Formel und die ihr zugrunde liegende Lehre einer umfassenden dialektischen Kritik und steigerte sich in einen radikal spiritualistischen Symbolismus hinein: Das konsekrierte Brot ist Leib, insofern es Bild, Zeichen, Pfand des wirklichen Leibes ist; es weckt die Erinnerung an Christi Menschwerdung und Leiden und führt den in diesen Geheimnissen ruhenden Geist zur mystischen Vereinigung mit dem Herrn. Das Brot bleibt auch nach der Konsekration Brot; in den Akzidentien tritt nämlich die Substanz in Erscheinung, sie sind mitkonstituierendes Formprinzip. In dem zuletzt genannten Argument hat Berengar die Debatte ins Metaphysische gewendet, ohne jedoch die herangezogenen aristotelischen Grundbegriffe materia—forma, accidens—substantia richtig verstanden zu haben. Auch seine Gegner kannten noch nicht ihren eigentlichen Sinn. Um so höher ist es zu bewerten, daß sie, auch von ihrer Seite den spekulativen Weg beschreitend, den Wandlungsprozeß jeweils klarer im Sinne einer Transsubstantiation deuteten. Lanfrank († 1089) machte den Anfang, Guitmund von Aversa († um 1095) baute die Lehre aus[6]. Als Berengar 1079 von Gregor VII. wiederum nach Rom zitiert wurde, hatte er eine besser durchgedachte Glaubensformel zu beschwören: (panem et vinum) substantialiter converti in veram et propriam et vivificatricem carnem et sanguinem Jesu Christi[7]. Die nachberengarische Zeit brachte nichts grundsätzlich Neues, jedoch eine Vertiefung der einzelnen Aspekte, die dann in der Schule Anselms von Laon († 1117) ihre erste systematische Zusammenfassung fanden.

Daß das Papsttum im Abendmahlsstreit eine gewichtige Rolle gespielt hat, zeigt von neuem die gesammelte Kraft der gregorianischen Reformbewegung. Allerdings ging es mehr um einen indirekten Bezug: der Streit als

[4] Zu den einzelnen Autoren *Geiselmann,* Eucharistielehre 299—331.

[5] *Lanfrank,* De corpore et sanguine II: PL 150, 410 D.

[6] *Geiselmann,* Eucharistielehre 365—375 (Lanfrank), 375—396 (Guitmund), 397—444 (die anderen Autoren); hinzuzufügen ist *Bernold von St. Blasien,* De veritate corporis et sanguinis Domini, ed. *J. R. Geiselmann* (München 1936); *J. Weisweiler:* Scholastik 12 (1937) 58—93.

[7] Register Gregors VII., VI 17 a Nr. 1: MGEp sel. 2, ed. *Caspar* 425—427.

solcher ist nicht durch die Reform verursacht worden, und es waren die Theologen, die ihn austrugen, während Rom seinen Verlauf überwachte. Ganz anders verhielt es sich mit der Diskussion über das *Weihesakrament*, von der oben im Anschluß an bestimmte Synodaldekrete öfters die Rede war (Kap. 42—45); sie ist unmittelbar aus dem Reformkampf hervorgegangen. Die scharfen Maßregeln gegenüber den zu Häretikern gestempelten Simonisten sowie die zahlreichen Exkommunikationen, vor allem jene, die über Gegenpäpste und ihre Anhänger verhängt wurden, warfen von selbst das uralte Problem auf, ob Häretiker oder Schismatiker überhaupt gültige Weihen spenden könnten. Da Zyprian die Frage schroff verneint, Augustin bejaht hatte und beide Ansichten in die kirchliche Tradition eingegangen waren, fehlte eine sichere Orientierung. Der wegen der formosianischen Weihen geführte Streit hatte zu Beginn des 10. Jh. tüchtige Arbeiten hervorgebracht, insbesondere die augustinisch bestimmten Schriften des Auxilius. Auxilius ist in den fünfziger Jahren sowohl von Petrus Damiani wie von Humbert von Silva Candida benutzt worden, von Petrus in positivem, von Humbert in grob ablehnendem Sinn[8]. Sosehr Damianis Liber gratissimus die Humbert-Schrift Adversus simoniacos libri III an theologischer Tiefe übertraf, so viele Punkte ließ auch er ungelöst. Der Grund lag an dem unzureichenden Stand der Sakramentstheologie. Erst die im 12. Jh. aufkommende Lehre vom character sacramentalis und die später erfolgte Unterscheidung von sacramentum, sacramentum et res, res sacramenti sollten Klarheit schaffen.

Als hindernder Umstand kam hinzu, daß die Priester- und Bischofsordination außer der Weihegewalt auch ein mit Jurisdiktion ausgestattetes Amt überträgt und daß damals Weihe und Jurisdiktion noch nicht deutlich genug geschieden waren. Durch die Bindung der Jurisdiktionsgewalt an die Weihe und umgekehrt kam der Kirche insofern eine entscheidende Bedeutung zu, als das Eingegliedertsein in sie die Voraussetzung für die Wirksamkeit des priesterlichen Amtes bildete. Dabei ist damals unter Kirche keineswegs, wie Sohm annahm, eine nur in Christus bestehende Liebes- und Gnadengemeinschaft verstanden worden, sondern auch und gerade eine jurisdiktionell bestimmte Körperschaft[9]. Nicht zufällig haben sich daher seit etwa 1060

[8] Zu Auxilius vgl. Kap. 35 Anm. 15, und für seine Benützung durch Petrus Damiani sowie durch Humbert vgl. Kap. 42 Anm. 8.

[9] *J. Fuchs*, Weihesakramentale Grundlegung kirchlicher Rechtsgewalt: Scholastik 16 (1941) 496—520; *H. Barion*, Ordo und regimen fidelium: ZSavRGkan 77 (1960) 112—134; *R. Sohm*, Kirchenrecht 2 Bde (München-Leipzig 1923); *ders.*, Das altkatholische Kirchenrecht und das Dekret Gratians: Festschr. für A. Wach (München-Leipzig 1918), dazu *G. Ladner*, Theologie und Politik (Lit. zum Kap.) 130—132 (Anm. 234), und *Barion* (wie oben); *A. Schebler*, Reordinationen (Lit. zum Kap.) 215—281, wird dem Problem wohl nicht ganz gerecht; das gleiche dürfte gelten für die Kontroverse zwischen *F. Pelster:* Gr 46 (1938) 66—90, und *A. Michel:* RQ 46 (1938) 29—39, StudGreg I (1947) 79—84,

hauptsächlich die Kanonisten der Schwierigkeit angenommen (Kap. 45). Sie wagten es zwar nicht mehr, die simonistischen oder schismatischen Weihen rundweg für ungültig zu erklären, kamen aber kraft der Unterscheidung zwischen dem Sakrament, das die Weihe vermittle, und der virtus sacramenti in überwiegender Zahl zu der Ansicht: Wer nicht mehr der kirchlichen Einheit angehöre, dessen Weihehandlungen hätten nicht bloß als unerlaubt, sondern als wirkungslos zu gelten; der Spender besitze nämlich nicht den Heiligen Geist. So forderten sie für jeden zur Kirche zurückkehrenden Simonisten oder Schismatiker die traditionelle, von ihnen jedoch als Geistübertragung angesehene impositio manuum. Nur wenige, wie Bernold von St. Blasien, haben die uralte Zeremonie rekonziliatorisch gedeutet[10]. Vorläufig blieb es noch bei bescheidenen, unbefriedigenden Lehransätzen.

Während sich eine ganze Reihe talentierter Männer teils in Ein-, teils in Zwietracht um bestimmte aktuelle Fragen mühten, leistete ein Einzelgänger fernab vom Tagesstreit das Wesentliche: Mit der spielerischen Leichtigkeit genial angelegter Naturen hob Anselm das philosophisch-theologische Problem auf eine spekulative Höhe, wie sie seit Johannes Scotus Eriugena nie wieder erreicht worden war. Unweit von Aosta (Piemont) 1033 geboren und von Benediktinern erzogen, verließ Anselm die Heimat, suchte nach drei Jahren das Kloster Le Bec in der Normandie auf, um den weithin berühmten, aus Pavia stammenden Lehrer Lanfrank[11] zu hören, trat dort 1060 als Mönch ein und übernahm bald das Amt eines Dozenten, 1063 das des Priors, 1078 das des Abtes; seine 1093 erfolgte Erhebung zum Erzbischof von Canterbury verwickelte ihn in die oben geschilderten Konflikte mit den englischen Königen Wilhelm II. und Heinrich I. (Kap. 45); er starb 1109. Wie alle abendländischen Theologen vertiefte sich Anselm vor allem in die Schriften Augustins, nur kam es dabei zu einer echten, auf Kongenialität beruhenden geistigen Begegnung. Augustinisch sind im Grunde die berühmten Leitprinzipien, die Anselm für das Verhältnis zwischen Philosophie und Theologie, Vernunft und Glauben sorgsam aufstellt: er bekennt offen den sehnlichen Wunsch, innerhalb der dem Menschen gezogenen Grenzen die göttlichen Geheimnisse irgendwie zu verstehen, will ihn jedoch immer nur auf Wahrheiten gerichtet wissen, die seine Seele schon glaubt und liebt; er will nicht erkennen, um zu glauben, sondern er glaubt, um zu erkennen (neque enim quaero intelligere ut credam, sed credo ut intelligam[12]). Der Gedanke

sowie für *J. Gilchrist,* „Simoniaca haeresis" and the Problem of Orders from Leo IX to Gratian: Proceedings of the Second International Congress of Medieval Canon Law, hrsg. v. *St. Kuttner - J. Ryan* (Vatikanstadt 1965) 209—235.

[10] Über die einzelnen Autoren vgl. *A. Schebler,* Reordinationen (Lit. zum Kap.) 235—298.

[11] Lanfrank, geboren 1005, 1059 Abt in Bec, 1070—87 Erzbischof von Canterbury. -- *A. J. Macdonald,* Lanfranc. A Study of his Life, Work and Writing (London 1926); *D. Knowles,* The Monastic Constitutions of Lanfranc (Edinburgh 1951); s. auch Kap. 44 Anm. 42.

[12] Proslogion I: PL 158, 227.

drängt zur inneren Einsicht, so daß dem denkenden Gläubigen unter Umständen Sachverhalte deutlich werden, die in der einfach hingenommenen Glaubenswahrheit nicht sichtbar gewesen sind, die sogar bisweilen den Glauben selber einleuchtender zu machen vermögen. Die Bewegung, von Anselm auf die kurze Formel: fides quaerens intellectum gebracht[13], geht also eigentlich über den Glauben hinaus und mündet, den Glauben immer vorausgesetzt, in der Vernunft. Diese kann bisweilen eine dem göttlichen Bereich angehörende Wahrheit in ihrem Dasein evident machen, also auf rationes necessariae gründen, während sich die innere, unzugängliche Natur der göttlichen Geheimnisse dem forschenden Menschengeist bloß im Bild, Gleichnis und in Konvenienzbezügen darbietet.

Anselms grundsätzlich vom Glauben ausgehende Spekulation kennt keine eigentliche Scheidung zwischen Philosophie und Theologie. Auf diesen Sachverhalt ist vor allem bei seinen in Le Bec verfaßten Werken zu achten; sie beschäftigen sich, De casu diaboli ausgenommen, sämtlich mit Fragen, die wir heute der Philosophie zuweisen (De grammatico, Monologion, Proslogion, De veritate, De libertate arbitrii). Unter ihnen ragen zwei hervor. Im Monologion versucht Anselm, die Existenz Gottes auf kosmologischem Weg zur Evidenz zu bringen. Dabei verwendet er weniger die Kategorie der Kausalität als die der Teilhabe, bleibt jedoch bei einer platonischen Prägung nicht stehen, sondern dringt bis zur souveränen, über jeder Teilhabe stehenden Gottnatur vor. In dem inneren Sprechen Gottes, das das Ewige Wort gebiert, sind alle Dinge enthalten: vor, während und nach ihrer geschöpflichen Existenz; jedes Gewordene ist Abbild des göttlichen Wortes. Noch tiefer führt das Proslogion in das spezifische Denken Anselms hinein. Es enthält den viel bewunderten, viel gescholtenen sogenannten ontologischen Gottesbeweis. Die Argumentation setzt eine dem menschlichen Denken einwohnende Gottesidee voraus, enthält also von vornherein ein existentielles Moment. In der Idee tritt uns Gott als das Größte entgegen, das überhaupt gedacht werden kann. Aber das Größte, so fährt Anselm fort, kann nicht bloß in unserer geistigen Vorstellung sein; denn dann ließe sich ein anderes insofern Größeres denken, als es außerhalb unserer Vorstellung wirklich existierte. Also muß das Größte, nämlich Gott, in unserer geistigen Vorstellung und zugleich in der äußeren Wirklichkeit sein. Schon von dem Zeitgenossen Gaunilo, Mönch in Marmoutier, mit beachtlichen Gründen angegriffen und von Anselm im Liber apologeticus verteidigt, ist das Argument seit Thomas von Aquin im scholastischen Bereich auf die Seite geschoben, außerhalb der Scholastik vor allem von Kant scharf abgelehnt worden, hat jedoch manche Denker der Neuzeit, unter ihnen Descartes, Leibniz und Hegel, entschieden angezogen und wird heute wiederum sehr ernst genommen.

[13] So lautete der ursprüngliche Titel vom Proslogion.

Gegen Ende seines Lebens hat Anselm spezifisch theologische Fragen behandelt. Im Traktat De fide Trinitatis et de incarnatione Verbi stellt er gegenüber Roscelin, der auf Grund seiner problematischen Universalienlehre in der Trinität tres res per se separatim angenommen hat, den Unterschied zwischen der göttlichen Natur und den göttlichen Personen heraus, während das Werk De processione Spiritus Sancti im Zusammenhang mit Urbans II. Unionsbemühungen entstanden ist. Um das Inkarnationsgeheimnis kreisen die Schriften De conceptione virginali et originali peccato und Cur Deus homo. Der zuletzt genannte Traktat zeigt nicht bloß Anselms Methode in höchster Vollendung, er überwindet auch die patristisch-frühmittelalterliche Redemptionstheorie (Loskauf der gefallenen Menschheit durch Christus aus der Herrschaft des Teufels) durch den tiefen Gedanken, Christus sei Mensch geworden, um der durch die Sünde beleidigten göttlichen Ehre für die ganze Menschheit genugzutun. Anselms Satisfaktionslehre ist von den großen Scholastikern des 13. Jh. weitergebildet und so der katholischen Theologie fest eingegliedert worden.

Mit einem gewissen Recht hat man Anselm den Vater der Scholastik genannt. Er war es, der kühn und unerschrocken seinen Zeitgenossen den Weg wies, wie Dialektik und metaphysische Spekulation für theologische Fragen verwendet werden konnten, ohne durch rationalistische Überheblichkeit die Ehrfurcht vor den Glaubensgeheimnissen zu verletzen. Andere taten es ihm nach, so Bruno von Segni († 1123) in seinen Schriften De Trinitate und De incarnatione Domini und Odo von Cambrai († 1113) im Traktat De peccato originali[14]. Und schon stand eine jüngere Generation bereit, die zum Durchbruch gelangte Bewegung zu erweitern, zu vertiefen, aufzuteilen und systematisch zu ordnen. Mit ihr erstand die eigentliche Frühscholastik. Daß es dahin kommen konnte, dazu hat Anselm entscheidend beigetragen.

Unter den vielen fruchtbaren Initiativen der gregorianischen Reformzeit hat wohl keine die mittelalterliche Welt so entscheidend gewandelt wie die soeben geschilderte geistige Entwicklung. In das Stadium wacherer Bewußtheit eintretend, begann der abendländische Mensch über Grundfragen seiner wesentlich christlichen Existenz nachzudenken. Noch immer schaute er zwar in Ehrfurcht zur überkommenen Tradition auf, aber er setzte jetzt jeweils stärker die kritisch sondernde Vernunft ein, um das ererbte Geistesgut in lebendigen Besitz zu nehmen, sich mit ihm auseinanderzusetzen und dadurch zu neuen Erkenntnissen vorzudringen. Je unbedingter er diesen Weg verfolgte, desto mehr schieden sich die Geister. In einem nie mehr zur Ruhe kommenden Ringen sollte fortan das Abendland die mit seiner Existenzform gegebenen Spannungen bis zur äußersten Konsequenz austragen.

[14] *Bruno von Segni:* PL 165, 973—984 1079—1084; über ihn *B. Gigalski,* Bruno, Bischof von Segni, Abt von Montecassino (Münster 1898); *R. Grégoire,* Bruno de Segni, exégète médiéval et théologien monastique (Spoleto 1965). *Odo von Cambrai:* PL 160, 1071 bis 1102.

VERZEICHNIS DER IM ZEITRAUM DIESES BANDES REGIERENDEN PÄPSTE

Die Gegenpäpste sind mit * gekennzeichnet

hl. Sergius I	687—701	Johann XI	931—935
Johann VI	701—705	Leo VII	936—939
Johann VII	705—707	Stephan VIII (IX)	939—942
Sisinnius	708	Marinus II (Martin III)	942—946
Konstantin I	708—715	Agapet II	946—955
hl. Gregor II	715—731	Johann XII	955—963
hl. Gregor III	731—741	Leo VIII	963—965
hl. Zacharias	741—752	Benedikt V	964
Stephan II	752	Johann XIII	965—972
Stephan II (III)	752—757	Benedikt VI	973—974
hl. Paul I	757—767	*Bonifaz VII (Franco)	974
*Konstantin II	767—768	Benedikt VII	974—983
*Philipp	768	Johann XIV	983—984
Stephan III (IV)	768—772	Bonifaz VII	984—985
Hadrian I	742—795	Johann XV	985—996
hl. Leo III	795—816	Gregor V	996—999
Stephan IV (V)	816—817	*Johann XVI	997—998
hl. Paschalis I	817—824	Silvester II	999—1003
Eugen II	824—827	Johann XVII	1003
Valentin	827	Johann XVIII	1003/04—1009
Gregor IV	827—844	Sergius IV	1009—1012
*Johann	844	Benedikt VIII	1012—1024
Sergius II	844—847	*Gregor VI	1012
hl. Leo IV	847—855	Johann XIX	1024—1032
Benedikt III	855—858	Benedikt IX	1032—1045
*Anastasius III	855	*Silvester III	1045
hl. Nikolaus I	858—867	Gregor VI	1045—1046
Hadrian II	867—872	Clemens II	1046—1047
Johann VIII	872—882	Damasus II	1048
Marinus I (Martin II)	882—884	hl. Leo IX	1049—1054
hl. Hadrian III	884—885	Viktor II	1055—1057
Stephan V (VI)	885—891	Stephan IX (X)	1057—1058
Formosus	891—896	Benedikt X	1058—1059
Bonifaz VI	896	Nikolaus II	1058—1061
Stephan VI (VII)	896—897	Alexander II	1061—1073
Romanus	897	*Honorius II	1061—1071/72
Theodor II	897	hl. Gregor VII	1073—1085
Johann IX	898—900	*Clemens III	1080—1100
Benedikt IV	900—903	sel. Viktor III	1086—1087
Leo V	903	sel. Urban II	1088—1099
Christophorus	903—904	Paschalis II	1099—1118
Sergius III	904—911	*Theoderich	1100—1102
Anastasius III	911—913	*Albert	1102
Lando	913—914	*Silvester IV	1105—1111
Johann X	914—928	Gelasius II	1118—1119
Leo VI	928	*Gregor VIII	1118—1121
Stephan VII (VIII)	929—931	Kalixt II	1119—1124

REGISTER

HANDBUCH DER KIRCHENGESCHICHTE

II/2

HANDBUCH DER KIRCHENGESCHICHTE

Herausgegeben von

HUBERT JEDIN

Band II

Die Reichskirche nach Konstantin dem Großen

Die Reichskirche nach Konstantin dem Großen

Zweiter Halbband: Die Kirche in Ost und West von Chalkedon bis zum Frühmittelalter (451–700)

von

KARL BAUS
HANS-GEORG BECK
EUGEN EWIG
HERMANN JOSEF VOGT

HERDER
FREIBURG · BASEL · WIEN

Umschlaggestaltung:
Finken & Bumiller, Stuttgart

Unveränderter Nachdruck
der Sonderausgabe von 1985

Herstellung: Freiburger Graphische Betriebe 1999
ISBN 3-451-27100-1

INHALT

ERSTER TEIL: DIE FRÜHBYZANTINISCHE KIRCHE

(Univ.-Prof. Dr. Hans-Georg Beck)

ZWEITER TEIL: DIE LATEINISCHE KIRCHE IM ÜBERGANG ZUM FRÜHMITTELALTER

Vorbemerkung

Die Gründe für das relativ späte Erscheinen von Band II dieses Handbuches sind im Vorwort von Band II/1 genannt worden. Daß Band II/2 dann doch knapp zwei Jahre später vorgelegt und damit die letzte Lücke im Gesamtwerk geschlossen werden kann, ist vor allem meinem Schüler Prof. Hermann Josef Vogt (Tübingen) zu danken, der sich bereit fand, eigene Arbeiten zurückzustellen, um die noch ausstehenden vier Kapitel zu schreiben, in deren Quellen und Literatur er sich rasch und sicher eingearbeitet hat. Dabei ist der ursprüngliche Plan für den dritten Abschnitt dieses Halbbandes etwas gestrafft worden.

Den schon an anderer Stelle ausgesprochenen Dank für die große Rücksichtnahme der Kollegen Hans-Georg Beck und Eugen Ewig kann ich hier nur wiederholen

Bonn-Schmelz, im Oktober 1975 *Karl Baus*

VERZEICHNIS DER ABKÜRZUNGEN

(Die Abkürzungen aus Band I S. XIII–XXII und S. 66–68 sowie aus Band II/1 werden hier nicht wiederholt.)

AHVNrh = Annalen des Historischen Vereins für den Niederrhein, insbesondere das alte Erzbistum Köln, Köln 1855ff
ASRomana = Archivio della Reale Società Romana di Storia Patria, Rom 1878 bis 1934 (ab 1935: ADRomana)
AUF = Archiv für Urkundenforschung, Berlin 1908ff
BECH = Bibliothèque de l'École des Chartes, Paris 1839ff
BRAH = Boletín de la Real Academia de la Historia, Madrid
CD = La Ciudad de Dios, El Escorial 1872ff
Coll Cist = Collectanea Cistercientia, Forges (Belgique)
CRAIC = Comptes rendus de l'Académie des Inscriptions et Belles Lettres, Paris 1857ff
DR = Downside Review, Downside Abbey, Bath (England)
DS = H. Denzinger – A. Schönmetzer, Enchiridion Symbolorum, Definitionum et Declarationum de rebus fidei et morum (Barcelona-Freiburg i. Br.-Rom-New York [33]1965)
DSp = Dictionnaire de Spiritualité ascétique et mystique. Doctrine et Histoire, hrsg. v. M. Viller, Paris 1932ff
IP = Regesta Pontificum Romanorum, congessit P. F. Kehr. Italia Pontificia, I–VIII Berlin 1906–35
JR = The Journal of Religion, Chicago 1921ff
MA = Le Moyen-âge. Revue d'histoire et de philologie, Paris 1888ff
MG = Monumenta Germaniae Historica inde ab a. C. 500 usque ad a. 1500; Indices v. O. Holder-Egger u. K. Zeumer, Hannover-Berlin 1826ff
Abteilungen: MGCap = Capitularia; MGEp = Epistolae; MGLL = Leges; MGSS rer. Lang. = Scriptores rerum Langobardicarum; MGSS rer. Mer. = Scriptores rerum Merovingicarum
MIÖG = Mitteilungen des Instituts für österreichische Geschichtsforschung (Innsbruck), Graz-Köln 1880ff
RHSp = Revue d'Histoire de la Spiritualité, Paris 1972ff (Fortsetzung von RAM unter Beibehaltung von deren Band- und Jahreszählung)
RömHM = Römische Historische Mitteilungen, Graz-Köln 1858ff
RQH = Revue des questions historiques, Paris 1866ff
SSL = Spicilegium sacrum Lovaniense, Löwen 1922ff (bisher 28 Bde)
TQ = ThQ
WSt = Wiener Studien, Zeitschrift für klassische Philologie, Wien
ZBLG = Zeitschrift für Bayerische Landesgeschichte, München 1928ff
ZGObrh = Zeitschrift für die Geschichte des Oberrheins, Karlsruhe 1851ff
ZS = Zeitschrift für Semitistik, Leipzig 1922ff
ZSKA = ZSavRGkan
ZWTh = Zeitschrift für wissenschaftliche Theologie (Jena, Halle, Leipzig), Frankfurt a. M. 1858–1913)

ALLGEMEINE BIBLIOGRAPHIE

(Die Bibliographien von Bd I 57–68 und Bd II 1 S. XIII–XVIII werden hier vorausgesetzt und nur durch Neuerscheinungen und Neuauflagen ergänzt.)

A. *Die frühbyzantinische Kirche*

Eine umfassende Übersicht über Quellen und Darstellungen zur Geschichte der Ostkirche findet sich in diesem Handbuch Bd III/1 S. XXIX–XXXIX. Dazu folgende Ergänzungen für den Bereich der frühbyzantinischen Kirche:

Zu 1 b (Hilfswissenschaften): *F. Dölger – J. Karayannopulos*, Byzantinische Urkundenlehre I: Die Kaiserurkunden (München 1967).

Zu 2 (Quellenkunde): Im Rahmen des Corpus Christianorum erscheint eine Clavis Patrum Graecorum in 3 Bänden, die die griechisch-patristische Literatur bis zum 8. Jh. erfaßt. Es liegt bereits vor Bd II: Scriptores ab Athanasio ad Chrysostomum, hrsg. von *M. Geerard* (Turnhout 1974). In Kürze (1976) erscheint Bd III: Scriptores saec. V–VIII, Concilia, Catenae; *I. E. Karagiannopulos.* Πηγαὶ τῆς βυζαντινῆς ἱστορίας (Thessalonike 1970).

Zu 3 (Quellensammlungen): Corpus Fontium Historiae byzantinae, Series Berolinensis, hrsg. von *H.-G. Beck, A. Kambylis, R. Keydell* (Berlin 1967ff); eine zweite Serie erscheint in Washington (1967ff).

Zu 4 (Konzilien): Von den Acta conciliorum oecumenicorum ist der noch ausstehende Band erschienen, Tom. IV vol. I: Concilium Universale Constantinopolitanum sub Iustiniano habipars I^a: Index codicum et auctorum, congessit *R. Schieffer* (Berlin 1973).
tum, hrsg. von *J. Straub* (Berlin 1971); außerdem Tom. IV vol. III: Index generalis tom. I–IV

Zu 5 (Staatliche Verfügungen): *P. R. Coleman-Norton*, Roman State and Christian Church. A Collection of Legal Documents, Bd 3: 453–534 (London 1966); *C. de Clercq*, Fontes iuridici Ecclesiarum Orientalium (Rom 1967).

Zu 6 (Historisch-statistische Werke): *V. Grumel*, Les Regestes des actes du patriarcat de Constantinople, fasc. 1 (Paris ^{2}1972), fasc. 4 (Paris 1971); *R. Janin*, Géographie ecclésiastique de l'empire byzantin, Bd III: Les églises et les monastères de Constantinople (Paris ^{2}1969); Bd II: Les églises et les monastères des grands centres byzantins (Bithynie, Hellespont, Latros etc.) (Paris 1975).

Zu 7 (Mönchtum): Les moines d'Orient II–IV (Paris 1961/64, Übersetzung frühbyz. Mönchsviten mit wiss. Kommentar von *A.-J. Festugière*).

Zu 8 (Liturgie): Sancti Romani Melodi Cantica: Cantica dubia, hrsg. von *P. Maas – C. A. Trypanis* (Berlin 1970); Romanos le mélode, Hymnes, hrsg. von *J. Grosdidier de Matons*, Bde I–IV: SChr 99 110 114 128 (Paris 1964/67); *C. A. Trypanis*, Fourteen Early Byzantine Cantica (Wien – Köln 1968); *F. Halkin*, Auctarium Bibliothecae hagiographicae Graecae (Brüssel 1969).

Zu IV. Darstellungen

Zu 1 (Politische Geschichte): *R. H. Jenkins*, Byzantium. The Imperial Centuries A. D. 610–1071 (London 1966); *J. M. Hussey* (Hrsg.), The Byzantine Empire, I: Byzantium and its Neighbours, II: Government, Church and Civilisation = The Cambridge Medieval History, Bd IV 1–2 (Cambridge 1966/67); *L. Bréhier*, Le monde byzantin, 3 Bde (Paris ²1968/70); *D. Obolensky*, The Byzantine Commonwealth (History of Civilisation) (London 1971); *A. N. Stratos*, Byzantium in the 7th Century (Amsterdam 1972ff); *C. D. Gordon*, The Age of Attila. Fifth Century Byzantium and the Barbarians (Ann-Arbor 1960); *B. Rubin*, Das Zeitalter Justinians I, Bd I (Berlin 1960); *J. W. Barker*, Justinian and the Later Roman Empire (Madison 1966); *P. Goubert*, Byzance avant l'Islam, VIe–VIIe siècle, 4 Bde (Paris 1951/65); *St. Runciman*, Byzanz = Kindlers Kulturgeschichte (München 1970); *K. Wessel*, Die Kultur von Byzanz (Frankfurt a. M. 1970); Byzantinische Forschungen (Amsterdam 1966ff); Travaux et Mémoires. Centre de Recherche d'histoire et civilisation byzantine (Paris 1965ff); Collection „Le monde byzantin" (Paris 1966ff).

Zu 2 (Kirchengeschichte): *A. S. Hernández*, Iglesias de Oriente, I–II (Santander 1963); *F. Heiler*, Die Ostkirchen (München 1971); *E. v. Ivanka, J. Tyciak* u. a., Hdb. der Ostkirchenkunde (Düsseldorf 1971); *J. L. van Dieten – C. Mango – P. Wirth*, Geschichte der Patriarchen Sergios I bis Johannes VI (610–715) = Enzyklopädie der Byzantinistik Bd 24 (Amsterdam 1972).

Zu 3 (Papsttum und Ostkirche): *F. Dvornik*, Byzanz und der römische Primat (Stuttgart 1966); *L. Magi*, La Sede Romana nella corrispondenza degli imperatori e patriarchi byzantini, VI–VII sec. (Rom – Löwen 1972).

Zu 4 (Geschichte einzelner Ostkirchen): *J. Ch. et M. Sournia*, L'Orient des premiers chrétiens. Histoire et archéologie de la Syrie byzantine (Paris 1966).

Zu 5 (Rechtsgeschichte): *R. Guilland*, Recherches sur les institutions byzantines, 2 Bde (Berlin – Amsterdam 1967).

Zu 6 (Gesellschaft und Wirtschaft): *D. Claude*, Die byzantinische Stadt im 6. Jh. (München 1969); *G. Downey*, A History of Antioch in Syria from Seleucus to the Arab Conquest (Princeton 1961); *D. J. Constantelos*, Byzantine Philanthropy and Social Welfare (New Brunswick 1968).

Zu 7 (Politische Ideen – Staat und Kirche): *F. Dvornik*, Early Christian and Byzantine Political Philosophy, 2 Bde (Washington 1966); *P. Charanis*, Church and State in the Later Roman Empire. The Religious Policy of Anastasius the First (Thessalonike ²1974); *A. Riou*, Le monde et l'église selon Maxime le confesseur (Paris 1973).

Zu 8 (Mönchtum): *A.-J. Festugière*, Ursprünge christlicher Frömmigkeit: Bildung oder Heiligkeit im Mönchtum des altchristlichen Orient (Basel 1963).

Zu 9 (Liturgie): *H.-J. Schulz*, Die byzantinische Liturgie. Vom Wesen ihrer Symbolgestalt (Freiburg 1964); *J. Darrouzès*, Recherches sur les Offikia de l'église byzantine (Paris 1970); *E. Wellesz*, A History of Byzantine Music and Hymnography (Oxford ²1961); *E. Wellesz – M. Velimitovii*, Studies in Eastern Chant (London 1966ff); *J. Grosdidier de Matons*, Romanos le Mélode et les origines de la poésie religieuse à Byzance (Paris 1975).

Zu 10 a (Literaturgeschichte): *P. Lemerle*, Le premier humanisme byzantin. Notes et remarques sur enseignement et culture à Byzance des origines au Xe siècle (Paris 1971).

Zu 10 c (Kunstgeschichte): *K. Wessel*, Reallexikon der byzantinischen Kunst (Stuttgart 1963ff); *D. T. Rice*, Byzantinische Kunst (München 1964); *J. Beckwith*, The Art of Constantinople (London 1961); *Ch. Delvoye,* L'art byzantin (Paris 1967); *A. Grabar,* Die Kunst im Zeitalter Justinians (München 1967).

Zu 11 (Theologie, Spiritualität): *W. H. C. Frend,* The Rise of the Monophysite Movement (Cambridge 1972); *L. Bouyer,* La spiritualité orthodoxe (Paris 1965); *W. Völker,* Maximus Confessor als Meister des geistlichen Lebens (Wiesbaden 1965); *I. Hausherr,* Études de spiritualité orientale (Rom 1969).

B. Die lateinische Kirche

1. Quellenkunde

Die Handbücher der Patrologie *Altaner-Stuiber*^{7} und *Bardenhewer* Bd V; *M. Manitius,* Geschichte der lateinischen Lit. des Mittelalters I (München 1911); *G. de Ghellinck,* La littérature latine au Moyen Age I (Paris 1939); *P. Courcelle,* Histoire littéraire des grandes invasions (Paris ^{3}1964); *Wattenbach-Levison,* Deutschlands Geschichtsquellen im Mittelalter, Heft 1 (Weimar 1952); *Gebhardt,* Hdb. der deutschen Geschichte, Bd I^{9}, hrsg. von *H. Grundmann* (Stuttgart 1970), mit ergänztem Quellen- und Literaturverzeichnis im Deutschen Taschenbuch Verlag (München 1973); *J. F. Kenney,* The Sources of the Early History of Ireland I: Ecclesiastical (New York 1929, Ndr. mit Nachträgen: Dublin 1966); *K. Hughes,* Early Christian Ireland: Introduction to the Sources (London 1972); Übersichten über die Quellen finden sich auch in den gleich zu nennenden Darstellungen zur Geschichte der Kirche in den einzelnen Ländern.

2. Allgemeine Darstellungen

H. v. Schubert, Geschichte der christlichen Kirche im Frühmittelalter (Tübingen 1921, Ndr. Hildesheim 1962); *L. Duchesne,* L'Église au VIe siècle (Paris 1925); *Fliche-Martin* Bd 4 u. 5 (Paris ^{2}1947/48); *Daniel-Rops,* L'Église des temps barbares (Paris 1950); Le Chiese nei regni dell'Europa occidentale e i loro rapporti con Roma sino all'800 = Settimane di studio del centro italiano di studi sull'Alto Medioevo VII (Spoleto 1960); *R. Lorentz,* Das vierte bis sechste Jh.; *G. Haendler,* Geschichte des Frühmittelalters und der Germanenmission = Die Kirche in ihrer Geschichte, Teil C 1 und E (Göttingen 1970 und 1961); *M. Adriani,* L'Europa cristiana. Dal declino della romanità alle soglie dell'anno mille (Storia del Cristianesimo, Rom 1971).

3. Papsttum

E. Caspar, Geschichte des Papsttums II (Tübingen 1933); *J. Haller,* Das Papsttum I (Stuttgart ^{2}1953); *F. X. Seppelt,* Geschichte der Päpste II (München ^{2}1955); *W. Ullmann,* The Growth of Papal Government in the Middle Ages (London ^{3}1970); *P. Conte,* Chiesa e primato nelle lettere dei Papi del secolo VII (Mailand 1971); *L. Magi,* La Sede Romana nella corrispondenza degli imperatori e patriarchi bizantini, VI–VII sec. (Rom – Löwen 1972); *O. Bertolini,* Roma di fronte al Bisanzio e ai Longobardi (Rom 1941).

4. *Germanenbekehrung und Kirchengeschichte der einzelnen Länder*

W. *Lange*, Texte zur germanischen Bekehrungsgeschichte (Tübingen 1962); *K. D. Schmidt*, Die Bekehrung der Germanen zum Christentum I–II (Göttingen 1939/42); La conversione al cristianesimo nell'Europa del Alto Medioevo = Settimane di studio ... XIV (Spoleto 1967); *A. Hauck*, Kirchengeschichte Deutschlands I (Leipzig 1922, Ndr. Berlin 1954); E. Mâle, La fin du paganisme en Gaule et les plus anciennes basiliques chrétiennes (Paris 1950); *E. de Moreau*, Histoire de l'Église en Belgique I (Brüssel [2]1945); *R. Bauerreiß*, Kirchengeschichte Bayerns (St. Ottilien [2]1958); *R. Pfister*, Kirchengeschichte der Schweiz (Zürich 1964); *Z. García Villada*, Historia eclesiástica de España II: 409–711 (Madrid 1932); *A. K. Ziegler*, Church and State in Visigothic Spain (Washington 1930); *K. Schäferdiek*, Die Kirche in den Reichen der Westgoten und Sueben bis zur Errichtung der katholischen Staatskirche (Berlin 1967); *D. Claude*, Adel, Kirche und Königtum im Westgotenreich (Sigmaringen 1971); *K. Hughes*, The Church in Early Irish Society (London 1966); *L. Hardinge*, The Celtic Church in Britain (London 1972); *J. T. McNeill*, The Celtic Churches. A History, A. D. 200–1200 Chicago-London 1974); *H. Mayr-Harting*, The Coming of Christianity to Anglo-Saxon England (London 1972); *C. J. Godfrey*, The Church in Anglo-Saxon England (Cambridge 1962).

5. *Mönchtum*

Il Monachesimo nell'Alto Medioevo e la formazione della civiltà occidentale = Settimane di studio... IV (Spoleto 1957); *J. Leclercq*, Wissenschaft und Gottverlangen. Zur Mönchstheologie des Mittelalters (Düsseldorf 1963); *G. Penco*, Storia del monachesimo in Italia I (Rom 1961); *Ph. Schmitz*, Geschichte des Benediktinerordens I–II (Einsiedeln 1946/48); *F. Prinz*, Frühes Mönchtum im Frankenreich (4.–8. Jh.; München–Wien 1965); *J. Ryan*, Early Irish Monasticism (Dublin 1931).

6. *Spiritualität*

J. Leclercq et a., La Spiritualité au Moyen Age (Paris 1962); *J. Leclercq*, Aux sources de la spiritualité occidentale (Paris 1964); La Bibbia nell'Alto Medioevo = Settimane di studio X (Spoleto 1963); *F. Graus*, Volk, Herrscher und Heilige im Reich der Merowinger (Prag 1965).

7. *Kirchenrecht*

C. de Clercq, La législation religieuse franque de Clovis à Charlemagne, 507–814, 2 Bde (Löwen 1936/58); *H. E. Feine*, Kirchliche Rechtsgeschichte, I: Die Katholische Kirche (Weimar [5]1972); *A. W. Ziegler*, Religion, Kirche und Staat in Geschichte und Gegenwart, I: Geschichte (München 1969); *E. Lesne*, La propriété ecclésiastique en France aux époques romaine et mérovingienne (Paris 1910); *S. Mochi Onory*, Vescovi e città (sec. IV–VI; Bologna 1933); *G. Vismara*, Audientia episcopalis (Mailand 1937); *F. Lot – R. Fawtier*, Histoire des institutions françaises au Moyen Age, III: Institutions ecclésiastiques (Paris 1962).

8. *Spezialzeitschriften*

Frühmittelalterliche Forschungen (Berlin 1967 ff); Revue d'histoire de l'Église de France (Paris 1910 ff); Rivista di storia della Chiesa in Italia (Rom 1947 ff); Hispania Sacra (Madrid 1948 ff); Anglo-Saxon England (Cambridge 1972 ff).

II. Profangeschichtlicher Hintergrund

1. Allgemeine Darstellungen

M. *Deanesly*, A History of Early Medieval Europe (London 1956); *J. M. Wallace-Hadrill*, The Barbarian West (London ²1957); Caratteri del secolo VII in occidente = Settimane di studio V (Spoleto 1958); *R. S. López*, La naissance de l'Europe (Paris 1962); Il passaggio dall'antichità al Medioevo = Settimane di studio IX (Spoleto 1962); *H. Dannenbauer*, Die Entstehung Europas, II: Die Anfänge der abendländischen Welt (Stuttgart 1962); Propyläen-Weltgeschichte, V: Islam; Die Entstehung Europas (Frankfurt – Wien 1963); *K. F. Stroheker*, Germanentum und Spätantike (Zürich – Stuttgart 1965); *P. E. Hübinger*, Kulturbruch oder Kulturkontinuität im Übergang von der Antike zum Mittelalter = Wege der Forschung 201 (Darmstadt 1968); *F. G. Maier*, Die Verwandlung der Mittelmeerwelt = Fischers Weltgeschichte 9 (Hamburg 1968); *J. Dhondt* (Hrsg.), Das frühe Mittelalter = Fischers Weltgeschichte 10 (Hamburg 1968); *K. Bosl – A. Gieysztor* u. a., Eastern and Western Europe in the Middle Ages (London 1970); *R. Folz, A. Guillou* u. a., De l'antiquité au monde médiéval (Paris 1972); *Th. Schieder* (Hrsg.), Hdb. der Europäischen Geschichte, I: Europa im Wandel von der Antike zum Mittelalter (Stuttgart 1975).

2. Völkerwanderung

J. Fischer, Die Völkerwanderung im Urteil der zeitgenössischen kirchlichen Schriftsteller (Heidelberg 1948); *F. Behn*, Römertum und Völkerwanderung (Stuttgart 1963); *L. Musset*, Les Invasions. Les vagues germaniques: Nouvelle Clio 12 (Paris 1965); *O. Bertolini*, I Germani – Migrazioni e regni nell'Occidente già romano (Mailand 1965); *L. Schmidt*, Die Ostgermanen (München ²1941, Ndr. 1969); *L. Schmidt*, Geschichte der Vandalen (München ²1942); *C. Courtois*, Les Vandales et l'Afrique (Paris 1955); *H.-J. Diesner*, Das Vandalenreich (Stuttgart 1966); *E. Pontieri*, Le invasioni barbariche e l'Italia del V e VI secolo (Neapel 1960); I Goti in Occidente = Settimane di studio III (Spoleto 1956); *P. Scardiglia*, Die Goten. Sprache und Kultur (München 1973); *G. Pepe*, Il medioevo barbarico d'Italia (Turin 1963); *G. P. Bognetti*, Italia Longobarda I–IV (Mailand 1966/68); Atti del Convegno internazionale sul tema: La civiltà dei Longobardi in Europa (Rom 1974); *O. Perrin*, Les Burgondes. Leur histoire des origines à la fin du premier Royaume, 534 (Neuenburg 1968); Études mérovingiennes (Paris 1953); *J. M. Wallace-Hadrill*, The Longhaired Kings (London 1962); *C. Lelong*, La vie quotidienne en Gaule à l'époque mérovingienne (Paris 1963); *G. Tessier*, Le Baptême de Clovis (Paris 1964); *F. Lot*, Naissance de la France (Paris ²1970); *G. Duby* et a. Histoire de la France, I: Naissance d'une Nation (Paris 1970); *E. Zöllner*, Geschichte der Franken (München 1970); *G. Faider-Feytmans*, La Belgique à l'époque mérovingienne (Brüssel 1964); *R. Menéndez-Pidal* (Hrsg.), Historia de España III (Madrid 1939, Ndr. 1957); *D. Claude*, Geschichte der Westgoten (Stuttgart 1970); *M. Dillon – N. K. Chadwick*, The Celtic Realms (London 1957); *F. M. Stenton*, Anglo-Saxon England (Oxford ³1971); *J. Morris*, The Age of Arthur. A History of the British Iles from 350–650 (London 1973).

3. Kultur- und Geistesgeschichte

M. L. W. Laistner, Thought and Letters in Western Europe A. D. 500–900 (London ²1957); *P. Brezzi*, L'urto delle civiltà nell'alto medioevo (Rom 1971); *P. Riché*, Éducation et culture dans l'Occident barbare. 6ᵉ–8ᵉ siècle (Paris ³1973); *E. I. Raby*, A History of Secular Latin

Poetry in the Middle Ages, 2 Bde (Oxford ²1957); *J. Fontaine*, Isidore de Séville et la culture classique dans l'Espagne wisigothique, 2 Bde (Paris 1959); *E. Salin*, La civilisation mérovingienne, 4 Bde (Paris 1949/59); La Scuola nell'Occidente latino dell'Alto Medioevo = Settimane di Studio XIX (Spoleto 1972); *J. Paul*, Histoire intellectuelle de l'Occident médiéval (Paris 1973).

4. *Kunstgeschichte*

A. Grabar – C. Nordenfolk, Le haut Moyen-Age du IVe au XIe siècle (Genf 1957); *J. Hubert – J. Porcher – W. F. Vollbach*, L'Europe des Invasions (Paris 1967); *P. Verzone*, Werdendes Abendland, 425–800 = Kunst der Welt (Baden-Baden 1967); *J. Beckwith*, Die Kunst des frühen Mittelalters (München 1967).

5. *Wirtschafts- und Sozialgeschichte*

R. Doehard, Le Haut Moyen-Age occidental. Économies et sociétés: Nouvelle Clio 14 (Paris 1971); *A. Dopsch*, Wirtschaftliche und soziale Grundlagen der europäischen Kulturentwicklung aus der Zeit von Caesar bis auf Karl d. Gr., 2 Bde (Wien ²1923/24); *S. Dill*, Roman Society in Gaul in the Merovingian Age (London 1926, Ndr. 1967); *E. Ennen*, Frühgeschichte der europäischen Stadt (Bonn 1953); *J. P. Bodmer*, Der Krieger der Merowingerzeit und seine Welt (Zürich 1957); *R. Latouche*, Les Origines de l'Économie occidentale (Paris ²1970); Moneta e Scambi nell'Alto Medioevo = Settimane di studio VIII (Spoleto 1961); *R. Fossier*, Histoire sociale de l'Occident médiéval (Paris 1970); *F. Fourquin*, Histoire économique de l'Occident médiéval (Paris ²1971); *C. M. Cipolla*, The Fontana Economic History, I: The Middle Ages (London 1972); *C. Verlinden*, L'Esclavage dans l'Europe médiévale I (Brügge 1955).

NACHTRÄGE ZUR BIBLIOGRAPHIE

A. Die frühbyzantinische Kirche

von Hans-Georg Beck und Hermann Josef Vogt

E. Alföldi-Rosenbaum – J. Ward-Perkins, Justinianic mosaic pavements in Cyrenaican churches (1981); *P. Allen*, Neo-Chalcedonism and the patriarchs of the late sixth century: Byz(B) 50 (1980) 5-17; *G. G. Archi* (Ed.), L'imperatore Giustiniano. Storia e Mito (Mailand 1978); *J. Aßfalg – P. Krüger*, Kleines Wörterbuch des christlichen Orients (Wiesbaden 1975); *H.-G. Beck*, Geschichte der orthodoxen Kirche im byzantinischen Reich (Göttingen 1980); *S. Brock*, The Conversations with the Syrian Orthodox under Justinian: OrChrP 47 (1981) 87–121; *A. Cameron*, The early religious policies of Justin II, in: The orthodox churches and the west (Oxford 1976) 51–67; *C. Capizzi*, L'imperatore Anastasio I (Rom 1969); *S. Chauleur*, Histoire des Coptes d'Egypte (Paris 1960); *G. Cuscito*, Aquileia e Bisanzio nella Controversia dei Tre Capitoli, in: Aquileia e l'Oriente mediterraneo (Udine 1977) 231–262; *B. Daley*, The Origenism of Leontius of Byzantium: JThS 27 (1976) 333–369; *A. M. Demicheli*, I regni cristiani di Nubia e i loro rapporti col Mondo bizantino: Aegyptus 58 (1978) 177–208; *ders.*, La politica religiosa di Giustiniano in Egitto: Aegyptus 63 (1983) 217–257; *R. Devreesse*, Le patriarcat d'Antioche depuis la paix de l'église jusqu'à la conquête arabe (Paris 1945); *G. Descoeudres*, Die Pastophorien im syro-byzantinischen Osten. Eine Untersuchung zu architektur- und liturgiegeschichtlichen Problemen (Wiesbaden 1983); *I. Engelhardt*, Mission und Politik in Byzanz ... zur Zeit Justins und Justinians (München 1974); *A. W. Epstein*, The Problem of Provincialism: Byzantine Monasteries in Cappadocia and Monks in South Italy: JWCI 42 (1979) 28–46; *D. B. Evans*, Leontius of Byzantium and Dionysius the Areopagite: Byz.Studies 7 (1980) 1–34; *P. T. R. Gray*, The Defense of Chalcedon in the East (451–553) (Leiden 1979); *ders.*, Neo-Chalcedonism and the tradition from patristic to byzantine theology: Byz. Forschungen 8 (1982) 61–70; *A. Grillmeier*, Markos Eremites und der Origenismus, in: Überlieferungsgeschichtliche Untersuchungen (TU 125) (Berlin 1981) 253–283; *W. Hage*, Die oströmische Staatskirche und die

Christenheit des Perserreiches: ZKG 84 (1973) 174–187; *R. v. Haehling*, Heiden im griechischen Osten des 5. Jahrhunderts nach Christus: RQ 77 (1982) 52–85; *E. R. Hardy*, Christian Egypt: Church and People (New York 1952); *F. Heinzer*, Die leidende Menschheit Christi als Quelle des Heiles nach Maximus Confessor in: Christusglaube und Christusverehrung, hrsg. v. L. Scheffczyk – J. Auer u. a. (Aschaffenburg 1982) 55–79; *F. Heyer*, Konfessionskunde (Berlin 1977); *ders.* (Hrsg.), Die Kirche Armeniens (Stuttgart 1978); *R. L. Hohlfelder*, City, town and countryside in the early Byzantine era (New York 1982); *Johannes von Damaskos*, Philosophische Kapitel. Eingel., übers. ... v. G. Richter (Stuttgart 1982); *R. Kaczynski*, Das Wort Gottes in Liturgie und Alltag der Gemeinde des Johannes Chrysostomus (Freiburg 1974); *R. Kasser*, Aux origines du monachisme copte. Fouilles ... aux Kellia (Basse-Egypte): Bull.Soc. d'Egyptol. de Genève 3 (1980) 53–112; *P. Kawerau*, Ostkirchengeschichte. Bd. II: Das Christentum im oströmisch-byzantinischen Reich bis zur osmanisch-türkischen Eroberung Konstantinopels (Louvain 1982); *A. Kazhdan – G. Constable*, People and Power in Byzantium: an introduction to modern byzantine studies (Washington 1982); *F.-M. Lèthel*, La prière de Jésus à Gethsémani dans la controverse monothélite, in: Maximos Confessor. Actes du Symposium Fribourg 1982, 207–214; *S. N. C. Lieu*, The Lives of the Desert Fathers. The Historia Monachorum in Aegyptho (London 1981); *F. von Lilienfeld*, Spiritualität des frühen Wüstenmönchtums (Aufsätze 1962 – 1971) (Erlangen 1983); *A. Louth*, The Origins of the Mystical Tradition from Plato to Denys (Oxford 1981); *W. St. MacCullough*, A short history of Syriac Christianity to the rise of Islam (Ohio, CA 1982); *J. A. McGuckin*, The ‚Theopaschite Confession' (Text and Historical Context). A Study in the Cyrilline Re-Interpretation of Chalcedon: JHE (1984) 239 ff; *H. Maguire*, Art and eloquence in Byzantium (Princeton 1981); *C. Mango*, Byzantium. The empire of New Rome (London 1980); *J. Mécérian*, Histoire et institutions de l'église arménienne (Beirut 1965); *U. Monneret de Villard*, Le chiese della Mesopotamia (Rom 1961); *F. Murphy – P. Sherwood*, Constantinople II et Constantinople III (Paris 1974); *M. Nicol*, Church and society in the last centuries of Byzantium (London 1980); *W. Ohnsorge*, Ost-Rom und der Westen. Gesammelte Aufsätze (Darmstadt 1983); *L. Ouspensky*, La théologie de l'icône dans l'église orthodoxe (1980); *L. Perrone*, La chiesa di Palestina e le controversie cristologiche dal concilio di Efeso al secondo concilio di Costantinopoli (Brescia 1980); *P. Piret*, Le Christ et la Trinité selon Maxime Confesseur (Paris 1983); *R. Riedinger*, Concilium Lateranense a. 649 celebratum (ACO II, 1) (Berlin 1984); *M. Roncaglia*, Histoire de l'église copte, 1–4 (Beirut 1966–1973); *W. Selb*, Orientalisches Kirchenrecht, Bd I: Die Geschichte des Kirchenrechts der Nestorianer von den Anfängen bis zur Mongolenzeit (Wien 1981); *I. Shahid*, The conference of Ramla A.D. 524: JNES 23 (1964) 115–131; *ders.*, Byzantium in the South Arabia: DOP 33 (1979) 23–94; *P. van de Ven*, L'accession de Jean Scholastique au siège patriarcal de Constantinople en 565: Byz(B) 35 (1965) 320–352; *A. R. Vine*, The Nestorian churches (London 1937); *W. de Vries*, Entstehung und Entwicklung der autonomen Ostkirchen im ersten Jahrtausend: Kanon 4 (1980) 45–67; *G. Wagner*, Der Ursprung der Chrysostomusliturgie (Münster 1973); *F. Winkelmann*, Kirche und Gesellschaft in Byzanz vom Ende des 6. bis zum Beginn des 8. Jahrhunderts: Klio 59 (1977) 477–489; *G. Winkler*, Das armenische Initiationsrituale ... Untersuchungen der Quellen des 3. bis 10. Jahrhunderts (Rom 1982); *K. Weitzmann*, The monastery of Saint Catherine at Mount Sinai. The icons. Vol. 1: From the 6th to the 10th century (Princeton ²1981).

B. Die lateinische Kirche

von Hermann Josef Vogt

M. Baltes, Gott, Welt, Mensch in der Consolatio Philosophiae des Boethius: VigChr 34 (1980) 313–390; *R. L. Benson*, The Gelasian Doctrine: Uses and Transformations, in: La notion d'Autorité au Moyen Age (Paris 1982) 13–44; *M. Borgolte*, Papst Leo III., Karl der Große und der Filioque-Streit von Jerusalem: Byzantina 10 (1980) 401–427; *P. Brown*, The cult of the saints. Its rise and function in Latin christianity (Chicago 1981); *T. S. Brown*, The Church of Ravenna and the Imperial Administration in the Seventh Century: EHR 94 (1979) 1–28; *J. P. Bruns*, Augustine's role in the imperial action against Pelagius: JThS 30 (1979) 67–83; *H. B. Clarke – M. Brennan* (Hrsg.), Columbanus and Merovingian monasticism (Oxford 1981); *E. Dekkers*, „Discreto“ chez saint Benoît et saint Grégoire: CCist 46 (1984) 79–88; *H. J. Diesner*, Isidor von

Sevilla und das westgotische Spanien (Berlin 1977); *A. Dihle*, Zur spätantiken Kultfrömmigkeit, in: Pietas (FS B. Kötting): JAC.E 8 (1980) 39–54; *M. Doucet*, La Vierge Mère de Dieu dans la théologie de saint Grégoire le Grand: BLE 84 (1983) 163–177; *ders.*, Est-ce que le monothélétisme a fait autant d'illustres victimes? ScEs 35 (1983) 53–84; *J. Eisengarthen*, Die formale und künstlerische Entwicklung des liturgischen Gewandes seit den Anfängen: Das Münster 32 (1979) 117–125; *G. Every*, Was Vigilius a victim or an ally of Justinian? HeyJ 20 (1979) 257–266; *J. Fontaine*, Pénitence publique et conversion personnelle: l'apport d'Isidore de Séville a l'évolution médiévale de la pénitence: RDC 28 (1978) 141–156; *ders.*, Bible et Hagiographie dans le royaume franc mérovingien (600–750): AnBoll 97 (1979) 387–396; *ders.*, Poésie et liturgie. Sur la symbolique christique des luminaires, de Prudence à Isidore de Séville, in: Paradoxos politeia (FS G. Lazzati) (Milano 1979) 318–346; *Ch. A. Frazee*, Late Roman and Byzantine Legislation on the Monastic Life from the Fourth to the Eighth Centuries: ChH 51 (1982) 263–279; *W. H. C. Frend*, Eastern attitudes to Rome during the Acacian schism: StChH 13 (1976) 69–82; *ders.*, The Monophysites and the Transition between the Ancient World and the Middle Ages, in: Conv.Int. „Passaggio dal mondo antico al medioevo da Teodosio a San Gregorio Magno" (Atti Conv. Lincei 45) (Rom 1980) 339–365; *M. Gibson* (Ed.), Boethius. His life, writings and influence (1981); *A. Gauthier*, L'utilisation du droit romain dans la Lettre de Grégoire le Grand à Jean le Défenseur: Angelicum 54 (1977) 417–428; *N. Gauthier*, L'évangélisation des pays de la Moselle (IIIe–VIIIe siècles) (1980); *A. Gough*, The Roman Liturgy, Gregorian Plain-chant and the Gallican Church: JRH 11 (1981) 536–557; *Gregor d. Gr.*, Homilien zu Ezechiel übertr. u. eingel. v. G. Bürke (Einsiedeln 1983); *G. Händler*, Die abendländische Kirche im Zeitalter der Völkerwanderung (Berlin [2]1983); *R. P. C. Hanson* (Hrsg.), The life and writings of the historical Saint Patrick (New York 1983); *M. Heinzelmann*, Translationsberichte und andere Quellen des Reliquienkultes (Turnhout 1979); *B. Jaspert*, Bibliographie der Regula Benedicti 1930–1980 (Hildesheim 1983); *H. Löwe*, (Hrsg.), Die Iren und Europa im frühen Mittelalter, 2 Bde (Stuttgart 1982); *M. Lutz-Bachmann*, „Natur" und „Person" in den „opuscula Sacra" des A. M. S. Boethius: ThPh 58 (1983) 48–70; *J. M. McCulloh*, From Antiquity to the Middle Ages: Continuity and Change in Papal Relic Policy from the 6th to the 8th Century, in Pietas (FS B. Kötting): JAC.E 8 (1980) 313–324; *K. N. MacFarlane*, Isidore of Seville on the pagan gods. Origines 8, 11 (Philadelphia 1980); *J. J. O'Donnell*, Cassiodorus (Berkeley 1979); *M. Reydellet*, La royauté dans la littérature latine de Sidoine Apollinarie à Isidore de Sévilla (1981); *J. Richards*, Gregor der Große. Sein Leben – seine Zeit (1983); *K. Schäferdieck*, Der irische Osterzyklus des sechsten und siebten Jahrhunderts: DA 39 (1983) 356–378; *R. Schieffer*, Zur Beurteilung des norditalienischen Dreikapitel-Schismas: ZKG 87 (1976) 167–201; *ders.*, Kaisergesetze in Konzilsakten; in: FS J. Straub (Bonn 1977) 307–318; *R. Schlieben*, Cassiodors Psalmenexegese (Göppingen 1979); *H. Schlunk – T. Hauschild*, Die Denkmäler der frühchristlichen und westgotischen Zeit (Mainz 1978); *B. Schultze*, Zum Ursprung des Filioque: Das Filioque und der römische Primat: OrChrP 48 (1982) 5–18; *G. Schwaiger*, Die Honoriusfrage. Zu einer neuen Untersuchung des alten Falles: ZKG 88 (1977) 85–97; *H. Schwöbel*, Synode und König im Westgotenreich) (Köln-Wien 1982); *E. von Severus*, Gemeinde für die Kirche (Aufsätze zu Benedikt von Nursia) (1981); *D. Sicard*, La liturgie de la mort dans l'église latine des origines à la réforme carolingienne (LWQF 63) (Münster 1978); *M. Simonetti*, Haereticum non facit ignorantia. Una nota su Facondo di Ermiane e la sua difesa dei Tre Capitoli: Orpheus NS 1 (1980) 76–105; *ders.*, La Disputatio contra Acephalos del diacono Rustico: Augustinianum 21 (1981) 259–289; *J. Streit*, Sun and cross. The development from megalithic culture to early Christianity in Ireland (1984); *P. Stockmeier*, Aspekte zur Ausbildung des Klerus in der Spätantike: MThZ 27 (1976) 217–232; *M. Tremesu*, Le célibat consacré, son origine historique, sa justification doctrinale (Paris 1979); *W. Ullmann*, Gelasius I. (492–496): Das Papsttum an der Wende der Spätantike zum Mittelalter (Päpste und Papsttum 18) (Stuttgart 1981); *C. J. de Vogel*, Greek cosmic love and the Christian love of God. Boethius, Dionysius the Areopagite, and the author of the fourth Gospel: VigChr 35 (1981) 57–81; *A. de Vogüé*, Die Regula Benedicti: theol.-spiritueller Kommentar (Hildesheim 1983); *L. Waldmüller*, Die ersten Begegnungen der Slawen mit dem Christentum und den christlichen Völkern vom VI. bis VIII. Jahrhundert (Amsterdam 1976); *G. G. Willis*, The Roman Canon of the Mass at the end of the sixth Century: Downside Review 98 (1980) 124–137; *I. N. Wood*, Early Merovingian devotion in town and country: StChH 16 (1979) 61–76.

ERSTER TEIL

Die frühbyzantinische Kirche

Univ.-Professor Dr. Hans-Georg Beck, München

Vorbemerkung

Der Verfasser hat seinen Beitrag im Juni 1969 abgeschlossen. Aus Gründen, die im Vorwort zur Sprache kommen, hat sich die Veröffentlichung um sechs Jahre verzögert. Inzwischen erschienene wichtigere Literatur konnte noch nachgetragen werden. Dagegen haben sich Veränderungen im Text auf ein Minimum beschränkt.

1. *Kapitel*

Henotikon und Akakianisches Schisma

QUELLEN: Acta conciliorum oecumenicorum, ed. *E. Schwartz*, II, 5 Collectio Sangermanensis 1936; *E. Schwartz*, Publizistische Sammlungen zum akakianischen Schisma: AAM NF 10 (1934); *ders.*, Der Codex Vaticanus graecus 1431, eine antichalkedonische Sammlung aus der Zeit Kaiser Zenos: AAM 32, 6 (1927); Collectio Avellana = Epistulae Imperatorum, Pontificum, aliorum inde ab anno 367 usque ad annum 553 datae (Avellana Collectio), ed. O. *Günther* (Wien 1895/98).
LITERATUR: *F. Hofmann*, Der Kampf der Päpste um Konzil und Dogma von Chalkedon von Leo dem Großen bis Hormisdas (451–519): Chalkedon II (1953) 13–94; *R. Haacke*, Die kaiserliche Politik in den Auseinandersetzungen im Chalkedon (451–553): ebd. 95–177; *S. Helmer*, Der Neuchalkedonismus (Bonn 1962); *I. E. Anastasiou*, Relation of Popes and Patriarchs of Constantinople in Frame of Imperial Policy from the Time of the Acacian Schism to the Death of Justinian: I patriarcati orientali nel primo millennio (Rom 1968) 55–69; *P. Charanis*, Church and State in the Later Roman Empire. The religious policy of Anastasius the First (Thessalonike 1974).

Die große Kirchenversammlung von Chalkedon brachte trotz des Rufes der Konzilsväter „Wir sind einig, es gibt nur einen Glauben" keinen Frieden. Am 31. Oktober 451 hatte die Synode ohne Zustimmung der Legaten des Papstes jenen berühmten Kanon 28 verabschiedet, der den Primat des Erzstuhles von Konstantinopel nach dem Vorgang des I. Constantinopolitanums weiter verfestigte und damit Rom, allerdings nicht Rom allein, zutiefst verstimmte. Es war aber auch nicht zu erwarten, daß die dogmatischen Entscheidungen des Konzils überall bereitwillig hingenommen würden, und das Schicksal des II. Ephesinums von 449 hatte bewiesen, daß auch Reichssynoden nicht wertbeständig zu sein brauchten. Zwar hatten sich die Väter von Chalkedon bemüht, in ihrer Glaubensentscheidung Kyrillos von Alexandreia lobend zu erwähnen, hatten aber keinen Versuch gemacht, die berühmte Formel Kyrills μία φύσις τοῦ θεοῦ λόγου σεσαρκωμένη mit ihrer eigenen Formel ἐν δύο φύσεσι ἓν πρόσωπον καὶ μία ὑπόστασις zu harmonisieren. Sie fixierten vielmehr mit ihrer Definition eine begriffliche Entwicklung, die dem damaligen Stand des theologischen Bewußtseins vieler Bischöfe des Ostens vorauseilte und den Widerstand derer hervorrufen mußte, denen Tradition mehr am Herzen lag als Präzision. Es war nicht zu erwarten, daß sich die geschichtsbewußten Ägypter die einschlußweise Abkehr von der kyrillischen Theologie gefallen lassen würden. Außerdem hatte es die Synode gewagt, den Patriarchen Dioskoros, den Nachfolger Kyrills, abzusetzen und Theodoretos von Kyros, die bête noire der Alexandriner, zu rehabilitieren.

Trotz eines diplomatischen Schreibens der Konzilsväter an den Papst, besonders in Sachen des Kanons 28, argumentierte Leo der Große, der Kanon beeinträchtige die Rechte Alexandreias und Antiocheias, versuchte also, die östlichen Patriarchate zu mobilisieren[1]. Damit hatte er freilich keinen Erfolg: die beiden Hochsitze gedachten ihre Ansprüche ohne Hilfe Roms durchzusetzen. So mußte sich der Papst in seiner Polemik hauptsächlich an den Patriarchen von Konstantinopel, Anatolios (451–458), halten, der seine ganze Härte zu spüren bekam, während der Kaiser mehr als schonend behandelt wurde.

Über all diesen Rangfragen unterließ es der Papst allzulange, sich offiziell und nachdrücklich für die theologischen Entscheidungen von Chalkedon einzusetzen. Erst am 21. März 453 konnte er sich auf Drängen des Kaisers dazu entschließen[2]. Und als dann bald darauf Anatolios sich zu einem allgemein gehaltenen Schreiben verstand, das Entschuldigungen und Bedauern aussprach[3], mußte Leo auch diese Angelegenheit als bereinigt ansehen – jedenfalls kam er nicht mehr energisch darauf zurück. Der Zeitverlust freilich ließ sich nicht mehr aufholen. Wenn die Anerkennung des „Tomus Leonis" auf dem Konzil einen Höhepunkt des päpstlichen Einflusses auf die Theologie des Ostens bedeutet hatte, so folgte nun rasch eine Abkühlung der Beziehungen, von der sich die Ost-West-Beziehungen nicht mehr erholten. Vor allem zerriß das alte Band zwischen Alexandreia und Rom, das noch die ephesinische Konzilspolitik ermöglicht hatte. Die letzten Jahre des Papstes sahen zwar nicht den Zusammenbruch seines Werkes im Osten, aber nachdem man in einem entscheidenden Augenblick seiner Autorität Rechnung getragen hatte, versuchte man nun, ohne Rom fertig zu werden.

Das Schicksal Chalkedons entschied sich im Prinzip in Ägypten. Die ägyptischen Bischöfe hatten sich aus Furcht vor dem abgesetzten Patriarchen Dioskoros geweigert, den „Tomus Leonis" anzunehmen. Dioskoros lebte in der Verbannung. Nun mußten sich die Orthodoxen um einen Nachfolger für ihn bemühen, der geeignet war, die aufgeregten Ägypter, die in ihrem Patriarchen ja auch den anerkannten „nationalen" Führer sahen, zu beruhigen. So wurde ein ehemaliger Vertrauter des Dioskoros, der Erzpriester Proterios, zu seinem Nachfolger bestimmt, ohne daß man freilich mehr als vier Bischöfe für ihn gewinnen konnte. Diese Wahl hatte eine Revolte des Volkes zur Folge: die Soldaten, die Ordnung schaffen sollten, wurden zurückgeschlagen und im Serapeum verbrannt. Ohne neue Truppen aus Konstantinopel gab es keine Hoffnung auf Ruhe. 454 starb Dioskoros und 457 der Kaiser Markian, dem Chalkedon zur Herzenssache geworden war. Wiederum brach ein Aufstand in Alexandreia aus, und der führende Mann der Anhänger des Dioskoros, der Priester Timotheos Ailuros, wurde am 16. März 457 von den Antichalkedoniern zu ihrem Patriarchen geweiht. Der kaiserliche Gouverneur ließ ihn zwar umgehend verhaften,

[1] In Schreiben vom 22. 5. 452 an Markian, Pulcheria und Anatolios.
[2] Ep. 114: PL 54, 1017–20 und ACO II 1, 2, 61.
[3] Im Corpus der Leo-Briefe n. 132: PL 54, 1082–84.

aber die Erregung im Volk war so groß, daß die Maßnahme wieder rückgängig gemacht werden mußte. Trotzdem war die Aufstandsbewegung nicht mehr einzudämmen, und einige Tage später wurde der orthodoxe Patriarch Proterios während des Gottesdienstes ermordet. Da der neue Kaiser Leon I. (457–471)[4] die Zügel in Ägypten zunächst schleifen ließ, konnte sich Timotheos Ailuros durchsetzen. Es gelang ihm, die Bischofsstühle im Land mit seinen Anhängern zu besetzen, und eine Synode in Alexandreia bannte den Papst und die Patriarchen von Konstantinopel und Antiocheia. Der alexandrinische Papst provozierte machtbewußt das Schisma, und alle Beschwerden, die gegen ihn in Konstantinopel einliefen, vermochten nichts dagegen. Einzig die Bestrafung der Mörder des Proterios konnte erreicht werden. Das Vorgehen des Timotheos Ailuros hatte wohl überhaupt wenig mit dogmatischen Fragen zu tun. Der Bann gegen Rom, Konstantinopel und Antiocheia sollte wohl die Nichtberücksichtigung der Formulierungen Kyrills durch Chalkedon rächen, in erster Linie aber die Absetzung des Dioskoros, seines Vorgängers. Und die neue Position, die Konstantinopel in der Gesamtkirche nun anzutreten gewillt war – eine Position, die bisher im Osten Alexandreia innegehabt hatte –, war sicher mitgemeint. Wenn sich der übrige Osten mit Chalkedon zum Teil abfand, so war dies wohl weniger Zeichen echter Überzeugung als eine gewisse Ermüdungserscheinung. Anatolios war kein überzeugter Verfechter der dogmatischen Entscheidung von 451, aber ihm mußte am Konzil liegen, weil ihm am Kanon 28 lag, dessen Nutznießer er war. Hauptherd der Opposition neben Ägypten waren Mönchskreise in Palästina, denen das ständige Taktieren ihres Patriarchen Juvenalios, dessen erstes Interesse auf allen Kirchenversammlungen die Selbständigkeit seines Patriarchates war, einigen Anlaß zur Unzufriedenheit bot. Jetzt warfen ihm die Mönche Verrat an der Theologie Kyrills vor. Sie fanden in der Kaiserin Eudokia[5], der Witwe des Kaisers Theodosios II., die in Jerusalem residierte und intrigierte, die nötige, auch finanzielle Unterstützung. Ihrem Einfluß war es zu verdanken, daß es im Umkreis der Heiligen Stadt bald kein Kloster mehr gab, das Juvenalios die Treue gehalten hätte. Unter der Führung eines Mönches Theodosios stellte man den Patriarchen bei seiner Rückkehr vor die Alternative, Chalkedon zu verwerfen oder abzudanken. Juvenalios floh, Haufen von Mönchen wüteten in Jerusalem, Bischöfe wurden ermordet, vakante Sitze allüberall mit Anhängern dieses Theodosios besetzt. Erst militärische Einheiten, die den Mönchen eine regelrechte Schlacht lieferten, konnten Jerusalem entsetzen und die Ruhe wiederherstellen. Die Führer dieser Mönchsrevolte flohen, doch Eudokia hielt ihre Stellung.

Kaiser Leon I. war ein Militär, der religiösen Fragen fernstand; er hatte genug damit zu tun, sich mit seinem „Protektor“, dem mächtigen Aspar, auseinanderzusetzen, und brachte für Chalkedon nur einen Teil jener Aufmerksamkeit auf, die ihm sein Vorgänger gewidmet hatte. An ihn glaubte Timotheos Ailuros das

[4] Zu Leon I. vgl. W. *Enßlin:* Pauly-Wissowa s. v. XII 2, 1947–61.

[5] *H. G. Beck*, Eudokia: RAC s. v.

Ansinnen stellen zu können, durch ein neues Konzil die Beschlüsse von Chalkedon überprüfen zu lassen. Damit hatte er freilich keinen Erfolg. Immerhin ließ der Kaiser eine Untersuchung anstellen, die klären sollte, wie man sich zur Anerkennung des Timotheos Ailuros als legitimen Patriarchen von Alexandreia stelle und ob die Beschlüsse von Chalkedon aufrechterhalten werden sollten. Die Antwortschreiben aus den meisten Kirchenprovinzen des Ostreiches sprechen sich einhellig gegen die Anerkennung des Timotheos aus, und nur eine Stimme lehnt das Konzil ab[6]. Interessant wäre die Antwort aus den Provinzen, von denen die Schreiben nicht erhalten geblieben sind. Vielleicht waren darunter mehr negative als positive, was das Konzil angeht. Jedenfalls vertrat Leon, wahrscheinlich gedrängt durch Aspar, noch geraume Zeit eine hinhaltende Politik, obwohl der Papst alles tat, ihn zum Einschreiten gegen Timotheos zu drängen. Erst 460 schickte der Kaiser den Alexandriner in die Verbannung nach Paphlagonien und schließlich auf die Krim. Timotheos Salofakiolos wurde Patriarch, dem es aber nicht gelang, in Ägypten die kirchliche Einheit herzustellen.

Als Kaiser Leon I. im Jahre 474 starb, ließ sich der Isaurier Zenon, den Leon schließlich gegen den präpotenten Aspar ausgespielt hatte, von der Kaiserin Verina und ihrem minderjährigen Sohn Leon II. zum Augustus erheben. Er hatte wahrscheinlich an Theologie noch weniger Interesse als sein Vorgänger; aber schon als Magister militum per orientem war er der Persönlichkeit eines Presbyters Petros, genannt der Walker (Γναφεύς-Fullo)[7], erlegen, der sich, gestützt auf die Macht des Magisters, von einer Synode die Wahl zum Patriarchen von Antiocheia erzwang, und zwar wider alles kanonische Recht. Kaiser Leon ließ ihn zwar bald verhaften und nach Ägypten deportieren; aber Petros gelang die Flucht nach Konstantinopel, und da er versprach, Ruhe zu geben, wurde er den superorthodoxen Akoimeten-Mönchen in der Nähe Konstantinopels anvertraut. Zenon, auch als Augustus Halbbarbar geblieben, verstand es nicht, sich beliebt zu machen. Schon 475 mußte er einer Verschwörung weichen, und Basiliskos, einem Bruder Verinas, gelang der Griff nach der Krone – mit nicht mehr Glück als Zenon. Er glaubte Verina abschieben zu können und isolierte sich damit gegenüber beiden Parteien. Vielleicht war er der Ansicht, sich eine feste Anhängerschaft bilden zu können, wenn er den Antichalkedoniern entgegenkäme. Jedenfalls erließ er ohne synodale Beratung ein „Enkyklion"[8], in dem er anordnete, man habe sich mit dem nizänischen Glaubensbekenntnis und seiner Bestätigung durch das I. Constantinopolitanum und das Ephesinum zu begnügen. Der Tomus Leonis und der Horos von Chalkedon werden mit dem

[6] Die Antworten sind im sog. Codex Encyclius gesammelt; siehe ACO II 5, S. 24–98; *Th. Schnitzler*, Zum Kampf um Chalcedon. Geschichte und Inhalt des Codex Encyclius von 584 (Rom 1938).

[7] *U. Riedinger:* LThK² s. v. VIII 384. *E. Schwartz*, Publizistische Sammlungen 182ff.

[8] Text bei Evagrius HE III 4, 101–104; etwas abweichend nach Vat. gr. 1431 ed. *E. Schwartz*, Codex Vaticanus gr. 1431, eine antichalkedonische Sammlung aus der Zeit Kaiser Zenons: AAM 32, 6 (München 1927) 49ff.

Anathem belegt, und wer sich diesem Anathem nicht fügte, sollte, wenn Kleriker, abgesetzt, wenn Mönch oder Laie, verbannt werden. Eine Neuerung in Glaubenssachen oder gar ein monophysitisches Schriftstück ist das Enkyklion keinesfalls. Die kurzen Erläuterungen des Glaubens, die es bietet, sind orthodox, nur eben auf dem Stand der Zeit vor dem Chalcedonense: die Taktik des Zurückschraubens in der Terminologie. Das Dekret ermöglichte es Timotheos Ailuros, nach Ägypten zurückzukehren. Er nahm den Weg über Konstantinopel, wo ihm der neue Patriarch Akakios die kalte Schulter zeigte, so wie auch die Mönche in ihrer Mehrzahl nichts mit ihm zu tun haben wollten. Dafür nahm er in Ephesos an einer Synode der Provinz Asia teil, was für ihn insofern eine Genugtuung sein mußte, weil hier die verhaßten Patriarchalrechte Konstantinopels über die Provinz in Abrede gestellt wurden. Dann feierte er triumphalen Einzug in Alexandreia, nachdem sich Timotheos Salofakiolos rechtzeitig in ein Kloster zurückgezogen hatte. Ailuros schlug im übrigen eine gemäßigte Richtung ein und wollte seinen Triumph nicht auskosten. Petros der Walker begab sich wieder nach Antiocheia und nahm für einige Zeit „seinen" Stuhl wieder ein. Auch der Patriarch von Jerusalem gab seine Unterschrift unter das Enkyklion. Der Widerstand dagegen konzentrierte sich in Konstantinopel, wo Patriarch Akakios (473–491) Klerus und Volk mobilisierte. Der Erfolg stellte sich rasch ein, weil die Stellung des Basiliskos immer heikler wurde. In seiner Not ließ er nun auf das Enkyklion ein Antienkyklion[9] folgen, das ersteres pro forma widerrief und anordnete, daß jeder Bischof seinen Platz behalten sollte und daß der Akt Nestorios-Eutyches endgültig geschlossen bleiben müsse. Das Chaos wurde damit komplett. Im September 476 konnte Zenon wieder in Konstantinopel einmarschieren, und Basiliskos ging in die Verbannung. Auch der Walker und der aufsässige Erzbischof von Ephesos mußten ihre Sitze verlassen, und Timotheos Ailuros sollte ein zweites Mal deportiert werden. Doch schließlich ließ man den alten Mann ruhig sterben (Juni 477). Seine Anhänger handelten rasch und wählten seinen alten Freund Petros Mongos zu seinem Nachfolger, der nach bewährten Mustern sofort in einem Versteck verschwand und von da aus seine Schäflein regierte, während Timotheos Salofakiolos von den Behörden zurückgerufen wurde und offiziell als Patriarch der Reichskirche regierte. Wer sonst das Enkyklion unterschrieben hatte, beeilte sich, um Verzeihung zu bitten und sich für die Synode von Chalkedon auszusprechen. Alles schien wieder in Ordnung, aber wer näher zusah, konnte von dieser raschen Pazifizierung kaum angetan sein. Man mußte auf andere Mittel sinnen, der Kirche den Frieden zu geben. Patriarch Akakios von Konstantinopel, nahm sich dieser Aufgabe an.

Akakios war gewiß kein feuriger Anhänger der Formulierungen von Chalkedon; aber einmal wußte er, daß die Privilegien seines Stuhles von der Anerkennung dieser Synode abhingen, zum andern war er gewiß kein „Monophysit", und zum dritten sah er klar, daß das inextrikable Durcheinander in der Kirche

[9] Hrsg. von *E. Schwartz*, Codex Vaticanus 52.

des Ostens zunächst nicht mit Formeln zu lösen war, weil es nicht aus Formeln entstanden war, sondern daß es galt, mit den Persönlichkeiten fertig zu werden, wobei es wenig Erfolg versprach, bei Prüfung der Personalien allzuweit in die Vergangenheit zurückzugehen. Es galt, eine Front guten Willens aufzubauen, da „Oikonomia" walten zu lassen, dort nicht jedes Theologumenon zu einem Schibboleth zu machen; es galt vor allem, zu verstehen, daß die theologische Entwicklung trotz Rom auch mit dem Chalcedonense nicht zum Stillstand gebracht werden konnte, sowenig sie nach den früheren Synoden innegehalten hatte. Die Erfahrung hatte gelehrt, daß nichts gewonnen war, an einem Platz, wo zwei Bischöfe gegeneinanderstanden, einen dritten zu küren (was immer nur zu einer dritten Partei geführt hatte), daß man vielmehr im günstigen Augenblick die zwei Kandidaten gegeneinander abwägen und ihren guten Willen testen mußte – und zwar hic et nunc. Das war die Politik des Akakios – wenn man so will, eine Politik der Schläue, wenn man anders will, die Politik eines verzweifelt guten Willens. Um Akakios wirklich beurteilen zu können, müßte man wissen, wie es in seiner und seiner Zeitgenossen Vorstellung zu einer „ökumenischen" Synode von verbindlicher Geltung kommen konnte und ob Chalkedon diesen Vorstellungen entsprach. Doch das wissen wir nicht; und es steht zu vermuten, daß die Erfahrungen mit den beiden ephesinischen Synoden auch für die Menschen von damals das Problem nicht erleichterten. Auch auf nicht wenige entscheidende Vorgänge auf dem ersten Ephesinum paßte die Bezeichnung „latrocinium"! Akakios kann eine gewisse tragische Größe nicht abgesprochen werden. Er mußte scheitern, nicht weil er selbst an seinem Konzept irre geworden wäre, sondern weil dieses Konzept eine Geschmeidigkeit verlangte, die ihm nur wenige honorierten, weil sie Verrat am Glauben witterten, wo einzig der Versuch zur Debatte stand, einen gordischen Knoten nicht zu durchhauen, sondern geduldig und schrittweise zu lösen.

Im Jahre 481/482 kam im Auftrag des alexandrinischen Patriarchen Timotheos Salofakiolos der Mönch Joannes Talaia[10] nach Konstantinopel mit dem Ersuchen, nach dem Tod des Patriarchen zwar einen Anhänger des Chalcedonense, aber aus den Reihen des ägyptischen Klerus zum Nachfolger zu bestellen. Der Kaiser war damit einverstanden, ließ aber Joannes Talaia vor dem Patriarchen und dem Senat den Eid ablegen, daß er, Talaia, unter keinen Umständen ein Bischofsamt annehmen würde. Dazu veranlaßte den Kaiser die Verbindung Talaias mit dem Isaurier Illos, gegen den mißtrauisch zu sein Kaiser Zenon einigen Grund hatte. Wäre Talaia Patriarch von Alexandreia geworden, hätte Illos im widerspenstigen Ägypten nach Meinung des Kaisers einen allzu mächtigen Parteigänger gehabt. Im Februar 482 starb Salofakiolos, und prompt ließ sich Talaia eidbrüchig zu seinem Nachfolger wählen. Rom bekam die angeblich einstimmige Wahl notifiziert, der Papst wurde um Bestätigung gebeten[11]. Empört ließ Kaiser Zenon Talaia absetzen, und da sich zur gleichen Zeit ägyptische

[10] *E. Schwartz*, Publizistische Sammlungen 195ff.

Mönche in Konstantinopel für die Person des Patriarchen Petros Mongos verbürgten, unternahm Patriarch Akakios den ersten Versuch zur Lösung der ägyptischen Frage: Petros sollte anerkannt werden, sofern er gewisse Garantien abgebe, die in einem kaiserlichen Edikt niedergelegt wurden, dessen Handschrift eindeutig Akakios als Verfasser verrät. Das „Ἤδικτον Ζήνωνος"[12] betont zunächst die Unantastbarkeit der Entscheidungen von Nikaia, Konstantinopel und Ephesos. Neu ist die kanonische Anerkennung der Anathematismen des Kyrillos von Alexandreia. Sie wird modifiziert durch die Übernahme der Unionsformel von 433. Von der Μία φύσις-Formel Kyrills ist nicht die Rede, und ihre Ablehnung durch Chalkedon wird nicht zurückgenommen. Mit dem Anathem wird belegt, wer diesen Glauben nicht annimmt und wer anders denkt oder gedacht hat, und sei es auch „*in* Chalkedon" oder auf einer anderen Synode[13]. Formell gleitet somit das Edikt über die Synode von Chalkedon hinweg, aber sie wird sowenig verworfen wie der Tomus Leonis. Nicht das Konzil wird verworfen, sondern offensichtlich eine antikyrillische Interpretation seiner Beschlüsse, während der exzessive „Kyrillianismus" durch die Unionsformel von 433 und die Nichtbeachtung der Μία φύσις-Formel zurückgewiesen wird. Das Edikt nimmt somit bis zu einem gewissen Grad eine Interpretation der chalkedonensischen Beschlüsse vorweg, die sich erst im 6. Jh., dann aber für immer, in der Orthodoxie durchsetzte. Die Unentwegten mußten freilich das Glissando über Chalkedon als Verrat an der Synode ansehen, so wie die unentwegten „Monophysiten" die Verurteilung eben dieser Synode vermißten. Akakios, der Schöpfer des Edikts, das unter der Bezeichnung „Henotikon" in die Geschichte eingehen wird, konnte trotzdem hoffen, auf dem Boden dieses Dokuments Frieden zu schaffen. Jedenfalls gelang es, Petros Mongos für das Henotikon zu gewinnen, und Akakios nahm ihn in die Kirchengemeinschaft auf. Freilich, die Mönche, die hinter Joannes Talaia standen, schalten ihn nach wie vor einen Ketzer. Viele sagten ihm die Gemeinschaft auf; er ließ sich zu einigen Konzessionen herbei, die niemand befriedigten, und es bedurfte seiner ganzen Klugheit, um die Ausschreitungen in Grenzen zu halten. In Antiocheia weigerte sich der Patriarch Kalandion, das Henotikon zu unterschreiben; aber er beging die Unklugheit, mit der Partei des Illos gegen den Kaiser zu konspirieren, und mußte deswegen in die Verbannung (484). Wieder einmal fand Petros der Walker Gelegenheit, den begehrten Stuhl von Antiocheia einzunehmen. Er unterschrieb das Henotikon, ohne daß Akakios deshalb die Möglichkeit gesehen hätte, mit dieser schillernden Persönlichkeit die Kirchengemeinschaft aufzunehmen. Keine Schwierigkeiten machte Jerusalem. Schlimm dagegen war, daß Rom für die Per-

[12] Text bei Evagrius HE III 14, 111–114, *E. Schwartz,* Codex Vaticanus n. 75, S. 52–54. Vgl. *S. Salaville,* L'affaire de l'Hénotique ou le premier schisme byzantin au Ve siècle: ÉO 18 (1919) 255–266 389–397, 19 (1920) 49–68 415–433; *ders.,* Hénotique: DThC VI 2153–78; *W. T. Townsend,* The Henoticon Schism and the Roman Church: JR 16 (1936) 78–86.

[13] ... οὐ καινίζοντες πίστιν, ἀλλ' ὑμᾶς πληροφοροῦντες (Evagrius HE III 14, 113).

sonalpolitik des Akakios kein Verständnis zeigte. Der Kaiser hatte es leider unterlassen, das Henotikon in Rom zu notifizieren, wahrscheinlich weil er in dem Dokument keine Neuregelung sah, sondern nur eine explicatio fidei[14]. Jedenfalls war man in Rom darüber offenbar froh, denn man brauchte sich in keine schwierige dogmatische Auseinandersetzung einzulassen, sondern konnte sich ganz auf Fragen des Rechts und der Disziplin verlegen, die der römischen Mentalität wesentlich näher lagen. Die Anerkennung des Petros Mongos teilte der Kaiser selbst dem Papst mit[15]. Der Papst protestierte dagegen beim Kaiser und ermahnte Akakios, den Kaiser umzustimmen. Akakios hüllte sich in kluges Schweigen. Im Jahre 483 wurde Felix III. Papst, und dieser energische Vertreter römischer Interessen ließ sich nicht hinhalten. Er schrieb an Kaiser und Patriarch und vertrat wieder den Standpunkt, daß Petros Mongos ein verurteilter Ketzer sei. Daß sich Petros zur orthodoxen Glaubensformel des Henotikon bekannt hatte, wurde überhaupt nicht erwähnt, ebensowenig der Eidbruch des Talaia[16]. Dieser war inzwischen in Rom eingetroffen und hatte offiziell gegen Akakios Klage erhoben. Unter diesen Umständen entschloß sich der Papst zu dem außerordentlichen Schritt, Akakios entgegen dem Herkommen, daß ein Patriarch nur von einer Reichssynode verurteilt werden könne, vor sein Gericht zu zitieren, angestachelt durch ein Schreiben der konstantinopolitanischen Mönchsgemeinde der Akoimeten, die damals die Orthodoxie für sich allein gepachtet hatten und jetzt den Papst beschuldigten, er sei allzu lässig in der Vertretung des wahren Glaubens[17]. Seine Legaten bekamen die Weisung, sich zunächst mit eben diesen Akoimeten in Verbindung zu setzen und sich von ihnen Anweisungen geben zu lassen. Wie später nicht selten, gelang es byzantinischem Geschick, die päpstlichen Legaten „mit Zuckerbrot und Peitsche" (E. Schwartz) auf den rechten Weg zu bringen. Bald nach ihrer Ankunft in Konstantinopel sah man sie zusammen mit Akakios und den Abgesandten des Mongos feierlich durch Konstantinopel in die Kirche ziehen. Den Akoimeten gingen sie aus dem Weg, und dem Patriarchen versprachen sie, in Rom die Sache des Mongos gegen Talaia zu betreiben. Nach ihrer Rückkehr ließ Papst Felix die unseligen Legaten von einer Synode absetzen. Petros Mongos wurde als Ketzer weiterhin die Gemeinschaft verweigert und Akakios der größten Strafen für würdig erklärt. Bald darauf ging der Papst einen Schritt weiter und exkommunizierte den konstantinopolitanischen Patriarchen formell. Gründe waren die Einmischung des Patriarchen in die Verhältnisse der übrigen Ostkirchen, also im Grunde die Ausübung seiner Primatialrechte auf der Grundlage des Kanons 28 von Chalkedon, und seine Maßnahmen im Auftrag des Kaisers, dann aber vor allem die

[14] Collectio Avellana 60, 152.

[15] Die Briefe des Papstes an Kaiser und Patriarch ed. *E. Schwartz*, Publizistische Sammlungen 63–69 69–73 und *A. Thiel*, Epistulae Romanorum Pontificum genuinae I (Braunschweig 1868) 222–239.

[16] *E. Schwartz*, Publizistische Sammlungen 3, n. 1.

[17] Evagrius HE III 19, 117.

Gemeinschaft mit Mongos. Von seinem Glauben ist nicht die Rede[18]. Dadurch, daß er der Vorladung des Papstes nicht gefolgt sei, habe er sich selbst schuldig gesprochen. Das war im Jahre 484, und damit war, da Akakios nicht einlenkte, das sogenannte „Akakianische Schisma" vollendete Tatsache – ein Schisma, bei dem von allen Seiten Glaubensfragen bewußt ausgeschaltet und Personalfragen bis an die Grenzen des Unmöglichen gequält wurden. Akakios glaubte wohl deshalb nicht antworten zu sollen, weil der Papst auf die Erklärungen der Akakianischen Personalpolitik durch Kaiser Zenon überhaupt nicht eingegangen war. Was hätte er dem Gesagten noch hinzufügen können? Die Tatsache, daß Felix immer noch zu Joannes Talaia hielt, versprach keine Verständigungsmöglichkeit.

Akakios starb 489. Nach seinem Tod schien seine Politik zusammenzubrechen. Sein Nachfolger Fravitas vermochte offenbar unter dem Druck der Akoimeten den Kaiser dazu zu bringen, die Verhandlungen mit Rom wiederaufzunehmen. Freilich sollte das Andenken des Akakios geschont und die Gemeinschaft mit Mongos aufrechterhalten bleiben[19]. Fravitas war also offenbar des irrigen Glaubens, es gehe um die Anerkennung der Orthodoxie und nicht um Primatialrechte. Papst Felix belehrte ihn eines Besseren und bestand auf der Streichung des Akakios und des Mongos aus den Diptychen. Fravitas starb schon 490, ohne die Antwort des Papstes noch zu Gesicht bekommen zu haben. Sein Nachfolger wurde Euphemios, ein Syrer, ein Mann der Akoimeten, wie man vermutet hat, jedenfalls ein strenger Chalkedonier. Er strich Petros Mongos von sich aus aus den Diptychen und bekannte sich in einem Schreiben an den Papst uneingeschränkt zur Synode von Chalkedon[20]. Nur eine Verurteilung des Akakios wollte nicht über seine Lippen, was nun doch bei einem solchen Verfechter der chalkedonischen Orthodoxie ein gewichtiges Zeugnis für Akakios ist und es auch ausschließt, in ihm, Euphemios, einen bedenkenlosen Gefolgsmann der Akoimeten zu sehen, die Akakios schlankweg haßten. Euphemios sah offenbar keine christliche Notwendigkeit, Akakios, dessen Politik auch in seinen Augen fragwürdig gewesen sein mochte, über den Tod hinaus zu verfluchen, wie es Rom verlangte. Papst Felix blieb hart und verlängerte damit das Schisma um unnötige zwanzig Jahre. 491 starb Kaiser Zenon, und ihm folgte als neuer Kaiser der Hofbeamte Anastasios (491–518), in kirchlichen Dingen nicht unerfahren und gelegentlich sogar Kandidat für den Patriarchenstuhl von Antiocheia[21]. Im Gegensatz zu den letzten Jahren seines Vorgängers war er gewillt, die politisch unbestreitbaren Erfolge des Henotikon im Osten

[18] Das päpstliche Edikt ed. *E. Schwartz,* Publizistische Sammlungen ... 6–7. Es widersprach dem herkömmlichen Recht und wurde auch dementsprechend moniert, daß ein Papst von sich aus ohne ökumenische Synode einen Kollegen im Patriarchat absetzte.

[19] Erwähnt im Antwortschreiben des Papstes, *A. Thiel* a. a. O. 266–269; *E. Schwartz,* Publizistische Sammlungen 111–113.

[20] Das Schreiben wird vom Chronisten Theophanes erwähnt S. 135 *(de Boor).* Vgl. *Grumel Reg* 175. [21] *L. Brehier,* Anastase: DHGE II 1447–57.

nicht aufs Spiel zu setzen und schon gar nicht einem Papst zu opfern, der in seinen Augen, außerhalb der realen Machtsphäre seines Kaisertums unter dem Protektorat eines Goten stehend, eine Politik betrieb, die auf die schwierigen Verhältnisse der östlichen Kirchen und auf die Idee der Reichseinheit keine Rücksicht nahm. In Rom aber setzte Gelasius (492–496) die Politik seines Vorgängers unbeirrt fort; Euphemios bekam nicht die geringste Unterstützung, und mit jedem Tag wurde es klarer, daß für Rom nicht die Frage nach Chalkedon, sondern nach der Primatialstellung Konstantinopels den fragwürdigen Kern der Sache darstellte. Obwohl der Patriarch dem Papst mitteilte, die Verdammung des Akakios würde unweigerlich zu einer Revolte der Demen, d.h. der sogenannten „Zirkusparteien", führen[22], blieb Gelasius bei seiner Forderung, und selbst als Kaiser Anastasios über König Theoderich Druck auf ihn auszuüben versuchte, fruchtete dies nichts, wahrscheinlich weil der König damals kein Interesse daran hatte, den Papst an Konstantinopel zu binden.

495 trat an die Stelle des Euphemios als Patriarch Makedonios (495–511), den der Kaiser erst bestallte, nachdem er das Henotikon unterzeichnet hatte. In Rom folgte auf den intransigenten Gelasius der Papst Anastasius, der offensichtlich bemüht war, dem Schisma durch eine vernünftige Politik ein Ende zu bereiten. Er starb freilich schon 498, so daß seine Pläne nicht reifen konnten. Außerdem brach jetzt in Rom das sogenannte Laurentianische Schisma aus, das bis 502 jede Ostpolitik unmöglich machte.

War so in Rom die Front gegen das Henotikon, genauer gegen Akakios behindert, so stärkte die Unentschlossenheit der Nachfolger des Akakios im Osten die Fronde gegen das Henotikon, die ihren Ausgang von Theologen nahm, denen man zwar schlecht die Bezeichnung Monophysiten beilegen kann, die aber doch energisch die Synode von Chalkedon ablehnten und im Henotikon ein allzu nachgiebiges Dokument sahen. Die Theologie Kyrills war für sie Ausgangs- und Endpunkt der christologischen Terminologie – ihre Deutung durch Chalkedon lehnten sie ab. Die bedeutendsten Männer dieser Richtung waren Xenaia (Philoxenos) von Mabbug (Hierapolis) und Severos von Antiocheia.

Schon als Lehrer an der Schule von Edessa hatte sich Xenaia[23] scharf gegen die Theologie der alten antiochenischen Schule gewendet, die für ihn nichts als puren Nestorianismus darstellte. Petros der Walker beförderte ihn auf den Bischofsstuhl von Mabbug, und hier entfaltete er in syrischer Sprache – sie allein war ihm geläufig – eine rege schriftstellerische Tätigkeit gegen das Konzil von Chalkedon, aber auch gegen die alten Antiochener Theodoros von Mopsuestia, Theodoretos von Kyros und Ibas von Edessa. Auch dem Kaiser versuchte er den „wahren" Glauben zu erläutern und kam zu diesem Zweck nach Konstantinopel, wo ihn Makedonios freilich nicht empfing, so daß er bald verärgert

[22] Der Brief ist verloren. Teilweise rekonstruierbar aus der Antwort des Papstes bei *A. Thiel* a.a.O. 312–321; *E. Schwartz*, Publizistische Sammlungen 49–55.
[23] *A. de Halleux*, Philoxène de Mabboug (Louvain 1963).

wieder abreiste. Wesentlich mehr Erfolg in der Hauptstadt hatte Severos[24], ein Grieche aus Pisidien, der zunächst die Rechte studierte und sich dann in Maiuma bei Gaza für das mönchische Leben gewinnen ließ. Er benutzte die Zeit im Kloster nicht nur für die Einübung ins asketische Leben, sondern auch zu einem vertieften Studium der gesamten Theologie. Damit erwuchs in ihm der Synode von Chalkedon ein Gegner, dem die Chalkedonier kaum etwas entgegenstellen konnten. Was ihn nach Konstantinopel führte, war zunächst der Konflikt mit einem gewissen Nephalios, der ursprünglich seiner eigenen Partei angehört hatte, jetzt aber auf vehemente Weise die Interessen der Chalkedonier vertrat und die Mönchsgruppe um Severos beim Patriarchen Elias von Jerusalem derart anschwärzte, daß sie dieser aus ihren Klöstern verjagen ließ. Als ihr Sachwalter, begleitet von Scharen von Mönchen, reiste Severos zum Kaiser, der ihn mit höchsten Ehren empfing. Auch als sein Fall entschieden war, blieb er in der Stadt (von 508 bis 511) und entwickelte in Wort und Schrift eine gewaltige Propaganda gegen Chalkedon und implicite auch gegen das Henotikon. Er scharte die Gegner des Patriarchen Makedonios um sich, und man scheute sich nicht, Fälschungen zu verbreiten, um den Patriarchen unmöglich zu machen und ihn in Fallen zu locken. Schibboleth der Sache des Severos wurde das sogenannte „theopaschitische" Trisagion, d. h. jenes Ἅγιος ὁ θεός, ἅγιος ἰσχυρός, ἅγιος ἀθάνατος, dem man ein ὁ σταυρωθεὶς δι' ἡμᾶς hinzufügte – eine Formel also, die weiter nichts bedeutete, wenn man das Trisagion selbst christologisch verstand und nicht trinitarisch, was sowohl historisch wie formal möglich war, die aber zu Mißverständnissen führen mußte, wenn man sie als Alibi für das umstrittene μία φύσις τοῦ θεοῦ λόγου σεσαρκωμένη verwendete[25]. Makedonios wurde über all den Schwierigkeiten, die man ihm machte, und den Verleumdungen, die man gegen ihn vorbrachte, vom Kaiser fallengelassen und durch Timotheos (511–518) ersetzt, der es keiner Partei recht machen konnte. Die Monophysiten wollten an seiner Stelle Severos; die Alexandriner verlangten von ihm ein Anathem gegen Chalkedon und den Tomus Leonis; in Syrien hetzte Xenaia weiter und erreichte die Absetzung des antiochenischen Patriarchen Flavianos, der das Henotikon auf orthodoxe Weise zu verfechten gesucht hatte. An seiner Stelle wurde nun Severos gewählt (512), der die neue Machtposition weidlich ausnützte, um alle weitere Opposition gegen seine Theologumena zu vernichten. Er erklärte damals zwar feierlich, das Henotikon anzunehmen, interpretierte es aber bald auf eine Weise, die an seiner Feindschaft gegen die Synode von Chalkedon keinen Zweifel lassen konnte. Auch der Patriarch von Jerusalem, Elias, fiel Severos zum Opfer. Sein Nachfolger Joannes war bereit,

[24] *G. Bardy,* Sévère d'Antioche: DThC XIV 1988–2000; *J. Lebon,* Le monophysisme sévérien (Louvain 1909); *ders.,* La christologie du monophysisme sévérien: Chalkedon I 425–580. Weitere Literatur bei *Beck* 387–390.

[25] Zum Trisagion vgl. *E. Schwartz,* Publizistische Sammlungen 242; *V. S. Janeras,* Les byzantins et le trisagion christologique: Miscellanea in honorem G. Lercaro II (Rom 1967) 469–499; *W. Elert,* Die theopaschitische Formel: ThLZ 75 (1950) 195–206.

jede Konzession an Severos zu machen, aber die großen Laurahäupter und „Koinobiarchen", Sabas und Theodosios, machten ihm einen Strich durch die Rechnung, und flankiert von den beiden Mönchsvätern, war er gezwungen, feierlich nicht nur Nestorios und Eutyches, sondern jetzt auch Severos zu verfluchen[26]. Auch in der Hauptstadt bildete sich eine ausgesprochene prochalkedonische Fronde, die die Anhänger des gestürzten Makedonios um sich scharte und sogar im Kaiserhaus potente Schützer fand. Als im November 512 wieder einmal eine Prozession von Severianern mit dem theopaschitischen Trisagion durch die Straßen zog, schlug die Opposition los, eine Revolte brach aus, die Statuen des Kaisers wurden umgestürzt, und die Aufständischen verschanzten sich auf dem Forum Constantini. Dem Kaiser gelang es nochmals, durch kluges Verhalten die Ruhe wiederherzustellen, aber nun griff die Opposition auf gefährliche Weise auf die Provinz über. Ein gotischer Offizier im Reichsdienst, Vitalian[27], machte sich die Unzufriedenheit der kaiserlichen foederati auf der Balkanhalbinsel zunutze und marschierte nach Konstantinopel. Um in der Hauptstadt Freunde zu gewinnen, arbeitete er mit prochalkedonischen Parolen. Zunächst glaubte der Kaiser durch Taktieren mit der Gefahr fertig werden zu können. Als dies nicht gelang, sah er sich gezwungen, Vitalian zum Magister militum per Thraciam zu ernennen und ihm die Zusage zu geben, den Papst zu einem Konzil nach Herakleia einzuladen, auf dem das Schisma beendet werden sollte. Eine dementsprechende Sacra ging nach Rom ab. Papst Hormisdas, der 514 auf Symmachus gefolgt war, ließ sich Zeit, offenbar um sich mit Theoderich abzustimmen. So verstrich zunächst der Termin des für den 1. Juli 515 einberufenen Konzils. Vitalian erschien in der Zwischenzeit nochmals vor den Mauern Konstantinopels. Diesmal wurde er von den kaiserlichen Truppen vernichtend geschlagen, und damit hatte das Konzil, an dem auch sonst niemand sonderliches Interesse bezeugt hatte, für den Kaiser seine raison d'être verloren. Der Papst schickte zwar zweimal Legaten, aber sie mußten ohne Erfolg umkehren. So bleibt es beim „Akakianischen Schisma" bis zum Tod des Kaisers Anastasios im April 518.

Wirft man auf die Jahre seit 482 einen Blick zurück, so hat diese Periode einen einzigen bedeutsamen Einschnitt im Pontifikat des Papstes Anastasius. Damals zeigte sich die Hoffnung und die Möglichkeit, auf Grund einer orthodoxen Interpretation des Henotikon, an der Akakios immer festgehalten hatte, wieder zur Einheit zu gelangen. Der Tod des Papstes machte die Hoffnungen zunichte. Weder seine Vorgänger noch seine Nachfolger trugen der Schwierigkeit der Situation im Osten Rechnung. Sie sahen ihre Obödienz im Vikariat

[26] Zur Rolle der chalkedonischen palästinensischen Mönche vgl. *E. Schwartz,* Kyrillos von Skythopolis (Leipzig 1939) 385 f; *H. Bacht,* Die Rolle des orientalischen Mönchtums in den kirchenpolitischen Auseinandersetzungen um Chalkedon: Chalkedon II 193–314, bes. 285 ff.
[27] Vgl. über ihn *E. Stein,* Histoire du Bas-Empire (Brüssel 1949) 178–181; *V. Schurr,* Die Trinitätslehre des Boethius im Lichte der „skythischen Kontroversen" (Paderborn 1935) 127–136.

von Thessalonike gefährdet, sie verstanden es nicht, sich mit dem Junktim der Konzilsdefinition von Chalkedon mit dem berüchtigten Kanon 28 abzufinden, obwohl letzterer kaum Neues gegenüber dem II. Constantinopolitanum gebracht hatte, und sie bauten ihre Politik auf das nur scheinbar stabile Fundament der Gotenherrschaft in Italien. Die Päpste übersahen, daß Konstantinopel und sein Patriarchat der Sieger bleiben mußte, eben weil sie selbst dem Kaiser gegenüber in einer Unabhängigkeit auftraten, die sie einzig dem Goten und Arianer Theoderich verdankten. Das Henotikon einigte die Ostkirchen gegenüber Rom, und einen Ansatzpunkt Alexandreia gab es für Rom fürderhin nicht mehr. Die ersten Jahre der folgenden Kaiserdynastie rechtfertigen die päpstliche Politik nur scheinbar. Johannes II. und Vigilius müssen in Bälde für die Politik eines Felix und eines Gelasius bezahlen.

2. *Kapitel*

Die Ausgestaltung der byzantinischen Reichskirche im Zeitalter Kaiser Justinians I.

QUELLEN: Collectio Avellana (s. S. 3); Acta Conciliorum oecumenicorum, ed. *E. Schwartz,* II (Berlin 1940); *E. Schwartz,* Drei dogmatische Schriften Justinians: AAM, NF 18 (1939) (Neudruck: Mailand 1973); Corpus Juris Civilis, ed. stereot. II; Codex Justinianus, ed. *P. Krüger* (1906); Novellae, ed. *Schöll-Kroll* (1912); The Ecclesiastical History of Evagrius, ed. *J. Bidez – L. Parmentier* (London 1898); Procopii Caesariensis opera omnia, ed. *Haury-Wirth* (Leipzig 1963/1964).

LITERATUR: *A. A. Vasiliev,* Justin the First (Cambridge/Mass. 1950); *W. Schubart,* Justinian und Theodora (München 1943); *B. Rubin,* Das Zeitalter Justinians, 1. Bd. (Berlin 1960); *R. Browning,* Justinian and Theodora (London 1971); *A. Knecht,* Die Religionspolitik Kaiser Justinians I. (Würzburg 1896); *E. Schwartz,* Vigilius-Briefe – Zur Kirchenpolitik Justinians: SAM 1940, 4 (1940); *ders.,* Kyrillos von Skythopolis (Leipzig 1939); *H. S. Alivisatos,* Die kirchliche Gesetzgebung des Kaisers Justinian I. (Berlin 1913); *J. Meyendorff,* Justinian, the Empire and the Church: DOP 22 (1968) 43–60; *E. Hardy,* The Egyptian Policy of Justinian: DOP 22 (1968) 21–41.

Mit den Kaisern Justinos I. (518–527) und Justinianos I (527–565) beginnt nicht nur ein neuer bedeutsamer Abschnitt der Profangeschichte des oströmischen Reiches; ebenso bedeutsam, um nicht zu sagen fragwürdig, ist ihre Herrschaftszeit für die Geschichte der christlichen Kirche. Dabei dürfen wir wahrscheinlich von allem Anfang an in Justinian den spiritus rector auch der Politik seines Oheims Justin sehen. Auch wenn wir dem Historiker Prokopios aus wohlüberlegten Gründen in der Beurteilung der Motive der Kirchenpolitik des späteren Kaisers nicht unbedingt Gefolgschaft leisten, bleibt genug des Rätselhaften, wie denn auch die modernen Historiker bald von einem Zickzackkurs des Kaisers, bald von seiner unbeirrbar konsequenten Politik sprechen. Mit Gewißheit lassen sich einige Ausgangspunkte feststellen; welcher davon jeweils entscheidend ist, wie weit sie zusammenwirken und in welcher Proportion, läßt sich nur selten sagen. Da ist einmal der Traum von der Wiederherstellung der alten Größe des Imperiums, eines von einer glorreichen Mitte aus regierten Weltreiches – ein Traum, der im geistigen Klima des 6. Jh. an der Zerrissenheit der Kirche nicht vorbeigehen konnte. Da ist zum zweiten ein kaum zu leugnendes Sonderinteresse an kirchlichen und religiösen Dingen, und dieses Interesse mag teilweise echter Frömmigkeit entspringen, einer eifernden Frömmigkeit allerdings, die – entgegen dem Herrenwort – jedes vermeintliche Unkraut längst vor der Ernte verbrennen will. Dazu tritt ein besonderes theologisches Engagement des Kaisers, dessen Grundlagen freilich sehr verschieden beurteilt werden: für die einen ist er ein gewiegter Kenner der zeitgenössischen Theologie, für die anderen ein Amateur, ein unglücklich Liebender, der leider Kaiser ist und somit über die Macht verfügt, aus seinen Einfällen Gesetze zu machen. Immer bleibt die Frage nach seinem eigenen Anteil an den Glaubensbekenntnissen und Formulierungen – eine Frage, die denselben Kriterien unterliegt wie die Frage nach seinem Anteil an der ganzen „justinianischen" Gesetzgebung. Und da ist schließlich Theodora, die große, vielgeschmähte Kaiserin, deren Einfluß aus der Kirchenpolitik der Zeit gewiß nicht wegzudenken ist, auch wenn seine Tragweite schwer zu bestimmen bleibt. Man wird kaum mit Prokopios von einer bewußten, ja abgefeimten politischen Teilung sprechen dürfen, wonach etwa Justinian jeweils die orthodoxen Forderungen erfüllt hätte, während Theodora freie Hand behielt, den Monophysiten auf Umwegen ihre Lebensfähigkeit und Wirkfreiheit zu garantieren, so daß sich keine Partei beschweren konnte. Dies scheint mir zu ausgeklügelt. Das Hand-in-Hand und das Gegeneinander des Kaiserpaares scheint mir komplizierter, von den Zeitumständen abhängig, und ohne Reibungen dürfte es kaum abgegangen sein. Daß das System trotzdem funktionierte, liegt wohl im Charakter der Kaiserin und in der Bindung des Kaisers an sie begründet.

Daß Justin und Justinian zunächst einmal bereit waren, mit dem sogenannten „Akakianischen Schisma" Schluß zu machen und Roms Forderungen zu erfüllen, erklärt sich sicherlich nicht aus einem schon damals geplanten Griff nach dem gotischen Italien. Es konnte nicht mehr bezweifelt werden, daß die henotische Politik des Anastasios in der Hauptstadt selbst abgewirtschaftet hatte. Jeder neue Kaiser, vor allem wenn er unter so prekären Umständen auf den Thron gekommen war wie Justin, mußte unter allen Umständen und zuvörderst die Hauptstadt für sich gewinnen. Noch dazu stand der gefährliche Vitalian immerzu im thrakischen Hinterland, abwartend, was die neuen Kaiser zu tun beginnen würden. Mag auch sein, daß Justinian im Grunde ein überzeugter Chalkedonier war. Theodora jedenfalls war erst seit kürzester Zeit seine Frau und offenbar zunächst damit beschäftigt, ihre Stellung zu sichern, was nach ihrer Vergangenheit nicht leicht gewesen sein dürfte.

Sollten Justin und sein Neffe zunächst noch anderen Sinnes gewesen sein, die Ereignisse kurz nach der Krönung des neuen Kaisers mußten sie eines Besseren belehren[1]. Die chalkedonisch gesinnten Mönche, voran die Akoimeten, organisierten einen Sturm des Volkes auf den Sonntagsgottesdienst des Patriarchen Joannes II. (518–520) und zwangen ihn und seine Synode, Chalkedon feierlich anzuerkennen, das Henotikon zu verwerfen und Severos mit dem Bann zu belegen sowie die Verbindung mit dem Heiligen Stuhl aufzunehmen. Justin sah sich veranlaßt, diese Entscheidung durch ein Edikt zu ratifizieren[2]. Und nun gingen Gesandte nach Rom, um die Friedensverhandlungen aufzunehmen. Papst Hormisdas, der nicht nur einen gemessenen Brief des Kaisers[3], sondern auch ein außerordentlich vielversprechendes Schreiben Justinians erhielt[4], war in der besten Verhandlungsposition und gewillt, diese Gelegenheit auch nicht verstreichen zu lassen. Die dogmatische Stellung war längst abgesteckt durch die berühmte „Regula fidei Hormisdae", die der Papst schon für das 515 geplante Unionskonzil vorbereitet hatte[5]. Dieser „libellus" geht aus vom Primat des römischen Stuhls und verurteilt zunächst Nestorios und Eutyches, dann aber auch Timotheos Ailuros, Petros Mongos, Petros den Walker und vor allem Akakios. Im übrigen wird die Entscheidung von Chalkedon zusammen mit dem „Tomus Leonis" als Glaubensnorm eingeschärft. Jetzt findet man sich sogar in Konstantinopel zur Damnatio memoriae des Akakios bereit, und in kaiserlich geforderter, von den Mönchen nachdrücklich postulierter Demut sieht sich der Patriarch veranlaßt, ohne Diskussion die „Regula fidei" anzunehmen und nicht nur Akakios, sondern auch dessen Nachfolger Euphemios und Makedonios, die gewiß ihr Bestes getan hatten, posthum dem Satan zu überantworten. Dasselbe Schicksal traf aber auch die Kaiser Zenon und Anastasios, ohne daß vom Hof dagegen protestiert worden wäre. Dies war am denkwürdigen 28. März 519, einem Tag, der den Sieg des Papstes über das eigenwillige und in den Augen Roms illegitime Patriarchat Konstantinopel zu besiegeln schien – trotz allem ein Pyrrhussieg, wie die nächsten Dezennien lehrten. Kurz vor Abschluß der Verhandlungen hatten die päpstlichen Legaten des Hormisdas in Konstantinopel mit einer merkwürdigen Gruppe zu tun bekommen, den sogenannten „skythischen", in Wirklichkeit wohl gotischen Mönchen aus der Dobrudscha, Leuten des Goten Vitalian, die zu jenen findigen Köpfen gehörten, die der Orthodoxie immer neue Formeln offerierten, von denen sie das Heil erwarteten[6]. Ihre Formel hieß: Εἷς τῆς τριάδος παθών oder „Jesus Christus ex virgine

[1] Die Ereignisse schildert *S. Salaville,* La fête du concile de Chalcédoine dans le rite byzantin: Chalkedon II 677–695.

[2] Darüber berichtet Michael der Syrer II 180 *(Chabot).* [3] Collectio Avellana n. 160.

[4] Collectio Avellana n. 162. Die gesamte Korrespondenz, die in dieser Zeit von der päpstlichen Kanzlei ausging und dort eintraf, findet sich in dieser Collectio n. 1–104.

[5] Text: Collectio Avellana n. 149. *Mansi* VIII 441–442 Instruktionen für die Legaten. Vgl. W. *Haacke,* Die Glaubensformel des Papstes Hormisdas im acacian. Schisma (Rom 1939).

[6] *V. Schurr,* Die Trinitätslehre des Boethius im Lichte der „skythischen Kontroversen" (Paderborn 1935); *B. Altaner,* Zum Schrifttum der „skythischen" (gotischen) Mönche: HJ 62 (1943) 261–273, 72 (1953) 568–581; W. *Elert,* Die theopaschitische Formel: ThLZ 75 (1950) 195–206.

natus unus ex (oder in) trinitate". Vermutlich wollten sie damit jede nestorianische Interpretation der Formel von Chalkedon verhindern, in Wirklichkeit näherten sie sich jenem Zusatz zum Trisagion, der in der Zwischenzeit längst zum teuren Besitz der Gegner von Chalkedon geworden war. Die Legaten konnten mit diesem Beitrag der lateinischen Theologie – Maxentius, der Führer der Skythen, war „lateinisch gebildet" – nichts anfangen, aber Justinian ließ sich für die Formel gewinnen, vermutlich aus Rücksichtnahme auf Vitalian. Wegweisend für die Zukunft: In einem Schreiben an Hormisdas, in dem er ihm die Mönche und ihre Formel empfahl, konstatierte er von sich aus die Orthodoxie dieser Schrulle [7]. Aber Hormisdas – auf der Höhe seines Erfolgs – dachte nicht daran, dem Thronanwärter auch nur diese Genugtuung zu gewähren, abgesehen davon, daß sich die Mönche in Rom unliebsam bemerkbar machten, so daß er sie aus der Stadt abschieben ließ. Justinian konnte warten.

Mochte Kaiser Justin samt seinem Neffen durch die Union von 519 die Hauptstadt beruhigt haben, so zeigte sich doch an nicht wenigen Stellen, daß das Henotikon noch lebte bzw. daß das Abgehen des Kaisers vom Henotikon nun den Gegnern des Chalcedonense freie Bahn schuf. Die Bischöfe, die nun mit Rom Gemeinschaft aufnehmen sollten, konnten sich nicht immer entschließen, ihre Vorgänger oder gar Akakios zu bannen. Das war vor allem das Problem in den europäischen Reichsprovinzen. Beispielhaft war Thessalonike, der Vorort des päpstlichen Vikariats im Illyricum, dessen Erzbischöfe durch das Akakianische Schisma in die größten Konflikte gestürzt worden waren, da sie einerseits die päpstlichen Interessen wahrnehmen sollten, andererseits in unmittelbarer Reichweite der Kaiserstadt lebten, ohne daß ihnen Rom effektive Hilfe bieten konnte. Als jetzt die päpstlichen Legaten durch die Stadt reisten, wurden sie tätlich angegriffen und ihr Gastgeber ermordet. In Ephesos verurteilte man emphatisch die Synode von Chalkedon. In Antiocheia mußte jetzt zwar Severos seinen Bischofsstuhl verlassen und nach Ägypten fliehen, aber wo immer in Syrien neue Bischöfe eingesetzt wurden, gelang es häufig nur mit militärischer Hilfe, sie zu halten. Noch dazu witterten jetzt die Nestorianer Morgenluft und begannen da und dort, neben Theodoretos auch Theodoros von Mopsuestia und Nestorios selbst öffentlich als Heilige zu feiern. Severos aber hielt von Ägypten aus die Fäden weiter in der Hand, ermahnte, warnte, schrieb Traktate und Predigten und leitete den Widerstand. In Ägypten glaubte Hormisdas in völliger Verkennung der Situation einen seiner Legaten, wenn auch einen Alexandriner, auf den Stuhl des heiligen Markus erheben lassen zu können. Doch die Situation war so gespannt, daß man schließlich den Alexandrinern die Wahl überlassen mußte: sie fiel auf den Monophysiten Timotheos III., der Chalcedonense und Henotikon verwarf, ohne daß ihm darüber ein Haar gekrümmt werden konnte. Mit dem Henotikon zerbrach die letzte Klammer der Reichskirche.

Die neue Allianz des Papstes mit dem Kaiser mußte aber auch den Herrn

[7] Collectio Avellana n. 196 vom 9. 7. 520.

des Papstes in Ravenna, König Theoderich, mißtrauisch machen. Es ist möglich, daß die Annahme, der römische Senatsadel beginne nun mit Konstantinopel zu konspirieren, mehr war als eine Vermutung. Vielleicht hängt der Prozeß gegen Boethius damit zusammen, und vielleicht besteht damit ein gewisser Zusammenhang, wenn nun Justin durch ein Dekret aus dem Ende des Jahres 524 die arianischen (gotischen) Kirchen in Konstantinopel zu schließen befahl und die Arianer von allen Ämtern und Militärstellen ausschloß[8]. Theoderich nahm den Fehdehandschuh auf und schickte den Papst selbst, der damit auf diplomatische Weise völlig in seine Hand gegeben war, als Botschafter nach Konstantinopel, um dort beim Kaiser die Zurücknahme des Edikts zu verlangen. Papst Johannes I. weilte von November 525 bis nach Ostern 526 in der Hauptstadt und wurde mit höchsten Ehren empfangen und behandelt[9]. Daß sich Justin von ihm nochmals habe krönen lassen, ist allerdings eine mißverstandene Interpretation einer einfachen „Festtagskrönung" im Sinne eines konstitutionellen Aktes! Ein wirklicher Erfolg war der Mission des Papstes nicht beschieden. Die meisten arianischen Goten scheinen aus dem Edikt des Kaisers die nötigen Folgerungen gezogen und konvertiert zu haben, so daß der Kaiser leichten Herzens die Rückgabe der Kirchen versprechen konnte. Offenbar sollte nun auch die Rückkehr zum Arianismus wieder gestattet werden. Doch hier blieb der Kaiser hart, und Theoderich ließ seinen päpstlichen Botschafter den Mißerfolg büßen, indem er ihn nach seiner Rückkehr in Ravenna einkerkerte.

Übrigens starb Theoderich kurz darauf im Herbst 526, und 11 Monate später folgte ihm Kaiser Justin. Nun war Flavius Petrus Sabbatius Justinianus Alleinherrscher. Damit hebt eine Periode der Kirchengeschichte an, die wie keine zweite von einer einzelnen Person geprägt ist. Ziel ist eindeutig *ein* Reich, *eine* Kirche und außer ihr kein Heil und keine Hoffnung auf Erden und *ein* Kaiser, dessen vornehmste Sorge eben das Heil dieser Kirche ist. In der Verfolgung dieses Ziels kennt Justinian keine Müdigkeit, und mit besessener Gründlichkeit verfolgt er, was ihm falsch dünkt, bis in die letzten Schlupfwinkel, freilich nicht ohne taktisches Geschick und nicht ohne Anpassung an die Zeitverhältnisse und vor allem an das Verhältnis der Kräfte – auch nicht ohne das Vermögen, beide Augen zu schließen, wo es sich um Männer handelt, die an sich seinem Verdikt verfallen müßten, wären sie nicht so außerordentlich nützlich. Letztlich läßt er alles und jedes auch in der Kirche von seiner eigenen Entscheidung abhängen, auch wenn er den Bischöfen bei Bedarf noch so ehrfürchtig begegnet. Der Papst von Rom ist für ihn ohne Zweifel das Haupt der Christenheit. Er versteht den Primat nicht nur als Ehrenvorrang, sondern auch als den Primat der Lehre und des Glaubens, aber der Primas tut gut daran, sich so zu entscheiden, wie es dem Kaiser gut dünkt.

Die eine und einzige Kirche: Ihr zuliebe darf es keine Heiden mehr geben.

[8] Theophanes der Chronist zum Jahre 6016: S. 109 *(de Boor).*

[9] W. *Enßlin,* Papst Johannes I. als Gesandter Theoderichs des Großen bei Kaiser Justinos I.: ByZ 44 (1951) 127–134.

Die frühere Gesetzgebung gegen den Paganismus zielte auf den heidnischen Kult und die Rechtsfähigkeit heidnischer Vereinigungen; Justinian verfügt durch Gesetz, daß jeder Heide sich und seine Familie unter Strafe der Konfiskation der Güter katechetisieren und taufen lassen müsse[10]. Der Rückfall eines Christen ins Heidentum wird mit der Todesstrafe geahndet[11]. Das Gesetz traf nicht ins Leere. Es gab immer noch Heiden in gelehrten Zirkeln der Hauptstadt und an historischen Örtlichkeiten wie Athen; es gab eine heidnische Landbevölkerung noch in den Bergen Anatoliens, zu deren Bekehrung dem Kaiser selbst ein Monophysit – Joannes von Asien – gut genug war; es gab heidnische Kultstätten am oberen Nillauf, in den Oasen und in der syrischen Wüste. Die Schließung der neuplatonischen Schule von Athen, eines Thiasos mit geringem philosophischem Appell, geht wohl auf das kaiserliche Edikt zurück[12]. Die Philosophen fanden freundliche Aufnahme am Hofe Chosraus des Persers, der aber vermutlich von ihrer krausen Philosophie ebenfalls nicht sonderlich angetan war, da er ihnen im Frieden von 532 die ungehinderte Rückkehr ins Reich stipulierte. Ein weltgeschichtliches Ereignis war diese Schließung der Schule von Athen keineswegs. Auch in Konstantinopel selbst wurden Grammatiker, Sophisten und Mediziner auch aus höchsten Kreisen als Heiden dingfest gemacht und mit Gewalt bekehrt oder ausgepeitscht und in einzelnen Fällen sogar hingerichtet. Das alles hinderte den Kaiser freilich nicht, an seinem Hof einen Tribonian als quaestor sacri palatii und einen Joannes Kappadox als praefectus praetorio in seine Dienste zu nehmen, denen zeitgenössische Beobachter Heidentum und puren Atheismus bescheinigen[13].

„Leichter“ als die Heiden hatten es die Juden, denn ihr Kult galt seit alters als religio licita. Freilich umgab man seit geraumer Zeit diese Lizenz, die man sich aus christlich-dogmatischer Spiegelfechterei schuldig zu sein vorgab, mit einer Dornenkrone von Schikanen, die Justinian leichtfertig um weitere Stacheln vermehrte. Er sprach den Juden die Testierfähigkeit vor Gericht in Sachen mit Christen ab, verbot ihnen den Ankauf von Kirchengut und von Gelände, das für Kirchenbau in Frage kam; er entband sie zwar nicht von der Last der Curialleistungen in den Gemeinden, verbot ihnen aber jede der prekären Ehren, die diese Last mit sich bringen konnte[14]. Schließlich griff er sogar in den synagogalen Gottesdienst ein und erzwang die Erlaubnis zur Lektüre der Torah in griechischer oder lateinischer Sprache, verpflichtete die Juden aber, sich dabei der Septuaginta oder höchstens der Übersetzung des Aquilas zu bedienen[15]. Wie

[10] Codex I 11, 9–10.
[11] A.a.O.
[12] Vgl. Malalas 451 *(Bonn)*.
[13] Vgl. *J. Irmscher*, Die geistige Situation der Intelligenz im Zeitalter Justinians: *F. Altheim – R. Stiehl*, Die Araber in der alten Welt IV (Berlin 1967) 334–362; *W. E. Kaegi*, The Fifth-Century Twilight of Byzantine Paganism: Classica et Mediaevalia 27 (1966) 243–275; *D. J. Constantelos*, Paganism and the State in the Age of Justinian: CHR 50 (1964) 372–380.
[14] Novelle 45.
[15] Novelle 146.

Heiden wurden dagegen die Samariter behandelt, deren Synagogen geschlossen wurden[16], was zu fürchterlichen Aufständen dieser palästinensischen Minorität führte, die mit unerhörter Härte niedergeschlagen wurden. 20 000 sollen beim Aufstand von 529 umgekommen sein. Trotzdem erhoben sie sich 555 ein zweites Mal, ohne mehr Erfolg zu haben. Bemerkenswert, daß sich 551 sogar der Bischof von Kaisareia für sie einsetzte.

Was sich sonst noch an Häretikern im Reich fand, wurde vom Kaiser von allen Ämtern und Würden ausgeschlossen, ebenso von der Lehrtätigkeit und der Advokatur. Diese Menschen haben kaum noch Rechte gegenüber der Justiz. Ihre Kirchen sind zu schließen[17].

Wenn somit der Kaiser mit seiner Gesetzgebung gegen alles, was außerhalb der Kirche stand, dieser diente, so sollte die Kirche auch ihm dienen. Es wäre zwar falsch, anzunehmen, der Kaiser habe aus den Bischöfen Staatsdiener gemacht, aber er spannte sie in eine ganze Reihe diskretionärer Aufgaben im Dienste und zum Vorteil des Staates ein[18]. Die Bischöfe werden mit der Kontrolle der Gefängnisse beauftragt, sie erhalten schiedsrichterliche Funktionen, wenn Rechtsbeugung eines Gouverneurs vorliegt oder vermutet wird und in Streitfällen in der Provinz, in denen die Gouverneure Partei sind. Sie haben ferner zusammen mit ihren Wirtschaftsdiakonen, den Ökonomen, beim Aufbringen der Steuern seitens der Gemeinde „behilflich" zu sein und mit einem Konsortium vornehmer Bürger die Rechnungsablage der Gemeinde zu prüfen. Auch obliegt ihnen die diskrete Berichterstattung über die Amtsführung der Gouverneure an den Kaiser. Mit anderen Worten: Justinian sieht im Bischof einen vertrauenswürdigen Repräsentanten der kommunalen Notabilität, ohne ihn im eigentlichen Sinne des Wortes in den Reichsdienst zu nehmen. Er bedient sich seiner, um ihn sowohl gegen die Gemeinde wie gegen die kaiserliche Provinzverwaltung ausspielen zu können. Der Bischof erhält damit eine Stellung, deren soziale Auswirkungen völlig offenbleiben. Er kann zum „Feudalherren" werden wie die Notablen der Stadt, mit denen er zusammengeworfen wird, aber auch zum Schützer der Interessen des Volkes, gedeckt durch das Protektorat der Reichszentrale. Um den Bischöfen ihre Position zu erleichtern, griff der Kaiser immer wieder zu dem Mittel, durch gesetzgeberische Maßnahmen den Bestand des Bistumsvermögens zu garantieren[19]. Hier galt es vor allem, die Stiftungen, aus denen das Kirchenvermögen zumeist entstand, zu sichern. Die Kirche einer Stadt bekam das Recht auf Legate, die vom Erblasser auf unbestimmte Weise religiös-caritativen Zwecken vermacht wurden, etwa indem Christus oder ein

[16] Cod. I 5, 17. Vgl. *S. Winkler,* Die Samariter in den Jahren 529/530: KLio 43–45 (1965) 434–457. [17] Cod. I 5, 12.

[18] Zum Folgenden: *H.-G. Beck,* Kirche und Klerus im staatlichen Leben von Byzanz: RÉB 24 (1966) 1–24; dort auch die Belege.

[19] Belege bei *A. Knecht,* System des justinianeischen Kirchenvermögensrechtes (Stuttgart 1905); *M. V. Levčenko,* Das Kirchengut im oströmischen Reiche während des 5. und 6. Jh. (russisch): ViVr 2 (1949) 11–59.

Heiliger als Erbe eingesetzt wurde; der Kaiser setzte des weiteren kurze Fristen, innerhalb deren Legate, die für caritative Anstalten ausgeworfen worden waren, ihrem Zweck zugeführt werden mußten. Kirchenvermögen durfte im Grundsatz nicht veräußert oder sonstwie beeinträchtigt werden. Kein Kaisergesetz sollte gelten, wonach der Unterhalt von Truppen durch Kirchengut sicherzustellen war, keine heiligen Geräte durften profanen Zwecken zugeführt werden – die einzige Ausnahme bildet der Loskauf von Gefangenen, für den sonst die Mittel nicht aufgebracht werden könnten. Schenkungen an die Kirche bleiben frei von der Erwerbssteuer. Ausstehende Schenkungsgelder und Stiftungsgelder können jederzeit eingetrieben werden. Eine Verjährung tritt erst nach hundert Jahren ein. Verpachtung von Kirchengut wird befristet – die Fristen sind kurz, auch wenn sie differieren – und ist nur möglich an begüterte Leute, die den vom Kaiser festgesetzten Pachtzins zu entrichten imstande sind. Eine generelle Steuerfreiheit für Kirchengut kennt die byzantinische Gesetzgebung jedoch nie. Ausnahmen freilich werden gemacht, und die bedeutendste der justinianeischen Regierung ist zweifelsfrei die Steuerfreiheit für die mehr als tausend Wirtschaftsbetriebe (ἐργαστήρια) der „Großen Kirche" in Konstantinopel[20].

Auch wenn Justinian der Kirche im Grundsatz die freie Verwaltung ihres Vermögens garantiert, so mischt er sich doch energisch in die Modalitäten dieser Verwaltung ein. Die Zahl des Verwaltungspersonals in den Provinzen wird genau festgelegt, die Beurkundung im Verwaltungswesen ins Detail geregelt, ebenso die Termine der Rechnungsablage vor dem Bischof, Pachtzinshöhe usw.

Über den Klerus selbst, besonders die Bischöfe, findet die justinianeische Gesetzgebung hohe und höchste Worte[20a]. Um diesen Rang zu garantieren, ergeht sie sich in tausend Bestimmungen über Vorbedingungen zum Eintritt in die Klerikatur, Lebenswandel der Kleriker, Bildung usw. Vieles davon ist bereits in den früheren kirchlichen Kanones enthalten, vieles aber auch minuziöses Kaiserdenken und in mancher Beziehung Ausdruck der Mentalität Justinians und seiner Zeit. Typisch z.B., wenn auch kaum völlig neu, daß nun gesetzlich geregelt wird, daß sich der Anteil des Volkes an der Bischofswahl auf die Vornehmen der Stadt beschränkt[21], ebenso daß der zu Weihende ein orthodoxes Glaubensbekenntnis zu unterzeichnen und zu beschwören hat, daß er sich der Simonie enthalten hat[22], typisch aber auch, daß die Weihesporteln bis ins Detail geregelt werden und daß sie beträchtlich hoch sind – für die Patriarchen nicht weniger als 20 Pfund Gold –, wobei nach des Kaisers Absicht eine Verarmung

[20] Novelle 43 (537). Gewisse Vorrechte erhielt auch die Anastasis in Jerusalem, deren wirtschaftliche Belastung durch den Unterhalt der zahllosen Pilger so gestiegen war, daß sie in der Verwendung ihrer Güter beweglicher gemacht werden mußte, wenn die ruinösen Vermögensverhältnisse nicht andauern sollten. Vgl. W. *Schubart,* Kaiser Justinian und die Anastasiskirche in Jerusalem: ZNW 37 (1938) 195–202.

[20a] *K. L. Noethlichs,* Materialien zum Bischofsbild aus den spätantiken Rechtsquellen: JbAC 16 (1973) 28–59.

[21] Novelle 123, vgl. Novelle 137. [22] Novelle 137.

der Kirchen verhindert werden sollte![23] Offenbar waren die illegalen Sätze beträchtlich höher. Nachdrücklich schärft der Kaiser die Residenzpflicht ein und bemüht sich vor allem, den berühmten byzantinischen Drang zur Reise an den Kaiserhof zu hemmen. Der weltlichen Gerichtsbarkeit darf der Bischof nur mit kaiserlicher Erlaubnis unterworfen werden.

Mit ebensoviel Eifer nimmt sich der Kaiser des Synodalrechts an, bestimmt die Termine für Lokal- und Provinzialsynoden, deren modus procedendi er regelt[24]. Das Recht der Einberufung einer ökumenischen Synode behält er nach Herkommen den Kaisern vor[25]. Die Synodalkanones werden Staatsgesetzen gleichgestellt[26].

Bezeichnend für den nicht illusionsfreien Vorstellungskomplex des Gesetzgebers ist es, daß er das byzantinische Mönchtum nach Möglichkeit auf koinobitische Normen festlegen möchte[27]. Für Anachoreten und Hesychasten *innerhalb* des Klosters gab es ein paar Ausnahmeregelungen. Aber auch sie sollten dem Abt unterstehen. Die Spitze des Klosters ist der von der Kommunität gewählte Abt; die Wahl unterliegt der Kontrolle und Bestätigung des Bischofs, der auch die oberste Jurisdiktion über das Kloster besitzt. Das justinianeische Gesetz kennt keine Exemtion. Das Vermögensrecht des Klosters entspricht dem allgemeinen kirchlichen Vermögensrecht.

Die orthodoxe Gesamtkirche gliedert sich für den Kaiser in die fünf großen Patriarchate in der Reihenfolge Rom, Konstantinopel, Alexandreia, Antiocheia und Jerusalem, wobei, wie schon erwähnt, dem römischen Patriarchat ein absoluter Vorrang eingeräumt wird[28].

Diese kurze Zusammenstellung der Verordnungen Justinians kann auch nicht annähernd vollständig enthalten, was Justinian alles bis in die Kleinigkeiten regelt, und zwar nicht selten über die kirchlichen Kanones weit hinausgehend. Er tut es aus seinem hohepriesterlichen Machtbewußtsein, nicht im Sinne eines modernen Staatskirchentums, wie es denn überhaupt nicht um Staat und Kirche, sondern um Kirche und Kaiser geht. Daß er sich nicht nur als Organisator, sondern auch als Theologe inspiriert und besonders begnadet fühlt, ist an sich in der Vorstellung der Zeit nichts Neues; Papst Leo der Große selbst hatte einem Kaiser wie Markian eine solche Inspiration bescheinigt. Neu ist nur das Ausmaß, in dem sich Justinian dieser Inspiration für seine Kirchenpolitik bedient. Damit wurde er zum Vollender des konstantinischen Kirchenwesens, insofern er alles, was etwa bei Konstantin oder Theodosios noch „numinosen" Charakter hatte, legistisch fixiert und zugleich die unendlich weite Strecke ab-

[23] Novelle 123. [24] Novelle 123 und 137.
[25] PG 86, 1035. [26] Cod. I 3, 44.
[27] *A. Tabera*, De ordinatione status monachalis in fontibus Justinianeis: Commentarii pro Religiosis 14 (1933) 87–95 199–206, 15 (1934) 412–418; *B. Granic*, Die Rechtsstellung und Organisation der griechischen Klöster: ByZ 29 (1928–29) 6–34. Bes. wichtig die Novelle 133 (539).
[28] Vgl. Cod. I 1, 7 und Novelle 131.

steckt, die ein byzantinischer Kaiser in der Kirche, wenn auch nicht ohne die Kirche, gehen kann. Musterbeispiel dafür ist die zweite Phase seiner Unionspolitik gegenüber den Monophysiten, die mit dem Pakt von 519 nur scheinbar abgeschlossen war – scheinbar erst recht für Justinian, der in dieser ersten Phase allzu viele Zugeständnisse an das Selbstbewußtsein Roms machen mußte.

3. Kapitel

Justinians Zickzackkurs – Die origenistischen Wirren

Daß die Union von 519 ein voller Erfolg gewesen wäre, konnte niemand behaupten. Aber bei aller Schärfe der antihäretischen Gesetzgebung: die renitenten Monophysiten und Gegner des Chalcedonense bekamen sie doch nie voll zu spüren. Justinian, den gewiß nichts mit Manichäern, Novatianern und Montanisten verband, war wohl der Meinung, sich mit den gemäßigten Monophysiten vor allem severianischer Prägung theologisch auseinandersetzen zu können. Bei ihnen handelte es sich auch nicht um irgendwelche verschwindende Minderheiten, sondern um beträchtliche Bevölkerungsteile ganzer Reichsprovinzen. Übrigens spielte sich jetzt auch Kaiserin Theodora selbstbewußt in den Vordergrund. In der Zeit ihres Wanderlebens hatte sie offenbar nur bei monophysitischen Bischöfen, die nicht selten mit der etablierten Gesellschaft auf Kriegsfuß standen, christliches Verständnis gefunden[1], und sie war jetzt auch als Kaiserin nicht bereit, ihnen dies zu vergessen. Während des gefährlichen Nika-Aufstandes im Januar 532 war sie es gewesen, die durch ihre Beherztheit die Flucht des Kaisers vereitelt und ihm damit den Thron gerettet hatte. Daß ihr dies den Kaiser besonders verpflichtete, versteht sich von selbst. Trotzdem kann die neue Politik nicht einfach als Folge des Nika-Aufstandes bezeichnet werden, abgesehen davon, daß dieses politische Ereignis wenig oder nichts mit den konfessionellen Gegensätzen zu tun hatte. Vielmehr hat Justinian schon bald nach dem Antritt seiner selbständigen Herrschaft begonnen, monophysitische Mönche und Bischöfe aus ihrem Exil zu entlassen. Im Sommer 531 lud er ihrer sechs nach Konstantinopel ein. Sie sicherten sich durch eine dogmatische Vorwegerklärung gegen eine Überrumpelung durch den kaiserlichen Theologen ab[2] und kamen dann in die Stadt, wo nach längeren Vorverhandlungen bald nach dem Nika-Aufstand ein Religionsgespräch inszeniert wurde, die sogenannte „Collatio cum Severianis", auf orthodoxer Seite hauptsächlich von Hypatios von Ephesos bestritten[3]. Das Ergebnis war mager: Die Severianer anerkannten, daß Theodore-

[1] Es ist Joannes von Nikiu, der uns berichtet, daß Theodora damals die Bekanntschaft des Patriarchen Timotheos III. in Alexandreia gemacht habe, der ihr geistlicher Vater wurde.

[2] Einzelbelege bei *E. Schwartz,* Kyrillos von Skythopolis 389.

[3] Wir haben darüber einen eingehenden Bericht eines Teilnehmers, des Bischofs Innokentios von Maroneia, gerichtet an den Presbyter Thomas von Thessalonike, der aber nur lateinisch erhalten ist: ACO IV 2, 167–184.

tos und Ibas von Edessa durch die Väter von Chalkedon nicht zu Unrecht rehabilitiert worden seien, und ein Bischof ließ sich sogar dazu bewegen, das Chalcedonense anzuerkennen. Das war aber auch alles. Haupteinwand der Monophysiten gegen die Beschlüsse von Chalkedon war offensichtlich die Gefahr nestorianischer Deutung der Beschlüsse, und es scheint, daß dieser Einwand beim Kaiser, der sich nur indirekt an der Collatio beteiligte, einen nachhaltigen Eindruck hinterließ und ihn bewog, irgend etwas dagegen zu unternehmen. Jedenfalls hatten die Monophysiten zunächst eine beträchtliche Atempause, und Justinian war bereit, weiter entgegenzukommen. Er veröffentlichte dogmatische Schreiben[4] an das Volk von Konstantinopel und die Städte Asias und an den Patriarchen Epiphanios von Konstantinopel und dessen Synode, die wieder einmal ein merkwürdiges Hinweggleiten über die Beschlüsse von Chalkedon darstellen. Dafür wird jetzt die theopaschitische Formel expresse aufgenommen, die dem Kaiser seit 520 am Herzen lag. Damit waren selbstverständlich die akoimetischen Mönche nicht zufrieden, die ihrer Art entsprechend sofort eine scharfe Kampagne dagegen eröffneten, offenbar ohne sich darüber klarzusein, daß die Zeiten des Kaisers Anastasios vorüber waren. Sie sollen in ihrer „nestorianischen" Deutung des Chalcedonense damals so weit gegangen sein, daß sie Maria sogar das Prädikat „Theotokos" verweigerten, was wohl nicht viel mehr bedeuten muß, als daß die Akoimeten die „communicatio idiomatum" nicht als die ultima ratio der Christologie angesehen wissen wollten. Traditionsgemäß wenden sie sich beschwerdeführend an den Papst; doch Hormisdas ist längst nicht mehr am Leben, und ihrer Delegation folgt eine kaiserliche auf dem Fuß. Papst Johannes II. weicht kaiserlichem Druck und verurteilt die Akoimeten am 23. Dezember 534, schluckt dabei die theopaschitische Formel, die Hormisdas noch perhorresziert hatte, ja verweist in diesbezüglichen Schreiben an Kaiser und Senat sogar auf einen der Anathematismen des Kyrillos, in dem die Formel andeutungsweise vorweggenommen wird[5].

Jetzt kam auf Einladung des Kaisers sogar Severos nach Konstantinopel und fand im Palast Quartier, wo er bis März 536 blieb. Und mit Severos kamen, wie schon seinerzeit unter Anastasios, alle möglichen Mönche nach Konstantinopel, durchsichtige und undurchsichtige, die meisten von Kaiserin Theodoras Hospitalität zehrend und sich in Konstantinopel gebärdend, als sei es die Metropole der Gegner Chalkedons. Als im Jahre 535 der Patriarchenstuhl erledigt war, promovierte der Kaiser einen gewissen Anthimos, der vordem Bischof von Trapezunt gewesen war, diesen Sitz aber verlassen hatte, um in Konstantinopel als Asket zu leben. Auch er kam jetzt aus einem Palast Theodoras zum Vorschein, was den Verdacht erregt, sie sei es gewesen, die ihn dem Kaiser als Kandidaten schmackhaft machte. Gegen seine Orthodoxie hatte man offenbar

[4] Codex Justinianus I 1, 6 und 7.

[5] Schreiben des Kaisers an den Papst: Collectio Avellana ep. 84, 7–21 und Codex Justinianus I 1, 8. Schreiben des Papstes: Collectio Avellana ep. 84. Vgl. auch *V. Grumel*, L'auteur et la date de la composition du tropaire Ὁ μονογενής: ÉO 22 (1923) 398–418.

nichts einzuwenden; aber Patriarch geworden, nahm er die Gemeinschaft mit Severos auf und übersandte seine Inthronistika nicht nur dem kämpferisch orthodoxen Patriarchen Ephraim von Antiocheia, sondern auch dem monophysitischen Kollegen in Alexandreia. Die Gesamtlage erinnert verzweifelt an diejenige unter dem Henotikon, und man darf die Frage stellen, ob es nicht gerade diese Lage war, die Justinian bewußt ansteuerte.

Die Wende kam überraschend schnell, freilich nicht als Ergebnis einer organischen Entwicklung, sondern sozusagen ex machina. Zum zweiten Mal, seit Justinian an der Macht war, im Frühjahr 536, traf ein Papst in Konstantinopel ein: Agapitus, der Nachfolger Johannes' II. Er kam als Gesandter des Gotenkönigs Theodahat. Inzwischen hatte ja Justinian, die Ermordung Amalasunthas, der Tochter Theoderichs des Großen, zum Anlaß nehmend, sich entschlossen, die gotische Herrschaft in Italien vom Süden her aufzurollen; Belisar war bereits in Sizilien gelandet. Widerwillig übernahm der Papst den Auftrag des Königs, den Kaiser zum Einlenken zu bewegen. Die Mission des Papstes blieb ohne jedweden politischen Erfolg. Aber Agapitus war nicht nur als königlicher Botschafter auf Reisen. Von allen Seiten über die merkwürdigen Vorgänge in Konstantinopel informiert, war er entschlossen, seinen Aufenthalt in der Kapitale zur Bekräftigung seiner Primatialrechte zu verwenden, die ja Justinian hochzuhalten schon öfter feierlich versichert hatte. Zunächst verweigerte er von allem Anfang an dem Patriarchen Anthimos die Gemeinschaft, formell unter dem gesuchten Vorwand, daß er als Translatus von Trapezunt nicht gültiger Bischof von Konstantinopel sein könne, de facto wohl, weil er ihn des Monophysitismus verdächtigte. Justinian ließ gehorsam Anthimos sofort fallen, und dieser verschwand, woher er gekommen war, wohl in einem Versteck Theodoras. Menas, ein Mann aus Alexandreia, wurde neuer Patriarch und vom Papst geweiht, nachdem er eine erweiterte „Formula Hormisdae" unterzeichnet hatte. Über das weitere Schicksal des Anthimos sollte eine Synode entscheiden; jedenfalls war dies Agapitus' Plan. Doch er starb vor deren Verwirklichung am 22. April 536 in Konstantinopel. Trotzdem führte der Kaiser auch diesen Wunsch des Papstes durch, und am 2. Mai des Jahres trat die Synode unter Vorsitz des Menas und Beteiligung einer ganzen Reihe lateinischer Bischöfe und römischer Kleriker zusammen, die mit dem Papst gekommen waren, an ihrer Spitze der päpstliche Diakon Pelagius, der spätere Papst. Antiocheia und Jerusalem waren durch Apokrisiare und Delegationen vertreten[6]. Die förmliche Anklage gegen Anthimos übernahmen konstantinopolitanische Äbte. Da Anthimos nicht erschien, obwohl er dreimal geladen wurde, und ihn auch niemand verteidigte, war er im Nu in absentia verurteilt und degradiert. Die Synode hätte auseinandergehen können. Doch jetzt verlangten Mönche aus Palästina auch die Verurteilung des Severos. Menas zögerte, aber Justinian gab die Bahn frei, und so wurde denn auch Severos samt seinem Anhang mit dem Anathem belegt. Die

[6] Akten: Collectio Sabbaitica: ACO III 27–186; *Mansi* VIII 873–1176.

Politik des Papstes Agapitus trug also noch nach seinem Tod Früchte. Die neue „henotische" Bewegung war zu Ende.

Was Justinian zu diesem Kurswechsel veranlaßte, ist schwer auszumachen. Gewiß: der Papst war für ihn immer theoretisch die höchste Glaubensinstanz, aber in der Praxis verstand es der Kaiser, diese Instanz zu manipulieren. Nicht übersehen werden darf, daß im Grunde all seine Bemühungen um die Gewinnung der Monophysiten ohne sonderlichen Erfolg geblieben waren – auch die theopaschitische Formel konnte ihnen nicht genügen. Vielleicht war der Kaiser froh, die Gegenaktion, die ja auch Theodora treffen mußte, dem Papst zu überlassen, der sie sich gern aufbürden ließ. Vermutlich spielte aber auch die Lage in Italien keine unbedeutende Rolle. Wie intensiv oder lässig Agapitus das Anliegen seines Königs Theodahat vertreten hat, wissen wir nicht. Jedenfalls befand sich Belisar auf dem Marsch nach Rom, und vielleicht verstand es der Papst, dem Kaiser klarzumachen, wie sehr es den Feldzug Belisars erleichtern würde, wenn er als Vertreter einer tadelfreien kaiserlichen Orthodoxie den Goten, diesen Häretikern, entgegentreten könnte! Es ist nicht auszuschließen, daß Justinian damals Italien mehr bedeutete als die rekalzitranten Monophysiten des Ostens. Die Erfolge Belisars sollten nicht durch eine Brüskierung des römischen Papstes und seiner katholischen Obödienz in Italien in Frage gestellt werden.

Nachdem er sich einmal entschieden hatte, zog Justinian die Zügel streng an. Severos und die Severianer wurden aus der Hauptstadt vertrieben. Severos ging wieder als Flüchtling nach Ägypten. Theodora fing ab, was sie abfangen konnte, aber ihre Tätigkeit war jetzt nur noch defensiv, nicht mehr offensiv. Pelagius, der Diakon des Agapitus, blieb als päpstlicher Apokrisiar in Konstantinopel und scheint eine wichtige Rolle als Berater des Kaisers gespielt zu haben. Patriarch Ephraim von Antiocheia, ein ehemaliger General, versuchte sich in der Zwangsbekehrung Syriens zur Orthodoxie. In Ägypten war der Monophysitismus schon derart beheimatet, daß er sich bereits in Parteien spaltete, besonders in die der gemäßigten Severianer und in die der „Phantasiasten", der Anhänger Julians von Halikarnaß[6a], der in Christi Leib ein ἄφϑαρτον sah (Aphthartodoketen). Patriarch Theodosios, ein Freund des Severos, war 535 auf Intervention Theodoras in Alexandreia Patriarch geworden, hatte aber die größten Schwierigkeiten, sich gegen Gainas, den Mann der Julianisten, durchzusetzen. Jetzt wurde Theodosios 537 nach Konstantinopel befohlen; da er sich nicht entschließen konnte, den Horos von Chalkedon zu unterzeichnen, mußte er in die Verbannung. Theodora brachte es nach einiger Zeit fertig, ihn nach Konstantinopel kommen zu lassen, wo er ihren Schutz genoß und alles tun konnte, um aus der Ferne seine ägyptische Kirche zu leiten. Der Kaiser aber ernannte jetzt aus eigener Machtvollkommenheit einen Paulos zum Patriarchen von Alexandreia und stattete ihn mit Vollmachten aus, die denen eines kaiserli-

[6a] *R. Draguet*, Julien d'Halicarnasse et sa controverse avec Sévère d'Antioche (Louvain 1924).

chen Gouverneurs entsprachen. Doch was die Theologie des Kaisers nicht vermocht hatte, vermochte auch seine Gewaltpolitik nicht.

Zu allem Überfluß vermehrte sich gerade um diese Zeit das Repertoire der Theologumena, über die man sich entzweien konnte, um einen neuen Punkt, den man längst tot geglaubt hatte, den Origenismus. Nach dem ersten Origenistenstreit[7] um die Wende zum 5. Jh. war es um die Lehre des großen Alexandriners still geworden. Da und dort ergreift man noch die Feder, um ihn zu widerlegen, aber der christologische Streit bemühte die Gemüter derart, daß für die esoterischen Fragen, die Origenes beschäftigt hatten, kein Raum mehr blieb. In Mönchskreisen aber muß Origenes nach wie vor jene geheimnisvolle Anziehungskraft ausgeübt haben, der schon Euagrios erlegen war. Und als sich die Auseinandersetzung in der ersten Hälfte des 6. Jh. allmählich wieder versteifte, scheint die Problematik dieselbe gewesen zu sein wie eineinhalb Jahrhunderte vorher: eine extreme Spiritualisierung des geistlichen Lebens, erfaßt vom raptus des Aufstiegs zu Gott, um sich in ihm bis zum Verlust der Identität zu verlieren, um in ihm alles Gefallene in einer letzthinnigen Verklärung wiederzufinden. Was im einzelnen die origenistisch gesinnten Mönche ihrem Meister – näherhin den Schriften seines Adepten Euagrios Pontikos – entnahmen, ob sie sich mehr um eine kosmologische Deutung innerseelischer Vorgänge bemühten oder ob sie Origenes „privatisierten", läßt sich nicht mehr sagen, denn was man gegen sie schrieb, ist von Spiritualität allzu weit entfernt[8].

Ausgangspunkt und Mittelpunkt der neuen Bewegung war Palästina. Hier hatte das Mönchtum seit der 2. Hälfte des 5. Jh. sowohl in der koinobitischen wie in der anachoretischen (Lauren-)Form einen ungeheuren Aufschwung genommen. Eine der wichtigsten Gründungen war die Laura des Mönches Sabas aus Kappadokien († 532), entstanden im Jahre 483 (Mar Saba). 494 wurde Sabas der Archimandrit aller Anachoreten Palästinas, d.h. Vertreter des Patriarchen für diese Mönchsgruppe. Er war ein großer Organisator, ein eifriger Bauherr und treuer Verfechter einer problemlosen Orthodoxie, aber nicht der Mann, der auf Grund seiner Vorbildung Verständnis für origenistische Strömungen hätte aufbringen können. Aber auch unter seinen Mönchen gab es diese Richtung, und weil Sabas so war, wie er war, eben Opposition. Schließlich kam es zum Auszug der „Eigenbrötler", der mit ihm Unzufriedenen, die sich um 507 in einer neuen Gründung, der „Neuen Laura", versammelten. Ihr Führer war ein gewisser Nonnos. Sabas gelang es, noch geraume Zeit auch die Neue Laura einigermaßen in der Hand zu behalten und ihr seine Äbte aufzuzwingen. Einer dieser Äbte, Agapetos, vertrieb schließlich die strengen Origenisten aus der neuen Gründung. Erst nach seinem Tod, 519, kamen sie wieder zurück und verfolgten nun die Technik des Schweigens und der geheimen Tradierung und Pflege ihrer Lehre. Das gelang offenbar vorzüglich, denn als der greise Sabas

[7] Siehe Bd II 1 127ff.

[8] Zum Ganzen vgl. *F. Diekamp*, Die origenistischen Streitigkeiten im 6. Jh. und das fünfte allgemeine Concil (Münster 1899); *E. Schwartz*, Kyrillos von Skythopolis 386ff.

im Jahre 531 als Beauftragter der Provinz mit einem Gesuch um Steuernachlaß an den Kaiserhof reiste, nahm er aus den Mönchen der Neuen Laura einen gewissen Leontios[9], einen gebürtigen Konstantinopolitaner, in seine Begleitung auf, der zu den überzeugtesten Origenisten gehörte. In Konstantinopel, seiner Heimat, sah Leontios keinen Grund mehr, sich an die Schweigepflicht der Neuen Laura zu halten, und predigte unbekümmert seine Lehren. Jetzt gingen Sabas die Augen auf, und erzürnt stieß er Leontios aus seinem Gefolge und kehrte – höchst unklugerweise – ohne ihn nach Palästina zurück, wo er 532 starb. Leontios bekam weiteren Zuzug aus der palästinensischen Eremos, vor allem die Mönche Dometianos und Theodoros Askidas[10]. Was sie dem Kaiser, zu dem sie Zugang fanden, erzählten und was er davon verstand, wissen wir nicht. Jedenfalls gewannen sie ihn für sich, und er erhob Theodoros zum Metropoliten von Kaisareia in Kappadokien und Dometianos zum Metropoliten von Ankyra. Theodoros zog es freilich vor, meist in der Nähe des Kaisers zu verweilen und sein Bistum sich selbst zu überlassen.

Inzwischen hatte Patriarch Paulos von Alexandreia alle Hoffnungen, die der Kaiser auf ihn gesetzt hatte, enttäuscht. Seine Gewalttätigkeiten wurden unerträglich, und sogar der Mitschuld an der Ermordung eines Diakons konnte man ihn zeihen. So ließ ihn der Kaiser nach Gaza verbannen, und hier sollte ihn eine Synode absetzen. Die Synode tat ihre Schuldigkeit, und die kaiserlichen Delegierten, die ihr beigewohnt hatten, wurden nun an Ort und Stelle mit dem Origenismus konfrontiert. Einer von ihnen, der am Hofe einflußreiche Papas Eusebios, versuchte mit dem Problem fertig zu werden, indem er dem Abt der Neuen Laura den Auftrag gab, entweder die vertriebenen Origenisten wieder aufzunehmen oder aber auch die entschiedensten Antiorigenisten aus dem Kloster zu weisen. Der Abt Gelasios entschied sich für letzteres. Die Vertriebenen wandten sich nun an den eifernden Patriarchen von Antiocheia, Ephraim, der die Origenisten sofort mit dem Bann belegte. Dometianos und Theodoros Askidas, die in Konstantinopel davon erfuhren, suchten den konstantinopolitanischen Patriarchen Menas zu bewegen, seinerseits Ephraim die Kirchengemeinschaft aufzukündigen. Aber inzwischen kam eine ausführliche Klageschrift der Antiorigenisten aus Palästina, die sich über die Umtriebe ihrer Gegner ausließ. Der Patriarch leitete sie an Kaiser Justinian weiter, und dieser erließ bald darauf ein scharfes Edikt gegen Person und Lehren des Origenes[11].

Stellt man sich die Frage, wer am Hof einflußreich genug war, um gegen Papas Eusebios, gegen Askidas und Dometianos eine solche Maßnahme durchzusetzen, so war es kaum der Patriarch Menas; am wahrscheinlichsten dürfen

[9] Ob dieser Leontios identisch ist mit jenem Leontios Byzantios, der der Dogmengeschichte so viele Sorgen macht, ist umstritten. *E. Schwartz* a. a. O. 388f ist dagegen; dafür *M. Richard*, Léonce de Byzance était-il origéniste?: RÉB 5 (1947) 31–66; vgl. die Geschichte der Kontroverse bei *S. Helmer*, Neuchalkedonismus 31ff.

[10] Zu Dometianos und Theodoros vgl. die Literatur bei *Beck* 384.

[11] Dekret gegen die Origenisten: PG 86, 1, 945–990; ACO III 189–214.

wir im Diakon Pelagius den Initiator sehen, der als Apokrisiar an der Synode von Gaza teilgenommen hatte. Wer immer es gewesen sein mag, einmal aufgerufen, griff der Kaiser voll in die Saiten seines theologischen Instrumentars. Sein Edikt ist nicht nur die Verkündigung von Maßnahmen, sondern ein theologischer Traktat in Form eines Konzilsbeschlusses. Er nimmt sich nicht nur vor, Origenes zu widerlegen, sondern ihn auch zu lästern; mit Zitaten, hauptsächlich aus Περὶ ἀρχῶν, macht er sich über die Lehre lustig, die er dann in zehn Anathematismen zusammenfaßt, denen sich die gehorsamen Theologen und Prälaten nur noch zu beugen haben. Das Edikt dürfte in den Beginn des Jahres 542 zu datieren sein. Patriarch Menas wurde angewiesen, es vom gesamten hauptstädtischen Klerus unterzeichnen zu lassen und das Protokoll darüber allen übrigen Bischöfen zur Unterschrift zuzusenden. Weder der Papst noch sonst ein Patriarch verweigerte die Unterschrift. Die führenden Origenisten freilich weigerten sich, diese Entscheidung anzunehmen, und sie zogen es vor, die Laura endgültig zu verlassen und sich anderswo eine Bleibe zu suchen. Dometian scheint nach einigem Schwanken ebenfalls das Edikt abgelehnt zu haben, während es Theodoros Askidas anscheinend verstanden hat, sich um die Unterschrift zu drücken.

Der Origenismus schien zu Tode getroffen. Aber der Schein trog auch hier, denn unter fremdem Namen wird Origenes die großen Mystiker der byzantinischen Kirche auch weiterhin in seinen Bann ziehen[12].

4. Kapitel

Der Dreikapitelstreit und das 5. allgemeine Konzil. Das Ende der justinianeischen Zeit

QUELLEN: *Mansi* IX 171–657; ACO IV, Concilium universale Constantinopolitanum, ed. *J. Straub* (Berlin 1971); *E. Schwartz*, Drei dogmatische Schriften Justinians: AAM NF 18 (München 1939).

LITERATUR: *E. Amann*, Trois Chapitres: DThC XV 1868–1924; *Hefele-Leclercq* III 1, 1–132; *R. Devreesse*, Le cinquième concile et l'œcuménicité byzantine: MiscMercati III (Rom 1946) 1–15; *Ch. Moeller*, Le cinquième concile œcuménique et le magistère ordinaire: RSPhTh 35 (1951) 413–423; *E. Chrysos*, Die Bischofslisten des V. ökumenischen Konzils (553) (Bonn 1966); *E. Schwartz*, Vigiliusbriefe. Zur Kirchenpolitik Justinians: SAM 1940, 2 (München 1940); *F. Diekamp*, Die origenistischen Streitigkeiten im sechsten Jh. und das fünfte allgemeine Concil (Münster 1899); *E. K. Chrysos*, Ἡ ἐκκλησιαστικὴ πολιτικὴ τοῦ Ἰουστινιανοῦ κατὰ τὴν ἔριν περὶ τὰ τρία κεφάλαια καὶ τὴν ε' οἰκουμενικὴν σύνοδον (Thessalonike 1969); *ders.*, Τμήματα τῶν Πρακτικῶν τῆς ε' οἰκουμενικῆς συνόδου παρὰ βυζαντινοῖς χρονογράφοις: Κληρονομία 2 (1970) 376–401; *J. Straub*, Die Verurteilung der drei Kapitel durch Vigilius: Κληρονομία 2 (1970) 347–375; *W. de Vries*, Das zweite Konzil von Konstantinopel (553) und das Lehramt von Papst und Kirche: OrChrP 38 (1972) 331–366.

[12] Vgl. *A. Guillaumont*, Les „Kephalaia gnostika" d'Évagre le Pontique et l'histoire de l'origénisme chez les Grecs et les Syriens (Paris 1962).

Unter den Drei Kapiteln versteht man Person und Werk von drei Theologen, die in der Zeit zwischen dem Ephesinum und dem Chalcedonense eine gewisse Rolle gespielt haben und allmählich, ohne daß die Sache es erfordert hätte, zum Zankapfel zwischen den verschiedenen kirchenpolitischen Parteien wurden. An erster Stelle ein Brief des Ibas von Edessa aus der Zeit nach der Union von 433, der Nestorios keinesfalls verteidigt, aber auch alles andere als freundliche Gefühle für Kyrillos von Alexandreia hegt. Der Brief anerkennt die Union von 433, aber sein Verfasser ist nicht geneigt, in dem großen Exegeten Theodoros von Mopsuestia den Vater des Nestorianismus zu sehen und ihn deshalb zu verurteilen. Sodann Theodoros von Mopsuestia selbst. Man hatte längst begonnen, seine Theologie als nestorianisch abzustempeln, und nun gingen die Bestrebungen dahin, ihn selbst und sein Werk nachträglich dem Bann zu überantworten, obwohl sowohl Ephesos wie Chalkedon dazu nicht bereit gewesen waren. An dritter Stelle stehen einige Schriften des Theodoretos von Kyros, die gegen die Anathematismen des Kyrillos gerichtet waren. Schon 431 hatte sich Kyrillos selbst vergeblich um die Verurteilung des Theodoros bemüht. Aber man hielt ihm entgegen, daß Theodoros zu Lebzeiten nie einer Ketzerei geziehen worden war und daß er im Frieden mit der Kirche gestorben war. Es gehe nicht an, einen solchen Mann nach seinem Tod zu schmähen. Ibas sowohl wie Theodoretos waren zwar von der Räubersynode im Jahre 449 abgesetzt worden, aber Chalkedon hatte beide rehabilitiert. Die Synode hatte am Brief des Ibas so wenig auszusetzen gehabt wie an den antikyrillischen Schriften des Theodoretos. Mit anderen Worten: Ein Angriff auf diese drei κεφάλαια war im Grunde ein Angriff auf die Autorität des Konzils von Chalkedon. Sich auf den Brief des Ibas zu kaprizieren und dann noch zu argumentieren, er sei nicht von Ibas, und damit die Autorität des Konzils zu achten, das somit einen anderen als den Verfasser des Briefes rehabilitiert habe, war schlankweg rabulistisch, da noch dazu implicite das Konzil auch den Inhalt des Briefes anerkannt hatte. Der Angriff auf Theodoros aber verriet nicht nur jeglichen Mangel an Sinn für Begriffsentwicklung, sondern auch den Verlust kirchenpolitischer Dezenz schlechthin. Theodoretos aber mußte einfach fallen, weil er die Schwächen Kyrills zu gut getroffen hatte. Was konnte Kreise, die angaben, zum Chalcedonense zu stehen, bewegen, diese Drei Kapitel zur Zielscheibe gnadenloser Angriffe zu machen und damit das Vertrauen in das Konzil zu erschüttern? Aufs Ganze gesehen, doch wohl nur die ständige Angst, in den Augen der Monophysiten als Nestorianer dazustehen, mit den Formeln von Chalkedon einer nestorianischen Interpretation des christologischen Dogmas Vorschub zu leisten und mit den genannten Persönlichkeiten und ihrem Werk die Aufrichtigkeit des Festhaltens an der Orthodoxie zu kompromittieren. Sie mochten der Meinung sein, würde man die Drei Kapitel über Bord werfen, könnten die Severianer zum Einlenken bewogen werden. Die Médisance der Kirchengeschichte nennt freilich konkretere Anlässe[1].

[1] Ausführlich darüber Liberatus in seinem Breviarium causae Nestorianorum et Eutychianorum: ACO II, 5, S. 140ff.

Sie kennt den Namen des Mannes, der den Angriff systematisch vorbereitet hat, und sie weiß von seinen Motiven: Theodoros Askidas, in der Beraterrolle beim Kaiser durch die Angriffe auf den Origenismus, die nicht zuletzt auf ihn selbst zielten, aufs äußerste gefährdet, habe auf Rache gesonnen, und sie sollte sich gegen die strengen Chalkedonier richten, die den Origenismus beim Kaiser denunziert hatten. In dem Angriff auf die Drei Kapitel habe er den Weg gefunden, unter dem Vorwand, Chalkedon von unangenehmen Begleiterscheinungen zu säubern, die Synode im Kern zu treffen und zugleich den Kaiser in einen theologischen Streit solchen Ausmaßes zu verwickeln, daß er darüber auch den Origenismus vergessen müsse und froh wäre, Askidas als Berater zu behalten.

Wie immer die Dinge vor sich gegangen sein mögen, Askidas hatte beim kaiserlichen Theologen Erfolg mit seinen Vorstellungen. Rasch war Justinian bei der Hand, einen gelehrten Traktat zu verfassen, in dem er die Drei Kapitel ausführlich darlegte. Daran schlossen sich Anathematismen an gegen Theodoros und seine Schriften, gegen die Werke des Theodoretos, die er gegen Kyrill verfaßt hatte, und gegen den Brief des Ibas und alle jene, die behaupteten, Ibas sei der Verfasser – wohl das erste Anathem der Kirchengeschichte in Fragen der Literaturkritik! Ausdrücklich glaubte Justinian versichern zu müssen, daß diese Anathematismen keinen anderen Zweck hätten, als die Beschlüsse von 451 zu bestätigen. Der Traktat ist verlorengegangen[2]. Er dürfte in der Zeit zwischen 543 und 545 abgefaßt und veröffentlicht worden sein. Während man bei dem kaiserlichen Dekret gegen die Origenisten noch unterstellen kann, daß ein einzelner die Argumente des ersten Origenistenstreites zusammenfaßte, daß somit die Verurteilung nichts wesentlich Neues brachte, ging Justinian in seinem Dekret – denn dies wollte der Traktat sein – gegen die Drei Kapitel völlig autoritär als Herr über Kirche und Dogma vor, ohne Rückendeckung durch eine Synode und ohne auf lange Zeit an eine Bestätigung durch eine Synode zu denken. Die Bischöfe bekamen den gemessenen Befehl, die Anathematismen zu unterschreiben. Doch diesmal gab es Schwierigkeiten. Patriarch Menas von Konstantinopel unterschrieb schließlich samt seiner Synode, ließ sich aber zusichern, daß er seine Unterschrift zurückziehen könne, falls der Papst die Unterschrift verweigere. Alexandreia machte kaum Schwierigkeiten, wohl aber Patriarch Ephraim von Antiocheia, der jedoch schließlich ebenfalls einlenkte. Mehr Schwierigkeiten bereitete Palästina, wo vor allem die chalkedonisch gesinnten Mönche den Patriarchen unter Druck setzten. Entschieden negativ verhielt sich ein großer Teil der Bischöfe des Westens. Die Apokrisiare des Papstes in Konstantinopel verweigerten dem Patriarchen Menas die Kirchengemeinschaft, weil er unterschrieben hatte; am härtesten opponierte der afrikanische Episkopat und die meisten Bischöfe Italiens und Galliens. So mußte es die wichtigste Aufgabe des Kaisers werden, den Papst zu gewinnen. In Rom hatte 537 Papst Vigilius den Stuhl Petri bestiegen, ein Mann, dessen Rolle bei der Absetzung seines

[2] Fragmente bei *E. Schwartz*, Zur Kirchenpolitik Justinians (München 1940) 73ff.

Vorgängers durch Belisar zu Bedenken Anlaß gegeben hatte[3] und der der byzantinischen Regierung gegenüber immer so etwas wie ein schlechtes Gewissen gehabt zu haben scheint. Jetzt zitierte ihn Justinian der Einfachheit halber nach Konstantinopel, und erst hier, wo er 547 ankam, wurde ihm das neue Dokument offiziell zur Unterschrift vorgelegt. Die Haltung des Papstes jetzt und in der Folgezeit bedarf kaum eines Kommentars. Sie als schwach und ziellos zu bezeichnen heißt sich gelinder Ausdrücke bedienen. Zunächst ließ sich alles vielversprechend an. Wie seine Apokrisiare sagte auch er Menas die Gemeinschaft auf, der offenbar auf die Zusicherung, er könne seine Unterschrift zurückziehen, nicht mehr zu sprechen kam. Menas rächte sich damit, daß er den Papst in der Liturgie nicht mehr erwähnte. Justinian aber wandte jedes nur mögliche Druckmittel an, um den Papst zum Einlenken zu bewegen. So nahm Vigilius im Laufe des Jahres 547 die Gemeinschaft mit Menas wieder auf und erließ im April 548 sein berühmtes „Judicatum", in dem er die Drei Kapitel, wenn auch nicht ohne Einschränkung, preisgab[4]. Die Erregung über dieses Nachgeben des Papstes wuchs ungeheuer und ergriff selbst die unmittelbare Umgebung. Schließlich sah sich Vigilius gezwungen, sogar eine Reihe von Diakonen, die mit ihm aus Rom nach Konstantinopel gekommen waren, zu exkommunizieren, um sich ihrer unangenehmen Kritik zu erwehren. Dafür wurde er selbst von einer Synode afrikanischer Bischöfe exkommuniziert. Die Situation spitzte sich für den Papst vor allem im Westen gefährlich zu, so daß er schließlich verbreiten ließ, er sei mit unlauteren Mitteln zur Publikation des Judicatum bewogen worden. Justinian gab einen Augenblick nach und ließ sich dazu herbei, dem Papst das Judicatum zurückzustellen mit der Versicherung, daß die Angelegenheit auf einer Synode geregelt werden sollte. Dafür ließ er sich freilich vom Papst die schriftliche, beeidete Versicherung geben, er werde nach Kräften an der Verurteilung der Drei Kapitel mitarbeiten und nichts unternehmen, ohne sich mit Justinian zu verständigen – eine totale Preisgabe des Papstes, die freilich geheimgehalten wurde. Die Synode ließ auf sich warten; Bischöfe, auf deren Erscheinen der Hof Wert legte, reisten nicht an, andere wollte man möglichst von der Hauptstadt fernhalten. So war es für Askidas nicht schwer, den Kaiser zu bewegen, neuerdings durch ein Dekret mit 13 Anathematismen die Drei Kapitel feierlich zu verurteilen (Juli 551)[5]. Askidas selbst unternahm es, das Dekret dem Papst auszuhändigen; aber nun verlangte der Papst, wohl unter dem Druck der abendländischen Bischöfe, die Aufhebung des Edikts und bedrohte Askidas und den Patriarchen Menas mit dem Bann. Zugleich hielt er es für notwendig, nach diesem Angriff sich in Sicherheit zu bringen, und floh aus seiner Absteige, der Domus Placidiae, asylsuchend in die Petruskirche im

[3] Liberatus will wissen, Vigilius habe, um Papst zu werden, die Zusage an Kaiserin Theodora gemacht, er werde das Chalcedonense aufgeben (ACO II, 5, S. 136).

[4] Rekonstruierbar aus dem nachher zu nennenden Constitutum: Vgl. Collectio Avellana n. 83, 316–317.

[5] *E. Schwartz,* Drei dogmatische Schriften Justinians 72–111.

Palast des Hormisdas, wo er dann den Bann gegen Askidas offiziell vollzog[6]. Justinian versuchte, den Papst mit Polizeigewalt aus dem Asyl zu zerren, aber Vigilius wehrte sich buchstäblich mit Händen und Füßen. Erst als ihm der Kaiser eine Garantie für seine persönliche Freiheit aussprach, ließ er sich dazu bewegen, wieder in die Domus Placidiae zurückzukehren. Da aber Justinian sein Versprechen nicht einhielt, sondern ihn wie einen Gefangenen behandelte, floh er ein zweites Mal, jetzt über die Propontis in die Konzilskirche der heiligen Euphemia in Chalkedon. Wiederum gab es seitens des Kaisers alle möglichen Zusicherungen, unterbrochen durch Grobheiten und Akte der Gewalt. Selbst Belisar vermochte es nicht, den Papst zur Rückkehr zu bewegen. Vigilius veröffentlichte hier eine Enzyklika[7], in der er seine Haltung zu rechtfertigen suchte und die Absetzung des Askidas aussprach. Es gelang den Anhängern des Papstes sogar, an verschiedenen Stellen die Bannbullen gegen Menas und Askidas öffentlich anzuschlagen. Der endgültige Bruch schien sich anzubahnen; doch so weit wollte es Justinian nicht kommen lassen. Er veranlaßte Menas und Askidas, sich beim Papst zu entschuldigen, und dieser kehrte nach Konstantinopel zurück. Kurz darauf (August 552) starb Menas, und der neue Patriarch Eutychios erklärte von Anfang an seine Loyalität gegenüber dem Papst. Man einigte sich jetzt endgültig, die letzte Entscheidung einer Synode anzuvertrauen. Es folgten schwierige Verhandlungen über die Besetzung des Konzils, bei denen der Kaiser in einer Weise seine eigenen, nur auf die Verurteilung der Drei Kapitel zielenden Vorstellungen durchsetzte, daß dem Papst wenig Aussicht blieb, die Opposition des Abendlandes wirksam werden zu lassen; er war de facto jeder Entscheidungsgewalt beraubt und beschloß dementsprechend, an den Sitzungen des Konzils nicht teilzunehmen. Die Synode – das sogenannte 5. ökumenische Konzil – trat am 5. Mai 553 mit 166 Bischöfen zusammen, von denen nur ein Dutzend das Abendland vertrat. Auch Justinian hielt sich aus taktischen Gründen fern, ließ aber die Bischöfe wissen, daß sie ja die Drei Kapitel durch die Unterschrift unter das kaiserliche Edikt schon verurteilt hätten, daß auch der Papst sie verurteilt habe und daß es sich im Grunde nur noch um eine Ratifizierung dieser Beschlüsse handle. Das Konzil bemühte sich, den Papst zur Teilnahme zu bewegen, aber Vigilius begnügte sich damit, eine offizielle Stellungnahme in Aussicht zu stellen. Seine Teilnahme an den Sitzungen machte er nach wie vor von einer stärkeren Beteiligung der Bischöfe des Westens abhängig. Das Konzil ging darüber zur Tagesordnung über und begann mit der Vorbereitung der Verurteilung der Drei Kapitel. In diesem Augenblick, am 14. Mai, veröffentlichte der Papst ein „Constitutum"[8], das er zusammen mit neun italienischen Bischöfen, zwei aus Afrika, zwei aus dem Illyricum und drei aus Kleinasien unterzeichnete. Vigilius verurteilte „kraft apostolischer Autorität" 60 Sätze aus den Schriften des Theodoros von Mopsuestia, weigerte sich aber strikt, den Kirchenvater selbst mit dem Bann zu belegen, so wie er sich weigerte,

[6] Text bei *E. Schwartz,* Vigiliusbriefe (München 1940) 10–15.
[7] *E. Schwartz* a.a.O. 1–10. [8] Collectio Avellana n. 83, 230–320.

Theodoretos oder den Verfasser des Ibas-Briefes zu anathematisieren, weil damit die Beschlüsse von Chalkedon in Frage gezogen würden. Das Constitutum verbot jede Polemik gegen die Drei Kapitel, die über dieses Dekret hinausginge. Zwar weigerte sich der Kaiser, das Constitutum überhaupt in Empfang zu nehmen, aber der Inhalt wurde trotzdem bekannt. So trat der Kaiser die Flucht in die Öffentlichkeit an. Er unterbreitete den Konzilsvätern ein Aktenbündel mit Briefen des Papstes, in denen er sein Judicatum verteidigte, und vor allem das Protokoll seiner Eidesleistung von 550. Darauf löschten die Väter den Namen des Papstes in den Diptychen, ohne ihn zu exkommunizieren. Die Autorität des Apostolischen Stuhles als solchen sollte nicht angetastet werden.

Am 2. Juni 553 schließlich auf der letzten Sitzung vollzog die Synode in 14 Anathematismen, die Justinians Dekret entlehnt waren, die Verurteilung der Drei Kapitel in aller Form. Theodoros Askidas schien auf der ganzen Linie gesiegt zu haben: Justinian hatte tatsächlich keine Zeit mehr auf die Durchsetzung seines Dekrets gegen die Origenisten verwendet; sie beherrschten in Palästina Klöster und Bischofsstühle. Aber im Abt Konon der Großen Laura erstand ihnen jetzt unversehens ein gefährlicher Gegner, der genau wußte, daß sie ihren Protektor in Askidas hatten. 551 tauchte er selbst in Konstantinopel auf und denunzierte ihr Treiben beim Kaiser. Justinian wachte auf und entschloß sich durch einen Brief an die zum Konzil angereisten Bischöfe, die Angelegenheit wieder in Gang zu bringen. Zur Erleichterung des Verfahrens garnierte er seinen Traktat wiederum gleich mit 15 Anathematismen[9]. Wenn wir den Verlauf der Verhandlungen auch nicht kennen, so steht doch fest, daß die Bischöfe keine Schwierigkeiten machten. Ihre Sentenz wandte sich nicht nur und nicht zuvörderst gegen Origenes selbst, sondern gegen die Origenisten Palästinas und concomitanter nun auch gegen Euagrios Pontikos. Die Verhandlungen müssen vor Beginn des Konzils höchstwahrscheinlich im März 553 abgeschlossen worden sein, und Vigilius scheint ohne Bedenken seine Zustimmung gegeben zu haben.

Nachdem so alles „bereinigt" war, verlangte der Kaiser von allen Bischöfen, die nicht an der Synode teilgenommen hatten, die Unterschrift unter die Beschlüsse. Im Osten gab es nur geringe Schwierigkeiten. Die Origenisten wurden aus der Neuen Laura vertrieben, einige Bischöfe von ihren Sitzen entfernt. Wichtiger war die Stellungnahme des Papstes. Rom, seit 552 wieder fest in byzantinischer Hand, verlangte dringend die Rückkehr seines Bischofs. Justinian forderte von Vigilius als Vorleistung die Anerkennung der Verurteilung der Drei Kapitel. Wieder einmal gab der Papst nach und sprach die Verurteilung am 8. Dezember 553 aus[10]. Am 23. März 554 erging ein neues Constitutum des Papstes, in dem er die Authentizität des Ibas-Briefes und seine Rechtfertigung durch das Chalcedonense in Abrede stellte[11]. Im Frühjahr 555 schließlich

[9] Zur Echtheit und Datierung *F. Diekamp*, Die origenistischen Streitigkeiten 82ff. Text der Anathematismen 90–97.

[10] *Mansi* IX 419f.

[11] *Mansi* IX 457–488.

konnte der Papst Konstantinopel verlassen. Er starb jedoch auf der Reise in Syrakus. Die Opposition im Westen bekam dadurch nur noch freiere Bahn, und trotz schwer polizeilicher Repressalien hielt sie stand. Wenn schließlich jetzt auch der Diakon Pelagius, der Vigilius immer wieder auf der Bahn der alten Überzeugungen gehalten hatte und deshalb vom Kaiser darüber inhaftiert worden war, den Weg zur Anerkennung des Konzils einschlug, so war dies jetzt für den Kaiser Grund genug, ihn den Römern als Bischof aufzudrängen (556). Der Widerstand, den er in Rom fand, veranlaßte ihn freilich, seine Haltung zu revidieren; aber das Schisma zwischen dem Apostolischen Stuhl und bedeutenden Teilen des westlichen Episkopats war nicht mehr zu verhindern.

Was die Monophysiten anlangt, so ließen die Beschlüsse von 553 sie völlig ungerührt. Die geheime Hoffnung des Kaisers, sie doch noch zu gewinnen, scheiterte kläglich, und Justinian scheint darüber nicht mehr hinweggekommen zu sein. Vielleicht erklärt sich daraus eine neuerliche Annäherung an eine monophysitische Gruppe, die letzte Caprice des kaiserlichen Theologen. Angeblich war es ein palästinensischer Bischof, der ihn näher mit der Lehre des Julian von Halikarnaß[12] vertraut machte, dem sogenannten Aphthartodoketismus, dem zufolge der Leib Christi ein ἄφθαρτον, ein incorruptibile ist, so daß er am Kreuze nur leiden konnte, weil ein eigenes Wunder es ermöglichte. Die Vertreter dieser Lehre, nach einem ihrer Häupter auch Gaianiten genannt, waren in Ägypten weit verbreitet, und vielleicht gab sich der Kaiser wieder einmal der Hoffnung hin, wenn nicht die Severianer, so doch diese Gruppe der Monophysiten für sich gewinnen zu können. Er ließ sich von der Richtigkeit des Aphthartodoketismus überzeugen[13], und geübt wie er war, entwarf er denn auch sofort ein Glaubensdekret zugunsten dieser Lehre, das allen Bischöfen zur Unterschrift vorgelegt werden sollte. Schon Patriarch Eutychios in der eigenen Hauptstadt verweigerte jegliche Zustimmung. Aber da es der Kaiser besser wußte, mußte der Patriarch in die Verbannung (565). Ob das Dekret wirklich amtlich publiziert wurde, wissen wir nicht. Jedenfalls wurde sein Inhalt rasch bekannt und erregte allgemeines Mißfallen, nicht nur im Westen, sondern jetzt auch im Osten. Aber ehe der neue Konflikt voll zum Ausbruch kam, starb der Kaiser am 14. November 565, und niemand fand sich, der seinen letzten Gedanken aufgenommen und ausgeführt hätte.

Mit Justinian geht eine Ära der Kirchengeschichte zu Ende. Aus seiner eigenen politischen Sicht heraus mag sein Wirken im Raum der Kirche folgerichtig gewesen sein, für die Kirchengeschichte selbst beginnt es erfolgversprechend orthodox, weicht dann „theopaschitisch“ auf, um in den Jahren um 536 geradezu papsttreu zu wirken. Dann aber führt der Weg zu den Drei Kapiteln, und

[12] *R. Draguet,* Julien d'Halicarnasse et sa controverse avec Sévère d'Antioche sur l'incorruptibilité du corps du Christ (Louvain 1924).

[13] *M. Jugie,* L'empereur Justinien a-t-il été aphthartodocète?: ÉO 35 (1932) 399–404. Versuchte Ehrenrettung Justinians: *M. Anastos,* The Immutability of Christ and Justinian's Condemnation of Theodore of Mopsuestia: DOP 6 (1951) 123–160.

er opfert ein altes, nüchternes, kostbares theologisches Erbe auf dem Altar einer Politik, die in sich hoffnungslos war. Daß ihm große Teile der Kirche auf diesen gefährlich dilettantischen Wegen folgten, brachte der Kirche theologisch eine Verarmung ein, die lange nicht mehr wettzumachen war, ganz abgesehen davon, daß es von der theologischen Standfestigkeit der Bischöfe kein gutes Zeugnis ablegt. Bemerkenswert war vor allem der Stil, mit dem der Kaiser seine Ideen durchsetzte. So wie er mit Dogma und Glauben umsprang, ohne die kirchliche Lehrautorität zu achten, war kein Kaiser vor ihm verfahren, und kaum einer – abgesehen vielleicht von Manuel I. im 12. Jh. – ist ihm darin nachgefolgt. Ein Beweis dafür, daß ein solches Verfahren nicht einfach aus der byzantinischen Kaiseridee, aus dem kaiserlichen „Priestertum" usw. hergeleitet werden kann. Es mag überraschen: aber so gesehen, ist Justinian nicht einmal typisch für das byzantinische Kaisertum, sondern fast eine Einzelerscheinung. Freilich, er hat mit dieser seiner Art Grenzwerte gesetzt, die in Byzanz immer bedrohlich sichtbar blieben.

5. Kapitel

Die Erben Justinians – Monenergetismus und Monotheletismus

QUELLEN: Akten der römischen Synode von 649: *Mansi*, Akten des ökum. Konzils von 680/81; *Mansi* XI 190–922 (Vorbereitung der kritischen Neuausgabe beider Synoden bei der Bayer. Akademie der Wissenschaften); Theophanes Confessor, ed. *C. de Boor* (Leipzig 1883/85); Nicephorus Patriarche, ed. *C. de Boor* (Leipzig 1880).
LITERATUR: *P. Goubert*, Byzance avant l'Islam sous les successeurs de Justinien Ier (Paris 1951); *ders.*, Les successeurs de Justinien et le monophysisme: Chalkedon II 179–192; *M. Jugie*, Monothélisme: DThC X 2, 2307–23; *V. Grumel*, Recherches sur l'histoire du monothélisme: ÉO 27 (1928) 6–16 257–277, 28 (1929) 19–34 158–166 272–282, 29 (1930) 16–28; *P. Verghese*, The Monothelete Controversy – a Historical Survey: Greek Orth. Theol. Review 13 (1968) 196–211.

Wenn es ziemlich sicher ist, daß Kaiserin Theodora die Kirchenpolitik Justinians maßgeblich beeinflußte und nicht minder maßgeblich behinderte, so ist es nicht unwahrscheinlich, daß ihre Nichte Sophia, die Frau des neuen Kaisers Justin II. (565–578), der selbst bis kurz vor seiner Thronbesteigung es mit den Monophysiten gehalten haben soll, ihre Hände im Spiel hatte, als der Kaiser nach seinem Regierungsantritt begann, einen den Monophysiten entgegenkommenden Kurs zu steuern. Gefangengehaltene und verbannte monophysitische Bischöfe durften zurückkehren, Versuche wurden unternommen, durch Vermittlung kaiserlicher Abgesandter innermonophysitische Zwistigkeiten beizulegen, und schließlich wurde Jakob Baradai mit führenden Köpfen seiner Kirche zu einer Unionskonferenz nach Konstantinopel eingeladen. Die Besprechungen dauerten lange Monate, ohne freilich konkrete Ergebnisse zu zeitigen. So versuchte es Justin II. wie weiland Kaiser Zenon mit einem „Henotikon" (567)[1],

[1] Über das Henotikon des Kaisers berichtet Evagrius HE V 4.

das Zenons Formulierungen neu auflegte, die Drei Kapitel verdammte, die Monophysiten amnestierte, die Rehabilitation des Severos nahelegte – und vom Chalcedonense schwieg. Den Monophysiten war auch dies nicht genug. Auf einer Konferenz, die in Kallinikon am Euphrat stattfand, sollte ein kaiserlicher Kommissar Bischöfe und Mönche zur Annahme bewegen. Jakob Baradai und seine Getreuen wären geneigt gewesen, bei einigen Präzisierungen dem Dokument sich anzuschließen, aber vor allem die Mönche wollten von einem kaiserlichen Unionsversuch nichts wissen, so daß das Treffen mit einem schrillen Mißklang innerhalb der Partei selbst schloß. Nun bereitete der Kaiser eine Neufassung des Edikts vor[2], das „die eine Fleisch gewordene Natur des Logos" anerkannte und von einer Mentaldistinktion der Naturen sprach, wiederum ohne Chalkedon zu erwähnen, aber auch ohne auf die Rehabilitierung des Severos zurückzukommen. Das Dekret sollte mit Gewalt durchgesetzt werden, und Patriarch Joannes Scholastikos von Konstantinopel (565–577) tat alles, um der Gewalt ihren Lauf zu lassen. Es gab Verhaftungen und Deportationen in allen Landstrichen. Die Verfolgung verebbte erst, als Justin II. allmählich dem Wahnsinn verfiel und statt seiner Tiberios II. die Regierungsgeschäfte übernahm (574) und nach Justins Tod den Thron bestieg (578–582). Die Patriarchen, auch Eutychios, den man 577 nach dem Tode des Joannes aus dem Exil zurückrief, versuchten die Verfolgung fortzusetzen, aber der Kaiser wollte davon nicht viel wissen, und Eutychios selbst verhedderte sich bald in eine Doktrin über die Auferstehung alles Fleisches, die ihn der Häresie verdächtig machte[3]. Die Politik des Tiberios war wohl auch beeinflußt von dem Gedanken, die monophysitischen Araber an der wichtigen persischen Grenze nicht zu verprellen. Er empfing ihren Phylarchen al-Mundir feierlich in Konstantinopel und tat manches, um seinen Forderungen auf Freigabe verfolgter Monophysiten entgegenzukommen. Wenn er später auf Anraten des Maurikios al-Mundir fallenließ, so hatte dies andere Gründe[4]. Die Religionspolitik des Tiberios wurde fortgesetzt von seinem Nachfolger Maurikios (582–602), der persönlich ohne Zweifel ein Chalkedonier war. Unter Phokas (602–610) und in den ersten Zeiten der Regierung des Herakleios (610–641) stellte der große Ansturm der Perser, die Teile Kleinasiens, Syriens und Ägyptens besetzten, die Politik der Kaiser vor derartige Anforderungen, daß für die alten konfessionellen Querelen wenig Zeit blieb. Noch dazu entzog die persische Okkupation gerade die Monophysiten mehr oder weniger der kaiserlichen Macht. Die Probleme kamen erst wieder zum Vorschein, seit Herakleios in langen Feldzügen die Perser in die Knie gezwungen hatte, auch wenn die Vorbereitung dazu schon weiter zurückliegt. Die Juden, die den Einmarsch der Perser, wenn nicht gefördert, so doch warm begrüßt hatten, konnten kaum auf Gnade hoffen. Die kaiserlichen Truppen machten nicht viel Federlesens mit ihnen, und der Kampf gegen sie gipfelte in dem kaiserlichen Gebot der Zwangsbekehrung[5]. Wie sollte mit den Monophysiten verfah-

[2] Evagrius a.a.O. [3] Vgl. *Beck* 380.
[4] Siehe unten S. 47. [5] *F. Dölger,* Regesten der byzantinischen Kaiserurkunden n. 206.

ren werden, d.h. nicht mit einer Minderheit, sondern mit der Bevölkerung ganzer Provinzen? Teile von ihnen, etwa die ghassanidischen Araber, denen Maurikios aus militärischem Mißtrauen so übel mitgespielt hatte, dürften den Persern wenig in den Weg gelegt haben, und die Perser scheinen diese Haltung auch honoriert zu haben. Michael der Syrer berichtet aus dieser Zeit: „Die Erinnerung an die Chalkedonier wurde vernichtet vom Euphrat bis zum Orient." Konnte die Reichsregierung weiterhin die separatistischen Tendenzen heterodoxer Syrer und Kopten unbeachtet lassen? Herakleios sann auf Abhilfe und suchte das Heilmittel wiederum in der kirchlichen Union. Sein loyaler und edler Helfer war dabei Patriarch Sergios[6] (610–638), dem nichts ferner lag, als kirchenpolitisch im trüben zu fischen. Ihn entgelten zu lassen, was man dem Papst Honorius nicht gern ankreiden möchte, gehört zu den Taktlosigkeiten der Kirchengeschichte. Wenn es die Lücke der chalkedonischen Christologie gewesen sein soll, daß sie über der Zweiheit die Einheit zuwenig klar herausgearbeitet hat, wenn man andererseits auf die Zweiheit der Naturen in Christo nicht mehr verzichten konnte, der Begriff Person aber immer noch etwas farblos war, so konnte man die Einheit in Christi Wollen und Wirken suchen. Schon bei einigen neuchalkedonischen Theologen finden sich Formeln, die auf die μία ἐνέργεια, das einzige göttliche Wirkvermögen, in Christus hinweisen[7]. Dem Patriarchen schien diese Formel vielversprechend, und schon früh bemühte er sich um ein patristisches Florileg, das die Zeugnisse dafür vermehren konnte. Sergios scheint dabei besonderes Vertrauen in den Bischof Theodoros von Pharan gesetzt zu haben, an dessen Treue zu Chalkedon niemand zweifelte; aber auch in den Bischof Kyros von Phasis[8], der dann 631 vom Kaiser zum Patriarchen der Reichskirche in Alexandreia eingesetzt wurde. Kyros war bereit, aus diesem Gedankengut jene Formeln zu schmieden, die der christlichen Öffentlichkeit als Basis gemeinsamen Glaubens vorgesetzt werden sollten. In neun Sätzen, welche den Ertrag der neuchalkedonischen Theologie, d.h. die Aussöhnung zwischen Kyrill und 451, zum Inhalt hatten, wurde der „Pakt" am 3. Juni 633 feierlich in Alexandreia verkündet[9], dessen Kernstück die Lehre von dem einen und selben Christus, Göttliches und Menschliches wirkend „mit der einen gottmenschlichen Energie (θεανδρικῇ ἐνεργείᾳ), bildete, ein Terminus, bei dem man sich auf die „unverdächtige" Autorität des Ps.-Areopagiten berufen konnte. Die Monophysiten triumphierten: „Jetzt brauchen wir nicht mehr zum Chalcedonense kommen: es kommt zu uns!" Aber die Opposition ließ nicht auf sich warten. Der Mönch Sophronios, der bald darauf Patriarch von Jerusalem wurde (634–638), protestierte gegen die Unionsformel. Für ihn galt der aristotelische Grundsatz, daß die Energie aus der Natur erfließe, daß also in

[6] *Grumel Reg* n. 279–292; *J. L. van Dieten,* Geschichte der Patriarchen von Sergius I. bis Johannes VI. (610–715) (Amsterdam 1972).

[7] Dazu bes. *W. Elert,* Der Ausgang der altchristlichen Christologie (Berlin 1957).

[8] *Beck* 431.

[9] *Hefele-Leclercq* III 1, 333–343.

Christus zwei Energien anzunehmen seien. Er reiste zum Patriarchen Sergios nach Konstantinopel, und es ist für diesen bezeichnend, daß er bereit war, zu verhandeln. Man einigte sich darauf, daß es für die Zukunft richtig sei, überhaupt nicht von Energien zu sprechen, sondern von dem einen wirkenden Christus (εἷς καὶ αὐτὸς ἐνεργῶν), mit anderen Worten, es sollte der eine Wirkende betont werden und nicht Wirkvermögen oder Wirksamkeit. Sophronios ging von seinen zwei Energien offenbar deshalb ab, weil er für den Gebrauch dieser Formel keine Väterstellen nachweisen konnte. Er hielt sich jedenfalls an das Abkommen mit dem Patriarchen, wenn er auch in seiner Enzyklika[10] keinen Zweifel darüber läßt, daß theoretisch zwei Naturen zwei Wirkvermögen zur Folge haben. Der Patriarch Sergios aber veröffentlichte jetzt ein Judicatum[11], das ebenfalls die abstrakte Formel von der einen Energie zugunsten der konkreten persönlichen von dem einen wirkenden Christus aufgab. Selbst Maximos der Bekenner hat später die Formel für eine gute Lösung gehalten. Für die Monophysiten allerdings mußte sie uninteressant bleiben, denn damit war das Problem, ob eine oder zwei Naturen, wieder vom Tisch gewischt. Sergios schilderte Inhalt und Tendenz seiner Lehrentscheidung in einem Schreiben dem Papst Honorius[12]. Der Papst war damit einverstanden, daß man nicht von zwei Energien spreche; das sei bis dato nicht geschehen und könne terminologisch nur Verwirrung bringen. Er akzeptierte die Formel des Patriarchen und folgerte aus ihr, daß es angemessen sei, von einem Willen (una voluntas) in Christus zu sprechen[13]. Die Verteidigung des Papstes bedarf keiner Sophismen. Er zitiert das Jesuswort: Ich bin nicht gekommen, meinen Willen zu tun, sondern den Willen dessen, der mich gesandt hat, und das andere: Nicht mein Wille geschehe, sondern der deine, nimmt also irgendwie ein menschliches Grundvermögen zu wollen in Christus an. Wenn er dann von una voluntas spricht, so meint er offensichtlich nicht dieses Grundvermögen, sondern den jeweils konkreten Willensakt, der bestimmt wird vom göttlichen Willen und nur von diesem. Das Fatale war, daß nur eben wiederum statt eines Verbums ein ungeklärtes Substantiv verwendet wurde, das sich sowohl als Grundvermögen wie als letzthin entscheidendes arbitrium interpretieren ließ.

Sergios war von der Starthilfe, die ihm der Papst bot, angetan. Und wenn der Papst die Formel „una voluntas" vorzog, so war der Patriarch bereit, sie an Stelle des ohnedies schon aufgegebenen μία ἐνέργεια zu setzen; griechisch heißt dies ἓν θέλημα. Er gewann den Kaiser für ein Dekret, und noch im Todesjahr des Patriarchen und des Papstes (638) erschien die Ekthesis[14] des Herakleios, in der das Verbot ausgesprochen wurde, von einer oder zwei Energien

[10] *Mansi* XI 461–510.

[11] Insert: *Mansi:* XI 533 C–E. *V. Grumel:* ÉO 27 (1928) 13 vermutet 536 E – 537 A. Vgl. aber *ders.*, Regest 287.

[12] *Mansi* XI 529–537.

[13] *Mansi* XI 537–544. Vgl. *P. Galtier,* La première lettre du pape Honorius: Gr 29 (1948) 42–61.

[14] *Mansi* X 992–997, dazu das Synodaldekret a. a. O. 1000–1001 in Fragmentform.

zu sprechen, und dafür der eine Wille in Christus als Glaubensformel dekretiert wurde, wiederum mit der Begründung, daß Christus im Fleisch nie getrennt vom Willen des Logos oder gegen diesen etwas gewollt habe, d. h., ϑέλημα wird nicht interpretiert als ein theoretisches Vermögen, sondern als aktuelles Wollen. Was hier im argen lag, war nicht Theologie, sondern Terminologie.

Erst Maximos der Bekenner, der einst im Dienste des Herakleios gestanden hatte, dann Mönch geworden und vor den Persern nach Afrika geflohen war, entpuppte sich als der Mann, der den sprachlichen Schwierigkeiten philosophischer Natur gewachsen war. Nach einer langen Vorbereitungszeit, in welcher er sich nicht festlegte, etwa um 640, griff er energisch in den Streit ein[15]. Für ihn ist ϑέλημα φυσικόν ein Grundvermögen, das zur Natur gehört; und da er ein begeisterter Bekenner des Chalcedonense ist, ist er damit Dyothelet. Er muß die Formel des Papstes Honorius und der Ekthesis ablehnen; freilich interpretiert er den Papst orthodox, während er dem griechischen Terminus dies nicht widerfahren läßt. Anders ist es mit dem „gnomischen" ϑέλημα bestellt, das mit dem arbitrium identisch ist, eine Proprietät der Person; es kann in Christus nur eines sein, da er in der göttlichen Person subsistiert. Die Misere der folgenden Diskussionen bestand darin, daß auf diese rettende Unterscheidung zuwenig geachtet wurde, wohl aber auch darin, daß sie Maximos zu streng forderte, d. h. bei jedem, der ohne Unterscheidung von einem ϑέλημα sprach, unterstellte, er meine damit das physische Vermögen an sich. Während also im Osten des Reiches sich da und dort der Wille zur Union auf der Basis der Ekthesis abzeichnete, entstand im byzantinischen Afrika ein Zentrum des Widerstands gegen die kaiserliche Politik. Angesichts der Situation entschloß sich Kaiser Konstans II. (641–668) zu einer neuen Verfügung. Sein Typos[16] vom Jahre 648 verbot jegliche Diskussion über eine oder zwei Energien, einen oder zwei Willen und setzte die Ekthesis außer Kraft. Natürlich hatte dieses Verbot nicht die geringste Aussicht, eingehalten zu werden. Maximos wandte sich schließlich nach Rom, wo der neue Papst, Martin I., volles Verständnis für seine Gedankengänge zeigte. So wurde 649 die Lateransynode zelebriert, die ganz unter dem Einfluß der Gedankengänge des Maximos stand. Die Konzilsväter verwarfen sowohl die Ekthesis des Herakleios wie den Typos des Konstans. Sie definierten die Lehre von den zwei Willen in Christus und exkommunizierten Sergios, seinen Nachfolger Pyrrhos und Kyros von Phasis, als ob die Distinktionen des Maximos schon damals Allgemeingut gewesen wären. Daß sie Honorius vom Banne ausnahmen, verstand sich dann im Grunde nur auf Grund der Vorstellungen vom Papsttum. Kaiser Konstans reagierte äußerst heftig. Er ließ Papst Martin 653 aus Rom nach Konstantinopel transportieren. Man machte ihm einen Hochverratsprozeß, wohl deshalb, weil der Exarch von Ravenna, der ihn zunächst 650 hätte verhaften sollen, sich in Rom zum Gegenkaiser hatte

[15] Vgl. *P. Sherwood*, An Annotated Date-List of the Works of Maximus the Confessor (Rom 1952).

[16] *Mansi* X 1029–1032.

ausrufen lassen und mit Papst Martin eine Verständigung herbeigeführt hatte, die wohl nicht ohne stillschweigende Anerkennung der Usurpation durch den Papst gedacht werden kann. Jedenfalls war nun vom ursprünglichen Verhaftungsgrund nicht mehr die Rede, und jeder Versuch des Papstes im Prozeß, den Typos und den Monotheletenstreit in die Debatte zu bringen, wurde vom Gericht zurückgewiesen. Schließlich wurde der Papst wegen Hochverrats zum Tode verurteilt und dann zur Verbannung begnadigt, in der er im Jahre 655 starb. 653 gelang es der kaiserlichen Polizei, auch Maximos in Gewahrsam zu nehmen und nach Konstantinopel zu deportieren, wo ihm ebenfalls ein Hochverratsprozeß angehängt wurde. Es scheint, daß ihm die Freundschaft zum byzantinischen Exarchen Gregorios in Karthago zum Verhängnis geworden ist, der sich damals ebenfalls zum Gegenkaiser ausrufen ließ. Maximos starb, an Händen und Zunge verstümmelt, im Exil im Jahre 662. Damit war die Klimax der Kontroverse überschritten. Konstans II. machte noch den Versuch, persönlich den Westen seine Autorität fühlen zu lassen, wurde aber 668 in Sizilien ermordet.

Auf ihn folgte Konstantin IV. (668–685). Ihm war an der Fortsetzung des Streites, der sich totgelaufen hatte, nichts gelegen. Die Monophysiten waren nicht zu gewinnen. Der größte Teil von ihnen stand längst nicht mehr unter byzantinischer Herrschaft, und es bestand keine Hoffnung, daß das Reich die verlorenen Ostprovinzen wiedergewinnen würde. Afrika, das geraume Zeit der Mittelpunkt der Opposition war, hatte mit Maximos seinen Führer verloren und geriet überdies jetzt ebenfalls in die Hand des Islams. Die neue Orientierung der byzantinischen Politik, die der Italia byzantina größeres Gewicht einräumte, ließ es angemessen erscheinen, den Papst aus einer für das Reich nicht ungefährlichen Opposition herauszuholen. So kam es, da schon Papst Agatho im Jahre 680 eine vorbereitende Synode mit 125 Bischöfen abhalten konnte, die im Geiste der Synode von 649 den Monotheletismus verurteilte, zur 6. ökumenischen Synode in Konstantinopel im Jahre 680/681, bei der der Kaiser selbst den Vorsitz führte. Den Konzilsvätern lag ein Brief des Papstes vor[17], der den einzuschlagenden Weg wies. Fast alle Bischöfe schlossen sich dem päpstlichen Dekret an. Nur sechs machten eine Ausnahme, darunter der Patriarch Makarios von Antiocheia, welcher der einzige repräsentative Vertreter der Lehre des Sergios geblieben zu sein scheint. Alle wurden mit dem Anathem belegt und dieses Anathem neuerdings ausgedehnt auf Theodoros von Pharan, Kyros von Phasis, die Patriarchen Sergios und Pyrrhos und schließlich sogar auf Papst Honorius. Was damit verurteilt wurde, war eine Terminologie, die inzwischen als überholt betrachtet werden konnte. Historisch gerechtfertigt waren die Urteile kaum, wie noch die Erklärung des Patriarchen Makarios auf der Synode zu erkennen gibt. Die Definition der Synode selbst spricht von zwei physischen Willensvermögen in Christus, deren Strebungen nicht gegeneinander gerichtet sind, weil sich der menschliche Wille in allem dem göttlichen, allmächtigen Willen unter-

[17] MPG 87, 1161ff.

ordne[18]. Die Verurteilung der unnachgiebigen Bischöfe führte kein Schisma herbei. Der Akt war geschlossen, und niemand hatte Lust, darauf zurückzukommen; eine Frage war aus der Welt geschafft, die ihren kirchenpolitischen Sinn längst verloren hatte. Nachdem die Monophysiten im großen und ganzen nicht mehr zum Reich gehörten, hatten all diese Kontroversen ihren bedrohlichen Hintergrund verloren; die Orthodoxie zog sich in sich selbst zurück – Byzanz war kleiner geworden.

Es bleibt Episode, wenn in den Jahren 711–713 Kaiser Philippikos Bardanes durch kaiserliches Edikt die Beschlüsse des 6. ökumenischen Konzils verwarf und den Monotheletismus für die einzig zulässige kirchliche Lehre erklärte. Mit seinem Sturz war der Spuk zu Ende. Und wenn später der Ikonoklastenstreit auf das christologische Geleise geschoben wird, so lassen sich gedankliche Verbindungen gewiß nicht leugnen, aber die orthodoxe Christologie im präzisen Sinne des Wortes war mit dem 6. ökumenischen Konzil für alle byzantinischen Jahrhunderte abgeschlossen. Der Sieg war prekär, weil ihm allzuviel Gesundes geopfert worden war; aber eine mehr und mehr schematisierte Dogmatik spürte diese Verluste ohnehin nicht, und manches, was früher als monophysitisch gegolten hatte, war inzwischen durch die Neuchalkedonier orthodox geworden oder in den Besitz der Frömmigkeit eingegangen. Der Monophysitismus und der Monotheletismus konnten als besiegt gelten, aber einen Teil ihrer religiösen Anliegen hatten sie längst in der Orthodoxie in Sicherheit gebracht.

6. Kapitel

Das Aufkommen von Nationalkirchen am Rande des Byzantinischen Reiches

LITERATUR: *L. Duchesne,* Les églises séparées (Paris 1896); *K. Lübeck,* Die christliche Kirche des Orients (Kempten 1911); *A. Fortescue,* The Lesser Eastern Churches (London 1913); *J. B. Kidd,* The Church of Eastern Christendom from 451 to the Present Time (London 1927); *F. Heiler,* Urkirche und Ostkirche (München 1937); *D. Attwater,* The Christian Churches of the East II (Milwaukee 1946); *W. de Vries,* Der christliche Osten in Geschichte und Gegenwart (Würzburg 1951); *R. Janin,* Les églises orientales et les rites orientaux (Paris [5]1956); *W. de Vries,* Die orientalischen Kirchen (Würzburg 1960); *B. Spuler,* Die morgenländischen Kirchen: Hdb. der Orientalistik I 8, 2 (Leiden 1961) 120–324; I patriarcati orientali nel primo millennio: Orientalia christiana analecta 181 (Rom 1968).

Die Kirche der Nestorianer: *G. P. Badger,* The Nestorians and their Rituals, 2 Bde (London 1852); *J. Labourt,* Le christianisme dans l'empire Perse sous la dynastie sassanide (224–632) (Paris 1904); *W. A. Wigram,* An Introduction to the History of the Assyrian Church (London 1910); *E. Amann – E. Tisserant,* L'église nestorienne: DThC XI 1, 157–223; *A. Christensen,* L'Iran sous les Sassanides (Kopenhagen 1936); *A. K. Arbanites,* Ἱστορία τῆς ἀσσυριακῆς νεστοριανικῆς ἐκκλησίας (Athen 1968).

[18] *Hefele-Leclercq* III 472–538; *K. Hirsch,* Papst Honorius und das VI. allgemeine Konzil. Festschr. der 57. Vers. der Philol. in Salzburg 1929 (Baden 1929) 157–179; *J. Rissberger,* Das Glaubensbekenntnis des Patriarchen Makarius von Antiochien (Rom 1940; Diss. Teildruck).

Die koptische Kirche: *J. Leipoldt*, Schenute von Atripe und die Entstehung des nationalägyptischen Christentums (Leipzig 1903); *J. Maspéro*, Histoire des patriarches d'Alexandrie depuis la mort de l'empereur Anastase jusqu'à la réconciliation des églises jacobites (518–616) (Paris 1923); *A. Vlieger*, The Origin and Early History of the Coptic Church (Lausanne 1900); *M. Jugie*, Monophysisme (église copte): DThC X 2251–2306; *Chr. Papadopulos*, Ἱστορία τῆς ἐκκλησίας Ἀλεξανδρείας (Alexandria 1934); *A. Böhlig*, Ägypten und Byzanz bis zur arabischen Zeit (München 1953); *C. D. G. Müller*, Die koptische Kirche zwischen Chalkedon und dem Arabereinmarsch: ZKG 75 (1964) 271–308; *E. L. Butcher*, The Story of the Church of Egypt (London 1897); *D. Müller*, Aufbau und Entwicklung der koptischen Kirche nach Chalkedon: Kyrios 10 (1970) 202–210.

Die jakobitische Kirche: *W. A. Wigram*, The Separation of the Monophysites (London 1923); *M. Jugie*, Église syrienne monophysite: DThC X 2216–51; *E. Honigmann*, Évêques et évêchés monophysites d'Asie antérieure au VIe siècle (Louvain 1951); *A. van Roey*, Les débuts de l'église jacobite: Chalkedon II 339–360; *W. Hage*, Die syrisch-jakobitische Kirche in frühislamischer Zeit nach orientalischen Quellen (Wiesbaden 1966); *A. Vööbus*, The Origin of the Monophysite Church in Syria: CH 42 (1973) 17–26; *W. H. C. Frend*, Severus of Antioch and the Origins of the Monophysite Hierarchy. The Heritage of the early Church. Ess. in hon. of G. V. Florovsky (Rom 1973) 261–275.

Die Kirche der Armenier: *F. Tournebize*, Histoire politique et religieuse de l'Arménie (Paris 1900); *ders.*, Arménie: DHGE IV (1925) 290–391; *R. Grousset*, Histoire de l'Arménie des origines à 1071 (Paris 1947); *A. Ter-Mikelian*, Die armenische Kirche in ihren Beziehungen zur byzantinischen vom IV. bis zum XIII. Jh. (Leipzig 1892); *E. Ter-Minassiantz*, Die armenische Kirche in ihren Beziehungen zu den syrischen Kirchen bis zum Ende des 13. Jh. (Leipzig 1904); *M. Ormanian – T. Poladian*, The Church of Armenia (London 1955).

Die Kirche der Nestorianer

Das theologische Problem des sogenannten Nestorianismus wurde auf dem Konzil von Ephesos 431 vorentschieden. Für die Welt der Orthodoxie zog allerdings erst das 5. Konzil in Konstantinopel (553) mit der Verurteilung der Drei Kapitel die letzten teils unnötigen, jedenfalls auch dogmatisch nicht ungefährlichen Folgerungen. Die Entscheidung von Ephesos hätte vielleicht zu keiner Abspaltung einer Sonderkirche geführt, wäre nicht mit Nestorios auch der große Theologe der syrischen Kirche, Theodoros von Mopsuestia, mitgetroffen worden, das Haupt einer exegetischen Schule, die für den ostsyrischen Raum kanonische Geltung besaß und deren Lehren in der Theologenschule von Edessa, einer der vorbildlichsten Lehranstalten der Christenheit, ihre Heimat gefunden hatten[1]. Zwar versuchte der Bischof der Stadt Edessa, Rabula, mit allen Mitteln, die Beschlüsse von Ephesos und die Union von 433 durchzusetzen, aber Ibas, das edessenische Schulhaupt, blieb in der Opposition, so daß ihn der Bischof schließlich von der Schule verwies. Aber Rabula starb 435, und der Anhang des verjagten Lehrers war so groß, daß Ibas jetzt zum Nachfolger gewählt werden konnte. Ihn einen Nestorianer zu nennen, setzt einige Willkür voraus. Was er nicht wollte, war, daß die alexandrinische Terminologie eines christologischen Enthusiasmus die antiochenische Nüchternheit einfach aus

[1] *E. R. Hayes*, L'école d'Édesse (Paris 1930).

dem Feld schlage. Ibas hatte während seines Episkopats manches durchzumachen. Die Räubersynode von 449 setzte ihn ab; Chalkedon rehabilitierte ihn wieder. Er starb 457. Auf ihn folgte ein Metropolit, der nun das Chalcedonense strikt durchzusetzen versuchte. Die Opposition der Schule war ihm ein Dorn im Auge; und das Schulhaupt, das Ibas eingesetzt hatte, Narses, mußte das Feld räumen. Schon 433, als die Unionsformel zustande gekommen war, hatten manche Bischöfe des antiochenischen Sprengels, die dieses Kompromiß nicht annehmen wollten, sich nach Persien abgesetzt. Von der Räubersynode verurteilt, war ihnen auch ein Schüler des Ibas namens Bar Sauma (gest. vor 496) gefolgt und war Bischof von Nisibis geworden. Zu ihm begab sich jetzt Narses, und sie gründeten in Nisibis als Ableger der Schule von Edessa die „Schule der Perser", in der der Nestorianismus eine neue Heimstätte fand[2]. Man darf sagen, daß mit dieser Flucht des Narses der Nestorianismus als eine Denomination mit der Fähigkeit, sich zur Konfession zu entwickeln, im Byzantinischen Reich ausgespielt hatte. Dafür fand er jetzt eine Heimstätte im Persischen Reich, wo er sich zur christlichen „Landeskirche" entwickelte. Die Schule von Nisibis fand ungeheuren Zuspruch; die Organisation war vorbildlich, die Mittel reich, so daß hier Generationen von Theologen und Klerikern herangebildet werden konnten, die der persischen Kirche ihr bestes Gerüst gaben und ihr über die Gefahren ihrer isolierten Stellung am Rande der Gesamtkirche hinweghalfen. Bar Sauma selbst war einer der energischsten Vertreter dieser Landeskirche. Er missionierte unermüdlich, bekämpfte das Vordringen der Monophysiten und Messalianer[3], fand ein gutes Verhältnis zum persischen Großkönig und verstand es, jedes Mittel zu benützen, das seinen Ideen dienen konnte. Daß der Nestorianismus so leicht in die persische Kirche Eingang fand, hängt sicher damit zusammen, daß schon die Schule von Edessa so etwas wie eine Schule der Perser gewesen war, das heißt, daß Absolventen dieser Schule längst ihre Ideen in Persien verbreitet hatten; aber wohl auch damit, daß die Kirche von Persien, die sich schon in einer Synode des Jahres 424 mit Nachdruck für ihre Selbständigkeit, das heißt für ihre Unabhängigkeit von Antiocheia ausgesprochen haben dürfte, im Nestorianismus so etwas wie ein theologisches Eigenbewußtsein gegenüber Westsyrien und dem Byzantinischen Reich entwickeln konnte.

An der Spitze dieser persischen Kirche stand spätestens seit Beginn des 5. Jh. ein „Großmetropolit", auch καθολικός ἐπίσκοπος genannt, mit Sitz in der Doppelstadt am Tigris, Seleukeia-Ktesiphon[4]. Er hatte bald die Stellung eines

[2] *A. Vööbus,* Un vestige d'une lettre de Narsai et son importance historique: OrSyr 9 (1964) 515–523 datiert die Gründung auf 471; die Schule von Edessa wurde 489 geschlossen, und die Gegner der Orthodoxie wanderten nach Nisibis aus. Vgl. auch *J.-B. Chabot,* L'école de Nisibe, son histoire, ses statuts: JA Ser. IX 8 (1896) 43–93; *A. Vööbus,* The Statutes of the School of Nisibis (Stockholm 1962); *ders.,* Abraham de Bet Rabban and his Rôle in the Hermeneutic Traditions of the School of Nisibis: HThR 58 (1965) 203–214.

[3] *A. Vööbus,* Les messaliens et les réformes de Barçauma de Nisibe dans l'église perse (Pinneberg 1947).

[4] *W. de Vries,* Antiochien und Seleucia-Ctesiphon, Patriarch und Katholikos?: Mélanges

Patriarchen: ihm oblag es, die Daten der großen Festzeiten zu bestimmen, Synoden einzuberufen, die Bischöfe alle zwei Jahre zu sich zu rufen. Gelegentlich haben die Synoden seine Befugnisse erweitert: er griff dann in die Einteilung der Diözesen ein und ernannte wohl selbst auch Bischöfe, gelegentlich suchte man ihm in wichtigen Angelegenheiten ein Gremium beizugeben, an dessen Beschlußfassung er gebunden sein sollte. Im allgemeinen aber regiert er in monokratischer Stellung; und nicht zu Unrecht bezeichnet ihn die Synode von 424 als „unseren Petrus". Einbrüche in diese geschlossene Jurisdiktion und Hierarchie machen sich im 6. Jh. bemerkbar, als der Perserkönig 540 Antiocheia eroberte und große Teile der Bevölkerung der Stadt in sein Reich deportierte. Er siedelte sie in einer eigenen Stadt in der Nähe Ktesiphons an, Neu-Antiocheia oder Romagyris (Rumagan) geheißen. Die neue Bevölkerung dürfte, wenn nicht monophysitisch, so doch jedenfalls nicht nestorianisch gewesen sein, und antinestorianische Propaganda aus diesen Kreisen machte sich bald bemerkbar. Im großen und ganzen aber gelang es dem Patriarchat Antiocheia auch über diesen Stützpunkt nicht, seine Jurisdiktion über Persien auszudehnen. Dazu bot sich erst wieder im 10. aufs 11. Jh. Gelegenheit, aber unter ganz anderen historischen Voraussetzungen.

Die Katholikoi wuchsen allmählich in eine Stellung hinein, die der der byzantinischen Patriarchen nicht unähnlich war. Die Großkönige nahmen Einfluß auf ihre Wahl und haben sich offenbar auch gelegentlich die Bestätigung und Bestallung vorbehalten. Dafür erhielten sie, die Patriarchen, einen hohen Hofrang und wurden nicht selten für staatliche Aufgaben, z.B. für Gesandtschaften nach Byzanz und dergleichen, eingesetzt. Der König lieh ihnen gelegentlich sein Brachium saeculare, wenn es darum ging, Ketzer zu verfolgen oder auch sonstige ihrer inneren kirchlichen Angelegenheiten mit Nachdruck zu bereinigen.

Die bedeutendsten Katholikoi des 5. und 6. Jh. waren Babai II. († 502) und Aba Mar I. († 552). Ersterer regierte in einer Periode des Friedens zwischen Byzanz und Persien, und damit hatte der vom Kaiser Anastasios geförderte latente Monophysitismus auch die Möglichkeit, in Persien zu missionieren. Babai versuchte alles, um seine Kirche rein zu erhalten, aber der Einfluß des byzantinischen Kaisers auf den Großkönig war stark genug, daß die Verfolgung der Monophysiten nicht allzu hart ausfiel. Aba Mar war ein Konvertit aus dem Mazdaismus, also der persischen Staatsreligion, und als solcher besonders verdächtig und den Verfolgungen seitens der Reichspriesterschaft ausgesetzt. Er hatte vor seiner Weihe große Reisen auch ins Byzantinische Reich gemacht und versuchte nun, die kanonischen Grundlagen seiner Kirche zu befestigen. Zu diesem Zweck scheute er sich nicht, auch die Kanones der Synode von Chalkedon, soweit sie ihm sachdienlich zu sein schienen, in die Rechtssammlungen seiner

E. Tisserant III (Vatikan 1964) 429–450; W. M. *Macomber*, The Authority of the Catholicos Patriarch of Seleucia-Ctesiphon: I patriarcati orientali nel primo millennio (Rom 1968) 179–200.

Kirche aufzunehmen. Er gründete neue Bistümer, und neben der Schule von Nisibis entstand nun eine eigene in Seleukia, deren Bedeutung sich schon darin ausspricht, daß sie gelegentlich bei der Wahl des Katholikos mitsprechen konnte. Die Tätigkeit des Aba Mar wurde um so höher eingeschätzt, als sie in eine Periode fiel, in der König Chosrau I. dem Christentum in seinem Reich nicht unerhebliche Beschränkungen auferlegte. Schließlich fiel er selbst der Verfolgung zum Opfer. Er entging mit knapper Not dem Tod und mußte in die Verbannung, von der aus er ungebrochenen Mutes weiter seine Kirche zu leiten versuchte. Er starb 552 bald nach seiner Amnestierung. Daß zu seinem Nachfolger ein Leibarzt Chosraus bestellt wurde, ist ein eigenartiger Ausdruck der Verhältnisse. Die Stellung des neuen Katholikos war damit wesentlich besser als die seines Vorgängers, aber er hat sie auch autokratisch mißbraucht. Unter Chosrau II. (590–628) blieben die Christen lange Zeit unbehelligt. Er stand unter dem Einfluß seiner christlichen Frau Shirin, wichtiger aber war doch wohl, daß er seinen Thron dem byzantinischen Kaiser Maurikios verdankte. Nach dem Sturz dieses Kaisers spielte er sich denn auch als Rächer gegenüber Kaiser Phokas auf, und es kam zum großen persisch-byzantinischen Krieg, der schließlich den Zusammenbruch der Sassaniden-Herrschaft mit sich brachte. Je mehr sich dieser Krieg ausweitete, um so prekärer wurde die Lage der nestorianischen Christen. Man sah in ihnen offensichtlich potentielle Helfer der Griechen; und so verbot Chosrau schon 608 die Wahl eines neuen Katholikos, und die Kirche blieb bis zum Jahre 628 ohne Oberhaupt. Es war einer der bedeutendsten Theologen der Kirche: Babai der Große, der in dieser Zeit als eine Art Oberabt der nordpersischen Klöster die Gelegenheit fand, die tatsächliche Leitung der Kirche zu übernehmen und sie vor dem Schlimmsten zu bewahren. Die Schwierigkeiten wuchsen, je mehr byzantinische Territorien zunächst unter persische Besetzung gerieten. Die Bevölkerung Syriens und Ägyptens war zu einem großen Teil monophysitisch. Als Monophysiten von der Reichszentrale verfolgt, setzten sie der persischen Okkupation wahrscheinlich nur geringen Widerstand entgegen und gewannen sich damit Sympathien bei den Persern. Damit setzte eine neue Missions- und Propagandawelle der Monophysiten gegenüber ihren Antipoden, den Nestorianern, in Persien ein; und einen Augenblick schien es sogar, als sollte es ihnen gelingen, das Katholikat in ihre Hände zu bekommen. Unter diesen Umständen verzichteten die persischen Bischöfe lieber auf die Besetzung dieser Stelle, die damals möglich gewesen wäre. Erst 628, als Chosrau II. durch seinen Sohn mit Hilfe eines nestorianischen Persers gestürzt wurde, war es den Nestorianern wieder möglich, aufzuatmen, und ein neuer Katholikos wurde gewählt. Babai, auf den die Wahl verdientermaßen fiel, lehnte ab. An seine Stelle trat Ishar Yahb (628–644 oder 646). Die Jahre seiner Regierung sahen den Zusammenbruch der Sassanidenherrschaft und den Zwangsfrieden mit Byzanz, an dessen Abschluß er als offizieller Delegierter teilnahm. Sie sahen aber auch den Angriff des Islams auf das Persische Reich und damit den Anbruch einer neuen Epoche für seine Kirche.

Das innere Leben dieser Kirche in der geschilderten Zeit ist zu einem guten Teil bestimmt durch die Ausbildung der kanonischen Grundlagen und der Organisation. Eine Folge von Synoden hat sich mit dieser Aufgabe befaßt und hat jeweils versucht, die Rechtsvorschriften den Zeitläufen anzupassen. Wichtiger noch war die Auseinandersetzung mit den vorprellenden Monophysiten, denen es nicht nur gelang, eine Anzahl Klöster für sich zu gewinnen, sondern auch in Tagrit[5] einen Bischofssitz zu schaffen, der zum Herd ihrer Bemühungen wurde. Die Nestorianer, die ja nicht Reichskirche im Sinne der byzantinischen Kirche waren, sondern eine geduldete, nicht selten geförderte, gelegentlich aber auch verfolgte Konfession neben der persischen Reichskirche, sahen sich in die Defensive gedrängt. Es konnte vorkommen, daß sie vor dem mazdaistischen Großkönig mit den Monophysiten zu Religionsgesprächen antreten mußten, die natürlich wie alle solche Unternehmungen keiner Seite einen Erfolg brachten. Es bildeten sich in der nestorianischen Kirche sogar Gruppen, die zur Überzeugung gelangten, daß ein gewisser Anschluß an die byzantinische Orthodoxie, die ja ihrerseits die Monophysiten verfolgte, tunlich sein könnte. Freilich gerieten diese Gruppen bald zwischen zwei Feuer, denn dieselbe byzantinische Orthodoxie hatte ja schließlich unter Justinian gerade den geistigen Vater der persischen Kirche, Theodoros von Mopsuestia, verurteilt. So hatten alle diese Bestrebungen keinen Erfolg; und schließlich entschloß sich die persische Kirche auf der Synode des Jahres 612, die nestorianische Glaubensformel Babais des Großen offiziell zur ihren zu machen[6]. Dabei handelt es sich um einen Satz, der, ins Griechische transponiert, wiedergegeben werden könnte mit der Lehre von zwei Naturen (φύσεις) und zwei ὑποστάσεις in Christus, aber einem einzigen πρόσωπον. Eine prägnante Deutung wird zur Annahme kommen, daß hier ὑπόστασις das je vollständige Vorhandensein aller Charakteristika einer Natur sowohl der göttlichen wie der menschlichen bedeutet, während unter πρόσωπον die tatsächliche geschichtliche Gesamterscheinungsweise zu verstehen ist. Mit anderen Worten: eine Formel, die sich mit den entsprechenden griechischen Termini, mit denen sie wiedergegeben werden könnte, nur annähernd deckt, also frei für die Interpretation bleibt, eine Formel, die ebenso streng nestorianisch wie vielleicht sogar annähernd chalkedonisch interpretiert werden konnte. Nach der Besiegung der Perser durch Herakleios anläßlich des Friedensschlusses wurden auch Religionsgespräche veranstaltet mit dem Ziel einer Union der beiden Kirchen. Dementsprechend legte der Katholikos ein Glaubensbekenntnis vor, das die orthodoxen Partner für rechtgläubig ansahen. Man hat also die Formel der nestorianischen Kirche im Sinne des Konzils von Chalkedon interpretiert. Aber weder Kaiser Herakleios noch der Katholikos konnten

[5] *J. M. Fiey*, Tagrit, esquisse d'histoire chrétienne: OrSyr 8 (1963) 289–342.

[6] *W. de Vries*, Die syrisch-nestorianische Haltung zu Chalkedon: Chalkedon I 603–635; *F. W. Macomber*, The Christology of the Synod of Seleucia-Ctesiphon, A. D. 486: OrChrP 24 (1958) 142–154; *V. Grumel*, Un théologien nestorien, Babai le Grand: ÉO 22 (1923) 153–181 257–280.

ihre Ansicht von einer solchen Übereinstimmung im Glauben ihren Kirchen schmackhaft und glaubhaft machen. Eine lang verschieden verlaufene kirchliche und politische Entwicklung von 200 Jahren hatte längst allzu hohe Barrieren aufgerichtet. Die nestorianischen Bischöfe waren nicht gewillt, die Verurteilung des Theodoros hinzunehmen und den Terminus Gottesmutter zu schlucken.

So ist die nestorianische Kirche in ein Eigenleben abgedrängt, das sie gegenüber dem gesamten Westen, also gegenüber Europa und dem kleinasiatischen Raum, abkapselt. Damit drängt der gewaltige missionarische Elan, der diese Kirche im Gegensatz zur orthodoxen Kirche der frühbyzantinischen Zeit besonders auszeichnet, immer weiter nach dem Osten[7]. Schon in dieser Zeit beginnt jene grandiose Missionstätigkeit, die dann im Mittelalter ihren Höhepunkt erreicht. Bereits im 6. Jh. gelangen nestorianische Missionare bis an die westlichen Ränder Indiens (Malabar); Kosmas, der Indienfahrer, entdeckt sie auf der Insel Sokotra, zwischen der südarabischen und der afrikanischen Küste und auf der Insel Ceylon. Auch im tibetanischen Gebiet geht die nestorianische Mission wahrscheinlich bis in die Mitte des 7. Jh. zurück; ebenso reichen die ersten Spuren der Nestorianer auf chinesischem Gebiet in diese Zeit. Träger dieser Mission waren in allererster Linie die Mönche. Die Anfänge des persischen Mönchtums[8] sind wohl in der Gegend von Nisibis zu suchen, von wo aus es sich mächtig ausbreitete. Als sein Organisator gilt Abraham von Kashkar († 586).

Wenn nun diese Kirche seit der Mitte des 7. Jh. unter islamische Herrschaft gerät, so hatte dies keine entscheidenden Veränderungen zur Folge. Tatsächlich standen nun zwar Monophysiten und Nestorianer wieder unter einer weltlichen Herrschaft, dem Kalifat. Aber dieses scheint bestrebt gewesen zu sein, jeder Konfession ihren Status quo einigermaßen zu belassen, so daß sich die nestorianische Kirche relativ ruhig weiterentwickeln konnte. Wenn sich der Katholikos und manche andere nestorianischen Christen unter persischer Herrschaft auch hoher Würden und Ämter erfreuten, insgesamt waren doch die Nestorianer in Persien Reichsbürger zweiter Klasse, so daß das islamische Herrschaftssystem keine Neuerung brachte.

Die koptische Kirche

Will man der koptischen Kirche als einer im Sinne der späteren byzantinischen Reichskirche unorthodoxen christlichen Konfession mit Gewalt ein Geburtsdatum zuweisen, so könnte man das Jahr 536 nennen, als Kaiser Justinian unter

[7] *F. Nau*, L'expansion nestorienne en Asie (Paris 1914); *A. Mingana*, The Early Spread of Christianity in Central Asia and the Far East: BJRL 9 (1925) 297–371; *J. Stewart*, Nestorian Missionary Enterprise (Cambridge 1928); *J. Dauvillier*, L'expansion de l'église syrienne en Asie centrale et en extrême orient: OrSyr 1 (1956) 76–87; *C. Hendriks*, L'activité apostolique du monachisme monophysite et nestorien: PrOrChr 10 (1960) 3–25 97–113.

[8] *A. Vööbus*, History of Ascetism in the Syrian Orient, 2 Bde (Louvain 1958/60) bes. Bd. 1.

dem Einfluß des Papstes und wohl mit Rücksicht auf seine Kriegspläne in Italien seiner monophysitenfreundlichen Politik ein Ende machte, es zuließ, daß der Patriarch der Reichshauptstadt, Anthimos, abgesetzt wurde, und Severos von Antiocheia aus Konstantinopel verbannte. Die Inkubationszeit beginnt allerdings mit dem Jahr 451 und dem damit einsetzenden Widerstand gegen die Beschlüsse des Konzils von Chalkedon. Timotheos Ailuros und teilweise Petros Mongos stellen die bedeutsamsten Etappen dar, das Wirken eines Severos, eines Julianos von Halikarnaß und ähnlicher Figuren verfestigt im Innern, was die Kirchenleitung Alexandreias gegenüber Byzanz durchsetzt oder durchzusetzen versucht. Damals im Jahre 536 zitierte Justinian auch den alexandrinischen Patriarchen Theodosios nach Konstantinopel, um von ihm die Unterwerfung unter die Beschlüsse der Synode von 536 (Verurteilung des Severos usw.) zu verlangen. Theodosios verweigerte seine Unterschrift und sollte verbannt werden. Er landete freilich, wie so manch anderer Monophysit, in einem Palast der Kaiserin Theodora, wo er im Kreise gleichgesinnter Mönche und Kleriker Spielraum genug hatte, um durch dogmatische Abhandlungen und Pastoralschreiben über den monophysitischen Glauben seiner Herde in Ägypten zu wachen bis zu seinem Tod im Jahre 566. Dies konnte er um so nachhaltiger, als die Reichszentrale mit ihren orthodoxen, gewaltsam in Alexandreia eingeführten Patriarchen wenig Glück hatte; Paulos mußte 542 durch ein Kaisergericht auf einer Synode von Gaza abgesetzt werden; sein Nachfolger Zoilos weigerte sich, die kaiserliche Politik im Dreikapitelstreit mitzumachen, und verlor darüber 551 seinen Sitz. Joannes II. (569–579) fand nicht einmal die Anerkennung aller orthodoxen Kollegen. Freilich erleichterte diese Misere das Los der verfolgten Kopten keineswegs. Der kaiserliche Patriarch Apollinarios kam 551 mit den Vollmachten eines Gouverneurs und Hochkommissars nach Alexandreia und regierte mit unerhörter Gewalttätigkeit. Er konfiszierte sämtliche koptischen, d. h. monophysitischen Kirchen und verwehrte den monophysitischen Klerikern sogar den Zutritt in die Stadt. Noch dazu waren die Monophysiten untereinander uneins. Es gab die starke Gruppe der Anhänger des Julianos von Halikarnaß, gewöhnlich – nach einem der ersten Verfechter – Gaianiten[9] genannt, es gab die Parteigänger der mittleren Linie des Severos, sodann die Tritheisten[10], für die man auch den bekannten Philosophen Joannes Philoponos beansprucht, und noch genug andere. Hätte es sich durchführen lassen, hätte es ebenso viele Patriarchen wie Gruppen gegeben. Im Grunde beruhte die Einheit der Kirche auf dem Volk und dem im Volk besonders beliebten Mönchtum. Die wirklich religiösen Gestalten des Mönchtums waren Monophysiten aus dem Glauben, daß nur diese Konfession die Erlösung durch den fleischgewordenen Logos garantiere, aber es lag ihnen mehr an der Inbrunst dieses Glaubens und der Reinheit des entsprechenden Lebens als an den gelehrten Distinktionen der Schulhäupter. Der bedeutendste Vertreter dieser Richtung ist wohl der Abt

[9] *M. Jugie*, La controverse gaianite: DThC IV 1002–23.

[10] *J. Lebreton*, Le trithéisme: DThC XV 1860ff.

Schenute von Atripe[11], der Vorsteher des „Weißen Klosters" in Oberägypten, der freilich schon 451 gestorben war.

Nach dem Tod des in Konstantinopel residierenden alexandrinischen Patriarchen Theodosios im Jahre 566, der, in Ägypten nicht unbestritten, etwas wie ein ökumenischer Patriarch der Monophysiten gewesen war, war es geraume Zeit nicht möglich, dafür in Ägypten selbst einen Nachfolger zu finden[12]. Jakob Baradai, der „ökumenische" Metropolit der syrischen Monophysiten, hatte noch zu Lebzeiten des Alexandriners einen locum tenens für Ägypten zu bestellen gesucht, ohne am Nil auf Gegenliebe zu stoßen. Das heißt, daß sich jetzt auch Jakobiten und Kopten zerstritten. Als die syrische Kirche doch glaubte eingreifen zu müssen und man den syrischen Archimandriten Theodoros zum ägyptischen Patriarchen bestellte, stieß er in Alexandreia auf entschiedene Ablehnung. Man wählte dort den greisen Diakon Petros zum Gegenpatriarchen (575). Seine erste Tat war, daß er sofort an die 70 Bischöfe ordinierte und sich damit nicht nur eine große Obödienz schuf, sondern auch die durch die Zwistigkeiten entstandenen großen Lücken in der Hierarchie auffüllte und mit diesem Coup ein Gegengewicht gegen die Kaiserlichen, die Melkiten, schuf, wogegen die Regierung auf die Dauer nichts mehr auszurichten imstande war. Doch weil Petros nicht der Kandidat der Syrer war, kam es zu neuen Zwistigkeiten. Schließlich reiste Jakob Baradai selbst an, um nach dem Rechten zu sehen, beugte sich aber bald der Mehrheit, die Petros gefunden hatte. Petros starb schon 577. Bei der Wahl seines Nachfolgers, die wiederum auf sich warten ließ, zeichnete sich so etwas wie ein Kompromiß mit den Jakobiten ab: Der neue Patriarch stammte aus Syrien, war jedoch Mönch in einem ägyptischen Kloster gewesen. Aber auch er, Damianos (578–605), brachte keinen endgültigen Frieden. Nachdem Jakob Baradai im selben Jahr auf einer zweiten Reise nach Ägypten gestorben war, beanspruchte er die Suprematie über die monophysitische Gesamtkirche, freilich mit dem einzigen Erfolg, daß der Streit zwischen Syrien und Ägypten neu aufflammte. Gelegentlich sagten ihm sogar die monophysitischen Mönche den Gehorsam auf, vielleicht nur deshalb, weil er kein Ägypter war.

Aber wenn die monophysitische Kirche Ägyptens auch noch so oft gespalten war, wenn sie sich noch so selten auf einen Patriarchen wirklich einigen konnte: der Widerstand gegen das Konzil von Chalkedon und gegen die von Byzanz verschriebenen chalkedonischen Patriarchen einigte sie immer wieder. Außerdem kam es sogar vor, daß die kaiserlichen Gouverneure, die Augustales, ihrer Konfession, entgegen ihrem amtlichen Auftrag, geneigt waren, so daß die Geächteten der kaiserlichen Politik ein Schnippchen nach dem anderen schlagen konnten. Jedenfalls bleibt in der Folgezeit die Serie der koptischen Patriarchen

[11] *J. Leipoldt,* Schenute von Atripe und die Entstehung des national-ägyptischen Christentums (Leipzig 1923).

[12] E. W. *Brooks,* The Patriarch Paul of Antioch and the Alexandrine Schism of 575: ByZ 30 (1929/30) 468–476.

ungebrochen, und wenn der orthodoxe Patriarch in Alexandreia im Stadtteil Kaisarion mit der Markos-Kathedrale seinen von den Truppen garantierten Sitz hat, so bildet das Kloster Enaton in der Nähe der Hauptstadt für die koptischen Oberhirten einen sicheren Platz, der ihnen die Aktionsfreiheit kaum beschneidet. In der Gestalt des orthodoxen Patriarchen Joannes III. Eleemon (610–619) hatte die Reichskirche wieder einmal einen Vertreter, dessen seelsorgerlicher Eifer, dessen unbescholtenes Leben und dessen legendäre Barmherzigkeit auch auf die monophysitische Bevölkerung ihren Eindruck nicht verfehlten. Doch zu einer Union kam es auch unter ihm nicht. Außerdem rückten im Jahre 619 die Perser in Ägypten ein und hielten es fast 10 Jahre besetzt. Der Schlag traf Monophysiten und Orthodoxe gleichermaßen, aber wenn im Laufe der Jahre eine gewisse Erleichterung eintrat, so konnte jedenfalls die orthodoxe Kirche sich auf keine staatliche Privilegierung stützen, um die Kopten zu verfolgen. Und als Kaiser Herakleios nach der Niederwerfung der persischen Armeen auch Ägypten wieder entsetzte, brachte er bereits jene neue „monenergetische" Glaubensformel mit, der man von beiden Seiten mit einigem Optimismus entgegengehen konnte[13]. Im Jahre 633 verkündigte der kaiserliche Patriarch Kyros von Phasis diese Unionsformel von der einen göttlichen Energie in Christus. Zwar meldete Kyros einen großen Erfolg nach Konstantinopel, aber die Kopten spöttelten, nicht sie seien zum Chalcedonense gekommen, sondern es zu ihnen. Auf die Dauer hatte auch dieser Versuch keinen Erfolg, und bald trat an Stelle der Byzantiner der Islam. Im Jahre 642 mußte derselbe Patriarch Kyros Alexandreia dem islamischen General Amr ausliefern, und nach einigen Jahren war ganz Ägypten in arabischer Hand. Patriarch Benjamin[14], der Oberhirte der Kopten, verstand es, sich mit den arabischen Eroberern bald zu arrangieren und für seine Kirche jene Freiheit garantiert zu bekommen, zu der das islamische Recht des Korans immer bereit war. Der orthodoxen Kirche wäre derselbe Status zugekommen, aber es ist für die unterschiedliche Behandlung der Konfessionen bezeichnend, daß Benjamin bald an die Reorganisation seiner Kirche gehen konnte, während die Melkiten den Stuhl des heiligen Markos geraume Zeit überhaupt nicht mehr besetzen konnten. Wenn dann seit dem 8. Jh. neue Patriarchen orthodoxer Konfession für den Sitz Alexandreia genannt werden, so bleibt es nicht selten unklar, wie sie zu ihrem Amt und auf ihren Sitz gekommen sind und wie groß der Bevölkerungsteil war, für den sie sich überhaupt zuständig erklären konnten. Die ägyptische Kirche des Mittelalters ist die koptische Kirche und keine andere.

Die Herausbildung einer eigenen koptischen Kirche[15] läßt sich gewiß aus dem Widerstand gegen die Beschlüsse der Synode von Chalkedon erklären, in

[13] Siehe oben S. 39.

[14] *C. D. G. Müller*, Benjamin I.: Muséon 69 (1956) 313–340; *ders.*, Neues über Benjamin I.: ebd. 72 (1959) 228–247.

[15] *J. Leipoldt*, Zur Ideologie der frühen koptischen Kirche: Bulletin Soc. Arch. Copte 17 (1964) 101–110.

denen man eine Verurteilung der Theologie, der sakrosankten Gestalt des alexandrinischen Patriarchen Kyrillos sehen zu müssen meinte. Aber schon dieser Widerstand ist nicht rein dogmatischer Natur, sondern zu einem guten Teil Widerstand eines stolzen Selbstbewußtseins, Überrest einer Zeit, in der die Kirche von Alexandreia, monarchisch-autokratisch von ihren Patriarchen regiert, die erste Rolle im Osten spielte, sich stets der Unterstützung Roms rühmen konnte und keinen ernsthaften Konkurrenten hatte. Schon die Synode von Konstantinopel (381) und erst recht der Kanon 28 von Chalkedon hatten dieser Stellung einen Stoß versetzt, und diesen Stoß hinzunehmen waren die selbstbewußten Patriarchen von Alexandreia nicht bereit. Das Volk aber folgte ihnen blindlings, denn es sah im Patriarchen nicht nur den Führer der Kirche, sondern zugleich den „nationalen" Führer, der ihm wesentlich mehr bedeutete als jeder byzantinische Gouverneur oder selbst der Kaiser. Das Volk sieht in ihm den Vertreter seiner koptischen Eigenart, einer, fast könnte man sagen, nationalen Eigenart, der gegenüber Byzanz und alles, was aus Byzanz kommt, als fremd und nicht dazugehörig betrachtet wurde. Dieses Selbstbewußtsein führt dann auch zu einer Entgräzisierung des Kirchenwesens, und es mag behauptet werden, daß diese Entgräzisierung des Kirchenwesens einer eigenen Konfession bedurfte, um sich klar selbst darstellen zu können, und der Monophysitismus war dafür die gegebene Form. Sie führt aber auch zur Herausbildung einer koptischen Kirchenliteratur[16]. Diese besteht zumeist aus Übersetzungen, da aber, wo sie original ist, handelt es sich fast immer um eine literarische Ebene, die einem wenig differenzierten religiösen Bewußtsein mehr entspricht als dogmatischen oder juristischen Präzisionen, so z.B. die Hagiographie[17], die koptischen Heiligen gewidmet wird, wie etwa dem Patron der Wüste, Menas, dem Heiligen der Kameltreiber und der Kaufleute auf dem Kamelrücken. Beispiel aber auch die gesamte Mönchsliteratur, die Literatur der Mönchsregeln und der Mönchssprüche, die dann ins Griechische, Syrische und Arabische übersetzt wird und diese genuin ägyptische Institution, sofern sie die Bezeichnung Institution überhaupt verdient, in alle Welt trägt. Schenute von Atripe ist wiederum einer der besten Repräsentanten dieser Literatur, die nicht gern theoretisiert, sondern von Anlaß zu Anlaß das Wort ergreift. Hierher gehören auch viele Predigten mit einer merkwürdigen Vorliebe für Engel und Erzengel, die Viten von Mönchen und Einsiedlern, deren oberschwelliger Monophysitismus die konfessionellen Gegensätze auf der Ebene der Mirakel austrägt, aber auch ernsthafte Katechesen und Mahnreden von Provinzbischöfen und Klostervorstehern. Das Interesse an „weltlichen" Gegenständen ist gering, ebenso gering die Neigung zum Historischen oder Chronikalischen.

Hinter dieser Literatur steht immer wieder das Mönchtum[18]. Dieses Mönch-

[16] *S. Morenz*, Die koptische Literatur: HO I 2, 207–219; *C. D. G. Müller*, Die koptische Predigt (Heidelberg 1953).

[17] *P. Peeters*, Le tréfonds oriental de l'hagiographie byzantine (Brüssel 1950) 27–48.

[18] *P. Cauwenbergh*, Études sur les moines d'Égypte depuis le concile de Chalcédoine jusqu'à

tum ist koptisch in seinen Ursprüngen und bleibt in Ägypten im eminenten Maße koptisch. Es zieht sich aus der bedrohten ökonomischen Welt des spätantiken romanisierten Ägyptens zurück in die Wüste, aber die Welt eilt ihm nach, die ganze damalige Welt, und zerrt es wieder in die politische Öffentlichkeit zurück. Die Patriarchen von Alexandreia, gleichgültig welcher dogmatischen Farbe, sehen in ihm ihre Helfersmassen und bedienen sich seiner skrupellos. Nicht wenige Mönche finden Gefallen an dieser Rolle und schwingen sich allmählich auf zu Kontrollorganen über das religiöse und kirchliche Leben des Landes, ja nicht nur Ägyptens, sondern weit darüber hinaus. Jedenfalls kann die monophysitische Kirche Ägyptens nicht nur von ihren Kirchenführern, den selbstbewußten Patriarchen, her verstanden werden. Sie ist ebenso eine Kirche eines selbstbewußten Mönchtums. Bei der Bewußtseinslage dieser Mönche kann es selbstverständlich nicht ausbleiben, daß scharfe konfessionelle Grenzen nicht immer gezogen werden können. Die Fronten wechseln, aber das Eigenbewußtsein, und dies ist das Dauerhafte, ein koptisches Eigenbewußtsein macht sie immer mehr zum Rückgrat der monophysitischen Opposition.

Ebenso wie der nestorianischen Kirche eignet auch der monophysitischen ein starker Drang zur Mission nach außen. Für die koptische Kirche bot sich als Missionsfeld in erster Linie das Gebiet südlich von Ägypten an, das heißt Nubien und Äthiopien. Es scheint, daß eine intensive Missionstätigkeit bei den Nubiern erst in der Mitte des 6. Jh. einsetzen konnte[19]. Bis dahin genossen die Nubier, soweit sie in lockerer Form dem Reichsverband angehörten, entgegen den sonst geltenden Heidengesetzen, das Privileg, ihre Göttin in den Heiligtümern in Philai am oberen Nil weiter ungestört zu verehren. 541 machte Justinian diesem Privileg ein Ende, und Kaiserin Theodora entsandte den monophysitischen Presbyter Julian, dem es mit Unterstützung eines ebenfalls monophysitischen Bischofs von Philai gelang, Teile der Nubier zum Christentum zu bekehren. Aber auch orthodoxe Missionare konnten einige Erfolge aufweisen. Auf die Dauer jedoch obsiegte die monophysitische Propaganda, und die nubische Christenheit orientierte sich organisatorisch ganz am koptischen Patriarchat Ägyptens.

Für Äthiopien[20] bedeutete diese Propaganda schon die zweite Missionswelle

l'invasion arabe (Paris – Louvain 1914); *M. Cramer – H. Bacht*, Der antichalkedonische Aspekt im historisch-biographischen Schrifttum der koptischen Monophysiten: Chalkedon II 315–338; *F. R. Farag*, Sociological and Moral Studies in the Field of Coptic Monasticism (Leiden 1964).

[19] *J. Kraus*, Die Anfänge des Christentums in Nubien (Wien 1931); *U. Monneret de Villard*, Storia della Nubia cristiana (Rom 1938); *W. H. C. Frend*, Nubia as an Outpost of Byzantine Cultural Influence: Byzantinoslavica 29 (1968) 319–326; *A. Audollont*, La diffusion du christianisme en Afrique au sud des territoires soumis à Rome après le Ve s. Comptes rendus Acad. Inscr. et Belles Lettres 1942, 202–216; *K. Michalowski*, La Nubie chrétienne: Africana Bulletin 3 (Warschau 1965) 9–26; *J. Kraus*, Neues zur Geschichte des christlichen Nubiens: NZM 24 (1968) 241–257.

[20] *C. Conti-Rossini*, Storia dell'Etiopia (Mailand 1928); *H. M. Hyatt*, The Church of Abes-

nach der ersten im 4. Jh. Auch hier scheint aber erst diese zweite Welle eine intensivere Christianisierung mit sich gebracht zu haben. Daß in Äthiopien der Monophysitismus einen ganz natürlichen Eingang fand, hängt damit zusammen, daß das Land schon seit dem 4. Jh. kirchlich nach Alexandreia orientiert war. Jetzt im 5. Jh. werden besonders die „Neun römischen Heiligen" als Missionare genannt, das heißt Männer aus dem Römischen (Byzantinischen) Reich, worunter wohl syrische monophysitische Mönche zu verstehen sind, auf die mit Wahrscheinlichkeit die Gründung einer Reihe äthiopischer Klöster zurückgeht. Aber diese Mission konnte die Bindung an Alexandreia nicht aufheben. Die Glaubenslehre der äthiopischen Kirche von damals scheint an den innermonophysitischen Kontroversen kein besonderes Interesse gezeigt zu haben, was bei den Entfernungen von den Zentren des Zerwürfnisses nicht überrascht. Man sah jedenfalls im koptischen Patriarchen Ägyptens die höchste Instanz, von der man sich auch seit dem 7. Jh. den eigenen Oberbischof, den Abuna, weihen ließ.

Die jakobitische Kirche

Wenn die Politik Justinians das Ihre dazu beigetragen hat, um die koptische Kirche als selbständige Konfession sich verfestigen zu lassen, so ist es dieselbe Politik, die nicht nur durch ihren Druck, sondern auch durch ihr Gewährenlassen die Entstehung einer monophysitischen Kirche in Syrien veranlaßt hat. Nach dem Konzil von 536 hatte der Kaiser, wie berichtet, den Patriarchen Theodosios von Alexandreia nach Konstantinopel kommen lassen, um ihn für das Konzil von Chalkedon zu gewinnen. Der Erfolg blieb aus; doch statt in die Verbannung zu gehen, fand der Patriarch pflegliche Unterkunft bei der Kaiserin Theodora und regierte aus seinem Versteck, das keines war, seine Kirche, so gut er konnte. Im Jahre 542 drang der durchaus monophysitisch gesinnte byzantinische Klientelkönig der Araber, der Ghassanide bar Harith bar Gabala in der Syrischen Wüste, bei Theodora auf Bestellung einiger Bischöfe für sein Herrschaftsgebiet. Die Kaiserin veranlaßte den alexandrinischen Patriarchen, zwei Monophysiten, die seit längerem in Konstantinopel weilten, zu Bischöfen zu ordinieren: Theodoros „von Arabien" und Jakob Burdeana (Baradai)[21]. Theodoros bekam als Sprengel „die Zeltlager der Araber" zugewiesen, also in der Hauptsache die Syrische Wüste und das transjordanische Gebiet. Näheres über seine Tätigkeit wissen wir nicht, es sei denn die Tatsache, daß die ghassanidischen Araber in der Folgezeit unzweideutige Vertreter des Monophysitismus bleiben. Jakob Baradai († 578) wurde großzügig mit dem ganzen Osten, angefangen von den griechischen Inseln über Kleinasien bis Syrien und Armenien, betraut, mit Sitz

synia (London 1928); *E. Hammerschmidt,* Die Anfänge des Christentums in Äthiopien: ZMR 38 (1954) 281–294.

[21] *H. G. Kleyn,* Jacobus Baradeua de stichter der syrische monophysietische kerk (Leiden 1882); *E. Hammerschmidt,* Jakobos Baradai: LThK² V 836.

in Edessa. Mit ungeheurem Enthusiasmus, unter allen erdenklichen Gefahren und Entbehrungen, als Bettler verkleidet, missionierte er weite Landstriche, weihte, nicht immer die strengsten Maßstäbe anlegend, Tausende von Priestern und ging schließlich dazu über, für diese Priester auch eine eigene, sich um die bestehende orthodoxe Hierarchie nicht mehr kümmernde monophysitische Gegenhierarchie einzurichten. Der Boden war längst bereitet. Schon in der ersten Jahrhunderthälfte dürften die meisten syrischen Bischöfe, besonders in der Syria Prima, in der Osrhoene, in der Euphratesia und in der Mesopotamia, eingeschworene Anhänger des Severos von Antiocheia gewesen sein. Jetzt weihte Jakob ca. dreißig neue Bischöfe seiner Konfession für Bischofsstädte, die zumeist fest in den Händen der Bischöfe der Reichskirche waren. 557–558 bestellte er für seine Hierarchie in Sergios von Tella auch einen Patriarchen mit „Sitz“ in Antiocheia. In ihm sah er offenbar den einzigen legitimen Nachfolger des Severos. Die Patriarchenreihe wird seitdem kaum mehr unterbrochen, es sei denn durch innermonophysitische Schismen und Querelen. Aus einem vagen Monophysitismus ist jetzt eine Kirche eigenen Rechts geworden. Daß weder der Patriarch noch die meisten Bischöfe in ihren Städten residieren konnten, focht sie wenig an. Es gab genug Klöster, die ihnen Unterschlupf gewährten, und die kaiserliche Politik zugunsten des Chalcedonense konnte ihnen nichts anhaben.

Als Chosrau II., der persische Großkönig, der für die christlichen Kirchen manche Votivgaben übrig hatte[22], weite Gebiete des Byzantinischen Reiches eroberte, vor allem in jenen Territorien, in denen die Monophysiten hausten, mochten sich diese eine Erleichterung erhoffen. Tatsächlich vertrieb der König so manche melkitischen Bischöfe, aber er hielt es für sicherer, die freien Posten dann mit Klerikern aus dem persischen Herrschaftsgebiet zu besetzen. Ob es sich dabei um Nestorianer gehandelt hat, wissen wir allerdings nicht. Immerhin gelang es jetzt den Jakobiten, auch in Persien sich stärker festzusetzen und sogar in Seleukeia-Ktesiphon, der Hochburg der Nestorianer, in den Besitz einer Kirche zu kommen. Das hatte allerdings mit der Ermordung Chosraus wieder ein Ende. Bald fiel nach dem Sieg des Kaisers Herakleios über das Persische Reich das monophysitische Syrien wieder in byzantinische Hand. Man begrüßte jetzt da und dort die Byzantiner notgedrungen als Befreier, aber es konnte vorkommen, daß, wie in Edessa, der Bischof, ein Monophysit, dem orthodoxen Kaiser die Teilnahme am Gottesdienst verweigerte, was natürlich nur neue Repressalien nach sich zog. Immerhin war es gerade Herakleios, der mit der sogenannten monenergetischen Glaubenslehre das letzte Mal eine Kirchenunion versuchte und zu diesem Zweck sogar eine eigene Monophysitensynode einberief, an der er selbst teilnahm. Da auch dieser Versuch fehlschlug, begann die Verfolgung der Monophysiten durch die Reichsbehörden neuerdings, so daß sie die bald darauf ankommenden Muslimos als Befreier vom Kirchenjoch Konstantinopels

[22] Vgl. zur Situation *P. Peeters,* Les ex-voto de Khosrau Aparwez à Saint-Serge de Rosapha: Mémoires Acad. Inscr. et Belles Lettres 54 (1951) 23ff.

begrüßten. Damit begann auch für die syrische Kirche eine Zeit, geprägt von Rechtsverhältnissen, die der Islam gegenüber den „Völkern des Buches" ausgebildet hatte, teilweise ergänzt durch Verträge zwischen den Eroberern und den Bischöfen, die in der Notzeit als eine Art Stadtherren die Übergabe an den Islam in die Wege geleitet hatten, unterbrochen aber auch durch gelegentliche Verfolgungen, die freilich nicht grundsätzlich dogmatischer Natur waren.

Das Oberhaupt dieser syrischen Kirche blieb nach wie vor der Patriarch von Antiocheia, auch wenn es ihm erst im Jahre 720 gelang, seinen Sitz in dieser Stadt, und selbst da nur für kurze Zeit, aufzuschlagen. In der Regel residierten die Patriarchen wie die Bischöfe in den Klöstern, aus denen sie ja zumeist hervorgegangen waren[23]. Was die neue Kirche von der Reichskirche unterschied, war zunächst gewiß nicht die Liturgie oder das kanonische Recht. Hier trat kein großer Bruch ein. Das Eigene war der Glaube oder, besser gesagt, die Dogmatik, und hier nicht einmal so sehr eine Christologie, die sich wesentlich von der orthodoxen unterschieden hätte, als vielmehr der Widerstand gegen das Chalcedonense und seine christologischen Formeln, ein Widerstand, den die Kirche mit dem Vater ihrer Theologie, Severos, teilte[24]. Dieser Widerstand war das eigentliche Schibboleth, zu dem freilich allmählich eine immer stärkere dumpfe Ablehnung gegen alles kam, was die griechische Reichszentrale und ihre Emissäre an kirchenpolitischen Vorstellungen anzubieten hatten, das heißt ein Bewußtsein, das sich zwar nicht als syrisches Nationaldenken bezeichnen läßt, aber eine Art Vorform eines solchen Denkens darstellt, eine Form, die wesentlich vom sprachlichen Unterschied gegenüber dem Griechischen geprägt war und nicht von einer Abneigung gegenüber den großen Gütern der griechischen Geisteswelt schlechthin. Severos hatte nur griechisch geschrieben und Syrisch kaum verstanden. Je länger, desto entschiedener aber wird die Sprache der jakobitischen Theologen syrisch, und es bildet sich eine Literatur heraus, die eine Hochblüte der syrischen Sprache mit sich bringt[25]. Zu nennen ist hier vor allem Xenaia von Mabbug († ca. 523), ferner Jakob von Sarug († 521); ersterer ein Klassiker der syrischen Literatur, Dogmatiker, Polemiker, Prediger und Exeget zugleich, letzterer Vertreter jener metrischen Predigtliteratur, die in ähnlicher Form auch im byzantinischen Bereich Eingang fand. Nicht minder bedeutsam war der berühmte Johannes von Edessa († ca. 586), den Justinian seinerzeit aus unverständlichen Gründen zum Missionar heidnischer Restbestände in Kleinasien bestellt hatte und der schließlich bis zu seiner Verjagung aus Konstantinopel durch Kaiser Justin II. dort die Monophysiten geleitet hatte. Ihm verdanken wir nicht nur eine syrische Kirchengeschichte, sondern auch die „Geschichte der morgenländischen Seligen", jene hagiographische Samm-

[23] Die Residenzen wechselten häufig, auch wenn Antiocheia der „Titel" blieb. Als Stadtresidenzen wechselten Aleppo, Edessa, Amida, Harran usw.

[24] *J. Lebon*, La christologie du monophysisme syrien: Chalkedon I 425–580.

[25] Zusammenfassend zu dieser Lit. vgl. *A. Baumstark*, Geschichte der syrischen Literatur (Bonn 1922); *I. Ortiz de Urbina*, Patrologia syriaca (Rom 1958).

lung, die für das Selbstverständnis seiner Kirche mindestens ebenso wichtig wurde wie alle dogmatischen Traktate. Was die Geschichte der Kirche anlangt, so erhielt er einen bedeutsamen Nachfolger in Kyros von Batna. Für das 7. Jh. sind mit Vorzug zu nennen Paulos von Tella, Mitarbeiter an der „Syro-Hexaplaris" des Alten Testaments, und Thomas von Harqel, dem dasselbe Verdienst für das syrische Neue Testament zugesprochen werden darf. Einer der wichtigsten Vertreter weitgespannter wissenschaftlicher Interessen war Jakob von Edessa († 708). Sein Bildungsweg führte ihn über Alexandreia, er wurde Bischof von Edessa, verließ diesen Sitz wieder, unterrichtete im Kloster Qennešrin, das damals vielleicht das hervorragendste jakobitische Bildungszentrum war. Er hinterließ einen reichen literarischen Nachlaß. Er gab Unterricht im Griechischen gegen den Widerstand derjenigen, die jetzt nicht nur die Reichskirche, sondern alles Griechische überhaupt verachten wollten; er soll sich auch auf das Hebräische verstanden haben. Viele Übersetzungen aus dem Griechischen gehen auf ihn zurück. Seine Chronographie wurde viel gelesen, und er ist der Verfasser wohl der ältesten syrischen Grammatik. Schließlich versuchte er eine Harmonie profanen und biblischen Wissens über die Entstehung der Welt in einem unvollendet gebliebenen „Hexaemeron". Nur am Rande sei noch erwähnt, daß man wie im griechischen Sprachgebiet dogmatische Katenen anfertigte, Sammlungen geistlicher Ansprachen von Klosteroberen, daß die Kirchendichtung blühte und daß damit schließlich die Voraussetzungen für eine Entwicklung der liturgischen Texte gegeben war[26]. All das führt zu jener großartigen syrischen Vermittlertätigkeit im 8. Jh., die dem arabischen Islam den Anschluß an die Geistigkeit der mediterranen Welt vermittelte[27].

In dieser Welt der jakobitischen Kirche spielt das Mönchtum eine bedeutsame Rolle[28]. Es ist vielgestaltig wie überall im Orient. Es gibt zahlreiche Einsiedler in Zellen und Berghöhlen, auf Säulen und in Hütten. Es gibt aber auch eine ganze Anzahl gutbevölkerter Koinobia, wo die Meditation gepflegt wurde, wo die Askese ebenso wie in Ägypten zur Virtuosität gesteigert wurde und wo man wirtschaftliche Betätigungen teils mit sehr gemischten Gefühlen betrachtete. Vorab die Mönchssiedlungen in der Wüste entwickelten rein vom Ambiente her Lebensformen, die denen der Beduinen angepaßt waren und der Affinität zu asketischen Formen des Islams nicht entbehrten. Theoretisch unterstand jedes Kloster dem Bischof, ohne den es keine Abtweihe, keine Klostergründung und kein Wirken nach außen gab. Bezeichnend aber bleibt, daß die Gemeinde in der jakobitischen Kirche ihren Einfluß nie verlor, das heißt, daß sie immer

[26] *A. Baumstark*, Festbrevier und Kirchenjahr der syrischen Jakobiten (Paderborn 1910).

[27] *G. Klinge*, Die Bedeutung der syrischen Theologen als Vermittler der griechischen Philosophie an den Islam: ZKG 58 (1939) 346–386; *R. Paret*, Der Islam und das griechische Bildungsgut (Tübingen 1950).

[28] *E. Honigmann*, Nordsyrische Klöster in vorarabischer Zeit: ZS 1 (1922) 15–33; *P. Krüger*, Das syrisch-monophysitische Mönchtum im Tur-Ab(h)din I (Diss. Münster 1937), II: OrChrP 4 (1938) 5–46.

in der Lage war, einer übersteigerten Hierarchisierung der Kirche ihr eigenes Gewicht entgegenzusetzen.

Diese monophysitische, nach ihrem großen Missionar häufig „jakobitisch" genannte Kirche ist nicht nur eine Kirche der Syrer, sondern auch der Araber geworden. Daß sie in den Ghassanidenfürsten in der Syrischen Wüste ihre Förderer hatte, wurde schon erwähnt. Und auf den Karawanenstraßen drang diese Form des Christentums auch ins nördliche und mittlere Arabien vor, ohne daß diese arabischen Territorien eine eigene kirchliche Formation gebildet hätten. Ihr Christentum blieb locker mit dem der syrischen Kirche verbunden. Andererseits waren die Araber längst aus dem Kern ihres Landes auf syrisches Gebiet vorgedrungen, und zwar nicht nur in die Syrische Wüste, sondern auch als Siedler unter den Mauern der Städte im Ostjordanland. Zentren des arabischen Monophysitismus war die Bischofsstadt Bosra und die große Sergios-Wallfahrt in Rusafa, dem Hauptquartier der Ghassaniden (Sergiupolis). Die byzantinischen Kaiser der zweiten Hälfte des 6. Jh. hatten mit der Behandlung der beweglichen Massen der Araber an den Grenzen ihres Reiches nicht immer eine glückliche Hand. Vor allem den Ghassanidenfürsten warfen sie allzuleicht Verrat vor, und so kam es, daß der heranstürmende Islam in diesen christlichen Arabern Verbündete fand, die sich sehr bald der neuen Religion beugten, deren Lebens- und Kultformen in mancher Beziehung nicht allzusehr von den ihrigen verschieden waren. Diese Interferenz zwischen christlichen und früher heidnischen Arabern ist wohl auch dafür verantwortlich zu machen, daß sich im Koran christliche Elemente finden, die man mit einiger Wahrscheinlichkeit als wesentlich monophysitisch bezeichnet hat.

Was das Christentum in Südarabien[29] anlangt, so ist Zeit und Ausgangspunkt der Missionierung ungesichert. Jedenfalls begegnen wir diesem Christentum um die Wende zum 6. Jh., besonders im Nedjran unter Herrschern, die wohl jüdischen Glaubens waren. Hier brach auch 573 eine Verfolgung aus, die diesem jungen Christentum die ersten Martyrer schenkte, besonders den heiligen Arethas (Harith), der dann von den Monophysiten Syriens als einer der ihren gefeiert wurde. Die Verfolgung rief eine durch Byzanz gestützte Aktion der axumitischen Könige hervor, die das arabische Königreich unter ihre Vasallität brachten, bis sie ihrerseits das Gebiet an die Perser abtreten mußten, die wiederum vom Islam abgelöst wurden.

Die Kirche der Armenier

Dem Grundanliegen der Glaubenslehre nach mag man in der armenischen Kirche eine jakobitische Denomination sehen. Die geschichtlichen Ursprünge freilich sind anderer Art. Sie spiegeln auf eigenartige Weise das Hin und Her dieses

[29] *J. Ryckmans,* Le christianisme en Arabie du sud préislamique: L'oriente cristiano nella storia della civiltà (Rom 1964) 413–453, mit Literaturangaben.

Volkes zwischen byzantinischer bzw. persischer Herrschaft einerseits und einem eigenen freien Staatswesen andererseits wider. Die armenische Kirche ist geworden, wie sie ist, weniger auf Grund der dogmatischen und kirchenpolitischen Abfolge von Reichssynoden als auf Grund eben dieser geschichtlichen Fährnisse. Wenn man Nerses den Großen[30], den armenischen Oberbischof († ca. 373), den angeblichen Urenkel des Missionars Armeniens, Gregors des Erleuchters, mit Recht den Organisator der armenischen Kirche genannt hat, so war es eine Organisation in Richtung auf die griechische Kirche, speziell auf die Kirche Kappadokiens, so wie Nerses selbst in Kaisareia erzogen und zum Bischof konsekriert worden war. In seiner Organisation spiegelt sich das Pietätsverhältnis der armenischen Christenheit gegenüber dem Ausgangspunkt der armenischen Mission, Kappadokien, wider. Schon sein Nachfolger, ein Bischof des Königs, mußte sich zum Ärger Kaisareias in der Konkurrenzmetropole Tyana weihen lassen, bis schließlich der König endgültig die kirchliche Verbindung mit Kappadokien aufkündigte. Genau läßt sich der Zeitpunkt dieser Trennung nicht feststellen, es gab manche Verbindungen hin und her, die nach wie vor bestanden, aber der Anfang zur kirchlichen Selbständigkeit Armeniens, wenn auch nicht der Anfang einer neuen konfessionell geprägten Kirche, war getan. Bald darauf festigte sich auch das geistige Selbstbewußtsein der Armenier. Mesrop[31] († 440) gab der Nation eine eigene Schrift, und diese Großtat führte sehr bald zu einer selbständigen armenischen Literatur. Selbstverständlich handelt es sich zunächst um Übersetzungen aus dem Griechischen und aus dem Syrischen, und in diesem Leihverkehr gewann die Orientierung nach den geistigen Zentren des Byzantinischen Reiches neue Bedeutung. Kirchlich freilich war es jetzt nicht mehr Kaisareia, das die große Rolle spielte, sondern Konstantinopel, das inzwischen ja auch die Suprematie über Kappadokien erlangt hatte, an das sich die Armenier wandten.

Seit 429 macht sich freilich der persische Druck auf Armenien besonders stark bemerkbar, und die Verbindung zum Byzantinischen Reich riß auf weite Strecken ab. An der Synode von Ephesos konnten keine persarmenischen Bischöfe teilnehmen, und erst durch nestorianische Missionare erfuhr man dort von dem, was geschehen war. Jetzt ging 435 eine Anfrage des Katholikos nach Byzanz, die mit dem „Tomos" des Proklos beantwortet wurde. Chalkedon wurde wiederum ohne nennenswerte armenische Vertretung zelebriert, und die Ereignisse der zweiten Hälfte des 5. Jh. brachten keine Besserung der Verhältnisse[32]. Man hielt in der armenischen Kirche inzwischen fest an der Lehre von der Einheit in Christus. Chalkedon aber hatte Entscheidungen gebracht, die in diese Einheit für armenische Ohren offenbar kaum bekannte Distinktionen brachten. Die Armenier lernten mit der Zeit den „Tomus Leonis" kennen, aber in einer Übersetzung, die mißverständlich war. Es waren Mönche aus der Schule

[30] *V. Inglisian:* LThK² VII 882–883.
[31] *V. Inglisian:* LThK² VII 319.
[32] *Ders.*, Chalkedon und die armenische Kirche: Chalkedon II 361–417.

des Severos, die schließlich die Armenier mit dem „Henotikon" des Kaisers Zenon bekannt machten und es gegen die Synode von Chalkedon interpretierten. Als im Jahre 505 und 506 Kaiser Anastasios den Persern einen Waffenstillstand abzwingen konnte, der der armenischen Kirche wiederum eine gewisse Freiheit brachte, da war die byzantinische Kirche durch eben diesen Kaiser stark auf eine monophysitische Interpretation des „Henotikon" eingestellt, und diese Interpretation wurde nun auch von der armenischen Kirche übernommen. Der Katholikos Babgen (490–516) versammelte im Jahre 506 in Dvin eine Synode mit armenischen und iberischen Bischöfen, die das „Henotikon" annahmen, freilich weniger in Ablehnung des Chalcedonense, das sie kaum kannten, als um dem Nestorianismus zu begegnen, der unter persischer Herrschaft in Armenien heftig missioniert hatte. An dieser Position der armenischen Kirche änderte sich auch nichts unter der Herrschaft Justinians. 554 versammelte sich wiederum in Dvin eine Synode, die den Bruch mit der Reichskirche vollzog – eine wichtige Entscheidung, vor allem angesichts der immer vorhandenen Bedrohung durch die Perser und die dahinter stehende persisch-nestorianische Kirche; aber auch insofern, als sich das eigene Kirchenbewußtsein gegenüber Byzanz verfestigte und dem armenischen Unabhängigkeitsstreben neue Auftriebe gegeben wurden und neuer Spielraum in der Auseinandersetzung zwischen den beiden Großreichen.

Es war der byzantinische Kaiser Maurikios, der dieser Autonomie der armenischen Kirche ebenso ein Ende bereiten wollte wie der politischen Freiheit und stärksten Druck ausübte, um die Armenier zur Synode von Chalkedon zu bekehren. Das brachte ein Schisma hervor. Der Katholikos Moses II. weigerte sich, an einer Synode in Konstantinopel teilzunehmen, worauf der Kaiser im Jahre 590 einen Gegenkatholikos für die Armenier unter unmittelbarer byzantinischer Herrschaft bestellte. Erst ein neuer Vorstoß auf das byzantinische Armenien seitens der Perser machte 610 der Sache zugunsten der monophysitischen Armenier ein Ende. In dieser Zeit drängte sich auch der iberische Katholikos Kiurion als Anhänger der Griechen und damit der Orthodoxie aus der engen Verbindung und Abhängigkeit von der armenischen Kirche[33].

Der große persisch-byzantinische Krieg unter Kaiser Herakleios führte wiederum einen byzantinischen Herrscher nach Armenien. Der Friede von 629, den die Perser nach ihrer Niederlage schließen mußten, überließ den größten Teil des Landes den Byzantinern. Die Armenier waren im großen und ganzen in diesen schweren Auseinandersetzungen auf seiten des byzantinischen Kaisers. Jetzt aber wurde die Geistlichkeit Armeniens wiederum aufgefordert, ihren Anschluß an die Formeln von Chalkedon zu erklären. Wenn nicht, würde der Kaiser einen Gegenkatholikos bestellen. Der Katholikos Yezr gab nach, und der griechische Klerus offerierte eine lahme Formel, die in der Verdammung des Nestorianismus kulminierte, während Chalkedon mit Stillschweigen über-

[33] *N. Akinian*, Kiurion der Katholikos von Georgien (Wien 1910; armen.); dazu *P. Peeters:* AnBoll 30 (1911) 106–109.

gangen wurde, offenbar, um die Armenier leichter zu gewinnen. Zwar gab es auch gegen diese Formel Widerstand, aber von einem eigentlichen Schisma kann nicht die Rede sein. Daß Herakleios bald darauf bis auf die monenergetische Formel sich den Vorstellungen der Gegner des Chalcedonense näherte, erleichterte das Ralliement. Aber schon seit 640 stießen die Muslimos regelmäßig gegen Armenien vor, und damit war es auch mit dem Anschluß an die byzantinische Kirche zu Ende, schon bevor die Araber endgültig die Herren des Landes wurden. Eine Synode von Dvin unter dem Patriarchen Nerses III. im Jahre 648/649 verwarf endgültig die Formeln von Chalkedon, und der damalige Führer der Nation, Theodor Rechtuni, überantwortete sein Land dem Kalifen, der Armenien ein Statut weitgehender Autonomie zugestand. Der byzantinische Kaiser Konstans II. machte zwar 654 einen energischen Versuch, Armenien politisch und kirchlich zurückzugewinnen, aber auf die Dauer war ihm kein Erfolg beschieden.

Die Leitung der armenischen Kirche lag in den Händen eines Oberbischofs[34], eines „großen Erzbischofs“ oder Katholikos, wie er häufig genannt wird – der Titel Patriarch gewinnt erst relativ spät die Oberhand. Diese Katholikoi sind aufs stärkste verwurzelt im Feudalismus des Landes, und das Auf und Ab ihrer Geschichte ist in vieler Hinsicht nur erklärlich aus den Rivalitäten der Stämme und Stammesfürsten, der Könige und Teilkönige. Auch die kirchliche Organisation, die Errichtung von Honorarmetropolen usw. bestimmt sich nicht selten aus diesen politischen Verhältnissen. Das Eigenleben der Kirche drückt sich am reinsten in der Literatur aus, die in einem hohen Maße dem religiösen Bereich verhaftet bleibt. Mit dem schon genannten Mesrop beginnt das sogenannte goldene Zeitalter der armenischen Literatur[35]. Von Mesrop selbst kennen wir religiöse Schriften, Reden und Sendschreiben. Was im einzelnen seinen Schülern zuzuteilen ist, Bibelkommentare, Homilien, Predigten usw., läßt sich heute schwer ausmachen. Für das 5. Jh. von besonderer Bedeutung sind noch Eznik von Kolb, der nicht nur an der armenischen Bibelübersetzung beteiligt war, sondern sich auch in einer Streitschrift gegen die Häresien wandte und Schriften religiöser Natur veröffentlichte, ferner Johannes Mandakuni, der Verfasser von Predigten und von Hymnen, die in die Liturgie Aufnahme fanden. Im 5. Jh. war es auch, daß Mesrop in seinem Schüler Korium seinen Biographen fand und daß ein Mann, der sich Agathangelos nennt, eine Geschichte der Missionierung Armeniens und des Missionars Gregor schrieb – die klassische Legende der frühen Kirchengeschichte des Landes.

Die Kirchengeschichte Armeniens in islamischer Zeit unterscheidet sich kaum von der Geschichte einer anderen Kirche unter der Herrschaft der Araber. Bemerkenswert ist freilich, daß viele Armenier unter dem Druck der Araber

[34] *G. Amadouni,* L'autocéphalie du katholikat arménien: I patriarcati orientali nel primo millennio (Rom 1968) 137–178.

[35] *B. Sargisean,* Dei tesori patristici e biblici conservati nella letteratura armena (Venedig 1897); *H. Thorossian,* Histoire de la littérature arménienne (Paris 1951).

oder auf Grund der innenpolitischen Verhältnisse ihres Landes ins Byzantinische Reich abwanderten und hier oft zu größter Bedeutung gelangten, so daß die Trennung der armenischen Kirche trotz der dogmatischen Differenzen nie jenen tiefen Graben zwischen Byzanz und Armenien bedeutet, wie er etwa zwischen der jakobitischen Kirche und Byzanz oder der koptischen Kirche und Byzanz gezogen worden war.

7. *Kapitel*

Das frühbyzantinische Mönchtum

LITERATUR: *St. Schiwietz,* Das morgenländische Mönchtum, 3 Bde (Mainz und Mödling 1904/38); *J. Bremond,* Les pères du désert (Paris 1927); *K. Holl,* Enthusiasmus und Bußgewalt (Leipzig 1898); *P. van Cauwenbergh,* Études sur les moines d'Égypte depuis le concile de Chalcédoine jusqu'à l'invasion arabe (Paris 1914); *R. Draguet,* Les pères du désert (Paris 1949); *A.-J. Festugière,* Les moines d'Orient (Paris 1961 ff); *H. Bacht,* Die Rolle des Mönchtums in den kirchenpolitischen Auseinandersetzungen um Chalkedon: Chalkedon II 193 bis 314; *D. J. Chitty,* The Desert a City (Oxford 1966); *R. Janin,* Les églises et les monastères de Constantinople (Paris 1953).

Die explosive Entwicklung des Mönchtums im 4. und beginnenden 5. Jh. brachte zwar Krisen und Rückschläge mit sich, aber seine weitere Ausbreitung konnte dadurch nicht unterbunden werden. Ägypten bleibt das Mutterland, Ziel der Wallfahrten zu den berühmten Stätten des ersten Enthusiasmus, aber allmählich schieben sich auch andere Reichsprovinzen stärker in den Vordergrund. Bemerkenswert ist vor allem die Anziehungskraft, die Palästina seit dem beginnenden 5. Jh. ausübt. Der Strom der Pilger aus aller Welt, der zu den Heiligen Stätten eilt, führt manchen mit sich, der schließlich sich in Palästina zu einem gottgefälligen Leben niederläßt. So entsteht hier ein Mönchtum, das weniger in sich „geschlossen" ist als in Ägypten, aufgeschlossener, sowohl was die geographische Herkunft wie den sozialen Status betrifft[1].

Die bedeutendsten Gründerpersönlichkeiten der Zeit sind ohne Zweifel Euthymios der Große, Theodosios der „Koinobiarch" und Sabas. Euthymios († 473)[2] gründete eine Laura, deren Kirche Juvenalios im Jahre 529 einweihte. Schon die Anfänge spiegeln die „Internationalität" wider. Euthymios selbst stammt aus Melitene am Euphrat, einige seiner ersten Mönche aus der Sinaihalbinsel, andere sind Kappadokier und Syrer, ein „Römer" wird genannt und schließlich ein einziger Palästinenser. Das Leben des Gründers bewegt sich nicht nur im Rahmen monastischer Zielsetzungen; kein großer Abt der Zeit kann sich dem kirchenpolitischen Streit um den Patriarchen Juvenalios entziehen und

[1] Vgl. *S. Vailhé,* Les monastères de la Palestine: Bessarione 3 (1897/98) 39–58 209–225 334–356, 4 (1898/99) 193–210.

[2] *Ders.,* Saint Euthyme le Grand, Sonderdr. aus ROC 12–14 (1907/09); *R. Génier,* Vie de saint Euthyme le Grand (Paris 1909).

Chalkedon ignorieren. Die Wüste Palästinas ist Jerusalem zu nahe. Euthymios machte die Revolte der Mönche um Theodosios im Jahre 452 nicht mit, und seinen Bemühungen ist es schließlich gelungen, die Exkaiserin Eudokia, die in Jerusalem ihre Ränke am liebsten spann, wenn sie damit die orthodoxe Richtung des Hofes von Konstantinopel treffen konnte, zur Versöhnung mit Juvenalios und zur Aufgabe der Propaganda gegen Chalkedon zu bewegen. Der „Koinobiarch" Theodosios († 529)[3] legte seine Gründung östlich von Bethlehem von vornherein als Gemeinschaftskloster an. Seine Heimat ist Kappadokien, und er war früh als Psalmensänger in den Kirchendienst getreten. Dieser Umstand und seine Vertrautheit mit den Schriften und Zielen seines großen Landsmannes Basileios sind wohl der Grund dafür, daß er entgegen dem Zug der Zeit ein strenges Koinobion einrichtete. Es galt in Palästina offenbar als Muster seiner Art, und der Patriarch bestellte schließlich Theodosios zum Oberabt über sämtliche Koinobia (Archimandrit). Oberabt der Anachoreten und Lauren, das heißt der vereinzelten und der locker zusammenhängenden Mönchssiedlungen wurde der heilige Sabas († 532)[4], Sohn eines hohen Offiziers aus Kappadokien. Nach manchen Schicksalen in verschiedenen Klöstern des Heiligen Landes zog er sich in eine Einsiedelei in der Nähe des Westufers des Toten Meeres zurück. Um 483 machte er daraus eine Laura, die bald an die 150 Mönche anzog – eine „Stadt in der Wüste", wie man sie genannt hat. Trotz seines organisatorischen Talents hatte er viele Schwierigkeiten, offenbar, weil ihm höhere Fragen der Spiritualität nicht lagen. Als die Kontroverse über die Beurteilung der origenistischen Lehren neu aufflammte, kam es zu einer Sezession einer ganzen Gruppe von Mönchen und zur Gründung der Neuen Laura (508), des Zentrums der origenistischen Bewegung, über das Sabas und seine Nachfolger nur allmählich ihre Autorität geltend machen konnten.

Im großen und ganzen kann man sagen, daß die drei großen Gründer trotz aller Schwierigkeiten viel dazu beigetragen haben, daß Palästina allmählich zu einem Hort der chalkedonischen Orthodoxie wurde. Die beiden vom Patriarchen ernannten Archimandriten taten sich allerdings schwer, auch im Südwesten des Landes ihre Autorität auszuüben; hier entstanden Zentren der monophysitischen Propaganda, die eher nach dem koptischen Ägypten als nach Jerusalem orientiert waren. Der georgische Prinz Nabarnugi, in Palästina unter dem Namen Petros („Petros der Iberer") Mönch geworden[5], hatte in Jerusalem ein Kloster der Iberer gegründet, war dann vor Juvenalios ausgewichen und nach dieser Gegend gezogen. Während des Mönchsaufstandes von 452 wurde er zum Bischof von Gaza bestellt. Er konnte seinen Sitz freilich nur vorüberge-

[3] *E. Weigand*, Das Theodosioskloster: ByZ 23 (1914/19) 167–216; *H. Usener*, Der hl. Theodosios (Leipzig 1890).

[4] *A. Ehrhard*, Das griechische Kloster Mar Saba in Palästina: RQ 7 (1893) 32–79.

[5] *E. Honigmann*, Pierre l'Ibérien et les écrits du Pseudo-Denys l'Aréopagite: Bulletin Acad. Belge 47, 3 (1952); *D. M. Lang*, Peter the Iberian and his Biographers: JEH 2 (1951) 158–168; *R. Raabe*, Petrus der Iberer (Leipzig 1895).

hend einnehmen, aber er machte durch seine Tätigkeit den Küstenstreifen des Landes zu einem Hort der Monophysiten. Es ist bezeichnend, daß Severos, der spätere Patriarch von Antiocheia, sein Schüler wurde und sich schließlich bei Gaza als Mönch niederließ, bevor er seine Karriere in Konstantinopel begann.

Die Blüte des palästinensischen Mönchtums fand ihren Niederschlag auch in der Literatur der Zeit. Während der geistige Gehalt des ägyptischen Mönchtums seinen Ausdruck in den Sammlungen der Apophthegmata der großen Mönchsväter fand, hat Palästina der Mönchsliteratur in der Person des Kyrillos von Skythopolis (6. Jh.) einen großen Biographen geschenkt[6]. Er hat Euthymios und Sabas große Lebensbeschreibungen gewidmet und auch weitere Klosterstifter behandelt. Gewiß steht auch er dem kirchenpolitischen Einsatz der Mönche seiner Zeit nicht ganz gelassen gegenüber. Aber er hat es doch verstanden, die Mönche und ihr Leben „von innen her" zu schildern und zu zeigen, wie trotz aller Politik der große Enthusiasmus von einst immer wieder zu neuem Leben findet. Ein halbes Jahrhundert später findet das monastische Leben in Joannes Moschos[7], den die Reiselust in alle Länder treibt, den liebevollen, von der Anekdote und der Wundergeschichte begeisterten Miniaturisten, der in seiner geistlichen „Wiese" den Zauber der letzten Tage vor dem Ansturm der Perser und Araber einfängt.

Auch die Sinaihalbinsel tritt in dieser Zeit in das volle Licht der Geschichte des mönchischen Lebens. In der Nähe der Bischofsstadt Pharan am Ostufer des Golfes von Suez ist schon um 400 die Mönchssiedlung Raithu (el Tor) bezeugt. Am Sinai selbst entstand das Dornbuschkloster, später Katharinenkloster genannt, das Justinian mit einer Festungsmauer umgeben ließ und für das er die Kirche stiftete[8].

In Syrien wurde um diese Zeit das Dorf Telnešin zu einem der größten Wallfahrtsorte der Christenheit, denn hier erhob sich um die Säule, auf der Symeon der Stylite sein asketisches Leben geführt hatte († 459), ein gewaltiger Komplex von Kirchen, Klosterbauten und Pilgerherbergen, den freilich bald die Monophysiten, wie den Heiligen selbst, für sich in Anspruch nahmen[9]. Die Orthodoxen hielten sich dafür an den jüngeren Styliten Symeon († 596), der seine Säule auf dem „Wunderberg" bei Antiocheia gehabt hatte[10].

[6] *E. Schwartz,* Kyrillos von Skythopolis (Leipzig 1939).

[7] *Bardenhewer* V 131–135; *E. Amann:* DThC X 2510–13; *Beck* 412–413; *E. Mioni,* Jean Moschus, moine: DSAM VIII (1973) 622–640; *H. Chadwick,* John Moschus and his Friend Sophronius the Sophist: JThS 25 (1974) 41–74.

[8] *R. Devreesse,* Le christianisme dans la péninsule sinaïtique des origines à l'année des musulmans: RB 49 (1940) 205–223; *K. Amantos,* Σύντομος ἱστορία τῆς ἱερᾶς μονῆς τοῦ Σινᾶ (Thessalonike 1953); *G. F. Forsyth,* The Monastery of St. Catherine at Mount Sinai: DOP 22 (1968) 1–19.

[9] *D. Krencker – R. Naumann:* AAB 1939, H. 4; *B. Kötting,* Peregrinatio religiosa (Münster 1950) 69ff.

[10] *J. Gouillard:* DThC XIV 2, 2974–76; *P. Peeters,* Le tréfonds oriental de l'hagiographie byzantine (Brüssel 1950) 160–162 134–136.

In die Hauptstadt Konstantinopel rückt das Mönchtum nur langsam vor. Zunächst setzt es sich in Bithynien und in den asiatischen Vororten fest, und fast immer sind es Fremde, vor allem Syrer, die als Gründer auftreten. So der Einsiedler Auxentios († ca. 473), der sich auf dem Skopos-Berg niederließ und um sich weitere Ansiedlungen von Mönchen organisierte. Das Gebiet um Prusa scheint erst im 7. Jh. Mönchsland geworden zu sein. In Konstantinopel selbst gibt es allen Legenden zum Trotz keine Klöster aus der Zeit Konstantins d. Gr.[11] Gründungen aus der Zeit des Konstantios II. geraten in die Fallen der Ketzergeschichte der Zeit. Für das „orthodoxe" Konstantinopel beginnt die Mönchsgeschichte mit der Gründung des Syrers Isaak, später nach Dalmatos benannt. Die berühmteste und für die kirchenpolitischen Ereignisse in der Hauptstadt bedeutendste Stiftung ist die des Akoimetenklosters durch den Syrer Alexandros, der sich schon am Euphrat als Gründer betätigt hatte und um 405 nach Konstantinopel kam. 463 ist das Gründungsjahr des Studiu-Klosters, das freilich erst in der frühmittelbyzantinischen Zeit seine Blüte erlebte. Im 6. Jh. erscheinen in Konstantinopel plötzlich nicht wenige „Nationalklöster" der Ägypter, Syrer, Besser, Sizilianer, „Römer" usw., die vielleicht nichts anderes waren als von einigen Mönchen verwaltete Absteigquartiere der genannten Denominationen. Sie verschwinden aus der Klostergeschichte Konstantinopels so rasch, wie sie aufgetaucht sind[12].

Möglich, daß es in der Nähe von Thessalonike schon im 6. Jh. ein Kloster gab; was wir aber sonst von Klöstern im eigentlichen Griechenland aus dieser Zeit wissen, ist fast alles Legende.

Die Jahrzehnte um und nach dem Chalcedonense sehen das Mönchtum auf einem Höhepunkt seiner Aktivität in der Kirchenpolitik, damit aber auch auf dem Höhepunkt der Gefährdung seiner Idee und der Ideale der Gründungszeit. Die Gefährdung war so offensichtlich, daß man auf Abhilfe sann[13]. Es war bezeichnenderweise der Kaiser, der eine entsprechende Vorlage einbrachte, die dann von den Konzilsvätern in Chalkedon mit geringen Änderungen als can. 3 und 4 verabschiedet wurde. Can. 4 prangert jene Mönche an, die, gestützt auf das Ansehen ihres Standes in der Öffentlichkeit, in Kirche und Staat Unruhe stifteten, ohne feste Bleibe von Ort zu Ort zogen und, wo es ihnen paßte, „Klöster" gründeten. Der Kanon schreibt vor, daß niemand ein Kloster oder Bethaus gründen darf ohne Erlaubnis des Ortsbischofs, daß jeder Mönch der Aufsicht des Bischofs unterliegt und in Ruhe (ἡσυχία) in seinem Kloster zu verbleiben hat; ferner, daß kein Sklave ohne Einwilligung seines Herrn in ein Kloster aufgenommen werden darf. Zum ersten Mal wird jetzt auch dem Mönch die Eheschließung durch Kirchengesetz verboten (can. 7).

[11] *J. Pargoire,* Les débuts du monachisme à Constantinople: RQH 65 (1899) 67–143; G. *Dragon,* Les moines et la ville: Travaux et mémoires 4 (1970) 229–276.

[12] *R. Janin,* Les monastères nationaux et provinciaux à Byzance: ÉO 32 (1933) 429–438.

[13] *L. Ueding,* Die Kanones von Chalkedon in ihrer Bedeutung für Mönchtum und Klerus: Chalkedon II 569–676.

Mag sein, daß damit zum ersten Mal die Klöster und das Mönchtum überhaupt kirchenrechtlich anerkannt bzw. als Institution des öffentlichen Rechts angesehen werden. Doch der Zweck, den die kaiserlichen Antragsteller im Sinne hatten, wurde kaum erreicht. Zum ersten waren es ja nicht selten gerade die Bischöfe, welche die Mönche für ihre kirchenpolitischen Zwecke mißbrauchten. Nachdem ihnen can. 4 eine Dispensgewalt einräumte, blieben sie in diesem Tun weiterhin unbehindert. Zum anderen glaube ich, daß der Mönchscharakter im einzelnen, nach äußerer Erscheinung sowohl wie rechtlicher Umschreibung, so unpräzis blieb, daß es immer ein leichtes war, sich den Vorschriften des Konzils zu entziehen. Und zum dritten stand die Hierarchie selbst inmitten der Glaubenskämpfe in sich derart ungefestigt, daß „um des höheren Gutes willen" sehr religiöse, aber auch fanatische und fanatisierte Mönche immer wieder Grund genug fanden, sich gegen die Bischöfe als Retter des Glaubens zu gebärden. Jedenfalls zeigt die Kirchengeschichte nach Chalkedon, daß der Erfolg der cann. 3 und 4 nur gering war. Das Klosterwesen der Ostkirche war von allem Anfang an – sieht man etwa von Pachomios und Basileios ab, die aber doch als Organisatoren nur geringe Nachwirkungen hatten – mehr eine Bewegung als eine Institution. Man war Mönch von eigenen Gnaden und Abt von eigenen Gnaden. Die Einwirkung der Hierarchie mußte immer nachhinken, da juristische Konzeptionen dem Wesen dieser Bewegung fremd blieben. Ohne Zweifel haben auch viele gebildete Männer den Weg ins Kloster gefunden. Den großen Massen der Mönche aber, die jede Bildung ablehnten, konnte das enthusiastische Sendungsbewußtsein immer zur Gefahr werden. Es gehört allerdings zum Wesen der Spiritualität, daß sie selten geschichtlich ans Tageslicht tritt. Damit wird auch in Byzanz die Geschichte des Mönchtums leicht zur Geschichte seiner Skandale. Aber die „Apophthegmata Patrum", jene kostbaren Sammlungen mönchischer Spruchweisheit[14], die großen Mönchsviten des 6. Jh., die geistlichen Briefe eines Barsanuphios (6. Jh.), die Konferenzen des palästinensischen Abtes Dorotheos, die geistliche Stufenleiter des Sinaiten Joannes („Klimax") des 7. Jh. sagen über den Kern der Bewegung mehr aus als alle Skandalberichte über Fanatiker und Streithänse im Mönchtum. In Maximos dem Bekenner aber findet die mönchische Mystik jene Höhe der Synthese, die im späteren Byzanz nie mehr erreicht wird.

Die Gesetzgebung des Kaisers Justinian machte den Versuch, auch dieses Mönchtum endgültig zu reglementieren. Es ist ihm zu verdanken, daß genauere Regeln über Aufnahme, Probezeit und Profeß die Berufsbestimmung präzisieren und die kirchliche Kontrolle erleichtern. Wenn er aber den Versuch machte, die strenge Vita communis allgemein verbindlich zu machen, so war dies ein Fehlschlag, der eben am Wesen der „Bewegung" vorbeiging.

Wenn man von einer totalen Vermönchung der byzantinischen Kultur seit dem 6. Jh. gesprochen hat, so ist dies falsch. Davon kann gar keine Rede sein.

[14] Vgl. W. *Bousset*, Apophthegmata (Tübingen 1923).

Das Mönchtum ist mächtig, numerisch und seiner Idee nach, aber es ist nicht imstande, den Rhythmus des spätantiken und frühbyzantinischen Lebens vor allem der Städte zu ändern. Viele Gebildete bleiben diesem Stand gegenüber skeptisch und nehmen ihn eher als eine Bedrohung denn als etwas Positives hin. Die Bischofssitze werden freilich je länger um so häufiger von Mönchen besetzt, doch bleibt es bedeutsam, daß – soviel ich sehe – z. B. der Patriarchenstuhl von Konstantinopel zwischen 450 und 650 nie von einem Mönch besetzt wurde, es sei denn, man sehe in Eutychios eine Ausnahme! Die Bedeutung des Mönchtums für das byzantinische Leben ist die eines Grenzwertes und nicht die eines integrierten Faktors im Alltag.

8. Kapitel

Die theologische und religiöse Literatur

LITERATUR: *M. Richard,* Le néo-chalcédonisme: MSR 3 (1946) 156–161; *Ch. Moeller,* Le chalcédonisme et le néo-chalcédonisme en Orient de 451 à la fin du VIe siècle: Chalkedon I 637–720; *W. Elert,* Der Ausgang der altchristlichen Christologie (Berlin 1957); *S. Helmer,* Der Neuchalkedonismus (Bonn 1962); *M. Jugie,* Monothélisme: DThC X 2, 2307–23; *M. Viller – K. Rahner,* Aszese und Mystik in der Väterzeit (Freiburg 1939); *R. Devreesse,* Chaînes exégétiques: DBS I 1084–1233.

So heftig die dogmatischen Kämpfe gewesen sein mögen, die von der Mitte des 5. Jh. bis zum Ansturm des Islams die Reichskirche erschütterten – zu den großen Perioden klassischer Theologie gehört die Zeit keinesfalls. Die Formel von Chalkedon stellt an ihre Verteidiger eher die Aufgabe der virtuosen Distinktion als die einer Synthese; und die Distinktion hatte auseinanderzuhalten, was für das religiöse Erlebnis sich nur als Einheit darstellen konnte. Wo von Einheit die Rede war, fand sie Ausdruck in einer Terminologie, die noch nicht Gemeingut der Zeit war, und in Adjektiven und Adverbien (ἀδιαίρετος, ἀχώριστος), die eher Privatives als Positives aussagten. Es hätte eben eines überragenden Theologen bedurft, um diese notwendig farblosen Aussagen dem religiösen Erlebnis zugänglich zu machen. Die chalkedonische Theologie besitzt aber lange Zeit keinen solchen Vertreter. So jagen sich Philosopheme, mit denen man den Unterscheidungen gerecht zu werden versucht. Sie zehren zumeist vom Wortschatz der aristotelischen Schule, ohne daß man diejenigen, die sich ihrer bedienten, schlankweg Aristoteliker nennen könnte. Im Tomus des Papstes Leo I. hatte diese Theologie noch das gewaltige Pathos, mit dem die Sprache der lateinischen Redekunst ihre Antithesen in monumentaler Prägnanz aufzubauen versteht. In der modulationsfähigeren griechischen Syntax verriet sie ihre Bedürftigkeit sehr viel leichter. So siecht die strenge chalkedonische Theologie einigermaßen dahin; sie sehnt sich – anders ausgedrückt – nach jener in Chalkedon diskriminierten Formel Kyrills von der einen fleischgewordenen Physis des Logos oder der einen Physis des fleischgewordenen Logos.

Das will nicht heißen, daß die Theologiegeschichte der Zeit keine Namen zu nennen wüßte. Vielleicht darf hier Leontios von Byzanz genannt werden, auch wenn seine Einreihung im Rahmen der Gesamttheologie der Zeit immer noch umstritten ist[1]. Die Mehrzahl der Theologen freilich fängt sehr bald an, ihrer Sehnsucht nach Kyrillos stattzugeben. Die Handhabe bot die sogenannte Communicatio idiomatum, das heißt die Möglichkeit, von der Person Christi her, das heißt mit dem ἓν πρόσωπον Christi als dem eigentlichen Träger der Prädikate, Göttliches und Menschliches in einer einzigen Aussage zusammenzufassen. Man konnte bei dieser Redeweise das „qua ἓν πρόσωπον" nicht mehr mitsprechen, als selbstverständlich voraussetzen oder bewußt verschweigen. Was dann herauskam, war die Lust an „barocken Formulierungen", an eindrucksvollen Antithesen und an einer faszinierenden Ungenauigkeit. Die Richtung ging weiter. Teils in bewußter, teils in unbewußter Annäherung an den Standpunkt der Gegner des Chalcedonense bestand man auf diesen Formulierungen als einem Schibboleth der Orthodoxie, wodurch man diese in schwere innere Auseinandersetzungen (Dreikapitelstreit) stürzte. Zahlreiche Theologen der Zeit schlagen diese Richtung ein, die skythischen Mönche ebenso wie Joannes Grammatikos von Kaisareia in Palästina[2] oder der Patriarch Ephräm von Antiocheia[3], im Kaiser Justinian aber finden sie alle ihren mächtigen Helfer, der ihrer Theologie zum Durchbruch in der Reichskirche verhilft. Am reinsten im Ansatz und am genauesten in der Formulierung findet sich die Lehre wohl bei Bischof Joannes von Skythopolis, der sich bezeichnenderweise auch eingehend mit den Schriften des Ps.-Areopagiten befaßt[4]. Übrigens werden bald darauf die Verfechter des Monenergismus gerade aus den Schriften der sogenannten Neuchalkedonier – so nennt man neuestens die Vertreter dieser Richtung – einen Teil ihrer Argumente beziehen, besonders aus Theodoros von Raithu, sofern dieser nicht überhaupt mit dem Initiator des Monenergismus, Theodoros von Pharan, identisch ist[5].

Die versuchte Annäherung an den Standpunkt der Monophysiten hatte kirchenpolitisch freilich keinen Erfolg. Denn diese besaßen in Severos von Antiocheia den größten Theologen der Zeit, dem die chalkedonische Richtung nichts von gleichem Gewicht entgegenhalten konnte[6]. Vorzüglich auf eine biblisch-patristische Bildung gestützt, ohne sich allzu stark in die Unsicherheit philoso-

[1] Siehe *Beck* 373–374; *St. Otto*, Person und Subsistenz (München 1968); *S. Helmer* a. a. O. 31–41; *D. B. Evans*, Leontius of Byzantium, an Origenist Christology (Washington 1970); *S. Rees*, The Literary Activity of Leontios of Byzantium: JThS 19 (1968) 229–242.

[2] *Beck* 377; *S. Helmer* a. a. O. 160–175.

[3] *Beck* 378; *S. Helmer* a. a. O. 185–195.

[4] *Beck* 376–377; *S. Helmer* a. a. O. 176–182.

[5] Vgl. *W. Elert*, Theodor von Pharan und Theodor von Raithu: ThLZ 76 (1951) 67–76.

[6] Am besten immer noch *J. Lebon*, Le monophysisme sévérien (Löwen 1919). Zur Literatur: *Beck* 387–390.

phischer Terminologie zu verstricken, hat er die Theologie Kyrills von Alexandreia neu gefaßt. Er behält immer die konkrete, historische Erscheinung Christi im Auge, und gerade von diesem Konkreten ausgehend, identifiziert er φύσις, ὑπόστασις und πρόσωπον auf weite Strecken. Der Gedanke der Einheit ist das Allbeherrschende; von der Einheit her, der konkreten Einheit Christus, kann es keine zwei Naturen geben – unio deletrix dualitatis. In diesen Widerspruch habe sich gerade die Synode von Chalkedon verstrickt, und deshalb könne es trotz aller begütigenden Interpretationen keine Anerkennung dieser Beschlüsse geben. Terminus der Einheit in Christus könne immer nur die eine göttliche Natur sein.

Was aber Severos zum unumstrittenen Kirchenvater der Monophysiten macht, ist nicht nur sein geschlossenes dogmatisches System, die Tatsache, daß er für jeden Angriff seitens der orthodoxen Theologie eine Antwort bereithält, sondern auch der Umstand, daß sein umfassendes schriftstellerisches Werk alle Gebiete des religiösen Lebens versorgt. Ein weitgestreuter Briefwechsel, feierliche Homilien und Festtagspredigten, liturgische Dichtungen usw. bereichern das Leben einer Kirche, die mit ihm ihren Weg in die Selbständigkeit findet.

Gewiß gab es auch in der monophysitischen Kirche Abweichungen von dieser klassischen Lehre; aber neben Severos nimmt sich etwa Julianos von Halikarnaß, der Vater der Aphthartodoketen, nehmen sich die Vertreter der Theodosianer, Aktisten und Agnoeten und wie sie alle heißen mögen, ärmlich aus. Nur Joannes mit dem Beinamen Philoponos kann für die Entstehungszeit neben Severos bestehen[7]. Seine Arbeit galt dem Ausgleich zwischen Philosophie und Dogma, wobei er allerdings in den Augen derer, die ihm mißtrauten, in eine Art Tritheismus verfiel – eine Deutung, die allerdings in ihrer Berechtigung davon abhängt, wie man seinen trinitarischen Natur- und Wesensbegriff interpretiert. Die Monophysiten selbst haben auf die Dauer den Vorwurf nicht gelten lassen, sondern ihn neben Severos gestellt, den er selbst immer verteidigt hatte. Sein Œuvre ist noch zu wenig erforscht und gewürdigt. Allem Anschein nach ist er einer der bedeutendsten Vertreter jener philosophisch-naturwissenschaftlichen Betrachtungsweise, welche die hohen Schulen von Alexandreia so vorteilhaft vom Unterrichtsbetrieb in Athen unterscheidet. Bedeutsam sein Kommentar zum biblischen Schöpfungsbericht, der teilweise auf der Exegese des großen Basileios beruht und durch seine Art, die Probleme anzufassen, vorteilhaft absticht von jener „Topographie" des Kosmas Indikopleustes[8], die in Wirklichkeit nur ein Versuch ist, das Sechstagewerk zu erläutern, allerdings auf eine erschreckend rückständige Weise. Die Bedeutung des Werkes liegt in einigen interessanten Nachrichten aus den Reiseerfahrungen des Verfassers, keineswegs im theologischen Gehalt.

[7] *H. D. Saffrey*, Le chrétien Jean Philopon et la survivance de l'école d'Alexandrie au VIe siècle: RÉG 67 (1954) 396–410; *B. Schleißheimer*, Zum Problem Glauben und Wissenschaft im sechsten Jahrhundert: Polychordia, Festschr. F. Dölger = Byz. Forschungen 2 (1967) 318 bis 344. [8] *W. Wolska*, La topographie chrétienne de Cosmas Indicopleustès (Paris).

Außerhalb des Rahmens der Dogmatik und Polemik der Zeit steht die Gestalt des zwielichtigen Pseudo-Areopagiten. Soll er nicht identisch sein mit Petros dem Walker[9], so müßte man für diesen einen Zwillingsbruder postulieren! Ein Autor mit einer unzerstörbaren Vorliebe für die Mystifikation und ohne Zweifel auch mit Talent dafür. Gemessen am stürmischen, selten mit Erfolg gesegneten Lebensgang des Walkers, kann seine literarische Tätigkeit als der Versuch betrachtet werden, ein traumhaftes Weltbild aufzubauen und es mit einer unbestreitbaren Autorität zu begnaden – einen Kosmos, der sich ideal von der Umwelt abhob, mit der der Verfasser samt seiner Alltagsautorität nie zurechtkam. Und es gelang ihm etwas, dessen jahrhundertelange ehrfürchtige Hinnahme mit dem Pseudonym allein nicht erklärt werden kann. Der Pseudoareopagite hat mit seinen Traktaten über die himmlische und irdische Hierarchie ein ausgefeiltes System von Entsprechungen geschaffen, das nicht nur den Ansprüchen der Bischöfe seiner und der Folgezeit entgegenkam, sondern auch dem liturgischen Vollzug eine Tiefenschärfe gegeben, die für die liturgische Theologie sowohl wie für die liturgische Kunst der Byzantiner der Folgezeit sehr wichtig wurde. Er hat mit seinem Werk über die göttlichen Namen den freilich seinem innersten Wesen nach zum Scheitern verurteilten Versuch gemacht, eine Systematik der negativen Theologie zu schaffen. Und wenn seine Terminologie auf der „via supereminentiae" in den Aussagen über Gott sich in sprachlichen Unmöglichkeiten verliert, so hat er auch damit ein Zeichen gesetzt für das notwendige Versagen alles Redens von Gott. Es spricht im übrigen für sein mystisches Gespür, daß er neben einem Erleuchtungssystem, das streng hierarchisch vor sich geht und den einfachen Menschen durch eine langgezogene Stufenreihe eher von Gott trennt als mit ihm verbindet, doch immer wieder auch den Gedanken der „Nähe" Gottes betont, an der gemessen die Abstände in seinen „Hierarchien" irrelevant werden.

Auf jeden Fall steht der Pseudo-Areopagite außerhalb seiner Zeit; und wenn man von Severos absieht, so kann man sagen, daß erst der monenergetische Streit des 7. Jh. Byzanz wieder einen Theologen von hohem Rang schenkte: Maximos den Bekenner[10], der freilich noch weniger als Severos auf Dogmatik und Polemik eingeschränkt werden kann. Es ist unstreitig sein Verdienst, in den Wirren um die Bestimmung der Energien und des Willens in Christus durch eine scharfsinnige Terminologie die Voraussetzungen geschaffen zu haben, die notwendig waren, um überhaupt den Kern des Problems zu erfassen. Maximos ist Dyothelet, was das physische Willensvermögen in Christus anlangt, im θέλημα γνωμικόν aber sieht er eine Proprietät der Hypostase – eine Unterschei-

[9] *U. Riedinger*, Peudo-Dionysios Areopagites, Pseudo-Kaisarios und die Akoimeten: ByZ 52 (1959) 276–296; *ders.*, Petros der Walker von Antiocheia als Verfasser der pseudo-dionysischen Schriften: Salzburger Jb. der Philos. 5–6 (1961/62) 135–156; *R. Roques*, L'univers dionysien (Paris 1954).

[10] *H. U. v. Balthasar*, Kosmische Liturgie. Das Weltbild Maximus' des Bekenners (Einsiedeln ²1961); *W. Völker*, Maximos Confessor als Meister des geistlichen Lebens (Wiesbaden 1965).

dung, die geeignet gewesen wäre, der Auseinandersetzung ein rasches Ende zu bereiten, hätte man sich wirklich um sie gekümmert. Doch dies ist nur eine Seite der Bedeutung, die dem Bekenner zukommt. Entscheidend ist wohl, daß bei ihm präzise Dogmatik und Mystik eine unlösliche Verbindung eingegangen sind. Er hat in der Mystik der byzantinischen Kirche kaum neue Elemente zur Geltung gebracht; er ist Euagrios verbunden und über diesen Origenes, während Ps.-Dionysios, den er doch kommentiert hat, eher am Rande bleibt; aber er hat die Christologie, die m.E. Euagrios wenig gekümmert hat, in dieses System eingebaut und aus der Dialektik der christologischen Formeln Chalkedons, die bisher allzu abstrakt, um nicht zu sagen negativ, gehandhabt worden waren, eine mystische Theologie des Kreuzes aufgebaut, an dem ein leidender und verklärter Christus alle Gegensätze zu einer letzthinnigen Einheit zusammenfaßte. Er ist der größte Meister der Christusmystik im byzantinischen Bereich – nie mehr erreicht und leider im Verlauf der Jahrhunderte wenn nicht vergessen, so doch allzuwenig beachtet.

Neben Maximos ist der Patriarch von Jerusalem, Sophronios, zu nennen[11], einer der ersten Verfechter der zwei Energien in Christus gegenüber der alexandrinischen Union von 633, zu erwähnen aber auch als Prediger, Hagiograph und religiöser Dichter; sodann jener Anastasios Sinaites[12], dessen Werk und Persönlichkeit immer noch nicht genügend abgegrenzt sind, eine Art Summist der antimonophysitischen Polemik, der aber auch mit einigen seiner Predigten die gesamte byzantinische Periode homiletisch bestimmt hat.

Es ist merkwürdig, festzustellen, daß neben den großen christologischen Kontroversen der Zeit der neu belebte Origenismus der Zeit – sieht man von offiziellen Verlautbarungen und (vielleicht) von Maximos dem Bekenner ab – kaum einen literarischen Niederschlag gefunden hat. Die Vermutung liegt nahe, daß die πατέρες πνευματικοί in den Mönchssiedlungen Palästinas und anderwärts dem System des großen Alexandriners, soweit sie es überhaupt kennenlernen konnten, kaum viel abgewinnen konnten und daß es wohl nur einzelne unter den palästinensischen Mönchen waren, die mehr als einige Grundelemente des Origenismus beherrschten, während die Masse der „Origenisten" ihnen nur einfach Gefolgschaft leistete. Einzelne Spuren des Origenismus kann man da und dort entdecken, doch ins Gewicht fallen sie nicht. Dafür kennen wir einige Sammlungen einfacher Belehrungen für das geistliche Leben der Mönche, vor allem in der Gemeinschaft, die, weit davon entfernt, sich in Spekulationen zu verlieren, eine erstaunliche Kenntnis tiefenpsychologischer Vorgänge des Lebens in der Weltabgeschiedenheit verraten und daraus für die Anleitung von Eremiten und noch stärker von Koinobiten ihre konkreten Folgerungen ziehen. Die Sammlung von Fragen und Antworten etwa des Reklusen Barsanuphios[13] (Mitte des 6. Jh.) in Palästina mit ihrer sehr diskreten Art von

[11] *Beck* 434–436; *Chr. v. Schönborn*, Sophrone de Jérusalem (Paris 1972).
[12] *S. N. Sakkos*, Περὶ ᾿Αναστασίων Σιναϊτῶν (Thessalonike 1964).
[13] *Beck* 395–396; *M. Viller – K. Rahner* a.a.O. 149.

Seelenführung, die geistlichen Konferenzen des Abtes Dorotheos[14] aus derselben Zeit und derselben Umgebung, die später noch im Studiu-Kloster sich hohen Ansehens erfreuten, stellen, um nur einiges zu nennen, diese Richtung besonders glücklich dar. – Wenn Gefahr, dann war der Origenismus nicht die einzige für das geistliche Leben der Zeit. Der Messalianismus mit seinem jedenfalls in praxi dualistischen Weltbild, seiner exklusiven Sorge um die „Reinen" und seiner Sehnsucht nach sinnlicher Erfahrung des Gnadenstandes machte den Wächtern des orthodoxen Mönchtums viel zu schaffen. Sie hatten freilich in den geistlichen Unterweisungen des Diadochos von Photike[15] ein Handbuch, das berechtigten Wünschen ebensoweit entgegenkam, wie es feste Grenzen absteckte. Hier war ein geistiges Organ entdeckt, die αἴσθησις νοερά, das zur sicheren Unterscheidung zwischen sinnlich wahrnehmbaren mystischen Phänomenen und dämonischen Vorspiegelungen anleiten sollte – ein Werk erstaunlicher psychologischer Einsicht.

Die klassische, dem Origenismus da und dort durchaus verpflichtete euagrianische Mystik findet erst im 7. Jh. ihre Neubelebung in einer Form, die sie für die Orthodoxie unverdächtig machte. Neben Maximos ist hier vor allem der libysche Mönch Thalassios zu nennen[16]. Dem System verpflichtet ist wohl auch jener Traktat des 7. Jh., der die breiteste Wirkung gefunden hat, die „Κλῖμαξ"(Paradiesesleiter) des Sinaiten Joannes[17], auch wenn bei ihm die letzten Stufen der Gottvereinigung eher angedeutet als ausgeführt sind. Interessant ist die Feststellung, daß in diesem Werk das berühmte Jesusgebet, die μνήμη Ἰησοῦ genauer, deren Methode viel weiter zurückgeht, bereits als integrierender Bestandteil ins Aufstiegssystem eingebaut erscheint, ohne daß der Zugang zur geistigen Haltung, den diese μνήμη voraussetzt, schon vereinfacht und verharmlost wäre. Daß von dieser „sinaitischen" Mystik der Weg direkt zur spätbyzantinischen geht, ist erwiesen[18].

Wenn die spätere byzantinische Bibelexegese immer wieder auf das 6. Jh. zurückgreift, so nicht weil die Schrifterklärung in dieser Zeit besonders vertieft worden wäre, als vielmehr deshalb, weil im 6. Jh. der Grundstock zu jenen Katenen gelegt wurde, die für die Exegese langer Generationen Material und Form zugleich vorbildlich darstellten. So wie die Dogmatiker immer häufiger Blütenlesen aus Väterstellen zu bestimmten sie interessierenden Themen zusammenstellen, um schließlich bald nur noch „florilegistisch" zu argumentieren, so beginnen nun auch die Bibelerklärer zu jedem Vers eines biblischen

[14] *Beck* 396; *M. Viller – K. Rahner* 150–151.
[15] *F. Dörr,* Diadochus von Photike und die Messalianer (Freiburg 1937).
[16] *M.-Th. Disdier:* RÉB 2 (1944) 79–118.
[17] *I. Hausherr,* La méthode d'oraison hésychaste: OrChrA IX 2 (Rom 1927) 134–137; *A. Saudreau,* Doctrine spirituelle de s. Jean Climaque: La Vie spirituelle 9 (1924) 353–370; *G. Couilleau,* Jean Climaque: DSAM VIII (1972) 369–389; *D. Bogdanović,* Jovan Lestvičnik u vizantijskoj i staroj srpskoj književnosti (Beograd 1968); *W. Völker,* Scala Paradisi. Eine Studie zu Johannes Climacus (Wiesbaden 1968).
[18] Vgl. *I. Hausherr,* Les grands courants de la spiritualité orientale: OrChrP 1 (1935) 114–138.

Buches die kommentierenden Texte der verschiedensten älteren Autoren zusammenzustellen und aneinanderzureihen. Merkwürdig bleibt, daß diese Florilegisten – bewußt oder unbewußt – dabei immer noch am stärksten von den großen antiochenischen Exegeten beeinflußt blieben, auch wenn diese als Theologen unter das Anathem kirchlicher Synoden geraten waren, was immerhin für den exegetischen Geschmack der Sammler spricht.

Einer der ersten Katenenschmiede war offenbar Prokopios von Gaza[19] (6. Jh.), berühmter als Haupt einer christlichen Sophistenschule in der palästinensischen Stadt. Seine Katene zum Oktateuch wurde vorbildlich für alle späteren. Auch andere Bücher des Alten Testamentes hat er auf diese Weise kommentiert. Die Homiletik des 6. und 7. Jh. nimmt im Gesamt der theologischen Schriftstellerei nicht annähernd den Platz ein wie etwa Ende des 4. und zu Beginn des 5. Jh. Im Zeitalter umstrittener dogmatischer Nomenklaturen war die rednerische Emphase und Amplifikation offenbar gefährlicher als eine Sammlung von Definitionen! Nur vereinzelt bricht rednerisches Talent durch – bei Severos etwa oder bei Sophronios von Jerusalem und bei Anastasios Sinaites. Im 7. Jh. tauchten dann allerdings zahlreichere Prediger auf, deren nähere Bestimmung nach Zeit und Ort freilich immer noch Schwierigkeiten bereitet, z. B. ein Leontios von Jerusalem, der vielleicht identisch ist mit einem Leontios von Konstantinopel, ein Pantoleon usw.[20]. Wichtig für die Folgezeit wurde auch der homiletische Nachlaß des kyprischen Bischofs Leontios von Neapolis[21], der zugleich der wichtigste Hagiograph des Jahrhunderts ist. Mit seinem Bios des alexandrinischen Patriarchen Joannes des Barmherzigen hat er ein Monument des kirchlichen Lebens Ägyptens vor dem Islam geschaffen[22] und mit der Darstellung des „Narren in Christo", Symeons von Emesa, ein kostbares Dokument bizarren religiösen Volkslebens im Nahen Orient[23].

Überblickt man das Ganze, so darf vielleicht gesagt werden, daß der systematischen Theologie der Zeit, von wenigen Ausnahmen abgesehen, der Zug zum Schöpferischen fehlt. Man zitiert nach, und man betet nach, man ist mitten in der Zeit, in welcher der sogenannte patristische Beweis, schematisch gehandhabt, das Schöpfen aus der Bibel verdrängt; daß manche der Dogmatiker zugleich passionierte und nicht selten skrupellose Kirchenpolitiker sind, macht das Bild nicht sympathischer. Andererseits: ein Petros der Walker, identifiziert mit dem Pseudo-Areopagiten, verrät doch, wessen auch diese Querulanten geistig fähig waren, und deckt damit etwas auf von der zwiespältigen Breite der Begabungen dieser spätantiken Menschen. Und wenn das Mönchtum der Zeit im ganzen nicht besser ist als die Hierarchie, so darf nicht vergessen werden, daß auch hier zumeist nur die Hitzköpfe der Geschichte erhalten geblieben sind. Die genannten asketischen Schriften aus der Wüste sprechen eine andere Sprache. Hier hat die Theologie der Spiritualität Großes geleistet.

[19] *Beck* 414–422. [20] *Beck* 456–458. [21] *Beck* 455–456.
[22] Hrsg. von *H. Gelzer* (Freiburg – Leipzig 1893).
[23] Vgl. *H. Lietzmann,* Byzantinische Legenden (Jena 1911).

9. *Kapitel*

Organisation und inneres Leben der östlichen Reichskirche

LITERATUR: *F. Dvornik,* Byzance et la primauté Romaine (Paris 1964; engl. 1966, dt. 1966); *A. Michel,* Der Kampf um das politische oder petrinische Prinzip der Kirchenführung: Chalkedon II 491–562; *E. Herman,* Chalkedon und die Ausgestaltung des konstantinopolitanischen Primats: ebd. II 459–490; *Feine RG; L. Wenger,* Die Quellen des römischen Rechts (Wien 1953); *J.-M. Hanssens,* Institutiones liturgicae ritibus orientalibus II–III (Rom 1930/32); *S. Salaville,* Liturgies orientales (Paris 1942); *N. Liesel,* Die Liturgien der Ostkirche (Freiburg 1960); *H. J. Schulz,* Die byzantinische Liturgie (Freiburg 1964). – Zur Ikonologie: Reallexikon zur byzantinischen Kunst I 616–662 *(K. Wessel); D. Talbot Rice,* Art of the Byzantine Era (London 1963); *O. Demus,* Die Rolle der byzantinischen Kunst in Europa: JÖByzG 14 (1965) 139–155.

Das Konzil von Chalkedon – und kein Ende. Auch für die Organisation der Reichskirche bildet die Synode ein entscheidendes Datum. Der berühmte Kanon 28[1] nimmt zwar die Bestimmungen der Synode von 381 auf, aber zu einem Primat der Ehre kommen nun jurisdiktionelle Vorrechte: das Weiherecht in den alten, bisher selbständigen Großmetropolen der Provinzen Asia, Pontus und Thrakia und darüber hinaus eine Art Missionsprimat für die bisher keiner Metropole unterstehenden Randgebiete des Reiches. Und wenn 381 von einem Ehrenprimat „nach dem Roms" die Rede war, so spricht man 451 von einem gleichen Rang mit Rom. Im Grunde handelt es sich aber auch bei diesem Kanon um keine Neuerung. Wir dürfen nicht vergessen, daß wir spätestens seit 421 auch mit der politischen Gleichstellung zwischen Konstantinopel und Rom zu rechnen haben. Schon vorher hatte übrigens Johannes Chrysostomos als Erzbischof von Konstantinopel den energischen Versuch gemacht, aus dem Kanon 3 von 381 materielle Rechte seines Sitzes gegenüber den kleinasiatischen Kirchenprovinzen abzuleiten. Schließlich haben die Kaiser Honorius und Theodosius II. im Jahre 421 bereits den Versuch gemacht, die Autorität des Bischofs ihrer Hauptstadt im Illyricum durchzusetzen. So ist es nicht unwahrscheinlich, daß Chalkedon mit seinem Kanon nur verfestigte, was als Entwicklung bereits hoffnungsvoll angelaufen war. Einen Schritt weiter ging Kaiser Zenon in einem Dekret des Jahres 477[2]. Wenn Theodosius I. anläßlich der Wiederherstellung der Orthodoxie in Konstantinopel gegenüber dem Arianismus noch den Glauben Roms und Alexandreias als Norm dekretiert hatte, so nennt Zenon die Kirche von Konstantinopel „mater nostrae pietatis et christianorum orthodoxae religionis omnium". Von Rom ist nicht die Rede. Gewiß hat Kaiser Justinian wieder sehr stark den römischen Primat betont und ihm in kritischer Lage auch de facto Rechnung getragen. Aber die Handlungsfreiheit Roms ist aus politischen Gründen bald nicht mehr allzu groß, und der Osten gewöhnt sich rasch

[1] *T. O. Martin,* The Twenty-Eighth Canon of Chalcedon: a Background Note: Chalkedon II 433–458.

[2] Cod. Justin. I 2, 16.

daran, Rom zwar nicht abzuschreiben, aber es doch nur dann zu bemühen, wenn kein anderer Ausweg mehr bleibt. Man leugnet den Primat Roms keineswegs, aber man glaubt offenbar, mit einer „ehrenden Erwähnung" den Anforderungen dieses Primats Genüge zu leisten. Daß sich die alten Patriarchate und Metropolitansitze des Ostens mit Vergnügen dem neuen Primas in Konstantinopel gebeugt hätten, davon kann nicht die Rede sein. Aber je mehr die Oberbischöfe der Reichskirche in Kleinasien, Syrien und Ägypten damit zu tun hatten, sich gegen die Monophysiten zu behaupten und durchzusetzen, desto mehr waren sie auf das Protektorat des Bischofs der Hauptstadt angewiesen. Die Okkupation weiter christlicher Landstriche durch den Islam hat dann diese Entwicklung nur noch gefördert. Was Kanones und Kaisergesetze vorbereiteten, was die Aktivität konstantinopolitanischer Patriarchen unterstrich, das bestätigte die Entwicklung des Protokolls, vor allem des Titels „ökumenischer Patriarch"[3]. Schon der alexandrinische Patriarch Dioskoros hatte sich, freilich ohne Erfolg, diesen Titel anzueignen versucht, und auch in anderen Diözesen gibt es Spuren seiner Verwendung. Spätestens seit dem Akakianischen Schisma wird dem byzantinischen Patriarchen diese Bezeichnung offeriert, wahrscheinlich zunächst mehr rhetorisch als amtlich. Offensichtlich hat sich niemand daran gestoßen. Erst Papst Pelagius II., dem zu Ohren kam, daß nun auch die Synode den Patriarchen offiziell so tituliere, erhob dagegen bei Patriarch Joannes dem Faster (582–595) Einspruch. Gregor der Große, der im übrigen im Gegensatz zu Leo dem Großen den Kanon 28 praktisch anerkannte, nahm diesen Einspruch auf. Kaiser Maurikios glaubte zum Frieden mahnen zu müssen, aber Gregor argumentierte, er verteidige durch seinen Einspruch die Rechte der übrigen Bischöfe, die durch einen solchen Titel geschmälert würden. Erfolg hatte er keinen. Man kann natürlich den Titel mit einem farblosen „Reichspatriarch" übersetzen. Aber daß er einer schwerer wiegenden Interpretation fähig war, beweisen die konstantinopolitanischen Patriarchen selbst. Es ist bezeichnend, daß erst Photios den Titel ins Protokoll der Patriarchenurkunde einführt, daß ihn erst Kerullarios in sein Siegel aufnimmt und daß die Patriarchen erst seit dem 13. Jh. ihn in der Unterschrift führen. Mit anderen Worten: Die Etappen in der Entwicklung des Titels fallen zusammen mit den Etappen gespannter Beziehungen zwischen Rom und Konstantinopel[4].

Da die konstantinopolitanischen Patriarchen sich nicht mit dem Weiherecht in ihrem neuen Gebiet begnügten, sondern in ihm jene Amts- und Lehrautorität ausübten, die früher die Patriarchen Alexandreias in Ägypten und Libyen ihr eigen nannten, ist die Entwicklung ihres Primats begleitet von einer Schwächung der alten Metropolitanverfassung. Das gesamte Leben der Reichskirche konzentriert sich allmählich auf Konstantinopel, und es ist bezeichnend, daß wir im 7. Jh. immer spärlicher Kunde bekommen vom Eigenleben großer Metropo-

[3] Vgl. *S. Vailhé:* ÉO 11 (1908) 161–171; *E. Caspar,* Geschichte der Päpste II (Stuttgart 1933) 847; *E. H. Fischer,* Gregor der Große und Byzanz: ZSavRGkan 36 (1950) 15–144.
[4] *V. Laurent:* RÉB 6 (1948) 5–26; *ders.:* MiscMercati III 373–396.

len und großer Metropoliten, etwa in Kappadokien oder im Pontus. Schon in Chalkedon beschwerten sich die Väter, daß die provinziale Synodalordnung allmählich in Vergessenheit geraten sei, und schärften die Abhaltung solcher Versammlungen ein. Je schwächer der Besuch dieser Synoden in der Provinz wurde, um so beliebter wurde die Synode, die sich um den Patriarchen versammelte, die sogenannte Endemusa[5], die sich bis ins 4. Jh. zurückverfolgen läßt und wo alle Metropoliten zusammenkamen, die aus irgendeinem Grunde in der Hauptstadt verweilten. Das alte Gefüge der Metropolitanverfassung wurde auch durch die immer häufigere Schaffung von autokephalen Erzbistümern gestört, das heißt durch die Erhebung einfacher Bistümer in den Rang von Erzbistümern, die freilich keine Suffragane bekamen[5a]. Diese Eximierung war meist der Erfolg politischer oder persönlicher Rivalitäten. Im Grunde verdankt auch der jüngste Patriarch, der von Jerusalem, einer solchen Eximierung seine Entstehung. Und ähnliches gilt für das autokephale Erzbistum Kypros, gilt aber auch für so ephemere Gründungen wie die Stadt Justiniana Prima durch Kaiser Justinian.

Immer wieder versuchte man, den Status der einzelnen Kirchen auch schriftlich zu fixieren, und diesen Versuchen verdanken wir die sogenannten Notitiae episcopatuum[6], welche den Rang der einzelnen Bistümer untereinander darstellen. Eine solche Liste dürfte für den Patriarchat von Konstantinopel unter Kaiser Justinian zu einem gewissen Abschluß gekommen sein. Vielleicht wurde sie unter der Dynastie des Kaisers Herakleios revidiert. Damals führt sie einen Bestand von 33 Metropolen und nun schon 34 autokephalen Erzbistümern. Die Notitia Antiochena dürfte in der 2. Hälfte des 6. Jh. entstanden sein. Ob für Jerusalem und Alexandreia solche Listen schon in dieser frühen Zeit angefertigt wurden, ist fraglich.

All diese Probleme greifen bereits stark in den Rechtsstatus der Kirche ein. Wenn man auch als primäre Quellen kirchlichen Rechtslebens die Bibel und die Überlieferung der Väter ansah, so stieg doch im Lauf der Generationen der Bedarf an einzelnen Normierungen und Entscheidungen, und bald sah sich die Reichskirche wie das Reich selbst vor dem Problem, das gesamte Material zu kodifizieren[7]. In Antiocheia erfolgte der erste uns erhaltene Versuch einer systematischen Sammlung des geltenden Kirchenrechts. Redaktor ist ein Joannes Scholastikos, der später als Patriarch Joannes III. (565–577) den Stuhl von Konstantinopel bestieg. Er teilte das Material in 50 Kategorien (τίτλοι) ein, unter denen er die einschlägigen Kanones oder Kanonesteile der bis dahin abgehaltenen und als verbindlich geltenden Synoden und Material aus kanonistischen Väterschriften einreihte. Joannes stützt sich dabei auf einen unbekannten

[5] *J. Hajjar,* Le synode permanent dans l'église byzantine des origines au XIe siècle (Rom 1962).
[5a] *E. Chrysos,* Zur Entstehung der Institution der autokephalen Erzbistümer: ByZ 62 (1969) 263–286.
[6] *Beck* 148–232. [7] *Beck* 140–147.

Vorgänger, der um 545 eine Kanonessammlung in 60 Titeln zusammengestellt und ihr einen Anhang von 21 Kaisergesetzen in kirchenrechtlicher Materie beigegeben hatte. Auch Joannes legte nun neben seiner Kanonessammlung eine Sammlung kaiserrechtlicher Bestimmungen über kirchliche Materien an, indem er die wichtigsten Novellen Justinians exzerpierte. Man nennt heute diese Sammlung die Collectio 78 capitum. Joannes blieb mit diesem Eifer, das kirchenrechtliche Material der Novellen zu exzerpieren, nicht allein. Von da ist dann nur noch ein Schritt zu Sammlungen, die Kanon und Nomos gleicherweise berücksichtigen, den sogenannten Nomokanones, das heißt Sammlungen, die sowohl Kirchenrecht wie Kaiserrecht, letzteres, soweit es die Kirche betrifft, in ein einziges System bringen. Der älteste Nomokanon, der sogenannte Nomokanon der 50 Titel, ist vielleicht ebenfalls in Antiocheia entstanden. Als Datum dürfte das Ende des 6. Jh. in Frage kommen. Ein zweiter Nomokanon, genannt Nomokanon der 14 Titel, dürfte in die Zeit des Kaisers Herakleios gehören. Aus ihm erfloß dann später der sogenannte photianische Nomokanon.

Mißt man das Leben der byzantinischen Kirche an den erbarmungslosen dogmatischen Kämpfen, an den harten persönlichen Rivalitäten der Bischöfe und Patriarchen, an dem Blut, das fließt, und an dem Haß, der dieses Blutfließen hervorruft, so stellt sich die Frage, wo denn das Christentum dieser Kirche geblieben ist. Vielleicht wird dieser Eindruck, den die äußeren Begebenheiten vermitteln, einigermaßen gedämpft, wendet man sich der Liturgie der Zeit zu. Was es mit den Ursprüngen der sogenannten Basileios-Liturgie und Chrysostomos-Liturgie auf sich hat, wird noch lange ein Rätsel bleiben. Aller Wahrscheinlichkeit nach stammen beide Liturgien aus dem syrischen Bereich. Aber es sind gerade unsere Jahrhunderte, in denen sie in Konstantinopel ihre volle Ausgestaltung und eine bemerkenswerte Bereicherung erfahren. Es ist nicht unnütz, hier einige kleine Bauelemente zu nennen, die damals der Liturgie eingefügt wurden und die viel von ihrem Reiz ausmachen. Das 5. Jh. bereicherte die liturgischen Formulare mit dem Trisagion[8], über dessen trinitarische oder christologische Deutung es so viel Zank gegeben hat, das aber als Element liturgischer Rhythmisierung und Steigerung nachdrücklich auf die Schriftlesung vorbereitet. Wiederum ohne den dogmatisch zerstrittenen Hintergrund der Zeit undenkbar ist jener vielleicht von Justinian selbst verfaßte Hymnus mit den Einleitungsworten Ὁ μονογενὴς υἱός[9], eines der besten Beispiele dafür, wie im liturgischen Gewand der dogmatische Streit zum religiösen Ursprung zurückfinden kann. Kaiser Justin II. (565–578) soll zwei Hymnen in die Liturgie eingeführt haben, die wahrscheinlich älter sind, aber auf ihrem neuen Platz auf unvergleichliche Weise kurz und tief alles wiedergeben, was zum Wesen der byzantinischen Liturgie gehört: einmal das sogenannte Cherubikon, das alles

[8] *Ch. S. Tsogas*, Ὁ τρισάγιος ὕμνος: Χαριστήριον Π. Κ. Χρήστου (Thessalonike 1967) 275–287.

[9] *V. Grumel*, L'auteur et la date de composition du tropaire Ὁ μονογενής: ÉO 22 (1923) 398–418.

liturgische Handeln in der Kirche als Nachvollzug der Liturgie der Cherubim vor dem Thron des Höchsten darstellt, und dann das Kommunionlied Τοῦ δείπνου σου τοῦ μυστικοῦ, in dem etwas von der Demut orthodoxer Frömmigkeit zum Ausdruck kommt, die dem Schaugepränge des Kirchenwesens immer wieder unvermerkt den Boden entzieht. Wahrscheinlich darf man in das 5./6. Jh. auch die Ausgestaltung jener Prozessionen setzen, die als „der große" und „der kleine Eingang" die dramatischen Höhepunkte der byzantinischen Vormesse darstellen. Auch der Festkalender hat in dieser Zeit bedeutende Bereicherung gefunden. In die Periode Justinians dürfte die Einführung eines der höchsten Marienfeste fallen, des εὐαγγελισμός[10] (Mariä Verkündigung). Kaiser Maurikios dekretierte die Feier der Koimesis (Mariä Himmelfahrt)[11], und das Fest Kreuzerhöhung[12] (14. September) mag zwar schon auf frühere Zeiten zurückgehen, vielleicht als Begleitfest zur Weihe der Anastasis in Jerusalem, aber erst die Wiedergewinnung der Kreuzreliquie durch Kaiser Herakleios nach dem Sieg über die Perser gab ihm seinen besonderen Glanz für alle folgenden Zeiten. Das 6. Jh. schenkte der byzantinischen Kirche auch ihren größten liturgischen Dichter, den Meloden Romanos, den Schöpfer des Kontakion[13]. Diese liturgische Hymnenform ist, wenn man so will, rhythmisierte Prosa und als rhythmisierte Prosa nichts anderes als Predigt. Aber diese literarische Definition kann nicht über die hohen dichterischen Gaben des Romanos hinwegtäuschen, bei dem sich die stilisierte antithetische, dogmatische Aussage auf eigenartige Weise mit einem fast malerischen Talent genrehafter Betrachtung verbindet. Nie mehr sind in der byzantinischen Literatur die Schranken zwischen Rede und Dichtkunst so gründlich niedergelegt worden wie hier. Und was die byzantinische Kirche später an liturgischer Poesie hervorbringt, lebt von der nicht immer gesunden Amplifikation dieser frühen Schöpfung.

Vielleicht ist es etwas gewagt, einen anderen Zweig des frommen Lebens der byzantinischen Kirche, der in dieser Zeit sich besonders entwickelt, als Abkehr von der Logomachie der Theologen der Zeit zu bezeichnen: die Verehrung der heiligen Bilder. Gerade im 6. Jh. läßt es sich feststellen, daß die altchristliche Bilderfeindlichkeit ihr Ende gefunden hat und daß selbst die Gleichgültigkeit gegenüber der Ikone nicht länger aufrechterhalten werden kann[14]. Das Volk bemächtigt sich der Ikonen nicht als einer Biblia pauperum, sondern verehrt sie mit der Inbrunst, die Gnadenträgern gebührt, und die Bilder kommen dem Volk entgegen, indem sie Gnade spenden, Zeichen und Wunder tun, trösten und helfen, wo immer das Vertrauen der Gläubigen es verlangt. Wenn man

[10] *S. Vailhé:* ÉO 9 (1906) 138–145.

[11] *A. Raes,* Aux origines de la fête de l'assomption en Orient: OrChrP 12 (1946) 262–274.

[12] *E. Honigmann,* La date de l'homélie du prêtre Pantoléon sur la fête de l'exaltation de la croix: Bulletin Acad. Belge V 36 (1950) 547–559.

[13] *Beck* 425–427.

[14] *N. H. Baynes,* The Icons Before Iconoclasm: HThR 44 (1951) 93–106; *F. Kitzinger,* The Cult of Images in the Age Before Iconoclasm: DOP 8 (1954) 83–150.

gesagt hat, der Ikonenkult sei Ausdruck der Orthodoxie als solcher, so gilt dies gewiß frühestens erst seit dem 7. Jh., aber von da ab um so nachdrücklicher. Als Flucht aus der dogmatischen Misere ein religiös begreiflicher Vorgang, der allerdings die Dichotomie, die allmählich das byzantinische Kirchenwesen immer stärker bestimmen wird, auf fatale Weise einleitet. Vielleicht darf man aber einen Schritt weitergehen. Es handelt sich nicht nur um Flucht, sondern wohl auch um ein religiöses Ereignis, das auf merkwürdige Weise den dogmatischen Kampf für sich entscheidet. Ohne das Schlagwort „Monophysitismus des byzantinischen Christusbildes" zu gebrauchen, läßt sich doch der Gedanke nicht von der Hand weisen, daß jenes Vakuum, das die Formel von Chalkedon offenließ, im Bild wieder geschlossen wurde, in einem Bild, das, obwohl es künstlerisch nur Natur darzustellen vermochte, diese Natur in einem Maße überhöhte und vergöttlichte, daß, wollte man der byzantinischen Christusikone eine Beischrift geben, die kyrillische Formel dazu geeigneter wäre als die chalkedonische.

Das religiöse Leben des Volkes spiegelt sich auch im „Leben" seiner Heiligen. Von den Mönchsviten ist an anderer Stelle die Rede. Interessant aber ist, daß der hagiographische Roman[15] sich schon in dieser Zeit bemerkbar macht, jene Häufung legendärer und nicht selten pikanter Züge, die gelegentlich sogar das Mißtrauen der kirchlichen Behörden hervorrief, aber den Geschmack des Volkes offenbar besser traf als manches Elaborat hagiographischer Rhetorik. Gewisse Erzeugnisse dieser Art, wie etwa Martyrium und Mirakel des heiligen Konon[16], bildeten wohl so etwas wie ein Wallfahrtsbuch, das man am Kultort des Heiligen feilbot. Ähnlich dürfte es sich mit den großen Wunderberichten verhalten, die es z.B. über das Ärztepaar Kosmas und Damian[17] gab, die bezeichnenderweise den Beinamen Anargyroi, die gratis Kurierenden, erhielten und die besonders in Konstantinopel verehrt wurden, oder über Kyros und Johannes[18], das heilkräftige Paar, das die Nachfolge des Menuthis in Ägypten angetreten hatte. Andere Romane knüpfen an zeitgenössische Ereignisse an. So darf man wohl den Wunderbericht über den Heimgang Mariens mit der Einführung des Festes Mariä Himmelfahrt gegen Ende des 6. Jh. in Zusammenhang bringen[19] und das Auftauchen wunderlicher Heiliger aus dem persischen Bereich – genannt sei etwa die „am Leben gebliebene Martyrin" Golinduch[20] – mit dem Bestreben, die Begeisterung für den Kampf gegen die Feueranbeter zu schüren. Von merkwürdiger Erbaulichkeit ist auch das Leben des Ökonomen Theophilos der Kirche von Adana, in dem man einen Vorläufer der Faustsage erblickt hat[21], und noch merkwürdiger der Sprung, den der heilige Georg aus

[15] *H. Delehaye*, Les légendes hagiographiques (Brüssel 1905).
[16] BHG 2077. [17] BHG 372ff.
[18] BHG 469ff.
[19] *M. Jugie*, La mort et l'assomption de la sainte vierge (Vatikan 1944) 117–126.
[20] *P. Peeters*, Sainte Golindouch, martyre perse: AnBoll 62 (1944) 74–125.
[21] *L. Radermacher*, Griechische Quellen zur Faustsage: SAW 206, 4 (Wien 1927).

dem heidnischen Mythos in das Revier christlicher Drachentöter getan hat[22]; beide Berichte wie auch die ersten Aufzeichnungen in der langen Reihe der Berichte über den heiligen Nikolaus von Myra[23] und die griechische Fassung des Alexios-Romans[24] sind Produkte des 7. Jh. Über dieser romanhaften Hagiographie darf eine „politische“ Behandlung der Heiligen nicht vergessen werden. Zeugen sind wohl die beginnende Sammlung der Wunder des Demetrios, des Stadtheiligen von Thessalonike[25], dessen Taten das Geschick dieser Stadt widerspiegeln, Zeugen sind aber auch Texte, wie z. B. der Bericht über das Martyrium des Arethas[26], des Bischofs im südlichsten Arabien, oder die allmähliche Einführung der Legende des Apostels Andreas auf dem Boden der Reichshauptstadt, die dazu führen sollte, dem Bischofssitz dieser Stadt apostolischen Rang zu verleihen[27].

Wenn überhaupt kirchliche Bestimmungen über Zucht und Ordnung bei Klerus und Laien imstande sind, Auskunft über das innere Leben der Gemeinde zu geben, so gilt dies von den Kanones der Synode des Jahres 691/692, die nach dem konstantinopolitanischen Tagungslokal im Kaiserpalast die Synode „in Trullo“ genannt wird und sich selbst als eine ökumenische Ergänzung der 5. und 6. Synode verstand, die beide keine disziplinären Kanones erlassen hatten[28]. Ohne systematische Ordnung stellen diese Kanones (102 an der Zahl) eine umfassende und sehr aufschlußreiche Sammlung von Vorschriften über das innerkirchliche Leben der Zeit dar – Reflex zugleich der schwierigen Situation, in welche die byzantinische Kirche durch das Eindringen zahlreicher Barbarenstämme, durch kaiserliche Umsiedlungsmaßnahmen und durch neue Häresien geraten war. Es entspricht der negativen Art der Kanones, daß fast nur die Schattenseiten des kirchlichen Lebens zur Sprache kommen. Dahinter steht eine innerkirchliche Entwicklung, über die man sich angesichts der alle Interessen beanspruchenden konfessionellen und dogmatischen Kämpfe allzuwenig Gedanken gemacht hatte. Das Leben, das hier teils deutlich, teils schemenhaft sichtbar wird, ist von bunter Fülle. Jüdische und heidnische Elemente machen sich breit, Entwicklungen in Richtung auf ganz bestimmte Verengungen der Gesamtauffassung bahnen sich an, Züge vorchristlichen Brauchtums und achristlicher Frömmigkeit machen ihren Weg. Wir begegnen Klerikern mit virgines subintroductae, Klerikern als Schankwirten und Pfandleihern, als Besu-

[22] *K. Krumbacher,* Der heilige Georg (München 1911).

[23] *G. Anrich,* Hagios Nikolaos Bd II (Leipzig – Berlin 1917).

[24] BHG 56c.

[25] *P. Lemerle,* La composition et la chronologie des deux premiers livres des Miracula S. Demetrii: ByZ 46 (1953) 349–361.

[26] *P. Peeters,* Le tréfonds oriental de l'hagiographie byzantine (Brüssel 1950) 88.

[27] *F. Dvornik,* The Idea of Apostolicity in Byzantium and the Legend of the Apostle Andrew (Cambridge/Mass. 1958).

[28] Ausgabe der Kanones *Mansi* XI 921–1006. Vgl. dazu *V. Laurent,* L'œuvre canonique du concile in Trullo (691–692), source primaire du droit de l'église orientale: RÉB 23 (1965) 7–41.

chern von Zirkusspielen und Pferderennen, solchen, die sich gegen ihre Bischöfe verschwörerisch zusammentun; sodann Typen von Askese oder Scheinaskese, die an das Treiben der sogenannten Saloi, der Narren in Christo, erinnern, Juden als den beliebtesten Ärzten der Zeit, Karnevalsveranstaltungen mit ausgelassenem Treiben der Studenten der Rechte, gemeinsamem Baden von Männern und Frauen, falschen Martyrologien, anzüglichen Riten usw. Ohne Zweifel wollte die Synode für die Universalkirche legiferieren, aber ebenso sicher ist es, daß sie dabei das spezifisch byzantinische Kirchenrecht im Auge hatte und in einer Reihe von Kanones expressis verbis gegen Gebräuche der Westkirche Stellung nahm, so in can. 13 über die Klerikerehe, in can. 55 gegen das Fasten am Samstag in der Fastenzeit und in can. 67 mit dem Verbot des Genusses geschächteten Fleisches, ganz abgesehen von der Wiederholung des Anathemas gegen Papst Honorius in can. 1.

Kaiser Justinian II. wollte Papst Sergius I. (687–701) mit Gewalt zur Unterschrift zwingen, aber seine Emissäre scheiterten an den italienischen Milizen, und der Kaiser selbst mußte bald darauf ins Exil. Als er 705 wieder den Thron bestieg, versuchte er es mit friedlicheren Mitteln, und schließlich kam Papst Konstantin I. 711 persönlich in den Osten, und alles spricht dafür, daß er sich mit dem Kaiser mündlich auf die Anerkennung der Kanones einigte unter Streichung derjenigen, die expressis verbis gegen Rom gerichtet waren. Die Überlieferung der Kanones in der Ostkirche hat dieser Vereinbarung nicht Rechnung getragen, aber im Westen gab man sich allmählich zufrieden.

Ist das Bild in diesen Synodalentscheidungen nicht ohne Makel und Runzel, so werden diese Schattenseiten in der kirchlichen Kunst der Zeit glanzvoll überdeckt. Das justinianeische Zeitalter stellt in dieser Hinsicht einen Höhepunkt von säkularer Bedeutung dar. Vornehmster Ausdruck ist die kirchliche Architektur, der Justinian Unsummen widmete. Auf die Fülle der einzelnen Leistungen kann hier nicht eingegangen werden. Aber in der Hagia Sophia wurde nicht nur technisch eine einzigartige Leistung erzielt, sondern zugleich die mystische Einheit von Gottesreich, Kirche und Imperium einmalig zum Ausdruck gebracht. Es ist die Kirche nicht allein, die dies vermochte. Zur Architektur gehört die Liturgie, und zwar kirchliche und Kaiserliturgie zusammen in einer Verflechtung, die eine Sublimierung all dessen bedeutet, was Byzanz heißt – eine Sublimierung, deren das Reich um so mehr bedurfte, je unausgegorener die juristischen und kanonistischen Grundlagen eben dieser Verflechtung waren. Die Hagia Sophia ist Ausdruck der byzantinischen Illusion von einer Reichskirche, deren geschichtliches Werden und Wachsen den Stein gewordenen Traum nie einholte. Diese Flucht aus der Wirklichkeit ist, kirchenhistorisch und nicht kunsthistorisch betrachtet, meines Erachtens auch ein Movens innerhalb der byzantinischen Malerei der Epoche, die mehr und mehr in Richtung auf die Ikone geht, und zwar Ikone verstanden als Bild, das Gnade trägt und Gnade vermittelt. Gerade der Umbruch der Zeiten nach dem Zusammenbruch der justinianeischen Restaurationspolitik im 6. Jahrhundert – Barbaren und Krieg an allen Grenzen und bis ins Kernland des Reiches – weckte eine große Sehnsucht nach dem sichtbaren und berührbaren Heilbringer, und was als malerische Technik begonnen, mündete unter dem Auge des Gläubigen in eine Art Realpräsenz des Dargestellten, unbeholfener Nachhall der Idee von einer „hypostatischen Union" im Gewand der Kunst. Die Theologen, soweit es sie noch gab, resignierten oder versuchten, selbst mitfortgerissen, mit ebenso unbeholfenen Formeln der Entwicklung der Volksfrömmigkeit nachzuhinken.

10. Kapitel

Die Missionstätigkeit der frühbyzantinischen Reichskirche

Ein gut Teil der missionarischen Tätigkeit der östlichen Christenheit seit der Mitte des 5. Jh., sowohl in Richtung nach Süden wie nach dem Osten, geht auf Rechnung der sich allmählich verselbständigenden Konfessionen der Nestorianer und der Monophysiten. Darüber ist an anderer Stelle berichtet worden. Die Reichskirche selbst hatte nach ihrer Befreiung durch die ersten christlichen Kaiser geraume Zeit gebraucht, bis sie sich wieder ihres Missionsauftrages erinnerte[1]. Zunächst war wenig Impetus zu spüren, das Christentum an die außerhalb der Reichsgrenzen wohnenden Barbaren zu bringen. Vielleicht hängt dies schon mit der beginnenden Gleichsetzung von Orbis Romanus und christlicher Ökumene zusammen. Wenn missioniert wird, dann ist es selten eine Aktion, die von der im Reich residierenden Hierarchie in die Wege geleitet wird, sondern zumeist das Bemühen einzelner, die als Kaufleute, Sklaven oder Kriegsgefangene in die Ferne verschlagen werden und hier auf Heiden treffen, wobei wiederum ihre erste Sorge zunächst nur jenen Heiden gilt, die, wie sie selbst, aus dem Reich stammen und ebenfalls Kriegsgefangene oder Sklaven sind. Erst von diesem Kern einer „Auslandsgemeinde" aus geht dann das Werk weiter und umfaßt die einheimischen „Barbaren". Ein zweites Missionsfeld geben jene Fremdstämme ab, die allmählich ins Reich einsickern oder sich mit Gewalt Eingang verschaffen. Sie drängen teilweise selbst zur Taufe, weil sie erkannt haben, daß sie damit die Aufnahme in den Reichsverband leichter erlangen können als ohne sie, und weil sie die Segnungen der Reichskultur mit denen des Christentums gleichsetzen oder verwechseln. So geht in der byzantinischen Mission der christliche Gedanke mit dem Reichsgedanken eine Symbiose ein, die im Grunde nur das Konzept des Eusebios von Kaisareia in die Praxis umsetzt[2].

Besonders interessant unter diesem Gesichtspunkt ist die Beduinenmission im Hinterland Syriens und in Palästina. Kyrill von Skythopolis erzählt uns da-

[1] *E. A. Thompson*, Christianity and Northern Barbarians: A. Momigliano, The Conflict Between Paganism and Christianity in the Fourth Century (Oxford 1963) 56–78.

[2] *H.-G. Beck*, Christliche Mission und politische Propaganda im byzantinischen Reich: La conversione al cristianesimo nell'Europa dell'alto medioevo (Spoleto 1967) 649–694.

von in der Vita des Mönchsvaters Euthymios[3]. Ein Beduinenscheich aus dem persischen Herrschaftsgebiet tritt mit seinem Stamm auf Reichsboden über. Der Comes Orientis Anatolios nimmt ihn auf und überträgt ihm nun die Grenzwacht gegenüber dem Persischen Reich. Aber er hat einen Sohn, der krank ist. Er begibt sich deshalb samt Stamm und Habe zu Euthymios in die palästinensische Wüste, und Euthymios nimmt an dem kleinen Araber eine wunderbare Heilung vor, die den Scheich bewegt, sich und seine Familie taufen zu lassen. Nach einiger Zeit kehrt der Neubekehrte mit Mengen von Beduinen in die Nähe der Mönchssiedlung des Euthymios zurück. Euthymios weist ihnen Lager- und Weideplätze an, katechetisiert sie, tauft sie und baut ihnen im Lager eine Kirche. Damit nicht genug: er veranlaßt den Patriarchen Juvenalios, diesen Beduinen einen eigenen Bischof arabischen Blutes zu geben, und Juvenal weiht den Beduinenscheich, der seit der Taufe Petros heißt, zum Bischof der Seinigen mit Sitz in den „Parembolai", das heißt im Beduinenlager. Der Stammesfürst wird zugleich Bischof, und angepaßt an die Lebensgewohnheiten der Beduinen, weist man ihm keine Bischofsstadt zu, sondern Sitz ist sein eigenes Zeltlager. Das Bistum ist keine Eintagserscheinung, es spielt eine Rolle im kirchlichen Leben Palästinas, und die Bischöfe selbst passen sich bald dem Gehabe ihrer Kollegen in den Städten an. Um die Mitte des 5. Jh. kennen wir bereits ein zweites Zeltbistum in der Phoenicia Secunda, wie denn überhaupt die Bekehrung der Araber bis tief ins Innere des Landes keine unbedeutenden Fortschritte gemacht zu haben scheint. Ein entlegener und doch wichtiger Punkt dieser Mission war z. B. die Insel Iotabe im Golf von Akaba, wo sich um 470 ein fast unabhängiger Klientelstaat des Reiches, bestehend aus Arabern, bildete, die auch ihren eigenen Bischof hatten, ohne daß wir wüßten, woher die Missionare gekommen sind. Das „Reich" kam 498 wieder unter römische Botmäßigkeit, aber das Bistum blieb bestehen. Insgesamt zählen die Präsenzlisten des Konzils von Chalkedon nicht weniger als 20 arabische Bischöfe auf.

Es ist fast selbstverständlich, daß unter den Kaisern Justin und Justinian und ihrem politischen und kirchlichen Konzept auch die Reichsmission stärkere politische Akzente bekam als je zuvor[3a]. Die Perserpolitik beispielsweise spielt dabei keine unbedeutende Rolle, bei der dem kaukasischen Grenzgebiet, einer Nahtstelle beider Reiche, eine große Bedeutung zukam. Es war persischer Druck auf das kaukasische Lazien, der den dortigen König Tzat veranlaßte, nach Byzanz zu fliehen. Das bedeutete, daß er sich taufen lassen mußte. Die Patengeschenke Justins I. brachten dem Geflohenen eine Patrizierin des Reiches als Frau und die Insignien der Königswürde obendrein: aus dem Neophytus sollte ein Vasall des Reiches werden[4]. Je nach dem Gewicht, das die Politik bei einem missionarischen Unternehmen hatte, konnte es geschehen, daß Justin I. genau

[3] *E. Schwartz,* Kyrillos von Skythopolis (Leipzig 1939) 18ff.

[3a] *I. Engelhardt,* Mission und Politik in Byzanz. Ein Beitrag zur Strukturanalyse byzantinischer Mission zur Zeit Justins und Justinians (München 1974).

[4] Dazu *A. A. Vasiliev,* Justin the First (Cambridge/Mass. 1950) 259ff.

wie später Justinian über die „Konfession“ der Missionare hinwegzusehen verstand, auch wenn sie nicht der Konfessionspolitik des Kaisers entsprach. Bei den Himjariten in Südarabien hatte ein jüdischer König, Dhu Nuwas, die Macht an sich gerissen und begonnen, die Ausbreitung des Christentums zu behindern und die einheimischen Christen zu verfolgen. Eine kombinierte Aktion der Byzantiner und der ihnen nahestehenden Könige von Abessinien sollte die Ordnung wiederherstellen[5]. Die Expedition hatte Erfolg, Dhu Nuwas wurde geschlagen und getötet, die Freiheit des Christentums wiederhergestellt. Für die gefährdete Lage des Christentums unter Dhu Nuwas interessierte man sich im Reiche durchaus, vor allem auf monophysitischer Seite, auch wenn der orthodoxe Kaiser die Regelung in die Hand nahm. Und die Abessinier, welche die Besetzung Südarabiens durchführten, dürften ebenfalls der monophysitischen Konfession nähergestanden haben als der Orthodoxie. Aber neben der Freiheit des Christentums ging es dem Kaiser noch um einiges mehr. Das südarabische Territorium mochte das Reich verhältnismäßig wenig interessieren, aber immer wieder versuchten die Perser, hier Fuß zu fassen, und von hier aus konnten sie den byzantinischen Handel durch das Rote Meer und wohl auch über die sogenannte Weihrauchstraße kontrollieren, was das Reich unmöglich zulassen konnte. Selbst in der Passio des heiligen Arethas, einem Bericht über den Martertod eines al-Harith unter Dhu Nuwas, wird der politische Hintergrund ziemlich deutlich.

Dieselbe Linie in seiner Missionspolitik – nur so kann man sie richtig benennen – hält auch Kaiser Justinian ein. Er schickt Missionare zu den Herulern, die sich südlich der Donau niedergelassen haben und hier in ständigen Konflikten mit der einheimischen Bevölkerung leben. Durch ihre Verchristlichung hoffte der Kaiser sie zu „zähmen“ und – wenn man so sagen darf – „reichsfromm“ zu machen. Der Historiker Prokop, Zeuge eines konservativen Römertums, ist der Meinung, es würde sich kaum lohnen, minderwertige Barbaren solcher Art zu bekehren. Aber Justinian sah weiter. Seine Missionare hatten Erfolg, auch der König ließ sich taufen, und Justinian stand Pate. Schließlich muß dann auch Prokop anerkennen, daß sich die Lage an der Donau wesentlich gebessert habe[6].

Die gleiche Sorge wie sein Onkel widmete er auch den kaukasischen Ländern, auch hier wieder in Verbindung mit der christlichen Mission. Besonders lag ihm an den Abasgen, denen er Priester als Missionare schickte, die ihre Aufgabe so gründlich lösten, daß die Abasgen ihren heidnischen Fürsten verjagten und ihre Politik ganz nach den Weisungen von Byzanz einrichteten[7]. Großzügige Planung verrät auch die Missionierung der Tzanen in der Nachbarschaft von Lazica. Hier ist die Christianisierung zugleich „Kolonisierung“; Prokop berich-

[5] Quellenkritik und Darstellung dieser umstrittenen Episode bei *A. A. Vasiliev* a. a. O. 15–17 283 ff; *I. Engelhardt* a. a. O. 171 ff; *J. Ryckmans*, La persécution des chrétiens himyarites au VIe s. (Istanbul 1956); *I. Shahîd*, The Martyrs of Najrân (Brüssel 1971).

[6] *Prokop*, Bella VI 14, 33–35. [7] A. a. O. VIII 3, 21.

tet, Justinian habe unterstellt, man müsse die Lebensbedingungen des Landes ändern, wolle man nicht den Rückfall ins Heidentum riskieren. So ließ er Wälder roden und Schneisen für neue Straßen ziehen; Weiden für die Pferdezucht wurden angelegt, und der Handel mit den benachbarten Stämmen gefördert. Die Vorgeschichte dieser Kultivierung liegt allerdings nicht im Wunsch der Tzanen nach der Taufe, sondern in der Tatsache, daß sie, durch ihre geographische Lage geschützt und unzugänglich, dem politischen Liebeswerben der Byzantiner widerstanden hatten, eben erst aber unter Justinian durch den General Tzittas besiegt worden waren[8]. Mit den Missionaren kamen auch römische Offiziere, die Kastelle anlegten und diese mit römischen Garnisonen ausstatteten. Die Missionierung sollte Lazen wie Tzanen „weltanschaulich" mit dem Reich verbinden und damit von Persien abkehren.

Auch die große Rekonquista im Westen stellte das Reich vor neue missionarische Aufgaben. Nicht in Italien, denn die Bekehrung der arianischen Goten bildete für Justinian kein Problem, da sie nur vereinzelt im Herrschaftsbereich des Kaisers verblieben; aber die Eroberung Afrikas erforderte eine Grenzsicherung in Richtung Sahara, und auch hier wurde die Mission eingesetzt. Wieviel Erfolg sie hatte, ist schwer abzuschätzen. Jedenfalls bestanden christliche Gemeinden in diesem Gebiet – im Gegensatz zu Ägypten und Syrien – nach der Okkupation durch den Islam wohl nur noch in verschwindender Anzahl. Unter byzantinischer Herrschaft hören wir, soviel zu sehen ist, nur einmal, daß ein ganzer berberischer Stamm von Kaiser Justin II. Missionare erbeten habe.

Daß sich Justinian auch die Heidenmission angelegen sein ließ, wurde schon kurz erwähnt. Für Kleinasien beauftragte er damit einen Mönch aus Amida, Joannes, der später den Beinamen Joannes von Asien bekam, ein Monophysit von Herkunft, der sich aber offenbar den Erfordernissen der Reichskirche anzupassen verstanden hatte. Er hat uns selbst über seine Arbeit berichtet, und seine Leistung kaum verkleinert. Interessant bleibt jedenfalls für die Beurteilung der religiösen Verhältnisse im Kernland des Reiches, daß es im Bergland östlich von Smyrna und Ephesos tunlich war, systematisch Heiden zu missionieren. Joannes rühmt sich, ihrer hunderttausend bekehrt zu haben. Er habe für sie an die hundert Kirchen gebaut und annähernd ein Dutzend Klöster. Das Geld dazu kam aus der Kasse Justinians, der auch die weißen Taufkleider stiftete[9]. Im übrigen waren die qualitativ bedeutsamen Reste des Heidentums nicht in entlegenen Berggegenden zu suchen, sondern in den großen Städten unter den Intellektuellen. Und hier von Heidenmission zu sprechen wäre wohl Euphemismus. Sie wurden einfach verfolgt. Eine intellektuelle Auseinandersetzung mit dem Heidentum, wie sie noch in der ersten Hälfte des 5. Jh. etwa von Theodoretos von Kyros auf breiter apologetischer Basis versucht worden war, begegnet in dieser Zeit nur noch in dürftigen Ansätzen, es sei denn auf dem Gebiet der philosophischen Doktrinen, wo z.B. Joannes Philoponos und andere den

[8] *Prokop,* De aedificiis III 6, 9ff. [9] ROC 2 (1897) 482ff.

Kampf gegen den heidnischen Neuplatonismus eines Proklos und seiner Gefolgsleute aufnahmen.

Auch von einer Judenmission zu sprechen wäre mißdeutbar. Als religio licita stand ihre Religion unter dem Schutz des Gesetzes, obwohl kein Prediger in den Spuren des großen Judengegners Joannes Chrysostomos es versäumte, sie als die Pest der Menschheit zu verdammen. Von Mission könnte nur gesprochen werden, wenn man Schikane Mission nennen könnte. Den Kaisern zu Beginn des 7. Jh. fiel es dann ein, sie zwangsweise bekehren zu wollen und die Pflicht zur Bekehrung zum Gesetz zu machen. Auch dies dürfte kaum größere oder gar aufrichtige Massen von Juden beeindruckt haben. Dafür nahm die Zahl der Streitschriften gegen die Juden seit dem Beginn des 7. Jh. stark zu. Zu nennen ist vor allem Leontios von Neapolis. Die Schriften verraten da und dort ziemlich klar, daß es die christlichen Polemiker nicht leicht hatten, mit den Argumenten der Juden, etwa was den Bilderkult anlangte, fertig zu werden.

Kaum etwas wissen wir über Bekehrungsversuche gegenüber jenen neuen Scharen von Barbaren, den Bulgaren und Slaven, die seit dem 6. Jh. vom Norden her in das Reich einströmten. Geplante und zentral gesteuerte Aktionen sind nicht nachweisbar und kaum denkbar. Die Mission setzt ja zumeist erst ein, wenn die politische Situation einigermaßen übersichtlich geworden ist. Das gilt besonders auch vom Islam. Wir haben keine Kunde, daß kurz nach dem Einfall des Islams in den alten byzantinischen Provinzen nennenswerte Versuche gemacht worden wären, die Eroberer für den christlichen Glauben zu gewinnen. Im Rausche des Sieges wäre dies wohl auch für die Eroberer eine allzu gefährliche Zumutung gewesen. Die intellektuelle Auseinandersetzung mit dem neuen Glauben auf altem Reichsboden läßt sich literarisch erst einige Generationen später fassen, die nicht mehr dem hier zu behandelnden Zeitraum angehören.

11. Kapitel

Der Ansturm des Islam

In weniger als einer Generation überflutete der Islam große Teile der östlichen Christenheit und beendete viele Querelen einfach dadurch, daß er sie von der Hauptstadt des Römischen Reiches abschnitt. Dieser Sturm kam nicht aus dem Ungefähr, und die Dauerhaftigkeit seines Erfolges liegt zu einem beträchtlichen Teil darin, daß große Teile der von ihm besiegten Christenheit arabisch oder aber von den Arabern schon stark unterwandert waren. Entlang der Handelsstraße, die von Damaskus nach dem südlichen Arabien führte, der sogenannten Weihrauchstraße, hatte sich im 6. Jh. das Städtewesen dank dem lebhaften Güterverkehr im Gegensatz zu anderen Provinzen des Reiches erheblich entwikkelt[1]. Diese Städte spielen ihre Rolle als Reisestationen und Warendepots der

[1] *R. Paret,* Les villes de Syrie du sud et les routes commerciales d'Arabie à la fin du VIe siècle:

Karawanen aus Mekka, das damals Mittelpunkt des arabischen Handels wurde. Vor den Mauern der Städte entstehen Karawansereien mit arabischem Personal, und diese Zentren arabischen Lebens locken immer mehr Halbnomaden aus der benachbarten Wüste an; und schließlich werden ganze Stämme, wenn nicht verstädtert, so doch in den Bannkreis der Stadt gezogen. Diese Entwicklung wurde um so stärker, je häufiger die übrigen Handelswege des Byzantinischen Reiches nach dem Osten durch die Kriege mit den Persern gesperrt waren.

Aber auch die große Wüste um das Tote Meer jenseits des Jordans und östlich von Damaskus bis zum Persischen Golf war längst der Tummelplatz arabischer Stämme geworden. Von den Großmächten Byzanz und Persien konnten sie nur teilweise in Zaum gehalten werden. Soweit dies gelang, dienten sie ihren Oberherren als Vortrupp gegenüber der anderen Großmacht. So ließen sich im Osten an der Euphratmündung die Araber unter Führung ihrer Scheichs aus der Familie der Lachmiden[2] immer wieder von den Persern gegen die Byzantiner gewinnen. Ihr Hauptort war al-Hira, und von Persien aus wurden sie teilweise für den Nestorianismus gewonnen, auch wenn die Lachmiden selbst die christliche Religion später annahmen als viele ihrer Gefolgsleute. Die „byzantinischen" Araber in der Syrischen Wüste hatten ihren Hauptort in Rusafa, östlich von Homs. Ihre Führer waren die Scheichs aus dem Hause der Ghassaniden[3], die frühzeitig für den Monophysitismus gewonnen worden waren. Von der geschickten Behandlung dieser Wüstenstämme hing für beide Reiche nicht wenig ab. Und gerade die großen Perserkriege im 6. Jh. stellten an dieses Geschick hohe Anforderungen. Man geht wohl nicht fehl in der Annahme, daß die konfessionelle Prägung des Christentums beider Stammesgruppen, hier der Monophysiten, dort der Nestorianer, nicht allzu tief ging. Der Monophysitismus verband die Ghassaniden mit einer Konfession, in der sich ein Selbstbewußtsein gegenüber der Reichszentrale stärker behaupten konnte als in der Orthodoxie, und der Nestorianismus der Lachmiden war nicht die Folge dogmatischer Erwägungen, sondern der Mission der Kirche jenes Landes, in dessen Richtung die politischen Ambitionen dieser Araber gingen. Außerdem fanden sich beide Konfessionen zusammen im Kampf gegen das alte arabische Heidentum, und in den Klostergründungen in der Wüste scheint der Ausgleich besonders glücklich getroffen worden zu sein[4]. Diese Klöster wurden, vermutlich unabhängig von ihrer konfessionellen Denomination, für alle Araber beliebte Raststätten.

Akten des XI. Intern. Byzantinistenkongresses (München 1960) 438–444; *R. Dussaud*, Les Arabes en Syrie avant l'Islam (Paris 1907).

[2] *G. Rothstein*, Die Dynastie der Lahmiden in al-Hira (Berlin 1889); *R. Devreesse*, Arabes-Perses et Arabes-Romains, Lakhmides et Ghassanides: Vivre et Penser ser. 2 (1942) 263–307.

[3] *H. Charles*, Le christianisme des Arabes nomades sur le limes et dans le désert syromésopotamien aux alentours de l'hégire (Paris 1936); *ders.*, Christianisme et Islam des nomades syro-arabes aux alentours de l'hégire: En Terre d'Islam 21 (1946) 71–90; *ders.*, Les nomades de Syro-Mésopotamie et leur islamisation: ebd. 22 (1947) 172–189.

[4] Dazu vor allem *F. Nau*, Les Arabes chrétiens de Mésopotamie et de Syrie du VIIe au VIIIe siècle (Paris 1933).

Das harte Leben in der Wüste dürfte sich von der Askese der christlichen Mönche nicht wesentlich unterschieden haben. Einfache Kultformen, häufige Kniebeugen, das Fasten, aneinandergereihte litaneiartige, religiöse Anrufungen usw. prägten sich den Arabern leicht ein, und die berühmte Formel Εἷς θεός, die gerade im syrischen Gebiet als christlich-religiöse Anrufung weite Verbreitung gefunden hatte[5], stellte an den Glauben keine überhöhten Anforderungen. Viele Araber, angezogen entweder von dieser Religiosität oder müde ihres harten Beduinenlebens, wurden in diesen Klöstern Mönche, und man war bereit, ihrer Eigenart entgegenzukommen. Bestes Beispiel ohne Zweifel die Behandlung, welche schon sehr früh im 5. und 6. Jh. Araber, die dem einsamen Leben in den Höhlen und Lauren Palästinas zugeneigt waren, bei den großen Mönchsvätern Euthymios und Sabas fanden. Hier bekamen die Araber auch wohl zum ersten Mal einen Bischof ihres Blutes, der mit keinem festen Sitz ausgestattet war, sondern als Bischof der Zeltlager für die Missionierung weiterer Stämme zuständig war[6]. Und hier sind auch die Ansätze zu suchen für das weitere Vordringen eines dergestalt abgewandelten Christentums nach dem Süden in die Oasen Nordarabiens über die Karawanenwege nach Mekka und Medina.

So war für Muhammed in der Zeit, als er seine religiösen Erlebnisse hatte und niederschrieb, das Christentum genausowenig eine Unbekannte wie das Judentum, gleichgültig, ob er nun selbst als Handelsreisender nach Syrien gekommen ist oder nicht. Christliche Elemente im Koran sind häufig nachgewiesen worden, und eine genaue Analyse dieser Elemente weist wohl auch auf spezifisch monophysitische Züge hin, mit denen das Christentum, das Muhammed bekannt wurde, behaftet war[7]. Daß Muhammed zunächst im Judentum und Christentum seine Verbündeten sah, ist bekannt. Das war nicht nur Naivität, sondern gründete auf der Gemeinsamkeit der monotheistischen Grundeinstellung und auf der starken Einheitslehre der Monophysiten, wenn auch nicht geleugnet werden kann, was m.E. viel zuwenig betont wird, daß die Stellung, die der Koran Jesus zuweist, wenn sie schon auf christliche Einflüsse zurückgeführt werden soll, eher nach Nestorianismus als nach Monophysitismus aussieht. Freilich, auf die Dauer versagten sowohl die Juden als auch die Christen dem Propheten die Gefolgschaft. Auch sie fielen damit unter das Verdikt der Verfolgung, allerdings ohne das Ziel der Zwangsbekehrung. Als „Leute des Buches", das heißt Besitzer von Offenbarungsschriften, konnten sie, sofern sie sich unterwarfen und Tribut zahlten, auf Duldung und freie Religionsausübung rechnen.

Trotz allem bleibt die Frage, ob diese Duldungspolitik genügt, um die unge-

[5] Vgl. *E. Peterson,* Εἷς θεός (Göttingen 1926).

[6] Dazu oben S. 84.

[7] *H. Grégoire,* Mahomet et le monophysisme: Mélanges Ch. Diehl I (Paris 1930) 107–119; *J. Henninger,* L'influence du christianisme oriental sur l'Islam naissant: L'oriente cristiano nella storia della civiltà (Rom 1964) 379–411; *Tor Andrae,* Les origines de l'Islam et le christianisme (Paris 1955).

heuren Erfolge des Islams im christlichen Raum zu erklären. Man muß ganz gewiß auch die unglückselige Behandlung der christlichen Araber seitens der Perser und der byzantinischen Kaiser mit in Rechnung setzen[8]. Im zwanzigjährigen Krieg zwischen Persien und Byzanz in der zweiten Hälfte des 6. Jh. kam der Haltung der Araber an der Grenze besonders große Bedeutung zu. Der byzantinische Kommandeur und spätere Kaiser Maurikios (582–602), der dem Monophysitismus besonders feindlich gegenüberstand, verdächtigte den Ghassaniden, den Klientelkönig von Byzanz, al-Mundir, des Verrats, ging schließlich so weit, ihn in einen Hinterhalt zu locken, beim Kaiser seine Deportation nach Sizilien durchzusetzen und den ghassanidischen Arabern die annona, die Lebensmittellieferungen, zu sperren, auf die sie als Föderierte des Reichs Anspruch hatten. Natürlich brach eine Revolte aus. Die Araber überfielen byzantinische Garnisonen und plünderten ihre Lebensmittellager; zunächst nicht, um damit ihren Abfall von Byzanz unter Beweis zu stellen, sondern einfach um ihre materielle Daseinsgrundlage zu sichern. Als Maurikios Kaiser geworden war, bemühten sie sich um eine neue Verbindung mit dem Reich, aber Maurikios stellte die in der politischen Lage absurde Forderung, sie sollten auf den Monophysitismus verzichten. Noman, ein Sohn al-Mundirs, soll ihm erwidert haben: „Alle arabischen Stämme sind Jakobiten, und wenn sie erfahren, daß ich eure Kommunion genommen habe, werden sie mich töten." Die Verhandlungen zerschlugen sich; Noman folgte, obwohl man ihm vorher sicheres Geleit zugesagt hatte, seinem Vater ins Exil. Maurikios teilte das arabische Königreich unter ein Dutzend Scheichs auf, die genug mit ihren inneren Auseinandersetzungen und mit dem Traum und der Wiederherstellung ihres Königtums zu tun hatten, als daß sie sich weiter stark für die gegen Persien gerichtete Politik des Maurikios eingesetzt hätten.

Den lachmidischen Arabern ging es unterdessen nicht viel besser. König Chosrau II. fürchtete, diese Araber würden allzu mächtig, und so lockte auch er ihren Scheich, der wiederum Noman hieß, in einen Hinterhalt und ließ ihn ermorden. Die Folgen waren die gleichen wie in der Interessensphäre der Byzantiner: Revolten und Überfälle. Der persische Gouverneur, der mit ihnen fertig werden sollte, konnte sich nur in einem festen Platz halten, die Herrschaft über das weite Land ging verloren. Damit war die Treue der Araber gegenüber ihren bisherigen Oberherren empfindlich gestört; ein gefährliches Vakuum entstand, und der Islam war bereit, es auszufüllen.

Daß Muhammed die großen Raubzüge des Islams selbst geplant hätte, ist unwahrscheinlich. Aber seine Beutezüge zogen immer weitere Kreise, und im Kampf mit den Oasen im Norden kam er zum ersten Mal mit geschlossenen christlichen Araberstämmen in feindliche Berührung. Kurz vor seinem Tod wagte er den ersten Vorstoß auf das Reichsgebiet und suchte zugleich Kontakt zu den Ghassaniden, freilich ohne Erfolg. Es kam schließlich zu einer Niederlage

[8] Dazu ausführlich *P. Goubert*, Byzance avant l'Islam I (Paris 1951).

des Islams bei Mu'ta östlich des Toten Meeres. Ein Rachezug unterblieb, da der Prophet über seinen Plänen starb (632). Die Beziehungen zwischen den Arabern und dem neuen Kaiser Herakleios (610–641) hatten sich inzwischen wieder gebessert, und dies war wohl der Grund für die ersten Erfolge des Reiches gegen die Truppen des Propheten. Freilich blieb nun unglücklicherweise das Reich den verbündeten Arabern wiederum die Lebensmittellieferungen schuldig. Die Gründe sind schwer durchsichtig; es ist aber nicht unwahrscheinlich, daß der Patriarch von Antiocheia, der bisher das Steueraufkommen seiner Kirche dem Reich gegenüber ganz oder teilweise als annona an die Araber abgeführt hatte, diese Lieferungen einstellte, weil der Kaiser für den vorausgegangenen Perserkrieg ungeheure Kredite bei der Kirche aufgenommen hatte, mit deren Verzinsung er nun in Verzug gekommen war. Jedenfalls konnte das Reich in dieser kritischen Situation kaum mehr mit der Loyalität der Araber rechnen. Und so hebt nach dem Tod des Propheten ein gewaltiger Siegeszug an. Daß diese Kämpfe begonnen wurden, hängt wohl auch damit zusammen, daß nach Muhammeds Abgang die religiöse Entwicklung im Islam noch nicht abgeschlossen war und deshalb die Anhänger mit allen Mitteln bei der Sache gehalten werden mußten. Allzu viele Beuteversprechungen des Propheten waren noch unerfüllt, und die Führungsansprüche unter seiner Nachkommenschaft noch ungeklärt. Eine Ablenkung tat not, und die schwache Flanke der beiden Großreiche zeigte die Richtung. In der Schlacht am Jarmuk, einem Nebenfluß des Jordans, am 20. August 636 entschied sich das Schicksal des byzantinischen Syrien, und es waren nicht zuletzt die Ghassaniden, die den Ausschlag zugunsten des Islams gaben. 638 fiel Jerusalem, 639/640 Mesopotamien, ab 640 stehen die Araber in Armenien; Alexandreia, das Tor Ägyptens, fällt 640, 643 die Pentapolis, und schon seit 647 beginnen die Einfälle nach Kappadokien.

Wie gestaltet sich die Lage der Christenheit unter der neuen Herrschaft? Sie war keineswegs ohne rechtliche Grundlagen[9]. Die Eroberer gingen, abgesehen von den unter solchen Umständen unvermeidlichen Härtefällen, vertragsmäßig vor, und die belagerten christlichen Städte scheinen dies genau gewußt zu haben. Der Präzedenzfall für die Araber aber war offenbar der Vertrag mit den Christen Südarabiens, der diesen freie Religionsübung und eine gewisse Selbstverwaltung gewährleistete, während er auf der anderen Seite Tributleistung, Unterhaltsleistungen für die Truppen und gegebenenfalls die Stellung von Hilfskontingenten abforderte. Die Grundlinien dieses Vertrages finden auch bei den syrischen und mesopotamischen Städten Anwendung. Die Lage der Christen wurde auch durch den Umstand erleichtert, daß die Eroberung das Verwaltungssystem zunächst kaum antastete. Zwar wurden muslimische Gouverneure eingesetzt, aber die Verwaltung selbst blieb nach wie vor in der Hand einheimischer Kräfte, also zumeist von Christen. Die gleichen Steuern waren zu bezahlen, und das kirchliche Leben wurde nicht wesentlich gestört. Natürlich kam es nicht selten

[9] *A. S. Tritton,* Naṣārā. Handwörterbuch des Islam (Leiden 1941) 577–580; *ders.,* The Caliphs and their non-Muslim Subjects (1930).

vor, daß die Hauptkirche einer Stadt in eine Moschee umgewandelt wurde, aber im Prinzip genossen Kirchen und Klöster eine relative Freiheit. Im einzelnen hing natürlich viel von den Launen der Gouverneure ab. Gelegentlich wurden Kirchen zerstört und der Bau neuer verboten, gelegentlich kam es zu Zwangsbekehrungen oder auch zu Martyrien, die Wahl von Bischöfen und Patriarchen konnte erschwert und verzögert werden. Aber im großen und ganzen sind dies Ausnahmeerscheinungen. Erst unter dem Kalifen Abd-al Malik (685–705) verschlechterte sich die Situation. Christen wurden aus der Verwaltung entlassen, die Kopfsteuer wurde für sie eingeführt, unterscheidende Kleidung vorgeschrieben usw.

Aufs Ganze gesehen, bedeutet freilich die arabische Eroberung für die Reichskirche einen ungeheuren Gebietsverlust. Provinzen, in denen das Christentum seine früheste Jugend erlebt hatte, große Patriarchensitze der alten Kirche, geistig regsame Zentren, wie Edessa, Antiocheia und Alexandreia, Wallfahrtsorte wie Jerusalem gingen der Reichskirche für immer verloren. Die Fiktion der Gleichsetzung von Reich und christlicher Ökumene war zunichte, ebenso der Traum von einem Kaiser und einer Kirche. Dieser hohe Preis brachte der Reichskirche freilich eine größere Einheitlichkeit, denn insofern die Konfessionen damals schon geographisch auseinandergehalten werden konnten, deckte sich das eroberte Gebiet auf weite Strecken mit dem Gelände der Monophysiten und Nestorianer, während das verbliebene Reichsterritorium in der Hauptsache als orthodox angesprochen werden kann. Andererseits brachte das islamische Recht in den besetzten Territorien prinzipiell eine Gleichstellung der Konfessionen, beendete also den Kirchenkampf. Die Melkiten waren nicht mehr in der Lage, die Monophysiten zu verfolgen. Umgekehrt bestand eher Möglichkeit, weil es nicht ganz von der Hand zu weisen war, daß eben die „kaiserlichen" Christen auch politisch immer noch mit einem Auge nach Byzanz schielten, und wohl auch deshalb, weil der Widerstand der Monophysiten in den Tagen der Eroberung wahrscheinlich geringer war als jener der Orthodoxen, wenn es auch schwer sein dürfte, für diese These allzu viele Belege beizubringen.

Im Laufe der Zeit werden die islamischen Herrscher je nach Lage die Christen ihrer Länder in ihr politisches Spiel mit Byzanz als Faktoren einsetzen und nicht selten den byzantinischen Kaiser als den geborenen Protektor dieser Christen anerkennen. Die byzantinische Kirche hatte davon ihren Gewinn, denn da die melkitischen Patriarchen Syriens und Ägyptens nur über geringe Machtmittel verfügten, werden die Patriarchen von Konstantinopel im Gefolge ihrer Kaiser ebenfalls als Protektoren dieser Patriarchate auftreten und aus dieser Stellung ohne Bedenken papale Ansprüche ableiten.

ZWEITER TEIL

Die lateinische Kirche im Übergang zum Frühmittelalter

ERSTER ABSCHNITT

Die Missionsarbeit der lateinischen Kirche

Univ.-Professor Dr. Eugen Ewig, Bonn

12. Kapitel

Die Anfänge des Christentums in Irland und Schottland

QUELLEN: Libri s. Patricii, ed. *N. J. D. White* (minor edition, London 1918); Libri epistolarum s. Patricii episcopi, ed. *L. Bieler; L. Bieler,* The Works of St. Patrick (London 1953; Übers. ins Englische mit Kommentar); liber Ardmachanus: The Book of Armagh, ed. *J. Gwynn* (Dublin 1913); The Tripartite Life of St. Patrick. Rer. Brit. medii aevi scriptores 89, 2 Bde, ed. *Whitley Stokes* (London 1887); Vitae sanctorum Hiberniae, ed. *C. Plummer* (Oxford 1910); Adamnani Vita Columbae, ed. *I. T. Towler* (Oxford 1920); Adomnan's Life of Columba, edd. *A. O.* und *M. O. Anderson* (London 1961); *G. S. M. Walker*, S. Columbani opera (Dublin 1957); Councils and Ecclesiastical Documents Relating to Great Britain and Ireland, edd. *A. W. Haddan* und *W. Stubbs* I (Oxford 1869). – Weitere Quellen (Annalen, Viten, Inschriften usw.) vgl. *J. F. Kenney*, Sources for the Early History of Ireland I (New York 1929) sowie die Bibliogr. bei *R. P. C. Hanson,* Saint Patrick (Oxford 1968). – *K. Hughes,* Early Christian Ireland. Introduction to the Sources: The Sources of History. Studies in the Uses of Historical Evidence, ed. G. R. Elton, 1972.

LITERATUR: Profangeschichte: *E. Curtis,* A History of Ireland (London [6]1952). Zu korrigieren nach: *T. F. O'Rahilly*, Early Irish History and Mythology (Dublin 1946); *D. A. Binchy,* The Fair of Tailtiu and the Feast of Tara: Eriu 18 (1958) 113–138; *J. V. Kelleher*, Early Irish History and Pseudo-History: Studia Hibernica 3 (1963) 113–127; *N. Chadwick*, Celtic Britain (London 1963); *H. M. Chadwick,* Early Scotland (Cambridge 1949). – Weitere Lit. bei *R. P. C. Hanson* a. a. O.

Missions- und Kirchengeschichte: *L. Gougaud,* Christianity in Celtic Lands (London 1932); *W. A. Phillips*, History of the Church of Ireland I (Oxford 1933); *K. Hughes,* The Church in Early Irish Society (London 1966); *W. Delius,* Gesch. der irischen Kirche von ihren Anfängen bis zum 12. Jh. (München – Basel 1954); *H. Williams,* Christianity in Early Britain (Oxford 1912); *J. Bulloch,* The Life of the Celtic Church (Edinburgh 1963); *N. Chadwick,* Studies in the Early British Church (Cambridge 1958); *dies.*, The Age of Saints in the Early Celtic Church (Oxford 1961); *J. Mac Queen,* St. Nynia (Edinburgh 1961); *W. D. Simpson,* St. Ninian and the Origin of the Christian Church in Scotland (Edinburgh 1940); *L. Bieler,* The Life and Legend of St. Patrick (Dublin 1949); *ders.*, La conversione al cristianesimo dei Celti insulari e le sue ripercussioni nel continente: Settimane di studio ... XIV. La conversione al cristianesimo ... (Spoleto 1967) 559–580; *J. Carney,* The Problem of St. Patrick (Dublin 1961); *R. P. C. Hanson,* St. Patrick a British Missionary Bishop (Nottingham 1965); *ders.*, St. Patrick (Oxford 1968); *J. Ryan,* The Early Irish Church and the See of St. Peter: Settimane di studio ... VII. Le chiese nei regni dell'Europa occidentale ... II (Spoleto 1960) 549–574; *ders.*, Irish Monasticism (Dublin 1931); *J. A. Duke,* The Columban Church (Edinburgh 1932); *M. M. Dubois,* St. Colomban (Paris 1950); Mélanges colombaniens (Paris 1950); *G. Schreiber,* Irland im deutschen und abendländischen Sakralraum (Köln – Opladen 1956).

Bildungs- und Kulturgeschichte: *Chr. Mohrmann,* The Latin of St. Patrick (Dublin 1961); *K. Meyer,* Learning in Ireland in the Fifth Century (Dublin 1913); *A. Lorcin,* La vie scolaire dans les monastères d'Irlande aux 5e–7e siècles: Le Moyen Age Latin 1 (1945)

221–236; *B. Bischoff*, Il monachesimo irlandese nei suoi rapporti col continente: Settimane di studio... IV. Il monachesimo nell'alto medio evo e la formazione della civiltà occidentale (Spoleto 1957) 121–138.

Um die Mitte des 5. Jh. erklingt ein neuer Ton im alten Lobpreis der Stadt Rom. „Ut gens sancta, populus electus, civitas sacerdotalis et regia latius praesideres religione divina quam dominatione terrena", sagt Leo der Große (440–461) in seiner Predigt zum Fest der Apostelfürsten Petrus und Paulus[1]. Als die Kaiser ihre Residenz nach Mailand und Ravenna verlegten, wurde Rom zur Apostelstadt. Als das Imperium in seinen Grundfesten wankte, trug die Kirche das Evangelium über die griechisch-römische Oikumene hinaus zu den Barbaren. Eine neue abendländische Oikumene entstand auf dem Grund des christlichen Glaubens und der lateinischen Kultur. Das war nach dem großen Papst die geschichtstheologische Sendung des Imperiums: ut autem inenarrabilis gratiae (incarnationis) per totum mundum diffunderetur effectus, Romanum regnum divina providentia praeparavit; cuius ad eos limites incrementa perducta sunt, quibus cunctarum undique gentium vicina et contigua esset universitas. Dispositio namque divinitus operi maxime congruebat, ut multa regna confoederarentur imperio, ut cito pervios haberet populos praedicatio generalis, quos unius teneret regimen civitatis[1].

Da die Kirche des Ostens einen zeitlichen Vorsprung vor der des Westens hatte, kann es nicht wundernehmen, daß sie auch zuerst in die Barbarenwelt ausstrahlte. Im übrigen bietet jedoch die Keltenmission des Westens ein echtes Analogon zur Gotenmission des Ostens. Wie im Osten kappadokische, so waren in Hesperien britische Kriegsgefangene die ersten Boten des Evangeliums, das in Irland im 5. Jh. Wurzel schlug. Der Aquitanier Prosper Tiro, ein Freund Leos des Großen, notierte zum Jahre 431 in seiner Chronik: Ad Scottos in Christum credentes ordinatus a papa Caelestino Palladius primus episcopus mittitur[2]. „Schotten" war der alte Name der Iren. Die Notiz setzt die Existenz iroschottischer Christengruppen voraus, die aber noch ohne Bischof waren.

Der erste Irenbischof Palladius begegnet als Diakon schon 429: ad insinuationem Palladii diaconi papa Caelestinus Germanum Autisidorensem episcopum vice sua mittit et deturbatis haereticis Britannos ad catholicam fidem diri-

[1] Daß du als heiliges und auserwähltes Volk, als priesterliche und königliche Stadt durch Gottes Religion in weiterem Kreise den Vorsitz führst als durch irdische Herrschaft. – Damit aber die Wirkung dieser unaussprechlichen Gnade sich über die gesamte Welt entfalten könne, bereitete er das Römische Reich in göttlicher Voraussicht vor, und das Reich wuchs in Grenzen hinein, die es überall zu den nächsten Nachbarn aller Völker machten. Denn dieser Plan war nach göttlicher Fügung dem Erlösungswerk am meisten angemessen: daß durch die Verbindung vieler Länder mit *einem* Imperium die allgemeine Verkündigung Zugang zu den Völkern habe, die unter der Leitung der einen Stadt ständen: Sermo 82 (80): PL 54, 423.

[2] Palladius wird vom Papst Caelestin nach seiner Weihe als erster Bischof zu den christusgläubigen Schotten (= Iren) gesandt (431). – Auf Veranlassung des Diakons Palladius entsendet Papst Caelestin den Bischof Germanus von Auxerre an seiner Statt und führt die Briten nach Vertreibung der Häretiker zum Katholizismus zurück (429): MG Auct. ant. IX 472ff.

git[2]. Es dürfte ein Zusammenhang zwischen der Sendung des Bischofs Germanus von Auxerre nach Britannien und der des Palladius nach Irland bestanden haben. Die Mission des Germanus galt der Bekämpfung des Pelagianismus, der in Britannien zahlreiche Anhänger besaß und von dort auch die kleinen Gruppen irischer Christen beeinflußt haben kann. So mag im Auftrag an Palladius die Sorge für die Orthodoxie der irischen Christen mitbeschlossen gewesen sein.

Als Apostel der Grünen Insel ist indessen nicht Palladius, sondern Patrick in die Geschichte eingegangen. Magonus Sucatus Patricius – so dürfte der volle Name St. Patricks gelautet haben – schildert seine Jugendschicksale selber in der wohl gegen Ende seines Lebens von ihm verfaßten „Confessio". Er entstammte einer brito-römischen Kurialenfamilie, die beim vicus Bannavemtabernae, einem bis heute nicht sicher identifizierten Ort[3], eine „villula" besaß. Obwohl sein Vater Calpornius decurio und Diakon, sein Großvater Potitus Priester gewesen war, war es mit der religiösen Atmosphäre im Elternhaus nicht zum besten bestellt. Patrick war 16 Jahre alt, als ihn Iroschotten auf einem Plünderungszug raubten und ihn als Sklaven nach Irland (wohl Tirawley, Connacht) brachten. Hier fand er den Weg zu Gott. Nach 6 Jahren gelangen ihm Flucht und Heimkehr zu den Eltern. Eine Vision mahnte ihn, den Iren die Frohe Botschaft zu verkünden. So kehrte er schließlich als Missionsbischof nach Irland zurück.

Die „Confessio" enthält leider keine chronologischen Fixpunkte. Spätere irische Annalen, deren Entstehung und Aussagewert neuerdings heftig umstritten sind, verzeichnen die Ankunft des Apostels einhellig zum Jahre 432, seinen Tod aber zu 461 oder 491/492. Das Problem wird noch dadurch kompliziert, daß in diesen Quellen jeweils zwei Patricii mit jeweils verschiedenen Todesdaten verzeichnet sind. Man wird wohl daran festhalten müssen, daß es nur einen Patrick gegeben hat, der wahrscheinlich um 390 geboren wurde, um 432 oder bald darauf als Bischof nach Irland kam und um 460 gestorben ist[4].

Am dunkelsten in St. Patricks Leben ist die Zeit zwischen seiner Flucht aus der irischen Gefangenschaft und seiner Rückkehr nach Irland als Bischof. Nach den gleichfalls umstrittenen „Dicta Patricii" ist Patrick per Gallias ad Italiam gereist, hat er auch die Inseln, quae sunt in mari Terreno (Tyrrheno), besucht. Patricks Biographen aus dem späten 7. und dem 8. Jh. verknüpfen den Heiligen mit dem Bischof Germanus von Auxerre und so auch mit Palladius, der nach kurzer und erfolgloser Tätigkeit auf der Heimreise gestorben oder von den Iren gemartert worden sei. Explicite oder implicite ist damit gesagt, daß Patrick gleichfalls aus der Schule des Germanus stamme und die Nachfolge des Palladius angetreten habe. Demgegenüber hat Hanson neuerdings die Meinung vertreten, daß Patrick während der ganzen Zeit in Britannien geblieben, dort

[3] Übersicht über die vorgeschlagenen Identifizierungen bei *R. P. C. Hanson,* St. Patrick 113–116. Hanson denkt an einen Ort in Somerset, Dorset oder Devon.

So *R. P. C. Hanson* a.a.O. 188.

Mönch geworden und von der britischen Kirche als Missionsbischof zu den Iren entsandt worden sei. Das Missionswerk Patricks ließe sich in der Tat auch aus britischen Voraussetzungen verstehen, da es eine Parallele in der Tätigkeit des Britenbischofs Ninian hat, der im frühen 5. Jh. die Bistumskirche Candida Casa (Whithorn, Galloway) außerhalb der Grenzen des römischen Britannien gründete und bei den südlichen Pikten wirkte[5]. Trotzdem geht es nicht an, die Quellen des 7./8. Jh. zur Geschichte des Irenapostels in Bausch und Bogen zu verwerfen, ohne eine überzeugende Erklärung für die Entstehung ihrer Aussagen beizubringen[6]. Rebus sic stantibus ist daran festzuhalten, daß Patrick vor seiner Erhebung zum Bischof Gallien und Italien bereiste, dabei wohl auch das mittelländisch-provençalische Mönchtum kennenlernte; seine Entsendung durch Germanus von Auxerre mag stärkeren Zweifeln ausgesetzt sein.

Die Erinnerung an die vielleicht nur kurzfristige Tätigkeit des Palladius ist in Irland bald verblaßt. Eine Notiz über drei von ihm gegründete Kirchen läßt darauf schließen, daß Palladius vornehmlich in Südirland tätig war und seinen Hauptsitz vielleicht in Cellfine (county Wicklow, Leinster) aufgeschlagen hat[7]. Patrick scheint dagegen hauptsächlich in Nordirland von Armagh aus gewirkt zu haben. Die in der frühirischen Tradition genannten Bischöfe Auxilius, Secundinus und Iserninus mögen als Begleiter des Palladius nach Irland gekommen sein[8]. Sie dürften aber auch in Beziehung zu St. Patrick getreten sein[9]; zwischen Cellfine und Armagh scheinen kultische Verbindungen bestanden zu haben[10].

[5] *R. P. C. Hanson* a. a. O. 56–63 (ausführliche Diskussion der einschlägigen Lit.) und 146 ff.

[6] Die Auffassung, die Verbindung zwischen Patrick und Germanus beruhe auf mündlicher Überlieferung in „form of folk-lore stories connecting Patrick with some great person who had left an impression on the popular mind – Amator or Germanus or Pope Celestine or Loeghaire" (*R. P. C. Hanson* a. a. O. 94), bildet keine befriedigende Erklärung. Eher könnte man eine Verschmelzung der Palladius- mit der Patricktradition erwägen, wie sie in den Angaben über die beiden Patricii vorzuliegen scheint. Aber auch damit wären die Angaben über Patricks Reisen in Gallien, Italien und auf dem Tyrrhenischen Meer nicht erklärt. Diese Angaben passen gut ins 5., aber nicht mehr ins 7. Jh., da im 7. Jh. selbst der Ruhm von Lérins verblaßt war. Im übrigen läßt sich eine scharfe Trennungslinie zwischen der britischen und der gallischen Kirche nicht ziehen. Auch die Tätigkeit Ninians hat gallorömische Voraussetzungen, nämlich das Werk Martins von Tours und des Metropoliten Victricius von Rouen, wie *Hanson* selbst dargelegt hat.

[7] *L. Bieler*, Conversione 565. [8] *R. P. C. Hanson*, St. Patrick 196.

[9] Hansons Auffassung, daß Patrick nach dem Tode des Palladius als einziger Missionsbischof in Irland tätig gewesen sei, beruht auf einem problematischen argumentum e silentio aus der „Confessio". Dagegen sprechen die auf den Namen von Patricius, Auxilius und Iserninus lautenden Canones, die wohl ins 6. Jh. zu datieren sind (*Hughes* a. a. O. 49).

[10] Die Kirche Armagh besaß im 8. Jh. Reliquien der Apostelfürsten Petrus und Paulus sowie der Erzmartyrer Stephanus und Laurentius. Diese Reliquien tragen römisches Gepräge. Bieler möchte sie mit den Reliquien identifizieren, die Palladius von Papst Caelestin erhalten hatte, und vermutet ihre Translation von Cellfine nach Armagh (*L. Bieler*, Conversione 565 570 ff). Damit wäre ein Indiz dafür gegeben, daß Patrick in aller Form die Nachfolge des Palladius angetreten hätte. – Ein wichtiges Zeugnis für den römischen Auftrag zur Irenmission ist auch

Die ältesten christlichen Gruppen in Irland scheinen ebenso wie die ersten Christen unter den Goten der Unterschicht angehört zu haben[11]. Patrick hat sich an alle Volksschichten gewandt, aber naturgemäß auch die Duldung oder Unterstützung der herrschenden Gruppen zu gewinnen versucht, die er durch Geschenke gewann. Die Irenmission mußte ebenso wie die Gotenmission an die politisch-soziale Struktur des zu bekehrenden Volkes anknüpfen, die sich von der des Imperiums erheblich unterschied. In Irland bestand eine Vielzahl kleiner Stammesreiche (Tuathas), die in 5 Landschaften gruppiert waren (Connacht, Ulster, Meath, Leinster, Munster). Ein zentrales Oberkönigtum gab es im 5. Jh. noch nicht[12]. Die Tuathas bildeten die Grundlage für die Diözesanordnung, die vom Festland auf die Grüne Insel übertragen wurde. Armagh lag in der Nähe von Emain Maechae, dem Königssitz der Ulaid in Ulster, zu denen Patrick wohl in engere Beziehungen trat. Die irischen Bistümer des 5. und frühen 6. Jahrhunderts unterschieden sich im übrigen noch nicht wesentlich von denen des Festlandes. Erst im 6. Jahrhundert trat das monastische Element an den kirchlichen Zentren immer stärker hervor, während zugleich das aristokratische Sippendenken auf die kirchliche Verfassung einwirkte.

Die angedeutete Wandlung der kirchlichen Verfassung machte sich auch bei den Kelten Britanniens bemerkbar, wo sie in einem engen Zusammenhang mit der Entromanisierung der Briten stand. Die Entromanisierung Britanniens beruhte nicht auf einer revolutionären Absage an Rom. Sie war die Folge des Verlusts der am meisten romanisierten Landschaften an die eindringenden Angeln und Sachsen und der durch die Völkerwanderung verursachten Isolierung Britanniens vom Kontinent. Die römischen Strukturen wirkten nach der faktischen Aufgabe der Insel durch die kaiserliche Zentralregierung um 408–410 noch eine Zeitlang nach (sub-roman period). Die entscheidende Wende trat um 457 ein[13]. Die schon 314 als Bischofssitze bezeugten großen Städte London und York fielen in die Hand der eindringenden Germanen, und die Grundfesten des römischen Britannien gerieten ins Wanken. Das Lateinische, das bis dahin noch Umgangssprache der städtischen Bevölkerung gewesen war, wurde auf den kirchlichen Bereich reduziert. Die civitates formten sich zu Stammesreichen um, die sich von denen der Iren und Pikten nicht mehr wesentlich unterschieden. In dieser Krise klammerte sich die britische Bevölkerung um so stärker an die christliche Religion, die schon für Patrick zum Signum der Romanitas geworden

der Brief des Abtes Columban an Papst Bonifatius IV. von 612/615 (Ep. Columbani n. 5: MGEp III 170 ff). Ist dieser Auftrag nur auf Palladius zu beziehen, so muß die Erinnerung an Palladius zu Beginn des 7. Jh. in der irischen Kirche noch lebendiger gewesen sein als in späterer Zeit.

11 *L. Bieler,* Conversione 562[8].

12 *R. P. C. Hanson,* St. Patrick 225 ff (Appendix II).

13 Ein wesentliches Indiz für diese Datierung ergibt sich aus der altkeltischen Osterrechnung, die dem 342 modifizierten älteren Osterzyklus des Westens entsprach. Wie *Hanson* (St. Patrick 67 ff) gezeigt hat, wurden die auf diesem Zyklus beruhenden Instruktionen Leos des Großen von 454 den Kelten noch bekannt, dagegen nicht mehr der 457 von Rom rezipierte Zyklus des Victorius.

war[14] und nun in die werdende keltische Kultur eingeschmolzen wurde. Die Einschmelzung vollzog sich im Zeichen des Mönchtums, das damals im Begriff war, die abendländische Christenheit zu durchdringen, aber die eigenwilligen Kelten in besonderer Weise ansprach. Die Einzelheiten dieses Vorgangs entziehen sich unserem Blick. Als Magister Britannorum galt im 8. Jh. Illtud, Abt der Mönchsinsel Calday (Ynys Pyr) an der Südküste von Wales. Er war der Lehrer der nächsten Generation (2. Drittel des 6. Jh.), aus der vor allem David von Menevia – St. David's (Wales), Samson von Dol (Bretagne) und Gildas zu nennen sind. Schon hier zeichnete sich die Entwicklung ab, in der die Klöster zu Hauptzentren des kirchlichen Lebens wurden. St. David's war wie andere Gründungen seiner Art zugleich Kloster und Kathedrale unter der Leitung eines Abtbischofs.

Die monastische Umformung der irischen Kirche erfolgte nach einer heute in Frage gestellten Überlieferung unter dem Einfluß der britischen Klosterkultur, sogar unter direkter Einwirkung von Männern wie David und Gildas. Sie war jedenfalls das Werk der großen Äbte des 6. Jh., der Heiligen der zweiten und dritten Stufe (nach der ersten der Missionare), unter denen hier Finnian, Comgall, Brendan, Columcille (Columba der Ältere) genannt seien. Die Reihe der großen Klöster eröffnet um 540 Clonard in Meath, eine Gründung des Abtbischofs Finnian, der andere Abteien wie Bangor (Ulster), Clonmacnoise (Connacht), Clonfert, Lismore (Munster), Moville und Kildare (Leinster) folgten. Die irischen Fürsten und Könige unterstützten diese Anstalten, in denen die Abtswürde meist der Sippe des Gründers vorbehalten blieb. Die Abteien wurden Mittelpunkte eigener Seelsorgesprengel (parochiae), die sich um das Mutterkloster und seine Tochtergründungen gruppierten, damit aber den territorialen Rahmen sprengten und über die an die Kleinkönigreiche angelehnten älteren Diözesen hinauswuchsen.

Einige alte Bistümer, darunter Armagh, „reorganisierten sich auf monastischer Basis" (Bieler), d.h. unter der Leitung von Abtbischöfen; andere wurden von den Klöstern und Klosterbezirken absorbiert. Es gab zahlreiche Abteien, darunter die des älteren Columba, deren Äbte die Bischofsweihe nicht selber empfingen, sondern einem ihrer Mönche erteilen ließen. Leiter des kirchlichen Sprengels war in diesem Fall nicht der Bischof, sondern der Abt. In diesen monastischen paruchiae traten Jurisdiktion und Weihegewalt (Ordo) auseinander, was der üblichen Ordnung widersprach und, vom Festland her gesehen, eine Anomalie blieb. Andere Anomalien erklären sich teils aus der Bewahrung älterer Gewohnheiten – so die vom festländischen Brauch abweichende Osterrechnung der Kelten[13] –, teils wohl auch aus der Übernahme volkstümlicher Bräuche – so die von Ohr zu Ohr reichende irische Tonsur.

Die Regeln der irischen Mönchsväter beruhten auf der Tradition des Mönchtums bis zu Johannes Cassianus. Die asketisch-moralische Unterweisung nahm

[14] *R. H. Hodgkin*, A History of the Anglo-Saxons I (³1952) 65; *R. P. C. Hanson*, St. Patrick 185 ff.

in ihnen einen breiten Raum ein. Das Bußwesen beruhte im übrigen auf den Praktiken des orientalischen und provençalischen Mönchtums. Im kultischen Bereich zeigten die Iren eine besondere Vorliebe für Litaneien und apotropäische Gebete (loricae). Der Allerheiligenkult hatte eine seiner Wurzeln in Irland[15].

Der Unterricht in den irischen Klöstern diente in erster Linie der lectio divina: Die Lektüre der heidnischen Klassiker scheint bis zum Ende des 8. Jh. wenig betrieben worden zu sein. Dagegen waren die Iren des 7. und 8. Jh. Meister auf den Gebieten der Exegese, der Grammatik und des Computus[16]. Trotz der innermonastischen Ausrichtung auf das religiös-asketische Leben waren die irischen Klöster aber nicht nur religiöse, sondern auch geistige, gewerbliche und wirtschaftliche Zentren. Ihre Schulen standen Kindern und jungen Leuten aus dem Laienstand offen, die – falls die Eltern keinen anderen Wunsch äußerten – am Mönchsleben teilnahmen[17]. Es ergaben sich daraus oft dauernde Bindungen zwischen Klöstern und Laien, die wiederum den seelsorglichen Aufgaben der Mönche zugute kamen. So haben die Iren das spirituelle Leben der Laien durch Einführung der Ohrenbeichte und eines abgestuften Bußsystems geprägt, die von der klösterlichen Praxis auf die allgemeine Seelsorge übertragen wurden[18]. Nicht zu vergessen sind schließlich die caritativen Pflichten der Mönche. Zu dem Personenkreis, der sich um ein Kloster gruppierte, gehörte auch eine nicht kleine Anzahl Bedürftiger, die versorgt werden mußten. Nimmt man alles in allem, so kann man sagen, daß die irischen Großklöster den kleinen Städten des Frühmittelalters vergleichbar waren. Ausgrabungen haben gezeigt, daß sie auch durch Steinwälle befestigt wurden.

Hatten die Iren bis zur Mitte des 6. Jh. von den Briten gelernt, so überflügelten sie in der 2. Hälfte des Jahrhunderts ihre Meister. Die bedeutendsten Persönlichkeiten unter den altirischen Äbten waren der ältere und der jüngere Columba. Columcille (Taube der Kirche) oder Columba der Ältere (521–597) entstammte dem Königshaus der O'Neill von Connacht und wurde zum Apostel der Pikten im heutigen Schottland (Kaledonien). Er trat als Mönch in Clonard ein, gründete dann selbst das Kloster Derry in Ulster. Nach der Schlacht von Culdranna (ca. 561), die Columba durch einen Streit um ein Bibelmanuskript mitverschuldet hatte, soll er gelobt haben, so viele Menschen für Christus neu zu gewinnen, wie dort im Kampf gefallen waren. So wandte er sich der Piktenmission zu, die schon um 400 durch den Briten Ninian eingeleitet worden, aber nicht über das südliche Piktenland hinausgedrungen war. In Kaledonien hatten iroschottische Fürsten gegen Ende des 5. Jh. das kleine Reich Dalriada oder Argyle (eastern Gael) gegründet. Unweit von Dalriada schenkte ein Piktenfürst 563 Columba die Insel Iona, auf der der irische Abt ein Großkloster gründete.

[15] *L. Bieler,* Conversione 577.

[16] *B. Bischoff,* Monachesimo irlandese, passim.

[17] *A. Lorcin,* Vie scolaire, passim.

[18] *B. Poschmann,* Die abendländische Kirchenbuße im frühen Mittelalter (Breslau 1930).

Von Iona aus wurden die Pikten und „Schotten" Kaledoniens für die Kirche gewonnen. Beim Tode Columbas im Jahre 597 war das Werk abgeschlossen. Iona blieb die kirchliche Metropole der neugewonnenen Gebiete, obwohl seine Äbte die Bischofsweihe nicht empfingen.

Der jüngere Columba oder Columbanus (530/540–615) war mit seinem älteren Namensvetter nicht verwandt. Er stammte aus Leinster, wurde Mönch in St. Comgalls Abtei Bangor (Ulster) und zog 592 mit 12 Gefährten nach Gallien. Er eröffnete die Reihe der iroschottischen Peregrini auf dem Festland und gehört durch seine Gründungen Luxeuil und Bobbio ebensosehr der fränkischen und langobardischen wie der irischen Geschichte an.

13. Kapitel

Die Bekehrung der Franken und Burgunden. Entstehung und Ausbau der merowingischen Landeskirche

QUELLEN: MG Scriptores. Auctores antiquissimi IV (Venantius Fortunatus) und VI, 2 (Avitus von Vienne); Scriptores rerum Merovingicarum I–VII (Chroniken und Viten der Merowingerzeit, darunter Gregor von Tours). – MG Leges. Leges nationum germanicarum (Lex Salica, Ribuaria, Alamannorum, Baiuvariorum); Capitularia regum Francorum I; Concilia I (Synoden des Merowingerreichs). Weitere Ausgaben der Volksrechte: *K. A. Eckhardt,* Germanenrechte resp. Germanenrechte NF. – MG Diplomata imperii I, ed. *Pertz* (Merowingische Königsurkunden und Urkunden der karolingischen Hausmeier). Neue Teilausgabe: *Lauer-Samaran,* Diplômes originaux des Mérovingiens (Paris 1908); ältere, die Privaturkunden einschließende Ausgabe: *Bréquigny-Pardessus,* Diplomata, chartae, leges ... ad res franco-gallicas spectantia I und II (Paris 1843/49; Nachdr. Aalen 1969). – MG Epistolae I und II (Register Gregors d. Gr.), III (Briefsammlungen und Briefe der Merowingerzeit, darunter Columban). – Einführungen in die Quellen: *A. Molinier,* Les sources de l'histoire de France I (Paris 1901); *Wattenbach-Levison,* Deutschlands Geschichtsquellen im Mittelalter. Vorzeit und Karolinger I (Weimar 1952) sowie Beiheft: *R. Buchner,* Die Rechtsquellen (Weimar 1953).

Darstellungen der fränkischen Geschichte: *E. Zöllner,* Gesch. der Franken bis zur Mitte des 6. Jh. (München 1970); *F. Lot,* Naissance de la France (Paris ^{2}1970); *F. Steinbach,* Das Frankenreich: Handb. der dt. Gesch. 1^{2}, edd. *O. Brandt – A. O. Meyer – L. Just,* 9. Lf. (o. J.); *H. Loewe,* Deutschland im fränkischen Reich: *B. Gebhardt,* Hdb. d. dt. Gesch. I^{8}, ed. *H. Grundmann* (1954); *G. Tessier,* Le baptême de Clovis (Paris 1964), vorzügliche Darstellung, in der trotz einschränkenden Titels die ganze merowingische Geschichte behandelt ist; *A. Lippold,* Chlodovechus: RE Suppl. (1974), 139–174.

Struktur des Frankenreiches: *E. Ewig,* Die fränkischen Teilungen und Teilreiche 511–613: AAMz 1952 n. 9; *ders.,* Die fränkischen Teilreiche im 7. Jh.: Trierer Zschr. 22 (1954) 85–144; *ders.,* Descriptio Franciae: Karl der Große. Lebenswerk und Nachleben I, edd. *W. Braunfels – H. Beumann* (Düsseldorf 1965) 143–177.

Volksrechte: *F. Beyerle,* Die Lex Ribuaria: ZSavRGgerm. 48 (1928) 348ff; *ders.,* Das Gesetzbuch Ribuariens: ebd. 55 (1935) 10ff; *ders.* in der Einleitung zur Edition der MG Leges I 3, 2; *K. A. Eckhardt,* Lex Ribuaria I (Göttingen 1959); *F. Beyerle,* Die süddeutschen Leges und die merowingische Gesetzgebung: ZSavRGgerm. 49 (1929) 264–432; *ders.,* Die beiden süddeutschen Stammesrechte: ebd 73 (1956) 24–140; *K. A. Eckhardt,* Leges Alamannorum: Germanenrechte NF (Göttingen 1958).

Kirchen- und Missionsgeschichte des Frankenreichs und seiner Länder: *A. Hauck*, Kirchengeschichte Deutschlands I (Neudruck Berlin [8]1954); *K. D. Schmidt*, Die Bekehrung der Germanen zum Christentum, II: Die katholische Mission bei den Westgermanen (Göttingen o. J. [1942]) 1–105 (Franken), 173–192 (Alemannen); *Hoops*, Reallexikon der germ. Altertumskunde II[2] (1974), Bekehrung und Bekehrungsgeschichte, 177 (O. Gschwantler, Burgunden) und 180–188 (K. Schäferdiek, Deutschland und Nachbarländer); *E. Ewig*, Die christliche Mission bei den Franken und im Merowingerreich: Misc. Hist. Eccl. 3 (1970) 24–52; *G. Tessier*, La conversion de Clovis et la christianisation des Francs: Settimane di studio ... XIV. La conversione al cristianesimo nell'Europa dell'Alto Medioevo (Spoleto 1967) 149–189; *E. Mâle*, La fin du paganisme en Gaule et les plus anciennes basiliques chrétiennes (Paris 1950); *H. Büttner*, Die Franken und die Ausbreitung des Christentums bis zu den Tagen des Bonifatius: Hess. Jb. für Landesgesch. 1 (1951) 8–24; *ders.*, Mission und Kirchenorganisation des Frankenreiches bis zum Tode Karls des Großen: Karl der Große. Lebenswerk und Nachleben I, edd. *W. Braunfels – H. Beumann* (Düsseldorf 1965) 454–487; *E. de Moreau*, Histoire de l'église en Belgique I (Brüssel [2]1945); *R. Bauerreiß*, Kirchengeschichte Bayerns I (St. Ottilien [2]1958); *K. Tüchle*, Kirchengeschichte Schwabens I (Stuttgart 1950); *P. Paulsen*, Die Anfänge des Christentums bei den Alemannen: Zschr. für württ. Landesgesch. 15 (1956) 1–24; *H. Büttner – I. Müller*, Frühes Christentum im schweizerischen Alpenraum (Einsiedeln 1957); *W. Neuß – F. W. Oediger*, Gesch. des Erzbistums Köln I (Köln 1964); *H. Patze – W. Schlesinger*, Geschichte Thüringens I (Köln – Graz 1968); einschlägige Bemerkungen, besonders zur Literatur bei *F. Delbono*, La letteratura catechetica di lingua tedesca: Settimane di studio ... XIV. La conversione al cristianesimo ... (Spoleto 1967) 697 ff.

Gedanke der Universalmission: *W. H. Fritze*, Universalis gentium confessio: Frühma. Studien 3 (1969) 78–130.

Mission und Mönchtum: *F. Prinz*, Frühes Mönchtum im Frankenreich (München – Wien 1965).

Kirchenrecht und Verfassung: *K. Voigt*, Staat und Kirche von Constantin d. Gr. bis zur Karolingerzeit (Stuttgart 1936); *Carlo de Clercq*, La législation religieuse franque de Clovis à Charlemagne: Univ. de Louvain. Recueil de travaux publiés par les membres des Conférences d'Histoire et de Philologie, 2e série, 38e fascicule (Löwen – Paris 1936); *H. Barion*, Das fränkisch-deutsche Synodalrecht des Frühmittelalters: KStuT 5/6 (Bonn – Köln 1931; Nachdr. Amsterdam 1963); *E. Lesne*, Histoire de la propriété ecclésiastique, 6 Bde in 8 Teilen (Lille 1910/43).

Bildungswesen: *H.-I. Marrou*, Histoire de l'éducation dans l'antiquité (Paris 1949), dt.: Geschichte der Erziehung im klassischen Altertum, hrsg. von *R. Harder* (Freiburg – München 1957); *R. Riché*, L'instruction des laïcs en Gaule mérovingienne au 7e siècle: Settimane di studio ... V. Caratteri del seculo VII in Occidente II (Spoleto 1958) 873–888; *ders.*, Éducation et culture dans l'Occident barbare aux 6e–8e siècles (Paris 1962).

Die Bekehrung der Iren und Pikten blieb auf dem Kontinent im 5. und 6. Jh. ohne Parallele. Denn die Germanenmission griff in dieser Zeit nicht über die Grenzen des Imperiums hinaus, sondern erfaßte nur die ins Reich eingedrungenen Völker. Sie erscheint so als ein freilich besonders bedeutsamer Teilvorgang im allgemeinen Prozeß der germanisch-romanischen Assimilation auf dem Boden des Römerreichs. Die führenden Schichten – erst die germanischen Reichswürdenträger, dann die Könige und ihre Großen – gingen dabei voran. Der alte heidnische Glaube zeigte wenig Widerstandskraft und behauptete sich nur in Reliktgebieten. Wir beobachten aber, daß das gotische Prestige zeitweise mit dem römischen in der Barbarenwelt konkurrierte. Wie oben berichtet, gelang es den Goten, die bereits zum Katholizismus übergetretenen Burgunden und spanischen Sweben um die Mitte des 5. Jh. zu ihrem Bekenntnis herüberzuziehen. Diese Feststellung unterstreicht die historische Wende, die Chlodwig in der Geschichte des Abendlandes heraufführte.

Das Land der Begegnung zwischen den heidnischen Germanen und dem katholischen Christentum war Gallien, und Träger der Germanenmission war im 5. und 6. Jh. vornehmlich der gallische Episkopat, in dem der Geist der großen Bischöfe Martin von Tours, Germanus von Auxerre und Lupus von Troyes nicht erloschen war. Schon 428/429 erbaten rheinische Burgunden von einem Bischof Galliens die Taufe. Knapp 20 Jahre später soll Severus von Trier ungenannten Völkern der Germania prima das Evangelium verkündet haben. Chlodwig stand seit dem Beginn seiner Regierung in Beziehungen zu Remigius von Reims, dessen Name mit dem seinen durch die Taufe in alle Zukunft verbunden blieb.

Wenig Licht fällt aus zeitgenössischen Quellen auf die Entstehung des Merowingerreichs und Chlodwigs Bekehrung[1]. Gregor von Tours, der Geschichtsschreiber der Franken, gehörte der Generation von Chlodwigs Enkeln an. Trotzdem dürfte seine Schilderung der Chlodwigzeit in den Grundzügen zutreffen. Nordgallien war seit dem Tod des Aëtius (454) weithin eigene Wege gegangen, die fränkisch-nordgallische Symbiose vor Chlodwig längst angebahnt. Dagegen hatten die Franken wenig Berührung mit der gotisch-arianischen Welt der Mittelmeer- und Donaugermanen. Erst nach der Konsolidierung des Chlodwigreichs zwischen Maas und Loire traten die Goten am Hof von Soissons in Erscheinung: Theoderich der Große suchte die Franken in sein politisches System einzuordnen und heiratete 494 Chlodwigs Schwester Audofleda.

Chlodwig stand nunmehr am Scheideweg. Politik und Religion waren für ihn schwer zu trennen. Die Verbindung mit Theoderich bedeutete für ihn die Aufnahme in den Kreis der germanischen Großkönige um den Preis der Anerkennung des Status quo, d.h. aber auch einer führenden Stellung der beiden gotischen Völker. Eine politische Option für Theoderichs System legte die religiöse Entscheidung für den Arianismus nahe, für die Theoderich nicht ganz ohne Erfolg warb. Chlodwigs Schwester Lantechild trat zur „gotischen Religion" über, sein ältester Sohn erhielt vielleicht damals nach dem Gotenkönig den Namen Theuderich. Aber der Frankenkönig legte sich nicht fest: er heiratete eine katholische Prinzessin aus dem burgundischen Königshaus und blieb

[1] Grundlegend: *W. v. den Steinen,* Chlodwigs Übergang zum Christentum: MIÖG Erg-Bd 12 (1932/33) 417–501. Die von *A. van de Vijver* in mehreren Aufsätzen (Revue belge de phil. et d'hist. 15 [1936] 859–914, 17 [1938] 63–69 793–813; MA 53 [1947] 177–196) vertretene neue Chronologie der Regierung Chlodwigs kann ich nicht akzeptieren. Auch *Tessier* folgt im wesentlichen *v. d. Steinen,* meint allerdings, daß man in der Frage der Bekehrung Chlodwigs über einen mehr oder minder hohen Grad der Wahrscheinlichkeit nicht hinauskomme. – Abwegig *Rolf Weiss,* Chlodwigs Taufe: Reims 508 (Geist und Werk der Zeiten. Arbeiten aus dem Hist. Seminar der Univ. Zürich, Nr. 29 [1971]). Zuletzt *Lippold* und *Schäferdiek* a.a.O. Vgl. auch *K. Schäferdiek,* Ein neues Bild der Geschichte Chlodwigs?: ZKG 84 (1973) 270–277.

selbst Heide. Bald darauf muß seine politische Entscheidung gegen die Goten gefallen sein: Chlodwig trat 496 zum Kampf gegen den Westgotenkönig Alarich an.

Damit war zugleich eine Vorentscheidung für den Katholizismus gefallen. Auf Wunsch der Königin Chlothilde wurden ihre beiden ersten Kinder Ingomer und Chlodomer katholisch getauft. Trotzdem waren die Würfel noch nicht gefallen. Der Bericht Gregors von Tours läßt erkennen, daß Chlodwig das religiöse Tremendum keineswegs fremd war. Der Tod des ersten Chlothildensohnes gleich nach der Taufe stimmte den König bedenklich. Si in nomine deorum meorum puer fuisset decatus, vixisset utique[2]. Eine Erkrankung Chlodomers nach der Taufe weckte schwere Zweifel am Christengott: Non potest aliud, nisi et de hoc sicut et de fratre eius contingat, ut baptizatus in nomine Christi vestri protinus moriatur[3]. Chlodomer genas. Damit war die Eindeutigkeit des Zeichens *gegen* Christus in Frage gestellt, aber ein positives Zeichen *für* Christus stand noch aus.

Das Zeichen erhielt Chlodwig in der Alemannenschlacht. Noch während des Westgotenkrieges kam es unter nicht näher bekannten Umständen 497 zu einem Kampf zwischen Franken und Alemannen. Die Schlacht stand schlecht für die Franken. Da rief Chlodwig den Christengott an: Jesu Christi, quem Chrotchildis praedicat esse filium Dei vivi, ... tuae opis gloriam devotus efflagito, ut, si mihi victuriam super hos hostes indulseris ... credam tibi et in nomine tuo baptizer[4]. Christus gab den Franken den Sieg.

Trotz der christlich-biblischen Stilisierung von Gregors Bericht liegt hier eine germanische Kultübung vor, wie sie ähnlich auch bei den Langobarden bezeugt ist, die in einer Schlacht gegen die Wandalen unter Anrufung Wodans zum Asenkult übergingen[5]. Der fränkische Sieg über die Alemannen galt als ein Zeichen Gottes. Das erhaltene Schreiben des Metropoliten Avitus von Vienne an Chlodwig spielt deutlich auf dieses Wunder an: Numquid fidem perfecto praedicabimus, quam ante perfectionem *sine praedicatore* vidistis?[6] Ähnlich hatte schon Eusebius die Vision Konstantins und den Sieg an der Milvischen Brücke als wunderbare Offenbarung Christi an den Kaiser gedeutet und mit Pauli Berufung zu Damaskus verbunden: οὐκ ἐξ ἀνθρώπων, οὐδὲ δι' ἀνθρώπων[7].

[2] „Wenn der Knabe im Namen meiner Götter geweiht worden wäre, würde er noch leben" (Gregor, Hist. Fr. II 29).

[3] „Es kann nicht anders sein, als daß es ihm wie seinem Bruder ergehe: daß er getauft im Namen eures Christus sterbe" (ebd.).

[4] „Jesu Christe, den Chlothilde als Sohn des lebendigen Gottes verkündet ... deinen Ruhm, deine Macht flehe ich an: verleihe mir den Sieg über diese Feinde ... und ich will an dich glauben und mich in deinem Namen taufen lassen" (Hist. Fr. II 30).

[5] *K. Hauck*, Lebensnormen und Kultmythen in germanischen Stammes- und Herrschergenealogien: Saeculum 6 (1955) 186–223.

[6] „Was sollen wir euch, die ihr zum Glauben gelangt seid, noch den Glauben predigen, den ihr schon vor eurer Bekehrung ohne Prediger geschaut habt?" (Avitus, Ep. 46 = MG Auct. ant. VI 1.)

[7] *E. Ewig*, Das Bild Constantins d. Gr. in den ersten Jahrhunderten des abendländischen Mittelalters: HJ 75 (1956) 4 Anm. 17.

Den weiteren Hergang hat von den Steinen aus den Quellen und Taufgebräuchen der Zeit überzeugend rekonstruiert: Nachdem der Consensus der Franken herbeigeführt war, versprach Chlodwig 498 in Tours, sich taufen zu lassen, und sandte vor der Taufe eine „Kompetenzerklärung" an den gallischen Episkopat, auf die Avitus in dem zitierten Schreiben antwortete. Die Taufe vollzog Remigius Weihnachten 498 oder 499 in Reims. Das Pathos des historischen Augenblicks ist bis heute lebendig geblieben in dem berühmt gewordenen, anscheinend getreu überlieferten Satz seiner Ansprache: Mitis depone colla, Sigamber; adora quod incendisti, incende quod adorasti[8].

Der Übertritt der Franken zum Katholizismus erscheint dem rückschauenden Beobachter leicht als eine notwendige Konsequenz der politischen Entscheidung gegen die Goten. Die historische Wirklichkeit wird dadurch ungebührlich vereinfacht. Gregors Bericht zeigt deutlich, daß die Annahme der katholischen Religion zunächst noch durch negative Zeichen hinausgeschoben, dann erst durch ein positives Zeichen entschieden wurde. Chlodwigs Bekehrung war also auch eine religiöse Entscheidung – freilich nicht aus tieferer religiös-sittlicher Einsicht, sondern aus dem Glauben an die Macht des Gottes, dem die Königin und der Reimser Bischof anhingen. Daß die Unterweisung des Remigius nur auf dieses Argument abgestellt war, darf man daraus nicht schließen. Der gallische Episkopat hat sich in seiner Polemik gegen den Arianismus auch auf die petrinisch-apostolische Tradition berufen, die man schon im 6. Jh. durch das einprägsame Bild von Petrus als dem Himmelspförtner verständlich machte. Chlodwig, der eine Petrus und den Aposteln geweihte Kirche gründete (Ste-Geneviève bei Paris) und bei seinem Tod eine Krone an den Papst sandte, muß dieses Argument gekannt haben[9]. Außerdem berechtigt das Schreiben des Bischofs Remigius zum Regierungsantritt Chlodwigs, das starke ethische Akzente setzte, zu der Annahme, daß in der Praedicatio des Remigius bei den Franken auch die sittliche Unterweisung einen Platz hatte[10]. Daß christliches Ethos im gallorömischen Episkopat dieser Zeit noch lebendig war, zeigt u.a. die noch im 6. Jh. abgefaßte Vita des Trierer Bischofs Nicetius[11].

Der Übertritt Chlodwigs zum Katholizismus wirkte nach zwei Richtungen: auf die germanischen Könige und auf den gallischen Episkopat. Der Metropolit Avitus von Vienne schrieb zur Taufe des Frankenkönigs den berühmten, aber

[8] „Demütig neige den Nacken, Sigamber; bete an, was du verbrannt hast, und verbrenne, was du angebetet hast!" (Hist. Fr. II 31.)

[9] *E. Ewig*, Der Petrus- und Apostelkult im spätrömischen und fränkischen Gallien: ZKG 71 (1960) 215–251; *ders.*, Die Kathedralpatrozinien im römischen und fränkischen Gallien: HJ 79 (1960) 1–61.

[10] Epp. Austrasicae n. 2 = MGEp III 113. Weitere Zeugnisse aus dem Bereich der Königsethik: *E. Ewig*, Zum christlichen Königsgedanken im Frühmittelalter: Vorträge und Forschungen III, hrsg. von *Th. Mayer* (Lindau – Konstanz 1956) 19ff.

[11] Nicetius nahm sich der Bauern an und trat gegen den Übermut der fränkischen Herren auf (Gregor von Tours, De gloria confessorum 9).

lange mißverstandenen Satz: Vestra fides nostra victoria est[12]. Er enthielt keinen versteckten Appell an die fränkischen Waffen gegen die Burgunden – suchte Avitus doch den Tatendrang Chlodwigs auf die auch Burgund bedrohenden Alemannen abzulenken –, sondern drückte die Hoffnung aus, daß die Burgunden dem fränkischen Beispiel bald folgen möchten. In der Tat hat Chlodwigs Bekehrung den Bann gebrochen, daß ein germanischer König nur Heide oder Arianer sein könne. Der burgundische Unterkönig Sigismund von Genf trat in den ersten Jahren des 6. Jahrhunderts zum Katholizismus über. Er ließ die Petruskathedrale von Genf neu errichten und pilgerte als erster germanischer König zu den römischen Apostelgräbern[13]. Als er 515 dem Vater Gundobad in der Regierung des Gesamtreiches folgte, trat eine zweite katholische Dynastie in Gallien neben die der Merowinger. Sie sollte freilich nicht lange bestehen, da Chlodwigs Nachkommen das Burgunderreich schon 534 eroberten und unter sich aufteilten.

Anders als in Burgund lagen die Verhältnisse im Gotenreich von Toulouse. Die Expansionspolitik König Eurichs (466–484), der die Grenzen seiner Herrschaft bis zur Loire ausgedehnt hatte, hatte eine Kluft zwischen Arianern und Katholiken aufgerissen, die um 500 noch nicht voll überbrückt war. Chlodwig wußte, daß er auf die Sympathien weiter Kreise des Episkopats und eines Großteils der romanischen Bevölkerung zählen konnte, wenngleich es nicht an Kreisen fehlte, die die schon teilweise assimilierten Goten den wilden Franken vorzogen[14]. Wie ein Fanfarenstoß klingt die Proklamation, mit der der Frankenkönig 507 nach Gregor den Krieg gegen die Westgoten eröffnete: Valde molestum fero, quod hi Arriani partem teneant Galliarum. Eamus cum Dei adiutorium, et superatis redegamus terram in ditione nostra[15]. Martin von Tours und Hilarius von Poitiers, die Patrone des galloromischen Episkopats im gotischen Machtbereich, zeigten sich den Franken günstig. Bei Vouillé im Poitou kam es zur Schlacht, in der das Gotenreich von Toulouse zerbrach. Nun trat Theoderich der Große mit den Ostgoten in die Schranken. Er schirmte die Mittelmeerländer gegen die Franken und die mit ihnen verbündeten Burgunden erfolgreich ab, konnte aber nicht verhindern, daß die beiden aquitanischen Provinzen und die Königsstadt Toulouse unter fränkische Herrschaft kamen. Die Narbonensis (Septimanien) blieb den Goten weiterhin erhalten. Die Gascogne und die Provence wurden dagegen nach Theoderichs Tod gleichfalls von den Franken besetzt.

[12] „Euer Glaube ist unser Sieg" (Avitus, Ep. 46). Zur Interpretation der Stelle vgl. *v. den Steinen* a. a. O.

[13] *M. Burckhardt,* Die Briefsammlung des Bischofs Avitus von Vienne (1938) 76–85; *L. Schmidt,* Die Ostgermanen I (München 1941) 158.

[14] Hierzu neuerdings *K. Schäferdiek,* Die Kirche in den Reichen der Westgoten und Suewen bis zur Errichtung der westgotischen katholischen Staatskirche (Berlin 1967) 32ff.

[15] „Ich ertrage es schwer, daß diese Arianer einen Teil Galliens innehaben. Laßt uns mit Gottes Hilfe aufbrechen, sie überwinden und ihr Land unserer Herrschaft unterwerfen!" (Hist. Fr. II 37.)

Der fränkisch-gotische Krieg von 507–511 ist für die Kirchengeschichte nicht weniger bedeutungsvoll geworden als für die Profanhistorie. Die nordgallischen Kirchen, die unter der Völkerwanderung schwer gelitten hatten, fanden nun einen festen Rückhalt an der katholischen Romania Aquitaniens. Aus der Zusammenarbeit des gallofränkischen Episkopats erwuchs die fränkische „Landeskirche". Im Juli 511 traten die Bischöfe des fränkischen Herrschaftsbereichs auf Veranlassung Chlodwigs in Orléans zum ersten merowingischen Reichskonzil zusammen. Das Konzil, dessen Tagesordnung Chlodwig festsetzte, statuierte unter des Königs Einfluß das Grundrecht der merowingischen Kirche, es leitete die kirchliche Reorganisation im Regnum Francorum ein.

Synoden, auf denen eine größere Anzahl von Bischöfen zusammentrat zur Statuierung von Grundsätzen in Lehre, Recht und Liturgie, waren in der Kirchengeschichte kein Novum. Aber den Rahmen für diese Versammlungen des Episkopats hatte bis zum Beginn des 6. Jh. das Imperium geboten. Die Bischöfe versammelten sich auf der Ebene der Provinzen, der Großländer und des Reiches. Das Neue lag darin, daß sie nunmehr auch auf der Ebene eines Regnums zusammentraten. Die germanischen Könige, die diese „Landeskonzilien" veranlaßten und gestatteten – als erster unter ihnen ist auch für die katholische Kirche der arianische Westgotenkönig Alarich II. zu nennen[16] –, traten so in gewisser Hinsicht an die Stelle des Kaisers. Sie legten auch Wert darauf, daß sich die Grenzen ihrer Regna nicht mit den kirchlichen Grenzen überschnitten. Bistümer, die durch neue politische Grenzen von ihren alten Metropolen getrennt waren, wurden den nächstliegenden Metropolen des eigenen Herrschaftsbereichs zugeordnet, Diözesansplitter als selbständige Bistümer neu konstituiert. In diesen Veränderungen äußerte sich der Zerfall des Imperiums, die Lebenskraft der neuen Regna.

Die germanisch-romanischen Landeskirchen bildeten naturgemäß in der Folgezeit eigene Formen religiösen Lebens aus. Sie blieben dabei aber auf dem Boden der Tradition, sie fühlten sich geradezu als Wächter der Tradition gegenüber dem Kaiser und den von ihm einberufenen Reichssynoden, die weiterhin als ökumenische Konzilien allgemeine Geltung beanspruchten. So nahmen sie im Dreikapitelstreit eine konservative Haltung ein und verweigerten zunächst die Rezeption der Beschlüsse des 5. ökumenischen Konzils von Konstantinopel. Der Dreikapitelstreit überschattete zeitweise auch ihre Beziehungen zu Rom, ohne daß es deshalb zu einem Bruch kam. Denn die überlieferte Autorität der Sedes apostolica als Hüterin der Tradition in Glauben und Recht wurde nicht in Frage gestellt. Als sich im 7. Jh. die Opposition zwischen Rom und Konstantinopel verschärfte, konnten die Päpste durchaus auf die germanisch-romanischen Landeskirchen zählen.

Es fehlt im 6. Jh. nicht an Zeugnissen für Pilgerfahrten aus Gallien nach Rom, für Beziehungen zwischen den Päpsten und den fränkischen Königen und

[16] *K. Schäferdiek* a.a.O. 42ff.

Bischöfen, die freilich auch von den politischen Beziehungen zum Kaiser abhingen. Das Echo des Dreikapitelstreits war im Frankenreich verhältnismäßig schwach, was wohl mit dem Rückgang der theologischen Bildung in der merowingischen Kirche zusammenhing[17]. Der päpstliche Vikariat des Metropoliten von Arles blieb nach der Eingliederung der Provence ins Frankenreich bestehen und hatte bis in die Zeit Gregors des Großen (590–604) noch eine gewisse praktische Bedeutung. In den Konzilsakten des 6. Jh. sind gelegentlich päpstliche Dekretalen zitiert. Es liegt gewiß mit am Versagen der Quellen, wenn wir nach dem Tod Gregors von den fränkisch-römischen Beziehungen nichts mehr hören. Die Pilgerfahrten an die Apostelgräber rissen nicht ganz ab. Um die Mitte des 7. Jh. lichtet sich das Dunkel wieder ein wenig. Papst Martin I. mobilisierte in seinem Kampf gegen den Monotheletismus auch die fränkische Kirche und schrieb in diesem Sinn 649 an König Sigibert III.[18] Er stand in Verbindung mit dem einflußreichen Missionsbischof Amandus, dem „Apostel der Flamen", der an Maas und Schelde wirkte[19]. Die Erhebung Theodors von Tarsus zum Erzbischof von Canterbury 668 bezeichnet eine Epoche nicht nur in der Geschichte der angelsächsischen Kirche, sondern auch in den fränkisch-römischen Beziehungen, die nun indirekt über Britannien allmählich intensiviert wurden, wenngleich noch gehemmt durch die innere Krise des Merowingerreichs.

Die merowingische Landeskirche war keine festgefügte Einheit, da im Frankenreich das Teilungsprinzip herrschte[20]. Obwohl das fränkische Regnum staatsrechtlich eine Einheit war und blieb, machten sich in den Teilreichen Tendenzen zu autonomer Entwicklung geltend, die sich auch auf der kirchlichen Ebene auswirkten. Zwar führte die Grenzziehung zwischen den Teilreichen nur

[17] Schon 549 protestierten in Orléans die gallischen Bischöfe gegen Justinians Edikt und Papst Vigils Judicatum in Sachen der Drei Kapitel. Bischof Nicetius von Trier schrieb im gleichen Sinn an Justinian, wohl nach dem zweiten Konzil von Konstantinopel von 553 (Epp. Austr. n. 7 = MGEp III 118). Dann verstummte die Polemik. Erst 626 hatte sich eine Synode des frankoburgundischen Teilreichs zu Mâcon wieder mit dieser Frage zu beschäftigen. Agrestius, ein früherer Mönch von Luxeuil, hatte sich den Schismatikern von Aquileia angeschlossen und griff auch die Regel Columbans und den Abt Eustasius von Luxeuil an. Nach seiner Abweisung durch den burgundischen Episkopat begab sich Agrestius zu Amatus und Romarich ins austrasische Kloster Remiremont, wo er zunächst aufgenommen wurde (Vita Columbani II 9 und 10 = MGSS rer. Mer. VI). Amatus von Remiremont bekannte sich bei seinem Tod in feierlicher Form zum „Tomus Leonis" (Vita Amati 12 = MGSS rer. Mer. IV 220), das heißt zum Konzil von Chalkedon: doch wohl in Frontstellung gegen das 2. Konzil von Konstantinopel. Der erste Canon der Teilreichssynode von Chalon (647/654) enthält ein Bekenntnis zum Glauben von Nikaia und Chalkedon. Erst die Synode von St-Jean-de-Losne (673–675) bekannte sich formell zu den fünf ökumenischen Konzilien, also auch zum 2. von Konstantinopel, auf dem die Drei Kapitel verurteilt worden waren.

[18] Vita Eligii I 33 = MGSS rer. Mer. IV 689ff; *Jaffé* 2058/59.

[19] *P. E. de Moreau*, St-Amand, apôtre de la Belgique et du Nord de la France (Museum Lessianum, Section missiologique n. 7, 1927). – *W. H. Fritze*, Universalis gentium confessio, a. a. O.

[20] *E. Ewig*, Die fränkischen Teilungen und Teilreiche 511–613: AAMz 9 (1952); *ders.*, Die fränkischen Teilreiche im 7. Jh.: Trierer Zschr. 22 (1954) 85–144.

in der ersten Zeit zur Neugründung von Bistümern, und die Kirchenprovinzen wurden von ihr gar nicht berührt. Aber Konzilien des Gesamtreichs konnten natürlich nur dann tagen, wenn die fränkischen Könige unter sich einig waren oder das Reich unter einer einheitlichen Leitung stand. Man erkennt deutlich zwei Phasen stärkerer Einheit: von 511–555 und von 613–638. In der ersten Phase wurden die Reichskonzilien hauptsächlich von den Königen von Paris und Reims getragen, während das Reich von Soissons gelegentlich abseits stand. Die zweite Phase, das „goldene Zeitalter" der Merowinger, ist gekennzeichnet durch das Einheitskönigtum Chlothars II. und Dagoberts I.

An Synoden, auf denen der Episkopat der einzelnen Teilreiche zusammentrat, hat es nicht gefehlt. Sie setzten im Reimser Ostreich 535 mit dem Konzil von Clermont, in Neustrien erst mit der Pariser Synode von 577 ein. Am bedeutungsvollsten waren die burgundischen Teilreichssynoden unter Guntram (561–593) und Theuderich II. (596–612), die sich in den neustroburgundischen Konzilien nach 638 fortsetzten. Die politischen Wirren brachten schließlich die Synodaltätigkeit in der späten Merowingerzeit zum Erliegen. Von austrasischen Teilreichssynoden des 7. Jh. ist nichts bekannt; das letzte neustroburgundische Reichskonzil tagte um 680. Bischöfe des westlichen Frankenreichs traten 696 noch einmal zusammen[21]. Dann lösten sich mit dem Reich auch die Metropolitanverbände auf, die im 6. Jh. wiederhergestellt worden waren.

Aufschlußreich für die Schwerpunkte des kirchlichen Lebens im Merowingerreich sind die Tagungsorte der Konzilien. In der ersten Phase stand Orléans, an der Nahtstelle der Francia und Aquitaniens gelegen, durchaus im Vordergrund. In der zweiten Hälfte des 6. Jh. trat Paris stärker hervor, das unter Chlothar II. und Dagobert I. zum Zentrum des politischen und kirchlichen Lebens wurde. Neben Paris aber behauptete sich das burgundische Gebiet um Lyon als kirchliches Ausstrahlungszentrum, und in der 2. Hälfte des 7. Jh. tagten die Synoden des Westreichs meist im frankoburgundischen Grenzgebiet. Innerhalb des burgundischen Teilreichs gewann der Bischof von Lyon im 6. Jh. einen übermetropolitanen Vorrang[22]. Dieser Keim eines burgundischen Landesprimats kam aber nicht zur Entfaltung, da das burgundische Teilreich 613 seine Selbständigkeit verlor. Daß sich ein gesamtfränkischer Primat nicht entwickeln konnte, erklärt sich aus der Aufgliederung des Regnums in Teilreiche.

Die Reichs- und Teilreichskonzilien versammelten sich auf Befehl oder jedenfalls mit Genehmigung der Könige. Sie standen aber nicht unter königlicher Leitung und trafen ihre Beschlüsse autonom im Anschluß an das bestehende Kirchenrecht, wenn auch nicht ohne Fühlung mit dem Herrscher. Ihre Canones bedurften keiner königlichen Bestätigung. Wohl nahmen die Könige gelegent-

[21] W. *Levison*, England and the Continent in the 8th Century (Oxford 1946) 47; *E. Ewig*, Beobachtungen zu den Bischofslisten der merowingischen Konzilien und Bischofsprivilegien (Festschr. Franz Petri), 1970, 171–193.

[22] *L. Duchesne*, Fastes épiscopaux I² 140/141; ferner mein in der vorherigen Anmerkung zitierter Aufsatz.

lich Einzelbeschlüsse in ihre Capitularien auf und förderten damit ihre Durchführung. Auch war es ihnen nicht verwehrt, von sich aus in kirchlichen Angelegenheiten zu statuieren; doch machten die Merowinger von diesem Verordnungsrecht wenig Gebrauch. Konzilien und Großenversammlungen waren im 6. Jh. streng getrennt; erst seit Chlothar II. begannen sich die Grenzen zu verwischen. Der Sinn für die Scheidung der beiden Sphären – ein Erbe der Antike – stumpfte allmählich ab. Es ist sicher kein Zufall, daß gerade in dieser Zeit die Germanisierung des Episkopats begann, der sich bis dahin meist aus Romanen zusammensetzte[23]. Auch begegnen uns von nun an Canones, die den Bischöfen die Teilnahme an Großjagden und das Tragen der Waffen verboten.

Ein erhöhtes Wergeld für den Klerus setzte vielleicht schon Chlodwig fest: für den Priester (und Bischof) den Satz des freien Franken im Königsdienst, für den Diakon den des romanischen Conviva regis. Für Zivilklagen innerhalb des Klerus war nach römischem Recht das kirchliche Gericht zuständig, das auch bei Kriminalklagen gegen Bischöfe über ihre Schuld erkannte und den schuldig Gesprochenen seines Amtes entkleidete. Die Merowinger erkannten diese gerichtliche Autonomie der Kirche an. Chlothar II. fügte 614 die Bestimmung hinzu, daß auch kriminelle Priester vor der Verhängung der Strafe durch das weltliche Gericht vom Bischof zu entkleiden seien.

Ein anderes Prinzip der alten Kirchenverfassung erscheint dagegen seit Chlodwig beeinträchtigt: die Wahl des Bischofs durch Klerus und Volk der Diözese, mit oder ohne Beteiligung des Metropoliten und der Bischöfe der gleichen Provinz[24]. Die Konzilien schärften dieses Prinzip immer wieder ein, aber schon 549 finden wir die Kompromißformel cum voluntate regis iuxta electionem cleri ac plebis. Man suchte wenigstens einseitige und simonistische Ernennungen des Königs zu verhindern. In seinem Edikt von 614 behielt sich Chlothar aber das Recht der Ablehnung und Prüfung der Würdigkeit des Bistumskandidaten vor. Das Bischofsamt war sehr begehrt, da die Bischöfe in Rang und Ansehen allen anderen Amts- und Würdenträgern in den Städten und Provinzen voraufgingen. Es kam hinzu, daß der Reichtum der Kirche sich durch Schenkungen im 6. und 7. Jh. erheblich mehrte und die Immunitätsprivilegien, die die königlichen Amtsträger vom Kirchengut ausschlossen, auch die äußere Macht der Kirche steigerten, insbesondere in den Bischofsstädten[25]. Auch unter diesem Aspekt er-

[23] *H. Wieruszowski*, Die Zusammensetzung des gallischen und fränkischen Episkopats bis zum Vertrag von Verdun: Bonner Jbb 127 (1922) 1–74.

[24] *A. Hauck*, Die Bischofswahlen unter den Merowingern (Erlangen 1883); *E. Vacandard*, Les élections épiscopales sous les Mérovingiens: Études de critique et d'histoire religieuse 1 (Paris 1915) 123–187; *P. Cloché*, Les élections épiscopales sous les Mérovingiens: MA 35 (2e série tome 26) (1924/25) 203–254; *D. Claude*, Die Bestellung der Bischöfe im merowingischen Reich: ZSavRGkan. 80 (1963) 1–75; *F. Lotter*, Designation und angebliches Kooptationsrecht bei Bischofserhebungen: ZRG kan. 59 (1973) 112–150.

[25] *L. Levillain*, Notes sur l'immunité franque: Revue de droit français et étranger, 4e série 6 (1927) 203–254; *F. L. Ganshof*, L'immunité dans la monarchie franque: Recueils de la Soc. J. Bodin 1²: Les liens de vassalité et les immunités (Brüssel 1958) 171–216.

klärt sich das Interesse der Könige an der Besetzung der Bischofsstühle. War das Bischofsamt im frühen 6. Jh. noch eine Domäne der eingesessenen Senatorenfamilien, so bildete es bald mehr und mehr den Abschluß einer Karriere der germanisch-romanischen Großen im Königsdienst.

Es läßt sich allerdings nicht verkennen, daß die umfassende bischöfliche Amtsgewalt unter den Merowingern in mancher Hinsicht auch beeinträchtigt und durchlöchert wurde. Das erste Konzil von Orléans hatte zwar die monarchische Gewalt des Bischofs über den Personenkreis von Klerus und Mönchtum erneut fixiert, die folgenden Synoden statuierten auch über die Metropolitanordnung und den Gerichtsstand des Klerus vor den geistlichen Instanzen. Doch wurde die altkirchliche Bistumsordnung bald durch das Eigenkirchenwesen gestört[26]. Der Grundsatz, daß alle von Laien gegründeten Kirchen dem Bischof übereignet werden sollten, ließ sich nicht aufrechterhalten. Dem Episkopat entglitten auch die an den Eigenkirchen der Großen angestellten Kleriker. Die Bischöfe suchten dem Eigenklerus der Grundherren ein Existenzminimum zu sichern und behielten sich ein Prüfungsrecht über ihn vor. Sie machten die Verleihung von Benefizien an Kleriker, den Eintritt von Klerikern in Schutzverhältnisse, ihre Heranziehung zu öffentlichen Geschäften von ihrer Zustimmung abhängig. Der Episkopat suchte damit den Einfluß der Großen wie der Könige auf den Klerus in bestimmten Grenzen zu halten: ohne dauernden Erfolg, da das Eigenkirchenwesen im 7. Jh. immer stärker durchdrang. Ob dieser Vorgang als eine Germanisierung der Kirchenverfassung aufzufassen ist, sei dahingestellt. Er ist gewiß nicht nur negativ zu bewerten, da die vielen Eigenkirchen trotz ihrer Mängel die Verchristlichung des flachen Landes auch gefördert haben.

Die Beziehungen zwischen Bischof und Mönchtum[27] waren anderer Art als die Beziehungen zwischen Bischof und Klerus, war doch das Mönchtum seinem Ursprung nach eine Laienbewegung. Nach anfänglichen Schwierigkeiten war es in die alte Bistumsordnung eingegliedert worden. Die Klöster genossen eine interne Autonomie unter der Leitung ihrer Äbte, unterstanden aber der Aufsicht des Diözesanbischofs, der alle Weihehandlungen im Klosterbereich vornahm. Die Äbte sollten jeweils nur *ein* Kloster leiten und waren zum Besuch der Diözesansynoden verpflichtet. Sie durften ohne Erlaubnis des Bischofs ihr Kloster nicht verlassen, keine Güter veräußern, keine Benefizien übernehmen, keine Schutzverhältnisse eingehen. Bei Neugründungen sollte die bischöfliche Genehmigung eingeholt werden. Diese Grundsätze galten im 6. Jh. auch für die von

[26] *U. Stutz,* Die Eigenkirche als Element des mittelalterlichen germanischen Kirchenrechts (1895) (grundlegend); *Feine RG* I 131ff (mit ausführl. Lit.).

[27] Zusammenfassend über die verschiedenen Strömungen im Mönchtum: *F. Prinz,* Frühes Mönchtum im Frankenreich (München – Wien 1965). – 6. Jh.: *L. Ueding,* Gesch. der Klostergründungen der frühen Merowingerzeit (Eberings Hist. Studien 261, 1935); *Chr. Courtois,* L'évolution du monachisme en Gaule de St. Martin à St. Colomban: Settimane di studio... IV. Il monachesimo nell'alto medioevo... (Spoleto 1957) 47–72. – Entwicklung der Privilegien: *E. Ewig,* Beobachtungen zu den Klosterprivilegien des 7. und frühen 8. Jh.: Adel und Kirche, Gerd Tellenbach zum 65. Geburtstag (Freiburg – Basel – Wien 1968) 52–65.

Königen und Großen errichteten Klöster. Die gelegentlich für bischöfliche und königliche Gründungen eingeholten päpstlichen Privilegien wirkten nur der im Frankenreich erkennbaren Tendenz einer allzu weiten Ausdehnung der bischöflichen Gewalt über die Klöster entgegen. Sie garantierten vor allem die freie Abtswahl, die autonome Verwaltung des Klostervermögens und die Freiheit des Klosters von den bei anderen Kirchen üblichen Abgaben an den Bischof. Königliche und private Eigenklöster im strengen Sinn sind im 6. Jh. in Gallien kaum nachweisbar, mögen Könige auch Schutzbriefe für ihre Gründungen ausgestellt haben. Wenn ein Besitzrecht des Gründers am Kloster bestand, so endete es wohl mit seinem Tod.

Eine tiefgreifende Wandlung trat jedoch ein, als Columban 592 mit seinen 12 Gefährten im Frankenreich erschien und am Südwestrand der Vogesen Annegray, Luxeuil und Fontaine gründete, die ersten Festlandsklöster irischer Art[28]. Von Columban gingen religiös-sittliche Impulse stärkster Art aus; aber der große Heilige ignorierte völlig das bestehende gallofränkische Klosterrecht. Er regierte selbstherrlich seine Gründungen, reiste nach seinem Belieben, ließ Weihen durch einen ortsfremden Bischof vornehmen, erkannte kein Bischofsrecht auf Klostergut, auf Abgaben oder Herberge an und übte seelsorgerliche Funktionen außerhalb des Klosterbereichs aus. Als er sich schließlich sogar weigerte, auf Synoden zu erscheinen, und König Theuderich II. eigenmächtig mit der Exkommunikation bedrohte, wurde er 610 aus dem burgundischen Teilreich verwiesen und starb 615 in seiner italischen Gründung Bobbio. Luxeuil blieb trotzdem ein monastisches Zentrum ersten Ranges, das weit nach Nord-, Ost- und Mittelgallien ausstrahlte. Die harte Regula Columbani, der die organisatorischen Bestimmungen weitgehend fehlten, verband sich freilich bald nach dem Fortgang des Mönchsvaters mit der aus Italien eindringenden Regula Benedicti zur Regula mixta. Die irischen Riten hielten sich nicht allzu lange, und Klosterverbände keltischer Art konnten sich auf dem Festland nicht durchsetzen. Aber die klösterlichen Autonomiebestrebungen fanden weitgehende Anerkennung bei den Königen, den geistlichen und weltlichen Großen, die vom Geist von Luxeuil erfaßt wurden. Die Klöster empfingen bischöfliche Privilegien, die ihnen nicht nur die innere Autonomie unter der Regel, die freie Abtswahl und die Unantastbarkeit des Besitzes, sondern sogar manchmal die Freiheit von jeglicher Gewalt des Diözesanbischofs zugestanden. Diese Bischofsprivile-

[28] Hauptquelle ist die Vita Columbani: MGSS rer. Mer. VI 1–152. – Knapper, grundlegender Überblick: W. *Levison*, Die Iren und die fränkische Kirche: Aus rheinischer und fränkischer Frühzeit (Düsseldorf 1948) 247–263. – Neuere Forschungen über Columban und seine Wirkung auf dem Kontinent: Mélanges colombaniens (Paris 1950). – Letzte Monographie über Columban: *M. M. Dubois*, Un pionnier de la civilisation occidentale: St. Colomban (Paris 1950). – Weitere Lit. bei *F. Prinz* a. a. O. – Neuerdings die Beiträge von Johannes Dufo (Irische Einflüsse auf St. Gallen u. Alemannien), Friedrich Prinz (Frühes Mönchtum in Südwestdeutschland und die Anfänge der Reichenau), K. U. Jäschke (Kolumban von Luxeuil u. sein Wirken im alemann. Raum) und František Graus (Die Viten der Heiligen des südalemann. Raums u. die sogenannten Adelsheiligen) in: Vorträge und Forschungen 20 (1974).

gien wurden oft durch Königsurkunden ergänzt, die den Klöstern Luxeuiler Prägung über den Schutz hinaus die eigene Immunität gewährten, sie damit aus der allgemeinen Immunität des Bistumsguts herauslösten und auch im weltlichen Recht als selbständige Kirchen konstituierten. Der damit beschrittene Weg war nicht ohne Gefahren. Wie das Eigenkirchenwesen mußte das Klosterwesen neuer Prägung in den Wirren der späten Merowingerzeit zu einer weitgehenden Auflösung der kirchlichen Ordnungen führen. Auch im Frankenreich traten nun Kloster- und Wanderbischöfe irischer Art auf[29]. Die religiösen Kraftquellen wurden zu Wildbächen – sie bewahrten freilich auch als solche ihre Bedeutung für die Verchristlichung des Merowingerreichs, die mit dem Luxeuiler Mönchtum in ein neues Stadium trat.

Die Ausbreitung des Christentums ist ein wesentliches Kapitel in der Geschichte der merowingischen Landeskirche. Im Norden und Osten Galliens war eine breite Randzone, die von der Provinz Besançon (Maxima Sequanorum) über die Provinzen Mainz (Germania I), Köln (Germania II) und Reims (Belgica II) bis zur Provinz Rouen (Lugdunensis II) reichte, von den Umwälzungen des 5. Jh. stark betroffen worden[30]. Im Norden der Germania II waren die Städte Nimwegen und Xanten schon vor dem Ende der Römerzeit untergegangen; Bistümer sind in ihnen daher nicht mehr errichtet worden. Aber auch in Teilen der Belgica II blieb die christliche Durchdringung schwach. Die salische Einwanderung führte im 5. Jh. zum Zusammenbruch der kirchlichen Organisation in den Gebieten von Tournai, Thérouanne(-Boulogne) und Arras sowie zu einer Verstärkung des ländlichen Heidentums in den civitates von Cambrai, Vermand (St-Quentin – Noyon), Amiens, Beauvais und Rouen. Der Bischofssitz von Vermand wurde nach Noyon, der von Tongern nach Maastricht verlegt. Auch im Siedlungs- und Einflußbereich der Alemannen an Oberrhein und Aare ist die Kirche durch den Zusammenbruch des Imperiums betroffen worden. Das Bistum Augst(-Basel) verschwand ganz, der helvetische Bischof zog sich von Windisch und Avenches nach Lausanne zurück, germanische Siedler verstärkten die heidnische Landbevölkerung im Bereich von Besançon. Das Bistum Chur (Raetia I) erlitt Einbußen in seinen nördlichen Gebieten[31]. Weiter östlich in der Raetia II (Augsburg) und in Noricum ripense (Lorch) brach die Bistums-

[29] *H. Frank*, Die Klosterbischöfe des Frankenreichs: Beiträge zur Gesch. des alten Mönchtums 17 (1932).

[30] Vgl. außer der allgemeinen Lit. zum Kap. (insbesondere *H. Büttner, G. Tessier, E. de Moreau, W. Neuß – F. W. Oediger* auch *E. Ewig*, Das Fortleben römischer Institutionen in Gallien und Germanien: X Congresso internazionale di scienze storiche (Roma 1955), Relazioni VI (Florenz o. J.) 594ff. – Für die Belgica II: *J. Lestocquoy*, L'origine des évêchés de la Belgique Seconde: RHEF 32 (1946) 43–52.

[31] *H. Büttner*, Gesch. des Elsaß (Berlin 1939); *ders.*, Die Entstehung der Konstanzer Diözesangrenzen: ZSKG 48 (1954) 225–274; *ders.*, Zur frühen Gesch. des Bistums Octodurum-Sitten und des Bistums Avenches-Lausanne: ebd. 53 (1959) 241–266; *ders.*, Die Entstehung der Churer Bistumsgrenzen: ebd. 81–104 191–212; *ders.*, Frühmittelalterliche Bistümer im Alpenraum zwischen Großem St. Bernhard und Brennerpaß: HJ 84 (1964) 1–33.

organisation ganz zusammen, wenn auch christliche Gemeinden in Augsburg und Salzburg fortbestanden. Der Bischof von Augsburg scheint nach Säben (-Brixen) geflohen zu sein. Noricum mediterraneum (Osttirol, Kärnten, Steier) wurde von der Katastrophe erst erfaßt, als sich die slowenischen Karantanen dort am Ende des 6. Jh. festsetzten.

Zwischen den beiden Einbruchsgebieten am Nieder- und Oberrhein lag eine Zone stärkerer Kontinuität, die die civitates Köln, Mainz, Worms, Speyer und Straßburg umfaßte. In dieser Zone läßt sich der Fortbestand christlicher Gemeinden nicht nur in den Städten, sondern großenteils auch in den bedeutenderen castra nachweisen. Ob Lücken in den Bischofslisten auf eine zeitweilige Unterbrechung der Bistumsorganisation hindeuten, bleibt offen. Jedenfalls sind die Germanen in diesen Gebieten mit dem Christentum früh in nähere Berührung gekommen, bot sich hier auch die günstigste Gelegenheit für eine kirchliche Restauration. Chlodwig konnte hier freilich noch nicht ansetzen, da er die Rheinlande erst kurz vor seinem Tod in sein Großreich einbezog.

Gregor von Tours berichtet, daß sich mehr als 3000 Franken mit Chlodwig taufen ließen: wohl die königliche Gefolgschaft und die Gruppen, die sich vornehmlich in den späteren Teilreichen von Paris und Orléans niederließen. Der erste merowingische Großkönig hat aber auch die kirchliche Reorganisation in den salfränkischen Gebieten nördlich von Reims in Angriff genommen, freilich ohne durchschlagenden Erfolg. Denn die von ihm geschaffenen Ansätze in Arras und Tournai (?) sind bald wieder verkümmert[32]. Die Merowinger von Soissons, denen diese Gebiete nach Chlodwigs Tod zufielen, hatten – abgesehen von Chilperich I. (561–584) – wenig Kontakt mit den Kirchen Südgalliens, die einen Überschuß an Klerikern abgeben konnten. So wurde denn Arras schließlich mit der Diözese Cambrai vereinigt, das Tournaisis als Missionsgebiet der Diözese Noyon(-St-Quentin) zugeschlagen.

Größeren Erfolg hatten die austrasischen Merowinger von Reims, deren aquitanische Enklaven ein intakt gebliebenes Rekrutierungsgebiet für den Klerus der austrasischen Francia bildeten[33]. Schon Theuderich I (511–533) ließ Kleriker aus der Auvergne nach Trier kommen, und Aquitanier sind auch im Bereich von Reims nachweisbar, obwohl beide Kirchen von den Erschütterungen des 5. Jh. nicht so schwer betroffen waren. Um die Mitte des 6. Jh. setzen die Bischofslisten von Maastricht, Köln, Mainz und Straßburg neu ein mit gallorömischen Namen, deren Träger wenigstens z.T. Aquitanier gewesen sein dürften[34]. Am Ende des 6. Jh. begegnen die ersten Germanen auf diesen

[32] Für Arras: Vita s. Vedasti: MGSS rer. Mer. III 399–422 (Remigius unter Mitwirkung Chlodwigs). – Für Tournai: *L. Duchesne,* Fastes III (1915) 114ff. Es fällt auf, daß die Liste von Arras in der Zeit Gaugerichs abbricht, der seinen Sitz von Arras nach Cambrai verlegte.

[33] *E. Ewig,* L'Aquitaine et les pays rhénans au haut moyen âge: Cahiers de civilisation médiévale 1 (1958) 37–54.

[34] *L. Duchesne,* Fastes III 157 (Mainz: Sidonius), 171 (Straßburg: Solarius), 179 (Köln: Carentinus). – Tongern/Maastricht stellt insofern einen Sonderfall dar, als hier zwei oder drei

Bischofsstühlen, und zu Anfang des 7. Jh. treten auch Bischöfe von Worms und Speyer mit germanischen Namen in Erscheinung[35]. Demnach dürfte eine erste Etappe der Restauration um 550 erreicht, das Werk selbst um 600 abgeschlossen worden sein. Dem Bistum Köln wurden wohl spätestens im 6. Jh. die Gebiete von Xanten und Nimwegen angegliedert, das Bistum Straßburg dehnte sich auf die ehemalige civitas Augst(-Basel) aus. Auf das rechtsrheinische Gebiet griff die Mission noch nicht über. Das Heidentum dürfte am frühesten aus den Städten verschwunden sein[36]. In den Trierer Ardennen erlosch es gegen Ende des 6. Jh.[37] Länger scheint es sich nur in den Lütticher Ardennen und in Toxandrien erhalten zu haben[38].

Diese erste Phase der innerfränkischen Mission stand ganz im Zeichen einer innerkirchlichen Restauration, die an vorhandene Gemeinden anknüpfen konnte und wohl wesentlich vom Klerus getragen wurde, wenn es auch an Mönchen und besonders an Eremiten nicht ganz fehlte[39]. Die Eremiten scheinen

Bischöfe aus dem späten 5. und frühen 6. Jh. bekannt sind (Monulfus, Falco, Domitianus), dann aber eine Lücke zwischen dem zuletzt 535 bezeugten Domitianus und dem 614 zuerst bezeugten Bettulfus bleibt (*L. Duchesne,* Fastes III 189). – Zu Köln vgl. jetzt auch *F. W. Oediger,* Die Regesten der Erzbischöfe von Köln I (Bonn 1954) und *W. Neuß – F. W. Oediger,* Gesch. des Erzbistums Köln I (Köln 1964). – Aquitanische Herkunft ist für keinen der genannten Bischöfe bezeugt, aber mindestens für Sidonius von Mainz auf Grund des Namens zu vermuten.

35 Germanische Namen setzen Ende des 6. Jh. in Trier mit Magnerich, in Köln mit Ebergisel, in Mainz mit Sigimund, in Straßburg (wohl schon etwas früher) mit Arbogast ein. In Maastricht erscheint 614 Bettulfus, in Worms und Speyer setzt im gleichen Jahr die Bischofsliste mit Männern germanischer Namen neu ein. Maastricht stellt insofern einen Sonderfall dar, als hier germanische Namen schon um 500 begegnen (Monulfus, Falco).

Germanische Namen lassen bekanntlich keinen sicheren Schluß auf germanische Abstammung zu. Bischöfe mit romanischen Namen erscheinen nach den genannten noch in den Listen von Trier, Köln und Straßburg. Erst vom 2. oder 3. Jahrzehnt des 7. Jh. an begegnen in diesen Listen nur noch germanische Namen. Von dieser Zeit an darf man mit größerer Sicherheit von einer Germanisierung des Episkopats in den genannten Städten sprechen.

36 Das einzige Zeugnis über Heidentum in den rheinischen Städten betrifft ein fränkisches Fanum in Köln (Gregor von Tours, Vitae patrum 6, 2 = MGSS rer. Mer. I 681, vor 525). Die Nachrichten über die Kirchen in den rheinischen Städten bestätigen die Annahme, daß das Heidentum in ihnen früh erloschen ist.

37 Gregor, Hist. Fr. VIII 15: MGSS rer. Mer. I 380ff.

38 Die Viten der Bischöfe Lambertus und Hubertus von Maastricht/Lüttich sprechen noch von der Bekämpfung des Heidentums in den Ardennen und in Toxandrien. Vgl. *E. de Moreau* a.a.O. 95ff 101ff.

39 Die Kirchen fast aller römischen castra im Bereich der Kölner Diözese befanden sich später in der Hand des Bischofs (*W. Neuß–F. W. Oediger,* Gesch. des Erzbistums Köln 293ff). Das gleiche gilt für den Bereich der Diözese Trier und – cum grano salis – auch für Mainz. Man darf daraus auf eine vom Bischof geleitete und vom bischöflichen Klerus durchgeführte Mission schließen. Bekannt sind außerdem die Namen einer Reihe von Asketen, die nicht große Klöster, sondern kleinere Zellen oder Kirchen auf dem Lande gründeten, wie etwa Wulfilaich, Goar, Fridolin, Ingobert, Wendelin, Disibod, Beatus und Bantus. Genauere Nachrichten sind nur über Wulfilaich erhalten, der ursprünglich als Eremit lebte und nach einer Intervention Magnerichs von Trier zum Leiter einer Missions- oder Seelsorgestation wurde. Analog darf

hauptsächlich unter der Landbevölkerung gewirkt zu haben. Die kirchliche Restauration wurde von den Königen organisatorisch und wohl auch materiell gefördert, ein Zwang zur Bekehrung der Heiden aber nicht ausgeübt. Lediglich die Sonn- und Feiertagsheiligung wurde am Ende des 6. Jh. unter Strafe eingeschärft[40] – ein Zeichen für die kultisch-rituelle Auffassung des Christentums. Das Verbot des heidnischen Kultes, das Childebert I. bald nach 550 erließ, betraf nur das Pariser Teilreich, in dem es damals kaum noch Heiden gegeben haben dürfte[41].

Die zweite Phase der innerkirchlichen Restauration setzte unter Chlothar II. (584/613–629) und Dagobert I. (623/629–638) ein. Sie wurde ganz überwiegend von Kreisen getragen, die dem Mönchtum von Luxeuil – im weitesten Sinne – angehörten oder nahestanden. Auch starke aquitanische Kräfte strömten diesem Mönchtum zu. Die Hauptansatzpunkte lagen im neustrischen Bereich und im alemannisch-burgundisch-rätischen Grenzgebiet.

Der erste Missionar dieser Phase in den nordgallisch-fränkischen Gebieten[42] scheint Walaricus gewesen zu sein, der in den Diözesen Rouen und Amiens wirkte und der Abtei St-Valéry-sur-Somme (Diözese Amiens) den Namen gab. Er soll noch von Columban, d. h. vor 610 oder spätestens 610/612, ausgesandt worden sein. Sein Nachfolger Blitmund wurde in den Jahren 615/628 der eigentliche Gründer der Abtei St-Valéry[43]. Richarius, der Patron der Abtei Centula[44], begann seine Wirksamkeit in der Diözese Amiens unter Dagobert I. Dagobert begründete das Bistum Thérouanne(-Boulogne), dessen erster Bischof der dem Luxeuiler Kreis angehörige Audomar wurde, auf den auch die Anfänge der Abtei Sithiu (St-Omer – St-Bertin) zurückgingen[45]. Noch unter Chlothar II. (um 625) begann die Tätigkeit des Aquitaniers Amandus, die sich hauptsächlich auf den mit Noyon vereinigten Sprengel von Tournai erstreckte, wenn auch Amandus zeitweilig Bischof von Tongern-Maastricht gewesen war (um 649).

man sich auch das Wirken der anderen genannten Heiligen vorstellen. Aquitanische Herkunft ist durch spätere Quellen für Goar und Fridolin bezeugt.

[40] Dekrete des frankoburgundischen Königs Guntram und seines austrasischen Neffen Childebert II. (MGCap I 11 17) sowie zahlreiche Stellen in Konzilsakten und Viten.

[41] MGCap I 21. Das Praeceptum wurde bald nach 550 erlassen, stammt also aus der Spätzeit der Regierung. Die Childebert-Franken erscheinen noch in den siebziger Jahren als eine geschlossene, politisch handelnde Gruppe. Heiden dürfte es in dieser führenden Gruppe nicht mehr gegeben haben – wohl noch unter den kleineren Leuten in den nördlichen Grenzgebieten von Rouen, Amiens und Beauvais.

[42] Zur Mission in diesen Gebieten *E. de Moreau* a. a. O. Ferner *E. Vacandard,* L'idolâtrie en Gaule aux 6ᵉ et 7ᵉ siècles: RQH 65 (1899). – Zusammenstellung der Zeugnisse aus den Viten: *E. Ewig,* Die fränkischen Teilungen und Teilreiche im 7. Jh.: Trierer Zschr. 22 (1954) 99 n. 61.

[43] Vita Walarici 11 22 35 36: MGSS rer. Mer. IV 164 168ff 174ff. – Zum Heidentum im Bistum Amiens auch Vita Lupi ep. Senonici 11 12: ebd. IV 182.

[44] Vita Richarii 2 4: ebd. VII 445ff.

[45] Vita Audomari 1–5; ebd. V 754–756. – *H. van Werveke,* Het bisdom Terwaan: Université de Gand, Recueil de travaux publ. par la Fac. des Lettres 52ᵉ fasc. (Gent – Paris 1924).

Die Abtei Elno-St-Amand, der Hauptstützpunkt des „Vlamenapostels“, wurde noch unter Dagobert I. gegründet und von diesem reich ausgestattet. Die „Vita s. Amandi“ berichtet u.a. von einer Bekehrungsepisode aus dem Beauvaisis. Eigentliches Missionsfeld des Heiligen aber waren die Gebiete an Schelde und Scarpe (St-Amand), der pagus Gent und das Land von Antwerpen – dieses allerdings wohl erst in den letzten Jahren des Amandus, der hochbetagt 676 starb. Zu den jüngeren Gefährten und Mitarbeitern des Amandus gehörte Bavo, der in Gent wirkte und der bekannten Genter Abtei den Namen gab[46].

Mit Dagobert I. eng verbunden waren die beiden großen Bischöfe Eligius von Noyon (641–690) und Audoin von Rouen (641–684), die aber erst nach dem Tode des Königs die genannten Bischofsstühle bestiegen. Audoin arbeitete eng zusammen mit dem moselländischen Franken Wandregisel, dem Gründer der Abtei St-Wandrille (um 645), während seine Beziehungen zu dem Aquitanier Filibert, dem Gründer von Jumièges, zeitweise gespannt waren. Die letzten Spuren des Heidentums verschwanden damals aus der Diözese Rouen[47]. Die missionarische Tätigkeit des heiligen Eligius konzentrierte sich auf den damaligen Sprengel von Tournai, insbesondere auf die Gebiete von Kortrijk (Suebi), Brügge (pagus Flandrensis) und Gent[48]. Um die gleiche Zeit dürfte Burgundofaro von Meaux den Iren Kilian (Chillena) ins Artois entsandt haben[49], wo Bischof Audebert von Cambrai (645/652–667) damals die Gebeine des ersten Bischofs, Vedastus', erhob und die Abtei St-Vaast von Arras gründete[50]. In Toxandrien tauften Lambertus (671/675 bis vor 706) und Hubertus von Tongern-Maastricht (vor 706–727) die letzten Heiden[38].

Man erkennt deutlich einen Fortschritt von der Absorption mehr oder weniger großer heidnischer Minderheiten in den Gebieten von Rouen, Beauvais, Amiens und Arras zur Mission in Gebieten mit vorwiegend heidnischer Bevölkerung (Thérouanne, Tournaisis, Toxandrien, Kortrijk, Brügge, Gent, Antwerpen), die vielleicht schon in den achtziger Jahren des 7. Jh. von den fränkisch-friesischen Grenzgebieten auf die Friesen übergriff[51]. Die Missionare oder Missionsleiter waren durchweg Mönche oder haben wenigstens dem Mönchtum des Luxeuiler Kreises nahegestanden, dem auch die Aquitanier Amandus, Remaclus und Filibert angehörten. Aus den Missionsstationen haben

[46] Vita s. Amandi 13 24: MGSS rer. Mer. V 436ff 447. – Vita s. Bavonis 3: ebd. IV 537. – *E. de Moreau*, St-Amand, apôtre de la Belgique et du Nord de la France (Löwen 1927); *A. Verhulst*, Over de stichting en de vroegste geschiedenis van de St. Pietersen de St. Baafsabdijen te Gent (Gent 1953).

[47] Vita Audoeni 4: MGSS rer. Mer. V 556. – Vita Wandregisili 16: ebd. V 26ff. – *E. Vacandard*, Vie de St. Ouen, évêque de Rouen (Paris 1902) 641–684.

[48] Vita Eligii II 2: MGSS rer. Mer. IV 695. [49] Vita Faronis 100: ebd. V 194.

[50] *A. B. Hoxie*, Translatio civitatis Atrebatensis: Revue Belge de phil. et d'hist. 16 (1937) 591–598.

[51] Vita Wulframni ep. Senonici 3: MGSS rer. Mer. V 663. Der Wert der Vita ist sehr umstritten. Aber an einer Missionstätigkeit Wulframs in Friesland oder im fränkisch-friesischen Grenzgebiet, wo auch Willibrord noch wirkte, möchte ich festhalten.

sich daher oft Klöster entwickelt, die in einer neugegründeten Diözese wie Thérouanne sogar größere Bedeutung gewinnen konnten als die Kathedralkirche. Ihnen traten zahlreiche monastische Neugründungen zur Seite, so daß die Grenzen zwischen Mission und Klosterwesen oft verschwammen. Eine detaillierte Schilderung der Missionsmethoden enthält nur die um 725 verfaßte „Vita s. Amandi". Aus ihr geht hervor, daß die Predigt des Evangeliums in den vorwiegend oder ganz heidnischen Landschaften nicht frei von Gefahren für Leib und Leben war, also einen ganz persönlichen Einsatz verlangte. Der Missionar bedurfte daher des königlichen Schutzes. Vielleicht ist ein solcher königlicher Schutzbrief der Ausgangspunkt für die Behauptung der „Vita s. Amandi" gewesen, König Dagobert habe einen Befehl zur Zwangstaufe der Heiden erlassen. Von Zwang findet sich sonst keine Spur. Amandus schuf einen ersten Ansatz für Missionsstationen, indem er Sklaven aufkaufen und taufen ließ. Den Durchbruch der Mission in Gent führt die „Vita" auf eine Totenerweckung des Heiligen zurück. Ein direkter Zusammenhang der Mission mit wirtschaftlich-sozialen Wandlungen wurde bisher nicht nachgewiesen, wenngleich die Entstehung großer und reicher Klöster im Endstadium oder nach Abschluß der Bekehrung die Bildung oder Festigung einer besitzenden Oberschicht und die Entwicklung von Handelsplätzen wie Quentovic und Dorestad gefördert haben mag.

Der Anstoß, der von Luxeuil zur Christianisierung der nordgallisch-fränkischen Gebiete ausgegangen war, machte sich ebenso früh, aber noch unmittelbarer auch im burgundisch-alemannisch-rätischen Grenzgebiet geltend, wo aus der kirchlichen Restauration in ganz analoger Weise wie in den nordgallisch-französischen Landen die Alemannenmission herauswuchs.

Die kirchliche Organisation war, wie bereits gesagt, in der alten civitas Augst(-Basel) gänzlich zusammengebrochen. Die Bistümer Windisch-Avenches (Helvetia) und Chur (Raetia I) waren ihrerseits durch die Einwanderung der heidnischen Alemannen in der zweiten Hälfte des 5. und 6. Jh. stark betroffen worden[52]. Die Alemannen waren in das Gebiet der Aare, in das heutige Schweizer Mittelland bis etwa zum Thuner und Vierwaldstätter See, im Osten bis zum Zürichsee und zum Hochrhein eingeströmt. Einige alte christliche Zentren – Zürich (Felix-Regula), Bregenz (Aurelia), Zurzach (Verena) – waren überflutet, wenngleich sich in ihnen die Erinnerung an alte Kulte erhielt. In anderen castra oder vici hatten sich christliche Gemeinden erhalten: so in Konstanz, Arbon, Grabs und Gams, in Solothurn und Grenchen. Hier konnte die kirchliche Restauration und Organisation ansetzen. Einen Rückhalt boten die Bischofsstädte Straßburg, Lausanne(-Avenches) und Chur, deren Kräfte aber

[52] Man vergleiche zu den folgenden Ausführungen die in der Literaturübersicht und in Anm. 31 angeführten Arbeiten von *H. Büttner*, denen alle Einzelangaben entnommen sind. Bei Büttner auch die weitere Lit. – Die Diskussion über die Identität des Columbanschülers Gallus mit dem Gründer von St. Gallen ist neuerdings wieder in Gang gekommen. Hierzu jetzt die Beiträge von Dufo, Prinz und Jäschke in: Vorträge und Forschungen 20, 1974 (wie Anm. 28).

im 6. Jh. noch nicht zur Entfaltung kamen. Hilfe mochten auch die alemannischen Herzöge bieten, die als Mitglieder der austrasisch-burgundischen Reichsaristokratie schon im späteren 6. Jh. Christen geworden sind.

Die Frühzeit der Mission in dem von den Alemannen überfluteten Land ist mit dem Namen Columbans verbunden, dem der austrasische König Theudebert II. hier 610/611 nach seiner Vertreibung aus Luxeuil ein neues Wirkungsfeld zuwies. Columban setzte in der germanisch-romanischen Durchdringungszone zu Tuggen am Zürchersee und in Bregenz am Bodensee an, vermochte aber nicht viel auszurichten, da er nach der Niederlage und dem Tod Theudeberts II. im Jahre 612 nach Italien ausweichen mußte. Dauerhafter war die von seinem Schüler Gallus († nach 629) gegründete Cella, deren späterer Aufstieg zu einer großen Abtei freilich im 7. Jh. noch nicht vorauszusehen war. Noch auf lange Zeit hinaus blieb St. Gallen eine christliche Station neben anderen.

Zur Zeit des heiligen Gallus residierte in Konstanz bereits ein Bischof. Die Christen von Konstanz, Arbon und Grabs waren nach Chur orientiert, in dessen Einflußbereich auch St. Gallen errichtet war. Die Anfänge des Bistums Konstanz, dem in der Folge das von den Alemannen überflutete Land südlich des Rheins attribuiert wurde, liegen im dunkeln. Für die Absetzung von Chur wurde bedeutungsvoll die zeitweilige Zugehörigkeit des südrheinischen Landes zum franko-burgundischen Teilreich (595–609/610, 612ff). Die Erstausstattung des Bistums und seine Delimitierung gegen Chur geht auf Dagobert I. (629–638) zurück, der in Konstanz selbst später als Gründer des Bistums galt. Von burgundischem Einfluß kündete das Benignuspatrozinium der Kirche von Pfäffikon, die mit den neugegründeten Martinskirchen von Olten und Windisch wohl der ersten Ausbauperiode angehörte. Das Bistum umfaßte den Aare- und Thurgau, also Gebiete, die früher zu Helvetien und zu Rätien gehört hatten. Es dehnte sich aber bald auch auf das Alemannenland nördlich des Rheins aus, so daß es zum „Alemannenbistum" schlechthin wurde mit einem selbst für mittelalterliche Verhältnisse ungewöhnlich großen Sprengel. Dies kann nicht ohne nachhaltige Unterstützung der Alemannenherzöge geschehen sein, wenn beim derzeitigen Stand der Forschung auch nähere Aussagen über den Verlauf und die Träger der Mission nicht möglich sind. Allenfalls begegnet einmal ein bloßer Name wie der St. Trudperts im Breisgau[53]. Archäologisch ist die alemannische Missionsprovinz nördlich des Rheins gekennzeichnet durch das Auftreten der „langobardischen" Goldblattkreuze, die auf Einwirkungen aus Italien deuten, aber bisher historisch noch nicht befriedigend interpretiert werden konnten[54].

[53] Zusätzlich: *Th. Mayer*, Beiträge zur Gesch. von St. Trudpert (Freiburg 1937); *H. Büttner*, Franken und Alemannen in Breisgau und Ortenau: ZGObrh NF 52 (1938) 323–359; *ders.*, Christentum und fränkischer Staat in Alemannien und Raetien während des 8. Jh.: ZSKG 43 (1949) 1–16.

[54] Zu den Goldblattkreuzen zuletzt *J. Werner*, Fernhandel und Naturalwirtschaft im östlichen Merowingerreich nach archäologischen und numismatischen Zeugnissen: Settimane di studio ... VIII. Moneta e scambi nell'alto medioevo (Spoleto 1961) 577: „In ihrer Masse

Langobardische Einstrahlungen über Chur sind denkbar. Eine herzogliche Schenkung an die Gallus-Cella im Gebiet von Cannstatt aus dem Jahre 708 mag noch in den großen Zusammenhang der Mission gehören, die damals wohl vor dem Abschluß stand. Bei der Bekehrung der Alemannen dürften die 724 gegründete Abtei Reichenau und der Pirminkreis kaum noch eine Rolle gespielt haben, wohl aber bei der Festigung und Vertiefung des Christentums[55]. Die Besitzungen der Reichenau und des Klosters St. Gallen, dessen Aufstieg unter Abt Otmar (719/720 bis 759/760) begann, markierten später die Nordgrenze des Bistums Konstanz.

Um die Zeit, in der das Bistum Konstanz im südrheinischen Raum fundiert wurde, erscheint erstmals auch ein Bischof von Augst-(Basel): Ragnachar, ein ehemaliger Mönch von Luxeuil und Schüler von Columbans Nachfolger Eustasius (610–629). Er dürfte bei der Gründung des Luxeuiler Tochterklosters Moutier-Grandval im Jura mitgewirkt haben, das Abt Waldebert (629–670) zusammen mit den vielleicht schon etwas älteren Zellen St-Ursanne und Vermes dem Luxeuiler Mönch Germanus von Trier unterstellte. Die Neugründung des Bistums Basel hatte allerdings nicht lange Bestand, da der Sprengel im Zusammenhang mit der Südexpansion der Elsässer Herzöge dem Bistum Straßburg angeschlossen wurde. Von Straßburg scheinen früh Einwirkungen zum Hochrhein hin ausgegangen zu sein. Straßburg und Chur erscheinen als Stationen im Leben Fridolins, der im späten 6. oder im 7. Jh. aus dem Poitou an den Rhein kam und die Cella Säckingen gründete. Im Thurgau kündete vom Straßburger Einfluß das Arbogastpatrozinium von Oberwinterthur. Das elsässische Bistum erwarb wohl noch im 7. Jh. Besitz bei Solothurn und am Thuner See. So scheint Straßburg neben Lausanne, Chur und Luxeuil an der kirchlichen Reorganisation und Mission im burgundisch-alemannisch-rätischen Grenzgebiet beteiligt gewesen zu sein.

Auch die Neuanfänge des Bistums Augsburg reichen ins 7. Jh. hinauf[56]. Die

dürften sie einheimische Imitationen sein, die auf der Grundlage des Alpenverkehrs das Übergreifen einer langobardischen Bestattungssitte auf Süddeutschland anzeigen." – *O. v. Hessen,* Die Goldblattkreuze aus der Zone nördlich der Alpen: Problemi della civiltà e dell'economia langobarda. Scritti in memoria di G. P. Bognetti (Mailand 1964) 199–226.

[55] Zu Pirmin zuletzt *H. Löwe,* Pirmin, Willibrord und Bonifatius. Ihre Bedeutung für die Missionsgeschichte ihrer Zeit: Settimane di studio ... XIV. La conversione al cristianesimo nell'Europa dell'alto medioevo (Spoleto 1967) 217–261; *A. E. Angenendt,* Monachi peregrini. Studien zu Pirmin und den monastischen Vorstellungen des frühen Mittelalters (Theol. Diss. Münster 1969); *ders.,* Pirmin und Bonifatius. Ihr Verhältnis zu Mönchtum, Bischofsamt und Adel: Vorträge und Forschungen 20 (1974) 251–304.

[56] Zu Bayern allgemein: *R. Bauerreiß* (s. Literaturübersicht). – Zu Augsburg, Kempten und Füssen: *F. Zoepfl,* Das Bistum Augsburg und seine Bischöfe im Mittelalter (Augsburg 1956); *E. Klebel,* Zur Gesch. der christlichen Mission im schwäbischen Stammesgebiet: Zschr. für württ. Landesgesch. 17 (1958) 145–218; *F. Prinz,* Frühes Mönchtum 334–336 359–364 406 434; *H. Büttner,* Konstanzer Diözesangrenzen 265–268; *ders.,* Frühmittelalterliche Bistümer 7 9 26; *W. Hübener,* Zum römischen und frühmittelalterlichen Augsburg: Jb. des RG Zentralmuseums Mainz 5 (1958) 154–238; *J. Werner,* Studien zu Abodiacum-Epfach: Münche-

Reorganisation scheint bei St. Afra eingesetzt zu haben, wo sich eine Christengemeinde erhalten hatte. Bei der Abtei, die das Gedächtnis Dagoberts I. beging, legte man neuerdings reiche Gräber aus der Zeit um oder vor 700 frei, darunter vielleicht auch Grablegen älterer Bischöfe. Die Träger der Mission am Lech bleiben anonym. Einflüsse von Italien her können sich schon im späten 6. Jh. bemerkbar gemacht haben. Daß dann von fränkischer Seite Amandus auch in Augsburg gewirkt habe, bleibt eine nur schwach begründete Vermutung. Erst im 8. Jh. lichtet sich das Dunkel etwas. Als kirchliche Zentren erscheinen neben Augsburg Neuburg im Staffelsee, Epfach am Lech und die mit Hilfe der St. Galler Mönche Magnus und Theodor angelegten Stationen Füssen und Kempten im Allgäu. Sollte Magnus im Allgäu wirklich noch missioniert haben, so müßte sich das Heidentum hier freilich ungewöhnlich lange – bis in die vierziger Jahre des 8. Jh. hinein – erhalten haben. Eher ist daher an den organisatorischen Aufbau der Diözese zu denken, zumal gerade in dieser Zeit die Hausmeier die Illergrenze zwischen Augsburg und Konstanz festsetzten.

Augsburg hat um die Wende vom 7. zum 8. Jh. wohl zum Herrschaftsbereich der bayerischen Herzöge gehört, der die alte Provinz Raetia II und Teile von Noricum umfaßte. Wie bei der rätischen Hauptstadt Augsburg hat sich wahrscheinlich auch bei dem großen Legionslager Regensburg eine romanisch-christliche Volksgruppe erhalten, die sich um die dortige Georgsbasilika gruppierte[57]. Die Kontinuität des Floriankultes weist auf ähnliche Verhältnisse bei Lorch hin, eine romanische Christengemeinde kann auch in Passau fortbestanden haben[58]. Größere Gruppen freier und begüterter Romanen lebten nachweislich um Salzburg-Reichenhall fort, deren kirchlicher Mittelpunkt St. Peter von Salzburg gewesen sein dürfte. Hier ist selbst auf dem Lande in Bischofshofen die Kontinuität eines frühchristlichen Kults (Maximilian) nachzuweisen[59]. In

ner Beiträge zur Vor- und Frühgesch. 7 (1964; darin bes. *K. Schmid*, Bischof Wikterp in Epfach. Eine Studie über Bischof und Bischofssitz im 8. Jh.); *K. Reindel*, Die Bistumsorganisation im Alpen-Donau-Raum in der Spätantike und im Frühmittelalter: MIÖG 72 (1964) 277–310.

[57] *F. Prinz*, Frühes Mönchtum 319 332 337 380 Anm. 171; *J. Sydow*, Untersuchungen über die frühen Kirchenbauten in Regensburg: RivAC 31 (1955) 75–96; *E. Klebel*, Regensburg: Vorträge und Forschungen, hrsg. von *Th. Mayer*, IV (Lindau – Konstanz 1958) 87–104; *M. Piendl*, Probleme der frühen Baugeschichte von St. Emmeram in Regensburg: ZBLG 28 (1965) (Festgabe M. Spindler) 32–46; *H. Büttner*, Frühmittelalterliche Bistümer 9 und 14.

[58] *R. Noll*, Frühes Christentum in Österreich von den Anfängen bis um 600 (Wien 1954). – Zu Lorch und St. Florian: *F. Prinz*, Frühes Mönchtum 330ff und 435. – Settimane di studio ... XIV. La conversione al cristianesimo (Spoleto 1967) 539/540 (Mor über Florianskult im langobardischen Austrien: Friaul, Vicenza, Treviso, Verona); *F. Lotter*, Lauriacum – Lorch zwischen Antike u. MA: Mitt. des oberösterreichischen Landesarchivs 11 (1974) 31–49. – Zu Linz: *H. Koller*, Der Donauraum zwischen Linz und Wien. Kulturkontinuität und Kulturverlust des Romanentums nördlich der Alpen: Hist. Jb. der Stadt Linz (1960) 1–53. – Zu Passau: *M. Heuwieser*, Gesch. des Bistums Passau I (Passau 1939). – *F. Prinz*, Frühes Mönchtum 325 329ff 413; *ders.*, Salzburg zwischen Antike und MA: Frühma. St. 5 (1974).

[59] *F. Prinz*, Frühes Mönchtum 338 395–404 423ff.

Nordtirol fanden die einwandernden Bajuwaren den Stamm der Breonen vor, bei dem sich christliche Einflüsse noch kaum durchgesetzt hatten.

Die rätisch-norischen Christen im bayerischen Herzogtum waren traditionell nach Aquileia orientiert. Die Verbindung mit der Kirchenprovinz Aquileia hat wohl bis ins frühe 7. Jh. nachgewirkt[60]. Doch erlahmten die von dort ausgehenden Impulse infolge der politischen und kirchlichen Isolierung der alten Metro-

[60] Die jüngere Forschung über die christlichen Beziehungen Bayerns zum Süden und Südosten geht aus von *E. Klebel,* Zur Gesch. des Christentums in Bayern vor Bonifatius: St. Bonifatius. Gedenkgabe zum 1200. Todestag (Fulda 1954) 288–411, zu dem Klebel selbst in seinem in Anm. 56 zitierten Aufsatz noch einige Ergänzungen betr. Augsburg gegeben hat. Klebel untersuchte die Beziehungen auf Grund der Patrozinien, der Archäologie, der Liturgie und der Kirchensprache. Nach seiner Ansicht geben die Patrozinien wenig her, während die frühchristlichen Bauten ebenso wie die Liturgie und die Kirchensprache deutliche östliche Bezüge offenbaren. Klebel dachte dabei an gotisch-arianische Einflüsse und – wie *I. Zibermayr,* Noricum, Bayern und Österreich (1956) – an alte Zusammenhänge mit Sirmium. Die Einflüsse seitens der Alpenromanen, die mit der Provinz Aquileia verbunden waren und wie diese dem Dreikapitelschisma anhingen, schätzte er gering ein. Die jüngste Forschung, die Prinz an verschiedenen Stellen seines Buches resümiert, betont dagegen stark die Verbindungen mit Italien, besonders mit Aquileia.

Prinz nimmt eine mehr oder weniger starke romanische Kontinuität nicht nur im Salzburgischen, sondern auch um Regensburg und Passau an. Er glaubt einen Gegensatz zwischen diesen romanisch-christlichen Gruppen Aquileienser Observanz und den merowingischen Klerikern und Mönchen zu erkennen, die mit der fränkischen Herrschaft ins Land kamen (*F. Prinz* a. a. O. 354 383 Anm. 181). Die Bekehrung der nach Rätien und Noricum eingewanderten Bayern war im wesentlichen das Werk der merowingischen Missionare. Die kirchliche Integration der beiden Bevölkerungsgruppen sei endgültig „wohl erst mit Bonifatius' Kirchenorganisation vollzogen" worden.

Es ergibt sich folgendes Bild: Arianische Einflüsse mögen bei den Bajuwaren wirksam gewesen sein, sind aber nicht recht faßbar (*F. Prinz* a. a. O. 337 Anm. 48, 358 Anm. 100). Die Eigenart der süddeutschen Kirchensprache ist ungeklärt (*F. Prinz* a. a. O. 345 ff).

Einflüsse von Mailand haben in der Liturgie und vielleicht auch im Ambrosiuskult von Augsburg Spuren hinterlassen (*F. Prinz* a. a. O. 334; *E. Klebel,* Mission im schwäbischen Stammesgebiet 211). In der Augsburger Diözese begegnen italische Patrozinien: Valentin von Mais (bei Meran), Zeno von Verona, Justina von Padua, Christina (*E. Klebel* a. a. O.).

Die frühchristliche Architektur Noricums stand in engsten Beziehungen zu Aquileia (*R. Noll,* Frühes Christentum 127 ff). Auch in der Folge blieb der Zusammenhang der kirchlichen Architektur Bayerns mit der des nunmehr langobardischen Italien erhalten (*F. Prinz* a. a. O. 444). – Elemente Aquileienser Liturgie erhielten sich in Salzburg (*F. Prinz* a. a. O. 326 398 401); im salzburgischen Bischofshofen hatte Maximilian von Celeia wohl eine alte Kultstätte (*E. Klebel,* Christentum in Bayern 395). – Zeno von Verona waren Kirchen in den Diözesen Salzburg (*E. Klebel* a. a. O.), Regensburg (Kapelle: *E. Klebel* a. a. O.) und Freising (*E. Klebel* a. a. O.; *F. Prinz* 340 344) geweiht. Vigilius von Trient wurde in der Diözese Freising und in Regensburg verehrt (*E. Klebel* a. a. O.). Cassian von Imola war Patron einer Regensburger Kirche (*E. Klebel* a. a. O.; *F. Prinz* a. a. O. 338; *J. Sydow,* Fragen um die Cassianskirche in Regensburg: Der Schlern 29 [1955] 452–457).

Das Georgspatrozinium kann in Regensburg (St. Emmeram) und vielleicht auch anderwärts aus der Spätantike überliefert sein und auf Italien oder östliche Bezüge hinweisen (*F. Prinz* a. a. O. 337 ff 355; *E. Klebel,* Mission in Bayern 399). – Orientalische Einflüsse (von Sirmium her?) sind in der Passauer Liturgie greifbar (*E. Klebel,* Mission in Bayern 403 ff). –

pole Nordostitaliens im 7. Jh. Damit verloren die romanisch-christlichen Inselgemeinden in Bayern den Rückhalt an den großen kirchlichen Zentren des intakten christlichen Hinterlandes. Von den Bistümern der Provinz Aquileia gehörte allein das kleine Fluchtbistum Säben(-Brixen) im Eisacktal zum Bereich der Bayernherzöge. Obwohl Säben wahrscheinlich die Tradition des altchristlichen Augsburg weitertrug, konnte von ihm keine Initiative zur kirchlichen Reorganisation und Mission der weiteren, von den Bajuwaren besetzten Gebiete ausgehen. Die Kräfte des kleinen Bistums wurden von der Mission im bajuwarisch durchsetzten Breonenland (Nordtirol) absorbiert, Ausstrahlungen machten sich allenfalls im Alpenvorland bis nach Augsburg hin bemerkbar[61].

Die entscheidenden Anstöße zur Bayernmission kamen nicht vom Süden, sondern vom Westen. Schon bei der Begründung des bayerischen Herzogtums durch Theudebert I (533–548) wurden galloromanische Bischöfe (Galliarum episcopi) eingesetzt, die ihren Einfluß auch auf Noricum mediterraneum (Kärnten) auszudehnen suchten[62]. Ihre Tätigkeit blieb ohne nachhaltige Wirkung. Doch erhielten die in ihrer Masse noch heidnischen Bajuwaren eine christliche Spitze. Denn die agilolfingischen Herzöge, die in der 2. Hälfte des 6. Jh. in Erscheinung traten, bekannten sich zum katholischen Glauben. Wenn sie aus Burgund stammten, wie neuerdings meist angenommen wird[63], können sie an

Byzantinischer Schmuck findet sich in bayerischen Adelsgräbern (*F. Prinz* a.a.O. 355). – Goldblattkreuze finden sich am unteren Inn und an der mittleren Salzach (*J. Werner* a.a.O. 54; *H. Büttner,* Frühmittelalterliche Bistümer 21).

Die angeführten Zeugnisse sind nicht alle von der gleichen Aussagekraft und auch wohl nicht immer exakt chronologisch bestimmt. Die meisten italischen Kulte – insbesondere das Cassian- und das relativ am weitesten verbreitete Zenopatrozinium – dürften kaum vor dem 8. Jh. übernommen worden sein. Hier tritt die langobardische Schicht sicher deutlicher hervor als die spätrömisch-altchristliche, die mehr in der Archäologie und vielleicht in der Liturgie faßbar wird. Daß der norische Heilige Florian im langobardischen Austrien viel häufiger als Kirchenpatron erscheint (vgl. Anm. 58) als in Altbayern, daß die heilige Afra „bereits in den oberitalienischen Vorformen des Martyrologium Hieronymianum Eingang gefunden hat" (*F. Prinz* a.a.O. 345 Anm. 75), aber in Schwaben nur selten Kirchenpatronin geworden ist, sind Paradoxe, die noch der Aufklärung harren. Auf eine Verkümmerung der spätrömisch-christlichen Tradition in Rätien und Noricum kann man daraus nicht ohne weiteres schließen, da die Kontinuität des Afraheiligtums im 6. Jh. durch Venantius Fortunatus bezeugt ist und der Wanderweg des Luxeuiler Mönchs Agrestius noch für das frühe 7. Jh. keinen Zweifel an bestehenden Verbindungen zwischen Bayern und Aquileia aufkommen läßt (*H. Büttner,* Frühmittelalterliche Bistümer 22). Auch der wohl 608 verstorbene, in Grado bestattete Bischof Marcianus, der 40 Jahre peregrinatus est pro causa fidei, hat hier seinen Platz. Seine Tätigkeit erstreckte sich nach *H. Büttner* (Frühmittelalterliche Bistümer 21) „am ehesten (auf) das Alpengebiet im Umkreis der Brennerstraße und das nördliche Alpenvorland".

[61] Säben als Fluchtsitz des Bischofs von Augsburg: *R. Heuberger,* Raetien im Altertum und im Frühmittelalter (1932) 172; *H. Büttner,* Frühmittelalterliche Bistümer 18–20 (bayerisch seit etwa 600) 23 28. – Auf alten Besitz der Bistümer Regensburg, Freising und besonders Augsburg im Bereich des Bistums Säben machte *E. Klebel* aufmerksam (Mission im schwäbischen Stammesgebiet 186ff). Ob damit Hinweise auf Missionszusammenhänge gegeben sind, bleibt eine noch offene Frage. [62] MGEp I 1 p. 20; *F. Prinz* a.a.O. 352ff.

[63] *E. Zöllner,* Die Herkunft der Agilulfinger: MIÖG 59 (1951) 245ff.

der Missionsinitiative, die von Eustasius von Luxeuil (610–629) ausging, direkt beteiligt gewesen sein. In der Tat scheint Tassilo I. (592 bis nach 610) Eustasius und seinen Gefährten Agilus bei der Gründung einer Missionsstation in der Nähe von Regensburg unterstützt zu haben, aus der die Abtei Weltenburg hervorging[64]. Aus Luxeuil ging noch unter Eustasius der Mönch Agrestius als Missionar nach Bayern und von dort nach Aquileia, wo er zu den Schismatikern der Drei Kapitel übertrat[60].

Auf seiner Fahrt zu den Slawen muß auch Amandus Bayern durchquert haben, doch wird von einer Mission des Flamenapostels bei den Bajuwaren nichts berichtet. Indessen dürfte die Christianisierung des Volkes in vollem Gange gewesen sein, als Emmeram (Haimchramm) um 665 (oder 685/690) nach Regensburg kam, wo er bei einem schwer zu erhellenden Konflikt mit der Herzogsfamilie den Tod fand. Die Stationen auf Emmerams Weg von Poitiers nach Regensburg sind leider nicht bekannt. Angesichts der frühen Beziehungen des columbanischen Mönchtums zu Bourges und Poitiers liegt die Vermutung nahe, daß auch Emmeram aus dem Luxeuiler Kreis kam. Er könnte den Weg seines wohl etwas älteren Landsmannes Fridolin von Säckingen zum Rhein eingeschlagen haben, auf dem Straßburg eine Zwischenstation gewesen sein mag[65]. Der im frühen 8. Jh. in Regensburg wirkende Klosterbischof Erhard (von Narbonne?) stand nach seinem Biographen in Verbindung zum elsässischen Herzogshaus[66]. Über eine Vermutung kommt man bei Emmeram nicht hinaus. Deutlich tritt jedoch die Herzogsresidenz Regensburg als ein Hauptansatzpunkt der Bayernmission sowohl bei Eustasius wie bei Emmeram und Erhard hervor. Auch Bischof Rupert (Hrodbert), der wohl 695 seine Wormser Diözese aus politischen Gründen verließ, um in Bayern zu wirken, ging anscheinend erst nach Regensburg und erhielt von Herzog Theodor das Salzburger Land als Tätigkeitsfeld mit dem Blick auf die Mission der slawischen Karantanen[67].

[64] *F. Prinz* a.a.O. 356–358. Prinz datiert die Bayernmission des Eustasius in die Zeit um 610 im Anschluß an Barrault, Büttner dagegen um 626/627 (Frühmittelalterl. Bistümer 22).

[65] Vita Haimhrammi: MGSS rer. Mer. IV 452–526; *F. Prinz* a.a.O. 380ff kehrt mit Löwe gegen Klebel und Zibermayr zur alten Datierung Kruschs auf ca 660/670 zurück. Über die Zwischenstationen Emmerams lassen sich natürlich nur Vermutungen aufstellen. Dabei wäre zu beachten, daß von den merowingischen Missionaren der Überlieferung nach außer Emmeram auch Fridolin von Säckingen und Amandus aus dem Poitou stammten. Bekannt ist die Rolle des Bischofs Dido von Poitiers als des Hauptverbündeten der Pippiniden beim „Staatsstreich" Grimoalds von 656. Indessen betont Prinz mit Recht, daß sich in den Quellen keine Spur der Unterstützung Emmerams durch die Franken findet.

[66] Vita Erhardi: MGSS rer. Mer. VI 1–21; *F. Prinz* a.a.O. 385–387. Von der dreifachen Herkunftsangabe der Vita hat die Herkunft aus der Narbonensis (Septimanien) die größte Wahrscheinlichkeit. Zwischenstationen können Moyenmoutier und elsässische Klöster gewesen sein. Wirkungszeit wohl 1. Drittel des 8. Jh.

[67] Gesta Hrodberti: MGSS rer. Mer. VI 157–162; *F. Prinz* a.a.O. 394–403. – *Herwig Wolfram,* Der heilige Rupert und die antikarolingische Adelsopposition: MSÖG 80 (1972) 4–34; *H. Baumann,* Zur Textgeschichte der Vita Ruperti: Festschrift für H. Heimpel 3 (1972) 166–196.

Der letzte in der Reihe der „Bayernapostel" war Korbinian, der aus Melun (Prov. Sens) stammte und bald nach 716 in Freising wirkte[68]. Das bayerische Herzogtum war inzwischen geteilt worden, und so ist Korbinian nicht über Regensburg gezogen, aber vielleicht von Rom dem Freisinger Teilherzog präsentiert worden. Der verstorbene Herzog Theodo hatte 716 mit Rom Fühlung genommen, um eine bayerische Kirchenprovinz zu errichten. Diese Initiative Theodos zeigt, daß die Bayernmission äußerlich abgeschlossen war. Seit Emmeram, Rupert und Korbinian gab es in den Herzogsresidenzen Regensburg, Salzburg und Freising, zu denen auch Passau trat, „Klosterbischöfe mit festem Sitz" (Schieffer)[69]. Es kennzeichnet jedoch die Stellung der drei Kirchenmänner, daß keines der werdenden Domklöster von ihnen gegründet worden ist: die drei Patrone Bayerns standen nicht am Anfang der Bekehrungsgeschichte des Landes.

Im ganzen ist das Bild der Mission bei den Bayern etwas deutlicher als bei den Alemannen. König Theudebert I. gab dem Volk wohl eine christliche Führungsspitze und entsandte gallorömische Bischöfe, die sich vielleicht um die Reorganisation fortbestehender romanisch-christlicher Gemeinden bemüht haben. Von diesen konnte kein Missionsimpuls ausgehen, da ihr Rückhalt am intakt gebliebenen christlichen Hinterland von Aquileia durch die politischen Grenzen gestört war und schließlich ganz entfiel. Die Initiative zur Bayernmission kam aus Luxeuil, wobei vielleicht verwandtschaftliche Beziehungen des Mönchs Agilus zum agilolfingischen Herzogshaus eine Rolle spielten. Auch spätere Missionare mögen mit dem Luxeuiler Mönchtum im weiteren Sinne in Verbindung gestanden haben. Ansatzpunkte für die Mission der Bajuwaren boten sowohl die fortbestehenden romanischen Gemeinden wie auch die Residenzen der Agilolfinger. Von einer Mitwirkung der Merowinger ist im 7. Jh. keine Rede mehr[70]. Erst seit Karl Martell machte sich der Einfluß der fränkischen Zentralgewalt wieder geltend. Die Bekehrung der Bayern zum Christentum erscheint demnach wie die der Alemannen als ein Vorgang, der zwar von fränkischen oder irofränkischen Elementen getragen war, sich aber ohne erkennbaren äußeren Druck innerhalb des Stammes abspielte.

Während sich das Christentum bei den Alemannen und Bayern durchsetzte, wurde es auch von den rheinischen Bischofsstädten aus in die rechtsrheinischen Nachbarlande getragen. Dagobert I. hat die erste Utrechter Kirche dem Bistum Köln unterstellt; nach einer späten Quelle soll damals auch Soest dem Kölner

[68] Vita Corbiniani: MGSS rer. Mer. VI 497–635; *F. Prinz* a. a. O. 388–394; *H. Löwe*, Corbinians Romreisen: ZBLG 16 (1951/52) 409–420.

[69] *Th. Schieffer*, Winfrid-Bonifatius und die christliche Grundlegung Europas (Freiburg 1954) 139. – Vgl. dazu die Ausführungen von *F. Prinz* a. a. O. 381/382 386 (Regensburg) 390ff 393ff (Freising) 399 401 407 (Salzburg) 412 (Passau) über die Domklöster an den späteren bayerischen Bischofssitzen.

[70] Allenfalls könnte Dagobert I. noch eingegriffen haben; doch kommt man dabei über Vermutungen nicht hinaus.

Bistum zugeteilt worden sein[71]. Wenn man die Orientierung der Gräber des 7. Jh. in Westfalen südlich der Lippe christlich deuten darf, hätte die Mission sich schon damals auf den ganzen rechtsrheinischen Teil der späteren Kölner Diözese ausgedehnt[72]. Doch ist diese Interpretation umstritten. Die ersten Kirchen von Utrecht und Soest mögen einer fränkischen Besatzung in einer noch weithin heidnischen Umwelt gedient haben. Der Vormarsch der Friesen und Sachsen machte auch diesen vorgeschobenen Stationen ein Ende: im 8. Jh. mußte man neu beginnen.

Die fränkisch gebliebenen Gebiete im rechtsrheinischen Vorland von Köln, Bonn und Koblenz müssen bis zum frühen 8. Jh. christlich geworden sein, da sie in der Karolingerzeit nicht mehr Missionsgebiet waren. Direkte schriftliche Aussagen liegen nicht vor, archäologische Zeugnisse bisher nur für die Rheinorte Niederdollendorf und Leutesdorf[73].

Etwas deutlicher zeichnet sich der Fortgang der Mission im Abschnitt von Mainz, Worms und Speyer ab. Auch hier stammen die ersten Zeugnisse aus rheinischen Orten. In Kastel und Wiesbaden hat das Christentum aus römischer Zeit fortbestanden, ein christlicher Grabstein von Goddelau im Ried (südlich Trebur) datiert aus dem 5. oder frühen 6. Jh. Andere Grabsteine des 7./8. Jh. zeigen ein Vordringen am unteren Main bis in den Niddagau hinein. Eine Inschrift von 711/717 aus Nilkheim bei Aschaffenburg erhärtet, daß das Bistum Mainz damals die Spessartgrenze erreicht hatte. Rückschlüsse erlauben die Feststellung, daß auch die Wetterau damals schon von Mainz her christianisiert worden war. Vorgeschobene Posten, aber im Gegensatz zu Utrecht und Soest fest in fränkischer Hand, waren Büraburg (bei Fritzlar), Amöneburg, Glauberg (bei Büdingen) und die Kesterburg (Christenberg bei Wetter). Die Martinskirche des Christenbergs und die Brigidenkirche der Büraburg wurden wohl im ersten oder zweiten Jahrzehnt des 8. Jahrhunderts erbaut[74].

[71] F. W. *Oediger*, Regesten nn. 32 35. Dazu *H. Büttner*, Mission und Kirchenorganisation des Frankenreiches 457. [72] *S. Gollub*, Zur Frage ältester christlicher Bestattungen in Westfalen = Westfäl. Forschungen 11 (1958) 10–16.

[73] *J. Dietrich*, Die frühe kirchliche und politische Erschließung des unteren Lahngebiets im Spiegel der konradinischen Besitzgeschichte: AMrhKG 5 (1953) 157–194; *E. Ewig*, Das Bistum Köln im Frühmittelalter: AHVNrh 155/156 (1954) 205–243; *H. Büttner*, Siegerland und Westerwald im frühen Mittelalter: Hess. Jb. für Landesgesch. 5 (1955) 27; *ders.*, Die politische Erfassung des Lahn- und Dillgebiets im Früh- und Hochmittelalter: ebd. 8 (1958) 1–21. – Die genannten Grabsteine gehören dem 7. Jh. an. Die Mission in den weiter ostwärts gelegenen Gebieten ist ins frühe 8. Jh., die kirchliche Organisation ins spätere 8. und ins 9. Jh. zu datieren. Das Trierer Missionszentrum Dietkirchen an der Lahn dürfte um 700 gegründet worden sein.

[74] *H. Büttner*, Frühes Christentum in Wetterau und Niddagau: Jb. für das Bistum Mainz 1948, 138–150; *ders.*, Frühes fränkisches Christentum am Mittelrhein: AMrhKG 3 (1951) 16 18 39 (Kastel, Wiesbaden, Goddelau) 40 (Gimbach, Hochheim, Nilkheim) 38 ff (Büraburg, Amöneburg, Glauburg bei Büdingen) 52 (Wetterau, Niddagau, Untermain); *ders.*, Die Mainlande um Aschaffenburg im frühen Mittelalter: Aschaffenburger Jb. 4 (1957) 109–128; *ders.*, Mission und Kirchenorganisation des Frankenreichs 457 ff. – Zu Kesterburg und den anderen

Von Worms aus ist im 7. Jh. der untere Neckar von Ladenburg bis Wimpfen erschlossen und am Ende des Jahrhunderts die Wingarteiba mit dem Bauland erreicht worden. Im frühen 8. Jh. wurde im östlichen Odenwald die Abtei Amorbach errichtet. Von Speyer aus wurden der Kraichgau und das mittlere Neckarland im späten 7. und frühen 8. Jh. missioniert, wobei die um 660 gegründete Abtei Weißenburg eine besondere Rolle gespielt hat[75]. Vermutlich gingen um die gleiche Zeit auch Einwirkungen von Straßburg auf die Ortenau und den Breisgau aus. Die ersten Klöster in der Ortenau entstanden unter dem Einfluß Pirmins allerdings erst nach der fränkischen Eroberung Alemanniens im Jahrzehnt von 740–750[76].

Von Worms aus liefen alte Straßen nach Würzburg, das im 7. und frühen 8. Jh. Sitz des mainländischen Herzogsgeschlechts der „Hedene“ war. Christliche Einflüsse wurden hier nach dem ersten Drittel des 7. Jh. wirksam. Der Ire Kilian, der als Apostel des Landes gilt, und seine Gefährten Colman und Totnan kamen um 689 in einem Konflikt mit dem bereits christlichen Herzog Gozbert ums Leben. Gozberts Sohn, Herzog Heden II., der seine Herrschaft um 700 auch auf Thüringen ausdehnte, soll nach später Überlieferung die Würzburger Marienkirche auf dem Marienberg gegründet haben. Heden II. war in der Tat um den kirchlichen Aufbau in seinen Ländern bemüht. Er suchte für diese Aufgabe den Angelsachsen Willibrord zu gewinnen, dem er 704 Güter zu Arnstadt, Mühlberg bei Gotha und Großmonra in Thüringen, 716 sein Erbgut Hammelburg im mainländischen Saalegau zum Zweck einer Klostergründung übertrug. Willibrord hat anscheinend in den Jahren 715–719, in denen ihm das friesische Missionsfeld durch den Friesenkönig Radbod verschlossen war, einige angelsächsische Helfer nach Thüringen abgeordnet. Doch kam das

hessischen Burgen vgl. auch W. *Schlesinger,* Die Franken im Gebiet östlich des mittleren Rheins: Hess. Jb. für Landesgesch. 15 (1965) 18ff; ferner K. Weidemann, R. Gensen und N. Wand in: Althessen im Frankenreich (Nationes II), hrsg. von W. Schlesinger (1975). – Büttner datiert die Missionierung von Wetterau, Niddagau und Untermain ins späte 7. und frühe 8. Jh. Das erste, noch weitmaschige Kirchennetz der Wetterau entstand in der ersten Hälfte des 8. Jh. im Anschluß an fränkische Fiskalbezirke. – Später irischer Einfluß um Gießen: *M. Gockel* und *M. Werner,* Die Urkunde des Beatus von Honau von 778: *W. Küther,* Die Wüstung Hausen (1971) 136–166. – Vgl. ferner die Beiträge von Schlesinger, Wand und Schwind in: Althessen im Frankenreich a. a. O.

[75] *H. Büttner,* Amorbach und die Pirminlegende: AMrhKG 5 (1953) 102–107; *ders.,* Christentum und Kirche zwischen Neckar und Main im 7. und frühen 8. Jh.: St. Bonifatius (Fulda 1954) 363–387; *ders.,* Fränkische Herrschaft und frühes Christentum im mittleren Neckargebiet: 22. Veröffentlichung des Hist. Vereins Heilbronn (1957) 7–15; *ders.,* Die Mainlande um Aschaffenburg 111–112; *ders.,* Das Bistum Worms und der Neckarraum während des Früh- und Hochmittelalters: AMrhKG 10 (1958) 9–38; *ders.,* Mission und Kirchenorganisation des Frankenreiches 458. Büttner betont, daß die früheste kirchliche Organisation auch am Rhein, Neckar und Main in starkem Maße an die fränkischen Fisci anknüpfte.

[76] Die Anfänge von Gengenbach sollen allerdings bis ca 727 hinaufreichen: *H. Jaenichen,* Warin, Ruthard und Scrot: Zschr. für württemberg. Landesgesch. 14 (1955) 327–384. – In der Zeit des starken alemannischen Herzogtums kamen Einflüsse vom Elsaß her jedoch m. E. nicht so sehr zur Geltung.

Kloster in Hammelburg nicht zustande – ein Teil der dem Angelsachsen dort übertragenen Güter ging an die Abtei Echternach über. In der Mark Hammelburg und in Schweinfurt hatte auch die Abtei Weißenburg Besitzungen, die erstmals durch das nach der Mitte des 9. Jh. angelegte Weißenburger Urbar bezeugt sind. Ob diese Güter schon durch Heden II. an die südfränkische Abtei gelangten und auf einen missionarischen Einsatz von Weißenburg schließen lassen, ist nach neueren Untersuchungen zweifelhaft. Die Tradition von der Gründung des Erfurter Petrusklosters durch Weißenburg ist als Fälschung zu verwerfen[77]. Dagegen scheinen Beziehungen Hedens II. zu Mainz bestanden zu haben. Die legendarische Überlieferung, daß Bilichild, die Gründerin des um oder kurz vor 700 gegründeten Mainzer Frauenklosters Altmünster, in verwandtschaftlichen Beziehungen zum Würzburger Herzogshaus gestanden habe, wird durch Ausstattungsgut der Abtei im Umkreis von Würzburg gestützt[78]. Das älteste Kirchennetz in den Mainlanden schloß, wie die Ausstattung des von Bonifatius gegründeten Bistums durch den Hausmeier Karlmann zeigt, eng an die Fiskalorganisation an. Es ist wahrscheinlich nach der Auflösung des mainländisch-thüringischen Herzogtums (um 719) unter Karl Martell ausgebaut worden.

Als Winfrid-Bonifatius seine Tätigkeit in Hessen und in Thüringen jenseits des Waldes aufnahm, gab es in diesen beiden Landschaften und am Main bereits ältere Stützpunkte der Mission. Abgeschlossen war die Christianisierung der rechtsrheinischen fränkischen Vorlande, Alemanniens und Bayerns. Die Germanenmission war aus der kirchlichen Restauration herausgewachsen, die ihre ersten Erfolge am Rhein (6. Jh.), dann im burgundisch-alemannisch-rätischen Grenzgebiet (Ende 6. und Anfang 7. Jh.), schließlich im nordgallisch-fränkischen Land (1. und 2. Drittel des 7. Jh) errungen hatte. Ihre großen Triumphe sind jedoch weitgehend dem Luxeuiler Mönchtum zu verdanken, das den Missionsimpuls erneuerte und sowohl an der nordgallisch-fränkischen Front wie im Bereich der süddeutschen Stämme wirksam wurde.

Die merowingischen Könige haben keine Zwangsmittel für die Mission eingesetzt, wohl aber die kirchliche Restauration und Mission direkt und indirekt gefördert. So holte Theuderich I. Aquitanier in die austrasische Francia, um die gelichteten Reihen im dortigen Klerus wieder aufzufüllen. So hat Theudebert II.

[77] *H. Büttner*, Frühes fränkisches Christentum am Mittelrhein 43–49 (dort auch Reimser Einflüsse); *ders.*, Christentum und Kirche zwischen Neckar und Main 373–375; *ders.*, Die Mainlande um Aschaffenburg 111 ff; *ders.*, Fränkische Herrschaft 9 ff; *ders.*, Mission und Kirchenorganisation des Frankenreiches 458 ff; *F. Prinz* a. a. O. 234–236 238–241; *J. Dienemann*, Der Kult des hl. Kilian im 8. und 9. Jh. (Würzburg 1955). – *Patze-Schlesinger*, Gesch. Thüringens I 338–344; *M. Werner*, Die Gründungstradition des Erfurter Petersklosters: Vorträge und Forschungen, Sonderband 12 (1973).

[78] *H. Büttner*, Frühes fränkisches Christentum am Mittelrhein 50; *ders.*, Die Mainlande um Aschaffenburg 113; *E. Ewig*, Die ältesten Mainzer Bischofsgräber: Universitas 2, Festschrift Bischof A. Stohr (1960) 23; *ders.*, Die ältesten Mainzer Patrozinien und die Frühgeschichte des Bistums Mainz: Das erste Jahrtausend. Kunst und Kultur im werdenden Abendland an Rhein und Ruhr I (Düsseldorf 1962) 125–127; *F. Prinz* a. a. O. 188 ff.

Columban und seine Gefährten am Zürich- und Bodensee eingesetzt, hat Dagobert I. Luxeuiler Mönche in die nordgallisch-fränkischen Lande berufen. Die in der Mission tätigen Kleriker und Mönche erhielten den königlichen Schutz und eine bisweilen sehr beträchtliche materielle Unterstützung, wie etwa die Gründung der Abtei St-Amand zeigt. Der Fernbesitz innergallischer Kirchen am Rhein geht daher wohl auch z. T. auf den Einsatz dieser Kirchen in Restauration und Mission zurück. Aus ihm kann man mit der nötigen Vorsicht auf eine Beteiligung der Kirchen von Reims und Châlons, von Trier, Metz und Verdun am Wiederaufbauwerk am Rhein schließen.

Indirekt wirkte sich die königliche Förderung darin aus, daß die Mission bei den Zentren königlicher Herrschaft ansetzen konnte und meist auch angesetzt hat: bei den Königsresidenzen, den römischen und merowingischen Kastellen und bei den großen Fiskalhöfen, wo Kirchen für die Bedürfnisse des Hofes, der fränkischen Garnisonen und Verwaltung früh errichtet wurden und der Schutz durch die merowingischen Amtsträger am wirksamsten war. Der Verfall der merowingischen Königsmacht seit dem 2. Drittel des 7. Jh. hat an dieser Situation grundsätzlich nichts geändert, da die Herzöge Christen waren und in vieler Hinsicht die Funktionen des Königstums gegenüber Christentum und Kirche übernehmen konnten. Sie hatten freilich nicht das Recht, neue Bistümer zu gründen[79]. In der Praxis ergaben sich manchmal Zusammenstöße, wenn die Missionare zugleich als politische Sendlinge der Franken galten oder wenn sie Kirchenrecht und -moral intransigent gegenüber einer noch rudis christianitas vertraten. Wieweit das Missionswerk dabei von Fall zu Fall Schaden erlitt, ist schwer zu erkennen.

Bei den städtischen Königs- und Herzogsresidenzen und den Kastellen gab es sowohl am Rhein wie auch östlich der Iller und südlich der Donau noch romanisch-christliche Gruppen, die die Völkerwanderung überstanden hatten. Sie boten am Rhein, wo die kirchliche Restauration schon im 6. Jh. einsetzte, einen wichtigen Rückhalt für das Aufbauwerk, zumal die aquitanisch-gallischen Kleriker von ihnen nicht als Fremde empfunden wurden. Reaktionen gegen die Helfer aus dem Westen und Süden machten sich allenfalls gelegentlich bei der germanisch-fränkischen Bevölkerung geltend. Reservierter scheinen die rätisch-norischen Romanen den episcopi Galliarum und ihren Helfern, vielleicht auch noch den Luxeuiler Mönchen des 7. Jh. gegenübergestanden zu haben,

[79] Nach dem Tode Dagoberts I. (638) sind im Merowingerreich bis zu Bonifatius keine Bistümer mehr gegründet worden. Dagegen haben die Elsässer Herzöge bei der Ausdehnung ihrer Herrschaft bis in den Schweizer Jura das kurz zuvor wieder erstandene Bistum Basel eingehen lassen und den Basler Sprengel mit Straßburg vereinigt. Konstanz entwickelte sich in der Zeit der faktischen Königsvakanz zu einem nationalalemannischen Bistum, indem es das ganze alemannische Missionsgebiet absorbierte und damit zu einer der größten Diözesen des Mittelalters wurde. Ein Plan des Bayernherzogs Theodo zur kirchlichen Organisation seines Landes von 716 konnte bezeichnenderweise nicht durchgeführt werden. Er bleibt historisch insofern bedeutsam, als damals zum erstenmal im fränkischen Einflußbereich der Versuch gemacht wurde, den Papst zur Gründung von Bistümern heranzuziehen.

wenn auch die Gegensätze von Prinz manchmal überbetont sein dürften. Schließlich sind doch in Regensburg und Salzburg die Kirchen, für die man eine römische Kontinuität annimmt, auch die Keimzellen des neuen Bistums geworden. Wie Prinz selbst betont, dürften die bayerischen Herzöge im allgemeinen gute Beziehungen zur einheimischen Romania unterhalten haben. Die von Anfang an gegebene Symbiose in den Gebieten links des Rheins und südlich der Donau wird jedenfalls die Bekehrung der dort angesiedelten Franken, Alemannen und Bayern im ganzen erleichtert haben.

An der Rheinlinie von Köln bis Worms dürfte das Aufbauwerk durchweg in der Hand der Bischöfe gelegen haben: sei es, daß die Bistumsorganisation trotz der Lücken in den rheinischen Bischofslisten nicht ganz zusammengebrochen war oder daß sie mit Hilfe des aquitanischen und innergallischen Klerus bald wieder aufgebaut werden konnte. Dabei war sicher von Bedeutung, daß die auswärtigen Helfer selbst entweder Kleriker waren oder als Mönche älterer Prägung der episkopalen Ordnung leichter eingegliedert werden konnten. Die ältesten Kirchen unterstanden durchweg dem Bischof oder den vom Bischof abhängigen Äbten der alten Basiliken, in einigen Fällen auch dem König. Die Eigenkirchen der Grundherren traten erst in der Ausbauphase hinzu. Klöster Luxeuiler Prägung wurden gleichfalls erst in dieser zweiten Phase gegründet und entfalteten sich vor allem in den Rodungsgebieten der Ardennen(-Eifel) und Vogesen(-Hardt). Für die Struktur der Diözesen erlangten sie eine größere Bedeutung nur im Bereich der Bistümer Maastricht-Lüttich, Speyer und Straßburg, wo sie am eigentlichen Bekehrungswerk einen stärkeren Anteil hatten.

Deutlich abgehoben von der rheinischen Zone erscheinen in dieser Hinsicht das nordgallisch-fränkische und das alemannische Missionsgebiet, wo die Bistümer Thérouanne und Konstanz gegenüber Abteien wie St-Omer (Sithiu) und St. Gallen (bzw. Reichenau) lange Zeit als parents pauvres erscheinen oder auch die Abtei St-Vaast von Arras gegenüber der Bischofsstadt Cambrai einen gewichtigen Gegenpol bildete. Eine dritte Zone schließlich stellte Bayern dar, wo sich die Bischofskirchen selbst erst aus monastischen Ansätzen entwickelten. Es läßt sich andererseits kaum verkennen, daß die stärkere missionarische Dynamik im 7. Jh. bei den monastisch durchsetzten oder gar monastisch geprägten Landschaften lag.

Damit ist implizit gesagt, daß die Ausbreitung des Christentums sich nicht allein als ein (kirchen)politisch-organisatorischer Vorgang verstehen läßt, wenn auch die organisatorischen Vorgänge am besten zu übersehen sind. Von den Motiven der Bekehrung, von Geist und Methoden der Mission, die auf sie wenigstens teilweise abgestellt waren, geben die Quellen leider nur ein sehr unzulängliches Bild[80]. Im Vordergrund standen oft Machtproben des Christengottes und seiner Verkünder. Procédés simples et violents, wie die Zerstörung heidni-

[80] Vgl. hierzu *F. Graus,* Volk, Herrscher und Heiliger im Reich der Merowinger (Prag 1965); *ders.,* Sozialgesch. Aspekte (wie Anm. 52); besonders *G. Tessier,* Conversion de Clovis 183–187 (s. Literaturübersicht zum Kap.).

scher Kultstätten und -gegenstände, entsprangen im allgemeinen nicht bloßem Fanatismus, sondern sollten die Ohnmacht der Götter ad oculos demonstrieren. Das positive Gegenstück dazu waren die Wunder der Heiligen. Großen Eindruck machten aber auch die prouesses ascétiques nicht nur der columbanischen Mönche, sondern auch älterer Eremiten, wie etwa Wulfilaichs. Echtem christlichem Geist entsprachen die Werke der Barmherzigkeit, darunter die Befreiung der Gefangenen. Die geistliche Unterweisung war anscheinend sehr stark durch Caesarius von Arles bestimmt.

Im Vordergrund standen bei der Bekehrung zweifellos Glaube (Bekenntnis) und Kult, wenn man im christlichen Bereich beide auch nicht so scharf von Ethik und Moral trennen kann, wie Kuhn dies tut[81]. War doch die pietas in der Sprache der Väter sehr stark auf die clementia und misericordia bezogen. Es fehlt im merowingischen Frankenreich nicht ganz an ergreifenden Zeugnissen echter Nächsten- und Feindesliebe. Auch hat die Kirche den Schutz der Wehrlosen und Bedrängten, der Unmündigen und Landfremden weiterhin als ihre besondere Aufgabe betrachtet. Aber im ganzen herrschte doch ein formales Verständnis der christlichen Religion vor, das zu einer Überbetonung von Kultus und Ritus gegenüber dem Ethos führte. Für diesen religiösen Formalismus ist vielleicht nichts kennzeichnender als die Schonung, die die Merowinger in den sonst bis zur völligen Vernichtung führenden Familienfehden ausnahmslos ihren Patenkindern zuteil werden ließen. Das durch die Patenschaft gewobene kultische Band war unverletzbar, stärker als alle Bande des Blutes. In den gleichen Zusammenhang gehört die peinliche Beachtung des kirchlichen Asylrechts, das nur durch List umgangen werden konnte. Andererseits darf man die lebendigen religiösen Impulse auch dieser Frömmigkeit nicht übersehen. In der strengen Beobachtung der kultisch-rituellen Vorschriften äußerte sich echte Gottesfurcht, mochte man damit auch gelegentlich Gott zu überlisten versuchen. Zur Sühne begangener Verbrechen war man zu großen physischen Anstrengungen und materiellen Opfern bereit. Zahlreiche Pilgerfahrten, kirchliche Neugründungen und Schenkungen zeugen von dieser Bereitschaft. Die oft verschwenderische Ausstattung der Altäre, der Heiligengräber und der Kirchen ist ein sprechender Ausdruck der Religiosität dieser Zeit.

Menschen dieser Geistesart mußten die Heiligen mehr als Helfer denn als Vorbilder erscheinen[82]. Eine Wandlung dieser Art war seit dem Ende des 4. Jh. im Gange: seit der Reliquienkult den mehr symbolisch-theologisch verstandenen Heiligenkult der Frühzeit allmählich überdeckte. Germanische Vorstellungen beschleunigten diesen Prozeß. Zu den ältesten in Gallien verehrten Heiligen

[81] *H. Kuhn*, Das Fortleben germanischen Heidentums nach der Christianisierung: Settimane di studio ... XIV. La conversione al cristianesimo 743–757.

[82] Zum folgenden: *E. Ewig*, Die Kathedralpatrozinien im römischen und fränkischen Gallien: HJ 79 (1960) 1–61; *ders.*, Der Petrus- und Apostelkult im spätrömischen und fränkischen Gallien: ZKG 71 (1960) 215–251; *ders.*, Le culte de St. Martin à l'époque franque: RHEF (1962) 1–32.

gehörten Maria, die Apostel oder Apostelfürsten, die ambrosianischen Martyrer, die Erzmartyrer Stephanus, Mauricius (Gallien), Vincentius (Spanien) und Laurentius (Rom) sowie die großen gallischen Bischöfe Hilarius von Poitiers, Martin von Tours, Germanus von Auxerre und Lupus von Troyes. Petrus galt im frühen 6. Jh. als Fundament der katholischen Kirche und Symbol ihrer Einheit. Aber Petrus war in Rom begraben. Unmittelbarer wirkten schon auf Chlodwig Martin und Hilarius, die ihm im Gotenkrieg hold waren, deren Heiligtümer er selbst den Goten entriß. Sie blieben Patrone der Merowinger, ihres Reiches und ihrer Kirche. Neben sie traten im 6. und 7. Jh. die Heiligen der Königsstädte: Remigius von Reims, Medardus von Soissons, Dionysius von Paris, schließlich wohl auch Gereon von Köln. Entscheidend fiel ins Gewicht die Präsenz des heiligen Leichnams in der Königsstadt, in der königlichen Grabbasilika oder auch in einer der großen Bischofsstädte der Francia. In Neustroburgund erhielten die Basiliken gefeierter Heiliger – ubi ipse sanctus corpore requiescit – bald nach der Mitte des 7. Jh. Sonderprivilegien mit eigener Immunität durch die Königin Balthild. Die Individualisierung des Heiligenkults wirkte sich auch auf den Marienkult aus, obwohl dieser nicht an Reliquien gebunden war. Maria, die in der alten Kirche als Symbol der Ecclesia gegolten hatte, wurde im 7. Jh. Patronin der zahlreichen neugegründeten Frauenklöster. Der Petrus- und Apostelkult blieb im 6. Jh. im Episkopat lebendig; im 7. Jh. wurde er nicht zuletzt durch Luxeuiler Mönche in weitere Kreise getragen.

Es entsprach dem Denken der frühmittelalterlichen Gesellschaft, daß das in größerer Nähe zum Ritus stehende kirchliche Recht früher und häufiger hervortrat als die christliche Moral. Im Laufe des 6. Jh. nahmen die Könige allmählich auch kirchliche Satzungen in ihre Capitularien auf. Zu nennen wären u. a. das schon erwähnte Verbot von Götzenkult und Opfermahl durch Childebert I. (ca. 533), die Fastenverordnung Guntrams, das Gebot der Sonntagsheiligung durch Guntram (588) und Childebert II. (596), das Verbot der Verwandtenehen durch Childebert II., der Nonnenheirat durch Chlothar II. (614) sowie Bestimmungen über das Asylrecht. Die unter Chlodwig redigierte Lex Salica ist von christlichem Geist noch kaum berührt. Anders die in der 1. Hälfte des 7. Jh. redigierte Lex Ribuaria. In ihr findet sich erstmals der später so oft zitierte Rechtssatz „Ecclesia vivit lege Romana", mit dem die Anerkennung eines eigenen kirchlichen Rechtskreises ausgesprochen ist. Die Lex Ribuaria hat auch die Gesetzgebung Chlothars II. und Dagoberts I. rezipiert, darunter die Bestimmungen, die die nichtköniglichen Freigelassenen weitgehend dem kirchlichen Patronat unterstellten. Noch stärker ist der kirchliche Einfluß in der Lex Alamannorum und der Lex Baiuvariorum, deren überkommene Fassungen in die zwanziger und vierziger Jahre des 8. Jh. zurückgehen. Ein Großteil der königlichen Bestimmungen (Klerikerwergeld, Sonntagsheiligung, Verwandtschaftsehen, Asylrecht, kirchliches Patronat für Freigelassene) fand Aufnahme in diese Rechte[83].

[83] Am kirchlichen Eherecht haben sich noch manche Konflikte zwischen den Missionaren des 7. und frühen 8. Jh. (Kilian, Korbinian) und den schon bekehrten rechtsrheinischen Herzögen entzündet.

Der Bischof ist in ihnen durch ein Sonderwergeld vom Klerus abgehoben, der Eid teilweise verchristlicht, der Kirchenbann bei besonders schweren Verbrechen (parricidium) der weltlichen Strafe zugesellt. Schwer zu erkennen ist der christliche Einfluß auf den Geist der Rechtsnormen in den Volksrechten[84]. Christliches Rechtsdenken manifestierte sich im allgemeinen erst in einer formal bereits christlichen Umgebung, das heißt nach dem Abschluß der Bekehrung im engeren Sinne. In dieser späteren Phase drängte man auch energischer auf die Abschaffung heidnischer Bräuche. Sie kommt im späten 7. und frühen 8. Jh. deutlicher zum Ausdruck im Wandel der Bestattungsriten: in der Aufgabe der Beigaben und der Beerdigung in Reihengräbern, in der Verlegung der Friedhöfe an die Pfarrkirchen.

Die parallel zur Mission verlaufende Verchristlichung von Staat und Gesellschaft setzte am frühesten und deutlichsten beim Königtum ein[85]. Schon Chlodwig hatte bei seiner Taufe auf den göttlichen Ursprung seines Geschlechts verzichten müssen – sola nobilitate contentus, wie Avitus von Vienne sagte. Die germanischen Vorstellungen von einem besonderen Königsheil gingen dadurch nicht verloren. Auch die alten Formen der Königserhebung und -einweisung änderten sich nicht. Der Wandel setzte ein in der Auffassung des Herrscherberufs: hier ist zuerst eine stetige Einwirkung des christlichen Ethos zu erkennen. Schon Remigius von Reims hatte Chlodwig den Schutz der Waffenlosen und Bedrängten, der Witwen und Waisen ans Herz gelegt, in einfacher Übertragung bischöflicher Pflichten auf den König. Er eröffnet die Reihe der Bischöfe, die die Könige mahnten, die iustitia im Sinne der aequitas zu wahren, die pietas im Sinne der persönlichen Gottesfurcht wie der Fürsorge für die Kirche und die Schutzbedürftigen zu pflegen. In der Liturgie des 7. Jh. trat der König an die Stelle des Kaisers, der fränkische an die Stelle des römischen Namens. Als besondere Aufgabe des Herrschers erschien hier die Wahrung des äußeren Friedens, insbesondere gegenüber den Heiden. Man stellte den König im 7. Jh. als Stellvertreter Gottes in der Regierung der Welt hin, sprach ihm sogar die Funktion zu, das Bischofsamt zu übertragen. Schon begegnen Hinweise auf das alttestamentarische Königtum. Als erster Frankenkönig ist Chlothar II. mit David verglichen worden. Im frühen 8. Jh. wurde Dagobert I. rückschauend als Friedenskönig Salomon bezeichnet.

Damit war ein neuer Ton angeschlagen, der aufhorchen läßt. Viele Indizien zeigen, daß im Zeitraum von etwa 585 bis 638 eine neue Stufe der Verchristlichung von Staat und Gesellschaft erreicht wurde: die Grenzen zwischen Landeskonzilien und Großenversammlungen verschwammen, Germanen traten in größerer Zahl in den Episkopat ein, das Luxeuiler Mönchtum strahlte auf das

[84] *J. Imbert,* L'influence du christianisme sur la législation des peuples francs et germains: Settimane di studio ... XIV. La conversione al cristianesimo 365–396; *G. Vismara,* Cristianesimo e legislazione germaniche. Leggi langobarde, alamanne e bavare: ebd. 397–467.

[85] *E. Ewig,* Zum christlichen Königsgedanken im Frühmittelalter: Vorträge und Forschungen, hrsg. von *Th. Mayer* III (Lindau – Konstanz 1956) 19–24.

Königtum und die Aristokratie der Francia aus, kirchliche Bestimmungen fanden allmählich Eingang in Königs- und Volksrecht. Die Entwicklung als solche kam nicht zum Stillstand, aber die ordnende Macht des Königtums schwand infolge der hoffnungslosen Dekadenz der merowingischen Dynastie, die seit 680 aller Welt offenbar wurde. Erst die Karolinger griffen die Fäden wieder auf und knüpften sie neu.

14. Kapitel

Die Ostgermanen und der Katholizismus
Der Übertritt der Spaniensweben und Westgoten zum Katholizismus und die Nachblüte der christlichen Antike in der gotisch-spanischen Landeskirche

Die wichtigste einschlägige Lit. zum Wandalen- und Ostgotenreich ist in den Anmerkungen 1 und 3 verzeichnet. In die Übersicht sind nur Quellen und Lit. zur Gesch. der Westgoten und Sweben in Spanien aufgenommen.

QUELLEN: Einführende Darstellung und Quellenverzeichnisse: *B. Sánchez Alonso*, Fuentes de la historia española e hispano-americana, 2 Bde (Madrid ³1952); *ders.*, Historia de la historiografía española I (Madrid ²1947); *R. Grosse*, Las fuentes de la época visigoda y bizantina: Fontes Hispaniae antiquae IX (Barcelona 1927); *M. C. Díaz y Díaz*, Index scriptorum latinorum medii aevi hispanorum (Salamanca 1958/59). – Umfassende Quellenpublikation zur spanischen Gesch.: *H. Flórez*, España sagrada, 52 Bde (Madrid 1747/1918); MG Auct. ant. XI (spanische Chroniken des 5.–7. Jh., darunter Hydatius, Johannes von Biclaro, Isidor), VI (Gedichte Martins von Dumio), XIV (Gedichte und Briefe Eugens II. von Toledo); MGSS rer. Mer. V (Historia Wambae regis des Julian von Toledo); MGLL I (Lex Visigothorum); MGEp III (Epistolae Visigothicae); *Mansi* VII–XII und PL 84 (spanische Konzilien); *J. N. Garvin*, The Vitae ss. patrum Emeritensium. Text and translation with an introduction and commentary. The Catholic Univ. of America. Studies in medieval and renaissance latin language and litterature 19 (Washington 1946), auch: Acta Sanctorum. November I. Die Werke der spanischen Kirchenväter finden sich PL 37 (Valerius von Bierzo), 80 (Braulio von Zaragoza, Taio von Zaragoza), 81–84 (Isidor von Sevilla, nach der Edition von Arévalo), 87 (Fructuosus von Braga), 96 (Hildefons und Julian von Toledo). Von neueren Editionen seien zitiert: *J. Madoz*, Epistolario de S. Braulio de Zaragoza, edición crítica. Biblioteca de antiguos escritores cristianos españoles I (Madrid 1941); *Claude W. Barlow*, Martini ep. Bracarensis opera omnia. Papers and Monographs of the American Academy in Rome 12 (New Haven 1950); Isidor, Etymologiarum sive originum libri XX, ed. *W. M. Lindsay*, 2 Bde (Oxford 1911). Inschriften: *J. Vives*, Inscripciones cristianas de la España romana y visigoda (Barcelona 1941); *ders.*, Características hispanas de las inscripciones visigodas: Arbor 1 (1944) 185–199.

LITERATUR: Handbücher und Beiträge zur Geschichte des Westgotenreiches: *R. Menéndez Pidal*, Historia de España III. España visigoda (Madrid 1940); *S. A. Thompson*, The Goths in Spain (Oxford 1969); *R. d'Abadal y de Vinyals*, A propos du legs visigothique en Espagne: Settimane di studio … V. Caratteri del secolo VII in Occidente II (Spoleto 1958) 541–585; *ders.*, Del reino de Tolosa al reino de Toledo (Madrid 1960); *P. Goubert*, Byzance et l'Espagne visigothique: Études byzantines 2 (1944) 5–78; *ders.*, Influences byzantines sur l'Espagne visigothique: RÉB 4 (1946) 111–133; *H. Messmer*, Hispania-Idee und Gotenmythos (Zürich 1960); *C. Sánchez Albornoz*, Otra vez Guadalete y Cavadonga: Cuadernos de

Historia de España 1/2 (1944) 11–114; *ders.*, Donde y cuando murió Don Rodrigo, último rey de los Godos: ebd. 3 (1945) 5–105; *K. F. Stroheker*, Eurich König der Westgoten (Stuttgart 1937); *ders.*, Germanentum und Spätantike (Zürich – Stuttgart 1965). Dieser Sammelband enthält folgende grundlegende Aufsätze Strohekers: „Die geschichtliche Stellung der ostgermanischen Staaten am Mittelmeer", „Leowigild", „Spanische Senatoren der spätrömischen und westgotischen Zeit", „Das spanische Westgotenreich und Byzanz"; *D. Claude*, Geschichte der Westgoten (1970); *ders.*, Adel, Kirche und Königtum im Westgotenreich: Vorträge und Forschungen, Sonderband 8 (1971); *ders.*, Gentile und territoriale Staatsideen im Westgotenreich: Frühmittelalterliche Studien 6 (1972) 1–38.

Recht und Institutionen: *K. Zeumer*, Gesch. der westgotischen Gesetzgebung: NA 23 (1898) 419–516, 24 (1899) 39–122 sowie 571–630, 26 (1901) 91–149; *Th. Melicher*, Der Kampf zwischen Gesetzes- und Gewohnheitsrecht im Westgotenreich (Weimar 1930); *F. S. Lear*, The Public Law in the Visigothic Code: Speculum 26 (1951) 1–23; *C. Sánchez Albornoz*, Pervivencia y crisis de la tradición jurídica romana en la España goda: Settimane di studio... IX. Il passaggio dall'Antichità al Medio Evo in Occidente (Spoleto 1962) 128–199 (mit Bibliogr. u.a. der Werke von García Gallo und Alvaro d'Ors); *ders.*, El gobierno de las ciudades en España del siglo V al X: Settimane di studio... VI. La città nell'alto medio evo (Spoleto 1959) 359–391; *J. M. Lacarra*, Panorama de la historia urbana en la península ibérica desde el siglo V al X: ebd. 319–358; *J. Orlandis*, El poder real y la sucesión al trono en la monarquía visigoda: Estudios visigóticos 3 (Rom – Madrid 1962); *C. Sánchez Albornoz*, El aula regia y las asambleas políticas de los Godos: Cuadernos de Historia de España 5 (1946) 5–110; *ders.*, El senatus visigodo: ebd. 6 (1946) 5–97; *P. D. King*, Law and Society in the Visigothic Kingdom (Cambridge 1972).

Archäologie und Kunstgeschichte: *H. Zeiß*, Die Grabfunde aus dem spanischen Westgotenreich (1934); *W. Reinhart*, La tradición visigoda en el nacimiento de Castilla: Estudios dedicados a Menéndez Pidal I. (Madrid 1950) 535–554 (Zusammenfassung älterer Aufsätze des gleichen Autors); *J. Werner*, Die archäologischen Zeugnisse der Goten in Südrußland, Ungarn, Italien und Spanien: Settimane di studio... III. I Goti in Occidente (Spoleto 1956) 127–130; *P. Palol de Salellas*, Esencia del arte hispánico visigodo; romanismo y germanismo: ebd. 65–126.

Kirchengeschichte: *P. B. Gams*, Die Kirchengeschichte von Spanien, 3 Bde (Regensburg 1862/79, Nachdr. Graz 1956); *Z. García Villada*, Historia eclesiástica de España, 3 Bde (Madrid 1929/36); *P. David*, Études historiques sur la Galice et le Portugal du 6ᵉ au 12ᵉ siècle (Lissabon – Paris 1947); *K. Schäferdiek*, Die Kirche in den Reichen der Westgoten und Suewen bis zur Errichtung der westgotischen katholischen Staatskirche (Berlin 1967); *J. Vives*, Concilios visigóticos e hispano-romanos (Barcelona – Madrid 1963); *J. Orlandis*, El cristianismo en la España visigoda: Estudios visigóticos 1 (Rom – Madrid 1956) 1–14; *ders.*, La Iglesia visigoda y los problemas de la sucesión al trono: Settimane di studio... VII. Le chiese nei regni dell'Europa occidentale e i loro rapporti con Roma I (Spoleto 1960) 333–351; *J. Lacarra*, La iglesia visigoda en el siglo VII y sus relaciones con Roma: ebd. 353–384; *H. v. Schubert*, Staat und Kirche in den arianischen Königreichen und im Reiche Chlodwigs (München – Berlin 1912); *K. A. Ziegler*, Church and State in Visigothic Spain (Washington 1930); *H. H. Anton*, Der König und die Reichskonzilien im westgotischen Spanien: HJ 92 (1972) 257–281.

Bekehrung der Goten und heidnische Relikte: *E. A. Thompson*, The Conversion of the Visigoths to Catholicism: Nottingham Medieval Studies 4 (1960) 4–35; *J. N. Hillgarth*, La conversión de los visigodos, notas críticas: Analecta sacra Tarraconensia 34 (1961) 21–46; *J. Fontaine*, Conversion et culture chez les Visigoths d'Espagne: Settimane di studio... XIV. La conversione al cristianesimo nell'Europa dell'alto Medio Evo (Spoleto 1967) 87–147; *S. Mac Kenna*, Paganism and Pagan Survivals in Spain up to the Fall of the Visigothic Kingdom (Washington 1938).

Seelsorge: *E. Göller,* Das spanisch-westgotische Bußwesen vom 6. bis 8. Jh.: RQ 37 (1929) 245–313; *J. Fernández Alonso,* La cura pastoral en la España visigoda (Rom 1955).

Kirchengut: *G. Martínez Díez,* El patrimonio eclesiástico en la España visigoda (Comillas 1959).

Liturgie (Editionen und Lit.): *H. Gilson,* The Mozarabic Psalter (H. Bradshaw Society 30, London 1905) (Hymnarium); *Dom Férotin,* Liber ordinum: Monumenta ecclesiae liturgica 5 (Paris 1904) (Rituale); Liber Commicus, ed. por los padres de Silos: Analecta Maredsolana I (1893) (Episteln und Evangelien); Antiphonarium Mozarabicum, ed. por los padres de Silos (León 1928); Dom Férotin, Liber sacramentorum: Monumenta ecclesiae liturgica 6 (1912) (Sakramentar); *G. Prado,* Manual de liturgía hispanovisigótica o mozárabe (Madrid 1927); *J. Pérez de Urbel,* Orígen de los himnos mozárabos (Bordeaux 1926); *C. Rojo y G. Prado,* El canto mozárabe (Barcelona 1929).

Kirchenrecht: *P. Fournier – G. Le Bras,* Histoire des collections canoniques en Occident I (Paris 1931); *G. Martínez Díez,* La colección canónica hispana I (Madrid – Barcelona 1966).

Mönchtum: *I. Herwegen,* Das Pactum des hl. Fructuosus von Braga (Stuttgart 1907); *J. Pérez de Urbel,* Los monjes españoles en la edad media (Madrid 1934); *A. Mundò,* Il monachesimo nella peninsula ibérica fino al secolo VII: Settimane di studio ... IV. Il monachesimo nell'alto Medio Evo e la formazione della civiltà occidentale (Spoleto 1957) 73–108.

Bildungswesen: *E. Bagué,* Historia de la cultura española (Barcelona 1953); *M. Díaz y Díaz,* La cultura de la España visigótica del siglo VII: Settimane di studio ... V. Caratteri del secolo VII in Occidente II (Spoleto 1958) 818–844; *ders.,* Anecdota visigótica (Salamanca 1959).

Isidor von Sevilla: *J. Fontaine,* Isidore de Séville et la culture classique dans l'Espagne visigothique (Paris 1959) (maßgebende Monographie mit ausführlicher Bibliogr. zu Isidor und Spanien im Zeitalter Isidors); *Ch. H. Beeson,* Isidor-Studien. Quellen und Untersuchungen zur lat. Philologie des Mittelalters IV, 2 (München 1913); *J. L. Romero,* San Isidoro de Sevilla. Su pensamiento histórico-político y sus relaciones con la historia visigoda: Cuadernos de Historia de España 8 (1947) 5–71; *A. Borst,* Das Bild der Gesch. in der Enzyklopädie Isidors von Sevilla: DA 22 (1966) 1–62; *J. Madoz,* El primado romano en España en el cielo isidoriano: RET 2 (1942) 229–255; *ders.,* El concilio de Calcedonia en S. Isidoro de Sevilla: ebd. 12 (1952) 189–204; *P. Séjourné,* Le dernier père de l'Église. St. Isidore de Séville, son rôle dans l'histoire du droit canonique (Paris 1929); *G. Le Bras,* Sur la part d'Isidore de Séville et des Espagnols dans l'histoire des collections canoniques: RevSR 10 (1930) 218–257; Miscellanea Isidoriana (Rom 1936); darin namentlich *P. Séjourné,* St. Isidore et la liturgie visigothique 221–251 sowie *A. E. Anspach,* Das Fortleben Isidors im 7. bis 9. Jh. 323–356; *J. Fontaine,* La diffusion de l'œuvre d'Isidore de Séville dans les scriptoria helvétiques du haut moyen âge: Schweizerische Zschr. für Gesch. 12 (1962) 305–327; *J. N. Hillgarth,* The East, Visigothic Spain, and the Irish: Studia Patristica 4 (Berlin 1961) 422–456; *ders.,* Visigothic Spain and Early christian Ireland: Proceedings of the Royal Irish Academy 62 Section C Nr. 6 (Dublin 1962) 167–194.

Weitere Monographien: *F. Görres,* Leander Bischof von Sevilla und Metropolit der Kirchenprovinz Baetica: ZWTh 29 (1886) 36–50; *ders.,* Mausona Bischof von Mérida und Metropolit der Kirchenprovinz Lusitanien: ebd. 28 (1885) 326–332; Juan de Biclaro, obispo de Gerona, su vida y su obra. Introducción, texto crítico y comentarios por *J. Campos* (Madrid 1960); *J. Madoz,* Martín de Braga; el XIV° centenario de su llegada en la península ibérica: EE 25 (1951) 219–242; *C. H. Lynch,* St. Braulio Bishop of Saragossa 631–651. His life and writings (Washington 1938); *Sister Athanasius Braegelmann,* The Life and Writings of St. Ildefons of Toledo: The Catholic Univ. of America, Studies in Medieval History 4 (Washington 1942); *F. X. Murphy,* Julian of Toledo and the Condemnation of Monotheletism in Spain: Mélanges J. de Gellinck (Gembloux 1951) 361–373.

Ein knappes Jahrhundert – vom Erlöschen der theodosianischen Dynastie (455) bis zum Beginn der Restaurationskriege Justinians (533) – hat der Okzident im Zeichen der Ostgermanen, speziell der Goten, gestanden. Bei der Auflösung des Imperiums im Westen spielten die Wandalen unter Geiserich (428–477), der wohl als erster Herrscher ein souveränes regnum gründete (439–442), eine bedeutsame, aber ephemere Rolle. Im Gegensatz zu den Wandalen sind die Goten allmählich ins Imperium hineingewachsen, obwohl auch sie als Arianer von den Romanen getrennt blieben. Ihre Könige übernahmen das Erbe der großen Heermeister, die das Hesperium regnum seit dem Tode Theodosius' I. geleitet hatten. West- und Ostgoten reichten sich dabei die Hand. Die Westgoten waren nach dem Aufbruch aus dem Balkan 418 als Föderaten im Südwesten Galliens (Aquitania II, Provinz Bordeaux) angesiedelt worden und gründeten dort das Reich von Toulouse, das sich über Südgallien und Nordspanien ausdehnte. Die Ostgoten zogen 489 in Italien ein. Vom Westgoten Eurich (466–484), dem Großkönig in Gallien und Spanien, ging die Hegemonie an den Ostgoten Theoderich (488/493–526), den kaiserlichen Patricius und Großkönig in Italien, über.

Politisch und kirchengeschichtlich nahm das Reich der Wandalen, deren Könige von Geiserich bis Thrasamund eine aktive Arianisierung betrieben, eine Sonderstellung ein. Bei den Wandalen kam es zu einer wirklichen Katholikenverfolgung, die zwar nicht zum Untergang der afroromanischen Kirche führte, aber doch Gewicht und Bedeutung der afrikanischen Kirche innerhalb der gesamten Christenheit erheblich beeinträchtigte[1]. In den beiden gotischen und den gotisch beeinflußten Reichen der Sweben in Spanien und Burgunden in Gallien blieben der katholischen Kirche Prüfungen von dieser Härte erspart. Die Struktur dieser regna war dualistisch bestimmt. Der dualistische Aufbau beruhte auf der spätrömischen Trennung von Militär und Zivil und ermöglichte ein im ganzen friedliches, zeitweise sogar freundliches Nebeneinander von arianischen Germanen (Militär) und katholischen Romanen (Zivil). Er bildete freilich ein Hindernis für die germanisch-romanische Symbiose, obwohl sich die Goten der griechisch-römischen Kultur in höherem Maße öffneten als die Franken. Denn das stärkste Gemeinschaftsband war nicht die Bildung, sondern der Glaube.

Solange die arianischen Germanen als Föderaten innerhalb des Imperiums lebten, waren ihre Beziehungen zur katholischen Kirche unproblematisch, da diese als Reichsinstitution ihrer Kompetenz entzogen war[2]. Es konnte daher zwar zu Übergriffen und Plünderungen kommen, nicht aber zu einem Konflikt

[1] Vgl. auch Kapitel 17. Hier sei nur noch einmal auf die beiden grundlegenden Werke zur Gesch. der Wandalen verwiesen: *L. Schmidt,* Gesch. der Wandalen (München 1942) und bes. *Ch. Courtois,* Les Vandales et l'Afrique (Paris 1950).

[2] Zu den Ausführungen über Eurich und Alarich II vgl. *K. Schäferdiek,* Die Kirche in den Reichen der Westgoten und Suewen 27ff (neue Sicht, mit berechtigter Korrektur bisher gültiger Auffassungen).

von grundsätzlicher Bedeutung. Ein solcher Konflikt entstand erst, als Eurich das Westgotenreich aus dem Imperium herauslöste, dabei die Bindung der katholischen Kirche seines Herrschaftsgebiets an Rom und die Reichskirche zerschnitt und die Neubesetzung vakanter Bistümer in seinem Reich unterband. Diese restriktiven Maßnahmen lähmten das kirchliche Leben und wurden naturgemäß als Verfolgung empfunden, entsprangen aber einer neuen Situation und hatten im Grunde nur einen politischen, nicht einen religiös-kirchlichen Hintergrund. Eurichs Sohn und Nachfolger Alarich II. hat sie durch eine positive Integrationspolitik ersetzt. Die unter ihm 506 publizierte Lex Romana Visigotorum, auch als Breviarium Alaricianum bezeichnet, enthielt die wesentlichen Bestimmungen des Kaiserrechts, die das Leben der Kirche im Imperium regelten und nun als gotisches Reichsrecht für die Romanen sanktioniert wurden. Die Synode von Agde, die noch im gleichen Jahr unter dem Vorsitz des Bischofs Caesarius von Arles zusammentrat, eröffnete 5 Jahre vor der frankogallischen Synode von Orléans und 11 Jahre vor der burgundogallischen von Yenne (Epao) die Reihe der frühmittelalterlichen „Landeskonzilien", die sich künftig auf der Basis eines regnums auf Anordnung oder wenigstens mit Erlaubnis des jeweiligen germanischen Königs versammeln sollten. Die kirchlichen Verhältnisse im Westgotenreiche normalisierten sich, die katholischen Romanen nahmen dafür eine allgemeine, in ihrem Umfang noch nicht näher definierte Kirchenhoheit des arianischen Königs in Kauf.

Alarichs Lösung wurde im gotischen Bereich zunächst nicht wirksam, da der Frankenkrieg von 507 bis 511 die Lebensgrundlagen der Westgoten in Frage stellte. Das Reich von Toulouse zerbrach, die Kerngebiete des Volkes in Westaquitanien gingen mit der Hauptstadt an die Franken verloren. Der große Ostgotenkönig Theoderich rettete das westgotische Brudervolk vor dem Untergang, schloß aber die Provence dem unmittelbaren ostgotischen Herrschaftsbereich an und nahm zugleich die Regierung im Interesse seines westgotischen Enkels Amalarich, des Sohnes Alarichs II., in Anspruch. Unter ostgotischem Schutz wurde die westgotische Hauptstadt zunächst nach Narbonne verlegt.

Theoderich war nicht nur als Ostgotenkönig, sondern zugleich auch als Patricius im Auftrag des Kaisers Regent von Italien. Seine Stellung gegenüber der römischen Kirche wie gegenüber der katholischen Kirche des Westens überhaupt ist daher in landeskirchlichen Kategorien nicht faßbar. Selbst wenn der Amaler auf die römische Kirche in weit stärkerem Maße Einfluß genommen haben sollte, als man bisher glaubte, kam seine Herrschaft faktisch doch der kirchlichen Autonomie Roms gegenüber dem Kaiser zugute[3]. Im gesamtgoti-

[3] Vgl. Kapitel Beitrag Baus. Grundlegend für die herrschende Auffassung: *G. Pfeilschifter*, Der Ostgotenkönig Theoderich der Große und die katholische Kirche (Münster 1896). Einzelkorrekturen bei W. *Enßlin*, Theoderich der Große (München 1947). Neue, aber noch nicht ausdiskutierte Auffassung: *G. P. Picotti*, Osservazioni su alcuni punti della politica religiosa di Teoderico: Settimane di studio … III. I Goti in Occidente (Spoleto 1956) 173–226; vgl. auch die Literaturübersicht bei *Haendler*. Literaturübersicht 13, 3. – Auch wenn Theoderich

schen Bereich sind die Beziehungen der gallisch-spanischen Kirchen zu Rom wieder gefestigt worden, wie der Sonderauftrag des Papstes Hormisdas an den Bischof von Elche (Prov. Baetica) und die päpstlichen Vikariatsverleihungen von 514 an Arles (für Gallien und Spanien) und von 521 an Sevilla (für die Baetica und Lusitania) zeigen. Im gotisch beherrschten Spanien nahm die Kirche ihre Synodaltätigkeit alten Stils wieder auf: in der Form von Provinzial-, nicht von Landeskonzilien[4].

So bedeutete die Regierung Theoderichs des Großen in den Gotenreichen des Okzidents für die Kirche im Grunde eine Rückkehr zu den Verhältnissen der spätrömischen Zeit. Daran änderte sich im westgotischen Bereich auch nach dem Tode Theoderichs zunächst nichts. Denn als die Restaurationspolitik Justinians auf Italien übergriff, bestand das „intermedio ostrogodo" im Westgotenreich unter den Königen Theudis (531–548) und Theudisclus (548–549) noch fort. Theudis konnte erneuten fränkischen Angriffen 531 und 541 Einhalt gebieten. Die Gotenherrschaft in der Narbonensis I (Septimanien ohne Toulouse) und in Spanien blieb erhalten. In Spanien konnten die Goten über die Tarraconensis und Carthaginiensis hinaus auch in der Baetica (Prov. Sevilla) allmählich Fuß fassen.

Die Zukunft der Westgoten war weniger durch äußere Gefahren als durch innere Auseinandersetzungen bedroht, da es Theudis und Theudisclus nicht gelang, eine neue dynastische Legitimität zu begründen. Die Machtkämpfe der großen Adelsfaktionen drohten beim Ende des „intermedio ostrogodo" zu einem völligen Chaos zu führen. Gegen den 549 erhobenen König Agila rebellierte Athanagild, der beim Kaiser Hilfe suchte. Athanagild setzte sich gegen Agila durch, mußte aber in Kauf nehmen, daß die Byzantiner, die 552 in Südspanien gelandet waren, Teile der Baetica und der Carthaginiensis besetzten und als kaiserliche Provinz einrichteten. Gleichwohl bedeutete die Regierung Athanagilds (551/554–567) einen Neubeginn in der Geschichte der Westgoten. Unter diesem Herrscher trat Toledo, am Südrand des gotischen Siedlungsgebiets in Spanien (Kastilien-León) gelegen, das schon unter Theudis Königsresidenz war, als Hauptstadt deutlicher hervor. Der eigentliche Neubegründer des spanischen Westgotenreichs von Toledo aber wurde erst Athanagilds Nachfolger Leowigild (568/572–586).

Neben dem Westgotenreich bestand in Spanien ein zweites Germanenreich der Sweben, das nur die schwach romanisierte Provinz Gallaecia (Braga) und Teile des nördlichen Lusitanien umfaßte[5]. Die Sweben waren im 5. Jh. unter

weit stärker in die Angelegenheiten der Kirche eingegriffen hätte, als man bisher annahm, bliebe doch ein erheblicher Unterschied zwischen der ostgotischen und der oströmisch-byzantinischen Herrschaft bestehen.

[4] Zur Auswirkung der Herrschaft Theoderichs auf die kirchlichen Verhältnisse im Westgotenreich vgl. *K. Schäferdiek* a.a.O. 68ff.

[5] Zur Gesch. der Spaniensweben zuletzt *K. Schäferdiek* a.a.O. 120ff und 247ff (dort auch Quellen und Lit.). Die Darstellung Schäferdieks behält auch gegenüber Thompson (Goths in Spain) ihren Wert.

gotischem Einfluß Arianer geworden, doch liegen für die Geschichte ihres Reiches für das letzte Drittel des 5. und die 1. Hälfte des 6. Jh. so gut wie keine Nachrichten vor. Das „einzige echte Dokument“ aus dieser Periode, ein Schreiben des Papstes Vigilius an den Metropoliten von Braga aus dem Jahre 538, läßt erkennen, daß die katholische Kirche unter swebischer Herrschaft damals nicht wesentlich behindert war, aber nicht nur dem swebischen Arianismus, sondern auch dem Priscillianismus gegenüberstand, der noch in weiten Kreisen der Provinz verbreitet war. Späteren Quellen ist zu entnehmen, daß selbst das Heidentum in der Landbevölkerung Galiciens noch nicht erloschen war. Eine Wendung in der Kirchengeschichte des Swebenreiches trat ein, als der König Chararich um 550/555 unter dem Einfluß von Wundern am Grabe Martins von Tours zum Katholizismus übertrat und etwa gleichzeitig der nach Spanien gewanderte pannonische Mönch Martinus das neue Missionszentrum Dumio bei Braga errichtete. Martin von Dumio, der bald Metropolit von Braga wurde (nach 561–580), hat mit der Swebenmission erfolgreich auch den Kampf gegen den Priscillianismus und die heidnischen Relikte verbunden. Er begründete die katholische Landeskirche des Swebenreichs. Mit Recht hat man ihn schon zu seiner Zeit als Apostel der Sweben gefeiert, auch wenn der Arianismus bei seinem Tod noch nicht völlig erloschen war.

Das Bekehrungswerk Martins von Dumio hat nicht unmittelbar auf die Westgoten ausgestrahlt. Aber der dualistische Aufbau von Staat und Gesellschaft, der das Charakteristikum der arianischen Germanenreiche gewesen war, war auch bei den Westgoten schon ein Anachronismus geworden. Die kulturelle Romanisierung der Goten hatte schon im Reich von Toulouse eingesetzt. Heiraten zwischen den Großen beider Volksgruppen kamen vor, obwohl sie gesetzlich verboten waren. König Theudis selbst hatte eine Dame aus der hispanoromanischen Senatorenaristokratie heimgeführt. Obwohl Goten und Romanen noch nach verschiedenem Recht lebten, erließ Theudis schon Gesetze, die für beide Volksgruppen Geltung hatten. Gotische Aristokraten und Militärs traten vor allem in den südlichen Gebieten des Reiches in engen Kontakt mit romanischen Großen, die sich politisch zum Gotenreich bekannten[6]. Kirchlich-kulturelle Kontakte mit dem lateinischen Afrika scheinen um die Jahrhundertmitte die katholische Kontroverstheologie in den Südprovinzen angeregt und damit auch einen missionarischen Impuls ausgelöst zu haben, der sich in der gotospanischen Oberschicht auswirkte[7]. Vornehme Goten sind zum Katholizismus übergetreten und auch in die katholische Hierarchie aufgestiegen[8]. Für die Könige stellten sich damit neue Probleme.

[6] Zu diesen Kreisen gehörte die Familie Leanders und Isidors von Sevilla, deren Vater Severian seine Heimatstadt Cartagena verließ, als diese von den Kaiserlichen besetzt wurde, und ins gotisch verbliebene Gebiet übersiedelte.

[7] *J. Fontaine*, Conversion et culture 96 ff; vgl. auch *S. A. Thompson*, Goths in Spain 37–38.

[8] Namentlich bekannt sind Masona von Mérida und Johannes von Biclaro, die beide aus dem gotischen Lusitanien stammten.

Leowigild hatte im ersten Jahrzehnt seiner Regierung Reich und Herrschaft gegen innere und äußere Feinde zu festigen. Er warf die unbotmäßige Aristokratie in Nordspanien nieder, errang Erfolge gegen die Sweben und Byzantiner. Die Zukunft der Dynastie sicherte er schon 573, indem er seine Söhne Hermenegild und Rekkared wohl nach kaiserlichem Vorbild zu consortes regni erhob. Dem Königtum gab er neues Prestige durch die Übernahme kaiserlicher Insignien und eine selbständige Münzprägung. Den inneren Neubau des Reiches nahm er wohl 478–580 in Angriff. Das in der Praxis schon vielfach übertretene Eheverbot zwischen Goten und Romanen wurde aufgehoben. Leowigild tat außerdem den entscheidenden Schritt zur Rechtseinheit; er ließ das Gotenrecht Eurichs revidieren und den Codex revisus zum Reichsrecht erheben[9].

War die imitatio imperii das Signum der Regierung Leowigilds, so diente sie doch dem Ruhm der Goten, deren Reich der König mehrte, deren Recht er auch der werdenden gotisch-spanischen Einheit zugrunde legte. Im Zuge dieses Werkes stellte sich auch die Frage der kirchlich religiösen Einheit des Reiches von Toledo. Sie scheint jedoch erst durch eine Familientragödie im Königshaus ausgelöst worden zu sein.

579 erhob Leowigild seinen ältesten Sohn Hermenegild zum Regenten der gotischen Gebiete der Baetica mit dem Sitz in Sevilla. Hermenegild hatte die fränkische Prinzessin Ingund zur Frau, die trotz ihres kindlichen Alters am Hof von Toledo gegen den massiven Druck der Königin Goswinth, ihrer eigenen Großmutter, am katholischen Glauben der Franken festgehalten hatte[10]. In Sevilla trat nun auch Hermenegild selbst unter dem Einfluß des Metropoliten Leander zum Katholizismus über. Der junge Fürst beschwor dadurch einen Konflikt mit dem Vater herauf, der sich die Lösung der religiösen Frage gewiß damals schon ganz anders vorstellte[11]. Es kam zum Bruch. Hermenegild suchte

[9] So Stroheker (Leowigild) und im Anschluß an ihn Schäferdiek. Anders Thompson (Goths in Spain) und Sánchez-Albornoz (Pervivencia y crisis), die an der traditionellen Auffassung festhalten, daß die Rechtseinheit erst durch Chindaswinth und Rekkeswinth hergestellt worden sei. Nach Thompson leitete Rekkared die Entwicklung zur Rechtseinheit ein.

Kompliziert wird die Diskussion durch die entgegengesetzte These von García Gallo, in abgewandelter Form wiederaufgenommen durch Alvaro d'Ors, daß schon der Codex Euricianus und das Breviarium Alaricianum Territorialrechte gewesen seien. Vgl. dazu *K. Schäferdiek* a.a.O. 15 Anm. 35 und *C. Sánchez Albornoz,* Pervivencia y crisis 137ff; zuletzt *D. Claude,* Gentile und territoriale Staatsideen 29.

[10] Ingund war die Tochter des austrasischen Königs Sigibert I. und seiner Gattin Brunichild, durch ihre Mutter Brunichild Enkelin des Westgotenkönigs Athanagild und seiner Gattin Goswinth, die Leowigild nach dem Tode Athanagilds in zweiter Ehe heiratete. Goswinth war die Stiefmutter Hermenegilds und Rekkareds, die aus der ersten Ehe Leowigilds stammten.

[11] Intrigen der Großmutter Goswinth mögen eine Rolle gespielt haben, werden aber kaum die einzige Ursache für den Konflikt gewesen sein. Daß Leowigilds Reformen ein Werk aus einem Guß waren, wird durch die Parallele seines Vorgehens bei der Verwirklichung der Rechts- und Glaubenseinheit nahegelegt. In beiden Fällen boten Gotenrecht und Gotenglaube die Grundlagen der Einheitspolitik, wenn der König auch zur Einbeziehung romanischer Ein-

Hilfe bei den Byzantinern und Sweben, konnte sich aber gegen den Vater nicht durchsetzen. Leowigild eroberte 584 Sevilla und Córdoba, wo der Sohn in seine Hände fiel. Hermenegild ließ sich nicht zum Widerruf bewegen. Er wurde Ostern 585 in Tarragona umgebracht, der Täter blieb straffrei.

Es lag auf der Linie der von ihm eingeschlagenen Politik, wenn Leowigild auch die kirchliche Einheit auf dem Boden der „gotischen Religion" zu verwirklichen suchte, dabei aber gewisse Anpassungen an katholische Vorstellungen vornahm. Der König berief 580 ein arianisches Reichskonzil nach Toledo, das den Übertritt der Katholiken durch die Aufhebung der bis dahin bei Konversionen praktizierten Wiedertaufe erleichterte, die bei den Katholiken als besonders skandalös galt. Darüber hinaus hat Leowigild durch die Übernahme spanischer Heiligenkulte und durch seine Äußerung, daß er die Wesensgleichheit Christi mit dem Vater anerkenne, die Unterschiede zwischen Arianismus und Orthodoxie zu verwischen gesucht, wenn diese Äußerung auch nicht als offizielle Vermittlungsformel aufzufassen ist. Um sein Ziel zu erreichen, hat der König an Belohnungen nicht gespart, aber auch auf äußere Druckmittel, wie Verbannung und Konfiskation, nicht verzichtet. Von einer blutigen Verfolgung konnte allerdings keine Rede sein. Dem Druck des Königs waren naturgemäß in besonderem Maße die Goten ausgesetzt, die den katholischen Glauben angenommen und führende Stellungen in der katholischen Kirche erhalten hatten, wie der Metropolit Masona von Mérida und der Abt Johannes von Biclaro. Auch bei den Sweben, deren Reich er 585 eroberte, führte Leowigild eine arianische Reaktion durch. Die Zwangsmaßnahmen blieben aber keineswegs auf katholische Germanen beschränkt. Ziel der kirchlichen Religionspolitik war auch und gerade die transductio Romanorum ad haeresim Arianam[12].

Leowigild hat dieses Ziel trotz vorübergehender Erfolge nicht erreicht. Sein Sohn und Nachfolger Rekkared (586–601) nahm zehn Monate nach seinem Regierungsantritt die katholische Religion an (587) und leitete damit zugleich den Übertritt des westgotischen Volkes ein, der 589 auf dem dritten Konzil von Toledo, dem ersten Reichskonzil der gotisch-spanischen Kirche, feierlich verkündet wurde. Rekkared erschien hier als Herrscher in der Nachfolge der Kaiser Konstantin und Marcian: renovans temporibus nostris antiquum principem Constantinum magnum sanctam synodum Nicaenam sua illustrasse praesentia, necnon et Marcianum christianissimum imperatorem, cuius instantia Chalchedonensis synodi decreta firmata sunt[13]. So akklamierten ihm auch die

zelelemente bereit war. Hat Leowigild 578 mit seiner Rechtsreform begonnen, dann dürfte er 579/580 auch schon bestimmte Vorstellungen über seine Kirchenpolitik gehabt haben.

[12] Conc. Tolet. III: PL 84, 347. Dieses präzise Quellenzeugnis spricht eindeutig gegen Thompsons Hypothese, daß die Kirchenunion Leowigilds nur auf germanische Kreise (Goten und Sweben) beschränkt gewesen sei.

[13] „In unserer Zeit erneuernd den altehrwürdigen princeps Konstantin den Großen, wie er die heilige Synode von Nicaea mit seiner Gegenwart erleuchtete, und auch den allerchristlichsten Kaiser Marcian, durch dessen beharrliche Mühe die Dekrete von Chalcedon festgelegt wurden" (Conc. Tolet. III: PL 84, 345).

versammelten Bischöfe nach kaiserlicher Art und zugleich in aktueller Anspielung als Apostel der Goten: Cui a Deo aeternum meritum nisi vero catholico Reccaredo regi? ... Ipse mereatur veraciter apostolicum meritum qui apostolicum implevit officium[14].

Der König hat den Übertritt der Goten zum Katholizismus dadurch erleichtert, daß er die Übernahme des arianischen Klerus einschließlich der Bischöfe in den katholischen Klerus durchsetzte. Trotzdem gab es natürlich auch Widerstände. Verschwörungen arianischer Gruppen in Lusitanien, am Hof und in Septimanien wurden in den Jahren 587–589 unterdrückt. Ob es später noch zu einer arianischen Reaktion kam, ist unsicher[15]. Man hat jedoch darauf hingewiesen, daß von den 8 arianischen Bischöfen, die 589 die Akten von Toledo unterzeichneten, 4 dem swebischen Bereich angehörten (Viséu, Porto, Tuy, Lugo) und von den 4 Arianerbischöfen des gotischen Bereichs (Valencia, Tortosa, Barcelona, Palencia) nur einer (Palencia) seinen Sitz im Kernland der gotischen Siedlung hatte[16]. Demnach dürfte ein Teil des gotisch-arianischen Klerus gerade in den gotischen Kernlanden 589 noch abseits gestanden haben und erst in der Folgezeit gewonnen worden sein. Ernstlichen Widerstand hat es aber auch hier nicht gegeben. Die Goten der kastillanischen Meseta gaben ihre Bestattungsbräuche im frühen 7. Jh. auf, mit dem Arianismus schwanden hier auch die letzten Reste des Heidentums[17]. In der spanischen Literatur des frühen 7. Jh. spielte die arianische Kontroverse keine Rolle mehr. Der Episkopat rekrutierte sich von 633 an aus den Kreisen der gotischen Aristokratie[18].

Keine Quelle berichtet über die Motive der Konversion Rekkareds. Der Historiker kann daher nicht in das Herz des Königs und seiner Goten hineinleuchten, sondern nur auf die begleitenden Umstände und Personen hinweisen: auf die Familientragödie im Königshaus, die Rekkared als Mittler zwischen Vater und Bruder tief getroffen haben wird[19], auf die wohl überlegene theologische Bildung des katholischen Episkopats, auf die eindrucksvolle Persönlichkeit

[14] „Wem gebührt ewiges Verdienst bei Gott, wenn nicht dem wahrhaft katholischen König Rekkared? ... Er verdiene wahrhaft apostolischen Lohn, der ein apostolisches Amt erfüllt hat" (ebd.). Vgl. *E. Ewig,* Zum christlichen Königsgedanken: Vorträge und Forschungen 3. Das Königtum. Seine geistigen und rechtlichen Grundlagen (Lindau – Konstanz 1956) 29ff.

[15] Die Regierung des Königs Witerich (603–610) hätte nach der communis opinio unter diesem Zeichen gestanden. Dagegen *S. A. Thompson,* Goths in Spain 157ff.

[16] *J. Fontaine,* Conversion et culture 123ff; *K. Schäferdiek* a.a.O. 215ff. Schäferdiek ist die Lokalisierung des Bischofs Murila in Palencia zu danken.

[17] Von heidnischen Gebräuchen ist noch in späterer Zeit die Rede (Toledo XII von 681, Dekret Egicas von 693), doch wird dabei der geographische Bezug nicht deutlich. Heidnische Gebräuche können sich in der gotisch besiedelten Meseta auch in Verbindung mit gotischem Gewohnheitsrecht erhalten haben. Die Frage, ob sich ein germanisches Gewohnheitsrecht der gotischen Landbevölkerung bis ins spanische Mittelalter hinein erhielt, ist noch umstritten. Bejahend äußerte sich zuletzt Sánchez Albornoz (Pervivencia y crisis).

[18] *S. A. Thompson,* Goths in Spain 289–292.

[19] Nach Gregor von Tours (Hist. Fr. V 38) hatte sich Rekkared bei seinem Bruder verbürgt, daß er nicht „gedemütigt" würde, wenn er sich dem Vater ausliefere. Die Nötigung, zum

Leanders von Sevilla und anderer Prälaten. Religiöse und politische Motive dürften im übrigen bei Rekkared wie bei Chlodwig untrennbar verbunden gewesen sein, war doch der Übertritt zugleich auch der entscheidende Schritt zur Einigung Spaniens unter gotischer Führung. In dieser Perspektive hat Rekkared zwar nicht das religiöse, wohl aber das politische Testament seines Vaters auf dem kirchlichen Gebiet vollzogen. Das Werk der Einigung wurde nach Rekkareds Tod fortgeführt durch Sisebut (612–621) und Swinthila (621–631), die die letzten Byzantiner von der Halbinsel vertrieben, durch Chindaswinth (642–653) und Rekkeswinth (649/653–672), die die Lex Visigothorum nach Justinians Vorbild in christlichem Sinne neu prägten und damit das bedeutendste Gesetzeswerk ihrer Zeit im lateinischen Okzident schufen. Dem Einheitsgedanken sollte auch die antijüdische Gesetzgebung der Könige dienen, der der Episkopat teils ablehnend, teils reserviert gegenüberstand. Sie warf einen tiefen Schatten über das spanische Gotenreich und verschärfte im Endeffekt nur die politische Krise des späten 7. Jh. Sie hatte nur im Imperium eine Parallele.

In seiner civitas regia Toledo konnte der orthodoxe Gotenkönig wie ein Nachfolger der Kaiser des Okzidents erscheinen[20] – eines Okzidents freilich, der auf die Pyrenäenhalbinsel und ihr gallisches Nebenland Septimanien eingeschränkt war. Toledo war die einzige Königsstadt des Westens, die wie Konstantinopel auch kirchliche Hauptstadt wurde. In ihr tagten seit 589 alle gotisch-spanischen Reichskonzilien. Wie die Kaiserstadt am Bosporus ist Toledo ursprünglich nur eine einfache Bischofsstadt gewesen. Anzeichen einer Emanzipation von der älteren Metropole Cartagena (Carthago Nova) sind zuerst 531 faßbar. Den Metropolitanrang gewann die Toletaner Kirche endgültig in der Zeit, in der Cartagena in der Hand der Byzantiner war. Als Königsstadt sollte Toledo mit der Zeit die anderen Metropolen des Reiches, darunter auch das traditionsreiche Sevilla, überflügeln. Schon 646 wurde bestimmt, daß die Nachbarbischöfe jährlich in Toledo einen Besuch ad limina machen sollten pro reverentia principis ac regiae sedis honore vel metropolitani civitatis ipsius consolatione. Seit 656 leitete der Metropolit von Toledo die Reichskonzilien, denen bis dahin die Metropoliten wechselweise nach dem Weihealter oder dem Ansehen präsidierten. 681 erhielt er das Recht, bei Bistumsvakanzen im ganzen Reich die vom König designierten Kandidaten zu approbieren, und 683 erging die Bestimmung, daß König und Metropolit von Toledo unter Strafe der Exkommunikation jeden Bischof zu bestimmten liturgischen oder gerichtlichen Handlungen nach Toledo zitieren konnten[21].

Arianismus zurückzukehren, die schließlich zum gewaltsamen Tod Hermenegilds führte, war ein Bruch dieses Versprechens. Rekkared hat dies anscheinend schwer empfunden und den Mörder seines Bruders gleich nach seinem Regierungsantritt töten lassen.

[20] *J. Fontaine,* Isidore de Séville 872; *Ewig,* Zum christlichen Königsgedanken: Vorträge und Forschungen 3. Das Königtum. Seine geistigen und rechtlichen Grundlagen (Lindau – Konstanz 1956) 27ff; *J. Lacarra,* Iglesia visigoda 358 und 376ff.

[21] *K. Schäferdiek* a.a.O. 85; *J. Lacarra,* Iglesia visigoda 376–378; *S.A. Thompson,* Goths in Spain 196 275–277 288.

Die beherrschende Stellung in der gotisch-spanischen Kirche nahm jedoch nicht der Metropolit von Toledo, sondern der König ein[22]. Schon Rekkared hat das Recht in Anspruch genommen, die Bistümer zu besetzen, das seine Nachfolger offenbar in viel weiterem Umfang als die anderen Könige der Zeit ausübten – auch bevor es 681 ausdrücklich fixiert und durch die Mitbeteiligung des Metropoliten von Toledo leicht eingeschränkt wurde. Rekkared hat das erste Reichskonzil nicht nur einberufen, sondern auch geleitet, die Verhandlungsmaterie bestimmt und die Akten unterzeichnet. 681 wurde als Brauch fixiert, daß die Könige das Konzil eröffneten, die von ihnen gewünschten Verhandlungspunkte im Tomus regius vorlegten und sich dann zurückzogen. Sollten die Beschlüsse der Synode reichsrechtliche Gültigkeit erlangen, so bedurften sie der Sanktion durch eine königliche Lex in confirmatione concilii.

Von Anfang an wurden die Bischöfe auch mit weltlichen Angelegenheiten befaßt, freilich streng im Rahmen des im Tomus regius vom Herrscher vorgelegten Programms. Schon 589 wohnten auch weltliche Große den Beratungen bei; die Anwesenheit königlicher Würdenträger wurde in der Folge zur Regel, 653 erhielten sie das Recht der Teilnahme an den Diskussionen und der Unterzeichnung der Akten. Die Toletaner Konzilien sind auf diese Weise schließlich auch zu Reichsversammlungen geworden. Sie haben das westgotische Staatsrecht entscheidend geprägt, Bestimmungen erlassen über die Königswahl, die Rechte der Krone, über Hoch- und Landesverrat, über den Gerichtsstand der Großen. Die Bischöfe haben eine von den spätantiken Tugenden iustitia und pietas bestimmte Herrscherethik geschaffen, die Königsherrschaft zum Königsamt objektiviert und die Königssalbung zur Stärkung der Autorität des Herrschers eingeführt (Erstzeugnis 672). Seit 633 nahm der Episkopat neben den Seniores Gothorum an der Königswahl teil. Um die Mitte des 7. Jh. entstanden gemischte geistlich-weltliche Gremien, die bei der Begnadigung von Rebellen und bei der Publikation von Gesetzen zu konsultieren waren, schließlich auch als Forum für politische Prozesse gegen den Episkopat und den Adel zuständig wurden. „Mittelalterliche" Wandlungen kündigten sich somit selbst in dem sonst noch so stark von der Spätantike geprägten Toletaner Gotenreich an.

Die gotisch-spanische Landeskirche war in sich viel gefestigter und weit stärker zentralisiert als die merowingische. Die Itio in partes, die für die gesamte abendländische Entwicklung im 6. und 7. Jh. charakteristisch ist, zeichnete sich in Spanien vor dem Übertritt der Goten zum Katholizismus beim Tode des großen Theoderich (526) ab, bei dem der 514 an Caesarius von Arles verliehene Vikariat für Gallien und Spanien faktisch erlosch. Die kirchenrechtlichen Sammlungen, die den Grundstock für die Entwicklung des Kirchenrechts im gotischen Spanien bildeten, lassen diesen Einschnitt deutlich erkennen[23]. Die

[22] *S. A. Thompson*, Goths in Spain 275ff; *J. Lacarra*, Iglesia visigoda 355ff 358 364–366 369ff. – Zur Entwicklung des Konzilsbrauchs: *H. H. Anton*, König und Reichskonzilien 259ff, Objektivierung des Herrscheramts und Herrscherethik ebd. 269ff.

[23] *K. Schäferdiek 69–75; Fournier – Le Bras 67–69.*

Beziehungen zu Gallien schliefen ein, die zu Afrika traten in den Vordergrund. Wie in den anderen Ländern des Okzidents erregte Justinians Kirchenpolitik auch in Spanien lebhaften Widerspruch, aber die spanische Haltung im Dreikapitelstreit wurde stärker als anderwärts von der afrikanischen Polemik bestimmt. Die spanische Kirche hat das 5. ökumenische Konzil (Konstantinopel II von 553) nie anerkannt[24]. Die Verbindung mit Rom verlor auf Grund der allgemeinen historischen Entwicklung an Intensität, aber auch die Spannungen zwischen dem Westgotenreich und dem Imperium wirkten sich nachteilig auf die Beziehungen der gotischen Reichskirche zum Papsttum aus. Es kam hinzu, daß der gotisch-spanische Episkopat nach dem Übertritt der Goten zum Katholizismus dem Rückhalt an Rom keine große Bedeutung mehr zumaß.

Die spanische Kirche erkannte 589 und 633 dem päpstlichen Synodalschreiben die gleiche Autorität wie den ökumenischen Konzilien zu[25]. Isidor von Sevilla sah im römischen Bischof das Haupt der gesamten Kirche, dem jedermann unabhängig von der persönlichen Qualität des Nachfolgers Petri zu Gehorsam verpflichtet sei: ... in nullo laeditur oboedientia nostra, nisi praeceperit contra fidem[26]. Die Beziehungen zwischen Spanien und Rom hatten sich nach langer Pause unter Gregor dem Großen wieder verstärkt, der mit Leander von Sevilla persönlich befreundet war und ihm auch das Pallium verliehen hatte, ohne allerdings den Sevillaner Vikariat zu erneuern. Rekkared hatte Gregor als dem Haupt aller Bischöfe seinen und seines Volkes Übertritt zum Katholizismus mitgeteilt, König Chintila (636–639) sandte ein Weihegeschenk an St. Peter. Allerdings hatte sich Rekkared mit der Mitteilung an den Papst nicht gerade beeilt: die Verzögerung mag auf ein Mißtrauen des Königs gegenüber dem römischen Bischof als Untertan des Kaisers zurückzuführen sein. Zu einer wirklichen Verstimmung kam es, als Honorius I. 638 in einem Rügeschreiben dem spanischen Episkopat mit scharfen Worten allzu große Nachgiebigkeit gegenüber den perfidi, d. h. wohl den Juden, vorwarf. Im Namen der gotisch-spanischen Kirche antwortete Braulio von Zaragoza. Er erkannte die sollicitudo für die gesamte Kirche als Vorrecht und Aufgabe des römischen Bischofs an, gab aber deutlich zu verstehen, daß die römische Intervention sich von selbst erledige, da Gott den König Chintila schon entsprechend erleuchtet habe. Brau-

[24] *J. Madoz,* Concilio de Calcedonia 197ff.

[25] *J. Lacarra,* Iglesia visigoda 360ff; Lacarra bietet den besten Überblick über die römisch-spanischen Beziehungen. Schematischer ist die Darstellung Thompsons (Goths in Spain 184ff 240ff 250 279).

[26] „... wird unsere Gehorsamspflicht in keinem Punkt berührt, es sei denn, er ordne etwas direkt gegen den Glauben an" (Ep. 6,2 und 3: PL 83, 903). Die Gehorsamspflicht gegenüber dem Papst als dem Haupt aller Glieder am Leibe Christi betont Isidor auch in einem Schreiben an den Bischof Eugen von Egara (Ep. 8, 2 und 3: PL 83, 908). Die Echtheit dieser Stelle ist freilich umstritten; vgl. dazu *J. Lacarra,* der die Echtheit akzeptiert (Iglesia visigoda 361ff und 362 Anm. 19), sowie Y. *Congar,* der sie bezweifelt (L'ecclésiologie du haut moyen-âge [Paris 1968] 152 Anm. 81). Das Schreiben an Eugen von Egara enthält jedoch keine Aussage, die nicht auch durch andere Zeugnisse aus der Zeit von 589 bis 638 gedeckt wäre.

lio verband damit nicht ohne Ironie den Hinweis, daß der Papst die Aufsicht über andere Kirchen nicht leichtfertig, sondern erst nach gründlicher Prüfung der Sache ausüben dürfe.

In der Folge scheint die Verbindung zwischen Rom und Spanien fast ganz abgerissen zu sein. Päpstliche Dekretalen fanden in der Zeit nach Isidor keinen Eingang mehr ins gotisch-spanische Kirchenrecht. Die Päpste haben ihrerseits den spanischen Episkopat anscheinend nicht zur Stützung ihrer Position gegenüber Konstantinopel im Monotheletenstreit herangezogen. Zu einem erneuten Kontakt kam es erst, als Leo II. der gotisch-spanischen Kirche die Beschlüsse des 6. ökumenischen Konzils (Konstantinopel III von 680/681) mitteilte. Julian von Toledo, unter dem der Landesprimat der Toletaner Kirche voll ausgebaut wurde, ließ die Akten zugleich mit einem Apologeticum fidei, das er selbst aus eigener Initiative verfaßt hatte, auf Provinzialsynoden prüfen. Die Beschlüsse von Konstantinopel wurden von der spanischen Kirche rezipiert. Julian reagierte jedoch ungewöhnlich heftig auf eine nur mündlich geäußerte Kritik Papst Benedikts II. an seinem Apologeticum und ließ seine in provozierender Form verfaßte Antwort 688 auf dem 15. Konzil von Toledo verlesen und billigen. Zu einem Bruch kam es nicht, da man in Rom, wo Benedikt II. inzwischen verstorben war, die Angelegenheit nicht aufgriff. Die Zuspitzung der Lage war weitgehend das Werk Julians, aber die Rückendeckung, die Julian am Episkopat des Gotenreiches fand, läßt doch auch deutlich eine Entfremdung zwischen Spanien und Rom erkennen. Wie weit diese Entfremdung ging, ist schwer zu sagen. Die ältere Auffassung, daß die Kirche Petri die tragende Mitte der Christenheit sei, dürfte sich nicht ganz verloren haben. Denn als die Muslimen das Westgotenreich eroberten, floh der Primas Sindered von Toledo nach Rom, wo er 721 die Akten einer Synode unterzeichnete[27].

Die innere Struktur der gotisch-spanischen Kirche war gekennzeichnet durch eine im ganzen ungestörte Entwicklung auf altchristlicher Grundlage. Die kirchliche Immunität, das Asylrecht, Gerichtsbarkeit und Gerichtsstand des Klerus waren stärker als anderwärts von der Spätantike her bestimmt. Die wirtschaftliche Verselbständigung der Pfarrkirchen und Klöster lag im Zuge der Zeit. Das Eigenkirchenrecht verbreitete sich auch auf der Pyrenäenhalbinsel und griff auf die Klöster über, aber die Grundlagen der altkirchlichen Bistumsordnung wurden dadurch doch nur aufgelockert, nicht erschüttert. Die Liturgie wurde beim Übertritt der Goten zum Katholizismus durch die Aufnahme des Credo in die Messe iuxta orientalium partium morem auf Anordnung König Rekkareds bereichert. Ihre charakteristische Ausformung erhielt sie im 7. Jh. unter der Einwirkung großer Bischöfe und Äbte, die eine bedeutende literarische Tätigkeit entfalteten und damit auch das Selbstbewußtsein der gotisch-spanischen Kirche steigerten. Im Pactum des heiligen Fructuosus von Braga scheint

[27] *S. A. Thompson*, Goths in Spain 250. Lacarra hat dieses Faktum, das für die Beurteilung der Einstellung der gotischen Kirche zu Rom am Ende der Westgotenzeit nicht unwesentlich ist, übersehen.

sich gotisches Rechtsdenken auf die Beziehungen zwischen Abt und Mönch ausgewirkt zu haben.

Ein frühes Zeichen der Heimatverbundenheit war der Stolz auf die heimischen Heiligen, die seit dem späten 4. Jh. zu Maria und den Aposteln traten. Schon Prudentius (348–405) besang die Märtyrer von Mérida, Córdoba, Tarragona, Barcelona, Gerona, Zaragoza, Alcalá und Calahorra [28]. Zu Vinzenz von Zaragoza, der als spanischer Erzmartyrer neben dem römischen Laurentius und dem gallischen Mauricius allgemeine Verehrung auch außerhalb des Gotenreiches fand, zu Eulalia von Mérida, Justus und Pastor von Alcalá, Felix von Gerona und vielen anderen gesellte sich später Leocadia, eine Heilige der Königsstadt Toledo [29]. Auch fremde Kulte fanden Eingang, besonders der Martins von Tours, des Patrons des Swebenapostels Martin von Braga [30].

An bedeutenden Kirchenlehrern, Bischöfen und Äbten war das spätrömische Spanien nicht reich, aber das gotische Spanien hat den Vorsprung anderer Länder aufgeholt. Nach den Wirren der Völkerwanderung erblühte im 6. Jh. neues Leben, vielfach angeregt durch den Zustrom von Fremden, insbesondere von Orientalen und Afrikanern. Mérida hatte in der 1. Hälfte des 6. Jh. drei orientalische Metropoliten. Die Restauration Justinians verstärkte im Süden Lusitaniens, in der Baetica und im Gebiet von Cartagena den griechischen Einfluß, der dort den Untergang der kaiserlichen Herrschaft überdauerte. Sehr alte Beziehungen bestanden zwischen Spanien und Afrika. Sie wurden verstärkt durch zwei Immigrationswellen in der Zeit des Wandalenkönigs Hunerich (477–484) und der maurischen Expansion gegen die kaiserliche Provinz Afrika (um 570), die auch Äbte mit ihren Konventen nach Spanien brachten. Bischofs- und Klosterschulen ersetzten seit etwa 500 die untergegangenen Rhetorikerschulen. Die älteste Klosterschule ist in Valencia nachweisbar. Justus von Urgel, der aus ihr hervorgegangen war, unterzeichnete die Akten des 2. Konzils von Toledo (531), auf dem Bestimmungen über die Ausbildung der Kleriker ergingen. Die Schule von S. Martín de Asán wurde 522 durch den Italiker Victorian gegründet. Um 560 entstand ein neues geistiges Zentrum in Dumio (Galicien). Bald darauf errichtete der Afrikaner Donat das Monasterium Servitanum in der Provinz Cartagena, der Gote Johannes die Abtei Biclaro in der Tarraconensis. Um 600 bestand bei Zaragoza die Abtei S. Engracia, bei Toledo Agalí. Zahlreiche Bischöfe kamen aus diesen Klöstern. Im letzten Viertel des 6. Jh. repräsentierten Leander von Sevilla, Severus von Málaga, Eutrop von Valencia, Maximus von Zaragoza und Johannes von Gerona (Biclaro) das geistige Leben Spaniens. Aus der Schule Leanders ging Isidor von Sevilla, der Kirchenlehrer des Landes, hervor.

Isidor steht neben Augustin und Gregor als einer der großen Lehrer des abendländischen Mittelalters. Er wurde bald nach 550 geboren und folgte sei-

[28] *H. Delehaye*, Les origines du culte des martyrs (Brüssel [2]1933) 364–365.

[29] Die Leocadiakirche von Toledo wurde durch König Sisebut (612–621) erbaut: *S. A. Thompson*, Goths in Spain 162ff.

[30] *P. David*, Études historiques 225–242.

nem Bruder Leander als Metropolit von Sevilla (599–636). Seine Bedeutung liegt nicht in der Originalität seiner Gedanken, sondern in seiner enzyklopädischen Gelehrsamkeit, die er vor allem in seinem Hauptwerk, den „Origines" oder „Etymologiae", ausbreitete. Das Mittelalter schöpfte aus ihnen u.a. das System der septem artes liberales. Eine Anzahl anderer Traktate befassen sich mit einzelnen Wissensgebieten, so der Grammatik (Differentiae) und der Astronomie (De natura rerum). In der Nachfolge des Hieronymus und Rufins schrieb Isidor eine christliche Literaturgeschichte (De viris illustribus) und eine Weltchronik, die er durch eine Geschichte der Goten, Wandalen und Sweben ergänzte. Nicht wenige seiner Schriften sind der Exegese gewidmet. In den „Synonyma" erscheint Isidor als Vater der mystischen Theologie des Mittelalters. Die „Sentenzen", ein auch auf die Laienwelt sich erstreckendes Handbuch der christlichen Lehre, eröffnen die mittelalterliche Sentenzenliteratur. Mit dem kirchlichen Leben beschäftigen sich der Traktat „De ecclesiasticis officiis" und die „Regula monachorum", mit der im Gotenreich akuten Judenfrage die apologetische Schrift „De fide catholica".

Das Werk des Sevillaners ist noch sehr stark von der Antike geprägt – freilich von einer bereits erstarrten Antike. Die hellenistische Naturwissenschaft ist Isidor nur in Rudimenten bekannt geworden, die Philosophie nur in handbuchartigen Verkürzungen. So wurde die Grammatik mit ihren Methoden (Differentiae, Synonyma, Etymologiae) für den Sevillaner zur Grundlage nicht nur des Triviums, sondern auch des Quadriviums, ja selbst der Philosophie und Theologie. Die „Alten" waren für ihn nicht mehr die Klassiker, sondern ihre späten Kommentatoren, die wie ein Filter zwischen ihm und den großen Autoren des Altertums standen. Freilich hat Isidor auch durch diesen Filter noch den Geist der Antike aufgenommen und sich so weit zu eigen gemacht, daß viele ihn als letzten Repräsentanten der untergehenden Welt betrachten. Die Baetica wurde durch den spanischen Kirchenlehrer zum „Conservatoire de l'érudition grammaticale antique" (Fontaine) und löste in dieser Funktion das römische Afrika ab, auf dem Isidors Gelehrsamkeit im wesentlichen basierte, das Isidor wohl auch eine nicht geringe Zahl griechischer Werke in lateinischer Übersetzung vermittelte. Nächst Afrika ist nur Italien als Vermittler zu nennen, jedoch in weitem Abstand. Über Rom, das unter Gregor d. Gr. rege Beziehungen zu Spanien unterhielt, mögen manche Codices nach Spanien gelangt sein, darunter die späteren Schriften des Isidor geistesverwandten Cassiodor, die der Sevillaner in sein Werk einbaute.

Isidor wollte mit seinem reichen Werk nicht nur der Wissenschaft dienen. In den „Synonyma" spricht der Mystiker, in der „Historia Gothorum" der spanische Patriot zu uns. Als Metropolit von Sevilla war Isidor auch mit den großen Fragen von Kirche und Regnum befaßt. Das 4. Konzil von Toledo (633) und die Definitionen von Königtum und Gesetz in der Lex Visigothorum tragen das Mal seines Geistes. Wahrscheinlich geht auch die „Hispana", die beste allgemeine Canonessammlung dieser Zeit, die durch die karolingische Renaissance für die kirchenrechtliche Entwicklung des gesamten Abendlands so bedeutsam wurde, letztlich auf Isidor zurück. Sie entstand bald nach 633 auf der Grundlage einer spanischen Epitome, die ihrerseits auf provençalisch-tarraconensischen Sammlungen beruhte. So spiegelt sich in der Entstehung der „Hispana" die Geschichte des Westgotenreichs seit der Neuordnung durch Theoderich d. Gr. Zu Isidors Summa des göttlichen und menschlichen Wissens stellte sich die kirchenrechtliche Summa als ebenbürtige Leistung.

Nach dem Tode des Doctor egregius verschoben sich die Kulturzentren von der Mittelmeerzone nach Innerspanien. Málaga, Sevilla, Cartagena und Valencia traten zurück. Mérida und Zaragoza behaupteten ihren Rang, während Toledo unter den beiden Eugen, Ildefons und Julian neu aufblühte. Der Gote Fructuosus, der in Palencia aufgewachsen war, wurde in den Jahren 640–650 zum Mönchsvater Spaniens. Seine Regel schrieb er für die Kirche im Bierzo, dem Bergland von Alcalá, wo nach ihm auch sein Biograph Valerius von Astorga lebte. König Rekkeswinth erhob Fructuosus zum Bischof von Dumio und schließlich zum Metropoliten von Braga. Die führenden Kirchenmänner dieser Zeit gestalteten, wie erwähnt, die „mozarabische" Liturgie aus. Der „Liber de virginitate s. Mariae" des Ildefons von Toledo bildete einen Markstein in der Geschichte des Marienkultes.

Die Bedeutung der geographischen Verschiebung der Kulturzentren im 7. Jh. erhellt aus der archäologischen Forschung, die eine gotische Siedlungsprovinz nördlich des Tajo in Kastilien und León festgestellt hat, an die sich im Westen die swebische Siedlung in Galicien anschloß. Die spanischen Länder nördlich des Tajo nahmen an der kulturellen Entwicklung der Mittelmeerzone im 6. Jh. noch wenig Anteil. Goten und Sweben waren Arianer, unter den Romanen Galiciens war der Priscillianismus noch nicht erloschen, und in den kantabrisch-baskischen Bergen gab es noch Heiden. Nördlich vorgeschobene Bastionen des Südens waren Mérida und Toledo, die im Ausstrahlungsgebiet von Córdoba lagen. Die Goten bewahrten nach Ausweis der Funde ihre nationalen Sitten bis zur Wende vom 6. zum 7. Jh. Zu dieser Zeit verlor die von Afrika her bestimmte christliche Kunst der Baetica ihre Kraft. Ein neuer Bau- und Kunststil entstand in Mérida und Toledo, die die Brücke vom Süden zum Norden gebildet hatten. Er breitete sich über das gotische Siedlungsgebiet bis in die Tarraconensis und nach Septimanien hinein aus. Diese letzte Epoche der gotisch-spanischen Kunst war nicht mehr afrikanisch geprägt, sondern imperial bestimmt durch ihre Beziehung zum byzantinischen Italien. In ihr spiegelt sich das gotisch-spanische Reichsbewußtsein der Zeit König Rekkeswinths (653–672) und seiner Nachfolger. Nur kleinere Kirchen der Gothia sind aus dieser Phase erhalten, die repräsentativen Bauten von Toledo gingen zugrunde. Aber aus dem bunten Glanz der Kronen von Guarrazar und des Schatzes von Torredonjimeno strahlt noch ein Licht in unsere Tage aus der Zeit der Könige und Metropoliten von Toledo, des Mönchsvaters Fructuosus von Braga, der „Hispana" und der „Lex Visigothorum".

15. *Kapitel*

Die Langobarden und Italien

QUELLEN: Paulus Diaconus, Historia Langobardorum; Vita s. Barbati: MGSS rer. Lang. et Italicarum (1878). MGSS rer. Mer. II (fränk. Quellen mit beiläufigen, aber oft wichtigen Nachrichten zur langobardischen Gesch.); Poetae Latini, insbesondere I (Tituli saec. VIII) und IV (Rhythmi aevi merovingici et carolini); *C. Troya,* Storia d'Italia del medio evo IV (Codice diplomatico longobardo) (1852/59); *L. Schiaparelli,* Codice diplomatico longobardo: Fonti per la storia d'Italia 62–63, 2 Bde (Rom 1929/33); Edictus Rothari, ed. *F. Beyerle* (Weimar 1947) (einschließlich der Kapitularien der langobardischen Könige); *Jaffé; P. F. Kehr,* Italia pontificia, 7 Bde (1906ff); *F. Schneider,* Die Epitaphien der Päpste (Texte zur KG des MA 6, 1933); *Mansi* X–XII; PL 75–79 (Werke Gregors d. Gr.); MG Ep. I (Register Gregors d. Gr.).

LITERATUR: Geschichte der Langobarden und des langobardischen Italien: *L. Schmidt,* Die Ostgermanen (München ²1941); Problemi della civiltà e dell'economia longobarda: Scritti in memoria di G. P. Bognetti (Mailand 1964); Atti del I congresso internazionale di studi longobardi (Spoleto 1952); *C. G. Mor,* Lo Stato longobardo nel VII secolo:

G. Pocchettino, I Longobardi nell'Italia meridionale (Caserta 1930); *G. P. Bognetti,* Chierici, A. de Capitani d'Arzago, Santa Maria di Castelseprio (Mailand 1948); *ders.,* Milano longobardo: Storio di Milano II (Mailand 1954); *O. Bertolini,* I Germani. Migrazioni e regni nell'Occidente già romano: Storia universale, dir. da *E. Pontieri* III 1 (Mailand 1965); *G. Fasoli,* I Longobardi in Italia (Bologna 1965).

Langobardenmission, langobardische Kirchengeschichte, Rom und die Langobarden: Vgl. die oben zitierten Werke von Bognetti, Bertolini und Fasoli. Außerdem: *G. P. Bognetti,* La rinascita cattolica dell'Occidente di fronte all'arianesimo e allo scisma: Settimane di studio... VII. Le chiese nei regni dell'Europa occidentale e i loro rapporti con Roma sino all'800 (Spoleto 1960) 15–41; *ders.,* La continuità delle sedi episcopali e l'azione di Roma nel regno longobardo: ebd. 415–454; *P. M. Conti,* Il „monasterium", sacello di fondazione privata e le missioni cattoliche nella Tuscia del secolo VIII: Studi storici, Miscellanea in onore di M. Giuliani (Parma 1965) 81–102; *O. Bertolini,* Roma di fronte a Bisanzio ed ai Longobardi (1941); *ders.,* I papi e le relazioni politiche di Roma con i ducati longobardi di Spoleto e di Benevento: RSTI 6 (1952) 1–46; *ders.,* Riflessi politichi delle controversie religiose con Bisanzio nelle vicende del secolo VII in Italia: Settimane di studio... V. Caratteri del secolo VII in Occidente II (Spoleto 1958) 733–790; *ders.,* Le chiese longobarde dopo la conversione al cattolicesimo ed i loro rapporti con il papato: Settimane di studio... VII. Le Chiese nei regni dell'Europa occidentale I (Spoleto 1960) 455–492. – *Derselbe,* I papi e le missioni fino alla metà del secolo VIII: Settimane di studio... XIV. La conversione al cristianesimo nell' Europa dell'Alto Medio Evo (Spoleto 1967) 327–363; *P. M. Conti,* Aquileian, Eastern and Roman Missions in the Lombard Kingdom: Misc. Hist. eccl. III (Löwen 1970) 62–70.

Spätlinge der Völkerwanderung, Spätlinge auch des Arianismus waren die Langobarden, die kurz vor 490 unter der Hoheit der Heruler in „Rugiland" (Niederösterreich) einrückten, das Land zwischen Enns, Donau und March besetzten und das Joch der Heruler 508 abwarfen. Um 526 zogen sie in die längst von den Römern geräumte erste pannonische Provinz zwischen Donau und Drau ein und wurden damit unmittelbare Nachbarn der Ostgoten. Sie traten unter ihrem König Wacho (ca. 510–540) in freundschaftliche Beziehungen zu den zwischen Theiß und Karpaten ansässigen Gepiden und zu den Franken, die beide Gegner der Ostgoten waren. Eine Wendung trat in der langobardischen Politik ein, als nach Wachos Tod Audoin (ca. 540–560) die Herrschaft übernahm: zunächst als Vormund des Thronerben Walthari, seit etwa 547/548 selbst als König. Audoin überwarf sich mit den Franken und Gepiden und trat um 548 auf die Seite Justinians, der den Langobarden das Land zwischen Donau und Save sowie das östliche Binnennoricum – bis dahin ostgotische Provinzen – zur Siedlung einräumte.

Nach Prokop hätten die Langobarden 548 erklärt, daß sie eines Glaubens mit dem Kaiser seien[1]. Obwohl dies gewiß eine Zweckmeldung der langobardischen Gesandten war, dürfte sie nicht ganz aus der Luft gegriffen sein. Denn über die Franken kann katholischer Einfluß wirksam geworden sein, wenn er sich auch mit einem arianischen Einfluß von gepidischer Seite überkreuzt haben wird. Noch in den ersten Jahren König Alboins (ca. 560–572) stand die religiöse Entscheidung offen, wie ein Brief des Bischofs Nicetius von Trier an Alboins erste Gattin, die fränkische Prinzessin Chlodoswinth, zeigt. Erst nach dem Sieg über die Gepiden, unmittelbar vor dem Aufbruch nach Italien im Jahre 568, entschied sich Alboin für den Arianismus, vielleicht im Hinblick auf die Einschmelzung der donaugermanischen Volkssplitter ins langobardische Volkstum. Auch der Wunsch, die in Italien noch verbliebenen Ostgoten für sich zu gewinnen, dürfte eine Rolle gespielt haben. Dieser spät angenommene Arianismus saß nicht sehr tief. Teile des Volkes blieben sogar heidnisch.

Die Langobarden sind im Gegensatz zu den Ostgoten nicht als Föderaten, sondern als Eroberer in Italien eingezogen[2]. Alboin besetzte die Provinzen Aquileia (Venetien) und Mailand (Ligurien) mit Ausnahme der Küstengebiete, ließ dann auch einen Teil seiner Truppen über den Cisapaß in die Toskana vorstoßen in Richtung auf Benevent. Nach seinem Tode und der kurzen Regierung des Nachfolgers Clef trat ein Interregnum (574–584) ein, in dem die Langobarden nur unter Herzögen lebten[3]. Es gelang in dieser Zeit dem Kaiser, einen nicht geringen Teil der langobardischen Duces in seinen Dienst zu ziehen. Auch nach der Erneuerung der Monarchie im Jahre 584 blieb die Wiederherstellung der politischen Einheit zunächst mehr Programm als Wirklichkeit. Eine fränkisch-byzantinische Koalition brachte König Authari (584–590) an den Rand des Abgrundes. Die Kaiserlichen, die noch starke Brückenköpfe nördlich des Po besaßen, gewannen Reggio, Parma und Piacenza zurück und trieben damit

[1] Bellum Gothicum III 34.

[2] Die Oströmer leisteten allerdings erst Widerstand, als die Langobarden Mailand eroberten und Pavia belagerten. Im Anschluß an Bognetti haben daher Mor und Fasoli die Vermutung geäußert, daß die Langobarden Italien nördlich des Po 568–569 im Einvernehmen mit Kaiser Justin II. besetzt hätten, der daran interessiert gewesen sei, Italien durch die Langobarden gegen die austrasischen Franken abzuschirmen. Verifizieren läßt sich diese Vermutung nicht.

[3] Mor hat die Frage gestellt, ob das „Interregnum" nicht in Wirklichkeit nur eine Zeit der Regentschaft für Chlefs Sohn Authari gewesen sei. Über eine Vermutung kommt man auch hier nicht hinaus.

einen gefährlichen Keil zwischen die Langobarden Norditaliens und die langobardischen Gruppen in der Toskana, in Spoleto und Benevent. Retter des Reiches wurde Agilulf (591–616), der die gegnerischen Herzöge unterwarf, den byzantinischen Keil in der westlichen Aemilia beseitigte und nördlich des Po Cremona, Mantua und Padua eroberte (602/603). Ein weiterer Einbruch in die kaiserlichen Stellungen gelang König Rothari (636–652), der in Venetien Oderzo, in der Aemilia Modena, in Ligurien das ganze Küstengebiet mit Genua gewann. Die Langobarden besaßen nunmehr die ganze Provinz Mailand, die Provinz Aquileia mit Ausnahme von Istrien und der venetischen Lagunen, die Westhälfte der Aemilia (Piacenza, Parma, Reggio, Modena), den größeren Teil der Toskana (Lucca-Pisa, Fiesole-Florenz, Arezzo, Siena, Volterra, Chiusi, Volsinii), den Süden Umbriens (Spoleto) mit Teilen der Sabina, Samnium (Benevent) und Teile Kampaniens (Capua). Die Herzogtümer Spoleto und Benevent, durch den Exarchat von Ravenna und den römischen Dukat vom Regnum getrennt, standen nur in loser Abhängigkeit von der Krone. Eigene Wege ging Benevent, das sich noch nach 663 über Apulien und Lukanien ausdehnte.

Die Schicksale der Kirche im Langobardenreich werden nur auf dem Hintergrund der politischen Geschichte verständlich. Paulus Diaconus berichtet, daß im Gegensatz zu den unter der Herrschaft Alboins besetzten Gebieten die von den langobardischen Herzögen eroberten civitates sehr hart behandelt worden seien[4]. Die moderne Forschung ist geneigt, dieser Aussage des Geschichtsschreibers der Langobarden Glauben zu schenken. Um zu einem gerechten Urteil zu kommen, hat sie auch die Verwüstungen früherer Kriege in Rechnung gestellt, deren Schäden beim Einmarsch der Langobarden noch keineswegs ausgeheilt waren. So ist Venetien (Nordostitalien) besonders stark vom Hunnenzug Attilas (452) betroffen worden, während Mittel- und Unteritalien, aber auch Mailand, schwer im Gotenkrieg Justinians gelitten hatten.

Obwohl die beiden Metropoliten von Aquileia und Mailand 568/569 auf kaiserliches Gebiet flohen – dieser nach Genua, jener nach Grado –, harrten ihre Suffragane größtenteils in den beiden langobardisch besetzten Provinzen aus. Auf Grund des Privilegs, das Alboin dem Bischof von Treviso gleich nach der Besetzung der Stadt erteilte, darf man wohl annehmen, daß auch die anderen Bischöfe, die sich mit der neuen Lage abfanden, vom König Rechtsgarantien erhielten. In Venetien sind überhaupt keine Vakanzen festzustellen[5]. In Ligurien

[4] Per hos Langobardorum duces... spoliatis ecclesiis, sacerdotibus interfectis, civitatibus subrutis populisque... extinctis, exceptis his regionibus quas Alboin ceperat, Italia ex maxima parte capta et a Langobardis subiugata est (Hist. Lang. 32). – Grundlegend für die neuere Forschung *G. P. Bognetti,* Continuità. Von der älteren Forschung seien genannt *A. Crivelucci,* Les évêchés d'Italie et l'invasion lombarde: Studi storici 15 (1904/06); *L. Duchesne,* Les évêchés d'Italie...: MAH 25 und 26 (1905 und 1906); Atti del congresso internazionale di scienze storiche III (Rom 1903).

[5] Für das Jahr 590/591 sind im langobardischen Gebiet 10 Suffragane von Aquileia bezeugt, nämlich Säben, Julium Carnicum, Belluno, Concordia, Trient, Asolo, Verona, Feltre, Treviso und Vicenza (Settimane di studio VII S. 496). Sechs von ihnen – Säben, Julium Carnicum,

war nachweislich nur Como bis zum Beginn des 7. Jh. verwaist, doch ist der Klerus in der Stadt geblieben. Verwirrend ist das Bild in der Toskana, wo in einigen Bischofsstädten (Lucca, besonders Siena) lange Vakanzen eintraten, während in anderen (Arezzo, Pistoia) die Kontinuität nicht gestört wurde[6]. In Spoleto sind Störungen nicht festzustellen, die dortigen Herzöge waren jedenfalls zeitweise föderiert. Gänzlich zusammengebrochen sind dagegen die Bistümer im beneventanischen Bereich, an den Paulus Diaconus vor allem gedacht haben mag, als er von den Verwüstungen der Herzöge sprach. Die Langobarden von Benevent zeichneten sich durch besondere Wildheit aus, unter ihnen gab es auch noch Heiden. Härter betroffen wurden schließlich auch die Städte und Bistümer in der zwischen den Langobardenkönigen und den Kaiserlichen umstrittenen Grenzzone: so in den von Agilulf zurückeroberten civitates der Aemilia und in den spät eroberten venetischen Gebieten von Padua, Oderzo und Altino, deren Bischöfe sich auf die venetischen Lagunen zurückzogen. Im Rückblick kommt man zu der Feststellung, daß größere Störungen in den Gebieten eintraten, die der Macht des Königs zu weit entrückt waren, und in denen, die umstritten oder nach harten Kämpfen spät erobert wurden[7].

Den Langobardenkönigen stand das Vorbild der Amaler vor Augen. Alboin wählte Verona zum Königssitz und tat damit kund, daß er an Theoderich („Dietrich von Bern") anknüpfen wollte. Authari wurde 584 bei Verona zum König erhoben und vermählte sich dort 589 mit der bayerischen Herzogstochter Theodelinde, die durch ihre Mutter dem altlangobardischen Königshaus Wachos entstammte und dessen Tradition dem erneuerten langobardischen Königtum einbrachte. Authari nahm den Beinamen Flavius an, den die Amaler getragen hatten und die Westgotenkönige seit Theudis und Athanagild führten. Damit war ein Regierungsprogramm angedeutet, das auch der italischen Bevölkerung Rechtssicherheit zu garantieren versprach. Der König war allerdings darauf bedacht, die Trennung zwischen Langobarden und Romanen streng aufrechtzuerhalten. Ostern 590 erließ er ein Verbot für die Langobarden, ihre Kinder katholisch taufen zu lassen.

Daß sich einzelne Langobarden in der Zeit Autharis zum Katholizismus be-

Concordia, Trient, Verona und Feltre – waren 579 auf einer Synode in Grado vertreten (ebd. 499).

[6] Siena war schon seit dem Ende des Ostgotenkrieges vakant. Bognetti hat darauf hingewiesen, daß langobardische exercitales in Siena wohl an die Stelle der italorömischen cives getreten sind. Ähnlich können die Verhältnisse in Lucca gelegen haben, wo anscheinend auch eine Gruppe von Ostgoten verblieben war.

[7] Die Kämpfe führten auch zur Entfestigung (Brescello, Mantua) oder gar Zerstörung der Städte (Cremona, Padua), d.h. zu Maßnahmen von Ausnahmecharakter. An Stelle von Padua wurde Monselice langobardisches Herrschaftszentrum, Teile des Civitasterritoriums kamen an die langobardischen Dukate Vicenza und Treviso. Das Territorium von Oderzo wurde unter die Dukate Treviso, Friaul und Ceneda aufgeteilt, in dem langobardischen Herzogssitz Ceneda ein neues Bistum errichtet. Padua ist erst um 800 wieder Sitz eines Bischofs geworden (*G. P. Bognetti*, Continuità 445 447).

kannten, ist durch Gregor d. Gr. bezeugt. Das Verbot der katholischen Taufe läßt vermuten, daß die Konversionen nicht mehr auf kleinste Kreise beschränkt waren. Die Hoffnungen der Katholiken Venetiens und Liguriens mochten sich besonders auf die Königin Theodelinde richten, die gleichfalls katholisch war und gleich ihnen das Konstantinopolitaner Konzil von 553 nicht anerkannte. Die Verurteilung der Drei Kapitel auf diesem Konzil hatte in den Provinzen Mailand und Aquileia zum Schisma geführt. Die kirchliche Distanzierung von Rom und der Reichskirche barg von vornherein die Gefahr einer politischen Distanzierung vom Imperium in sich. Narses hatte sie zunächst gebannt, indem er die Dreikapitler in Norditalien schonte: wohl im Hinblick auf die Franken, die gleichfalls zum Schisma neigten und auch nach ihrer Ausschaltung aus der Halbinsel noch bedrohlich erschienen. Kaiser Mauricius (582–602) hielt an dieser Politik des Narses fest, stieß dabei aber auf den Widerspruch der Päpste, für die die kirchliche Einheit naturgemäß den Vorrang hatte. Der römische Einfluß wirkte sich am stärksten bei dem nach Genua geflüchteten Mailänder Metropoliten aus. Der Mailänder Exilbischof Laurentius gab 573 insgeheim seine Opposition auf, sein 593 erhobener Nachfolger Constantius war orthodox. Die Mailänder Suffragane im Langobardenreich vollzogen jedoch diese Wendung nicht mit. Sie nahmen im langobardischen Brescia gegen Constantius Stellung. Der 600 zum Nachfolger des Constantius erhobene Exilmetropolit Deusdedit wurde zwar in Mailand anerkannt, aber die Union der Provinz lag noch in weiter Ferne. Como, das um 606 in Agrippinus einen neuen Bischof erhielt, schloß sich sogar der eindeutig schismatisch verbliebenen Provinz Aquileia an. Für Aquileia änderte sich die Situation erst, als nach dem Wechsel der kaiserlichen Religionspolitik unter Phokas (602–610) auch in Grado ein orthodoxer Metropolit erhoben wurde (607). Die Suffragane des langobardischen Venetien vollzogen im Gegensatz zu den Bischöfen des langobardischen Ligurien den Bruch und wählten einen eigenen Metropoliten, der seinen Sitz in Cormons nahm. Die alte Provinz Venetia spaltete sich so in einen langobardischen Metropolitanverband Aquileia (Sitz Cormons, später Cividale = Forum Julii) und einen kaiserlichen Metropolitanverband Grado auf.

Die kluge Politik des Narses und des Kaisers Mauricius hat die Abwendung der Schismatiker vom Imperium hinauszögern, aber schließlich doch nicht verhindern können, wie die Ereignisse von 607 zeigen. Die Annäherung der schismatischen Katholiken im Langobardenreich an das langobardische Königtum wurde seit dem 593 aufgebrochenen Zwiespalt in der Mailänder Provinz deutlich. Sie hätte sich aber kaum so schnell vollzogen, wenn die Königin Theodelinde nicht selbst katholisch gewesen wäre und bei ihrem zweiten Gatten Agilulf, der sie nach dem Tode Autharis heimgeführt hatte, volles Verständnis für die wohl zuerst von ihr konzipierte neue Politik einer engen Zusammenarbeit mit den Romanen Norditaliens gefunden hätte. Agilulf blieb persönlich Arianer, aber er verlegte die Residenz aus der „gotischen Königsstadt“ Verona ins kaiserliche Mailand, nahm Mailänder Romanen in seinen Rat auf, förderte die

Restauration Mailänder Kirchen und ließ schließlich 603 sogar seinen Sohn Adalwald schismatisch-katholisch taufen – ganz im Gegensatz zum Taufdekret seines Vorgängers Authari. Die Patenschaft über Adalwald übernahm der Abt Secundus von Nano (Diöz. Trient), der langjährige Vertraute der Königin und Geschichtsschreiber des Hofes. Die um 600 einsetzende schismatische Mission bei den Langobarden des regnums vollzog sich im Zeichen der heiligen Euphemia von Chalcedon. Ihr Weg spiegelte sich auch in den Kirchweihen auf die Martyrer des Val di Non (Nano) bei den Langobardensiedlungen des Westens, auf den norischen Martyrer Florian, dessen Kult die Kirche von Aquileia weitertrug, bei den Langobardenkastellen des Ostens[8]. Das Königspaar wußte auch den 612 nach Italien geflohenen Abt Kolumban für seine Zwecke zu interessieren. Es überwies ihm die Kirche St. Peter von Bobbio als Missionsstützpunkt in der Diözese Tortona und suchte durch ihn zugleich Einfluß auf den Papst zu gewinnen.

Die erste Phase der Regierung Agilulfs fiel zusammen mit dem Pontifikat Gregors d. Gr., des Initiators der Angelsachsenmission, der bei seinem Amtsantritt durch das kurz zuvor erlassene Taufdekret Autharis auch mit der Frage der Langobardenbekehrung konfrontiert wurde. Gregor sah jedoch in der Beseitigung des Dreikapitelschismas und im Frieden zwischen dem Langobardenkönig und dem Kaiser die unabdingbaren Voraussetzungen für eine entsprechende römische Initiative. Er hat seine ganze Energie darangesetzt, diese Voraussetzungen zu realisieren, und in diesem Sinne vor allem auf die Königin Theodelinde eingewirkt. Der volle Erfolg blieb ihm versagt. Das langobardische Königspaar kehrte nach seinem Tod sogar den Spieß um, indem es Papst Bonifaz IV. durch Kolumban eine erneute Überprüfung der Dreikapitelfrage nahelegte.

Die Religions- und Friedenspolitik Gregors schien indessen Frucht zu tragen, als der kaiserliche Statthalter in Ravenna nach dem Tode Agilulfs angesichts der schweren Bedrohung des Imperiums durch die Perser seinerseits freundschaftliche Beziehungen zum langobardischen Hof aufnahm[9]. Auch die Kirchenunion wurde damit wieder akut. Die Königinwitwe und der junge König Adalwald ließen sich anscheinend überzeugen, daß das Konzil von Chalcedon durch das 2. Konzil von Konstantinopel nicht in Frage gestellt worden war, und die Bemühungen um die Beilegung des Schismas führten um 625 zur Wiedervereinigung der Metropolitansprengel von Aquileia und Grado. Aber die Verhandlungen waren anscheinend über die Köpfe der langobardischen Großen und des schismatischen Episkopats hinweg geführt worden. Beide Gruppen ver-

[8] Für die Patrozinien der schismatischen Mission vgl. *G. P. Bognetti* (Castelseprio, Milano longobarda) und Mor (Settimane di studio XIV 539ff).

[9] Nach dem Tode Agilulfs († ca. 616) richtete auch der Westgotenkönig Sisebut ein Schreiben an den langobardischen Hof, in dem er den jungen König und seine Mutter aufforderte, die Langobarden zum Katholizismus zu bekehren. Die Hintergründe dieser westgotischen Initiative sind noch ungeklärt.

banden sich gegen den Hof. Adalwald wurde 625/626 gestürzt, arianische Könige bestiegen wiederum den Thron, die Residenz wurde in das nationallangobardische Pavia verlegt, und das Schisma flammte erneut auf.

Das Rad der Geschichte ließ sich gleichwohl nicht zurückdrehen. Von einer nennenswerten arianischen Reaktion konnte schon deshalb keine Rede sein, weil der neue Herrscher Ariwald auch von den schismatischen Katholiken unterstützt wurde. Es kam hinzu, daß seine Gattin Gundeperga, eine Tochter Agilulfs und Theodelindes, die katholische Tradition am Hofe weiterführte, und zwar auch noch unter dem nächsten König Rothari, den sie in zweiter Ehe heiratete. Gundeperga aber gehörte nicht mehr der schismatischen, sondern der orthodoxen Richtung an. Noch bedeutsamer war, daß sich die Abtei Bobbio nach dem Tode Columbans unter Abt Attala – und zwar schon vor 625 – eindeutig auf die Seite der römischen Orthodoxie gestellt hatte und damit zum ersten Zentrum einer orthodoxen Langobardenmission wurde. Auf Initiative seiner Äbte wurde Bobbio durch Privilegien der Päpste Honorius I. (von 628) und Theodor I. (von 643) aus der Jurisdiktion des Diözesanbischofs von Tortona herausgelöst und Rom direkt unterstellt. Die Abtei blieb dabei dem Königshaus eng verbunden, ihre Bestrebungen gegenüber Tortona wurden sowohl von Ariwald wie von Rothari und Gundeperga unterstützt.

Der faktische Friedenszustand zwischen Regnum und Imperium unter Adalwald und Ariwald, der bis in die ersten Jahre Rotharis (636–652) fortdauerte, erleichterte den Brückenschlag vom langobardischen Hof über Bobbio nach Rom. Als dann Rothari 643 wieder zur Offensive gegen das Imperium überging, hatten sich die Beziehungen zwischen Alt- und Neu-Rom grundlegend geändert durch den 640 ausgebrochenen Monotheletenstreit. So erklärt sich, daß die über Bobbio angeknüpfte kirchliche Zusammenarbeit zwischen Rom und Pavia durch Rotharis Krieg nicht unterbrochen wurde. In der Toskana wurde das Bistum Siena wiederhergestellt – was nur unter aktiver Mitwirkung Roms geschehen konnte, da die Toskana zur römischen Kirchenprovinz gehörte. Die katholische Mission wurde durch geflüchtete Kleriker und Mönche aus dem Osten des Imperiums neu belebt. Sie griff damals auf die tuszischen Langobarden über, die von der schismatischen Mission noch nicht erfaßt worden waren. Rothari gestattete auch, daß die Bischöfe der langobardischen Toskana an der Lateransynode von 649 teilnahmen, der anschließend der Metropolit von Mailand und sein Suffragan von Tortona beitraten. Vielleicht ist der Mailänder Metropolit nach der Eroberung von Genua durch Rothari noch unter der Regierung dieses Königs in seine alte Provinzhauptstadt zurückgekehrt: womit dann neben Bobbio und Siena ein dritter Ansatzpunkt für die Langobardenmission römischer Observanz geschaffen worden wäre. Doch kann dies nicht als ein gesichertes Faktum gelten.

Paradoxerweise hat also die katholisch-orthodoxe Mission gerade unter den beiden arianischen Königen Ariwald und Rothari erste Stützpunkte im Langobardenreich gewonnen. Trägerin der dynastischen und katholischen Kontinuität am Hof war die Königin Gundeperga gewesen. Nach dem Tode Rotharis und der nur kurzfristigen Regierung seines Sohnes Rodoald wurde 653, als die Krise zwischen Kaiser und Papst ihren Höhepunkt erreichte, ein Vetter der Königin zum Herrscher der Langobarden erhoben: Aripert I., ein Brudersohn Theodelindens. Aripert (653–661) war orthodoxer Katholik. Er hat den Arianismus als Staatsreligion abgeschafft und neben der älteren, von Theodelinde errichteten Pfarrkirche St. Johannes Baptist in Monza St. Salvator in Pavia gegründet[10]. Er nutzte aber die im Konflikt zwischen Kaiser und Papst liegenden politischen Chancen nicht aus, erfüllte also nicht die Hoffnungen, die die Langobarden wohl auf ihn gesetzt hatten. So konnte Herzog Grimuald von Benevent nach Ariperts Tod einen Thronstreit der Königssöhne Perctarit und Godepert nutzen, um selbst mit Hilfe einer arianischen Gruppe, die wohl hinter Godepert stand, die Krone zu gewinnen.

Es ist bezeichnend, daß die arianischen Langobarden des Regnums, von denen wohl die Initiative zum Staatsstreich ausgegangen war, sich nicht mehr stark genug fühlten, einen König aus ihren Reihen zu erheben, sondern auf den Herzog von Benevent zurückgriffen. Die Beneventaner Langobarden waren ebenso wie die Spoletiner von der katholischen Mission Norditaliens nicht berührt worden, die großen Fragen des Regnums waren ihnen fremd geblieben. Ihr Arianismus trug die Züge eines handfesten, unreflektierten Volksglaubens, der heidnische und katholische Elemente nicht ausschloß. Grimuald (662–671) war ein Verehrer des Erzengels Michael, dessen Heiligtum auf dem Monte Gargano im Beneventaner Herzogtum lag. Er schrieb dem Erzengel einen Sieg über die Byzantiner zu und übertrug seinen Kult nach Pavia, wo ihn seine katholischen Nachfolger übernahmen. Michael hat den älteren Kult Johannes' des Täufers in den Hintergrund gedrängt und wurde zum Patron von Reich und Volk der Langobarden – merkwürdigerweise durch die Initiative eines arianischen Herrschers, der sich sogar mit den Arabern gegen den Kaiser verbunden hat.

Grimualds Regierung war im Grunde ein Anachronismus, der einer längst eingeleiteten historischen Entwicklung zuwiderlief. Der König lenkte vielleicht selbst noch in seinen letzten Jahren in den Kurs seiner Vorgänger ein. Als er starb, riefen die Langobarden Perctarit zurück.

Unter Perctarit (661/671–688) und seinem schon 678 zum Mitregenten erhobenen Sohn Kunincpert (678/688–700) reiften endlich die Entscheidungen, die schon so lange vorbereitet waren. Bischof Mansuetus von Mailand (672–681) war der erste Metropolit Liguriens – des langobardischen „Neustrien" –, der nachweislich wieder in der alten Hauptstadt Nordwestitaliens residierte. König, Papst und Metropolit nahmen die Reorganisation der Kirchenprovinz in die Hand. Anastasius, der letzte Arianerbischof von Pavia, trat zum Katholizismus über. Die Tage des Schismas in der Mailänder Provinz wa-

10 St. Salvator war nicht die erste katholische Königskirche in Pavia; die Königin Gundeperga hatte dort bereits eine Johanneskirche errichten lassen.

ren gezählt. Die kirchliche Union vollzog sich anscheinend reibungslos, da die gemeinsame Frontstellung in der Monotheletenfrage den alten Dreikapitelstreit gegenstandslos machte. Als Kaiser Konstantin IV. in der Monotheletenfrage einlenkte und Papst Agatho die Landeskirchen des Okzidents 679 zu einer großen Glaubensdemonstration aufrief, tagte erstmals wieder eine Mailänder Provinzialsynode, die sich hinter den Papst stellte. Der Kirchenfriede, den das 6. ökumenische Konzil in Konstantinopel 680/681 sanktionierte, führte auch den ersten offiziellen Friedensschluß zwischen den Langobarden und dem Kaiser herbei. Bei dieser Gelegenheit wurde die Verpflichtung zur Loyalität gegenüber der res publica und dem Kaiser, die die römischen Suffragane beim Obödienzeid gegenüber dem Papst als ihrem Metropoliten eingingen, für die römischen Suffragane im Langobardenreich abgeändert in die Verpflichtung, sich für die Erhaltung des Friedens zwischen der res publica, d.h. dem Imperium, und der gens Langobardorum einzusetzen.

Die Akten der Mailänder Synode sind von dem Diakon Damian redigiert worden, der bald darauf nach dem Tode des zum Katholizismus übergetretenen Anastasius zum Bischof von Pavia und Missionsbischof für die Langobarden erhoben wurde. Die Königsstadt Pavia wurde unter Damian das eigentliche Zentrum in der letzten Phase der Langobardenmission unter römischer Ägide, als solches in Analogie zu Bobbio aus der Kirchenprovinz Mailand gelöst und Rom direkt unterstellt[11]. Damian hatte in Griechenland studiert und war wahrscheinlich selbst Grieche, wie denn auch seine Helfer nach dem Zeugnis ihrer Namen und der Patrozinien der Missionsstationen meist Griechen oder Orientalen und gleich Damian wohl auch von Rom entsandt waren. So bestand zwischen der letzten Phase der Langobardenmission und der letzten Phase der Angelsachsenmission unter Theodor von Tarsus und Hadrian von Neapel ein „parallelismo cronologico e metodico“[12]. Die Immigrationswelle aus Griechenland, dem Orient und Afrika nach Italien, die der Monotheletenstreit und die arabische Invasion ausgelöst hatten, kam der Germanenbekehrung zugute. Bei den Langobarden Norditaliens läßt der Donatuskult auch auf eine Einwirkung aus der Toskana (Arezzo) schließen[13].

Gleichzeitig machte die römisch-orientalische Mission auch im Spoletiner Bereich und – nach der Aussöhnung des Königshauses mit den Beneventaner Herzögen – im langobardischen Unteritalien Fortschritte. Herzog Romuald I. von Benevent (662–687) wurde durch den heiligen Barbatus bekehrt. Bei seiner

[11] *G. P. Bognetti,* Le origini della consacrazione del vescovo di Pavia da parte del pontefice romano e la fine dell'arianesimo presso il Longobardi: Atti e memorie del IV congresso storico lombardo (Mailand 1940). Bognettis Auffassung ist nicht unbestritten, aber mit gewissen Abwandlungen auch von Bertolini akzeptiert worden. Die im Text gegebene Darstellung schließt an Bertolini an.

[12] *G. Fasoli,* Longobardi 140ff.

[13] *G. P. Bognetti,* Continuità 424. Bognetti führt den Donatuskult bei den langobardischen Zentren Norditaliens allerdings nicht auf Missionare, sondern auf umgesiedelte königstreue Arimannen aus dem Umkreis von Arezzo zurück.

Residenz entstand eine Peterskirche, die Bistümer Benevent und Sipont wurden neu errichtet. Nicht Benevent, sondern das langobardische „Austrien" (Provinz Aquileia), die Hauptbastion der Schismatiker, war der letzte Rückhalt der Opposition gegen die katholische Monarchie: einer Opposition freilich, bei der der Arianismus gar keine Rolle mehr spielte und politische Motive den kirchlichen mindestens die Waage hielten. Wortführer der Rebellen war der Herzog Alahis von Trient, dem Perctarit auch das Herzogtum Brescia hatte einräumen müssen. Alahis erhob sich beim Thronwechsel von 688. Auf dem Campus Coronate an der Adda kam es zur Schlacht, in der der Erzengel Michael als Patron des Regnums erschien. Alahis wurde besiegt. Kunincpert ließ auf dem Schlachtfeld eine Kirche zu Ehren St. Georgs erbauen, der als Heerespatron in Byzanz verehrt wurde. Ein Jahrzehnt später besiegelte ein langobardisches Konzil in Pavia die Rückkehr der letzten Schismatiker der Provinz Aquileia zur Orthodoxie. Der König schickte die Akten der Synode 698/699 an den Papst zur Bestätigung. Die Trennung der Kirchenprovinzen Aquileia und Grado, längst verfestigt durch die politischen Grenzen zwischen Regnum und Imperium, blieb bestehen.

Beim Tode Kunincperts war die Entwicklung im wesentlichen abgeschlossen, die unter Agilulf und Theodelinde eingesetzt hatte, aber nicht zuletzt auch durch politische Wechselfälle immer wieder durchkreuzt worden war. Allerdings ist in Rechnung zu stellen, daß der politische Hintergrund in der historischen Retrospektive besonders stark hervortritt. Denn die dürftige Überlieferung läßt die persönlichen Motive der Bekehrer und Bekehrten, den individuellen Einsatz und die Methoden der Missionare kaum erkennen[14]. Wie auch sonst in der Geschichte wird man sich außerdem auch hier davor hüten müssen, im Ergebnis nur die Folge einer zwangsläufigen Entwicklung zu sehen. Sicher war das Gewicht der katholisch-romanischen Tradition in Italien groß und der Arianismus im langobardischen Volk sehr viel schwächer gegründet als bei den Goten. Doch zeigt schon das vielfältige Auf und Ab, der im Vergleich zu anderen germanischen Völkern geradezu chaotisch anmutende Verlauf der langobardischen Missionsgeschichte, daß die religiöse Auseinandersetzung nicht in einem Schema eingefangen werden kann.

Die katholische Monarchie gewann bei den Langobarden infolge einer dynastischen Krise, die die Entwicklung wiederum für ein gutes Jahrzehnt suspendierte, erst unter König Liutprand (712–744) Gestalt. Doch waren wesentliche Grundzüge schon unter Perctarit und Kunincpert fixiert worden. Die Synode von Pavia läßt sich mutatis mutandis mit dem Toletaner Reichskonzil von 589 vergleichen. Sie war vom König einberufen und tagte nach kaiserlichem Vorbild im Saal des Königspalastes. Die Einigung wurde feierlich beschworen in der

[14] Deutlich wird, daß auch in der langobardischen Bekehrungsgeschichte das Wunder eine nicht geringe Rolle spielte (vgl. O. *Bertolini*, I papi 347 Anm. 50), und Gregor d. Gr. mag bei der Abfassung seiner Dialogi auch an eine Wirkung auf die Langobarden gedacht haben. Aber damit ist natürlich nur *ein* Aspekt hervorgehoben.

Kirche des Reichspatrons St. Michael. Die Paveser Bischöfe waren seit Perctarit oder Kunincpert exemt und scheinen im 8. Jh. eine Mittlerstelle zwischen Rom und dem Regnum eingenommen zu haben[15]. König Liutprand gründete die Hofkapelle bei der Salvatorkirche und erbaute St. Peter in Caelo Aureo[16]. Er nahm wie die Franken- und Westgotenkönige Einfluß auf die Besetzung der Bistümer und ließ in seinen Kapitularien kirchliche Grundsätze zur Geltung kommen, einmal sogar ausdrücklich unter Berufung auf den Papst als caput ecclesiarum Dei et sacerdotum (in omni mundo)[17]. Zahlreiche Grenzstreitigkeiten zwischen Bistümern des Regnums während der kirchlichen Reorganisation des Regnums wurden vor sein Forum gebracht. Der Episkopat war in der Spätzeit des Regnums sogar heerespflichtig[18].

Indessen hat Pavia im Gegensatz zu Toledo keine primatiale Stellung erlangt, sind auch im langobardischen Italien im Gegensatz zum gotischen Spanien keine Reichskonzilien nachzuweisen[19]. Dem vollen Ausbau der Landeskirche in Italien stand – anders als in Gallien und Spanien – die alte Metropolitanordnung im Wege. Denn nur zwei kirchliche Metropolen – Mailand und Aquileia (Cividale) – lagen innerhalb des Regnums. Die langobardischen Bistümer der Aemilia gehörten zu Ravenna, die Bistümer der Toskana, Spoletos und Benevents zur Kirchenprovinz Rom.

Die Gotenkönige hatten sich Spanien „angetraut", wie Isidor von Sevilla sagte. Die Konversion der Langobarden und die Beseitigung des Schismas schien den Langobardenkönigen die Möglichkeit zu bieten, die „Braut" Italien heimzuführen. Schon Authari soll, so ging die Sage, am Strand von Reggio di Calabria mit seinem Speer die Grenze des Langobardenreiches bezeichnet haben[20]. In der Inschrift einer von ihm gestifteten Krone wurde Agilulf als rex totius Italiae bezeichnet[21]. Kunincperts Epitaph in St. Salvator von Pavia schloß mit den Versen: Quem dominum Italia patrem atque pastorem / Inde flebile maritum iam viduata gemet[22]. Nach dem Umbau des Regnums setzte sich Liutprand das Ziel, seine Hoheit über Spoleto und Benevent zu aktiver Wirkung zu bringen und den Exarchat Ravenna mit der Pentapolis in das Reich der a Deo dilecta et catholica gens Langobardorum einzubeziehen[23]. Gegenüber Rom wollte er

[15] O. *Bertolini,* Le chiese longobarde 475 ff.

[16] Perctarit und seine Gattin hatten in Pavia St. Agatha und vor der Stadt eine Marienbasilika auf dem langobardischen Friedhof errichtet (*G. Fasoli,* Longobardi 138).

[17] *G. Fasoli,* Longobardi 156.

[18] O. *Bertolini,* Le chiese longobarde 491 (Zeugnis für Lucca von 754).

[19] Auch von Provinzial- und Diözesansynoden im langobardischen Italien findet sich kaum eine Spur. Bezeugt ist nach der Paveser Synode von 698 nur eine Mailänder Synode unter König Aistulf (O. *Bertolini:* Settimane di studio VII 1, 515).

[20] Paulus Diaconus, Hist. Lang. 32.

[21] Die Echtheit ist umstritten. Vgl. *R. Elze,* Die eiserne Krone in Monza: Herrschaftszeichen und Staatssymbolik (Schriften der MG 13), negativ, und die Rezension von *G. P. Bognetti,* Archivio storico lombardo, Serie ottava V (1954/55) 1–10, positiv. Der Zusammenhang der Zeugnisse spricht für Echtheit.

[22] Nach *G. P. Bognetti,* Milano longobarda 241.

[23] Die Epitheta sind dem Sprachstil der Kaiserkanzlei entlehnt.

sich mit einer Defensio begnügen. Aber diese Konzeption fand im kaiserlichen Italien kein Echo. Die Grenzen zwischen Regnum und Imperium hatten sich in den Gemütern zu sehr verfestigt, und Rom hielt am politischen Status quo fest, obwohl der Bilderstreit gerade damals zu einem neuen kirchlichen Konflikt mit dem Kaiser geführt hatte. Der politische Konflikt zwischen Papst und König wurde dadurch unvermeidbar. Die Päpste hatten lange an der spätrömischen Reichsidee festgehalten, in der das Heil der universalen Kirche unlösbar mit dem des Imperiums verbunden war; sie empfanden sich nun immer deutlicher als die Schutzherren des kaiserlichen Italien, ja in gewisser Weise noch als Garanten der Autonomie von Spoleto und Benevent. Die eidliche Verpflichtung, für den Frieden zwischen Imperium und Regnum zu wirken, die die langobardischen Suffragane Roms bei ihrer Weihe eingingen, wurde schon 740 umgedeutet in die Verpflichtung, die päpstliche Status-quo-Politik beim Langobardenkönig zu vertreten: zur gleichen Zeit, als der erste päpstliche Appell an die Franken erging. Damit war für die römischen Suffragane im Langobardenreich und über sie hinaus für alle viri devoti im Klerus- und Laienstand ein Gewissenskonflikt gegeben. Die langobardischen Könige haben sich eine Zeitlang bemüht, den Konflikt nur auf der politischen Ebene auszutragen. Noch Aistulf schonte in einer politisch kritischen Situation behutsam die kirchlichen Rechte Roms. Erst Desiderius trat Rom 769 auf dem Felde des Kirchenrechts entgegen, als er die langobardisch besetzten Teile Istriens der Obödienz von Grado zu entziehen versuchte und in Ravenna unkanonisch einen Laien seiner Wahl zum Metropoliten erheben ließ. Fünf Jahre später fiel die Entscheidung: das Regnum Langobardorum ist am Konflikt mit Rom zerbrochen.

16. Kapitel

Die Bekehrung der Angelsachsen und die Entstehung der angelsächsischen Kirche

QUELLEN: MG Auct. ant. XIII, 1 (Gildas und Nennius); MGSS rer. Mer. VI (Leben Wilfrids von York); MGEp I und II (Registrum Gregorii). *Jaffé* I² (1885); *Duchesne LP* (Paris ²1907; Neudr. 1955); *Ch. Plummer*, Venerabilis Bedae opera historica, 2 Bde (Oxford 1896; Neudruck 1966); *P. F. Jones*, A Concordance to the Historia eccl. of Bede (Cambridge/Mass. 1929); Bedae opera de temporibus, ed. *Ch. W. Jones* (Cambridge/Mass. 1943); *W. Jaager*, Vita metrica s. Cuthberti (Leipzig 1935); *B. Colgrave*, Two Lives of St. Cuthbert (Cambridge 1940); *F. A. Gasquet*, A Life of Pope Gregory the Great (Westminster 1904); *B. Thorpe*, The Anglo-Saxon Chronicle, 2 Bde, Rolls Series (1861); *J. Earl – Ch. Plummer*, Two of the Saxon Chronicles Parallel …, 2 Bde (Oxford 1892, 1899); *A. W. Haddan – W. Stubbs*, Councils and Ecclesiastical Documents relating to Great Britain and Ireland III (Oxford 1871); *F. Liebermann*, Die Gesetze der Angelsachsen, 3 Bde (Halle 1903/16; Neudr. Aalen 1960); *F. L. Attenborough*, The Laws of the Earliest English Kings (Cambridge 1922); *J. M. Kemble*, Codex diplomaticus aevi saxonici, 6 Bde (London 1839/48); *W. de Gray Birch*, Cartularium saxonicum, 3 Bde (London 1885/93; Nachdr. 1964).

Zur Chronologie: *R. L. Poole*, Studies in Chronology and History (Oxford 1934).

LITERATUR: *F. M. Stenton*, Anglo-Saxon England (Oxford ²1950), dort S. 679–699 allgemeine Übersicht über die Quellen; *R. H. Hodgkin*, History of the Anglo-Saxons, 2 Bde (Oxford ³1952); *P. Clemoes*, The Anglo-Saxons. Studies presented to Bruce Dickins (London 1960); *W. Levison*, England and the Continent in the Eighth Century (Oxford 1946); *M. Deanesly*, The Pre-Conquest Church in England (London 1961); *dies.*, Side-Lights on the Anglo-Saxon Church (London 1962); *J. Godfrey*, The Church in Anglo-Saxon England (Cambridge 1962); The English Church and the Papacy in the Middle-Ages, ed. *C. H. Lawrence* (London 1965); *G. Haendler* 28–38 E (vgl. Lit. Gotenkapitel); *Th. Schieffer*, Winfrid-Bonifatius und die christliche Grundlegung Europas (Freiburg 1954), mit einem vorzüglichen Kapitel über die Entstehung und Entwicklung der angelsächsischen Kirche bis zum 8. Jh.; *K. Schäferdiek*, Bekehrung und Bekehrungsgeschichte III. England und Schottland: *Hoops*, Reallexikon der germanischen Altertumskunde II² (1974) 188–193.

Papsttum und Mission: *A. V. Seumois, W. H. Fritze* (vgl. Lit. Gotenkapitel).

Zu Beda, seinen Quellen und den damit verbundenen Fragen über die römischen Anfänge der Mission: Bede, his Life, Time and Writings, ed. *A. H. Thompson* (Oxford 1935); *S. Brechter*, Die Quellen zur Angelsachsenmission Gregors d. Gr.: Beiträge zur Geschichte des alten Mönchtums und des Benediktinerordens 21 (Münster 1941); *ders.*, Das Apostolat des hl. Bonifatius und Gregors Missionsinstruktionen für England: St. Bonifatius, Gedenkgabe zum 1200. Todestag (Fulda 1954) 22–33; *ders.*, Zur Bekehrungsgeschichte der Angelsachsen: Settimane di studio ... XIV. La conversione al cristianesimo nell'Europa dell'Alto Medio Evo (Spoleto 1967) 191–215. – Gegenpositionen: *M. Deanesly – P. Grosjean*, The Canterbury Edition of the Answers of Pope Gregory I to St. Augustine: JEH 10 (1959) 1–49; *P. Meyvaert*, Les Responsiones de St. Grégoire à St. Augustin de Cantorbéry: RHE 54 (1959) 879–894; *M. Deanesly*, The Capitulare Text of the Responsiones of Pope Gregory I to St. Augustine: JEH 12 (1961) 231–234. – Umfassend: *J. M. Wallace-Hadrill*, Rome and the Early English Church. Some questions of transmission: Settimane di studio ... VII. Le chiese nei regni dell'Europa occidentale e i loro rapporti con Roma sino all'800, II (Spoleto 1960) 519–548.

Das Zeitalter der Völkerwanderung bezeichnete für Britannien einen sehr viel tieferen Einschnitt als für Gallien, Italien und Spanien. Die germanischen Stämme der „Angelsachsen“ (Angeln, Sachsen, Jüten und andere Volkssplitter) besetzten die am nachhaltigsten romanisierten Ostprovinzen mit den Metropolen London und York und beschleunigten dadurch den Prozeß der Entromanisierung bei den nach Westen zurückweichenden, vom Kontinent mehr und mehr isolierten Briten. Keltische Sprache und Kultur schlugen also bei der alteingesessenen Bevölkerung wieder durch, wenn die Briten auch am christlichen Glauben und an der lateinischen Sprache in der Liturgie festhielten, ja sich geraume Zeit noch als Glieder der Romania empfanden[1]. In ihrer politisch-sozialen Struktur unterschieden sich die Briten und Angelsachsen nicht wesentlich voneinander. Beide waren – wie die Pikten Schottlands – in Kleinreichen organisiert, unter denen allenfalls das eine oder andere eine hegemoniale Stellung einnahm. Aber zu einer Symbiose der beiden Völker kam es nicht. Es blieb, zumal im Süden der Insel, bei einem feindlichen Gegenüber, das einen missionarischen Impuls bei den Briten nicht aufkommen ließ.

Erste christliche Einflüsse machten sich denn auch bei den Angelsachsen nicht von den britischen Nachbargebieten, sondern von Gallien her bemerkbar. Aethelbert von Kent, der als Bretwalda (Beherrscher Britanniens) eine hegemo-

[1] Entsprechende Zeugnisse aus den Schriften St. Patricks sind zitiert bei *J. Ryan*, The Early

niale Stellung südlich des Humber einnahm, heiratete vor 589 eine merowingische Prinzessin: Bertha, die Tochter Chariberts I. von Paris (561–567). Im Gefolge Berthas kam der fränkische Bischof Liuthard an den Hof von Canterbury. Für den Gottesdienst der Königin wurde eine Cömeterialbasilika des römischen Canterbury eingerichtet und vermutlich damals auf den Namen Martins von Tours geweiht[2]. Ein Schatzfund in dieser Kirche weist auf Beziehungen zur Garonne. Anscheinend sind durch die fränkische Heirat des Königs Verbindungen zu dem von Charibert I. beherrschten Gebiet zwischen der unteren Loire und der Garonne (Nantes, Tours, Poitiers, Bordeaux) angeknüpft worden. Wieweit dabei ältere kirchliche Beziehungen zwischen Gallien und Britannien aus dem 5. Jh. wiederbelebt wurden, steht dahin. Eine stärkere missionarische Aktivität konnte die merowingische Kirche jedoch jenseits des Kanals am Ende des 6. Jh. kaum entwickeln, da sie von der kirchlichen Restauration im Reichsinnern noch ganz absorbiert war.

Die eigentliche Initiative zur Angelsachsenmission ging von Gregor dem Großen aus. Der universale Missionsauftrag Christi war in der römischen Kirche nie ganz in Vergessenheit geraten. Leo d. Gr. hatte ihn noch in Verbindung mit einer providentiellen Sendung des römischen Imperiums gesehen: disposito namque divinitus operi congruebat, ut multa regna uno confoederarentur imperio, et cito pervios haberet populos praedicatio generalis, quos unius teneret regimen civitatis[3]. Gregor d. Gr. stand in dieser Tradition, lebte aber in einer gewandelten Welt. Unter dem Einfluß Augustins hat er das biblisch-eschatologische Verständnis der universalen Heidenmission neu geprägt und ist dabei von der „grundsätzlichen Bejahung des universalmissionarischen Auftrags der Kirche" zur „Planung und Organisation eines missionarischen Unternehmens außerhalb der Grenzen des Romanum imperium" fortgeschritten[4].

Irish Church and the See of Peter: Settimane di studio... VII. Le chiese nei regni dell'Europa occidentale e i loro rapporti con Roma sino all' 800, II (Spoleto 1960) 551. Am deutlichsten: Ecclesia Scottorum, immo Romanorum, ut Christiani ita ut Romani sitis. Die diesem Ausspruch zugrunde liegende Vorstellung ist der unten erwähnten Auffassung Leos des Großen eng verwandt.

[2] Beda datiert das Martinspatrozinium von Canterbury in die römische Zeit. *Wallace-Hadrill* ist geneigt, dieses Zeugnis zu akzeptieren (Rome and the Early English Church 529). Vgl. aber *M. Deanesly*, Pre-Conquest Church 35 48.

[3] „Denn dem von Gott angeordneten Werk entsprach es besonders, daß viele Reiche dem *einen* Imperium konföderiert wurden und (so) die allgemeine Glaubensverkündigung rasch Zugang habe zu den Völkern, die das Regiment der einen Stadt in Bann hielt" (Sermo 82 in natali apostolorum Petri et Pauli: PL 54, 423).

[4] *W. H. Fritze*, Universalis gentium confessio 113. Fritze erhebt mit Recht Widerspruch gegen die namentlich in der englischen Forschung vertretene Auffassung, daß Gregors Missionswerk aus römisch-imperialen Voraussetzungen zu verstehen sei (vgl. etwa *M. Deanesly*, Pre-Conquest England 45 und *J. Godfrey*, The Church in Anglo-Saxon England 69). Daß indessen bei Gregor reichskirchliches Denken noch nicht erloschen war, läßt sich bei aller Anerkennung seiner spezifischen Leistung – der Erneuerung des biblischen „theonomen" Missionsgedankens – kaum leugnen. Dem Papst war bekannt, daß das von den Angelsachsen okkupierte Britannien einst zum Imperium gehört hatte, und sein kirchlicher Organisationsplan schloß

Ist der geistige Hintergrund der für die Zukunft des Abendlandes hochbedeutsamen Initiative des großen Papstes einigermaßen einsichtig, so bleiben die näheren Umstände, durch die Gregors Interesse gerade auf die Angelsachsen gerichtet wurde, doch verhüllt. Die Frage, wie das der römischen Oikumene seit anderthalb Jahrhunderten entglittene Britannien wieder in den Gesichtskreis Roms trat, hat die bekannte, durch die northumbrische Vita Gregorii und von Beda überlieferte northumbrische Legende prägnant, aber vereinfachend beantwortet. Die äußere Schönheit angelsächsischer Sklaven, die Gregor bei einem Besuch des Forums aufgefallen sei, habe ihn erkennen lassen, daß die Angeln zu Miterben der Engel berufen seien[5]. Der einprägsamen Erzählung liegt wahrscheinlich die Tatsache zugrunde, daß Gregor 595 den Auftrag erteilte, angelsächsische Sklaven in Gallien – d. h. wohl in Marseille – aufzukaufen, um sie im christlichen Glauben im Hinblick auf eine künftige Missionstätigkeit in ihrer Heimat erziehen zu lassen, wenngleich es nicht ausgeschlossen ist, daß angelsächsische Sklaven auch auf den römischen Markt kamen. Als Zeugnis für northumbrische Vorstellungen von den Anfängen der Mission ist die Erzählung wertvoll, als historischer Faktenbericht begegnet sie kritischen Bedenken.

Die von Beda erzählte Geschichte soll sich in der Zeit Papst Benedikts I. (575–579) abgespielt haben. Ein erster Hinweis auf Britannien findet sich in den Moralia Gregors, die zwischen 585 und 595 redigiert wurden. Die Frage, ob Gregor schon um 585 den Missionsplan gefaßt habe und ihn damals – 5 Jahre vor seinem Pontifikatsantritt – persönlich durchführen wollte, ist kontrovers. Doch wurde die Mission sicher von langer Hand vorbereitet, wie der erwähnte Auftrag zum Aufkauf angelsächsischer Sklaven vom 10. September 595 zeigt. Die Rekrutierung der ersten Missionare bereitete Schwierigkeiten, da der römische Weltklerus sich offenbar versagte. So entsandte Gregor schließlich im späten Frühjahr 596 den Propst Augustin mit einer Gruppe von Mönchen aus dem von ihm selbst gegründeten Andreaskloster auf dem Mons Caelius. Die römischen Missionare landeten im Frühjahr 597 auf der zum Königreich Kent gehörigen Insel Thanet.

Gregor hat den kentischen Ansatzpunkt für die Mission gewiß nicht zufällig gewählt. Er muß über die Möglichkeiten einer missionarischen Wirksamkeit

an ältere römische Ordnungen an. Die innere Verbundenheit Gregors mit dem Imperium geht auch aus anderen Zeugnissen hervor, und die Wiederherstellung der kaiserlichen Herrschaft im Westen lag wenigstens für die Zeitgenossen im Bereich der Möglichkeit (*J. M. Wallace-Hadrill*, Rome and the Early English Church 522). So scheint mir doch die Distanz zwischen Leo d. Gr. und Gregor nicht so groß zu sein, wie Fritze annimmt.

[5] ... Rursus ergo interrogavit, quod esset vocabulum gentis illius. Responsum est, quod *Angli* vocarentur. At ille: „Bene", inquit, „nam et *anglicam* habent *faciem*, et tales angelorum in caelis decet esse coheredes. Quod habet nomen ista provincia de qua isti sunt adlati?" Responsum est, quod *Deiri* vocarentur idem provinciales. At ille: „Bene", inquit, „Deiri; de ira eruti et ad misericordiam Christi vocati. Rex provinciae illius, quomodo appellatur?" Responsum est, quod *Aelli* diceretur. Ad ille adludens ad nomen ait: „Alleluia, laudem Dei Creatoris illis in partibus oportet cantari!" (Hist. eccl. II 1.)

am Hof von Canterbury wenigstens in großen Zügen informiert gewesen sein. Dennoch erschien die Reise ins ferne Heidenland wenigstens den Betroffenen als ein gefährliches Abenteuer – sie wären am liebsten schon bald nach ihrem Aufbruch wieder zurückgekehrt. Gregor gab nicht nach, stellte seinen Sendlingen aber Empfehlungsbriefe an den päpstlichen Vikar von Arles, an die Bischöfe von Aix(-en-Provence), Vienne und Autun, an den Abt von Lérins, an die fränkische Königin Brunichild und ihre Enkel Theuderich II. von Frankoburgund (Chalon-s.-Saône) und Theudebert II. von Auster (Metz) aus. Gegenüber der Königin motivierte der Papst seine Missionsgesandtschaft: er habe vernommen, daß die Angeln Christen werden wollten, aber kein Bischof in der Nachbarschaft für sie Sorge trage. Man könnte daraus auf eine Initiative aus Kent schließen. Dem widerspricht jedoch u. a. das Mißtrauen, mit dem das Königshaus von Kent nach Beda zunächst den römischen Missionaren begegnete. The Christian Franks in Kent seem not to have over-busied themselves in 30 years in preparing the king for St. Augustine[6].

Die ersten Schwierigkeiten wurden jedoch bald überwunden, und das Missionswerk nahm einen guten Fortgang. Hilfe kam aus dem Merowingerreich durch den Bischof Syagrius von Autun, der der Königin Brunichild nahestand. Gregor konnte dem Patriarchen von Alexandria im Juli 598 von großen Erfolgen berichten, die durch den Übertritt König Aethelberts (Taufe wahrscheinlich Ostern 601) gekrönt wurden. Augustin, der im Frankenreich zum Bischof geweiht worden war, gründete mit Hilfe des Königs die Kathedrale von Canterbury (Christ Church) und bei der Martinsbasilika ein Mönchskloster, dessen Kirche (St. Austin) auch die Gräber der Bischöfe und des Königshauses von Kent aufnehmen sollte. Die Bischofskirche erhielt nach dem Vorbild der römischen Kathedrale im Lateran das Salvatorpatrozinium, die Klosterkirche wurde den Apostelfürsten geweiht.

Die entstehende angelsächsische Kirche sollte nach dem Willen Gregors von der gallischen Kirche und dem päpstlichen Vikar in Arles unabhängig sein, aber mit den keltobritischen Kirchen der Insel zusammengeschlossen werden. Augustin sollte die Gründung zweier Kirchenprovinzen mit den Metropolen London und York für je 12 Bistümer vorbereiten, die nach seinem Tod zu vervollständigen seien. Als Haupt aller Kirchen Britanniens erhielt er 601 das Pallium mit der Maßgabe, seinen Sitz in London zu nehmen.

Der Organisationsplan Gregors beruht auf der älteren römischen Gliederung Britanniens – die jüngere diokletianische Ordnung, nach der Britannien in 5 Provinzen eingeteilt war, kannte man anscheinend in Rom nicht mehr. Das Organisationsschema entsprach jedoch weder den politischen Verhältnissen des frühen 7. Jh. noch dem Stand der Mission. London gehörte zum Königreich Essex, dessen Herrscher dem Bretwalda von Canterbury untergeordnet und zudem 601 noch Heide war. Die Übersiedlung Augustins in die alte britorömische

[6] *J. M. Wallace-Hadrill*, Rome and the Early English Church 527.

Metropole war unter diesen Umständen undurchführbar, und die Union der angelsächsischen mit den britischen Kirchen scheiterte sowohl an der Verschiedenheit der kirchlichen Gebräuche wie am nationalen Gegensatz der Völker und am herrischen Auftreten Augustins.

Die Glaubensverkündigung konnte sich nur auf der Grundlage der bestehenden Verhältnisse entfalten, und so strahlte die Mission vorerst nur auf die Königtümer aus, die mit Kent in enger Verbindung standen: auf Essex und Ostangeln (Norfolk und Suffolk). Festeren Fuß faßten Augustin und seine Gefährten in Essex, wo ein Schwestersohn König Aethelberts herrschte. In Kent wurde 604 als zweites Bistum Rochester (Kathedrale St. Andreas), in Essex das Bistum London (St. Paul beim römischen Forum) gegründet. Ein Zwang zur Annahme des Christentums wurde ebensowenig wie in Kent ausgeübt: Didicerat enim (rex) a doctoribus auctoribusque suae salutis servitium Christi voluntarium, non coacticium esse debere[7]. Gregor hatte die Missionare angewiesen, die heidnischen Tempel nicht zu zerstören, sondern in Kirchen umzuwandeln und den heidnischen Festen einen christlichen Sinn zu geben: ut dum eis aliqua exterius gaudia reservantur, ad interiora gaudia consentire facilius valeant. Nam duris mentibus simul omnia abscidere impossibile esse non dubium est, quia et is, qui summum locum ascendere nititur, gradibus vel passibus, non autem saltibus elevatur[8].

Die auf individuelle Bekehrung abgestellte Mission Augustins schloß natürlich nicht aus, daß die Konversion angesehener Fürsten auch den globalen Übertritt von Gefolgschaften und Klientelen nach sich zog, wobei gelegentlich Druck ausgeübt worden sein mag. Doch waren beim Tode Augustins (zwischen 604 und 609) noch nicht einmal alle Angehörigen der Königshäuser von Kent und Essex Christen geworden. So konnte es nach dem Tode König Aethelberts (616) und seines ostsächsischen Neffen zu einer heidnischen Reaktion kommen, die in Kent zwar nur einen vorübergehenden Rückschlag brachte, in Essex und Ostangeln aber die ersten Keime des Christentums zerstörte[9]. Dafür eröffneten sich

[7] „Der König hatte nämlich von seinen Lehrern, von denen er das Heil empfing, gelernt, daß der Dienst Christi ein freiwilliger, nicht ein erzwungener sein müsse" (Hist. eccl. I 26).

[8] „... damit sie, wenn ihnen äußerlich einige Freuden erhalten bleiben, leichter den inneren Freuden zustimmen mögen. Denn es ist zweifellos unmöglich, harten Herzen alles zugleich abzuschneiden, weil auch, wer zum höchsten Ort aufzusteigen sucht, stufen- und schrittweise, nicht in Sprüngen erhöht wird" (Hist. eccl. I 30). – Die Großzügigkeit, mit der Gregor den Verhältnissen der Mission auch in Sachen der kirchlichen Disziplin und im Eherecht Rechnung trug, erhellt aus seinen bei Beda überlieferten Responsa (Ep. XI 56a), die nach neueren Untersuchungen englischer und belgischer Forscher bis auf wenige Interpolationen wohl als echt anzusehen sind (zur Kontroverse mit S. Brechter vgl. die Literatur dieses Kapitels).

[9] Sehr verschiedene Auffassungen des Christentums werden deutlich am Beispiel zweier Könige von Ostangeln und Essex. Raedwald von Ostangeln hatte in seinem heidnischen Fanum einen christlichen und einen heidnischen Altar (Hist. eccl. II 15), huldigte also einem religiösen Synkretismus. Sigibert von Essex wurde erschlagen, weil er die Feindesliebe praktizierte (Hist. eccl. III 22), also das Grundgebot der christlichen Ethik verstanden und sich in einer für seine Zeit seltenen Weise zu eigen gemacht hatte.

ein Jahrzehnt später große Aussichten für die Mission im Norden Englands. König Aedwin von Deira (Yorkshire), der auch Bernicia (Northumbrien) und die Lindissi (Lindsey) beherrschte und die Hegemonie im angelsächsischen Bereich gewann, führte 625 eine Tochter Aethelberts von Kent heim. Mit der Königin ging Paulinus, einer der Missionare aus Kent, der zum Bischof erhoben wurde, nach Nordengland. Aedwin befand sich im Konflikt mit den Westsachsen und stellte 626 für den Fall seines Sieges seine Konversion in Aussicht. Nach dem glücklichen Ausgang des Kampfes legte er dem Witenagemot, d.h. der Großversammlung seines Reiches, die Frage vor, ob man das Christentum annehmen solle. Der Witenagemot entschied für den kollektiven Übertritt. Der König ließ sich Ostern 627 taufen.

Der Bericht Bedas über die Diskussion auf dem Witenagemot ist ein bedeutsames Denkmal aus der Geschichte der Germanenmission, wenn er auch nicht im strikten Sinn als zeitgenössisches Zeugnis gelten kann. Er zeigt, daß nicht nur der Sieg und Erfolg verheißende Gott Eindruck machte, sondern auch die Frage nach dem Sinn und Ziel des menschlichen Lebens eine Rolle spielte. „Talis", inquiens (unus optimatum), „mihi videtur, rex, vita hominum praesens in terris, ad conparationem eius, quod nobis incertum est, temporis: quale cum te residente ad caenam cum ducibus ac ministris tuis tempore brumali, accenso quidem foco in medio, et calido effecto caenaculo, furentibus autem foris per omnia turbinibus hiemalium pluviarum vel nivium, adveniens unus passerum domum citissime pervolaverit; qui per unum ostium ingrediens, mox per aliud exierit. Ipso quidem tempore, quo intus est, hiemis tempestate non tangitur, sed tamen parvissimo spatio serenitatis ad momentum excurso, mox de hieme in hiemem regrediens, tuis oculis elabitur. Ita haec hominum vita ad modicum apparet; quid autem sequatur, penitus ignoramus. Unde si haec nova doctrina certius aliquid attulit, merito esse sequenda videtur."[10]

Die von Gregor geplante zweite Kirchenprovinz York schien nach dem öffentlich beschlossenen Übertritt der Angeln nördlich des Humber Wirklichkeit zu werden. Paulinus nahm seinen Sitz in York, wo man bald nach der Taufe König Aedwins mit dem Bau einer steinernen Kathedrale begann, die eine noch vor der Taufe des Königs errichtete und St. Peter geweihte Holzkirche ersetzen sollte. Die Päpste Bonifatius V. (619–625) und Honorius I. (625–638) hielten

[10] „Das gegenwärtige Leben der Menschen auf Erden, o König", sagte einer der Großen, „scheint mir im Vergleich zu der Zeit, die uns ungewiß ist, von dieser Art zu sein: wie wenn ein Sperling dein Haus im Flug durcheilt, wo du zur Winterszeit mit deinen Herzögen und Dienern zum Mahle niedersitzest, um das Herdfeuer im warmen Gemach – draußen aber toben überall die winterlichen Regen- und Schneestürme. Der Sperling fliegt durch ein Tor hinein und gleich durchs andere wieder hinaus. Solange er drinnen ist, bleibt er unberührt von der Wut des Winters. Aber durchflogen ist im Nu die winzige Spanne heiterer Sorglosigkeit, und schon entgleitet er deinen Augen, aus dem Winter zurückkehrend in den Winter. So scheint das Leben der Menschen eine kleine Weile auf; was aber folgen mag, wissen wir nicht. Wenn daher diese neue Lehre etwas mehr Gewißheit bringt, sollte man ihr mit Recht folgen" (Hist. eccl. II 13).

auch mit der northumbrischen Mission Kontakt. Die Verbindung zwischen Rom und den ultimi habitatores mundi festigte sich, und Honorius erreichte in diesen Jahren sogar, daß Südirland die römische Osterrechnung rezipierte (629/632)[11]. Aber die geringe politische Stabilität Britanniens führte erneut zu einem schweren Rückschlag. König Aedwin fiel 632 bei Hatfield im Kampf gegen Penda von Mercien und den Britenkönig Caedwalla von Gwynedd. Die northumbrische Mission brach zusammen. Als Honorius I. das Pallium für Paulinus von York übersandte, befand sich dieser mit der Königin und ihren Kindern auf der Flucht nach Kent. Penda, der Herrscher des mittelenglischen Reiches Mercien („Markenreich" der Angeln gegen die Briten), wurde bis zu seinem Tode (654) die „zentrale Gestalt der angelsächsischen Geschichte"[12]. Er war und blieb Heide.

Paulinus beschloß sein Leben als Bischof von Rochester (635–644). Canterbury und Rochester, die beiden kentischen Bistümer, hatten den Sturm überstanden, und der Vorrang von Canterbury im römischen Missionsbereich wurde 624 mit der Übersendung des Palliums durch Papst Bonifatius V. sanktioniert. Aber die Missionssphäre von Canterbury schrumpfte in der Folgezeit erheblich ein. Rom war fern und bot wenig Hilfe. An die Stelle des römischen Rückhalts trat mit Billigung der Päpste der Rückhalt an der merowingischen Reichskirche in Gallien, die schon den Flüchtlingen der ersten heidnischen Reaktion, den Bischöfen Mellitus von London und Iustus von Rochester, Zuflucht geboten hatte[13].

Südlich des Humber gab es in der Zeit Pendas von Mercien (632–654) nur zwei Königreiche, die man als christlich bezeichnen konnte: Kent und Ostangeln. Neben ihnen ist als drittes Reich Wessex zu nennen, das sich damals aber erst der neuen Lehre öffnete[14]. Christliche Einflüsse waren in Ostangeln zuerst von Kent (Canterbury), dann von Deira (York) aus zur Geltung gekommen. Die nova doctrina festigte sich aber erst unter König Sigebert (630–635), der in Gallien getauft war und bei seinem Herrschaftsantritt den frankoburgundischen Bischof Felix einführte. Felix stammte wohl aus dem Kreis des Luxeuiler Mönchtums; seine Beziehungen weisen vor allem auf Meaux und das Kloster Faremoutiers, das sehr früh zu einem Anziehungspunkt für angelsächsische Prinzessinnen und Damen aus dem angelsächsischen Adel wurde. Der frankoburgundische Bischof, dessen Missionstätigkeit von Canterbury autorisiert wurde, gründete das Bistum Dunwich im Süden des ostanglischen regnums (Suffolk). Im Norden des Landes (Norfolk) faßte noch unter Sigebert die irische

[11] *J. Ryan*, The Early Irish Church and the See of Peter 568/569.

[12] Stenton 39. Nach *Deanesly* scheint Penda Bretwalda gewesen zu sein oder wenigstens eine analoge Hegemonie de facto ausgeübt zu haben (Pre-Conquest Church 81). Anders Stenton, der an Bedas Aussage über die Hegemonie Oswalds von Northumbrien festhält.

[13] Die hier vorgetragenen Auffassungen beruhen vornehmlich auf *J. M. Wallace-Hadrill*, Rome and the Early English Church 535–536.

[14] *M. Deanesly*, Pre-Conquest Church 81.

Mission durch den Abt Furseus Fuß (Cnobheresburg bei Yarmouth). Die beiden ostanglischen Missionsgruppen standen allem Anschein nach in freundschaftlichen Beziehungen. Sie waren geeint im gemeinsamen Werk, und die Verschiedenheit der Observanzen war durch den irischen Einfluß auf den Luxeuiler Kreis zumindest gemildert[15].

Unabhängig von Canterbury wirkte seit etwa 633 der Gallier (?) Birinus in Wessex, das bisher in die Mission noch nicht einbezogen war. Birinus hatte die Erlaubnis zur Heidenpredigt von Papst Honorius I. erhalten und war vom Mailänder Exilmetropoliten Asterius zum Bischof geweiht worden. Er taufte 636 den westsächsischen König Cynegils und nahm seinen Sitz in Dorchester, dem damaligen Zentrum des Reiches. Sein Nachfolger wurde der Franke Agilbert (ca. 650–660), der zum Kreise der Gründer des Klosters Jouarre (Diöz. Meaux) gehörte, in Südirland studiert hatte und im Merowingerreich zum Missionsbischof geweiht worden war. Agilbert fiel 660 in Ungnade, weil er der sächsischen Sprache nicht hinreichend mächtig war[16]. Sein Nachfolger Wini, gleichfalls in Gallien geweiht, verlegte um 663 den Bischofssitz in die neue Hauptresidenz Winchester, konnte sich aber nicht lange halten. Ihm folgte Agilberts Neffe Hlothere (Chlothar) auf Wunsch des westsächsischen Königs und

[15] The earliest Anglian Church was founded, through the initiative of Canterbury, by a Burgundian bishop, Felix. Its Gaulish affinities need no emphasis; they leed one to Faremoutiers, Chelles, Lagny, Péronne and quite possibly to Luxeuil (*J. M. Wallace-Hadrill,* Rome and the Early English Church 530). Die Ausführungen des englischen Historikers bedürfen eines Kommentars. Faremoutiers und Chelles waren merowingische Frauenklöster, in denen das angelsächsische Element besonders stark vertreten war. Chelles ist als Frauenkloster jedoch erst nach dem Tode des Bischofs Felix († 647) durch die Königin Balthild gegründet worden. Unmittelbare Beziehungen können also nur zwischen Felix und Faremoutiers bestanden haben. – Lagny (Diöz. Meaux) wurde von Furseus nach seiner Übersiedlung ins Frankenreich (frühestens 640, wahrscheinlich 644/645) mit Hilfe des neustroburgundischen Hausmeiers Erchinoald gegründet. Dieser überführte die Leiche des Furseus († 650) nach Péronne, wo er ein Kloster gründete, dessen Leitung er dem 650 ins Merowingerreich übersiedelten Foillan, einem Bruder des Furseus, übertrug (*P. Grosjean,* Notes d'hagiographie celtique 38: AnBoll 75 [1957] 392 ff). Direkte Beziehungen können wiederum nur zwischen Lagny und Bischof Felix bestanden haben. Die Möglichkeit besteht, daß Felix durch seine merowingischen Beziehungen die Klostergründung des Furseus unterstützte. Die Indizien weisen somit auf engere Beziehungen zur Diözese Meaux hin. – Über die beiden ostanglischen Missionsgruppen vgl. auch *M. Deanesly,* Pre-Conquest Church 76 81 ff.

[16] Agilbert kehrte erst nach der northumbrischen Synode von Whitby (664) endgültig ins Merowingerreich zurück, wurde um 667 Bischof von Paris und starb zwischen 680 und 691. Er wurde in Jouarre begraben, sein Sarkophag ist erhalten. Die Abtei Jouarre wurde von Ado, einem Bruder des großen Bischofs Audoin von Rouen, gegründet und früh in ein Doppelkloster umgewandelt (vor 650, vielleicht schon vor 642). Die erste Äbtissin Theudechildis war eine Schwester Agilberts. Die Nonnen scheinen aus dem nur 20 km entfernten Faremoutiers gekommen zu sein. Jouarre selbst stellte die ersten Nonnen für das Königskloster Chelles und für Ebroins Hauskloster Notre-Dame de Soissons. Die in Jouarre bestattete heilige Osanna soll eine Schwester des northumbrischen Königs Osred (705–716) gewesen sein. Vgl. *J. Guérout,* Les origines et le premier siècle de l'abbaye: L'abbaye royale Notre-Dame de Jouarre (Paris 1961) 1–67.

mit Billigung des Erzbischofs von Canterbury[17], dessen Vorrang damit auch in Wessex anerkannt wurde. Von einer Leitung der Mission durch die Metropoliten in Canterbury konnte freilich weder in Ostangeln noch in Wessex die Rede sein. Deusdedit (654–663), der erste Angelsachse auf dem erzbischöflichen Stuhl, war in seiner Wirksamkeit faktisch auf Kent beschränkt.

Die große Wende der Mission ging vom Norden aus. Die Angeln nördlich des Humber wurden nach der Niederlage von Hatfield neu geeint durch die Brüder Oswald (633–641) und Oswiu (641–670) aus dem Königshaus von Bernicia. Oswald fiel 641 im Kampf gegen Penda von Mercien, aber Oswiu konnte 654 in der Schlacht von Winwood die Vorherrschaft Merciens brechen und die northumbrische Hegemonie wiederherstellen.

Die beiden Brüder hatten während der Regierung Aedwins von Deira (616–632) im Exil bei den Iren und Pikten Kaledoniens gelebt und waren dort Christen irischer Observanz geworden. Oswald ließ 634 aus Jona den Iren Aidan kommen, der mit Hilfe des Königs das Kloster Lindisfarne gründete und dort Abtbischof wurde. Auf Aidan folgten Finnan (651–661) und Colman (661–664). Nach Oswius Sieg von 654 taufte Finnan Pendas Sohn Peada, der eine Tochter Oswius heiratete, und den König Sigbert von Essex, einen „Freund" des northumbrischen Herrschers. Der Ire Diuma wurde als Missionsbischof nach Mercien, sein angelsächsischer Gefährte Cedd bald darauf nach Essex entsandt.

So stieg der irische Einfluß in England im 2. Drittel des 7. Jh. ständig an. Andererseits machten sich römisch-kontinentale Einflüsse über Wessex und Kent auch im irisch geprägten Northumbrien bemerkbar. Die Missionskreise überschnitten sich in weiten Teilen der angelsächsischen Welt, und Reibungen konnten nicht ausbleiben. In den Mittelpunkt der Kontroversen rückte die Divergenz der Ostertermine (und damit auch der Fastenzeiten), die das tägliche Leben im engeren Kreise erheblich erschwerte. Am northumbrischen Hof feierte König Oswiu das Osterfest nach dem irischen, die in Kent erzogene Königin nach dem römischen Kalender. Die Unzuträglichkeiten, die sich daraus ergaben, verlangten gebieterisch nach einer Klärung, und so berief der König 664 eine Synode nach Whitby.

In den kentischen Anfängen der Mission hatte der Gegensatz zwischen dem römisch-kontinentalen und dem keltisch-insularen Kirchenwesen, verstärkt durch die angelsächsisch-britische Feindschaft, zeitweise scharfe Formen angenommen. In Whitby herrschte ein anderes Klima. Römische Einflüsse hatten sich in der irischen Kirche geltend gemacht, die Südiren hatten die römische Osterrechnung schon eine Generation vorher rezipiert. Die irischen Kirchenmänner stellten die Apostolizität des Glaubens als Grundlage der kirchlichen Einheit nicht in Frage, sie pilgerten nach Gallien und nach Rom, sie hielten auch ihre Schüler dazu an[18]. So konnte die Entscheidung von Whitby kaum

[17] *J. M. Wallace-Hadrill*, Rome and the Early English Church 530.

[18] *M. Deanesly*, Pre-Conquest Church 83. – Wallace-Hadrill sieht im „emotional link with

zweifelhaft sein. Der fränkische Bischof Agilbert von Wessex und sein angelsächsischer Schüler, Abt Wilfrid von Ripon, vertraten den römischen Standpunkt gegen Colman von Lindisfarne. Als sich Wilfrid auf die Autorität Petri berief und dabei Matthäus 16, 18 zitierte, griff der König ein: „Verene, Colmane, haec illi Petro dicta sunt a Domino?" Qui ait: „Vere, rex." Ait ille: „Habetis", inquit, „vos proferre aliquid tantae potestatis vestro Columbano datum?" At ille ait: „Nihil." Rursum rex: „Sic utrique vestrum", inquit, „in hoc sine ulla controversia consentiunt, quod haec principaliter Petro dicta, et ei claves regni caelorum sint data a Domino?" Responderunt: „Etiam" utrique. At ille ita conclusit: „Et ego vobis dico, quia hic est ostiarius ille, cui ego contradicere nolo; sed, in quantum novi vel valeo, huius cupio in omnibus oboedire statutis; ne forte, me adveniente ad fores regni caelorum, non sit qui reserat, averso, illo, qui claves tenere probatur."[19] Damit war das Streitgespräch zugunsten der römischen Gruppe entschieden. Colman verließ Northumbrien mit einer Gruppe von Intransigenten, andere Iren blieben zurück. Das große Abtbistum Lindisfarne wurde in die Bistümer Ripon und York geteilt.

Nicht weniger bedeutsam als die Synode von Whitby wurde der Pontifikatswechsel, der bald darauf in Canterbury eintrat. Als der von den Königen von Kent und Northumbrien ausersehene angelsächsische Kandidat nach seiner Ankunft in Rom starb, erhob Papst Vitalian nach sorgfältiger Wahl den Griechen Theodor von Tarsus. Theodor traf 669 in Kent ein, begleitet von dem Neapolitaner Abt Hadrian, der von Geburt Afrikaner war. Während seines langen Pontifikats (669–690) hat er, der als erster Bischof von Canterbury in der gesamten englischen Kirche anerkannt wurde, dieser Kirche Gestalt gegeben. Sieben Bistümer, darunter zwei für Kent (Canterbury und Rochester), je eines für die Reiche Northumbrien (York), Ostangeln (Dunwich), Mercia (Lichfield), Essex (London) und Wessex (Winchester) wurden reorganisiert. Neue Diözesen wurden errichtet in den relativ großen Reichen Northumbrien (Lindisfarne, Hexham) und Mercien (Lindsey, Worcester, Hereford). Nach der Bekehrung der Südsachsen durch Wilfrid (680/685) entstand das Bistum Selsey in Sussex.

the cultus of St. Peter, and thus with St. Peter's successors" das einigende Band, das die so verschieden geprägten angelsächsischen Kirchen schon vor der Entsendung Theodors von Canterbury zusammenhielt (Rome and the Early English Church 531).

[19] „Hat dies der Herr wirklich jenem Petrus gesagt, Colman?" Der antwortete: „So ist es, o König." Darauf fragte der König: „Habt ihr etwas von solcher Kraft für euren Columba vorzubringen?" Jener antwortete: „Nichts." Da sprach der König: „So stimmt ihr beide ohne Streit darin überein, daß dies in erster Linie dem Petrus gesagt wurde und ihm vom Herrn die Schlüssel des Himmelreiches übergeben seien?" Beide antworteten: „Ja." Da beschloß der König (das Streitgespräch) also: „Und ich sage euch: Dieser ist der Pförtner, dem ich nicht widersprechen will; vielmehr wünsche ich nach meinem Wissen und Können seinen Anordnungen in allem zu gehorchen: damit nicht etwa, wenn ich vor die Himmelstür trete, niemand da sei, der öffne, weil der sich von mir abkehrt, der nachweislich die Schlüssel hält" (Hist. eccl. III 25). – Zu dem längst traditionell gewordenen Bild des Himmelspförtners vgl. *K. Hallinger*, Römische Voraussetzungen der bonifatianischen Wirksamkeit im Frankenreich: St. Bonifatius. Gedenkgabe zum 1200. Todestag (Fulda 1954) 320–361.

Nach Theodors Tod ist die Zahl der angelsächsischen Bistümer nur noch durch wenige Neugründungen in Northumbrien (Whithorn), Ostangeln (Elmham), Mercien (Leicester, Dorchester) und Wessex (Sherborne) vermehrt worden.

Unter der Leitung des Erzbischofs von Canterbury wurde England zu einer kirchlichen Einheit, längst ehe es eine politische Einheit bildete. Die englische Kirche trat zu Provinzialsynoden zusammen, die zugleich „Nationalsynoden" waren. Da die Konzilien infolge der politischen Vielgestaltigkeit nicht nach Königsjahren datiert werden konnten, griff der Episkopat die Inkarnationsrechnung auf, die bald von England ihren Siegeszug durch das Abendland antrat. Die Osterberechnung wurde definiert, die Stabilitas loci für die Mönche, den Klerus und den Episkopat festgesetzt. Doch übernahm Theodor von Tarsus auch Grundelemente der irischen Bußpraxis, schrieb er doch erstmals allgemein die jährliche Beichte vor. Ein Poenitentiale, das auf Theodors Anweisungen beruhte und unter seinem Namen weit verbreitet wurde, „wirkte mit darauf hin, daß das verfeinerte und individuelle Bußsystem der Ohrenbeichte mit gestaffelten Sühneleistungen auch für geheime Verfehlungen zum Gemeingut der Gesamtkirche wurde"[20]. Andererseits strahlte der römische Einfluß von England auf die Kelten der Britischen Inseln aus. In den Jahren 704 und 716 nahmen auch die Nordiren von Bangor und die Pikten die römische Osterrechnung an. Nur die Kelten von Wales hielten bis 768 am alten Brauch Columbas fest[21].

England blieb zwei Generationen lang unter der kirchlichen Leitung von Canterbury. Als dann 735 der Bischof von York das Pallium erhielt, löste sich Northumbrien von der gesamtenglischen Kirchenprovinz. Diese Zweiteilung entsprach nicht nur dem Plan Papst Gregors, sondern auch der Sonderentwicklung des angelsächsischen Nordreichs. Bei ihr ist es in Zukunft geblieben. Die im 8. Jh. von den mercischen Oberkönigen des Südens konstituierte Kirchenprovinz Lichfield (788–803) hatte keinen Bestand. Auch ein Versuch des Königs von Mercien, die kirchliche Metropole Südenglands von Canterbury nach London zu verlegen, blieb erfolglos, obwohl man sich dabei auf Gregor den Großen berufen konnte. Zu mächtig war bereits die Tradition der Sedes Augustins und Theodors von Tarsus.

(Viri de gente Anglorum), qui maxime familiariores apostolicae sedi semper existunt[22], sagt noch eine Quelle des 9. Jh. von den Angelsachsen. Nach ihrem Ursprung und ihrem Charakter als frühmittelalterliche Missionskirche war die Kirche Englands „römischer" als die des Franken-, Goten- und Langobardenreichs, die in ihren Wurzeln in die Antike zurückgingen und ein reicheres Erbe

[20] *Th. Schieffer* a. a. O. 76. – Erzbischof Theodor hatte keine Vorurteile gegenüber den Iren. Er erhob drei Zöglinge irischer Schulen zu Bischöfen (*M. Deanesly*, Pre-Conquest Church 102; zu seiner Persönlichkeit ebd. 104–107).

[21] *M. Deanesly*, Pre-Conquest Church 89ff.

[22] (Die Männer aus dem Volk der Engländer), die dem Apostolischen Stuhl von jeher besonders nahestehen (Gesta abb. Fontanellensium 14, ed. *Löwenfeld* S. 42). Dazu *J. M. Wallace-Hadrill* a. a. O. 520ff.

besaßen. Der Petruskult war in allen germanisch-romanischen Kirchen fest verankert[23], aber er gewann in England eine besondere Intensität. „St. Peter wurde geradezu der Nationalheilige, dem man in großer Zahl Klöster und Kirchen ... weihte. Das augenfälligste und bekannteste Kennzeichen dieser religiösen Hingabe ist der Strom der angelsächsischen Pilger zu den Schwellen der Apostel ... mancher beschloß in Rom sein irdisches Leben, so die beiden Könige ... Caedwalla († 689) und Ine von Wessex († 726)."[24] Die angelsächsische Kirche trat 679 auf Ersuchen des Papstes in Hatfield zusammen, um sich in der Monotheletenfrage hinter Rom zu stellen. Die Bindung an Rom nahm in England auch juristische Formen an. Hier war das Metropolitanrecht schon durch Gregor erstmals an den Empfang des Palliums gebunden worden, eines Gewandstreifens aus weißer Wolle, das die Päpste früher ihren Vikaren verliehen. Durch das Pallium erhielt der Metropolit Anteil an den Rechten des Papstes und den Titel „Erzbischof", der in früherer Zeit eine obermetropolitane Stellung bezeichnete. Wie im Langobardenreich, wo der Papst an der Langobardenmission und an der Reorganisation der Kirchenprovinz Mailand beteiligt war, kam es auch in England zur Exemtion von Klöstern, die von der Gewalt des Ortsbischofs befreit und Rom direkt unterstellt wurden[25]. Freilich bedeuteten diese Exemtionsprivilegien, die nur in wenigen Sonderfällen auf Initiative der Gründer erteilt wurden, nicht einen Versuch, von Rom aus in die Verhältnisse der englischen Kirche einzugreifen. Denn die englische Kirche war nicht weniger als die fränkische, gotische und langobardische eine „Landeskirche", wenn auch fester mit Rom verbunden. Die Zuständigkeit von König und Erzbischof, von Witenagemot (Großenversammlung) und Synode erstreckte sich „auf so bedeutende Aufgaben wie die Errichtung von Bistümern, ... die Nominierung des Bischofs durch den König (wurde) nicht als ungewöhnlich, ... seine Zustimmung zur Wahl als selbstverständlich, die Verweisung des Bischofs aus seiner Kirche durch den König nicht als unerhört empfunden. Die Hoheit des Königs dokumentierte sich in einer Gesetzgebung, die der Kirche den staatlichen Schutz sicherte, aber auch eine kirchliche Disziplinargewalt über Kleriker und Laien handhabte ... Die Bischöfe und Äbte kamen aus fürstlichen und adeligen Familien, die sich mit Eifer der Stiftung von Kirchen und Klöstern widmeten, sie aber auch nach eigenkirchlichen Gewohnheiten in Besitz hielten."[26]

Die Phasen der Verchristlichung des angelsächsischen Lebens lassen sich deutlich verfolgen. Der erste Angelsachse auf dem Stuhl von Canterbury war Frithona (654–663), der den christlichen Namen Deusdedit annahm. In den

[23] *E. Ewig*, Der Petrus- und Apostelkult im spätrömischen und fränkischen Gallien: ZKG 71 (1960) 215–251. Der Petruskult hatte außerhalb Englands altchristliche Wurzeln. Er symbolisierte zugleich die apostolische Sukzession des Episkopats und die Verbundenheit der Bischöfe mit Rom.

[24] *Th. Schieffer* a.a.O. 75.

[25] *W. Levison* a.a.O. 25 ff.

[26] *Th. Schieffer* a.a.O. 73.

vierziger und fünfziger Jahren des 7. Jh. begegnen die ersten Angelsachsen unter den Bischöfen von Rochester (Kent), Ostangeln und Wessex. Wenn man von Canterbury absieht, waren seit den siebziger Jahren alle Bischofsstühle Englands mit Einheimischen besetzt. Als erster angelsächsischer König hat Earconbert von Kent (640–664) die Zerstörung heidnischer Heiligtümer in seinem Reich angeordnet. Strafen für Angriffe auf Gott, den Klerus und die Kirchen setzte schon König Aethelbert von Kent fest, der das älteste angelsächsische Volksrecht redigieren ließ. Aber von stärkerem christlichem Einfluß zeugen erst die Volksrechte, die Ine von Wessex und Wihtred von Kent 694 und 695 erließen. Das Urkundenwesen, das die Kirche nach England brachte, setzt deutlich unter dem Pontifikat Theodors von Canterbury ein. Mit dem Mönchtum war die angelsächsische Kirche von jeher aufs engste verbunden, und zwar sowohl von Irland wie von Rom und von Gallien her. Aber die großen angelsächsischen Mönchsväter – Cuthbert von Lindisfarne, Wilfrid von York, Benedikt Biscop, Aldhelm von Malmesbury – gehörten der Generation Theodors an oder waren jüngere Zeitgenossen des Erzbischofs von Canterbury. Cuthbert († 687) faßte die irischen Gewohnheiten seines Klosters in einer Regel zusammen. Mit der Romanisierung der englischen Kirche fand die Benediktinerregel Eingang, der Wilfrid von York und Benedikt Biscop († 690) in weiten Landesteilen Geltung verschafften. Die Benediktinerabteien wurden in weit höherem Maße Bildungszentren als die meist mit Seelsorge überlasteten Irenklöster. Doch darf die benediktinische Prägung des angelsächsischen Mönchtums nicht überschätzt werden. Augustin und seine Gefährten waren keine „Benediktiner“, und bis ins 8. Jh. kann man wohl von einer benediktinischen Dominante, nicht aber von einem exklusiv benediktinisch geprägten Mönchtum bei den Angelsachsen sprechen[27]. Charakteristisch für das frühe angelsächsische Mönchtum waren die Doppelklöster, die im Merowingerreich entstanden waren, aber in England zu besonderer Blüte kamen[28]. Reine Frauenklöster scheint es in der angelsächsischen Frühzeit nicht gegeben zu haben. Unter den großen Äbtissinnen, die Männer- und Frauenkonventen vorstanden, ragte Hild von Whitby hervor († 680), eine Verwandte König Oswius von Northumbrien.

Die angelsächsischen Schulen treten erst mit Erzbischof Theodor und Abt Hadrian von Canterbury (669–707/10) ins Licht der Geschichte. Ein besonderer Vorzug der Schule von Canterbury war das Studium des Römischen Rechts und die damals ganz singuläre Pflege des Griechischen. Der Glanz der südenglischen Kathedralschule verblaßte jedoch im 8. Jh. Das angelsächsische Bildungszentrum verlagerte sich nach Northumbrien: zuerst an die von Benedikt Biscop 674 und 681/82 gegründeten Klöster Wearmouth (St. Peter) und Jarrow (St. Paul), von dort unter Erzbischof Egbert (734/735–766) an die Domkirche von York. Neben den großen Schulen von Canterbury, Wearmouth-Jarrow und

[27] *K. Hallinger,* Papst Gregor d. Gr. und der hl. Benedikt: SA 42, 265.

[28] *St. Hilpisch,* Die Doppelklöster. Entstehung und Organisation: Beiträge zur Geschichte des alten Mönchtums 15 (Münster 1928). – *W. Levison* a. a. O. 22ff.

York standen jedoch manch andere, noch wenig erforschte Bildungszentren, unter ihnen das mercische Lichfield.

Die Gründung oder Erneuerung der Schule von Canterbury unter Theodor und Hadrian bezeichnete den Beginn der angelsächsischen „Renaissance", die vornehmlich durch Aldhelm von Malmesbury (ca. 640–709), Beda Venerabilis (672–735) und Alkuin repräsentiert wurde und mit Alkuin in die karolingische „Renaissance" hinüberleitete. Die Bedeutung des Westsachsen Aldhelm, der durch die Schule von Canterbury gegangen war, lag auf dem Gebiete der Grammatik, der Verslehre und der religiösen Bildung. Größer als er war der Northumbrier Beda, der als Lehrer in Jarrow nicht nur die Bibelexegese, die Grammatik und Verskunst, sondern auch die Chronologie und die Geschichtsschreibung pflegte. „Die Nachwirkungen seines chronologischen Werkes ... reichen bis auf den heutigen Tag, denn Beda goß hier die alexandrinisch-römische Festberechnung in die für das Mittelalter kanonische Form und leitete den endgültigen Sieg dieses noch für uns maßgebenden Osterzyklus ein. Ja er schlug in doppelter Hinsicht die Brücke ... zum römischen 6. Jh., indem er auch die Zeitrechnung nach der Geburt Christi in der Geschichtsschreibung einbürgerte. Und gerade als Historiker genießt Beda unvergänglichen Ruhm, denn sein Hauptwerk, die ... Historia ecclesiastica gentis Anglorum, bezeichnete bereits einen Höhepunkt der eben erst einsetzenden mittelalterlichen Geschichtsschreibung."[29]

Die Grundlagen der christlich-angelsächsischen Kultur waren römisch; gekennzeichnet durch die kanonische Rechtssammlung des Dionysius Exiguus, den römischen Osterzyklus, den Ordo cantandi Romanus, die Regula Benedicti. Benedikt Biscop reiste nicht weniger als sechsmal nach Rom und brachte von dort „eine unzählige Menge von Büchern aller Art mit"[30]. Aber er hat auch in Vienne Bücher aufgekauft und ist zwei Jahre Mönch in Lérins gewesen. Sein Freund Wilfrid von York empfing entscheidende Eindrücke kirchlichen Lebens in Lyon. Lyon und die benachbarten Städte besaßen im Frühmittelalter gutdotierte Bibliotheken, in denen auch die spanische Literatur, insbesondere Isidor von Sevilla, vertreten war. Beda war vertraut mit Isidor und der gallischen Literatur des 4.–6. Jh.: ein großer Teil der Werke, die ihm zur Verfügung standen, wird unmittelbar aus dem Frankenreich gekommen sein[31].

Der irische Einschlag in der angelsächsischen Kultur ist so deutlich, daß man

[29] *Th. Schieffer* a. a. O. 79. Neuere Forschungen haben jedoch den Anteil der Kirche von Canterbury unterstrichen. Wenn die Historia ecclesiastica über den engen nordenglischen Rahmen hinausgewachsen ist zu einer allgemeinen Kirchengeschichte Englands, so ist dies in doppelter Weise dem Abt Albinus von St. Austin (Peter und Paul) zu verdanken: durch die Anregung, die er Beda gab, und durch das dokumentarische Material, das er ihm über den Londoner Priester Nothelm lieferte (*M. Deanesly*, Pre-Conquest Church 42 ff). Die Beziehungen der northumbrischen Klöster Wearmouth und Jarrow zu Canterbury gingen auf Benedict Biscop zurück, der zwei Jahre lang die Abtei St. Austin geleitet hat.

[30] *Beda*, Historia abbatum 6, ed. *Plummer* 369.

[31] *J. M. Wallace-Hadrill*, Rome and the Early English Church 527 ff.

oft ohne nähere Unterscheidung beider Elemente einfachhin von insularer Kultur spricht. Das gemeinsame Kriterium, das in die Augen fällt, ist die irische Schrift, die in England allgemein Geltung fand und „Insulare" von „Kontinentalen" unterschied. Doch ist auch an das irische Bußrecht zu denken, von dem schon die Rede war. Umstritten ist die Herkunft der insularen Buchillustration, die aus der Übertragung der „barbarischen" Metallkunst auf das Buch entstand. Die traditionelle Auffassung, daß die insulare Miniatur eine Leistung der Iren des 6./7. Jh. sei, ist heute erschüttert. Gewichtige Argumente sprechen in der Tat dafür, daß diese hochentwickelte Kunst um 700 in Northumbrien entstand[32]. Merkwürdigerweise kam der literarische Einfluß der Grünen Insel um 700 besonders in Südengland zur Geltung: durch Aldhelm, der in der von Iren gegründeten westsächsischen Abtei Malmesbury groß geworden war und den dunklen, durch Alliteration und gesuchten Wortschatz gekennzeichneten Stil der Iren übernahm.

Während in den romanischen Ländern das Lateinische der Umgangssprache noch so nahe stand, daß es auch in weiteren Kreisen noch verstanden werden konnte, stellte sich in Irland und England früh das Problem der Volkssprache. Die Christianisierung hatte in Irland bereits eine volkssprachliche Literatur ins Leben gerufen, und das gleiche Phänomen beobachten wir auch in England. Aethelberts kentische Lex ist das erste in germanischer Sprache aufgezeichnete Volksrecht. Der Widsid und das Beowulfepos – Denkmäler der heidnischen Heroenzeit – dürften im 8. Jh. zuerst schriftlich fixiert worden sein. Aber auch die neuen christlichen Inhalte drängten nach einem Ausdruck in der Volkssprache: Beda berichtet von dem Stallknecht Caedmon, der von Gott durch ein Traumgesicht den Auftrag erhielt, sein Lob zu singen. Caedmon trat ins Kloster Whitby ein und folgte dem Auftrag, ita ut, quicquid ex divinis litteris per interpretes disceret, hoc ipse post pusillum verbis poeticis maxima suavitate et conpunctione conpositis, in sua, i.e. Anglorum lingua proferret[33]. Caedmon leitete eine religiöse Dichtung in der Volkssprache ein, deren Hauptwerke dem 8. und frühen 9. Jh. angehören.

Die Anfänge der christlich-angelsächsischen Kultur fielen zusammen mit dem

[32] *A. W. Clapham,* Notes on the Origins of Hiberno-Saxon Art: Antiquity 8 (1934) 43–57; *F. Massai,* Essai sur les origines de la miniature dite irlandaise (Brüssel 1974); *F. Henry,* Les débuts de la miniature irlandaise: Gazette des Beaux Arts 1950, 5–34; *F. Massai,* Il monachesimo irlandese nei suoi rapporti col continente: Settimane di studio IV. Il monachesimo nell'Alto Medioevo e la formazione della civiltà occidentale (Spoleto 1957) 139–163. Nach *M. Deanesly* kam die abstrakte hiberno-sächsische Kunst der Kreuze und Manuskripte von Jona über den Solway Firth nach Lindisfarne. Die northumbrische Buchmalerei kombinierte keltische und klassische Traditionen (relationship, nicht filiation mit der irischen Kunst des Book of Durrow und des Book of Kells) und entwickelte einen eigenen figürlichen Stil (Pre-Conquest Church 183–187).

[33] „... so daß er, was immer er aus der Heiligen Schrift durch Dolmetscher lernte, dies selbst nach kurzer Frist in dichterischen Worten von feinstem Schmelz und tiefstem Empfinden in seiner, d.h. der Sprache der Angeln, vortrug" (Hist. eccl. IV 22).

Abschluß der Mission in England, deren letzte Akte die Bekehrung von Sussex (680–685) und der Insel Wight waren. Wenige Jahre später griff die Mission mit Willibrord auf das Festland über. Die angelsächsische Mission auf dem Festland gehört jedoch der fränkischen Geschichte an. Denn die Heimat eines Heiligen ist – wie wir in Abwandlung eines schönen Wortes von Delehaye sagen möchten[34] – nicht das Land, in dem er geboren wurde, sondern der Fleck Erde, auf dem er wirkte und in dem seine Gebeine ruhen.

[34] La patrie du martyr n'est pas la contrée qui lui a donné le jour, mais l'endroit de la terre qu'il a arrosé de son sang et où reposent ses restes (*H. Delehaye,* Les origines du culte des martyrs [Brüssel ²1933] 40).

ZWEITER ABSCHNITT

Innerkirchliches Leben bis zum Ausgang des siebten Jahrhunderts

Univ.-Professor Dr. Karl Baus, Bonn-Schmelz (Kap. 17, 18, 21)
Univ.-Professor Dr. Hermann Josef Vogt, Tübingen (Kap. 19, 20, 22, 23)

17. Kapitel

Das nordafrikanische Christentum vom Beginn der Vandalenherrschaft bis zur islamischen Invasion[1]

QUELLEN: Victor Vitensis, Historia persecutionis Africanae provinciae, rec. *M. Petschenig:* CSEL 7 (Wien 1881); Quodvultdeus Carthag., Sermones: ClP n. 401–412; PL Suppl 3, 261–298; Fulgentius Ruspensis, Opera, ed. *J. Fraipont:* CChr 91–91 A (Turnhout 1968); Ferrandus diac., Epistulae: PL 67, 887–950; Breviatio canonum: ebd. 949–962; Vita s. Fulgentii, ed. *G.-G. Lapeyre* (Paris 1929); Facundus Hermian., Opera: PL 67; Victor Tunnunensis, Chronicon, ed. *Th. Mommsen:* MGAuct. ant. 11, 2 (Berlin 1894); Procopius, Bellum Vandalicum, ed. *J. Haury* (Leipzig 1905); ed. *O. Veh* (München 1971); Concilia Africae. A. 345 bis A. 525 cura et studio *C. Munier:* CChr 149 (Turnhout 1974).
LITERATUR: *A. Audollent,* Afrique: DACL 1, 810–861; *J. Mesnage,* Le christianisme en Afrique. Déclin et extinction (Algier 1915); *J. Ferron – G.-G. Lapeyre,* Carthage chrétienne: DHGE 11 (1948) 1149–1159; *A. Berthier et a.,* Les vestiges du christianisme antique dans la Numidie centrale (Paris 1951). – *L. Schmidt,* Geschichte der Vandalen (München ²1942); *Ch. Courtois,* Les Vandales et l'Afrique (Paris 1955); *P. Courcelle,* Histoire littéraire des grandes invasions germaniques (Paris ⁴1964); *H.-J. Diesner,* Das Vandalenreich (Stuttgart 1966). – *G.-G. Lapeyre,* Saint Fulgence de Ruspe (Paris 1929); *H.-J. Diesner,* Fulgentius von Ruspe als Theologe und Kirchenpolitiker (Stuttgart 1966). – *Ch. Diehl,* L'Afrique byzantine 533–709 (Paris 1896; Nachdr. New York 1964); *Ch.-A. Julien,* Histoire de l'Afrique du Nord I (Paris ²1968). – *M. Dall'Arche,* Scomparsa del cristianesimo ed espansione dell'Islam nell'Africa settentrionale (Rom 1967).

Als sich Augustins Leben seinem Ende näherte, schien die Kirche Nordafrikas einer ruhigen Weiterentwicklung entgegenzusehen. Die Mehrheit der Bevölkerung der römischen Provinzen, vor allem in den Städten, bekannte sich zum Christentum, die verbleibende heidnische Minorität, darunter noch Angehörige der intellektuellen und besitzenden Oberschicht, konnte durch behutsame Missionsarbeit ebenso gewonnen werden wie die heidnischen Stämme an der langen Südgrenze des romanisierten Raumes, denen man sich bisher zuwenig gewidmet hatte, weil allzu viele Kräfte durch den Konflikt zwischen Katholiken und Donatisten gebunden waren. Die donatistische Konfession existierte zwar durchaus weiter, war aber durch staatliche Maßnahmen und vor allem durch

[1] Da das nordafrikanische Christentum von 430 bis 700 eine von der übrigen lateinischen Kirche stark abweichende Entwicklung zu durchlaufen hatte, legt sich hier eine zusammenfassende Darstellung dafür nahe.

die theologische Arbeit Augustins in die Defensive gedrängt. Auch hier konnte eine positive Entwicklung erwartet werden, wenn man Augustins Programm folgte, das die innere Aussöhnung der beiden Konfessionen zum Ziele hatte. All das hing jedoch entscheidend von einer Konsolidierung der politischen Verhältnisse im westlichen Reichsteil ab, die durch die Ereignisse der Völkerwanderung in eine sehr prekäre Lage geraten waren.

Die nordafrikanische Kirche unter der Vandalenherrschaft

Die noch relativ ruhige Situation änderte sich jedoch auch für Nordafrika schlagartig, als im Mai 429 der Stamm der arianischen Vandalen, der damals etwa 80000 Menschen umfaßte, unter König Geiserich (428–477) von der spanischen Südküste aus nach Tanger übersetzte und seinen Zug durch die römischen Provinzen antrat[2]. Damit begann für die nordafrikanische Kirche eine über hundert Jahre andauernde Periode der Unterdrückung und Verfolgung durch die neuen Machthaber, die ihr schwere materielle und noch tiefer reichende moralische Schäden zufügte. Diese Verfolgung, die wohl Katholiken wie Donatisten in gleicher Weise traf, kannte zwar Phasen größerer und geringerer Intensität, sie hatte auch lokal begrenzte Schwerpunkte und setzte zuweilen mehrere Jahre aus, aber sie kann weder als Ganzes bezweifelt noch in ihrem brutalen Grundzug bagatellisiert werden. Die Aussagen der verschiedenen Quellen, darunter Augenzeugenberichte, sind dafür zu übereinstimmend und werden zum Teil durch die archäologische Forschung bestätigt[3].

Die erste, überaus harte Welle der Verfolgung reicht vom Beginn der Invasion bis zur endgültigen Sicherung der vandalischen Macht (429–442). Da den Vandalen der Ruf einer besonderen Intoleranz gegenüber dem katholischen Klerus vorausging, dachten viele Bischöfe und Presbyter an Flucht, aber der greise Augustinus griff sofort mit einem klärenden Wort ein und betonte entschieden, es sei Pflicht des Klerus, überall auszuharren, wo auch nur ein Rest der Gemeinden zurückbleibe, der dann gerade in solcher Notsituation der Hilfe seiner Priester bedürfe[4]. Die ersten Nachrichten über das Verhalten der Eroberer, die in die östlichen Provinzen gelangten, waren bedrückend: Verbrannte Kirchen, zerstörte Klöster, geschändete Friedhöfe, geplünderte Privathäuser säumten ebenso ihren Anmarschweg wie die Leichen der Erschlagenen oder zu Tode Gefolterten[5]. Die Straßen waren von Flüchtlingen überflutet, und Bischof Capreolus von Karthago konnte nicht einmal die Bischöfe zu einer Synode ver-

[2] Victor Vit., Historia persecutionis Africanae provinciae 1, 2. Zur Vorgeschichte der Vandalen vgl. die Werke von *L. Schmidt* und *Ch. Courtois* (Lit.).

[3] Der Versuch von *Ch. Courtois*, Victor de Vita et son œuvre (Algier 1954), den Aussagewert von Victors *Historia persecutionis* weitgehend in Frage zu stellen, ist mit Recht zurückgewiesen worden.

[4] Augustin., Ep. 228 ad Honoratum, von Possidius in seine Vita s. Aug. c. 30 aufgenommen.

[5] Victor Vit., Hist. 1, 3–4; Possidius, Vita s. Aug. c. 28.

sammeln, um die Delegierten für das Konzil von Ephesos zu bestimmen[6]. Nur wenige Städte, wie Cirta, Hippo und Karthago, die zudem durch geflohene Landbewohner überfüllt waren, konnten sich länger halten. Ein erstes Abkommen mit Ravenna, das die Vandalen als foederati anerkannte (435), benutzte Geiserich zur Vorbereitung neuer Kampfmaßnahmen, auch die Verfolgung des Klerus dauerte an. In der Provinz Byzacena wurden die Bischöfe von Vita und Usurita zu Tode gequält, drei weitere, darunter Possidius aus Calama, wurden verbannt, drei vornehme Spanier in vandalischen Diensten, die es ablehnten, zum Arianismus überzutreten, wurden hingerichtet[7]. Über die Situation und Stimmung der Katholiken vor allem in Karthago vor der Eroberung der Stadt (439) gibt eine Serie von Predigten Auskunft, die mit guten Gründen dem Bischof Quodvultdeus zugeschrieben werden[8]. Das Unheil, das über die Kirche Nordafrikas hereingebrochen ist, wertet er als Strafe für die Lauheit vieler Christen, die auch jetzt noch im Circus zu finden sind, anstatt sich leiten zu lassen vom heroischen Vorbild ihrer Martyrer Perpetua, Felicitas und derer, die eben jetzt draußen im Lande lieber den Tod erdulden als ihren Glauben verraten. Eine offensichtlich beträchtliche Zahl von Christen erliegt bereits dem Druck oder der Verlockung der Vandalen und tritt zum arianischen Bekenntnis über. In schärfsten Formulierungen wird vor deren Erpressungs- und Bestechungsversuchen gewarnt[9].

Nach dem Fall Karthagos entlud sich der Zorn der Eroberer wegen des langen Widerstandes in voller Wucht über die Einwohner, von denen so viele den Tod fanden, daß man sie ohne kirchliches Begräbnis in einem Massengrab beisetzen mußte. Die Plünderung traf vor allem den kirchlichen Besitz, die Hauptkirchen der Stadt wurden dem vandalischen Klerus übergeben, andere als Kasernen benutzt. Bischof Quodvultdeus wurde mit einem Teil seines Klerus verbannt und auf havarierte Schiffe gebracht, die aber doch bis Neapel gelangten[10]. Auch die Senatoren und andere Angehörige der Oberschicht wurden zunächst aus der Stadt vertrieben, dann des Landes verwiesen. Manche von ihnen verschlug die Flucht bis nach Syrien, wo sich Bischof Theodoret von Kyros für sie verwandte[11]. Eine geordnete Seelsorge war in den besetzten Gebieten auf Jahre hinaus nicht möglich, die demoralisierenden Folgen blieben nicht aus. Der Druck ließ teilweise nach, als ein neuer Vertrag zwischen Geiserich und Kaiser Valentinian III. (442) den Vandalen die Provinzen Proconsularis, Byzacena, Tripolitana und das östliche Numidien als unabhängiges Hoheitsgebiet überließ

[6] Capreolus, Ep. ad concil. Ephes.: ACO I 2, 64 = PL Suppl 3, 259.

[7] Victor Vit., Hist. 1, 10; Honoratus, Ep. ad Arcadium (PL 50, 567–570); Prosper, Chron. ad a. 437/38.

[8] Katalog der 12 Sermones: ClP n. 401–412; Übersicht über den Stand der Diskussion um den Autor bei *P. Courcelle,* Histoire littéraire 126 Anm. 7.

[9] Besonders charakteristisch die beiden *sermones de tempore barbarico:* PL Suppl 3, 287–298 und PL 40, 698–708.

[10] Victor Vit., Hist. 1, 6; 1, 9; 1, 16.

[11] Ebd. 1, 12; 1, 15; Theodoret. Cyr., Ep. 29 31 36 52–53 70.

(die sog. *sortes Vandalorum*), während das westliche Numidien und die beiden Mauretanien kaiserlich blieben. Papst Leo I. bemühte sich sofort, wenigstens in diesen Provinzen wieder eine funktionsfähige Kirchenleitung aufzubauen[12]. Nach 15jähriger Vakanz gestattete der Vandalenkönig auch die Wiederbesetzung des Stuhles von Karthago durch Bischof Deogratias (454)[13].

Das durch die Ermordung Valentinians III. (455) verursachte politische Chaos in Italien nutzte Geiserich zu einem raschen Vorstoß seiner Flotte ins Tyrrhenische Meer, nahm in einem Handstreich Rom und legte der Stadt eine hohe Kontribution an Kunstschätzen und Edelmetallen auf, auch Papst Leo I. mußte liturgische Gefäße ausliefern, erreichte dafür aber von Geiserich, daß die Stadt vor Brandstiftung und Blutvergießen bewahrt blieb. Außer der Kaiserinwitwe mit ihren beiden Töchtern entführten die Vandalen eine große Zahl Gefangene verschiedenen Ranges nach Afrika, deren Not Bischof Deogratias nach Kräften zu lindern suchte. Da er schon 457 starb, war die karthagische Kirche erneut 24 Jahre verwaist[14]. Jede Neubesetzung eines frei gewordenen Bischofssitzes wurde verboten, so daß von den 164 bischöflichen Gemeinden der Proconsularis schließlich noch drei einen Leiter hatten[15]. Erst gegen Ende der Regierung Geiserichs konnte Kaiser Zenon die Erlaubnis zur Rückkehr der verbannten Kleriker erwirken (475)[16].

Die ersten Regierungsjahre König *Hunerichs* (477–484) schienen eine Wende zum Besseren einzuleiten, da der katholische Gottesdienst wieder gestattet wurde und die Gemeinde von Karthago in Bischof Eugenius ein neues Oberhaupt erhielt (481)[17]. Durch seine soziale Fürsorge gewann dieser rasch hohes Ansehen, weckte damit jedoch den Neid des vandalischen Klerus und des Patriarchen Kyrila, denen es allmählich gelang, den König zu einem Kurswechsel zu bestimmen. Zunächst wurde der Besuch des katholischen Gottesdienstes allen untersagt, die vandalische Tracht trugen, also auch allen Katholiken, die in Diensten der Vandalen standen[18]. Eine abstoßende Kampagne der moralischen Diffamierung von Klerus und Klosterfrauen schloß sich an. Dann wurden alle Katholiken in Heer und Verwaltung vor die Entscheidung gestellt, das arianische Bekenntnis anzunehmen oder aus ihren Stellungen auszuscheiden, letzteres wurde aber mit Konfiskation des Vermögens und Verbannung nach Sizilien oder Sardinien geahndet[19]. Mit dem Erlaß eines Dekretes (483), das fast 5000 Personen, Kleriker und Laien aller Schichten, in das von den Mauren beherrschte Grenzgebiet der Provinz Byzacena verbannte, erreichte die Verfolgung

[12] Leo I., Ep. 12; Ad episc. Afr. (PL 54, 646–656).
[13] Victor Vit., Hist. 1, 24.
[14] Ebd. 1, 25–27. Zur Eroberung Roms und ihren Folgen siehe zuletzt *H.-J. Diesner*, Das Vandalenreich 64f.
[15] Victor Vit., Hist. 1, 28–29.
[16] Ebd. 1, 51.
[17] Ebd. 2, 1–5.
[18] Ebd. 2, 6–11.
[19] Ebd. 2, 23–25.

unter Hunerich einen ersten Höhepunkt. Victor von Vita hat den Zug der Verbannten nach der Wüste zum Teil als Augenzeuge geschildert, der für viele zum Weg in den Tod wurde. Wiedergefundene Inschriften und die Reste einer Gedächtniskapelle von ihren Gräbern bestätigen seinen Bericht[20].

Wohl als Antwort auf Vorhaltungen Kaiser Zenons berief Hunerich die katholischen Bischöfe auf den 1. Februar 484 zu einem Religionsgespräch nach Karthago[21], obwohl der vandalische Klerus im Gegensatz zum katholischen bisher wenig Interesse an theologischer Diskussion gezeigt hatte[22]. Bischof Eugenius wollte dazu auch katholische Vertreter aus nichtafrikanischen Gebieten, besonders aus Rom, eingeladen haben, weil eine Diskussion zwischen Arianern und Katholiken keine rein innerafrikanische Angelegenheit sei. Die Bitte wurde abgewiesen, vor Beginn der Konferenz wurden jedoch einige theologisch versierte Bischöfe der Katholiken noch verbannt oder durch Mißhandlungen eingeschüchtert[23]. Was sich dann bei den Sitzungen unter Vorsitz des vandalischen Patriarchen Kyrila abspielte, war weniger ein Religionsgespräch als eine hitzige Debatte beider Seiten um Verfahrensfragen, die Katholiken konnten immerhin ein wohl von Eugenius formuliertes ausführliches Glaubensbekenntnis vorlegen[24]. König Hunerich griff die Beschuldigung der vandalischen Tagungsteilnehmer, die katholischen Bischöfe seien die wirklichen Unruhestifter, sofort auf und erließ ein Edikt, das die katholische Kirche völlig unter Ausnahmerecht stellte. Danach sollten die früheren Kaisergesetze gegen die Häretiker wieder gegen alle in Kraft gesetzt werden, die nicht innerhalb einer bestimmten Frist zum Arianismus übertreten würden: Alle Kirchen seien zu schließen, jeder Gottesdienst, Taufen und Weihen seien zu unterlassen, die liturgischen Bücher zu vernichten, das Kirchenvermögen dem vandalischen Klerus zu übereignen[25]. Nach mannigfachen Quälereien wurde ein Teil der Bischöfe nach Korsika deportiert, die Mehrzahl zu Kolonen degradiert, ein Rest zur Arbeit in den Bergwerken gezwungen[26]. Auch über das einfache Volk brach nun die härteste Phase der Verfolgung herein, die zuweilen sadistische Züge annahm. Dazu kam eine schwere Hungersnot, so daß unter dem zweifachen Druck die Zahl der Übertritte zum Arianismus aus allen Schichten stark anstieg, während andere Folter und Tod tapfer auf sich nahmen[27]. Erst der Regierungsantritt König Gunthamunds (484–496) brachte ein Nachlassen des Schreckens. Die Verbannungsde-

[20] Ebd. 2, 26–37. Die Inschriften bei *O. Fiebinger – L. Schmidt,* Inschriftensammlung zur Geschichte der Ostgermanen: DAWW 60 (1917) und 70 (1939) Nr. 39 bzw. Nr. 15, Abbildung einer Inschrift bei *P. Courcelle,* Histoire litt. Taf. 31, Text S. 362.

[21] Das Einberufungsdekret bei Victor Vit., Hist. 2, 39.

[22] Bekannt ist bis 484 nur eine Diskussion zwischen Cerealis und dem arianischen Bischof Maximinus (PL 58, 757–768), während auf katholischer Seite eine Reihe afrikanischer Schriftsteller sich mit dem Thema Arianismus befaßten, siehe *Bardenhewer* 4, 545–557.

[23] Victor Vit., Hist. 2, 39–46. Die Liste der Teilnehmer: Notitia provinciarum et civitatum Africae: CSEL 7, 117–134.

[24] Victor Vit., Hist. 2, 56–101. [25] Text des Ediktes: ebd. 3, 3–14.

[26] Ebd. 3, 20–21. [27] Ebd. 3, 22–54; die Hungersnot und ihre Folgen: 3, 55–58.

krete wurden zum Teil aufgehoben, Bischof Eugenius konnte nach seiner Rückkehr (487) auch den Gottesdienst in der Friedhofskirche eines Vorortes von Karthago wiederaufnehmen, auf seine Bitten hin gestattete Gunthamund schließlich im Jahre 494 die Heimkehr aller Verbannten, allenthalben im Lande wurden wieder katholische Gotteshäuser geöffnet. Die afrikanische Kirche als Ganzes bot ein Bild der Verwüstung, dabei wogen die seelisch-moralischen Schäden weit schwerer als die materiellen, eine Regeneration mußte Jahre dauern. Da die überlebenden Bischöfe zunächst nicht zu einer gesamtafrikanischen Synode zusammenkommen konnten, überließen sie die Frage der Behandlung der zahlreichen lapsi den Anweisungen Roms, über die Zahl der Bußwilligen machen die Quellen jedoch keine Angaben[28].

Zu einem wirksamen Wiederaufbau nach innen und außen kam es jedoch nicht, da die Periode relativer Toleranz schon nach den ersten Regierungsjahren König Thrasamunds (496–523) zu Ende ging. Als die Kirchenleitung in der Provinz Byzacena um die Jahrhundertwende daranging, den verwaisten Gemeinden, allerdings im Widerspruch zu einem königlichen Erlaß, nach Möglichkeit neue Bischöfe zu geben, schickte ein neues Dekret sowohl Konsekratoren wie Neugeweihte in die Verbannung. Wiederum mußte ein Teil der Bischöfe fliehen oder ein Versteck aufsuchen, wiederum waren Übertritte zum Arianismus zu verzeichnen[29]. Unter den Deportierten befand sich auch der neue Bischof der Stadt Ruspe, Fulgentius, den seine theologische Bildung bald zum geistigen Führer des afrikanischen Episkopates werden ließ[30]. Durch seine ausgedehnte Korrespondenz, die er zum Teil als „Sekretär" der exilierten Bischöfe von Sardinien aus führte, durch sein Wirken als Vorsteher des von ihm in Calaris gegründeten Klosters, durch seine Predigt- und Vortragstätigkeit wurde er zu einem kirchenpolitischen Faktor, dessen Gewicht der Vandalenkönig nicht durch bloße Verbannung neutralisieren konnte. Als Thrasamund ihn um 515 nach Karthago bringen ließ[31], um ihn zu den Einwänden des arianischen Klerus gegen die katholische Trinitätslehre Stellung nehmen zu lassen, schien er sich von einer allein mit Fulgentius geführten schriftlichen Disputation mehr zu versprechen als von einem Religionsgespräch nach dem Modell des Jahres 484. Der arianische Redaktor der „objectiones", die der König dem Fulgentius einmal schriftlich zustellen, das andere Mal nur vorlesen ließ, ist unbekannt. Fulgentius antwortete in zwei Schriften, die in ihrer verbalen Devotion gegenüber dem König der Etikette entsprachen, in der Sache jedoch kompromißlos den katholischen Standpunkt vertraten, die zweite wandte sich direkt an Thrasamund und forderte ihn zur Annahme der katholischen Lehre auf[32]. Da Fulgentius die ihm

[28] *Mansi* 7, 1056–59 1171–74.

[29] Gregor. Tur., Hist. Franc. II 2, 3; Coll. Avell. n. 230–231; Ferrandus, Vita s. Fulg. 9 13 17–18; Ennodius, Ep. 2, 14.

[30] Vgl. die Arbeiten von *G.-G. Lapeyre* und *H.-J. Diesner* (Lit.).

[31] Ferrandus, Vita s. Fulg. 20.

[32] Die beiden Schriften des Fulgentius: a) Responsiones ad dicta regis Thrasamundi, b) Ad Thrasamundum regem Vandalorum libri tres: CChr 91, 67–185.

in Karthago gewährte relative Freiheit zu erfolgreicher Tätigkeit bei Katholiken und Arianern nutzte, mußte er auf Drängen des vandalischen Klerus in das Exil nach Sardinien zurückkehren (517). Ein am augustinischen Vorbild orientierter, scharf antiarianischer Psalmus abecedarius aus seiner Feder, der die Katholiken zur Glaubenstreue mahnt, läßt sich in diese Zeit einordnen[33]. So endete der Versuch König Thrasamunds, die katholische Kirche Nordafrikas zuerst durch Repressalien, dann durch mehr kirchenpolitisches Vorgehen in den Dienst des Vandalenreiches zu nehmen, mit einem Fehlschlag.

Einen dauerhaften Frieden für die katholische Kirche Nordafrikas brachte erst die Thronbesteigung König Hilderichs (523–530), dem Katholikenfeindlichkeit fremd war, da er jahrzehntelang in Konstantinopel zugebracht hatte und sich durch seine mütterliche Ahnenreihe – er war Sohn der Eudokia und Enkel Valentinians III. – als Glied der theodosianischen Dynastie empfand. Seine ersten Maßnahmen, wohl im Einvernehmen mit Kaiser Justin I. getroffen – Aufhebung des Verbannungsdekrets für die Bischöfe, Rückgabe der enteigneten Kirchen, Erlaubnis zur Neubesetzung der verwaisten Bischofssitze[34] –, gaben der Kirche die Freiheit des Kultes und der Verkündigung zurück und ermöglichten ihr, den Wiederaufbau eines zutiefst gestörten kirchlichen Lebens in Angriff zu nehmen. Schon im Jahre 523 machten die Bischöfe der Byzacena auf Synoden in Junca und Sufes Bestandsaufnahme, zwei Jahre später berief der neue Bischof von Karthago, Bonifatius, ein Generalkonzil ein, dessen Teilnehmerliste (nur 60 Bischöfe) allerdings viele Absenzen zu verzeichnen hat[35]. Die katholikenfreundliche Kirchenpolitik Hilderichs rief jedoch eine mehr und mehr erstarkende Opposition unter den Vandalen wach, an deren Spitze sich Gelimer, ein Urenkel Geiserichs stellte. Als dann noch Hilderichs Truppen im Kampf gegen aufständische Berber mehrere Niederlagen erlitten, ließ Gelimer ihn gefangennehmen und sich selbst zum König der Vandalen ausrufen (530). Der sich immer deutlicher abzeichnende Verfall der vandalischen Macht veranlaßte Kaiser Justinian I., trotz mancher Bedenken wegen der technischen Schwierigkeiten des Unternehmens, durch eine militärische Intervention die nordafrikanischen Provinzen wieder in die volle Gewalt des Reiches zu bringen. In einem halben Jahr (Sept. 533 bis März 534) gelang es dem byzantinischen Expeditionsheer unter Belisar, unterstützt von der einheimischen Bevölkerung, den Widerstand der Vandalen zu brechen. Im Triumphzug des Siegers in Konstantinopel sah man auch ihren letzten König Gelimer[36].

[33] Ferrandus, Vita s. Fulg. 21. Zum Psalmus abecedarius siehe *C. Lambot:* RBén 48 (1936) 221–234, danach der Text: CChr 91 A, 877–885.

[34] Ferrandus, Vita s. Fulg. 25–26; Victor Tunn., Chron. ad a. 523; Isidor Hisp., Hist. Wandal. 82. Dazu *H.-J. Diesner,* Die Auswirkungen der Religionspolitik Thrasamunds und Hilderichs auf Ostgoten und Byzantiner (Berlin 1967).

[35] Akten: CChr 149, 254–282, Liste der Teilnehmer ebd. 271 f, dazu *Hefele-Leclercq* 2, 1055–74.

[36] Vgl. C. *Saumagne,* Le reconquête byzantine de l'Afrique: Les Cahiers de Tunisie 7 (1959) 281–297.

Das Christentum im byzantinischen Nordafrika

Kaiser Justinian, der sich durch das Gelingen des nordafrikanischen Unternehmens in seiner religiösen Sendung bestätigt sah, verhieß in dem Gesetz, das die Verwaltung der Diözese Afrika neu ordnete, alle Einwohner dieser Provinzen würden erkennen, in welcher Freiheit sie unter seiner Herrschaft leben könnten[37]. Vor allem der katholische Klerus konnte annehmen, daß er auf Freiheit besonderen Anspruch habe. Er begann alsbald auf einer Generalsynode unter Bischof Reparatus von Karthago (534), an der bereits 220 Bischöfe teilnehmen konnten, die Beratungen über die Sanierung seiner so schwer getroffenen Kirche. Drei Probleme standen dabei im Vordergrund: 1. die Rückführung aller afrikanischen Kleriker, die sich noch im übrigen Reichsgebiet aufhielten, jetzt aber für den Wiederaufbau einer geordneten Seelsorge in der Heimat benötigt wurden; 2. das Verfahren bei der Wiederaufnahme der durch Zwang oder Verlockung zum Arianismus übergetretenen Katholiken, unter denen sich zahlreiche Kleriker befanden; 3. die Wiedereinsetzung der katholischen Kirche in ihre früheren Rechte, die sowohl die Rückgabe des ehemaligen Besitzes wie die Anerkennung der Sonderstellung der katholischen Konfession einschloß. Zu den beiden ersten Fragen erbat das Konzil die Bestätigung seiner Beschlüsse durch Rom. Danach sollten nur jene Kleriker „in Übersee“ Aufnahme finden, die schriftlich einen Sonderauftrag ihres Bischofs nachweisen könnten. Ferner sollte jeder rückkehrwillige arianische Kleriker nur als Laie aufgenommen werden, die Kirche sollte aber für seinen angemessenen Lebensunterhalt sorgen[38]. Für die Regelung der dritten Frage war eine kaiserliche Verfügung erforderlich, die Justinian im August 535 erließ[39]. Sie ordnete die Rückgabe aller Kirchengebäude und liturgischen Geräte an und bestätigte die Metropolitanrechte des Bischofs von Karthago. Überaus hart waren die Maßnahmen, die der Erlaß hinsichtlich der Arianer, Donatisten, Juden und Heiden traf; sie mußten ihre Gotteshäuser schließen, jede kultische Handlung unterlassen, jede Zusammenkunft wurde verboten, es genüge, wenn sie leben könnten. Der Papst beglückwünschte den Kaiser zu solchem Eifer für die Ausbreitung des Gottesreiches[40].

Diese Härte sollte sich bitter rächen. Als bald nach der Rückkehr Belisars nach Konstantinopel Eingeborenenstämme im Süden und Westen der Zentralprovinzen sich gegen das neue Regime erhoben, unterstützte der arianische und donatistische Klerus nach Möglichkeit die Rebellen in ihrem Kampf, der sich über 15 Jahre hinzog und eine stetige, wirksame Wiederaufbauarbeit der katholischen Kirche unmöglich machte. Man gewinnt den Eindruck, daß der Epi-

[37] *R. Devreesse*, L'église d'Afrique durant l'occupation byzantine: MAH 57 (1940) 143–168. Das Gesetz Justinians: Cod. Just. I 27.

[38] Brief der Synode an Papst Johannes II. und die Antworten Papst Agapets: Coll. Avell. n. 85–87.

[39] Nov. 37.

[40] Coll. Avell. n. 88.

skopat dafür aber auch keine auf weite Sicht geplante umfassende Konzeption besaß, da zwar gelegentlich Synoden abgehalten wurden, die sich aber, wie die der Byzacena 541, vorrangig mit den Sonderrechten ihrer Kirchenprovinz befaßten[41]. Dazu kam als weitere Belastung der *Dreikapitelstreit*, in dem sich der afrikanische Episkopat stark engagierte. Als seine Wortführer traten zunächst Facundus von Hermiane und der Diakon Ferrandus von Karthago auf, die beide Justinians Theologie verwarfen oder zum Widerstand gegen sie aufforderten[42]. Die Synode von Karthago 550 kündigte Papst Vigilius sogar die Gemeinschaft auf, falls er sein Judicatum widerrufe, und protestierte formell beim Kaiser gegen die Verurteilung der Drei Kapitel[43]. Von den nach Konstantinopel befohlenen Vorstehern der afrikanischen Kirchenprovinzen zeigte sich nur der Primas von Numidien den kaiserlichen Wünschen gefügig, während Reparatus von Karthago seine Ablehnung mit der Verbannung nach dem Pontus bezahlen mußte, wo er 563 starb. Eine zweite Gruppe von acht Bischöfen, die wohl als Delegaten für das Konzil von 553 von dem kaisertreuen Primosus von Karthago, dem Nachfolger des Reparatus, ausgewählt wurden, erhob ebenfalls keine Schwierigkeiten. Nach dem Konzil schloß sich auch Primasius von Hadrumetum der Verurteilung der Drei Kapitel an, wofür ihn Justinian mit der Würde des Primas der Byzacena belohnte. Bei ihrer Rückkehr nach Afrika stießen diese Bischöfe jedoch auf eisige Ablehnung ihrer Kollegen und konnten deren Widerstand gegen die Beschlüsse von 553 nur mit Hilfe der staatlichen Gewalt brechen. Zu den Unversöhnlichen gehörte Victor von Tunnuna, der als Verbannter ein unstetes Wanderleben führen mußte und schließlich in einem Kloster in Konstantinopel interniert wurde[44].

Mit dem Regierungsantritt Justins II. (565–578) klang dieser theologische Streit allmählich ab, das autoritäre Auftreten des byzantinischen Kaisers ließ aber seine Spuren im afrikanischen Episkopat zurück. Im Exarchen von Karthago hatten sie stets den Repräsentanten der kaiserlichen Macht in ihrer Nähe, der zwar den wahren Glauben zu fördern hatte, der diesen Auftrag aber zugleich als Kontrolle über die Kirche und als Eingriffsrecht in ihre Belange verstand. So breitete sich mehr und mehr eine gewisse Resignation unter den Bischöfen aus, immer geringer wurde die Zahl derer, die sich mit Hingabe um eine Gesundung des religiösen Lebens mühten. Eine diesem günstige friedliche Entwicklung wurde ohnehin immer wieder in Frage gestellt durch langwierige Kämpfe mit den aufständischen Stammesfürsten, wie etwa dem König Garmul, die erst unter Kaiser Maurikios ein Ende fanden.

[41] *Mansi* 9, 111f; Just., Nov. 131.

[42] Ferrandus, Ep. 6; Facundus Hermian., Pro defensione trium capitulorum: PL 67, 527–852; zwei weitere Schriften zur Frage ebd. 853–878. Die führende Rolle der afrikanischen Bischöfe im Dreikapitelstreit unterstreicht *R. A. Markus*, Reflections on Religious Dissent in North Africa in the Byzantine Period: StChH 3 (1966) 140–149.

[43] Victor Tunn., Chron. ad a. 550.

[44] Ebd. ad a. 551 ss.

Gegenüber den häufigen Übergriffen einer oft korrupten Beamtenschaft suchte die afrikanische Kirche mehr als früher Hilfe beim römischen Papst, aber nur Männer wie Gregor d. Gr. konnten hier gelegentlich Abhilfe schaffen. Seine Korrespondenz mit seinem Legaten Hilarus, mit einigen zuverlässigen Bischöfen und den hohen staatlichen Stellen enthüllt zum Teil schwere Mißstände auch im höheren Klerus, die als Zeichen einer fortschreitenden negativen Entwicklung gelten müssen. Unermüdlich versuchte Gregor die Bischöfe aus ihrer Lethargie aufzurütteln, die sich vor allem gegenüber den in Numidien wieder sehr aktiv werdenden Donatisten zeigte, seit Kaiser Maurikios die strengen Bestimmungen Justinians gelockert hatte. Die Synode unter Dominicus von Karthago 594 beschloß wenigstens, eifriger als bisher über die Reinerhaltung des Glaubens zu wachen, sie mußte aber doch allzu lässigen Bischöfen die Amtsenthebung androhen. Mehrere Synoden Numidiens bemühten sich ebenfalls um die Eingrenzung der Gefahr, der Donatismus bestand aber weiter bis zur islamischen Eroberung[45].

Einen positiven Zug im Leben der afrikanischen Kirche dieser Zeit stellt jedoch die Wiederaufnahme der *Missionsarbeit* unter den heidnischen Stämmen in den Grenzzonen der Provinzen dar. Hier traf sich die byzantinische Politik, durch Christianisierung der Bevölkerung zugleich die Reichsgrenzen zu sichern, mit dem Missionsauftrag der Kirche. Schon unter Justinian haben sich maurische Stämme im Süden der Provinz Tripolis für das Christentum gewinnen lassen. Das Jahr 569 brachte die Bekehrung der Garamanten in der Landschaft Fezzan im Südwesten Libyens[46]. Auch im Süden der Byzacena fand das Christentum Eingang bei den Stämmen im Oasengebiet von Djerba und am Südhang des Aurèsgebirges. Im äußersten Westen der Mauretania Caesariensis leben unter der Herrschaft des Königs Masuna zahlreiche Christen, deren Bischöfe an den Synoden in Karthago teilnehmen. Auch arabische Schriftsteller bezeugen, daß die islamischen Truppen bei ihrer Eroberung auf viele Eingeborenenstämme stießen, die sich zum Christentum bekannten[47]. Die Träger dieser reichen Missionstätigkeit sind im einzelnen nicht bekannt. Das Ergebnis ihrer Mühen war jedoch nicht von Dauer, da die Jahre erfordernde missionarische Nacharbeit ausblieb, die eine in die Tiefe reichende Bekehrung garantiert hätte. Unter den bald hereinbrechenden Belastungen der islamischen Invasion besaß der neue Glaube nur geringe, allzu rasch erlahmende Widerstandskraft.

Die spärlichen Quellen zur inneren Situation des nordafrikanischen Chri-

[45] Zur Korrespondenz Gregors mit Afrika siehe *P. Goubert*, Byzance avant l'Islam II 2 (Paris 1965) 226–233, zum Donatismus um 600: *R. A. Markus:* StChH 1 (1964) 118–126, der jedoch, kaum zu Recht, den Grund für die lässige Haltung mancher katholischen Bischöfe gegenüber den Donatisten in einer inzwischen eingetretenen, von beiden Konfessionen bejahten Toleranz sehen möchte.

[46] Procop., De aedif. 6, 4, 12; Joh. Biclar., Chron. ad a. 569.

[47] Siehe *A. Audollent*, La diffusion du christianisme en Afrique au sud des territoires soumis à Rome, après le Ve siècle: CRAI 1942, 202–216, bes. 212f.

stentums in den ersten Jahrzehnten des 7. Jh. beginnen etwas reicher zu fließen, als der *monotheletische Streit* sich auch hier auswirkte. Mit der Welle östlicher Christen, die vor dem islamischen Eroberer um 640 nach Afrika flohen, kamen auch Anhänger des Monotheletismus, deren Propaganda allerdings zunächst vom Exarchen Georgios unter dem Beifall der Katholiken scharf unterdrückt wurde[48]. Anlaß für die afrikanische Kirche, die neue theologische Doktrin ebenso entschieden wie einst die Verurteilung der „Drei Kapitel" abzulehnen, war der öffentliche Disput zwischen Maximos dem Bekenner und dem ehemaligen Konstantinopler Patriarchen Pyrrhos in Karthago 645, bei dem Maximos die Unhaltbarkeit der monotheletischen Theologie überlegen nachwies[49]. Die Bischöfe informierten Papst Theodor über ihre Ablehnung des Monotheletismus und baten ihn zugleich, den Patriarchen Paulos von Konstantinopel zur selben Haltung zu bewegen oder ihn aus der kirchlichen Gemeinschaft auszuschließen. Ein Schreiben gleichen Inhaltes richteten sie an Kaiser Konstans II. (641–668) und forderten schließlich den Patriarchen direkt auf, von der Irrlehre abzulassen (Anfang 646)[50]. Eine Delegation afrikanischer Bischöfe nahm noch an der Lateransynode 649 teil, auf der Papst Martin I. den Monotheletismus feierlich verwarf. Mit dem Episkopat der übrigen westlichen Länder schlossen sich auch die Bischöfe Afrikas dem Urteil Roms an, das der Papst durch eine Enzyklika allen Kirchen bekanntgab[51].

Die islamische Invasion und der Untergang des nordafrikanischen Christentums

Die langwierigen theologischen Auseinandersetzungen hatten in der Bevölkerung der nordafrikanischen Provinzen, neben anderen Gründen, zu einer neuen Welle feindseliger Haltung gegenüber der byzantinischen Herrschaft geführt. Diese Situation nutzte der Exarch Gregorios zur offenen Rebellion gegen die Zentralregierung, er wurde aber bald durch einen Vorstoß arabischer Truppen bei Sufetula in der Byzacena zum Kampf gestellt, in dem er den Tod fand (647). Das Ereignis hätte für die byzantinische Regierung das Signal sein müssen, die nordafrikanischen Provinzen sofort in Verteidigungszustand zu setzen. Als die Araber zwei Jahrzehnte später erneut in die gleiche Provinz eindrangen, konnten sie jedoch ungestört die Stadt Kairuan als ihr religiöses und militärisches Zentrum in Nordafrika aufbauen, mit dem eine stete Bedrohung Karthagos und des übrigen Nordafrika gegeben war. Erst als die Araber 696 unter Hassan Karthago in ihre Gewalt brachten, entsandte Kaiser Leontios eine Flotte, die

[48] *Hefele – Leclercq* III 1, 402–404.
[49] *Mansi* 10, 709–760 und PG 91, 287–354, dazu *Hefele – Leclercq* 422–425.
[50] *Mansi* 10, 929–931 943–949, dazu *Hefele – Leclercq* 426–430 und *V. Grumel:* ÉO 26 (1927) 24–32.
[51] Akten der Synode: *Mansi* 10, 863–1183, dazu *E. Caspar:* ZKG 51 (1932) 75–137.

zwar die Stadt zunächst entsetzen konnte, aber vor einem erneuten Angriff im Frühjahr 697 wichen die Byzantiner kampflos zurück. In den nächsten Jahren brachen die islamischen Truppen den Widerstand der Berberstämme in Numidien und Mauretanien, 709 war ganz Nordafrika bis auf den Brückenkopf Septem (Ceuta) in ihrer Hand[52].

Leider fehlt ein Augenzeugenbericht aus christlicher Feder, der eingehend über das Verhalten einzelner Christen wie der kirchlichen Führung unmittelbar während der islamischen Eroberung und über die Situation des Christentums in den folgenden Jahrzehnten informieren würde. Man darf gewiß schon mit einem erheblichen Rückgang der christlichen Bevölkerung in den Jahren der Unterwerfung rechnen, der durch die Flucht vieler Christen nach Italien und Gallien sowie durch den Tod zahlreicher Einwohner bei den harten Kämpfen um den Besitz der Städte verursacht wurde, die ja in der Mehrheit christlich waren[53]. Der Rest der Christen wurde jedoch zunächst nach der üblichen Praxis der Eroberer behandelt, das heißt, die Ausübung ihrer Religion wurde ihnen gegen Zahlung einer Steuer und unter Verzicht auf jegliche Glaubenspropaganda gestattet. Aber um 720 setzte ein starker Druck unter dem Kalifen Omar II. auf die noch christlichen Berber ein, zum Islam überzutreten, dem die meisten erlagen. Die archäologische Forschung hat zwar eine beträchtliche Zahl christlicher Inschriften und Reste christlicher Kultgebäude ans Licht bringen können, die die Fortexistenz von Christen an mehreren Orten Nordafrikas noch lange nach der Eroberung belegen[54]. Auch Nachrichten arabischer Schriftsteller und sogar Briefe aus der päpstlichen Kanzlei im 11. Jh. bezeugen das Weiterleben wenigstens kleiner christlicher Gruppen bis in diese Zeit[55]. Aber auch diese Zeugnisse unterstreichen letztlich doch die Tatsache, daß das nordafrikanische Christentum anders als das ägyptische oder syrische unter ähnlichen Bedingungen als größere organisierte Gemeinschaft relativ rasch untergegangen ist. Die oft gestellte Frage nach den Ursachen dieses Vorganges läßt sich nur mit dem Hinweis auf eine Mehrzahl von Faktoren beantworten[56]. Eine weit zurückreichende Ursache war schon mit der Spaltung der afrikanischen Christenheit in eine katholische und donatistische Konfession gegeben, die ihre innere Kraft immer wieder minderte. Eine weitere Schwächung erfolgte durch die vandalische Verfolgung mit ihrer zermürbenden Dauerwirkung, von der sich die Kirche nie recht erholt hat. Der rasche Abfall der christianisierten Berberstämme

[52] Vgl. zuletzt *M. Dall'Arche,* Scomparsa del Cristianesimo ed espansione dell'Islam nell'Africa settentrionale (Rom 1967).

[53] *M. Dall'Arche* a.a.O. 150f.

[54] Siehe *W. Seston,* Sur les derniers temps du christianisme en Afrique: MAH 53 (1936) 101–124.

[55] *Ch. Courtois,* Grégoire VII et l'Afrique du Nord. Remarques sur les communautés chrétiennes d'Afrique au XIe siècle: RH 195 (1945) 97–122 193–226.

[56] *C. J. Speel,* The Disappearance of Christianity from North Africa in the Wake of the Rise of Islam: CH 29 (1960) 379–397, der besonders stark die Folgen der vandalischen Verfolgung betont.

schließlich geht sehr zu Lasten der afrikanischen Christen selbst, die sich im 4. Jh. zuwenig und danach zu spät einer intensiven Missionstätigkeit unter diesem Bevölkerungsteil zuwandten und so keine existentielle Konversion erreichen konnten. Die übrige westliche und östliche Christenheit hat den Untergang einer Kirche, die Gestalten wie Tertullian, Felicitas und Perpetua, Cyprian und Augustinus hervorgebracht hatte, in seiner ganzen Tragik kaum wahrgenommen. Es gab keine Stimme, die der Erschütterung über diesen Verlust gültigen Ausdruck verliehen hätte.

18. Kapitel

Das Papsttum zwischen Byzanz und den Germanenreichen von Hilarus (461–468) bis Sergius I. (687–701)

QUELLEN: *Duchesne LP; Jaffé* I–II; die Papstbriefe in PL 59 65–67 69 72 80 87 89 96. *A. Thiel,* Epistolae Romanorum Pontificum I (von Hilarus bis Hormisdas, Braunsberg 1867); Collectio Avellana, ed. *O. Guenther;* CSEL 35 (Wien 1895/98). Teilausgaben: 18 Briefe Felix' II. und 8 Gelasius' I. bei *E. Schwartz,* Publizistische Sammlungen zum Acacianischen Schisma = AAM 1934, 10; Gelasius, Brief gegen die Lupercalien und 18 Meßliturgien aus dem Sacramentarium Leonianum ed. *G. Pomarès:* SChr 65 (Paris 1959); 4 Vigiliusbriefe ed. *E. Schwartz:* SAM 1940, 2; *P. M. Gassó – C. M. Batlle,* Pelagii I epistulae quae supersunt (Montserrat 1956). – Die Werke Gregors d. Gr.: PL 75–79; Registrum epistularum edd. *P. Ewald – L. M. Hartmann:* MGEp. 1–2 (1891/99); *G. Corti,* Le lettere di Greg. M. L. I 1–50, Text u. Übers. (Mailand 1972); Dialogi ed. *U. Moricca* (Rom 1924); Moralia in Job, ll. 1–2 edd. *R. Gillet – A. de Gaudemaris:* SChr 32 (Paris 1950, Neuaufl. in Vorber.); ll. 11–14 ed. *A. Bogognano:* SChr 212 (Paris 1974); Kommentar zum Hohenlied und Buch I der Könige ed. *P. Verbraken:* CChr L 144 (1963).

LITERATUR: Siehe Bd II/1 Kap. 15, ferner: *E. Caspar,* Bd II: Das Papsttum unter byzantinischer Herrschaft (Tübingen 1933); *F. X. Seppelt,* Bd II: Von Gregor d. Gr. bis zur Mitte des 11. Jh. (München ²1955); *V. Monachino,* I papi nella storia I (Rom 1961); *W. Ullmann,* The Growth of Papal Government in the Middle Ages (London ³1970); *W. H. C. Frend,* The Rise of the Monophysite Movement (Cambridge 1972). – *W. Kissling,* Das Verhältnis zwischen Sacerdotium und Imperium von Leo I. bis Gelasius I. (Paderborn 1921); *L. Knabe,* Die gelasianische Zweigewaltentheorie bis zum Ende des Investiturstreites (Berlin 1936); *P. Charanis,* Church and State in the Later Roman Empire (491–518) (Madison 1939); *W. Haacke,* Die Glaubensformel des Papstes Hormisdas im acacianischen Schisma (Rom 1939), dazu S. Martin: RET 1 (1941) 767–812; *G. Westenburger,* Der Symmachusprozeß von 501 (Diss. Tübingen 1940); *O. Bertolini,* Roma di fronte a Bisanzio e ai Langobardi = Storia di Roma IX (Bologna 1941); Chalkedon II 13–192 491–562; *E. Pontieri,* Le invasioni barbariche e l'Italia del V e VI secolo (Napoli 1960); *H. Rahner,* Kirche und Staat im frühen Christentum (München 1961); *G. Pepe,* Il medio evo barbarico d'Italia (Turin 1963); *F. Dvornik,* Das Papsttum und der römische Primat (Stuttgart 1966); *A. St. McGrade,* Two fifth-century Conceptions of Papal Primacy: Studies in Medieval and Renaissance History 7 (1970) 3–45; *J. Gaudemet,* Aspects de la primauté romaine du Ve au XVe siècle: Jus Can. 11 (1971) 92–134; *P. Conti,* Chiesa e primato nelle lettere dei papi del secolo VII (Mailand 1971); *L. Magi,* La Sede Romana nella corrispondenza degli imperatori e patriarchi bizantini, VI–VII sec. (Löwen 1972). – *F. X. Dudden,* Gregory the Great, 2 Bde (London 1905); *H. Grisar,* San Gregorio Magno (Rom ²1928); *P. Batiffol,* Saint Grégoire le Grand (Paris 1928); *R. Gillet,* Grég. le

Grand: DSp 6 (1967) 872–910; *L. Weber*, Hauptfragen der Moraltheologie Gregors d. Gr. (Freiburg/Schweiz 1947, 259–268 die frühere Lit.); *D. Hofmann*, Die geistige Auslegung der Schrift bei Gregor d. Gr. (Münsterschwarzach 1968); *O. Giordano*, L'invasione longobarda e Gregorio Magno (Bari 1970). – Gregor der Große und Byzanz: *E. H. Fischer*: ZSKA 67 (1950) 15–144; *P. Goubert*, Byzance avant l'Islam II 2 (Paris 1965) 129–177.

Das unter Papst Leo I. erreichte relative Einvernehmen mit dem christlichen Osten, insbesondere mit Byzanz, dauerte unter seinem Nachfolger *Hilarus* (461–468)[1] an, der als Legat auf der Synode von Ephesos 449 den Osten aus eigener Anschauung kennengelernt hatte. Aber ein neues Thema zukünftiger päpstlicher Sorge deutet sich unter seiner Regierung bereits an, das Verhältnis zu den arianischen Germanen. Hilarus mußte es hinnehmen, daß eine arianische Gemeinde in Rom Fuß faßte und mit Hilfe des germanischen Heermeisters Rikimer ein eigenes Gotteshaus errichtete, aus dem sich die Kirche S. Agata dei Goti entwickelt[2]. Sein beim Regierungsantritt verkündetes Programm, er werde besonders um die Einigkeit des Episkopates bemüht sein, ließ ihn wiederholt in Kompetenzstreitigkeiten gallischer und spanischer Bischöfe eingreifen, dabei ließ er seine Entscheidungen mit Vorliebe auf römischen Synoden erarbeiten[3].

Die erhaltene Korrespondenz[4] des Papstes *Simplicius* (468–483) zeigt, daß die nachchalkedonische Entwicklung im Osten die besondere Aufmerksamkeit der Päpste zu beanspruchen begann. Hier war es der schon unter den Kaisern Leon I. (457–474) und Zenon (474–491) sich neu formierenden monophysitischen Bewegung gelungen, die Sitze von Alexandrien (Timotheos Ailuros) und Antiochien (Petros Gnapheus) mit Männern ihrer Richtung zu besetzen, die sich der besonderen Gunst des Usurpators Basiliskos (475–476) erfreuten. Als dieser unter deren Einfluß in seinem „Enkyklion" das Glaubensbekenntnis von Chalkedon wie auch die Epistula dogmatica Papst Leos I. verdammte, damit also die christologische Frage auf den Stand von Ephesos 431 reduzieren wollte, und als etwa 500 Bischöfe, wenn auch unter Druck, dem Edikt zustimmten, erkannte man in Rom, auf welch schwankendem Grund das so mühsam in Chalkedon gewonnene Ergebnis stand. In einer Serie von Briefen beschwor Papst Simplicius den wieder zur Macht gelangten Kaiser Zenon (476) und den Patriarchen Akakios (473–491), doch das Erbe von Chalkedon zu wahren und die es bedrohenden Persönlichkeiten auszuschalten. Die hinhaltende Taktik des Akakios, über dessen mangelnden Informationswillen der Papst sich wiederholt bitter beklagte[5], führte zu einem stetig wachsenden Mißtrauen Roms, zumal als Konstantinopel einen offenen Parteigänger des Timotheos Ailuros, Petros

[1] Briefe bei *A. Thiel* a.a.O. 126–174.

[2] Siehe *H. Grisar*, Geschichte Roms und der Päpste I 88.

[3] Die *universalis concordia sacerdotum:* ep. 6, 2; hier auch sein 2. Prinzip: *ut in una ecclesia … una sit in omnibus observantia disciplinae.*

[4] *Thiel* 174–214; 14 Briefe auch in der Coll. Avell. Zur nachchalkedonischen Entwicklung im Osten siehe oben Kap. 1–5 und *W. H. C. Frend* (Lit.). Sie wird hier nur berührt, soweit sie für das gleichzeitige Papsttum relevant ist.

[5] Vgl. etwa Ep. 17 18 20.

Mongos, zum Patriarchen von Alexandrien erhob. Dieses Mißtrauen Roms wirkte sich verhängnisvoll aus gegenüber dem von Patriarch Akakios verfaßten und vom Kaiser 482 erlassenen Edikt (Henotikon), das mit einem Kompromiß eine Einigung zwischen den Parteien herbeiführen wollte, indem es ein eindeutiges Bekenntnis zu Chalkedon vermied, aber die Anathematismen Kyrills ausdrücklich anerkannte. Das Henotikon fand auch prompt die Zustimmung der Patriarchen von Alexandrien und Antiochien, die es im monophysitischen Sinne interpretierten. Die beschwörenden Warnungen des Papstes vor einer Verwischung des Grundsätzlichen blieben jedoch unbeachtet.

Da weder Kaiser noch Patriarch den Papst über das Henotikon auch nur informierten, entschloß sich der im Vergleich zu Simplicius weit selbstbewußtere und energische *Felix II.* (483–492)[6] zu entschiedenen, aber folgenschweren Maßnahmen, zumal auch der Abt des Konstantinopler Akoimetenklosters die bisherige zögernde Haltung Roms gegenüber der wiedererstarkenden monophysitischen Bewegung beklagte. Eine päpstliche Gesandtschaft überbrachte Briefe für den Kaiser und den Patriarchen, in denen letzterer vor eine Synode nach Rom vorgeladen wurde. Als daraufhin die päpstlichen Legaten in Konstantinopel zuerst eingekerkert und dann durch Bestechung dafür gewonnen wurden, Gemeinschaft mit Akakios und Petros Mongos aufzunehmen, ließ Felix II. den Bischof von Konstantinopel im Rahmen einer Synode (Juli 484) feierlich seines Priesteramtes entheben und jede Gemeinschaft mit ihm untersagen. In mehreren Schreiben an Klerus und Volk von Byzanz, an die Mönche der Stadt und der Umgebung, vor allem aber an Akakios und den Kaiser selbst wurde der Beschluß der Synode mitgeteilt und in scharfen Formulierungen begründet[7]. Hauptgrund für die Verurteilung des Patriarchen ist in römischer Sicht die Tatsache, daß er die kirchliche Gemeinschaft mit Petros Mongos wiederaufnahm, den er selbst einmal als Häretiker verdammt und dessen Verurteilung er auch von Rom gefordert hatte. In Rom blieb man trotz der gegenteiligen Beteuerung des Akakios davon überzeugt, daß der alexandrinische Patriarch seine Ablehnung von Chalkedon nie aufgegeben habe, zumal Anhänger des Petros dies in Rom bestätigten[8]. So bedeutete die römische Entscheidung den offenen Bruch zwischen Ost und West (Akakianisches Schisma), der noch vertieft wurde durch die seit Ambrosius nicht mehr vernommene, zuweilen schneidend scharfe Belehrung an die Adresse Kaiser Zenons über die Grenzen kaiserlicher Gewalt gegenüber der Kirche: „Der Kaiser ist ein Sohn der Kirche, nicht ein Bischof der Kirche. In Sachen des Glaubens hat er zu lernen, nicht zu lehren ... Den Bischöfen kommt nach Gottes Willen die Leitung der Kirche zu, nicht der weltlichen Macht. Ist diese gläubig, dann will Gott, daß sie sich der Kirche unterordnet.“[9]

[6] Seine Briefe bei *Thiel* 222–277 und zum Teil bei *E. Schwartz*, Publizistische Sammlungen (München 1934).
[7] Felix II., Ep. 3–4 6–12.
[8] Siehe die wohl noch unter Felix II. zusammengestellte weitläufige Rechtfertigung Roms unter den Briefen des Gelasius: Ep. 1, 18.
[9] Ebd. 1, 10.

Papst Gelasius I. (492–496)

Die hier geforderte Freiheit der Kirche von staatlicher Bevormundung war auch das vorrangige Ziel der Tätigkeit Papst *Gelasius' I.* (492–496), der die angeführten Sätze noch als Diakon Felix' II. formuliert hatte[10]. Die Streichung der Namen des Akakios und Petros Mongos aus den Diptychen blieb für Rom die condicio sine qua non für die Wiederherstellung der Einheit, nur so wurde, wie man glaubte, ein eindeutiges Bekenntnis zu Chalkedon garantiert. An dieser Haltung hielt man auch fest, als der Nachfolger des Akakios, Fravitas, dem Papst gegenüber die Hoffnung auf Beilegung der Spaltung aussprach, selbst dann noch, als der nächste Patriarch, Euphemios (490–495), sich von Petros Mongos distanzierte, weil dieser von Fravitas die Ablehnung des Konzils von Chalkedon gefordert hatte und damit den Verdacht Roms auf seine monophysitische Überzeugung selbst bestätigte[11]. Die Antwort Gelasius' I. auf die um Frieden geradezu werbende, mit Lob für den Papst nicht sparende Wahlanzeige des Euphemios ist nicht nur in der Sache unerbittlich, sondern auch in der Form eine bestürzende Mischung von kühler Unverbindlichkeit und Ironie[12]. Schon den ersten Kontakt mit Kaiser Anastasios I. (491–518) benutzte der Papst zu der im Ton gemäßigteren, inhaltlich so zukunftsträchtigen Darstellung von Aufgabe und Rang der beiden Gewalten, durch die die Welt regiert werde, die auctoritas sacrata pontificum und die regalis potestas[13]. Die Zuständigkeit der letzteren für den weltlichen Bereich wird durchaus anerkannt, sie bindet auch die Bischöfe, sie bleibt jedoch der ersteren untergeordnet, so daß der Kaiser die Bischöfe, denen die res divinae anvertraut sind, nicht nach seinem Willen lenken kann, sondern von ihrem Urteil abhängig ist. Unter den Trägern der geistlichen Autorität ragt wiederum der Inhaber jenes Stuhles hervor, den Christi Wort allen vorangesetzt und den die Kirche seit je als ihr Oberhaupt anerkannt habe. Die diesem Apostolischen Stuhl auferlegte Verantwortung für die Reinerhaltung des Glaubens habe auch die Trennung von Akakios notwendig gemacht, da er Gemeinschaft mit jenen hielt, die das Bekenntnis von Chalkedon verwarfen[14]. Diese Anschauungen vertrat Gelasius auch unentwegt in seinen

[10] Vgl. *H. Koch,* Gelasius im kirchenpolitischen Dienst seiner Vorgänger: SAM 1935, 6, dazu einschränkend *N. Ertl:* AUF 1 (1937) 56–112 und DA 2 (1938) 219f. Die Briefe und Traktate des Gelasius bei *Thiel* 285–613, die Briefe der Collectio Britannica bei *P. Ewald:* NA 5 (1880) 509–562 und bei *S. Löwenfeld,* Epistulae Pontificum Romanorum ineditae (Leipzig 1885, Nachdr. Graz 1959).

[11] Felix II., Ep. 14 und 15; den Konflikt des Petros Mongos mit Euphemios berichtet Theophanes, Chron. ad a. 5981.

[12] Gelas. I., Ep. 3.

[13] Gelas. I., Ep. 12, 2–3. Zur Terminologie siehe *W. Enßlin:* HJ 74 (1955) 661–668 und *W. Ullmann* a.a.O. 18–20; Zur Religionspolitik des Kaisers siehe *C. Capizzi,* L'imperatore Anastasio I (Rom 1969) 100–137.

[14] Gelas. I., Ep. 12.

Schreiben an den Episkopat der Provinzen Illyrien und Dardanien, die der griechischen Gegenpropaganda besonders ausgesetzt waren. Dabei verwahrt er sich entschieden gegen den von griechischer Seite erhobenen Vorwurf, es gehe dem römischen Stuhl im Grunde nicht um die Glaubensfrage, sondern um die Verurteilung von Personen, durch die er sich gekränkt fühle[15]. In Wirklichkeit hat auch die theologische Frage den Papst so intensiv beschäftigt, daß er sich in mehreren, zum Teil ausführlichen Traktaten über sie Rechenschaft gab, so vor allem in der Abhandlung „De duabus naturis", die über Leos I. Leistung hinauskommt, da sie eine tiefere Kenntnis der griechischen Theologie verrät und präzisere Formulierungen findet, wenn sie auch noch nicht das exakte Verhältnis von Natur und Person bestimmen kann[16]. Man wird zugeben müssen, daß Gelasius I. sich in hohem Maße dafür verantwortlich wußte, das Erbe von Chalkedon vor jeder Verfälschung und Entwertung zu bewahren, und da er es auch durch die kaiserliche Gewalt bedroht sah, hat er auch deren Grenzen gegenüber der Kirche in aller Schärfe aufgewiesen. Leider hat er seine Auffassung gegenüber Konstantinopel mit einer Schroffheit vertreten, die den Gegner eher verhärten mußte als gewinnen konnte.

Die Meinung, die intransigente Haltung des Papstes erkläre sich aus der starken Rückendeckung, die ihm die Gotenherrschaft in Italien gegenüber Byzanz gab, findet in den Quellen keine Stütze. Schon als Diakon hat Gelasius diese Politik gegenüber Konstantinopel vertreten, ehe sich Theoderich in Italien fest etabliert hatte, und als Papst hat er ebenso mutig den gotischen Comes Teja gemahnt, sich nicht in kirchliche Belange einzumischen, zumal er anderer Konfession sei und sein Herr (Theoderich) die Eigenständigkeit der Kirche anerkannt habe. Als er einmal Beispiele für den kirchlichen Widerstand gegen staatliche Übergriffe aufzählte, konnte er mit Genugtuung darauf hinweisen, daß er selber dem Germanenfürsten Odoaker jeden Gehorsam verweigert habe, als dieser Gesetzwidriges von ihm verlangte[17]. Daß sich der Papst wiederholt aus nichtpolitischem Anlaß an Theoderich wandte, wird man begreiflich finden, da der Gotenkönig ausdrücklich die Respektierung der katholischen Kirche und speziell die des römischen Stuhles garantiert hatte[18]. Vergleicht man das gelasianische Primatsverständnis, wie es sich in Wort und Tat manifestierte, mit dem Leos I., so ragen zwei bedeutsame *Weiterentwicklungen* heraus: Die Verpflichtung des römischen Bischofs, über die Reinheit der Lehre zu wachen, wird stärker in den Vordergrund gerückt und kompromißloser wahrgenommen; die Kirchenfreiheit gegenüber dem höchsten Repräsentanten der staatlichen Gewalt

[15] Gelas. I., Ep. 7 18 26 27.

[16] Der Traktat „De duabus naturis" bei *E. Schwartz*, Publizistische Sammlungen 85–106, danach PL Suppl 3, 763–787; zur dogmengeschichtlichen Bedeutung siehe *F. Hofmann:* Chalkedon II 64. Auch die umfangreiche Abhandlung „Adversus Pelagianam haeresim" (*Thiel* 571–598) bezeugt das theologische Interesse des Papstes.

[17] Siehe Anm. 9. Brief an Teja: PL Suppl 3, 753f; über Odoaker: Ep. 26, 11.

[18] Siehe W. *Enßlin*, Theoderich der Große (München ²1959) 98–103.

wird neu und tiefer durchdacht und in einer Präzision formuliert, die das Verhältnis der beiden Gewalten zueinander in einem vom Verständnis der byzantinischen Kaisermacht stark abweichenden Sinn für den Westen auf Jahrhunderte hin bestimmt[18a].

Gegenüber dieser Aktivität läßt man einen anderen Sektor im Gesamtwerk Gelasius' I. zuweilen über Gebühr in den Hintergrund treten, sein umfassendes pastorales Wirken. In den schweren Bedrängnissen, die die ostgotische Eroberung für die Bevölkerung Italiens brachte, hat er sich unermüdlich um die Linderung jeglicher Not bemüht. Von der Mutter Theoderichs, der Katholikin Ereleuva, erbittet er Unterstützung für sein Hilfegesuch beim König[19]. Wiederholt erinnert er den Klerus daran, daß ein Viertel der Einkünfte einer Kirche für die Armen verwandt werden müsse, die Bischöfe sollten von ihrem Anteil Gefangene und Fremde unterstützen, eine gewissenhafte Verwaltung des Kirchenvermögens sei bischöfliche Amtspflicht[20]. Die Sorgen für die Witwen und Waisen muß ein stetes Anliegen des Klerus bleiben[21]. Gegen die in jenen unruhigen Zeiten häufigere Verletzung des Asylrechts der Kirchen legt er öfters Verwahrung ein[22]. Eine unabdingbare Voraussetzung für die pastorale Sendung der Kirche sieht Gelasius in einem eifrigen, gewissenhaften Klerus, in einer umfangreichen Dekretale faßt er die Richtlinien für die Auswahl des Nachwuchses, für seine Ausbildung, für die Seelsorgstätigkeit, über Bau, Ausstattung und Weihe der Gotteshäuser zusammen[23]. Der Papst hat zwar an seinem Klerus weit mehr zu rügen als zu loben, aber er hat doch ein mitfühlendes Herz für seine Probleme und Nöte; teilnahmsvoll erkundigt er sich nach dem Gesundheitszustand eines erkrankten Bischofs, warm tritt er ein für einen Presbyter, dem man nach einem Unglücksfall seine Stelle nehmen will, einem Beamten, der die Rechte seines Klerus mißachtet, droht er mit einer Anzeige beim König[24]. Ebensowenig duldet der Papst eine Schmälerung der Rechte des niederen Klerus und der Laien durch die Bischöfe; als bei einer anstehenden Bischofswahl die Bischöfe die Entscheidung über den Kandidaten unter sich treffen wollen, besteht er entschieden darauf, daß der Klerus aller Pfarreien und das gesamte Volk an der Wahl beteiligt werden[25].

Nicht den letzten Rang nimmt die liturgische Aktivität im pastoralen Wirken Gelasius' I. ein. Er darf als der Redaktor der altrömischen Kyrie-Litanei, der *Deprecatio Gelasii*, gelten, die wohl im Zusammenhang mit einer Umgestaltung des ihr inhaltlich verwandten Allgemeinen Kirchengebetes in der Meßliturgie

[18a] Siehe *A. St. McGrade* (oben Lit.).
[19] Gelas. I., Fragm. 36.
[20] Gelas. I., Ep. 14, 27; 17, 1; Fragm. 22–24 28 34. Seine Wohltätigkeit rühmt Dionysius Exiguus: „... *omnes fere pauperes ditans inops ipse moreretur*", *Thiel* 287.
[21] Fragm. 31–33; Ep. 1 *Löwenfeld*. [22] Fragm. 39–40.
[23] Gelas. I., Ep. 14; einen knappen Bischofsspiegel bietet Fragm. 48.
[24] Fragm. 9; Ep. 9 *Löwenfeld*.
[25] Fragm. 4.

eingeführt wurde[26]. Auf ihn lassen sich schließlich 18 Meßformulare zurückführen, die das Sacramentarium Leonianum aufbewahrt hat. Sie stehen alle im Zusammenhang mit dem Kampf Gelasius' I. gegen das in seinen Tagen noch immer viele Römer anziehende, wenn auch in seinem heidnischen Sinngehalt nicht mehr durchschaute Frühjahrsfest der Lupercalien am 15. Februar, gegen das er in einem umfangreichen „Offenen Brief" Stellung nahm[27].

Unter Papst *Anastasius II.* (496–498) schien sich eine Wendung in den Beziehungen zwischen Rom und Byzanz anzubahnen, da dieser eine Gesandtschaft nach dem Osten abordnete, um dem Kaiser seine Wahlanzeige überbringen zu lassen. In einem der Form nach sehr devoten Brief[28] spricht der Papst sein Bedauern über die eingetretene Trennung aus und erkennt ausdrücklich die Gültigkeit der von Akakios vorgenommenen Weihen und Taufen an, aber er sieht sich doch außerstande, durch die Aufnahme seines Namens in die Diptychen dessen Rechtgläubigkeit zu bestätigen. An anderer Stelle spricht er sogar unverhohlen seine Genugtuung darüber aus, daß die Kirche von Thessalonike dem Urteil Gelasius' I. über Akakios zugestimmt habe[29]. Anastasius verwahrt sich auch gegen den Vorwurf, der Apostolische Stuhl, für den er den Primat in der Gesamtkirche beansprucht, habe bei der Verurteilung des Konstantinopler Bischofs nicht aus Sorge für den Glauben, sondern aus Hochmut gehandelt. Der baldige Tod des Papstes verhinderte weitere Gespräche.

Die Spaltung der römischen Gemeinde in der Frage, welche Haltung gegenüber Byzanz einzunehmen sei, führte zu einer Doppelwahl und damit zum *Laurentianischen Schisma*[30], das über Jahre hinaus die Aktivität des römischen Stuhles lähmte. Nach Anhörung der sich erbittert befehdenden Parteien in Ravenna entschied sich König Theoderich zunächst gegen den probyzantinischen Presbyter Laurentius für *Symmachus* (498–514), für den auch der frühere Zeitpunkt der Weihe und die größere Zahl der Anhänger sprachen. Auf einer römischen Synode (499) suchte Symmachus einer Wiederholung solcher Vorkommnisse durch ein einzigartiges Papstwahldekret[31] vorzubeugen, das dem jeweiligen Papst eine Art Designationsrecht für seine Nachfolge sichern, praktisch also die Mitwirkung der Gemeinde bei der Wahl des Papstes ausschließen wollte. Obwohl Laurentius die Synodalbeschlüsse mitunterzeichnete und danach das Bistum Nocera übernahm, setzte die byzanzfreundliche Senatsgruppe

[26] Die Deprecatio Gelasii ediert von *B. Capelle:* RBén 46 (1934) 135–144, dazu *J. A. Jungmann,* Missarum sollemnia I 416–419 (mit Text der Deprecatio).

[27] Alle Texte ed. von *G. Pomarès:* SChr 65 (Paris 1959) mit Einleitung über die Urheberschaft des Gelasius.

[28] Anastas. II., Ep. 1 (die 4 echten Briefe des Papstes – 1 3 4 6 – bei *Thiel* 615–637).

[29] Anastas. II., Ep. 3, 1.

[30] Die wichtigsten Quellen bei *E. Caspar,* Theoderich der Große und das Papsttum = KlT 162 (Berlin 1931). Zur Geschichte des Schismas grundlegend *R. Cessi:* ASRomana 42 (1929) 5–229; zu den Synoden *G. P. Picotti:* Studi in onore di *G. Volpe* II (Florenz 1958) 743–786; zuletzt *Ch. Pietri:* MAH 78 (1966) 123–139.

[31] Erhalten als Ep. 1 der Symmachusbriefe: *Thiel* 641–654.

ihre Opposition gegen Symmachus fort und klagte ihn bei Theoderich schwerer moralischer Vergehen, der Verschleuderung von Kirchengut und der Mißachtung des Ostertermins an, worauf der König eine Untersuchung der Vorwürfe durch eine Synode anordnete und bis zur Klärung der Angelegenheit einen Visitator für die römische Kirche bestellte. Trotz wiederholter Mahnung von seiten Theoderichs und Drängen der Senatsmehrheit, konnte sich die Synode, die vom Frühsommer bis zum Spätherbst 502 tagte, jedoch nicht zu einem förmlichen richterlichen Verfahren gegen Symmachus entschließen, weil man der Meinung war, der Inhaber des römischen Stuhles könne nicht von Untergebenen gerichtet werden. Sie kam schließlich zu dem eigenartig formulierten Beschluß, man müsse das Urteil in diesem Falle Gott überlassen, Symmachus selbst solle als unanfechtbar (immunis) gelten und frei in allen Kirchen die Liturgie feiern können[32]. Dieser Ausgang verhärtete jedoch nur den Widerstand der Opposition, die Laurentius nach Rom zurückführte und außer der Papstresidenz des Laterans auch die meisten römischen Titelkirchen in ihren Besitz bringen konnte, während Symmachus auf die Petersbasilika beschränkt blieb. Die fortdauernden Unruhen in der Stadt wurden begleitet von heftigen literarischen Fehden, in die auch Ennodius, damals noch Diakon in Mailand, und Avitus von Vienne eingriffen und in deren Verlauf die sog. Symmachianischen Fälschungen lanciert wurden, deren Ziel es war, am Beispiel angeblicher Vorfälle aus der Geschichte des Papsttums das Prinzip zu erweisen, daß der erste Bischofssitz keinem Gericht unterworfen werden könne *(Prima sedes a nemine iudicatur)*[33]. Erst im Herbst 506, als Theoderich wachsende politische Spannungen mit Byzanz in Rechnung stellen mußte, entschied er sich demonstrativ und endgültig für Symmachus, dem er alle Kirchen Roms zurückgeben ließ, und führte so das Ende des Schismas herbei, zumal die Gegenpartei durch den baldigen Tod des noch von Symmachus gebannten Laurentius ihr Haupt verlor[34].

Wie sehr dieser Sieg das Selbstbewußtsein des Papstes gegenüber Konstantinopel steigerte, offenbart seine Antwort auf ein Schreiben des Kaisers Anastasios, der sich vom römischen Senat verraten sah und in seinem Zorn den „nicht rechtmäßig geweihten" Papst als Manichäer beschimpft hatte. Symmachus zahlte mit gleich grober Münze zurück, beschuldigte den Kaiser der Begünstigung jeglicher Häresie und brandmarkte ihn als Verfolger der Rechtgläubigen und Verächter des römischen Stuhles[35]. Auch ein wohl von Ennodius im päpstlichen Auftrag verfaßtes Schreiben an den illyrischen Episkopat ist gekennzeichnet von der gleichen Unversöhnlichkeit gegenüber Konstantinopel[36], die Kluft war unter diesem Papst nicht zu überbrücken.

[32] Der Beschluß der synodus palmaris bei *E. Caspar* a.a.O. 17.
[33] Texte der Fälschungen: *Duchesne LP* I CXXXIIIff; ein Teil auch PL Suppl 3, 1249ff. – Ennodius, Libellus pro synodo; Avitus, Ep. 34 bei *Caspar* 32–59. Zur vorkonstantinischen Entwicklung des Prinzips siehe *M. Koeniger:* Festgabe A. Ehrhard (Bonn 1922) 273–300.
[34] Fragm. Laurent. bei *Caspar* 31.
[35] Symmachus, Ep. 10; Anastasios' Schreiben nicht erhalten.
[36] Symmachus, Ep. 13.

Im Abendland brachte Symmachus der Kirche Galliens ein besonderes Interesse entgegen. Er stellte nicht nur die alten Vikariatsrechte von Arles in vollem Umfang wieder her, sondern dehnte dessen Jurisdiktion noch auf spanische Bistümer aus. Eine bis dahin nicht übliche Auszeichnung eines Bischofs war die Verleihung des Palliums an Caesarius von Arles[37]. Der Übertritt des arianischen Burgunderfürsten Sigismund von Genf zum Katholizismus (er erschien auch als Pilger in Rom[38]), der erste Fall eines Konfessionswechsels eines germanischen Königs, scheint jedoch in seiner Tragweite dem Papst nicht bewußt geworden zu sein, ebensowenig läßt sich bereits eine römische Reaktion auf die Taufe des Frankenkönigs Chlodwig erkennen.

Papst Hormisdas (514–523)

Auch für den bisherigen vertrauten Mitarbeiter und Nachfolger des Symmachus, Papst *Hormisdas* (514–523)[39], blieb die Aussöhnung mit dem Osten eine erstrangige Aufgabe, deren Lösung er aber mit ungleich größerer Umsicht, Elastizität und echter Friedensbereitschaft in Angriff nahm. Dabei kamen ihm gewisse Faktoren der innenpolitischen Entwicklung im Osten, wie die wachsende Unzufriedenheit der Bevölkerung der Hauptstadt mit der monophysitenfreundlichen Politik der Regierung und die Revolte des Generals Vitalian (513/15)[40], entgegen, die Kaiser Anastasios wenigstens vorübergehend zu größerer Nachgiebigkeit zwangen. Auf zwei Briefe des Kaisers, die Hormisdas zu einer Synode nach Herakleia einluden[41], antwortete dieser mit der Entsendung einer sorgfältig vorbereiteten Delegation unter Führung des Ennodius von Pavia im August 515, die in Konstantinopel die römischen Vorbedingungen für eine Wiederherstellung des Friedens vortrug: Anerkennung des Chalcedonense und der einschlägigen Schreiben Papst Leos durch den Kaiser und die Bischöfe des Ostens; Verurteilung des Nestorios, Eutyches und ihrer Anhänger unter Einschluß des Akakios; Unterzeichnung eines libellus (= *Formula Hormisdae*) und Verhandlung über die Fälle der abgesetzten oder exilierten Bischöfe vor einem päpstlichen Gericht. Für die Führung der Verhandlungen waren der päpstlichen Gesandtschaft außerdem detaillierte Instruktionen mitgegeben worden[42]. Das ganze Unternehmen endete jedoch mit einem Mißerfolg, da der Kaiser nach

[37] Die Umschreibung der Vikariatsrechte: Symmachus, Ep. 14 und 16. Die Verleihung des Palliums in der Dekretale Ep. 15, 9, dazu *G. Langgärtner*, Die Gallienpolitik der Päpste im V. und VI. Jahrh. (Bonn 1964).

[38] Avitus Vienn., Ep. 8 und 29 (Sigismund an Symmachus).

[39] Die Korrespondenz des Hormisdas bei *Thiel* 741–990 und, mit wenigen Ausnahmen, auch in der Coll. Avell. (CSEL 35).

[40] Vgl. *E. Stein*, Histoire du Bas-Empire II (Paris 1949) 177–185.

[41] Coll. Avell. n. 109 und 107. Die Synode hat aber wohl kaum stattgefunden.

[42] Die römischen Bedingungen im *Indiculus Hormisdae:* Coll. Avell. n. 116a, die *Formula Hormisdae* ebd. n. 116b; der Brief an den Kaiser n. 115.

einem Abflauen der innenpolitischen Schwierigkeiten sich nicht bereit fand, die römischen Forderungen, vor allem die Verurteilung des Akakios, anzuerkennen[43]. Das gleiche Los war einem zweiten Versuch des Papstes im Jahre 517 beschieden, der diesmal seinen Legaten eine Serie von Briefen und Werbeschreiben an den Patriarchen, die Bischöfe des Ostens und an Klerus und Volk der Hauptstadt mitgegeben hatte. Papst und Kaiser blieben bei ihren grundsätzlichen Positionen, Anastasios erklärte in einem schroffen Schreiben weitere Verhandlungen für sinnlos, da er von Rom „keine Befehle entgegennehmen könne“[44].

Die grundlegende Wende brachte so erst der Thronwechsel des Jahres 518, der die byzantinische Religionspolitik in die Hände des chalkedontreuen Kaisers Justinos (518–527) und seines Neffen und Nachfolgers Justinian (527–565) legte. Da beide alsbald ihre Bereitschaft zum Frieden beteuerten und um Entsendung einer Gesandtschaft oder, falls dies möglich sei, um das persönliche Erscheinen des Papstes baten, gab dieser seinen Legaten die schon für Anastasios I. ausgearbeiteten Entwürfe für einen Friedensschluß nebst Briefen an Justinos, den kaiserlichen Neffen, den Patriarchen Johannes und weitere hochgestellte Persönlichkeiten der Hauptstadt mit, in denen die frohe und sichere Erwartung der Wiederherstellung der Kirchengemeinschaft betont ausgesprochen war[45]. Schon auf der Anreise der Delegation nahmen einige Bischöfe auf dem Balkan den libellus des Hormisdas an und bestärkten so den römischen Optimismus[46]. Überraschend schnell konnten die Legaten dem Papst einen ausführlichen Bericht über die am 28. März 519 vollzogene Einigung zukommen lassen, als der Patriarch nach anfänglichem Zögern unter den Jubelrufen von Klerus und Volk den libellus unterzeichnete[47]. Ein Hochgefühl der Freude und des Dankes ob der Beendigung des 35jährigen Schismas durchzieht die aus diesem Anlaß gewechselten Briefe beider Seiten, dabei hebt der Papst rühmend den Anteil des Kaisers am Zustandekommen der Union hervor, mahnt ihn aber auch, für die volle Wiederherstellung der Einheit in Antiochien und Alexandrien tätig zu sein[48].

Es besteht kein Anlaß, an der Lauterkeit des „Gloria in excelsis Deo“ im Dank- und Glückwunschschreiben des Papstes Hormisdas an Kaiser Justinos zu zweifeln[49]. Mißt man freilich den Wert des Erreichten nur an dem Maßstab der Dauerhaftigkeit des Erfolges, so könnte man im Blick auf die bald auftau-

[43] Eine kaiserliche Delegation sollte dem Papst und dem römischen Senat den Standpunkt des Anastasios erläutern: Coll. Avell. n. 111–114 125 137.

[44] Coll. Avell. n. 126–134 138. Zu den Einzelheiten dieses zweiten Versuchs siehe *F. Hofmann:* Chalkedon II 81–84.

[45] Coll. Avell. n. 141–158

[46] Ebd. n. 213 214.

[47] Bericht der Gesandtschaft Coll. Avell. n. 223, zu ergänzen durch Coll. Avell. n. 167.

[48] Die gesamte Korrespondenz Coll. Avell. n. 160–165 168–170 176, Analyse der Briefe von Kaiser und Patriarch nach Rom bei *L. Magi* 29–55.

[49] Coll. Avell. n. 168.

chenden neuen Schwierigkeiten geneigt sein, von einem Pyrrhussieg Roms zu sprechen. Eine solche Wertung ist jedoch den grundsätzlich religiösen Motiven nicht angemessen, von denen sich das Papsttum bei seinen Bemühungen um die Sicherung der christologischen Aussage von Chalkedon leiten ließ. Man braucht nur zu fragen, was aus dieser geworden wäre, hätte sie das Papsttum widerstandslos den wechselnden Interessen der Reichspolitik des byzantinischen Kaisertums überlassen.

Widerstand gegen die wiedergewonnene Einigung kam, wie zu erwarten, vor allem aus Ägypten, von wo aus der verbannte Severos von Antiochien sie zu sabotieren suchte, und von dem Metropoliten Dorotheos von Thessalonike, dessen Amtsenthebung der Papst beim Kaiser nicht durchsetzen konnte[50]. Eine im Grunde völlig überflüssige Bedrohung des Friedens stellte auch der sog. *Theopaschitische Streit*[51] dar, der von einer Gruppe skythischer Mönche ausging. Diese forderten die feierliche Anerkennung der Formel „Einer aus der Trinität hat im Fleische gelitten", weil durch sie das Chalcedonense vor jeder nestorianischen Interpretation wirksam geschützt sei. Weder die päpstlichen Legaten in Konstantinopel noch Hormisdas in Rom sahen die Notwendigkeit der an sich korrekten Formel ein und lehnten sie als inopportun ab, da die Aussagen Leos I. und des Konzils von 451 eines solchen interpretierenden Zusatzes, der vielleicht neue Diskussionen heraufbeschwören würde, nicht bedürften.

Bei aller Inanspruchnahme durch die Unionsfrage suchte Papst Hormisdas engen Kontakt mit der abendländischen Kirche zu halten, wie seine Korrespondenz mit den spanischen Bischöfen Johannes von Elche, Sallustius von Sevilla, den Bischöfen der Provinz Baetica und dem spanischen Gesamtepiskopat erkennen läßt[52]. Er informiert sie u. a. über das Ende des Akazianischen Schismas, gibt Richtlinien hinsichtlich der Disziplin des Klerus, schärft die Abhaltung jährlicher Synoden ein und bestätigt und umschreibt den Bereich des Vikariates von Sevilla, immer gelenkt von dem Bestreben, das Bewußtsein einer lebendigen Verbindung der spanischen Kirche mit Rom gerade unter der Herrschaft der Westgoten wachzuhalten und zu vertiefen[53]. Auch sein Briefwechsel mit Avitus von Vienne und Caesarius von Arles[54] will mit den Nachrichten über Stand und Fortschritt der Unionsverhandlungen mit dem Osten das Interesse für die Geschicke der Gesamtkirche stimulieren.

Hormisdas' Nachfolger *Johannes I.* (523–526) eröffnet die Reihe jener auffallend kurzfristigen Pontifikate, deren Inhaber zwangsläufig in den Kampf verstrickt wurden, den das tödlich bedrohte Ostgotenreich mit der überlegenen byzantinischen Macht zu führen hatte. Den damit verbundenen Belastungen

[50] Coll. Avell. n. 225–227.
[51] Siehe *A. Grillmeier:* Chalkedon II 797–805 (Lit.).
[52] Hormisd., Epp. 24–26 88 142–143 *Thiel.*
[53] Siehe die Analyse der Briefe durch *K. Schaeferdiek*, Die Kirche in den Reichen der Westgoten und Suewen (Berlin 1967) 75–81.
[54] Hormisd., Ep. 9 22 150.

waren diese Päpste teils nicht seelisch und moralisch, teils nicht einmal physisch gewachsen, so daß das Papsttum dieser Jahre einen unverkennbaren Autoritätsverlust erleiden mußte. Der Abstieg setzte in den letzten Regierungsjahren des Königs Theoderich ein, der durch die Hinwendung des Burgunders Sigismund und des Vandalenkönigs Hilderich (523) zum byzantinischen Kaiser in eine politische Isolierung geriet, die ihn seine bisher tolerante Haltung gegenüber den Katholiken Italiens aufgeben ließ. In seinem Mißtrauen ließ er nacheinander den Patrizier Albinus, seinen Minister Boëthius (524) und dessen Schwiegervater Symmachus, den Führer des Senates, wegen angeblicher Konspiration mit Ostrom oder Begünstigung des Hochverrates hinrichten[55]. Als er erfuhr, daß Kaiser Justinos die Häretikergesetze gegen die Arianer des Ostreiches anwandte, ihre Kirchen den Katholiken überwies und viele Arianer unter Druck deren Glauben annahmen, mutete er dem Papst eine beschämende Mission zu: Johannes I. sollte durch eine persönliche Intervention beim oströmischen Kaiser die Rücknahme dieser Maßnahmen fordern. Der Papst lehnte es allerdings noch vor seiner Abreise in Ravenna ab, für eine Rückkehr der konvertierten Arianer zu ihrem früheren Bekenntnis einzutreten. Die ihm auferlegte Demütigung konnte nicht aufgewogen werden durch die vielfachen Ehrungen des päpstlichen Gastes – der Kaiser gewährte ihm die an sich nur der Majestät zukommende adoratio und ließ sich beim Ostergottesdienst (526) von ihm, statt wie üblich von seinem Patriarchen, die Kaiserkrone aufsetzen –, sie verstärkten nur den Argwohn des Königs, der den Papst nach seiner Rückkehr wegen der Nichterfüllung seiner Hauptforderung in Ravenna festhielt, wo er alsbald starb[56]. Diese Behandlung machte Johannes I. in den Augen der römischen Katholiken zum Martyrer, während schon wenige Generationen später die Legende den arianischen Gotenkönig zum düsteren Katholikenverfolger werden und ihn wie schon den Begründer seiner Konfession, Arius, eines phantasievoll ausgemalten grauenvollen Todes sterben ließ[57].

Um einen Mann seines Vertrauens auf dem römischen Stuhl zu wissen, veranlaßte Theoderich die Erhebung des Diakons *Felix III.* (526–530) zum Papst[58], der baldige Tod des Königs (August 526) ließ es jedoch nicht zu einer längeren Zusammenarbeit kommen. Von Bedeutung wurde das Eingreifen Felix' III. in die Endphase des Gnadenstreites, als er Caesarius von Arles in der Abwehr semipelagianischer Strömungen unterstützte, eine Hilfe, die der gallische Bischof auf der Synode von Orange wirksam verwertete[59]. Da der Gegen-

[55] *W. Enßlin,* Theoderich der Große (München ²1959) 305–316.

[56] Zum Verhältnis Theoderichs zu Papst Johannes I. und zur Reise des Papstes nach Byzanz siehe *H. Löwe:* HJ 72 (1953) 83–100 und *P. Goubert:* OrChrP 24 (1958) 339–352.

[57] Siehe Anonym. Vales. 16, 94–96; Procop., Bell. Goth. 1, 1, 35; Gregor I., Dialogi 4, 30.

[58] So übereinstimmend *LP* I 106 *Duchesne* und Cassiod., Var. 8, 15, 1.

[59] Felix III., Ep. ad Caesar. Arell. = Caesar., Ep. 11. Der von Bonifatius II. bestätigte Syllabus der Synode von Orange: Caesar., Op. II 70–78 *Morin,* dazu *G. de Plinval: Fliche-Martin* 4, 397–418.

satz zwischen progotischen und byzanzfreundlichen Gruppen auch im römischen Klerus fortbestand, suchte Felix III. einer möglichen Doppelwahl nach seinem Tode durch die Designation seines Nachfolgers, des Archidiakons Bonifatius, zu begegnen. Seine Absicht unterstützte ein Dekret des Senates, das jede Wahlagitation zu Lebzeiten eines Papstes untersagte[60].

Trotzdem entschied sich die Mehrheit des Klerus nach Felix' Tod für den byzanztreuen ehemaligen alexandrinischen Diakon Dioskur, der aber nach wenigen Wochen starb, so daß *Bonifatius II.* (530–532) rasch allgemeine Anerkennung fand[61]. Als aber auch er den Diakon Vigilius als Nachfolger designierte, zwang ihn der Klerus unter Mitwirkung des Senates, diese unkanonische Verfügung zurückzunehmen[62], ein Vorgang, der dem päpstlichen Ansehen weiteren Abbruch tat. Welche Konfliktsmöglichkeiten zwischen Rom und Byzanz auch weiterhin die Frage der jurisdiktionellen Zuständigkeit auf dem Balkan bot, zeigt der Fall des Metropoliten Stephanos von Larissa, der vom Konstantinopler Patriarchen seines Amtes enthoben wurde, obwohl sein Sitz zum Vikariat Thessalonike gehörte, seine Appellation an Papst Bonifatius wurde Verhandlungsgegenstand einer römischen Synode[63].

Nach einer Sedisvakanz von drei Monaten, während der das Papsttum durch den Streit um die Nachfolge weiter an Geltung verlor, wurde nach dem Willen des Gotenkönigs Athalarich der Presbyter Mercurius zum Bischof von Rom gewählt, der sich – das erste Beispiel eines päpstlichen Namenswechsels – *Johannes II.* (533–535)[64] nannte. Von Kaiser Justinian I. ließ er sich für die Anerkennung der theopaschitischen Formel gewinnen, mit der dieser seine Unionspolitik gegenüber den Monophysiten stärken wollte[65]. Justinian hatte dabei zwar die Lehrautorität des römischen Bischofs in hohen Worten gepriesen, aber schon hier wurde deutlich, daß er sie jeweils für seine eigenen religionspolitischen Ziele einspannen würde, eine Haltung, die das Papsttum leicht in schwere Konflikte oder in unwürdige Abhängigkeit vom byzantinischen Kaisertum bringen mußte.

Dieser Gefahr zeigte sich Papst *Agapet I.* (535–536)[66] noch in etwa gewachsen, der wie wenige Jahre zuvor Johannes I. ebenfalls auf Befehl eines Gotenkönigs (Theodahad) die Reise an den byzantinischen Kaiserhof antreten mußte, um Justinian zu veranlassen, die schon weit gediehenen Vorbereitungen Ostroms für die Befreiung Italiens von der Gotenherrschaft einzustellen[67]. Wäh-

[60] Praeceptum Felicis und Senatus consultum: ACO IV, II, 96f = PL Suppl 3, 1280f.

[61] Anerkennungsformular der ehemaligen Dioskuranhänger: PL Suppl 3, 1282.

[62] *LP* I 281 *Duchesne.*

[63] Die Akten der Synode in der Coll. Thessal. 1–16 *Silva-Tarouca.*

[64] Von ihm sind erhalten je ein Brief an Kaiser Justinian (Coll. Avell. n. 84) und den römischen Senat (ACO IV, II, 206–210) und drei nach Gallien, Ep. 12–14 unter den Briefen des Caesarius von Arles.

[65] Justinians Schreiben ist in die Antwort des Papstes aufgenommen.

[66] Briefe: PL 66, 35–47, Coll. Avell. n. 86–91, Caesar. Arel., Ep. 15 und 16.

[67] Vgl. *E. Stein,* Histoire du Bas-Empire II 343.

rend der Kaiser, der es wiederum an äußerer Reverenz gegenüber dem Papst nicht fehlen ließ, das Ansinnen Theodahads brüsk ablehnte, erwies er sich im kirchenpolitischen Bereich überraschend zugänglich. Als sich Agapet trotz aller Pressionen unentwegt weigerte, mit dem monophysitenfreundlichen, von Trapezunt auf den Stuhl von Konstantinopel transferierten Patriarchen Anthimos, einem Günstling der Kaiserin Theodora, Gemeinschaft aufzunehmen, ließ Justinian diesen kurzerhand fallen und berief an seiner Stelle den bisherigen Presbyter Menas, der sich vom römischen Papst sogar die Weihe erteilen ließ. Kaiser und Patriarch bekannten sich erneut zur Hormisdasformel, und Justinian bekräftigte auch das Urteil einer Synode, das sich gegen Anthimos, Severos von Antiochien und ihren Anhang aussprach, obwohl Papst Agapet wenige Wochen nach der Erhebung des Menas nach kurzer Krankheit in Konstantinopel gestorben war[68]. Der plötzliche Tod dieses grundsatzfesten, auch für die theologische Wissenschaft sehr aufgeschlossenen Mannes[69], leitete die schwerste Krise des Papsttums im 6. Jh. ein.

Dem nach dem Eintreffen der Todesnachricht rasch von Theodahad zum Papst erhobenen Hormisdassohn *Silverius* (536–537) wurden der Kampf zwischen Byzantinern und Ostgoten um den Besitz der Stadt Rom und die Intrigen des Diakons Vigilius, der mit seiner eigenen Wahl gerechnet hatte, zum Verhängnis. Obwohl auf seinen Rat hin die Römer die Stadt kampflos dem byzantinischen General Belisar übergeben hatten, wurde der Papst des Hochverrates bezichtigt, in entwürdigender Form abgesetzt und nach Lykien verbannt. Auf Befehl Belisars, der wohl einer Weisung der Kaiserin Theodora folgte, wählte man *Vigilius* (537–555) zu seinem Nachfolger. Justinian ließ Silverius zwar zu neuer Untersuchung nach Italien zurückbringen, aber Vigilius ließ ihn durch Belisar auf die Insel Ponza verbannen, wo er, wahrscheinlich nach dem Verzicht auf seine Würde, noch 537 starb[70]. Vigilius glaubte sich am nunmehr ungefährdeten Ziel seiner Wünsche[71]. Für die Methoden, deren er sich dabei bedient hatte, sollte er mit einer Demütigung büßen, wie sie bislang keinem Papst widerfahren war.

Kaiser Justinian hatte durch ein Edikt im Jahre 543 die sog. Drei Kapitel verurteilt und suchte nun den Widerstand des Abendlandes gegen diesen Erlaß gerade dadurch zunichte machen, daß er ihn ausgerechnet vom römischen Papst unterschrieben haben wollte, den er dafür kurzerhand nach Konstantinopel beorderte. Das Trauerspiel während der acht Jahre des oströmischen Aufenthaltes des Papstes ist bereits geschildert worden (Kap. 4): Auf der einen Seite die

[68] Coll. Avell. n. 89 und 90, dazu *Caspar* II 222–228.

[69] Siehe *H.-I. Marrou:* MAH 48 (1931) 124–169.

[70] Zur Absetzung des Silverius siehe *P. Hildebrand:* HJ 42 (1922) 213–249, *O. Bertolini:* ASRomana 47 (1924) 325 ff und *E. Stein* II 386 f.

[71] Seine Briefe und Erlasse: PL 69, 15–178, zu ergänzen durch *E. Schwartz,* Vigiliusbriefe: SAM 1940, 2, 1–15 und ACO IV, II, 138–168. Zum Ganzen *L. Duchesne*, L'Église au VIe siècle (Paris 1925) 151–218, *P. Batiffol,* Cathedra Petri (Paris 1938) 286–314 und *Seppelt* II 270–290.

Gestalt des autoritären Basileus, der im Widerspruch zur bisherigen Ordnung selbstherrlich über Lehre und Glauben der Kirche verfügte und mit der seelischen Not des Vigilius ein abstoßend grausames Spiel trieb, auf der anderen die ebenso bedrückende Figur des Papstes, der charakterlos seine Meinung bei längerem Druck des Kaisers wechselte, mit ihm kompromittierende geheime Absprachen traf, dem letztlich der Mut zum Zeugnisgeben fehlte, zu dem ihn sein Amt verpflichtete. Dabei hätte er sich für eine klare, entschiedene Stellungnahme auf die weitgehende Unterstützung des abendländischen Episkopates berufen können, von dem er statt dessen einen stürmischen Protest hinnehmen mußte, der in seiner Exkommunikation durch eine afrikanische Bischofssynode gipfelte[72]. Seelisch und physisch gebrochen, starb Vigilius auf der Rückreise nach Rom in Syrakus.

Die von ihm hinterlassene Hypothek belastete den Pontifikat seines von Justinian bestimmten Nachfolgers *Pelagius I.* (556–561)[73] schwer, der zwar als päpstlicher Apokrisiar in Byzanz zunächst seinen Herrn zum Widerstand gegen die Forderungen des Kaisers aufforderte und in einer eigenen Schrift gegen sie auftrat[74], sich aber dann doch dem Spruch der Synode von 553 gegen die Drei Kapitel angeschlossen hatte. Nur mühsam und teilweise mit geringem Erfolg konnte er das enorme Mißtrauen überwinden, das ihm allenthalben im Abendland entgegenschlug. In der Toskana weigerten sich mehrere Bischöfe, seinen Namen bei der Eucharistiefeier zu erwähnen, die Metropoliten von Aquileia und Mailand sagten die Kirchengemeinschaft mit ihm auf, in Gallien verbreitete man seine Schrift zur Verteidigung der Drei Kapitel und verglich sie hämisch mit seiner späteren Haltung. Immer wieder betonte der Papst seine Treue zu Chalkedon und den Lehrschriften Papst Leos I., zu seinen Vorgängern Johannes II. und Agapet und sandte sogar dem Frankenkönig Childebert ein feierliches Glaubensbekenntnis[75]. Den Widerstand der stadtrömischen Bevölkerung konnte er allmählich überwinden durch seine großzügige Armenfürsorge, durch die Renovierung der in den Kriegswirren ausgeplünderten Kirchen, durch die Reorganisation der Verwaltung der päpstlichen Patrimonien und nicht zuletzt durch seine Bemühungen um den Klerusnachwuchs.

Das oberitalienische Schisma konnte allerdings erst sein Nachfolger *Johannes III.* (561–574) mindern, als er 572 den Bischof von Mailand für sich gewann; die Kirchenprovinz Aquileia versagte sich aber weiter jeder Einigung. In seinen Pontifikat fällt der Einbruch der arianischen Langobarden in Italien (568), deren erbarmungslose Kriegführung auch die Tätigkeit seiner unmittel-

[72] Victor Tunn., Chron. ad a. 550 (2, 202 *Mommsen*). Auch Facundus von Hermiane, Pro defensione trium capit. II 6 belastet den Papst.

[73] *Caspar* II 286–305.

[74] In defensione trium capitulorum, ed. *R. Devreesse* (Rom 1932), danach PL Suppl 4, 1284–1369.

[75] Pelag. I., Ep. 7 (nach der Zählung von *Gassó–Batlle*); auch vor der römischen Gemeinde legte er gleich nach der Wahl ein Glaubensbekenntnis ab: Ep. 11.

baren Nachfolger *Benedikt I.* (575–579) und *Pelagius II.* (579–590) weitgehend einschränkte. Die Hilferufe nach Konstantinopel blieben ohne nennenswertes Echo, da man im Osten durch den Perserkrieg gebunden war. Pelagius II. sah aber schon damals im Frankenreich eine mögliche Stütze für das Papsttum, da er dessen Könige als die von Gott bestellten Helfer Roms und Italiens bezeichnete, eine Konzeption, die anderthalb Jahrhunderte später verwirklicht wurde. Unter Pelagius II. kam es auch zu einem ersten Konflikt mit der byzantinischen Kirche um den Titel „Ökumenischer Patriarch", den der Papst als Bezeichnung für den Konstantinopler Bischof in den Akten der Synode des Jahres 587 vorfand[76].

Papst Gregor der Große (590–604)

Mit dem Urenkel Felix' III.[77] aus senatorischer Familie, der im Zivildienst zum Leiter der Stadtverwaltung Roms aufgestiegen war, danach in dem von ihm gegründeten römischen Andreaskloster als Mönch lebte[78], bis er im Jahre 579 zum Diakon geweiht wurde, bestieg ein Mann den römischen Stuhl, der das päpstliche Amt durch die Eigenart seiner religiösen und priesterlichen Persönlichkeit so unverwechselbar neu repräsentierte, daß er der Nachwelt lange als die Idealgestalt des Papsttums galt, an der sich seine späteren Vertreter immer wieder messen lassen mußten.

Gregor hat das Verhältnis des Papsttums zum byzantinischen Kaisertum und damit auch das Verhältnis von Kirche und Staat im wesentlich gleichen Verständnis wie seine Vorgänger gesehen. Für ihn, der mehrere Jahre (bis Ende 585) als päpstlicher Apokrisiar am byzantinischen Hof lebte, blieb der Basileus, selbst wenn es ein so fragwürdiger Charakter wie Kaiser Phokas (602–610) war, grundsätzlich das von Gott berufene Oberhaupt des christlichen Imperiums, dem auch der Papst nur in den festgelegten Formen höfischer Etikette begegnen konnte. Wenn Gregor gegenüber den Langobarden eine andere Haltung für notwendig hielt als Kaiser Maurikios (582–602), so war das nicht Anzeichen oder Ergebnis einer grundsätzlichen Neuorientierung der päpstlichen Politik, sondern eine aus der bitteren konkreten Situation Italiens gewonnene Einsicht, die letztlich auf pastoralen Überlegungen beruhte[79]. Da der Exarch von Ravenna militärisch den Langobarden nicht gewachsen war, ließ sich deren Druck auf Bevölkerung und Kirche Italiens nur durch einen Friedensschluß mit

[76] Pelag. II., Ep. ad Aunarium episc. (MGEp III, 448), ACO IV 2, 105–132; *O. Bertolini* 225–300.

[77] Siehe *A. Ferrua,* Gli antenati di s. Gregorio M.: CivCatt 1964, 4, 239/246.

[78] Zur Diskussion um den „benediktinischen" Charakter dieses Klosters siehe *K. Hallinger:* SA 42 (1957) 231–319; *O. M. Porcel:* Scripta et Doc. 12 (1960, Montserrat) 1–95 und *P. Verbraken:* StudMon 2 (1960) 438–440.

[79] Siehe Gregors in der Form respektvollen, in der Sache entschiedenen Brief an Maurikios: Reg., Ep. 5, 36.

ihnen beseitigen, und dieser wiederum war nur gesichert, wenn es gelang, sie für das katholische Bekenntnis zu gewinnen.

Es waren auch in erster Linie seelsorgerliche Motive, die Gregors beträchtliche Korrespondenz mit den merowingischen Herrschern veranlaßten, ohne deren Zustimmung und Mithilfe ein Wandel im fränkischen Klerus, besonders im weitgehend durch Simonie verseuchten Episkopat, nicht zu erreichen war. Einen „ewigen Frieden“ zwischen Franken und Byzantinern hat er deshalb vorgeschlagen[80], weil er in seinen Augen die Voraussetzung für die Wiedergesundung des religiösen Lebens vor allem in Italien war. Wenn demnach auch Gregor das Frankenbündnis nicht intendierte, so hat er doch faktisch durch diese Kontakte mit dem Merowingerreich erste Ansätze für eine Entwicklung mitgeschaffen, in deren Verlauf schließlich die byzantinische Schutzherrschaft gegen die germanische ausgetauscht wurde.

Gregors Rang in der Geschichte des Papsttums beruht auch nicht auf einer besonders markanten Verteidigung des römischen Primates oder auf einer vertieften theoretischen Begründung der Primatsidee. Wie sein Vorgänger hat auch er gegen den Titel „Ökumenischer Patriarch“ bei Johannes dem Faster in Konstantinopel protestiert, weil er ihm den Vorrang der römischen Kirche in Frage zu stellen schien. Aber er hat seinem Protest eher die Form einer inoffiziellen Erörterung gegeben und den Patriarchen auf den unbiblischen Charakter dieses Titels hingewiesen, wie auch er für sich den Titel universalis episcopus zurückwies. Als sein Einspruch ohne Wirkung blieb, hat er es deshalb nicht zum Bruch mit dem Osten kommen lassen, sondern im Rückgriff auf ein Wort Augustins die Formel *servus servorum Dei* in seinen Briefen bevorzugt, die später von der päpstlichen Kanzlei übernommen wurde[81].

Die eigentliche Größe Gregors gründet vielmehr in seinem umfassenden pastoralen Wirken, das ihn zu einem der bedeutendsten Seelsorger unter den Päpsten werden ließ. Hier ist einmal die keine Mühe und kein Opfer scheuende caritative Tätigkeit zu nennen, mit der er der erdrückenden Not der Bevölkerung Italiens zu steuern suchte. Ohne Zögern hat er den großen Patrimonialbesitz der römischen Kirche in Italien, Sizilien, Dalmatien und der Provence, der nach einem seiner schönsten Worte „das Eigentum der Armen“[82] sei, dafür verwandt und dessen infolge der jahrelangen Kriegswirren zerrüttete Verwaltung im Interesse besserer Erträge tatkräftig reorganisiert. Die Beamten nahm er direkt in päpstlichen Dienst, mahnte sie unentwegt an Treue und Gerechtigkeit und schützte vor allem die Kleinpächter vor Ausbeutung. Gerade den sozial Schwachen, den Waisen, den verschämten Armen, den durch Unglücksfälle plötzlich in Not Geratenen galt seine warmherzige Sorge. Diese Seite seines Wirkens hat Gregor außer der dankbaren Anhänglichkeit des einfachen Volkes in der Öffentlichkeit Italiens ein Maß von Ansehen eingebracht, das ihn weit

[80] Im Brief an König Theuderich II.: Reg., Ep. 13, 9.
[81] Siehe *E. H. Fischer* 97–110.
[82] Reg., Ep. 13, 23, 19.

über den ranghöchsten Beamten des Landes, den Exarchen von Ravenna, hob.

Ein hohes Maß von Zeit und Energie verwandte Gregor auf die Besserung des Klerus, der allenthalben, vor allem im Frankenreich, auf ein tiefes Niveau abgesunken war. Für ihn schrieb er in seiner *Regula pastoralis* einen eindringlichen Hirtenspiegel, dem er das geglückte Motto gab: *ars est artium regimen animarum.* Jahrhundertelang war dieses Buch für die Seelsorger des Abendlandes vom gleichen Rang, wie ihn die Regula Benedikts für das abendländische Mönchtum gewinnen sollte[83]. Neben der Pflicht zur täglichen Selbstprüfung schärfte er dem Klerus besonders die Verantwortung für die rechte Glaubensverkündigung ein. Die Predigt sollte während der Eucharistiefeier gehalten werden und vor allem das Tagesevangelium auslegen. In die eigene Predigtweise gewähren Gregors 40 erhaltene *Evangelienhomilien*[84] einen instruktiven Einblick. Sie verzichten auf jedes rhetorische Beiwerk, wollen in ihrer bewußt schlichten Sprache das Herz des einfachen Gläubigen erreichen und mit ihren vielen dem Leben entnommenen Exempla sich dem Gedächtnis einprägen.

Der ehemalige Mönch Gregor hat auch als Papst dem Mönchtum in seinem Denken und Arbeiten einen bevorzugten Platz eingeräumt, den in Not geratenen Klöstern wirksame Hilfe gewährt und die klösterliche Disziplin auf jede Art zu stützen und zu erneuern gesucht. An die Mönche wendet er sich in seinem umfangreichsten Werk, den *Moralia in Job*[85], aus mündlichen Vorträgen entstanden, die er später überarbeitete. Hier und in den 22 *Homilien über Ezechiel,* die ebenfalls eine vorwiegend monastische Leserschaft voraussetzen, hat Gregor seine Gedanken über christliche Ethik, Frömmigkeit und Vollkommenheitsstreben niedergelegt[86], die er durch eine gern angewandte allegorische Auslegung der Schrift gewinnt. Was dem heutigen Leser als Mangel erscheint, eben die Allegorie, die Breite der Darstellung, die zahlreichen Abschweifungen, galt einer anderen Zeit als rühmenswerter Vorzug und hat diesen Werken in den mittelalterlichen Klöstern und, mehr vom Inhalt her, in der Moraltheologie dieser Zeit eine tiefreichende Nachwirkung eingebracht[87]. Gregors persönliche Frömmigkeit nährte sich außer aus der Schrift von der seines Lieblingsautors Augustinus, wenn ihm auch für die Wiedergabe von dessen Gedanken am Ende des 6. Jh. nicht mehr die gleichen sprachlichen Aussagemöglichkeiten zur Ver-

[83] PL 77, 13–128. Das Motto, vielleicht aus Gregor. Naz., Or. 2, 16, Reg. past. I 1. Vgl. *D. M. Wertz,* The Influence of the Regula pastoralis to the Year 900 (Diss. Ithaca 1936); *Ch. Chazottes,* Sacerdoce et ministère pastoral d'après la correspondance de s. Grégoire le Grand (Diss. Lyon 1955); *G. Hocquard:* La tradition sacerdotale (Lyon 1959) 143–167 (Priesterideal).

[84] PL 76, 1075–1312, dazu *H. Schwank,* Gregor d. Gr. als Prediger (Diss. Berlin, Hannover 1934). Über Gregors liturgische Aktivitäten s. Kap. 20.

[85] PL 75, 509–1162; 76, 9–782; SChr 32 (1950); SChr 212 (1974).

[86] Siehe *R. Gillet:* DSp VI (1967) 881–910 und *C. Butler,* Western Mysticism (London ³1967) 65–92 171–188.

[87] Siehe *D. Hofmann* (Lit.) und *R. Wasselynck,* L'influence des Moralia in Job de s. Grégoire le Grand sur la théologie morale entre le VIIe et le XIIe siècle (Diss. Lyon 1956, masch.).

fügung stehen. Von seiner innersten Neigung her ganz der contemplatio zugetan, hat er sich wie sein Vorbild dem Dienst am Mitmenschen in und außerhalb der Kirche nicht versagt. Obwohl Gregor tief von dem Gedanken durchdrungen war, daß eine alternde Welt ihrem baldigen Ende entgegenging[88], hat diese Überzeugung keinen Augenblick seine Aktivität gelähmt, die er zudem einem meist kranken Körper abringen mußte. Diese eschatologische Spannung hat ihn eher zu dem kirchenhistorisch wie universalgeschichtlich folgenreichsten Unternehmen angetrieben, das seiner Initiative entsprungen ist, der Missionierung der Angelsachsen. Wie kein Papst vor ihm hat er die Missionsarbeit als erstrangige Pflicht des Oberhauptes der Kirche empfunden und dabei bewußt als erster Papst seinen Blick über die Grenzen des Imperiums hinaus gerichtet. Sein Bemühen, die Langobarden für den Katholizismus zu gewinnen, war zum Teil noch mitbestimmt von der harten Not der Kirche in Italien selbst, in dem angelsächsischen Unternehmen wirkte sich der biblische Missionsauftrag in ursprünglicher Reinheit aus. (Über Verlauf und Erfolg der Angelsachsenmission siehe Kap. 16.)

Man hat Gregor einmal als „recht kleinen großen Mann" bezeichnet und behauptet, den Beinamen der Große verdiene er nicht[89]. Ein solches Urteil ist weitgehend bestimmt von der Verständnislosigkeit für die religiösen und moralischen Qualitäten, die sich im seelsorgerlichen Wirken Gregors kundtun. Das gläubige Volk Italiens und später der übrigen Länder Westeuropas hat mit sicherem Gespür empfunden, daß es neben diplomatischer Gewandtheit und herrscherlicher Repräsentation noch die Größe des Herzens gibt, und hat sich willig von der religiösen Welt Gregors jahrhundertelang prägen lassen.

Päpste des 7. Jahrhunderts

Die unmittelbaren Nachfolger Gregors konnten in ihren meist kurzen Pontifikaten das Papsttum nicht auf der von ihm erreichten Höhe halten. Mehr als je zuvor geriet es in die Abhängigkeit vom byzantinischen Kaisertum und in das wirre Geflecht seiner Kirchenpolitik, die sich vor allem im monotheletischen Streit verhängnisvoll auswirkte. Nur einige seiner Vertreter werden im folgenden herausgehoben.

In der römischen Stadtgeschichte hat *Bonifatius IV.* (608–615) Spuren hinterlassen, da er das von Kaiser Phokas erbetene Pantheon zur Marienkirche weihte (S. Maria ad Martyres), das dadurch bis in die Gegenwart erhalten blieb[90]. Die römische Synode von 610 sah den ersten Bischof von London, Mellitus, unter ihren Teilnehmern[91]. Das immer noch nicht bereinigte Schisma der

[88] *Cl. Dagens*, La fin des temps et l'église selon saint Grégoire le Grand: RSR 58 (1970) 273–288.
[89] Siehe *Haller* I 295, vgl. dagegen *Caspar* II 512–514.
[90] *Dölger*, Reg. nr. 156.
[91] *Beda*, HE 2, 4.

Dreikapitelanhänger in den Kirchenprovinzen Mailand und Aquileia entfachte neue Diskussionen, als der Langobardenkönig Agilulf sie begünstigte und der Mönch Kolumban vom Kloster Bobbio sich von ihm zum Eingreifen in den Streit bewegen ließ. In einem langen Schreiben ermahnte er den Papst mit irischem Wortreichtum und kühnsten Formulierungen zu jener Wachsamkeit, an der es Papst Vigilius trotz seines Namens habe fehlen lassen[92].

Der Schüler Gregors d. Gr., Papst *Honorius I.* (625–638)[93], suchte sein Amt im Geiste seines Vorbildes zu führen, mit dem er die Sorge für eine korrekte Verwaltung des römischen Patrimoniums und den Eifer für die Gewinnung der Langobarden teilte. Einen Teilerfolg hatte er bei seinen Bemühungen um Beseitigung des oberitalienischen Schismas, da er die Metropole Grado mit einem romtreuen Bischof besetzen konnte[94]. Großes Interesse brachte Honorius I. auch dem Fortschritt der Angelsachsenmission entgegen und verlieh den Metropoliten von Canterbury und York das Pallium[95]. Unheilvoll wirkte sich jedoch seine Stellungnahme im Monotheletenstreit aus, mit der er die Voraussetzungen für das Entstehen der auf dem I. Vaticanum so viel diskutierten „Honoriusfrage“ schuf[96]. Als Patriarch Sergios I. von Konstantinopel dem Papst über die Spaltungen in dieser Frage innerhalb der Ostkirche berichtete (634) und ihm im Interesse einer Beilegung des Streites den Vorschlag machte, weiterhin nicht mehr von einer oder zwei Energien, sondern nur von einem Willen in Christus zu sprechen, schloß sich Honorius, ohne dessen theologische Tragweite ernsthaft zu prüfen und ohne die entgegengesetzte Stellungnahme etwa des Patriarchen Sophronios von Jerusalem zu überdenken, weitgehend diesem Vorschlag an. Er lobte dabei das Vermeiden der Redeweise von einer Energie und bekannte „einen Willen des Herrn Jesus Christus“, betonte allerdings, daß er in dieser Frage dem schlichten Glauben der Bibel folgen wolle und alles ablehne, was an neuen Formeln vor allem für die Unmündigen in der Kirche zum Ärgernis werden könnte[97]. Der historische Kontext dieser Äußerungen – Billigung eines Vorschlages des Konstantinopler Patriarchen, der keine allgemeinverbindliche Glaubensentscheidung erbeten hatte, ungenügende Prüfung des theologischen Problems – läßt es als höchst zweifelhaft erscheinen, daß Honorius hier eine Entscheidung ex cathedra im heutigen

[92] Columban., Ep. 5, dazu *G. S. M. Walker*, S. Columbani Opera (Dublin 1957) XXXVIII f.

[93] Seine Briefe PL 80, 467–494 601–607; PL Suppl 4, 1658 f.

[94] Honor. I., Ep. 2, die *Silva – Tarouca:* Gr 12 (1931) 44 zwar für unecht halten möchte, die aber inhaltlich bestätigt wird durch eine Inschrift aus der Peterskirche, siehe *Duchesne LP* 325 f.

[95] Honor. I., Ep. 6 und 7 = Beda, HE 2, 17 und 18.

[96] Siehe *P. Stockmeier,* Die Causa Honorii und *K. J. v. Hefele:* TQ 148 (1968) 405–428; *ders.*, Der Fall des Honorius und das erste Vatikanische Konzil = G. Schwaiger (Hrsg.), Hundert Jahre nach dem Ersten Vatikanum (Regensburg 1970) 109–130 (Lit.).

[97] Schreiben Sergios' I.: *Mansi* 11, 530 ff; Antwort des Honorius ebd. 538–549, dazu *P. Galtier,* La première lettre du Pape Honorius: Gr 29 (1948) 42–61; Fragmente eines 2. Honoriusbriefes an Sergios: *Mansi* 11, 579 ff.

Verständnis treffen wollte. Ihr eigentliches Gewicht erhält die Honoriusfrage vielmehr dadurch, daß das 6. allgemeine Konzil von 680/81 den römischen Papst wegen seiner Äußerungen als Häretiker verurteilen zu dürfen und zu müssen glaubte und daß Papst Leo II. (682/83) die Beschlüsse des Konzils und damit dessen Urteil über Honorius bestätigte, wenn er es auch durch den Hinweis abzuschwächen suchte, der Papst sei durch sein fahrlässiges Verhalten in dieser Frage zu einem Förderer der Häresie geworden[98].

Wie schwer es war, sich aus der Verflechtung mit der kaiserlichen Religionspolitik zu lösen, sollte nach erfolglosen Versuchen *Theodors I.* (642–649) vor allem Papst *Martin I.* (649–653/655)[99] erfahren, der als ehemaliger Apokrisiar über eine gute Kenntnis der theologischen Streitfrage und der an der Diskussion beteiligten Persönlichkeiten verfügte. Ohne die kaiserliche Bestätigung seiner Wahl abzuwarten, ließ er sich konsekrieren und berief für Oktober 649 eine Synode nach dem Lateran ein, auf der er den Monotheletismus, seine führenden Vertreter und deren Schriften verurteilen und das Urteil der gesamten Kirche bekanntgeben ließ[100]. Kaiser Konstans II. (641–668), dem der Papst die Synodalakten mit der Bitte, dem Anathem zuzustimmen, übersandt hatte[101], wollte seinen Willen in Italien mit Gewalt durchsetzen, ließ nach einem ersten mißglückten Versuch den Papst durch seinen Exarchen im Juni 653 verhaften und nach Konstantinopel bringen. Hier wurde er nicht wegen der Verwerfung des Monotheletismus, sondern wegen angeblichen Hochverrates zum Tode verurteilt, dann zur Verbannung nach Cherson auf der Krim begnadigt, wo er nach wenigen Monaten an physischer und seelischer Erschöpfung starb (Sept. 655)[102]. Über alles bedrückte Martin das völlige Schweigen des römischen Klerus, der schon im August 654, kaiserlichem Wunsch allzu gefügig, einen Nachfolger, Papst *Eugen* (654–657), gewählt hatte[103].

Erst unter Papst *Agatho* (678–681) wurde die Aussöhnung zwischen Rom und Byzanz möglich, als dieser der Bitte Konstantins IV. Pogonatos (668–685) nachkam und nach Vorbereitung durch die Lateransynode von 680 eine Delegation zu einer „Konferenz“ nach Konstantinopel entsandte, die zum 6. allgemeinen Konzil wurde. Auf der 4. Sitzung wurde das dogmatische Schreiben des Papstes gebilligt und im abschließenden Glaubensdekret der Monotheletismus endgültig verworfen[104]. Jedoch unter dem letzten Papst dieses Jahrhunderts,

[98] Die betr. Akten des Konzils von 680/81: *Mansi* 11, 550ff, die Stellungnahme Papst Leos II. ebd. 11, 730ff und PL 96, 408–419. Dazu *K. Hirsch*, Papst Honorius und das VI. Allgemeine Konzil: Festschrift der 57. Versammlung deutscher Philologen zu Salzburg 1929 (Baden bei Wien 1929) 158–179. Zum Ganzen: DTHC 7, 93–132; Caspar II 530–542; Seppelt II² 47–58.

[99] Die Briefe Martins I.: PL 87, 119–204; *Mansi* 10, 785–1188.

[100] Zu den Akten der Synode *E. Caspar:* ZKG 51 (1932) 75–135.

[101] Martin. I., Ep. 3.

[102] Ein Augenzeugenbericht über den Prozeßverlauf: PL 129, 591–604; Martins Schilderung seiner Verhaftung und Fahrt nach Konstantinopel: Ep. 14f.

[103] Martin. I., Ep. 16 und 17.

[104] Die Akten der Synode: *Mansi* 11, 19–920; die Glaubensdefinition auch D 289.

Sergius (687–701), ergaben sich bereits neue Spannungen, als Kaiser Justinian II. (685–695; 705–711) eine Synode nach Konstantinopel berief (Trullanum II oder Quinisextum 692), auf der ohne Beteiligung des Westens unter fast ausschließlicher Verwertung östlicher Kirchenrechtsquellen 102 Canones[105] vorwiegend disziplinären Charakters beschlossen wurden, die aber lateinische Bräuche wie das Samstagsfasten oder den Priesterzölibat zum Teil scharf verwarfen. Als Papst Sergius die vom Kaiser geforderte Zustimmung zu diesen Synodalbeschlüssen entschieden ablehnte, sollte er, wie zuvor Papst Martin, nach gewaltsamer Entführung in Konstantinopel gefügig gemacht werden, der Plan scheiterte jedoch am Widerstand der Milizen Roms, Ravennas und der Pentapolis[106]. Die fehlgeschlagene Aktion enthüllte unübersehbar die nunmehrigen Grenzen kaiserlicher Macht auf italienischem Boden und leitete endgültig den Prozeß der politischen und kirchlichen Lösung des Westens vom Osten ein.

19. Kapitel

Kirchliche Organisation und Klerus

QUELLEN: Gregor d. Gr., Registrum Epistolarum: MGEp, tom. 1 u. 2 (Berlin ^{2}1957). Epistolae Arelatenses genuinae: MGEp III, 1–83 (Berlin ^{2}1957). *H. T. Bruns*, Canones apostolorum et conciliorum saeculorum IV, V, VI, VII, 2 Bde (Berlin 1839). Concilia Galliae: CChr Series Latina, Bd. 148 u. 148a, edd. *C. Munier – C. de Clercq* (Turnhout 1963). Concilios visigóticos e hispano-romanos, ed. *J. Vives* (Barcelona – Madrid 1963). Gregorii episcopi Turonensis libri historiarum: MGSS rer. Mer. I, 1 (Hannover 1951); Separatausgabe mit dt. Übers. von *R. Buchner*, 2 Bde (Darmstadt 1970).
LITERATUR: *E. Caspar*, Geschichte des Papsttums II (Tübingen 1933); *G. Langgärtner*, Die Gallienpolitik der Päpste im 5. u. 6. Jh. = Theophaneia 16 (Bonn 1964); *H. G. J. Beck*, The Pastoral Care of Souls in South-East France during the Sixth Century = AnGr 51 (Rom 1950); *J. Fernández Alonso*, La cura pastoral en la España romanovisigoda = Publicaciones del Inst. Esp. de Est. Ecles. A 2 (Rom 1955); *W. Seston*, Note sur les origines religieuses des paroisses rurales: RHPhR 35 (1935) 241–254; *E. Griffe*, Les paroisses rurales de la Gaule: MD 36 (1953) 33–62; *ders.*, La Gaule chrétienne à l'époque romaine, Vol. 3: La cité chrétienne (Paris 1965); *M. J. Delage*, Einleitung zu: Césaire d'Arles, Sermons au peuple, Tome 1 (SChr 175) (Paris 1971) 11–216; *J. M. Lacarra*, La Iglesia visigoda en el siglo VII y sus relaciones con Roma: Settimane di studi del centro Italiano di studi sull'Alto Medioevo VII (Spoleto 1960) 353–384: *J. M. Wallace-Hadrill*, Rome and the Early English Church: some questions of transmission: ebd. 519–548; *G. le Bras*, Sociologie de l'église dans le Haut Moyen-Age: ebd. 595–611; *P. Riché*, Éducation et culture dans l'occident barbare, VIe–VIIIe siècles (Paris ^{3}1973); *R. Gryson*, Les origines du célibat ecclésiastique du premier au septième siècle, Recherches et Synthèses, Histoire II (Gembloux 1970); *H. F. Muller*, L'époque mérovingienne. Essai de synthèse de philologie et d'histoire (New York 1945); *O. Giordano*, L'invasione longo-

[105] *Mansi* 11, 921–1006, dazu *Hefele-Leclercq* 3, 560–581.
[106] *Duchesne LP* 372f.

barda e Gregorio Magno (Bari 1970); *J. B. Sägmüller*, Die Entwicklung des Archipresbyterats und Dekanats bis zum Ende der Karolingerzeit (Tübingen 1898); *P. Conte*, Chiesa e Primato nelle lettere dei Papi del secolo VII (Mailand 1971).

Päpstliche Vikariate

Spanien

Papst Simplicius (468–483) war der erste, der einem spanischen Bischof, nämlich Zeno von Sevilla, besondere Vollmachten übertrug. Zeno sollte auf Grund seiner besonderen Verdienste an Stelle des Römischen Stuhles und mit dessen Autorität in Spanien dafür sorgen, daß die von den heiligen Vätern festgesetzten Bestimmungen nicht übertreten werden[1]. Im gleichen Sinne schrieb Papst Felix (483–492), der Nachfolger des Simplicius, an denselben Zeno von Sevilla. 30 Jahre später erneuerte Papst Hormisdas (514–523) die Vollmacht des Bischofs von Sevilla, jetzt des Sallustius. Allerdings enthält dieses Schreiben[2] offenbar eine Einschränkung; die Stellvertretungsvollmacht gilt nur noch für die Provinzen Baetica und Lusitania, also für Süd- und Südwestspanien, nicht mehr für Mittelspanien, für den Norden und Nordwesten. Auch inhaltlich waren die Vollmachten, die Sallustius von Papst Hormisdas erhielt, nicht sehr groß: die Privilegien der Metropoliten sollten nicht angetastet werden. Der päpstliche Vikar sollte hauptsächlich für die Einhaltung der kirchlichen Tradition sorgen und gegebenenfalls Synoden einberufen. Es scheint auch, daß diese Privilegierung des Bischofs Sallustius von Sevilla nicht motu proprio seitens des Papstes erfolgte, sondern herausgefordert wurde durch ein Schreiben der Bischöfe der Provinz Baetica, die sich dadurch beunruhigt zeigten, daß Papst Hormisdas dem Bischof Johannes von Elche besondere Vollmachten übertragen hatte. Bischof Johannes von Elche war im Jahr 517 nach Rom gekommen und hatte den Papst einerseits über die Verhältnisse in Spanien informiert, andererseits von ihm den Auftrag bekommen, dort einen Libellus über die Akakios-Frage zur Unterzeichnung zu versenden und Verhaltensmaßregeln über Kirchengemeinschaft mit Leuten, die aus dem Orient kamen, zu erteilen[3]. Allerdings wurde dem Bischof von Elche, welches nur etwa 100 km nördlich von Cartagena lag und zu dessen Kirchenprovinz gehörte, nicht eine Vollmacht übertragen, die jener des Bischofs von Sevilla vergleichbar wäre. Er sollte nur auf die Wahrung der kirchlichen Canones und der päpstlichen Dekrete, speziell derjenigen des Hormisdas selber, drängen, außerdem die bedeutenden Rechtsfälle (causae ecclesiasticae) dem Papst mitteilen[4]. Ob der Bischof von Elche, gestützt auf dieses päpstliche Schreiben, mit besonderer Autorität aufgetreten ist, wissen wir nicht. Auch sonst ist über disziplinäre Maßnahmen der päpstlichen Vikare von Sevilla nichts bekannt[5]. Die einzigen Zeugnisse sind die päpstlichen Schreiben selbst. Man wird also vielleicht besser tun, nicht von Vikariaten im allgemeinen Sinn zu

[1] PL 58, 35. [2] PL 63, 426. [3] *Caspar*, Geschichte des Papsttums II, 144.
[4] PL 84, 819f. [5] *Fernández Alonso* a.a.O. 236.

sprechen, sondern lediglich die jeweils persönlich angeschriebenen Bischöfe als vom jeweiligen Papst nur für die Dauer seines Pontifikates zu ganz bestimmten Funktionen ermächtigte Sonderbeauftragte zu betrachten, deren Eifer durch die Verleihung der „Stellvertretung" angespornt werden sollte. Seit der Konversion der Westgoten unter König Rekkared im Jahre 586 war einem Vikariat in Spanien der Boden entzogen. Die Kirche fühlte sich unter dem Schutz des Königs sicher und lehnte die Fürsorge des weit entfernten Papstes geradezu ab[6]. Das scheint schon Gregor d. Gr. empfunden zu haben, jedenfalls sandte er seinem Freund, Bischof Leander von Sevilla, das Pallium als rein persönliche Auszeichnung, wenn er sich dabei auch auf die Tradition berief[7] und auch König Rekkared in Kenntnis setzte[8]. Eine Vikariatsverleihung war das aber gerade nicht.

Arles

Mehr als über die päpstlichen Vikariate in Spanien wissen wir vom Vikariat Arles, das schon auf Papst Zosimus (417/418) zurückgeht[9] und von Leo d. Gr. bestätigt wurde. Leos Nachfolger, Papst Hilarus (461–468), erwartete vom Erzbischof von Arles jeweils Berichte über alle wichtigen kirchlichen Ereignisse und Probleme und tadelte ihn, wenn solche Informationen von anderer Seite eingingen[10]. Der Bischof von Arles sollte Synoden abhalten und die Empfehlungsbriefe für ausreisende gallische Geistliche ausstellen. Damit gewann aber Arles noch nicht den Vorrang in Südgallien; noch bestand die alte Rivalität zwischen Arles und Vienne, das in Avitus einen aus dem gallischen Gesamtepiskopat weit herausragenden Bischof besaß. Ja, es gab Ende des 5. Jh. ein Zwischenspiel zugunsten von Vienne. Papst Anastasius, dessen Schreiben jedoch verloren ist, gab Avitus von Vienne das Recht der Bischofsweihe in einigen Kirchen, die bisher zum Metropolitansprengel von Arles gehört hatten. Papst Symmachus bestätigte im Jahre 500 dem Bischof von Arles seine Rechte, weil Anastasius gegen die Tradition verstoßen habe[11]. Im Jahre darauf beschwichtigte Symmachus den Metropoliten von Vienne, er solle keine Einbuße erleiden, wenn er Dokumente vorlegen könne, aus denen die Rechtmäßigkeit der Entscheidung des Anastasius hervorgehe[12]. Erst im Jahre 513 bestätigte Papst Sym-

[6] Braulio von Saragossa, Ep. 21; vgl. *Lacarra,* Settimane VII, 362ff. Theoretische Grundlage für solche Haltung mag man in Isidors Erklärung des erzbischöflichen Amtes finden (Etym. VIII, XII, 6.7): der Erzbischof ist Vorgesetzter der übrigen Bischöfe und Metropoliten, die ohne ihn nichts unternehmen dürfen, weil er zwar nicht eine „sedes apostolica" innehat wie der Patriarch, aber doch die „vices apostolica" besitzt, d.h. an Stelle eines Apostels steht. Wenn aber jeder Erzbischof kraft Amtes Apostelstellvertretung innehat, dann bedeutet eine Verleihung besonderer Stellvertretung des römischen Patriarchen (ebd. Nr. 5) keine erstrebenswerte Rangerhöhung.

[7] Reg. Epp. IX, 227. [8] Ebd. IX, 228.

[9] Vgl. MGEp tom. III, Ep. Arelatenses Nr. 1–7.

[10] Ebd. Nr. 15 u. 19.

[11] Ebd. Nr. 23.

[12] PL 62, 51.

machus endgültig den Vorrang von Arles[13], und das, obwohl Avitus von Vienne etwa ein Jahrzehnt zuvor den burgundischen Königssohn Sigismund zum katholischen Christentum bekehrt hatte und dieser als erster königlicher Rompilger aus einem Germanenreich erschienen war. Symmachus knüpfte nicht nur an die alte Tradition wieder an; Caesarius, der Erzbischof von Arles, hatte sich ihm bei seinem Besuch in Rom persönlich besonders dadurch empfohlen, daß er neue päpstliche Erlasse erbat für Fragen, die eigentlich kirchenrechtlich längst geregelt waren[14]. So verlieh ihm der Papst als erstem westlichem Bischof überhaupt das Recht, das Pallium zu tragen[15]. Im Jahre darauf wurde Caesarius ausdrücklich zum Vikar für alle gallischen und spanischen Provinzen bestellt[16], was aber wohl nur bedeutet, daß Caesarius für alle unter der Oberhoheit des Theoderich von Ravenna stehenden Provinzen zuständig sein sollte, welcher zu der Zeit die Provence beherrschte und über das spanische Westgotenreich die Vormundschaft ausübte. Der weitaus größere Teil Galliens befand sich aber damals schon in Händen der Franken bzw. der nun aber schnell an Bedeutung verlierenden Burgunder. Caesarius sollte als päpstlicher Vikar die Funktion des Obermetropoliten ausüben; er allein sollte die Geleitbriefe für alle aus Gallien ausreisenden Geistlichen ausstellen, wie es schon Papst Zosimus verfügt und Papst Hilarus erneuert hatte. So besaß Arles in Südgallien eine deutliche Vorrangstellung, aber die wäre diesem Bischofssitz wohl auch ohne päpstliches Vikariat zugefallen. Zwar ist schon von besonderer Sorge in Glaubensfragen die Rede[17], aber Caesarius trat im ganzen Semipelagianerstreit durchaus nicht wie ein besonderer Bevollmächtigung bewußter Kirchenfürst auf. Vielmehr erbat er sich von Rom Anweisung und erhielt sie von Papst Felix IV.; außerdem ließ er die Beschlüsse seiner Synode noch einmal von Papst Bonifaz II. bestätigen[18]. Im Streit um die Kirchenbuße des Bischofs Contumeliosus von Riez wurde Caesarius von Papst Johannes II. ausdrücklich mit der Überwachung des vakanten Stuhles betraut[19], was sich bei einem päpstlichen Vikar von selbst hätte verstehen sollen. Außerdem desavouierte bald darauf Papst Agapitus Caesarius in dieser selben Sache völlig unnötig, indem er ihm ein zu hartes Urteil vorwarf, welches Caesarius gar nicht gefällt hatte[20]. Er hatte vielmehr, devot wie immer, das Urteil des Papstes Johannes II. allen gallischen Bischöfen gegenüber verteidigt und durch Synodenexzerpte untermauert[21]. Es läßt sich wohl am Beispiel des Caesarius und seinem Verhältnis zu den verschiedenen Päpsten erkennen, daß die Vikarsvollmacht keine festumrissene Größe, das Vikariat also

[13] MGEp III, I, Nr. 25.
[14] Ebd. Nr. 26 u. 27.
[15] Ebd.
[16] Ebd. Nr. 28 u. 29.
[17] Ebd. Nr. 28.
[18] Vgl. unten S. 301f.
[19] MGEp III, I, Nr. 33.
[20] Ebd. Nr. 36 u. 37.
[21] Ebd. Nr. 34 u. 35.

kein kirchliches Strukturelement war; der Vikar hatte nur ad nutum pontificis zu handeln. Das galt selbst dann, wenn etwa im Brief des Papstes Pelagius I. (556–561) davon die Rede ist, daß die Kirche von Arles den Primat über Gallien und die Stellvertretung des Apostolischen Stuhles innehat[22]. Pelagius selbst hatte Bischof Sapaudus von Arles keineswegs von vornherein als Vikar angesehen, sondern ihm solche Ehrung nur in Aussicht gestellt, wenn er darum nachsuchte und sich besonders für die römische Kirche einsetzte[23]. Erst im nächsten Schreiben erhielt er die Würde[24]. Pelagius lag übrigens daran, Sapaudus, obwohl er einigermaßen säumig gewesen zu sein scheint[25], besonders an sich zu binden; er sollte alle in Gallien bestehenden Zweifel an der persönlichen Rechtgläubigkeit des Papstes, der noch vor seiner Wahl das ursprünglich von ihm bekämpfte 5. Konzil von 553 anerkannt hatte[26], zerstreuen. Sapaudus scheint allerdings nichts ausgerichtet zu haben[27], ja er mußte es sogar hinnehmen, daß der Frankenkönig Childebert ihn vor das Gericht eines untergeordneten Bischofs lud[28], was eine deutliche Mißachtung der Primats- und Vikariatswürde darstellte, zugleich aber erkennen ließ, daß einem päpstlichen Vikariat von Arles im Fränkischen Reich keine Zukunft beschieden sein konnte, zumal es für Seelsorge und innerkirchliches Leben offenbar nie eine Rolle spielte[29]. Diese Vorzeichen scheint Gregor d. Gr. später nicht beachtet zu haben.

Besonders hervorgehoben zu werden verdient, daß sich bei Papst Vigilius (537–555), dem Vorgänger des Pelagius, ein neues Element in der Vikariatsverleihung bemerkbar macht[30]. Er holte erst das Einverständnis des Kaisers Justinian ein, bevor er im Jahre 545 der schon 543 vorgebrachten Bitte des Auxanius von Arles entsprach und ihm die besondere synodale Gerichtsbarkeit mit Ausnahme der causae maiores übertrug[31]. Im Jahre darauf verband Vigilius die Verleihung der Vikarswürde an Aurelian von Arles sogar mit dem Auftrag, für gutes Einvernehmen zwischen den byzantinischen Majestäten Justinian und Theodora und dem fränkischen König Childebert zu sorgen. Der päpstliche Vikar in Arles sollte also zur politisch-militärischen Einkreisung des in Italien operierenden Ostgotenkönigs Totila beitragen[32]. Ob Aurelian in dieser Sache etwas unternahm und Erfolg hatte, ist freilich unbekannt.

In den Jahren danach scheint das Verhältnis zwischen Rom und Arles nicht besonders eng gewesen zu sein, jedenfalls mußte Gregor d. Gr. den Metropoliten

[22] Ebd. Nr. 51. [23] Ebd. Nr. 49.
[24] Ebd. Nr. 50.
[25] Vgl. ebd. Nr. 53.
[26] Vgl. unten S. 304f.
[27] Vgl. *Caspar* a.a.O. II, 301, *Langgärtner* a.a.O. 164.
[28] Vgl. MGEp III, I, Nr. 52.
[29] *Beck* a.a.O. 34.
[30] *Langgärtner* a.a.O. 131f sieht darin allerdings nur eine selbstverständliche Übung, die rein zufällig sonst nicht bezeugt sei.
[31] MGEp III, I, Nr. 39 u. 40.
[32] *Caspar* II, 237.

von Arles durch einen anderen gallischen Bischof mahnen lassen, die Erträge, welche sein Vorgänger aus den Besitzungen der Römischen Kirche gezogen, aber einbehalten hatte, nun endlich nach Rom abzuliefern[33]. Man wird daraus aber nicht auf eine Verschlechterung des Verhältnisses zwischen Gregor und dem im Jahr zuvor zum Vikar ernannten Vergilius von Arles schließen dürfen; denn der Grund dafür, daß Gregor sich an Protasius von Aix wandte, lag lediglich darin, daß dieser unter dem Vorgänger des Vergilius Vermögensverwalter der Kirche von Arles gewesen war.

Die deutlichste und umfassendste Umschreibung des päpstlichen Vikariats für Arles haben wir von Gregor d. Gr. in seinen 3 Briefen an Vergilius, die Bischöfe im Reich Childeberts und an diesen selbst[34]. Vergilius sollte im ganzen Reich des Childebert die Vertretung des Papstes ausüben; ohne seine Erlaubnis sollte kein Bischof eine größere Reise antreten dürfen; Glaubensfragen sollte Vergilius mit einem Zwölferkollegium von Bischöfen entscheiden. Nur wenn eine Frage nicht entschieden werden könnte, sollte sie dem Papst vorgelegt werden[35], während bis dahin grundsätzlich alle „causae maiores" dem Papst vorbehalten waren. Die Bischöfe wurden ermahnt, den von Vergilius zu erwartenden Einladungen zu Synoden eifrig zu folgen. Childebert, welcher das Gesuch des Vergilius um Verleihung der Vikariatswürde unterstützt hatte, wurde aufgefordert, diesem alle Hilfe angedeihen zu lassen, damit die in der Kirche Galliens eingerissenen Mißbräuche, nämlich Simonie und voreilige Ordination von Laien, abgestellt werden könnten. Man würde für dieses weitreichende und mit so viel Einsatz betriebene Vorhaben Gregors Erfolg erwarten. Aber sein Vikar in Arles gewann trotz der ihm verliehenen großen Vollmachten keinen bedeutenden Einfluß. Dazu lag Arles zu sehr am Rand des Frankenreiches und war zu spät in es eingegliedert worden. Im Laufe des 6. Jh. hatte der Bischof von Lyon im Frankenreich größere Bedeutung gewonnen; er wurde von der Synode von Mâcon 585 sogar als Patriarch bezeichnet[36]. Allerdings waren in Mâcon nur die Bischöfe aus dem Reich des Königs Guntram, also aus Burgund-Orléans, aber immerhin aus sechs Metropolitansprengeln versammelt. Auf den großen Synoden des 7. Jh., in Paris 614, Clichy 627, Chalon 650, präsidierten die Bischöfe von Lyon unangefochten. Das Vikariat in Arles ging in dem Augenblick, wo es seine größte Vollmacht erhalten hätte, zu Ende. Bonifaz IV. verlieh 613 dem Bischof Florian von Arles das Pallium nur noch als persönliche Auszeichnung, nachdem schon Gregor sich dazu bereit gefunden hatte, es auch an Bischof Syagrius von Autun zu vergeben, allerdings nicht nur weil die Frankenkönigin Brunichilde für ihn eintrat, sondern auch weil er sich um die Englandmission verdient gemacht zu haben scheint[37].

[33] Reg. Epp. VI, 53.
[34] Ebd. V, 58–60.
[35] Ebd. V, 58.
[36] Conc. Galliae CChr 148 A, S. 238, 3; vgl. *Caspar* a. a. O. II, 495.
[37] Reg. Epp. IX, 213 u. 222.

Schon Gregor d. Gr. selbst hat wohl eingesehen, daß er seinen Einfluß über seinen Vikar in Arles im Frankenreich nicht genügend geltend machen konnte. Deshalb versuchte er, durch den nach Gallien entsandten Abt Cyriacus[38] und den Presbyter Candidus, den er zum Verwalter des römischen Besitzes in Gallien bestellt hatte[39], auf die Kirche im Frankenreich einzuwirken und durch eine Synode, die unter dem Vorsitz des Syagrius stehen sollte, ihre Mißstände zu bessern[40]. Aber die neuen Männer haben ihn ebenso enttäuscht; weder die Synode noch die Reform der fränkischen Kirche kam zustande!

Thessalonich

Nachdem auf dem Konzil von Chalkedon i. J. 451 (can. 28) die politischen Diözesen Asia, Pontus und Thrakien der kirchlichen Oberhoheit des neuen Rom unterstellt worden waren, blieb das westliche Illyricum der Oberhoheit des einzigen Patriarchen überlassen, der darauf Anspruch erheben konnte, nämlich des Bischofs von Rom. Zwar gehörte auch ein Teil des westlichen Illyricums zur östlichen Reichshälfte, aber durch die Abgrenzung eines konstantinopolitanischen Sprengels konnte es, von Rom her gesehen, als weniger dringend erscheinen, einen Vertrauensmann im Illyricum zu haben, als zu Ende des 4. Jh., als gerade der Westkaiser diese Provinzen an das Ostreich abgetreten hatte und auch eine kirchliche Ostorientierung dieser Bistümer zu befürchten war. So geriet denn das päpstliche Vikariat Thessalonich um 500 herum offenbar in Rom selbst in Vergessenheit und wurde dort erst wieder in Erinnerung gebracht durch die Appellation des Bischofs Stephan von Larissa, der in Konstantinopel abgesetzt worden war und sich deshalb hilfesuchend nach Rom wandte. Auf der römischen Synode von 531[41] legten die Vertreter des Metropoliten von Larissa, zwei seiner Suffragane, 27 Urkunden vor, die sich alle auf die Vikarsfunktion des Bischofs von Thessalonich bezogen. Papst Agapet ließ sie anhand des römischen Registers auf ihre Echtheit überprüfen. Es fällt auf, daß Papst Agapet nun keineswegs den Metropoliten von Thessalonich aufforderte, in dieser Angelegenheit tätig zu werden, oder ihn dafür tadelte, daß er den Fall des Stephan von Larissa nicht an sich gezogen und im Namen des Römischen Stuhles entschieden hatte. Etwas Derartiges war auch von seiten der illyrischen Bittsteller nicht beabsichtigt. Der Hinweis auf die zum wiederholten Male an Thessalonich vergebene Vikariatsfunktion diente nur dazu, die Zuständigkeit des Bischofs von Rom (und nicht die des konstantinopolitanischen) für das Illyricum zu betonen. Dabei war man sich wohl bewußt, daß einerseits die illyrischen Bischöfe zur Appellation nach Konstantinopel, d.h. aber offenbar an den Kaiser, nicht so sehr an den Patriarchen, neigten und andererseits in konstantinopolitanischen Kreisen Appellation an den Römischen Stuhl sehr ungern gesehen wurde.

[38] Ebd. IX, 213 218 219. [39] Ebd. VI, 53 u. IX, 221.
[40] Ebd. IX, 218 u. 222.
[41] *Mansi* VIII, 739ff; vgl. *Caspar* a.a.O. II, 207f.

Diese römische Synode von 531 brachte aber nicht, wie man es hätte erwarten können, eine Erneuerung des päpstlichen Vikariats von Thessalonich. Vielmehr wurde bald darauf Kaiser Justinian tätig; er erhob im Jahre 535 seine Heimatstadt unter dem Namen Justiniana Prima zur kirchlichen Obermetropole und wies ihr als Jurisdiktionsbereich Provinzen zu, für die bisher Thessalonich zuständig gewesen war. Weder wurde die Zustimmung des Papstes eingeholt noch das päpstliche Vikariat von Thessalonich überhaupt erwähnt[42]. Das Gesetz Nr. 131 vom Jahre 545 gab dann der Novelle von 535 die endgültige Fassung. Es wird darin auf eine Abmachung mit Papst Vigilius wenigstens hingewiesen, was aber nicht sehr viel bedeutet, da der Papst sich wohl einfach hat fügen müssen. Der Stadt Justiniana Prima wird jetzt für die ihr endgültig zugewiesenen Provinzen die Stellvertretung Roms verliehen. Dabei handelt es sich also nicht um eine päpstliche Beauftragung des Bischofs von Justiniana Prima, sondern um eine kaiserlich verfügte Rangerhöhung dieser Stadt, wozu man sich einer in Rom üblichen Rechtsfigur, eben des Vikariates, bediente. Das geschah zugleich zum Schaden von Thessalonich, dessen Einflußbereich vermindert wurde. Aber weder der Bischof von Justiniana Prima noch der von Thessalonich scheint im 6. Jh. im römischen Auftrag Vikariatsbefugnis ausgeübt zu haben[43]. Erst Gregor d. Gr. weist in einem seiner Briefe auf die Vikarsstellung des Bischofs von Justiniana Prima hin. Er tadelt[44] den Bischof Johannes, weil er im Rechtsstreit des Bischofs Adrian von Theben „occasione vicium nostrarum“ Unrecht zu tun gewagt habe[45]. Zwar war dem Johannes die Richterkompetenz vom Kaiser von Konstantinopel übertragen worden, aber er hatte einen Diakon dem weltlichen Arm übergeben und foltern lassen. Gregor d. Gr. prüfte die ihm überbrachten Akten des Prozesses und fällte selbst eine Entscheidung, schaltete also nicht etwa den Bischof von Thessalonich ein. Er hat sich mit der Übertragung der Würde nach Justiniana Prima offenbar abgefunden, denn er verlieh sie dem Nachfolger des getadelten Bischofs Johannes, der auch Johannes hieß, wieder: Pallium ... ex more transmisimus et vices vos apostolicae sedis agere iterata innovatione decernimus[46]... Viel Vollmacht wird dabei aber nicht erkennbar. Johannes wird ermahnt, ein guter Hirt zu sein und sich vor allem selbst vor simonistischen Weihen zu hüten[47]. Gregor hatte offenbar nicht vor, durch den Bischof von Justiniana Prima auf dem Balkan tätig zu werden. Bei anderer Gelegenheit[48] redet er die Metropoliten des Illyricums ohne Unter-

[42] *Caspar* a.a.O. II, 209.

[43] Zum kirchlichen Sprengel und zur Lage von Justiniana Prima (zwischen Nisch und Skopje) vgl. Atlas zur Kirchengeschichte, hrsg. von *H. Jedin, K. S. Latourette* und *J. Martin* (Freiburg 1970) Nr. 20.

[44] Reg. Epp. II, 6.

[45] Vgl. *Caspar* a.a.O. II, 440f.

[46] Reg. Epp. V, 16. Allerdings muß man damit rechnen, daß das Register hier die falsche Reihenfolge bietet, also V, 16 vor II, 6 gehört und es sich in beiden Fällen um denselben Bischof Johannes handelt.

[47] Ebd. V, 16. [48] Ebd. IX, 156.

schied der Reihenfolge oder Würde an. Es entsprach mehr seiner Politik, auch auf dem Balkan durch seine Gutsverwalter einzugreifen, indem er ihnen auch in jurisdiktionellen Fragen Überwachungs- und Vertretungsaufgaben zuwies. So erhielt der Subdiakon Antoninus die Anweisung, für eine kanonische Bischofswahl in Salona zu sorgen, d.h. eine simonistische Wahl zu verhindern[49] und den Archidiakon Honoratus von Salona voll zu rehabilitieren[50].

Überhaupt neigte Gregor d. Gr. dazu, die Rektoren der römischen Kirchengüter, die er selbst eingesetzt hatte, um so seiner Kirche die notwendigen Einkünfte zu sichern – der örtliche Episkopat, dem früher die Verwaltung der Güter oblag, war in der Ablieferung der Erträge recht säumig –, nun auch mit kirchendisziplinären Aufgaben zu betrauen. Schon der allererste uns von Gregor erhaltene Brief spricht von dem Subdiakon Petrus, der die römischen Kirchengüter in Sizilien verwalten sollte und außerdem stellvertretende Vollmacht unter Hinweis auf frühere Vorbilder erhielt. Wenn damit die Vikariate von Arles und Thessalonich gemeint sind, wird hier noch einmal deutlich, daß, wie die päpstlichen Gutsverwalter ganz ad nutum pontificis eingesetzt waren, auch die Vikariate nur so aufzufassen sind und nicht Kirchenstrukturelemente darstellen; kirchengeschichtlich hatten sie jedenfalls ebensowenig Zukunft wie die vielen neuen Stellvertretungen, die Gregor verlieh[51]. In Nordafrika, in Britannien und Irland hat es nie päpstliche Vikariate gegeben. In Afrika war einerseits die Stellung des Primas von Karthago, andererseits das Unabhängigkeitsstreben der Kirche zu stark, so daß dort immer schon eine ähnliche Situation gegeben war wie im Spanien des 7. Jahrhunderts. Irland lag wohl zu sehr am Rande Europas, und England sollte zunächst von Gallien aus mitbetreut werden.

Pfarrorganisation

Zwar begann sich die zukünftige Pfarrorganisation sowohl auf dem Lande als auch in der Stadt schon im 4. Jh. abzuzeichnen, in den großen Städten wie Rom, Karthago, Alexandrien sogar noch früher, aber das, was heute unter Pfarrei verstanden wird, die ja auch dem Bistum gegenüber eine gewisse Eigenständigkeit besitzt, findet sich so erst in dem hier zu überblickenden Zeitraum[52]. Kirchen

[49] Ebd. III, 22. [50] Ebd. III, 32.

[51] Zum Beispiel dem Bischof von Syracus (Brief-Reg. II, 8) und dem Diakon Cyprian in Sizilien (ebd. VII, 38 u. ö.). Im ganzen 7. Jh. taucht der Titel eines päpstlichen Vikars in dem hier gebrauchten Sinn nur zweimal auf, beide Male im Zusammenhang mit Thessalonich. Papst Martin (649–653) sah bei dem häretischen Paul von Thessalonich eine besondere Bosheit darin, daß er nicht „wie ein dem Apostolischen Stuhl unterstehender Vikar" gehandelt hatte (PL 87, 191D). Dreißig Jahre später unterschrieb Johannes von Thessalonich die Akten des 6. Allgemeinen Konzils (681) mit dem Titel „Vikar des römischen Apostolischen Stuhles". Von einer Verleihung des Titels aber hören wir nichts (P. Conte, S. 206–210). Offensichtlich hatte sich aber in Thessalonich und in Rom trotz des Zwischenspiels von Justiniana Prima wenigstens eine Erinnerung erhalten.

[52] *N. Maurice-Denis-Boulet:* MD 36 (1953) 32.

auf dem Lande bezeugt schon das erste Konzil von Toledo, welches i. J. 398 verlangt (can. 5), daß jeder Kleriker, wenn es an seinem Aufenthaltsort eine Kirche gibt, täglich zum „sacrificium" dort hinkommt. Dabei werden ausdrücklich außer den Städten auch die castella, vici (Dörfer) und villae (Landgüter) als Orte genannt, an denen es Kirchen gibt, wo also die Kleriker dieser Pflicht nachkommen sollen. Allerdings erscheint diese Vorschrift in Nr. 63 der gesammelten Kapitel des Bischofs Martin von Bracara in Nordwestspanien um das Jahr 585 in der Form, daß die Kleriker zum Opfer des Psallierens (psallendi sacrificium) morgens und abends zur Kirche kommen sollen, während die Teilnahme an der Meßfeier nur sonntags von allen Klerikern verlangt wird (ebd. 64). Schon das Konzil von Tarraco bestand 516 auf der täglichen Feier von Vesper und Matutin in allen Kirchen; dabei durften sich aber Presbyter und Diakon wochenweise abwechseln. So hat wohl das erste Konzil von Toledo nicht jeden Kleriker zur täglichen Mitfeier der Eucharistie in seiner Kirche verpflichten wollen[53], sondern nur den Klerikern den Kirchbesuch als nicht ortsgebundene Standespflicht eingeschärft. Die Synode bezeugt, daß Kirchen mit regelmäßigem Gottesdienst auch auf dem Land nichts Ungewöhnliches mehr sind. Ob sie aber Pfarrkirchen waren, ob also der Klerus für einen bestimmten Sprengel seelsorgerliche Verantwortung und Vollmacht besaß, bleibt unklar. Es mochte auch der regelmäßige Gottesdienst freies Angebot für die umwohnende Bevölkerung darstellen oder dem Wunsch der Stifter entsprochen[54] oder auch gelegentlich der Verehrung von Reliquien gedient haben. Jedenfalls wurde i. J. 517 in Epaon in Burgund (can. 25) verboten, Heiligenreliquien in einer Kirche zu deponieren, in der es nicht wenigstens einen Kleriker gebe, der für das regelmäßige Psalmgebet sorgen könnte. Die Landpfarrkirchen wurden offenbar, jedenfalls in Südgallien, nicht in irgendeinem Siedlungskern errichtet, sondern an einer Stelle, die auch schon vorchristlich ein religiöses Zentrum für die umliegende Landbevölkerung darstellte[55]. Daran läßt sich erkennen, daß die Organisation des Pfarrsystems auf dem Lande mit der Missionierung des Landes zusammenfällt. So hat Martin von Tours während seines langen Episkopates die Christianisierung der Landbevölkerung durch die Errichtung von Pfarreien gefestigt. Allerdings hat er selbst nur 6, seine Nachfolger bis zum Ende des 5. Jh. 14 weitere Pfarreien gegründet. So umfaßte das Bistum Tours, das damals immerhin das Ausmaß eines heutigen Départements hatte, um 500 nur etwa 20 Pfarreien[56]. Um die gleiche Zeit hatte etwa das Bistum Auxerre die gleiche Zahl von Kirchen auf dem Lande, davon 8 in vici und 12 in villae; 100 Jahre später waren es 37, davon 13 in vici und 24 in villae[57]. Dabei war nicht das gesamte Gebiet des Bistums auf diese Seelsorgszentren aufgeteilt, sondern sie waren nur

[53] So *Fernández Alonso* a. a. O. 207.
[54] Vgl. Gregor d. Gr., Briefregister IX, 71.
[55] *Seston* a. a. O. 241–254.
[56] Gregor v. Tours, Hist. 10, 31; vgl. *E. Griffe:* MD 36 (1953) 44.
[57] *Griffe:* ebd. 55.

für einen kleineren Sprengel verantwortlich, die Sorge für das übrige Territorium oblag weiterhin unmittelbar dem Bischof.

Während das Konzil von Agde (can. 44) im Jahr 506 noch ausdrücklich den Priestern verbot, in der Kirche den Gläubigen den *Segen* oder die Buße zu erteilen, sieht Isidor von Sevilla zu Beginn des 7. Jh. eine Aufgabe des Priesters gerade darin, das Volk zu segnen. In der Zwischenzeit muß also ein entscheidender Wandel eingetreten sein; das Verdienst daran kommt Cäsarius von Arles zu, der zwar in Agde schon den Vorsitz hatte, aber damals erst wenige Jahre Seelsorgserfahrung besaß. Zwanzig Jahre später zog er auf der Synode von Carpentras i. J. 527 die kirchenrechtlichen Konsequenzen aus seinen Erfahrungen als Bischof und setzte eine bis zu einem gewissen Maße selbständige Vermögensverwaltung der Landkirchen durch. Bis dahin erhielt[58] der Bischof die Hälfte der Altargaben in der Kathedralkirche – die andere Hälfte der übrige Klerus – und ein Drittel der Altargaben in den Landkirchen; deren Land- und übriger Besitz wurde überhaupt von ihm verwaltet. Jetzt sollte nach dem Willen des Cäsarius der Bischof nur noch auf die Landkirchen zurückgreifen können, wenn sie reich waren und seine Kathedrale sich in besonderer Not befand[59]. Die ebenfalls von Cäsarius präsidierte 2. Synode von Vaison i. J. 529 erteilte den Priestern auf dem Lande ausdrücklich das Predigtrecht, welches zugleich Predigtpflicht bedeutete; wenn kein Presbyter anwesend war, sollte der Diakon wenigstens eine Väterpredigt verlesen (can. 2). Predigt war für Cäsarius eben das Hauptmittel der Seelsorge. Zwar hatte schon Papst Cölestin einige südgallische Bischöfe dafür getadelt, daß sie die ganze Predigttätigkeit ihren Presbytern überließen[60], aber dabei scheint es sich um die Gottesdienste in der Bischofskirche gehandelt zu haben. Vielleicht hat aber diese päpstliche Mahnung dazu beigetragen, daß bis in das folgende Jahrhundert hinein die Presbyter als nicht predigtberechtigt galten. So war die Entscheidung des Cäsarius von Arles wirklich eine tief eingreifende Maßnahme und gab dem Landklerus und damit den Landkirchen ein bedeutendes Gewicht.

Cäsarius wollte sogar noch weitergehen und die Priester auf dem Lande dazu verpflichten, selbst Nachwuchs heranzuziehen, d. h. zunächst junge Lektoren auszubilden[61], wobei er sich zwar auf italienische Bräuche berief, die er selbst bei seiner Reise nach Ravenna und Rom erlebt hatte, aber er dachte sicher auch an das Vorbild der Schule in seinem eigenen Bischofshaus und bei vielen seiner gebildeten Kollegen[62]. So wurde hier der Anfang zur Pfarrschule gemacht, ja es zeichnete sich sogar schon so etwas wie ein Priesterseminar ab. Cäsarius scheint selbst keine Landpfarrei gegründet zu haben, sie waren wohl im Gebiet von Arles in ausreichender Zahl vorhanden[63]. Aber die Mahnung an die Pfarrer,

[58] Jedenfalls nach can. 14 u. 15 von Orléans 511.
[59] Concilia Galliae CChr 158 A, 48.
[60] *E. Griffe,* La Gaule chrétienne II, 367 f.
[61] Synode von Vaison 529, can. 1.
[62] Vgl. *Riché* a. a. O. 166 ff.
[63] *Delage:* SChr 175, S. 124.

für jungen Klerus zu sorgen, scheint Erfolg gehabt zu haben; jedenfalls berichtet die Vita (II, 20), daß Cäsarius bei einer seiner Visitationsreisen einen erst achtjährigen Kleriker wunderbar geheilt hat. Im Laufe des 6. Jh. entstanden dann an verschiedenen Stellen Galliens Pfarrschulen, aber nicht nur in Form eines Internates, wie es Cäsarius vorschwebte, sondern auch für externe Schüler[64]. Aber auch diese kamen natürlich dem zukünftigen Klerus zugute.

Die Forderung der Synode von Mérida in Südspanien vom Jahre 666 (can. 18) geht zwar in eine ähnliche Richtung, hat aber eine geringere Tragweite. Da werden die Pfarrer auf Grund des reichen Kirchenbesitzes, der auch Sklaven (familia ecclesiae) umfaßte, gemahnt, solche Kirchensklaven in ihrem Hause aufzuziehen und zu niederen Klerikern (heute würde man sie Meßdiener nennen) und Dienern auszubilden. Daß sie als Priesternachwuchs angesehen wurden, ist nicht anzunehmen. Außerdem weiß man nicht, wieviel Erfolg der Kanon hatte, so daß man aus ihm nicht auf die Existenz von Pfarrschulen in ganz Spanien schließen kann[65]. Man wird annehmen dürfen, daß es um die Mitte des 6. Jh. im ganzen christlichen Abendland Landpfarreien gegeben hat, wenn auch das Netz der Pfarrorganisation in den nachfolgenden Jahrhunderten noch ständig dichter wurde. Selbst in den gut dokumentierten Gegenden des Frankenreiches ist die Zahl der Pfarreien damals etwa fünfmal kleiner gewesen als heute. Übrigens scheint die arianische Vandalenkirche in Afrika schon um das Jahr 500 auch Landpfarreien zu kennen; jedenfalls berichtet die Vita des Fulgentius (Kap. 6 und 7) von einem auf einem Landgut residierenden arianischen Priester. Von Italien hören wir, abgesehen von dem Hinweis bei Cäsarius, kaum etwas. Die Nachrichten über die italienischen „pievi“ (plebes) setzen erst im 8. Jh. ein.

Die Frage, von wann ab auch auf Landgütern (villae) Pfarreien errichtet werden, ist nicht leicht zu beantworten. Zwar setzt schon das 1. Konzil von Toledo im Jahre 400 Kirchen in villae voraus, und das 1. Konzil von Orange 441 regelt die Zuständigkeit des Diözesanbischofs für solche Kirchen; aber gerade daraus, daß die Grundbesitzer diese Kirchen erbauten, scheint hervorzugehen, daß es sich nicht um Pfarrkirchen handelte. Zu solchen wurden viele Kirchen der villae erst im Laufe des 6. Jh., auf jeden Fall gab es sie schon im Jahre 541, in welchem eine Synode in Orléans (can. 26 u. 33) für sie hinlängliche Ausstattung und zugleich Unterordnung unter den Bischof verlangte[66]. Die ersten Erbauer von „Eigenkirchen“ scheinen Bischöfe gewesen zu sein, die auf diese Weise für die Bevölkerung eines ihrer Kathedralkirche gehörenden Landgutes sorgen wollten. Zu solcher Sorge fühlten sie sich auch dann berechtigt, wenn das Landgut im Sprengel eines anderen Bischofs lag. Großgrundbesitzer aus dem Laienstand scheinen dann solchem bischöflichen Vorbild gefolgt zu sein. Jedenfalls läßt can. 9 des 1. Konzils von Orange vom Jahre 441 dies vermuten, wenn er verlangt, daß die Weihe und die gesamte Verwaltung einer solchen Kirche dem

[64] Zum Beispiel in der Auvergne; vgl. *Riché* a. a. O. 324.
[65] Das tut *Fernández Alonso* a. a. O. 116.
[66] Vgl. *Beck* a. a. O. 75.

Bischof, der für dieses Territorium zuständig ist, vorbehalten bleibt und nicht dem Erbauerbischof, erst recht nicht einem nach Belieben eingeladenen Bischof zusteht. Wenn damit auch die Vermögensverwaltung gemeint war, dann hat sich der Wille dieser Synode nicht allgemein durchgesetzt. Jedenfalls mußte das 2. Konzil von Bracara in Nordwestspanien im Jahre 572 (can. 6) beklagen, daß Kirchen z.T. einfach zum Zweck des Gelderwerbs erbaut wurden, indem der Erbauer den dort angestellten Klerikern die Hälfte der eingehenden Spenden überließ, sich selbst die andere Hälfte reservierte. Da das Konzil in vorausgehenden Canones Maßnahmen gegen die Habsucht von Bischöfen ergreift, drängt sich der Verdacht auf, daß auch die getadelte Errichtung von Kirchen zu reinen Erwerbszwecken auf Bischöfe zurückzuführen ist. Noch das 7. Konzil von Toledo im Jahr 646 mußte die Pfarrpriester gegen die Habgier der Bischöfe verteidigen (can. 4). Viel häufiger aber mußten sich Synoden mit den Eigenkirchen befassen, um einzuschärfen, daß sie und vor allem der dort diensttuende Klerus unter der Weisung des Diözesanbischofs bzw. seines Archidiakons stand. Solche Mahnungen richten sich an den Eigenkirchenklerus[67] oder auch an die Eigenkirchenherren[68].

Die Pfarrorganisation selbst griff langsam von Süden nach Norden aus. In England etwa setzt sie sich im 8. Jh. allmählich durch[69]. In Thüringen, Hessen und Bayern dagegen scheint sie schon vor dem Auftreten des Bonifatius bestanden zu haben. Er traf jedenfalls auf Landpriester, die er als Halbheiden, als irrgläubig und unmoralisch ansehen mußte (Brief 68 und 91), woraus doch wohl zu schließen ist, daß schon ein gewisser Verfall eingetreten war.

Es verdient festgehalten zu werden, daß auch parallel zur Vermehrung der Kirchen auf dem Lande die Vorrechte der Pfarrkirchen betont wurden. Zwar erkannte schon die Synode von Agde i. J. 506 die Berechtigung von Oratorien und Gottesdiensten auf dem Lande „propter fatigationem familiae" (also um den Leibeigenen weite Wege zu ersparen) an; zu Ostern, Weihnachten, Epiphanie, Himmelfahrt, Pfingsten und Geburt Johannes' d. T. aber sollte die Meßfeier nur in den Städten (Kathedralen) und Pfarrkirchen stattfinden; dorthin müßten die Kleriker der Oratorien kommen, es sei denn, der Bischof gestatte eine Ausnahme. Vier Jahre später, i. J. 511, erscheint in Orléans (can. 25) diese Forderung einerseits auf die drei Hauptfeste (Ostern, Weihnachten, Pfingsten) eingeschränkt, andererseits betrifft sie nur die Bürger, nicht die Kleriker. Für die Leibeigenen durfte also wohl auch an diesen Festen Liturgie gefeiert werden. In Zentralgallien war man also weitherziger als im Süden. Im Burgunderreich wiederum wurden die erwachsenen Bürger gemahnt, an Ostern und Weihnachten irgendeinen Bischof in der Stadt aufzusuchen, um von ihm den Segen zu empfangen[70]. Diese Vorschrift hat freilich mit Pfarrprinzip nichts zu tun. Dafür

[67] Orléans 541 can. 26.
[68] Lérida 546 can. 3; Toledo 633 can. 33; Chalon 650 can. 14.
[69] *Wallace-Hadrill:* Settimane VII, 545.
[70] Epaon 517 can. 35.

kam dies dann i. J. 535 auf der auvergnatischen Synode (can. 15) um so deutlicher zum Ausdruck, wo die Vorschrift von Agde erneuert wurde, damit sich alle nicht in den Pfarreien „kanonischen" Geistlichen um den Bischof scharen; auch die erwachsenen Bürger sollten das tun. In den Pfarrkirchen sollte also an diesen Festtagen Gottesdienst gehalten werden, nicht aber in den privaten Oratorien. Schließlich bestimmte das Konzil von Orléans i. J. 541 (can. 3), die ersten Bürger dürften nicht außerhalb der Stadt Ostern feiern; tue einer es doch, ohne vom Bischof ausdrücklich dazu die Erlaubnis eingeholt zu haben, sei ihm an diesem Festtag die Kommunion zu verweigern. Da wird also die Eucharistiefeier auch an diesen Hochfesten in den villae vorausgesetzt.

Nach der Mitte des 6. Jh. verschwinden solche Anweisungen. Offenbar mußte man sich damit abfinden, daß auch in den privaten Kirchen alle hohen Feste gefeiert wurden; außerdem war die Zahl der Pfarreien auf dem Lande, d. h. auch in den villae, erheblich angewachsen. So beschränkte sich das Konzil von Lyon i. J. 583 (can. 5) darauf, den Bischöfen selbst einzuschärfen, daß sie an Ostern und Weihnachten in ihren eigenen Kirchen zelebrieren, es sei denn, sie seien durch königlichen Auftrag daran gehindert. Und fast ein Jahrhundert später, i. J. 673, mußte das Konzil im burgundischen Saint-Jean de Losne (can. 8) genau diese Forderung wieder einschärfen. Hinter all diesen Bestimmungen steht natürlich die selbstverständliche Voraussetzung, daß der Bischof oder der Pfarrer bzw. der Priester eines Oratoriums täglich nur einmal zelebriert und daß es ausreichend Klerus gibt. Eine ganz andere Entwicklung ergab sich im westgotischen Spanien. Obwohl manche Kirchen reich waren an Land und Landarbeitern, besaßen andere nichts, so daß der Unterhalt eines Geistlichen nicht garantiert war und einem Priester mehrere Kirchen übertragen werden mußten. Der wurde dann aber verpflichtet, an allen Sonntagen in allen seinen Kirchen das Opfer darzubringen, also mehrmals zu zelebrieren[71].

Bemerkenswert in der Geschichte der Pfarrei ist die *Namensverschiebung;* parrochia bezeichnet ursprünglich die vom Bischof geleitete Stadtgemeinde. Landgemeinden werden zum erstenmal durch Papst Zosimus im Jahr 417 so genannt[72]. Zunächst hieß eine solche vom Bischof abhängende Gemeinde „diocesis", wodurch zum Ausdruck kam, daß die Landpfarrei eine Verwaltungseinheit der bischöflichen Ortskirche war. Seit Apollinaris Sidonius (Ende des 5. Jh.) bürgerte es sich ein, beide Ausdrücke wechselweise zu gebrauchen. Im Laufe des 6. Jh. setzte sich die heute übliche Namensaufteilung mit einigen Schwankungen durch; das gilt sowohl für das Merowingerreich als auch für die aus Spanien und Italien (Briefe Gregors)[73] vorliegenden Quellen. Ab dem 7. Jh.

[71] Konzil von Mérida i. J. 666 can. 19. Diese Verpflichtung zu mehrfacher Zelebration am selben Tage scheint zu dem Mißbrauch geführt zu haben, daß manche Priester selbst nur in der letzten der von ihnen an einem Tage gefeierten Messe kommunizierten. Diesen Mißbrauch tadelte das 12. Konzil von Toledo i. J. 681 heftig (can. 5) und setzte ein Jahr Ausschluß von der Kommunion als Strafe fest. [72] MGEp III, I, Nr. 1; vgl. *Seston* a. a. O. 251 ff.
[73] Gregor d. Gr., Reg. Epp. IX, 122: dem Bischof gehört eine Diözese, aber eine Vielzahl

wird dann allgemein der Sprengel eines Bischofs mit diocesis, die ihm unterstellte Einzelgemeinde mit parrochia bezeichnet. Die Bischofskirche hat sozusagen ihren Ehrennamen abgegeben und ist zur Verwaltungseinheit geworden; das religiöse Leben hat sich für die Mehrzahl der Gläubigen in die Pfarreien verlagert. Die Folge davon war, daß die Pfarreien sich nicht mehr so eng miteinander verbunden fühlten, wie dies in der Einheit der bischöflichen parrochia der Fall war. Der Bischof büßte ein gut Teil seiner religiösen Autorität ein und suchte sie anderwärts zu kompensieren, indem er nämlich sich auf die Feudalherren stützte[74]. Allerdings dürfte der Grund dafür nicht allein im Erstarken der Pfarreien zu suchen sein, sondern darin, daß die ursprünglich jährliche *Visitationsreise* der Bischöfe durch alle Pfarreien vernachlässigt wurde. Das Konzil von Tarraco stellt sie i. J. 516 als alten Brauch dar (can. 8), der aber schon nicht mehr überall geübt wird, so daß Kirchen verfallen können, ohne daß sich jemand darum kümmert. Die Synode von Braga stellte i. J. 572 ein genaues Programm für die Visitationsreise auf (can. 1), und die 4. Synode von Toledo schärfte im J. 633 die Pflicht der jährlichen Visitation neu ein (can. 36), wobei der Bischof sich, wenn er krank oder verhindert war, durch einen Priester vertreten lassen konnte. Man wird also schließen müssen, daß wohl Visitationsreisen gehalten wurden, aber nicht mit der nötigen Regelmäßigkeit. Ebenso oder noch bedeutsamer für den Zusammenhalt von Bischof und Pfarreien wären die *Diözesansynoden* gewesen. Die älteste, deren Akten uns erhalten sind, fand in Auxerre zwischen 561 und 605 statt. In Spanien mußte auf der Diözesansynode jeder Pfarrer Bericht erstatten, andererseits informierte der Bischof über die Ergebnisse der Provinzialsynode[75]. Insgesamt scheinen aber auch diese Synoden nicht sehr häufig gewesen zu sein, so daß die Entfremdung zwischen Bischof und Landklerus einreißen konnte.

Klerus

Bildung

Die gallischen Konzilien vor allem reden viel von der notwendigen Moral, den Vermögensverhältnissen und den Rechten der Kleriker (vor allem vom Gerichtsprivileg), aber nur sehr wenig von ihrer *Bildung* und Ausbildung. Abgesehen von der Initiative des Cäsarius zur Nachwuchsförderung[76], wird auf Konzilien gelegentlich darauf hingewiesen, daß Laien, die Priester oder Bischöfe werden sollen, wenigstens ein Jahr lang die kirchliche Disziplin lernen müssen[77]. Als

von Parrochien; IX, 214: dem Bischof von Turin wurden einige Parrochien, die nun auf fränkischem Gebiet liegen, abgenommen. Anders Reg. IX, 218: die sacerdotes, also die Bischöfe, sollen in Gallien „per parrochias concilia“ abhalten. Übrigens scheint nach Meinung Gregors die Hauptaufgabe des „presbyter parrochialis“ Taufe und Begräbnis zu sein.

[74] *Seston* a.a.O. 253.

[75] *Le Bras:* Settimane VII, 600.

[76] Vgl. oben S. 223.

[77] Can. 2 von Arles 524, can. 6 von Orléans 538 und can. 9 von Orléans 549.

Grund für die Ordination von Laien zu Bischöfen und Priestern gibt Cäsarius im Jahre 524 in Arles (can. 2) die stark angewachsene Zahl der Kirchen an. Immerhin wundert man sich, daß gerade Cäsarius dieses Argument vorbringt, obwohl er selbst keine Pfarrei gegründet, sondern genügend Kirchen vorgefunden zu haben scheint[78]. Wenn die Synoden von Orléans i. J. 533 (can. 16) und Narbonne i. J. 589 (can. 11) verlangen, daß nur jemand, der lesen und schreiben kann, zum Diakon ordiniert werden darf, dann ist das ein Zeichen für einen recht niedrigen Bildungsstand der Kleriker. Die Diözesansynode von Auxerre, die zwischen 561 und 605 stattgefunden hat, sagt (can. 44), daß die Laien die Belehrung und Ermahnung seitens des Erzpriesters, d. h. wohl allgemein seitens ihres Pfarrers, nicht vernachlässigen dürfen; man fragt sich aber, wie diese Kleriker imstande gewesen sind, Belehrung und Ermahnung zu leisten. Zu theologischen Auseinandersetzungen dürfte im 6. Jh. die übergroße Mehrheit der Pfarrer nicht imstande gewesen sein, auch wenn sie etwa die vorbildliche kirchliche Laufbahn (10 Jahre Lektor, 5 Jahre Subdiakon, 15 Jahre Diakon, 20 Jahre Priester) hinter sich gebracht hatten, wie etwa der Priester Cato in Clermont, der sich deshalb zur Nachfolge des verstorbenen Bischofs berechtigt glaubte[79], sich also wohl mit Recht für eine Besonderheit hielt. Aber wer zehn Jahre Lektor war, erfüllte wohl die Forderung des Cäsarius (Vita I, 56), jeder zukünftige Diakon müßte viermal alle biblischen Bücher gelesen haben.

Auch in Spanien mußte sich die Konzilsgesetzgebung mit der *Bildung* des Klerus befassen. So verlangte das 2. Konzil von Toledo i. J. 527 (can. 1), daß jugendliche Lektoren im Haus des Bischofs unter einem Vorgesetzten erzogen und in die kirchlichen Kenntnisse eingeführt würden; das wollte zur gleichen Zeit Cäsarius von Arles nicht nur auf Bistumsebene, sondern, wohl in bescheidenem Umfang, auf der Ebene der Pfarrei geleistet wissen. In Narbonne wurden 589 (can. 11) die ungebildeten Priester und Diakone zum Lesen- und Schreibenlernen verpflichtet. Das Konzil von Toledo i. J. 633 bedauert (can. 25) die Unkenntnis mancher Priester; sie sei die Mutter aller Irrtümer, deswegen müßten die Priester (= Bischöfe), die doch das Volk belehren sollen, unablässig die Heiligen Schriften und die Canones studieren und meditieren. Kenntnis der Canones wurde auch in Gallien von den Bischöfen verlangt[80]. Daß sich in Gallien keine Klagen der Synoden über Unwissenheit der Priester finden, beweist wohl noch nicht, daß der Klerus allgemein besser ausgebildet war als in Spanien. Denn wenn es auch etwa in zwanzig Bischofsstädten Galliens bischöfliche Schulen gab[81], so hatte davon hauptsächlich der Stadtklerus, kaum der auf dem Lande Nutzen. Die spanischen Bischofsschulen, die Gegenstand konziliarer Gesetzgebung waren, sind aber nicht der Grund dafür, daß es in Spanien litera-

[78] Vgl. oben S. 223.
[79] Gregor. Tur., hist. 4, 6.
[80] Carpentras 529 ep. synod.; Orléans 538 can. 36.
[81] Vgl. *Riché* a. a. O. 328 ff.

risch hervorragende Bischöfe gab; die haben vielmehr ihre Bildung in Klosterschulen empfangen[82]. Damit der einzelne Priester in seiner Pfarrei nicht sich selbst überlassen blieb, verlangte das Konzil von Toledo 633 (can. 26), daß der Bischof ihm ein Sakramentar (libellus officialis) in die Hand gab. In Gallien wird uns von solchen Büchern nicht berichtet, es sei denn von dem, welches Apollinaris Sidonius, jener überaus gebildete Bischof von Clermont, am Ende des 5. Jh. offenbar nur für den eigenen Gebrauch zusammengestellt hatte[83]. Abhängig sollte der Klerus aber auch in Spanien nicht von solchen Büchern sein, sondern den ganzen Psalter, die gebräuchlichen Hymnen und Cantica und den Taufritus auswendig kennen[84].

Moral

Um die *Moral* der Kleriker haben sich die Synoden mehr Sorgen gemacht. Im Jahre 583 wurde in Orléans bestimmt (can. 30), daß Kleriker vom Diakon aufwärts keine Zinsgeschäfte machen dürften, die offenbar nicht überhaupt für einen Christen verboten waren, sondern nur für die Kleriker, die sich allgemein von weltlichen Geschäften lösen sollten. So wurde ihnen schon auf dem burgundischen Nationalkonzil von Epaon 517 (can. 4) und 585 in Mâcon (can. 13) der Besitz von Jagdhunden und Jagdvögeln und 673 in Saint-Jean de Losne in Burgund die Teilnahme an der Jagd verboten. Die Synode, die 662 in der Nähe von Bordeaux tagte, verbot den Klerikern, Waffen oder auffällige Kleidung zu tragen (can. 1). Ähnlich war schon 589 in Narbonne (can. 1), das damals freilich unter westgotisch-spanischer Herrschaft stand, den Klerikern verboten worden, Purpurgewänder zu tragen. Einige Jahre vorher war in Mâcon (581, can. 5) den Klerikern auferlegt worden, weltliche Kleidung überhaupt zu meiden; allerdings wird an keiner dieser Stellen gesagt, wie etwa das geistliche Gewand der Kleriker aussehen sollte.

Kleriker, genauer gesagt Priester und Diakone, durften ohne Ausweis ihres Bischofs keine Reise unternehmen, jedenfalls nirgends zur sakramentalen Gemeinschaft zugelassen werden[85]. Seit Papst Zosimus sollte der Bischof von Arles für alle aus Gallien ausreisenden Kleriker die geforderten Reisepässe ausstellen[86]. Nach der Meinung des Konzils von Orléans im Jahre 533 (can. 9) durften Priester nicht einmal mit sogenannten Weltleuten zusammenwohnen, es sei denn, der Bischof habe es ihnen gestattet.

Zölibat

Den größten Raum in der Klerikergesetzgebung nimmt der *Zölibat* ein. Die Zölibatsforderung für die höheren Kleriker wurde zwar schon um das Jahr 300

[82] *Riché* a.a.O. 335ff.
[83] Vgl. Gregor. Tur., hist. 2, 22. In diese Zeit ist also die allmähliche Entstehung von Meßlibelli und Sakramentaren anzusetzen. Vgl. unten S. 236ff.
[84] 8. Konzil von Toledo 653 can. 8.
[85] Zum Beispiel Orléans 538 can. 18.
[86] Vgl. oben S. 215.

in Elvira erhoben, aber dieses Konzil scheint auf die weitere Entwicklung keinen Einfluß gehabt zu haben. Die Zölibatsforderung tritt vielmehr gegen Ende des 4. Jh. bei den Päpsten Damasus und Siricius neu auf. Vor allem auf Siricius beriefen sich dann im 5. Jh. Innozenz und Leo d. Gr., der die Forderung der Ehelosigkeit auch auf die Subdiakone ausdehnte. Das bedeutet jedoch nicht, daß verheiratete Männer nicht zu den höheren Weihestufen zugelassen worden wären, sondern nur, daß diese vor der Weihe das Versprechen ablegen mußten, mit ihrer Frau nicht mehr ehelich zusammenzuleben. Päpstlicherseits hatte man aber immer gegen die Amtseinsetzung eines Verheirateten Bedenken, vor allem wenn er Kinder hatte. So hat Papst Pelagius I. (555–561) nur sehr widerwillig die Kandidatur eines verheirateten Mannes auf den Bischofsstuhl von Syrakus akzeptiert. Auf jeden Fall verlangte er, daß eine komplette Liste seines Privatvermögens angelegt wurde, um so sicherzustellen, daß er bei seinem Tode nicht etwa seinen Kindern einen Teil des Kirchengutes vererben würde[87]. Hier ist eine wichtige Wurzel der Zölibatsgesetzgebung zu erkennen, nämlich die Sorge um die Kirchengüter. Der Zölibat war die sicherste Garantie, daß die kirchlichen Amtsträger keine Erben hätten. Unter Pelagius II. (578–590) wurde allerdings deutlich, daß jedenfalls die Subdiakone in Sizilien, die schon weit über 100 Jahre vorher erhobene Forderung Leos d. Gr. nicht erfüllten und die entsprechende Anweisung des jetzigen Papstes ihnen wie eine Neuerung erschien[88]. Sehr eindringlich äußerte sich Gregor d. Gr. zur Sache und erklärte, daß verheiratete Männer, welche die höhere Weihe empfangen, ihre Frau zwar nicht wegschicken dürfen, aber von da ab mit ihr in vollkommener Enthaltsamkeit zusammenleben müssen[89]. Gregor bringt auch in seinen Dialogen (4, 11) ein Beispiel dafür, wie solche Enthaltsamkeit von einem Priester und seiner Frau vorbildlich eingehalten wurde.

In Gallien ist man auf die neue Gesetzgebung von Rom bereitwillig eingegangen. Schon das Konzil von Orange i. J. 441 schrieb vor (can. 21), in Zukunft zu Diakonen nur noch dann Verheiratete zu weihen, wenn sie ein asketisches Leben beginnen, d. h. das Gelübde vollkommener Keuschheit ablegen. Dieses Gelübde wurde auch von den Frauen dieser Kleriker verlangt, so daß sie, wenn der Mann etwa gestorben war, ihrerseits nicht wieder heiraten konnten[90]. Es konnten aber nicht alle Verheirateten zu den höheren Stufen des Klerus ordiniert werden; wer zum zweitenmal verheiratet war oder wer eine Witwe geheiratet hatte, kam ebensowenig in Frage wie jemand, der öffentlich Buße geübt hatte, denn diese schloß vom Klerus überhaupt aus[91]. Das Gelübde vollkommener Keuschheit, in dem man in Gallien den wirksamsten Schutz des Zölibats sah, wurde in Spanien erst rund 200 Jahre später, nämlich vom 4. Konzil von Toledo

[87] Brief 33 an den Patricius Cethegus. [88] Vgl. *Gryson* a.a.O. 166.
[89] Reg. Epp. I, 50; IX, 110.
[90] Vgl. Agde 506 can. 16; Orléans 511 can. 13. In Mâcon 585 can. 16 wurde dies sogar auf die Frauen der Exorzisten und Akolythen ausgedehnt.
[91] Epaon 517 can. 2.

im Jahre 633, gefordert[92]. In Gallien hat man auch die römischen Begründungen für den Zölibat übernommen, vor allem die Umdeutung von 1 Kor 7,5, wo Paulus, eigentlich um den asketischen Übereifer einzuschränken und seine Korinther vor Enttäuschungen zu bewahren, die Anweisung gegeben hatte, sie sollten sich einander nur entziehen, um sich vorübergehend besonders dem Gebet zu widmen. Daraus wurde dann, nachdem der Zölibat nun einmal gefordert schien[93], die Anweisung: Wenn schon die Laien enthaltsam leben müssen, damit ihr Gebet erhört wird, um wieviel mehr dann die Priester und Leviten, die ständig vor Gott Dienst tun und für das Volk beten müssen. So nimmt es nicht wunder, daß fast alle Synoden des 5. und 6. Jh. in Gallien den höheren Klerikern die Pflicht zur Enthaltsamkeit einschärften. Interessant dabei ist, daß die Frau des Bischofs episcopa genannt wurde und offenbar in der Verwaltung des Bistums gelegentlich eine bedeutsame Rolle spielte, etwa indem sie die karitative Tätigkeit übernahm[94]. Ein Bischof, der keine episcopa hat, scheint nach dem Konzil von Tours im Jahre 567 (can. 14) geradezu eine Ausnahme zu sein. Er soll sich von Klerikern bedienen lassen; diese sollen aufpassen, daß keine Frauen ins Haus kommen. Das gleiche Konzil spricht von der Frau eines Presbyters (presbytera) und von der diaconissa und der subdiaconissa (can. 20), die alle offenbar einen würdigen kirchlich-gesellschaftlichen Rang innehatten, aber nicht mehr ehelich mit ihren Männern zusammenleben durften. Auch die Strafbestimmungen für Übertretungen dieser Vorschriften sind häufig, genauso wie sich die Synoden öfters damit befassen mußten, Kleriker, die nicht verheiratet waren, wegen des Umgangs mit Frauen zu tadeln und Regelungen zu treffen, in welcher Weise für den Haushalt eines Priesters gesorgt werden sollte. Nur nahe weibliche Verwandte durften im Hause eines Bischofs oder Priesters sein, etwa die Mutter, Schwester, Tochter oder sonst Personen, die keinerlei Verdacht erregen konnten[95]. Im übrigen sollten vor allen Dingen die Erzpriester auf dem Lande dafür sorgen, daß sich in ihrer Begleitung stets andere Angehörige des Klerus befänden, die von ihrer Enthaltsamkeit Zeugnis ablegen könnten[96]. In Spanien sprach das Konzil von Gerona i. J. 517 (can. 6) den Wunsch aus, höhere Kleriker sollten nach ihrer Weihe nicht mehr mit ihren Frauen, die sie nun als Schwester zu betrachten haben, in einem Hause leben; Gesetz wurde diese Forderung allerdings nicht. Nach der Bekehrung der arianisch gewesenen Westgoten i. J. 586 ergab sich für die spanische katholische Kirche ein besonderes Problem durch die Konversion arianischer Geistlicher, die bis dahin verheiratet waren und nun auch, nachdem sie nach besonderer Prüfung im einzelnen Falle in den katholischen Klerus übernommen worden waren, ihre Ehe fortsetzen wollten. Das 3. Konzil von Toledo bestimmte aber i. J. 589 (can. 5), daß

[92] Vgl. *Gryson* a.a.O. 190.
[93] Vgl. *Gryson* a.a.O. 199.
[94] Vgl. *Beck* a.a.O. 27.
[95] Gerona 517 can. 7; Clermont 535 can. 16; Tours 567 can. 10 u.ö.
[96] Konzil von Tours 567 can. 20.

solche Geistliche, wenn sie an ihrer Ehe festhalten, auf den Rang eines Lektors degradiert werden sollen. Besonders scharf geht derselbe Canon gegen das Konkubinat vor: der Geistliche soll den kanonischen Strafen unterworfen, d.h. abgesetzt und in ein Kloster eingewiesen, die Frau als Sklavin verkauft und der Kaufpreis unter die Armen verteilt werden (can. 5). Das 4. Konzil von Toledo i. J. 633, das ganz unter dem Einfluß des Isidor von Sevilla stand, verlangte (can. 27), daß die Priester und Diakone der Landpfarreien vor ihrem Bischof ein feierliches Gelübde der Keuschheit ablegten; i. J. 666 wurde in Mérida das gleiche von den Bischöfen verlangt (can. 4). Das 8. Konzil von Toledo (i. J. 653) sah sich mit Subdiakonen konfrontiert, die nicht nur ihre Ehe fortsetzten, sondern auch mit solchen, die sich berechtigt glaubten, nach dem Tod ihrer Frau wiederum zu heiraten. Als Begründung gaben sie an, sie hätten bei ihrer Ordination vom Bischof keine Benedictio empfangen, wie dies bei den Priestern und Diakonen der Fall sei. Das Konzil beschloß (can. 8), in den Weiheritus für die Subdiakone eine Benedictio einzufügen, damit solcher Ausflucht kein Weg mehr offenstehe. Das 9. Konzil von Toledo mußte 2 Jahre später, also 655, feststellen (can. 10), daß die zahlreichen Entscheidungen der Väter, die dazu dienen sollten, die Zügellosigkeit der Kleriker einzuschränken, bis jetzt keine Wirkung getan hatten, und griff deshalb zu den schärfsten Mitteln: Kinder, die einem Kleriker, vom Subdiakon bis zum Bischof, nach seiner Weihe geboren wurden, sollten nicht erbberechtigt sein, ja für alle Zeit Sklaven der Kirche bleiben, an der der Geistliche Dienst tat. Wenn das 11. Konzil von Toledo i. J. 675 Exkommunikation und ewige Verbannung festsetzte für einen Bischof, der etwa eine Angehörige eines weltlichen Machthabers verführen sollte, dann ist da sicher an einen Einzelfall gedacht, nicht aber ein Hinweis auf die allgemein niedere Moral des spanischen Episkopats gegeben.

Trotzdem muß man zugeben, daß gegen Ende des 7. Jh. im spanischen Episkopat ein intellektueller und moralischer Niedergang zu beklagen ist, der auf die starke Verflechtung von Kirche und Staat zurückging: die Bischöfe gehörten zum Wahlgremium für das Königtum, und der König ernannte alle Bischöfe. Auch im fränkischen Gallien ist der Einfluß des Königtums auf die Besetzung der Bischofsstühle schon im 6. Jh. groß gewesen[97]. Folge davon war, daß häufig Laien ordiniert wurden und daß die Simonie um sich griff. Daß auch in Gallien die Bischöfe sich im 7. Jh. zunehmend in die Politik verstrickten, ist wohl mit darauf zurückzuführen, daß seit der Mitte des 7. Jh. das Pfarrsystem errichtet war und die Bischöfe innerkirchlich keine dynamische Aufgabe mehr hatten[98]. Andererseits lag ein Grund dafür auch in der mangelnden Bildung des Episkopats. Zwar ließen sich gallische Bischöfe um 575 gern von Venantius Fortunatus wegen ihrer stilistischen Gewandtheit rühmen, und auf der Synode von Mâcon im Jahre 585 erhielt Bischof Praetextatus von Rouen nur geteilten Beifall für

[97] Gregor. Tur., hist. 3, 17; 4, 6; 4, 26.
[98] *H. F. Muller*, L'époque mérovingienne (New York 1945) 93f.

seine Predigt, weil sie keine rhetorische Kunst verriet[99], so daß man Stilbewußtsein bei der Mehrheit des Episkopats vermuten möchte, aber die Klagen über den Niedergang der Bildung sind allgemein[100]. Gregor d. Gr. versuchte vor allem, aus Mönchskreisen Bischöfe zu gewinnen, weil sie ein Minimum an geistig-sittlicher Bildung garantierten. Trotzdem muß man sich vor Schwarzmalerei hüten. Für das 6. Jh. lassen sich jedenfalls in Südostgallien östlich der Rhône und südlich von Lyon unter 148 Bischöfen immerhin 34 nennen, die als Heilige verehrt wurden[101]. Und wenn man sieht, wie entschlossen Gregor d. Gr. gegen Pflichtverletzungen vorging[102], dann kann man nicht annehmen, der gesamte Episkopat sei verrottet gewesen[103].

Archipresbyter

Mit der Ausbildung der Pfarrorganisation kam, jedenfalls in Gallien, der Titel „*Erzpriester*", der bis dahin einem Kleriker an der Bischofskirche vorbehalten war, zu weiterer Verwendung. Dabei waren diese nun auf dem Lande auftauchenden Erzpriester (sie werden der Deutlichkeit halber im Jahr 567 auf der Synode von Tours, can. 20, „Dorferzpriester", archipresbyteri vicani, genannt) nicht etwa wie später im karolingischen Zeitalter für mehrere Pfarreien zuständig, sondern jeweils nur für ihre eigene Pfarrei, dort aber nicht nur für die Seelsorge, sondern auch für den Lebenswandel des gesamten übrigen Pfarrklerus, zu dem außer Vorlesern, Sängern, jedenfalls im merowingischen Gallien, immer wenigstens ein Diakon und ein Subdiakon gehört zu haben scheinen, verantwortlich. In vielen Fällen scheint es außer dem Erzpriester noch andere Priester am Ort gegeben zu haben. Da die Zahl der Landpfarrer, welche den Titel „Erzpriester" trugen, sehr hoch ist, aber doch geringer als die Zahl der Pfarrer überhaupt[104], wird man annehmen dürfen, daß nur solche Pfarrer nicht den Titel Erzpriester trugen, in deren Pfarrei es keinen weiteren Priester gab[105].

In Spanien dagegen blieb es dabei, daß es in jeder Bischofskirche nur einen Erzpriester gibt. Er (oder der Archidiakon) hatte nach can. 7 der Synode von Bracara aus dem Jahre 563, die freilich nur für Galicien galt, die Aufgabe, das Drittel der Kircheneinkünfte zu verwalten, das für die Kultzwecke bestimmt war. Und noch die Synode von Mérida bestimmte im Jahre 666 (can. 5) für ganz Spanien, daß ein Bischof sich auf einer Synode durch seinen Erzpriester oder einen anderen würdigen Priester, keineswegs aber durch einen Diakon vertreten lassen dürfte. So erscheint in Spanien der Erzpriester neben dem Erzdiakon, ja mit einem gewissen Vorrang. Im merowingischen Gallien dagegen ist der eine Erzdiakon in jedem Bistum den vielen Erzpriestern der Pfarreien über-

99 Gregor. Tur., hist. 8, 20.
100 Gregor. Tur., hist. praef.; Gregor. M., Regula pastoralis 1 Introd.
101 *Beck* a. a. O. 40.
102 Zum Beispiel Reg. Epp. III, 44.45.
103 *Giordano* a. a. O. 81 f.
104 *E. Griffe:* MD 36 (1953) 57.
105 So schon *Sägmüller* a. a. O. 35.

geordnet, denn ihm (oder dem Bischof) sind Verfehlungen des Klerus anzuzeigen[106]; er ist jurisdiktionell Stellvertreter des Bischofs und bei Sedisvakanz der letztverantwortliche Vermögensverwalter des Bistums. Einige gallische Konzilien haben offenbar das Ansehen der Erzpriester heben wollen; sie sollten nur mit Zustimmung der anderen Priester[107] und nur bei ernster Verfehlung[108] abgesetzt werden; sie sollten selbst dafür sorgen, daß immer jüngere Kleriker bei ihnen seien, die ihre Zölibatstreue bezeugen könnten[109].

Zwei Synoden des 7. Jh., die von Clichy im Jahre 626 (can. 21) und die von Saint-Jean de Losne in Burgund im Jahre 673 (can. 9), verbieten uneingeschränkt, einem *Laien* das Amt des Archipresbyters zu übertragen; dieser Brauch hatte sich also wohl eingeschlichen. Dabei wird aber nicht etwa Habgier getadelt, wie man vermuten möchte[110]. Es scheint einen anderen Grund gegeben zu haben. Auch das schon erwähnte Konzil, welches nach 614 an unbekanntem Ort stattgefunden hat, verbot die Einsetzung von Laien als Archipresbyter durch den Bischof, es sei denn, der Kandidat weise besondere persönliche Vorzüge auf und sei allein imstande, die Pfarrangehörigen zu verteidigen. Der Erzpriester war ja nicht nur für die Seelsorge und die Überwachung des übrigen Pfarrklerus, sondern auch für die Verteidigung bzw. Vertretung des Pfarrklerus in der Öffentlichkeit zuständig. Die Diözesansynode von Auxerre (zwischen 561 und 605) hielt fest (can. 43), daß kein Richter einen Kleriker ohne Zustimmung des Bischof oder des Archidiakons oder wenigstens des zuständigen Erzpriesters vor Gericht ziehen dürfe. Offenbar ist es im Laufe des 7. Jh. im Rahmen des Verfalls des Merowingerreiches und seiner Ordnung schwierig geworden, den Pfarrklerus in dieser Weise zu verteidigen. Es mochte das allenfalls noch Leuten möglich sein, die weltliches Ansehen und weltliche Macht hatten und die deswegen von den Bischöfen als Erzpriester eingesetzt wurden. Hier hätte man einen Vergleich zu dem später sich einbürgerndem Amt des Klostervogts; allerdings hat diese Einrichtung des Erzpriesters aus dem Laienstand keine Zukunft gehabt.

[106] Zum Beispiel Auxerre 573/603 can. 20.
[107] Tours 567 can. 7.
[108] Konzil an unbekanntem Ort nach 614 can. 11.
[109] Tours 567 can. 20.
[110] Allerdings kann dieser Grund nicht ausgeschlossen werden; can. 5 der Synode von Chalon (zwischen 647 und 653) tadelt, daß Laien (saeculares) die Güter einer Pfarrei oder die Pfarrei selbst (offenbar der Güter wegen) übertragen erhielten.

20. Kapitel*

Liturgie, Seelsorge, Frömmigkeit

QUELLEN: Sacramentarium Veronense, hrsg. von *L. C. Mohlberg* u. a. = Rerum Ecclesiasticarum Documenta, Series Maior, Fontes I (Rom 1956); Liber Sacramentorum Romanae Aeclesiae Ordinis Anni Circuli (Sacramentarium Gelasianum), hrsg. von *L. C. Mohlberg* u. a. = Rerum Ecclesiasticarum Documenta, Series Maior, Fontes IV (Rom 1960); *J. Deshusses*, Le Sacramentaire Grégorien. Ses principales formes d'après les plus anciens manuscrits: Spicilegium Friburgense 16 (Fribourg 1971); *M. Andrieu*, Les Ordines Romani du Haut Moyen-Age: SSL, Études et Documents, Fasc. 11, 23, 24, 28 (Louvain 1931–56); *J. Beckmann*, Quellen zur Geschichte des christlichen Gottesdienstes (Gütersloh 1956); Concilia Galliae s. zu Kap. 19; Concilios Visigóticos s. zu Kap. 19; Gregor. M. Reg. Epp. s. zu Kap. 19; *ders.*, Homiliae in Hiezechihelem Prophetam: CChr Series Latina 142 ed. *M. Adriaen* (Turnhout 1971); Gregor v. Tours s. zu Kap. 19; Sancti Caesarii Arelatensis Sermones, ed. *G. Morin:* CChr Series Latina 103 und 104 (Turnhout 1953); Martini Episcopi Bracarensis, Opera Omnia, ed. *C. W. Barlow* (New Haven 1950).
LITERATUR: *A. Stuiber*, Libelli Sacramentorum Romani = Theophaneia VI (Bonn 1950); *A. Chavasse*, Le Sacramentaire Gélasien (Vaticanus Reginensis 316) Sacramentaire Presbytéral en usage dans les titres romains au VIIe siècle, Bibliothèque de Théologie Série IV. Histoire de la Théologie Vol. I (Desclée 1958); *ders.*, Messes du Pape Vigile (537–555) dans le Sacramentaire Léonien: ELit 64 (1950) 161–213, 66 (1952) 145–219; *C. Coebergh*, Le Sacramentaire Gélasien Ancien, une compilation de clercs romanisants du VIIe siècle: ALW VII, 1 (1961) 45–88; *K. Gamber*, Das kampanische Meßbuch als Vorläufer des Gelasianum. Ist der hl. Paulinus von Nola der Verfasser?: SE 12 (1961) 5–111; *ders.*, Sakramentartypen. Versuch einer Gruppierung der Handschriften und Fragmente bis zur Jahrtausendwende. Texte und Arbeiten, Heft 49/50 (Beuron 1958); *S. J. P. van Dijk*, The Urban and Papal Rites in Seventh and Eighth-Century Rome: SE 12 (1961) 411–487; *ders.*, Gregory the Great, Founder of the urban schola cantorum: ELit 77 (1963) 335–356; *M. Vos*, A la recherche de normes pour les textes liturgiques de la messe (Ve–VIIe siècles): RHE 69 (1974) 5–37; *C. Vogel*, Les échanges liturgiques entre Rome et les pays francs jusqu'à l'époque de Charlemagne: Settimane di studio del centro Italiano di studi sull'alto Medioevo VII (Spoleto 1960) 185–295; *ders.*, Le pèlerinage pénitentiel: Pellegrinaggi e culto dei santi in Europa fino alla Ia Crociata. Convegni del centro di studi sulla spiritualità medievale IV (Todi 1963) 39–92; *B. de Gaiffier*, Pellegrinaggi e culto dei santi: ebd. S. 9–35; *A. Petrucci*, Aspetti del culto e del pellegrinaggio di S. Michele Arcangelo sul monte Gargano: ebd. 145–180; *E. Delaruelle*, La spiritualité des pèlerinages à Saint-Martin de Tours du Ve au Xe siècle: ebd. 199–244; *A. Prandi*, La tomba di S. Pietro nei pellegrinaggi dell'età medievale: ebd. 283–447; *Beck* s. zu Kap. 19; *Fernández Alonso* s. zu Kap. 19; *Delage* s. zu Kap. 19; *Muller* s. zu Kap. 19; *É. Griffe*, A travers les paroisses rurales de la Gaule au VIe siècle: BLE 76 (1975) 3–26; *B. Kötting*, Peregrinatio religiosa. Wallfahrten in der Antike und das Pilgerwesen in der alten Kirche = Forschungen zur Volkskunde Heft 33/34/35 (Münster 1950); *ders.*, Reliquienverehrung, ihre Entstehung und ihre Formen: TThZ 67 (1958) 321–334; *E. Ewig*, Der Petrus- und Apostelkult im spätrömischen Gallien: ZKG 71 (1960) 215–251; *L. J. van der Lof*, De san Agustín a san Gregorio de Tours. Sobre la intervención de los mártires: Augustinus XIX (1974) 35–43.

* Der Verfasser hat vor allem bei diesem Kapitel seinem Lehrer Karl Baus für die Überlassung von Notizen und Literaturangaben zu danken, bedauert aber zugleich, daß nicht allen Erscheinungen des innerkirchlichen Lebens in der kurzen, noch zur Verfügung stehenden Zeit so nachgegangen werden konnte, wie es die früher ins Auge gefaßte Zweiteilung des Kapitels hätte wünschen lassen.

Liturgie

Die Periode zwischen dem Pontifikat Leos d. Gr. und der Wende zum 8. Jh. bringt die römische Liturgie zur vollen Entfaltung und in vielen Zügen zu ihrer endgültigen Gestalt. Die älteste erhaltene Sammlung von Meßgebeten trägt den Namen Papst Leos d. Gr.; eine andere, die einen späteren Entwicklungsstand verrät, wird in der Überlieferung auf Papst Gelasius (492–496) und eine dritte, in welcher die Liturgie wesentlich gekürzt und gestrafft erscheint, auf Papst Gregor d. Gr. (590–604) zurückgeführt.

Das älteste dieser Sakramentare dürfte entstanden sein durch Zusammenfügung einzelner Hefte (Meß-Libelli), welche verschiedene Meßformulare für dasselbe Herren- oder Heiligenfest zusammenfaßten. Diese Hefte selbst muß man wohl so erklären, daß sich römische Presbyter die im Archiv des Lateran aufbewahrten, von einzelnen Päpsten jeweils neu entworfenen Meßgebete zusammenschrieben[1]. Das *Leonianum,* besser einfach nach seinem Fundort Veronense genannt, erstreckt sich nur noch über die Monate April bis Dezember, der Anfang scheint verloren zu sein. Im April finden sich 44 Meßformulare für Heiligenfeste mit unterschiedlicher Zahl der Orationen zusammengefaßt; für Weihnachten werden 9 Formulare angeboten, die zwar nicht alle vollständig sind, aber alle eine eigene Präfation enthalten. Man gewinnt den Eindruck, daß der Kompilator alles auffindbare römisch-liturgische Gebetsgut erhalten wollte, es gelegentlich aber falsch einordnete. So finden wir in diesem Sakramentar unter dem Datum vom 2. August, dem alten römischen Fest des 258 in der valerianischen Verfolgung gestorbenen Papstes Stephanus, und unter der Ortsangabe: in cymeterio Callisti in via Appia (also der Begräbnisstätte der Päpste des 3. Jh.), neun Meßformulare, die alle dem in Jerusalem gestorbenen Erzmärtyrer Stephanus gelten, dessen Fest, seit er überhaupt im Westen verehrt wird, am 26. Dezember gefeiert wurde[2]. Dabei lassen aber einige der Formulare durch Erwähnung der Geburt Christi erkennen, daß sie für dieses Stephanusfest entworfen wurden. Einem römischen Kleriker wäre eine solche Verwechslung wohl nicht unterlaufen.

Das uns erhaltene älteste Manuskript des Sakramentars, das mit Papst *Gelasius* in Beziehung gebracht wird, stammt nicht aus Rom, sondern aus dem Frankenreich und ist eines der vielen Zeugnisse für den Eifer, mit dem im Frankenreich auf rein private Initiative im Laufe des 7. Jh. römisch-liturgisches Gut übernommen wurde. Die gelasianischen Messen zeichnen sich dadurch aus, daß sie vor dem Gabengebet zwei oder drei Orationen bieten, die offenbar nicht zur Auswahl gestellt sind (dann nämlich heißt es: item alia) und so auf mehr als nur zwei Schriftlesungen schließen lassen. In Gallien und Spanien waren bis zur Übernahme der römischen Liturgie drei Lesungen üblich[3].

[1] Vgl. *A. Stuiber,* Libelli Sacramentorum Romani = Theophaneia VI (Bonn 1950).
[2] Vgl. Calendarium Polemei Silvii vom Jahre 448: PL 13, 676/688.
[3] Vgl. unten S. 245.

Das Sacramentarium *Gregorianum* ist uns im wesentlichen in zwei Formen erhalten: einmal als das Karl d. Gr. auf seine Bitte hin von Papst Hadrian I. übersandte sogenannte Hadrianum, welches aber im Frankenreich ergänzt werden mußte, da die Sonntagsmessen fehlten, und dann das nach seinem Auffindungsort genannte Paduense, welches ebenfalls im Frankenreich geschrieben ist, aber über Verona, wo ihm die Messe des heiligen Zeno angefügt wurde, nach Padua geriet[4]. Im Sacramentarium Gregorianum fühlt sich der moderne Leser, dem die Liturgie aus der Zeit vor der Reform des 2. Vatikanums vertraut ist, sofort heimisch. Die Meßformulare enthalten in der Regel nur noch drei Orationen (gelegentlich eine weitere zur Auswahl); die Präfationen sind stark gekürzt. Hier war offenbar ein Mann am Werk, dem es auf Übersichtlichkeit, Klarheit und Verständlichkeit ankam. Man ist gerne bereit, hierin das Werk des großen Papstes zu erkennen, der an der Wende zum 7. Jh. das römische Kirchenwesen neu organisierte. Wohl der leichteren Benützung wegen sind die Meßformulare in eine fortlaufende Serie gebracht, während das Gelasianum in drei Büchern erst das „Proprium de tempore", im zweiten Buch das „Proprium des Sanctis", im dritten Buch die „Votivmessen" brachte. Allerdings stellt der Übergang zum Gregorianum nicht immer auch einen qualitativen Fortschritt dar; daß Papst Gregor an einigen Stellen alte Orationen umgestaltend verflacht hat, scheint schon dem fränkischen Kompilator des uns erhaltenen Gelasianum[5] aufgefallen zu sein; an einigen Stellen übernahm er nicht die neueren Gebete, sondern folgte der älteren, besseren Form[6]. Während das Gelasianum für die Donnerstage der Fastenzeit noch keine Meßformulare bietet, fanden sich solche von Anfang an im Gregorianum-Hadrianum (im Paduense wurden sie später hinzugefügt). Tatsächlich hat aber nach Auskunft des Liber Pontificalis erst Papst Gregor II. (715–731), welcher auch als erster Papst offiziell darauf hinwirkte, der römischen Liturgie außerhalb Roms (nämlich durch Bonifatius in Bayern) Einfluß zu verschaffen, diese Donnerstagsmessen eingerichtet und Texte für sie schaffen lassen. Das Sacramentarium Gregorianum-Hadrianum kann also seine endgültige Form nicht schon unter Gregor I., sondern frühestens unter Gregor II. gefunden haben, was aber auch schon aus dem Vorhandensein des Gregoriusfestes am 12. März[7] hervorgeht. Wenn also in dem Buchtitel behauptet wird, dieses Sakramentar sei vom heiligen Papst Gregor herausgegeben (editum), dann bedeutet das nur, daß Gregor für das 8. Jh. die liturgische Autorität war, wohl weil seine liturgieschöpferische Tätigkeit noch in bester, aber wohl übertreibender Erinnerung war. Eine erste Redaktion des Gregorianum war wohl schon unter Honorius (625–638) erfolgt[8]. Besonders charakteristisch, andererseits wiederum dem modernen, mit der vorkonziliaren Liturgie vertrauten Leser geläufig, ist die Angabe der römischen Kirchen, in denen die Messe gefeiert wurde, wohin sich also der Papst jeweils begab, an Weihnachten z. B. Groß-Sankt Marien in der Nacht, St. Anastasia in der

[4] Vgl. *Deshusses*, Einl. [5] Cod. Vat. Regin. lat. 316. [6] *C. Coebergh:* ALW VII, 1 (1961) 56. [7] Sect. 30, Nr. 137–139, ed. *Deshusses*. [8] Vgl. *Deshusses* 53.

Frühe, St. Peter am Tage. Es erweist sich also das Gregorianum als eindeutig für den päpstlichen Gottesdienst geschaffen, während das *Gelasianum* keine Stationskirchen anführt, sondern etwa für die drei Weihnachtsmessen nur die Tageszeiten nennt, sich also unter anderem dadurch als Presbytermeßbuch zu erkennen gibt. Chavasse hat in ihm zwei Schichten entdeckt, die er durch zwei römische, nicht päpstliche Liturgiezentren, nämlich St. Peter im Vatikan und St. Peter in den Ketten, erklären möchte. Darin freilich ist ihm die Wissenschaft nicht unbedingt gefolgt. Die zwei Schichten lassen sich wohl auch durch die Annahme erklären, daß zwei verschiedene nach Rom gekommene Presbyter, wohl aus dem Mönchsstand, für die Zusammenstellung verantwortlich zu machen sind[9]. Einer von den beiden könnte aus Campanien gekommen sein, was die tatsächlich sehr auffällige Betonung campanischer Heiliger im Gelasianum erklären würde, ohne daß man campanischen Ursprung größerer Teile des Gelasianums anzunehmen brauchte. Auf jeden Fall scheint auch schon das Alt-Gelasianum – später entstanden in Italien und im Frankenreich viele Mischformen – kein genuin-römisches Werk zu sein. Die Vermischung der im 6. Jh. noch lokal getrennten, das heißt nur in den einzelnen, den Heiligen geweihten Kirchen gefeierten Feste, scheint dies auszuschließen[10]. Daß Bischof Maximian von Ravenna der Urheber ist[11], scheint aber noch nicht hinlänglich bewiesen zu sein. Das Gelasianum geht zwar in die Zeit vor Gregor d. Gr. zurück, kann aber die Gestalt, in der es dann von Rom ins Frankenreich wanderte, nicht vor dem Jahre 628 erhalten haben, in welchem Kaiser Herakleios das heilige Kreuz wieder aus Persien nach Jerusalem brachte, denn wir finden da am 14. September das Fest der Kreuzerhöhung, welches den Sieg des Herakleios feiert.

Aus den Sakramentaren lassen sich zwar einige Hinweise auf die Gestalt der Meßfeier entnehmen, aber sie enthalten keine liturgischen Anweisungen. Diese Lücke wird geschlossen durch die sogenannten *Ordines Romani,* welche den äußeren Ablauf der Papstmesse (Ordo Nr. 1), der Taufvorbereitung (Ordo Nr. 11), die Feier der Karwoche (Ordo Nr. 27), die Weihen der Geistlichen vom Akolythen bis zum Bischof (Ordo Nr. 34) u.a. enthalten.

Im Ordo Nr. 1 wird die feierliche päpstliche Stationsmesse beschrieben, wobei die Gesamtfeier mit der Versammlung des römischen Stadtklerus beim Lateranpalast beginnt. Es wird angegeben, aus welcher der sieben Regionen der Stadt der Klerus an den einzelnen Wochentagen den Dienst im Papstgottesdienst zu verrichten hat. Es wird beschrieben, in welcher Reihenfolge der Klerus zur Stationskirche zieht, es wird sogar geregelt, in welcher Weise ein des Weges Daherkommender dem Papst (dem Apostolicus) eine Bitte vortragen darf. Am Ostersonntag, wenn der Papst nach Groß-St. Marien zieht, tritt ihm in der Via Merulana der Notar dieser Region entgegen und teilt ihm die Zahl der am Vortag in Groß-St. Marien getauften Kinder mit. Der Papst reitet zur Stationskirche,

[9] *C. Coebergh:* ALW VII, 1 (1961) 72. [10] *Ders.*, a.a.O. 71.
[11] *K. Gamber:* SE 12 (1961) 19.

einige andere hohe Würdenträger begleiten ihn ebenfalls zu Pferd, wohingegen die Mehrzahl des Klerus zu Fuß vorausgeht. Natürlich ist unter so zahlreicher Begleitung der Einzug des Papstes in die Stationskirche eine sehr feierliche Prozession, und man wundert sich nicht, daß dabei die Schola einen Gesang vorträgt, nämlich den Introitus. Vor dem Papst her geht ein Subdiakon mit dem Weihrauchfaß und sieben Akolythen mit Kerzenständern. Der Ordo regelt genau, wie bei welchen Abschnitten des Gottesdienstes die Kerzenständer im Altarraum aufzustellen sind. Nach dem Introitus singt die Schola das Kyrie eleison, dann wendet sich der Papst, an seinem eigens mitgeführten Tragsitz (Ordo I, 23) stehend, zum Volk und stimmt das Gloria an, dreht sich aber sofort wieder nach Osten bzw. zur Apsis hin. Zum „Pax vobis" kehrt er sich wieder dem Volk zu, spricht aber das Oremus und die Oration wieder nach Osten gewendet. Diese Rubrik scheint die tatsächlich meist nicht gegebene Ostung aller (römischen) Kirchen vorauszusetzen, läßt sich also wohl als fränkische Umdeutung erkennen[12].

Für die Richtung, in welcher der Papst betet, ist auch die Anweisung von Bedeutung (Ordo I, 87), daß vor Beginn der Präfation die Regionar-Subdiakone sich dem Papst gegenüber auf der anderen Altarseite aufstellen sollen (retro altare aspicientes ad pontificem), damit sie ihm die Antworten auf das „Dominus vobiscum", „Sursum corda" und „Gratias agamus" geben können. Es ist also zwar nicht ausgeschlossen, aber auch nicht selbstverständlich, daß der zelebrierende Papst auf der anderen Seite des Altares das Volk sich gegenübersieht.

Kontakt mit der Schar der Gläubigen (zumindest mit den Gläubigen senatorischen Ranges) nimmt der zelebrierende Papst bei der Gabenbereitung und bei der Kommunion. Nach dem offenbar schon lange funktionslos gewordenen „Dominus vobiscum" und „Oremus" nach dem Evangelium (Ordo I, 63.69) geht der Papst, rechts und links gestützt vom ersten Notar und ersten Defensor, von seinem Sitz hinab ins Kirchenschiff, um die Gaben der Adeligen (principes) entgegenzunehmen. Er reicht sie dem Regionar-Subdiakon weiter, und sie gelangen durch die Hände des nächsten Subdiakons auf den Altar. Zur gleichen Zeit, da der Papst die Gabenbrote entgegennimmt, nimmt der Erzdiakon die Weinspenden in kleinen Gefäßen an und gießt sie in einen größeren Kelch, der dann wiederum in ein größeres Gefäß umgefüllt wird (ebd. Nr. 70). Die Brot- und Weingaben des übrigen Volkes nimmt der Bischof, der den Wochendienst verrichtet, bzw. der nächste Diakon entgegen (Nr. 72 u. 73). Es wird ausdrücklich hervorgehoben, daß der Papst auch zur Frauenseite hinübergeht, um die Gaben in Empfang zu nehmen. Interessant ist, daß offenbar auch alle am Gottesdienst beteiligten Kleriker Gaben zum Altar bringen; sogar der Papst läßt sich vom Archidiakon seine persönlichen Brotgaben reichen (Nr. 74.82.83).

Während der eigentlichen Eucharistiefeier stehen auf dem Altar Patene und nur ein Henkelkelch. Dieser reicht natürlich nicht für die Kelchkommunion des

Vgl. *C. Vogel,* L'orientation dans les ordines Romani: Studi medievali III (1960) 452 ff.

gesamten Klerus und des Volkes aus. Der Papst kommuniziert übrigens, offenbar der Feierlichkeit wegen, aber doch wohl dem Sinn der Eucharistiefeier wenig entsprechend, nicht am Altar, sondern am Sitz. Während ein Diakon die offenbar sehr große Patene[13] zu dem auf seinem Sessel sitzenden Papst bringt, wird darauf geachtet, daß ein Stück der eucharistischen Brotsgestalt auf dem Altare bleibt, damit während der Meßfeier „der Altar nicht ohne Opfer sei" (Nr. 105). Nach der Kommunion des Papstes wird ein wenig aus dem konsekrierten Kelch in das große, nicht konsekrierten Wein enthaltende Gefäß gegossen, welches die Akolythen halten. Dann kommunizieren alle anwesenden Kleriker am Altar, wobei der Ranghöchste der mitfeiernden Bischöfe den Kelch aus der Hand des Erzdiakons entgegennimmt (Nr. 110). Der konsekrierte Wein, der nach der Klerikerkommunion noch übrig ist, wird ebenfalls in das schon erwähnte große Gefäß gegossen. Dann geht der Papst selbst ins Kirchenschiff hinab, um den Gläubigen, die senatorischen Ranges sind, das konsekrierte Brot zu reichen. Der Erzdiakon gibt ihnen das heilige Blut (Nr. 113), aber offenbar nicht aus dem Kelch, der inzwischen schon wieder weggeschlossen wurde (Nr. 112), sondern aus dem anderen Gefäß, welches aus dem großen Krug gefüllt wird (Nr. 111.115). Der Wein, den die Gläubigen bei der Kommunion empfangen, ist also durch Kontakt mit dem hineingegossenen heiligen Blut konsekriert[14]. Dies scheint römischer Sonderbrauch gewesen zu sein. In Gallien hatte man offenbar von vornherein zwei bis drei Kelche auf dem Altar, um auch für die Laien genügend konsekrierten Wein zur Verfügung zu haben. Diesen Brauch aber tadelte später Papst Gregor II. in seinem 14. Brief an Bonifatius: Christus habe einen Kelch ergriffen und gesagt: „Dieser Kelch"... usw., deshalb sei es nicht angebracht, zwei oder drei Kelche auf dem Altar zu haben.

Auch zur Kommunionausteilung geht der Papst auf die Frauenseite (Ordo I, 118) und kehrt zum letzten Gebet auf seinen Sitz zurück. Der äußere Verlauf der Meßfeier ist stark geprägt durch die beiden Zeremonien des Friedenskusses, der vom Klerus ans Volk weitergegeben wird (Nr. 96), und die Brechung des eucharistischen Brotes, an der sich alle anwesenden Presbyter beteiligen (Nr. 102). Damit keine Partikel verlorengehen, werden die konsekrierten Brote zuvor in kleine Säckchen getan (Nr. 101). Die Zeremonie der Brotbrechung wird vom Gesang des Agnus Dei begleitet, welches nach Ordo I, 105 von der Schola, nach Ordo XV, 53 von allen gesungen wird. Während dieses Gesanges diktiert der Papst einem Schreiber die Namen derer, die für diesen Tag zum Mittagsmahl bei ihm selbst oder beim Vizedominus eingeladen werden sollen. Zwei Kleriker gehen dann unverzüglich ins Kirchenschiff hinab und sprechen die Einladung aus. Ebenso befremdlich ist es für heutige Leser, daß der Erzdiakon mit dem eucharistischen Kelch in der Hand verkündet, wo der nächste Sta-

[13] Sie kann auch von 2 Klerikern getragen werden: Ordo I, 103.

[14] Vgl. *M. Andrieu,* Immixtio et consecratio. La consécration par contact dans les documents liturgiques du moyen âge (Paris 1924).

tionsgottesdienst stattfindet (Nr. 108). Der Grund ist vielleicht der, daß sich während der Kommunion schon viele entfernten, so daß mit dieser Ankündigung nicht bis zum Ende des Gottesdienstes gewartet werden konnte. Interessant ist auch, daß weder Ordo I noch Ordo XV am Ende der Messe einen Segen bezeugen. Wohl ruft ein Diakon das „Ite missa est", aber das letzte Wort des Papstes ist die Schlußoration, vor der er das einleitende „Dominus vobiscum" übrigens nicht zum Volk gewendet, sondern nach Osten bzw. zur Apsis hin spricht (Nr. 123). Beim Hinausziehen allerdings segnet der Papst nacheinander die Bischöfe, die Presbyter, die Mönche, die Schola, die Bannerträger, die Kerzenträger und die Mesner (I, 126; ähnlich Ordo XV, 65).

Die Beschreibung der Meßfeier im Ordo XV läßt zwar weniger Personal auftreten; es ist aber fraglich, ob sie deswegen als älter zu betrachten ist[15]. Es mag sich auch dabei um verschiedene Feierlichkeitsstufen handeln. Beide Meßbeschreibungen mögen wohl noch dem 7. Jh. angehören[16], dann aber dessen letzten Jahren, denn erst Papst Sergius (687–701) hat das in beiden bezeugte Agnus Dei in die römische Liturgie eingeführt[17]. Vor allem Ordo I zeigt eine so reich entfaltete und gleichzeitig so bis in Einzelheiten festgelegte und auf die verschiedenen Stufen des Klerus verteilte Meßgestaltung, daß man wohl mit Recht byzantinischen Einfluß dafür verantwortlich macht[18]. Genauer wird man an die Regierungszeit des Papstes Vitalian denken dürfen (657–672), der über die dogmatischen Spannungen des Monotheletenstreites hinwegsah und auf Ausgleich mit Byzanz bedacht war. Daß die päpstlichen Sänger später „Vitaliani" genannt werden können[19], läßt darauf schließen, daß Vitalian der einen der beiden von Gregor d. Gr. gegründeten Sängerscholen, nämlich derjenigen am Lateran, die neuen Gesänge übertrug, während die andere bei St. Peter den alten stadtrömischen Gesang weiterpflegte[20].

So entwickelte sich in der 2. Hälfte des 7. Jh. der neue typisch päpstliche Ritus und Gesang, der sich vom altrömischen erheblich unterschied, aber erst von Papst Gregor II. (715–731) kodifiziert und zur Verbreitung im Westen empfohlen wurde[21]. Dafür scheint auch zu sprechen, daß die englische Kirche, welche doch von Rom aus gegründet worden war und demgemäß weitgehend römische Liturgie übernommen hatte, gegen Ende des 7. Jh. neue Kontaktaufnahme mit Rom für nötig hielt. Jedenfalls reiste Benedikt Biscop, der 689 gestorbene Abt von Wearmouth und Jarrow, mehrmals nach Rom und brachte jedesmal liturgische Bücher mit. Bei der Reise z. Z. des Papstes Agatho (678 bis 681) kam Johannes, der Abt des römischen St.-Martins-Klosters, der gleichzeitig Archikantor in St. Peter war, mit nach England, wo er viele Kleriker ausbildete und Bücher über den Kirchengesang schrieb[22]. Dies alles scheint darauf

[15] *Van Dijk:* SE 12 (1961) 458f. [16] *Ders.*, a.a.O. 458. 466.
[17] Liber Pontificalis, ed. *L. Duchesne*, I 376.
[18] *Van Dijk:* SE 12 (1961) 462ff. [19] *Ders.*, a.a.O. 487.
[20] *Ders.:* ELit 77 (1963) 335–356. [21] *Ders.:* SE 12 (1961) 484.
[22] Beda, hist. IV, 18; vgl. *Andrieu*, Ordines II 27f. und oben S. 177.

hinzudeuten, daß in der 2. Hälfte des 7. Jh. in Rom ein entscheidender liturgischer Wandel vor sich gegangen ist.

Aber auch aus den Sakramentaren lassen sich Hinweise auf Wandlungen des Ritus entnehmen, die schon im 6. Jh. stattgefunden haben. So enthalten die Meßformulare des Gelasianums nach der mit „post communionem" bezeichneten Oratio sehr häufig eine weitere, welche mit „ad populum" überschrieben ist. Auch schon die Formulare des Leonianums bieten regelmäßig nach der Präfation zwei Orationen, von denen die letzte den Schutz Gottes für das christliche Volk, die Gläubigen, die Familie Gottes usw. erbittet. Bis ins 6. Jh. hinein scheint also am Schluß der Messe in Rom kein Segen gesprochen worden zu sein, sondern das Gebet über das Volk. Das Gregorianum enthält sowohl in seiner hadrianischen wie in seiner paduanischen Fassung ein Gebet über das Volk nur für die Werktage der Fastenzeit, wie es sich ja bis in unsere Zeit erhalten hat. Offenbar ist im Laufe des 7. Jh. an die Stelle des Gebetes über das Volk als Schluß der Messe in Rom der bischöfliche Segen getreten[23]. Da diese Form wohl eine gewisse Feierlichkeit darstellte, scheint sie für die Werktage der Fastenzeit nicht angewendet worden zu sein. Daß man im 6. Jh. außer dem Gebet über das Volk keine andere Form des Schlußsegens kannte, geht aus dem Bericht über die Verhaftung des Papstes Vigilius durch die byzantinische Polizei hervor. Man schleppte ihn aus der Messe weg, das Volk folgte ihm und verlangte, das Gebet (Oratio) von ihm zu empfangen. Nachdem er das Gebet gegeben hatte, antwortete das Volk „Amen", und das Schiff mit dem Papst fuhr ab[24]. Später hat man dem Gregorianum-Hadrianum im Frankenreich eine Serie von 52 Benediktionen für die verschiedenen Anlässe hinzugefügt. Der Unterschied, der zwischen der Benedictio und der Oratio super populum besteht, ist nicht nur der, daß die Oratio sehr viel knapper ist als die Benedictio, sondern vor allem, daß die Oratio Gott anspricht, wohingegen die Benedictio das Volk anspricht und Gott in der dritten Person erwähnt.

Die Benediktionen waren vor allem in der gallikanischen und spanischen Liturgie beliebt, hatten dort aber ihren Platz vor der Kommunion. Besonders gefördert wurde diese Segnung von Cäsarius von Arles[25]; die Synode von Agde 506 (can. 44) reservierte diesen Segen ausdrücklich dem Bischof. Außerdem wurde festgesetzt (can. 47), niemand dürfe aus dem Gottesdienst weggehen, ohne den Segen des Bischofs empfangen zu haben[26]. Daß dann viele den Kirchenraum verließen und nur noch die Kommunizierenden dablieben, hat man wohl als unvermeidlich in Kauf genommen. Daß in Rom der Ort des nächsten Stationsgottesdienstes vor der Kommunionausteilung verkündet wurde[27], scheint darauf hinzuweisen, daß auch dort ähnliche Sitten herrschten. Die bischöfliche Benedictio bot den Seelsorgern Gelegenheit, noch einmal auf das

[23] Vgl. *Chavasse*, Le sacramentaire Gélasien 188f.
[24] Lib. Pont. I 297; vgl. *Chavasse* a.a.O. 189.
[25] Caesarius, Sermo 73, 2; 74, 2; 76, 3.
[26] Vgl. dazu *Delage* 165. [27] Vgl. oben S. 240f.

Festgeheimnis einzugehen und den Gläubigen einen Mahnspruch mit auf den Weg zu geben. Zugleich konnte einer dabei all seine rhetorische Begabung beweisen. Jedenfalls scheint dieser Segen in Gallien und Spanien bei Episkopat und Volk außerordentlich beliebt gewesen zu sein, sind uns doch insgesamt 2093 verschiedene Benediktionsformeln erhalten[28], und dies, obwohl Papst Zacharias i. J. 751 in seinem Brief an Bonifatius gegen solch gallischen Sonderbrauch schwerste, allerdings wohl nicht angemessene exegetische Argumente ins Feld führte und die ruhmsüchtigen Gallier mit Leuten verglich, die ein anderes Evangelium verkünden[29]. Die Benedictio ist zweifelsohne eines der Elemente der gallikanischen bzw. westgotisch-spanischen Liturgie, durch welches sie sich sehr viel stärker pastoral ausgerichtet und volkstümlicher erweist als die römische Liturgie. Deshalb ist es zu begrüßen, wenn die feierliche Benedictio in der jüngsten Liturgiereform wieder zu Ehren gekommen ist, wofern sie nur pastoral genützt wird und nicht starrer Verfeierlichung dient.

Die jedenfalls in Rom übliche *liturgische Kleidung* ist für den heutigen Leser eher verwirrend. Daß man Ende des 7. Jh. zwischen den liturgischen und den Alltagsgewändern unterschied, bezeugt der Ordo Romanus I ausdrücklich. In Verbindung mit Ordo 34, 10 läßt sich erkennen, daß mit Ausnahme des Diakons, welcher in die Dalmatik gekleidet ist, alle Kleriker vom Akolythen bis zum Bischof (also auch Subdiakon und Presbyter) während der Liturgie die Planeta tragen, welche aber den Meßgewändern der Neuzeit wohl nicht ähnlich war, sondern sehr lang und weit gewesen sein muß, wohl auch aus dünnem Stoff, so daß die Akolythen mit durch die Planeta verhüllten Händen die heiligen Gefäße oder das Evangelienbuch tragen konnten.

Die in *Gallien* und in *Spanien* gebräuchliche Liturgie wich nicht nur, was die schon erwähnte bischöfliche Benedictio vor der Kommunion angeht, von der römischen ab, wobei allerdings eher vom Abweichen der römischen Liturgie von einem ursprünglich wohl weitgehend übereinstimmenden Grundtypus gesprochen werden sollte. Darauf, daß die Dreizahl der Orationen am Anfang der Messe im Leonianum und im Gelasianum auf drei Lesungen auch in Rom zu deuten scheint, wurde schon hingewiesen[30]. Allerdings muß man damit rechnen, daß eine in Rom bezeugte weitere Lesung wie auch die erste Oratio nicht in den Stationsgottesdienst gehören, sondern in der Versammlungskirche gesprochen wurden, von wo aus man zur Stationskirche zog[31]. Die Kirchen Galliens und Spaniens jedenfalls pflegten drei Lesungen vorzutragen, und zwar regelmäßig eine aus dem Alten Testament, eine aus den Apostelbriefen und eine aus dem Evangelium. Dabei konnte an Heiligenfesten die alttestamentliche Lesung durch die Passio oder Vita des Heiligen, oder wenigstens deren letzten Teil, welcher in dem feierlichen Morgenoffizium noch nicht verlesen worden war, ersetzt werden[32].

[28] Vgl. CChr Series Latina 162 u. 162a, ed. *E. Moeller* (1971).
[29] PL 89, 951 f.
[30] Vgl. oben S. 236.
[31] *K. Gamber,* Oratio ad collectam: ELit 82 (1968) 45–47.
[32] Gregor. Tur., Gloria martyrum 89; vgl. *É. Griffe:* BLE (1975) 23.

Auffallend ist, daß in *Südspanien* vor der Mitte des 6. Jh. Evangelium und Predigt anscheinend erst nach der Gabenbereitung und der Entlassung der Katechumenen stattfanden. Jedenfalls ordnete das Konzil von Valencia 549 (can. 1) an, das Evangelium solle vor der „inlatio munerum“ und der „missa catechuminum“ verlesen werden, damit die Katechumenen ebenso wie die Büßer durch Evangelium und Predigt erbaut und andere dadurch vielleicht sogar bekehrt werden könnten, wie es gelegentlich schon geschehen sei. Wenige Jahre später, nämlich 561, bestimmte das 1. Konzil von Braga, welches freilich nur für das kleine, damals noch selbständige Suewenreich Anordnungen traf, die Messe sollte nach jenem Modell gefeiert werden, das Bischof Profuturus von Rom empfangen hatte (can. 4); ebenso sollte die Taufe nach römischem Muster gespendet werden (can. 5).

Tatsächlich hatte Papst Vigilius zu Beginn seines Pontifikates (im Jahr 538) dem Bischof von Braga auf dessen Wunsch hin ein Taufritual und einen „ordo precum“ geschickt und darauf hingewiesen, daß dieser bei der Meßfeier immer gleich bleibt, daß man nur an Ostern, Himmelfahrt, Pfingsten, Epiphanie und an den Heiligenfesten den Tagen besonders angemessene „capitula“ einschiebt[33]. Daraus darf man wohl schließen, daß einerseits in Rom z. Z. des Vigilius noch keine liturgischen Bücher, in denen die Meßfeiern eines Jahres oder auch nur eines Abschnittes des Kirchenjahres zusammengefaßt waren, zur Verfügung standen[34], daß man andererseits eine Reglementierung des veränderlichen Gebetsgutes nicht für nötig hielt. Tatsächlich hat im Gegensatz zur afrikanischen Kirche, welche sehr früh Vorschriften bezüglich der liturgischen Gebete kannte, die römische Kirche erst im 8. Jh. die ersten Versuche in dieser Richtung gemacht[35]. Bis dahin waren der liturgieschöpferischen Tätigkeit der Päpste kaum Grenzen gesetzt. So enthält auch die älteste römische Gebetssammlung, also das sogenannte Sacramentarium Leonianum, etliche Meßformulare, die wohl Papst Vigilius verfaßt hat[36]. Es verdient hervorgehoben zu werden, daß auf der Synode von Braga die von Rom gekommenen Texte als ausreichende Modelle erschienen, daß man also für die veränderlichen Gebete, deren Umfang in der spanischen Liturgie die variablen Gebete der römischen Messe um ein Mehrfaches übertraf, der freien schöpferischen Tätigkeit der Bischöfe keine Grenzen setzen wollte.

Wenn es auch fragwürdig ist, von einer gallikanischen Liturgie zu sprechen, weil es in *Gallien* durchaus keine Einheitlichkeit gab, so lassen sich doch einige gemeinsame charakteristische Züge hervorheben. Allerdings besitzen wir hinreichende Quellen erst für das 7. Jh., denn die Briefe des Pseudo-Germanus, in welchen sich eine Liturgiebeschreibung findet, sind in Wirklichkeit ein „erbaulicher Kommentar zu liturgischen Beschlüssen eines unbekannten fränki-

[33] PL 69, 18 C = PL 84, 832 B; vgl. *C. Vogel*, Settimane VII, 192f.
[34] *K. Gamber*, Sakramentartypen 51f.
[35] Vgl. *M. Vos* 11.
[36] *Chavasse:* ELit 64 (1950) 161–213; 66 (1952) 145–219.

schen Konzils vom Ende des 7. Jh." Alle erhaltenen gallikanischen Sakramentare (z.B. das Gallicanum Vetus, das Missale Goticum usw.) sind schon romanisiert[37]. Man hat darauf hingewiesen, daß die gallikanische (und ebenso die spanische) Liturgie größere Gemeinsamkeit mit der orientalischen zeigt als mit der römischen. Es muß aber festgehalten werden, daß in der Variabilität der Meßgebete römische und gallikanische Liturgie gegen die orientalischen Liturgien übereinstimmen[38].

Die *gallikanische Bischofsmesse* hat wohl vor dem 7. Jh. einen feierlichen, von Gesang begleiteten Einzug des Bischofs nicht gekannt; der Bischof scheint vielmehr ohne Aufhebens hereingekommen zu sein, so daß der Diakon zuerst die Gläubigen zur Stille mahnen mußte, damit der Bischof dann das Volk begrüßen konnte[39]. Danach wurde das „Trishagion" griechisch und lateinisch gesungen, welches aber wohl erst im 7. Jh. vom Osten her übernommen wurde und dann die ältere, an dieser Stelle stehende Kyrie-Litanei, die ihrerseits durch die Synode von Vaison 529 (can. 3) nicht nur für die Messe, sondern auch für Laudes und Vesper eingeführt worden war, zu einem bloßen Anhängsel reduzierte. Das Benedictus nahm den Platz ein, den in Rom seit Papst Symmachus das Gloria behauptet. Danach sprach der Zelebrant das erste Gebet, die Collecta. Nach alttestamentlicher und Apostelbrieflesung wurde als Zwischengesang der „Benedictio" genannte Gesang der drei Jünglinge vorgetragen. Das Evangelium wurde vom Ambo verlesen, zu welchem man in feierlicher Prozession zog. Schon danach haben manche Gläubige das Gotteshaus verlassen, was etwa Cäsarius beklagte (Sermo 73,2) und zu ändern versuchte (u.a. dadurch, daß er die Kirchentüren schließen ließ). Nach der Predigt trug der Diakon eine Litanei vor, die durch die Kollekte des Zelebranten abgeschlossen wurde. Auf die Entlassung der Katechumenen und der Büßer folgte das Gebet der Gläubigen, was aber wohl, wie auch in Rom, unter dem Gewicht der gelasianischen Kyrie-Litanei stark reduziert worden war. Während der Gabenprozession zum Altar wurden die sogenannten Laudes, das heißt ein dreifaches Alleluja, gesungen. Daran schloß sich die Nennung der Namen der Verstorbenen, für welche gebetet werden sollte, die in einem eigenen Gebet „post nomina" fortgeführt wurde. Danach gab man sich den Friedenskuß, der durch ein geeignetes Gebet „ad pacem" eingeleitet wurde. In Rom hatte der Friedenskuß im frühen 5. Jh. seinen Platz an der uns heute noch vertrauten Stelle gefunden. In Rom wurde auch gelegentlich getadelt, daß in Gallien die Namen derer, für die gebetet wurde, schon vor dem Kanon genannt werden. Die in der gallischen Liturgie „contestatio" genannte Präfation war oft eine lange Beschreibung der Wunder eines Heiligen[40]. Der weitere Verlauf der Messe, nämlich Kanon, Brotbrechung, Pater noster, ist mit Ausnahme des bischöflichen Segens vor der Kommunion dem

[37] *Vogel*, Settimane VII, 201f.
[38] *Ders.*, a.a.O. 200.
[39] *Beck* 137ff.
[40] Gregor. Tur., Virt. s. Martini 2, 14; vgl. *Beck* 147.

römischen weitgehend ähnlich. Hervorgehoben sei aber noch, daß in Gallien zur Kommunion der Psalm 33 gesungen wurde, offenbar wegen Vers 9: Gustate et videte, quoniam suavis est dominus.

Die *spanisch-westgotische Messe* kannte jedenfalls seit Julian von Toledo zu Beginn einen Bußakt des Priesters[41]. Isidor von Sevilla zählt sieben wechselnde Gebete auf[42], die dem Gottesdienst der Gläubigen zuzuordnen sind. Das erste ist ein Gebet der Ermahnung an das Volk, das zweite eine Anrufung an Gott, daß er die Gaben annehmen möge, entspricht also der römischen Secreta. Das 3. Gebet ist die Oratio post nomina, also die Fürbitte für die gerade genannten Verstorbenen. Das 4. Gebet bezieht sich auf den Friedenskuß, das heißt, bittet darum, daß in den Gläubigen wirklich ist, was sie durch das äußere Zeichen ausdrücken. Das 5. veränderliche Gebet, die Inlatio, entspricht der Präfation. Auch nach dem Sanctus gibt es ein veränderliches Gebet, welches zur Konsekration überleitet. Der Liber ordinum führt als 7. veränderliches Gebet eines nach dem Abendmahlsbericht (post pridie), Isidor dagegen die Überleitung zum Pater noster an. Offenbar hat Isidor die heilige Siebenzahl herausstreichen wollen und deswegen die Benedictio und die Conpleturia, die uns durch den Liber Ordinum und andere liturgische Dokumente[43] bezeugt sind, unerwähnt gelassen.

Vor allem im Vergleich mit der ausführlichen Nennung der Namen der Verstorbenen und den Gebeten „post nomina" der gallikanischen und spanischen Liturgie nimmt es wunder, daß sich im Gregorianum-Hadrianum im Kanon kein Totengedächtnis findet. Das dürfte sich jedoch so erklären lassen, daß in Rom an Sonn- und Feiertagen, anders als in Gallien, die Toten nicht ausdrücklich genannt wurden[44] und das nach Aachen gesandte Musterexemplar eben nur die feierliche Form des Papstgottesdienstes enthielt. Das Memento mortuorum scheint übrigens zusammen mit dem „Nobis quoque peccatoribus" von Papst Gelasius in den Kanon eingefügt worden zu sein, als die Oratio fidelium abgeschafft und wenigstens z. T. durch die Kyrie-Litanei ersetzt wurde[45]. Wenn man bedenkt, daß den Gläubigen die Fürbitten für Lebende und Verstorbene ein besonderes Anliegen gewesen sein dürften, dann hat in Rom jedenfalls die Feierlichkeit über die Volksnähe in der Liturgie gesiegt. Vollends der im 7. Jh. neu eingeführte, byzantinisch beeinflußte päpstliche Ritus und Gesang machte aus den Teilnehmern des Gottesdienstes bloße Zuschauer und Zuhörer[46]. Sowohl die gallikanische als auch die spanische Liturgie waren unter pastoralen Gesichtspunkten der römischen überlegen, freilich nur so lange, wie das Volk die Liturgiesprache verstand.

[41] *Fernández Alonso* 314.

[42] Eccl. off. I, 15; PL 83, 752ff; *Fernández Alonso* 318ff.

[43] Vgl. *Beckmann* 91.96.

[44] Vgl. *Andrieu*, Ordines II 276.

[45] *Ders.*, a.a.O. 278, Anm. 1 und Hinweis auf *K. L. Kennedy*, The Saints of the Canon of the Mass (1938) 34–38.

[46] *Van Dijk:* ELit 77 (1963) 336.

Zum regelmäßigen liturgischen Leben gehört nicht nur die Eucharistiefeier, sondern auch das Gebet der *Tagzeiten*. Schon das frühe Christentum pflegte, wie Tertullian bezeugt, die großen Stunden des Tages durch Gebet zu heiligen. Dies wurde dann die besondere Aufgabe der Mönche. Aber auch an den Bischofskirchen finden sich im 6. Jh. wohl auf Grund von Übernahme aus dem Mönchsleben diese Tagesgebete des Officium divinum. Am sichersten ist uns dies bezeugt für Arles, wo Cäsarius, der auch während seines langen Pontifikates sein monastisch-asketisches Leben beibehielt, das ganze Offizium, nämlich Laudes, Terz, Sext, Non, Vesper und vor den großen Festen die Vigil von seinem Klerus, aber unter Beteiligung des Volkes abhalten ließ, weil sie ihm ein wichtiges Instrument der Seelsorge darstellten, zumal er häufig im Morgen- oder Abendgottesdienst predigte. In der Beteiligung an diesen Gebetszeiten, die er jedenfalls für die Fastenzeit als verbindlich darstellte (Sermo 196, 2), sah er eine wesentliche Betätigung der Frömmigkeit[47]. Es muß aber auch an den Landkirchen und Kapellen Psalmengesang, d. h. also Gebetszeiten gegeben haben, wenigstens ein Morgen- und Abendgebet[48], aber der genauere Umfang ist uns nicht bekannt. In Spanien bezeugt uns erst Isidor v. Sevilla[49] die kleinen Horen als Aufgabe der Säkularkleriker, allerdings ist von einer Teilnahmeverpflichtung des Volkes nichts wahrzunehmen. Außerdem scheint es Isidor, der im Grunde ebenso monastisch gesinnt war wie Cäsarius, nicht gelungen zu sein, die kleinen Tagzeiten als festen Bestandteil des Kathedral-Offiziums einzuführen[50]. Immerhin war inzwischen die Differenzierung so weit gegangen, daß Isidor die Komplet als eigene Gebetszeit nach der Vesper bezeugt[51].

Während man so in den meisten Bereichen der Christenheit für das 7. Jh. einen Unterschied machen muß zwischen der Mönchsliturgie und der Liturgie der Säkularkleriker, ist dies in Rom nicht der Fall, weil bei den großen Basiliken Klöster bestanden[52]. Ja, die schon vor Benedikt in Rom diensttuenden Mönche haben „das alte Kathedralgebet durch ihre Ordnung so gründlich verdrängt, daß das heutige römische Offizium einen ausgesprochen monastischen Charakter hat“[53]. Im 7. Jh. fanden in Rom alle später üblichen Tagzeiten statt, wie sich aus dem Ordo Romanus XII entnehmen läßt. Ausdrücklich wird darauf hingewiesen, daß am Karsamstag nur die Nokturnen und die Matutinae Laudes gebetet wurden. Besonders beeindruckend muß die in Rom übliche doppelte Vigilfeier vor hohen Festen gewesen sein. Am Vorabend wurde eine Vigil ohne Invitatorium und ohne Beteiligung des Volkes gehalten, die zwischen fünf und neun Lesungen und sechs bis neun Psalmen umfaßte. Um Mitternacht begann dann die 2. Vigil, die durch das Invitatorium eingeleitet und unter Beteiligung

[47] *Beck* 119. [48] Vgl. oben S. 222.
[49] Eccl. off. I 19–23.
[50] *Fernández Alonso* 340f.
[51] Eccl. off. I 20 21.
[52] *Van Dijk:* SE 12 (1961) 430.
[53] *Pascher:* LThK 2 (1958) 680.

des Volkes gehalten wurde, woran sich dann die Matutinae Laudes anschlossen[54].

Die *Leseordnung* für die Tagzeiten begann in Rom im Frühjahr, sieben Tage vor Beginn der Fastenzeit, mit der Genesis, woran sich die übrigen Mosesbücher, dann Josue und Richter anschließen (Ordo Romanus XIV, 27). Für fränkisches Empfinden begann aber das *Kirchenjahr* mit dem Advent, so daß Ordo XVI, welcher die Übernahme der römischen Leseordnung in fränkische Klöster bezeugt, mit Isaias beginnt, welcher auch in Rom im Advent gelesen wurde, die Bücher Moses aber in der Fastenzeit stehen läßt. So wird man annehmen dürfen, daß, seit man sich überhaupt Gedanken machte über die Frage des Kirchenjahrbeginns, der Frühjahrstermin der älteste ist. Zwar lassen sowohl das Gelasianum als auch das Gregorianum den Jahreszyklus mit dem Weihnachtsfest beginnen, aber die Adventsmessen stehen auch noch im St. Galler Junggelasianum[55], das einerseits stark fränkisch beeinflußt ist, andererseits der Einteilung des Gregorianums folgt, am Ende der Reihe.

In Spanien dagegen ist es im 7. Jh. üblich geworden, das Kirchenjahr sogar mit dem 17. November, also mit Beginn der langen Weihnachtsvorbereitungszeit, einsetzen zu lassen[56]. Endgültig durchgesetzt hat sich aber der ursprünglich gallische Brauch, mit einem kürzeren Advent zu beginnen. Während man in Rom neben den biblischen Büchern in den Nokturnen auch die Traktate des Hieronymus, des Ambrosius und der übrigen Väter las[57], hatten sich in Gallien auch die Leidensberichte der Märtyrer und die Lebensbeschreibungen der Väter darin einen Platz erobert und ließen sich auch bei Übernahme der römischen Leseordnung nicht mehr daraus verdrängen[58].

Die *Hymnen,* ohne die kirchliches Stundengebet kaum möglich ist, hatten in den Ländern der abendländischen Christenheit ein sehr unterschiedliches Schicksal, das sich am leichtesten am Karfreitagsoffizium illustrieren läßt. Während in Rom schon sehr früh die aus dem Osten stammende Missa praesanctificatorum (des Brotes und des Kelches) für den Karfreitag übernommen wurde[59], kannte noch Isidor von Sevilla, welcher den Palmsonntag auch Capitilavium nennt, weil an ihm den Kindern, „qui unguendi sunt", der Kopf gewaschen wurde, und ausdrücklich von der liturgischen Feier der Cena Domini berichtet, keine Karfreitagsliturgie. Sie wurde erst durch das 4. Konzil von Toledo 633 (can. 7) eingeführt. Daß im Karfreitagsoffizium der von Venantius Fortunatus verfaßte Hymnus „Crux fidelis" gesungen wurde, war nur möglich, nachdem die Bestimmung des 1. Konzils von Braga 563 (can. 12), welches alle nicht-

[54] Ordo Romanus XII, 23.24; vgl. dazu *Andrieu,* Ordines II 465, Anm. 23: Hinweis auf Amalar: PL 105, 1305b.

[55] Das fränkische Sacramentarium Gelasianum in alemannischer Überlieferung, ed. *K. Mohlberg* = Liturgiegesch. Quellen 1/2 (Münster 1939).

[56] *Fernández Alonso* 354.

[57] Vgl. Ordo Romanus XIV 10.

[58] Vgl. Ordo XIV 10, Codex M.

[59] Vgl. Gelasianum I, XLI und *Andrieu,* Ordines III 139.

biblischen Hymnen aus der Liturgie ausgeschlossen hatte – offenbar aus Sorge, sie seien nicht rechtgläubig –, ihre Bedeutung verloren hatte. Immerhin sah sich das genannte 4. Toletanum genötigt, die neu gedichteten Hymnen ausdrücklich zu verteidigen und ihre Verwerfung mit Exkommunikation zu bedrohen (can. 13); es würden ja auch sonst „Orationen" und „Handauflegungen" für den Gottesdienst verfaßt. Tatsächlich hat die spanische Kirche im 7. Jh. etwa 50 Hymnen hervorgebracht.

Seelsorge

Predigt

Wenn man gelegentlich auch in der Veröffentlichung der Konzilsbeschlüsse[60] oder in der Verlesung der Leidensberichte der Märtyrer, nach der z. B. Braulio von Saragossa die Predigt ausfallen ließ[61], ein wichtiges Seelsorgsmittel sah, so war doch das Hauptinstrument, über welches die Seelsorger vor allem des 6. Jh. verfügten, die Predigt. Sie war stets Unterweisung der Erwachsenen; von eigener Katechese für die Kinder hören wir nirgends[62].

Wenn man bedenkt, daß es am Ende des 6. Jh. sowohl in Spanien als auch vor allem in Gallien auf dem Lande noch viele Heiden gab[63], dann ist man verwundert darüber, daß sich gar keine Zeugnisse für missionarische Initiativen finden[64]. Man rechnete höchstens damit, daß Heiden zum Gottesdienst kamen und sich durch das Anhören von Evangelium und Predigt bekehren ließen[65]. Gregor d. Gr., der die Angelsachsenmission einleitete und seinen Missionaren sehr nützliche Anweisungen mitgab und auch die heidnischen oder häretischen Germanen in Italien durch Predigt und Ermahnung bekehrt wissen wollte[66], empfahl zur Überwindung des noch in Sizilien bestehenden Restheidentums sozusagen nur Verwaltungsmaßnahmen: die Heiden, die auf kirchlichen Gütern arbeiteten und lebten (rustici), sollten notfalls durch Erhöhung der Abgabenforderung zur Konversion gezwungen werden[67].

Wenn Cäsarius von Arles erklärt, das Wort Gottes und damit dessen Auslegung in der Predigt sei nicht geringer als der Leib Christi, das heißt der Kommunionempfang (Sermo 78, 2), dann bezeugt er damit die allgemein im Gallien des 6. Jh. übliche Hochschätzung der Predigt. Auch in Rom wußte man, daß es damals in Gallien tüchtige Prediger gab[68]. Schon die Statuta Ecclesiae anti-

[60] Vgl. 16. Konzil von Toledo 693 can. 7.
[61] Vita sancti Aemiliani 2; vgl. *Fernández Alonso* 383.
[62] *Fernández Alonso* 400.
[63] Vgl. Gregor. Tur., Vit. Pat. XVII 5.
[64] *Fernández Alonso* 258; *Beck* 184.
[65] Ildefons., Cogn. baptismi XVII und Konzil von Valencia 549 can. 1; dazu s. oben S. 244.
[66] Reg. Epp. II 4; IX 102. [67] Ebd. IV 26.
[68] Arator an Parthenius: PL 68, 252; vgl. *Beck* 259.

quae (Nr. 31) bedrohten solche Gläubige mit Exkommunikation, die während der Predigt des Bischofs hinausgingen. Cäsarius ermahnte nicht nur zum Bleiben, er trat auch persönlich solchen in den Weg, die den Gottesdienst vorzeitig verlassen wollten, ja er ließ sogar die Kirchentüren schließen und erst wieder nach dem Segen öffnen[69]. Es wäre aber falsch, wollte man aus diesen Hinweisen schließen, das Volk habe an der Predigt keinen Anteil genommen; im Gallien des 6. Jh. war es durchaus noch üblich, daß die Gläubigen mit Beifall oder auch Ablehnung auf die Predigt reagierten; besonders gegen gezielte moralische Vermahnung wurde gelegentlich laut gemurrt[70]. Cäsarius forderte von seinen Kollegen und von sich selbst, an allen Sonn- und Feiertagen zu predigen; in der Fastenzeit tat er es sogar täglich (Sermo 230, 6), manchmal sogar morgens und abends, nämlich in den Laudes und in der Vesper[71]. Auch nach Avitus von Vienne sollte die Predigt häufig sein. Die normale Predigt dauerte, jedenfalls bei Cäsarius, nicht über eine halbe Stunde[72]. In den meisten Fällen dürften die Predigten sehr schlicht gewesen sein, weil die Prediger über keine allzu große Bildung verfügten, aber auch weil man sich dem einfachen Zuhörer verständlich machen wollte[73]. Von Cäsarius weiß man, daß er ganz bewußt auf verschiedenem Niveau predigte, je nach dem Bildungsstand seiner Zuhörer[74]. Cäsarius war wohl nicht der erste, der seine Predigten anderen zur Verfügung stellte, aber er war der erste, der selbst Predigtsammlungen anlegte und sie verschickte, und zwar bis nach Spanien[75].

Die Bischöfe predigten nicht nur in ihren Kathedralen, sondern vor allem auch anläßlich der Visitation in den Pfarrkirchen. So ist die Schrift von der Besserung der Landbewohner des Erzbischofs Martin von Braga in Nordwestspanien nichts anderes als eine Musterpredigt, um die er von seinem Kollegen Polemius von Astorga gebeten worden war und die hauptsächlich anläßlich der jährlich für nötig gehaltenen Visitation vorgetragen werden sollte[76]. Auch von Cäsarius gibt es eine Visitationspredigt: sermo in parrochiis necessarius[77]. Eine solche Predigt konnte natürlich kaum auf die Abschnitte des Kirchenjahres Rücksicht nehmen; aber aus vielen Predigten des Cäsarius und des Avitus läßt sich entnehmen, daß die gallischen Seelsorger des 6. Jh. in den Festen des Kirchenjahres und den dazugehörigen biblischen Lesungen reiche Anknüpfungspunkte fanden[78]. Der Hauptzweck der Predigt scheint gewesen zu sein, die Gedanken der Zuhörer auf die Ewigkeit zu lenken. Dabei kam es aber Gregor

[69] Vita Caesarii I 27.
[70] *Beck* 266.
[71] Vita Caesarii I 59.
[72] *Beck* 263.
[73] Gregor. Tur., hist. praef.
[74] *Delage* 202.
[75] Vita Caesarii I 55.
[76] Correct. Nr. 1; *Barlow* 183.
[77] Bei *Morin* Nr. 13.
[78] Vgl. *Beck* 125 264.

d. Gr. besonders darauf an, die Gläubigen zu trösten, damit sie nicht in der Plage dieses Lebens untergehen (Moralia I, XIV, 27); Gregor lebte eben in notvollen Zeiten, die auch seine liturgische Produktion gekennzeichnet haben. Cäsarius dagegen stellte eher Sorglosigkeit bei seinen Gläubigen fest und hielt ihnen das Bild des richtenden Christus vor Augen. Ja, er kann sogar behaupten, die Worte Christi über das Jüngste Gericht würden für sich allein völlig ausreichen; mehr brauchte man von der Heiligen Schrift nicht zu besitzen (Sermo 158, 1).

In der entschiedenen Bekämpfung von Aberglaube und Zauberpraktiken, vor allem zu Heilungszwecken, wie sie sich aus der heidnischen Zeit erhalten hatten, stimmen Cäsarius und Martin von Braga überein[79]. Vor dieser Aufgabe dürften sich die Seelsorger der ganzen Christenheit zu der Zeit gesehen haben. Cäsarius von Arles sah sich außerdem genötigt, vor allem vor der Trunksucht zu warnen; für Martin von Braga dagegen scheinen Hochmut und Eitelkeit die besonderen Gefahren für das christliche Leben gewesen zu sein[80]. Cäsarius betont, daß es wichtiger ist, Christus als Vorbild vor Augen zu haben, als Einzelgebote zu beherzigen (Sermo 35, 2). Der Christenname allein tue es nicht; auch das Kreuzzeichen allein helfe nicht, nötig seien Almosen, Liebe, Gerechtigkeit und Keuschheit (Sermo 13)[81]. Andererseits betont Cäsarius auch die Notwendigkeit minimaler Glaubenskenntnisse, wenigstens Glaubensbekenntnis und „Vater unser" müsse man beherrschen (Sermo 135, 1). Zum tätigen Christenleben gehören aber auch die Altargaben (Wachs, Öl, Brot und Wein) und der Besuch der Sonntagsmesse (Sermo 13). Später verlangte das 2. Konzil von Mâcon 585, (can. 4), daß alle Männer und Frauen jeden Sonntag Wein und Brot zum Altar bringen, weil man so hoffen dürfe, der Sünden ledig und der Gemeinschaft der Seligen teilhaftig zu werden. Die Forderung nach Sonntagsruhe schließlich wurde nicht nur in den Predigten, sondern auch in Synodalentscheidungen eingeschärft[82].

Sonntagsruhe wurde allerdings nicht um ihrer selbst willen gefordert; einerseits wurde sie sozusagen innerlich begrenzt: gute Werke, ja weite Wege zum Besuch eines Freundes waren erlaubt[83]. Ja die erste erhaltene Synodalentscheidung zur Frage[84] ist zunächst gegen „jüdische" Übertreibung gerichtet, die keinerlei Reisen, Zubereitung von Speisen, Reinigung usw. zuließ. Nur die landwirtschaftliche Arbeit soll ruhen. Im übrigen war die Sonntagsruhe nicht nur ein Stück religiöse Kultur[85], sondern christliches Bekenntnis, vor allem dort, wo sie die bisher am Donnerstag, also am Tag Jupiters, übliche Arbeitsruhe ablöste[86].

79 *Beck* 280; *Fernández Alonso* 412.
80 *Fernández Alonso* a.a.O.
81 Vgl. *Griffe:* BLE 76 (1975) 25.
82 Konzil von Orléans 538 can. 31; Narbonne 586 can. 4; Chalon 647/653 can. 18.
83 Martin. Bracar., corr. 18; *Barlow* 202, 15 ff.
84 Orléans 538 can. 31.
85 Isidor., de natura rerum I, 4: PL 83, 965.
86 Caesarius, Sermo 13, 5; 52, 2.

Aus der moralischen Unterweisung, die Cäsarius seinen Hörern zuteil werden ließ, seien noch zwei Punkte herausgegriffen, weil sie ein grelles Licht auf die Verhältnisse im südlichen Gallien des frühen 6. Jh. werfen. Trotz aller Bemühungen der Seelsorger war die Zahl der jungen Männer, die früh ein Konkubinat und erst später eine legitime Ehe eingingen, so groß, daß es nicht möglich war, alle zu exkommunizieren (Sermo 43,4.5). Natürlich herrschte diese üble Gewohnheit nur in der gehobenen Schicht. Die Frauen der Vornehmen wurden von Cäsarius getadelt, weil sie die Kinderzahl auf höchstens zwei oder drei beschränken wollten und deshalb Mittel tranken, die eine Fehlgeburt verursachen oder unfruchtbar machen sollten. Beides hält Cäsarius für Mord. Gegen die Empfängnisverhütung hat er aber noch ein interessantes argumentum ad hominem parat: die vornehmen Frauen legen Wert darauf, daß ihre Dienerinnen zahlreiche Kinder haben, damit eine große Dienerschaft heranwächst. Dann sollen sie aber auch selbst die Zahl der zukünftigen Diener Gottes nicht beschränken (Sermo 44,2)[87].

Taufe

In dem Maße, wie im Laufe des 6. Jh. die Taufe in immer größerem Umfang Kindern und nicht mehr Erwachsenen gespendet wurde, vollzog sie sich immer mehr in den Pfarreien, nicht nur in den Bischofskirchen. Allerdings gibt es Nachrichten über Taufspendung, jedenfalls für das Gallien des 6. Jh., nur bei Cäsarius[88]. Allenfalls lassen sich Hinweise finden, daß nicht nur Säuglinge, sondern auch ein- bis zweijährige Kinder getauft wurden. Zwar versuchte man, an der Osternacht als dem eigentlichen Tauftermin festzuhalten, aber das Konzil von Mâcon 585 (can. 3) mußte beklagen, daß sich für diesen Termin jeweils höchstens zwei oder drei Kinder finden ließen. Die meisten Kinder wurden an Weihnachten oder am Fest des heiligen Johannes oder einem anderen Heiligenfest getauft[89]; auch Chlodwig, der erste bekehrte Frankenkönig, war an Weihnachten getauft worden, wie aus dem Brief des Avitus an den König hervorgeht[90]. Cäsarius stellte sich auf die neue Situation nicht nur dadurch ein, daß er das alte Katechumenat, welches seine intensivste Phase in der Fastenzeit hatte, den Bedingungen der Kindertaufe anpaßte, sondern auch in der Weise, daß er die sonst in der Fastenzeit angesiedelten Taufvorbereitungen in verkürzter Form jeder Taufe vorausschickte. Auch die Säuglinge wurden unter die „competentes" eingeschrieben und erhielten Handauflegung und Ölsalbung auf die Stirn[91]. Waren in Rom „scrutinia" als Prüfungen des Glaubens und Lebens der competentes üblich und sah man in Afrika in den Skrutinien Exorzismen, so stand

[87] Vgl. *Delage* 133.
[88] *Beck* 164.
[89] Gregor. Tur., hist. 8, 9.
[90] Vgl. *Beck* 168.
[91] Vgl. *Delage* 162.

der Brauch Galliens, nämlich exorzistische Anhauchungen, dem afrikanischen näher als dem römischen[92]. Die Verabreichung von Salz an die competentes ist typisch römischer Brauch und hat in Gallien keine Parallele. Im Rahmen der längeren vorösterlichen Taufvorbereitung spielte eine besondere Unterweisung, die sich vorwiegend an die Paten richtete, eine besondere Rolle. Sie verpflichteten sich, dem Kinde später die Mindestglaubenskenntnisse (nämlich Credo und Pater noster) beizubringen und seine Anleitung zur Tugend zu garantieren. Bei Taufen im Laufe des Jahres verlangte Cäsarius wenigstens eine Woche der Vorbereitung, während der das Kind Salbung und Handauflegung empfangen und die Eltern fasten und wenigstens am Morgengottesdienst teilnehmen sollten[93]. Allerdings verweigerte er die Taufe auch dann nicht, wenn die Eltern erst zur Taufe selbst mit dem Kind in der Kirche erschienen. Eine unmittelbar vor der Taufe gespendete Salbung kannte man in Gallien nicht, wohl aber nach der Taufe zuerst Salbung mit Öl, dann mit Chrisam und schließlich die „consignatio", das heißt die Besiegelung mit dem Kreuzzeichen. Höchstwahrscheinlich wurde nach der Absage an den Teufel dem Täufling oder seinem Paten das ganze Glaubensbekenntnis abgefragt, etwa in der Weise, wie es schon in der Kirchenordnung Hippolyts bezeugt ist[94]. Als letzte Zeremonie wurde in Gallien die Fußwaschung an den Neugetauften vollzogen. Ein weiteres Symbol des Glaubens an die Dreifaltigkeit mag man in den drei Stufen erblicken, die zum Taufbecken hinabführten.

Die Baptisterien in Gallien waren gelegentlich flankiert von einem Badehaus, welches der Reinigung vor der Taufe diente. Gelegentlich fand sich auch ein anderer mit Apsis versehener Raum, in dem vom Bischof die Firmung gespendet wurde[95]. In Spanien rechnet noch Ildefons von Toledo (also im 7. Jh.) ebenso wie im 6. Jh. Martin von Braga mit erwachsenen Taufbewerbern, denen am Palmsonntag das Glaubensbekenntnis tradiert und am Gründonnerstag abgefragt wurde[96]. Es wird sich dabei wohl nicht nur um zwangsweise getaufte Juden gehandelt haben; aber die Seelsorgspraxis der spanischen Kirche ist jedenfalls im 7. Jh. stark überschattet von der Zwangsbekehrung der Juden. Zwar versuchte das 4. Konzil von Toledo 633 (can. 57), Glaubensfreiheit zu garantieren, aber es gestattete nicht die Rückkehr der Zwangsbekehrten zum Judentum. Außerdem führte schon das 6. Konzil von Toledo im Jahre 638 (can. 3) wieder die alte harte Sprache.

Buße

Während sich in den meisten Teilen der westlichen Kirche die Bischöfe die Verwaltung der Buße und die Erteilung der Rekonziliation vorbehielten, war sie

92 Das Wort Scrutinium wurde übrigens nicht verwendet; *Beck* 172f.
93 Sermo 225, 6; 229, 6; 121, 8.
94 Caesarius, Sermo 12, 4; 85, 3; vgl. Martin von Braga, corr. 15.
95 *Beck* 180.
96 *Fernández Alonso* 274.

in Rom ausdrücklich ebenso wie die Taufe Sache der Presbyter[97]. So enthält denn auch das für priesterlichen Gebrauch bestimmte Sacramentarium Gelasianum Anweisungen und Gebete für die Behandlung der Büßer am Aschermittwoch (I, XVI Nr. 83) und ihre Wiederaufnahme in die Gemeinde am Gründonnerstag (I, XXXVIII, Nr. 352f), wohingegen das zum päpstlichen Gebrauch bestimmte Gregorianum weder zum Aschermittwoch noch zum Gründonnerstag einen Hinweis auf die Büßer enthält. Das einzige Büßergebet, das sich da findet (Nr. 989), ist eine spätere Hinzufügung[98]. Das Gelasianum schreibt übrigens am Aschermittwoch eine feierliche Einschließung der Büßer vor. Wo dies zu geschehen habe, wird nicht gesagt; auf jeden Fall scheint es sich um römischen Sonderbrauch zu handeln. Am Gründonnerstag wurden die Büßer wieder aus ihrer freiwilligen Haft entlassen[99].

Im 6. Jh. wurden, obwohl man grundsätzlich an der alten Form der öffentlichen Kirchenbuße festhielt, jedenfalls in Gallien die Bußzeiten gegenüber früherem Brauch stark verkürzt, wobei sich die Bischöfe dessen klar bewußt waren[100]. Aber man hielt an den alten Formen fest: Der Bischof legte dem Büßer zu Beginn der Bußzeit die Hand auf und übergab ihm das Cilicium, eine Kapuze aus Ziegenhaar[101]. Der Büßer selbst war dann verpflichtet, sich die Haare zu scheren und Bußkleider anzulegen[102]. Die Büßer durften nicht an Gastmählern teilnehmen und keinen Handel treiben, vielmehr sollten sie mit Fasten und Gebet ihr Leben zubringen; auch der Militärdienst war ihnen verwehrt. Cäsarius von Arles erwartete von den Büßern alle Werke der leiblichen Barmherzigkeit, wie Almosengeben, Fremde beherbergen, Kranke pflegen, Tote begraben und schließlich die Kirche putzen[103]. Die einschneidendste Forderung aber war die nach vollkommener Enthaltsamkeit in der Ehe. Diese Verpflichtung blieb auch nach der Rekonziliation bestehen, gehörte also zu den Dauerfolgen der Buße ebenso wie die Unfähigkeit, in den Klerus aufgenommen zu werden[104]. Besonders gravierend war, daß auch eine auf dem Sterbebett übernommene Buße im Falle der unerwarteten Genesung die gleichen Folgen hatte wie jede andere öffentliche Buße.

Was die Aufnahme in den Klerus angeht, hat man hier offenbar ein sehr ernstes Problem gesehen, das man schon im Jahre 517 auf dem Konzil von Gerona (can. 1) zu lösen versuchte: Wer sich nur allgemein in schwerster Krankheit als Sünder erklärt hatte, ohne aber tatsächlich schwere Sünden zu bekennen, der sollte später doch Kleriker werden können. Das 4. Konzil von Toledo erneu-

[97] Vgl. Gregor. M., in Ezech. 40, Hom. 10, 13. 14.

[98] Vgl. *Chavasse,* Le Sacramentaire Gélasien, 141f.

[99] Cod. Vat. Regin. lat. 316, ed. *Mohlberg,* Nr. 83 352; vgl. dazu *J. A. Jungmann,* Die lateinischen Bußriten in ihrer geschichtlichen Entwicklung (Innsbruck 1932) 65f.

[100] Konzil von Epaon 517 can. 26; vgl. *Beck* 193f.

[101] Konzil von Agde 506 can. 15.

[102] Ebd. und 1. Konzil von Barcelona 540 can. 6 7.

[103] *Delage* 166.

[104] *Delage* 167; vgl. oben S. 230.

erte 633 diese Vorschrift (can. 54). Das Problem der durch die Buße geforderten ehelichen Enthaltsamkeit wurde verschieden gelöst. Avitus von Vienne[105] riet, jüngere Leute, die keine Culpae capitales haben, lieber ohne Buße sterben zu lassen, als sie in die Gefahr zu bringen, daß sie bei Wiedergenesung die eheliche Enthaltsamkeit nicht einhalten könnten und darum als Apostaten betrachtet werden müßten. Das Konzil von Orléans 538 (can. 27) bestimmte im gleichen Sinne, jungen Leuten dürfte man den Segen der Buße nicht anvertrauen; Verheiratete dürften nur in vorgerücktem Alter und außerdem mit Zustimmung des anderen Gatten den Bußsegen erhalten. Man wundert sich, daß an keiner Stelle gefragt wird, mit welchem Recht eigentlich auch nach Ableistung der Buße noch die dauernde Enthaltsamkeit gefordert wurde. Nur Fulgentius von Ruspe scheint das Problem als Seelsorger überzeugend gelöst zu haben. Schon in seinem ersten Brief erklärt er, die in Todesgefahr übernommene Buße verpflichte nur dann zur Enthaltsamkeit, wenn der andere Ehegatte zugestimmt habe. Aber auch in diesem Falle wollte er eine gewisse Milde walten lassen. Wer die Enthaltsamkeit nicht zu leisten vermochte, der sollte sich von aller Bosheit enthalten und sich vor allem vor Geiz hüten, das heißt Almosen geben. Dann durfte er nach der Versicherung des Fulgentius darauf bauen, nicht verdammt zu werden. Eine synodale Regelung des Problems fand anscheinend erst das 6. Konzil von Toledo 638 (can. 8), indem es als Gnade gestattete, daß jemand, der in Todesgefahr die Buße übernommen hatte, aber wiedergenesen war, zum ehelichen Leben zurückkehren durfte; starb aber der andere Ehegatte, dann durfte der Büßer nicht wieder heiraten; dem anderen Gatten aber war im Falle des Ablebens des rekonziliierten Büßers Wiederheirat gestattet. Damit war aber die Last der Buße und ihrer Folgen offenbar noch nicht erträglich gemacht, denn noch das 16. Konzil von Toledo mußte im Jahre 693 (can. 4) feststellen, daß manche Sünder aus Verzweiflung über die einschneidende Buße Selbstmord begingen. Eine Lösung für dieses Problem wußten die Bischöfe aber nicht: Man wird wohl sagen müssen, daß hier die Buße buchstäblich ad absurdum geführt ist.

Im übrigen läßt sich im Laufe des 7. Jh. ein breiter Verfall der öffentlichen Buße in Spanien feststellen; an ihre Stelle trat langsam die *Privat-Buße*[106]. In Gallien mußte Cäsarius schon zu Beginn des 6. Jh. feststellen, daß die meisten mit der Buße bis zum Lebensende warteten (Sermo 60, 4); diese Lage verschärfte sich noch im Laufe des 6. Jh. So war die Zeit eindeutig reif für die Privatbuße. Sie kam jedoch nicht völlig neu durch die keltischen Mönche, die Schüler Kolumbans, in Übung, sondern war durch Bräuche, die sich schon im 6. Jh. in Gallien und in Spanien feststellen lassen, vorbereitet[107]. Das gilt sowohl für die Laien wie für die Kleriker. Ursprünglich hatte es keine Klerikerbuße gegeben; sie wurden abgesetzt, durften aber als Laien kommunizieren; Rehabilitation war nicht möglich. Allmählich aber bürgerte sich auch für Kleriker eine

[105] Ep. de subitanea poenitentia: MG Auct. ant. VI 2, 30; vgl. *Beck* 201.
[106] *Fernández Alonso* 541.
[107] *Beck* 220f.

Bußzeit, meist in einem Kloster, ein und danach die Rückkehr ins Amt[108]. Gregor d. Gr. schrieb öfters sogar Bischöfen eine Buße vor, z. B. legte er dem Johannes von Justiniana Prima 30 Tage Verzicht auf die Eucharistie[109], spanischen Bischöfen sechs Monate Klosterbuße auf[110]. Eine solche Buße war zweifelsohne öffentlich, hinderte aber den Gemaßregelten nicht am Verbleiben bzw. an der Rückkehr ins Amt.

Das 3. Konzil von Toledo 589 (can. 11) wollte den Mißbrauch, daß in manchen Kirchen Spaniens Leute so Buße übten, daß sie ebenso häufig die Rekonziliation verlangten, wie sie gesündigt hatten, abstellen und die alte kanonische Form wieder in Geltung bringen. So viel scheint da doch sicher zu sein, daß die Priester in Ausübung ihres Amtes handelten und daß es dabei um Sünden ging, welche von der Eucharistie ausschlossen[111]. Weniger deutlich ist eine Rekonziliation, das heißt Absolution von schweren Sünden, ohne öffentliche Kirchenbuße bei Cäsarius von Arles. Er umging zunächst die Schwierigkeiten, die mit der öffentlichen Buße verbunden waren, indem er zu häufiger selbstauferlegter Buße und vor allem zur Gewissenserforschung ermahnte (Sermo 50, 3). Wenn er erklärt, die crimina (also schwere Sünden) müßten entweder durch „elemosynarum remedia" oder durch „poenitentiae medicamenta" getilgt werden (Sermo 56, 2), scheint er doch der privaten Frömmigkeitsübung des Almosengebens gleiche Wirkung zuzuschreiben wie der öffentlichen Kirchenbuße. Die Konsequenz daraus wäre, daß der Büßer nach eigenem Gewissensurteil wieder zum Empfang der Eucharistie hinzutritt[112]. Andererseits spricht Cäsarius nicht nur in der Jungfrauenregel von Bekenntnis, durch welches die Schuld eröffnet wird[113], sondern er ermahnt jüngere Unzuchtsünder, schnell zu Bekenntnis und Buße zu kommen[114]. Wenn man bedenkt, wie zurückhaltend er sonst mit der Buße, vor allen Dingen für jüngere Leute ist, kann es sich hier wohl nicht um die öffentliche Kirchenbuße mit all ihren Konsequenzen handeln. Und wenn er schließlich ausdrücklich erklärt, die Buße, die einer öffentlich übernimmt, könnte auch geheim (secretius) geleistet werden, dann scheint an ein Verfahren gedacht zu sein, das zwar nicht vor der Gemeinde geschah, aber doch insofern als kirchlich zu betrachten ist, als es unter Aufsicht und Verantwortung des Bischofs stand[115].

In der Vita des Bischofs Desiderius von Vienne und in der Vita des Bischofs Siffred scheinen bischöfliche Absolutionen außerhalb der öffentlichen Kirchenbuße bezeugt zu sein[116]. Am interessantesten ist, daß Bischof Philipp von Vienne

[108] *Fernández Alonso* 560ff.
[109] Reg. Epp. III 6.
[110] Ebd. XIII 47.
[111] *Fernández Alonso* 571.
[112] So *Delage* 169f gegen C. *Vogel*, La discipline pénitentielle en Gaule des origines à la fin du VIIe siècle (Paris 1952).
[113] Floril. Patr. 34, S. 36.
[114] Sermo 66, 1; ähnlich 56, 3; 65, 2.
[115] *Beck* 217.
[116] So *Beck* 210f.

im Jahre 570 den Priester Theudarius als Pönitentiar für seine Diözese aufgestellt hat[117]. Es heißt, viele seien zu ihm gekommen und hätten ihre geheimen Sünden bekannt; jeder sei „medicatus sanusque ... securior et laetior" davongegangen. Da scheint doch Beichte und Sündenvergebung fast schon im ganz modernen Sinne bezeugt zu sein[118].

In diesem Zusammenhang sei auch auf die 9. Predigt Gregors d. Gr. zu Ezechiel 40 hingewiesen. Er verlangt da (Nr. 18) Unterscheidungsfähigkeit in der Buße: weder dürfe die Disziplin zu streng noch die Barmherzigkeit zu weich sein; weder dürfe die Schuld ordnungswidrig nachgelassen werden, weil sonst der Schuldige sich noch stärker in Schuld verstricke, noch dürfe die Schuld über das Maß hinaus behalten werden, weil sonst der Büßer noch schlechter werde, da er keine Barmherzigkeit erfahre. Ja es könne sogar geschehen, daß ein Seelsorger, dem der Geist der Unterscheidung fehlt, entweder Sünden so nachläßt, daß er sie nicht bessert, oder aber, weil er beim Bessern in Wirklichkeit verwundet, die Sünden nicht nachläßt (Nr. 20). Bei dieser Gelegenheit berichtet Gregor, daß viele durch die Predigt auf ihre Sünden aufmerksam werden und nachher zum Prediger kommen und bekennen und ihn um Fürsprache für ihre Sünden bitten; er solle durch sein Gebet die Schuld tilgen, die er durch seine Predigt offenkundig gemacht hat. Die heiligen Lehrer müßten nämlich für die reumütigen und ihre Schuld bekennenden Sünder zum allmächtigen Gott beten. Es ist auffällig, wie in diesem Zusammenhang mehrfach das Bekenntnis betont wird. Wenn man dazu bedenkt, daß die normale Büßerseelsorge, also auch Exkommunikation und Rekonziliation, in Rom nicht vom Papst selbst, sondern durch die Presbyter der Titelkirchen wahrgenommen wurden, dann ist man geneigt, hier so etwas wie private oder, besser gesagt, nicht öffentliche Beichte oder Buße zu sehen. Vielleicht darf man sogar in dem Gebet des heiligen Lehrers, welches nach Gregor Sünden tilgen soll, eine deprekatorische Lossprechungsform erblicken, zumal schon Leo d. Gr. (ep. 108,3) erklärte, die Sündenschuld werde durch die Fürsprache des Bischofs (sacerdotalis supplicatio) gelöst, welche die öffentliche Bußleistung zum Abschluß bringt. Daß schließlich um die Mitte des 7. Jh. die Buße nicht mehr an einen Büßerstand gebunden war, scheint aus can. 8 des Konzils von Chalon (zwischen 647 und 653) hervorzugehen, da dort die Buße als Heilmittel der Sünde und für alle Menschen nützlich bezeichnet wird.

Salbung und Handauflegung

Es wurde schon darauf hingewiesen, daß in Spanien und Gallien ebenso wie in Rom in unserem Zeitraum die Neugetauften eine *Salbung*, mancherorts auch eine doppelte Salbung empfingen[119]. Diese Salbung wurde zu keinem Zeitpunkt für das Firmsakrament gehalten oder mit dem Heiligen Geist in Verbindung

[117] Vita Theudarii 14.
[118] *Beck* 214.
[119] Vgl. oben S. 252f.

gebracht, vielmehr erklärt beispielsweise Isidor, der nur eine postbaptismale Salbung kennt, nämlich die mit Chrisam, diese Salbung geschehe zur Verähnlichung mit Christus, danach erst werde den Getauften und Gesalbten durch Handauflegung des Bischofs der Heilige Geist verliehen[120] bzw. der Heilige Geist herbeigerufen[121]. Außerdem wissen wir aus einem Brief des Eugenius von Toledo an Braulio von Saragossa[122], daß manchmal sogar die Diakone die Chrisamsalbung nach der Taufe vollzogen. Salbung mit Chrisam ist insofern mehrdeutig, als sie auch das äußere Zeichen der Wiederaufnahme von Häretikern in die Kirche sein konnte[123]. So bestimmt das Konzil von Epaon 517 (can. 16), daß Häretiker, die sich bekehren wollen, vom Bischof das Chrisma erbitten sollen; wenn sie aber im Sterben sind, darf der Presbyter ihnen mit Chrisma zu Hilfe kommen. Hier handelt es sich also nicht um Krankensalbung, sondern um eine Salbung, die mit der postbaptismalen Salbung in Parallele gesetzt werden kann. Die sonst übliche *Handauflegung* als Zeichen der Rekonziliation von Häretikern war zwar etwa noch von Papst Siricius in seinem Brief an Himerius von Tarragona[123a] mit der Anrufung des siebenfältigen Geistes in Verbindung gebracht worden, aber Papst Vigilius hatte in seinem Brief an Profuturus von Braga (Nr. 3)[123b] eine sorgfältige Unterscheidung eingeführt: Die Rekonziliation geschieht nicht durch jene Handauflegung, welche durch Anrufung des Heiligen Geistes wirkt, sondern durch jene, durch welche die Frucht der Buße angeeignet wird und die Wiederherstellung der heiligen Kommunion (der Kirchengemeinschaft) vollendet wird.

Trotzdem scheint noch das 2. Konzil von Sevilla 619 (can. 7) keinen Unterschied zwischen diesen beiden Handauflegungen zu machen, wenn es in einem Atemzug den Priestern verbietet, durch Handauflegung den getauften Gläubigen oder den aus Häresie bekehrten den Heiligen Geist zu geben. Vielleicht darf man darin das Nachwirken früher afrikanischer Theologie sehen, denn diese Auffassung entspricht genau jener der Gegner Cyprians, welche nicht wiedertaufen, sondern nur zum Geistempfang Handauflegung spenden wollten.

Die *Krankensalbung* ist für das 6. Jh. sowohl in Gallien als auch in Spanien bezeugt. In Spanien wurde das Öl für die Krankensalbung am Fest der heiligen Ärzte Kosmas und Damian geweiht, und zwar mit einem Gebet, welches um Heil des Leibes und der Seele kraft des Leidens Christi bat[124]. In Gallien gibt es viele Zeugnisse dafür, daß dieses heilige Öl von Laien angewendet wurde, um Kranke zu heilen oder um Dämonen zu vertreiben. Dazu wurden die Gläubigen vom Klerus, z. B. von Cäsarius von Arles, sogar ermuntert, aber offenbar hauptsächlich um sie von alten heidnischen Zauberpraktiken abzuziehen[124a]. Cäsarius von Arles fordert die Kranken auf, zur Kirche zu kommen, zu kommunizieren und sich salben zu lassen; so werde die Anweisung des Jakobusbriefes

[120] Eccl. off. II, 26. [121] Etym. 6, 19, 54. [122] Braulio, Ep. 35.
[123] Vgl. unten S. 285 f.
[123a] Siehe Denzinger-Schönmetzer Nr. 183.
[123b] PL 69, 18 A = PL 84, 831 C. [124] *Fernández Alonso* 577. [124a] *Beck* 242.

(5,14f) erfüllt (Sermo 19,5). Man ist erstaunt, daß Cäsarius aber auch die Kranken anweisen kann, sich vom Priester das geweihte Öl geben zu lassen und sich (selbst?) zu salben (Sermo 13,3). Daß Cäsarius auch darin die Erfüllung von Jak. 5,14 sieht, scheint aber darauf hinzudeuten, daß er nicht an eine Selbstsalbung der Kranken gedacht, sondern sich nur verkürzt ausgedrückt hat[125].

Frömmigkeit

An der Wende vom 5. zum 6. Jh. ging die Häufigkeit des Empfangs der *Eucharistie* stark zurück. Schon das Konzil von Agde 506 mußte erklären (can. 18), wer nicht wenigstens an Weihnachten, Ostern und Pfingsten kommuniziere, könne nicht als Christ gelten. Da das gleiche Konzil aber eine strenge Vorbereitung auf die Kommunion forderte, konnte es kaum den Weg zu häufiger Kommunion bahnen. Cäsarius von Arles rief in seinen Predigten außerdem zur Kommunion am Fest Johannes' des Täufers und der übrigen Märtyrer auf, aber eine regelmäßige Sonntagskommunion wagte auch er nicht zu fordern. Der Grund dafür ist ohne Zweifel der strenge Maßstab, der an die notwendige Vorbereitung gelegt wurde. So verlangte etwa Cäsarius von solchen, die kommunizieren wollten, wenigstens mehrere Tage eheliche Enthaltsamkeit (Sermo 16,2; 19,3; 44,3)[126]. Die Neuvermählten forderte er auf, einen Monat der Kirche fernzubleiben (Sermo 43,23). Daß er die Gleichberechtigung und Gleichverpflichtung beider Geschlechter nach christlichem Glauben betont, verdient hervorgehoben zu werden (Sermo 44,5). In Spanien wurde sogar in der Trauungszeremonie die Enthaltsamkeit als Kommunionvoraussetzung eingeschärft, und Isidor (eccl. off. 1,18,9–10) verlangte viele Tage Enthaltsamkeit, worin aber vielleicht eine bewußte Übertreibung liegt[127]. Jedenfalls bedeutete selbst tägliche Teilnahme an der Messe noch nicht häufige Kommunion[128].

Christliche Frömmigkeit ist jeweils stark geprägt durch die Heiligen, denen besondere Verehrung gilt. Von heutigem Verständnis her fragt man zuerst nach dem Platz, den *Maria* im christlichen Bewußtsein einnimmt. Zwar führte man in Rom den Namen Mariens zu Beginn des 6. Jh. in den Kanon ein, aber die ersten Marienfeste datieren im Westen erst aus dem 7. Jh. Das Sacramentarium Veronense (Leonianum), dem freilich die ersten drei Monate fehlen, kennt neben den Festen der römischen Lokalheiligen die Verehrung des Täufers und des Erzmärtyrers Stephanus, aber Maria wird nur in einer Präfation zum Täuferfest genannt[129]. Unter Papst Theodor (642–649) wurde das Fest der Purificatio (2. Febr.) eingeführt, und noch vor Papst Sergius (687–701) kamen die Feste der Verkündigung Mariens (25. März), ihrer Aufnahme in den Himmel

[125] So jedenfalls *Beck* 245ff.
[126] Vgl. *Delage* 157.
[127] So *Fernández Alonso* 335.
[128] Gregor. Tur., Gl. Conf. 65.
[129] Sacramentarium Veronense, ed. *Mohlberg* u.a., Nr. 234.

(15. Aug.) und ihrer Geburt (8. Sept.) hinzu. Hier ist deutlich östlicher Einfluß wahrzunehmen[130]. Bemerkenswert dabei ist, daß Papst Sergius mit der Form und den Meßformularen der drei zuletzt genannten Marienfeste offenbar nicht zufrieden war, sondern größere Feierlichkeit wünschte. Dies erreichte er dadurch, daß er auch für diese Feste eine Prozession einführte, zu der man aus einer anderen Kirche aufbrach. In dieser Versammlungskirche wurde die Collecta gesprochen. So erhielten diese drei letzten Feste gleiche Feierlichkeit, wie sie schon am Fest der Purificatio üblich war. Dies läßt sich daran erkennen, daß das Hadrianum und das Paduense im Meßformular des 2. Februar übereinstimmen und beide am Anfang eine Collecta bieten. Dagegen haben die drei anderen Feste im Paduense keine Collecta, also fand keine Prozession statt. Das Hadrianum weist für die drei letzten Marienfeste vom Paduense abweichende Gebete und je eine Collecta am Anfang auf[131].

Die Marienfeste sind aber nicht die älteste Bezeugung der Marienverehrung; bei Gregor d. Gr. etwa finden wir kein Marienfest bezeugt, wohl aber erwähnt er der Gottesmutter geweihte Kirchen, und zwar nicht nur in Rom Groß-St. Marien, sondern darüber hinaus etliche Kirchen und Oratorien in Italien, eines auch in Gallien, nämlich in Autun[132]. In Gallien lassen sich dann im 7. Jh. zahlreiche Frauenklöster feststellen, deren Kirchen Maria geweiht sind[133]; ja, das war die Regel, während die Männerklöster meist Petrus und Paulus gewidmet waren. Um 705 wird dem schwer erkrankten Wilfrid von York durch eine Engelerscheinung vorgehalten, daß er zwar Kirchen für Petrus und Andreas, aber noch keine zu Ehren Mariens erbaut habe[134], woraus wohl zu entnehmen ist, „daß Maria und die Apostel in der Frömmigkeit der Zeit zusammengehörten"! Aber die durch Patrozinien belegte Marienverehrung läßt sich weiter zurückverfolgen. Um 400 scheint Nicasius in Reims die erste Marienkathedrale erbaut zu haben[135], und das hat so sehr Schule gemacht, daß sich im 6. Jh. in vielen Bischofskirchen ein Komplex von drei Kirchen ausmachen läßt, nämlich mit einer den Aposteln geweihten Klerikerkirche, einer Maria geweihten Katechumenenkirche und dem Johannes Baptista geweihten Baptisterium[136]. In Spanien waren im 6. u. 7. Jh. die Kathedralkirchen meist Maria geweiht; literarisch greifbar aber wird dort die Marienverehrung erst in der Mitte des 7. Jh. mit dem Traktat des Ildefons von Toledo über die immerwährende Jungfräulichkeit Mariens. Das 10. Konzil von Toledo verlegte 656 (can. 1) das Fest der Verkündigung Mariens, das bis dahin in Spanien noch nicht einheitlich am 25. März gefeiert worden war, auf den 18. Dezember. Der Tag wurde sicher nicht nur gewählt, weil er eine Woche vor der Geburt des Herrn liegt, sondern

[130] *Deshusses* 53.
[131] *Deshusses* 54.
[132] Vgl. Reg. Epp. MGEp. II Index.
[133] *E. Ewig*, Der Petrus- und Apostelkult im spätrömischen Gallien: ZKG 71 (1960) 217.
[134] *Ders.*, a. a. O. 227.
[135] *Ders.*, a. a. O. 247. [136] *Ders.*, a. a. O.

auch weil man auf dem 5. Konzil von Toledo 636 (can. 1) für das Triduum vom 15.–17. Dezember neue Bittage eingeführt hatte. Dabei war es wohl nur darum gegangen, dem himmlischen Schutz suchenden König Chintila entgegenzukommen, aber später dienten diese Bittage zur Erhöhung der Feierlichkeit dieses nun in den Advent verlegten Marienfestes. Daß in der Festmesse der genannte Traktat des Ildefons, in sechs oder sieben Abschnitte aufgeteilt, anstelle der alttestamentlichen Lesung vorgetragen wurde, zeigt, wie beweglich, volks- und zeitnah die spanische Kirche des 7. Jh. ihre Liturgie gestaltete[137].

Die lange verbreitete Vorstellung, die „Merowingerzeit" habe im Zeichen der Landes- und Ortspatrone gestanden" und der Petruskult sei erst den Karolingern durch die Angelsachsen übermittelt worden, läßt sich heute nicht mehr halten, nachdem nachgewiesen werden konnte, daß nicht nur im 7. Jh. allein 78 Klöster mit Petruspatrozinium (verbunden gelegentlich mit dem Paulus- oder Marienpatrozinium) auftraten[138], sondern daß sich schon für die frühe Merowingerzeit etwa vierzig Petrusbasiliken und etwa halb soviel Petruskathedralen namhaft machen lassen[139]. Dabei scheint an vielen Stellen das Petruspatrozinium einem allgemeinen Apostelpatrozinium nachgefolgt zu sein, so daß der „Apostelkult eine persönlichere Note erhielt". Die Apostelfürsten, vor allem Petrus, sind im Frühmittelalter als Sonderpatrone der römischen Kirche ins allgemeine Bewußtsein getreten[140]. Der spätantike lateinische Episkopat hatte, um die Einheit des Reiches gegen alle Untergangserscheinungen zu betonen, den Kult der beiden Apostelfürsten gefördert und ihn so den neu bekehrten Burgundern, Westgoten und Franken vermittelt[141]. An vielen Stellen wurde der Petruskult in der späten Merowingerzeit aber durch die Verehrung jener Heiligen überlagert, deren Leiber am Ort begraben waren. Das hing nicht zuletzt damit zusammen, daß man von den römischen Apostelgräbern nur Berührungsreliquien erhalten konnte, die Körperreliquien der germanischen Mentalität aber mehr entsprachen.

Wie die Petrusverehrung, so übernahmen die jungen germanischen, christlich gewordenen Völker auch den Brauch des *Wallfahrens* von der lateinischen (und griechischen) Antike. Der erste christliche König der Burgunder, Sigismund, ist zugleich auch der erste christliche Germanenkönig, der nach Rom gewallfahrtet ist. Er brachte Reliquien mit, die aber offenbar bald aufgebraucht waren, denn er sandte einen Diakon nach Rom, um neue Reliquien zu holen[142]. Bischof Gregor von Tours sandte im Jahre 590 ebenfalls seinen Diakon nach Rom; er brachte ihm viele Reliquien mit. Von ihm auch erfuhr Gregor, wie in Rom das Petrusgrab verehrt wurde. Besonders beeindruckend ist die Schilderung, daß, wenn einer fromm und andächtig genug betete, das Tüchlein, das man auf das

[137] *Fernández Alonso* 389.
[138] *E. Ewig*, a.a.O. 226.
[139] *Ders.*, a.a.O. 242 bzw. 244.
[140] *Ders.*, a.a.O. 249. [141] *Ders.*, a.a.O. 250.
[142] Avitus, Ep. 27: MG Auct. ant. VI 2, 59.

Petrusgrab hinabzusenken pflegte, um so eine Berührungsreliquie zu gewinnen, nach der Berührung mit dem Grab schwerer wog als vorher und man so einen Beweis für die Gnade Gottes hatte[143]. Auch von den Britischen Inseln kamen schon vor dem Jahre 500 Wallfahrer nach Rom. Die neuen germanischen Herren der Insel, die sich dem katholischen Glauben zuwandten, übernahmen auch die Hochschätzung für Petrus und den Sinn für das Wallfahren. Einige Herrscher legten ihre Kronen ab und pilgerten nach Rom. Im eigenen Land gründeten sie Peterskirchen als Ersatz; wer nicht nach Rom gehen könne, sollte hier Petrus verehren[144]. Diesen eifrigen Wallfahrten der Germanen ist es mit zu verdanken, daß im 5. und 6. Jh., wo Rom allmählich seinen äußeren Glanz verlor, nachdem es schon seine Macht verloren hatte, die ehemalige Zentrale des Reiches zur heiligen Stadt wurde. In ihr wurden in diesen Jahrhunderten die berühmtesten Märtyrer der ganzen Christenheit verehrt; Rom wurde so zur Vermittlerin und Verteilerin dieser Schätze. Für die religiöse und kulturelle Entwicklung des Abendlandes ist die Reliquienwallfahrt nach Rom von größter Bedeutung gewesen[145]. Ja man kann sogar sagen, daß die Wallfahrten einen katholischen Geist geschaffen und entwickelt haben, das heißt einen universalen Geist des gesamten Christentums. Durch die Wallfahrten verbreitete sich eine wirklich brüderliche Gesinnung zwischen den Gläubigen in den verschiedensten Ländern[146]. Im 7. Jh. entwickelte sich in der abendländischen Christenheit unter dem Einfluß der neuen Bußpraxis der irischen Mönche eine neue Form der Wallfahrt, nämlich die Bußwallfahrt. Sie wurde hauptsächlich von Klerikern, welche ja nicht zur öffentlichen Buße zugelassen wurden, zur Tilgung schwerer Vergehen unternommen; dabei kam es nicht auf ein bestimmtes Ziel an, sondern darauf, Heimatlosigkeit als Sühne auf sich zu nehmen. Freilich führten auch solche Wallfahrten an die heiligen Orte und trugen zur Verbreitung von Heiligenkult und Reliquien bei[147]. Erwähnung verdient in diesem Zusammenhang auch die Wallfahrt zum Heiligtum des Erzengels Michael auf dem Monte Gargano in Süditalien, weil sich hier nämlich nicht ein Grab eines Heiligen oder der Ort eines biblischen Ereignisses im Zentrum der Wallfahrt findet, sondern der Ort, an dem der Legende nach der Engel erschienen ist. Die Wallfahrt, die dann im Mittelalter gesamteuropäische Ausmaße annahm und sich fast mit den Wallfahrten nach Rom und zum angeblichen Apostelgrab in Santiago de Compostela vergleichen läßt, nahm ihren Anfang offenbar schon im 7. Jh.[148] Zu erwähnen wäre natürlich auch die Wallfahrt zum Grab des heiligen Martin in Tours, welche im 6. Jh. gelegentlich sogar höher geschätzt wurde als die Wallfahrt nach Rom. So jedenfalls entsprach es der rührigen Propaganda des

[143] Gregor. Tur., Gl. Mart. 28; PL 71, 728ff.
[144] *B. Kötting*, Peregrinatio religiosa, 242.
[145] *Ders.*, a.a.O. 244f.
[146] *B. de Gaiffier* 35.
[147] C. *Vogel*, Le pèlerinage Pénitentiel, 56f.
[148] *A. Petrucci* 149–153.

Bischofs Gregor von Tours[149]. Es muß aber daran festgehalten werden, daß die Wallfahrt nach Rom, die offenbar schon sehr früh den Charakter einer Sühnewallfahrt annahm, insofern eine Sonderstellung einnahm, als man dabei eben nicht nur zum Apostelgrab pilgerte, sondern zugleich und im Laufe der Zeit auch verstärkt zum Nachfolger des Apostels, zum römischen Papst, in dem man die Schlüsselgewalt, das heißt die Vergebungsvollmacht des Petrus, lebendig wußte[150].

In Arles gab es im 6. Jh. etwa 20–25 *Heiligenfeste*[151]; überhaupt brachte dieses Jahrhundert ein starkes Anwachsen der Heiligenverehrung, wie man vor allem aus den Schriften des Gregor von Tours sehen kann[152]. Ursprünglich galt die Verehrung natürlich den Märtyrern, dann wurde sie auf die Asketen ausgedehnt, die durch ihre Strenge bewiesen hatten, daß sie von gleichem Rang waren wie die Märtyrer[153]. In vielen Städten, etwa Südostgalliens, fanden sich Gräber von Heiligen, und man war daran interessiert, neue zu finden, und baute dann über den Gräbern z. T. große Kirchen[154]. Die Heiligen wurden aber nicht nur an ihrem Grabe angerufen, sondern auch in weiter Entfernung davon; freilich versuchte man dann, durch Reliquien mit ihnen in Kontakt zu treten. Gregor von Tours empfahl ihre Anwendung im Krankheitsfalle, wohl auch um die Gläubigen von Zauberpraktiken abzubringen. Bemerkenswert ist, daß Cäsarius diesen Gebrauch der Reliquien noch nicht kannte.

Es war wichtig, den genauen Todestag eines Heiligen zu kennen, weil an diesem sein Fest gefeiert werden mußte. Die ganze Nacht hindurch wurde Vigil gehalten oder doch wenigstens eine sehr früh am Morgen beginnende Morgenfeier. Die feierliche Messe begann um 9 Uhr, in ihr wurde die Passio oder die Vita des Heiligen vorgelesen. Der Klerus, der Dienst im Heiligtum eines Märtyrers tat, war übrigens verpflichtet, das zusammengeströmte Volk mit Wein zu bewirten. Ihrerseits suchten die Gläubigen möglichst engen Kontakt mit dem Grab eines Heiligen. So nahmen sie etwa Öl aus den dort brennenden Lampen mit, um es gegen Krankheit zu verwenden[155]. Die Verehrung der Heiligen darf man nicht nur für einen Zug der Volksfrömmigkeit halten, sie war vielmehr ein Teil der bischöflichen Seelsorge. Das Bild des Heiligen mochte mehr ausrichten als die Predigt des Bischofs, ja man hat sogar sagen können, daß der Heilige die Tätigkeit des Bischofs vollende, sei er doch eine geheimnisvoll allwissende Kraft, die dort zu handeln beginne, wo das Tun des Bischofs aufhörte[156]. Im allgemeinen scheinen die Bischöfe keine Reserven gegen die Heiligen- und Reliquienverehrung gehabt zu haben; im Gegenteil. Das 3. Konzil von Braga (can. 5) sah sich im Jahre 576 genötigt, den wohl auch der persönlichen Eitelkeit der Bischöfe dienenden Eifer etwas zu zügeln. Die Reliquienschreine sollten von

[149] *E. Delaruelle* 216f. [150] *A. Prandi* 446f.
[151] *Beck* 314.
[152] *Griffe* 23. [153] *Beck* 287.
[154] *Ders.* 292f.
[155] *Ders.* 234ff. [156] *Muller* 81.

Diakonen getragen werden; keinesfalls aber sollte sich ein Bischof, unter dem Vorwand, er habe den Reliquienschrein zu halten, auf einem Sessel tragen lassen. Nur einmal ist uns bezeugt, daß ein Bischof, nämlich Serenus von Marseille, Ende des 6. Jh., gegen die Heiligenverehrung Stellung nahm. Er ließ sogar ihre Bilder zerstören, weil er annahm, das Volk bete sie an[157]. Gregor d. Gr.[158] lobte zwar seinen Eifer für die ausschließliche Anbetung Gottes, tadelte aber zugleich die Zerstörung der Bilder, da sie ungebildeten Menschen zum Glauben dienlich sein könnten[159].

Es verdient hervorgehoben zu werden, daß die *Reliquienverehrung* keineswegs nur ein Charakteristikum der Volksfrömmigkeit gewesen ist; vielmehr haben sich schon die christlichen Theologen der Spätantike mit der Frage beschäftigt und den Gläubigen versichert, daß auch der kleinste Teil einer Märtyrerreliquie einen großen Schatz bedeute, denn die Kraft und Gnade des Heiligen sei in gleicher Weise in jedem Teilchen wie in seinem ganzen Leib[160]. Die Aufteilung der Reliquien ermöglichte andererseits die Sammlung von Reliquien vieler Heiligen, dabei dachte man wohl ganz naiv, sich so den Schutz vieler Heiliger zu garantieren. Auf diesem Wege ist das Phylakterienwesen, das heißt die Anfertigung und der Gebrauch von Amuletten mit Reliquien, in Blüte gekommen[161]. Daß man in Rom keine Körperreliquien der Apostel abgab, sondern lediglich Berührungsreliquien, ist nicht nur mit der Verehrung der Apostel zu begründen, sondern hat seinen Grund darin, daß jede Aufteilung der Reliquien der Apostel die Position des päpstlichen Primates geschwächt hätte, welche für die Zeit nicht nur in der Nachfolge Petri, sondern im Besitz der Apostelgräber begründet war[162].

Wenn man nun bedenkt, daß Isidors Mönchsregel (24, 1–2), also eine Schrift aus dem 7. Jh., zum ersten Mal einen jährlichen Gedächtnistag, an dem für alle Toten das heilige Opfer dargebracht werden sollte, erwähnt[163] – Totenmessen, die z. T. sogar zur genauen Todesstunde des Verstorbenen gehalten wurden, kannte man in Gallien schon im 6. Jh.[164] –, dann wird man sagen dürfen, daß die entscheidenden Merkmale christlicher Frömmigkeit in dem hier zu überblikkenden Zeitraum ausgeformt wurden. Dies gilt vor allem dann, wenn angenommen werden darf, daß auch die erst unter dem Einfluß der keltischen Mönche allgemein in Übung kommende Einzelbeichte, welche zweifelsohne ein Charakteristikum katholischer Frömmigkeit ist, schon in diesem Zeitraum auf Grund der Weiterbildung antik-westlicher Bußpraxis vorbereitet wurde.

157 Dies scheint aber nicht der Fall gewesen zu sein. Aus den Berichten des Gregor von Tours geht vielmehr hervor, daß auch die eifrigsten Heiligenverehrer sich von Gottes Allmacht abhängig wußten, bei welcher die Heiligen nur intervenieren können. Vgl. dazu *van der Lof* S. 40.

158 Reg. Epp. IX 208 und XI 10.

159 *Beck* 306.

160 *Kötting,* Reliquienverehrung 326.

161 *Ders.,* a. a. O. 327.

162 *Ders.,* a. a. O. 330.

163 Vgl. *Fernández Alonso* 586f.

164 *Beck* 256f.

21. Kapitel

Lateinisches Mönchtum von der Mitte des 5. bis zum Ende des 7. Jahrhunderts

QUELLEN: 1. Die Mönchs- und Nonnenregeln der Zeit, zuerst gesammelt von Benedikt von Aniane († 821) in seinem *Codex Regularum*, ediert von *L. Holste* († 1661) in Rom 1661, in neuer Bearbeitung herausgegeben von *M. Brockie* (Augsburg 1759, abgedruckt PL 103, 393–664), anastatischer Neudruck Graz 1957; vgl. *J. Neufville*, Les éditeurs des regulae Patrum, S. Benoît d'Aniane et Lukas Holste: RBén 76 (1966) 327–343. Neuausgabe im Corpus Consuetudinum Monasticarum in Vorbereitung. Übersicht über die Mönchsregeln von *A. Mundó;* LThK² VII 540–542 und ClP n. n. 1838–1876. 2. Sonderausgaben einzelner Regeln: *Regula Magistri* (= RM), Éd. diplomatique par *H. Vandenhoven – F. Masai – P. B. Corbett* (Bruxelles 1953); ed. *A. de Vogüé*, SChr 105–107 (Paris 1964/65, Bibl. S. 15–25). *Regula Benedicti* (= RB): ed. *C. Butler* (Freiburg ³1935); *G. Penco* (Florenz 1958, mit ital. Übers.); *R. Hanslik*, CSEL 75 (Wien 1960); *Ph. Schmitz* (Maredsous ²1962); *G. M. Colombás – L. M. Sansegundo – O. M. Cunill*, BAC 115 (Madrid ²1968, mit Gregors d. Gr. Dialogi lib. II); *A. de Vogüé – J. Neufville*, SChr 181–186 (Paris 1971/72, mit wichtiger Einl. Bd I 13–410). Seit 1972 erscheint ein Jahrbuch: Regulae Benedicti Studia (Hildesheim), hrsg. von *B. Jaspert* und *E. Manning*, ab 2 (1973) mit internat. Bibliogr. zur RB. Caesarius Arel., Regula ss. virginum, ed. *G. Morin*, Florpatr 34 (Bonn 1933); Reglas monásticas de la España visigoda (Leander, Fructuosus, Isidor) ed. *J. Campos – I. Roca*, BAC 321 (Madrid 1971, mit span. Übers.).

LITERATUR: Allgemein: Siehe Bd II/1 Kap. 19 und 20, ferner: *T. P. McLaughlin*, Le très ancien droit monastique de l'Occident (Poitiers 1935); *ders.*, Il monachesimo nell'alto medio evo e la formazione della civiltà occidentale (Spoleto 1957); *G. Penco*, Il concetto di monaco e di vita monastica in Occidente nel secolo VI: StMon (1959) 7–50; *J. Leclercq*, Érémitisme en Occident: Le Millénaire du Mont Athos I (1963) 161–180; Théologie de la vie monastique (Paris 1961) 323–383; Los monjes y los estudios (Poblet 1963) 41–103; *B. Steidle*, Die Einsetzung des Abtes im alten Mönchtum: Erbe und Auftrag 40 (1964) 179–196; *F. Weißengruber*, Weltliche Bildung der Mönche (5./6. Jh.): RömHM 8/9 (1964/65) 13–28, 10 (1966/67) 12–42; *A. Mundó*, Las reglas monásticas del siglo VI y la ‚lectio divina': StMon 9 (1967) 229–255; *K. S. Frank*, Frühes Mönchtum im Abendland, I: Lebensnormen (München 1975).

Italien: *G. Ferrari; G. Penco* (Bd II/1 Kap. 20); Monographien zu Benedikt von Nursia: *J. Chapman* (London 1929); *L. Salvatorelli* (Hamburg 1937); *J. McCann* (London 1937); *S. Brechter* (Hrsg.), Benedikt, Vater des Abendlandes (St. Ottilien 1947); *R. Molitor* (Hrsg.), Vir Dei Benedictus (Münster 1947); *I. Herwegen* (Düsseldorf ⁴1951); *I. Schuster* (Viboldone ³1953); *Cl.-J. Nesmy* (Paris 1958); *I. Herwegen*, Sinn und Geist der Benediktinerregel (Einsiedeln 1944); *E. v. Hippel*, Die Krieger Gottes. Die Regel Benedikts als Ausdruck frühchristlicher Gemeinschaftsbildung (Paderborn ²1953); *Fr. A. Blazovich*, Soziologie des Mönchtums und der Benediktinerregel (Wien 1954); *A. de Vogüé*, La communauté et l'abbé dans la Règle de s. Benoît (Paris 1960); *S. Pawlowsky*, Die biblischen Grundlagen der Regula Benedicti (Wien 1965); *H. Schlögl*, Der hl. Benedikt als Pädagoge und Psychologe (Diss. Wien 1966). – Benediktiner bis 700: *C. Butler*, Benediktinisches Mönchtum (St. Ottilien 1929); *St. Hilpisch*, Benediktin. Mönchtum (Freiburg 1929); *Ph. Schmitz*, Geschichte des Benediktinerordens I/II (Einsiedeln 1946/48). – *D. Cappuyns*, Cassiodore: DHGE 11, 1349–1408; *A. van de Vyver*, Les Institutions de Cassiodore et sa fondation à Vivarium: RBén 53 (1941) 59–88; *G. Ludwig*, Cassiodor. Über den Ursprung der abendländischen Schule (Frankfurt 1967, Bibliogr. 169 ff); *R. Schlieben*, Christliche Theologie und Philologie in der Spätantike. Die schulwissenschaftlichen Methoden der Psalmenexegese Cassiodors (Berlin 1974). – *O. Porcel*, La doctrina monástica de san Gregorio Magno y la ‚Regula monachorum' (Madrid 1950); *P. Rudmann*, Mönchtum und kirchlicher Dienst in den Schriften Gregors d. Gr. (St. Ottilien 1956).

Gallien: *L. Ueding*, Geschichte der Klostergründungen der frühen Merowingerzeit (Berlin 1935); *F. Prinz*, Frühes Mönchtum im Frankenreich (München 1965); *G. Holzherr*, Regula Ferioli (Einsiedeln 1961); *G. Moyse*, Les Origines du monachisme dans le diocèse de Besançon (V–X s.): BEC 131 (1973) 21–104; *F. Villegas*, La ‚Regula monasterii Tarnatensis'. Texte, sources et datation: RBén 84 (1974) 7–65.

Irofränkisches Mönchtum: *H. Leclercq*, Luxeuil: DACL 9 (1930) 2722–2787; S. Columbani opera ed. *G. S. M. Walker* (Dublin 1957, mit Bibliogr. S. LXXXII–XCII); Mélanges Colombaniens (Luxeuil–Paris 1951); *J. O. Caroll*, The Chronology of St. Columban: IThQ 24 (1957) 76–95; *F. MacManus*, Saint Columban (New York 1962).

Spanien: *Pérez de Urbel* I (Bd II/1 Kap. 20) 165–528; *J. F. Alonso*, La cura pastoral en la España romano-visigoda (Rom 1955) 463–507; *A. Mundó*, Monachesimo nella penisola iberica fino al secolo VII = Il monachesimo nell'alto medio evo (Spoleto 1957) 73–108; *P. J. Mullins*, The Spiritual Life according to St. Isidore (Washington 1940); *C. M. Aherne*, Valerio of Bierzo (Diss. Washington 1949); *M. Martins*, O monacato de s. Fructuoso de Braga (Coimbra 1950); *J. Campos*, Juan de Biclaro (Madrid 1960); *A. Viñayo Gonzales*, San Fructuoso de Braga (León 1966); *M. C. Díaz y Díaz*, La vida eremítica en el reino visigodo = España eremítica, Analecta Legerensia I (Pamplona 1970) 49–62; *A. Linage Conde*, Los orígenes del monacato benedictino en la peninsula ibérica, T. I: El monacato hispano prebenedictino (León 1973).

Nordafrika: *J. J. Gavigan* (Bd II/1 Kap. 20); *J. Diesner*, Das Mönchtum der Vandalenzeit in Afrika = Kirche und Staat im spätrömischen Reich (Berlin [2]1964) 140–148.

Die Weiterentwicklung des lateinischen Mönchtums von etwa 450 bis 700 läßt klar erkennen, daß das Ereignis der Völkerwanderung mit seinen Auswirkungen die bisherige Hochschätzung des Mönchsideals weit mehr gefördert als gehemmt hat. Auch die Kontinuität mit dem Mönchtum des 4. Jh. wird gewahrt, da sowohl seine ideelle Grundlage, das Vorbildhafte des Orients, wie auch die bisherigen Formen, Koinobitentum und Eremitentum, fortbestehen. Letzteres erfährt eine gewisse Differenzierung, da einmal neben dem strengen Einsiedlertum des einzelnen eine Form häufiger wird, die den Eremiten in der Nähe eines Klosters und damit in Verbindung mit dessen Abt beläßt, und zweitens nun *Wandereremiten*, zunächst vorwiegend irischer Herkunft, auftreten, die die *peregrinatio*, den asketischen Verzicht auf Heimat und alles, was sie bedeutet, mit der Anachorese verbinden[1]. Das Eremitentum wird weiterhin als Hochform mönchischer Existenz gewertet, deren Anforderungen sich nur der zuvor in einer klösterlichen Gemeinschaft Erprobte aussetzen soll[2].

Die große Mehrheit der Asketen wählt demnach die koinobitische Lebensweise, die im hier behandelten Zeitraum einige charakteristische Merkmale hinzugewinnt. Die an Zahl enorm ansteigenden Klöster – ihre Gründer sind außer dem einzelnen Mönch Bischöfe, Päpste, aber auch vermögende Laien, vor allem der merowingische Adel und das Königtum – festigen zunächst einmal

[1] Siehe *J. Leclercq*, Mönchtum und Peregrinatio im frühen Mittelalter: RQ 55 (1960) 212–225 mit zahlreichen Belegen für das Eremitentum des 6. und 7. Jh., ferner seine Übersicht: Le Millénaire du Mont Athos I (1963) 161–180; *P. Doyère:* DSp 4 (1960) 953–982.

[2] So schon Joh. Cassian., Instit. coenob. 5, 36; 8, 17; Collat. 18, 3; Bened., Reg. c. 1, dazu *A. Hastings*, St. Benedict and the Eremitical Life: DR 61 (1950) 191–211.

ihre innere Organisation, da sie mehr und mehr nach einer bestimmten, nun auch schriftlich fixierten *Regel* leben[2a]. In solchen Regeln ist zwar immer noch das Ideal des orientalischen Koinobitentums bestimmend, aber allenthalben wird doch eine Anpassung an die konkreten Gegebenheiten der westeuropäischen Gebiete vorgenommen. Sie wird bereits faßbar in den Institutiones (1–4) des Johannes Cassian und in der lateinischen Form der Ascetica des Basilius, deutlicher in der Bearbeitung der Pachomiusregel und den beiden aus Lerinum stammenden *Regula quattuor Patrum* und *Regula Macarii*, die noch dem 5. Jh. angehören[3]. In Südgallien versammeln sich zuweilen die Äbte mehrerer Klöster zu Beratungen über die innere Struktur ihrer Klöster, aus deren Beschlüssen die sog. Regula quattuor patrum, die *Regula secunda* und *tertia Patrum* hervorgehen[4]. Das 6. Jh. ist die Zeit der großen Regeln des Magister und Benedikts von Nursia in Italien, der Arelatenser Bischöfe Caesarius und Aurelian in Gallien, die aber frühere Arbeiten verwerten. Einige der neuen Regeln sind ausgesprochene *Mischregeln* (Regulae mixtae), wie die *Regula Ferioli*, die *Regula Tarnatensis Monasterii*, die *Regula Orientalis* und die *Regula Pauli et Stephani*, die ganze Partien vorliegender Regeln übernehmen[5]. So erhält auch das irofränkische Mönchtum eine eigene Form durch die Kombination der Kolumbanregel mit der *Regula Benedicti*. In den Klosterregeln Spaniens aus dem 7. Jh., die Leander von Sevilla, sein Bruder Isidor und Fructuosus von Braga verfassen, ist wieder mehr orientalischer Einfluß neben dem der Augustinusregel spürbar[6]. Die Befolgung der gleichen Regel in mehreren Klöstern führt aber noch nicht zu ihrem organisatorischen Zusammenschluß.

An einem so bedeutsamen Faktor innerkirchlichen Lebens, wie ihn die zahlreichen Klöster darstellen, zeigt der zeitgenössische Episkopat begreifliches Interesse und will, angeregt durch die Klostergesetzgebung des Konzils von Chalkedon[7], auch im lateinischen Westen das Klosterwesen grundsätzlich seiner *Jurisdiktion* unterstellt sehen. Noch im 5. Jh. setzt dieser Prozeß steigender bischöflicher Kontrolle ein, der freilich nicht überall gleichmäßig verläuft. In Nordafrika begünstigt die bedrängte Lage der Kirche unter der Vandalenherrschaft eine weitgehende Unabhängigkeit der Klöster. In Italien setzt sich nach der byzantinischen Rückeroberung (535) das östliche Klosterrecht vor allem im byzantinischen Herrschaftsbereich durch und gibt damit dem Bischof die

[2a] Vgl. *A. de Vogüé,* Sub regula vel abbate: CollCist 3 (1971) 209–241.

[3] Regula Macharii, ed. *H. Styblo:* WSt 76 (1963) 124–158 und *A. C. Vega:* BRAH 164 (1969) 27–34.

[4] Regula quattuor Patrum: PL 103, 435–442; Regula secunda Patrum, ed. *J. Neufville:* RBén 77 (1967) 92–95; Regula tertia Patrum PL 103, 443–446, dazu *A. Mundó,* Les anciens synodes abbatiaux et les ‚Regulae Patrum': SA 44 (1959) 107–125.

[5] Katalog der Regeln des 6. Jh. für Gallien und Spanien bei *A. Mundó:* StMon 9 (1967) 229–231.

[6] Die Ausgaben der einzelnen Regeln siehe unter Anm. 61 ff.

[7] Zu den Nachwirkungen der chalkedonischen Klosterkanones in der kirchlichen Gesetzgebung des Abendlandes siehe *L. Ueding:* Chalkedon II 642–660.

Möglichkeit, die Mönche der besonders im Süden zahlreicheren kleineren Klöster zu seelsorgerlichen Aufgaben heranzuziehen. In dem von den Ostgoten und dann von den Langobarden kontrollierten Raum Italiens behalten jedoch die weniger zahlreichen, oft aber bedeutenderen Klöster gegenüber dem Bischof eine größere Bewegungsfreiheit[8]. Gregor d. Gr. unterstellt sie dann generell der bischöflichen Aufsicht, die auch im Lauf des 6. Jh. in Gallien und Spanien zur Anerkennung gelangt, wie die Synodalgesetzgebung der Zeit erkennen läßt. Schwerpunkte der bischöflichen Kontrolle sind Einfluß oder mindestens Prüfung bei der Abtswahl und die Aufsicht über die Verwaltung des klösterlichen Besitzes. Eine Lockerung und Einschränkung der bischöflichen Jurisdiktion folgt jedoch im 7. Jh. aus dem Einfluß, den sich der an der Klostergründung beteiligte reiche Laie wahren kann, oder aus Privilegien, die der Landesherr einem Kloster gewährt[9]. Die sich hier anbahnende klösterliche *Exemtion* wird erstmals in vollem Umfang im Jahre 628 von Papst Honorius I. dem oberitalienischen Kloster Bobbio verliehen[10].

Eine weitere bedeutsame Entwicklung im abendländischen Mönchtum dieser Zeit ist mit der Übernahme *missionarischer Tätigkeit* in einem bisher nicht gekannten Ausmaß gegeben. Von der bislang üblichen, oft mehr gelegentlichen Mission unter der Bevölkerung im näheren Bereich eines Klosters wird der Blick auf ferne Ziele gelenkt, man geht über zur Missionierung fremder Völker, die, wie bei der Angelsachsenmission, in großem Maßstab geplant und in Angriff genommen wird. Als dann die iroschottischen Mönche die asketische Peregrinatio mit der Missionsarbeit auf dem Festlande verbinden, wird die große missionarische Aufgabe fest im Bewußtsein des abendländischen Mönchtums verankert[11].

Als letztes Charakteristikum des lateinischen Mönchtums dieser Epoche ist die nun allenthalben verbreitete Institution der *Klosterschule* zu nennen. Sie dient zwar ausschließlich der Ausbildung des eigenen klösterlichen Nachwuchses, der in den Stand gesetzt werden muß, die Texte für den liturgischen Dienst und die Heilige Schrift als Stoff für die „lectio divina" lesen und die dafür notwendigen Handschriften anfertigen zu können, sie schließt also bewußt die profane, vor allem heidnische Literatur der Antike aus ihrem Programm aus. Aber diese Klosterschule ist doch nicht ein mehr und mehr verkümmernder Rest des mit den übrigen Institutionen des spätantiken Reiches untergehenden Schulwesens, sondern trotz ihres elementaren Charakters der lebensfähige Keim, aus dem ebenso wie aus den Bischofsschulen der Zeit die mittelalterliche Schule als Vermittlerin der christlich-abendländischen Bildung erwachsen wird[12]. In der folgenden geographisch geordneten Übersicht werden die wich-

[8] *G. Penco,* Storia del monachesimo 27–42.

[9] Zur bischöflichen Jurisdiktion über das frühe Mönchtum: *T. P. McLaughlin.*

[10] Das *Privilegium Bobiensi coenobio datum:* PL 80, 483 und IP VI 2, 249 n. 6.

[11] Zur Angelsachsen- und Iroschottenmission auf dem Festland s. Kap. 16 u. 13.

[12] Siehe *H.-I. Marrou,* Geschichte der Erziehung im klassischen Altertum (Freiburg 1957)

tigsten Fakten, Persönlichkeiten und Strömungen im Mönchtum der Zeit hervorgehoben.

Italien

Das um die Wende vom 4. zum 5. Jh. schon beachtliche *Eremitentum* Italiens behält auch in der Folgezeit seinen Rang, es findet sich jetzt außer auf den bevorzugten Inseln des Mittelmeeres auch im Landesinnern, wie z.B. auf dem Montelucano bei Spoleto[13]. Der hier vorliegende Einfluß des ägyptischen Anachoretentums wurde wachgehalten durch die lateinischen Übersetzungen der Apophthegmenliteratur des 6. Jh. (Verba seniorum), an denen auch die späteren Päpste Pelagius I. (556–561) und Johannes III. (561–574) beteiligt waren[14]. Aber auch das italische *Koinobitentum* orientiert sich weiter am östlichen Vorbild, wie etwa der wohl aus Syrien stammende Laurentius, der um die Mitte des 6. Jh. das später so bedeutende Kloster Farfa bei Spoleto gründete[15]. Italischen Ursprung hält man auch für wahrscheinlich bei der zu Beginn des 6. Jh. entstandenen *Regula Orientalis,* deren Titel schon auf östlichen Einfluß hinweist. Schon Gennadius lobte ihre Klarheit, schrieb sie freilich irrtümlich einem Diakon Vigilius zu[16]. Gewisse Impulse auf das italische Mönchtum dieser Zeit gingen auch von afrikanischen Mönchen aus, die unter dem Druck der Vandalenherrschaft ihre Heimat verließen. So gründete der Afrikaner Gaudentius ein Kloster in Neapel, und Fulgentius von Ruspe sammelte afrikanische Mönche in zwei Niederlassungen in Calaris auf Sardinien, in denen das theologische Studium einen nicht geringen Rang einnahm[17]. Um das Jahr 500 siedelte sich eine Mönchsgemeinschaft um das Grab des heiligen Severin im Castellum Lucullanum bei Neapel an, deren zweiter Abt Eugippius, der Verfasser der Severinsvita, nach Isidor von Sevilla auch eine Regel für sein Kloster schrieb, die höchstwahrscheinlich identisch ist mit der anonymen „Regel" einer Pariser Handschrift[18]. Im Verlauf des 6. Jh. hat die Zahl der Klöster in Italien enorm zugenommen, wie die Korrespondenz und die Dialogi Gregors d. Gr. zeigen, in denen eine Fülle klösterlicher Niederlassungen erwähnt wird, über deren Entstehungsverhältnisse jedoch keine präzisen Nachrichten vorliegen.

Dem 6. Jh. werden heute fast ausnahmslos die beiden umfangreichsten Mönchsregeln dieser Übergangszeit zugeschrieben, die seit 1938 Gegenstand einer intensiven und noch nicht abgeschlossenen Diskussion sind, die sog.

481 f; *P. Riché,* Éducation et culture dans l'Occident barbare (Paris ³1973) 140–163 200–215 336–350.

[13] *G. Penco* a. a. O. 22.

[14] *A. H. Salonius,* Vitae Patrum (Lund 1920).

[15] *G. Penco* a. a. O. 22f und: Atti II° convegno Studi umbri (Perugia 1965) 257–276.

[16] Text der Regula Orientalis: PL 103, 477–484, dazu *A. Mundó:* StMon 9 (1967) 231, Gennad., Script. eccles. c. 51.

[17] Vita Fulg. 19; 24.

[18] Eugipp., Vita Sever. 46, 6; Isidor. Hisp., Vir. ill. 26, dazu *A. de Vogüé,* La Règle d'Eugippe retrouvée: RAM 47 (1971) 233–266.

Regula Magistri (RM) und die Regel Benedikts von Nursia (RB)[19]. Zwischen beiden besteht eine so starke inhaltliche und formale Verwandtschaft, daß sich zwingend einmal die Frage nach ihrer gegenseitigen Abhängigkeit, zum andern die der zeitlichen Priorität der einen vor der andern aufdrängt. Die RM ist anonym und im Vergleich zur RB von etwa dreifachem Umfang, als Verfasser der letzteren wird in den meisten Handschriften ein Benedikt genannt, der offensichtlich identisch ist mit jenem Benedikt von Monte Cassino, dessen Zeichen und Wundertaten Papst Gregor d. Gr. im 2. Buch seiner Dialogi schildert und von dem er eine Mönchsregel geschrieben sein läßt, die sich durch discretio und lichtvolle Sprache auszeichne (Dial. II 36). Gregor bietet zwar nur wenige chronologische Hinweise auf Ereignisse im Leben Benedikts, aber zusammen mit einigen glaubwürdigen Anhaltspunkten aus der sonstigen Überlieferung über ihn erlauben sie doch, seine Lebensspanne etwa zwischen 480/90 und 550/60 anzusetzen. Diese Tradition läßt ihn aus der antiken Provinz Nursia stammen und als Jüngling eine Zeitlang in Rom studieren. Er verläßt aber bald die Stadt, um in einer Höhle bei Subiaco als Einsiedler zu leben, bis sich ihm Schüler anschließen, die er in mehreren Gemeinschaften nach pachomianischem Vorbild vereint haben soll. Seine hier gewonnenen Erfahrungen und Einsichten über das rechte Koinobitentum sucht er dann in einer Neugründung auf dem Monte Cassino zu realisieren, wo er Mitte des 6. Jh. gestorben sein dürfte.

Als gesichertes und auch fast allgemein anerkanntes Ergebnis der eben genannten Diskussion darf heute die Priorität der RM gelten und deren Entstehung den ersten drei Jahrzehnten des 6. Jh. zugewiesen werden, da sie u. a. ein weniger entwickeltes Koinobitentum gegenüber der RB darstellt, da sie ferner apokryphes Schrifttum in einem Ausmaß verwertet, wie es sich mit dem am Beginn des 6. Jh. entstandenen sog. Decretum Gelasianum de libris recipiendis et non recipiendis nur schwer vereinen läßt, und da sie schließlich bereits von Abt Eugippius von Lucullanum († um 530) in seiner nunmehr identifizierten „Regel“ benutzt wurde. Weniger einig ist man sich hingegen über die Heimat der RM; man möchte sie meist in der Umgebung Roms entstanden sehen, andere glauben eher an eine Herkunft aus der Provence[20].

Mit der Priorität der RM steht auch ihre Benutzung durch Benedikt fest, da eine beiden gemeinsame Vorlage ebensowenig überzeugend nachgewiesen

[19] Die gesamte Bibliographie zur Erforschung der beiden Regeln aus den Jahren 1938 bis 1970 wurde zusammengestellt von *B. Jaspert:* StMon 13 (1971) 129–171, auch separat als Subsidia Monastica I (Montserrat 1971). Die Diskussion über die beiden Regeln wurde zwar eröffnet durch *M. Álamo,* La Règle de s. Benoît éclairée par sa source, la Règle du Maître: RHE 34 (1938) 740–755, der aber mündlich durch *A. Genestout* auf das Problem aufmerksam gemacht wurde, siehe *A. Genestout,* La Règle du Maître et la Règle de s. Benoît: RAM 21 (1940) 51–112.

[20] Einen guten Überblick über den gegenwärtigen Forschungsstand bieten die Referate und Diskussionen des I. Internationalen Regula-Benedicti-Kongresses vom 4.–9. Okt. 1971 in Rom, wiedergegeben im Jahrgang 1 (Hildesheim 1972) der Regulae Benedicti Studia. Auf viele noch zu klärende Einzelprobleme kann hier nicht eingegangen werden.

werden konnte wie die These, Benedikt sei der Verfasser beider Regeln. Diese haben ihre endgültige Form nicht schon bei ihrer ersten Niederschrift gefunden, sondern sind inhaltlich erweitert (RM) oder formal verbessert worden (RB), sehr wahrscheinlich hat die RM Benedikt in einer kürzeren Zwischenform vorgelegen. Unter den beiden Regeln gemeinsamen Quellen steht die Heilige Schrift an erster Stelle, beide greifen ferner auf Cassian zurück, auch Cyprian ist ihnen bekannt, während die spärliche Benutzung der Apokryphen durch Benedikt nicht auf unmittelbare Kenntnis derselben, sondern auf direkte Übernahme aus der RM, wahrscheinlich sogar ohne näheres Wissen um ihren Charakter, hinweist. Als Eigengut der RM erscheint die Kenntnis des Julianus Pomerius, des Caesarius von Arles und des Niketas von Remesiana, während Benedikt mit einem weit umfangreicheren einschlägigen Schrifttum vertraut ist, wie etwa den Vitae patrum, der „Regel unseres heiligen Vaters Basilius", der Historia monachorum, der Pachomiana und vor allem der Regel Augustins, aus der er manchen Gedanken entnimmt, ohne sie ausdrücklich zu nennen[21]. Mit dem aus diesen Quellen geschöpften Ideengut hat Benedikt die aus eigener Erfahrung und Meditation stammenden Erkenntnisse in eine Ordnung eingebracht, wie sie ihm für die koinobitische Lebensform wesentlich und zugleich menschlich realisierbar schien. So hat er, auch mit größerer kompositorischer Kraft, als sie dem Verfasser der RM zur Verfügung stand, in einer geglückten Synthese die bis dahin geschlossenste Klosterregel geschaffen, der vor allen anderen Regeln aus der Frühzeit des Mönchtums die größere Ausstrahlungskraft für die nächsten Jahrhunderte zukommen sollte. Es schmälert keineswegs den Rang der Leistung Benedikts, wenn man darauf verzichtet, ihn, historisch unzutreffend, als den Gründer des westlichen Mönchtums oder gar als Vater des Abendlandes zu bezeichnen[22].

Fragt man nach dem Grundgedanken der RB, so wird man ihre Christozentrik nennen dürfen[23]. Bereits das entscheidende Motiv für den Eintritt in die klösterliche Gemeinschaft ist der Wille zu unbedingter Christusnachfolge. Der Dienst in der *militia Christi Regis* bestimmt die ganze Lebensführung des Mönches *(conversatio morum)*. Er leistet dem Abt[24] Gehorsam, weil er in ihm Chri-

[21] Zu den Quellen beider Regeln siehe jeweils die Einleitung zu deren Ausgaben von *A. de Vogüé* in den SChr.

[22] Siehe *B. Jaspert,* Benedikt von Nursia – der Vater des Abendlandes? Kritische Bemerkungen zur Typologie eines Heiligen: Erbe und Auftrag 49 (1973) 90–103; 190–207.

[23] Hierzu außer den kommentierten Ausgaben die Kommentare von *I. Herwegen,* Sinn und Geist der Benediktinerregel (Einsiedeln 1944); *B. Steidle,* Die Regel St. Benedikts (Beuron 1952); *ders.* (Hrsg.), Commentationes in Regulam S. Benedicti: SA 42 (Rom 1957); *G. Turbessi,* Ascetismo e monachesimo in San Benedetto (Rom 1965); *P. Delatte,* Commentaire sur la Règle de s. Benoît (Solesmes 1969). Zur Christozentrik der RB siehe *A. Borias,* Le Christ dans la Règle de s. Benoît: RBén 82 (1972) 109–139.

[24] Zur Stellung des Abtes, zur Wahl und Ordination siehe außer *A. de Vogüé* (Paris 1960, oben Lit.) *K. Hallinger:* ZKG 76 (1965) 233–245; *H. Grundmann:* ebd. 77 (1966) 217–223; *R. Somerville:* RBén 77 (1967) 246–263; *M. Angerer:* StMon 12 (1970) 43–56.

stus sieht; er pflegt den kranken Bruder, weil er in ihm Christus dient; er nimmt alle Entsagung auf sich, weil er teilhaben will an der Passion Christi; nichts ist ihm teurer als die Liebe zu Christus. Diese zentrale Christusnachfolge zu sichern ist das Ziel der Anordnungen über den liturgischen Dienst *(opus Dei)*[25], über die *lectio divina* und die *stabilitas loci*[26]. Mit der so verstandenen Nachfolge Christi wird auch das zweite fundamentale Anliegen Benedikts gesichert, die caritas fraterna, die zugleich als zutiefst christliche humanitas Grundlage jeder klösterlichen Gemeinschaft sein muß, eine Einsicht, die Benedikt in hohem Maße der Lektüre der Augustinusregel verdankt[26a]. Manche Einzelvorschriften der RB sind so elastisch gefaßt, daß sie leicht verschiedenen klimatischen Bedingungen angepaßt werden konnten, ihr Autor hat also mit einer Ausbreitung derselben gerechnet. Während jedoch die Zeugnisse für die Existenz der RM im 6. Jh. relativ häufig sind, setzen sie für die RB erst im 7. Jh. ein. Gewiß hat das Benediktbild der Dialogi Gregors d. Gr. ihre Verbreitung gefördert, relativ früh tritt sie im Merowingerreich auf, zuweilen als Teil einer Regula mixta, etwa zusammen mit der Regel Kolumbans, bis sie im Laufe des 8. Jh. stark an Boden gewinnt und durch die vereinten Bemühungen der ersten Karolingerkaiser und des Abtes Benedikt von Aniane († 821) fast ausschließliche Geltung erlangt[27].

In dem ehemaligen Minister des Ostgotenkönigs Theoderich, *Cassiodor*[28] (geboren um 485), begegnen wir einem Laien, der als eifriger Förderer des Mönchtums auf seinem süditalienischen Besitz Squillace zwei Niederlassungen gründete[29], eine Anachoretensiedlung auf der Anhöhe von Castellum und in unmittelbarer Nähe das eigentliche Kloster Vivarium, das aber einer spezifischen Aufgabe dienen sollte, nämlich der über die bisherige lectio divina weit hinausgehenden wissenschaftlich fundierten und organisierten Arbeit an der Bibel. In seinen den Mönchen gewidmeten *Institutiones divinarum et saecularium litterarum*[30] hat Cassiodor seine Vorstellungen darüber niedergelegt und ein konkretes Studienprogramm entwickelt. Wichtige Voraussetzung dafür war

[25] Dazu *A. de Vogüé:* RBén 71 (1961) 233–264; RAM 42 (1966) 389–404, 43 (1967) 21–33.

[26] Zur *conversatio* und *stabilitas* siehe *B. Steidle:* SA 44 (1959) 136–144 und Erbe und Auftrag 36 (1960) 103–112; *H. Hoppenbrouwers,* Graecitas et Latinitas Christianorum primaeva, Suppl. I (Nijmegen 1964) 45–96.

[26a] Siehe die Nachweise bei *A. de Vogüé,* La Règle de s. Benoît I 31 f und *A. Borias,* Hospitalité augustinienne et bénédictine: RHSp 50 (1974) 3–16.

[27] Zur Verbreitung beider Regeln siehe *G. Penco:* Benedictina 10 (1956) 181–198; SA 42 (1957) 321–345.

[28] Siehe außer *D. Cappuyns* und *R. Helm:* RAC 2, 915–926, *J. van Besselaar,* Cassiodorus, Leven en werken (Antwerpen 1950).

[29] Zur Lage und Struktur der Cassiodorschen Gründung *P. Courcelle:* MAH 55 (1938) 259–307. Daß Cassiodor in Vivarium schon die RB einführte, ist ebenso unbewiesen wie die Meinung, er sei der Verfasser der RM, die *D. Cappuyns:* RThAM 15 (1948) 209–268 vorträgt.

[30] Ausgabe von *R. A. B. Mynors* (Oxford 1937). Zur Bedeutung der Institutiones *L. Alfonsi:* Klearchos 6 (1964) 6–20.

eine Bibliothek[31], in der einwandfreie Bibelhandschriften, Einführungen in die Bibel, die exegetischen Schriften der Kirchenväter und jene Werke der Profanliteratur vorhanden waren, die für ein wissenschaftlich fruchtbares Bibelstudium nicht entbehrt werden konnten. Ein eigenes Scriptorium sollte die Herstellung der erforderlichen Handschriften übernehmen. Neu an dieser Konzeption war einmal die Forderung der echten wissenschaftlichen Betätigung überhaupt und dann der starke Akzent, der auf die Heranziehung der profanen Literaturwissenschaft gelegt wurde, die aber Cassiodor immer wieder zu rechtfertigen sucht. Für die Verwirklichung solch hochgesteckter Ziele kamen natürlich nicht alle Mönche des Klosters in Frage, und es bedurfte ohnehin einer längeren Anlaufzeit, bis ein leistungsfähiges Arbeitsteam herangebildet war. Aber schon mit dem Tode des Gründers († um 580) begann offensichtlich das Interesse an dem Unternehmen zu erlahmen, und so ist aus Vivarium nur ein exegetisches Werk hervorgegangen, eine *Expositio psalmorum*, und auch diese stammt aus der Feder Cassiodors[32] selbst, der sich dabei auf Augustins *Enarrationes in psalmos* stützte, ohne deren religiösen Gehalt auch nur entfernt zu erreichen. Das Wertvollste waren so zunächst die von Cassiodor erworbenen Bestände der Bibliothek und sein in den Institutionen entwickeltes Programm, das allerdings später einen wesentlichen Anteil an der Erneuerung der wissenschaftlichen Tätigkeit im Abendland gewinnen sollte[33].

Die starken Impulse, die von Gregor d. Gr., selbst Mönch und Klostergründer in Rom und auf Sizilien, auf das zeitgenössische Mönchtum Italiens ausgingen, sind schon wiederholt erwähnt worden. Viele seiner Maßnahmen galten dem äußeren und inneren Wiederaufbau des Klosterwesens, das ebenso wie das kirchliche Leben insgesamt unter den Wirren der Langobardeninvasion gelitten hatte[34]. Bedeutsam war weiter, daß Gregor mehr und mehr das Mönchtum in den unmittelbaren Dienst der Kirche nahm, Äbte zu Bischöfen berief, sie mit wichtigen Missionen etwa nach Ravenna oder Pavia sandte oder ihnen die Predigt bei den Langobarden und die Missionierung der Angelsachsen übertrug. Hier wird ein aufschlußreicher Wandel in Gregors Auffassung von der Bestimmung des Mönches faßbar, der in seinem eigenen Lebensweg begründet ist. Während er zunächst Mönchsein und Ausübung eines kirchlichen Amtes oder Auftrags für unvereinbar hielt, hat er später im kirchlichen Dienst eine Möglichkeit zur Erlangung höchster Vollkommenheit gesehen, da man in ihm vita

[31] Dazu *P. Courcelle,* Les lettres grecques en Occident (Paris ²1948) 313–388 und *L. Teutsch,* Cassiodorus Senator. Ein Beitrag zur Würdigung seiner wissenschaftlich-bibliothekarischen Leistung: Libri e Riviste 9 (1959) 215–239; *P. Riché* a.a.O. 204–212.

[32] CChr 97–98, ed. *M. Adriaen* (Terhout 1958). Vgl. *A. Ceresa-Gastaldo,* Contenuto e metodo dell'Expositio psalmorum di Cassiodoro: VetChr 5 (1968) 61–71.

[33] Zur Nachwirkung Cassiodors *H. Thiele:* SM 50 (1932) 378–419.

[34] *T. Leccisotti,* Le conseguenze dell'invasione longobarda per l'antico Monachesimo italico: Atti I° congr. internaz. Studi longobardi (Spoleto 1951) 369–376. Zur Zerstörung Monte Cassinos (577) siehe *H. S. Brechter:* SM 56 (1938) 109–150.

activa und contemplativa miteinander verbinden könne[35]. Bald nach Gregors Tod gewann das iroschottische Mönchtum Einfluß auf das italische, als Columban († 615) im Jahre 612 unweit der Trebbia (südlich von Pavia) sein letztes Kloster *Bobbio* gründete, das sich von Anfang an der reichen Förderung des langobardischen Königshauses erfreute und in gewissem Sinn zunächst ein königliches Eigenkloster war. Sein rasches wirtschaftliches Aufblühen gestattete ihm eine intensive Tätigkeit im kulturellen und theologischen Bereich, speziell durch sein Scriptorium wurde Bobbio zu einem erstrangigen geistigen Zentrum im damaligen Italien, das mit seinen zahlreichen Zweigniederlassungen und durch die Ausbreitung des Columbankultes nicht nur in den Bereich der Langobardenherrschaft, sondern auch in das byzantinische Gebiet ausstrahlte. Die strenge Regel Columbans blieb unter seinen ersten Nachfolgern in Geltung, erst in der 2. Jahrhunderthälfte macht sich allmählich der Einfluß der RB geltend, die dann im 8. Jh. alleinbestimmend wird[36].

Mönchtum im Merowingerreich

Im ehemaligen Gallien blieben die beiden Schwerpunkte der Ausbreitung des Mönchtums im 4./5. Jh., das Gebiet des unteren Rhônetales und Aquitanien, bestehen, erfuhren aber im 6./7. Jh. wichtige, z. T. von außen kommende Differenzierungen. Im Rhônemönchtum blieb zunächst der Einfluß von Lérins noch vorherrschend, wie besonders die schon genannte Regula Macharii erkennen läßt[37]. Auf die Bedeutung der jetzt aufkommenden Abtssynoden in den Provinzen Narbonne und Provence wurde schon hingewiesen[38]. Zum bedeutendsten Förderer des südostgallischen Mönchtums wurde Bischof Caesarius von Arles († um 542), der selbst Mönch in Lerinum war, ehe er die Leitung des Männerklosters vor den Toren der Stadt Arles übernahm (bis 502). In den beiden von ihm verfaßten Klosterregeln – die erste[39] schrieb er für das von ihm als Bischof gegründete Nonnenkloster St. Johannes, dem seine Schwester Caesaria vorstand, die zweite, eine Männerregel, ist wohl nur eine umgearbeitete Verkürzung der Nonnenregel[40] – wird aber nun neben der Lerinenser Tradition deutlich der Einfluß der Augustinusregel spürbar[41]. Die Nonnenregel gelangte zu

[35] Vgl. außer *P. Rudmann* (Lit.) *R. Gillet*, Spiritualité et place du moine dans l'Église selon s. Grégoire le Grand = Théologie de la vie monastique (Paris 1961) 323–351.

[36] Die frühen Urkunden für Bobbio bei *C. Cipolla*, Codice diplomatico del monastero di s. Colombano di Bobbio I (Rom 1918). Zur Rechtsstellung Bobbios siehe *C. G. Mor*, S. Colombano e la sua opera in Italia (Bobbio – Parma 1953) 73–83. – *A. Maestri*, Il culto di s. Colombano in Italia (Piacenza 1955). Über die Bedeutung Bobbios für die Mission bei den Langobarden siehe oben Kap. 15.

[37] Siehe Anm. 3.

[38] Siehe Anm. 4.

[39] Caesar. Arel., Opera II 101–129 (ed. *G. Morin*) und separat: FlorPatr 34 (Bonn 1933).

[40] Ebd. II 149–155, dazu *A. de Vogüé:* RAM 47 (1971) 369–406.

[41] Schon nachgewiesen von *C. Lambot:* RBén 41 (1929) 333–341, vgl. zuletzt *L. Rodorel de Seilhac*, L'utilisation par s. Césaire d'Arles de la Règle de s. Augustin (Diss. masch. Paris 1967).

besonderem Ansehen, als Chlothars I. Gemahlin Radegundis († 587) sie für das von ihr in Poitiers ins Leben gerufene Frauenkloster St. Marien (später Ste-Croix) übernahm, wahrscheinlich galt sie auch in den beiden von der Königin Brunhilde gestifteten Frauenklöstern von Autun[42]. Beide Caesariusregeln haben anregend auf spätere Verfasser von Klosterregeln gewirkt, so auf seinen Nachfolger Aurelian, der sich in seinen Regeln für die von König Childebert errichteten Klöster in Arles stark an Caesarius anlehnt[43]. Auch für den anonymen Autor der *Regula Tarnatensis monasterii,* das wohl am Fluß Tarn in Südgallien lag, war Caesarius neben Augustinus eine Quelle, aus der er z. T. wörtlich schöpfte. Eine mehr ideenmäßige Verwandtschaft mit den Caesariusregeln liegt vor in der Regel des Bischofs Ferreolus von Uzès (553–581) in Südfrankreich, dem aber auch die Regula Tarnatensis schon bekannt war. Alle genannten nachcaesarianischen Regeln lassen jedoch noch keinen Einfluß der RB erkennen[44]. Auf die Nonnenregel des Caesarius griff schließlich noch im 7. Jh. Bischof Donatus von Besançon (ca. 624–660) zurück, als er für das Frauenkloster Jussa-Moutier eine Regula mixta zusammenstellte, die außerdem viel aus der RB und einiges aus der Regel Columbans übernahm, zu dessen Schülern Donatus zuvor gehörte[45]. Daß sich die Rhôneklöster so relativ früh durch die Einführung einer Regel eine straffere Organisation gaben, mußte sich positiv auf das gesamte Klosterleben auswirken. Sicher hat es dazu beigetragen, daß gerade in den südgallischen Klöstern jenes wache Interesse für theologisch-religiöse Fragen vorhanden war, wie es in der Diskussion um die augustinische Gnadenlehre sichtbar wird. Es fällt weiterhin auf, daß gerade die aus dem Rhônemönchtum kommenden Bischöfe eine besondere Bereitschaft zeigen, das öffentliche Leben sowohl im kirchlichen wie im staatlichen Bereich wirksam mitzugestalten.

Im mittleren und westlichen Raum des alten Gallien steht das Mönchtum zunächst weiter unter dem Einfluß des martinischen Ideals und behält seine alte Neigung zum Individualismus bei, der sich neben anderem im Verzicht auf die stabilitas loci und auf die Einführung einer festen Klosterregel kundtut. So kam es immer wieder zu planlosen, oft bald wieder aufgegebenen Klostergründungen einzelner Mönche, so daß das erste fränkische Nationalkonzil von Orléans 511, in deutlichem Rückgriff auf die Klosterordnung des Caesarius von Arles, die Errichtung von Mönchsniederlassungen von der Zustimmung des Ortsbischofs abhängig machte und die Seßhaftigkeit der Mönche vor-

[42] Vgl. *F. Prinz,* Frühes Mönchtum 77f und *G. Marié:* Études mérovingiennes (Paris 1953) 219–225.

[43] Text beider Regeln Aurelians: PL 68, 385–406.

[44] Die Regula Tarnatensis: PL 66, 977–988, die Regula Ferrioli ebd. 959–976. Siehe bes. *L. R. Delsalle,* Comparaison, datation, localisation relative des Règles monastiques de s. Césaire d'Arles, s. Ferréol d'Uzès et de la Regula Tarnatensis monasterii: Augustiniana 11 (1961) 5–26; *G. Holzherr,* Regula Ferrioli (Einsiedeln 1961); *F. Villegas:* RBén 84 (1974) 7–65 mit neuem Text bei Regula Tarnatensis.

[45] Text: PL 87, 273–298, dazu *S. G. Luff:* DR 70 (1952) 180–203 und *R. Hanslick:* Stpatr 10, 1 (TU 107, Berlin 1970) 100–104.

schrieb[46]. Daß diese Bestimmungen sich aber nur in bescheidenem Ausmaß durchsetzten, lassen noch die Berichte Gregors von Tours über das Mönchtum des ausgehenden 6. Jh. erkennen, für das immer noch der Mangel an Disziplin und Organisation charakteristisch bleibt.

Der entscheidende Impuls für eine Weiterentwicklung des merowingischen Mönchtums kam von außen, als der irische Mönch *Columban*[47] (ca. 543–615) mit 12 Gefährten um 590 ins Frankenreich kam und sich das Mönchsideal seiner Heimat[48] auf neuem Boden auswirken konnte. Als der Ire die Stelle des ersten Lehrers an der Schule seines Heimatklosters Bangor aufgab, um in die Ferne zu ziehen, war auch bei ihm das Motiv dafür die religiös verstandene Peregrinatio, wie er selbst in seinem Brief an die Bischöfe des Merowingerreiches betont[49]. Erst als er die bedrückende Lage der merowingischen Kirche aus eigener Anschauung kennengelernt hatte, entschloß er sich auch zu seelsorgerischer Arbeit unter der Bevölkerung, soweit sie im Rahmen klösterlichen Gemeinschaftslebens möglich war. Dabei war es von größter Bedeutung, daß Columban für seine Tätigkeit rasch die Billigung und Unterstützung Königs Sigiberts und der merowingischen Oberschicht fand, die von der Persönlichkeit des irischen Mönches stark beeindruckt waren. Am Südostabhang der Vogesen konnte er nacheinander drei Niederlassungen gründen, Annegray, Luxeuil und Fontaine[50], von denen die zweite nach der Größe der Anlage (Refektorium, Klosterschule, Gästehaus) und der schnell wachsenden Zahl der Mönche die bedeutendste wurde. Für diese Klöster schrieb Columban seine Regeln nieder, die *Regula monachorum* (10 Kapitel), die mehr die Grundhaltungen des asketischen Lebens der Mönche festlegt, und die *Regula coenobialis,* eine lose, mehr notizbuchartige Aufzeichnung von Bußen, die für Verfehlungen im Klosterleben auferlegt wurden[51]. Beide spiegeln Theorie und Praxis des irischen Heimatklosters Bangor wider, die dessen Abt Comgall dort eingeführt hatte. Dazu gehört vor allem der ernste, strenge, nach Innerlichkeit strebende Grundzug, der die Mönchsregel durchzieht, die Gebetsordnung (Kap. 7) und die detaillierten Bußbestimmungen der Regula coenobialis. Von Anfang an besaß die Gründung Columbans eine starke Ausstrahlungskraft, die sich in zwei wichtigen Zügen äußerte. Einmal wurde der fränkische Adel in einzigartiger Weise vom iroschottischen Mönchsideal angesprochen: seine Söhne wurden z. T. in Luxeuil erzogen oder traten dort als Mönche ein, Mönche aus Luxeuil wurden zu Bischöfen

[46] Concil. Aurel. (a. 511) can. 11.

[47] Hauptquelle die Vita Columbani des Mönches Jonas von Bobbio, ed. *B. Krusch:* MGSS rer. Mer. 4 (1902), eine ed. minor (Hannover 1905). Die Schriften Columbans ed. *G. S. M. Walker,* S. Columbani Opera (Dublin 1957).

[48] Zur Entwicklung und Eigenart des iroschottischen Mönchtums siehe oben Kap. 12.

[49] Columb., Ep. 2, 6.

[50] Jonas, Vita s. Columb. 1, 6; 1, 10.

[51] Die Regula monachorum: 122–142; die Regula coenobialis: 142–168 ed. *Walker.* Die handschriftliche Überlieferung beider Regeln weist viele spätere Erweiterungen auf, vgl. *Walker,* Introduction XLII–LII.

berufen, die dann Klöster nach Luxeuiler Vorbild ins Leben riefen oder in schon bestehenden Klöstern die Ordnung von Luxeuil einführten, und schließlich nahmen Laien zahlreiche Neugründungen sowohl in Neustrien wie in Austrasien und Nordburgund vor, so daß die Zahl der an Luxeuil orientierten Klöster im Lauf des 7. Jh. auf über hundert anstieg[52]. Die zunächst ausschließliche Geltung der Columbanregel wurde im Lauf des Jahrhunderts allerdings abgelöst durch eine *Regula mixta*, zu der sie sich mit Teilen der allmählich vordringenden Benediktinerregel entwickelte. Des weiteren ging von diesen Klöstern eine tiefreichende seelsorgerliche Wirkung aus, da die von ihnen empfohlene Privatbeichte, die Betonung ernster Bußgesinnung[53], kurz die Ausübung einer individuellen Seelsorge, einem tiefen Bedürfnis in allen Schichten der Bevölkerung entgegenkam. Dieser doppelte Erfolg des Luxeuiler Geistes wurde aber alsbald auch Anlaß zu einem ernsten Konflikt zwischen Mönchtum und Teilen des Episkopates wie auch mit König Theudebert II. Den Bischöfen mißfiel die relative Unabhängigkeit der irofränkischen Klöster ebenso wie die so wirksame seelsorgerliche Tätigkeit Columbans, beide, Bischöfe und König, ertrugen vor allem nicht die freimütige Sprache des irischen Mönches, der den Weltklerus unmißverständlich an seine Hirtenpflicht erinnerte und den König scharf wegen seines Konkubinates rügte. Dem gemeinsamen Druck beider mußte Columban schließlich weichen (610), der nach zweijähriger Missionsarbeit unter der noch heidnischen Bevölkerung zwischen dem Zürichsee und Bregenz im Herbst 612 über die Alpen wanderte und in Bobbio die letzte Stadt seiner Peregrinatio erreichte[54]. Das Wirken der Iroschotten auf fränkischem Boden wurde jedoch zu einem wichtigen Impuls für den religiösen Aufstieg der Bevölkerung des Merowingerreiches, der zum Beginn der Karolingerzeit festgestellt werden kann.

Das spanische Mönchtum

Die Entwicklung des spanischen Mönchtums im 5. Jh. wurde unterbrochen durch die Invasion der Vandalen, Suewen und Westgoten, es nahm aber nach der Konsolidierung der politischen Verhältnisse einen steten Aufschwung, der zu einer beachtlichen Blüte im 7. Jh. führte. Wie in Italien behielt auch hier das Eremitentum, vor allem auf den Balearen und in den Bergen Asturiens und Galiciens, seine Bedeutung[55], der Schwerpunkt lag jedoch in den an Zahl rasch

[52] Die Geschichte dieser Gründungen bei *F. Prinz* 121–151 mit den Karten V, VII A und VII B, zur *Regula mixta* ebd. 270–289.

[53] Die Echtheit der Bußgesinnung sollte sich bewähren in der Bereitschaft zu entsprechenden Bußleistungen, die Columban in zwei Katalogen, erhalten als Poenitentiale, zusammenstellte, siehe S. 168–180 *Walker* und die Sonderausgabe von *J. Laporte*, Le Pénitentiel de s. Colomban (Tournai 1958).

[54] Zur Chronologie dieser Lebensphase Columbans *J. O'Carroll:* IThQ 24 (1957) 76–95.

[55] Vgl. *M. C. Díaz y Díaz* a. a. O. und *A. Linage Conde* 244–250. Zu beachten ist vor allem die eigenwillige Gestalt des Eremiten Valerius von Bierzo.

wachsenden koinobitischen Niederlassungen, die ihre Entstehung zunächst Bischöfen und Mönchen, nach dem Übertritt König Rekkareds zum Katholizismus (589) auch dem regierenden Königshaus verdanken.

Bald nach 506 wurde das Kloster St. Martin von Asan gegründet (am Südhang der Pyrenäen nördlich von Huesca), dessen Abt Victorian durch Errichtung kleinerer, ihm aber unterstellter Niederlassungen für die Ausbreitung des Mönchtums bis zur Jahrhundertmitte († 558) tätig war[56]. Noch bedeutsamer war das Wirken des aus Pannonien stammenden Martin von Braga, der um 550 aus Palästina nach Galicien kam und hier das Kloster Dumio ins Leben rief, dem er als Abt bis zu seiner Berufung zum Bischof von Dumio vorstand (556). Durch eine von ihm übersetzte und bearbeitete Spruchsammlung ägyptischer Väter, die als „Regel" verwandt werden konnte, hat er seinem Kloster eine orientalische Ausrichtung gegeben, die es in die Nähe des martinischen Mönchtums in Gallien rückt[57]. Nicht ohne Einfluß auf das spanische Mönchtum war dann die Gründung des Klosters Servitanum im westgotischen Bereich durch Abt Donatus, der vor 570 mit 70 Mönchen und einer beträchtlichen Bibliothek aus Nordafrika eingewandert und bald zu hohem Ansehen gekommen war[58]. Sein Nachfolger Eutropius, der nach dem Konzil von Toledo 589 Bischof von Valencia wurde, hat in einer eigenen Schrift die straffe Disziplin seines Klosters verteidigt[59]. Man muß wohl annehmen, daß im Monasterium Servitanum die Augustinusregel befolgt wurde[60].

Die Abhandlung *De institutione virginis,* die Bischof *Leander* von Sevilla († ca. 600) für seine Schwester, die Nonne Florentina, verfaßte, verwertet Gedanken aus dem Schrifttum des Hieronymus (besonders dessen Brief 22 an Eustochium), aber auch Cassians und Augustins, während sich noch keine Spuren der Regel Benedikts nachweisen lassen[61]. Die *Regula monachorum* seines Bruders und Nachfolgers *Isidor* († 636) ist inhaltlich sowohl vom östlichen

[56] Seine Grabinschrift bei *J. Vives,* Inscripciones cristianas (Barcelona ²1969) n. 284. Vgl. auch Ven. Fortun., Carm. 4, 11.

[57] Die *Sententiae patrum aegyptiorum* bei C. W. *Barlow,* Martini episcopi Bracarensis opera omnia (New Haven 1950) 30–51. Der Bischof von Braga nannte den gallischen Martin seinen *patronus* – siehe das von ihm selbst verfaßte Epitaphium S. 283 *Barlow* –, und Ven. Fortun., Carm. 5, 1 nennt ihn *Martini heres.*

[58] Ildefonsus Tolet., Vir. ill. 4; Joh. Biclar., Chron. ad a. 571. Der Verfasser der *Vitae patrum Emeritensium* 3 berichtet über die Ankunft einer weiteren Gruppe afrikanischer Mönche in Mérida, eine Nachricht, deren Kern zutreffen kann.

[59] Isidor. Hisp., Vir. ill. 45; 65. Die Schrift Eutrops *De districtione monachorum:* PL 80, 15–20 und bei *M. C. Díaz y Díaz,* Anecdota wisigothica (Salamanca 1958) 20–35. Über Eutrop auch *J. Vives:* DHGE 16, 84–86.

[60] *A. Manrique,* La Regla de s. Agustín en España durante los primeros siglos de su existencia: CD 182 (1969) 485–513, bes. 488 490.

[61] Die „Regel" Leanders ist in drei Fassungen überliefert: a) PL 72, 873–894; b) ed. *A. C. Vega,* S. Leandro de Sevilla. El ‚De instit. virg.' (El Escorial 1948) = PL Suppl. 4, 1421–49; c) ed. *J. Madoz:* AnBoll 67 (1949) 407–424. Zu den Quellen Leanders *ders.:* MiscMercati 1 (1946) 265–295 und *J. Campos Ruiz:* BAC 321, 9–19.

(Pachomius- und Macariusregeln, Cassian) wie vom westlichen (Hieronymus, Caesarius von Arles und vielleicht auch Benedikt) monastischen Schrifttum abhängig. Seine Eigenleistung besteht in der Klarheit und Abgewogenheit, mit denen er den ihm vorliegenden Stoff zu einer wohldurchdachten Regel formt[62]. Isidor berichtet auch von einem Zeitgenossen, dem Bischof Johannes von Gerona († vor 621), er habe das Kloster Biclarum an den Ausläufern der Pyrenäen gegründet und für dasselbe eine Regel geschrieben, die aber wohl als verloren zu gelten hat[63]. Ein hilfreicher Förderer des Mönchtums war ferner der Freund Isidors, Bischof Braulio von Zaragoza († 651), einst Zögling der Klosterschule von Sevilla[64]. Er stand im Briefwechsel mit Fructuosus von Braga († ca. 665), der aus vornehmer westgotischer Familie stammte, sein Vermögen zur Errichtung mehrerer Klöster in Galicien und an der Südküste Spaniens verwandte und später Bischof von Dumio und Metropolit von Braga wurde. Seine Regula monachorum greift auf Pachomios, Cassian und Isidor zurück, weist aber auch gewisse Parallelen zu Hieronymus und Augustinus auf[65]. Singulär ist ihre Vorschrift (cap. 22), daß der Mönch bei seinem Eintritt ins Kloster ein *Pactum* unterzeichnet, in dem er die Freiwilligkeit seines Entschlusses beteuert und sich in einer Art Vertrag zur Erfüllung der klösterlichen Satzungen verpflichtet[66]. Die Fructuosus wohl zu Unrecht zugeschriebene *Regula communis* nimmt Bezug auf eine weitere in Galicien übliche Sonderform von Klöstern, in denen ganze Familien auf ihrem Besitztum eine Art Klosterleben führten, das manche Mißstände nach sich zog[67].

Als besonders charakteristischen Zug des spanischen Mönchtums dieser Zeit wird man seine Aufgeschlossenheit für geistige Tätigkeit nennen dürfen, in der das Studium der Bibel, das nach Leanders Auffassung auch in den Frauenklöstern Pflicht ist, den bisherigen ersten Rang beibehält[68]. Für die täglich vorge-

[62] *Regula monachorum:* PL 83, 867–904 und BAC 321, 79–125, über ihre Quellen siehe *R. Susin Alcubierre:* Salmanticensis 14 (1967) 371–394. Synodalbeschlüsse über das Mönchtum: Concil. Hispal. II can. 10 und 11; Concil. Tolet. IV can. 48–53; 56.

[63] Isidor. Hisp., Vir. ill. 44. Dazu *J. Campos,* Juan de Biclaro (Madrid 1960) 32–41. *J. Pérez de Urbel:* Hispania 1 (1940) 9–39, 2 (1941) 32–52 möchte die Regel Juans mit der *Regula Magistri, A. C. Vega:* BRAH 16 (1969) 13–27 mit der *Regula Macarii* identifizieren.

[64] *C. H. Lynch – P. Galindo,* S. Braulio, obispo de Zaragoza (Madrid 1950).

[65] Zu Fructuosus vgl. *M. C. Díaz y Díaz:* DSp 5, 1541–46. Die anonyme Vita s. Fructuosi: PL 87, 459–470 und bei *F. C. Nock* (Washington 1946). Die *Regula monachorum:* PL 87, 1099–1110 und BAC 321, 129–162; ihre Quellen: *R. Grégoire:* RAM 43 (1967) 172–174; *J. Oroz-Reta:* Stpatr 10, 1 (TU 107, Berlin 1970) 407–412.

[66] Muster eines solchen Pactums: PL 87, 1127–30; BAC 321, 208–211; zur Verbreitung des Brauches *C. J. Bishko:* Estudios Menéndez Pidal II (Madrid 1951) 514–531. Der von *I. Herwegen,* Das Pactum des hl. Fructuosus von Braga (Stuttgart 1907; Nachdr. Amsterdam 1965) angenommene germanische Charakter dieses Brauches ist ungewiß.

[67] Die *Regula communis:* PL 87, 1111–27; BAC 321, 165–208, dazu *J. Orlandis,* Los monasterios familiares en España durante la alta edad media: Anuario de historia del derecho español 26 (1956) 5–46.

[68] *J. Orlandis,* La ‚lectio divina' en el monasterio visigodo: Jus canon. 7 (1957) 149–156. Leand. Hisp., Reg. ad virg. 6.

schriebenen drei Stunden der „lectio" leiht sich der Mönch aus der Klosterbibliothek von Sevilla vom sacrarius seinen Lesestoff aus, zu dem auch die Schriften profaner Autoren gehören, soweit sie dem theologischen Studium förderlich sind[69]. Die bedeutenderen spanischen Bischöfe des 7. Jh. haben ihre beachtliche Bildung fast alle in den Klosterschulen von Sevilla, Toledo (Agali) oder Zaragoza erworben und haben deren scriptoria als Bischöfe weiterbenutzt und gefördert[70]. In diesem wachen Interesse für die geistige Arbeit darf man zu Recht den Einfluß des afrikanischen Mönchtums wirksam sehen, der von dem schon genannten Kloster Servitanum unter dem afrikanischen Abt Donatus ausging[71]. Es bleibt ein Verdienst des spanischen Mönchtums dieser Zeit, seiner Kirche einen Episkopat gegeben zu haben, der, gemessen an seiner asketischen und theologischen Bildung, einen hohen Rang in der lateinischen Kirche des 7. Jh. einnahm. Das religiöse Selbstverständnis dieses Mönchtums bleibt allerdings traditionell, wenn man es mit dem Eifer vergleicht, den es für die praktische Gestaltung des Klosterlebens durch Regeln, Synodalbeschlüsse und sonstige Schriften aufwendet. Man orientiert sich weitgehend an dem Ideengut, das von Hieronymus, Augustinus und Cassian vorgelegt wurde, und man versteht eine Besserung und Reform des Mönchtums jeweils im Sinne einer Rückkehr zu seiner ursprünglichen Idee[72].

Das Mönchtum Afrikas

Das vornehmlich durch die Initiative Augustins zu rascher Blüte gelangte afrikanische Mönchtum wurde noch in dessen letzten Lebensmonaten durch die Invasion der arianischen Vandalen ebenso in Mitleidenschaft gezogen wie die dortige katholische Kirche als Ganzes. Außer Kirchen und Friedhöfen wurden auch zahlreiche Klöster zerstört, zum Teil niedergebrannt und ihre Einwohner vertrieben, manche von ihnen fanden den Tod durch Schwert oder Folter, andere wurden in die Gefangenschaft verschleppt[73]. Es sind wohl hauptsächlich jene Klöster betroffen worden, die an dem Anmarschweg der Vandalen oder in der Provinz Africa Proconsularis lagen, dem eigentlichen Siedlungsgebiet der Vandalen. Da viele afrikanische Männerklöster auch Kleriker in ihrer Kommunität hatten, sind auch diese von dem Ausweisungsdekret des Königs Geiserich

[69] Isidor. Hisp., Reg. mon. 8, 1.

[70] *P. Riché,* Éducation et culture dans l'Occident barbare (Paris ³1973) 339–345. Zur profanen Bildung Isidors *J. Fontaine,* Isidore de Sévilla et la culture classique dans l'Espagne visigothique (Paris 1959) 735–762.

[71] *P. Riché* a.a.O. 345–348.

[72] Über die theologische Wertung des Mönchtums in der Westgotenzeit siehe *J. Fontaine* und *M. C. Díaz y Díaz,* Théologie de la vie monastique (Paris 1961) 353–369 371–383 und bei Fructuosus *R. Grégoire:* RAM 43 (1967) 159–176.

[73] Übereinstimmend Possidius, Vita s. Aug. 28, 7 und Victor Vit., Hist. persec. 1, 4–7. Ob die Vergewaltigung von Klosterfrauen durch Barbaren in der Provinz Mauretanien, von der Leo I., Ep. 12, 8 und 11 spricht, den Vandalen zugeschrieben werden muß, ist nicht sicher.

gegen die Kleriker erfaßt worden[74]. Über die Maßnahmen seines Vaters hinausgehend, hat König Hunerich (477–484) die völlige Unterdrückung aller Klöster geplant, da er sie durch einen Erlaß des Jahres 484 den Mauren überweisen ließ, nur sein Tod hat die Ausführung des Vorhabens verhindert[75]. In der Verfolgung Hunerichs sind außer Klerikern auch Mönche und Klosterfrauen zum Arianismus der Eroberer übergetreten[76], die Mehrheit hat sich jedoch in den schweren Belastungen hervorragend bewährt. Als König Gunthamund (484–496) nacheinander die Verfolgungs- und Verbannungsdekrete seines Vorgängers zurücknahm, konnten auch die vertriebenen Klosterbewohner zurückkehren und die Schäden der Verfolgung beseitigen, es kann sogar eine relativ rasche Regenerierung des Klosterlebens festgestellt werden, die sich, vor allem für die Provinz Byzacena, in der Vita des Bischofs Fulgentius von Ruspe († wahrscheinlich 527) widerspiegelt[77]. Wie vorher gibt es neben Klöstern, die nur Laien als Mitglieder haben und in der Minderheit sind, andere, in denen auch Kleriker und mit ihnen zuweilen der Bischof als Mönche leben[78].

Zu einer klosterrechtlich interessanten Diskussion kam es auf der Synode von Karthago 525, auf der ein Abt Petrus Klage gegen den Bischof Liberatus, Primas der Byzacena, erhob, weil er sein Kloster ganz der bischöflichen Jurisdiktion unterstellt habe und die Mönche wie seine Kleriker behandeln wollte. Das Konzil beschloß die volle Unabhängigkeit des Klosters vom Bischof, speziell die freie Abtswahl, und betonte, die dem Kloster von seinem Gründer gegebene Regel sei in jeder Hinsicht zu beachten, dem Bischof stehe nur das Weiherecht hinsichtlich der für den Gottesdienst im Kloster bestimmten Kleriker zu. Die Angelegenheit kam noch einmal auf dem karthagischen Konzil des Jahres 536 zur Sprache, auf dem ein Bischof Felix aus Numidien für die Bestätigung der Synodalbeschlüsse von 525 eintrat[79]. Des öfteren ist in den zeitgenössischen Quellen von einer Regel oder Ordnung die Rede, nach der die Klöster lebten. Es liegt zwar nahe, hier an die Augustinusregel zu denken, zumal das Andenken Augustins gerade in den afrikanischen Klöstern hochgehalten wurde, aber die Frage muß offenbleiben, weil es zur Zeit des Fulgentius Klöster von verschiedener Strenge der Observanz gab[80]. Daß jedoch augustinischer Geist in afrikanischen Klöstern des 5. und 6. Jh. weiterlebte, läßt sich aus dem Interesse schlie-

[74] Victor Vit., Hist. persec. 1, 14–15; 1, 51.

[75] *Passio septem monachorum* 5 (CSEL 7, 109): *universa monasteria virorum vel puellarum sanctarum gentibus id est Mauris cum habitatoribus donare praecepit.*

[76] Eine römische Synode des Jahres 487 setzt die Bedingungen für ihre Wiederaufnahme in die kirchliche Gemeinschaft fest: *Mansi* 7, 1056–58 1171–74, dazu *Hefele-Leclercq* 2, 934–935.

[77] Verfasser ist der Mönch und Diakon Ferrandus von Karthago: PL 65, 117–150. Kritische Ausgabe von *G. Lapeyre* (Paris 1929). Zum Todesjahr des Fulgentius siehe *C. Courtois*, Les Vandales et l'Afrique (Paris 1955) 300.

[78] *J. J. Gavigan* a. a. O. 150–153.

[79] Die Akten der Synoden: *Mansi* 8, 633–656 841–842 und Concilia Africae, CChr 249 (Turnhout 1974) 273–275 (concil. Carth. a. 525); 283 (concil. Carth. a. 536).

[80] Ferrandus, Vita s. Fulg. 12, 63; 28, 135.

ßen, das sie für das Studium der Bibel und die theologische Diskussion der Zeit erkennen lassen, wie es etwa die Mönche Ferrandus und Felix im Dreikapitelstreit beweisen.

Ein neuer Zug wurde in das Bild des afrikanischen Mönchtums eingetragen, als nach der byzantinischen Eroberung Nordafrikas durch Belisar (533/534) griechische Mönche auf der Flucht vor den Persern aus Palästina, Syrien und Ägypten oder später im Gefolge des monotheletischen Streites nach Nordafrika kamen und sich in der Proconsularis niederließen, in der in der 1. Hälfte des 7. Jh. vier byzantinische Klöster, darunter eine Laura S. Sabae, nachweisbar sind[81]. Zu den bekanntesten Vertretern dieses Mönchtums gehören, wenigstens zeitweise, die Äbte Sophronios und Thalassios, der von S. Saba und Maximos der Bekenner. Die drei letztgenannten reisten von Afrika aus nach Rom und nahmen an der Lateransynode des Jahres 649 teil, die sich mit dem monotheletischen Streit befaßte. Als um diese Zeit die arabische Invasion einsetzte, wurde mit der dortigen Kirche auch das nordafrikanische Mönchtum in die wechselvollen Kämpfe um den Besitz dieser Provinzen hineingezogen und teilte mit ihr das Schicksal eines langsamen, aber unaufhaltsamen Todes.

Über das irische und angelsächsische Mönchtum siehe oben Kap. 12 und 16 über die Mission bei den Iren und Angelsachsen.

22. *Kapitel*

Theologische Diskussionen

QUELLEN: Victor episcop. Vitensis, Historia persecutionis Africanae provinciae, ed. *M. Petschenig:* CSEL 7 (1881); Fulgentius Ruspensis, Opera, ed. *J. Fraipont:* CChr 91 u. 91a (Turnhout 1968); La Crónica de Juan Biclarense, ed. *P. Álvarez Rubiano:* AST 16 (1943) 16–42; Vitae Patrum Emeritensium: ActaSS Novembris I, 316–339 (Paris 1887) und *J. N. Garvin* (Washington 1946); Caesarius Arelatensis, Sermones, ed. *G. Morin:* CChr 103 u. 104 (²1953); Paulus Diaconus. Historia Langobardorum: MGSS rer. Lang. 45–187; Facundi episcopi ecclesiae Hermianensis opera omnia, edd. *J. M. Clement – R. van der Plaetse:* CChr 90 A (1974); Rustici contra Acephalos disputatio: PL 67, 1167–1254.

LITERATUR: *Hefele-Leclercq* (Paris 1907ff, Hildesheim – New York ²1973); *H. J. Diesner,* Fulgentius von Ruspe als Theologe und Kirchenpolitiker = Arbeiten zur Theologie I, 26 (Stuttgart 1966); *ders.,* Die Auswirkungen der Religionspolitik Thrasamunds und Hilderichs auf Ostgoten und Byzantiner = Sitzungsber. der sächs. Akademie d. Wiss. Phil.-hist. Kl. 113, 3, Berlin (1967); *M. C. Díaz y Díaz,* La cultura de la España visigótica del siglo VII: Settimane di Studio del Centro Italiano di studi sull'Alto Medioevo V (Spoleto 1958) 813–844; *E. E. Sestan,* La composizione etnica della società in rapporto allo svolgimento della civiltà in Italia nel secolo VII: ebd. 649–677; *O. Bertolini,* Le chiese Longobarde dopo la conversione al Cattolicesimo ed i loro rapporti con il papato: ebd. VII (1960) 455–492; *G. P. Bognetti,* La continuità delle sedi episcopali e l'azione di Roma nel regno Longobardo: ebd. VII (1960) 415–454; *F. J. Dölger,* Die Ehrfurchtsbezeigung beim Durchgang zwischen heidnischem Altar und christlicher Kirche. Arianische Gewissensbetäubung

[81] Über Name und Lage der byzantinischen Klöster siehe *J. J. Gavigan* a.a.O. 209–214.

in der Spätantike: AuC 6 (1940/50) 69f; *K.F. Stroheker*, Germanentum und Spätantike (Zürich – Stuttgart 1965); *F. Kauffmann*, Aus der Schule des Wulfila (Straßburg 1899); *M. Schanz – C. Hosius – G. Krüger*, Geschichte der römischen Literatur, IV, 2: Die Literatur des 5. u. 6. Jh. (München ²1959); *A. Grillmeier*, Christ in Christian Tradition (London 1965); *J.A. Jungmann*, Liturgisches Erbe und pastorale Gegenwart (Innsbruck 1960); *G.G. Lapeyre*, St. Fulgence de Ruspe (Paris 1929); *M.J. Delage*, s. zu Kap. 19; *L. Duchesne*, L'Église au 6ᵉ siècle (Paris 1925); *K. Schäferdiek*, Die Kirche in den Reichen der Westgoten und Suewen bis zur Errichtung der westgotischen katholischen Staatskirche = Arbeiten zur Kirchengeschichte 39 (Berlin 1967); W. *Goez*, Bemerkungen zu einem Bischofsgrab im Dom von Grado: ZKG 70 (1959) 121–140; W. *Meyer*, Die Spaltung des Patriarchats Aquileia. Abhdl. Ges. Wiss. Göttingen, Phil.-Hist. Kl. N. F. 2, 6 (1898).

Die Auseinandersetzung der Kirche mit dem Arianismus der Vandalen und Goten

Die Auseinandersetzung wurde seitens der Vandalen in Afrika als Verfolgung mit allen staatlichen Machtmitteln geführt. Das bezeugt die 488/489 veröffentlichte Geschichte der Verfolgung in der Provinz Afrika des Bischofs Victor von Vita, die freilich nicht nur historischer Bericht, sondern zugleich Instrument der Auseinandersetzung ist. Victor will (3, 62) alle diejenigen eines Besseren belehren, welche die Barbaren hochschätzen, und zeigen, daß die Barbaren Barbaren bleiben und nichts anderes im Sinn haben als die Vernichtung aller Römer; er identifiziert also Katholiken mit Römern und umgekehrt. Er schließt mit einem Gebet, Gott möge dieser Strafe für die Sünden der Römer ein Ende bereiten (3, 70), aber er hoffte wohl auch, die Byzantiner zu einem Eingreifen in Afrika bewegen zu können, was ihm allerdings nicht gelang. Über diesen Zweck hinaus bleibt die Schrift trotz aller Einseitigkeit eine der wichtigsten Quellen, aus der hervorgeht, daß die Vandalen zwar versuchten, die katholische afrikanische Bevölkerung zu gewinnen, aber auf Wiedertaufe von Übertretenden bestanden. Der römische Comes Sebastian, um den König Geiserich sich persönlich bemühte, lehnte Übertritt und Wiedertaufe so ab: „Wie Brot dadurch entsteht, daß Mehl durch Wasser und Feuer geht, so bin ich getauft und vom Feuer des Heiligen Geistes gekocht worden. Wenn man Brot wiederum zerstükkeln, neu einweichen und wiederbacken kann und es dadurch besser wird, dann will ich mich wiedertaufen lassen."[1] Hier schon läßt sich erkennen, daß die Auseinandersetzung mit dem Arianismus der Germanen nicht nur Sache der Theologen und Seelsorger, sondern auch der Laien war. Die Möglichkeiten für den Klerus waren außerordentlich eingeschränkt; Geiserich verbot nicht nur feierliche katholische Begräbnisse unter Gesang und Hymnen[2], weil er sie für werbewirksam hielt, sondern er ließ sich auch über die Predigten des katholischen Klerus berichten. Wer von Pharao oder Nabuchodonosor oder einer ähnlichen Gestalt des Alten Testamentes gesprochen hatte, dem wurde vorgeworfen, er habe den König damit gemeint, und der wurde ins Exil geschickt[3].

[1] Victor, hist. pers. 1, 6, 19–21. [2] Ebd. 1, 16. [3] Ebd. 1, 27.

Geiserich mag überempfindlich gewesen sein, aber man wird annehmen dürfen, daß tatsächlich die Predigten in dieser verschlüsselten Weise gegen den arianischen, die Kirche verfolgenden Herrscher kämpften. Hunerich, der Nachfolger des Geiserich, schrieb im Jahre 483 erneut das Bekenntnis der Synode von Rimini aus dem Jahre 359 für Nordafrika vor, weil sie wahrhaft ökumenisch gewesen sei[4]. Man sollte in den Vandalen nicht einfach Arianer, sondern Anhänger des verwaschenen Bekenntnisses von Rimini, also Homoier, sehen. Bemerkenswert ist, daß König Hunerich sich ausdrücklich auf die antiarianische Gesetzgebung der Kaiser berief, um sie nun gegen die Homousianer (die Katholiken) anzuwenden[5]. Als sich der oströmische Kaiser Zeno bei Hunerich dafür verwandte, in Karthago wieder eine katholische Bischofswahl zu gestatten, da verlangte er seinerseits Kultus- und Predigtfreiheit für die arianischen Bischöfe in Konstantinopel und den Ostprovinzen, sonst würden die karthagischen Kleriker exiliert. Hier ist wenigstens ansatzweise ein arianisches oder, besser gesagt, antikatholisch-germanisches ökumenisches Bewußtsein zu erkennen, welches der katholischen Kirche bedrohlich erscheinen mußte. So wollte der Klerus in Karthago lieber auf die Wahl eines Bischofs verzichten, mußte aber dem Willen des Volkes nachgeben[6].

Victor hat in seine Verfolgungsgeschichte ein Buch über den katholischen Glauben eingearbeitet[7], in dem er u.a. die chalkedonische Christologie, d.h. die Zwei-Naturen-Lehre, darlegt. Er ist sich also bewußt, daß erst in Chalkedon die endgültige Antwort auf Arius gegeben wurde. Erfolgreich von dorther argumentieren konnte freilich erst Fulgentius von Ruspe, der jüngere Zeitgenosse Victors[8]. Neben den Bibelargumenten, die aus dem ersten Arianer-Streit bekannt sind und schon im griechischen Sprachraum ausgebildet wurden, zieht Victor aus dem Wortlaut der altlateinischen Übersetzung Gewinn. So lautet Jr 9, 10 bei ihm: Sie hören nicht die Stimme der Substanz. Gemeint ist: die Hügel hören nicht mehr den Laut der Herden; so umschreibt Jeremias die Verlassenheit des für seine Sünden bestraften Landes Israel. Victor sieht in dieser Stelle einen Beweis dafür, daß die häretischen Arianer, die nichts von der gemeinsamen Substanz von Vater und Sohn wissen wollen, der Verdammung entgegengehen[9]. Offenbar haben die Vandalen in Afrika sich selbst als Katholiken bezeichnet, die römisch-katholischen Christen und die Donatisten dagegen gemeinsam mit dem Namen Homousianer belegt[10]. So konnte Fulgentius argumentieren, das Wort „katholisch" sei ebensowenig biblisch wie das homousios; die Arianer müßten sich gefallen lassen, daß man sie Tri-Usianer nennt[11].

4 Ebd. 3, 5.
5 Ebd. 3, 7 und 12.
6 Ebd. 2, 2.
7 Ebd. 2, 56–101.
8 Siehe unten S. 291.
9 Ähnlich Fulgentius in seinen Antworten an König Trasamund: CChr 91, Zeile 377.
10 Fulgentius, ep. 9, 4.
11 Antworten: CChr 91, Zeile 651ff.

Aus den *Disziplinarmaßnahmen*, welche die Kirche ergreifen mußte, geht hervor, daß der Kampf gegen den Arianismus nicht immer erfolgreich war, sondern daß viele Gläubige, auch Kleriker, sich auf die Seite der Arianer ziehen ließen. So versammelte Papst Felix II. im Jahre 487 in Rom eine Synode des afrikanischen Episkopats, um die Probleme der in der Vandalenverfolgung Abgefallenen zu lösen. In seinem Brief an die Bischöfe Siziliens[12] teilte er das Ergebnis mit: Höhere Kleriker, die zu den Arianern übergegangen waren, sollten bis an ihr Lebensende Buße tun; niedere Kleriker, Mönche und Laien sollten drei Jahre unter den Hörenden und noch sieben Jahre unter den Büßern verbringen, zwei Jahre lang dürften sie sich an keiner Altargabe beteiligen[13]. Später bestimmte das Konzil von Lérida in Spanien im Jahre 523 (can. 9), daß alle, die sich ohne Zwang hatten wiedertaufen lassen, sieben Jahre unter den Katechumenen und dann noch zwei Jahre unter den Gläubigen nur mitbeten dürfen, bevor sie voll rekonziliiert werden. Bemerkenswert ist, daß da keine Regelung getroffen wurde für solche, die unter Zwang die Wiedertaufe akzeptiert hatten, wohl deshalb, weil die Westgoten in Spanien keinen Zwang anwendeten. In der Regel bestanden die Arianer, besser gesagt die antinizänischen Germanen, auf Wiedertaufe von zu ihnen Übertretenden. Erst der Westgotenkönig Leowigild ist i. J. 580 zur Erleichterung von Konversionen von dieser Forderung abgerückt[14]. Aber es gab schon um das Jahr 500 in Afrika Katholiken, die ohne Wiedertaufe zu den Arianern übergegangen waren und sich Hoffnung machten, nicht so schwer gesündigt zu haben und des ewigen Heiles nicht verlustig zu gehen[15]. Andererseits gab es, jedenfalls unter der Herrschaft des katholischen Chlodwig, der den arianischen Westgoten i. J. 507 den größten Teil Galliens entriß, Konversionen arianischer Kleriker. Für sie bestimmte das Konzil von Orléans, welches sich im Jahre 511 eben auf Anordnung Chlodwigs versammelte (can. 11), sie sollten vom katholischen Bischof durch Handauflegung ins Amt eingewiesen werden; arianische Kirchen sollten konsekriert werden. Das burgundische Reichskonzil, welches im Jahre 517 in Epaon tagte, bestimmte dagegen (can. 33), nur solche Kirchen sollten wieder in katholischen Gebrauch genommen werden, die vor ihrer Besetzung durch die Arianer schon katholisch waren; die andern seien zu sehr beschmutzt. Solche Entscheidungen waren natürlich nur im Herrschaftsbereich eines katholischen Fürsten möglich. Arianische Laien, die zum katholischen Christentum konvertierten, sollten durch Chrisamsalbung in die Kirche aufgenommen werden, welche nur in Notfällen der Presbyter spenden durfte[16], sonst der Bischof. Gregor von Tours berichtet, daß sowohl im fränkischen Gallien[17] als auch in Spanien so verfahren, manchmal dem Konvertiten sogar ein neuer Name gegeben wurde[18]. Gregor d. Gr.

[12] Vgl. *Hefele-Leclercq* 2, 2, S. 934f. [13] *Mansi* VII 1057C.
[14] Chronik des Johannes v. Biclaro 14, 2.
[15] Vgl. Fulgentius, De remissione peccatorum I, XXII, 1.
[16] Epaon 517 can. 16.
[17] Hist. IV, 27. [18] Ebd. V, 38; vgl. unten S. 288.

dagegen sieht die Rekonziliationssalbung für Arianer nur im Osten, im Westen dagegen die bloße Handauflegung angewendet[19]. Man wird aber kaum mit einem Wandel der Praxis zu rechnen haben, sondern an italisch-römischen Brauch denken, den Gregor allgemein für den westlichen hält.

Im 1. Drittel des 5. Jh. tat sich in Südgallien Cäsarius, der Bischof von Arles, als Bekämpfer des Arianismus hervor. Wichtiger als sein Werk über das Geheimnis der Heiligen Dreifaltigkeit und sein Brevier gegen die Häretiker ist ohne Zweifel, daß auf seine Einwirkung hin das Konzil von Vaison im Jahre 529 (can. 3) für alle Messen *das dreifache Sanctus* vorschrieb. So wollte man wohl zum Ausdruck bringen, daß die drei göttlichen Personen in gleicher Weise heilig, d.h. eines Wesens, sind; denn can. 5 bestimmt, daß, wie bisher schon im Orient, in Afrika und in Italien, jetzt auch in Südfrankreich das „*Wie es war im Anfang, so auch jetzt und immer*" dem Gloria Patri hinzuzufügen sei, um dem arianischen „Es war eine Zeit, da er nicht war" entgegenzuwirken. Zweifelsohne sind solche *liturgischen antihäretischen Maßnahmen* besonders erfolgreich und dauerhaft gewesen. In diesem Zusammenhang verdient erwähnt zu werden, daß die Einfügung des nizänisch-konstantinopolitanischen Glaubensbekenntnisses in die Messe, die in Konstantinopel zwar schon zu Beginn des 6. Jh. geschehen war, für den Westen eine antiarianische Maßnahme darstellte. Der Westgotenkönig Rekkared verfügte sofort, nachdem er mit seinem Volk zum katholischen Glauben übergetreten war, auf dem 3. Konzil von Toledo im Jahre 589 (Vorrede), daß von jetzt ab dieses Glaubensbekenntnis in allen Messen vor der Kommunion laut aufzusagen sei. Auch im spanischen Gotenreich Rekkareds entschied man sich wie schon vorher im Frankenreich Chlodwigs für die Übernahme arianischer Kleriker in den katholischen Klerus, wofern sie nur bereit waren, den Zölibat zu halten[20]. Allerdings scheint hier eine neue Weihe verlangt worden zu sein, jedenfalls ist davon die Rede, daß die „Segnung des Presbyterats" neu empfangen werden mußte.

Zwar berichtet Victor von Tunnuna[21] für das Jahr 507, daß man in den Thermen Theologie, d.h. die Trinitätslehre, diskutierte, aber von *Streitgesprächen* zwischen Theologen ist uns nur sehr wenig berichtet. Die Begegnung zwischen dem afrikanischen, nach Sardinien verbannten, aber für kurze Zeit nach Karthago gerufenen Bischof Fulgentius und dem arianischen Vandalenkönig Trasamund (etwa 515) stellt ein herausragendes Ereignis dar, welches man durchaus der Begegnung zwischen Ambrosius und Theodosius an die Seite stellen könnte[22]. Fulgentius hat bei dieser Gelegenheit sein noch erhaltenes dreibändiges Werk an König Trasamund verfaßt[23]. Wenig früher mag Bischof Avitus von Vienne in Südfrankreich mit dem noch arianischen Burgunderkönig

[19] Reg. Epp. XI, 52.
[20] 2. Konzil von Zaragoza 592 can. 1.
[21] MG Auct. ant. XI S. 139.
[22] *Diesner*, Religionspolitik 13.
[23] Siehe u. S. 291f.

Gundobad († 516) über die Trinität diskutiert haben[24]. Allerdings war die Lage im Burgunderreich anders als im afrikanischen Vandalenreich. Es gelang nämlich Avitus, Sigismund, den Sohn und Nachfolger des Gundobad, zum katholischen Glauben zu bekehren. Es nimmt nicht wunder, daß für die Zeit der Justinianischen Kriege gegen die Germanen keine Nachrichten über theologische Diskussionen vorliegen. Gegen Ende des 6. Jh. wird dann wenigstens von dem Streitgespräch zwischen dem katholischen Bischof Masona, der übrigens gotischer Abstammung war, und dem arianischen Bischof Sunna unter König Leowigild in Mérida berichtet[25]. Der Bericht macht aber den Eindruck von etwas Außergewöhnlichem. Masona habe unerwartet scholastisch klar und überzeugend argumentiert, so daß sein arianischer Gegner Sunna nicht gegen ihn bestehen konnte. Man war also davon überrascht, wie philosophisch-technisch dieser Bischof argumentieren konnte. Leider wird keines seiner Argumente angeführt. Man wird wohl annehmen müssen, daß solche Diskussionen nicht eben häufig waren[26], zumal Leowigild diese als theologischen Zweikampf um den Bischofsstuhl von Mérida abhalten ließ.

Gregor von Tours berichtet uns in seinem gegen Ende des 6. Jh. abgeschlossenen Geschichtswerk von zwei *Diskussionen,* die er selbst mit aus Spanien gekommenen gotischen Arianern geführt hat, ohne Zweifel deswegen so ausführlich, weil der Kampf gegen den Arianismus ihm ein bedeutendes Anliegen war, leitet er doch sein Gesamtwerk nicht nur mit dem nizänischen Glaubensbekenntnis ein, sondern widerlegt auch in der Vorrede das arianische Argument aus Markus 13,32 (der Sohn kennt den Zeitpunkt des Endes nicht), indem er unter diesem Sohn das ganze Volk der Christen versteht. Der Gote Agila, der nicht etwa Priester, sondern Gesandter des Königs Leowigild war, zeigte sich, wenn Gregor ihn auch recht abschätzig beurteilt, durchaus der Diskussion gewachsen[27]. Er wies darauf hin, daß der Vater nach Jo 14,28 größer ist als der Sohn, daß Christus traurig war und seinen Geist aufgab, wie das Matthäus-Evangelium (26,38 und 27,50) berichtet, ja er bezog auch den Heiligen Geist in die Auseinandersetzung ein: er sei verheißen und gesandt (... promissus – missus), also geringer als Vater und Sohn. Gregor versuchte, mit dem schlimmen Ende des Arius zu argumentieren, holte sich aber von Agila die verdiente Abfuhr: man dürfe eine fremde Religion niemals schmähen; das täten auch die Arianer nicht, vielmehr ließen sie es sogar zu, daß jemand auch eine heidnische Opferstätte durch Kopfneigen ehre[28].

Die Diskussion mit Oppila i. J. 584[29] läßt erkennen, daß sich der gotische Arianismus in Spanien inzwischen gewandelt hatte. Oppila bekannte sich als

[24] Vgl. Brief 53 des Avitus an Heraclius.
[25] Vitae Patrum Emeritensium 11.
[26] Das meint *Díaz y Díaz:* Settimane V, 185.
[27] Gregor. Tur., hist. V, 43.
[28] Vgl. dazu *F. J. Dölger:* AuC 6, S. 69f.
[29] Gregor. Tur., hist. VI, 40.

rechtgläubig (Vater, Sohn und Geist seien „unius virtutis“) und nahm am Gottesdienst teil, ohne aber zu kommunizieren. Von Gregor dafür nachher zur Rede gestellt, erklärte er, wegen des Gloria Patri stutzig geworden zu sein. Man müsse dem Vater durch den Sohn im Heiligen Geist die Ehre darbringen. Daran erkannte Gregor ihn doch als Häretiker und diskutierte lange, aber erfolglos, um ihn von der Berechtigung der katholischen Formulierung (Ehre sei dem Vater und dem Sohn ...) zu überzeugen. Wenn man die Nachricht[30] hinzunimmt, der arianische Gotenkönig Leowigild habe angefangen, in katholischen Kirchen zu beten, und erklärt, der Sohn sei „aequalis Patri“, nur den Heiligen Geist könne er nicht als Gott anerkennen, dann sieht man, wie tiefgreifend der Wandel war, den König Leowigild auf dem Arianerkonzil (dem einzigen, von dem wir wissen) von 580[31] durchgesetzt hat: Aufgabe der Forderung nach Wiedertaufe, Anerkennung der gleichen Göttlichkeit des Sohnes. Immerhin wundert man sich, daß der König dann so hartnäckig an der arianischen Form des Gloria Patri festhielt. Daraus ist wohl zu ersehen, daß die Arianer, erst recht die ihre Kirchen beherrschenden arianischen Könige, nicht eigentlich an theologisch reflektierten Überlegungen, sondern vielmehr an Traditionen, auch an liturgischen Formen hingen. Auf jeden Fall hat Leowigild, ohne das freilich zu wollen, so den Übertritt seines ganzen Volkes zum Katholizismus vorbereitet, indem überhaupt eine einschneidende Änderung verfügt wurde, welche außerdem schon den halben Weg zum nizänischen Bekenntnis darstellte[32]; denn dadurch mußte der im Grunde nur von der Tradition lebende Arianismus erschüttert werden. Andererseits dürfte Leowigild durch diesen tiefen Eingriff in Dogma und Kirchenzucht die Oberherrschaft der späteren katholischen Könige über die Kirche vorbereitet haben, zumal man damit rechnen muß, daß unter den Bischöfen des 3. Konzils von Toledo 589, auf dem König Rekkared schon so selbstherrlich auftrat, noch inzwischen konvertierte Teilnehmer der leowigildschen Arianersynode von 580 saßen.

Besondere Glaubensgespräche ergaben sich natürlich bei Gelegenheit von *Fürstenhochzeiten*, so etwa, als um 565 die arianischen Gotenprinzessinnen Brunichilde und Galaswinta aus Spanien als Gemahlinnen zu zwei Frankenkönigen kamen und sich auf „die Predigt der Bischöfe und die Ermahnung des Königs“ hin bekehrten, die Heilige Dreieinigkeit bekannten und mit Chrisam gesalbt wurden[33]. Interessant ist, daß im umgekehrten Falle, wo also eine katholische Frankenprinzessin als Gemahlin eines arianischen Gotenfürsten nach Spanien kam, nämlich Ingundis zu Hermenegild, Gregor dieser selbst Predigttätigkeit zuschreibt. So habe sie erreicht, daß Hermenegild katholisch wurde, die Chrisamsalbung empfing und dabei sogar einen neuen Namen erhielt, nämlich Johannes[34]. Gregor hatte für alles Gotische, ja alles Spanische wenig Sympathie.

[30] Ebd. VI, 18. [31] Johannes Biclar., Chron. 14, 2.

[32] Vgl. *K. F. Stroheker*, Leowigild, in: *ders.*, Germanentum und Spätantike (Zürich – Stuttgart 1965) 134–191, bes. 174ff.

[33] Gregor. Tur., hist. IV, 27. [34] Ebd. V, 38.

So erwähnt er nicht die Wirksamkeit des Bischofs Leander von Sevilla, welche für die Konversion Hermenegilds von Bedeutung war, sondern nur die Mahnung, die der Bischof von Agde der durchziehenden Ingundis erteilte[35]. Für ihn ist ebenso wie für Gregor d. Gr. Hermenegild, der sich gegen seinen Vater auflehnte und schließlich im Gefängnis getötet wurde, ein Martyrer. Die katholischen spanischen Autoren des 7. Jh. dagegen sprechen nicht von Hermenegilds Konversion, sondern nur von seinem Bündnis mit den Griechen und seinem Aufruhr gegen den rechtmäßigen König Leowigild[36]. So schnell wandelte sich das Urteil durch die Beilegung des Arianerstreites. Wenn Gregor von Tours auch offenbar ein Interesse daran hatte, die Franken und somit auch die nach Spanien verheiratete fränkische Prinzessin Ingundis herauszustreichen, braucht man doch nicht an der Echtheit der Nachrichten über ihre Standhaftigkeit und ihre religiöse Bildung zu zweifeln. Sie erklärte in Spanien trotz der Drohungen und Handgreiflichkeiten ihrer Schwiegermutter, die sie übrigens in das arianische Taufbecken werfen ließ, um so eine Wiedertaufe zu erzwingen: „Es genügt doch, daß ich einmal durch das heilsame Taufbad von der Erbsünde gereinigt bin und die Heilige Dreieinigkeit in einer Gleichheit bekannt habe."[37] Die Standhaftigkeit Ingundis' mag König Leowigild mit dazu bestimmt haben, auf die Forderung nach Wiedertaufe zu verzichten[38]. Aus dem Verhalten der drei Prinzessinnen, aus dem Eingreifen des Leowigild und ähnlichen Vorgängen im vandalischen Afrika wird man schließen dürfen, daß katholisches Christentum auch bei neubekehrten germanischen Völkern ein individuelles Bekenntnisethos entwickelte, während arianisches Christentum vom germanischen Gefolgschaftsethos bestimmt blieb.

Die Arianismusbekämpfung konnte aber leicht ins andere Extrem ausschlagen. König Chilperich, der auch sonst recht anspruchsvoll auftrat, verfaßte einen Glaubenserlaß über die Dreifaltigkeit und wollte alle Bischöfe darauf verpflichten[39]. Gregor von Tours erkannte sofort, daß da nur der Sabellianismus eine Neuauflage erlebte, aber erst der Bischof von Albi konnte den König von seinem Vorhaben abbringen, das auf jeden Fall in die Gesamtauseinandersetzung mit dem Arianismus einzuordnen ist. Ein gut Teil dieser Auseinandersetzung wurde also von Laien getragen, wohl auch von Laien nichtadeligen Standes, wenn uns darüber auch ausführliche Nachrichten fehlen. So kommt das Verdienst an der Überwindung des Arianismus nicht nur den hervorragenden Bischofs- und Theologengestalten zu, sondern der Gesamtheit der römisch-katholischen Gläubigen.

Die arianischen Germanenherrschaften in Nordafrika und in Italien, die im 6. Jh. eine gegenläufige Entwicklung durchgemacht hatten in der Weise, daß

[35] Ebd. IX, 24.
[36] *Krusch-Levison,* Gregor. Tur.: MGSS rer. Mer. p. 244 nota 3.
[37] Gregor. Tur., hist. V, 38.
[38] Siehe oben S. 288.
[39] Gregor. Tur., hist. V, 44.

die Vandalen von der Intoleranz zu einer gewissen Toleranz den Katholiken gegenüber kamen, während es im Staate Theoderichs d. Gr. umgekehrt lief[40], endeten beide in der Mitte des 6. Jh. in den Rückeroberungskriegen Justinians. Die arianische Herrschaft der Westgoten in Spanien, die bis etwa 580 recht tolerant gewesen war, dann aber kurzzeitig unter Leowigild Druck auf die Katholiken ausgeübt hatte, wurde unter König Rekkared 586 katholisch, so daß gegen Ende des 6. Jh. eigentlich der Arianismus überall hätte überwunden sein können, wenn nicht die *Langobarden* für ein gewisses Nachspiel gesorgt hätten. Es läßt sich nicht genau feststellen, was sie eigentlich an Glauben nach Italien mitbrachten; sicher ist, daß viele von ihnen noch Heiden waren, aber als Verfolger der Katholiken traten sie nicht auf, wohl aber als brutale Krieger[41]. Religiös-kirchlich fühlten sich die Langobarden, obwohl Herren Italiens, den von ihnen Beherrschten unterlegen. Zwar gab es unter dem Langobardenkönig Rothari (also im zweiten Viertel des 7. Jh.) in vielen Städten Italiens neben dem katholischen auch einen arianischen Bischof[42], aber von theologischen Kontroversen hören wir nichts. Von etwa 640 an bis 680 bekehrten sich die Langobarden zum Katholizismus, was ihnen dadurch erleichtert wurde, daß die katholische Kirche entweder durch das Dreikapitelschisma[43] oder durch den Monotheletenstreit[44] in Opposition zu Byzanz stand, so daß sie nicht die Religion ihrer politischen Gegner anzunehmen brauchten[45].

Was die katholischen Autoren überliefern, läßt meist auf kein sehr hohes theologisches Niveau der Arianer schließen. Freilich, einige bedeutsame Zeugnisse sind uns doch erhalten. So dürfte der berühmte Codex Argenteus, die in Uppsala aufbewahrte, mit silberner Tinte geschriebene Bibelhandschrift, zur Zeit Theoderichs in Italien geschrieben worden sein und einen Beweis für hohe arianische religiöse Kultur darstellen. Daß es auch theologisch-wissenschaftlich hochstehende Arianer gab, läßt sich aus einem Codex schließen, der im 6. Jh. in Italien wahrscheinlich von einem gebildeten Goten geschrieben wurde[46]. Da findet sich auf dem breiten, ursprünglich freien Rand eines Ambrosius-Codex, der die beiden ersten Bücher De fide des Mailänder Bischofs und die Gesta Aquileiensia, also die Akten der Synode von Aquileia von 381, enthielt, die Dissertatio Maximini contra Ambrosium. Der Schreiber der Marginale legte also Wert darauf, den von Ambrosius beeinflußten Bericht über jene Synode dadurch zu korrigieren, daß er das Werk des Arianers Maximin gegen Ambrosius in den gleichen Codex hineinschrieb. Dieses theologische Niveau des gotischen Arianismus mag die staatliche Herrschaft überlebt haben. Jedenfalls dürfte die Streitschrift, welche Bischof Agnellus von Ravenna um

[40] *Diesner,* Religionspolitik 5 u. 19.
[41] Vgl. *Sestan:* Settimane V, 661.
[42] Paulus Diaconus, Historia Langobardorum IV, 42.
[43] Vgl. S. 308 f.
[44] Vgl. S. 212.
[45] *Sestan:* Settimane V, 664.
[46] So *Kauffmann* a. a. O. S. XXII.

560 gegen den Arianismus verfaßte[47], noch gegen arianische Goten gerichtet gewesen sein.

Im 7. Jh. läßt sich feststellen, daß der Bischof von *Pavia* direkt Rom unterstellt war und vom römischen Bischof geweiht wurde, obwohl Pavia eigentlich zur Mailänder Kirchenprovinz gehört. Dieser Fall ist die früheste *Exemtion* eines Bischofs im Westen, ja die einzige bis zum 11. Jh. überhaupt[48]. Zwar sollte wohl die langobardische Königsresidenz besonders geehrt werden, aber zustande gekommen ist diese Regelung als Folge des arianischen Streites. In Pavia war offenbar Anfang des 7. Jh. die katholische Sukzession erloschen, dann aber der arianische Bischof katholisch geworden; er hatte seine Konversion dem römischen Bischof angezeigt und war von ihm angenommen worden[49].

Leistung und Fortschritt, zugleich aber auch Gefährdung und Einseitigkeit der *antiarianischen Theologie,* die sich auf die Folgezeit, z.T. bis heute, auswirkten, lassen sich am deutlichsten bei *Fulgentius* erkennen. Zu Beginn des 6. Jh. Bischof der nordafrikanischen Stadt Ruspe, war er allerdings die längste Zeit seines Pontifikats als Verbannter in Sardinien. Er trat nicht nur als der größte lateinische Theologe seines Jahrhunderts, sondern auch als der entschlossenste und gründlichste Bekämpfer des von den Germanen verteidigten antinizänischen homöischen Glaubensbekenntnisses von Seleukia-Rimini hervor. In seinen antiarianischen Werken zitiert er hauptsächlich Cyprian und Tertullian, also vornizänische Autoren (nicht etwa Augustinus, von dem er so stark beeinflußt ist, daß man ihn den abgekürzten Augustinus nennen konnte), argumentiert aber gegen die auf dem Stand der Synode von Seleukia-Rimini[50] stehengebliebenen Germanen von der inzwischen erreichten Höhe der trinitätstheologischen und christologischen Dogmenentwicklung herab. So erklärt er etwa[51], er wolle so reden, daß man ihm weder die Vorstellung von 2 Christussen noch die Einführung einer vierten Person in die Trinität unterstellen könne; er hat also bei dieser im Grunde antiquierten Auseinandersetzung das antinestorianische Anliegen des 5. und das antiapollinaristische Anliegen des 4. Jh. präsent. Ja er kann sogar Ergebnisse der rein theologischen, nicht durch kirchliche Definitionen gestützten Entwicklung den Vandalen als heilsnotwendig vortragen. Das gilt vor allem von der psychologischen Trinitätsanalogie des Augustinus, die sich bei ihm als memoria – intelligentia (bzw. cogitatio oder verbum) – voluntas findet[52]. Gegen Fabian erklärt er[53] etwa, wer später die Wahrheit des Schöpfers selber erkennen wolle, müsse jetzt das Bild des Schöpfers im Spiegel des erschaffenen Menschen anschauen; durch diesen Glauben könne man zur Schau emporsteigen. Fulgentius ist aber nicht bei Augustinus

[47] *Schanz* a.a.O. IV, 2 S. 595.
[48] *Bertolini:* Settimane VII, 479.
[49] *Bognetti:* Settimane VII, 429.
[50] Vgl. Bd II, 1, S. 48ff dieses Handbuches.
[51] Ad Trasam. III, 2, 1.
[52] Contra Fastidiosum: CChr 91, Z. 643 694 774. [53] Fragm. 18, 4–6.

stehengeblieben, sondern in einigen christologischen Fragen weit über ihn hinausgegangen. Für Augustinus war die Seele des Erlösers sozusagen das Bindeglied zwischen seiner Gottheit und seiner Menschheit, so daß im Augenblick seines Todes die Gottheit nur noch mit der Seele, aber nicht mit dem Leib verbunden blieb[54]. Fulgentius dagegen betont wiederholt den Gedanken, die Gottheit Christi sei in seinem Tod auch mit dem Leib verbunden geblieben, ist also wenigstens in diesem Punkt von östlicher Christologie beeinflußt[55], denn der erste, der sich klar in diesem Sinne geäußert hat, scheint Gregor von Nyssa gewesen zu sein[56]. Fulgentius vertrat diese Lehre[57] wohl nicht nur, um die Allgegenwart der überirdischen Natur Christi zu betonen und daraus ihre Göttlichkeit zu beweisen, sondern auch um ihre Leidensunfähigkeit herauszustellen, die für die antinizänischen Germanen immer noch unannehmbar war, fanden sie doch in den biblischen Passionsberichten den Beweis für die geringere Göttlichkeit Christi[58]. Fulgentius entfaltet wenigstens eine elementare Psychologie Jesu: Seine menschliche Seele war es, von der es heißt, sie habe das Gute und das Böse noch nicht gewußt; von ihr wird gesagt, sie habe an Weisheit und Gnade zugenommen[59]. Auch darin zeigt sich der bedeutsame Fortschritt der nizänischen Position im Verhältnis zum Arianerstreit des 4. Jh. Erst recht ist es Frucht der inzwischen zum selbstverständlichen Besitz gewordenen katholischen Trinitätstheologie, wenn Fulgentius alle Erscheinungen und alle übernatürlichen Wirkungen der gesamten Trinität zuschreibt und die göttlichen Personen so sehr einander nähert, daß ihre Anrufung sich miteinander vermischt. Gegen das Argument des Antinizäners Fabian, das „Vater Unser" richte sich allein an den Vater und dem Vater allein werde das Opfer der Kirche dargebracht, Sohn und Geist seien also minderen Ranges, wehrt sich Fulgentius mit Entschiedenheit und behauptet, sowohl das „Vater Unser" als auch die Opfer der Kirche richteten sich an die ganze Trinität[60]; das gleiche gelte schon vom Gebet der Propheten; der Vater werde nur deswegen allein genannt, damit die Gefahr des Polytheismus vermieden werde[61]; weil die Trinität nur eine Substanz ist und in untrennbarer Kraft und Güte unser Heil wirkt, werde sie zusammen angerufen, auch unter dem Namen des Vaters[62]. Wenn Fulgentius die Vorstellung, Ex 3, 14 f sei auf die Person des Vaters allein zu beziehen und ihm allein käme das unveränderliche Sein zu, mit der Begründung ablehnt, daraus würde folgen, daß der Vater erschienen wäre[63], dann klingt dies recht archaisch und erinnert an die Vorstellungen der Apologeten[64] und der vornizänischen Theologie über-

[54] *Grillmeier* a.a.O. 325 f 391 f.
[55] *Ders.*, ebd. 283.
[56] Antirrheticus c. XVII.
[57] Ad Trasam. III, 1 u. 3; 30 u. 31; Contra Fastidiosum 20, 4 u.ö.
[58] Vgl. Ad Trasam. III, 19.
[59] Ebd. I, 8, 2 und III, 16, 4.
[60] Fragm. 31 und 34 gegen Fabian.
[61] Ebd. 29, 18 und 19.
[62] Fragm. 30, 5.
[63] Ad Trasam. III, 10, 3.
[64] Vgl. z.B. Justin, 1. Apol. 63, 10ff.

haupt. Deshalb erwartet man, daß dem Sohn das Erscheinen zugewiesen wird; Fulgentius interpretiert die Gotteserscheinung aber so: Gott hat sich durch eine „creatura subjecta" sichtbar gemacht; darum muß Ex 3,14 auf die ganze Trinität bezogen werden[65]. Allerdings weiß Fulgentius noch davon, daß einige (aliquanti, offenbar nicht nur Antinizäner) die Gottesoffenbarungen des Alten Testamentes und das Herabsteigen Gottes auf den Sohn beziehen[66]: aber dieser Interpretation gehörte nicht die Zukunft.

Aber auch die Gegner des Fulgentius sind, obwohl sie sich auf die Kirchenversammlung von Seleukia-Rimini berufen, nicht völlig in der ersten Phase der trinitätstheologischen Diskussion stehengeblieben, sondern bezogen auch die Frage nach dem Heiligen Geist mit ein. Fabian z.B. hält den *Heiligen Geist* für ein untergeordnetes Wesen minderen Ranges, weil nicht um sein Kommen gebetet werde, sondern darum, daß er gesendet wird[67]. Hier wird also dem katholischerseits üblichen Argument für die Göttlichkeit des Heiligen Geistes aus der Taufformel ein Argument aus der Gebetspraxis der Kirche entgegengesetzt. Die Sendung des Heiligen Geistes kann aber nach Fulgentius nicht mit der Sendung der Engel verglichen werden, wie Fabian das tut[68]; der Geist gilt vielmehr deswegen als von Vater und Sohn gesendet[69], weil er vom Vater und vom Sohn ausgeht (a patre filioque procedit)[70]. Das später so umstrittene „*Filioque*" hat also wenigstens eine antiarianische Wurzel. Das Hervorgehen aber (processio) gibt dem Heiligen Geist einen ganz eigenen Rang. Während man das Gezeugt- oder Geborensein von dem einen Sohn auf die vielen (Adoptiv-)Söhne übertragen kann, gilt das Hervorgehen nur vom Heiligen Geist und kann von keiner Kreatur ausgesagt werden[71]. Fabian hatte sich nämlich für die geringere Göttlichkeit des Sohnes darauf berufen, daß der Mensch nach seinem (also des Sohnes Bild) geschaffen sei. Fulgentius aber besteht darauf, daß der Mensch ein Bild der ganzen Trinität ist[72]. Ohne die augustinische Trinitätsanalogie zu zitieren, verrät er, wie sehr er auch an dieser Stelle von ihr abhängig ist. Das bedeutet aber einerseits, daß nur noch der geistige Teil der Menschennatur als Bild Gottes verstanden wird, nämlich Gedächtnis – Erkenntnis – Liebe, als Darstellung von Vater, Wort und Geist, und andererseits, daß, ohne daß dies beabsichtigt ist, das Gottesverhältnis des Menschen nicht mehr als personale Beziehung, sondern als naturhafte Abbildlichkeit erscheint. Beides hat für christliche Moral und Frömmigkeit erhebliche Konsequenzen, insofern einerseits die gesamte Trinität als die eine Substanz Adressat von Gebet und Opfer ist[73] und andererseits etwa der Geschlechtlichkeit überhaupt keine po-

[65] Ad Trasam. III, 11, 1.
[66] Ebd. II, 10, 2.
[67] Vgl. fragm. 29, 14 gegen Fabian.
[68] Fragm. 28, 1.
[69] Fragm. 29, 18.
[70] Fragm. 19, 18 u.ä. 27, 7.
[71] Fragm. 27, 8.
[72] Fragm. 21, 3. [73] Vgl. oben S. 292.

sitive Bedeutung mehr zugewiesen werden kann[74]. Allerdings wurden die Gedanken des Fulgentius (und der anderen katholischen Verteidiger des Nizänums) nicht so sehr von ursprünglicher Leibfeindlichkeit in diese Richtung gedrängt als vielmehr durch die Einsicht, daß alle Aussagen über Gott nur in *Analogie* gemacht werden können. Die Nizänumsgegner dagegen wollten Göttliches so denken, wie sie Menschliches denken[75]. Ja, Fulgentius wirft ihnen vor, sie äußerten Gedanken von Fleisch und Blut, welche das Reich Gottes nicht erben können (vgl. 1 Kor 15,50). Solche Argumentation machte ohne Zweifel Eindruck, aber sie vermengte die Anforderung, die an philosophisches Denken gestellt werden muß, mit den neutestamentlichen Forderungen nach Buße und Umkehr.

Dem ehemals katholischen Mönch, dann arianischen Priester Fastidiosus, welcher meinte, aus der *Unteilbarkeit der Trinität* würde folgen, daß sie insgesamt geboren worden sei, gelitten habe usw.[76], antwortet Fulgentius mit Hilfe der chalkedonischen Christologie: Wie in Christus keine doppelte Person ist, obwohl die Eigenart jeder der beiden Naturen bestehenbleibt, so ist auch die Annahme der Menschennatur nicht der ganzen Trinität gemeinsam[77]. In diesem Zusammenhang muß auf eine bedeutsame Schwäche der Theologie des Fulgentius aufmerksam gemacht werden, welche offenbar nach Kompensation rief. Obwohl die *Einheit der Person* des Erlösers für Fulgentius ebenso gesicherter theologischer Besitz war wie die Zweiheit der Naturen, muß man feststellen, daß er keinen Begriff von Person im Sinne von Personalität hat, sondern persona fast wie etwas Naturhaftes versteht: Gelitten hat Gott im Menschen, weil die Person des Gottes und des Menschen nur eine ist; Gott hat nicht mit dem Menschen gelitten, weil in dem einen Christus nicht die Substanz des Gottes und des Menschen vermischt ist[78]. Wegen der Einheit der Person schreibt die Schrift das Leiden dem Sohne Gottes zu, aber die Gottheit Christi selber, welche dem Fleische nach für uns gelitten hat, muß als unsterblich und leidensunfähig bezeichnet werden[79]. Es erscheint also nicht die Person als Subjekt, sondern die Gottheit Christi. Schließlich kann Fulgentius sogar die Person-Einheit von Gott

[74] Vgl. Erbsündenlehre u. S. 297f.

[75] Cogitare divina sicut cogitat humana, fragm. 28, 16 gegen Fabian.

[76] Sermo Fast. Nr. 4.

[77] Contra Fast. Nr. 12. *Diesner* (Fulgentius 54) findet die Invektiven des Fulgentius gegen Fastidiosus nur einfach peinlich. Er versteht sie wohl als Ausdruck der in der Ketzerbekämpfung häufig geäußerten Überzeugung, daß Häretiker auch moralisch minderwertig sind. Die Behauptung des Fulgentius, der Mönch und Priester Fastidiosus sei der Unzucht verfallen und habe in ihr zwei Jahre gelebt und sich selber für glücklich gehalten, bis er offenbar ziemlich früh starb (contra Fast. 21,1 und 22,1), scheint aber Tatsachenkenntnis zu verraten. Vielleicht handelt es sich hier um einen Mönch, der u. a. deswegen zum „Arianismus" übergetreten war, um heiraten und doch Priester bleiben zu können. So gehörte dieser Fall in die Geschichte des Zölibats; andererseits läßt sich daran erkennen, daß die Katholiken es nicht nur mit Vandalen zu tun hatten, die schlecht Latein sprachen, sondern auch mit übergetretenen Lateinern.

[78] Ad Trasam. III, 18, 3.

[79] Ebd. III, 27, 2.

und Mensch in Christus, der zufolge Leiden und Auferstehung vom Sohn Gottes ausgesagt werden, mit der Natur-Einheit von Vater und Sohn, der zufolge die Hingabe des Sohnes durch den Vater zugleich eine Selbsthingabe des Sohnes ist, in Parallele setzen[80]. Wenn er andererseits sagt, sowohl Priester als auch Opfergabe seien Leistungen und Namen der menschlichen Natur Christi[81] oder der ganze Mensch habe sich selbst geopfert bzw. seine Seele eingesetzt[82], dann erscheint das Menschliche im Erlöser fast als ein selbständiges Subjekt neben der Gottheit Christi. So kommt Fulgentius in bedenkliche Nähe zum Nestorianismus, weil ihm einerseits die Aneignungslehre des Cyrill von Alexandrien (der Sohn Gottes hat das Fleisch mit all seinem Leiden zu seinem eigenen gemacht) fehlt und er sich andererseits in antiarianischer Frontstellung meint darauf versteifen zu müssen, daß die ganze Trinität Adressat des Opfers ist. Trotzdem gelingt es ihm dort, wo er auf die Begriffe Natur und Person verzichtet, sich nicht nur gut cyrillisch, sondern gesamtkirchlich-orthodox auszudrücken, indem er das von Chalkedon übernommene Schlagwort des Cyrill „ein und derselbe" verwendet. Ein und derselbe Christus hat in der Menschheit empfunden, was des Menschen ist, ist in der Gottheit aber leidensunfähig und unsterblich geblieben[83].

Andererseits führte die Auseinandersetzung mit der Vorstellung, Christus habe in seiner überirdischen Natur gelitten[84], Fulgentius zu der Behauptung, Christus habe zu dem Zweck eine vernünftige Seele mit ihren passiones angenommen, um unsere Seelen von allen passiones zu befreien[85]. Da wird Erlösung sehr einseitig, mehr stoisch als biblisch interpretiert; der Biblizismus der Arianer provozierte also bei den Katholiken ein Abrücken von der Bibel in Richtung auf philosophische Positionen. Auch das hat nachgewirkt, genauso wie die Vereinseitigung in der Trinitätstheologie. Während die Nizäner von Sardika (343) noch zugegeben hatten, daß der Vater eben auf Grund des Vaternamens größer ist als der Sohn, ist für Fulgentius der Sohn nur noch als der Inkarnierte dem Vater nachgeordnet[86], ja der Vater darf dem Sohn nicht einmal vorgezogen werden[87]. So führte der Antiarianismus zur völligen Einebnung der ökonomischen Trinitätstheologie.

Eine ähnliche Vereinseitigung läßt sich auch im *Kirchenbild* feststellen: die wahre Kirche ist fast nur durch den Glauben an die eine ungeteilte wesensgleiche Trinität gekennzeichnet[88]; der heilschaffende Glaube scheint allein das Bekenntnis zu dem substanziell einen Gott zu sein[89]. Die Verkündigung von

[80] Ebd. III, 32, 2.
[81] Ebd. III, 30, 5.
[82] Ebd. III, 18, 1.
[83] Ebd. III, 28, 3.
[84] Ebd. III, 19.
[85] Ebd. III, 21, 1.
[86] Contra Fastidiosum 8, 1.
[87] Nec praeferendus: respons.: CChr 91, Z. 614.
[88] Remiss. peccat. I, 22, 2.
[89] Ebd. I, 21, 7.

Gottes Heilswirken im geschichtlichen Jesus tritt in den Hintergrund. Fulgentius beruft sich für seine Ekklesiologie auf Cyprian[90], aber für Cyprian gab es außerhalb der Kirche, der einen Mutter, überhaupt nichts Anerkennenswertes, Christliches, Gnadenhaftes. Fulgentius, als Erbe des augustinischen Antidonatismus, dagegen versucht folgenden Kompromiß: Die Kirche als Mutter ist wie Sara, die schismatischen oder häretischen Gemeinden sind mit der Magd zu vergleichen. Auch die Kinder der Magd können gerettet werden, wenn sie zur wahren Mutter kommen; dann erst nützt ihnen die Wahrheit des väterlichen Samens, nämlich die in der Häresie gültig gespendete Taufe[91]. Da sieht es doch so aus, als entscheide die Zugehörigkeit zur Kirche über die Wirksamkeit wahrer göttlicher Gnadengabe, als stehe die Kirche über Gott oder doch wenigstens dem gläubigen Empfinden, ja dem theologischen Denken näher. So ist auch dieser größte Theologe des Westens im 6. Jh. ein Beweis dafür, wie verhängnisvoll einerseits eine antihäretische Frontstellung ist, zumal dann, wenn die Entwicklung der Theologie über diesen Streitpunkt hinausgegangen ist, und wie notwendig andererseits die Rezeption der gesamten Leistung vorausgehender Theologengenerationen ist.

In der Tat lassen sich innerhalb katholischer Frömmigkeit und katholischer Glaubensäußerungen nach Abschluß der Auseinandersetzung mit dem Arianismus der Germanen Spuren dieses Kampfes finden, die zum Teil bis heute dauern[92]. Vor allem die spanische Liturgie verrät die Bemühung, die gleiche Göttlichkeit Christi und des Heiligen Geistes immer wieder zu betonen. Daß die Gebetsanrede gleitet und oft nicht deutlich ist, welche göttliche Person gemeint ist, scheint Absicht, nicht Nachlässigkeit zu sein. Ähnliches, wenn auch abgeschwächt, läßt sich in der gallikanischen Liturgie finden. Daß der spanische Bischof Braulio von Saragossa († 651) von dem Creator Christus Dominus spricht[93], hat in diesem Zusammenhang aber nicht die Bedeutung bekommen wie die Äußerungen Gregors d. Gr., die von ähnlicher Art sind. Er nennt etwa in der 7. Predigt zu Ezechiel 1–3 (Nr. 2) Christus sowohl Richter als auch Schöpfer; Christus ist unser Urheber (auctor noster, ebd. Nr. 4), Christus ist Urheber und Erlöser des Menschengeschlechtes (ebd. Nr. 12), Christus ist der Schöpfer aller, auch der Engel (ebd. Nr. 19); Christus ist der sublimis Deus, von dem bei Ezechiel die Rede ist (ebd. 8,2); Christus ist der immerwirkende Gott, der innerlich die Gnade eingießt, während er äußerlich den Menschen an sich zieht. Ja auch dort, wo Gregor gegen Pelagius betont, daß wir nur auf Grund des Geschenkes des Herrn etwas Gutes tun können (ebd. 9,2), läßt sich erkennen, daß er an Christus als den Gott denkt. Seine Einstellung ist also auch

[90] Ebd. I, 21, 1.

[91] Ebd. I, 23, 1.2.

[92] Vgl. dazu *J. A. Jungmann*, Die Abwehr des germanischen Arianismus und der Umbruch der religiösen Kultur im frühen Mittelalter, in: *ders.*, Liturgisches Erbe und pastorale Gegenwart (Innsbruck 1960) 3–86, bes. 41 u. 52ff.

[93] Ep. 20; vgl. *Jungmann* a.a.O. 41f Anm. 40 und 41.

in diesem Zusammenhang stärker anti-arianisch als anti-pelagianisch. Das zeigt sich sogar, wenn Gregor dem Bischof Desiderius von Vienne verbietet, Grammatik zu lehren, weil nicht in ein und demselben Mund das Lob Jupiters mit dem Lob Christi zusammen Platz haben könne[94]. Gregor stellt also instinktiv dem Jupiter, dem Obergott der Heiden, nicht etwa Gottvater, sondern Christus entgegen. Da Gregor mit seinen Briefen, Homilien, Bibelerklärungen für die ganze mittelalterliche Frömmigkeit von solcher Bedeutung gewesen ist, nimmt es nicht wunder, wenn diese Haltung weite Verbreitung fand; das Heliandlied z.B. ist ganz davon beeinflußt. Vielleicht ist noch der Brauch unserer Zeit, den Crucifixus einfach Herrgott zu nennen (vgl. Herrgottsschnitzer, Herrgottswinkel), ein letzter Ausläufer jenes antiarianischen Bemühens, die Göttlichkeit Christi mit allen Mitteln zu betonen. Auf jeden Fall wird man festhalten müssen, daß die Westkirche durch keine Auseinandersetzung so nachhaltig beeinflußt wurde wie durch die Arianismusbekämpfung. Die beiden noch zu behandelnden Kontroversen blieben eher Episoden.

Semipelagianerstreit

Fulgentius, von dem im Rahmen des Arianismusstreites ausführlich die Rede war[95], war aber auch der Vollender der augustinischen Gnadenlehre. Im Blick auf die sogenannten Semipelagianer, das heißt jene Theologen wie den Mönch Johannes Cassian und den Bischof Faustus von Riez in Südgallien, die das Heilsverlangen des Menschen als Leistung seines eigenen Willens und die Vorherbestimmung lediglich als Frucht des göttlichen Vorherwissens verstanden hatten und deren Auffassung auf gallischen Synoden nach 470 durchgedrungen war, verteidigte Fulgentius Augustinus, indem er dessen Lehre, wenn nicht übertrieb, so doch bis zu den äußersten Folgerungen vorantrieb. Bei Augustinus finden sich Widersprüche, nicht bei Fulgentius. Augustinus hat sich mehrere Male verbessert (in seinen Predigten hat er sich häufig und ziemlich weit entfernt von den Thesen, die er in der Polemik aufrechterhielt). Fulgentius dagegen kommt mit unerbittlicher Logik, ohne sich durch irgendeine Überlegung erweichen zu lassen, zu folgenden Hauptlehren:

Die Schuld unserer Stammeltern wird durch die Zeugung übertragen[96]. Alle Menschen sind des Heiles unwürdig und zur Verdammung verurteilt[97]. Der freie Wille ist von Grund auf unfähig, sich auf das Gute zu richten[98]. Die Gnade Gottes ist absolut notwendig, um jedes verdienstliche Werk zu beginnen, fortzuführen und zu einem guten Ende zu bringen[99]. Die Gnade Gottes ist absolut

[94] Reg. Epp. XI, 34. Grammatikstudium war tatsächlich ohne Studium antik-heidnischer, immer auch religiös gefärbter Texte nicht möglich.
[95] Siehe oben S. 291ff.
[96] Verit. praedest. I, 4.5.
[97] Ebd. 7.
[98] Ebd. II, 5. [99] Ebd. II, 13.

ungeschuldet, alle sind ihrer unwürdig, sie wird den Menschen durch reine Barmherzigkeit und gemäß dem Gutdünken Gottes zugestanden[100]. Gott schaut nicht auf die zukünftigen Werke der Menschen, um sie für den Himmel vorherzubestimmen[101], sondern nur um sie zu den ewigen Strafen vorherzubestimmen[102]. Gottes Heilswillen ist nur insofern allgemein (1 Tim 2, 4), als aus allen Nationen, allen Ständen und allen Altern Menschen erwählt werden[103]. Die ohne Taufe gestorbenen Kinder sind verdammt zu den ewigen Strafen[104]. Wo ihm entgegengehalten wird, nicht nur die *Taufe* sei zum Heil notwendig, sondern das Essen und Trinken des Herren-Leibes und -Blutes, kann Fulgentius den *Eucharistieempfang* so umdeuten: Weil alle Christen der eine Leib des Herrn sind, wird man dieses Leibes in dem Augenblick teilhaftig, indem man zu ihm hinzukommt, d. h. getauft wird[105]. Die Taufe verleiht also schon all das, was Inhalt der Eucharistie ist.

Im übrigen ist es nicht das Taufsakrament als solches, welches die Befreiung von der Sünde gewährt, sondern die Kinder werden durch den Dienst des Bekenntnisses anderer befreit, da sie auch durch die Fessel der Ungerechtigkeit anderer gebunden sind. Sie werden, wenn andere das geisterfüllte Bekenntnis sprechen, gereinigt, da sie ja auch durch die fleischliche Zeugung anderer befleckt sind[106]. Weil die Kinder also in doppelter Weise zum Unheil fremdbestimmt sind (durch den Ursprung und die Übertragung der Sünde), können sie auch zum Heil fremdbestimmt werden durch den Glauben und das Bekenntnis anderer. Da wird also einerseits das Sakrament spiritualisiert und relativiert, andererseits werden carnalis concubitus und spiritualis affectus so gegenübergestellt, als seien Geist (= Gnade) und Fleisch (= Sexualität) geradezu Naturgegensätze. Dieser Eindruck verstärkt sich, wenn die Ursünde des Menschen als Verlust der seelischen Gesundheit (animae sanitas) oder des Gewandes des Glaubens (vestimentum fidei) verstanden wird, so daß die fleischlichen Begierden dem Menschen Wunden schlagen[107]. Daß die Sünde des Adam im Gottgleich-sein-Wollen bestand, nicht aber darin, daß das Fleisch die Oberhand gewann, das scheint hier vergessen zu sein. Dies ist aber nicht die einzige Vereinseitigung, die sich bei diesem großen Schüler und Testamentsvollstrecker des Augustinus feststellen läßt. Er interpretiert die Erlösung so konsequent als Neuschöpfung, daß der Mensch dazu überhaupt nichts beitragen kann[108] und Gottes Heilshandeln zeitlich jedem eigenen Tun des Menschen vorausgehen muß. Diese Befangenheit im Zeitschema und dieses geradezu naturale, ja mate-

[100] De fide 33 u. 34.
[101] Verit. praedest. III, 4.5.
[102] Ad Monimum I, 24.
[103] Verit. praedest. III, 15.
[104] De fide 70. Zum Ganzen: *G. G. Lapeyre,* St. Fulgence de Ruspe (Paris 1929) 271 f.
[105] Ep. 12, 24 ad Ferrandum.
[106] Ebd. 12, 18.
[107] Ep. 17, 26.
[108] Ebd. 17, 39.

rielle Verständnis von Sündenmacht und Erlösungsgnade haben die Verständigung mit den Gegnern eines solchen überkonsequenten Augustinismus nicht erleichtert; auch schon damals wurden diese Lehren nicht uneingeschränkt von der Gesamtkirche übernommen, obwohl Fulgentius in der ganzen Christenheit als der Fachmann in der Gnadentheologie galt und man sich selbst von Konstantinopel aus an ihn wandte[109].

Einerseits behauptet Fulgentius, die ewige Bestrafung der Sünder sei deswegen gerecht, weil sie gar nicht aufhören wollten zu sündigen, vielmehr an der Sünde mehr Gefallen hätten als am Leben[110], andererseits gilt es ihm als frei von Gott verfügt, daß nur hier auf Erden Vergebung, danach nur noch Vergeltung geschieht; Gott könnte auch anders, er wolle aber nicht[111]. Die Ewigkeit der Strafe scheint für Fulgentius ein solches Anliegen zu sein, daß sie seine Exegese verfälscht; so wird ihm der Satz aus der Bergpredigt: „Du wirst nicht herauskommen, bis du den letzten Pfennig bezahlt hast" (Mt 5, 26), seltsamerweise zum Beweis für die nicht endende Höllenstrafe[112]. Daß er sich die Auferstehung der Toten so vorstellte, daß nur die Gerechten einen umgestalteten, verklärten Leib erhalten, die Sünder dagegen einen verweslichen und leidensfähigen[113], ist allerdings nicht seine Schuld, sondern Schuld der Textentwicklung, die aus 1 Kor 15,51 „Wir werden zwar nicht alle entschlafen, aber alle umgestaltet werden" gemacht hatte: „Wir werden zwar alle auferstehen, aber nicht alle umgestaltet werden."

Sosehr die Betonung der Gnade und damit der Allursächlichkeit Gottes dazu dient, den Menschen demütig zu machen und ihm jeden Stolz (etwa auf asketische Leistungen) zu nehmen, so kann doch gerade daraus andererseits ein unerhörter Autoritätsanspruch erfließen. So erklärt Fulgentius, er wolle über die Sündenvergebung dem Euthymius das schreiben, was Gott ihm eingibt; dann ist heilsnotwendig, genau das zu sagen; dann muß aber auch der Adressat das annehmen[114]. Wenigstens ebenso gefährlich ist die aber platte Anwendung der Prädestinationslehre auf die eigene Erfahrung, vor allem wenn sie mit antihäretischer Polemik Hand in Hand geht. So heißt es etwa in der Lebensbeschreibung des Fulgentius (XXI, 46), die von einem seiner Schüler stammt und seinen Geist verrät, der arianische Vandalenkönig Trasamund habe sich von Fulgentius nicht überzeugen lassen, weil „er nicht zum Heil vorausbestimmt war". Später hat Gregor von Tours nach diesem Maßstab zwischen arianischen Goten und katholischen Franken unterschieden und den Besitz Galliens als den Beweis für die Gottgefälligkeit der Franken angesehen[115]. Sosehr also das Eintreten des Fulgentius für die augustinische Gnadentheologie eine notwendige Antwort auf

[109] Vgl. Epp. 16 u. 17.
[110] Remiss. peccat. II, XXI, 3. [111] Ebd. II, XX, 2.
[112] Ebd. II, V, 1.
[113] Ebd. II, XI u. XII und De fide 37 u. 72.
[114] Remiss. peccat. I, III, 1.
[115] Gregor. Tur., hist. II 37.

den Semipelagianismus war, der mit dem „initium fidei" im Grunde doch wieder das ganze Heil auf den eigenen Willen des Menschen gebaut hatte, so wenig konnte diese Theologie das letzte Wort in der Frage sein. Die Gesamtkirche folgte weniger Fulgentius als vielmehr Gregor d. Gr. bzw. zunächst Cäsarius von Arles.

Cäsarius von Arles, der wenig jüngere Zeitgenosse des Fulgentius, hat in der Bekämpfung des Semipelagianismus nicht so einseitig Augustins Lehre zu Ende gedacht, sondern gewissermaßen auf das allgemein kirchlich erträgliche Maß reduziert. Seit der Verurteilung des Pelagius war es Überzeugung der gesamten Kirche, daß zu jedem verdienstvollen Werk die Gnade Gottes notwendig ist. Vor allem manchen Mönchskreisen, nicht nur in Afrika, sondern auch in Südgallien, schien aber die menschliche Freiheit durch die Lehre Augustins aufgehoben; durch die Theologie des Fulgentius waren solche Bedenken eher noch bestärkt worden. Freiheit schien nur gewahrt zu sein, wenn wenigstens der Anfang der Bekehrung, der erste Schritt zum Glauben, als Leistung des eigenen menschlichen Willens verstanden wurde. Wenn sich auch in diesem Sinn im 5. Jh. vor allem der Bischof Faustus von Riez geäußert hatte, der zuvor Mönch im Inselkloster Lérins gewesen war, darf man diesen sogenannten Semipelagianismus doch nicht für die charakteristische Geisteshaltung des Inselklosters halten, denn Cäsarius, welcher Augustinus gegen den Semipelagianismus zum Siege verhalf, blieb bis ans Ende seines Lebens ganz von Lérins geprägt. Allerdings besitzen wir von Cäsarius, anders als von Fulgentius, keine theologische Abhandlung über das Problem. Aber die ihm häufig in die Feder fließenden Ausdrücke wie: „mit Gottes Hilfe" oder: „wenn der Herr es gewährt" lassen erkennen, daß er wie Augustinus von der Notwendigkeit der Gnade Gottes zum Beginnen, zum Fortführen und zur Vollendung jedes guten Werkes überzeugt war[116]. Bei den Zuhörern seiner Predigten scheint Cäsarius keine pelagianischen oder semipelagianischen Irrmeinungen zu vermuten, jedenfalls sieht er sich eher genötigt, Stellung gegen die Leugner der menschlichen Willensfreiheit, Manichäer und Astrologen (mathematici), zu beziehen[117]. Der Wille ist für ihn deshalb so wichtig, weil er das äußere gute Werk geradezu ersetzen kann: Fasten und Almosen sind doppelt gut; Almosen allein ist wertvoll; Fasten allein, ohne Almosen, ist nicht verdienstlich, weil es sozusagen nur eine Form von Sparsamkeit, d. h. von Sorge für sich selbst ist. Wer aber gar nichts hat, wovon er Almosen geben könnte, dem genügt der gute Wille, heißt es doch: „Ehre Gott in der Höhe, und auf Erden Friede den Menschen guten Willens." Daß ausgerechnet die Predigt Nr. 199, in welcher sich diese Ausführungen finden (cap. 2), von allen Cäsarius-Predigten die weiteste Verbreitung gefunden hat, ist sicher kein Zufall. Es zeigt sich daran, daß die volkstümliche Predigt eher zum Moralisieren tendierte, als daß sie die Höhe augustinischer Gnadentheologie durchhalten konnte. Zwar bezog auch Augustinus das Wort aus dem Gesang der Engel (Lk

[116] *Delage:* SChr 175 (1970) 192f.
[117] *Delage:* ebd. 145.

2,14), welches in seinen frühen antipelagianischen Schriften bezeichnenderweise nicht vorkommt, in der Schrift „über die Gnade und den freien Willen" (2,4) auf den menschlichen Willen, aber er verstand ihn dabei ganz als Geschenk Gottes, nicht als Mindestleistung des Menschen, wie Cäsarius das tut. Zwar gab Cäsarius sich Mühe, das Material für seine Predigten, das er nahm, wo immer er es fand, z.B. auch bei Faustus von Riez oder in der Predigtsammlung des sogenannten Eusebius Gallicanus, im augustinischen Sinn umzuarbeiten[118], aber es blieben dann in seinen Musterpredigten doch Äußerungen stehen, wie sie dem Augustinus wohl nie über die Lippen gekommen wären. Unser Gott labe (pascitur) sich nicht an der Fülle der Almosengabe, sondern an dem Wohlwollen (benevolentia) des Gebers, heißt es in Sermo 197,4, der weitgehend von Faustus abhängt; ja Cäsarius kann sich sogar so ausdrücken, als müsse der Mensch ganz allein für sein ewiges Heil sorgen. In Sermo 198,2 sagt er zwar, die Seele werde durch die Speise des Wortes Gottes gelabt, erklärt dann aber: „Wenn wir schon jedes Jahr Scheunen, Speicher und Keller füllen, damit unser Fleisch für ein Jahr Speise habe, wieviel müssen wir dann zurücklegen, damit unsere Seele für die Ewigkeit den Unterhalt habe."

In der Auseinandersetzung mit seinen Amtskollegen setzte Cäsarius die Akzente anders. Da sah er sich auf der Synode von Valence 528 wegen seines grundsätzlichen Eintretens für Augustinus angegriffen. Bezeichnend für ihn ist, daß er nun nicht eine Kampfschrift gegen diese Synode verfaßte, sondern sich an den Römischen Stuhl wandte. Von dort gingen ihm als Antwort „einige (pauca) Kapitel" zu, die er selber als von den Vätern gemachte Auszüge aus der Heiligen Schrift bezeichnet[119]. Cäsarius legte sie einer Synode seiner Suffragane im Juli 529 in Orange vor, welche sie sich zu eigen machte. Diese Kapitel treten der Form nach mit einem erstaunlich geringen Autoritätsanspruch auf. Zwar sind die ersten acht, die über die Erbsünde (1 und 2) und Gnade (3–8) handeln, in die Form von Canones gekleidet, die mit „wenn einer"... beginnen, aber sie schließen nicht mit einem Anathematismus, sondern mit Urteilen wie: „widerspricht dem Propheten Isaias" oder „leistet dem Heiligen Geist Widerstand". Es werden die beiden Hauptirrtümer des Pelagius, nur der Leib des Menschen, nicht auch die Seele habe durch die Sünde Schaden genommen und Adam habe nur sich selbst, nicht seiner Nachkommenschaft geschadet, als schriftwidrig erwiesen. Dann geht es hauptsächlich darum, herauszustellen, daß Gott nicht auf die Entscheidung des menschlichen Willens zum Guten wartet, daß er nicht nur den Glauben vermehrt, sondern auch schon das „initium fidei", ja sogar das fromme Verlangen nach Glauben verleiht (can. 5); daß seine Gnade jeder guten menschlichen Regung vorausgeht (can. 6); daß die Natur des Menschen von sich aus ohne die Erleuchtung und Eingebung des Heiligen Geistes zu gar keinem guten heilsdienlichen Werk fähig ist (can. 7). Hier wird also eine scharfe Trennung zwischen allem Übernatürlich-Heilswirksamen und

[118] Vgl. *Delage:* ebd. 109, Anm. 2.
[119] *Denzinger-Schönmetzer* 370 ss.

allem Natürlich-Heilsunerheblichen gemacht. Und das gilt nicht nur für einen Teil der Menschen, so daß einige nur durch die Gnade, andere aber durch ihre eigene Willensentscheidung gerettet würden, sondern für alle (can. 8).

Die can. 9–25 stellen Auszüge aus den von Prosper von Aquitanien zusammengestellten Sentenzen aus den Werken Augustins dar. An einigen Stellen ist die Übereinstimmung nicht vollkommen, aber sachliche Veränderung läßt sich wohl nicht feststellen. Die Auswahl allerdings ist bezeichnend; es findet sich keine einzige Äußerung über die Vorherbestimmung oder über die Beharrlichkeit im Guten. Freilich ist dies nicht Verdienst des Cäsarius, sondern wohl jenes römischen Klerikers, welcher die Auswahl aus dem Augustinus-Florileg getroffen hat. Trotzdem stimmt diese Auswahl mit den Absichten des Cäsarius überein. Jedenfalls unterstreicht er in seinem Begleitbrief nachdrücklich die Notwendigkeit der zuvorkommenden göttlichen Gnade und die Unfähigkeit der menschlichen Natur, sich selbst das Heil zu erwerben[120]. Andererseits ist es ihm ein Anliegen, hervorzuheben, daß mit Hilfe der Gnade Christi die Gläubigen erfüllen sollen und können, was zum Seelenheil notwendig ist. Auf die Vorherbestimmung kommt er nur in der Weise zu sprechen, daß er die Vorstellung, einige seien durch die göttliche Allmacht zum Bösen vorherbestimmt, mit Entrüstung ablehnt. Das freilich hatte weder Augustinus noch sein überkonsequenter Schüler Fulgentius behauptet. Die Frage, in welchem Ausmaß doch von Vorherbestimmung gesprochen werden darf und muß, hat das Arausicanum II nicht beantwortet. Im übrigen ist es, obwohl Cäsarius von Papst Bonifaz II. noch einmal eine ausdrückliche Bestätigung erbeten und erhalten hatte, in welcher die allem guten Willen vorausgehende göttliche Gnade wiederum betont wurde[121], sehr bald in Vergessenheit geraten und erst in den Beratungen des Konzils von Trient wieder ans Licht gezogen worden. Aber Gregor d. Gr. folgt Augustin, von dem er weitgehend abhängt, nur so weit, wie es das Arausicanum tat, und zeigt so, daß die römische Tradition, als deren Ausdruck es zu verstehen ist, sich durchgehalten hat[122].

Dreikapitelstreit

Das Dekret, durch welches Kaiser Justinian Theodor von Mopsuestia, die anticyrillischen Werke des Theodoret von Kyros und den Brief des Ibas an Mari verurteilte[123], rief in der gesamten westlichen Kirche heftige Ablehnung hervor. Am schärfsten und ausführlichsten bekämpfte der afrikanische Bischof *Facundus von Hermiane* in seiner „Verteidigung der Drei Kapitel“ das kaiserliche Dekret. Obwohl er sich über die Urheberschaft im klaren war, erklärte er, Justi-

[120] Ebd. 396.
[121] Ebd. 398.
[122] Vgl. unten S. 322f.
[123] Vgl. oben S. 30ff.

nian nicht für den Urheber halten zu wollen, weil er darin einen Widerspruch zu dem ihm sonst bekannten Glauben des Kaisers entdecke. Man müsse ja nach 1 Petr 2,17 Gott fürchten und den König ehren. So wolle er aus Furcht vor Gott widerlegen, was der Kirche Christi widerspricht, aber zur Ehre des Königs die Meinungen, die er bekämpfen müsse, nicht dem König anlasten, sondern den Eutychianern, die sich nur des furchtgebietenden, kaiserlichen Namens (terror personae) bedient hätten[124].

Facundus weiß sich mit Justinian darin einig, daß man zur Abgrenzung sowohl gegen Nestorianer wie gegen Eutychianer einerseits bekennen muß, daß einer aus der Trinität für uns gekreuzigt wurde, andererseits, daß Maria wahrhaft und eigentlich Gottesmutter genannt wird. Man müsse aber noch hinzufügen (das vermißt er offenbar bei Justinian), daß derselbe Herr Jesus Christus in zwei Naturen existiert, d.h., daß Gottheit und Menschheit in ihm unverkürzt sind[125]. Zwar befaßt sich Facundus im wesentlichen mit formalen Fragen, um zu zeigen, daß die Drei Kapitel nicht verurteilt werden dürfen, aber er bietet auch einige bemerkenswerte theologisch-inhaltliche Überlegungen. So findet er in Jo 1, 14 ein ausreichendes Schriftargument sowohl gegen Nestorianer als auch gegen Eutychianer und deren apollinaristische Ahnen: „Das Wort ist Fleisch geworden" bezeichnet die eine Person, weil derselbe, der Gott-Wort ist, Mensch wurde; „er wohnte in uns" zeigt, daß die beiden Naturen bleiben, weil ein anderes das ist, was einwohnt, und ein anderes, was als Wohnung dient[126]. Trotz dieser johanneischen Perspektive erklärt Facundus doch, daß man durch die Menschheit Christi zur Erkenntnis seiner Gottheit komme[127], und spricht damit eine für Theologie und Glaube immer gültige, wenn auch oft nicht genügend beachtete Grundregel aus.

Facundus glaubt nicht, daß die Eutychianer wirklich wieder in die Kirchengemeinschaft eintreten werden, wenn die Drei Kapitel verurteilt worden sind[128]. Der Angriff auf die Drei Kapitel sei nicht erfolgt, um das Chalcedonense vom Vorwurf der Nestorianismusfreundlichkeit zu entlasten und so für die Eutychianer annehmbar zu machen, sondern um es zu belasten und zu bekämpfen. Ginge es um die Verteidigung Cyrills, dann hätte man z.B. auch Isidor von Pelusium und Gennadius von Konstantinopel und andere, die sich hart über Cyrill ausgelassen haben, angreifen müssen[129]. Diesen Gedanken übernahm später auch der nachmalige Papst *Pelagius* in seiner noch als Diakon verfaßten, ebenfalls „Verteidigung der Drei Kapitel" genannten Schrift. Er folgte dem Facundus auch in folgendem Argument: Wenn das Lob für Cyrill das einzige Kriterium der Rechtgläubigkeit wäre, dann müßte man die Eutychianer für rechtgläubig halten[130]. Facundus geht aber in seiner Argumentation sicher zu

[124] Defens. II, 1, 3.
[125] Ebd. I, 2, 15.16.
[126] Ebd. VI, 4, 1–3. [127] Ebd. VII, 7, 6.
[128] Ebd. I, 2, 6–8.
[129] Ebd. II, 1, 2; II, 4, 1ff u. 12ff. [130] Ebd. VI, 2, 2ff.

weit, wenn er behauptet, der Ibasbrief dürfe deshalb jetzt nicht verurteilt werden, weil er in Chalkedon approbiert worden sei. In Chalkedon wurde nicht ein Synodalurteil über diesen Brief gefällt, genausowenig wie über die Werke des Theodoret, sondern es ging dort um die Person der genannten beiden Bischöfe, ob sie nämlich als Vollmitglieder der Synode anerkannt und auf ihren Bischofssitzen belassen werden dürften[131]. Später hat man römischerseits, um das 5. Konzil mit dem Chalcedonense vereinbaren zu können, erklärt, in Chalkedon habe es sich nur bis zur 6. Sitzung einschließlich, so weit also, wie die kaiserlichen Kommissare die Geschäftsordnung überwachten, um Sitzungen eines ökumenischen Konzils gehandelt; die weiteren, bei denen Theodoret und Ibas rehabilitiert wurden, seien nicht verbindlich und auch durch Papst Leo nicht approbiert worden[132].

Man wird dem Facundus vielleicht nicht zustimmen, aber doch eine gewisse Bewunderung zollen für die Geistesschärfe, mit der er den Ibasbrief verteidigt: Da Ibas den Cyrill erst wegen einer ihm unterstellten apollinaristischen Meinung angreift, ihn dann aber wegen seiner angeblichen Bekehrung vom apollinaristischen Irrtum lobt, bedeute eine Verurteilung des Ibasbriefes nichts anderes, als Cyrill nachträglich zum Nestorianer zu machen[133]. Bei Facundus muß man wie bei fast allen Gegnern des 2. Konstantinopolitanums und übrigens auch bei den Bekämpfern der Drei Kapitel – dieses schlechte Erbe hat die spätere Theologie weitgehend übernommen – einen Mangel an geschichtlichem Denken feststellen, wenn er etwa den Theodor von Mopsuestia mit dem Hinweis verteidigen will, er sei von so orthodoxen Lehrern wie Johannes Chrysostomus und Gregor von Nazianz gelobt worden[134]; Theodor hat beide lange genug überlebt, um noch in schwere Irrtümer verfallen zu können. Andererseits ist eine Einsicht des Facundus vielleicht heute noch hilfreich: Die Kirchenväter, die uns wie Himmelslichter erleuchten, erleiden genau wie diese manchmal Verfinsterungen, dann nämlich, wenn sie untereinander Streitigkeiten hatten, die wir nicht verstehen und nicht gutheißen können[135].

Daß Facundus aber gegen Ende seines Werkes[136], die Unionsbestrebungen, wie sie im Osten, vor allen Dingen von Kaiser Zeno, betrieben worden waren, dadurch ad absurdum zu führen versucht, daß er erklärt, wo ein Gott sei, könne auch nur eine Kirche und nicht etwa verschiedene Gemeinschaften der gleichen Kirche sein, mag zwar logisch erscheinen, läßt aber eine Unerbittlichkeit der Auseinandersetzungen befürchten, die dann im Laufe der Kirchengeschichte dem Christennamen keine Ehre eingebracht hat. Facundus selbst blieb tatsächlich so unerbittlich konsequent; Papst Pelagius dagegen, der als Diakon ent-

[131] Vgl. *Duchesne* a.a.O. 224f.

[132] So in einem wohl vom Diakon Gregor, dem nachmaligen Papst, an Bischof Elias v. Aquileia gerichteten Schreiben: Reg. Epp., Appendix III, 1; MGEp II, S. 463.

[133] Defens. VI, 4, 13–15.

[134] Ebd. VII, 7, 21ff u. 28ff.

[135] Ebd. VI, 5, 32.33.

[136] Ebd. XII, 4, 18.

schieden für die Drei Kapitel eingetreten war, dann wohl aber doch eingesehen hatte, daß durch das Konzil von 553 das Chalcedonense nicht abgewertet wurde, vielleicht auch durch den Hinweis, daß er der einzig in Frage kommende Nachfolger für Vigilius war, zu einem Stellungswechsel bewogen worden war[137], mußte sich von den unversöhnlichen Afrikanern (vor allem eben von Facundus) als „nekrodioktes" (Verfolger von Toten) schmähen lassen, weil er die Verurteilung des vor langer Zeit gestorbenen Theodor von Mopsuestia akzeptiert hatte. Dabei hatte Pelagius in seinem großen Glaubensbekenntnis, das er bei Amtsantritt in Rom ablegte, über Theodor geschwiegen, die Personen des Theodoret und des Ibas aber ausdrücklich verteidigt.

Am stärksten kompromittiert war natürlich das Andenken des Papstes *Vigilius*. Er verfiel gelegentlich geradezu einer damnatio memoriae, selbst dort, wo seine päpstlichen Entscheidungen in Geltung blieben. So beruft sich das erste Konzil von Bracara in Galicien i. J. 561 zwar viermal auf das Schreiben des Vigilius an Profuturus von Bracara (can. 4 und 5), ohne aber den Vigilius mit Namen zu nennen, obwohl es sonst alle Papsterlasse unter dem Namen des Verfassers anführt[138].

Die bedeutendste, auch für die Nachwelt wichtige theologische Leistung im Drei-Kapitel-Streit erbrachte der römische Diakon *Rusticus*, der Neffe des Vigilius. Er war von diesem wegen seines hartnäckigen Eintretens für die Drei Kapitel, d.h. wegen seines Widerstandes gegen das 5. als ökumenisch anerkannte Konzil, abgesetzt und exkommuniziert worden, fand aber in einem Akoimetenkloster in Konstantinopel Zuflucht. Dort redigierte er die lateinische Sammlung der Akten des Konzils von Ephesus, die aber nicht nur Dokumentationszwecken, sondern als Argument in der theologischen Auseinandersetzung dienen sollte. In diese griff er selbst mit großer Entschiedenheit und tiefeindringender Sachkenntnis ein. Zwar ist sein Werk über die Definitionen, das er selbst erwähnt[139], verloren, aber das Hauptergebnis scheint in die erhaltene Disputation gegen die Akephalen eingegangen zu sein. Rusticus bietet in ihr[140] den Ertrag der theologischen Gespräche, die er in Konstantinopel, in Antinoë in der Thebais und in Alexandrien geführt hatte. Er erweist sich in diesen Auseinandersetzungen als ein guter Kenner der aristotelischen Philosophie und entfaltet das theologisch-spekulative Argument, welches Boethius zur Geltung gebracht hatte[141], mit wahrer Meisterschaft. Zwar zeigt er sich in der Trinitätstheologie mehr östlichem Denken als dem des Augustinus und des Boethius verpflichtet, indem er nämlich die Dreiheit der göttlichen Personen nicht so sehr auf Relationen als vielmehr auf die Proprietates gründet[142]; in der Christologie aber fußt er auf der Persondefinition des Boethius und führt sie zugleich weiter. *Person*

[137] *Duchesne* a.a.O. 228.
[138] Vgl. *Schäferdiek* a.a.O. 125f.
[139] PL 67, 1238B.
[140] Vgl. Praefatio PL 67, 1170B.
[141] Vgl. unten S. 311 u. 313.
[142] PL 67, 1237C.

ist für ihn nicht die individuelle vernunftbegabte Substanz, sondern die individuelle vernunftbegabte Subsistenz. Dabei scheint er sich bewußt zu sein, daß Person im Gegensatz zur Natur nicht definiert, sondern allenfalls beschrieben werden kann. So ist die Person das Zusammenkommen (concursus) alles dessen, was die vernunftbegabte Subsistenz beschreibt[143].

Gewiß würde die individuelle Menschennatur des Erlösers, rein für sich betrachtet, das heißt von seiner Gottheit abgesehen, als Person erscheinen können, aber zu einer solchen Auffassung führt nicht die wahre Wirklichkeit, sondern der geistige Defekt, nämlich das Vergessen der Vereinigung (nämlich von Gottheit und Menschheit in Christus). In dem Augenblick aber, wo der Geist daran erinnert wird, daß das, was Mensch ist (im Erlöser), gewissermaßen nicht in sich selbst bleibt, sondern durch die Vereinigung Eigentum der Subsistenz des Gottwortes geworden ist, kann er es nicht mehr als Person ansehen[144]. Hier ist, ohne daß Cyrills Name fällt, doch dessen Aneignungslehre verarbeitet. So kann Rusticus weiter erklären, die Menschheit des Erlösers gehöre nicht losgelöst sich selbst, so wie das bei uns ist, sondern sei so mit dem Gottwort verbunden, daß sie ihm als Gewand und Werkzeug zu eigen sei[145]. So sei die Menschheit des Erlösers nicht so sehr selbst Subjekt als vielmehr in einem Subjekt. Damit wird klar, daß Subsistenz für Rusticus über die Substantialität hinaus *Subjektsein* besagt. So ist nicht nur der Schritt über Boethius hinaus getan und das ausgesprochen, was bei jenem noch fehlte[146], sondern auch mehr stillschweigend jene leoninische Formel korrigiert, in welcher das Wort und das Fleisch (des Erlösers) wie selbständige Subjekte erscheinen und die unter den Cyrillianern solches Ärgernis erregt hatte[147]. Hier wird auch von einem lateinischen Theologen klargestellt, und diese Klarheit ist gerade in der Auseinandersetzung mit Cyrillianern gewonnen, daß der Erlöser ein einziges Subjekt ist, aber nicht ein zusammengesetztes, sondern daß die göttliche Person als Subjekt der menschlichen Natur zu betrachten ist. Aristotelisch ausgedrückt, heißt dies, die Menschheit des Erlösers ist im Vergleich zum Gottwort nicht wie ein Subjekt, sondern wie ein Akzidenz zu verstehen[148].

Daß Rusticus das Verhältnis zwischen Gottheit und der Menschheit im Erlöser wiederum in Analogie zum Verhältnis von Seele und Leib im Menschen beschreibt[149], wie es schon die Theologie des 4. Jh. getan hatte, stellt nicht einen Rückfall in vorephesinische Denkweise dar, sondern zeigt, wie konsequent Rusticus das aristotelische Potenz-Akt- bzw. Materie-Form-Schema anwendete und so wenigstens für einen Augenblick scholastische Theologie schon vorwegnahm, die dann allerdings zu ihrem eigenen Schaden nicht so sehr auf Rusti-

143 PL 67, 1238 B.
144 PL 67, 1239 AB.
145 Ebd. D.
146 Siehe unten S. 312.
147 Agit enim utraque forma... quod proprium est: Denzinger-Schönmetzer 294.
148 PL 67, 1240 C wörtlich so.
149 Ebd. 1239 D.

cus als vielmehr auf der weniger vollkommenen Persondefinition des Boethius aufbaute.

Folgen des Dreikapitelstreites

Sehr viel einschneidendere und dauerhaftere Folgen als die Exemtion des Bistums Pavia infolge des Arianerstreites[150] brachte der Drei-Kapitel-Streit für die norditalienische Kirchenorganisation. Beim Einfall der Langobarden nach Italien im Jahr 569 verlegte der Bischof von Mailand seinen Sitz nach Genua, wo er sich unter byzantinischem Schutz sicherer wußte; ebenso flüchtete der Metropolit von Aquileia in kaiserliches Gebiet, nämlich auf die Insel Grado. Beide Metropoliten lehnten das zweite Konzil von Konstantinopel ab, das heißt verteidigten die Drei Kapitel[151]. Die Byzantiner nahmen daran offenbar zunächst keinen Anstoß. Aber der Mailänder Bischof wurde, da er von den sizilischen Gütern seiner Kirche abhängig war, sehr schnell durch den römischen Bischof dazu gebracht, das zweite Konstantinopolitanum anzuerkennen und die Drei Kapitel zu verurteilen. Das führte dazu, daß das Bistum Como, welches eigentlich zur Mailänder Kirchenprovinz gehörte, gegen Ende des 6. Jh. sich nach Aquileia orientierte, das heißt sich von dort die Ordination eines die Drei Kapitel verteidigenden Bischofs erbat. So blieb Como dann bis ins 13. Jh. Suffraganbistum von Aquileia[152]. Daran läßt sich schon erkennen, daß die Frage der Drei Kapitel nicht nur den Episkopat, sondern auch den Klerus und das Volk bewegte, jedenfalls diejenigen aus Klerus und Volk, die als Wähler eines neuen Bischofs in Frage kamen.

Für die katholische Königin Theodelinde der noch weitgehend heidnischen bzw. arianischen Langobarden war es aus ihrer bayrischen Heimat so selbstverständlich, die Drei Kapitel anzuerkennen, daß sie sich weigerte, die Kirchengemeinschaft des Mailänder Bischofs zu akzeptieren, als sie erfuhr, daß er das zweite Konstantinopolitanum anerkannte. So sah sich Gregor d. Gr. genötigt, ihr ein Mahnschreiben zukommen zu lassen, in dem er das zweite Konstantinopolitanum verteidigt[153]. Das Schreiben ist allerdings nicht in die Hände der Königin gelangt, vielmehr hat der Mailänder Bischof Konstantius, in dessen Interesse es u. a. geschrieben war, es deshalb zurückgehalten, weil er wußte, daß die Königin durch diese Verteidigung des zweiten Konstantinopolitanums nur noch mehr aufgebracht werden würde. Gregor schrieb der Königin ein neues Mahnschreiben[154], in dem vom zweiten Konstantinopolitanum nicht mehr die Rede ist, und lobte den Bischof Konstantius von Mailand für seine Umsicht[155]. Gregor war also bereit, zunächst über die schismatische Zustimmung der Königin Theodelinde zu den Drei Kapiteln hinwegzusehen, weil er

[150] Siehe o. S. 291. [151] Siehe o. S. 302f.
[152] *Bognetti:* Settimane VII, 429.
[153] Reg. Epp. IV, 4.
[154] Ebd. IV, 33. [155] Ebd. IV, 37.

in ihr eine starke Bundesgenossin für die Bekehrung der Langobarden zum katholischen Glauben sah[156]. Im übrigen verteidigt er sich entschieden gegen den Vorwurf, vom Chalcedonense abgefallen zu sein; er verurteile vielmehr alle diejenigen, die von den vier Konzilien verurteilt worden seien, und anerkenne alle, die von ihnen anerkannt worden seien. Wenn er aber dem Mailänder Bischof gegenüber erklärt, das zweite Konstantinopolitanum, welches von vielen als 5. Synode gezählt werde, habe nichts über den Glauben, sondern nur über Personen entschieden, über welche in Chalkedon nichts gesagt worden sei, ist dies zumindest ungenau, denn das zweite Konstantinopolitanum hat sehr wohl de fide gehandelt, und es ist in Chalkedon sehr wohl de personis, nämlich von Theodoret und Ibas, die Rede gewesen.

Sehr viel entschlossener ging Gregor gegen den Bischof Severus von *Aquileia* vor, der ein Jahr lang vom byzantinischen Exarchen Smaragdus in Ravenna festgehalten worden war und während dieser Zeit mit den Gegnern der Drei Kapitel, das heißt den Anhängern des zweiten Konstantinopolitanum, Kirchengemeinschaft gehalten hatte[157]. Im Jahr darauf aber war er nach Grado, wohin das Patriarchat vor den Langobarden geflüchtet war, zurückgekehrt und hatte auf einer Synode, dem Drängen seiner Suffragane nachgebend, das zweite Konstantinopolitanum verworfen. Gregor bestellte ihn nun mit seinen Anhängern, das heißt mit den Bischöfen, die gleich ihm in Ravenna mit den Anhängern des zweiten Konstantinopolitanum Kirchengemeinschaft gehalten hatten, nach Rom, um dort in dieser Frage eine Synode abzuhalten[158]. Aus dem langen Bittschreiben der unter langobardischer Herrschaft befindlichen 10 Suffragane von Aquileia an Kaiser Maurikios von Byzanz läßt sich erkennen, daß Gregor den Patriarchen von Aquileia durch Polizeigewalt nach Rom holen lassen wollte, wobei er sich freilich auf eine Entscheidung des Kaisers aus dem Vorjahre stützte[159]. Im gleichen Sinne schrieben, wie aus dem Befehl des Kaisers an Gregor[160] hervorgeht, auch Severus selbst und die Suffragane des Severus, die sich auf byzantinischem Gebiet befanden. Dabei ist bemerkenswert, daß diese Bischöfe sich deshalb nicht vor einer von Gregor geleiteten Synode verantworten wollten, weil sie in ihm ihre gegnerische Partei erblickten, beim Kaiser dagegen unparteiisches Urteil zu finden hofften. Sie machten den Kaiser aber auch darauf aufmerksam, falls er nicht zu ihren Gunsten eingreife, würden zukünftige Bischofsordinationen in der Kirchenprovinz von Aquileia mit Hilfe der gallischen Erzbischöfe, die ja nahe seien, durchgeführt; das wäre dann zum Schaden der Kirche von Aquileia und zum Schaden der res publica, also des Römischen Reiches, beherrsche es doch bisher mittels der Kirche von Aquileia sogar Kirchen im Barbarenland. Der Kaiser befahl Gregor in ziemlich barschem Ton,

[156] Vgl. *Bognetti:* Settimane VII, 496.
[157] Paulus Diaconus, Hist. Langob. II, 26.
[158] Reg. Epp. I, 16.
[159] Ebd. I, 16a.
[160] Ebd. I, 16b.

einstweilen die Dinge auf sich beruhen zu lassen, bis in Norditalien wieder Ruhe eingekehrt sei, das heißt, bis Byzanz wieder die Oberhand gewonnen hätte. Aber dazu kam es nicht mehr; es gab keinen Sieg der Byzantiner über die Langobarden, aber es gab einen Regierungswechsel in Byzanz. Phokas stürzte den Maurikios und bemühte sich, die aquileiische Frage im Sinne Gregors d. Gr. zu lösen. Als im Jahre 607 Severus in Grado gestorben war (als Patriarch von Aquileia), ließ Phokas durch den Exarchen Smaragdus den romtreuen Candidian als Bischof einsetzen. Die Folge davon war, daß sich die Bischöfe im langobardischen Herrschaftsbereich von diesem neuen Patriarchen in Grado lossagten und in Aquileia selbst (in Alt-Aquileia, wie sie sagten) einen Anhänger der Drei Kapitel, nämlich Johannes, wählten, der dann als Bischof von Aquileia seinen Sitz in Cormons in Friaul nahm; später wurde der Sitz nach Cividale verlegt[161].

Vorübergehend scheint sogar in Grado ein Anhänger der Drei Kapitel auf den Patriarchenstuhl gelangt zu sein, aber Papst Honorius konnte nach dessen Vertreibung durch den Exarchen von Ravenna erreichen, daß der römische Subdiakon Primogenius in Grado gewählt und inthronisiert wurde. Die Grabinschrift des Honorius rühmt ihn also wegen der endgültigen Gewinnung Grados für die Orthodoxie, nicht wegen einer Vereinigung von Grado und Aquileia, die jedenfalls nur ein Zwischenspiel gewesen wäre[162]. Denn das Patriarchat Alt-Aquileia blieb bis zum Ende des 7. Jh., das heißt bis zur Synode von 698 in Pavia, schismatisch. Getrennt blieben die beiden Patriarchate für dauernd, jedenfalls so lange, bis das von Grado im 15. Jh. nach Venedig verlegt wurde, wo der Patriarch seit dem 12. Jh. dauernd residierte, und das von Aquileia im 18. Jh. aufgehoben wurde[163]. In der ganzen übrigen lateinischen Kirche erlosch der Widerstand gegen das zweite Konstantinopolitanum allmählich, ohne daß es darüber noch zu bedeutenden Kontroversen gekommen wäre.

23. Kapitel

Ausklang der altchristlichen lateinischen Literatur

QUELLEN: Boethius, The Theological Tractates with an English Translation, ed. *H. F. Stewart – E. K. Rand* (London – New York [8]1968). – Cassiodor, De institutione divinarum litterarum: PL 70, 1105–1150, deutsch jetzt bei *K. S. Frank,* Frühes Mönchtum im Abendland. I Lebensnormen (Zürich – München 1975) 203–282; De artibus ac disciplinis liberalium litterarum: PL 70, 1149–1220; Variae u. De anima: CChr 96; Expositio Psalmorum: CChr 97 und 98. – Gregorius Magnus, Epistulae: MGEp I und II, vgl. zu Kap. 19; Moralia in Job: PL 75, 510–76, 782. Bücher I u. II, ed. *R. Gillet – A. de Gaudemaris:* SChr 32 (1950); In Ezechielem: CChr 142, ed. *M. Adriaen* (Turnhout 1971); Dialogi, ed. *U. Moricca* = Fonti per la storia d'Italia 57 (Rom 1924); Isidori Hispalensis episcopi opera omnia: PL 81–84.

161 Paulus Diaconus, Hist. Langob. IV, 33.

162 *Goez:* ZKG 70 (1959) 131.

163 *Meyer,* 12ff.

LITERATUR: *V. Schurr*, Die Trinitätslehre des Boethius im Lichte der skythischen Kontroversen = Forschungen zur christlichen Literatur- und Dogmengeschichte 18, 1 (Paderborn 1935); *M. Nedoncelle*, Les variations de Boèce sur la Personne: RevSR 29 (1955) 201–238; *P. Riché*, Éducation et Culture dans l'Occident Barbare, 6e–8e siècles (Paris 1962, ³1973); *G. Ludwig*, Cassiodor über den Ursprung der abendländischen Schule (Frankfurt a. M. 1967); *A. Momigliano*, Cassiodorus and Italian Culture of his Time: Proceedings of the British Academy XLI 207–245 (London 1955); *R. Schlieben*, Christliche Theologie und Philosophie in der Spätantike. Die schulwissenschaftlichen Methoden der Psalmenexegese Cassiodors = Arbeiten zur Kirchengeschichte 46 (Berlin 1974); *F. Schneider*, Rom und Romgedanke im Mittelalter (München 1926); *F. H. Dudden*, Gregory the Great. His place in History and Thought, 2 Bde. (London 1905, ²1967); *D. Hofmann*, Die geistige Auslegung der Schrift bei Gregor dem Großen = Münsterschwarzacher Studien 6 (1968); *V. Recchia*, Le Omelie di Gregorio Magno su Ezechiele (1–5) = Quaderni di „Vetera Christianorum" 8 (Bari 1974); *R. Manselli*, Gregorio Magno e la Bibbia: Settimane di Studio del Centro Italiano di studi sull'Alto Medioevo X (Spoleto 1963) 67–101; *R. Wasselynck*, L'influence de l'exégèse de S. Grégoire le Grand sur les commentaires bibliques médiévaux (VIIe–XIIe s.): RThAM 32 (1965) 157–204; *G. Dufner*, Die Dialoge Gregors d. Gr. im Wandel der Zeiten und Sprachen = Miscellanea Erudita XIX (Padua 1968); *Cl. Dagens*, La fin des temps et l'Église selon S. Grégoire le Grand: RSR 68 (1970) 273–288; *H. Hürten*, Gregor d. Gr. und der mittelalterliche Episkopat: ZKG 73 (1963) 16–42; *V. Monachino*, Gregorio I: Bibliotheca Sanctorum 7 (Rom 1966) col. 222–278 (Bibliographie); *H. J. Diesner*, Isidor von Sevilla und seine Zeit = Arbeiten zur Theologie 52 (Stuttgart 1973). Diesner hat eine „umfangreichere Studie über Isidor" angekündigt; *A. Borst*, Das Bild der Geschichte in der Enzyklopädie Isidors von Sevilla: DA 22 (1966) 1–62 (Bibliographie); *J. Fontaine*, Isidore de Sevilla et la culture classique dans l'Espagne visigothique, 2 Bde (Paris 1959); *M. C. Díaz y Díaz* s. zu Kap. 22; Isidoriana. Estudios sobre San Isidoro de Sevilla, en el XIV Centenario de su nacimiento (León 1961); *Fernández Alonso* s. zu Kap. 19; *Duchesne* s. zu Kap. 19.

Zwar ging das goldene Zeitalter der Patristik auch im lateinischen Westen im 5. Jh. zu Ende, aber die reichen Schätze der Bibelauslegung und die großen theologisch-spekulativen Leistungen der Väter wurden dem Mittelalter über den Untergang der alten Welt hinweg dadurch vermittelt, daß in dem hier zu überblickenden Zeitraum die Gedanken der Väter nachvollzogen und weitergedacht wurden (vor allem von Fulgentius von Ruspe), daß ihre Werke gesammelt und immer wieder abgeschrieben und für die Seelsorge und Predigt verwertet wurden (besonders durch Cäsarius von Arles). Es fanden sich weitblickende Männer, die aus dem allgemeinen Niedergang alles Wertvolle zu retten versuchten, ja es gelang wohl auch, ohne daß an neue Zeiten überhaupt gedacht wurde, vielmehr angesichts eines nahe geglaubten Endes der Geschichte, eine neue und dauerhafte Synthese des überkommenen Glaubens- und Gedankengutes vorzubereiten. Es ließen sich manche christliche Literaten nennen, Dichter und Verfasser von Heiligenviten, aber in diesem Kapitel sollen, nachdem Fulgentius und Cäsarius bei der Behandlung des Arianer- und des Semipelagianerstreites ausführlich zu Worte kamen, die vier großen Männer samt ihrer theologischen Leistung eingehend vorgestellt und gewürdigt werden, auf denen alle Geistigkeit und Frömmigkeit des Mittelalters wie auf vier Grundsäulen aufruht: Boethius, Cassiodor, Gregor der Große und Isidor von Sevilla.

Boethius

Boethius, der aus der hochadeligen römischen Familie der Anicier stammte, stand zu Beginn des 6. Jh. eine Reihe von Jahren im Dienste des Ostgotenkönigs Theoderich. Im Jahre 523 bzw. 524 wurde er des Hochverrates, das heißt der Verschwörung mit oströmischen Kreisen, angeklagt und hingerichtet. Im Gefängnis schrieb er zu seinem eigenen Trost das Werk „De Consolatione Philosophiae", welches zwar durchaus religiösen, aber nicht eindeutig christlichen Gehalt hat[1].

In die Geschichte des europäischen Geistes ist Boethius durch seine Übersetzungen aristotelischer Werke, vor allem der logischen Schriften, und die dazu verfaßten Kommentare als einer der großen Anreger mittelalterlichen Philosophierens eingegangen. Neben den philosophischen sind seine theologischen Schriften von geradezu verschwindendem Ausmaß[2]. Trotzdem haben sie für die Kirchengeschichte, vor allem für die Geschichte der Theologie und des Dogmas, eine außerordentlich große Bedeutung gewonnen. Durch sie ist Boethius zum Begründer des Argumentes aus der ratio theologica geworden, deren sich dann kaum ein halbes Jahrhundert später der römische Diakon Rusticus in seinem Kampf gegen die Entscheidungen des 5. Allgemeinen Konzils, das heißt bei seinem Eintreten für die Drei Kapitel, so meisterhaft bediente[3]. Dabei sind die vier Schriftchen über die „Einheit der Dreifaltigkeit", die „drei göttlichen Personen", das „Gutsein der Substanzen" und „die eine Person und die zwei Naturen" (in Christus) eher Gelegenheitsschriften[4].

Die erste hat Boethius nicht nur seinem Schwiegervater Symmachus und dessen anderem Schwiegersohn Patricius gewidmet, sondern auch deren Urteil unterbreitet. Weil er bei allen anderen Zeitgenossen nur geistige Trägheit und schlauen Neid entdeckte, hat er sich absichtlich knapp ausgedrückt und neue Wörter aus den philosophischen Disziplinen in die Theologie eingeführt, damit außer ihm und seinen beiden Adressaten niemand das Schriftchen verstehen könne, ja sogar von der Lektüre abgeschreckt werde[5]. Boethius war sich durchaus bewußt, etwas Unerhörtes zu wagen, aber er stützte sich auf die Autorität des Augustinus und wollte auch an dessen Schriften gemessen sein. Er legt in sieben Kapiteln dar, daß die göttliche Substanz reine Gestalt ist (forma), daß sie nicht der Zählbarkeit unterliegt, daß aristotelische Prädikamente auf Gott angewendet werden können, daß in Gott vor allem von Relationen die Rede sein muß, weil die Namen Vater und Sohn eine gegenseitige Beziehung ausdrükken, daß schließlich die Einheit Gottes in der Substanz, die Dreiheit in den Relationen begründet ist.

[1] Vgl. dazu *V. Schurr*, Trinitätslehre 3ff.
[2] Keine 30 Spalten bei Migne.
[3] Vgl. *Altaner-Stuiber* 71966, 564 und oben S. 305.
[4] Die Echtheit der kurzen Zusammenfassung des christlichen Glaubens (= Traktat IV) ist nicht gesichert. [5] Prooemium.

Die drei anderen Schriftchen sind einem römischen Diakon Johannes, wohl dem nachmaligen Papst Johannes I. (523–526), gewidmet. Besonders wichtig ist der Traktat „über die eine Person und die zwei Naturen gegen Nestorius und Eutyches". Boethius erinnert in der Einleitung den Johannes daran, daß auf einem Konzil, an dem offenbar beide teilgenommen haben, ein Brief verlesen wurde[6], nach welchem die Eutychianer zwar den Christus aus zwei, aber nicht in zwei Naturen bekennen. Weil Boethius bei der Versammlung selbst nicht zu Wort kam, hatte er mit Johannes ein Gespräch vereinbart, an dem dann aber beide verhindert waren, so daß Boethius dem Johannes schreiben mußte, was er eigentlich mündlich hätte vortragen wollen. Diesem Zufall verdankt die Geschichte der Theologie eine Persondefinition, die in der Scholastik höchstes Ansehen genoß. Da es nämlich in dem Streit mit den Nestorianern und den Eutychianern um Person und Natur geht, untersucht Boethius zunächst (cap. 1), was eine Natur, und dann, was eine Person ist. Die Natur ist nicht nur statisch die einem jeden Ding eigene Seinsweise, sondern auch dynamisch die Antriebskraft der natürlichen Bewegung (motus principium), mit welcher etwa Feuer nach oben und Erde nach unten strebt. Was eine Person ist, versucht er, durch Ausschluß festzustellen: Person kann nicht in den Akzidentien sein, sondern nur in der Substanz, aber auch weder in nichtlebendigen Körpern noch in unvernünftigen Lebewesen; außerdem kann ein Allgemeinbegriff nicht Person sein. Zur Personalität gehört also Substantialität, Vernünftigkeit, Individualität[7]. Und so ergibt sich folgende Definition: persona est naturae rationalis individua substantia (cap. 3).

Boethius macht sofort darauf aufmerksam, daß er hier nicht die Etymologie von Person angibt, sondern eine Sachdefinition[8] dessen, was bei den Griechen Hypostase bedeutet. Aber er stößt nicht bis zum Eigentlichen der Person vor; die Idee des Subjektseins erfaßt er nicht[9], weil er von der Frage ausgeht, welche Naturen wohl Person hätten, die Person also als ein Kennzeichen besonderer Naturen betrachtet und sie selbst als etwas Naturhaftes versteht[10].

Die Definition des Boethius hat zwar auf die gesamte nachfolgende Theologie einen starken Einfluß ausgeübt, aber sie hat für seine eigene Auseinandersetzung mit Nestorius (cap. 4–7) kein einziges Argument geliefert. Person ist da lediglich das, dessen Einheit in der Zweiheit der Naturen des Erlösers behauptet wird. Weitergeführt wurde die christologische Spekulation erst durch die Persondefinition des Leontios von Byzanz (das Fürsichsein) und des schon genannten römischen, in Konstantinopel schreibenden Diakons Rusticus (das Insichbleiben)[11].

[6] Nach *V. Schurr*, Trinitätslehre 108ff, der Brief skythischer Bischöfe, der bei *Mansi* VIII 221–226 aufbewahrt ist.
[7] Vgl. *Grillmeier:* LThK V (²1960) 945.
[8] Allerdings bietet er in anderen, vor allem seinen philosophischen Schriften, andere Definitionen, die aber hier nicht interessieren. Vgl. *M. Nedoncelle:* RevSR 29 (1955) 201–238.
[9] Vgl. *Grillmeier:* LThK VIII (²1963) 291.
[10] Ähnlich etwa auch sein Zeitgenosse Fulgentius; vgl. oben S. 294f. [11] Vgl. oben S. 306.

Besonders bemerkenswert ist das Argument des Boethius, die (unterstellte) Zweipersonenchristologie des Nestorius werde der Neuheit (novum), der Größe (magnum) und der Einmaligkeit (semel) der Ankunft des Erlösers nicht gerecht. Enge Verbundenheit menschlicher Personen mit Gott habe es auch vorher gegeben; sie seien sogar deswegen Christus genannt worden. Dabei verweist Boethius allgemein auf die Autorität des Alten Testamentes, ohne aber eine einzige Schriftstelle anzuführen. Daran läßt sich erkennen, wie sich bei ihm das theologische Beweisverfahren von einzelnen Bibelargumenten frei macht, trotzdem aber überzeugt bleibt, allgemein biblisch zu sein.

Cassiodor

Cassiodor, der drei ostgotischen Königen in Italien als Minister gedient hatte, wovon die von ihm selbst herausgegebenen, weil von ihm formulierten Erlasse und Briefe der Herrscher (= Variae) zeugen, schied im Jahre 535 aus dem Dienst der immer römerfeindlicher werdenden gotischen Regierung und zog sich ins Privatleben zurück. Er hatte sich mit Papst Agapet geeinigt, in Rom eine *Theologische Hochschule* zu schaffen, in der berufsmäßige Lehrer dafür sorgen sollten, daß „einerseits die Seelen die heilsnotwendige Verkündigung empfangen könnten und daß andererseits die Sprache der Gläubigen nun die gleiche Pflege und Ausgestaltung empfangen sollte", wie heidnische Philologen und Dichter sie ihrer Sprache hatten angedeihen lassen, mit dem Unterschied freilich, daß alles, was vorgetragen wurde, „keusch und rein" sein, sich also deutlich von den Mythen und Dichtungen der Heiden unterscheiden sollte. Cassiodor hatte es als schmerzlich empfunden, daß es bisher für christliche Theologie, jedenfalls im Westen, noch keine wissenschaftliche Hochschule gab, wie sie im Osten früher in Alexandrien bestanden hatte und zu seiner Zeit im syrischen Edessa blühte[12]. An der Finanzierung der neuen römischen Hochschule, die Cassiodor zu einem guten Teil selbst bestreiten wollte, sollte die römische Kirche sich beteiligen; aber der Krieg, nämlich die von Justinian begonnene Reconquista Italiens, die schließlich zur Vernichtung des Ostgotenreiches führte, verhinderte die Ausführung des Planes. Nach Beendigung des Krieges kehrte Cassiodor, der sich inzwischen einige Jahre in Konstantinopel aufgehalten hatte, nach Italien zurück. Obwohl Justinian nun den staatlichen Professoren in Rom neue Gehaltsgarantien gab, um so die Kriegsschäden auf dem Bildungs-

[12] Instit. prooemium. Daß Cassiodor die Schule von Nisibis erwähnt, ist nach *G. Ludwig* (Cassiodor S. 101) einer der Hinweise darauf, daß er sein Kloster in die Linie der antiochenischen Exegese- und Bildungstradition stellen wollte, wie sie vor allem von Theodor von Mopsueste verkörpert worden war, also eine gewisse Distanz zur neuen Religionspolitik nach dem II. Constantinopolitanum suchte. *L. Duchesne* (a. a. O. S. 226) sieht in der Tatsache, daß Cassiodor gerade Theodor nicht erwähnt, den Beweis dafür, daß er nicht in brennende Fragen eingreifen wollte. Dann hätte allerdings eine ähnliche Abstinenz nahegelegen, was Origenes angeht.

sektor wiedergutzumachen[13], hat Cassiodor nicht mehr an seinen früheren Hochschulplan angeknüpft.

Er gründete vielmehr auf seinen Gütern in Süditalien ein Kloster, welches er Vivarium nannte und dessen Lebenszentrum die von ihm planmäßig mit viel finanziellem Einsatz zustande gebrachte Bibliothek darstellte. Er schrieb für die Mönche zwei kurze Studienanleitungen oder Lesepläne[14], durch welche sie in die in der Bibliothek vorhandene theologische bzw. philosophische Literatur eingeführt werden sollten. Er war sich bewußt, daß er damit einerseits notgedrungen an die Stelle des Professors trat (ad vicem magistri), daß andererseits seine beiden Einführungsschriften doch nicht ein lebendiges Professorenkollegium ersetzen konnten; das sollte vielmehr die Aufgabe der in der Bibliothek zusammengetragenen Schriften der Väter, vor allem der Bibelexegeten, sein. Da seinen Mönchen nur mit lateinischen Werken gedient war, ließ er einschlägige griechische Kommentare, von denen noch keine lateinische Übersetzung existierte, ins Lateinische übersetzen und fügte sie dem großen Kommentarwerk ein. Dieses bestand aus neun von Cassiodor selbst emendierten Codices, welche die Kommentare zu folgenden Teilen der Heiligen Schrift enthielten: 1. Oktateuch, 2. Königsbücher, 3. Propheten, 4. Psalter, 5. Salomon (Weisheitsbücher), 6. Hagiographen, 7. Evangelien, 8. Apostelbriefe, 9. Apostelgeschichte und Apokalypse[15].

Unter den Exegeten sind außer den großen lateinischen Vätern auch Griechen, wie Klemens von Alexandrien und Origenes, vertreten. Zu einigen biblischen Büchern fanden sich damals noch keine fortlaufenden Kommentare, wohl aber verstreute Äußerungen der großen Kirchenväter. So hat Cassiodor im Band II, also zu den Königsbüchern, u.a. die sechs Fragen und Antworten an Simplician von Augustinus und drei Fragen und Antworten des Hieronymus an Abundantius zusammengetragen. Trotz aller Mühe blieben aber Lücken im Kommentarwerk; Cassiodor versuchte sie u.a. dadurch zu schließen, daß er den Priester Bellator um die Abfassung von Kommentaren zu verschiedenen biblischen Büchern bat. Aber von all dem, was Bellator zu Cassiodors Sammelwerk beigesteuert hat – etwa zwei Bücher über Ruth und die anderen hervorragenden Frauen des AT[16] –, ist uns nichts erhalten. Das neunbändige Kommentarwerk scheint nicht vollständig kopiert worden, sondern bald untergegangen zu sein. Außer den Kommentatoren hat Cassiodor auch in die Bibel einführende Werke einiger Väter in einem besonderen Codex zusammengestellt.

Bei diesem ganzen Werk bestand seine Arbeit nicht nur im Zusammenstellen der ihm wichtig und hilfreich erscheinenden Vätertexte, sondern auch in der Herstellung eines zuverlässigen Bibeltextes, der geradezu eine Voraussetzung

[13] Novellae, App. VII, 22; *P. Riché*, Éducation 182.

[14] De institutione divinarum litterarum (= inst. PL 70, 1105–1150) und De artibus ac disciplinis liberalium litterarum (= art. ebd. 1149–1220).

[15] Inst. 1 und 9.

[16] Inst. 1.

für das Seelenheil darstellt. Das Wort von den zwei oder drei Zeugen, durch die jede Sache entschieden werden kann (Mt 18,16 = Dt 19,15b), welches bei Origenes als exegetisches Prinzip diente – mit zwei oder drei Bibelzitaten ist eine theologische Aussage zu beweisen[17] –, wird bei Cassiodor[18] zum textkritischen Grundsatz: zwei bis drei alte Codices garantieren eine Leseart.

Was den Text der Kommentare angeht, fühlte Cassiodor sich keineswegs zur treuen Konservierung des Überlieferten verpflichtet, vielmehr ist die Rechtgläubigkeit und der Erbauungswert einer Schrift oberster Maßstab. So sorgte er dafür, daß bei der Übersetzung von Kommentaren des Klemens Alexandrinus all dessen unvorsichtige (incaute) Äußerungen unterdrückt wurden. Cassiodor hat sich nicht davon beeindrucken lassen, daß ein Paulinenkommentar unter dem Namen des Papstes Gelasius umlief, sondern wenigstens im Römerbriefkommentar alle pelagianischen Irrtümer, die er darin entdeckte, korrigiert[19]. Manche Texte, mit denen er nicht einverstanden war, ließ er freilich doch so stehen, aber mit einem entsprechenden Vermerk am Rand, so vor allem in den Kommentaren des Origenes und des Tyconius[20]. Den Bibeltext hat Cassiodor außerdem mit Satzzeichen versehen, damit er sich besser vorlesen ließ. Die schon genannten 9 Codices hat er selbst bearbeitet, andere überließ er der Arbeit der im Kloster tätigen Notare. Aber auch die bloße Rechtschreibung war ihm für das Verständnis des Textes so wichtig, daß er noch im Alter von 93 Jahren für seine Mönche eine Schrift über die Rechtschreibung abfaßte, an deren Anfang er seine bisherigen theologischen Werke aufzählt. Daß er dabei mit dem Psalmenkommentar beginnt, läßt erkennen, daß er seine Schrift über die Seele einer früheren abgeschlossenen Lebensperiode zurechnet, der auch seine amtlichen Briefe (Variae) angehören.

Obwohl Cassiodor in der ganzen Heiligen Schrift das Licht von oben findet, bedeuten ihm doch der Psalter, die Propheten und die Apostelbriefe am meisten, sie stellen zugleich die tiefsten Abgründe und den Gipfel der ganzen Schrift dar[21]. Trotzdem sollen die Anfänger im Studium der Heiligen Schrift zuerst den vierten Codex zur Hand nehmen und sich so mit dem Psalterium vertraut machen[22]. Zunächst soll der Mönch sich mit der Lektüre der Heiligen Schrift ganz anfüllen, dann sich den Kommentatoren zuwenden[23].

Theologische Erkenntnis wird auf verschiedenen Wegen gewonnen: Zunächst soll man die introductores (z.B. Tyconius und Augustin) lesen, dann die expositores, an dritter Stelle die katholischen Lehrer, welche Frage-und-Antwort-Literatur hinterlassen haben. Schließlich muß man die gesamte überlieferte Väterliteratur sorgfältig durchforschen. Aber mit Lektüre allein ist es

[17] Matth. Com. 10, 15: GCS Origenes 10, 18, 29ff.
[18] Inst. 15.
[19] Inst. 8.
[20] Inst. 1 und 9.
[21] Inst. Praef.
[22] Inst. 4 und Psalt. praef. 16.
[23] Inst. praef.

nicht getan, es gibt Erkenntnis, die dem Mönch nur im Gespräch mit einem erfahrenen Alten zuteil wird[24]. Cassiodor hat seinen Leseplan für die Mönche zwar nach objektiven Notwendigkeiten entworfen, es soll aber auch die persönliche Eigenart des einzelnen zur Geltung kommen. So empfiehlt er jedem der Mönche, sich einen der großen Kirchenväter auszusuchen, mit dem er in ein inniges Zwiegespräch eintreten kann[25]. Cassiodor hoffte, daß seine Mönche durch eifriges Studium der großen Bibelerklärer fähig würden, selbst Bibelkommentare zu verfassen, damit auch die von den Vätern noch nicht behandelten Stellen ihre Auslegung fänden[26]. Er gab sich aber nicht der Hoffnung hin, aus allen seinen Mönchen Schriftgelehrte machen zu können, sondern rechnete damit, daß einige zu gar keiner geistigen Tätigkeit fähig waren. Sie sollten sich der Gartenarbeit widmen; für sie hielt die Klosterbibliothek Spezialliteratur zur Gartenkultur bereit[27].

Auch der einfache Mann im Kloster (vir simplex) soll doch in den Genuß einiger Kenntnisse über die weltliche Wissenschaft und Philosophie (mundanae litterae) kommen, weil sie zum Verständnis der Heiligen Schrift nicht wenig beitragen, was sich daraus erklärt, daß sie, abgesehen von einigen Hinzufügungen gelehrter Männer[28], ihren Ursprung aus der Heiligen Schrift haben, ja aus ihr geradezu gestohlen sind[29]. So hat z.B. Abraham als erster Arithmetik und Astronomie nach Ägypten gebracht[30]. Deshalb hätten die Väter die Lektüre solcher Werke empfohlen, weil wir dadurch von den fleischlichen Dingen abgezogen und zu den Dingen gelenkt werden, die nur mit dem Herzen erfaßt werden können. Die Abstraktion ist also ein Mittel zur Pflege der Spiritualität. Für spekulative Theologie aber hatte Cassiodor nichts übrig; die Väter interessierten ihn nur als Exegeten[31].

Den weltlichen Wissenschaften wendet sich Cassiodor aber nicht nur deswegen zu, weil er davon überzeugt ist, daß sie dem Verständnis der Heiligen Schrift dienen, sondern auch, weil er ihre Regeln und Maßstäbe in der Heiligen Schrift selbst angewendet findet, etwa im Buche Job alle Kunstgriffe der Dialektik. So fühlt er sich berechtigt und verpflichtet, seinen Mönchen auch eine vollständige Bibliothek der „artes" zu hinterlassen und sie in das Studium der drei sprachwissenschaftlichen Disziplinen (Grammatik, Rhetorik und Dialektik) sowie der vier mathematischen Wissenschaften (Arithmetik, Geometrie, Musik und Astronomie) einzuführen. Dieses zweite Einführungsbuch stellt in der Tat

[24] Inst. 10. [25] Inst. 17.
[26] Inst. 26. [27] Inst. 28.
[28] Inst. 21. [29] Inst. 27.
[30] Art. 2 unter Verweis auf Josephus Flavius, Antiq. 1, 9.
[31] Vgl. *P. Riché,* Éducation 206f. In seinem Psalmenkommentar faßt Cassiodor die ganze antik-christliche Bildung zusammen. Für ihn ist der Psalmist ein Musterbeispiel für den „orator" Ciceros. Aber erst das Hochmittelalter verstand die formale Wissenschaftlichkeit Cassiodors, wenn auch schon karolingische Exegeten ihn gern benützten, wie *Schlieben* S. 114f. hervorhebt.

ein Kompendium[32] der antiken Wissenschaftsleistungen dar und ist die Grundlage geworden für die mittelalterliche Einteilung der Artes in Trivium und Quadrivium. Das Kapitel über die Rhetorik etwa wäre als Einführung durchaus auch heute noch dienlich. Allerdings wundert man sich, wenn Cassiodor, der auch in diesem zweiten Einführungswerk immer seine Mönche anredet, erklärt, innerhalb der Prozeßrede – Gerichtsprozesse sind das Hauptbetätigungsfeld der Rhetorik – habe die Erzählung mit der Personenbeschreibung zu beginnen, wobei die Person, die zu „unserer" Partei gehört, gebührend herauszustreichen, eine Person der fremden Partei (aliena) aber herabzusetzen sei[33]. Solches wollte der greise Gründer von Vivarium seine Mönche wohl kaum lehren; vielmehr wird man in diesen Sätzen wörtliches Zitat aus einer Schrift vermuten, die Cassiodor in seiner Bibliothek hatte und die er für die Einleitungsschrift exzerpierte. Überhaupt scheint er, wie man wohl aus gelegentlichen, unbegründeten Wiederholungen schließen muß, nicht immer den Überblick behalten zu haben und einfach einem Codex, den er gerade in Händen hatte, gefolgt zu sein.

Man wundert sich, daß dieser Mann, der als großer Staatsmann gilt, dem die politisch erfolgreichen Entscheidungen der ostgotischen Regierung in Italien zugeschrieben werden und dem im Gegensatz zu dem Idealisten Boethius ein ausgewogener Realitätssinn zuerkannt wird[34], seinem Kloster keine Verfassung gegeben und keine Lebensordnung vorgeschrieben haben soll. So ist es nicht verwunderlich, daß man in Cassiodor den Verfasser der „Regula Magistri" gesucht hat. Aber die Tatsache, daß Cassiodor zu Beginn seiner letzten Schrift, der über die Rechtschreibung, in der er seine religiös-literarischen Leistungen aufzählt, eine Klosterregel nicht erwähnt, spricht nicht für ihn als Verfasser.

Es muß besonders hervorgehoben werden, daß Cassiodor, trotz aller Beschäftigung mit antiker Wissenschaft, doch großen Wert darauf legt, die inhaltlichen und formalen Unterschiede zwischen der Heiligen Schrift und der weltlichen Wissenschaft zu betonen. Nachdem er die Kosmologie des Varro knapp zusammengefaßt hat, beschließt er seine Einführung in die Wissenschaften mit der Aufforderung, sich mit dem zufriedenzugeben, was die Schrift über die Welt und den Menschen sagt[35]. Ja er meint sogar, daß die Semitismen, Anthropomorphismen und Übersetzungsfehler der Bibel Kennzeichen göttlicher Redeweise sind und deswegen nicht den Gesetzen profaner Sprach- oder Literaturwissenschaft unterworfen werden dürfen[36]. So hat Cassiodor trotz aller wissenschaftlichen Bemühungen doch eine fideistisch-autoritäre Haltung begründet, welche die Folgezeit lange beherrschte.

Gregor der Große

Gregor d. Gr., letzter der vier großen lateinischen Kirchenlehrer, lebte in einer Zeit, die große geistige Leistungen weder forderte – es gab keine ernsthaften

[32] *P. Riché* nennt es einen Digest.
[33] Art. 2 PL 70, 1158 C.
[34] Vgl. *Schneider* 84 und 88.
[35] Art. 7 PL 70, 1218 d.
[36] Inst. 15.

theologischen Kontroversen – noch zuließ –, die Sorge um einen Rest von Ruhe und Ordnung, ja um das tägliche Brot für die Armen erfüllte oft die ganze Aufmerksamkeit des römischen Bischofs. Gregor mußte die Verwaltung aller Besitztümer des Römischen Stuhles neu organisieren, da sie, meist in der Hand des örtlichen Episkopates, kaum Erträge gebracht hatten. Er sorgte für die rechte Verwendung der Gelder: da die in Südgallien gebräuchlichen Münzen in Italien nicht galten (sie hatten einen geringeren Goldgehalt), sollten an Ort und Stelle Kleider für die Armen in Rom und – Gregor war auch in den härtesten Zeiten nie nur Armenpfleger – junge englische Sklaven freigekauft werden, die in italienischen Klöstern Gott dienen sollten[37]. Gregor hätte seinen Beinamen „der Große" durchaus mit seinen kirchenpolitischen und seelsorgspraktischen Leistungen verdient, aber er war nicht nur Praktiker. Auch seine Briefe gaben, wo es erforderlich war, nicht nur Mahnung, sondern auch klare Antworten in theologischen Fragen. Eine Kammerfrau der byzantinischen Kaiserin wurde nicht nur zur Buße gemahnt, sondern auch darüber belehrt, daß es auf Erden keine Sicherheit über die erlangte Vergebung, ja über das Heil überhaupt geben kann[38]. Zur Beantwortung der Frage, ob alle von Christus in der Vorhölle Angetroffenen erlöst wurden, beruft Gregor sich nicht nur auf Filastrius und Augustinus, sondern beweist selbst aus der Bibel, daß nur die von Christus erlöst wurden, die gute Werke aufzuweisen hatten[39]. Gregors Briefe waren geradezu eine unerschöpfliche Fundgrube für Bischöfe und Seelsorger, die ein Vorbild suchten, aber Gregor hat noch stärker als Theoretiker des Hirtenamtes die Folgezeit beeinflußt. Schon bald nach Beginn seines Pontifikates verfaßte er, ähnlich wie Gregor von Nazianz, um zu zeigen, wie berechtigt sein Sträuben gewesen sei, seine „*Regula pastoralis*". Im ersten Teil beschreibt er den geeigneten Bischofskandidaten, im zweiten die Lebensweise, welche das Amt fordert, im dritten die notwendige Differenzierung im Predigen und schließt mit einer kurzen Mahnung zur Demut. Wenn Gregor die Leviratsehe (Dt 25,5 ff) auf das Bischofsamt auslegt und in dem verherrlichten Christus den verstorbenen älteren Bruder, im Bischof dagegen, gestützt auf Mt 28,10, den jüngeren Bruder sieht, der für Nachkommenschaft zu sorgen hat oder aber sich von der Frau (der Kirche) beschimpfen lassen muß (I, 5), dann ist das nicht Exegese nach heute gültigen Maßstäben, aber zweifelsohne ein geeignetes Mittel, Ernst und Eifer für die Seelsorge einzuflößen. Gregor bezeugt und fordert ein Verantwortungsbewußtsein, das fast donatistisch gefärbt ist, wenn er fragt: Wie kann der von Gott Verzeihung für andere erlangen, der selbst nicht weiß, ob er mit ihm ausgesöhnt ist? (I, 10). Wenn er andererseits in Gn 9,1 f (Furcht und Schrecken vor euch sei über allen Tieren) die Ablehnung jeder Herrschaft von Menschen über ihre Mitmenschen und damit eine Grenze für in der Seelsorge notwendige Tadel und Strafe findet (II, 6), dürfte man ihm auch heute in der Sache zustimmen.

[37] Reg. Epp. V, 10.
[38] Ebd. VII, 22.
[39] Ebd. VII, 15.

Zwar sieht Gregor im Bischof eindeutig den Vorgesetzten, aber er betont, daß ein freimütiges Wort eines Untergebenen gerade als Zeichen demütigen Gehorsams anzusehen ist, jedenfalls von einem Seelsorger, der nicht von Eigenliebe erfüllt ist (II, 8). Daß Gregor Predigt mit Ermahnung gleichsetzt, ist wohl zeitbedingt einseitig, aber der dritte Teil der Pastoralregel bietet in der Aufzählung von vierunddreißig in der Praxis begegnenden Gegensatzpaaren (Fröhliche – Trauernde, Dreiste – Schüchterne, Eigensinnige – Wankelmütige, Tatsünder – Gedankensünder, solche, die Böses heimlich, Gutes öffentlich tun – solche, die heimlich Gutes tun, öffentlich aber einen schlechten Ruf haben usw.) eine solche differenzierte Beschreibung und Anleitung zur Vermahnung, daß man daraus noch heute Nutzen ziehen kann. Darin bewährt sich Gregors Auffassung vom Bischof als Seelenarzt; hätte er ihn nur als Verkünder verstanden, wäre eine solch reiche Symptomatik weder erforderlich noch möglich gewesen. So wundert es nicht, daß die Pastoralregel überall begeistert aufgenommen wurde, so in Spanien, wohin Gregor sie seinem Freunde Leander von Sevilla geschickt hatte, ja sogar im Osten, wo Kaiser Maurikios sie ins Griechische übersetzen ließ[40]. Im Reiche Karls des Großen verlangten mehrere Synoden von allen Bischöfen die Lektüre der Pastoralregel. In England sorgte König Alfred d. Gr. schon zu Ende des 9. Jh. für eine Übersetzung ins Angelsächsische (zusammen mit den Dialogen) und ließ jedem Bischof ein Exemplar überreichen[41]. Sie bedeutete für den Weltklerus das, was für das Mönchtum die Regula Benedicti darstellte[42]. Gregor hat über Jahrhunderte hinweg die Bischöfe geformt, welche ihrerseits die modernen Nationen geformt haben[43], und ist so zu dem großen Lehrer des Abendlandes geworden.

In der *Exegese* ist Gregor weniger originell, er faßt zusammen und gibt, freilich ohne das eigentlich zu wollen, war er doch vom nahen Ende überzeugt, an das Mittelalter weiter, was die Väter boten. Dabei steht er überraschenderweise dem Origenes näher als etwa Augustin und Ambrosius, sogar näher als Hieronymus[44]. In seinen Moralia in Job, einem 35 Bücher umfassenden Kommentar zum Buche Job, in dessen Vorrede[45] theoretisch die Unterscheidung der drei Schriftsinne erklärt wird, macht Gregor sich daran, dreifach Schriftauslegung zu demonstrieren, aber er hält die drei Ebenen, die er im 1. Buch so deutlich unterschieden hatte, nicht durch; schon im 4. interessiert der historische Sinn nicht mehr, und vom 5. ab wird nur noch allegorisch-moralisch ausgelegt[46], obwohl Gregor davon überzeugt ist, daß jeglicher Sinn verlorengeht, wenn man den historischen nicht ernst nimmt[47]. Die Unterscheidung der ver-

40 Vgl. ebd. XII, 6.
41 LThK² I 334f *(Brechter)*.
42 *Altaner-Stuiber*, ⁷1966, 468.
43 *F. H. Dudden* a.a.O. I 239f.
44 *D. Hofmann* a.a.O. 12.
45 Widmungsschreiben an Bischof Leander v. Sevilla: Reg. Epp. V, 53a.
46 *D. Hofmann* a.a.O. 12.
47 In Ezech. 1–3, hom. 3, 4; Mor. 21, 3.

schiedenen Schriftsinne konnte die Folgezeit bei Gregor finden; streiten läßt sich aber über ihre Reihenfolge. Meist stellt Gregor den allegorisch-typischen Sinn, der teils über Christus, teils über die Kirche Auskunft gibt und so zweigeteilt ist, an die zweite, den moralischen, also die in allem Wort der Schrift enthaltenen Aufrufe zum Handeln, an die dritte Stelle[48], verwendet also die tiefere Einsicht nur als Begründung für den moralischen Anspruch des Bibelwortes. Letztes Ziel ist in dem Zusammenhang das Handeln bzw. innerhalb der Predigt die Mahnung. Bibel ist aber für Gregor nicht nur Grundlage der Predigt; sie soll auch privat gelesen werden; der Bibelleser ist geradezu der gute Mensch[49]. Im Rahmen der Predigten zu Ezechiel[50] scheint nicht die Aufforderung zum Handeln das Höchste und Letzte zu sein, vielmehr wächst das Wort Gottes mit dem Leser[51]. Die Forderungen sind nur das Äußere der Bibel, ihr Inneres aber bietet Verheißungen[52]. Ob man sich diesem Inneren der Schrift zuwendet, ist nicht völlig ins Belieben des Auslegers gestellt; wer es vernachlässigt, bringt sich um den wertvollsten Sinn des Wortes Gottes[53], den er den Hörern aber schuldet, weil nur so der Glaube seine Fülle gewinnt[54]. Dabei ist Gregor mit Origenes davon überzeugt, daß schon die Heilige Schrift selbst zur übertragenen Auslegung zwingt; er zählt nämlich alle Bilder, Vergleiche, Anthropomorphismen, die man heute als Wortsinn betrachten würde, zur allegorischen Aussage. So meint er, nur konsequent weiterzudenken, wo heutige wissenschaftliche Exegese eine Grenzüberschreitung sehen würde[55]. Trotzdem kann er in der Auslegung der Schrift sehr tolerant sein und zugestehen, daß der eine sich mit der Geschichte begnügt, die ihn auf die Länge freilich über sich selbst hinausführen wird[56], daß ein anderer die „intelligentia typica", der dritte schließlich die „intelligentia per typum contemplativa" sucht, das heißt also über die Typologie zur Kontemplation aufsteigt, ohne sich in den moralischen Sinn vertieft zu haben. Gregor rechnet aber auch damit, daß der Weg zur Kontemplation über historia, moralitas und die intelligentia allegoriae führt[57]. Diese Stelle (die bei Dudden und Hofmann wohl nicht genügend ernst genommen wird) läßt erkennen, daß Gregors Frömmigkeit nicht nur auf Askese und moralisches Handeln ausgerichtet ist, sondern daß seine im Grunde weltflüchtende Gesin-

[48] Reg. Epp. V, 53 a, 3; Moralia passim, bes. 1–3 u. ö. vgl. *D. Hofmann* a. a. O. 44 ff.

[49] Reg. Epp. IX, 15.

[50] Zwölf zu Kap. 1–4, 3; zehn zu Kap. 40; daneben sind noch 40 kürzere Festtagspredigten zu Evangelientexten zu erwähnen, die aber in ihrer Volkstümlichkeit den Dialogi näherstehen als den Ezechielpredigten, welche an aufeinanderfolgenden Tagen gehalten wurden und ein religiös gebildeteres Publikum ansprechen und deshalb wohl als Zeugnis für Gregors eigenste Anschauung höher zu bewerten sind. Vgl. *V. Recchia* a. a. O. 31.

[51] In Ezech. 1–4, hom. 7, 8.

[52] Ebd. 9, 30.

[53] Moral. 21, 1.

[54] *R. Manselli:* Settimane X, 81 f.

[55] *D. Hofmann* a. a. O. 38.

[56] In Ezech. 1–4, hom. 10, 1.

[57] Ebd. 7, 10.

nung um die Betrachtung des Unvergänglichen, um die Schau der verheißenen Güter kreist[58]. Moralität als Vorstufe zur Erkenntnis ist allgemein antik-philosophisch und etwa auch für Origenes selbstverständlich. War Gregor wirklich ein antiker Mensch, wohl der letzte, der zu uns spricht[59], dann konnte Moralität für ihn nicht das Höchste und Letzte sein[60]. Andererseits hat er durch diese aus Treue zur Überlieferung entspringende Anerkennung der Kontemplation als auf verschiedenen Wegen angestrebtes Ziel das geistige Leben der Folgezeit davor bewahrt, sich sofort durch Nützlichkeit bewähren zu müssen und so in purer Zweckmäßigkeit zu verkümmern[61].

Den breitesten Einfluß auf die Nachwelt hat Gregor aber durch seine *Dialogi de vita et miraculis patrum Italicorum* ausgeübt, weil sie nicht nur von Klerikern und Mönchen gelesen wurden wie die Moralia und die Pastoralregel, sondern ihren Weg zu den Laien fanden[62]. Gregor zeigt in diesen, nur künstlich in Dialogform gebrachten Erzählungen in vier Büchern, daß nicht nur der Orient, sondern auch Italien Asketen und Wundertäter aufzuweisen hat. Außer Paulinus von Nola und Benedikt von Nursia, dessen Taten das ganze zweite Buch füllen, sind die Helden kaum bekannt; so sind die Dialoge als historische Quelle nur sehr vorsichtig zu verwenden[63]. Es spricht sich aber darin nicht nur ein früher italienischer Nationalstolz aus[64], sondern auch die Einsicht des Seelsorgers und Promotors der Mission (bei den Langobarden und Angelsachsen), daß das Wort Gottes erst dort hochgeschätzt wird, wo man vom Leben der Heiligen beeindruckt ist[65]. So schickte Gregor seine Dialoge der katholischen Langobardenkönigin Theodelinde, in der er seine stärkste Verbündete für die Gewinnung dieses Volkes sah[66].

Gregor erzählt aber nicht nur erbaulich, er schiebt auch exegetisch-dogmatische Erörterungen ein, etwa über die Frage, wie die Heiligen trotz Röm 11, 33 (Wie unerforschlich sind seine Wege!) die Erkenntnisse der göttlichen Ratschlüsse haben und sie aussprechen (II, 16), oder wo die Hölle ist; ob auch die verdammten Seelen als unsterblich angesehen werden können (IV, 42–44); ob es eine jenseitige Läuterung gibt (IV, 25 u. 39); was kirchliches Begräbnis und Gebet den Verstorbenen nützen (IV, 51 ff u. 55). Freilich werden auch solche Fragen nicht rein theoretisch oder exegetisch, sondern mit Hilfe von Beispielen,

[58] Vgl. *R. Manselli:* Settimane X, 85 f.

[59] *P. Riché* a. a. O. 194: Gregor ist antik im Stil, in der Denkform und der Vorliebe für moralisierende Beispiele.

[60] Vgl. Ezech. 1–3, hom. 3, 9; 10.11.25.43.

[61] Isidor v. Sevilla übernimmt von Gregor die Dreistufung des Schriftsinnes, bei der an dritter und höchster Stelle der mystische Sinn steht (sententiae 1, 18; ord. creatur. 10); vgl. *R. Wasselynck:* RThAM 32 (1965) 158.

[62] Vgl. *G. Dufner*, Die Dialoge Gregors d. Gr. im Wandel der Zeiten und Sprachen (Padua 1968).

[63] *G. Dufner* a. a. O. 26 ff.

[64] Ebd. 23.

[65] In Ezech. 1–3 hom. 10, 37.

[66] Paul. Diac., hist. Langob. 4, 5.

Visionen und Träumen aus dem Leben der Heiligen beantwortet. Die Lehren vom Fegfeuer und von der sündentilgenden Kraft des Meßopfers fanden so ihren gesicherten Platz in der christlichen Frömmigkeit und von dort her in der Theologie. Daß ein Presbyter einem Verstorbenen durch eine Woche Büßen und tägliche Opferfeier Seelenruhe verschaffte, hat aber die Nachwelt nicht so beeindruckt wie die von Gregor als Abt selbst angeordnete dreißigtägige Meßfeier, durch die ein Mönch, der gegen die Armut verstoßen hatte, nach bußfertigem Sterben doch noch in die Gemeinschaft der Seligen aufgenommen wurde (IV, 55); nur dieser letzte Brauch lebt als gregorianische Messen fort.

Gregors Lehre von Buße und Fegfeuer beruht auf dem Grundsatz, daß keine Sünde ohne Sühne hinweggenommen wird[67], und ist so immer in der Gefahr eines gewissen Bilanzdenkens, die freilich dadurch gebannt wird, daß die Nutzlosigkeit äußerer Werke ohne Liebe häufig betont wird[68]. Der Grund für eine gewisse gedankliche Unausgewogenheit dieser Lehren über die Letzten Dinge liegt darin, daß Gregor einerseits dem so hoch verehrten Augustin doch nicht in allem gefolgt ist, andererseits Anschauungen, die bis dahin in der römischen Kirche vorherrschten, als erster formuliert und so fixiert hat[69]. Gregors Erbsündenlehre entspricht ganz derjenigen Augustins: die ganze Menschheit ist kollektiv verantwortlich für die Sünde Adams[70], ungetauft sterbende Kinder kommen in die Hölle[71]. Sexualität ist Hort der Sünde, Lust ist schon Befleckung[72]. In der Gnadenlehre aber nimmt Gregor etwa eine mittlere Stellung ein zwischen Augustin und dem Semipelagianismus: zwar ist auch der erste Anfang der Bekehrung Gnadengeschenk[73], aber der freie Wille ist nicht nur wie bei Augustin die Form der sich selbst realisierenden Gnade, sondern ein Faktor, der dazukommen muß; so versteht Gregor[74] das Pauluswort: „durch die Gnade Gottes bin ich, was ich bin" und: „ich habe mehr gearbeitet als alle" (1 Kor 15,10). Deshalb läßt Gregor die Idee von der unwiderstehlichen Gnade und der unbedingten Erwählung stillschweigend fallen und sieht in der Zustimmung des menschlichen Willens zur Gnadenanregung schon ein gewisses Verdienst. Daß Gott seine Gaben krönt, wenn er unsere Verdienste krönt, bedeutet für Gregor, daß der freie Wille Verdienste erwirbt und Gott schließlich sogar seine Gaben dem Menschen anrechnet[75]. Gregor kommt zu keiner Lehre von der Prädestination, weil ihm auch die Vorstellung von der praedestinatio post praevisa merita nicht zusagt[76]. Der strenge Augustinismus ist bei ihm durch die Erfordernisse der praktischen Moralunterweisung eingeschränkt; aber schon Augustin selbst

[67] Moral. 9, 54; 16, 82.
[68] *F. H. Dudden* a.a.O. II 440 zahlr. Belege.
[69] Ebd. II 374.
[70] Moral. 24, 7.
[71] Ebd. 9, 32.
[72] Reg. Epp. XI, 56a; Moral. 26, 44; 32, 39 u.ö.
[73] Moral. 22, 13; 33, 38 u.ö.
[74] Moral. 16, 30; 24, 24.
[75] Moral. 16, 30; vgl. *F. H. Dudden* II 338.
[76] *F. H. Dudden* II 400.

war in seinen Predigten nicht ganz konsequent geblieben, und mancher Verteidiger des Augustinismus zu Beginn des 5. Jh. hatte das auch nicht vermocht[77]. Gregor hat so die gleichen Überzeugungen wie die Synode von Orange[78], die ja nur Ausdruck römischer Augustinusrezeption war. Dem Mittelalter war sie nicht bekannt, aber es erhielt ihre Ideen über Gregor. Daß er der Nachwelt außer wichtigen Anregungen für Spiritualität und Mystik auch periphere christliche Inhalte vermachte, sei eben noch erwähnt: augustinisch inspiriertes Unwürdigkeitsgefühl begründet intensive Heiligenverehrung[79], zumal dann, wenn Christus als der kommende Richter gesehen wird[80]. Allerdings geht Gregor d. Gr. nicht so weit, die Heiligenverehrung als wesentlichen Teil des Christentums zu bezeichnen, wie sein wenig älterer Zeitgenosse Gregor von Tours das tat[81]. Schließlich erscheint auch der Teufel des Mittelalters, so wie er Dominikus oder Luther belästigte, in dieser Gestalt schon häufig in Gregors Dialogen über die italischen Väter. So hat Gregor nicht nur der Theologie der Folgezeit die Inhalte, sondern auch der Volksphantasie und damit der bildenden Kunst und Dichtung (Dante) eine Fülle von Vorstellungen geliefert[82].

Isidor

In dem allein schon wegen seines Umfangs und Informationsreichtums beeindruckenden literarischen Werk Isidors, der seit 600 Bischof von Sevilla war, nimmt die *Dreikapitelfrage* nur einen kleinen Raum ein, aber sie ist gewissermaßen eine Testfrage, mit deren Hilfe Isidors Position sich leicht ausmachen läßt. Im 6. Buch seiner großen Enzyklopädie, das über die kirchlichen Bücher und Pflichten handelt, spricht er auch von den Konzilsentscheidungen und hebt die vier verehrungswürdigen Synoden, welche hauptsächlich den ganzen Glauben umfassen, besonders hervor, ohne eine fünfte Synode auch nur zu erwähnen. Sie brauchte dadurch freilich noch nicht ausdrücklich ausgeschlossen zu sein; auch Gregor d. Gr. schwieg gelegentlich über sie. Im 7. Buch der Etymologiae (7, 12, 5), wo Isidor über Gott, die Engel und die Ordnungen der Gläubigen spricht, erklärt er den Namen „Patriarch" so: Patriarch ist, wer einen apostolischen Sitz innehat, z.B. der in Rom oder der in Antiochien oder der in Alexandrien. Konstantinopel wird also nicht als Patriarchat anerkannt. Im 8. Buch der Etymologien (8, 5, 66) heißt es, die Akephalen hätten ihren Namen daher, daß sich kein Urheber für sie ausmachen ließe, sie seien Bekämpfer der drei chalkedonischen Kapitel, sie leugneten die Eigenart der beiden Substanzen in Christus und erkennten in ihm nur eine Natur. Am deutlichsten äußert Isidor sich in seinem Schriftstellerkatalog[83], in dem er Theodor von Mopsuestia ausdrücklich

[77] Vgl. oben S. 300. [78] Vgl. oben S. 301f.

[79] Moral. 16, 64. [80] Hom. in Evgl. 32, 2.

[81] *R.H. Dudden* a.a.O. II 371.

[82] Ebd. II 437. [83] Vir. illust. 4.

rechtfertigt: er sei zwar von den Bischöfen der Akephalen auf Betreiben des Fürsten (Princeps) Justinian verurteilt worden, sei aber durch lobenswerte Männer empfohlen[84]. Hier wird also das Konzil von Konstantinopel von 553 als eine Synode häretischer Bischöfe der Akephalen, das heißt der unversöhnlichen Cyrillianer, bezeichnet. Damit ist eine Anerkennungsmöglichkeit für dieses Konzil grundsätzlich ausgeschlossen.

Daß Justinian nicht als König, sondern als Princeps bezeichnet wird, scheint nicht bedeutungslos zu sein. Für Isidor ist König ein Ehrenname: Den Namen König behält man nur, wenn man richtig handelt, man verliert ihn durch Sündigen[85]. Zwar ist auch der Titel „Princeps" eine Bezeichnung für Würde und Rang[86], aber König (βασιλεύς) bedeutet sehr viel mehr, nämlich daß die Könige wie eine Basis das Volk aufrechterhalten[87]. Justinian scheint also für Isidor keine solche Basis zu sein. Für Isidor gilt offenbar alles, was mit *Konstantinopel* zusammenhängt, als nicht vorbildlich. Hier ist nicht nur theologische Wertung, sondern auch das Schicksal der Familie Isidors bedeutsam geworden, welche wohl durch die Byzantiner aus Cartagena ausgewiesen wurde[88]. Isidor scheint aber ganz allgemein zentralisierte Weltreiche, also auch das Römerreich und damit erst recht Justinians Restaurationswerk, abzulehnen, denn in seinem Buch über die Grammatik[89] sagt er, jedes Volk, dessen die Römer sich bemächtigt hätten, habe mit seinen Schätzen auch die Fehler seiner Sprache und seiner Sitten nach Rom gebracht[90]. In Nationalstaaten kann also nie soviel Schlechtes zusammenkommen wie in einem Universalstaat.

Isidor ist in mancher Hinsicht mit Cassiodor zu vergleichen; während dieser aber nach seiner Wende zum religiösen Leben nur noch jüdischen und christlichen Geschichtsschreibern Wert zumaß[91], stellt Isidor in seinem großen Werk Sallust und Livius auf die gleiche Stufe mit Euseb und Hieronymus. So läßt sich bei Isidor gewissermaßen im Rückgriff auf Augustinus eine liberale Einschätzung der heidnisch-antiken *Wissenschaft* feststellen[92]. Isidors Werke sind kaum einem bestimmten Zweck unterworfen, sie sind selten apologetisch-polemisch, meist am Wissen als solchem interessiert. Er hatte sich selbst ein großes Wissen erworben, und er wollte es an jüngere Kleriker bzw. seine Kollegen weitergeben, die ihn ausdrücklich darum baten. Reifste Frucht seines bereitwilligen Eingehens auf solche Bitten, freilich auch seiner eigenen enzyklopädischen Neigungen und wohl auch der Mitarbeit eines ganzes Stabes von Sekretären sind die zwanzig Bücher der „Etymologiae", die ihren Namen davon haben, daß

[84] Vgl. Facundus oben S. 304.
[85] Etym. 9, 3, 4.
[86] Ebd. 9, 3, 21.
[87] Ebd. 9, 3, 18.
[88] Vgl. *H. J. Diesner*, Isidor 9f.
[89] Etym. 1, 32, 1.
[90] Vgl. *A. Borst:* DA 22 (1966) 41.
[91] Inst. 1, 17, 1.
[92] Vgl. *J. Fontaine* a. a. O. I 183.

Isidor sehr viele Worterklärungen bietet – Buch X ist ganz alphabetisch geordneten Worterklärungen gewidmet –, gelegentlich und vielleicht richtiger aber auch „Origines“ genannt werden, weil Isidor durch die Worterklärung dem Ursprung der Dinge auf den Grund zu kommen hoffte. Das Werk, in dem das gesamte zu Isidors Zeiten verfügbare Wissen zusammengefaßt ist[93], behandelt in seiner heutigen Gestalt die Grammatik (I), die Rhetorik und Dialektik (II), die vier mathematischen Disziplinen (das spätere Quadrivium) (III), die Medizin (IV), Gesetze und Zeiten mit einem Überblick über die sechs Zeitalter (V), die kirchlichen Bücher und Tätigkeiten (VI), Gott, Engel und die Ordnungen der Gläubigen (VII), die Kirche und verschiedene Sekten (VIII), Sprachen, Völkerschaften, Kriegsdienst und Verwandtschaftsgrade (IX), Worterklärungen (X), Mensch und Mißgeburten (XI), die Lebewesen (XII), die Welt und ihre Teile (XIII), die Erde und ihre Teile (XIV), Bauwerke und Ländereien (XV), Steine und Metalle (XVI), die Landwirtschaft (XVII), Krieg und Spiele (XVIII), Schiffe, Häuser und Kleider (XIX) und schließlich Hauswirtschaft und Vorratshaltung (XX). Die zwei Bücher über die Unterschiede der Namen und Dinge wirken wie eine Vorarbeit zur großen Enzyklopädie. Seine verschiedenen Schriften zur Bibel bieten eine Menge Realia, biblische Umwelt- und Zeitkunde, zugleich aber eine Fülle von Allegorien und Allegorisierungsmöglichkeiten, etwa auch der in der Bibel vorkommenden Zahlen, so daß die Prediger vieler Jahrhunderte sich hier ihr Rüstzeug holen konnten.

Isidor kann sich recht naiv über schwierige theologische Fragen äußern, wenn er z.B. in seinen „Differentiae rerum“ über Gott genauso direkt und simpel redet wie über Dinge des täglichen Lebens. Allerdings fügt er dann eine Serie von Fragen an, etwa: „Wie ist der Vater ungezeugt?“ oder: „Wer wird das alles verstehen?“[94]. Er läßt also erkennen, daß auch bei enzyklopädischer Darstellung die Theologie nicht einfach Exerzierplatz des Geistes ist, sondern höchste Ehrfurcht und Zurückhaltung erfordert. Im übrigen ist Isidor nicht nur der Bibel- oder Buchgelehrte, sondern ein Beobachter der Wirklichkeit auf Erden. In seinem fast nur aus Augustin schöpfenden systematisch-theologischen Werk (sententiae) muß er von der Prädestination sprechen und erklärt sie als Urteil Gottes, welches die einen nach dem Oberen und Inneren streben läßt, die anderen aber nach dem Unteren und Äußeren; dann aber betont er doch, in dieser großen Dunkelheit könne der Mensch die göttliche Anordnung nicht durchschauen (2, 6). Er hält also die Ordnung der *Erfahrung* und die Ordnung der theologischen *Glaubensaussage* auseinander und unterscheidet sich dadurch

[93] Bei Migne (PL 82) umfaßt das Werk 650 Spalten. Isidor kam es aber nicht darauf an, das Erbe der Antike um seiner selbst willen zu retten (vgl. *Díaz y Díaz:* Settimane V, 897), sondern es in den Dienst der Klerikerausbildung seiner Zeit zu stellen. Theologische Kontroversen brauchte Isidor kaum zu bestehen; die einzigen theologischen Gegner der Katholiken scheinen zu Beginn des 7. Jh. in Spanien die Juden gewesen zu sein, wie man wohl aus Isidors einziger polemischer Schrift „über den Glauben wider die Juden“ schließen muß, die aber erstaunlicherweise seiner Schwester Florentina gewidmet ist.

[94] Diff. II, 3, 10, PL 83, 71C.

sehr wohltuend von Fulgentius von Ruspe, bei dem die augustinische Prädestinationslehre dazu diente, zu beweisen, daß eben die arianischen Vandalen nicht zum Heil bestimmt waren[95], und von Gregor von Tours, der in der Geschichte den Beweis dafür sieht, daß die katholischen Franken dazu ausersehen waren, die arianischen Goten aus Gallien hinauszutreiben. Sicher spielte bei Isidor die große Erfahrung, die die spanische Kirche gemacht hatte, nämlich die Bekehrung der herrschenden Goten zum katholischen Glauben, eine entscheidende Rolle auch für sein theologisches Denken. Wahrscheinlich ist es auch so zu erklären, daß Isidor kein Mensch der Spätantike mehr ist, daß er keine Sehnsucht nach den alten Zuständen erkennen läßt, keine Begeisterung für das eine Reich, keinen Glauben an die Roma Aeterna, keine Angst vor dem Untergang der Welt, wie dies etwa bei Gregor von Tours oder noch viel deutlicher bei Gregor d. Gr. der Fall ist[96].

Man begreift, daß Isidor schon von seinen Zeitgenossen ob seines Wissens bewundert wurde und daß die Nachwelt diese reichen Schätze bereitwillig entgegennahm, ohne den Versuch zu machen, hinter Isidor zurückzugehen. So ist hauptsächlich Isidor der Durchbruch der sieben freien Künste im Frühmittelalter zu verdanken[97]. Seine Chronik, die etwa 615 abgeschlossen war, wurde schon ein Jahrzehnt später in Gallien verwendet und erweitert. Schon im 7. Jh. waren einige seiner Werke bis nach Irland verbreitet[98]. Ähnlich wie bei Cassiodor ist die *Grammatik* Isidors, nämlich das 1. Buch seiner Enzyklopädie, durchaus nicht eine Grammatik in unserem Sinn; sie ist vielmehr ein Einführungstraktat in die verschiedenen Tätigkeiten, die zu der einen Kunst, zu schreiben und sich auszudrücken, gehören[99]. Isidor ist der einzige, bei dem in diesem Jahrhundert fast alles klassische Gut der Antike über die sehr eingeengte Spätantike hinweg noch einmal anklingt. Für ihn sind die Artes Liberales ein ausgesprochenes Kulturinstrument, das heißt ein Werkzeug der Pflege des Gedankens und des Wortes. Auch darin unterscheidet er sich von seinem älteren Zeitgenossen Gregor d. Gr., der sich zwar in der Praxis sehr gepflegt ausdrücken konnte, etwa in der Vorrede zu den Moralia, aber grundsätzlich und theoretisch solche Bemühungen ablehnte[100]. Isidor zählt nach dem Beispiel des Augustinus[101] die Geschichtsschreibung zur Grammatik, weil alles, was der Erinnerung wert ist, aufgeschrieben wurde[102]. Während er in den anderen Punkten weitgehend den klassischen Vorbildern folgt, zeigt er sich in der Bestimmung der Geschichtsschreibung selbständig und betont, daß Geschichtsschreibung im Gegensatz zur

[95] Siehe oben S. 299.
[96] Vgl. *A. Borst* a. a. O. 59f.
[97] Vgl. *B. Bischof,* Isidoriana 344.
[98] Ebd. 321.
[99] *J. Fontaine* a. a. O. I 206.
[100] Reg. Epp. V, 53a, 5: die Worte des himmlischen Orakels dürfen nicht in die Regeln des (Grammatikers) Donatus eingezwängt werden.
[101] Augustinus, de ordine 2, 12, 37.
[102] Etym. 1, 42, 2.

Annalistik Werk von Augenzeugen ist, die alles wahrheitsgemäß vortragen. Hier ist die Definition der Geschichtsschreibung mit Hilfe des Evangelienbegriffs gewonnen, also christlich-theologisch bestimmt[103]. Auch wenn Isidor betont, daß die alten Geschichtsschreiber geschrieben haben, um spätere Zeiten zu belehren und zu erziehen[104], ist er durch das Neue Testament (Röm 15,4) beeinflußt.

Isidor hat im Unterschied zu Cassiodor, mit dem man ihn immer wieder vergleichen muß, eine *Mönchsregel* verfaßt und so auch für die praktische Lebensgestaltung der Mönche den Weg gewiesen. Dabei kümmerte er sich um die Tageseinteilung, um den Bauplan des Klosters (z.B. Lage der Krankenzellen), um die Ausgabe der Bücher usw... Die Mönche sollen sich nach der Meinung Isidors zwar durchaus der geistlichen Lesung widmen, ihr Leben soll aber hauptsächlich durch die Handarbeit gekennzeichnet sein, freilich nicht durch die schwere Feldarbeit, welche den Sklaven überlassen bleibt. Wenn schon die weltlichen Arbeiter bei der Arbeit unanständige Lieder singen, dann müssen die Mönche erst recht Christus während der Arbeit loben[105]. Isidors Kloster ist also, obwohl ihm sehr an der Bildung gelegen ist, kein Intellektuellenkloster wie das des Cassiodor. Aber Bildung des Klerus insgesamt ist ihm ein Anliegen. Deswegen beklagt das von ihm inspirierte 4. Konzil von Toledo im Jahre 633 (can. 25) besonders die Unwissenheit des Klerus und erlegt den Bischöfen die häufige Lektüre der Heiligen Schrift und der Canones auf. Auch Cäsarius von Arles hatte das Bibellesen als das Mittel der Bildung (und der persönlichen Heiligung) empfohlen. Die kirchenrechtlichen Bestimmungen als Pflichtlektüre sind ein neues Element, das sich daraus erklärt, daß inzwischen verschiedene Canonessammlungen, wie die des Dionysius Exiguus und vor allen Dingen die sogenannte spanische, entstanden waren.

Im Liber Ordinum (Nr. 43), der wohl nach Sevilla gehört, gibt es eine eigene Ordination für den Kleriker, dem die Sorge für die Bücher und die Schreiber anvertraut ist. Aus den Versen, mit denen Isidor von Sevilla selbst seine Bibliothek geziert hat[106], geht hervor, daß im Scriptorium äußerste Ruhe verlangt und ununterbrochene Arbeit der Schreiber vorausgesetzt wurde. Daraus läßt sich erkennen, daß nicht mehr wie in der Antike Vervielfältigungen nach Diktat, sondern lediglich Einzelabschriften, wohl nur nach Bedarf und auf Einzelbestellung hin, angefertigt wurden.

Isidor scheint selbst auch mündlich unterrichtet zu haben[107], vor allem aber in seinen Schriften bietet er[108] alles, was zur Bildung eines Klerikers damals erforderlich war, nämlich die Humaniora in den Büchern 1–3 und 10 der Enzy-

[103] *J. Fontaine* a.a.O. I 181.
[104] Etym. 1, 43.
[105] Reg. 5, 5 PL 83, 874B.
[106] Nr. 25–27, *Ch. Beeson*, Isidorstudien, München 1913, S. 166.
[107] Vgl. Ildefons v. Toledo, vir. illustr. 9, PL 87, 28.
[108] So *Fernández Alonso* a. a. O. 85f u. 89ff.

klopädie und in den beiden Büchern der Differenzen; die eigentliche Theologie in Buch 7 und 8 der Enzyklopädie und im 1. Buch der Sentenzen (Buch 2 und 3 befassen sich mit Moral und Seelenführung), darüber hinaus im Buch über den katholischen Glauben. Biblische Kenntnisse vermittelt er in der Schrift über die Väter, in den Allegorien und in den Fragen aus dem Alten und dem Neuen Testament. Wenn die Collectio Hispana tatsächlich von Isidor stammt[109], hat er auch für die kirchenrechtliche Unterweisung gesorgt. Die Pastoraltheologie schließlich ist im Buch über die kirchlichen Aufgaben und in den letzten Kapiteln der Sentenzen behandelt.

Daß Isidor kein besonders spekulativer Kopf war, kann man vor allem an seiner *Christologie* erkennen, die zwar durchaus orthodox ist und sich Mühe gibt, die Lehren der Väter aufzunehmen und zu bewahren, die aber die Leistungen der Spätzeit, vor allem die im Dreikapitelstreit erbrachten, nicht mehr wahrgenommen hat. Isidor kennt offenbar keinen Unterschied zwischen substantia und subsistentia, sagt er doch im 7. Buch seiner Enzyklopädie (7, 4, 11), daß in Gott drei Hypostasen seien, bedeute auf lateinisch entweder drei Personen oder drei Substanzen; aber lateinisch werde Substanz nicht im eigentlichen Sinne von Gott ausgesagt, sondern nur „abusive", denn im wahren Wortsinne bedeute Substanz bei den Griechen Person, nicht aber Natur. Interessant und für Isidor bezeichnend ist, daß er im 7. Buch seiner Enzyklopädie, wo er die verschiedenen Namen für den Sohn Gottes aufzählt, nicht nur das Homousios aufführt (7, 2, 14), sondern auch das Homoiusios (7, 2, 16); denn auch hierin zeigt sich, daß er stärker in Verbindung steht mit der christlichen Literatur des 4. und 5. Jh. als mit der des 6. Jh., hatte doch Hilarius die Homoiusianer als orthodox anerkannt.

Isidor verbietet den Christen, heidnische Dichtung zu lesen, er selbst aber zeigt sich darin recht bewandert. Hier muß man nicht eine Inkonsequenz entdecken wollen. Vielleicht war Isidor davon überzeugt, diese Arbeit des Lesens und Auswählens ein für allemal für die christliche Bildung besorgt zu haben. Jedenfalls scheint er angenommen zu haben, daß sich die Kleriker den Inhalt seiner Werke ganz zu eigen machen. So empfiehlt er, jeweils kurze Abschnitte zu lesen und zu überdenken[110]. Dabei soll man leise lesen, weil man so das Gelesene besser erfassen kann und weil die Stimme geschont wird. Noch besser allerdings als die Lektüre ist das gemeinsame wiederholende Gespräch über das Gelesene, weil dadurch, was dunkel oder zweifelhaft ist, durchsichtig wird[111]. Solches Gespräch *(Collatio)* war seit dem 5. Jh. in den Klöstern Brauch und setzt auch bei Isidor die Kloster- oder Klerikergemeinschaft voraus. Isidor lehnt aber das Streitgespräch entschieden ab. So wie die Collatio bildet, so zerstört die Contentio. Sie verliert den Sinn für die Wahrheit, erzeugt Streit, führt gar zu Gotteslästerung; um des eigenen Ruhmes willen wird dabei oft die Wahrheit

[109] So *Fernández Alonso* a. a. O. 92 mit einiger Reserve.

[110] Sent. 3, 14, 8–9.

[111] Ebd. 3, 14, 1–2.

geopfert; darum muß man Spitzfindigkeiten unbedingt meiden[112]. Sosehr also Isidor dem Mittelalter ein gut Teil seines Wissens vermittelt hat, zum Vater der scholastischen Theologie konnte er nicht werden, ist doch für sie der methodische Neuansatz der Auseinandersetzung mit sich widersprechenden Autoren und gerade das Streitgespräch charakteristisch.

Überblickt man das Werk der vier hier vorgestellten christlichen Schriftsteller der Spätantike – vor allem Fulgentius[113] und Cäsarius wären noch hinzuzurechnen –, dann erkennt man, daß sie das Glaubens- und Gedankengut der christlichen und der heidnischen Antike für eine neue, vom Mittelalter dann geschaffene Einheit bereitgestellt haben. Damit ist aber auch schon gesagt, daß sie selbst solche Einheit noch nicht zu schaffen vermochten. Diese Literatur fällt gegenüber den großen Leistungen des 4. und 5. Jh. stark ab, nicht nur in der sprachlichen Gestalt, sondern auch im theologischen Gehalt. Den Grund dafür wird man nicht nur im allgemeinen kulturellen Niedergang, in den Kriegswirren, den Zerstörungen und Tagesnöten suchen dürfen, sondern wohl vor allem in der Isolierung, in der sich diese Männer befanden. Cassiodor und Boethius haben es ausgesprochen, daß sie keine Gesprächspartner fanden; Isidor wurde von seinen Zeitgenossen bewundert und um neue Werke und neue Belehrung angegangen, Hilfe und Förderung aber konnte er von ihnen nicht erfahren. Am deutlichsten aber stellt sich diese Situation in den Dialogen Gregors d. Gr. dar: da gibt es zwar einen Gesprächspartner, aber er weiß eigentlich nichts zu sagen, kaum wirkliche Fragen zu stellen; selbst für den Fortgang des Gesprächs sorgt allein Gregor selbst. Neue große theologische Literatur konnte erst wieder entstehen, als eine neue Gemeinschaft geistig Gebildeter geboren war.

[112] Ebd. 3, 14, 4–5.

[113] Dabei verdient Fulgentius noch in formal-systematischer Hinsicht hervorgehoben zu werden. Sein Werk „De fide ad Petrum" stellt bereits eine solche Systematisierung im Sinne der späteren Scholastik dar, daß *A. Grillmeier* (Fulgentius von Ruspe: Scholastik 34, 1959, 526–565) von „Ur-Sentenzen" spricht.

ZEITTAFELN

I. PÄPSTE

Leo I.	440–461
Hilarus	461–468
Simplicius	468–483
Felix II (III)	483–492
Gelasius I	492–496
Anastasius II	496–498
Symmachus	498–514
Laurentius (Gegenpapst)	498–505
Hormisdas	514–523
Johannes I	523–526
Felix III (IV)	526–530
Bonifaz II	530–532
Dioskorus (Gegenpapst)	530
Johannes II	533–535
Agapet I	535–536
Silverius	536–537
Vigilius	537–555
Pelagius I	556–561
Johannes III	561–574
Benedikt I	575–579
Pelagius II	579–590
Gregor I	590–604
Sabinianus	604–606
Bonifaz III	607
Bonifaz IV	608–615
Deusdedit	615–618
Bonifaz V	619–625
Honorius I	625–638
Severinus	640
Johannes IV	640–642
Theodor I	642–649
Martin I	649–653
Eugen I	654–657
Vitalian	657–672
Adeodatus	672–676
Donus	676–678
Agatho	678–681
Leo II	682–683
Benedikt II	684–685
Johannes V	685–686
Konon	686–687
Theodor (Gegenpapst)	687
Paschalis (Gegenpapst)	687–692
Sergius I	687–701
Johannes VI	701–705

II. WICHTIGERE SYNODEN

1. Ökumenische Konzilien

Chalkedon	451
Konstantinopel II	553
Konstantinopel III	681

2. Synoden in Rom

462	Hilarus
487/8	Felix II
495	Gelasius
504	Symmachus
601	Gregor d. Gr.
649	Martin I
680	Agatho

3. Gallien (Frankenreich)

Tours	461
Arles	473
Agde	506 (Westgotenreich)
Orléans I	511
Epaon	517 (Burgunderreich)
Carpentras	527
Orange	529 (dogmatisch)
Vaison	529 (disziplinär)
Orléans II	533
Orléans III	538
Orléans IV	541
Orléans V	549
Tours	567
Mâcon I	zw. 581 u. 583
Mâcon II	585
Narbonne	589 (Westgotenreich)
Auxerre	zw. 561 u. 605 (Diözesansynode)
Paris	614
Clichy	626
Chalon (sur Saône)	zw. 647 u. 653
St. Jean de Losne	zw. 673 u. 675

4. Spanien (Westgotenreich)

Tarragona	516	
Gerona	517	
Toledo II	527	
Lérida	546	
Braga I	561	(Suewenreich)
Braga II	572	(Suewenreich)
Toledo III	589	
Sevilla II	619	
Toledo IV	633	
Toledo V	636	
Toledo VI	638	
Toledo VII	646	
Toledo VIII	653	
Toledo IX	655	
Toledo X	656	
Mérida	666	
Toledo XI	675	
Toledo XII	681	
Toledo XIII	683	
Toledo XIV	684	
Toledo XV	688	
Toledo XVI	693	
Toledo XVII	694	

5. Afrika

Karthago	484
Junca und Sufes	523
Karthago	525
Karthago	534
Karthago	550
Karthago	594
Karthago	645

6. England

„Augustins Eiche"	zw. 600 und 605
Whitby	664
Hertford	672
Hatfield	680
Burford	680
Twyford	684
Bapchild	698

III. BYZANTINISCHE KAISER

Marcian	450–457
Leo I	457–474
Zeno	474–475
Basiliskos	475–476
Zeno	476–491
Anastasios I	491–518
Justin I	518–527
Justinian	527–565
Justin II	565–578
Tiberios I	578–582
Maurikios	582–602
Phokas	602–610
Herakleios	610–641
Konstantin II	641
Konstantin III	641–668
Konstantin IV Pogonatos	668–685
Justinian II Rhinotmetos	685–695
Leontios	695–698
Tiberios II	698–705

IV. BEDEUTENDERE MEROWINGERKÖNIGE

Childerich I	457–482
Chlodwig I	482–511

Reims

Theuderich I	511–534
Theudebert I	534–548
Theudebald	548–555

Orléans

Chlodomer	511–524

Paris

Childebert I	511–558

Soissons

Chlothar I	511–561

Burgund (Orléans)

Guntram	561–593

Austrien (Reims–Metz)

Sigibert I	561–575
(verm. mit Brunhilde, † 613)	
Childebert II	575–596
Theudebert II	596–612
und Theuderich II	596–613
Sigibert III	639–656
Childerich II	662–675

Paris

Charibert	561–567

Neustrien (Soissons-Paris)	
Chilperich I	561–584
(verm. mit Fredegunde, † 596)	
Chlothar II	584–629
Dagobert I	629–639
Chlodwig II	640–657
Theuderich III	657–690
(gleichzeitig Aufstieg der Hausmeier)	

V. WESTGOTENKÖNIGE

Thorismund	451–453
Theoderich II	453–466
Eurich	466–484
Alarich	484–507
Gesalech	507–511
Theoderich d. Gr. (von Italien aus)	511–526
Amalarich	526–531
Theudis	531–548
Theudegisel	548–549
Agila I	549–552
Athanagild	552–567
Liuwa I	567–572
Leowigild	568–586
Rekkared	586–601
Liuwa II	601–603
Witterich	603–610
Gundemar	610–612
Sisebut	612–621
Swinthila	621–632
Sisenand	632–636
Chinthila	636–639
Tulga	639–642
Chindaswinth	642–652
Rekkeswinth	652–672
Wamba	672–680
Erwig	680–687
Egika	687–702

VI. OSTGOTENKÖNIGE

Theoderich d. Gr.	493–526
Amalasuntha	526–534
Theodahad	534–536
Witiges	536–540
Totila	541–552
Teja	552–553

VII. VANDALENKÖNIGE

Geiserich	428–477
Hunerich	477–484
Gunthamund	484–496
Thrasamund	496–523
Hilderich	523–530
Gelimer	530–534

VIII. LANGOBARDENKÖNIGE

Alboin	568–572
Kleph	572–574
Interregnum	574–584
Authari	584–590
Agilulf	590–616
Adaloald	616–627
Arioald	627–636
Rothari	636–652
Aripert	652–661
Grimoald	661–671
Pektarit	671–688
Kunipert	688–700

REGISTER

HANDBUCH DER KIRCHENGESCHICHTE

II/1

HANDBUCH DER KIRCHENGESCHICHTE

Herausgegeben von

HUBERT JEDIN

Band II

Die Reichskirche nach Konstantin dem Großen

Die Reichskirche nach Konstantin dem Großen

Erster Halbband: Die Kirche von Nikaia bis Chalkedon

von

KARL BAUS
EUGEN EWIG

HERDER
FREIBURG · BASEL · WIEN

Umschlaggestaltung:
Finken & Bumiller, Stuttgart

Unveränderter Nachdruck
der Sonderausgabe von 1985

Herstellung: Freiburger Graphische Betriebe 1999
ISBN 3-451-27100-1

VORWORT

Die bereits im Sommer 1963 begonnene Arbeit am vorliegenden Halbband wurde leider durch zwei schwere Erkrankungen des Verfassers jeweils auf längere Zeit unterbrochen, die seitdem geschwächte Gesundheit erzwang immer wieder längere Arbeitspausen. Die Fertigstellung verzögerte sich auch durch den allmählichen Übergang vom reinen Handbuchcharakter zur breiteren, quellenmäßig belegten Darstellung des Gesamtwerkes. Zu zwei Themen des Bandes, denen ein relativ großer Raum gewährt wurde, sei ein besonderer Hinweis gestattet. Die bisher in den Handbüchern kaum oder doch unzureichend behandelte Missionsarbeit der Kirche im hier darzustellenden Zeitraum machte eine Sammlung und Ordnung der Einzelfakten, unter vielfachem Rückgriff auf die Ergebnisse der archäologischen Forschung, dringend notwendig, um zu einer wenigstens skizzenhaften Charakterisierung und Wertung der reichskirchlichen Mission gelangen zu können. Die beiden Kapitel über die Entwicklung des altchristlichen Mönchtums mußten versuchen, die Ergebnisse einer intensiven Forschungsarbeit der letzten fünfzig Jahre an diesem kirchengeschichtlich relevanten und folgenschweren Phänomen der alten Kirche einmal aufzuarbeiten. Eine nachträgliche Kürzung der fertigen Kapitel hätte den Verzicht auf die Anführung zahlreicher erstmalig genannter Quellenbelege und oft mühsam gesammelter Literaturhinweise bedeutet. Wie schon beim ersten Band wird mancher die getroffene Auswahl in den Literaturangaben als unbefriedigend empfinden. Der Verfasser hat etwa ein Drittel der durchgearbeiteten Sekundärliteratur nicht angeführt und sich im Zweifelsfall für die Aufnahme der Monographien und Aufsätze entschieden, die neben ihrem sachlichen Gehalt eine besonders vollständige Bibliographie zu ihrem Thema bieten.

Niemand kennt Grenzen und Schwächen eines Handbuches besser als sein Verfasser. Sie beruhen zu einem Teil auf objektiven Lücken im Forschungsstand, soweit bestimmte Fragen noch gar nicht oder unzureichend behandelt sind. Sie sind weiter bedingt durch verschiedene Probleme der Quelleninterpretation in Einzelfragen, in denen noch keine einheitliche Auffassung innerhalb der Forschung erreicht werden konnte. Im Rahmen eines Handbuches konnten nur kurze Hinweise auf solche Lücken bzw. den Stand kontroverser Fragen gegeben werden. Schließlich muß auch ein Handbuch eine gewisse Auswahl unter den sich anbietenden Themen treffen, die zwar keine wirklich relevante Frage übergehen will, die aber doch in gewissem Ausmaß von der persönlichen Sicht und Wertung kirchenhistorischer Vorgänge des Verfassers abhängig und darum subjektiv bleibt. Darum empfindet er trotz der Genugtuung über den erreichten Abschluß seiner Arbeit ihr gegenüber eher wie Augustinus gegenüber seiner Predigt: mihi prope semper sermo meus displicet (De catech. rud. 2, 2).

Der Verfasser weiß sich dem Verlag für seine Rücksicht und vor allem seinem Freund Hubert Jedin für seine stete verständnisvolle Ermunterung zur Weiterarbeit sehr verpflichtet. Eine dankbare Erwähnung verdient sein Schüler, Univ.-Ass. Dr. Reinhard Hübner, Bonn, der immer wieder um Fotokopien entlegener Zeitschriftenaufsätze bemüht war. Das Register wird Univ.-Dozent Dr. J. Martin, Konstanz, verdankt.

Auch danke ich meinen Kollegen im Band II dieses Handbuches, den Univ.-Professoren Hans-Georg Beck und Eugen Ewig, daß sie in Rücksicht auf mich die Publikation ihrer schon seit längerem fertigen Beiträge abwarteten und — was den zweiten Halbband angeht — noch weiter abwarten. Nicht zuletzt danke ich den Beziehern dieses Handbuches für ihre Geduld.

Bonn-Schmelz, im August 1973 *Karl Baus*

INHALT

ERSTER TEIL: DAS WERDEN DER REICHSKIRCHE IM RAHMEN DER KAISERLICHEN RELIGIONSPOLITIK

ZWEITER TEIL: DIE THEOLOGISCHEN AUSEINANDERSETZUNGEN BIS ZUR MITTE DES 5. JAHRHUNDERTS

DRITTER TEIL: INNERKIRCHLICHES LEBEN ZWISCHEN NIKAIA UND CHALKEDON

ZEITTAFEL

(* = Gegenpäpste; O = Osten)

DIE PÄPSTE

Miltiades	311—314
Silvester I.	314—335
Marcus	336
Julius I.	337—352
Liberius	352—366
* Felix II.	355—365
Damasus	366—384
* Ursinus	366—367
Siricius	384—399
Anastasius I.	399—402
Innocenz I.	402—417
Zosimus	417—418
Bonifatius I.	418—422
* Eulalius	418—419
Cölestin I.	422—432
Sixtus III.	432—440
Leo I.	440—461

DIE KAISER

Konstantin d. Gr.	306—337
Konstantius II.	337—361
Konstantin II.	337—340
Konstans	337—350
Julian	361—363
Jovian	363—364
Valentinian I.	364—375
Valens (O)	364—378
Gratian	375—383
Valentinian II.	383—392
Theodosius I.	379—395
Honorius	395—423
Arcadius (O)	395—408
Theodosius II. (O)	408—450
Johannes Tyrannus	423—425
Valentinian III.	425—455
Marcian (O)	450—457

KONZILIEN UND SYNODEN

Synode von Elvira	(ca.) 306
Synode von Arles	314
Synode von Ankyra	314
Konzil von Nikaia	325
Synode von Tyros	335
Synode von Gangra	(ca.) 340
Synode von Antiochien	341
Synode von Serdica	342/343
Synode von Karthago	345/348
Synode von Sirmium	351/352
Synode von Arles	353
Synode von Mailand	355
Synode von Seleukia-Rimini	359
Synode von Alexandrien	362
Synode von Valence	374
Synode von Zaragoza	380
Konzil von Konstantinopel	381
Synode von Konstantinopel	382
Synode von Karthago	397
Synode von Turin	398
Synode von Toledo (I)	397/400
Synode von Karthago	401
Religionsgespräch von Karthago	411
Synode von Karthago (Pelag.)	418
Konzil von Ephesos	431
Synode von Riez	439
Synode von Orange (I)	441
Synode von Vaison	442
Synode von Ephesos	449
Konzil von Chalkedon	451

VERZEICHNIS DER ABKÜRZUNGEN

(Die Abkürzungen aus Band I S. XIII—XXII und S. 66—68 werden hier nicht wiederholt)

AHC = Annuarium historiae conciliorum, Amsterdam 1969 ff
AHP = Archivum historiae Pontificiae, Rom 1969 ff
AkathKR = Archiv für katholisches Kirchenrecht, Mainz 1857 ff
Altaner-Stuiber = B. Altaner - A. Stuiber, Patrologie, Freiburg [7]1966
AM = Mitteilungen des Deutschen Archäologischen Instituts. Athenische Abteilung, Stuttgart 1876 ff
AMrhKG = Archiv für mittelrheinische Kirchengeschichte, Speyer 1949 ff
BALAC = Bulletin d'ancienne littérature et d'archéologie chrétiennes, Paris 1911 ff
BiblAug = Bibliothèque Augustinienne, Paris 1949 ff
BNJ = Byzantinisch-Neugriechische Jahrbücher, Athen - Berlin 1920 ff
BullInstFrArchOr = Bulletin de l'Institut Français d'Archéologie Orientale, Paris 1901 ff
CahArch = Cahiers archéologiques, Paris 1950 ff
COD = Conciliorum Oecumenicorum Decreta, ed. Centro di documentazione di Bologna, Freiburg - Rom - Wien 1962
Cod. Just. = Codex Justinianus, rec. P. Krueger, Berlin 1906
Cod. Theod. = Codex Theodosianus, edd. Th. Mommsen - P. Meyer, Berlin 1905
Coll. Avell. — Epistolae imperatorum pontificum aliorum, ed. *O. Guenther*, CSEL 35, Wien 1895/98
CollMechl = Collectanea Mechliniensia, Mecheln 1923 ff
Corsi di Ravenna = Corso di cultura sull'arte ravennate e bizantina, Ravenna 1954 ff
CRAIBL = Contes rendus des séances de l'Académie des Inscriptions et Belles-Lettres, Paris 1857 ff
EvTh = Evangelische Theologie, München 1956 ff
FStud = Franziskanische Studien, Werl 1914 ff
GGA = Göttinger Gelehrte Anzeigen, Berlin 1738 ff
HS = Hispania Sacra, Madrid 1948 ff
IRM = International Review of Mission, London 1911 ff
JRS = The Journal of Roman Studies, London 1919 ff
LP = Liber Pontificalis, edd. *L. Duchesne* - *C. Vogel*, 3 Bde, Paris [2]1955/57
MIÖG = Mitteilungen des Instituts für Österreichische Geschichtsforschung, (Innsbruck) Graz - Köln 1880 ff
MiscHistEccl = Miscellanea historiae ecclesiasticae, Louvain 1970 ff
MRW = Missionswissenschaft und Religionswissenschaft, Münster 1938/41; 1947/49
NThT = Nederlands Theologisch Tijdschrift, Den Haag 1945 ff
NZM = Neue Zeitschrift für Missionswissenschaft, Schöneck, Schweiz 1944 ff
ÖAKR = Österreichisches Archiv für Kirchenrecht, Wien 1949 ff
PEFQSt = Palestine Exploration Fund Quarterly Statements, London 1868 ff
PJ = Palästina-Jahrbuch, Berlin 1905 ff
PTS = Patristische Texte und Studien, Berlin 1964 ff
RBK = Reallexikon der byzantinischen Kunst, hrsg. von *K. Wessel*, Stuttgart 1963 ff
RDC = Revue du droit canonique, Straßburg 1950 ff

RechAug = Recherches Augustiniennes, Paris 1958 ff
RHistSudEur = Revue d'histoire du Sudest-Européen, Bukarest 1913 ff
RhVjBl = Rheinische Vierteljahrsblätter, Bonn 1931 ff
RMA = Revue du Moyen-Age latin, Straßburg 1945 ff
RMab = Revue Mabillon, Ligugé 1921 ff
RPh = Revue de philologie, de littérature et d'histoire anciennes, Paris 1926 ff
RSDI = Rivista di storia del diritto italiano, Mailand 1927 ff
RThom = Revue Thomiste, Paris 1893 ff
SChr = Sources Chrétiennes, Paris 1940 ff
SM = Studien und Mitteilungen aus dem Benediktiner- und Zisterzienserorden, München 1880 ff, Neue Folge 1911 ff
SMSR = Studi e materiali di storia delle religioni, Rom 1929 ff
Stpatr = Studia patristica. Papers presented to the (First...) International Conference on Patristic Studies held at Christ Church Oxford, Berlin, TU, 1957 ff
StChH = Studies in Church History, Cambridge 1964 ff
StudMon = Studia Monastica, Montserrat 1959 ff
ThPh = Theologie und Philosophie, Freiburg 1966 ff (Fortsetzung von Scholastik)
ThStK = Theologische Studien und Kritiken, Gotha 1828 ff
Tpatrlit = Textus patristici et liturgici, Regensburg 1964 ff
VetChrist = Vetera Christianorum, Bari 1964 ff
ZdAdL = Zeitschrift für deutsches Altertum und deutsche Literatur, Wiesbaden 1869 ff

ALLGEMEINE BIBLIOGRAPHIE

(Die Bibliographie aus Bd I 57—68 wird vorausgesetzt, hier werden nur die für den behandelten Zeitraum noch nicht genannten Quellensammlungen, Neuerscheinungen und Neuauflagen angezeigt.)

I. QUELLENREIHEN

Das von *A. Hamman* herausgegebene Supplementum zu den Bänden 1—96 der Patrologia Latina von J. P. Migne liegt in 4 Bänden abgeschlossen vor (= PLSuppl); es folgen noch ein Faszikel Addenda und die Tables générales.

Zum Corpus Christianorum (CChr) erschien *J.-M. Clément*, Initia Patrum latinorum (Turnhout 1971).

Patristische Quellen werden in den folgenden neuen Reihen publiziert: Patristische Texte und Studien (= PTS), hrsg. von *K. Aland* und *W. Schneemelcher* (Berlin 1964 ff).

Texte zur Kirchen- und Theologiegeschichte (TKThG), hrsg. von *G. Ruhbach u. a.* (Gütersloh 1966 ff).

Traditio Christiana (TradChr), Texte und Kommentare zur patristischen Theologie, hrsg. von *A. Benoît u. a.* (Zürich 1969 ff).

Liturgische Textausgaben:

P. E. Brigthman - C. E. Hammond, Liturgies Eastern and Western. I: Eastern Liturgies (Oxford ²1965).

Textus patristici et liturgici (Tpatrlit), ed. Institutum Liturgicum Ratisbonense (Regensburg 1964 ff).

Kl. Gamber, Codices liturgici antiquiores (Freiburg/Schw. ²1968).

Konzils-Kanones:

P. P. Joannou, Les canons des conciles œcuméniques; Les canons des synodes particuliers: Pubbl. della Pontificia commissione per la redazione del codice di diritto canonico orientale. Fonti, fasc. IX: Discipline générale antique (IIᵉ—IXᵉ siècles). Tom. 1 (Grottaferrata 1962).

ders., Les canons des Pères grecs: ebd. Tom. 2 mit Index analytique (ebd. 1963/64).

J. Vives - T. M. Martinez - G. M. Diez, Concilios Visigóticos e Hispano-Romanos (Barcelona - Madrid 1963).

Concilia Galliae A. 314 — A. 506, ed. *C. Munier:* CChr 148 (Turnhout 1963).

Altchristliche Inschriften:

Die Inscriptiones christianae urbis Romae, nova series von *A. Silvagni*, sind durch *A. Ferrua* um die vol. IV und V (Città del Vaticano 1964/71) vermehrt worden. Eine Sammlung aus den Inschriften des Vatikanischen Museums edierte *H. Ziliacus*, Sylloge inscriptionum christianarum veterum Musei Vaticani, 2 vol. (Helsinki 1963).

E. Diehl, Inscriptiones Latinae Christianae Veteres erschien in 2. Aufl. von *J. Moreau*, dazu vol. IV: Supplementum, edd. *J. Moreau - H.-I. Marrou* (Berlin - Zürich 1967).

J. Vives, Inscripciones cristianas de la España Romana y Visigoda (Barcelona ²1969).

W. Boppert, Die frühchristlichen Inschriften des Mittelrheingebietes (Mainz 1971). Dazu *E. Meyer*, Einführung in die lateinische Epigraphik (Darmstadt 1973, Lit.).

Zu den Inscriptions grecques et latines de la Syrie sind die Bände V, VI und VII hinzugekommen (bis 1970).
A. C. Bandy, The Greek Inscriptions of Crete (Athen 1970).

Numismatik:

K. Christ, Antike Numismatik. Einführung und Bibliographie (Darmstadt 1967).
H. Mattingly - E. A. Sydenham, The Roman Imperial Coinage, vol. VI: From Diocletian to Maximianus (294—313), by *C. H. Sutherland;* vol. VII: Constantine and Licinius (313 to 337), by *P. M. Bruun* (London 1966/67).

Sammlungen staatlicher Gesetze:

Theodosiani libri XVI cum constitutionibus Sirmondianis et leges et novellae ad Theodosianum pertinentes, rec. *Th. Mommsen - P. M. Meyer*, 2 vol. (Berlin ^{2}1954).
Corpus Iuris civilis, rec. *P. Krueger - Th. Mommsen - R. Schoell - G. Kroll.*
I: Institutiones et Digesta (Berlin ^{16}1954).
II: Codex Justinianus (ebd. ^{12}1959).
III: Novellae (ebd. ^{7}1959).
C. Pharr, The Theodosian Code. A Translation with Commentary, Glossary and Bibliography (Princeton 1952).
P. R. Coleman-Norton, Roman State and Christian Church. A Collection of Legal Documents to A. D. 535, 3 vol. (London 1966).

II. DARSTELLUNGEN

1. Allgemeine Kirchengeschichte

L. J. Rogier - R. Aubert - M. D. Knowles, Geschichte der Kirche, I: Von der Gründung der Kirche bis zu Gregor d. Großen, von *J. Daniélou* und *H.-I. Marrou* (Einsiedeln 1963).
B. Llorca, Historia de la Iglesia católica, I: Edad antigua (Madrid ^{4}1964).
K. D. Schmidt - E. Wolf, Die Kirche in ihrer Geschichte, C 1: *R. Lorenz*, Das vierte bis sechste Jahrhundert (Westen), (Göttingen 1970).
R. Kottje - B. Moeller, Ökumenische Kirchengeschichte, I: Alte Kirche und Ostkirche (München 1970).
C. Andresen, Die Kirche der alten Christenheit (Stuttgart 1971).

2. Kirchengeschichte einzelner Länder

Chr. Papadopoulos, Ἱστορία τῆς ἐκκλησίας Ἱεροσολύμων (Jerusalem 1910).
ders., Ἱστορία τῆς ἐκκλησίας Ἀλεξανδρείας (Alexandrien 1935).
ders., Ἱστορία τῆς ἐκκλησίας Ἀντιοχείας (Alexandrien 1951).
G. I. Konïdaris, Ἐκκλησιαστικὴ ἱστορία τῆς Ἑλλάδος (Athen 1954).
R. Devreesse, Le patriarcat d'Antioche depuis la paix de l'église jusqu'à la conquête arabe (Paris 1945).
E. Griffe, La Gaule chrétienne à l'époque romaine I^{2} II^{2} III (Paris 1964/66).
E. de Moreau, Histoire de l'église en Belgique I (Brüssel ^{2}1945).
Z. García Villada, Historia eclesiástica de España I (Madrid 1929).
Q. Aldea Vaquero u. a., Diccionario de historia eclesiástica de España (Madrid 1972 ff).
I. H. Deanesley, The Pre-Conquest Church in England (London 1953).
M. W. Barley - R. P. C. Hanson (ed.), Christianity in Britain (Lester UP 1968).
L. Gougaud, Christianity in Celtic Lands (London 1932).
A. R. MacEwen, History of the Church in Scotland I (London 1913).

H. M. Chadwick, Early Scotland (Cambridge 1949).
W. Delius, Geschichte der irischen Kirche (München - Basel 1954).
P. J. Corish (Ed.), A History of Irish Catholicism I (Dublin 1967 ff).
E. Tomek, Kirchengeschichte Österreichs I (Innsbruck - Wien 1935).
J. Wodka, Kirchengeschichte Österreichs (Wien 1959).
Th. Schwegler, Geschichte der katholischen Kirche in der Schweiz (Stans [2]1943).
R. Pfister, Kirchengeschichte der Schweiz I (Zürich 1964).
B. Bauerreiß, Kirchengeschichte Bayerns I (St. Ottilien [2]1958).

3. Geschichte der altchristlichen Literaturen

B. Altaner - A. Stuiber, Patrologie (Freiburg [7]1966).
P. Monceaux, Histoire littéraire de l'Afrique chrétienne IV—VII (Paris 1912—1923 und Ndr.).
P. Courcelle, Les lettres grecques en Occident. De Macrobe à Cassiodore (Paris [2]1948).
A. Siegmund, Die Überlieferung der griechischen christlichen Literatur in der lateinischen Kirche bis zum 12. Jh. (München 1949).
N. K. Chadwick, Poetry and Letters in Early Christian Gaul (London 1955).
I. Ortiz de Urbina, Patrologia syriaca (Rom [2]1965).

4. Dogmengeschichte

R. P. C. Hanson, Tradition in the Early Church (London 1962).
B. Lohse, Epochen der Dogmengeschichte (Stuttgart 1963).
A. Dempf, Geistesgeschichte der altchristlichen Kultur (Stuttgart 1964).
J. N. D. Kelly, Early Christian Doctrines (London [3]1965).
A. Adam, Lehrbuch der Dogmengeschichte I: Die Zeit der alten Kirche (Gütersloh 1965).
A. Grillmeier, Christ in Christian Tradition (London 1965).
M. Meslin, Les Ariens d'Occident 335—430 (Paris 1967).
K. F. Morrison, Tradition and Authority in the Western Church 300—1140 (Princeton 1969).
H. A. Wolfson, The Philosophy of the Church Fathers I (Cambridge/Mass. [3]1970).
E. Boularand, L'hérésie d'Arius et „La Foi" de Nicée (Paris 1972).

5. Konziliengeschichte

Le Concile et les conciles (Paris 1960, dt. Stuttgart 1962).
A. Grillmeier - H. Bacht (Hrsg.), Das Konzil von Chalkedon (Würzburg [2]1962).
G. Dumeige - H. Bacht, Geschichte der ökumenischen Konzilien, I: I. Ortiz de Urbina, Nizäa und Konstantinopel (Mainz 1964); II: *P. Th. Camelot,* Ephesus und Chalcedon (Mainz 1963).
A. M. Ritter, Das Konzil von Konstantinopel und sein Symbol (Göttingen 1965).

6. Liturgiegeschichte

J. A. Jungmann, Missarum Sollemnia (Wien [5]1962).
A. G. Martimort, Handbuch der Liturgiewissenschaft, deutsche Übersetzung von *M. Prager,* 2 Bde (Freiburg 1963/65).
M. Righetti, Manuale di storia liturgica, I—IV (Mailand [3]1964/69).
H. A. Schmidt, Introductio in liturgiam occidentalem (Rom [2]1965).
Th. Klauser, Kleine abendländische Liturgiegeschichte (Bonn 1965).
J. A. Jungmann, Liturgie der christlichen Frühzeit (Freiburg/Schw. 1967).

E. Cattaneo, Introduzione alla storia liturgica occidentale (Rom ^{2}1969).
W. Nagel, Geschichte des christlichen Gottesdienstes (Berlin ^{2}1970).
J. Daniélou, La catéchèse aux premiers siècles (Paris 1968).
J. B. Schnyder, Geschichte der katholischen Predigt (Freiburg 1969).
W. Schütz, Geschichte der christlichen Predigt (Berlin 1972).

7. Frömmigkeitsgeschichte

H. Delehaye, Sanctus (Brüssel 1927).
ders., Les origines du culte des martyrs (Brüssel ^{2}1933).
A. Grabar, Martyrium, 3 Bde (Paris 1946).
B. Kötting, Peregrinatio religiosa (Münster 1950).
R. Aigrain, L'hagiographie (Paris 1953).
H. Delehaye, Les légendes hagiographiques (Brüssel ^{4}1954).
Th. Klauser, Christlicher Martyrerkult, heidnischer Heroenkult und spätjüdische Heiligenverehrung (Köln 1960).
J. A. Jungmann, Christliches Beten im Wandel und Bestand (München 1969).

8. Mönchtum

K. Heussi, Ursprung des christlichen Mönchtums (Tübingen 1936).
G. Turbessi, Ascetismo e monachesimo prebenedettino (Rom 1961).
Théologie de la vie monastique. Études sur la doctrine patristique (Paris 1961).
Los monjes y los estudios (Poblet 1963).
S. Frank, ΑΓΓΕΛΙΚΟΣ ΒΙΟΣ (Münster 1964).
U. Ranke-Heinemann, Das frühe Mönchtum. Seine Motive nach den Selbstzeugnissen (Essen 1964).
B. Lohse, Askese und Mönchtum in der Antike und in der alten Kirche (Münster 1969).
St. Schiewietz, Das morgenländische Mönchtum, I/III (Wien 1904/38). Il monachesimo orientale (Rom 1958).
D. J. Chitty, The Desert a City (London 1965).
W. Schatz, Studien zur Geschichte und Vorstellungswelt des frühen abendländischen Mönchtums (Diss. Freiburg 1957).
O. Chadwick, Western Asceticism (London 1958).
J. Décarreaux, Die Mönche und die abendländische Zivilisation (Wiesbaden 1965).

9. Kirchliche Rechts- und Verfassungsgeschichte

J. Gaudemet, La formation du droit séculier et du droit de l'église au IVe et Ve siècles (Paris 1957).
P. Feine, Kirchliche Rechtsgeschichte, I: Die katholische Kirche (Weimar ^{4}1964).
W. M. Plöchl, Geschichte des Kirchenrechts I (Wien ^{2}1960).

10. Kirche und Staat

K. M. Setton, Christian Attitude towards the Emperor in the Fourth Century (New York 1941).
A. A. Ehrhardt, Politische Metaphysik von Solon bis Augustin II (Tübingen 1959).
H. Rahner, Kirche und Staat im frühen Christentum (München 1961).
A. W. Ziegler, Religion, Kirche und Staat in Geschichte und Gegenwart, I: Geschichte (München 1969).
R. Klein (Hrsg.), Das frühe Christentum im römischen Staat (Darmstadt 1971).

11. Kirche und Kultur

G. Schnürer, Kirche und Kultur im Mittelalter I (Paderborn ³1936).
H.-I. Marrou, St. Augustin et la fin de la culture antique (Paris ⁴1958).
H. Hagendahl, Latin Fathers and the Classics (Göteborg 1958).
O. Gigon, Die antike Kultur und das Christentum (Gütersloh 1966).
A. Wifstrand, Die alte Kirche und die griechische Bildung (Bern 1967).
M. Simon, La civilisation de l'antiquité et le christianisme (Paris 1972).

12. Christliche Archäologie — altchristliche Kunst

C. Andresen, Einführung in die christliche Archäologie = Die Kirche in ihrer Geschichte I B 1 (Göttingen 1971).
A. Grabar, Die Kunst des frühen Christentums; Die Kunst im Zeitalter Justinians = Universum der Kunst IX/X (München 1967).
F. Gerke, Spätantike und frühes Christentum = Kunst der Welt (Baden-Baden 1967).
R. Krautheimer, Early Christian and Byzantine Architecture (Harmsworth 1965).
A. Khatchatrian, Les Baptistères paléochrétiens (Paris 1962).
H. Kähler, Die frühe Kirche. Kult und Kulturraum (Berlin 1972).
P. Testini, Le catacombe e gli antichi cimiteri cristiani in Roma (Bologna 1966).
Th. Klauser, Frühchristliche Sarkophage in Wort und Bild (Olten 1966).
F. W. Deichmann (Hrsg.), Repertorium der altchristlichen Sarkophage, I: bearbeitet von *G. Bovini - H. Brandenburg* (Wiesbaden 1966 ff).
H. Karpp, Die Mosaiken in S. Maria Maggiore zu Rom (Baden-Baden 1966).
E. Sauser, Frühchristliche Kunst. Sinnbild und Glaubensaussage (Innsbruck 1966).
G. Schiller, Ikonographie der christlichen Kunst (Berlin 1966 ff).
E. Kirschbaum, Lexikon der christlichen Ikonographie (Freiburg 1968 ff).
A. Grabar, Christian Iconography. A Study of its Origins (Princeton 1968).

III. DER PROFANGESCHICHTLICHE HINTERGRUND

1. Geschichte des spätrömischen Kaiserreiches

K. Christ, Römische Geschichte. Einführung, Quellenkunde, Bibliographie (Darmstadt 1973).
O. Seeck, Geschichte des Untergangs der antiken Welt V/VI (Neudr. Darmstadt 1966).
F. W. Walbank, The Decline of the Roman Empire in the West (London 1946).
E. Stein, Histoire du Bas-Empire I² II (Paris 1949/59).
S. Mazzarino, Trattato di Storia Romana II (Rom 1956).
H. Dannenbauer, Die Entstehung Europas I (Stuttgart 1959).
L. Musset, Les invasions. Les vagues germaniques (Paris 1965).
F. Lot, La fin du monde antique et le début du moyen âge (Paris ³1968).
R. Rémondon, La crise de l'empire romain (Paris ²1970).
P. Brown, The World of Late Antiquity (London 1971).
R. Folz - A. Guillou - L. Musset - D. Sourdel, De l'antiquité au monde médiéval = Peuples et civilisations V (Paris 1972).
A. Piganiol, L'empire chrétien 325—395 (Paris ²1972).
A. H. M. Jones - J. R. Martindale - J. Morris, The Prosopography of the Later Roman Empire, I: A. D. 260—395 (London 1971).

2. Religions- und Kulturgeschichte

J. Geffcken, Der Ausgang des griechisch-römischen Heidentums (Heidelberg ²1929).
P. de Labriolle, La réaction païenne (Paris 1936).
H.-I. Marrou, Geschichte der Erziehung im klassischen Altertum (Freiburg 1957).
H. Mattingly, Roman Civilization (London 1959).
K. Büchner, Römische Literaturgeschichte (Stuttgart ³1962).
A. Lesky, Geschichte der griechischen Literatur (Bern - München ²1963).
J. Straub, Heidnische Geschichtsapologetik in der christlichen Spätantike (Bonn 1963).
A. Momogliano (ed.), The Conflict between Paganism and Christianity in the 4th Century (Oxford 1963).
J. Vogt, Der Niedergang Roms. Metamorphose der antiken Kultur (Zürich 1965).
J. Straub, Regeneratio imperii (Darmstadt 1972).

3. Rechts-, Wirtschafts- und Sozialgeschichte

S. Mazzarino, Aspetti sociali del quarto secolo (Rom 1951).
M. Rostovtzeff, The Social and Economic History of the Roman Empire I/II (London ²1957).
S. Dill, Roman Society in the Last Century of the Roman Empire (New York ²1958).
W. Seyfarth, Soziale Fragen der spätrömischen Kaiserzeit im Spiegel des Theodosianus (Berlin 1963).
F. Wieacker, Recht und Gesellschaft in der Spätantike (Stuttgart 1964).
A. H. M. Jones, The Later Roman Empire 284—602. A Social, Economic and Administrative Survey I/IV (Oxford 1964).
F. de Martino, Le istituzioni politiche e la società del tardo Impero fino alla caduta della parte di Occidente (Neapel 1967).
J. Gaudemet, Les institutions de l'antiquité (Paris 1967).
J. Gagé, Les classes sociales dans l'empire romain (Paris ²1971).
N. Brockmeyer, Sozialgeschichte der Antike (Stuttgart 1972).

4. Hilfsmittel

H. Jedin - K. S. Latourette - J. Martin, Atlas zur Kirchengeschichte (Freiburg 1970).
Großer Historischer Weltatlas, Teil I: Vorgeschichte und Altertum, von *H. Bengtson* und *Vl. Milojcic* (München ⁵1972).
Der Kleine Pauly. Lexikon der Antike, auf der Grundlage von Pauly-Wissowa, hrsg. von *K. Ziegler* und *W. Sontheimer* (Stuttgart 1964 ff).
Lexikon der antiken Welt, hrsg. von *G. Andresen - H. Erbse - O. Gigon u. a.* (Zürich 1965), erscheint auch mit Literaturnachträgen in Einzelbänden im Deutschen Taschenbuchverlag (München 1969 ff).
A. Blaise - H. Chirat, Dictionnaire Latin-Français des auteurs chrétiens (Turnhout ³1967).

IV. NACHTRÄGE ZUR BIBLIOGRAPHIE

von Hermann Josef Vogt

L. Abramowski, Drei christologische Untersuchungen (BZNW 45) (1981); *H. J. Angerer – J. Lenzenweger* (Hrsg.); Consuetudines monasticae (Rom 1982); *H. H. Anton*, Kaiserliches Selbstverständnis in der Religionsgesetzgebung der Spätantike und päpstliche Herrschaftsinterpretation im 5. Jahrhundert: ZKG 88 (1977) 38–84; *H. Arens*, Die christologische Sprache Leos des Großen. Analyse des Tomus an den Patriarchen Flavian (Freiburg 1982); *W. L. Bar-*

nard, The Council of Serdica: Some Problems re-assessed: AHC 12 (1980) 1–25; *T. D. Barnes*, Constantine and Eusebius (Cambridge, Mass. – London 1981); *E. Beck*, Glaube und Gebet bei Ephräm: OrChr 66 (1982) 15–50; *J. Belche*, Die Bekehrung zum Christentum nach Augustins Büchlein: De Catechizandis Rudibus: Augustiniana 32 (1982) 42–87; *J. Betz*, Eucharistie in der Schrift und Patristik (HDG IV, 3) (Freiburg 1979); *W. Bienert*, The Significance of Athanasius of Alexandria for Nicene Orthodoxy: IThQ 48 (1981) 181–195; *M.-R. Bottermann*, Die Beteiligung der Kinder an der Liturgie von den Anfängen der Kirche bis heute (Frankfurt-Bern 1982); *H. Chr. Brennecke*, Rom und der dritte Kanon von Serdika (342): ZSavRGkan 100 (1983) 15–45; *P. Brown*, The cult of the saints. Its rise and function in Latin christianity (Chicago 1981); *R. Bultmann*, Die Exegese des Theodor von Mopsuestia (Stuttgart 1984); *B. Büchler*, Die Armut der Armen. Eine Untersuchung zum ursprünglichen Sinn d. mönchischen Armut (München 1980); *D. Callam*, Clerical continence in the fourth century. Three Papal decretals: ThSt 41 (1980) 3–50; *M. Canèvet*, Grégoire de Nysse et l'herméneutique biblique ... le langage et la connaissance de Dieu (Paris 1983); *R. Canning*, „Love your Neighbour as Yourself" (Mt. 22,39). Saint Augustine on the lineaments of the self to be loved: Augustiniana 34 (1984) 145–197; *H. Chadwick*, The Role of the Christian Bishop in Ancient Society (Berkeley 1980); *K. J. Coyle*, The Fathers on women and women's ordinations: Église et Théologie 9 (1978) I, 51–101; *A. M. Crabbe*, The invitation to the Council of Ephesus and Metropolitan hierarchy in the fifth century. JThS 32 (1981) 369–400; *G. Dragas*, Athanasiana I, Essays in the Theology of Saint Athanasius (London 1980); *Y.-M. Duval*, Jérôme et Origène avant le querelle origéniste. La cure et la guérison ultime du monde et du diable dans l'In Nahum. Augustinianum 24 (1984) 471–494; *W. Eck*, Der Einfluß der konstantinischen Wende auf die Auswahl der Bischöfe im 4. und 5. Jahrhundert: Chiron 8 (1978) 561–585; *A. M. Fausone*, Die Taufe in der frühchristlichen Sepulkralkunst (Vatikan 1982); *P. J. Fedwick*, Basil of Caesarea. Christian, Humanist, Ascetic. A Sixteen-Hundredth Anniversary Symposium 2 Bde (1981); *J. Fontaine*, Le culte des saints et ses implications sociologiques. Réflexions sur un récent essai de Peter Brown: AnBoll 100 (1982) 17–42; *S. K. Frank*, Zur altkirchlichen Missionsgeschichte: FStud 66 (1984) 3–18; *W. H. C. Frend*, Donatist and Catholic: the organisation of Christian communities in the North African countryside, in: Cristianizzazione ed organizzazione ecclesiastica delle campagne nell' Alto Medioevo (Spoleto: Settimane di Studio XXVIII) 601–634; *F. R. Gahbauer*, Das anthropologische Modell. Ein Beitrag zur Christologie der frühen Kirche bis Chalkedon (Würzburg 1984); *K. Gaik*, Die christliche Pädagogik der Kirchenväter und ihre erziehungsphilosophischen Grundlagen (Diss. Köln 1978); *K. Gamber*, Sacrificium missae: zum Opferverständnis und zur Liturgie der Frühkirche (Regensburg 1980); *Sh. Garnett jr.*, The Christian Young and the Secular World. St. Basil's Letter on Pagan Literature: GOTR 26 (1981) 212–223; *P. Groday*, Principles of patristic exegesis: Romans 9–11 in Origen, John Chrysostom, and Augustine (New York 1983); *M. J. Gorman*, Abortion and the early church. Christian, Jewish and pagan attitudes in the Greco-Roman world (Downers Grove, Ill. 1982); *G. Gottlieb*, Die Circumcellionen. Bemerkungen zum donatistischen Streit: AHC 10 (1978) 1–15; *R. A. Greer*, The Analogy of Grace in Theodore of Mopsuestia's Christology: JThS 34 (1983) 82–98; *R. Gryson*, Elections épiscopales en Orient au IVe siècle: RHE 74 (1979) 301–345; *ders.*, Les élections épiscopales en Occident au IVe siècle: RHE 75 (1980) 257–283; *ders.*, Dix ans de recherches sur les origines du célibat ecclésiastique: RTL 11 (1980) 157–185; *N. Gussone*, Thron und Inthronisation des Papstes von den Anfängen bis zum 12. Jahrhundert (Bonn 1978); *P.-M. Gy*, Ancient Ordination Prayers: StLi 13 (1979) 70–93; *A. de Halleux*, La définition christologique à Chalcédoine: RTL 7 (1976) 3–23; 155–170; *ders.*, The Second Ecumenical Council, in: Cristianesimo nella Storia III (Bologna 1982) 297–328; *P. C. Hanson*, The Doctrine of the Trinity achieved in 381: SJTh 36 (1983) 41–58; *O. Horn*, Petrou Kathedra. Der Bischof von Rom und die Synoden von Ephesus (499) und Chalkedon (Paderborn 1982); *G. Hudon*, L'Église dans la pensée de saint Léon: Église et Theologie 14 (1983) 305–336; *J. Irmscher*, Christliches und Heidnisches in der Literatur der Justinianischen Zeit: RESEE 18 (1980) 85–94; *E. G. Jay*, From Presbyters-Bishops to Bishops and Presbyters, in: The Second Century 1 (Texas 1981) 125–162; *K.-P. Jörns* Proklamation und Akklamation. Die antiphonische Grundordnung des frühchristlichen Gottesdienstes nach der Johannesoffenbarung, in: Liturgie und Dichtung I. Hrsg. v. H. Becker u. R. Kaczynski (St. Ottilien 1983) 187–208; *H.-Th. Johann*, Erziehung und Bildung in der heidnischen und christlichen Antike (Darmstadt 1976); *Ch. Kannengiesser*, Athanase d'Alexandrie, évêque et écrivain. Une lecture des traités contre les

Ariens (Paris 1983); *ders.*; Arius and the Arians: ThSt 44 (1983) 456–475; *E. J. Kilmartin*, Ministry and Ordination in Early Christianity … against a Jewish Background: StLi 13 (1979) 41–69; *R. Klein* (Hrsg.), Julian Apostata (WdF 509) (Darmstadt 1978); *ders.*, Kaiser Julians Rhetoren- und Unterrichtsgesetz: RQ 76 (1981) 73–94; *B. Kleinheyer*, Zur Geschichte der Diakonissen: LJ 34 (1984) 58 ff; *E. Lanne*, Le Symbole des Apôtres, expression de la foi apostolique, et le Symbole de Nicée: Irénikon 56 (1983) 467–483; *F. Laub*, Die Begegnung des frühen Christentums mit der antiken Sklaverei (Stuttgart 1982); *J. Lécuyer*, Le sacrement de l'Ordination (Paris 1983); *K. Lehmann – W. Pannenberg* (Hrsg.), Glaubensbekenntnis und Kirchengemeinschaft. Das Modell des Konzils von Konstantinopel (381) (Freiburg – Göttingen 1982); *L. Leloir*, La sagesse des anciens moines: StMiss 28 (1979) 61–96; *J. T. Lienhard*, Paulinus of Nola and early western monasticism. With a study of the chronology of his works and an annotated bibliography, 1879–1976 (Köln 1977); *B. Löhmann*, Zweite Ehe und Ehescheidung bei den Griechen und Lateinern bis zum Ende des 5. Jahrhunderts (Leipzig 1980); *R. Lorenz*, Arius judaizans? (Göttingen 1980); *C. Luibhéid*, The Council of Nicaea (Galway 1982); *ders.*, Eusebius of Caesarea and the Arian crisis (Dublin 1978); *P. Luislampe*, Spiritus vivificans. Grundzüge einer Theologie des Heiligen Geistes nach Basilius von Caesarea (Münster 1981); *G. Luttenberger*, The decline of presbyterial collegiality and the growth of the individualization of the priesthood 4th-5th-centuries: RThAM 48 (1981) 15–58; *H.-I. Marrou*, Augustinus und das Ende der antiken Bildung (Paderborn u. a. 1981); *A.-G. Martimort*, Les diaconesses. Essai historique (Rom 1982); *C. P. Mayer*, Taufe und Erwählung. Zur Dialektik des sacramentum-Begriffes in der anti-donatistischen Schrift Augustins: De Baptismo, in: Scientia Augustiniana (FS A. Zumkeller) (Würzburg 1975) 22–42; *Ch. Munier*, L'Église dans l'Empire Romain (IIe- IIIe siècles) (Paris 1979); *A. P. Orban*, Augustinus und das Mönchtum: Kairos 18 (1976) 100–117; *J. Orlandis*, Die Synoden auf der Iberischen Halbinsel bis zum Einbruch des Islam (711) (Paderborn 1981); *B. Outtier*, Pachomian Koinonia. Vol. 1.: The Life of St. Pachomius and his disciples. Vol. 2: Pachomian Chronicles and Rules (Kalamazoo, Mich. 1980/81); *M. G. Puzicha*, Christus peregrinus … Wohltätigkeit in der Alten Kirche am Beispiel der Fremdenaufnahme (Diss. Münster 1979); *L. Reekmanns*, Siedlungsbildung bei spätantiken Wallfahrtsstätten, in: Pietas (FS B. Kötting): JAC.E 8 (1980) 325–355; *Ph. Rousseau*, Ascetics, authority and the church in the age of Jerôme and Cassian (Oxford 1978); *E. Schmitt*, Le mariage chrétien dans l'œuvre de Saint Augustin (Paris 1983); *R. Schwager*, Unfehlbare Gnade gegen göttliche Erziehung. Die Erlösungsproblematik in der pelagianischen Krise: ZKTh 104 (1982) 257–290; *W. Simonis*, Anliegen und Grundgedanke der Gnadenlehre Augustins: MThZ 34 (1983) 1–21; *H. Stadler*, Päpste und Konzilien: Kirchengeschichte und Weltgeschichte: Personen, Ereignisse, Begriffe (Düsseldorf–Wien 1983); *P. Stockmeier*, Das Konzil von Chalkedon. Probleme der Forschung: FZPhTh 29 (1982) 140–156; *A. Strobel*, Texte zur Geschichte des frühchristlichen Osterkalenders: LWQF Bd. 64; *M. Tetz*, Zur Biographie des Athanasius von Alexandrien: ZKG 90 (1979) 158 ff; *ders.*, Athanasius und die Einheit der Kirche: ZThK 81 (1984) 196–219; *V. Twomey*, Apostolikos Thronos. The Primacy of Rome as Reflected in the Church History of Eusebius and the Historico Apologetic Writings of Saint Athanasius the Great (Münster 1982); *L. Verheijen*, Élements d'un commentaire de la Règle de saint Augustin: Augustiniana 34 (1984) 75–144; *P. P. Verbraken*, Le sermon 88 de saint Augustin sur la guérison des deux aveugles de Jéricho: RBén 94 (1984)) 71–101; *W. de Vries* Die Obsorge des hl. Basilius um die Einheit der Kirche im Streit mit Papst Damasus: OrChrP 47 (1981) 55–86; *H.-J. Vogt*, Papst Cölestin und Nestorius, in: Konzil und Papst (FS H. Tüchle) hrsg. v. G. Schwaiger (Paderborn 1975) 85–102; *ders.*, Das gespaltene Konzil von Ephesus und der Glaube an den einen Christus: TThZ 90 (1981) 89–105; *L. R. Wickham* (Hrsg.) Cyril of Alexandria. Selected Letters (Oxford 1983); *C. van de Wiel*, Compléments à la législation par mariage subséquent sous Justinien et dans le droit gréco-romain: RIDA 26 (1979) 453–473; *W. Wischmeyer*, Griechische und lateinische Inschriften zur Sozialgeschichte der Alten Kirche (Gütersloh 1982); *M. Wojtowytsch*, Papsttum und Konzile von den Anfängen bis zu Leo I., in: Studien zur Entstehung der Überordnung des Papstes über Konzile (Päpste und Papsttum 12) (Stuttgart 1981) 440–461; *A. Zumkeller*, War Augustins monasterium clericorum in Hippo wirklich ein Kloster? Antwort auf eine neue Hypothese A. P. Orbans: Augustinianum 21 (1981) 391–398.

ERSTER TEIL

Das Werden der Reichskirche im Rahmen der kaiserlichen Religionspolitik

1. Kapitel

Von der Gleichberechtigung zur Privilegierung des Christentums durch Kaiser Konstantin

QUELLEN: Zunächst die Bd I Kap. 29/30 genannten. Eine Neuausgabe der Vita Constantini für die GCS wird von *F. Winkelmann* vorbereitet, vgl. *ders.*, Die Textbezeugung der Vita Constantini des Eusebius von Caesarea (Berlin 1962, TU 84); *ders.*, Zur Geschichte des Authentizitätsproblems der Vita Constantini: Klio 40 (1962) 187—243. Die Briefe und Erlasse Konstantins werden behandelt in den Bd I Kap. 30 genannten Arbeiten von *H. Dörries* 55—226 und *H. Kraft* 207—270. Wichtig werden jetzt die Bd I 58 f mit den Ausgaben angeführten Schriften der christlichen Kirchenhistoriker und Chronisten, ebenso die Werke der Profanhistoriker, vor allem des Zosimos Historia nova, ed. *L. Mendelssohn* (Leipzig 1887, Nachdr. Hildesheim 1963); die Chronographia des Johannes Malalas, ed. *J. Dindorf*, CSHB 15 (Bonn 1831), die Chronik des Theophanes Confessor, ed. *C. de Boor* (Leipzig 1883—1885, Nachdr. Hildesheim 1963); das Chronicon Paschale, ed. *Th. Mommsen:* Chronica Minora I 203 ff. Auf lateinischer Seite Ammianus Marcellinus, Res gestae, ed. *C. U. Clark* (Berlin ²1962) oder *J. C. Rolfe* (zuletzt London 1950—1952), der Anonymus Valesianus, ed. *Th. Mommsen:* Chronica Minora I 259 ff. oder *L. A. Muratori*, Rerum Italicarum scriptores 24, 4 (Mailand 1913). Eine Übersicht über die kleineren Quellen des 4. Jh. gibt *A. Piganiol*, L'Empire Chrétien (325—395) (Paris ²1972) 467 bis 473. — Die Münzen: The Roman Imperial Coinage, vol. VII: Constantine and Licinius, A. D. 313—337, by *P. M. Bruun* (London 1966).

LITERATUR: Außer den Bd I genannten Arbeiten: *G. Bardy*, La politique religieuse de Constantin après le concile de Nicée: RevSR 8 (1928) 516—551; *I. Karayannopoulos*, Konstantin der Große und der Kaiserkult: Historia 5 (1956) 341—357; *K. Aland*, Der Abbau des Herrscherkultes im Zeitalter Konstantins = Kirchengesch. Entwürfe (Gütersloh 1960) 240—256; *H. Dörries*, Konstantinische Wende und Glaubensfreiheit = Wort und Stunde I (Göttingen 1966) 1—117; *C. Dupont*, Les privilèges des clercs sous Constantin: RHE 62 (1967) 729—752; *R. MacMullen*, Constantine (New York 1969); *J. H. Smith*, Constantine the Great (London 1971). — Zur Bautätigkeit Konstantins: *allgemein: L. Voelkl*, Die Konstantinischen Kirchenbauten nach Eusebius: RivAC 29 (1953) 49—66 187—206; *J. B. Ward Perkins*, Constantine and the Origins of the Christian Basilica: Papers of the British School at Rome 22 (1954) 69—90; *R. Krautheimer*, The Constantinian Basilica: DOP 21 (1967) 115—140. *Palästina: C. Kopp:* Palästina-Hefte des Dt. Vereins vom Heiligen Land 21—23 (1939) 117 ff; *J. W. Crowfoot*, Early Churches of Palestine (London 1941); *E. Wifstrand:* Göteborgs Högskola Årskrift 58 (1952) 1 ff. *Rom: R. Vielliard*, Recherches sur les origines de la Rome chrétienne (Mâcon 1941); *F. W. Deichmann*, Frühchristliche Kirchen in Rom (Basel 1948); *R. Krautheimer u. a.*, Corpus Basilicarum christianarum Romae, vol. III (Rom 1967). Für Trier die Berichte über die Ausgrabungen im Dombereich von *K. Th. Kempf:* Neue Ausgrabungen in Deutschland (Berlin 1958) 368—379 und: Untersuchungen und Beobachtungen am Trierer Dom: Germania 42 (1964) 126—141. *Konstantinopel: H. Leclercq*, Byzance: DACL II 1, 1375—88; *A. Heisenberg*, Grabeskirche und Apostelkirche, 2 Bde (Leipzig 1908); *V. Schultze*, Altchristliche Städte und Landschaften I (Leipzig 1913); *E. Gerland*, Byzanz und die Gründung der Stadt Konstantinopel: BNJ 10 (1933) 93—105; *R. Janin*, Constantinople byzantine (Paris 1950); *ders.*, La géographie ecclésiastique de l'empire byzantin I 3: Les églises et les monastères (Paris 1953); *G. Downey*, The Builder of the Original Church of the Apostles at Constantinople: DOP 6 (1951) 53—80; *Ph. Grierson*, The Tombs of the Byzantine Emperors: ebd. 16 (1961) 1—63; *G. Bovini*, Le tombe degli imperatori d'Oriente dei secoli IV, V, VI: IX° Corso di cultura sull'arte ravennate e bizantina (Ravenna 1962) 155—178. — Zu Konstantins Taufe und Begräbnis: *F. J. Dölger*, Die Taufe Konstantins und ihre religiösen Probleme = Konstantin d. Gr. und seine Zeit, 19. Suppl.-Heft der RQ (Freiburg 1913) 377—477; *H. Kraft*, Zur Taufe Kaiser Konstantins: Stpatr I (TU 63, Berlin 1957) 642—648. — *A. Kaniuth*, Die Beisetzung Konstantins d. Gr. (Breslau 1941, Breslauer Hist. Forschungen 18); *A. Grabar*, Martyrium 1 (Paris 1946) 227—234.

Die Ausgangsposition von Kirche und Kaiser im Jahre 324

Obwohl die Anhänger der christlichen Religion im römischen Imperium beim Beginn von Konstantins Alleinherrschaft nur eine wenn auch schon beachtliche Minderheit darstellten[1], sahen sie mit einem hochgemuten, von keinerlei Zweifel angekränkelten Optimismus in die Zukunft. Für den Kirchenhistoriker Eusebios und seine Leser war Konstantin der Diener und Freund Gottes, der ihn „aus tiefster Finsternis und dunkelster Nacht wie ein großes Licht und wie einen Erlöser allen hatte aufleuchten lassen". „Genommen war nun von den Menschen jede Furcht vor denen, die sie einst bedrängt. In Glanz und Prunk begingen sie festliche Tage: alles war von Licht erfüllt . . . In Reigen und Liedern gaben sie in Städten wie auf dem Lande vor allem Gott, dem König der Könige, die Ehre, wie sie gelehrt wurden, sodann dem frommen Kaiser mit seinen gottgeliebten Söhnen."[2] Solche Sicht und Wertung der Zukunft durfte den damaligen Christen wohlbegründet erscheinen. Über ein Jahrzehnt hindurch hatte Kaiser Konstantin der christlichen Religion die Freiheit des Bekenntnisses und der Verkündigung gewährt und sie nach anfänglicher Gleichstellung mit dem Heidentum mit einem unleugbaren Wohlwollen bedacht. Als er dann dem Unternehmen gegen Licinius den Charakter eines religiösen Befreiungskrieges für die verfolgte Christenheit der östlichen Provinzen gab, brauchte man an der persönlichen christlichen Überzeugung des Kaisers nicht mehr zu zweifeln. Diese bestätigte sich sogleich in den ersten Maßnahmen religionspolitischen Charakters, die Konstantin alsbald nach dem Siege traf und auf die der vorletzte Satz der Kirchengeschichte Eusebios' mit aller Deutlichkeit hin-

[1] Vgl. *L. v. Hertling*: ZKTh 62 (1934) 243—253.
[2] Euseb. HE 10, 8—9.

weist[3]. Kurz zuvor entschlüpft ihm eine Bemerkung, die verrät, daß der Bischof von Kaisareia in seinem Herzen weitreichendere Möglichkeiten erwägt, die gewiß auch von vielen seiner Amtsbrüder erhofft wurden. Er stellt fest, daß Konstantin mit seinem Sieg über Licinius wieder ein einziges und einheitliches Reich der Römer schuf, in welchem alle Lande des Erdkreises vom Aufgang der Sonne bis zum äußersten Westen samt dem Norden und Süden einem friedlichen Zepter unterworfen waren. Wird dieses politisch geeinte Imperium Romanum nicht auch den einen gleichen Glauben bekennen, geeint in dem alleinigen Bekenntnis des Christengottes? Diese Stunde des Triumphes war nicht dazu angetan, in Eusebios oder in seinen Mitbischöfen in Ost und West Zweifel daran aufsteigen zu lassen, ob ein solches Zusammengehen von Kirche und Staat für erstere auch bedenkliche Konsequenzen haben könnte.

Es ist verständlich, daß die errungene Alleinherrschaft, die ihn von jeder Rücksicht auf einen Mitregenten befreite, Konstantins Sendungsbewußtsein noch gesteigert hat; er durfte nach antikem Empfinden im Rückblick auf seinen bisherigen Weg sich am Ende des Jahres 324 als Auserwählter Gottes bestätigt sehen, und er empfand es nicht als „eitle Prahlerei", wenn er im ersten Erlaß nach der Niederwerfung des Licinius an die Ostprovinzen bekannte: „Meinen Dienst hat Gott gewollt und zur Ausführung seines Entschlusses für geeignet erachtet."[4] Dieser Gott aber war für ihn ohne Zweifel der Gott der Christen, und so konnte seine zukünftige Haltung gegenüber der christlichen Gemeinschaft nur noch inniger werden, er mußte sich ihr in einzigartiger Weise zugehörig empfinden. Es lag durchaus in der Linie seines Sendungsbewußtseins, wenn der Kaiser für sich in oder gegenüber der christlichen Kirche eine Sonderstellung als angemessen empfand, die es unmöglich machte, daß irgendein Ereignis oder irgendeine Entwicklung von einigem Gewicht im christlichen Lebensraum ihm gleichgültig erscheinen konnte. Wenn er selber äußerte, daß er bereit sei, nach den Jahren der Verfolgung „das heiligste Haus (Gottes) neu aufzubauen"[5], dann konnte allerdings auch die kirchliche Führung es kaum wagen, in wichtigen Lebensfragen ohne, geschweige denn gegen den Kaiser zu handeln. Es mußte viel davon abhängen, wieweit Konstantin erkannte, daß das innerste Wesen der Kirche etwas so Eigenständiges war, daß hier der staatlichen Macht immer Grenzen gesetzt waren. Die Erfolglosigkeit seiner Bemühungen in der Frühphase der donatistischen Wirren konnte für ihn schon eine erste Lehre sein.

[3] Ebd. 10, 9: „An jeglichem Ort wurden Erlasse des siegreichen Kaisers, voll von Menschenfreundlichkeit, angeschlagen und Gesetze, die Zeugnis gaben von seiner Freigebigkeit und echten Gottesfurcht." Es ist also nicht so, daß die Kirchengeschichte des Eusebios nichts wüßte von den Erlassen, die die Vita Constantini im Wortlaut bringt.

[4] Euseb., Vita Const. 2, 28, dazu *J. Straub* = Das neue Bild der Antike 2 (1942) 374—394.

[5] Ebd. 2, 55.

Wachsende Privilegierung der christlichen Religion

Unmittelbar nach dem Antritt der Alleinherrschaft beschreitet Konstantins Religionspolitik nach außen hin einen Weg, der besonnen, aber durchaus zielstrebig von der schon 312 gewährten Gleichberechtigung des Christentums mit den bestehenden Religionen nun zu seiner eindeutigen Vorrangstellung in der Öffentlichkeit führt. Sie wird faßbar in einer ganzen Reihe von Verordnungen und Maßnahmen, die sich auf die knapp 13 Jahre der ihm verbliebenen Regierungszeit verteilen. Sie nehmen ihren Anfang mit dem Erlaß an die Bewohner der Ostprovinzen, dessen Kernstück die Bestimmungen über die Wiedergutmachung des an den Christen geschehenen Unrechts darstellen. Die Einzelheiten — Aufhebung aller entehrenden und schädigenden richterlichen Urteile, wie Verlust der früheren Rangstellung im öffentlichen Dienst und Einweisung in den Sklavenstand, die Rückgabe des beschlagnahmten oder weiterverkauften Vermögens einzelner Christen an diese oder ihre Erben, die Wiedereinsetzung der christlichen Gemeinden in ihre ehemaligen Besitzrechte, auch dann, wenn diese Vermögenswerte jetzt im Besitz des Fiskus oder durch Kauf und Schenkung in andere Hände übergegangen sind[6] — lassen klar erkennen, daß die Sympathie des Kaisers nunmehr den Anhängern des christlichen Bekenntnisses gehört. Die Gleichheit aller Bürger vor dem Gesetz war praktisch aufgegeben, wenn ein weiterer Erlaß den hohen Beamten, Provinzstatthaltern und ihren direkten Untergebenen, soweit sie noch der alten Religion angehörten, das *äußere* Bekenntnis ihres Glaubens durch das Opfer verbot, während die christlichen Beamten gleichen Ranges sich, wie Eusebios hervorhebt, „ihres Christennamens rühmen durften"[7].

Die Gesetzgebung Konstantins bleibt weiterhin christlichem Einfluß geöffnet, wenn auch die vorhandene Gesellschaftsordnung, die von Konstantin grundsätzlich nicht angetastet wird, und die Achtung vor bestehendem römischem Recht diesen Einfluß beschränken[8]. Am deutlichsten wird er wohl im Bereich des Ehe- und Familienlebens spürbar, wie etwa in den Bestimmungen, die die Ehescheidung erschweren, dem Manne das Halten einer Konkubine verbieten oder die festlegen, daß Sklavenfamilien bei einer Erbteilung nicht auseinandergerissen werden dürften[9]. Die christliche Achtung vor dem Menschenleben wirkt sich aus in dem Verbot der Gladiatorenspiele, während die Aufhebung der Kreuzigung als Todesstrafe außerdem Rücksicht nimmt auf das Ansehen des Christentums in der Öffentlichkeit[10]. Einige Verordnungen aus der Zeit vor 324, denen eine christentumsfreundliche

[6] Euseb., Vita Const. 2, 30—41. [7] Ebd. 2, 44.

[8] Vgl. *H. Dörries*, Selbstzeugnis 274.

[9] Cod. Theod. 9, 7, 2; 3, 16, 1; Cod. Just. 5, 26, 1; Cod. Theod. 2, 25, 1.

[10] Cod. Theod. 15, 2, 1; Sozom. HE 1, 8, 13.

Tendenz innewohnt, werden erneut eingeschärft, so z. B. die Konstitution, die einem Konvertiten aus dem Judentum entschieden Rechtsschutz gegenüber etwaigen Belästigungen oder Verfolgungen von seiten seiner früheren Glaubensbrüder gewährt; die Begründung, ein Staat sei zu solchem Schutz verpflichtet, weil der Konvertit sich durch seinen Glaubenswechsel „der heiligen Verehrung zugewandt und sich die Tür zum ewigen Leben" erschlossen habe, spricht klar die von Konstantin empfundene Bindung des obersten Gesetzgebers an die Geltung des christlichen Bekenntnisses auch im öffentlichen Bereich aus[11]. Die gleiche Haltung offenbart sich in der Erläuterung, die der Bestätigung der bischöflichen Gerichtsbarkeit in zivilen Streitsachen beigegeben wird; die „Autorität der heiligen Religion", die dem Urteilsspruch des katholischen Bischofs zugrunde liegt, garantiert dessen Gerechtigkeit und sichert ihn vor jeder Beanstandung[12]. Schließlich verleiht eine generelle Bestimmung allen in den Religionserlassen gewährten Privilegien ihren eigentlichen, zukunftsträchtigen Wert: sie können nur den Bekennern des katholischen Glaubens zugute kommen, nicht aber etwa Häretikern und Schismatikern[13]. Ein Erlaß, der den Novatianern Häuser und Friedhöfe beläßt, die schon seit langem in ihrem Besitz waren[14], steht dazu nicht im Widerspruch; denn er geht gerade von dem Prinzip aus, daß häretische oder schismatische Gemeinschaften normalerweise nicht im Besitz von Eigentum bleiben dürfen, das sie von der katholischen Kirche übernommen haben. Die hier sich ausdrückende positivere Bewertung der Novatianer mag ihren Grund einmal darin haben, daß sie die Entscheidung von Nikaia anerkannten, dann aber auch in der Hoffnung der kirchlichen Umgebung des Kaisers, mit ihnen sei am ehesten eine Aussöhnung möglich. Der Novatianererlaß ist also eine Ausnahmeverordnung und insofern eine Bestätigung des allgemeinen Ediktes gegen die Häretiker[15], das Konstantin wohl bald nach dem Sieg über Licinius publiziert hat; in scharfer Form wurden hier „Novatianer, Valentinianer, Markionisten, Paulianer und Kataphrygier" angegriffen und harten Bestimmungen unterworfen; jede Zusammenkunft, selbst in Privathäusern, wird ihnen untersagt, ihre Gotteshäuser werden beschlagnahmt und der katholischen Kirche übergeben, der sonstige Besitz dem Fiskus zugesprochen. Nur ein Satz enthält die Aufforderung, sich der katholischen Kirche anzuschließen. Eusebios spricht auch von einer Verordnung, die die Konfiskation häretischer Schriften ermöglichte; nach ihm hatte das Edikt in vollem Umfang die gewünschte Wirkung, da „nirgends auf Erden eine Verbindung von Häretikern und Schismatikern übrigblieb"[16]. Gegenüber dieser im Sachlichen wie im Ton übertreibenden

[11] Constit. Sirm. IV, dazu *H. Dörries* a. a. O. 203.
[12] Constit. Sirm. I; *H. Dörries* a. a. O. 197—199. [13] Cod. Theod. 16, 5, 1. [14] Ebd. 16, 5, .
[15] Euseb., Vita Const. 3, 64—65; zum Häretikererlaß als ganzem und zur Frage der Echtheit siehe *H. Dörries* a. a. O. 82—84. [16] Euseb., Vita Const. 3, 66.

Darstellung Eusebios' ist zu beachten, daß Konstantin dem einzelnen Mitglied einer häretischen Gemeinschaft, das bei seiner religiösen Überzeugung bleibt, keine Sanktionen androht, wenn auch seine Sprache den Häretikern gegenüber hart ist, da sie ja in seinen Augen rebellierende Christen sind. Gegen die Häresie als solche glaubt er vorgehen zu müssen, weil sie Friede und Eintracht in der Christenheit stört und damit nicht nur große Gefahren für Ruhe und Ordnung im Reich heraufbeschwört, sondern auch den Weg der Christen zu ihrem Heil gefährdet[17].

Größere Toleranz hat der Kaiser gegenüber den Anhängern des *Heidentums* walten lassen, zumal wenn es sich um bekannte Persönlichkeiten des öffentlichen Lebens handelte, wie etwa die neuplatonischen Philosophen Hermogenes, Nikagoras und Sopatros[18] oder Glieder der traditionsreichen Familien des römischen Senates. Aber aus der abwertenden Einschätzung der heidnischen Religion macht er von 324 ab je länger je weniger kein Hehl. Schon das Schreiben an die Einwohner Palästinas vom Herbst 324 ließ erkennen, daß der Kaiser seinen Sieg zugleich als eine Niederlage des Heidentums ansah[19]; und wenn auch das zweite Edikt an die Ostprovinzen des Reiches[20] die *Toleranz* gegenüber den Anhängern des alten Glaubens als Regierungsprogramm betont und sie sogar „christlich" begründet, so mußte der Gesamttenor des Schreibens nachdenkliche Heiden erkennen lassen, daß die klar ausgesprochenen Sympathien des Kaisers für das Christentum — dessen Anhänger werden als „die Gläubigen" den „Irrenden" gegenübergestellt — der heidnischen Religion keine gute Zukunft verhießen. Den Worten folgten Taten, die auch von den Heiden nicht anders als Zurückdrängung ihrer Religion im öffentlichen Raum interpretiert werden konnten. Hierher gehört einmal die Berufung einer in ihrer Mehrheit christlichen Beamtenschaft, als die durch den Regierungswechsel im Osten frei gewordenen hohen Verwaltungsstellen neu zu besetzen waren, obwohl auf Grund des Bekenntnisstandes eine zum mindesten noch paritätische Besetzung erwartet werden konnte; zudem wird der heidnischen Minderheit unter den Beamten das Opfer in der Öffentlichkeit verboten[21]. Ebenso mußte die Art, in der Konstantin die Vicennalia (325), den 20. Jahrestag seines Regierungsantrittes, im Osten beging, die Heiden alarmieren. Die Feier fand statt inmitten der Bischöfe, die zum Konzil von Nikaia versammelt waren, und der fällige Panegyricus wurde nicht mehr von einem heidnischen Rhetor, sondern von einem katholischen Bischof verfaßt und vorgetragen[22]. Damit rückte der katholische Episkopat allmählich in die Stellung ein, die die heidnische Oberschicht bisher innehatte; die nächste Umgebung des Kaisers

[17] *H. Dörries*, Konstantin und die Häretiker = Wort und Stunde I 113—116.
[18] Vgl. A. *Alföldi*, Conversion 99 105. [19] Euseb., Vita Const. 2, 26—27 42.
[20] Ebd. 2, 48—60, bes. 56. [21] Ebd. 2, 44.
[22] Ebd. 1, 1.

am Hofe bot ein neues Bild, ein unübersehbares Zeichen einer sich wandelnden Welt.

Ein besonderes Gewicht kommt ferner den Maßnahmen Konstantins zu, die auf ein stetes Zurückdrängen des *paganen Kultes* hinzielen. Im Jahre 324 *wünschte* er noch, daß auch die Heiden „in das strahlende Haus der (christlichen) Wahrheit" einziehen möchten, stellt diesem aber schon eindeutig „die Tempel des Truges" gegenüber, die den Heiden belassen werden, wenn sie es so wollen[23]. Bald jedoch setzen Verfügungen ein, durch die *einzelne Tempel* ihre Einkünfte verlieren, ihrer Götterbilder beraubt oder gar völlig beseitigt werden. Es ist hierbei gewiß zu beachten, daß sowohl christliche wie heidnische Schriftsteller übertreibend von diesen Maßnahmen berichten, letztere, um das Verhalten des Kaisers in ihrer Verbitterung zu belasten, die ersteren, allen voran Eusebios, um dem ersten Christen auf dem Kaiserthron die völlige Beseitigung der heidnischen Kulte triumphierend zuzuschreiben[24]. Folgende Fakten sind gesichert: der berühmte und vielbesuchte Tempel des Asklepios im kilikischen Aigai wurde völlig zerstört, ebenso das Aphroditeheiligtum in Aphaka in Phönikien[25], dessen Kult den Christen besonders anstößig scheinen mochte. Erst recht konnte dieses Motiv gelten für die Beseitigung des Aphroditetempels, der an der Grabesstätte Christi errichtet worden war[26]. Auch das phönikische Heliopolis (Baalbek) war lange Zentrum des Aphroditekultes, der nunmehr nach Eusebios durch ein kaiserliches Gesetz verboten wurde, das zugleich den missionarischen Eifer Konstantins erkennen läßt, da es die Bewohner der Stadt ausdrücklich zur Annahme des Christenglaubens auffordert. Er versuchte in die heidnische Gesamtatmosphäre der Stadt einzubrechen durch Errichtung eines Gotteshauses, das mit seinem zahlreichen Klerus Mittelpunkt eines christlichen Gemeindelebens werden sollte[27]. Eusebios weiß ferner von einem besonderen Erlaß des Kaisers, welcher der kultischen Verehrung des Nils, in dessen Dienst ein Eunuchenpriestertum stand, ein Ende machte. Auch die orientalischen Kulte des Mithras und der Kybele sind gerade in den Jahren der Herrschaft Konstantins und seiner Söhne auffallend zurückgegangen[28]. Vor allem aber mußte die Methode, mit der der Kaiser manche heidnischen Heiligtümer des Ostens ausplünderte, um die neue Hauptstadt am Bosporus auszuschmücken, jeden überzeugten Heiden verbittern. Kaiserliche Beamte durchreisten die Provinzen und durchsuchten die Tempel nach geeignetem Material, vor allem nach verwertbarem Edelmetall; an einem Tempel demontierte man die Bronzeportale, an einem anderen ließ man die metallenen

[23] Euseb., Vita Const. 2, 56. [24] Vgl. *A. Alföldi* a. a. O. 107.

[25] Sozom. HE 2, 5, 5; Euseb., Vita Const. 3, 55—56.

[26] Euseb., Vita Const. 3, 26—27. [27] Ebd. 3, 58.

[28] Ebd. 4, 25; vgl. *J. Geffcken*, Der Ausgang des griechisch-römischen Heidentums (Heidelberg [2]1929) 95 mit Anmerkung.

Dachziegel abnehmen. Die Götterstatuen wurden ihres Schmuckes beraubt, was davon verwertbar schien, wurde konfisziert. Besonders kostbare Statuen wurden nach Konstantinopel transportiert und auf den öffentlichen Plätzen der Stadt oder im Kaiserpalast aufgestellt. Man machte dabei sogar vor so traditionsreichen Objekten wie den Dreifüßen der Pythia im Apolloheiligtum in Delphi nicht halt. Eusebios berichtet, daß es dabei nicht ohne Spott und Hohn für die heidnische Priesterschaft abging; ob er allerdings die Intention des Kaisers richtig wiedergibt, wenn er sagt, daß dieser aus den Götzenbildern „ein Spielzeug machte, das dem Gelächter und Spott diente", muß bezweifelt werden[29]. Aber die Abwertung der heidnischen Religion als solcher war unverkennbar, da ihre Götterbilder nun zu Ausstellungsstücken herabsanken und ihr selber damit nur noch museale Bedeutung zuerkannt wurde. Moderne Historiker wollten diese Maßnahmen des Kaisers aus rein finanziellen Notwendigkeiten ableiten oder ihm „kunsthistorische" Interessen zuschreiben. Die bittere Reaktion der Heiden belehrt eines anderen[30].

Das kaiserliche Vorgehen gewinnt an Relief, wenn man es auf dem Hintergrund des Interesses betrachtet, das Konstantin der *Bautätigkeit* auf christlicher Seite widmete. Wie bei den meisten baufreudigen Herrschern manifestiert sich die Vorstellungswelt des Kaisers hier in besonders faßbarer Weise. Eusebios war von diesem Bereich kaiserlicher Fürsorge für die christliche Sache sehr angetan und spricht eingehend davon, soweit sie sich auf den östlichen Teil des Imperiums erstreckte. Konstantins Blick richtete sich schon früh nach *Palästina*, das offensichtlich in seinen religionspolitischen Plänen deshalb eine besondere Rolle spielte, weil es als beliebtes Wallfahrtsziel für Christen aus allen Reichsteilen deren Gemeinschaftsbewußtsein stärken konnte[31]. In Jerusalem wollte er die Grabes- und Auferstehungsstätte Christi auszeichnen, darum ließ er die Grabesgrotte freilegen, neu gestalten und dann eine Basilika errichten, für die er die Mittel durch die Statthalter der östlichen Provinzen aufbringen ließ und für deren Ausstattung er bis ins Detail Sorge trug[32]. Der Ölberg als Ort der Himmelfahrt erhielt ebenfalls eine Basilika[33], die zugleich das Andenken an des Kaisers Mutter Helena festhalten sollte, da sie den Bau besonders gefördert hatte; ihr wird von Eusebios auch maßgebender Anteil an der Errichtung der Geburtskirche in Bethlehem zugeschrieben, zu deren Ausschmückung der Kaiser gleichfalls großzügig beisteuerte[34]. Über seinen Entschluß, bei der Mamreeiche eine

[29] Euseb., Vita Const. 3, 54.
[30] Vgl. etwa Liban., Or. 30, 6; 62, 8; Julian., Or. 7.
[31] Vgl. *W. Telfer*, Constantine's Holy Land Plan: StudPatr I (Berlin 1957) 696—700; *J. Lassus*, L'empereur Constantin, Eusèbe et les Lieux saints: RHR 171 (1967) 135—144.
[32] Euseb., Vita Const. 3, 25—29; Brief des Kaisers an Makarios von Jerusalem ebd. 30 bis 32; Beschreibung der Gesamtlage ebd. 33—40.
[33] *L. H. Vincent*, L'Eléona, sanctuaire primitif de l'Ascension: RB 64 (1957) 48—71.
[34] Euseb., Vita Const. 3, 43.

Basilika zu errichten, informierte der Kaiser den Episkopat Palästinas durch ein eigenes Rundschreiben und forderte ihn auf, zusammen mit den Bischöfen Phönikiens den Bau in jeder Weise zu fördern[35]. Gerade hier fällt auf, wie der Kaiser den Kirchenbau als persönliches Anliegen betrachtete; er spornt zwar die Bischöfe zu intensiver Mitarbeit an, aber da er sich über die Ausführung seiner Anordnungen genauen Bericht erbittet und sich auch im einzelnen vielfach die letzte Entscheidung vorbehält, wird deutlich, daß er sich als der eigentliche Bauherr betrachtet, der auch den leitenden Architekten, die Künstler und Handwerker durch seine Beamten bestellt[36]. Außerhalb Palästinas sind es vor allem die volk- und traditionsreichen Städte Antiochien und Nikomedien, die bisherige Residenz des Ostens, die durch Prachtbasiliken ausgezeichnet werden[37].

Im *Westen* durfte sich die christliche Gemeinde der alten Reichshauptstadt der besonderen Großzügigkeit des Kaisers erfreuen, die ihr eine Fülle neuer grandioser Kirchenbauten schenkte und die Periode christlicher Baukunst in Rom souverän einleitete. Die Reihe der konstantinischen Basiliken wird hier eröffnet durch eine Erlöserkirche mit benachbartem Baptisterium (nach 313), die später den Namen Johannes im Lateran erhalten sollte. Das Grundstück, auf dem sie errichtet wurde, war ein persönliches Geschenk des Kaisers an die römische Christengemeinde[38]. Die erste Martyrergedächtniskirche, ebenfalls von Konstantin gefördert, ist die der heiligen Petrus und Marcellinus, an die das Grabmal für die Kaiserin-Mutter Helena angefügt wurde[39]. Ihr folgte wohl das gewaltige Unternehmen auf dem Vatikanischen Hügel, mit dem trotz aller technischen Schwierigkeiten dem Andenken des Apostels Petrus ein würdiges Grabmal über der Stätte seines Begräbnisses errichtet werden sollte. Wenn sich auch der Baubeginn der ersten Petrusbasilika bisher nicht sicher bestimmen läßt[40], so läßt die überlieferte Inschrift, die einst am Triumphbogen der Kirche angebracht war, doch klar die Initiative Konstantins erkennen[41]. Bescheidener war die Memoria über dem Grabe des Apostels Paulus an der Via Ostiensis, die der Liber Pontificalis ebenfalls Konstantin zuschreibt[42]. Das Andenken der beiden Apostel Petrus und Paulus zusammen ehrte eine eigene Kirche an der Via Appia bei der heutigen Basilika S. Sebastiano, wo schon Jahrzehnte vorher sich Christen einfanden,

[35] Brief ebd. 3, 52 f; Sozom. HE 2, 4, 1—8. [36] *H. Kraft* a. a. O. 121.
[37] Euseb., Vita Const. 3, 50.
[38] LP I 172; Optatus Milev., De schism. donatist. 1, 23.
[39] *C. Cecchelli - E. Persico*, SS. Marcellino e Pietro (Rom 1936); *F. W. Deichmann:* JdI 72 (1957) 44—110.
[40] *J. Toynbee - J. B. Ward Perkins*, Shrine 196 f.
[41] *Diehl*, n. 1752: *Quod duce te mundus surrexit in astra triumphans hanc Constantinus victor tibi condidit aulam.* Auf einen Baubeginn nicht vor 324 weisen die der Kirche zugewiesenen Güter im Osten, über die Konstantin vorher nicht verfügen konnte.
[42] LP I 178.

um ihr Gedächtnis zu begehen[43]. Auch den Bau der großen Doppelkirche in der ehemaligen westlichen Residenz Konstantins und seines Vaters, Trier, wird man mit der Initiative des Kaisers in Verbindung bringen müssen[44].

Man hat allerdings bezweifelt, ob man dieses Mäzenatentum Konstantins gegenüber der christlichen Kirche als charakteristischen Ausdruck seiner persönlichen religiösen Überzeugung werten dürfe[45]. Eine solche Skepsis übersieht jedoch, daß die Zeit Konstantins diese Trennung von innerer Gesinnung und äußerem Verhalten, wie sie einer rationalistischen Zeit möglich ist, gar nicht kennt. Man kommt der historischen Wahrheit sicher näher, wenn man Konstantins Eifer für den christlichen Kirchenbau einer religiösen Konzeption zuschreibt, nämlich seiner Vorstellung von der Kirche, die er durch das mit aller Pracht ausgestattete Gebäude des Gotteshauses symbolhaft aussagen will. Er versteht, wenigstens nach dem Konzil von Nikaia, die Kirche als das Reich Gottes, das durch göttliches Gesetz geordnet ist, und das irdische Kirchengebäude mit seiner architektonischen Gliederung, seiner in den Himmel weisenden Höhe ist ihm Abbild jenes geordneten Reiches, durch das der einzelne Mensch und Christ den Weg zum Heil findet[46]. Der Kaiser will durch die Prachtbasiliken in allen geographischen Räumen des Römischen Imperiums dieses selbst in die von Gott geschaffene Ordnung hineinstellen, das ihm anvertraute Reich soll christlich sein.

Dies wird mit aller Deutlichkeit greifbar in dem größten Unternehmen baulicher Art, das der Kaiser in Angriff nahm und auch zu Ende führen konnte, in der Errichtung der neuen Reichshauptstadt am Bosporus, die seinen Namen tragen sollte. Es ist nicht daran zu zweifeln, daß die neue Kaiserresidenz, zugleich Sitz der Reichsverwaltung, nach dem Willen des Kaisers von Anfang an den Charakter einer christlichen Stadt tragen sollte[47], die also im Gegensatz zum alten Rom frei sein mußte von den prägenden Kräften des Heidentums. Er beließ zwar der früheren Hauptstadt im Westen ihren historischen Rang und wahrt deshalb die Kontinuität, indem er der Neugründung den Namen δευτέρα Ῥώμη, das Zweite Rom, gibt[48]. Er übernimmt vieles von deren Einrichtungen, etwa den Senat, die Einteilung in 14 Stadtbezirke, gewisse Verwaltungsformen, aber das eigentlich Neue liegt im religiösen Bereich, das Imperium erhält ein christliches Zentrum, und dieses wird dadurch von sich aus so etwas wie ein Anti-Rom[49]. Die Tiberstadt darf die alten Traditionen pflegen, die Angehörigen der angesehenen senatorischen Adelsfamilien mögen die heidnischen Kulte noch

[43] Siehe *P. Styger*, Römische Märtyrergrüfte I (Berlin 1935) 26 f.
[44] Siehe zuletzt *K. Th. Kempf:* Germania 42 (1964) 126—141.
[45] Vgl. *H. Schrörs:* ZKTh 40 (1916) 517 Anm. 2.
[46] Siehe *H. Kraft* a. a. O. 118 f, der hinweist auf Ad coetum sanctorum 5.
[47] Euseb., Vita Const. 3, 48: „Er wollte seine Stadt dem Gott der Martyrer weihen."
[48] *J. Vogt*, Constantin 215 f; Sozom. HE 2, 3, 5: Νέα Ῥώμη; ‚altera Roma' zuerst bei Optat. Porphyr. carm. 4, 6. [49] Vgl. *A. Alföldi*, Conversion 111.

lange schätzen, das Interesse des Kaisers gilt nicht mehr dieser Stadt schlechthin, die er nur noch selten besucht. Die ersten Münzen mit der Tyche, der Personifikation der neuen Stadt, zeigen den Globus in ihrer Hand auf dem Kreuz Christi[50]. Kein heidnischer Tempelneubau ist in der Planung der neuen Stadt vorgesehen, die heidnischen Priester an den im vorkonstantinischen Byzantion existierenden Kultstätten verlieren ihre Einkünfte, dagegen gehören christliche Gotteshäuser zu Ehren der Martyrer und mehrere Basiliken von Anfang an zum Bauplan des Kaisers, so eine Christuskirche, der Sophia geweiht, eine Friedenskirche (Eirene) und vor allem die Apostelkirche, die ideelle Entsprechung zu den stadtrömischen Apostelbasiliken, die auch dazu ausersehen war, einmal den Leichnam des Kaisers inmitten von Grabdenkmälern zu Ehren der 12 Apostel, wohl in einem Nebenraum, aufzunehmen[51]. An Eusebios gab er den Auftrag, für diese und weitere Kirchen fünfzig kostbare Bibelhandschriften für den liturgischen Gebrauch anfertigen zu lassen[52]. Monumente mit christlichen Darstellungen wie der des Guten Hirten oder Daniels schmückten die öffentlichen Plätze der Stadt, das Zeichen des Kreuzes fand sich inmitten der Deckentäfelung des kaiserlichen Palastes[53]. Als die Stadt nach intensiver Bautätigkeit vier Jahre nach der Gründung am 11. Mai 330 feierlich eingeweiht wurde, fehlte in ihr ein kapitolinischer Tempel, fehlte der Vestakult und jedes heidnische Priesterkollegium[54].

Man hat die bisher geschilderte prochristliche Religionspolitik des Kaisers in ihrer Aussagekraft für eine positive persönliche Haltung zu dieser Religion zu entwerten versucht durch Hinweise auf Einzelzüge im Charakterbild des Kaisers, die eher eine heidnische als christliche Gesinnung voraussetzen. Hier führt man gern sein grausames Verhalten gegenüber seinem Sohn Crispus und seiner Gemahlin Fausta an, die Konstantin im Jahre 326 überraschend hinrichten ließ. Die Quellen[55], die keine lückenlose Rekonstruktion der Ereignisse gestatten, scheinen sagen zu wollen, dem Kaiser sei hinterbracht worden, zwischen Crispus und seiner Stiefmutter sei es zu unerlaubten Beziehungen gekommen. Der in diesem Belang persönlich intakte und streng urteilende Kaiser hat darauf mit äußerster Empörung reagiert und sicher nicht in christlicher Milde die Ehre seines Familienlebens wiederherzustellen gesucht. Aber beweist dieses Verhalten heidnische Überzeugungen des Kaisers? Andere wiederum haben im Anschluß an heidnische Schriftsteller gefunden, gerade diese Untat habe Konstantin in seinem

[50] *H. v. Schoenebeck* 41 und 61 f; *A. Alföldi,* Conversion 110.

[51] Euseb., Vita Const. 3, 48, vgl. *R. Krautheimer,* Zu Konstantins Apostelkirche in Konstantinopel: Mullus, Festschr. Th. Klauser (Münster 1964) 224—229.

[52] Euseb., Vita Const. 4, 36, dazu *C. Wendel:* Zentralbl. f. Bibl. 56 (1939) 165—175.

[53] Ebd. 3, 49. [54] *J. Vogt:* RAC 353.

[55] Vor allem Zosimus, Hist. nova 2, 29.

Sühnebedürfnis erst in die Arme des Christentums getrieben[56]. Dem steht jedoch das Faktum entgegen, daß der Kaiser die sühnende Taufe bis auf das Sterbebett hinausgeschoben hat. Des weiteren weist man darauf hin, Konstantin habe sich nie vom heidnischen Herrscherkult lösen können und sei deshalb kein überzeugter Christ gewesen. Bei genauerer Prüfung ergibt sich jedoch, daß gerade dieser Kaiser die Verchristlichung des Herrscherkultes einleitet. Sicher war die Bedeutung, die diese Form der Herrscherehrung im Lauf der Zeit gewonnen hatte, enorm; sie war eben nicht nur Bestandteil des Hofzeremoniells, sondern Ausdruck des Kaiserverständnisses an sich geworden[57]. Für das Christentum war jene Komponente des Kaiserkultes von vornherein unannehmbar, die im Kaiser einen menschgewordenen Gott sah und ihm deshalb göttliche Ehren zukommen ließ. Aber eine zweite Komponente des Kultes ließ sich „taufen", jene, die im Kaiser einen von Gott Auserwählten und besonders Geführten erkannte. Gerade diese Vorstellung haben Konstantin und Bischöfe wie Eusebios aufgegriffen und damit die Sonderstellung des Kaisers in der Welt und gegenüber der Kirche begründet. In dieser Sicht konnte das bisher übliche Hofzeremoniell weitgehend beibehalten werden, wie etwa die *adoratio*, der Kniefall, den dann das ganze abendländische Kaiser- und Königtum und auch das Papsttum von hier übernahmen. Andere Formen der Herrscherverehrung wurden umgebildet; so wurde der Name *invictus*, der den Kaiser mit dem Sonnengott gleichsetzte, durch das bescheidenere *victor* ersetzt. Die Bezeichnung *divus* lehnte Konstantin für sich ab, auf den Münzbildern ließ er die Strahlenkrone um sein Haupt durch den neutraleren Nimbus verdrängen[58]. Entscheidend bleibt, daß Konstantin das heidnische Opfer als ausgesprochenen Akt der Huldigung vor einem Gott für sich abgelehnt hat. Als das umbrische Städtchen Hispellum den Antrag stellte, dem Kaiser und der gens Flavia einen Tempel errichten zu dürfen, wurde dies wie üblich genehmigt, aber mit dem ausdrücklichen Verbot, darin heidnisch-kultische Riten vorzunehmen[59], m. a. W., der Tempel für Konstantin und sein Geschlecht erhielt den Charakter eines bloßen Denkmals.

Ohne Zweifel hatte Konstantin ein Interesse daran, seine persönliche Stellung innerhalb der kirchlichen Gemeinschaft besonders hervorgehoben zu sehen. Deshalb war er völlig damit einverstanden, wenn ihn christliche Schriftsteller der Zeit mit Abraham oder Moses verglichen und ihn als Stellvertreter Gottes auf Erden ansprachen, dessen Palast auf Erden Abbild des himmlischen Thronsaales sei[60]. Er selbst sagte einmal, er fühle sich als

[56] Julian, Caesares (336 *Hertlein*).

[57] Dazu vgl. vor allem *O. Treitinger*, Die oströmische Kaiser- und Reichsidee (Darmstadt ²1956).

[58] Siehe *A. Alföldi:* RM 50 (1935) 144 f; *H. Dörries*, Selbstzeugnis 281—285.

[59] Das Hispellum-Edikt: CIL XI 2 n. 5265, dazu *H. Dörries*, Selbstzeugnis 209—211.

[60] Euseb., Vita Const. 1, 12 38.

ἐπίσκοπος τῶν ἐκτός[61], als ein von Gott eingesetzter Bischof, der die Menschen seines Reiches auch religiös zu betreuen habe, ausgenommen im Bereich der sakramentalen Führung durch das Priestertum der Kirche.

Taufe und Tod Konstantins

Schließlich wollte man noch in der Tatsache, daß Konstantin den Empfang der Taufe so lange hinausschob, bis er sein Ende sicher herannahen fühlte, ein Fortleben seiner heidnischen Überzeugungen sehen. Dem ist aber entgegenzuhalten, daß der Kaiser tagtäglich in seiner Umgebung oder auch auf seinen Reisen Menschen von unzweifelhaft christlicher Gesinnung sah, die aber ebenfalls den Taufakt immer wieder hinausschoben, obwohl die Kirche eine solche Praxis selber mißbilligte[62]. Sie wurde zum Teil durch die christliche Verkündigung über die Taufe selbst gefördert; man pries auf der einen Seite die Erhabenheit der Taufe, den hohen Wert der Taufgnade, man schilderte die Schwere ihres erneuten Verlustes durch die Sünde so ernst, daß mancher Christ sich nicht durch allzu frühen Taufempfang in eine Gefährdung begeben wollte. Daß solche Erwägungen bei einem Temperament wie dem Konstantins ihr Gewicht haben konnten, wird man nicht bestreiten können. Aber Konstantin hat es immer wieder ausgesprochen, daß er sich durchaus als zur Kirche gehörig empfand[63]. Vielleicht muß man sogar sagen, der Kaiser lebte zeitweise in der Vorstellung, seine unmittelbare Berufung zum Alleinherrscher durch den Gott der Christen habe ein so unmittelbares Naheverhältnis zu ihm geschaffen, daß er sich an den Taufakt nicht gebunden fühlte[64].

Betrachtet man endlich die Art, wie dieser Kaiser sich zum Sterben rüstete[65], kann man auch hier eine eindeutig christliche Glaubenshaltung erkennen. Der Gedanke an seinen Tod hat ihn früh beschäftigt, da er schon beim Bau der Apostelkirche, wie erwähnt, sein Grab mit vorbereiten ließ: in einem mit der Kirche verbundenen Mausoleum, zwischen zwei Reihen von je sechs Grabstelen, die dem Andenken der 12 Apostel galten, sollte sein Sarkophag stehen, um an den Gebeten teilzuhaben, die hier zu Ehren der Apostel verrichtet würden. Das Osterfest des Jahres 337 scheint der

[61] Euseb., Vita Const. 4, 24, dazu *J. Straub:* StudPatr I (TU 63, Berlin 1957) 678—695 u. *S. Calderone,* Costantino e il Cattolicesimo (Florenz 1962) XI—XLV.

[62] Vgl. vor allem *F. J. Dölger,* Die Taufe Konstantins, a. a. O. 429—437. Basileios und sein Bruder Gregor, Gregor von Nazianz, Hieronymus, Ambrosius, Söhne betont christlicher Familien, ließen sich erst als Erwachsene taufen, ebenso Kaiser Konstantius, dessen christliche Überzeugung gewiß nicht angezweifelt werden kann. Ausgerechnet Basileios (Hom. 13, 5) und Gregor Naz. (Or. 40, 11) drängen später auf früheren Taufempfang.

[63] Man vgl. etwa Euseb., Vita Const. 1, 32, 3—4, 17; 4, 29; 13, 17, 2 nennt er sich συνθεράπων der Christen; schließlich seine Rede *Ad coetum sanctorum* (GCS Euseb. 1).

[64] Vgl. *J. Vogt:* RAC 359 f. [65] Dazu Euseb., Vita Const. 4, 60—71.

Kaiser noch ohne Beschwerden begangen zu haben. Einige Wochen danach erkrankte er und suchte zunächst Heilung in den Bädern des Ostens. Als er den Ernst der Erkrankung erkannte, ließ er einige Bischöfe nach der Stadt Nikomedien kommen und bat sie um die Taufe, die er nach den Worten Eusebios' in der Gesinnung der alten Christen empfing; denn er trug nach ihrem Empfang nur noch weiße Kleider, „da er keinen Purpur mehr berühren wollte“ [66]. Auch seine seelische Haltung war die eines wirklich Gläubigen; die letzten Worte, die Eusebios von ihm überliefert, sind kurz nach Empfang der Taufe gesprochen: „Jetzt weiß ich mich wahrhaft glücklich; jetzt weiß ich, daß ich des unsterblichen Lebens wert, des göttlichen Lebens teilhaftig geworden bin.“ [67] Nachdem er das Reich seinen Söhnen übertragen und von den hohen Beamten und Truppenkommandanten Abschied genommen hatte, starb er am Pfingsttage des Jahres 337, am 22. Mai. Der Leichnam wurde nach „seiner Stadt“ gebracht, zunächst im Kaiserpalast aufgebahrt und später im Beisein des zweiten Sohnes Konstantius nach der Feier der Liturgie wie vorgesehen beigesetzt [68].

Mit der Anerkennung des Christentums als seiner und des römischen Reiches Religion hatte Konstantin eine Tat von weltgeschichtlicher Konsequenz vollbracht. Im Osten wie im Westen lebte sein Andenken weiter, und bald ward sein Bild wie bei vielen Großen der Geschichte von der Legende erfaßt und verklärt. Im Guten wie im Fragwürdigen seines Werkes aber wirkte dieser Herrscher tiefreichend fort durch die Jahrhunderte, in denen es christliches Kaisertum gab. Jedesmal, wenn in Byzanz ein neuer Kaiser den Thron bestieg, wurde er fortan von den Großen des Reiches als Νέος Κωνσταντῖνος begrüßt [69]. Da nur sehr wenige seiner byzantinischen Nachfolger an die herrscherliche und menschliche Größe dieses Vorbildes heranreichten, hat deren Berufung auf ihren Vorgänger der Kirche von Byzanz oft mehr geschadet als genützt. Sie hat ihn auch als den „Apostelgleichen“ in ihren Heiligenkalender aufgenommen und dadurch in späteren Auseinandersetzungen mit dem Kaisertum ihre eigene Stellung von vornherein geschwächt. Im lateinischen Westen hat man zwar Konstantins Andenken ebenfalls oft und zuweilen skrupellos in kirchenpolitischen Argumentationen beschworen [70], aber ein merkwürdig sicherer Instinkt hat die römische Kirche davor bewahrt, ihn in die Schar der Heiligen einzureihen. Damit erwies sie sich und der wahren Bedeutung des ersten christlichen Kaisers den größeren Dienst.

[66] Euseb., Vita Const. 4, 62. [67] Ebd. 4, 63.

[68] Ebd. 4, 67; zu Konstantins Bestattung zuletzt *H. Dörries*, Selbstzeugnis 413—424.

[69] Vgl. *O. Treitinger* a. a. O. 130 f.

[70] Siehe *E. Ewig*, Das Bild Constantins d. Gr. in den ersten Jahrhunderten des abendländischen Mittelalters: HJ 75 (1956) 1—46; *W. Kaegi*, Vom Nachleben Constantins: Schweiz. Zschr. f. Gesch. 8 (1958) 289—326; *H. Wolfram:* MIÖG 68 (1960) 226—243.

2. *Kapitel*

Anfänge und Verlauf des Arianischen Streites bis zum Tode Konstantins (337)

QUELLEN: Außer den Werken der Kirchenhistoriker Eusebios, Philostorgios, Sokrates, Sozomenos und Theodoret: *G. H. Opitz,* Urkunden zur Geschichte des arianischen Streites (318—328) = Athanasius, Werke III 1 (Berlin 1934). Die erhaltenen Fragmente aus den Schriften des Arius bei *G. Bardy,* Recherches sur Lucien d'Antioche et son école (Paris 1936) 216—278. Die weiteren Schriften des Athanasios in der Berliner Ausgabe, fortgesetzt von *W. Schneemelcher* und *M. Tetz,* sonst noch PG 25—28. Dazu wichtig *F. L. Cross,* The Study of St. Athanasius (Oxford 1945); *G. Müller,* Lexicon Athanasianum (Berlin 1944/52); weitere Lit. bei *Altaner-Stuiber* ([7]1966) 271—279. Glaubenssymbol und Canones von Nikaia: DThC 11, 399—416; *J. Alberigo,* Conciliorum Oecumenicorum Decreta (Freiburg - Rom 1962) 1—15; neue kritische Ausgabe von *G. L. Dossetti,* Il simbolo di Nicea e Costantinopoli (Rom 1967). — Zum Text des Symbols: *I. Órtiz de Urbina,* El símbolo niceno (Madrid 1947); *J. N. D. Kelly,* Early Christian Creeds (London [2]1960) 205—262. — Zu den Listen der Konzilsteilnehmer: *E. Schwartz,* Über die Bischofslisten der Synoden von Chalkedon, Nikaia und Konstantinopel (München 1937); *E. Honigmann:* Byz(B) 11 (1936) 429—449, 14 (1939) 65—76, 16 (1942/43) 22—28, 20 (1950) 63—71.

LITERATUR: *I. Órtiz de Urbina,* La politica de Costantino nella controversia ariana: Studi bizantini e neoellenici V (Rom 1939) 284—298; *G. Bardy,* L'Occident et les documents de la controverse arienne: RSR 20 (1940) 28—63; *J. de Ghellinck,* En marge des controverses ariennes: Misc. hist. A. De Meyer I (Louvain 1946) 159—180; *W. Schneemelcher,* Zur Chronologie des arianischen Streites: ThLZ 79 (1954) 393—400; *V. C. de Clercq,* Ossius of Cordoba (Washington 1954); *E. Boularand,* Les débuts d'Arius: BLE 65 (1964) 175—203.

Zum Konzil von Nikaia: *M. Goemans,* Het algemeen Concilie in de vierde eeuw (Nijmegen 1945); Le Concile et les Conciles (Paris 1960, dt. Stuttgart 1962) mit den Aufsätzen von *H. Marot, P.-Th. Camelot, Y. M.-J. Congar; I. Órtiz de Urbina,* Nicée et Constantinople (Paris 1963, dt. Mainz 1964). — Zu Athanasios: *G. Bardy,* S. Athanase (Paris 1925); *E. Schwartz,* Zur Geschichte des Athanasius = Ges. Schr. III (Berlin 1959); *ders.,* Zur Kirchengeschichte des 4. Jahrhunderts = Ges. Schr. IV (Berlin 1960) 1—110; *D. Ritschl,* Athanasius, Versuch einer Interpretation (Zürich 1964).

Zur theologischen Frage: *W. Elliger,* Bemerkungen zur Theologie des Arius: ThStK 103 (1931) 224—251; *H. Berkhof,* Die Theologie des Eusebius von Caesarea (Amsterdam 1939); *W. Schneemelcher,* Athanasius von Al. als Theologe und Kirchenpolitiker: ZNW 43 (1950) 242—256; *H. Kraft,* Ὁμοούσιος: ZKG 66 (1954) 1—24; *G. Kretschmar,* Studien zur frühchristlichen Trinitätstheologie (Tübingen 1956); *C. Andresen,* Zur Entstehung des trinitarischen Personbegriffes: ZNW 52 (1961) 1—39; *W. Marcus,* Der Subordinationismus als historiologisches Problem (München 1963); *P. Gerlitz,* Außerchristliche Einflüsse auf die Entwicklung des christlichen Trinitätsdogmas, zugleich ein religions- und dogmengeschichtlicher Versuch zur Erklärung der Herkunft des Homousios (Leiden 1963); *H. Vogel,* Das nikänische Glaubensbekenntnis. Eine Doxologie (Berlin 1963); *A. Weber,* Ἀρχή. Ein Beitrag zur Christologie des Eusebios von Cäsarea (Rom 1964); *A. Grillmeier,* Christ in Christian Tradition. From the Apostolic Age to Chalcedon (451) (London 1965), erweiterte Neufassung von: Die theologische und sprachliche Vorbereitung der christologischen Formel von Chalkedon = Chalkedon I (Würzburg 1951) 5—202; *E. Boularand,* L'hérésie d'Arius et la „foi" de Nicée (Paris 1972).

Schon bald nach seinem Einzug in die östliche Hauptstadt Nikomedien mußte Konstantin erfahren, daß auch die christliche Gemeinschaft des Ostens, ähnlich wie die Kirche Nordafrikas, durch einen Konflikt gespalten war, der bereits bedrohliche Ausmaße angenommen hatte. Eusebios kennzeichnet ihn als „ein mächtiges Feuer", das seinen Ursprung in der alexandrinischen Christengemeinde hatte, sich von dort über ganz Ägypten, das benachbarte Libyen und weitere Provinzen des Ostens ausgebreitet und sowohl Bischöfe wie gläubiges Volk in zwei Lager getrennt hatte, die sich so heftig befehdeten, daß der christliche Bruderstreit bereits zum Gegenstand des Witzes bei heidnischen Theateraufführungen geworden war[1]. Das setzt voraus, daß die Auseinandersetzung im Herbst 324 schon eine gewisse Geschichte hatte und somit ihre Anfänge noch in die Jahre vor Beginn der christenfeindlichen Maßnahmen des Licinius zu verlegen sind[2].

Der Mann, unter dessen Namen der Streit in die Kirchengeschichte eingegangen ist, der Presbyter *Arius*, war Seelsorger an der katholischen Kirche im alexandrinischen Stadtteil Baukalis, stammte aber aus Libyen[3] und hatte auch seine theologische Ausbildung nicht an der alexandrinischen Schule erhalten, sondern allem Anschein nach im syrischen Antiochien, da er sich selbst zu den Schülern des antiochenischen Presbyters Lukian rechnete, des Begründers der dortigen Theologenschule. Diese empfanden die einstige Zugehörigkeit zu dieser Schule offensichtlich als Auszeichnung und wußten sich durch sie auch im späteren Leben in Freundschaft verbunden, wenn sie sich nicht ohne Stolz als „Syllukianisten" zu ihrem ehemaligen Lehrer bekannten[4]. Auch dem Arius nicht wohlgesinnte Quellen schreiben ihm gewinnende Umgangsformen, streng asketische Lebensführung, eine hohe Allgemeinbildung und eine besondere Begabung für „Dialektik" zu[5]. Seit 318/319 trug er in seinen Predigten und Katechesen eine Auffassung über den Logos und sein Verhältnis zum Vater vor, für die er innerhalb seiner Gemeinde, bei einem Teil des Klerus und vor allem bei den gottgeweihten Jungfrauen beachtlichen Anhang fand, während andere sie entschieden ablehnten[6]. Als sein Bischof Alexander von der Sondermeinung seines Presbyters erfuhr, hat er sie zunächst noch nicht für alarmierend angesehen, sondern geglaubt, man solle sie einmal in einem theologischen Gespräch diskutieren, in dem beide Seiten ihre Auffassung vortragen und begründen könnten[7]. Und so legte Arius in Gegenwart seines Bischofs dar, daß nach seiner

[1] Euseb., Vita Const. 2, 61.
[2] Vgl. zuletzt *W. Schneemelcher*, Chronologie gegen *E. Schwartz*, Ges. Schr. III 156—168.
[3] Epiph. Panar. 68, 4; 69, 3; 71, 1.
[4] Arius, Brief an Eusebios von Nikomedien: *G. H. Opitz*, Urkunden n. 1, 5.
[5] Epiph. l. c. 69, 3; Sozom. HE 1, 15, 3 (διαλεκτικώτατος).
[6] Epiph. 69, 3. [7] Sozom. HE 1, 15, 4.

Meinung „der Sohn Gottes aus dem Nichtseienden geschaffen sei, daß es eine Zeit gab, da er nicht existierte, daß er nach seinem Willen aufnahmefähig sei für das Böse wie für die Tugend und daß er ein Geschöpf und ein Geschaffenes sei", während die Gegenseite die Wesensgleichheit und Gleichewigkeit des Sohnes mit dem Vater betonte[8]. Alexander, der beide Seiten wegen ihres theologischen Eifers lobte, schloß sich der zuletzt genannten Meinung an und gebot dem Arius, nunmehr seine bisherige Auffassung aufzugeben.

Da Arius dies entschieden ablehnte und Bischof Alexander befürchten mußte, daß der Friede der alexandrinischen Kirche ernstlich bedroht sei, weil Arius auf eine gewisse Anhängerschaft im Klerus zählen durfte, schloß er ihn und seine klerikale Gefolgschaft aus der Kirche aus[9]. Wenn Alexander glaubte, Arius wäre mit dieser Maßnahme mit seinem Anhang zum Dasein einer bedeutungslosen Sektierergemeinde verurteilt, täuschte er sich. Der Urheber der Diskussion dachte nicht daran, den Ausschluß anzuerkennen und die Kirche zu verlassen, sondern wollte innerhalb der Kirche seiner Auffassung zum Siege verhelfen. Er durfte sich für ein solches Unternehmen Erfolg versprechen, weil er wußte, daß auch außerhalb Ägyptens in dieser theologischen Frage keine einheitliche Meinung herrschte und ein beachtlicher Teil des Episkopates mit seinen Thesen sympathisierte. Als er daher in einem Brief an den einflußreichen Bischof der Reichshauptstadt, Eusebios von Nikomedien, einen „Syllukianisten", Kunde von der bisherigen Auseinandersetzung in Alexandrien gab[10], tat er den entscheidenden Schritt, der dem Streit seine lokale Begrenzung nahm und ihm eine gesamtkirchliche Auswirkung sichern mußte. Diese Kontaktnahme des Arius mit dem auswärtigen Episkopat veranlaßte nun Alexander zu entschiedenerem Vorgehen. Er berief, vielleicht noch 319, eine ägyptische Gesamtsynode, zu der rund hundert Bischöfe erschienen. Das Ergebnis ihrer Beratungen teilte er in einem Rundschreiben[11] allen Bischöfen der katholischen Kirche mit: Arius und seine Anhänger im ägyptischen und libyschen Klerus wurden wegen ihrer „christusbekämpfenden Irrlehre"[12] aus der Kirche ausgeschlossen; es waren sechs Presbyter, ebenso viele Diakone, außerdem die Bischöfe Secun-

[8] Ebd. 1, 15, 3: τὸν υἱὸν τοῦ θεοῦ ἐξ οὐκ ὄντων γεγενῆσθαι, καὶ εἶναί ποτε ὅτε οὐκ ἦν, καὶ αὐτεξιουσιότητι κακίας καὶ ἀρετῆς δεκτικὸν ὑπάρχειν καὶ κτίσμα καὶ ποίημα. 1, 15, 5: οἱ δὲ ὡς ὁμοούσιος καὶ συναΐδιός ἐστιν ὁ υἱὸς τῷ πατρί.
Arius berief sich für seine Auffassung auf die Tradition der alexandrinischen Kirche, vgl. *E. Boularand*, Denys d'Alexandrie et Arius: BLE 67 (1966) 161—169.

[9] Sozom. HE 1, 15, 5—7.

[10] *G. H. Opitz*, Urkunden n. 1; hier nennt er schon — außer dem Adressaten — als Gesinnungsgenossen die Bischöfe von Kaisareia in Palästina, Lydda, Tyros, Berytos, Laodikeia und Anazarbos, während drei — die von Antiochien, Jerusalem und Tripolis — ihn ablehnen und daher von ihm als „Häretiker" bezeichnet werden.

[11] *G. H. Opitz*, Urkunden n. 4b. [12] Ebd.: χριστομάχος αἵρεσις.

dus und Theonas, beides Landsleute des Arius aus Libyen, zu denen später noch zwei Presbyter und vier Diakone kamen[13]. Der Rundbrief bietet eine knappe Darlegung der arianischen Thesen und eine etwas ausführlichere Widerlegung, er enthält ferner eine scharfe persönliche Spitze gegen Eusebios von Nikomedien, die verrät, daß Alexander wußte, wer in der nun unvermeidlich gewordenen Ausweitung des Kampfes auf der Gegenseite eine führende Rolle spielen würde. Eusebios hatte zwar nicht ohne Besorgnis auf das Schreiben des Arius diesem geantwortet: „Du denkst zwar richtig, aber bete, daß alle so denken“[14], begab sich aber sofort mit Energie ans Werk und wurde zum eifrigen Werber für die Ideen des alexandrinischen Presbyters[15]. Dieser hatte inzwischen Ägypten verlassen und traf — nach einem Zwischenaufenthalt bei Eusebios von Kaisareia, der sich ebenfalls brieflich für ihn verwandte[16] — schließlich in Nikomedien ein, das nun zu einem Zentrum arianischer Propaganda wurde, die der geschmeidige Eusebios mit Geschick steuerte. Wohl noch 320 erließ eine von ihm berufene bithynische Synode ein Rundschreiben an alle Bischöfe, das die Wiederherstellung der kirchlichen Gemeinschaft mit den Verurteilten verlangte, da sie rechtgläubig seien; auch bei Alexander sollte man auf ihre Wiederaufnahme hinarbeiten[17]. Arius verfaßte ein Glaubensbekenntnis, das in seinem und seiner mitausgeschlossenen Freunde Namen beteuerte, ihr Glaube sei der, den sie Alexander inmitten der Kirche von Alexandrien hätten verkünden hören; danach sei nur der Vater ewig, er allein ohne Anfang, der Sohn aber sei Gottes vollkommenes Geschöpf, besitze nicht zugleich mit dem Vater das Sein, da der Vater vor dem Sohn existiere[18]. Hier schrieb er wohl auch sein Werk, das den Titel „Thalia“ (= Gastmahl) trug, eine Mischung aus Prosa und Versen, worin er in populärer Form für seine Ideen warb[19].

Von vielen Seiten wurde Alexander nun bedrängt, eine Revision des Urteils über Arius zu veranlassen[20], aber er glaubte sich je länger je mehr verpflichtet, vor ihm und seiner Lehre warnen zu sollen. In einem umfangreichen Schreiben an Bischof Alexander von Thessaloniki[21], das aber als Zirkular an weitere Bischöfe gedacht war, werden Arius und der Presbyter Achilleus als die eigentlichen Unruhestifter bezeichnet, die unter Mißachtung aller apostolischen Überlieferung nach jüdischem Vorbild den Kampf gegen Christus führten und seine Gottheit leugneten. Eine in einem syrischen Bruchstück überlieferte Enzyklika Alexanders an alle Bischöfe des Ostens fand die Zustimmung von rund 200 Bischöfen, nicht nur der ägyp-

[13] Ebd. n. 4a. [14] *G. H. Opitz,* Urkunden n. 2.
[15] Beispiel eines Werbebriefes an Paulin von Tyros: *G. H. Opitz,* Urkunden n. 7.
[16] *G. H. Opitz,* Urkunden nn. 3 und 7; der 2. Brief, an Alexander gerichtet, behauptet, Arius sei mißverstanden worden. [17] Sozom. HE 1, 15, 10.
[18] *G. H. Opitz,* Urkunden n. 6.
[19] Vgl. die erhaltenen Fragmente bei *G. Bardy,* Lucien ... 246—274.
[20] *G. H. Opitz,* Urkunden nn. 11 und 12. [21] Ebd. n. 14.

tischen, sondern auch der aus Palästina, Kleinasien, Griechenland und vom Balkan[22]. Ebenso wurde Papst Silvester in Rom über die Vorfälle in Alexandrien und über die Exkommunikation der alexandrinischen Kleriker informiert[23], Beispiele einer viel reicheren Korrespondenz in dieser Frage, da Epiphanios eine Sammlung von etwa 70 einschlägigen Briefen Alexanders kannte[24].

Infolge der schon bald mit aller Heftigkeit geführten literarischen Fehde, in der man sich gegenseitig Verzerrung von Lehre und Standpunkt des anderen vorwarf und massive Verdächtigungen persönlicher Art gegeneinander vorbrachte, hatten sich die Fronten schon früh bis zur offensichtlichen Unversöhnlichkeit verhärtet. In diesem Stadium wurde Kaiser Konstantin die Spaltung in der östlichen Christenheit bekannt, doch wohl durch die Bischöfe des Ostens, und es hat allen Anschein, daß man den Kaiser in einer gewissen Verlegenheit zunächst nicht über den ganzen Ernst und auch nicht über die theologische Tragweite des Streites unterrichtete. Denn anders wird die erste Stellungnahme Konstantins kaum begreiflich, die noch in einem Schreiben an Alexander und Arius vorliegt[25], das er durch seinen bischöflichen Berater aus dem Westen, Ossius von Córdova, nach Alexandrien überbringen ließ. Hier wird die Ursache der Auseinandersetzung in einer völlig unnötigen Diskussion über einen belanglosen Punkt der Auslegung einer Bibelstelle (Spr 8, 22) gesehen, über die man zwar privat verschiedener Meinung sein könne, die man aber nicht unbesonnen in die Öffentlichkeit tragen sollte. Es wird auf das Beispiel der Philosophen verwiesen, bei denen öfters in einer Einzelfrage des von ihnen vertretenen Lehrsystems Uneinigkeit herrsche, ohne daß diese zur Spaltung seiner Anhänger führe. Daher werden die beiden Gegner aufgefordert, sich zu versöhnen, Frieden und Einigkeit in der Kirche wiederherzustellen, damit auch die allgemeine Eintracht im Reich, sein politisches Endziel, gesichert werde. Der Vergleich der Kirche mit einer Philosophenschule und die Wertung des Kernpunktes der Diskussion als unbedeutende Detailfrage[26] lassen einmal erkennen, wie wenig tief der Kaiser damals erst in das Wesen der Kirche und das Verständnis der Gestalt Christi eingedrungen war, zum anderen, wie sehr er die Situation verkannte, wenn er glaubte, sie könne noch mit einer Aufforderung an die beiden frühen Wortführer, sich zu versöhnen, bereinigt werden. In Wirklichkeit hatte erneut eine schon länger anstehende Auseinandersetzung um eine fundamentale Frage der christlichen Theologie begonnen, von deren Lösung es abhing, ob das Christentum seinen tiefsten religiösen Reichtum

[22] Ebd. n. 15. [23] Ebd. n. 16. [24] Panar. 69, 4. [25] *G. H. Opitz,* Urkunden n. 17.
[26] Wegen dieser enormen Fehldeutung der Gesamtsituation wollte *P. Batiffol,* La paix constantinienne (Paris [4]1929) 309 f die Echtheit des Schreibens nicht anerkennen, jedoch zu Unrecht; die ersten Angaben Eusebios' von Kaisareia über den Inhalt des Streites in der Vita Const. sind ähnlich vage.

verlieren oder behalten, ob es Offenbarungsreligion bleiben würde oder nicht.

Schon ein halbes Jahrhundert vor Arius war die Frage des Verhältnisses von Vater und Sohn von der damaligen griechischen und lateinischen Theologie diskutiert worden[27], auch damals waren an ihr in auffallender Parallele Vertreter der alexandrinischen Schule und ein Antiochener, wenn auch nicht in direktem Gespräch miteinander, führend beteiligt. Schon damals spielten *theologische Termini* und *Formulierungen*, die für die Diskussion im arianischen Streit charakteristisch sind, eine besondere Rolle. In Antiochien hatte der dortige Bischof, *Paulus von Samosata*, nach 260 verkündet, daß der biblische Ausdruck „Sohn Gottes" nur den von der Jungfrau Maria geborenen Menschen Jesus bezeichne, in dem der Logos Wohnung genommen habe; um aber die Einheit Gottes zu wahren, hat Paulus dem Logos oder der göttlichen Sophia keine eigene Hypostase zuerkannt, sondern ihn in Gott bestehen lassen „wie die menschliche Vernunft im Menschenherzen"[28]. Ihm war also die Einheit Gottes höchstes Prinzip, und darum ist er als Vertreter eines betonten Monarchianismus anzusprechen; für den Menschen Jesus ließ er jedoch die Bezeichnung Gott zu, weil in ihm die göttliche Weisheit in besonderer Weise wirksam sei, etwa wie die Propheten und Heiligen des göttlichen Beistandes teilhaftig wurden[29]. Auf der zweiten antiochenischen Synode (um 268) spielte der Ausdruck ὁμοούσιος in der Diskussion eine Rolle, man tadelte seine mißbräuchliche Verwendung durch Paul, ohne ihn aber damit grundsätzlich für die trinitarische Spekulation verwerfen zu wollen[30]. Denn kurz zuvor war Bischof Dionys von Alexandrien von dem römischen Bischof gleichen Namens (259—268) wegen allzu großer Zurückhaltung gegenüber dieser Terminologie getadelt worden und hatte in einer Rechtfertigungsschrift zugeben müssen, daß der Ausdruck, wenn auch nicht biblisch, doch hier annehmbar sei, wenn man ihn recht verstehe[31]. Es wird aus den beiden Diskussionen deutlich, daß im 3. Jh. der Terminus ὁμοούσιος noch nicht so weit geklärt war, daß er sicher und ohne mögliches Mißverständnis in den theologischen Aussagen über die Trinität gebraucht werden konnte[32], es lag also noch keine exakte Terminologie für die dogmatische Formulierung vor.

Die Frage des Verhältnisses des Sohnes zum Vater hatte auch den bedeutendsten Theologen des 3. Jh. im Osten intensiv beschäftigt, und die Auffassung des *Origenes* wird in ihrer Auswirkung auf das Ringen um das

[27] Vgl. Bd I Kap. 21 mit der angegebenen Literatur.

[28] *H. de Riedmatten*, Les actes du procès de Paul de Samosate (Fribourg 1952) 26.

[29] *H. de Riedmatten* a. a. O. 8.

[30] *H. de Riedmatten* a. a. O. 106f. Vgl. auch *M. Richard:* EThL 35 (1939) 325—338.

[31] Vgl. Bd I 297.

[32] Siehe *I. M. Dalmau*, El ‚homousios' y el concilio di Antioquía de 268: MCom 34/35 (1960) 323—340; *G. W. H. Lampe*, A Patristic Greek Lexicon (Oxford 1965) s. v. 959.

rechte Verständnis des trinitarischen Dogmas im 4. Jh. allenthalben spürbar. Er brachte zwar sehr klar und eindeutig zum Ausdruck, daß der Logos ein göttliches Wesen sei, und als ein Bischof seiner Zeit, *Beryllos aus Bostra* (an der Grenze von Arabien), die These aufstellte, Jesus Christus sei nur ein Mensch, den die Jungfrau Maria geboren habe, unternahm er auf Bitten der Bischöfe der Provinz Arabia die Reise nach Bostra, um auf einer Synode diese These zu widerlegen[33]. Aber auch Origenes war in der gleichen Frage noch nicht zu einer letzten Klarheit vorgedrungen; es liegen zahlreiche Äußerungen von ihm vor, die erkennen lassen, daß er dem Logos einen zwar göttlichen Rang zuschrieb, ihn aber, vielleicht unter dem Einfluß neuplatonischer Vorstellungen, dem Vater unterordnete[34].

Schließlich ist noch zu beachten, daß das intellektuelle Klima Alexandriens noch unter einem gewissen Einfluß gnostischer Ideen stehen konnte, die ebenfalls eine gestufte Hierarchie göttlicher Wesen lehrten, und als Arius seine Theologie vortrug, mochte sich mancher alexandrinische Christ an solche gnostische Spekulationen erinnert fühlen, wie denn auch Athanasios später den Arius beschuldigte, vom System des Gnostikers Valentin abhängig zu sein[35].

Das Konzil von Nikaia und sein Verlauf

Bischof Ossius mußte in Alexandrien bald erkennen, daß der vom Kaiser vorgesehene Weg für eine Beilegung des Streites — Versöhnung des Arius mit seinem Bischof und Einstellen jeder öffentlichen Diskussion über den Streitpunkt — keinesfalls gangbar war. Den bereits verurteilten Arius traf er kaum noch in der ägyptischen Hauptstadt an, für Alexander konnte es nicht schwer sein, den theologischen Berater des Kaisers davon zu überzeugen, daß die Frage von größter theologischer Tragweite sei und endgültig geklärt werden müsse. So begab sich Ossius wohl direkt zum Kaiser nach Nikomedien zurück, um ihm über den Fehlschlag seiner Mission zu berichten[36]. Bald drängte sich beiden die Erkenntnis auf, daß es nur noch eine Möglichkeit gab, den Kirchenfrieden wiederherzustellen: die Einberufung des Gesamtepiskopates der Kirche zu einer Großsynode, die nach eingehender Beratung eine verbindliche Entscheidung fällen mußte.

[33] Euseb. HE 6, 33, 1—3, dazu *P. Nautin,* Lettres et écrivains chrétiens des IIe et IIIe siècles (Paris 1961) 209—218.

[34] Vgl. *W. Marcus,* Der Subordinatianismus (München 1963) 126—163.

[35] Apol. adv. Arianos 3, 65; vgl. auch Ep. ad Serap. 1, 10 f.

[36] Gegen eine von manchen Forschern angenommene Synode in Antiochien (324/325), die mit Ossius die Lehre des Arius verworfen habe, sprechen schwerwiegende Gründe; siehe *G. H. Opitz,* Urkunden n. 18, dazu *J. R. Nyman:* StudPatr 4 (TU 79, Berlin 1961) 483 bis 489 und *I. Ortiz de Urbina,* Nizäa und Konstantinopel (Mainz 1964) 49 f.

Die frühen Quellen[37] schreiben übereinstimmend Kaiser Konstantin die *Initiative* für diese Lösung zu, und ihnen ist Glauben zu schenken. Schon in der Frühphase des Donatistenstreites hatte er sich durch die Einberufung der Synode von Arles (314) für ein ähnliches Vorgehen entschieden, so daß der jetzt gewählte Weg kein absolutes Novum darstellte, wie oft betont wird[38]. Außerdem mußte der Kaiser inzwischen erfahren haben, daß noch eine zweite Frage, nämlich die des Ostertermins, auf eine Lösung wartete, welche die verschiedene Praxis in manchen Provinzen beseitigen sollte. Es ist sicher, daß Konstantin mit Rom weder Verhandlungen über eine eventuelle Einberufung der Großsynode geführt noch die Zustimmung des römischen Bischofs erbeten hat. Erst das Konzil von 680 (6. Allgemeines Konzil) schreibt Kaiser und Papst die gemeinsame Einberufung zu[39], und erst die spätere Silvesterlegende, die von der Taufe des Kaisers im Lateranpalast und seiner Heilung vom Aussatz erzählt, schiebt den Papst in den Vordergrund, wenn sie sagt, „auf seinen Befehl" habe die Synode von Nikaia stattgefunden[40].

Die Einladungen an die Bischöfe des Ostens und Westens gaben Nikaia in Bithynien als Ort der Zusammenkunft und den Monat Mai 325 als Eröffnungstermin der Beratungen an[41]. Mancher Bischof mag nicht ohne Genugtuung im Text der Einladung gelesen haben, daß er sich zur Anreise kostenlos der Staatspost bedienen dürfe und daß er während der Tagung Gast des Kaisers sei[42]. Die Quellen sagen nichts darüber aus, ob dem einen oder anderen von ihnen ein Unbehagen aufgestiegen sei, weil hier die staatliche Macht eine Initiative entfaltete, die unter Umständen der Unabhängigkeit der Kirche gefährlich werden konnte.

Die *Zahl der Konzilsteilnehmer* steht nicht eindeutig fest; Eusebios sagt, es seien mehr als 250 gewesen, Athanasios, auch er ein Augenzeuge, nennt einmal die runde Zahl 300, anderswo gibt er 318 an. An dieser letzten Zahl hielten die späteren Historiker fest, zumal sie ein biblisch-mystisches Vorbild hatte: Abrahams Dienerschar belief sich auf 318 (Gn 14, 14)[43].

Unter den Konzilsvätern befanden sich ehrwürdige Gestalten, die sich — wie Paul von Neokaisareia und der Ägypter Paphnutios — in der Diokletianischen Verfolgung durch ihre Standfestigkeit ausgezeichnet hatten, aber eine führende Rolle in der theologischen Diskussion kam doch nur einer Minderheit zu. Zu ihr gehörte einmal Alexander von Alexandrien, der bisher

[37] Euseb., Vita Const. 3, 6; Theodoret HE 1, 7, 1; Sozom. HE 1, 17, 1.

[38] Vgl. *G. Langgärtner*, Das Aufkommen des ökumenischen Konzilsgedankens: MThZ 15 (1964) 111—126. [39] Mansi XI 661. [40] LP I 34.

[41] Eine syrische Notiz — *G. H. Opitz*, Urkunden n. 20 —, wonach zunächst Ankyra als Tagungsort vorgesehen war, verdient kaum Glauben.

[42] Euseb., Vita Const. 3, 6; Theodoret HE 1, 7, 2.

[43] Vgl. *M. Aubineau*, Les 318 serviteurs d'Abraham et le nombre des Pères au Concile de Nicée: RHE 61 (1966) 5—43.

den Kampf gegen Arius in erster Linie geführt hatte; dann der theologisch gebildete Bischof der syrischen Hauptstadt, Eustathios, der später als unentwegter Gegner des Arianismus in die Verbannung mußte und sich in einem großen Werk mit der Irrlehre auseinandersetzte, das leider verlorenging[44]; Markellos von Ankyra[45], den seine Feindschaft gegen die Lehre des Arius später allerdings zum entgegengesetzten Extrem trieb und zu seiner Verurteilung auf dem 2. Allgemeinen Konzil 381 führte. Zur Gruppe der unentwegten Ariusgegner gehörte schließlich noch Makarios, der Bischof der Stadt Jerusalem. Die Schar der Ariusfreunde wurde angeführt von dem Bischof der Residenz Nikomedien, Eusebios, nach dem gleich sein Namensvetter zu nennen ist, der Leiter der Gemeinde des palästinensischen Kaisareia, der zwar in dogmatisch-spekulativen Fragen kein eigenes Profil verriet, dem es aber gerade in Nikaia gelang, die Gunst Konstantins zu gewinnen, die er später immer wieder geschickt zu nützen wußte.

Der lateinische Westen war nur schwach vertreten, was sich unschwer begreifen läßt; die weite Reise, selbst bei der Möglichkeit, die Staatspost zu benutzen, mußte damals doch manchen Bischof aus Afrika oder Gallien, Italien oder Britannien mit Bedenken erfüllen — und so folgten nur fünf der Einladung des Kaisers. An ihrer Spitze stand Ossius von Córdova, schon länger der Vertraute des Kaisers, aber wahrscheinlich auch Vertreter des Papstes, der stets die Namensliste der Bischöfe eröffnete[46]. Rom hatte aber noch die beiden Presbyter Vitus und Vincentius entsandt[47], die ihre Plätze neben Ossius erhielten. Unter den restlichen vier Bischöfen ist nur noch einer kirchenhistorisch näher bekannt, Caecilian von Karthago[48], dessen Name mit dem Ausbruch des Donatistenstreites verknüpft ist.

Schon auf dem ersten allgemeinen Konzil waren auch die Männer vertreten, die man heute Periti nennen würde, theologische Berater der Bischöfe, wie etwa der jugendliche Diakon Athanasios von Alexandrien, der seinen Bischof begleitete und öfters in die Debatte eingriff. Außerdem hatte sich eine Anzahl interessierter gebildeter Laien eingefunden, die den Fortgang der Beratungen unter sich temperamentvoll diskutierten[49].

Noch vor der feierlichen Eröffnung des Konzils begannen bereits die Gespräche der Konzilsteilnehmer über die Hauptfrage, die sie zusammenführte, wobei naturgemäß die Vertreter des Pro und Contra sich zusammenfanden und ihre Gruppe jeweils durch Gewinnung der noch Unschlüssigen zu stärken suchten. Aber auch das peinliche Schauspiel der Intrigen fehlte beim

[44] Vgl. *Quasten P* III 302—306; die wichtigsten Teilnehmer nennt Sozom. HE 1, 17, 2.

[45] Über seine Theologie *M. Tetz:* ZKG 75 (1964) 217—270.

[46] *V. De Clercq,* Ossius of Cordova 228—250.

[47] Sozom. HE 1, 17, 2, der hinzufügt, Papst Julius (statt Silvester) habe wegen seines hohen Alters nicht teilnehmen können.

[48] Mansi II 696.

[49] Theodoret HE 1, 11, 4.5; Sozom. HE 1, 17, 3; 1, 17, 7 — 18, 1.

ersten großen Konzil nicht. Dem Kaiser überreichte man Schriften, in denen dieser oder jener Bischof persönlicher Verfehlungen angeklagt wurde, bis Konstantin die Bischöfe zusammenrief, ihnen die ungelesenen und wohl auch anonymen Briefe vorwies, sie vor ihren Augen verbrennen ließ, ihnen dabei einige ernste Worte über brüderliche Eintracht unter Bischöfen sagte und sie aufforderte, an die eigentliche Aufgabe zu gehen, die sie nach Nikaia geführt habe[50].

Da das Gotteshaus der Gemeinde von Nikaia kaum ausreichend Raum für alle Konzilsveranstaltungen bot, hatte der Kaiser seinen eigenen Palast in der Stadt für die ganze Tagungsdauer zur Verfügung gestellt. Eusebios hat die feierliche Eröffnungssitzung, die am 20. Mai 325 stattfand, in hymnischen Worten beschrieben[51]. Die Bischöfe hatten ihre Plätze an den beiden Längsseiten des Sitzungssaales schon eingenommen und erwarteten in Spannung den Eintritt des Kaisers, für den ein vergoldeter Sessel aufgestellt war. Es machte starken Eindruck auf sie, als die hohe Gestalt des Kaisers im Purpurgewand durch ihre Reihen schritt und nicht eher Platz nahm, bis ihn die Bischöfe durch Winken dazu aufgefordert hatten. Nach kurzer Begrüßung durch einen der Bischöfe ergriff der Kaiser das Wort zu einer lateinischen Ansprache, in der die Mahnung zu Frieden und Eintracht innerhalb der Kirche der unüberhörbare Akzent war; eine eingehende Aussprache über die Ursachen des Konfliktes sollte den Weg zur Versöhnung und zum Frieden öffnen, womit die Bischöfe auch ihm, ihrem „Mitknechte", einen übergroßen Gefallen erwiesen. Dann erteilte er den Vorsitzenden der Synode das Wort[52].

Da die Akten des Nikänischen Konzils nicht erhalten sind, ist weder eine Rekonstruktion der Geschäftsordnung noch des genauen chronologischen Verlaufs der Debatten, noch eine exakte Aussage über die Zahl der Konzilssitzungen, ja nicht einmal über die Gesamtdauer des Konzils möglich. Allem Anschein nach hat die ariusfreundliche Richtung sofort die Initiative ergriffen und eine Glaubensformel vorgeschlagen, in welche offensichtlich wesentliche Elemente der arianischen Theologie eingearbeitet waren[53]. Sie begegnete jedoch ebenso dem stürmischen Protest der Gegenseite wie die vorgelesenen Passagen aus der Thalia des Arius[54], und es wurde schnell klar, daß dessen extreme Formulierungen keine Aussicht auf Anerkennung durch das Konzil hatten. Da griff der geschmeidige Eusebios von Kaisareia mit einem Kompromißvorschlag in die Debatte ein und empfahl dem Konzil die Annahme des in seinem Bistum gebräuchlichen Taufsymbols[55]. Die Bischöfe anerkann-

[50] Sozom. HE 1, 17, 4—5. [51] Euseb., Vita Const. 3, 10.
[52] Ebd. 3, 11—12; Sozom. HE 1, 19, 2—4.
[53] Der Text ist nicht mehr erhalten, vgl. Theodoret HE 1, 7, 14—15.
[54] Theodoret a. a. O.; Athanas., Ep. ad Episc. Aeg. 13.
[55] Es ist noch erhalten in dem Brief Eusebios' an seine Gemeinde: *G. H. Opitz*, Urkunden n. 22, 4.

ten durchaus die Orthodoxie dieses Symbols, auch Konstantin hielt es, wie Eusebios nicht ohne Selbstgefühl hervorhebt, für korrekt, aber man hielt gewisse Ergänzungen für unerläßlich, durch welche die gerade jetzt diskutierten Aussagen präzise formuliert und eine Auslegung des Symbols im arianischen Sinne ausgeschlossen werden sollten[56].

Gerade an den Ergänzungsvorschlägen entzündete sich immer wieder die zuweilen heftige Formen annehmende Diskussion, in der es an gegenseitigen Beschuldigungen der beiden Parteien nicht fehlte[57]. Vor allem verursachte die Aufnahme des Wortes ὁμοούσιος (wesensgleich), das in der Folgezeit zum Schlüssel- und Losungswort der nikänischen Theologie werden sollte, lange Debatten, da es ja nicht nur den ausgesprochen arianisch gesinnten Bischöfen unannehmbar schien, sondern auch manchem anderen Bischof des Ostens Unbehagen bereiten konnte, wie seine bis dahin schon recht wechselvolle Geschichte bewies. Den Vertretern der lateinischen Kirche durfte es hingegen sehr angemessen erscheinen, da sie in ihm die exakte Entsprechung dessen fanden, was im Westen seit Tertullian mit *consubstantialis* oder *eiusdem substantiae* ausgedrückt wurde[58]. Eusebios schreibt die Rezeption des ὁμοούσιος in den Text des nikänischen Symbols eindeutig der Initiative Konstantins zu, der sich eindringlich um die rechte Interpretation des Terminus bei den Griechen und um die Annäherung der gegnerischen Standpunkte bemüht habe[59]. Sehr wahrscheinlich ist es Konstantin von Ossius von Córdova vorgeschlagen worden; daß dieser dabei im Auftrag des römischen Bischofs gehandelt habe, läßt sich allerdings nicht beweisen. Die in den endgültigen Text des Symbols[60] aufgenommenen weiteren Einzelformulierungen — „gezeugt aus dem Vater, das heißt aus der Substanz des Vaters, Gott von Gott, Licht vom Licht, wahrer Gott vom wahren Gott, gezeugt, nicht geschaffen" — sicherten die Aussagen über Christus ab gegen jede arianische Auslegung. Der Schlußsatz enthielt noch einmal eine eindeutige Absage an die arianische Theologie. „Die aber sagen: ‚es gab eine Zeit, in der er nicht war', und ‚ehe er geboren wurde, war er nicht', und ‚er ist geschaffen worden aus dem Nichts' — oder die behaupten, der Sohn Gottes sei von anderer Substanz (ὑπόστασις) oder anderem Wesen (οὐσία), oder er sei geschaffen oder dem Wechsel oder der Veränderung unterworfen —, die erklärt die katholische und apostolische Kirche für ausgeschlossen." Dieser Ausschluß traf zunächst nur Arius selbst und seine beiden bischöflichen Freunde Secundus und Theonas, da außer ihnen alle anderen Arianer das vom Kaiser unmißverständlich zur Annahme empfohlene Symbol unterzeichneten[61]. Für

[56] *G. H. Opitz,* Urkunden n. 22, 7. [57] Euseb., Vita Const. 3, 13.
[58] Siehe *H. Kraft:* ZKG 66 (1954) 1—24 und *I. M. Dalmau* a. a. O.
[59] *G. H. Opitz,* Urkunden n. 22, 7 und Euseb., Vita Const. 13, 3.
[60] Siehe den kritischen Text bei *G. L. Dossetti* 226—240 und *E. Boularand* 250—259.
[61] Philostorgius HE 1, 9 berichtet, daß 15 arianische Bischöfe erst auf Androhung der Verbannung durch den Kaiser unterzeichneten.

Arius muß es eine bittere Enttäuschung gewesen sein, daß die Syllukianisten ihn derart preisgaben; ihm blieb nun auch der Weg in die Verbannung und die Ächtung seiner und seiner Anhänger Schriften nicht erspart[62]. Wenn Eusebios bemerkt, der Kaiser habe durch sein diplomatisches Geschick und seinen persönlichen Charme erreicht, daß die Bischöfe „über alle Punkte eines Sinnes und einer Meinung waren“[63], so gilt das sicher nicht für alle bisherigen Arianer, wahrscheinlich nicht einmal für ihn selbst[64]. Männer wie Eusebios von Nikomedien und Theognis von Nikaia standen innerlich durchaus auf seiten des verurteilten Arius, nur wagten sie es nicht, das vom Kaiser so feierlich gutgeheißene Glaubenssymbol, solange er lebte, direkt zu bekämpfen. Aber sie fanden bald Wege und Mittel, die Verteidiger des Nicaenums beim Kaiser in Mißkredit zu bringen, und leiteten so den harten Kampf ein, den der Glaube von Nikaia noch Jahrzehnte hindurch für seine Anerkennung in der Gesamtkirche bestehen mußte.

Nach Annahme der Glaubensformel wandten sich die Konzilsväter den weiteren Punkten ihrer Tagesordnung zu; in der Frage des Ostertermins einigten sie sich auf die Praxis des größeren Teiles der Kirche, das Fest der Auferstehung am Sonntag nach dem 14. Nisan zu begehen. Danach wurden disziplinäre Fragen beraten und das Ergebnis in 20 Kanones niedergelegt. Schließlich fand das Konzil noch eine großzügige Lösung für das durch Bischof Meletios von Lykopolis verursachte Schisma in Ägypten. Meletios durfte Bischofsrang und -sitz behalten; die von ihm geweihten Bischöfe und Kleriker wurden nach Handauflegung in die katholische Kirche aufgenommen, die Bischöfe sollten bei Freiwerden eines Bistums mit Zustimmung des alexandrinischen Oberhirten nachrücken[65].

Konstantin suchte die gewonnene Einheit im Glauben schnell und wirkungsvoll zu sichern, zunächst durch einen feierlichen und eindrucksstarken Abschluß des Konzils. Wohl nach Annahme des Glaubenssymbols und im Zusammenhang mit der Zwanzigjahrfeier seiner Regierung gab er den Konzilsteilnehmern in seinem Palast in Nikomedien ein glanzvolles Festbankett, das dem stets begeisterungsfähigen Eusebios den Vergleich mit der Herrlichkeit des himmlischen Reiches entlockte[66]. Die Bischöfe nahmen erfreut die Geschenke entgegen, die Konstantin bei dieser Gelegenheit einem jeden

[62] Sozom. HE 1, 21, 4. [63] Euseb., Vita Const. 3, 13 Ende.

[64] Er selbst sagt an einer Stelle — *G. H. Opitz,* Urkunden n. 22, 10 —, er habe dem Homousios um des Friedens willen zugestimmt; später sagte man ihm stichelnd nach, die Furcht vor der Verbannung allein habe ihm die Unterschrift abgenötigt: Philostorgius HE 1, 10.

[65] Text der Kanones: Conciliorum Oecumenicorum Decreta (ed. Alberigo) 5—14; die Entscheidung über die Meletianer enthält der Brief der Konzilsväter an die Gemeinden Ägyptens, Libyens und der Pentapolis bei Theodoret HE 1, 9, 2—11 = *G. H. Opitz,* Urkunden n. 23, 6—11. Vgl. auch Athanas., Apol. contra Arianos 71.

[66] Euseb., Vita Const. 3, 14.

von ihnen überreichen ließ. Vor ihrer Abreise bat er sie noch einmal alle zu sich, ermahnte sie, fürderhin „den Frieden untereinander zu wahren, eifersüchtige Streitereien zu meiden", und empfahl sich ihrem Gebet[67]. Bald danach richtete er einen umfassenden Bericht über das Konzil „an die Kirchen" — gemeint sind wohl hauptsächlich die nicht in Nikaia vertretenen —, in dem er sich eindeutig die Initiative für die Großsynode zuschreibt[68]. Der Kaiser versichert den Gläubigen, man habe alle Fragen sorgfältig geprüft und sei so zur Einheit im Glauben gelangt. Viel Raum gewährt er dem Beschluß über den einheitlichen Ostertermin und betont in überraschend scharfen Formulierungen die notwendige Distanz zum Judentum. Ein besonderes Schreiben erging an die Gemeinde von Alexandrien, in welchem Konstantin seine Freude über die wiederhergestellte Glaubenseinheit äußert und noch einmal die Irrtümer des Arius verwirft[69]. Das schon erwähnte eigene Synodalschreiben des Konzils ging wohl allen größeren Gemeinden zu. In dem noch erhaltenen Exemplar an die Christen von Ägypten und Libyen wird vor allem die Exkommunikation des Arius und seiner beiden bischöflichen Freunde mitgeteilt und mit der Verwerflichkeit seiner Lehre begründet[70].

Das Konzil von Nikaia mit seiner Glaubensentscheidung stellt ein für das Verständnis der gesamten Kirchengeschichte, besonders der Konziliengeschichte, eminent wichtiges Ereignis dar. In ihm begegnen wir dem ersten Konzil der Geschichte, das unzweifelhaft ökumenischen Charakter besitzt, da zu ihm die Bischöfe aus allen geographischen Bereichen des Christentums eingeladen und, wenn auch in verschiedener Stärke, erschienen waren. Es tut der Legitimität dieses Konzils keinen Abbruch, wenn der Kaiser die Initiative zu seiner Einberufung ergriff, da der Bischof von Rom durch die Bestellung seiner Vertreter dem Schritt Konstantins zustimmte. Dieses erste Ökumenische Konzil trifft mit der Annahme und Verkündigung seines Symbols eine Entscheidung im Bereich des Glaubens, welcher der Charakter einer dogmatischen Definition zukommt. Denn der ganze Ablauf des Konzils, das lange Ringen der Konzilsväter um eine die Glaubensaussage möglichst treffend wiedergebende Formulierung lassen klar ihre Intention erkennen, hier einen definitiven, die Gesamtkirche bindenden Urteilsspruch in einer umstrittenen Glaubensfrage zu fällen. Die Art und Weise der Urteilsfindung enthüllt zugleich einen dogmengeschichtlich höchst bedeutsamen Vorgang. Die Kirche sucht einzelne Glaubenslehren vor Fehlinterpretationen oder häretischer Auslegung dadurch zu sichern, daß sie bisherige Glaubensaussagen durch ergänzende Zusätze erläutert, durch präzisere Formulierungen aufhellt und sogar dafür philosophische Termini in ihren Dienst nimmt, wenn diese der Sache angemessen erscheinen. Die Sicherung der in ihrer

[67] Ebd. 3, 16 und 21. [68] *G. H. Opitz,* Urkunden n. 26. [69] Ebd. n. 25.
[70] Ebd. n. 23, 2—5.

Richtigkeit bedrohten Glaubensaussage ist also ein entscheidender Faktor der Dogmenentwicklung. Das Ziel des Konzils wurde erreicht trotz aller menschlichen Unzulänglichkeiten und Erbärmlichkeiten, trotz aller Gefährdung, die auch von der Einflußnahme Konstantins ausging, die die Freiheit einzelner Bischöfe zwar bedrohte, aber nicht aufhob. Der bemerkenswerte Satz im Schreiben des Kaisers an die Gemeinde von Alexandrien trifft genau die hier gemeinte theologische Wirklichkeit: „Was die dreihundert Bischöfe beschlossen haben, ist nichts anderes als Spruch Gottes, da ja der in diesen Männern gegenwärtige Heilige Geist den Willen Gottes sichtbar machte.“ [71] Die Gültigkeit dieses Wortes wird nicht dadurch gemindert, daß in den nächsten fünf Jahrzehnten des 4. Jh. ein Kampf um die Anerkennung der nikänischen Theologie entbrannte, der die Kirche zutiefst erschütterte und wiederholt ihre frühe Aufspaltung in verschiedene Konfessionen befürchten ließ.

Die Entwicklung bis zum Tode Konstantins (337)

Schon wenige Monate nach Beendigung des Konzils wurde offenkundig, daß die arianische Partei den Kampf für ihr Verständnis der trinitarischen Theologie nicht aufgeben würde. Zwei ihrer führenden Bischöfe, Eusebios von Nikomedien und Theognis von Nikaia, teilten dem Kaiser mit, daß sie ihre Zustimmung zur Glaubensformel von 325 zurückzögen. Der Kaiser, nicht gewohnt, Entscheidungen, die er feierlich gebilligt hatte, so behandelt zu sehen, betrachtete diesen Schritt als Selbstausschluß aus der kirchlichen Gemeinschaft, schickte die beiden Bischöfe nach Gallien in die Verbannung und gab ihren bisherigen Gemeinden nikäatreue Leiter. Ein Schreiben an die Gemeinde von Nikomedien läßt den ganzen Unmut Konstantins über das hinterhältige Verhalten ihres Bischofs erkennen [72]. Auch eine Intervention des Kaisers bei Bischof Theodotos von Laodikeia [73], der seine Sympathie für Arius öffentlich bekundete, ließ annehmen, daß er energisch für die Beobachtung der nikänischen Entscheidung eintreten würde.

Aber seit dem Anfang des Jahres 328 deutete sich ein Umschwung in der Haltung des Kaisers an, wenn auch nicht in seiner Stellung zum Nicaenum, so doch gegenüber einzelnen Vertretern der ariusfreundlichen Richtung, dessen Hintergründe nur schwer erkennbar sind. In diesem Jahr durften die verbannten Bischöfe Eusebios und Theognis aus dem Exil zurückkehren und ihre ehemaligen Sitze Nikomedien und Nikaia wieder einnehmen [74]. Gerade dem drei Jahre zuvor in schärfster Form vom Kaiser verurteilten Eusebios gelang es mehr und mehr, Ohr und Gunst des Kaisers zu gewinnen und schließlich jene Position einzunehmen, die zuvor Ossius von Córdova — dieser war nach Nikaia wohl in seine spanische Diözese zurückgekehrt —

[71] Ebd. n. 25, 8. [72] Ebd. n. 27. [73] Ebd. n. 28. [74] Philostorgius HE 2, 7.

als theologischer Berater innehatte und die ihn automatisch zum wirksamen Förderer der arianischen Interessen machte. Man darf hier wohl den Einfluß von Konstantins Stiefschwester Konstantia in Rechnung stellen, die in Nikomedien wohnte und deren Vertrauen der aus der Oberschicht stammende Bischof der Kaiserresidenz schon länger besaß[75]. Auch Eusebios von Kaisareia in Palästina hat wohl zu dem Stimmungswechsel beigetragen, da seine Bildung und seine rhetorischen Fähigkeiten den Kaiser stark beeindruckten, zumal seine Höflingsnatur jedes schroffe Betonen von Gegensätzen vermied. Möglich, daß auch die Kaiserinmutter Helena sich lobend über ihn bei Hof aussprach, wenn sie von ihren Reiseeindrücken im Heiligen Land berichtete, wo sie dem Bischof der Provinzhauptstadt Palästinas gewiß begegnete.

Eusebios von Nikomedien übernahm bald nach seiner Rückkehr aus dem Exil energisch und zielbewußt die Führung der arianischen Partei. Er war sich klar darüber, daß man den Kampf nicht direkt gegen das Symbolum von Nikaia führen durfte, weil das sicher den Widerstand des Kaisers herausgefordert hätte. Wichtiger war es, zunächst einmal die führenden Persönlichkeiten der Gegenpartei auszuschalten. Hier war nach Abschluß des Konzils zuerst Bischof *Eustathios* von Antiochien zur beherrschenden Gestalt geworden. Schon in Nikaia hatte er eine starke Rolle gespielt, hatte Arius auch literarisch bekämpft und durch seinen Sarkasmus, mit dem er die neue Karriere des Eusebios von Nikomedien bedachte, diesen gereizt[76]. Geschickt hinterbrachte man dem Kaiser, Eustathios sei ein sittlich fragwürdiger Charakter, störe immer wieder den religiösen Frieden und habe sich über die Mutter des Kaisers despektierlich geäußert. Der Kaiser gab seine Zustimmung zu einer Synode in Antiochien (331?), auf der die Ariusfreunde Eustathios absetzten, den der Kaiser dann nach Thrakien verbannte[77]. Ihm mußten bald acht Bischöfe seiner Gesinnung folgen, und durch diesen Erfolg ermutigt, richtete die arianische Partei ihren Angriff auf den nach Alexanders Tod († 328) auf den Stuhl von Alexandrien berufenen *Athanasios*, von dessen Energie und Standfestigkeit man wohl schon in Nikaia einen nachhaltigen Eindruck erhalten hatte; man konnte in ihm den kommenden eigentlichen Vorkämpfer der nikänischen Theologie sehen.

Auch hier wählte die Anklage der Arianer den Weg der Verdächtigung und stellte als die eigentliche Ursache für den noch immer noch nicht her-

[75] Einige Forscher nehmen an, ihre Rehabilitierung sei auf einer zweiten Sitzung des Konzils von Nikaia im Jahre 327 erfolgt, aber die Echtheit des diese Hypothese stützenden Dokumentes unterliegt schwersten Bedenken, vgl. *E. Schwartz,* Ges. Schr. III 205 bis 213; *N. H. Baynes,* Constantine the Great (London 1930) 22; dagegen *G. Bardy:* RSR 23 (1933) 430—450 und *I. Ortiz de Urbina,* Nizäa und Konstantinopel 135—139.

[76] Siehe *M. Spanneut:* DHGE 16, 13—23 (Lit.) und *H. Chadwick:* JThS 49 (1948) 27—35.

[77] Theodoret HE 1, 21, 4 — 22, 1. Das Datum der Synode ist sehr umstritten, 326, 330, 331, 338? Siehe zuletzt *H. Hess,* The Canons of the Council of Serdica (London 1958) 149.

gestellten religiösen Frieden den herrschsüchtigen Charakter des alexandrinischen Bischofs dar, der sich um Recht und Ordnung nicht kümmere und vor keinem Gewaltmittel zurückschrecke, um seine Interessen durchzusetzen. Er sollte u. a. den Bischof Arsenios ermordet haben, der sich als Meletianer nicht bedingungslos unterworfen habe; andere meletianische Bischöfe habe er auspeitschen lassen und habe einen bei der heiligen Liturgie benutzten Kelch verunehrt[78]. Der Kaiser war von diesen Beschuldigungen so beeindruckt, daß er Anweisung gab, die Bischöfe, die er ohnehin zur Einweihungsfeier der von ihm gestifteten Grabeskirche nach Jerusalem eingeladen hatte, sollten auf einer *Synode* im nahen *Tyros* (335) den Fall Athanasios behandeln[79]. Die Synode wurde völlig von der arianischen Partei beherrscht, die fast nur Athanasiosgegner zuließ — die ägyptischen Bischöfe in der Begleitung des Athanasios wurden als nicht eingeladen zurückgewiesen, zudem war der Vertreter des Kaisers, der comes Flavius Dionysius, ein erklärter Anhänger der arianischen Richtung. In Tyros traten zum ersten Mal auch die zwei Bischöfe aus Pannonien auf, die in den späteren Auseinandersetzungen eine oft wechselvolle Rolle spielen sollten, Valens von Mursa und Ursacius von Singidunum, die Arius wohl während seines Exils für seine Anschauungen gewonnen hatte. Athanasios befand sich vor dieser Synode nicht nur in der Rolle des Angeklagten, sondern stand Männern gegenüber, die fast ausnahmslos seine erbitterten Gegner waren, so daß er hier keinen gerechten Urteilsspruch erwarten konnte und sogar für sein Leben fürchten mußte. So entschloß er sich, Tyros heimlich zu verlassen, er begab sich nach Konstantinopel, um den Kaiser persönlich zu treffen[80]. Die Synode sprach danach sofort seine Absetzung aus. Da Athanasios nicht zur Audienz zugelassen wurde, sprach er den Kaiser bei einem seiner Ausritte direkt an, schilderte ihm die Vorgänge in Tyros und bat um Gerechtigkeit. Konstantin traf jedoch zunächst keine Entscheidung, sondern beorderte die Teilnehmer der Synode von Tyros an den Hof nach Konstantinopel, von denen aber nur vier, die beiden Eusebios sowie Ursacius und Valens, erschienen[81]. Sie brachten eine neue Anklage gegen Athanasios vor, die auf Hochverrat hinauslief; er sabotiere die kaiserlichen Erlasse in Ägypten und verhindere den Export des für die Hauptstadt lebensnotwendigen Getreides. Der Kaiser hätte dafür die Todesstrafe verhängen können, statt dessen verfügte er die Verbannung des ägyptischen Bischofs nach Trier[82]. Es bleibt rätselhaft, warum Konstantin diese phantastische Anschuldigung nicht näher untersuchen ließ. Sie

[78] In seiner Apologia contra Arianos zählt Athanasios die Anklagen auf.

[79] Euseb., Vita Const. 41, 42, das Schreiben an die Synodalen auch bei Theodoret HE 1, 29, vgl. *F. Scheidweiler:* ByZ 51 (1958) 87—99.

[80] Dazu *P. Peeters*, Comment s. Athanase s'enfuit de Tyr en 335: Acad. R. Belg. Cl. Lettres 30, 5 (Bruxelles 1944) 131—177; *ders.:* AnBoll 63 (1945) 131—144.

[81] Athanas., Apol. contra Arianos 86; Sozom. HE 2, 281—313.

[82] Athanas., ebd. 9.

scheint ihm eher ein willkommener Vorwand gewesen zu sein, den unbequemen und nach seiner Auffassung einer Versöhnung entgegenstehenden Mann zunächst einmal aus dem Osten entfernen zu können.

Die arianisch gesinnte Partei hatte nun allerdings freie Hand, sie wollte ihre bisherige Erfolgsserie krönen mit der völligen Rehabilitierung des Arius, also mit seiner Lossprechung vom Bann und der Wiedereinsetzung in seine priesterlichen Rechte. Auch für Arius hatte sich die Lage zum Besseren gewandt. Zwar hatte der Kaiser noch 333 ein Edikt gegen ihn und seine Anhänger erlassen und in einem längeren Schreiben an Arius und seine Freunde ihre Lehre noch einmal verworfen[83]. Aber spätestens im November 334 erhielt er einen Brief des Kaisers, der ihn dringend zu einer Aussprache bei Hof einlud[84]. Arius legte bei dieser Gelegenheit Konstantin ein Glaubensbekenntnis vor, das geschickt dem eigentlichen Streitpunkt auswich, dem Kaiser aber zu beweisen schien, daß Arius nicht lehre, was seine Gegner ihm nachsagten. Deshalb verwies er ihn an eine künftige Synode, die ihn von der Exkommunikation freisprechen sollte[85]. Diese Möglichkeit bot sich den arianischen Bischöfen bei der erwähnten Zusammenkunft in Jerusalem. Sie erklärten die Lehre des Arius für rechtgläubig und beriefen sich dafür auf das vorgelegte Glaubensbekenntnis. Dann hoben sie die in Nikaia über ihn verhängte Exkommunikation auf und baten den Kaiser, ihn wieder in seine Presbyterrechte einzusetzen, was in einem feierlichen kirchlichen Akt geschehen sollte. Aber kurz vorher starb Arius[86]. Der Tod Konstantins im folgenden Jahr sollte für die Arianer den Beginn eines weiteren Aufstieges bringen. Der Ostteil des Reiches fiel an Konstantius, den Kaisersohn, der den Arianismus zu seinem Bekenntnis erwählt hatte und ihm in den 24 Jahren seiner Regierung, wenn nötig mit allen Mitteln, zur ausschließlichen Geltung verhelfen wollte.

3. Kapitel

Der Kampf um das Nicaenum unter den Söhnen Konstantins

QUELLEN: Wie oben bei Kap. 2; für den arianischen Streit kommen hinzu die Historia acephala, bei *C. H. Turner,* Ecclesiae occidentalis monumenta juris antiquissima I 2,

[83] *G. H. Opitz,* Urkunden n. 33, 4.

[84] Socrates HE 1, 25; aus dem Schreiben geht hervor, daß eine solche Einladung schon früher ergangen war.

[85] Text des Glaubensbekenntnisses: Sozom. HE 2, 27, 7 ff.

[86] Beschluß der Synode von Jerusalem: Sozom. HE 2, 27, 13—14; Athanas., Apol. contra Arianos 84; de syn. 21. Tod des Arius: Athanas., Ep. de morte Arii ad episcopos Aegypti et Libyae 19. Athanasios sieht in dem plötzlichen Tod ein Gottesgericht. Wahrscheinlich ist Arius nicht in Alexandrien, sondern in Konstantinopel gestorben: Sozom. HE 2, 29, 1—5; Gelas. HE 3, 15.

663—671; die Dokumentensammlung des Hilarius von Poitiers im Opus historicum, CSEL 65, und seine übrigen antiarianischen Schriften: PL 10. Die Kanones und Glaubensformeln der Synoden bei *E. J. Jonkers,* Acta et symbola Conciliorum, quae saeculo IV habita sunt (Leiden 1954). *H. Hess,* The Canons of the Council of Sardica A. D. 343 (Oxford 1958, mit Bibliogr.). Die wichtigsten Dokumente kommentiert *P.-P. Joannou,* Die Ostkirche und die Cathedra Petri im 4. Jahrhundert (Stuttgart 1972). Die Erlasse der Kaiser im Codex Theodosianus, edd. *Th. Mommsen - P. M. Meyer* (Berlin [2]1954), dazu *C. Pharr,* The Theodosian Code (Princeton 1952) und *P. R. Coleman-Norton,* Roman State and Christian Church I (London 1966). Für die Kaisergeschichte: Ammianus Marcellinus, Res gestae, ed. *C. U. Clark* (Berlin 1910/15).

LITERATUR: *J. Moreau,* Constantinus II, Constantius II, Constans: JbAC 2 (1959) 160—184; *F. Martroye,* La répression de la magie et le culte des gentils au IVe siècle: RevueHistDroit 4 (1930) 669—701; *G. Gigli,* L'ortodossia, l'arianesimo e la politica di Costanzo II (Rom 1950); *W. Telfer,* Paul of Constantinople: HThR 43 (1950) 31—92; *G. H. Williams,* Christology and Church — State Relations in the fourth Century: CH (Chicago) 20 (1951) n. 3, 3—33; n. 4, 3—26; *J. Fleming,* Commentary on the so called Opus historicum of Hilary of Poitiers (Diss. Durham 1951); *W. Schneemelcher,* Serdica 342: EvTh, Sonderheft 1952, 83—104; *M. Fortina,* La legislazione dell'imperatore Costante (Novara 1955); *K. Kraft,* Die Taten der Kaiser Constans und Constantius II: JbNumismatik und Geldgeschichte 9 (1958) 141—186; *P. Galtier,* S. Hilaire de Poitiers (Paris 1960); *M. Simonetti,* Studi sull'Arianesimo (Rom 1965); *C. F. A. Borchardt,* Hilary of Poitiers' Role in the Arian Struggle ('s-Gravenhage 1966); *G. Folliet,* L'épiscopat africain et la crise arienne au IVe siècle: RÉB 24 (1966) 196—223; *M. Meslin,* Les Ariens d'Occident 335—430 (Paris 1967); Hilaire et son temps. Actes du Colloque de Poitiers 1968 (Paris 1969); *J. Doignon,* Hilaire de Poitiers avant l'exil (Paris 1971).

Konstantin d. Gr. glaubte, er habe für die Zukunft des Reiches genügend Vorsorge getroffen, als er 335 seine drei Söhne über die geplante Aufteilung des Reiches informierte. Der Älteste, Konstantin II., sollte die Präfektur Gallien übernehmen, Konstantius II. fiel der Osten zu, für den Jüngsten, Konstans, war die Reichsmitte, also Afrika, Italien und Pannonien vorgesehen. Außerdem wurden noch zwei Söhne von Konstantins Halbbruder Dalmatius an der Regierung beteiligt, allerdings in abgeschwächter Form. Dieser Plan wurde nie voll verwirklicht. Die ersten Monate nach Konstantins Tod wurde das Reich noch im Namen des Verstorbenen regiert. Im September 337 nahmen die drei Söhne den Titel Augustus an; gleichzeitig richtete eine Militärrevolte in Konstantinopel ein Blutbad an, bei dem alle männlichen Verwandten der drei Augusti bis auf die Brüder Gallus und Julian, Neffen Konstantins, mit mehreren hohen Beamten ermordet wurden, ob mit Zustimmung des dort anwesenden Konstantius oder nur unter hilflosem Zusehen, ist nicht zu entscheiden. Der Vorgang zeigt aber überdeutlich, wie wenig christlicher Geist erst in Heer und Verwaltung eingedrungen war. Die Aufteilung der Machtbereiche wurde etwas variiert: Konstantin behielt den Westen mit dem Sitz in Trier, der Osten verblieb Konstantius, Konstans übernahm den Balkan und regierte in Sirmium, der Älteste war aber für ihn eine Art Vormund und hatte den Ehrenvorrang unter den dreien. Konstans stellte jedoch die Forderung nach voller Gleichberechtigung und griff zu den Waffen, als

Konstantin II. ablehnte. Bei der Vorbereitung zum Kampf geriet dieser bei Aquileia in einen Hinterhalt und kam dabei ums Leben (340). Konstans übernahm den Herrschaftsbereich des getöteten Bruders und war die nächsten 10 Jahre Herr über den Balkan und den ganzen Westen. Konstantius mußte diesen Machtzuwachs des Bruders stillschweigend hinnehmen, da er im Osten durch andauernde Unruhen an der persischen Grenze gebunden war.

Von keinem der jugendlichen Herrscher war eine Reaktion zugunsten des *Heidentums* oder gar ein Restaurationsversuch zu erwarten. Sie waren alle christlich erzogen worden, das christliche Bekenntnis entsprach auch ihrer inneren Überzeugung. Beide Augusti gaben vielmehr die von ihrem Vater eingehaltene Linie der relativen Toleranz gegenüber den Anhängern des Heidentums und der privaten Ausübung heidnischer Kulte auf, wie eine Reihe gesetzgeberischer Maßnahmen beweist. Das Jahr 341 bedeutet hier den entscheidenden Einschnitt mit dem Erlaß des Konstantius, der mit den Worten beginnt: *Cesset superstitio, sacrificiorum aboleatur insania*[1]. Es ist allerdings nicht ganz klar, ob damit nur die Auswüchse des heidnischen Kultes oder die heidnischen Opfer generell gemeint waren. Der neue scharfe Ton war unüberhörbar, und die Christen wurden durch ihn zu einer kämpferischen Einstellung gegenüber dem Heidentum und seinen Lebensäußerungen ermutigt. Der noch nicht lange zum Christentum übergetretene Schriftsteller Firmicus Maternus verlangte in seinem Konvertiteneifer von den Kaisern die gesetzliche Schließung der Tempel, das Einschmelzen der Götterbilder, die Konfiskation des Tempelbesitzes[2]. Der an Stelle des Athanasios in Alexandrien eingesetzte arianische Bischof Georg von Kappadokien rief, als er an einem heidnischen Tempel vorbeiging, pathetisch aus: „Wie lange noch soll dieses Grab stehenbleiben?"[3] Diese Angriffsstimmung entlud sich hier und da auch in tatsächlichem Vorgehen der Christen gegen einzelne Heiligtümer; in Syrien ließ Bischof Markos von Arethusa ein heidnisches Heiligtum niederreißen und setzte an seine Stelle eine Kirche, in Kaisareia in Kappadokien wurden die Heiligtümer des Zeus und des Apollon zerstört, in Phrygien wurde der Tempel in Merus geschlossen[4]. Die Christen hatten für ihre Taten ein Vorbild in dem Verhalten der staatlichen Behörden; so ließ der Caesar Gallus die Reliquien des Martyrers Babylas feierlich in das Apolloheiligtum der antiochenischen Vorstadt Daphne übertragen, um damit kundzutun, daß die Macht dieses einst so angesehenen Orakels durch den christlichen Heiligen gebrochen sei; in Alexandrien ließ der Strategos Artemios das Sarapeion durch seine Soldaten plündern[5]. Es fällt auf, daß sich diese Zwischenfälle alle im Ostteil des Reiches zutrugen

[1] Cod. Theod. 16, 10, 2. [2] De err. prof. rel. 28, 6; 29, 1. [3] Ammian. Marcell. 22, 11, 7. [4] Theodoret HE 3, 7, 6; Gregor. Naz., Or. 4, 88—91; Sozom. HE 5, 4, 2; Socrates HE 3, 15. [5] Joh. Chrysost., In Bab. 12; Julian., Ep. 60 (70 *Bidez*); Sozom. HE 4, 30, 2.

und auch offensichtlich Einzelfälle blieben. Daß heidnische Kultübungen trotzdem fortbestanden und wenigstens heimlich vollzogen wurden, geht aus den wiederholten Erlassen der kaiserlichen Behörden hervor, die die früheren Verbote erneut einschärfen. Einige beziehen sich speziell auf die Wahrsagerei und die heidnische Magie[6], aber daß auf Grund der amtlichen Erlasse zahlreiche Tempel geschlossen wurden, beweist vor allem die Tatsache, daß Kaiser Julian sie durch eigene Dekrete wieder öffnen ließ, den Opferdienst in ihnen wieder erlaubte und das ihnen genommene Vermögen zurückerstattete[7]. Gelegentliche Zugeständnisse des Kaisers Konstantius sprechen nicht gegen seine grundsätzlich feindliche Einstellung zum heidnischen Kult. Besonders gegenüber der heidnischen Senatorengruppe im alten Rom schien ihm eine Mäßigung politisch ratsam. Bei seinem Besuch in der westlichen Hauptstadt im Jahre 356 gestattete er den Fortbestand der Privilegien einiger alter Kulte, ließ aber doch den Altar der Victoria aus dem Sitzungssaal des Senates entfernen und zeigte durch sein ganzes Verhalten beim Besuch der wichtigsten Denkmäler Roms, daß er für diese Zeugen der heidnischen Religion eher kunsthistorisches als religiöses Interesse besaß[8]. Es war klar, daß Anhänger dieser Religion keinen noch ins Gewicht fallenden Einfluß auf die kaiserliche Religionspolitik als Ganzes ausüben konnten.

Gespannt mochte allerdings die Christenheit des Reiches die ersten Stellungnahmen der Kaiser zu dem Konflikt für oder wider das Nicaenum erwarten, der vor allem die Gläubigen des östlichen Reichsteiles in zwei Lager gespalten und zuletzt der arianischen Partei die besseren Siegesaussichten gebracht hatte. Aber zunächst durften die Anhänger des Nicaenums und seines Vorkämpfers Athanasios aufatmen. Schon drei Wochen nach Konstantins d. Gr. Tod teilte sein Sohn von Trier aus in einem Schreiben an die Christengemeinde von Alexandrien mit, die Verbannung ihres Bischofs sei aufgehoben[9]. Bald erhielten auch die übrigen exilierten nikaiatreuen Bischöfe die Erlaubnis zur Rückkehr in ihre Bistümer, so daß man annehmen darf, diese Maßnahmen beruhten auf einer Absprache der Kaisersöhne unter sich. Athanasios traf auf seiner Rückreise zu wiederholten Malen mit Kaiser Konstantius zusammen (in Viminacium, in Kaisareia in Kappadokien, in Antiochien)[10], nichts deutete vorerst auf eine Spannung zwischen den beiden hin. Das Wiedereintreffen der früheren Gemeindeleiter hatte aber weniger erfreuliche Konsequenzen. Fast überall hatte man ihnen nach ihrer Verbannung Nachfolger gegeben, die nicht ohne weiteres weichen wollten, und in mehreren Städten kam es deswegen zu Unruhen und Auseinandersetzungen in den dortigen Christengemeinden[11].

[6] Gesetz vom 23. 11. 353: Cod. Theod. 16, 10, 5; 1. 12. 356: ebd. 16, 10, 4—6.

[7] Ammian. Marcell. 22, 4, 3; 22, 5, 2.

[8] Cod. Theod. 16, 10, 3; Ammian. Marcell. 16, 10, 3; Symmachus, Rel. ad Gratianum 3, 7, 6—7. [9] Athanas., Apol. contra Arianos 87.

[10] Athanas., Apol. ad Constant. 5. [11] Hilarius, Fragm. hist. 3, 8—9.

Die Eusebianer (die Gruppe um Eusebios von Nikomedien) waren begreiflicherweise bestürzt über die Rückkehr ihres fähigsten Gegenspielers und bestritten entschieden, daß die zweite Übernahme des alexandrinischen Stuhles durch Athanasios kirchenrechtlich zulässig sei; eine kirchliche Synode — die von Tyros 335 — habe ihn durch rechtskräftiges Urteil abgesetzt, und dieser Akt könne nicht durch eine einseitige Erklärung von kaiserlicher Seite rückgängig gemacht werden. Sie sandten sogar einen Presbyter Makarios nach Rom zu Papst Julius, der diesem die Synodalakten von Tyros vorlegen und die Unrechtmäßigkeit der Rückkehr des Athanasios beweisen sollte[12]. Gleichzeitig erkannten sie den früheren Presbyter Pistos, der von einem Freunde des Arius zum Bischof der Meletianer geweiht worden war, als Bischof von Alexandrien an. Ein Mann von der Energie und Kampfbereitschaft des Athanasios reagierte schnell und entschlossen. Eine von ihm einberufene Synode aller ägyptischen Bischöfe (338) sprach ihm feierlich als ihrem rechtmäßigen ägyptischen Oberbischof das Vertrauen aus und bewies in einem Rundschreiben an alle Bischöfe der Kirche, daß er vor 10 Jahren kanonisch einwandfrei zum Bischof gewählt worden sei, daß seine Absetzung durch die Synode von Tyros ein reiner Gewaltakt war und daß er bei seiner Verbannung keinen Nachfolger erhalten habe, also auf seinen immer noch freien Bischofsstuhl zurückgekehrt sei[13]. Dieses Rundschreiben, das auch nach Rom und an die drei Kaiser ging, veranlaßte die Eusebianer zu einem unüberlegten Schritt. Sie baten nun den Papst um Einberufung einer Synode, die den Fall des Athanasios entscheiden sollte, gaben damit also die bisher so scharf betonte Endgültigkeit des Beschlusses der Synode von Tyros preis[14]. Gleichzeitig rückten sie von dem bisherigen Athanasiosnachfolger Pistos ab und entschieden sich für einen Landesfremden, Gregor von Kappadokien, der schnell zum Bischof geweiht und nach Ägypten gebracht wurde[15]. Da bisher Klerus und Volk von Alexandrien anerkanntermaßen das Recht der Bischofswahl besaßen, fand diese völlig unkanonische Bestellung heftigsten Widerspruch bei den Katholiken Alexandriens, und der neue Bischof mußte seinen Einzug in die ägyptische Hauptstadt (339) unter militärischem Schutz halten, wobei es zu Unruhen mit Toten und Verwundeten kam. Athanasios mußte jedoch der Gewalt weichen und verließ seine Bischofsstadt zum zweiten Mal, nicht ohne in einem flammenden Protest an alle Bischöfe auf das Schicksal der Kirche hinzuweisen, wenn man dem Terror stumm zusähe[16]. Inzwischen waren Einladungen von Papst Julius zu einer Synode in Rom ergangen, aber diesmal lehnten die Eusebianer ab, nach Rom zu kommen, obwohl sie die Synode selbst erbeten hatten, und beriefen sich wieder auf die Tatsache, daß eine orientalische Synode die Frage bereits entschieden habe; zudem könne eine westliche

[12] Athanas., Apol. contra Arianos 19. [13] Ebd. 3—19. [14] Ebd. 20.
[15] Socrates HE 2, 9. [16] Athanas., Hist. Ar. 9—10; Epist. encycl. 6.

Synode keinen Fall diskutieren oder entscheiden, der eine innere Angelegenheit der östlichen Kirche sei[17]. Das veranlaßte den Papst nur um so mehr, nun auf einer römischen Synode (340/341) die Angelegenheit des Athanasios, der mit einer Reihe ebenfalls vertriebener Bischöfe anwesend war, auf Grund aller erreichbaren Akten sorgfältigst zu prüfen. Sie kam zu dem Ergebnis, Athanasios sei der legitime Bischof Alexandriens, und Papst Julius teilte dies in einem würdevollen Schreiben an die orientalischen Bischöfe mit, in dem deutlich der Anspruch des römischen Bischofs hörbar wird, Angelegenheiten auch östlicher Bischofsstühle an sich zu ziehen und für die Gesamtkirche bindend zu entscheiden. Sehr geschickt hält er ihnen ihre Inkonsequenz vor, wenn sie hier eine nochmalige Behandlung einer synodal entschiedenen Frage ablehnten, während sie im Fall des Arius durchaus anders handelten[18]. Eine Wirkung auf die tatsächlichen Verhältnisse hatte aber der Beschluß der römischen Synode nicht; Athanasios mußte im Westen bleiben und brieflich die Verbindung mit den ihm treuen Christen Ägyptens aufrechterhalten[19]. Die Gegner des Homousios trafen sich im Osten, als die von Konstantius in Antiochien erbaute Kirche ihre feierliche Weihe erhielt (Herbst 341). Auf dieser Kirchweihsynode verfaßten sie einen Rundbrief, in dem sie sich dagegen verwahrten, sie seien Anhänger des Arius; sie würden nur der Überlieferung folgen, vermieden aber in ihrem Glaubensbekenntnis jede Formulierung, die in das Symbol von Nikaia aufgenommen worden war[20].

Die Synode von Serdica und ihre Folgen

Bewegung kam wieder in die Diskussion durch die politischen Vorgänge, die dem jungen Konstans im Westen die Alleinherrschaft und damit einen Machtzuwachs gebracht hatten, der Konstantius im Osten nicht gleichgültig sein konnte. Als Konstans seinen Bruder um Aufklärung über die Einstellung der Bischöfe im östlichen Reichsteil bat, erschien alsbald eine Delegation von vier Bischöfen am Hofe in Trier und legte dem Kaiser eine neue Glaubensformel vor, in der zwar einige Thesen des Arius, ohne seinen Namen zu nennen, zurückgewiesen waren, aber das Homousios unerwähnt blieb, so als ob das Konzil von Nikaia nicht stattgefunden hätte[21]. Inzwischen war aber auch Papst Julius wieder aktiv geworden; er hatte Kaiser Konstans gebeten,

[17] Athanas., Apol. contra Arianos 31—35; Sozom. HE 3, 8, 4—8.

[18] Athanas., Hist. Ar. 15; Apol. contra Arianos 21—31; zum Schreiben des Papstes vgl. *P. Batiffol*, La paix Constantinienne (Paris ⁴1929) 416—423.

[19] Ein Brief, in dem er für 13 vakante Sitze Ägyptens Bischöfe bestellt: PG 26, 1412—1414.

[20] Athanas., De syn. 22; Socrates HE 2, 10; Sozom. HE 3, 5, 5.

[21] Athanas., De syn. 25; Sozom. HE 3, 10, 4—6.

von seinem Bruder die Zustimmung zu einer neuen, von den Bischöfen beider Reichsteile zu besuchenden Synode zu geben, die endgültig den Konflikt beilegen sollte. Konstantius gab nach, und so wurde eine Versammlung aller Bischöfe nach Serdica auf dem Balkan (Sofia) einberufen[22], das noch im Herrschaftsbereich des Konstans, aber unmittelbar vor der Grenze des Ostreiches lag.

Hier fanden sich im Herbst 342 oder 343[23] die beiden Gruppen ein, an der Spitze der etwa 90 westlichen Bischöfe der nun schon hochbetagte Ossius von Córdova und die beiden Presbyter Archidamus und Philoxenos als Vertreter des Papstes Julius[24]. Die an Zahl nur wenig geringeren Orientalen (75—80) wurden angeführt von Stephan von Antiochien, Akakios von Kaisareia in Palästina — Eusebios von Nikomedien, zuletzt Bischof von Konstantinopel, war 341 gestorben —, aber sie wurden bezeichnenderweise von zwei hohen Beamten des Konstantius begleitet[25]. Leider kam es dann überhaupt nicht auch nur zu einer einzigen gemeinsamen Sitzung der beiden Gruppen, weil die östliche eine condicio sine qua non stellte: die vom Osten abgesetzten Bischöfe Athanasios, Markellos von Ankyra und Asklepas von Gaza dürften an der Synode nicht teilnehmen, da sie als Angeklagte nicht Sitz und Stimme dabei haben könnten[26]. Auch als Ossius vorschlug, Athanasios solle selbst bei erwiesener Unschuld im Westen bleiben, wenn man seine Rückkehr nach Alexandrien nicht wünsche, blieben sie unnachgiebig. Sie hielten eine Sondersitzung ab, verfaßten ein Rundschreiben an die Gesamtkirche und verließen bei Nacht Serdica unter dem Vorwand, sie hätten gerade die Nachricht von einem Sieg ihres Kaisers Konstantin gegen die Perser erhalten, den sie in ihren Gemeinden feiern müßten[27]. Man hat den Eindruck, als sei das ganze Vorgehen der Orientalen bereits abgesprochen gewesen. In einem Rundschreiben an die ganze Kirche wiederholten sie die alten Anklagen gegen Athanasios und Markellos von Ankyra und verurteilten die führenden westlichen Bischöfe, vor allem Papst Julius, Ossius von Córdova und Maximin von Trier, weil durch sie „Markellos, Athanasios und die anderen Verbrecher wieder in die kirchliche Gemeinschaft aufgenommen“ worden seien[28].

Die westliche Gruppe erledigte notgedrungen allein das Programm, das der Synode gestellt war. Sie nahm eine aktenmäßige Prüfung aller angeklagten Bischöfe des Ostens vor; die Beschuldigungen gegen Athanasios und seine Freunde erwiesen sich erneut als haltlos, während deren Feinde

[22] Hilarius, Fragm. hist. 3, 14; Athanas., Apol. ad Constant. 3—4.

[23] Das Datum ist immer noch kontrovers; vgl. zuletzt die Übersicht bei *H. Hess* a. a. O. 140—144 (für 343), der aber den Beitrag von *W. Schneemelcher* zur Frage (für 342) übersehen hat. [24] Hilarius, Fragm. hist. 2, 9—15; 3, 16. [25] Athanas., Hist. Ar. 15.

[26] Athanas., ebd. 15 und 44; Sozom. HE 3, 11, 4.

[27] Athanas., Hist. Ar. 16 und 44; Apol. contra Arianos 48.

[28] Hilarius, Fragm. hist. 3, 1—29.

bzw. Nachfolger auf ihren Bischofsstühlen schwerwiegende Verstöße gegen das Kirchenrecht begangen hatten. So schlossen die Okzidentalen ihrerseits die führenden Männer des Ostens aus der kirchlichen Gemeinschaft aus[29]. Einige Bischöfe wollten auch eine neue Glaubensformel verkündet haben und legten entsprechende Entwürfe vor, aber dem widersetzte sich Athanasios mit Recht mit dem Hinweis, das Symbol von Nikaia genüge durchaus und sollte nicht durch eine immer neue Produktion weiterer Symbole, wie sie die Orientalen übten, entwertet werden[30]. Die Synodalen unterrichteten dann ebenfalls die Bischöfe der Gesamtkirche von den gefaßten Beschlüssen und baten die Nichtanwesenden um ihre Zustimmung[31].

Die Synode von Serdica leistete jedoch kirchenrechtlich bedeutsame Arbeit, als sie disziplinäre Bestimmungen in 21 Kanones faßte, die durch die bitteren Erfahrungen der letzten Jahre notwendig geworden waren[32]. So wird ausdrücklich festgestellt, daß ein abgesetzter Bischof das Recht hat, gegen das Urteil, das übrigens nur von der Synode seiner Provinz gefällt werden darf, Berufung einzulegen, und zwar in der Form, daß seine Mitbischöfe die Angelegenheit dem Bischof von Rom vorlegen müssen; dieser entscheidet, ob das Urteil Rechtens ist, oder überweist den Fall zu neuer Behandlung an die Synode einer Nachbarprovinz, auf der er sich vertreten lassen kann[33]. Den Bischöfen wird eingeschärft, keine Kleriker aus anderen Diözesen in die eigene abzuwerben oder sie ohne Zustimmung des eigenen Bischofs zu weihen noch einem kirchliche Gemeinschaft zu gewähren, der von seinem Bischof exkommuniziert wurde[34]. Die Residenzpflicht der Bischöfe wird streng gefaßt, die Translation auf ein anderes Bistum schärfstens untersagt[35]. Eine deutliche Spitze gegen Vorkommnisse der jüngsten Vergangenheit wird spürbar in den Bestimmungen, die die dauernden Reisen der Bischöfe an den kaiserlichen Hof untersagten[36]. Man ging nicht auseinander, ohne sich eindringlich an Kaiser Konstantius zu wenden, er möge dafür Sorge tragen, daß die Intrigen und Gewalttaten einzelner Bischöfe gegen ihre Mitbrüder ein Ende nähmen und daß die staatlichen Behörden sich nicht in kirchliche Angelegenheiten einmischten[37].

Aufs Ganze gesehen, endete die Synode von Serdica, auf die man im Westen so große Hoffnung gesetzt hatte, abgesehen von den Kanones, ohne

[29] Athanas., Apol. contra Arianos 36 49.

[30] Theodoret HE 2, 8, 37—52: griech. Text des Entwurfes, der lateinische: *Mansi* VI 1215 ff, dazu Athanas., Tom. ad Antioch. 5.

[31] Griechisch bei Athanas., Apol. contra Arianos 44—51; Theodoret HE 3, 8, 1—36; lateinisch bei Hilarius, Fragm. hist. 2, 1—8.

[32] Ihre lang umstrittene Echtheit, auch die der can. 3, 4 u. 7 über das Appellationsrecht nach Rom, gilt jetzt als gesichert, vgl. *H. Hess* a. a. O. 22—24. Kritischer Text von *C. H. Turner*, Ecclesiae occidentalis monumenta juris antiquissima I 480—482.

[33] Can. 3, 4, 7. [34] Can. 16, 18, 19. [35] Can. 14, 15; 1, 2. [36] Can. 8—12.

[37] Der Inhalt des Schreibens wird resümiert von Hilarius, Liber I ad Constantium 1—5.

positives Ergebnis. Durch die Exkommunikation der führenden Männer in Ost und West wurde die Atmosphäre so vergiftet, daß schon hier ein Bruch zwischen östlicher und westlicher Christenheit offenbar wurde, eine der ersten Stufen in jenem langen Entfremdungsprozeß, der schließlich zur Trennung der beiden führen sollte. Diese Entfremdung mußte vor allem dann bedenklich werden, wenn sich die politische Macht des einen Reichsteiles jeweils hinter die Auffassung stellte, die sein Episkopat in dogmatischen oder disziplinären Fragen vertrat. Eine derartige Entwicklung bahnte sich bereits im Herrschaftsbereich des Konstantius an. Der Kaiser ergriff eindeutig Partei gegen alle, die in irgendeiner Form ihre Sympathie für die Beschlüsse der westlichen Bischöfe in Serdica bekundet hatten. Bischöfe und Kleriker wurden verbannt, der Kaiser ließ Wachen aufstellen, um die heimliche Rückkehr jener Bischöfe zu verhindern, die in Serdica rehabilitiert worden waren[38]. Da kam unerwartete Hilfe vom Westen. Der um sechs Jahre jüngere Konstans beschränkte sich nicht darauf, in seinem Reichsteil für Ruhe im kirchlichen Bereich zu sorgen, sondern übte auf den älteren Bruder einen spürbaren Druck aus, damit die Athanasianer auch im östlichen Reichsteil zu ihrem Recht kämen — und Konstantius mußte mit der Energie und überlegenen diplomatischen Geschicklichkeit des jüngeren rechnen, der schon gegenüber Konstantin II. gezeigt hatte, daß er nicht gewillt war, von einmal gefaßten Entschlüssen abzugehen. Um Ostern 344 erschien am Hof in Antiochien eine Delegation aus dem Westen, zu der auch der damalige Kölner Bischof Euphratas gehörte, und überbrachte einen Brief ihres Kaisers Konstans, in welchem die Erlaubnis für Athanasios erbeten wurde, in seine Bischofsstadt zurückzukehren. Die Delegation erreichte zwar nicht die Rückkehr der verbannten Bischöfe, aber es wurde doch zunächst die Verfolgung der Athanasiosanhänger in Ägypten eingestellt[39]. Der Einfluß des Konstans blieb aber weiter wirksam, und als Gregorios im Jahre 345 starb, forderte Konstantius den Athanasios brieflich auf, in seine Heimatdiözese zurückzukehren. Aber Athanasios ließ sich wiederholt bitten und bereitete seine Rückkehr sorgfältig vor. Er verabschiedet sich in feierlicher Form von Kaiser Konstans und Papst Julius, der ihm ein anerkennendes Schreiben an die Alexandriner mitgab[40]. In Antiochien empfing ihn der Kaiser selbst, der zwar nicht auf seine Forderung einging, ihm seine Gegner gegenüberzustellen, um sich vor ihnen verteidigen zu können; er schien aber bereit, den Frieden mit Athanasios endgültig herbeizuführen, da er alle amtlichen Briefe vom Präfekten Ägyptens zurückverlangte, die in der Angelegenheit des Athanasios an ihn ergangen waren[41]. Der Empfang des lange verbannten ägyptischen Bischofs in Alexandrien glich einem Triumph-

[38] Athanas., Hist. Ar. 17 u. 19. [39] Ebd. 20—21.

[40] Athanas., Apol. contra Arianos 51 u. 57; Hist. Ar. 21.

[41] Athanas., Apol. contra Arianos 54 55 23.

zug. Mit Genugtuung weist Athanasios darauf hin, daß damals über 400 Bischöfe aus Ost und West mit ihm in Gemeinschaft standen; sogar seine beiden bitteren Gegner vom Balkan, Valens und Ursacius, erklärten dem Papst Julius, sie nähmen die Beschlüsse der Synode von Serdica an, baten um Zulassung in die Gemeinschaft der Kirche und nannten in einem Schreiben an Athanasios diesen ihren Bruder[42]. Wenn auch manche Bischöfe des Ostens innerlich mit dieser Entwicklung nicht einverstanden waren, so schien es doch, daß jetzt der Weg zur endgültigen Befriedigung beschritten sei. Aber wieder machte ein Ereignis der Politik die Hoffnung zunichte durch den Tod des Mannes, der diese Entwicklung eingeleitet hatte. Im Januar 350 wurde der comes Magnentius in Autun in Gallien zum Kaiser ausgerufen. Kaiser Konstans mußte nach Spanien flüchten, wurde aber von den meuternden Truppen in den Pyrenäen eingeholt und kam dort ums Leben. Nach dreijährigem hin und her schwankendem Kampf gelang es Konstantius, den Usurpator zu überwältigen[43]. Der zweite Konstantinssohn war Alleinherrscher, damit lag auch die staatliche Religionspolitik wieder in eines Mannes Hand.

Die Religionspolitik des Alleinherrschers Konstantius (350—361)

Zunächst aber schienen neue Befürchtungen des Athanasios und seiner Freunde unbegründet; Konstantius teilte ihm mit, er würde dem Anliegen seines verstorbenen Bruders Rechnung tragen und Athanasios könne stets auf seine Unterstützung zählen[44]. Dieser war gut beraten, als er sich gegenüber einer Delegation des Usurpators Magnentius, der den ägyptischen Bischof für sich gewinnen wollte, betont reserviert verhielt und seine Gemeinde zum Gebet für Kaiser Konstantius aufrief[45]. Je mehr dann dieser Erfolg gegenüber dem Usurpator hatte, um so stärker ward der Widerstand der Gegner für Athanasios wieder spürbar, denen sich auch der Kaiser mehr und mehr anschloß. Von Anfang 352 an warfen sie ihm seine Anhänglichkeit an Konstans und den Empfang der Delegation des Magnentius vor und suchten ihn bei Konstantius als unloyal zu verdächtigen[46]. Sie verstärkten ihre Bemühungen, als Athanasios durch den Tod des Papstes Julius (352) einen seiner entschiedensten Anhänger im Westen verlor[47]. Dessen Nachfolger, Papst Liberius (352—366), wies aber ebenfalls ihre Anschuldigungen gegen Athanasios zurück und wandte sich an Konstantius, der sich damals in Arles aufhielt, mit der Bitte, eine Synode nach Aquileia einzuberufen, die den Kirchenfrieden zwischen Ost und West wiederherstellen sollte[48]. Es war

[42] Hilarius, Fragm. hist. II 20. [43] Siehe *J. Moreau:* JbAC 2 (1959) 180 165 f.
[44] Athanas., Apol. ad Constant. 23. [45] Ebd. 9.
[46] Athanas., Apol. ad Constant. 3 f und Hist. Ar. 30.
[47] Julius starb am 12. 4. 352: LP I 9. [48] Hilarius, Fragm. hist. 5, 1—6.

kein gutes Zeichen, daß die Abgesandten des Papstes beim Kaiser in Arles die beiden pannonischen Bischöfe Valens und Ursacius antrafen, die inzwischen die theologischen Berater des Kaisers für den lateinischen Westen geworden waren. Der Kaiser war bereit, sofort eine Synode abzuhalten, aber in Arles, wohin die gallischen Bischöfe gebeten wurden (353). Man legte ihnen jedoch keine der anhängigen theologischen Fragen zur Beratung vor, sondern ein ausgearbeitetes Dekret, das die Verurteilung des Athanasios enthielt[49]. Die päpstlichen Legaten forderten jedoch zuerst die Beratung der theologischen Differenzen, aber vergebens. Wie einst sein Vater gegenüber der Minderheit in Nikaia, so drohte der Kaiser jetzt den Bischöfen des Westens Absetzung und Verbannung an, falls sie die Unterschrift verweigerten. Zusammen mit dieser Drohung erreichte die listige Beredsamkeit des Bischofs Valens von Mursa, daß ein gallischer Bischof nach dem anderen, die zudem nur geringe Kenntnis von der ganzen Vorgeschichte des Falles Athanasios hatten, die geforderte Unterschrift leistete; nur einer blieb aufrecht, Paulinus von Trier, der dafür ins Exil nach Phrygien mußte, wo er starb[50]. Papst Liberius konnte ebenfalls dazu nicht seine Zustimmung geben und verlangte vom Kaiser die Einberufung einer neuen großen Synode[51]. Konstantius ging bereitwilligst auf diese Bitte ein, da er wußte, daß von diesem Episkopat kein ernstlicher Widerstand gegen seinen Willen zu erwarten war, und bestimmte Mailand zum Tagungsort dieser Synode, auf der sich im Jahre 355 einige orientalische und eine beträchtliche Anzahl westlicher Bischöfe einfanden[52]. Mit dieser Synode begann ein beschämendes Trauerspiel, das den Kaiser aufs schwerste belastet, der nicht den geringsten Widerspruch gegen seinen Willen duldete und sich zu immer härteren Maßnahmen hinreißen ließ. Wieder wollte er einzig und allein von den Synodalen das Verdammungsurteil über Athanasios unterzeichnen lassen. Als Bischof Eusebius von Vercelli dagegen vorschlug, die anwesenden Bischöfe sollten zuerst einmal ihre Unterschrift unter das Glaubenssymbol von Nikaia setzen, und der Mailänder Bischof Dionysius sich dazu anschickte, kam es zu häßlichen Tumulten[53]. Der Kaiser ließ jetzt die weiteren Sitzungen aus der Kirche in den Kaiserpalast legen[54], um die Bischöfe besser unter Kontrolle zu haben, und wieder erreichte er mit den gleichen Drohungen das gleiche Ergebnis wie in Arles. Bis auf drei wichen alle der Gewalt; diese drei waren Eusebius von Vercelli, Lucifer von Calaris und Dionysius von Mailand, über die das Exil verhängt wurde, den Mailänder Katholiken wurde der Arianer Auxentios aus Kappadokien als Bischof aufgenötigt, der seinen Gläubigen

[49] Sulpicius Severus, Chron. II 39.
[50] Hilarius, Fragm. hist. 1, 6; Athanas., Apol. ad Constant. 27.
[51] Hilarius, Fragm. hist. 5, 3; 6. [52] Sozom. HE 4, 9, 1.
[53] Hilarius, Ad Constant. 1, 8; Athanas., Hist. Ar. 31—34.
[54] Lucif. Cal., Moriendum esse pro Filio Dei 1.

nicht einmal in ihrer Muttersprache predigen konnte. Nach Abschluß der Synode suchten kaiserliche Gesandte die abwesenden Bischöfe auf und erzwangen auch von ihnen die Unterschrift. In Gallien allerdings traf man auf einen gewissen Widerstand, als dessen Seele man alsbald den Bischof *Hilarius von Poitiers* erkannte, der in den nächsten Jahren entscheidend dazu beitragen sollte, daß der lateinische Westen nicht dem Arianismus anheimfiel. Man zwang ihn jetzt, mit anderen Bischöfen Südgalliens an einer Synode in Béziers (356) teilzunehmen, wo es gelang, den meisten Teilnehmern die Zustimmung zur Verurteilung des Athanasios abzulisten. Nur Hilarius und Rhodanius von Toulouse weigerten sich und mußten dafür den Weg in die Verbannung nach Phrygien antreten[55].

Nun war eigentlich nur noch ein Bischof des Westens vorhanden, dessen Haltung dem Kaiser und seinen Ratgebern nicht gleichgültig sein konnte, der Bischof von Rom, Papst Liberius. Als dieser von dem Ergebnis der Mailänder Synode erfuhr, schrieb er sofort an die drei verbannten Bischöfe, sprach ihnen seine Anerkennung für ihre aufrechte Haltung aus und sein Bedauern, nicht ihr Gefährte sein zu dürfen[56]. Aber zunächst schien der Rang des römischen Bischofs dem Kaiser doch eine andere Methode zu empfehlen. Der kaiserliche Beamte Eusebius überbrachte dem Papst reiche Geschenke, erst als diese entschieden zurückgewiesen wurden, folgten die Drohungen. Als der Papst die in St. Peter niedergelegten Geschenke auch aus dem Gotteshaus entfernen ließ, erhielt der Stadtpräfekt Leontius den Befehl, Liberius mit Gewalt an den Hof zu bringen. Um Unruhen in der Bevölkerung zu vermeiden, mußte man die Aktion im Schutz der Nacht durchführen[57]. Am Hof in Mailand kam es zu scharfen Auseinandersetzungen zwischen dem maßlos erregbaren Kaiser und dem Papst, der mit würdevoller Festigkeit ablehnte, den „gottlosen Athanasios, dessen Frechheit nicht zu schildern ist", wie der Kaiser sich ausdrückte, zu verdammen[58]. Schließlich gab ihm der Kaiser drei Tage Bedenkzeit, nach der er sich für die Unterschrift und zugleich für seine Rückkehr nach Rom oder für die Verbannung entscheiden sollte. Aber schon nach zwei Tagen wurde Liberius ins Exil nach Thrakien gebracht, wo er einem arianischen Bischof zur Betreuung übergeben wurde. Die 5000 Goldstücke, die ihm der Kaiser zur Deckung der Unkosten überwies, lehnte er ebenso ab wie das Geld, das die Kaiserin ihm zukommen lassen wollte[59]. Man rechnete offensichtlich mit einem langen Widerstand des Papstes, da man ihm nach einiger Zeit einen Nachfolger gab; ein Diakon Felix war charakterlos genug, das Amt anzunehmen[60]. Da-

[55] Hilarius, Contra Constant. n. 2; zur Synode von Béziers siehe *E. Griffe,* La Gaule chrétienne I (Paris ²1964) 224—228. [56] Hilarius, Fragm. hist. 6, 1—2.
[57] Athanas., Hist. Ar. 35—37. [58] Theodoret HE 2, 16, 1—27.
[59] Vgl. *M. Goemans,* L'exil du pape Libère: Mélanges Chr. Mohrmann (Utrecht 1963) 184—189. [60] Theodoret HE 2, 17, 3; Athanas., Hist. Ar. 75.

mit war praktisch jede Stimme, die wirksamen Widerspruch erheben konnte, zum Verstummen gebracht, aber die Umgebung des Kaisers erinnerte sich daran, daß im fernen Spanien Bischof Ossius von Córdova noch lebte, der inzwischen fast hundert Jahre alt geworden war. Aber auch dieser Greis schien noch gefährlich, und als er auf wiederholte Schreiben des Kaisers sich nicht bereit fand, mit Athanasios zu brechen, ließ man ihn auf den Balkan bringen und hielt ihn, wohl in Sirmium, in Gewahrsam[61].

Nachdem so der Westen vom Kaiser eingeschüchtert war, konnte man mit größerer Sicherheit gegen Athanasios vorgehen, der immer noch in Alexandrien weilte und sich bei allen Einschüchterungsversuchen geschickt auf die Briefe des Kaisers berief, in denen dieser ihn seiner Sympathie und seiner Hilfe versichert hatte. Auch der Versuch, einen Volksaufstand gegen ihn zu inszenieren, schlug fehl[62]. Schließlich drang bei einem Gottesdienst, bei dem Athanasios zugegen war, eine Abteilung Soldaten in die Theonaskirche ein, um den Bischof zu verhaften; in dem Getümmel, das dabei entstand und das mehrere Tote forderte, ist Athanasios entkommen (Februar 356), der sich zu den Mönchen in die Wüste begab, die ihn mit Begeisterung aufnahmen[63]. Gegen den Willen der Bevölkerung, die sich an den Kaiser gewandt hatte, erhielt die alexandrinische Gemeinde ein Jahr später (357) wieder einen Fremden als Bischof, nachdem man den Katholiken zuvor ihre Kirchen genommen und sie an die Arianer übergeben hatte[64]. Dieser Bischof Georg führte ein wahres Schreckensregiment über Ägypten, ließ Bischöfe und Priester in die Verbannung schicken und quälte die dem Athanasios weiterhin treuen Gläubigen auf jede mögliche Art, bis schließlich nach 18 Monaten die Alexandriner dieses Terrors müde waren und den ihnen aufgenötigten Bischof zur Flucht zwangen[65]. Aber Athanasios konnte seine Rückkehr trotzdem nicht wagen — und so waren die Verteidiger des Nicaenums aus der Öffentlichkeit verdrängt. Im Versteck bei den ägyptischen Mönchen schrieb damals Athanasios einige seiner wichtigsten Verteidigungsschriften. In der „Apologie an Kaiser Konstantius" widerlegte er die über ihn in Umlauf gesetzten Verleumdungen und widmete Darstellung und Stil hohe Sorgfalt. Die „Apologie wegen seiner Flucht" wendet sich an die Gesamtkirche und wurde zu einer seiner meistgelesenen Schriften. Der „Apologeticus gegen die Arianer" ist wegen der zahlreichen aufgenommenen Dokumente von unschätzbarem Wert für die Geschichte der Jahre 339—357. In der „Geschichte der Arianer", die er den ägyptischen Mönchen widmete, geht er schonungslos mit seinen Gegnern ins Gericht, schildert in oft flammender Sprache ihre Intrigen und nennt Kaiser Konstantius einen Vorläufer des

[61] Coll. Avell. 2, 32. [62] Hist. aceph. 4.
[63] Athanas., Apol. de fuga 24.
[64] Athanas., Hist. Ar. 55—58; Sozom. HE 4, 9, 8—12.
[65] Athanas., Apol. ad Constant. 28; Hist. Ar. 73; Epiphan., Panar. 76, 1.

Antichrist[66]. Das lateinische Gegenstück dazu lieferte Lucifer von Calaris mit seinen fünf oft maßlosen Streitschriften gegen Konstantius, die ebenfalls im Exil entstanden[67].

In all diesen Streitigkeiten stand meist gar nicht mehr die Frage des rechten Glaubens im Vordergrund, sondern der Kampf um Anerkennung oder Verwerfung der Bischöfe, genauer des einen Bischofs Athanasios und seiner Anhänger im Episkopat. Wer sich zu ihm bekannte, war ein Bekenner des wahren Glaubens, so sagten seine Freunde; wer ihn verdammte, legte ein Bekenntnis zum Frieden ab und erwies damit seine Treue gegenüber dem Kaiser, so Konstantius. Sobald deshalb die Gegner des Athanasios politischen Einfluß erlangten, war es nicht ihre erste Sorge, die von ihnen vertretene Glaubensauffassung ihren Gläubigen zu verkündigen, sondern die athanasiosfreundlichen Bischöfe von ihren Sitzen zu entfernen und durch Gesinnungsgenossen zu ersetzen. Es überrascht daher nicht, daß sich in ihren Reihen um die Mitte des 4. Jh. kaum ein Mann findet, den die dogmatische Frage primär interessierte. Das änderte sich seit etwa 356, als der dialektisch geschulte Aëtios nach einem bunten Lebensschicksal den Weg zur Theologie fand und von dem antiochenischen Bischof Leontios zum Diakon geweiht wurde[68]. Dieser griff das eigentliche Anliegen des Arius, die Frage nach dem Verhältnis von Vater und Sohn, wieder auf und trug dafür die bisher radikalste Lösung in Wort und Schrift vor. Nach ihm ist der Sohn dem Vater weder wesensgleich noch wesensähnlich, noch überhaupt nur ähnlich; er lehnte also die bislang diskutierte Terminologie ab und trat praktisch für die Formel ἀνόμοιος ein; die Dogmengeschichte sieht in ihm den Begründer der *Anhomöer* oder Aëtianer, des radikalen arianischen Flügels[69]. In Antiochien fand Aëtios jedoch wenig Beifall für seine radikale Theologie und wandte sich deshalb nach Alexandrien, wo ihn später *Eunomios,* der nachmalige Bischof von Kyzikos, traf, den er für seine Theorie gewann[70]. Diese beiden Männer leiteten jedoch die Spaltung der Arianer in verschiedene Gruppen ein und wurden so ungewollt Ursache einer Schwächung der ganzen antinikänischen Bewegung.

Die Auffassung des Aëtios wurde auch geteilt von dem Bischof Germanios, der 351 von Kyzikos nach Sirmium berufen worden war und hier im Sommer 357 eine neue Glaubensformel entwarf, in der die Ausdrücke *substantia, consubstantialis* und *homousios* verworfen wurden[71]. Für diese Formel suchten sie die Unterschrift des greisen Ossius zu gewinnen, der sich in Sirmium befand, und sie hatten Erfolg. Der nunmehr Hundertjährige,

[66] Sonderausgabe der Apologia ad Constantium und der Apologia de fuga von *I.-M. Szymusiak* in den SChr 56 (Paris 1958). [67] CSEL 14 (Wien 1886, ed. *W. Hartl*).

[68] Über ihn *G. Bardy:* RHE 24 (1928) 809—827.

[69] Vgl. *R. Seeberg,* Lehrbuch der Dogmengeschichte II (Darmstadt [5]1959) 104.

[70] Siehe *E. Vandenbussche:* RHE 40 (1944/45) 47—72; *L. Abramowski:* RAC 6, 936—947.

[71] Text bei Hilarius, De syn. 11 und Athanas., De syn. 28.

dessen Geisteskräfte längst nachgelassen hatten, besaß nur noch so viel Klarheit und Energie, daß er sich keine Verurteilung seines langjährigen Freundes Athanasios abringen ließ[72]. Weit schwerer wiegt das Umschwenken des Papstes *Liberius,* das zeitlich wohl schon früher anzusetzen ist. Es liegen vier wohl echte Briefe des römischen Bischofs vor, in denen dieser, in der Verbannung in Thrakien unter dem Druck arianischer Bischöfe mürbe geworden, seine bisherige Haltung aufgab und nun Athanasios verurteilte, die Gemeinschaft mit dessen Gegnern aufnahm und auch eine bisher abgelehnte Glaubensformel unterschrieb, die wahrscheinlich mit der sirmischen des Jahres 351 identisch ist und nicht zwingend in häretischem Sinn interpretiert werden mußte. Gleichzeitig bat er, man möchte doch beim Kaiser die Erlaubnis zu seiner Rückkehr nach Rom erwirken[73]. Liberius sollte für diese Nachgiebigkeit, die mehr ein Versagen im Charakterlich-Menschlichen als in der Theologie war, bitter büßen. Als der Kaiser ihn 358 nach Rom entließ, mutete er ihm zu, sich mit seinem „Nachfolger" Felix in Amt und Würde eines Bischofs von Rom zu teilen. Wenn auch die Sympathien der Römer ihm, dem aus dem Exil Heimkehrenden, gehörten, und Felix sich deshalb zum Verlassen Roms genötigt sah, so war doch außerhalb Roms das Ansehen des Liberius so geschwächt, daß er in der Diskussion der nächsten Jahre keine besondere Rolle mehr spielte[74].

Der radikale Flügel der Jungarianer fand jedoch nicht den Anklang, den sich seine Vertreter mit ihrer Glaubensformel von Sirmium 357 erhofft hatten. Nicht nur in Gallien[75] und Nordafrika[76], sondern auch in arianischen Kreisen des Ostens erhob sich scharfer Widerspruch gegen die von ihnen vertretene offenkundige Bekämpfung der Gottheit des Sohnes und ließ nun eine gemäßigte Richtung stärker in den Vordergrund treten, die den Nikänern näherstand als den radikalen Eunomianern. Ihr führender Kopf war der theologisch gebildete *Basileios von Ankyra*[77], der um Ostern 358 einige Bischöfe in seine Stadt einlud und dann in ihrem Namen ein für die weitere Entwicklung der Diskussion bedeutsames Schreiben publizierte[78], das einmal entschieden die anhomöische These zurückwies, anderseits als neuen

[72] Sozom. HE 4, 12, 6; Hilarius, De syn. 11 63 87; vgl. *B. Llorca,* El problema de la caída de Osio de Córdova: EE 33 (1959) 39—56.

[73] Die vier Briefe bei Hilarius, Fragm. hist.: CSEL 65 155 168 170 172, dazu *A. Feder,* Studien zu Hilarius (Wien 1919) 153—183. *P.-P. Joannou* a. a. O. 125f hält die Briefe wieder für eine Fälschung.

[74] Sozom. HE 4, 15, 4—6; Theodoret HE 2, 17; Coll. Avell. 1.

[75] Bischof Phoebadius von Agen schrieb damals seinen Traktat Contra Arianos, vgl. *G. Fritz:* DThC 12, 1369—74. Der Text findet sich PL 20, 13—30 und bei *A. Durengues,* Le livre de Phoebade contre les Ariens (Agen 1927).

[76] Hilarius, Adv. Constant. 26, dazu *G. Folliet:* RÉB 24 (1966) 212; *A. Pincherle:* SMSR 39 (1968) 169—182.

[77] Über ihn vgl. *Quasten* P III 201—203, *E. Schwartz,* Ges. Schr. IV 27—28.

[78] Erhalten bei Epiphan., Haer. 73, 12—22.

Terminus das Wort *Homoiusios* vorschlug. Die damit ausgesprochene *Wesensähnlichkeit* des Sohnes mit dem Vater bedeutete ohne Zweifel eine große Annäherung an die Auffassung der Nikäner. Darüber hinaus gelang es noch, den Kaiser für diese Formel zu gewinnen, der zuletzt die Anhomöer begünstigt hatte. Sie wurde 358 auf einer Synode in Sirmium bestätigt und erhielt auch die Unterschrift des Papstes Liberius[79]. Sowohl Athanasios wie Hilarius sprechen in freundlichen Formulierungen von dieser neuen Terminologie, die ihnen einer rechtgläubigen Auslegung fähig schien und in einer freundschaftlichen Atmosphäre diskutiert werden sollte[80]. Basileios von Ankyra nutzte aber die gewonnene kaiserliche Gunst nur zu einem scharfen Vorgehen gegen die Anhomöer aus, deren führende Männer im Episkopat nun ihrerseits die Bitternis des Exils kosten mußten[81]. Dann erstrebte er eine möglichst feierliche Sanktionierung seiner Theologie, die auf einem großen allgemeinen Konzil in Nikaia erfolgen sollte[82].

Die Doppelsynode von Seleukia — Rimini (359)

Während Basileios mit den Vorbereitungen für dieses Konzil beschäftigt war, gelang es jedoch einer Gruppe anderer Bischöfe, dem Kaiser die Idee einer Doppelsynode zu suggerieren, die gleichzeitig tagen sollte, im Westen für den lateinischen Episkopat, im Osten für die Bischöfe der östlichen Provinzen. Es ist verständlich, daß dieser Plan dem Kaiser ungemein verlockend vorkommen konnte. Die Ostsynode durfte trotz der Spaltungen mit einer sicheren „arianischen" Majorität rechnen, von den Bischöfen des Westens konnte er auf Grund der Erfahrungen der letzten Zeit annehmen, daß er die Unterschrift unter ein von ihm vorgelegtes Glaubensbekenntnis letztlich doch gewinnen würde. Als Tagungsort für die Bischöfe des Ostens wählte man die Stadt Seleukia in der kleinasiatischen Provinz Isaurien, die lateinischen Bischöfe sollten sich in Rimini an der Adria treffen[83]. Mit dieser Doppelsynode begann der letzte Akt des bedrückenden Dramas, das die Religionspolitik des Konstantius als Ganzes darstellt. Zunächst berief man eine vorbereitende Kommission nach Sirmium (Mai 359), die den Entwurf einer Glaubensformel erarbeiten sollte, den man den beiden Synoden vorlegen wollte[84]. Die noch erhaltene griechische Fassung des Entwurfes, an der die ebenso geschäftigen wie wandelbaren Valens und Ursacius mitgearbeitet hatten, muß für Basileios von Ankyra eine nicht geringe Überraschung bedeutet haben. Denn nicht das von ihm propagierte Homoiusios

[79] Sozom. HE 4, 14—15.
[80] Athanas., De syn. 41; Hilarius, De syn. 81, vgl. *P. Löffler:* ZKG 71 (1960) 26—36.
[81] Philostorgius HE 4, 8—9.
[82] Sozom. HE 4, 16, 1—4; 14—19; Hieron., Chron. ad ann. 358. [83] Sozom. HE 4, 16, 21.
[84] Ebd. 4, 17, 3; griech. Text bei Athanas., De syn. 8; Socrates HE 2, 37, siehe *J. N. D. Kelly,* Creeds 289 f. und *E. J. Jonkers* a. a. O. 104 f.

war das theologische Kennwort der neuen Glaubensformel, sondern das ὅμοιος τῷ πατρί, das also nur die *Ähnlichkeit* des Sohnes mit dem Vater aussprach. Die Vertreter dieser Theologie hatten offensichtlich das Ohr des Kaisers gewinnen können mit der Begründung, gerade eine solch vage, die *Wesensfrage* ausklammernde Formulierung könne viele Synodalteilnehmer verschiedenster Richtung für sich gewinnen. Die vorbereitende Kommission legte auch noch das Verfahren für die Doppelsynode fest; nach Abschluß der Beratungen sollte jede Synode eine Delegation zum Kaiser entsenden, ihm das Ergebnis mitteilen und am Hof den Beschlüssen die endgültige Form geben[85].

So fanden sich im Sommer 359 in Rimini über 400 westliche Bischöfe aus allen Provinzen dieses Reichsteiles ein[86], nur Rom war nicht vertreten; der Kaiser hatte offensichtlich gar keine Einladung nach dort ergehen lassen, weil ja zwei Bischöfe von Rom existierten, ein Zeichen, daß die Nachgiebigkeit des Liberius gegenüber den kaiserlichen Forderungen nicht einmal bei diesem selbst sein Ansehen erhöht hatte. Anfangs stand nur eine arianische Minderheit von etwa zwanzig Prozent, zu deren Führung die Pannonier Valens und Ursacius, Auxentius von Mailand und Saturnin von Arles gehörten, der erdrückenden orthodoxen Mehrheit gegenüber, die zunächst auch den Ablauf der Geschehnisse bestimmte. Sie ging auf die jüngste Glaubensformel von Sirmium gar nicht ein, schloß die Führer der Minorität aus der kirchlichen Gemeinschaft aus, bekannte sich erneut zu Nikaia und bestimmte eine Delegation, die dem Kaiser ihre Auffassung darlegen sollte. Da die Opposition sich nicht fügte, traten alsbald zwei Delegationen die Reise nach dem Osten an, um den Kaiser in der Nähe von Konstantinopel zu treffen[87]. Während die arianische Gruppe sofort Audienz erhielt, wurde der Mehrheitsdelegation bedeutet, sie möchte in Adrianopel, dann in Nike in Thrakien das Weitere abwarten[88]. An ihrer Spitze stand der biedere Restitutus von Karthago, der dieser Situation nicht gewachsen war. Bald erschienen die Vertreter der arianischen Minderheit bei ihnen und bearbeiteten sie so lange mit weiteren Erklärungen der sirmischen Formel, daß sie schließlich ihre Unterschrift gaben und ihre Vereinigung mit den vorher exkommunizierten Bischöfen dieser Gruppe noch feierlich bestätigten (Oktober 359)[89].

Inzwischen warteten die 400 Bischöfe in Rimini schon drei Monate auf die Möglichkeit, in ihre Diözesen zurückreisen zu können. Die Stadt bot

[85] In einem Brief des Kaisers an die Synodalen in Rimini, Hilarius, Fragm. hist. 7, 1—2.
[86] Über den Verlauf der Synode berichtet Sulpicius Severus, Chron. 2, 41—45, einige Texte bietet Hilarius, Fragm. hist. 7—9, dazu *C. A. Balducci*, Aspetti religiosi e politici del concilio di Rimini (Rimini 1960); zu Rimini siehe auch *Y.-M. Duval* = Hilaire et son temps 51—103.
[87] Hilarius, Fragm. hist. 8, 1—4. [88] Sozom. HE 4, 19, 1—2.
[89] Hilarius, Fragm. hist. 8, 5; die Formel von Nike bei Theodoret HE 2, 21, 3—7.

wenig Ablenkung, der kaiserliche Beamte, der für die äußere Ordnung verantwortlich war, machte ihnen immer wieder klar, ohne die Unterschrift unter die letzte sirmische Formel gäbe es keine Erlaubnis zur Abreise. So zerbröckelte die Mehrheit unaufhaltsam, bis man schließlich noch bereit war, dem Kaiser in einem Schreiben für seine Sorge um die Reinerhaltung des Glaubens zu danken. Eine letzte Gruppe von etwa 15 Bischöfen, die noch Bedenken hatten, gewann man mit dem Hinweis, sie könnten ja nach ihrer Unterschrift noch gewisse erläuternde Zusätze machen[90]. Die Zusätze interessierten den Kaiser nicht im geringsten, er hatte jetzt ein großartiges Dokument in Händen, das von allen Bischöfen des Westens — die Verbannten ausgenommen — unterschriebene sirmische Bekenntnis, das zur Formel von Nikaia in einem unaufhebbaren Widerspruch stand.

Während die Tragödie von Rimini sich ihrem Ende zuneigte, kamen die Bischöfe des Ostens erst in Seleukia zusammen (Ende September 359)[91]. Die etwa 150 Bischöfe verteilten sich ungleichmäßig auf die drei „arianischen" Richtungen, deren stärkste die homoiusianische (Basileios von Ankyra, Makedonios von Konstantinopel, Silvanos von Tarsos) war, gefolgt von der homoianischen Partei, angeführt von Akakios von Kaisareia[92] in Palästina, daher auch Akakianer genannt, während die schwächste der radikale Jungarianismus war, vertreten durch Georg von Alexandrien und Eudoxios von Antiochien. Die Mehrheit war für die erneute Billigung der Glaubensformel, die die Kirchweihsynode von Antiochien 341 aufgestellt hatte, während die Akakianer auf einer Sondersitzung ihrer Gruppe die letzte sirmische Formel annahmen, aber noch die Verdammung des Terminus ἀνόμοιος hinzufügten[93]. Als die Homoiusianer bei ihrer Ablehnung blieben, verließen die Akakianer die Synode und begannen alsbald, mit dem Kaiser zu verhandeln, zu dem aber auch die Homoiusianer ihre Vertrauensmänner entsandten. In dem Ringen um die kaiserliche Anerkennung blieben schließlich die Akakianer Sieger, da ihre Theologie sich mit dem deckte, was man in Rimini gerade unterschrieb. Nach langem erbittertem Widerstand gaben die Homoiusianer nach, als der Kaiser erklärte, er wolle am 1. Januar 360, dem Beginn seines 10. Konsulates, den Bewohnern des Reiches mitteilen, der religiöse Friede sei wiederhergestellt[94]. Damit war nach außen hin der Glaube von Nikaia gänzlich aufgegeben, da mit der Annahme der homoianischen Theologie eine eindeutig arianische Richtung gesiegt hatte.

Der Kaiser wollte diesen Erfolg nun noch durch eine gemeinsame Synode sichern lassen, die im Januar 360 in Konstantinopel zusammentrat[95], auf der aber neben den östlichen Bischöfen nur einige aus Thrakien vertreten

[90] Hilarius, Fragm. hist. 9; Hieron., Adv. Lucif. 17.
[91] Socrates HE 2, 39—40; Sozom. HE 4, 22; Hilarius, Adv. Constant. 12—15.
[92] Über Akakios siehe *J. M. Leroux:* Stpatr 8 (Berlin 1966) 82—85.
[93] Athanas., De syn. 29; Socrates HE 2, 39—40. [94] Sozom. HE 4, 23, 8. [95] Ebd. 4, 24.

waren. Noch einmal wurde die Glaubensformel von Rimini bestätigt, die für alle Zukunft gelten sollte. Danach hielt man Gericht über die andersdenkenden Bischöfe, die man aber gerade nicht wegen heterodoxer Lehre verurteilte, sondern wegen angeblich disziplinärer Vergehen im Amt. So verloren alle führenden Bischöfe unter den Homoiusianern ihre Sitze, und Konstantin bekräftigte die Absetzungsdekrete durch die Verbannung der Betroffenen. Wie einst im Westen suchte man auch noch die Zustimmung der orientalischen Bischöfe zu erlangen, die an keiner der letzten Synoden teilgenommen hatten. Aber die wichtigste Persönlichkeit, Athanasios, war bisher von der kaiserlichen Polizei noch nicht in ihrem Versteck entdeckt worden, sie konnte nur feststellen, daß er ein Rundschreiben an die Bischöfe Ägyptens und Libyens gerichtet hatte, das sie zur Glaubenstreue und zur Verweigerung der Unterschrift aufforderte[96]. So kam es, daß Ägypten als Ganzes dem Glauben treu blieb. In den übrigen Provinzen des Ostens gab es jedoch allenthalben ebenfalls einzelne Bischöfe, die das Exil der Verleugnung ihres Glaubens vorzogen[97]. Die frei gewordenen Bischofsstühle wurden nun von Akakios neu besetzt, meist mit Männern, die sich in der Vergangenheit noch nicht in irgendeiner Richtung kompromittiert hatten. Vor allem aber hatten die wichtigen kirchlichen Vororte Alexandrien, Antiochien, Konstantinopel, Kaisareia in Palästina, Sirmium auf dem Balkan, Mailand nun überzeugte Arianer als Gemeindeleiter, und „der Arianismus" schien für immer zu dem einzig erlaubten christlichen Bekenntnis geworden zu sein. Auf diese Situation hin war das bekannte Wort des Hieronymus gesprochen: „Es stöhnte der Erdkreis und wunderte sich, daß er arianisch geworden war."[98] Und doch führte eine radikale Veränderung der politischen Gesamtsituation im Reich auch zu einem Wandel der kirchlichen Lage.

4. Kapitel

Der heidnische Restaurationsversuch unter Kaiser Julian (361—363)

QUELLEN: Iuliani imperatoris opera, ed. *F. C. Hertlein,* 2 vol. (Leipzig 1875/76); Iuliani imperatoris librorum Contra Christianos quae supersunt, ed *C. J. Neumann* (Leipzig 1880); Iuliani imp. Epistulae, leges, poemata, fragmenta, edd. *J. Bidez - F. Cumont* (Paris 1922). Julians Werke mit engl. Übers. von *W. C. Wright,* 3 Bde (London 1913/23). Neue Ausgabe mit französ. Übers. von *J. Bidez - G. Rochefort - Chr. Lacombrade,* I/II (Paris 1924/64). Julian. Briefe, griechisch-deutsch, hrsg. von *B. Weis* (München 1973). Ammianus Marcellinus, Res gestae, ed. *C. U. Clark* (Leipzig 1910/15, Nachdr. 1963). Zosimus, Historia nova, ed. *L. Mendelssohn* (Leipzig 1887, Nachdr. 1963).
LITERATUR: Übersichten in *Pauly-Wissowa* 10, 26—91 und DACL 8, 305—399. Ferner: *J. Bidez,* La vie de l'empereur Julien (Paris 1930, dt. Hamburg 1956); *P. de Labriolle,* La

[96] Athanas., Ep. encycl. ad epp. Aegypti et Libyae. [97] Sozom. HE 4, 27, 7.
[98] Hieron., Adv. Lucif. 29: *ingemuit totus orbis et arianum se esse miratus est.*

réaction païenne (Paris 1934) 369—436; *R. Andreotti,* Il regno dell'imperatore Giuliano (Bologna 1936); *J. Vogt,* Kaiser Julian und das Judentum (Leipzig 1939); *H. Janssen,* Kaiser Julians Herrscherideal (Diss. Kiel 1953); *G. Ricciotti,* L'imperatore Giuliano secondo i documenti (Milano 1956); *G. Gigli,* Giuliano l'apostata (Rom 1960); *J. Leipoldt,* Der römische Kaiser Julian in der Religionsgeschichte (Berlin 1964); *P.-M. Camus,* Ammien Marcellin (Paris 1967); *H. Gärtner,* Einige Überlegungen zur kaiserzeitlichen Panegyrik und zu Ammians Charakteristik des Kaisers Julian (Mainz 1968); *Benoist - Méchin,* L'empereur Julien ou le rêve calciné (Paris 1969).

Im April 360 forderte Kaiser Konstantius seinen Vetter Julian, der als Caesar bei den gallischen Legionen in Paris weilte, auf, ihm die tüchtigsten Truppen unverzüglich nach dem Osten zu senden, da er ohne sie die dauernde Beunruhigung der Ostgrenze durch die Perser nicht meistern könne[1]. Die Soldaten riefen daraufhin Julian zum Augustus aus, der auch nach einigem Zögern annahm. Er begann sofort, die dadurch mit seinem kaiserlichen Vetter unvermeidlich gewordene militärische Auseinandersetzung vorzubereiten, und setzte seine Truppen im Sommer 361 gegen Osten in Marsch. Schon im Oktober war er in Sirmium, dessen Garnison ihn sogleich als Augustus anerkannte[2]. Auch Konstantius rüstete zum Kampf, auf dem Zug nach dem Balkan erkrankte er jedoch auf den Tod in Tarsos. Nach dem Vorbild seines Vaters ließ er sich auf dem Sterbebett durch den arianischen Bischof Euzoius taufen; er starb im Alter von 44 Jahren am 3. November 361, übertrug aber doch noch dem letzten Glied aus der konstantinischen Dynastie die Herrschaft über das Gesamtreich[3]. Wenige Wochen später ließ sich Julian in seiner Geburtsstadt Konstantinopel als Kaiser huldigen, aber bald stellte die Bevölkerung der Hauptstadt fest, daß das Reich einen Herrscher erhalten hatte, der im Gegensatz zu seinem verstorbenen Vetter ein überzeugter Anhänger des Heidentums war und sogleich zwei bekannte Vertreter dieser Religion, die Philosophen Maximos und Priskos, zu seinen Beratern berief[4].

Obwohl über Kaiser Julian ein relativ reiches Quellenmaterial vorliegt, ist es nicht leicht, aus ihm ein unbezweifelbar objektives Bild seines Wesens und Wollens zu gewinnen. Soweit es aus dem Lager seiner Anhänger und Verehrer stammt[5], preist es ihn oft überschwenglich als Wiederhersteller hellenischer Religion und griechischen Geistes. Die Christen haben hingegen ein oft verzerrtes Bild von ihm gezeichnet und ihn mit dem Schmähnamen Apostata bedacht[6], weil er nach ihrer Sicht die Religion, in der er erzogen

[1] Zosimus, Hist. nova 3, 8, 3 f; Ammian. Marcell. 20, 4, 1 f.
[2] Ammian. Marcell. 21, 9, 6 f.
[3] Socrates HE 2, 47, 4; 3, 1, 1; Zosimus, Hist. nova 2, 96.
[4] Ammian. Marcell. 22, 2, 2—7; Zosimus, Hist. nova 3, 11, 2.
[5] Zu ihnen gehören vor allem der Rhetor Libanios und die Geschichtsschreiber Zosimos und Ammianus Marcellinus.
[6] So nennen ihn schon Gregor. Naz., Or. 21, 26 und Augustin., De civ. dei 5, 21.

wurde, verraten hat. Seine Briefe und Reden suchen naturgemäß, wenn auch sehr subjektiv, seinen Religionswechsel und die ihm entsprechende Religionspolitik zu rechtfertigen.

Julian ist wie die Konstantinssöhne christlich erzogen worden, aber da er die Mutter schon wenige Monate nach seiner Geburt verlor, fehlte in dieser Erziehung ein entscheidender Faktor. Auf den erst Siebenjährigen hat dann die Ermordung seines Vaters und eines Bruders bei dem Blutbad in Konstantinopel (337) eine nie überwundene Schockwirkung ausgeübt. Hier hat die tiefe Abneigung gegen seinen Vetter Konstantius, den er gerne mit diesem Ereignis in Zusammenhang bringt, ihre letzte Wurzel. Zunächst wurde er dem Bischof Eusebios von Nikomedien (später von Konstantinopel) zur Erziehung anvertraut, der sich dieser Aufgabe natürlich nicht intensiv widmen konnte. Später ließ der stets mißtrauische Konstantius ihn und seinen Halbbruder Gallus auf das kaiserliche Landgut Macellum[7] in Kappadokien bringen, ein gewisser Mardonios wurde zum Erzieher des Prinzenpaares bestellt. Hier wurden beide auch getauft und nahmen nach Kinderart gläubig die sie umgebende christliche religiöse Welt und Atmosphäre an. Sie nahmen teil am liturgischen Dienst der Christen und wurden sogar zum Vorlesen der heiligen Texte herangezogen[8]. Nach eigenem Geständnis empfing Julian hier starke Eindrücke von der caritativen Tätigkeit der Kirche[9], und es ist nicht daran zu zweifeln, daß der heranwachsende Knabe und Jüngling damals den christlichen Glauben bejaht hat. Seinen Lesehunger stillte der wißbegierige Julian an den Büchern, die ihm Georg der Kappadokier, der spätere arianische Bischof von Alexandrien, auslieh und die er zum Teil abschrieb[10].

In Macellum setzte aber auch die religiöse Jugendkrise Julians ein, die er in seelischer Einsamkeit durchstehen mußte[11]. Es fehlte ihm vor allem der gleichaltrige Freund, bei dem er sich hätte aussprechen können, und die verstehende ältere Gestalt, die ihm gereiftes Christentum vorgelebt hätte. Weder der im Temperament völlig anders geartete Stiefbruder Gallus noch der Arianer Georg konnten diese Lücke ausfüllen. So wandte sich sein suchender Geist und seine starke religiöse Veranlagung jener Welt zu, in die ihn zuerst Mardonios bei der Lektüre Homers eingeführt hatte[12], der griechischen Religion in ihrer hellenistischen Ausprägung. Als Julian etwa 347 Macellum verlassen durfte, begab er sich zum Studium der Rhetorik zunächst nach Konstantinopel, dann nach Nikomedien, wo er mit dem heid-

[7] Über Macellum siehe *A. Hadjinicolau:* Byz(B) 21 (1951) 15—22; *A.-J. Festugière:* JRS 47 (1957) 53—58.

[8] Nach Gregor. Naz., Or. 4, 23, 97; HE 5, 2, 10 sind die beiden Brüder sogar in den dortigen Klerus aufgenommen worden.

[9] Ep. 84 *(Bidez).* [10] Ep. 106 und 107.

[11] Darüber siehe *A.-J. Festugière,* Antioche païenne et chrétienne (Paris 1959) 69—74.

[12] Julian., Misopogon 351/352.

nischen Rhetor Libanios bekannt wurde[13]. Bei einem Aufenthalt in Pergamon lernte er den Philosophen Aidesios kennen, danach wurde er in Ephesos Schüler des Neuplatonikers Maximos, der ihn vor allem in die von ihm so hochgeschätzten Mysterienkulte einführte[14]. Deren geheimnisvolles Ritual nahm den Prinzen ganz gefangen, und als er 354 einige Monate in Athen weilte, versäumte er es nicht, sich insgeheim in die Eleusinischen Mysterien einweihen zu lassen[15]. Der Verkehr mit dem angesehenen heidnischen Lehrer der Athener Hochschule Priskos vollendete die religiöse Wandlung; aus dem jungen Christen von Macellum war nicht etwa ein Spötter wie Lukian oder ein zynischer Skeptiker Voltairescher Prägung geworden, sondern ein überzeugter Anhänger des hellenischen Götterglaubens, der von einer schwärmerischen, mystischen Inbrunst getragen wurde. Aber auch die Formung von Julians Charakter fand mit dieser Entwicklung ihren Abschluß. Verehrer wie Gegner stimmen darin überein, daß er eine von starken Kontrasten geprägte, komplizierte Natur war[16]. Seine asketische Grundhaltung ließ ihn nicht nur äußeren Pomp, vor allem beim Hofzeremoniell, sondern auch persönlichen Komfort bis zur fast abstoßenden Vernachlässigung jeder Körperpflege verachten[17], bewahrte ihn aber auch vor jeder sexuellen Ausschweifung. Seinen wenigen Freunden blieb er in steter Treue verbunden, war aber sonst besonders Untergebenen gegenüber ausgesprochen kontaktarm. Beim öffentlichen Auftreten war er nervös und gehemmt; seine Tapferkeit und Anspruchslosigkeit im Kriege gewann ihm jedoch die Achtung seiner Soldaten. Hartnäckig hielt er an getroffenen Maßnahmen fest und war gegenüber abweichenden Auffassungen unduldsam. Er ist überraschend erpicht auf das Lob der Menge und spricht aufdringlich von seinen Tugenden[18]. Als ihn die Antiochener wegen seiner düsteren Ablehnung von Theater und Schauspiel, wegen seines ungepflegten Äußern und seiner eifernden Frömmigkeit mit ihrem losen Witz verspotten, reagiert er bitter und schilt sie wie ein Schulmeister aus, gesteht aber auch freimütig, daß er keinen Humor habe[19]. Als schwerer Schatten auf seinem Charakterbild muß die Tatsache gelten, daß er fast ein Jahrzehnt der Öffentlichkeit seinen Religionswechsel sorgsam verbarg und durch weitere Teilnahme am christlichen Gottesdienst immer noch einen Glauben vortäuschte, dem er seit Jahren abgeschworen hatte, auch dann noch, als er als Caesar in Gallien

[13] Liban., Or. 18, 14. [14] Julian 235 A/B; 253 B.
[15] *J. Bidez,* Julian der Abtrünnige 125—128.
[16] Vgl. den Versuch einer Gesamtcharakteristik bei *A.-J. Festugière,* Antioche 63—89.
[17] Er selbst rühmt sich dessen: Misopogon 338 B—339 B.
[18] Ammian. Marcell. 25, 4, 18: *vulgi plausibus laetus, laudem etiam ex minimis rebus intemperans appetitor, popularitatis cupiditate cum indignis loqui saepe affectans.* Zu seinem Eigenlob *O. Seeck,* Geschichte des Untergangs der antiken Welt 4 (Stuttgart [2]1922) 343 f. [19] Im Misopogon passim; für seine Humorlosigkeit: Caesares 306 B.

schon relativ unabhängig war[20]. Dieser unantike Zug der Verstellung im Religiösen kann auch nicht entschuldigt werden mit der Gefahr, in die ihn ein Bekenntnis zum Heidentum bei Konstantius gebracht hätte.

Mit dem Tode seines kaiserlichen Vetters ließ Julian die Maske fallen. Er begleitete noch den Leichnam an der Spitze des Trauerzuges zu den Beisetzungsfeierlichkeiten in der Apostelkirche. Dann aber folgten Schlag auf Schlag die Maßnahmen, die einen völligen *Umschwung der* bisherigen kaiserlichen *Religionspolitik* erkennen ließen. Schon die Neubesetzung der wichtigeren Staatsämter verriet eine eindeutige Bevorzugung des heidnischen Bekenntnisses, die nicht durch eine gelegentliche Geste gegenüber einem einzelnen Christen gemildert wird[21]. Das Labarum, die durch Konstantin eingeführte Standarte mit den christlichen Symbolen, wurde durch die alten heidnischen Feldzeichen ersetzt, auf den Münzen erschienen bald wieder die Bilder der heidnischen Gottheiten, dem Staat ward sein früherer heidnischer Charakter zurückgegeben. In mehreren „Toleranzedikten" wurden alle Einschränkungen aufgehoben, denen der heidnische Kult unter seinen Vorgängern unterworfen worden war, die Tempel wurden also wieder geöffnet, die Opfer gestattet, die Verehrung der Götter wiederhergestellt[22]. Zur Toleranz für das Heidentum gehörte aber nach Julians Meinung auch die Beseitigung des Unrechtes, das vor allem Konstantin dem Heidentum zugefügt hatte, wie er denn auch in ihm den eigentlichen Neuerer und den Frevler an den Traditionen des Reiches sieht[23]. Das bedeutete Wiederaufbau der seit Konstantin zerstörten Tempel und Rückgabe des längst in andere Hände übergegangenen Kultbesitzes. Die Durchführung dieser Verordnung führte vielerorts zu schweren Konflikten, einmal weil sich viele Christen aus Gewissensgründen weigerten, in dieser Form an der Wiederbelebung des Heidentums mitzuwirken, anderseits weil manche Heiden glaubten, die neue Lage gäbe ihnen die Freiheit, nun ihrerseits christliche Kirchen zu plündern, Priester zu mißhandeln, christliche Jungfrauen zu vergewaltigen und den christlichen Gottesdienst zu verhöhnen. Mehrere Christen kamen dabei ums Leben und galten in der Folgezeit als Martyrer[24]. Julian, der eine blutige Verfolgung der Christen ablehnte, mißbilligte zwar speziell die Tumulte in Alexandrien sehr scharf, aber die Täter gingen dabei straflos aus[25].

[20] Noch am Epiphaniefest 361 besuchte er den Gottesdienst in Vienne; Ammian. Marcell. 21, 2, 4—5: *adhaerere cultui Christiano fingebat, a quo iam pridem occulte desciverat.*

[21] *J. Bidez,* Julian 227. [22] Ammian. Marcell. 22, 5, 2.

[23] Ebd. 21, 10, 7 f, vgl. *J. Vogt,* Julian über Konstantin: Historia 4 (1955) 339—352; *C. Lacombrade,* L'empereur Julien et la tradition romaine: Pallas 9 (1960) 155—164.

[24] Philostorgius HE 7, 33 (*Bidez* 228 f); Gregor. Naz., Or. 1 in Julian.; Sozom. HE 5, 10, 5—11, 11; Socrates HE 3, 15; Ammian. Marcell. 22, 11, 4—10. Siehe *B. de Gaiffier,* „Sub Juliano Apostata": AnBoll 74 (1956) 5—49.

[25] Ep. 60; Ammian. Marcell. 22, 11, 11.

Bald zeigte es sich, daß Kaiser Julian nicht an eine bloße Beseitigung des am Heidentum verübten Unrechtes dachte, sondern über ein *Reformprogramm* für dasselbe verfügte, das ihm seine einstigen Privilegien und die führende Stellung als Reichsreligion zurückgeben sollte. An erster Stelle dieses Programmes stand die Reorganisation der heidnischen Priesterschaft, über die er sich in zwei Briefen an die Oberpriester von Galatien und Asien näher geäußert hat[26]. Er selber übernahm nicht nur Titel und Würde des Pontifex maximus, sondern übte dessen Funktionen auch aktiv aus. Jede Provinz des Reiches sollte einen heidnischen Oberpriester und für die weiblichen Gottheiten eine Oberpriesterin erhalten, denen die Priester und Priesterinnen in den Städten und an den einzelnen Heiligtümern unterstellt waren. Die Namen einzelner Oberpriester sind noch bekannt; es waren meist Neuplatoniker oder Sophisten, aber es fehlt unter ihnen auch nicht ein abgefallener christlicher Bischof, Pegasios von Ilion[27]. Dieser reorganisierten Priesterschaft hat Julian eindringlich die Richtlinien für ihr Wirken und ihre persönliche Lebensführung eingeschärft. Sie sollte ein strenges, zuchtvolles Leben führen und den Gläubigen ein Beispiel der Frömmigkeit geben. Ihre Lektüre ordnete er durch eine Art Index verbotener Bücher. In den Tempeln sollten sie die heidnische Glaubenslehre verkündigen und die kultischen Riten exakt vollziehen, den brüderlichen Geist in ihren Gemeinden pflegen und sich vor allem der Armen und Kranken annehmen, und gerade hier spielt Julian an auf die entsprechende Praxis der „gottlosen Galiläer“[28]. Stellenweise mutet dieses ganze Programm wie eine Kopie christlicher Organisationsformen und Gebräuche an, und man hat wohl nicht zu Unrecht vermutet, daß Julian damit auf den Übertritt mancher Christen zu seiner erneuerten heidnischen Religion rechnete.

Mit minutiöser Sorgfalt arbeitete der Kaiser auch an der Wiederbelebung des heidnischen Orakelwesens und der Mysterienkulte, öffnete damit aber auch wieder das Tor für die Rückkehr der Wahrsager, der Horoskopsteller und der magischen Formen der heidnischen Volksreligion[29]. Er selber verwirklichte für seine Person das Reformprogramm mit aller Gewissenhaftigkeit. Wenn er in Konstantinopel weilte, vollzog er in dem von ihm erbauten Mithrasheiligtum das tägliche Opfer, aber auch in den Städten, wohin ihn seine Aufgaben als Kaiser führten, besuchte er jedesmal die Tempel und stellte sich bereitwilligst als Opferpriester zur Verfügung[30]. Er duldete nichts, was den heidnischen Kulten abträglich schien. Als er bei seinem letzten Aufenthalt in Antiochien den einst berühmten Apollotempel in der Vorstadt Daphne besuchte, fand er ihn arg verwahrlost, auch die Opfer wur-

[26] Ep. 84 und 89. [27] *J. Bidez*, Julian 281 zählt einige Namen auf. [28] Ep. 84.

[29] Zosimus, Hist. nova 4, 3, 2 f, Liban., Or. 18, 126; Joh. Chrysost., In s. Bab. 14.

[30] Liban., Or. 18, 127; Himerios 7, 9; (für Konstantinopel) Misopogon 344 B/C, 361 A, D; Ammian. Marcell. 22, 12, 6—8; 27, 7, 3; 14, 3.

den vernachlässigt, weil der Senat der in der Mehrheit bereits christlichen Stadt dafür keine finanziellen Aufwendungen mehr machen wollte. Auch das Orakel, das Julian hier von Apollo erbittet, bleibt aus. Da wird der Kaiser darauf hingewiesen, daß in der Nähe des Tempels sein Stiefbruder Gallus einst die Gebeine des Martyrers Babylas in einer Kapelle habe beisetzen lassen. Hier erkennt Julian die Ursache für das Schweigen Apollos und läßt die Gebeine des christlichen Toten alsbald entfernen. Wenige Tage später geht der Apollotempel in Flammen auf, und obwohl das strengste Verhör keine sicheren Anhaltspunkte dafür bot, festigt sich in Julian die Überzeugung, die Christen seien die Urheber des Brandes. Er läßt die von Konstantius erbaute große Kirche der Stadt schließen und muß dafür den Spott der Großstadtbevölkerung über sich ergehen lassen[31].

Es ist von größter Bedeutung, daß Kaiser Julian sein heidnisches Reformprogramm mit einer Maßnahme gegen das Christentum gekoppelt hat, die zwar unblutig war, aber das Ansehen der christlichen Religion in der Öffentlichkeit auf längere Sicht in lebensbedrohlicher Weise treffen sollte. Das *Schulgesetz* vom Juni 362[32] ordnete an, daß in Zukunft alle Ernennungen zum Lehrer an irgendeiner Schule von den städtischen Behörden gebilligt und von dem Kaiser ausgesprochen werden müßten[33]. Ein Rundschreiben[34] mit den Ausführungsbestimmungen enthüllt den eigentlichen Sinn des Gesetzes. Die Prüfung durch die Behörden sollte sich nicht nur auf die pädagogischen Fähigkeiten und moralischen Qualitäten des Kandidaten, sondern vor allem auf seine religiösen Überzeugungen erstrecken. Es sei untragbar, daß ein Lehrer Homer, Hesiod, Herodot, Demosthenes usw. erkläre, ohne die Götter zu verehren, an die jene glaubten; wer aber glaube, daß sie darin irrten, solle in die Kirche der Galiläer gehen und dort Matthäus und Lukas auslegen. Damit waren die Christen praktisch vom Zugang zu der immer noch hochangesehenen rhetorischen Bildung ausgeschlossen und ihnen die Stellungen im öffentlichen Leben versagt, die sie bisher eingenommen hatten. Ihre Religion mußte allmählich die Religion der Ungebildeten werden. Es war kein ausreichender Ersatz für die antiken Bildungswerte, wenn einige gebildete Christen wie Apollinaris von Laodikeia und sein gleichnamiger Vater anstelle des Homer eine biblische Geschichte in 24 Gesängen verfaßten und in pindarischen Versmaßen oder nach dem Muster platonischer Dialoge den Inhalt der Evangelien wiedergaben[35]. Das Ausscheiden auch angesehener christlicher Lehrer, wie etwa des Marius Victorinus in Rom oder des Prohairesios in Athen, aus ihrer Tätigkeit fand

[31] Siehe *J.-A. Festugière,* Antioche païenne 82—84.

[32] Siehe *G. Downey,* Julian and the Schools: Classical Journal 53 (1957) 97—103.

[33] Zum Teil in Cod. Theod. 13, 3, 5; Cod. Justin. 10, 53, 7.

[34] Bei *Bidez* (ep. 42) S. 73—75; die Interpretation der christl. Historiker Socrates HE 3, 12, 7; Theodoret HE 3, 8, 1. [35] Vgl. Sozom. HE 5, 18, 3—5.

ein großes Echo in der Öffentlichkeit, obwohl der Kaiser für letzteren eine Ausnahme zulassen wollte[36]. Das Gesetz wurde mit Recht von den Christen als heimtückisch und entehrend empfunden, aber auch den Heiden verursachte es starkes Unbehagen; der sonst dem Kaiser wohlgesonnene Ammianus Marcellinus war der Meinung, man solle es mit ewigem Stillschweigen zudecken[37].

Man darf annehmen, daß die Enttäuschung über den Mißerfolg seines religiösen Reformversuches den Kaiser auf den Weg größerer Härte drängte. Nur ein kleiner Kreis gebildeter Heiden begrüßte die scharfe Initiative auf diesem Sektor, aber schon der heidnische Klerus selbst ging nicht enthusiastisch auf die Pläne des kaiserlichen Oberpriesters ein, erst recht war das einfache Volk von einer auffallenden Apathie[38]. Offensichtlich blieb auch die Zahl der Übertritte vom Christentum zum Heidentum weit hinter den Erwartungen des Kaisers zurück. Und so häuften sich mehr und mehr die Maßnahmen, die zwar bewußt eine blutige Verfolgung der Christen vermeiden wollten, aber zusammengenommen sie doch unter Ausnahmerecht stellten und aus ihnen Bürger zweiter Klasse machten. Es entsprach durchaus der inneren Tendenz des Schulgesetzes, wenn Julian die Christen nun auch von den höheren Ämtern in der Staatsverwaltung und aus der kaiserlichen Garde ausschloß und ironisch erklärte, die christliche Moral verbiete ihnen ja, das Schwert zu führen[39]. Es fällt auf, wie sehr sich Julian immer wieder von Städten mit christlichen Mehrheiten zu kleinlichen Quälereien reizen ließ. So drohte er den Einwohnern von Edessa und Nisibis, er würde ihnen Hilfe gegen die Angriffe der Perser versagen. In Palästina bestrafte er Maiuma durch Entzug der Stadtrechte, die er auf die Nachbarstadt Gaza übertrug. Kaisareia in Kappadokien erfuhr die kaiserliche Ungnade, weil man tatenlos zugesehen hatte, als dort die Tempel des Zeus und des Apollo zerstört wurden[40]. Auch das Begräbniswesen der Christen hat seinen Zorn wiederholt herausgefordert. Im Februar 363 verbot ein Edikt die Beisetzung von Leichen am hellen Tage mit der Begründung, Heiden würden dadurch beleidigt und die Götter des Lichtes durch den Anblick solcher Zeremonien gekränkt[41]. Die Einwohner der syrischen Stadt Emesa wurden von ihm gelobt, weil „sie die Grabstätten der Galiläer angezündet haben". Der Statthalter von Karien erhielt Anweisung, die Gedächtnisstätten für die

[36] Marius Victorinus: Augustin., Conf. 8, 5, 10; Prohairesios: Julian., Ep. 31.

[37] Ammian. Marcell. 22, 10, 7: *Illud autem erat inclemens, obruendum perenni silentio, quod arcebat docere magistros rhetoricos et grammaticos, ritus christiani cultores.*

[38] *J. Bidez,* Julian 331.

[39] Socrates HE 3, 13, 1; besonders Julian., Ep. 83: bei Stellenbesetzungen sind die Heiden absolut den Christen vorzuziehen.

[40] Julian., Ep. 53 91 56 115; Sozom. HE 6, 1, 1; Theodoret HE 3, 26, 2.

[41] Julian., Ep. 136.

christlichen Martyrer zu verbrennen oder einzureißen, da sie die Luft um den Tempel von Didyma verpesteten[42].

Schließlich richtete sich der Angriff des Kaisers auch gegen diejenigen, die das kirchliche Leben und die kirchliche Organisation mit ihrem Einfluß stärkten, die *Bischöfe* als Leiter der Christengemeinden. Bisher hatte er sie aus einer gewissen Diplomatie heraus geschont. Gleich zu Beginn seiner Regierung hatte er den durch Konstantius verbannten Bischöfen die Rückkehr aus dem Exil gestattet, wobei ihn allerdings auch, wie Ammianus Marcellinus malitiös bemerkt, die Erwartung leitete, die Streitigkeiten zwischen Arianern und Christen würden dadurch wieder aufleben und die christlichen Kräfte spalten[43]. Damals konnte Athanasios aus seinem sechsjährigen Exil bei den Mönchen Ägyptens in seine Bischofsstadt zurückkehren und seine Arbeit wiederaufnehmen, die aber sehr zum Mißfallen Julians mehr auf Versöhnung mit den Arianern angelegt war als auf neue Auseinandersetzungen. So ließ er Athanasios im Oktober 362 ein Edikt zustellen, das aufs neue seine Ausweisung verfügte. Als dann die alexandrinischen Christen ein Gesuch an den Kaiser richteten und um Rückberufung ihres Bischofs baten, entlud sich Julians ganzer Haß gegen Athanasios in einem maßlosen Schreiben an die Einwohner der Stadt; sie, die Herren Ägyptens, hätten sich zu Sklaven der Hebräer gemacht und setzten sich nun für diese aufgeblasene Mißgeburt Athanasios ein, über den er nur die Reichsacht verhängen könne[44]. Der Bischof Eleusios von Kyzikos wurde aus seiner Stadt verjagt, weil er die heidnischen Bewohner beeinflusse, die Tempel entweihe und Heime für Witwen und Jungfrauen baue[45]. Als Bischof Titus von Bostra beim Kaiser Beschwerde erhob, seine Geistlichen würden zu Unrecht von den Beamten gequält, erhielt er eine scharfe Zurechtweisung in einem Brief an die Einwohnerschaft der Stadt, der die christlichen Bischöfe als die Geißeln der öffentlichen Ordnung bezeichnete und sie aufforderte, den Bischof ihrer Stadt zu vertreiben[46].

Der Kaiser konnte es sich auch nicht versagen, seinem tiefen Haß gegen das Christentum in seinen literarischen Arbeiten Ausdruck zu geben. In seiner Schrift „Die Caesaren oder das Gastmahl" findet sich eine Verhöhnung der christlichen Taufe, der Buße und der Gestalt Jesu, die alles, was heidnische Polemik bisher geboten hatte, in den Schatten stellt[47]. Sein Werk „Gegen die Galiläer", an dem er im Winter 362/363 in Antiochien arbeitete, sollte alles Negative, was er über die verhaßte Religion zu sagen hatte, zusammenfassen[48]. An den Angaben einiger Quellen, Julian habe sich

[42] Ebd. Ep. 124; Misopogon 357 C. [43] Ammian. Marcell. 22, 5, 2 f; Philostorgius HE 7, 4.
[44] Julian., Ep. 110—112; vgl. dazu *O. Seel:* Klio 32 (1939) 175—188.
[45] Sozom. HE 5, 15, 5. [46] Julian., Ep. 114. [47] Caesares 336 A/B.
[48] Die erhaltenen Fragmente bei *C. J. Neumann,* Juliani imperatoris librorum Contra Christianos quae supersunt (Leipzig 1880).

mit dem Plan getragen, nach dem Perserfeldzug eine radikale Verfolgung des Christentums durchzuführen, ist nicht zu zweifeln[49]. Die von ihm an die Juden ergangene Aufforderung, den Tempel von Jerusalem wiederaufzubauen, hatte sicher ein antichristliches Motiv; der neuerstandene Tempel sollte das von der christlichen Apologetik immer wieder verwandte Wort Jesu von seiner Zerstörung (Lk 21, 5f) Lügen strafen und seinen Urheber als falschen Propheten entlarven[50].

Die Expedition gegen die Perser, von der sich Kaiser Julian Ruhm und Ehre für das Reich erhoffte, führte zu seinem jähen Ende. Nach einigen Anfangserfolgen mußte das kaiserliche Heer den Rückzug antreten, bei einem Nachhutgefecht wurde Julian von dem Pfeil eines Soldaten tödlich verwundet. Er starb am 26. Juni 363 im Beisein seiner neuplatonischen Freunde Maximos und Priskos, erst 32 Jahre alt, und wurde auf seinen Wunsch in Tarsos, der Geburtsstadt des Apostels Paulus, beigesetzt[51].

Der blitzartige Untergang des Kaisers hat Denken und Phantasie von Heiden und Christen schon in den folgenden Jahrzehnten beschäftigt. Einen Heiden veranlaßte das Ereignis, wie Hieronymus berichtet[52], zu dieser bitteren Überlegung: „Wie können die Christen nur behaupten, ihr Gott sei langmütig? Was gibt es Heftigeres und Schnelleres als diesen Zorn, der sein Eingreifen auch nicht einen Augenblick verschieben konnte?" Auf christlicher Seite hat die Legende schon früh in doppelter Form diesen Tod mit farbigem Detail ausgestattet. Nach der einen habe Julian sich klagend an den von ihm so hoch verehrten Sonnengott gewandt: „Helios, du hast mich verlassen."[53] Die zweite Version läßt den Kaiser mit dem Ruf sterben: „Galiläer, du hast gesiegt!"[54] Beide Formen der Legende sprechen auf ihre Weise eine historisch zutreffende Erkenntnis aus. Es war eine Illusion, wenn Julian glaubte, dem Heidentum damals noch mit obrigkeitlicher Förderung zur Wiederauferstehung verhelfen und so das Werk seines Oheims Konstantin rückgängig machen zu können. Es war eine noch stärkere Verkennung der Wirklichkeit, wenn er meinte, zu seiner Zeit hätte noch ein Angriff auf das Christentum mit dem Ziel seiner Vernichtung, auch mit dem Einsatz staatlicher Macht, Aussicht auf Erfolg gehabt. Der Fehlschlag seines Doppelunternehmens hat die Stellung des Heidentums weiter entscheidend geschwächt.

[49] *J. Bidez,* Julian 315f.

[50] Dazu *J. Vogt,* Kaiser Julian und das Judentum (Leipzig 1939) 46—59.

[51] *J. Bidez* a. a. O. 346—349; Ammian. Marcell. 25, 3, 10—23; Zosimus, Hist. nova 3, 29, 1; Gregor. Naz., Or. 5, 13—18.

[52] Hieron., In Habacuc 2, 3 (PL 25, 1329 D).

[53] Siehe die Angaben bei Philostorgius HE 7, 15.

[54] Theodoret HE 3, 25, 6—7.

5. Kapitel

Zerfall des Arianismus. Endgültiger Durchbruch der nikänischen Theologie auf dem Konzil von Konstantinopel (381)

QUELLEN: Wie zu Kap. 3 und 4. Zu dem Schrifttum des Athanasios und Hilarius kommt das der Jung-Nikäner hinzu: Basileios von Kaisareia in PG 29—32; De Spiritu Sancto, übers. von *B. Pruche*, SChr 17 (Paris 1947); dt. Übers. von *M. Blum* (Freiburg 1967); In Hexaemeron, ed. *S. Giet*, SChr 26 (Paris 1949); Epistulae, ed. *Y. Courtonne*, I—III (Paris 1957/67). Gregor von Nazianz: PG 35—38; die fünf theologischen Reden, mit Übers. und Kommentar von *J. Barbel* (Düsseldorf 1963); Epistulae, ed. *P. Gallay* I—II (Paris 1964 bis 1967). Gregor von Nyssa: PG 44—46, überholt durch die Ausgabe von *W. Jaeger - H. Langerbeck* u. a., vol. I—IX (Leiden 1921/67). Didymos der Blinde, De Spiritu Sancto, in der Übersetzung des Hieronymus: PG 39. Epiphanios von Salamis, ed. *K. Holl*, GCS 25 31 37 (Leipzig 1915/33). Auf lateinischer Seite Ambrosius, De fide ad Gratianum; De Spiritu Sancto; De incarnationis dominicae sacramento, ed. *O. Faller*, CSEL 78—79 (Wien 1962/64); die Briefe in PL 16, Reden, ebd. und zum Teil in CSEL 73, ed. *O. Faller* (Wien 1955). Die Akten der Synode von Aquileia: PL 16, 916—955. Das Glaubenssymbol von Konstantinopel bei *G. L. Dossetti*, Il simbolo di Nicea e di Costantinopoli (Rom 1967) 243—251.

LITERATUR: Zur politischen Geschichte der Zeit *O. Seeck*, Geschichte des Untergangs der antiken Welt 5 (Stuttgart [2]1920); *E. Stein*, Histoire du Bas-Empire I (Paris 1959); *G. Gigli*, Il regno dell'Imperatore Graziano (Rom 1963). — *F. Cavallera*, Le schisme d'Antioche (Paris 1905); *S. González*, La fórmula μία οὐσία — τρεῖς ὑποτάσεις en S. Gregorio de Nisa (Rom 1939); *B. Schewe*, Basilius d. Gr. als Theologe (Diss. Nijmegen 1943); *W. Enßlin*, Die Religionspolitik des Kaisers Theodosius d. Gr. (München 1953); *J. Plagnieux*, S. Grégoire de Nazianze, théologien (Paris 1951); *J. Lebon*, Le sort du „consubstantiel" nicéen: RHE 47 (1952) 485—529, 48 (1953) 632—682 (Athanasios und Basileios); *G. L. Prestige*, St. Basil the Great and Apollinaris of Laodicaea (London 1956); *H. Dörries*, De Spiritu Sancto. Der Beitrag des Basilius zum Abschluß des trinitarischen Dogmas (Göttingen 1956); *L. Hermann*, Ambrosius als Trinitätstheologe: ZKG 69 (1958) 195—218; *W. Seibel*, Fleisch und Geist beim hl. Ambrosius (München 1958); *E. Staimer*, Die Schrift „De Spiritu Sancto" von Didymus dem Blinden von Alexandrien (Diss. München 1960); *L. Béranger*, Études sur la christologie du „De trinitate" attribué à Didyme l'Aveugle (Diss. Lyon 1960); *N. Q. King*, The Emperor Theodosius and the Establishment of Christianity (London 1961); *I. Ortiz de Urbina*, Nizäa und Konstantinopel (Mainz 1964); *A.-M. Ritter*, Das Konzil von Konstantinopel und sein Symbol (Göttingen 1965); *C. F. A. Borchardt*, Hilary of Poitiers' Role in the Arian Struggle ('s-Gravenhage 1966); *W. Jaeger*, Gregor von Nyssas Lehre vom Heiligen Geist (Leiden 1966); *J. Coman*, La démonstration dans le traité Sur le Saint Esprit de s. Basile le Grand: Stpatr 9 (Berlin 1966) 172—209.

I.

So bedrohlich die Lage der nikaiatreuen Christen nach dem Sieg des Arianismus auf der Doppel-Synode von Rimini - Seleukia 359 scheinen mußte, so schnell bahnte sich ein Wandel an, als der Tod des Kaisers Konstantius den „Arianern" die staatliche Unterstützung nahm. Im Westen wie im Osten begannen nikänisch gesinnte Bischöfe, die Schäden zu heilen und die Kraft ihrer Gemeinden wieder zu sammeln. Im *Westen* wurde Gallien rasch zu einem Schwerpunktgebiet der Orthodoxie, als deren Seele sich Bischof

Hilarius von Poitiers erwies. Konstantius selbst hatte ihn noch aus der Verbannung in seine Heimat zurückkehren lassen, weil er glaubte, hier werde er weniger Unruhe stiften als im Osten. Auf seine Initiative hin kamen die gallischen Bischöfe wohl noch 360 zu einer Synode in Paris[1] zusammen und verfaßten ein Schreiben an die orientalischen Bischöfe, in dem sie ihre frühere Haltung bedauerten, sich von den Anhängern der falschen Lehre Valens', Ursacius', Auxentius' und Saturnins von Arles lossagten und ein eindeutiges Bekenntnis zu Nikaia ablegten[2]. Dem Wirken des Hilarius vor allem ist es zuzuschreiben, daß der lateinische Westen in der Folgezeit nicht mehr ernstlich durch den Arianismus gefährdet wurde.

Im *Osten* wurde begreiflicherweise *Alexandrien* zu einem Zentrum der kirchlichen Regeneration, als Athanasios mit dem Regierungsantritt Julians aus seinem Versteck bei den ägyptischen Mönchen in seine Gemeinde zurückkehrte. Mit ungebrochener Energie beriet er mit den ägyptischen und mit auswärtigen Bischöfen 362 die Lage und die notwendigen Schritte zur Wiederherstellung der Glaubenseinheit[3]. Als besonders delikat erwies sich die Frage der Wiederbesetzung der bisher von Arianern innegehabten Bischofsstühle. Jene Bischöfe, die sich in der Vergangenheit eindeutig zum arianischen Glauben bekannt hatten, sollten nach geleisteter Buße wieder in die kirchliche Gemeinschaft aufgenommen, in jedem Falle jedoch in den Laienstand zurückversetzt werden; wer durch Zwang oder Täuschung verführt wurde, sollte Rang und Amt behalten, mußte aber schriftlich dem Glaubenssymbol von Nikaia zustimmen. Die Durchführung der Beschlüsse begegnete im Einzelfall oft größten Schwierigkeiten. Besonders prekär war die Lage in *Antiochien,* dessen Christen sich in drei Gruppen gespalten hatten. Die erste glaubte, dem verstorbenen nikaiatreuen Bischof Eustathios die Treue halten zu müssen, und schloß sich um den Presbyter Paulinos zusammen. Die größte Gruppe hielt zu Meletios, dem legitim gewählten Nachfolger des Eustathios, der aber noch nicht aus der Verbannung zurückgekehrt war. Haupt der dritten Gemeinde war der Arianer Euzoios, den Kaiser Konstantius nach Antiochien berufen hatte. Die eben erwähnte Synode von Alexandrien entsandte eine Delegation mit ihren Beschlüssen nach der syrischen Hauptstadt, um einen Zusammenschluß der Paulinianer und Meletianer herbeizuführen, aber inzwischen hatte der gerade in Antiochien weilende impulsive Lucifer von Calaris Paulinos zum Bischof geweiht[4]. Dieser übereilte Schritt begründete das sog. *Antiochenische Schisma,*

[1] Sulpicius Severus, Chronicon 2, 45; vgl. *P. Galtier,* Saint Hilaire de Poitiers (Paris 1960) 70—73. Zum Datum der Synode s. *C. F. A. Borchardt* a. a. O. 178.

[2] Siehe Hilarius, Fragm. hist. 11, 1—4.

[3] Ein zusammenfassender Bericht über die Beratungsergebnisse dieser Synode liegt vor im sog. Tomus ad Antiochenos (PG 26, 796—802), vgl. *C. B. Armstrong,* The Synod of Alexandria and the Schism at Antioch in A. D. 362: JThS 22 (1920/21) 206—221 347—355.

[4] Athanas., Tom. ad Antioch. 3; Hieron., Chron. ad ann. 362.

das nicht nur die Christen der Stadt spaltete, sondern auch die Beziehungen zwischen dem Osten und Rom durch Jahre hindurch belasten sollte. Selbst der Autorität eines Athanasios gelang es nicht, die Spaltung zu überwinden. Als er von Kaiser Jovian, dem Nachfolger Julians, nach Antiochien eingeladen wurde, hat er wohl Bischof Meletios die kirchliche Gemeinschaft angeboten; da dieser zögerte, entschied er sich für Paulinos, dessen Anhang dadurch eine nicht geringe moralische Stütze erhielt, während die Spannung zwischen Meletianern und Alexandrien sich verhängnisvoll vertiefte[5]. Die Meletianer ihrerseits beteuerten, daß sie durchaus die Glaubensformel von Nikaia annähmen[6], und gewannen damit mehr und mehr die Anerkennung der übrigen Nikäner. Auch arianische Gruppen bemühten sich um die Gunst des neuen Kaisers, dabei zeigten die Homoiusianer mit Basileios von Ankyra die größere Bereitschaft, zur Einigung zu kommen, während alexandrinische „Arianer" wieder versuchten, nach bewährter Methode den Kaiser gegen Athanasios einzunehmen, allerdings ohne jeden Erfolg[7]. Die Zersplitterung auf arianischer Seite verhieß den Anhängern von Nikaia eine bessere Zukunft.

Die Religionspolitik des Kaisers Valens

Schon im Februar 364 folgte auf Jovian der bisherige Gardeoffizier *Valentinian I.* (364—375), der auf Drängen der Armee in seinem Bruder *Valens* (364—378) wieder einen zweiten Augustus berief, dem er den östlichen Reichsteil gab, während er die Balkanländer und den Westen Europas mit Nordafrika übernahm[8]. In frappierender Duplizität stellte sich wieder die religionspolitische Situation ein, wie sie unter Konstantius und Konstans gegeben war. Valentinian im Westen war persönlich Anhänger des Nicaenums, hielt sich jedoch vor jeder Begünstigung einer bestimmten Richtung zurück und ließ den Bischöfen in seinem Herrschaftsbereich völlige Freiheit in der Behandlung kirchlicher Fragen[9], während Valens dem „arianischen" Bekenntnis anhing und im Verein mit seinem einflußreichen Hofbischof Eudoxios der homoianischen Partei im Osten zur ausschließlichen Geltung zu verhelfen suchte[10]. Zunächst erregten die Homoiusianer seinen Unwillen, die auf einer Synode von Lampsakos (wohl Herbst 364) die Formel von

[5] Athanas., Ep. ad Jovian. imp. (PG 26, 813); Basil., Epp. 89 214 258; Epiphan., Panar. 77, 20.

[6] In dem Brief einer von Meletios geleiteten Synode an Kaiser Jovian: Sozom. HE 6, 4, 6—10.

[7] Sozom. HE 6, 4, 3—5; 6, 5, 1—4; Socrates HE 3, 24, 25; Athanas., Ep. ad Jovian. imp. (PG 26, 820).

[8] Über die beiden Herrscher siehe *A. Nagl:* Pauly-Wissowa 2. R. VII, 2, 2097—2137 bzw. 2158—2204 und *E. Stein,* Histoire du Bas-Empire I² 172—190.

[9] Sozom. HE 6, 7, 1—2.

[10] Ebd. 6, 6, 10; zu Eudoxios *M. Tetz:* Stpatr 3 (TU 78, 1961) 312—323.

Rimini verwarfen, das ὁμοιούσιος als unentbehrlich für die Unterscheidung der göttlichen Personen erklärten und die Wiedereinsetzung der durch die Anhomoier 360 entfernten Bischöfe verlangten. Als eine Delegation dem Kaiser in Herakleia über die Beschlüsse von Lampsakos berichten wollte, wurden sie aufgefordert, sich mit Bischof Eudoxios zu einigen, und als sie ablehnten, ins Exil geschickt[11]. Nach wiederholten Beratungen an verschiedenen Orten Kleinasiens entsandten die Homoiusianer eine Dreierdelegation nach dem Westen, um bei Papst und Kaiser Hilfe zu erbitten. Valentinian I. weilte gerade in Gallien, Bischof Liberius von Rom empfing die drei Bischöfe, verlangte aber von ihnen die Verwerfung der Formel von Rimini und das Bekenntnis zu Nikaia. Als sie annahmen, gab ihnen der Papst Schreiben an ihre Auftraggeber — es waren 64 Bischöfe — und an alle rechtgläubigen Bischöfe des Ostens mit. Auch von Bischöfen Italiens, Siziliens, Nordafrikas und Galliens erhielten sie Gemeinschaftsbriefe. Als die Delegierten auf einer Synode in Tyana in Kappadokien von den Ergebnissen ihrer Reise berichtet hatten, billigte man die mit Rom hergestellte Glaubenseinheit und beschloß, auf einer erweiterten Synode in Tarsos in gleichem Sinne zu wirken. Bischof Eudoxios von Konstantinopel ließ jedoch diese Zusammenkunft durch den Kaiser verbieten[12]. Eine verheißungsvolle Entwicklung auf die Wiederherstellung eines einheitlichen Bekenntnisses wurde damit schroff unterbrochen. Auch für die Nikäner kamen wieder schwere Zeiten. Bei einem Aufenthalt in Antiochien schickte Valens den Bischof Meletios erneut in die Verbannung und ließ die Kirchen für alle sperren, die mit Bischof Euzoios keine Gemeinschaft halten wollten[13]. Ein Edikt des Jahres 365 verfügte, daß alle unter Julian wiederbesetzten Bischofssitze von den Nikänern freizugeben seien. Von diesem Gesetz wurde auch Athanasios betroffen, da sich aber Unruhen in Alexandrien ankündeten, gab der Kaiser nach und ließ Athanasios zurückkehren, der nun bis zu seinem Tode (373) unbehelligt in seiner Bischofsstadt wirken konnte[14].

In den Jahren 365—369 war Kaiser Valens zunächst von dem Kampf gegen den Usurpator Prokopios und seit 367 durch den Gotenkrieg so in Anspruch genommen, daß er die religiöse Frage ruhen lassen mußte. Diese Atempause gab zwar den Nikänern die Möglichkeit, ihre Position erheblich zu stärken, da sie im zentralen Kleinasien und im Pontus frei werdende Bischofssitze wie Ankyra, Kaisareia und Nazianz mit Männern ihres Vertrauens besetzen konnten[15]. Die auf der Synode von Lampsakos eingeleitete Arbeit für einen Zusammenschluß zwischen Katholiken und Homoiusianern machte jedoch keine Fortschritte. Letztere spalteten sich erneut, einmal, weil

[11] Sozom. HE 6, 7, 3—9.
[12] Ausführliche Schilderung der Gesandtschaft und ihrer Ergebnisse bei Sozom. HE 6, 10, 3 — 12, 5. [13] Ebd. 6, 7, 10. [14] Ebd. 6, 12, 5—16.
[15] Philostorgius HE 5, 1; Gregor. Naz., Or. 19.

ein Teil die mit Papst Liberius getroffene Vereinbarung ablehnte und wiederum das ὁμοούσιος verwarf[16], hauptsächlich jedoch, weil eine neue theologische Frage, die nach dem Verhältnis des Heiligen Geistes zu Vater und Sohn, mehr und mehr in den Vordergrund der Diskussion rückte und aufs neue die Geister zu scheiden begann.

Das Symbol von Nikaia hatte noch schlicht den Glauben der Kirche an den Heiligen Geist ausgesprochen. Später hatte Athanasios in seinen „Briefen an Bischof Serapion von Thmuis" das Thema aufgegriffen und die These zurückgewiesen, der Heilige Geist sei ein Geschöpf und nur dem Grade nach von den Engeln unterschieden, auch die alexandrinische Synode des Jahres 362 bekräftigte die Überzeugung von der wahren Gottheit des Heiligen Geistes[17]. Gerade einige pastoral ausgezeichnet wirkende Bischöfe der Homoiusianer hatten aber gegenüber dieser Lehre Bedenken und sprachen sich mit verschiedener Nuancierung gegen sie aus. Zu ihnen gehörte Bischof *Eustathios von Sebaste* (seit 356), der im Kampf gegen die Anhomoier eine Rolle spielte und durch sein streng asketisches Leben wie durch seine opferbereite caritative Fürsorge bei seinen Gläubigen in hohem Ansehen stand[18]. Mit Basileios von Ankyra und Eleusios von Kyzikos bildete er die Führungsspitze der homoiusianischen Partei und gehörte der Dreierdelegation an, die mit Papst Liberius über die Wiederherstellung der Glaubenseinheit verhandelt hatte. Neben Eustathios und Eleusios gehörte noch Marathonios von Nikomedien zu denen, die die Gottheit des Heiligen Geistes ablehnten, ohne daß man schon für die Jahre um 365 von einer Partei der „Pneumatomachen" sprechen kann[19].

Eine scharfe Verfolgung der Katholiken und Nichthomoier durch Kaiser Valens wurde ausgelöst durch die Ereignisse, die sich anläßlich der Neubesetzung des Konstantinopler Bischofsstuhles 370 in der Hauptstadt Konstantinopel abspielten. Nach dem Tode des Eudoxios entschieden sich die Katholiken für Euagrios, der sich alsbald weihen ließ, aber von Valens zusammen mit seinem Konsekrator ins Exil geschickt wurde[20]. Als die Katholiken den Kandidaten der Arianer, Demophilos, entschieden ablehnten, ging der Kaiser mit aller Härte gegen sie vor[21] und setzte die Verfolgung alsbald

[16] Sozom. HE 6, 12, 4: 34 Bischöfe faßten diese Beschlüsse auf einer Synode in Antiochien in Kleinasien.

[17] Siehe *J. Lebon* in der Einleitung zur Übersetzung der vier Briefe an Serapion in SChr 15 (Paris 1947) 56—77 und den Kommentar von *C. R. B. Shapland,* The Letters of St. Athanasius concerning the Holy Spirit (London 1951); Athanas., Tom. ad Antioch. 3.

[18] Über ihn siehe *J. Gribomont:* DHGE 16, 26—33 (Lit.).

[19] Zu Eleusios s. *H. de Riedmatten:* DHGE 15, 144f, zu Marathonios *G. Bardy:* Fliche-Martin 3, 254f. [20] Socrates HE 4, 14; Sozom. HE 6, 13, 2—4.

[21] Socrates HE 4, 16, 4—6, Sozom. HE 6, 14, 1—4 berichten vom Martyrertod von 80 Klerikern, die auf einem Schiff verbrannt worden seien. Gregor. Naz., Or. 25, 10 weiß nur von einem Priester, der verbrannt wurde.

in den Provinzen fort. Nach dem siegreichen Feldzug gegen die Goten hielt er die Gelegenheit für gekommen, die Vielfalt der christlichen Gruppen in seinem Reichsteil endgültig zu beseitigen und die religiöse Einheit durch die ausschließliche Anerkennung des homoianischen Bekenntnisses zu erzwingen. Alle Bischöfe sollten sich durch ihre Unterschrift zur Glaubensformel von Rimini-Seleukia bekennen, die widerstrebenden verloren ihre Bischofssitze. Die Beamten kontrollierten die Durchführung der kaiserlichen Befehle allenthalben mit militärischer Hilfe und wandten sie auch auf den niederen Klerus und die Mönche an, deren Opposition mit Haft oder Deportation bestraft wurde[22]. Besonders hart wurde Syrien von der Verfolgungswelle betroffen, in dessen Hauptstadt Valens meist residierte. Bischof Meletios mußte zum drittenmal in die Verbannung, die Gotteshäuser der Katholiken wurden Euzoios und seinem Klerus übergeben, und die nikaiatreuen Christen wurden unaufhörlich von den Beamten gequält[23]. Die Bischöfe von Laodikeia, Edessa, Batna und Samosata traf die Verbannung, die Gemeinden von Beroia und Chalkis waren schwerster Bedrängnis ausgesetzt[24]. In Ägypten konnte man zu Lebzeiten des Athanasios keine Verfolgung wagen, um so heftiger entlud sie sich nach seinem Tod (Mai 373) gegen seinen von ihm designierten Nachfolger Petros. Der Präfekt Palladios ließ die Thomaskirche unter tumultuarischen Begleitumständen besetzen und führte den arianischen Bischof Lukios mit Polizeigewalt in sein Amt ein. Kleriker und Mönche wurden verhaftet, danach verbannt oder zur Arbeit in die Bergwerke geschickt. Elf Bischöfe und 126 Kleriker aus dem Lande wurden nach Diokaisareia in Palästina deportiert, öfters suchte man die Opposition durch Hinrichtungen zu brechen. Bischof Petros verließ heimlich Ägypten und begab sich zu Papst Damasus nach Rom, von wo aus er den Episkopat der Gesamtkirche durch einen Rundbrief über die Ereignisse in Alexandrien unterrichtete[25].

Das Wirken der Jungnikäner

Kappadokien war die Provinz Kleinasiens, in der das moralische Ansehen des Bischofs Basileios von Kaisareia Kaiser Valens veranlaßte, die Verfolgung der Katholiken wesentlich einzuschränken. Seit 370 lenkte Basileios als Metropolit die Geschicke der wichtigen Kirchenprovinz, mit den religiösen Fragen der Zeit bestens vertraut, da er schon Ratgeber seiner beiden

[22] Gregor. Naz., Or. 25, 11—12; 43, 46.

[23] Theodoret HE 4, 24, 2 — 25, 6; Sozom. HE 6, 18, 1 berichtet von zahlreichen Hinrichtungen.

[24] Theodoret HE 4, 12—15; Basil., Epp. 132, 219—222.

[25] Auszüge aus dem Brief gibt Theodoret HE 4, 22, 1—36; weitere Angaben bei Socrates HE 4, 20—22; Sozom. HE 6, 19, 1 — 20, 12.

Vorgänger gewesen war. Seine Herkunft aus angesehener christlicher Familie, seine hervorragende, an den Hochschulen in Konstantinopel und Athen erworbene Bildung, seine unbeirrbare Treue zum altererbten Glauben[26] verbanden sich mit der Gabe der Menschenführung und diplomatischem Geschick und verliehen ihm eine Geschlossenheit des Charakters, die jeden beeindruckte, der mit ihm in nähere Berührung kam[27]. Der Regierung mußte viel daran gelegen sein, diesen einflußreichen Mann für ihre kirchenpolitischen Ziele zu gewinnen, eine Aufgabe, der sich der Präfekt Modestus persönlich widmete. Die Begegnung der beiden Männer hat ein stark nachwirkendes Echo gefunden durch die künstlerisch eindrucksvolle, dramatisierende Schilderung, die ihr Gregor von Nazianz in seiner Totenrede auf den Freund gegeben hat[28]. Basileios lehnte sowohl die zunächst sehr verbindlichen Überredungsversuche wie die von steigendem Zorn getragenen Drohungen des Ministers in sicherer überlegener Haltung ab. Auf die erstaunte Bemerkung des Präfekten, bisher habe noch niemand ihm gegenüber eine so freimütige Sprache gewagt, kam die stolz-kühle Antwort: „Vielleicht hast Du noch nie mit einem Bischof zu tun gehabt.“[29] Auf den Bericht seines Ministers hin besuchte Kaiser Valens bei seiner Reise durch die kleinasiatischen Provinzen am Epiphanietag 372 den Gottesdienst in der Bischofskirche des Basileios und war so beeindruckt von dessen religiösem Ernst, daß er alle Bemühungen, ihn für das homoianische Bekenntnis zu gewinnen, aufgab, ihn in seiner Stellung beließ und ihm sogar beträchtliche Ländereien für die caritativen Anstalten schenkte, die Basileios erbauen ließ[30]. So wurde der Bischof von Kaisareia mehr und mehr zum Hort der verfolgten Katholiken für weite Gebiete des Ostens, von dem man das aufrichtende und richtungweisende Wort erwartete. Basileios hat die ihm gebliebenen Möglichkeiten in jeder Weise zu nutzen gesucht und unermüdlich für die Stärkung der Katholiken und den Zusammenschluß aller sich zu Nikaia bekennenden Gruppen gearbeitet. So besetzte er frei werdende Bischofssitze mit nikaiatreuen Männern oder errichtete neue Bistümer, um die Zahl seiner Suffragane zu erhöhen, ohne dabei immer das erwartete Verständnis zu finden, wie etwa bei Gregor von Nazianz, der es dem Freunde nie verzieh, daß er ihm „das armselige Nest Sasima“ als Bistumssitz zugedacht hatte[31]. Eine herbe Enttäuschung bereitete ihm Bischof Eustathios von Sebaste, mit dem Basileios einst durch die gemeinsame Begeisterung für das asketisch-mönchische Lebensideal verbunden war. Dieser

[26] Ep. 223, 3 rühmt sich Basileios eindrucksvoll dieser Treue.

[27] Vgl. etwa die Skizze von *H. v. Campenhausen*, Griechische Kirchenväter (Stuttgart 1955) 86—100.

[28] Or. 43; sie hat noch *J. H. Newman* zu einer meisterlichen Übersetzung ins Englische bewogen: The Church of the Fathers (London [4]1868) 14—17.

[29] Or. 43, 50.

[30] Theodoret HE 4, 19, 1—13; Gregor. Naz., Or. 43, 52—54.

[31] Gregor. Naz., De vita sua 439—446.

hatte sich zwar zur Anerkennung des Glaubens von Nikaia durchgerungen, dann aber durch seine Verwerfung der Gottheit des Heiligen Geistes den Zusammenschluß der Homoiusianer mit den Katholiken unmöglich gemacht und schließlich Basileios beschuldigt, er teile die irrigen Lehren des Apollinaris von Laodikeia[32]. Am tiefsten hat Basileios jedoch die Fruchtlosigkeit seiner Bemühungen getroffen, das unselige Schisma von Antiochien zu beseitigen. Er konnte guten Gewissens in Meletios den rechtmäßigen Bischof von Antiochien sehen, der in korrektem Verfahren gewählt, von den Bischöfen seiner Provinz geweiht und für seine allmählich gewonnene Überzeugung, der Glaube von Nikaia sei der wahre, dreimal ins Exil gegangen war, während der Bischof der eustathiostreuen Minderheit Paulinos mit dem Makel einer kanonisch nicht einwandfreien Wahl und Weihe belastet war[33]. Gerade an Paulinos hielt aber Alexandrien mehr aus emotionalen als aus theologischen Gründen fest, und da Rom seine Informationen über die kirchliche Situation im Osten ausschließlich von Alexandrien bezog, war auch der Westen nicht dazu zu bewegen, für Meletios und die Bemühungen des Basileios einzutreten. Mit wachsender Bitterkeit mußte dieser feststellen, daß seine Briefe und Boten mit der Bitte um Hilfe durch Entsendung von römischen Delegationen oder Anerkennungsschreiben für die Führer der Einigungsbestrebungen bei Papst Damasus kein entsprechendes Echo fanden. Es war nicht nur verletztes Selbstbewußtsein, wenn Basileios damals schrieb, Damasus sei ein stolzer Mann und von dem Hochmut der Okzidentalen sei keine wirksame Hilfe zu erwarten[34]. Es war ein Verhängnis, daß man auf Grund der einseitigen Berichterstattung aus Alexandrien und Antiochien in Rom nicht erkannte, daß es eigentlich im Osten nicht mehr so sehr um die sich auflösenden arianischen Parteien ging, sondern daß die neu aufkommende theologische Richtung, die den Glauben an die Gottheit des Heiligen Geistes bekämpfte, höchste Aufmerksamkeit verdiente.

Deshalb war man im Westen auch nicht in der Lage, die *theologische Arbeit der sog. Jungnikäner* zu würdigen, die — es waren neben Basileios sein Bruder Gregor von Nyssa, Gregor von Nazianz und ihr gemeinsamer Freund Amphilochios von Ikonion[35] — ein Doppeltes erkannt hatten: 1. daß bei grundsätzlichem Festhalten an den Aussagen von Nikaia zu deren rechtem Verständnis eine präzise Begriffssprache erarbeitet und 2. die Frage der Gottheit und Personhaftigkeit des Heiligen Geistes entschieden werden

[32] Basil., Epp. 223 224 226.

[33] Siehe die Briefe des Basileios an Athanasios u. Meletios, Epp. 66—69.

[34] Basil., Ep. 239. Zu den Bemühungen des Basileios, Damasus und die lateinischen Bischöfe für eine Unterstützung des Ostens zu gewinnen, vgl. *M. Richard:* AnBoll 67 (1947) 178—202 und *E. Amand de Mendieta:* Biblical and Patristic Studies in Memory of R. P. Casey (Freiburg 1963) 122—166.

[35] Über ihn zuletzt *H. Gstrein,* Amphilochios von Ikonion: Der vierte „Große Kappadokier": JÖByzG 15 (1966) 133—145.

müsse. Die erste Aufgabe lösten sie, vor allem Basileios, indem sie den bisher unscharfen und daher noch austauschbaren[36] Begriffen οὐσία und ὑπόστασις einen eindeutig abgegrenzten Inhalt gaben. Οὐσία wird jetzt ausschließlich der Ausdruck für das „Wesen" Gottes, während ὑπόστασις als Bezeichnung für das Besonderssein reserviert wird, in dem sich das göttliche Wesen im Vater, im Sohne und im Heiligen Geiste ausdrückt: μία οὐσία – τρεῖς ὑποστάσεις wird zur klassischen Formel in der Trinitätstheologie[37]. Jede der drei Hypostasen hat ihre charakteristischen Merkmale: die erste die der Vaterschaft (πατρότης), die zweite die des Sohnseins (υἱότης), die dritte die der Heiligung (ἁγιασμός), jede der drei göttlichen Hypostasen kann auch „Person" (πρόσωπον) genannt werden[38]. Bei Gregor von Nazianz finden sich für die Unterschiede der drei Personen bereits die Bezeichnungen „Ungezeugtsein" (ἀγεννησία), „Ausgang" (πόρευσις) und „Aussendung" (ἔκπεμψις)[39]. Wenn Basileios auch das ὁμοούσιος nicht ausdrücklich vom Heiligen Geist aussagt, so hat er doch klar dessen Gottheit und Wesensgleichheit der Sache nach ausgesprochen, während Gregor von Nazianz sie auch formell lehrte[40]. In der Frage des Ausganges des Heiligen Geistes bevorzugen die Jungnikäner die Formel „aus dem Vater durch den Sohn"[41]. Es bleibt das unbestrittene Verdienst der Jungnikäner, durch ihre theologische Arbeit die Glaubensentscheidung des Konzils von Konstantinopel vorbereitet, die Trinitätstheologie zu einem ersten Abschluß gebracht und damit der nikänischen Theologie zu einem dauerhaften Durchbruch verholfen zu haben. Eine mehr äußere Voraussetzung dafür wurde allerdings durch die politische Entwicklung der Jahre 378/379 in der Reichsführung geschaffen. Durch einen neuen Gotenaufstand auf dem Balkan wurde Kaiser Valens zum Kriege gezwungen, für den er sich die Hilfe seines Neffen Gratian (seit 375 Kaiser) aus dem Westen erbat. Vor seiner Abreise in das Aufstandsgebiet nahm er die Exilsbefehle gegen die katholischen Bischöfe zurück, so daß Antiochien und Alexandrien ihre Bischöfe Meletios und Petros wieder erhielten. Ohne das Hilfskontingent Gratians abzuwarten, ließ sich Valens in eine entscheidende Schlacht ein und verlor am 9. August 378 bei

[36] Die Synode von Alexandrien 362 sprach noch von einer oder drei Hypostasen: Athanas., Tom. ad Antioch. 5 (PG 26, 800 f).

[37] Besonders Basil., Epp. 38 und 236. Zu Gregor von Naz. *S. González,* La fórmula μία — οὐσίβ τρεῖς ὑποστάσεις (Rom 1939); zu Gregor von Nyssa *W. Jaeger* a. a. O. (Leiden 1966).

[38] *C. Andresen,* Zur Entstehung und Geschichte des trinitarischen Personbegriffes: ZNW 52 (1961) 1—39. [39] Or. 25, 16.

[40] Basil., Contra Eunom. 3, 5 (Θεότης αὐτοῦ); Gregor. Naz., Or. 12, 6. Zu Baliseios vgl. außer *H. Dörries* (s. oben Lit.) *B. Pruche:* RSR 52 (1964) 204—232 (zu de Spir. S.) und *S. de Boer:* NThT 18 (1963/64) 362—380 (zur Homousie des Heiligen Geistes).

[41] Basil., De Spir. S. 18, 45; Contra Eunom. 2, 32; 2, 34. Greg. Nyss., Quod non sint tres dii (Opera III 1, Leiden 1958) 56.

Adrianopel Thron und Leben[42]. Im Januar 379 berief Gratian den spanischen General Theodosius zum Mitaugustus und übertrug ihm den Osten als Herrschaftsbereich[43]. Beide Kaiser bekannten sich zum Glauben von Nikaia, dem sich nun eine ruhigere Zukunft zu öffnen schien.

II.

Das Konzil von Konstantinopel (381)

In einem Schreiben „an die Okzidentalen" — gemeint ist in erster Linie Papst Damasus — vom Jahre 377 hatte Basileios von Kaisareia schon davon gesprochen, daß Ost und West „in gemeinsamer Beratung" notwendige Entschlüsse in Glaubensfragen hätten treffen müssen, die durch die Lehren des Eustathios von Sebaste, des Apollinaris von Laodikeia und die Sympathien des Paulinos von Antiochien für die Auffassungen des Markellos von Ankyra aufgeworfen worden waren. Aber er mußte selbst zugeben, daß unter Kaiser Valens der „Kairos" für eine so umfassende Synode nicht gegeben war[44]. Im Herbst 379 fanden sich dann auf die Initiative des Meletios, der nach dem Tode des Basileios (1. 1. 379) die führende Persönlichkeit der orthodoxen Mehrheit geworden war, 153 Bischöfe in Antiochien zu einer Synode ein, auf der sie sich zur Glaubenseinheit mit Rom bekannten[45]. Ein solcher Schritt lag durchaus in der Linie dessen, was von der Religionspolitik des Kaisers Theodosius zu erwarten war, er war aber zugleich auch die Voraussetzung dafür, in der Frage des Antiochenischen Schismas zu einer tragbaren Lösung zu kommen[46]. Kurz vor der Antiochenischen Synode erschien ein Edikt Kaiser Gratians und seiner Mitregenten Valentinian II. und Theodosius, das alle Häresien verbot und nur die zugunsten der katholischen Religion ergangenen Erlasse in Geltung ließ[47]. Die eigene religionspolitische „Regierungserklärung" des neuen Kaisers ließ nicht lange auf sich warten. Das berühmte Edikt *„Cunctos populos"* vom 28. Februar 380, an die Bevölkerung Konstantinopels adressiert, aber die Gesamteinwohnerschaft des Reiches ansprechend, erklärte, es sei der Wunsch der Kaiser, daß alle von ihnen regierten Völker in der Religion lebten, die der Apostel Petrus den Römern überliefert habe und zu der sich der Pontifex Damasus sowie Bischof Petros von Alexandrien bekennen; „daß wir also an

[42] Ammian. Marcell. 31, 12, 10 — 13, 19; zur polit. Bedeutung der Schlacht siehe *J. Straub*: Philologus 95 (1953) 255—286.

[43] Theodoret HE 5, 6, 3; Pacatus, Paneg. 10—11. [44] Basil., Ep. 263, bes. c. 5.

[45] Dazu *G. Bardy*, Le concile d'Antioche (379): RBén 45 (1933) 196—213.

[46] Ob letztere wirklich gefunden wurde, läßt sich auf Grund der widersprüchlichen Berichte bei Socrates HE 5, 5 und Theodoret HE 5, 3, 9—16 nicht mit Sicherheit entscheiden. Die weitere Geschichte der antiochenischen Christen in den nächsten Jahren spricht eher dagegen. [47] Cod. Theod. 16, 5, 5 vom 3. 8. 379.

die eine Gottheit des Vaters und des Sohnes und des Heiligen Geistes bei gleicher Majestät und heiliger Dreifaltigkeit glauben". Nur die Anhänger dieses Bekenntnisses sollten den Namen katholische Christen tragen, die übrigen seien von der Infamie der Häresie belastet, dürften ihre Konventikel nicht Kirchen nennen und hätten außer der göttlichen auch die kaiserliche Strafe zu erwarten[48]. Dieser Theodosiuserlaß hat die extremsten Wertungen erfahren, angefangen vom privaten Glaubensbekenntnis des Kaisers bis zu einem Manifest, das in der Sprache eines fast irrsinnigen Glaubensfanatismus das Christentum zur alleinigen Staatsreligion machte, und zwar autokratisch, ohne kirchliche Mitwirkung[49]. Ein privates Glaubensbekenntnis auch eines Kaisers wäre wohl kaum in die offizielle Gesetzessammlung des Codex Theodosianus und des Justinianus aufgenommen worden und hätte auch keine Sanktionen für eventuelle Verstöße dagegen angedroht. Sicher hat der Kaiser mit diesem Erlaß kundgetan, daß er nur *das* Bekenntnis dulden und fördern wolle, in dem er erzogen und das inzwischen das der Mehrheit der Reichsbewohner geworden war. Man kann ferner nicht bestreiten, daß das kaiserliche Edikt im modernen Sinn des Wortes intolerant war, aber die Frage der Toleranz im heutigen Verständnis stellte sich Theodosius ebensowenig wie den übrigen Kaisern des 4. Jh.[50] Daß er sein religionspolitisches Programm jedoch nicht autokratisch, sondern *mit* den kirchlichen Vertretern des nikänischen Glaubens durchführen wollte, zeigt sich schon in diesem Edikt, das die Religion des Papstes Damasus und des Bischofs Petros von Alexandrien als die Norm bezeichnet, an der die Echtheit jeden Bekenntnisses zu messen sei. Es ist kein Abrücken von dieser Norm oder gar ein „Kurswechsel", sondern eine Erläuterung und eine Anwendung auf die spezielle Situation des östlichen Reichsteiles, wenn ein Edikt vom Januar 381 dieses Bekenntnis gleichsetzt mit dem Glauben von Nikaia[51]. Von einem eindeutigen Anhänger dieses Glaubens, dem Bischof Acholius von Thessalonike, hatte Theodosius sich auch taufen lassen, als ihn 380 — das genaue Datum ist nicht sicher feststellbar — eine lebensbedrohende Krankheit befallen hatte[52]. Und als er im November 380 nach Konstantinopel kam, schuf er auch hier rasch klare Verhältnisse. Der arianische Bischof Demophilos lehnte in einer Unterhaltung mit dem Kaiser den Übertritt zur Orthodoxie ab und mußte dem Nikäner Gregor von Nazianz weichen, den man schon ein Jahr zuvor zur Betreuung der zusammengeschmolzenen Ge-

[48] Cod. Theod. 16, 1, 2 = Cod. Just. 1, 1, 1.

[49] Siehe *W. Enßlin*, Religionspolitik 27 f.

[50] Selbst der zurückhaltende Kaiser Valentinian I. erläßt ein Edikt gegen die Manichäer (Cod. Theod. 16, 5, 3) und begünstigt durch zahlreiche Erlasse das Christentum: siehe *Coleman-Norton* I nn. 127—162.

[51] Cod. Theod. 16, 5, 6; es ordnet überdies die Rückgabe der Gotteshäuser an die katholischen Bischöfe an, während es den Häretikern den Besitz von Kirchen und den Aufenthalt in den Städten untersagt.

[52] Socrates HE 5, 6; Sozom. HE 7, 4, 3.

meinde der Orthodoxen bestellt hatte und den der Kaiser nun demonstrativ zur Besitzergreifung in die Apostelkirche begleitete[53].

Die Idee eines Konzils, wenigstens für den östlichen Reichsteil, mußte sich nach dem Tode des Valens mit Macht aufdrängen, und Theodosius hat eine derartige Absicht schon etwa im Frühjahr 380 zu erkennen gegeben, mit hoher Wahrscheinlichkeit zuerst dem Bischof Acholius von Thessalonike, der dann seinerseits Papst Damasus über die kaiserlichen Pläne informierte[54]. Die Probleme, die sich für eine synodale Regelung empfahlen, waren gerade für den Osten besonders dringlich, wie etwa das Antiochenische Schisma und die pneumatologische Frage. Die Schreiben des Kaisers, die für den Monat Mai 381 nach der Hauptstadt des Ostens einluden, dürften einige Wochen nach Jahresbeginn ergangen sein, damit den Synodalen Zeit für die Vorbereitung und Anreise blieb[55]. Die allerdings nicht fehlerfrei erhaltenen Teilnehmerlisten[56] geben die Zahl der Synodalen mit rund 150 an, von denen fast die Hälfte (71) allein aus der Diözese Oriens kam und unter Führung des Meletios von Antiochien die stärkste Gruppe bildete. Dieser selbst hatte sich schon früh in Konstantinopel eingefunden und vielleicht noch die Auswahl der einzuladenden Bischöfe beeinflußt[57]. Denn auch die übrigen Konzilsteilnehmer, unter denen die Jungnikäner — die beiden Brüder des Basileios von Kappadokien, ihr Freund Amphilochios von Ikonion — herausragen, unterhielten beste Beziehungen zu Meletios. Spärlich vertreten waren die Küstengebiete Kleinasiens, wo sich die meisten von „Pneumatomachen“ geleiteten Bistümer befanden, ebenso fehlten zunächst die ägyptischen Bischöfe, auch Bischof Acholius ist erst nach der Eröffnung des Konzils eingetroffen. Sicher war auch „die Opposition“ zu der Synode eingeladen — und zwar auf Initiative des Kaisers, so schwierig es auch ist, die Verhandlungen mit den 36 pneumatomachischen Bischöfen unter Eleusios von Kyzikos in den Ablauf der Beratungen einzuordnen. Eine Entscheidung in der Frage über die Stellung des Heiligen Geistes wäre wenig glaubwürdig gewesen, ohne wenigstens den Versuch einer Klärung im Gespräch mit der Opposition unternommen zu haben. Nach der Intention des Kaisers war das Konzil von Konstantinopel demnach sicher nicht bloß die Synode einer, hier der meletianischen, Partei.

Vor Beginn der Konzilssitzungen wurden die Teilnehmer vom Kaiser empfangen, der den Bischof Meletios durch besonders ehrerbietige Begrüßung auszeichnete und ihn damit gleichsam zum Präsidenten des Konzils vorschlug. Die Sitzungen fanden jedoch nicht im Kaiserpalast statt, Theo-

[53] Sozom. HE 7, 5, 1—7; Gregor. Naz., Carm. hist. 2, 1, 11, 1354—1370.

[54] Damasus, Ep. 5 (PL 13, 368 A) wußte zu diesem Zeitpunkt bereits davon.

[55] Es ist kein Text dieses Schreibens erhalten, aber Socrates HE 5, 8 gibt Mai 381 als Tagungsbeginn an.

[56] Siehe *Schwartz* und *Honigmann* a. a. O., ferner *N. Q. Kingh:* Stpatr 1 (Berlin 1957) 635—641. [57] Vgl. *A.-M. Ritter* a. a. O. 38 f.

dosius nahm auch weder persönlich an ihnen teil, noch ließ er sich durch Beamte vertreten, so daß die Diskussionsfreiheit völlig gesichert war. Da wie im Fall von Nikaia auch keine Sitzungsprotokolle der Konstantinopler Synode erhalten sind, ist der exakte Ablauf der Beratungen nicht mehr mit Sicherheit zu erkennen. An die Spitze der behandelten Fragen wird man aber wohl die Anerkennung Gregors von Nazianz als legitimen Leiters der Konstantinopler Gemeinde setzen müssen, gegen dessen Berufung auf den Stuhl der Hauptstadt eventuell der Kanon 15 des Konzils von Nikaia[58] geltend gemacht werden konnte, der die Translation eines Bischofs untersagte. Da aber Gregor vom Bistum Sasima nie Besitz ergriffen hatte, konnte die Synode seine Wahl als kanonisch erklären und die feierliche Inthronisation vornehmen lassen[59]. Im Zusammenhang damit muß wohl auch der Kanon 4 der Synode, wenigstens der Sache nach, beschlossen worden sein, der die von Alexandrien betriebene Weihe des Abenteurers Maximos für ungültig erklärte, die dieser sich ohne Wissen Gregors hatte erteilen lassen[60]. Schon in den ersten Tagen starb jedoch unerwartet der Konzilspräsident Meletios, der wegen seines Ansehens und seines diplomatischen Geschicks für seine Aufgabe hervorragend geeignet war[61]. Es lag nahe, dem Konstantinopler Ortsbischof nun den Vorsitz der Synode zu übertragen, der allerdings sofort mit dem dornenreichen Problem der Nachfolge des Meletios in Antiochien konfrontiert wurde. Mit seinem Vorschlag, die Regelung der Frage bis zum Tode des Paulinos offenzulassen, das heißt Paulinos als einzigen orthodoxen Bischof anzuerkennen, drang Gregor jedoch nicht durch, aber auch das Konzil kam nicht zu einer Einigung[62].

In die ersten Wochen des Konzils ist auch die Beratung über die rechte Lehre vom Heiligen Geist anzusetzen, die nach der Lage im östlichen Reichsteil einen Kernpunkt der Synodalverhandlungen bilden mußte. Eine Einigung zwischen der orthodoxen Mehrheit und den Pneumatomachen oder Makedonianern mußte auch Theodosius besonders am Herzen liegen. Seine Hoffnungen wurden allerdings radikal enttäuscht. Trotz aller Bemühungen, besonders auch Gregors von Nazianz, war die Gruppe des Eleusios von Kyzikos nicht zu einer Anerkennung der Gottheit des Heiligen Geistes zu bewegen und verließ alsbald das Konzil, wobei sie ihre Anhänger noch

[58] Text etwa bei *Alberigo*, COD 12. Socrates HE 5, 8; Sozom. HE 7, 7, 2—5, dazu *A.-M. Ritter* a. a. O. 68 Anm. 1.

[59] Sozom. HE 7, 7, 6; Theodoret HE 5, 8, 2; Gregor. Naz., Carmen de vita sua 1305 ff 1525 ff.

[60] Kanon 4 bei *J. Alberigo* a. a. O. 28; zur Maximosaffäre siehe *A.-M. Ritter* a. a. O. 50 bis 52.

[61] Theodoret a. a. O.; Gregor. Naz., Carmen de vita sua 1573 ff und vor allem die Totenrede Gregors von Nyssa auf Meletios (Opera IX 441/457).

[62] Gregors Sicht des Problems: Carmen de vita sua 1583 ff und Or. 42, 20—22.

durch ein Rundschreiben vor der Anerkennung des Glaubens von Nikaia gewarnt hätte[63].

Das Glaubenssymbol von Konstantinopel 381

Es entspräche dem in Nikaia gegebenen Beispiel, aber auch durchaus der Situation von 381, wenn bei den Verhandlungen mit den Homoiusianern in Konstantinopel versucht worden wäre, sie zur Annahme einer Glaubensformel zu bewegen, in die sowohl der Inhalt des Symbols von Nikaia aufgenommen, durch die aber auch die pneumatologische Frage hinreichend geklärt worden wäre. Es spricht nun tatsächlich vieles dafür, diese Formel in jenem Text zu sehen, der als „Symbol der 150 Väter von Konstantinopel" seit Ende des 6. Jh. in die lateinische Meßliturgie aufgenommen wurde[64] und heute unter dem nicht ganz zutreffenden Namen „Nikäno-Konstantinopolitanisches Glaubensbekenntnis" bekannt ist. Die wissenschaftliche Diskussion über Herkunft und Entstehungszeit dieses Textes ist auch heute noch nicht zu einem allseitig anerkannten Ergebnis gelangt[65]. Das Konzil von Chalkedon (451) sieht zwar in den Vätern von Konstantinopel die Urheber dieses Symbols, die mit ihm das Glaubensbekenntnis von Nikaia durch antihäretische Zusätze über die Menschwerdung des Logos und die Gottheit des Heiligen Geistes erläutern wollten[66] — und dies blieb bis in die 2. Hälfte des 19. Jh. die traditionelle Ansicht. Diese wurde jedoch entschieden abgelehnt mit der Behauptung, das sog. Konstantinopler Symbol sei älter, da es schon von Epiphanios von Salamis in seiner 374 verfaßten Schrift Ancoratus fast wörtlich angeführt werde und sich bei näherem Zusehen als das alte Taufsymbol der Kirche von Jerusalem erweise, das Kyrill von Jerusalem seinen nach 350 gehaltenen Katechesen zugrunde gelegt habe[67]; es könne durch Kyrill oder durch die Bischöfe von Zypern, die auf der Synode von 381 vertreten waren, den Vätern von Konstantinopel bekannt geworden sein[68]. Mit gewichtigen Gründen ist jedoch die Meinung

[63] Socrates HE 5, 8 und Sozom. HE 7, 7, 2—5 verlegen die Verhandlungen mit den Makedonianern noch vor den Beginn der Synode, kaum mit Recht. Ebenso engen sie den Gegenstand derselben auf das Homousios des Nicaenums ein, dagegen spricht jedoch Gregor. Naz., Carmen de vita sua 1739—1777.

[64] Zuerst in Spanien auf dem 3. Konzil von Toledo im Jahre 589, vgl. *J. A. Jungmann*, Missarum sollemnia I 578. Der Text des Kanons II der Synode von Toledo: Concilios Visigóticos, ed. *J. Vives* (Barcelona 1963) 125.

[65] Siehe die Geschichte dieser Diskussion und die letzte kritische Stellungnahme bei *A.-M. Ritter* a. a. O. 132—208.

[66] *J. Lebon*, Les anciens symboles dans la définition de Chalcédoine: RHE 32 (1936) 809—876, hier bes. 810/812.

[67] Hauptvertreter dieser These war *A. v. Harnack*, der RE³ 11, 12—28 eine Zusammenfassung der Gründe gibt.

[68] Vgl. *I. Ortiz de Urbina*, Nizäa und Konstantinopel 212 f, der die Autorschaft des Epiphanios für wahrscheinlich hält.

vertreten worden, daß die Schrift des Epiphanios ursprünglich das Symbol von Nikaia enthielt[69] und daß in Konstantinopel ein eigenes Symbol geschaffen worden sein müsse, zumal doch in den Quellen schon vor 451 verschiedentlich auf dessen Existenz hingewiesen werde, wenn auch nur andeutungsweise, wie bei Gregor von Nazianz oder deutlicher bei Theodor von Mopsuestia[70]. So behält das Zeugnis der Konzilsakten von Chalkedon sein Gewicht, daß das Nicaeno-Constantinopolitanum wirklich auf die Synode von 381 zurückgeht. Auf die Frage, warum die Väter von Konstantinopel nun neben das Symbol von Nikaia noch ein weiteres gestellt haben, läßt sich wohl nur die Antwort geben, daß sie dies wegen der sich durch Jahrzehnte andauernden Diskussion des trinitarischen Dogmas, in die mehr und mehr auch der Heilige Geist einbezogen wurde, für unbedingt erforderlich hielten. Für die Vermutung, sein Text sei im Zusammenhang mit den vom Kaiser erwünschten Unionsverhandlungen mit den Makedonianern entstanden, spricht die Tatsache, daß man einerseits auf das Homousios für den Heiligen Geist verzichtete, anderseits aber doch Formulierungen verwandte, die die von der jungnikänischen Theologie erarbeiteten Ergebnisse sicherten[71].

Eine eingehendere Textanalyse[72] des Konstantinopler Symbols läßt erkennen, daß man die Aussagen des Nicaenums unangetastet bestehen ließ. Denn die über dieses hinausgehenden Zusätze im I. und II. Artikel — „Schöpfer des Himmels und der Erde“ — „den eingeborenen vor aller Zeit — (Fleisch geworden) durch den Heiligen Geist aus Maria der Jungfrau — (gekreuzigt) für uns unter Pontius Pilatus — sitzend zur Rechten des Vaters — seines Reiches wird kein Ende sein“ — finden sich verstreut schon früher in anderen Formeln oder Texten, stellen also keine Neuschöpfungen der Konstantinopler Väter dar[73]. Es sind vielmehr die neuen Aussagen im III. Artikel über den Heiligen Geist, auf denen die große theologische Bedeutung dieses Symbols beruht. Während das Nicaenum noch schlicht sagt: „Wir glauben an den Heiligen Geist“, finden sich hier folgende Erweiterungen: „Den Herrn und Lebensspender, der aus dem Vater hervorgeht, der mit Vater und Sohn zugleich angebetet und verherrlicht wird, der gesprochen hat durch die Propheten“[74]. Mit dem Bekenntnis zum „Herrsein“

[69] Durch *E. Schwartz:* ZNW 25 (1926) 38—88 und vorher schon von *Chr. Papadopoulos,* Das Symbol der 2. ökumenischen Synode (Athen 1924).

[70] Gregor. Naz., Carmen de vita sua 11, 1703 ff; Theodor von Mopsuestia, Homélies catéchétiques 9 und 10 (ed. *R. Tonneau - R. Devreesse,* Rom 1949) 215 ff; möglicherweise ist auch schon im Synodalschreiben der Konstantinopler Synode von 382 ein solcher Hinweis enthalten, siehe Theodoret. HE 5, 9, 13.

[71] So ansprechend *A.-M. Ritter* a. a. O. 189—195.

[72] Text bei *G. L. Dossetti* a. a. O. 244—250. [73] Siehe *I. Ortiz de Urbina* a. a. O. 214—217.

[74] (πιστεύομεν εἰς τὸ πνεῦμα τὸ ἅγιον) τὸ κύριον καὶ ζωοποιὸν τὸ ἐκ τοῦ πατρὸς ἐκπορευόμενον τὸ σὺν πατρὶ καὶ υἱῷ συμπροσκυνούμενον καὶ συνδοξαζόμενον, τὸ λαλῆσαν διὰ τῶν προφητῶν.

(τὸ κύριον) wird mit dem Titel κύριος göttlicher Charakter auch für den Heiligen Geist in Anspruch genommen, wie für Vater und Sohn, so wie es Basileios von Kaisareia schon aus 1 Thess 3, 13; 2 Thess 3, 5 und 2 Kor 3, 17 abgeleitet hatte[75]. Auch die Bezeichnung „der das Leben spendet" will aussagen, daß der so Genannte Gott ist, wie die Jungnikäner öfters betonen[76]. Mit der Formel „der vom Vater ausgeht" wollte man der These der Makedonianer entgegentreten, der Heilige Geist sei ein vom Sohn geschaffenes Wesen; daß der Ausgang vom Vater vielmehr Beweis für seine Gottheit sei, hatte schon Gregor von Nazianz im Anschluß an Jo 15, 26 betont[77]. Die entschiedenste Aussage über die Gottheit des Heiligen Geistes stellt jedoch der Satz dar: „der mit dem Vater und dem Sohn zugleich angebetet und verherrlicht wird". Die gleiche Anbetung (προσκύνησις als eigentlicher Akt der Gottesverehrung) und die gleiche Ehre (δόξα als die mehr kultische Verehrung in der Liturgie), die Vater und Sohn zukommen, gebühren auch dem Heiligen Geist. Gerade für den Einschluß des Heiligen Geistes in die Doxologie als kultisch-liturgischer Formel der Gottesverehrung hatte die orthodoxe Theologie schon seit Kyrill von Jerusalem gekämpft[78]. Ihre Sanktionierung durch das Symbol von Konstantinopel war daher sachlich gleichbedeutend mit einem Bekenntnis zur Homousie des Heiligen Geistes, und kein überzeugter Makedonianer hätte diese Formulierung unterschreiben können. Warum man dann doch nicht auch den Terminus „Homousios" für den Heiligen Geist aufnahm, kann nur vermutet werden. Man hoffte wohl, mit einer bibelnäheren Argumentation bei den Pneumatomachen mehr Bereitschaft zur Einigung zu bewirken. Nach dem Fehlschlag der Unionsbemühungen konnte man auf solche Rücksicht verzichten. Im folgenden Jahr sprach eine neue Synode in Konstantinopel eindeutig von der „einen Gottheit, Kraft und Wesenheit des Vaters und des Sohnes und des Heiligen Geistes" und verwarf noch einmal „die Blasphemie der Eunomianer, Arianer und Pneumatomachen"[79]. Eine solche Verurteilung sprach aber auch schon das Konzil von 381 in einem eigenen Kanon (I) aus, wenn es sagte, daß „speziell die Häresie ... der Pneumatomachen" mit dem Anathem belegt werden müsse. Die Konsequenzen aus diesem Urteil zog alsbald ein Edikt des Kaisers vom 30. Juli 381[80], das die sofortige Übergabe aller

[75] Basil., De Spir. S. 21; 56—57; Contra Eunom. 3, 2, dazu *H. Dörries* a. a. O. 67.

[76] Basil., Contra Eunom. 3, 4; De Spir. S. ebd.; Gregor. Naz., Or. theol. 5, 29.

[77] Or. theol. 5, 8; 10—11. Das *Filioque* des lateinischen Textes ist bekanntlich erst gegen Ende des 7. Jh. in Spanien eingefügt worden, vgl. *J. Gill:* LThK² IV 126 f.

[78] Vgl. Catech. 16, 4; Athanas., Ep. ad Serap. 1, 31; Basil., De Spir. S. 1; 26; Ep. 159, 2; Gregor. Naz., Or. 5, 12 28; 31, 28; Greg. Nyss., Ep. 24; De Spir. S. (Opera 3, 1, 94).

[79] Schreiben der Synode des Jahres 382 an Papst Damasus und die westlichen Bischöfe bei Theodoret HE 5, 9, 1—18; auch bei *J. Alberigo,* COD 21—26. Darin wird hingewiesen auf das, was die Synode des Vorjahres (381) dargelegt habe; daß dies in Form eines Tomos geschehen sei, wird jedoch nicht gesagt.

[80] Cod. Theod. 16, 1, 3.

Kirchen an die Bischöfe anordnete, „die bekennen, daß Vater, Sohn und Heiliger Geist von einer Majestät und Kraft, von gleicher Ehre und Herrlichkeit sind". Als Kriterium für den rechten Glauben dieser Bischöfe gilt ihre Gemeinschaft mit Nektarios von Konstantinopel, Timotheos von Alexandrien, Diodor von Tarsos, Amphilochios von Ikonion, Helladios von Kaisareia, Gregor von Nyssa (und einigen anderen), also den repräsentativen Verteidigern der Orthodoxie in Konstantinopel.

So hat das Konzil von 381 die lange Diskussion um die trinitarische Frage wirkungsvoll zum Abschluß gebracht und damit der in Nikaia grundgelegten Theologie zum endgültigen Durchbruch verholfen. Im Inneren der Reichskirche bedeutet von jetzt an der Arianismus jeglicher Richtung keine ernsthafte Gefahr mehr. Eine Bedrohung konnte vielleicht noch von den germanischen Goten kommen, die mit dem Christentum auch das arianische Bekenntnis angenommen hatten. Da es aber bei ihnen zur Stammesreligion geworden war, ging von ihm keine werbende missionarische Kraft aus, es hielt sich deshalb auch nur so lange, als der jeweilige Stammesfürst sich zu ihm bekannte.

Außer den bereits besprochenen Kanones I und IV kommt den beiden übrigen von der Konstantinopler Synode in Form von Kanones gefaßten Beschlüssen eine hohe kirchenrechtliche und kirchenhistorische Bedeutung zu[81]. Kanon II befaßt sich mit der kirchlichen Organisation im östlichen Reichsteil und läßt indirekt erkennen, daß die einschlägigen Bestimmungen des Konzils von Nikaia (can. 4—7) in den Wirren der letzten Jahrzehnte oft mißachtet worden waren. Darum wird erneut eingeschärft, daß die Angelegenheiten einer Kirchenprovinz von der entsprechenden Provinzialsynode zu behandeln sind. Mit deutlicher Spitze gegen Alexandrien wird erklärt, daß der dortige Bischof nur für Ägypten zuständig sei und dabei „gemäß den Kanones" zu verfahren habe. Es kann kaum bezweifelt werden, daß damit der Übergriff des Petros von Alexandrien durch die heimliche Weihe des Maximos (siehe oben zu can. IV) gerügt werden sollte. Allgemein wird eingeschärft, daß kein Bischof kirchliche Funktionen außerhalb der politischen Diözese, zu der sein Bistum gehört, ausüben darf. Dabei werden alle politischen Diözesen des östlichen Reichsteiles namentlich angeführt: Oriens (zugleich mit Bestätigung der Privilegien, die Nikaia der Kirche von Antiochien gewährt habe), Asia, Pontus und Thrakien, die drei letzten ohne Erwähnung einer Kirche, deren Bischof die Leitung der betreffenden „Diözese" zugestanden hätte. Es wird hier die Entwicklung deutlich, die einmal mit der Vollendung der östlichen Patriarchate enden wird. Der Kanon

[81] Text bei *J. Alberigo* COD 27f. Die griechische Überlieferung kennt zwar sieben Kanones der Synode von 381, die lateinische jedoch nur vier. Die Nr. V und VI gehören wohl der Synode von 382 an, can. VII ist erst um 450 nachweisbar, vgl. *I. Ortiz de Urbina,* Nizäa 233.

schließt mit dem Hinweis auf die Kirchen in den Missionsgebieten, die nach der bisher üblichen Praxis betreut werden sollen, also von den Zentren, von denen ihre Missionare kamen.

Kanon III der Synode von Konstantinopel war mit seinem knappen Text der bei weitem folgenschwerste: „Der Bischof von Konstantinopel soll den Ehrenprimat nach dem Bischof von Rom haben, denn diese Stadt ist das Neue Rom.“ [82] Bisher war der besondere Rang Antiochiens und Alexandriens eher im apostolischen Ursprung ihrer Gemeinden als in der politischen Bedeutung dieser Städte gesehen worden. Hier wird die enorme Rangerhöhung des bischöflichen Stuhles von Byzanz — bisher einfacher Bischofssitz unter dem Metropoliten von Herakleia — eindeutig mit der politischen Geltung der neuen Hauptstadt des östlichen Reichsteiles begründet und indirekt auch die Sonderstellung des römischen Bischofs auf den politischen Rang Altroms zurückgeführt. Man wird nicht sagen können, daß hier nur ein orientalisches Prinzip auf Konstantinopel angewendet wurde [83], sondern wird eher ein Zusammentreffen verschiedener Tendenzen wirksam finden. Eine solche ist gewiß der Antagonismus zwischen Alexandrien und Konstantinopel, der hier zu einem Sieg der alexandrienfeindlichen Richtung unter den Bischöfen der Synode führte. Dazu kam wohl der Wunsch des Kaisers, dem Bischof seiner Residenz eine Stellung zu gewinnen und zu sichern, die ihn über alle Bischöfe des Ostens erhob. Man wird jedoch kaum in diesem Kanon eine antirömische Spitze sehen können, da er ja Roms eigenen Rang nicht in Frage stellte, wie auch eine unmittelbare Reaktion Roms ausgeblieben zu sein scheint [84]. Eher hätte man eine solche von Alexandrien und Antiochien erwarten sollen, selbst wenn der Kanon bereits vor Ankunft der ägyptischen Bischöfe in Konstantinopel beschlossen worden wäre [85]. Aber Alexandrien hatte sich durch die Intrigen mit Maximos allzu stark kompromittiert, und Antiochien war nach dem Tod des Bischofs Meletios ohne eigenen Sprecher. Außerdem mochten sich viele Bischöfe aus anderen Provinzen des Ostens bei dem Gedanken beruhigen, es handele sich ja nicht um einen Jurisdiktionsanspruch des Konstantinopler Bischofs, sondern eben um einen Ehrenprimat. Daß dieser sich mit einem starken Eigengewicht auf einen jurisdiktionellen Primat hin weiter entwickeln würde, ist im historischen Rückblick leichter zu erkennen, als es in den Tagen der Synode von 381 möglich war.

[82] *J. Alberigo* COD 28: τὸν μέντοι Κωνσταντινουπόλεως ἐπίσκοπον ἔχειν τὰ πρεσβεῖα τῆς τιμῆς μετὰ τὸν Ῥώμης ἐπίσκοπον διὰ τὸ εἶναι αὐτὴν νέαν Ῥώμην.

[83] So *A.-M. Ritter* a. a. O. 93; der angezogene Kanon IX der Synode von Antiochien (341) spricht nur von der Verantwortung eines Metropoliten, für die ganze „Eparchie“, weil in seiner Stadt so viele Menschen wegen ihrer „Geschäfte“ zusammenkommen.

[84] Der erste offizielle Protest von römischer Seite erfolgte erst auf dem Konzil von Chalkedon: ACO II, III, 3, 114. Sowohl Leo I. wie Gregor I. behaupten, die Kanones von 381 seien Rom nicht mitgeteilt worden: Leo, Ep. 106, 5; Gregor, Ep. 34.

[85] Ein exakter Termin für die Verabschiedung der einzelnen Kanones läßt sich u. E. aus den Quellen nicht erschließen.

Die Synode von Konstantinopel als „Ökumenisches" Konzil

Die Frage, ob die Teilnehmer an der Konstantinopler Kirchensynode ihre Versammlung als Konzil der gesamten Reichskirche verstanden haben, ist auf Grund der vorliegenden Quellenaussagen mit einem klaren Nein zu beantworten. Ein solches Reichskonzil war es schon nicht der faktischen Zusammensetzung nach, da der westliche Episkopat zu dieser Synode nicht eingeladen und auf ihr auch nicht vertreten war[86]. Wichtiger ist jedoch die Charakteristik, die die Synodalen selber von ihrer Versammlung gaben, als sie sich in ihrem Schlußbericht an Kaiser Theodosius als „Synode der aus verschiedenen Eparchien (nämlich des Ostens) ... versammelten Bischöfe" bezeichneten[87]. Der Kaiser hat dementsprechend auch die Beschlüsse dieser Synode nur im östlichen Reichsteil verkünden lassen, die Synode selbst hat offensichtlich auch keinen Bericht über ihre Arbeit nach Rom oder an den westlichen Episkopat gegeben. Die Konstantinopler Synode des Jahres 382 bezeichnete zwar die Bischofsversammlung des Vorjahres in ihrem Schreiben nach Rom als „ökumenische Synode"[88], aber nach dem Sprachgebrauch des 4. Jh. will „ökumenisch" hier noch nicht eine kirchenrechtliche Qualifikation der Synode aussprechen, sondern nur aussagen, daß ihre Teilnehmer aus der (griechisch sprechenden) Oikumene kamen und durch den Kaiser eingeladen waren[89]. Dem entspricht dann auch die Wertung der Synode von Konstantinopel in Ost und West bis zum Konzil von Chalkedon. Westliche Quellen sprechen nach 382 überhaupt nicht mehr von ihr, östliche Zeugnisse sind spärlich, berufen sich aber auf sie nie wie etwa auf die überragende Geltung des Konzils von Nikaia, während von 431 an das Konzil von Ephesos als „zweite Synode" angesehen wurde. Die Aufwertung von Konstantinopel erfolgte erst in Chalkedon, als man dem Symbol von Konstantinopel eine betonte Anerkennung zuteil werden ließ und zur Rechtfertigung des sog. Kanons 28 über die Prärogativen des Bischofs der Reichshauptstadt die Kanones von 381 als „Synodikon der zweiten Synode" zitierte[90]. In einem Erlaß Kaiser Justinians aus dem Jahre 545 bilden dann „die vier

[86] Die spätere Teilnahme des Bischofs Acholius aus Thessalonike widerspricht dem nicht, da Acholius kaum als *offizieller* Vertreter des Westens galt.

[87] Text bei *Mansi* III 557—560.

[88] Theodoret HE 5, 9, 13 und 15.

[89] Kanon VI der Synode von 382 spricht von den verschiedenen Synodenformen und zählt steigernd auf: die Provinzialsynode (τῶν τῆς ἐπαρχίας πάντων ἐπισκόπων), die Synode der (politischen) Diözese (μείζων σύνοδος τῶν τῆς διοικήσεως ἐπισκόπων) und schließlich die οἰκουμενικὴ σύνοδος, die nach dem Zusammenhang nur die vom Kaiser einberufene Gesamtsynode des östlichen Episkopates bedeuten kann. Dieselbe Bedeutung schon bei Epiphan., Expos. fidei 13: ἄνευ ἐπικρίσεως συνόδου οἰκουμενικῆς ἀναβαπτίζειν τοὺς ἐρχομένους ... ἀπὸ Ἀρειανῶν. Erst bei Palladios, Vita Chrys. 20 deckt sich σύνοδος οἰκουμενικὴ mit σύνοδος δυτικῶν τε καὶ ἀνατολικῶν. (Vita 3).

[90] ACO II 1, 3, 96.

heiligen Synoden" eine feste Größe, deren Dogmen wie die Heiligen Schriften gewertet werden[91]. Im Westen findet Papst Gregor d. Gr. eine ähnliche Formulierung, wenn er „die vier Konzile" (Nikaia, Konstantinopel, Ephesos, Chalkedon) so annehmen und verehren will wie die vier Bücher des „heiligen Evangeliums" [92]. Damit hatte die allmähliche Rezeption des Konzils von 381 als „ökumenisches" Konzil ihren Abschluß gefunden. Die Antwort auf die Frage, ob vom Kirchenrechtlichen her im Sinne des kanonistischen Verständnisses der Ökumenizität eines Konzils dafür alle Voraussetzungen vorhanden waren, ist nicht vom Kirchenhistoriker zu geben.

6. Kapitel

Entwicklung des Verhältnisses von Kirche und Staat im 4. Jahrhundert. Die „Reichskirche"

QUELLEN: Die wichtigsten Texte von kirchlicher Seite bei *H. Rahner*, Kirche und Staat im frühen Christentum (München 1961) 75—201 (mit Übersetzung und Einführung); die Erlasse der Kaiser bei *P. R. Coleman-Norton*, Roman State and Christian Church I (London 1966, engl. Übersetzung mit Kommentar). Die Originaltexte im Codex Theodosianus und Justinianus.

LITERATUR: Außer den Bd I Kap. 31 genannten Arbeiten von *Voigt*, *Berkhof*, *Greenslade*, *Brisson* und *Aland*: *H. v. Campenhausen*, Ambrosius von Mailand als Kirchenpolitiker (Berlin 1929); *M. Vogelstein*, Kaiseridee — Romidee. Das Verhältnis von Kirche und Staat seit Konstantin (Breslau 1930); *K. F. Hagel*, Kirche und Kaisertum in Leben und Lehre des Athanasius (Diss. Tübingen 1933); *J.-R. Palanque*, S. Ambroise et l'empire Romain (Paris 1933); *E. Peterson*, Der Monotheismus als politisches Problem = Theologische Traktate (München 1951) 45—147; *H. Lietzmann*, Das Problem Staat und Kirche im weströmischen Reich (Berlin 1940); *K. M. Setton*, Christian Attitude towards the Emperor in the Fourth Century (New York 1941); *G. F. Reilly*, Imperium and Sacerdotium according to St. Basil (Washington 1945); *J. Stratmann*, Die Heiligen und der Staat (Frankfurt 1950); *W. Enßlin*, Die Religionspolitik Theodosius' d. Gr. (München 1953); *A. Strobel*, Schriftverständnis und Obrigkeitsdenken in der ältesten Kirche (Diss. Erlangen 1956); *A. A. Ehrhardt*, Politische Metaphysik von Solon bis Augustin II (Tübingen 1959); *K. Aland*, Kaiser und Kirche von Konstantin bis Byzanz = Kirchengeschichtliche Entwürfe (Gütersloh 1960) 257—279; *J. Gaudemet*, L'Église dans l'empire Romain, IVe—Ve siècles (Paris 1959); *D. S. Wallace-Hadrill*, Eusebius of Caesarea (London 1960); *N. G. King*, The Emperor Theodosius and the Establishment of Christianity (London 1961); *G. Pilati*, Chiesa e Stato nei primi quindici secoli (Rom 1961); *C. Morino*, Chiesa e Stato nella dottrina di s. Ambrogio (Rom 1963); *H.-J. Diesner*, Kirche und Staat im spätrömischen Reich (Berlin 1963); *R. Hernegger*, Macht ohne Auftrag. Die Entstehung der Staats- und Volkskirche (Freiburg 1963); *H. Nordberg*, Athanasius and the Emperor (Helsinki 1963); *E. L. Grasmück*, Coercitio. Staat und Kirche im Donatistenstreit (Bonn 1964); *K. F. Morrison*, Rome and the City of God. An Essay on the Constitutional Relationships of Empire and Church in the Fourth Century (Philadelphia 1964); *R. Farina*, L'impero e l'imperatore cristiano in Eusebio di Cesarea. La prima teologia politica del cristianesimo (Zürich 1966, mit Bibliogr. 329—347); *A. Lippold*, Theodosius

[91] Nov. 132, 1. [92] Ep. IV 25.

der Gr. und seine Zeit (Stuttgart 1968); *A. W. Ziegler*, Religion, Kirche und Staat in Geschichte und Gegenwart I (München 1969) 124—162; *F. Winkelmann*, Probleme der Herausbildung der Staatskirche im römischen Reich des IV. Jahrhunderts: Klio 53 (1971) 281 bis 299; *M. Azkoul*, Sacerdotium and Imperium: ThSt 32 (1971) 431—464.

Die bisherige Darstellung der innerkirchlichen Diskussion um die Anerkennung des Nicaenums hat bereits mit aller Deutlichkeit erkennen lassen, daß dem römischen Staat des 4. Jh. in seiner jeweiligen Führung der Gedanke der Neutralität gegenüber der Kirche völlig fremd war. Die Kaiser dieser Zeit zeigen vielmehr für die damaligen Probleme der Kirche — vor allen für die Fragen der Glaubenseinheit, der organisatorischen Geschlossenheit und der Mission beim Heidentum — ein waches Interesse und schalten sich oft mit starker Intensität in die Lösungsversuche für diese Probleme ein. Damit stellte sich jedoch auch mit wachsender Dringlichkeit die Frage nach dem rechten Verhältnis von Kirche und Staat und drängte mehr und mehr zu einer für beide Seiten tragbaren Lösung. Es empfiehlt sich, in einem zusammenfassenden Rückblick auf die jeweilige Haltung der einzelnen Kaiser zu diesem Problem und deren Beurteilung von seiten der Kirche, den Weg zu verfolgen, den man auf der Suche für eine Lösung bis zum Jahrhundertende gegangen ist. Dabei wird sich zeigen, daß dieser Weg ein langer, durchaus nicht geradlinig verlaufender Prozeß war, an dessen Ende die christliche „Reichskirche" der Spätantike steht, die jedoch in Ost und West differenziert verstanden und gewertet wird.

Kirche und Staat unter Konstantin

Schon bei der Stellungnahme zur sog. „Konstantinischen Wende"[1] ist darauf hingewiesen worden, daß das Christentum nach der Hinwendung des Siegers von 312 zu dieser Religion durchaus nicht eine radikale Überprüfung und Neuordnung seiner Haltung gegenüber dem römischen Staat als solchem vornehmen mußte. Lange vor Konstantin gibt es gewichtige Stimmen im christlichen Raum, die den römischen Staat positiv werten, wie etwa Origenes[2], der ihm eine providentielle Sendung für die Ausbreitung des christlichen Glaubens zuschreibt, und mit Tertullian viele andere, denen das Gebet pro salute imperatorum eine Pflicht ist[3]. Die beiden langen Friedensperioden des 3. Jh. machen sogar wiederholt positive Kontakte christlicher Persönlichkeiten mit Kaisern oder Angehörigen des Kaiserhauses möglich, welche die sich anbahnende Aussöhnung zwischen Staat und Kirche andeuten. Als dann Konstantin der Kirche die volle Freiheit des Bekenntnisses und

[1] Siehe Bd. I Kap. 31.

[2] Origenes, Contra Celsum 2, 30; Tertullian, Apol. 30, 1; dazu *H. U. Instinsky*, Die Alte Kirche und das Heil des Staates (München 1963) 41—60.

[3] Siehe zuletzt *K. Aland*, Kirche und Staat in der alten Christenheit = Festschr. f. H. Kunst (Berlin 1967) 19—49, bes. 33—37.

der Verkündigung gab und mit Beginn seiner Alleinherrschaft das Christentum mehr und mehr zu privilegieren begann, stellte sich im enthusiastischen Überschwang dieser Jahre das Problem Kirche und Staat beiden Seiten jedoch noch nicht in seiner vollen Schärfe. Konstantins Sendungsbewußtsein[4] beanspruchte zwar der Kirche gegenüber eine Sonderstellung, diese führte aber noch nicht zu einer Situation, die schon damals ein deutliches Abstecken von Grenzen notwendig machte, die auch einem christlichen Kaiser gesetzt waren. Als der Kaiser daranging, die Kirche näher an den Staat heranzuführen und sie für eine enge Zusammenarbeit im Interesse der Reichseinheit zu gewinnen, gebot ihm allein schon die Rücksicht auf die heidnische Majorität der Reichsbevölkerung, seine Sonderstellung nicht zu überdehnen und ernste Konflikte nicht aufkommen zu lassen. Daß Konstantin aber auch von der Sache her davor zurückscheute, in spezifisch innere Angelegenheiten der Kirche autoritär und mit bindender Entscheidungsvollmacht einzugreifen, beweist seine unwillige Reaktion, als er von den Donatisten um ein kaiserliches Urteil in ihrem Konflikt mit den Katholiken Nordafrikas angegangen wurde und sie an ein kirchliches Gericht bzw. an eine Synode (Arles 314) verwies[5]. Erst als deren Urteil vorlag, orientierte er daran seine Maßnahmen. Auch im aufkommenden arianischen Streit sah sich der Kaiser nur als Mahner zu Frieden und Einheit, nicht als Herr der Kirche, dem hier die letzte Entscheidung zustand. In Nikaia gestattete er volle Rede- und Diskussionsfreiheit und warb mit den Mitteln der Überredung und Diplomatie für die möglichst einstimmige Annahme des von der Mehrheit der Bischöfe erarbeiteten Glaubenssymbols. Nur ein einziges Mal überschreitet er für unser heutiges Empfinden die bisher von ihm beobachtete Grenze, als er den Vertretern der Opposition die Verbannung androhte und so deren Entscheidungsfreiheit einschränkte, aber der hier fällige Protest der Bischöfe blieb aus[6]. So erscheint das Konstantin zugeschriebene Wort, er sei der ἐπίσκοπος τῶν ἐκτός, als die gültige Umschreibung der von ihm gegenüber der Kirche beanspruchten und eingenommenen Haltung[7].

Zu Lebzeiten Konstantins hat man auch auf kirchlicher Seite um das Problem Kirche und Staat bzw. die Stellung des Kaisers der Kirche gegenüber noch nicht hart und erbittert gerungen. Das Recht des Kaisers, Synoden einzuberufen, wird in keiner Weise angezweifelt, seine Versuche, den Gang der theologischen Diskussion im Sinne seiner kirchlichen Berater zu steuern, werden als selbstverständlich hingenommen, die von ihm wiederholt verhängte Strafe des Exils für Anhänger der Opposition, die sich dem Spruch von Konzil oder Synode nicht beugen wollen, begegnet keinem entschiedenen Widerspruch, offensichtlich nicht einmal bei den unmittelbar Betroffenen, wie Arius und seinen Freunden. Diese Einstellung der Kirche war in

[4] Siehe oben Kap. 1. [5] Vgl. *W. H. C. Frend*, The Donatist Church 147 f.
[6] Philostorgius HE 1, 9. [7] Siehe oben Kap. 1.

einem gewissen Ausmaß noch mitbestimmt von der sakralen Wertung des antiken Herrschertums, die sich allmählich ins Christliche umsetzte. Mehr Gewicht hatte gerade bei Konstantin die glorifizierende Atmosphäre der Anerkennung und schrankenlosen Dankbarkeit, in die ihn sein Sieg über seine heidnischen Gegner, seine offizielle Legitimierung der christlichen Religion und nicht zuletzt seine persönliche Hinwendung zum Christentum gestellt hatten. Schließlich hat die Privilegierung der Kirche vor allem während der Alleinherrschaft Konstantins mit ihrer speziellen Auswirkung auf die Geltung der Bischöfe im öffentlichen Leben [8] das kritische Gewissen mancher Bischöfe gegenüber solchen Bindungen an den Staat eher eingelullt als geschärft.

Von enormer Tragweite für die Folgezeit wurde es jedoch, daß dieser erste aller christlichen Kaiser als Modell diente, als Bischof Eusebios von Kaisareia es unternahm, die Stellung des christlichen Kaisertums gegenüber und in der Kirche theologisch zu begründen. In den panegyrischen Konstantinschriften, die der letzten Periode seines Lebens angehören, hat Eusebios eine politische Theologie entworfen, auf die man sich später, vor allem in Byzanz, immer wieder berief, wenn man die Einzigartigkeit der Position des Kaisers in der Kirche rechtfertigen wollte. Ihre Grundgedanken hat er in seiner Festrede zum dreißigjährigen Regierungsjubiläum Konstantins (335) in dessen Gegenwart vorgetragen. Danach ist das irdische Imperium ein Abbild (εἰκών) des himmlischen Reiches, und wie letzteres nur einen Herrscher, den Vater, hat, so auch das Abbild nur einen Kaiser, der seine Herrschermacht und seine Herrschertugenden vom Vater durch den Logos Christus empfängt [9]. Seine herrscherliche Aufgabe ist es, die Menschheit von der Gewalt der Dämonen, von der Idololatrie, vom Polytheismus zu befreien und zur Anerkennung des wahren Gottes zu führen [10]. Der Kaiser ist also berufen, Gottes Heilsplan mit den Menschen verwirklichen zu helfen, er wird damit zu Gottes Stellvertreter (ὕπαρχος) auf Erden [11]. Mit der Beseitigung des Vielgötterglaubens gelangt der Monotheismus zum Siege, und darum ist auch das irdische Imperium im Prinzip monarchisch [12]. Diese Grundtheorie wendet Eusebios nun auf die von ihm heißen Herzens miterlebte Wandlung seiner Zeit an. Der Christ gewordene Kaiser Konstantin ist zum „neuen Moses“ geworden, da er, wie dieser einst das jüdische Volk befreite, jetzt der Kirche die Freiheit gebracht hat. Seine Hinwendung zum Christentum ist nicht nur ein persönliches Bekenntnis, er verkündet dieses Christentum als die allein wahre Religion und wird dadurch zu ihrem großen Missionar. Darum darf man ihn Hirte, Friedensbringer, Lehrer, Arzt der Seelen und Vater nennen, ja er tritt ein in ein neues Verhältnis zu Gott, er

[8] Siehe unten Kap. 16. [9] Laud. Constant. 5; 7, 12. [10] Ebd. 6; Euseb. HE 10, 9, 1.
[11] Laud. Constant. 7, 13.
[12] Vgl. *E. Peterson*, Der Monotheismus als politisches Problem (Leipzig 1935) 78—81 94 ff; *F. E. Cranz*, Kingdom and Polity in Eusebius of Caesarea: HThR 45 (1952) 47—66.

wird „Freund und Liebling Gottes", der ihm stets nahe ist, der ihm im Kriege seinen Schutz verleiht, der ihn erleuchtet in seiner Amtsführung, der sich ihm in Visionen offenbart und ihm die Zukunft enthüllt[13]. Aus einer solchen Wertung des christlichen Kaisers leitet nun Eusebios dessen Stellung in der Kirche ab. Da Imperium und Kirche beide Abbilder des himmlischen Reiches sind, decken sie sich praktisch im christlich gewordenen Imperium Romanum, dieses hat aber nur ein Oberhaupt, den christlichen Kaiser, Gottes Stellvertreter, der damit in gewissem Sinne Herr der Kirche wird, aber nicht etwa nur ihr Schutzherr, sondern „eine Art universaler Bischof" [14], dessen Vollmachten über die Kirche quasi-priesterlichen Charakter haben. Denn sie erstrecken sich auch auf den rechten Vollzug des Kultes und auf die Verkündigung des Evangeliums. Im Grunde steht er auch über den Bischöfen, nur die persönliche Bescheidenheit des Kaisers läßt ihn sich „wie einer von ihnen" benehmen, obwohl er ihnen Befehle und Ermahnungen erteilen kann und der Schiedsrichter ihrer Streitigkeiten ist[15].

Gewiß geht diese politische Theologie des Eusebios weit über das hinaus, was Konstantin für seine eigene Stellung gegenüber der Kirche tatsächlich in Anspruch genommen hat. Sie hat aber manchen Baustein zu dem byzantinischen Staatskirchentum geliefert und eine bedenkliche Entwicklung gefördert, die in ihren Ansätzen schon unter Konstantin zu beobachten ist: *alle* kirchlichen Richtungen oder Interessengruppen des 4. und 5. Jh. suchen die Gunst des jeweiligen Herrschers zu gewinnen; sie wenden sich von sich aus an den Staat, um ihre Auffassung, auch in theologischen Fragen, mit seiner Hilfe durchzusetzen. Das konnte leicht je nach dem Charakter des angesprochenen Kaisers dessen Bewußtsein von seiner Sonderstellung und seinen Rechten gegenüber der Kirche ins Maßlose steigern.

Versuch der Unterordnung der Kirche unter den Staat durch die Kaiser Konstantius und Valens

Diese Möglichkeit wurde schon Wirklichkeit unter Konstantins zweitem Sohn Konstantius, in dessen Regierungszeit die zweite Phase im Prozeß des nach Lösung drängenden Problems Kirche und Staat anzusetzen ist. Zum ersten Male wird die Neigung dieses Kaisers, eine starke Kontrolle über die Kirche auszuüben, anläßlich der Synode von Serdica (342) faßbar. Während die Gruppe der westlichen Bischöfe ohne staatliche Begleitung erschien und beriet, befanden sich bei der Delegation des Ostens zwei hohe Beamte, die Athanasios sarkastisch als „ihre Schulmeister und Sachwalter" charakterisierte[16]. Als der westliche Episkopat es wagte, in einem eindringlichen

[13] Siehe *R. Farina* a. a. O. 187—235.

[14] Euseb., Vita Constant. 1, 44, 1—2: οἷά τις κοινὸς ἐπίσκοπος ἐκ Θεοῦ καθεστάμενος; dazu *J. Straub:* DOP 21 (1967) 37—55.

[15] *R. Farina* a. a. O. 236—255.

[16] Athanas., Hist. Ar. 15.

Schreiben[17] auf den Gewissenszwang hinzuweisen, den staatliche Beamte auf die Gläubigen seines Herrschaftsbereiches ausübten, und ihn anflehten, diesen Mißstand abzustellen, die volle und ganze Freiheit der Entscheidung auch im religiösen Bereich zu garantieren, hat Konstantius scharf reagiert, zumal er auch die Bestimmungen einiger in Serdica beschlossener Kanones als eine Kritik an den Methoden seiner Religionspolitik empfinden mußte, durch die die häufigen Reisen mancher Bischöfe an den kaiserlichen Hof verboten wurden[18], ein Mißstand, den Athanasios schon früher getadelt hatte[19]. Die Bitte, er möge die verbannten Bischöfe auf ihre Sitze zurückkehren lassen, beantwortete er mit der Aufstellung von Wachtposten, die das verhindern sollten; Kleriker, die ihre Sympathien mit den Beschlüssen der Synode erkennen ließen, schickte er seinerseits ins Exil[20]. Den Versuch, die Kirche gänzlich seiner Herrschaft zu unterwerfen, unternahm er, als er nach dem Tode seines Bruders Konstans die Alleinherrschaft angetreten hatte. Im Herbst 353 legte er den in Arles zusammengekommenen Bischöfen Galliens und den Legaten des Papstes Liberius ein fertiges Dekret zur Unterschrift vor, das Athanasios verurteilte und jeden Widerspruch mit Verbannung ahndete, während er jede Erörterung der Glaubensfrage von vornherein ablehnte[21]. „Mit Peitsche und Zuckerbrot" gelang es ihm, die Unterschriften aller gallischen Bischöfe zu erlangen, ausgenommen die des Trierer Bischofs Paulinus, der dafür die Reise ins phrygische Exil antreten mußte[22]. Seinen Höhepunkt erreichte der kirchliche Führungsanspruch des Konstantius zwei Jahre später auf der von ihm einberufenen Mailänder Synode (355), auf der er wiederum nur die Verdammung des Athanasios durch die Bischöfe sanktionieren lassen wollte, während diese eine klare Stellungnahme zum Symbol von Nikaia verlangten. Um sein Ziel zu erreichen, griff er diesmal zu Methoden, die ihn auch als Kaiser entwürdigten. Er ließ die Sitzungen der Synode aus der Mailänder Kirche in seinen Palast verlegen und belauschte die Beratungen der Bischöfe hinter einem Vorhang versteckt[23]. Der Widerstand der Bischöfe entlockte ihm schließlich das schwerwiegende Wort, das genau seine innerste Einstellung zum Problem Staat und Kirche wiedergibt: „Was ich will, hat als kirchliches Gesetz zu gelten."[24] Damit wurde die völlige Unterwerfung der Kirche unter den Staat gefordert, sie sollte eine dem Imperium eingegliederte Staatskirche sein, deren absolutes Oberhaupt der Kaiser war. Kein Kaiser des 4. Jh. hat solchen

[17] Text bei Hilarius, Fragm. hist. or. Syn. Serdic. (CSEL 65, 181—184).
[18] Can. 8—12, dazu *H. Hess*, The Canons of the Council of Sardica (Oxford 1958) 128 bis 136. [19] Athanas., Apol. contra Arianos 3. [20] Athanas., Hist. Ar. 17—19.
[21] Siehe oben Kap. 3. [22] Hilarius, Fragm. hist. B 1, 6 (CSEL 65, 102).
[23] Lucif. Cal., Moriendum esse pro filio dei 1 (CSEL 14, 285).
[24] Athanas., Hist. Ar. 3: ὅπερ ἐγὼ βούλομαι, τοῦτο κανὼν νομιζέσθω. Selbst den Heiden blieb seine Rechthaberei in theologischen Fragen nicht verborgen, vgl. Ammian. Marcell. 21, 16, 18: *ritum omnem ad suum trahere conatur arbitrium.*

Anspruch in gleicher Schärfe ausgesprochen oder gar überboten, dieses Wort macht Konstantius zum eindeutigen Verfechter der extremsten Lösung, die er auch in den folgenden Jahren unentwegt zu verwirklichen suchte, mit der gleichen Methode wie bisher, d. h. im Wechsel von despotischer Härte und schmeichelnder Überredung, die nur eines geschickt vermied, den andersdenkenden Bischof zum sein Blut vergießenden Martyrer werden zu lassen. Wieder traf die wenigen aufrechten Bischöfe das Exil, während die päpstlichen Legaten schmählich mißhandelt wurden[25]. Auch Papst Liberius wurde nach langer, ergebnisloser Diskussion vom Kaiser nach Thrakien verbannt. Ebenso wurde den in Mailand nicht anwesenden Bischöfen Galliens die Zustimmung zur Verurteilung des Athanasios auf der Synode in Béziers (356) abgenötigt, die beiden Unbeugsamen, Hilarius von Poitiers und Rhodanius von Toulouse, folgten den anderen Opponenten in die Verbannung[26]. Die Synode von Rimini (359) bietet das gleiche Bild: wieder wird eine vorbereitete Glaubensformel den Bischöfen vorgelegt, aber nicht zur Beratung, sondern zur bedingungslosen Unterschrift. In dem Brief des Kaisers an die Teilnehmer der Synode steht das Wort: „Kein Beschluß kann irgendwelche Rechtskraft besitzen, dem schon jetzt unser Wille jede Bedeutung und Verbindlichkeit abspricht.“[27] Es enthält den gleichen Machtanspruch gegenüber der Kirche wie das Dictum von Mailand und degradiert die Synode der Bischöfe zur bloßen Farce[28]. Die dem Kaiser hörige Bischofsminorität in Rimini gab denn auch offen zu, daß Konstantius sich ein Weisungsrecht auch in theologischen Fragen zusprach, als sie ihm überschwenglich dafür dankte, daß er das Homousios aus dem Bekenntnis von Nikaia gestrichen habe: „Durch den Machtspruch Deiner Frömmigkeit sehen wir alle besiegt, die jenes Wort für Gottes Sohn gebrauchen.“ Auch Lucifer von Calaris wirft den arianischen Bischöfen vor, sie stimmten dem Anspruch des Konstantius zu, episcopus episcoporum zu sein[29].

Die Kirche hat in ihrer Auseinandersetzung mit dem Führungsanspruch des Kaisers Konstantius bittere Enttäuschungen und ein oft bedrückendes Versagen des eigenen Episkopates hinnehmen müssen[30]. Aber gerade die Härte und Maßlosigkeit dieses Kaisers rief auch die ersten Männer aus ihren Reihen zur Verteidigung der unabdingbaren Eigenständigkeit und Freiheit der Kirche auf den Plan. Der Widerstand wurde eingeleitet von Athanasios von Alexandrien, der bald nach der Rückkehr aus seinem ersten Exil in einem

[25] Athanas., Hist. Ar. 41. [26] Siehe oben Kap. 3.

[27] Hilarius, Fragm. hist. A 8, 2 (CSEL 65, 94).

[28] Es läßt sich demnach kaum behaupten, Konstantius habe „auf die frühere Autonomie der Kirche Rücksicht genommen und den kirchlichen Instanzen eine Mitwirkung und die letzte Entscheidung in Glaubensfragen zuerkannt“, vgl. *W. Enßlin*, Die Religionspolitik des Kaisers Theodosius d. Gr. (München 1953) 25 f.

[29] Hilarius, Fragm. hist. A 6, 1 (CSEL 65, 87); Lucif. Cal., Moriendum esse 13 (CSEL 14, 311). [30] Siehe oben Kap. 3.

Rundschreiben an die Gesamtkirche auf die Bedrohung der Kirchenfreiheit hinwies, die dadurch gegeben sei, daß außerkirchliche Kräfte gegen alles Herkommen in die Besetzung der Bischofsstühle eingriffen; er rief daher alle katholischen Bischöfe zu einmütiger Abwehr auf. Athanasios ist dadurch der erste Bischof des 4. Jh., der den Freiheitsanspruch der Kirche gegenüber dem Staat formuliert[31]. Ihm schloß sich Papst Julius an, der beklagte, daß die Freiheit kirchlicher Entscheidung durch die Androhung von Verbannung und Tod gefährdet werde[32]. Unmißverständlich zieht der Brief der westlichen Synodalen von Serdica an Konstantius die Trennungslinie zwischen Kirche und Staat, wenn sie letzterem allein die Sorge und das öffentliche Wohl zuschreiben und jede Einmischung in die kirchliche Sphäre ablehnen; ein Abweichen von dieser Linie nehme den Menschen die Freiheit und führe notwendig zur Sklaverei[33]. Ebenso mutig ist die Sprache des greisen Ossius von Córdova gegenüber dem Kaiser, als dieser ihn nach dem Trauerspiel von Mailand doch noch für sein Vorgehen zu gewinnen sucht: „Mische Dich nicht in kirchliche Dinge ... Dir hat Gott die Kaisergewalt anvertraut, uns die Sache der Kirche ... Uns steht es nicht zu, auf Erden zu herrschen, Dir nicht, zu opfern, Kaiser."[34] Diesem Brief folgte der flammende Protest des Hilarius von Poitiers, der sich im Exil seine Empörung von der Seele schrieb, da der Kaiser ihm nicht die Gelegenheit gab, sie ihm persönlich vorzutragen. Schonungslos enthüllte er vor allem die Methoden, die Konstantius zur Erreichung seiner kirchenpolitischen Ziele anwandte; er überhäufe die Bischöfe mit Ehren, um sie zu versklaven; er lasse nicht enthaupten, sondern töte mit Gold; er schmeichle, um zu herrschen; er erlasse der Kirche die Steuer, aber er verleite damit zur Verleugnung Christi[35]. Die sicher oft fanatische Polemik des Lucifer von Calaris enthüllte treffsicher vor allem die Fragwürdigkeit der Argumentation des Konstantius, mit der er seine Religionspolitik zu rechtfertigen suchte: wenn seine Verfolgung der Nikäner unrecht sei, hätte Gott ihn und sein Imperium schon längst hinwegfegen müssen[36]. Gegen keinen christlichen Kaiser des 4. Jh. hat sich ähnlich starker Widerspruch von kirchlicher Seite erhoben. Gewiß ist der Versuch des Konstantius, die Kirche dem Staat ein- und unterzuordnen, nicht allein an diesem Widerspruch gescheitert, aber in dem Jubel, mit dem man die von ihm verbannten Bischöfe nach seinem Tode bei ihrer Rückkehr aus dem Exil begrüßte[37], schwang doch die Freude über die so bitter erkämpfte Kirchenfreiheit mit.

Unter Kaiser Valens (365—378) war die Kirche im östlichen Reichsteil zeitweise wieder ähnlichen Belastungen ausgesetzt wie zur Zeit des Kon-

[31] Athanas., Apol. contra Arianos 3, 19; Ep. encycl. 6 (PG 25, 236), dazu *E. Caspar*, Geschichte des Papsttums I (Tübingen 1935) 138—154.

[32] Bei Athanas., Apol. contra Arianos 31—35.

[33] Bei Hilarius, Fragm. hist. (CSEL 65, 181—184). [34] Ossius bei Athanas., Hist. Ar. 44.

[35] Hilarius, Contra Const. 7; 10. [36] In *De regibus apostaticis* (CSEL 14, 3—65).

[37] Vgl. etwa Hieron., Dial. adv. Lucif. 19.

stantius[38]. Wieder sollte mit den Mitteln staatlicher Macht — Verhaftung, Deportation und vielfältigem Zwang — das Bekenntnis einer kirchlichen Gruppe, diesmal das der Homoianer, zu ausschließlicher Geltung gebracht werden. Wiederum erhob sich der Widerstand gegen diese Behinderung der Kirchenfreiheit, sowohl von den eigentlichen Nikänern wie auch von manchen homoiusianisch gesinnten Bischöfen, die die Verbannung der Unterwerfung unter das kaiserliche Diktat vorzogen. Es ist bezeichnend für die Einstellung des Kaisers, daß er sogar eine geplante Zusammenkunft der Homoiusianer in Tarsos durch direktes Eingreifen verbot, als diese über eine Union mit den Anhängern von Nikaia beraten wollten[39]. Wenn er schließlich Athanasios und Basileios, die beiden Vorkämpfer der Orthodoxie, auf ihren Bischofssitzen beließ, so entsprang das nicht etwa einem Gesinnungswechsel des Kaisers, sondern der Furcht vor möglichen politischen Unruhen, die eine Verbannung hätte nach sich ziehen können. Basileios hat gelegentlich auch theoretisch zu dem Problem Kirche und Staat Stellung genommen[40]. Im Anschluß an Röm 13, 1—4 ist der Bischof von Kaisareia davon überzeugt, daß alle staatliche Macht von Gott kommt und daß der Christ ihr darum Gehorsam schuldet, wenn ihre Gesetze dem Wohl der Gesellschaft dienen. Da aber das irdische Imperium dem göttlichen Gebot stets unterworfen bleibt, findet die Gehorsamspflicht des Christen ihm gegenüber dort ihre Grenzen, wo staatliche Macht ihre Zuständigkeit überschreitet und Forderungen stellt, die Gottes Gebot widerstreiten. Deshalb läßt er Kaiser Valens mitteilen, daß weder Folter noch Drohungen ihn dazu bewegen können, die vom Kaiser geforderte Unterschrift unter das homoianische Bekenntnis zu leisten[41]. Darum ermutigt er Kleriker und Laien zum Widerstand gegen die Staatsgewalt, wenn sie zum arianischen Glauben zwingen will[42]. Die Erlebnisse und Erfahrungen seiner Tage stehen hinter seinen Worten, wenn er einem Beamten schreibt, er sei Gott dankbar für einen Herrscher, der Christ sei, ein aufrechter Charakter und gewissenhafter Hüter der Gesetze, die das menschliche Leben ordnen[43]. Die Nüchternheit dieser Worte ist weit entfernt von der überschwenglichen Verklärung der christlichen Kaisermacht aus der Feder Eusebios' von Kaisareia. Gregor von Nazianz besteht auf dem Recht der Kirche, ihre eigene Ehegesetzgebung der des Staates vorzuziehen, und hält es für untragbar, daß z. B. die Abgrenzung von Bistümern von einem weltlichen Gericht entschieden werden sollte[44]. Auch Gregor von Nyssa hat ernste Vorbehalte gegenüber dem gerade im Osten sich ent-

[38] Siehe oben Kap. 5. [39] Sozom. HE 6, 12, 5.

[40] Vgl. *G. F. Reilly*, Imperium and Sacerdotium according to St. Basil the Great (Washington 1945). [41] Gregor. Naz., Or. 43, 50. [42] Basil., Ep. 243 248. [43] Ep. 225.

[44] Vgl. *J. Plagnieux*, S. Grégoire de Nazianze théologien (Paris 1951) 429—432: Église et Empire dans la correspondence de s. Grégoire; siehe z. B. Or. 17, 8 und Ep. 185, 4.

wickelnden Staatskirchentum[45], es sind also Lateiner *und* Griechen, die gegenüber der staatlichen Macht ihre Stimmen für die Kirchenfreiheit erheben.

Ambrosius und Theodosius

Das Problem Kirche und Staat trat in eine neue und entscheidende Phase ein, als im letzten Viertel des Jahrhunderts zwei Männer mit ihm konfrontiert wurden, die, jeder in seinem Bereich, dazu neigten, ihre Auffassung von Kirchenfreiheit oder Staatshoheit mit Entschiedenheit und Festigkeit zu vertreten: Ambrosius von Mailand und Theodosius d. Gr. Der Mailänder Bischof hatte schon in der Auseinandersetzung zwischen Kaiser Gratian (383 bis 392) und der heidnischen Senatsgruppe Roms zu erkennen gegeben, daß er nicht davor zurückschreckte, auch einem Kaiser das Gewissen zu schärfen, wenn es galt, das Recht der Kirche zu schützen[46]. Erst recht fühlte er sich dazu aufgerufen, als Gratians jüngerer Bruder Valentinian II. (383—392) unter den Einfluß einer Beamten- und Klerikergruppe geriet, die dem Arianismus in Mailand auf Kosten der Katholiken eine starke Position zu verschaffen suchte. In der Abwehr dieses Versuches hat Ambrosius zu dem Verhältnis von Kaisermacht und christlicher Kirche so prinzipiell Stellung genommen, daß dies von größter Auswirkung für die Folgezeit wurde. Zunächst zwang Ambrosius den Kaiser, seine Befehle zurückzunehmen, mit denen er die Beschlagnahme zweier katholischer Gotteshäuser verfügt hatte, die den Arianern übergeben werden sollten[47]. Als der Kaiser daraufhin den Bischof aufforderte, sich einem kaiserlichen Schiedsgericht zu stellen, das darüber befinden sollte, ob Ambrosius oder der Arianer Auxentius rechtmäßiger Bischof von Mailand sei, hat der katholische Bischof zweimal nacheinander seine grundsätzliche Auffassung über die Grenzen der staatlichen Macht gegenüber der Kirche ausgesprochen. In einem Brief an den Kaiser[48] informierte er diesen in unmißverständlicher Sprache, er werde nicht vor dem kaiserlichen Schiedsgericht erscheinen, weil Laien in Fragen des Glaubens nicht über Kleriker zu Gericht sitzen könnten. Im Gegenteil, in solchen Fragen würden üblicherweise Bischöfe über christliche Kaiser, nicht aber Kaiser über Bischöfe richten; er, der Kaiser, der sich die Zulassung zur Taufe erst noch verdienen müsse, maße sich aber eine Entscheidung in Glaubensfragen an, für die nur eine Bischofssynode in einem Gotteshaus der einzige Ort sei[49]. Noch entschiedener sind die Formulierungen in der Predigt[50], in

[45] Vgl. *G. May*, Gregor von Nyssa in der Kirchenpolitik seiner Zeit: JÖByzG 15 (1966) 105—132.

[46] *H. Glaesener*, L'empereur Gratien et s. Ambroise: RHE 52 (1957) 466—488.

[47] Ambros., Ep. 20. [48] Ep. 21.

[49] Ep. 21, 4: *in causa fidei episcopos solere de imperatoribus Christianis, non imperatores de episcopis iudicare;* ferner Ep. 21, 5 15.

[50] Sermo c. Auxentium, mit Ep. 21 auch bei *H. Rahner*, Staat und Kirche 150—184.

der Ambrosius das Vorhaben des Auxentius zurückweist, sich mit Hilfe der Staatsmacht zum Bischof von Mailand zu machen. Für einen Kaiser, der sich zum Christentum bekenne, gebe es keine größere Ehre, als daß er „Sohn der Kirche" genannt werde. „Der Kaiser steht in der Kirche, nicht über der Kirche."[51] Dieses Wort, das einem Eusebios nie möglich gewesen wäre, ist zwar in eine konkrete Situation hineingesprochen, aber es verkündet zugleich ein Prinzip, das Ambrosius und nach ihm die lateinische Kirche immer wieder verteidigen wird: der christliche Kaiser ist nicht Herr seiner Kirche, sondern ihr hilfsbereiter Förderer; Fragen des Glaubens, Disziplin des Klerus, Gestaltung des Gottesdienstes, Verwaltung des Kirchenvermögens sind nach Ambrosius prinzipiell der Zuständigkeit auch des christlichen Staates entzogen.

Für sein Prinzip, daß der christliche Kaiser nicht Herr der Kirche, sondern ihr Sohn sei, mußte Ambrosius auch gegenüber einem Kaiser vom Format Theodosius' d. Gr. einstehen, den ähnlich wie Konstantin ein hohes Bewußtsein seiner herrscherlichen Stellung erfüllte und der durch sein bisheriges unbeirrtes Eintreten für das katholische Bekenntnis, die uneingeschränkte Sympathie der Kirche besaß. Eine erste Konfliktsituation entstand, als im Jahre 388 eine Gruppe fanatischer Christen mit Zustimmung ihres Bischofs im Städtchen Kallinikon im Grenzgebiet des Euphrat die jüdische Synagoge einäscherte und der Kaiser den Wiederaufbau der Synagoge auf Kosten des katholischen Bischofs verfügte. Bischof Ambrosius sah jedoch in diesem Befehl eine unzumutbare Begünstigung einer dem Christentum feindlich gesinnten religiösen Gruppe und forderte den Kaiser auf, seine Anordnung zurückzunehmen. Als dieser zögerte, sprach ihn Ambrosius während eines Gottesdienstes in der Mailänder Bischofskirche an und erklärte, er werde die Messe nicht fortsetzen, bis der Kaiser feierlich verspreche, im Sinne des Ambrosius zu handeln[52]. Theodosius gab ihm schließlich sein Wort, aber lange blieb in ihm eine tiefe Verstimmung wegen dieser Demütigung durch den Bischof seiner Residenz zurück. Mit mehr Recht griff Ambrosius einen anderen Zwischenfall auf, um an ihm zu erweisen, daß ein christlicher Kaiser den ethischen Forderungen seiner Kirche unterworfen sei. Als die Bewohner von Thessalonike einen mißliebigen kaiserlichen Offizier ermordeten, gab der Kaiser in einem ersten zornigen Aufbrausen den brutalen Befehl, gegen die im Stadion versammelte Bevölkerung mit blanker Waffe vorzugehen. Der Kaiser nahm zwar seine Anordnung bald zurück, aber da die Gegenorder zu spät kam, wurde eine große Zahl von Einwohnern der Stadt niedergemetzelt. Für dieses schwere Vergehen verlangte Bischof Ambrosius vom Kaiser öffentliche Kirchenbuße; er verließ Mailand und erklärte Theodosius brieflich, er werde seiner Bischofsstadt so lange fernbleiben, bis Theodosius

[51] Sermo c. Auxentium 36: *imperator enim intra ecclesiam non supra ecclesiam est.*

[52] Ambrosius an Theodosius: Ep. 40; Bericht an seine Schwester: Ep. 41; zum Vorgang in der Mailänder Basilika: *F. J. Dölger:* AuC 1 (1929) 54—65.

die Buße annehme. Auch diesmal beugte sich der Kaiser[53]. Der höchste Inhaber und Repräsentant der staatlichen Macht unterwarf sich der Bußdisziplin seiner Kirche, die ihm ein Bischof unnachgiebig abverlangte. Wiederum war eine Grenze aufgewiesen worden, die auch ein Kaiser nicht überschreiten konnte. So anfechtbar im einzelnen, etwa im Falle von Kallinikon, die Argumentation des Ambrosius war, mit seiner prinzipiellen Stellungnahme hatte er gleichsam das Modell geschaffen, das im lateinischen Westen für das Verhältnis von Kirche und christlich geführtem Staat gültig bleiben sollte. Beide Größen stehen grundsätzlich positiv zueinander, der innerste Lebensbereich der Kirche jedoch — Glaube, Sittenordnung, kirchliche Disziplin — bleiben staatlichem Einfluß entzogen. Gewiß, nicht jeder lateinische Bischof der Folgezeit war ein Ambrosius, aber grundsätzlich hat man im Westen an der am Ende des 4. Jh. erreichten Lösung festgehalten und sie im weiteren Verlauf, etwa durch Papst Gelasius, nur noch präziser formuliert[54]. Die in bischöflichen und päpstlichen Dokumenten, etwa bei Leo d. Gr., üblichen devoten Formeln gegenüber den Kaisern der Spätantike sind wegen ihres oft floskelhaften Charakters kein Beweis für das Gegenteil[55].

Im Osten nahm die Entwicklung einen anderen Verlauf. Es fehlt zwar auch hier später nicht an Männern, die entschieden auf die Grenzen der Staatsmacht gegenüber der Kirche hinwiesen, wie etwa Johannes Chrysostomos, der in auffallender Parallele zu Ambrosius sagt, daß „die heiligen Gesetze das Haupt des Basileus den Händen der Priester untergeordnet haben", der das Asylrecht der Kirche gegenüber dem Minister Eutropios verteidigt und der, als der Gotenführer Gainas eine katholische Kirche der Hauptstadt für den arianischen Kult fordert, den Kaiser Arkadios freimütig mahnt, es wäre besser, die Herrschaft zu verlieren, als durch Auslieferung eines Gotteshauses schuldig zu werden[56]. Aber schließlich erwies sich hier die theokratische Wertung der Kaisermacht, die Eusebios mit seiner überschwenglichen Glorifizierung Konstantins eingeleitet hatte, als stärker und erreichte unter Justinian I. ihre nicht mehr überbotene Höhe.

Die „Reichskirche"

Für die im wechselvollen Auf und Ab der kaiserlichen Religionspolitik des 4. Jh. zustande gekommene kirchliche Wirklichkeit hat man den Terminus „Reichskirche" geprägt, der jedoch einige klärende Bemerkungen notwendig

[53] Ambros., Ep. 51; De ob. Theodos. 34, dazu *C. W. R. Larson:* Stpatr 10 (Berlin 1970) 297—301.

[54] *Vgl. A. K. Ziegler,* Pope Gelasius I and his Teaching on the Relation of Church and State: CHR 27 (1942) 412—437.

[55] *J. Gaudemet,* L'église dans l'empire romain (Paris 1959) 503.

[56] Joh. Chrysost., Hom. de stat. 2, 3; in illud Vidi Dominum hom. 4, 4—5; zu Eutrop: Socrates HE 6, 5; Sozom. HE 8, 7; Cod. Theod. 9, 44, 1; zu Gainas: Sozom. HE 8, 4, 7—9.

macht, um möglichen Fehldeutungen des damit angesprochenen Sachverhaltes vorzubeugen. Die Bezeichnung will in reduzierter Form jene Gesamtsituation im Verhältnis von Kirche und Staat charakterisieren, die unter Kaiser Theodosius zu einem ersten, vorläufigen Abschluß gekommen ist. Grundlegend für dieses Verhältnis ist, daß Staatsmacht und Kirche prinzipiell ein enges Miteinander im öffentlichen Bereich bejahen. Dies ist möglich geworden, weil sich der Kaiser persönlich und als Repräsentant der staatlichen Macht zu dem Glauben bekennt, den die Kirche verkündet und den die Mehrheit der Reichsbevölkerung angenommen hat. Da dieser Glaube als die offizielle Religion des Reiches proklamiert worden ist, gewährt der Staat der Kirche mannigfache Privilegierung und Förderung. Er unterstützt ihre soziale und caritative Tätigkeit; er befreit den Klerus von gewissen Ämtern, vom Militärdienst und einigen steuerlichen Abgaben; die Bischöfe werden in die staatliche Rechtsprechung eingeschaltet. Andere religiöse Gemeinschaften, wie das noch vorhandene Restheidentum, das Judentum und besonders auch solche christliche Konfessionen, die die offizielle Kirche als häretisch betrachtet, kann dieser christliche Staat weder fördern, noch ist er ihnen gegenüber tolerant oder auch nur neutral.

Die Kirche ihrerseits bejaht grundsätzlich dieses christlich gewordene Imperium und anerkennt die Eigenständigkeit des staatlichen Bereiches. Sie betont in ihrer Verkündigung, daß die Gewalt dieses Staates von Gott kommt und von Gott abhängt. Sie betet in ihrer Liturgie für den Träger dieser Staatsgewalt und verleiht ihm damit eine religiöse Wertung und Sicherung. Die Kritik kirchlicher Schriftsteller in den religionspolitischen Auseinandersetzungen des 4. Jh. richtet sich nicht gegen den Staat als solchen und nicht gegen die Kaisermacht als solche, sie wendet sich gegen die Eingriffe einzelner ihrer Repräsentanten in den innerkirchlichen Lebensbereich. Auch die außerordentlich enge Verbindung beider wird nicht in Frage gestellt, zumal aus damaliger Sicht eine Alternative dazu nicht erkannt wurde und auch kaum erkannt werden konnte.

Die enormen Gefahren, die ein derartiges Bündnis der beiden Kontrahenten der Reichskirche mit sich brachte, sind aber durchaus von manchen Vertretern der Kirche gesehen und ausgesprochen worden. Sie wissen sehr wohl, daß die staatliche Macht einer steten Versuchung zu ihrem Mißbrauch gegenüber der Kirche ausgesetzt ist. Andere wiederum empfinden deutlich, daß die vom Staat gewährten und von manchen Bischöfen oft allzu bereitwillig in Anspruch genommenen und gesuchten Privilegien der Glaubwürdigkeit ihrer Verkündigung schaden, so etwa Hieronymus, wenn er schreibt: „Seitdem die Kirche unter christliche Kaiser gekommen ist, wuchs sie zwar an Macht und Reichtum, hat aber an sittlicher Kraft abgenommen." [57]

[57] Hieron., Vita s. Malchi 1 (PL 23, 55 B): *postquam (ecclesia) ad Christianos principes venerit, potentia quidem et divitiis maior, sed virtutibus minor facta est.*

Schließlich ist zu beachten, daß der Terminus „Reichskirche“ nur einen sehr äußerlichen Aspekt der damaligen gesamtkirchlichen Wirklichkeit wiedergibt. Es wäre vor allem ein schwerwiegendes Mißverständnis, nähme man an, daß sich das Selbstverständnis der damaligen Kirche erschöpfend in dem ausdrücke, was mit „Reichskirche“ umschrieben wird. Die besten Theologen der Zeit wissen durchaus, daß die Kirche ihrem innersten Wesen nach einem anderen Bereich angehört, nämlich jener gnadenhaften Wirklichkeit, die der Menschheit durch die Erlösungstat Christi geschenkt wurde.

ZWEITER TEIL

Die theologischen Auseinandersetzungen in Ost und West bis zur Mitte des 5. Jahrhunderts

7. Kapitel

Die Christologie bis zum Konzil von Ephesos (431)

QUELLEN: Die Kirchenhistoriker Socrates und Evagrios; *F. Diekamp*, Doctrina patrum de incarnatione Verbi (Münster 1907); *H. Lietzmann*, Apollinaris von Laodicea und seine Schule (Tübingen 1904) 167—270 273—322; *J. Flemming - H. Lietzmann*, Apollinaristische Schriften (syrisch) = AGG 7, 4 (Berlin 1904). — Diodor von Tarsos: *R. Abramowski:* ZNW 42 (1949) 19—49; *M. Brière*, Fragments syriaques de Diodore de Tarse: ROC 10 (1946) 231—282. — Theodor von Mopsuestia: Psalmenkommentar, ed. *R. Devreesse:* SteT 93 (Rom 1939); Johanneskommentar a) syrisch, ed. *I. M. Vosté:* CSCO 115/116 (Louvain 1940); b) griech., ed. *R. Devreesse*, Essai sur Théodore de Mopsueste: SteT 141 (Rom 1948) 305—419; Fragmente des Kommentars zu den großen Paulinen bei *K. Staab*, Pauluskommentare aus der griech. Kirche (Münster 1933) 113—212; die katechetischen Homilien, ed. *R. Tonneau:* SteT 145 (Rom 1948). — Kyrillos von Alexandrien: die dogmatischen Schriften: PG 75—76 und bei *P. B. Pusey*, S. Cyrilli Alex. Epist. oecum. contra Nestorium; De recta fide, 2 Bde (Oxford 1875/77); Briefe bei *E. Schwartz:* ACO I 1—5 (Berlin 1927/30); De incarnatione Unigeniti; Quod unus sit Christus, ed. *G. M. de Durand:* SChr 97 (Paris 1964). — Nestorios: Die Fragmente bei *F. Loofs*, Nestoriana (Halle 1905), z. T. auch bei *E. Schwartz:* ACO; *P. Bedjan*, Le livre d'Héraclide de Damas (Paris 1910); dazu *L. Abramowski*, Untersuchungen zum Liber Heraclidis des Nestorius: CSCO 242 Subsidia 22 (Louvain 1963). — Die Akten des Konzils von Ephesos, ed. *E. Schwartz:* ACO I 1—2 (Straßburg 1914 ff), dazu *R. Devreesse:* RSPhTh 18 (1929) 223—242 408—431.

LITERATUR: Die Lehrbücher der Dogmengeschichte: *Harnack DG* II; *Seeberg* II; *Tixeront* II—III; *Adam* I (Gütersloh 1965); HDG III 1 a (Freiburg 1965). — *R. V. Sellers*, Two Ancient Christologies (London 1940); *A. Gilg*, Weg und Bedeutung der altkirchlichen Christologie (München [2]1955); *A. Gesché*, L'âme humaine de Jésus dans la christologie du IVe siècle: RHE 54 (1959) 385—425; *G. L. Prestige*, Fathers and Heretics (London [5]1960); *J. N. D. Kelly*, Early Christian Doctrines (London [2]1960); *H. M. Diepen*, Douze dialogues de christologie ancienne (Rom 1960); *V. Monachino*, Il ruolo dei papi nelle grandi controversie cristologiche (399—555) = I papi nella storia (Rom 1961) 57 bis 170; *A. Grillmeier*, Christ in Christian Tradition (London 1965). — Zu Apollinarios: *C. A. Raven*, Apollinarianism (Cambridge 1923); *H. de Riedmatten*, La christologie d'Apoll. de L.: Stpatr 2 (TU 64, Berlin 1957) 208—234; *H. A. Wolfson*, Philosophical Implications of Arianism and Apollinarianism: DOP 12 (1958) 3—28. — Zu Diodor von Tarsos: *G. Bardy:* DSp 3, 986—994; *L. Abramowski:* DHGE 14, 495—504; *R. A. Greer*, The Antiochene Christology of Diodor of T.: JThS 17 (1966) 327—341. — Zu Theodor von Mopsuestia: *E. Amann:* DThC 15, 235—279; *F. A. Sullivan*, The Christology of Th. of M. (Rom 1956); *L. Abramowski*, Zur Theologie Th.s v. M.: ZKG 72 (1961) 262—293; *R. A. Greer*, Th. of M. Exegete and Theologian (London 1961); *U. Wickert*, Studien zu den Pauluskommentaren Th.s v. M. als Beitrag zum Verständnis der Antiochenischen Theologie (Berlin 1962); *R. A. Norris*, Manhood and Christ. A Study in the Christology of Th. of M. (London 1963). — Zu Nestorios: *E. Amann:* DThC 11, 76—157; *A. Grillmeier:* ThPh 41 (1966) 401—410; *F. Loofs,* Nestorius and His Place in the History of Christian Doctrine (Cambridge 1914); *I. Rucker,* Das Dogma von der Persönlichkeit Christi und das Problem der Häresie des Nestorius (Oxenbrunn 1934); *E. Amann,* L'affaire de Nestorius vue de Rome: RevSR 23 (1949) 5—37 207—244, 24 (1950) 28—52 235—265; *L. I. Scipioni,* Ricerche sulla cristologia del Libro di Eraclide di Nestorio (Fribourg 1956); *A. Grillmeier,* Das scandalum oecumenicum des Nestorius: Scholastik 36 (1961) 321—356; *M. V. Anastos,* Nestorius was orthodox: DOP 16 (1962) 117—140. — Zu Kyrillos von Alexandrien: *J. van den Dries,* The Formula of St. Cyril of Al. Μία ψύσἰς τοῦ Θεοῦ λόγου σεσαρκωμένη (Rom 1939); *H. du Manoir,* Dogme et spiritualité chez s. Cyrille d'Alexandrie (Paris 1944); *J. Liébaert,* La doctrine christologique de s. Cyrille d'Alexandrie avant la querelle néstorienne (Lille 1951); *L. M. Armendariz,* El nuevo Moisés. Dinámica cristocéntrica en la tipología de Cirilo de Al. (Madrid 1962); *P. Galtier:* Chalkedon I 345—387; *G. M. de Durand:* SChr 97 (Paris 1964) 81—150. — Zum Konzil von Ephesos: *A. d'Alès,* Le dogme d'Éphèse (Paris 1931); *P.-Th. Camelot,* Ephesus und Chalkedon (Mainz 1963).

Die christologische Frage im 4. Jahrhundert

Im 4. Jahrhundert hatte das trinitarische Problem so sehr die Kräfte von Theologie und Kirche in Anspruch genommen, daß daneben eine zweite hochwichtige Frage, die nach dem rechten Verständnis der Einheit von Gott und Mensch in Christus, zunächst im Hintergrund blieb. Diese christologische Frage ist zwar durchaus schon von vorkonstantinischen Theologen wie Hippolyt, Origenes oder Novatian empfunden worden, aber zu einem umfassenden Lösungsversuch kam es damals noch nicht[1]. Erst die arianische Theologie wurde wieder zwangsweise mit dem christologischen Problem konfrontiert und machte dazu auch ganz bestimmte Aussagen, die aber zunächst nicht zu einer tieferen Diskussion führten, einmal weil der trinitarischen Frage das Hauptinteresse galt, dann wohl auch, weil die Gegenseite noch keine durchdachte Antwort hatte. Soweit die dürftige Quellenlage und die noch nicht abgeschlossene Forschung es erlauben, läßt sich die Auffassung der arianischen Theologie in dieser Frage etwa so zusammenfassen[2].

1. Bei der Inkarnation hat der Logos nur das Fleisch eines Menschen angenommen, nicht aber eine menschliche Seele, da hier der Logos die Seele vollkommen ersetzt. 2. Diese Logos-Sarx-Christologie ist auf das engste verknüpft mit der arianischen Grundthese, daß der Sohn „ein Geschöpf" sei, in dem alle von den Evangelien berichteten menschlichen Züge — daß Jesus betrübt wurde, daß er sich vom Vater verlassen fühlte — dem Logos zugeschrieben werden müßten; der Logos wäre nicht eigentlich Mensch geworden, wenn nicht er, sondern die menschliche Seele Träger dieser „Un-

[1] *A. Grillmeier,* Christ in Christian Tradition (London 1965) 125—172.
[2] *J. Liébaert,* Christologie: HDG III 1, 60—65.

vollkommenheiten" gewesen wäre. 3. Die Einheit des Wortes mit dem angenommenen Fleisch wird so eng aufgefaßt wie die Einheit der Seele mit dem Leibe, so daß im fleischgewordenen Logos im Grunde nur eine Natur vorhanden ist. Ein arianisches Fragment, das dem Bischof Eudoxios von Konstantinopel († 369) zugeschrieben wird, spricht es klar aus; „wir glauben an einen einzigen Herrn Jesus Christus ... fleischgeworden, nicht menschgeworden; denn er hat keine menschliche Seele angenommen; ... nicht zwei Naturen, da er nicht vollständiger Mensch war, sondern Gott war an Stelle der Seele im Fleisch, das Ganze eine Natur durch Zusammenfügung"[3]. Diese arianische Christologie hat nicht nur eine monophysitische Färbung, sondern einen monophysitischen Kern, wenn auch noch nicht die ausgebildete Terminologie des späteren Monophysitismus.

Das Konzil von Nikaia hat zu dieser Logos-Sarx-Christologie noch keine Stellung genommen, wohl vor allem deshalb, weil sie noch nicht in einer Formulierung vorgetragen wurde, die ihre Gefahren deutlich enthüllt hätte. Bald danach aber erkannten einige Theologen — zu ihnen gehören etwa Eustathios von Antiochien, Markellos von Ankyra, aus dem Westen Hilarius von Poitiers — ihre Schwäche und betonten ihrerseits, man müsse auch eine menschliche Seele in Christus annehmen, weil sonst die dem Logos zugeschriebenen menschlichen Züge zu dem Schluß zwängen, daß Gott veränderlich sei. Mit dieser Betonung der vollen Menschwerdung des Logos stellen sie der Logos-Sarx-Christologie also eine Logos-Anthropos-Christologie gegenüber[4]. Allerdings haben zwei so entschiedene Gegner des Arianismus wie Athanasios von Alexandrien und Basileios von Kaisareia das Bedenkliche der arianischen Christologie nicht erkannt oder ihr doch keine besondere Aufmerksamkeit geschenkt. Athanasios hat zwar nie den Gedanken einer menschlichen Seele in Christus ausdrücklich zurückgewiesen, ihn aber auch nie vorgetragen. Das Wort aus dem Prolog des Johannesevangeliums „Und das Wort ist Fleisch geworden" genügte ihm, um an die wirkliche Menschwerdung des Logos zu glauben. Man wird daher auch in ihm einen Vertreter der Logos-Sarx-Christologie sehen müssen, der aus ihr jedoch nicht die gleichen Konsequenzen zog wie die Arianer[5]. Wie Athanasios war auch Basileios der Meinung, man brauche die schlichte Aussage des Nicaenums über die Menschwerdung des Wortes nicht durch erweiternde Zusätze zu interpretieren. Da er sich auch sonst nur zurückhaltend zur Christo-

[3] Bei *F. Diekamp*, Doctrina patrum de incarnatione Verbi 64 f.

[4] Zu Eustathios vgl. *M. Spanneut*, La position théologique d'Eustathe d'Antioche: JThS 5 (1954) 215—220; zu Markellos von Ankyra siehe *J. Fondevila*, Ideas trinitarias y cristológicas de Marcelo de Ancyra (Rom 1953); zu Hilarius *P. Galtier*, Saint Hilaire (Paris 1960) 108—158.

[5] Siehe *M. Richard*, Saint Athanase et la psychologie du Christ selon les Ariens: MSR 4 (1947) 5—54 und *A. Grillmeier* a. a. O. 193—219.

logie äußert, wird man sagen können, daß er wie in anderen Fragen auch hier der Auffassung des Athanasios nahestand[6].

Der Lösungsversuch des Apollinarios von Laodikeia

Mit einem Lösungsversuch für die christologische Frage, den ein dem Athanasios eng verbundener Bischof bald nach der Mitte des 4. Jh. vortrug, hat sich die Theologie der Zeit etwas eingehender beschäftigt und ihn nach längerer Diskussion auf dem Konzil von Konstantinopel (381) verworfen. *Apollinarios der Jüngere,* philosophisch gebildet und ein scharfer Denker, war nach theologischen Studien in Antiochien um 360 Bischof in seiner westsyrischen Geburtsstadt Laodikeia geworden[7]. Zeitlebens war er entschiedener Anhänger der nikänischen Lehre von der Wesensgleichheit des Sohnes mit dem Vater und hielt auch an dem bisherigen Glauben von der Unveränderlichkeit des göttlichen Logos fest. In der Christologie vertrat er jedoch eine Auffassung, die ihn sehr in die Nähe der eben geschilderten arianischen rückt. Auch er leugnete die Existenz einer menschlichen Seele in Christus, hat aber dabei versucht, viel tiefer in das Problem der Menschheit Christi einzudringen und es mit den denkerischen Mitteln der zeitgenössischen Philosophie zu bewältigen. Nach ihm besitzt Christus einen menschlichen Leib und einen νοῦς oder ein πνεῦμα, eine Vernunftseele, die aber mit dem Logos identisch ist; denn es sei unmöglich, daß zwei geist- und willenbegabte (Wesen) in ein und demselben zusammenwohnen, da das eine dem anderen durch seinen Willen und seine Eigentätigkeit widerstreiten müsse[8]. Diese Auffassung von der wesenhaften Autonomie der geistigen Natur macht es also Apollinarios unmöglich, eine vollständige Menschheit in Christus anzunehmen, es kann im fleischgewordenen Gott nur *einen* Geist, nur *eine* lebendige Wirkkraft, den Logos, geben[9]. Trotzdem hielt Apollinarios an der bisherigen Redeweise, das Wort sei Mensch geworden, fest. Auch für die Einigung des Wortes mit dem Fleisch fand er eine eigenständige Lösung: Logos und Fleisch werden so eins, wie Leib und Seele im Menschen eins sind; sie bilden nach ihrer Vereinigung eine einzige Natur, die aber durch eine Mischung von Gott und Mensch zustande kommt[10].

Zu einer Diskussion der apollinarischen Thesen scheint es erstmals auf der alexandrinischen Synode des Jahres 362 gekommen zu sein, auf der wohl Vertreter des Bischofs Paulinos von Antiochien das Problem zur Sprache brachten[11]. Man einigte sich auf eine Formel, die sowohl Paulinianern wie Apollinaristen annehmbar schien, die sie aber in verschiedenem Sinn interpretierten. Danach hatte der Erlöser nicht einen Leib ohne Seele,

[6] *J. Liébaert,* Christologie 75—77. [7] Über ihn *Quasten P* III 377—383.
[8] Fragment 2 bei *H. Lietzmann* a. a. O. 204. [9] *J. Liébaert,* Christologie 80.
[10] Apollin., Ep. ad Dionysium (*Lietzmann* 20); Fragm. 13 (*Lietzmann* 234).
[11] *J. Liébaert,* Christologie 84.

ohne Sinnesempfindung, ohne Vernunft; denn im Wort ist nicht nur dem Leib, sondern auch der Seele Erlösung zuteil geworden[12]. Die Apollinaristen begriffen jedoch diese Seele als den Logos, die Paulinianer als menschliche Seele Jesu. Nach der Synode von Alexandrien machten die Anhänger des Apollinarios weiter eifrig Propaganda für die Lehre ihres Meisters, bis im Jahre 374 Epiphanios von Salamis wieder auf den Grundfehler der apollinarischen Lösung hinwies, daß nämlich durch sie die Erlösung der ganzen Menschennatur nicht gesichert sei[13]. Auch die beiden Kappadokier Gregor von Nazianz und Gregor von Nyssa haben einen beachtlichen Beitrag zur Diskussion der apollinarischen Christologie geleistet, da beide entschieden die Existenz einer unversehrten menschlichen Seele in Christus forderten[14]. Im Anschluß an Origenes baute der Nazianzener seine Christologie auf den Begriff der „Mischung" (κρᾶσις, μῖξις) auf, bei der jedoch die Menschheit Jesu nicht verkürzt, sondern vergöttlicht wurde[15]. Auch Gregor von Nyssa erklärt die Einheit Christi mit dem Begriff der Mischung und entwickelt die Vorstellung von der Vergöttlichung der Menschheit Jesu ausführlich, vertieft jedoch die Lehre von der Seele Christi, wenn er sagt, die unversehrte menschliche Seele müsse deswegen postuliert werden, weil der Tod Christi nur als Trennung von Seele und Leib verstanden werden könne[16]. Mehr als Gregor von Nazianz gebraucht der Nyssener aber diphysitische Formulierungen und steht dadurch der Logos-Anthropos-Christologie näher.

Durch einen Anhänger des Apollinarios, den Presbyter Vitalis, wurde die Streitfrage im Jahre 375 Papst Damasus in Rom vorgelegt, der zunächst ein geschickt formuliertes Glaubensbekenntnis des Vitalis für annehmbar hielt, später aber in drei Briefen an Paulinos von Antiochien die Lehre des Apollinarios ausdrücklich verwarf und diesen im Sommer 377 mit seinen Anhängern in feierlicher Form verurteilte[17]. Als sich zwei Jahre später eine Synode in Antiochien unter Bischof Meletios dem römischen Urteil anschloß, war der Lösungsversuch des Apollinarios für das christologische Problem in Ost und West endgültig abgelehnt. Das Konzil von Konstantinopel 381 wiederholte die Verurteilung, als es im Kanon I, der die Häresien der Zeit aufzählt, auch die Apollinaristen nannte[18]. Es ist nicht bekannt, wie sich Apollinarios selbst zur Verwerfung seiner Christologie verhalten hat, er blieb jedenfalls Bischof von Laodikeia bis zu seinem Tode (nicht vor 385). Eine

[12] Tomus ad Antioch. 7 (PG 26, 804 B). [13] Epiphan., Ancor. 75 119.

[14] Dazu A. *Grillmeier* a. a. O. 278—291: Cappadocian Christology.

[15] Siehe bes. Epp. 101 und 102 und Or. 2.

[16] Gregor von Nyssa, Contra Apollin. 25; Contra Eunom. III 63; Refut. confess. Eunom. c. 179—180; Contra Apollin. 17.

[17] Damas., Ep. ‚Illud sane' (PL 13, 352 B—353 A); Basil., Ep. 266.

[18] DB 85; COD 27 *(Alberigo)*. Ein Erlaß des Kaisers Theodosius I. (März 388) verbietet den Apollinaristen, Gottesdienste zu halten und Weihen vorzunehmen: Cod. Theod. 16, 5, 14.

dem arianischen Streit auch nur in etwa vergleichbare Auseinandersetzung um den Apollinarismus ist ausgeblieben. Er behielt allerdings noch eine gewisse Anhängerschaft, da sich noch 420 eine Gruppe von Apollinaristen wieder der Kirche anschloß[19].

Die Weiterentwicklung der Christologie bis 428

Die Verwerfung des Apollinarismus stellte zunächst nur eine Klärung im negativen Sinn dar: der Weg, der eine Lösung der christologischen Frage in der Ablehnung der menschlichen Seele Jesu finden wollte, war nicht gangbar. Bald setzte darum die Diskussion wieder ein, an der sich fast ausschließlich Theologen aus dem griechischen Sprachraum beteiligten. Man kann allerdings nicht, wie bisher meist üblich, einige dieser Schriftsteller wegen ihrer christologischen Aussagen zu einer einheitlichen Gruppe zusammenfassen und sie der „Theologischen Schule von Antiochien" zuweisen. Diodor von Tarsos, Johannes Chrysostomos, Theodor von Mopsuestia vertreten so differenzierte Anschauungen, daß man nicht von einem einheitlichen christologischen System bei ihnen sprechen kann. Es ist daher richtiger, in einem weiteren Sinn von zwei sich allmählich schärfer konturierenden Strömungen zu reden, von denen die eine mehr die Christologie vom angenommenen Menschen vertritt, also dem Logos-Anthropos-Schema nahesteht, während die Christologie vom fleischgewordenen Gott in der alexandrinischen Theologie ihre Heimat hat[20].

Als typischer Vertreter einer Wort-Mensch-Christologie unter den antiochenischen Theologen galt bisher Bischof *Diodor von Tarsos* († vor 394), der als angesehener theologischer Lehrer in Antiochien Johannes Chrysostomos und Theodor von Mopsuestia zu seinen Schülern zählte und wegen seiner entschiedenen Verteidigung der Gottheit Christi den Unwillen Kaiser Julians erregte[21]. Diese Wertung Diodors beruht auf Auszügen aus seiner einzigen antiapollinaristischen Schrift *Contra Synousiastas,* die aber von der Gegenseite stammen und später von Kyrill von Alexandrien gegen Diodor verwandt wurden, also vor Entstellungen nicht sicher sind[22]. Soweit die gerade für Diodor sehr prekäre Quellenlage erkennen läßt, war er primär an der Sicherung der Gottheit Christi interessiert, die er durch Apollinarios' Auffassung von der Einheit zwischen Wort und Fleisch gefährdet sah und die ihn zu sehr dualistisch klingenden Formulierungen veranlaßte. Der menschlichen Seele Christi als theologischer Größe schenkte er keine Aufmerksamkeit, und daher ist der Antiochener Diodor eher als Vertreter einer Logos-Sarx-Christologie anzusehen[23].

[19] Vgl. *H. Lietzmann* a. a. O. 36—42 76—78. [20] *J. Liébaert,* Christologie 102 f.
[21] Vgl. *A. Grillmeier* a. a. O. 261—263.
[22] Die Fragmente untersucht *M. Richard:* Mélanges F. Grat (Paris 1946) 99—116.
[23] *A. Grillmeier* a. a. O. 263—270.

Auch Johannes *Chrysostomos* ist als Repräsentant einer antiochenischen Christologie verstanden worden, aber in seinem Schrifttum finden sich weder spekulative Darlegungen über das Mysterium der Inkarnation noch eingehendere Äußerungen über den Apollinarismus. Dem Prediger Chrysostomos ist in der traditionellen Sprache Christus das fleisch- und menschgewordene Wort, das Fleisch Kleid oder Wohnung des Wortes. Der Titel Theotokos findet sich nicht bei ihm, aber auch keine Begründung dafür. Zuweilen betont er, daß Wort und Fleisch ein Einziges sind, daß diese Einigung aber nicht durch Vermischung zustande kam[24].

Der andere Schüler Diodors, Bischof *Theodor von Mopsuestia* († 428), hat hingegen in der christologischen Frage neue Gedanken und Formeln entwickelt, denen hohe Bedeutung für die weitere Ausbildung der Lehre von Christus zukommt. Allerdings mußte hier die jüngste dogmengeschichtliche Forschung manche Korrektur in der traditionellen Wertung der Christologie Theodors anbringen, dessen Orthodoxie zwar zu seinen Lebzeiten nicht angezweifelt wurde, der aber in der Auseinandersetzung um Nestorios als dessen angeblicher Lehrer vor allem durch Kyrill von Alexandrien der Häresie verdächtigt und schließlich vom 5. allgemeinen Konzil (553) als „Nestorianer" verurteilt wurde[25]. Sein christologisches Denken muß gerade bei ihm im Zusammenhang mit seiner Gesamttheologie gesehen werden, die nicht primär spekulativ, sondern eher „kerygmatisch" ist. Sie ist getragen von dem Gedanken, daß Gottes Heilsplan die Unsterblichkeit des Menschen zum Ziel hat und daß ihm schon auf Erden durch Christus in Taufe und Eucharistie eine vorläufige Teilhabe an den ewigen Gütern geschenkt wurde, die nach seiner Auferstehung volle Wirklichkeit wird[26]. Darum ist es Theodors großes Anliegen, gegenüber Arianern und Apollinaristen die ganze Menschheit Christi, ihre volle Wirkkraft zu betonen und so ihre soteriologische Bedeutung zu sichern und bewußt zu machen. Dabei unterscheidet er nachdrücklich zwei vollständige Naturen in Christus, die des „Aufgenommenen" und die des „Aufnehmenden", so nachdrücklich, daß der Eindruck entsteht, deren Einheit werde allzu lose gesehen, zumal er sie verständlich zu machen sucht mit der Aussage von der „Einwohnung" des Wortes im aufgenommenen Menschen. Aber Theodor bemüht sich, in immer erneutem Ansatz zu zeigen, daß diese Einheit der beiden Naturen doch keine bloß akzidentelle ist, sondern eine ganz einzigartige, innige Beziehung, die die göttliche Hypostase des Logos mit der menschlichen Natur

[24] Siehe *C. Hay*, St. Chrysostom on the Integrity of the Human Nature of Christ: FStudies 19 (1959) 290—317.

[25] Cyrill. Alex., Contra Diodorum et Theodorum (nur Fragmente erhalten). Zum chronologischen Ablauf der Auseinandersetzung *L. Abramowski*, Der Streit um Diodor und Theodor zwischen den beiden ephesinischen Konzilien: ZKG 67 (1955/56) 252—287.

[26] Vgl. *I. Oñatibia*, La vida cristiana tipo de las realidades celestes: Scriptorium Victoriense 1 (1954) 100—133, dazu bes. *L. Abramowski:* ZKG 72 (1961) 266—274.

eingegangen ist. Er sucht sie mit Hilfe des Wortes Prosopon zu beschreiben (nicht mit Hypostasis); das eine Prosopon Christi ist Ergebnis und letztmöglicher Ausdruck der engen Verbindung zwischen der menschlichen Natur und der Hypostase des Logos. Prosopon hat bei Theodor noch nicht den erst durch Chalkedon festgelegten Inhalt von Person, ebenso sind Physis und Hypostasis bei ihm noch nicht begrifflich geschieden. Es ist Theodor noch nicht gelungen, die Einheit der beiden Naturen im konkreten Christus befriedigend zu bestimmen, aber durch die von ihm gebrauchten Formulierungen bewegt er sich auf die Lösung zu, die Chalkedon gegeben hat. Sie machen es ihm schon möglich, die Menschheit Christi zusammen mit der Gottheit in einer Anbetung zu verehren und Maria den Titel Theotokos zuzuerkennen[27]. Es ist demnach nicht angängig, Theodor von Mopsuestia als „Nestorianer vor Nestorius" zu charakterisieren.

Das Grundthema der *alexandrinischen Christologie* nach Nikaia war klar von Athanasios in seinem Wort über die Menschwerdung formuliert worden: „Nicht der Mensch ist Gott geworden, sondern Gott ist Mensch geworden, um uns zu vergöttlichen."[28] In diesem christologischen Denken ist also immer der Logos der Ausgangspunkt, der sich die Menschheit aufs innigste verbunden hat nicht dadurch, daß er einen Menschen zu sich emporhob, sondern dadurch, daß er sich selbst zum Menschen machte[29]. *Petros*, der Nachfolger des Athanasios, befand sich gerade in Rom, als Papst Damasus den Apollinarismus auf der Synode von 377 verurteilen ließ, und er bekannte sich mit ihr zur vollen Menschheit in Christus. In einem Brief an die verbannten ägyptischen Bischöfe spricht er von den beiden Naturen als von zwei „Personen"[30]. Eine weitere Differenzierung auch innerhalb der alexandrinischen Christologie wird besonders faßbar bei *Didymos* dem Blinden († 398), der sich in seiner Frühzeit wie Athanasios zunächst im Rahmen des Logos-Sarx-Schemas bewegt, nach der Verurteilung des Apollinarios aber ausdrücklich die unverkürzte Menschennatur in Christus bekennt[31]. Der 1941 in Tura wiedergefundene Psalmenkommentar, der sicher aus der Umgebung des Didymos, wenn nicht aus seiner Feder stammt, anerkennt ferner, daß die Seele Christi der Angst und Verwirrung ausgesetzt sein kann, und schreibt Jesus sogar zwei „Prosopa" zu, ein göttliches und ein menschliches, wobei Prosopon hier noch in seiner bisherigen Bedeutung von „Erscheinungsweise" verstanden wird[32], ohne Zweifel eine starke Annäherung an antiochenische Vorstellungen und Terminologie.

[27] Die Einzelbelege bei *A. Grillmeier* a. a. O. 338—360 und *J. Liébaert* a. a. O. 92—95.
[28] Adv. Ar. 1, 39. [29] Athanas., Adv. Ar. 3, 30.
[30] Theodoret HE 5, 10, 5; Petrus Alex., Ep. ad episc. Aeg. (PG 33, 1291—93).
[31] So in De trin. 3, 21 und Comm. in Zach. 1, 193; 1, 280; 4, 92; 4, 235.
[32] Text bei *A. Gesché*, La christologie du Commentaire sur les Psaumes découvert à Toura (Gembloux 1962) 135 316.

Am stärksten ist der im Jahre 412 auf den Bischofsstuhl von Alexandreia berufene *Kyrillos* mit der christologischen Diskussion in der 1. Hälfte des 5. Jh. verbunden. In seinem Schrifttum sind jedoch zwei sich deutlich voneinander abhebende Phasen in der Stellungnahme zur christologischen Frage zu unterscheiden. Die frühere umfaßt die ersten 16 Jahre seines Episkopates und zeigt Kyrill als eindeutigen Erben des Athanasios, der sich wie dieser mit der arianischen Christologie auseinandersetzt, dabei unentwegt die Unwandelbarkeit des menschgewordenen Logos betont, ohne aber auf deren Leugnung der Seele Christi einzugehen oder den Apollinarismus auch nur zu erwähnen[33]. Gelegentliche Bemerkungen Kyrills lassen zwar erkennen, daß er eine Seele in Christus voraussetzt, aber sie hat für ihn noch keinen theologischen bzw. soteriologischen Stellenwert. Es ist ihm ein Anliegen, zu betonen, daß Christus die Gottheit κατὰ φύσιν, von Natur aus, besitzt, die Menschheit (mit Leib und Seele) jedoch nicht „von sich aus", sie hat er sich vielmehr zu eigen gemacht; daher ist Christus zwar Gott und Mensch, aber in gewissem Sinn mehr Gott als Mensch[34]. Kyrill repräsentiert demnach zunächst noch eine Stufe der Entwicklung in der christologischen Frage, die als Ganzes bereits von Athanasios erreicht worden war, die stärkere Betonung der Gottheit läßt ahnen, wie er reagieren würde, wenn er mit einer Theologie konfrontiert würde, die der Menschheit Christi ein größeres Gewicht geben wollte.

Der Konflikt zwischen Kyrill und Nestorios

Schon bald nach der Übernahme seines Konstantinopler Bischofsamtes (428) stellte Nestorios fest, daß in seiner Gemeinde eine Diskussion darüber im Gange war, ob Maria „Gottesgebärerin (θεοτόκος) oder „Menschengebärerin" (ἀνθρωποτόκος) genannt werden müsse. Er nahm alsbald in seinen Predigten Stellung und suchte die Einigkeit innerhalb der Gemeinde dadurch herbeizuführen, daß er den Titel „Christusgebärerin" als den theologisch angemessensten bezeichnete[35]. Da der Titel Theotokos aber schon vor Nikaia üblich war, des weiteren von vielen angesehenen Theologen des 4. Jh. ohne Bedenken gebraucht wurde und vor allem durch seine Verwendung in der Liturgie im Bewußtsein der Gläubigen geweiht war, erregte der Angriff des neuen Bischofs auf dieses Wort Anstoß und wurde als Abweichung von der bisherigen Verkündigung empfunden. Der Widerspruch gegen die Auffassung des Nestorios äußerte sich zunächst in Konstantinopel selbst, wo vor allem die Mönche protestierten, aber auch Laien nahmen lebhaft an der Auseinandersetzung teil, die zuweilen während des Gottes-

[33] Vgl. vor allem *J. Liébaert,* Christologie (Lille 1951) und *F. M. Joung:* JEH 22 (1971) 103—114.

[34] Die Belege bei *G. Jouassard,* Une intuition fondamentale de s. Cyrille d'Alexandrie dans les premières années de son épiscopat: RÉB 11 (1953) 175—186.

[35] Der Bericht darüber in seiner Ep. ad Joann. Antioch. bei *F. Loofs,* Nestoriana 185.

dienstes bedenkliche Formen annahm. Eine Schmähschrift wurde an den Türen der Bischofskirche angeschlagen, die Nestorios unmißverständlich als Ketzer bezeichnete. Als Bischof Proklos von Kyzikos „die heilige Mutter Gottes" in einer Predigt im Beisein des Nestorios verteidigte, antwortete dieser sofort, eine derartige Auffassung begünstige die Irrlehre des Arius[36]. Gegen Ende des Jahres 428 war die Kunde von den Vorgängen in der Hauptstadt auch nach Alexandrien gelangt, wo Kyrill, ohne Nestorios mit Namen zu nennen, zunächst in Briefen an die Bischöfe und Mönche Ägyptens entschieden für den Theotokos-Titel eintrat, danach auch in einem Schreiben an Nestorios selbst um Aufklärung über seine Lehre bat, von diesem jedoch nur eine selbstbewußte Ermahnung zu christlicher Mäßigung erhielt[37]. Mit diesem Brief Kyrills setzt die 2. Phase in der Christologie des alexandrinischen Bischofs ein, die zugleich den Beginn der schweren Auseinandersetzung zwischen ihm und Nestorios einleitet. Leider ist dieser Konflikt auch von Zügen belastet, die im Charakter der beiden Protagonisten begründet sind; bei Nestorios macht sich eine Neigung zur Intoleranz gegenüber der Meinung anderer und eine daraus resultierende Unfähigkeit, sich belehren zu lassen, negativ geltend; Kyrill sucht seine Auffassung gern mit geschickter und oft höchst bedenklicher Diplomatie durchzusetzen, in der auch eine gewisse Antagonie Alexandriens gegenüber dem Stuhl von Konstantinopel eine Rolle spielen mag. Es geht jedoch nicht an, in diesen Zügen, besonders auf seiten Kyrills, die eigentlichen Triebkräfte auch für die theologische Diskussion zu sehen und diese als bloße Logomachie abzuwerten[38]. Trotz aller zuweilen bedrückenden Menschlichkeiten, die im Verlauf des Konfliktes festzustellen sind, ging es in ihm um Fragen von hoher theologischer und religiöser Relevanz.

Nestorios selbst entfaltete alsbald eine lebhafte Propaganda für seine christologischen Thesen, und er war es auch, der als erster Papst Cölestin (422—432) über den Konflikt in einem Brief informierte, der eine Darstellung seines eigenen Standpunktes enthielt und die Meinung seiner Gegner als arianisch und apollinaristisch zurückwies. Diese sandten ihrerseits mehrere Predigten des Nestorios nach Rom, die der Diakon Leo, der spätere Papst, an Johannes Cassian, den Abt von St-Victor in Marseille, weiterleitete. Dieser schrieb daraufhin sein Werk „De incarnatione Domini", das die Lehre des Nestorios verwarf, ohne allerdings eine tiefer dringende und weiterführende Kritik zu geben[39]. Aber auch Kyrill blieb nicht untätig. An

[36] Die Schmähschrift: ACO I, I, 1, 101 f; die Predigt des Proklos: ebd. I, I, 6, 103—107; die Replik des Nestorios: ebd. I, V, 1, 37.

[37] Diese Briefe Kyrills und die Antwort des Nestorios: ACO I, I, 1, 10—25. Kyrills Osterfestbrief an die Bischöfe, Homil. pasch. 17: PG 77, 768—789.

[38] Vgl. etwa *E. Schwartz,* Cyrill und der Mönch Viktor (München 1928) 3 ff.

[39] Nestorios an Cölestin: ACO I, II, 3, 12—14. Cassian, De incarnatione Domini contra Nestorium: CSEL 17, 235—391.

den Beginn des Jahres 430 ist der dogmengeschichtlich bedeutsame 2. Brief an Nestorios[40] zu setzen, der diesen bittet, bei seinen Predigten „mit aller Sorgfalt auf die Worte zur Lehre und die Glaubenstreue“ zu achten und sie mit den Lehren der Väter in Einklang zu bringen. Letztere hätten Maria unbedenklich Theotokos genannt, weil aus ihr der Leib geboren wurde, mit wegen dieser Vereinigung dürfe man sagen, daß der Logos auch gelitten habe und auferstanden sei. Die im Ton ungleich schärfere Antwort des dem sich der Logos „der Hypostase nach“ (καθ' ὑπόστασιν) vereinigt hat; Nestorios[41] lehnt jedoch den Theotokos-Titel weiter ab, weil er die Vorstellung wecke, die göttliche Natur selbst sei geboren worden und gestorben, sei also leidensfähig und veränderlich; dem Logos aber Geburt, Leiden und Tod zuschreiben wollen — das eben sei der Wahnsinn des Apollinarios, des Arius und anderer Irrlehrer. Kyrill wandte sich weiter an Mitglieder des Episkopates[42] und warnte sie vor den bedenklichen Lehren des Nestorios, vor allem suchte er diplomatisch geschickt das Kaiserhaus, das dem Konstantinopler Bischof wohlgesinnt war, durch theologische Abhandlungen — je eine ging an den Kaiser, die Kaiserin und die Prinzessinnen[43] — für sich zu gewinnen. Auch in der Art, wie Kyrill Rom informierte, erwies er sich Nestorios überlegen. Im Sommer 430 erhielt Papst Cölestin von ihm ein umfangreiches Dossier mit einer detaillierten Schilderung der bisherigen Vorkommnisse, mit seiner persönlichen Beurteilung der nestorianischen Lehren und mit einschlägigen Auszügen aus griechischen Väterschriften[44], alles schon in lateinischer Übersetzung, eine Geste, die Nestorios unterlassen hatte.

Rom mußte Stellung nehmen. Der Papst mochte glauben, er habe im Bericht des Nestorios und dem von Kyrill übermittelten Material ausreichende Unterlagen, auf Grund deren er auf der Synode Anfang August 430 ein Urteil fällen könne. Wahrscheinlich lag auch die Arbeit Cassians vor, und für weitere Auskünfte stand Kyrills Diakon Poseidonios zur Verfügung, jedoch niemand, der die Position des Nestorios näher erläutert hätte. Offensichtlich erinnerte sich auch niemand in Rom daran, daß wenige Jahre zuvor Augustinus von Hippo dem gallischen Mönch *Leporius* in einem klärenden Gespräch zu einem rechten Verständnis gerade der christologischen Fragen verholfen hatte, für die auch Nestorios eine Lösung suchte. Auch Leporius lehnte die Idiomenkommunikation ab, weil er meinte, man könne nicht von einem Gott sprechen, der aus dem Weibe geboren und gekreuzigt worden

[40] ACO I, I, 1, 25—28. [41] Ebd. I, I, 1, 29—32.

[42] Cyrill., Epp. 14 und 16: ACO I, I, 1, 96—98.

[43] De recta fide ad Theodos. imp.: ACO I, I, 1, 42—72; De recta fide ad Augustas. De recta fide ad Dominas: ebd. I, I, 5, 26—118, dazu jetzt *C. Scanzillo:* Asprenas 13 (1966) 275—294.

[44] Bericht an Cölestin: ACO I, I, 5, 10—12. In diese Zeit gehört auch seine Schrift Contra Nestorium: ACO I, I, 6, 13—106.

sei. Sowohl das Beispiel Augustins in der Behandlung des „Irrlehrers“ wie der Text des wohl von ihm formulierten Glaubensbekenntnisses, das Leporius unterschrieb[45], hätten Rom eine Hilfe sein können für das Vorgehen gegenüber Nestorios. So aber wurde er summarisch verurteilt, weil er im Widerspruch zur Tradition in Christus einen bloßen Menschen sähe, weil er dessen jungfräuliche Geburt in Frage stelle, die doch der Welt den wahren Sohn Gottes geschenkt habe, durch den wir erlöst worden seien. Das römische Urteil verrät keine Kenntnis der Diskussion des christologischen Problems, die die Theologen des Ostens seit Jahren beschäftigte; es wehrt zwar die Gefährdung der Tradition durch den Vorstoß des Nestorios ab, zeigt aber keinen positiven Weg auf zu einem tieferen Verständnis der Einheit und Verschiedenheit in Christus.

Der Papst unterrichtete alsbald Nestorios, den Klerus und die Gläubigen von Konstantinopel von dem Spruch der römischen Synode und forderte von ihrem Bischof öffentlichen Widerruf innerhalb von 10 Tagen, nachdem ihm das Urteil zugestellt worden sei. An Kyrill von Alexandrien erging die Weisung, im Namen Roms für die Durchführung des Synodalbeschlusses zu sorgen[46]. Dieser Auftrag sollte verhängnisvolle Konsequenzen haben, da Kyrill weit über seine Instruktionen hinausging. Anstatt den Versuch zu machen, Nestorios in geeigneter Form für den geforderten Widerruf zu gewinnen, ließ er ihn auf einer Synode im November 430 auch durch die alexandrinische Kirche feierlich verurteilen und übersandte ihm das Urteil der Synode, das ihm in äußerst scharfer Form die „Lästerungen“ und das „Ärgernis“ vorwarf, das er mit seiner Irrlehre der Kirche gegeben habe. Darüber hinaus behauptete Kyrill, Rom habe anerkannt, „daß die von der alexandrinischen Kirche an dich gerichteten Briefe untadelig den rechten Glauben wiedergeben“. Deshalb füge er ein Glaubensbekenntnis und noch 12 Sätze bei, in denen das enthalten sei, was er verurteilen müsse[47]. In diesem Schreiben und vor allem in den 12 Anathematismen waren aber gerade die spezifischen Formeln der kyrillischen Christologie enthalten, die Nestorios immer bedenklich erschienen waren. Dieser nahm zwar Kyrills Schreiben entgegen, lehnte aber zunächst jede Stellungnahme ab und setzte sofort seine antiochenischen Freunde von den neuen Forderungen Kyrills in Kenntnis. Sie sahen darin einen erneuten Beweis für den Apollinarismus der alexandrinischen Christologie, der man sich nicht unterwerfen könne. Die Fronten hatten sich weiter verhärtet.

[45] Das Glaubensbekenntnis des Leporius: PL 31, 1221—30; Brief Augustins an die gallischen Bischöfe: Ep. 219. Zum Ganzen s. *P. Glorieux*, Prénestorianisme en Occident (Tournai - Paris 1959) 5—38.

[46] Die Briefe Cölestins über die Beschlüsse der römischen Synode: ACO I, 2, 5—20.

[47] Brief Kyrills und die 12 Anathematismen: ebd. I, I, 1, 33—42.

Ephesos

Während die Abgesandten Kyrills mit den Beschlüssen der alexandrinischen Synode noch auf dem Wege nach Konstantinopel waren, war bereits ein Schreiben des Kaisers Theodosius II. an Kyrill abgegangen, in dem er ihm mitteilte, er, der Kaiser, habe alle Metropoliten des Ostens eingeladen, mit einigen Bischöfen ihrer Provinz sich auf Pfingsten 431 im günstig gelegenen Ephesos zu einer allgemeinen Synode einzufinden[48]. Auch nach Rom und Hippo ergingen Einladungen, aber Augustinus war bereits gestorben, als das Schreiben abging, und Bischof Capreolus von Karthago bestimmte den Diakon Bassula zum Vertreter der afrikanischen Kirche. Papst Cölestin, dessen Stellungnahme zum Fall Nestorios ja bereits vorlag, mußte darauf bedacht sein, in der neuen Situation soweit wie möglich die Autorität Roms zu wahren, und suchte dies durch Briefe an den Kaiser und die zum Konzil versammelten Bischöfe zu erreichen, die er zur Eintracht mahnte. Seine stärkste Stütze sah er wiederum in Kyrill, den er zu seinem eigentlichen Stellvertreter auf dem Konzil bestimmte, da er seine offiziellen Legaten ausdrücklich anwies, mit dem Bischof von Alexandrien engsten Kontakt zu halten und dessen Entscheidungen zu folgen[49]. So fühlte sich Kyrill als eigentlicher Herr des Konzils, dessen Leitung damit gewiß nicht unter dem Gesetz strengster Objektivität stand. Daß er gewillt war, für seine christologischen Auffassungen zu kämpfen, war sein gutes Recht. Der Verlauf des Konzils zeigt jedoch, daß er entschlossen war, diesen Auffassungen mit höchst bedenklichen Methoden zum Sieg zu verhelfen. Ein starkes Gefolge von über 40 ägyptischen Bischöfen, von zahlreichen Klerikern und Mönchen sollte ihm Rückhalt geben. Neben einer Reihe von Bischöfen aus Makedonien und den kleinasiatischen Provinzen hatte sich auch Nestorios rechtzeitig eingefunden. Mit einiger Verspätung kam der palästinische Episkopat an, es fehlten aber noch die römischen Legaten und die Freunde des Nestorios, die sog. Orientalen, also die syrischen Bischöfe mit Johannes von Antiochien, der aber brieflich[50] ihre baldige Ankunft ankündigte, die sich durch mancherlei Reiseschwierigkeiten verzögert hatte.

Es belastet Kyrill schwer, daß er weder das Eintreffen der päpstlichen Delegation noch der antiochenischen Bischöfe abwartete, sondern von sich aus die Eröffnung des Konzils auf den 22. Juni ansetzte, gegen den ausdrücklichen Protest des kaiserlichen Vertreters, comes Candidianus, und einer Gruppe von 68 Bischöfen[51]. Aber auch sie beugten sich seinem Willen, und so fanden sich etwa 150 Bischöfe in der Hauptkirche von Ephesos ein,

[48] ACO I, I, 1, 73.
[49] Cölestins Briefe: ACO I, II, 21—27; das Einladungsschreiben an Rom: ebd. 114—116.
[50] ACO I, I, 2, 8.
[51] Ebd. I, IV, 27f; 32. Kyrills spätere Rechtfertigung seines Vorgehens gegenüber dem Kaiser — Apol. ad Theodos.: ACO I, I, 3, 83 — ist nicht frei von Widersprüchen.

denen Candidianus — unter erneutem Protest — das Einladungsschreiben des Kaisers zum Konzil vorlas, das sich damit als eröffnet betrachtete[52]. Nur Nestorios blieb mit wenigen Bischöfen trotz wiederholter Aufforderung, vor der Versammlung zu erscheinen, fern; er erklärte, er werde erst kommen, wenn alle noch anreisenden Bischöfe eingetroffen seien.

So verlief die Diskussion dieses ersten Sitzungstages ganz im Sinne Kyrills. Nach Verlesung der nikänischen Glaubensformel wurde auf Antrag des Presbyters Petros von Alexandrien der sog. 2. Brief Kyrills an Nestorios bekanntgegeben, und nach entsprechender Intervention Kyrills gaben die Bischöfe nacheinander ihr Votum ab, daß der Inhalt dieses Briefes dem Bekenntnis von Nikaia entspreche[53]. Die ebenfalls verlesene Antwort des Nestorios auf Kyrills Brief wurde lautstark als gotteslästerlich mißbilligt. Die Bischöfe nahmen weiter Cölestins Schreiben an Nestorios sowie den 3. Brief Kyrills mit den 12 Anathematismen zur Kenntnis und gaben sie, diesmal ohne Abstimmung, zu den Akten. Nachdem einige Bischöfe noch über gewisse Äußerungen des Nestorios in privaten Gesprächen berichtet hatten, wurde das Urteil formuliert, das ihn „von der Bischofswürde und von jeder priesterlichen Zusammenkunft" ausschloß. Ein Brief „an Nestorios, den neuen Judas", teilte ihm den Beschluß der Versammlung mit. In einem von starkem Triumphgefühl getragenen Schreiben berichtete Kyrill seiner alexandrinischen Gemeinde, daß „der Feind des Glaubens" gefallen sei[54].

Nestorios und einige seiner Freunde verwahrten sich in scharfer Form gegen das Vorgehen der Versammlung und belasteten dabei den ephesinischen Ortsbischof Memnon besonders schwer. Auch der Vertreter des Kaisers gab einen Bericht an seinen Herrn und erklärte die Entscheidungen der Bischofsversammlung für unrechtmäßig und ungültig[55]. Vier Tage nach dieser Sitzung kamen Johannes von Antiochien und die syrischen Bischöfe an. Als sie von den Vorgängen unterrichtet waren, berief Johannes eine Gegenversammlung ein, an der etwa 50 Bischöfe teilnahmen, die nun ihrerseits Kyrill und Memnon absetzten und davon den Kaiser sowie Klerus und Volk von Konstantinopel in Kenntnis setzten. Theodosius II. verfügte, daß alle bisher getroffenen Maßnahmen nichtig seien, er werde einen Beamten zur näheren Untersuchung entsenden[56]. Desungeachtet kam die Konzilsmehrheit wieder zusammen, als Anfang Juli die Legaten Cölestins eingetroffen waren. Diese gaben das Schreiben Cölestins an das Konzil bekannt, nahmen Kenntnis von den Protokollen des 22. Juni und bekräftigten durch ihre Unterschrift die Verurteilung des Nestorios[57]. Als Johannes von Antiochien wiederholte Vorladungen Kyrills zurückwies, weil er die Ankunft des

[52] Bericht der Bischöfe über die Eröffnungssitzung an Papst Cölestin: ACO I, I, 3, 4. Zum Protest Candidians: ebd. I, I, 2, 8. [53] ACO I, I, 1, 25—31. [54] Ebd. I, I, 1, 31—54. [55] ACO I, I, 5, 13—15; I, IV, 33. [56] Ebd. I, I, 5, 119—127. [57] Ebd. I, I, 3, 53—57.

kaiserlichen Beamten abwarten wolle, wurde er mit den syrischen Bischöfen von der Mehrheit exkommuniziert, so daß nun jede der beiden Gruppen die andere mit dem Anathem belegt hatte. In 6 Kanones nahm die Mehrheit noch Stellung zu den Anhängern des Nestorios und untersagte in einem 7. Kanon für die Zukunft jeden Versuch, über das Symbol von Nikaia hinaus weitere Glaubensformeln abzufassen. Ein zusammenfassender Bericht über die bisherige Tätigkeit des Konzils ging an Papst Cölestin[58].

Die kyrillische Mehrheit hatte damit ihre Arbeit beendet, man konnte aber nicht vor Ankunft des kaiserlichen Beamten auseinandergehen, der erst Anfang August in Ephesos eintraf. Der comes Johannes gab den Bischöfen beider Gruppen einen Erlaß des Kaisers bekannt, der die Absetzung des Nestorios, Kyrills und Memnons verfügte und die übrigen Bischöfe zur Heimreise aufforderte. Als vor allem die Anhänger Kyrills heftig protestierten, ließ Johannes die drei Genannten zunächst in der Wohnung Memnons festsetzen[59]. Nachdem auch ein letzter Versuch des Kaisers — er hatte Delegationen beider Gruppen zu sich nach Chalkedon beschieden —, zu einem Ausgleich der Gegensätze zu gelangen, ergebnislos geblieben war, erklärte er im September das Konzil für beendet. Kyrill hatte aber bereits heimlich Ephesos verlassen, wohl weil er fürchtete, man könne inzwischen auch ihm, wie bereits Nestorios, in Alexandrien einen Nachfolger geben[60]. Um die Stimmung bei Hof zu seinen Gunsten zu wenden, schreckte Kyrill nicht vor einer umfangreichen Geschenkaktion bei den einflußreichsten Persönlichkeiten der Hauptstadt zurück, die Nestorios später bitter als Bestechung charakterisierte und die der alexandrinischen Kirche eine enorme Schuldenlast aufbürdete[61]. Nestorios, zu dessen Nachfolger Maximian berufen wurde, mußte in sein Kloster nach Antiochien zurückkehren, später wurde er nach Petra in Idumäa, zuletzt in die Libysche Wüste verbannt. Er lebte noch, als man sich anschickte, in Chalkedon das zu tun, was Ephesos noch nicht hatte leisten können, die eigentliche Lösung für das christologische Problem zu geben.

Aber das Konzil von Ephesos hat doch inmitten aller bedrückenden menschlichen Unzulänglichkeiten einen theologischen Fortschritt in der christologischen Frage gebracht. Die Bischöfe haben erstens im bewußten Verzicht auf eine neue Glaubensformel das Symbol von Nikaia als die unaufgebbare Norm bezeichnet, an der alle Versuche theologischer Vertiefung in Zukunft zu messen seien. Sie haben zweitens durch ihre feierliche Erklärung, der 2. Brief Kyrills stehe mit der Aussage des Symbols von Nikaia

[58] ACO I, I, 3, 24 f. Bericht an Cölestin: ebd. 5—9. Die Canones auch: COD 52—54.
[59] ACO I, I, 3, 31 f; I, IV, 53 f. [60] Ebd. I, I, 7, 80.
[61] Eine Liste der Geschenke („Eulogien") und ihrer Empfänger: ACO I, IV, 222—225; dazu *P. Batiffol*, Les présents de s. Cyrille à la cour de Constantinople: BALAC 1 (1911) 247—264.

in Einklang, die Idiomenkommunikation und den Theotokos-Titel für Maria als verbindlich anerkannt. Sie haben schließlich mit der Verurteilung des Nestorios gewisse Gefahren, die in dessen christologischem Neuansatz für den Glauben von Nikaia gegeben waren, abgewehrt. Die Anerkennung dieser Stellungnahme der in Ephesos um Kyrill versammelten Bischöfe durch die Legaten Papst Cölestins gab ihr ein entscheidendes Gewicht und wies in gewissem Sinn die Richtung, welche die christologische Diskussion in der Folgezeit zu nehmen hatte. Wenn auch durch die Billigung des 2. Kyrillbriefes an Nestorios nicht jede darin enthaltene Formel und nicht jeder von ihm verwandte Begriff sanktioniert war, so konnte doch das Konzil von Chalkedon auf ihn zurückgreifen und ihn für seine klärende und weiterführende Glaubensaussage verwerten[62].

Auch die Arbeit der orientalischen Bischöfe um Johannes von Antiochien war nicht ergebnislos. Sie hatten zur Rechtfertigung ihrer Haltung dem kaiserlichen Beamten in Ephesos ein Glaubensbekenntnis vorgelegt, in dem sie „einen Christus, einen Sohn, einen Herrn" bekennen, in dem sich beide Naturen ohne Vermischung vereinigt haben, und daß „auf Grund dieser Vereinigung die heilige Jungfrau Theotokos ist"[63]. In der besonderen Konstellation von Ephesos ist diese bedeutsame Formulierung von antiochenischer Seite nicht zu einer unmittelbaren Auswirkung gekommen, aber als zwei Jahre später zwischen Antiochien und Alexandrien Friede geschlossen wurde, bildete diese Glaubensformel die Grundlage, auf der die Aussöhnung möglich wurde.

Man wird immer bedauern, daß es in Ephesos nicht zu einer sachlichen, emotionsfreien Diskussion zwischen Nestorios und seinen Freunden einerseits und der Gruppe um Kyrill anderseits gekommen ist. Vielleicht wäre dabei klargeworden, daß der theologische Gegensatz beider entscheidend bedingt war durch das Fehlen einer geklärten und fest abgegrenzten Terminologie. Vielleicht hätte Nestorios erkannt, daß die von ihm vernachlässigte Tradition sehr wohl den Theotokos-Titel und damit die Idiomenkommunikation kannte, und vielleicht hätte Kyrill gesehen, daß Nestorios ernstlich um das Verständnis der substantiellen Einheit der beiden Naturen in Christus gerungen hat und somit der Orthodoxie wesentlich näher stand, als es aus der Distanz den Anschein hatte. Daß er statt dessen als „neuer Judas" und „Gotteslästerer" gebrandmarkt wurde, liegt als dunkler Schatten über Ephesos. Als Nestorios später im Exil Kenntnis von Papst Leos „Epistula ad Flavianum" erhielt, hat er in einem Schreiben an die Bevölkerung von Konstantinopel sofort beteuert, er stimme mit der Christologie Leos und Flavians überein[64]. Seine Verteidigung, die im (überarbeiteten)

[62] Vgl. *A. Grillmeier*, Christ in Christian Tradition 417.

[63] ACO I, I, 7, 70.

[64] Bei *F. Nau*, Le livre d'Héraclide de Damas 373 f.

„Liber Heraclidis“ erhalten ist, läßt allerdings keinen wesentlichen Fortschritt über die Positionen erkennen, die er bereits um 431 erreicht hatte [65].

8. *Kapitel*

Von Ephesos bis Chalkedon

QUELLEN: wie zu Kap. 7, ferner: *J. Flemming*, Die Akten des Ephesinischen Konzils vom Jahre 449 (Göttingen 1917); die Akten des Konzils von Chalkedon: ACO II Bd 1—6 (Berlin 1933/38), darin (II 5) Liberatus, Breviarium causae Nestorianorum et Eutychianistarum; Gesta de nomine Acacii vel Breviculum historiae Eutychianistarum: CSEL 35, 440—453. Die Schriften Theodorets von Kyros: PG 75—76; 83; die Expositio fidei: *J. C. Otto*, Corpus apologetarum 4 (Jena ³1880, Nachdr. Wiesbaden 1969); die Briefe Theodorets, ed. *Y. Azéma:* SChr 44, 98, 111 (Paris 1955/65). Separatausgabe der einschlägigen Briefe Leos d. Gr., Tomus ad Flavianum; Contra Eutychis haeresim: ed. *C. Silva-Tarouca:* Textus et Docum. 9, 15, 20 (Rom 1932, 1934, 1935), sonst ACO II 1—4 (Liste II 4, 170 f).

LITERATUR: ebenfalls wie Kap. 7, außerdem: *M. Richard*, Notes sur l'évolution doctrinale de Théodoret: RSPhTh 25 (1936) 459—481; *C. da Mazzarino*, La dottrina di Teodoreto di Ciro sull'unione ipostatica (Rom 1941); *H. Dörries*, Hypostasis. Wort- und Bedeutungsgeschichte: NAG phil.-hist. Kl. 3 (1955) 35—92; *L. Abramowski*, Der Streit um Diodor und Theodor zwischen den beiden ephesinischen Konzilien: ZKG 67 (1955/56) 252 bis 287. — *M. Jugie*, Eutychès et Eutychianisme: DThC 5, 1582—1609; *ders.*, Monophysisme: ebd. 10, 2217—2306; *E. Schwartz*, Der Prozeß des Eutyches (SAM 5, München 1929); *R. Draguet*, La christologie d'Eutychès d'après les actes du synode de Flavien (448): Byz(B) 6 (1931) 441—457; *M. J. Nicolas*, La doctrine christologique de saint Léon le Grand: RThom 51 (1951) 609—660; *Th. Šagi-Bunić*, Deus perfectus et homo perfectus, a concilio Ephesino (a. 431) ad Chalcedonense (a. 451) (Rom 1965). — *R. Sellers*, The Council of Chalcedon (London 1953); *A. Grillmeier - H. Bacht*, Das Konzil von Chalkedon I—III (Würzburg ²1960), hier III 828—865 Bibliogr. von *A. Schönmetzer; K. Sarkissian*, The Council of Chalcedon and the Armenian Church (London 1965); *W. H. C. Frend*, The Rise of the Monophysite Movement (Cambridge 1972).

Annäherung zwischen Antiochien und Alexandrien

Als Papst Cölestin im März 432 in Briefen an die Konzilsteilnehmer von Ephesos, an den Kaiser und den neuen Oberhirten von Konstantinopel Maximian seine Glückwünsche für die erfolgreiche Konzilsarbeit aussprach [1], war er offensichtlich über die wirkliche Lage im Osten nur unzureichend informiert. Man war völlig unversöhnt auseinandergegangen, und jede Gruppe stellte auch weiterhin als Vorbedingung für den Frieden eine Forderung, die von der Gegenseite entschieden abgelehnt wurde. Die Antiochener bestanden auf der Rücknahme der 12 Anathematismen durch Kyrill, dieser verlangte die ausdrückliche Zustimmung der Orientalen zur Verdammung des Nestorios. Und im Hintergrund stand immer noch die weiter-

[65] S. *A. Grillmeier* a. a. O. 433—452, bes. 452.
[1] Coelest., Epp. 22—24.

hin zu leistende theologische Aufarbeitung des christologischen Problems. Daß es dann doch relativ bald zu einer wesentlichen Annäherung zwischen Antiochien und Alexandrien kam, ist einmal den Bemühungen des Kaisers und dann der rührigen Vermittlungstätigkeit des greisen Bischofs Akakios von Beroia[2] zu danken, der auf beiden Seiten hohes Ansehen genoß. Theodosius II. entsandte einen Sonderbeauftragten, Aristolaos, der die beiden Parteihäupter nachdrücklich zur Wiederaufnahme von Verhandlungen mahnen sollte, und schaltete auch Symeon den Styliten in die Friedensaktion ein[3]. Schon in einer ersten Reaktion Kyrills auf einen Brief des Akakios glaubte dieser eine gewisse Versöhnungsbereitschaft des Alexandriners zu entdecken; wenn man in Antiochien der Absetzung und Verurteilung des Nestorios zustimme, könne man den bisherigen Streit als erledigt betrachten und vergessen. Auf Anregung des Bischofs von Beroia entsandte Johannes von Antiochien den Bischof Paul von Emesa mit einem Schreiben zu Kyrill, in welchen das von den Orientalen zuvor in Ephesos ausgearbeitete Symbol aufgenommen war, das also schon die Anerkennung des Theotokos-Titels enthielt. Außerdem wurde in dem Brief die Absetzung des Nestorios gutgeheißen, seine Lehren verurteilt und die Weihe des Maximian zu seinem Nachfolger gebilligt[4]. Dieses weitgehende Entgegenkommen der Orientalen beantwortete Kyrill hocherfreut mit der Erklärung, daß nun in den Kirchen von Antiochien und Alexandrien der gleiche Glaube herrsche. Von seiner Seite war es ein wichtiges Zugeständnis, daß er die Anathematismen gegen Nestorios in seiner Antwort überhaupt nicht erwähnte, also nicht mehr auf ihrer Annahme bestand[5]. Man unterrichtete alsbald sowohl Kaiser Theodosius wie Papst Sixtus III. (432—440) über die vollzogene Union, letzterer sprach den beiden führenden Bischöfen seine Glückwünsche aus und billigte damit indirekt die Glaubensformel, die den Friedensschluß ermöglicht hatte[6].

Für den Bestand dieses Friedens aber war entscheidend, wie weit die von den beiden Wortführern proklamierte Union von ihrer jeweiligen Anhängerschaft im Episkopat bejaht würde. Die ägyptischen Bischöfe machten keine Schwierigkeiten, aber einige außerägyptische Gefolgsleute Kyrills, vor allem Akakios von Melitene, der schon in Ephesos als scharfer Gegner des Nestorios aufgetreten war, hatten ernste Bedenken, daß nun die Anathematismen und die kyrillische Formel von der „einen Natur des fleischgewordenen Logos" aus der Diskussion gezogen wurden und daß dies einen Rückfall in den Nestorianismus begünstigen könne. Kyrill suchte mit Erfolg in einer

[2] Vgl. *G. Bardy*, Acace de Bérée et son rôle dans la controverse nestorienne: RevSR 18 (1938) 2—45.

[3] Theodosius II. an Symeon Stylites: ACO I 1, 4, 5—6.

[4] ACO I 1, 4, 7—9, dt. bei *P.-Th. Camelot* a. a. O. 244—246.

[5] Kyrills Schreiben ebd. I 1, 4, 15—20, dt. *P.-Th. Camelot* a. a. O. 246—251.

[6] Die Briefe Sixtus' III.: ACO I 2, 107—110.

Reihe von Briefen diese Bedenken zu zerstreuen[7]. Ungleich schwerer hatte es Johannes von Antiochien, alle Bischöfe aus dem syrischen Raum für die Anerkennung der Union zu gewinnen. Der Metropolit Alexander von Hierapolis verlangte nach wie vor den Widerruf der Anathematismen durch Kyrill, die Bischöfe von Tarsos und Tyana wandten sich sogar als Sprecher einer Oppositionsgruppe an Sixtus III., um eine Verurteilung des Alexandriners zu erreichen[8]. Daß sich schließlich doch die Mehrheit der Orientalen zur Anerkennung der Union von 433 bereit fand, war eine Folge der Haltung, zu der sich der bedeutendste Theologe unter ihnen, zugleich ein Mann von hoher charakterlicher Integrität und tiefer Frömmigkeit, der Bischof *Theodoret von Kyros*[9], durchrang. Seine Bedenken gegen Kyrills Christologie stützten sich zutiefst auf dessen Anathematismen gegen Nestorios, in denen er letztlich Apolinarismus sah, da sie von einer Mischung (κρᾶσις) der beiden Naturen sprächen, die unausweichlich zum Monophysitismus führe. Erst als Kyrill nicht mehr auf den Anathematismen insistierte und Theodoret allmählich erkannte, daß für Kyrill die Termini φύσις und ὑπόστασισ doch nicht synonym waren, erklärte er sich, auch immer wieder von Johannes von Antiochien, Akakios von Beroia, dem Styliten Symeon und befreundeten Mönchen gedrängt, bereit, die Unionsformel zu unterschreiben. Er informierte auch Kyrill persönlich von seiner Entscheidung, nur einer Verurteilung des Nestorios glaubte er sich versagen zu müssen[10]. Da auch Andreas von Samosata, der bisher ebenfalls die Anathematismen Kyrills abgelehnt hatte, durch seine theologische Arbeit zu einem tieferen Verständnis der Formeln von der „einen Hypostase“ und den „zwei Naturen“ gelangte, blieb nur noch eine schwache Minderheit in Opposition, die sich um Alexander von Hierapolis scharte[11]. Da von ihr jedoch immer wieder neue Störungsversuche ausgingen, veranlaßte Johannes von Antiochien, daß Alexander mit einigen anderen Bischöfen nach Ägypten ins Exil geschickt wurde. Aus der jetzt gewonnenen Position glaubte Theodosius II. die Konsequenzen ziehen zu sollen und erließ im Jahre 436 ein scharfes Edikt gegen die Nestorianer, das den Besitz, die Lektüre und Verbreitung der Schriften des Nestorios untersagte und ihre Auslieferung und Verbrennung anordnete[12].

[7] Cyrill., Epp. 40 44—46 50 55 67; z. T. ACO I 1, 4, 20—37; I 1, 3, 90—101; I 1, 6, 153 bis 162.

[8] Alexander von Hierapolis an Akakios von Beroia: ACO I 4, 18; der Brief von Papst Sixtus ebd. 145—148.

[9] Zur Entwicklung seiner Christologie vgl. vor allem *M. Richard:* RSPhTh 25 (1936) 459 bis 481 und *A. Grillmeier*, Christ in Christian Tradition 419—427.

[10] Auf Theodorets Kritik an den Anathematismen antwortete Kyrill im Apologeticus contra Theodoretum: ACO I 1, 6, 107—146. In seiner Ep. 112 (SChr 111, 46—56) gibt Theodoret einen Überblick über seine Stellung zu ihnen bis 449. Die Intervention der Mönche: ACO I 4, 170, dazu *M. Richard:* MSR 3 (1946) 147—156.

[11] Über Andreas von Samosata s. *A. Grillmeier* a. a. O. 427—432 und *L. Abramowski:* OrChr 41 (1957) 51—64. [12] Cod. Theod. 16, 5, 66.

Der so mühsam geschaffene Friede wurde wieder gefährdet, als im Jahre 435 eine heftige Diskussion um die Rechtgläubigkeit des schon 428 verstorbenen Bischofs Theodor von Mopsuestia entbrannte[13]. Sie wurde ausgelöst durch zwei armenische Presbyter, die dem neuen Bischof von Konstantinopel, *Proklos* (seit 434 im Amt), die Frage vorlegten, was von der Orthodoxie Theodors zu halten sei, vor dessen Schriften die Bischöfe Akakios von Melitene und Rabbula von Edessa gewarnt hätten. Proklos verfaßte daraufhin eine Abhandlung, in der er eine vermittelnde Haltung zwischen der „antiochenischen" und „alexandrinischen" Christologie einnahm[14]. Darin verurteilte er auch einige Exzerpte aus Theodors Schriften, ohne jedoch seinen Namen zu nennen. Gegen eine Verurteilung dieser Sätze verwahrte sich jedoch Bischof *Ibas* von Edessa, seit 435 Nachfolger Rabbulas und entschiedener Antiochener, der die Schriften Theodors ins Syrische übersetzte und in Armenien verbreitete[15]. Proklos wandte sich aber auch an Johannes von Antiochien und bat ihn, die im Tomus ausgesprochene Lehre und die Verurteilung der Sätze Theodors zu billigen. Letzteres lehnten die Antiochener jedoch ab, da es sich nicht zieme, über einen Toten, der im Frieden mit der Kirche gestorben sei, zu Gericht zu sitzen, außerdem seien die aus dem Zusammenhang gerissenen Exzerpte Theodors durchaus einer orthodoxen Interpretation fähig. Theologisch bedeutsamer war aber, daß Johannes der von Proklos vorgetragenen christologischen Formel zustimmte: „Ich kenne nur *einen* Sohn ... und bekenne *eine* Hypostase des fleischgewordenen Wortes." Hier war die kyrillische φύσις durch ὑπόστασις ersetzt, das Einverständnis der Antiochener war ein wichtiger Schritt auf eine Formel hin, die von beiden Seiten anerkannt werden konnte. Da auch Kyrill nicht auf einer ausdrücklichen Verurteilung Theodors bestand, fand die Kontroverse ein Ende, und für einige Jahre herrschte Friede zwischen Alexandrien, Antiochien und Konstantinopel[16].

Aufstieg des Monophysitismus

Als im Jahre 446 eine neue Phase in der Diskussion über die christologische Frage einsetzte, waren einige der bisherigen Wortführer nicht mehr unter den Lebenden. In Antiochien war Domnos Nachfolger seines 442 verstorbenen Onkels Johannes geworden, Kyrills († 444) Amt übernahm Dios-

[13] Wichtig für die Chronologie der Ereignisse: *L. Abramowski:* ZKG 67 (1955/56) 252 bis 287.

[14] Es ist der sog. „Tomus ad Armenios": ACO IV 2, 187—195; zu Proklos in diesem Zusammenhang *M. Richard:* RHE 38 (1942) 303—331 und *V. Inglesian:* OrChr 41 (1957) 35—50. [15] Brief des Ibas an den persischen Bischof Maris: ACO II 1, 3, 32—34.

[16] Die Stellungnahme der Antiochener in einem Brief des Johannes an Kyrill: Ep. 67 unter dessen Briefen, dazu Cyrill., Ep. 72; zum Ganzen *E. Schwartz,* Konzilsstudien (Straßburg 1914) 62—67.

koros, eine der fragwürdigsten Gestalten des Jahrhunderts im östlichen Episkopat, und Flavian wurde 446 Bischof der Kaiserresidenz. Hier trat schon seit einiger Zeit der Abt *Eutyches*[17] als Herold einer extremen „alexandrinischen" Christologie auf, die er allerdings nicht mit einem fundierten theologischen Wissen begründen konnte. Seine Grundthese war, man dürfe nicht über das Symbol von Nikaia und die Entscheidung von Ephesos hinausgehen — das zielte auf die Unionsformel von 433 —, seine eigene christologische Aussage faßte er in den hartnäckig wiederholten Satz zusammen: „Ich bekenne, daß unser Herr vor der Einigung aus zwei Naturen bestand, aber nach der Einigung bekenne ich eine einzige Natur."[18] Da Eutyches über einen beträchtlichen Anhang unter den Mönchen der Hauptstadt verfügte und gute Beziehungen zu dem intrigenreichen Minister Chrysaphios, seinem Patenkind, unterhielt, war es nicht ungefährlich, gegen seine Lehre aufzutreten, die eine eindeutig monophysitische Tendenz verriet. Diesen Angriff wagte aber Theodoret von Kyros, neben dem schwachen Domnos nun noch mehr der überragende Mann der Antiochener, als er 447 eine umfangreiche christologische Arbeit veröffentlichte, der er den Titel *Eranistes* (der Bettler) gab[19]. In diesem Dialog trägt der Bettler die Auffassung vor, in Christus bildeten Gottheit und Menschheit nur eine Natur, da die göttliche Natur die menschliche in sich aufgenommen habe, wie das Meer einen Wassertropfen aufnimmt. Dem hält der orthodoxe Gesprächspartner entgegen, daß die beiden Naturen sich bei ihrer Vereinigung nicht vermischen und daß die göttliche Natur unwandelbar und leidensunfähig sei, er stützt seine Darlegung mit reichen Zitaten aus dem Schrifttum der Väter. Sowohl in Konstantinopel wie in Alexandrien erfaßte man sofort, daß von nun an Theodoret von Kyros der Gegner sein würde, wenn man einer monophysitischen Christologie zum Siege verhelfen wollte. Dioskoros forderte alsbald in scharfem Ton von Domnos die Amtsenthebung Theodorets und die Billigung der Anathematismen Kyrills. Die ruhige, aber entschiedene Antwort der beiden Antiochener an Dioskoros ließ jedoch keinen Zweifel daran, daß man die Union von 433 nicht preisgeben würde[20].

Bischof Flavian war zwar die Auffassung des Eutyches bekannt, aber er vermied, ohnehin keine Kampfnatur, zunächst jede Stellungnahme dazu, jedoch im November 488 erhob der schon aus den Konstantinopler Tagen des Nestorios bekannte Eusebios von Dorylaion vor der Synodos endemousa gegen Eutyches die Anklage, er lehne die Lehre von den beiden Naturen in Christus ab, wie sie im 2. Brief Kyrills an Nestorios und in der Unionsformel

[17] Über Eutyches vgl. die Lit. bei *A. van Roey:* DHGE 16, 87—91.

[18] ACO II 1, 1, 143: ὁμολογῶ ἐκ δύο φύσεων γεγενῆσθαι τὸν κύριον πρὸ τῆς ἑνώσεως, μετὰ δὲ τὴν ἕνωσιν μίαν φύσιν ὁμολογῶ.

[19] PG 83, 27—336, dazu *R. Devreesse,* Essai sur Théodore de Mops. 166—168.

[20] Vgl. Theodoret, Epp. 82 f 85 f 92—96 99 100 103 f 106 (jetzt alle in SChr 98 und 111).

von 433 niedergelegt sei[21]. Nach einigen Ausflüchten erschien Eutyches schließlich mit einem beachtlichen Gefolge von Mönchen und Beamten vor dem Synodalgericht, suchte zunächst mit einem neutral formulierten Glaubensbekenntnis und einer allgemeinen Beteuerung seiner Orthodoxie auszuweichen, wurde aber dann präzis vor die Frage gestellt, ob er die Formeln „aus zwei Naturen" *und* „die zwei Naturen" annehme. Auf seine Weigerung hin enthob ihn das Urteil der Synode seiner Abts- und Priesterwürde und belegte ihn mit dem Anathem[22]. Eutyches griff nun zu einer großen Protestaktion, die seinem Fall ein kirchenweites Echo geben sollte. In einer Serie von Briefen[23] an die Bischöfe von Alexandrien, Jerusalem, Thessalonike, an Petrus Chrysologus von Ravenna und an Papst Leo I. führte er bewegte Klage, man wolle ihn, einen 70jährigen, aus der Zahl der Rechtgläubigen ausschließen, obwohl er doch nur am Glauben von Nikaia und Ephesos festhalten wolle. Geschickt brachte er außerdem seine Beziehungen zu Chrysaphios ins Spiel, der den Kaiser ganz für Eutyches einnahm und dem es schließlich gelang, ihn für die wohl von Eutyches selbst stammende Idee eines neuen Konzils zu gewinnen. Bischof Flavian suchte diesen Plan zwar zu verhindern und wandte sich deshalb an Leo d. Gr., aber es war bereits zu spät. Ein Erlaß des Kaisers vom 30. März 449 setzte den Beginn des Konzils auf den 1. August fest, Tagungsort sollte wieder Ephesos sein. Besondere Einladungen ergingen an den syrischen Archimandriten Barsumas, weil er sich im Kampf gegen die Häresie des Nestorios bewährt habe, und gegen allen Brauch erhielt er Sitz- und Stimmrecht auf der Reichssynode. Dioskoros wurde gebeten, 20 ägyptische Bischöfe mitzubringen, zugleich wurde ihm mitgeteilt, daß es Theodoret von Kyros untersagt sei, am Konzil teilzunehmen[24]. Damit schaltete man in beschämender Weise die stärkste theologische Kraft der Gegenseite aus. Das Ziel war eindeutig: ohne jedes Risiko sollte Eutyches rehabilitiert, Flavian abgesetzt und alle „Nestorianer" unschädlich gemacht werden.

Leo d. Gr. benannte sofort nach Empfang des Einladungsschreibens seine Legaten, Bischof Julius von Puteoli, den Presbyter Renatus und den Diakon Hilarus, seinen Nachfolger, denen er Briefe an verschiedene Persönlichkeiten der Hauptstadt sowie an den Kaiser und Bischof Flavian mitgab. Da dieser noch einmal den Papst eindringlich auf die Gefahr hingewiesen hatte, die von einer so geplanten Reichssynode ausgehen könnte, suchte er den Kaiser noch zum Verzicht auf das Konzil zu bewegen, aber vergebens. Der Brief an Flavian war die große „Epistola dogmatica ad Flavianum", der sog. „Tomus

[21] ACO II 2, 1, 3. Für die Kenntnis des Prozeßverlaufs grundlegend *E. Schwartz,* Der Prozeß des Eutyches (München 1929).

[22] Die Akten der Synode: ACO II 1, 1, 124—144.

[23] ACO II 1, 1, 175; II 1, 2, 45f; nur der Brief an Papst Leo ist erhalten: ebd. II 4, 143f.

[24] Das Einberufungsdekret des Kaisers: ACO II 1, 1, 69; die Einladung an Barsumas ebd. II 1, 1, 71; an Dioskoros II 1, 1, 69.

Leonis", die römische Stellungnahme zum christologischen Problem[25]. Die Befürchtungen Flavians erhielten eine weitere Bestätigung, als der Kaiser am 6. August 449 Dioskoros mit dem Vorsitz bei der Reichssynode betraute, die zwei Tage später in der gleichen Kirche wie 18 Jahre zuvor zusammentrat[26]. Schon das äußere Bild war bedrückend. Der Kaiser hatte ein starkes Polizeiaufgebot unter dem Minister Elpidios abgestellt, Eutyches hatte seinen Mönchsanhang aus der Hauptstadt nach Ephesos beordert, Barsumas führte eine Gruppe syrischer Mönche an, und Dioskoros ließ eine Abteilung der alexandrinischen Parabolani mitreisen, Mitglieder einer Krankenpflegervereinigung, die sich auch für andere Zwecke einsetzen ließen. Schon am 1. Sitzungstag ließ Dioskoros erkennen, in welchem Stil er der Synode zu präsidieren gedachte. Rücksichtslos überging er den Wunsch der päpstlichen Legaten, die zu Beginn das Schreiben Leos verlesen wollten. Statt Eusebios von Dorylaion zu hören, der bei der bloßen Nennung seines Namens mit lauten Schmähungen überhäuft wurde, durfte der Angeklagte eine Darstellung des Ablaufes der Konstantinopler Synode vortragen, die die Wahrheit gröblich entstellte. Dann ließ Dioskoros darüber abstimmen, ob Eutyches rechtgläubig sei, was ihm 113 der etwa 140 Teilnehmer bestätigten und ihn so rehabilitierten[27]. Dann wurde der 7. Kanon der ephesinischen Synode von 431 verlesen, der es untersagte, etwas dem Glauben von Nikaia hinzuzufügen oder daran zu ändern. Gegen diese Vorschrift, so erklärte Dioskoros, hätten Flavian und Eusebios verstoßen, sie seien daher abgesetzt, die Bischöfe sollten das durch ihre Unterschrift bestätigen. Als Flavian gegen dieses Vorgehen protestierte, als der römische Diakon sein *contradicitur* in die Kirche rief und einige Bischöfe ebenfalls Bedenken äußerten, ließ Dioskoros die Türen der Kirche öffnen, in die nun Soldaten, lärmende Mönche und eine schreiende Volksmenge einströmten. Inmitten dieses Tumultes unterschrieben die eingeschüchterten Bischöfe das Absetzungsurteil über Eusebios und Flavian, der persönlich von Barsumas bedroht wurde. Anschließend wurde er verbannt und starb schon kurz danach auf dem Weg ins Exil[28]. In einer weiteren Sitzung, an der teilzunehmen die römischen Legaten sich weigerten, erreichte Dioskoros mit gleicher Methode sein letztes Ziel, die Ächtung der Bischöfe Ibas und Theodoret, die abwesend waren, und des Domnos von Antiochien. Laut forderten die ihm hörigen Mönche ihre Verurteilung wegen „Nestorianismus", wobei Dios-

[25] Die Briefe Leos, Epp. 28—35: ACO II 4, 6ff.

[26] Ernennungsschreiben an Dioskoros bei *J. Flemming* a. a. O. 5; eine geraffte Übersicht über den Verlauf der Synode von *J. Liébaert:* DHGE 15, 574—579.

[27] ACO II 1, 1, 90f 94—96 182—186. Zur Teilnehmerzahl s. *E. Honigmann:* Byz(B) 16 (1944) 34—37.

[28] ACO II 1, 1, 191; II 5, 118. Zu Flavians Ende s. *H. Chadwick:* JThS NS 6 (1955) 17—34.

koros zynisch erklärte, ihre Rufe seien göttlich inspiriert[29]. Mit diesem Akt der Absetzung der drei führenden Antiochener war die Union von 433 annulliert, die monophysitische Richtung hatte allem Anschein nach einen triumphalen Erfolg errungen. Als Papst Leo den Bericht seines Diakons Hilarus über den Verlauf dieser Reichssynode entgegengenommen hatte, konnte er sie nur mit dem Wort charakterisieren, sie sei kein *judicium*, sondern ein *latrocinium* gewesen[30]. Unter dem Namen Räubersynode ist sie auch in die Geschichte eingegangen.

Die ökumenische Synode von Chalkedon 451

Nicht ohne Überraschung stellt man fest, welch geringes Gewicht der Alexandriner Dioskoros der Haltung Roms beimaß, als er die monophysitische Christologie zur allein gültigen zu machen suchte. Auch hier enthüllt sein Vorgehen deutlich den Abstand zum Format seines Vorgängers Kyrillos. Die Brüskierung der päpstlichen Legaten und die von ihm betriebene Verurteilung Papst Leos in Ephesos sollte ihn schwer belasten, als man in Chalkedon über ihn das Urteil fällte. Er war vielleicht noch auf der Heimreise, als bereits die Appellation Flavians an Leo d. Gr. unterwegs war, der bald auch diejenige Theodorets von Kyros folgte[31]. Der Papst griff die von Flavian gegebene Anregung, ein neues Konzil einzuberufen, sofort auf. Nachdem eine römische Synode am 29. September 449 die Beschlüsse von Ephesos scharf verurteilt hatte, wandte er sich in Briefen an den Kaiser, an dessen Schwester Pulcheria, an den Klerus und die flaviantreuen Mönche der Hauptstadt[32]. Den Kaiser ersuchte er eindringlich, schon jetzt die in Ephesos getroffenen Entscheidungen zu annullieren, bis eine große Synode in Italien, zu der Bischöfe *ex toto orbe terrarum* erscheinen sollten, die Glaubenseinheit wiederherstellen würde. Als der Kaiser sich trotz nochmaliger Mahnung in Schweigen hüllte, ließ Leo I. ihm das Anliegen durch Valentinian III. und die Kaiserin Galla Placidia vortragen, denen Theodosius II. kühl antwortete, in Ephesos sei das Recht nicht verletzt worden, außerdem habe sich der Patriarch von Rom nicht in Angelegenheiten des Ostens einzumischen[33]. Aber Leo I. blieb unnachgiebig. In einem Schreiben an Bischof Anatolios von Konstantinopel, der dem Papst mitgeteilt hatte, daß er Flavians Nachfolge angetreten habe, verlangte er von diesem ein Glaubens-

[29] Über diese Sitzung berichten hauptsächlich die syrischen Akten, s. *J. Flemming* a. a. O. 6 f 13—19 57 61—69 87 91—105 123—128 131—151. Über die Rolle der Mönche auf dieser Synode vgl. die eingehende Studie von *H. Bacht:* Chalkedon II 221—231.

[30] Leos Wort vom *latrocinium:* ACO II, 4, 51. Die Griechen nennen sie ebenfalls bald ληιστρικὴ σύνοδος: Cyrill. Scythop., Vita s. Euthymii 27; Vita Sabae 56.

[31] Die Appellation Flavians: ACO II 2, 1, 77—79, wurde dem Papst von Hilarus überbracht. Das Schreiben Theodorets, Ep. 113 (SChr 111, 56—66).

[32] Es sind die Briefe 44 f 50 f: ACO II 4, 19—25.

[33] Unter den Briefen Leos die Epp. 54 56 62.

bekenntnis, das den Lehren der „Epistula ad Flavianum“ konform sei, und kündigte an, eine römische Delegation werde den Kaiser erneut um die Einberufung eines allgemeinen Konzils nach Italien bitten[34]. Die Legaten konnten ihren Auftrag nicht mehr erfüllen. Theodosius II. war Ende Juli an den Folgen eines Sturzes gestorben, Erbin des Ostreiches wurde seine energische Schwester Pulcheria, die vier Wochen später den illyrischen Offizier Markianos zum Gemahl nahm und ihn zum Kaiser proklamieren ließ. Mit diesem Wechsel an der Reichsspitze trat auch sofort eine völlige Wendung der kirchenpolitischen Gesamtsituation im Osten ein.

Pulcheria hatte schon länger die kirchenpolitische Linie ihres Bruders mißbilligt, die von dem Minister Chrysaphios bestimmt wurde. Sie ließ diesen vor Gericht stellen, und dieses hatte genug Gründe, um über ihn das Todesurteil zu fällen[35]. Die in Ephesos abgesetzten und verbannten Bischöfe wurden in ihre Bistümer zurückberufen, unter ihnen Theodoret und Eusebios von Dorylaion, welche ebenfalls sofort für ein neues Konzil eintraten. Eutyches wurde in ein Kloster in der Nähe der Hauptstadt eingewiesen, und Bischof Anatolios distanzierte sich nun eindeutig von Dioskoros von Alexandrien, der damit jede Stütze verlor. Kaiser Markian erklärte schon in seinem ersten Schreiben an Papst Leo, das diesem seinen Amtsantritt anzeigte, er sei mit dem Plan eines neuen Konzils einverstanden, das gleiche schrieb Kaiserin Pulcheria[36]. Der so überraschend günstige Wandel im Osten ließ jedoch jetzt dem Papst eine allgemeine Synode nicht mehr so dringlich erscheinen, und so antwortete er dem Kaiser, er möge zunächst von einer Einberufung absehen, Legaten des Papstes könnten in Konstantinopel klären, was noch zu ordnen sei[37]. Inzwischen hatte Markian aber schon seine Patriarchen Anatolios darüber informiert, daß er im Einverständnis mit dem Papst eine Reichssynode nach Nikaia einberufen wolle[38]. Leo I. vernahm das mit einigem Unbehagen, willigte jedoch ein und machte deutlich, daß er entschlossen war, alles zu tun, damit sich Vorfälle wie jene von Ephesos nicht wiederholen würden. Er stellte klar, daß diesmal seine Legaten dem Konzil im Namen des Papstes und als seine alleinigen Vertreter präsidieren würden. In einem Schreiben an die zu erwartenden Konzilsteilnehmer präzisierte er auch schon in gewissem Umfang die Aufgaben, die der Bischofsversammlung gestellt seien. Sie solle die in Ephesos wegen ihrer Glaubenstreue gemaßregelten Bischöfe wieder feierlich in Amt und Würde einsetzen; sie solle sich in der Lehre von der Menschwerdung an dem orientieren, was er bereits ausführlich in seiner „Epistula ad Flavianum“ dargelegt habe;

[34] Ep. 69: ACO II 4, 30.
[35] Siehe *P. Goubert,* Le rôle de Sainte Pulchérie et de l'eunuque Chrysaphios: Chalkedon I 303—321. [36] ACO II 1, 1, 10; II 3, 1, 17—20.
[37] Leo, Epp. 82—86: ACO II 4, 41—45. Gemeint waren disziplinäre Fragen wie die Wiederaufnahme der Eutychianer und die Rehabilitierung der Bischöfe Theodoret und Ibas.
[38] An Anatolios: ACO II 3, 1, 17—20.

unter dem Vorsitz seiner Legaten solle alles vermieden werden, was dem Glauben und den Kanones widerspreche[39]. Das war unmißverständlich: Kein Dioskoros sollte diesmal die päpstliche Autorität so verächtlich beiseite schieben, wie es drei Jahre zuvor in Ephesos geschehen war. Die Bischöfe waren schon zahlreich zum 1. September 451 in Nikaia eingetroffen und erwarteten den Kaiser, der seine Teilnahme zugesagt hatte. Da die Staatsgeschäfte jedoch seine öftere Anwesenheit in der Hauptstadt erforderten, berief Markian die Bischöfe nach dem günstiger gelegenen Chalkedon am Bosporus, wo sie am 8. Oktober 451 zur Eröffnungssitzung in der Kirche der heiligen Euphemia zusammentraten[40].

Mit etwa 350 Teilnehmern[41] war das Konzil von Chalkedon die bisher imposanteste Kirchenversammlung der Geschichte. Obwohl nur sechs ihrer Mitglieder aus dem lateinischen Westen kamen, stand von Anfang an der ökumenische Charakter der Synode fest, weil Papst Leo I. in eindeutiger Form seine Präsenz auf dem Konzil sichergestellt hatte[42]. So ergriff Bischof Paschasinus als Legat gleich zu Beginn der 1. Sitzung das Wort und erklärte, „auf Anweisung des Bischofs von Rom" stelle er den Antrag, Dioskoros auf diesem Konzil Sitz und Stimme zu versagen. Damit war der Prozeß gegen den Bischof von Alexandrien eröffnet, der auf der 3. Sitzung abgeschlossen wurde. Die Diskussion verlief durchaus nicht einseitig und friedfertig, da die ägyptischen Bischöfe immer noch ihr Verhalten in Ephesos zu rechtfertigen suchten, auch Dioskoros selbst konnte wiederholt das Wort ergreifen. Als die Bischöfe, die Flavian damals verurteilt hatten, sich schuldig bekannten und das Konzil um Verzeihung baten, lehnte er es ab, sich ihrem Schritt anzuschließen, und zur 3. Sitzung erschien er nicht mehr, obwohl eine Abordnung ihn dreimal dazu aufforderte. So erklärte schließlich Paschasinus im Namen Leos I., daß Dioskoros seiner Priester- und Bischofswürde enthoben sei. Als erster schloß sich Anatolios diesem Urteil an, und ihm folgten 192 Bischöfe mit gleichen Stellungnahmen, das Absetzungsdekret wurde von 308 Bischöfen unterzeichnet. Dem Kaiser gab man Bericht über den Prozeßverlauf, und Dioskoros wurde kurz darauf nach Gangra in Paphlagonien verbannt, wo er 454 starb[43]. Schon in der 1. Sitzung war Flavian rehabilitiert worden, auch Theodoret von Kyros, den Papst Leo bereits gerechtfertigt hatte, wurde von den kaiserlichen Kommissaren betont

[39] Leo I., Epp. 89 f 92 f 95: ACO II 4, 47—52.

[40] Zur Verlegung des Konzils: ACO II 1, 1, 29 f. *A. M. Schneider*, Sankt Euphemia und das Konzil von Chalkedon: Chalkedon I 291—302.

[41] Zu den fluktuierenden Zahlen vgl. *V. Laurent*, Le nombre des Pères du Concile de Chalcédoine: Acad. Roumaine, Bull. section hist. 26 (Bukarest 1945) 33—46.

[42] Leo I. im Brief an Markian (ACO II 4, 48): ... *in his fratribus quos direxi ... mea sit aestimanda praesentia.* Siehe *M. Goemans*, Chalkedon als „Allgemeines Konzil": Chalkedon I 251—289.

[43] Die Akten über Dioskoros: ACO II 1, 1, 65—70; II 1, 2, 15—42.

ein Platz angewiesen, nicht ohne Mißfallenskundgebungen einiger Anhänger des Dioskoros[44]. Da der Kaiser dem Konzil es überlassen hatte, über Bischöfe wie Juvenal von Jerusalem und andere zu befinden, die besonders mitverantwortlich waren für die Vorfälle von Ephesos, war man bereit, sie voll an der Synode teilnehmen zu lassen. Eine Gruppe von Mönchen aus Konstantinopel weigerte sich weiter entschieden, Eutyches zu verurteilen, erst am 20. Oktober wurde diesen die Exkommunikation angedroht, wenn sie nicht innerhalb von 30 Tagen die Beschlüsse des Konzils anerkannt hätten[45].

Diese Personalia mußten zurücktreten vor dem großen theologischen Thema, zu dem das Konzil unausweichlich Stellung nehmen mußte. Schon am 2. Sitzungstag, dem 10. Oktober, wurde klar, daß der Kaiser über die Form dieser Stellungnahme andere Vorstellungen hatte als die große Mehrheit der Bischöfe. Zu Beginn der Sitzung stellten seine Kommissare den Antrag, die Bischöfe möchten eine Darlegung des orthodoxen Glaubens, also eine neue Glaubensformel, ausarbeiten. Die Väter des Konzils waren jedoch der Meinung, im Symbol von Nikaia, im Glaubensbekenntnis der 150 Väter von Konstantinopel, in den Briefen Kyrills an Nestorios und im „Tomus Leonis“ sei der rechte Glaube so gültig formuliert, daß man keine neue Aussage versuchen solle. Man ließ alle genannten Dokumente vorlesen, danach stellte man in lauten Akklamationen fest, Kyrill und Leo lehrten das gleiche, durch Leo habe Petrus gesprochen. Einige Bischöfe aus Palästina und Illyrien baten jedoch um Erläuterungen einiger Formulierungen Leos, und so beschloß man, Anatolios solle mit einigen Bischöfen in den nächsten Tagen diese Punkte zu klären suchen[46]. Als auch auf der 4. Sitzung die kaiserlichen Beamten die Frage der Glaubensformel aufgriffen, ließen die Bischöfe erneut erkennen, daß sie die „Epistula“ Leos als ausreichendes Dokument ansähen. Nur 13 ägyptische Bischöfe erklärten sich außerstande, den „Tomus Leonis“ zu unterschreiben und mit dieser Formel nach Alexandrien zurückzukehren[47]. Die 5. Sitzung (22. 10.) brachte dann das Konzil in ein äußerst kritisches Stadium. Auf der einen Seite stand der klare Wunsch des Kaisers nach einer neuen Glaubensformel, weil er nur so die Möglichkeit einer Einigung und Bereinigung des bisherigen Streites gegeben sah. Auf der anderen Seite die überwiegende Mehrheit der Bischöfe, die nicht über das Symbol von Nikaia hinausgehen wollten. In der Wertung des „Tomus Leonis“ gingen jetzt die Meinungen der Bischöfe auseinander. Während die römischen Legaten versuchten, ihn als eine Erklärung des nikänischen Glaubens anerkannt zu sehen, wollte eine Gruppe griechischer Bischöfe um Anatolios ihm diesen Rang nicht zuerkennen und legten einen eigenen Entwurf vor, dem aber die Legaten wieder nicht zustimmen wollten.

[44] ACO II 1, 1, 111 f; II 1, 3, 9 f. [45] Ebd. II 1, 2, 116—121.
[46] ACO II 1, 2, 69—84. [47] Ebd. II 1, 2, 110—114.

Die Situation spitzte sich so zu, daß die Vertreter Roms mit ihrer Abreise drohten, um das Konzil im Westen abzuhalten.

Hier griff der Kaiser ein und betonte erneut, daß er die Verabschiedung einer Glaubensformel für absolut erforderlich halte. Entweder könne jeder Metropolit eine solche vorlegen, oder eine Kommission könne eine für alle Konzilsteilnehmer annehmbare Formel erarbeiten; sollte das nicht möglich sein, wolle auch er eine Synode im Westen abhalten lassen. Darauf berief das Konzil 23 Bischöfe, die bereits nach drei Tagen das endgültige Symbol von Chalkedon vorlegen konnten, das auch von den römischen Legaten gebilligt werden konnte, weil in ihm die „Epistula dogmatica" Leos gebührend berücksichtigt worden sei[48]. So konnte das Konzil das Glaubensdekret auf seiner 6. Sitzung am 25. Oktober verkünden, die durch die Anwesenheit des Kaiserpaares eine besonders feierliche Note erhielt. In einer lateinischen Ansprache sagte Markianos, er habe dieses Konzil einberufen, „um den Glauben zu stärken", und nach Verlesung des Dekretes richtete er an die Bischofsversammlung die Frage, ob sie diese Glaubensformel billigten. Da alle Bischöfe die Frage bejahten, sprach er ihnen den Dank für die Wiederherstellung der Glaubenseinheit aus und bat sie, die noch ausstehenden Tagungspunkte alsbald zu erledigen[49]. Unter diesen waren von besonderem Gewicht die Frage der Rechtgläubigkeit der Bischöfe Theodoret von Kyros und Ibas von Edessa, die in Ephesos als Nestorianer verurteilt worden waren. In die hier sich entzündende längere Diskussion griffen die römischen Legaten jeweils zu ihren Gunsten ein mit dem Hinweis, daß durch Papst Leo I. die Dekrete von Ephesos bereits als nichtig erklärt worden seien; beide wurden von der Synode als orthodox und als rechtmäßige Inhaber ihrer bisherigen Bistümer anerkannt[50].

Zu einem ernsten Zusammenstoß zwischen griechischen Bischöfen und den päpstlichen Legaten kam es noch in der letzten Sitzung am 1. November, als letztere feierlichen Protest einlegten gegen einen Beschluß, der tags zuvor in ihrer Abwesenheit vom östlichen Episkopat gefaßt worden war. In diesem sog. Kanon 28 von Chalkedon war die Präzedenz innerhalb der Patriarchate behandelt und der Vorrang Konstantinopels vor den anderen Patriarchaten des Ostens festgelegt worden. Da die Legaten mit ihrem Protest nicht durchdrangen, behielten sie dem römischen Stuhl die Entscheidung über diesen Kanon vor, der eine schicksalhafte Rolle in den späteren Beziehungen zwischen Rom und Konstantinopel spielen sollte[51]. Eine feierliche Allocutio des Konzils an den Kaiser bildet das Schlußstück der Akten der Reichssynode von Chalkedon, in der noch einmal die Bedeutung Roms für das Gelingen des Konzils und der „Epistula dogmatica" Leos I. für die Klärung der Glaubensfrage unterstrichen wird[52].

[48] Ebd. II 1, 2, 123—130. [49] Ebd. 130—139. [50] Ebd. II 1, 3, 7—11.
[51] Ebd. II 1, 3, 87—99. [52] Ebd. II 1, 3, 110—114.

Kein Konzil der christlichen Frühzeit hat eine so unterschiedliche Bewertung erfahren wie das Chalcedonense. Die unmittelbar Beteiligten, Kaiser, Papst und Konzilsmehrheit, sahen, wie vor allem der Enthusiasmus der feierlichen Schlußsitzung zeigt, durch dieses Konzil den wahren Glauben an den Gottmenschen Jesus Christus gesichert und damit die kirchliche Einheit in Ost und West wiedergewonnen. Die neuere dogmengeschichtliche Forschung hat zuweilen das Konzil vollkommen negativ gewertet, weil es durch die Einführung philosophischer Begriffe in seine Glaubensaussage das biblische Verständnis der Gestalt und Botschaft Jesu völlig hellenisiert und damit endgültig verfälscht habe. Auch das Urteil manches Kirchenhistorikers ist äußerst kritisch, da ja die sofort auf Chalkedon folgende heftige Auseinandersetzung um die Interpretation seines Symbols und die sich daraus entwickelnde Lostrennung der ägyptischen und syrischen Kirchen überdeutlich zeige, daß es die Einheit und Geschlossenheit der christlichen Welt eben nicht habe sichern können. Eine Stellungnahme zur Bedeutung des Konzils macht zunächst eine knappe Analyse seines Glaubenssymbols[53] erforderlich. Seine entscheidende Aussage lautet:

„Wir folgen also den heiligen Vätern und lehren alle einstimmig, daß der Sohn, unser Herr Jesus Christus, ein und derselbe ist. Der eine und selbe ist vollkommen der Gottheit und vollkommen der Menschheit nach, wahrer Gott und wahrer Mensch, bestehend aus einer Vernunftseele und einem Leib.

Der eine und selbe ist wesensgleich dem Vater der Gottheit nach und wesensgleich auch uns seiner Menschheit nach, er ist uns in allem ähnlich geworden, die Sünde ausgenommen (Hebr 4, 15). Vor aller Zeit wurde er aus dem Vater gezeugt der Gottheit nach, in den letzten Tagen aber wurde derselbe für uns und um unseres Heiles willen aus Maria der Jungfrau und Gottesgebärerin der Menschheit nach geboren.

Wir bekennen einen und denselben Christus, den Sohn und Herrn, den Eingeborenen, der in zwei Naturen unvermischt, unverwandelt, ungeteilt und ungetrennt besteht.

Niemals wird der Unterschied der Naturen durch die Vereinigung aufgehoben, es wird vielmehr die Eigentümlichkeit einer jeden Natur bewahrt, indem beide in eine Person oder Hypostase zusammenkommen.

Wir bekennen nicht einen in zwei Personen getrennten und zerrissenen, sondern einen und denselben eingeborenen Sohn, das göttliche Wort, den Herrn Jesus Christus."

Schon die ersten Worte betonen das Prinzip, von dem sich die Verfasser des Symbols leiten lassen: Fundament ihrer Aussage bleibt die Tradition, wie sie in der Bibel, den Symbolen von Nikaia und Konstantinopel und den

[53] Text: ACO II 1, 2, 126—130; auch COD 59—63. Ausführliche Würdigung des Symbols von *I. Ortiz de Urbina:* Chalkedon I 389—418 und *A. Grillmeier* a. a. O. 480—487.

Dekreten von Ephesos 431 vorliegt, sie wollen also keine revolutionierende neue Formel bieten, die die Substanz dieser Tradition auch nur im geringsten angetastet hätte. Dem entspricht es, daß sozusagen jede einzelne Formulierung aus Texten entnommen wurde, die dem Konzil schon vorlagen, also außer den genannten der 2. Brief Kyrills an Nestorios, die Unionsformel von 433, von den Antiochenern erarbeitet und von Kyrill gebilligt, das Flavianische Glaubensbekenntnis der Synodos endemousa von Konstantinopel (448) und die „Epistula dogmatica" Leos I. Hier boten sich die Begriffe Natur, Hypostase, Person an, aber nun durch die bisherige Diskussion so weit geklärt, daß sie für eine jetzt notwendig gewordene Glaubensaussage verwandt werden konnten, notwendig deshalb, weil die beiden Gefahren abgewiesen werden mußten, die das Dogma von der Person Christi in letzter Zeit am stärksten bedrohten: Nestorianismus und Eutychianismus. Da die wichtigsten damaligen Zentren kirchlichen Lebens zu dieser konziliaren Entscheidung je ihren Beitrag leisteten, durfte sie um so leichter als Ausdruck des Glaubens der Gesamtkirche gelten. Das Symbol von Chalkedon drückt demnach im prinzipiellen Festhalten an der Tradition das christologische Dogma in einer Form aus, die dem aktuellen Bedürfnis entsprach. Mehr wollten und mehr konnten seine Väter bei dem damaligen Stand der Theologie nicht leisten. Ihnen anlasten wollen, daß sie, gleichsam in prophetischer Vorausschau kommender Entwicklungen, in ihre Definition nicht auch noch Sicherungen einbauten, die das Aufkommen von Monotheletismus und Monenergismus unmöglich gemacht hätten, heißt die Aufgabe verkennen, vor die sie sich gestellt sahen, wie auch die Möglichkeiten der Stunde überschätzen, ja, es heißt auch letztlich verkennen, daß jede Zeit neu aufgerufen ist, für die Botschaft der Offenbarung die Form der Aussage zu finden, die gerade ihr angemessen und zugedacht ist.

Kritischer muß das Urteil über Chalkedon aus mehr kirchengeschichtlicher Sicht lauten. Die Art und Weise, wie gewisse disziplinäre Maßnahmen des Konzils getroffen und aufgenommen wurden, hätte die Hochstimmung mancher Bischöfe dämpfen dürfen. Das Verhalten mehrerer ägyptischer Teilnehmer bei der Diskussion der ephesinischen Vorfälle von 449 mußte sie befürchten lassen, daß man in Alexandrien die Form der Absetzung ihres Patriarchen Dioskoros eher als schwere Demütigung der ägyptischen Kirche denn als gerechte Strafe für einen Bischof empfinden würde. Umgekehrt war zu erwarten, daß die Rehabilitierung Bischof Theodorets, wenn auch gerade in seinem Fall sicher zu Unrecht, einmal als Rückfall in den Nestorianismus dargestellt werden konnte. Auch ahnten die Bischöfe um Anatolios etwas von dem Zündstoff, den sie in den sog. Kanon 28 hineingelegt hatten, sonst hätten sie kaum so eindringlich Papst Leo I. um seine Bestätigung gebeten. Die Ahnung sollte nicht trügen.

9. Kapitel

Der Streit um Origenes um die Wende des 4./5. Jahrhunderts

QUELLEN: Epiphanius Salam., Ancoratus 13; Panarion 63, 1—72, 9; Ep. ad Joh. Hierosol. = Hieron., Ep. 51. Rufinus, De adulteratione librorum Origenis; Apologia ad Anastasium; Apologia contra Hieronymum; die Prologe zu seinen Origenes-Übersetzungen: CChr 20 (1961) ed. *M. Simonetti;* die Apologia auch separat (Alba 1957). Hieronymus, Apologia adversus libros Rufini; Contra Joh. Hierosolymitanum: PL 23, 371—514; die Briefe: CSEL 54—56. Anastasius papa, Ep. ad Joh. Hieros.; Ep. ad Simplicianum: PL 20, 68—76.

LITERATUR: *G. Fritz:* DThC 11, 1565—88; *A. d'Alès:* DAp 3, 1228—58; *G. Grützmacher,* Hieronymus 3 (Berlin 1908) 1—94; *K. Holl - A. Jülicher,* Die Zeitfolge des ersten origenistischen Streites = *K. Holl,* Ges. Aufs. 2 (Tübingen 1928) 310—350; *F. Cavallera,* Saint Jérôme 1 (Paris 1922) 193—288; 2, 31—46 115—126; *M. Villain,* Rufin d'Aquilée. La querelle autour d'Origène: RSR 27 (1937) 5—37 165—197; *F. X. Murphy,* Rufinus of Aquileia (Washington 1945); *B. Th. Stauridis,* Αἱ Ὠριγενιστικαὶ ἔριδες: Θεολογία 28 (1957) 550—577.

Um die Wende des 4. zum 5. Jh. kam es zu einem relativ kurzen, aber heftigen Streit um die Rechtgläubigkeit des Origenes, an dem Griechen und Lateiner beteiligt waren; er stellt die erste Phase jener Entwicklung dar, die schließlich zur theologischen Ächtung des bisher bedeutendsten Schriftstellers des griechischen Christentums führen sollte. Schon zu seinen Lebzeiten hatte der Alexandriner sowohl Ablehnung wie Anerkennung gefunden. Ob die Spannungen zwischen ihm und seinem Bischof Demetrios, die ihn um 230 zum Verlassen seiner Heimat zwangen, auf den von Origenes vertretenen theologischen Ideen beruhten, ist unwahrscheinlich [1]. Aber bereits Petros von Alexandrien und Methodios, beide 311 gestorben, erhoben Bedenken vor allem wegen seiner Lehre von der Präexistenz der Seelen und seiner eschatologischen Anschauungen [2], und der angesehene Antiarianer Eustathios von Antiochien beurteilte die Art, wie sich Origenes der allegorischen Methode bediente, sehr kritisch [3]. Ihnen gegenüber überwog jedoch die Zahl seiner Verehrer bei weitem, angefangen von seinen Zeitgenossen, den Bischöfen Alexander von Jerusalem und Firmilian von Kaisareia, seinem Schüler Gregorios Thaumaturgos [4] bis zu Pamphilos und Eusebios von Kaisareia, die ihm am Anfang des 4. Jh. eine umfangreiche Verteidigungsschrift wid-

[1] Siehe Bd I Kap. 19; Origenes selbst beklagte sich wiederholt über Verfälschungen seiner Schriften, vgl. Rufin, De adulteratione librorum Origenis c. 7.

[2] Zu Petros von Alexandrien siehe *Quasten P* II 115; der Dialog des Methodios „Über die Auferstehung" (GCS 27, 217—424) richtet sich sowohl gegen Origenes' Seelenlehre wie seine Theorien über die Endzeit.

[3] In seiner einzigen erhaltenen Schrift „Über die Hexe von Endor gegen Origenes" (ed. *E. Klostermann,* KlT 83, Bonn 1912).

[4] Siehe seine „Dankrede an Origenes", ed. *H. Crouzel,* SChr 148 (Paris 1969).

meten[5]. Vor allem die Lehrer an der Theologischen Schule von Alexandrien betrachteten sich als seine geistigen Erben, so sein Schüler Dionys d. Gr., der die allegorische Methode des Origenes gegen die Angriffe des Bischofs Nepos von Arsinoe in Schutz nahm[6], dann Theognostos, der in seinen Hypotyposeis seine Anschauungen weitergab[7], und Pierios, den man wegen Qualität und Umfang seines schriftstellerischen Werkes den *Origenes junior* nannte[8]. Didymos der Blinde endlich versuchte in einer eigenen Schrift eine orthodoxe Interpretation der Trinitätslehre des Origenes, machte sich allerdings auch dessen Seelenlehre und Eschatologie zu eigen und verfiel darum im Anschluß an den Origenistenstreit des 6. Jh. wegen dieser Anschauungen der Verurteilung[9]. Basileios und Gregor von Nazianz stellten die vielgelesene Philokalia, eine Blütenlese aus den Schriften des Alexandriners, zusammen[10], und mit ihnen berief sich Gregor von Nyssa ebenso wie Athanasios für die eine oder andere theologische Meinung auf seine Autorität, die auch bei Lateinern wie Hilarius von Poitiers, Eusebius von Vercelli und Ambrosius von Mailand anerkannt war.

Der Streit um die Orthodoxie des alexandrinischen Theologen wurde im Jahre 394 wiederum zu heller Flamme entfacht durch Bischof Epiphanios von Salamis, dessen ungestümes Temperament sich mit einem starken Verfolgungsdrang gegenüber allen wirklichen oder vermeintlichen Irrlehren verband. Seit er den Namen des Origenes in seinen Katalog der Häretiker aufgenommen hatte, war er unablässig darum bemüht, den Einfluß seiner Schriften zu bekämpfen[11]. Als Ansatzpunkt für seine antiorigenistische Aktivität mußte sich ihm seine palästinische Heimat aufdrängen, speziell Jerusalem und seine Umgebung, da der Bischof der Stadt, Johannes, als eifriger Verehrer des Origenes bekannt war und Mönche in einigen Klöstern seines Bistums dessen Schriften lasen. Besonders die Vorsteher zweier lateinischer Klostergründungen, Hieronymus und sein Freund Rufinus, hatten als Übersetzer von Homilien des Origenes viel zur Verbreitung vor allem seines Frömmigkeitsideals im lateinischen Bereich beigetragen.

[5] Pamphilos schrieb eine Ἀπολογία ὑπὲρ Ὠριγενους in fünf Büchern, denen Eusebius ein sechstes hinzufügte, siehe HE 6, 36, 4, und Photius, Bibl. 118. Erhalten ist nur Buch 1 in der Übersetzung Rufins: PG 17, 521—616.

[6] In seiner Schrift Περὶ ἐπαγγελιῶν: Euseb. HE 7, 24.

[7] Photius, Bibl. 106 kannte noch die 7 Bücher Hypotyposeis und wies auf ihr origenistisches Gedankengut hin.

[8] Zu Pierios: Hieron., Vir. ill. 76.

[9] Über die (verlorene) Verteidigungsschrift siehe Socrates HE 4, 25 und Hieron., Apol. contra Rufinum 1, 6; 2, 16; 3, 28. Zum Problem der Verurteilung des Didymos durch die Konstantinopler Synoden 543 und 553 siehe *A. van Roey:* DHGE 14 (1960) 427.

[10] *J. Robinson,* The Philocalia of Origen (Cambridge 1893).

[11] Epiph., Ancor. 13; Panar. 63, 1—72, 9. Zur Rolle des Epiphanios in dieser Phase des Streites vgl. bes. *M. Villain:* RSR 37 (1937) 5—18.

Hieronymus berichtet[12], daß zu Beginn des Jahres 393 ein Mann mit Namen Atarbius die Klöster Jerusalems und der näheren Umgebung aufsuchte und von den Mönchen die Zustimmung zu einer Verurteilung des Origenes forderte, vielleicht im Auftrag des Epiphanios, aber wohl kaum ohne dessen Kenntnis. Während Bischof Johannes und Rufin sofort strikt dieses Ansinnen ablehnten, stimmte Hieronymus nach einigem Zögern der Verdammung des Origenes zu und gab damit seinem Bekanntenkreis kein geringes Rätsel auf. Denn gerade er hatte bisher mit der ihm eigenen Begeisterungsfähigkeit sehr oft das Lob des alexandrinischen Lehrers gesungen, ihn „als Lehrer der Kirchen nach den Aposteln" und als „unsterbliches Genie" gefeiert und sich darüber entrüstet, daß man in Rom einmal gegen ihn vorging, „nicht wegen der Neuheit seiner Thesen, nicht wegen Häresie, wie jetzt wütende Hunde gegen ihn vorgäben, sondern weil man den Ruhm seiner Beredsamkeit und seines Wissens nicht ertragen könne"[13]. Diese Wendung um 180 Grad läßt sich wohl nur verstehen von der Furcht des Klostervorstehers von Bethlehem her, auch nur im geringsten in den Verdacht zu geraten, von der orthodoxen Lehre abzuweichen. Wenige Wochen nach Atarbius erschien Epiphanios von Salamis in Jerusalem und hielt hier eine Predigt gegen den Origenismus, von dem er auch den Bischof der Stadt befallen glaubte. Vor der versammelten Gemeinde beschwor er ihn, doch von Origenes zu lassen, „dem Vater des Arius, der Wurzel aller anderen Häresien"[14]. Die dadurch hervorgerufene Verstimmung zwischen Johannes und Epiphanios wurde noch vertieft, als letzterer in seiner unbesonnenen Art auf Bitten einer Delegation aus dem Kloster des Hieronymus dessen Bruder Paulinian ohne Wissen des Johannes zunächst zum Diakon und dann zum Priester weihte[15]. Die Vornahme dieser Weihe war nicht nur eine Taktlosigkeit, sondern ein Verstoß gegen das Kirchenrecht, das die Eingriffe eines auswärtigen Bischofs in die Befugnisse des Ortsbischofs und im besonderen Weihehandlungen untersagte[16]. Hieronymus vergiftete die Atmosphäre weiter, als er einen Brief des Epiphanios, in dem dieser sein Verhalten und auch seine Beurteilung des Origenes zu rechtfertigen suchte, ins Lateinische übertrug und so den Konflikt der beiden Bischöfe auch der lateinischen Christenheit bekannt machte[17]. Während Epiphanios unentwegt von Johannes die bedingungslose Verdammung des Origenes forderte, bestand dieser auf der Ungültigkeit der unrechtmäßig vorgenommenen Weihe des Paulinian und verfügte die Ausweisung der zu Epiphanios haltenden Mönche seines Bistums. Schließlich wandte sich der Bischof von Jerusalem an den Patriarchen Theo-

[12] Apol. contra Rufinum 3, 33.

[13] Hieron., De nomin. Hebr. praef.; Vir. ill. 54; weitere Beispiele bei *F. Cavallera* a. a. O. 2, 115f. [14] Hieron., Ep. 51, 3. [15] Ebd. Ep. 51, 1 16.

[16] Vgl. etwa can. 14; 22 der Synode von Antiochien (341); can. 3 der Synode von Serdica (342); can. 2 des Konzils von Konstantinopel (381).

[17] Es ist die eben zitierte Ep. 51 bei Hieronymus.

philos von Alexandrien und bat ihn um Hilfe, die Auseinandersetzung erhielt damit aber schon in bedenklicher Weise überlokalen Charakter. Theophil entsandte zunächst seinen Presbyter Isidor nach Jerusalem, dessen Vermittlungsversuch jedoch ohne Erfolg blieb. Er brachte ein Schreiben des Johannes an Theophil nach Alexandrien zurück, in dem dieser eingehend die Vorgänge aus seiner Sicht schilderte und besonders auf die Schwenkung des Hieronymus in der Beurteilung des Origenes hinwies [18]. Als dieses Schreiben auch nach Rom gelangte, wo es Gegner des Hieronymus gegen ihn zu verwerten suchten, verfaßte dieser ein verletzend scharfes Pamphlet gegen den Bischof von Jerusalem [19], dem er Hochmut und eindeutigen Origenismus vorwarf. Es gelang Theophil dann doch, den Konflikt in Jerusalem beizulegen, dabei reichten sich auch Rufin und Hieronymus wieder die Hand [20].

Im Jahre 397 kehrte Rufin in den Westen zurück, zunächst nach Rom, wo man ihm, der 25 Jahre als Mönch im Orient gelebt hatte, großes Interesse entgegenbrachte. In seinem Bericht über Palästina spielte naturgemäß die Diskussion um die Orthodoxie des Origenes eine besondere Rolle, und Rufin vertrat entschieden die Ansicht, daß Theologie und Frömmigkeitslehre des alexandrinischen Schriftstellers auch dem lateinischen Westen viel zu geben hätten. Auf Bitten eines Freundes übersetzte er das erste Buch der bereits erwähnten Apologie für Origenes, die einst Pamphilos und Eusebios von Kaisareia verfaßt hatten. Der Arbeit fügte er eine Abhandlung „Über die Verfälschung der Schriften des Origenes“ bei [21], in der er die (allerdings nicht haltbare) These vertrat, die Widersprüche und theologisch bedenklichen Meinungen in den Werken des Origenes gingen auf gewissenlose Fälscher zurück, wofür er sich allerdings auf entsprechende Aussagen des Alexandriners selbst berief. Dabei spielte er auch auf das Verhalten des Epiphanios an, der es sich zur Pflicht gemacht habe, Origenes allenthalben zu verleumden [22]. Danach nahm Rufin die Übersetzung des theologischen Hauptwerkes des Origenes, die vier Bücher Περὶ ἀρχῶν, in Angriff. In einem Vorwort legte er die methodischen Prinzipien dar, die ihn bei seiner Arbeit geleitet hätten: er habe bestimmte Stellen des Werkes, die er für Fälschungen hielt, weggelassen oder so modifiziert, daß er sie in Einklang brachte mit theologisch korrekten Äußerungen des Origenes aus seinem sonstigen Schrifttum. Weiter betonte er, er wolle mit seiner Übersetzung von Origenesschriften und mit der von ihm dabei befolgten Methode nur das Werk jenes großen Mannes fortsetzen, der schon über 70 Homilien des Origenes ins Lateinische übertragen und weitere Übersetzungen angekündigt habe [23]. Jeder kundige

[18] Vgl. Hieron., Ep. 82, in der Hieronymus wieder Johannes belastet.

[19] Contra Johann. Hierosol. (PL 23). [20] Hieron., Apol. contra Rufinum 3, 24.

[21] Jetzt: CChr 20 (1961) 1—17. [22] De adult. libr. Orig. 15.

[23] Rufin., Praef. libr. Peri archon, auch als Ep. 80 unter den Briefen des Hieronymus. Noch 396 bekennt sich dieser dazu, man solle Origenes lesen: Ep. 62: *quomodo Origenem legere debeamus.*

Leser wußte, daß hier Hieronymus gemeint war, aber man ist nicht berechtigt anzunehmen, Rufin habe ihn mit diesem Hinweis boshaft belasten wollen. Um so betroffener war er, als er erfuhr, was einige römische Freunde des Hieronymus ohne sein Wissen diesem nach Bethlehem berichtet hatten. Sie hatten die noch nicht durchkorrigierte und von Rufin zur Publikation noch nicht freigegebene Übersetzung auf fragwürdige Art in ihren Besitz gebracht und sie mit einem Begleitschreiben nach Palästina geschickt. Darin drückten sie ihr Erstaunen aus über die von Rufin behauptete Orthodoxie des Origenes und baten ihrerseits Hieronymus um eine wortgetreue Übersetzung von Περὶ ἀρχῶν. Malitiös fügten sie hinzu, Rufin spreche so, als ob er und Hieronymus in der Bewertung des Origenes gleicher Meinung seien[24].

Hieronymus begab sich unverzüglich an die Arbeit, und bald kam seine nun wirklich wörtliche, nichts auslassende, nichts glättende Übersetzung von Peri archon in Rom an — sie ist im Gegensatz zu der Rufinschen nicht erhalten geblieben —, begleitet von zwei Briefen, von denen der eine für die Freunde bestimmt, der andere an Rufin gerichtet war, beide jedoch verschieden in Ton und Aussage. Abgesehen von einigen ironisch-spitzen Formulierungen versichert Hieronymus Rufin, er wolle, obwohl er sich angegriffen fühle, die in Jerusalem wiedergeschlossene Freundschaft nicht erneut brechen[25]. Das Schreiben an Pammachius und Oceanus jedoch greift gereizt und scharf die Verehrer des Origenes an und unterstellt ihnen, sie billigten mit ihrer Bewunderung für ihn auch seine bedenklichen Auffassungen und würden damit selbst zu Häretikern[26]. Die Freunde des Hieronymus leiteten nun den für Rufin bestimmten Brief nicht weiter, sorgten aber dafür, daß er das zweite, scharfe Schreiben in die Hände bekam. Gerade in dieser Situation sollte es sich als verhängnisvoll erweisen, daß man den Alexandriner Theophilos in die Diskussion um Origenes eingeschaltet hatte. Denn wie zuvor Origenes vollzog auch der Patriarch von Alexandrien eine Kehrtwendung, aus dem Verehrer des Origenes wurde ein entschiedener Gegner, und beide fanden sich in einem Bündnis zusammen, dessen Ziel die Ächtung des nun schon anderthalb Jahrhunderte toten Theologen und die Verketzerung all derer war, die seine Schriften schätzten[27]. Dabei scheinen nicht einmal primär theologische Motive den Gesinnungswandel Theophils bewirkt zu haben, sondern Schwierigkeiten disziplinärer Art mit Mönchen aus der Nitrischen Wüste, die aber origenesfreundlich eingestellt waren. Auf einer Synode ließ er (Anfang 400) den Origenismus verurteilen und unternahm im Anschluß daran eine antiorigenistische Propaganda großen Ausmaßes. In einer Serie von Osterfestbriefen, die Hieronymus eifrig ins Lateinische übertrug und verbreiten ließ, warnte er die Christen Ägyptens vor den „Blasphemien", dem „Wahnsinn", dem „verbrecherischen Irrtum des Origenes, die-

[24] Bei Hieron., Ep. 83. [25] Ebd. Ep. 81. [26] Ebd. Ep. 84.
[27] Ihr Briefwechsel Hieron., Ep. 82, 86—90, 99.

ser Hydra aller Häresien", der den Teufel dem Sohne Gottes gleichsetze und es verbiete, sich im Gebet an den Sohn zu wenden[28]. In Rundschreiben an die Bischöfe Palästinas und Zyperns, in Briefen an einzelne Bischöfe, wie Epiphanios, forderte er zur synodalen Verurteilung des Origenes und seiner Häresien auf[29]. Schließlich wandte er sich brieflich und durch eigene Boten nach Rom, um auch bei Papst Anastasius eine Verurteilung des Origenes zu erwirken. In gleichem Sinn war auch der Freundeskreis des Hieronymus tätig, und so verdammte auch der Bischof von Rom „einige ihm vorgelegte blasphemische Lehren, dazu noch andere von ihm niedergeschriebene, samt ihrem Urheber", und teilte diese Verurteilung auch dem Bischof Simplician von Mailand mit[30].

Es war Eusebius von Cremona, Mönch im Kloster Bethlehem, der dem Papst, offensichtlich im Auftrag des Hieronymus, die inkriminierten Lehrpunkte des Origenes vorgelegt hatte. Mit Pammachius und Marcella war er in Rom einer der eifrigsten und skrupellosesten Agitatoren gegen das theologische Ansehen des Origenes und seines Übersetzers Rufin. Mit Bestürzung mußte dieser feststellen, daß man dem Papst einen angeblich aus seiner Übersetzung von Περὶ ἀρχῶν stammenden Satz präsentiert hatte, der eine glatte Fälschung darstellte[31]. Das veranlaßte ihn, sich direkt an den Papst zu wenden und ihm sowohl seine Motive wie seine methodischen Grundsätze für seine Origenesübersetzungen vorzutragen. Wiederum betonte er mit Nachdruck, er habe überall dort seine Vorlage korrigiert, wo es ihm vom Glauben her geboten schien, und er fügte ein Glaubensbekenntnis bei, aus dem hervorgehe, daß er, Rufin, dem gleichen Glauben anhange, wie man ihn in Rom, Alexandrien, Jerusalem und in seiner Heimat Aquileia bekenne[32]. Rufin scheint keine Antwort von seiten des Papstes erhalten zu haben. In einem Schreiben an Johannes von Jerusalem, der wohl zugunsten Rufins in Rom interveniert hatte, vermeidet Anastasius eine klare Stellungnahme zu dessen Arbeiten und sagt, man müsse diesen seinem Gewissen und dem Urteil Gottes überlassen[33].

In den Jahren 400—402 schrieb Rufin dann seine *Apologia contra Hieronymum,* die einmal eine Antwort auf die Epistula 84 des Hieronymus sein sollte, soweit sie die Rechtgläubigkeit Rufins in Frage stellte, die aber zu einem scharfen Gegenangriff auf den Klostervorsteher von Bethlehem wurde, dessen Inkonsequenz in der Beurteilung des Origenes ebenso aufgezeigt wird wie die Leichtfertigkeit im Umgang mit der Wahrhaftigkeit,

[28] Drei dieser Festbriefe bei Hieron., Ep. 96, 98, 100. Manche halten auch Theophil für den Verfasser eines anonym überlieferten scharf polemischen antiorigenistischen Traktates (bei *G. Morin,* Anecdota Maredsolana III 3, 1903, 103—122), den wahrscheinlich ebenfalls Hieronymus ins Lateinische übersetzt hat, vgl. dazu *L. Chavoutier:* VigChr 14 (1960) 9—14. [29] Hieron., Ep. 98; 90. [30] Ebd. Ep. 88; Anastasius ad Simplic., ebd. Ep. 95.
[31] Rufin., Apol. contra Hieron. 1, 17—19. [32] Apol. ad Anastasium: CChr 20, 19—28.
[33] Anastasius, Ep. ad Joh. Hierosol.: PL 20, 68—73 und *E. Schwartz:* ACO I 5, 3 f.

deren sich seine römischen Freunde schuldig machten. Im Gegensatz zur Arbeitsweise des Hieronymus, der nach eigener Formulierung seinen Brief *celeri sermone* diktiert habe und der schon „auf ein bloßes Gerüchtchen hin" zur Feder griff[34], hat Rufin viel Sorgfalt auf seine Arbeit verwandt. So weist er Hieronymus nicht nur zu den beiden von ihm zugegebenen positiven Urteilen über Origenes eine ganze Serie weiterer oft enthusiastischer Würdigungen in seinen übrigen Schriften nach, er kann auch beweisen, daß er sich von theologisch bedenklichen Äußerungen des Alexandriners, die er zitiert, gar nicht oder nicht eindeutig distanziert habe. Aus der ganzen Schrift Rufins spricht die tiefe Enttäuschung über den ehemaligen Freund, der, statt Mängel und Fehler seiner Arbeit in brüderlichem Gespräch brieflich mit ihm zu erörtern, ihn sofort als Häretiker abgestempelt habe und darüber hinaus noch der geistige Urheber der gegen ihn in Rom inszenierten Hetze gewesen sei.

Die bloße Kunde davon, daß Rufin eine Apologie gegen ihn verfaßt habe — wiederum waren Pammachius und Marcella die Informanten des Hieronymus, die ihm auch einige Angaben über den Inhalt der Apologie machten —, veranlaßte ihn, sofort eine Antwort in zwei Büchern niederzuschreiben, denen er noch ein drittes anfügte, als er den Rufinschen Text vor Augen hatte[35]. An darstellerischer Eleganz und beißender Ironie ist die Verteidigungsschrift des Hieronymus der Apologie Rufins eindeutig überlegen, vom Inhalt her gesehen jedoch eines der unerfreulichsten Beispiele theologischer Polemik. Der wirklich stichhaltigen Kritik Rufins stellt er sich nicht oder sucht sie durch bloßen Sarkasmus zu entwerten. Peinlich wirken seine persönlichen Invektiven gegen den früheren Freund: der kümmerliche Stil Rufins lasse erkennen, daß er kaum eine Schule besucht habe, aber auch die Bücher von Ignoranten fänden immer noch einen Leser[36]. Die Ehrlichkeit von Rufins Glaubensbekenntnis an Papst Anastasius stellt er bedenkenlos in Abrede, seine Argumentation vergleicht er mit den Listen eines Fuchses. Rufin hat nach der Lektüre der ersten beiden Bücher noch einen Brief an Hieronymus gerichtet, der verloren ist, so daß wir sein letztes Wort in dieser Sache nicht kennen, die letzten acht Jahre seines Lebens hat er geschwiegen. Und Hieronymus? Als er die Nachricht von Rufins Tod († 410) erfuhr, schrieb er triumphierend, nun liege der Skorpion platt gedrückt unter der Erde Siziliens, nun endlich höre die vielköpfige Hydra auf zu zischen[37]. Augustinus hat vielleicht die Meinung vieler ausgedrückt, als er diese Polemik dieses ehemaligen Freundespaares ein *magnum et triste miraculum* nannte und sich bedrückt fragte, ob man nicht fürchten müsse, selbst einmal

[34] Hieron., Ep. 84, 12; Rufin., Apol. 1, 3 über Origenes: *levi rumusculo permotus velut censor accurrit.*

[35] Apol. adversus libros Rufini: PL 23, 371—514. [36] Apol. 1, 17.

[37] Hieron., In Ezechiel. praef. 1; weiter Ep. 125, 18; *F. Cavallera* a. a. O. 2, 131—135.

seines Freundes Feind zu werden, „wenn das zwischen Hieronymus und Rufin geschehen konnte, was wir nun beklagen“ [38].

Im Osten konzentrierte sich der Kampf mehr und mehr auf die Anhänger des Origenes, dessen Führung Theophil von Alexandrien übernommen hatte. In die Auseinandersetzung wurde nun auch der Bischof der Hauptstadt Konstantinopel, Johannes Chrysostomos, hineingezogen, weil er einigen vor Theophil geflohenen ägyptischen Mönchen Aufnahme gewährt hatte. Er ruhte nicht, bis er die Absetzung des Chrysostomos und seine Verbannung durchgesetzt hatte, in der dieser den Tod fand [39]. Auch hier erwies sich Hieronymus als allzu williger Mitarbeiter Theophils, als er eine Schmähschrift desselben gegen Chrysostomos ins Lateinische übertrug, mag er auch die Intrigen des Bischofs von Alexandrien nicht bis ins letzte durchschaut haben [40].

Die Kontroverse endete mit einem Sieg der Antiorigenisten. Hieronymus hatte in seiner Apologie gegen Rufin geschrieben, er habe deswegen eine absolut wortgetreue Übersetzung von Origenes' „Peri archon“ unternommen, „um den häretischen Verfasser der Kirche zu überliefern, damit sie Gericht über ihn halte“ [41]. Sein Ziel hatte er erreicht. Rom und Alexandrien hatten Lehren und Person des Origenes verdammt, in Konstantinopel mußte der solchem Urteil widerstrebende Bischof weichen, und schließlich verbot ein kaiserlicher Erlaß die Lektüre der Schriften des Alexandriners [42]. Eine formelle Verurteilung des Origenes als Häretiker erfolgte zwar erst 150 Jahre später durch das 5. Allgemeine Konzil von Konstantinopel (553). Aber schon jetzt wurde eine kirchenhistorisch sehr bedauerliche Konsequenz des antiorigenistischen Streites faßbar: durch die Einengung des Blickes auf die tatsächlich anfechtbaren theologischen Auffassungen des alexandrinischen Theologen wurde der übrige immense theologische und religiöse Reichtum seines Werkes nicht mehr gesehen und ihm, vor allem in der Ostkirche, eine befruchtende Nachwirkung auf das religiöse Leben und die Arbeit der Theologie versagt.

10. Kapitel

Die priscillianische Bewegung

QUELLEN: Übersicht bei *B. Vollmann*, Studien zum Priszillianismus (St. Ottilien 1965) 52—83. Das Wichtigste: Priscilliani quae supersunt, ed. *G. Schepss*, CSEL 18 (Wien 1889), dazu *G. Morin*, Pro Instantio: RBén 30 (1930) 153—173 und *J. Martin:* HJ 47 (1927) 237 bis 251. Orosius, Commonitorium de errore Priscillianistarum = CSEL 18, 151—157.

[38] Aug., Ep. 73, 6 10.
[39] Vgl. *Chr. Baur*, John Chrysostom and his Time II (London 1960) 192—206.
[40] Zitate aus dieser Schrift bei Facundus Hermian., Pro defensione trium capit. 6, 5.
[41] Apol. contra Rufinum 1 init. [42] Anastas., Ep. ad Joh. Hierosol. (ACO I 5, 3 *Schwartz*).

Sulpicius Severus, Chronica 2, 46—51; Dialogus 3, 11—13 (CSEL 1, 99—105 208—211). Die Canones der spanischen Synoden bei *J. Vives*, Concilios Visigóticos y Hispano-Romanos (Barcelona - Madrid 1963).

LITERATUR: Umfassendes Verzeichnis bis 1965 bei *B. Vollmann* a. a. O. XII—XXIV. *G. Bardy*: DThC 13, 391—400; *E. Ch. Babut*, Priscillien et le Priscillianisme (Paris 1909); *J. A. Davids*, De Orosio et s. Augustino Priscillianistarum adversariis commentatio historica et philologica (Hagae Comitis 1930); *A. d'Alès*, Priscillien et l'Espagne chrétienne (Paris 1936); *M. Martin*, Correntes da Filosofia religiosa em Braga des IV a VI s. (Porto 1950); *J. M. Ramos y Losertales*, Prisciliano. Gesta rerum (Salamanca 1952); *J. Madoz*, Arrianismo y Priscilianismo en Galicia: Bracara Augusta 8 (1957) 68—87; *W. Schatz*, Studien zur Geschichte und Vorstellungswelt des frühen abendländischen Mönchtums (Diss. masch. Freiburg i. Br. 1957) 98—259; *A. Barbero de Aguilera*, El priscilianismo: ¿ herejía o movimiento social?: Cuadernos de historia de España 37/38 (1963) 5—41; *P. Stockmeier*, Das Schwert im Dienst der Kirche. Zur Hinrichtung Priszillians in Trier = Festschr. Al. Thomas (Trier 1967) 415—428; *J. L. Orella*, La penitencia en Prisciliano (340—385): HS 21 (1968) 21—56.

Im Oktober 380 versammelten sich zehn spanische und zwei aquitanische Bischöfe zu einer Synode in Zaragoza, um über eine asketische Strömung zu beraten, die in einigen Gebieten Spaniens und Südgalliens die kirchliche Disziplin und das christliche Sittenleben zu gefährden schien. Das Ergebnis der Beratungen wurde in acht kurzen Beschlüssen[1] zusammengefaßt, die einen ersten Einblick in die Eigenart dieser Bewegung gestatten. Es werden Zusammenkünfte verboten, bei denen sich Frauen mit fremden Männern treffen und dabei gewisse Schriften lesen oder Vorträge anhören. Es wird untersagt, aus abergläubischer Haltung an Sonntagen zu fasten oder während der Fastenzeit der Kirche fernzubleiben. Man soll auch keine Schlupfwinkel in den Bergen aufsuchen oder sich auf fremden Gehöften zu Versammlungen einfinden. Der Brauch, die Eucharistie aus der Kirche mit nach Hause zu nehmen, wird streng gerügt. Es ist ferner nicht erlaubt, die 21 Tage vor dem Epiphaniefest am 6. Januar die Kirche zu meiden, sich zu Hause oder in den Bergen aufzuhalten und nackten Fußes einherzugehen. Ein von seinem Bischof aus der kirchlichen Gemeinschaft Ausgeschlossener darf sich nicht an einen anderen Bischof um Wiederaufnahme wenden. Ein Kleriker soll seinen Stand nicht aufgeben, um Mönch zu werden. Keiner soll sich den Titel „Lehrer“ beilegen ohne Zustimmung der kirchlichen Autorität. Die gottgeweihten Jungfrauen dürfen erst im Alter von 40 Jahren den Schleier nehmen, nach Prüfung durch den Bischof. Die gerügten Verhaltensweisen und Praktiken werden von den Synodalen nicht etwa als Verstöße gegen die wahre Lehre bezeichnet, sie sind demnach als Ausdruck eines exzentrisch-schwärmerischen Asketenideals zu werten, das von einem gewissen Auserwählungsbewußtsein begleitet ist, wie es in dem beanspruchten Titel

[1] Die 8 Kanones bei *J. Vives*, Concilios visigóticos 16—18.

„Lehrer" faßbar wird. Für die innere Lebensordnung der Gemeinde konnte dieser Zug und die wiederholt hervorgehobene Neigung zur Absonderung von der Gemeinschaft in den Augen der Bischöfe die eigentliche Gefahr darstellen. Die Synodalbeschlüsse von Zaragoza nennen zwar keinen Anhänger dieses Asketentums mit Namen, aber andere Quellenaussagen lassen keinen Zweifel daran, daß es sich hier um jene Bewegung handelt, deren führender Kopf in jenen Jahren der aus begüterter Familie stammende Priscillian gewesen ist, der ihr auch den Namen gab[2]. Man wird Priscillian zwar nicht als den Schöpfer aller Anschauungen bezeichnen können, denen die Sekte huldigte, da wiederholt darauf hingewiesen wird, daß ein gewisser Markus aus Ägypten als erster „gnostische" und „manichäische" Ideen in Spanien verbreitet habe, die dann zwei seiner Anhänger, Helvidius und Agape, an Priscillian weitergegeben hätten[3]. Immerhin hat letzterer als der Mann zu gelten, der auf Grund seiner Herkunft, Bildung und rednerischen Begabung, wegen seiner asketischen Selbstdisziplin und seiner gewinnenden Umgangsformen etwa von 370 an der Bewegung eine starke Anhängerschaft aus allen Schichten zuführte, zu denen auch einige spanische Bischöfe, wie Instantius und Salvian, gehörten[4].

Die von Sulpicius Severus so gerühmte Begabung und Bildung Priscillians drängt sich allerdings nicht gerade auf in den ihm zugeschriebenen Texten, da sie stilistisch und im gedanklichen Aufbau eher unbeholfen wirken, so daß Zweifel an seiner Urheberschaft begreiflich bleiben, wenn es auch kaum gelingt, sie einem anderen priscillianischen Autor mit Sicherheit zuzuweisen[5]. Sie geben jedoch die Möglichkeit, ein Verständnis der Bewegung aus ihrer Sicht zu gewinnen und nachzuprüfen, inwieweit die von ihren Gegnern beanstandeten Auffassungen wirklich nachweisbar sind. Der Verfasser dieser Traktate ist leidenschaftlich darum bemüht, die Übereinstim-

[2] Die beiden wichtigsten Quellen: 1. der von priscillianischer Seite stammende *Liber ad Damasum* (CSEL 18, 34—43), 2. der Bericht des Sulpicius Severus, Chron. II 47, die sich allerdings in einem wesentlichen Punkt widersprechen, da die priscillianische Schrift behauptet, kein Anhänger der Sekte sei in Zaragoza verurteilt worden, während Sulpicius berichtet, zwei Bischöfe, Instantius und Salvian, sowie die Laien Helpidius und Priscillian habe das Anathema getroffen.

[3] Sulpicius Severus, Chron. II 46; Hieron., Ep. 133, 4; Isidor. Hisp., Vir. ill. 15, 9. Mit diesem Markus hatte sich offensichtlich schon Ossius von Córdova auseinandergesetzt, vgl. *V. C. de Clercq*, Ossius of C. and the Origins of Priscillianism: Stpatr 1 = TU 63 (Berlin 1957) 601—606.

[4] Sulpicius Severus, Chron. II 46 gibt folgendes plastische Bild von der Persönlichkeit Priscillians: ... *familia nobilis, praedives opibus, acer, facundus, multa lectione eruditus, disserendi ac disputandi promptissimus; ... vigilare multum, famem ac sitim ferre poterat, habendi minime cupidus, utendi parcissimus, sed idem vanissimus et plus iusto inflatior profanarum rerum scientia ... multos nobilium pluresque populares auctoritate persuadendi et arte blandiendi allicuit in societatem ... et nonnulli episcopi depravati, inter quos Instantius et Salvianus.*

[5] Herausgegeben von *G. Schepss:* CSEL 18 (Wien 1889).

mung seiner Überzeugungen mit der katholischen Lehre zu erhärten und die gegenteilige These als Verleumdung der Feinde zu kennzeichnen. Grundlegend ist dann die Forderung strengster Askese, die die Begierden des Fleisches und die Lockungen der Welt allein wirksam überwinden kann, eine Forderung, die sich betont auf den Apostel Paulus beruft. Die emphatische Empfehlung des Fastens in der Quadragesima[6] kann in etwa die Stellungnahme der Synode von Zaragoza verständlich machen (can. 2). Der von der Synode gegebene dunkel bleibende Hinweis (can. 1) auf die „Lesungen" in ihren Konventikeln wird aufgehellt durch den 3. priscillianistischen Traktat, der den Apokryphen einen derartigen Rang zuschreibt, daß sie den kanonischen Schriften sozusagen gleichgestellt sind, und den, der sie ablehnt, als vor Gott schuldig bezeichnet, weil er die in ihnen vorliegende Offenbarung Gottes durch „die Propheten" verwarf[7]. Auch das Auserwählungsbewußtsein der Priscillianisten kommt stark zum Ausdruck, wenn es heißt, manche von ihnen seien schon als *electi deo* erwiesen, und wenn der Verfasser als Sprecher aller Priscillianisten laut verkündet, daß auch er den Geist des Herrn besitze[8]. Dieses Auserwählungsbewußtsein und die maßlos übersteigerte Bewertung der Apokryphen durften den Bischöfen mit Recht als bedenklich erscheinen. In dieses religiöse Klima Spaniens läßt sich auch der lateinische apokryphe Titusbrief einordnen, der in enthusiastischen Worten die Jungfräulichkeit preist. Er spricht vor allem Asketen beiderlei Geschlechts an, die einst die Ehelosigkeit gelobt haben, dieses Gelöbnis aber brachen oder es aufs höchste gefährden durch das sog. Syneisaktentum, das Zusammenleben von Männern und Frauen unter einem Dach. Der Brief bekämpft diese Unsitte in scharfer Form, er zieht dabei außer der Bibel und der einschlägigen lateinischen Literatur (Ps.-Cyprian, De singul. cleric.; De centes.; Hieron., Ep. 117; Ps.-Hieron., Ep. 42 usw.) in ungewöhnlichem Maß das Schrifttum der Apokryphen heran, bes. apokryphe Apostelakten und Apokalypsen. Diese Hochschätzung der Apokryphen rückt den Verfasser der Schrift gewiß in die Nähe der priscillianischen Bewegung, der er aber nicht angehören muß, da die von ihm getadelten Mißstände auf Grund der kirchlichen Zeugnisse eher bei den Priscillianisten selbst gesucht werden müßten[9].

Die rapide Ausbreitung der priscillianischen Sekte in fast ganz Spanien veranlaßte schließlich den Bischof Hyginus von Córdova, seinen Metropoliten Idacius von Mérida auf die hier gegebene Gefahr hinzuweisen, der sich

[6] Priscill., Tract. 4 (60 f *Schepss*).

[7] Tract. 3 (53 *Schepss*): *magis ob hoc rei sumus quod omnia quae de deo sunt profetata non legimus.*

[8] Tract. 2 (42 *Schepss*): *alii nostrum iam in ecclesiis lecti deo;* tract. 3 (55 *Schepss*): *libet me unum clamare pro totis ‚quia et ego spiritum domini habeo'* (1 Cor 7, 40).

[9] Ps.-Titus, De dispositione sanctimonii, ed. *D. de Bruyne:* RBén 37 (1925) 47—63, deutsche Übersetzung bei *Schneemelcher,* Ntl Apokr. II 91—109, dazu *A. de Santos Otero,* Der apokryphe Titusbrief: ZKG 74 (1963) 1—14.

seinerseits an Papst Damasus wandte. Wahrscheinlich gab dieser die Anregung zur Synode von Zaragoza, da er in seinem Antwortschreiben betonte, niemand dürfe verurteilt werden, ohne gehört worden zu sein[10]. Die Maßregelung, die in Zaragoza gegenüber der Sekte ausgesprochen wurde, mag es nun eine bloße Warnung oder ein Ausschluß aus der kirchlichen Gemeinschaft gewesen sein, führte unmittelbar zu einer Verhärtung der Gegensätze. Als schärfster Gegner der Bewegung offenbarte sich mehr und mehr Idacius von Mérida, der durch eine maßlose Hetze die andere Seite nur verbitterte und so, wie Sulpicius Severus sagt, „unter das eben entstehende Feuer noch eine Fackel legte“[11]. Ein anderer Bischof stand ihm kaum nach, Ithacius von Ossonuba, der im weiteren Verlauf der Auseinandersetzung eine unheilvolle Rolle spielen sollte. Die Position der Priscillianisten ihrerseits verstärkte sich, als Instantius und Salvian nun Priscillian zum Bischof von Ávila weihten und sich zwei weitere Bischöfe, Hyginus von Córdova und Symposius von Astorga, zu ihnen bekannten. Schon Sulpicius Severus, der durchaus nicht die Tendenzen des Priscillianismus billigte, hat es gerügt, daß nun Ithacius die Sekte mit Hilfe der staatlichen Macht unterdrücken wollte und tatsächlich auch „durch viele häßliche Machenschaften“ von Kaiser Gratian einen Erlaß „gegen die Manichäer“ erwirkte, der den Priscillianisten ihre Kirchen nahm und sie in die Verbannung schickte[12].

Die führenden Männer der Sekte, Instantius, Salvian und Priscillian selbst, benutzten ihre Verbannung zu einer Reise nach Rom, um sich vor Papst Damasus zu rechtfertigen, wurden aber nicht vorgelassen, ebensowenig wie danach bei Ambrosius von Mailand, so daß sich der Schluß aufdrängt, beide hätten die Beschlüsse der Synode von Zaragoza als Aufkündigung der kirchlichen Gemeinschaft mit den Priscillianisten angesehen. Nun beschritten die Priscillianisten ihrerseits den gleichen Weg wie zuvor Ithacius und erlangten durch Bestechung ein Reskript des *magister officiorum* Macedonius, das ihnen ihre Kirchen zurückgab und Priscillian sowie Instantius — Salvian war in Rom gestorben — die Rückkehr nach Spanien ermöglichte. Hier konnten sie nicht nur mit Hilfe des Proconsuls Volventius ihre Kräfte neu formieren, sie erwirkten sogar einen Haftbefehl gegen Ithacius von Ossonuba, der sich der Gefangennahme aber durch die Flucht nach Trier entzog[13]. Die freie Entfaltung der priscillianischen Bewegung schien gesichert.

Den Rachepläne des Ithacius kam jedoch die politische Entwicklung im Westen unverhofft zu Hilfe. In Britannien hatte sich Maximus zum Imperator ausrufen lassen (383), und als der Usurpator Trier zu seiner Residenz machte, gelang es Ithacius bald, durch seine verlogenen Schilderungen die priscillianistische Führung in den Augen des Kaisers so zu belasten, daß dieser die Anweisung gab, die Hauptbeschuldigten müßten sich einer kirch-

[10] Sulpicius Severus, Chron. II 46; Priscill., Liber ad Damasum (CSEL 18, 35).
[11] Chron. II 46. [12] Ebd. II 47. [13] Ebd. II 48.

lichen Synode in Bordeaux stellen (etwa im Frühjahr 384). Als erster suchte sich Instantius zu rechtfertigen, wurde aber von der Synode seines Bischofsamtes enthoben. Priscillian lehnte jedoch die Bischöfe als Richter ab und appellierte in merkwürdiger Inkonsequenz — in einem der ihm zugeschriebenen Kanones hatte er es verurteilt, daß Kleriker sich zu ihrer Verteidigung an das weltliche Gericht wandten[14] — an den Kaiser, zu seinem eigenen Unheil, wie sich zeigen sollte. Mit Recht hat schon Sulpicius die Synodalen in Bordeaux getadelt, die, anstatt als kirchlich zuständige Richter auch über einen widerstrebenden Priscillian ihr Urteil zu fällen oder, wenn er sie als befangen ablehnte, anderen Bischöfen ihre Befugnis zu übertragen, so den Weg freigaben für einen staatlichen Prozeß[15]. Das konnte in der Folgezeit bedenkliche Konsequenzen haben für den Anspruch der Kirche, solche Angelegenheiten in ausschließlich eigener Zuständigkeit zu regeln.

Die Durchführung des Kriminalprozesses in Trier, denn um einen solchen handelte es sich nun, da Ithacius die angeblichen kriminellen Vergehen des Priscillian in den Vordergrund gerückt hatte, nahm längere Zeit in Anspruch. Mit Priscillian wurden mehrere seiner Anhänger nach Trier überführt, wo die beiden Bischöfe Ithacius und Idacius mit erneuter Vehemenz ihre Hetze gegen die Angeklagten wiederaufnahmen und nun auch gleich alle jene als Gesinnungsfreunde oder Schüler Priscillians verdächtigten, die sich etwas ernster mit der Lektüre religiöser Schriften beschäftigten oder durch asketische Selbstdisziplin auffielen. Dieser Verdacht traf sogar Martin von Tours, der bei einem Aufenthalt in Trier nachdrücklich sowohl Ithacius wie den Kaiser beschwor, die Anklage vor dem weltlichen Gericht zurückzunehmen und kein Blut zu vergießen, da es völlig genüge, wenn die Beschuldigten durch bischöflichen Urteilsspruch aus der Kirche ausgeschlossen würden[16]. Tatsächlich wurde der Beginn des Prozesses hinausgeschoben, solange Martin in Trier weilte. Nach seiner Abreise gab der Kaiser dem Drängen der nur hier erwähnten Bischöfe Magnus und Rufus nach — sie gehörten wohl zum Personal der Residenz — und beauftragte den Präfekten Evodius mit der Durchführung des Verfahrens, der für seine Strenge bekannt war. Nach zweimaligem Verhör wurde Priscillian des Verbrechens der Magie *(maleficium)* für schuldig befunden, wobei er auch andere sittliche Verfehlungen, wie Teilnahme an gewerblicher Unzucht, nicht abgestritten habe. Er blieb in Haft, bis der Kaiser auf den Bericht des Präfekten für Priscillian und einige seiner Gefährten die Todesstrafe verfügte, die alsbald an ihm durch Enthauptung vollstreckt wurde (aber kaum vor 386)[17]. Weitere Todesurteile

[14] Canones Priscill. n. 46 (129 *Schepss*): *quia ecclesiastici non debeant ob suam defensionem publica adire iudicia sed tantum ecclesiastica.*

[15] Sulpicius Severus, Chron. II 49. [16] Chron. II 50.

[17] Siehe *E. Suys,* La sentence portée contre Priscillien: RHE 21 (1925) 530—580. Zum Datum des Trierer Prozesses zuletzt *P. Stockmeier,* Das Schwert im Dienst der Kirche = Festschr. A. Thomas (Trier 1967) 423—425.

wurden in anschließenden Verfahren gefällt, andere Angeklagte wurden mit Verbannung bestraft, die auch den in Bordeaux schon abgesetzten Bischof Instantius traf[18].

Das Echo auf das Todesurteil war enorm und erfreulicherweise bei den bedeutendsten Bischöfen der Zeit eindeutig negativ. Noch vor der Hinrichtung hatte Ambrosius von Mailand bei seinem Aufenthalt in Trier kühl jeden Verkehr mit der Bischofsgruppe abgelehnt, die den Tod der Priscillianisten forderte, und sich dadurch die Ungnade des Kaisers zugezogen[19]. Martin von Tours verweigerte ihnen ebenfalls die *communio* und war erst zu einer entgegenkommenden Geste bereit, wenn der Kaiser ihm zusagte, die schon nach Spanien entsandten Beamten zurückzubeordern, die dort gegen angeblich renitente Priscillianisten vorgehen sollten. Offenbar hatte auch Papst Siricius den Kaiser um einen Bericht über die Trierer Vorgänge gebeten, worauf dieser ihm die Prozeßakten zusandte und dem Papst versicherte, das Urteil sei in einem einwandfreien Verfahren auf Grund des Geständnisses der Angeklagten zustande gekommen[20]. Eine Welle der Empörung erhob sich gegen Ithacius und seine Hintermänner. Ein Bischof Theognitus hatte sie in Trier in aller Öffentlichkeit angeklagt; man sah sich gezwungen, eine eigene Synode kaiserfreundlicher Bischöfe in Trier einzuberufen, die Ithacius von dem Vorwurf der Schuld an jenem unheilvollen Urteilsspruch freisprach[21]. Es half nichts. Ithacius verlor sein spanisches Bistum Ossonuba durch Absetzung, Idacius zog es vor, freiwillig zu verzichten[22]. Für den Trierer Bischof Felix hatte das Ereignis noch ein Nachspiel. Obwohl, wie Sulpicius Severus eigens hervorhebt, sein Verhalten untadelig war, versagten ihm viele Bischöfe Galliens die Gemeinschaft, weil er die Weihe von Ithaciusfreunden erhalten hatte und deshalb als Repräsentant ihrer Richtung galt. Auch Papst Siricius und Ambrosius schlossen sich dieser Meinung an, so daß dieses sog. gallische felizianische Schisma mit seinen unseligen Folgen für die Kirche Galliens erst mit dem Tode des Felix endete oder, wahrscheinlicher, mit seinem Verzicht auf das Bistum Trier, der sich an die Synode von Turin (c. 398—401) anschloß[23]. Das abgewogenste Urteil über das Geschehen um Priscillian hat damals Sulpicius Severus ausgesprochen, wenn er sagte, ihm mißfielen sowohl die Schuldigen wie die Ankläger, unter diesen aber am meisten Ithacius, an dem nichts Heiliges sei, dem zusammen mit Idacius mehr daran gelegen habe, den verhaßten Gegner als die Häresie zu besiegen[24]. Diesem Verdikt hat der heutige Historiker nur hinzuzufügen, daß es gerade wegen seiner Abgewogenheit und Eindeutigkeit unnötig und

[18] Sulpicius Severus, Chron. II 51. [19] Ambros., Ep. 24, 12 (CSEL 82, 214 f).
[20] Maximus Aug., Ad Siricium ep. 4 (CSEL 35, 91).
[21] Sulpicius Severus, Dial. 3, 12—13. [22] Sulpicius Severus, Chron. II 51.
[23] Concil. Taurin. c. 6 (187 *Lauchert*), dazu *E. Griffe*, La Gaule chrétienne I (Paris [2]1964) 328 f. [24] Sulpicius Severus, Chron. II 50.

unzulässig ist, den Prozeß an Priscillian der Gesamtkirche anzulasten oder durch überdehnte Interpretation der Quellen etwa Papst Innocenz I. zu beschuldigen, er habe in seine Ablehnung der priscillianischen Sekte indirekt auch die Billigung des Trierer Todesurteils eingeschlossen.

Das Ende Priscillians und seiner Gefährten bedeutete beileibe nicht auch das Ende der priscillianischen Bewegung. In Spanien brachten ihr die Hinrichtung ihrer Führer zunächst sogar neue Sympathien ein. Seine Anhänger feierten Priscillian jetzt als Martyrer und bereiteten ihm und den übrigen Toten nach ihrer Überführung ein imposantes Leichenbegängnis, beim Namen Priscillians zu schwören galt ihnen als hochreligiöser Akt[25]. Noch bis zur Synode von Toledo (zwischen 397 und 400), deren zentrales Thema wieder der Priscillianismus war, gehörten der Bewegung eine Reihe von Bischöfen an, wie z. B. Symposius und Dictinius, die erst im Anschluß an die Synode zusammen mit dem Presbyter Comasius ihrem Irrtum abschworen[26]. Weitere Bischöfe und Kleriker, die sich nach der Hinrichtung Priscillians durch ihre Sympathien für die Sekte kompromittiert hatten, wurden ihrer Ämter enthoben, andere, wie Paternus von Bracara, den erst die Lektüre der Ambrosiusschriften von der Verwerflichkeit ihrer Lehren überzeugt habe, durften ihre Sitze behalten[27]. Einigen Bischöfen schien allerdings solche Milde unangebracht, und es kam zu einer Spaltung zwischen einem rigoristischen und einem versöhnlichen Flügel im spanischen Episkopat, die erst eine energische Mahnung Papst Innocenz' I. an die Adresse der Rigoristen beilegen konnte[28]. Die Synode von Toledo verabschiedete neben 20 Disziplinarkanones und einem Glaubensbekenntnis 18 kurze Anathematismen, die ausschließlich dem Priscillianismus galten und erkennen lassen, daß die Bewegung damals mehr und mehr heterodoxe Züge annahm. So werden ihr z. B. jetzt eine stark sabellianisierende Trinitätslehre (can. 2—4), eine nicht korrekte Christologie (can. 5—7, 13) ebenso zugeschrieben wie manichäisch-gnostische Züge, da man lehrte, ein anderer sei der Gott des Alten Testamentes, ein anderer der der Evangelien (can. 8, vgl. auch can. 1 und 9). Die Überschätzung der Apokryphen wird erneut verurteilt (can. 12), desgleichen die Verwerfung der Ehe (can. 16), die Ablehnung des Fleischgenusses (can. 17) und astrologische Praktiken (can. 15). Die Synode bezieht sich für ihr Urteil wiederholt auf Schriften und Briefe Priscillians. Man hält die Bewegung immer noch für sehr gefährlich und mahnt deshalb die Bischöfe zu äußerster Wachsamkeit. Nach dieser erneuten scharfen Verurteilung des Priscillianismus tauchten seine Anhänger unter und zogen sich zumeist in das abgelegenere Galicien zurück[29]. Bischof Toribius von Astorga hat dort um 445

[25] Chron. II 51, 8. [26] Ihre professiones bei *J. Vives,* Concilios visigóticos 28—30.
[27] Ebd. 20—33.
[28] Innocentius I., Ep. 3 ad episc. synod. Tolet. (PL 20, 486—489).
[29] Leo M., Ep. 15 (bei *B. Vollmann* a. a. O.).

ihre Weiterexistenz festgestellt und sogar noch Kleriker gefunden, die ihnen gewogen waren[30]. Auch im 6. Jh. lebte die Sekte noch, da Montanus von Toledo ihr im Bistum Palencia begegnet, sein Freund Toribius aber kann sie zum Verschwinden bringen[31]. Die letzte Nachricht vom Vorhandensein wenigstens einiger Priscillianisten weist nach Braga im Nordwesten Spaniens. Papst Vigilius erwähnt sie im Jahre 538 in einem Schreiben an den Bischof der Stadt, Profuturus[32]. Die Synode von Braga 565 schließlich lenkt wieder die Aufmerksamkeit auf ihre Apokryphen, nimmt in 17 Anathematismen gegen sie Stellung und fordert die Bischöfe zu intensivem Eifer in der Bekämpfung der Häresie auf[33]. In den späteren Quellen kommt dem Priscillianismus keine Aktualität mehr zu, sie sprechen von ihm als einem untergegangenen Phänomen.

11. Kapitel

Die Auseinandersetzung mit dem Donatismus

QUELLEN: *H. v. Soden,* Urkunden zur Entstehungsgeschichte des Donatismus KlT 122 (Berlin ²1950). Für die Überreste der donatistischen Literatur *P. Monceaux,* Histoire littéraire de l'Afrique chrétienne V (Paris 1920). Optatus von Mileve, De schismate Donatistarum, ed. *C. Ziwsa:* CSEL 26 (Wien 1893). Die antidonatistischen Schriften Augustins, ed. *M. Petschenig:* CSEL 51—53 (Wien 1908/10) und in der Bibliothèque Augustinienne, vol. 28, 29, 32 (Paris 1963/66). Zur Chronologie dieser Schriften und der hierhergehörigen Briefe und Sermones Augustins: *P. Monceaux* a. a. O. 7 (1923) 275—292. *Gesta collationis Carthaginiensis:* PL 11, 1231—1418, *Mansi* IV 19—245, ed. S. Lancel, Schr. 194/197 (Paris 1972 ff). Archäologisches Material bei *H. Leclercq,* Donatisme: DACL 4, 1457—1505, *P. Courcelle:* MAH 53 (1936) 166—197 und *A. Berthier* et al., Les vestiges du christianisme antique dans la Numidie centrale (Alger 1942).

LITERATUR: a) Zum Donatismus im allgemeinen: *E. Altendorf,* Einheit und Heiligkeit der Kirche (Berlin 1932); *W. H. C. Frend,* The Donatist Church (London ²1971); *S. L. Greenslade,* Schism in the Early Church (London 1953); *Ch. Courtois,* Les Vandales d'Afrique (Paris 1955); *J. B. Brisson,* Autonomisme et christianisme dans l'Afrique romaine (Paris 1958), dazu wichtig *A. Mandouze,* Encore le Donatisme: Antiquité classique 29 (1960) 61—107; *Th. Büttner - E. Werner,* Circumcellionen und Adamiten (Berlin 1959); *H.-J. Diesner,* Kirche und Staat im spätrömischen Reich (Berlin 1963); *E. Tengström,* Donatisten und Katholiken (Stockholm 1964); *E. Grasmück,* Coërcitio. Staat und Kirche im Donatistenstreit (Bonn 1965).

b) Zu „Augustin und die Donatisten": Übersichten bei *C. Andresen,* Bibliographia Augustiniana (Darmstadt 1962); *T. van Bavel,* Répertoire bibliographique de saint Augustin 1950—1960 (Steenbrugge 1963); *E. Lamirande,* Un siècle et demi d'études sur l'ecclésiologie de saint Augustin. Essai bibliographique: RevÉAug 8 (1962) 1—125. — Grundlegend *P. Monceaux,* Histoire littéraire de l'Afrique chrétienne IV—VII (Paris

30 Nach dem Bericht eines Idacius, Chron. c. 16; 130 (MG Auct. ant. 11, 15 24).

31 Montanus Tolet., Ep. 1 und 2 (PL 65, 54 f).

32 Vigilius papa, Ep. ad Profuturum (PL 84, 829 f).

33 Die Akten dieser Synode bei *J. Vives,* Concilios visigóticos 65—77.

1920/23); *P. Batiffol,* Le catholicisme de saint Augustin (Paris [4]1929); *G. G. Willis,* S. Augustine and the Donatist Controversy (London 1950); *J. Ratzinger,* Volk und Haus Gottes in Augustins Lehre von der Kirche (München 1954); die Aufsätze in Augustinus Magister II (Paris 1954) 835—914; *St. J. Grabowsky,* The Church. An Introduction to the Theology of Saint Augustine (St. Louis 1957); *E. Lamirande,* L'église céleste selon saint Augustin (Paris 1963); *G. Bonner,* St. Augustine of Hippo (London 1963) 237—311; *R. Crespin,* Ministère et sainteté. Pastorale du clergé et solution de la crise donatiste dans la vie et la doctrine de saint Augustin (Paris 1965); *H. B. Weijland,* Augustinus en de kerkelijke tucht (Kampen 1965); *P. Brown,* Augustine of Hippo (London 1967) 212—243; *A. Mandouze,* Saint Augustin (Paris 1968) 331—411; *O. Perler,* Les voyages de s. Augustin (Paris 1969); *E. Lamirande,* La situation ecclésiologique des Donatistes d'après s. Augustin (Ottawa 1972); zur Konferenz von 411: *S. Lancel:* Schr. 194, 9—287.

Der Donatismus unter der konstantinischen Dynastie

Kaiser Konstantin hatte seine vielfachen Bemühungen, die durch die donatistische Spaltung in Nordafrika zerbrochene Einheit der Kirche wiederherzustellen[1], nach 320 mehr und mehr aufgegeben, den verbannten Donatisten im Mai 321 die Rückkehr in die Heimat gestattet[2] und in einem Schreiben an die Bischöfe und Katholiken Nordafrikas[3] zur Geduld und Nachsicht gegenüber donatistischen Übergriffen aufgefordert, m. a. W., er hatte sich praktisch mit der Existenz zweier christlicher Konfessionen in diesem Reichsteil abgefunden. Die dabei von ihm noch zuletzt ausgesprochene moralische Verurteilung der donatistischen Führung hielt jedoch ihren ranghöchsten Bischof Donatus von Karthago keineswegs davon ab, die nun gegebene relative Freiheit energisch und geschickt für den organisatorischen Ausbau und die innere Konsolidierung seiner Kirche zu nutzen. Ungestört konnten so die Donatisten ihre Kapellen, Dorfkirchen und auch großen Basiliken errichten, vor allem in Numidien und Mauretanien, wie die archäologischen Befunde etwa von Thebesta, Thumgadi (Timgad) und Castellum Tingitanum beweisen[4]. Nur gelegentlich kam es zu Zusammenstößen mit den Katholiken, die mehr und mehr in die Minderheit gerieten[5]. Parallel mit dem Ausbau des innerkirchlichen Lebens lief eine intensive Propaganda durch Briefe und Predigt, die den donatistischen Anspruch, der reine Weizen auf dem Acker, die wahre Kirche zu sein, zu rechtfertigen suchte, während die Gemeinschaft der Katholiken als das wuchernde Unkraut abgewertet wurde[6]. Der Gesamterfolg der Donatisten war beträchtlich. Donatus konnte sich tatsächlich als Primas von Afrika fühlen[7], als er gegen Ende von Konstantins Regierung rund 270 Bischöfe zu einer Synode in Karthago um sich versammelte, auf der man über die Aufnahmebedingungen für Katholiken in die donatistische Kirche beriet. Donatus war elastisch genug, diesen die sonst so streng ge-

[1] Siehe Bd I Kap. 30. [2] *H. v. Soden,* Urkunden n. 30. [3] Ebd. n. 31.
[4] Die archäologischen Belege bei *W. H. C. Frend* a. a. O. 162 f.
[5] Siehe CIL VIII 21517 = *Soden* n. 34. [6] Aug., C. ep. Parmen. 2, 2, 5.
[7] Optatus, De schism. Donatist. 3, 3.

forderte Wiedertaufe zu erlassen, wenn sie einzelnen von ihnen als unannehmbar erschien[8]. Es spricht für ihr Bewußtsein, daß die Zukunft des Christentums in Nordafrika ihrer Kirche gehören werde, wenn die Donatisten es wagten, in Constantina in Numidien den Katholiken ihre von Konstantin erbaute Basilika wegzunehmen[9], wenn Donatus in einem Brief den Präfekten Gregorius als „Schandfleck des Senates und Schmach der Präfekten" bezeichnen konnte und wenn Abschriften dieses Briefes, der als Heldentat gefeiert wurde, ungestraft durch die Lande gehen konnten[10]. Allerdings waren Versuche der Donatisten, auch außerhalb Nordafrikas Anhänger zu gewinnen, wenig erfolgreich. Nur in Rom gelang die Gründung einer relativ kleinen Gemeinde, die sich jedoch nur vor den Toren der Stadt versammeln konnte[11]. Ob sich die Donatisten aus eigener Initiative um die Anerkennung durch die Synode von Serdica (342—343) bewarben, bleibt ungewiß. Tatsächlich ist das von dort erlassene Rundschreiben der orientalischen Bischöfe auch an Donatus gegangen und wurde auch später von donatistischen Kreisen als Anerkennung ihrer Kirche gewertet, der Nachfolger Caecilians hingegen, Bischof Gratus von Karthago, war auf seiten der westlichen Bischöfe auf der Synode von Serdica anwesend[12]. Die donatistische Kirche blieb damit eine wesentlich auf den nordafrikanischen Raum beschränkte christliche Konfession.

Im ersten Jahrzehnt der Regierung des Kaisers Konstans änderte sich an der Zurückhaltung, wie sie sein Vater Konstantin zuletzt gegenüber dem afrikanischen Problem der christlichen Spaltung geübt hatte, nichts. Die stetig zunehmende Festigung der donatistischen Kirche und die um vieles eindrucksvollere Position des Donatus in Karthago im Vergleich zu der blassen Figur des katholischen Bischofs Gratus haben wohl das Oberhaupt der Donatisten veranlaßt, sich an Kaiser Konstans zu wenden, um von ihm eine Initiative im Sinne einer Vereinigung aller Christen Nordafrikas unter donatistischer Führung zu erwirken[13]. Der Kaiser entsandte zunächst die Beamten Paulus und Makarius mit Spenden für die Armen und die Gotteshäuser beider Gemeinschaften nach Nordafrika, um auf diesem Wege genauere Informationen über die Möglichkeiten einer Union zu erkunden und ein dieser günstiges Klima zu schaffen[14]. Diese Mission führte jedoch zu einem schweren Zusammenstoß zwischen Staatsmacht und donatistischer Kirche. Donatus sah bereits in der Teilnahme der beiden Beamten am Gottesdienst katholischer Bischöfe und in der Kontaktnahme mit Mitgliedern der Catholica aus dem Volk eine Begünstigung der Gegenpartei. Als die

[8] Aug., Ep. 93, 10, 43 = *Soden* n. 38. [9] Optatus, Appendix n. 10 = *Soden* n. 36.
[10] Optatus, 3, 3 = *Soden* n. 37.
[11] Ihr erster Bischof war der Afrikaner Victor von Garba: Optatus, 2, 4.
[12] Aug., Ep. 44, 3, 6; C. Crescon. 3, 24, 38; 4, 44, 52; Athanas., Apol. contra Arianos 50; *Mansi* III 67 120. [13] Optatus, 3, 1; 3, 3; dazu *Frend* a. a. O. 177.
[14] Siehe *E. Grasmück* a. a. O. 112 f. zu Optatus, 3, 3.

beiden Abgesandten bei ihm erschienen, trat er ihnen mit dem berühmt gewordenen *Quid est imperatori cum Ecclesia?* entgegen, lehnte ihre Geschenke ab und wies den Klerus an, die Kommission überhaupt nicht zu empfangen[15]. Vage Gerüchte über gewaltsame Unionspläne der Beamten vergifteten rasch die Atmosphäre, und als diese in die Provinz Numidien kamen, war die Haltung der dortigen Bevölkerung so drohend geworden, daß ihnen militärischer Schutz erforderlich schien[16]. Tatsächlich organisierte der Bischof von Bagai, ebenfalls Donatus geheißen, den bewaffneten Widerstand, für den er die *Circumcellionen*[17] herbeirief, eine religiös schwärmerische, aber zugleich kampfentschlossene Randbewegung der donatistischen Kirche, die etwa von 340 an mit wachsendem Gewicht auftrat. Ihr Name wird von Augustinus[18] abgeleitet von den *cellae,* d. h. von den zum Gedächtnis von Martyrern errichteten Kapellen, die zugleich vielbesuchte Wallfahrtsziele darstellten und in deren Nähe sich die Circumcellionen bevorzugt aufhielten.

Die Ursachen für das Entstehen des Circumcellionentums lassen sich nur dürftig aufhellen, wie auch die Frage nach dem letzten Sinn der Bewegung bis heute keine einheitliche Antwort gefunden hat[19]. Ihre Anhänger nannten sich selbst mit Vorliebe *milites Christi* oder *agonistici*[20] und wollten sich damit als Erben und Träger frühchristlicher Martyriumsgesinnung und -bereitschaft verstanden wissen, deren Hochschätzung sich bei ihnen oft zu fanatischer Sehnsucht nach dem Tod steigerte, den man im blutigen Kampf mit den Feinden des Glaubens, Heiden sowohl wie Katholiken, erleiden wollte. Manche Circumcellionen provozierten geradezu selbstmörderisch Situationen, in denen sie den Tod zu finden hofften; sie reizten von sich aus die Beamten herausfordernd zum Eingreifen, überfielen Reisende, die sie dann zum Kampf aufforderten, boten sich Heiden als Opfer für deren kultische Feste an oder gaben sich selbst den Tod, indem sie sich von Felsen oder in reißende Flüsse stürzten[21]. Wer immer im Kampf diesen Tod fand, galt als Martyrer, wurde deshalb innerhalb des Gotteshauses beigesetzt und durch eine besondere Inschrifttafel geehrt[22]. Neben diesem religiösen Fanatismus muß aber wohl auch eine soziale Komponente im Circumcellionentum in Rechnung gestellt werden, da manche seiner Anhänger betont als

[15] Optatus, 3, 3; 7, 6. [16] Ebd. 3, 4.

[17] Zum Circumcellionenproblem vgl. *F. Martroye:* DACL 3, 1692—1710; *Frend* a. a. O. 172—178; *A. H. M. Jones:* ThSt 10 (1959) 280—298; *H.-J. Diesner* a. a. O. 53—77.

[18] C. Gaudent. 1, 28, 32; vgl. auch CIL VIII 9585 (*cella* = Martyrerkapelle).

[19] Vgl. die Zusammenstellung der verschiedenen Deutungsversuche zuletzt bei *A. Mandouze,* Saint Augustin (Paris 1968) 357—361 Anm.

[20] Optatus, 3, 4; Aug., Ep. 108, 5. *Agon* für den Kampf des Martyrers schon bei Cyprian, Ep. 10, 4. [21] Siehe die Belegreihe bei *Frend* a. a. O. 175.

[22] Aug., Ep. 88, 8: *vivunt ut latrones, moriuntur ut circumcelliones, honorantur ut martyres.* Optatus, 3, 4.

Feinde der reichen römischen Landbesitzer in den westlichen Provinzen Numidien und Mauretanien auftraten, diese überfielen, ausplünderten oder Lösegeld von ihnen erpreßten[23]. Die Quellen berechtigen allerdings nicht dazu, diesen Zug des Circumcellionentums zur tragenden Idee des gesamten Donatismus zu machen und in ihm letztlich eine sozial-revolutionäre Auflehnung gegen die Bedrückung der Landarbeiter durch die herrschenden Klassen im spätrömischen Nordafrika zu sehen, zu denen speziell die katholische Kirche gerechnet werden müsse. Diese Deutung kann einmal nicht erklären, warum sich diese Bewegung gerade in der in jenen Jahrzehnten ohne Zweifel reicheren und gesellschaftlich angeseheneren donatistischen Kirche entfaltete und die Catholica, die ihren Anhang hauptsächlich in den Küstenstädten mit den sozial niedrigeren Schichten fand, bekämpfte. Es bliebe auch ein Rätsel, daß dann Augustinus, der rund 30 Jahre seiner Lebensarbeit der donatistischen Frage widmete und sich in seinen Predigten durchaus dem Problem der Armut gegenüber aufgeschlossen zeigte, diesen Grundzug des Donatismus nicht erkannt haben sollte. Die Circumcellionen waren ohne Zweifel überzeugte Anhänger der donatistischen Kirche und ihrer Ideen, aber besonders getragen von einem schwärmerischen Enthusiasmus, der sie sowohl zu Martyrern wie zu Terroristen werden ließ. Die donatistische Führung hat sich ihrer bewußt bedient, wenn es ihr für ihre Ziele ratsam schien, sie hat sich aber auch von ihnen distanziert, wenn ihr Verhalten dem Ansehen ihrer Kirche abträglich werden konnte[24].

Als Bischof Donatus von Bagai die Circumcellionen im Jahre 347 zum bewaffneten Widerstand gegen die römischen Truppen einsetzte, die Paulus und Makarius bei ihrem Besuch der Provinz Numidien begleiteten, sollte das verhängnisvolle Folgen für die ganze donatistische Gemeinschaft haben. In einem blutigen Kampf wurde die Widerstandsgruppe aufgerieben, und Bischof Donatus wurde als Rädelsführer hingerichtet[25]. In den Augen der Donatisten waren auch diese Toten Martyrer, und ihre Kirche fühlte sich durch dieses Ereignis in ihrem Selbstverständnis als Gemeinschaft der Verfolgten erneut bestätigt. Nicht beeindruckt durch das Schicksal des Donatus, machte eine Delegation unter Führung eines Bischofs Marculus dem Kommissar Makarius Vorwürfe, die diesen so erregten, daß er die Delegierten auspeitschen, Bischof Marculus in Haft nehmen und später hinrichten ließ. Die *Passio Marculi* aus donatistischer Feder feiert ihn als einen der großen Martyrer der Bewegung[26].

Diese Ereignisse führten rasch einen radikalen Umschwung der kaiserlichen Religionspolitik in der afrikanischen Frage herbei. Ein Edikt vom

[23] Aug., C. Gaudent. 1, 28, 32: *(hoc genus hominum) ... maxime in agris territans, ab agris vacans.* [24] Aug., C. ep. Parmen. 1, 11, 17; C. litt. Petil. 1, 24, 26; C. Crescon. 3, 49, 54.
[25] Optatus, 3, 4 und 3, 6; Aug., In ev. Joh. tract. 11, 15.
[26] Die Passio Marculi: PL 8, 760—766.

15. August 347 ordnete kurzerhand die Vereinigung der beiden Kirchen unter dem Oberhaupt der Katholiken, Bischof Gratus von Karthago, an, Donatus und andere führende Persönlichkeiten seiner Gemeinschaft wurden, soweit sie nicht mit dem niederen Klerus geflohen waren, in die Verbannung geschickt[27]. Das wirkte wie ein Schock auf das einfache donatistische Kirchenvolk, das sich massenweise dem befohlenen Zusammenschluß beugte, und so hatte nun auch die donatistische Kirche ihre *lapsi* und *traditores*. Widerstand war selten, um so mehr galt die Tat eines Maximian, der ein Exemplar der Bekanntmachung des Unionsdekretes zerriß und dafür Haft und Tod erlitt, später als Beweis dafür, daß auch in den Verfolgungsjahren der *Macariana tempora*, wie die donatistische Literatur sie gerne nannte, der Geist des Martyriums nicht gänzlich untergegangen war[28].

Die durch kaiserlichen Erlaß verfügte Union zwischen Katholiken und Donatisten bestand formell 14 Jahre lang, von 347 bis zum Regierungsantritt Kaiser Julians. Es ist jedoch erstaunlich, wie wenig die katholische Führung in diesen Jahren getan hat, um aus einer dekretierten Union eine der Herzen werden zu lassen. Bischof Gratus von Karthago berief zwar bald eine Synode ein (etwa 348/349), um die neue Lage zu beraten, auf der aber nur rund 50 Bischöfe, darunter einige ehemalige Donatisten, anwesend waren, auch das ein Zeichen für die bisherige Schwäche der katholischen Seite. Die Beschlüsse der Synode[29] lassen erkennen, daß zunächst einmal manche Mißstände in der eigenen Kirche zu beseitigen waren, wie etwa die häufige und allzu lange Abwesenheit vieler Bischöfe von ihren Bistümern. Entscheidend war aber wohl, daß der katholische Episkopat gerade damals keine Persönlichkeit von starker religiöser Ausstrahlungskraft besaß, die den Donatisten eine innere Bejahung der Union möglich gemacht oder erleichtert hätte. Der Nachfolger des Gratus in Karthago, Bischof Restitutus, war zudem stark in Anspruch genommen durch die Auseinandersetzung um die Glaubensformeln von Sirmium unter Kaiser Konstantius, in der ihm die Leitung der Synode von Rimini übertragen wurde. So festigte sich die Position der Katholiken außerhalb Karthagos nur wenig, wie etwa in Curubis und auch in Thagaste, wo neue katholische Gemeinden entstanden[30]. In ihrem eigentlichen Verbreitungsgebiet, Mauretanien und Numidien, blieben die Donatisten bald weitgehend unbehelligt, konnten ihrem Martyrer Marculus in Vegesela eine große Basilika erbauen, zahlreiche Pilger besuchten die Stätte seiner Hinrichtung und stärkten hier ihre Hoffnung auf

[27] Das Dekret, im Wortlaut nicht erhalten, wird belegt durch die donatistische Passio Maximiani: PL 8, 768, die auch die Flucht des donatistischen Klerus zugibt. Hauptquelle Optatus, 3, 1.

[28] Der Bericht darüber, legendarisch ausgeschmückt, liegt vor in der eben genannten Passio Maximiani et Isaaci: PL 8, 766—773.

[29] Die Akten der Synode: *Mansi* III 349 ff.

[30] Gesta Collat. Carth. 1, 187; Aug., Ep. 93, 5.

eine kommende Wende[31]. Zu dieser Hoffnung trug beträchtlich der Bischof Macrobius, der Leiter der donatistischen Gemeinde von Rom, bei, der sich als Presbyter der katholischen Kirche dem Donatismus angeschlossen hatte und nach dem Tode des Donatus im Exil (etwa 355) den Donatisten Briefe der Ermutigung schrieb und wahrscheinlich auch die *Passio Maximiani et Isaaci* verfaßte, die nicht wenig die Entschlossenheit zum Durchhalten nähren mochte[32].

Die Hoffnung auf einen Umschwung erfüllte sich mit der Machtübernahme durch Kaiser Julian im Jahre 361. Sofort wandten sich drei der exilierten Bischöfe im Namen der donatistischen Hierarchie an den Kaiser und baten ihn, sie alle aus der Verbannung nach Afrika zurückkehren zu lassen und ihnen wieder ihre Gotteshäuser zurückzugeben. Julian ordnete die Wiederherstellung der Situation an, wie sie vor dem Unionsdekret von 347 bestanden hatte[33], aber die Donatisten nutzten die ihnen wiedergegebene Freiheit zu einer Vergeltung, die manchmal schreckliche Formen annahm. Vertreibung der Katholiken auch aus ihren eigenen Gotteshäusern, Mißhandlung des Klerus bis zu einzelnen Todesfällen, Schändung der katholischen Eucharistie, entehrende Behandlung der zur Catholica übergetretenen Donatisten waren an der Tagesordnung[34]. Da viele heidnische Beamten diesen Ausschreitungen tatenlos zusahen, weil sie wußten, daß der Kaiser kein Interesse daran hatte, Streitigkeiten der Christen untereinander zu unterbinden, wurde die katholische Minderheit erneut in einen Zustand der Entmutigung und Resignation zurückgeworfen. Da unter den aus dem Exil zurückkehrenden Bischöfen der zum Oberhaupt der Donatisten gewählte hochbegabte Parmenian war, ging die donatistische Kirche rasch einer Blüte entgegen, in der sie zur alleinigen Bekenntnisform des nordafrikanischen Christentums zu werden schien.

Die Blütezeit des Donatismus unter Bischof Parmenian

Schon in der Exilszeit unter Konstantius erkannten die donatistischen Bischöfe die Qualitäten Parmenians, da sie ihn, obwohl er Nichtafrikaner war[35], zum Nachfolger des Donatus in Karthago bestellten. In wenigen Jahren schuf er sich hier eine Position, die keinen Zweifel an seiner Autorität innerhalb der donatistischen Kirche aufkommen ließ und ihn auch allen

[31] Über die Ausgrabungen der Basilika siehe *P. Cayrel* und *P. Courcelle:* MAH 51 (1934) 114—142 und ebd. 53 (1936) 166—183.

[32] Über ihn Gennadius, Script. eccles. (PL 59, 1060) und Passio Maximiani et Isaaci: PL 8, 768.

[33] Optatus, 2, 16 17; Aug., C. litt. Petil. 2, 97, 224; Ep. 93, 4, 12; 105, 2, 9.

[34] Optatus, 2, 16—19; 2, 21; 2, 24—26; 6, 2; 6, 5—7.

[35] Optatus, De schism. Donatist. 1, 5 hält ihm vor, als *peregrinus* kenne er nicht die Ursprünge des Schismas; er stammte möglicherweise aus Spanien oder Gallien, ebd. 2, 7.

Situationen gewachsen zeigte, mit denen er sich in seiner rund 30jährigen Amtszeit konfrontiert sah. Die dem Donatismus günstige kirchenpolitische Atmosphäre unter Kaiser Julian hat gewiß das rasche Hineinwachsen in seinen Aufgabenkreis erleichtert, und ebenso hat die Tatsache, daß die Nachfolger Julians infolge der arianischen Wirren ihr kirchenpolitisches Interesse auf die orientalischen und europäischen Provinzen konzentrieren mußten, ihn relativ ungestört am Wiederaufbau seiner Gemeinschaft arbeiten lassen. Die tieferen Gründe für seine unbestreitbaren Erfolge sind jedoch in seinen charakterlichen und intellektuellen Qualitäten zu sehen. Nicht nur von donatistischer Seite wird an ihm gerühmt, daß er in seinen Entschlüssen sicher war, seinen Überzeugungen treu blieb, der Intrige und Brutalität abhold, in den spezifisch donatistischen Auffassungen ein Mann der Mitte[36]. Seine rednerische und schriftstellerische Begabung *(eloquentia)* wird von Augustinus ausdrücklich anerkannt[37].

Auch an dem Aufstieg der donatistischen theologischen Literatur, die in die Zeit des Parmenianischen Episkopates fällt, hatte das neue Oberhaupt der Donatisten wesentlichen Anteil. Seiner Feder verdankten sie die „Neuen Psalmen", wohl gereimte Lieder, die dem einfachen Kirchenvolk die Grundüberzeugungen ihres Bekenntnisses leichter eingängig machen sollten und die noch bis in die Tage Augustins populär blieben[38]. Noch in den ersten Jahren seiner Wirksamkeit nahm er ein Werk in Angriff, das wahrscheinlich den Titel *Adversus ecclesiam traditorum* trug und in 5 Büchern eine umfassende und auch originale Ekklesiologie der Donatisten bot. Die Sorgfalt, die Optatus von Mileve seiner Widerlegung widmete, läßt noch den Eindruck ahnen, den es auf katholischer Seite hinterließ[39]. Nach Parmenian ist die wahre Kirche daran zu erkennen, daß sie als Braut Christi eine fünffache Mitgift besitzt: die cathedra, d. h. die den Bischöfen anvertraute Schlüsselgewalt; den Engel, der das Wasser bei der Taufe bewegt (Jo 5, 4); den Heiligen Geist; das Taufbecken *(fons)*; das Taufsymbol *(sigillum)*, ohne welches das Taufbecken sich nicht öffnen läßt. Da diese fünf Gaben insgesamt sich nur in der donatistischen Gemeinschaft nachweisen ließen, seien die Katholiken die vom Baum der Kirche losgerissenen Zweige[40]. Unter offenkundiger Berufung auf Cyprians *De unitate ecclesiae* argumentierte Parmenian weiter, die Katholiken hätten durch den Einsatz der staatlichen Macht gegen die Donatisten automatisch die wahre Kirche verraten, eine Rückkehr zu ihr erfordere daher Buße, die aber ohne Wiedertaufe nicht denkbar sei. Die ihnen von den Katholiken vorgeworfenen Grausamkeiten

[36] Die Zeugnisse zusammengestellt von *P. Monceaux* a. a. O. 5, 221 ff.

[37] C. Crescon. 1, 2, 3.

[38] Sie meint Augustinus wohl, wenn er Ep. 55, 18, 34 von Liedern der Donatisten spricht, „die menschlicher Kunst entsprungen sind".

[39] Der Gedankengang des nicht erhaltenen Werkes ist nur aus Optatus' „De schismate Donatistarum" zu erschließen. [40] Optatus, 2, 6—8.

seien nicht dem gewaltsamen Vorgehen des kaiserlichen Militärs gleichzusetzen, sondern legitime Reaktion gegen die Verfolger der Kirche, selbst wenn Bischöfe dafür verantwortlich seien[41].

Bedeutsamer war die Kontroverse, die Parmenian mit einem Mitglied seiner eigenen Kirche zu führen hatte, dem Laientheologen *Tyconius*[42], der als einer der bedeutendsten Schriftsteller des Donatismus angesehen werden muß. Seine biblischen Studien hatten ihn vor allem zu einem universaleren Kirchenverständnis gelangen lassen, als es seine eigene Gemeinschaft vertrat. Auch die außerafrikanischen christlichen Gruppen waren für Tyconius Kirche, selbst wenn sie mit den *traditores* Nordafrikas in Verbindung standen. Das Bibelwort von dem Unkraut, das mit dem Weizen wächst, ließ ihn auch die donatistische Forderung in Frage stellen, sie müsse sich als die Kirche der Reinen fernhalten von jedem befleckenden Kontakt mit den Bösen. Die Christenheit werde vielmehr durch eine viel tiefer reichende Spaltung in zwei Teile geschieden, in ein Reich Gottes und ein Reich des Satans; zu welchem der beiden Reiche der einzelne Christ infolge seines eigenen Willensentscheides gehöre, das enthülle sich erst am Tage des Gerichtes[43]. In einem offenen Brief wies Parmenian die gefährlichen Thesen des Tyconius zurück; ein Rückblick auf die Geschichte des Donatismus zeige, wie tatsächlich die ganze nichtdonatistische Christenheit schuldig geworden sei durch ihre Gemeinschaft mit den *traditores,* so daß allein die Kirche der Donatisten als die von den Kaisern verfolgte die reine sei, allein auch im Besitz der wahren Taufe Christi. Mehr als 20 Jahre später schrieb Augustinus auf Drängen seiner Mitbischöfe eine Widerlegung dieser *Epistula Parmeniani,* so stark war noch die Wirkung, die von ihr ausging. Tyconius allerdings ließ sich durch sie nicht von seinen Anschauungen abbringen, so daß Parmenian ihn auf einer Synode aus der donatistischen Kirche ausschließen ließ. Die Erwartung mancher Katholiken, er werde zur Catholica übertreten, erfüllten sich jedoch nicht[44]. Mit der Verurteilung des Tyconius vergab der Donatismus die Möglichkeit eines Aufbruchs in eine größere theologische Weite und verhärtete sich in seiner sektiererischen Enge, deren

[41] Optatus 2, 18 zitiert in diesem Zusammenhang Parmenians Wort: *aliud sunt milites missi, aliud episcopi ordinati.*

[42] Über ihn vgl. *E. Dinkler:* Pauly-Wissowa II 6, 649—656. Gennadius, Script. eccles. 18 nennt 4 Schriften von ihm: 1. *De bello intestino;* 2. *Expositiones diversarum causarum;* 3. *Liber regularum;* 4. *Apokalypse-Kommentar.* Die 3., eine von Augustinus sehr gerühmte Hermeneutik, ist ganz erhalten (ed. *F. C. Burkitt,* Cambridge 1894), die 4. aus Fragmenten rekonstruierbar (jetzt PL Suppl 1, 621—652).

[43] Vgl. *J. Ratzinger,* Beobachtungen zum Kirchenbegriff des Tyconius: RevÉAug 2 (1956) 173—185 und *ders.,* Herkunft und Sinn der Civitaslehre Augustins: Augustinus Magister II (1954) 965—979.

[44] Aug., C. ep. Parmen. 1, 1, 1; Doctr. christ. 3, 30; vgl. *L. J. van der Lof,* Warum wurde Tyconius nicht katholisch?: ZNW 57 (1966) 260—283.

Bekenntnisformel der Ruf blieb: „Groß ist die Kirche der Numidier; wir sind die Christen, und wir sind es allein.“ [45]

Zwei Ereignisse unter Parmenian zeigen, wie das von der Konzeption der donatistischen „Kirche der Verfolgten“ notwendig vergiftete Verhältnis zum römischen Staat letztlich immer wieder zu belastenden Rückschlägen für diese selbst führte. Beim Regierungsantritt des Kaisers Valentinian (365) wurde Romanus zum *comes Africae* ernannt, der mit seiner Neigung zu Korruption und Habgier auch die vorwiegend donatistische Provinz Mauretanien nicht verschonte [46]. Als sich ihm die Circumcellionen widersetzten und nun ihrerseits schwere Exzesse begingen, erhoben 10 donatistische Bischöfe unter Führung des Rogatus von Cartenna feierlich gegen sie Protest und trennten sich schließlich von den Donatisten, um als Kirche der Gewaltlosigkeit das donatistische Ideal zu verwirklichen [47]. Ernster wurden die Konsequenzen für die donatistische Kirche, vor allem in Mauretanien, als sie offen mit der Revolte gegen Rom sympathisierte, die der Stammeshäuptling *Firmus* [48] im Jahre 372 inszeniert hatte. Auch die Donatisten anerkannten ihn als König und liehen ihm ihre Unterstützung um so bereitwilliger, als Firmus hart gegen die Rogatisten um Cartenna vorging [49]. Rom ließ die Mitverantwortung der Donatisten an diesem Aufstand nicht ungestraft, verbot schon 373 die donatistische Wiedertaufe und untersagte nach der Niederwerfung der Revolte durch den General Theodosius, den Vater des späteren Kaisers, den donatistischen Gottesdienst in Städten und Landgemeinden [50], einige besonders kompromittierte donatistische Führer gingen in die Verbannung, unter ihnen auch ein Bischof Claudian, der die Leitung der donatistischen Gemeinde Roms übernahm. Ein weiterer kaiserlicher Erlaß vom Jahre 377, der alle bisher gegen die Donatisten ergangenen Gesetze erneut in Kraft setzte [51], hätte für sie verhängnisvoll werden können, aber der mit seiner Durchführung betraute *vicarius* Flavian, Nachfolger des in Ungnade gefallenen Theodosius, war selbst Donatist [52] und befolgte die Verordnung gegen seine Glaubensbrüder nur lässig.

So wurden die letzten 15 Jahre der Amtstätigkeit Parmenians die Periode, in der die donatistische Kirche ihre höchste Blüte erreichte. Sowohl die Zahl ihrer Mitglieder wie auch ihre Geltung im öffentlichen Bewußtsein hatten sie eindeutig zur stärksten christlichen Konfession werden lassen, der die katholische Gruppe mehr und mehr als harmlos gewordene Sekte erschien. Auch die damaligen katholischen Bischöfe waren im Vergleich zu Parmenian konturenlose Gestalten. Restitutus von Karthago war belastet, weil er in Rimini (359) versagt hatte, sein Nachfolger Genethlius war ängstlich darauf

[45] Aug., C. ep. Parmen. 1, 2, 3; Sermo 46, 16, 40. [46] Ammian. Marcell. 29, 5.

[47] Aug., Ep. 93, 11, 49 an Vincentius, einen Bekannten aus seiner Jugend, der später Bischof dieser Rogatisten wurde. [48] Siehe Pauly-Wissowa 6, 2383.

[49] Aug., C. ep. Parmen. 1, 10, 16; C. litt. Petil. 2, 83, 184.

[50] Cod. Theod. 16, 6, 1; 16, 5, 4. [51] Ebd. 16, 6, 2. [52] Aug., Ep. 87, 8.

bedacht, jedem Konflikt mit dem Donatismus aus dem Wege zu gehen, seine Kirche bot den Eindruck einer eingeschüchterten Minorität. Diese Ungefährlichkeit der Katholiken ließ sogar die Animosität der Donatisten abklingen und eine gewisse Gönnerhaftigkeit gegenüber dem nun offensichtlich endgültig überwundenen Gegner aufkommen. Die Kontakte zwischen den Mitgliedern der beiden Konfessionen im Alltag normalisierten sich, Donatisten warben zuweilen in einer geradezu friedfertigen Form um den Übertritt der Katholiken zu ihrer Gemeinschaft[53].

Ein Wandel in dieser für den Donatismus so günstigen Gesamtsituation trat erst in den ersten Jahren der letzten Dekade des 4. Jh. ein, der vor allem durch zwei Faktoren bedingt war, einen personellen und einen politischen. Nach dem Tode Parmenians betraute man *Primian*[54] mit der Leitung der donatistischen Kirche, eine Wahl, die sich als schwerer Mißgriff erweisen sollte. Denn mit ihm wurde an Stelle des besonnenen Parmenian der Vertreter einer extremen Gruppe berufen, der auch persönlich zum Radikalismus neigte, demagogisch die Instinkte der Massen ansprach und für das eigentlich Religiöse nur ein verkümmertes Organ besaß. Sein autoritäres Regiment erregte alsbald Widerspruch, zu dessen Wortführer sich sein eigener Diakon Maximian, ein Nachkomme des großen Donatus, machte. Eine Oppositionsgruppe von 43 Bischöfen klagte Primian auf einer Synode schwerer Vergehen an und forderte von ihm Rechenschaft für seine Amtsführung. Da dieser ein solches Ansinnen mißachtete, setzte ihn eine neue Synode im Jahre 393 ab, auf der rund 100 Bischöfe, immerhin ein Viertel des donatistischen Episkopates, vertreten waren[55]. Primian ging nun zum Gegenangriff gegen die Maximianisten über, bei dem er skrupellos alle Mittel der Verleumdung und Gewalt einsetzte, auch die der staatlichen Macht, wenn es möglich war, vor allem aber die der Circumcellionen. Nach solcher Einschüchterung ließ er dann auf der Synode von Bagai (394) Maximian, der inzwischen zum Bischof geweiht worden war, exkommunizieren, ihn durch die Behörden aus seiner Wohnung entfernen und seine Bischofskirche in Schutt und Asche legen[56]. Solchem Druck waren auch die Anhänger Maximians ausgesetzt, und so unterwarf sich einer nach dem andern. Bei vielen Donatisten hinterließ das harte Regiment Primians ein bedrückendes Gefühl und erleichterte manchem den späteren Übertritt zur Catholica.

Eine ähnlich negative Wirkung ging von einer zweiten Persönlichkeit des donatistischen Episkopates aus, dem im Jahre 388 zum Bischof von Thamu-

[53] Aug., Ep. 33, 5; 35, 2; De bapt. 2, 7, 10.

[54] Über ihn *P. Monceaux* a. a. O. 6, 111—147; Augustinus urteilt über ihn ungewöhnlich scharf: Enarr. in ps. 36 serm. 2 und 3.

[55] Aug., Enarr. in ps. 36 sermo 2, 19—21; 55 Bischöfe unterzeichneten das Absetzungsdekret, aber vgl. Aug., C. Crescon. 4, 6, 7: *centum vel amplius tunc episcopi.* Der Urteilsspruch über Primian: PL 11, 1183—1189.

[56] Beschlüsse der Synode von Bagai: ebd. 1189—1191; dazu Aug., C. Crescon. 4, 58, 69.

gadi (Timgad im südlichen Mauretanien)[57] gewählten Optatus, in dem sich religiös-kämpferischer Fanatismus mit einer starken Neigung zu fürstlicher Repräsentation verband. Der Jahrestag seiner Bischofsweihe war für ihn jeweils Anlaß, einen prunkvollen Empfang zu geben, bei dem er die Huldigung seiner Kollegen und des ihm ergebenen Volkes entgegennahm[58]. Den passenden Rahmen dafür bot die wahrscheinlich von ihm auf einem Hügel der Stadt erbaute große Basilika mit ihrem geräumigen Atrium und dem reich dekorierten Baptisterium; sie erschien den damaligen Donatisten als Symbol ihrer Kraft, eine Mosaikinschrift verkündete den Ruhm ihres Erbauers[59]. Unter Optatus wurden die Circumcellionen zu einer paramilitärischen Truppe[60], die dem Bischof für jeden Einsatz zur Verfügung stand und für ein Jahrzehnt der Schrecken der Landbesitzer Südnumidiens und insbesondere der Katholiken war.

Den verhängnisvollsten Schritt in seiner Laufbahn tat Optatus, als er sich zu einem Bündnis mit dem Numidier *Gildo*[61], dem Bruder des Rebellen Firmus, zusammenfand, den Kaiser Theodosius 386 zum *comes Africae* ernannt hatte, offensichtlich, weil man wegen seiner engen Beziehungen zum Hof — Gildos Tochter Salvina hatte ein Mitglied der kaiserlichen Familie geheiratet — seiner Loyalität sicher zu sein glaubte. Seine Stellung verstärkte sich noch, als man ihn zum *magister utriusque militiae* für Afrika bestellte. Allmählich aber erlag auch Gildo der Verlockung, sich eine von Ravenna unabhängige Macht in Afrika aufzubauen. Den Weg dazu sah er in einem engeren Anschluß an Byzanz, von wo aus eine Kontrolle über ihn schwieriger war als von Italien aus. Wie weit Optatus schon an diesen Plänen beteiligt war, läßt sich nicht mehr aufhellen. Er ist jedoch als der geistige Urheber jener engen Zusammenarbeit zwischen Priminianisten und Gildo anzusehen, die ihm freie Hand gab, mit seinen Methoden die noch widerstrebenden Maximianisten in die donatistische Kirche zurückzuführen (397)[62]. Von da ab blieb er auf Gedeih und Verderb mit Gildo verbunden, auch als dieser 397 zur offenen Rebellion gegen Ravenna schritt, indem er die Getreideausfuhr nach Italien einstellen ließ. Stilicho erkannte sofort die Größe der Gefahr, setzte aber listig den Bruder Gildos, Mascazel, an die Spitze des nach Afrika entsandten Truppenkontingents, da beide durch eine Familienfehde zu bitteren Feinden geworden waren[63]. Da sich nun die

[57] Zu den erhaltenen christlichen Denkmälern vgl. *P. Monceaux*, Timgad chrétien (Paris 1911); *Chr. Courtois*, Timgad, antique Thamugadi (1951).

[58] Aug., C. litt. Petil. 2, 23, 53; Ep. 108, 5.

[59] Zum Mosaik vgl. *E. Albertini:* CRAIBL 1939, 100 ff.

[60] Aug., C. ep. Parmen. 1, 11, 17; 2, 2, 4.

[61] Zum Gildo-Aufstand siehe *H.-J. Diesner:* Klio 40 (1962) 178—186.

[62] Aug., C. Crescon. 3, 60, 66; 4, 25, 32.

[63] Orosius 7, 36; Claudian., De bello Gildonico, dazu *O. Seeck*, Geschichte des Untergangs der antiken Welt 5 (Nachdr. Stuttgart 1966) 286 ff.

Gewalttaten gegen Katholiken wieder so häuften, daß der Kaiser die Todesstrafe gegen die numidischen Kirchenplünderer verhängte[64], erhielt das militärische Unternehmen gegen Gildo und Optatus auch einen kirchenpolitischen Akzent. Es gelang den römischen Truppen, Gildo in der Nähe von Theveste zu stellen und ihn vernichtend zu schlagen (Frühjahr 398). Wenige Wochen später fielen die beiden flüchtigen Protagonisten des Unternehmens in römische Hand und wurden als Rebellen hingerichtet. Das einfache donatistische Volk sah gleichwohl in dem schwärmerisch verehrten Optatus einen Martyrer, während sich seine Mitbischöfe eifrig von ihm distanzierten[65].

Diese Niederlage leitete zugleich den Zerfall des donatistischen Ansehens in Nordafrika ein. In Zukunft gab es keine höheren Beamten mehr, die noch mit ihrer Bewegung sympathisieren konnten. Der Weg und das Ziel, mit Hilfe einheimischer Rebellen in einem vom römischen Joch befreiten Nordafrika eine „nationale" Kirche zu errichten, hatten sich endgültig als Illusion erwiesen. Ebenso hatten sich die Fragwürdigkeit und Sterilität einer Haltung offenbart, die in der römischen Staatsgewalt grundsätzlich die Macht des Bösen sah und so keine praktikable Lösung für das Verhältnis von Kirche und Staat finden ließ. Die katholische Gemeinschaft konnte zwar nach dieser Kompromittierung der Donatisten wieder weitgehend auf die Gunst der kaiserlichen Regierung bauen. Aber damit durfte sie sich nicht zufriedengeben. Sie konnte die gedemütigten Donatisten innerlich nur gewinnen, wenn es ihr gelang, ihnen auch die theologische Unhaltbarkeit ihrer Position einsichtig zu machen. Bisher hatten ihr die Männer gefehlt, die dafür die Voraussetzungen besaßen. Mit der Weihe des Augustinus von Thagaste zum Bischof von Hippo trat auch hier die entscheidende Wende ein.

Augustinus und der Donatismus

Als Augustinus im Jahre 388 nach fünfjähriger Abwesenheit in seine Geburtsstadt Thagaste zurückkehrte, hat ihn die Spaltung der nordafrikanischen Christenheit in zwei Konfessionen nicht unmittelbar veranlaßt, für eine Wiedergewinnung der verlorenen Einheit tätig zu werden. Zu sehr stand noch das Ideal einer asketischen Lebensgemeinschaft mit einigen Gleichgesinnten im Mittelpunkt seines Denkens und Planens. Erst nach seiner Weihe zum Presbyter für die Kirche von Hippo Regius, durch die ihm pastorale Verantwortung für die dortigen Christen übertragen wurde, ist ihm auch die Tätigkeit für die Lösung des donatistischen Problems zu einem

[64] Cod. Theod. 16, 2, 31.
[65] Zum Tod des Optatus Aug., C. litt. Petil. 2, 92, 209; Gildo starb vielleicht durch Selbstmord: Chron. min. 1, 298.

persönlichen Auftrag geworden. Für das Verständnis Augustins ist es entscheidend zu erkennen, daß das zentrale Motiv für sein persönliches Engagement in dieser Frage die als hohe Verantwortung empfundene seelsorgerliche Sendung war, die ihm Anvertrauten in der Kirche zu bewahren, die anderen für die Kirche und die von ihr verkündete Wahrheit wiederzugewinnen. Diese pastorale Pflicht ist der eigentliche Schlüssel zum Begreifen der unermüdlichen und vielfältigen Aktivität des Bischofs von Hippo, die fast dreißig Jahre hindurch seine ganze geistige und physische Kraft, zuweilen bis zur Erschöpfung, in Anspruch nimmt.

Es war zunächst Augustins Überzeugung, daß der ideale Weg für die Wiedergewinnung der religiösen Einheit in dem persönlichen Wort, dem gesprochenen wie dem geschriebenen, gegeben sei, ein Weg, der auch seiner persönlichen Veranlagung am meisten entsprach. Eine mit Gewaltmaßnahmen erzwungene Rückkehr der Donatisten hätte der katholischen Kirche nur *ficti christiani* zugeführt[66] und somit ungünstige Auswirkungen auf das religiöse Niveau der Gemeinde gehabt. Die ersten Bemühungen Augustins, mit den Donatisten seiner näheren Umgebung in Kontakt zu kommen, sind denn auch von einem starken Glauben an die Kraft seines werbenden Wortes getragen. Wo immer er die Möglichkeit zu einem persönlichen Gespräch oder zu einer sachlichen Diskussion über die Frage der Trennung wahrnimmt, bietet er sich in verbindlichster Form an. Als er spürt, daß man eine Begegnung mit ihm wegen seiner überlegenen Bildung oder seiner Rednergabe scheut, will er gerne den Donatisten die Wahl des Gesprächspartners überlassen[67]. Seine Briefe an donatistische Persönlichkeiten sind getragen von einem tiefen religiösen Ernst, sie kennen kein verletzendes Wort. Ohne Zögern redet er sie als Brüder an, da sie in Lehre und Gottesdienst weitgehend mit den Katholiken übereinstimmen. Um aus dem Panzer der verhärteten Fronten herauszukommen, schlägt er vor, die unfruchtbaren Vorwürfe über zweitrangige Fragen beiseite zu lassen und neue Wege zu suchen[68]. Auf diese mit heißem Herzen unternommenen Bemühungen fiel jedoch bald der Rauhreif der Enttäuschung. Vor allem bei den Bischöfen der Gegenseite blieben sie ohne nennenswerten Erfolg, nur einige donatistische Laien wurden auf diese neue Stimme aus dem katholischen Lager aufmerksam und kamen sogar zu Augustins Predigten[69]. Die stärkste Wirkung dieser ersten Schritte läßt sich innerhalb der katholischen Gemeinschaft feststellen, da, wie Possidius formuliert, „kraft eines Gottesgeschenkes die katholische Kirche in Afrika nun wieder ihr Haupt zu erheben begann, die so

[66] Siehe Ep. 33 und 93, 17.

[67] Beispiele: Ep. 33 und 23 an die donatistischen Bischöfe Proculeianus bzw. Maximus, vgl. auch Civ. dei 22, 8 und Ep. 34, 6.

[68] Ep. 33, 1: *me sincero corde agere et cum tremore christianae humilitatis*; Ep. 23, 6: *tollamus de medio inania obiecta, quae ... iactari contra invicem solent.*

[69] Possidius, Vita Aug. 9, 2, 10; Aug., Ep. 76 und 105.

lange gegenüber den starken Häretikern zerrissen, bedrückt und erdrückt dagelegen hatte"[70].

Für Augustin war dieser relative Mißerfolg nur Anlaß, neue Möglichkeiten für die Erfüllung seines inneren Auftrags zu versuchen, ohne je die Bemühungen um den Dialog mit der anderen Seite aufzugeben. Er sah sie nunmehr in zwei Richtungen: er selbst mußte aus der lokalen Beschränkung auf Hippo und dessen nähere Umgebung heraustreten und den gesamten katholischen Episkopat Nordafrikas in die Lösung der Aufgabe miteinbeziehen, und zweitens mußte die Diskussion der theologisch entscheidenden Fragen in den Vordergrund gerückt werden. Für die erste Teilaufgabe war der um 391 auf den Stuhl von Karthago berufene Bischof *Aurelius*[71] der ideale Mitarbeiter, dessen Gaben der Menschenführung und Organisation sich in einem langen Episkopat († ca 430) und in einer nie getrübten Lebensfreundschaft mit Augustinus bewährten. Die zweite, theologische Aufgabe konnte damals in Nordafrika nur ein Mann überhaupt in Angriff nehmen, der Bischof von Hippo.

Für die Behandlung des donatistischen Problems durch den gesamten katholischen Episkopat war die Institution der nordafrikanischen *Bischofssynode* der gegebene Ort. Es ist das Verdienst des Bischofs Aurelius, diese mit neuem Leben erfüllt zu haben, als er auf der ersten von ihm nach Hippo berufenen Synode (393) den Beschluß fassen ließ, daß in Zukunft die Bischöfe aller nordafrikanischen Provinzen möglichst alljährlich zu konziliaren Beratungen zusammenkommen sollten[72]. Kein Zweifel, daß diese entschlossene Führung dem Episkopat nach langen Jahren der Resignation ein neues Bewußtsein seiner Stärke gab und es Augustinus zugleich ermöglichte, seine Sicht der Aufgaben den Mitbischöfen vorzutragen und sie dafür zu gewinnen. Bereits in Hippo befaßte man sich mit der Frage des Übertritts donatistischer Bischöfe und Presbyter zur Catholica. Während frühere Synoden es abgelehnt hatten, diese mit ihrem bisherigen Rang in den katholischen Klerus zu übernehmen, will man jetzt eine Ausnahme für diejenigen gestatten, die keine Wiedertaufe vorgenommen hatten oder aber mit ihrer bisherigen Gemeinde übertreten wollten[73]. Die Synode von Karthago im September 401 ging einen wichtigen Schritt weiter; sie überläßt dem einzel-

[70] Possidius, Vita Aug. 7, 2, 8.

[71] Über ihn A. *Audollent:* DHGE 5 (1931) 726—738.

[72] Die Beratungsergebnisse dieser Synode sind erhalten im sog. Breviarium Hipponense: PL 56, 418—431 = *Mansi* III 917—924. Vgl. *Ch. Munier*, Cinq canons inédits du concile d'Hippone du 8 oct. 393: RDC 18 (1968) 16—29. Unter Aurelius haben rund 20 Synoden stattgefunden: Conc. Carth. a. 525: *Mansi* VIII 643.

[73] Brev. Hippon. II 37. Ein Motiv für diese Erleichterung war allerdings auch der enorme Seelsorgermangel bei den Katholiken, den die damaligen Synoden immer wieder zu beklagen haben, vgl. Aurelius auf der Synode von Karthago Juni 401: Cod. can. eccl. Afr. 55/56.

nen Bischof die Entscheidung über die Aufnahme donatistischer Kleriker, stellt aber ein neues Kriterium dafür auf: „wenn das der *pax christiana* dienlich scheint“ [74]. Man beschließt ferner, nun das direkte Gespräch mit den donatistischen Bischöfen und Gemeinden auf breiterer Ebene zu suchen, und beauftragt damit ausgewählte Bischöfe, die *leniter et pacifice* vorgehen sollen. Sie werden angewiesen, dabei besonders auf die maximianistische Spaltung unter den Donatisten selbst einzugehen, weil sich hier die Inkonsequenz der donatistischen Führung aufzeigen lasse, da sie die von den ausgeschiedenen Maximianisten gespendete Taufe bei deren Wiederaufnahme in die donatistische Gemeinschaft als gültig anerkannt hätte [75]. Unschwer läßt sich hier die Hand Augustins erkennen, dem der direkte Dialog stets ein primäres Anliegen war, der auch sonst für die Entscheidungsmöglichkeit des einzelnen Bischofs eintrat und auch der Argumentation mit dem maximianistischen Schisma stets einen besonderen Rang einräumte [76]. Offensichtlich durch gewisse Erfolge ermutigt — im Jahre 402 waren drei ehemalige donatistische Bischöfe Leiter katholischer Gemeinden [77] —, beschloß die Synode von Karthago im August 403, ein *Religionsgespräch* auf höchster Ebene zu versuchen. Jeder donatistische Bischof erhielt eine Einladung, die ihm von der staatlichen Behörde zugestellt wurde, an die er auch seine Antwort richten sollte. Im Einladungsformular beteuert die Synode die Lauterkeit ihrer Absicht und bittet die Bischöfe der Gegenseite, auf einer eigenen Synode ihre Vertreter zu benennen, mit denen dann die katholische Delegation alle mit der Spaltung gegebenen Fragen *cum pace* diskutieren wolle; eine Ablehnung der Einladung sei allerdings gleichbedeutend mit dem Eingeständnis, daß man seiner Sache nicht sicher sei [78]. Die hochgespannten Erwartungen der katholischen Synode erfüllten sich jedoch nicht. Primian von Karthago wies die Einladung brüsk zurück mit der urdonatistischen Formel, „es sei gegen die Würde der Martyrersöhne, sich mit den Nachkommen der *traditores* zusammenzusetzen“, teilte allen donatistischen Bischöfen seine Stellungnahme mit und nahm so den Beschluß der eigenen Synode vorweg, der die Einladung der Katholiken rundweg ablehnte [79]. Die erhöhte Aktivität der Katholiken und der teilweise Erfolg lösten darüber hinaus eine neue Welle gewalttätiger Aktionen der Donatisten aus, deren Opfer einmal be-

[74] Ebd. can. 68: *si hoc paci christianae prodesse visum fuerit.*

[75] Ebd. can. 66 und 69.

[76] Aug., Ep. 245, 2; C. Crescon. 1, 4; Retract. 2, 26 29 35. Dazu *A. C. de Veer*, L'exploitation du schisme maximianiste par s. Augustin dans la lutte contre le Donatisme: RechAug 3 (Paris 1965) 219—237. [77] Aug., Ep. 69; C. Crescon. 2, 12.

[78] Das Einladungsformular: Cod. can. eccl. Afr. can. 92 (*Mansi* III 791/794). Die vorbereitenden Maßnahmen ebd. can. 91. Die Erlasse der Beamten über die Einladungsprozedur: Gesta coll. Carth. 3, 174; Brevic. coll. 3, 6.

[79] Die Antwort Primians bei Aug., C. part. Don. post gesta 1, 1: *indignum est ut in unum conveniant filii martyrum et progenies traditorum.* Vgl. noch Aug., Enarr. in ps. 36 II 18.

sonders tätige katholische Bischöfe, auf der anderen Seite übergetretene donatistische Kleriker waren. Augustins Freund Possidius wurde auf einer Reise überfallen und grausam mißhandelt, ein auf Augustinus selbst geplanter Anschlag kam nur deshalb nicht zustande, weil sein Führer sich im Reiseweg irrte[80]. Mißhandlungen erlitten ferner die katholischen Bischöfe Maximianus von Bagai und Servus von Thubursicu, des letzteren Vater, ein betagter Presbyter, starb wenig später an deren Folgen. Verfolgte einstige donatistische Kleriker waren die Presbyter Restitutus und Marcus sowie ein Subdiakon der Kirche von Urgis[81].

Als die katholische Bischofssynode im Juni 404 in Karthago die neue Lage beriet, war man sich grundsätzlich darin einig, daß man gegenüber solch massiver Gewaltanwendung den Schutz der staatlichen Behörden erbitten müsse. Während eine Gruppe meist älterer Bischöfe nun die Erzwingung der Union durch kaiserliches Gesetz für geboten hielt und sich dafür auf günstige Resultate früherer staatlicher Maßnahmen berief — man dachte wohl an die Erlasse des Kaisers Konstantius aus den Jahren 347/348 —, setzte sich die Auffassung der von Augustinus vertretenen Richtung durch, die sich gegen ein radikales Verbot des Donatismus aussprach und nur die Unterbindung der Gewalttätigkeiten durch die Behörden sowie die Bestrafung *der* donatistischen Bischöfe und Kleriker forderte, deren Verantwortlichkeit dafür nachgewiesen werden konnte. Die rechtliche Grundlage dafür schien ihnen gegeben im Häretikergesetz des Kaisers Theodosius vom Jahre 392, ein neues Edikt wäre nicht erforderlich. Die Bischöfe Theasius und Evodius sollten als Delegierte der Synode den Kaiser über die Vorfälle der letzten Monate informieren und um die erforderlichen Schutzmaßnahmen bitten[82]. Als die Delegation in Ravenna ankam, hatte Kaiser Honorius jedoch bereits seine Entscheidung getroffen. Die eben genannten Bischöfe Maximian und Servus aus Numidien hatten ihm unter Hinweis auf ihr persönliches Geschick eine so eindrucksvolle Schilderung der Lage gegeben, daß er am 12. Februar 405 ein *Unionsedikt* erließ[83], das weit über die Wünsche der Bischofssynode hinausging. Die Donatisten werden hier den Häretikern völlig gleichgestellt, weil sie die Notwendigkeit der Wiedertaufe lehrten und sie auch praktizierten. Dem entsprechen die harten Sanktionen: Übergabe der donatistischen Gotteshäuser an die Catholica, Verbot jeglicher Zusammenkünfte und Verbannung für die unionsunwilligen Bischöfe und Kleriker. Lässigkeit in der Durchführung des Ediktes durch Beamte sollte mit

[80] Possidius, Vita Aug. 12; die Zweifel am Bericht des Possidius sind unbegründet: *H.-J. Diesner*, Stpatr 6, 4 (Berlin 1962) 350—355.

[81] Über Maximian, Servus und Restitutus siehe Aug., C. Crescon. 3, 47 und 53, zu Markus Aug.„ Ep. 105, 3.

[82] Die Verhandlungen der Synode: Cod. can. eccl. Afr. can. 93, dazu der Bericht Augustins, Ep. 185, 7, 25.

[83] Cod. Theod. 16, 5, 37 38; 16, 6, 4 5.

Geldstrafen geahndet werden. In Karthago handelte man rasch, Primian ging in die Verbannung, mit ihm auch Bischof Petilian von Cirta. Sie begaben sich ihrerseits nach Ravenna und erklärten sich hier überraschend zu einem Religionsgespräch mit einem katholischen Bischof bereit, über dessen Ausgang der *praefectus praetorio* als Richter urteilen sollte[84]. In den Provinzen erhob sich jedoch allenthalben starker Widerstand der Donatisten, vor dem die Beamten oft zurückwichen, so daß Honorius in einer Serie von Erlassen die Durchführung des Unionsediktes urgieren mußte[85]. Die Auswirkungen waren lokal stark verschieden, und besonders dort, wo die Übertritte zahlreich waren, mußte man an der Ehrlichkeit der Konversion zweifeln[86]. Der Sturz Stilichos (408), dem die Donatisten einen wesentlichen Anteil an der kaiserlichen Unterdrückungspolitik zuschrieben, ließ bei ihnen die Hoffnung auf einen Umschwung aufkommen. Man verbreitete die Nachricht, die Verordnungen des Jahres 405 seien aufgehoben, und die Donatisten suchten mit Gewalt wiederzugewinnen, was ihnen durch Gesetz an Besitz und Geltung genommen worden war. Erneut mußte Aurelius von Karthago in Ravenna Hilfe erbitten, und den Donatisten wurde durch Wort und Tat klargemacht, daß die Gesetze von 405 durchaus in Kraft geblieben seien[87]. Der neuernannte Prokonsul Donatus interpretierte diese äußerst eng und wollte auch die Todesstrafe verhängen, aber Augustinus protestierte sofort[88]. Erst als Donatus durch den Heiden Macrobius ersetzt wurde, ließ der Druck auf die Donatisten nach, und zu Beginn des Jahres 410 verfügte überraschend ein Erlaß für Nordafrika, jeder könne sich frei für einen christlichen Kult entscheiden[89]. Diese Toleranzerklärung wurde aber schon im August des gleichen Jahres auf Bitten einer Delegation katholischer Bischöfe zurückgenommen, die dem Kaiser erneut die Vorstellungen und Wünsche des katholischen Episkopates für ein umfassendes und *definitives Religionsgespräch* beider Konfessionen vortrug[90]. Daraufhin beauftragte der Kaiser am 14. Oktober 410 den Senator Marcellinus offiziell mit der organisatorischen Vorbereitung dieser Konferenz und bestimmte ihn zugleich zu ihrem Vorsitzenden und Schiedsrichter[91]. Diesmal konnten sich die Donatisten kaum entziehen, da sie zwei Jahre zuvor selbst um ein solches Ge-

[84] Aug., Ep. 88, 10; Brevic. coll. 3, 4; Gesta coll. Carth. 3, 141.
[85] Cod. Theod. 16, 5, 39, 41 und 43; vgl. Cod. can. eccl. Afr. can. 94.
[86] Aug., Ep. 185, 30: *plurimi simulando communicaverunt*.
[87] Cod. Theod. 16, 5, 41 44 46.
[88] Ep. 100, 2.
[89] Die Verordnung fehlt im Cod. Theod., ist aber sicher erlassen worden und zu erklären aus der schwierigen innenpolitischen Lage der Jahre 409/410, die den Kaiser zu einer wenn auch vorübergehenden toleranteren Haltung nötigte. Siehe Cod. can. eccl. Afr. can. 108; Aug., Ep. 108, 6, 19. Zum Ganzen *A. C. de Veer*, Une mesure de tolérance de l'empereur Honorius: RÉB 24 (1966) 187—195.
[90] Cod. can. eccl. Afr. can. 107b; Cod. Theod. 16, 5, 51; Gesta coll. Carth. 1, 4, 5.
[91] Cod. Theod. 16, 11, 3.

spräch gebeten hatten. Endlich schien Augustins seit Jahren konzipiertes und unentwegt vorgetragenes Anliegen erfüllt zu werden.

Aber war Augustinus der Vorstellung von einer friedfertigen Diskussion über eine Wiedervereinigung nicht längst dadurch untreu geworden, daß er seine Ablehnung jeder mit Gewalt erzwungenen Lösung mehr und mehr aufweichen ließ und schließlich dem Einsatz staatlicher Macht offen zugestimmt hatte? Eine Stellungnahme zu Augustins Haltung in dieser Frage hat auszugehen von der unbestreitbaren Tatsache, daß er selbst einen Wandel seiner Anschauungen wiederholt und unumwunden bekennt[92]. Ebenso eindeutig äußert er sich auch über die Motive, die diesen Wandel herbeigeführt haben. Einmal war es die im konkreten, oft grausam harten afrikanischen Alltag gewonnene realistische Einsicht, daß sowohl das Leben der einzelnen Katholiken wie auch die freie Verkündigung der *veritas catholica* nur so vor der Gewalt der donatistischen Überfälle gesichert werden könne. Viele Donatisten, so glaubte er weiter, hätten erst dann die Möglichkeit einer freien Entscheidung, wenn der Druck von ihnen genommen sei, dem sie von ihrer eigenen Führung ausgesetzt seien. Außerdem habe er sich durch die ihm von seinen Kollegen vor Augen geführten Beispiele davon überzeugen lassen, daß die staatliche Gesetzgebung in der Vergangenheit doch viele Donatisten zum Nachdenken veranlaßt habe und sie dann zu überzeugten Katholiken werden ließ. Und schließlich habe er die Einsicht gewonnen, daß es sich in der konkreten afrikanischen Situation nicht mehr um ein bloßes Schisma handelte, sondern um eine Häresie, die sich am deutlichsten in der donatistischen Lehre von der Taufe kundtue, die die Wirkung dieses Sakramentes nicht mehr von Christus, sondern von der moralischen Qualität des Taufenden abhängig mache[93]. Gegenüber dieser Häresie seien daher die Gesetze anzuwenden, die der jetzt von christlichen Kaisern gelenkte Staat für solche Fälle erlassen habe, mit der Einschränkung allerdings, daß bei ihrer Anwendung stets die *caritas christiana* gewahrt bleibe und vor allem nie die Todesstrafe verhängt werden dürfe[94]. Diese Gesetze werden zwar von denen, die sie treffen, als Zwang empfunden, aber es sei auf ihr Ziel zu achten; sie wollten zum Guten, zum Heil führen, ebenso wie es eine Verfolgung gebe, die vom Irrtum zurückführt, gegenüber einer anderen, die in den Irrtum stürze. Es ist jene Verfolgung, wie sie nach dem Evangelium die Knechte üben, die ihr Herr aussendet auf die Landstraßen und an die Zäune mit dem Auftrag, die Armen „zu nötigen hereinzukommen" (Lk 14, 23), oder der Hirt, der das verirrte Schaf „verfolgt",

[92] Zum Beispiel Ep. 93, 5, 16—17: *mea primitus sententia non erat nisi neminem ad unitatem Christi esse cogendum; verbo esse agendum, disputatione pugnandum, ratione vincendum, ne fictos catholicos haberemus.* Vgl. ferner Retract. 2, 21; Ep. 185, 25; C. Crescon. 3, 48, 53.

[93] Augustinus begründet wiederholt den Wandel seiner Auffassung, bes. eingehend in den beiden Briefen 93 und 185. [94] Ep. 110, 1; 133, 1; 134, 2; 153.

es, wenn auch gegen seinen Willen, zur Herde zurückbringt und es so rettet (Mt 18, 12—14). „Warum sollte die Kirche ihre verirrten Söhne nicht zur Rückkehr zwingen, wenn verirrte Söhne andere in ihr Verderben zwangen?“ [95]

Es ist begreiflich, daß diese Haltung Augustins und ihre Motivierung der Zug seines Wirkens ist, der heute stärkstem Widerspruch begegnet, modernes Toleranzverständnis wird ihr gegenüber immer Vorbehalte machen. Freilich, wer die Gestalt Augustins als Ganzes ablehnt, wird ihm auch hier „schmutzige Hände“ zuschreiben, und wem die Katholiken Nordafrikas im 4. Jh. unsympathisch sind, der wird auch in Augustins Verhalten nur ein wohlüberlegtes Ränkespiel und in seiner gekonnten Verwendung der Regeln antiker Rhetorik in der literarischen Auseinandersetzung einen billigen Trick sehen, ohne sich um präzise Einzelbelege für solche Wertungen zu bemühen[96]. Die eigentliche Frage ist, ob Augustins Rechtfertigung der Inanspruchnahme staatlicher Zwangsmaßnahmen nicht eine unheilvolle Wirkung auf die Folgezeit ausgeübt und religiösen Gruppen späterer Zeiten und verschiedenster Richtungen als Alibi für ihr Verhalten gedient hat. Man wird in ihm zwar nicht den ersten Theoretiker der Inquisition sehen können[97], da Augustinus gerade nicht eine abstrakte, für alle Zeiten gültige und anwendbare Schreibtischlösung für die Frage der Erlaubtheit religiösen Zwanges erarbeiten wollte, sondern einen Ausweg suchte aus einer ungemein komplexen, ihn maßlos quälenden Situation, mit der er tagtäglich konfrontiert wurde. Man wird aber sagen müssen, daß Augustinus nicht bedacht hat, welche theoretischen Konsequenzen in einer anderen Konstellation aus seinen konkreten Überlegungen abgeleitet werden konnten[98]. Des weiteren hat er nicht gesehen, daß eine Zusammenarbeit auch mit diesem unter christlicher Führung stehenden Staat, dessen Fragwürdigkeit in anderer Hinsicht er durchaus erkannt hat, im Nordafrika seiner Tage notwendig auch politischen Charakter haben mußte (Sicherung der politischen und wirtschaftlichen Kontrolle des Landes auf dem Hintergrund konfessioneller Einheit) und in den Augen der Donatisten auch hatte. So wurde das rein religiöse Anliegen Augustins durch diese Verzahnung konfessioneller und politischer Interessen schon zu seinen Lebzeiten mit einer schweren Hypothek belastet und hat dann als politischer Augustinismus in späteren

[95] Ep. 185, 6, 23: *cur non cogeret ecclesia perditos filios ut redirent, si perditi filii coegerunt alios ut perirent?* Zum augustinischen Sinn von *cogite intrare* im Gegensatz zu *compelle intrare* und zu *persecutio* im Sinne von französisch *poursuite* vgl. die philologischen Bemerkungen von *A. Mandouze,* S. Augustin 348 f mit Anm.

[96] Vgl. eine Zusammenstellung solcher Wertungen bei *A. Mandouze* a. a. O. 337 und 353 mit Anm.

[97] *P. Brown,* St. Augustine (London 1967) 240, ebd. 235.

[98] Siehe zuletzt *H. Maisonneuve,* Croyance religieuse et contrainte. La doctrine de s. Augustin: MSR 19 (1962) 49—68 über den Einfluß Augustins auf das Decretum Gratiani in den causae 23 und 24 über die Repression der Häresie.

Jahrhunderten weitergewirkt[99]. Man hat die Haltung Augustins mit dem mangelnden Blick für die politische Qualität und Tragweite auch religiöser Fragen erklären wollen. Damit ist gewiß etwas Richtiges gesehen, man bleibt aber noch im Vordergründigen. Wenn man Augustins antidonatistische Schriften als Ganzes auf sich wirken läßt, wenn man vor allem seine einschlägige Korrespondenz und noch mehr seine Predigten befragt, kann man kaum überhören, daß hier die Stimme eines Mannes spricht, der von der religiösen Verantwortung, die in die Irre gegangenen Brüder wieder in die eine *ecclesia* zurückzuführen[100], so getrieben und gehetzt war, daß ihr gegenüber alle anderen Erwägungen in den Hintergrund traten.

Das Religionsgespräch von Karthago (411) und seine Folgen

Während das kaiserliche Reskript, das die Abhaltung des Religionsgespräches anordnet, sich in sehr wenig konzilianter Form über die Donatisten äußerte, lassen die Maßnahmen, die der notarius Marcellinus bei dessen Vorbereitung traf, deutlich das Bemühen erkennen, die donatistischen Bischöfe in möglichst großer Zahl für eine Teilnahme zu gewinnen. In seinem Schreiben[101], das alle Bischöfe beider Konfessionen auf den 1. Juni 411 nach Karthago einlädt, versichert er den Donatisten, daß er in voller Unparteilichkeit sein Urteil fällen werde. Sie können ihrerseits noch einen zweiten Schiedsrichter bestimmen, und sie erhalten die Garantie, daß sie nach Beendigung der Konferenz unbehelligt in ihre Bistümer zurückkehren dürfen. Bis zu seinem Urteilsspruch werden alle Zwangsmaßnahmen gegen die Donatisten eingestellt, die örtlichen Behörden erhalten entsprechende Anweisungen. Das Echo auf dieses Schreiben war für Marcellinus überaus erfreulich. Der donatistische Primas Primian kündigte nicht nur sein persönliches Erscheinen an, er forderte auch durch ein Rundschreiben alle Mitbischöfe auf, sich möglichst vollzählig in Karthago einzufinden[102]. Wenige Tage vor Konferenzbeginn konnte Marcellinus den beiden Gruppen eine detaillierte Geschäftsordnung vorlegen, sie um ihre Billigung und um Erledigung der darin vorgeschlagenen Einleitungsprozeduren bitten[103]. Für jede Gruppe waren je sieben von allen versammelten Bischöfen noch vor Konferenzbeginn zu wählende Sprecher vorgesehen, denen ebenso viele Berater zur Seite stehen sollten. Die Protokolle der Debatten, für deren Aufzeichnung ein Büro von Stenographen[104] bereitstand, sollten von einer Kom-

[99] Vgl. *A. Mandouze,* L'Afrique chrétienne, le Donatisme et s. Augustin: Cahiers de la Pierre-Qui-Vire n. 17 (Paris 1967) 279—297.

[100] Besonders eindrucksvoll sermo 46.

[101] Gesta coll. Carth. I 5; I 4 das Kaiserliche Reskript.

[102] Ebd. II 50; das Rundschreiben erwähnt Aug., Ad donat. post coll. 24, 41.

[103] Gesta coll. Carth. I 10.

[104] Dazu *E. Tengström,* Die Protokollierung der Collatio Carthaginiensis (Göteborg 1962).

mission von je vier Vertretern beider Parteien redigiert und durch Anschlag bekanntgemacht werden. Die Antwort der Donatisten[105] legte sich hinsichtlich der Geschäftsordnung nicht fest, kritisierte aber sehr, daß nur die gewählten Vertreter, nicht aber alle anwesenden Bischöfe zu den Verhandlungen zugelassen werden sollten, trotzdem wählten sie die von Marcellinus vorgesehenen Delegierten. Die Katholiken gaben nicht nur ihre uneingeschränkte Zustimmung zur vorgeschlagenen Geschäftsordnung, sie verpflichteten sich darüber hinaus, im Falle eines für sie negativen Ausgangs der Konferenz, den Donatisten ihre Bischofssitze zu überlassen; sollte die Entscheidung zugunsten der Katholiken ausfallen, dürften jedoch die donatistischen Bischöfe Rang und Amt behalten, wenn sie sich der Catholica anschlössen[106]. Ihr Bemühen, ein günstiges Verhandlungsklima zu schaffen, war unverkennbar, wie auch Augustin in einigen Predigten die Katholiken Karthagos bat, jede Demonstration zu unterlassen und das Vorhaben des Unionsgespräches durch ihr Gebet zu unterstützen[107]. Im Gegensatz zu den Donatisten veröffentlichten die Katholiken auch ihr *mandatum*, den Text mit den Namen ihrer Delegierten samt den diesen erteilten Instruktionen[108], in denen bereits klar die Linie abgesteckt war, die sie bei den Diskussionen einhalten wollten. Die Kernfrage müsse die nach der wahren Kirche sein und bleiben, von ihr seien Detailfragen, wie etwa „der Fall Caecilian", scharf zu trennen. Für die theologische Argumentation war bereits ein Katalog von Bibeltexten beigefügt, der wohl von Augustinus zusammengestellt war. Die von den Donatisten zu erwartenden Anklagen über die Anerkennung der Ketzertaufe durch die Katholiken, über die Inanspruchnahme staatlicher Macht im Kampf gegen die Donatisten sollten jeweils zurückgewiesen werden mit dem Hinweis auf das völlig gleiche Verhalten der Donatisten anläßlich des maximianistischen Schismas und unter Kaiser Julian. Für historische Tatsachenfragen, wie etwa die, ob Caecilian oder sein Consecrator Felix *traditores* gewesen seien, sollten die Urkunden der amtlichen Archive herangezogen werden, die ebenfalls Augustinus sorgfältig gesammelt hatte. Jeder Versuch der Donatisten, auf die Diskussion von zweitrangigen Einzelfragen auszuweichen, sollte von vornherein abgebogen werden mit der unentwegt vorzutragenden Forderung, über das Kernproblem der Konferenz, die wahre Kirche, zu sprechen.

Als Marcellinus am 1. Juni die Konferenz in den Thermen des Gargilius eröffnete, erschienen von katholischer Seite nur deren 18 Delegierte, von den Donatisten der gesamte in Karthago anwesende Episkopat[109]. Vom ersten Augenblick an war ihre Taktik, durch das Aufwerfen immer neuer formaler

[105] Gesta coll. Carth. I 14.

[106] Ebd. I 16; Aug., Ep. 128, 1; Brevic. coll. I 5. Es gelang Augustinus, alle katholischen Bischöfe bis auf zwei für diese Zusage zu gewinnen: Gesta cum Emer. 6.

[107] Sermo 357 und 358. [108] Gesta coll. Carth. I 55. [109] Ebd. I 2.

Verfahrensfragen, auf die Marcellinus zunächst mit großer Geduld einging, die Diskussion der theologischen Grundfragen hinauszuschieben oder zu umgehen. Darüber vergingen die beiden ersten Sitzungstage, worauf die Konferenz unterbrochen wurde, um den Donatisten Zeit für ein Studium des katholischen *mandatum* zu geben, zu dem sie eine systematische Widerlegung ausarbeiten wollten[110]. Als sie nach Wiederaufnahme der Debatte am 8. Juni verlangten, daß diese Widerlegung vorgelesen und sofort diskutiert werde, erkannte Augustinus sofort seine Chance und unterstützte ihren Antrag, weil ihm damit die Möglichkeit gegeben war, genau nach dem von ihm entworfenen Schema vorzugehen und in geschlossener Darstellung den katholischen Standpunkt in allen wichtigen Punkten darzulegen[111]. Seine souveräne Meisterung des Stoffes, seine Sicherheit in der Auswertung der Bibel, seine exakte Kenntnis der Akten und seine Schlagfertigkeit in der Replik auf die Einwürfe der Donatisten machten ihn zur beherrschenden Gestalt dieses Tages. Am späten Abend schloß Marcellinus die Debatte und verkündete das Urteil, wonach die Donatisten von den Katholiken *omnium documentorum manifestatione* widerlegt worden seien[112]. Wenige Tage später gab er das Ergebnis der Konferenz noch einmal in Form eines Ediktes bekannt, das schließlich durch Reskript des Kaisers Honorius vom 30. Januar 412 bestätigt wurde[113].

Die donatistischen Bischöfe legten schon bald beim Kaiser Berufung gegen das ergangene Urteil ein, die sie vor allem damit begründeten, Marcellinus habe nicht nur verschiedene Formfehler begangen, sondern habe sich auch der Parteilichkeit, ja der Bestechlichkeit schuldig gemacht[114]. Die staatlichen Behörden gingen jedoch darauf nicht ein und zogen aus dem Urteilsspruch kühl und unerbittlich die Konsequenzen. Noch Marcellinus ordnete an, daß alle donatistischen Kleriker, die jetzt noch die Union verweigerten, ihre Kirchen sofort den Katholiken überlassen müßten, daß die Circumcellionenbünde aufzulösen und daß alle Zusammenkünfte der Donatisten hinfort untersagt seien[115]. Das kaiserliche Reskript vom Januar 412 setzte alle früheren Verbote wieder in Kraft, verhängte über die Widerspenstigen schwere Geldstrafen, gegebenenfalls Konfiskation des gesamten Vermögens, und drohte dem unionsunwilligen Klerus die Verbannung vom afrikanischen Boden an[116]. Einige Katholiken waren durchaus damit einverstanden, daß die Gesetze in aller Strenge angewandt würden; jetzt sei Milde

110 Ebd. II 12; III 258.

111 Ebd. III 260—261. Brevic. coll. 3, 15 setzt die Intervention Augustins ein.

112 Nach Aug., Brevic. coll. 3, 43; der Wortlaut der sententia des Marcellinus ist nicht erhalten.

113 Das Edikt am Ende der Gesta coll. Carth.: PL 11, 1418—1420, das kaiserliche Reskript: Cod. Theod. 16, 5, 52.

114 Aug., Ad donat. post coll. 1; 16; 57; 58; Gesta cum Emer. 2; 3.

115 Text = sog. sententia cognitoris: PL 11, 1418—1420.

116 Cod. Theod. 16, 5, 52.

Nachlässigkeit oder Schwäche. Wieder machte sich Augustinus zum Sprecher der *mansuetudo catholica,* die vor allem die Anwendung der Todesstrafe verbiete. Er trat auch sonst entschieden für ein mildes Vorgehen ein, so daß er sich gegen den Vorwurf rechtfertigen mußte, er begünstige geradezu die Donatisten, da er Straffreiheit für sie fordere[117].

Obwohl Augustinus den entscheidenden Anteil an dem für die Katholiken günstigen Ausgang des Religionsgespräches für sich in Anspruch nehmen konnte, kennt er kein Gefühl persönlichen Triumphes. Er spricht zwar einmal von der *evidentissima victoria nostra,* meint aber damit den Sieg der *catholica veritas.* Als dann die Massenübertritte einsetzen und man ihm als dem Urheber solcher Erfolge Lob spendet, wehrt er kühl ab: *non sunt haec opera nostra, sed dei*[118]. Er macht sich zudem keine Illusionen über die Qualität mancher Konversionen und betont daher eindringlich die Pflicht der Bischöfe, durch ihr pastorales Bemühen die innere Hinwendung der ehemaligen Donatisten zur katholischen Einheit zu erwirken, so wie er es vorbildhaft in seinen Predigten versucht[119]. Eine Minorität verschließt sich jedoch lange der Union. Zu ihr gehört wohl die Mehrzahl der Bischöfe, nach Augustinus die eigentlichen *victi* des Religionsgespräches, mit denen er auch weiterhin hart ins Gericht geht und die er ebenso von der großen Menge des donatistischen Kirchenvolkes trennt wie den unglücklichen verstockten Rest der Circumcellionen, die noch um 420 mit Selbstmord drohen, wenn man sie mit Gewalt zum Anschluß an die Catholica bringen wolle[120]. Noch um 418 konnten mehr als dreißig donatistische Bischöfe in Numidien zusammenkommen und sogar neue Bischöfe weihen[121]. Das Fortleben eines zähen donatistischen Restes wird auch bezeugt durch eine ganze Serie kaiserlicher Erlasse, die dem Edikt von 412 folgen und bis zum Vandaleneinfall reichen, wiederholt werden durch sie die eigenen Beamten aufgefordert, die erlassenen Maßnahmen strikt durchzuführen, sonst würden sie selbst zur Rechenschaft gezogen[122]. Im Jahre 420 veröffentlicht Augustinus seine letzte antidonatistische Schrift, danach wird das Thema Donatismus in seiner Korrespondenz nur noch gelegentlich, in seinen Predigten überhaupt nicht mehr behandelt, wie es auch seit 418 für Jahrzehnte von der Tagesordnung der nordafrikanischen Bischofssynode verschwindet[123]. Die größte pastorale Auf-

[117] Ep. 139, 2; 153.

[118] Ep. 141, 1 und 3; 142. Die Massenübertritte Ep. 185, 3: *liberantur per illas leges . . . fundi, pagi, vici, castella, municipia, civitates.* 185, 7: *multi . . . correcti sunt et cotidie corriguntur.* Vgl. weiter Sermo 359, 7; Possidius, Vita Aug. 13.

[119] Ep. 185, 8; Sermo 112; 137/38; 197; 296; 359, dazu noch eine Reihe der Enarr. in ps.

[120] Seine Schrift Contra partem Donati post gesta ist eine unerbittliche Abrechnung mit dem donatistischen Episkopat, den er vom Volk zu isolieren sucht. Die Circumcellionen: Ep. 204. [121] C. Gaudent. I 37, 47—48. [122] Cod. Theod. 16, 5, 54—56; 63—65.

[123] Die letzte Schrift: Contra Gaudentium; die letzten Briefe: Ep. 108 und 109 um 423. Die Synode vom 1. Mai 418 befaßt sich abschließend mit der notwendig gewordenen Neuordnung der nordafrikanischen Diözesen: Cod. can. eccl. Afr. can. 117—124.

gabe und die ihn am schwersten bedrückende Verantwortung, die das Bischofsamt Augustinus auferlegt hatte, war von ihm genommen.

Neben die Lösung der praktisch-pastoralen Aufgabe, die Einheit der Christenheit Nordafrikas wiederzugewinnen, tritt gleichgewichtig der *theologische Ertrag* der geistigen Auseinandersetzung mit dem Donatismus, der im antidonatistischen Schrifttum Augustins seinen Niederschlag gefunden hat[124]. Er liegt erstens in der endgültigen *Klärung der Beziehung von Sakrament und Spender* und zweitens in einem vertieften *Verständnis von Wesen und Sendung der Kirche*. Die donatistische Praxis der Wiedertaufe ging von einem Begriff des Sakramentes aus, der dessen Wirksamkeit von der „Reinheit" seines Spenders abhängig machte. Für Augustinus hieß das, „seine Hoffnung auf einen Menschen setzen" und nicht auf Christus, den *auctor* der Sakramente, dessen Verdienste allein ihnen die Wirkkraft verleihen. Es ist also nicht Petrus oder Johannes, auch nicht Judas, der tauft, es ist immer Christus, der tauft[125]. Die innere Reinheit und Heiligkeit des Sakramentes ist daher weder von der Heiligkeit noch von der Unreinheit des Spenders erreichbar, sie wird von ihr weder erhöht noch gemindert[126]. Da Augustinus weiter unterscheidet zwischen dem sakramentalen Akt, den der Spender vollzieht, und der heilswirkenden Gnade des Sakramentes, die nur der in der Kirche Christi wirkende Heilige Geist verleiht, kann er die Existenz und Gültigkeit auch der von Schismatikern und Häretikern gespendeten Sakramente anerkennen, die aber ohne Heilswirkung bleiben, da diese an die Gegenwart des Heiligen Geistes gebunden ist, die ihrerseits nur in der Einheit mit der wahren Kirche gegeben ist. Sobald der außerhalb Getaufte der einen Kirche durch Handauflegung eingegliedert ist, hat er teil an der durch den Heiligen Geist gewirkten Einheit und damit auch an der an sie gebundenen Gnade des Sakramentes[127]. Augustin hat zwar diese Unterscheidungen und Prinzipien hauptsächlich im Zusammenhang mit dem Taufsakrament erarbeitet, er dehnt sie aber auch auf die übrigen Sakramente aus, speziell auf das Weihesakrament und die Eucharistie. Damit war das Cyprianische Sakramentsverständnis in der Theologie endgültig überwunden.

Die *Lehre von der Kirche* bereicherte Augustinus durch neue tiefe Einsichten, die ihm möglich wurden durch die Unterscheidung der *ecclesia*, wie sie jetzt ist, und der *ecclesia qualis futura est*[128]. Während sich die Donatisten als die Kirche der Reinen verstanden, die ohne Makel und Runzel ist, erkennt Augustinus, daß in der „Kirche, wie sie jetzt ist", Gute und

[124] Siehe die Zusammenfassung von Y. *Congar:* BiblAug 28 (1963) 86—124.

[125] In vielfacher Variation wiederholt: C. ep. Parmen. II 15, 34; C. litt. Petil. I 9, 10; In ev. Joh. tract. 5, 18; 6, 8; 15, 3. [126] De bapt. III 10, 15; IV 21, 28.

[127] De bapt. V 23, 33; C. ep. Parmen. II 13, 18; Sermo 269, 2.

[128] Brevic. coll. III 10, 20; Retract. II 44, 2.

Böse zusammen leben bis zum Gericht, das die endgültige Scheidung bringen wird. Man kann ihr *corpore* oder auch *corde* angehören, im ersten Fall besitzt man zwar die *communio sacramentorum,* gehört aber nicht zur *societas sanctorum* oder *Spiritus,* besitzt darum auch nicht die *Pax,* die *Unitas,* die *Caritas,* die eben Gaben dieses Geistes sind. Die Kirche ist zwar die Gemeinschaft derer, die den Anruf Gottes in Christus hörten oder noch hören werden, die innere Einheit dieser Kirche wird aber erst volle Wirklichkeit durch die *Pax,* die der Heilige Geist in ihr wirkt. So wie dieser Geist das Band ist zwischen Vater und Sohn und so die Gemeinschaft der drei in der Einheit vollendet, so ist er auch das Band, das die Kirche zur „Gemeinschaft der Heiligen" werden läßt[129]. Mit dieser Sicht der Kirche läßt Augustinus Cyprian ein zweites Mal hinter sich, der in der Gemeinschaft der Bischöfe das Fundament der Einheit sah, und korrigiert die ekklesiologische Überbewertung des Bischofsamtes bei den Donatisten, soweit sie in seinen Trägern als den Spendern der Sakramente auch die Spender der entsprechenden Gnadengaben sahen und sie deshalb im Vollsinn geistliche Väter nannten. Für Augustinus hingegen ist die Kirche die geistliche Mutter der Gläubigen und als solche Trägerin der Schlüsselgewalt und der Unfehlbarkeit[130]. Um die Wirklichkeit dieser *mater ecclesia* noch zu verdeutlichen, greift Augustinus mit Vorliebe zum Bild der *columba*[131], dessen symbolische Aussagekraft die Bibel so oft verwendet, wenn sie von Frieden, Reinheit, Treue und vom Heiligen Geist spricht. Er vertieft und bereichert aber den Symbolgehalt des Wortes, wenn er die Kirche selber *columba* nennt und in dieser Taube die einzige und treue *sponsa Christi* sieht, die Unschuldige und Reine, die für ihre sündigen Glieder seufzt und seufzend nach denen ruft, die von ihr getrennt sind, die den Heiligen Geist empfing, um durch ihn all ihren Gliedern die *Pax* zu geben. Nur wer diese *Pax columbae* besitzt, wirkt sein Heil, und so hält Augustinus in vertieftem Verständnis an Cyprians Wort fest *„extra ecclesiam nulla salus"*. Damit bringt Augustinus die gültigen Ansätze im Kirchenverständnis Cyprians in seine vertiefte Ekklesiologie ein[132], aber es gab in seinen Tagen auf donatistischer Seite keinen Theologen, der dies erkannt, aufgegriffen und so mitgeholfen hätte, die *Pax ecclesiae* in der damaligen nordafrikanischen Christenheit auf weniger schmerzliche Weise wiederzugewinnen.

[129] Siehe *Y. Congar* a. a. O. 100—103 und HDG III (1971) 3—6.

[130] Vgl. *P. Rinetti,* Sant'Agostino e l'Ecclesia mater = Augustinus Magister II 827—835.

[131] Die Belege für *columba = ecclesia:* BiblAug 28 (1963) 104—109 Anm.

[132] Dazu *F. Hamer,* Le baptême et l'église: Irénikon 25 (1952) 263—275.

12. Kapitel

Pelagius und die Folgen

QUELLEN: *A. Bruckner,* Quellen zur Gesch. des pelagianischen Streites (Tübingen 1906). Übersicht über die erhaltene pelagianische Lit. von *J. Morris:* JThS NS 16 (1965) 26—60. Katalog der echten und umstrittenen Schriften des Pelagius von *A. Hamman:* PL Suppl 1, 1101—09. — Pelagius, Expositiones in epistulas Sancti Pauli, ed. *A. Souter:* TSt 9, 1—3 (Cambridge 1922, 1926, 1931), dessen Text: PL Suppl 1, 1110—1374; Libellus fidei ad Innoc.: PL 45, 1716—18; Epistula ad Demetriadem: ebd. 30, 15—46. Grundlegend für die Echtheitsfragen *G. de Plinval,* Pélage, ses écrits, sa vie et sa réforme (Lausanne 1943); *ders.,* Essai sur le style et la langue de Pélage (Fribourg 1947); *ders.:* RÉL 29 (1951) 284—294; *R. F. Evans,* Four Letters of Pelagius (London 1968). — Julianus Eclan., Commentarius in prophetas minores tres: PL 21, 950—1104; Expositio libri Job: PL Suppl I 1573—1679. Die antipelagianischen Schriftsteller: Hieronymus, Dialogi contra Pelagianos: PL 23, 495—590; Ep. 133: CSEL 56, 241—260; Orosius, Liber apologeticus contra Pelagianos: CSEL 5, 603—664; Marius Mercator, Commonitorium und Super nomine Caelestii: ACO I 5, 5—23 65—70; Augustinus: CSEL 42 und 60 rec. *C. F. Vrba* et *I. Zycha* (Wien 1902, 1912); PL 44/45; *S. Kopp - A. Zumkeller,* Aurel. Augustinus, Schriften gegen die Semipelagianer (Würzburg 1955); *A. Zumkeller,* Augustinus, Schriften gegen die Pelagianer I—II (Würzburg 1964/71). In der Bibliothèque Augustinienne sind bisher erschienen Bd 24 (Paris 1962: Schriften gegen die Semipel.) von *J. Chéné und J. Pintard,* und Bd 21 (Paris 1966: De natura et gratia; De perf. justit. hom.; De gestis Pelagii) von *G. de Plinval* und *J. de la Tullaye.* Ein brauchbares Compendium augustinischer Texte (mit frz. Übers.) zur Gnadenlehre bietet *J. Chéné,* La théologie de s. Augustin. Grâce et prédestination (Le Puy - Lyon 1962).

LITERATUR: Zu Pelagius: *A.-J. Gaudel:* DThC 12, 382—406; *R. Hedde - E. Amann,* Pélagianisme: ebd. 12, 675—715; *E. Dinkler:* Pauly-Wissowa 19, 226—242; *G. de Plinval* (s. o. unter Quellen); *J. Rivière,* Hétérodoxie des Pélagiens en fait de rédemption: RHE 41 (1946) 5—43; *J. Ferguson,* Pelagius (Cambridge 1956); *T. Bohlin,* Die Theologie des Pelagius (Uppsala 1957); *S. Prete,* Pelagio e il Pelagianismo (Brescia 1961); *R. F. Evans,* Pelagius (London 1968); *P. Brown,* Religion and Society in the Age of St. Augustine (London 1972) 183—226. — Zu Julian von Eclanum: *A. Hamman:* PL Suppl 1, 1571 bis 1572; *G. Bouwman,* Des Julian von Aeclanum Kommentar zu den Propheten Osee, Joel und Amos (Rom 1958); *R. Refoulé,* Julien d'Éclane, théologien et philosophe: RSR 52 (1964) 42—84 233—247. — Zu Augustinus: Die Abschnitte in den Augustinusbibliographien von *C. Anderson* und *T. Bavel* (s. 11. Kap.) und in Bibliothèque August. 24 (1962) 29—38; 21 (1966) 19—23; *N. Merlin,* S. Augustin et les dogmes du péché originel et de la grâce (Paris 1931); *Y. de Montcheuil,* La polémique de s. Augustin contre Julien d'Éclane: RSR 44 (1956) 191—218; *A. Guzzo,* Agostino contro Pelagio (Torino 1958); *H. Ulbrich,* Augustins Briefe zum pelagianischen Streit (Diss. masch. Göttingen 1958), Teilabdruck: RevÉAug 9 (1963) 51—75 235—258; *J. Groß,* Entstehungsgeschichte des Erbsündendogmas I (Basel 1960); *J. Chéné,* Les origines de la controverse semi-pélagienne: ATh 13 (1953) 56—109; RSR 43 (1955) 321—341; *N. K. Chadwick,* Poetry and Letters in Early Christian Gaul (London 1955) 170—239; *F. J. Thonnard,* La prédestination augustinienne et l'interprétation de O. Rottmanner: RevÉAug 9 (1963) 259—287; *ders.,* La prédestination augustinienne, sa place en philosophie augustinienne: ebd. 10 (1964) 97—239; *M. Huftier,* Le tragique de la condition chrétienne chez s. Augustin (Paris 1964); *ders.,* Libre arbitre, liberté et péché chez s. Augustin (Louvain 1968); *J. M. List,* Augustine on Free Will and Predestination: JThS NS 20 (1969) 420—447. Die entsprechenden Kapitel in den Augustinusbüchern (s. 7. Kap.) von *G. Bonner* (317—393), *P. Brown* (340—407) und *A. Mandouze* (391—453); *E. TeSelle*, Augustine the Theologian (London 1970); *G. Bonner*, Augustine and Modern Research on Pelagianism (Villanova 1972).

Das Sittlichkeitsideal des Pelagiuskreises

Die Quellen schweigen darüber, wann und aus welchen Motiven der Brite *Pelagius*[1] seine Heimat verließ und sich nach Rom wandte, wo er etwa von 390 ab als christlicher Asket lebte, ohne jedoch einer Mönchsgemeinschaft im engeren Sinn anzugehören. In den gleichen Kreisen der römischen Christengemeinde, in denen Hieronymus zur Zeit des Papstes Damasus mit Erfolg und gegen Widerspruch für die asketische Lebensform geworben hatte, gelangte Pelagius zu hohem Ansehen und konnte eine Schar Gleichgesinnter um sich sammeln, zu der auch ein ehemaliger Rechtsanwalt mit Namen *Caelestius*[2] gehörte, der bald ein eifriger und wendiger Verkünder der spezifischen sittlichen Prinzipien seines Meisters werden sollte. Als entscheidender Grund für die hohe Geltung des Pelagius in bestimmten Kreisen der christlich gewordenen Oberschicht Roms muß der kompromißlose Ernst genannt werden, mit dem er seine sittlichen Forderungen vorlebte, dazu kam eine beachtliche Begabung, für sein Ideal in Wort und Schrift eindrucksvoll zu werben[3]. Von seinen zahlreichen Schriften sind allerdings nur drei erhalten geblieben, deren Echtheit keinen Zweifel zuläßt, nämlich ein knapper Kommentar zu 13 Paulusbriefen, eine auch formal sehr ansprechende asketische Abhandlung an die aus dem Haus der Anicier stammende Römerin Demetrias und sein Glaubensbekenntnis für Papst Innocenz I. Auf Grund neuerer Forschungen können ihm jedoch vier weitere Kurzschriften heute mit hoher Wahrscheinlichkeit zugesprochen werden, eine Reihe weiterer Texte, meist in Briefform, stammt, wenn nicht direkt aus seinem unmittelbaren Schülerkreis, doch aus pelagianischer Gedankenwelt[4]. Für deren Kenntnis ist naturgemäß auch das antipelagianische Schrifttum nicht unergiebig, in erster Linie das Augustins, besonders sein Bericht „De gestis Pelagii“ bis zum Jahre 417 und einige seiner Briefe, und, aber

[1] Die meisten Quellen nennen Britannien als seine Heimat: Aug., Ep. 186, 1; Orosius, Apol. c. Pel. 12, 3; M. Mercator, Common. 1; nur Hieron., In Hierem. prol. und 3, 1 weist auf Irland.

[2] Siehe *G. Bardy*, Célestius: DHGE 12 (1953) 104—107.

[3] Die schriftstellerische Begabung wird sowohl von Hieron., Dial. c. Pel. 3, 16 wie Aug., De pecc. orig. 24 anerkannt.

[4] Wahrscheinlich echt: 1. De vita christiana: PL 40, 1031—46; 2. De divina lege: PL 30, 105—116; 3. Ep. de virginitate: CSEL 1, 224—250; 4. Ep. ad Celantiam: CSEL 56, 329 bis 356 (= Hieron., Ep. 148). Katalog des weiteren „pelagianischen“ Schrifttums bei *A. Hamman:* PL Suppl 1, 1104—09 1679—83 und *S. Prete*, Pelagio 192 f.

mit betont kritischem Auge zu lesen, die Beiträge von Hieronymus, Orosius und Marius Mercator. Aus diesem Schrifttum ergibt sich etwa folgendes Bild:

Das Grundanliegen des Pelagius und seiner Anhängerschaft ist auf eine knappe Formel gebracht im Brief eines Mannes, der sich der Bewegung jüngst angeschlossen hatte; er weiß jetzt, *quomodo verus Christianus esse possim*[5]. Dieses echte Vollchristentum verstehen die Pelagianer als Gegensatz zu jener Haltung, die für das Leben zahlreicher Durchschnitts- und Halbchristen gegen Ende des 4. Jh. in den größeren Christengemeinden, hier vor allem Roms, charakteristisch ist. Viele von diesen sind allzu vertrauensselig der Meinung, schon der bloße Empfang der Taufe sei eine Heilsgarantie. Andere entschuldigen ihren sittlichen Minimalismus damit, daß es praktisch unmöglich sei, in den Lockungen des Alltags die Sünde zu meiden, wieder andere glauben, die Forderung eines sündefreien, vollkommenen Christenlebens gelte nur für eine Elite[6]. Dieser resignierenden Lethargie stellen Pelagius und sein Kreis ein moralisches Ideal gegenüber, das von einem starken Optimismus in der Bewertung der Menschennatur und ihrer Fähigkeiten und einem dem entsprechenden konsequenten Appell an den menschlichen Leistungswillen bestimmt ist[7]. Nur *der* Christ wird sein Heil sichern, der unter Anspannung all seiner Kräfte die *mandata* Gottes erfüllt. Die Fähigkeit dazu hat Gott gegeben, da er die Menschennatur mit freiem Willen und der Gabe der Unterscheidung von Gut und Bös ausgestattet hat, Gaben, die sozusagen eine *naturalis sanctitas* darstellen, die bereits manche heidnische Philosophen zu sittlichen Hochleistungen befähigte. Den Christen speziell gewährt Gott darüber hinaus in dem vorbildlichen Leben der großen biblischen Gestalten, vor allem jedoch im exemplarischen Leben Christi eine gnadenhafte Hilfe, die sie zur „vollkommenen Gerechtigkeit" anspornt[8]. Neben dem *exemplum Christi* ist ferner der stete Hinweis auf den himmlischen Lohn, der den Christen nach einem vollkommenen Leben erwartet, ein Kennzeichen der pelagianischen Verkündigung, die unermüdlich dazu aufruft, doch die in der Menschennatur gegebenen Fähigkeiten voll für das Hochziel der Vollkommenheit einzuspannen, die dabei oft an die Gefühle des Stolzes und des Ruhmes appelliert, die das erreichte Ziel gewährt[9]. Der *verus Christianus* erfüllt jedoch nicht nur kompromißlos jedes *praeceptum Dei* — eine Unterscheidung von Geboten größeren oder

[5] Ep. Honorificentiae tuae 2 (PL Suppl 1, 1691).

[6] Die Kritik am Versagen vieler Christen im Alltag durchzieht die ganze pelagianische Literatur, vgl. etwa Ep. ad Demetr. und De vita christiana.

[7] Besonders deutlich ausgesprochen von Pelagius selbst: Ep. ad Demetr. 2; vgl. *R. Pirenne,* La morale de Pélage (Rom 1961).

[8] Ep. ad Demetr. 3—7; 8: *illius (= Christi) exemplo ad perfectam iustitiam incitati meliores illis esse debemus qui ante legem fuerunt.*

[9] *Magnitudo praemii:* Ep. ad Demetr. 9—11; die *gloria* ebd. 22.

geringeren Gewichtes ist ihm ebenso unsympathisch wie die von leichteren und schweren Sünden —, er erweist sich als solcher gerade in der entschiedenen Bejahung bestimmter Haltungen, die das Evangelium als Zeichen der Vollkommenheit rühmt. *Continentia, castitas* und *paupertas* sind für Pelagius Ideale, die er nicht nur von einer Elite, sondern letztlich von allen Christen erfüllt sehen möchte, mit anderen Worten, er verficht im Grunde einen sittlichen Puritanismus, der sich in einer Kirche ohne Makel und Runzel verwirklichen soll[10]. Damit rückt die pelagianische Bewegung zwar in gewissem Sinn in die Nähe des sittlichen Rigorismus eines Novatian, aber im Gegensatz zu diesem gibt Pelagius seiner Anhängerschaft bewußt kein eigenes organisatorisches Gefüge. So wie er selbst weder in den Klerus eintritt noch sich als Mönch einer klösterlichen Gemeinschaft anschließt, so soll jeder innerhalb der Kirche durch sein Leben für das Programm eines authentischen Christentums wirken und werben[11].

Der Pelagianismus stellt sich also zunächst als eine Reformbewegung dar, die das Christentum als eine Summe hoher und höchster moralischer Forderungen versteht, die der einzelne Christ in steter asketischer Aktivität zu verwirklichen aufgerufen ist. Das Gesamt dieser sittlichen Gebote, das Gesetz Gottes, findet er in der Heiligen Schrift, die er kennen und ständig meditieren muß[12]. Wenn demnach der Pelagianismus primär kein theologisches Lehrsystem darstellt, so setzt er doch einige theologische Auffassungen und Thesen voraus, die sich im Lauf der späteren Diskussion immer schärfer profilieren. Zu ihnen gehört eine ganz bestimmte Wertung der Sünde Adams, die nur seine persönliche Schuld war und nur als Beispiel des Ungehorsams gegen Gottes Gebot negativ auf die Menschheit wirken konnte. Der freie Wille des Menschen blieb unversehrt erhalten, und jeder Mensch kann auch nach dem Fall Adams aus der Kraft freier Entscheidung gegenüber Gut und Bös die Sünde meiden[13]. Ähnlich wird die Gnade, die Gott durch Christus schenkt, hauptsächlich verstanden als das positive Beispiel eines christlichen Lebens, das die Jünger Christi eindringlich zu seiner Nachfolge in der Erfüllung der *mandata dei* anspornt. Die Taufe tilgt nur persönliche Schuld, die Kindertaufe ist daher nicht mit ihrer absoluten Heilsnotwendigkeit zu begründen. Auch die Wirksamkeit der Sakramente und die Notwendigkeit des Gebetes für eine christliche Lebensgestaltung werden durch die pelagianische Bewegung abgewertet zugunsten einer sittlichen Leistung aus eigener Kraft.

[10] Die *ecclesia sine vitio et macula:* De div. lege 1. Die Verpflichtung aller Christen zu diesem Leben: ebd. 7; die Gleichheit aller Gebote: ebd. 16.

[11] De div. lege 9: *ego te christianum volo esse, non monachum dici et virtutem propriae laudis possidere magis quam nomen alienum.*

[12] Ep. ad Demetr. 23.

[13] Siehe die (anonyme) Ep. de possibilitate non peccandi (PL Suppl 1, 1457—62).

Die Reformbewegung des Pelagius und seines Kreises fand von Anfang an ein beachtliches Echo. Zunächst war es gewiß der Gesamteindruck seiner starken Persönlichkeit, der vor allem in Rom seinem Programm trotz einigem Widerspruch großen Erfolg sicherte. Es ist bezeichnend für sein Ansehen, daß die vornehme *gens Anicia* Pelagius zu den drei Männern der damaligen lateinischen Christenheit zählt (die beiden anderen sind Hieronymus und Augustinus), von denen man eine asketische Schrift erbittet, als eine ihrer Angehörigen, Demetrias, den Schleier nimmt[14]. Auch bei vielen Bischöfen der Zeit ist der Eindruck zunächst positiv, Augustinus spricht stets mit Anerkennung von dem asketischen Ansehen, das Pelagius genieße. Für die Verbreitung der pelagianischen Reformideen hat besonders Caelestius eine emsige Propaganda entfaltet, es entsteht bald ein ganzes Netz pelagianischer Gruppen, die ihrerseits untereinander Kontakt halten durch eine rege Korrespondenz, welche, soweit sie erhalten ist, eine auffallende Neigung zeigt, anonym zu bleiben. Besonders erfolgreich war man in Sizilien, wo Caelestius länger tätig war, bald tauchen Anhänger der Bewegung in Nordafrika auf, im süditalienischen Kampanien findet sie ebenso Anklang wie im nördlichen Aquileia, ferner in Spanien, Gallien und Irland. Im Osten bildet sich auf der Insel Rhodos ein früher Stützpunkt, bald werden auch Palästina sowie die Städte Ephesos und Konstantinopel von der Bewegung berührt[15].

Die innerkirchliche Diskussion um den Pelagianismus

Bedenken gegen die anspruchsvollen Reformideen der Pelagianer äußern sich zunächst mehr in der Form eines diffusen Unbehagens, und zwar, wie es scheint, mehr in Laienkreisen als in der amtlichen Kirche. In Rom mußte Pelagius sein Programm in zuweilen stürmischer Diskussion verteidigen, seine Gesprächspartner sind leider unbekannt. In Sizilien haben vor allem die radikalen Forderungen des pelagianischen Armutsideals mit ihren sozialen Konsequenzen Unruhe unter den reichen Christen der Insel hervorgerufen. In Nordafrika waren es die Thesen des Caelestius über die Kindertaufe, die den Widerspruch vieler Christen herausforderten. Zu einer ersten kirchenamtlichen Stellungnahme kam es erst hier durch das Eingreifen des mailändischen Diakons Paulinus, der bei Bischof Aurelius von Karthago formell Anklage gegen Caelestius erhob (411). Dieser, vor einer Synode[16] prä-

[14] Die schon genannte Ep. ad Demetr. des Pelagius, die Antworten des Hieronymus und Augustinus sind Epp. 130 bzw. 150.

[15] Über die Ausbreitung der Bewegung siehe S. *Prete*, Pelagio 20—27.

[16] Über die Synode von 411 berichtet Augustinus nach Einsicht der Akten: De gratia Christi 2, 2—4; vgl. De gest. Pel. 11, 23 und Ep. 157, 22. Der genaue Termin der Synode, ob vor oder nach der Donatistenkonferenz von 411, steht nicht fest, dazu *J. H. Koopmans:* VigChr 8 (1954) 149—153 und *F.-R. Refoulé:* RevÉAug 9 (1963) 41—49.

zise befragt, wie er über eine von Adam ererbte Schuld auch der Kinder und die deshalb auch für sie notwendige Taufe denke, verweigerte eine klare Antwort und wurde verurteilt, er mußte deshalb sein Vorhaben, sich in den karthagischen Klerus aufnehmen zu lassen, aufgeben und ging nach Ephesos, wo er die Priesterweihe erhielt[17]. Die Diskussionen gingen jedoch weiter, so daß Augustinus, der an der Synode nicht teilgenommen hatte, noch 413 in Karthago zwei Predigten über die Bedeutung der Kindertaufe hielt, wobei er ausdrücklich bat, die Gegenseite nicht gleich als häretisch zu bezeichnen[18].

Schon im Jahre zuvor (412) hatte Augustinus auf Bitten seines Freundes, des comes Marcellinus, sich in einer eigenen Schrift zur Kindertaufe geäußert (De peccatorum meritis et remissione et de baptismo parvulorum) und dabei erkennen lassen, daß die pelagianische Morallehre ihm zentrale Glaubenswahrheiten über die gratia Christi zu gefährden drohe, deren Verständnis er in einem unablässigen, von seinem persönlichen religiösen Weg stark beeinflußten Bemühen gewonnen hatte. Er enthielt sich dabei aller persönlichen Polemik gegenüber Pelagius, dessen Kommentar zu den Paulusbriefen er inzwischen gelesen und dessen völlig unzureichende Auslegung des Römerbriefes er sofort mit sicherem Blick festgestellt hatte. Seine Besorgnis wuchs, je mehr an pelagianischer Literatur in seine Hände kam. Ein Christ aus Syrakus auf Sizilien hatte ihn über die Aktivität der Pelagianer auf der Insel informiert und ihm fünf ihrer Thesen zur Stellungnahme vorgelegt[19], von denen er drei in einem ausführlichen Antwortschreiben behandelte: die angebliche Fähigkeit des Menschen, aus eigener Kraft „die Gerechtigkeit" zu erlangen; die Leugnung einer Erbschuld bei den Kindern, die ihn zu einer umsichtigen Exegese von Röm 5, 12 veranlaßte; und die prinzipielle Verpflichtung aller Christen, auf jeglichen Reichtum zu verzichten[20]. Zwei Bischöfe, deren genauere Heimat unbekannt ist, hatten ihm einen Traktat zugesandt, der die Aufschrift „Definitiones Caelestii" trug und wiederum aus Sizilien stammte. Für Augustinus war die Urheberschaft des Caelestius nicht absolut sicher, wenn ihm auch die Art der Argumentation sehr für eine solche zu sprechen schien. Knapp und präzis widerlegte Augustinus nacheinander die Thesen des Traktates und gab dann seine Auslegung der Schrifttexte (Testimonia), mit denen der Verfasser die pelagianische Morallehre zu stützen suchte (De perfectione iustitiae hominis). Mit besonderer Sorgfalt arbeitete er dann eine von Pelagius selbst verfaßte Schrift durch, deren Grundanliegen es war, die hohe natürliche und moralische Würde der Menschennatur aufzuweisen; sie sei zwar im Alltags-

[17] M. Mercator, Common. s. nom. Cael. 2, dazu S. *Prete,* Mario Mercatore polemista antipelagiano (Turin 1958).

[18] Aug., De gest. Pel. 11, 25; es sind die Sermones 293 und 294.

[19] Ep. 156 unter Augustins Briefen. [20] Ep. 157, ad Hilarium.

leben zuweilen einigen mehr zufälligen Fehlern unterworfen, sie sei jedoch prinzipiell zur *impeccantia* fähig, wenn der Mensch zwei Bedingungen erfülle: 1. wenn er sich bewußt werde, daß Gott ihm die unverlierbare Gabe eines vernunftgemäßen und mit Entscheidungsfreiheit ausgestatteten Willens verliehen habe, und 2. wenn er von diesem gnadenhaften Geschenk entschlossen Gebrauch mache. Zwei Schüler des Pelagius, Timasius und Jakobus, hatten Augustinus diese Schrift „De natura" ihres Meisters zugesandt in der Hoffnung, er könne mit einem klärenden und vertiefenden Urteil vielleicht eine Annäherung oder Versöhnung der gegenseitigen Positionen ermöglichen. In seiner Antwort (De natura et gratia, 415) schweigt Augustinus rücksichtsvoll über den Namen des Verfassers, obwohl gerade diese Schrift ihm nach seinem eigenen Wort die Augen geöffnet habe für die hohe Gefahr, die unweigerlich von dieser Lehre her dem Heil der Christen drohe[21]. Um so unerbittlicher ist er in der Sache und deckt rückhaltlos den Grundfehler des pelagianischen „Systems" auf: Es lobt so sehr das Werk des Schöpfers (der Menschennatur, die durch die Sünde Adams keineswegs geschwächt wurde), daß ein Erlöser überflüssig wird[22]. Ihm stellt er seine These von der *natura vulnerata, sauciata, perdita* gegenüber, die eine heilende und erlösende Gnade unerläßlich macht, die *gratia Christi,* um die der Christ unaufhörlich beten muß. Die Erlösungstat Christi werde von Pelagius innerlich ausgehöhlt, der auch faktisch die Notwendigkeit des Gebetes leugne, wenn er behauptet, es sei den natürlichen Fähigkeiten des Menschen gegeben, sein Heil zu erreichen[23]. Mit „De natura et gratia" bot Augustinus die bisher geschlossenste Widerlegung des pelagianischen Verständnisses der Menschennatur und zugleich die für lange gültige Klärung des Verhältnisses von Natur und Gnade. Die Bedrohung der Heilsnotwendigkeit der Gnade findet Augustinus auch in der „Epistula ad Demetriadem" des Pelagius, vor deren Tendenz er eindringlich warnt[24].

Im Jahre 415 verlagerte sich die innerkirchliche Diskussion um die pelagianische Lehre nach Palästina, wohin sich Pelagius 412/413 begeben und nähere Beziehungen zum Jerusalemer Bischof Johannes geknüpft hatte. Schon um die Jahreswende 414/415 hatte Hieronymus in wenig glücklicher Form Pelagius angegriffen und seine Sittenlehre mit verschiedenen verdächtigen Auffassungen des Origenes, Evagrios Pontikos, Jovinians und anderer in Zusammenhang bringen wollen[25]. Im Sommer 415 verkündete dann der spanische Presbyter Orosius, der sich auf der Anreise nach Palä-

[21] De gest. Pel. 23, 47.

[22] De natura et gratia 34, 39: *non debemus sic laudare creatorem, ut cogamur, immo convincamur dicere superfluum salvatorem.*

[23] Ebd. 23, 47; 52, 60; 53, 62. [24] Ep. 188 ad Iulianam.

[25] In seiner Ep. 133 ad Ctesiphontem; in seinem späteren (415) Dial. c. Pel. wiederholt er diese Vorwürfe. Über Pelagius und das Wiederaufleben der origenistischen Streitigkeiten siehe *R. F. Evans,* Pelagius (London 1968) 6—25.

stina bei Augustinus aufgehalten hatte, in Jerusalem eifrig die Bedenken, mit denen man im Westen gewissen Thesen des Pelagius und seiner Anhänger begegne, und erregte damit solche Unruhe, daß Bischof Johannes eine Beratung anberaumte (20. 7. 415). Da Pelagius aber bestritt, die ihm von Orosius nachgesagten Sätze in dieser Form vertreten zu haben, entschied Johannes, man solle die Angelegenheit der lateinischen Kirche überlassen, hier im Osten möge man den Streit beenden[26]. Aber zwei ehemalige gallische Bischöfe, Heros von Arles und Lazarus von Aix, die wegen wenig rühmlicher kirchlicher und politischer Umtriebe abgesetzt und nach dem Osten verbannt worden waren, erhoben in einem „Libellus" erneut Anklage gegen Pelagius und Caelestius, und diesmal sollte eine Synode von 14 Bischöfen unter dem Vorsitz des Metropoliten Eulogios von Kaisareia in Diospolis (Lydda) die Frage zu klären suchen[27]. Die beiden Ankläger erschienen allerdings selber nicht auf der Synode (Dez. 415). Der „Libellus" enthielt wahrscheinlich einige Auszüge aus den „Testimonia" des Pelagius, Zitate aus seinen Briefen an Livania und einige der Thesen des Caelestius, die schon zuvor in Karthago mißbilligt worden waren. Da Pelagius auch hier die ihm zur Last gelegten Sätze in einem Sinn erläuterte, der den 14 Bischöfen orthodox schien, und da er sich klar von den vorgelegten Thesen des Caelestius distanzierte, entschied die Synode, daß Pelagius „zur kirchlichen und christlichen Gemeinschaft gehöre"[28]. Pelagius sah im Spruch der Synode nicht nur einen persönlichen Triumph über seine Verleumder, den er sofort auch im Westen bekanntmachen ließ, sondern auch eine positive Billigung seiner These, der Mensch könne ohne Sünde sein und die Gebote Gottes leicht erfüllen[29]. Bedenken, wie sie vor allem Augustinus erhoben hatte, schienen nach der Synode von Diospolis nicht mehr angebracht.

In Afrika rief die Nachricht, die Bischofssynode von Diospolis habe Pelagius rehabilitiert, begreifliche Bestürzung hervor. Augustinus erbat sofort von Bischof Johannes von Jerusalem eine Abschrift der Synodalakten, übersandte ihm zugleich des Pelagius Schrift „De natura" mit seiner eigenen Widerlegung und beschwor ihn, sich von Pelagius nicht täuschen zu lassen[30]. Tatsächlich konnte sich Augustin nicht mehr von dem Verdacht frei machen, dieser verschleiere in gewissen Situationen seine wirkliche Überzeugung, und sein Verdacht erhielt neue Nahrung, als er einige bedenkliche Wider-

[26] Orosius, Liber apol. c. Pel. 3—7; die Darstellung des Orosius ist beeinflußt von seiner Enttäuschung über die ausgebliebene Verurteilung des Pelagius, vgl. *G. de Plinval*, Pélage 275—278; taktlos wie bei Hieronymus wirkt sein Spott über die äußere Erscheinung des Pelagius.
[27] Die Akten der Synode sind nicht erhalten, aber Augustinus hat sie gekannt und in „De gestis Pelagii" (wohl noch 416) näher gewürdigt. [28] De gest. Pel. 20, 44.
[29] Ebd. 30, 54 zitiert Augustinus aus einem Brief des Pelagius nach der Synode: *quattuordecim episcoporum sententia definitio nostra comprobata est, qua diximus posse hominem sine peccato esse et dei mandata facile custodire, si velit.* [30] Ep. 179.

sprüche zwischen einem von Pelagius stammenden Bericht und dem Wortlaut der Akten feststellte[31]. Auch heute ist keine klare Antwort möglich auf die Frage, ob er seinen Schüler Caelestius aus Überzeugung desavouierte oder doch innerlich zu ihm hielt und ob er eigene Formulierungen unter Druck anders interpretierte, als er sie im Grunde selbst verstand. Er selbst hat dieses Problem durch sein Verhalten mitgeschaffen[32].

Für Augustinus war es zunächst wichtig festzustellen, daß die 14 Bischöfe in Diospolis den von Pelagius abgegebenen Erklärungen einen orthodoxen Sinn unterlegen konnten und, wenigstens indirekt, auch die in Karthago verurteilten Thesen des Caelestius verwarfen, wenn er auch sofort sah, daß man Pelagius unnachgiebig auf eine genaue Definition der von ihm verwandten Begriffe, wie etwa der *gratia,* hätte festlegen müssen. So konnte er sich weiter nur an das halten, was sich aus den Schriften des Pelagius und Caelestius als ihre Lehre erheben ließ, und das stand für ihn nach wie vor im Widerspruch zur Schrift und zur Glaubensüberzeugung der Kirche. Darauf stützten sich auch die beiden Synoden des afrikanischen Episkopates im Herbst 416, die eine in Karthago, die andere in Mileve, als sie das Urteil erneuerten, das fünf Jahre zuvor über Caelestius gefällt worden war. In Schreiben an Papst Innocenz I. baten sie, er möge seinerseits die pelagianischen Irrtümer über den freien Willen und das Schicksal der nichtgetauften Kinder verwerfen[33]. Augustin und einige seiner Freunde legten darüber hinaus dem Papst ihre Sorgen wegen der wachsenden Verbreitung pelagianischer Ideen dar, denen nur Einhalt geboten werden könne, wenn Rom selbst mit seiner apostolischen Autorität Pelagius zwinge, seine Schrift „De natura" bzw. die darin enthaltene Lehre zu widerrufen[34]. Wiederum fügte Augustinus ein Exemplar dieses Werkes und seine Gegenschrift bei, die er offensichtlich als besonders klare Analyse der pelagianischen Gedanken ansah.

Innocenz beantwortete die drei afrikanischen Schreiben im Januar 417. Er billigte die von der karthagischen Synode vorgetragene Lehre von der Gnade; Pelagius und Caelestius seien *inventores vocum novarum* und sollten aus der kirchlichen Gemeinschaft ausgeschlossen bleiben, wenn sie an ihren Irrtümern festhielten. Er sei zwar im Besitz der Synodalakten von Diospolis, könne sich aber kein Urteil bilden, was daran wahr oder falsch sei. Eine Möglichkeit, Pelagius nach Rom vor Gericht zu zitieren, sehe er nicht; dieser müsse aus eigenem Entschluß kommen, um Lossprechung zu erlangen; die in der Schrift „De natura" vorgetragenen Lehren seien ohne Zweifel Irrtümer[35]. Die besonnene Stellungnahme des Papstes hat vielleicht nicht in allem den Erwartungen des afrikanischen Episkopates entsprochen, immer-

[31] De gest. Pel. 31, 56 — 35, 60. [32] *S. Prete,* Pelagio 102 f.
[33] Epp. 175 und 176 unter Augustins Briefen. [34] Aug., Ep. 177.
[35] Die drei Briefe Innocenz' I. bei Aug., Epp. 181—183.

hin hatte er die pelagianischen Lehren klar mißbilligt, so daß Augustinus in seiner Predigt vom 23. September 417 im Rückblick auf die bisherige Diskussion sagen konnte, von Rom sei jetzt eine Antwort eingetroffen, die Angelegenheit sei erledigt, wäre doch auch einmal der Irrtum erledigt![36]

Als Augustinus diese Worte sprach, war in Rom ein völliger Umschwung eingetreten. Papst *Zosimus* (417—418), Nachfolger des im März 417 verstorbenen Innocenz I., erhielt einen noch an letzteren adressierten Brief des Pelagius mit einem beigefügten Glaubensbekenntnis, die beide seine bisherige Haltung und Lehre rechtfertigen sollten. Wenig später kam noch ein Schreiben des neuen Jerusalemer Bischofs Praylos, der sich wärmstens für Pelagius einsetzte[37]. Bald nach dem Tod Innocenz' I. erschien Caelestius in Rom, der dem neuen Papst einen „Libellus" mit einer Darstellung seiner Lehre überreichte und Revision des gegen ihn ergangenen afrikanischen Urteils verlangte. In zwei Briefen an den afrikanischen Episkopat berichtete Zosimus über die Vorgänge in Rom und die von ihm getroffenen Entscheidungen[38]. Caelestius solle als rehabilitiert gelten, wenn seine früheren Ankläger ihm nicht innerhalb von zwei Monaten in seiner Gegenwart nachweisen könnten, daß sein Bekenntnis geheuchelt sei. Brief und Glaubensbekenntnis des Pelagius hätten diesen in den Augen des römischen Klerus völlig gerechtfertigt, es sei unbegreiflich, wie ein Mann von so echtem Glauben so verleumdet werden konnte. In Afrika sei man in der pelagianischen Frage unbesonnen und überstürzt vorgegangen. Es fällt trotz anderer Interpretationsversuche[39] schwer, bei Zosimus nicht eine allzu große Vertrauensseligkeit gegenüber den stets allgemein gehaltenen Beteuerungen des Caelestius und Pelagius anzunehmen. In Afrika blieb man weiterhin von der Gefährlichkeit der pelagianischen Lehre überzeugt und suchte wohl auch den Hof in Ravenna für diese Sicht zu gewinnen. Caelestius trug das Seine dazu bei. Rastlos wie je und seines Sieges allzu sicher provozierte er in Rom neue Diskussionen, die zu Unruhen in der Stadt führten. Daraufhin gab Kaiser Honorius am 30. April 418 ein Edikt bekannt, das Caelestius und Pelagius aus Rom verbannte und die weitere Verbreitung ihrer Lehren untersagte. Der Stadtpräfekt verfügte außerdem, niemand dürfe dem flüchtigen Caelestius Unterkunft gewähren[40]. Gleichzeitig erneuerte eine karthagische Synode die bis-

[36] Sermo 131, 10: *iam enim de hac causa duo concilia missa sunt ad sedem apostolicam, inde etiam rescripta venerunt. Causa finita est; utinam aliquando finiatur error.* Dazu *K. Adam,* Causa finita est: Festgabe A. Ehrhard (Düsseldorf 1922) 1—23.

[37] Das Glaubensbekenntnis: PL 45, 1716—18. Fragmente des Praylos-Briefes bei Aug. De grat. Christi et de pecc. orig. II 19—22.

[38] In der Collectio Avellana n. 45, 46 = CSEL 35, 99—108.

[39] Zum Beispiel *F. Floëri,* Le pape Zosime et la doctrine augustinienne du péché originel: Augustinus Magister II (Paris 1954) 755—761, Bedenken dagegen bei *G. de Plinval:* ebd. III 262.

[40] Zu den Unruhen in Rom: Prosper, Chron. ad a. 418; das Edikt des Honorius: PL 48, 379—386; der Erlaß des praefectus urbi Volusianus: ebd. 408 f.

her gefällten Urteile gegen die Pelagianer und verwarf ihre Hauptirrtümer in acht Kanones[41]. Schließlich hat auch Papst Zosimus, der schon vorher von Caelestius abgerückt war, in einer Enzyklika, der sog. „Epistula tractoria", bei ausdrücklicher Billigung der bisherigen afrikanischen Haltung die endgültige Verurteilung ausgesprochen, die von allen Bischöfen unterschrieben und wie das kaiserliche Edikt im ganzen Reich publiziert werden sollte[42]. Pelagius, bald auch aus Palästina vertrieben und noch einmal von einer Synode von Antiochien verurteilt, hat vielleicht seine Tage in einem ägyptischen Kloster beschlossen, während Caelestius bald hier, bald dort weiteren Widerstand predigte oder seine Wiederaufnahme in die kirchliche Gemeinschaft forderte[43].

Julian von Aeclanum

Zu einer Gruppe von 18 italienischen Bischöfen, die die Unterzeichnung der *Tractoria* des Papstes Zosimus verweigerten[44], gehörte auch der junge Bischof Julian von Aeclanum in Apulien, der nun rasch zum geistigen Haupt der Pelagianer wurde. Sohn des Bischofs Memor[45], eines Mitglieds des Freundeskreises um Paulin von Nola, verheiratet mit der Tochter des Bischofs Aemilius von Benevent, ist Julian ein Repräsentant des süditalienischen Landadels, der nach der Annahme des Christentums das bischöfliche Amt als erstrebenswert für seine Söhne ansah, gewisse Lebens- und Umgangsformen dieser Schicht beibehielt und die heidnische Literatur weiter schätzte. Dem begabten Sohn ließ der Vater eine gute Ausbildung zuteil werden, zu der die Kenntnis der griechischen Sprache ebenso gehörte wie das Studium der griechischen Philosophie, bei der stoische Lehren und aristotelische Logik ihn besonders ansprachen[46]. Schon früh läßt sich Julian für die pelagianischen Ideen gewinnen, deren asketische Herbheit er allerdings wesentlich mildert. Seine Vorstellung vom Leben Adams im Paradies ist ebenso vom Lebensstil seiner Kreise wie von Vergils Georgica bestimmt, die er gerne zitiert[47]. Sein Witz, seine Begabung für sarkastische Formulierungen

[41] D nn. 101—108 (1. Mai 418).

[42] Brief Zosimus' an die afrikanischen Bischöfe vom März 418: Coll. Avell. n. 50; Fragmente der „Tractoria": Aug., Ep. 190, 23; Prosper, Sed. apost. auctor. 7; M. Mercator: ACO I 5, 66—68.

[43] Synode von Antiochien: *Mansi* IV 296; Hinweis auf Ägypten: Isidor. Pel., Ep. 314 und Euseb., Ep. ad Cyrill. Alex.: CSEL 35, 114. Caelestius: Prosper, C. collat. 21, 2.

[44] Mit dem Pelagianismus sympathisierten weiterhin einige Bischöfe Galliens, er hatte auch Anhänger in Britannien und auf dem Balkan: Erlaß Kaiser Valentinians III. vom Juli 425 (PL 48, 409); Prosper, Chron. ad a. 429: PL 54, 594 und 707.

[45] Aug., Ep. 101 ist an ihn gerichtet, er hatte sich Augustins „De musica" für seinen Sohn Julian, damals Diakon, erbeten.

[46] Gennadius, De vir. ill. 45; zur philosophischen Bildung Julians siehe *F.-R. Refoulé* a. a. O. mit den Einschränkungen von *F.-J. Thonnard:* RevÉAug 11 (1965) 296—304.

[47] Vgl. etwa Aug., Opus imperf. c. Jul. 3, 129; 4, 38; 5, 11.

und seine Schlagfertigkeit in der Diskussion hatten ihn zu einer angesehenen Gestalt in der süditalienischen Oberschicht werden lassen, sie prädestinierten ihn nach dem Ausscheiden der bisherigen Führer der pelagianischen Bewegung zum literarischen Verteidiger ihrer Ideale. Diese verteidigen hieß aber sich mit Augustinus nicht nur auseinandersetzen, sondern dessen Theologie unwirksam machen. Für dieses Ziel setzte Julian Mittel und Methoden ein. die oft einen peinlichen Eindruck hinterlassen, mag auch hier der Gegensatz der Generationen seine Rolle spielen. Respektlos sucht der junge Julian die Leistung der Älteren zu entwerten, indem er sie der Lächerlichkeit preisgeben will. Die exegetische Arbeit des Hieronymus charakterisiert er pauschal als kindisch und bar jeder Originalität, nur mit Mühe könne man vor ihr das Lachen unterdrücken[48]. Seine Invektiven gegen Augustin kannten keine Grenzen, weder der Gerechtigkeit noch der Noblesse. Wie die Donatisten verschmähte er es nicht, mit erhobenem Finger auf Augustins früheren Lebenswandel hinzuweisen, ihn als unbekehrten Manichäer hinzustellen, seine Herkunft aus fragwürdiger Familie anzudeuten, seine Gefolgschaft als Mob und ihn dementsprechend als *patronus asinorum* zu kennzeichnen[49]. Für seinen Kampf gegen ihn nahm er sogar nationalrömische Emotionen in Anspruch, wenn er ihn als neuen Punischen Krieg gegen eine gefährliche Gruppe von Afrikanern verstanden wissen wollte, die der Kirche von Italien fremde Dogmen aufzwingen wolle; es gelte, diese Kirche aus der Vergewaltigung durch afrikanische Banditen zu befreien[50]. Konnte ein anständiger Italiener einer Theologie anhangen, die aus so fragwürdigem Milieu stammte?

Augustinus wurde von der Vehemenz dieser persönlichen Angriffe sehr getroffen und hat wie bei keinem seiner literarischen Gegner so scharf polemisch reagiert, wobei offensichtlich eine persönliche Enttäuschung über die Entwicklung eines Mannes mitspielte, der durch die freundschaftlichen Beziehungen zu seinem Vater von vornherein seine Sympathien hatte[51]. Wenn auch seine Bemerkung, Julian sei der Architekt, der die Ideen des Pelagius erst in ein System gebracht habe, sicher ironisch gemeint ist, so beweist doch das langandauernde Bemühen, diesen „jungen Mann“ zu widerlegen, daß er dessen Werk für beachtlich, zum mindesten für gefährlich hielt[52]. Daß Augustinus auch die schärfsten Verunglimpfungen durch Julian wörtlich in

[48] Hinweis von *G. Morin:* RBén 30 (1916) 4.

[49] Die Einzelbelege bei *G. de Plinval,* Pélage 355—360; *patronus asinorum:* Aug., Opus imperf. 4, 46.

[50] Ebd. 1, 42; 1, 72; 3, 16; 6, 18; Contra duas ep. Pel. 3, 31.

[51] Contra Jul. 1, 4, 12; Opus imperf. 4, 50: *in disputatione loquacissimus, in contentione calumniosissimus, in professione fallacissimus.*

[52] Contra Jul. 6, 36; Opus imperf. 3, 169. Zu den exegetischen Arbeiten Julians siehe außer *G. Bouwman* (Lit.) *G. de Plinval,* Julien d'Éclane devant la Bible: RSR 47 (1959) 345—366.

seine Gegenschriften aufnahm, deutet an, daß er in ihrer bloßen Publikation ein Gericht über ihren Urheber sah.

Nach dem Erlaß der „Tractoria" protestierte Julian sofort dagegen, daß hier von den Bischöfen eine Unterschrift erpreßt werde, wo doch ein Konzil am Platze wäre, um die Frage zu diskutieren[53]. In einer Art Manifest entwickelte die pelagianische Widerstandsgruppe ihr Programm; sie werde die Willensfreiheit ebenso verteidigen wie die wesentliche Güte der Menschennatur, die frei sei von jedem ererbten Makel; sie werde die These der Gegenseite von einem *peccatum naturae* bekämpfen als einen Angriff auf die Heiligkeit der Ehe, hinter dem letztlich eine manichäische Häresie stehe. An anderer Stelle formulieren sie ihre Thesen in „Fünf Lobpreisungen", die sie verkünden wollen: das Lob der Kreatur, Lob der Ehe, Lob des Gesetzes, Lob des freien Willens und das Lob der Heiligen[54]. Aber zunächst hatten die Pelagianer keine Möglichkeit, ihr Programm im Westen zu verwirklichen, sie traf Amtsenthebung und Verbannung. Julian begab sich nach dem Osten und fand Aufnahme bei Theodor von Mopsuestia, wo er sich mit seinen literarischen Arbeiten befaßte. Sie galten vor allem der Widerlegung von Augustins „De nuptiis et concupiscentia", auf die er zwei umfangreiche Arbeiten verwandte, die „Libri quattuor ad Turbantium" (etwa 419) und die „Libri octo ad Florum" (ca 421/422), die ihrerseits zum Großteil in Augustins „Opus imperfectum contra Julianum" erhalten sind[55]. Kernpunkt ihrer Auseinandersetzung ist die Frage des *peccatum originale* und der damit eng verknüpften Konkupiszenz. Augustin war ausgegangen von der Erlösungsbedürftigkeit aller Menschen, wie sie in der Schrift ausgesprochen war. Da auch die Kinder von dieser Erlösungsbedürftigkeit trotz persönlicher Sündelosigkeit nicht ausgenommen sind[56], kann die Erklärung dafür nur in der Tatsache einer Ursünde liegen, der Sünde Adams, die von ihm als dem Repräsentanten des Menschengeschlechtes auf alle Nachkommen übergegangen ist. Das Faktum dieser Ursünde und ihre Folgen für die gesamte Menschheit findet Augustinus allenthalben in der Schrift ausgesagt, vor allem durch Röm 5, 12, den er nach dem lateinischen Text auslegt. Das Wesen der Sünde Adams versteht er als Abwendung der Seele von Gott hin zur sichtbaren Welt, als *amor sui,* der sich am stärksten manifestiert in der concupiscentia, die wiederum im sexuellen Begehren am deutlichsten faßbar wird. Daß seit Adam die Menschheit eine erlösungsbedürftige *massa peccati* ist, enthüllt ihm ferner ein Blick auf die konkrete Situation der Menschheit mit ihrer Not, ihrem bedrückenden Elend, auch schon der unschuldigen Kin-

[53] Aug., Contra duas ep. Pel. 2, 5; 4, 34; ACO I 2, 100.

[54] Das sog. Manifest von Aquileia: PL 48, 509—526; die fünf *laudes:* Contra duas ep. Pel. 4, 1.

[55] Die Zitate aus ihnen zusammengestellt von *A. Bruckner,* Julian von Eclanum (Leipzig 1897); *ders.,* Die vier Bücher Julians von Eclanum an Turbantius (Berlin 1910).

[56] Sermo 293, 11.

der, ein Bild, dem die optimistische Anthropologie Julians von Aeclanum geradezu Hohn spricht. Dieser geißelte seinerseits Augustins Lehre von Erbschuld und Konkupiszenz in flammenden Worten als Manichäismus, ohne zu erkennen, daß Augustins Sündenverständnis mit dem materiellen Sündenbegriff der Manichäer in keiner Weise zu vereinbaren war und daß gerade der manichäische Dualismus als Ganzes für Augustin der entscheidende Grund war, sich von ihm loszusagen, mag er auch unbewußt einzelne, nicht sonderlich prägende Denkformen von daher beibehalten haben[57]. Im Vergleich zum naturalistischen und rationalistischen Verständnis der Menschennatur und ihrer Möglichkeiten ist Augustins theologische Anthropologie von ungleich religiöserer Tiefe, allerdings auch von einem zuweilen dunklen Ernst, besonders in einzelnen Formulierungen. Aber dieser pessimistische Grundzug schlägt bei ihm nie in verzweifelnden Fatalismus um, weil der Christ Augustinus ganz und gar durchdrungen ist von dem lebendigen Glauben an die Erlösungstat Christi, wie er sich im Gebet und sakramentalen Leben der Kirche ausspricht, dem auch er innigst verbunden bleibt, und wie ihn der Seelsorger Augustinus so hoffnungserfüllt jahraus jahrein in seinen Predigten seiner Gemeinde von Hippo verkündet.

Der Zerfall der pelagianischen Bewegung zwischen 420 und 430 war offenkundig. Im Westen blieb der Hof in Ravenna trotz der Proteste der Betroffenen bei seiner Ablehnung. Eine Gruppe der abgesetzten Bischöfe, unter ihnen Turbantius, unterschrieb schließlich die „Epistula tractoria"[58]. Caelestius und Julian versuchten 429/430 bei Kaiser Theodosius II. und dem Patriarchen Nestorios eine neue Untersuchung ihres Falles und Wiederaufnahme in die Kirche zu erreichen, scheiterten aber am Widerstand Papst Cölestins[59]. Für ihn war die Frage des Pelagianismus schon durch seine Vorgänger Innocenz und Zosimus so eindeutig entschieden, daß er auch keinen Anlaß sah, sie wiederum auf dem Konzil von Ephesos behandeln zu lassen. Darum wurden hier offensichtlich die römischen Akten über die Verurteilung des Pelagius und Caelestius nur vorgelesen, ihr stimmte das Konzil ohne weitere Diskussion zu[60]. Julian führte fortan ein unstetes Wanderleben, bemühte sich im Jahre 439 bei Papst Sixtus III. (432—440) vergeblich um Wiedereinsetzung in sein ehemaliges Bistum Aeclanum, wurde unter Papst Leo I. (440—461) erneut verurteilt und starb nach 450 in Sizilien[61]. Von

[57] Vgl. A. *Adam,* Das Fortwirken des Manichäismus bei Augustin: ZKG 69 (1958) 1—25, dazu einschränkend *W. Geerlings:* ZKTh 93 (1971) 45—60.

[58] Possidius, Vita s. Aug. 18; Aug., Opus imperf. 1, 1.

[59] Nestorios bittet in zwei Briefen (ACO I 2, 12—15) Papst Cölestin um Aufklärung über die Angelegenheit.

[60] Siehe *J. Speigl,* Der Pelagianismus auf dem Konzil von Ephesus: AHC 1 (1969) 1—14; zur Frage einer eventuellen Begünstigung des Pelagianismus durch Nestorios u. a. siehe *M.-Th. Disdier,* Le pélagianisme au concile d' Éphèse: ÉO 34 (1931) 314—333.

[61] Prosper, Chron. ad a. 439; Quodvultdeus, Dimidium temporis 12, 3. Verurteilung der Pelagianer durch Leo I., Epp. 2 und 18.

jetzt an leben pelagianische Ideen nur noch unterschwellig an verschiedenen Orten weiter[62].

Der theologische Augustinismus bis zur Mitte des 5. Jahrhunderts

In den letzten Lebensjahren gewinnt Augustins Gnadenlehre, die der Substanz nach schon längst festliegt, ihre letzte Ausformung und zugleich ihre schroffste Formulierung in seinen Aussagen über die Prädestination und den Heilswillen Gottes. Anlaß zu erneuter Beschäftigung mit gewissen Aspekten seiner Gnadenlehre gab ein Brief Augustins an den römischen Presbyter Sixtus[63], den späteren Papst, in dem er skizzenhaft seine Auffassung von der völligen Gnadenhaftigkeit aller Rechtfertigung dargelegt hatte. Jahre später entfachte dieser Brief eine lebhafte Diskussion im Kloster Hadrumetum in der Diözese Uzala, da einige Mönche der Ansicht waren, Augustins Lehre von der ungeschuldeten und unverdienbaren Gnade hebe die Willensfreiheit auf und spreche gegen die Lehre der Kirche, daß die guten Werke des Menschen am Tage des Gerichtes ihren Lohn erhielten[64]. Die von Augustinus erbetene neue Stellungnahme zu diesem Problem liegt vor in seiner Schrift „De gratia et libero arbitrio", deren Kernstück der Beweis für die absolute Notwendigkeit der Gnade ist und in der anschließend geklärt wird, in welchem Sinn der freie Wille unter dem Einwirken dieser Gnade doch fortbesteht. Da ein Mönch des Klosters aus dieser Schrift folgerte, niemand sei also zurechtzuweisen, der Gottes Gebote nicht erfülle, man könne nur beten, daß er sie erfülle, ging Augustinus in einer zweiten Schrift — „De correptione et gratia" — an die Mönche von Hadrumetum auf das Kernproblem der Gnade der Beharrlichkeit ein; diese wirkt mit Sicherheit das Heil dessen, der sie empfängt, wem sie verweigert wird, der bleibt in der Schuld des Rückfalls. Da es aber zugleich undurchdringbares Geheimnis ist, wer zu den Söhnen der Verheißung gehört, kann und soll jeder Christ zurechtgewiesen und zum Halten der Gebote ermahnt werden.

Gerade diese Schrift hat die letzte Äußerung Augustins zum Gnadenproblem ausgelöst. Briefe seiner Anhänger Prosper und Hilarius aus Gallien[65], beide Laien, berichteten ihm, daß sich im dortigen Klerus und besonders unter den Mönchen von Marseille Widerspruch erhoben habe gegen seine Lehre von der Scheidung der Menschen in Auserwählte und Verworfene schon bei der Schöpfung, eine Lehre, die im Gegensatz zur kirchlichen Tradition stehe, in ihrer Konsequenz jedem persönlichen Bemühen um Tugend

[62] Papst Gelasius (496—498) an die Bischöfe in Picenum: CSEL 35, 357—368; Britannien: Constantius, Vita Germani 4, 25; vgl. auch *M. Abel,* Le Praedestinatus et le Pélagianisme: RThAM 35 (1968) 5—25. [63] Ep. 194 (Ende 418 — Anfang 419).

[64] Die Einzelheiten sind den Briefen Augustins 214 und 215 sowie dem Brief des Abtes Valentin von Hadrumetum an Augustin, Ep. 216, zu entnehmen.

[65] Bei Aug., Epp. 225 und 226.

und Buße seinen Sinn nehme und die Verkündigung in Predigt und Katechese vor enorme Schwierigkeiten stelle. Diese Kreise wiesen zudem darauf hin, daß Augustin jetzt eine neue Auffassung vortrage, da er früher lehrte, die Auserwählung beruhe auf Gottes Vorherwissen, der Mensch könne von sich aus zum Glauben kommen, und eine ewige Strafe für die ohne Taufe gestorbenen Kinder sei ungewiß. Sie hielten daher eine Korrektur seiner zuletzt vorgelegten Lehre in dem Sinne für erforderlich, daß man den Anfang des Glaubens und das Beharren in der Gnade dem natürlichen Wollen des Menschen zuschreibe, daß die Vorherbestimmung vom Vorauswissen Gottes abhänge und deshalb die Zahl der Auserwählten nicht unabänderlich festgelegt sein könne. Der Ratschluß der Berufung sei so zu verstehen, daß Gott alle Menschen zum Sakrament der Wiedergeburt berufe, daß er jedoch nur die Getauften in sein Reich aufnehmen wolle[66].

Obwohl Augustin glaubte, „in dieser Sache genug getan zu haben", war er sofort zu einer Antwort auf die Schwierigkeiten der Massilienser bereit, die er in den beiden Abhandlungen „De praedestinatione sanctorum" und „De dono perseverantiae" gab, die aber eine Einheit darstellen und als solche auch von ihm selbst und von Prosper aufgefaßt wurden[67]. Die erste befaßt sich hauptsächlich mit dem Problem des Glaubensanfangs, die zweite stellt die Prädestination in den Mittelpunkt. Frei von Polemik gegenüber noch Andersdenkenden, aber sehr entschieden in der Aussage, hält Augustin auch hier daran fest, daß Gnade nur dann Gnade sei, wenn sie an keine noch so geringe menschliche Vorleistung gebunden sei, sie sei also auch schon für das *initium fidei*, für die erste Hinwendung des Menschen zum Glauben, unabdingbar und führe dann als Gnade der Beharrlichkeit zur Vollendung der Heiligung. Weit davon entfernt, den freien Willen des Menschen aufzuheben, verleiht ihm die Gnade erst jene Qualität, durch die er frei das Gute wählt und wirkt. Diese radikale Ungeschuldetheit und Allwirksamkeit der Gnade sieht Augustin jedoch ausschließlich auf dem Hintergrund eines göttlichen Erbarmens mit der verlorenen Menschheit, die allerdings im Anschluß an Röm 8, 29f nur als vorherbestimmende Erwählung zum Heil verstanden werden kann. Daß diese Vorherbestimmung nur eine geringe, im vorhinein festliegende Zahl von Seelen erfaßt, wird Augustin schon durch die Erfahrung nahegelegt, daß nur eine Minderheit ein wirkliches Christentum lebt, scheint ihm aber durch Mt 22, 14 strikt gefordert: *multi enim sunt vocati, pauci vero electi.* Warum der vorherbestimmende Ruf der Gnade an diese und nicht an andere Seelen ergeht, bleibt eingehüllt in das Mysterium des

[66] Es ist nicht auszuschließen, daß Prosper und Hilarius in ihren Briefen bereits eigene Folgerungen aus der Lehre der Semipelagianer vorlegen, die diese selbst noch nicht gezogen haben, vgl. *K. Rahner,* Augustin und der Semipelagianismus: ZKTh 62 (1938) 171—196.

[67] Prosper zitiert sie als die zwei Bücher „De praedestinatione sanctorum": Pro Augustino responsiones (PL 51, 187).

göttlichen Ratschlusses. Die Verworfenen trifft die Verdammnis nicht durch einen positiven Akt der Prädestination zur Sünde, sondern infolge ihrer Nichterwählung. In ihrem Schicksal offenbart sich Gottes Gerechtigkeit, da sie keinen Rechtsanspruch auf seine Barmherzigkeit haben. Da kein Christ irgendeine Gewißheit über seine Auserwählung besitzt, kann und soll jeder in Demut hoffen, beten, lieben.

Dieses so geschlossen wirkende System konfrontierte Augustin unerbittlich mit dem von der Schrift — 1 Tim 2, 4 — eindeutig verkündeten universalen Heilswillen Gottes, aber es ist ihm durch seine noch so variierten Auslegungsversuche nicht gelungen, diesen fundamentalen Widerspruch aufzulösen. Des weiteren vermochte er seine These nicht überzeugend zu begründen — und enthüllte damit eine andere Schwäche seiner Prädestinationslehre —, die geringe und festgelegte Zahl der Auserwählten sei bedingt durch die Vollzahl der Engel, die nach dem Engelsturz durch die zum Heil Prädestinierten wieder ergänzt werden müsse.

Der extreme Augustinismus, wie er sich in seinen Spätschriften ausdrückte, hat dessen Gegner nach dem Tode Augustins noch mehr zusammengeschlossen. Johannes Cassian und Vinzenz von Lerinum[68] wenden sich entschieden gegen seine Lehre und vertreten nun ihrerseits Auffassungen, die die menschliche Willensleistung bei der ersten Hinwendung zum Glauben überbetonen. Sie lösen damit wiederum eine Verteidigung der augustinischen Gnadenlehre aus, zu deren Anwalt sich vor allem der schon genannte Prosper von Aquitanien macht[69]. Sein Ziel ist es, einerseits Augustins Gnadentheologie zu erläutern durch Auszüge aus seinen einschlägigen Schriften (Liber sententiarum ex operibus s. Augustini bzw. Liber epigrammatum ex sententiis s. Augustini), anderseits die Schwächen der „semipelagianischen" Gnadenlehre Cassians und des Vinzenz von Lerinum nachzuweisen (Liber contra collatorem; Pro Augustino responsiones ad capitula obiectionum Vincentianarum). In der Frage, ob sich Prosper selbst im Lauf der Debatte vom strengen Augustinismus gelöst habe, bleiben die Meinungen geteilt[70], zumal die Frage verquickt ist mit der nach dem Verfasser der Schrift „De vocatione omnium gentium"[71]. Wer sie Prosper zuschreibt — und dafür sprechen die stärkeren Gründe —, wird sagen müssen, daß er bei aller prinzipiellen Verteidigung der Grundpositionen Augustins den Versuch unternommen hat,

[68] Johannes Cassian in seiner Collatio 13: CSEL 13, 361—396; die von Prosper bekämpften „Obiectiones" des Vinzenz von Lerinum sind nicht erhalten. Zur antiaugustinischen Tendenz seines „Commonitorium" siehe *E. Griffe:* BLE 62 (1961) 81—104 und *W. O'Connor:* Doctor communis 16 (1963) 123—157.

[69] Die Schriften Prospers: PL 51; ein Kommentar mit englischer Übersetzung zu den Verteidigungsschriften für Augustin: ACW 32 (London 1963) von *P. de Letter.*

[70] Die Lit. zu dieser Frage bei *R. Lorenz,* Der Augustinismus Prospers von Aquitanien: ZKG 73 (1962) 217—252, 217 Anm. 1.

[71] PL 51, 647—722: guter Kommentar von *P. de Letter:* ACW 14 (London 1952).

eine Annäherung der gegensätzlichen Standpunkte zu erreichen, indem er nicht nur gewisse Termini wie den der *praedestinatio* Augustins vermied, sondern bewußt mildere Formulierungen Augustins über das Verhältnis von Gnade und freiem Willen und den Heilswillen Gottes in den Vordergrund rückte, die sich neben ganz schroffen Aussagen in dessen Schriften finden und zuweilen seiner Gnadenlehre einen dialektischen Zug verleihen. Schon bald nach Augustins Tod hatte Prosper persönlich bei Papst Cölestin zugunsten Augustins interveniert und eine Verurteilung seiner Gegner erwirken wollen, der Papst fand sich zwar zu einem summarischen Lob Augustins bereit, enthielt sich aber jeder Festlegung in Einzelfragen der augustinischen Gnadenlehre[72]. Zu einer kirchlichen Anerkennung des strengen Augustinismus ist es nie gekommen, aber dieser hatte doch enorme Fernwirkungen, da er immer wieder einzelne verlockte, dem „Lehrer der Gnade" auf jene Höhen nachzusteigen, in deren dünner Luft nur wenige ohne Beklemmung atmen können.

[72] Coelestin. I., Ep. 21, ad episc. Gall. (PL 50, 528—530).

DRITTER TEIL

Innerkirchliches Leben zwischen Nikaia und Chalkedon

13. Kapitel

Die Missionstätigkeit der Kirche

LITERATUR: Wichtigste Bibliogr. bei *A. Seumois,* La mission chez les Pères: Spiritus 5 (1964) 215—219 und bei *K. Baus,* Erwägungen zu einer künftigen „Geschichte der christlichen Mission in der Spätantike“ (4.—6. Jh.): Reformata Reformanda, Festgabe f. H. Jedin (Münster 1965) 22—38. Eine quellenmäßige Gesamtdarstellung der Missionsgeschichte dieses Zeitraumes fehlt, auch in den Spezialwerken von *J. Schmidlin* (Steyl 1925); *S. Delacroix,* Histoire des Missions catholiques I (Paris 1956); *A. Mulders,* Missiegeschiedenis (Bussum 1957). *W. H. C. Frend,* The Missions of the Early Church 180—700 A. D. = Misc. Hist. Eccl. III (Löwen 1970) 3—23 greift nur einzelne Fragen auf. Erste Skizze von *B. Kötting,* Christentum (Ausbreitung): RAC II (1954) 1138—59. Wichtig sind die jeweiligen Länderartikel im RAC. Ferner *K. S. Latourette,* A History of the Expansion of Christianity I (New York 1937) 171—369 und die einschlägigen Abschnitte in *Fliche-Martin* III (1926) 216—224 489—504, IV (1937) 321—336 497—534 (bisher zuverlässigste Darstellung). Die Lit. über die Missionierung einzelner Provinzen und Länder wird jeweils in den Anmerkungen genannt. Zu den Fragen der Missionsmethode: *A. D. Nock,* Conversion (Oxford 1933); *G. Bardy,* La conversion au christianisme durant les premiers siècles (Paris 1949); *K. Aland,* Über den Glaubenswechsel in der Geschichte des Christentums (Berlin 1961); *Chr. Mohrmann,* Das Sprachproblem in der frühchristlichen Mission: ZMR 38 (1954) 103—111; *J. Lecuyer,* Aspects missionnaires de l'initiation selon les Pères de l'église: NZM 15 (1959) 1—13; *E. Lamirande,* Pentecôte et mission chez les Pères de l'église (Paris 1964); *P. P. Joannou,* La législation impériale et la christianisation de l'empire, 311—476 (Rom 1972).

Die religionspolitische Wende der Jahre 311—324 brachte auch für den Missionsauftrag der Kirche bisher nicht gekannte Möglichkeiten. Zwar war die Zahl der Christen vor allem im städtereicheren östlichen Reichsgebiet und im römischen Nordafrika im 3. Jh. beträchtlich gestiegen, aber immer noch stellten sie im Vergleich mit der Gesamtheit der Reichsbevölkerung eine wenn auch beachtliche Minderheit dar. Die für die Gewinnung der heidnischen Majorität nunmehr gegebene günstige Ausgangsposition barg jedoch im Blick auf die Glaubwürdigkeit des christlichen Bekenntnisses gewisse Gefahren in sich. Eine war die der Konversionen aus Opportunismus, die sich mit der Bejahung und Förderung des Christentums durch die Kaiser fast automatisch einstellte und die Kirche mit manchen Scheinchristen belasten mußte. Eine andere, in ihren möglichen Konsequenzen unheilvollere, war die Versuchung, bei der Missionierung unter Duldung oder auch mit Hilfe des Staates Mittel und Methoden anzuwenden, die das Bekenntnis zum Christentum eher mit Druck und Gewalt als durch Überzeugung erreichen wollten. Es wird sich zeigen, daß die christliche Mission dieser Zeit solcher Gefährdung nicht immer entgangen ist. Das Ergebnis einer über hundert Jahre andauernden missionarischen Anstrengung der Kirche war jedoch eindeutig: um die Mitte des 5. Jh. bekannten und empfanden sich die Menschen des Imperium Romanum bis auf einige heidnische Restbestände, die geschlossene Gruppe der Juden und einige Germanenstämme als Christen. Leider hat kein Zeitgenosse Verlauf und Charakter dieses Christianisierungsprozesses in einer speziellen Darstellung festgehalten, er kann daher nur aus vielen Einzelnachrichten und Befunden und immer nur unvollkommen nachgezeichnet werden.

1. Die Christianisierung der Reichsbevölkerung*

Die Mission der *ägyptischen* Kirche[1] befand sich um 325 in einer besonders günstigen Ausgangslage, da sie damals mit ihren rund 90 Bischofssitzen bereits ihre endgültige organisatorische Grundlage gefunden hatte, von der aus die Christianisierung der mehrheitlich noch heidnischen Landbevölkerung unternommen werden konnte[2]. In Athanasios begegnet man bereits dem Oberhaupt einer Landeskirche, das die Missionstätigkeit zielbewußt von der alexandrinischen Zentrale aus steuert. In einem Brief an den Mönchsbischof Drakontios von Hermopolis parva (um 354/355) bezeichnet er die Missionierung der Heiden als eminent bischöfliche Aufgabe und erwartet, daß die Errichtung dieses Bistums eine größere Zahl von Konversionen nach sich ziehen werde, zumal Heiden selber ihre Bekehrung in Aussicht gestellt hätten, wenn man ihnen einen Bischof gäbe[3]. Entschlossen treibt er die Christianisierung des ägyptischen Südens voran, über deren Fortgang er sich persönlich an Ort und Stelle informiert, wahrscheinlich hat er bei einer solchen „Visitationsreise" das Bistum Syene gegründet. Sicher verdankt die noch junge Gemeinde auf der Nilinsel Philai ihren ersten Bischof seiner Initiative. Als ihm der Heeresinspekteur für Oberägypten, der Christ Makedonios, berichtete, die Christen in diesem heidnischen Wallfahrtszentrum mit dem berühmten Isistempel hätten nicht einmal ein Gotteshaus und würden nur sporadisch vom Klerus aus Syene betreut, bestellte Athanasios eben diesen Offizier zum Bischof von Philai, der dort lange und erfolgreich wirkte und sogar den Sohn Markos des heidnischen Oberpriesters für den christlichen Glauben gewinnen konnte[4]. Die Erfolge seiner missio-

* Auf die Mission jenseits der Reichsgrenzen wird an gegebener Stelle hingewiesen.

[1] *H. Leclercq*, Égypte: DACL IV 2430—71; *E. Hardy*, Christian Egypt (New York 1952); *H. Idris Bell*, Cults and Creeds in Greco-Roman Egypt (Liverpool 1954).

[2] Die Zahl der etwa 100 Bischöfe vom Jahre 319 bleibt konstant, vgl. Athanas., Apol. contra Arianos 50, der 91 Bischöfe mit Namen nennt.

[3] Ep. ad Dracontium 1 und 7 (PG 25, 523—534).

narischen Bemühungen veranlaßten die noch heidnischen Kreise Alexandriens, die in den Jahren 360—390 im Neuplatoniker Antoninos ihr geistiges Oberhaupt besaßen und sich aktiv am Kult des Sarapis und der Isis in Menuthis beteiligten, zur entschlossenen Verteidigung ihres Glaubens. Zu einem blutigen Zusammenstoß zwischen Christen und Heiden Alexandriens, an dem der autoritäre Bischof Theophilos nicht schuldlos war, kam es im Jahre 391 im Anschluß an eine Spottprozession, die Christen mit heidnischen Kultobjekten veranstalteten. Der Kaiser ließ daraufhin den großen Sarapistempel schließen und den Christen übereignen, die ihn zu einer christlichen Kirche umgestalteten; das gleiche Los traf später auch das Isisheiligtum in Menuthis[5]. Das bestürzendste Ereignis in der Auseinandersetzung zwischen Heidentum und Christentum in Ägypten war der Tod der heidnischen Philosophin Hypateia im Jahre 415, die von einem fanatisierten Mob unter Führung eines Lektors nach schweren Mißhandlungen grausam ermordet wurde[6]. Neben dem Bischof tritt in Ägypten auch der *Mönch* als Missionar auf, der sich besonders der Bekehrung heidnischer Priester zuwandte, da diese meist weitere Konversionen nach sich zog. Ein unerfreuliches Beispiel mönchischen Missionseifers bietet in der 1. Hälfte des 5. Jh. der mächtige Abt Schenute, Leiter des Weißen Klosters Atripe bei Akhmîm (Sohag) in Oberägypten. Gegen die dort noch relativ starke heidnische Minderheit hetzte er die Christen in flammender Rede auf, beteiligte sich selbst mit Gruppen seiner Mönche an der Zerstörung ihrer Tempel, der Plünderung ihrer Dörfer und belastete damit die christliche Mission aufs schwerste[7]. Zufallsmissionare waren die beiden Priester Protogenes und Eulogios aus Edessa, die unter Kaiser Valens wegen ihrer Treue zum Nicaenum nach dem oberägyptischen Dorf Antinoe verbannt wurden, wo sie alsbald die Kinder der noch überwiegend heidnischen Einwohner um sich sammelten, in einer Art vorweggenommener Missionsschule lesen und schreiben lehrten und nach einiger Zeit tauften[8].

Für den äußeren Erfolg der Missionsarbeit der ägyptischen Kirche darf man die Angaben als typisch ansehen, die über die Stadt Oxyrrhynchos vorliegen. Um das Jahr 300 gab es hier neben einer Synagoge und einem Dut-

[4] Zu Syene *G. Bardy:* DHGE IV 1319. Zu Philai siehe die Vita des Mönches Apa Aaron, ed. *E. W. Budge,* Miscellaneous Coptic Texts (London 1915) CXLIV—CLVI bzw. 432 bis 525. Ein Bischof Markos von Philai nimmt an der Synode von 362 in Alexandrien teil: PG 26, 808. Vgl. noch *P. Nautin,* La conversion du temple de Philae en église chrétienne: CahArch 17 (1967) 1—43.

[5] *R. Herzog,* Der Kampf um den Kult der Menuthis = Pisciculi, Festschr. F. J. Dölger (Münster 1932) 117—124; *P. Rémondon,* L'Égypte et la suprême résistance au christianisme: BullInstFrArchOr 51 (1952) 116—128. Zum Ende des Sarapeions siehe *J. Schwartz:* AmerStudPapyrol 1 (1966) 97—111.

[6] Socr. HE 7, 15, dazu *K. Prächter:* Pauly-Wissowa IX 1, 242—249.

[7] Apophthegm. Patrum n. 492 (Abbas Makarios); n. 1087 lat.: *J. Leipoldt,* Schenute von Atripe (TU 25, 1 Leipzig 1903) 175—182. [8] Theodoret. HE 4, 18, 7—12.

zend heidnischer Tempel zwei christliche Kultgebäude, ein Jahrhundert später wies sie zwölf christliche Gotteshäuser auf, deren Zahl bis zum 6. Jh. noch weiter anstieg[9]. Bald nach 400 bekannte sich in Ägypten nur noch eine Minorität zum Heidentum, und nach weiteren 50 Jahren war die Christianisierung des Landes abgeschlossen. Viele der neuen Christen lösten sich jedoch nur schwer von den Einflüssen ihrer früheren Religion. Wiederholt muß sich Bischof Kyrillos noch um 420 in seinen Osterfestbriefen gegen abergläubische Praktiken wenden, vor allem in der Landbevölkerung lebten Magie und Zauberwesen zäh weiter, und manche spezifisch ägyptische Kulte, wie die Verehrung des Nils, wurden nur in einem mühsamen Prozeß der „Verchristlichung" überwunden[10].

Das missionarische Interesse des Athanasios reichte aber auch über die Grenzen Ägyptens hinaus, da er um 350 den aus Tyros stammenden Frumentios zum Bischof für ein Gebiet weihte, das man bisher übereinstimmend mit *Äthiopien* und seiner damaligen Hauptstadt Aksum identifizierte[11]. Die Brüder Frumentius und Aidesios waren auf der Rückfahrt von einer Indienreise in einem Hafen an der afrikanischen Küste des Roten Meeres an Land gegangen und von dort an den Hof von Aksum gebracht worden, wo sie bald Vertrauensstellungen erlangten. Frumentius wies später auf seinem Rückweg in die syrische Heimat Athanasios in Alexandrien auf die Möglichkeiten einer christlichen Mission im Reich von Aksum hin, worauf dieser ihn selbst zum Bischof weihte und nach Äthiopien zurücksandte. Athanasios bestätigt diesen Vorgang selbst in seiner Apologie an Konstantius II., in der er einen Brief des Kaisers an den äthiopischen König Ezana wiedergibt, in welchem Konstantius die Ausweisung des Frumentius nach Ägypten verlangte, damit der (arianische) Bischof Georgios von Alexandrien die Rechtmäßigkeit seiner Weihe und seines Glaubens prüfe. Das Wirken des Frumentius hat sich auch in der äthiopischen Überlieferung niedergeschlagen, die ihm den Namen Abba Salama (Vater des Friedens) gab und seiner im Synaxar zum 26. Hamlé (20. Juli) gedenkt. Es wird außerdem von den byzantinischen Historikern Theodoret, Sokrates und Theophanes berichtet, nur der Arianer Philostorgios schreibt die erste Mission unter den Äthiopiern seinem Glaubensgenossen Theophilos zu, der im Auftrag des Kaisers Konstantius II. zuvor im Yemen gewirkt hatte[12]. Die bisherige Interpretation der Quellen scheint den

[9] *H. Rink*, Straßen und Viertelsnamen in Oxyrrhynchos (Gießen 1924) 44 ff.

[10] *E. Drioton*, Cyrille et l'ancienne religion égyptienne: Kyrilliana (Kairo 1944) 231—246; *R. Rémondon*, Un papyrus magique copte: BullInstFrArchOr 52 (1953) 157—161; *A. Hermann*, Der Nil und die Christen: JbAC 2 (1959) 30—69.

[11] *G. Lanczkowski:* JbAC 1 (1958) 143—145; *E. Hammerschmidt*, Die Anfänge des Christentums in Äthiopien: ZMR 38 (1954) 281—294; *A. Dihle:* JbAC 6 (1963) 67—69.

[12] So Rufin HE 10, 9, der sich auf den mündlichen Bericht des Aidesios beruft; Athanas., Apol. ad Constant. 29—31; Theodoret HE 1, 23; Socr. HE 1, 19; Theoph., Chron. 5, 13; Philost. HE 3, 6.

Vorzug zu verdienen vor der neuerdings vorgelegten, nach der Frumentius von Athanasios zum Bischof für Vorderindien geweiht worden und nie in Aksum gewesen wäre, das Christentum aber erst im 2. Drittel des 5. Jh. in seiner monophysitischen Form nach Äthiopien gelangt sei[13]. Sie kann weder den Brief des Kaisers Konstantius an den damaligen Herrscher von Aksum noch vor allem die äthiopische Tradition über Frumentius befriedigend erklären.

Erhebliche Impulse für die christliche Mission in *Palästina*[14] gingen von Konstantin aus, der durch seine Initiative für die Errichtung und Ausstattung christlicher Gotteshäuser an den traditionsreichen Stätten jüdisch-christlicher Geschichte das Ursprungsland des Christentums stark in das Bewußtsein der damaligen Christenheit rückte. Vor allem Jerusalem mit seiner näheren Umgebung nahm im Lauf des 4. Jh. — nach kurzer Unterbrechung durch die Reaktion unter Kaiser Julian — mit der stetig wachsenden Zahl seiner Kirchen, Klöster, Oratorien und Hospize auch im Äußern den Charakter einer völlig christlich gewordenen Stadt an, die immer größere Pilgerscharen an sich zog, von denen sich manche für dauernd in Palästina niederließen und nicht wenig zur Stärkung des einheimischen Christentums beitrugen. Auch in Kaisareia, dem Sitz der Zivilverwaltung, existierte relativ früh eine stärkere heidenchristliche Gemeinde, die Hafenstadt Maiuma wurde schon unter Konstantin mehrheitlich christlich[15]. Im Lande selbst aber hatte das Christentum bisher nur wenige Anhänger gefunden, da sich das Judentum weitgehend der christlichen Mission verschloß. Die in Nikaia vertretenen 18 Gemeinden Palästinas repräsentierten nur eine Minderheit der Gesamtbevölkerung dieser Bistümer[16]. Bischof Asklepas, der die Christen von Gaza und Umgebung zu betreuen hatte, konnte erst nach Konstantins Eingreifen in der Stadt Wohnung nehmen, gegen Ende des 4. Jh. war die Zahl der Christen hier und in den Küstenorten Anthedon und Raphia immer noch unbedeutend[17]. In Tiberias, Kapharnaum, Nazaret und Diokaisareia ließ der Judenchrist Joseph christliche Kirchen errichten, weil sich hier erst wenige Christen fanden. Die heftige antichristliche Welle unter Kaiser Julian in den palästinischen Provinzen enthüllt den zähen Widerstand von Juden und Heiden, dem die Mission hier begegnete[18]. Im Gebiet des alten Edom

[13] So *F. Altheim - R. Stiehl,* Christentum am Roten Meer I (Berlin 1971) 393—483.

[14] *H. Leclercq,* Palestine: DACL XIII 755—767; *F. M. Abel,* Histoire de Palestine II (Paris 1952).

[15] *F. M. Abel,* Jérusalem: DACL VII 2311—34; Hieron., Ep. 46, 11; *Cl. Kopp,* Pèlerinages aux lieux saints: DBSuppl 7, 589—605; *A. Negev,* Césarée maritime: Bible et Terre Sainte 41 (1961) 6—15; Maiuma: Sozom. HE 2, 5, 7—8; 5, 3, 6—7.

[16] *E. Honigmann,* La liste originale des Pères de Nicée: Byz 14 (1939) 17—76.

[17] Euseb., Vita Const. 4, 38; Marc. Diac., Vita Porph. 19; Sozom. HE 5, 8, 7.

[18] Euseb. Onomast. 26, 108; Epiph., Haer. 73, 26; Panar. 1, 30, 4—12; Reaktion unter Julian: Sozom. HE 7, 15, 11; Julian. imp., Epp. 53 56 91, dazu *J. Vogt,* Kaiser Julian und das Judentum (Leipzig 1939).

wird Aila (Aqaba) am Nordrand des gleichnamigen Golfes zur Zeit von Nikaia als erster Bischofssitz genannt, und gleichzeitig existierte auch in der alten Nabatäerstadt Petra eine bischöfliche Gemeinde. Zwei weitere Bischofssitze am Südrand des Toten Meeres lassen sich durch die Teilnehmerlisten der Konzile von Ephesos und Chalkedon nachweisen, in Chalkedon war auch ein Bischof von der Insel Jotabe (Tirana) im Golf von Aqaba anwesend. Zum Patriarchat Jerusalem gehörten zwei Gemeinden im Gebiet von Moab, Areopolis, dessen Bischof Anastasios 449 in Ephesos war, und Characucoba, das durch die Mosaikkarte von Madaba bezeugt wird[19]. Auch in Palästina traten Mönche als Missionare auf, so Hilarion, der in der Umgebung von Gaza und im Negeb tätig war, und Euthymios, dem das Bistum Parembolai sein Entstehen verdankt und für das Juvenal von Jerusalem auf seine Bitte um 425 den Häuptling eines Sarazenenstammes zum Bischof weihte[20]. Die christliche Mission in den drei palästinischen Provinzen hat wohl erst im 5. Jh. ihre stärkste Wirkung erreicht. Die Teilnehmerlisten der beiden Jerusalemer Synoden von 518 und 536 nennen rund 50 Bistümer für sie, die sich überwiegend auf Orte mit städtischem Rang verteilen[21].

In der römischen Provinz *Arabien* mit ihrer nach Osten nie fixierten und im Süden öfters wechselnden Grenze setzte eine größere Missionstätigkeit erst mit Beginn von Konstantins Alleinherrschaft ein. Sie nahm ihren Ausgang von der Provinzhauptstadt Bostra, die schon im 3. Jh. Sitz eines Bischofs war. Der Metropolit der Stadt war Ziel eines scharfen Angriffs Kaiser Julians, der die Bevölkerung aufforderte, ihn zu vertreiben[22]. Zwischen Nikaia und Chalkedon stieg hier die Zahl der Bistümer von fünf auf achtzehn, zwei von ihnen, Madaba und Gerasa, bezeugen durch Fülle und Qualität der erhaltenen christlichen Denkmäler, daß das Christentum im 5. und 6. Jh. das vorherrschende Bekenntnis ihrer Bewohner gewesen sein muß[23]. Wiederum waren Mönche an der Missionsarbeit beteiligt. Die Stammesfürstin Mawia erbat sich den Einsiedler Moses als Bischof, die Bekehrung des Sarazenenhäuptlings Zokomos ging ebenfalls auf den Einfluß eines Mönches zurück[24].

[19] *F. M. Abel,* Histoire de Palestine II 345—349; *N. Edelby:* PrOrChr 6 (1956) 110. Mosaik von Madaba: DBSuppl 5, 627—704.

[20] Sozom. HE 5, 15, 15; Hieron., Vita Hil. 25; Cyrill. Scythop., Vita s. Euthymii 15; 27.

[21] *A. Alt,* Die Bistümer der alten Kirche Palästinas: PJ 29 (1933) 67—88; *R. Devreesse,* Les anciens évêchés de Palestine: Mémorial Lagrange (Paris 1940) 217—227; zu Eleutheropolis siehe *E. Bagatti:* Stud. bibl. Francisc. lib. ann. 22 (1972) 109—129.

[22] *R. Devreesse,* Le Patriarcat d'Antioche (Paris 1945) 208—240; *N. Edelby,* La Transjordanie chrétienne des origines aux croisades: PrOrChr 6 (1956) 97—117 mit Karte; *M. Höfner,* Arabien: RAC I 579—585. Zu Bostra: Julian imp., Ep. 114.

[23] ACO II, I 350; *A. Alt,* Bischofskirche und Mönchskirche im nördlichen Ostjordanland: PJ 33 (1937) 89—111. Zu Madaba *B. Bagatti:* RivAC 33 (1957) 139—160; *C. H. Kraeling,* Gerasa (New Haven 1938); *S. Saller - B. Bagatti,* The Town of Nebo (Jerusalem 1949).

[24] Sozom. HE 6, 38, 1—9 14—16. *A. Alt:* PJ 34 (1938) 93—104.

Christliche Missionsarbeit im nichtrömischen *Südarabien* kam durch Kaiser Konstantius II. in Gang, als er, wohl auch aus politischen Überlegungen, eine Gesandtschaft unter Führung des Arianers Theophilos „des Inders“ (von der Insel Sokotra) zu den Ḥimyariten (Neǧran) entsandte. Sie hatte trotz des hier konkurrierenden Judentums einen gewissen Erfolg, da der Stammesfürst den Bau dreier Kirchen gestattete, für den er sogar die Mittel zur Verfügung stellte; eine erstand in der Hauptstadt Zafar, die zweite in der Hafenstadt Aden, dem Absteigequartier römischer Kaufleute, die dritte am Persischen Meerbusen[25]. Auch monophysitische Missionare aus Ägypten und Nestorianer aus dem Norden bemühten sich im 5. Jh. um die Gewinnung der Ḥimyariten, für die um 500 in Neǧran ein Bischof nachweisbar ist. Bei einem Überfall des jüdisch-sabäischen Königs Masrûq im Jahre 523 wurde aber das christliche Gotteshaus in Neǧran zerstört, manche Christen fanden dabei den Tod, unter ihnen auch der später als Martyrer verehrte Arethas. Seither blieben die südarabischen Christen eine schwache Minderheit, die nach dem Auftreten Mohammeds zum Teil nach Kufra am Euphrat auswanderte[26].

Die christliche Gemeinde der syrischen Hauptstadt *Antiochien* erholte sich rasch von den Rückschlägen der Diokletianischen und Licinianischen Verfolgung, zumal sie sich des betonten Wohlwollens Konstantins erfreuen konnte[27]. Bis zur Regierungszeit Kaiser Julians hat sich ihr wohl die Mehrheit der Stadtbevölkerung angeschlossen, da die Christen gegen die Unterdrückungsmaßnahmen des Kaisers sogar öffentliche Gegendemonstrationen wagen konnten. Auch die literarische Polemik Julians und des Rhetors Libanios konnten den Fortschritt der Mission nicht hemmen, mit dem die Verkümmerung des heidnischen Tempeldienstes parallel lief. Wenn Chrysostomos um 390 sagt, falls jeder der „etwa hunderttausend“ Christen ein Brot spenden würde, wäre der Not der Armen Antiochiens entscheidend geholfen, so ist damit auch ausgesprochen, daß die Stadt am Ende des 4. Jh. als christlich galt. Theodoret von Kyros bestätigt dies für das Jahr 415, da er damals nur noch von einem „ganz geringen Rest von Heiden“ in der Stadt weiß, zu denen jedoch eine beträchtliche jüdische Gemeinde kam[28]. Diese Situation spiegelt sich schließlich auch wider in der Zahl der im 4. Jh. erbauten Kir-

[25] Philost. HE 3, 4—5.

[26] *J. Ryckmans*, Le christianisme en Arabie du Sud préislamique = L'Oriente cristiano nella storia della civiltà (Rom 1964) 413—453; *C. D. G. Müller*, Kirche und Mission unter den Arabern in vorislamischer Zeit (Tübingen 1967) 11—14; *I. Shahid*, The Martyrs of Najrân. New Documents (Brüssel 1971).

[27] Zu Antiochien außer *R. Devreesse* Anm. 22 *Chr. Papadopoulos*, Ἱστορία τῆς ἐκκλησίας Ἀντιοχείας (Alexandrien 1951). Konstantins Prachtbasilika für Antiochien: Euseb., Vita Const. 3, 50.

[28] Theodoret. HE 3, 10—12; Sozom. HE 5, 19, 4—20, 7; Ammian. Marcell. 22, 13; Liban., Or. 2 10 60 30 (nur noch 4 Tempel unversehrt); Chrysost., In Matth. hom. 85, 4; Theodoret. HE 5, 35, 5.

chen Antiochiens; zu der unter Diokletian zerstörten, aber bald wieder aufgebauten Kirche der Altstadt kamen die Konstantinische Basilika und drei Grabeskirchen der Martyrer Babylas, Romanos und Drosis[29]. Drei Faktoren haben diese günstige missionarische Entwicklung der syrischen Großstadt bedingt: die größere Ausstrahlungskraft der christlichen Botschaft gegenüber dem gerade hier besonders fragwürdig gewordenen heidnischen Kultwesen; die intensive Werbung von Mensch zu Mensch, zu der der Seelsorger Chrysostomos die Gemeinde unermüdlich mahnte[30], und schließlich die Anziehung, die von dem in Syrien hochangesehenen Mönchtum sowie von Gemeindeleitern wie Eustathios, Meletios, Flavian und von Predigern und theologischen Lehrern wie Chrysostomos, Diodor, Theodor von Mopsuestia und Theodoret von Kyros ausging.

Auch außerhalb Antiochiens hat das syrische Volk relativ rasch das Christentum angenommen, da schon um die Mitte des 4. Jh. in zahlreichen Städten und Dörfern der syrischen und phönikischen Provinzen Gotteshäuser existieren, wie aus den Berichten der Kirchenhistoriker über die heidnische Reaktion unter Julian hervorgeht. So wurden damals z. B. in Damaskus zwei Kirchen von Juden in Brand gesteckt, die Kirche von Berytos zerstört, in den christlichen Gotteshäusern von Epiphania und Emesa der Dionysoskult eingeführt. Bereits für das 4. und 5. Jh. läßt sich die Existenz einer hochstehenden kirchlichen Architektur im ganzen syrischen Raum nachweisen, vollends erlauben die zahlreichen christlichen Inschriften den Schluß, daß am Beginn des 5. Jh. sich auch die Mehrheit der syrischen Landbevölkerung zur christlichen Religion bekannte[31]. Einen aufschlußreichen Beleg für die Situation in einem einzelnen Bistum bietet der bekannte Brief Theodorets von Kyros an Papst Leo, dem er mitteilt, sein Bistum umfasse 800 παροικίαι, worunter nur überwiegend ländliche Seelsorgsbezirke verstanden werden können[32]. Dieser Gesamtbefund wird erhärtet durch den Stand der kirchlichen Organisation im Bereich des Patriarchats Antiochien zur Zeit des Konzils von Chalkedon, das damals rund 130 Bischofssitze aufwies[33]. Wiederum kommt dem Mönchtum ein besonderer Rang in der Missionsarbeit speziell in den ländlichen Bezirken der syrischen Provinzen zu. Schon die frühen Styliten

[29] *W. Eltester,* Die Kirchen Antiochiens im 4. Jh.: ZNW 36 (1937) 251—286; *J. Lassus,* Antioch on the Orontes 2 (Princeton 1938) 5—44; *G. Downey,* A History of Antioch in Syria (Princeton 1962).

[30] *P. Andres,* Der Missionsgedanke in den Schriften des Joh. Chrysostomus (Hünfeld 1935) 158—162.

[31] *F. M. Abel,* Histoire de Palestine II 280; *J. Lassus,* Sanctuaires chrétiens de Syrie (Paris 1947); *ders.,* Syrie: DACL XV 1855—1942; *G. Tschalenko,* Villages antiques de la Syrie du Nord (Paris 1953/58); *L. Jalabert - R. Mouterde - J. P. Roquais,* Inscriptions grecques et latines de Syrie I—VII (Paris 1929/70), dazu *C. Mondésert:* Stpatr 1 (Berlin 1957) 649 bis 658.

[32] Theodoret., Ep. 113.

[33] *R. Devreesse,* Le Patriarcat d'Antioche 136—140.

hatten ihr Ansehen unter der Bevölkerung in den Dienst der missionarischen Verkündigung gestellt. Als eifrige Missionare werden die Mönche Thalelaios (in der Nähe von Gabala) und Abraam genannt, letzterer gewann „ein großes Dorf" im Libanon vor allem durch seine soziale Fürsorge für den Glauben. Später setzte er seine Tätigkeit in der Osrhoëne fort, wo er als Bischof von Karai südlich von Edessa noch eine heidnische Mehrheit vorfand[34]. Edessa selbst brauchte im 4. Jh. nur noch dem äußeren Stadtbild durch Errichtung neuer Kirchen und Martyrien innerhalb und außerhalb der Mauern einen christlichen Charakter zu geben, die Betonung der Missionspflicht aller Christen durch Ephrem den Syrer weist aber doch auf die Fortexistenz des Heidentums im weiteren Umkreis hin[35]. Edessenische Missionare hatten das Christentum schon vor Konstantin in der römischen Grenzprovinz Mesopotamia bekannt gemacht, Bischöfe aus den Gemeinden Makedonopolis, Resaina und vielleicht auch Amida befanden sich bereits unter den Teilnehmern am Konzil von Nikaia, über den Fortschritt der Mission auf dem allerdings dünn besiedelten Land geben die Quellen für das 4. Jh. keine nähere Auskunft[36].

Noch im 4. Jh. hat die antiochenische Mission auch die arabischen Nomaden im ostsyrischen Grenzgebiet erfaßt, da „ein Bischof der Araber", Timotheos, auf der Synode von Antiochien 363 anwesend war. Den gleichen Raum hatte wohl auch Chrysostomos im Blick, wenn er in einem Brief an den Presbyter Konstantios als dessen Missionsfeld Phönikien und „Arabien" nennt. Christlich-arabische Nomaden lebten hier bis in die islamische Zeit[37]. Die noch weiter östlich im Raum von Hira unter der Dynastie der Laḥmiden lebenden Araberstämme verdankten ihre erste Bekanntschaft mit dem Christentum dagegen christlichen Gefangenen, die von den Sassaniden hier angesiedelt wurden. Später hatten die betont missionseifrigen Nestorianer ebenfalls hier gewirkt, ihren Einfluß sogar bis nach dem südarabischen Neğran geltend gemacht und auch bei den Arabern an der Westküste des Persischen Golfes beachtliche Erfolge erzielt[38]. Ostsyrische Christen aus dem Sassanidenreich haben im 4.—6. Jh. die schon früher begonnene Mission in Nordindien fortgeführt und wohl auch die von Ägypten aus gegründeten

[34] Theodoret. Hist. rel. 17 26 28; HE 4, 18, 14; 5, 4, 6; Sozom. HE 6, 1, 1; Intin. Eger. 20, 8, dazu *B. Kötting*, Das Wirken der ersten Styliten. Missions- und Erbauungspredigt: ZMR 37 (1953) 187—197; *O. Hendriks*, L'activité apostolique des premiers moines syriens: PrOrChr 8 (1958) 3—25.

[35] *P. Krüger*, Missionsgedanken bei Ephrem dem Syrer: MRW 4 (1941) 8—15. Wenn die anonyme Vita des Bischofs Rabbula (412—436) zuverlässig wäre, hätte dieser eifrig als Heiden- und Judenmissionar gewirkt, vgl. zur Vita *P. Peeters:* RSR 18 (1928) 187—203. Zu den kirchlichen Bauten Edessas *E. Kirsten:* RAC IV 578 und JbAC 6 (1963) 144—172.

[36] *C. Karalevsky*, Amida: DHGE II 1238 f; *E. Honigmann:* Byz(B) 14 (1939) 46.

[37] Socr. HE 3, 25; Chrysost., Ep. 221, dazu *C. D. G. Müller* a. a. O. 6—8.

[38] *C. D. G. Müller* ebd. 9—11.

Christengemeinden Südindiens in ihre Obhut genommen, wie eine genaue Analyse der Thomas-Tradition es wahrscheinlich macht[39]. Ihre größte Ausdehnung erreichte die nestorianische Mission allerdings, als sie nach Zentralasien, nach Tibet, China und bis in die Mandschurei vordrang und hier die Provinzen „des Äußeren" begründen konnte[40].

Dem 4. Jh. (ca. 325—361) gehört auch die Bekehrung der *Georgier*[41] an den Südhängen des Zentral-Kaukasus an, die eingeleitet wurde durch eine christliche Gefangene (später Nino genannt) und den durch sie bekehrten König Mirian, der griechische Missionare (wohl von Antiochien) in sein Land kommen ließ. Am Beginn des 5. Jh. hat die georgische Kirche bereits eine gewisse Autokephalie gewonnen, die durch die Bestellung eines Katholikos unter König Wachtang I. (446—499) vollendet wurde[42]. Daß das georgische Kirchenoberhaupt sich bis ins 8. Jh. in Antiochien weihen ließ, dürfte wohl auf eine frühere missionarische Bindung hinweisen.

Der am Anfang des 4. Jh. erreichte relativ hohe Stand der Christianisierung in der noch ungeteilten Provinz *Kilikien* — 9 Bischöfe und ein Chorbischof vertraten sie in Nikaia—hat wohl durch die Zerstörung des Äskulaptempels in Aigai durch Konstantin neuen Auftrieb erhalten[43]. Sie muß etwa zur Zeit des Konzils von Chalkedon zum Abschluß gekommen sein, da die beiden gegen Ende des 4. Jh. geteilten Provinzen Kilikiens nunmehr 17 Bistümer umfaßten. Ein ähnlicher Anstieg der Zahl der Bischofssitze zwischen Nikaia und Chalkedon — von 10 auf 22 — vollzog sich in der ebenfalls nach Antiochien orientierten Provinz *Isaurien*[44], deren Metropole Seleukia durch das vor ihren Mauern gelegene Thekla-Heiligtum zahlreiche Pilger anzog. Die durch ihre Raubzüge seit je gefürchteten Bewohner des isaurischen Berglandes sind jedoch der christlichen Botschaft länger unzugänglich geblieben, da sie noch bis ins 5. Jh. hinein christliche Klöster und Gemeinden überfielen und deren Bischöfe in Gefangenschaft schleppten[45].

[39] *L. W. Brown,* The Indian Christians of St. Thomas (Cambridge 1956) 43—91; *A. Dihle,* Neues zur Thomas-Tradition: JbAC 6 (1963) 54—70.

[40] *E. Tisserant,* Nestorienne (L'Église): DThC XI 157—323; *L. Dauvillier,* Les provinces chaldéennes „de l'Extérieur" au moyen-âge = Mélanges F. Cavallera (Toulouse 1948) 261 bis 313; *J.-M. Fiey,* Assyrie chrétienne I—III (Beyrouth 1965—69).

[41] *R. Janin:* DThC VI 1239ff; *K. Kekelidse,* Die Bekehrung Georgiens zum Christentum (Leipzig 1928); *P. Peeters:* AnBoll 50 (1932) 5—58; *M. Toumanoff,* Studies in Christian Caucasian History (Washington 1963); *F. Thelamon,* Histoire et structure mythique: la conversion des Ibères: RH 247 (1972) 5—28.

[42] *M. Tarnišvili,* Die Entstehung und Entwicklung der kirchlichen Autokephalie Georgiens: Kyrios 5 (1940/41) 177—193.

[43] Euseb., Vita Const. 3, 57; Sozom. HE 2, 5, 5.

[44] Die entsprechenden Bischofslisten bei *Devreesse,* Le Patriarcat d'Antioche 126 und 137f.

[45] Itin. Eger. 23, 1—6; Theodoret, Hist. rel. 10. Zur Theklastadt siehe *E. Herzfeld* - *S. Guyer,* Monumenta Asiae Minoris Antiqua II (Manchester 1930) 1—89; für Kilikien und Isaurien ebd. III (1931) und Anatolian Studies 2 (1952) 85—150, 4 (1954) 49—64.

Der Abschluß der Christianisierung der Insel *Zypern*[46] dürfte etwa mit der Anerkennung ihrer kirchlichen Unabhängigkeit gegenüber Antiochien auf dem Konzil von Ephesos (431) zusammenfallen. Auch hier läßt sich der Fortschritt der Mission nur recht äußerlich an der steigenden Zahl der Bistümer ablesen. In Nikaia war die Insel durch drei Bischöfe vertreten (eine größere Zahl von Bistümern ist aber nicht auszuschließen), an der Synode von Serdika (ca. 342) nahmen zwölf teil, in seinem Rundschreiben an die Bischöfe der Insel um 400 nennt Theophilos von Alexandrien 15 der Adressaten mit Namen, denen noch einige Chorepiskopoi zuzurechnen sind. Um die Wende zum 5. Jh. hatte Bischof Tychon von Amathus sich noch mit Anhängern des Aphrodite- und Artemiskultes auseinanderzusetzen, ein Mosaikepigramm des 5. Jh. spiegelt die Endsituation wider: Christus ist Sieger über Apollo[47].

Im *kleinasiatischen*[48] Großraum machte das Ende der Verfolgungszeit offenkundig, daß die Mehrheit der griechischen bzw. hellenisierten Bevölkerung der Städte und größeren ländlichen Siedlungszentren bereits für die christliche Religion gewonnen war. Ein weitmaschiges Netz bischöflicher Gemeinden überzog schon zur Zeit von Nikaia die Provinzen, und vom Alltagsleben dieser Gemeinden ging die missionarische Anziehungskraft aus, die in den nächsten Jahrzehnten den größeren Teil der noch verbliebenen Heiden zur Annahme des Christentums bestimmte. Spezifisch missionarische Fragen treten schon in den Beschlüssen der kleinasiatischen Synoden der 1. Hälfte des 4. Jh. auffallend zurück[49]. Die wachsende Christianisierung speziell der Landbevölkerung wird wahrnehmbar an der in manchen kleinasiatischen Provinzen beachtlich hohen Zahl der Hilfsbischöfe (Chorepiskopoi), die sich z. B. für das Bistum Kaisareia zur Zeit des Basileios auf rund 50 beliefen[50]. Die Repaganisierungsversuche Kaiser Julians fanden gerade in Kleinasien nur noch ein dürftiges Echo. Aller Eifer seines Vicarius für Asien, Justus, der in Sardeis wieder Opferaltäre errichten ließ, zerfallene oder zerstörte Tempel wieder aufbauen wollte und selbst öffentliche Opfer

[46] *E. Kirsten,* Cyprus: RAC III 493—498; *R. Janin,* Chypre: DHGE XII 791—802; *G. Hill,* A History of Cyprus I (Cambridge 1948, Nachdr. 1972).

[47] Serdica: *Mansi* 3, 69 und Athanas., Contra Ar. 50; Theoph. Alex. bei Hieron., Ep. 92. Chorepiskopoi: Sozom. HE 7, 19, 2. Zur Vita Tychons siehe *H. Delehaye*: AnBoll 26 (1907) 229—232 240—245. Zum Mosaikepigramm: *T. B. Mitford:* Byz(B) 20 (1950) 105 bis 175.

[48] *H. Grégoire,* Receuil des inscriptions grecques chrétiennes d'Asie Mineure (Paris 1922); *V. Schultze,* Altchristliche Städte und Landschaften II 1 und 2 (Gütersloh 1922/26); *H. M. Jones,* The Cities of the Eastern Provinces (Oxford 1937); *J. Keil,* Asia: RAC I 740—749.

[49] Conc. Ancyr. can. 24 warnt vor heidnischen Wahrsagern, Conc. Laodic. can. 30 verbietet Klerikern und Asketen den Besuch bestimmter Bäder, um den Heiden keinen Anstoß zu geben, can. 39 untersagt die Teilnahme an heidnischen Festen.

[50] *E. Kirsten,* Chorbischof: RAC II 1108; schon in Nikaia waren 5 Chorbischöfe aus Kappadokien anwesend.

darbrachte, blieben ebenso ohne Wirkung wie sein Unmut darüber, daß in Galatien schon die Frauen, Kinder und Dienstboten vieler heidnischer Priester Christen seien[51]. Als um 450 ein Einwohner von Ephesos in einer Inschrift festhalten ließ, er habe die Statue der Artemis durch ein Kreuz ersetzt, wurde damit der eingetretene Wandel symbolkräftig ausgedrückt[52]. Gewiß haben sich weiterhin, vor allem in Städten und aus der Oberschicht, einzelne zum Heidentum bekannt oder ihm heimlich angehangen. Auch kleinere ethnische Gruppen, wie der aus Babylonien nach Kappadokien umgesiedelte Stamm der Magusäer, dessen religiöse Welt Basileios näher schildert, hielten an ihrer ererbten Religion fest. Noch im frühen 5. Jh. missionierte der Mönch Hypatios in dem längst mehrheitlich christlich gewordenen Bithynien, und beträchtliche Scharen heidnischer Kultanhänger existierten noch bis zur Zeit Justinians I. in den Bergen der Provinzen Asien, Karien, Lydien und Phrygien, da Johannes von Ephesos von Konstantinopel aus damals nach einem wohlbedachten Missionsplan mit Hilfe klösterlicher Neugründungen noch „Zehntausende" von ihnen bekehrt haben will[53].

Eine besondere Rolle im Christianisierungsprozeß Kleinasiens darf für das 4. Jh. *Kappadokien*[54] zugeschrieben werden. Die Bischöfe der Metropole Kaisareia, von dem die Christianisierung Armeniens durch Gregor den Erleuchter ihren Ausgang nahm, hielten den missionarischen Kontakt mit der Tochterkirche lebendig, sie weihten bis 374 den armenischen Oberbischof und nahmen eine Art Visitationsrecht in den Gemeinden Kleinarmeniens für sich in Anspruch[55]. Das Bistum Kaisareia wird mit seiner Gestaltung des kirchlichen Gemeindelebens — soziale Fürsorge, Liturgie, Organisation des Mönchtums, Beseitigung heidnischer Kultstätten — und der damit verbundenen Prägung des öffentlichen Lebens vom Christlichen her zum missionarischen Vorbild für die Gemeinden der Nachbarprovinzen[56]. Weiter wird die Offenheit gerade der Kappadokier unter den kleinasiatischen Bischöfen für die profane Bildung zu einem erstrangigen Missionsfaktor, da sie der diesen Bischöfen gesellschaftlich nahestehenden Oberschicht den Übertritt zum Christentum wesentlich erleichtert[57]. Die Aufgeschlossenheit Kappadokiens für die Missionspflicht wird schließlich erkennbar an der Reihe bedeutender Missionare, die es hervorbrachte, wie etwa den Gotenbischof

[51] Eunap., Vitae sophist. 503; Sozom. HE 5, 16, 1—8.

[52] *H. Grégoire,* Recueil des inscriptions ... 104.

[53] Basil., Ep. 258, 4; Callinic., Vita Hyp. 30, 1—2; 43, 16; Joh. von Ephes., Kirchengeschichte 3, 36—37, dazu *L. Duchesne,* L'Église au VIme siècle (Paris 1925) 276—280 und *E. Honigmann:* CSCO 127 (Louvain 1951) 207—215.

[54] *E. Kirsten,* Cappadocia: RAC II 861—891.

[55] Basil., Epp. 97 99 100 195 228 f; *F. Tournebize,* Arménie: DHGE IV 294—301.

[56] *U. W. Knorr,* Basilius d. Große. Sein Beitrag zur christlichen Durchdringung Kleinasiens (Diss. Tübingen 1968); *R. Janin,* Césarée de Cappadoce: DHGE XII 199—203. Julian. imp., Ep. 78; Sozom. HE 5, 4, 1.

[57] Schon Euseb., Vita Const. 4, 43 rühmt die Gelehrsamkeit der kappadokischen Bischöfe.

Wulfilas, Eutyches, der bei den Krimgoten wirkte, und Vetranio, der Bischof von Tomi in Skythien wurde[58].

Auch in den übrigen Provinzen der Diözese *Pontus* bestand die missionarische Aufgabe der Gemeinden in Stadt und Land im 4. Jh. hauptsächlich in der Vertiefung und Ausgestaltung des religiösen Lebens, wie sie in den Beratungen der Synoden von Ankyra (314), Neokaisareia (zwischen 314 und 325) und Gangra (340/341) sichtbar wird[59]. Nur noch gelegentlich werden missionarische Unternehmen oder Vorgänge für das 4. Jh. in den städtereichen Provinzen der kleinasiatischen Westküste in den Quellen erwähnt. Im Hellespont soll Bischof Parthenios von Lampsakos um die Jahrhundertmitte vom Kaiser die Erlaubnis erbeten haben, die hier noch offenen heidnischen Tempel zu beseitigen, Johannes Chrysostomos wird noch die Bekämpfung des Kybelekultes in Phrygien und die endgültige Abschaffung des Artemisdienstes in Ephesos zugeschrieben[60].

Über die weitere Entfaltung der christlichen Religion auf der *Inselwelt* des Ägäischen Meeres erlauben die Quellen keine detaillierten Aussagen. Sie dürfte auf den größeren Inseln, wie Rhodos, Samos, Chios, Lesbos und Lemnos, ähnlich derjenigen der nahen Küstenstädte verlaufen sein. Hier und da weist der archäologische Befund auf die Errichtung von Gotteshäusern in vorbyzantinischer Zeit hin[61].

In den südlichen Provinzen der Diözese *Thrakien* (Europa und Rhodope) kann man für die Zeit um 300 etwa den Stand der Christianisierung voraussetzen, der in den gegenüberliegenden kleinasiatischen Provinzen Hellespont und Bithynien erreicht war. Es gab zwar auch im thrakischen Hinterland vornikänische Gemeinden, etwa in Philippopolis, Adrianopel, Deultum, Anchialos und Durosturum, aus denen wohl „die Mösier und Thraker" unter den Bischöfen kamen, die Eusebios unter den Teilnehmern an der Jerusalemer Kirchweihsynode von 331 erwähnt[62]. In größerem Ausmaß sind die mittel- und nordthrakischen Provinzen aber erst im 4. Jh. von der christlichen Mission erfaßt worden. Ihr besonderes Interesse galt den gotischen Stäm-

[58] *G. Bardy*, La patrie des évêques: RHE 35 (1939) 237 f.

[59] *W. M. Ramsay*, The Church of Lycaonia in the 4th Century = Luke the Physician (Nachdr. Grand Rapids 1956), danach die Texte bei *H. Leclercq*, Lycaonie: DACL IX 2787—2897. Für Phrygien siehe *V. Schultze* II 397—477 und *H. Leclercq:* DACL XIV 758—806.

[60] So die späte Vita Parthenii (PG 114, 1348); zu Chrysostomos siehe *C. Kukula*, Forschungen in Ephesos 1 (Wien 1909) 269; *F. Miltner*, Ephesus, Stadt der Artemis und des Johannes (Wien 1958).

[61] *E. Euangelides*, Ὁ χριστιανισμὸς ἐν ταῖς Κυκλᾶσι (Syros 1908); *H. Balducci*, Basiliche protocristiane e bizantine a Coo (Pavia 1936); *A. M. Schneider*, Samos in frühchristlicher und byzantinischer Zeit: AM 54 (29) 97—141; Chios: DHCE XII 743—746; Lesbos: DACL XII 573—575.

[62] Euseb., Vita Const. 4, 43. *H. Leclercq*, Dobrogea: DACL IV 1231—60 und Mésie: ebd. XI 500—508.

men, die sich an der unteren Donau niedergelassen hatten. Erfolgreichster Missionar war *Wulfilas*, der nach seiner Bischofsweihe (341) nördlich der Donau wirkte, bis eine Verfolgung die christlich gewordenen Goten zur Flucht zwang (um 350), die dann von Kaiser Konstantin in der Moesia inferior angesiedelt wurden[63]. Unter gotischen Nomadenstämmen an der unteren Donau waren später Missionare tätig, die Chrysostomos dorthin entsandt hatte, der sich auch in Konstantinopel selbst um die Gewinnung von Goten bemühte und sich noch in seinem Exil darum sorgte, daß der von ihm geweihte Bischof Unilas einen würdigen Nachfolger erhielt[64]. In die letzten Jahrzehnte des 4. Jh. fällt die Missionsarbeit des Bischofs Nicetas von Remesiana aus der Provinz Dacia, dem es nach jahrelangem Bemühen gelang, den Stamm der thrakischen Bessen in den Bergen um Philippopolis zu gewinnen, die besonders eifrige Anhänger des neuen Glaubens wurden[65]. Noch unter Kaiser Arkadios missionierte der Abt Jonas vom Kloster Halmyrissos im thrakischen Gebirge mit seinen Mönchen die Bewohner der Umgebung; sein Kampf gegen die heidnischen Kultidole erinnert an das Vorgehen, das Martin von Tours früher in Gallien angewandt hatte[66].

Für die Diözese *Makedonien* insgesamt läßt sich im Blick auf die kleinasiatischen Provinzen ein deutlicher missionarischer Rückstand feststellen, trotz der großen Tradition der durch Paulus hier begründeten Gemeinden. Zu ihnen waren zwar bis zum Konzil von Nikaia weitere Gemeinden in Larissa, Theben, auf Euboia, in Lakedaimon, auf Kreta, im epirischen Nikopolis sowie in Stobi und Skupi im eigentlichen Makedonien hinzugekommen, aber das Heidentum hat sich hier nicht nur auf dem Lande, sondern auch an Kultzentren wie Delphi und Eleusis und vor allem in Athen selbst lange behaupten können[67]. Als Basileios und Gregor von Nazianz um die Jahrhundertmitte an der athenischen Hochschule studierten, war die Stadt noch überwiegend heidnisch, die Panathenäen wurden ebenso wie die Feiern zu Ehren des Dionysos noch öffentlich begangen, christliche Studenten waren weit in der Minderheit[68]. Valentinian I. nahm in einem Erlaß, der nächtliche

[63] *K. Klein*, Gotenbischof Wulfilas als Bischof und Missionar = Festschr. F. Müller (Stuttgart 1967) 84—107. Zu den altchristl. Inschriften Skythiens *J. Barnea:* Studi teologici 6 (1954) 65—112.

[64] Theodoret. HE 5, 30—312; Chrysost., Ep. ad Olymp. 9, 5.

[65] Bezeugt durch Paulin. Nol., Carm. 17 und 29 und Hieron., Ep. 60, 4, dazu *D. M. Pippidi*, Niceta di Remesiana e le origini del cristianesimo dacoromano: RHistSudEstEur (Bukarest) 33 (1946) 99—117.

[66] Callinic., Vita Hyp. 3, 1—12; 30, 2.

[67] *H. Leclercq*, Achaïe: DACL I 323—340; Kreta: DHGE XIII 1033—37; Delphi: *E. Dyggve:* CahArch 3 (1948) 9—28; Stobi: *E. Kitzinger:* DOP 3 (1946) 81—162; Saloniki: DACL XV 648—673. Weitere Lit. bei *C. Andresen*, Einführung in die christliche Archäologie (Göttingen 1971) 37f.

[68] Himer., Or. 3, 53; Gregor. Naz., Or. 35 und 43, dazu *P. Gallay*, La vie de s. Grégoire de Naziance (Lyon 1943) 36ff.

Opfer verbot, die Mysterienfeiern in Griechenland davon aus, noch 375 schrieb man es Opfern zu Ehren Achills und Athenas zu, daß Athen und Attika von den damaligen Erdbeben in Südgriechenland verschont blieben[69]. In Athen wurden Ansehen und Einfluß des Heidentums vor allem durch die Lehrer an der späten Platonischen Akademie lebendig erhalten, deren unentwegte Absage an das Christentum man bis in die Zeit Justinians I. hinnahm[70]. Erst der Einfall Alarichs in Griechenland (395) und die allmähliche Durchsetzung der Erlasse Theodosius' I. und seiner Söhne über die Schließung der Tempel haben Rückgang und Erlöschen der heidnischen Kulte herbeigeführt. Die Umwandlung vieler Kultstätten, darunter auch der Komplex der Akropolis, in christliche Gotteshäuser in der 1. Hälfte des 5. Jh. scheint ohne Widerstand erfolgt zu sein[71]. Das Ansteigen der Zahl der Bischofssitze zwischen dem Beginn des 4. und der Mitte des 5. Jh. von 10—15 auf fast 50 macht ebenfalls deutlich, daß der Durchbruch in der Christianisierung Griechenlands erst nach 400 erfolgt ist[72].

Für die *Donauprovinzen*[73] der Diözesen Dacien und Illyricum sowie für Dalmatien ist ein ziemlich gleichartiger Verlauf der Missionierung anzunehmen. Zu vornikänischen Gemeinden wie Sirmium, Siscía und Salona, deren Existenz durch Martyrien unter Diokletian und Licinius bezeugt wird, gesellt sich im Lauf des 4. Jh. etwa ein Dutzend weiterer hinzu, darunter Serdica, Naissus, Remesiana, Viminacium, Singidunum, Mursa und Sabaria, von denen aus vom Ende des Jahrhunderts an allmählich die ländlichen Gebiete missionarisch erfaßt werden. Einer kontinuierlichen Mission stand oft die unsichere politische Lage der Grenzgebiete und auch die gerade im zentralen Balkan lebhafte arianische Kontroverse entgegen. Auch das auffallend zähe Fortleben heidnischer Kulte hemmte den Fortschritt der Christianisierung[74]. Als Missionar in Dacien in den Jahren vor und nach 400 ist wieder der eben erwähnte Nicetas von Remesiana zu nennen. Einen instruktiven Einblick in den zuweilen stürmischen Fortschritt des Christentums in einer größeren städtischen Siedlung ermöglicht heute der reiche archäologische Befund in der dalmatinischen Küstenstadt *Salona*[75]. Hier haben etwa um

[69] Zosimus, Hist. nova 4, 3; 4, 18.

[70] *E. Zeller*, Philosophie der Griechen III 2 (Nachdr. Hildesheim 1963) 687—931. Generelles Verbot jeglichen Unterrichts durch heidnische Lehrer im Jahre 529: Cod. Just. 1, 11, 10; speziell für Athen bei Malalas, Chron. 18, dazu *A. Cameron*, The Last Days of the Academy of Athens: ProcCambrPhilolSoc 195 (1969) 7—29.

[71] *A. Frantz*, From Paganism to Christianity in Athens: DOP 19 (1965) 187—205.

[72] Die Bistümer im Jahre 458: *Mansi* 8, 611 f.

[73] *J. Zeiller*, Les origines chrétiennes dans les provinces danubiennes de l'empire romain (Paris 1918); *H. Leclercq*, Illyricum: DACL VII 89—180; *A. Lippold - E. Kirsten*, Donauprovinzen: RAC IV 169—189 mit Karte ebd. 150.

[74] Zum Arianismus auf dem Balkan *M. Meslin*, Les Ariens d'Occident (Paris 1967) 59—99. Heidnische Kulte: RAC IV 169 f.

[75] *J. Zeiller*, Les origines chrétiennes dans la province romaine de Dalmatie (Paris 1908);

300 Kaufleute, die nach den Grabinschriften wohl aus Syrien kamen, die Missionsarbeit begonnen; nach der Bewährung der beiden ersten Bischöfe in der Diokletianischen Verfolgung wuchs dieser junge Kern, wie die Basiliken, Baptisterien und Friedhofsanlagen es bezeugen und die auszeichnende Behandlung des Salonaer Bischofs durch Papst Zosimus 418 es bestätigt, rasch zu einer blühenden Großgemeinde heran, die als Metropolitansitz bis zum Slaweneinfall am Beginn des 7. Jh. fortbestand. Von ihr aus sind dann das dalmatinische Hinterland und das südlich angrenzende Albanien christianisiert worden[76].

In *Pannonien*[77] war das kirchenpolitisch schon früh bedeutsame Sirmium die Basis, von der im letzten Viertel des 4. Jh. eine intensive Missionsarbeit unter der Landbevölkerung ausging, die ihr Ziel bis zum Awareneinfall auch weitgehend erreichte. Dies gilt auch für den Wiener Raum, der zur Pannonia superior gehörte, wie Ausgrabungsbefunde in Klosterneuburg, Petronell (Carnuntum), Donnerskirchen, Au am Leithaberg und Angaben der Vita Severini zeigen[78]. Für die beiden Provinzen Noricums[79] kann man mit missionarischen Unternehmungen rechnen, die vom südlichen Aquileia kamen. Auch hier wurden die vorkonstantinischen Ansatzpunkte (Lorch und Pettau) weiterentwickelt und vom Ende des 4. Jh. an die ländlichen Gebiete in die Mission einbezogen, in denen sich Zerstörungen heidnischer Tempel und christliche Kultbauten, in besonderer Dichte in Binnennoricum, für diese Zeit nachweisen ließen[80]. Athanasios erwähnt auch Bischöfe aus Noricum, welche die ihm günstigen Beschlüsse der Synode von Serdica billigten, ohne jedoch deren Sitz anzugeben[81]. Sicher aber entstanden bischöfliche Gemeinden noch in römischer Zeit in Virunum (Maria Saal), Teurnia (St. Peter i. Holz), Aguntum (bei Lienz) und Celeia (Cilli), während man sie für Juvavum (Salzburg) und Ovilava (Wels) eher annehmen als ausschließen darf[82]. Die Wirksamkeit des hl. Severin in Ufernoricum seit 453/454 ist bereits

Salona: *E. Dyggve,* History of Salonitan Christianity (Oslo 1951); *E. Ceci,* I monumenti cristiani di Salona (Mailand 1963).

[76] *G. Stadtmüller,* Altheidnischer Volksglaube und Christianisierung in Albanien: OrChrP 20 (1954) 211—246.

[77] *T. Nagy,* Geschichte des Christentums in Pannonien = Diss. Pannon. 2, 12 (Budapest 1939); *G. László:* ZKG 59 (1940) 125—146; Bischofsliste für Pannonien: DACL XIII 1055 bis 1057.

[78] *E. K. Winter,* Wiener Frühchristentum: JbVereinGeschWiens 12 (1955/56) 7—83; *E. Swoboda,* Carnuntum (Wien [3]1958); *A. A. Barb:* BurgenlHeimatbl 15 (1953) 97—118; *R. Noll,* Das Leben des hl. Severin (Berlin [3]1963).

[79] *R. Noll,* Frühes Christentum in Österreich (Wien 1954); *I. Zibermayr,* Noricum, Bayern und Österreich (Horn [2]1956).

[80] *R. Egger,* Frühchristliche Kirchenbauten im südlichen Noricum (Wien 1916); *ders.,* Teurnia (Klagenfurt [5]1958); *F. Miltner,* Aguntum und Lavant (Baden 1957).

[81] Athanas., Apol. 1, 36 f; Hist. ad mon. 28.

[82] *M. Hell,* Spätantike Basilika in Juvavum: MitteilGesSalzbLandesk 107 (1967) 71—113.

nicht mehr primär missionarisch, sie dient vornehmlich der caritativen Fürsorge, der Organisation des Mönchtums und dem friedlichen Zusammenleben von Katholiken und arianischen Germanen[83].

Die Christianisierung *Oberitaliens* und der rätischen Provinzen (Italia annonaria)[84] setzt auf breiter Ebene ebenfalls erst im 4. Jh. ein. Zu den drei bischöflichen Kirchen Mailand, Aquileia und Ravenna, die mit Sicherheit der Zeit vor 300 angehören, treten um die Jahrhundertwende Padua, Verona, Brescia und Bologna hinzu, die anderen Bistümer nördlich des Apennin sind erst im weiteren 4. und 5. Jh. entstanden. Deutlich hebt sich die missionarische Bedeutung *Mailands,* der einzigen Metropole des 4. Jh., von den übrigen Bistümern ab. Sie war bedingt durch die Verkehrslage der Stadt als Ausgangspunkt wichtiger Straßen, vor allem nach den Alpenübergängen, durch ihre Eigenschaft als spätrömisches Verwaltungszentrum und Kaiserresidenz, aber auch durch das große Ansehen, das die Bischöfe des 4. Jh. der Gemeinde gewonnen hatten, angefangen von Mirocles, Teilnehmer an den Synoden von Rom und Arles (313, 314), über Eustorgius und Dionysos (entschiedene Antiarianer) bis zu Ambrosius[85]. Unter des letzteren souveräner Leitung gewann die frühchristliche Kirche Mailands ihre stärkste missionarische Effizienz. Sie wurde erreicht einmal durch die Verkündigung des Bischofs, der die Glieder seiner Gemeinde immer wieder an ihre persönliche Pflicht erinnert, durch ein lauteres Leben den Heiden ihrer Umgebung den christlichen Glauben anziehend zu machen; der darüber hinaus auch die Heiden und Juden unter seinen Zuhörern unmittelbar anspricht und ihre Vorbehalte gegenüber dem Christentum auszuräumen sucht[86]. Ebenso stark ist das Wirken des Metropoliten Ambrosius vom Missionarischen her bestimmt. Persönliche Beziehungen zwischen ihm und den Bischöfen von Como, den er weihte, von Pavia (Ticinum) und Lodi (Laus Pompeia) machen seine Mitwirkung bei der Errichtung dieser Bistümer wahrscheinlich[87], seine Korrespondenz mit den Bischöfen Constantius und Vigilius behandelt die missionarische Aufgabe der Predigt oder die Problematik von Ehen zwischen Christen und Heiden[88]. Die missionarische Ausstrahlung Mailands läßt sich auch daran erkennen, daß eine Reihe damaliger oberitalienischer Bischöfe aus der Metropole kam, wie Felix von Bologna, Theodor von Mo-

[83] *R. Noll* Anm. 78; *E. K. Winter - Kl. Kramert,* St. Severin, 2 Bde (Klosterneuburg 1958/1959); *A. Aign:* Ostbair. Grenzmarken 3 (1959) 168—200; *Kl. Gamber:* RQ 65 (1970) 145 bis 157.

[84] ECatt VII 386 ff; DACL VII 1632—1747; *F. Lanzoni,* Le diocesi d'Italia, 2 Bde (Faenza ²1927); *P. Kehr,* Italia Pontificia (Berlin 1906 ff).

[85] Storia di Milano I—II (Mailand 1953 ff); Bischofsliste: DACL 983—1102; VIII Corso di cultura sull'arte ravennate (Ravenna 1961) 47—139.

[86] *J. Mesot,* Die Heidenbekehrung bei Ambrosius von Mailand (Schöneck 1958) bes. 55 bis 66.

[87] ECatt VI 19—26, XII 1234—37, I 655 ff. [88] Epp. 4 2 19.

dena und wohl auch Sabinus von Piacenza. In zwei bedeutsamen Fällen greift Ambrosius schließlich missionarische Aufgaben auf, die weit über seinen Metropolitanbezirk hinausreichen. Als die Markomannenfürstin Fritigil von ihm eingehendere Information über den christlichen Glauben erbittet, schreibt er ihr einen Katechismus in Briefform[89]. In der großen Auseinandersetzung mit der heidnischen Restaurationsgruppe in Rom ist er der überragende Sprecher der katholischen Seite. Von keinem der damaligen Bischöfe Roms sind ähnliche missionarische Initiativen bekannt.

In Täler des südlichen Alpenvorlandes war um 400 das Christentum noch gar nicht eingedrungen, wie z. B. im Val di Non bei Trient, wo damals drei Kleriker, wohl im Auftrag des Bischofs Vigilius, zunächst ein Kirchlein erbauten, von dem aus sie ihre Mission begannen. Sie wurden von der heidnischen Bevölkerung getötet, als sie für sich und ihre wenigen Konvertiten die Teilnahme an einer heidnischen Flurprozession ablehnten. Der Tod der Missionare wurde aber Anlaß zur raschen Bekehrung der Einwohner des Tales[90]. In einer echt missionarischen Situation befinden sich noch die Bischöfe Zeno von Verona (ca 362—372), Gaudentius von Brescia († nach 406) und Maximus von Turin (ca 397—415). Sie sehen die Glieder ihrer Gemeinden nicht nur weiterhin von fortlebendem heidnischem Brauchtum bedroht; es existiert um sie herum noch eine beträchtliche heidnische Minderheit, besonders unter der Landbevölkerung, die von christlichen Grundbesitzern oft bedenkenlos in ihrer Verehrung der Idole und ihren Opferriten belassen wird[91]. Einige kommen gelegentlich, um die Predigt des Bischofs zu hören, an sie wendet sich Maximus von Turin zu Beginn der Quadragesima und bittet sie, sich doch zur Annahme des Christentums zu entschließen[92]. Über die Missionierung der Emilia und Romagna, die im späten 5. Jh. zum Metropolitanbereich von Ravenna gehören, fehlt fast jede Nachricht. Die meisten der hier liegenden Bistümer sind erst für das spätere 4. Jh. nachweisbar, ihre Bischöfe tendieren zum Teil nach Mailand, besonders solange Ambrosius noch lebte[93]. Nach Ravenna selbst ist das Christentum über seinen Hafen Classis gelangt, der aber selbst nie Sitz eines Bischofs war[94]. In den länd-

[89] Paulinus, Vita Ambr. 36.

[90] Bericht des Vigilius von Trient: PL 13, 549—558, im wesentlichen bestätigt durch Gaudentius von Brescia, tract. 17 und Maximus Taur., Serm. 105—108. Dazu *I. Rogger,* I martiri Anauniesi (Trient ²1966) und *C. E. Chaffin:* Stpatr 10 (TU 107, Berlin 1970) 263—269.

[91] *F. J. Dölger,* Christliche Grundbesitzer und heidnische Landarbeiter: AuC 6 (1950) 297 bis 320, bes. 305—309.

[92] Maximus Taur., Sermo 91, 2; Zeno Veron., Tract. II 1, 1.

[93] So Bologna, Piacenza, Modena, Imola u. a., siehe *J.-R. Palanque,* S. Ambroise et l'empire romain (Paris 1933).

[94] *W. F. Deichmann,* Zur ältesten Geschichte des Christentums in Ravenna: RivAC 42 (1966) 167—175.

lichen Bezirken der Ravenna unterstehenden Bistümer hat die Mission in größerem Umfang kaum vor dem 6. Jh. eingesetzt[95].

Der Weg ins Aostatal, nach dem Wallis sowie nach den rätischen Provinzen war der christlichen Mission durch die Römerstraßen gewiesen, die allesamt von Mailand ausgingen. Während in Aosta (Augusta Praetoria) erst für das Jahr 451 ein Bischof bezeugt ist, nahm Bischof Theodor von Octodurum (im Wallis) schon an den Synoden von Aquileia und Mailand 381 bzw. 392/393 teil, mit dessen Namen die beginnende Verehrung des hl. Mauritius und seiner Gefährten von Agaunum verknüpft ist[96]. Nach Genf, das etwa gleichzeitig mit Octodurum Bistum wurde (erster Bischof Isaac), haben jedoch eher gallische Missionare (Lyon) das Christentum gebracht, ebenso in den Jura und die civitas Helvetiorum, wo für das 4./5. Jh. Christen in Solothurn (Kult des Ursus und Victor), Zürich (Felix und Regula), Zurzach (Verena) und Augst nachweisbar sind, Orte, die zu dem nach 400 entstandenen Bistum Avenches (Aventicum) gehörten[97].

Der Name eines Bischofs von Chur, Hauptstadt der Raetia prima, erscheint erstmals in den Akten der Mailänder Synode von 451, aber schon um 370 hat der Missionar Gaudentius im Bergell südlich vom Septimerpaß gewirkt[98], wo jedoch der „Raetiarum episcopus“ Valentinus, der um die Mitte des 5. Jh. lebte und in Mais bei Meran bestattet wurde, seinen Sitz hatte, läßt sich nicht sicher bestimmen, immerhin setzt sein Begräbnisort die Existenz von Christen im 5. Jh. im Vintschgau voraus[99]. Es liegt nahe, sie auch für das Eisacktal anzunehmen, wenn auch das dortige Bistum Säben (Sabiona) erst für das ausgehende 6. Jh. bezeugt wird[100]. Über die Via Claudia (Reschenpaß) konnte die christliche Botschaft ins obere Inntal gelangen, wo jetzt Ausgrabungen Kirchenbauten des 5. und 6. Jh. in Pfaffenhofen bei Telfs und in Imst ans Licht brachten[101].

Die vorkonstantinische Gemeinde *Augsburgs* (Augusta Vindelicum) nahm im 4./5. Jh. einen so starken Aufschwung, daß man auch hier mit einem Bi-

[95] *M. Mazzotti*, Le pievi del territorio ravennate (sec. VI—X): Corsi di cultura sull'arte rav. 1 (1958) 63—83.

[96] *P. Kehr*, Italia pontif. VI 2, 157 f (Aosta); *H. Büttner*, Frühmittelalterliches Christentum und fränkischer Staat (Darmstadt 1961) 155—182 (Bistum Octodurum); *P. Aebischer*, La christianisation du Valais: Valesia 17 (1962) 171—206.

[97] *M. Besson*, Nos origines chrétiennes (Genf 1940); *H. Büttner* a. a. O. 162—167; *O. Perler:* ZSKG 51 (1957) 81—100 (Baptisterien); *R. Laur-Belart*, Die frühchristliche Kirche in Kaiseraugst (Basel 1967).

[98] *H. Büttner*, Die Entstehung der Churer Bistumsgrenzen a. a. O. 109—154.

[99] Eugipp., Vita Sever. 40, 1. Alle Vorschläge — Augsburg, Chur, Passau — bleiben hypothetisch.

[100] *A. Sparber*, Das Bistum Sabiona (Brixen 1942); *ders.*, Kirchengeschichte Tirols (Bozen 1957): Bischof Inguin um 590.

[101] Zu Pfaffenhofen: *G. Kaltenhauser:* VeröffentlMuseum Ferdinandeum Innsbruck 44 (1964) 75—98; zu Imst: *A. Wotschitzky:* ÖstZfKunstDenkmalpfl 15 (1961) 97—104.

schofssitz noch in römischer Zeit rechnen muß, dessen Existenz sich für die Hauptstadt der Raetia II ohnehin nahelegt. Ein großer Komplex einstiger Kirchenbauten unter der heutigen St.-Gallus-Kapelle mit einer dreischiffigen Basilika und Fresken einer fortlaufenden Evangelienillustration weisen deutlich auf eine Bischofskirche hin [102]. Die Vermutung, daß auch Passau und Regensburg damals bereits Bischofssitze waren, wird jedoch nicht durch derart günstige Befunde gestützt, wenn auch die Vita Severini in Passau kirchliche Bauten (Basilika und Baptisterium) voraussetzt und in Regensburg eine frühchristliche Coemeterialbasilika nachgewiesen werden konnte [103]. Daß das Christentum in der Raetia II noch in römischer Zeit auch in ländliche Bereiche vordrang, zeigen die Reste einer noch im letzten Drittel des 4. Jh. entstandenen Kirche auf dem Lorenzberg bei Epfach (Abodiacum, Landkreis Schongau) und eine Notiz der Severinsvita, nach der dieser eine Holzkirche in Quintanis (Künzing) vorfand [104].

Im Vergleich zu Mailand hat sich die missionarische Aktivität *Aquileias* [105], das im 5. Jh. bereits Metropole war, weniger in den Quellen niedergeschlagen, aber die Christianisierung der näheren Umgebung, also der Halbinsel Istrien mit den späteren Bistümern Triest, Parenzo, Pola und Pedena, dann der Landschaft Friaul mit Concordia Sagittaria, Altinum, Treviso, Feltre u. a. ist doch wohl von Aquileia ausgegangen [106]. Auch für das weiter östlich gelegene Emona (Laibach) läßt sich solcher Einfluß annehmen, da der Bischof dieser Stadt, Maximus, an der Synode von Aquileia 381 teilnahm. Das Heidentum war allerdings hier noch so selbstbewußt, daß seine Priester es noch im Jahre 388 wagten, Kaiser Theodosius bei seinem Durchzug nach Italien in vollem Ornat zu begrüßen [107]. An frühe missionarische Beziehungen von Aquileia her läßt schließlich noch die Zugehörigkeit der Bistümer des südlichen Noricum zur Kirchenprovinz Aquileia denken, die im 6. Jh. entschieden von dessen Metropoliten verteidigt wird [108].

Der Verlauf der Christianisierung *Mittel- und Süditaliens* ist wegen der

[102] *F. Zoepfl*, Das Bistum Augsburg ... (Augsburg 1955) 1—20; *P. Stockmeier:* JbaltbairKG 23 (1963) 40—76, bes. 60—64.

[103] Vita Sever. 22. *M. Heuwieser*, Geschichte des Bistums Passau I (Passau 1939); *J. Sydow:* RivAC 31 (1955) 75—96 (Regensburg).

[104] Zu Epfach: *J. Werner*, Neue Ausgrabungen in Deutschland (Berlin 1958) 409—424; zu Künzing (Quintanis): Vita Sever. 15, 1.

[105] Bischofsliste von Aquileia: DHGE III 1114—18; Lit. zu den reichen frühchristl. Denkmälern bei *C. Andresen*, Einführung in die christl. Archäologie (Göttingen 1971) 81 f. Zu den Metropolitanrechten *A. Villotta Rossi:* Memorie storiche forogiuliesi 43 (1958/59) 61 bis 143.

[106] *P. Paschini*, Storia del Friuli I (Udine ³1953); *G. Brusin:* Archivio Veneto 76 (1965) 5—13; *G. C. Menis*, La basilica paleocristiana nelle diocesi settentrionali della metropoli d'Aquileia (Città del Vaticano 1958).

[107] Gesta conc. Aquil. 76 (PL 16, 939); Paneg. lat. XII 37, 4 (Emona).

[108] *R. Noll*, Frühes Christentum in Österreich (Wien 1954) 69 f.

dürftigen Quellenlage weit weniger aufzuhellen als der Oberitaliens. Es waren zwar am Beginn des 4. Jh. in Rom selbst und in den Gemeinden einiger Verkehrszentren, wie Ostia, Terracina, Neapel, Syrakus und Calaris, günstige Ausgangspunkte für die christliche Mission vorhanden, diese nahm aber gerade hier einen überraschend langsamen Fortgang. In der alten Reichshauptstadt selbst stieg die Zahl der Christen das ganze 4. Jh. über stetig an, wie die Errichtung neuer Titelkirchen unter den Päpsten Silvester, Markus, Julius I., Liberius und Damasus deutlich macht[109], aber im ganzen bot Rom noch lange das Bild einer vorwiegend heidnischen Stadt, deren höchster Beamter, der praefectus urbi, meist nicht dem christlichen Bekenntnis angehörte. Die sarkastische Schilderung des römischen Stadtlebens um 350 durch Ammianus Marcellinus, nach dem das Interesse für Theater und Würfelspiel im Vordergrund stehe und Großmannssucht und Prahlerei die altrömischen Tugenden habe vergessen lassen, hält das Christentum in diesem Zusammenhang nicht für erwähnenswert[110]. Der heidnische Festkalender blieb weiter in Geltung, heidnische Kultbauten werden noch errichtet oder restauriert (Apollotempel bzw. Tempel des Liber, Silvanus, die Porticus der di consentes), Kybele- und Mithraskult dauern fort bis in die neunziger Jahre, der Isiskult wahrscheinlich bis ins 5. Jh., erst gegen Ende des 4. Jh. beginnen für die heidnischen Priestertümer Nachwuchsprobleme[111]. Einem starken Hemmnis begegnete die christliche Mission in der zähen, oft kämpferischen Ablehnung der neuen Religion durch die Mehrheit der aristokratischen Oberschicht, die alles, was altrömische Tradition für sie bedeutete, nicht preisgeben wollte, für sie mannigfache Propaganda machte, beim Hof in Mailand intervenierte und schließlich im Zusammengehen mit dem Usurpator Eugenius sogar die kriegerische Entscheidung suchte[112]. Selbst die dabei erlittene Niederlage bedeutete nicht das Ende des Heidentums in der Stadt, da die Regierung auch noch im 5. Jh. auf die Empfindsamkeit der reduzierten heidnischen Senatsaristokratie Rücksicht nahm. Eine beachtliche missionarische Werbung ist aber einigen Frauen dieser Kreise zuzuschreiben, die sich seit 380 der asketischen Strömung des Christentums anschlossen und durch ihr Wirken der Oberschicht zu einem neuen, nun christlich begründeten Verständnis ihres „Römertums" verhalfen[113]. Auch außerhalb Roms läßt sich das lange Fortleben des Heidentums gelegentlich beobachten, so in Ostia, wo der praefectus urbi 359 den Castores opfert, in Capua, wo noch 387 Kultprozessionen nach dem heidnischen Festkalender abgehal-

[109] *L. Duchesne*, Histoire de l'Église II 448 ff.
[110] Ammianus Marc. 14, 6, 2—26.
[111] *J. Gaudemet*, L'Église dans l'empire romain (Paris 1959) 635—652 (Lit.).
[112] *H. Bloch*, The Pagan Revival in the West at the End of the Fourth Century = *A. Momigliano*, The Conflict between Papanism and Christianity (Oxford 1963) 193—218.
[113] *P. Brown*, Religion and Society in the Age of Augustine (London 1972) 161—185.

ten werden[114]. Wie im Norden konnte auch hier die Landbevölkerung nur mühsam zum Aufgeben der ererbten Religion veranlaßt werden. Im Jahre 409 schreitet Honorius gegen Beamte ein, weil sie heidnische Kulte tolerieren, Benedikt findet am Monte Cassino noch ein von der Bevölkerung besuchtes Apolloheiligtum und heilige Haine, in denen sie den Dämonen opfert, der Bischof von Fundi wandelt noch um die Mitte des 6. Jh. einen Apollotempel in eine Kirche um[115].

Von den etwa 200 Bistümern, die um 600 für den Bereich der Italia suburbicaria (also auch für Sizilien, Sardinien und Korsika) nachweisbar sind, dürfte rund die Hälfte am Ende des 4. Jh. existiert haben, da eine Synode für dieses Gebiet unter Papst Siricius im Jahre 381 etwa 80 Teilnehmer zählte, weitere 78 Diözesen sind im 5. Jh. gegründet worden, der Rest erst im 6. Jh.[116]. Die größte Bistumsdichte haben Latium und die Campagna aufzuweisen, denen Etrurien und Umbrien folgen. Sie nimmt mit der Entfernung von Rom nach Osten und Südosten ab, wofür allerdings auch demographische Verhältnisse in Rechnung zu stellen sind. Eine besondere Bedeutung für die Missionierung Kampaniens darf der Gemeinde von Neapel zugesprochen werden[117]. Auf eine relativ frühe Christianisierung des südlichen Etrurien bis nach Orvieto und Perugia weisen einige Bistümer aus der 1. Hälfte des 4. Jh. hin, aber auch Florenz, Lucca und Pisa hatten früh bischöfliche Gemeinden[118]. Mit Ausnahme von Spoleto (353/354) sind die Bischofssitze im nordwestlichen Umbrien erst im 5. und 6. Jh. sicher nachweisbar, und auch für die Bistümer des benachbarten Picenum reicht eine sichere Tradition nicht weiter zurück[119]. Bei der relativ frühen Gründung Benevents (Anfang des 4. Jh.) denkt man an Neapel als Ausgangspunkt der Mission, der Römer Symmachus lobt allerdings noch 375 die für die öffentlichen Belange aufgeschlossene heidnische Gruppe der Stadt[120]. So wie Syrakus das Eingangstor *Siziliens* für das Evangelium war, so wurde es auch Ausgangsbasis für die Missionierung des Landesinnern, die nach Konstantin

[114] Ammianus Marc. 19, 10, 4. Zu Ostia siehe *R. Meiggs,* Ostia (1960). Zu Capua *H. Dessau,* Inscriptiones sel. n. 4918.

[115] Cod. Theod. 16, 5, 46; Greg. I., Dial. 2, 8; 3, 7.

[116] Synode von 386: *Mansi* 3, 678; *D. Gordini,* Lo sviluppo cristiano (in Italia) dopo il IV secolo = *J. Daniélou - H. Marrou,* Nuova storia della Chiesa I (Turin 1970) 535 ff.

[117] *D. Mallardo,* Storia antica della Chiesa di Napoli (Neapel 1943); *D. Ambrosi,* Storia di Napoli I (1967) 625—759.

[118] *A. Falcini,* Le origini cristiane del cristianesimo nell'Etruria romana (Florenz 1952); *F. Baroni,* Le origini cristiane di Lucca: AttiRAc LuccheseScienzeLettArti n. s. 5 (1952) 47—89.

[119] *A. Reggiani,* Ricerche sulle origini del cristianesimo nell'alta valle del Tevere (Città di Castello 1960); *L. Allevi,* Piceno religioso nell'antichità (Ascoli Pic. 1940); *S. Prete:* AnGr 70 (1954) 73—77 (zu Ancona und Fermo).

[120] Symmachus, Ep. 1, 3.

rasche Fortschritte machte[121]. Die Leiter mehrerer bischöflicher Gemeinden standen um die Mitte des 4. Jh. in der Auseinandersetzung um Athanasios auf dessen Seite[122]. Briefe Leos I. und Gelasius' I. wenden sich an den Gesamtepiskopat Siziliens. In der Korrespondenz Gregors I. erscheint die Insel im ganzen christlich, obwohl noch kein Bischofssitz weiter im Innern liegt[123]. Im Verlauf des 5. Jh. erhalten auch die Christen auf Malta und um 500 die auf den Liparischen Inseln nordöstlich von Messina einen Bischof[124]. Auch in *Sardinien*[125] war die Gemeinde der Hafenstadt Calaris (Cagliari) Träger der weiteren Mission, die sich zunächst den römischen Kolonien in Sulci, Forum Trajani und Turris an der Nordwestküste zuwandte. Auch „Bischöfe in Sardinien" werden unter den Anhängern des Athanasios genannt[126], aber ohne Angabe von Zahl und Ortsnamen. Der Nordosten der Insel wies aber noch bis zum Ende des 6. Jh. zahlreiche Heiden auf, um deren Bekehrung sich Papst Gregor bemühte[127]. Eine noch etwas langsamere Entwicklung ist schließlich für *Korsika* anzunehmen[128], dessen Bischöfe zwar wiederum Athanasios erwähnt und die nach Gennadius von Marseille geschlossen der expositio catholicae fidei zustimmten, die Eugenius von Carthago 483 verfaßt hatte[129]. Aber zu Papst Gregors Zeiten erfuhr die Mission einen Rückschlag, da manche der Bekehrten im Bistum Aleria (es gab im ganzen 5 Bistümer) sich wieder dem Heidentum zuwandten. Der Bischof von Aleria wird vom Papst an seine Missionspflicht gemahnt und erhält von ihm für seine Aufgabe auch materielle Hilfe[130].

Am Beginn des 4 Jh. stellte sich der Kirche im *nordafrikanischen*[131] Teil des Römischen Imperium eine doppelte missionarische Aufgabe. Einmal galt es, die in den meisten Städten zwar schon in die Defensive gedrängte, aber noch sehr einflußreiche Anhängerschaft des Heidentums zu gewinnen. Zweitens mußte die Christianisierung der Bevölkerung auf den Latifundien besonders der westlichen Provinzen und der Stämme in den südlichen Limesgebieten planmäßig in Angriff genommen werden, wollte man das bisher Erreichte auf die Dauer sichern. Die Erfüllung dieser Aufgabe ist zweifelsohne auf Jahrzehnte hinaus erschwert und teilweise blockiert worden durch die lange Auseinandersetzung zwischen donatistischer Kirche und Catholica, die auf beiden Seiten die besten Kräfte band, wenn auch beide Konfessionen

[121] *G. Agnello,* Sicilia paleocristiana: Oikumene (Catania 1964) 579—591.
[122] Athanas., Apol. contra Arianos 36; Synode sizil. Bischöfe um 366: *Mansi* 3, 371.
[123] Leo I., Epp. 16 und 17; Gelas. I., Epp. 14 und 17.
[124] ECatt 7, 1925 ff (Malta); 7, 1404 (Lipari).
[125] *F. Lanzoni:* Archivio storico sardo 1915.
[126] *Mansi* 3, 41; 3, 51. [127] Greg. I., Ep. 4, 23—26.
[128] *J. B. Casanova,* Histoire de l'Église de Corse I (Zicavo 1931).
[129] De script. eccl. PL 58, 1116 f.
[130] Greg. I., Ep. 6, 22; 8, 1.
[131] Zur Mission *A. Audollent,* Afrique: DHGE I 810—861; *A. M. Schneider:* RAC I 173

stetigen Zugang aus dem Heidentum erhielten. Letzteres hatte einen starken Rückhalt in Teilen der Oberschicht, die im Geistesleben, in der Verwaltung oder durch ihre wirtschaftliche Stellung über großen Einfluß verfügten. Allein die Stadt Timgad zählte um 360 noch 47 heidnische Priester, in den Städten Calama und Musti waren sie noch später in Funktion. Unter Valentinian I. wurde in Lambaesis noch ein heidnischer Tempel erbaut, und das bedeutendste heidnische Kultzentrum der nordafrikanischen Provinzen, der Prachttempel der Dea Caelestis in Karthago, blieb noch bis in die letzten Jahre des 4. Jh. geöffnet[132]. Predigt und Korrespondenz Augustins gewähren Einblick in das Missionsverständnis und die missionarische Alltagsarbeit eines nordafrikanischen Bischofs in den ersten Jahrzehnten des 5. Jh.[133]. Seine Predigt geht immer wieder auf Einwände von Heiden aller Klassen ein, die sie als Grund für ihre Ablehnung des Christentums angeben; sie werden von ihm sehr ernst genommen, wenn sie es verdienen, er enthüllt ihre Haltlosigkeit, wenn sie übernommene Klischees sind[134]. Er gibt unverhohlen zu, daß das Leben mancher Christen ein nicht weniger schwerwiegendes Hemmnis für die christliche Mission bedeutet als die Spaltung der nordafrikanischen Kirche in zwei sich bitter befehdende Konfessionen[135]. Darum erinnert er an die missionarische Pflicht jedes einzelnen Christen, seine heidnischen Bekannten zu Christus hinzuführen, wie es einst die Samariterin mit ihren Landsleuten tat[136]. Auch seine brieflichen Kontakte mit Heiden nutzt Augustinus, um dem Partner, dessen Einfluß auf das einfache Volk er durchaus nicht verkennt[137], in der Form meist sehr verbindlich, in der Sache entschieden, die innere Leere der heidnischen Religion und die Hoffnungslosigkeit ihrer gegenwärtigen Situation darzulegen[138].

Der weitere Verfall des nordafrikanischen Heidentums wurde mitverursacht durch die von Theodosius eingeleitete und von Honorius fortgeführte

bis 179; *J. Mesnage,* Le christianisme en Afrique I (Alger - Paris 1914); *G. Gagé,* Nouveaux aspects de l'Afrique chrétienne: Annales École Hautes Études Gand 1 (1937) 181—230. Zum Heidentum *G. Charles-Picard,* Les religions de l'Afrique antique (Paris 1954); *ders.,* La Carthage de s. Augustin (Paris 1965); *M. Leglay,* Les religions orientales dans l'Afrique ancienne (Algier 1956).

[132] *J. Geffcken,* Der Ausgang des griechisch-römischen Heidentums (Heidelberg ²1929) 102 f 144.

[133] *G. Walter,* Die Heidenmission nach der Lehre des hl. Augustinus (Münster 1921); *G. Metzger,* Kirche und Mission in den Briefen Augustins (Gütersloh 1936).

[134] *P. Courcelle,* Propos antichrétiens rapportés par s. Augustin: RechAug 1 (Paris 1958) 149—186.

[135] Serm. 5, 8; 47, 28. Das Alibi für die Heiden: *ecce quales sunt Christiani:* Enarr. in ps. 70 hom. 1, 17, 10.

[136] In Jo. ev. tr. 15, 33; sermo 25, 8 Denis.

[137] Enarr. in ps. 54, 13 erwähnt er eine oft zu hörende Redensart: „Wenn jener Herr auch Christ wäre, bliebe niemand Heide."

[138] Epp. 16—17; 233—234; 132; 135—137; 90—91; 232; dazu *V. Capánaga,* Intelectuales paganos del siglo V frente al misterio di Cristo: Oikumene II (Catania 1964) 439—454.

Gesetzgebung, die auch hier die Schließung der Tempel anordnete, den öffentlichen Kult untersagte, die Kultbilder und Statuen aus den Tempeln entfernen und das Tempelgut einziehen ließ, aber friedlich lebende Heiden persönlich nicht belästigt haben wollte [139]. Die oft lässige Durchführung dieser Gesetze veranlaßte die Bischofssynode von Karthago im Jahre 401 zweimal, die staatlichen Behörden um schärferes Eingreifen zu bitten und die noch vorhandenen Heiligtümer der Heiden auf dem Lande, auch in abgelegenen Gegenden, zu zerstören, zumal sie ohne künstlerischen Wert seien. Aber erst Stilicho erließ 407 ein Edikt, das in etwa solchen Wünschen entsprach [140]. Infolge des sich nun verschärfenden staatlichen Druckes kam es an mehreren Orten zu blutigen Zusammenstößen zwischen Heiden und Christen, so in Sufetula und Calama, wobei beide Seiten gegen das Gesetz verstießen [141]. Im Jahre 407 durften die Christen den schon früher geschlossenen Tempel der Dea Caelestis in Karthago in Gebrauch nehmen, und Bischof Aurelius ließ betont seine Cathedra an den Platz des Standbildes der heidnischen Göttin setzen. Manche Heiden klammerten sich auch jetzt noch an Prophezeiungen, die den baldigen Zusammenbruch der christlichen Welt in Nordafrika verhießen, es blieb ihnen zuletzt doch nur die Möglichkeit, ihre Götterbilder in Höhlen und Schluchten zu verstecken und ihren Kult im Untergrund auszuüben [142].

Allzu kärglich sind die Nachrichten über die christliche Mission unter der nichtromanisierten Bevölkerung der Randzonen Nordafrikas. Augustin weiß, daß es noch um 400 „zahlreiche Völkerschaften in Afrika gibt, denen das Evangelium noch nicht verkündet worden ist", er hat auch von Konversionen einzelner Stammesangehöriger gehört, persönlich greift er hier jedoch nicht ein, sondern erwartet deren Bekehrung von der Zukunft [143]. Es gibt aber Belege dafür, daß die Christianisierung hier noch vor dem Vandaleneinfall begonnen wurde. Wiederholt wird der Stamm der Arzuger genannt, deren Siedlungsgebiet man im südlichen Grenzraum der Byzacena und Numidiens vermutet [144]. So nahmen ein katholischer und ein donatistischer Bischof aus dem „Land der Arzuger" am Religionsgespräch von 411 in Karthago teil, Bischof Aurelius richtet 419 ein Rundschreiben an die Bischöfe im Süden, zu denen er auch die in den Bergzügen der Byzacena und Arzugitaniens residierenden rechnet [145]. Archäologische Befunde, deren Datierung allerdings unsicher bleibt, zeigen, daß die Mission auch ländliche Siedlungen in

[139] Cod. Theod. 16, 10, 13 15—20.

[140] Cod. can. Eccl. Afr. can. 58 und 84; Const. Sirm. 12.

[141] Aug., Epp. 50; 91, 8; Ep. 62, 17 f mißbilligt ein eigenmächtiges Vorgehen christlicher Gruppen, vgl. auch Ep. 47, 3.

[142] Aug., Enarr. in ps. 40, 1, 57; in ps. 70 II 4, 30; Quodvultdeus, De promiss. 3, 44—45 (Augenzeugenbericht über den Tempel der Dea Caelestis).

[143] Epp. 199, 46; 93, 24. [144] *A. Audollent:* CRAIBL (1942) 202—215.

[145] Gesta Coll. I 207 (SChr 195, 894 f.); Aureliusbrief: *Mansi* 4, 447.

den westlichen Provinzen Mauretania Caesariensis und Tingitana erreicht hat[146]. Ein anschauliches Beispiel einer Spontan-Mission jenseits der Grenzen des römischen Territoriums überliefert Victor de Vita[147]. Vier christliche Sklaven, die der Vandalenkönig Geiserich einem heidnischen Stammeshäuptling in der Wüste Caprapicti übergeben hatte, begannen dort unverzüglich ihre Missionsarbeit und erbaten später durch Boten von einem Bischof im römischen Gebiet einen Presbyter, der den Neubekehrten die Taufe spendete und eine Kirche baute. Solche missionarische Aktivität war allerdings im Jahrhundert der Vandalenherrschaft in dem von ihr kontrollierten Bereich nicht möglich. Eine planmäßige Missionstätigkeit setzte erst wieder nach der Eroberung Nordafrikas durch Byzanz ein (533), ihr gelang die Bekehrung der Gadabitaner in der Umgebung von Leptis magna, der Garamanten im Fezzan und vielleicht der Maccuriten in Mauretanien, von der Prokop und Johannes von Biclaro berichten[148].

Problematisch scheint die Auffassung, die nordafrikanische Kirche habe es versäumt, Bibel und Liturgie in die berberische und (oder) punische Sprache zu übertragen und unter Benutzung von Elementen der autochthonen Kultur eine nordafrikanische Nationalkirche zu schaffen, die dann die Herrschaft des Islam überdauert hätte. Abgesehen von den noch offenen linguistischen Fragen um den damaligen Entwicklungsstand des Punischen, fällt doch auf, daß auch die Donatisten und die ebenfalls missionarisch tätigen Manichäer auch ihrerseits keinen derartigen Versuch unternahmen. Es scheint eher, daß auf dem Höhepunkt der christlichen Mission die lateinische Provinzialkultur[149] bereitwillig von den Einheimischen zugleich mit dem Christentum akzeptiert wurde. Für die Entwicklung eines bodenständigeren Christentums hätte es wohl einer größeren Zeitspanne bedurft, als sie der christlichen Mission bis zur Vandaleninvasion zur Verfügung stand[150].

Das 4. Jh. stellt in der Geschichte der Missionierung *Galliens*[151] vor allem die Phase dar, in der das Christentum in einer kaum gestörten Entwicklung in den meisten Städten der gallischen Provinzen Fuß faßte. Auf dem ersten Konzil auf gallischem Boden, der Synode von Arles 314, waren 16 gallische Bistümer vertreten, für 10 weitere ist die Existenz zu dieser Zeit mit einiger

[146] *A. Berthier* (éd.), Les vestiges du christianisme antique dans la Numidie centrale (Algier 1943); *R. Thouvenot*, Les origines chrétiennes en Maurétanie Tingitane: RÉA 71 (1969) 354—378. [147] Hist. pers. Afr. prov. I 35—37.

[148] Procop., De aedif. 6, 4, 12; Joh. Biclar, Chron. min. II 212 und 512, dazu *Ch. Diehl*, L'Afrique byzantine (Paris 1898) 327 f.

[149] *G. Charles-Picard*, Nordafrika und die Römer (Stuttgart 1962).

[150] Siehe *P. Brown*, Religion and Society in the Age of Augustine (London 1972) 279 bis 300.

[151] *E. Demougeot*, Gallia I: RAC VIII 822—927. Grundlegend *L. Duchesne*, Fastes épiscopaux de l'ancienne Gaule I—III (Paris 1899—1915). Ferner *E. Mâle*, La fin du paganisme en Gaule et les plus anciennes basiliques chrétiennes (Paris 1950); *E. Griffe*, La Gaule chrétienne à l'époque romaine I² II² III (Paris 1964/66).

Sicherheit anzunehmen. Die größere Zahl dieser Bistümer liegt im südlichen Gallien[152], wo von dem vorkonstantinischen Zentrum Lyon aus sich ein Missionsweg aufwärts durch das Rhônetal zum Rhein und in die Belgica abzeichnet. Knapp dreißig Jahre später zählt Athanasios 34 gallische Bischöfe als seine Anhänger auf[153], seit der Jahrhundertmitte mehren sich die Bistümer in rascher Folge nun auch im Westen und Nordwesten, und rund hundert Jahre nach der Synode von Arles sind ungefähr in allen der über 100 Civitates Galliens, meist in ihren Hauptorten, bischöfliche Gemeinden vorhanden. Das besagt, daß in all diesen Städten sich ein beträchtlicher Teil der Einwohner zum christlichen Glauben bekennt. Da in den ersten Jahrzehnten des 5. Jh. sich auch die Metropolitanverfassung durchsetzte, kam die grundlegende kirchliche Organisation Galliens bald nach 390 zum Abschluß[154]. Durch wen und mit welchen Methoden diese Städtemissionierung im einzelnen erfolgte, entzieht sich weitgehend unserer Kenntnis.

Die Christianisierung der ländlichen Bevölkerung Galliens hingegen setzt in größerem Umfang erst in den letzten Jahrzehnten des 4. Jh. ein und erreicht ihren Höhepunkt erst im 5. Jh. Da sie in erster Linie Aufgabe des Bischofs im Bereich einer Civitas war, blieb sie zeitlich abhängig von der Entstehung des einzelnen Bistums, sachlich und in ihrer Effizienz von der Initiative seines Leiters, so daß im Blick auf ganz Gallien mit einem sehr differenzierten Prozeß zu rechnen ist. Abgesehen von wenigen Hinweisen auf eine Landmission in früher Zeit[155], nennen die Quellen mit Martin von Tours († 397) und Victricius von Rouen († ca. 407) die ersten Bischöfe, die sich planmäßig der Mission auf dem Lande, vordringlich im eigenen Bistum, gelegentlich über dessen Grenzen hinaus, widmen. Nach dem gewiß literarisch und hagiographisch stilisierten Bericht des Sulpicius Severus über Martins Arbeit an der conversio paganorum lebte die Landbevölkerung an der mittleren Loire damals noch völlig in der ererbten Welt ihres keltischen, nur wenig romanisierten Brauchtums der Flurprozessionen, des Baum- und Quellenkultes mit den schlichten Heiligtümern, die sie zunächst noch entschieden verteidigt, als der Bischof der Christen mit Wort und Tat die Ohnmacht ihrer Götter erweisen will[156]. Nach der oft gewaltsamen Zerstörung

[152] *J.-R. Palanque:* Annales UnivMontpellier 1943, 177—183; Provence historique 1951, 105—143 (frühe Bistümer in der Narbonnensis und der Provence).

[153] Contra Arian. 50. Die Angaben der Teilnehmerliste einer angeblichen Kölner Synode von 346 stimmen damit teilweise überein.

[154] *E. Griffe* I² 332—336; Rome et le christianisme dans la région rhénane (Paris 1963); *W. Neuß*, Geschichte des Erzbistums Köln I (Köln 1964) 21—108; *E. de Moreau,* L'Église en Belgique I² (Brüssel 1947) 23—48.

[155] Die von der Synode von Arles can. 18 erwähnten diacones urbici setzen wohl Diakone für das Land voraus.

[156] Sulpicius Severus, Vita s. Martini 12—15, dazu der Kommentar von *J. Fontaine:* SChr 134 (1968) 713—807. Zahl der Christen auf dem Lande Vita 13, 9: *pauci admodum, immo paene nulli.*

ihrer Kultstätten bekennt sich jeweils ein größerer Teil der Bevölkerung zum mächtigeren Christengott, und Martin errichtet dann in ihrem vicus eine Kapelle oder eine kleine Mönchsniederlassung an der Stelle eines bisherigen Flurtempelchens, bestellt auch Kleriker für die weitere Betreuung der Neubekehrten und ruft so die ersten Zellen christlichen Gottesdienstes auf dem Lande ins Leben[157]. Wenn Paulinus von Nola den etwas jüngeren Victricius dem Bischof von Tours gleichstellt, so bezieht er in dieses hohe Lob auch dessen Missionsarbeit ein, die sich auch über sein Bistum Rouen hinaus nach Norden in das Gebiet der Nervier und der Moriner an der Kanalküste erstreckte, das bisher noch kaum vom Christentum berührt worden war. Auch er gründet Kirchen und Klöster in größeren Orten (oppida), auf Inseln und in abgelegenen Waldgegenden[158]. An die Missionsmethode Martins läßt denken, was Gregor von Tours von dessen Zeitgenossen, dem Bischof Simplicius von Autun, berichtet. Auch dieser schreitet gegen eine Prozession der Bauern im Häduerland ein, die eine Statue der Kybele Berecynthia durch ihre Felder und Weinberge tragen. Auch er gewinnt manche für das Christentum[159]. Gotteshäuser außerhalb der Städte entstanden zuweilen auch in römischen Kastellen, etwa in Carcassonne und Uzès in der Narbonnensis, in Arlon in der Belgica I, die dann auch zu kirchlichen Treffpunkten für die Bevölkerung der Umgebung wurden. Eine wirksame Förderung erfuhr die Mission auf dem Lande auch durch christliche Grundbesitzer, z. B. durch Paulin von Nola und Sulpicius Severus, die auf ihrem Boden Kapellen und Oratorien errichten ließen und sich, oft von den Bischöfen dazu ermuntert, auch um die Konversion ihrer Landarbeiter bemühten. Solche Kirchen bei einer villa sind besonders zahlreich im südlichen Gallien für das 5. und 6. Jh. nachweisbar, da die arianischen Burgunden und Westgoten meist die Kultfreiheit der Katholiken achteten. Die synodale Gesetzgebung befaßte sich in zunehmendem Maße mit dieser Entwicklung, behielt den Bischöfen die Aufsicht über den Klerus an diesen zunächst privaten Gotteshäusern vor, gestattete aber der Bevölkerung der Umgebung den Besuch des dortigen Gottesdienstes mit Ausnahme der Hochfeste des Kirchenjahres. Aus solchen Ansätzen sind viele der späteren Pfarreien erwachsen[160]. Auch für die gallische Landmission gilt das Wort Augustins, daß es eine besonders schwere

[157] Kleriker an Landkirchen: Sulpicius Severus, Dial. 3, 8, 5 und Ep. 3, 6. Gregor. Tur., Hist. Franc. 10, 13, 3 nennt 6 vici mit Namen, in denen Martin Kirchen erbauen ließ. Für diese Zeit läßt sich ein auffallender Rückgang der Benutzung heidnischer Kultstätten oder ihre Zerstörung nachweisen, siehe *E. Mâle* a. a. O. 37—40 und *M. Moreau*, Rome et le christianisme dans la région rhénane 117—120.

[158] Paulin. Nol., Ep. 18, 4—5; *Victricius*, De laude sanctorum 1, dazu *D. A. Stracke:* Bijdragen tot de geschiedenis ... van Brabant 13 (1961) 5—30; *R. Herval*, Origines chrétiennes. La IIe Lyonnaise gallo-romaine (Paris 1966).

[159] Gregor. Tur., In gloria conf. 76.

[160] *E. Griffe* III 260—298; Visitation durch Bischöfe: Sulpicius Severus, Ep. 1, 10; Sidon. Apoll., Ep. 9, 16.

Aufgabe sei, das Heidentum im Herzen der Neubekehrten zu überwinden[161]. Die christliche Predigt und die Synoden haben noch bis weit ins 6. Jh. hinein Anlaß, das zähe Festhalten am heidnischen Brauchtum zu bekämpfen[162].

Der Ablauf der Missionierung der *Iberischen Halbinsel*[163] im 4./5. Jh. läßt sich nur in dürftigen Umrissen erkennen. Die Listen der Teilnehmer der Synoden von Elvira (ca. 306/12) und Arles (314) und einige weitere Hinweise machen deutlich, daß das Christentum am Beginn von Konstantins Alleinherrschaft seinen Schwerpunkt in der Baetica und der südlichen Tarraconensis besaß, da die Mehrheit der spanischen Synodalen aus etwa 40 in diesen Provinzen gelegenen Orten kam[164]. Die Beschlüsse von Elvira machen überdies mit einem Christentum bekannt, das noch mannigfacher missionarischer Vertiefungsarbeit bedurfte, die man offensichtlich entschieden in Angriff nehmen wollte[165]. An dem Aufblühen einer beachtlichen christlichen Literatur, der Ausbreitung des Mönchtums, der Auseinandersetzung um den Priszillianismus und dem Interesse, das Rom für die spanische Kirche zeigt, wird faßbar, daß diese im Verlauf des Jahrhunderts an Ausdehnung und innerer Qualität gewonnen hat. Auf den Synoden von Zaragoza und Toledo (380 bzw. 400) sowie in den Briefen der Päpste Siricius und Innocenz I. an spanische Bischöfe spielt das Heidentum tatsächlich kaum noch eine Rolle. Daß die Mission ihren Weg von den Städten an der spanischen Ostküste ins Landesinnere nahm, läßt sich in etwa ablesen an den Kultbauten und Grabanlagen mit deren Sarkophagen, die die archäologische Forschung vor allem in den heutigen Provinzen Barcelona, Gerona, Tarragona, Valencia, Alicante und Murcia nachweisen konnte[166]. Gelegentlich gestatten Inschriften des 4. und 5. Jh. einen Blick auf die allmähliche Ausbreitung des Christentums auf dem Lande[167]. Ähnlich wie in Gallien wurden auch auf der Iberischen Halbinsel christliche Kultbauten bei den villae von Latifundienbesitzern von Bedeutung für das Entstehen christlicher Gemeinden auf dem Lande. Relativ früh wurden die Balearen von der Mission erfaßt, die Mehrheit ihrer Be-

[161] Augustin., Enarr. in ps. 80, 14: *magnum opus est intus haec idola frangere.*

[162] Vgl. etwa Caesar. Arel., Serm. 13 14 53—55. Can. 2 des sog. Conc. Arel. II (ca 442 bis 508) droht einem Bischof Sanktionen an, der gegen solche Mißstände nicht energisch einschreitet.

[163] *J. F. Alonso,* Espagne: DHGE XV 892—908 (Lit.); *Z. García Villada,* Historia eclesiástica de España I 2 (Madrid 1929); *M. Torres = R. Menéndez Pidal,* Historia de España II (Madrid [3]1962) 447—486.

[164] Siehe Atlas zur Kirchengeschichte (Freiburg 1970) Karte 4.

[165] Zur Synode von Elvira: *A. C. Vega,* España Sagrada 53/54 (Madrid 1961) 331—367; *J. Gaudemet:* DHGE XV (1963) 317—348.

[166] *P. de Palol,* Arqueología cristiana de España Romana (Madrid 1967, mit Lit.); *D. Iturgaiz,* Baptisteros paleocristianos de Hispania: AST 40 (1967) 209—295.

[167] *J. Vives,* Inscripciones cristianas de la España romana y visigoda (Barcelona [2]1969) nn. 1—3 56 87—88 114—115 120 139—141 148 161 268 363 367 525—527 539 546 557. Galaecia im Nordwesten kennt erst Inschriften aus dem 6. Jh.

wohner bekannten sich noch vor dem Einfall der Vandalen zum Christentum[168]. Es muß jedoch mit einer sehr unterschiedlichen Dichte der Christianisierung in den einzelnen Landschaften Spaniens gerechnet werden, vor allem mit einem starken Gefälle von Ost nach West bzw. Nordwesten. Daß die Invasion der Alanen, Vandalen und Suewen zu Beginn des 5. Jh. zu einer Belastung für eine intensivere missionarische Verkündigung in den betroffenen Gebieten wurde, kann nicht bezweifelt werden. Allein der fast völlige Ausfall der Synodentätigkeit durch das ganze 5. Jh. hindurch spricht hier eine deutliche Sprache. Besonders im Baskenland und in Kantabrien kann sich die Mission um 400 erst in einem Anfangsstadium befunden haben, da hier selbst für die Zeit der Westgotenherrschaft noch keine Bistümer nachweisbar sind[169]. Relativ gering ist auch die Bistumsdichte im Quellgebiet des Tajo, westlich von Toledo, südlich des mittleren Júcar (heutige Provinz Albacete) und nach Lusitanien hin. Die Missionierung der Landbevölkerung war also in westgotischer Zeit bei weitem noch nicht überall abgeschlossen, die Bischöfe Martin von Bracara und Polemius von Astorga sind noch im späten 6. Jh. stark von ihr beansprucht[170], die Mehrzahl der Pfarreien entsteht erst von dieser Zeit an[171].

Auch in der politischen Diözese *Britannia*[172] existierte am Beginn des 4. Jh. bereits eine gewisse kirchliche Organisation, wie die Teilnahme der Bischöfe von York, London, Lincoln oder Colchester und vielleicht noch der Vertreter eines vierten Bistums (Cirencester?) an der Synode von Arles beweist[173]. Die Zahl der Bistümer hat sich bis zur Synode von Rimini (359) weiter erhöht[174], aber die Christen im römischen Britannien standen noch lange im Schatten des Heidentums, dessen Kultstätten in den größeren Orten noch bis zum Ende des Jahrhunderts, in ländlichen Gegenden noch bis ins 5. Jh. besucht wurden. Ausgrabungen bei den villae in Lullingstone (Kent) und Hilton St. Mary (Dorset) mit ihren Hauskirchen lassen erkennen, daß die christliche Religion auch in die Familien wohlhabender Landbesitzer Eingang fand[175]. Wieweit aber die Landbevölkerung im ganzen sie annahm, läßt sich kaum sagen. Für ein Erstarken der Kirche um 400 und später, vor

[168] *P. de Palol* a. a. O. 3—28; *C. Veny,* Early Christianity in the Balearic Islands: Classica folia 21 (1967) 210—233.

[169] *J. González Echegaray,* Orígines del cristianesimo en Cantabria (Santander 1969).

[170] Martin von Bracara schreibt De correctione rusticorum für Polemius. Vgl. *S. McKenna,* Paganism and Pagan Survivals in Spain up to the Fall of the Visigothic Kingdom (Washington 1938).

[171] *J. F. Alonso,* La cura pastoral en la España romanovisigoda (Rom 1955) 201—209.

[172] *E. Kirsten,* Britannia: RAC II 603—611; *W. C. H. Frend,* The Christianization of Roman Britain = *M. W. Barley - R. P. C. Hanson,* Christianity in Britain 300—700 (Leicester 1968) 37—49 mit Lit.

[173] *J. G. Mann:* Antiquity 35 (1961) 316—320.

[174] Sulpicius Severus, Chron. 2, 41.

[175] Zum Fortleben des Heidentums *W. C. H. Frend:* JournBritArchAssoc 18 (1955) 1—19; *M. J. T. Lewis,* Temples in Roman Britain (Cambridge 1966). Zu den frühchristlichen

allem in der Oberschicht, sprechen die lebhaften theologischen Diskussionen in Britannien, die den Besuch der gallischen Bischöfe Victricius von Rouen (um 395) und Germanus von Auxerre (429 und vielleicht ein zweites Mal um 445) veranlaßten, wobei letzterer auch vor der christlichen Landbevölkerung predigte[176]. Daß christliche Gemeinden auch in den westlichen und nördlichen Randzonen des römischen Britannien existierten, ist sicher, kamen doch aus ihnen die beiden Missionare Patricius und Ninian, denen die Bekehrung der Iren und Pikten zur Lebensaufgabe wurde. In diesen Gebieten hat das Christentum römischer Prägung ohne Bruch fortleben können[177], während es im Südosten und im Zentrum der Insel einer starken Behinderung unterworfen wurde, als nach 450 die noch heidnischen Stämme der Jüten, Angeln und Sachsen in mehreren Wellen eindrangen und sich zu Herren dieser Gebiete machten. Aus dem fast völligen Verstummen der Quellen für diese Zeit darf man jedoch nicht auf ein totales Erlöschen christlichen Lebens im angelsächsischen Teil der Insel schließen.

Die bisherige Darstellung macht deutlich, daß die Christianisierung der Reichsbevölkerung im 4. und 5. Jh. durchaus kein in allen Gebieten des Imperiums gleichmäßig verlaufender Prozeß gewesen ist, daher bedarf das übliche Pauschalurteil, alsbald nach Konstantins Hinwendung zum Christentum seien die heidnischen Massen in die Kirche eingeströmt, einer wesentlichen Differenzierung. Zunächst ist festzustellen, daß sich im Missionsfortschritt dieser Epoche mehrere Schübe abzeichnen. Die durch Konstantin gewährte Bekenntnisfreiheit enthüllte vorerst einmal die wirkliche Situation: Die Zahl der Christen war besonders in der 2. Hälfte des 3. Jh. so stark gewachsen, daß in vielen städtischen Gemeinden größere Gotteshäuser erforderlich wurden, um die sich nun offen als Christen bekennenden Gläubigen fassen zu können. Danach hat vor allem im Osten eine rege Missionsarbeit eingesetzt, die der Kirche einen stetigen, aber nicht spektakulären Zuwachs brachte[178]. Nach der Niederlage des Gegenkaisers Magnentius (351 bis 353) gewann das Christentum dann in den Städten der westlichen Provinzen erheblich an Boden. Der Fehlschlag des Restaurationsversuches Kaiser Julians leitete im Osten bereits die abschließende Phase ein, förderte aber auch die Mission des Westens, wie Hilarius von Poitiers unterstreicht[179].

Denkmälern *J. M. C. Toynbee:* JournBritArchAssoc 16 (1953) 1—24; *Ch. Thomas,* Britain and Ireland in Early Christian Times (London 1971).

176 Victricius, De laude sanct. 1, 2; Prosper, Chron. ad a. 429; Constantius, Vita s. Germani 3, 12—20 5, 25—28; dazu *J. Evans,* St. Germanus in Britain: Archeologia Cantiana 80 (1965) 175—185.

177 *A. C. Thomas,* The Evidence from North Britain und *W. H. Davies,* The Church in Wales = *Barley-Hanson* 93—121 131—150.

178 Die nicht vor 359 entstandene „Expositio totius mundi et gentium" (ed. *J. Rougé,* SChr 124, Paris 1966) läßt auf ein noch recht starkes Heidentum schließen.

179 Hilarius Pictav., Tract. in ps. 67, 20.

Während sich für Chrysostomos das Ende des Heidentums im östlichen Reichsteil, abgesehen von einzelnen Randgebieten, als allgemein anerkanntes Faktum darstellt, sehen Hieronymus, Gaudentius von Brescia, Maximus von Turin u. a. erst in der theodosianischen Zeit die Periode des Zustromes der Massen im Westen[180]. Der auffallende zeitliche und zuweilen auch qualitative Rückstand in der Landbevölkerung des Balkans, Italiens, Galliens und Spaniens im Vergleich zum Osten dürfte eine wesentliche Ursache in dem Kulturgefälle haben, das gerade hier zwischen Ost und West bestand, das seinerseits wiederum durch die verschiedene demographische Situation mitbedingt war. Die größere Bevölkerungsdichte der östlichen Provinzen mit ihren zahlreichen Städten und ihrem höheren kulturellen Niveau bot der christlichen Mission im Osten die ungleich günstigeren Voraussetzungen auch für die Landmission.

Auch jenseits der Reichsgrenzen hat das Christentum in dieser Periode besonders bei den Völkern entlang der Ostgrenze des Reiches Fuß fassen können. Hieronymus ist gar der Meinung, der Zeitpunkt sei bereits gekommen, da das Evangelium allen Völkern verkündet sei, Augustinus hält eine Konversion der jetzt noch heidnischen Völkerschaften in der nächsten Generation für möglich. Wichtiger als die allzu optimistische Wertung der missionarischen Gegenwart und Zukunft ist, daß sich die ‚Reichskirche' nach Abschluß der Christianisierung im Innern nun der Aufgabe einer Mission auch bei den ‚Barbaren' schärfer als bisher bewußt wird[180a].

2. Fragen der Missionsmethode

Die Träger der Missionsidee und der Missionsarbeit

Schärfer als in vorkonstantinischer Zeit tritt jetzt die *lokale Bischofskirche* als eigentlicher Träger des Missionsgedankens und der Missionstätigkeit des Alltags in Erscheinung. Die Gemeinde ist und bleibt die Basis, ohne die das unmittelbare Ziel der Mission nicht realisierbar ist, nämlich die in ihrem Bereich lebenden Nichtchristen für das christliche Bekenntnis zu gewinnen und sie nach ihrer Aufnahme in die kirchliche Gemeinschaft im neuen Glauben zu festigen. Klerus und Laien stehen dabei in der gleichen Pflicht, wenn sie ihr auch mit unterschiedlichem Gewicht und verteilten Rollen dienen. Dem Bischof als dem verantwortlichen Vorsteher der Gemeinde fällt die Gesamtleitung der Missionsarbeit, ihre Koordinierung und Überwachung zu, von seiner Initiative oder seinem Versagen hängt weitgehend die Quali-

[180] Hieron., Epp. 69, 3; 107, 2; Gaudent. Brix., Sermo 8, 25; Sulpicius Severus, Chron. 2, 33; Maxim. Taurin., Sermo 99, 2. — Chrysost., In Mt hom. 1, 5.

[180a] Hieron., Ep. 107, 2; In Mt 24, 14. Augustin., Epp. 197, 4; 199, 46. Vgl. *J. Vogt*, Kulturwelt und Barbaren (Mainz 1967) 49 ff.

tät der missionarischen Bemühungen einer Gemeinde ab. Ihm und dem von ihm beauftragten Klerus obliegt insbesondere die Gestaltung und Durchführung des Katechumenats, also Prüfung und Zulassung der Taufbewerber, der Katechumenenunterricht, die feierliche Taufkatechese und die seelsorgerliche Weiterbetreuung der Neophyten[181]. In der damaligen Situation ist das gesamte religiöse Leben der Gemeinde missionarisch geprägt, Liturgie, Frömmigkeit, caritative Fürsorge und Mönchtum innerhalb der Gemeinde haben ihre missionarische Funktion. Das gleiche gilt von der normalen Glaubensverkündigung, die immer wieder direkt oder indirekt auch die Nichtchristen anspricht und für deren Anschluß an die Gemeinschaft der Christen wirbt[182]. Die hohe Bedeutung, die der missionarischen Sendung der *Laien* zukommt, hat sich deutlich in der erhaltenen Predigtliteratur der Zeit niedergeschlagen. Viele Prediger schärfen nicht nur die generelle Missionspflicht der Laien ein, sie heben vor allem die eminente Rolle einer exemplarischen Lebensführung für die Werbewirkung der christlichen Botschaft auf die Heiden hervor, besonders eindringlich und prägnant Chrysostomos. Es bedrückt ihn, daß nun, da sich bereits die große Mehrheit zum Christentum bekennt (er spricht von Antiochien), kaum noch Übertritte von der heidnischen Minorität zu verzeichnen seien. Für ihn gilt aber: „Es gäbe keinen Heiden mehr, wenn wir wahre Christen wären.“[183] Im Osten wie im Westen beklagt man den mangelnden Missionseifer der Latifundienbesitzer, die sich nicht um Lehrer und Priester für ihre Arbeiter bemühen, keine Kapellen für sie errichten wollen, sich selbst aber kostbare Bäder bauen lassen[184]. Viele Laien müssen aber gleichwohl ihre Missionspflicht ernst genommen haben, denn ohne ihre Hilfe innerhalb der Gemeinde, ohne die der ungenannten Kaufleute, Reisenden, Beamten, Soldaten und Matrosen, die allenthalben im Reich spontan missionarisch tätig werden, wenn sich eine Chance bietet, wäre die Gesamtwirkung der Mission nicht erreicht worden, die lokalen Bischofskirchen haben also im wesentlichen die reichskirchliche Mission getragen.

Beispiele wie das Martins von Tours und des Victricius von Rouen zeigen, daß sich Bischöfe auch über den Bereich ihrer Gemeinden hinaus für die Mission verantwortlich fühlen. Mehr und mehr nehmen auch *Metropoliten*

[181] Zur Katechumenatskatechese siehe Kap. 18.

[182] Besonders Chrysostomos, Basileios, Ambrosius, Zeno von Verona, Maximus von Turin und Augustinus. Predigten für eine ausschließlich heidnische Zuhörerschaft sind nicht bekannt.

[183] In ep. I ad Tim. hom. 10, 3: οὐδεὶς ἂν ἦν Ἕλλην, εἰ ἡμεῖς ἦμεν Χριστιανοὶ ὡς ἔδει; ferner: In ep. I ad Cor. hom. 3, 5; In illud ‚Salutate Priscillam‘ hom. 2, 1. Für Ambrosius und Augustinus s. o. Anm. 88 und 135; August., Sermo 25, 8 Denis: Aufforderung an die Laien: *adducite ad lavacrum baptismatis quos potestis.*

[184] Chrysost., In Act. hom. 18, 4—5; Zeno Veron., Tract. I 15, 6; Gaudent. Brix., Tract. 1, 3, 28; Maxim. Taurin., Tract. 91 106—108.

und Synoden und zuweilen die Leiter der sich entwickelnden Patriarchate in ihrem Zuständigkeitsbereich missionarische Aufgaben wahr [185]. Auf das Wirken des Basileios im Osten, des Ambrosius im Westen wurde bereits hingewiesen, desgleichen auf das Interesse Juvenals von Jerusalem für die Mission bei den Araber-Nomaden und die überregionale Missionsarbeit des Athanasios, der gerade wegen seiner Missionserfolge bei den Heiden von Kaiser Julian ins Exil geschickt wurde [186]. In einzigartiger Weise sorgte sich Chrysostomos als Bischof von Konstantinopel um die Mission bei den Goten und in Phönikien, seine Korrespondenz mit den dort wirkenden Missionaren, den Presbytern Johannes, Basileios, Nikolaos, den Mönchen Gerontios, Symeon und Mari sucht deren Missionseifer wachzuhalten. Zuwendungen, die ihm in seinem Exil zugedacht sind, läßt er an sie weiterleiten. Als einige Missionare von dortigen Heiden getötet, andere mißhandelt werden, entsendet er sogleich den Presbyter Rufinus in das Missionsgebiet, läßt jede mögliche Hilfe zusagen, auch neue Mitarbeiter, wenn dies erforderlich wäre [187]. Man darf auch missionarische Initiativen des Bischofs von Rom für seinen Metropolitanbereich der Italia suburbicaria voraussetzen, wenn sie sich auch relativ spät in den Quellen niederschlagen. Von einer darüber hinausreichenden missionarischen Aktivität eines römischen Bischofs ist aber erstmals unter Papst Cölestin I. die Rede, der im Jahre 431 den bisherigen Diakon Pelagius als Missionsbischof nach Irland sandte, als Missionspapst im umfassenden Sinn kann wohl erst Gregor I. gelten [188].

Neben die von der lokalen Gemeinde und den Organen der Kirchenprovinzen geleistete Missionstätigkeit trat in zunehmendem Maße die mehr spontane und individuelle des *Mönchtums*, die vor allem im östlichen Reichsteil und seinen Grenzräumen zu einem erstrangigen Missionsfaktor wurde [189]. In allen Ländern und Provinzen, in denen Koinobiten und Eremiten Schwerpunkte besaßen, erscheinen Mönche als Missionare, einige in der Nähe von Kloster und Einsiedlerzelle, andere als Wanderprediger. Sie folgen dabei weder einem festgelegten Missionsplan noch einer einheitlichen Missionsmethode, sondern passen sich der jeweiligen Situation an. Einmal wird das Gespräch unter vier Augen bevorzugt, dann das schlichte Vorlesen der Schrift mit einer kurzen Auslegung, dann wieder die Predigt vor einer Dorfgemeinschaft, zuweilen auch die Diskussion mit einem gebildeten Heiden. Daß

[185] Siehe oben Anm. 162. [186] Sozom. HE 5, 15, 1.

[187] Chrysost., Epp 21 28 51 53—55 69 123 126 175 221.

[188] Prosper, Chron. ad a. 431. *A. Seumois,* La papauté et les missions au cours des six premiers siècles (Louvain 1953) überschätzt die Rolle des Papsttums in dieser Periode. *R. A. Markus,* Gregory the Great and a Papal Missionary Strategy: StChH 6 (1970) 29 bis 38.

[189] *I. Auf der Maur,* Das alte Mönchtum und die Glaubensverkündigung: NZM 18 (1962) 275—288; *A. Yannoulatos,* Monks and Mission in the Eastern Church during the fourth Century: IRM 58 (1969) 208—226.

mancher dabei seine Fähigkeiten überschätzte, verraten Mahnungen des Ammonas und des Evagrios Pontikos, man solle sich zunächst in der Einsamkeit auf die Missionspredigt vorbereiten[190]. Andere gewinnen Zugang zu den Heiden, wenn sie sie gegen Übergriffe der Steuerbeamten in Schutz nehmen oder ihnen in materieller Not Hilfe bringen. Bei einigen Mönchsmissionaren besteht die Neigung, sich durch gewaltsame Zerstörung heidnischer Kultstätten als Kämpfer gegen die Dämonen zu bewähren, sie erbitten dazu nicht ungern die Hilfe der staatlichen Behörden. Oft soll der Bau einer Kirche oder die Gründung eines Klosters den ersten Missionserfolg sichern helfen. Die vom frühen Mönchtum des Ostens begründete Missionstätigkeit wurde mit großem Eifer und beachtlichem Erfolg von seinen nestorianischen und monophysitischen Nachfahren fortgesetzt[191].

Im Vergleich mit der vorkonstantinischen Mission kennt die hier behandelte Periode in zunehmendem Maße demnach den „Missionar im Hauptberuf", also alle Laien, Kleriker und Mönche, die Heimatgemeinde oder Kloster verlassen, um Jahre und Jahrzehnte ihres Lebens der Bekehrung hauptsächlich der Landbevölkerung der Reichsprovinzen oder einzelner Stämme jenseits der Reichsgrenzen zu widmen[192]. Sie wählen sich ihr Missionsfeld meist selbst aus, da noch keine kirchliche Missionszentrale im modernen Verständnis existiert, die ihre Glaubensboten ausbildet und nach überlegtem Missionsplan einsetzt.

Die Mission des 4./5. Jh. bedient sich auch noch nicht einer speziellen Missionsschule, obwohl die Freiheit der Verkündigung die Möglichkeit dazu bot. Das Christentum der Zeit kannte ja keine spezifisch christliche Schule, sondern benutzte weiter die vorhandenen Bildungsmöglichkeiten[193]. Die Vorstellung, etwa der Landbevölkerung mit dem Glauben auch profanes Wissen zu bringen, lag nicht im Blickkreis des damaligen Missionars.

Den missionarischen Propagandaeffekt, der von dem christlichen Beitrag zur damaligen *literarischen* Auseinandersetzung zwischen Christen und Heiden ausging, wird man nicht allzu hoch veranschlagen dürfen, da an ihr jeweils nur eine kleine Minderheit beteiligt war. Manchen Heiden, der einen christlichen Apologeten las, mag das Argument vom Sieg des Christengottes über die heidnischen Idole beeindruckt haben, aber der oft maßlos triumphale Ton dieser Literatur (etwa bei Lactanz, De mortibus persecutorum),

[190] Ammonas, Ep. 1; Evagr. Pont., Ep. 58; Antirrh 7, 1.

[191] *O. Hendriks,* L'activité apostolique du monachisme monophysite et nestorien: PrOrChr 10 (1960) 3—25 97—113.

[192] *K. Holl,* Die Missionsmethode der alten und der mittelalterlichen Kirche = Ges. Aufs. III (Tübingen 1928) 117—129 schränkt seine These, die alte Kirche kenne den berufsmäßigen Missionar nicht, praktisch doch auf die vorkonstantinische Zeit ein.

[193] Nur in Armenien scheinen bei einigen Klöstern Schulen im Dienst der Mission gestanden zu haben, vgl. *I. Auf der Maur* a. a. O. 284 Anm. 97. Der oben Anm. 8 erwähnte Fall bleibt singulär.

ihre schmähende Aggressivität gegen den Götterkult und die Intoleranz gegenüber seinen Anhängern (Firmicus Maternus, De errore profanarum religionum) mußte wohl eher abstoßen als gewinnen [194]. Die späteren Publikationen zu diesem Thema — man denke an Theodoret von Kyros, an den Dialog zwischen Zachaeus und Apollonius, vor allem an Augustins Civitas Dei — sind von solchem Ton zwar abgerückt, sie erschienen jedoch erst, als ihnen im Blick auf die damalige missionarische Situation keine entscheidende Aktualität mehr zukam [195].

Staat und Mission

Die Haltung Kaiser Konstantins [196] in dieser Frage war noch grundsätzlich von der Überzeugung bestimmt, daß staatlicher Zwang durch gesetzliche Sanktionen gegenüber Nichtchristen abzulehnen sei. Er hält daher nur eine Werbung für den christlichen Glauben für vertretbar, die die Gewissensfreiheit achtet, und erhofft die religiöse Einheit des Reiches von der Überzeugungskraft der christlichen Botschaft. Einzelmaßnahmen, wie das durch politische Erwägungen bedingte Verbot der privaten Haruspizien (319) oder die Bekämpfung des Aphroditekultes in Hierapolis und die Schließung des Äskulaptempels in Aigai, lassen ihn durchaus an der persönlichen Toleranz gegenüber der Überzeugung des einzelnen Heiden festhalten. Seine betonte Förderung der Kirche in vielen Bereichen läßt freilich klar erkennen, daß die christliche Mission seines Wohlwollens sicher sein konnte.

Diese relative Toleranz wurde von den Konstantinssöhnen aufgegeben, als sie Ende 341 durch Reichsgesetz die heidnischen Opfer verboten und als Konstantius II. nach einer vorübergehenden Milderung den Druck auf die Heiden durch zwei Erlasse 356 verschärfte, welche die Schließung der Tempel anordneten, alle Opfer untersagten und Zuwiderhandlungen mit Todesstrafe und Konfiskation des Vermögens ahnden wollten [197]. Hier gab sich der entschlossene Wille kund, das Heidentum aus der Öffentlichkeit zu verdrängen und die Christianisierung des Reiches mit staatlichen Machtmitteln voranzutreiben. Die Gesetze dürften auch das illegale tumultuarische Vorgehen einzelner Christengruppen mitveranlaßt haben, die in mehreren Orten Kleinasiens und Syriens heidnische Kultstätten plünderten oder zerstörten [198].

[194] Vgl. *J.-R. Laurin*, Orientations maîtresses des apologistes chrétiens de 270—361 (Rom 1954) 307—445; *J. Vogt*, Toleranz und Intoleranz im constantinischen Zeitalter: der Weg der lateinischen Apologetik: Saeculum 19 (1968) 344—361, bes. 350 ff.

[195] Zu Theodoret siehe *P. Canivet*, Histoire d'une entreprise apologétique au Vme siècle (Paris 1957). Auch die „Consultationes Zacchaei et Apollonii" — ed. *G. Morin*, FlorPatr 39 (Bonn 1935) — wären hier zu nennen.

[196] *H. Dörries*, Konstantinische Wende und Glaubensfreiheit = Wort und Stunde I (Göttingen 1966) 1—117, bes. 25—45 65—72.

[197] Cod. Theod. 16, 2—3; 5—6.

[198] Theodoret. HE 3, 7, 3 und 6; Sozom. HE 5, 4, 1—5.

Freilich zeigt die bald erfolgte Einschärfung der Edikte und eine spezielle Strafandrohung gegen einzelne Provinzstatthalter, die ihre Durchführung allzu lässig handhabten, daß ihre Wirkung den Erwartungen nicht entsprach. Nach seinem Besuch Roms (357) sah sich sogar der Kaiser selbst genötigt, ihre Anwendung nicht mehr zu urgieren[199]. Wie weit der durch sie bewirkte Gewissendruck tatsächlich zu Konversionen geführt hat, ist natürlich im einzelnen nicht feststellbar, aber man darf doch in den teilweise schweren Ausschreitungen, die unter Kaiser Julian wieder die Christen trafen, eine heidnische Reaktion auf diesen Druck erkennen. Solche Erfahrungen mit der harten Intoleranz konnten die Kaiser Jovian und Valentinian I. nur veranlassen, auf sie zu verzichten, was ihnen zwar manches Lob von heidnischer Seite einbrachte[200], aber doch der christlichen Mission eine Phase ruhiger, ihrem Wesen gemäßer und darum auch erfolgreicher Arbeit gewährte.

Für die letzte bedeutsame Periode antiheidnischer Religionspolitik ist in der Hauptsache Kaiser Theodosius I. verantwortlich[201], der nach Beendigung der arianischen Wirren die volle religiöse Einheit des Reiches durch eine endgültige Entrechtung des Heidentums herbeiführen wollte. Dem Verzicht auf den Titel eines Pontifex maximus, der Einstellung staatlicher Zahlungen an bestimmte heidnische Priesterschaften, der Abweisung des Vorstoßes des noch heidnischen Teiles der römischen Senatsaristokratie im Streit um die ara Victoriae folgte eine Serie von Gesetzen[202], die konsequent und elastisch zugleich das Ziel verfolgten, die Vorstellung aus dem öffentlichen Bewußtsein zu tilgen, das Heidentum sei noch eine irgendwie bedeutsame Erscheinung. Als der Präfekt Cynegius, der im kaiserlichen Auftrag im Osten persönlich die Durchführung des Gesetzes über die Schließung der Tempel überwachen sollte, über seine Instruktion hinaus manche dieser Heiligtümer zerstören ließ, gab ihm Theodosius einen Heiden als Nachfolger (Tatian), um die Empörung heidnischer Kreise (Libanius, Pro templis) zu besänftigen, wie er überhaupt wiederholt Angehörige der heidnischen Oberschicht in höchste Staatsämter berief. Ebenso entschlossen handelte er aber, wenn ihm ein Zeitpunkt oder ein Ereignis für antiheidnische Maßnahmen besonders günstig erschien. Die Erlasse der Jahre 391/392[203], die den Höhepunkt der antiheidnischen Gesetzgebung darstellen, da sie nun auch jede Art privaten

[199] Cod. Theod. 16, 10, 4; Symm., Rel. 3, 7, dazu *J. Moreau:* JbAC 2 (1959) 169.
[200] Themist., Or. 5, 67 b—c; Or. 7; Ammian. Marcell. 30, 9, 5, dazu *A. Nagl:* Pauly-Wissowa VII A 2, 2198 ff.
[201] *W. Enßlin,* Die Religionspolitik des Kaisers Theodosius (München 1953); *N. Q. King,* The Emperor Theodosius and the Establishment of Christianity (London 1961) 71—92; *A. Lippold,* Theodosius der Gr. und seine Zeit (Stuttgart 1968) 38—43 mit Anm.
[202] Cod. Theod. 16, 10, 7—9; *R. Klein,* Der Streit um den Victoriaaltar (Darmstadt 1972): Symmachus, Rel. III; Ambros., Epp. 17 18 57 mit Komm.
[203] Cod. Theod. 16, 10, 10—12.

heidnischen Kultes verbieten, muß man allerdings eher dem Bußwillen des Kaisers als dem Einfluß des Ambrosius zuschreiben, da Theodosius auch in kirchenpolitischen Fragen stets selbständig zu handeln pflegte. Der Sieg über den Usurpator Eugenius[204], dem sich die heidnische Gruppe in Rom zu ihrem eigenen Unheil angeschlossen hatte, gab ihm die willkommene Möglichkeit, die Entmachtung des Heidentums endgültig zu erreichen. Im Bewußtsein der Öffentlichkeit war dessen Schicksal jetzt besiegelt; man empfand klar, daß es für den Staat kein innenpolitisches Problem mehr darstellte, seine wenigen Anhänger konnten ihm nur noch in isolierten esoterischen Zirkeln dienen oder auf dem Lande ihrem Volksglauben überlassen bleiben, die noch erhaltenen heidnischen größeren Kultdenkmäler hatten nur noch musealen Charakter. Die antiheidnischen Gesetze der folgenden Kaiser sind denn auch meist nur Bekräftigungen der theodosianischen[205]. Wenn christliche Eiferer in lokal begrenzten Fällen noch die Hilfe des Staates gegen Regungen heidnischen Glaubens anriefen, wurde dies mit dem Hinweis auf die geltenden Gesetze des Theodosius begründet.

So schwierig es bleibt, die Auswirkung dieser antipaganen Gesetzgebung auf den Missionserfolg der Kirche im Detail abzuschätzen, so wenig kann bezweifelt werden, daß sie ihn, aufs Ganze gesehen, enorm gefördert hat. Solche Hilfe schien ihr auch trotz gelegentlich auftauchender Bedenken annehmbar, da sie von christlichen Kaisern kam. Man wies darauf hin, daß es im Gegensatz zur Haltung der heidnischen Staatsführung gegenüber den Christen vor Konstantin jetzt keine blutige Heidenverfolgung gab, in der das positive Bekenntnis zum Christentum durch Gerichtsurteil oder Folter erzwungen worden wäre, und man betonte immer wieder, daß Bekehrungen ohne freien Willensentscheid wertlos seien[206].

Die *heidnische Reaktion*[207] auf die christliche Mission dieser Zeit und die sie begleitenden repressiven staatlichen Maßnahmen bietet ein komplexes Bild. Sie äußerte sich vor allem in der literarischen Ablehnung des Christentums und der Verteidigung der eigenen religiösen Tradition; es war der Widerstand der Intellektuellen, deren berufliche und publizistische Tätigkeit kaum eingeschränkt wurde, weil sie dem Staat offensichtlich weniger gefährlich schien als die eines haruspex, der bei nächtlicher Befragung der Zukunft den baldigen Sturz eines Kaisers prophezeien mochte. Im Osten war der antiochenische Rhetor Libanios (314—393) der bedeutendste Vertreter die-

[204] Zu Eugenius: *J. Ziegler,* Zur religiösen Haltung der Gegenkaiser im 4. Jh. n. Chr. (Kallmünz 1970) 85—104.

[205] Cod. Theod. 16, 10, 13 19 23 25; Cod. Just. 1, 11, 7. Ausnahmen Cod. Theod. 16, 5, 42; 16, 10, 21; Zosimus, Hist. nova 5, 46, 3—5.

[206] Vgl. Chrysost., (?) De s. Babyla 3; Augustin., Sermo 62, 17 f; Greg. I, Ep. I 35.

[207] *J. Geffcken,* Der Ausgang des griechisch-römischen Heidentums (Heidelberg ²1929); *P. de Labriolle,* La réaction païenne (Paris 1934); *A. Momigliano* (ed.), The Conflict between Paganism and Christianity in the Fourth Century (Oxford 1963).

ser Kreise, der die Bedrohung der bisherigen kulturellen und religiösen Errungenschaften lebhaft beklagte, Kaiser Julian als ihren hehren Erneuerer feierte (sich aber auch für von diesem verfolgte Christen einsetzte) und von Theodosius I. ein energisches Einschreiten gegen die Tempelzerstörer forderte[208]. Weniger entschieden traten Himerios und Themistios für ihre heidnischen Überzeugungen ein, so daß letzterer sogar Präfekt von Konstantinopel und Erzieher des Theodosiussohnes Arkadios werden konnte. Tiefe Verachtung des Christentums erfüllte wiederum Eunapios aus Sardeis (ca. 345 bis 420), der in einer Sammlung von „Sophistenbiographien" ein Bild jener Männer zeichnete, deren Hoffnung Kaiser Julian gewesen, die aber nach dessen Tod nicht mehr den Mut zum Handeln aufbrachten, sondern sich in ihre Welt der Theurgie und des Mystizismus zurückzogen[209]. Noch im 5. Jh. durften heidnische Philosophen in Alexandrien (Hypateia, Asklepiodotos, Ammonios) und Athen (Proklos und seine Nachfolger in der neuplatonischen Schule Marinos, Isidor, Simplikios) weiter lehren und schreiben, ohne jedoch einen für das Christentum bedrohlichen Einfluß ausüben zu können[210].

Auch im Westen kämpfte man mit der Feder für die Erhaltung der heidnischen religiösen Überlieferung, verband diesen Kampf aber besonders in Rom mit politischer Aktivität und mit nüchternem Blick für die verbliebenen Möglichkeiten. In der heidnischen Senatorengruppe Roms[211] vermied man meist die direkte massive Polemik gegen das Christentum, statt dessen warb man für das Heidentum durch Pflege der alten römischen Literatur, durch Übersetzungen wie der Lebensbeschreibung des Apollonios von Tyana und des pseudo-apuleischen Asclepius, in der die antiheidnischen Gesetze des Theodosius beklagt wurden[212]. Weiter förderte man eifrig die altrömischen Priestertümer, in denen man persönlich wichtige Ämter übernahm. Im Streit um den Altar der Victoria wurde diese Gruppe politisch aktiv und forderte durch Symmachus die volle Bekenntnisfreiheit für die Anhänger des Heidentums[213]. Nach dem Sieg des Theodosius über den Usurpator Eugenius am Frigidus (394) war allerdings die heidnische Restopposition zu äußerster Zurückhaltung gezwungen. Der Verfasser der Historia Augusta mochte nur

[208] Liban., Or. 2 12 16 18 37 62; Ep. 763 819. Zur Or. 30 (Pro templis) *R. van Loy:* Byz(B) 8 (1933) 7—39; 389—404 (Übers. und Komm.); zur Datierung (386) *L. Petit:* ebd. 21 (1951) 285—309.

[209] Eunap., Vitae sophist., ed. *W. C. Wright* (London 1968); *L. J. Daley,* Themistius' Plea for religious Tolerance: Greek, Roman an Byz. Studies 12 (1971) 65—79.

[210] Siehe *Geffcken* a. a. O. 197—214; *W. E. Kaegi,* The Fifth Century Twilight of Byzantine Paganism: Classica et Medievalia 27 (1966, publ. 1969) 243—275.

[211] *B. Kötting,* Christentum und heidnische Opposition in Rom am Ende des 4. Jh. (Münster 1961); *H. Bloch* bei *A. Momigliano* a. a. O. 193—218.

[212] Macrobs „Saturnalia" zeichnen ein Bild dieses Kreises, in dem zunächst Praetextatus die Hauptrolle spielt. Asclepius c. 24—25: Corpus Hermet. II (Paris 1945) 327 329.

[213] Vgl. *F. Paschoud,* Roma aeterna (Rom - Bern 1967); *R. Klein,* Symmachus (Darmstadt 1971, mit Lit.).

noch anonym und in verhüllter Form um Toleranz werben. Wie vor ihm Ausonius verbrämte der Dichter Claudian seine Sympathien für die heidnische Literatur mit einem halbherzigen Bekenntnis zum Christentum, Rutilius Namatianus beschränkte sich auf eine bittere Kritik am Mönchtum[214]. Zum Schluß blieben nur äußeres Wohlverhalten und Resignation, die sich allenfalls im privaten Kreis zu äußern wagte.

Einer länger anhaltenden negativen Reaktion begegnete die christliche Mission zuweilen in der Landbevölkerung einzelner Provinzen, etwa in Oberägypten, in Teilen Syriens und Nordafrikas. Hier zeigte sich das dieser Bevölkerungsschicht eigene zähe Festhalten am Ererbten, das sich gelegentlich in lokalen Tumulten gegen Christen entlud, sich aber nicht zu einem planvollen, länderweiten Widerstand zu organisieren vermochte[215].

Fragt man nach der Qualität des Gesamtresultats der christlichen Missionsarbeit im spätrömischen Reich, so lassen sich über den hervorragenden positiven Ergebnissen doch erhebliche Mängel nicht übersehen. Zu den ersteren ist auch die freudig bejahte und unverdrossen übernommene Missionspflicht der Gemeinden, des Mönchtums, der Berufsmissionare ebenso zu rechnen wie die tiefreichende seelische Wandlung vieler Neuchristen, die sich in der intensiven Teilnahme am Leben einer reich entfalteten Liturgie, in der Hingabe an das Mönchsideal, im Ausbau caritativer Werke und im glänzenden Aufstieg einer eigenständigen christlichen Literatur eindrucksvoll manifestiert. Nicht überall ist jedoch die missionarische Nacharbeit nach der Taufe mit der erforderlichen Sorgfalt und Intensität erfolgt, so daß ein weiterwucherndes heidnisches Brauchtum öfters christliche Frömmigkeit in Gehalt und Form verfälschte, zuweilen auch zum Rückfall ins Heidentum führte. Manche Konversionen beruhten nicht auf innerer Überzeugung, sondern erfolgten aus Rücksicht auf die berufliche Karriere oder unter dem Druck der staatlichen Macht. Die bewegten Klagen vieler Seelsorger und Schriftsteller über die „semichristiani" in den Gemeinden reden hier eine deutliche Sprache. Der quantitativ große und zeitlich rasche Erfolg der Mission mußte allzuoft mit einem empfindlichen Mangel an innerer Qualität der neuen Christen bezahlt werden[216].

[214] Zur Historia Augusta *J. Straub,* Heidnische Geschichtsapologetik in der christlichen Spätantike (Bonn 1963); *P. Langlois,* Les poèmes chrétiens et le christianisme d'Ausone: RPh 43 (1969) 39—58; *A. Cameron,* Claudian. Poetry and Propaganda at the Court of Honorius (London 1970).

[215] *W. H. C. Frend,* The Winning of the Countryside: JEH 18 (1967) 1—14.

[216] *W. Daut,* Die „Halben Christen" unter den Konvertiten und Gebildeten des 4. und 5. Jh.: ZMR 55 (1971) 171—188. Hierher gehört auch die scharfe Kritik an christlicher Lebensführung bei Salvian, De gubernatione mundi (um 440). Rückfälle ins Heidentum: Chromat. Aquil., Tract. 4, 4, 1—2; Greg. I. siehe Anm. 130.

Christliche Mission und Judentum

Es ist ein auffallender Zug der Missionsgeschichte des 4./5. Jh., daß die hohe Aktivität der christlichen Gemeinden zur Gewinnung der Heiden keine gleichgewichtige Parallele gegenüber dem damaligen Judentum aufzuweisen hat. Konstantin hat zwar im Jahre 315 in einem Erlaß an die Leitung jüdischer Gemeinden solchen Juden schwere Strafen angedroht, die ihre ehemaligen Glaubensbrüder auf mancherlei Art drangsalierten, was einen gewissen Zustrom jüdischer Konvertiten zu dieser Zeit voraussetzt. Auch in Konstantinopel soll das Beispiel Konstantins „viele Juden" zur Annahme des Christentums veranlaßt haben[217]. Es kann sich aber nur um lokal begrenzte Vorgänge handeln, da eine reichsweite Konversionsbewegung unter den Juden von Christen wie Eusebios mit Genugtuung berichtet worden wäre. Auch jene Bekehrungen dürften nicht allzu zahlreich gewesen sein, die sich angeblich an die Kreuzerscheinung in Jerusalem unter Bischof Kyrillos oder an die außerordentlichen Vorkommnisse beim Fehlschlag des versuchten Wiederaufbaus des Tempels durch Kaiser Julian angeschlossen hätten[218]. Gewiß sind bis ins 5. Jh. hinein in Ost und West immer einzelne Juden zum Christentum übergetreten, Ambrosius spricht sogar einmal von plurimi ex Judaeis in diesem Zusammenhang, aber an anderer Stelle gibt er selbst das rechte Maß an, wenn er sagt, es seien eben doch allzu wenige von vielen[219]. Auch Chromatius von Aquileia bemerkt einmal, man erlebe täglich viele jüdische Konversionen, er predigt jedoch häufiger polemisch von der judaica infidelitas[220]. Der Bericht eines Bischofs Severus, nach dem sich zu Beginn des 5. Jh. die gesamte Judenschaft der Insel Minorca (mehrere hundert) durch von Stephanusreliquien bewirkte Wunder zur Annahme des Christentums habe bestimmen lassen, ist kaum vor dem 7. Jh. entstanden[221]. Eher verdient die in Ost und West verbreitete Episode Glauben, daß eine Gruppe von Juden auf der Insel Kreta unter Kaiser Theodosius II. die Taufe begehrt habe, die von einem als neuer Moses auftretenden Gaukler getäuscht worden war[222]. In den meisten Fällen handelt es sich also um Einzelkonversionen, die auf dem normalen missionarischen Weg, nämlich durch den Kontakt

[217] Cod. Theod. 16, 8, 1; Sozom. HE 2, 3, 7.

[218] Sozom. HE 4, 5, 5; Socr. HE 2, 28, 22. — Theodoret. HE 3, 20, 8; Sozom. 2, 22, 13.

[219] Basil., Ep. 45, 2; Chrysost., Quod Christus sit deus 2; Augustin., Ep. 82, 17 (ad Hieron.); 196, 11; C. Faust. 12—13; Ambros., Expos. Luc. 7, 172; 6, 64.

[220] Chromat. Aquil., Tract. 35; tract. in Mt 10, 2, 5; 10, 3, 3; sermo 43, 31—32, dazu SChr 154 (Paris 1969) 56 Anm. 1.

[221] PL 41, 821—832; ed. crit. *G. Segui-Vidal* (Rom - Mallorca 1937); zur Datierung *B. Blumenkranz,* Les auteurs chrétiens latins du moyen âge sur les Juifs et le Judaïsme (Paris 1963) 106—110.

[222] Socr. HE 7, 38; Cassiod., Hist. trip. 12, 9. Zu den angeblichen Missionserfolgen des Rabbula von Edessa bei Juden s. oben Anm. 35.

einzelner Christen zu Juden, zustande kamen. Auf christlicher Seite scheint man nicht immer von der Aufrichtigkeit eines solchen Übertritts überzeugt gewesen zu sein, da kaum einmal von einer Aufnahme eines Judenchristen in den Klerus berichtet wird[223]. Daß Scheinkonversionen gelegentlich vorkamen, verrät ein Erlaß des Kaisers Honorius, der 416 getauften Juden die straffreie Rückkehr zum alten Glauben gestattete, während sonst der Übertritt eines Christen zum Judentum streng geahndet wurde[224].

Es entspricht dem geschilderten Tatbestand, daß sich in der nicht unbeträchtlichen christlichen Literatur der Zeit, die sich mit dem Verhältnis von Christentum und Judentum befaßt[225], nur selten ein besonderes Interesse an einer intensiveren Judenmission feststellen läßt. Ein solches begegnet etwa bei Ambrosius, der trotz seiner antijüdischen theologischen Polemik und seiner unnachgiebigen Haltung in der Frage des Wiederaufbaus der Synagoge von Kallinikon dafür eintritt, daß die Kirche ihre Missionare auch zu den Juden sendet und jüdische Konvertiten auch materiell unterstützt, der sich persönlich um die Bekehrung eines gelehrten Juden bemüht, in seinen Predigten die Juden direkt anspricht, sie zur Annahme des Christentums drängt und Anweisungen für ihren Katechumenatsunterricht gibt[226]. Eine ähnliche Einstellung findet sich bei Sidonius Apollinaris und vor allem bei Gregor I., der zwar sehr um die Bekehrung der Juden besorgt ist, aber entschieden jede Form von Zwang ihnen gegenüber verurteilt[227].

In der Christenheit des 4./5. Jh. hatte sich aber mehr und mehr die Auffassung durchgesetzt, eine Judenmission sei letztlich zwecklos, weil sich dieses Volk nicht bekehren wolle, ja nach Gottes Heilsplan vorläufig nicht bekehren könne, da seine bis zum Ende der Tage andauernde „Verstocktheit“ Zeugnis dafür sein soll, daß es durch seinen Unglauben gegenüber dem Messias die Berufung zu Gottes auserwähltem Volk verwirkt habe und nun die Kirche Christi das wahre Israel geworden sei[228]. Es wäre allzu vordergründig geurteilt, wollte man in dieser Auffassung nur ein theologisches Alibi für die Erfolglosigkeit einer christlichen Judenmission sehen, da sie doch bereits in ihrem Ansatz neutestamentlich ist und sich in längerer Entwicklung weiter differenziert, bis Augustinus sie mit dem Mysterium der Prädestination be-

[223] Socr. HE 5, 21.

[224] Cod. Theod. 16, 8, 23; Socr. HE 7, 17.

[225] Siehe *A. L. Williams,* Adversus Judaeos (Cambridge 1935); *B. Blumenkranz,* Die Judenpredigt Augustins (Basel 1946); *ders.,* Les auteurs chrétiens; *D. Judant,* Judaïsme et Christianisme. Dossier patristique (Paris 1969) 325—350: Index patristique.

[226] *J. Mesot,* Die Heidenbekehrung bei Ambrosius von Mailand (Schöneck 1958) 69—73: die Judenpredigt.

[227] Sidon. Apoll., Epp. 8, 13; 6, 11; 3, 4. Zu Gregor I.: *B. Blumenkranz,* Les auteurs 73 ff.

[228] *M. Simon,* Verus Israel (Paris ²1964) 162—165; *Y. Bodin,* S. Jérôme et l'église (Paris 1966) 162—165.

gründet[229]. Diese theologische Deutung der Unbekehrbarkeit Israels wird von einigen christlichen Schriftstellern ohne Verunglimpfung des Judentums vorgetragen, wie etwa von Gregor von Elvira, Augustinus, Leo I. und Caesarius von Arles. Im allgemeinen ist sie jedoch von einer starken Animosität begleitet, die zuweilen, wie bei Chrysostomos, jedes Maß im Ton verliert und bei Kyrill von Alexandrien zu antisemitischen Ausschreitungen führt[230]. Die Schärfe dieser Polemik hat eine ihrer Ursachen in der eigenartigen Anziehungskraft der jüdischen Religion, die immer wieder gerade Christen in Ost und West zur Teilnahme an jüdischem Festbrauch, zur Beobachtung des Sabbats usw. veranlaßte und manche Bischöfe aufs stärkste beunruhigte[231]. Eine weitere Ursache war mit der Konkurrenz gegeben, in der sich jüdische Proselytenwerbung und christliche Mission in ihrem Werben um die Heiden gegenübertraten[232]. Die Emotionen wurden schließlich im Alltag immer wieder aufgeladen durch die hitzige Art der Diskussion, in der sich beide Seiten an unqualifizierten Beschuldigungen nichts schenkten[233].

Die staatliche Gesetzgebung[234] ist der allgemeinen Wertung des zeitgenössischen Judentums durch die Mehrheit der Christen nur zögernd gefolgt, hat bis in die letzten Regierungsjahre Theodosius' I. daran festgehalten, daß das jüdische Bekenntnis nicht verboten sei, und hat auch wiederholt die Zerstörung jüdischer Synagogen durch christliche Fanatiker verurteilt. Einigen Gesetzen, die zunächst nur die Vorrangstellung des Christentums gegenüber

[229] *K. H. Rengstorf* = Kirche und Synagoge, Handbuch zur Geschichte von Christen und Juden I (Stuttgart 1968) 23—83; für Augustin *B. Blumenkranz:* RechAug 1 (1958) 225 bis 241. *K. Hruby,* Juden und Judentum bei den Kirchenvätern (Zürich 1971).

[230] Gregor. Illib., Tract. 3—6 11 13. Augustin., Adv. Judaeos: PL 42, 51—64; zu Leo I.: *B. Blumenkranz:* Kirche und Synagoge I 97—101; zu Caesarius: J. Courreau: BLE 71 (1970) 92—112. — Zur antijüdischen Polemik i. allg. *M. Simon,* Verus Israel 116—274 und *B. Blumenkranz,* Juifs et Chrétiens 213—278; zu Chrysostomos *M. Simon,* Recherches d'Histoire Judéo-chrétienne (Paris 1962) 140—153; zu Kyrill *H. I. Bell,* Anti-Semitism in Alexandria: JRS 31 (1941) 1—18; vgl. auch Kyrills Osterfestbriefe 1; 4—6 (PG 77, 513 bis 533). Auch syrische Väter (Afrahat, Ephrem) beteiligen sich an dieser Polemik ebenso wie die Arianer, siehe *W. Cramer* = Kirche und Synagoge I 176—186. Von dem Arianerbischof Maximinus stammt ein Tractatus contra Judaeos, ed. *C. H. Turner:* JThS 20 (1919) 293—310, dazu *B. Capelle:* RBén 34 (1922) 81—108.

[231] Auch Synoden warnen vor dem „judaizare" vgl. Syn. Illib. can. 16 16; 49—50 78; Laodic. can. 38—39; Stat. eccl. ant. 84 89.

[232] *B. Blumenkranz,* Die jüdisch-christliche Missionskonkurrenz (3.—6. Jh.): Klio 39 (1961) 227—233.

[233] Auf die oft übersehene scharfe Polemik von jüdischer Seite weist mit Recht hin *M. Simon,* Verus Israel 214—238. Ein instruktives Beispiel bei Augustin., Enarr. in ps. 43, 14, 7.

[234] Übersicht bei *J. Gaudemet,* L'Église dans l'empire romain (Paris 1959) 623—633 mit Lit. Die Gesetze sind gesammelt im Cod. Theod. 16, 8, dazu *J. E. Seaver,* Persecution of the Jews in the Roman Empire 410—438 (University of Kansas 1952); *B. Kötting,* Kirche und Synagoge I 145—149.

dem Judentum unterstreichen und sichern wollen — Verbot des Übertritts zum jüdischen Glauben, des Besitzes christlicher Sklaven, der Mischehen —, folgen dann aber vom Ende des 4. Jh. an in steigenden Maße Verordnungen, die auch Kult- und Bekenntnisfreiheit sowie die zivilrechtliche Stellung der Juden auf das empfindlichste einschränken. Sie bereiten jene Atmosphäre vor, in der Könige der Merowinger und Westgoten die Zwangstaufe von Juden als erlaubtes Mittel zur Gewinnung der religiösen Einheit innerhalb ihres Herrschaftsbereiches ansehen.

3. Die erste Berührung des Christentums mit den Germanen und die Bekehrung der Goten

LITERATUR: Allgemeine Geschichte: *E. Stein,* Gesch. des spätrömischen Reiches I (Wien 1928, Paris [2]1959); *ders.,* Histoire du Bas Empire II (Paris - Brüssel 1949); *L. Schmidt,* Gesch. der deutschen Stämme bis zum Ausgang der Völkerwanderungszeit, I: Die Ostgermanen (München [2]1941); *ders.,* Gesch. der Wandalen (München 1942); *Ch. Courtois,* Les Vandales et l'Afrique (Paris 1955); *Chr. Sevin,* Die Gepiden (München 1955); I Goti in Occidente: Settimane di studio ... III (Spoleto 1956); *H. Rosenfeld,* Ostgoten und Westgoten: Die Welt als Geschichte 17 (1957) 245—258.

Germanische Religion: *W. Baetke,* Art und Glaube der Germanen (Hamburg [2]1934); *V. Grønbech,* Kultur und Religion der Germanen, 2 Bde (Hamburg [5]1954); *J. de Vries,* Altgermanische Religionsgeschichte, 2 Bde (Berlin [2]1956/57).

Allgemeine Bekehrungs- und Kirchengeschichte: *H. v. Schubert,* Gesch. der christlichen Kirche im Frühmittelalter (Tübingen 1921); *K. D. Schmidt,* Die Bekehrung der Germanen zum Christentum, I: Der ostgermanische Arianismus (Göttingen 1939); II: Die katholische Mission bei den Westgermanen (Göttingen o. J. [1942]); *G. Haendler,* Gesch. des Frühmittelalters und der Germanenmission: Die Kirche in ihrer Geschichte. Ein Hdb., hrsg. von *K. D. Schmidt* und *E. Wolf,* II (Göttingen 1961). Besonders verwiesen sei auf die ausführliche Besprechung der bis 1959 erschienenen Lit. durch *G. Haendler* a. a. O. — *J. Zeiller,* Les origines chrétiennes dans les provinces danubiennes de l'empire (Paris 1918); *A. D. Momigliano,* Paganism and Christianity in the 4th Century (Oxford 1963); darin *E. A. Thompson,* Christianity and the Northern Barbarians; La conversione al cristianesimo nell'Europa dell'Alto Medio Evo: Settimane di studio del Centro italiano di studi sull'Alto Medio Evo XIV (Spoleto 1967); darin u. a. *R. Manselli,* La conversione dei popoli germanici al cristianesimo. La discussione storiografica.

Ideelle Grundlagen der Mission: *S. Delacroix,* Histoire universelle des missions catholiques I (Paris 1956); *A. V. Seumois,* La papauté et les missions au cours des six premiers siècles (Paris - Löwen 1951); *F. Paschoud,* Roma aeterna. Études sur le patriotisme romain dans l'Occident latin à l'époque des grandes invasions (Zürich 1967); *W. H. Fritze,* Universalis gentium confessio: Frühmittelalterliche Studien 3 (1969) 78 bis 130; dort auch weitere Lit.

Bekehrung der Goten: *P. G. Scardigli,* La conversione dei Goti al cristianesimo: Settimane di studio ... XIV (Spoleto 1967) 47—86; *E. A. Thompson,* The Date of the Conversion of the Visigoths: JEH 7 (1956) 1—11; *ders.,* Early Visigothic Christianity: Latomus 21 (1962); *ders.,* The Visigoths in the Time of Ulfila (Oxford 1966). Die Thesen von Thompson sind umstritten.

Gotische Bibel: Edition: *W. Streitberg* (Germanische Bibliothek II Bd 3, 1, Heidelberg 1919); *F. Kaufmann*, Der Stil der gotischen Bibel: Zs. f. Deutsche Philologie 48 (1920) 7—80 165—235 349—388, 49 (1923) 11—57; *H. Steubing*, Miscellen zur gotischen Bibelübersetzung des Ulfilas: ZKG 64 (1952/53) 137—165; *K. Weinhold*, Die gotische Sprache im Dienst des Christentums (Halle 1870); *P. G. Scardigli*, Lingua e storia dei Goti (Florenz 1964); *A. Mentz*, Schrift und Sprache der Burgunder: ZdAdL 85 (1954) 1—17.

Germanentum und Arianismus: *O. Dibelius*, Die Germanisierung des Christentums (Berlin 1934); *H. E. Giesecke*, die Ostgermanen und der Arianismus (Leipzig - Berlin 1939). Zum heutigen Stand der Diskussion vgl. *G. Haendler* a. a. O.

Zur arianischen Kirchenverfassung: *H. v. Schubert*, Staat und Kirche in den arianischen Königreichen und im Reiche Chlodwigs (München - Berlin 1912); *U. Stutz*, Die Eigenkirche als Element des mittelalterlich-germanischen Kirchenrechts (1895; Neudr. 1957). Weitere Lit. bei *Feine RG* I. Letzte Stellungnahme: *R. Höslinger:* ÖAKR 3 (1952) 267 ff.

Zur Diskussion des gotisch-arianischen Einflusses auf Bayern und Thüringer vgl. *G. Haendler* a. a. O. 9 ff.

„Die in den (beiden) Germanien errichteten Kirchen haben nichts anderes geglaubt und überliefern nichts anderes als die in den spanischen Provinzen oder bei den Kelten, als die im Osten oder in Ägypten, als die in Libyen oder in der Mitte der Welt.“ [1] Dieser vielzitierte Satz aus der um 180/182 verfaßten Schrift „Adversus haereses“ des Bischofs Irenäus von Lyon ist das erste Zeugnis für den Bestand des Christentums in den römischen Rheinlanden, den Provinzen von Mainz und Köln. Auch die archäologischen Zeugnisse reichen nicht weiter hinauf. Im 3. Jh. muß die Christenheit an Rhein und Donau erstarkt sein, wie die Nachrichten über die Martyrien in diesen Provinzen zeigen. In der 2. Hälfte des 3. Jh. werden auch die Anfänge einer bischöflichen Organisation an der weiten Grenze des Imperiums gegen die Germanen faßbar. Damit ist ein terminus a quo für die erste Berührung der Germanen mit der Kirche gegeben.

Das Christentum erschien den Germanen als ein Element der spätantiken Kultur, mit der sie sich auseinanderzusetzen hatten, und zwar im Westen anfangs noch als eine Religionsform neben anderen. Unter den Alemannenkönigen, die 357 bei Straßburg gegen die Römer kämpften, ragten Chnodomar und sein Neffe Serapio an Macht und Ansehen hervor. Serapio hieß ursprünglich Agenarich. In Gallien hatte er nach seiner Einführung in die Isismysterien den Kultnamen Serapio angenommen [2]. Der Franke Silvanus ist um die gleiche Zeit in römischem Dienst Christ geworden [3], und zwar katholischer Christ, da die Orthodoxie im Westen die herrschende Form des Christentums war. Übertritte germanischer Offiziere zur christlichen Religion blieben im Westen während des 4. Jh. noch seltene Ausnahmen. Erst

[1] Irenaeus, Adversus haereses I, X, 2: PG 7, 552.

[2] Ammianus Marcellinus XVI, 12, 1 u. 25.

[3] *M. Waas*, Germanen im römischen Dienst im 4. Jh. (Diss. Bonn 1965) 123 ff.

im 5. Jh. haben sich im Reichsdienst aufgestiegene Germanen oder ihre Nachkommen in wachsender Zahl zum Christentum bekannt. Nachkommen germanischer Herren, die in der kaiserlichen Senatorenaristokratie aufgegangen waren, haben sich den neuen Glauben auch innerlich angeeignet: so der patricius Merobaudes, der um 440 in der Diözese Troyes ein Kloster gründete[4], oder der comes Arbogast von Trier, den Auspicius von Toul um 470 als praefiguratum sacerdotio bezeichnete[5].

Die Grenze zwischen den in der Senatorenaristokratie aufgegangenen Germanen und den Föderatenfürsten, die sich mit ihrem Volk durch ein foedus dem Kaiser verpflichtet hatten, war fließend. Aber die Entscheidung für Christus konnte bei den Föderatenfürsten angesichts der engen Verquickung der Religion mit dem gesamten Volksleben nicht Privatsache bleiben. Sie betraf automatisch auch die Volksgruppe, der der Fürst vorstand, und führte demnach mehr oder weniger zwangsläufig zu einem Kollektivübertritt. Die frühesten Zeugnisse für einen Kollektivübertritt am Rhein betreffen die Burgunden, die Orosius und Sokrates zufolge das katholische Christentum der Galloromanen annahmen, nachdem sie um 407 auf das linke Rheinufer übergesiedelt waren[6]. Auch Gruppen fränkischer Föderaten mögen noch vor dem Ende des 5. Jh. eine ähnliche Entscheidung gefällt haben[7]. Die Swewen in Spanien wurden unter Rechiar (448—451) katholisch[8]. Das Bekenntnis zu Christus implizierte dabei wohl jeweils auch ein Bekenntnis zum Imperium und zum Kaiser: es handelte sich mehr um Formalakte als um eine wirkliche Bekehrung. So erklärt sich, daß die Burgunden und Sweben ohne Schwierigkeit das katholische Christentum gegen das arianische vertauschten, als sie unter den Einfluß der arianischen Goten gerieten.

[4] *F. Lot,* Un diplôme de Clovis confirmatif d'une donation de patrice romain: Revue Belge de Phil. et d'Hist. 17 (1938) 906—911.

[5] *E. Ewig,* Trier im Merowingerreich (Trier 1957) 57 Anm. 226.

[6] Paulus Oros. Hist. adv. pag. 41 § 8: CSEL V 554; Socrates HE 30: PG 67, 805; *O. Fiebiger - L. Schmidt,* Inschriftensammlung zur Gesch. der Ostgermanen (Denkschriften Ak. Wiss. Wien, phil. hist. Kl. 60, 3, 1918) Nr. 72: christliche Grabinschrift des protector domesticus Hariulf aus dem Königsgeschlecht der Burgunden. Ich halte mit *Hauck* und *L. Schmidt* (Die Ostgermanen [2]1941, 138) gegen *K. D. Schmidt* (Bekehrung I 407 ff) an der Zuverlässigkeit der Zeugnisse des Orosius und des Socrates fest. Vielleicht darf man auch in den Germanen, die in den christlichen Grabsteinen von Wiesbaden und Worms aufscheinen (dazu *H. Büttner,* Frühes fränkisches Christentum am Mittelrhein: AMrhKG 3 [1951] 18 32), großenteils Burgunden sehen.

[7] Der von Chlodwig seiner Herrschaft beraubte fränkische Kleinkönig Chararich war Christ, da Chlodwig ihn und seinen Sohn zu Klerikern scheren ließ (Gregor, Hist. Fr. II 41). Wenn man die Beseitigung der fränkischen Kleinkönige mit Lot in die Jahre nach dem Sieg über Syagrius datiert, ist Chararich schon vor Chlodwig Christ gewesen. — Möglich, daß auch schon die Kölner Frankenkönige schon Christen waren: vgl. *K. Corsten,* Die fränkischen Königsgräber in Köln: RhVjBl 10 [1940] 168—171.

[8] *K. D. Schmidt,* Bekehrung 374—376.

Früher und nachhaltiger als die Germanen am Rhein waren die Goten an der unteren Donau und der Schwarzmeerküste in Berührung mit dem Christentum gekommen. Kappadokische Kriegsgefangene, vielleicht auch ungenannte Missionare, waren erste Vermittler des Evangeliums, das anfangs wohl mehr in den unteren Schichten Anhänger fand. Ein Bischof Theophilus der Gothia, der wohl in der Krim amtierte, unterzeichnete 325 die Akten des Konzils von Nikaia. Bei den Westgoten mag das 332 mit Konstantin abgeschlossene foedus Kontakte mit der christlichen Religion gefördert haben. Sehr bald wirkten sich auch heterodoxe Lehren aus. Der mesopotamische Sektierer Audaeus wirkte bei den Westgoten während seiner Verbannung in Skythien (Dobrudscha). Neben Audianer und Katholiken traten die Arianer, deren Bekenntnis die gotische Form des Christentums werden sollte, nicht zuletzt dank der bedeutenden Persönlichkeit des Gotenbischofs Wulfila (Ulfilas).

Wulfila wurde um 311 geboren. Durch seine Mutter stammte er von kappadokischen Kriegsgefangenen ab, der Vater war wohl Gote. Als Kleriker (Lector) begann er mit der Übersetzung der Bibel ins Gotische. Mit einer gotischen Gesandtschaft kam er an den Hof Konstantins oder Konstantius' II. Eusebios von Nikomedien, seit 338 Bischof von Konstantinopel, weihte ihn zum Gotenbischof, vielleicht 341 auf der Synode von Antiochien. Wulfila übernahm den gemäßigten homöischen Arianismus Eusebs und vollendete als Bischof seine Übersetzung der Schrift. Einer ersten Christenverfolgung in den Jahren 347/348 wich er aus. Der Kaiser siedelte ihn mit seinen Gläubigen bei Nikopolis (Trnovo/Bulgarien) an. Wulfila starb 381 oder 383 in Konstantinopel. Die gotische Gruppe, die ihm gefolgt war, blieb dauernd vom Hauptvolk getrennt und lebte als friedlicher Hirtenstamm der „Kleingoten" weiter auf dem Balkan fort.

Die Verfolgung von 347/348 traf ebenso wie die folgende von 369 bis 372 alle gotischen Christen ohne Unterschied des Bekenntnisses. Die zweite Verfolgung stand im Zusammenhang mit einem neuen westgotisch-römischen Konflikt und wohl auch mit einem Machtkampf zwischen den westgotischen Fürsten Athanarich und Frithigern[9]. Beide Rivalen waren damals noch Heiden, aber Frithigern mag als Vertreter einer römerfreundlichen Politik dem Christentum damals schon geneigter gewesen sein. Athanarich behauptete sich zunächst in der Führung des Volkes. Die von ihm inaugurierte Verfolgung war zugleich eine antirömische Reaktion. Die Audianer wurden zersprengt, ihre Reste schlossen sich den Katholiken an. Eine Gruppe katholischer Goten trennte sich vom Hauptvolk und siedelte nach Thrakien über.

Athanarichs Stellung wurde erschüttert, als die Hunnen 376 mit den

[9] Die Geschichtlichkeit der Auseinandersetzung zwischen Frithigern und Athanarich wird von Thompson mit Argumenten bestritten, die nicht überzeugen.

Westgoten zusammenstießen, nachdem sie das Ostgotenreich überrannt hatten. Unter der Leitung Frithigerns traten Scharen von Westgoten auf den Boden des Imperiums über. Frithigern scheint damals die arianische Konfession seines Gönners, des Kaisers Valens, angenommen zu haben; seinem Übertritt folgte die historisch entscheidende Massenbekehrung des Volkes zum Arianismus[10]. Der Konflikt mit der kaiserlichen Verwaltung, in dessen Verlauf Frithigern schließlich seine Westgoten 378 zum Sieg über den Kaiser Valens bei Adrianopel führte, änderte an der religiösen Entscheidung nichts mehr. Selbst wenn es nach dem foedus mit Theodosius (382) noch zu antichristlichen Ausschreitungen gekommen sein sollte, war das westgotische Heidentum fortan für die Zukunft des Volkes ohne Belang. Auch das katholische Christentum trat nun in den Hintergrund. Es hielt sich als Volksreligion nur noch bei abgesprengten Gruppen wie den „Krimgoten".

Ursprung und Ablauf der Gotenmission sind nur auf dem Hintergrund der Kirchengeschichte des römisch-griechischen Orients zu verstehen. Die Ausstrahlungskraft des griechischen Christentums, dessen Kerngebiet Kleinasien war, erklärt den frühen Beginn des Bekehrungswerks. Die verschiedenen Konfessionen des Ostens begegneten sich im Missionsgebiet. Die Goten übernahmen den abgeschwächten homöischen Arianismus, der in der entscheidenden geschichtlichen Stunde das Bekenntnis der Ostkaiser und des Hofes von Konstantinopel war. Wulfilas Credo entsprach der Formel von Rimini (359), die ihrerseits auf den Formulierungen von Sirmium (359) und Antiochien (341) beruhte. Die gotische Kirche entlehnte der Reichskirche auch die Bischofsverfassung. Die nationale Kultsprache war aus den Bedürfnissen der Mission erwachsen: eine bedeutende Leistung Wulfilas[11], aber auf dem Hintergrund der Verhältnisse des Ostens, wo es neben der griechischen und lateinischen auch eine syrische und koptische Kultsprache gab, keine revolutionäre Tat. Wulfilas Bibelübersetzung fand die volle Anerkennung der Kirchenväter Hieronymus und Johannes Chrysostomos.

Ein tieferes Verständnis der Kontroversen, die im 4. Jh. die Theologen des Ostens beschäftigten, darf man allenfalls bei Wulfila, nicht aber bei den Neubekehrten voraussetzen. Es ist auch höchst zweifelhaft, ob der homöische Arianismus bestimmten germanischen Vorstellungen besser entsprach als die katholische Orthodoxie[12]. Die Goten wählten nicht nach kritischer Prüfung das ihnen zusagende christliche Bekenntnis, sondern übernahmen

[10] So die traditionelle Auffassung. Thompson datiert die Massenbekehrung erst in die Jahre 382—395.

[11] Übertreibend betont von *Scardigli*, Conversione 67 ff. Scardigli sieht in der Übersetzungsarbeit Wulfilas zu Unrecht eine bewußte Leistung der geistigen Auseinandersetzung mit dem Imperium.

[12] Nach *K. D. Schmidt* (Bekehrung I 275) hätte Wulfila das Verhältnis von Gott Vater zu Christus in der Perspektive des germanischen Vater-Sohn-Verhältnisses und des Sippengedankens gesehen.

die Form des Christentums, die ihnen Konstantinopel anbot. Daß trotzdem eine gotische Nationalkirche entstand, erklärt sich aus einer seltsamen Fügung: der Tod des Kaisers Valens auf dem Schlachtfeld von Adrianopel besiegelte das Schicksal des Arianismus innerhalb des Imperiums. Die gotischen Homöer waren fortan durch einen tiefen Graben von der Reichskirche getrennt.

Die isolierte gotische Kirche bewahrte das homöische Glaubensgut im wesentlichen unverändert. Die gotischen Theologen des 5. und 6. Jh. entbehrten der Originalität. Sie gerieten bis zu einem gewissen Grade unter den Einfluß der Romania, als die Goten im 5. Jh. aus der östlichen in die westliche Reichshälfte zogen. Die Wulfilabibel wurde sporadisch im Hinblick auf die lateinische Bibel überarbeitet, auch zweisprachige gotisch-lateinische Bibeln scheint es gegeben zu haben[13].

Von Bibelübersetzung und Kultsprache abgesehen, kann man von einer Germanisierung am ehesten auf dem Gebiet der kirchlichen Verfassung sprechen. Die kirchlichen Ordnungen, die sich nicht an städtische Distrikte anlehnen konnten, mußten sich an die Gliederungen des Volkes oder des Heeres (Hundert-, Fünfhundert-, Tausendschaften) anschließen. Der gotische Arianismus gab auch dem Eigenkirchenwesen früh Raum, vielleicht unter dem Einfluß eines germanischen Eigentempelwesens. Das Mönchtum fand keinen Eingang oder spielte jedenfalls keine wesentliche Rolle. Gewisse Veränderungen der Kirchenverfassung im Sinn einer Angleichung an die römische Civitasorganisation und die Organisation der Reichskirche traten nach der Niederlassung der Ostgermanen in der westlichen Reichshälfte ein, sind aber nicht genau zu fassen. Jahressynoden des arianischen Klerus in Genf sind für die Burgunden bezeugt[14]. Einen arianischen Patriarchat haben nur die Wandalen als imitatores imperii errichtet.

Intentionell hat die gotische Kirche zunächst am Universalismus der alten Kirche festgehalten und gleich ihr den Anspruch erhoben, die allein wahre Lehre zu vertreten. Als die Ostgermanen aber in den Westprovinzen des Imperiums ihre Reiche gründeten, zeigte sich, daß ein missionarischer Arianismus den inneren Frieden der Reiche gefährden mußte. Während die Wandalen nicht davor zurückschreckten, den Arianismus als Reichsreligion durchzusetzen[15], gewöhnten sich die Goten und die übrigen arianischen Völker daran, ihre Kirche unter Verzicht auf missionarische Anstrengungen gegenüber den Romanen als eine nationale Institution zu betrachten. Die „Toleranz" gegenüber der katholischen Romania war also bedingt durch eine besondere politische Situation, sie führte schließlich zur Stagnation.

[13] *E. A. Thompson,* The Visigoths 144 ff.

[14] *K. D. Schmidt,* Bekehrung 371.

[15] Sie lenkten anscheinend auch vom homöischen zum radikalen Arianismus zurück (*K. D. Schmidt,* Bekehrung 371).

Der Verzicht auf Mission blieb allerdings auf die katholische Romania beschränkt und erstreckte sich nicht auf die germanisch-iranischen Völker. Für die „gotische Religion“ wurden gewonnen die Ostgoten, Gepiden, Wandalen, Alanen, Rugier, Heruler und Skiren, zeitweilig auch die Burgunden, Spaniensweben und Langobarden. Die näheren Umstände dieser Arianermission sind unbekannt. Ihre Hauptträger dürften in der ersten Phase die Kleingoten des Balkans gewesen sein. Die hasdingischen Wandalen waren gewiß schon um 400 gewonnen, da sie den Arianismus den silingischen Wandalen am Main und den Alanen vermittelten, die mit ihnen zu Ende des Jahres 406 den Rhein überschritten. Die Ostgoten nahmen Wulfilas Christentum wahrscheinlich noch vor ihrer Übersiedlung nach Pannonien (455) an. Gleichzeitig mit ihnen dürften die Gepiden, ein anderes gotisches Teilvolk, Arianer geworden sein. Die Gepiden haben ihr Christentum gewiß den Rugiern, Skiren und Herulern übermittelt, mit denen sie unter Attilas Herrschaft, dann durch den gemeinsamen Befreiungskampf gegen die Hunnen (454) und den gemeinsamen Gegensatz gegen die Ostgoten politisch verbunden waren. Bis zu den Thüringern und Bayern scheint Wulfilas Arianismus gedrungen zu sein[16]. Spätlinge waren die Heruler und besonders die Langobarden, die nach langem Zögern ihre Entscheidung wohl erst kurz vor ihrem Aufbruch nach Italien trafen (568), vielleicht im Hinblick auf die in Italien verbliebenen Ostgoten.

Der Arianismus hatte nach und nach bei allen Donaugermanen Fuß gefaßt, sein Ausbreitungsgebiet entsprach einer durch die Goten bestimmten Kulturprovinz. Den Germanen am Rhein blieb er fremd; doch trugen ihn die Goten schließlich auch zu den nach Gallien und Spanien eingewanderten Völkern, bei denen sich nun der arianisch-gotische Einfluß mit dem der katholisch-romanischen Umwelt überschnitt. So bei den Burgunden, die in enger Allianz mit den Westgoten (ca 451—471) eine neue Königsdynastie gotischen Geblüts erhielten und zum Arianismus übertraten. So auch bei den Sweben Spaniens, die um 464 nach Abschluß eines Bündnisses mit den Westgoten unter dem Einfluß ihrer Partner Arianer wurden. Am fränkischen Hof wirkten ostgotische Sendlinge im arianischen Sinn: nicht ohne Erfolg, bis Chlodwigs Entscheidung ihnen den Boden entzog. Auch bei den Burgunden und spanischen Swewen hat der Arianismus nie so tiefe Wurzeln geschlagen wie bei den Goten, Wandalen und Donaugermanen.

[16] Zu dieser kontroversen Frage zuletzt: *E. Klebel,* Zur Gesch. des Christentums in Bayern vor Bonifatius: Gedenkgabe zum 1200. Todestag (Fulda 1954) 388—411; ferner *F. Prinz,* Frühes Mönchtum im Frankenreich (München - Wien 1965) 337 Anm. 48, 345 ff, 358 Anm. 100. — Auf Grund rein sprachlicher Argumente nimmt Scardigli eine mediazione gotica zu anderen Germanen an (Conversione 84—86).

14. Kapitel

Der organisatorische Aufbau der Reichskirche

LITERATUR: 1. Allgemeine: *J. Gaudemet*, L'Église dans l'empire romain (Paris 1959); *Plöchl* I; *Feine, RG;* in diesen drei Werken auch Übersichten über die entsprechenden Kirchenrechtsquellen. — *W. de Vries*, Die Struktur der Kirche gemäß dem Konzil von Chalkedon: OrChrP 35 (1969) 63—122; *ders.*, Die Struktur ... von Ephesos: AHC 2 (1970) 22—55; *ders.*, Die Struktur der Kirche gemäß dem 1. Konzil von Nikaia = Wegzeichen. Festgabe H. Biedermann (Würzburg 1971) 55—81. 2. Spezielle: *A. Scheuermann*, Diözese: RAC III 1053—63; *P. de Labriolle*, Paroecia: BullDuCange 3 (1927) 196—205; *ders.*: RSR 18 (1928) 60—72; *K. Müller*, Parochie und Diözese: ZNW 32 (1933) 149—185; S. *Mochi Onory*, Vescovi e città (Bologna 1933); *H. Leclercq*, Métropole: DACL XI 786—790; DDC I 927—934, VI 872—877; *F. Dvornik*, The Idea of Apostolicity in Byzantium (Cambridge/Mass. 1958); *H. Chadwick*, The Circle and the Ellipse. Rival Concepts of Authority in the Early Church (Oxford 1959); *E. Lanne*, Églises locales et patriarcats à l'époque des grands conciles: Irénikon 34 (1961) 292—321; *W. de Vries*, Die Entstehung der Patriarchate des Ostens und ihr Verhältnis zur päpstlichen Vollgewalt: Scholastik 37 (1962) 341—369; *ders.*, Antiochien und Seleukia-Ktesiphon: Mél. Tisserant (Rom 1964) 429—450; *H. Grotz*, Die Hauptkirchen des Ostens von den Anfängen bis zum Konzil von Nikaia 325 (Rom 1964); *Y. Congar - B.-D. Dupuy*, Das Bischofsamt und die Weltkirche (Stuttgart 1964); I Patriarcati orientali nel primo millennio (Rom 1968). — *N. Jung*, Concile: DDC III 1268—80; *G. Roethe*, Zur Geschichte der römischen Synoden im 3. und 4. Jahrhundert (Stuttgart 1937); *M. Goemans*, Het algemeene concilie in de vierde eeuw (Nijmegen 1945); *G. Kretschmar*, Die Konzile der alten Kirche = *H. J. Margull*, Die ökumenischen Konzile der Christenheit (Stuttgart 1961) 75—200; *J. Hajjar*, Le synode permanent dans l'église byzantine des origines au XIe siècle (Rom 1962).

Die lokale Bischofskirche

Der rasche Fortschritt der Christianisierung der Reichsbevölkerung nach Erlangung der Kirchenfreiheit führte zu einem starken Anstieg der Zahl christlicher Gemeinden, die wie bisher stets von einem einzigen Bischof geleitete Ortskirchen bleiben. Die Weihe eines Nachfolgers noch zu Lebzeiten des bisherigen Bischofs wird daher, wie im Falle Augustins, als unerlaubte Abweichung von der Norm empfunden[1]. Während sich im Osten der Name παροικία für die Ortskirche durchsetzte, blieb die Terminologie im Westen noch lange schwankend, da hier neben paroecia auch ecclesia, territorium, fines episcopatus und dioecesis verwandt werden[2]. Die Entscheidung über Notwendigkeit oder Opportunität der Gründung neuer Ortskirchen liegt für gewöhnlich bei den Bischöfen einer Kirchenprovinz.

[1] Vgl. Paulin. Nol., Ep. 7, 2; Aug., Ep. 213, 4, außerdem Euseb. HE 6, 11, 1—3 und Theodoret HE 2, 17, 4—7.

[2] Belege für παροικία: Patristic Greek Lexikon s. v. II D; die lateinischen Bezeichnungen nachgewiesen bei *A. Scheuermann* a. a. O. 1059 ff. Dioecesis als Name für die Ortskirche findet sich erst am Beginn des 5. Jh.

Wichtigste Voraussetzung für die Neugründung ist eine ausreichende Zahl von Gläubigen, das Konzil von Chalkedon bindet sie ausdrücklich an die Entstehung neuer Städte, die Gläubigen in Weilern und Gehöften sollen von Wanderseelsorgern betreut werden, die zum Klerus der Stadtgemeinde gehören[3]. Regionen mit zahlreichen Städten besitzen daher entsprechend hohe Zahlen von Bistümern mit geringer räumlicher Ausdehnung, in Gegenden mit wenig Städten ist ihr Territorium wesentlich ausgedehnter. Im lateinischen Westen ist daher der erste Typ vor allem für Nordafrika sowie Mittel- und Süditalien charakteristisch, der zweite für Oberitalien, weite Teile Galliens, für Spanien und die Donau- und Balkanprovinzen[4]. Normalerweise decken sich die Bistumsgrenzen mit den zivilen Verwaltungsgrenzen der Städte, aber zahlreiche Abweichungen und Kompetenzstreitigkeiten zwischen Nachbarbischöfen zeigen, daß hier kein streng bindendes Gesetz vorlag. Es existieren daher auch bischöfliche Gemeinden in Siedlungen, die keine Stadtrechte besitzen, neben Bistümern, in deren Bereich zwei oder mehr Städte liegen[5]. Großer Anstrengungen bedurfte es, das Prinzip durchzusetzen, das den Bischof in der Ausübung seiner Funktionen auf den Bereich seiner Ortskirche beschränkte. Immer wieder müssen Synodalbeschlüsse einschärfen, daß kein Bischof in einem andern Bistum ohne Zustimmung des Leiters der Kirchenprovinz Weihen vornehmen oder einen Kandidaten weihen kann, der einem andern Bischof unterstellt ist[6]. Im Westen greift der Bischof von Rom in der Regel nicht bei der Errichtung neuer Ortskirchen ein, sondern beschränkt sich auf die Mahnung, dabei die entsprechenden Synodalbestimmungen zu beachten. Der afrikanische Episkopat regelt die vielfachen Probleme, die sich bei der Eingliederung donatistischer Ortskirchen in die Catholica ergaben, völlig selbständig. Im Osten wird dagegen öfters die staatliche Gewalt in Konfliktsfällen angerufen oder von sich aus tätig.

Die Bindung des einen Bischofs an eine Ortskirche verpflichtet ihn zur dauernden *Residenz* in seiner Gemeinde, von der er nur aus gewichtigen Gründen und in der Regel nicht länger als drei Wochen abwesend sein soll. Diese Residenzpflicht wurde besonders im 4. Jh. oft vernachlässigt durch die Neigung mancher Bischöfe, persönlich am kaiserlichen Hof vorstellig zu werden, um materielle Hilfe für ihre Gemeinde, aber auch zuweilen persönliche Privilegien zu erwirken. Daher verbieten Synoden diese Reisen oder machen sie abhängig von einer schriftlichen Erlaubnis des Metropoliten[7]. Die uneingeschränkte Sorgepflicht für seine Gemeinde begründet

[3] Conc. Sardic. c. 6; Conc. Chalc. c. 17.

[4] *J. Gaudemet* a. a. O. 324 f.

[5] Für Italien siehe *S. Mochi Onory*, Vescovi e città (Bologna 1933), für Gallien *E. Griffe*, La Gaule chrétienne II (Paris ²1966) 125—133.

[6] *J. Gaudemet* a. a. O. 328.

[7] Conc. Nicaen. c. 16; Conc. Antioch. c. 3; Conc. Sardic. c. 7—8 11—12; Conc. Carth. (390) c. 7, (397) c. 56.

auch das Verbot der *Translation* eines Bischofs auf einen anderen Sitz, das von der Vätertheologie gern mit dem Gedanken einer mystischen Ehe zwischen Bischof und Ortskirche, die nur der Tod scheiden soll, motiviert wird. Im Laufe des 4. Jh. wird dieses Verbot trotz strenger Sanktionen, wie Amtsenthebung und Exkommunikation, immer wieder mißachtet und führt besonders im Osten oft zu heftigen Konflikten. Vom Beginn des 5. Jh. an tritt eine Lockerung des Verbotes ein, da man Gründe für Ausnahmen — Ablehnung eines neuen Bischofs durch die Gemeinde, Behinderung des Amtsantrittes durch äußere Gewalt, seelsorgerliche Notwendigkeit — anerkennt[8]. Die Provinzialsynode hat darüber zu befinden, ob die Amtsenthebung wegen schwerer Verfehlungen auszusprechen ist, gegen ihren Spruch steht dem Betroffenen jedoch das Recht der Appellation nach Rom zu, das prüft, ob der Fall zur Wiederaufnahme an eine andere Synode zu überweisen ist. Im Osten spricht zuweilen wiederum der Kaiser von sich aus die Absetzung eines Bischofs aus[9].

Die wachsende Zahl der Gläubigen in den Stadtgemeinden und der Erfolg der Mission unter der Landbevölkerung tragen vom 4. Jh. an einige neue Züge in die Struktur der bischöflichen Ortskirche ein. In größeren Städten, wie Alexandrien, Antiochien, Rom, Karthago, Mailand, werden neben der Bischofskirche weitere Kultgebäude in dichtbesiedelten Stadtbezirken benötigt. In Rom führt das zur Errichtung der sog. *Titelkirchen*, denen Mitglieder des stadtrömischen Klerus für die Seelsorge in diesen Bezirken zugewiesen werden. Diese Tituli bleiben jedoch Bestandteil der einen römischen Ortskirche, ihre Kleriker gehören weiter dem Presbyterium der römischen Gemeinde an, deren Einheit durch den vom römischen Bischof turnusmäßig in den Titelkirchen abgehaltenen Gottesdienst betont wird[10]. Im griechischen Osten entwickelt sich für die Betreuung der zu einer Ortskirche gehörenden Landbevölkerung das Institut des χωρεπίσκοπος, mit dem sich bereits die ersten Synoden des 4. Jh., wie die von Ankyra, Neokeisareia und Nikaia, befassen. Ihre Bestimmungen unterstreichen stets die volle Abhängigkeit des Chorbischofs vom eigentlichen Leiter der Gemeinde, der allein den Bereich seiner Funktionen festlegt. Die sog. Synode von Laodikeia (Kanonessammlung ca. 343/81) untersagt schon die weitere Weihe von Chorbischöfen und will sie durch Wanderseelsorger ersetzt haben, die Synode von Seleukia-Ktesiphon läßt nur noch einen Chorbischof für eine Gemeinde zu. Der Westen übernimmt für diese Zeit noch nicht das Institut des Chorbischofs[11]. In den räumlich oft recht ausgedehnten Bistümern

[8] *J. Gaudemet* a. a. O. 328; *J. Trummer,* Mystisches im alten Kirchenrecht. Die geistliche Ehe zwischen Bischof und Diözese: ÖAKR 2 (1951) 62—75.

[9] Conc. Sardic c. 7.

[10] *G. Matthiae,* Le chiese di Roma dal IV al IX secolo (Bologna 1963) 54—77.

[11] *E. Kirsten,* Chorbischof: RAC II, 1105—14.

Galliens und Norditaliens errichtet man in den von der Bischofskirche weit entfernt liegenden ländlichen Siedlungen eigene Seelsorgsstellen, die ihrerseits ein gottesdienstliches Zentrum für die Bewohner kleinerer Ortschaften und Höfe der Umgebung darstellen. Solche Nebenstellen sind zwar noch keine Pfarreien im Vollsinn des Wortes, da sie noch nicht über eigenes Kirchenvermögen verfügen und der dort tätige Kleriker noch keine eigene Jurisdiktion für ein genau abgegrenztes Territorium besitzt, die Entwicklung hin auf die spätere Pfarrei deutet sich aber an[12].

Der Metropolitanverband

Schon vom ausgehenden 2. Jh. an hatten sich deutliche Ansätze für räumliche Gliederungen innerhalb der Gesamtkirche erkennen lassen, die über die bischöfliche Ortskirche hinausgingen. Verschiedene Bestimmungen des Konzils von Nikaia zeigen nun, daß sich aus diesen Ansätzen klare organisatorische Gefüge unterschiedlicher Größe entwickelt haben. Eines derselben besteht in der Zusammenfassung aller Ortskirchen einer zivilen Provinz zu einem Verband, der im griechischen Sprachraum ἐπαρχία, im lateinischen Bereich provincia genannt wird. Diese Entwicklung ist jedoch keineswegs im gesamten Verbreitungsgebiet des Christentums einheitlich verlaufen, weder zeitlich noch nach den sie bestimmenden Ursachen.

Das Konzil von Nikaia setzt die voll entwickelte Kirchenprovinz oder den Metropolitanverband im Osten bereits voraus, wenn es bestimmt, die Weihe eines Bischofs soll möglichst von allen Bischöfen einer Provinz vorgenommen werden, die Bestätigung seiner Wahl solle durch den „Metropoliten" erfolgen[13]. Der Name Metropolit weist schon darauf hin, daß dieser Vorsteher einer Kirchenprovinz seinen Sitz in der Metropolis, der zivilen Provinzhauptstadt, hat. Auch hier decken sich im allgemeinen die Grenzen des kirchlichen und des entsprechenden zivilen Verwaltungsbereiches. Die Synoden des 4. und 5. Jh. legen die Befugnisse des Metropoliten näher fest: Er leitet die Bischofssynode der Provinz, die jährlich zweimal zusammentreten soll, um über Fragen überlokaler Bedeutung zu beraten und zu beschließen. Damit steht dem Metropoliten eine gewisse Kontrollfunktion über das religiös-kirchliche Leben innerhalb der Provinz und über die Amtsführung der Bischöfe zu, die von ihm auch die schriftliche Zustimmung (die sog. litterae formatae) für eine längere Abwesenheit von ihrem Bistum erbitten müssen[14]. Die Synode von Antiochien (341) betont einerseits, der Ortsbischof sei in der Verwaltung seines Bistums unabhängig, anderseits hebt sie hervor, dem Metropoliten obliege die Sorge für die Kirchenprovinz

[12] Für Norditalien G. *Forchielli,* La pieve rurale (Rom 1931), für Gallien E. *Griffe* a. a. O. III (Paris 1965) 260—291. [13] Conc. Nicaen. c. 4. [14] *J. Gaudemet* a. a. O. 381.

und ohne seine und der übrigen Bischöfe Zustimmung könne er nichts unternehmen, was darüber hinausgehe[15]. Hier wird deutlich, daß der Ausgleich zwischen den Ansprüchen des Ortsbischofs und den kollegial zu beschließenden Maßnahmen der Provinzialsynode nicht immer ohne Schwierigkeiten gefunden wurde.

Die Metropolitanverfassung hat sich zuerst und auch weitgehend im griechischen Osten durchgesetzt, *Ägypten* ausgenommen, das schon früh einen kirchlichen Großraum darstellt, in dem alle Bischöfe des Landes sowie Libyens und der Pentapolis offensichtlich ohne die Zwischenstufe des Metropoliten unmittelbar dem Bischof von Alexandrien unterstellt sind. Im lateinischen Westen verläuft die Entwicklung noch uneinheitlicher. In *Nordafrika*[16] weist sie schon früh gewisse Differenzierungen auf, insofern der Rang des Metropoliten, der hier Primas heißt, jeweils dem seinem Weihealter nach dienstältesten Bischof der Provinz zukommt, der deshalb auch nicht in der Provinzhauptstadt seinen Sitz haben muß. Eine Sonderstellung nimmt außerdem noch der Bischof von Karthago ein, der stets Primas der Provinzia proconsularis ist, darüber hinaus aber als Primas totius Africae die mit besonderen Befugnissen ausgestatteten afrikanischen Plenarkonzilien einberuft und leitet. Die Metropolitanverfassung existiert hingegen überhaupt nicht im Bereich der staatlichen Diözese *Italia suburbicaria* mit 10 Provinzen und den Inseln Sizilien und Korsika, deren relativ zahlreiche Ortsbischöfe direkt dem Bischof von Rom unterstanden und sich daher stets auf den römischen Synoden einzufinden hatten. In *Oberitalien* erscheint zuerst der Bischof von Mailand[17] als Metropolit einer Kirchenprovinz, die mehrere zivile Provinzen umfaßt. Das hängt einmal zusammen mit der Bedeutung Mailands im staatlichen Bereich, die es als kaiserliche Residenz (seit Diokletian) und als Sitz des Vicarius für die Verwaltung der Italia annonaria gewonnen hatte, des weiteren mit der demographischen Situation Oberitaliens, das weit weniger Städte als der Süden und der Raum um Rom kennt. Ebenfalls hat die geringe Zahl der Städte in den Provinzen Venetien, Istrien, Rätien und Noricum auch den Bischof von *Aquileia* (seit etwa 425) zum einzigen Metropoliten dieses ausgedehnten Gebietes werden lassen[18]. Im benachbarten Pannonien kam dem Bischof von *Sirmium*, das zeitweilig ebenfalls Kaiserresidenz und Sitz eines Praefectus praetorio war, ein faktischer Vorrang zu, die Entwicklung zur vollen Metropolitanverfassung wurde hier jedoch zunächst durch die Völkerwanderung gehemmt. In den anderen politischen Diözesen des *Balkan* konnte sie sich voll ausbilden, in Thrakien von Anfang an, weil hier stets ostkirchlicher Brauch herrschte, in Dakien, seit es zum

[15] Conc. Antioch. c. 9. [16] *G. Bardy*, Afrique: DDC I, 293—307.
[17] *P. Batiffol*, Cathedra Petri (Paris 1938) 41—54.
[18] *H. Leclercq*, Aquilée: DACL I 2655.

östlichen Reichsteil gehörte (395)[19]. In *Gallien* ist wiederum die Angleichung der kirchlichen Organisation an die zivilen Verwaltungsbereiche deutlich faßbar. Mit einigen Abweichungen werden hier vom ausgehenden 4. Jh. an die Provinzhauptstädte auch Sitz des Metropoliten. So residierte auch der Metropolit der Narbonensis prima in der Provinzhauptstadt Narbonne, als jedoch die Stadt Arles nach 392 zum Sitz der gallischen Präfektur bestimmt wurde, erhob der Arleser Bischof alsbald Anspruch auf die Metropolitanwürde[20]. Für das Spanien des 4. Jh. fehlen klare Quellenaussagen über die organisatorische Entwicklung der dortigen Kirche. Das Konzil von Elvira am Beginn des Jahrhunderts, auf dem 19 Bischöfe hauptsächlich aus dem Süden des Landes zusammenkamen, kennt zwar eine prima cathedra episcopatus, unter dem jedoch am ehesten der Sitz des weiheältesten Bischofs zu verstehen ist, metropolitane Befugnisse werden ihm aber nicht zugeschrieben. Erst nach der Mitte des 5. Jh. begegnet auch in Spanien die Metropolitanverfassung in Einzelzügen. Die spezielle Situation der spanischen Kirche unter der Westgotenherrschaft veranlaßte ihren Episkopat, sich stärker an Rom anzulehnen und von dort kirchenrechtliche Direktiven entgegenzunehmen. Erst im 6. Jh. beginnt die große Zeit der spanischen Provinzialsynoden[21].

Auch bei der Kirchenprovinz decken sich in den meisten Fällen die Grenzen mit denen der ihr entsprechenden zivilen Verwaltungseinheit, aber Innocenz I. betont ausdrücklich, daß eine neue Umschreibung der staatlichen Provinzen in Syrien nicht eine Korrektur der kirchlichen Organisation nach sich ziehen müsse[22]. Als Kaiser Theodosius II. von sich aus Berytos zur kirchlichen Metropole erhob und ihr sechs Ortskirchen der bisherigen Kirchenprovinz Tyros zuwies, führte das zu einem langwierigen Streit, mit dem sich noch das Konzil von Chalkedon zu befassen hatte. Es verwarf die kaiserliche Maßnahme und nahm damit für sich die Zuständigkeit für solche Entscheidungen in Anspruch[23].

Großkirchliche Gliederungen

Das Konzil von Nikaia kennt schließlich noch eine Form großräumiger Kirchengliederung, in der alle Ortskirchen eines größeren geographischen Raumes oder einer überprovinzialen zivilen Verwaltungseinheit unter dem Bischof der bedeutendsten Stadt dieses Raumes zusammengefaßt sind. Kanon 6 des Konzils führt drei dieser Gliederungen namentlich auf: Dem Bischof von *Alexandrien* wird das alte „Gewohnheitsrecht" bestätigt, das ihm die Oberleitung aller Ortskirchen Ägyptens, Libyens und der Pentapolis

[19] *J. Zeiller,* Les origines chrétiennes dans les provinces danubiennes (Paris 1918) 364—376. [20] *E. Griffe* a. a. O. II 137—146.

[21] *D. Mansilla,* Orígines de la organización metropolitana en la Iglesia española: HS 12 (1959) 1—36; zu Elvira *J. Gaudemet:* DHGE 15, 317—348 (Lit.).

[22] Innoc., Ep. 24, 2. [23] Conc. Chalc. c. 12.

gab; der gleiche „Brauch" gilt für den Bischof von *Rom;* in ähnlicher Weise sind die Privilegien *Antiochiens* zu wahren. In den beiden letzten Fällen fehlt zwar eine Umschreibung des geographischen Raums, innerhalb dessen die Vollmachten des Bischofs von Rom oder Antiochien Geltung haben, ebenso fällt die vage Formulierung hinsichtlich der „Privilegien" Antiochiens auf. Der textliche Zusammenhang des Kanons läßt jedoch klar erkennen, daß es sich auch in beiden Fällen um eine Organisationsform handelt, die weit über den Rahmen eines Metropolitanverbandes hinausragt, für die aber noch keine eigene Bezeichnung gegeben wird. Bei der Diskussion über den Inhalt von Kanon 6 hat auch die Stellung des Bischofs von Jerusalem eine Rolle gespielt. Ihm wird zwar mit Rücksicht auf die kirchliche Vergangenheit seiner Stadt ein „Ehrenrang" zugesprochen, seine Unterordnung unter den Metropoliten von Kaisareia in Palästina wird jedoch eigens betont. Mit seinem Kanon 6 hat das Konzil von Nikaia demnach die später „Patriarchate" genannten großkirchlichen Gliederungen grundsätzlich anerkannt[24].

Ihre Entwicklung hat sich in einem längeren Prozeß vollzogen, dessen Verlauf von mehreren Faktoren bestimmt wurde. An erster Stelle, sowohl chronologisch wie dem inneren Gewicht nach, ist die geopolitische und wirtschaftliche Bedeutung der drei Städte Alexandrien, Antiochien und Rom zu nennen, deren Ortsbischöfe die Leiter dieser großen Kirchengliederungen wurden. Dieser Faktor hatte bereits in gewissem Ausmaß den Weg der frühchristlichen Mission bestimmt, als die ersten Missionare gerade in den großen politischen Zentren der Mittelmeerwelt Fuß zu fassen suchten und in den dort gegründeten Gemeinden die Basen für die Missionsarbeit in dem von diesen Städten abhängigen Gebiet gewannen[25]. Das aus den missionarischen Beziehungen spontan erwachsene Bewußtsein der Zusammengehörigkeit der Gemeinden Syriens, Ägyptens, Mittel- und Süditaliens hat deren organisatorischen Zusammenschluß zu größeren Verbänden weiter gefördert. Diese Angleichung der kirchlichen Organisation an die vorhandene verwaltungsmäßige Gliederung des Reiches, die sich praktisch ohne Alternative anbot, ist sogar die einzige und uneingeschränkte Begründung für die Errichtung des (4.) Patriarchates von Konstantinopel gewesen, als die Synode von 381 dem Bischof der östlichen Reichshauptstadt seinen neuen Rang zuerkannte, „weil seine Stadt das Neue Rom sei"[26]. Spätere Umordnungen in der Organisation des staatlichen Raumes haben allerdings nicht automatisch entsprechende Veränderung der kirchlichen Strukturen nach sich gezogen. Als durch die Reichsreform Diokletians die bisherige administrative Selbständigkeit Ägyptens aufgehoben und das Land der politischen Diözese

[24] *H. Chadwick,* Faith and Order at the Council of Nicaea. A Note on the Ground of the 6th canon: HTR 53 (1960) 171—195.

[25] Siehe Bd I 120—125 239—241 und *F. Dvornik,* The Idea of Apostolicity 4f.

[26] Conc. Const. I c. 3.

Oriens eingegliedert und deren Vicarius in Antiochien unterstellt wurde, hat man in Nikaia die gefestigte kirchliche Organisation Ägyptens nicht mehr angetastet[27].

Die Entwicklung der Patriarchate ist aber noch von einem weiteren Faktor beeinflußt worden, der mit der völkischen und damit sprachlichen und kulturellen Eigenart der Einwohnerschaft jener Gebiete gegeben war, in denen großkirchliche Gliederungen gewachsen sind. Dieser Faktor hat nicht nur zur Entstehung eines je eigenen Patriarchates im ägyptischen und syrischen Kulturraum beigetragen, er war auch mit eine der Ursachen dafür, daß sich sowohl im eigentlich griechischen Sprachraum wie im lateinischen Bereich nur je ein großes Patriarchat durchgesetzt hat, obwohl hier mehrere politische Diözesen als großräumige Verwaltungseinheiten existierten. Ansätze zu mehreren suprametropolitanen Gliederungen waren zwar auch hier vorhanden, wie das Konzil von 381 erkennen läßt, das den jeweiligen Episkopat der Diözesen Asia, Pontus und Thracia als Einheit anspricht[28]. Aber die Weiterentwicklung zu selbständigen kirchlichen Organisationsbereichen mit den Vororten Ephesos, Kaisareia, Herakleia wurde in Chalkedon unterbunden, das im Kanon 28 diese Gebiete dem Stuhl von Konstantinopel unter-Ortsbischof von Metropolit anerkennt, könnte sich darin noch ein Rest dieser Diözesen zusprach. Wenn das Konzil die Bischöfe der genannten Städte „Exarchen" nennt und sie als Appellationsinstanz für Streitfälle zwischen Ortsbischof und Metropolit anerkannt, könnte sich darin noch ein Rest dieser gestoppten Entwicklung widerspiegeln[29]. Im Bereich des einzigen lateinischen Patriarchats läßt sich ein Ansatz für eine größere Gliedkirche von gewisser Eigenständigkeit nur in *Afrika* erkennen, wo der Bischof von Karthago als Primas totius Africae und Leiter des nordafrikanischen Plenarkonzils in gewissem Sinne als Obermetropolit fungiert. Für diese Entwicklung wird man ebenso die politisch-kulturelle Bedeutung Karthagos wie seine Funktion als Missionsbasis für die Christianisierung der nordafrikanischen Provinzen in Rechnung stellen. Der Vandaleneinfall hat dieser relativen Autonomie der nordafrikanischen Kirche ein Ende bereitet und ihren engen Anschluß an Rom bedingt. Die lateinischen Vikariate von Thessalonich und Arles scheiden hier ebenso aus wie das „Patriarchat" Aquileia, da deren Leiter ihre Befugnisse, oft nur vorübergehend, in direktem Auftrag Roms ausübten oder wie der Bischof von Aquileia (ebenso wie der von Mailand und Ravenna) letztlich doch nur Metropoliten einer allerdings weitausgedehnten Kirchenprovinz waren[30].

[27] *F. Dvornik* a. a. O. 9 f. Zwischen 380 und 382 wird Ägypten wieder selbständiger Verwaltungsbezirk. [28] Conc. Const. I c. 2. [29] Conc. Chalc. c. 9 17.

[30] Für Thessalonich und Arles siehe das nächste Kap. zu Siricius, Innocenz, Zosimus, Bonifatius und Leo I. Für Aquileia siehe *H. Schmidinger:* MIÖG 60 (1952) 335—354 und *H. Fuhrmann:* ZSavRGkan 40 (1954) 43—61.

Die speziellen politischen Verhältnisse, unter denen die Christen in Armenien und Persien lebten, haben auch außerhalb der Reichsgrenzen die Entstehung zweier großkirchlicher Gebilde bedingt, die in ihrer Struktur den ostkirchlichen Patriarchaten faktisch gleichzusetzen sind. Die *armenische* Kirche unterhielt zwar in den ersten Jahrzehnten ihres Bestehens enge Beziehungen zu Kaisareia in Kappadokien, wo Gregor der Erleuchter das Christentum angenommen und es dann einem Volk verkündet hatte. Die gemeinsame Konversion des Königs Trdat und der Mehrheit der Nation begünstigten früh die Entwicklung einer nationalen Kirche unter einem eigenen Oberbischof, der vom 5. Jh. an Katholikos genannt wird. Der auf den armenischen Königen lastende Druck des mächtigen persischen Nachbarn veranlaßte sie, die Bindungen ihrer Kirche an den „Westen" mehr und mehr zu lockern, und die unaufhaltsam fortschreitende Unterwerfung Armeniens durch die Perser schränkte die Kontakte mit der westlichen Christenheit gerade zur Zeit der großen Konzilien des 5. Jh. fast völlig ein. So war die endgültige Loslösung und Unabhängigkeit der armenischen Kirche nicht das Resultat eigener Bemühungen, sondern die Konsequenz politischer Ereignisse, denen sich das armenische Volk unterworfen sah[31]. In *Persien* reichen die Anfänge einer führenden Rolle des Bischofs von Seleukia-Ktesiphon wohl noch ins 4. Jh. zurück, die Synode des Jahres 410 unter Bischof Isaak sprach ihm die Jurisdiktion über den persischen Episkopat zu, die Synode von 424 bestätigte und präzisierte seine Stellung als Unabhängigkeit von jeder anderen kirchlichen Autorität[32].

Für die Entwicklung und Berechtigung der Patriarchate des Ostens wurde relativ spät ein weiterer Faktor geltend gemacht, der im späteren Verlauf erhebliche Bedeutung gewinnen sollte, der apostolische Ursprung der führenden Bischofssitze oder das *Petrinische Prinzip* der Kirchengründung. Auf dem Konzil von Nikaia war sein Gewicht noch so gering, daß er dem Bischof von *Jerusalem*, wie bereits erwähnt, nur einen „Ehrenrang" einbrachte. Auch Bischof Kyrillos (ca. 348—386) hat mit der Berufung auf den apostolischen Charakter seines Thrones vergeblich eine Rangerhöhung erstrebt, und ebensowenig vermochte sich sein Nachfolger Johannes (386—417) aus dem Metropolitanverband von Kaisareia zu lösen[33]. Erst der Zähigkeit und Wendigkeit Bischof Juvenals (422—458) gelang es, nach einem ersten ergebnislosen

[31] *F. Tournebize*, Arménie: DHGE IV 298—303; *G. Amadouni*, L'Autocéphalie du Katholicat Arménien = I patriarcati orientali (Rom 1968) 141—165.

[32] Vgl. außer *W. de Vries:* Mél. Tisserant und *W. F. Macomber*, The Authority of the Catholicos Patriarch of Seleucia-Ctesiphon = I Patriarcati orientali 179—200 noch *J.-M. Fiey*, Les étapes de la prise de conscience de son identité patriarcale par l'Église syrienne orientale: OrSyr 12 (1967) 3—22. Die sog. Chronik von Arbela kann nicht mehr als Quelle für diese Entwicklung herangezogen werden, vgl. *J. Assfalg:* OrChr 50 (1966) 19—36 und *J.-M. Fiey:* OrSyr 12 (1967) 265—302.

[33] Für Kyrillos: Sozom. HE 4, 25, 2; für Johannes: Hieron., C. Joann. Hieros. c. 37.

Vorstoß von Ephesos (431), auf dem Konzil von Chalkedon (451) die Anerkennung Jerusalems als Patriarchalsitz und die Jurisdiktion über ganz Palästina zu erreichen, wobei der Kernpunkt seiner Beweisführung eben die apostolische Gründung der Jerusalemer Gemeinde war, die zudem noch als Stätte der Auferstehung Christi ausgezeichnet sei[34]. Während Papst Leo I. das Vorgehen Juvenals in Ephesos zunächst scharf tadelte — er soll damals mit unechten Dokumenten gearbeitet haben —, überging er in seiner späteren Korrespondenz mit Juvenal die Angelegenheit mit Stillschweigen[35].

Das Prinzip des apostolischen Ursprungs spielte auch eine Rolle in der langwierigen Auseinandersetzung zwischen dem Patriarchat von Antiochien und dem Episkopat der Insel *Cypern* um deren kirchliche Unabhängigkeit[36]. Die antiochenischen Bischöfe leiteten offensichtlich aus den ihnen in Nikaia bestätigten Privilegien und aus der politischen Zugehörigkeit der Insel zur Diözese Oriens deren Unterordnung unter Antiochien ab. Sowohl Bischof Alexander, der Papst Innocenz I. (402—417) zu einem Brief an die Zyprioten veranlaßte, in dem diese zur Beobachtung der Kanones ermahnt wurden, wie auch Johannes von Antiochien (420—441) urgierten das Recht ihres Stuhles, den Metropoliten der Insel zu weihen, aber das Konzil von Ephesos entschied, es solle bei dem bisherigen Brauch bleiben, wonach die Bischöfe der Insel ihren neugewählten Metropoliten weihten[37]. Als Patriarch Petros um 488 erneut die Unterstellung Zyperns mit dem Hinweis forderte, die Insel habe den Glauben von Antiochien, einer apostolischen Gründung, erhalten, konnten die zyprischen Bischöfe dieses Argument überbieten. Die Auffindung des angeblichen Grabes des Apostels Barnabas im Jahre 488 erwies eindeutig den apostolischen Ursprung und damit die Gleichrangigkeit der zyprischen Kirche mit der Antiochiens. Kaiser Zenon sicherte daraufhin, mit einer Reihe von Auszeichnungen für den Erzbischof, der Insel die endgültige, später Autokephalie genannte Unabhängigkeit[38].

Am nachhaltigsten hat Rom das Prinzip des apostolischen Ursprungs der Patriarchalsitze als Grundlage der großkirchlichen Gliederungen vertreten. Mag auch die politische Bedeutung Roms in vorkonstantinischer Zeit einen gewissen Einfluß auf seinen kirchlichen Aufstieg gehabt haben, in den entsprechenden Äußerungen seiner Bischöfe spielt sie ebensowenig eine Rolle wie bei anderen Schriftstellern vor Chalkedon[39]. Als der politische Rang

[34] Vgl. vor allem *E. Honigmann*, Juvenal of Jerusalem: DOP 5 (1950) 209—279.

[35] Leos I. Tadel an Juvenal: Ep. 119, 4; die spätere Korrespondenz: Ep. 139 und 159.

[36] Siehe *R. Janin*, Chypre: DHGE XII 791—810.

[37] Innoc. I., Ep. 24; Conc. Ephes. c. 8: *Mansi* 4, 1465—70.

[38] Bericht über die Auffindung der Barnabasreliquien: Theod. Lector HE 2, 2, dazu *H. Delehaye*, Saints de Chypre: AnBoll 26 (1907) 235 ff.

[39] Die Behauptung des Kanon 28 von Chalkedon, „die Väter hätten dem Sitz des alten Rom seine Privilegien zuerkannt, weil diese Stadt die Kaiserstadt war", läßt sich mit keinem Text belegen.

Konstantinopels als Begründung für die Begründung einer Rangerhöhung seines Bischofs geltend gemacht wurde, hat es sich immer wieder gegen diese „politische" Argumentation gewandt, angefangen von Papst Damasus, der nur die wirklich „petrinischen" Sitze Rom, Alexandrien und Antiochien gelten lassen wollte[40], über Bonifaz I., der gegen ein Edikt Theodosius' II. (421) Einspruch erhob, das Konstantinopel die Privilegien des alten Rom zusprach[41], bis zu Leo I. und vor allem Gelasius I., die im Petrinischen Prinzip der Kirchengründung nicht nur die stärkste Waffe gegen die Ansprüche von Konstantinopel fanden, sondern wegen des singulären Bezugs des Apostels Petrus zur römischen Gemeinde sich auch legitimiert sahen, Rom in einem ganz spezifischen Sinn als *die* Sedes apostolica und sich selbst als die Erben der Petrusprivilegien zu verstehen[42]. Es spricht für die Kraft des Apostolitätsgedankens, daß er doch noch seine Wirkung auch auf Byzanz ausübte. Vom 7. Jh. an wird auch der Sitz von Konstantinopel in steigendem Maße „apostolisch" genannt, anfangs vielleicht als Folge der Diskussion um den Titel „Ökumenischer Patriarch", danach verstärkt im Verlauf des Bilderstreites. Im 9. Jh. wird der apostolische Charakter des Konstantinopler Thronos weiter gestützt durch die These, er sei Erbe von Ephesos und damit des Apostels Johannes, des weiteren durch die Verknüpfung mit der Legende des Apostels Andreas, der durch seine Schüler Stachys die Christianisierung von Byzanz veranlaßt habe und dessen Reliquien man schon seit dem 4. Jh. in der Apostelkirche verehrte. Damit war der Weg frei für die Theorie der *Pentarchie*, wonach fünf Patriarchen vom Heiligen Geist eingesetzt seien, die als Nachfolger der Apostel und oberste Hirten gleichrangig die Kirche zu leiten hätten[43].

Die Patriarchate des Ostens stellen ohne Zweifel ein pluralistisches Element in der organisatorischen Struktur der alten Kirche dar. Dieser Pluralismus erwuchs spontan aus verschiedenen Voraussetzungen und Faktoren. Rom hat ihn nicht etwa zu beseitigen gesucht, sondern ihn prinzipiell anerkannt, wo er sich auf apostolischen Ursprung stützen konnte. Mit diesem Pluralismus war aber zugleich die Möglichkeit mannigfacher Spannungen und Konflikte gegeben, besonders dann, wenn ein Patriarch, wie im Falle Roms, seinen eminent apostolischen Ursprung als Führungsauftrag innerhalb der Gesamtkirche verstehen zu müssen glaubte. Das Auf und Ab dieser Spannungen und Konflikte gehört seitdem zu den erregenden Themen der Kirchengeschichte.

[40] Erhalten im sog. Decretum Gelasianum: PL 13, 374.
[41] Bonif. I., Ep. 14 15.
[42] Siehe das folg. Kap. zu Leo I. und Gelasius.
[43] *F. Dvornik* a. a. O. Kap. 4 6 7.

Die Kirchenversammlungen

Die schon aus vorkonstantinischer Zeit bekannte Institution der Kirchenversammlung, concilium oder synodus genannt[44], wurde im 4. Jahrhundert weiter ausgebaut und durch neue Formen ergänzt. In Nikaia wird der Termin für die Abhaltung der *Provinzialsynode* festgelegt: Zweimal im Jahr, zu Beginn der Fastenzeit und im Herbst, sollen sich alle Bischöfe einer Kirchenprovinz zusammenfinden, um Fragen der Kirchendisziplin zu beraten. Die Beobachtung dieser Vorschrift muß später unter steter Berufung auf den Beschluß von Nikaia wiederholt urgiert werden[45]. Es ist Sache des Metropoliten, zur Synode einzuladen, bei der er auch den Vorsitz führt. Die Teilnahmepflicht aller Bischöfe wird eingeschärft, unbegründetes Fernbleiben mit Strafen belegt[46]. Gegenstand der Beratungen ist hauptsächlich die disziplinäre und liturgische Ordnung der Gemeinden der Provinz, die Prüfung der Rechtmäßigkeit erfolgter Bischofswahlen und die Neuerrichtung oder Teilung von Bistümern. Das Provinzialkonzil findet sich im 4./5. Jahrhundert überall dort in Funktion, wo sich die Metropolitanverfassung durchgesetzt hat, im Osten ist es offensichtlich mehr in Übung als im Westen; hier kennt man es in Nordafrika, Gallien und, abgesehen vom 5. Jh., auch in Spanien, nicht jedoch in Italien, wo interprovinzielle Formen der Kirchenversammlung es nicht aufkommen ließen. Als unterste Stufe aller Synoden kennt es keine Mitwirkung staatlicher Stellen, weder bei der Einberufung noch bei der Durchführung seiner Beschlüsse. Wenn die Provinzialsynode auch gewisse Züge mit den staatlichen Provinziallandtagen gemeinsam hat, so kann man in diesen doch nicht die Ursache für die kirchliche Institution sehen; deren Existenz schon in der Verfolgungszeit, vor allem aber die Selbstverständlichkeit des Vorganges machen eine solche Entlehnung unwahrscheinlich und unnötig. Wohl aber dürfte bei der Entwicklung einer „Geschäftsordnung" für die Synode im 4./5. Jh., also etwa für den Ablauf der Sitzungen, die Rolle des Vorsitzenden, den Modus der Abstimmungen, die analoge profane Institution von Einfluß gewesen sein. Wegen ihrer eminenten Funktionsfähigkeit, die in der begrenzten Zahl der Teilnehmer, der Gleichartigkeit des geographischen Raumes, der Überschaubarkeit der zu behandelnden Fragen und der Häufigkeit und Regelmäßigkeit der Tagungen lag, kommt der altkirchlichen Provinzialsynode eine hohe Bedeutung für die Ordnung des kirchlichen Gemeindelebens im Alltag zu.

Die organisatorisch reifste Form einer mehrere Kirchenprovinzen umfassenden Synode stellt das *Plenarkonzil der nordafrikanischen Kirche* dar,

[44] Vgl. *A. Lumpe*, Zur Geschichte der Wörter concilium und synodus in der antiken Latinität: AHP 2 (1970) 1—21.

[45] Conc. Nicaen. c. 5; conc. Antioch. c. 20; conc. Chalc. c. 19; conc. Regense (439) c. 8; conc. Araus. (441) c. 28 (29); Leo I., Ep. 14, 7.

[46] Conc. Laodic. c. 40; conc. Chalc. c. 19; conc. Carth. (401) c. 10; conc. Arel. II. c. 19.

das einmal im Jahr stattfinden soll und damit das Prinzip der Periodizität der Provinzialsynode übernimmt[47]. Alle Kirchenprovinzen Nordafrikas haben mindestens drei Vertreter zu diesem Plenarkonzil zu entsenden, die aus den Mitgliedern der Provinzialsynode gewählt werden[48]. Unter dem Vorsitz des Bischofs von Karthago befaßt es sich in der Hauptsache mit Fragen, die die gesamte nordafrikanische Kirche unmittelbar berühren, es kann aber auch zu gesamtkirchlichen Problemen Stellung nehmen und aus wichtigem Anlaß zu einer außerordentlichen Tagung einberufen werden[49]. Das afrikanische Plenarkonzil hat sich in der Auseinandersetzung mit der donatistischen Kirche, in der Beurteilung des Pelagianismus und in der Diskussion mit Rom um die Rechte der afrikanischen Kirche durch ein hohes Maß von Festigkeit und Eigenständigkeit hervorgetan.

Die Synoden, die der Bischof von Alexandrien einberuft, sind Konzile der gesamten Kirche Ägyptens, die keine Metropolitaneinteilung kennt. An ihnen nehmen daher alle Bischöfe des Landes, Libyens und der Pentapolis teil, sie finden aber nicht periodisch wiederkehrend statt, sondern nur, wenn es dem alexandrinischen Bischof tunlich erscheint. Auch *Antiochien* kennt interprovinziale Synoden, bei denen aber weder der Kreis der Teilnehmer genau festgelegt erscheint noch ein regelmäßig wiederkehrender Termin für ihren Zusammentritt zu beobachten ist.

Eine deutliche Sonderstellung unter allen interprovinzialen Konzilien kommt der *römischen Synode* zu[50], die die Kirchenversammlung aller Bistümer darstellt, die dem Bischof von Rom als dem einzigen Metropoliten der Italia suburbicaria unterstellt sind. Sie befaßt sich nicht nur mit Fragen, die die Bistümer dieses Gebietes angehen, sondern nimmt bewußt auch Stellung zu Vorgängen und Problemen, die primär andere kirchliche Jurisdiktionsbezirke beschäftigen, wie z. B. die donatistische Frage, der Fall des Athanasios auf den Synoden von 340 und 353, das antiochenische Schisma auf mehreren Synoden unter Papst Damasus (368, 377, 382), die Chrysostomosaffäre unter Papst Innocenz, schließlich die Nestoriosfrage unter Cölestin (430) und die Synode von Ephesos von 449 unter Leo I. Hier wird die starke Rolle des römischen Bischofs spürbar, der als Vorsitzender die römische Synode als Rahmen und Forum für Entscheidungen benützt, die er auch für Kirchengebiete außerhalb seines eigenen Metropolitanbereiches als bindend angesehen wissen will.

[47] Breviar. Hippon. c. 5 (Carth. 397); Cod. eccl. afr. c. 73 (Carth. 401).

[48] Cod. eccl. afr. 14 und 127 (Carth. 418, 419). Für die Provinz Tripolis begnügt man sich wegen der geringen Zahl der Bistümer mit einem Vertreter.

[49] Cod. eccl. afr. 94 und 95.

[50] Siehe außer *G. Roethe* (Lit.) noch *H. Marot,* Les conciles romains des IVe et Ve siècles = L'Église et les églises 1054—1954, Mélanges L. Beauduin I (Chevetogne 1954) 209—240.

Auch in *Oberitalien* erscheinen interprovinziale Konzile unter der Leitung der Metropoliten von Mailand (Ambrosius), Aquileia und später auch von Ravenna als die normale Form der Kirchenversammlung. Obwohl sich in *Gallien* trotz einiger Versuche kein kirchlicher Vorort etwa vom Range Karthagos durchsetzen konnte, gewinnt auch hier vom Ende des 4. Jh. an die mehrere Kirchenprovinzen umfassende Synode an Gewicht, wie die Versammlungen von Valence (375), Bordeaux (384), Turin (398/400), Riez (439), Orange (441) und Vaison (442) beweisen[51].

Sowohl die regelmäßig wiederkehrenden wie die außerordentlichen interprovinzialen Konzile werden bis auf wenige Ausnahmen von dem Bischof des jeweiligen kirchlichen Vorortes einberufen. *Die Einberufung der großen Kirchenversammlungen*, sei es daß zu ihnen der Episkopat eines Reichsteiles oder der des Gesamtreiches eingeladen wird, erfolgt jedoch unmittelbar durch den Kaiser, meist aus eigener Initiative, zuweilen auf Bitten des römischen Bischofs[52]. Das erste Beispiel einer kaiserlichen Einberufung liegt bereits bei der Synode von Arles im Jahre 314 vor, zu der Konstantin I. alle Bischöfe seines Herrschaftsbereiches einlud[53]. Daß die Kaiser die Berufung als ureigenen Akt herrscherlichen Willens verstehen, wird besonders daran deutlich, daß sie ein eventuelles Nichterscheinen der Bischöfe mit Strafe belegen wollen; sie erwarten also nicht nur Dank für eine der Kirche gewährte Unterstützung, sondern Gehorsam gegenüber einem Befehl. Sie schaffen nicht nur die technischen Voraussetzungen für den Zusammentritt des Konzils, die die Kirche ohnehin überfordert hätten, sie setzen auch den Termin fest, bestimmen den genaueren Kreis der Teilnehmer und in etwa auch den Gegenstand der Konzilsberatungen. Obwohl kein weltliches oder kirchliches Gesetz das kaiserliche Einberufungsrecht festgelegt hat, wird es in dieser Zeit weder von einem Konzil noch vom römischen Papst bestritten, sondern ausdrücklich anerkannt wie z. B. von Leo I., der Kaiser Theodosius II. nach dem Fehlschlag der Synode von Ephesos 449 bittet, ein neues Konzil „anzuordnen"[54]. Das kaiserliche Interesse an dem von ihm einberufenen Konzil erstreckt sich auch auf den Verlauf der Beratungen, von denen konkrete Resultate erwartet werden. Daher ist der Kaiser meist durch hohe Beamte auf dem Konzil vertreten, die zwar nicht den Vorsitz führen, aber für den geordneten Ablauf der Debatten sorgen und ins Stocken geratene Verhandlungen wieder vorantreiben[55]. Die Rede- und Entscheidungsfrei-

[51] *E. Griffe*, La Gaule chrétienne I² 340—348: Les conciles interprovinciaux; *J. Gaudemet*, La législation des conciles gaulois du IVᵉ siècle = Proceedings of the Third Internat. Congress of Medieval Canon Law, Strasbourg Sept. 1968 (Vatikanstadt 1971) 1—13.

[52] *F. Dvornik*, Emperors, Popes and General Councils: DOP 6 (1951) 3—23; *A. Mozzillo*, Dei rapporti tra gli imperatori ed i concili ecumenici da Costantino a Giustiniano: Archivo Giuridico 147 (1954) 105—128.

[53] Siehe als Beispiel die Einladungen des Kaisers für Arles bei *H. v. Soden*, Urkunden n. 14 und 15. [54] Ep. 43. [55] Besonders faßbar in Chalkedon, siehe oben Kap. 7.

heit der Bischöfe im Sachlichen wird jedoch prinzipiell geachtet, abgesehen von dem autoritären Eingreifen des Kaisers Konstantius, der auf den Synoden von Arles (353) und Mailand (355) eine Verurteilung des Athanasios durch Drohung und physische Gewalt erzwingen will[56]. Daß die Kaiser die Beschlüsse der großen Konzile bestätigen und ihnen auch im weltlichen Bereich Gesetzeskraft verleihen, ist nach allem nur normal[57].

Ihre innerkirchliche Geltung erhalten die Konzilsbeschlüsse allerdings nicht durch die kaiserliche Bestätigung, sondern durch das Konzil selbst. Der Papst nimmt zwar an keinem Konzil außerhalb Roms persönlich teil, sondern läßt sich durch seine Legaten vertreten. Wenn die Konzilsteilnehmer ihm das Ergebnis ihrer Beratungen mitteilen, so geschieht das zunächst nicht um diesen durch ihn Rechtskraft geben zu lassen[58]. Erst vom 5. Jh. an zeichnet sich eine neue Entwicklung ab. Nach den Synoden von Karthago und Mileve (416, 417) erbitten die afrikanischen Bischöfe von Rom die Bestätigung ihrer Beschlüsse, um ihnen mehr Ansehen zu verschaffen; Rom beansprucht für sich mehr und mehr das Recht, Konzilsentscheidungen zu prüfen und gegebenenfalls zu verwerfen, wenn sie kirchlichem Traditions- und Glaubensverständnis widersprechen. Leo I. betrachtet sich bereits eindeutig als die Instanz, die dem Konzil übergeordnet ist und von der es seine Autorität empfängt[59].

Ein neuer Synodentyp entwickelte sich von der 2. Hälfte des 4. Jh. an in Konstantinopel, wo sich die Bischöfe, die gerade in der Reichshauptstadt weilten, wohl meist auf Veranlassung des Kaisers mit dem Ortsbischof zur Beratung wichtiger kirchlicher Ereignisse oder Probleme zusammenfanden. Da der Vorsitz dabei dem Bischof der Hauptstadt zufiel, wurde diese σύνοδος ἐνδημοῦσα genannte Bischofsversammlung zu einem wichtigen Faktor in der Ausbildung der Autorität des Konstantinopler Bischofsstuhles und in einer weiteren Entwicklung zu einem bedeutsamen Verfassungsorgan der byzantinischen Kirche[60].

[56] Siehe oben Kap. 3.

[57] Für Nikaia Rufin. HE I 5; eingeschärft durch Cod. Theod. 16, 5, 38; 16, 11, 2; Konstantinopel (381): Cod. Theod. 16, 1, 3; Ephesos: Mansi VII 495; Chalkedon: Cod. Just. 1, 3, 23.

[58] Die Canones von Nikaia werden ihm überhaupt nicht vorgelegt, die Beschlüsse der Synoden von Arles und Serdica werden ihm mitgeteilt, damit er sie bekanntgebe.

[59] Epp. 44—45; 47—48; 50—51; 103; 105; 120; 146—149.

[60] Vgl. außer *J. Hajjar* noch *R. Potz,* Patriarch und Synode in Konstantinopel (Wien 1971) 17—31.

15. Kapitel

Die Weiterentwicklung des römischen Primates von Miltiades bis Leo I.

QUELLEN: Die Papstbriefe: PL 13 20 50 54; die meisten Briefe von Cölestin I., Bonifatius I., Sixtus III. und Leo I. in neuer Edition bei *E. Schwartz:* ACO. Die Briefe über das Vikariat Thessalonike ed. *C. Silva-Tarouca,* Collectio Thessalonicensis (Rom 1937). *Duchesne LP. C. H. Turner,* Ecclesiae occidentalis monumenta Iuris antiquissima I, II 3 (Oxford 1930).

LITERATUR: *H. Grisar,* Geschichte Roms und der Päpste im Mittelalter I (Freiburg 1900) 1—79; *J. Chapman,* Studies on the Early Papacy (London 1928); *P. Batiffol,* La paix constantinienne (Paris [4]1929); *ders.,* Le siège apostolique 359—451 (Paris [3]1924); *ders.,* Cathedra Petri (Paris 1938); *E. Caspar,* Geschichte des Papsttums I (Tübingen 1930); *J. Haller,* Das Papsttum I (Stuttgart [2]1950); *F. X. Seppelt,* Geschichte der Päpste I (München [2]1954); *M. Maccarrone,* Vicarius Christi. Storia del titolo papale (Rom 1952); *H. Marot,* Les conciles romains des IVe et Ve siècles et le développement de la primauté: Istina 4 (1957) 435—462; *J. Meyendorff,* La primauté romaine dans la tradition canonique jusqu'au concile de Chalcédoine: ebd. 463—482; *G. Jouassard,* Sur les décisions des conciles généraux des IVe et Ve siècles dans leur rapport avec la primauté: ebd. 485—496; *A. Rimoldi,* L'apostolo San Pietro fondamento della chiesa, principe degli apostoli ed ostiario celeste nella Chiesa primitiva dalle origini al concilio di Calcedonia (Rom 1958); *M. Maccarrone,* La dottrina del primato papale dal IV all' VIII secolo nelle relazioni con le chiese occidentali (Spoleto 1960); *V. Monachino,* Il primato nella controversia ariana = Saggi storici intorno al papato (Rom 1959); *ders.,* Il ruolo dei papi nelle grandi controversi cristologiche; Il papato tra Bizantini e Langobardi = I papi nella storia I (Rom 1961) 57—254; *ders.,* Il primato nello scisma donatista: AHPont 2 (1964) 7—44; *C. Falconi,* Storia dei papi e del papato I: La nascita del papato nel declino del impero (Rom 1967); *M. Maccarrone,* San Pietro in rapporto a Cristo nelle più antiche testimonianze (Rom 1968); *W. Marschall,* Karthago und Rom. Die Stellung der nordafrikanischen Kirche zum apostolischen Stuhl in Rom (Stuttgart 1971); *P.-P. Joannou,* Die Ostkirche und die Cathedra Petri im 4. Jahrhundert (Stuttgart 1972).

Schon in der vorkonstantinischen Epoche der Kirchengeschichte hatte sich eine Vorrangstellung der römischen Gemeinde und ihrer Vorsteher innerhalb der Gesamtkirche herausgebildet, die unter Viktor I. und Stephan I. besonders deutlich faßbar wurde[1]. Für die weitere Entwicklung eines solchen Führungsanspruches mußte es von entscheidender Bedeutung sein, wie sich das christlich gewordene Kaisertum dazu stellen würde, dem ebenfalls eine religiös begründete Sonderstellung in der werdenden Reichskirche zuerkannt wurde. Als Konstantin im Jahre 313 den Antrag der Donatisten ablehnte, ihren Streit mit Bischof Caecilian von Karthago durch ein weltliches Gericht schlichten zu lassen, und diese Aufgabe an ein bischöfliches Gericht unter Leitung des römischen Bischofs *Miltiades* (311—314) über-

[1] Siehe Bd. I Kap. 26.

wies[2], war das weder ein unberechtigter Eingriff des Kaisers in innerkirchliche Angelegenheiten noch umgekehrt die Anerkennung eines römischen Primatsanspruches, sondern einfach die Berücksichtigung eines bereits anerkannten Vorranges des römischen Stuhles in der lateinischen Kirche des Westens, dem auch die auszeichnende Behandlung der römischen Gemeinde entsprach, wie sie sich im Geschenk des Lateranpalastes als bischöfliche Residenz, in der Förderung der kirchlichen Bauten, besonders in der Errichtung der Petrusbasilika durch den Kaiser manifestierte. Da jedoch der Spruch des bischöflichen Gerichtes von den Donatisten nicht anerkannt wurde, hielt sich der Kaiser im Interesse des Friedens für berechtigt, von sich aus, aber ohne jeden Widerspruch von kirchlicher Seite, eine Synode der Bischöfe seines Herrschaftsbereiches nach Arles zu berufen (314), auf der Papst *Silvester* (314—335) durch zwei Presbyter und zwei Diakone vertreten war. Die Abwesenheit des römischen Bischofs erklärt sich ohne Schwierigkeit mit den dringenden Aufgaben, die das gerade übernommene Amt in Rom ihm stellte. Die Synodalen selbst aber wissen um einen Vorrang des römischen Stuhles, da sie vorab Silvester die Ergebnisse ihrer Beratungen mitteilen mit der Begründung, von Rom aus sollte die Gesamtkirche darüber unterrichtet werden; sie sahen also in Rom eine Art zentraler Informationsstelle für die anderen Kirchen. Ihre Anrede *gloriosissime papa* für Silvester berechtigt allerdings nicht, hier einen dem Papst vom Kaiser verliehenen offiziellen Titel zu sehen, mit dem dieser den Bischof von Rom schon damals in den Rang der weltlichen *gloriosissimi* eingereiht hätte, sie ist vielmehr Hinweis und Beweis für das Bekennertum des Papstes in der Diokletianischen Verfolgung[3]. In der Frühphase des arianischen Streites tritt Papst Silvester auffallend wenig hervor, zum Teil wohl deshalb, weil sich die Diskussion hauptsächlich im Osten vollzog und weil ein anderer Bischof des Westens, Ossius von Córdoba, Berater des Kaisers war. Auf dem Konzil von Nikaia war Rom wiederum durch zwei Presbyter vertreten, es ist jedoch nicht ersichtlich, ob sie bei den Beratungen, vor allem bei der Formulierung des nikänischen Glaubenssymbols, eine besondere Rolle spielten. Auch die weiteren bedeutsamen religionspolitischen Maßnahmen Konstantins lassen keine speziellen Kontakte zum Inhaber des römischen Stuhles erkennen, wie denn überhaupt die beiden Jahrzehnte der Regierung Silvesters keinen merklichen Niederschlag in der zeitgenössischen Literatur gefunden haben. Dieses Vakuum hat dafür die spätere Legende üppig aufgefüllt, als sie gerade die Beziehungen des ersten christlichen Kaisers zum gleichzeitigen

[2] Brief Konstantins an Miltiades: Euseb. HE 10, 5, 18—20; zur rechtlichen Seite des Vorgangs vgl. *H. U. Instinsky*, Kaiser Konstantin und das Gericht des Bischofs Miltiades in Rom = Bischofsstuhl und Kaiserthron (München 1955) 59—82.

[3] Die Schreiben Konstantins zur Arler Synode und der Brief der Synodalen an Silvester bei *H. v. Soden*, Urkunden zur Entstehungsgeschichte des Donatismus (Bonn 1913) n. 14—18. Zur Anrede *gloriosissime* siehe *Instinsky* a. a. O. 83—101.

römischen Bischof mit phantasievollem Detail ausstattete, das zuerst in den im 5. Jh. in Rom entstandenen *Actus s. Silvestri* auftritt und schon tendenziös Bekehrung, Taufe und wunderbare Heilung des Kaisers Silvester zuschreibt, der dafür mit Privilegien und Geschenken kaiserlich belohnt wird. Dem späteren Fälscher der sog. Konstantinischen Schenkung *(Constitutum Constantini)* boten diese „Akten" willkommenes Material[4].

Auf den nur knapp neun Monate amtierenden Bischof *Markus* (336) folgte Papst *Julius I.* (337—352), während dessen Amtszeit sich die Vorrangstellung Roms in relativ großer Bewegungsfreiheit entfalten konnte, da die Konstantinssöhne kirchenpolitisch zunächst viel weniger aktiv waren als der Vater. Vor allem in der Auseinandersetzung um Person und Sache des Athanasios konnte sich die päpstliche Autorität in Ost und Welt erheblich stärken. Es ist bezeichnend, daß sich sowohl Gegner wie Anhänger des Athanasios an den römischen Papst wenden, um von ihm Billigung ihrer Haltung zu erlangen. Zunächst sind es die Eusebianer, die in Rom vorstellig werden, die Anerkennung des von ihnen zum Bischof von Alexandrien bestimmten Pistos wünschen und sogar eine Synode vorschlagen, die die Absetzung des Athanasios bestätigen sollte. Auch Athanasios und die alexandrinische Kirche suchen ihr Recht in Rom, ersterer persönlich, als er von Konstantius aus seiner Bischofsstadt vertrieben wurde. Auch der von den Eusebianern amtsenthobene Bischof Markell von Ankyra begibt sich zu Julius I., da er von ihm seine Rehabilitierung erwartet. Eine römische Synode (Herbst 340 oder Anfang 341) unter Leitung des Papstes entscheidet, daß Athanasios und Markell rechtmäßige Inhaber ihrer Bischofssitze bleiben müßten, Julius I. rechtfertigt die Beschlüsse der Synode in einem umfangreichen, wohlabgewogenen Schreiben[5] an die Eusebianer, die ihr ferngeblieben waren, und betont unmißverständlich, nach altem Gewohnheitsrecht sei es ihre Pflicht gewesen, sich in der Angelegenheit des Athanasios zuerst nach Rom zu wenden, „damit von hier aus entschieden würde, was Recht sei". Der Papst hält sich also für berufen, auch in kirchlichen Angelegenheiten des Ostens bindend Recht zu sprechen, und beruft sich dabei auf eine Tradition, die vom Apostel Petrus herrühre.

Das Bewußtsein, für die Gesamtkirche handeln zu müssen, drückt sich in der Initiative Julius' I. aus, mit der er von Kaiser Konstans die Einberufung einer Reichssynode erbat, die den Konflikt endgültig beilegen sollte. Da die eusebianischen Bischöfe von Anfang an ihre Mitarbeit verweigerten, ist die *Synode von Serdica* (342 od. 343) nicht als allgemeines Konzil zu-

[4] Zur Entstehung der Silvester-Legende grundlegend *W. Levison*, Aus rheinischer und fränkischer Frühzeit (Düsseldorf 1948) 390—465; zu ihrer Auswirkung *E. Ewig:* HJ 75 (1956) 10—37. Neuausgabe des Constitutum Constantini von *H. Fuhrmann*, Fontes Iuris Germanici Antiqui, fasc. X (Hannover 1968).

[5] Erhalten bei Athanas., Apol. contra Arianos 21—35, obige Stelle c. 35; dazu P.-P. Joannou a. a. O. 66—70.

stande gekommen und auch später nicht als solches gewertet worden, wenn auch die westlichen Bischöfe mit wenigen Griechen zusammen Fragen berieten und Beschlüsse faßten, die sich auch auf die östlichen Kirchen bezogen, wie die Rechtfertigung des Athanasios und Markells und die Maßregelung der führenden Eusebianer. Sie teilten die Ergebnisse ihrer Beratungen der Gesamtkirche mit, auch die Kanones, die das Appellationsrecht der Bischöfe an den Papst formulierten und letzterem die höchstrichterliche Entscheidungsbefugnis zusprachen[6]. Der Osten hat die Beschlüsse von Serdica jedoch nicht übernommen, und so konnten sie sich nur auf die Stellung des römischen Bischofs in der lateinischen Kirche auswirken. Zweifellos ist aber durch das kluge und entschiedene Eintreten Julius' I. für Athanasios das moralische Ansehen des Papstes erheblich gestärkt worden.

Mit dem Gewinn der Alleinherrschaft durch Konstantius (351) begann auch für die lateinische Kirche ein Jahrzehnt, in dem die Kirchenfreiheit nicht nur eingeschränkt, sondern durch die despotische kaiserliche Willkür gewaltsam unterdrückt wurde. Kein Bischof mußte das so bitter auskosten wie der Nachfolger Julius' I., der bisherige römische Diakon *Liberius* (352—366), in dem das Papsttum des 4. Jh. seine tiefste Demütigung und damit einen starken Autoritätsverlust erfuhr. In den drei ersten Jahren seines Pontifikates[7] trat er durchaus als entschiedener Verteidiger des nikänischen Glaubens und dessen Vorkämpfers Athanasios auf und wollte diesem Doppelanliegen auf einer vom Kaiser erbetenen Synode in Aquileia zum Siege verhelfen. Als Konstantius statt dessen 353 in Arles von den gallischen Bischöfen und den Vertretern des Papstes die Verurteilung des Athanasios erzwang, hat Liberius das Versagen seiner Legaten und des gallischen Episkopates bitter beklagt und beteuert, er wolle lieber sterben als Beschlüssen zustimmen, die dem Evangelium widersprächen[8]. Schon zwei Jahre später mußte er erneut erleben, daß die Mehrheit der Bischöfe in Mailand (355) sich dem Druck der kaiserlichen Drohungen beugte und der Verdammung des alexandrinischen Bischofs zustimmte. In dem Schreiben an die damals verbannten drei Bischöfe — auch seine Legaten blieben diesmal trotz Mißhandlungen standhaft — erklärte er sich mutig mit ihnen solidarisch und bat um ihr Gebet, damit er die auf ihn zukommenden Stürme bestehe und Glaube und Kirche unversehrt bewahre[9]. Nach der Mailänder Synode konzentrierte sich dann ein enormer physischer und psychischer Druck des Kaisers allein auf Liberius, um von diesem die Zustimmung zum Verdammungsurteil über Athanasios zu erpressen, ein Beweis für die hohe moralische Autorität des

[6] Zu den Dokumenten der Synode siehe W. *Schneemelcher*, Serdika 342: EvTh (Sonderheft 1952) 83—104, bes. 94. Die Canones bei *C. Turner*, Ecclesiae Occid. Monumenta Iuris Antiquissima I, II 3 (Oxford 1930) 452—544; dazu *H. Hess*, The Canons of the Council of Sardica A. D. 343 (Oxford 1958).

[7] Den Zusammenhang der Ereignisse siehe oben S. 47.

[8] Brief an Ossius von Córdoba bei Hilarius, Fragm. hist. 6, 3.

[9] Ebd. 6, 1—2.

römischen Bischofs, die selbst der Heide Ammianus Marcellinus als Motiv für das Vorgehen des Konstantius erkannte[10]. Aber weder Drohungen noch Geschenke, die ein Gesandter des Kaisers dem Papst abwechselnd anbot, noch die heftigen Zornesausbrüche des Kaisers bei einer Unterredung in Mailand, wohin man Liberius bei Nacht von Rom gebracht hatte, konnten diesen zum Nachgeben bewegen. Erst eine danach verhängte zweijährige Verbannung nach Beroia in Thrakien, verbunden mit der Überredungstaktik der dortigen kaiserhörigen Bischöfe und einem quälenden Heimweh führte den seelischen Zusammenbruch herbei, der den Papst jene ihn schwer belastenden Briefe schreiben ließ, in denen er die Kirchengemeinschaft mit Athanasios aufkündigte und ohne Ehrgefühl nur um eins bettelte, man möge ihn doch nach Rom zurückkehren lassen[11]. Ein Abfall des Liberius zur Häresie, wie ihn schon einige Jahre später Hieronymus behauptete, kann nicht aufrechterhalten werden, da der Papst zwar sowohl die erste wie die dritte Sirmische Glaubensformel unterschrieb, die das Homousios ausklammern, aber sonst durchaus eine orthodoxe Interpretation zulassen. Für das persönliche Ansehen des Papstes wog der Treubruch gegenüber Athanasios schwer genug; er war so sehr kompromittiert, daß Konstantius ihn in den folgenden Jahren kühl übersehen konnte. Rom wurde weder zur Synode von Rimini (359) eingeladen, noch bemühte man sich diesmal um seine Zustimmung zu deren Beschlüssen, seine Stimme hatte jetzt in den Augen des Kaisers kein Gewicht mehr. Wenn auch die Sympathien der Gemeindemehrheit in Rom dem aus dem Exil Heimkehrenden galten und den in seiner Abwesenheit von Konstantius zum Bischof von Rom erhobenen Felix zum Verlassen der Stadt zwangen, so wußte Liberius, daß er zunächst schweigen mußte. Eine persönliche Rechtfertigung seiner Haltung scheint er nicht versucht zu haben, sein eifriges Bemühen um Annäherung und Versöhnung der streng nikänischen mit der homoiusianischen Richtung nach dem Tode des Konstantius und seine klare Absage an die Glaubensformeln von Rimini-Nike mochte er als eine Art Wiedergutmachung empfinden[12]. Die spätere stadtrömische Tradition hat jedoch sein Versagen schwerer gewertet und nicht ihn, sondern seinen zeitweiligen Widerpart Felix (II.) in die Liste der rechtmäßigen Päpste aufgenommen[13].

[10] Ammian. Marcell., 15, 7, 10: *auctoritate potiore aeternae urbis episcopi firmari desiderio nitebatur ardenti.*

[11] Die Briefe müssen als echt gelten, da auch Athanasios, Hilarius, die Luciferianer von Rom und Hieronymus eindeutig von einem Versagen des Liberius sprechen, siehe die Belege bei *J. Zeiller*, La question du pape Libère: BullAncLitArchCrét 3 (1913) 20—51, bes. 22f., P.-P. Joannou 125f. spricht dagegen nicht überzeugend, wieder von Fälschungen.

[12] Brief an die Bischöfe Italiens bei Hilarius, Fragm. hist. und an die orientalischen Bischöfe bei Socrates, HE 4, 12.

[13] Dazu Duchesne *LP* Introduction CXXff. Ein wortreiches lobendes Epitaphium (*Diehl* ILCV n. 967) dürfte sich kaum auf Liberius beziehen.

Die Päpste Damasus und Siricius

Eine Folge des Falles Liberius waren letztlich noch die schweren Unruhen innerhalb der römischen Gemeinde, die bei der Wahl seines Nachfolgers ausbrachen. Eine Minderheit, die jede Aussöhnung mit den früheren Anhängern des Felix (II.) ablehnte, entschied sich rasch für den Diakon Ursinus, während die Mehrheit den Diakon *Damasus* (366—384) zum Bischof wählte, der, vielleicht vorübergehend Parteigänger des Felix, nach der Rückkehr des Liberius aus dem Exil sich betont zu diesem bekannte. Mehrere blutige Zusammenstöße der beiden rivalisierenden Gruppen forderten über hundert Tote, wofür nach der Darstellung der Ursinusanhänger allein Damasus verantwortlich sein sollte, während der Heide Ammianus Marcellinus die Ursache der Wirren in dem ungezügelten Streben beider Kandidaten nach der römischen Bischofswürde sieht, die ihrem Träger ein Leben in Wohlstand und äußeren Ehren sichere, das allerdings in scharfem Kontrast stehe zur schlichten, entsagungsreichen, aber achtungheischenden Lebensführung mancher Bischöfe draußen in der Provinz. Wenn auch die Ordnung in Rom nach außen hin durch die staatlichen Behörden allmählich wiederhergestellt wurde, so schwelte der Konflikt noch jahrelang weiter, da die abgespaltene Gemeinde des Ursinus fortbestand. Er erhielt neue Nahrung, als ein Jude Isaac, der sich vorübergehend zum Christentum bekannt hatte, beim Stadtpräfekten gegen Damasus wegen im einzelnen nicht genannter Vergehen Klage erhob und römische Kleriker im Verlauf des Prozesses gefoltert wurden[14]. Das kaiserliche Gericht sprach Damasus frei, dieser aber nahm später den Vorfall zum Anlaß, beim Kaiser eine umfassende Neuordnung der geistlichen Gerichtsbarkeit zu beantragen. Eine von ihm einberufene Synode (378), die noch einmal die von Isaac gegen ihn erhobenen Anklagen als Verleumdung zurückwies, unterbreitete den Kaisern zwei Vorschläge. Falls Kleriker aus Italien ein von einem geistlichen Gericht über sie verhängtes Urteil nicht anerkannten, sollte der Fall mit Hilfe der staatlichen Gewalt dem Gericht des Bischofs von Rom, im übrigen Reich dem der Metropoliten zugewiesen werden, während für Prozesse von Metropoliten ausschließlich der Bischof von Rom zuständig sein sollte. Dieser selbst aber sollte sich im Fall einer Anklage nur vor dem kaiserlichen Rat verantworten müssen, falls die Angelegenheit nicht durch den Spruch der römischen Synode erledigt werden könne[15]. Gewiß suchte Damasus mit diesen Anträgen

[14] Der sicher einseitige Bericht der Ursinuspartei: Coll. Avell. n. 1; Ammian. Marcell. 27, 3, 12—15; die kaiserlichen Reskripte gegen Ursinus: Coll. Avell. n. 5—12. Die Quellenlage gestattet keine lückenlose Rekonstruktion der Ereignisse, weder chronologisch noch topographisch, siehe *P. Künzle:* RQ 56 (1961) 1—61 129—166 und *A. Lippold:* Historia 14 (1965) 105—128.

[15] Das Schreiben der Synode von 378: Mansi 3, 624 und PL 13, 575—584; das kaiserliche Reskript: Coll. Avell. n. 13.

eine eigene staatlich anerkannte geistliche Gerichtsbarkeit zu erweitern und zu sichern und speziell für den römischen Bischof ein Privileg zu erlangen, das seine Vorrangstellung im Westen deutlich unterstrichen hätte. Eigenartig ist die Reaktion der Kaiser auf diese Anträge: beim ersten konzedierten sie mehr, als erbeten war, da sie die Mitwirkung des Staates bei der Durchführung bischöflicher Urteile auf den ganzen westlichen Reichsteil ausdehnten, den zweiten, den für den römischen Bischof beantragten besonderen Gerichtsstand, lehnten sie indirekt ab mit der vagen Erklärung, der bekannte Gerechtigkeitssinn der Kaiser mache es unmöglich, daß leichtfertig verleumderische Anklagen gegen den Bischof von Rom vorgebracht würden. Aus welchen Motiven auch immer, es schien der römischen Staatsführung unratsam, dem ranghöchsten Bischof des Westens eine solche Ausnahmestellung zu gewähren, Damasus mußte sich mit einem halben Erfolge begnügen.

Auch in der Endphase der arianischen Wirren entfaltete der Papst Initiativen, die klar das Bemühen erkennen lassen, Bedeutung und Rang Roms innerhalb der Gesamtkirche zu fördern. Schon die erste von Damasus einberufene Synode (368 oder 369/370), die sich mit der Beseitigung noch vorhandenen arianischen Einflusses im lateinischen Westen befaßte, betonte in einem Schreiben an den illyrischen Episkopat, das Glaubenssymbol von Nikaia, das ja unter Mitwirkung Roms zustande gekommen sei, habe Geltung im ganzen Römischen Reich, während umgekehrt die Beschlüsse der Synode von Rimini (359) wirkungslos seien, weil der römische Bischof, „dessen Urteil man vor allen anderen hätte einholen müssen", ihnen nie zugestimmt habe[16]. Kriterium der Rechtgläubigkeit eines Bekenntnisses soll also dessen Billigung durch Rom sein, und dieser Anspruch findet ein Jahrzehnt später seinen Niederschlag im bekannten Gesetz des Theodosius vom 27. Februar 380, durch das der christliche Glaube in jener Ausprägung zur Staatsreligion erklärt wird, die die Römer einst vom Apostel Petrus empfingen und die jetzt Bischof Damasus von Rom und Petros von Alexandrien bekennen. Sowohl hier wie in der Frage der Gerichtsbarkeit hatte Damasus offensichtlich nicht erkannt, wie bedenklich es war, zur Festigung seiner Vorrangstellung staatliche Hilfe in Anspruch zu nehmen oder sich sie sogar schenken zu lassen. Zu leicht konnte aus dem Privileg eine drückende Fessel werden.

Auch im Orient suchte Damasus die Autorität Roms mit Nachdruck zur Geltung zu bringen, freilich nicht immer mit glücklicher Hand, vor allem in der Frage des Antiochenischen Schismas, in der Rom, durch Alexandrien einseitig und unzureichend informiert, hartnäckig an der Person des Altnikäners Paulinus festhielt und durch den als anmaßend empfundenen Ton

[16] Damasus, Ep. 1, die später auch an alle Bischöfe des Orients gesandt wurde.

mancher römischer Schreiben den heftigen Unmut des Basileios von Kaisareia erregte, obwohl er in Fragen des Glaubens Rom eine entscheidende Funktion zusprach[17]. Diese hat Damasus zielbewußt wahrgenommen, als er auf einer römischen Synode (378 oder 382?) in feierlicher Form die Irrtümer des Sabellius, Arius, Eunomius, der Makedonianer usw. verwarf und diese Anathematismen als autoritative Entscheidung Roms an Paulin von Antiochien übersandte[18], dem er schon früher ein Glaubensbekenntnis hatte zugehen lassen, das als Maßstab dafür dienen sollte, mit wem nach römischer Auffassung Glaubensgemeinschaft möglich sei und mit wem nicht[19]. Auf die Besetzung des Konstantinopler Stuhles suchte Damasus einzuwirken, als er sich gegen die von Alexandrien betriebene Erhebung des Kynikers Maximos wandte und den Bischof Acholius von Thessalonike beauftragte, auf dem kommenden Konzil von 381 für die Wahl eines würdigen, den Kirchenfrieden garantierenden Mannes besorgt zu sein[20]. Es waren freilich gerade zwei Canones dieser Synode, die ein verbindliches Eingreifen Roms in innerkirchliche Belange des Ostens sehr erschwerten. Während Kanon II die Jurisdiktionsbereiche der östlichen Patriarchate abgrenzte, ohne Rom dabei auch nur zu erwähnen, gab Kanon III dem Bischof von Konstantinopel „den Vorrang der Ehre nach dem Bischof von Rom, weil jene Stadt das Neue Rom ist“[21]. Es konnte Damasus darum nur willkommen sein, wenn man sich vom Osten her direkt nach Rom wandte und im Einzelfall dessen Hilfe erbat, wie es etwa Paulinos von Antiochien und Epiphanios von Salamis taten, denen man die Teilnahme an einer römischen Synode gewährte, oder wenn Christen aus Berytos von Rom eine Verurteilung ihres früheren Bischofs Timotheos forderten. Solche „Appellationen“ wertete er geschickt als Ausdruck der Reverenz, die „dem Apostolischen Stuhl“ zustehe, weil Petrus einst in dieser Kirche gelehrt habe[22]. Mit dieser Formel, die die Gleichsetzung des römischen Bischofsitzes mit „dem Apostolischen Stuhl“ schlechthin vollzieht — sie begegnet zuerst unter Papst Liberius und wird von Damasus in unmißverständlicher Häufigkeit verwandt —, erhebt der Papst Anspruch auf einen Rang, der sich eben nicht auf Roms politische Geltung, sondern auf die ganz spezielle Beziehung des Apostels Petrus zu dieser Gemeinde stützt. Da sie aber auch in Briefen nach dem griechischen Osten vorliegt, der ebenfalls apostolische Kirchen aufweist, will Rom auch diesen gegenüber als vorrangig gelten. Diese wird bestätigt durch die Tat-

[17] Siehe oben S. 68, dazu noch Basilius, Ep. 263.

[18] Es ist der sog. tomus Damasi (PL 13, 358ff), den *P. Galtier:* RSR 26 (1936) 385 der Synode von 382 zuschreibt und für dessen Verfasser er Ambrosius halten möchte.

[19] Damasus, Ep. 3.

[20] Damasus, Ep. 5 und 6 an Acholius.

[21] Text der Canones: COD 27f, siehe auch oben S. 77.

[22] Paulinos und Epiphanios in Rom: Hieron., Ep. 108, 6; 127, 7; zu Timotheos von Berytos: Damasus, Ep. 7.

sache, daß diese Formel, im Westen alsbald akzeptiert, im Osten auf eindeutige Reserve trifft und Rom hier weiterhin nur als *ein* apostolischer Stuhl unter mehreren angesehen wird[23]. In diese damasianischen Vorstellungen von einem römischen Vorrang innerhalb der Gesamtkirche ist auch ein Text einzuordnen, der sich im sog. *Decretum Gelasianum* findet und wohl auf einer römischen Synode unter Damasus (382?) formuliert wurde. Hier werden die „petrinischen" Bischofssitze in der Reihenfolge Rom, Alexandrien, Antiochien aufgeführt, dabei wird aber betont, daß der römische Stuhl seinen *primatus* nicht etwa Synodalbeschlüssen, sondern dem Herrenwort Mt 16, 18 verdankt und daß dieser Rang noch bekräftigt wurde durch das Doppelmartyrium des Petrus und Paulus in Rom[24]. Wenn das Dokument tatsächlich auf die Synode des Jahres 382 zurückgeht, läßt es sich unschwer als die Stellungnahme Roms zu den Canones II und III des Konstantinopler Konzils vom Vorjahr begreifen, und es erweist Damasus einmal mehr als zielbewußten Verfechter eines stetig wachsenden römischen Primatsanspruches, der durch ihn bisher nicht gekannte Formulierungen findet. Beachtliche Gründe sprechen auch dafür, in Damasus den Verfasser eines umfangreichen Schreibens an gallische Bischöfe zu sehen. Hier *bittet* er seine Adressaten, die sich an die Autorität des Apostolischen Stuhles gewandt haben, dem, was er zu sagen hat, Beachtung zu schenken, er *mahnt* sie, gewisse Mißstände im gallischen Klerus nicht zu dulden. Er stellt unpersönlich fest, daß dies oder jenes unstatthaft ist, daß man sich aus der Gemeinschaft mit dem Apostolischen Stuhl ausschließt, wenn man sich nicht an das hält, was Heilige Schrift, apostolische Disziplin und Tradition, Überlieferungen der Väter und *regula ecclesiastica* festgesetzt haben. Grundsätzlich neue Entscheidungen oder Gesetze werden nicht erlassen. Man wird daher in diesem Schreiben eine Art Vorstufe der päpstlichen Dekretale sehen, die erst unter dem nächsten Papst nach Inhalt und Form ausgebildet vorliegt[25].

Einen anderen Aspekt der vielseitigen Aktivität des Papstes Damasus erschließt sein Briefwechsel mit Hieronymus, den er zeitweise in den Dienst

[23] Die Belege bei *P. Batiffol*, Cathedra Petri (Rom 1938) 151—168; bis zum Konzil von Ephesos (431) begegnet *Sedes Apostolica* im exklusiven römischen Verständnis in östlichen Texten überhaupt nicht, auch später nur sporadisch.

[24] Ausgabe von *E. Dobschütz*, Das Decretum Gelasianum (TU 38, 3 Leipzig 1912); zur Diskussion um das Dekret siehe die Lit. bei *E. Caspar* I 598f, außerdem noch *G. Bardy:* DBS III 579—590 und *E. Schwartz:* ZNW 29 (1930) 161—168. Zur betonten Berufung auf Paulus und Petrus vgl. *H. Chadwick:* Neotestam. et Patristica, Festschr. O. Cullmann (Leyden 1962) 313—318.

[25] Als Ep. 10 unter den Briefen des Siricius (PL 13, 1181—94), krit. Ausgabe von *E. Babut*, La plus ancienne décrétale (Paris 1904) 69—87; Lit. bei *Haller* I² 510, außerdem *E. Dekkers*, Clavis n. 1632 und *A. Hamman*, PL Suppl 1, 309 und 568, die beide Damasus für den Verfasser halten.

der päpstlichen Kanzlei nahm: sein Interesse an der Bibel, an exegetischen Einzelfragen sowohl wie vor allem an einer Revision der oft voneinander abweichenden und fehlerhaften lateinischen Übersetzungen der Bibel. Daß er Hieronymus mit dieser Aufgabe betraute, kennzeichnet ihn als weitblickenden Anreger eines Werkes, das in der Folgezeit als *Vulgata* zu weitreichender Wirkung gelangen sollte [26]. In Rom selbst lebte der Name des Damasus fort auf den zahlreichen (59) metrischen Inschriften, die er, nicht ohne Überschätzung seiner dichterischen Fähigkeiten, aus vielfachem Anlaß verfaßte und von dem Meister Furius Dionysius Philokalus in edler Letter auf Marmor übertragen ließ. Sie galten vornehmlich dem Preis der angesehenen römischen Martyrer, den von ihm errichteten oder restaurierten kirchlichen Bauten sowie dem Andenken der Toten seiner Familie. Die Inschrift für sein eigenes Grab bekennt schlicht seinen Glauben an die Auferweckung durch Christus [27].

In das von Damasus entwickelte Konzept der Führungsrolle des römischen Bischofs hat sein Nachfolger *Siricius* (384—399) keine entscheidend neuen Züge eingetragen. Der bisherige Diakon der römischen Gemeinde wurde, wohl mit Rücksicht auf mögliche Umtriebe des noch lebenden Ursinus, ohne Verzug gewählt und vom Hof betont anerkannt [28]. Gewiß ist die sarkastische Bemerkung des Hieronymus über die *simplicitas* des neuen Bischofs, der alle anderen nach seinem Format beurteile, ressentimentgeladen, da doch er selbst, wie er feststellte [29], nach fast einhelligem Urteil als würdiger Nachfolger des Damasus gegolten habe. Aber ein Körnchen Wahrheit enthüllt sie doch, wenn man Siricius an der Gestalt des gleichzeitigen Bischofs Ambrosius von Mailand mißt. In dessen Händen, nicht in Rom, laufen damals die Fäden der großen Kirchenpolitik zusammen; Ambrosius korrespondiert mit den Bischöfen des Orients, leitet wichtige, überregionale Synoden, ist der entscheidende Gesprächspartner der Kaiser und der Reichsverwaltung, während die Tätigkeit des Siricius auf den inneren Bereich der lateinischen Kirche beschränkt bleibt und hier den Leitlinien folgt, die unter Damasus entwickelt worden sind. Seine Bedeutung liegt darin, daß er die von seinem Vorgänger erreichten Ansätze zu einer eigenständigen päpstlichen, die gesamte Kirche des Westens umfassenden *Gesetzgebung* inhalt-

[26] Der Briefwechsel bei Hieronymus, Epp. 19—21 35—36, dazu die *praefatio in quattuor evangelia ad Damasum* (PL 29, 557—562). Auch die Übersetzung von Didymus, De spiritu sancto durch Hieronymus wurde von Damasus angeregt, siehe auch hier die entsprechende praefatio.

[27] Ausgabe von *A. Ferrua,* Epigrammata Damasiana (Rom 1942); zur Martyrerverehrung des Damasus vgl. *J. Vives,* S. Dámaso, papa español y los mártires (Barcelona 1943). Damasus' eigene Grabinschrift n. 12 *Ferrua.* Zur literarischen Qualität der Epigramme siehe *S. Pricoco:* Miscell. studi letteratura crist. antica (Catania 1954) 19—40.

[28] Die Briefe des Siricius: PL 13, 1131—96. Die Anerkennung durch den Kaiser: Coll. Avell. n. 4. [29] Hieron., Ep. 127, 9; 45, 3.

lich und formal zu einem brauchbaren Instrument weiterentwickelt. Das wird deutlich erkennbar an dem umfangreichen Dokument, das in dem Brief des Papstes an Bischof Himerius von Tarragona in Spanien vorliegt[30], einer Antwort des Apostolischen Stuhles auf Fragen über eine Wiedertaufe ehemaliger Arianer, über Tauftermine und Bußprobleme, über Mönchs- und Klerikerdisziplin. So wie der Kaiser auf die *relatio* eines Provinzstatthalters sein mit Gesetzeskraft ausgestattetes *responsum* gibt, so nimmt hier der Papst Stellung zum Bericht des spanischen Bischofs und erläßt zu den angeschnittenen Fragen rechtlich bindende Vorschriften, deren Beachtung er nicht mehr empfiehlt, sondern befiehlt *(jubemus — inhibemus — mandamus — decernimus — tenenda sunt decretalia constituta — quae a nobis sunt constituta, intemerata permaneant)*, für deren Mißachtung er Sanktionen androht. Seine Vollmacht begründet Siricius mit dem Hinweis auf sein Amt, das ihm die Sorge für alle auferlegt, deren Last er zu tragen hat, die vielmehr in ihm der Apostel Petrus trägt, der ihn als *Erben* (seiner Vollmacht) in all seinen Maßnahmen behütet (Ep. 1, 1). Wer sich nicht an die von ihm gegebene Ordnung hält, trennt sich von dem sicheren apostolischen Fels, auf dem Christus seine Kirche errichtet hat. Der Adressat wird aufgefordert, diese *statuta apostolicae sedis* auch den Bischöfen der Provinzen Cartagena, Baetica, Lusitania und Galicia zur Kenntnis zu bringen. Hier finden sich erstmals alle sachlichen und formalen Elemente, die das Wesen der *päpstlichen Dekretale* ausmachen, die in der Folgezeit nur noch in Einzelheiten verfeinert wird und zu höchster Bedeutung gelangt[31]. Ähnlich erklärt Siricius in einem Schreiben an die Bischöfe Nordafrikas, in dem er sich die Beschlüsse einer römischen Synode zu eigen macht, jeden aus der Gemeinschaft mit Rom für ausgeschlossen, der die hier gegebenen Anweisungen nicht befolge[32]. Ein Erlaß an die Bischöfe Mittel- und Süditaliens über die Bedingungen für die Zulassung zum Bischofsamt beruft sich wiederum auf die dem Papst auferlegte *cura omnium ecclesiarum* und betont, die Einheit im Glauben bedinge auch eine Einheit in der Tradition[33]. Ein Brief an den Bischof Anysius von Thessalonike läßt das besondere Interesse Roms an den kirchlichen Verhältnissen auf dem Balkan erkennen. Dem Bischof wird die Kontrolle über alle Bischofsweihen im Illyricum übertragen und daruf hingewiesen, für ein solches Amt komme gegebenenfalls auch ein Kleriker der römischen Kirche in Frage. Hier wird deutlich eine Etappe jener Entwicklung faßbar, die bereits unter Damasus einsetzt und mit der formellen Errichtung des päpstlichen Vikariates von Thessalonike unter Innocenz I. ihren Abschluß findet[34]. Siricius greift auch in die

[30] Siricius, Ep. 1.

[31] *H. Getzeny*, Stil und Form der ältesten Papstbriefe (Diss. Tübingen 1922) und *J. Gaudemet*, L'église dans l'empire romain (Paris 1959) 220—226.

[32] Siricius, Ep. 5. [33] Siricius, Ep. 6. [34] Siricius, Ep. 4.

bewegte Diskussion ein, die von dem ehemaligen Asketen Jovinian entfacht wurde, der den Wert des Fastens bestritt, Ehe und Jungfräulichkeit für ranggleich erklärte und, nach Ambrosius, die *virginitas Mariae in partu* leugnete. Auf der Synode von 390 ließ Siricius Jovinian und seinen Anhang aus der Kirche ausschließen, während er das Urteil über Bischof Bonosus von Naïssus, der die stete Jungfrauschaft Mariens nicht anerkannte, einer von Ambrosius geleiteten Synode von Capua (391) und den Bischöfen des Illyricum überließ[35].

Papst Innocenz I. (402—417)

Am Beginn des 5. Jh. steht die starke Persönlichkeit Innocenz' I. (402—417) — sein Vorgänger *Anastasius I.*, dessen Eingreifen in den Origenistenstreit schon behandelt wurde[36], war nur drei Jahre im Amt —, der seine hohe Auffassung vom Primat des römischen Bischofs mit zielbewußter Entschlossenheit zu realisieren versuchte[37]. Als besonders günstiger Bereich für die Verwirklichung seiner als Pflicht empfundenen Führungsaufgabe bot sich das weite Feld der kirchlichen Disziplin an, da diese zu mannigfachen Anfragen in Rom Anlaß gab und es Innocenz möglich machte, das nun voll entwickelte und von ihm meisterhaft beherrschte Instrument der Dekretale anzuwenden. Man begegnet ihr begreiflicherweise besonders häufig im eigentlichen römischen Metropolitanbezirk, also in den Bistümern Mittel- und Süditaliens. Die Anfragen lassen manche Mißstände in diesen Kirchen erkennen: Übergriffe eines Bischofs in den Jurisdiktionsbereich seines Nachbarn, Laxheit gegenüber Häretikern, Zulassung Unwürdiger zum geistlichen Amt und häufige Unkenntnis der liturgischen und kirchenrechtlichen Vorschriften. Mit den betroffenen Bischöfen redet Innocenz unmißverständlich in der Sprache des Vorgesetzten, seinen Tadel kleidet er gern in die ironische Rügeformel des *miramur*, gelobt wird nur, daß man sich im Zweifel an ihn, *ad caput atque apicem episcopatus*, wandte[38]. Obwohl, vor allem im liturgischen Bereich, von jeher eine gewisse Vielfalt herrschte, will Innocenz im Gesamtfeld der Kirchenordnungen die *consuetudo Romana* zur allein verbindlichen Norm machen, und zwar mit der unhaltbaren Begründung, alle Kirchen Italiens, Galliens, Spaniens, Siziliens und der Mittelmeerinseln hätten ihre Bischöfe durch Petrus oder

[35] Die Verurteilung Jovinians: Siricius, Ep. 7. Mit Jovinian setzen sich außerdem auseinander Hieron., Adv. Jovinianum und Aug., De bono conjugali bzw. De sancta virginitate. Zu Bonosus: Siricius, Ep. 9, wohl von Ambrosius verfaßt, vgl. dessen Schrift De instit. virginis und den Anhang zu seiner Ep. 56 (= Siricius, Ep. 9).

[36] Siehe oben S. 132. Seine erhaltenen Briefe: PL 20, 68—80 und PL Suppl 1, 790—792.

[37] Die Briefe (35): PL 20, 463—611; 84, 657.

[38] Innoc., Epp. 37—41, obiges Zitat Ep. 37, 1.

dessen Nachfolger erhalten[39]. Das gleiche Ziel verfolgen die in verbindlicherem Ton gehaltenen Schreiben an die gallischen Bischöfe Exuperius von Toulouse und Victricius von Rouen[40], jeweils ein *responsum* auf entsprechende Anfragen, die dem Papst die gern wahrgenommene Gelegenheit geben, auch außerhalb des römischen Metropolitanbereiches der römischen Kirchenordnung gesetzliche Geltung zu verschaffen, zumal, wie er betont, jene sich auf apostolische Tradition, letztlich auf Petrus gründe, „durch den Apostel- und Bischofsamt in Christus seinen Anfang nahm“[41]. Geschickt wird die Stellung Roms als oberste Appellationsinstanz unterstrichen und inhaltlich erweitert mit seiner Forderung, alle wichtigeren Fälle *(causae maiores)* seien dem Apostolischen Stuhl vorzulegen. Da offengelassen wird, was jeweils als *causa maior* zu gelten habe, sichert sich der Papst die Möglichkeit beliebigen Eingriffs, anderseits gibt der in der Formel *causae maiores* enthaltene Hinweis auf die oberrichtliche Stellung des Moses (Ex 18, 22) dem römischen Anspruch biblische Weihe[42].

Die Absicht Innocenz' I., im östlichen Illyrien die Zuständigkeit Roms zu sichern, liegt schon dem ersten erhaltenen Schreiben von seiner Hand zugrunde, einem Brief an Anysius von Thessalonike, der den Wechsel auf dem römischen Stuhl anzeigt und in allgemeiner Formulierung diesem das angeblich schon von seinen drei Vorgängern verliehene Aufsichtsrecht „in jenem Bereich“ bestätigt[43]. Der Papst tat den entscheidenden Schritt jedoch erst im Jahre 415, als er Rufus, den Nachfolger des Anysius, wiederum unter Berufung auf biblische Vorbilder, beauftragte, „an unserer Statt *(nostra vice)*“ die Sorge für alle Bistümer in der illyrischen Präfektur wahrzunehmen, und damit das apostolische Vikariat Thessalonike schuf, das den Anspruch der römischen Oberhoheit gegenüber Konstantinopel sichern sollte[44].

In eine direkte Konfrontation mit den ostkirchlichen Patriarchaten geriet Innocenz I. im Verlauf des schweren Konfliktes, in dessen Mittelpunkt Johannes Chrysostomos stand. Dieser, seit 398 Bischof der Hauptstadt, hatte sich durch seine freimütige Predigt die Gunst des Hofes verscherzt, war durch seine Forderung nach asketischer Lebensführung auch einem Teil des Klerus mißliebig geworden, wurde jedoch letztlich das Opfer des intrigenreichen alexandrinischen Bischofs Theophilos, der die Rangerhöhung Konstantinopels durch die Synode von 381 nie verwinden konnte[45]. Als Chrysostomos 404 auf kaiserlichen Befehl seines Amtes enthoben und nach

[39] Ep. 25, 2 an Decentius von Gubbio.
[40] Ep. 2 und 6. Auch an die Synode von Toledo (um 400) richtete Innocenz eine Dekretale: Ep. 3.
[41] Ep. 2, 2. [42] Ep. 2, 5. [43] Ep. 1.
[44] Ep. 13, zur Datierung (17. 6. 415) siehe *E. Schwartz:* Festschr. R. Reitzenstein (1931) 145 ff und *J. Macdonald:* Stpatr. 4 (TU 79) 478—482.
[45] Vgl. *Chr. Baur,* John Chrysostom and His Time I (London 1960) 155 ff.

Armenien verbannt wurde, wandte er sich an die Bischöfe von Aquileia, Mailand und Rom um Hilfe[46]. Innocenz I. verlangte daraufhin die Einberufung einer gemeinsamen Synode des östlichen und westlichen Episkopates nach Thessalonike, hielt auch gegenüber Theophilos von Alexandrien an dieser Forderung fest[47] und übersandte Kaiser Honorius das bei ihm vorliegende Aktenmaterial zum Fall mit der Bitte, in diesem Sinn bei seinem Bruder in Konstantinopel vorstellig zu werden. Aber die Behandlung der von Papst und Kaiser nach Konstantinopel entsandten Delegation — sie wurde schon auf der Anreise von östlichen Beamten respektlos behandelt, beim Kaiser nicht vorgelassen und gewaltsam nach Italien zurückbefördert[48] — zeigte deutlich die Grenzen auf, die einem Bischof von Rom im ostkirchlichen Bereich gesetzt waren. Der Versuch des Papstes, in einem ostkirchlichen Konflikt eine eigenständige Initiative zu entfalten, schlägt fehl; er begegnet ernsten Schwierigkeiten bei den führenden Bischöfen des Ostens (Alexandrien und Antiochien), er scheitert an der Haltung des oströmischen Kaisers, der die letzte Entscheidungsvollmacht für sich in Anspruch nimmt. So blieb Innocenz nur der formale Protest und das ihn ehrende, unentwegte Festhalten an der Kirchengemeinschaft mit Chrysostomos, dessen Wiederaufnahme in die Diptychen er auch nach dessen Tode (407) unnachgiebig von den Bischöfen Alexandriens, Antiochiens und Konstantinopels verlangte. Den Schriftwechsel mit Alexander von Antiochien benutzte er, diesem seine Auffassung darzulegen, daß die Oberhoheit Antiochiens über den Episkopat der (politischen) Diözese Oriens nicht auf kaiserlichen Ehrungen, sondern auf den Beschlüssen von Nikaia beruhe[49]; die Spitze gegen die Aufwertung des Konstantinopler Stuhles durch den Kaiser war deutlich.

Eine hochbedeutsame Möglichkeit, das Verständnis Innocenz' I. von seiner *Lehrautorität* im engeren Sinn zu erfassen, bietet schließlich seine Stellungnahme zum pelagianischen Streit. Im Jahre 416 gelangten an ihn drei Schreiben aus Afrika[50] — je eines von einer Bischofssynode in Karthago und Mileve, das dritte von Augustinus und vieren seiner Mitbischöfe —, in denen die Befürchtung ausgedrückt wurde, die bedenklichen Lehren des Pelagius würden infolge seiner Rehabilitierung durch die Synode von Diospolis (415) gefährlich fortwirken, wenn nicht deren Verurteilung auch

[46] Erhalten bei Palladius, Vita s. J. Chrys. 2.

[47] Ep. 7 an Klerus und Volk von Konstantinopel aus Sozom. HE 8, 26, 7—19. Ep. an Theophilos bei Palladius, Vita s. J. Chrys. 3.

[48] Schreiben des Honorius an Arcadius bei Innoc., Ep. 8 und 9, der Bericht über das Schicksal der Gesandtschaft bei Palladius, Vita s. J. Chrys. 4.

[49] Innoc., Ep. 12 an Chrysostomos; der Briefwechsel mit Alexander von Antiochien und anderen Bischöfen: Ep. 5; 19—21; 23—24.

[50] Bei Aug., Ep. 175—177 = Innoc., Ep. 26—28; die Antworten des Papstes: Ep. 29—31. Dazu W. *Marschall* a. a. O. 127—160.

durch Rom erfolge. Alle drei Schreiben rühmen die Autorität des Apostolischen Stuhles, die sich von der Autorität der Schrift herleite und die das Urteil des afrikanischen Episkopates über die Irrlehre bestätigen und ihr so eine besondere Wirkung verleihen solle. In seinen Antwortschreiben vom Januar 417 lobt Innocenz die Bischöfe, daß sie die nicht auf menschlichem, sondern auf göttlichem Spruch beruhende Tradition befolgen und sich an den Apostolischen Stuhl wenden, weil sie wissen, daß alle Angelegenheiten, selbst die der entlegensten Provinzen, nicht definitiv entschieden werden könnten, bis sie Rom zur Kenntnis gebracht seien[51]. Dies gelte vor allem in Glaubensfragen, bei denen sich alle Bischöfe an Petrus wenden müßten, um aus dieser apostolischen Quelle Antwort auf ihre Fragen zu erhalten[52]. Hier spricht Innocenz, als erster mit solcher Eindeutigkeit, die Überzeugung aus, daß die *Sedes Apostolica* auch die höchste Lehrautorität besitze. Man hat bezweifelt, daß diese Überzeugung vom afrikanischen Episkopat geteilt werde, zumal Innocenz den Begriff der Autorität des römischen Stuhles vertiefe und erweitere. Man wird jedoch zugeben müssen, daß das Lob und die biblische Begründung dieser Autorität, die die Bischöfe ihr geben, sie auf einem Wege zeigt, der zu ihrer vollen Anerkennung führen wird.

Die Genugtuung der afrikanischen Bischöfe über den Entscheid Papst Innocenz' I. wandelte sich rasch in Bestürzung, als kurz nacheinander zwei Briefe des zum römischen Bischof erhobenen Griechen *Zosimus* (417—418) eintrafen, die mitteilten, Caelestius habe sich persönlich, Pelagius durch ein schriftlich vorgelegtes Glaubensbekenntnis gerechtfertigt, in Afrika habe man leichtfertig und voreilig auf Grund von Aussagen höchst zweifelhafter Zeugen diese Männer verurteilt, die von Rom als rehabilitiert angesehen würden, wenn man nicht innerhalb von zwei Monaten ihnen ihre angeblichen Irrtümer nachweisen könne[53]. Aber der afrikanische Episkopat blieb fest und nötigte Zosimus zunächst zu einer wenn auch verklausulierten Revision seines Urteils über Caelestius[54]. Als dann ein afrikanisches Generalkonzil im Mai 418 erneut die pelagianischen Lehren verwarf und lapidar feststellte, das Urteil des Papstes Innocenz über Pelagius und Caelestius gelte noch immer, als gleichzeitig Kaiser Honorius sich dieser Auffassung anschloß und die Anhänger der Irrlehre verbannte, gab auch Zosimus im Anschluß an eine römische Synode das Anathem über die pelagianischen Lehren bekannt[55]. Obwohl der Papst für die theologische Leistung Augustins in der pelagianischen Frage offensichtlich keinen Blick hatte, hat gerade

[51] Innoc., Ep. 29, 1. [52] Ep. 30, 2.

[53] Die Briefe des Zosimus: PL 20, 639—704; hier Ep. 2 und 3 = Coll. Avell. n. 45 und 46.

[54] Ep. 12 = Coll. Avell. n. 50.

[55] Urteil der afrikanischen Synode: Cod. eccl. Afr. can. 108—127, dazu Prosper Aquit., C. collat. 5, 3. Reskript des Honorius: PL 48, 379—386. Die Fragmente der epistula tractoria des Zosimus: PL 20, 690—697, siehe oben Kap. 12 Anm. 42.

dieser versöhnlich dessen schwankende Haltung aus pastoraler Sorge für die Irrlehrer zu erklären versucht[56].

Ähnlich negativ wirkte sich die schroffe Art aus, mit der Zosimus das bisher in der afrikanischen Kirche geltende Appellationsrecht im römischen Sinne zu korrigieren suchte. Ein Presbyter aus der Diözese Sicca, *Apiarius*, war von seinem Bischof seines Amtes enthoben worden und hatte sich gegen dieses Urteil direkt nach Rom gewandt, im Widerspruch zum afrikanischen Disziplinarrecht, das für solche Fälle zunächst Appellation an einen Nachbarbischof, danach an das afrikanische Generalkonzil vorsah, weitergehende Appellationen jedoch direkt verbot[57]. Gegenüber der von einer päpstlichen Delegation in Afrika erhobenen Forderung, Apiarius in seine früheren Rechte einzusetzen, bestand Aurelius von Karthago darauf, die Angelegenheit zuerst auf der kommenden Synode zu verhandeln[58]. Diese nahm den reuigen Apiarius wieder in die kirchliche Gemeinschaft auf, verfügte aber seine Entfernung aus dem Bistum Sicca und informierte darüber Papst *Bonifatius* (418—422), nicht ohne darauf hinzuweisen, wie sehr man in Afrika von der anmaßenden Art des Zosimus betroffen sei[59]. Als sich der Fall unter Papst Cölestin I. im Jahre 424 genau wiederholte — Apiarius wurde rückfällig und wieder exkommuniziert, appellierte erneut nach Rom, von wo man den gleichen Legaten wie zuvor mit konkreten Anweisungen entsandte —, reagierte der afrikanische Episkopat sehr entschieden: Der Papst möge in Zukunft keine Appellation eines in Afrika verurteilten Priesters annehmen, nicht leichtfertig Beschwerden Glauben schenken und nicht hier Exkommunizierte in die kirchliche Gemeinschaft mit Rom aufnehmen, da dies den Bestimmungen von Nikaia widerspreche[60]. Gerade der letzte Hinweis zeigt, daß es den afrikanischen Bischöfen in Wirklichkeit um die Wahrung eigenen Rechtes ging.

Man hat wohl nicht zu Unrecht vermutet, daß Zosimus bei seinen unglücklichen Maßnahmen unter dem Einfluß eines Mannes stand, der ohne Zweifel den Anstoß für einen weiteren schwerwiegenden Mißgriff des Papstes gab. In dessen erstem Schreiben nach seiner Wahl an den gallischen Episkopat[61] wurde Bischof *Patroclus* von Arles mit einer Serie auffallender Privilegien bedacht, die zu einem ernsten Konflikt führen sollten. Kein Kleriker Galliens durfte sich förderhin nach Rom wenden ohne ein Empfehlungsschreiben des Arler Bischofs; auch alle Streitsachen innerhalb der Kirche

[56] Aug., C. duas ep. Pel. II, 3, 5; De grat. et pecc. orig. II 6, 7.

[57] Die Urkunden zum Fall des Apiarius bei *C. H. Turner* 561—624, dazu *E. Caspar* I 358—360 366—371 und *W. Marschall* a. a. O. 161—197.

[58] Die Instruktion für die Legaten: Ep. 15. Zosimus beruft sich irrtümlich auf die Canones von Nikaia statt auf die von Serdika, die aber in Afrika nicht bekannt waren.

[59] Cod. eccl. Afr. c. 134. [60] Ebd. c. 138.

[61] Zosimus, Ep. 1. Zum Ganzen *G. Langgärtner*, Die Gallienpolitik der Päpste im 5. und 6. Jh. (Bonn 1964).

Galliens sollten diesem vorgelegt werden, falls sie nicht als *causae maiores* nach Rom weitergeleitet werden müßten; der Bischof von Arles wurde schließlich zum Metropoliten über das Gebiet der drei Provinzen Viennensis und Narbonensis I und II erhoben und ihm das gesamte Ordinationsrecht für sie verliehen. Diese Sonderstellung wird einmal mit den persönlichen Verdiensten des Patroclus begründet, dann mit der (irrigen) Behauptung, Arles habe seinen ersten Bischof Trophimus von Rom erhalten und sei so die Mutterkirche ganz Galliens geworden. Als sich die unmittelbar betroffenen Bischöfe von Narbonne, Vienne und Marseille in Rom über die Beschneidung ihrer bisherigen Rechte beschwerten, wurden sie scharf zurückgewiesen, Proculus von Marseille sogar abgesetzt[62]. Die sich anschließenden Unruhen innerhalb der gallischen Kirche zwangen schon den Nachfolger des Zosimus, dessen Maßnahmen zurückzunehmen und die alte Metropolitanordnung wiederherzustellen[63]. In den zwei Jahren seines Pontifikates hatte Zosimus durch seine unbesonnenen Entscheide viel von dem Kapital an päpstlicher Autorität vertan, das Innocenz I. klug und zielbewußt angesammelt hatte.

Die bedenkliche Amtsführung des Zosimus, die in seinen letzten Lebensmonaten auch Widerspruch im eigenen Klerus hervorgerufen hatte[64], wirkte sich noch aus in den Wirren bei der Berufung seines Nachfolgers. Es kam zu einer Doppelwahl, da eine Gruppe den wohl von Zosimus geförderten Diakon Eulalius proklamierte, während sich die Mehrheit der Presbyter für den aus Rom stammenden *Bonifatius I.* (418—422) aussprach. Auf den Bericht des Stadtpräfekten Symmachus entschied sich der Kaiser für Eulalius, ordnete aber, als weitere Bemühungen um den Frieden ohne Ergebnis blieben, eine große Synode zur Beilegung der Spaltung an. Da jedoch die Anhänger des Eulalius, gegen kaiserlichen Befehl, Rom durch weitere Demonstrationen in Unruhe hielten, verfügte Honorius schließlich, Bonifatius solle sein Amt antreten[65]. Dieser richtete unter dem Eindruck der vorangegangenen Wirren eine Petition an den Kaiser, in der er in allgemeiner Form dessen Schutz für die Kirche erbat, worauf Honorius ein Reskript erließ, das bestimmte, bei einer künftigen Doppelwahl in Rom solle eine Neuwahl der gesamten Gemeinde den römischen Bischof bestimmen[66]. Diese erste, vom Staat erlassene Papstwahlordnung der Geschichte hatte zwar keine Auswirkung in späterer Zeit, Ansehen und Unabhängigkeit des römischen Stuhles haben dadurch jedoch zunächst gelitten.

[62] Zosimus, Ep. 4—7 10—11.

[63] Bonifatius (seine Briefe: PL 20, 749—792), Ep. 3 und 12, dazu noch Coelestin, Ep. 2.

[64] Zosimus, Ep. 14.

[65] Die einschlägigen Schriftstücke in der Coll. Avell. n. 14—37.

[66] Petition an Kaiser Honorius: Bonifatius I., Ep. 7; das Papstwahlreskript: Coll. Avell. n. 37.

Zu den schon behandelten Aufgaben der Klärung des Appellationsrechtes der afrikanischen Kirche (Apiarius) und der Wiederherstellung des Metropolitanrechtes in Gallien kam für Bonifatius die sich zuspitzende Frage der kirchlichen Oberhoheit auf dem Balkan. Diese wurde ernstlich bedroht, als sich die Bischöfe Thessaliens, unzufrieden mit einer von Rom verfügten Besetzung des bischöflichen Stuhles von Korinth, nach Konstantinopel wandten und ein Edikt des Kaisers Theodosius II. erwirkten, wonach alle Streitfälle der Kirchen des Illyricum dem Bischof der östlichen Reichshauptstadt vorzulegen seien, da diese Stadt die Vorrechte Altroms besitze[67]. In Schreiben an Bischof Rufus von Thessalonike, dessen Vikariat bestätigt wird, und an die Bischöfe Thessaliens stellte Bonifatius in der Sprache Innocenz' I. erneut fest, daß die Sorge für die Gesamtkirche dem Bischof von Rom als Pflicht auferlegt sei und daher auch die Kirchen des Ostens einschließe, die dementsprechend in der Vergangenheit in ernsten Fragen Rom konsultiert hätten[68]. Darüber hinaus veranlaßte der Papst den Kaiser Honorius zu einem Schreiben an Theodosius II., der daraufhin den praefectus praetorio für Illyricum anwies, die bisherige Ordnung der kirchlichen Verhältnisse in seinem Amtsbereich zu beachten[69]. Deutlich wurde von Bonifatius die Auffassung Roms formuliert, daß bei aller Anerkennung des Ranges der Kirchen von Alexandrien und Antiochien Rom allein das Haupt, die andern die Glieder seien (Ep. 14, 1).

Das Verständnis des Primates bei Papst *Cölestin I.* (422—432)[70] hat sich vor allem in den Stellungnahmen niedergeschlagen, die sich im Streit um die Lehre des Nestorios ergaben. Als dieser und Kyrill ihm im Sommer 430 ihre Sicht der christologischen Frage und des bisherigen Ablaufs der Diskussion vortrugen, hat er darin einen Appell des Ostens an Rom gesehen, alsbald auf einer Synode dazu Stellung nehmen lassen und ihre Beschlüsse den direkt Beteiligten und dem Klerus von Konstantinopel mitgeteilt[71]. Kyrill wurde beauftragt[72], „an seiner Stelle" über die Durchführung des römischen Synodalspruchs zu wachen, der Nestorios zum Widerruf aufforderte und ihn im Fall der Weigerung aus der kirchlichen Gemeinschaft ausschloß. In dem Schreiben nach Konstantinopel hebt Cölestin hervor, daß die dortigen Christen auch seine Glieder seien, denen nach 2 Kor 11, 28 seine väterliche Sorge gelte. Hier wird ein mehrfacher Anspruch des Papstes deutlich: auch die östlichen Kirchen sind seiner Sorge anvertraut, er kann und muß

[67] Edikt des Theodosius: Cod. Theod. 16, 2, 45.

[68] Bonifatius I., Ep. 13—15; dazu Ep. 6 der Coll. Thessal., die ebenfalls von Bonifatius stammt.

[69] Schreiben des Honorius und Antwort des Arcadius: Coll. Thessal. n. 15 und 16 (bei Bonifatius I., Ep. 10 und 11).

[70] Seine Briefe: PL 50, 417—558 und PL Suppl 3, 20f. In neuer Edition: ACO I 1, 7, 125—137 und I 2, 5—101. Über Cölestin allgemein: DHGE 12, 2794—2802.

[71] Es sind die Briefe 11—14. [72] Ep. 11.

daher auch in ihre Angelegenheiten eingreifen, vor allem, wenn es sich wie hier um Fragen des Glaubens handelt, kann er bindende Entscheidungen treffen und kann einen Stellvertreter ernennen. Daß man über solchen Anspruch im Osten jedoch wie schon bisher anderer Meinung war, zeigte die weitere Entwicklung. Der Entschluß des Kaisers, den Streit um Nestorios auf einer Reichssynode, zu der auch Rom eingeladen wurde, entscheiden zu lassen, hatte Cölestin in eine prekäre Lage gebracht, da ja Rom bereits Stellung genommen hatte und sein Urteil nicht revidieren konnte. So erhielten die für Ephesos bestimmten Legaten die Weisung, sich dort mit Kyrill zu beraten, nicht direkt in die Diskussion einzugreifen, sondern nur zu den gefällten Urteilen Stellung zu nehmen und im übrigen auf die Autorität des römischen Stuhles bedacht zu sein. Das Schreiben an die Synode spricht allerdings deutlich aus, die Legaten hätten das auszuführen, was in Rom bereits beschlossen worden sei, der Papst zweifle nicht, daß das Konzil diesen Beschlüssen zustimmen werde[73]. Da aber Kyrill, zwar unter Berufung auf seine Funktion als Stellvertreter Cölestins, jedoch ohne die Ankunft der päpstlichen Delegation abzuwarten, bereits Verurteilung und Absetzung des Nestorios durchgesetzt hatte, konnte diese das Urteil Roms nur noch nachträglich den Konzilsteilnehmern bekanntgeben. Deren Akklamationen legte der römische Legat Philippus aber geschickt als Anerkennung des Hauptes durch die Glieder aus und erklärte vor der versammelten Synode, „daß Petrus, Haupt der Apostel, Säule des Glaubens und Grundstein der Kirche, bis auf den heutigen Tag und für immer in seinen Nachfolgern lebt und richtet" und daß Cölestin sein Nachfolger und Platzhalter sei; die Synode nahm diese Erklärungen ohne Widerspruch zur Kenntnis[74]. Der Papst nahm bald in einer Würdigung der Konzilsarbeit den Hauptanteil am Ergebnis für sich in Anspruch und betonte dem Klerus von Konstantinopel gegenüber, Petrus habe sie in ihrer Not nicht verlassen[75]. So deutlich wie Cölestin hatte bisher kein Papst den östlichen Kirchen gegenüber den Rang des römischen Bischofs als Haupt der Gesamtkirche betont, eine ausdrückliche Anerkennung seines Anspruches ist aber in Ephesos nicht erfolgt[76].

Die ostkirchlichen Verhältnisse spielten auch im Pontifikat *Sixtus' III.* (432—440)[77] eine beachtliche Rolle. Die nach viel Mühe und nicht ohne römische Mitwirkung zustande gekommene Einigung zwischen Alexandrien und Antiochien (433)[78] hat den Papst mit hoher Genugtuung erfüllt, der in einem Brief an Johannes von Antiochien unterstrich, was es doch bedeute, mit Rom eines Sinnes zu sein, da man in den Nachfolgern des Petrus die

[73] Ep. 17 und 18.
[75] Ep. 25. [74] Bericht über die Sitzung vom 10./11. Juli 431: SchAC I 1, 3, 53 ff.
[76] Zum Interesse Cölestins an der Irenmission siehe Kap. 13 S. 222.
[77] Neun Briefe erhalten: PL 50, 583—618; PL Suppl 3, 22 f und ACO I 1, 7, 143—145; I 2, 107—110. [78] Siehe oben S. 113—115.

Überlieferung finde, die jener empfangen habe[79]. Die nun vorhandenen herzlichen Beziehungen zwischen den östlichen Kirchen und Rom wurden vorübergehend überschattet durch einen Versuch des Konstantinopler Bischofs Proklos (434), wieder Einfluß im östlichen Illyrien zu gewinnen, wobei er bei einigen der dortigen Bischöfe auf Gegenliebe stieß. Sixtus hat diesen Vorstoß besonnen abgewiesen, indem er einerseits Stellung und Rechte des Bischofs von Thessalonike als des *vicarius sedis apostolicae* in Erinnerung rief und präzisierte, anderseits in verbindlicher Form Proklos seine Erwartung aussprach, er werde illyrische Presbyter oder Bischöfe zurückweisen, die sich widerrechtlich an ihn wenden würden[80]. Sixtus hat schließlich die Erinnerung an die beiden bedeutsamen theologischen Entscheidungen seiner Zeit in eindrucksvollen Bauwerken festgehalten. Die liberianische Basilika auf dem Esquilin ließ er umbauen und in ihren Prachtmosaiken und in der Dedikationsinschrift die dogmatische Aussage von Ephesos zu Ehren des Theotokos verkünden. Umgestaltung und Ausstattung des Baptisteriums am Lateran erinnerten mit den Distichen über das Wirken der Taufgnade im Menschen an die Abwehr des pelagianischen Angriffs auf das Wesen der christlichen Gnade[81].

Papst Leo I. der Große

In *Leo I.* (440—461)[82], der schon vor seiner Amtserhebung als Diakon der römischen Gemeinde unter seinen beiden Vorgängern starken Einfluß ausübte, erreichte das altkirchliche Primatsbewußtsein einen ersten abschließenden Höhepunkt[83]. Dieser Papst war zutiefst davon überzeugt, daß allein Christus der wahre und ewige Bischof seiner Kirche ist, er kann die Last seines Amtes nur tragen im Vertrauen auf ihn, der in ihm wirkt und das vollbringt, was er Rechtes tut[84]. Da aber Christus als ewiger Bischof Petrus eine unvergängliche Teilhabe an seiner Bischofsgewalt gewährte, steht Petrus noch immer seinem (römischen) Sitz vor, und Petrus ist es, der ebenfalls in seinen Erben wirkt und handelt[85]. Diesen bereits von Siricius verwandten

[79] Ep. 6.

[80] Ep. 7, 8 und 10 = n. 11, 12 und 14 der Coll. Thessal. Der Brief an Proklos: Ep. 9 bzw. 13 der Coll. Thessal.

[81] Zur Bautätigkeit Sixtus' III. siehe *R. Krautheimer*, Festschrift E. Panofsky (New York 1961) 291—302.

[82] Seine Briefe und Predigten: PL 54, Nachträge PL Suppl 3, 329—350. Neuausgabe der Sermones (bisher 1—64) von *J. Leclercq - R. Dolle:* SChr 22bis, 49, 74 (Paris 1949/61); der Briefe: *Schwartz:* ACO II 1—4. Literatur zu Leo I: *P. Batiffol:* DThC 9, 218—301; *H. Lietzmann:* PWK 12, 1962—73; *Altaner - Stuiber*[7] 357—360.

[83] Besonders wichtig Serm. 2—5 und 82—84.

[84] Serm. 2, 1; 5, 3f; 83, 3.

[85] Serm. 5, 4; 3, 4; 2, 2; Siricius, Ep. 1, 1. *Consortium potentiae:* Serm. 4, 4, 2, dazu *M. Maccarrone*, San Pietro in rapporto a Cristo (Rom 1968) 63—67.

Gedanken vom römischen Bischof als dem *Petrus-Erben* vertieft Leo I. und sieht in ihm die eigentliche Begründung für den Primat: So wie der Erbe in alle Rechte und Verpflichtungen des von ihm Beerbten eintritt, so übernimmt der jeweilige Bischof von Rom als Erbe des Petrus dessen Funktion, Vollmacht und Privilegien. Nicht des Petrus Wirken in Rom, nicht der Besitz des Petrusgrabes, sondern die juristisch verstandene Sukzession des Erben läßt den römischen Bischof als Stellvertreter des Petrus fungieren[86]. Und weiter: So wie Petrus nach Mt 16, 18 vor den übrigen Aposteln ein Mehr an Vollmacht übertragen wurde, so gilt dies auch für das Verhältnis seines Erben zu den übrigen Bischöfen[87]. Auf solcher Grundlage weiß sich Leo in ein Amt gerufen, dessen Last und Würde er gleichermaßen empfindet. Es legt ihm die Pflicht auf, in der Gesamtkirche über die Reinheit der Lehre zu wachen und für eine Lebensordnung innerhalb dieser Gemeinschaft einzutreten, die dem Evangelium und der Tradition der Väter entspricht. Wie kein Papst vor ihm hat Leo I. in ernst genommener Verantwortung und im Bewußtsein hoher Würde, zugleich mit wachem Blick für das im konkreten Einzelfall Mögliche und mit diplomatischem Geschick dieser Pflicht gerecht zu werden gesucht.

Im Bereich der lateinischen Kirche hat der Leitungsanspruch Leos I. keinen grundsätzlichen Widerspruch gefunden, er wurde auch von einem allerdings relativ schwachen westlichen Kaisertum ohne Einschränkung anerkannt. Als der Papst von der Existenz einer nicht unbeträchtlichen manichäischen Gemeinde in Rom erfuhr, ging er mit Nachdruck gegen sie vor und erwirkte ohne Bedenken ein kaiserliches Edikt, das die bisherigen Strafen gegen sie verschärfte, und Jahre hindurch hat er in Wort und Schrift vor der manichäischen Gefahr gewarnt[88]. Als verschiedene Gemeinden der Provinz Venetien ehemalige pelagianische Kleriker ohne ausreichende Kontrolle in Dienst nahmen, mahnte er den Bischof von Aquileia zu größerer Wachsamkeit. Gegen den wieder erstarkenden Priszillianismus in Spanien gab er in einer Dekretale konkrete Anweisungen für das Vorgehen der Bischöfe. Mißbräuche bei Bischofswahlen in Nordafrika, die sich im Gefolge der Vandaleninvasion eingestellt hatten, veranlaßten den Papst zu einem Schreiben an den Episkopat in Mauretanien, das einen umfassenden Bericht über die beschlossenen Maßnahmen anforderte[89]. Nur von einem einzigen latei-

[86] Serm. 3, 4: *cuius (scl. Petri) vice fungimur.* Zur Begründung des Primates aus der hereditas sedis vgl. *W. Ullmann,* Leo I and the Theme of Papal Primacy: JThS n. s. 11 (1960) 25—51.

[87] Sermo 4.

[88] Leo, Ep. 7; 8 (Edikt Valentinians III.); Serm. 16; 22; 24; 34; 42; 76; vgl. auch Prosper Aquit., Chron. ad ann. 443.

[89] Gegen die Pelagianer; Epp. 1 und 2; Priscillianisten: Ep. 15 an Turribius von Astorga, dazu *B. de Gaiffier:* AnBoll 59 (1941) 34—64 und *J. Campos:* Helmántica 13 (1962) 269—308. Dekretale für Afrika: Ep. 12.

nischen Bischof scheint die Jurisdiktionsgewalt Leos vorübergehend in Frage gestellt worden zu sein, von Hilarius von Arles, einem früheren Leriner Mönch, bei dem sich lautere persönliche Askese mit einer starken Neigung zu nicht immer besonnener Kontrolle der Kirchendisziplin in der gesamten Kirche Galliens verband. Das Recht dazu leitete er von vermeintlichen Privilegien des Stuhles von Arles ab, die er auch persönlich vor einer römischen Synode verteidigte, an die sich zwei gallische Bischöfe mit ihrer Beschwerde gewandt hatten, der eine, weil er widerrechtlich von Hilarius abgesetzt worden sei, der andere, weil er ihm noch zu seinen Lebzeiten einen Nachfolger bestimmt hatte. Leo I. kassierte beide Maßnahmen des Hilarius, ließ ihn aber trotzdem im Amt, jedoch nur als Bischof von Arles, dessen Metropolitanrechte an den ältesten Bischof der Provinz übergingen. In einem meisterhaft formulierten und dosierten Schreiben an die Bischöfe der Provinz Vienne gab der Papst seine Entscheidungen bekannt und betonte ausdrücklich, daß er sie in seiner Eigenschaft als Nachfolger des Petrus treffe. Geschickt benutzte er den Vorfall, durch ein von Kaiser Valentinian III. erbetenes Edikt an den Comes Aëtius in Gallien bestätigen zu lassen, daß der Primatsanspruch des römischen Bischofs unabhängig von staatlicher Zustimmung existiere[90]. Da sich Hilarius dem römischen Urteil beugte, blieb der Fall eine Episode, ohne jenes Gewicht, das ihm zuweilen zugeschrieben wird. Seinen Vikar in Thessalonike mußte Leo I. zur Ordnung rufen, als dieser seine Befugnisse gegenüber den Metropoliten seines Amtsbereiches überschritt. In einer berühmt gewordenen Formulierung, die sich später in der päpstlichen Kanzlei großer Beliebtheit erfreuen sollte, machte ihm der Papst klar, daß der römische Bischof ihn bei der Übertragung des Vikariates nur zur Teilhabe an seiner Hirtensorge berufen habe, nicht jedoch zur Fülle seiner Gewalt. Ein ebenso klärendes Wort fand Leo für Sinn und Tragweite der bischöflichen Kollegialität: In der Würde seien alle Bischöfe gleich, nicht jedoch im Rang, wie es schon im Apostelkollegium der Fall gewesen sei, da einem der Vorrang gegeben wurde. Von diesem Modell (forma) leite sich ihr Maß an Hirtensorge ab, das differenziert sei nach der Bedeutung des einzelnen Bischofssitzes; ihrer aller Sorge aber fließe zusammen zur umfassenden Sorge des Stuhles Petri für die Gesamtkirche, nur eine so verstandene *concordia sacerdotum* garantiere die Einheit der Kirche[91].

Der eigentliche und entscheidende Testbereich für die Durchsetzbarkeit des Primatsverständnisses Leos I. waren und blieben jedoch die Kirchen des Ostens. Schon im Gratulationsschreiben an Dioskoros von Alexandrien, der

[90] Leo I., Ep. 10; das Edikt des Honorius: ebd. Ep. 11, dazu *E. Griffe*, La Gaule chrétienne II (Paris 1957) 160—170.

[91] Leo I., Epp. 6 und 14; 14, 1: *vices enim nostras ita tuae credidimus caritati, ut in partem sis vocatus sollicitudinis, non in plenitudinem potestatis*. Zum Bischofsamt ebd. 14, 11.

seine Wahl angezeigt hatte, wies der Papst in vorsichtiger Formulierung darauf hin, daß zwischen Rom und Alexandrien Einheit herrschen müsse, da in der römischen Kirche die Traditionen des vom Herrn mit dem Primat ausgestatteten Petrus in Geltung seien, in Alexandrien die seines Schülers Markus, zwischen Lehrer und Schüler sollte jedoch kein Widerspruch bestehen [92]. Eine direkte Antwort Dioskoros' auf Leos Brief liegt nicht vor, wie er jedoch in Wirklichkeit über Roms Stellung in der Gesamtkirche dachte, kam unverhüllt zum Ausdruck in der Behandlung, die er den Legaten Leos auf der Reichssynode von Ephesos 449 zuteil werden ließ [93]. Mit herrischer Geste schob er deren Forderung beiseite, der Synode das päpstliche Urteil über die Lehre des Eutyches, wie es im Brief Leos an Flavian von Konstantinopel enthalten sei, doch wenigstens vorlesen zu lassen, und ebenso kühl ging er über den römischen Protest gegen die Absetzung Flavians hinweg. Zu dieser eindeutigen Nichtanerkennung jeglicher Sonderstellung Roms durch die alexandrinische Kirche kam die negative Haltung Kaiser Theodosius' II., der die vereinten Bitten von Papst, Kaiser Valentinian III. und dessen Mutter Galla Placidia um Einberufung eines neuen Konzils nach Italien rundweg abschlug und in seiner Antwort an Valentinian bewußt nur von dem „Patriarchen" Leo sprach, während die Schreiben des westlichen Kaiserhauses deutlich auf den universalen Rang Roms hinwiesen [94]. Der Papst hat zwar oft die Bedeutung des Kaisertums für die Reinerhaltung des Glaubens in hymnischen Worten gepriesen und seine Repräsentanten als vom Heiligen Geist inspiriert bezeichnet, aber der reale Aussagewert solcher Formulierungen wird faßbar, wenn man feststellt, daß Leo I. beileibe nicht etwa nun die östliche Kirche der kaiserlichen Führung überließ. Er hat im Gegenteil unaufhörlich an deren Schutzpflicht und Wachsamkeit erinnern müssen, hat nach dem weithin vom Kaiser mitzuverantwortenden Fehlschlag von Ephesos 449 mit deutlicher Kritik nicht zurückgehalten und verlangt, ein neues Konzil müsse korrigieren, „quae contra fidem facta sunt", und sogar seine Sorge ausgesprochen, der Kaiser könne in einer Glaubenswahrheit das Opfer einer Täuschung werden [95]. Gewiß haben sich die in Ephesos 449 abgesetzten Bischöfe Flavian, Eusebios von Dorylaion und Theodoret von Kyros hilfesuchend nach Rom gewandt und von der päpstlichen Autorität die unmittelbare Wiedereinsetzung in ihre bisherigen Äm-

[92] Leo I., Ep. 9.

[93] Zur Vorgeschichte und zum Verlauf der Synode von Ephesos und des Konzils von Chalkedon siehe oben Kap. 7 und 8.

[94] Die Briefe Leos und des Kaiserhauses: Epp. 54—58, die Antworten des Theodosius: Epp. 62—64.

[95] Vgl. die Briefe Leos an Theodosius und Pulcheria: Epp. 43—45 und Ep. 54 *(indefessis precibus divinam misericordiam posco, ... ne falli vos patiatur)*. Vgl. *P. Stockmeier*, Leo I. d. Gr. Beurteilung der kaiserlichen Religionspolitik (München 1959).

ter zum Teil erwartet oder gefordert, aber solche Stimmen blieben vereinzelt[96].

Ähnlich wie zuvor Papst Cölestin in Ephesos 431 mußte nun Leo I. alles daran gelegen sein, auf dem Konzil von Chalkedon seine schon in der Epistola 28 ad Flavianum getroffene Lehrentscheidung nicht mehr in Frage gestellt zu sehen. Dem entsprach das Verhalten seiner Legaten, die wiederholt die höchste Lehrautorität Roms betonten und alles vermieden sehen wollten, was dieser Auffassung widersprochen hätte[97]. Ein formeller Widerspruch dagegen ist tatsächlich auf dem Konzil nicht erhoben worden, und die Legaten mochten aus ihrer Sicht in mehreren Vorfällen eine Anerkennung des römischen Standpunktes sehen, so in der 3. Sitzung des Konzils, in der unter ihrem Vorsitz und in ihrer Formulierung das Urteil über Dioskoros gesprochen wurde, das ausdrücklich auf den römischen Primat Bezug nahm[98]. Sie mochten auch wie später Leo I. selbst hohe Genugtuung empfinden über die Akklamationen, die der epistula dogmatica zuteil wurden — „Petrus hat durch Leo gesprochen" — und diese im Sinne einer anerkennenden Bestätigung der römischen Lehrautorität interpretieren. In Wirklichkeit war die Situation bei weitem nicht so eindeutig. Ohne Zweifel ist der Brief an Flavian vom Konzil noch einmal diskutiert worden, ein Teil der Bischöfe hatte Bedenken wegen gewisser Formulierungen, die zerstreut werden mußten. Die Akklamationen zur Epistula müssen sinngemäß als Feststellung des Konzils verstanden werden, daß die Lehre Leos mit der Tradition der Väter übereinstimme, das Konzil hielt sich also für berechtigt, dies zunächst zu prüfen und dann zu proklamieren. Noch unabhängiger gab sich das Konzil in Fragen der Jurisdiktion, wie etwa der Wiedereinsetzung der amtsenthobenen Bischöfe, die es in eigener Kompetenz entschied[99]. Am stärksten wird diese Unabhängigkeit faßbar in dem Beschluß des Konzils, der im sog. Kanon 28 vorliegt und dem Stuhl von Konstantinopel die gleichen Vorrechte zuerkennt, wie sie der römische besitzt, da sie als Kaiserstädte gleichen Ranges seien. Daraus wird für den Konstantinopler Bischof das Recht der Weihe aller Metropoliten der Diözesen Pontus, Asien und Thrakien und das aller Bischöfe in den Grenzräumen dieser Gebiete abgeleitet. Gegen den Protest der päpstlichen Legaten hielt das Konzil an diesem Beschluß fest, wandte sich jedoch nach Abschluß der Tagung an den Papst, erkannte erneut ausdrücklich dessen Lehrautorität an, erläuterte den Sinn des Kanons und bat ihn, auch dieses Dekret „durch seine Anerkennung zu ehren". Im gleichen Sinn wurden auch Kaiser Markianos und Bischof Ana-

[96] Briefe Flavians und des Eusebios: ACO II, II, 1, 77—81; Theodorets bei Leo I., Ep. 52.

[97] Zum Folgenden vgl. *W. de Vries*, Die Struktur der Kirche gemäß dem Konzil von Chalkedon: OrChrP 35 (1969) 88—122.

[98] Urteil über Dioskoros: ACO II, I, 15 ff, lateinisch: Leo I., Ep., 103.

[99] Leo I., Ep. 98.

tolios bei Leo I. vorstellig[100]. Leos lang hinausgezogene Stellungnahme in Briefen an das kaiserliche Paar und den Konstantinopler Bischof wertete den Kanon 28 als schweren Verstoß gegen die Beschlüsse von Nikaia und erklärte ihn in feierlicher Form für ungültig[101], erreichte aber nur eine vorübergehende Aussetzung des Beschlusses.

Im Blick auf diese komplexe Situation wird man sagen müssen, daß das Konzil von Chalkedon keine uneingeschränkte und volle Anerkennung des leoninischen Primatsverständnisses ausgesprochen hat, daß aber die römische Lehrautorität im engeren Sinn ein bisher noch nicht und später nicht mehr erreichtes Maß an Zustimmung fand, während sich eine Zuständigkeit Roms in Fragen kirchlicher Disziplin und Jurisdiktion nicht durchsetzen konnte, sondern nur gelegentlich von einzelnen Bischöfen bejaht wurde. Wie wenig dauerhaft aber selbst dieser relative Erfolg war, enthüllte rasch der alsbald einsetzende Kampf um die Geltung des Chalcedonense im Osten[102]. Im Westen freilich wurde der Primat des römischen Bischofs in der ganzen von Leo I. verstandenen und formulierten Weite nun nicht mehr bestritten. Dazu hat gewiß die überragende Persönlichkeit dieses Papstes beigetragen, der im damaligen Westen keine Gestalt von ähnlichem Format zur Seite gestellt werden konnte. Vor allem durch das furchtlose Eintreten Leos zum Schutze Roms und Italiens gegenüber Attila (452) und dem Vandalenkönig Geiserich (455)[103] war der Papst an Stelle eines völlig versagenden Kaisertums in den Augen vieler auch zum Halt und Anker in irdischer Not geworden.

16. Kapitel

Der Klerus der Reichskirche

LITERATUR: 1. Allgemein: Die Übersichten bei *J. Gaudemet,* L'Église dans l'Empire romain, IV—V siècles (Paris 1958) 98—185; *Plöchl* I (Wien ²1960) 176—189; *Feine RG* 125—145 (Lit.); *D. Zähringer,* Das kirchliche Priestertum nach dem hl. Augustinus (Paderborn 1931); *G. Bardy* (éd.), Prêtres d'hier et d'aujourd'hui (Paris 1954); Études sur le sacrement de l'ordre = Lex orandi 22 (Paris 1957), dt.: Das apostolische Amt (Mainz 1961); *G. Pintard,* Le sacerdoce selon s. Augustin (Paris 1960); *R. Crespin,* Ministère et sainteté. Pastorale du clergé et solution de la crise donatiste dans la vie et la doctrine de s. Augustin (Paris 1965); *R. Gryson,* Le prêtre selon s. Ambroise (Louvain 1968); *L. Ott,* Das Weihesakrament. Die nachnizänische Patristik = HDG IV 5 (Freiburg 1969) 19—39.

2. Einzelfragen: *M. Andrieu,* Les ordres mineurs (Paris 1925); *W. Croce,* Die niederen Weihen und ihre hierarchische Wertung: ZKTh 70 (1948) 257—315; Diakonat: DACL IV 738—746; RAC III 888—909; DSAM III 799—817; *J. Blockscha,* Die Altersvorschriften für die höheren Weihen im ersten Jahrtausend: AkathKR 111 (1931) 31—83; *P.-H.*

[100] Text des Kanons: ACO II, I, 3, 89—94; Brief des Konzils: ebd. 116—118. Briefe Markians und Flavians: Leo I., Ep. 100f. [101] Leo I., Ep. 104—106.
[102] Siehe Chalkedon II 13—177. [103] Prosper, Chron. ad ann. 452 und 455.

Lafontaine, Les conditions positives de l'accession aux ordres dans la première législation ecclésiastique (Ottawa 1963) 300—492; *R. Gryson,* Le ministère des femmes dans l'église ancienne (Gembloux 1972). — Zölibat: DACL II 2802—32; DSAM II 385—396; *B. Kötting,* Der Zölibat in der alten Kirche (Münster ²1970); *R. Gryson,* Les origines du célibat ecclésiastique (Gembloux 1970); *P. Pampaloni,* Continenza e celibato del clero. Legge e motivi nelle fonti canonistiche dei sec. IV e V: Studia Patavina 17 (1970) 5—59; *H. Crouzel,* Le célibat dans l'église primitive = Sacerdoce et célibat, publ. par *J. Coppens* et autres (Gembloux 1971) 333—371. — *G. Hörle,* Frühmittelalterliche Mönchs- und Klerikerbildung in Italien (Freiburg 1914); *W. Wühr,* Das abendländische Bildungswesen im Mittelalter (München 1950) 17—45; La formación sacerdotal en la Iglesia (Barcelona 1966). — *H. Leclercq,* Immunité: DACL VII 323—390; *C. Dupont,* Les privilèges des clercs sous Constantin: RHE 62 (1967) 729—752; *G. Vismara,* Episcopalis audientia (Mailand 1937); *W. Selb,* Episcopalis audientia von der Zeit Konstantins bis zur Nov. XXXV Valentinians III: ZSavRGrom 84 (1967) 162—217; *Th. Klauser,* Der Ursprung der bischöflichen Insignien und Ehrenrechte (Krefeld ²1953); *E. Jerg,* Vir venerabilis. Untersuchungen zur Titulatur der Bischöfe in den außerkirchlichen Texten der Spätantike als Beitrag zur Deutung ihrer öffentlichen Stellung (Wien 1970). — *Y. Congar* (Hrsg.), Das Bischofsamt und die Weltkirche (Stuttgart 1964); *J. Lécuyer,* Études sur la collégialité épiscopale (Le Puy - Lyon 1964); La collégialité épiscopale. Histoire et théologie = Unam sanctam 52 (Paris 1965); *L. Mortari,* Consacrazione episcopale e collegialità (Florenz 1969).

Am Beginn des 4. Jh. ist es längst allgemeine Überzeugung, daß innerhalb der christlichen Gemeinschaft ein eigener klerikaler Stand mit verschiedenen Stufen existieren muß, denen je spezifische Aufgaben im Dienst der Gemeinde zugewiesen sind. Die synodale und päpstliche Gesetzgebung der Zeit wie auch die Initiative einzelner Bischöfe versuchen nunmehr, dem Auftrag dieses Standes eine höchstmögliche Effektivität zu sichern, indem sie vor allem die Bedingungen für die Zulassung präzisieren, den Wirkungsbereich einzelner Ämter deutlicher voneinander abgrenzen und sich um die geistige und geistliche Bildung seiner Glieder sorgen. Einzelne Schriftsteller erarbeiten Entwürfe eines Priesterideals, die Ernst und Tragweite der priesterlichen Sendung gegenwärtig halten möchten.

Die verschiedenen Weihestufen

Dem 4. Jh. ist der Sache nach die Aufteilung des Klerus in zwei Gruppen geläufig, die Innocenz I. als *clerici superioris* und *inferioris ordinis* kennzeichnet[1]. Zu der ersten gehören eindeutig Bischöfe, Presbyter und Diakone, deren Weihe ausschließlich den Bischöfen vorbehalten ist und deren besonderer Rang auch von der staatlichen Gesetzgebung anerkannt wird[2]. Die

[1] Ep. 2, 3.

[2] Selbst ein Chorbischof darf keine Priester- oder Diakonsweihe vornehmen: conc. Antioch. c. 10. Eine Verordnung des Kaisers Arkadius bestimmt, daß Bischöfe, Presbyter und Diakone nicht zum Dienst in einer curia herangezogen werden können: Cod. Theod. 12, 1, 163.

unteren Weihestufen hingegen bleiben sowohl der Zahl wie der Wertung nach und auch hinsichtlich des Aufgabenbereiches starken Schwankungen unterworfen[3]. Die von den Quellen am häufigsten genannten Stufen — es sind Subdiakonat, Akolythat, Exorzistat, Ostiariat und Lektorat — sind weder in allen Ortsgemeinden tatsächlich vorhanden, noch ist die Aufnahme in die nächsthöhere Stufe streng an die Ausübung des vorhergehenden Ranges gebunden, es besteht nicht einmal Übereinstimmung darüber, ob jede der genannten Stufen wirklich ein klerikales Amt darstellt. Als Einstiegstufe in die klerikale Laufbahn wurde gewöhnlich das *Lektorat*[4] angesehen, das im 4. Jh. oft schon Knaben übertragen wurde, die für den geistlichen Stand geeignet erschienen. Ursprünglich oblag dem Lektor die Lesung der Schrift beim Gottesdienst, später auch das Singen der Psalmen. Der Osten scheidet allmählich den Sänger vom Lektor, ohne ihn jedoch für sein Amt zu weihen[5], während in Rom der Chor beim Gottesdienst aus den Lektoren gebildet wurde. Da die Funktion des Lektors eine gewisse Bildung voraussetzte, hat man diese Stufe am meisten als Voraussetzung für die Zulassung zu einer der höheren Weihen angesehen[6]. Ziemlich unscharf erscheinen in den Quellen Amt und Funktion des *ostiarius*, der in den Aufzählungen der Weihestufen bei Siricius, Innocenz I. und Zosimus überhaupt nicht erwähnt wird, während Gelasius I. gegen Ende des 5. Jh. ihn zwar nennt, aber nicht zum klerikalen Stand rechnet. In Mailand existiert er jedoch unter Ambrosius, in Afrika gilt er als Kleriker, die Statuta ecclesiae antiqua sprechen ausdrücklich von seiner Weihe. Im Osten erscheint das Amt in einigen Quellen des 4. Jh., die Apostolischen Konstitutionen kennen jedoch keine Weihe dafür. Zur Zeit Justinians gehört sein Träger nicht mehr zum Klerus und wird nach dem Trullanum nicht mehr genannt. Name und Überreichung der Kirchenschlüssel bei der Weihe weisen ihm wohl eine Aufsicht über das Gotteshaus und seine Besucher während der Feier der Liturgie zu[7]. Auch für den *Exorzisten* lehnen die Apostolischen Konstitutionen eine eigene Weihe ab, da er ein von Gott direkt verliehenes Charisma für seine Aufgabe besitze, die in der Betreuung der Katechumenen und Energumenen besteht. In Ost und West verliert das Amt vom 5. Jh. an zusehends an Bedeutung und kommt schließlich zum

[3] Vgl. bes. *W. Croce* a. a. O.

[4] Siehe *H. Leclercq*, Lectorat: DACL VIII 2247—69; *A. Quacquarelli*, Alle origini del lector: Convivium Dominicum (Catania 1959) 381—406.

[5] Conc. Laodic. c. 23 24; Const. Apost. 2, 26, 3; Hieron., Ep. 52, 5. Nur die wahrscheinlich von Gennadius von Marseille um 475 zusammengestellten *Statuta ecclesiae antiqua* c. 98 nennen als letzte klerikale Stufe den wohl aus dem Osten übernommenen psalmista.

[6] Conc. Sardic. c. 10 bzw. 13; Test. D. N. J. Chr. 1, 45.

[7] Vgl. DACL XIV 1525—33; *R. Gryson*, Les degrés du clergé et leurs dénominations chez s. Ambroise: RBén 76 (1966) 119—127.

Erlöschen[8]. Während sich das *Akolythenamt* im Osten nie durchsetzen konnte[9], hat es im Westen, vor allem in Rom, ein gewisses Ansehen gewonnen, wo seine Inhaber als Gehilfen der Subdiakone beim Gottesdienst auftreten, während sie in Gallien erst gegen Ende des 5. Jh. nachweisbar sind[10]. Als eine Abspaltung vom Amt des Diakons ist der *Subdiakonat* anzusehen, dessen Funktionen allerdings nicht überall klar umschrieben werden. In Rom stimmt ihre Zahl mit der der sieben Diakone überein, was sie als deren Gehilfen ausweist. Ihre Mitwirkung bei der Liturgie tritt wie bei den Akolythen allmählich zurück hinter Aufgaben, die ihnen bei der Verwaltung des Kirchengutes übertragen werden[11]. Im Lauf des 4. Jh. kommt es in den stark wachsenden Gemeinden zu einer weiteren Differenzierung der Aufgaben von Diakon und Presbyter, deren genauere Abgrenzung allerdings zuweilen erhebliche Schwierigkeiten bereitet. Da die *Diakone* in mehrfacher Beziehung die direkten Mitarbeiter des Bischofs, zuweilen sogar seine Vertreter sind — sie spielen eine besondere Rolle in der Verwaltung des Kirchengutes, bei der Auswahl der Weihekandidaten und bei den liturgischen Funktionen —, ist ihr Ansehen und ihr Einfluß oft größer als der der Presbyter. In Rom bilden sie das Kollegium der 7 Diakone, dessen Vorsitzender schon am Ende des 4. Jh. *archidiaconus* heißt und aus dessen Mitte meist der Papst (oder auch Gegenpapst) gewählt wird[12]. Die Quellen lassen erkennen, daß sie öfters den Presbytern reservierte liturgische Funktionen für sich beanspruchen oder diesen generell vorgezogen sein wollen. Verschiedene Synoden müssen sie daher an ihren wirklichen Rang erinnern und sie eindeutig auf den Platz nach den *Presbytern* verweisen[13]. Diese haben die Vollmacht, die Taufe zu spenden und die Eucharistie zu feiern, falls sie einer eigenen Kirche zugewiesen sind, sonst vertreten sie in diesen Funktionen den Bischof während dessen Abwesenheit. Zuweilen wird ihnen auch schon die grundsätzlich dem Bischof obliegende Predigt übertragen[14].

Im 4. und 5. Jh. werden Versuche unternommen, den Presbyterat im Blick auf den Rang des Bischofs aufzuwerten und dies auch theoretisch zu begründen. Die Auffassung eines Aërios von Sebaste, für den Episkopat und Presbyterat dem Range nach gleich sind, weist Epiphanios von Salamis mit

[8] DACL V 964—978; Const. Apost. 8, 26; *W. Croce* a. a. O. 264.

[9] Nur Euseb., Vita Const. 3, 8 erwähnt die Akolythen einmal im Gefolge der Bischöfe auf dem Konzil von Nikaia.

[10] DACL I 348—356; Stat. eccl. ant. c. 94.

[11] DACL XV 1619—26; conc. Laodic. c. 21 23 25.

[12] Zu den römischen Diakonen vgl. *V. Monachino,* La cura pastorale a Milano, Cartagine e Roma nel sec. IV (Rom 1947) 327 f. Für die Päpste aus dem Diakonskollegium siehe *M. Andrieu,* La carrière ecclésiastique des papes: RevSR 21 (1947) 90—120. Diakonat im Osten: *P. Rentinck,* La cura pastorale in Antiochia nel sec. IV (Rom 1970) 172—175.

[13] *Gaudemet* a. a. O. 103; der „Hochmut" römischer Diakone wird vom Ambrosiaster streng gerügt: Quaest. Vet. et Novi Test. 101 (CSEL 50, 193 ff).

[14] Ebd. 101 mit Anm.

der Begründung zurück, nur der Bischof könne Presbyter weihen. Den einzigen Unterschied zwischen Presbyter und Bischof sieht auch Chrysostomus in der Vollmacht des letzteren, die Klerikerweihe vorzunehmen[15]. Im Westen halten der Ambrosiaster und Hieronymus den Unterschied zwischen den beiden Weihestufen nicht für ursprünglich, da Presbyter und Bischof prinzipiell *sacerdotes* seien, die spätere Differenzierung im Rang gehe auf bloße Zweckmäßigkeitserwägungen zurück. Ähnliche Gedanken finden sich in dem Traktat *De septem ordinibus* (nach 420) und, davon abhängig, bei Isidor von Sevilla[16]. Derartige Tendenzen werden jedoch schon von Innocenz I. zurückgewiesen, der die Presbyter ausdrücklich *secundi sacerdotes* nennt, und später von Gelasius I., der Übergriffe der Presbyter, wie die Weihe von Akolythen und Subdiakonen sowie Bereitung des Chrismas mit Absetzung bestrafen will[17].

Während die Synode von Serdika noch die generelle Bestimmung erließ, daß der Kleriker sich in den einzelnen Weihestufen eine Zeitlang bewähren solle, ehe er zu einer höheren aufsteigen könne, setzen die Päpste Siricius und Zosimus bestimmte Fristen (tempora, die späteren Interstitien) für das Verbleiben in einer Stufe fest, deren Beobachtung aber von Leo I. schon wieder eingeschärft werden muß. Papst Gelasius I. vertritt dann die bemerkenswerte Auffassung, diese Vorschriften seien elastisch zu handhaben und sollten sich den jeweiligen Erfordernissen der Verkündigung anpassen[18].

Über die zahlenmäßige Stärke des Klerus sowohl in einzelnen Gemeinden wie für ganze Provinzen und Länder liegen aus dieser Periode wenig zuverlässige Nachrichten vor, doch ist er in der Reichskirche des 4. Jh. ohne Zweifel parallel zur Zahl der Christen beträchtlich gewachsen. Klagen über mangelnden Priesternachwuchs werden jedoch in Afrika zur Zeit des Donatistenstreites und in Italien in den Wirren der Völkerwanderung erhoben[19].

Voraussetzungen für die Zulassung zum geistlichen Stand

Im Gegensatz zu einigen frühchristlichen Sondergruppen, wie Montanisten oder Priszillianisten, hat die Reichskirche grundsätzlich nur Männer zu den klerikalen Weihen zugelassen. Die *Diakonissen*, die im lateinischen Westen

[15] Epiph. Salam., Adv. haeres. 74, 5; Joh. Chrysost., In ep. I ad Tim. hom. 11.

[16] Siehe *J. Lécuyer*, Aux origines de la théologie thomiste de l'épiscopat: Gr 35 (1954) 56—89.

[17] Innoc. I., Ep. 25, 3; Gelas. I., Ep. 14, 6; vgl. noch Leo I., sermo 48, 1; Ambrosiaster, in 2 Tim. 3, 10.

[18] Gaudemet a. a. O. 149—152; Gelas., Ep. 14,2.

[19] Für Nordafrika siehe *R. Crespin* a. a. A. 55—60, weitere Hinweise bei *Gaudemet* a. a. O. 106 f.

nie die gleiche Bedeutung wie im Osten erlangten, wurden zwar durch einen eigenen Ritus — Handauflegung und Gebet — in ihren Stand aufgenommen, der eigentlich sakramentale Bereich war ihnen jedoch nicht zugänglich. Ihr Dienst war vorwiegend auf die Frauen der Gemeinde ausgerichtet, die sie auf die Taufe vorbereiteten, beim Taufakt betreuten, deren Pflege sie im Krankheitsfall übernahmen und für die sie den Kontakt zum Klerus der Gemeinde herstellten[20].

Die kirchliche Gesetzgebung der Zeit verlangte generell für die Zulassung zu den einzelnen Weihestufen eine deren Bedeutung entsprechende Reife, in der Fixierung des *Weihealters* war sie aber noch schwankend und uneinheitlich[21]. Aus der Dekretale des Papstes Zosimus über die Dauer der Interstitien ergeben sich folgende Mindestzahlen: für den Akolythen und Subdiakon 21, für den Diakon 25, für den Presbyter 30 Jahre. Das für den Bischof am häufigsten genannte Weihealter bewegt sich zwischen 45—50 Jahren[22]. Die zahlreichen Ausnahmen lassen erkennen, daß es sich bei diesen Angaben um Richtzahlen handelte, von deren Beobachtung man absah, wenn es sich um die Weihe eines besonders qualifizierten Mannes handelte. Ambrosius von Mailand z. B. wurde 8 Tage nach seiner Taufe im Alter von 24 Jahren Bischof, Hilarius von Poitiers vor seinem 35. Lebensjahr, Epiphanius von Pavia († 496) wurde mit 18 Jahren Subdiakon, mit 20 Diakon, mit 28 Presbyter und erhielt im gleichen Jahr noch die Bischofsweihe.

Die bisher allgemein gehaltene Forderung nach körperlicher Integrität und physischer *Gesundheit* des zu Weihenden wird vom 4. Jh. an differenzierter. Nicht nur Selbstverstümmelung, auch stark deformierende Narben oder das Fehlen eines Körpergliedes schließen von der Weihe aus[23], desgleichen Geisteskrankheit und Epilepsie[24]. Wichtiger war der Kirche jedoch die *charakterlich-moralische Eignung* für den Klerikerstand, deren Prüfung mit steigender Eindringlichkeit gefordert wird. Zu dieser Eignung gehörte eine längere Bewährung des bisherigen Laien im Glauben und sittlichen Leben, weshalb die Weihe eines Neugetauften nur ausnahmsweise möglich ist[25]. Diese Bewährung mußte man den in einer Verfolgung Abgefallenen eindeutig absprechen[26]. Gegenüber den aus einer schismatischen oder häretischen Gemeinschaft zur katholischen Kirche Kommenden war man jedoch flexibler und beließ eventuell deren Kleriker, wie im Falle der Nova-

[20] Die wichtigsten Quellen bei *J. Mayer,* Monumenta de viduis diaconissis virginibusque tractantia FlorPatr 42 (Bonn 1938); ferner *A. Kalsbach:* RAC IV 917—928 (Lit.). Zum Problem der Diakonissenweihe *P.-H. Lafontaine* 64—67 und *R. Gryson,* Le ministère des femmes.

[21] *Lafontaine* 164—216.

[22] Zosimus, Ep. 9, 3; schon vorher Siricius, Ep. 1, 9—10.

[23] Conc. Nicaen. c. 1; Hieron., Ep. 52, 10; Innoc. I., Ep. 37, 1, 3; Gelas. I., Ep. 14, 2.

[24] Conc. Illib. c. 29; conc. Araus. (441) c. 15 (16); Gelas. I., Ep. 14, 2.

[25] *Lafontaine* 354—393.

[26] Conc. Nicaen. c. 10.

tianer in Nikaia und der Donatisten in Nordafrika in ihrem bisherigen Rang[27]. Schwieriger war es, einen objektiven Maßstab für die Bewertung der moralischen Qualitäten zu finden. Allgemein war man der Auffassung, daß keine Eignung für den Klerikerstand bei jenen vorlag, die einmal wegen schwerer Vergehen der öffentlichen Kirchenbuße unterworfen werden mußten[28]. Die schon genannten Statuta ecclesiae antiqua, eine Art von klerikalem Standeskodex, fordern, daß außerdem Wucherer, Unruhestifter und solche, die Selbstjustiz übten, von den Weihen ausgeschlossen blieben[29]. Daß diese Normen vielfach nicht eingehalten wurden, beweisen die immer wieder erhobenen Klagen der Päpste über die Weihen von Indigni und der von ihnen verfügte Ausschluß der Schuldigen aus dem Klerikerstand[30]. Daß der Klerus für seine Aufgabe der Glaubensverkündigung und der Seelsorge über ein ausreichendes *theologisch-pastorales* Wissen verfügen müsse, wird von vielen Schriftstellern und Bischöfen der Zeit ebenso betont wie von den Päpsten des 4./5. Jh.[31], aber die Quellen machen nur wenig differenzierte Angaben über den damaligen Ausbildungsgang der Kleriker. Die führenden Bischöfe und theologischen Schriftsteller der Zeit, eine Minderheit im Vergleich zum gesamten Klerus und meist Angehörige der Bildungsschicht, hatten die profanen Schulen des 4./5. Jh. besucht und waren daher auch in der Lage, sich durch privates Studium das erforderliche theologische Wissen anzueignen[32]. Im Osten konnte diese Gruppe ein hohes Maß theologischer Bildung an den wenigen theologischen Schulen erwerben, von denen damals das Asketerion Diodors in Antiochien einen hohen Rang einnahm[33]. Männer mit diesem Bildungsgang waren es auch, die gewisse Gebiete der profanen Wissenschaften für ein tieferes Erfassen der Theologie für nützlich hielten. Für die große Mehrheit des niederen Klerus standen aber theologische Bildungsstätten mit festgelegtem Studienprogramm damals nicht zur Verfügung, der klerikale Nachwuchs wurde daher meist vom Klerus der jeweiligen Ortsgemeinde in die Heilige Schrift, die Praxis der Sakramentenspendung und die übrige Seelsorgstätigkeit eingeführt. Bei besonders günstigen Voraussetzungen etwa in Großgemeinden oder unter einem initiativenfreudigen Bischof konnte sich wohl eine Art schulmäßigen Unter-

[27] Ebd. c. 8 und 19. Zu den Donatisten s. *R. Crespin* a. a. O. 99—103.

[28] Siricius, Ep. 1, 14; conc. Tolet. I c. 2; Innoc. I., Ep. 2, 2; 39; Statut. eccles. ant. c. 84; Aug., Ep. 185, 10, 45; Gelas. I, Ep. 14, 2.

[29] Statut. eccles. ant. c. 55.

[30] Damas., Ep. ad Gallos episc. 5; 14; 16; Siricius, Ep. 1, 8; Innoc. I., Ep. 2, 2; 39; Gelas. I., Ep. 14, 2.

[31] *Lafontaine* 311—334; *R. Lebel,* La formation intellectuelle et pastorale des prêtres au grand siècle patristique = Le prêtre hier, aujourd'hui, demain (Paris 1970) 102—114.

[32] Vgl. Aug., Ep. 21, der sich von Bischof Valerius die dafür notwendige Freizeit erbittet.

[33] *R. Leconte,* L'asceterium de Diodore = Mélanges bibliques A. Robert (Paris 1959) 531—536.

richts entwickeln, wie er sich bereits in der römischen schola cantorum des 3. Jh. andeutete und dann in Ansätzen in der vita communis des Klerus der Kirche von Vercelli unter Bischof Eusebius († um 371) und für einige Gemeinden Nordafrikas anzunehmen ist[34]. Eine optimale Ausbildung erhielt der Klerus der Gemeinde Hippo unter Augustinus in seinem monasterium clericorum, der in seinen Briefen aber auch das zuweilen bedrückend niedrige Wissensniveau mancher Kleriker auf dem Lande beklagen muß[35]. Vom 5. Jh. an gewinnen auch manche Klöster des lateinischen Westens hohe Bedeutung für die Klerikerbildung, wie etwa das südgallische Inselkloster Lerinum, aus dem zahlreiche Bischöfe hervorgingen, die dann in ihren Bistümern den Klerus nach dem Leriner Modell zu formen suchten[36]. Als Herzstück priesterlicher Bildung galt allgemein Kenntnis und Verständnis der Heiligen Schrift, die eindringlich von allen Priester- und Bischofsspiegeln der Zeit verlangt wird[37]. Die Statuta ecclesiae antiqua fordern, daß man sich bei einem Kandidaten für das Bischofsamt vor der Weihe darüber vergewissere, daß er eine ausreichende literarische Bildung besitze, in der Heiligen Schrift unterrichtet und in ihrer Auslegung besonnen sei, daß er die kirchlichen Satzungen kenne und den fundamentalen Glaubenswahrheiten zustimme[38]. Die kulturelle und wirtschaftliche Krise als Folge der Völkerwanderung und der dadurch mitbedingte Nachwuchsmangel haben allerdings diese Anforderungen oft beträchtlich absinken lassen.

Auch gewisse Strukturen der spätantiken Gesellschaft haben Kirche und Staat des 4./5. Jh. in der Frage der Zulassung zum geistlichen Stand vor Probleme gestellt, die beide, zuweilen aus verschiedenen Motiven, meist in der gleichen Richtung zu lösen suchten. So war der Sklave grundsätzlich vollwertiges Mitglied der christlichen Gemeinschaft, aber seine soziale und rechtliche Unfreiheit in der damaligen Gesellschaft ließ ihn für ein klerikales Amt oft ebenso ungeeignet erscheinen wie den durch die Kolonatsgesetzgebung an die Scholle gebundenen Pächter auf den staatlichen Domänen oder den Ländereien eines Latifundienbesitzers. Sogar der Freigelassene war ihnen in gewissem Sinn zuzurechnen, da er durch verschiedene Verpflichtungen gegenüber seinem bisherigen Herrn gebunden blieb, der die

[34] Für Vercelli Ambros., Ep. 63, 65. Mehrere Synodalbeschlüsse aus Nordafrika fordern, daß die für die klerikale Laufbahn in Frage kommenden Jünglinge vor ihrer Weihe in der Schrift und den Konzilsbestimmungen unterrichtet werden: Breviar. Hippon. c. 1—2; conc. Carthag. c. 3; conc. eccl. afr. c. 18.

[35] Vgl. *F. van der Meer,* Augustinus als Seelsorger (Köln 1951) 270—280.

[36] *E. Griffe,* La Gaule chrétienne 3 (Paris 1965) 332—341.

[37] Zu nennen wäre hier das homiletische Gesamtwerk des Joh. Chrysostomos; Hieron., Ep. 52 ad Nepotianum (c. 8: *sermo presbyteri scripturarum lectione conditus sit*); Aug., Doctr. christ. (4, 6: *scripturarum tractator et doctor*); Gregor. I, Ep. 4, 29; 5, 48; 10, 34; 13, 15.

[38] Statut. eccles. ant. I.

Freilassung in gewissen Fällen widerrufen konnte. Schon die Synode von Elvira (um 306) untersagte daher die Weihe von Freigelassenen, deren Patroni noch Heiden waren, ein Verbot, das die 1. Synode von Toledo (400) insoweit modifizierte, als es die Zulassung von dem Einverständnis des bisherigen Herrn abhängig machte[39]. Papst Leo I. sprach sich generell gegen die Weihe von Sklaven und anderen Abhängigen aus, weil die Bindung an ihre Herren ihnen nicht gestattete, sich ganz dem Dienst Gottes zu widmen[40]. Papst Gelasius I. begründete diese Vorschrift weiter damit, die Weihe dieser Unfreien würde die Rechte anderer und die staatliche Gesetzgebung mißachten, ausgenommen sei nur der colonus, der die schriftliche Zustimmung seines Herrn erhalten habe. Gegen diese Vorschrift geweihte Sklaven müßten zu ihren Herren zurückkehren, es sei denn, sie wären schon Presbyter; Diakone konnten ihr Amt nur behalten, falls sie für ihren Herrn einen Ersatzmann stellten[41]. Die hier von Gelasius angesprochenen staatlichen Gesetze sind einmal eine Verordnung Kaiser Theodosius' II., die die Weihe eines colonus ohne Zustimmung seines Herrn untersagte und einem bereits Geweihten das Verbleiben im kirchlichen Dienst nur gestattete, wenn er die ihm auferlegte Steuer aufbrachte und ein Ersatzmann seine bisherigen Aufgaben übernahm. Des weiteren ein Erlaß Kaiser Valentinians III., der die Weihe von Sklaven und coloni verbot und nur Bischöfe und Presbyter aus diesen Ständen in ihren Ämtern beließ, wenn sie sie schon 30 Jahre innehatten[42]. Die staatliche Gesetzgebung versuchte darüber hinaus, Angehörige einzelner Berufe oder Inhaber staatlicher oder städtischer Ämter vom Eintritt in den geistlichen Stand abzuhalten, weil sie für das Funktionieren für Verwaltung und Wirtschaft unentbehrlich schienen. Zu ihnen gehörten vor allem die Dekurionen, Ratsmitglieder der Städte, als solche Träger einer einst begehrten, weil privilegierten, später jedoch zwangsläufig vererbten Verwaltungsaufgabe, die vom 3. Jh. an steigenden finanziellen Belastungen unterworfen wurden, da sie mit ihrem Vermögen für das Aufkommen des Steuersolls ihrer Stadt haften und zusätzlich kostspielige Dienste für Staat und Gemeinde leisten mußten. Eine Möglichkeit, sich solcher Bürden zu entziehen, war der Eintritt in den geistlichen Stand (oder in ein Kloster), der deshalb durch immer erneuerte staatliche Gesetze in der späten Kaiserzeit den Dekurionen untersagt oder durch finanzielle Sanktionen erschwert wurde[43] Die Kirche hat sich formell diesen Forderungen gebeugt, aber nur halben Herzens, da sie um ausreichenden Klerusnachwuchs besorgt sein mußte. Päpste und Synoden wiesen zwar wiederholt auf die Beobachtung dieser kaiserlichen Verordnungen hin, verhängten aber nur

[39] Conc. Illib. c. 80; conc. Tolet. I c. 10. [40] Leo I., Ep. 4, 1.
[41] Gelas. I., Ep. 14, 2; 14, 14; 20; 50.
[42] Theodos. II. = Cod. Justin. 1, 3, 16; Valentin. III: Nov. 35, 3 und 6.
[43] Vgl. *A. H. Jones*, The Late Roman Empire II (Oxford 1964) 745f.

selten entsprechende Strafen gegen die Übertreter und erteilten immer wieder nachträglich Dispens[44]. Ihrerseits erhob die Kirche Bedenken gegen die Zulassung ehemaliger Amtsträger im Staatsdienst, die nach Empfang der Taufe etwa als Soldaten oder Richter zum Blutvergießen oder zum Abhalten heidnischer Feste gezwungen sein konnten[45]. Hier wirkte sich konkret die lang fortdauernde christliche Überzeugung aus, daß man sich in einem so „weltlichen" Dienst nur schwer von schuldhafter Verfehlung frei halten könne. Aus einer anderen Überlegung heraus ließ man ehemalige Vermögensverwalter oder Vormünder erst zur Weihe zu, wenn sie nachwiesen, daß sie aller eventuellen Verpflichtungen aus ihrer bisherigen Tätigkeit ledig seien[46].

Klerikerehe und Anfänge des Zölibats

Am Beginn des 4. Jh. fanden sich in der Kirche Kleriker aller Weihestufen, die ihre vor der Weihe eingegangene Ehe ohne Einschränkung fortsetzten, und andere, die sich aus freien Stücken für Enthaltsamkeit in ihrer Ehe oder für den Verzicht auf jede Ehe entschieden hatten. In den vorkonstantinischen Quellen sind naturgemäß verheiratete Kleriker häufiger genannt als unverheiratete. Vom 3. Jh. an wird im Zuge der Hochschätzung des Jungfräulichkeitsideals die continentia des Klerus rühmend hervorgehoben. Tertullian und Origenes lassen deutlich ihre Sympathie für sie erkennen, begründen sie mit der größeren Wirksamkeit ihres Gebetes und der für den Umgang mit den christlichen Mysterien erforderlichen besonderen Reinheit. Klemens von Alexandrien führt als Motiv für die Enthaltsamkeit des Klerus, die er schon beim Apostel Paulus vorfindet, die größere Verfügbarkeit für die Seelsorge und das den virgines vorzulebende Beispiel an[47].

Vom verheirateten Kleriker wird aber zunächst nur gefordert, daß seine Ehe in jeder Hinsicht makellos sei, das heißt, daß beide Ehegatten jungfräulich in ihre Ehe eintraten und einander stets die Treue wahrten. Eine zweite Ehe entsprach diesem Ideal nicht mehr, und so blieb ein wiederverheirateter Mann oder der Gatte einer Witwe vom Klerikerstand ausgeschlossen. Diese Regelung besteht zunächst das 4. Jh. hindurch fort, es gibt allenfalls im Osten Diskussionen darüber, ob auch eine vor der Taufe geschlossene Ehe hier in Betracht zu ziehen sei und ob das Verbot der Zweitehe nur für die höheren Weihestufen gelte. Wer jedoch unverheiratet eine dieser Weihen empfangen hatte, konnte später keine Ehe mehr eingehen; eine von der Synode von Ankyra (314) vorgesehene Möglichkeit, daß sich ein Diakon bei

[44] Innoc. I., Ep. 3, 4; 37, 3; Gelas. I., Ep. 14, 3; 15, 1.
[45] Damas., Ep. ad Gallos episc. 10; Siricius, Ep. 6, 1, 3; 10, 5, 13; Innoc. I., Ep. 3, 4; conc. Tolet. I (400) c. 8.
[46] Conc. Carthag. (348) c. 8 und 9.
[47] *R. Gryson*, Origines 7—32.

seiner Weihe das Recht auf eine spätere Ehe vorbehalten dürfe, wurde bald aufgegeben[48]. Es fehlte im Osten zwar nicht an Strömungen, die vom verheirateten Kleriker besonders der höheren Weihestufen eine totale Enthaltsamkeit in seiner Ehe wünschten; das Konzil von Nikaia hat jedoch einen Antrag auf eine gesetzliche Festlegung in diesem Sinne nicht angenommen[49]. Auch die Synode von Gangra (340 oder 341) hat Anhänger des strengste Askese fordernden Bischofs Eustathios von Sebaste scharf gerügt, weil sie sich weigerten, an der Eucharistiefeier eines verheirateten Priesters teilzunehmen. Die Kanones des Hippolyt wenden sich dagegen, daß ein Presbyter, dem ein Kind geboren wird, abgesetzt werde, und die Apostolischen Kanones verbieten dem Bischof, Presbyter oder Diakon, ihre Frau „unter dem Vorwand der Frömmigkeit" zu entlassen[50]. Erst unter Kaiser Justinian erfuhr die ostkirchliche Praxis eine wesentliche Einschränkung, als er untersagte, einen Mann zum Bischof zu weihen, der Kinder oder Enkel habe; die Sorge für diese lenke ihn allzuleicht von seinen Verpflichtungen gegenüber Gott und Kirche ab und bringe ihn in Versuchung, Kirchenvermögen seinen Nachkommen zuzuwenden. Die abschließende Gesetzgebung für die Ostkirche brachte das Quinisextum (692), das vom verheirateten Bischofskandidaten die Trennung von seiner Frau und ihre Einweisung in ein Kloster verlangt, während es Presbytern und Diakonen die Fortsetzung ihrer Ehe gestattet und Enthaltsamkeit nur an den Tagen fordert, an denen sie die Liturgie (mit-)feiern[51].

Im lateinischen Westen verläuft die Entwicklung in einer anderen Richtung, da hier vom ausgehenden 4. Jh. an unter der maßgeblichen Führung Roms die Forderung erhoben und gesetzlich verankert wird, Kleriker der höheren Weihegrade seien, soweit sie verheiratet waren, nach der Weihe zur absoluten continentia verpflichtet. Zwar wurde eine derartige Verpflichtung schon einmal zu Beginn des Jh. auf der spanischen Synode von Elvira ausgesprochen[52], sie blieb aber lokal begrenzt. Das erste römische Dokument, das sich eingehend mit der Frage befaßt, ist das Schreiben des Papstes Damasus (366—384) an den gallischen Episkopat; es begründet die Verordnung damit, daß ein Bischof oder Presbyter, der anderen Enthaltsamkeit predige, selbst ein Beispiel geben müsse und die leibliche Vaterschaft nicht höher werten dürfe als die geistliche, die sein Amt ihm so oft verleihe. Das Vorbild des Apostels Paulus und schon das des alttestamentlichen Priestertums verpflichte die Diener Gottes, sich stets „rein" zu bewahren, da sie jeden Augenblick zur Spendung der Taufe, zur Feier der Eucharistie und

[48] Conc. Ancyr. c. 10, dazu *N. Jubany:* AST 15 (1952) 237—256.
[49] Sozom. HE 1, 11.
[50] Conc. Ancyr. c. 10; Can. Hippol. n. 8; Can. Apost. n. 5.
[51] Zur Gesetzgebung Justinians und des Quinisextums s. *R. Gryson* 110—123.
[52] Conc. Illib. c. 33.

zur Versöhnung der Sünder bereit sein müßten. Die Verletzung dieser „kultischen Reinheit“ durch den Priester bewirke, daß er diesen Namen nicht verdiene und nicht würdig sei, daß man ihm das Mysterium Gottes anvertraue[53]. Damasus' Nachfolger Siricius (384—399) greift die Frage in zwei weiteren Dekretalen auf, die in entschiedener Form mißbilligen, daß in Spanien wiederverheiratete Männer ohne Widerspruch von Bischöfen und Metropoliten zu den höheren Weihen zugelassen würden oder daß Priester nach ihrer Weihe die eheliche Gemeinschaft fortsetzten und sich dafür noch auf das alttestamentliche Priestertum beriefen; in Zukunft, so erklärt er, werde kein Bischof, Presbyter oder Diakon, der sich gegen dieses Gesetz verfehle, Nachsicht oder Verzeihung finden[54]. Um die Wende vom 4. zum 5. Jh. ist die strikte Enthaltsamkeit verheirateter Kleriker der drei höheren Weihestufen in den Verlautbarungen der Päpste eine eindeutig entschiedene Frage. *Innocenz I.* fügt den Bestimmungen seiner Vorgänger noch hinzu, daß ein Mönch, der die Aufnahme in den Klerus erstrebe, nicht damit rechnen dürfe, seiner einmal übernommenen Zölibatsverpflichtung ledig zu werden. Die weitere Einschärfung der Enthaltsamkeitsvorschriften durch die Päpste Zosimus (417—418) und Cölestin I. (422—433) macht allerdings deutlich, daß immer wieder Verstöße dagegen zu beklagen waren. Leo I. (440—461) dehnte schließlich das Gesetz ohne nähere Begründung auf die Subdiakone aus, deren wachsende Heranziehung zum unmittelbaren Dienst am Altar sie den Diakonen annäherte[55].

Die päpstliche Gesetzgebung über die Klerikerehe fand alsbald ihren Niederschlag in den Synodalbeschlüssen einzelner kirchlicher Regionen. Die Synode von Karthago 390 schärft unter Berufung auf Erlasse eines früheren Konzils die totale Kontinenz der Bischöfe, Presbyter und Diakone ein und begründet sie wie die Päpste mit deren Dienst am Altar. Elf Jahre später beschließt eine Synode (Karthago 401), daß Verfehlungen gegen das Gesetz mit der Entfernung der Schuldigen aus ihren Ämtern geahndet werden. Solche Sanktionen scheinen selten erforderlich gewesen zu sein, da Augustinus ausdrücklich die vorbildliche Haltung des afrikanischen Klerus in diesem Punkte rühmt[56]. Für Oberitalien hat die Synode von Turin im Jahre 398 gleiche Vorschriften erlassen, und für den Balkan bekräftigt Papst Leo I. ausdrücklich die dort schon länger bestehende Ordnung[57]. Ebenso nimmt die Synode von Toledo im Jahre 400 die von Papst Siricius für alle spanischen Provinzen gegebenen Anweisungen über die Klerikerehe in ihre Beschlüsse auf[58]. In Gallien lassen sich Auswirkungen der päpstlichen Dekretalen erst relativ spät auf der 1. Synode von Orange (441) feststellen, die

[53] Damas., Ep. ad Gallos episc. 2, 5—6.

[54] Siricius, Ep. 1, 15, 20; Ep. 5, 3—5.

[55] Innoc., Ep. 2, 10—13; Zosim., Ep. 9; Coelest. I., Ep. 4, 6—8; Leo I., Ep. 14, 4.

[56] Aug., De coniug. adult. 2, 20, 22.

[57] Conc. Taurin. c. 8; Leo I., Ep. 14, 4.

[58] Conc. Tolet. I c. 1; 3—7; 18; 19.

in Zukunft verheiratete Männer nur zulassen will, wenn sie sich zur Enthaltsamkeit verpflichten[59].

Sowohl die päpstlichen Dekretalen wie die entsprechende synodale Gesetzgebung motivieren ihre Forderung nach geschlechtlicher Enthaltsamkeit des höheren Klerus am häufigsten mit der für die Verwaltung der Sakramente erforderlichen kultischen Reinheit. In dieser unzureichenden Begründung wirkte sich neben alttestamentlichen Reinheitsvorstellungen vor allem die Idee von der hohen Würde christlichen Priestertums aus, die man in seiner Beziehung zur Eucharistie grundgelegt sah[60]. Eine genauere Prüfung des gesamten Priesterbildes der Zeit, wie es die patristische Literatur entwirft und wie es in den Texten der Weiheliturgie aufscheint[61], kann aber eine Reihe weiterer wesentlicher Motivationen für die priesterliche Enthaltsamkeit feststellen: die größere Verfügbarkeit für den Dienst an der Verkündigung des Evangeliums[62]; das exemplarische Leben des Priesters, der anderen um so wirksamer Enthaltsamkeit und Jungfräulichkeit predigt, wenn er sie überzeugend vorlebt[63]; die geistliche Vaterschaft des Priesters, der durch Spendung der Taufe und Versöhnung der Büßer das höhere geistliche Leben vermittelt[64]; und schließlich, wenn auch mehr indirekt, die Nachfolge des priesterlichen Vorbildes Christi selber und die spezifische Teilhabe an dessen Priestertum. Nur vor solchem Gesamthintergrund läßt sich das Werden dieser lex continentiae verstehen.

Den bischöflichen Befürwortern der totalen Enthaltsamkeit des höheren Klerus mußte sich der Gedanke nahelegen, Klerikeramt und zölibatäres Mönchtum miteinander zu verbinden, wie es in Ägypten schon zur Zeit des Athanasios öfters der Fall war[65]. Wahrscheinlich hat diese Verbindung auch für die schon erwähnte Vita communis des Klerus der Kirche von Vercelli gegolten, die Bischof Eusebius einführte; Augustinus verwirklichte sie in dem monasterium clericorum der Gemeinde von Hippo, für das er auch so

[59] Conc. Araus. (441) c. 21.

[60] Siehe *R. Kottje,* Das Aufkommen der täglichen Eucharistiefeier in der Westkirche und die Zölibatsforderung: ZKG 82 (1971) 218—228.

[61] Eine zusammenfassende Untersuchung über das Priesterbild der Alten Kirche fehlt. Eine Übersicht über die vorliegenden Einzeluntersuchungen gibt *J. Oñatibia,* Introducción al estudio de los Santos Padres sobre el ministerio sagrado = Teología del sacerdocio I (Burgos 1969) 95—122, außerdem *R. Gryson,* Le prêtre selon s. Ambroise (Louvain 1968) und *E. Boularand,* Le sacerdoce mystère de crainte et de l'amour chez s. Jean Chrysostome: BLE 72 (1971) 3—36.

[62] Neben den genannten Dekretalen s. auch Euseb., Dem. ev. 1, 9, 14f; Epiphan., Panar. 59, 4, 1—7; Chrysost., De sac. 4, 2.

[63] Chrysost., ebd. 3, 17; 6, 2; 6, 8; Isid. Pelus., Ep. 3, 176.

[64] Außer Eusebius und Epiphanius (Anm. 62) s. noch Ephrem., Poem. Nisib. 19; Chrysost. l. c. 3, 5; Damas., Ep. ad Gallos episc. 2 (vergleicht die Bindung des Bischofs an seine Kirche mit dem Band der Ehegatten); Aug., Sermo de ordin. episc. 7 (PL Suppl 2, 642).

[65] Athanas., Ep. ad Dracontium (PG 25, 532) nennt sieben Mönchsbischöfe mit Namen.

genügend Nachwuchs fand. Der gallische Bischof Veranus (wohl von Lyon, mit dem Papst Hilarus, 461—468, korrespondierte) vertrat die Auffassung, man solle Mönche zu Priestern weihen, da eine wenn auch kleinere Zahl ausgewählter und bewährter Männer durch ihr Beispiel den Aufgaben der Kirche dienlicher sei[66]. Hier wird deutlich, daß zuerst einzelne Bischöfe über die generelle kirchliche Regelung hinaus die Bejahung des vollen Zölibates als Bedingung für die Zulassung zum Klerus ihrer Ortskirche verlangten.

Wahl und Weihe des Klerus[67]

Die Berufung in ein kirchliches Amt erfolgte prinzipiell durch Wahl, die von der gesamten Gemeinde, Klerus und Volk, vorgenommen wurde, wobei die Form der Beteiligung des Volkes beachtliche Unterschiede aufwies[68]. Am deutlichsten spiegelt sich der Modus der Bischofswahl in den Quellen wider. Im allgemeinen wurde der neue Bischof aus dem Klerus der Ortskirche berufen, weil dieser Kandidat von den Wählern am besten beurteilt werden konnte; Ausnahmen sind allerdings nicht gerade selten[69]. Da eine möglichst einstimmige Wahl erwünscht war[70], einigte sich zunächst der Gemeindeklerus auf einen Kandidaten, den das Volk dann billigte und für den man die Zustimmung der Bischöfe der Kirchenprovinz, speziell die des Metropoliten, erbat. Zuweilen, wie bei Ambrosius von Mailand, verlangte die Gemeinde in öffentlicher Kundgebung die Weihe des ihr genehmen Mannes. Auch bei der Wahl einer Reihe von Päpsten ist die Beteiligung des Volkes nachweisbar. Allmählich aber wird diese durch mehrere Faktoren eingeschränkt. So reduziert sich der Kreis der Laien auf die sozial führende Schicht der Gemeindemitglieder, wie Kurialen, Senatoren usw., die sich in internen Verhandlungen absprechen, während das übrige Volk nur noch akklamiert. Dem Rückgang des Laienelementes entspricht der wachsende Einfluß der Bischöfe der Kirchenprovinz, der oft gefördert wird durch Uneinigkeit der Gemeinde über den zu wählenden Kandidaten oder durch ihre Option für einen kanonisch Ungeeigneten. Waren die Bischöfe selbst in ihrer Wahl gespalten, fiel die letzte Entscheidung dem Metropoliten zu[71]. Abgesehen von

[66] Sententia s. Verani de castitate sacerdotum: PL 72, 701 f.

[67] Vgl. *F. L. Ganshof,* Note sur l'élection des évêques dans l'empire romain au IVme et pendant la première moitié du Vme siècle: RevInternatDroits de l'Antiquité 4 (1950) 467—498; speziell für Gallien: *E. Griffe,* La Gaule chrétienne II (Paris ²1966) 213—235.

[68] Die Päpste Zosimus bis Gelasius I. halten unentwegt an einer Beteiligung des Volkes in irgendeiner Form fest, siehe *Gaudemet* 332 Anm. 1.

[69] *G. Bardy,* Sur la patrie des évêques dans les premiers siècles: RHE 35 (1939) 217—242.

[70] Gelas. I., Fragm. 4.

[71] Nach den Statut. eccles. ant. I ist erforderlich: *consensus clericorum et laicorum; conventus totius provinciae episcoporum; metropolitani auctoritas vel praesentia.*

Mittelitalien, für das der Papst Metropolitanrechte besitzt, greift dieser nur ein, wenn ihm strittige Fälle vorgelegt werden, im übrigen beschränkt er sich auf die Einschärfung der allgemein für die Wahl gültigen Normen. Schließlich schaltet sich noch die weltliche Autorität in die Besetzung vakanter Bischofssitze ein, sei es durch hohe Beamte, sei es durch den Kaiser selbst, ohne daß dafür eine gesetzliche Grundlage geschaffen würde. Besonders spürbar wird diese Einflußnahme im Osten, wo alle Formen vom diskreten Wunsch über massive Pression bis zum eindeutigen Befehl angewandt werden. Wenn auch in der Mehrheit der Fälle ein durchaus würdiger Kandidat zum Bischof gewählt wurde, so ist doch auch im 4./5. Jh. eine hohe Zahl von Vorgängen nachweisbar, bei denen die Bischofswahl durch Mißbrauch verschiedener Art, wie Designation des Nachfolgers durch den bisherigen Bischof, unlautere Begünstigung eines Kandidaten, simonistische oder ähnliche Umtriebe belastet oder verfälscht wurde[72].

Eine eigenartige Mentalität der Zeit enthüllen manche Berichte über Weihen, zu denen der vorgesehene Kandidat durch List, Überrumpelung oder direkte Gewalt gezwungen wurde: das Vorgehen wird offensichtlich nicht als fragwürdig empfunden. Kein Bischof und kein Papst, keine Synode erklärt solche Weihen für ungültig, nur selten werden sie getadelt, nur einmal spricht ein kaiserlicher Erlaß in einem Einzelfall die Ungültigkeit aus[73]. Zuweilen mag man den einmütigen Willen des Volkes als Gottes Stimme gewertet haben, manchmal war die Weigerung des Gewählten mehr eine erste Reaktion des Erschreckens vor den Verantwortungen, die ein solches Amt auferlegte. Man gewinnt aber auch den Eindruck, es gehöre zum Stil der Zeit, eine formelle Ablehnung des Amtes auszusprechen, um nicht in den Verdacht zu kommen, die Bischofswürde aus Ehrgeiz oder Gewinnsucht zu erstreben[74].

Da die Grundlagen von Weiheritus und Weiherecht schon in vorkonstantinischer Zeit, vor allem durch die Traditio Apostolica Hippolyts, geschaffen wurden, genügt es hier, auf die hinzugekommenen Ergänzungen hinzuweisen. Im lateinischen Westen wird jetzt *ordinatio* in der Umgangssprache der Christen zur Bezeichnung für den Weiheritus, während *consecratio* für das den Ritus der Handauflegung begleitende Weihegebet reserviert wird[75]. Weiter bilden sich bestimmte Ordinationszeiten heraus, für die Bischofs-

[72] Beispiele bei *Gaudemet* 108 mit Anm.

[73] Nov. 11 des Kaisers Majoran (460).

[74] Vgl. Kaiser Leon I., Cod. Just. 1, 3, 30: *indignus est sacerdotio, nisi fuerit ordinatus invitus.* Auch im spätrömischen Reich war verbale Ablehnung der Macht selbst bei der Kaiserwahl üblich.

[75] *P.-M. Gy,* Réflexion sur le vocabulaire antique du sacerdoce chrétien = Études sur le sacrement de l'ordre (Paris 1957) 125—145 = Das Apostolische Amt 92—109; *J. Gaudemet,* L'ordre dans la législation conciliaire de l'Antiquité: ebd. 233—256 bzw. 172 bis 192.

weihe der Sonntag, den Leo I. schon als alten Brauch bezeichnet, für die Priester- und Diakonsweihe die Quatembersamstage und der Samstag vor Passionssonntag. Alle Weihen sind eingebaut in die Feier der Eucharistie [76]. Während die Apostolischen Konstitutionen die Handauflegung auch für Subdiakon und Lektor kennen, bleibt sie im Westen den drei höheren Weihestufen vorbehalten [77]; in Ost und West wird dem Ritus der Bischofsweihe noch die Auflegung des Evangelienbuches zugefügt [78]. Obwohl Gelasius I. das ausschließliche Weiherecht des Bischofs unterstreicht, gestattet er dem Presbyter ausnahmsweise die Erteilung der Subdiakons- oder Akolythenweihe. Auffallend häufig müssen die Bischöfe dieser Zeit darauf hingewiesen werden, daß sie ihr Weiherecht nur innerhalb ihrer Diözese und bei Mitgliedern ihrer Ortskirche ausüben dürfen [79]. Grundsätzlich werden die Kleriker für den Dienst an einer bestimmten Ortskirche geweiht; ein Übergang an eine andere Kirche sollte nur ausnahmsweise möglich sein, war aber, besonders bei Bischöfen im östlichen Reichsteil häufiger, als es der Intention der kirchlichen Gesetzgebung entsprach [80].

Die klerikalen Standesprivilegien

Schon unter dem ersten christlichen Kaiser wurde nicht nur die bisher innerhalb der Kirche geltende Sonderstellung des Klerus staatlich anerkannt, er wurde darüber hinaus durch Gewährung bestimmter Vorrechte im Vergleich zum Durchschnittsbürger oder zu verschiedenen Berufsgruppen zu einem eindeutig privilegierten Stand. Zunächst befreite ihn Konstantin von den sogenannten munera, bestimmten Dienstleistungen gegenüber dem Staat, wie z. B. von der Pflicht, das Amt eines Decurio zu übernehmen, das kaiserliche Gefolge oder durchziehende Truppen gebührend zu versorgen oder gewisse Frondienste (munera sordida) zu leisten, um ihm so die uneingeschränkte Erfüllung seiner kirchlichen Aufgaben zu ermöglichen [81]. Eine von Kaiser Konstantius 346 gewährte Exemtion der Kleriker von der Grundsteuer wurde allerdings bereits 360 wieder eingeschränkt auf das eigentliche Kirchengut, und die gesamten klerikalen Steuerprivilegien wurden

[76] Leo I., Ep. 10; Gelas. I., Ep. 14, 11 und 15, 3; Const. Apost. 8, 5.

[77] Const. Apost. 8, 21 f. Statut. eccles. ant. c. 90—92; ebd. c. 93—97 werden die instrumenta aufgezählt, die die Aufgaben der Kandidaten der niederen Weihen symbolisieren.

[78] Const. Apost. 8, 4; Statut. eccles. ant. c. 90. Dazu *P. Batiffol,* La liturgie du sacre des évêques: RH 27 (1927) 733—763; *B. Botte,* Le rituel d'ordination des Statuta ecclesiae antiqua: RAM 11 (1939) 223—241.

[79] Belege bei *Gaudemet* 116 f.

[80] Ebd. 112 f.

[81] Erster bekannter Erlaß vom Okt. 313: Cod. Theod. 16, 2, 2 und Euseb. HE 10, 7, 2; weitere Bestimmungen über die Befreiung vom Dienst als curiales: Cod. Theod. 16, 2, 1; 16, 2, 7 (auch für Donatisten); 16, 2, 11; 16, 2, 18. Befreiung von den munera sordida: ebd. 16, 2, 10 (wohl 346).

wegen der prekären Finanzlage des Reiches durch Kaiser Valentinian III. 441 aufgehoben[82]. Besonders negativ für das Ansehen der Kirche scheint sich die Befreiung des Klerus von der *lustralis collatio* ausgewirkt zu haben, einer Abgabe, die Kaufleute alle fünf Jahre zu leisten hatten[83]. Die zahlreichen Klagen über handeltreibende Kleriker gerade von seiten der Kirche zeigen, daß dieses Privileg Mißbräuchen Tür und Tor öffnete, die Staat und Kirche zu wiederholten Einschränkungen und Verboten nötigten[84].

Von besonderer Bedeutung für die Geltung der Kirche im öffentlichen Leben wurde die Anerkennung der bislang nur innerhalb der bischöflichen Ortsgemeinde geübten richterlichen Tätigkeit des Bischofs in zivilen Streitsachen, d. h. die Eingliederung der sog. *audientia episcopalis* in den römischen Zivilprozeß[85]. Konstantin war davon überzeugt, daß ein bischöfliches Gericht wegen der hohen moralischen Autorität des Richters mehr Gerechtigkeit garantiere und speziell die Christen vor der Gefahr schütze, einem vielleicht voreingenommenen heidnischen Richter ausgeliefert zu sein, obwohl doch der heidnische Bürger nun die gleichen Bedenken gegenüber dem christlichen Bischof hegen konnte. In der Praxis erwies sich denn auch dieses Privileg für die Kirche eher als eine fragwürdige Gabe. Schon Hilarius von Poitiers wies darauf hin, daß das staatliche Richteramt für die Christen schlechthin Gefahren in sich berge, wenn es aus Ehrgeiz erstrebt würde und weil es selbst bei lauterer Absicht zwangsläufig in Zank und Unrecht verstricke[86]. Die Mehrheit der Bischöfe war hier schon wegen mangelnder juristischer Vorbildung überfordert, sie konnten jedoch auf die Wahrnehmung dieser Richterfunktion verzichten. Augustinus, dem die Voraussetzungen dafür nicht fehlten, klagte sehr darüber, daß dieses Richteramt manche Stunden beanspruche, die er lieber dem Gebet oder dem Studium der Schrift widmen möchte, und daß der Urteilsspruch des Bischofs doch meist einer Partei mißfalle, die ihn dann beschuldige, er habe das Recht gebeugt. Er hält es zwar für richtig, daß Christen sich mit ihren Streitsachen nicht an das staatliche Gericht wenden, bedauert aber, daß keine christlichen Laien für das Richteramt zur Verfügung stünden[87]. Um die Wende zum 5. Jh. wurde

[82] Cod. Theod. 16, 2, 10; Nov. 10.

[83] Cod. Theod. 16, 28 (343); erweitert durch Cod. Theod. 16, 2, 10 (346) und 13, 1, 1 (356).

[84] Quaest. Novi et Vet. Test. 127, 35; Sulpicius Severus, Chron. 1, 23; Dial. 3, 15; Hieron., Ep. 52, 5; Aug., Enarr. in ps. 70 s. 1, 18f; Maxim. Tur., hom. 114. — Cod. Theod. 16, 2, 15 (359); 13, 1, 11 (379); 16, 2, 36 (401); Nov. 35, 4 (452); Gelas. I., Ep. 14, 15.

[85] Cod. Theod. 1, 27, 1 (318); Const. Sirmond. I (333). Der 2. Erlaß beruft sich auf den ersten, den er präzisiert. Die Texte werfen viel diskutierte Einzelprobleme auf, vgl. *Gaudemet* 231 f.

[86] Hilar. Pictav., In ps. tract. 1, 10, dazu *Th. Klauser:* JbAC 5 (1962) 172—174. Von Bischöfen ist bei Hilarius nicht die Rede, sie können aber mitgemeint sein.

[87] Aug., De opere monachorum 29, 37; Enarr. in ps. 25, 13. Siehe *A. Pugliese*, Sant'Agostino giudice = Studi P. Ubaldi (Milano 1937) 263—299.

die audientia episcopalis eingeschränkt auf die nur noch vermittelnde Funktion eines Schlichters (arbiter), die schon ein Konzil von Karthago (397) bevorzugte und auch dem Sinn des bischöflichen Amtes weit angemessener war. Man scheint das kirchlicherseits nicht beklagt zu haben, auch nicht, daß Kaiser Valentinian III. diese Schlichtertätigkeit auf rein kirchliche Fälle reduzierte[88].

Aus der Berufung der Bischöfe zu richterlichen Funktionen hat man auch eine *Nobilitierung* des reichskirchlichen Episkopates durch die Kaiser ableiten wollen, also seine gesetzliche Einreihung in die hohen und höchsten Rangklassen der Beamtenhierarchie des spätrömischen Reiches; sie sei bereits von Konstantin eingeleitet worden, als er, wohl noch 313, für den Bischof von Rom die Rangstufe der *gloriosissimi* geschaffen habe, die später den übrigen Bischöfen zugänglich gemacht wurde; sogar Presbytern und Diakonen sei ehrenhalber die Würde eines illustris verliehen worden[89]. Es lassen sich jedoch weder kaiserliche Erlasse von solcher Bedeutung auch nur in Spuren nachweisen, noch bedient sich die kaiserliche Kanzlei in ihrer Korrespondenz der einschlägigen Titulatur, noch findet sie einen Niederschlag in der kirchlichen Epistolographie der Zeit[90]. Es entwickelte sich vielmehr ein eigenes christliches Vokabular für Anrede und Titulatur der Inhaber kirchlicher Ämter, dessen sich auch die kaiserliche Kanzlei bediente und das eine allmähliche Differenzierung nach den Rangstufen der kirchlichen Hierarchie erkennen läßt, die als solche wohl vom staatlichen Vorbild angeregt sein kann[91]. Im staatlichen Bereich wird man auch die Vorbilder für eine Reihe bischöflicher Insignien, wie Pallium, Stola, Fußbekleidung

[88] Cod. Just. 1, 4, 7; Cod. Theod. 1, 27, 2 = Cod. Just. 1, 4, 8. Conc. Carth. (397) c. 10. Valentin. III. Nov. 35 (452). Oft wird daran erinnert, daß bei der richterlichen Tätigkeit des Bischofs auch *misericordia, pietas* und *pax* walten solle: Ambros., Expos. ps. 118, 8, 25; Aug., Sermo 13, 5, 5; Theophil. Alex. = Hieron., Ep. 96, 20; Petrus Chrys., Sermo 145; Statut. eccles. ant. c. 54.

[89] So vor allem *Th. Klauser,* Der Ursprung der bischöflichen Insignien und Ehrenrechte (Krefeld [2]1953) und JbAC 5 (1962) 172—174, hier aber eingeschränkt auf solche Bischöfe, die das Richteramt in Zivilprozessen übernommen hätten. Die These Klausers wird z. T. noch übersteigert von *C. Andresen,* Die Kirchen der alten Christenheit (Stuttgart 1971) 405 f.

[90] Zur Kritik an der Auffassung Klausers siehe *H. U. Instinsky,* Bischofsstuhl und Kaiserthron (München 1955) 83—102; *S. Mazzarino:* Jura 7 (1956) 351 f; zuletzt, unabhängig voneinander, *R. Gryson,* Le prêtre selon s. Ambroise (Louvain 1968) 106—110; *E. Chrysos:* Historia 18 (1969) 119—128 und vor allem *E. Jerg* (Lit.), der eingehend die Titulaturen der kaiserlichen Gesetze, Urkunden und Briefe der Zeit untersucht und zu einem eindeutig negativen Ergebnis gelangt. Canon 7 Chalc. verbietet sogar ausdrücklich die Annahme jeder staatlichen Würde (ἀξία) durch den Klerus.

[91] Die Belege wiederum bei *E. Jerg,* dazu noch *P. Canivet,* Catégories sociales et titulature laïque et ecclésiastique dans l'Histoire Philothée de Théodoret de Cyr: Byz(B) 39 (1969) 209—250, spez. 230—239.

usw., suchen müssen, die vom 5. Jh. an in der liturgischen Gewandung des Klerus auftauchen, ohne daß wiederum eine offizielle Verleihung solcher Insignien durch den Kaiser auf Grund einer Nobilitierung des Episkopates nachweisbar wäre. Die bischöfliche Kathedra ihrerseits war bereits in vorkonstantinischer Zeit Zeichen bischöflicher Würde und sowohl Symbol bischöflicher Lehrautorität wie Symbol des apokalyptischen Thrones Gottes, das sich aber eindeutig aus der Auseinandersetzung des Christentums mit hellenistisch-orientalischen Vorstellungen vom Gott-Königsthron herleiten läßt[92].

Unbestritten bleibt, daß das bischöfliche Amt im 4./5. Jh. sowohl durch die innerkirchliche Entwicklung — Steigerung der geistlichen Autorität in den zahlreichen und stark gewordenen Ortskirchen, auf Synoden und Konzilien, erhöhter Einfluß durch wirtschaftliche und finanzielle Unabhängigkeit — wie auch durch die respektvolle und auszeichnende Behandlung seiner Träger von seiten der Kaiser, des Hofes, der Beamten der Reichsverwaltung und der städtischen Behörden ein enormes gesellschaftliches Ansehen gewonnen hat. Es erschien denn leider auch Unberufenen in hohem Maße begehrenswert und wurde oft mit Mitteln und Methoden erstrebt, die von der Kirche immer wieder aufs schärfste gerügt werden mußten[93]. Ein erheblicher Prestigegewinn erwuchs dem Bischofsamt aber auch aus jener vielfältigen Fürsorgetätigkeit, welche die Bischöfe der Übergangszeit von der Spätantike zum Frühmittelalter so oft zum Anwalt der Armen und Notleidenden, zum Helfer der Flüchtlinge, zum Fürsprecher der Gefangenen, öfters sogar zum Verteidiger der Bischofsstadt in der Bedrohung der Völkerwanderung werden ließ. Die Bezeichnungen *pater populi, pater civitatis, pater urbis et pater patriae,* die nicht etwa eine rechtliche Stellung des Bischofs besagen, sind der spontane Widerhall, den diese Seite bischöflichen Wirkens in den Herzen derer weckte, die es an sich erfuhren[94].

Die Kollegialität der Bischöfe

Das schon nach den Ignatiusbriefen den Ortsbischof in seinen Aufgaben unterstützende Presbyterium behielt auch im 4./5. Jh. seine dienende und stellvertretende Funktion bei. Der Bischof wird zwar zuweilen ermahnt, sich

[92] *E. Stommel,* Die bischöfliche Kathedra im christlichen Altertum: MThZ 3 (1952) 17—32 und die weitere Diskussion: JbAC 1 (1958) 52—78; *H. U. Instinsky:* RQ 66 (1971) 66—77.

[93] Vor allem die Korrespondenz Gelasius' I. bietet eine Fülle beschämender Vorgänge. Für die Kritik aus dem Mönchtum zwei Beispiele: Sulpicius Severus, Chron. 2, 32, 4; Isid. Pelus., Ep. V 89.

[94] *Gaudemet* 350—356; für Italien S. *Mochi Onory,* Vescovi e città (sec. IV—VI): RSDI 4 (1931) 245—330.

in bestimmten Fällen des Rates seiner Presbyter zu bedienen, diese bilden jedoch kein Kollegium, das als solches unabhängig vom Bischof in eigener Vollmacht tätig werden konnte[95]. Die vorhin geschilderten Versuche, gegen Ende des 4. Jh. Presbyter- und Bischofsamt im Rang einander gleichzusetzen, blieben vereinzelt und ohne unmittelbare Auswirkung. Der *ordo episcoporum* wahrte seinerseits seine Eigenständigkeit, die sich seit Irenäus auf die Überzeugung gründete, daß die Bischöfe in ihrer Gesamtheit Nachfolger der Apostel seien und deren Funktion innerhalb der Kirche fortsetzten. Das Bewußtsein von der Apostolischen Sukzession der Bischöfe blieb auch und gerade unter dem gleichzeitig zur vollen Geltung gelangenden Primat des römischen Bischofs voll erhalten und manifestierte sich zum Teil auf neue Weise. Dies läßt sich vor allem an der Entwicklung der Terminologie beobachten, die die Zeit für das bischöfliche Amt und seine Funktion verwendet. Wenn auch der Terminus sedes apostolica von den römischen Bischöfen in steigendem Maße zur Bezeichnung ihres eigenen Sitzes benutzt wird, so gilt er doch gleichzeitig für andere Bischofssitze, auch solche, denen weder von der Tradition noch von ihrer augenblicklichen organisatorischen Bedeutung her ein besonderer Rang zukam, *jeder* Bischofssitz ist also sedes apostolica[96]. Der gleiche Gedanke wird faßbar in der Anwendung des Epithetons apostolicus und des Substantivs apostolatus auf Rang und Wirksamkeit jedes Bischofs schlechthin[97]. Die Bezeichnung eines einfachen Bischofs als summus pontifex ist sogar zum ersten Male in einem päpstlichen Schreiben nachweisbar und erscheint vor allem in der Anschrift von Briefen an gallische Bischöfe[98].

Ein Ort, an dem die Kollegialität der Bischöfe besonders in Erscheinung tritt, ist die Bischofsweihe. Seit das Konzil von Nikaia (c. 4) die Anwesenheit aller Bischöfe der Kirchenprovinz, mindestens aber von dreien, bei diesem liturgischen Akt vorgeschrieben hat, gilt dies als Norm, die man auch unter sehr schwierigen Umständen beobachten will und die immer wieder in Erinnerung gerufen wird. In Afrika läßt sich eine gewisse Vorliebe für die Zahl von 12 Konsekratoren feststellen, was den Gedanken an eine Repräsentation des Apostelkollegiums nahelegt. Wenn auch eine nähere theologische Begründung für die Mehrzahl von Konsekratoren bei der Bischofs-

[95] Die Presbyter haben im Vergleich zum Bischof „den zweiten Thron" inne: Konstantin bei Euseb. HE 10, 5, 23; Statut. eccles. ant. c. 2.

[96] Zum Folgenden *H. Marot*, La collégialité et le vocabulaire épiscopal du Ve au VIIe siècle: La collégialité épiscopale (Paris 1965) 61—98; *J. Lécuyer*, La communion épiscopale dans les conciles africains entre 400—425: Mél. A. M. Charue (Gembloux 1969) 101—122.

[97] Üblich sind: *apostolicus honor, apostolica reverentia, apostolica dignatio, apostolica merita; vir, domnus, praesul apostolicus.*

[98] Zosimus, Ep. 9, 2f. Erst vom Beginn des 12. Jh. an bleibt summus pontifex dem Papst reserviert.

weihe nicht gegeben wird, so kommt doch die Idee der bischöflichen Kollegialität durch sie deutlich zum Ausdruck[99].

Der Gedanke der apostolischen Sukzession bildet auch das Fundament für die Idee der Kollegialität der Bischöfe, die im 5. Jh. besonders im Zusammenhang mit den christologischen Auseinandersetzungen gerade vom Papsttum entschieden vertreten wird[100]. Papst Cölestin weist schon vor dem Konzil von Ephesos Nestorios darauf hin, daß er sich durch seine Lehre selbst aus der Gemeinschaft des Bischofskollegiums ausschließe, sein Schreiben an das Konzil selbst hebt hervor, daß dem Episkopat in seiner Gesamtheit die Verkündigung des Evangeliums aufgetragen sei wie einst dem Kollegium der Apostel, von dem es diesen Auftrag rechtmäßig ererbt habe. Papst und Bischöfe seien in kollegialer Verantwortung verpflichtet, den wahren Glauben für die Gesamtkirche zu hüten und gegen den Irrtum aufzutreten. Für die Bischöfe, die weiter zu Nestorios stünden, sei im Kollegium der Bischöfe in Zukunft kein Platz mehr. Sixtus III. fordert diese Bischöfe auf, „wieder in das Synedrion der Bischöfe einzutreten", um so wieder in die kirchliche Gemeinschaft aufgenommen zu werden. Papst Leo I. vertieft dieses Verständnis der bischöflichen Kollegialität weiter, wenn er betont, daß jeder Bischof über sein Bistum hinaus Verantwortung für die Gesamtkirche trage, daß letztlich der Heilige Geist die innere Einheit dieses Kollegiums bewirke, daß allerdings kein Bischof sein Hirtenamt in der Kirche ausüben könne, der nicht in Gemeinschaft mit dem Nachfolger Petri stehe[101]. Diese Auffassung von Kollegialität vertreten auch die weiteren Päpste des Jh. bis auf Gelasius I., der unterstreicht, daß die Legitimität des Bischofskollegiums sich vom Kollegium der Apostel herleite und sich eben dadurch von jedem collegium haereticorum unterscheide. Die so verstandene Kollegialität drückt sich weiter aus in den Formeln von dem *consortium* und der *communio episcoporum* und bestimmt letztlich auch den Sinn der Bezeichnungen *fratres, coepiscopi, collegae* und *consortes,* die die Päpste bevorzugt für die Bischöfe verwenden. Die weitere Geschichte der Idee der bischöflichen Kollegialität läßt erkennen, daß das bereits in der Väterzeit gewonnene Verständnis derselben in der Folgezeit durch andere Entwicklungen wieder verdunkelt wurde oder fast in Vergessenheit geriet[102].

[99] Siehe *L. Mortari,* Consacrazione episcopale e collegialità (Florenz 1969) und *P. Zmire,* Recherches sur la collégialité épiscopale dans l'Église d'Afrique: RechAug 7 (1971) 3—72.

[100] Dazu *J. Lécuyer,* La collégialité . . . 41—57; *G. Medico:* RSPhTh 49 (1965) 369—402; *R. García,* El primado romano y la colegialidad episcopal en la controversia nestoriana: Studium 11 (1971) 21—63.

[101] *A. Tuilier,* Le primat de Rome et la collégialité de l'épiscopat d'après la correspondance de s. Léon avec l'Orient: Nuovo Didaskaleion 15 (1965) 53—67.

[102] *Y. M.-J. Congar,* Notes sur le destin de l'idée de collégialité en Occident au moyen âge: La collégialité . . . 99—129; *ders.,* La collégialité et la primauté de Rome dans l'histoire: Angelicum 47 (1970) 403—427.

17. Kapitel

Die Liturgie

Die wichtigsten QUELLEN: *F. E. Brightman - C. E. Hammond,* Liturgies Eastern and Western I (London 1966, Nachdruck); Monumenta eucharistica et liturgica vetustissima, ed. *J. Quasten,* FlorPatr VII (Bonn 1935); Cyrillus Hieros., Catecheses mystagogicae, edd. *A. Piédagnol - P. Paris,* SChr 126 (Paris 1966); Theodorus Mops., Homiliae 12—16, ed. *R. Tonneau,* SteT 145 (Città del Vaticano 1949); Jo. Chrysostom., Huit Catéchèses baptismales, SChr 50 (Paris ²1970); Ambrosius, De mysteriis, De sacramentis, ed. *Botte,* SChr 25 (Paris ²1961); Niceta von Remesiana, Instructio ad competentes, ed. *Kl. Gamber,* Tpatrlit 1 (Regensburg 1964); *Kl. Gamber,* Weitere Sermonen ad competentes I und II, Tpatrlit 2 und 5 (ebd. 1965/66). Itinerarium Egeriae, edd. *A. Franceschini - R. Weber,* CChr 175 (Turnhout 1958); *A. Adam,* Zur Geschichte der orientalischen Taufe und Messe im 2. u. 4. Jh.; KlT 5 (³1960); *J. C. Didier,* Le baptême des enfants dans la tradition de l'Église ancienne: Monumenta christiana selecta (Tournai 1960); Ambrosius, De paenitentia, CSEL 73; Pacianus, Epistulae et Paraenesis, PL 13; Augustinus, Textus selecti de paenitentia, coll. *B. Poschmann,* FlorPatr 38 (Bonn 1934); Augustinus, Sermons pour la Pâque, ed. *S. Poque,* SChr 116 (Paris 1966); Leo I., Sermones de quadragesima; de passione Domini, ed. *R. Dolle,* SChr 49 und 74 (Paris 1957 und 1961).

LITERATUR: siehe Bd I Kap. 23, ferner: *J. A. Jungmann,* Gewordene Liturgie (Innsbruck 1941); *A. G. Martimort,* L'Église en prière. Introduction à la liturgie (Paris ³1965); dt. Übers. von *M. Prager:* Handbuch der Liturgiewissenschaft, 2 Bde (Freiburg 1963/1965; *H. A. Schmidt,* Introductio in liturgiam occidentalem (Rom ²1965); *Th. Klauser,* Kleine abendländische Liturgiegeschichte (Bonn 1965); *J. A. Jungmann,* Liturgie der christlichen Frühzeit (Freiburg/Schw. 1967); *E. Cattaneo,* Introduzione alla storia liturgica occidentale (Rom ²1969); *W. Nagel,* Geschichte des christlichen Gottesdienstes (Berlin ²1970). — *S. Salaville,* Liturgies orientales (Paris 1932); *J. M. Hanssens,* Institutiones liturgicae de ritibus orientalibus, vol. II/III (Rom 1932); *A. Raes,* Introductio in liturgiam orientalem (Rom 1947); *A. Baumstark,* Liturgie comparée (Chevetogne ²1953); *H. J. Schulz,* Die byzantinische Liturgie (Freiburg 1964). — T a u f e: *P. de Puniet,* Baptême: DACL 2 (1914) 251—346; *J. Jeremias,* Die Kindertaufe in den ersten vier Jahrhunderten (Göttingen 1958); *A. Stenzel,* Die Taufe (Innsbruck 1958); *J. Ysebaert,* Greek Baptismal Terminology: Graecitas christ. primaeva 1 (Nijmegen 1962); *Th. M. Finn,* The Liturgy of Baptism in the Baptismal Instructions of St. John Chrysostom (Washington 1967); *G. Kretschmar,* Die Geschichte des Taufgottesdienstes in der alten Kirche = Leiturgia V (Kassel 1970) 145—273. — E u c h a r i s t i e: *J. A. Jungmann,* Missarum sollemnia (Wien ⁵1962); *M. Righetti,* La Messa. Commento storico-liturgico (Mailand ³1966); *W. Gessel,* Eucharistische Gemeinschaft bei Augustinus (Würzburg 1966); *B. Botte* et a., Eucharisties d'Orient et d'Occident: Lex orandi 46/47 (Paris 1970) — B u ß e: *J. A. Jungmann,* Die lateinischen Bußriten (Innsbruck 1932); *B. Poschmann,* Buße = HDG IV 3 (Freiburg 1951); *C. Vogel,* La discipline pénitentielle en Gaule des origines à la fin du VIIᵉ siècle (Paris 1952); *P. Galtier,* De poenitentia (Rom ³1956); *P. Anciaux,* Histoire de la discipline pénitentielle (Paris 1963). — D a s l i t u r g i s c h e J a h r: *N. M. Denis-Boulet,* Le calendrier chrétien (Paris 1959); *J. Pascher,* Das liturgische Jahr (München 1963); *M. Righetti,* L'anno liturgico (Mailand ³1969); Paschatis Sollemnia, Festschr. J. A. Jungmann (Freiburg 1959); *M. Merendino,* Paschale Sacramentum (Münster 1965); *W. Huber,* Passa und Ostern. Untersuchungen zur Osterfeier der alten Kirche (Berlin 1969); *V. Peri,* La durata e struttura della Quaresima nell'antico uso ecclesiastico gerosolimitano: Aevum 37 (1963) 31—62; *G. Kretschmar,* Himmelfahrt und Pfingsten: ZKG 66 (1954/55) 209—253; *R. Cabié,* La Pentecôte. L'évolution de la Cinquantaine pascale au cours des cinq premiers siècles (Tournai 1965); *B. Botte,* Les origines de la Noël et de l'Épiphanie (Louvain 1932); *J. Mossy,* Les fêtes de Noël et d'Épiphanie d'après les sources littéraires cappadociennes du IVe siècle (Louvain 1965); *F. Nikolasch,* Zum Ursprung des Epiphaniefestes: ELit 82 (1968) 393—429.

Die durch die gewonnene Kirchenfreiheit und die Hinwendung des Kaisertums zur christlichen Religion entstandene neue Lage hat in erheblichem Maß auch das Herzstück innerkirchlichen Lebens, die Liturgie, beeinflußt. Diese Einflüsse sind zum größten Teil direkt mit der speziellen missionarischen Situation verknüpft, in die sich die Kirche damals gestellt sah. Sie mußte jetzt eine stetig wachsende Schar, die aus welchen Motiven auch immer die Zulassung in die christliche Gemeinschaft erbat, auf ihr Christsein vorbereiten, dabei wurde die bisherige Institution für diese Vorbereitung, das Katechumenat, einer starken Belastungsprobe ausgesetzt. Da mit der steigenden Zahl der Christen auch mehr Mittelmäßigkeit in die Gemeinden einzog und mit ihr die Zahl der Versagenden wuchs, wurde auch die bisherige Bußdisziplin neu auf ihren Sinn und ihre Funktion hin geprüft. Die Kirche wurde ferner, wie immer in Perioden erhöhter missionarischer Aktivität, mit dem Problem der Adaptation konfrontiert, also mit der Frage, wieweit sie gewisse Formen heidnischer Kultfeier und Frömmigkeit verchristlichen und in ihren liturgischen Bereich einbauen konnte. Von daher werden eine Reihe neuer Elemente in ihrer Sakramentsliturgie, im Kultbau und im liturgischen Jahr sichtbar. Das neue Verhältnis der Kirche zu Staat und Öffentlichkeit ermöglichte und bewirkte ebenfalls neue Formen vor allem im Bereich liturgischer Repräsentation und Erweiterungen des christlichen Festkalenders.

Differenzierung der Liturgien in Ost und West

Vom 4. Jh. an läßt sich eine wachsende Differenzierung der bislang in ihren Grundzügen zwar einheitlichen, in der Gestaltung von Wort und Ritus aber prinzipiell freien Liturgien beobachten, zu der mehrere Faktoren beitrugen. So wird gelegentlich die Tendenz erkennbar, den Wortlaut liturgischer Gebete stärker an feste Normen zu binden und einer gewissen Kontrolle zu unterwerfen, um ihn gegen mögliche häretische Verfälschung abzusichern[1]. Des weiteren ist die Entwicklung großräumiger Kirchengliederungen zum Anstoß für die Differenzierung der Liturgien geworden. Die an den Kirchen der Vororte dieser Gliederungen, vor allem den werdenden Patriarchats-

[1] Siehe die Beschlüsse zweier afrikanischer Synoden (393 in Hippo, 397 in Karthago), die auf irrige Gebetsformulierungen hinweisen, die Gebetsanrede an den Vater in der Liturgie vorschreiben und die Prüfung anderswoher übernommener Bischofsgebete verlangen: *Mansi* III 884 895 922.

sitzen üblich gewordene Liturgie erhielt normierenden Charakter und setzte sich allmählich im Einflußbereich dieser kirchlichen Vororte durch. Außerdem erwies sich die Verschiedenheit der Sprachen und das von ihnen getragene kulturelle und nationale Eigenbewußtsein einzelner Regionen im Verbreitungsgebiet des Christentums erneut als besonders wirksames Prinzip der Differenzierung, das auch den liturgischen Bereich erfaßte. Schließlich gingen nach den Konzilien von Ephesos (431) und Chalkedon (451) Nestorianer und Monophysiten kirchlich eigene Wege und förderten dadurch eine Sonderentwicklung ihrer jeweiligen Liturgien. Der Prozeß der Differenzierung erstreckte sich natürlich über einen längeren Zeitraum, an dessen Ende die Kodifizierung der Liturgien steht, die für deren Mehrzahl erst im 6./7. Jh. einsetzt, aber danach noch Ergänzungen und Modifizierungen zuließ[2].

Von den großen Patriarchaten des *Ostens* Antiochien, Alexandrien und Konstantinopel entfaltete das erstgenannte mit seinem näheren und weiteren Hinterland eine reiche liturgieschöpferische Tätigkeit. Einen älteren Kern besitzt die sog. Apostel-Liturgie der *Ostsyrer,* die in ihrer ausgebildeten Form aber erst im 5. Jh. in syrischer Sprache entstand und die Liturgie der Nestorianer, der unierten Chaldäer und der Malabarchristen geblieben ist[3]. Durch einen besonderen Reichtum an Anaphoren (Kanonformularen) zeichnet sich die *westsyrische* Liturgie aus, als deren Grundformular die aus Jerusalem stammende *Jakobusliturgie* anzusehen ist, die sowohl durch die mystagogischen Katechesen Kyrills von Jerusalem wie durch Hieronymus bezeugt wird. In syrischer Übersetzung schon dem Verfasser des Testamentum Domini bekannt (5. Jh.), wurde sie zur Normalliturgie der Christen im Bereich von Edessa (Jakobiten)[4]. Antiochien selbst oder doch sein engerer Umkreis ist die Heimat der sog. Klementinischen Liturgie und der syrischen *Zwölf-Apostel-Anaphora,* die man heute allgemein als Vorlage der Chrysostomosliturgie ansieht, welche wahrscheinlich schon vor dem Konzil von Ephesos in der syrischen Hauptstadt benutzt wurde[5]. Alexandrien schuf sich in der sog. *Markusliturgie* sein ältestes Formular, das durch Papyrustexte

[2] Eine eingehende Charakterisierung der Liturgien nach Form und Inhalt der Liturgien ist Aufgabe der Liturgiegeschichte. Erste Information bei S. *Salaville* und A. *Raes* (s. oben Lit.). Umfassende Bibliographie bei A. *Baumstark,* Liturgie comparée 215—247, zu ergänzen durch die Übersichten von G. *Kretschmar:* RGG³ IV 404—407; A. *Raes:* LThK² VI 1087—91; *B. Fischer:* ebd. 1091—95 und die laufenden Literaturberichte des ALW.

[3] Die Edition aller Anaphorae Syriacae erfolgt durch das Päpstliche Orientalische Institut in Rom (1939 ff).

[4] Zu den ostsyrischen Liturgien s. zuletzt *B. Botte,* Les anaphores syriennes orientales und *D. Webb,* La liturgie nestorienne des apôtres Addai et Mari = Eucharisties d'Orient et d'Occident II: Lex orandi 47 (Paris 1970) 7—24 25—49. Die Klementinische Liturgie: Const. Apost. VIII 5, 11—15, 11.

[5] *H. Engberding,* Die syrische Anaphora der zwölf Apostel und ihre Paralleltexte: OrChr 12 (1937) 213—247.

des 4./5. Jh. belegt wird und schon die Gebetstexte des dem Bischof Serapion von Thmuis († nach 362) zugeschriebenen Euchologion beeinflußte[6], als Kyrillosliturgie ist sie noch bei den Kopten in Gebrauch. Neben die Markusliturgie traten später noch die Basileios- und Gregoriosliturgie, die man aus Kleinasien oder Syrien übernahm und ins Koptische übertrug. Die koptischen Liturgieformulare wurden schließlich an die Äthiopier weitergegeben, die sie in ihre Landessprache übertrugen und durch mehrere Anaphoren bereicherten. Die beiden Formulare der *byzantinischen* Liturgie, die des Basileios und des Chrysostomos, sind keine originalen Schöpfungen aus der Reichshauptstadt. Die erste, lange gegenüber der zweiten bevorzugt gebraucht, muß man tatsächlich mit ihrem Namensträger in Verbindung bringen, der eine bereits in Kaisareia vorhandene Liturgie bearbeitet hat. Die zweite, erst seit dem 10. Jh. nach Chrysostomos benannt, könnte sehr wohl schon in der Form der vorhin erwähnten Zwölf-Apostel-Anaphora vor 431 nach Konstantinopel gekommen und durch Bischof Nestorios umgestaltet worden sein[7]. Von allen östlichen Liturgien fand die byzantinische die weiteste Verbreitung, zumal bei den slawischen Völkern, bei deren Missionierung sie bereits in altslawischer Übersetzung verwandt wurde. An charakteristischen Zügen der orientalischen Liturgien, wie sie im 4./5. Jh. faßbar werden, ist zunächst ihr Verständnis der Liturgie als Teilhabe am himmlischen Gottesdienst der Engel zu nennen, die zu einer dramatisch gestalteten Mysterienfeier weiterentwickelt wird. Dabei findet die christologische Diskussion der Zeit ihren Niederschlag in der Betonung der Heilstaten des Erlösers und der Allmacht des göttlichen Logos, die Liturgie wird zur feierlichen Representation des priesterlichen Handelns Christi, die liturgischen Handlungen werden zu „wirklichkeitsvermittelnden Bildern und Symbolen des geschichtlichen Heilswerks, besonders der Auferstehung" (Schulz), ein Liturgieverständnis, das vor allem von Johannes Chrysostomos und von Theodor von Mopsuestia vertreten wird[8].

Da das westliche Christentum damals keine Mehrzahl liturgiefähiger Sprachen kannte und sich, von Rom abgesehen, keine führenden Kirchensitze von Rang Antiochiens oder Alexandriens durchsetzen konnten, entfallen hier zwei der im Osten wichtigen Faktoren der Differenzierung der Liturgien. Daher sind alle abendländischen Liturgien durch die eine lateinische Sprache verbunden, und die Annahme liegt nahe, daß vor der Ausbildung der beiden großen Liturgietypen des Westens, des *gallischen* und

[6] Texte bei *Quasten*, Monumenta 44—48 49—67.

[7] Zur Entstehungsgeschichte der beiden byzantinischen Formulare s. die Zusammenfassung des heutigen Forschungsstandes bei *H.-J. Schulz*, Die byzantinische Liturgie (Freiburg 1964) 18—28.

[8] Zur Entwicklung der Symbolgestalt der byzantinischen Liturgie s. das eben genannte Werk von *H.-J. Schulz*.

römisch-afrikanischen, eine gemeinabendländische Grundform existierte, von der Rom sich relativ früh löste, während sich der gallische Ritus — zu seinen Unterarten gehören die altspanische, ambrosianische, altgallische und keltische Liturgie — später orientalischen Einflüssen öffnete[9]. Zu den gemeinsamen Zügen des gallischen Typus gehört eine relativ einheitliche Ordnung der Meßfeier, die kaum unverändert wiederkehrende Gebete kennt, auch keinen festen Kanon, sondern für jeden Sonntag und jedes Fest ein eigenes Formular aufweist. In vielen Gebeten zeigt sich ein Abweichen von alter Überlieferung, wie etwa bei der Präfation, die oft den Charakter des früheren Dankgebetes zugunsten eines Bittgebetes aufgegeben hat. Auch im Gebetsteil mit seiner Neigung zu weitschweifig-pathetischer Aussage zeigt sich der Einfluß aus dem Osten, den man außerdem im Ritus der Darbringung der Opfergaben begegnet, der vor den Beginn der Messe gelegt wird. Und schließlich erinnert auch die Freude am prunkvollen Vollzug der Riten an ähnliche Züge orientalischer Liturgien. Als auffallende Besonderheit läßt sich vor allem in der spanischen und gallischen Liturgie die Auswirkung der Auseinandersetzung mit dem Arianismus wahrnehmen, wodurch die Idee der Mittlerschaft Christi in den Hintergrund gedrängt und die Gebetsanrede an Christus stärker betont wird. Dem entspricht wiederum eine bevorzugte Verehrung der Dreifaltigkeit, wie sie die byzantinische Liturgie ebenfalls kennt[10]. Nur in der *mailändischen* Liturgie wird neben diesen gemeingallischen Zügen relativ früh römischer Einfluß faßbar, da sie bereits zur Zeit des Ambrosius den Kanon der römischen Messe verwendet. Die ursprünglich griechische Liturgie *Roms* schloß ihre schon im 3. Jh. begonnene Übertragung in die lateinische Sprache um 370 mit der Einführung des lateinischen Kanons ab[11]. Ihr wichtigstes Charakteristikum ist das Festhalten am Gedanken der Mittlerschaft Christi, die sich in den Doxologien der Meßgebete manifestiert, die nur „per Christum“ schließen und die Gebetsanrede an Christus dem Bereich der Volksfrömmigkeit überläßt. Sie verzichtet außerdem auf dramatisierende und poetische Elemente (z. B. den Hymnus) bei der Gestaltung des Gottesdienstes und erhält dadurch einen Zug sachlich-nüchterner Feierlichkeit, der einer größeren Aktivität des Volkes eher abträglich war. Erst der spätere liturgische Austausch mit dem Bereich der gallischen Liturgie hat hier eine größere Lebendigkeit gebracht.

[9] Vgl. *J. A. Jungmann*, Liturgie der christlichen Frühzeit 216—226.

[10] *J. A. Jungmann*, Die Stellung Christi im liturgischen Gebet (Münster ²1962) und *ders.*, Die Abwehr des germanischen Arianismus und der Umbruch der religiösen Kultur im Mittelalter = Liturgisches Erbe und pastorale Gegenwart (Innsbruck 1960) 3—86.

[11] *Th. Klauser*, Der Übergang der römischen Kirche von der griechischen zur lateinischen Liturgiesprache = MiscMercati, SteT 121 (Rom 1946) 467—482.

Neue Züge in der Sakramentsliturgie

Die neue missionarische Situation des 4. Jh. wirkte sich zunächst im weiteren Raum der Taufliturgie aus. Hier geriet vor allem das bisherige Institut des *Katechumenats* in eine fast überraschende Krise, die aber in einem gewissen Zusammenhang steht mit der öffentlichen Anerkennung des Christentums. Während früher die Aufnahme eines Heiden in das Katechumenat ein in jeder Hinsicht ernstgemeintes und ernstgenommenes Engagement für den neuen Glauben voraussetzte, dem die sich unmittelbar anschließende meist dreijährige intensive Vorbereitung auf den Taufempfang entsprach, erhöhte sich jetzt zwar stetig die Zahl derer, die um Zulassung zum Katechumenat baten, aber ebenso auch die Zahl derer, die aus ihr nur ein vorläufiges Bekenntnis zum Christentum machten und den Empfang der Taufe zunächst hinausschoben, oft bis zu einer lebensgefährlichen Erkrankung oder gar, wie Chrysostomos sagt, „bis zum letzten Atemzug", so daß in einer krassen Fehlentwicklung für sie die Taufe zu einer Art Sterbesakrament wurde[12]. Die Frage nach den Ursachen dieser Entwicklung läßt mehrere Antworten zu[13]. Nicht nur Kaiser wie Konstantin und Theodosius gehören zu diesen Zögernden, auch Basileios, Gregor von Nazianz, Chrysostomos, Ambrosius und andere wären hier zu nennen, denen einerseits ihr Verflochtensein mit den Gefährdungen ihres profanen Berufs, anderseits das Bewußtsein mangelnder persönlicher Reife den Taufaufschub geraten erscheinen ließ. Aber bei der Mehrzahl war doch wohl entscheidend, daß man mit der Aufnahme in die Schar der Katechumenen in der Öffentlichkeit bereits als Christ ausgewiesen war (mit den dadurch gegebenen Vorteilen) und daß man nun, aus Bequemlichkeit oder aus Furcht vor eigenem Versagen, der von der christlichen Verkündigung unentwegt geforderten sittlichen Bewährung nach dem Taufempfang ausweichen konnte[14]. Die Folge war ein bedenklicher Anstieg der Zahl der bloßen Namenchristen innerhalb der Gemeinden[15]. Die

[12] Siehe die drastische Schilderung einer Taufe auf dem Sterbebett bei Joh. Chrysost., Cat. ad illum. I 1. Tadel des Taufaufschubs ferner In Joh. hom. 18, 1; In Act. hom. 23, 4; In ep. II ad Cor. hom. 2, 6; Basil., Hom. in s. bapt. 7; Gregor von Nyssa, De iis qui bapt. differunt; Ambros., Expos. in Luc. 7, 220f 225; De Hel. et jej. 22, 83—85; De Noe 25; Epp. 79 und 80.

[13] Man kann hier kaum mangelnden Eifer des Seelsorgsklerus nennen, sondern muß eher an dessen Überforderung vor allem in Großgemeinden denken. Die von Chrysost., In Act. hom. 46, 3 erzählte Episode von einer Massentaufe nichtunterwiesener Katechumenen bezieht sich klar auf eine Notsituation (Erdbeben oder sonstige Katastrophe: ὀργὴ Θεοῦ), in der sich die Katechumenen zur Taufe drängten und sie auch erhielten.

[14] Chrysost., Cat. ad illum. 1, 7 behandelt das Problem ausführlich und weist auf die Parallele des Bußaufschubs hin. Ähnlich Ambros., Expos. ps. 118, 16, 43; De paen. 2, 98.

[15] Aug., De cat. rud. 5, 9 warnt vor der Aufnahme solcher Bewerber: *non vult fieri (christianus) potius quam fingere;* vgl. noch Conf. 1, 11, 18 und Ambros., Ep. 17, 8 *(nomine Christiani).*

Kirche zog aus solcher Situation die Konsequenzen und baute die bisherige Katechumenatsordnung um, indem sie die wirklich ernsten Taufbewerber aus der einen großen Klasse der Katechumenen ausschied. Für den Katechumenatsbewerber wurde aber der bisherige Aufnahmemodus ergänzt durch eine einführende Katechese[16], die ihm ein erstes Wissen über den neuen Weg zum Heil vermitteln und ihn in die Lage versetzen sollte, die in der normalen Predigt gebotene Belehrung, zu der er ja Zutritt hatte, mit einigem Gewinn aufzunehmen. An diese Katechese schloß sich der Aufnahmeritus an, der aus einer Handauflegung, verbunden mit einem Kreuzzeichen (consignatio) und, wenigstens in Nordafrika und Rom, aus der Darreichung des Salzes bestand[17]. Wenn sich der Katechumene dann nicht zur Teilnahme an der direkten Vorbereitung auf den Taufempfang bewegen ließ, gehörte er von jetzt an zur anonymen Schar derer, denen die alljährlich von den Bischöfen vorgetragene Mahnung galt, sich doch am Beginn der Fastenzeit namentlich in das Register der unmittelbaren Taufbewerber eintragen zu lassen (ἀπογράφεσθαι, nomen dare)[18]. Dieser Gruppe der φωτιζόμενοι, *competentes* oder *electi* (Rom) ließ die Kirche einen für sie bestimmten Unterricht und eine religiöse Erziehung zuteil werden, über deren Inhalt und Ziel die aus Ost und West erhaltenen Taufkatechesen Aufschluß geben. Der Unterricht umfaßte, wie schon bisher, eine Einführung in die Heilige Schrift, die Mitteilung des Glaubensbekenntnisses *(traditio symboli)* und des Vaterunsers, die beide auswendig gelernt wurden, um sie im feierlichen Taufbekenntnis „wiedergeben" zu können[19]. Begleitet wurde der Unterricht von wiederholtem Gebet, Handauflegungen und Kreuzzeichen, die den Kandidaten auf seinem Weg zur Taufe stärken und vor dämonischen Einflüssen schützen sollten[20]. Die Dauer dieser Vorbereitung wurde aber trotz der noch öfters in den Quellen genannten drei Jahre praktisch auf eine Quadragesima reduziert, und so ist bei allem Bemühen der Bischöfe eine wirklich nachhaltige „Einübung ins Christliche" oft nicht erreicht worden. Mit dem Abschluß der Christianisierung der Mittelmeervölker und der nun fast ausschließlich praktizierten Kindertaufe fand auch diese Form des Katechumenats ihr Ende. Die Germanenmission mit ihrer Bevorzugung der

[16] De cat. rud. bietet zwei Muster solcher Katechesen.

[17] Über die Bedeutung der Salzzeremonie s. *A. Stenzel* 171—175.

[18] Itin. Eger. 45, 1; Chrysost., Cat. bapt. 1, 2; 2, 1; Theod. Mops., Cat. 12; Ambros., Expos. ev. Luc. 4, 76; ep. 80, 1—6; Augustin., Conf. 8, 2, 4; 9, 6, 14; sermo 132, 1: *ecce Pascha est, da nomen ad baptismum.*

[19] Itin. Eger. 46, 3; Joh. Chrysost., Hom. ad Antioch. 3. 1; Theod. Mops., Cat. 11, 1; 12, 25; Ambros., Ep. 20, 4; Aug., Sermo 213—214 (traditio symboli); Sermo 56—59 (Vaterunser); Serm. 215 (in redditione symboli).

[20] Immer noch wichtig *F. J. Dölger*, Der Exorzismus im altchristlichen Taufritual (Paderborn 1909); die spätere Forschung faßt *K. Thraede:* RAC VII 85—100 zusammen (mit Lit. 114—117).

Stammestaufe mußte neue Wege und Methoden für die Einweisung in Glauben und Leben eines Christen entwickeln.

Mit der steigenden Zahl christlicher Familien gewinnt in diesem Zeitraum die *Kindertaufe* zunehmende Verbreitung und Bedeutung, nicht ohne eine innerkirchliche Diskussion über den genaueren Termin und eine Auseinandersetzung mit dem Pelagianismus über ihre Erlaubtheit. Im Osten sind besonders Gregor von Nazianz und Chrysostomos für sie eingetreten mit der Begründung, sie verleihe den von persönlichen Sünden noch freien Kindern die Gotteskindschaft und „Siegel und Weihe"[21]. Im Westen hat Augustinus die Kindertaufe als alte Überlieferung verteidigt und gegen Donatisten und Pelagianer theologisch gerechtfertigt, letzteren gegenüber vor allem durch seine Erbsündenlehre[22]. Ein eigenes Taufritual für die Kinder wurde nicht entwickelt, den Aufnahmeritus des für sie entfallenden Katechumenats — Handauflegungen, Kreuzzeichen und Gabe des geweihten Salzes — behielt man bei, die Antworten auf die Tauffragen und die *redditio symboli* übernahmen für sie die Taufpaten oder die Eltern, die sie auch während des Taufaktes betreuten[23].

Im 4./5. Jh. steigerte sich noch die Geltung der sog. *Arkandisziplin*[24], deren Sinn allerdings nicht voll erfaßt wird, wenn man sie als bloße Geheimhaltung heiliger Texte und Riten versteht. Glaubenssymbol und Vaterunser waren ohnehin aus der christlichen Literatur und Bibel bekannt, und die Veröffentlichung mystagogischer Katechesen verbreitete auch die Kenntnis der Tauf- und Meßliturgie. Man soll vielmehr nicht vor Unberufenen über die Mysterien sprechen und sie nicht zulassen, wenn sie vollzogen werden. Unberufen sind alle, denen die Voraussetzung, das Organ zum rechten Verstehen und zum Erfahren der Mysterien fehlt. Diese Möglichkeit wird aber nur durch die „Einweihung", durch den kultischen Vollzug, gewonnen. Wer noch nicht die Gotteskindschaft empfangen hat, kann nach Theodor von Mopsuestia noch nicht das Vaterunser sinnvoll und wirksam beten[25], darum wird der letzte Sinn von Taufe und Eucharistie dem Neophyten erst unmittelbar nach der Einweihung enthüllt. Es ist nicht zu bestreiten, daß hier Einflüsse aus dem Bereich nichtchristlichen Mysterienverständnisses wirksam geworden sind, sie konnten aber von der Kirche um so unbedenklicher zugelassen werden, je mehr diese Mysterien selbst an wirklicher Geltung verloren hatten.

Auch die *Eucharistiefeier* hat im 4./5. Jh. neue Elemente in sich aufgenommen und sich durch Weiterentwicklung im einzelnen mehr und mehr

[21] Greg. Naz., Or. 40, 7, 23; Chrysost. bei Augustin., C. Julian. 1, 21.

[22] *J. C. Didier*, S. Augustin et le baptême des enfants: RevÉAug 2 (1956) 109—129.

[23] De cat. rud. 26, 50; Ep. 98, 5, dazu *J. C. Didier:* MSR 22 (1965) 79—90.

[24] Die Belege bei *O. Perler:* RAC I 667—676; ferner *A. Stenzel* 147—153, zu Chrysostomos zuletzt *Th. Finn* 37—39.

[25] Theod. Mops., In Rom. 8, 15.

der Gestalt der „Messe" angenähert[26]. Zunächst erhielt der Wortgottesdienst mit seinen meist drei Lesungen aus dem Alten Testament, dem Apostolus und dem Evangelium mit den zwischen diese eingeschobenen Gesangstexten seinen abschließenden Aufbau. Die Lesungen, die sofort nach dem Einzug des Klerus und der Begrüßung der Gemeinde beginnen, werden vom Lektor bzw. dem Diakon (Evangelium) vorgetragen, der dazwischen liegende Psalm durch einen Sänger vom Ambo aus. In den Psalm wird je nach einem Sinnabschnitt der vom Volk vorgetragene Kehrvers (responsum) eingeschoben; im ersten Gesang wird er dem Psalm selbst entnommen, im zweiten ist es der Allelujavers[27], der zum Evangelium überleitet. Im Bereich von Antiochien hat sich an dieser Stelle der Antiphonalgesang entwickelt, bei dem das in zwei Chöre eingeteilte Volk abwechselnd die Verse des Psalmes sang[28]. Der Homilie des Bischofs oder Presbyters schlossen sich die *Fürbitten* an, die mit einem Oremus eingeleiteten Gebete für die Katechumenen, die Büßer, die Gläubigen und für die ganze Welt, auf die die Gemeinde im Osten (Jerusalem und Antiochien) jeweils mit dem Ruf Kyrie eleison antwortete[29]. Der Brauch wird vom Westen übernommen und tritt hier in der Form der *Kyrie-Litanei* an die Stelle der üblichen Fürbitten, sie wird aber schließlich an den Anfang der Messe verlegt, wo sie den Einzug des Klerus begleitet und mit einer Oratio abschließt[30]. Das übriggebliebene Oremus der Fürbitten wird so zur Einleitung des Gebetes über die Gaben von Brot und Wein, das den Übergang zur Opfermesse darstellt.

Sowohl die Anaphora des Ostens wie der Kanon der lateinischen Messe weisen zunächst noch eine einheitliche und durchschaubare Struktur auf. Das große eucharistische Dankgebet wird der schweigenden Gemeinde mit lauter Stimme vorgetragen — das ist noch der Sinn des terminus *praefatio*, wenn er für den ganzen Kanon verwendet wird[31] — und nur durch das um 400 aus dem Osten übernommene Trishagion (Sanctus) unterbrochen. Im Gegensatz zum Osten entwickelt der Westen in dieser Zeit eine Fülle von Präfationen im engeren Sinn, die ein jeweils anderes Motiv für das eucharistische Dankgebet hervorheben[32]. Zentraler Gedanke des ganzen Dankgebetes ist

[26] *J. A. Jungmann*, Von der ‚Eucharistie' zur ‚Messe': ZKTh 89 (1967) 29—40. Grundlegend für alle Einzelfragen zur Entwicklung der Meßliturgie ist *J. A. Jungmann*, Missarum sollemnia; *H. Zwinggi*, Der Wortgottesdienst bei Augustinus: LJ 20 (1970) 90—113; 129—140.

[27] *H. Engberding*, Alleluja: RAC I 216—233 und *A. G. Martimort:* Kyriakon II, Festschrift J. Quasten (Münster 1970) 811—834.

[28] Theodoret, HE 2, 24, 9—10; Philost., HE 3, 13.

[29] Itin. Eger. 24; Const. Apost. 8, 6.

[30] Eine volle Form ist erhalten in der sog. Deprecatio Gelasii, dazu *B. Capelle:* RBén 46 (1934) 126—144 und *C. Callewaert:* RHE 38 (1942) 20—45.

[31] *Chr. Mohrmann*, Sur l'histoire de praefari-praefatio: VigChr 7 (1953) 1—15 = Études sur le latin des chrétiens III (Rom 1965) 291—305.

[32] *A. Stuiber*, Libelli sacramentorum romani: Theophaneia 6 (Bonn 1950).

die *Darbringung des Opfers,* von der im römischen Kanon schon vorbereitend im *Te igitur* und *Quam oblationem* gesprochen und die dann mit den Worten des Einsetzungsberichtes vollzogen wird, die zugleich die Wandlung der Gaben von Brot und Wein bewirken. Die nachfolgenden Gebete *Supra quae* und *Supplices* erneuern die Darbringung und bitten um die endgültige Annahme des Opfers durch den Vater, die feierliche Schlußdoxologie mit dem bekräftigenden Amen des Volkes beschließt den Kanon. In der antiochenischen Liturgiegruppe wird nach dem Einsetzungsbericht (seit den Taufkatechesen Kyrills) in einem eigenen Gebet, der sog. *Wandlungsepiklese,* Gott angerufen, er möge den Heiligen Geist auf die Opfergaben herabsenden, damit er sie zu Fleisch und Blut des Herrn mache und sie so den Empfangenden zum Heile gereichten[33]. Eine gewisse Störung erfuhr der klare Aufbau des Kanons durch die Aufnahme von Fürbittgebeten vor und nach der Anamnese, für die wiederum der Orient das Vorbild lieferte. Man verbindet darin die Darbringung des Opfers mit Gebeten für die lokale und universale Kirche und ihren Klerus und nennt dabei die Namen der Gottesmutter, mehrerer Martyrer und Heiligen, mit denen man sich als eine große Gemeinschaft versteht, fügt auch Namen derer ein, die ein eigenes Anliegen in das Opfer eingeschlossen haben wollen, und nennt schließlich besonders in den Totenmessen die Namen der Verstorbenen, deren man in diesem Opfer gedenken will.

Während der *Kommunionteil* der Eucharistiefeier in den östlichen Liturgien durch die Aufnahme mehrerer neuer Einzelriten und Begleitgebete beträchtliche Erweiterungen erfährt[34], bleibt er in der lateinischen Messe betont schlicht. An das Brotbrechen, den Friedenskuß und das Paternoster schloß sich unmittelbar die Kommunion des Klerus und der Gläubigen unter beiden Gestalten an, wobei der Diakon den Kelch darreichte. Der Empfang der Eucharistie durch alle Teilnehmer an der Feier war im Westen länger als im östlichen Bereich das Normale. Nach der Kommunion kündigte der Diakon mit dem Ruf „Beuget euer Haupt" das Entlassungsgebet, die *oratio super populum,* an, die damals zu jeder Messe gehörte. Aber wohl noch im 5. Jh. wurde die *Postcommunio* geschaffen, die letzte der drei Orationen, die als Abschluß der Kyrie-Litanei, der Gabenbereitung und des Kommunionritus durch die Prägnanz der Aussage und ihre stilistische Reinheit zu Recht als hervorragende Schöpfungen der römischen Liturgie zu gelten haben. Sie wurden später zusammen mit den Präfationen in den sog. Sakramentarien gesammelt, die also Verzeichnisse der vom Zelebranten bei der Meßfeier zu sprechenden Gebete darstellen[35].

[33] Zur Epiklese *B. Botte:* SE 6 (1954) 48—72 und *J. P. de Jong:* ALW 4 (1955) 245—278, 5 (1957) 33—79.

[34] *J. M. Hanssens,* Institutiones liturgicae III 485—519.

[35] Zu den frühen Sacramentarien und zur Zeit ihrer Entstehung siehe die Einleitungen in die Geschichte der lateinischen Liturgie.

Es wirkt auf den ersten Blick überraschend, daß gerade die Kirche des 4./5. Jh. mit einer prinzipiellen Unnachgiebigkeit an der bisher geübten äußerst strengen *Bußdisziplin* festgehalten hat, obwohl der wachsende Zustrom von Durchschnittsmenschen dieser Zeit auch hier ähnlich wie beim Katechumenat eher eine Aufweichung erwarten ließe. Aber das Zeugnis der Quellen ist eindeutig: neben einer gewissen Fortentwicklung im sekundären Detail wird die bisherige Ordnung durch bischöfliche Schreiben, Synodalbeschlüsse und Dekretalen mehr und mehr kanonistisch fixiert und dadurch eine elastische Handhabung erschwert, vor allem bleibt das Prinzip der Nichtwiederholbarkeit der Buße unangetastet[36]. Wenn es auch noch an einem sicheren Kriterium dafür fehlt, welche Vergehen im einzelnen der öffentlichen Kirchenbuße unterliegen und welche nicht, und wenn Augustinus auch betont, die Schwere der Schuld sei an der Intention des Sünders zu messen[37], so hält man sich doch in der Praxis an einen ziemlich einheitlichen Katalog solcher Sünden: Idolatrie, Häresie und Schisma, Mord, Abtreibung, Ehebruch, schwerer Diebstahl, unversöhnlicher Haß, Verleumdung, Trunksucht, Besuch unmoralischer Theateraufführungen, sie erscheinen mehr oder weniger vollständig als bußwürdige Delikte in entsprechenden Aufzählungen dieser Jahrzehnte[38].

Wie bisher wurde also der Sünder, der sich aus eigenem Entschluß seinem Bischof eröffnete oder dessen Verfehlung offenkundig war, im öffentlichen Gottesdienst durch formellen Spruch des Bischofs in den Stand der Büßer eingewiesen[39]. Da er nun nicht mehr volles Glied der kirchlichen Gemeinschaft war, durfte er, wie etwa ein Katechumene, nur dem Wortgottesdienst beiwohnen oder doch nicht mehr seine Opfergabe darbringen und nicht an der Kommunion teilnehmen. Im Osten, der allgemein zu einer milderen Praxis neigte, suchte man den Büßer durch Ausgestaltung mehrerer Bußstufen in seinem Sühnewillen zu stärken und durch einen ihn betreuenden Bußpriester (so wenigstens in Konstantinopel) seine schrittweise Rückkehr in die volle Kirchengliedschaft zu erleichtern[40]. Während der auferlegten Bußzeit, deren Dauer von der Schwere der Schuld und dem Bußeifer, damit aber auch vom Urteil des Bischofs abhing, und regional verschieden war, empfingen die Büßenden während des Gottesdienstes öfters den besonderen Segen des Bischofs[41]. Termin für den Beginn der Bußzeit war zunächst der Pfingstmontag, dann, wohl noch im 5. Jh., der Montag nach dem ersten

[36] Ambros., De paen. 2, 10: *sicut unum baptisma ita et una paenitentia.*

[37] De div. quaest. 83, 26; vgl. auch Enchir. 21.

[38] Solche Kataloge bei Aug., Sermo 351 und Caesar, Arel., Sermo 179. Nur Pacian., Paraen. 4 wollte an der alten Dreizahl Götzendienst, Mord, Ehebruch festhalten, fand aber Widerspruch.

[39] *Ordo paenitentium:* Conc. Araus. (441) c. 3; Conc. Arel. II c. 28.

[40] Siehe *J. Grotz,* Die Entwicklung des Bußstufenwesens in der vornicänischen Kirche (Freiburg 1955).

[41] Sozom. HE 7, 16, 4—7 schildert den in Rom üblichen Ritus.

Fastensonntag. Sie endete mit dem feierlichen Akt der Wiederaufnahme, der reconciliatio, die, abgesehen von Notfällen, dem Bischof reserviert war. Sie fand wohl meist am Gründonnerstag statt[42] und zwar zwischen Evangelium und Opfergang eingeschoben. Nach einer Ansprache betete der Bischof, Gott möge den Büßer seiner Kirche zurückgeben, legte dann dem vor ihm Knienden die Hand auf und richtete ihn auf[43].

Die Zugehörigkeit zum Stand der Büßer brachte vor allem in westlichen Regionen für den Betroffenen ein hohes Maß an seelischer Belastung und Einschränkungen in seinem privaten und beruflichen Leben mit sich. Schon der Öffentlichkeitscharakter der Buße stellte eine Forderung dar, der der Durchschnittschrist der Zeit oft nicht gewachsen war, wenn auch die Diskretion des Bischofs, der Zuspruch des Klerus und das Fürbittgebet der Gemeinde ihm eine Hilfe sein konnten. Die Bußauflagen, also das Fasten, das Verbot der Heirat während der Bußzeit, der Verzicht auf den ehelichen Verkehr bei Verheirateten, galten oft für fünf, zehn, zwanzig Jahre, in manchen Fällen, besonders im zum Rigorismus neigenden Spanien bis zum Lebensende[44]. Jedes Versagen während der Bußzeit führte zum Dauerausschluß aus der Kirchengemeinschaft, die man zuweilen selbst dem Sterbenden nicht wieder gewähren wollte. Am schwersten wog wohl, daß auch dem rekonziliierten Büßer sein ehemaliger Status für den Rest seines Lebens anhaftete. Ihm blieb also etwa nicht nur die Aufnahme in den Klerus für immer versagt, er mußte sich als Gatte weiterhin den ehelichen Verkehr versagen, konnte kein öffentliches Amt bekleiden, bestimmte Berufe, darunter auch den Militärdienst, nicht ausüben, kurz, er war für immer zu einer Lebensform gezwungen, die sonst nur ein Mönch freiwillig auf sich nahm. Und wiederum galt auch hier ein Nichtbeachten dieser Pflichten als Rückfall, der den Dauerausschluß nach sich zog[45].

Die Ursache für diesen Rigorismus vor allem in der westlichen Kirche wird man vordringlich in dem Festhalten an einem Kirchenverständnis sehen müssen, das auch noch in der gewandelten Situation des 4./5. Jh. die communio sanctorum im engen Sinn in jeder Gemeinde verwirklicht sehen und sie mit scharfen Sanktionen sichern wollte. Diese Haltung legte naturgemäß mehr Gewicht auf den genauen Vollzug der auferlegten Strafen als auf die Pflege des Sühnewillens im Büßenden. Eine rühmliche Ausnahme stellt Augustinus dar, den sein persönlicher religiöser Weg, sein theologisches Denken und sein pastorales Verantwortungsbewußtsein eine versöhnlichere Haltung einnehmen ließen[46]. Er hat gewiß der Bußdisziplin einen

[42] Innoc. I., Ep. 1, 7.
[43] Leo I., Ep. 18, 13; 19, 6; Hieron., Dial. c. Lucif. 5.
[44] So die spanischen Synoden von Elvira (ca. 306), Zaragoza (380), Toledo I (ca. 400).
[45] Die Belege bei *Poschmann:* HDG IV 3 (1951) 55 f.
[46] Zur augustinischen Praxis der Bußdisziplin siehe *F. van der Meer,* Augustinus der Seel-

hohen Stellenwert im Leben der Gemeinde zuerkannt, aber nie außer acht gelassen, daß die Kirche in der Welt immer „Weizen und Unkraut" in sich tragen werde, und hat gerade eine solche Kirche gegen den Puritanismus der Donatisten verteidigt. Die Folgen solcher Strenge blieben nicht aus. Dem Taufaufschub trat der Aufschub der öffentlichen Kirchenbuße zur Seite, den aber die Kirche nun, anders wie bei der Taufe, nur lässig bekämpfte, um ihn schließlich in besonderen Fällen, besonders bei noch jungen Menschen, sogar anzuraten. Man forderte nun den Sünder auf, sein ganzes Leben zu einer ständigen Vorbereitung auf die Buße und Rekonziliation zu machen[47], die dem hohen Alter vorbehalten blieben. Damit wurde die Bußzeit allmählich auf die kurze Spanne der Todeskrankheit eingeschränkt und die Rekonziliation kurz vor dem Hinscheiden gewährt. So war zwar das Prinzip der Unwiederholbarkeit der Kirchenbuße gerettet, aber ihr pastoraler Sinn wurde ausgehöhlt. Die Konsequenzen dieser Entwicklung waren, aufs Ganze gesehen, so negativ, daß auf die Dauer eine grundsätzlich neue Lösung, die Privatbuße, unausweichlich wurde.

In unserem Zeitraum werden stärkere Bemühungen der Kirche erkennbar, nun auch *Eheschließung* und *Hochzeitsfeier* in den liturgischen Bereich einzubeziehen, zumal sie mehr als andere Einschnitte im Lebensablauf von heidnischen oder profanem Brauchtum erfaßt waren[48]. Man tadelt in steigendem Maße Züge dieses Brauchtums, wie etwa manche Tänze bei der Hochzeitsfeier, oder sucht sie wie die Sitte der Bekränzung durch christliche Interpretation annehmbar zu machen[49]. Gleichzeitig dringt man darauf, den Eheabschluß öffentlich durch Bischof oder Priester segnen zu lassen. Dabei lassen sich deutlich Ansätze zur Entwicklung eines liturgischen Trauritus erkennen. Im Osten wurde der Bischof oder Priester zur Hochzeitsfeier in das Privathaus eingeladen und sprach hier ein Segensgebet über die Brautleute, das von Psalmengesang umrahmt war, feste liturgische Texte sind aber nicht vor dem 8. Jh. nachweisbar. Auch eine Segnung des Hochzeitskranzes und die Bekränzung durch den Priester wird schon im 4. Jh. erwähnt, die dem byzantinischen Trauritus schließlich den Namen (στεφάνωμα) gibt[50]. In Alexandrien ist das Ineinanderlegen der Hände des Brautpaares durch den Priester gegen Ende des 4. Jh. üblich. Im Westen spricht zuerst der Ambrosiaster etwas vage von einer benedictio bei der Hochzeit, dann erwähnen Papst Siricius und Ambrosius den Brauch der *velatio*, bei der der Priester

sorger (Köln 1951) 447—453 und *J. Vermeylen*, Le cheminement de la pénitence selon s. Augustin: CollMechl 51 (1966) 514—546.

[47] Ambros., De paen. 2, 11, 107; Conc. Arel. II can. 24; Caesar. Arel., Sermo 256, 4; 258, 2.

[48] *K. Ritzer*, Formen, Riten und religiöses Brauchtum der Eheschließung in den christlichen Kirchen des 1. Jahrtausends (Münster 1962).

[49] *K. Baus*, Der Kranz in Antike und Christentum (Bonn, Nachdr. 1966) 93—112.

[50] Greg. Naz., Ep. 231 und 232; Joh. Chrysost., In Genes. hom. 48, 6.

einen Schleier über den Häuptern der Brautleute ausbreitet[51]. Der Praedestinatus (ca. 430—440) erwähnt erstmals eine Eucharistiefeier in Verbindung mit einer Trauung. Eine kirchenrechtliche Vorschrift für die Einsegnung der Ehe durch den Priester existiert aber zu dieser Zeit nur für die Kleriker der niederen Weihestufen, denen die Ehe ja gestattet ist[52].

Das liturgische Jahr

Der Rang des *Osterfestes,* wie bisher auch jetzt das *mysterium praecipuum* und die *excellentior festivitas* unter allen Festen[53], die die Liturgie kennt, wird nun auch in der Öffentlichkeit hervorgehoben, seitdem die christlichen Kaiser von Valentinian I. an den Tag durch eine besondere Amnestie für die Gefangenen (gewisse schwere Vergehen bleiben davon ausgeschlossen) ehren[54]. Im religiösen und theologischen Verständnis des Festes trat allerdings im Osten ein gewisser Wandel ein, da man im Anschluß an die trinitarischen und christologischen Diskussionen der Zeit das Leiden des Erlösers zugunsten des Auferstehungsgedankens zurücktreten ließ. Im Westen hielt man jedoch noch an seinem ursprünglichen Sinngehalt fest, wonach mit dem österlichen Triduum von Karfreitag bis Ostersonntag „das Mysterium des Todes und der Auferstehung" gefeiert wurde, durch das der Menschheit das neue Leben geschenkt worden war[55].

Mit dem 4. Jh. tritt die österliche Zeit in die Endphase ihrer Ausbildung zu einem großen *Osterfestkreis* ein, da man dem Fest nun eine längere Vorbereitungszeit, die *Quadragesima,* voranstellt. Das Konzil von Nikaia nennt erstmals die Τεσσαρακοστή ohne nähere Aussage über ihren Inhalt, Eusebios spricht von einer 40tägigen asketischen Übung vor Ostern und Kyrill von Jerusalem von einer Metanoia von 40 Tagen[56]. Athanasios fand bei seinem Aufenthalt in Rom i. J. 340 den Brauch eines 40tägigen Fastens vor. Erst nach längerer Entwicklung setzt sich die genaue Zahl von 40 Fasttagen durch[57]. Über die liturgische Struktur und den Sinn dieser Quadragesima geben die Prediger der Zeit, vor allem Augustinus und Papst Leo I., Aus-

[51] Ambrosiaster, In ep. I ad Cor. 7, 40; Ambros., Ep. 19. Paulin von Nola schildert in carm. 25 die Trauung des Lectors Julian, des späteren Bischofs von Aeclanum.

[52] Praedest., 3, 31; Siricius, Ep. ad Himerium Tarrac. 8; Innoc. I., Ep. ad Victr. 4—6.

[53] Leo I., Sermo 47, 1; 48, 1.

[54] Cod. Theod. 9, 38, 3 (367) 4 (368) 7 (384) 5 (385); Cod. Justin. 1, 4, 3. Vgl. Leo I., Sermo 40, 5; 45, 4; 47, 3.

[55] Dazu W. *Huber,* Passa und Ostern 156—206, gegen den aber festzuhalten ist, daß Leo I. in seinen Sermones de quadragesima durchaus noch Tod und Auferstehung zusammen als Grundidee von Ostern versteht, siehe bes. Sermo 43, 3 und 48, 4; Aug., Ep. 55, 24 spricht vonn einem *triduum crucifixi, sepulti resuscitati.*

[56] Conc. Nicaen. can. 5; Euseb., De soll. pasch. 4; Cyrill. Hieros., Procat. 4.

[57] Athanasios, Osterfestbrief von 341, Anhang. Hieron., Ep. 24 spricht von der Freiwillig-

kunft[58]. Wie in keinem anderen Abschnitt des liturgischen Jahres erhielten nach und nach die Werktage der Quadragesima einen öffentlichen Gottesdienst, der in Rom als Stationsgottesdienst begangen wird. An jedem Tag versammelt man sich zur *statio*, zum festen Standort dieser Feier an einer der Kirchen der Regionen Roms, die der Papst selbst hielt und bei der die zahlreich erschienenen Gläubigen die Kommunion empfingen. Das die Quadragesima begleitende Fasten war nicht im modernen Sinn von der Kirche geboten, sondern eine eher selbstverständlich übernommene Form der Einschränkung, die nur eine Mahlzeit, die abendliche coena, kannte, bei der man noch auf Wein und Fleisch verzichtete[59]. Weit mehr Gewicht wird jedoch der Selbstdisziplin, der Besinnung und inneren Einkehr beigemessen, die sich in echter Nächstenliebe, Bereitschaft zu persönlichem Opfer (Almosen) und zur Versöhnung bekunden soll. Da die Quadragesima zugleich die bevorzugte Zeit für die unmittelbare Vorbereitung der competentes oder electi auf den Taufempfang und der Büßer auf ihre reconciliatio war, wird die Liturgie mancher Tage in ihrer Leseordnung deutlich von daher beeinflußt. So wurden wahrscheinlich die Katechumenen am 3., 4. und 5. Sonntag der Quadragesima zum Stationsgottesdienst zugelassen, um dabei den Wortlaut von Taufsymbol und Vaterunser zu erfahren[60]. Die letzte Woche war naturgemäß vom Thema der Passion des Erlösers bestimmt, das man jedoch liturgisch regional verschieden gestaltete. In Jerusalem wählte man jene Lesungen aus, die die Ereignisse der Leidenswoche nach Tag und Stunde den biblischen Berichten entsprechend wiedergaben, in Spanien und Nordafrika stellte man eine fortlaufende Lesung der Leidensgeschichte zusammen, während sich Rom für die jeweils ganze Lesung nach den vier Evangelien an vier verschiedenen Tagen entschied.

Die Pentekoste, die österliche Festzeit, wurde abgeschlossen mit dem 50. Tag nach Ostern, der der Erinnerung an die Herabkunft des Heiligen Geistes und der Himmelfahrt des Herrn zugleich gewidmet war. Noch im 4. Jh. hat man aber das Gedächtnis der Himmelfahrt Christi aus dieser Feier herausgelöst und ihr ein eigenes Fest am 40. Tag der Pentekoste eingeräumt[61].

keit des Fastens, Socr. HE 5, 22 erwähnt ein Fasten in den drei Wochen vor Ostern in Rom.

[58] Liste der einschlägigen Sermones Augustins bei *S. Poque:* SChr 116, 352—354 (rund 30), die 12 Sermones Leos I. de quadragesima: SChr49.

[59] Aug., Sermo 210, 10f rügt allerdings Christen, die den Verzicht durch eine raffinierte Auswahl und Zubereitung anderer Speisen und Getränke wieder entwerten.

[60] Darauf weist noch die Notiz *pro scrutiniis electorum* im Sacramentarium Gelasianum hin, die beim Meßformular dieser Tage steht.

[61] Zuerst bezeugt durch Const. Apost. 8, 33; von Aug., Sermo 254; Ep. 54 wird es als in der ganzen Kirche gefeiertes Fest vorausgesetzt. Siehe außerdem *P. Devos:* AnBoll 86 (1968) 87—108 und *W. Huber* a. a. O. 158 165 206—208.

Seine bedeutsamste Bereicherung gewann das liturgische Jahr in dieser Periode durch einen Austausch zwischen Ost und West, bei dem dieser das Fest der *Epiphanie* des Herrn vom Osten übernahm[62] und *Weihnachten* an jenen weitergab, und da beide Feste eine Nachfeier und eine Vorbereitungszeit erhielten, war die Grundlage für den zweiten Festzyklus des liturgischen Jahres geschaffen. Die erste sichere Nachricht über ein Fest, das die Geburt Christi zum Inhalt hat und am 25. Dezember begangen wird, findet sich in einem Verzeichnis christlicher Feste, dem sog. Chronographen von 354, das diese Notiz aus einer Vorlage übernahm, die noch in konstantinische Zeit (336) zurückreicht[63]. Das Datum des 25. Dezember, für das man sich keineswegs auf eine solide historische Tradition berufen konnte, ist wohl kaum auf Grund astronomisch-symbolischer Vorstellung „errechnet" worden[64]. Mit größter Wahrscheinlichkeit wurde die Wahl dieses Datums durch das Geburtsfest des heidnischen Sonnengottes veranlaßt, das Kaiser Aurelian nach 274 aus dem Osten in Rom einführte und das seitdem als *dies natalis solis invicti* an diesem Tag als hoher Staatsfeiertag begangen wurde. Diesem Sol invictus stellten die Christen bewußt ihren Herrn als das neue Licht, die neue Sonne, den *sol iustitiae*, gegenüber, als den ihn die Verkündigung der Väter und die Texte der Liturgie an seinem *dies natalis* feiern[65]. Das *sacramentum Christi nativitatis* beging man schon um 360 in Afrika, für den natalis Salvatoris schrieb Ambrosius den Hymnus *Intende qui regis Israel*, für Filastrius von Brescia († 397) ist der Tag bereits ein sehr hohes Fest, das man auch in Aquileia zur Zeit des Bischofs Chromatius (ca. 387—407) feierte und das ebenfalls in Spanien vor dem Ende des 4. Jh. bekannt war, während es Paulin von Nola weniger für Gallien als für Süditalien bezeugen dürfte[66]. Im Osten fand das Weihnachtsfest zunächst in Kappadokien, Konstantinopel und Syrien im vorletzten Jahrzehnt des 4. Jh. Eingang, während es in Jerusalem und Ägypten, also in den Bereichen, die zuerst das Epiphaniefest kannten, erst um 430 rezipiert wurde, wobei jeweils das Mysterium der Geburt aus dem Festinhalt von Epiphanie herausgelöst wurde[67].

[62] Aug., Sermo 202, 2 nennt ausdrücklich die ecclesia orientalis als Heimat des Festes; Ammian. Marcell., Res gest. 21, 2, 5 weiß, daß die Christen in Gallien i. J. 361 das Fest „Epiphania" nannten.

[63] Chron. min.: MGAuct. ant. 9, 1, 56 ff.

[64] So *L. Duchesne*, Origines 278 f, dann *H. Engberding:* ALW 2 (1952) 25—43; *H. Strobel:* ThLZ 87 (1962) 183—194.

[65] Die Belege bei *B. Botte*, Origines 61—67; *F. J. Dölger:* AuC VI (1950) 1—56, bes. 23—30; *H. Rahner*, Griechische Mythen in christlicher Deutung (Zürich ²1957) 190—199; *H. Frank:* Festschr. Th. Michels (Münster 1963) 136—154.

[66] Optatus Milev., Sermo in nat. ss. Innoc. 1. Zum Ambrosiushymnus *A. S. Walpole*, Early Latin Hymns (Cambridge 1922) n. 6; Filastr., Haer. 140, 1—4; Siricius, Ep. ad Himerium Tarrac.; Paulin. Nol., Carm. 27, 43—45.

[67] Für Kappadokien siehe *J. Mossay* (Lit.); für Konstantinopel bezeugt es Gregor von Nazianz (379), für Antiochien Chrysostomos (386/388). In Jerusalem hat es erst Bischof

So wie *Epiphanie* im Bereich der hellenistischen Religionen Ankunft oder sich offenbarendes Erscheinen eines Gottes (oder Gottkönigs) bedeutete, so war entsprechend der Grundgedanke des christlichen Epiphaniefestes das Erscheinen des Herrn in der Welt, seine göttliche Manifestation vor der Menschheit [68]. Man sah diese Epiphanie zuweilen in seiner Geburt verwirklicht (so ursprünglich in Jerusalem, Antiochien und wohl auch in Syrien), aber auch in der Taufe Jesu im Jordan (so in Ägypten) oder schließlich in der Huldigung der Magier und im Wunder auf der Hochzeit zu Kana, wie Epiphanios von Salamis bezeugt [69]. Daß man gerade den 6. Januar zum Festtag wählte, war gewiß von missionarischen Erwägungen mitbedingt. Man konnte so ein um die gleiche Zeit gefeiertes Fest der Wintersonnenwende (in Ägypten) oder das eines Quellwunders (in verschiedenen Städten des Orients) christlich überwinden durch die Aussage, daß in Christus die wahre Sonne erschienen sei oder daß das Wasser der Taufe (φωτισμός) dem Menschen die wahre Erleuchtung gebracht habe [70]. Als das römische Weihnachtsfest dann in die örtlichen Liturgien einzog, blieb hier die Taufe Jesu der zentrale Inhalt des Epiphaniefestes, der den 6. Januar auch zu einem Tauftag werden ließ und sich in einem zweiten Namen für das Fest (τὰ φῶτα) ausdrückte, während die Feier der Geburt, verbunden mit der Anbetung der Magier, dem 25. Dezember reserviert blieb.

Die Rezeption des *Epiphaniefestes im Westen* erfolgte zeitlich und räumlich uneinheitlich und mit verschiedener Akzentuierung des Festgedankens. Am frühesten ist es für Gallien nachweisbar, wo es wahrscheinlich zunächst als *adventus salvatoris* im ursprünglichen Sinn von Epiphanie gefeiert wurde [71]. Erst Paulin von Nola († 431) nennt außerdem die Anbetung der Magier, die Taufe im Jordan und die Hochzeit von Kana als Bestandteile des Festinhaltes [72]. In Oberitalien ist Ambrosius der früheste Zeuge für das Fest, bei ihm steht die Taufe Jesu ebenso im Vordergrund wie bei Chromatius von Aquileia und Maximus von Turin, während wenig später in Ravenna die tria miracula, Anbetung der Magier, Jordantaufe und Wunder von Kana zusammen, als Festinhalt gelten [73]. Für Augustin ist Epiphanie,

Juvenal eingeführt, wohl im Zusammenhang mit der christologischen Diskussion von Ephesos, die auch Kyrill von Alexandrien zur Annahme des Festes veranlaßt hat. Nur Armenien blieb bei dem einen Fest der Epiphanie, zum Ganzen *B. Botte*, Origines.

[68] *Chr. Mohrmann*, Epiphania = Études sur le latin des chrétiens I (Rom 1958) 245—275; *E. Pax*, Epiphanie: RAC V 902—906.

[69] Jerusalem: Itin. Eger. 25, 6—12; Antiochien: Joh. Chrysost., Hom. in Pentec. 1, 1, 2; Ägypten: Joh. Cassian., Coll. 10, 2; Epiph. Salam., Haer. 51, 9, 13; 51, 16, 1 8.

[70] *J. A. Jungmann*, Liturgie der christlichen Frühzeit 137 f.

[71] So Hilarius von Poitiers in einem Fragment (CSEL 65, 16 f), an dessen Echtheit gegen *B. Botte*, Origines 47 f festzuhalten ist.

[72] Paulin. Nol., Carm. 27, 46—52.

[73] Ambros., In Luc. 4, 76; Chromat. Aquil., Sermo 36, 1; zu Maximus von Turin († zwischen 408—423) s. *A. Mutzenbecher*, Der Festinhalt von Weihnachten und Epiphanie: Stpatr 5, 3 (1962) 109—116; Petrus Chrys., Serm. 156—160.

gleichrangig mit Weihnachten, der Tag, an dem sich der Herr den Heiden offenbarte, die ihm in den Magiern huldigten[74]. Rom hat das Epiphaniefest frühestens unter Papst Innocenz (401—417) übernommen und dabei wie die afrikanische und spanische Kirche die Anbetung der Magier vom Inhalt des Weihnachtsfestes abgetrennt[75].

Als man begann, beide Feste durch allmählich wachsende Vor- und Nachfeiern auszuweiten, war die Entwicklung zum eigentlichen Weihnachtsfestkreis eingeleitet. Ein erster Ansatz dazu zeigt sich in Jerusalem, wo die Feier des Festes zur Zeit der Pilgerin Egeria mit einer Wallfahrt nach Bethlehem begann, die mit einer Mitternachtsmesse in der konstantinischen Geburtskirche verbunden war. Nach der Rückkehr am frühen Morgen folgte in Jerusalem die Tagesmesse. Diese Form einer ersten Messe als Vorfeier übernahm man später in Rom, als man in der von Papst Sixtus III. (432—440) erbauten Marienkirche auf dem Esquilin sich um Mitternacht in einer Kapelle vor einer Nachbildung der Grotte von Bethlehem („ad praesepe") zum Gottesdienst einfand. Eine Nachfeier erhielt Weihnachten, als man seinen Oktavtag durch das Fest Natale s. Mariae hervorhob, das schon im Namen den Zusammenhang mit dem Weihnachtsmysterium andeutete. Auch von einer Nachfeier für das Epiphaniefest kann man sprechen, da man schon vor dem 7. Jh. die Evangelienlesungen der folgenden Sonntage und zum Teil der Wochentage das Grundthema von Epiphanie aufgreifen und von den Zeichen berichten ließ, durch die Christus seine Herrlichkeit offenbarte (Jo 2, 11)[76].

Eine Vorbereitungszeit für Epiphanie bzw. Weihnachten im Sinne des späteren *Advent* ist nicht zuerst in Rom, sondern in Spanien und Gallien entwickelt worden. Schon Hilarius von Poitiers bezeugt, daß man sich auf Epiphanie *per trium septimanarum secretum spatium* vorbereitete, das Konzil von Zaragoza (380) schreibt für die Zeit vom 17. Dezember bis 6. Januar, also ebenfalls für drei Wochen, den täglichen Kirchenbesuch vor, und wenig später mahnt ein Brief aus der Umgebung des Mönches Bachiarius, die gleiche Zeit in Gebet und Fasten zu verbringen[77]. Gegen Ende des 5. Jh. erscheint dann in der Fastenordnung des Bischofs Perpetuus von Tours († 490) eine Bestimmung, die ein dreimaliges Fasten in der Woche für die Zeit vom Martinustag bis Weihnachten verlangt und damit zugleich das erste sichere Zeugnis für die Existenz des Weihnachtsfestes in Gallien liefert[78]. Ähnliche Mahnungen, sich durch Gebet und Enthaltsamkeit für das

[74] Serm. 199—204.

[75] *C. Coebergh*, L'Épiphanie à Rome avant s. Léon: RBén 75 (1965) 304—307; Leo I., Serm. 31—38.

[76] *J. A. Jungmann* a. a. O. 254—257.

[77] Hilar. Pictav.: CSEL 65, 16 f. Conc. Caesaraug., c. 4; Bachiarius, Ep. ad Marcell. (PL Suppl I 1039 f).

[78] Gregor. Tur., Hist. Franc. 10, 21, 6.

Fest der Geburt des Herrn bereit zu machen, finden sich bei Maximus von Turin und Petrus Chrysologus von Ravenna. Eine Adventsliturgie im engeren Sinn hat man in Rom erst im Lauf des 6. Jh. geschaffen durch die Einführung von fünf Adventssonntagen, die Gregor der Große auf vier Sonntage reduzierte und damit die Entwicklung des zweiten Festkreises innerhalb des liturgischen Jahres zum Abschluß brachte [79].

18. Kapitel

Verkündigung und Frömmigkeit

LITERATUR: Seelsorge im allgemeinen: *G. Dix,* The Ministry in the Early Church = *K. E. Kirk,* The Apostolic Ministry (London ²1947) 183—303; *V. Monachino,* La cura pastorale a Milano, Cartagine e Roma nel secolo IV (Rom 1947); *A. Mandouze,* Notes sur l'organisation de la vie chrétienne en Afrique à l'époque de s. Augustin: ATh 13 (1953) 151—171 201—231; *J. Fernández Alonso,* La cura pastoral en la España romanovisigoda (Rom 1955); *P. Rentinck,* La cura pastorale in Antiochia nel IV° secolo (Rom 1970). — *F. Meyer,* Die Seelsorge des hl. Ambrosius (Diss. Rom 1941); *F. Van der Meer,* Augustinus der Seelsorger (Köln 1951); *E. Bellini,* La figura del pastore d'anime in Gregorio Nazianzeno: SC 99 (1971) 269—296.

Katechese und Predigt: *M. Sauvage,* Catéchèse et laïcat (Paris 1962); *J. Daniélou,* La catéchèse aux premiers siècles (Paris 1968). — *B. Paredi,* La catechesi di Sant'-Ambrogio (Genua 1957); *A. Paulin,* S. Cyrille de Jérusalem catéchète (Paris 1959). — *F. Stingeder,* Gesch. der Schriftpredigt (Paderborn 1920); *H. Kerr,* The Preaching in the Early Church (New York 1942); *A. Niebergall,* Die Gesch. der christlichen Predigt = Leiturgia II (Kassel 1955) 182—353; *St. Czerwik,* Homilia paschalis apud Patres usque ad saec. V (Rom 1961); *J. B. Schnyder,* Gesch. der katholischen Predigt (Freiburg 1969); *W. Schütz,* Gesch. der christlichen Predigt (Berlin 1972); *A. Olivar,* La duración de la predicación antigua: Liturgica 3 (1966) 143—184; *ders.*, Preparación e improvisación en la prédica patrística: Kyriakon II (Festschr. J. Quasten, Münster 1970) 736—767; *D. Attwater,* St. John Chrysostom, Pastor and Preacher (London 1959); *B. H. Vandenberghe,* S. Jean Chrysostome et la parole de Dieu (Paris 1961); *J. Bernardi,* La prédication des Pères Cappadociens (Paris 1968); *R. R. Ruether,* Gregory of Nazianzen, Rhetor and Philosopher (Oxford 1969). Augustinus: *M. Pontet,* Le prédicateur et son public = L'exégèse de s. Augustin prédicateur (Paris 1945) 35—110; *H.-I. Marrou,* L'éloquence chrétienne = S. Augustin et la fin de la culture antique (Paris ²1947) 505—545; *J. Pépin,* S. Augustin et la fonction de l'allégorie: RechAug 1 (1958) 243—286; *J. Oroz Reta,* La retórica en los sermones de s. Agustín (Madrid 1963); *F. Schnitzler,* Zur Theologie der Verkündigung in den Predigten des hl. Augustinus (Freiburg 1968); *P. Christophe,* Cassien et Césaire prédicateurs de la morale monastique (Gembloux 1969).

Zu Frömmigkeit und Askese: *M. Viller - K. Rahner,* Aszese und Mystik der Väterzeit (Freiburg 1939); *A. Hamman,* Prières des premiers chrétiens (Paris 1952); *L. Bouyer,* La spiritualité du Nouveau Testament et des Pères (Paris 1960); *E. Daßmann,* Die Frömmigkeit des Kirchenvaters Ambrosius von Mailand (Münster 1965); *J. A. Jungmann,* Christliches Beten im Wandel und Bestand (München 1969); *E. von Severus -*

[79] *W. Croce,* Die Adventsliturgie im Lichte der geschichtlichen Entwicklung: ZKTh 76 (1954) 257—296 440—472.

O. Michel - Th. Klauser, Gebet I/II: RAC 8, 1134—1258; 9, 1—36; *J. A. Lamb,* The Psalms in Christian Worship (London 1962); *J. Schümmer,* Die altchristliche Fastenpraxis (Münster 1933); *A. Guillaume,* Jeûne et charité dans l'Église latine (Paris 1954); *Th. Pichler,* Das Fasten bei Basileios und im antiken Heidentum (Innsbruck 1955); *Th. Camelot,* Virgines Christi (Paris 1944); *F. de B. Vizmanos,* Las vírgenes cristianas en la Iglesia primitiva (Madrid 1949).

Martyrer-, Heiligen- und Totenkult: *H. Delehaye,* Sanctus (Brüssel 1927); *ders.,* Les origines du culte des martyrs (Brüssel ²1933); *A. Grabar,* Martyrium, 3 Bde (Paris 1946); *Th. Klauser,* Christlicher Martyrerkult, heidnischer Heroenkult, spätjüdische Heiligenverehrung (Köln 1960); *A. Frolow,* La relique de la vraie Croix (Paris 1961); *B. Kötting,* Der frühchristliche Reliquienkult und die Bestattung im Kirchengebäude (Köln 1965); *W. Delius,* Texte zur Gesch. der Marienverehrung und Marienverkündigung in der alten Kirche, KlT 178 (Berlin 1956); *F. Spedalieri,* Maria nella Scrittura e nella tradizione della Chiesa primitiva (Messina 1961); *D. M. Montagna,* La lode alla theotokos nei testi greci dei secoli IV—VII (Rom 1963); *B. Kötting,* Peregrinatio religiosa (Münster 1950); *A. Stuiber,* Refrigerium interim (Bonn 1957); *C. G. Rodriguez,* El culto de los santos en la España romana y visigoda (Madrid 1966); *Th. Klauser,* Die Cathedra im Totenkult der heidnischen und christlichen Antike (Münster ²1971); *J. Zellinger,* Augustinus und die Volksfrömmigkeit (München 1933); *St. McKenna,* Paganism and Pagan Survivals in Spain up to the Fall of the Visigothic Kingdom (Washington 1938); *M. Striedl,* Antiker Volksglaube bei Johannes Chrysostomos (Diss. Würzburg 1948).

Katechese und Predigt

Jeder Versuch, die Frage zu beantworten, wie der Klerus der Reichskirche die Seelsorgsaufgabe der Verkündigung gesehen und wahrgenommen hat, muß wegen der besonderen Quellenlage unbefriedigend bleiben. Zwar sind aus der Zeit zwischen Nikaia und Chalkedon annähernd 3000 Predigten und Katechesen erhalten, sie verteilen sich aber auf nur etwa 30 Verfasser, also auf einen Bruchteil derer, die in diesen 125 Jahren als Seelsorger wirkten. Und mehr als die Hälfte des erhaltenen Bestandes gehört den beiden Bischöfen Chrysostomos und Augustinus [1], er ist also im Blick auf den Gesamtklerus der Zeit nicht repräsentativ. Die Kriterien für diese Auswahl waren meist die Qualität der Predigten oder wenigstens der Ruf des Verfassers, zuweilen hat wohl nur der Zufall einiges erhalten. Der Durchschnitt des Seelsorgsklerus hat sich gewiß oft der Vorlagen der anerkannten Prediger bedient [2].

Die *kirchliche Katechese* ist auch jetzt noch ausschließlich Erwachsenenkatechese und umfaßt das Gesamt jener Unterweisungen und Übungen, durch die Nichtgetaufte von einem Beauftragten der Kirche mit den Glau-

[1] Die Zahlen können nur approximativ sein, die Forschung weist heute Chrysostomos etwa 800, Augustinus gegen 1000 Predigten und Katechesen zu.

[2] August., De doctr. christ. 4, 29, 62 deutet dies an; Caesar. Arel., Sermo 1, 15 weist hin auf „den alten Brauch im Orient, die Homilien der Väter in den Kirchen vorlesen zu lassen".

bensüberzeugungen und sittlichen Forderungen vertraut gemacht wurden, die das Leben eines wirklichen Christen bestimmen sollten. Eine spezielle Kinderkatechese hat es anscheinend vor dem Ende des 6. Jh. nicht gegeben, obwohl die Praxis der Kindertaufe stetig zunahm[3]. In Familien mit längerer christlicher Tradition existierte jedoch die *private* Hauskatechese, durch die Vater oder Mutter dem Kinde eine erste Einführung in christliches Leben und Glauben gaben, wenn nach der Sitte der Zeit der Taufempfang auf später verschoben wurde. Auf eine solche Pflicht der Eltern hat die Kirche nachdrücklich hingewiesen, vor allem Chrysostomos und Augustinus, der dem pater familias hier sogar „eine kirchliche und gleichsam bischöfliche Aufgabe" übertragen sieht[4]. Die offizielle Katechese wird mehr und mehr dem Klerus reserviert, nur für den Osten werden noch vereinzelt Laienkatecheten erwähnt, von denen eine besondere Eignung gefordert wird[5]. In Antiochien wird sie meist von Presbytern erteilt, das gleiche muß man für diesen Unterricht an den römischen Titelkirchen voraussetzen[6]. In Karthago war ein Diakon mit der Einführungskatechese bei der Aufnahme ins Katechumenat betreut, an den Taufkatechesen für die competentes waren in Nordafrika wohl ebenfalls Presbyter beteiligt, denen ja auch das Recht zu predigen zustand[7]. In der Mehrzahl aller Gemeinden in Ost und West ist aber der Bischof als Lehrer der Katechumenen anzusehen, die erhaltenen Taufkatechesen dieser Zeit stammen teils von Presbytern, teils von Bischöfen[8].

Die Katechese wird in Zielsetzung, Inhalt und Methode noch ganz von ihrem missionarischen Kontext her bestimmt. Augustinus hat in seiner Schrift *De catechizandis rudibus*[9] für den karthagischen Diakon Deogratias eine methodische Anleitung gegeben, die die praktische Katechetik bis in die Neuzeit beeinflußte und bis heute ihre Frische bewahrt hat. An den beiden von ihm beigefügten Modellen einer längeren und kürzeren Einführungskatechese läßt sich ablesen, wie er seine Ratschläge verwirklicht sehen wollte. Augustin verkennt nicht die Schwierigkeiten und Rückschläge, die den Kate-

[3] Vgl. *J. C. Didier,* Le pédobaptisme au IVe siècle: MSR 6 (1949) 233—246.

[4] August., In Joh. tr. 51, 13; Joh. Chrysost., De inani gloria et de educandis liberis, ed. *B. K. Exarchos* (München 1955); Hieron., Ep. 107 gibt der Römerin Laeta ein Programm für die religiöse Erziehung ihrer Tochter Paula.

[5] Const. Apost. 8, 32, 17.

[6] Für Antiochien: Joh. Chrysost., In ep. II ad Cor. hom. 30, 2; In Genes. hom 12, 1; In ep. I ad Cor. 3, 3. Für Rom vgl. *Monachino* a. a. O. 345.

[7] August., De cat. rud. 1, 1; Ambros., Ep. 2, 27.

[8] Es ist ungewiß, ob Kyrill von Jerusalem die Taufkatechesen noch als Presbyter hielt, die des Chrysostomos gehören seiner antiochenischen Zeit an (388/389), zur Datierung der Katechesen Theodors von Mopsuestia vgl. *Quasten* P III 409.

[9] Sonderausgaben: *G. Krüger* (Tübingen [3]1934); *A. Sizoo* (Amsterdam 1947); *G. Combes - J. Farges:* BiblAug 11 (Paris 1949); zur Datierung (nicht 405, sondern 399) siehe *L. J. van der Lof:* VigChr 16 (1962) 198—204.

cheten oft entmutigen wollen, aber sie lassen sich meistern, wenn er sich leiten läßt von der Freude des Herzens[10]. Dabei muß er sich auf die Eigenart seiner Hörer einstellen, die oft sehr unterschiedliche Voraussetzungen mitbringen, je nach ihrem Bildungsgrad, ihrer Aufgeschlossenheit für das Religiöse oder den Motiven, die sie um Aufnahme ins Katechumenat bitten lassen.

Herzstück aller Katechese muß nach Augustinus die Heilsgeschichte sein[11], wie sie sich nach der Schrift im Handeln Gottes mit den Menschen enthüllt. Sie muß dem Hörer in ihren markantesten Ereignissen aufgezeigt werden, an der Erschaffung Adams, der Sintflut, dem Bund Gottes mit Abraham, dem priesterlichen Königtum Davids, der Befreiung aus der Babylonischen Gefangenschaft und dem allentscheidenden Christusereignis. Diese narratio der mirabilia Dei soll nicht nur die innige Verknüpfung von Altem und Neuem Testament aufzeigen, sondern eine universale Schau aller Geschichte vermitteln, wie sie eingebettet ist in Gottes Heilsplan. Wenn der Katechet es versteht, auch den innern Zusammenhang zwischen Heilsgeschichte und religiösem Weg des Katechumenen einsichtig zu machen, wird sich diesem die Liebe Gottes zur Menschheit und zu ihm selbst als letztes Motiv des göttlichen Heilshandelns darstellen, das in Christi Tod und Auferstehung seine Krönung erfährt. Vor allem das Christusereignis ist mit solcher Wärme und Eindringlichkeit darzustellen, daß der Katechumene hörend zum Glauben kommt, glaubend zur Hoffnung gelangt, hoffend die Liebe findet[12]. In einer letzten exhortatio soll er ermahnt werden, Glaube, Hoffnung und Liebe zu hüten vor den Lockungen jener Welt, aus der er zur Kirche kam, und sich auch nicht beirren lassen durch jene Getauften, die dieser Welt wieder erlagen. Für die augustinische Katechese ist es überdies charakteristisch, daß sie ganz auf die positive Darlegung der Heilsgeschichte ausgerichtet ist und auf Polemik und rhetorischen Schmuck verzichtet. Leider ist keine geschlossene Reihe augustinischer *Sermones ad competentes* aus einer Quadragesima erhalten, sondern nur je drei Erklärungen des Taufsymbols und des Vaterunsers[13]. Die erstern sind ihrer Natur nach hauptsächlich dogmatisch belehrend, aber durchaus lebendig, anschaulich und einprägsam formuliert, einmal aufgelockert durch die Bemerkung, die Katechumenen sollten demnächst beim probeweisen Aufsagen des auswendig zu lernenden Textes keine Angst vor dem Versagen haben, da er doch ihr Vater und kein Schulmeister mit der Rute sei[14]. In den Vaterunsererklärungen überwiegt die

[10] De cat. rud. 2, 5: *ut gaudens quisque catechizet, ea cura maxima est.*

[11] Dazu *J. Daniélou* a. a. O. 249—262.

[12] De cat. rud. 8.

[13] Symbolkatechesen: Serm. 212, 213 (PL Suppl II 536—543) 214; vgl. auch De symbolo I (PL 627—636). Vaterunserkatechesen: Serm. 57—59; sermo 56 ist wohl nicht für die competentes bestimmt.

[14] Tract. de symb. 11.

moralische Ermahnung, sie sind erst recht geprägt von dem unverwechselbaren Ton augustinischer Intensität und Wärme der Aussage, die gewinnt und überzeugt, weil der Katechet selbst überzeugt ist.

Aus dem griechischen Sprachraum ist kein der Schrift De catechizandis rudibus in etwa gleichrangiger Versuch erhalten. Gregor von Nyssa behandelt zwar in seinem für christliche Lehrer bestimmten Λόγος κατηχητικός auch methodische Fragen, wie etwa die Anpassung an die individuelle Situation der Hörer, aber im Gegensatz zu Augustin bevorzugt er eine philosophische Begründung der Glaubenswahrheiten und läßt die bibeltheologische Grundlegung über Gebühr zurücktreten[15].

In den dem Bischof *Kyrill von Jerusalem* zugeschriebenen Taufkatechesen findet sich jedoch bereits das zentrale Anliegen Augustins, die Heilsgeschichte zum Mittelpunkt des Vorbereitungsunterrichtes für die Taufbewerber zu machen, verwirklicht. Geschickt wird die dogmatische Darlegung mit der Moralkatechese verbunden, werden gelegentlich apologetische Bemerkungen eingeflochten und vor allem die abschließenden mystagogischen Katechesen sehr anschaulich gestaltet. Die schlichte Sprache, das verständnisvolle Eingehen auf die Situation der Hörer, die kluge, überlegte Art der Darbietung machen diese Katechesen zu einem besonders aufschlußreichen Modell altchristlicher Verkündigung[16].

Johannes Chrysostomos und *Theodor von Mopsuestia,* beide herausragende Repräsentanten antiochenischer Katechese, lassen zwei Aspekte derselben hervortreten, da der erste die seiner Neigung mehr entsprechende Moralkatechese bevorzugt, der andere die Sakramentskatechese, die sich offensichtlich an Hörer mit einem gewissen Bildungsniveau wendet. Chrysostomos, dessen erhaltene Katechesen in ihrer Mehrheit aus der Osterwoche stammen, wird nicht müde, den Neugetauften einzuschärfen, daß sie für die Dauer ihres Lebens νεόφυτοι bleiben müßten, wozu der ihnen in der Taufe verliehene Geist sie befähige[17]. Die Erklärung der christlichen Initiationsriten durch Theodor von Mopsuestia hebt betont den eschatologischen Charakter von Taufe und Eucharistie hervor; mit der Taufe nimmt das „neue Leben" des Christen seinen Anfang, die Eucharistie nährt es, indem sie ihn teilnehmen läßt an Tod und Auferstehung Christi und ihn so zur eigenen Auferstehung gelangen läßt[18].

[15] Neuausgabe der Oratio catechetica von *H. Polack* in Greg. Nyss. Opera III 2 (Leiden) steht bevor.

[16] Gesamtausgabe: *W. C. Reischl - J. Rupp* (München 1848/60); nur die mystagogischen Katechesen: *F. L. Cross* (London 1951); *A. Piédagnol:* SChr 126 (Paris 1966). Zu Kyrill als Katechet siehe *A. Paulin* (Lit.), ferner *G. Touton:* PrOChr 1 (1951) 265—285.

[17] Die Katechesen des Chrysostomos ed. *A. Papadopoulos-Kerameus,* Varia Sacra (Petersburg 1909) 154—183; die neugefundenen Taufkatechesen ed. *A. Wenger:* SChr 50 (Paris ²1970), Kommentar von *W. Harkins:* ACW 31 (1963).

[18] *R. Tonneau - R. Devreesse,* Les Homélies catéchétiques de Théodore de Mopsueste, SteT 145 (Città del Vaticano 1949), dazu *J. Quasten:* ThSt 15 (1954) 431—439.

An den mystagogischen Katechesen des *Ambrosius* von Mailand fällt ihre innere Verwandtschaft mit östlichem Gedankengut auf. Wie Kyrill von Jerusalem legt er großen Wert auf das Verständnis des Symbolgehaltes der Sakramentsriten, den er mit der typologischen Deutung alttestamentlicher Ereignisse, Gestalten und einzelner Schriften, vor allem des Hohen Liedes und des 22. Psalms zu erschließen sucht[19].

Bei der nun meist auf eine Quadragesima verkürzten Dauer des eigentlichen Katechumenats konnte sich die christliche Verkündigung mit der hier gegebenen katechetischen Einführung nicht begnügen. Darüber hinaus war noch eine intensive Nacharbeit erforderlich, um die erste Grundlegung von Glaubenswissen und sittlicher Haltung zu erweitern, zu vertiefen und zu festigen. Diese Aufgabe fiel der *Predigt* zu, die deshalb noch lange einen missionarischen Zug behält und in immer neuem Anlauf die neugewonnenen Gläubigen von einem zähen heidnischen Brauchtum zu lösen und gegenüber immer noch aufflackerndem heidnischem Widerstand zu sichern versuchen mußte. Mit der steigenden Gewißheit, daß die Zukunft dem christlichen Bekenntnis gehören werde, gewinnen diese antiheidnischen Züge der Predigt an Schärfe, die bei einigen Predigern einen denunziatorischen Charakter annehmen kann. In Städten mit starkem jüdischem Bevölkerungsanteil, wie etwa in Antiochien, fällt die antijüdische Predigt ins Gewicht, die ebenfalls einen stark polemischen Ton aufweisen kann[20]. Die trinitarischen und christologischen Kämpfe finden ebenso wie die Auseinandersetzung mit Donatismus und Pelagianismus ihren Niederschlag in der Verkündigung und veranlassen eine hohe Zahl dogmatischer Predigten. Die Thematik der Predigt wird erweitert durch die nun sich stark entfaltende Martyrer- und Heiligenverehrung, welche die Preisrede, das Enkomion bzw. den Panegyricus, in die christliche Beredsamkeit einführt. Brennende Fragen christlicher Lebensführung, wie sie der Seelsorgsalltag aufwirft, verleihen mancher Predigt einen ausgeprägt paränetischen Zug. Schließlich geben besondere Anlässe, wie Kirchweihfeste, Jahrestag der Bischofsweihe, Begräbnisse einzelner, meist ranghoher Persönlichkeiten, dem Bischof Gelegenheit zu Predigten eigener Art, die oft von ihrem Vorbild im profanen Bereich beeinflußt werden. Der höchste Rang unter allen Formen der Predigt kam in dieser Periode der *Homilie* im engeren Sinne zu, die sowohl ganze Bücher oder längere Abschnitte der Schrift oder auch ein einzelnes Schriftwort auslegte und damit spezifische Anliegen der Seelsorge verband.

Im griechischen Osten ist der Arianer *Asterios der Sophist* († nach 341), Schüler Lukians von Antiochien, der in der Diokletianischen Verfolgung geopfert hatte und deshalb zeitlebens von einem klerikalen Amt ausgeschlos-

[19] Die Katechesen des Ambrosius ed. *O. Faller:* CSEL 73 (Wien 1955); ed. *B. Botte:* SChr 25 (Paris ²1961).

[20] Zur antijüdischen Polemik der Zeit siehe oben Kap. 13.

sen blieb[21], ein früher Repräsentant der Schriftpredigt der Zeit. Da die Predigtbefugnis vom 4. Jh. an mehr und mehr an das Priester- oder Bischofsamt gebunden wurde, ist Asterios einer der letzten „Laienprediger", dessen Tätigkeit von Athanasios als Anmaßung gerügt wurde[22]. Von seinem durch Hieronymus und Theodor von Mopsuestia bezeugten Psalmenkommentar konnten jüngst 31 Homilien zu den Psalmen 1—24 identifiziert werden, die geraume Zeit nach Nikaia einem nicht näher zu lokalisierenden Auditorium vorgetragen wurden[23]. Den abwertenden Urteilen des Athanasios und Theodors über ihre Qualität steht die Bemerkung bei Hieronymus gegenüber, sie stünden bei seinen arianischen Anhängern in hohem Ansehen. Die bisher näher untersuchten Osterhomilien des Asterios[24] rechtfertigen eher eine positive Wertung; die Predigten verraten in ihrer oft schwungvollen Form den geschulten Rhetor und sind durchdrungen von einer theologisch beachtlich hohen Auffassung des österlichen Mysteriums. Den Durchschnitt überragen auch die 16 erhaltenen Predigten eines anderen Asterios, der als Bischof von *Amaseia* († nach 410) durch besondere homiletische Aktivität bekannt wurde. Die eigentlichen Homilien (6) bevorzugen neutestamentliche Perikopen, die sich für die moralische Auswertung eignen, auch die Gelegenheitspredigten über Martyrerverehrung, über das Fasten, gegen die Habsucht, die Kalendenfeiern, erweisen ihn als Seelsorger, der zwar die Stilgesetze der Rhetorik kennt, aber deren Auswüchse meidet[25].

Von den Kappadokiern hat *Basileios* ebenfalls die Psalmen besonders für die Schriftpredigt herangezogen, die erhaltenen 15 Homilien sind wohl von Stenographen aufgenommen und von Basileios später veröffentlicht worden[26]. Sie erklären Vers für Vers in einer lebendigen Sprache, die gern Improvisationen zuläßt, und gehen immer wieder auf die Situation der Gemeinde von Kaisareia ein. Besonders beeindruckt war diese von den Homilien über das Sechstagewerk, die den Schöpfungsbericht in stetem Vergleich mit dem Erkenntnisstand der zeitgenössischen Naturwissenschaft auslegen[27], die farbigen Naturschilderungen haben nicht nur ihre ersten Hörer entzückt. Schon Ambrosius benützte diese Homilien für seine Schrift gleichen Titels,

[21] *G. Bardy*, Recherches sur s. Lucien d'Antioche et son école (Paris 1936) 316—328.

[22] De syn. 18, 23.

[23] *M. Richard*, Asterii Sophistae commentariorum quae supersunt = SO fasc. suppl. 16 (Oslo 1956).

[24] *H.-J. Auf der Maur*, Die Osterhomilien des Asterios Sophistes als Quelle für die Gesch. der Osterfeier (Trier 1967).

[25] *C. Datema*, Asterius of Amasea, Homilies I—XIV (Leiden 1970); 2 Homilien wurden schon ediert von *A. Bretz:* TU 40, 1 (Leipzig 1914) 107—121.

[26] PG 29, 209—493 (9 Hom.), dazu noch 2 Hom. zu Ps 14 und 115: PG 30, 72 ff. Dazu *J. Bernardi* a. a. O. 22 f.

[27] Zu den 9 Hom. über das Sechstagewerk, ed. *St. Giet:* SChr 26 (Paris 1949) kommen die 2 Hom. De origine hominis, edd. *A. Smets - M. van Esbroeck:* SChr 160 (Paris 1970), ebd. 13—26 und 116—126 zur Echtheitsfrage.

und Augustin verwertete sie in einer lateinischen Übersetzung für seine Arbeit *De Genesi ad litteram*[28]. Auch die mehr thematischen Predigten des Basileios bezeugen die tiefe Vertrautheit mit der Schrift, aus der der Seelsorger seine Gemeinde aufbauen will. Dagegen hat *Gregor von Nazianz*, den doch Hieronymus seinen Lehrer in der Schriftauslegung und eine spätere Zeit den Demosthenes christianus nannte, nur eine exegetische Homilie in die Auswahl seiner „Reden" aufgenommen[29], da er wohl nur jene Ansprachen als Modelle christlicher Beredsamkeit vorlegen wollte, die er bei besonderen Anlässen (Begräbnisse, kirchliche Hochfeste, markante Wegpunkte seines eigenen Lebens) gehalten hat. Gern läßt er hier seine rhetorische Bildung zur Geltung kommen, ohne jedoch die Lebendigkeit der Rede und die persönliche Note dadurch wesentlich zu beeinträchtigen[30]. Die 26 erhaltenen Ansprachen *Gregors von Nyssa*[31] sind ebenfalls in der Mehrheit Gelegenheitspredigten, in denen der zeitgenössischen Rhetorik ein allzubreiter Raum gewährt wird, so daß sie mit ihrem Pathos und ihren Übertreibungen zuweilen ermüden. Die gern verwandten Exempla aus Naturwissenschaft und Medizin sind Konzessionen an den Zeitgeschmack, die bevorzugte Erörterung philosophisch-theologischer Probleme und kontroverser Fragen entspringt Gregors Begabung und Neigung. Die Auslegung biblischer Texte — es sind 6 Homilien über den Prediger, 15 über das Hohe Lied, 8 über Mt 5, 1—10 und 6 über das Vaterunser[32] — hält sich meist nur äußerlich an die homiletische Form und benutzt reichlich die Allegorie zur Darlegung der asketischen und theologischen Anliegen Gregors, läßt dagegen das religiöse Leben der Gemeinde auffallend im Hintergrund[33].

Den unbezweifelten Höhepunkt der griechischen Schriftpredigt der Zeit stellt das homiletische Werk des Johannes *Chrysostomos* dar. In mehr als 700 erhaltenen Homilien hat er, meist als Presbyter in Antiochien, aus dem Alten Testament Teile der Genesis, der Psalmen, des Isaias, aus dem Neuen Testament große Partien aus Matthäus, Johannes, der Apostelgeschichte und mit besonderer Hingabe die Mehrzahl der Paulusbriefe ausgelegt[34]. Zwar hat er sich nicht in größerem Zusammenhang über die theoretische Grundlage seiner Exegese geäußert, aber die Schrift war ihm ganz und gar das

[28] Die Übersetzung des Eustathios edd. *E. Amand de Mendieta - S. Y. Rudberg:* TU 66 (Berlin 1958); zur Nachwirkung *St. Giet* a. a. O. 70 f.

[29] Hieron., Vir. ill. 117; Greg. Naz., Or. 37 über Mt 19, 1—12.

[30] Siehe *J. Bernardi* a. a. O. 93 ff 254—256; *B. Wyss:* Mus. Helvet. 6 (1949) 177—203; *E. Bellini:* SC 99 (1971) 269—296.

[31] Opera Greg. Nyss. IX 1, edd. *G. Heil - A. van Heck - E. Gebhardt - A. Spira* (Leiden 1967).

[32] Opera V, ed. *P. Alexander;* Op. VI, ed. *H. Langerbeck;* Op. VII 2, ed. *J. Callahan* (ebd. 1960/69). Dazu: Écriture et culture philosophique dans la pensée de Grégoire de Nysse. Actes du colloque de Chevetogne 1966 (Leiden 1971).

[33] Siehe *J. Bernardi* a. a. O. 261—332.

[34] PG 48—56.

inspirierte Gotteswort, in dessen Dienst er sich gerufen wußte und dem er mit hohem Verantwortungsbewußtsein gerecht zu werden suchte[35]. Grundsätzlich von der Schrift her will er die Gemeinde in ihrem Glauben stärken und zu einer Frömmigkeit führen, die sich auch im Alltag des antiochenischen Großstadtlebens bewähren soll. Wie kein anderer Prediger des Ostens besaß Chrysostomos dafür eine der glücklichsten Voraussetzungen, eine angeborene rednerische Begabung, die nicht den Stilregeln der Rhetorik unterworfen war, sondern diese souverän in Dienst nahm. Mit dieser originalen Beredsamkeit verbindet er ein warmherziges Verständnis für alle seine Zuhörer bedrängenden Sorgen und Fragen, das ein einzigartiges Vertrauensverhältnis zwischen Prediger und Gemeinde schafft. Diese freut sich aufrichtig, als Chrysostomos nach längerer Krankheit wieder auf dem Ambo erscheint, so wie er glücklich ist, daß er wieder ihre Liebe spüren darf. Auf die Predigt verzichten müssen, das weckt in seinen Zuhörern wie in ihm selbst ein Empfinden, das er als Hunger bezeichnet[36]. Dabei redet er ihnen wahrhaftig nicht zu Gefallen, sondern verkündet in Antiochien wie später in Konstantinopel kompromißlos die Forderungen des Evangeliums. Bei keinem Bischof der Hauptstadt wäre das Etikett „Hofprediger" weniger angebracht als bei Chrysostomos. Die byzantinische Schriftpredigt der Folgezeit hat seine Homilien als beispielhaft empfunden und sie immer wieder verwertet, freilich meist nur wie es Epigonen möglich ist. Zu seinen Bewunderern zählt vor allem sein späterer Nachfolger auf dem Konstantinopler Bischofsstuhl *Proklos* († 446), bei dem allerdings ein abschließendes Urteil über seine Predigt wegen der noch nicht gelösten Echtheitsfragen erschwert wird[37]. Seiner Zeit und vor allem seiner Gemeinde galt er als guter Prediger, der jedoch der zeitgenössischen Rhetorik deutlich seinen Zoll entrichtet[38]. Die heute als echt anzusehenden Predigten gelten meist den Herrenfesten des Kirchenjahres, der Theotokos[39], den Aposteln oder weiteren Gestalten der östlichen Kirche. Von den Predigten des Chrysostomosverehrers *Theodoret von Kyros* († ca 460) sind nur spärliche Reste auf uns gekommen, obwohl er von seinen Hörern als hervorragender Redner gefeiert wurde[40]. Die 10 Reden über die Vorsehung (περὶ προνοίας)[41] sind

[35] Hom. in parab. decem mill. tal. 4. Zum Schriftverständnis des Chrysostomos siehe *H. Eising:* OrChr 48 (1964) 84—106 und *R. Hill:* VigChr 22 (1968) 19—37.

[36] Hom. in parab. decem mill. tal. 1; hom. post terrae mot. init.

[37] PG 65, 679—888: 27 Predigten, davon n. 2, 4, 17 fraglich, n. 20 auf Chrysostomos. Zur Echtheitsfrage *B. Marx*, Procliana (Münster 1940: über 80 Proklospredigten bei Ps.-Chrysostomos) und *F. J. Leroy,* L'homilétique de Proclos de Constantinople: SteT 247 (Città del Vaticano 1967). [38] Socrat. HE 7, 28 41 43.

[39] Die in Gegenwart des Nestorios gehaltene Predigt auf die Theotokos auch bei *Schwartz* ACO I 1, 1, 103—107.

[40] Photios kannte noch 5 seiner Predigten auf Chrysostomos: PG 84, 47—54. Hinweis auf den Anklang, den seine Predigt fand: Theodoret, Ep. 83 90 f 145 147.

[41] PG 83, 555—774.

einem mehrheitlich christlichen und gebildeten Publikum in Antiochien vorgetragen worden, vor dem Theodoret weder auf die sorgfältig vorbereitete Erörterung naturwissenschaftlicher Fragen noch auf die breite Verwendung rhetorischer Stilmittel verzichten wollte.

Im Bereich der lateinischen Kirche hat Oberitalien eine Reihe von Bischöfen mit einer größeren homiletischen Hinterlassenschaft aufzuweisen. Sie wird von *Zeno von Verona* (362 — ca 372) eröffnet, dessen Predigten (16) und Predigtskizzen (77) noch deutlich von der relativ späten Missionierungsperiode des Landes geprägt sind. Aus seiner afrikanischen Heimat hat Zeno eine beachtliche rhetorische Bildung mitgebracht, die sich in den längeren Ansprachen stark bemerkbar macht [42]. *Ambrosius* von Mailand zeigt in seiner Verkündigungsarbeit eine ausgesprochene Vorliebe für das Alte Testament, dem er, abgesehen von seinem Lukaskommentar, dem ebenfalls Homilien zugrunde liegen, die Texte für seine zahlreichen Schriftpredigten entnommen hat. Auch in ihrer für die Veröffentlichung umgearbeiteten Buchform [43] wird seine rhetorische Bildung deutlich faßbar, die würdevoll feierliche Sprache verrät den römischen Aristokraten ebenso wie den sich seiner Stellung bewußten Bischof der zeitweiligen Kaiserresidenz. Im ganzen ist aber seine Predigt, wie er es auch theoretisch von ihr fordert [44], schlicht und ungekünstelt, dem Gegenstand wie dem Verständnis der Hörer angemessen und klar in der Aussage. Augustinus fand bei seinem Aufenthalt in Mailand den Ruf der ambrosianischen Beredsamkeit bestätigt und fühlte sich sehr angesprochen von der suavitas sermonis des Predigers, die mehr belehren als bestricken wollte [45]. Das Studium der griechischen Väter, vor allem des Basileios und des Origenes, ließ ihn die allegorische Auslegung des Bibeltextes übernehmen, die ihm für die Verkündigung seiner christozentrischen Frömmigkeit so ergiebig schien [46]. Erst jüngst identifizierte 41 Predigten des von Ambrosius zum Bischof geweihten *Chromatius* von Aquileia (388 — ca 408) [47] lehren einen Seelsorger kennen, der frei von rhetorischem Ehrgeiz in schlichter, aber lebendiger Sprache seinen Gläubigen das Mysterium Christi, seiner Kirche und ihrer Erlösung nahezubringen sucht. Sie geben zugleich

[42] Zenonis Veronensis Tractatus ed. *B. Löfstedt:* CChr 22 (1971), darin S. 68*—123* Bemerkungen zur Sprache und zum Stil Zenos.

[43] CSEL 32, 1—2; 62; 64, rec. *C. Schenkl - M. Petschenig* (Wien 1897/1919).

[44] Ep. 2, 5.7; De off. 1, 101; De Isaac 57.

[45] Conf. 5, 13, 23.

[46] *E. Daßmann,* Die Frömmigkeit des Kirchenvaters Ambrosius von Mailand (Münster 1965).

[47] Ediert von *J. Lemarié:* SChr 154 und 164 (Paris 1969/71), zur Entdeckung und Überlieferung dieser Sermones ebd. 154, 9—40. Bekannt waren bisher eine Predigt über die 8 Seligkeiten und 17 Tractatus über das Mt-Ev., die aber trotz des Titels keine Homilien sind: ed. *A. Hoste,* CChr 9 (1957). Von diesem Mt-Kommentar sind jetzt weitere 33 tractatus gefunden worden, siehe *R. Etaix - J. Lemarié:* SE 17 (1966) 302—354, die in CChr 9A publiziert werden.

reichen Aufschluß über die Liturgie der damaligen Kirche von Aquileia. Bischof *Maximus von Turin* (408—423) bevorzugt wiederum die thematische Predigt vor der eigentlichen Homilie[48]. Seine rhetorische Bildung läßt ihn meist eine klare Gliederung für sein Thema und eine treffende Formulierung seiner Gedanken finden. Stets ist er sich bewußt, daß er zu den Menschen, die noch nicht allzu lange dem christlichen Glauben gewonnen wurden, in einer leicht faßlichen Sprache reden muß, wenn er sie zu einer genuin christlichen Lebenshaltung führen will. Ein von der Bedeutung einer unermüdlichen und sorgfältigen Verkündigung tief überzeugter Prediger war der spanische Bischof *Gregor von Elvira* († nach 392), dessen 25 Homilien, neben 2 Ansprachen Pacians von Barcelona, den erhaltenen Rest der Predigtliteratur seines Landes aus dem 4. und 5. Jh. darstellen. Fünf Homilien sind der Erklärung des Hohen Liedes gewidmet, auch die übrigen legen bis auf eine alttestamentliche Texte aus und verwerten sie anschaulich und stilistisch gewandt zur Vertiefung des Glaubensverständnisses seiner Zuhörer[49].

Die Homilien des *Hieronymus* bieten insofern eine Überraschung, als diese Predigten über verschiedene Psalmen und Perikopen aus Markus und anderen neutestamentlichen Schriften[50] auf jeden rhetorischen Effekt und sprachliche Eleganz verzichten und zeigen, daß der durch die Schule profaner Bildung gegangene christliche Prediger sich von dem Ballast spätantiker Rhetorik durchaus befreien kann. Die aus dem Stegreif gesprochenen Homilien sind in der überlieferten Form offensichtlich unkorrigierte Nachschriften aus dem Kreis seiner Mönche, mit denen der „Abt" von Bethlehem vertraulich und freimütig über die Gefahren spricht, die ein Mönchsleben bedrohen können.

Gemessen an Umfang und Qualität der homiletischen Leistung stellt *Augustinus* das lateinische Gegenüber zu Chrysostomos dar, von dem ihn aber noch so individuelle Züge abheben, daß er zur singulären Gestalt unter den altchristlichen Predigern wird[51]. Der Bischof von Hippo hat sich auch eingehend über Ziel und Form der Predigt geäußert und dabei die These begründet, daß der christliche Prediger nicht durch die Schule der Rhetorik gegangen sein müsse, um seiner Aufgabe sachgerecht dienen zu können. Er kann sich dafür unmittelbar an der Schrift selbst bilden und an erprobte Vorbilder halten, der begabte Prediger werde ohnehin den Regeln der Be-

[48] Die kritische Ausgabe von *A. Mutzenbecher:* CChr 23 (1962) sieht 111 Predigten als echt an.

[49] PL Suppl I 353—527; zur Verfasserfrage *U. Dominguez del Val,* Repertorio de las ciencias eclesiásticas en España I (Salamanca 1967) 6—12. Ferner *G. M. Verd,* La predicación patrística española: EE 47 (1972) 227—251.

[50] Neuausgabe von *G. Morin* jetzt auch: CChr 78 (1958).

[51] *F. van der Meer* a. a. O. 473—544; *Chr. Mohrmann,* Saint Augustin prédicateur = Études sur le latin des chrétiens I (Rom 1958) 391—402.

redsamkeit gerecht, da sie ihm angeboren seien[52]. Schwerer als aller rhetorische Glanz auf der einen oder der Unmut der Grammatiker ob der ungefeilten Sprache auf der anderen Seite wiegt bei Augustinus die Pflicht, Gottes Wort in so schlichter Form auszulegen, daß auch weniger Begabte es fassen[53]. Diesem Ziel zuliebe gibt er seiner Predigt gern den Charakter des Dialogs, des familiär-vertraulichen Gesprächs zwischen dem Bischof auf der Cathedra und der Gemeinde, die an seinen Lippen hängt und unbefangen auf seine Fragen Antwort gibt. Solcher Predigtweise kam die lebendige Spontaneität, die hohe Gabe der Improvisation und das pädagogische Geschick Augustins ungemein zugute. Sein Biograph Possidius hebt betont den starken Eindruck hervor, den seine Art zu predigen bei den Zuhörern hinterließ, und das wohl von seinem Nachfolger im Predigtamt stammende Wort gibt diesen Eindruck auf seine Art wieder: „nun zirpt die Grille, da der Schwan schweigt“[54]. Die tiefe Wirkung der augustinischen Predigt war nicht zuletzt bedingt durch ein einzigartiges Verhältnis des Vertrauens und der Zuneigung, das Hörer und Prediger verband. Sie kommen gern, weil sie ihn lieben und sich geliebt wissen von einem Hirten, der wie sie nur ein Glied in der Herde des Hirten Christus sein will, von einem Lehrer, der nur ihr Mitschüler in der Schule des einen Lehrers Christus sein will[55], der weder seine geistige Überlegenheit noch seine bischöfliche Autorität zur Geltung bringt, der darum auch tadeln und rügen darf, wenn das Leben der Gemeinde dazu Anlaß bietet. Augustin ist zutiefst davon überzeugt, daß, wer nicht selbst zuvor in seinem Innern Hörer des Wortes ist, nur ein hohler Prediger sein wird[56]. Obwohl nicht unempfindlich für das starke Echo, das seine Predigt bei der Gemeinde findet und das er feinnervig in allen Nuancen registriert, hat er die Predigtaufgabe bis in seinen Lebensabend als magnum pondus empfunden, oft tief bedrückt von der Verantwortung, in die er sich genommen wußte[57]. Nährboden seiner Verkündigung war fast ausschließlich die Heilige Schrift, deren intime Kenntnis ihm mühelos jeden Bibelvers auch für eine spontane Eingebung zur Verfügung stellte und seine

[52] Augustins „Homiletik“ im 4. Buch seiner Doctrina christiana (ed. *J. Martin:* CChr 32 [1962] und *G. M. Green:* CSEL 80 [1963]); dazu *H.-I. Marrou,* S. Augustin et la fin de la culture antique (Paris ²1949) 505—545, dt. von *C. Andresen,* Zum Augustinusgespräch der Gegenwart (Darmstadt 1962) 45—88; *J. Oroz Reta,* La retórica en los sermones de s. Agustín (Madrid 1963); *F. Schnitzler,* Zur Theologie der Verkündigung in den Predigten des hl. Augustinus (Freiburg 1968).

[53] Enarr. in ps. 36, 3, 6; In Joh. ep. I tr. 6, 14; De doctr. christ. 4, 10, 4—25.

[54] Possidius, Vita s. Aug. 31, 9; Eraclius, Sermo ‚Puto, fratres‘ n. 2 (PL 39, 1719): *cicada clamat et cygnus tacet.* [55] In Joh. ev. tr. 6, 1; 13, 8; Enarr. in ps. 126, 3.

[56] Sermo 179, 1: *verbi enim dei inanis est forinsecus praedicator, qui non est intus auditor;* vgl. auch De doctr. christ. 4, 15, 32.

[57] Besonders charakteristisch die Sermones 17 und 339. Guter Besuch seiner Predigt: In Joh. ev. tr. 3, 21; 6, 1; 7, 1. Zum Beifall der Zuhörer siehe die Belege bei *F. van der Meer* 498—502 und *J. Zellinger:* Festgabe A. Knöpfler (Freiburg 1917) 403—415.

Sprache ganz und gar bibelgetränkt werden ließ. Anders als Chrysostomos bevorzugt Augustinus die allegorische Schriftauslegung für die Predigt, da sie seiner Veranlagung reichere Möglichkeiten bietet, sein Verständnis des Gotteswortes anschaulich zu machen, wie es die Homilien über die Psalmen und das Johannesevangelium besonders nachdrücklich bezeugen[58]. Während in den *Enarrationes in psalmos* wie in den allgemeinen Sermones die großen Fragen und Themen christlicher Existenz (Welt als Fremde, Sinn des Leidens, christliche Hoffnung, Leben als Gebet) im Vordergrund stehen, ist die Gestalt Christi, seine Botschaft und seine Kirche das überragende Thema der *Tractatus in evangelium s. Johannis,* die in ihrer Art einen nicht überbotenen Höhepunkt altchristlicher Predigt darstellen. Von seinem homiletischen Erbe als Ganzem zehrt die Verkündigung der lateinischen Kirche jahrhundertelang.

Von den lateinischen Predigern nach Augustinus hat eine spätere Zeit den Bischof *Petrus von Ravenna* (etwa 430—450) mit dem Beinamen Chrysologus ausgezeichnet, aber die erhaltenen Predigten rechtfertigen ihn wenigstens nach der formalen Seite kaum. Dem von ihm selbst aufgestellten Grundsatz, dem Volk müsse man auch volkstümlich predigen, ist er aus Freude an rhetorischem Prunk allzuoft untreu geworden[59]. Ansprechender sind dagegen die 20 Predigten des Bischofs *Valerian* von Cimiez († um 460). Sie geben ein anschauliches Bild von der Martyrerverehrung im damaligen südlichen Gallien und betonen die Pflicht des Christen, sich im Alltag durch caritative Hilfe für den Mitmenschen, durch Versöhnungsbereitschaft und Demut zu bewähren[60]. Die Predigten Papst *Leos I.* zeichnen sich zwar durch sprachliche Eleganz und feierliche Diktion aus und sind als die ersten überlieferten religiösen Ansprachen eines Papstes von Interesse. Deutlich spiegelt sich in ihnen das Bewußtsein vom Rang des römischen Bischofssitzes wider, sie lassen aber nicht den religiösen Ernst und das sprühende Leben der augustinischen Sermones vergessen[61].

Christozentrische Frömmigkeit

Als Grundhaltung und Mitte aller Frömmigkeit wird von der christlichen Verkündigung noch stärker als in früherer Zeit die Christusfrömmigkeit in ihren verschiedenen Ausprägungen in das Bewußtsein der Gläubigen ge-

[58] Zur Qualität der Enarrationes in psalmos siehe *M. Pontet,* L'exégèse de s. Augustin prédicateur (Paris 1946) 387—553; *J. Morán:* BAC 235 (Madrid 1964) 11*—83*. Zu den Tractatus in ev. Joh. *M. F. Berrouard:* BiblAug 71 (Paris 1969) 9—124.

[59] Petrus Chrysologus: PL 52, 183—666 und PL Suppl III 153—183 (über 180 echte Predigten), dazu *A. Olivar,* Los sermones de s. Pedro Crisólogo (Montserrat 1962).

[60] Valerian von Cimiez: PL 52, 691—756; PL Suppl III 184—188; vgl. *E. Griffe:* La Gaule chrétienne 3 (Paris 1965) 188—191.

[61] Leo I, Sermones edd. *J. Leclercq - R. Dolle:* SChr 22^2, 49^2, 72, 200 (Paris 1961/73).

rückt. Die seit je christozentrisch akzentuierte *Tauffrömmigkeit* behält auch jetzt ihren Rang, der sich schon an der Sorgfalt und Intensität ablesen läßt, die die Seelsorge der Taufvorbereitung und Ausgestaltung der Taufliturgie widmet. Allerdings entspricht die Wirklichkeit des christlichen Alltags oft nicht der unermüdlich erhobenen Forderung an die Gläubigen, ihr Leben von ihrem Taufgelöbnis her zu gestalten, so daß Chrysostomos seine Neophyten vor dem Beispiel jener Christen warnen muß, deren Verhalten dem kraß widerspricht, was sie einst gelobt haben[62]. Auch die *eucharistische* Frömmigkeit bleibt bei der Mehrheit der Christen nun hinter dem verkündeten Ideal zurück, da die Predigt in steigendem Maß über den nachlassenden oder schwankenden Besuch des Gottesdienstes vor allem in den Großgemeinden des Ostens und Westens zu klagen hat. Hier hebt sich jetzt mehr und mehr ein Kern engagierter Christen von dem Gros der Gemeindemitglieder ab, die nur an den Hochfesten des Kirchenjahres oder aus besonderem Anlaß den Weg zum Gotteshaus finden[63]. Deutlich rückt die Verkündigung die *Passionsfrömmigkeit* in den Vordergrund, wie die zahlreichen Sermones de passione domini erkennen lassen, welche die mittelalterliche Andacht zum Leiden des Herrn vorbereiten[64]. Ihre Auswirkung ist eine weitverbreitete *Kreuzesverehrung*, die sich sowohl in der Beliebtheit des Kreuzzeichens als Gebetsgestus in der privaten und liturgischen Frömmigkeit speziell in der adoratio crucis am Karfreitag äußert, wie sie sich niederschlägt im Triumphkreuz der Basilikenapsiden und der Sarkophage, im schlichten Kreuz an den Wänden des Privathauses oder in der Zelle des Mönches und schließlich in dem brennenden Interesse am Schicksal des wahren Kreuzes Christi. Die beliebten Pilgerreisen nach Jerusalem haben hier eine ihrer Wurzeln. Der Besuch des Heiligen Grabes und des Kalvarienberges, der bei den religiösen Feiern der Jerusalemer Karwoche des 4. Jh. seinen festen Platz hat, läßt schon an Stationen des späteren „Kreuzweges" denken[65]. Die Passionspredigt ist auch der Ort, an dem die Forderung der „Nachfolge Christi" besonders eindringlich gestellt wird, die betont als Nachahmung des Beispiels verstanden wird, das Christus in seiner Passion als doctor humilitatis und

[62] Joh. Chrysost., Cat. bapt. 3, 8—18; 5, 20.

[63] *K. Baus*, Die eucharistische Glaubensverkündigung in der alten Kirche = Die Messe in der Glaubensverkündigung, Festschr. J. A. Jungmann (Freiburg ²1953) 55—70; *J. P. Montminy*, La participation des laïcs à l'Eucharistie du IIIᵉ au VIᵉ siècle: Sciences ecclés. 19 (1967) 351—372. Für Antiochien: *P. Rentinck* a. a. O. 86—90; für Mailand V. *Monachino* a. a. O. 56 f; für Hippo *F. van der Meer* 209—213.

[64] Passionspredigten in größerer Zahl sind erhalten von Chrysostomos, Augustinus und Papst Leo I.

[65] „Beiträge zur Gesch. des Kreuzzeichens" I—X von *F. J. Dölger:* JbAC 1—10 (1958/67). Zum Kreuzsymbol *H. Rahner*, Antenna crucis = Symbole der alten Kirche (Salzburg 1964) 361—431. Zur adoratio crucis *G. Römer:* ZkTh 77 (1955) 70—86; *P. Thoby*, Histoire du Crucifix (Nantes 1959); *P. Stockmeier*, Theologie und Kult des Kreuzes bei Johannes Chrysostomus (Trier 1966); *E. Dinkler*, Signum Crucis (Tübingen 1967) 55—76.

als Arzt der leidenden Menschheit gegeben hat[66]. Die christozentrische Frömmigkeit manifestiert sich schließlich eindrucksvoll im *Beten zu Christus*, das den bereits durch Origenes und die Martyrer gegebenen Ansatz weiter entfaltet, sich infolge des Auftriebes, den ihm die christologische Diskussion seit Nikaia gab, zu der die private Frömmigkeit beherrschenden Gebetshaltung entwickelt und durch Augustinus seine tiefste theologische Begründigung erfährt[67].

Die bisherige *Gebetsordnung* mit ihren festen Gebetszeiten im Tagesablauf und deren Begründung, die in der „Apostolischen Überlieferung" Hippolyts ihre erste Fixierung gefunden hatte, bleibt unter der Nachwirkung dieser Schrift bestehen: Morgen-, Abend- und Tischgebet, Gebet zur 3., 5. und 9. Stunde und einmal während der Nacht, um jeweils dessen eingedenk zu sein, was der Herr zu diesen Stunden für die Erlösung der Menschen gewirkt hatte. Als *Gebetstexte* für sein privates Beten standen jedem Christen zunächst das Vaterunser und das Glaubenssymbol zur Verfügung, die er seit den Tagen der Taufvorbereitung auswendig kannte und auf deren Verwendung als Gebete die Kirche immer wieder drängte. Darüber hinaus waren ihm von der Eucharistiefeier her mancher Psalmvers und manche Perikope der Schrift vertraut geworden, die sein privates Beten nähren konnten. Oft vernahm er beim Verlesen der Martyrerakten die Christusrufe der Blutzeugen oder hörte, wie seine Seelsorger in der Predigt aus dem Augenblick heraus gesprochene Gebete vortrugen, und lernte so, Texte spontan zu formulieren, die seiner persönlichen Situation entsprachen. Immer wieder wurde er auch von der Kirche zur privaten Schriftlesung angehalten[68].

Eine wichtige Weiterentwicklung der Gebetsformen stellt in dieser Zeit die zum Teil unter dem Einfluß des Mönchtums zustande gekommene Überführung der bisherigen Gebetszeiten aus dem privaten Bereich in *das liturgische Gebet der Gemeinde* im Gotteshaus dar. Zwar war hier dem Laien meist nur die Teilnahme am kirchlichen Morgen- und Abendgebet (Mette und Vesper) möglich, diese wird aber mit solcher Dringlichkeit empfohlen, daß ein ernster Christ sich nicht leicht davon dispensieren mochte. Inhaltlich wurde damit eine Bereicherung der Frömmigkeit der Laien erreicht, die nun in weit größerem Umfang die Welt der Psalmen, die Heilige Schrift, aber auch kirchliche Hymnen und vorformulierte Texte kennenlernten, die sie ebenfalls in ihr privates Beten aufnehmen konnten. Diese tägliche Gebets-

[66] Besonders ausgeprägt bei Chrysostomos und Augustinus: *L. Meyer*, S. Jean Chrysostome, maître de perfection chrétienne (Paris 1934) 220—228; *M. Comeau:* RSR 40 (1952) 80—89; *T. van Bavel:* Augustiniana 7 (1957) 245—281; *P. C. Eijkenboom*, Het Christus-Medicus-motief in de preken van S. Augustinus (Assen 1960).

[67] *J. A. Jungmann*, Christliches Beten 6—41 (Lit.); zur Christozentrik des Betens bei Ambrosius, Hieronymus und Augustinus siehe *K. Baus:* TThZ 60 (1951) 178—188, 63 (1954) 321—339; RQ 49 (1954) 21—55.

[68] *A. Hamman*, Prières des premiers chrétiens; *D. Gorce*, La lectio divina (Paris 1925).

liturgie ist in allen Verbreitungsgebieten des Christentums für das 4. Jh. nachweisbar, sie galt primär als Angelegenheit der Gemeinde und wurde erst in einer längeren Entwicklung zum gemeinsam zu verrichtenden Pflichtoffizium des Klerus an den Bischofskirchen[69].

Über Sinn und Inhalt des Gebetes haben die großen Prediger immer wieder gesprochen und im wesentlichen, wenn auch mit verschiedener Akzentuierung, die gleichen Gedanken vorgetragen: Daß das Gebet als Gespräch mit dem heiligen Gott die rechte seelische Haltung verlangt, daß es in erster Linie ein Dank für Gottes geistliche Gaben sein und das Verlangen nach der vita beata ausdrücken soll; daß es nicht an feste Formeln gebunden sein muß, wenn diese sich auch oft empfehlen; daß um irdische Dinge nur insoweit gebetet werden darf, als sie lebensnotwendig sind und sie zum Heile dienen[70].

Formen der Askese

„Wir sind doch keine Mönche." Mit diesem Einwand mußte sich Chrysostomos wiederholt auseinandersetzen, wenn er in Antiochien auch den Laien die Pflicht zu einem Leben verkündete, das dem Evangelium entsprechen sollte[71]. Abgesehen von der Ehe jedoch, so predigen er und andere Seelsorger der Zeit, seien Mönche und Laien prinzipiell zum Streben nach der gleichen Vollkommenheit aufgerufen, da es nur ein einziges Vollkommenheitsideal für alle Christen gebe, das sich überall realisieren ließe. *Distanz zur Welt* ist daher für alle Christen die asketische Grundhaltung, die unentwegt von der christlichen Predigt und der asketischen Literatur der Zeit betont wird, die nicht nur für Mönche geschrieben sein oder für das Mönchtum werben will[72]. Als eine Möglichkeit ihrer Verwirklichung wird besonders das *Fasten* empfohlen, nicht nur verstanden als liturgisches Bußfasten oder als Vorbereitung auf den Eucharistieempfang oder gar als bloßes Hygienefasten, sondern als persönliche asketische Tat und Haltung, die auf das jenseitige Ziel des Menschen hingerichtet ist[73]. An alle Besitzenden richtet sich sodann die stetige Mahnung der Seelsorger zum *Almosengeben*, das

[69] *J. Stadlhuber*, Das Stundengebet des Laien im christlichen Altertum: ZKTh 71 (1949) 129—183; *D. Y. Hadidian*, The Background and Origin of the Christian Hours of Prayer: ThSt 25 (1964) 59—69; *H. Leeb*, Die Psalmodie bei Ambrosius (Wien 1967).

[70] Gebet bei Chrysostomos *P. Rentinck* a. a. O. 146—153; bei Augustinus *F. van der Meer* a. a. O. 202—209.

[71] In Ep. ad Hebr. 7, 4; in Gen. hom. 21, 6; in Mt hom. 7, 7.

[72] Vgl. etwa Chrysost., In Ep. ad Hebr. hom. 24; Ambros., De fuga saec. Augustin., sermo 170 und sermo de peregrinatione huius vitae (Misc. Agost. I 285); Eucher. Lugd. Ep. ad Valerianum cognatum de contemptu mundi, dazu *Z. Alszeghy*, Fuite du monde: DSp 5, 1593—99.

[73] Die tiefste Begründung gibt Augustinus, De utilitate jejunii, dazu die Übersetzung von *R. Arbesmann* (Würzburg 1958) XIX—XXXVI.

nicht nur als soziale Verpflichtung des Christen gegenüber den Armen oder als eine Form der Sühne eigener Sündenschuld angesehen, sondern auch als Weg zur inneren Freiheit gegenüber Reichtum und Besitz dargestellt wird. Reichtum gilt zwar nicht prinzipiell als Sünde, er wird aber durchweg, zuweilen mit starkem rhetorischem Pathos, als hohe Gefährdung des eigenen Heiles geschildert[74]. Der totale Verzicht auf oft enormen Reichtum und ein Leben in Luxus, wie er im 4./5. Jh. nicht gerade selten von Angehörigen der Oberschicht in Konstantinopel und Kappadokien, in Rom, Gallien, Sizilien und Nordafrika vollzogen wird, findet daher auch uneingeschränktes Lob von kirchlicher Seite. Meist folgt diesem Schritt früher oder später die Annahme einer spezifisch asketischen Lebensform, in der man als continens oder virgo in Familie und Gemeinde bleibt oder sich einer Asketengruppe, öfters auch einer Nonnen- oder Mönchsgemeinschaft anschloß oder sich in den Klerus aufnehmen ließ. Die Kirche wirbt in dieser Zeit intensiv in Wort und Schrift in der Laienwelt für die Entscheidung zu diesem Asketentum, wie die zahlreichen Arbeiten über die continentia bzw. die *Jungfräulichkeit* erkennen lassen[75]. Die zeitlich frühesten unter ihnen, wie die Homilien Eusebs von Emesa und die einschlägigen Schriften des Athanasios, setzen noch voraus, daß diese Asketen weiter im Elternhause oder mit einigen Gleichgesinnten zusammenwohnen[76]. Gregor von Nyssa betont, daß er mit seiner Abhandlung für das Jungfräulichkeitsideal werben will, wiederholt spricht er in ihr gerade die männliche Jugend an[77]. Wenn er dabei wie vor ihm Eusebios von Emesa und nach ihm Chrysostomos in seiner Frühschrift zum gleichen Thema und erst recht Hieronymus in seiner Polemik gegen Jovinian die Mühsal des Ehelebens in grellen Farben schildert, so ist das nicht einmal eine spezifisch christliche Abwertung der Ehe, sondern die Variation eines Themas, das seit Aristoteles bekannt und der stoischen Diatribe durchaus geläufig war[78]. Chrysostomos hat später zu einem abgewogenen

[74] Basil., Hom. 7 (ad divites) benutzt von Ambros., De Nabuthe, dazu der Kommentar von *J. Huhn,* De Nabuthe (Freiburg 1950); Greg. Nyss., De pauperibus amandis I—II; Joh. Chrysost., De eleemosyna, dazu *O. Plaßmann,* Das Almosen bei Johannes Chrysostomus (Münster 1961); Salvian, Ad ecclesiam ll. IV, ed. *G. Lagarrigue,* SChr 176 (Paris 1971). *J. Mausbach,* Die Ethik des hl. Augustinus I (Freiburg ²1929) 284—298; *E. F. Bruck,* Kirchenväter und soziales Erbrecht (Berlin 1956).

[75] Eine Übersicht über dieses Schrifttum gibt *Th. Camelot,* Les traités De virginitate au IVᵉ siècle: Études Carmélit. 31 (1952) 273—292.

[76] Euseb. Emes., Hom. VI—VII De martyribus bzw. De virginibus, ed. *E. M. Buytaert,* Eusèbe d'Émése. Discours conservés en latin I (Louvain 1953) 151—195. Eine ps.-basil. Homilie De virginitate, *D. Amand:* RBén 63 (1953) 34—69 211—238, wendet sich direkt an die Familienväter, siehe *D. Amand de Mendieta:* RHE 50 (1955) 777—820. Zu Athanasios *M. Aubineau,* Les écrits de s. Athanase sur la virginité: RAM 31 (1955) 140—173.

[77] Gregor von Nyssa, De virg. praef. 1, 1; c. 23, 3 4 7, ed. *M. Aubineau:* SChr 119 (Paris 1966).

[78] Vgl. *G. Chr. Hansen,* Molestiae nuptiarum: Wiss. Zschr. Univ. Rostock 12 (1963) 215 bis 219.

Urteil über die Ehe gefunden, und Augustinus hat die Maßlosigkeit des Hieronymus in seinen Schriften De bono conjugii und De sancta virginitate zurechtgerückt[79]. Mit dem Corpus der Ambrosiusschriften über die Jungfräulichkeit stellen sie den Höhepunkt der lateinischen altchristlichen Literatur zu diesem Thema dar, die theologische Begründung, die Augustinus dabei für die christliche Jungfräulichkeit fand, seine klare Abgrenzung gegenüber dem durchaus eigenen Rang der Ehe, der nüchterne Blick für ihre Gefährdung auch durch jene, die sie frei wählten, sicherten seiner Wertung der Jungfräulichkeit ihre jahrhundertelange Fernwirkung.

Martyrer- und Heiligenkult

Die mit Konstantins Übertritt zum Christentum gewonnene Freiheit gab der bisher schon ansehnlichen Martyrerverehrung neue starke Impulse, welche sie in den nächsten hundert Jahren zu einer sehr charakteristischen und in ihren Folgen hochbedeutsamen Form altchristlicher Frömmigkeit werden ließen, an deren Entwicklung sowohl private Initiativen einzelner Gläubiger wie die Kirche als Trägerin des öffentlichen Kultes gleichermaßen beteiligt waren. Das bisherige Martyrerbild vom vollendeten Nachahmer Christi, der in der Kraft der Gnade mit seinem Blut Zeugnis für seinen Herrn gegeben hatte und nun als coronatus, als den ihn die gleichzeitige christliche Kunst bevorzugt darstellt, in der Herrlichkeit des Jenseits mit ihm vereint ist, erfährt keine wesentliche Veränderung, nur ein Zug wird jetzt akzentuiert: Seine Würde und seine Nähe zum erhöhten Herrn machen ihn zum *Fürsprecher* für die Gläubigen auf Erden und zum Beschützer des einzelnen wie der Gemeinschaft, die ihn zu ihrem *Patron* erwählen[80]. Aus dieser Wertung erwächst das starke Interesse am *Grab* des Glaubenszeugen und an den Überresten, die es birgt. Man sieht in seinem direkten Besitz einen besonderen Garanten für Schutz und Fürsprache des Patronus, und man zeichnet es vor allen anderen Gräbern aus durch einen eigenen Kultbau, den man als martyrion bzw. memoria oder als Basilika über dem Grab errichtet, die an Größe und Ausstattung oft mit den Gemeindekirchen innerhalb der Stadtmauern konkurriert. In diesen Friedhofskirchen versammelt sich die Gemeinde am dies natalis martyris zur Feier der Eucharistie[81]. Aus der gleichen Wurzel kommt das eifrige Bemühen, auch die Gräber jener Martyrer wieder zufinden, von deren Zeugentod die Überlieferung oft nur summa-

[79] *J. Dumortier,* Le mariage ... d'après s. Jean Chrysostome: Lettres d'humanité 6 (1947) 102—166; *R. d'Izary,* La virginité selon s. Ambroise (Lyon 1952); *J. G. Nolan,* Jerome and Jovinian (Washington 1957). Augustins Anspielung auf Hieronymus: Retr. 2, 48, 1.

[80] *H. Delehaye,* Les Origines ... 100—140: L'invocation des martyrs.

[81] Zu den Cömeterialbasiliken *A. Grabar,* Martyrium I; *R. Krautheimer,* Mensa-Coemeterium-Martyrium: CahArch 11 (1960) 15—40.

risch berichtete oder die im Schatten einer besonders profilierten Martyrergestalt, etwa eines früheren Gemeindebischofs, in Vergessenheit geraten waren. Die *Inventio* eines solchen Grabes, die oft einer Vision oder einer in einem Traum gegebenen Information verdankt wurde, wird zum hochbedeutsamen Ereignis, das sich in Kult und Frömmigkeit der Gemeinde tief auswirkt. Besonders folgenreiche Inventiones dieser Art waren im Westen die Entdeckung der Gebeine der mailändischen Martyrer Gervasius und Protasius, Nazarius und Celsus durch Bischof Ambrosius im Jahre 386 und die Wiederauffindung des Stephanusgrabes in Kaphargamala bei Jerusalem im Jahre 415, die eine neue Welle des Stephanuskultes einleitete, die mit der Verbreitung seiner Reliquien in kürzester Zeit alle Regionen des Imperiums erfaßte[82].

Eine neue Phase des Martyrerkultes setzte mit der *Translatio* der Martyrergebeine in die Gemeindekirchen innerhalb des Stadtberings ein, obwohl dieser Vorgang zunächst erheblichen Bedenken und Schwierigkeiten begegnete, da er einem doppelten in Ost und Welt geltenden Recht und Empfinden widersprach, nach welchem Tote nur außerhalb der Stadtmauern beigesetzt werden durften und Gräber als „unverletzlich" galten. Die entsprechenden Gesetze sind auch von christlichen Kaisern wiederholt eingeschärft worden, Ausnahmen bedurften der Genehmigung höchster Verwaltungsstellen[83]. Für die erste bekannte Übertragung eines Martyrerleichnams, die des hl. Babylas in Antiochien im Jahre 354[84], konnte sie der Caesar Gallus um so leichter geben, als man mit dem neuen Babylasheiligtum im Stadtteil Daphne den hier besonders blühenden Apollokult endgültig verdrängen konnte. Ambrosius hat bei der Translation der von ihm aufgefundenen Martyrerleiber offensichtlich seine Stellung als Bischof der Kaiserresidenz als ausreichend angesehen, um von diesem Gesetz dispensiert zu sein, andere Bischöfe haben aber um die Dispens nachgesucht. In Persien hat sogar Bischof Marutha von Maipherkat sie 410 von König Jezdegerd I. erbeten, die danach erfolgte Überführung persischer Martyrer in seine Bischofsstadt hat dieser die Änderung ihres Namens gebracht: Martyropolis. In der Stadt Rom stand man allzu häufigen Translationen eher reserviert gegenüber, verwandte aber auf die Pflege der Martyrergrüfte und der zugehörigen Bauten erhöhte Sorgfalt. Der Ort der neuen Beisetzung in der Stadtkirche konnte nur in möglichster Nähe zum Zentrum des Gotteshauses, dem Altar sein; die treuesten Nachfolger Christi, die ihr Leben in einer uneingeschränkten Ganzhingabe dargebracht hatten, sollten in engster Berührung mit der Stätte stehen, an der das Gedächtnis des Opfertodes Christi

[82] Der Bericht des Ambrosius Ep. 22; die Inventio des Stephanusgrabes bei *A. Papadopoulos-Kerameus,* Analecta Hierosol. Stachyl. 5 (Petersburg 1898) 25—53, der latein. Text: PL 41, 807—818.

[83] Cod. Theod. 9, 17, 6.7. Zur Translatio generell *B. Kötting,* Reliquienkult 15—24.

[84] Sozom. HE 5, 19, 13—19.

gefeiert wurde[85]. Altar und Martyrergrab wurden also schon damals ideell und real in jene enge Verbindung miteinander gebracht, die später nach liturgischem Recht überall geschaffen werden sollte, wo es christliche Altäre gab.

Dieses Anliegen ließ sich jedoch nur verwirklichen, wenn man Teile von Martyrerleibern an jene Gemeinden und Kirchen abgab, die nicht über so kostbaren Besitz verfügten, man mußte also zur Multiplikation der Martyrerreliquien durch Aufteilung in kleine und kleinste Teile schreiten. Die auch hier vorliegenden grabrechtlichen Einwände und theologischen Bedenken überwand man mit der Argumentation, der auch durch die kleinste Reliquienpartikel bewirkte Schutz und Segen für eine Gemeinde stehe höher als die Unversehrtheit des Leichnams und die leibliche Auferstehung eines Martyrers sei im Blick auf Gottes Allmacht durch solche Teilungen nicht gefährdet[86]. Sie wurden auch erleichtert durch die schon früher einsetzende Aufteilung des Kreuzes Christi, dessen Partikel seit der Mitte des 4. Jh. in alle Verbreitungsgebiete des Christentums hinausgingen[87]. Wie bei der Translation ganzer Martyrergräber entwickelte sich auch Einholung, Überführung und Beisetzung der Martyrerreliquien im Altar der Kirche zu einem feierlichen Zeremoniell. Da selbst diese Aufteilung der Reliquien den vielfachen Anforderungen nicht genügte, da man im Westen gegenüber der Aufteilung weit zurückhaltender blieb als im Osten, schuf man einen Ersatz in den sog. *Berührungsreliquien*, meist kostbaren Tüchern, die man mit dem Martyrergrab oder dem Aufbewahrungsort der Reliquien in Kontakt brachte, auf die dann nach antiker und christlicher Vorstellung die schützende und heilende Kraft der Urreliquie überging[88]. Parallel zu der von der Kirche noch einigermaßen kontrollierten Reliquienaufteilung lief das intensive Bemühen privater Kreise, in den Besitz solch kostbarer Phylakterien zu gelangen, das schon früh zu den bedenklichsten Auswüchsen eines weitverbreiteten Reliquienhandels führte, die von kirchlichen und staatlichen Stellen zwar mißbilligt wurden, aber nie restlos beseitigt werden konnten.

Die Überzeugung von der fürbittenden Macht der Martyrer ließ viele Christen wünschen, selber möglichst in der Nähe eines Martyrergrabes bestattet zu werden. Von dieser Beisetzung „ad sanctos" erhoffte man sich Hilfe in der Stunde der Auferweckung, da man von dem mitauferstandenen Martyrer vor Gottes Richterstuhl geleitet wurde. Die nüchterne Feststellung Augustins, daß der Ort der Beisetzung an sich noch keine Hilfe für einen Verstorbenen garantiere, sondern nur das Gebet der Lebenden, die ihn der

[85] Ambros., Ep. 22, 13, dazu *F. Wieland,* Altar und Altargrab (Leipzig 1912); *Th. Klauser:* RAC I 343 ff.

[86] Lact., Div. Inst. 4, 26, 13; Greg. Naz., Or. c. Jul. 1, 69; Gaudent., Tr. 17, 35; Paulin. Nol., Carm. 27, 447.

[87] Cyrill. Hieros., Cat. 4, 10; 10, 19; 13, 4.

[88] Über Berührungsreliquien *B. Kötting,* Reliquienverehrung: TThZ 67 (1958) 327—334.

Fürbitte der Martyrer empfahlen, konnte dieses in der 2. Hälfte des 4. Jh. mächtig aufflammende Begehren einer Bestattung beim Grab eines Heiligen nur wenig eindämmen. Die Kirche mußte schließlich die Beisetzung innerhalb des Gotteshauses rechtlich regeln und sie einem kleinen Kreis von Personen, wie Bischöfen, Priestern und wenigen ranghohen Laien, vorbehalten [89].

Die Martyrerverehrung als altchristliche Frömmigkeitsform wurde nicht etwa in der Hauptsache von der Laienwelt oder vom Mönchtum getragen, sondern in ihren wesentlichen Zügen auch von der Kirche und ihren Theologen mitbestimmt, gerechtfertigt und gefördert. In kaum einem auch noch so wenig umfangreichen homiletischen Nachlaß eines Seelsorgers der Zeit fehlen Predigten zu Ehren eines Martyrers, die seine Würde, die Macht seiner Fürsprache, das Vorbildhafte seiner Christusliebe, aber auch die wunderwirkende Kraft seiner Reliquien preisen. Die Kirche gestattet nicht nur die Beisetzung seiner Gebeine inmitten des Gotteshauses, sie läßt ihren Festkalender entscheidend durch die Martyrergedächtnistage prägen und nimmt ihre Namen auf in den Text der Eucharistiegebete.

Die *Heiligenverehrung*, die Nichtmartyrern gilt, setzt in der 1. Hälfte des 4. Jh. noch etwas tastend ein und entfaltet sich voll in dessen letzten beiden Jahrzehnten; sie ist letztlich eine Ausweitung des Martyrerkultes auf eine Gruppe von Verstorbenen, deren Leben und Tun sich dem der Martyrer in etwa vergleichen ließ, weil es ebenfalls ein herausragendes Bekenntnis und Zeugnis für Christus darstellte. Zu ihnen gehörten in erster Linie jene, die in der Verfolgungszeit im Kerker, auf der Folter oder im Exil für den Glauben gelitten hatten, denen aber die begehrte Bewährung im blutigen Tod versagt blieb. Solchen Confessores gesellte man bald einzelne Asketen und Mönche zu, deren Leben gern als unblutiges Martyrium gewertet wurde, schließlich noch jene, die sich besonders in den arianischen Wirren oder in der Mission als mutige Anhänger und eifrige Verkünder des wahren Glaubens bewährt hatten. Ihnen allen gesteht man das Martyrium sine cruore zu, sie werden alsbald wie die übrigen Martyrer in Wort und Schrift gefeiert: die Eremiten Antonios und Hilarion, die syrischen Mönche, vor allem die Styliten, die verbannten Bischöfe Paulinus von Trier, Dionys von Mailand, Athanasios, die Vorkämpfer der Orthodoxie, Basileios, Petros von Sebaste, Ambrosius von Mailand, der Missionar Martin von Tours u. a. [90]. Auch ihnen wird die liturgische Gedächtnisfeier ihres Todestages und die Aufnahme in den Festkalender gewährt, Privatpersonen und Kleriker wetteifern miteinander, auch über ihren Gräbern Memorien und Kirchen zu bauen, in Syrien gar schon vorsorglich noch zu Lebzeiten eines angesehenen

[89] Augustin., De cura gerenda pro mortuis 18; Beisetzung „ad sanctos" *B. Kötting*, Reliquienkult 24—36.

[90] *H. Delehaye*, Sanctus 109—121: Du martyr au confesseur.

Einsiedlers, und ihre Reliquien sind bald ebenso begehrt, zuweilen buchstäblich umkämpft, wie die der alten Martyrer. An der Verbreitung und Ausgestaltung des Kultes dieser Heiligengruppe ist das Volk besonders stark beteiligt, die Schilderungen ihres Lebens und Wirkens werden gern mit jenem farbigen Detail ausgestattet, das die Volksphantasie anspricht, die charismatische Begabung einzelner wird als „Wunder" empfunden, manche Heiligenviten sind nur noch Sammlungen von miracula.

In die christliche Heiligenverehrung wurden auch einige hervorragende Gestalten aus der Welt des Alten Testamentes einbezogen, wie Moses, Abraham, David, manche Propheten, die makkabäischen Brüder, obwohl dies aus zweifachem Grund nicht unproblematisch war. Einmal war damit eine gewisse Anerkennung, wenn nicht Empfehlung des Judentums ausgesprochen, mit dem man noch oft in polemischer Auseinandersetzung stand. Dann schien doch im Leben dieser Personen der innere Bezug auf das Zeugnisgeben für Christus zu fehlen, also das entscheidende Kriterium für die Würde des Martyrers oder Confessors. Die christliche Verkündigung ist dieser Schwierigkeit theoretisch mit dem Argument begegnet, daß diese Gestalten schon Christen vor dem Erscheinen Christi waren, weil ihr Leben letzten Endes seinem Kommen diente, so daß der gewaltsame Tod mancher Propheten, des Eleazar, der Makkabäer als vorweggenommenes Martyrium verstanden werden durfte und damit eine christliche Feier ihres Gedächtnisses gerechtfertigt war. In der Praxis haben die Christen Palästinas und Syriens die konkurrierende jüdische Heiligenverehrung oft dadurch neutralisiert oder überwunden, daß sie die Orte jüdischen Heiligenkultes in ihren Besitz brachten und dort (etwa in Hebron-Mamre) Kirchen erbauten, die dann Zentren christlicher Heiligenverehrung wurden[91].

Die Verehrung Mariens war längst im Volk verbreitet, bevor die Theologie die Fragen um ihre Heiligkeit und Jungfräulichkeit geklärt hatte[92]. „Um den Schutz der Theotokos" flehte man schon am Beginn des 4. Jh., wie ein auf einem Papyrus erhaltenes Gebet zeigt. Gegen eine sektenhafte Entartung ihrer Verehrung muß allerdings schon Epiphanios von Salamis 377 entschieden auftreten[93]. Bischof Severian von Gabala ist der Auffassung, Maria sei im Gebet noch vor den Aposteln und Martyrern anzurufen, im Westen wird ihre Verehrung besonders von Ambrosius und Augustinus theologisch geklärt und begründet[94]. Das älteste Marienfest wird in Konstantinopel noch vor dem Konzil von Ephesos als μνήμη Θεοτόκου am 26. De-

[91] *M. Simon,* Les saints d'Israël dans la dévotion de l'Église ancienne = Recherches d'histoire judéo-chrétienne (Paris 1962) 154—180.

[92] *E. Jouassard,* Marie à travers la patristique = Maria I (Paris 1949) 69—157.

[93] Reproduktion des Papyrus: ECatt, „Sub tuum"; gegen frühe Datierung, aber nicht überzeugend, O. Stegmüller: ZKTh 74 (1952) 76—82.

[94] Mariengebete bei Cyrill. Alex., Hom. 11; Augustin., Sermo 291, 6. *Ch. W. Neumann,* The Virgin Mary in the Works of St. Ambrose (Fribourg 1962).

zember begangen und erinnert in Titel und Gehalt an den dies natalis der Martyrer, die ersten ihr geweihten Kirchen reichen ebenfalls noch in diese Zeit zurück, das Konzil von 431 macht den Weg frei für die volle Entfaltung des Marienkultes[95].

Altchristliche Wallfahrt

Ein weiterer Bereich altchristlicher Volksfrömmigkeit liegt im Wallfahrtswesen vor, dessen Haupttypen die Wallfahrt zu den bedeutsamen Erinnerungsstätten christlicher Vergangenheit, die vornehmlich im Heiligen Land liegen, und die Wallfahrt zu den Gräbern und Reliquien der Heiligen darstellen. Die ersten Ansätze zur Palästinawallfahrt zeigen sich — nach einer Spanne der Zurückhaltung, die durch die kritische Distanz zum jüdischen Wallfahrtswesen bedingt war — in den vorkonstantinischen Reisen einzelner Christen, etwa des Origenes und des aus Kappadokien stammenden späteren Bischofs Alexandros von Jerusalem, die von diesen mit theologisch-exegetischen Interessen oder mit dem Wunsch, an den Heiligen Stätten zu beten, motiviert werden[96]. Um 315 waren schon größere Pilgerscharen aus allen Bereichen des Ostens in Jerusalem zu sehen[97], neue Antriebe erhielt die Wallfahrtsbewegung, als mit dem Beginn der Alleinherrschaft Konstantins die äußeren Reisebedingungen günstiger wurden, und als der Besuch der Heiligen Stätten durch die Auszeichnung, die ihnen das Kaiserhaus (Helena und Konstantin selbst) zuteil werden ließ, eine Empfehlung von hoher Stelle erhielt. Daß man nicht erst in Konstantins Maßnahmen die auslösende Ursache für die Palästinawallfahrt sehen darf, macht auch der Reisebericht eines Pilgers aus Bordeaux vom Jahre 333 deutlich, der in Jerusalem eine so auf das ganze Wallfahrtswesen eingestellte Situation vorfindet, wie sie sich nur in einer längeren Zeitspanne entwickelt haben kann[98]. In Jerusalem und seiner näheren Umgebung standen naturgemäß für die Pilger die Stätten im Vordergrund, die eine Beziehung zu Ereignissen aus dem Leben des Erlösers hatten, dann folgten die Orte der alttestamentlichen Tradition, während die Verehrung christlicher Heiliger erst mit der Auffindung des Stephanusgrabes im Jahres 415 einsetzte und der Marienkult in Jerusalem noch später faßbar wird. Die Welt der Bibel bestimmt also eindeutig die Besuche der Wallfahrer, sie ist „der eigentliche Pilgerführer" für die Reise ins Heilige Land[99]. Dies gilt auch für die weiter abseits gelegenen

[95] Zum Marienfest *B. Capelle:* Études mariales 7 (1949) 42 ff; *A. Raes:* OrChrP 12 (1946) 262—274. Marienverehrung in Nordafrika nach Augustinus *H. Barré:* RevEAug 13 (1967) 285—317.

[96] *B. Kötting,* Peregrinatio 83—89.

[97] Euseb., Dem. ev. 6, 18, 23.

[98] Itin. Burdig. 589—596.

[99] *B. Kötting,* Peregrinatio 105.

Orte, wie Kana in Galiläa, den See Genesaret, den Berg Tabor, das Jordantal, das Tote Meer, Hebron im Süden und den Berg Sinai.

Trotz aller äußeren Betriebsamkeit, wie sie sich jeweils an großen Wallfahrtszentren einstellt, trotz mancher bizarrer und zuweilen grotesker Einzelzüge des hier betriebenen Reliquienerwerbs sind vom Gesamterlebnis der Palästinafahrt, vor allem von den großen Liturgiefeiern etwa der Karwoche und der Kreuzauffindung nachhaltige Wirkungen auf die Frömmigkeit der Pilger ausgegangen, die von ihnen nach der Rückkehr in die Heimat weitergegeben wurden. Der wertvolle Reisebericht der Pilgerin Egeria bezeugt dies bei aller Schlichtheit der Aussage ebenso nachdrücklich wie die Briefe des aus jahrelanger Beobachtung schöpfenden Hieronymus[100].

Die zweite Wallfahrtsform, der Besuch von Grab und Reliquien der Heiligen, setzt begreiflicherweise eine gewisse Stufe der Martyrer- und Heiligenverehrung voraus, wirkt dann aber im Rückstoß auf deren weitere Verbreitung und Intensivierung ein. Im Lauf des 4. Jh. entwickeln sich, im Osten zum Teil früher als im Westen, jene großen Wallfahrtszentren in allen Teilen des Imperiums, die immer zahlreichere Pilgerscharen in Bewegung setzen, von denen hier nur die bedeutendsten genannt werden[101]. In der syrischen Hauptstadt Antiochien mit ihren zahlreichen Martyrermemorien war neben dem Heiligtum des Babylas das der sieben makkabäischen Brüder der wichtigste Anziehungspunkt, beide standen aber im Schatten von Kalʿat Simʿan, dem „Felsen" Symeons d. Ä. des Styliten, der zu seinen Lebzeiten der populärste Asket des syrischen Großraums war[102]. Das Grab des Apostels Thomas in Edessa war ebenso beliebtes Pilgerziel wie die Kirche des hl. Sergios in Rusafa am Euphrat, das in frühbyzantinischer Zeit die größten Wallfahrerscharen sah[103]. Im isaurischen Seleukia stand das Heiligtum der legendenumwobenen Thekla, Ephesos besaß die Gräber des Apostels Johannes und der heiligen Siebenschläfer, von Chalkedon gingen die wunderkräftigen Blutreliquien der hl. Euphemia in die altchristliche Welt hinaus[104]. Eine Wallfahrtszentrale mit allem Zubehör hatte sich in Ägypten um das Menasgrab entwickelt und die Menasstadt zum „altchristlichen Lourdes" werden lassen[105]. Die angesehensten Kultheiligtümer der Hauptstadt Konstantinopel knüpfen an auswärtige Heilige an: die beiden Ärzte Kosmas und Damian (ἀνάργυροι) und Daniel den Styliten, der auch in Sirmium verehrte Demetrios erhielt sein berühmtes Heiligtum in Thessa-

[100] Neuer Kommentar zum Itinerarium Egeriae — Text in CSEL 39 und CChr 175 — von *J. Wilkinson*, Egeria's Travels (London 1971). Hieron., Epp. 46; 108.

[101] Grundlegend *H. Delehaye*, Les origines 141—403.

[102] *G. Tschalenko*, Villages antiques de la Syrie du Nord I (Paris 1953) 223—276.

[103] Dazu *J. Kollwitz*, Neue deutsche Ausgrabungen (Berlin 1965) 45—70.

[104] *F. Miltner*, Ephesus (Wien 1958); *F. Halkin*, Euphémie de Chalcédoine (Brüssel 1965).

[105] Die Menasviten: BHG³ n. 1256—1269; Stand der Ausgrabungen in der Menasstadt *W. Müller-Wiener*: AA 1967, 457—480.

loniki[106]. Im lateinischen Westen konnte keine Stadt mit Rom an Zahl der Martyrergräber wetteifern, unter denen die der beiden Apostel Petrus und Paulus auch in den Augen der zahlreichen Pilger der erste Rang zukam, denen sich die Gräber des Hippolyt und Laurentius anschlossen, alle im Lauf der Zeit durch prachtvolle Cömeterialbasiliken ausgezeichnet. Den Ruhm des Martyrers Felix im campanischen Nola verkündete Bischof Paulinus als eifriger Hüter seines Grabes[107]. In Karthago zog das Jahrgedächtnis des hl. Cyprian viele Christen an, die aber zum Leidwesen des Bischofs der Stadt das Fest mit einer wenig erbaulichen Vorfeier einleiteten. Nordafrika wurde zur Heimat eines verbreiteten Stephanuskultes, als Reliquien von seinem Grab nach 415 hierhergelangten und in Hippo, Calama und Uzala Wunderheilungen bewirkten, die auch von Augustinus nicht bezweifelt wurden[108]. Zum Martinsgrab in Tours pilgerten alljährlich die Katholiken Galliens und Spaniens, unter ihnen viele, die Heilung von ihrer Krankheit erhofften. Die Spanier selber besaßen in den Grabstätten des Martyrers Vincentius in Zaragoza und der hl. Eulalia von Mérida Wallfahrtsheiligtümer, die von Prudentius gefeiert wurden[109].

Als wesentliche Grundhaltung für die Wallfahrt fordern die Prediger der Zeit eine Gesinnung, die sich in der Nachfolge Christi und der Nachahmung seiner Heiligen bewähren will. Die Motive können bei den einzelnen Pilgern verschieden sein. Im Vordergrund stehen Wunsch und Hoffnung, in persönlicher Not, vor allem in Krankheiten, Heilung oder Rat zu finden, Dank für gewährte Hilfe ist wiederum Anlaß zu einer gelobten Wallfahrt. Der Buß- und Sühnegedanke wird noch nicht betont, wenn er auch bei den oft großen Beschwerden der Pilgerfahrt kaum gefehlt haben wird. Kritik am Wallfahrtswesen richtet sich kaum gegen die Wallfahrt an sich, sondern gegen ihr Fehlverständnis, ihre falsche Motivation und die vielfachen Entartungen der Wallfahrtspraxis, wie sie besonders an großen Wallfahrtszentren auftraten[110].

[106] *L. A. Deubner,* Kosmas und Damian (Leipzig 1907, Nachdr. 1969: Wunderberichte); *A. Wittmann,* Kosmas und Damian (Berlin 1967). Zu den miracula s. Demetrii noch *P. Lemerle:* ByZ 46 (1953) 349—361 und *V. Beševliev:* Byzantina 2 (1970) 285—300.

[107] *H. Leclercq,* Pèlerinage à Rome: DACL 14 (1939) 41—65; *G. Bardy:* AnBoll 67 (1949) 224—235; *J. Fontaine:* Oikoumene (Catania 1964) 243—266: Prudentius in Rom. Zu Felix von Nola: Paulin., Carm. 15.

[108] *C. Cecchelli,* Il culto delle reliquie nell'Africa romana: RPAA 1939, 97—108; *P. A. Février,* Le culte des martyrs en Afrique et ses plus anciens monuments: Corsi di Ravenna 17 (1970) 191—234.

[109] *E. Griffe,* La Gaule chrétienne 3 (Paris 1965) 214—259; *C. García Rodríguez,* El culto de los santos ... (Madrid 1966).

[110] Solche Kritik übten z. B. Greg. Nyss., Ep. 2, 17; Joh. Chrysost., Ad Antioch. hom. 3, 2; Hieron., Ep. 58, 4; Augustin., In Joh. tr. 10. Siehe *B. Kötting:* Stpatr. 5 (TU 80, Berlin 1962) 360—367.

Fortleben heidnischen Brauchtums in christlicher Volksfrömmigkeit

Wie die Mission aller Zeiten hat auch die des 4./5. Jh. die Erfahrung machen müssen, daß eine relativ kurze Vorbereitungszeit auf den Taufempfang nicht ausreichte, um tiefeingewurzeltes heidnisches Brauchtum bei den Neubekehrten zu überwinden. So stehen die Seelsorger aller Länder in Ost und West in einem anhaltenden Kampf gegen verschiedene Formen heidnischer Superstitio, die sich zuweilen fast unentwirrbar mit Christlichem mischt und die Reinheit der Frömmigkeit ernstlich belastet. Man beklagt vor allem die Anziehungskraft heidnischer Zauberpraktiken, wie sie von Astrologen, Wahrsagern und Gesundbetern geübt wird, die auch von Christen allen Mahnungen der Prediger zum Trotz immer wieder aufgesucht werden[111]. Die sog. Synode von Laodikeia muß sogar anordnen, daß Kleriker aller Ränge, die sich als Magier, Zauberer, Astrologen und Amuletteehersteller betätigen, aus ihren Ämtern zu entfernen seien[112]. Chrysostomos wie Augustinus kennen praktizierende Katholiken, die ihre Zuflucht zur Tagewählerei, zu Zaubersprüchen und Amuletten nehmen, eine besonders verwerfliche Praxis, da sie doch das Kreuzzeichen hätten. Das gleiche Verhalten haben die oberitalienischen Bischöfe Gaudentius von Brescia, Maximus von Turin und Zeno von Verona bei manchen Gläubigen zu rügen[113]. Augustinus weiß, daß Christen das Evangelienbuch benutzen, um aus ihm die Zukunft zu erfragen; andere legen es sich auf, um ihre Kopfschmerzen zu heilen, und etwas resignierend stellt er fest, dazu sei es zwar nicht bestimmt, aber es werde doch wenigstens den heidnischen Zauberbinden vorgezogen[114]. In ländlichen Bezirken vor allem existiert zählebig die Bindung an Baum-, Quellen- und Felsenkulte weiter, die Synoden kämpfen immer wieder offensichtlich nicht mit allzu großem Erfolg dagegen an[115]. Den Lockungen heidnischer Feste kann man sich nur schwer versagen, man nimmt sogar an Gelagen in heidnischen Tempeln teil. Geradezu unwiderstehlich wird die Versuchung für viele, wenn die Tage kommen, da man an den Kalenden des Januar den Jahresbeginn mit rauschenden Feiern einleitet. Viele Bischöfe machen das Kalendenfest zum Thema ganzer Predigten und weisen die Be-

[111] *H. Leclercq,* Magie: DACL X (1931) 1097—1114; *A. A. Barb,* The Survival of Magic Arts = *A. D. Momigliano,* The Conflict between Paganism and Christianity in the 4th Century (Oxford 1963) 100—125; *P. Brown,* Sorcery, Demons and the Rise of Christianity = Religion and Society in the Age of Augustine (London 1972) 119—146.

[112] C. 35.

[113] Joh. Chrysost., In Ep. I ad Tim. hom. 10, 3; in ep. ad Col. hom. 8, 5; Gaudent. tr. 4, 13—16. 8, 16—18. 9, 27; Maxim. Taur., Sermo 61 c, 4. 94. 98; Zeno Veron., Tr. 1, 15, 6; 2, 21, 2. Zu Augustinus außer *Zellinger* (Lit.) noch *E. Hendrikx:* Augustiniana 4 (1954) 109—136.

[114] Ep. 55, 20, 37; in Joh. tr. 7, 12; En. in ps. 127, 11.

[115] Vgl. *E. J. Jonkers,* Die Konzile und einige Formen alten Volksglaubens: VigChr 22 (1968) 49—53.

schwichtigungen der Christen, es handle sich hier doch um ein profanes Volksfest, zurück mit der Begründung, die Feiern würden schon vom Ursprung her einem heidnischen Idol gelten[116].

Ein Bestandteil des heidnischen Totenkultes war das Refrigerium, ein Mahl, zu dem sich die Verwandten eines Verstorbenen am 3., 7., 9. Tag nach dem Begräbnis, am Jahrestag des Todes und am großen Totengedächtnis der Parentalia im Februar einfanden. Dieses Totenmahl behielten die Christen ohne Widerspruch von seiten der Kirche in schlichter Form bei und fügten ihm einen christlichen Zug ein, wenn sie einen Teil der mitgebrachten Speisen den Armen zukommen ließen. Aber im 4. Jh. nahm dieses Mahl an den Gräbern auch bei den Christen oft wieder die lärmende und ungezügelte Form der heidnischen Totenfeiern an[117]. Chrysostomos tadelt nicht nur das laute Jammern der Angehörigen und Klagefrauen beim christlichen Begräbnis als heidnische Haltung, die dem Auferstehungsglauben widerspreche, er mißbilligt auch den Prunk, den manche Christen dabei entfalten[118]. Die Mahlfeiern wurden schließlich an den Gedächtnistagen der Martyrer in die Kirchen verlegt und arteten mancherorts, besonders in Italien und Nordafrika, zu großen Gelagen mit Tanz und Gesang aus. In Mailand hatte Ambrosius, dem der heidnische Ursprung der Refrigerien stets mißfiel, sie schon früh eingestellt. Ihm folgten andere Bischöfe Oberitaliens, während sie in Rom, gerade auch in St. Peter, fortbestanden[119]. In Afrika wurde Augustinus die treibende Kraft, die solchem Mißstand ein Ende machen wollte. Er gewann Bischof Aurelius von Karthago, wo besonders arge Exzesse vorkamen, für eine Beratung der Frage auf der Synode von 393 in Hippo, die den Brauch untersagte. Augustinus setzte den Synodalbeschluß nicht ohne Widerspruch in Hippo durch, empfahl zugleich, die bisher für das Gedächtnismahl in der Kirche bestimmten Speisen für eine Agape an den Gräbern der Toten auf dem Friedhof zu verwenden und dabei die Armen und Bedürftigen zu beschenken, das sei neben der liturgischen Totenfeier christliche Art, der Verstorbenen zu gedenken[120].

[116] Predigten „In Kalendas“: Aster. Amas., Or. 4; Greg. Naz., Or. 38; Maxim. Taur., Sermo 63; Pacian., Paraen.; Petrus Chrys., Sermo 155. *Bo Reicke,* Jahresfeier und Zeitenwende im Judentum und Christentum der Antike: ThQ 150 (1970) 321—334; *M. Meslin,* La fête des Kalendes de Janvier (Brüssel 1970) 95—129.

[117] Zum christlichen Refrigerium und weiteren Zügen des Totenkultes: *A. M. Schneider,* Refrigerium (Freiburg 1928) und die Arbeiten von *Klauser* und *Stuiber* (Lit.).

[118] Joh. Chrysost., In Ep. ad Hebr. hom. 4, 5; sermo de Anna 5, 5.

[119] Augustin., Conf. 6, 2 (über Ambrosius). Auch ungeklärte Vorstellungen über das Schicksal nach dem Tode spielten beim Verhalten der Bischöfe eine Rolle, siehe *A. Stuiber,* Refrigerium interim (Bonn 1957).

[120] Augustins Bericht über die Vorgänge Epp. 22 und 29; Synodalbeschluß von 393: Mansi III 923. Zur Liturgie der Totenfeier *E. Freistedt,* Altchristliche Totengedächtnistage (Münster 1928); *A. C. Rush,* Death and Burial in Christian Antiquity (Washington 1941).

Dem wachen Auge Augustins ist freilich nicht entgangen, daß in manchen Christen ein Heidentum subtilerer Art weiterlebte als das der realistischen Volksfrömmigkeit, und er hat darin eine nicht geringe Gefahr gesehen. Das überkommene heidnische Lebensgefühl trug man wie ein feines Gift gleichsam im Blut weiter: die Lust an dieser Welt, den Stolz auf die eigene virtus, der so sehr dem Verständnis christlicher Gnade widersprach, das immer wieder sich meldende instinktive Zurückweichen vor einem gekreuzigten Gott, und schließlich das Aufbegehren gegen die Grundhaltung der humilitas. Das Festhalten an diesen Zügen heidnischen Wesens war es, daß so viele Christen aus der Oberschicht Jahre hindurch semichristiani bleiben ließ. Wie kein anderer Prediger hat Augustinus immer wieder besorgt von dieser prinzipiellen Gefährdung des Christlichen gesprochen[121].

Der Laie in der Kirche[122]

Die um die Wende zum 4. Jh. sachlich bereits vorhandene Aufgliederung der Christen in die drei Gruppen der Laien, Kleriker und Mönche hat sich im Laufe des Jh. weiter profiliert und fand mit der sich entwickelnden entsprechenden Terminologie allmählich auch ihre rechtliche Fixierung. Bei diesem Vorgang wird ein deutlicher Wandel in der bisherigen Wertung und Stellung des Laientums innerhalb der Kirche wahrnehmbar, der sich auf mehrere Ursachen zurückführen läßt. Mit dem Ende der Verfolgungen lockerte sich zunächst ganz allgemein die in der vorkonstantinischen Kirche höchst intensiv erlebte Gemeinschaft zwischen Klerus und Laien, welche die gleiche Martyriumserwartung geschaffen hatte. Der Glanz des Martyriums ging nun nach Meinung vieler mehr und mehr auf Asketentum und Mönchtum über, deren Lebensform, wie schon gezeigt, gern als unblutiges Martyrium gewertet wurde, und wenn auch ungewollt einen deutlichen Abstand zwischen ihm und der Masse der Gläubigen schuf. Des weiteren gewann der Klerus durch die Differenzierung der Ämter und mehr noch durch die Ausweitung seiner Aufgaben und Befugnisse in Seelsorge und Verwaltung ein solches Gewicht an Autorität und öffentlicher Geltung, daß die bisherige Stellung der Laien davon nicht unbeeinflußt blieb. Ferner hat das Mönchtum mit seiner sehr distanzierten Einstellung zur „Welt" eine Auffassung gefördert, nach der der Versuch, sein Heil in eben dieser Welt zu

[121] Vgl. *P. Borgomeo,* L'église de ce temps dans la prédication de s. Augustin (Paris 1972) 102—112.

[122] *P. G. Caron,* I poteri giuridici del laicato nella chiesa primitiva (Mailand 1948); *G. H. Williams,* The Role of the Layman in the Ancient Church: Greek, Roman and Byzantine Studies (Durham 1958) 9—42; *W. H. C. Frend,* bei *St. Neill - H. R. Weber,* The Layman in Christian History (London 1963) 57—87; *E. Lanne,* Le laïcat dans l'Église ancienne: Verbum Caro 18 (1964) 105—126.

[123] *Y. Bodin,* S. Jérôme et les laïcs: REAug 15 (1969) 133—147.

wirken, als prinzipiell bedenklich galt[123], und letztlich hat auch die Art der Lebensführung vieler Laien im 4./5. Jh. bei manchen Seelsorgern eine eher skeptische Wertung des Laienelementes aufkommen lassen.

Die Konsequenzen dieses Wandels sind allerdings weder in allen Bereichen des Christentums gleichartig, noch handelt es sich immer um eine bloß negative Zurückdrängung des Laieneinflusses, sondern oft um eine Umschichtung innerhalb seines bisherigen Aufgabenbereiches. In der Basilika wird nun das Volk räumlich klar getrennt von dem Raum für den Klerus, den kein Laie betreten soll[124]. Bei Prozessionen bildet sich eine gewisse Rangordnung aus, nach der der Klerus, die Mönche, die Jungfrauen und Witwen dem „Volk" vorausgehen[125]. Im seelsorgerlichen Bereich werden Laien noch an der Taufvorbereitung der Katechumenen beteiligt, besonders die Witwen bei der Instruktion der Frauen, Laien dürfen auch im Notfall taufen, Frauen sollen jedoch die Taufe nicht spenden, ebensowenig wie sie Männer unterrichten dürfen[126].

Das alte Recht der Laien, bei der *Wahl ihres Klerus* mitzuwirken, bleibt prinzipiell bestehen und wird vor allem noch bei der Bischofswahl ausgeübt. Die Form der Mitwirkung ist allerdings nicht genau festgelegt, sie bestand meist in einer Akklamation für den vorgeschlagenen Kandidaten. Das Volk sollte auch bei einer eventuellen Transferierung seines Bischofs auf einen anderen Sitz gehört werden, zumindest bei der Absetzung eines Bischofs wird es jedoch meist übergangen. Vor allem die Kaiser greifen oft ohne Rücksicht auf dieses Laienrecht in die Bischofswahl ein. Die Synode von Laodikeia spricht sich allerdings schon gegen eine Beteiligung „der Menge" an den Kleruswahlen aus. Im Westen durften gelegentlich Laien an den jährlichen Synoden teilnehmen, einmal wird die Anwesenheit von Laienvertretern auf einer gallischen Synode vorgeschrieben[127].

Mehr und mehr setzt sich die Auffassung durch, daß das Recht „zu lehren" dem Klerus reserviert bleiben müsse. So kommt die *Laienpredigt* jetzt praktisch außer Gebrauch, Papst Leo I. verbietet sie ausdrücklich, dehnt dieses Verbot allerdings auch auf Mönche aus, selbst wenn sie über eine gewisse Bildung verfügen[128]. Die wenigen bekannten Ausnahmen bestätigen

[124] Const. Ap. II 57, 4—5; Syn. Laodic. c. 19. [125] Victric., De laude sanctorum 2—3.

[126] Conc. Illib. c. 38; Const. Ap. III 9; Augustin., C. epist. Parmen. 2, 13, 29; Stat. eccl. ant. c. 37 41 100. Zur Gruppe der „Witwen" *R. Gryson*, Le ministère des femmes dans l'église ancienne (Gembloux 1972).

[127] Für den Westen siehe *J. Gaudemet*, L'Église dans l'empire romain (Paris 1959) 331 bis 333; für den Osten Const. Ap. 7, 31, 1; 8, 4, 2; Theodoret. HE 1, 7, 10; 5, 9, 17; Sozom. HE 5, 13, 2; 2, 19; Pallad., Dial. 16; Socr. HE 1, 9; Chrysostom., In II Cor hom. 18, 3; in II ep. ad Tim hom. 5, 1; in Act. hom. 14, 3; Syn. Laodic. c. 13. Nach Stat. eccl. ant. c. 10 muß der Bischof vor der Weihe eines Presbyters Zeugnis und Einverständnis der Laien einholen. Laien auf Synoden: Conc. Illib. init.; Conc. Regense (439): CChr 148, 73.

[128] Leo I., Ep. 118, 2; 119, 6; 120, 6.

nur die allgemeine Praxis. Die Apostolischen Konstitutionen lassen aber noch den Laien als Lehrer der Katechumenen zu, wenn er sich durch seine Fähigkeit und seinen Lebenswandel als geeignet erweist. Nur einmal wird einem Laien gestattet, in Gegenwart von Klerikern zu lehren, es ist aber kein Laienrecht, sondern ein Zugeständnis der Kleriker[129]. Parallel zu dieser Beschränkung einer amtlichen Lehrtätigkeit der Laien entwickelt sich jedoch eine wachsende Beteiligung der Laien an der theologisch-schriftstellerischen Arbeit der Zeit, die besonders im Westen festzustellen ist. Bekannte „Laientheologen" dieser Art sind z. B. Arnobius, Lactanz, Firmicus Maternus, Marius Victorinus, vielleicht der „Ambrosiaster" und Prosper von Aquitanien[130]. Die donatistische Kirche hat in dem Lehrer Cresconius und in Tyconius qualifizierte Laientheologen aufzuweisen, im Kreis um Pelagius finden sich ebenso theologisch interessierte Laien wie unter den Korrespondenten und literarischen Gegnern des Hieronymus (Helvidius).

Unverkennbar ist ferner der Einfluß von Laien in gehobener amtlicher oder privater Position auf mannigfache Bereiche des kirchlichen Lebens. Augustins Freund, der comes Marcellinus, darf das Religionsgespräch von Karthago 411 leiten und sogar als Schiedsrichter fungieren, im Osten spielen Minister und hohe Beamte, wie Eutropios, Candidian, Johannes, Eirenaios (in Ephesos), Chrysoretos und Chrysaphios, eine beachtliche kirchenpolitische Rolle. Vermögende Laien treten nach dem Beispiel Konstantins als Förderer des Kirchenbaues und als Stifter caritativer Anstalten auf oder unterstützen die Armenfürsorge der Kirche durch entsprechende Vermächtnisse.

Die Heranziehung der Laien zur Verwaltung des Kirchenvermögens ist vielfach üblich, aber nicht einheitlich geregelt. In Nordafrika haben sie als wohl von der Gemeinde gewählte „seniores laici" in einer Art Kirchenrat einen institutionalisierten Aufgabenbereich gefunden, im Osten werden sie jedoch mehr und mehr durch Kleriker ersetzt, obwohl Chrysostomos bedauert, daß diese dadurch ihrer eigentlichen Seelsorgsaufgabe nicht gerecht werden können[131].

Klar wird in Ost und West Bedeutung und Ziel des *Laienapostolates* von der Kirche gesehen und eindringlich gefordert. Man sieht es im stets anerkannten allgemeinen Priestertum der Laien begründet, es soll deshalb auch der ganzen Kirche gelten. Chrysostomos und Augustinus haben den Aufgabenbereich dieses Apostolates näher umschrieben: an die erste Stelle rücken sie das beispielhafte christliche Leben im Alltag, durch das ein Heide eher dem Christentum gewonnen werde als durch noch so gelehrte theo-

[129] Const. Ap. 8, 32, 17; 3, 5; Stat. eccl. ant. c. 38.

[130] *M. Sauvage,* Catéchèse et laïcat 97—99; 152—161.

[131] Zu den seniores laici *W. H. C. Frend:* JThSt n. s. 12 (1961) 280—284. Syn. Antioch. c. 25; Joh. Chrysost., In Mt hom. 85, 3; in ep. ad Tit hom. 1, 4. Conc. Chalc. c. 26.

logische Argumentation. Es soll sich ferner zeigen in der bereitwilligen, tatkräftigen Hilfe für den religiös oder sittlich gefährdeten Mitchristen, den man stärken soll durch die Weitergabe dessen, was man in der Kirche von der christlichen Verkündigung vernommen hat. Zum unabdingbaren Bestand solchen Apostolates gehört schließlich die missionarische Arbeit des Laien bei den Heiden oder Irrgläubigen seines Bekanntenkreises, die von der kirchenamtlichen Predigt nur schwer erreicht werden. Das Laienapostolat soll in enger Zusammenarbeit mit dem Klerus geübt werden, der nach Chrysostomos stets des Gebets, des Rates und gegebenenfalls auch der Kritik der Laien bedarf[132], wie umgekehrt die Kirche speziell für die Laien betet[133].

19. Kapitel

Das frühchristliche Mönchtum
Entwicklung und Ausbreitung im Osten

I. DER RELIGIONSGESCHICHTLICHE HINTERGRUND

KLEINERE QUELLENSAMMLUNGEN: *J. de Guibert,* Documenta ecclesiastica ad christianae perfectionis studium spectantia (Rom 1932); *K. Koch,* Quellen zur Geschichte der Askese und des Mönchtums (Tübingen 1936); Enchiridion de statibus perfectionis (Rom 1949); *H. U. v. Balthasar,* Die großen Ordensregeln (Köln ²1961); *M.-J. Rouet de Journel - J. Dutilleul,* Enchiridion asceticum (Freiburg ⁶1965).
ALLGEMEINE LITERATUR: Dictionnaire de Spiritualité (= DSp), hrsg. von *Ch. Baumgarten - M. Olphe-Galliard* (Paris 1932 ff); Beiträge zur Geschichte des alten Mönchtums und des Benediktinerordens (Münster 1911 ff). Spezialzeitschriften: Studia Monastica (Montserrat 1959 ff); Yermo (Madrid 1963 ff). Die Übersichten in den Lexika: *H. Leclercq,* Cénobitisme: DACL II 3047—3248; *ders.,* Monachisme: ebd. IX 1774—1974; *J. Olphe-Galliard,* Cénobitisme: DSp II 405—416; *A. Adam,* Mönchtum: RGG³ IV 1072—1081; *I. Auf der Maur,* Mönchtum: LThK² VII 545—548; *Th. Spidlik - J. Sainsaulieu,* Ermites: DHGE XV 776—787. Ferner: *D. Gorce,* La lectio divina des origines à S. Bénoît et Cassiodore I (Paris 1925); *J. Wagemann,* Entwicklungsstufen des ältesten Mönchtums (Tübingen 1929); *H. v. Campenhausen,* Die asketische Heimatlosigkeit im altkirchlichen und frühmittelalterlichen Mönchtum (ebd. 1930); *Ph. Oppenheim,* Das Mönchskleid im Altertum (Münster 1931); *K. Heussi,* Der Ursprung des christlichen Mönchtums (Tübingen 1936), dazu *Th. Lefort:* RHE 33 (1937) 341—348; *M. Marx,* Incessant Prayer in Ancient Monastic Literature (Città del Vaticano 1947); *E. E. Malone,* The Monk and the Martyr (Washington 1950); *Ph. Hofmeister,* Mönchtum und Seelsorge bis zum 13. Jh.: SM 65 (1953/54) 209—273; *A. Adam,* Grundbegriffe des Mönchtums in sprachlicher Sicht: ZKG 65 (1953—1954) 209—239; *I. Auf der Maur,* Mönchtum und Glaubensverkündigung (Fribourg 1959); *L. Bouyer,* La spiritualité du

[132] Zum allgemeinen Priestertum der Gläubigen in der Väterzeit *J. Lecuyer:* MD 27 (1951) 5—51; für die Auffassung von Chrysostomus und Ambrosius vgl. *A. Nocent - B. Studer:* Vet Christ 7 (1970) 305—324 324—340. Laienapostolat nach Chrysostomos *P. Rentinck* a. a. O. 235—250.
[133] Serap., Euchol. c. 3 5 6.

Nouveau Testament et des Pères (Paris 1960); *G. Turbessi,* Ascetismo e Monachesimo prebenedettino (Rom 1961); Théologie de la vie monastique. Études sur la doctrine patristique (Paris 1961); *I. Hausherr,* Vocation chrétienne et vocation monastique selon les Pères = Laïcat et sainteté I (Rom 1963) 33—115; Los monjes y los estudios (Poblet 1963); *S. Frank,* ΑΓΓΕΛΙΚΟC ΒΙΟC (Münster 1964); *U. Ranke-Heinemann,* Das frühe Mönchtum. Seine Motive nach den Selbstzeugnissen (Essen 1964); *P. Nagel,* Die Motive der Askese in der alten Kirche und der Ursprung des Mönchtums (Berlin 1966); *D. Knowles,* From Pachomius to Ignatius. A Study in the Constitutional History of the Religious Orders (Oxford 1966); *F. S. Pericoli Ridolfini,* Alle origini del monachesimo. Le convergenze esseniche (Rom 1966); *B. Lohse,* Askese und Mönchtum in der Antike und in der alten Kirche (München 1969); *S. Frank,* Die Erforschung der Anfänge des Mönchtums und die Frage der Hermeneutik: FStud 53 (1971) 28—44.

Als in den beiden Jahrzehnten vor der Wende vom 3. zum 4. Jh. einzelne Christen in Ägypten und (vielleicht unabhängig davon) im östlichen Syrien sich aus ihren bisherigen Lebensgemeinschaften in Familie und Gemeinde lösten und in die menschenfreie Einsamkeit gingen, um hier ein Leben freiwilliger Armut und geschlechtlicher Enthaltsamkeit zu führen, war der Schritt getan, der über das frühchristliche Asketentum hinaus zum eigentlichen Mönchtum führte. Mit ihm nimmt die Geschichte eines Phänomens innerkirchlichen Lebens ihren Anfang, das tiefreichende Auswirkungen für das Christentum der folgenden Jahrhunderte in Ost und West hatte und es in vielfachem Bezug bis zur Gegenwart prägt.

In wenigen Jahrzehnten waren von den menschlichen Großsiedlungen abgelegene Gegenden in Oberägypten (später vom geographischen Mittelpunkt Theben her auch die Thebais genannt) und das Gebiet der Nitrischen Wüste südwestlich von Alexandrien ebenso wie das Bergland um Edessa in Ostsyrien von zahlreichen Anachoreten besiedelt, die sich primitive Hütten bauten oder mit einer Höhle vorliebnahmen. Viele von ihnen führten ihr Leben in völliger Isolierung voneinander und blieben zeitlebens Eremiten im strengen Wortsinn, andere schlossen sich, ohne feste Bindung durch ein Versprechen oder eine fixierte Regel, einem aus ihrer Mitte an, der ihnen geistlicher Berater sein sollte, und begründeten so einen losen Anachoretenverband. Die Geschichte kann keine festumrissene Gestalt nennen, von der durch ihr bloßes Vorbild oder ihr werbendes Wort zum ersten Mal die Idee von der Verwirklichung der Nachfolge Christi in solcher Form ausgegangen wäre. Der junge Ägypter *Antonios,* der um das Jahr 273 sein Heimatdorf Kome in Mittelägypten verließ, um zunächst in dessen Nähe, später in der Libyschen Wüste und dann auf einem Berge am Nil als Einsiedler zu leben, wird zwar oft „der Vater des ägyptischen Mönchtums“ genannt, aber er ist nicht der erste der Anachoreten, sondern nur einer aus vielen gewesen[1], dem seine charismatische Begabung und der Rang seines Biographen Athanasios erhöhtes Ansehen gewannen. Da auch für das ungefähr gleichzeitig auf-

[1] Athanas., *Vita s. Antonii* 3.

kommende Anachoretentum des ostsyrischen Raumes keine klar greifbare Gründergestalt namhaft gemacht werden kann, gewinnt die Frage nach den *Ursachen* dieser einzigartigen Erscheinung besonderes Gewicht.

Die Religionsgeschichte hat auf der Suche nach einer Antwort rege Umschau gehalten nach *außerchristlichen Vorbildern,* aus denen sich das christliche Mönchtum vielleicht herleiten ließe. So hat man eine Zeitlang geglaubt, in den sog. Katochoi des ägyptischen Gottes Sarapis eine Vorstufe desselben gefunden zu haben, in jenen Männern also, die in Einzelzellen am Sarapistempel in Memphis oder sonstigen Heiligtümern ihren Gott unter zeitweiligem Verzicht auf ihren Besitz dienten[2]. Für eine Ableitung des Mönchtums aus gewissen religiös-philosophischen Strömungen des Hellenismus, besonders des Neuplatonismus und Neupythagoreismus, schienen gewisse Gemeinsamkeiten der religiösen Haltung zu sprechen, wie etwa das Betonen der inneren Sammlung, des heiligen Schweigens im Interesse klarer Selbsterkenntnis und schließlich eine auffallend reiche Übereinstimmung in der asketischen Terminologie[3]. Jüngst hat man mit Nachdruck hingewiesen auf gewisse Einwirkungen, die vom Manichäismus — und indirekt über ihn sogar vom damaligen Buddhismus — auf das frühchristliche Asketentum und besonders auf das sich daraus fortentwickelnde Mönchtum sowohl in Ägypten wie noch mehr im syrischen Mesopotamien ausgegangen seien[4]. Man führt hier gern gewisse äußere Züge an, die beiden Bewegungen gemeinsam seien, wie etwa das überaus strenge Fasten, die radikale Vernachlässigung, ja Verachtung des Körperlichen, die absolute Loslösung von jeder familiären Bindung sowie die extreme Verwerfung irdischen Besitzes und körperlicher Arbeit. Schließlich mußte sich zuletzt auch die Frage aufdrängen, ob nicht in der „Mönchsgemeinde" von Qumran[5] der unmittelbare Vorläufer des christlichen Mönchtums wenigstens für die koinobitische Ausprägung des frühen Pachomianertums gefunden sei, das in seiner straffen Organisation des Gemeinschaftslebens, dem Verzicht auf Eigenbesitz, seiner Zölibatsverpflichtung und in seiner asketischen Alltagspraxis weitgehend in der Qumrangemeinde vorweggenommen sei[6].

[2] Vgl. die Untersuchungen von *Ph. Gobillot,* Les origines du monachisme chrétien et l'ancienne religion de l'Égypte: RSR 10—12 (1920/22).

[3] Wichtig *R. Reitzenstein,* Des Athanasius Werk über das Leben des Antonius (SAH 1914, 8) und *ders.,* Historia monachorum und Historia Lausiaca (Göttingen 1916); zur Terminologie *K. Holl,* Die schriftstellerische Form des griechischen Heiligenlebens = Ges. Aufs. II (Tübingen 1928) 249—269.

[4] Zuerst *K. Heussi,* Der Ursprung des christlichen Mönchtums 287—291, dann *A. Vööbus,* History of Asceticism in the Syrian Orient, in: CSCO 184 (Louvain 1958) 158/169.
of Asceticism in the Syrian Orient, CSCO 184 (Louvain 1958) 158/169.

[5] Siehe Bd I 71 f (Lit.) und 77—79, ferner *E. F. Sutcliffe,* The Monks of Qumran (London 1960).

[6] *I. van den Ploeg,* Les Esséniens et les origines du monachisme chrétien = Il Monachesimo orientale (Rom 1958) 321—339; *F. S. Pericoli Ridolfini* (oben Lit.).

Befragt man zunächst das frühchristliche Mönchtum nach seinem *Selbstverständnis*, so läßt sich aus dem entsprechenden Schrifttum eine Reihe von Motiven erheben, mit denen die Mönche selbst ihre Entscheidung für die von ihnen gewählte Lebensform begründen[7]. Als *Grundmotiv* läßt sich unschwer die Idee der *Nachfolge Christi* erkennen, die sich ohne Kompromiß am ehesten in der radikalen Loslösung von der „Welt" verwirklichen ließ, wie Basileios mit Nachdruck betont[8]. Der Mönch will „den demütigen Weg Christi gehen", den engen und beschwerlichen Weg, von dem die Schrift redet, damit er einmal das Wort nachsprechen darf: „Sieh, wir haben alles verlassen und sind dir nachgefolgt" (Mt 19, 27)[9]. Er ist tief davon durchdrungen, daß ihn die Nachfolge des Herrn für immer unter das Kreuz stellt, so daß sich die Pachomianermönche durch ein auf ihren Mantel aufgenähtes Kreuz stets an ihren Existenzgrund erinnern lassen und Basileios das Mönchsdasein geradezu als „ein Kreuztragen" definieren kann[10]. Im steten Blick auf ihr gekreuzigtes Vorbild nehmen die Mönche die Mühsale ihres Lebens auf sich und wollen so das Mitsterben mit Christus realisieren[11]. Sie wissen sich dabei eingereiht in eine große Schar, die vor ihnen bereits einem solchen Ideal nachlebte, angefangen bei den alttestamentlichen Vorbildern des Mönchtums Abraham, Moses und Elias, über Johannes den Täufer, der ihnen vielfach als Begründer ihrer Lebensform galt[12], bis auf die Apostel und die Urgemeinde von Jerusalem, die ihnen in ihrem von asketischem Enthusiasmus geprägten Leben als die immer gültige Verwirklichung der Nachfolge des Herrn erschien[13]. Diesem Rückgriff auf das urchristliche Ideal kommt ohne Zweifel ein starker Einfluß auf die Entstehung des frühen Mönchtums zu, dessen ideelle Verwurzelung in der biblischen Vorstellungswelt allein schon von hier aus erwiesen ist. Seit den Tagen des Ignatios von Antiochien hat der Tod des christlichen Blutzeugen als die Hochform der Nachfolge Christi gegolten, und so sehen auch die Mönche in den Martyrern ein hohes Vorbild und machen deren Lebenshingabe an den Herrn zu einem ständig betrachteten Motiv für ihre eigene Haltung bis hinein in die konkreten Forderungen ihres asketischen All-

[7] *U. Ranke-Heinemann*, Das frühe Mönchtum. Seine Motive nach den Selbstzeugnissen (Essen 1964).

[8] Basil., Reg. fus. tract. 6, 1.

[9] Apophthegm. Patr., Arsen, 33; Ammonas 11.

[10] Pallad., Hist. Laus. 32; Basil., Renunt. saec. 1.

[11] Pachom., Vita I 11; nach Chrysost., In Hebr. hom. 15, 4 soll der Mönch „ein Gekreuzigter" sein.

[12] Vgl. etwa Serapion, Ep. ad mon. 11 (PG 40, 937 B) und Hieron., Ep. 22, 36; 125, 7; für Abraham als Vorbild vgl. Antonios, Ep. 1, 1; Hieron., Ep. 58, 3.

[13] Vgl. *H. Bacht*, Heimweh nach der Urkirche. Zur Wesensdeutung des frühen Mönchtums = Weltnähe oder Weltdistanz (Frankfurt 1962) 114—140. Die emotionale Nuance von „Heimweh" und „Nostalgie" solle nicht dazu verleiten, die nüchterne Realistik des alten Mönchtums aufzuweichen.

tags[14]. Manche von ihnen hatten in der Diokletianischen Verfolgung noch selber den Todesmut der Christen erleben können, sie werten nun wie schon ihre unmittelbaren Vorläufer, die Asketen des 3. Jh., ihre eigenen Kämpfe als unblutiges Martyrium, das ebenfalls die *corona martyrii* verdient, da es aus gleicher Gesinnung wie das blutige geübt wird[15].

Vom Martyriumsgedanken getragene Christusnachfolge wird schließlich vom frühen Mönchtum auf breiter Ebene bevorzugt mit dem *engelgleichen Leben* identifiziert, jener werbemächtigen asketischen Losung, die bereits von den frühen alexandrinischen Theologen erarbeitet wurde und schon das vormonastische Asketentum in Ost und West prägen half. Zu ihm gelangt man nur auf dem Wege über die Apotaxis, die Absage an die Welt, durch die körperlich und geistig zu übende Enkrateia, durch die Praxis der spezifisch monastischen Tugenden der Armut, des Gehorsams und der Jungfräulichkeit, die zur Höhe der *Apatheia,* der ruhigen Sicherheit im Besitz mönchischer Vollkommenheit, führt. In ihrer Vollendung wird so die *vita angelica* des Mönchtums zu einem Leben in der Gemeinschaft der Engel, zu einem vorweggenommenen Leben im Paradies[16]. Damit wird ein weiteres Motiv mönchischer Daseinsform berührt, das zwar nicht so stark wie andere im Vordergrund stand, aber gewiß wirksam war, die *eschatologische* Haltung des Mönchtums, die nicht nur den steten Gedanken an den eigenen Tod umfaßte, sondern auch die bewußte und wache Erwartung der Wiederkunft des Herrn meinte. Ein Wiedererwachen urchristlicher Parusieerwartung ist in der Frühphase des Mönchtums unverkennbar[17], und hier wird man am ehesten den Einfluß einer gewissen Enttäuschung und Trauer über ein Nachlassen des urchristlichen Gesamtenthusiasmus annehmen dürfen, wie es sich mit dem zahlenmäßigen Anwachsen der großkirchlichen Gemeinden in den Friedensperioden des 3. Jh. unleugbar einstellte[18]. Dies ist jedoch nicht gleichzusetzen mit einer Ablehnung oder einem Protest gegen die hierarchische Kirche als solche oder auch nur gegen die Reichskirche des 4. Jh., deren Problematik sich erst auswirken konnte, als das Mönchtum längst in Blüte stand, und die somit nicht als eine Ursache für dessen Entstehen angesehen werden kann[19].

Mit der Verwirklichung der so verstandenen Christusnachfolge glaubt der altchristliche Mönch zwei wesentliche Forderungen des Evangeliums

[14] Siehe das reiche Material bei *E. E. Malone* a. a. O.

[15] Siehe Bd. I 338; ferner *U. Ranke-Heinemann* a. a. O 97 f, dazu Hieronymus über die *corona de liliis,* die dem Asketenmartyrium zukomme: Ep. 108, 31.

[16] Vgl. S. *Frank,* ΑΓΓΕΛΙΚΟΣ ΒΙΟΣ (Münster 1964), der frühere Einzeluntersuchungen zum Thema zusammenfaßt.

[17] Vgl. *U. Ranke-Heinemann* a. a. O. 31 f.

[18] Vgl. z. B. Origenes, In Ierem. hom. 4, 3; Euseb. HE 8, 1, 7—9.

[19] *H. Bacht,* Mönchtum und Kirche = Sentire Ecclesiam, Festschr. H. Rahner (Freiburg 1961) 113—133, bes. 115—123.

am besten erfüllen zu können, die eines echten Vollkommenheitsstrebens und wahrer Gottesliebe. Das Herrenwort Mt 19, 21 „Willst du vollkommen sein" hat nicht nur bei Antonios die Berufsentscheidung unmittelbar herbeigeführt, es ist vielen Mönchen der Frühzeit zu einem immer neu zu überdenkenden Motiv ihrer Lebensform geworden[20]. Abt Theodor bezeichnet den Pachomianerorden als das Modell für jeden, der Menschen um sich sammeln will, um sie zur Vollkommenheit zu führen[21]. Das Motiv der *Gottesliebe* klingt allenthalben im Schrifttum des frühchristlichen Mönchtums an; sie ist die Quelle, aus der sich seine Askese nährt. Als Basileios seinen Freund Gregor dem Mönchtum erhalten will, weist er ihn darauf hin, daß „wer Gott liebt, alles verläßt und sich in die Einsamkeit bei Gott zurückzieht"; Theodoret von Kyros gibt seiner Sammlung von Mönchsbiographien den prägnanten Titel „Geschichte der Gottesliebe"[22].

Damit ist deutlich geworden, daß sich das frühchristliche Mönchtum als die Verwirklichung rein christlicher Vollkommenheitsideale verstand und daher als eine genuin christliche Schöpfung verstanden werden muß, für deren Erklärung ein Rückgriff auf außerchristliche Vorbilder verfehlt wäre. Die oben erwähnte Übereinstimmung zwischen asketischer Terminologie und gewissen Formeln hellenistischer Religionsphilosophie läßt noch am ehesten an einen indirekten Einfluß von dieser Seite denken, etwa auf dem Weg über die Vollkommenheitslehre der alexandrinischen Theologie, aber dieser Einfluß konnte in größerem Ausmaß erst in einer späteren Phase des Mönchtums wirksam werden, als sich ihm gebildete Männer wie Evagrios Pontikos in stärkerer Zahl anschlossen. Bei den frühen Anachoreten Ägyptens und Syriens, die mehrheitlich einer niedrigeren sozialen Schicht entstammten, fehlten einfach die Voraussetzungen für eine tiefere Kenntnis sowohl der hellenistischen Philosophie wie auch wohl des Origenes, der insoweit als Wegbereiter des Mönchtums gelten darf, als er durch seine Vollkommenheitslehre ein diesem günstiges Klima schaffen half[23]. Auch von der Qumransekte her läßt sich kein ideenmäßiger Zusammenhang mit dem späteren Mönchtum feststellen, da deren Grundvorstellungen den Idealen des Mönchtums geradezu widersprachen. Dem frühchristlichen Mönch wäre es unmöglich gewesen, den Sünder zu hassen oder den Haß gegen ihn zu predigen; das Erwählungsbewußtsein der Söhne des Lichtes war ihm eben-

[20] Vita s. Antonii 2; Basil., Ep. 223, 2; Reg. fus. tract. 8, 1; Cassian, Collat. 21, 5 *(quibus evangelicus cotidie intonat sermo)*; ebd. 3, 4 (Antonios).

[21] *Th. Lefort*, Vies coptes de s. Pachôme (Louvain 1943) 276.

[22] Basil., Ep. 2, 4; Theodoret, Φιλόθεος ἱστορία (PG 82), vgl. *U. Ranke-Heinemann* a. a. O. 18—25.

[23] Siehe *H. Crouzel*, Origène, précurseur du monachisme = Théologie de la vie monastique (Paris 1961) 15—38; *W. Schneemelcher*, Erwägungen zu dem Ursprung des Mönchtums in Ägypten = Christentum am Nil (Recklinghausen 1964) 131—141, bes. 139; *K. S. Frank*, Vita apostolica: ZKG 82 (1971) 145—66, bes. 159 ff.

so fremd wie die Vorstellung der rituellen Unreinheit, die in Qumran das negativ orientierte Motiv für den Verzicht auf Ehe und persönlichen Besitz ausmachte. Schließlich ist der Protest der Qumranleute gegen die „Frevel am Tempel" als Grund für ihre Absonderung in der Wüste von dem Motiv der Nachfolge Christi ebenso verschieden wie die eschatologische Hoffnung der Mönche auf die Parusie des Herrn von der endzeitlichen Erwartung Qumrans, die nach einem heiligen Krieg gegen die Söhne der Finsternis das Messianische Reich auf Erden bringen sollte[24]. Gewisse Ähnlichkeiten organisatorischer Art — Probezeit vor der Aufnahme[25], Rechenschaftsablage bei einem Vorsteher — und asketischer Praxis, wie äußere Haltung beim Gebet, Formen des Fastens, Abwertung des Körperlichen, lassen sich als gemeinsame Züge überall feststellen, wo Anhänger einer Religion in einer wenn auch noch so losen eigenen Gemeinschaft deren Ideale in reinster Form verwirklichen wollen, wobei man besonders an das manichäische oder buddhistische Asketentum denken mag. Bereits der heilige Ephraem nimmt zu diesem Problem treffend Stellung, wenn er das Verhältnis zwischen syrischem Asketentum und Manichäern so charakterisiert: „Ihre Werke sind den unseren ähnlich, ihr Fasten ist dem unseren ähnlich, ihr Glaube aber ist unserem Glauben nicht ähnlich."[26] Der Geist, aus dem das altchristliche Mönchtum lebt, ist ein völlig anderer als jener, der äußerlich ähnliche religiöse Strömungen oder Verhaltensweisen hervorgerufen hat. Die Frage nach dem konkreten Anlaß, der in der 2. Hälfte des 3. Jh. die Hinwendung so vieler Christen zu der mönchischen Lebensweise hervorgerufen hat, kann wohl nur so beantwortet werden, daß das schon länger in der damaligen Christenheit gepredigte und in einer Frühform auch schon verwirklichte asketische Ideal jetzt so reif und so mächtig geworden war, daß es mit einem unaufhaltsamen Eigengewicht zur Realisierung in einer letztmöglichen Form drängte, wie sie gleichzeitig in Ägypten und Syrien faßbar wird.

II. ENTWICKLUNG UND AUSBREITUNG IM OSTEN

LITERATUR: *J. M. Besse,* Les moines d'Orient antérieurs au concile de Chalcédoine (Paris 1900); *St. Schiwietz,* Das morgenländische Mönchtum I—II (Mödling 1904, 1913) III (Wien 1938); *N. R. Nugent,* Portrait of the Consecrated Woman in Greek Literature of the First Four Centuries (Washington 1941); *I. Hausherr,* Penthos. La doctrine de la componction dans l'Orient chrétien (Rom 1944); Il Monachesimo Orientale (Rom 1958);

[24] *J. van den Ploeg* a. a. O. 321—339.

[25] Vgl. etwa *A. Penna,* Il reclutamento nell'Essenismo e nell'antico monachesimo orientale: RQum 1 (1959) 345—364.

[26] Ephraem, Prose Refutations I (London 1912, ed. *C. W. Mitchell*) 184; zu der These von *A. Vööbus* vgl. *A. Adam:* GGA 213 (1959) 127—145.

Théologie de la vie monastique (Paris 1961); *A.-J. Festugière,* Les moines d'Orient I (Paris 1961), dt.: Ursprünge christlicher Frömmigkeit. Bildung und Heiligkeit im Mönchtum des altchristlichen Orients (Freiburg 1963); *J. Décarraux,* Du monachisme primitif au monachisme athonite = Le Millénaire du Mont Athos I (Chevetogne 1963) 19—57; *Cl. Lialine,* Érémitisme en Orient: DSAM IV 936—953; *J. Leclerq,* Problèmes de l'érémitisme: StudMon 5 (1963) 197—212; *D. J. Chitty,* The Desert a City (London 1965).

1. Ägypten. Das frühe Anachoretentum. Die Pachomianer. Das Mönchtum der Nitrischen und Sketischen Wüste.

QUELLEN: 1. Antonius und Ammonas: Athanasius, *Vita s. Antonii:* PG 26, 835—976. Die beiden latein. Übersetzungen des 4. Jh.: 1. ed. *G. Garitte* (Bruxelles 1939, dazu *H. Hoppenbrouwers:* Latinitas Christianorum primaeva 14, Nijmegen 1960); 2. die Übersetzung des Evagrius: PG 26, 835—976 und PL 73, 125—170, dazu *L. Th. Lorié:* Latin. Christ. prim. 11 (Nijmegen 1955); die koptische Übersetzung ed. *G. Garitte:* CSCO 117/118 (Louvain 1949). Studien zur Vita Antonii: *K. Holl:* GA II (Tübingen 1928) 249 bis 269; *J. List,* Das Antoniusleben des hl. Athanasius (Athen 1931); *H. Dörries,* Die Vita Antonii als Geschichtsquelle = Wort und Stunde, Ges. Studien zur Kirchengeschichte des 4. Jh. (Göttingen 1966) 145—224. Englische Übersetzung der Vita mit Kommentar von *R. T. Meyer:* ACW 10 (1950). Briefe des Antonius: lateinisch PG 40, 977—1019; 1065; georgisch: ed. *G. Garitte:* CSCO 148/149 (Louvain 1955), zur Echtheit: *F. Klejna:* ZKTh 62 (1938) 309—348. Die Ammonasbriefe: syr. Übersetzung ed. *M. Kmosko:* POr 10 (1915); griechisch: ed. *F. Nau:* POr 11 (1916); lateinisch: PG 40, 1019—1060, dazu wiederum *F. Klejna* a. a. O.

2. Die Pachomianer: *F. Kozman,* Textes législatifs touchant le cénobitisme égyptien (Rom 1935); Regel und Briefe des Pachomios: edd. *A. Boon - Th. Lefort,* Pachomiana latina (Louvain 1932, Inhalt: „Regel" = *Praecepta;* Briefe [11]; Liber Horsiesii); *Th. Lefort,* Œuvres de s. Pachôme et de ses disciples: CSCO 159/160 (Louvain 1956); Viten des Pachomios: 1. koptisch: ed. *Th. Lefort:* CSCO 89 und 107 (Louvain 1925); CSCO 99/100 (ebd. 1933/34). *Th. Lefort,* Les vies coptes de s. Pachôme et de ses premiers disciples (Louvain 1943). 2. griechisch: ed. *F. Halkin,* S. Pachomii Vitae graecae (Bruxelles 1932), dazu *R. Draguet:* Muséon 70 (1957) 257—306; die Vita graeca I in frz. Übers. von *A.-J. Festugière:* Les moines d'Orient IV 2 (Paris 1965); zum Ganzen *A. Veilleux* (s. u. Lit.) 1—137, dazu *A. de Vogüé:* RHE 67 (1972) 26—67. — Der „Liber Orsiesii" ist ediert von *A. Boon* a. a. O. 109—147; koptische Fragmente: CSCO 159 (Louvain 1956) 63—99, von *H. Bacht,* Das Vermächtnis des Ursprungs. Studien zum frühen Mönchtum I (Würzburg 1972) 57—189. — Leben und Werke des Schenute von Atripe (koptisch) ebd. *J. Leipoldt* und *W. E. Crum:* CSCO 41, 42, 73 (Louvain 1906/13), die lateinische Übersetzung von *H. Wiesmann:* CSCO 96, 108, 129 (ebd. 1931, 1936, 1951). Eine Vita Schenutes von seinem Schüler Besa ed. *J. Leipoldt:* CSCO 41.

3. Palladius, Historia Lausiaca, ed. *C. Butler:* Texts and Studies 6, 1—2 (Cambridge 1904); ed. *A. Lucot* (Paris 1912); zur Textgeschichte *R. Draguet:* Muséon 57 (1944) 53—146, 58 (1945) 15—96, 60 (1947) 227—255, 63 (1950) 205—230; RHE 41 (1946) 321—364, 42 (1947) 5—49; dt. Übers. von *St. Krottenthaler:* BKV[2] 5 (1912). — Die Historia monachorum, ed. *A.-J. Festugière* (Bruxelles 1971), mit frz. Übers. und Komm., dt. Übers. von *S. Frank,* Mönche im frühchristlichen Ägypten (Düsseldorf 1967).

4. Die Apophthegmata Patrum: a) griechische Sammlung (alphabetisch): PG 65, 71—440, Ergänzungen durch *F. Nau:* ROC 10—18 (1905/13); dazu *W. Bousset,* Apophthegmata (Tübingen 1923) und *J.-Cl. Guy,* Recherches sur la tradition grecque des Apophthegmata Patrum (Bruxelles 1962). b) lateinische Sammlung (thematisch):

Verba Seniorum: PL 73, 381—1062, ergänzt durch *A. Wilmart:* RBén 34 (1922) 185—198; zur Textüberlieferung *A. H. Salonius,* Vitae Patrum (Lund 1920), zur geplanten Neuausgabe siehe *C. M. Battle:* StudMon 1 (1959) 115—120. *W. Gemoll,* Das Apophthegma (Wien 1926). c) syrische Sammlungen: ed. *P. Bedjan,* Acta Martyrum et Sanctorum VIII (Paris 1897); *F. A. W. Budge,* The Wit and Wisdom of the Christian Fathers of Egypt. The Syrian Version of the Apophth. Patrum (Oxford 1934). d) J. Cassianus, Collationes patrum, ed. *M. Petschenig:* CSEL 13 (Wien 1886) und *E. Pichéry:* SChr 42, 54, 64 (Paris 1955/59 mit frz. Übers.). Übersetzungen der Apophth.: *R. Draguet,* Les Pères du désert (Paris 1949, mit wichtiger Einl.); *B. Miller,* Weisung der Väter (Freiburg 1965, vollständig nach dem griech. Text, in Auswahl aus der latein. Sammlung, mit Bibliogr. S. 497 bis 516); *L. Regnault,* Les sentences des Pères du désert. Nouveau recueil (Solesmes 1970).

LITERATUR: 1. Antonius: *L. Hertling,* Antonius der Einsiedler (Innsbruck 1929); *L. Bouyer,* La vie de s. Antoine (St. Wandrille 1950); *B. Steidle,* „Homo Dei Antonius" = SA 38 (Rom 1956) 148—200; *F. Giardini,* La dottrina spirituale de s. Antonio abate e di Ammonio nelle loro lettere (Florenz 1957).

2. Pachomianer: *P. Ladeuze,* Étude sur le cénobitisme pakhômien pendant le IVe siècle et la I^{ière} moitié du Ve (Paris 1898, Nachdr. Frankfurt 1961); *Th. Lefort,* Les premiers monastères pachômiens (exploration topographique): Muséon 52 (1939) 379 bis 407; *H. Bacht,* Antonius und Pachomius. Von der Anachorese zum Cönobitentum = SA 38 (Rom 1956) 66—107; *ders.,* Mönchtum und Kirche. Eine Studie zur Spiritualität des Pachomius = Sentire Ecclesiam (Freiburg 1961) 113—133; *ders.,* Horsiesius = Das Vermächtnis des Ursprungs 9—55; *A. Veilleux,* La liturgie dans le cénobitisme pachômien au quatrième siècle, SA 57 (Rom 1968); *F. Ruppert,* Das pachomianische Mönchtum und die Anfänge des klösterlichen Gehorsams (Münsterschwarzach 1971). — *J. Leipoldt,* Schenute von Atripe und die Entstehung des national-ägyptischen Mönchtums = TU 25,1 (Leipzig 1903); *D. G. Müller,* Die alte koptische Predigt (Diss. Heidelberg 1954).

3. Das Mönchtum der Nitrischen und Sketischen Wüste: *A. L. Schmitz,* Die Welt der ägyptischen Einsiedler und Mönche: RQ 37 (1929) 189—244; *P. Pesch,* La doctrine ascétique des premiers maîtres égyptiens du IVe siècle (Paris 1931); *H.-G. E. White,* The Monasteries of the Wâdi n'Natrûn II (New York 1932); *N. Schedl,* Jesus Christus. Sein Bild bei den Mönchen der Sketis (Wien 1942); *H. O. Weber,* Die Stellung des Joh. Cassianus zur außerpachomianischen Mönchstradition (Münster 1960); *O. F. A. Meinardus,* Monks and Monasteries of the Egyptian Deserts (Cairo 1961).

Das ägyptische Anachoretentum

Die Frühform christlichen Mönchtums verwirklichen die Anachoreten, jene Christen, die von der 2. Hälfte des 3. Jh. an in rasch steigender Zahl zu dem bisher innerhalb der christlichen Gemeinde geübten Asketentum die dauernde Trennung von Familie und Gemeinschaft hinzufügten. Sie wird besonders deutlich faßbar im ägyptischen Anachoretentum, weil hier die Quellenlage die relativ reichsten Einblicke in die Entwicklung des frühen Mönchtums gestattet. Eine noch erkennbare Zwischenstufe zwischen Asketentum und Anachorese, auf der ein Asket sich vorübergehend in die Einsamkeit zurückzieht, existierte jedoch auch in anderen geographischen Bereichen. So hatte sich der spätere Jerusalemer Bischof Narkissos in den ersten Jahren des 3. Jh. und noch vor der Jahrhundertmitte der römische

Presbyter Novatian „aus Liebe zu (einer anderen) Philosophie" zeitweilig in die Einsamkeit begeben[1]. Aus der Welt des novatianischen Rigorismus kam auch der Anachoret Eutychianos, der kurz nach 300 als hochangesehener Einsiedler am bithynischen Olymp lebte, ohne daß sich ein Zusammenhang mit dem ägyptischen Anachoretentum nachweisen ließe[2]. Daß letzteres schon geraume Zeit vor dem großen Antonios existierte, beweist die Gestalt des in der Nähe seines Heimatdorfes lebenden Einsiedlers, den Antonios bald nach Beginn seines Anachoretendaseins aufsuchte und zu seinem Vorbild machte[3]. So wie das frühchristliche Asketentum in den genannten, offensichtlich voneinander unabhängigen Fällen zur Anachorese in der Nähe des Heimatortes führte, so drängte diese wiederum zur noch strengeren Form des Eremitentums in der ägyptischen Wüste. Auch hier ist man zu einem relativ frühen Zeitansatz um 300 berechtigt, da ein zuverlässiger Bericht über den Eremiten *Ammun* die Existenz von einigen Einsiedlern in der Nitrischen Wüste und wohl auch in der entfernteren Sketis lange vor dessen Hinwendung zur gemeinsamen Anachorese (um 320/330) voraussetzt[4]. Als sich in einigen bevorzugten Gebieten die Niederlassungen der Eremiten häuften, kam es zur Bildung von *Anachoretengemeinschaften*, losen Zusammenschlüssen, in denen sich die Einsiedler um einen angesehenen Mönch scharten, der ihnen geistlicher Berater und Vater sein sollte, ohne daß ihm jedoch, etwa gar durch eine festgelegte Regel, die Stellung eines Oberhauptes dieser Gemeinschaft im Sinne eines „Abtes" zugekommen wäre. Solche Anachoretenverbände, die oft eine beachtliche Zahl von Eremiten in ihren voneinander getrennt bleibenden Hütten oder sonstigen Behausungen (Kellia) vereinten, werden vor allem in der Apophthegmenliteratur und den ihr verwandten Schilderungen des Anachoretentums der Historia Lausiaca des Palladios und der Historia monachorum häufig erwähnt. So sind in der oberägyptischen Thebais die Mönche Or, Apollo, Pityrion und Kopres „Väter vieler Brüder"; im Raum von Arsinoe scharen sich Eremiten um den Abbas Serapion, der zugleich Presbyter ist[5]. Das höchste Ansehen erlangten die Anachoretenkolonien Unterägyptens, die sich südwestlich vom Nildelta in den Wüsteneien von Nitria und in der Sketis bildeten.

Als der alle anderen überragende „Vater" einer Anachoretengemeinschaft gilt der frühen Mönchsliteratur jedoch *Antonios der Große* (ca. 251 bis 356), einmal, weil ihn seine charismatische Führungsgabe zum immer wieder von den Eremiten aufgesuchten einzigartigen Seelenführer werden

[1] Euseb. HE 6, 9, 6—10 (Narkissos); 6, 43, 16 (Novatian) dazu *F. J. Dölger:* AuC VI, 1950, 61—64.

[2] Socrates HE 1, 13, 1—10. [3] Athanas., Vita s. Antonii 3.

[4] Socrates HE 4, 23, dazu *K. Heussi* a. a. O. 75.

[5] Vgl. etwa Hist. mon. 2, 1; 8, 2; 10, 1; 15, 1; 18, 1.

ließ, und dann, weil ihm die vom alexandrinischen Bischof Athanasios, der ihn persönlich kannte, verfaßte Lebensbeschreibung einen für die Entwicklung des ägyptischen Mönchtums einmaligen Rang zuschrieb. Eigenart und Tendenz dieses Berichtes, dessen Echtheit nicht mehr bezweifelt werden kann[6], wollen allerdings beachtet sein, will man aus den hier mitgeteilten Ereignissen und Einzelzügen ein zutreffendes Bild des Antonioslebens gewinnen. Man hat zu Recht gesagt, er biete keine Photographie des Heiligen, sondern sei eher das Werk eines Malers, der mit seinen Möglichkeiten die Wirklichkeit wiedergeben wolle, in der Antonios lebte[7]. Schon in der ersten Phase seines Anachoretendaseins, in der sich Antonios noch in den Grabkammern des Friedhofes in der Nähe seines Heimatdorfes aufhielt, finden sich wesentliche Züge des ägyptischen Mönchtums: Handarbeit, Gebet und Lesung der Heiligen Schrift. Jedem fortgeschrittenen Mönch stellt sich jedoch eine Aufgabe, der er sich nicht entziehen kann, der Kampf mit dem Dämon, der gerade im Leben des Antonios einen breiten Raum einnimmt[8]. Es ist letztlich ein Kampf mit allen gottfeindlichen Mächten, der in immer neuem Anlauf bestanden werden muß und nur im Glauben bestanden werden kann. Da man dem Dämonischen in der äußersten Wüsteneinsamkeit am schärfsten ausgesetzt ist[9], stellt man sich ihm gerade dort und bewährt hier sein Mönchtum am höchsten. Erst wer diese letzte Bewährung bestanden hat, kann anderen Führer und Berater in ihren Kämpfen sein[10]. So verließ auch der etwa 35jährige Antonios die Nähe seiner Heimat und begab sich in ein verlassenes Kastell jenseits des Nil am Rand der Wüste, das für 20 Jahre der Ort seines Ringens war[11]. Als er es wieder verließ, um die in der Diokletianischen Verfolgung verhafteten Christen in Alexandrien in ihrem Bekennermut zu stärken und vielleicht selbst Martyrer zu werden[12], trat er „wie aus einem Heiligtum hervor, eingeweiht in tiefe Geheimnisse und als ein von Gott Erfüllter“[13]. Einige Jahre weilte er noch in diesem Kastell, nun aber schon als „Vater“ vieler Eremiten[14], bis er um 313 noch tiefer in die Wüste zog, zum „Inneren Berg“, in einiger Entfernung vom Westufer des Roten Meeres, auch hier alsbald aufgesucht von vielen seinen Rat suchenden „Brüdern“ und seine Hilfe erflehenden Klerikern und Laien[15]. Von seiner so gewonnenen Weisheit teilte Antonios den Anachoreten in seinen Unterhaltungen, die Athanasios zu langen Reden komponiert hat, in Fülle mit; in ihnen klingen trotz allem rhetorischen Rankenwerk die paulinischen Gedanken von den dämonischen Mächten an, die nur im Glauben an die Macht Christi überwunden werden.

[6] Siehe etwa *K. Heussi,* Ursprung des Mönchtums 78—81.

[7] So *L. Bouyer* a. a. O. 39.

[8] Ebd. 69—98 und *G. Switek,* Wüstenväter und Dämonen: GuL 37 (1964) 340—58.

[9] Athanas., Vita s. Antonii 51—53.

[10] Ebd. 8—14. [11] Ebd. 11—12. [12] Ebd. 46. [13] Ebd. 14. [14] Ebd. 15.

[15] Ebd. 49—50; 61—64; 68; 72.

Dieser Macht schreibt auch Antonios letztlich alles zu, was ihm an Einsicht in das Wesen des Dämonischen und an Kraft, es zu bestehen, geschenkt worden ist[16].

Das Koinobitentum der Pachomianer

Es war gerade ein durch solche Schule gegangener Anachoret, der erkannte, daß mancher Mönch durch diese härteste Form des Eremitentums eher gefährdet als gesichert sei; daß er darum auf ein Leben in Gemeinschaft angewiesen sei, das ihm sowohl Halt und Stütze durch die Brüder und durch einen jederzeit ansprechbaren geistlichen Berater gab und ihn zugleich an dem mannigfachen asketischen Verzicht, den ein Leben in der Gemeinschaft auferlegt, wachsen ließ. Der um das Jahr 287 in der oberen Thebais geborene *Pakhôme* oder *Pachomios* war als junger Soldat unter Maximinus Daja mit dem Christentum in Berührung gekommen, hatte sich nach seiner Militärzeit taufen lassen und sich dann einem Einsiedler mit Namen Palamon angeschlossen[17]. Nach mehrjähriger Eremitenzeit rief er zwischen 320 und 325 in der Nähe des oberägyptischen Dorfes *Tabennisi* eine Mönchsgemeinschaft ins Leben, deren Mitglieder sich durch Annahme einer von ihm verfaßten *Regel* auf eine für alle gleiche, gemeinsam zu verwirklichende asketische Lebensform unter Leitung eines Oberen verpflichteten[18]. Dadurch ist Pachomios zum Begründer des seitdem nie mehr untergegangenen Koinobitentums geworden, das dem christlichen Mönchtum erst seine spezifisch religiöse und kulturelle Tiefenwirkung geben sollte. Dies gilt auch dann, wenn etwa gleichzeitige Gründungen ähnlicher Art nicht ausgeschlossen werden können[19], da nur dem Werk des Pachomios die wirklich schöpferische Bedeutung zugesprochen werden kann, die in seiner Persönlichkeit begründet und sowohl von seinen Zeitgenossen wie von der Nachwelt als solche anerkannt worden ist. Gewiß muß für das erste Pachomioskloster in Tabennisi wie auch für die Klosterregel eine längere Periode des Wachsens und Reifens angenommen werden, in der sich die Vorstellungen des Gründers vor allem in Einzelheiten geklärt haben[20]. Die

[16] Ebd. 5; 7; 9; 11; 30; 39; 40; 74—80; 83—84.

[17] *Th. Lefort*, Vies coptes 84; Vita graeca I 12.

[18] Die koptischen Quellen, besonders Vies coptes 67—69, berichten etwas unscharf von einem ersten mißglückten Versuch dieser Art. Die „Regel" ist vollständig nur in der lateinischen Übersetzung des Hieronymus erhalten. Zu den verschiedenen koptischen kommen die griechischen Viten des Pachomios, von denen die Vita prima als die wichtigere gilt, sowie arabische und syrische Texte. Zu dem äußerst komplexen Problem ihres gegenseitigen Verhältnisses siehe zuletzt *A. Veilleux* a. a. O. 11—107.

[19] In der Vita graeca I 33—34; 42 usw. ist von μοναί die Rede, die nicht zur Pachomianergemeinde gehörten.

[20] Vita graeca I 24 f schildert noch die Anfänge gemeinsamen Lebens mit den drei ersten Schülern, deren Zahl aber rasch anstieg.

Regel in ihrer erhaltenen Gestalt spiegelt also ebenso wie die Lebensbeschreibungen des Pachomios einen gewissen Abschluß der Entwicklung wider.

Schon die äußere Struktur eines Pachomiosklosters läßt die neue Konzeption gegenüber dem Anachoretentum deutlich erkennen. Der gesamte Klosterbereich ist von einer Mauer umschlossen und betont so seine Distanz zur Welt, man kann ihn nur durch das Pförtnerhaus betreten[21]. Als sein Zentrum darf man sich die Halle (σύναξις — ecclesia) vorstellen, in der sich die Mönche zum Gottesdienst zusammenfinden[22]. Auch das Refektorium für alle Klosterinsassen unterstreicht den Gemeinschaftscharakter der neuen Gründung[23]. Die Kommunität, geleitet von dem „Vater des Klosters", dem ein Stellvertreter zur Seite steht[24], wohnt jedoch nicht in einem geschlossenen großen Gebäude, sondern verteilt sich auf eine Reihe von Häusern, deren 30—40 Insassen meist für besondere Aufgaben im Dienst der Gemeinschaft bestimmt (Weber, Gärtner, Bäcker, Fischer, Hirten) und einem eigenen Hausoberen bzw. einem „Zweiten" unterstellt sind[25]. Ihren Unterhalt gewinnt die Klostergemeinschaft teils durch die Arbeit der in ihrem bisherigen Handwerk weiter tätigen Mönche, deren Produkte zum Teil verkauft werden, teils durch die Bestellung der Ländereien, die in Klosternähe erworben wurden[26]. Zwei Züge des Pachomianertums fallen schon hier auf, die leicht zur Gefahr für das eigene Ideal werden konnten. Einmal die zahlenmäßige Größe der Kommunität, die sicher einige hundert Mönche umfaßte[27]. Das mußte die Aufgabe des Abtes, der geistlicher Vater und Führer all seiner Mönche sein sollte, auf die Dauer erschweren oder fragwürdig machen. Zweitens führte die ökonomische Planung für den großen Klosterbetrieb mit einem gewissen Eigengewicht zum Erwerb von bedeutendem Besitz, schließlich zu Reichtum und wirtschaftlicher Macht, die ihrerseits allmählich das Armutsideal bedrohen konnten.

Entscheidend blieb jedoch zunächst die zentrale religiöse Idee, unter die Pachomios seine Gründung stellte, nämlich die einer *heiligen Gemeinschaft* (κοινωνία), die sich ausdrücklich am Gemeinschaftsideal der Ur-

[21] Praec. 84; Vita gr. I 42; 81. — Praec. 50—52; Vita gr. I 28; 40.

[22] Praec. 3; 31; 100; 102. Vita gr. 170; 88; 131 und passim.

[23] Praec. 28; 43; 91; 135.

[24] *pater monasterii* in der „Regel" — Praec. 49; 51; 53—55 usw. — πατὴρ τῆς μονῆς in der Vita gr. I 28 usw. Für den δεύτερος bzw. *secundus* siehe Vita gr. I l. c. und Liber Orsiesii 14 und 18, dazu *B. Steidle,* Der „Zweite" im Pachomiuskloster: BM 24 (1948) 97—104 174—179.

[25] Praec. 1; 13; 15 f; 19 f. und passim. Vita gr. I 28 (Hausoberer: οἰκιακός) 58 f; 94 f; 121 f. Hieron., Praef. ad Reg. 2; 6; Epp. Pachom. 4; 6; 7.

[26] Praec. 24; 58—65; 76 f; 108. Ep. Pachom. 8.

[27] Die runden Zahlen der Mönchsenthusiasten Palladios und Hieronymus (Hist. Laus. 32 — Praef. ad Reg. 7) sind weit übertrieben, vgl. die nüchterne Stellungnahme von *D. J. Chitty,* The Desert a City 24 f und Anm.

gemeinde orientieren sollte. So wie diese sollte sich auch die Gemeinschaft der Pachomianer nicht nur in der Trennung von der Welt und im Verzicht auf persönlichen Besitz verwirklichen, sondern primär im gemeinsamen Streben nach dem Heil. „Alle sollen dir eine Hilfe sein, du sollst allen nützen“[28], dieses Pachomiuswort an seine Mönche wurde von seinen Nachfolgern immer wieder aufgegriffen und variiert. Für seinen Lieblingsschüler Theodor kann es kein schwereres Vergehen gegen die heilige Gemeinschaft geben, als wenn ein Bruder dem anderen zum Ärgernis wird[29]. Horsiesi beschwört seine Mönche, sich nicht einzuengen auf die Sorge um das eigene Heil, sondern aus Liebe zum Bruder solle einer des anderen Diener werden und so alle „Gottes eigene Familie“ darstellen[30]. Verstöße gegen die brüderliche Liebe werden daher in der Pachomiosregel und in den Katechesen der Pachomianeräbte besonders scharf gerügt, weil sie das Grundgesetz des Pachomianertums, die ἱερὰ κοινωνία, ernstlich gefährden[31].

Die Kraft zur Verwirklichung ihres Grundgesetzes empfängt die Pachomianergemeinde aus einem Leben in und mit der *Heiligen Schrift*. Ein sorgfältiges Befragen aller für das pachomianische Koinobitentum wichtigen Quellen hat hier zu einer bedeutsamen Korrektur der früheren These von der Schriftferne des frühchristlichen Mönchtums geführt[32]. Ein Blick in die Briefe und Katechesen des Pachomios enthüllt, daß er selber über eine breite und tiefe Bibelkenntnis verfügte und sich ihrer mit hohem Ernst in der religiösen Führung seiner Mönche zu bedienen weiß[33]. Zur Vertrautheit mit der Bibel will er aber auch alle Mönche erziehen und erzogen wissen. Die Regel schärft daher wiederholt ein, daß der einzelne Mönch Teile der Heiligen Schrift auswendig lernen soll, daß der Unkundige ihretwegen lesen lernen müsse[34]. Der Tagesablauf im Kloster bietet reiche Gelegenheit, über die Schrift zu „meditieren“, d. h. ihre auswendig gekonnten Texte für sich zu rezitieren[35]. Innige Vertrautheit mit der Bibel zeichnet auch den Pachomianerabt Horsiesi aus, den schon Gennadius in seinem Schriftstellerkatalog als „heiligen Mann, vollkommen in der Schrift bewandert“, rühmt[36]. In einer wohl auf ihn zurückgehenden Ergänzung zur Regel heißt es in

28 Pachom. Katech. (*Lefort*, Œuvres S. 5).
29 Theodor, Katech. S. 59 *(Lefort);* vgl. ebd. S. 38 41 50 52.
30 Liber Orsiesii 8, 26, 28.
31 Pachom., Katech. 15—17; vgl. Theodor, Katech. 53 57 62 *(Lefort);* Liber Orsiesii 23, 38, 55. Zur Koinonia der Pachomianer siehe *A. Veilleux* 167—197.
32 Siehe bes. *H. Bacht*, Théologie de la vie monastique 42—47; *ders.*, Vom Umgang mit der Bibel im ältesten Mönchtum: TheolPhil 41 (1966) 557—566.
33 Pachom., Epp. 3—5; Katech. 1—26 *(Lefort);* hier werden allein 31 Bücher des Alten, 21 des Neuen Testamentes zitiert.
34 Praec. 13, 49, 122, 140.
35 *H. Bacht*, ‚Meditatio‘ in den ältesten Mönchsquellen: GuL 26 (1955) 360—373.
36 Gennadius, Vir. ill. 8.

einer Anweisung an die Hausoberen, daß die religiöse Unterweisung der Mönche „gemäß der Heiligen Schrift“ erfolgen soll, und die Oberen gelten als gut, denen die Schrift Norm in ihrer Amtsführung ist[37]. Die Einzelvorschriften der Regel erläutert ein Kommentar des Horsiesi in stetem Rückgriff auf die Bibel[38].

Mit innerer Konsequenz erfloß aus dem pachomianischen Grundgesetz der Koinonia ein weiterer wesentlicher Zug des Pachomianertums, die prinzipielle *Gleichheit aller Mönche* in ihrer Bindung an die Regel. Für alle ohne Ausnahme gelten deren Vorschriften über Kleidung, Essen, die Einrichtung ihrer Zellen, körperliche Arbeit wie auch über die Gestaltung des religiösen Lebens. Hier ist kein Raum für den zuweilen bizarren Formen annehmenden Individualismus einzelner Anachoreten in ihrer Lebensführung noch für deren Subjektivismus in Askese und Frömmigkeit. Mit sicherem Blick durchschaut Pachomios, daß die Neigung zu spektakulären asketischen Leistungen oft aus sehr fragwürdigen Motiven kommt. Er hat das rechte Gespür dafür, daß sich auch jeder Obere im Pachomiosorden unter das Gesetz der Regel stellen muß, wenn er seine Autorität nicht prinzipiell gefährden will. Sorge um die Bewahrung dieser gleichförmigen Koinonia war es letztlich auch, die Pachomios bestimmte, nur selten Priester in seine Kommunität aufzunehmen und für sich selbst die Priesterweihe abzulehnen[39], eine Haltung, die deshalb völlig zu Unrecht als Beweis für eine Spannung zwischen frühem Mönchtum und hierarchischer Kirche ausgelegt wurde. Denn es liegen eindeutige Zeugnisse für die Hochschätzung des Priestertums durch Pachomios selbst vor, die er aber auch seinen Mönchen weiterzugeben suchte. Weiter widerspricht eine solche Auffassung dem stetigen und engen Kontakt des Klostergründers mit seinem Ortsbischof und vor allem mit Athanasios, der sich auf seine Nachfolger und deren Beziehungen zur Hierarchie übertrug[40].

Die Gleichförmigkeit im Pachomianerkloster war jedoch auf die Dauer nur garantiert, wenn zwei Voraussetzungen erfüllt wurden: die *Armut* des einzelnen als radikaler Verzicht auf jeglichen persönlichen Besitz, auf jede selbständige Verfügbarkeit auch über Dinge des täglichen Gebrauchs und der unbedingte *Gehorsam* gegenüber dem Oberen jeden Ranges. Die endgültige Form des koinobitischen Armutsideals hat Pachomios offensichtlich erst nach einem Versuch mit der Form der in Anachoretenkreisen geübten relativen Armut (Aufkommen des einzelnen wenigstens für Nahrung und

[37] Praec. et Instit. praef. [38] Bei *Lefort,* Œuvres 81—91.

[39] Vita gr. I 27; Vies coptes 96 *(Lefort).* Die Mönche besuchten anfangs den Sonntagsgottesdienst der nächsten Dorfkirche, später ließ man einen Diözesanpriester für die Feier der eucharistischen Liturgie kommen.

[40] Vgl. dazu besonders *H. Bacht,* Mönchtum und Kirche = Sentire Ecclesiam 115—122; ferner *P. Tamburrino,* Aspetti ecclesiologici del monachesimo pacomiano del secolo IV. (Diss. Rom 1968).

Kleidung) gefunden, die aber zu erheblichen Unzuträglichkeiten führte[41]. Jetzt wird der Besitz, der für ein großes Kloster lebensnotwendig war, zum „Eigentum Christi“[42], über das der Mönch nur im Gehorsam verfügen kann. Der Gehorsam im pachomianischen Verständnis unterscheidet sich von dem des Anachoreten gegenüber seinem geistlichen Vater nicht nur in Nuancen, sondern prinzipiell. Dort ist er zuweilen fast ein technisches Training, das den Eigenwillen und das eigene Urteil so gefügig machen will, daß der Mönch nach Erlangung seiner Hochform in die Selbständigkeit entlassen werden kann, während er nach Pachomios eine unabdingbare Dauerhaltung ist, die den Mönch in und durch seine Gemeinschaft zur Vollkommenheit heranreifen lassen soll[43]. Die Bestimmungen der Pachomiosregel über Sinn und Rang von Armut und Gehorsam im Koinobitenkloster sind von späteren Mönchsregeln nicht mehr wesentlich verbessert worden, auch das ein Beweis für die schöpferische Bedeutung des koptischen Ordensgründers.

Eine weitere Charakteristik der Pachomiosregel wird noch folgende Züge hervorheben müssen. Sie ist von einer betonten Schlichtheit in der Form, die noch das allmähliche Wachsen der asketischen Erkenntnisse ihres Verfassers durchscheinen läßt. Pachomios hat sich nicht um einen durchdachten systematischen Aufbau bemüht und auch keine eindrucksvolle Formulierung seiner Gedanken erstrebt. Ebenso ist der sachliche Gehalt der hier gesammelten Verordnungen in einem bestimmten Sinn einfach; man findet in ihnen noch keinen Niederschlag einer theologisch begründeten asketischen Theorie, wie sie etwa die Vollkommenheitslehre der alexandrinischen Theologen bietet. Schließlich ist noch eine von tiefer Seelenkenntnis bestimmte Ausgewogenheit in den asketischen Einzelforderungen ein besonderes Charakteristikum dieser Regel. Sie erstrebt als für alle Klosterinsassen verbindliche Norm ein besonnenes Mittelmaß, das einerseits einen Spielraum für ein Mehr aus persönlicher Initiative läßt, andererseits Verstöße gegen die Norm nur mit solchen Strafen ahndet, die stets die innere Würde des Menschen achten.

Der hohen religiösen Qualität der Pachomiosregel entsprach ihre weitreichende Nachwirkung auf die Folgezeit[44], die jedoch stärker für den lateinischen Westen als für den Osten nachweisbar ist. So sehr man annehmen kann, daß sich Basileios für seine Konzeption des Koinobitentums anregen

[41] Vies coptes 3—5 66—69 *(Lefort).*

[42] Ebd. 195. Zum Armutsideal siehe *H. Bacht* = Strukturen christlicher Existenz, Festgabe Fr. Wulf (Würzburg 1968) 283—300.

[43] Vgl. Vies coptes 178 *(Lefort)* das hohe Lob, das Pachomios dem Mönch spendet, der „ganz schlicht im Gehorsam“ wandelt, und die begeisterte Anerkennung, die der in den Pachomianerklöstern geübte Gehorsam in anderen Mönchskreisen findet: Joh. Cassian, Inst. Coenob. 4, 1; 4, 30, 2.

[44] Siehe *Ch. de Clercq:* Mélanges L. Halphen (Paris 1951) 169—175 und *H. Bacht:* Liturgie und Mönchtum H. 11 (1952) 92—96.

ließ durch die von ihm im Jahre 357 besuchten Pachomianerklöster, wenn auch zuweilen in Form einer kritischen Stellungnahme zu Einzelzügen, so unsicher ist eine literarische Abhängigkeit seines Asketikons von der Pachomiosregel[45]. So wird deren Nachwirkung vor allem der Übersetzung des Hieronymus verdankt, die dieser 404 für aus dem lateinischen Westen stammende Mönche des Pachomianerklosters Metanoia in Kanopos bei Alexandrien aus dem Griechischen anfertigte. Nach ihm hat vor allem Johannes Cassianus als Abt in Marseille († ca. 430) durch seine Schrift „De institutis coenobiorum" (seit 419) das Interesse auf das Pachomianertum gelenkt[46]. Schon in der um 500 wahrscheinlich in Italien entstandenen sog. „Regula Vigilii" liegt eine Bearbeitung der Pachomiosregel vor, und im weiteren 6. Jh. weisen die Regeln der beiden Bischöfe von Arles, Caesarius und Aurelius, unverkennbar deren Einfluß auf[47]. Auch in Italien wird sie schon vor Benedikt den Bedürfnissen dortiger Klöster angepaßt, dieser selbst hat sie, allerdings wie ein Meister, in seiner „Regula monasteriorum" vielfach verwertet[48]. Im 9. Jh. hat Benedikt von Aniane († 821) im Zug der Reform des fränkischen Klosterwesens der Pachomiosregel noch einmal weiteren Einfluß gesichert, als er sie in seine Sammlung der damals bekannten Regeln aufnahm und sich für einzelne Reformen oft auf sie berief[49]. Schließlich kann man ihre Fernwirkung noch am Beginn der Neuzeit feststellen, da sie noch für einzelne Stellen der Konstitutionen des Jesuitenordens als Vorlage diente[50].

Das pachomianische Ideal der Koinonia erwies rasch seine Anziehungskraft. Ein Teil der Mönche von Tabennisi siedelte über in eine Neugründung bei dem Dorfe *Phbow* (Παβαῦ), einige Meilen flußabwärts. Zwei schon bestehende unabhängige „Klöster" in der gleichen Gegend baten um Aufnahme in die pachomianische Gemeinschaft — es sind die Klöster Scheneset (Χηνοβόσκειον) und Tmuschons (Μώνχωσις) — und unterstellten sich damit der Pachomiosregel, deren rechte Beobachtung dadurch gesichert wurde, daß Pachomios diesen Klöstern Mönche aus seiner Gründung zuteilte. Er selbst siedelte um 337 von Tabennisi nach Phbow über, das von da ab Haupt- und Mutterkloster des Pachomianerordens wurde[51]. Mit der Gründung neuer Klöster und der Aufnahme schon bestehender Mönchsgemeinschaften hatte Pachomios einen entscheidenden neuen Schritt getan. Er hat den *ersten Orden* in der Geschichte des christlichen Mönchtums ins Leben gerufen, da alle diese Klöster die von ihm geschaffene Regel als das

45 *J. Gribomont:* Théologie de la Vie monastique ... 111 f.

46 Siehe Buch 4, 1; 4, 4; 4, 10; 4, 17; 4, 30, 2 und die entsprechenden Belege in der Ausgabe der SChr 109 (1965).

47 Zur Regula orientalis siehe *Boon* a. a. O., XLII ff und *A. Mundó:* StudMon 9 (1967) 231; zu Caesarius und Aurelius von Arles: DACL 2, 3199—3205; 11, 1864.

48 *H. Bacht* a. a. O. 95 f. 49 PL 103, 423—702 717—1380. 50 *H. Bacht* a. a. O. 96.

51 Siehe Vies coptes 91 115 *(Lefort);* Vita gr. I 54.

Fundament der Koinonia anerkannten und in ihm das gemeinsame Oberhaupt des Klosterverbandes sahen. Dieser ersten Gruppe von vier Klöstern folgten noch zu Lebzeiten des Generalabtes Pachomios weitere Gründungen, eine in der Gegend von Latopolis, vier im Raum von Panopolis (Akhîm) etwa 60 Meilen nilabwärts und schließlich noch zwei Frauenklöster, so daß der Orden beim Tode des Gründers († 346) bereits elf Niederlassungen umfaßte[52]. Dem Generalabt stand ein Großökonom zur Seite, von dem die wirtschaftliche Verwaltung aller Klöster kontrolliert wurde. Der Zusammenhalt des Ordens wurde gewahrt durch öftere Visitationsreisen des Generaloberen und durch ein zweimal jährlich abgehaltenes „Generalkapitel", das alle Pachomianermönche in das Hauptkloster Phbow zusammenrief, einmal zur gemeinsamen Feier des Osterfestes und zur religiösen Erneuerung, dann wieder im Sommer, um die zeitlich-wirtschaftlichen und organisatorischen Fragen des Ordens zu beraten[53].

Bei einem Überblick über die Schicksale des Pachomianerordens bis zum Konzil von Chalkedon sind zunächst zwei Gestalten aus der Gründerzeit hervorzuheben, von denen jede in ihrer Art für die Gemeinschaft bedeutend war. *Horsiesi* hatte sich Pachomios schon in jungen Jahren in Tabennisi angeschlossen und war von diesem zum Oberen des Klosters Scheneset bestellt worden[54]. Als ihn der Nachfolger des Pachomios, Petronios, kurz vor seinem Tode († 347) zum Generalabt bestimmte, übernahm Horsiesi dieses Amt nicht ohne Bangen, da er die Grenzen seiner Fähigkeit für die Leitung eines großen Ordens kannte. Bald offenbarte sich, was die Autorität des Gründers für den Zusammenhalt und den Geist der Gemeinschaft bedeutet hatte. Bei seinen Visitationen hatte Horsiesi wiederholt Anlaß, darauf hinzuweisen, daß es diesem Geist nicht entspreche, wenn einzelne Mönche unverhohlen nach den Ämtern im Orden strebten[55]. Mehr noch bedrückte ihn die Erkenntnis, daß die wirtschaftlichen Interessen der zu Besitz gelangten Klöster das ursprüngliche Armutsideal zu verdunkeln drohten und den asketischen Schwung der Gründungszeit zum Erlahmen brachten. Eine Welle der Verweltlichung erfaßte die meisten Klöster und führte schon in der zweiten Generation des Koinobitentums zu einem frühchristlichen „Armutsstreit", als sich der Abt des Klosters Tmushons gegen die Forderungen Horsiesis auflehnte, in anderen Klöstern erfolgreich für eine laxere Haltung warb und schließlich mit dem Ausscheiden seines Klosters aus dem Ordensverband drohte[56]. Da es Horsiesi nicht gelang, diese Situation zu meistern, berief er den früheren Abt von Tabennisi, Theodor, nach Phbow, machte ihn zu

[52] Vita gr. I 83; Die Frauenklöster: ebd. 32 134. Zur Chronologie und geographischen Lage der Klöster siehe *D. J. Chitty:* TU 64 (Berlin 1957) 379—385.

[53] Vgl. *J. Rezač:* OrChrP 23 (1957) 381—414. Über die Bedeutung der pachomianischen Generalkapitel siehe *B. Steidle:* Erbe und Auftrag 44 (1968) 104—110.

[54] Vies coptes 220 273 f *(Lefort);* Vita Pachom. gr. I 117 119.

[55] Vita Pachom. gr. I 126. [56] Ebd. 127.

seinem Stellvertreter und zog sich selbst in sein ehemaliges Kloster Scheneset zurück[57].

Mit *Theodor* übernahm ein Mönch die äußere Leitung des Ordens, der einmal der Lieblingsjünger des Pachomios gewesen, von ihm schon früh zum Abt von Tabennisi ernannt und schließlich zu seinem engen Mitarbeiter in Phbow gemacht worden war[58]. Als „Vikar" des Horsiesi, aber in stetiger Beratung mit ihm, stellte er mit Klugheit und Energie allmählich wieder die Ordensdisziplin her, rettete die bedrohte Einheit des Ordens und führte in den 18 Jahren seiner Stellvertretung (350—368) durch Visitation der Klöster, durch seine Katechesen für die Mönche, durch seine stete Berufung auf den Geist des Ordensgründers die Koinonia erneut zu innerem und äußerem Wachstum, die bei seinem Tode zwölf Männer- und drei Frauenklöster zählte[59]. Horsiesi mußte die Verantwortung für die Ordensleitung noch viele Jahre allein tragen († nach 386), er suchte ihr gerecht zu werden durch die ihm eigenen Gaben einer tiefen Innerlichkeit und einer aus der Bibel sich nährenden Frömmigkeit. Von welchen Idealen er den Pachomianerorden geprägt wissen wollte, läßt ein Dokument aus seiner Feder erkennen, das man zu Recht als sein Testament bezeichnet hat. In dem sog. „Liber Orsiesii" mahnt er eindringlich seine Mönche unter steter Berufung auf das von ihrem Vater Pachomios überkommene Erbe zu kompromißloser Armut, zur Wahrung der Koinonia durch freudige Einfügung in die Ordnung des klösterlichen Lebens und schließlich zu einem Leben aus der Heiligen Schrift, die das Fundament ihres asketischen Strebens sein müsse[60].

Für die Zeit nach Horsiesis Tod fließen die Quellen zur Geschichte des Pachomianerordens spärlich. Es kommt zwar noch zu einer bedeutsamen Neugründung an der ägyptischen Mittelmeerküste, wo Theophilos von Alexandrien (um 390) an Stelle des von ihm zerstörten Sarapisheiligtums von Kanopos das Pachomianerkloster Metanoia errichten ließ. Hier schlossen sich auch Mönche aus dem lateinischen Westen dem Pachomianertum an, für die Hieronymus die Pachomiosregel aus einer griechischen Vorlage in ihre Muttersprache übersetzte (404)[61]. Schriftsteller erwähnen zwar um 400 und später die Pachomianer wiederholt, berichten aber nur allgemein über sie, so daß nicht einmal die Namen der Generaläbte nach Horsiesi bekannt sind[62]. Gelegentlich wird der Abt eines Einzelklosters genannt,

[57] Ebd. 129—130. Zu Theodor siehe *B. Steidle,* Der heilige Abt Theodor von Tabennisi: Erbe und Auftrag 44 (1968) 91—103.

[58] Vies coptes 100—104 132 *(Lefort);* Vita Pachom. gr. I 78.

[59] Vita Pachom. gr. I 134, dazu *D. J. Chitty,* The Desert a City 36.

[60] Siehe *H. Bacht,* Das Vermächtnis des Ursprungs 29—52 und *B. Steidle,* Der ‚Oberen-Spiegel' im ‚Testament' des Abtes Horsiesi: Erbe und Auftrag 43 (1967) 22—38.

[61] Zum Metanoiakloster siehe E. Schwartz, ACO II, I 2, 217 und *D. J. Chitty* a. a. O. 57 u. 77.

[62] Pallad., Hist. Laus. 38—41; Sozom. HE 3, 14, 9—18; Hist. mon. 3.

wie etwa Viktor von Tabennisi, der am Konzil von Ephesos 431 teilnahm, oder Martyrios von Phbow, der eine große Kirche zu Ehren des Ordensgründers erbauen ließ[63]. Das Schweigen der Quellen kann jedoch nicht als Zeichen für ein Absinken des koinobitischen Ideals schlechthin angesehen werden. In der 2. Hälfte des 4. Jh. entstanden gerade in Oberägypten zwei weitere Koinobien, die sich zwar nicht dem Pachomianerorden anschlossen, von denen aber eines die erweiterte Pachomianerregel zu seiner Lebensnorm machte. Es ist das (zum Teil noch heute stehende) sog. *Weiße Kloster* beim Dorf Atripe, das der Kopte Pgol gründete und das durch dessen Neffen *Schenute von Atripe* (ca. 333/334—451) geschichtliche Bedeutung erhielt. Über Wesen und Wollen dieses Mannes geben seine zahlreichen Briefe und Ansprachen, durch die er zum Begründer der koptischen Nationalliteratur wurde, reicheren Aufschluß als die verklärende Biographie seines Amtsnachfolgers Besa[64]. Schenute war ohne Zweifel eine eindrucksvolle Gestalt, auf die jedoch die Unausgeglichenheit, ja Zügellosigkeit seines Temperamentes manchen Schatten wirft. Seine zum Rigorismus neigende asketische Strenge hat zuweilen schwer auf seinen Mönchen gelastet, an denen er Verfehlungen gegen die Regel zuweilen mit brutalen Züchtigungen ahndete[65]. Mißstände im Leben ägyptischer Christen geißelte er mit flammender Rede, gegen Restbestände des Heidentums ging er mit fanatischem Haß vor. Über sein Kloster hinaus wirkte er, ohne selbst Theologe zu sein, durch die Parteinahme für die Auffassung der alexandrinischen Patriarchen in den christologischen Kämpfen seiner Tage[66] sowie durch seine brieflichen Beziehungen zu führenden Persönlichkeiten. Er selber stand in einer nicht ausgetragenen Spannung zwischen koinobitischem und anachoretischem Ideal, die ihn oft für längere Zeit in die Einsamkeit führte und sich negativ auf die innere Geschlossenheit des Weißen Klosters auswirkte. Die trotz allem nicht geringe Anziehungskraft seiner Gemeinschaft war mitbedingt durch deren rein koptischnationalen Charakter. Die damit gegebene Einengung hat eine über die Grenzen Ägyptens reichende Wirkung Schenutes verhindert, wie sie der Offenheit und Weisheit des pachomianischen Koinobitentums so reich zuteil wurde und von dessen Geist sich Schenute allzuwenig beeinflussen ließ.

[63] Siehe *P. Ladeuze* a. a. O. 202 f.

[64] Das ‚Leben Schenutes' von Besa: CSCO 41 (Louvain 1906) ed. *J. Leipoldt*, die latein. Übers. von *H. Wiesmann:* CSCO 129 (ebd. 1951). Die übrigen Schriften Besas ed. *K. H. Kuhn:* CSCO 157/158 (ebd. 1956), zu Besa siehe die Aufsätze von *K. H. Kuhn:* Muséon 66 (1953) 225—243; JThSt n. s. 5 (1954) 36—48 174—187, 6 (1955) 35—48.

[65] Ein Mönch starb an den Folgen der Prügelstrafe, die Schenute selbst vollzog: *J. Leipoldt*, Schenute von Atripe 143.

[66] Er begleitete Kyrillos von Alexandrien zum Konzil von Ephesos 431: *J. Leipoldt*, Schenute von Atripe 41 f.

Das Mönchtum der Nitrischen und Sketischen Wüste

Neben der Thebais hatte das ägyptische Mönchtum einen weiteren bedeutenden Siedlungsraum in *Unterägypten*, in dem nördlichen Randgebiet der Libyschen Wüste, das sich von Süden her über die Grundlinie des Dreiecks Rosetta — Kairo — El-Alamein in den Raum westlich des Nil-Deltas hineinschiebt. Schon die alten Quellen unterscheiden hier drei Schwerpunkte von Mönchsniederlassungen, deren exakte geographische Lage erst jüngst geklärt werden konnte[67]. Der erste lag in der Nähe des Dorfes *Nitria* (ἡ Νιτρία, heute Barnugi), dem Eingangstor zur Libyschen Wüste, etwa 9 Meilen südwestlich vom alten Hermopolis Parva (heute Damankur). Einen Tagemarsch weiter südlich von Nitria lagen die *Kellien* (τὰ κελλία), eine Siedlung weitverstreuter Mönchshütten, die eine Kirche als Zentrum hatten. Der dritte Schwerpunkt befand sich etwa 40 Meilen südlich von Nitria in der sogenannten *Sketischen Wüste* (ἡ Σκῆτις), dem heutigen Wadi-el-Natrûn, wo noch jetzt ein Salz-und-Soda-Unternehmen die dortigen Natronvorkommen ausbeutet.

Auch über das Mönchtum Unterägyptens gibt ein relativ reiches Quellenmaterial Aufschluß. Die „Historia monachorum", eine Reisenovelle, die um 400, vielleicht von dem alexandrinischen Diakon Timotheos, griechisch niedergeschrieben und wenige Jahre später von Rufin lateinisch bearbeitet wurde[68], gibt die Eindrücke einer Reisegesellschaft wieder, die um 395 von Jerusalem aus die Mönchsniederlassungen von der Thebais bis Diolkos am Mittelmeer besucht hatte. Etwa 20 Jahre später (419/420) veröffentlichte der Bischof Palladios von Helenopolis in Bithynien seine auf eigener Anschauung beruhende Schilderung des zeitgenössischen Mönchtums in Ägypten, Palästina, Syrien und Kleinasien, „Historia Lausiaca" genannt, weil einem Kammerherrn Lausos gewidmet, in Form von erbaulichen Kurzbiographien, die viele legendarische Züge aufweisen. Besonders ergiebig für die Kenntnis der geistig-religiösen Atmosphäre des ägyptischen Mönchtums sind die sog. „Apophthegmata Patrum — Sprüche der Väter", im griechischen Original eine nach dem Namensalphabet der angesehensten Mönche angelegte, oft anekdotenhaft gefaßte Sammlung von religiös-asketischen Weisungen oder symbolhaltigen Handlungen der Väter, die ein Re-

[67] Durch *H. G. Evelyn White,* The History of the Monasteries of Nitria and Scetis (New York 1932), dazu *Ch. Martin:* NRTh 62 (1935) 113—134 238—252. Siehe die Kartenskizze bei *H. G. Evelyn White,* Plate I und *D. J. Chitty,* The Desert a City vor 89.

[68] Zur Priorität des griechischen Textes siehe *A.-J. Festugière:* Hermes 83 (1955) 257 bis 284. Die lateinische Bearbeitung Rufins: PL 21, 389—412, hat wohl noch anderes Material verwertet.

daktor bald nach 500 — die Regel Benedikts kennt sie schon — aus mündlich und schriftlich umlaufendem Material zusammenstellte[69].

Der erste Mönch, der sich am Nitrischen Berge niederließ (bald nach 330), war der aus dem Deltagebiet stammende *Ammun*, der sich hier zwei Zellen baute, in denen er 22 Jahre lebte[70]. Schon wenige Jahre später war die Zahl der Mönche so gewachsen, daß manche von ihnen eine größere Einsamkeit wünschten und sich einige Meilen weiter südwärts neue Zellen bauten, aus denen die Siedlung der Kellien erwuchs, die stets in Verbindung mit der Nitrischen Niederlassung blieb und bis zum Jahrhundertende gegen 600 Mönche umfaßte[71]. Am Nitrischen Berg lebten Anachoreten im strengen Sinn neben anderen, die sich zu klosterartigen Gemeinschaften zusammenschlossen, die bis an die 200 Mönche zählten[72]. Mittelpunkt der Siedlung war eine große Kirche, in der sich die Mönche samstags und sonntags zur Feier der Liturgie zusammenfanden. Für ihren Vollzug sowie für Predigt und Verwaltung gab es zu Palladios' Zeit acht Presbyter unter den Mönchen. Die zahlreichen Besucher fanden Aufnahme in einem eigenen Hospiz[73]. Der Ruf der Nitrischen Mönche führte dazu, daß man schon früh aus ihren Reihen gerne Bischöfe für ägyptische Bistümer nahm[74].

Das höchste Ansehen genoß jedoch das Mönchtum der *Sketis*, denn sie war Wüste im Vollsinn des Wortes (ἡ πανέρημος), deren Wildheit höchste Anforderungen an die physische und moralische Kraft der Eremiten stellte. Wer ihnen gewachsen war, hatte die härteste Probe bestanden und wurde jenen Mönchen zugerechnet, die „an Vollkommenheit und Weisheit alle überragten, die in den Klöstern Ägyptens weilten"[75]. Als erster fand *Makarios* der Ägypter nach längerem asketischem Wanderleben den Weg in die Sketis (um 330) und wurde während der 60 Jahre, die er hier lebte — seit 340 etwa als Priester — der unbestrittene geistliche Vater der sketischen Eremiten[76]. Auch in der Sketis stieg die Zahl der Mönche rasch an, gegen Ende des 4. Jh. waren sie in vier halbanachoretische Gemeinschaften aufgeteilt, die jeweils ein Presbyter betreute[77]. Die eigentliche Führung lag aber bei jenen Altvätern (γέροντες), denen Gott das Charisma des erleuchtenden „Wortes" verliehen hatte. Ihnen unterstellte sich der Anfänger, um

[69] Die von verschiedenen Übersetzungen stammende lateinische Bearbeitung Verba Seniorum aus der 2. Hälfte des 6. Jh. ist thematisch (nach Mönchstugenden) geordnet. Zum Stand der Forschung in der Frage der griechischen Textüberlieferung siehe *J.-Cl. Guy:* RAM 41 (1965) 113—124.

[70] Pallad., Hist. Laus. 8; Hist. mon. 22. [71] Pallad., Hist. Laus. 7.

[72] Pallad., Vita s. J. Chrys. 17. [73] Pallad., Hist. Laus. 7.

[74] Pallad., Hist. Laus. 10 12 46; Vita s. Chrys. 17.

[75] Cassian, Collat. 10, 2, 3; vgl. *J.-Cl. Guy,* Le centre monastique de Scété dans la littérature du Ve siècle: OrChrP 30 (1964) 129—147.

[76] Pallad., Hist. Laus. 17; Apophth. Makarios.

[77] Cassian l. c., dazu *D. J. Chitty,* The Desert a City 35.

eingeführt zu werden in den Sinn mönchischer Existenz, um sie scharten sich alle, die sich um höhere Vollkommenheit mühten. „Vater, sage mir ein Wort, wie ich gerettet werde“, das ist die in den Apophthegmata stets wiederholte Formel, mit der sich der Mönch die heilbringende Hilfe des Altvaters erbat, der so zur lebendigen „Regel“ wurde an Stelle der geschriebenen der Pachomiosklöster. Die „Worte“ der Altväter verkünden allerdings keine tiefgründige „Theologie des Mönchtums“, da sie theologischer Spekulation eher skeptisch gegenüberstehen und daher dem gelehrten Mönch in ihren Reihen, wie etwa Evagrios Pontikos, mit Mißtrauen begegnen[78].

Man hat die beiden letzten Jahrzehnte des 4. Jh. als die goldene Zeit des nitrischen und sketischen Mönchtums bezeichnet. Sie ging zu Ende, als Bischof Theophilos von Alexandrien in seinem Kampf gegen wirkliche oder vermeintliche Anhänger des Origenes auch den Mönchen Unterägyptens seine bisherige Gunst entzog, sie bitter verfolgte und dadurch viele zur Flucht zwang (von etwa 400 an)[79]. Ein schwerer Schlag traf die Siedlungen der Sketis in den Jahren 407/408, als der barbarische Stamm der Maziken plündernd in sie einbrach, ein Ereignis, das ältere Väter als Strafe für den Schwund des echten Mönchsgeistes der früheren Jahre deuteten[80]. In Scharen verließen sie damals ihre Zellen, die meisten, um nie zurückzukehren, unter ihnen Johannes Kolobos, Leiter einer der vier Anachoretengemeinschaften der Sketis, der berühmte Poimen mit seinen Brüdern und auch der hochangesehene, angeblich aus römischer Senatorenfamilie stammende Arsenios, dem die Apophthegmata das resignierende Wort zuschreiben: „Die Welt hat Rom verloren — Anspielung auf die Eroberung Roms 410 durch Alarich —, die Mönche die Sketis.“[81] Spätere wiederholte Plünderungen haben die sketischen Niederlassungen weiter geschwächt. Die vier heute noch stehenden, zum Teil noch bewohnten Klöster in der Sketischen Wüste mit ihren starken Mauern und Schutztürmen aus dem 6.—9. Jh. lassen erkennen, daß sich die Mönche späterer Zeiten immer noch gegen die Einfälle der Wüstenstämme sichern mußten[82].

2. Das Mönchtum in Palästina und Syrien

QUELLEN: Hieronymus, Vita Hilarionis: PL 23, 29—54; Anonymus, Vita Charitonis, ed. *G. Garitte:* BullInstBelge de Rome 21 (1941) 16—146; Cyrillus Scyth., Vita s. Euthymii, ed. *E. Schwartz:* TU 49, 2 (Berlin 1939) 3—85; frz. Übers. dieser Vita mit

[78] *J.-Cl. Guy,* Les Apophthegmata Patrum = Théologie de la Vie monastique 73—83; Apophth. Evagrios n. 7.

[79] Siehe *H. G. Evelyn White* a. a. O. 125—144. [80] *D. J. Chitty,* The Desert a City 66 f.

[81] Apophthegmata unter Joh. Kolobos und Poimen, Arsenios n. 21.

[82] Zur späteren Geschichte des sketischen Mönchtums siehe *H. G. Evelyn White* a. a. O. 217 ff.

Kommentar von *A.-J. Festugière*, Les Moines d'Orient III 1 (Paris 1962); *Itinerarium Egeriae*, ed. *W. Heraeus* (Heidelberg ³1921); ed. *H. Pétré:* SChr 21 (Paris 1948); edd. *Aet. Franceschini - R. Weber* (Turnhout 1958); edd. *H. Pétré - K. Vretska* (Klosterneuburg 1958, mit Übers. und Kommentar); *E. Löfstedt*, Philologischer Kommentar zur Peregrinatio Aetheriae (Upsala 1911, Nachdr. Darmstadt 1962); Hieronymus, Epistulae, ed. *I. Hilberg* (CSEL 54—56); Gerontius, Vita S. Melaniae junioris, ed. *D. Gorce*, SChr 90 (Paris 1962 mit frz. Übers. und Kommentar), dt. Übers. von *St. Krottenthaler:* BKV² 5 (Münster 1912) 445—498. — Theodoret., Historia religiosa: PG 82, 1284—1496; cap. 26 ed. *H. Lietzmann*, Das Leben des heiligen Symeon Stylites (TU 32, 4 Berlin 1908) 1—18. Antonius mon., Vita Symeonis styl., ed. *H. Lietzmann* ebd. 20—78. Die syrischen Viten Symeons bei *Bedjan* IV 507—644. — Socrates HE. — Afrahat, Sermo de monachis, ed. *I. Parisot:* PS I 239—312. Ephraem, Hymni de Abraham Qidunaja, ed. *Th. Lamy*, S. Ephraemi Hymni et sermones III (Mecheln 1889) 749—863; Hymni de Iuliano Saba: ebd. 837—936. *A. Vööbus*, Syriac and Arabic Documents regarding Legislation relative to Syrian Asceticism (Stockholm 1960).

LITERATUR: *St. Schiwietz*, Das morgenländische Mönchtum II (Mainz 1913); *H. Leclercq*, Laures palestiniennes: DACL VIII (1928) 1961—88; *E. Schwartz*, Kyrillos von Skythopolis (Leipzig 1939); *G. D. Gordini*, Il monachesimo Romano in Palestina nel IV secolo = Saint Martin et son temps (Rom 1961) 85—107. *St. Schiwietz*, Das Mönchtum in Syrien und Mesopotamien und das Aszetentum in Persien (Mödling 1938); *J. van der Ploeg*, Oudsyrisch Monniksleven (Leyden 1942); *A. Adam*, Grundbegriffe des Mönchtums in sprachlicher Sicht: ZKG 65 (1953/54) 209—239; dazu *E. Beck*, Ein Beitrag zur Terminologie des ältesten syrischen Mönchtums = SA 39 (Rom 1956) 254—267; *ders.*, Asketentum und Mönchtum bei Ephräm = Il monachesimo orientale (Rom 1958) 341—362; *O. Hendriks*, La vie cotidienne du moine syrien orientale: OrSyr 5 (1960) 293—330 401—432; *A. Vööbus*, History of Asceticism in the Syrian Orient, I: The Origin of Asceticism. Early Monasticism in Persia = CSCO 184 (Louvain 1960); *A.-J. Festugière*, Les moines de Syrie = Antioche païenne et chrétienne (Paris 1959) 245—406; *P. Canivet*, Théodoret et le monachisme syrien avant le concile de Chalcédoine = Théologie de la Vie monastique (Paris 1961) 241—282; *L. Leloir*, La pensé monastique d'Ephrem = Mémorial de l'école des Langues Orientales Anciennes (Paris 1964).

Die biblische Vergangenheit der Halbinsel *Sinai* macht es verständlich, daß sie vom 4. Jh. an nicht nur das Ziel mancher Heiliglandpilger, sondern auch begehrte Siedlungsstätte des frühen Mönchtums wurde[83]. Der aus Palästina stammende Mönch Silvanus kam mit einer Gruppe von 12 Schülern, die sich in der Sketischen Wüste um ihn geschart hatten, um 380 nach dem Berge Sinai, wo er mehrere Jahre blieb, bevor er im palästinischen Gerasa eine neue Mönchssiedlung ins Leben rief. Einer seiner Schüler, Netras, wurde auf den Bischofssitz Pharan auf der Halbinsel berufen[84]. Als die Pilgerin Egeria zwischen 381 und 384 den Berg Sinai besuchte, fanden sich zahlreiche Anachoretenhütten an seinen Hängen und auf der Höhe ein kleines Gotteshaus, in dem sich die Mönche zur Feier der Liturgie ver-

[83] Vgl. *D. Gorce*, Pèlerins et résidents du Sinaï des premiers siècles de l'ère chrétienne = *L. Prevost* (éd.), Le Sinaï (Paris 1937) 127—182.

[84] Apophth. Silvanos, bes. nn. 4—5; Sozom. HE 6, 32, 8; Netras: Apophth. s. v.

sammelten[85]. Offensichtlich waren hier unterägyptische Formen des Anachoretenlebens übernommen worden. Die große Zeit des sinaitischen Mönchtums begann allerdings erst mit der Gründung eines Koinobitenklosters durch Kaiser Justinian I. In das 4. Jh. reichen auch noch die Mönchsniederlassungen bei der Hafenstadt Rhaithou am Ostufer des Golfes von Suez zurück, wenn auch der Bericht eines Ammonios von einem Überfall der Blemmyer auf Rhaithou, bei dem 40 Mönche den Tod gefunden hätten, kaum Glauben verdient[86].

Eine besonders starke Anziehungskraft mußte das *Heilige Land* auf das aufblühende Mönchtum ausüben. Die ersten Anfänge bleiben zwar hier im Dunkel, doch ist der Beginn der Wirksamkeit des heiligen *Chariton* um 330 anzusetzen, der nach seiner im 6. Jh. geschriebenen Vita als Pilger aus dem kleinasiatischen Ikonium nach Palästina kam und in Pharan nordöstlich von Jerusalem seine Zelle hatte, aus der sich die „Lavra (Λαῦρα) des heiligen Chariton" entwickelte[87]. Mit dem Wort *Lavra* ist die Bezeichnung für die spezifisch palästinische Form einer Mönchssiedlung gegeben, in der die nahe beieinander liegenden Zellen der Mönche um einen Mittelpunkt der Siedlung errichtet sind, der neben anderen Gebäuden die Kirche umfaßt, in der sich alle Bewohner der Lavra samstags und sonntags zum Gottesdienst einfinden. Die Vita schreibt Chariton die Gründung zweier weiterer Lavren zu, der von Duha bei Jericho und der von Suka, die wohl südlich von Bethlehem lag. Diese drei auf Chariton zurückgehenden Lavren sind auch anderweitig für das 4. Jh. bezeugt[88]. Während sich für sie keine Abhängigkeit von ägyptischen Vorbildern nachweisen läßt, sind die beiden weiteren Klostergründungen des 4. Jh. in Palästina sicher eng mit dem ägyptischen Mönchtum verbunden gewesen. *Hilarion,* dem Hieronymus vor 392 eine vielgelesene, ins Heroische verklärende Kurzbiographie widmete, hatte in Alexandrien studiert, danach einige Zeit bei Antonios d. Gr. geweilt und lebte nach seiner Rückkehr in seine palästinische Heimat zunächst etwa 20 Jahre nach ägyptischer Anachoretenart in der Nähe von Maiuma, dem Hafen von Gaza. Später verließ er Palästina und starb um 370 nach längerem Wanderleben auf Zypern. Wenn auch manches Detail der Hilarionvita des Hieronymus fragwürdig bleibt, so ist der gezeichnete historische Rah-

[85] Itinerar. Egeriae 3—5; die *monasteria (plurima)* 4, 6 sind hier eindeutig die Behausungen der Mönche. Zum chronologischen Ansatz des Itinerariums siehe *P. Delvos:* AnBoll 85 (1967) 165—194.

[86] Der ägyptische Mönch Sisoes trifft sich wiederholt mit dem Mönch Ammon von Rhaithou: Apophth. Sisoes nn. 17 26. Zum Ammoniosbericht siehe *R. Devreesse,* Le christianisme dans la péninsule sinaïtique des origines à l'arrivée des musulmans: RB 49 (1940) 205—233.

[87] Vita Charit. 13 21 24. Vgl. *G. Garitte:* DHGE XII 421—423.

[88] Zur Lage der Lavren siehe *D. J. Chitty* a. a. O. 14 f und die Kartenskizze vor S. 88. Die Lavra von Duka erwähnt Pallad., Hist. Laus. 48; zu Suka vgl. Cassian, Collat. 6, 1; zu Pharan Cyrill. Scythop., Vita s. Euthymii 6—8.

men doch akzeptabel[89]. Vielleicht war sogar Epiphanios, der spätere Bischof von Salamis auf Zypern, ein Gewährsmann des Hieronymus; er hatte ebenfalls das Mönchtum in Ägypten kennengelernt und dann bei seinem palästinischen Geburtsort Besanduk bei Eleutheropolis eine Mönchsgemeinschaft gegründet, die er 30 Jahre leitete[90].

Von großer Bedeutung für die Weiterentwicklung des palästinischen Mönchtums im 5./6. Jh. wurde ein Ausländer, *Euthymios* aus Melitene in Kleinarmenien, der im Jahre 405 nach Palästina kam und zunächst in einer Zelle bei der Chariton-Lavra von Pharan lebte[91]. Mit seinem hier gefundenen Freund Theoktistos ließ er sich sechs Jahre später im heutigen Wadi Mukellik westlich von Qumran nieder. Als sich ihnen andere Mönche anschlossen, wollten sie zunächst eine Lavra nach dem Pharan-Typ gründen, entschieden sich dann aber für ein Koinobion, dessen direkte Leitung *Theoktistos* übernahm, während Euthymios als geistlicher Berater in einer nahen Höhle lebte[92]. Hier kam er in Berührung mit einem Beduinenstamm, den er für das Christentum gewann und dessen Häuptling auf seine Anregung hin von Bischof Juvenal von Jerusalem zum ersten „Bischof der Zeltlager" geweiht wurde[93]. Missionarisch tätig war Euthymios auch, als er einige Zeit in den Wüsteneien von Ruban und Ziph (südlich Hebrons) weilte. Nach seiner Rückkehr gründete er nach einigem Widerstreben in der Nähe des Theoktistos-Klosters eine Lavra, aus der nach seinem Tode († 473) das koinobitische Große Euthymios-Kloster wurde[94]. Hier wurde Euthymios für vier Jahrzehnte zur überragenden Gestalt des palästinischen Mönchtums und wirkte noch lange durch seine Schüler weiter, zu denen außer Theoktistos u. a. noch Domnos (später Bischof von Antiochien), Stephanos (nachher Bischof von Jamnia), Martyrios (später Bischof von Jerusalem), der Abt Gerasimos und der junge Saba gehörten, der zum Wahrer und Mehrer des euthymischen Mönchsideals in den 60 Jahren nach dem Tode seines Lehrers werden sollte. Auf Euthymios geht auch jener Brauch zurück, der für das Verhältnis von Koinobion und Lavra in Palästina charakteristisch ist und von Abt Sabas zur Norm erhoben wurde: Zuerst wird der junge Mönch im Koinobion geschult und erst nach einer gewissen Erprobung von seinem Abt für die höheren Anforderungen der halbanachoretischen Lebensform der Lavra freigegeben[95].

89 *E. Coleiro,* St. Jerome's Lives of the Hermits: VigChr 11 (1957) 161—178; zu Hilarion: Sozom. HE 3, 14, 21—27; 5, 10, 1—4.

90 Sozom. HE 6, 32, 2—3; Hieron., C. Joann. Hieros. 4.

91 Cyrill. Scythop., Vita s. Euthymii 5—6.

92 Ebd. 7—9; das Kloster hieß später Theoktistos-Kloster.

93 Ebd. 10 und 15; über die Rolle dieses Bischofs Petros auf dem Konzil von Ephesos 431 siehe Vita s. Euthymii 20 und ACO II 6, 57.

94 Vita s. Euthymii 16 und 39; zu den Ausgrabungen des Euthymios-Klosters siehe *D. J. Chitty:* PEFQSt 1928, 134 f; 1932, 188 ff.

95 Vgl. Cyrill. Scythop., Vita s. Euthymii 31; Vita Joann. Hesych. 7.

Als Klostergründer verdient noch ein weiterer Ausländer Erwähnung, der aus fürstlichem Hause stammende Georgier Nabarnugi, der zunächst als Geisel am Hofe des Kaisers Theodosius II. in Konstantinopel lebte; dann etwa 429 nach Jerusalem floh, hier bald Mönch wurde und in Jerusalem ein Pilger- und Armenhospiz gründete, aus dem sich „das Kloster der Iberer" entwickelte. *Petrus der Iberer* — diesen Namen trug er als Mönch — mußte wegen seiner monophysitischen Anschauungen sein Jerusalemer Kloster verlassen, lebte in der Nähe von Gaza und wurde 453 Bischof von Maiuma. Die Auseinandersetzungen um Chalkedon zwangen ihn erneut zur Flucht, zuerst nach Ägypten, dann nach Phönikien († 488)[96]. Unter Bischof Juvenal erhielt das palästinische Mönchtum in der Person des Chorepiskopos *Passarion* einen „Archimandriten der Mönche"[97]. Dieser Vorgang zeigt, daß einzelne Bischöfe schon früh eine enge Bindung des Mönchtums an die Kirche erstrebten, das Konzil von Chalkedon wird dann die kirchenrechtliche Regelung bringen, die das Klosterwesen prinzipiell der bischöflichen Aufsicht unterstellt.

Lateinische Klöster in Palästina

Früher oder später mußte das östliche Mönchtum seine Anziehungskraft auch auf den lateinischen Westen ausüben, der schon früh durch Athanasios (335 in Trier, 340/343 in Rom, 345 in Aquileia) authentische Nachricht von dem neuen Asketentum erhalten hatte und sich bald für diese christliche Lebensformen begeistern konnte, als ihm das Antoniosleben des Athanasios in lateinischer Übersetzung zugänglich geworden war. Einzelne Christen finden sich bald in Ägypten und Palästina[98], aber nur auf palästinischem Boden entwickelten sich auch Klöster, die von Lateinern gegründet wurden und von ihnen ein eigenes Gepräge erhielten.

Bei den drei hier zu nennenden Klostergründungen aus vorchalkedonischer Zeit war jeweils eine Frau aus der stadtrömischen Aristokratie entscheidend mit ihrem Vermögen und ihrem asketischen Enthusiasmus beteiligt. Die erste war *Melania die Ältere*[99] (geb. ca. 341/342), die sich nach dem Tode ihres Gatten Valerius Maximus, 361/363 Stadtpräfekt von Rom, einem asketischen Kreis anschloß, etwa 372 nach Ägypten reiste und nach

[96] Über ihn berichtet eine syrisch erhaltene Vita, hrsg. von *R. Raabe* (Leipzig 1895), dazu siehe *D. M. Lang*, Peter the Iberian and his Biographers: JEH 2 (1951) 158—168.

[97] Vita s. Euthymii 16. Passarion hatte selbst in Jerusalem ein großes Koinobion erbaut: Vita Petri Iber. S. 35 *(Raabe)*.

[98] Für Jerusalem werden (um 370) Florentinus und Martinianus genannt: Hieron., Epp. 4 und 5.

[99] Siehe *F. X. Murphy*, Melania the Elder: Tr 5 (1947) 59—77. Die wichtigsten Quellen: Pallad., Hist. Laus. 46 54—55; Paulinus Nol., Epp. 28—29 31 45.

einem Besuch der Mönchsniederlassungen am Nitrischen Gebirge nach Palästina kam. In Alexandrien hatte sie wohl den aus Aquileia stammenden Rufin kennengelernt, mit dem zusammen sie um 380 am Ölberg ein Doppelkloster gründete, für deren Unterhalt sie die Mittel zur Verfügung stellte. Schon bei dieser ersten lateinischen Niederlassung läßt sich ein Zug feststellen, der auch für die späteren lateinischen Gründungen charakteristisch blieb: das rege Interesse an der asketischen und theologischen Literatur[100]. Nach einem längeren Aufenthalt Melanias im Westen, bei dem sie ihren Vetter Paulinus in Nola (i. J. 400) und Augustinus in Hippo besuchte (i. J. 404), starb sie in ihrem Kloster am Ölberg (409/410), während Rufinus, der Palästina 397 verlassen hatte, nicht mehr dorthin zurückkehrte.

Die *zweite* lateinische Klostergründung ist das gemeinsame Werk des Hieronymus und der vornehmen Römerin *Paula der Älteren*[101]. Ersterer hatte schon bald nach 372 als Anachoret in der Wüste Chalkis südöstlich von Antiochien gelebt, sich aber den Anforderungen nicht gewachsen gefühlt und war nach Rom zurückgekehrt, wo er einen asketischen Kreis vornehmer Frauen betreute. Im Jahre 385 verließ er infolge einer starken mönchsfeindlichen Welle mit einigen Mönchen Italien und begab sich nach Palästina, wohin ihm einige Monate später Paula mit ihrer Tochter Eustochium folgte. Nach einem Besuch der Mönchssiedlungen in der Nitria kehrte man nach Palästina zurück und wählte *Bethlehem* zum dauernden Aufenthalt (386). In den nächsten drei Jahren entstanden hier ein Frauen- und ein Männerkloster sowie ein Pilgerhospiz, für deren Bau Paula aufkam. Die Nonnen des Frauenklosters waren je nach ihrer sozialen Herkunft in drei Gruppen mit je eigener Oberin aufgeteilt, was eine nicht geringe Zahl von Insassen voraussetzt[102]. Kleiner war die Kommunität des Männerklosters, dem aber der geistige Rang des Klosteroberen Hieronymus eine hohe Bedeutung verlieh. Das von ihm geleitete Haus, in dem man die lateinische Liturgie weitgehend beibehielt, war nicht nur ein Seelsorgszentrum, das die Katechumenen und Christen der Umgebung betreute, es wurde vor allem für viele Pilger aus dem Westen zu einer willkommenen lateinischen Insel im Heiligen Land. Außerdem spielte das Hieronymuskloster eine Rolle in den Auseinandersetzungen um brennende religiöse Zeitfragen (1. Origenistenstreit, Pelagianismus) und wurde durch den regen Briefwechsel, den sein Abt unterhielt, zu einer wichtigen Informationsquelle über den christlichen Osten für die lateinische Christenheit, von dem manche Impulse auf das Mönchtum des Westens ausgingen[103]. Nach dem Tode Paulas († 404) über-

[100] Pallad., Hist. Laus. 55; Rufin., Apol. 2, 11.

[101] Vgl. *A. Lippoldt*, Paula: Pauly-Wissowa Suppl. X (1965) 508 f mit Lit. Hauptquelle der Nekrolog des Hieronymus, Ep. 108.

[102] Ep. 108, 14 20.

[103] Seine Briefe gingen nach Italien, Gallien, Nordafrika, Pannonien.

nahm ihre Tochter *Eustochium*[104] für weitere 15 Jahre die Leitung des Frauenklosters (sie starb um 418/419), dessen Tradition von ihrer Nichte, *Paula der Jüngeren,* fortgesetzt wurde, die um 415 nach Palästina gekommen war und eine eifrige Schülerin des Hieronymus wurde[105]. Dieser selbst starb am 30. September 419 oder 420 in Bethlehem, mit seinem Tode erlöschen auch die Nachrichten über sein Kloster.

Der *dritte* lateinische Klosterkomplex in Jerusalem verdankt sein Entstehen dem stadtrömischen adeligen Ehepaar *Pinianus und Melania*[106] (der Jüngeren, Enkelin der älteren Melania), das sich nach dem frühen Tod ihrer beiden Kinder für die asketische Lebensform entschloß und seinen enormen Reichtum in den Dienst dieses Ideals stellte. Auf der Flucht vor den Goten Alarichs brachten beide zusammen mit Melanias Mutter Albina ein Jahr in Sizilien zu (410), wo sie Rufinus kennenlernten, lebten danach sieben Jahre auf ihrem nordafrikanischen Besitz, nahmen Beziehungen zu Augustinus auf[107] und ließen sich nach dem nun schon obligatorisch gewordenen Besuch Ägyptens (417) endgültig in Jerusalem nieder. Zunächst bestimmte sie das ägyptische Erlebnis zu einem mehr anachoretischen Leben, dann aber veranlaßten dessen Belastungen Melania doch zum Bau eines Frauenklosters, dem nach dem Tode ihres Mannes (432) ein Männerkloster folgte[108], in dessen Leitung allmählich ein von dem Ehepaar geförderter junger Mönch Gerontios hineinwuchs, der später die Biographie seiner Gönnerin schrieb. Es entsprach der hieronymianischen Tradition, daß auch diese lateinischen Gründungen des 5. Jh. theologische Interessen zeigten. Aber die größere Ausstrahlungskraft ging diesmal doch von der reichen caritativen Tätigkeit der Gründerin und ihren Beziehungen zur Aristokratie aus, die Melania auch in Kontakt zum Konstantinopler Hof und im besonderen zur Kaiserin Eudokia brachten, die sie in ihrem Kloster begrüßen und auf einer Reise durch das Heilige Land begleiten durfte[109]. Mit dem Tode Melanias (31. 12. 439) gingen ihre Gründungen jedoch in griechische Hände über und verloren damit auch allmählich ihre lateinische Prägung.

[104] Die von Hieronymus verfaßte Grabinschrift für Paula: Ep. 108, 33; zu Eustochium Hieron., Ep. 22; 46; 54; 107—108; 151, 3; *D. Gorce:* DHGE 16, 43—45.

[105] Über Paula Hieron., Ep. 134, 2; 143, 1; 153; Gerontius, Vita s. Melan. jun. 40; 63; 68. Die berühmte Ep. 107 des Hieronymus über die Erziehung Paulas ist an ihre Mutter Laeta gerichtet.

[106] Über sie *H. Leclercq:* DACL XI (1933) 209—230 und besonders *D. Gorce* in seiner Einleitung zur Ausgabe der Vita s. Melaniae: SChr 90 (1962) 20—45.

[107] Vgl. Augustinus, Ep. 124—126; Gerontius, Vita s. Mel. jun. 19—21.

[108] Frauenkloster (90 Nonnen): Vita s. Mel. jun. 41; Männerkloster: ebd. 49.

[109] Vita s. Mel. jun. 53—55 58—59.

Das syrische Mönchtum

Auf ein besonders günstiges Klima traf das frühchristliche Mönchtum im großsyrischen Raum, dessen christlich gewordene Bevölkerung sich von früh in einem besonders starken Maße für das asketische Ideal ansprechbar zeigte. Schon das Enkratitentum des 2. Jh. mit seinen strengen Forderungen nach Verzicht auf den Gebrauch der Ehe und Enthaltsamkeit von Wein und Fleisch für jeden Christen fand hier ein stärkeres Echo als in anderen Verbreitungsgebieten des Christentums[110]. In Ostsyrien wurde noch bis in das 4. Jh. hinein oft die Annahme der Taufe mit der Verpflichtung zu einem Leben in Armut und völliger Enthaltsamkeit verknüpft, so daß die Getauften, als „Söhne und Töchter des Bundes", die Elite der Kirche darstellten, während die übrigen Christen noch im Katechumenenstand verblieben[111]. Es ist allerdings unzulässig, diese dem syrischen Christentum eigenen Züge ausschließlich auf persische oder manichäische Einflüsse zurückzuführen, sowie die ganze frühsyrische Kirche als rein asketische Bewegung anzusehen und auch das von ihr geprägte frühe Mönchtum dieses Raumes von daher abzuleiten. In der jüngst wieder mehr diskutierten Frage, ob das syrische Mönchtum in seinem Ursprung autochthon, d. h. unabhängig von jedem ägyptischen Einfluß sei, wird man für das frühe Eremitentum die Möglichkeit einer selbständigen Entwicklung aus dem starken Asketentum in der vorkonstantinischen syrischen Kirche anerkennen dürfen. In der nachkonstantinischen Zeit hat jedoch das ägyptische Beispiel sicher Auswirkungen auf die weitere Entwicklung gehabt, da z. B. Chrysostomos begeistert darüber predigt und seinen antiochenischen Hörern angelegentlich die Lektüre der Antoniosvita des Athanasios empfiehlt[112]. Wohl aber sind gewisse Besonderheiten des syrischen Mönchtums, wie etwa die Neigung zu übermäßiger Härte, zu auffallenden, bizarren Formen der Askese und deren kritiklose und enthusiastische Bewunderung durch die christliche Bevölkerung, als Ausdruck des zum religiösen Überschwang neigenden syrischen Stammes anzusehen.

Von den verschiedenen Formen des syrischen Mönchtums seiner Zeit gibt Theodoret in seiner „Mönchsgeschichte" eine plastische Beschreibung: „Die einen kämpfen in Gemeinschaft; solcher Klöster gibt es viele Tausende;

[110] Siehe Bd. I 208 340.

[111] Vgl. *E. Beck:* SA 38 (1956) 343—347 mit den Belegen aus Afrahat und Ephrem.

[112] Zu der These der Abhängigkeit von persischen und manichäischen Einflüssen, die *A. Vööbus* vertritt, siehe die gewichtigen Einwände von *A. Adam:* GGA 213 (1960) 127 bis 145. Über das Verhältnis zum ägyptischen Mönchtum: *S. Jargy:* PrOrChr 2 (1952) 112 bis 124; *A. Vööbus,* History of Asceticism I 138—146. Chrysostomos über Antonios: In Mt hom. 8, 5. Die aus der Zeit nach Chalkedon stammenden Übersetzungen der Pachomios-Regel, der Apophthegmata und der Schriften des Evagrios ins Syrische erweitern die Kontakte mit dem ägyptischen Mönchtum.

andere erwählen das Einsiedlerleben und sind bedacht, sich nur mit Gott zu unterhalten. Andere lobpreisen Gott, indem sie in Zelten und Hütten wohnen, wieder andere in Löchern und Höhlen. Viele ... ertragen die Unbilden der Witterung. Bald erstarren sie in äußerster Kälte, bald brennen sie unter dem sengenden Strahl der Sonne. Die einen stehen ohne Unterbrechung, die anderen verteilen den Tag auf Sitzen und Beten. Die einen haben sich in Mauern eingeschlossen und vermeiden den Verkehr mit Menschen, andere verzichten auf solche Abschließung und stehen frei für alle da, die sie sehen wollen." [113] Hier wie auch sonstwo steht das Eremitentum zeitlich am Anfang, hier ist am ehesten eine vom ägyptischen Mönchtum unabhängige Entwicklung denkbar, zumal gewisse asketische Formen, wie etwa das Tragen schwerer Eisenketten und die ungepflegte Haartracht, von den Ägyptern als eitle Schau abgelehnt werden[114]. Im Fasten, im Verzicht auf Schlaf und körperliche Hygiene muten sich die Anachoreten Leistungen zu, die oft zu schweren gesundheitlichen Dauerschäden bis zur Verkrüpplung führen, aber nur selten einer sicher berechtigten Kritik begegnen[115]. Eine spezifisch syrische Sonderform des Einsiedlertums stellt das sog. *Stylitentum* dar, dessen erster hochangesehener Vertreter in vorchalkedonischer Zeit Symeon der Ältere ist (ca. 390—459). Nach längerem Aufenthalt in einem Kloster bei Teleda wurde er Eremit bei Telešnin (in der Einöde südlich von Kyrrhos) und wegen seiner Güte und Menschenfreundlichkeit von zahlreichen Pilgern aufgesucht. Um den damit verbundenen Belästigungen zu entgehen, zog sich Symeon in eine Hütte auf der Plattform einer wiederholt erhöhten Säule zurück, von der aus er weiter zum Volke predigte. Nach seinem Tode entstand um diese Säule eine der größten Kirchenanlagen Syriens (Kal'at Sim'an)[116].

Der organisatorischen Zwischenstufe zwischen Einzeleremit und koinobitischem Kloster, der Anachoretengemeinschaft mit einem Einsiedler als geistlichem Vater, begegnet man auch in Syrien[117]. Bevorzugte Siedlungsgebiete solcher Anachoreten sind die Berge in der näheren Umgebung Antiochiens, dann die Wüste von Chalkis, das Amanusgebirge im Norden, die Umgebung von Edessa in der Osrhoëne sowie die Gebirgslandschaft Tur'abdin im nördlichen Mesopotamien. Auch Frauen wählen die eremitische Lebensform, entscheiden sich aber doch mehr für die ihnen gemäßere Klostergemeinschaft[118]. Von der 2. Hälfte des 4. Jh. an steigt dann die Zahl

[113] Theodoret, Hist. rel. 27.

[114] Beispiele für asketischen Überschwang bei Theodoret, Hist. rel. passim. *A. Vööbus* II 277 f. Ablehnung: Hist. Mon. 8; *A.-J. Festugière*, Antioche 355.

[115] Kritik durch Bischof Meletios von Antiochien: Theodoret, Hist. rel. 26.

[116] Siehe *H. Delehaye*, Les saints stylites (Bruxelles 1923) XXIV—XXXIV; *A.-J. Festugière*, Antioche 347—401. Zu Kal'at Sim'an vgl. *G. Tschalenko*, Villages antiques de la Syrie du Nord I (Paris 1953) 233—276.

[117] Theodoret, Hist. rel. 2; 4—5; 10.

[118] Theodoret ebd. 29—30, ferner *J.-M. Fiey:* OrSyr 10 (1965) 281—306.

der Klöster in allen syrischen Provinzen beträchtlich an. Die Quellen sprechen zuweilen davon, daß man in diesen Klöstern nach der „Regel" lebt, die ihnen der Gründer oder ein angesehener Oberer gegeben habe, es bleibt aber unklar, ob es sich dabei um eine schriftlich fixierte Regel handelt. Daß man eine Ordnung des Klosterlebens durch festgelegte Normen doch schon für diese Frühzeit in Angriff nahm, zeigen die Kanones, die Bischof Rabbula von Edessa erließ[119].

Charakteristisch für das frühe syrische Mönchtum ist das unbegrenzte Ansehen, das es bei hoch und niedrig genoß. Das einfache Volk wie die Angehörigen der Oberschicht, der Episkopat und das jeweilige Kaiserhaus gehören zu seinen Verehrern, die zu den Eremiten und Klöstern hinauspilgern und vom Gebet der Mönche, von ihrer Wunder- und Prophetengabe Hilfe erhoffen. Diesem Ansehen entspricht der enorme Einfluß, den das Mönchtum auf die religiöse Haltung und Frömmigkeit des Volkes ausübt[120]. Aus seinen Kreisen, besonders aus dem Koinobitentum, wählt man in steigendem Maße die Leiter der Bischofsgemeinden[121].

Wie generell beim frühen Mönchtum des Ostens läßt sich auch beim syrischen Mönchtum der Frühzeit kein besonderes theologisches Interesse feststellen. Nur vereinzelt treten Angehörige der Oberschicht in ein Kloster ein, der Schritt schließt aber geradezu eine Absage an die profane Bildung ein. Lesen und Schreiben sind von Bedeutung, da sie den Zugang zur Heiligen Schrift vermitteln, von der ganze Partien, wie z. B. die Psalmen, auswendig gelernt werden, um über sie meditieren und sie beim gemeinsamen Gebet verwenden zu können[122]. Gelegentlich werden Mönche erwähnt, die die Kunst des Handschriften-Schreibens beherrschen, aber sie verwenden diese Fertigkeit hauptsächlich für die Herstellung von Bibelhandschriften[123]. Gelegentlich treten Mönche als Bekämpfer des Arianismus oder des Messalianismus auf[124], aber das bleiben Ausnahmen. Klosterschulen im eigentlichen Sinn, die den jungen Mönchen eine über das Ele-

119 Übersichten über die Klöster bei *A.-J. Festugière*, Antioche 311—346 und bes. bei *A. Vööbus* II 61—69 140—146 159—184 224—255. Zu den „Regeln": *A.-J. Festugière*, Antioche 315—319; *A. Vööbus:* OrChrP 24 (1958) 385—392 und *ders.*, Syriac and Arabic Documents regarding Legislation relative to Syrian Monasticism (Stockholm 1960); hier die Kanones des Rabbula von Edessa S. 24—50 78—86. Eine Inschrift vom Jahre 354 aus al-Hit im Hauran (Südsyrien) beweist bereits die Existenz eines durchorganisierten Koinobions mit einem Archimandriten, einem Ökonom und einer dem heiligen Sergios geweihten Kirche. *Waddington*, Inscr. de la Syrie 2/26.

120 Vgl. *A. Vööbus* II 316—326.

121 Beispiele bei Theodoret, Hist. rel. 2—3 5 10 17. Itinerarium Egeriae 19—21. Eine Liste syrischer Mönchsbischöfe vor Chalkedon bei *O. Hendriks:* PrOrChr 8 (1958) 4—6.

122 Psalmenkenntnis und Schriftlesung: Theodoret, Hist. rel. 2 5 20.

123 Chrysostom., In 1 Tim. hom. 14, 4; Johannes von Ephesos = POr XIX 209.

124 Theodoret, Hist. rel. 2 3.

mentare hinausgehende Bildung vermittelt hätten, existieren nicht[125], noch wird dem theologischen Studium größerer Raum gewährt. Dies wird erst möglich, nachdem das Koinobitentum seine Gründungsphase hinter sich gelassen hat und die Klöster eine feste wirtschaftliche Grundlage erlangt haben. So bleiben auch Mönche als theologische Schriftsteller in dieser Zeit Ausnahmeerscheinungen, wie etwa *Rabbula*, der spätere Bischof von Edessa († 435), oder *Narsai*, der etwa 20 Jahre lang Leiter der Schule von Edessa war (437—457)[126].

Zum Bilde des frühen syrischen Mönchtums gehören zwei weitere, positiv zu bewertende Züge: seine *sozial-caritative Tätigkeit* und sein *missionarisches Wirken*[127]. Schon die frühen Eremiten haben bei ihren bescheidenen Möglichkeiten eine offene Hand für die Fremden und Pilger, die an ihren Zellen haltmachen, und ein hilfsbereites Herz gegenüber der Not der Armen und Kranken. Einzelne Mönche treten mutig ein für eine gerechte Behandlung der sozial Abhängigen gegenüber Grundherren, Steuerbehörden oder Geldgebern. Die Klöster organisieren bald ihre soziale Tätigkeit durch Einrichtung von Fremdenhospizen und Krankenhäusern.

Da die Eremitenzellen sich meist auf dem Lande, inmitten einer oft noch stark heidnischen Bevölkerung befanden, bot sich hier die missionarische Arbeit geradezu an. In der Umgebung von Edessa gewann der Mönch Abraham ein ganzes Dorf für das Christentum, ein anderer Abraham (von Karra) predigte das Evangelium mit Erfolg im Raum von Emesa in der Phoenicia secunda. Für die phoinikische Mission, die Johannes Chrysostomos von Konstantinopel aus förderte, stellten sich ihm syrische Mönche zur Verfügung, die Missionstätigkeit am Euphrat konnte er Mönchen aus dem Kloster Zeugma anvertrauen[128]. In Mesopotamien wirkte ferner als Missionar der Begründer der Akoimeten, Alexander, zuerst als Eremit, später mit seiner ganzen Mönchsgemeinschaft. Besonderen Erfolg hatte die Missionspredigt des Styliten Symeon des Älteren, dem die Bekehrung nomadisie-

[125] Chrysost., Adv. oppugn. vitae mon. 3, 11; 3, 18 ermahnt zwar die Antiochener, ihre Kinder den Mönchen der Umgebung anzuvertrauen, die ihnen Unterricht in griechischer und sogar lateinischer Sprache geben könnten, aber das setzt keine organisierte Klosterschule voraus. Vgl. *A.-J. Festugière*, Antioche 18 ff 209 f.

[126] Das Schrifttum Ephrems läßt sich kaum als Leistung des syrischen Mönchtums in Anspruch nehmen, da es sehr unsicher ist, ob Ephrem selber dem Mönchtum zugerechnet werden kann: vgl. *E. Beck:* RAC 5, 521—524 gegen *A. Vööbus*, Literary Critical and Historical Studies in Ephrem the Syrian (Stockholm 1958) und History of Asceticism II 394—399. Vgl. zuletzt *L. Leloir*, Saint Ephrem, Moine et pasteur = Théologie de la Vie monastique (Paris 1961) 85—97.

[127] Dazu *A. Vööbus*, Einiges über die karitative Tätigkeit des syrischen Mönchtums (Pinneberg 1947); *O. Hendriks*, L'activité apostolique des premiers moines syriens: PrOrChr 8 (1958) 3—25.

[128] Joh. Chrysost., Epp. 49 53/54 123 126.

render Araber zu verdanken ist[129]. Sehr wahrscheinlich hatten auch syrische Mönche an der Missionierung Armeniens und sogar Äthiopiens beträchtlichen Anteil[130].

Schließlich ist noch das besonders günstige Verhältnis des syrischen Mönchtums zur offiziellen Kirche hervorzuheben, das keine wesentlichen Spannungen kannte. Eine positive Voraussetzung dafür war gewiß die schon erwähnte Tatsache, daß die Zahl der dem Mönchtum entnommenen Bischöfe relativ groß war. Zwar berichten die Herolde des syrischen Mönchtums, Ephrem, Chrysostomos und Theodoret, wenig von einer aktiven Teilnahme der Mönche am religiösen Leben der Gemeinden. Die meisten Eremiten scheinen sogar nur selten an der Eucharistiefeier der Gemeinde teilgenommen zu haben, sondern die Kommunion bei sich aufbewahrt und sie sich selbst gereicht zu haben, wenn ein gelegentlich vorbeigekommener Priester die Eucharistie bei ihnen gefeiert hatte[131]; die Kirche nahm daran keinen Anstoß. Das Priestertum als solches wird von den Mönchen nicht erstrebt, ebensowenig das Bischofsamt, aber das Motiv ist eindeutig die Ehrfurcht vor der damit auferlegten hohen Verantwortung. Dem Priester und Bischof begegnet der Mönch daher mit größter Ehrerbietung, der Gehorsam ihnen gegenüber ist ihnen Selbstverständlichkeit. Theologisch tiefer als Theodoret sieht Chrysostomos[132] die Beziehung des Mönchtums zur Kirche. Nach ihm ist es dazu berufen, Zeichen zu sein für die Christenheit, daß es möglich ist, das Vollkommenheitsideal des Evangeliums radikal zu verwirklichen und durch ein Leben in Armut und Jungfräulichkeit die eschatologische Botschaft von der Ankunft des Reiches Gottes unüberhörbar zu verkündigen. Wenn das Gebot der Stunde es fordert, muß der Mönch allerdings auch bereit sein, sein Eremiten- oder Klosterdasein vorübergehend aufzugeben und eine konkrete Aufgabe in der Kirche zu übernehmen, d. h. sich als Prediger, als Missionar oder bei vorhandener Eignung durch Übernahme des bischöflichen Amtes zur Verfügung zu stellen.

3. Das Mönchtum Kleinasiens und Konstantinopels

QUELLEN: Kanones und Brief der Synode von Gangra: *Mansi* II 1095—1122, dazu *Hefele-Leclercq* I 2, 1029—1045. — Das Asketikon des Basileios: PG 31, 889—1305, die lateinische Bearbeitung Rufins: PL 103, 485—554. Zur Textgeschichte der Basileios-Regeln: *F. Laun:* ZKG 44 (1925) 1—61; *J. Gribomont,* Histoire du texte des Ascétiques

[129] Vgl. *B. Kötting,* Das Wirken der ersten Styliten. Missions- und Erbauungspredigt: ZMRW 37 (1953) 187—197.

[130] Siehe *Hendriks* a. a. O. 22—24.

[131] Vgl. *P. Canivet,* Theodoret et le monachisme syrien avant le concile de Chalcédoine = Théologie de la Vie monastique (Paris 1961) 241—282, bes. S. 278 f. Vgl. Basil., Ep. 93

[132] *J.-M. Leroux,* Monachisme et communauté chrétienne d'après saint Jean Chrysostome: ebd. 143—190, hier bes. 174—186.

de saint Basile (Louvain 1953); englische Übersetzung mit Kommentar von *W. K. L. Clarke*, The Ascetic Works of Saint Basil (London 1925). Die Basileiosbriefe: neue kritische Ausgabe von *Y. Courtonne*, 3 Bde (Paris 1957/66). — Die Gedichte Gregors von Nazianz auf das Mönchtum: PG 37. — Die asketischen Schriften Gregors von Nyssa: Greg. Nyss. Opera ed. *W. Jaeger* et al., tomus VIII, 1 (Leyden 1952); De virginitate, mit frz. Übersetzung und Kommentar, ed. *M. Aubineau:* SChr 119 (Paris 1966). — Callinicus, Vita s. Hypatii ed. *G. J. M. Bartelink*, SChr 177 (Paris 1971); frz. Übers. mit Komm. von *A.-J. Festugière*, Les Moines d'Orient II (Paris 1961) 13—86. — Zum Messalianismus: PS I 3 (Paris 1926) CXL—CCLXI; *G. L. Marriott*, Macarii anecdota (Cambridge, Mass. 1918); *H. Dörries*, Symeon von Mesopotamien. Die Überlieferung der Messalianischen „Makarios"-Schriften: TU 55, 1 (Leipzig 1941); *W. Jaeger*, Two Rediscovered Works of Ancient Christian Literature: Gregory of Nyssa and Macarius (Leiden 1954); *E. Klostermann - H. Berthold*, Neue Homilien des Makarius (Symeon I: Aus Typus III: TU 72 [Berlin 1961]); Die 50 Geistlichen Homilien des Makarios, hrsg. von *H. Dörries - E. Klostermann - M. Kroeger:* PTS 4 (Berlin 1964); dt. Übers. der 50 Homilien von *D. Stiefenhofer:* BKV² 10 (1913).

LITERATUR: *J. Gribomont*, Eustathe de Sébaste: DSp 4, 1708—12 und DHGE 16, 26—33; *ders.*, Le monachisme au IVᵉ siècle en Asie Mineure: de Gangres au Messalianisme: Stpatr II (TU 64, Berlin 1957) 400—415; *ders.*, Le monachisme au sein de l'Église en Syrie et en Cappadoce: StudMon 7 (1956) 7—24. — *J. Pargoire*, Basile: DACL 2, 1, 501—510; *G. Bardy*, Basile: DSAM 1, 1273—83; *M. G. Murphy*, St. Basil and Monasticism (Washington 1930); *P. Humbertclaude*, La doctrine ascétique de s. Basile de Césarée (Paris 1932); *E. Amand*, L'ascèse monastique de saint Basile (Paris 1949); *ders.*, Le système cénobitique basilien comparé au système cénobitique pachômien: RHR 152 (1957) 31—80; *J. Gribomont*, Le renoncement au monde dans l'idéal ascétique de s. Basile: Irénikon 31 (1958) 282—307 460—475; *ders.*, Saint Basile = Théologie de la Vie monastique (Paris 1961) 99—113; *J. Plagnieux*, S. Grégoire de Nazianze: ebd. 115 bis 130; *J. Daniélou*, S. Grégoire de Nysse dans l'histoire du monachisme: ebd. 131—141. — *R. Janin*, La banlieue de Constantinople, Artikelserie in ÉO 21—23 und 26 (1922/24, 1927); *ders.*, Constantinople. Les églises et les monastères (Paris ²1968 = La Géographie de l'Orient byzantin I, III); *G. Dagron*, Les moines et la ville. Le monachisme à Constantinople jusqu'au concile de Chalcédoine: Travaux et Mémoires 4 (1970) 229—276; *J. Pargoire*, Acémètes: DHGE 1, 307—321; *V. Grumel*, Acémètes: DSAM 1, 169—175. — Zum Messalianismus: *I. Hausherr*, L'erreur fondamentale et la logique du messalianisme: OrChrP 1 (1935) 328—360; *A. Kemmer*, Charisma maximum (Louvain 1938); *H. Dörries*, Christlicher Humanismus und mönchische Geist-Ethik: ThLZ 79 (1954) 643—656; *A. Vööbus*, History of Asceticism in the Syrian Orient II (Louvain 1960) 127 bis 139; *J. Daniélou*, Grégoire de Nysse et le Messalianisme: RSR 48 (1960) 119—134; *H. Dörries*, Urteil und Verurteilung. Kirche und Messalianer: ZNW 55 (1964) 78—94 = Wort und Stunde (Göttingen 1966) 334—351; *ders.*, Diadochus und Symeon: ebd. 352 bis 422; *R. Staats*, Gregor von Nyssa und die Messalianer: PTS 8 (Berlin 1968); *J. Gribomont*, Le dossier des origines du messalianisme: Epektasis, Mélanges J. Daniélou (Paris 1972) 611—25.

Die Anfänge des Mönchtums auf kleinasiatischem Boden werden in den Quellen mit dem Namen des späteren Bischofs *Eustathios von Sebaste* verknüpft[133], der in den Akten einer Synode von Gangra in Paphlagonien (um

[133] Sozom. HE 3, 14, 31—37; Epiphan., Panar. 75.

341) als Haupt einer Asketengruppe gekennzeichnet wird, deren Ideale die innerkirchliche Ordnung der kleinasiatischen Gemeinden ernstlich zu bedrohen schienen. Nach dem Brief der Synodalteilnehmer und ihrer in 20 Kanones gefaßten Beschlüsse mißachten die Eustathianer die Ehe so weit, daß sie die Teilnahme an einer Eucharistiefeier verweigern, die verheiratete Priester halten. Sie vertreten ein extremes Armutsideal, das sie nach außen durch bewußt armselige Kleidung und durch Vernachlässigung jeder Körperpflege unterstreichen, das sie aber auch lehrhaft verkünden, wenn sie erklären, keiner könne das Heil erlangen, der nicht auf allen Besitz verzichte. Im Gegensatz zur Großkirche fasten sie gerade an Sonntagen, und manche lehnen jeden Fleischgenuß ab. Auch die üblichen Feiern zu Ehren der Martyrer finden nicht ihren Beifall; sie versammeln sich in Privathäusern zu eigenen Gottesdiensten und beschwören damit die Gefahr einer Spaltung herauf. Es handelt sich hier wohl um eine radikale, vielleicht von Syrien her beeinflußte Asketenbewegung, deren Kontrolle und Eingliederung in das kirchliche Leben noch nicht gelungen war[134]. Diese Aufgabe nahm gerade ein Mann in Angriff, der, wie die Familie, aus der er kam, in Eustathios von Sebaste ein großes Vorbild asketisch-mönchischer Lebensform sah[135]. *Basileios von Kaisareia* war nach seiner Taufe davon überzeugt, daß dieses Sakrament jeden Christen zum asketischen Leben im Sinne des Evangeliums verpflichte, und danach gestaltete er das Leben der Asketengemeinschaft, die sich in Annesi im Pontus um ihn und seinen Freund Gregor von Nazianz versammelte[136]. Mit ihr blieb er auch als Bischof verbunden, hat aber auch seiner Gemeinde in Kaisareia die Ideale der Jungfräulichkeit und Armut gepredigt, die er aber nicht zum Gesetz für alle Glieder der Gemeinde machte, wodurch er stillschweigend die extremen Tendenzen der Eustathianer überwand. Als sich die Asketengruppen in Annesi und wohl auch in Kaisareia mit einer Art Eigengewicht allmählich zu einer koinobitischen Gemeinschaft entwickelten, ergab sich aus den Fragen, die der Alltag stellte, mehr und mehr auch die Notwendigkeit einer schriftlich fixierten „Ordnung". Im Licht dieser Entwicklung ist das Entstehen des Asketikon des Basileios zu sehen, in das er nicht nur die Erkenntnisse einbrachte, die er auf einer Informationsreise zu den Mönchszentren in Ägypten, Palästina, Syrien und Mesopotamien gewonnen hatte[137], sondern in einer zweiten Fassung auch die Einsichten einarbeitete, zu denen die Alltagspraxis in einer koinobitischen Gemeinschaft führte[138]. Sie war von Anfang an nur für

[134] Vgl. S. *Salaville*, Eustathe: DThC 5, 1565—1574.

[135] Basil., Ep. 1; 119; 223, 5; 244, 1; Gregor. Nyss., Vita Macrinae (op. 8, 377—380).

[136] Basil., Ep. 223, 5.

[137] Basil., Ep. 223, 2; dazu *J. Gribomont:* RHE 54 (1959) 115—124.

[138] Die Textgeschichte des Asketikons läßt erkennen, daß es eine erste und zweite Fassung gab; die erste (= Kleines Asketikon) war die Vorlage für die Übersetzung Rufins. Erst die zweite, endgültige Fassung (= Großes Asketikon) hat zwei Teile, von den

die mit Basileios verbundenen Mönche in Annesi (und in Kaisareia) gedacht und deshalb keine Ordensregel im kanonistischen Sinn.

Das Grundgesetz allen asketischen Lebens ist nach Basileios die Gottesliebe, die einen radikalen Verzicht gegenüber einer Welt fordert, die Gottes Gebote mißachtet[139]. Dieses Gesetz läßt sich am besten verwirklichen in einer eigenen Gemeinschaft, die den einzelnen mitträgt und formt. Diese Hilfe kann das Eremitentum nicht geben, das zudem der sozialen Natur des Menschen widerspricht[140]. Der Verzicht auf die Welt und ihre Güter ist bei Basileios ins Positive gewandt als entsagende Selbstdisziplin (ἐγκράτεια) und klar von jedem manichäischen Dualismus geschieden. Der Mönch kann seinen dem Herrn geweihten Besitz unter Umständen noch selbst verwalten, es empfiehlt sich aber, die Verwaltung einem einzelnen zu übertragen[141]. Das Leben in der Gemeinschaft verlangt Ein- und Unterordnung, die im Gehorsam gegenüber dem Oberen (προεστώς) zu leisten ist. Dieser Gehorsam findet seine tiefste Begründung im Beispiel des Herrn, der sich immer und ganz in den Willen des Vaters gab. Der Obere selber (und sein Stellvertreter), dem ein Rat älterer Brüder zur Seite steht, ist in eine ernste Verantwortung gestellt und in erster Linie der geistliche Vater der ihm Anvertrauten[142]. Der körperlichen Arbeit räumt Basileios einen hohen Rang ein, da sie dem Kloster in erster Linie die Caritas gegenüber den Armen möglich machen soll und zum Prüfstein für die Lauterkeit der Gottesliebe wird[143]. Bei einer so prinzipiellen Ableitung des Mönchsdaseins aus Wort und Geist des Evangeliums, wie das Asketikon sie bietet, ist eine entschiedene Festlegung der Mönche auf die Beschäftigung mit der Heiligen Schrift selbstverständlich[144]. Ein weiterer Zug der basilianischen „Regeln" ist bei aller Kompromißlosigkeit im Grundsätzlichen eine hohe Besonnenheit und Großzügigkeit im Zweitrangigen, die nicht für alle möglichen Einzelsituationen des Alltags eine fertige Lösung bereithält, sondern sie der Entscheidung des Obern oder des einzelnen Mönches überläßt. Dieser soll auch im Falle einer Übertretung der Ordnung durch eher milde Strafen und liebevolle Zurechtweisung innerlich für deren treue Beobachtung gewonnen werden[145]. Ein menschlich und religiös überlegener Geist war hier am Werk. Das allmähliche Reifen der basilianischen Klosterordnung hat ihr eine innere Abgewogenheit und Elastizität verliehen, die im byzantinischen Mönchtum wesentlich neue Formen entbehrlich machten; jede spätere

Kopisten „Große" bzw. „Kleine Regel" genannt (= PG 31, 889—1306), die wohl nach der Bischofsweihe des Bas. vollendet wurde. Vgl. *L. Lèbe:* RBén 76 (1966) 116—119.

139 Basil., Regulae fus. tract. 1. 140 Ebd. Reg. 3—5.

141 Reg. fus. 16—17; 9; Reg. brev. 85; 87; 107; 187.

142 Reg. fus. 24—54 enthält die Normen über die organisatorische Seite des Gemeinschaftslebens. Zum Gehorsamsverständnis bei Basileios siehe *J. Gribomont:* VS Suppl. (1952) No. 21, 192—215.

143 Reg. fus. 37—41. 144 Reg. brev. 235/236; 95. 145 Reg. fus. 50—53.

„Reform" des östlichen Mönchtums, wie etwa die studitische, war daher letztlich immer eine Rückbesinnung auf das basilianische Erbe. Ihre Qualität wird auch faßbar in dem Einfluß, den sie — ähnlich wie die Pachomiosregel — auf das lateinische Mönchtum des Westens ausübte, angefangen von Rufin und Cassian über Benedikt von Nursia bis auf Benedikt von Aniane, der ihr einen Platz in seiner Concordia regularum gab[146].

Die Quellen schweigen über Klostergründungen in den Provinzen Zentralkleinasiens in der Zeit vor Chalkedon. Aber auf dem kleinasiatischen Ufer des Bosporus, noch in der Bannmeile der Hauptstadt, entstehen um diese Zeit mehrere Klöster. Eines der bedeutendsten war *Rufinianai*, gegründet vom kaiserlichen Minister Rufinus, der zunächst ägyptische Mönche darin ansiedelte, die es aber nach seinem Sturz (395) wieder verließen. Gegen 400 übernahm es dann der Mönch *Hypatios*, über dessen Tätigkeit als Oberer sein Schüler Kallinikos berichtet[147]. Eine Mönchsniederlassung existierte auch am Flüßchen Rhebus (einige Kilometer oberhalb des Ostendes vom Bosporus), und am *Auxentiosberge* nördlich von Chalkedon entstand noch im 5. Jh. je ein Frauen- und Männerkloster[148].

Über die Anfänge des Mönchtums in *Konstantinopel* machen die Quellen zum Teil widersprüchliche Angaben. Sicher hat die Hauptstadt schon früh Mönche aus den Ostprovinzen des Reiches angezogen, die hier zunächst einzeln oder in kleineren Gruppen lebten. Als Leiter einer Mönchskommunität (συνοικία μοναχῶν) gilt dem Kirchenhistoriker Sozomenos bereits Marathonios, ein ehemaliger Beamter, der von Eusthatios von Sebaste (um 350) für das asketische Leben gewonnen wurde, während die hagiographische Literatur dem syrischen Mönch Isaak die Gründung des ersten μοναστήριον in Konstantinopel zuschreibt (um 382). Aber bereits vor Isaak kann die Zahl der Mönche in der Stadt nicht unerheblich gewesen sein, da sie schon im Streit um die Lehre des Makedonios eine bedeutende Rolle spielen. Vom Ende des 4. Jh. an sind weitere Klöster in rascher Folge entstanden, da das Konzil von Ephesos (431) den Abt Dalmatos, den Nachfolger Isaaks, als Haupt aller Mönche der Stadt anerkennt. Im Jahre 448 unterschrieben Vertreter von 23 Klöstern das Urteil der Synode, die die Lehre des Eutyches verwarf[149]. Unter diesen Klöstern nahm das sog. *Akoimetenkloster* eine besondere Stellung ein, das von dem Mönch Alexander bei der Menaskirche ins Leben gerufen wurde. Dieser hatte einige Zeit in einem Kloster in Mesopotamien gelebt, durchwanderte dann mit einer Schar

[146] Vgl. *J. Gribomont,* L'Histoire du Texte . . . passim.

[147] Zu Rufinianai siehe *R. Janin:* ÉO 22 (1923) 182—190.

[148] Rhebas: Kallinikos, Vita s. Hypatii c. 45; Auxentiosberg: *R. Janin:* DHGE 9, 27.

[149] Sozom. HE 4, 27, 4 (Marathonios); zum Isaakkloster: *R. Janin,* Les Églises et les monastères de Constantinople (Paris ²1968) 86—88; Synode von Ephesos an Abt Dalmatos: AOC I 1, 7, X—XI; Liste der Klostervertreter von 448: ebd. II 1, 147.

von Mönchen predigend die syrischen Provinzen und kam um 425 nach Konstantinopel, wo bald zahlreiche Mönche aus anderen Klöstern in die von ihm geleitete Kommunität eintraten. Eine besondere Anziehungskraft ging von dem aus Syrien mitgebrachten Brauch aus, im Kloster das auch bei Nacht nicht unterbrochene Gebet zu pflegen (daher der Name ἀκοίμητοι für diese Mönche), bei dem Mönchsgruppen verschiedener Sprachen einander ablösten. Als Eifersucht und Intrigen die Akoimeten aus der Stadt vertrieben, gingen sie nach Kleinasien, wo Alexanders Nachfolger Johannes schließlich in Eirenaion am Bosporus eine neue Niederlassung gründen konnte, die unter ihrem 3. Abt Markellos ihren großen Aufschwung begann. Aus diesem Kloster berief im Jahre 468 der Patrikios Studios einige Mönche in seine später so berühmte Neugründung in der Hauptstadt[150].

Den Bischöfen der Hauptstadt haben die Mönche dieser Zeit nicht immer Freude und Trost beschert. Sie beteiligten sich gern intensiv und zuweilen in tumultuarischer Form an den Auseinandersetzungen um die „Rechtgläubigkeit" ihrer Bischöfe, von denen Makedonios, Gregor von Nazianz und Nestorios ihre Macht und Aggressivität ebenso zu spüren bekamen wie Johannes Chrysostomos, als dieser sie zu besserer Klosterdisziplin anhielt und eine gewisse Kontrolle über ihr Leben ausüben wollte[151]. An diesem Verhalten des Mönchtums der Hauptstadt wird exemplarisch deutlich, daß eine Form gefunden werden mußte, die es auch rechtlich in das Gesamtleben der Kirche eingliederte. Für das Gebiet des östlichen Christentums wurde diese folgenreiche Arbeit vom *Konzil von Chalkedon* durch eine Reihe von Kanones in Angriff genommen[152]. Die wichtigste Norm ist im can. 4 gegeben, der jedes Kloster der *Aufsicht des Diözesanbischofs* unterstellt. Ohne dessen Wissen kann in Zukunft weder eine kleine Niederlassung noch ein Kloster errichtet werden. Der Kanon bestimmt weiter, daß ein Mönch für die Dauer seines Lebens an das Kloster gebunden bleibt, in dem er sein Asketenleben begann; er darf es auch nur aus triftigem Grund vorübergehend mit Zustimmung des Diözesanbischofs verlassen. Auch can. 8 stärkt die Stellung des Bischofs gegenüber dem Kloster: Mönche, die Kleriker, also Glieder der Hierarchie, sind, bleiben ausdrücklich der bischöflichen Jurisdiktion unterstellt. Andere Kanones suchen das Berufsideal zu sichern, wenn sie die Übernahme eines weltlichen Amtes oder den Militärdienst verbieten und Mönchen wie Nonnen das Eingehen einer Ehe versagen[153]. Mit dieser Gesetzgebung von Chalkedon erhält das östliche Mönchtum als kirchlicher Stand seine offizielle Stelle im Gesamtorganismus der Kirche. Die

150 Zum Akoimetenkloster: *R. Janin:* RÉB 12 (1954) 76—79.

151 Siehe *G. Dagron* a. a. O. 261—72.

152 Die Kanones in ACO II, 1, 2, 159 ff und in COD 63—75. Zum Ganzen grundlegend *L. Ueding:* Chalkedon II (Würzburg 1953) 569—676.

153 Can. 7 und 8.

Kanones erschöpfen zwar noch nicht alle Möglichkeiten kirchenrechtlicher Ordnungen für das Mönchtum, aber sie bieten einen tragfähigen Rahmen, der sich durch weitere Bestimmungen auffüllen läßt, wenn neue Entwicklungen innerhalb des Mönchtums sie erforderlich machen sollten.

4. Der Messalianismus

In der zweiten Hälfte des 4. Jh. tritt in Syrien und Kleinasien eine von Mönchen getragene Bewegung auf, deren asketische Praxis und Lehre alsbald den Widerspruch kirchlicher Kreise herausfordern. Als erster spricht Ephrem der Syrer von ihnen; er nennt sie Messalianer (= die intensiv Betenden) und sagt ihnen, etwas vage, Zuchtlosigkeit nach[154]. Gregor von Nyssa redet von ihm bekannten Asketen, die auf Kosten anderer lebten und ihre für Offenbarungen gehaltenen Träumereien mehr schätzten als die Lehren des Evangeliums[155]. Epiphanios von Salamis kennt sie vom Hörensagen und hebt ihre sittliche Zügellosigkeit hervor[156]. Theodoret von Kyros nennt als erster einige der „Urheber der Irrlehre" mit Namen, unter denen sich auch ein Symeon findet. Er erwähnt auch, daß die Messalianer gegebenenfalls durch Ableugnen ihrer Lehren die Trennung von der Kirche vermieden. Nach seinem Bericht haben besonders die Bischöfe Letoïos von Mytilene, Amphilochios von Ikonion und Flavian von Antiochien die Bewegung bekämpft. Amphilochios war es auch, der um 390 die Messalianische Frage vor eine Synode in Side (Pamphylien) brachte, die, nachdem Anhänger der Bewegung selbst gehört worden waren, folgende Lehren verwarf: Die Taufe tilge nicht die Wurzel der Sünde, sondern nur das anhaltende Gebet, das allein auch den in der Menschenseele wohnenden Dämon vertreiben könne; der messalianische Pneumatiker müsse die Arbeit ablehnen, er könne die Zukunft voraussagen, mit leiblichen Augen die Trinität schauen sowie die Herabkunft des Heiligen Geistes in seiner Seele sinnlich wahrnehmen[157]. Eine Konstantinopler Synode vom Jahre 426 erhebt sachlich die gleichen Einwände gegen die Messalianer, nur daß sie deren These, jedem neugeborenen Menschen wohne ein Dämon inne, der ihn zu seinen bösen Taten treibe, nun betont an die Spitze der zu verurteilenden Sätze stellt. Neu kommt hinzu der Vorwurf eines falschen Verständnisses der Trinitätslehre und der Christologie, das die Messalianer dem Sabellia-

[154] Ephrem, Sermo 22, 1 (CSCO 169, 79 *Beck*). Den griechischen Namen Εὐχῖται für die Messalianer erwähnt zuerst Hieron., Dialog. adv. Pelag. (PL 22, 498).

[155] Gregor. Nyss., De virg. 23, 3. Dazu *M. Aubineau:* SChr 119 (Paris 1966) 534—541 mit Lit.

[156] Theodoret. HE 4, 11, 1—8 und Epiph., Haeret. fab. comp. 4, 11.

[157] Die Liste der verurteilten Sätze siehe bei *Kmosko* n. XXI. (PS I, 3). Eine Synode unter Flavian von Antiochien bestätigte das Urteil.

nismus und Doketismus nahekommen läßt. Die Synode beruft sich für ihre Urteilsfindung auf die Einsicht in eine messalianische Schrift, über die Bischof Valerian von Ikonion berichtet[158].

Diese Schrift, Asketikon genannt, lag dem Konzil von Ephesos (431) vor, als es sich auf Antrag der Bischöfe Valerian und Amphilochios (von Side) mit der messalianischen Bewegung befaßte, die damals besonders in Pamphylien und Lykaonien verbreitet war. Man bestätigte die Beschlüsse der Konstantinopler Synode von 426, verurteilte das Asketikon, forderte von den der Irrlehre Verdächtigen Widerruf, verhängte über die diesen verweigernde Kleriker Absetzung und Ausschluß, über die Laien den Bann und untersagte den Messalianern den Besitz von Klöstern. Darüber hinaus verwarf das Konzil noch achtzehn aus dem Asketikon ausgezogene Einzelsätze, die Johannes von Damaskus in seine „Geschichte der Häresien" aufgenommen hat[159]. Sie beziehen sich auf die Bindung der Menschenseele an den Dämon, auf die Taufwirkung, den Rang des Gebetes, auf die sinnlich wahrnehmbare Präsenz Christi und des Heiligen Geistes; der Vorwurf der Überschätzung der Träume, der Arbeitsscheu, der Libertinität wird nicht mehr erhoben.

Auf der Suche nach dem Asketikon der Messalianer und seinem eventuellen Verfasser ist die patristische Wissenschaft durch eine wichtige Entdeckung vor eine Fülle neuer Probleme hinsichtlich des Messalianismus gestellt worden. Zu einer Reihe der in Ephesos inkriminierten Sätze finden sich mehr oder weniger genaue Parallelen in den „Geistlichen Homilien", die unter dem Namen des Makarios aus Ägypten in der asketisch-mystischen Literatur des christlichen Ostens einen hohen Rang einnehmen[160]. Eine alsbald einsetzende intensive Beschäftigung mit dem so aufgeworfenen Fragenkomplex hat nicht nur zur Entdeckung weiterer Schriften gleicher Art und Herkunft geführt, man glaubt auch ihren Verfasser in dem von Theodoret und einigen Handschriften als Messalianer genannten Symeon von Mesopotamien gefunden zu haben, der auch als Urheber des Asketikons zu gelten habe[161].

Allerdings spricht aus diesem Schrifttum bei weitem nicht mehr der „vulgäre" Messalianismus der frühen Jahre, den Ephrem, Gregor von Nyssa, Epiphanios und die ersten antimessalianischen Synoden verworfen haben. So wie es jetzt vorliegt, wird darin jeder sittliche Laxismus verurteilt, die Arbeit der „Brüder" hoch gewertet und spielen die Phantastereien mancher

158 Bei *Kmosko* n. XIV.

159 Der Ὅρος der Synode von Ephesos bei *E. Schwartz:* ACO I, I 7, 117 f; die verurteilten Einzelsätze aus dem Asketikon bei *Kmosko* n. XVI.

160 Die Beobachtung verdankt man dem Benediktiner *L. Villecourt,* La date et l'origine des Homélies spirituelles attribuées à Macaire: CRAIBL (Paris 1920) 29—53.

161 So zuerst *H. Dörries,* Symeon von Mesopotamien (siehe Quellen).

Pneumatiker keine Rolle mehr. Man begegnet hier vielmehr einer verfeinerten Erlebnistheologie, in der dem Gebet zwar eine hohe, aber keine exklusive Bedeutung zukommt, in der asketische Zucht selbstverständliche Voraussetzung für das Erlangen und Bewahren des Geistes und seiner Gnade ist und in der eine Abwertung der Taufe nicht mehr spürbar wird. Gewiß ist auch dieser geläuterte Messalianismus nicht frei von Fehlhaltungen — man wird etwa die Überschätzung des Erlebniswertes der Gnade und die „Fühlbarkeit" der Gottesliebe dazurechnen — aber nach neueren Beobachtungen haben doch Gregor von Nyssa und Diadochos von Photike diesen Messalianismus nach stillschweigender Korrektur seiner Irrtümer für eine auch ihnen mögliche asketische Haltung angesehen[162]. Deshalb scheinen Zweifel daran nicht ausgeschlossen, ob das in Ephesos verurteilte Asketikon solchen Messalianismus bereits vertrat oder ob die daraus vorgelegten Auszüge seine Lehre nicht verzerrt wiedergaben[163]. Gewiß, das negative Urteil von Ephesos hat auch auf ihm gelastet, ohne freilich den enormen Einfluß seines Schrifttums auf die Mystik der Folgezeit ausschließen zu können.

20. Kapitel

Das Mönchtum des lateinischen Westens

LITERATUR: allgemein: siehe oben Kap. 19, ferner: *G. Bardy,* Les origines des écoles monastiques en Occident: SE 5 (1953) 86—104; *W. Schatz,* Studien zur Geschichte und Vorstellungswelt des frühen abendländischen Mönchtums (Diss. masch. Freiburg 1957); *O. Chadwick,* Western Asceticism (London 1958: Übers. der Verba seniorum, Cassians, der Benediktinerregel mit Einleitungen); *H. U. von Balthasar,* Die großen Ordensregeln (Einsiedeln ²1961); *J. Décarreaux,* Les moines et la civilisation en Occident. Des invasions à Charlemagne (Paris 1964, dt.: Die Mönche und die abendländische Zivilisation, Wiesbaden 1965); *R. Lorentz,* Die Anfänge des abendländischen Mönchtums im 4. Jh.: ZKG 77 (1966) 1—61.

Italien: *G. D. Gordini,* Forme di vita ascetica a Roma nel IV secolo (Alba 1952); *ders.,* Origine e sviluppo del monachesimo a Roma: Gr 37 (1956) 220—260 (Lit.); *G. Ferrari,* Early Roman Monasteries, V—X cent. (Città del Vaticano 1957); *G. Penco,* Storia

[162] *R. Staats,* Gregor von Nyssa und die Messalianer (PTS 8, Berlin 1968) vertritt mit beachtlichen Gründen die Priorität des Großen Briefes der Messalianer vor Gregors De instituto christiano. *H. Dörries,* Diadochus und Symeon (= Wort und Stunde, Göttingen 1966) 334—417 weist eine ähnliche, zugleich korrigierende und übernehmende „Abhängigkeit" des Diadochos nach. Auf messalianische Formeln in der Hypatios-Vita des Kallinikos macht aufmerksam *G. J. M. Bartelink:* VigChr 22 (1968) 128—136.

[163] Siehe *H. Dörries,* Die Messalianer im Urteil ihrer Bestreiter: Saeculum 21 (1970) 213 bis 227 und *J. Gribomont* a. a. O., ferner bei *M. Canévet:* RÉG 82 (1969) 404—423 die Diskussion über die Authentizität von Gregor von Nyssas De instituto christiano.

del monachesimo in Italia, I (Rom 1961). — Mailand: *A. Roberti,* S. Ambrogio e il monachesimo: SC 68 (1940) 140—159 236—253; *R. de Izary,* La virginité selon s. Ambroise, 2 Bde (Diss. Lyon 1952); *G. Penco,* Le origini del monachesimo in Liguria: Benedictina 9 (1956) 15—30.

Gallien: *C. Courtois,* L'évolution du monachisme en Gaule de s. Martin à s. Colomban = Il monachesimo nell'alto medioevo e la formazione della civiltà occidentale (Spoleto 1957) 47—72; *R. Metz,* Les vierges chrétiennes en Gaule au IVe siècle: SA 46 (Rom 1961) 109—132; *E. Griffe,* Moines et monastères = La Gaule chrétienne à l'époque romaine 3 (Paris 1965) 299—352; *F. Prinz,* Frühes Mönchtum im Frankenreich (München 1965). — Martin von Tours: Wichtigste Quelle die Martinsschriften des Sulpicius Severus: ed. *C. Halm,* CSEL 1 (Wien 1866); Neuausgabe von *B. Peebles - P. Hylton* in CChr in Vorbereitung; die „Vita s. Martini" allein jetzt in SChr 133—135 ed. *J. Fontaine* (Paris 1967/68) mit wichtiger Einleitung in SChr 133, 17—210; Monographien über Martin: *E. Ch. Babut* (Paris 1912); *A. Requier* (Paris [7]1929); *J. Van den Bosch,* Capa, basilica, monasterium et le culte de s. Martin de Tours (Nijmegen 1959); Saint Martin et son temps = SA 46 (Rom 1961), darin 3—24: *E. Griffe,* Saint Martin et le monachisme gaulois. — Lerinum: Quellen: Hilarius Arelat., Sermo de vita s. Honorati: PL 50, 1249—79; *S. Cavallin,* Vitae ss. Honorati et Hilarii (Lund 1952) 49—78; Eucherius, De laude eremi: CSEL 31, 179—194; *H. Leclercq,* Lérins: DACL 8, 2596—2627; *L. Cristiani,* Lérins et ses fondateurs (St-Wandrille 1946); *N. K. Chadwick,* Poetry and Letters in Early Christian Gaul (London 1955) 142—169. — Johannes Cassian: a) Instituta Coenobiorum, ed. *M. Petschenig:* CSEL 13 (Wien 1886); ed. *J.-Cl. Guy:* SChr 109 (Paris 1965); b) Collationes patrum, ed. *M. Petschenig:* CSEL 17 (Wien 1888); ed. *E. Pichery:* SChr 42, 54 (Paris 1955, 1958, 1959). — *M. Olphe-Galliard,* Cassien: DSAM 2, 214—276; *M. Cappuyns,* Cassien: DHGE 11, 1319—48; *H. Leclercq,* Saint-Victor: DACL 15, 545 bis 557: F. Benoît, L'Abbaye de s. Victor et l'église de la Major (Paris 1936); *L. Cristiani,* Jean Cassien (Paris 1946); *H.-O. Weber,* Die Stellung des Johannes Cassianus zur außerpachomianischen Mönchstradition (Münster 1961); *J.-Cl. Guy,* Jean Cassien, vie et doctrine (Paris 1961); *O. Chadwick,* John Cassian (Cambridge [2]1967). — Die Juraklöster: Vitae patrum Jurensium, ed. *B. Krusch:* MGSS rer. Mer. III 131—166; ed. *F. Martine:* SChr 142 (Paris 1968, Lit.), dazu *J. Doignon:* RAM 46 (1970) 377—386; *H. Leclercq:* DACL 8, 430—438.

Spanien: *J. Pérez de Urbel,* Los monjes españoles de la edad media I (Madrid [2]1945); *ders.,* Le monachisme en Espagne au temps de s. Martin = SA (Rom 1961) 45—65; *A. Mundó,* Il monachesimo nella penisola Iberica = Il monachesimo nell'alto medievo (Spoleto 1957) 73—108; *G. M. Gibert,* El eremitismo en la Hispania romana = España eremítica (Pamplona 1970) 41—47.

Nordafrika: *J. M. Besse,* Les moines de l'Afrique romaine, 2 Bde (Paris 1903); *J.-M. Destal,* ¿Un cenobitismo preagustiniano en Africa?: Ciudad de Dios 168 (1956) 375 bis 405, 171 (1958) 161—195; *G. Folliet,* Aux origines de l'ascétisme et du cénobitisme africain: SA 46 (1961) 25—44; *J.-J. Gavigan,* De vita monastica in Africa septentrionali inde a temporibus s. Augustini usque ad invasiones Arabum (Turin 1962, Lit. IX bis XXIV). — Augustinus: *M. Mellet,* L'itinéraire et l'idéal monastique de s. Augustin (Paris 1934); Sanctus Augustinus, vitae spiritualis magister, 2 Bde (Rom 1959); *A. Manrique,* La vida monástica en San Agustín (Salamanca 1959); *D. Riccardi,* La verginità nella vita religiosa secondo la dottrina di s. Agostino (Turin 1961); *A. Sage,* La règle de s. Augustin commentée par ses écrits (Paris 1961); *E. Boularand,* Expérience et conception de la vie monastique chez s. Augustin: BLE 64 (1963) 81—116 172—194; *A. Manrique,* Teología Agustiniana de la vida religiosa (El Escorial 1964); *L. Cilleruelo,* El monacato de San Agustín (Valladolid 1966); *L. Verheijen,* La règle de s. Augustin, I: Tradition manuscrite; II: Recherches historiques, hier 221—239 umfassende Bibliogr. (Paris 1967);

A. Zumkeller, Das Mönchtum des heiligen Augustinus (Würzburg [2]1968, mit Lit. 17—31 323—332).

Kritik am Mönchtum: J. Chrysostomus, Adv. oppugnatores vitae monasticae: PG 47, 319—386; Hieronymus, Contra Vigilantium und Adversus Jovinianum: PL 23; Augustinus, De opere monachorum: CSEL 41 (Wien 1900). — *P. de Labriolle*, Rutilius Namatianus et les moines: RÉL 6 (1928) 30—41; *L. Gougaud*, Les critiques formulées contre les premiers moines d'Occident: RMab 24 (1939) 145—163; *P. Antin*, Le monachisme selon s. Jérôme: MélBénédictins (St-Wandrille 1947) 69—113; *A.-J. Festugière*, Antioche païenne et chrétienne (Paris 1959) 192—210.

Während der lateinische Westen besonders in Rom und Nordafrika ein eigenständiges frühchristliches Asketentum von beachtlichem Ausmaß kannte[1], läßt sich ein autochthones, d. h. in Ursprung und Weiterentwicklung von der Bewegung im östlichen Christentum unabhängiges Mönchtum im eigentlichen Wortsinn für den westlichen Raum nicht mit Sicherheit nachweisen. Sowohl Eremitentum wie organisiertes Klosterwesen setzen im Westen erst nach der Mitte des 4. Jh. ein, zu einer Zeit also, da die Kunde vom östlichen Mönchtum durch mannigfache Kanäle längst nach dem Westen gelangt war und anregend weiterwirken konnte, vor allem als die ohnehin schon lebendigen Beziehungen zwischen dem östlichen Christentum und den christlichen Gemeinden des Westens in der Frühphase der arianischen Kämpfe noch stark intensiviert wurden. Schon i. J. 324 war Ossius von Córdova im Auftrag Konstantins in Alexandrien, der dort gewiß Kenntnis vom eben aufblühenden Mönchtum erhielt. Das gleiche gilt von den Pilgern aus dem Westen, die nach 324 in steigender Zahl nach dem Osten kamen und in Palästina das hohe Interesse des Kaiserhauses an den Heiligen Stätten feststellen konnten. Die durchaus glaubwürdige Nachricht, daß Konstantin und seine Söhne Briefe an Antonios in Ägypten richteten[2], läßt die Bedeutung erkennen, die man an höchster Stelle dem Mönchtum beimaß. Der wiederholte Aufenthalt des Athanasios im Westen (335 in Trier, ca. 340/343 in Rom, ca. 345 in Aquileia) hat diesem und seiner Begleitung die Möglichkeit gegeben, als Augenzeugen von der mächtigen Bewegung zu sprechen, die den Osten erfaßt hatte. Zur vollen Wirkung kam sein Zeugnis, als seine Darstellung des Lebens und Wirkens des Antonios (entstanden um 357) in einer frühen lateinischen Übersetzung bald nach 360 einem größeren lateinischen Leserkreis zugänglich wurde[3]. Mönchtumsfreundliche Impulse sind gewiß auch von den orientalischen Wandermönchen ausgegangen, die von Zeit zu Zeit im Westen, vor allem in Rom, auftauchten[4].

[1] Siehe Bd I 336—340. Zum zeitweiligen Eremitentum des Presbyters Novatian (ca. 250) siehe zuletzt *H.-J. Vogt*, Coetus Sanctorum (Bonn 1968) 39 228.

[2] Athanas., Vita s. Antonii 81. [3] Siehe oben Kap. 19 II.

[4] Palladius, Hist. Laus. 37 45. Hieron., Vita Hilarionis 39—40 weiß von einer Tradition, nach der Hilarion auf seinen Wanderungen bis nach Epidaurus und Salona in Dalmatien gekommen sein soll.

Die Kenntnis vom östlichen Mönchtum hat sich im Westen jedoch zunächst nur in einer Stärkung der schon bestehenden asketischen Gemeinschaften ausgewirkt, die sich, vor allem in Rom, in ihren Idealen bestätigt fühlten, weitere Anhänger gewannen und neue asketische Zirkel gründen konnten. Daß es im Westen einer relativ langen Anlaufzeit bedurfte, bis es zum Entstehen eines organisierten Klosterwesens kam — diese Entwicklung setzt auf breiterer Ebene, abgesehen von Einzelfällen, erst gegen Ende des 4. Jh. ein —, wird begreiflich, wenn man den Stand der Ausbreitung des Christentums im Westen um 350 bedenkt. Die eigentlichen christlichen Zentren sind die Städte mit ihrem relativ dichtbesiedelten Hinterland, gerade diese aber sind nach damaliger Auffassung nicht die für das nach Einsamkeit verlangende Mönchtum günstigen Siedlungsräume[5]. Erst als die Bekehrung der Landbevölkerung in ihrer Mehrheit erreicht ist, sind günstige Voraussetzungen für ein organisiertes Mönchtum größeren Ausmaßes geschaffen. Ein Überblick über die einzelnen Landschaften des Westens läßt zugleich bedeutsame Differenzierungen innerhalb des lateinischen Mönchtums selbst wie auch im Vergleich zu seinem östlichen Vorläufer erkennen.

Rom und Italien

Den größten Einfluß übte die wachsende Kenntnis vom orientalischen Mönchtum in den Kreisen der stadtrömischen Christengemeinde aus, die schon für das asketische Ideal aufgeschlossen waren. Der Briefwechsel des *Hieronymus*, der sich besonders während seines zweiten römischen Aufenthaltes (381—384) als eifriger Förderer und Propagandist des Mönchsideals betätigte, orientiert darüber, daß die Angehörigen dieser Kreise meist Frauen der Oberschicht waren, die, wie etwa Asella, Marcellina, die Schwester des Bischofs Ambrosius von Mailand, Irene, Schwester des Papstes Damasus, zunächst noch einzeln in ihren Familien ein Leben der Jungfräulichkeit führten oder sich wie Marcella als Witwen für die asketische Lebensform entschieden[6]. Mehr und mehr schlossen sie sich zu größeren asketischen Gruppen bzw. Hausgemeinschaften zusammen, unter denen die der vornehmen Römerinnen Lea, Paula, der jüngeren Melania und Proba eine besondere Rolle spielten[7]. Eine wesentliche Annäherung an die klösterliche

[5] Hieronymus betont die notwendige „Flucht aus den Städten" unaufhörlich: Ep. 14, 6, 1; 58, 5, 1; 125, 8, 1; In Amos 2, 11; In Mc (CChr 78, 459 f).

[6] Asella: Hieron., Ep. 24; Marcellina: Ambros., De virg. 3, 4, 37; Paulinus, Vita Ambr. 4; Irene: A. *Ferrua*, Epigrammata Damasiana (Città del Vaticano 1948) 107—111; Marcella: Hieron., Ep. 127.

[7] Lea: Hieron., Ep. 23; Paula: Hieron., Ep. 108; Melania d. J.: Pallad., Hist. Laus. 61, dazu *D. Gorce:* SChr 90 (Paris 1962) 40 f; Proba: Hieron., Ep. 130, 7.

Lebensform bedeutete es, wenn Frauen dieser Kreise Rom verließen und die bisherige Gemeinschaft auf einer ihrer Besitzungen auf dem Lande fortsetzten[8]. Manche von ihnen, wie Melania die Ältere, Paula die Ältere und schließlich Melania die Jüngere, sahen aber offensichtlich die Möglichkeit einer vollen Verwirklichung des Klosterideals nur im Orient gegeben und wanderten dorthin aus[9]. Von einem wirklichen stadtrömischen Frauenkloster spricht zuerst Augustinus um 387; er kennt eine Gruppe von Witwen und Jungfrauen, die gemeinsam leben, die ihren Lebensunterhalt durch ihrer Hände Arbeit gewinnen, die sich eine Hausordnung geben, nach der erprobte „Vorgesetzte" die sittliche und geistige Führung der Kommunität übernehmen und in der die caritas als höchstes Gebot gilt[10].

Weit weniger Anklang fand das asketische Ideal offensichtlich bei den Männern der römischen Gemeinde. Zwar gab es auch hier schon früh allein lebende Asketen, aber die Zwischenstufe zwischen ihnen und dem Kloster, die männliche Asketengemeinschaft, scheint es nicht gegeben zu haben. Bald forderten auch manche dieser Asketen wegen ihres extravaganten Gebarens in Kleidung und Lebensführung den Widerspruch christlicher Kreise heraus[11]. Die Existenz mehrerer geordneter Männerklöster bezeugt wiederum Augustinus, in denen „in der göttlichen Wissenschaft" gebildete Männer Obere sind und die Gemeinschaft „nach der Sitte des Orients", wie er hervorhebt, durch eigene Arbeit für ihren Unterhalt aufkommt[12].

Gerade für Rom liegt es nahe, die Frage nach der Stellung des römischen Bischofs zur monastischen Bewegung dieser Zeit zu stellen. Sicher hat Papst Damasus (366—384) als entschiedener Förderer vor allem des weiblichen Asketentums zu gelten, der in Wort und Schrift dafür eintrat. Ebenso handelte sein Nachfolger Siricius (384—399), der sich gegen eine Abwertung des asketischen Ideals aussprach. Als nach dem Abklingen der Bedrohung durch die Barbareneinfälle im frühen 5. Jh. die Zahl der Mönche anstieg, griffen die Päpste Innocenz I. (402—417) und Zosimus (417—418) regulierend ein[13]. Unter den Päpsten dieses Jahrhunderts finden sich auch die ersten stadtrömischen Klostergründer. Das Monasterium in Catacumbas bei der Basilika des Martyrers Sebastian an der Via Appia verdankt Papst Sixtus III. (432—440) sein Entstehen, sein Nachfolger Leo I. (440—461) gründete schließlich ein Kloster bei der Vatikanischen Basilica (später nach

[8] So von den Genannten Marcella, Lea, Melania d. J.

[9] Siehe oben S. 375.

[10] Aug., De mor. eccl. cath. I 33, 70—73. Ein angeblich von Konstantina, der Schwester Konstantins, bei S. Agnese fuori le mura gegründetes Frauenkloster läßt sich nicht sicher nachweisen, siehe *G. D. Gordini* a. a. O. 229 f gegen *Ph. Schmitz:* RBén 38 (1926) 189 bis 195.

[11] Hieron., Ep. 22, 27—28.

[12] Aug., De mor. eccl. cath. I 33, 70.

[13] LP I 220 (Innocenz); Zosimus, Ep. 9 (PL 20, 670).

den heiligen Johannes und Paulus genannt), dem wohl der liturgische Dienst in der Basilika oblag[14].

Beim Blick auf das übrige Italien fällt zunächst eine relativ starke Verbreitung des *Eremitentums* an den Küsten und auf den Inseln des Tyrrhenischen Meeres und, seltener, in der Adria auf. Der erste dem Namen nach bekannte Inseleremit ist Martin von Tours, der nach kurzer Einsiedlerzeit in der Nähe Mailands dem Druck der Arianer weichen mußte und sich auf die Insel Gallinara vor der Riviera (gegenüber der Stadt Albenga) zurückzog (ca. 357/360)[15]. Augustinus kennt eine Mönchsgemeinschaft auf der Insel Capraria (heute Capraia, nordöstlich von der Nordspitze Korsikas). Die gleiche Insel wird von Rutilius Namatianus als Aufenthaltsort „lichtscheuer" Männer genannt, die sich Mönche nennen; auch die Insel Gorgo (heute Gorgona, auf der Höhe von Livorno) erwähnt er, weil sich dort ein junger Asket, der Frau und Vermögen verließ, „lebendig begraben habe"[16]. Auf der Insel Tinetto am Nordwestausgang des Golfes von La Spezia haben Ausgrabungen die Reste einer Einsiedelei aus dem ausgehenden 4. Jh. ans Licht gebracht[17]. Bonosus, ein Freund des Hieronymus, zog sich um 374 auf eine Insel vor der dalmatinischen Küste zurück. Ganz allgemein sprechen Ambrosius und Hieronymus von diesem Eremitentum, das zahlreiche Inseln des Tyrrhenischen Meeres und die abgelegenen Buchten der Küste bevölkere[18]. Hier ist der Inselcharakter deutlich als Ersatz für die Einsamkeit der Wüsteneien empfunden, in die sich die Anachoreten Ägyptens und Syriens zurückzogen.

Die erste Klostergründung auf italienischem Boden ist an den Namen des Bischofs *Eusebius von Vercelli* geknüpft, der dieser Gründung jedoch eine spezifische Ausrichtung gab. Eusebius war vor seiner Berufung zum Bischof der oberitalienischen Stadt Lektor in Rom und hatte sich schon für die jungfräulich-asketische Lebensweise entschieden, ehe er wegen seiner Treue zum nikänischen Bekenntnis nach dem Osten verbannt wurde (355). Wohl erst nach seiner Rückkehr aus dem Exil (363) vereinigte er den Klerus seiner Bischofskirche zu einer mönchischen *Vita communis*, er ist also der

[14] Zu den Gründungen Sixtus' III. und Leos I. siehe *G. Ferrari*, Early Roman Monasteries (Città del Vaticano 1957) 163—172.

[15] Sulpicius Severus, Vita s. Martini 6, 5, dazu den Kommentar von *J. Fontaine:* SChr 134 (1968) 582—602.

[16] Aug., Ep. 48; Rutil. Namat., De reditu suo 439—452; Gorgo: ebd. 515—526. Die spanische Forschung identifiziert allerdings Capraria mit der heutigen kleinen Insel Cabrera unter den Balearen, wohl kaum zu Recht, vgl. *Hülsen:* Pauly-Wissowa 3, 2, 1546.

[17] Vgl. *R. Trinci* (u. a.): Bollettino Ligustico 9 (1957) 45—62.

[18] Bonosus: Hieron., Ep. 3, 4; Ambros., Exaem. 3, 5, 23; Hieron., Ep. 77, 6: *insulas, Etruscum mare ... reconditos curvorum litorum sinus, in quibus monachorum consistunt chori.* Neuen Zuzug erhielt das Inselmönchtum durch Afrikaner, die zur Zeit der Vandalenherrschaft ihr Land verließen.

erste Gründer eines *monasterium clericorum* der Kirchengeschichte, da es für seine Institution bis dahin, soweit die Quellen erkennen lassen, in Ost und West kein Vorbild gab, seine Zeitgenossen haben das Neue seines Werkes auch durchaus empfunden[19]. Ambrosius nennt Hymnengesang, gemeinsames Gebet, Studium der Heiligen Schrift, Handarbeit und Fasten als wichtigste Inhalte des Lebens der Klerikerkommunität von Vercelli[20], die dadurch wie das vorweggenommene *monasterium clericorum* Augustins in Hippo erscheint und mit der Forderung nach dem Studium der Schrift bereits einen spezifisch abendländischen Zug aufweist.

Als weiteres Zentrum asketisch-mönchischen Strebens in Italien ist *Mailand* unter Bischof *Ambrosius* zu nennen. Zur Zeit von Augustins Mailänder Aufenthalt existierte vor den Toren der Stadt ein Männerkloster, dessen an Zahl nicht geringer Kommunität ein gelehrter Presbyter vorstand und dessen eifriger Förderer Bischof Ambrosius selbst war[21]. Auch sonst tritt Ambrosius als Anwalt des Mönchtums auf, wenn er das Inseleremitentum preist, das Werk des Eusebius von Vercelli rühmt oder mit bitteren Worten zwei ehemalige Mönche geißelt, die nun schmähen, was sie einst gelobt[22]. In besonderem Maße aber gilt seine Fürsorge den Frauen, die die asketische Virginität gelobt haben. In den Dienst ihres Ideals stellt er sein Wort und seine Feder, aus seinem Bemühen spricht der entschlossene Ernst des zum katholischen Bischof gewordenen Römers, der einer laxen heidnischen Sittenauffassung den hohen Anspruch christlicher Zucht gegenüberstellt[23]. Während Jungfrauen aus Piacenza und Bologna, ja Flüchtlinge aus Nordafrika nach Mailand kommen, um hier „den Schleier zu nehmen“ *(ut hic velentur)*, findet Ambrosius in seiner Bischofsstadt mit seinem Werben keinen ungeteilten Beifall, so daß er einmal sarkastisch bemerkt: „Hier predige ich und finde damit andernorts Gehör; fast möchte ich anderswo predigen, um euch zu überzeugen!“ [24]

[19] Ambros., Ep. 63, 66: ... *primus in occidentis partibus diversa* (i. e. *monasterii continentiam et disciplinam ecclesiae*) *coniunxit.* Ps.-Maximus Taurin., Sermo 7, 2 (CChr 23, 25): *eosdem monachos instituit esse quos clericos; ... ut si videres monasterii lectulos, instar orientalis propositi indicares.* Der Sermo ist gegen Ende des 4. Jh. anzusetzen. In seinem Brief aus dem Exil an seine Gemeinde in Vercelli erwähnt Eusebius das Klerikerkloster noch nicht: Ep. 2 (CChr 9, 108). Zu Eusebius: *C. de Clercq:* DHGE 15, 1477—83.

[20] Ep. 63, 82: *hymnis dies ac noctes personant; orationibus conciliare crebris; student lectioni, operibus continuis mentem occupant; jejunii labor.*

[21] Aug., *De mor. eccl. cath.* I 33, 70; Conf. 8, 6, 15.

[22] Ambros., Ep. 63, 7—9; Enarr. in ps. 36, 49.

[23] Hier sind besonders zu nennen das aus Predigten erwachsene Schrifttum über das Jungfräulichkeitsideal: „De virginibus“, „De viduis“, „De virginitate“, „De institutione virginis“ und „Exhortatio virginitatis“; die Sonderausgaben siehe bei *Altaner-Stuiber* 382; die Literatur bei *E. Dassmann:* Die Frömmigkeit des Kirchenvaters Ambrosius von Mailand (Münster 1965) 250 Anm. 223.

[24] De virginibus I 11, 58—61.

Im übrigen Italien existierte außer in Bologna, wo die klösterliche Gemeinschaft etwa 20 Jungfrauen zählt, zu Ambrosius' Zeiten noch ein Nonnenkloster in Verona, dem schon die Fürsorge des Bischofs Zeno galt[25]. Hieronymus richtet einen seiner Briefe an die *virgines* im heimatlichen Haemona. Schon um 370 war Rufin Mönch in einem Kloster seiner Heimat Aquileia. Als er um 400 das Asketikon des Basileios für die Mönche eines Klosters Pinetum übersetzte, bat er, „auch anderen Klöstern" des Westens Abschriften davon zukommen zu lassen[26]. In Süditalien faßt das Asketentum erst Fuß mit dem aus Bordeaux kommenden Paulinus, der seit 395 mit seiner Hausgemeinschaft ein klösterliches Leben führte. „Hausklöster" ähnlicher Art dürften auch die asketischen Gemeinschaften gewesen sein, die Melania die Jüngere um 408 auf ihren Besitzungen in Sizilien und Kampanien einrichtete[27]. Spätere hagiographische Darstellungen schreiben noch manchem Bischof des 4.—6. Jh. besonderes Interesse für das Mönchtum oder gar Klostergründungen zu, ohne daß sich dies im Einzelfall aus anderen Quellen mit Sicherheit belegen ließe[28].

Gallien

Auch für Gallien ist ein vormonastisches Asketentum anzunehmen, wenn auch die Zeugnisse dafür relativ spärlich und späteren Datums sind. Ein Erlaß Kaiser Valentinians I. (um 370), der die gottgeweihten Jungfrauen Galliens von einer Steuer ausnimmt, setzt das weibliche Asketentum ebenso voraus wie ein Kanon des Konzils von Valence (374), der sich mit aus ihrem bisherigen Stand ausgetretenen *virgines* befaßt[29]. Auch in Trier kennt man etwa um die gleiche Zeit die Institution der *virgines deo dicatae,* und noch vor der Jahrhundertwende äußert sich ein Dekret des Papstes Damasus (366—384) oder seines Nachfolgers Siricius (384—399) zur Frage der Behandlung solcher Jungfrauen, die ihrem Gelöbnis untreu wurden[30]. Die Mehrzahl dieser *virgines* in Gallien lebte noch in ihren Familien, gelegentlich deutet sich in einem Zusammenschluß zu kleineren Gruppen die Tendenz auf eine klösterliche Gemeinschaft hin an[31].

[25] Ambros., Epp. 5 und 6; De virginitate 130 lobt Ambrosius den Bischof von Bologna (Eusebius) wegen seines erfolgreichen Wirkens für die *virginitas.*

[26] Haemona: Hieron., Ep. 11; Aquileia: Rufin., Apol. I 4; Pinetum: Rufin., Praef. in Regul. s. Basilii (CChr 20, 241).

[27] Nola: *P. Fabre,* S. Paulin de Nole (Paris 1949) 39 ff; Melania: Pallad., Hist. Laus. 61.

[28] Siehe *G. Penco,* Storia 27—42.

[29] Cod. Theod. XIII 10, 4; Conc. Valent. c. 2 (374).

[30] Aug., Conf. 8, 6, 14 (Trier); die Papstdekretale: PL 13, 1178.

[31] Sulpicius Severus, Dial. 2, 11 erwähnt als erster ein *monasterium puellarum,* dazu *R. Metz* a. a. O. 119—124. Bischof Victricius von Rouen erbittet von Papst Innocenz I. (402—417) Instruktionen für die Betreuung von *virgines lapsae:* PL 20, 469—481.

Die ersten Nachrichten über das männliche Asketentum Galliens sind mit dem Namen des Mannes verknüpft, der als der Begründer des gallischen Mönchtums schlechthin gilt, mit *Martin von Tours.* Sein Abschied vom Militärdienst wird mit seinem Entschluß zum Asketendasein motiviert, das er — nach kurzem Aufenthalt bei Hilarius von Poitiers — zuerst als pilgernder Asket auf dem Balkan, dann vor den Toren Mailands und, wie schon erwähnt, auf der Insel Gallinara vor der ligurischen Küste verwirklicht[32]. Auch nach der Rückkehr des Hilarius aus dem Exil (360) lebte Martin zunächst in einer Einsiedlerzelle in der Nähe von Poitiers, mit hoher Wahrscheinlichkeit an der Stelle des späteren Klosters Ligugé, acht Kilometer südlich der Stadt[33].

Durch die Aufnahme einiger Schüler wurde diese Einsiedelei allmählich zu einer Anachoretensiedlung, das gleiche gilt von der Zelle, in die sich Martin bald nach seiner Berufung zum Bischof von Tours (um 371) zurückzog, aus der das Kloster Marmoutier erwuchs. Die rasch steigende Zahl der Eremiten — es waren bald etwa achtzig — ließ hier aber auch gewisse Formen gemeinschaftlichen Lebens, wie die gemeinsame Mahlzeit und das gemeinsame Gebet, entstehen. Da den Mönchen die Handarbeit untersagt blieb, um den Erwerbsgeist von ihnen fernzuhalten — nur einige jüngere Mönche stellten die für Lesung und Gebet erforderlichen Handschriften her —, mußte der Unterhalt der Kommunität aus dem eingebrachten Vermögen der aus wohlhabenden Familien stammenden Brüder und der Beihilfe der Gemeinde von Tours bestritten werden. Eine Reihe von Zügen dieser Mönchskolonie weist unverkennbar auf gleichartige Strukturen im ägyptischen Mönchtum hin, wie sie im Anachoretenverband des Antonios oder solchen am Nitrischen Berg nachweisbar sind. Zu diesen Zügen ist nicht nur die lose, regelfreie Organisation zu rechnen, sondern vor allem auch die zugrunde liegende asketische Konzeption, die das Mönchsdasein als Nachfolge Christi versteht, die sich in apostolischer Armut nach dem Vorbild der Urgemeinde (gemeinsamer Besitz, Kleidung) und in ständigem Kampf mit den Dämonen verwirklicht. Wesentlicher Bestandteil dieses Kampfes mit den Dämonen ist die Zerstörung der heidnischen Tempel, die Errichtung christlicher Gotteshäuser an ihrer Stelle, die Belehrung der Menschen durch die Predigt und die Gründung neuer Mönchsniederlassun-

[32] Sulpicius Severus, Vita s. Martini 5, 1—3; zu Martins Aufenthalt in Mailand und auf Gallinara s. oben S. 393. Möglich, daß Hilarius von Poitiers schon vor 356 als Asket bzw. in einer Asketengemeinschaft mit seinem Klerus lebte, vgl. *J. Fontaine* a. a. O. 559 Anm. 2.

[33] Sulpicius Severus, Vita s. Martini 7, 1. Zu den jüngsten Ausgrabungen in Ligugé vgl. die Berichte von *J. Coquet* in der RMab 1954—1961, bes. 51 (1961) 54—70; erst Ven. Fortun., Vita s. Hilarii, 1, 12 und Gregor. Tur., Virtutes s. Mart. 4, 30 nennen den Namen Ligugé.

gen[34]. Dadurch erhält das martinische Mönchtum einen betont pastoral-missionarischen Zug, der ihm eine spezifische Prägung verleiht. Da man gerne aus dem Schülerkreis Martins neue Bischöfe wählte, die in seinem Geiste für das Mönchsideal warben, behielt das frühe Mönchtum an der Loire auch in der Folgezeit seine Eigenart. Es fand zwar auch Widerspruch bei einigen Bischöfen, denen der enorme Einfluß Martins beim Volke unangenehm war, aber dessen Ansehen, verteidigt und propagiert durch die Martinsschriften des Sulpicius Severus, sicherten ihm, vor allem im südwestgallischen Raum, eine entscheidende Weiterwirkung[35]. Sulpicius hat nach dem Verzicht auf sein väterliches Erbe auch persönlich das asketische Ideal Martins mit einigen Modifikationen praktisch zu verwirklichen gesucht, als er in seinem Landhaus Primuliacum[36] für sich und seine Hausgemeinschaft einen Lebensstil einführte, der asketische Einzelzüge, wie das Wohnen in Einzelzellen, die schlichte Mönchskleidung mit geistiger Tätigkeit und einer bereitwilligen Gastfreundschaft für Mönche, besonders solche aus Marmoutier, verband. Für diesen Asketenkreis war das Andenken an Martin das einigende Band und das Grab seines Schülers Clarus, den Sulpicius Severus in Primuliacum beisetzen ließ, der stete Ansporn für dessen Verehrung[37]. Auch für das Mönchtum im weiter nordwestlich gelegenen Bistum Rouen darf man martinischen Einfluß annehmen, da der dortige Bischof *Victricius* Martin persönlich kannte, verehrte und ähnlich wie jener gerade bei neuerrichteten Kirchen Klöster entstehen ließ[38]. Auch Maximin, der in Chinon an der Loire (westlich von Tours) ein Kloster gründete, war Schüler Martins[39].

Etwa ein Jahrzehnt nach Martins Tod setzt die zweite Phase in der Ausbreitung des gallischen Mönchtums ein, das vor allem die *Provence* erfaßte und an kirchengeschichtlicher Bedeutung das von Martin geprägte Mönchtum übertreffen sollte. Ausgangspunkt und ein Jahrhundert lang auch Zen-

[34] Die Frage, woher Martin seine Kenntnis des orientalischen Mönchtums hatte, scheint zweitrangig, da es viele Möglichkeiten seit der Mitte des 4. Jh. gab. Eine Ableitung des martinischen Mönchtums aus dem italischen, so *F. Prinz* a. a. O. 93 f, verschiebt die Frage nur, da eben auch der Orient Vorbild für das italische Mönchtum des 4. Jh. ist.

[35] Für die Eigenart des martinischen Mönchtums ist besonders der Kommentar von *J. Fontaine* in SChr 134 zur Vita Martini c. 10 und 13 heranzuziehen. Neuerrichtung von *monasteria* durch Martin: Vita c. 13; Dial. 2, 8; 3, 8. Zur literarischen Charakteristik der „Vita s. Martini" s. ebenfalls *J. Fontaine:* SChr 132, Introduction; ihre Grundtendenz: Martin ist ein zweiter Antonios, vgl. noch *F. S. Pericoli Ridolfini*, La vita Martini e la vita Antonii: Studi e Materiali stor. rel. 38 (1967) 420—433.

[36] An der Straße von Bordeaux nach Narbonne, im Grenzraum von Aquitanien und der Narbonnensis, siehe *J. Fontaine* a. a. O. 32—38 und SChr 134, 894 f (Karte).

[37] Clarus: Sulpicius Severus, Vita s. Martini 23; Ep. 2, 5; Paulin. Nol., Ep. 32, 6 (Grabinschrift).

[38] Victricius, De laude sanctorum (PL 20, 443—458); Sulpicius Severus, Dial. 3, 2; Paulin. Nol., Ep. 18.

[39] Siehe *E. Griffe*, La Gaule chrétienne III 329.

trum dieser Bewegung war die heute Îles de *Lérins* genannte Doppelinsel vor der Küste von Cannes. Auf der größeren Insel, Lerinum oder Lerina, ließ sich zwischen 405 und 410 der aus vornehmer Familie stammende *Honoratus* mit seinem Freund Caprasius nieder, nachdem er sich schon im frühen Mannesalter gegen den Widerstand des Vaters für das asketische Leben entschieden hatte[40]. Aus dem bescheidenen anachoretischen Anfang entwickelte sich im Verlauf von 20 Jahren ein *ingens fratrum coenobium,* wie Johannes Cassian um 425 die Gründung nannte[41]. Honoratus, bald zum Priester geweiht, blieb bis zu seiner Berufung auf den Bischofsstuhl von Arles (428) der geistliche Vater des Klosters, dem er, wenn auch vielleicht keine schriftlich fixierte Regel, so doch eine Lebensordnung gab, die sich ganz am ägyptischen Vorbild orientierte. Der Ruf des Coenobiums auf dieser *beata insula* zog nicht nur viele Besucher an, sondern führte ihm auch einen beachtlich hohen Prozentsatz seines Nachwuchses aus den Familien der spätrömischen Oberschicht Galliens zu, der dem Lerinischen Mönchtum einen sich deutlich vom martinischen abhebenden Charakter verlieh. Noch folgenreicher für die Kirche Galliens im 5. Jh. war es, daß gerade aus dieser Schicht stammende Mönche Lérins' zu Bischöfen gewählt wurden und so den das Kloster religiös und theologisch bestimmenden Geist in ihren neuen Wirkungskreis mitnahmen. Zu ihnen gehören außer Honoratus sein Vetter *Hilarius,* der sein Nachfolger in Arles wurde und als Seelsorger und tatkräftiger Metropolit durch zwei Jahrzehnte hindurch die Geschicke der Kirche in Südostgallien bestimmte. Weiter Maximus, der zweite Abt von Lérins, den man nach Riez berief, ebenso wie *Faustus,* der ihm sowohl in der Abtswürde wie im Bischofsamt nachfolgte[42]. Ein begeisterter Leriner blieb zeitlebens Bischof *Eucherius* von Lyon (seit 434), der sich um 420 mit Frau und Kind auf der kleineren Insel Lero niederließ und als Erzieher seiner Söhne keine geringeren nennt als die Mönche Hilarius (von Arles), Salvian (von Marseille, den Presbyter) und Vincentius, den man gern mit dem Verfasser des berühmten Commonitoriums identifizieren möchte[43]. Ein Bruder dieses Vincentius war der Mönch Lupus, später Bischof von Troyes, während die Söhne des Eucherius Salonius und Veranus als Bischöfe nach Genf bzw. Vence gingen[44]. Es schien sich hier eine ähnliche Entwicklung anzu-

[40] Sermo de vita s. Honorati 4—13 (Gedächtnisrede des Hilarius von Arles auf seinen Vorgänger am Jahrestag seines Todes, wohl 431).

[41] In der Praefatio zu den Collationes XI—XVII, die er Honoratus (und Eucherius) widmete.

[42] Faustus von Riez, Sermo 34 der Homilien des Ps.-Eusebius = PL Suppl. III 633—640 (Gedächtnisrede auf Maximus).

[43] Eucherius, De laude eremi 42—43 (Lobpreis der Insel); Instruct. I praef. (Lehrer seiner Söhne). Zu Vincentius: *F. Prinz* a. a. O. 52 und, vorsichtiger, *E. Griffe* a. a. O. III 337.

[44] *E. Griffe,* a. a. O. II 222 f 287. Hier werden nur die Mönche Lérins' berücksichtigt, die etwa bis zur Jahrhundertmitte Bischöfe wurden.

bahnen wie in der Ostkirche, in der die Berufung der Bischöfe aus dem Mönchsstand zur Regel wurde. So findet sich die spirituelle und theologische Eigenart des Inselklosters wieder in der von Hilarius ins Leben gerufenen Mönchsgemeinschaft von Arles und in dem schon vor Eucherius existierenden Lyoner Kloster[45]. Von Lyon aus strahlte Leriner Geist auch in die *Juraklöster* aus, da Romanus, der Gründer des ersten dieser Klöster, Condat (St-Claude, ca. 430), „das Leben der Mönche" in einem Lyoner Kloster kennenlernte und man in Condat unter dem späteren Abt Eugendus neben den asketischen Werken des Basileios, Pachomios und Cassian auch las, „was die heiligen Väter von Lerinum" herausgegeben hatten[46]. Ein weiterer bedeutsamer Einfluß auf das Mönchtum des 5. Jh. in Südostgallien ging von dem Wirken des eben genannten *Johannes Cassian* aus. Dieser wohl aus der romanisierten Dobrudscha stammende *(natione Scytha)* und daher lateinisch schreibende Mönch hatte nach einem ersten Aufenthalt in einem Kloster in Bethlehem etwa 10 Jahre unter den Anachoreten der Sketis in Ägypten gelebt (bis etwa 400), war danach Diakon unter Johannes Chrysostomos in Konstantinopel und später wohl als Presbyter Mitglied des Klerus der Kirche von Antiochien. Im Auftrag seiner Bischöfe war er zweimal in Rom, wo er den späteren Papst Leo I. kennenlernte. Aus nicht mehr sicher aufzuhellendem Anlaß kam er um 416 nach Marseille, wo ihm Bischof Proculus die Vorstadtkirche St-Victor übertrug[47]. Hier gründete er das nach St. Victor genannte berühmte Männerkloster, dem noch ein Frauenkloster folgte, in das später Caesarius von Arles seine Schwester zur Ausbildung schickte[48]. Hier verfaßte Cassian seine beiden großen Werke über die Ordnung und die geistliche Welt des östlichen Mönchtums (1. die „Instituta coenobiorum", etwa 424; 2. die „Collationes", um 426—428), hier entfaltete sich auch seine Mitarbeit an der theologischen Diskussion seiner Zeit über den Nestorianismus und die augustinische Gnadenlehre.

Über die Ziele seiner Mönchsschriften hat sich der Abt von Marseille in den Widmungen derselben, die verschiedenen Bischöfen, Klosteroberen und Anachoreten Galliens gelten, selbst geäußert[49]. Er will die Führung des gallischen Mönchtums sowohl mit dem östlichen Koinobitentum wie auch

[45] Arles: Vita s. Hilarii 10; zu Lyon: *F. Prinz* a. a. O. 66 f.

[46] Vitae Patrum Jurensium 11 (Armanus); 174 (Eugendus): SChr 142 (1968) 250 426. Weitere Einflüsse Lérins', etwa auf die Gründungen des Germanus von Auxerre, sind möglich, bleiben jedoch hypothetisch, vgl. *F. Prinz* a. a. O. 63—66.

[47] Zur Heimat Cassians: *H.-I. Marrou:* Miscell. G. de Jerphanion II (Rom 1947) 588 bis 596; über seine Zugehörigkeit zum Klerus von Antiochien s. *E. Griffe:* BLE 55 (1954) 239—244; über seine Tätigkeit in Marseille wiederum *H.-I. Marrou:* RMA 1 (1945) 5—26.

[48] Gennadius, Vir. ill. 62; *L. Laurin,* Notice sur l'ancienne abbaye Saint-Victor de Marseille (Marseille 1957); Vita Caesarii Arelat. 1, 35.

[49] Vgl. *J. Leroy,* Les préfaces des écrits monastiques de Jean Cassien: RAM 42 (1966) 157—180; *ders.,* Le cénobitisme chez Cassien: ebd. 43 (1967) 121—158.

mit der Spiritualität des dortigen Anachoretentums eingehend und zuverlässig bekannt machen. Den oft noch planlos gegründeten und ihres Weges noch nicht sicheren gallischen Klöstern sollen die erprobten koinobitischen Regeln des Ostens, besonders die des Pachomios, deren Einzelzüge in den „Instituta coenobiorum" liebevoll geschildert werden, eine Hilfe sein für das Bewahren der apostolischen Tradition, wobei Cassian eine gewisse Anpassung an Klima und Lebensgewohnheiten des Landes ratsam scheint[50]. Dem Anachoretentum spricht er zwar einen objektiv höheren Rang zu, da es eine tiefere asketische Disziplin voraussetze, aber gerade seine hohen Anforderungen können auch zur Gefahr werden. Obwohl dieser Form seine Bewunderung und heimliche Liebe gehört, entschied er sich selber, sozusagen vorbildhaft, für das gallische Asketentum, für das geordnete Leben im Kloster innerhalb der Stadt. Auf Cassians Wirken sind gewiß zwei Züge zurückzuführen, die das Rhône-Mönchtum kennzeichnen: einmal die betonte Hochschätzung des östlichen (eigentlich ägyptischen) Vorbildes, das hier schärfer und tiefer erfaßt wurde als im Mönchtum Martins von Tours, und zweitens die größere Aufgeschlossenheit für eine „Theologie des Mönchtums", die er als Vermächtnis des Ostens aus dem Kreis um Evagrios Pontikos nach der Provence brachte. Daraus resultierte letztlich das wache Interesse an der theologischen Diskussion der Zeit um die Geltung der augustinischen Gnadenlehre, an der das Mönchtum Südostgalliens rühmlichen Anteil nahm. Noch bedeutender freilich war wohl die Fernwirkung dieses vom Balkan nach Marseille gekommenen Abtes. Das besonnene, kluge Urteil, der sichere Blick für das asketisch Mögliche, die gewinnende Lauterkeit seiner Ideale und der anziehende Stil seines Schrifttums haben die große Zukunft des lateinischen Mönchtums im Mittelalter entscheidend vorbereitet[51]. Das südostgallische Mönchtum hat schließlich noch gewisse Impulse aus dem Osten empfangen, die auf Kontakte des Hieronymus mit Mönchskreisen in Toulouse und Marseille zurückgehen. Durch den Mönch Sisinnius war er informiert über die asketischen Strömungen in Toulouse, die ihn veranlaßten, dem Bischof Exuperius seinen Zachariaskommentar und den Mönchen Minervius und Alexander seine Auslegung des Malachias zu widmen[52]. Einem Rusticus aus Marseille, der 427 Bischof von

[50] Instit. Coenob. praef. 8—9. Hier scheint ein Tadel an der relativen Ungebundenheit des martinischen Mönchtums anzuklingen. Cassian kennt und schätzt aber auch die (wenigen) Anachoreten im Raum der Provence, wie Helladius und einige Mönche auf den Stöchadischen Inseln (Îles d'Hyères vor Marseille), denen er die Coll. XVIII—XXIV widmet, siehe praef. zu Coll. XI und XVIII.

[51] Vgl. *E. Pichery* in seiner Einleitung zu SChr 42 (1955) 56ff.

[52] Sisinnius wird erwähnt von Hieron., Ep. 119, 1; Comm. in Zach. prol.; Contra Vigil. 3, 17. Minervius und Alexander: Comm. in Amos III prol.; Comm. in Malach. prol. An sie ist auch Ep. 119 gerichtet.

Narbonne wurde, empfiehlt er in einem Brief das asketische Leben in einer Gemeinschaft von Brüdern, während er sich über Martin von Tours eher kritisch äußert[53].

Spanien

Während vormonastisches Asketentum für die Iberische Halbinsel erstmals durch die Synode von Elvira bezeugt wird[54], setzen die Nachrichten über die Existenz des Mönchtums hier erst um 380 ein, lassen dann allerdings erkennen, daß es sich dabei nicht um eine eben erst entstehende Institution handelt. Vom orientalischen Mönchtum konnte Bischof Ossius von Córdova berichten, der als Beauftragter Konstantins 324 in Alexandrien weilte, so daß man bei dem Hinweis des Athanasios, auch Spanien habe von dem Leben des Antonios Kunde erhalten, zuerst an ihn als Vermittler denken wird. Aber mit Sicherheit weiß man nur, daß er eine Schrift über die Jungfräulichkeit seiner Schwester widmete, die zu den gottgeweihten Jungfrauen gehörte[55].

Die Synode von Zaragoza (380) gebraucht zum ersten Mal in einer spanischen Quelle den Terminus *monachus* in einem eigenartigen Zusammenhang; sie stellt den Übertritt eines Klerikers zum Mönchtum unter Strafe, weil er damit als „ein eifrigerer Beobachter des Gesetzes erscheinen wollte“[56]. Fünf Jahre später hingegen spricht Papst Siricius (384—399) in einem Brief an Bischof Himerius von Tarragona den Wunsch aus, Kleriker gerade aus dem Mönchtum zu wählen; im gleichen Schreiben werden Klöster (für Männer und Frauen) in der Provinz Tarragona als normale Erscheinung erwähnt[57]. Für die gleiche Zeit werden Klöster auch vorausgesetzt in einem Briefwechsel zwischen einer Dame der Gesellschaft und einer Nonne, die der ersteren rät, sich von Weihnachten bis Epiphanie zum Gebet in ein Kloster zurückzuziehen[58]. Ob auch die Inseln vor der spanischen Ostküste damals schon das Mönchtum kannten, bleibt ungewiß[59].

Ein eigenartiger Repräsentant des spanischen Mönchtums in den letzten Jahren des 4. Jh. ist *Bachiarius*, von dem Gennadius berichtet, daß er die *peregrinatio* erwählte, um sein Asketentum bewahren zu können; tatsächlich

[53] Brief an Rusticus: Ep. 125; über Martin, ohne ihn zu nennen, Ep. 60, 9.

[54] Conc. Illib. c. 13.

[55] Gennadius, Vir. ill. 5; Athanas., Vita s. Antonii 93. — Hieronymus steht mit einem Asketenehepaar aus Spanien in Verbindung: Epp. 71 75. Auch das Conc. Toletanum I (um 400) 6 16 19 beschäftigt sich mit den *virgines.*

[56] Conc. Caesaraugust. 6.

[57] Siricius, Ep. ad Himerium 1, 13 und 1, 6.

[58] *G. Morin,* der die beiden Briefe Bachiarius zuschreibt, edierte sie mit Kommentar: RBén 40 (1928) 293—302, abgedruckt in PL Suppl 1, 1035—44.

[59] Zum Mönchtum auf der Baleareninsel Cabrera s. oben S. 393 Anm. 16.

hat Bachiarius sein Wandermönchtum mit Verve verteidigt[60]. In seiner Schrift „De lapso“ erweist er sich als urteilssicherer und kenntnisreicher Asket, der sich an Tertullian, Cyprian und Hieronymus gebildet hat. Sein Wandermönchtum hat ihm allerdings den Verdacht eingebracht, Anhänger priszillianischer Ideen zu sein, die er jedoch in einer Verteidigungsschrift entschieden verwirft[61].

Ohne Zweifel hat jedoch die Reaktion auf die Bewegung Priszillians die Weiterentwicklung des Mönchtums auf der Iberischen Halbinsel brüsk unterbrochen. Der Priszillianismus ist zwar primär als eine dualistisch-heterodoxe Theologie zu bewerten und deshalb an anderer Stelle zu behandeln, aber aus dieser Theologie haben ihre Anhänger eine extreme und überspannte asketische Praxis entwickelt, die auch das orthodoxe Mönchtum in Mißkredit brachte und bei einigen ohnehin nicht asketenfreundlichen Bischöfen ihm gegenüber ein lang anhaltendes Mißtrauen hervorrief[62]. Diese Belastung und die nach der Jahrhundertwende einsetzenden Unruhen, die mit der Besetzung des Landes durch die Sueven und später die Westgoten verbunden waren, haben ein stärkeres Wiederaufleben des Mönchtums bis zum Beginn des 6. Jh. hinausgeschoben.

Nordafrika

Gerade im nordafrikanischen Christentum war das asketische Leben bereits im 3. Jh. zu beachtlicher Ausbreitung und hohem Ansehen gelangt. Seit den Tagen Tertullians kannte die nordafrikanische Kirche *virgines* oder *continentes* beiderlei Geschlechts, die von Bischof Cyprian mit besonderer Fürsorge gefördert wurden und sich auch in der Verfolgungszeit vielfach bewährten. Sie existierten das ganze 4. Jh. hindurch fort und sind offensichtlich noch an Zahl und Bedeutung gewachsen, da sich die Synoden dieser Zeit wiederholt mit ihnen befassen und Bestimmungen erlassen, die sie mehr und mehr in die Richtung gemeinsamen Lebens drängen[63]. Vielleicht sind gerade Rang und Verbreitung des Asketentums mit ein Grund dafür, daß im Blick auf die sonstige Entwicklung innerkirchlichen Lebens in Nordafrika das eigentliche Mönchtum hier relativ spät in Erscheinung tritt. Zwar hat sich die These als unhaltbar erwiesen, das Mönchtum Nordafrikas ver-

[60] Gennadius, Vir. ill. 23; Bachiarius, De fide 2.

[61] De lapso: PL, 20, 1037—62, dazu *J. Duhr,* Le *De lapso* de Bach. (Louvain 1934). De fide: PL 20, 1019—36, dazu *J. Madoz:* RET 1 (1940/41) 457—488.

[62] Vgl. Sulpicius Severus, Chron. 2, 50; schon die Synoden von Zaragoza und Toledo (380 bzw. 400) zeigen eine gewisse Reaktion an.

[63] Siehe *G. Folliet,* Aux origines de l'ascétisme et du cénobitisme africain: SA 46 (1961) 25—44. Zu den Beschlüssen der Synoden von Karthago 349, 390, 397, der von Hippo 393, ebd. 31—34.

danke sein Entstehen, seine grundlegende Organisation und seine erste Expansion ausschließlich dem heiligen Augustinus[64]. Denn dieser selbst bezeugt die Existenz mehrerer Klöster in Karthago um 400, die nicht auf seine Initiative hin entstanden sein können, weil in ihnen wenigstens von einer Gruppe von Klosterangehörigen ein Verständnis des Mönchtums vertreten wurde, das dem augustinischen diametral entgegengesetzt war[65]. Die von Augustinus mit äußerster Schärfe verurteilten Züge dieser Gruppen, ihre auffällige Haartracht, ihre Ablehnung jeder Handarbeit, ihr selbstgefälliges Auftreten in der Öffentlichkeit und vor allem die Subjektivität und Willkür ihrer Schriftauslegung verraten offensichtlich messalianische Einflüsse[66]. Auch die von ihm heftig gerügten Wandermönche, deren unwürdiges Gehabe den ganzen Stand in Verruf bringe, lassen deutlich orientalische Besonderheiten erkennen[67]. Wenn demnach Augustinus auch nicht als „Vater" des afrikanischen Mönchtums angesprochen werden kann[68], so kommt ihm jedoch das Verdienst zu, ein Mönchtum ins Leben gerufen zu haben, das den Stempel seines Geistes trug und durch seine Qualität dazu berufen war, zunächst in der Kirche Nordafrikas und dann durch sein Fortwirken im westlichen Christentum zu einem hochbedeutsamen Faktor innerkirchlichen Lebens zu werden.

Die Klosterregel Augustins

Für die Formung dieses Mönchtums war gewiß in erster Linie die persönliche Leitung der beiden von Augustinus in Hippo gegründeten Klöster maßgebend, des Laienklosters, dem er als Presbyter vorstand, und des späteren bischöflichen *monasterium clericorum*, wie er es selbst nennt[69]. Die intensive Arbeit am Problem der Augustinusregel in jüngster Zeit hat zu dem Ergebnis geführt, daß Augustinus seine Vorstellungen von einer klösterlichen Lebensordnung auch schriftlich niedergelegt hat. Eine umfassende Untersuchung der handschriftlichen Überlieferung aller einschlägigen Texte hat ergeben, daß das sog. „Praeceptum" (früher „Regula tertia"

[64] So im Anschluß an *P. Monceaux*, Saint Augustin et saint Antoine = Miscell. Agostiniana II (Rom 1931) 61—89, besonders *J. M. del Estal* in einer Reihe von Aufsätzen in La Ciudad de Dios 169—172 (1956/59) und zuletzt in StudMon 3 (1961) 123—136.

[65] Retract. 2, 47: *cum apud Carthaginem monasteria esse coepissent.* Auf Bitten des Bischofs Aurelius von Karthago griff Aug. mit seiner Schrift „De opere monachorum" in die um diese Klöster entstandene heftige Auseinandersetzung ein.

[66] Dazu *G. Folliet,* Des moines euchites à Carthage en 400—401: Stpatr 2 (TU 64, Berlin 1957) 386—399.

[67] Charakteristik des Wandermönchtums: Aug., De opere monachorum 28, 36.

[68] Auch die Äußerung Petilians, Augustinus habe *hoc genus vitae (scl. monasteriorum et monachorum)* eingeführt, kann nicht in diesem Sinne verstanden werden, vgl. *B. Quinot:* RevÉAug 13 (1967) 15—24.

[69] Sermo 355, 2.

oder „recepta" genannt) allein den Anspruch erheben kann, als Klosterregel Augustins zu gelten[70], und ein Vergleich dieses Textes mit Augustins sonstigem Schrifttum, vor allem mit „De opere monachorum", hat mit der hier nachweisbaren starken stilistischen und sachlichen Verwandtschaft dieses Ergebnis bestätigt[71]. Bedenken gegen Augustins Urheberschaft, die man aus der nicht streng logischen Gedankenfolge oder aus der Tatsache herleiten möchte, daß Augustinus diesen Text in den „Retractationes" nicht erwähnt — das Verzeichnis der Schriften Augustins bei Possidius ist ohnehin unvollständig —, verlieren an Gewicht, wenn man annimmt, daß er nur für den internen Gebrauch, jedoch nicht für die Publikationen bestimmt war. Die Frage der Datierung der Regel bleibt allerdings noch offen, da sich sowohl für einen relativ frühen (kurz vor 400) wie einen späteren Ansatz (um 425/426) Gründe anführen lassen[72].

Ein Versuch, das spezifisch Augustinische in seinem Verständnis des Mönchtums hervorzuheben, darf nicht übersehen, daß Augustinus dieses erst in einer längeren Entwicklung gewonnen hat, die bestimmt war von den Stationen seines religiösen Lebensweges. Diese sind ihm jeweils Anlaß geworden, sein asketisches Ideal neu zu durchdenken und die dabei gewonnenen Einsichten konkret zu realisieren. Die „Confessiones" lassen deutlich erkennen, daß schon die erste Begegnung Augustins mit dem Mönchtum in Italien sein Verständnis christlicher Askese für immer mitgeprägt hat. Schon damals hat er aber erkannt, daß das Anachoretentum im eigentlichen Sinn für ihn persönlich nicht vollziehbar war, wenn er auch mit Bewunderung von ihm spricht[73]. In der *vita communis*, die Augustin mit einigen Gleichgesinnten nach seiner Rückkehr aus Italien im väterlichen Haus in Thagaste begründete, wird neben gewissen, jedem Koinobitentum gemeinsamen Zügen, wie Abgeschiedenheit von der Welt und Eheverzicht, schon eine augustinische Eigenheit faßbar: der hohe Rang, welcher der geistigen Tätigkeit, der kontemplativen Erfassung der christlichen Offenbarung zugewiesen wird. Trotzdem wird man die Gemeinschaft von Thagaste noch nicht ein *monasterium* im Vollsinn nennen können, da offensichtlich der Verzicht auf persönlichen Besitz noch nicht von allen ihren Gliedern gefordert wird und diese hauptsächlich aus der Schicht der Gebildeten kommen.

[70] Das Ergebnis legt *L. Verheijen* in Bd I von La règle de s. Augustin vor; ebd. 417 bis 437 die textkritische Edition des „Praeceptum", eine dt. Übers. bei *A. Zumkeller,* Mönchtum (²1968) 333—342. Bd II von *L. Verheijen* enthält die Geschichte der Forschung zur Frage der Augustinusregel; zu *Verheijen* siehe *A. Manrique* = Misc. patristica, Homenaje P. A. C. Vega (El Escorial 1968) 289—328.

[71] Siehe *T. I. van Bavel:* Augustiniana 9 (1959) 12—17. Ein von diesem und *L. Verheijen* gemeinsam erarbeiteter Kommentar zum „Praeceptum" wird diese Verwandtschaft noch verdeutlichen.

[72] Für den frühen Ansatz außer *I. van Bavel* und *L. Verheijen* besonders *D. Sanchis:* StudMon 4 (1962) 7—33; für eine spätere Datierung zuletzt *A. Sage:* RevÉAug 14 (1968) 128—132.

[73] Aug., De mor. eccl. cath. 31, 67.

Diese Einschränkungen fallen in den beiden Gründungen Augustins in Hippo, in denen er das nun endgültig gewonnene Mönchsideal zu verwirklichen sucht. Als spezifisch augustinisch wird man folgende Züge im Klosterleben von Hippo ansprechen dürfen: 1. Die *vita communis* wird als eine der höchsten Möglichkeiten verstanden, die Gottes- und Nächstenliebe zu verwirklichen auf der Grundlage einer zutiefst christlich verstandenen *amicitia,* die alle eint[74]. 2. Das Leben der Gemeinschaft wird getragen von der Atmosphäre einer großen inneren Weite im Verhältnis zueinander und zum Oberen, die bestimmt ist von der in der Gnade geschenkten Freiheit[75]. 3. Für die *lectio,* das geistliche Studium im weiteren Sinn, wird ein Stellenwert gefordert und gewährt, der dem augustinischen Kloster eine charakteristische geistige Wachheit und Aufgeschlossenheit für alle religiös bedeutsamen Fragen verleiht[76]. 4. Das *monasterium clericorum* wird entschieden in den Dienst der Seelsorge gestellt, damit wird das augustinische Mönchtum betont apostolisch orientiert und wirkungsvoll an die *ecclesia* gebunden[77].

Dieses augustinische Mönchsideal hat in der Folgezeit in zweifacher Form weitergewirkt; einmal unmittelbar im Bereich der nordafrikanischen Kirche in den Klöstern, die hier von Freunden und Schülern Augustins gegründet und in seinem Geist geleitet wurden, dann indirekt durch den Einfluß, den die Augustinusregel auf andere Klosterordnungen außerhalb Afrikas gewann. Augustins Biograph Possidius hebt mit Betonung hervor, daß er persönlich etwa zehn Männer kenne, die aus dem *monasterium clericorum* in Hippo zu Bischöfen berufen wurden und in ihren Bistümern Klöster gründeten[78]. Es kann kaum bezweifelt werden, daß sie ihren Gründungen die Augustinusregel als klösterliche Lebensnorm gaben, wie auch

[74] Praeceptum I 2: *sit vobis anima una et cor unum in deum.* V 2: *ut in omnibus superemineat caritas.* Sermo 356, 8: *caritatis unitas.*

[75] Praeceptum VIII 1: *observetis haec omnia cum dilectione ... non sicut servi sub lege, sed sicut liberi sub gratia constituti.* VII 1: der Obere ist *pater; plus amari adpetat quam timeri.* IV 9: Rücksicht und Verständnis für den Fehlenden. III 1 3 5: warmherzige Sorge für den Kranken.

[76] Praeceptum V 9/10: Bestimmungen über die Klosterbibliothek; Possidius, Vita s. Aug. 31; Enarr. in ps. 99, 12: *lectio* ist die Beschäftigung der Mönche. Schriftstudium: Ep. 21, 3; vgl. *A. Penna,* Lo studio della Bibbia nella Spiritualità di s. Agostino: S. Augustinus, Vitae spir. Magister I (Rom 1958) 147—168; *A. Manrique,* Los monjes y los estudios (Poblet 1963) 13—39.

[77] Siehe *L. M. Verheijen:* Théologie de la Vie monastique (Paris 1961) 205 ff und *A. Zumkeller,* Biblische und altchristliche Leitbilder des klösterlichen Lebens im Schrifttum des hl. Augustinus: Augustiniana 18 (1968) 5—21.

[78] Possidius, Vita s. Aug. 11: „... *ferme decem, quos ipse novi, sanctos ac venerabilis viros continentes et doctos beatissimus Augustinus diversis ecclesiis, non nullis quoque eminentioribus, rogatus dedit. Similiter et ipsi ... monasteria instituerunt et ... fratres ad suscipiendum sacerdotium praestiterunt.*

Augustinus durch seine persönlichen Kontakte weiter Einfluß auf sie nahm[79]. Eine vorsichtige Schätzung stellt fest, daß bis zu seinem Tod etwa 30 Männerklöster in Nordafrika ins Leben traten, die mehr oder weniger augustinisch geprägt waren. Auch die nach seinem Tode erfolgten Gründungen im weiteren 5. Jh. haben meist auf das von ihm geschaffene Modell zurückgegriffen[80]. Als nicht weniger bedeutsam erweist sich die Nachwirkung der Augustinusregel auf neugeschaffene Mönchsregeln der Folgezeit. Caesarius von Arles ebenso wie Benedikt sind ihr in ihren Neuschöpfungen verpflichtet, die „Regula Monasterii Tarnatensis" aus dem 6. Jh. ist in der Hauptsache nur eine Adaptation der Augustinusregel, deren Benutzung sich weiter in der „Regula Pauli et Stephani" und in frühen spanischen Klosterordnungen feststellen läßt[81].

So erweisen die jüngsten Forschungsergebnisse auch auf diesem Sektor innerkirchlichen Lebens Augustinus als schöpferischen Initiator und weiterwirkende Kraft.

Antimonastische Strömungen

Ein so in die Augen fallendes Phänomen wie das Mönchtum mußte alsbald das Interesse der *heidnischen* Kreise erregen, die es allerdings nicht nach seinem Selbstverständnis befragten, sondern meist nur nach seinen äußeren Erscheinungsformen beurteilten und so zu einem oft pointiert negativen Urteil kamen. Kaiser Julian gibt zwar zu, daß sich Christen „in großer Zahl" für diese Lebensform entscheiden, aber in ihrer wahnwitzigen Askese, die sie in die Wüste treibt oder mit Ketten und Halseisen belastet, kann er nur das Wirken eines Dämons sehen, dem sie sich freiwillig unterworfen haben[82]. Der Rhetor Libanios sagt ihnen ein dunkles Lasterleben nach, das sich unter ihrem asketischen Äußern verberge, und schreibt ihnen die letzte Verantwortung für die Zerstörung der heidnischen Tempel zu[83]. Ähnlich denkt Eunapios von Sardes, der ihnen vor allem den Martyrerkult vorwirft — sie hätten wegen ihres Verbrechens hingerichtete Sklaven zu Göttern gemacht — und sie sogar des Hochverrats zeiht, da sie Alarich 395 an den Thermopylen den Einfall nach Griechenland ermöglicht hätten[84]. Der Historiker Zosimos formuliert bereits den später noch oft erhobenen

[79] Der Obere des Laienklosters in Hadrametum bittet 427 Augustinus, seine Mönche *in regula monasterii instruere:* Aug., Ep. 216, 6.

[80] Einen Katalog der nordafrikanischen Klöster des 5. Jh. nach literarischen Quellen und archäologischen Befunden gibt *J. J. Gavigan* a. a. O. 116—144.

[81] Vgl. *L. Verheijen,* La règle de s. Augustin II 213—17 mit Karte. Eine Untersuchung über das Nachwirken der Augustinusregel bis auf Benedikt von Aniane bereitet *A. Manrique* vor.

[82] Julian. imp., Ep. 89 b. [83] Liban., Or. 2, 32.

[84] Eunap., Vitae sophist. p. 472 f 476.

Vorwurf, die Mönche seien durch ihren Eheverzicht für die menschliche Gesellschaft wertlos, und unter dem Vorwand, die Armen unterstützen zu wollen, machten sie mit ihren erbettelten Gaben die Menschheit arm[85]. Harte Worte der Kritik hat auch der ehemalige Präfekt der Stadt Rom, Rutilius Namatianus, für das Eremitentum; er bezeichnet es als einen Skandal, daß unlängst ein junger Mann aus vornehmer Familie seine Ehe aufgab und „sich lebendig (auf der Insel Urgo) begraben habe"[86].

Aber auch christliche Kaiser hatten zuweilen Anlaß zu kritischen Äußerungen über das Verhalten mancher Mönche und scheuten selbst vor energischen Gesetzesmaßnahmen bei gewissen Übergriffen nicht zurück. Als Mönche aus der Nitrischen Wüste im Jahre 375 sich am Aufruhr der alexandrinischen Bevölkerung beteiligten, der sich gegen die Einsetzung des Arianerbischofs Lukios richtete, zwang Kaiser Valens sie kurzerhand zum Militärdienst und drohte ihnen im Weigerungsfalle schwere Züchtigungen an[87]. Auch Kaiser Theodosius mußte sich wiederholt über das tumultuarische Auftreten der Mönche beklagen, die sich 387 am Aufstand in Antiochien beteiligten und bei der Zerstörung der Synagoge in Kallinikon hervortaten. Im Jahre 390 verbot er ihnen sogar die Niederlassung in den Städten, ein Edikt seiner Söhne verurteilte sechs Jahre später scharf ihre aufrührerische Intervention zugunsten von Menschen, die wegen ihrer Vergehen zu gerechten Strafen verurteilt worden waren[88].

Auch im eigentlich innerkirchlichen Bereich kam es wiederholt zu Spannungen zunächst zwischen Episkopat und Mönchtum, die verschiedene Ursachen hatten. Es mußte die Bischöfe beunruhigen, daß hier eine Institution ins Leben trat, die sich zunächst der Kontrolle durch die kirchliche Führung entzog. Diese konnte mit Recht darauf hinweisen, daß zuweilen Klöster gegründet wurden, deren Existenz nicht ausreichend gesichert schien; daß oft fragwürdige Elemente Aufnahme fanden, die eine vorherige sorgfältige Prüfung ausgeschlossen hätte; daß oft Klosterobere berufen wurden, die ihrer Aufgabe keineswegs gewachsen waren. Damit erklärt sich das Bemühen des Episkopats, das Mönchtum als Stand der Kirche einzugliedern und es auf durch kirchliches Gesetz festgelegte organisatorische Grundlagen zu stellen, wie sie zuerst durch die Bestimmungen des Konzils von Chalkedon gesichert wurden[89]. Auch der von manchen Mönchen wenigstens faktisch erhobene Anspruch, einem Stand anzugehören, der über dem Rang der Bischöfe lag, hat gelegentlich Friktionen verursacht[90]. Weiterer Konfliktstoff war schließlich gegeben, wenn das

[85] Zosimus, Hist. nova 5, 23. [86] Rutil. Namat., De reditu suo 429—452 515—526.

[87] Siehe Hieron., Chron. ad a. 375; Orosius, Adv. pag. 7, 33, 3; Cod. Theod. XII 1, 63.

[88] Theodosius gegenüber Ambrosius: *monachi multa scelera faciunt*, Ambros., Ep. 41, 27; die kaiserlichen Erlasse: Cod. Theod. XVI 3, 1; IX 40, 16.

[89] Siehe oben S. 385. [90] Vgl. etwa Athanas., Ep. ad Dracontium 10.

streng asketische Leben der Mönche wie ein stiller Vorwurf gegenüber der weniger entsagungsvollen Haltung mancher Bischöfe wirkte, ein Motiv, das deutlich in dem Mißtrauen des gallischen und spanischen Episkopates gegenüber dem Mönchtum des 4. und 5. Jh. spürbar wird.

Am stärksten erwies sich die antimonastische Strömung in den christlichen Laienkreisen des 4. und 5. Jh., die sich wie eine Reaktion gegen den überbordenden Mönchsenthusiasmus der Zeit ausnimmt. Auch hier wurde die Diskrepanz zwischen dem neuen asketischen Ideal und dem üblichen Lebensstil der Oberschicht in den Großstädten der Spätantike wie ein Tadel empfunden, den man durch eine Art Abwehrhaltung abzureagieren suchte. Für Antiochien wird dies eindeutig bezeugt durch Johannes Chrysostomos, nach dem Christen dort die Mönche als Scharlatane und Verführer bezeichneten, die die Menschen aus ihrem bisherigen Milieu heraus zu einem düsteren Leben in der Wüste verlockten[91]. In Rom sahen sich die Frauen der höheren Kreise, die sich zu asketischen Gemeinschaften zusammenschlossen, dem beißenden Spott ihrer bisherigen Bekannten ausgesetzt. Bei der Beerdigung der Blesilla, deren frühen Tod man einer übermäßigen Askese zuschrieb, kam es zu Protestszenen, bei denen gefordert wurde, man solle „das Mönchsgesindel" aus der Stadt verjagen oder in den Tiber werfen[92]. Als das vornehme aquitanische Ehepaar Paulinus und Theresia das asketische Leben wählte, sagte Ambrosius voraus, daß dieser Schritt eine Welle des Unmutes auslösen würde[93]. Augustinus mußte in Afrika das Mönchtum ebenfalls verteidigen, dessen einzelne Vertreter allerdings durch ihr herausforderndes Auftreten selbst manchen Tadel provozierten, der sich auch später noch in Karthago äußerte[94]. Schließlich wurde auch schon im Osten wie im Westen der dann durch die späteren Jahrhunderte nie ganz verstummende Widerstand mancher Eltern lebendig, die sich dagegen verwahrten, daß ihre Kinder ein geborgenes Leben im Schoß der Familie mit dem Sich-im-Kloster-Vergraben vertauschten[95].

Die antimonastische Stimmung mancher Kreise drückte sich endlich noch aus in einer zuweilen mit enormer Schärfe geführten Diskussion um die Berechtigung des asketischen Ideals schlechthin. Gewiß hat zu diesen

[91] Siehe seine Verteidigungsschrift „Gegen die Verächter des Mönchtums" mit dem Kommentar von *A.-J. Festugière,* Antioche païenne et chrétienne (Paris 1959) 192—210. Auch Gregor von Nyssa, De virgin. 23, 4 äußert sich kritisch zu rigoristischem wie laxem Verhalten mancher Mönche.

[92] Hieron., Ep. 38, 5; 45, 4; 39, 6 der Ausdruck *genus detestabile monachorum.*

[93] Ambros., Ep. 58, 5.

[94] Augustinus: in seinen Schriften „De opere monachorum" und „De moribus ecclesiae catholicae"; noch um 411 äußern sich kritisch die „Consultationes Zachaei et Apollonii" 3, 3. Für Nordafrika als Heimat dieser Schrift *P. Courcelle:* RHR 146 (1954) 174—193. Vgl. auch Salvian, De gub. mundi 8, 14, 19.

[95] Joh. Chrysost., Contra detrect. vit. mon. 1, 2; In Ephes. hom. 3; Ambrosius, De virginibus passim.

Fehden eine manchmal unbesonnene und allzu enthusiastische Verherrlichung des Jungfräulichkeitideals beigetragen, die wie eine Entwertung der christlichen Ehe empfunden werden konnte. In Rom publizierte der Laie *Helvidius* um 382 eine Schrift, die das Vorbild aller Jungfräulichkeit, Maria, angriff und ihre dauernde Jungfräulichkeit unter Berufung auf Mt 1, 8; 1, 25; Lk 2, 7; 8, 20 leugnete. Die Gegenschrift des Hieronymus, der damals gerade in Rom weilte, wurde wegen ihres mariologischen Gehalts dogmengeschichtlich von bleibender Bedeutung[96]. Wenige Jahre später erfolgte der Angriff des *Jovinian* gegen einige Grundthesen christlicher Askese; im Blick auf die Hochschätzung des Zölibats behauptete er die Gleichwertigkeit von Jungfrauen-, Witwen- und Ehestand, da allein der Empfang der Taufe den Rang des Christen bestimme. Auf die hohe Wertung des Fastens antwortete er mit der These, es sei ebenso verdienstvoll, Speise mit Dank gegen Gott zu sich zu nehmen. Der überscharfen Reaktion des Hieronymus folgte die Verurteilung Jovinians durch eine römische Synode (um 390), der sich Ambrosius von Mailand anschloß[97]. Dieser selbst sah sich zu einer schriftlichen Verteidigung des Mönchtums veranlaßt, als zwei Mitglieder des Mailänder Männerklosters austraten und im benachbarten Vercelli für die Ideen Jovinians Propaganda machten[98]. Noch einmal trat Hieronymus auf den Plan, als um 406 der südgallische Presbyter *Vigilantius* außer der, wie er meinte, übertriebenen Martyrer- und Reliquienverehrung vor allem die Überschätzung des Mönchsideals durch das christliche Volk rügte. Was sollte, so fragte er, aus einer geordneten Seelsorge werden, wer sollte die Sünder und die Kinder der Welt für die Tugend gewinnen, wenn alle ins Kloster gingen? Vor solchen Aufgaben sei der Rückzug in die Einsamkeit eher eine Desertion als ein Kampf[99].

Diese antimonastische Reaktion, der ein größerer Erfolg in ihrem Sinn versagt blieb, hatte jedoch beachtliche positive Auswirkungen. Soweit sie sich gegen tatsächlich vorhandene Auswüchse in Askese und Lebensführung mancher Mönche richtete, trug sie das Ihre zu deren Beseitigung bei und hat mitgeholfen, weitere Fehlentwicklungen zu verhüten. Die kirchliche Führung wurde genötigt, die zuweilen stürmische enthusiastische Strömung in geordnete Bahnen zu lenken, und schließlich in die Möglichkeit versetzt, das Mönchtum als solches uneingeschränkt zu bejahen.

[96] Hieron., Adv. Helvidium: PL 23, 183—206; zu Helvidius vgl. *G. Jouassard:* Mélanges Saumier (Lyon 1944) 139—156; *P. Antin,* Le monachisme selon s. Jérôme = Théologie de la Vie monastique (Paris 1961) 191—201.

[97] Hieron., Adv. Jovinianum: PL 23, 211—238; auch Augustinus nahm gegen Jovinian Stellung mit seinen beiden Schriften „De bono conjugali" und „De sancta virginitate". Zur römischen Synode siehe *Hefele-Leclercq* II 78 ff. Über Ambrosius und Jovinian vgl. *F. Homes Dudden,* The Life and Times of St. Ambrose II (Oxford 1935) 393—398.

[98] Ambros., Ep. 63, ad. eccl. Vercell.

[99] Hieron., Adv. Vigilantium: PL 23, 339—352; dazu Ep. 61, ad Vigilantium.

21. Kapitel

Kirche und Gesellschaft

LITERATUR: 1. Allgemeines: *S. Mazzarino*, Aspetti sociali del quarto secolo (Rom 1951); *M. Rostovtzeff*, Social and Economic History of the Roman Empire, revised ed. by *P. M. Fraser*, 2 Bde (London 1957); *W. Seyfarth*, Soziale Fragen der spätrömischen Kaiserzeit im Spiegel des Theodosianus (Berlin 1963); *A. H. M. Jones*, The Later Roman Empire 284—602. A Social, Economic and Administrative Survey I—IV (Oxford 1964); *J. Vogt*, Der Niedergang Roms. Metamorphose der antiken Kultur von 200—500 (Zürich 1965); *ders.*, Kulturwelt und Barbaren. Zum Menschenbild der spätantiken Gesellschaft (Wiesbaden 1967); *J. Gaudemet*, Les Institutions de l'Antiquité (Paris 1967); *J. Gagé*, Les classes sociales dans l'empire romain (Paris [2]1971). — *N. Baynes*, The Early Church and Social Life. A Selected Bibliography (London 1927); *L. Polverini*, Società antica e cristianesimo = Problemi di storia della Chiesa, sec. II—IV (Mailand 1970) 13—31 (Forschungsbericht); *E. Troeltsch*, Die Soziallehren der christlichen Kirchen und Gruppen (Tübingen 1912); *J. Mausbach*, Die Ethik des heiligen Augustinus (Freiburg [2]1929); *H.-J. Diesner*, Studien zur Gesellschaftslehre und sozialen Haltung Augustins (Halle 1954); *J. Gaudemet*, L'église dans l'empire Romain, IVe—Ve siècles (Paris 1958); *R. Sierro Bravo*, Doctrina social y económica de los Padres de la Iglesia (Madrid 1967; umfangreiche Textsammlung); *P. Brown*, Religion and Society in the Age of Saint Augustine (London 1972, Ges. Aufsätze).

2. Ehe und Familie: *L. Godefroy*, Marriage: DThC IX 2077—2113; *H. Leclercq*, Marriage: DACL X 1899—1982 (Denkmäler); *ders.*, Femme: ebd. V 1300—53; *ders.*, Alumni: ebd. I 1288—1306 (Kindesaussetzung); *A. Oepke*, Ehe (Institution): RAC IV 651 bis 666; *G. Delling*, Ehebruch, Eheleben, Ehescheidung: ebd. IV 666—719; *H. Karpp*, Eltern: ebd. IV 1206—19; *J. Gaudemet*, Familie: ebd. VII 336—357; *N. Ladomierszky*, S. Augustin, docteur du marriage chrétien (Rom 1942); *W. J. Dooley*, Marriage according to St. Ambrose (Washington 1948); *B. Biondi*, Diritto romano cristiano III (Mailand 1954); *F. Delpini*, Divorzio e separazione dei conjugi nel diritto romano e nella dottrina della Chiesa fino al secolo V (Turin 1956); *J. Gaudemet*, L'Église dans l'Empire romain (Paris 1958) 514—569; *ders.*, Les transformations de la vie familiale au Bas-Empire et l'influence du cristianisme: Romanitas 4 (1962) 58—85; *V. J. Pospishil*, Divorce and Remarriage (New York 1967); *H. Crouzel*, L'église primitive face au divorce (Paris 1971).

3. Der soziale Bereich. a) Kirche und Sklaverei: *H. Leclercq*, Esclaves: DACL V 387—398; *A. G. Kies*, Gedanken des hl. Augustinus über die Sklaverei (Wien 1942); *B. Biondi*, Diritto romano cristiano II (Rom 1952) 373—447; *W. L. Westermann*, The Slave Systems of Greek and Roman Antiquity (Philadelphia 1955); *F. Michelini*, Schiavitù, religioni antiche e cristianesimo primitivo (Bari 1963); *M. I. Finley* (Ed.), Slavery in Classical Antiquity (Cambridge [2]1968; Bibliogr.); *W. W. Buckland*, Roman Laws of Slavery (London 1970); *H. Bellen*, Studien zur Sklavenflucht im römischen Kaiserreich (Wiesbaden 1971); *J. Vogt*, Sklaverei und Humanität. Studien zur antiken Sklaverei und ihrer Erforschung (Wiesbaden [2]1972); *J. Vogt - N. Brockmeyer*, Bibliogr. zur antiken Sklaverei (Bochum 1971); *J. Schmidt*, Vie et mort des esclaves dans la Rome antique (Paris 1973).

b) Reichtum und Armut: *R. Pöhlmann*, Gesch. der sozialen Frage und des Sozialismus in der antiken Welt, 2 Bde (München [3]1925); *H. Bolkestein*, Wohltätigkeit und Armenpflege im vorchristlichen Altertum (Utrecht 1939); *H. P. Kohns*, Versorgungskrisen und Hungerrevolten im spätantiken Rom (Bonn 1961); *A. R. Hands*, Charities and Social Aid in Greece and Rome (London 1968, bis ca. 250 post Chr.). — Die Artikel Almosen, Armenpflege, Armut, Barmherzigkeit in RAC I; Gastfreundschaft ebd. VIII 1110—23;

Charité: DACL III 598—653; Hôpitaux, Hospices, Hotelleries: ebd. VI 2748—70; Libéralité des fidèles: ebd. IX 489—497; Hospitalité: DSAM VII 815—819; *G. Uhlhorn*, Die christliche Liebestätigkeit (Ndr. Darmstadt 1959) 130—236; *O. Schilling*, Reichtum und Eigentum in der altchristlichen Lit. (Freiburg 1908); *W. Liese*, Gesch. der Caritas (Freiburg 1922); *M. Pellegrino*, Salviano di Massiglia (Rom 1942); *S. Giet*, Les idées et l'action sociales de s. Basile (Paris 1941); *A. T. Geoghegan*, The Attitude towards Labor in Early Christian and Ancient Culture (Washington 1945); *J. Huhn*, Ambrosius von Mailand, ein sozialer Bischof (Fulda 1946); *M. Pellegrino*, S. Giovanni Crisostomo. Richezza e povertà (Rom 1947); *K. Farner*, Christentum und Eigentum bis auf Thomas von Aquin (Bern 1947); *E. F. Bruck*, Kirchenväter und soziales Erbrecht (Berlin-Heidelberg 1956); *A. Hamman*, Riches et pauvres dans l'église ancienne (Paris 1962, Texte); *P. Christophe*, L'usage chrétien du droit de propriété dans l'Écriture et la tradition patristique (Paris 1964); *W. Schneemelcher*, Der diakonische Dienst in der alten Kirche = Das diakonische Amt der Kirche, hrsg. von *H. Krimm* (Stuttgart [2]1965) 61—105; *A. Hamman*, Vie liturgique et vie sociale ... dans l'antiquité chrétienne (Paris 1968).

4. Der kulturelle Bereich: *P. Courcelle*, Les lettres grecques en Occident de Macrobe à Cassiodore (Paris [2]1948); *H.-I. Marrou*, S. Augustin et la fin de la culture antique (Paris [2]1949); *R. Eiswirth*, Hieronymus' Stellung zu Lit. und Kunst (Wiesbaden 1955); *C. N. Cochrane*, Christianity and Classical Culture (New York [2]1957); *H.-I. Marrou*, Geschichte der Erziehung im klassischen Altertum, dt. von *R. Harder* (Freiburg 1957); *O. Gigon*, Die antike Kultur und das Christentum (Gütersloh 1966); *A. Wifstrand*, Die alte Kirche und die griechische Bildung (Bern 1967); Écriture et culture philosophique dans la pensée de Grégoire de Nysse (Leyden 1971; Vorträge); *H. Jürgen*, Pompa diaboli. Die lateinischen Kirchenväter und das antike Theater (Stuttgart 1972); *W. Weismann*, Kirche und Schauspiele. Die Schauspiele im Urteil der lateinischen Kirchenväter unter besonderer Berücksichtigung von Augustin (Würzburg 1972).

In dem das ganze 4. Jh. umfassenden Vorgang der Christianisierung der römischen Reichsbevölkerung wurde die Kirche auch konfrontiert mit sozialen Strukturen, ökonomischen Verhältnissen, Formen des kulturellen Lebens und Alltagsgewohnheiten der spätantiken Gesellschaft, die unter verschiedenen Aspekten zu einer Auseinandersetzung nötigten. Im folgenden ist kurz zu zeigen, zu welch besonders relevanten Bereichen des gesellschaftlichen Lebens der Zeit die Kirche positiv oder negativ Stellung bezogen, ob sie einen Wandel erstrebt oder erreicht hat, kurz, in welchen Bezügen die spätantike Gesellschaft durch Existenz und Einfluß des Christentums eine Veränderung erfahren hat.

Ehe und Familie

Ein Urteil über die Wertung des Bereiches von Ehe und Familie durch die Kirche des 4. und 5. Jh. muß unterscheiden zwischen der Verkündigung der Seelsorger und Kirchenschriftsteller mit ihrer vorwiegend moralisch-paränetischen Ausrichtung und den kirchenrechtlichen Bestimmungen, die zu diesem Fragenkomplex getroffen wurden. Zunächst ist festzustellen, daß die Kirche weitgehend Ordnungen des geltenden weltlichen Eherechts akzeptiert hat, wie etwa die des rechtsgültigen Abschlusses einer Ehe und seiner

Konsequenzen, ferner die Stellung des Familienoberhauptes und das Erbrecht[1]. Wenn kirchliche Schriftsteller auf Widersprüche zwischen christlicher Eheordnung und profanen Ehegesetzen hinweisen, so beziehen sie sich konkret auf die verschiedene Wertung von Einzelfragen und wollen nicht das Ganze der staatlichen Ehegesetzgebung ablehnen. Auch das profane hochzeitliche Brauchtum wird vielfach von den Christen beibehalten und kirchlicherseits nur in jenen Zügen bekämpft, die mit heidnisch-religiösen Vorstellungen im Zusammenhang stehen oder in ihrer zuweilen derben Ausgelassenheit christlichem Empfinden widersprechen[2].

Auf klare Ablehnung von christlicher Seite stießen jedoch jene Bestimmungen des römischen Eherechts, die einen verschiedenen Maßstab bei der Bewertung des *Ehebruchs* von Mann und Frau anwandten. Man empfand ein Gesetz als ungerecht, das den Ehebruch der Frau in jedem Fall bestrafte, den des Ehemannes aber nur, wenn er mit einer verheirateten Frau begangen wurde. Es wurde weiter mißbilligt, weil es den Ehemann zwang, sich durch ein vorgeschriebenes Verfahren von seiner des Ehebruchs schuldigen Frau zu trennen, und ihm die Möglichkeit nahm, ihr zu verzeihen und so die Ehe zu retten[3]. In noch schärferen Gegensatz zum staatlichen Eherecht trat die Kirche mit ihrer entschiedenen Verteidigung der prinzipiellen *Unauflöslichkeit der Ehe* und der auf ihr beruhenden Ablehnung einer Wiederverheiratung nach geltendem Recht geschiedener Christen. Man hat zwar aus einigen Äußerungen christlicher Schriftsteller und Seelsorger entnehmen wollen, die Kirche habe eine Wiederverheiratung des Mannes (nicht der Frau) gestattet, der auf Grund eines Ehebruches seiner Frau von dieser geschieden wurde. Eine sorgfältige Analyse dieser Stellen und ihres Kontextes und die Berücksichtigung aller Stellungnahmen des jeweiligen Schriftstellers zum ganzen Fragenkomplex läßt jedoch klar erkennen, daß die überragende Mehrheit der christlichen Theologen der Zeit die Wiederverheiratung Geschiedener nicht billigt[4]. Manche Fehlinterpretation einschlägiger Vätertexte ist dadurch bedingt, daß diese zwar der Trennung der Ehegatten auf Grund der sog. Matthäusklauseln (5, 32; 19, 9) zustimmen, sich aber nicht zur Frage der Wiederverheiratung äußern, was jedoch keineswegs deren Gutheißung bedeutet. Gelegentlich werden auch Christen, die in einer nicht anerkannten zweiten Ehe leben, nach entsprechender Buße zur kirchlichen Gemeinschaft und zum Kommunionempfang zugelassen, diese Praxis will aber nur als seelsorgerliche, helfende Maßnahme in einer komplizierten

[1] *R. Orestano,* Struttura giuridica del matrimonio romano I (Mailand 1951) 410 ff.

[2] Dies wird besonders von Chrysostomos betont, siehe *P. Rentinck,* La cura pastorale in Antiochia nel IV secolo (Rom 1970) 256—259.

[3] *G. Delling,* Ehebruch: RAC IV 676 f.

[4] Diese umfassende Analyse bietet *H. Crouzel,* L'église primitive face au divorce (Paris 1971); hier S. 11—18 auch die Bibliogr. zur Frage. Allein der Ambrosiaster, Comm. in ep. ad Rom. 7, 3—4.8—11.15.39—40, spricht sich eindeutig für die Erlaubtheit der Wiederverheiratung des legal geschiedenen Ehemannes aus.

Situation verstanden werden, nicht als Anerkennung der Rechtmäßigkeit einer solchen Ehe. Als letzte Begründung für diese grundsätzliche Haltung der Kirche wird das eigentlich Neue im christlichen Verständnis der Ehe genannt: Sie kann nicht nur als ein aus gewissen Gründen wieder lösbarer Vertrag zwischen den Ehepartnern angesehen werden, sondern als eine auf göttlicher Anordnung ruhende Verbindung, die ihre Unlösbarkeit aus jener höheren Wirklichkeit empfängt, die Augustinus als sacramentum bezeichnet und in der Teilnahme der Ehegatten an der Vereinigung gegeben sieht, die Christus und seine Kirche verbindet[5]. Die Kirche hat in dieser Frage das weltliche Recht auch unter den christlichen Kaisern im wesentlichen nicht ändern können. Ein Erlaß Konstantins aus dem Jahre 331, der wenigstens die Gründe für die Ehescheidung einschränkt, dürfte zwar christlich beeinflußt sein, aber das Prinzip der Auflösung der Ehe durch divortium (Trennung nach beiderseitigem Einverständnis) oder repudium (nach Ehebruch eines Teiles) und der dann möglichen Wiederverheiratung tastet er ebensowenig an wie die Konstitution seiner Söhne (339), die die Strafen für Ehebruch verschärft[6]. Afrikanische Bischöfe haben in einem Synodalbeschluß (407 oder 416), der unmißverständlich an dem Verbot einer Wiederverheiratung Geschiedener, gleich wer der Schuldige sei, festhält, gefordert, man solle auf Erlaß eines kaiserlichen Gesetzes in dieser Frage drängen, aber noch im Jahre 449 gibt eine staatliche Verordnung den Grundsatz der Auflösung durch repudium nicht auf, sondern erschwert nur erneut „im Interesse des Kindes“ die Scheidung und stellt dabei Mann und Frau rechtlich einander gleich[7]. Die „Konstantinische Wende“ brachte demnach in diesem Punkt für die Kirche keine entscheidende Wende.

Das bereits geschilderte enthusiastische Werben asketischer Schriftsteller für das Jungfräulichkeitsideal (Kap. 18) führte zu einer Reaktion bei manchen Christen, die darin den Eigenwert der christlichen Ehe zu Unrecht in den Schatten gestellt sahen. Dies veranlaßte einige Kirchenväter, ihre Anschauung über das Verhältnis von Ehe und Jungfräulichkeit zu präzisieren und das Verständnis der Ehe tiefer zu begründen, wobei vor allem Chrysostomos und Augustinus klarstellten, daß der für die Jungfräulichkeit geforderte höhere Rang keineswegs als eine Abwertung der Ehe verstanden werden dürfe[8]. Ambrosius hielt es für nötig, auf Bedenken einzugehen, die im

[5] Aug., De bono conj. 7—8, 6—7; De nupt. et concup. 1, 10.17.21.

[6] Cod. Theod. 3, 16, 1, dazu und den späteren Kaisergesetzen *F. Delpini,* Divorzio e separazione dei conjugi nel diritto romano e nella dottrina della Chiesa fino al secolo V (Turin 1956).

[7] Kanon der afrikanischen Bischöfe: *Mansi* III 799 und 1163; Cod. Just. 5, 17, 8 (vom J. 449).

[8] Für Chrysostomos siehe *J. Dumortier:* Lettres d'humanité 6 (1947) 102—166; *Th. Zissis:* Kleronomia 1 (1969) 285—310; *P. Rentinck* a. a. O. 251—280. Für Augustinus *N. Ladomierszky,* S. Augustin, docteur du marriage chrétien (Rom 1942). Hieron., Ep. 49 präzisiert seine Adv. Jovinianum geäußerte Auffassung.

Interesse des Staates gegen die starke kirchliche Propaganda für das Jungfräulichkeitsideal im Blick auf deren mögliche demographisch negativen Auswirkungen geltend gemacht wurden[9]. Keine Einwände hatte die Kirche gegen Bestimmungen des staatlichen Eherechts, die in bestimmten Fällen das Eingehen einer Ehe untersagten, wie z. B. bei naher Verwandtschaft. Sie hat ihrerseits aber neue *Eheverbote* erlassen, die sich aus ihrem Verständnis der ehelichen Gemeinschaft unter Christen ergaben und hier auch die staatliche Gesetzgebung beeinflussen können. So hat sie sich im 4. Jh. in steigendem Maße gegen Ehen zwischen Christen einerseits, Heiden oder Juden anderseits ausgesprochen, obwohl solche Ehen, man denke an die Frauen aus der römischen Oberschicht, ihr zuweilen missionarischen Gewinn einbrachten. Die zahlreichen Erlasse der Synoden der Zeit haben trotz ihres Verbotes solche Ehen nicht als ungültig angesehen, sondern Eltern oder Ehegatten nur mit kanonischen Bußen belegt[10]. Das staatliche Recht ist hier insofern über die Auffassung der Kirche hinausgegangen, als es Ehen zwischen Christen und Juden gesetzlich untersagte und Verstöße dagegen mit der Todesstrafe oder mit den Sanktionen ahndete, die für den Ehebruch galten[11].

Während das römische Recht der Ehe zwischen *Sklaven* jeden juristischen Wert absprach, hat die Kirche sie als gültig angesehen, hat allerdings auch Rücksicht nehmen müssen auf die Rechte, die dem Herrn der Sklaven zustanden. Vielleicht ist es kirchlichem Einfluß zuzuschreiben, daß ein Gesetz Konstantins dem Herrn untersagte, Sklavenfamilien bei einer Teilung seines Besitzes auseinanderzureißen[12]. Gehörten die Sklaven nicht dem gleichen Herrn, machte die Kirche die Anerkennung ihrer Ehe von dem Einverständnis beider Herren abhängig. Das eigentliche Problem stellte hier die Ehe zwischen Sklaven und Freien dar, die das weltliche Recht verbot. Die Kirche konnte und wollte solche Ehen von sich aus anerkennen, hat aber die Freilassung des Sklaven vor Abschluß seiner Ehe gefordert, sie damit allerdings zugleich im Belieben des Sklavenbesitzers belassen[13].

Die Kirche hat weiterhin Sinn und Ausmaß der Rechte verändert, die die römische patria potestas dem Vater beim Eheabschluß seiner Kinder gegeben hat. Sie hat sie nicht so sehr als Recht, sondern vielmehr als Fürsorge für das Kind verstanden wissen wollen. Sie hat dabei auch der Mutter eine Mitsprache zugestanden und schließlich dem Kinde das Recht eingeräumt, gegebenenfalls den ihm vom Vater bestimmten Gatten abzulehnen[14].

[9] Ambros., De virg. 7, 35—37; Aug., De s. virgin. 13; Hieron., Ep. 123, 14.
[10] Conc. Illib. can. 15—17; Conc. Arel. (314) can. 11; Conc. Hippon. (393) can. 12; Conc. Carthag. (397) can. 12; Conc. Laod. can. 10 31; Conc. Chalc. can. 14.
[11] Cod. Theod. 16, 8, 6 (339); 3, 7, 2 (388). [12] Cod. Theod. 2, 25, 1 (325).
[13] Zur Ehe christlicher Sklaven siehe *R. Orestano* (Anm. 1) I 420 ff.
[14] Aug., Ep. 254 (zur Rolle der Mutter); Ambros., De virg. 1, 9, 56; 10, 58; De virginit. 5, 25. Einige Väter halten allerdings am uneingeschränkten Recht des Vaters fest.

Die Kirche hat schließlich das Verhältnis der Ehegatten zueinander neu bestimmt und damit dem Eheleben eine ungleich tiefere Grundlage gegeben, als es das profane Recht je vermocht hat. Dieses Verhältnis ist prinzipiell zu messen an dem Vorbild der Verbindung, die zwischen Christus und seiner Kirche besteht. Sein Fundament ist demnach die Liebe, die caritas conjugalis, die durchaus eine hierarchische Ordnung des Ehe- und Familienlebens kennt, die aber alle gesetzliche Ungleichheit aufhebt in einer geistigen und religiösen Lebensgemeinschaft[15]. Diese Caritas nimmt dem Gatten bei seiner grundsätzlich anerkannten Führungsrolle die Härte des römischen dominus und gubernator praepotens in der Ehe, sie macht die reverentia mulieris zur freiwillig übernommenen Unterordnung der Gattin, die nun nicht mehr mit der Ungleichheit der Geschlechter, sondern mit der Stellung und Rolle der Frau im Familienleben begründet wird[16]. Solche Gleichheit der Ehegatten verpflichtet zu gleicher Treue, sie wertet darum Verfehlungen gegen diese gleich schwer, im Grunde wiegt sogar der Ehebruch des Mannes schwerer, da er als Haupt der Familie zu vorbildhaftem Verhalten verpflichtet ist[17]. Wenn die christlichen Schriftsteller und Seelsorger dieser Zeit in ihrer Verkündigung als Tugenden der Frau die pudicitia und castitas conjugalis preisen, die Gestalten von Susanna und Maria als Vorbilder herausheben, die Fürsorge für Gatten und Kinder als ihre vornehme Aufgabe kennzeichnen, so darf man dies, zumal im Blick auf manche Züge des damaligen gesellschaftlichen Lebens, positiv werten und darin kaum eine antiemanzipatorische Haltung der Kirche sehen, auch wenn die Wirklichkeit immer wieder hinter dem verkündeten Ideal zurückblieb.

Auch das Verhältnis von *Eltern und Kind* hat unter dem Einfluß des Christentums eine Veränderung erfahren, deren Auswirkung in der spätantiken Gesellschaft deutlich wahrnehmbar geworden sind. Auch die Kirche gesteht der väterlichen Autorität gegenüber dem Kinde die Hauptrolle zu, sie schwächt aber deren absoluten Charakter ab, da sie sie mehr als Pflicht denn als Recht wertet, die patria potestas zur paterna pietas mildert und vor allem der Mutter größeren Einfluß auf die Erziehung des Kindes zu geben sucht[18]. Es häufen sich die Mahnungen an die Eltern, ihren Kindern verstehende Erzieher und Vorbild im Leben zu sein[19]. Die väterliche Autorität findet

[15] Ambros., Exaem. 5, 7, 18; Aug., De bono conj. 7; C. Faust. 19, 26; 23, 8; Sermo 51, 13; Hieron., Ep. 77, 10; Chrysost., In Gen. hom. 45, 2; In ep. I ad Cor. hom. 19, 1; 26, 8; In ep. ad Eph. hom. 20, 2.

[16] Basil., Hom. in ps. 1, 3; Ambros., Exaem. 5, 7, 19; zu Augustinus vgl. noch *F.-J. Thonnard,* La morale conjugale selon s. Augustin: RevÉAug 15 (1969) 113—131, hier 127 ff.

[17] Aug., De conjug. adult. 2, 7.

[18] *H. Karpp,* Eltern: RAC IV 1206—19, *M. Roberti,* Patria potestas e paterna pietas = Studi Albertoni I (1935) 257—270; *R. Laprat,* Le rôle de la mater familias romaine d'après s. Augustin: RMA 1 (1945) 129—148.

[19] Basil., Moral. 76, 2; Exaem. hom. 9, 4; Greg. Naz., Or. 7, 5; Const. Apost. 4, 11. Zu Chrysostomos *J. Dumortier:* RechSciences humaines 15 (1947) 222—238.

dort ihre Grenze, wo sie dem Kind die freie Entscheidung für den christlichen Glauben nehmen oder aus materiellen Erwägungen die Tochter zum Eintritt in ein Kloster drängen will[20]. Eltern, die ihre Unterhaltspflicht gegenüber ihren Kindern vernachlässigen, soll eine kirchliche Strafe treffen, ebenso wird die Fürsorgeverpflichtung der Kinder für ihre in Not geratenen Eltern gefordert[21].

Wie sehr die Betonung der *Sorge für das Kind* durch die Kirche berechtigt war, zeigen einige düstere Züge im Leben der spätantiken Gesellschaft. Augustin weiß, daß Eltern mit ein bis drei Kindern auf weiteren Nachwuchs verzichten, weil sie diese nicht zwingen wollen, einmal betteln gehen zu müssen[22]. Schon die Synode von Elvira schließt „die Mutter oder jeden anderen Verwandten" auf Lebenszeit aus der kirchlichen Gemeinschaft aus, die ihre Kinder aus Gewinnsucht der Prostitution aussetzen[23]. Die Praxis der ärmeren Schichten, ihre *Kinder zu verkaufen* und sie so meist um ihre Freiheit zu bringen, wird von der Kirche eindeutig verurteilt, aber sie hält sich zäh, da kaiserliche Gesetze sie noch 391 und 451 verbieten müssen[24]. Schon früh stieß die in der antiken Welt weitverbreitete *Kindesaussetzung* auf die scharfe Ablehnung der Kirche, in der sie eine barbarische Konsequenz der patria potestas sah[25]. Die Kirchenschriftsteller bekämpfen einmal die Ursachen dieser Unsitte, die nicht in erster Linie auf große wirtschaftliche Not zurückzuführen sei, sondern auf die utilitaristische Einstellung des Familienoberhauptes, das sein Vermögen nicht auf eine große Kinderschar aufteilen will. Mehr noch beklagen sie das harte Los der Ausgesetzten, die, falls sie dem Tode entgehen, meist für das Leben eines Sklaven, eines Lustknaben oder einer Prostituierten bestimmt seien[26]. Ein Gesetz Konstantins bringt zwar im Jahre 331 eine erste Einschränkung des Brauches, soweit es dem Vater des Kindes das Recht abspricht, den Findling später von den Pflegeeltern zurückzufordern, aber die Praxis selbst wird weiter toleriert, erst unter Valentinian I. wird sie, unter dem Einfluß der Kirche, mit gewissen Strafen belegt[27]. Basileios, Ambrosius und Augustinus machen deutlich, daß sie auch in ihren Tagen noch häufig anzutreffen ist; letzterer berichtet, daß virgines sacrae solche Kinder zuweilen auflesen und zur Taufe bringen[28]. Im Jahre 412 muß Kaiser Honorius noch einmal die Strafwürdigkeit

[20] Basil., Epp. 276; 119, 18; Hieron., Ep. 54, 3.
[21] Conc. Gangr. c. 15 und 16; Ambros., Ex. ev. Luc. 8, 73; Aug., In Joh. tr. 30.
[22] Aug., Sermo 57, 2. [23] Conc. Illib. can. 12.
[24] Basil., Hom. 6, 4; In ps. 14, 2, 4; Ambros., De Nab. 5, 24; De Tob. 8; Cod. Theod. 3, 3, 1; Nov. Val. (III) 33. Konstantin hatte den Verkauf von Kindern noch in Notfällen gestattet: Cod. Just. 4, 43, 2.
[25] Justin., Apol. 27; Min. Fel., Oct. 31; Tertull., Ad nat. 1, 15.
[26] Lact., Div. Inst. 6, 20.
[27] Cod. Theod. 5, 9, 1 (331); Cod. Just. 8, 51, 2 (374).
[28] Basil., Ep. 199, 33; Ambros., Exaem. 8, 6; Aug., De nupt. et concup. 1, 15, 17; Ep. 98, 6.

der Kindesaussetzung unterstreichen[29]. Die Beschlüsse zweier gallischer Synoden fordern, daß man die Annahme eines Findlings seiner Kirche melde, die darüber wacht, daß dieser, nach einer Wartefrist von zehn Tagen, für immer den Pflegeeltern verbleibt[30]. Es ist also der einzelne Christ, der sich solcher Kinder annimmt, und die Kirche billigt und fördert diese Haltung christlicher Caritas. Zahlreiche christliche Grabinschriften geben zu erkennen, welch gutes Verhältnis Pflegeeltern und alumnus (oder θρεπτός) im Leben verbunden hatte[31]. Unter Kaiser Anastasios (491—518) existieren im Osten kirchlich geleitete Waisenhäuser (ὀρφανοτροφεῖα), ein Gesetz Kaiser Justinians I. spricht erstmals von kirchlichen Heimen, die speziell Findlinge aufnehmen und erziehen (βρεφοτροφεῖα), sie sind demnach spätestens in der 2. Hälfte des 5. Jh. aufgekommen[32]. Der Staat als solcher hat hier keine eigene Initiativen entwickelt, er überließ diese, wie in anderen Fällen auch, der kirchlichen Caritas.

Auch in der Frage der *Kindesadoption* setzt sich eine vom Christlichen her beeinflußte Praxis durch. Während nach römischem Recht die Möglichkeit der Adoption wiederum nur der väterlichen Gewalt zustand, die aber meist von ökonomischen Interessen bedingt ist, da man einen Ersatz für den verstorbenen oder versagt gebliebenen Erben sucht, erhält jetzt auch die Frau das Adoptionsrecht, und die Annahme an Kindes Statt wird primär als Fürsorge für das verwaiste Kind gesehen und von der Kirche als Werk der Barmherzigkeit empfohlen[33].

Wie schon die antike Medizin hat die Kirche auch die *Abtreibung* der Leibesfrucht, die in der ausgehenden römischen Republik und die Kaiserzeit hindurch eine besondere Verbreitung erlangt hatte, mit allem Nachdruck bekämpft und mit schweren kirchlichen Strafen belegt[34]. Vor eine theoretische Schwierigkeit sah sich Augustinus gestellt, weil man nicht mit Sicherheit den Zeitpunkt der Beseelung des Foetus angeben könne, seine grundsätzliche Ablehnung des Schwangerschaftsabbruches zu jeder Zeit ist jedoch eindeutig. Wie schon Tertullian hat auch er in Übereinstimmung mit der medizinischen Praxis der Zeit die Embryotomie durch den Arzt dann zugelassen, wenn dies die einzige Möglichkeit war, das Leben der Mutter zu retten[35]. Als die Kaiser Severus und Antoninus die Abtreibung durch die

[29] Cod. Theod. 5, 7, 2 (412). Erst Justinian I. regelt 529 endgültig die rechtliche Lage des Findlings, der prinzipiell „frei" sein soll und nicht zu einem Sklaven oder colonus gemacht werden darf: Cod. Just. 8, 51, 3.

[30] Conc. Vasense (Vaison) can. 9 und 10 (442); Conc. Arel. II can. 51.

[31] Beispiele bei *H. Leclercq*, Alumni: DACL I 1295—1301.

[32] Cod. Just. 1, 2, 17.22. [33] RAC I 102 f; Const. Apost. 4, 1—2.

[34] *F. J. Dölger*, Das Lebensrecht des ungeborenen Kindes und die Fruchtabtreibung in der Bewertung der heidnischen und christlichen Antike: JbAC 4 (1934) 1—61 280—282, danach *J. H. Waszink*, Abtreibung: RAC I 56—60.

[35] Aug., Enchir. 23, 85 f; Quaest. de Exodo 80; De nupt. et concup. 1, 15; C. Faust. 15, 7; De mor. eccl. cath. 2, 18, 65; Sermo 10, 5; 267, 3.

verheiratete Frau als crimen extraordinarium mit Strafe belegten, begründeten sie dies damit, daß diese ihren Mann seines Kindes beraube, die abtreibende Dirne blieb jedoch straffrei. Die Kirchenschriftsteller hingegen sehen in ihr einen doppelten Mord, den Selbstmord der abtreibenden Frau, deren Tat oft tödliche Folgen für sie selbst hatte, und den Mord am ungeborenen Kind[36]. Die synodale Gesetzgebung der Kirche befaßte sich seit dem frühen 4. Jh. mit der Frage und hat unentwegt das Lebensrecht des ungeborenen Kindes verteidigt[37]. Daß sich die stete Schärfung des Gewissens ihrer Glieder durch die Kirche positiv ausgewirkt hat, kann kaum bezweifelt werden.

Wenig zahlreich und ergiebig sind die Aussagen der Quellen über die Situation des *unehelichen Kindes*, die in Griechenland und Rom sehr ungünstig war und offensichtlich auch von der Kirche wenig beeinflußt werden konnte. Augustinus hält Kinder, die aus einem Inzest stammen, nicht für erbberechtigt, Hieronymus spricht sich dagegen aus, daß das uneheliche Kind für den Fehler seiner Eltern büßen soll[38].

Eingehende Schilderungen christlichen Ehe- und Familienlebens im Alltag finden sich leider nicht in den Quellen der Zeit, und so wird seine Auswirkung auf die damalige Gesellschaft nicht recht faßbar[38a]. Chrysostomos zeichnet öfters das Idealbild christlichen Familienlebens, das sich nach einem von ihm bevorzugten Vergleich als „Kirche im Kleinen" darstellen soll. Danach vereint eine religiöse Atmosphäre Eltern, Kinder und Dienerschaft zu einer Gemeinschaft im Heiligen Geist, die von Friede und Eintracht geprägt ist. Dem Hausvater obliegt die Pflicht, Weib, Kinder und Sklaven im Glauben zu unterrichten, mit ihnen die Schrift zu lesen und das gemeinsame Beten zu pflegen[39]. Manche Familien haben gewiß solchem Ideal nachzuleben versucht, wie besonders Inschriften und Denkmäler oder etwa die Berichte der drei Kappadokier über ihre Familien, wenn auch vielleicht etwas idealisierend, erkennen lassen[40], über das Maß ihrer Ausstrahlung ist jedoch keine sichere Aussage möglich.

Der soziale Bereich

Die von Kaiser Diokletian grundgelegte und von Konstantin I. vollendete Reichsreform hatte weittragende Konsequenzen für die gesellschaftliche

[36] Const. Apost. 7, 3, 2; Basil., Epp. 118, 2.8; 186, 2; 199, 3; 217, 52; Chrysost., In ep. ad Rom. hom. 24, 4; In Mt hom. 28, 5; Ambros., Exaem. 5, 58; Hieron., Epp. 22, 13; 121, 4.5.
[37] Conc. Illib. can. 63 und 68; Conc. Ancyr. can. 21; Conc. Ilerd. can. 2 (546).
[38] Aug., Quaest. sup. levit. 76.
[38a] *J. Gaudemet*, La transformation de la vie familiale au Bas-Empire et l'influence du christianisme: Romanitas 5 (1962) 58–85. [39] Belege bei *P. Rentinck* a. a. O. 277—280.
[40] DACL II 1015—54; V 1099—1102 1853—1856; Greg. Naz., Or. 18, 8; 43, 12; Basil., Ep. 223, 3; Greg. Nyss., Vita Macr. passim; vgl. auch Salvian., Ep. 4, 11—14.

Struktur des Imperiums. In der durch sie verwirklichten absoluten Monarchie konzentrierte sich alle politische Macht in der Person des Kaisers, dem zu ihrer Ausübung eine straff organisierte zentrale Reichsverwaltung zur Verfügung stand, die ihrerseits einer stark vermehrten Bürokratie in den Provinzen und eines ausgedehnten Kontrollapparates bedurfte[41]. Die so verdichtete Macht auf der einen Seite schuf neue Abhängigkeiten auf der anderen. Sie wurde unmittelbar spürbar in den Auswirkungen eines Steuersystems, das die enorm hohen Mittel aufbringen mußte, die ein mehr als großzügiger Lebensstil des Hofes, die Besoldung der Beamtenschaft und der Unterhalt des Heeres erforderten. Die erbarmungslos eingetriebenen Abgaben trafen die kleinen Handwerksbetriebe sowie den Bauern und Kleinpächter besonders hart, zumal ein stetiger Anstieg der Preise sie zusätzlich belastete[42]. Um dieser Zwangslage zu entgehen, begaben sich viele der letzteren als coloni mit Besitz und Familie in den Schutz eines Latifundienbesitzers, tauschten aber ihre bisherige „Freiheit" nur gegen eine noch härtere Abhängigkeit ein. Denn ein Gesetz Konstantins (332) band sie und ihre Nachkommen für dauernd an die Scholle ihres neuen Herrn, und weitere Gesetze ließen ihnen nur noch theoretisch den Status eines Freien. Zusammen mit den staatlichen Domänen war ein hoher Prozentsatz des bewirtschafteten Landes in den Händen einer zahlenmäßig kleinen Oberschicht konzentriert, die ihre wirtschaftlichen Privilegien auch in der Festsetzung der Preise rücksichtslos ausnützte und auf Grund ihrer Macht auch in der Lage war, Versuche einer schärferen Kontrolle durch die Provinzialbürokratie abzuwehren[43]. Auch die Dekurionen, Inhaber eines ursprünglichen Ehrenamtes in der Verwaltung der Städte, mußten nun nicht nur mit ihrem Vermögen für deren Steueraufkommen haften, sondern wurden jetzt samt ihren Erben gesetzlich an dieses Amt gebunden[44]. Noch schärferem Zwang wurden die Arbeiter in den staatlichen Fabriken (Webereien und Spinnereien, Münzprägestätten, Waffenfabriken, die großen Bäckereien der Hauptstädte), soweit sie nicht schon Sklaven waren, und Angehörige bestimmter Berufe (Händler, kleinere Transportunternehmer u. a.) unterworfen. Ihre Collegia, in denen sie nach Berufen zusammengefaßt waren, wurden in eine Art Zwangsinnung umgewandelt, den Mitgliedern wurde jeder Übergang in einen anderen Beruf, meist sogar der Wechsel des Arbeitsplatzes, untersagt und nicht einmal der Eintritt ins Heer erlaubt. Damit war praktisch die Möglichkeit sozialen Aufstiegs und sozialer Mobilität unterbunden. Zum Arbeitsentgelt gehörte, wie bei den Sklaven, Kost und Wohnung und ein

[41] Zu Regierungsform und Bürokratie siehe *A. H. M. Jones* a. a. O. I 321—410.

[42] Zum Steuersystem ebd. 448—469.

[43] Gesetz von 332 Cod. Theod. 5, 17, 1. Zum Kolonat *P. Palasse,* Orient et Occident, à propos du colonat romain au Bas-Empire (Lyon 1950).

[44] Siehe *A. H. M. Jones* II 737—757 und *W. Schubert:* ZSavRGrom 86 (1969) 287—333.

minimaler Barlohn. Der Versuch, sich dieser Situation durch die Flucht zu entziehen, wurde durch harte Strafen geahndet, die besonders jene trafen, die einem Entflohenen Unterschlupf gewährten. Daß man sogar die Flucht über die Grenze wagte, zeigt das bittere Wort Salvians, viele würden jetzt die römische humanitas bei den Barbaren suchen, weil sie die barbarische Inhumanität in der Heimat nicht mehr ertragen könnten[45]. Der Staat suchte dem steigenden Mangel an Arbeitskräften dadurch abzuhelfen, daß er strafrechtlich Verurteilte und Vagabunden in seine Fabriken einwies. Die Serie rasch aufeinander folgender Gesetze zeigt einmal, wie sehr der Staat bereits zu dieser Zeit durch die wirtschaftlichen Probleme überfordert war, zum andern enthüllt ihr Inhalt eine zutiefst inhumane Haltung gegenüber der großen Masse der sozial Schwachen. So wurde der nicht bewältigte Gegensatz zwischen potentiores und humiliores zu einem wichtigen Faktor im Auflösungsprozeß des Weströmischen Reiches. Wie verhielt sich die Kirche in dieser Situation?

a) Die Mächtigen und die Abhängigen

Weder die absolute Monarchie des spätrömischen Imperiums noch dessen Wirtschaftsordnung, noch die Grundstrukturen der damaligen Gesellschaft sind von der Kirche der Zeit prinzipiell in Frage gestellt worden. Sie hat zwar die Härten und Ungerechtigkeiten, die mit dem Gesamt dieser Verhältnisse gegeben waren, gesehen, sie auch als solche empfunden, sie aber als Folgen der Sünde gewertet, die als solche zu tragen seien. Eine Veränderung der bestehenden Ordnungen etwa auf dem Wege der Gewalt hat sie weder erwogen noch gebilligt. Diese Grundeinstellung wird besonders deutlich sowohl in der theoretischen Beurteilung der antiken *Sklaverei* wie in ihrem praktischen Verhalten gegenüber den ihr Unterworfenen. Die Sklaverei widerspricht nach Augustinus sicher dem Willen Gottes, der den Menschen frei geschaffen hat; aber Unrecht und Gewalt haben die Ungleichheit unter den Menschen bewirkt, so wie die Sünde ihn auch als Einzelwesen, was schwerer wiegt, zum Sklaven seiner Leidenschaft machte. Diese doppelte Form der Sklaverei wird fortbestehen bis zum Ende der Tage, „bis die Bosheit aufhört und alle Herrschaft und Menschenmacht entleert wird und Gott alles in allem ist“ [46]. Wann immer auch die Kirchenväter vom Los der Sklaven sprechen, wie scharf sie auch ihre inhumane Behandlung geißeln, sie fordern nicht die Beseitigung der Sklaverei weder durch Gesetz

[45] Salvian., De gub. dei 5, 21. Siehe *N. Charbonnel,* La condition des ouvriers dans les ateliers impériaux aux IVe et Ve siècles = Aspects de l'Empire Romain (Paris 1964) 61 bis 93; 88—92 Tabelle der Gesetze.

[46] Aug., De civ. dei 19, 15; Greg. Nyss., In Eccl. hom. 4; Chrysost., In Gen. hom. 4; De Lazaro hom. 6, 7—8.

noch durch Revolution[47]. Sie sehen sie teils als notwendigen Bestandteil der damaligen Wirtschaftsordnung oder als eine Form des Eigentums und respektieren deshalb auch, im ganzen gesehen, die für Sklaven geltenden Bestimmungen des staatlichen Rechts. Die Kirche nimmt sogar Sklaven in ihren eigenen Dienst und Besitz, wenn sie ihr durch Vermächtnisse zufallen, und verteidigt gegebenenfalls ihr Besitzrecht an ihnen.

Gleichzeitig ist jedoch die Kirche so entschieden und umfassend für die Erleichterung des Sklavenloses eingetreten wie keine andere Institution oder gesellschaftliche Gruppe der Welt. Waren Herr und Sklave Christ, so konnte sie das Verhältnis zwischen beiden schon weitgehend entspannen durch ihre Verkündigung, daß vor Gott keine sozialen Unterschiede gelten würden, da alle Getauften Brüder seien, Kinder des einen himmlischen Vaters, zu dem Kaiser und Bettler, Sklave und Herr beten[48]. Man kennt daher beim Gottesdienst keine Absonderung der Sklaven von den Freien, die Ehe von Sklaven wird als gültig angesehen, ein Sklave wird zu den Ämtern in der Kirche zugelassen, wenn sein Herr zustimmt oder ihm gar die Freiheit schenkt. Die christliche Predigt fordert immer wieder, daß dieser Bewertung des Sklaven seine Behandlung in einem christlichen Haus entspreche. Dazu gehört nicht nur Kleidung und Nahrung, das Unterlassen jeder Grausamkeit, auch bei der Bestrafung eines schuldigen Sklaven, sondern positive Güte und Milde, vor allem aber die Sorge für sein religiöses Heil, Unterricht im Glauben durch den Hausherrn, die Teilnahme am gemeinsamen Gebet der familia[49]. Dem Einfluß der Kirche ist es zu denken, daß vom 4. Jh. an die *Freilassung* von Sklaven in erheblichem Umfang angestiegen ist. Da sie den Besitz von Sklaven als legitim ansah, konnte sie deren Freilassung nur empfehlen, sie hat dies mit allem Nachdruck getan und auch mit eigenen Mitteln Sklaven freigekauft. Nicht immer erschien jedoch die Freiheit dem Sklaven als begehrenswertes Ziel, da sie ihm nicht ohne weiteres auch soziale Sicherheit brachte. Chrysostomos rät daher, Sklaven vor ihrer Freilassung ein Handwerk lernen zu lassen, das ihnen ihren Lebensunterhalt garantiere[50]. In diesem Zusammenhang ist die Tatsache zu sehen, daß ein Teil der Sklaven sich

[47] Conc. Gangr. can. 3; Aug., Enarr. in ps. 124, 7—8. Auch Salvian., De gub. dei 43, 6, der die Schuld an den Untaten der Sklaven eher in der schlechten Behandlung durch ihre Herren sieht, fordert nicht zur Rebellion auf.

[48] Unter steter Berufung auf den Philemonbrief; vgl. Cyrill. Hieros., Cat. 15, 23; Greg. Naz., Or. 7, 23; 40, 18; Chrysost., In ep. ad Philem. (ganz); In ep. I ad Cor. hom. 19, 4; In ep. ad Eph. hom. 22 (ganz); In ep. ad Hebr. hom. 25, 3; Lact., Div. Inst. 5, 14; Aug., Ep. 23, 1; Enarr. in ps. 32, 2, 29; Sermo 58, 2; 59, 2; 211. Zum Begriff der „Brüderlichkeit" in der Hochpatristik siehe *J. Ratzinger*, Fraternité: DSAM 5, 1151—55 mit Lit. 1166 f.

[49] Const. Apost. 4, 6, 4; Chrysost., In ep. ad Eph. hom. 22; Conc. Illib. can. 5; Ambros., Ep. 2, 31; Aug., De civ. dei 14, 14—15; Expos. ep. ad Gal. 64; Maxim. Taur., Sermo 36, 3; Petr. Chrysol., Sermo 26.

[50] Const. Apost. 4, 9; Chrysost., In ep. I ad Cor. hom. 40, 5; Aug., Sermo 31, 6; 356, 3.7.

gegen ihre Freilassung aussprach, als Melania d. J. und ihr Gatte Ponian nach ihrer Hinwendung zum Asketentum einigen Tausend Sklaven auf ihren Besitztümern die Freiheit gaben, und lieber im Dienst eines ihrer Verwandten bleiben wollte[51]. Diesem steten Eintreten der Kirche für die freiwillige Sklavenbefreiung ist es zweifelsohne zuzuschreiben, daß Kaiser Konstantin 331 der Kirche das Recht verlieh, durch einen speziellen Akt innerhalb des Gotteshauses die Freilassung mit allen jenen rechtlichen Folgen vorzunehmen, die auch mit der zivilrechtlichen verbunden waren. Bei dieser *manumissio in ecclesia* führte der Herr seinen Sklaven dem Bischof vor, im Beisein der Gemeinde wurde der libellus, die Befreiungsurkunde verlesen, der Bischof um die Ratifizierung gebeten, und dann wurden die tabulae zerbrochen, die die Urkunden über den früheren Kaufakt oder den Sklavenstatus des Freizulassenden enthielten[52]. Diese offiziell anerkannte Form kirchlicher Freilassung hat sich, wie es scheint, in einer längeren Zeitspanne in der ganzen Kirche durchgesetzt[53] und ist schließlich in die für die römische Bevölkerung geltenden Gesetze der Burgunden und Westgoten aufgenommen worden.

Eine weitere Möglichkeit, sich der Sklaven helfend anzunehmen, bot sich der Kirche, als das antike *Asylrecht*[54] auf die christlichen Gotteshäuser ausgedehnt wurde und damit auch Sklaven, die sich in eine Kirche flüchteten, unter ihrem besonderen Schutz standen. Da der bisherige Herr aber meist sein Besitzrecht geltend machte, waren Konflikte in solchen Fällen nicht selten, und staatliche Gesetze suchten das Asylrecht für Sklaven genauer einzugrenzen. Ein Gesetz vom Jahre 398 scheint allgemein die Rückführung der Sklaven unter Mitwirkung der Kirche in ihre frühere Stellung angeordnet zu haben, die sich in den Schutz der Kirche geflüchtet hatten. Später (432) wird die Auslieferung eines unbewaffnet in ein Gotteshaus geflohenen Sklaven nach einem Tag verfügt, vorausgesetzt, sein Herr sagt ihm Straffreiheit zu „zur Ehre des Ortes, bei dem er Hilfe suchte“[55]. Das Recht, den geflohenen Sklaven an einen anderen Herrn zu verkaufen, wurde der Kirche allerdings nicht zugestanden. Die Synode von Orange (441) belegte den mit kirchlicher Strafe, der als Ersatz für seine entflohenen Sklaven mit Gewalt andere Sklaven der Kirche in seinen Besitz brachte[56].

[51] Gerontius, Vita s. Melan. 10 und Pallad., Hist. Laus. 61, 52; Paulin. Nol., Carm. 21, 251—263.

[52] Gesetz Konstantins: Cod. Theod. 4, 7, 1 (an Bischof Ossius von Córdoba); Schilderung einer manumissio in ecclesia bei Aug., Sermo 21, 6; Formular eines Freilassungslibellus bei Ennod., Opusc. 8. Zum Ganzen *F. Fabbrini*, La manumissio in Ecclesia (Mailand 1965).

[53] In Afrika zögert man zunächst: Cod. eccl. afr. can. 64 und 82; in Gallien fordert die Synode von Orange can. 7 (441) und die sog. 2. Synode von Arles can. 33 und 34 ihre Anerkennung.

[54] *L. Wenger*, Asylrecht: RAC I 836—844.

[55] Cod. Theod. 9, 45, 3 (398); 9, 45, 5 (432).

[56] Conc. Araus. can. 5 (6).

Auch die Flucht des Sklaven in ein Kloster war Thema einer langwierigen Auseinandersetzung zwischen Staat und Kirche[57], da ersterer eine Massenflucht von Sklaven in die Klöster aus wirtschaftlichen Gründen nicht dulden konnte, das Mönchtum aber auch Sklaven nicht zurückweisen wollte oder konnte, wenn sich ihre Motive für den Klostereintritt als einwandfrei erwiesen. Die Kirche hat jedoch die Sekte der Eustathianer scharf gerügt, die die Sklaven gegen ihre Herren aufwiegelte, und Basileios wollte nur dann einem Sklaven die Aufnahme ins Kloster gewähren, wenn sein Herr ihn zur Sünde zwinge. Daß hier der Gehorsam des Sklaven gegenüber seinem Herrn seine Grenze habe, betonen auch Hieronymus und Kyrillos von Alexandrien[58]. Die Kaiser Arkadios und Honorius haben schließlich Sklaven die Freiheit und den Schutz der Kirche zugesagt, wenn sie ihre donatistischen Herren verlassen würden, weil sie dort zur Wiedertaufe gezwungen werden sollten[59]. Staat und Kirche einigten sich schließlich auf dem Konzil von Chalkedon dahin, daß Sklaven nur mit ausdrücklicher Zustimmung ihres Herrn Mönch werden konnten, die schriftlich vorgelegt werden mußte[60].

Weit weniger erfolgreich waren die Bemühungen der Kirche, dem Mißbrauch der Macht zu steuern, dessen sich die *potentes*, die hohen Beamten und die Besitzer der großen Vermögen, oft der gleiche Personenkreis, in der späten Kaiserzeit schuldig machten. Augustin spricht es unverhohlen aus, daß viele Großgrundbesitzer in Nordafrika ihren Reichtum durch Betrug und Raub erworben haben. Das Sprichwort „Hast du was, so bist du was" sei die Losung dieser Räuber, der Unterdrücker der kleinen Leute, derer, die sich fremdes Eigentum mit Gewalt aneignen und ihnen anvertrautes Gut ableugnen. Viele christliche Senatoren in Afrika kümmern sich nicht um das Los ihrer coloni. Und Augustinus muß gestehen: kaum jemand wage es, ihnen das ins Gesicht zu sagen, weil es zu gefährlich sei[61]. Den Vorwurf, man würde zu den Gewalttaten und Ausbeutungsmethoden der Herrschenden schweigen oder nur halbherzig davon sprechen, dehnt Salvian auch auf Bischöfe aus, die sich allerdings nicht aus Feigheit so verhielten, sondern um die Schuldigen nicht noch zu Schlimmerem zu reizen, und so müßten Arme, Witwen und Waisen weiter leiden. Wenn man auch bei dem gallischen Presbyter mit etwas rhetorischer Übertreibung rechnen muß, seine Diagnose, das Römische Reich liege bei solcher Verkommenheit der potentes in den

[57] Vgl. *H. Bellen* a. a. O. 78—92.

[58] Conc. Gangr. can. 3; Basil., Reg. fus. tract. 11; Hieron., In ep. ad Gal. 3, 6; In ep. ad Tit. 2, 3; Cyrill. Alex., De ador. in spir. et verit. 8.

[59] Cod. Theod. 16, 6, 4.

[60] Conc. Chalc. can. 4; Nov. Val. (III) 35, 3 (452).

[61] Aug., Ep. 58, 3; Enarr. in ps. 72, 12; in ps. 51, 14: *proverbium avarorum, rapacium, innocentes opprimentium, res alienas invadentium, commendata negantium; „Quantum habebis, tantus eris."*

letzten Zügen *(extremum agens spiritum)*, war richtig[62]. Auch die wenigen Synodalbeschlüsse der Kirche ändern kaum etwas an der Gesamtsituation. Das Konzil von Toledo (400) will einen Mächtigen, der einen Armen oder Kleriker ausplünderte, vor das Gericht des Bischofs zitieren und ihn im Weigerungsfall aus der Kirche ausschließen, die Statuta ecclesiae antiqua weisen die Bischöfe an, keine Gaben von denen anzunehmen, die die Armen bedrücken[63]. Die sich verzettelnden Einzelmaßnahmen der Kaiser erweisen sich als wirkungslos.

b) Die Reichen und die Armen

Nur eine Spielart des Phänomens Macht und Abhängigkeit in der spätantiken Gesellschaft war das Verhältnis von Reichtum und Armut, das in seiner Zuspitzung dieser Jahrzehnte die Kirche zu einer Stellungnahme herausforderte. Drei Züge standen für sie dabei im Vordergrund: die erdrückend ungleichmäßige Verteilung von Besitz und Reichtum, die nur die *potentes* auch zu *divites* machte, welche die Verfügung über ihren Besitz durch keine Verpflichtung gegenüber den *pauperes* eingeschränkt sehen wollten; der meist luxuriöse Lebensstil der Besitzenden, die sich im Genuß ihres Reichtums keine Grenzen auferlegten; das weitgehende Fehlen einer gezielten Fürsorge des Staates auf gesetzlicher Basis, die die Lage der sozial Schwachen gebessert hätte.

Obwohl die Väter, mit gewissen Nuancen in einzelnen Punkten, die Meinung vertreten, daß die jetzige Verteilung von Besitz und Reichtum nicht ohne Sünde, d. h. durch Ungerechtigkeit, Gewalt und Betrug, zustande kam, nehmen sie sie als gegeben hin. Sie denken weder an eine gesetzliche Umverteilung der Vermögen, noch reden sie einer Änderung dieses Zustandes durch Gewalt das Wort. Sie erkennen grundsätzlich das *Privateigentum* an und werten nicht schon Reichtum an sich als Sünde, wenn auch ihre scharfe Sprache bei der Geißelung seines *Mißbrauchs* durch seine Besitzer zuweilen den Eindruck erwecken konnte, sie hätten die These verfochten, Eigentum sei Diebstahl[64]. Sie betonen hingegen mit aller Entschiedenheit, und das ist das eigentlich Neue an der Stellungnahme des Christentums zur sozialen Frage dieser Zeit, *die soziale Verpflichtung des Eigentums.* Da Gott die Güter dieser Welt zum Wohl aller bestimmt hat, sind die jetzigen Besitzer letztlich nur deren Verwalter, nur dann ist Eigentum legitim, wenn es im

[62] Salvian., De gub. dei 5, 5; 4, 6.

[63] Conc. Tolet. I can. 11; Stat. eccl. ant. can. 94 (69).

[64] Die These der Eustathianer, Reichtum schließe vom Heil aus, wird von der Synode von Gangra in ihrem Rundschreiben verworfen. Zu den differierenden Auffassungen einzelner Väter siehe *St. Giet:* RSR 35 (1948) 54—91; Zu Augustins Eigentumsbegriff *D. J. Macqueen:* RechAug 8 (1972) 187—229.

Sinn seiner sozialen Bindung verwaltet wird[65]. Das heißt auf der einen Seite, jeder ungezügelten Anhänglichkeit an den Reichtum zu entsagen, auf jede Ungerechtigkeit bei Erwerb und Gewinn, auf jeden egoistischen Genuß zu verzichten, anderseits ihn zur Linderung sozialer Härten zu verwenden, den Armen das zu geben, was ihnen zusteht. In der konkreten Frage, welchen Anteil von Besitz und Einkünften der einzelne dafür verwenden müsse, sind die Meinungen der Väter uneinheitlich. Gewiß zeigen einige, wie Basileios und Hieronymus, ihre Sympathie für den radikalen Verzicht, wie ihn das Evangelium empfiehlt, aber sie wissen, daß das nur ein Rat ist. Man ist sich einig, daß „der Überfluß" dazu bestimmt ist, den Armen das zum Leben Notwendige zu sichern. Manche empfehlen, dafür die Hälfte oder ein Drittel der Einkünfte abzuzweigen, andere schlagen vor, den erbberechtigten Söhnen noch einen weiteren, nämlich Christus, zuzuzählen und dann allen den gleichen Anteil am Besitz zu gewähren, die *pars Christi* gehöre dann den Armen[66]. Insgesamt sind die Äußerungen der Seelsorger und Schriftsteller über die soziale Bindung des Privateigentums so ernst, daß man ihr nicht durch ein gelegentliches Almosen, sondern nur durch einen spürbaren Verzicht gerecht werden konnte.

Der Eindringlichkeit dieser Forderungen entsprach die schonungslose Verurteilung der Lebensführung mancher Reichen und der Methoden und Praktiken, die sich im Wirtschafts- und Erwerbsleben durchgesetzt hatten. Die Charakterisierung der wohlhabenden Grundbesitzer Kappadokiens durch Basileios ist ebenso eindrucksvoll wie die Bilder, die Chrysostomos vom reichen Kaufherrn oder Reeder in Antiochien entwirft[67]. Ambrosius schildert den reichen Verschwender, der Unsummen für die Aufführungen von Zirkusspielen, Theateraufführungen oder sein Jagdvergnügen ausgibt, wie den skrupellosen Gewinnsüchtigen, der in Zeiten der Lebensmittelknappheit mit dem Hunger der Armen spekuliert[68]. Auf der gleichen Linie liegt der Tadel an dem grausamen Gläubiger, der seinen Schuldner zwingt, seine Kinder zu verkaufen oder sogar dessen Begräbnis so lange verhindert, bis die Schuld bezahlt ist[69]. Einen erbitterten Kampf führen die Väter gegen

[65] Siehe besonders *P. Christophe,* L'usage chrétien du droit de propriété (Paris 1964).

[66] Über diesen für die Armen abgezweigten Teil des Vermögens als Grundlage des sog. Seelteils im späteren Erbrecht siehe *E. F. Bruck,* Kirchenväter und soziales Erbrecht (Berlin-Heidelberg 1956).

[67] Basil., Or. 6, 2 ad divites; Chrysost., In Kal.; in Mt. hom. 28, 5. Vgl. auch Greg. Naz., De pauperum amore; Greg. Nyss., De pauperibus amandis I—II.

[68] Ambrosius, De Nab. passim; De off. 3, 2, 13; 3, 6, 41; 3, 9, 41, dazu *F. Homes Dudden,* The Life and Times of St. Ambrose II (Oxford 1935) 461—468 und *J. Huhn,* Ambrosius von Mailand als sozialer Bischof (Fulda 1946). Für Augustin sind wichtig die Sermones 13 16 41 123; Enarr. in ps. 38, dazu *H. Rondet,* Richesse et pauvreté dans la prédication de s. Augustin: RAM 30 (1954) 193—231. Ferner Zeno Veron., Tract. 1, 3, 5—6; Maxim. Taur., Sermo 17, 2; 18; Gaudent. Brix., Sermo 13.

[69] Ambros., De Nab. 5, 21; De Tobia 8, 30; 10, 36.

jede Form der Überforderung im Handel, gegen den Wucher, als den sie auch die Zinsforderung für Darlehen betrachten. Die Synoden fassen eine Serie von Beschlüssen, die das Zinsnehmen für Laien und Kleriker untersagen. Ihre Wiederholung läßt auf eine dauernde Nichtbeachtung schließen, zumal das weltliche Recht in dieser Frage die Auffassung der Kirche in keiner Weise unterstützte[70]. Offenbar hat sich die Kirche im Interesse der Armen auch direkt an den Staat gewandt. Eine Synode von Karthago (401) erbittet einmal vom Kaiser die Bestellung von defensores, die den Armen gegen Übergriffe der Reichen schützen sollen[71].

Die Kirche hat es nicht bei ihren Appellen an das Gewissen der Gläubigen bewenden lassen, sondern in der wachsenden Not ein soziales Hilfswerk entstehen lassen, das ihre Verkündigung glaubwürdig macht. Dieses Werk wurde von der einzelnen Gemeinde getragen, verantwortlich dafür war letztlich der Bischof der Gemeinde, die unmittelbare Leitung oblag einem Diakon, dem für bestimmte Dienste Diakonissen und Witwen zur Verfügung standen. Vor allem in den Gemeinden größerer Städte sieht sich die örtliche Caritas einer Fülle von Anforderungen und Aufgaben gegenüber. Chrysostomos berichtet anschaulich von den Verhältnissen in Antiochien. Von der bereits mehrheitlich christlichen Einwohnerschaft der Stadt könne man zehn Prozent zu den wirklich Reichen rechnen, gleich groß sei die Zahl der Armen, „die gar nichts besitzen", die restlichen achtzig Prozent bilden den wirtschaftlichen Mittelstand. Auf der Armenliste der Gemeinde stehen rund dreitausend Namen von Witwen und Jungfrauen, die täglich Unterstützung empfangen. Zu ihnen kommen jedoch noch „die Gefangenen, die Kranken und Genesenden in den Xenodochien, die Fremden, die Krüppel, der Klerus und noch weitere, die täglich zufällig vorbeikommen". Die Einkünfte der Kirche von Antiochien seien jedoch nicht höher als die *eines* Reichen und *eines* Mannes aus dem Mittelstand zusammengenommen, es sei aber das Zehnfache erforderlich, um der Armut wirklich begegnen zu können. Darum sei man weiter dringend auf die Gaben der Gläubigen angewiesen, deren Rechte leider nicht allzu freigebig sei[72]. Längst kann die einst so blühende Agape den Bedürfnissen nicht mehr gerecht werden, da sie nur noch privat geübt wird, wenn ein Wohlhabender einmal eine Schar Bedürftiger zu einem Mahl einlädt[73]. Die Gemeinden kommen zwar jetzt in steigendem Maß durch Vermächtnisse in den Besitz von Immobilien, aber deren Erträgnisse, von denen der Bischof auch seinen Klerus und die Gotteshäuser seines Bistums unterhalten muß, reichen in dieser Zeit noch nicht für alle Aufgaben aus. Augustinus redet bewegt davon, wie ihn die Armen auf seinem Weg

[70] Siehe *St. Giet*, La condamnation du prêt à intérêt au IVe siècle = Science religieuse (Paris 1944) 95—128.

[71] Cod. eccl. afr. can. 75.

[72] Chrysost., In Mt hom. 66, 3.

[73] Chrysost., In I Thess. hom. 11, 5; Hieron., Ep. 22, 32; Aug., Sermo 178, 4; 259, 5.

zur Kirche ansprechen und ihn um ein Wort für sie bei den Gläubigen bitten, aber auch er muß gestehen: „Wir geben, was wir haben, wir geben, soweit wir können, aber wir sind nicht imstande, der Not entsprechend zu helfen.“ [74] Dies gilt auch noch für das Rom Papst Leos I., da er alljährlich in der Quadragesima eindringlich eine Kollekte für die Armen ankündigt, für die man seine Gabe zurechtlegen soll[75].

Als herausragende Leistung der Caritas dieser Zeit darf man die Errichtung von Häusern bewerten, die der Krankenpflege, der Betreuung der Armen, der Waisen und der *Peregrini* dienten, sowohl wegen ihres unmittelbaren Dienstes an den Bedürftigen aller Art wie auch wegen ihrer signalhaften Bedeutung für die Caritas der nachfolgenden Jahrhunderte. Die ganz eigenständige Begründung christlich-sozialer Fürsorge, die im Notleidenden und Fremden letztlich Christus begegnet, scheidet sie grundsätzlich von den wenigen außerchristlichen Unternehmen ähnlicher Art in der Antike, die nicht auf religiösen, sondern allgemein humanitären Erwägungen beruhten.

Die ersten caritativen Anstalten waren wohl Herbergen für durchreisende „Fremde“, für die zu sorgen schon lange als officium hospitalitatis jedes Bischofs galt. Als eigentliche Pilgerhäuser sind sie bei dem Aufblühen des Wallfahrtswesens an den meisten bedeutenderen Wallfahrtsorten, wie Jerusalem, in der Menasstadt, in Nola in Campanien, entstanden[76]. Das erste uns bekannte Xenodocheion, das schon 356 in Sebaste existierte, nahm bereits auch Kranke und Aussätzige auf[77]. Das wird allgemein in den kleineren Gemeinden der Fall gewesen sein, die nur über ein Haus dieser Art verfügten. Die Hochschätzung der Gastfreundschaft durch das Mönchtum ließ in jedem größeren koinobitischen Kloster ein Xenodocheion entstehen, die Aufgeschlossenheit des ägyptischen und syrischen Mönchtums für die Nöte der Armen und Kranken wird schon früh gerühmt. Während einer Hungersnot in Edessa rüttelte Ephrem der Syrer die Reichen aus ihrer Teilnahmslosigkeit auf und richtete mit ihren Spenden ein Nothospital mit 300 Betten ein, in dem auch Notleidende aus der ländlichen Umgebung Aufnahme fanden[78]. Die Einbeziehung des Mönchtums in das caritative Werk der Kirche schon

[74] Aug., Sermo 61, 13. Der Grundbesitz der Kirche steigt erst beachtlich gegen Ende des 4. Jh. an, als auch die Reichen mehr der Kirche angehören, siehe *P. M. Conti,* La proprietà fondiaria della chiesa dal secolo V all'VIII = Misc. hist. eccl. IV (Louvain 1972) 43—51. Basileios und Ambrosius verteilen schon zu ihren Lebzeiten ihren Besitz unter die Armen, Gregor von Nazianz vermacht ihn testamentarisch, Text des Testaments bei *Pitra,* Juris eccl. Graec. hist. et monum. 2 (Rom 1862) 153—160, dazu *F. Martroye:* Mém. Soc. nat. antiquaires de France 76 (1923) 219—263.

[75] Siehe seine Sermones „De collectis“ (6): SChr 49 Nr. 20—25.

[76] *B. Kötting,* Peregrinatio religiosa 375—386; zur eigenständigen Begründung christlicher Hospitalität *P. Miquel:* DSAM 7, 815—819.

[77] Epiphan., Adv. haer. 3, 55.

[78] Sozom. HE 3, 16, 12—15 (Ephrem); vgl. *A. Vööbus,* Einiges über die karitative Tätigkeit des syrischen Mönchtums (The Baltic University 1947).

durch Basileios[79] sollte sich besonders positiv auswirken, da sie ihr nicht nur neue Hilfskräfte zuführte, sondern auch eine dauerhafte Bindung des Mönchtums an kirchliche Alltagsarbeit bewirkte. Das in organisatorischer Planung und Ausführung bedeutendste Unternehmen ist mit dem Namen Basileios des Großen verknüpft, der am Stadtrand von Kaisareia eine Anlage errichten ließ, die außer einem Kloster und Wohnungen für den Klerus ein Fremdenhospiz und ein Armenhospital umfaßte, denen alle notwendigen Dienste, Ärzte, Krankenpfleger, Werkstätten, Transportmittel, angegliedert waren. Ihre Größe führte sogar zu einer allmählichen Verlagerung des städtischen Zentrums um diese Neugründung, die im 5. Jh. nach ihrem Stifter Basilias genannt wurde[80]. Auch in Antiochien besitzt die Gemeinde ein größeres Krankenhaus und ein besonderes Fremdenhospiz[81]. Wann die erste Gründung solcher Häuser in Konstantinopel anzusetzen ist, bleibt unsicher, im Jahre 472 bestätigt aber Kaiser Leon bereits Privilegien, die früher Fremdenhospizen und Armenhäusern gewährt worden waren[82]. Im lateinischen Westen entstehen die ersten Caritaswerke um die Wende vom 4. zum 5. Jh., die Verwendung der griechischen Namen für sie weist auf das Vorbild im Osten hin. In Rom läßt die reiche Fabiola das erste Krankenhaus errichten (nosocomium), ein Xenodochium wird auf Kosten des Pammachius in Portus bei Ostia gebaut[83]. Pilger- und Altersheim zugleich war das Hospiz in Nola, das Bischof Paulinus beschreibt, Augustinus nennt die von ihm in Hippo errichtete Anstalt ebenfalls xenodochium, bemerkt aber, daß man die Sache in Afrika schon vor dem griechischen Lehnwort kannte[84].

In ihre caritative Fürsorge hat die Kirche auch die *Gefangenen* und Häftlinge einbezogen. Besuche der Bischöfe in den Gefängnissen waren schon fester Brauch, als Kaiser Honorius ihnen (409) eine Kontrolle der Führung der Strafanstalten und der Behandlung der Gefangenen zugestand. Einige staatliche Erlasse des 4. Jh., die den Strafvollzug neu ordneten und zu humanisieren suchten, dürften auf christlichen Einfluß zurückgehen[85]. Für die Unterstützung und den Loskauf von Gefangenen, die bei Überfällen von Barbaren verschleppt worden waren, hat die Kirche zuweilen beträchtliche Summen aufgewandt[86].

[79] Basil. Reg. brev. tr. 155.

[80] Basil., Epp, 94; 176; 143 (Armenhospiz um 373 in Amaseia); Greg. Naz., Or. 43; Sozom. HE 6, 33, 4 (Basilias). Zum Ganzen *St. Giet,* Les idées et l'action sociale de s. Basile 417 bis 423.

[81] Chrysost., Ad Stagir. cons. 3, 13; In Mt hom. 66, 3; in Act. hom. 45, 4.

[82] Cod. Just. 1, 3, 32 und 34. [83] Hieron., Epp. 77, 6.10; 66, 11.

[84] Paulin. Nol., Carm. 20, 114—117; Aug., Sermo 355, 2; In Joh. tr. 97, 4. CIL 8, 5341 belegt die Errichtung eines Fremdenhospizes durch einen Beamten in Calama.

[85] Cod. Theod. 9, 3, 1—6 und 7 (409); *J. M. López Riocerezo,* La humanización en la penalogía de la Ciudad de Dios: Ciudad de Dios 167 (1956) 311—334. An Ostern wurden z. B. Gefangene amnestiert: Cod. Just. 1, 4, 3; Leo I., Sermo de quadr. 2 und 7, 4.

[86] Ambros., Ep. 18, 16; De off. 2, 15, 70f.

Der Staat hat der Kirche in dieser Zeit für ihr caritatives Werk manche Unterstützung zukommen lassen und einzelnen Einrichtungen Privilegien gewährt, in frühbyzantinischer Zeit sich damit allerdings eine staatliche Aufsicht über sie gesichert. Es bleibt bestehen, daß der umfassenden sozialen Fürsorge der Kirche des 4./5. Jh. weder hinsichtlich ihrer Effizienz noch ihrer ethisch-religiösen Begründung etwas Gleichrangiges an die Seite gestellt werden kann.

Der kulturelle Bereich

Am Beginn des 4. Jh. stellte die Christenheit erst eine Minorität in der spätantiken Gesellschaft dar, deren kulturelles Leben in allen Bereichen noch vom Heidentum geprägt war. Mit der wachsenden Zahl jener Christen, die auf Grund ihrer sozialen Herkunft und Stellung von dieser Kultur geformt waren, stellte sich der Kirche verschärft die Frage, was von ihr aus christlicher Sicht akzeptiert oder adaptiert werden konnte und was abzulehnen sei. Die Antworten, welche die Kirchenschriftsteller auf diese Frage geben, sind sehr differenziert, zum Teil bestimmt von ihrer persönlichen Erfahrung, zum anderen abhängig von der Bedeutung, die der einzelne einem bestimmten Zug dieser Kultur negativ oder positiv beimaß. Die Wertungen ändern sich manchmal auch im Lauf der Zeit, als die Auflösungstendenzen auch im Kulturleben der Spätantike deutlicher werden und ein selbstbewußter gewordenes Christentum die von dort her drohenden Gefahren für weniger bedenklich hielt.

Die *profane Literatur* der Antike wird, von ihrem Inhalt her gesehen, mehrheitlich abgelehnt; die sie beherrschende Mythologie wird als unmoralisch verworfen, zuweilen auch lächerlich gemacht, die Art mancher Autoren als eitel angeprangert[87]. Es wird ihr aber durchaus nicht von allen jeder Bildungswert abgesprochen. So möchte Basileios das Studium der griechischen Literatur in der Ausbildung der Jugend beibehalten, vorausgesetzt, man trifft dabei die rechte Auswahl und ist sich im klaren über ihre moralische Qualität[88]. Noch positiver äußert sich Gregor von Nazianz, der meint, man solle nach dem Wort des Apostels Paulus (2 Kor 10, 5) alles Denken in den Dienst der Sache Christi nehmen, die Kenntnis der profanen Literatur könne auch zur Festigung des Glaubens führen. Ambrosius sieht, daß man die Werke heidnischer Autoren schon deshalb beachten sollte, um ihre Irrtümer widerlegen zu können, spricht aber auch einigen ihrer Philosophen eigenen Wert zu. Hieronymus äußert sich dagegen meist negativ, muß sich aber von Rufin vorhalten lassen, daß seine wortreiche Verwerfung der profanen Literatur mit seiner Praxis im Widerspruch steht, da er ihre Autoren

[87] Chrysost., In Tit. hom. 5; Lact., Div. inst. 1, 9—21; Aug., De civ. dei 5.
[88] Basil., Πρὸς τοὺς νέους, ed. *F. Boulenger* (Paris ²1952).

dauernd zitiere und im Kloster Bethlehem „seinen Vergil“ und weitere heidnische Dichter und Historiker mit der Jugend lese[89]. Augustinus hat selbst auf die Entwicklung hingewiesen, die seine Auffassung in dieser Frage durchlaufen hat[90]. Seine Taufe war bei allem existentiellen Ernst der Bekehrung nicht schon die absolute Absage an alles, was antike Bildung ihm vorher bedeutet hatte, sondern der Beginn eines kritischen Prozesses, der erst in seinen Bischofsjahren endete. Gewiß rückt er schon in Cassiciacum von der vanitas litteraria der Rhetorik ab und verwirft auch bereits die curiositas, die Wissensneugier um ihrer selbst willen, der auch er einmal verfallen war. Antike Autoren wie Cicero und Vergil bedeuten ihm aber auch jetzt noch viel, für sein schriftstellerisches Schaffen behält er die Dialogform und die Stilgesetze der Rhetorik bei, sein religionsphilosophisches Studienprogramm orientiert sich in seinem Aufbau noch an den alten artes liberales[91]. Den wirklichen Bruch mit der antiken Kultur vollzieht erst der Seelsorger Augustinus, der im pastoralen Alltag nicht nur ihre Bedeutungslosigkeit für seine Tätigkeit zu erfahren glaubt, sondern mehr noch ihre hemmende Wirkung auf das letzte Ernstnehmen des Evangeliums durch die Gläubigen spürt. Jetzt wird sein Urteil über den Formalismus der Rhetorik und das Streben nach rednerischer Eleganz kühl ablehnend und sein Tadel an der Immoral dieser Literatur, deren Auswirkungen er immer noch begegnet, unnachsichtlich. Auf grob massive Invektive, wie sie andere üben, verzichtet er, weil er erkannt hat, daß sie wie die sie tragende Kultur ohnehin dem Untergang geweiht ist. Dem entspricht sein fast nüchterner Entwurf eines eigenen begrenzten Bildungsganges, der zwar primär für die Ausbildung des Klerus konzipiert ist, den er sich aber auch für den christlichen Laien kaum anders vorgestellt hätte. Nach der „Doctrina christiana“ ist das vom Glauben getragene Studium der Bibel das unum necessarium für die geistige Arbeit des Klerikers, aus dem profanen Bildungsprogramm kommt den Realien, wie Geographie, Geschichte, Naturkunde usw., so weit Bedeutung zu, als sie ein besseres Verständnis der Schrift fördern. Philosophische Studien mag noch ein kleiner Kreis treiben, der Muße und Neigung für eine christlich verstandene vita contemplativa besitzt. Der letzte Grund für Augustins radikale Absage an die profane Kultur ist die durch die persönliche Erfahrung gewonnene Erkenntnis vom alleinigen Wert des Summum bonum, die ihn mehr und mehr mit jener abgründigen Skepsis gegenüber allem erfüllt, was „dieser Welt“ zugerechnet werden muß[92].

[89] Ambros., Exp. ev. Luc. 1, 2; Rufin., Apol. c. Hieron. 2, 11. Die Kenntnis der griechischen Literatur war bei Hieronymus allerdings begrenzt: *P. Courcelle* a. a. O. 47—78.

[90] Aug., Retract. 1, 3.

[91] *F. G Maier*, Augustin und das antike Rom (Stuttgart 1955) 21—25.

[92] Grundlegend die Analyse von De doctrina christiana bei *H.-I. Marrou*, S. Augustin et la fin de la culture antique (Paris ²1949) 331 ff; vgl. auch *E. Kevane*, Augustine's De doctrina christiana: RechAug 4 (1966) 97—133.

Augustins Thesen haben gewiß ihre Auswirkungen gehabt in den Kreisen und Verhältnissen, die er unmittelbar beeinflussen konnte. Bei allem Mißtrauen gegenüber dem profanen Bildungswesen der Zeit hat er jedoch ebensowenig wie die übrigen Väter eine eigene christliche *Schule* gefordert, in der sein Programm hätte realisiert werden können[93]. Die Kinder der Christen gehen weiter in die bisherige Schule, ihre Jugend besucht weiter die Hochschulen, an denen noch lange die heidnischen Lehrer in der Mehrheit sind, und werden weiter mit der heidnischen Bildung vertraut gemacht. Die Kirche hofft, daß die religiöse Erziehung in der Familie, so wie Basileios und Chrysostomos sie empfehlen, sie immun macht gegen die hier drohende Gefahr und daß die allmählich wachsende Zahl christlicher Lehrer an den Schulen diese im Rahmen des Unterrichts neutralisieren hilft. Es fehlen auch alle Anzeichen dafür, daß die Kirche versucht hätte, über den Staat Einfluß auf die Gestaltung des Lehrplanes der weltlichen Schule zu gewinnen. Sogar in der kirchlichen Gesetzgebung findet ihre distanzierte Haltung gegenüber der profanen Bildung nur geringen Niederschlag[94].

So überrascht es nicht, daß alle bedeutenden Schriftsteller der Kirche dieser Zeit den formalen Einfluß ihrer profanen Schulbildung erkennen lassen. Gregor von Nazianz kann den Stolz auf seine rhetorische Bildung nie verhehlen, Gregor von Nyssa ist in hohem Maße von ihr abhängig, Ambrosius handhabt das literarische Genus der consolatio in seinen Trauerreden ebenso wie ein profaner Autor, die Auseinandersetzung mit seinem heidnischen Gegenspieler Symmachus um den Victoriaaltar zeigt ihn diesem in der Dialektik durchaus ebenbürtig. Dichter wie Gregor von Nazianz, Prudentius und Paulinus von Nola halten den Vergleich mit der gleichzeitigen heidnischen Dichtung ebenso aus wie Eusebios, Theodoret von Kyros, Optatus von Mileve oder noch Orosius mit den Profanhistorikern. Die christliche Briefliteratur hat in Basileios, Hieronymus und Augustinus Vertreter, die einen Libanios und Symmachus eindeutig hinter sich lassen[95]. Gewiß beruht die Überlegenheit der christlichen Literatur der patristischen Blütezeit in erster Linie in ihrem Ideengehalt, in der Frische und Überzeugungskraft ihrer Aussage, die weiß, daß ihr die Zukunft gehört, in ihrem neue Hoffnung weckenden Glauben an einen neugefundenen Sinn menschlichen Daseins. Die lateinischen Autoren konnten sich zudem eines Vokabulars bedienen, das ihnen im altchristlichen Latein zur Verfügung stand und das der von gefährlicher Sklerose bedrohten Sprache des Westens neues Leben

[93] *H.-I. Marrou,* Geschichte der Erziehung im klassischen Altertum (Freiburg - München 1957) 465 ff.

[94] Stat. eccl. ant. can. 5 (16) verbietet nur dem Bischof die Lektüre heidnischer Autoren.

[95] Hieronymus schreibt De viribus illustribus, weil er jetzt (393) nachweisen kann, daß die christliche Literatur nicht mehr hinter der heidnischen zurücksteht: Prolog., dazu *P. Nautin:* RevÉAug 16 (1970) 39.

verlieh [96]. In der griechisch sprechenden Kirche ist es zwar nicht zur Ausbildung einer griechischen Sondersprache gekommen, weil sich die großen Schriftsteller hier der klassizistischen Hochsprache bedienen konnten, die, wenn elastisch gehandhabt, auch dem Auditorium eines Chrysostomos verständlich war und besonders den Leserkreis erfaßte, an dessen Gewinnung der Kirche mehr und mehr gelegen war [97]. Die Gesamtwirkung dieser christlichen Literatur auf die Gesellschaft der Zeit wäre ohne diesen Rückgriff auf die formalen Elemente der klassischen Tradition nicht möglich geworden.

Gegenüber einem weiteren Sektor kulturellen Lebens der Spätantike blieb die Haltung der Kirche stets unversöhnlich, dem des *Theaters*, der Zirkusspiele und des Vergnügungswesens. Die Aufführung der alten Tragödien war von hellenistischer Zeit an von Mimos und Pantomime zurückgedrängt worden, die Schaubühne mit Kabarett und Ballett diente nun der Erholung des Volkes, die Kämpfe der Gladiatoren und die Tierhetzen in den Amphitheatern, die Wagenrennen im Zirkus der Großstädte zogen an den zahlreichen Festen des Jahres Tausende oft fanatisch begeisterter Zuschauer an [98]. Chrysostomos und Augustinus führen bewegte Klage darüber, daß an Tagen mit solchen Veranstaltungen die Gotteshäuser fast leer blieben [99]. Die Kritik der Kirche richtete sich einmal gegen die Verschwendung der Unsummen, die die Ausrichtung der Spiele erforderte, mehr aber gegen die Immoralität, die durch die Schaubühne verbreitet wurde. Einigermaßen erfolgreich war die Bekämpfung der Gladiatorenspiele, die wegen ihrer Brutalität und verrohenden Wirkung auch von heidnischer Seite beanstandet wurden. Konstantin hatte sie schon 325 im östlichen Reichsteil verbieten lassen, im Westen erfreuten sie sich jedoch nach Augustins Zeugnis in Karthago und Rom weiterhin größter Beliebtheit, erst Kaiser Honorius ließ sie am Beginn des 5. Jh. endgültig auch hier einstellen [100]. Die anderen Formen, Schaubühne und Zirkus, tastete aber der Staat zunächst nicht an, zumal ein Großteil der Spiele in den öffentlichen Festkalender eingebaut war [101]. Die kirchliche Mission und Verkündigung war jedoch fest davon überzeugt, daß hier ein wesentliches Hindernis für die Verbreitung und Anerkennung christ-

[96] *Chr. Mohrmann,* Quelques observations sur l'originalité de la littérature chrétienne latine = Le latin des Chrétiens I (Rom 1958) 139—150.

[97] Siehe außer *Mohrmann C. Fabricius,* Der sprachliche Klassizismus der griechischen Kirchenväter: JbAC 10 (1967) 187—199.

[98] *M. Bieber,* The History of Greek and Roman Theatre (Princeton ²1961); *G. Ville,* Les jeux des gladiateurs dans l'empire chrétien (Paris 1960).

[99] *Chr. Baur,* John Chrysostom and His Time I (London 1959) 235—255; *F. van der Meer,* Augustinus der Seelsorger (Köln 1951) 73—83.

[100] Aug., Conf. 6, 7, 11—13; De civ. dei 3, 14; de symb. ad cat. 22. Die kaiserlichen Verbote: Cod. Theod. 15, 12, 1; Cod. Just. 11, 41.

[101] Die Gesetze über die Tempelschließungen Cod. Theod. 16, 10, 3.17.19 der Jahre 342, 399, 407 betonen, daß die Volksfeste davon nicht betroffen seien.

licher Sittenlehre lag. Sie ist in ihrem Widerstand bis zur Ächtung aller Berufe gegangen, die im Dienst des Theaters und der zeitgenössischen Unterhaltungsindustrie standen. Nicht nur Dirnen und Zuhälter, auch die Schauspieler aller Art, die Veranstalter der Aufführungen, die Gladiatoren und Jäger bei den Tierhetzen fallen unter das Verdikt, Augustin kann sich dabei auf altrömische Tradition berufen, die den Schauspielerberuf nicht zu den gesellschaftlich anerkannten rechnete[102]. Der Schauspieler muß daher seinen Beruf aufgeben, wenn er zur Taufe zugelassen werden will, Christen unter ihnen wird die Kommunion verweigert[103]. Die Kaiser Gratian und Theodosius I. unterstützen die Kirche hier insoweit, als sie Christinnen aus diesen Berufen herausnehmen wollen, die Ausbildung von Zitherspielerinnen zu unterbinden suchen und ihr Auftreten bei Theateraufführungen oder bei privaten Feiern untersagen[104].

Die christlichen Moralprediger mußten erkennen, daß ihnen hier ein durchschlagender Erfolg versagt bleiben würde, wenn es nicht gelang, die zahlreichen profanen Festtage, mit denen die ludi circenses und ludi scaenici eng verflochten waren, zu beseitigen oder in ihrem Charakter zu neutralisieren, d. h. den profanen Festkalender zu christianisieren und allmählich durch einen rein christlichen abzulösen[105]. Die enormen Schwierigkeiten dieses Vorhabens konnten nicht ohne die direkte Mithilfe der Kaiser überwunden werden. Diese mußten aber Rücksicht nehmen auf die starke Beliebtheit der ludi aller Art bei den Volksmassen, denen zudem das Bewußtsein des heidnischen Ursprungs solcher Volksbelustigung weithin abhanden gekommen war. Eine Reihe von Festen ließ sich schon dadurch entgiften, wenn man die Namen der heidnischen Götter und die Opferzeremonien fallenließ, die noch mit ihnen verbunden waren, wie dies auch durch einen Erlaß Kaiser Konstantius' geschah (ca. 357). Gegen die Feiertage, an denen man des Regierungsantritts des Kaisers oder seiner Ahnen gedachte, konnte die Kirche kaum Einwände erheben, hier blieben demnach die Spiele bestehen. Die schon von Konstantin verfügte und später wiederholte Auszeichnung des christlichen Sonntags als Ruhetag war jedoch bereits ein erster Schritt auf dem Weg zu einem verchristlichten Festkalender[106]. Kaiser Theo-

[102] Vgl. *O. Brabant,* Classes et professions ‚maudites' chez s. Augustin d'après les Enarrationes in psalmos: RevÉAug 17 (1971) 69—81, hier 71—75.

[103] Conc. Illib. can. 62; Cod. eccl. afr. can. 63 (Karthago 401); Conc. Arel. I can. 4 und 5; Conc. Arel. II can. 20; Conc. Carth. (397) can. 35; Aug., De civ. dei 2, 13; In Joh. tr. 100, 2; Enarr. in ps. 102, 13; 147, 3.

[104] Cod. Theod. 15, 7, 4.8.10.12.

[105] Ein erhaltener Festkalender, der sog. Chronograph vom Jahre 354, bietet bereits eine eigenartige Mischung von ursprünglich heidnischem Kalender und christlichen Feiertagen, zu denen das Osterfest, die Begräbnistage der römischen Bischöfe und die dies natales der römischen Martyrer gehören, siehe *H. Stern,* Le calendrier de 354 (Paris 1953).

[106] Cod. Theod. 2, 8, 1; 2, 8, 18.

dosius I. hat dann im Jahre 389 in einem Erlaß eine Festtagsordnung vorgelegt, in der die christlichen Feiertage gegenüber einer Reihe von neutralen Festen, wie Geburtstage der Kaiser, Erntefest u. a., bereits überwiegen: Alle Sonntage, die beiden Wochen vor und nach Ostern, Epiphanie und Weihnachten sind hier als christliche Festzeiten staatlich anerkannt, die früheren heidnischen Feste sind darin nicht mehr aufgeführt[107]. Eine Konzession an die Kirche war es ferner, daß der gleiche Kaiser auch die Zirkuswettkämpfe an Sonntagen untersagte, freilich nur, wenn nicht gerade „Kaisergeburtstag" auf einen Sonntag fiel[108]. So war der Kirche hier im ganzen nur ein halber Erfolg beschieden. Der Zirkus behielt vor allem im Osten, in Konstantinopel, Antiochien und Thessalonike weiterhin seine Faszination, man konnte weiteren Fortschritt nur von einem rein liturgischen Festkalender erhoffen.

Fragt man am Ende dieser Darstellung noch einmal, welche Veränderungen sich in der spätantiken Gesellschaft in der Zeitspanne zwischen Nikaia und Chalkedon unter kirchenhistorischem Aspekt vollzogen haben, wird man etwa so zusammenfassen können: Das grundlegende Faktum ist der Wechsel im religiösen Bekenntnis, durch den sich diese Gesellschaft von einer heidnischen zu einer christlichen Mehrheit wandelt. In dieser christlichen Mehrheit werden zwei Gruppen gesellschaftlich relevant: der nach Rang und Aufgabenbereich gestufte Klerus und das Mönchtum, die als besondere Stände auftreten und starke Auswirkungen in die Gesellschaft hinein haben. Neben sie treten dann wechselnde Gruppen, die sich in den heftigen, den ganzen Zeitraum umfassenden Auseinandersetzungen um das rechte Verständnis des christlichen Glaubensinhaltes entwickeln und zeitweise zur Bildung christlicher Konfessionen führen. Aus diesem Kampf um die „Orthodoxie" erwächst jene schwerwiegende Verhärtung und Fixierung der religiösen Intoleranz, die diese Gesellschaft als Ganzes kennzeichnet und die sie als Erbe an die Folgezeit weitergibt. Keine Gruppe kann der anderen das Recht auf ihr eigenes Verständnis des Glaubens zugestehen, für „Orthodoxe", Arianer, Donatisten, Mazedonianer und Monophysiten werden die jeweilig der anderen Gruppe Angehörenden zu Häretikern, die man mit Hilfe der staatlichen Macht zu bekämpfen und auch in ihren bürgerlichen Rechten zu schmälern sucht. Von den Unterlegenen wird die obsiegende Gruppe nur noch schärfer mit dem Makel des Irrglaubens, der Gewalt und des Unrechts behaftet[109].

An der staatlichen Grundordnung hat diese christlich werdende Gesellschaft nichts ändern wollen, an den wirtschaftlichen und sozialen Strukturen

[107] Cod. Theod. 2, 8, 19, noch einmal bestätigt durch Kaiser Arcadius im Jahre 395: ebd. 2, 8, 22. [108] Cod. Theod. 2, 8, 20.

[109] *J. Vogt,* Toleranz und Intoleranz im konstantinischen Zeitalter: Saeculum 19 (1968) 344—361; *Colm Luibhéid,* Theodosius II and Heresy: JEH 16 (1965) 13—38.

nur wenig ändern können. In einigen Bereichen, wie dem der Familie, der Wertung der Ehe und des Kindes, des Sklavenstandes, des Eigentumsverständnisses und der caritativen Fürsorge, wurden, zuweilen mit bescheidener Unterstützung des Staates, positive Ansätze geschaffen. Schwierig ist es, den Wandel im sittlich-moralischen Verhalten dieser Gesellschaft genauer abzuschätzen. Die Moralpredigt der Zeit läßt keinen Zweifel daran zu, daß hier noch keine radikale Veränderung eingetreten ist. Nur eine wenn auch starke Minderheit scheint die christliche Ethik bereits in einem echten Engagement ernst genommen zu haben. Die Quellen deuten aber doch auf einen Wandel hin, der sich wenig spektakulär bemerkbar machte; es ist das allmähliche, stille Einsickern christlicher Bilder, Vorstellungen und Inhalte, die aus der Welt der Bibel kommen und die Alltagssprache langsam verändern; es ist das sich still vollziehende Eingewöhnen in christliche Wertmaßstäbe und Verhaltensweisen, die die Verkündigung unermüdlich zu vermitteln sucht. Die Kirche befand sich in vielen Bereichen, nicht nur räumlich verstanden, noch in einer missionarischen Situation, die Spanne von 125 Jahren zwischen Nikaia und Chalkedon war noch mehr Zeit der Aussaat als der Ernte.

REGISTER